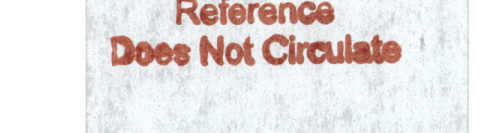

R
x028.52
Childrc
2024
v. 1

Children's Books In Print®

2024

This edition of

CHILDREN'S BOOKS IN PRINT® 2024

was prepared by R.R. Bowker's Database Publishing Group
in collaboration with the Information Technology Department.

Audrey Marcus, Sr Vice President ProQuest Books
Rob Biter, Vice President Books Operations
Mark Van Orman, Senior Director Content Operations

International Standard Book Number/Standard Address Number Agency

Beat Barblan, General Manager
John Purcell, Operations Manager
Richard Smith, Lead Product Manager
Raymond Reynolds, Publisher Relations Representative
Colleen Margetich, Publisher Relations Representative
John Tabeling, Publisher Relations Representative
Hailey Schumacher, Publisher Relations Representative

Books Content Operations

Margot Cronin, Lisa Heft, Senior Managers, Content Operations
Adrene Allen, Manager, Content Operations
Ila Joseph, Senior Content Data Analysts
Ron Butkiewicz, Latonia Hall, Lynda Keller
Tom Lucas, Charu Mehta, Daniel Smith, Content Data Analysts

Provider Relations

Patricia Payton, Senior Manager Provider Relations
Ralph Coviello, Suzanne Franks, Engagement Managers
Michael Olenick, Content Business Analyst Senior
Matt O'Connell, Content Business Analyst Lead

Data Services Production

Andy K. Haramasz, Manager Data Distribution & QA

Computer Operations Group

John Nesselt, UNIX Administrator

Children's Books In Print®

2024

An Author, Title, and Illustrator Index to Books for Children and Young Adults

VOLUME 1

❖ Titles A-P

GREY HOUSE PUBLISHING

ProQuest LLC
789 E. Eisenhower Parkway
P.O. Box 1346
Ann Arbor, MI 48106-1346
Phone: 734-761-4700
Toll-free: 1-800-521-0600
E-mail:
customerservice@proquest.com
URL: http://www.proquest.com

Grey House Publishing, Inc.
4919 Route 22
Amenia, NY 12501
Phone: 518-789-8700
Toll-free: 1-800-562-2139
Fax: 518-789-0545
E-mail: books@greyhouse.com
URL: http://www.greyhouse.com

Rob Biter, Vice President, Books Operations

Copyright © 2024 by ProQuest, a Clarivate Company
All rights reserved

Children's Books In Print® 2024 is published by Grey House Publishing, Inc. under exclusive license from ProQuest, a Clarivate Company.

No part of this publication may be reproduced or transmitted in any form or by any means, or stored in any information storage and retrieval system, without prior written permission of ProQuest, a Clarivate Company.

Publishers may update or add to their listings by accessing one of Bowker's online portals: **BowkerLink** for international publishers at http://www.bowkerlink.com and **MyIdentifiers** for USA publishers at http://www.myidentifiers.com.

No payment is either solicited or accepted for the inclusion of entries in this publication.

R.R. Bowker has used its best efforts in collecting and preparing material for inclusion in **Children's Books In Print® 2024**, but does not warrant that the information herein is complete or accurate, and does not assume, and hereby disclaims any liability to any person for the loss or damage caused by errors or omissions in **Children's Books In Print® 2024**, whether such errors or omissions result from negligence, accident or any other cause.

International Standard Book Numbers
ISBN 13: 978-1-63700-639-9 (Set)
ISBN 13: 978-1-63700-640-5 (Vol. 1)
ISBN 13: 978-1-63700-641-2 (Vol. 2)
ISBN 13: 978-1-63700-642-9 (Vol. 3)

International Standard Serial Number
0069-3480

Library of Congress Control Number
70-101705

Printed and bound in the United States
Children's Books In Print® is a registered trademark of ProQuest, a Clarivate company, used under license

CONTENTS

How to Use Children's Books In Print® .... *vii*

Publisher Country Codes .... *xi*

Country Sequence .... *xiii*

Language Codes .... *xv*

List of Abbreviations .... *xvii*

Volume 1

TITLES A-P 1

Volume 2

TITLES Q-Z 1661

AUTHORS A-N 2319

Volume 3

AUTHORS O-Z 3037

ILLUSTRATORS 3369

PUBLISHERS 4263

WHOLESALERS & DISTRIBUTORS 4509

How To Use CHILDREN'S BOOKS IN PRINT®

This 55th edition of R.R. Bowker's *Children's Books In Print®* is produced from the Books In Print database. Volumes 1 and 2 contain the Title Index to approximately 275,00 books available from some 20,000 United States publishers. Volume 1 includes books published after 2003. Volumes 2 and 3 includes the Author and Illustrator indexes, with listings for approximately 60,000 contributors. The Name Publishers index with full contact information for all of the publishers listed in the bibliographic entries is included at the end of the book, followed by a separate index to wholesalers and distributors.

RELATED PRODUCTS

In addition to the printed version, the entire Books In Print database (more than 50 million records, including OP/OSI titles, ebooks, audio books and videos) can be searched by customers on Bowker's Web site, http://www.booksinprint.com. For further information about subscribing to this online service, please contact Bowker at 1-888-269-5372.

The Books In Print database is also available in an array of other formats such as online access through Books In Print site licensing. Database vendors such as OVID Technologies, Inc. make the Books In Print database available to their subscribers.

COMPILATION

In order to be useful to subscribers, the information contained in *Children's Books In Print®* must be complete and accurate. Publishers

are asked to review and correct their entries prior to each publication, providing current price, publication date, availability status, and ordering information, as well as recently published and forthcoming titles. Tens of thousands of entries are added or updated for each edition.

DATA ACQUISITION

Bowker aggregates bibliographic information via ONIX, excel and text data feeds from publishers, national libraries, distributors, and wholesalers. Publishers may also add to or update their listings using one of Bowker's online portals: **BowkerLink** for international publishers at http://www.bowkerlink.com and **MyIdentifiers** for USA publishers at http://www.myidentifiers.com.

Larger publishing houses can submit their bibliographic information to the Books In Print database from their own databases. Bowker's system accepts publisher data 24 hours a day, 7 days a week via FTP. The benefits to this method are: no paper intervention, reduced costs, increased timeliness, and less chance of human error that can occur when re-keying information.

To communicate new title information to Books In Print, the quality of the publisher's textual data must be up to—or extremely close to—reference book standards. Publishers interested in setting up a data feed are invited to access the Bowker Title Submission Guide at http://www.bowker.com or contact us at Data.Submissions@Bowker.com.

Updated information or corrections to the listings in *Books In Print* can now be submitted at any time via email at Data.Submissions@bowker.com. Publishers can also submit updates and new titles to *Children's Books In Print*® through one of Bowker's online portals: **BowkerLink** for international publishers at http://www.bowkerlink.com and **MyIdentifiers** for USA publishers at http://www.myidentifiers.com.

To ensure the accuracy, timeliness and comprehensiveness of data in *Children's Books In Print*®, Bowker has initiated discussions with the major publishers. This outreach entails analyzing the quality of all publisher submissions to the Books In Print database, and working closely with the publisher to improve the content and timeliness of the information. This outreach also lays the groundwork for incorporating new valuable information into *Children's Books In Print*®. We are now collecting cover art, descriptive jacket and catalog copy, tables of contents, and contributor biographies, as well as awards won, bestseller listings, and review citations.

Bowker will make this important additional information available to customers who receive *Books In Print* in specific electronic formats and through subscriptions to http://www.booksinprint.com.

ALPHABETICAL ARRANGEMENT OF AUTHOR, TITLE, AND ILLUSTRATOR INDEXES

Within each index, entries are filed alphabetically by word with the following exception:

Initial articles of titles in English, French, German, Italian, and Spanish are deleted from both author and title entries.

Numerals, including years, are written out in some cases and are filed alphabetically.

As a general rule, U.S., UN, Dr., Mr., and St. are filed in strict alphabetical order unless the author/publisher specifically requests that the abbreviation be filed as if it were spelled out.

Proper names beginning with "Mc" and "Mac" are filed in strict alphabetical order. For example, entries for contributor's names such as MacAdam, MacAvory, MacCarthy, MacDonald, and MacLean are located prior to the pages with entries for names such as McAdams, McCarthy, McCoy, and

McDermott.

Entries beginning with initial letters (whether authors' given names, or titles) are filed first, e.g., Smith, H.C., comes before Smith, Harold A.; B is for Betsy comes before Babar, etc.

Compound names are listed under the first part of the name, and cross references appear under the last part of the name.

SPECIAL NOTE ON HOW TO FIND AN AUTHOR'S OR ILLUSTRATOR'S LISTING

In sorting author and illustrator listings by computer, it is not possible to group the entire listing for an individual together unless a standard spelling and format for each name is used. The information in R.R. Bowker's *Children's Books In Print*® is based on data received from the publishers. If a name appears in various forms in this data, the listing in the index may be divided into several groups.

INFORMATION INCLUDED IN AUTHOR, TITLE, AND ILLUSTRATOR ENTRIES

Entries in the Title and Illustrator indexes include the following bibliographic information, when available: author, co-author, editor, co-editor, translator, co-translator, illustrator, co-illustrator, photographer, co-photographer, title, title supplement, sub-title, number of volumes, edition, series information, language if other than English, whether or not illustrated, number of pages, (orig.) if an original paperback, grade range, year of publication, price, International Standard Book Number, publisher's order number, imprint, and publisher name.

Titles new to this edition are indicated by bolding the ISBN. Information on the International Standard Book Numbering System is available from R.R. Bowker.

Author Index entries provide the contributor(s) name(s), title, subtitle, title supplement, and a page number cross reference to the full bibliographic entry in the Title Index (in Volume 1).

The prices cited are those provided by the publishers and generally refer to either the trade edition or the Publisher's Library Bound edition. The abbreviation "lib. bdg." is used whenever the price cited is for a publisher's library bound edition.

ISBN AGENCY

Each title included in **Children's Books In Print®** has been assigned an International Standard Book Number (ISBN) by the publisher. All ISBNs listed in this directory have been validated by using the check digit control, ensuring accuracy. ISBNs allow order transmission and bibliographic information updating using publishing industry supported EDI formats (e.g., ONIX). Publishers not currently participating in the ISBN system may request the assignment of an ISBN Publisher Prefix from the ISBN Agency by calling 877-310-7333, faxing 908-219-0195, or through the ISBN Agency's web site at **http://www.myidentifiers.com**. Please note: The ISBN prefix 0-615 is for decentralized use by the U.S. ISBN Agency and has been assigned to many publishers. It is not unique to one publisher.

SAN AGENCY

Another listing feature in **Children's Books In Print®** is the Standard Address Number (SAN), a unique identification number assigned to each address of an organization in or served by the publishing industry; it facilitates communications and transactions with other members of the industry.

The SAN identifies either a bill to or ship to address for purchasing, billing, shipping, receiving, paying, crediting, and refunding, and can be used for any other communication or transaction between participating companies and organizations in the publishing supply chain.

To obtain an application or further information on the SAN system, please email the SAN Agency at **SAN@bowker.com,** or visit **www.myidentifiers.com**

PUBLISHER NAME INDEX

A key to the abbreviated publisher names (e.g., "Middle Atlantic Pr.") used in the bibliographic entries of *Children's Books In Print®* is found after the Illustrator Index in Volume 2. Entries in this index contain each publisher's abbreviated name, followed by its ISBN prefix(es), business affiliation

(e.g., "Div. of International Publishing")when available, ordering address(es), SAN (Standard Address Number), telephone, fax, and toll-free numbers. Editorial address(es) (and associated contact numbers) follows. Addresses without a specific label are for editorial offices rather than ordering purposes.

Abbreviations used to identify publishers' imprints are followed by the full name of the imprint. E-mail and Web site addresses are then supplied. A listing of distributors associated with the publisher concludes each entry; each distributor symbol is in bold type, followed by its abbreviated name.

A dagger preceding an entry and the note "CIP" at the end of the entry both indicate that the publisher participates in the Cataloging in Publication Program of the Library of Congress.

Foreign publishers with U.S. distributors are listed, followed by their three-character ISO (International Standards Organization) country code ("GBR," "CAN," etc.), ISBN prefix(es), when available, and a cross-reference to their U.S. distributor, as shown below:

Atrium (GBR) *(0-9535353) Dist by* **Dufour**.

Publishers with like or similar names are referenced by a "Do not confuse with . . ." notation at the end of the entry. In addition, cross-references are provided from imprints and former company names to the new name.

WHOLESALER & DISTRIBUTOR NAME INDEX

Full information on distributors as well as wholesalers is provided in this index. Note that those publishers who also serve as distributors may be listed both here and in the Publisher Name Index.

USER'S GUIDE — CHILDREN'S BOOKS IN PRINT®

SAMPLE ENTRY TITLE INDEX

KEY

1 Anti-Boredom Book: **2** 133 Completely Unboring Things to Do! **3** Owl & Chikadee Magazines Editors **4** rev. ed **5** 2000 **6** 128 p. **7** (J) **8** (gr. k-4). **9** (Illus.). **10** pap. **11** 12.95 **12** (978-1-8956889-9-3(X)); **13** 22.95 **14** (1-894379-00-4) **15** GDPD **16** CAN **17** (Owl Greey). **18** *Dist:* Firefly Bks Limited

- **1** Title
- **2** Subtitle
- **3** Contributor
- **4** Edition information
- **5** Publication year
- **6** Number of pages
- **7** Audience
- **8** Grade information
- **9** Illustrated
- **10** Binding type
- **11** Price
- **12** International Standard Book Number
- **13** Additional price
- **14** Corresponding ISBN
- **15** Publisher symbol
- **16** Foriegn publisher ISO code
- **17** Imprint symbol
- **18** U.S. distributor symbol- see note

Note: Items containing a distributor symbol should be ordered from the distributor, not the publisher.

SAMPLE ENTRY PUBLISHER NAME INDEX

KEY

1 † **2** Mosby, Inc., **3** *(0-323; 0-7234; 0-8016; 0-8151; 0-88416; 0-941158; 1-55664; 1-56815),* **4** Div. of Harcourt, Inc., A Harcourt Health Sciences Co., **5** Orders Addr.: 6227 Sea Harbor Dr., Orlando, FL 32887 **6** Toll Free Fax: 800-235-0256 **7** Toll Free: 800-543-1918 **8** Edit Addr.: 11830 Westline Industrial Dr., Saint Louis, MO 63146 **9** (SAN 200-2280) **10** Toll Free: 800-325-4177 **11** Web site: http://www.mosby.com/ **12** Dist(s): *PennWell Corp.* **13** *CIP.*

- **1** CIP Identifier
- **2** Publisher Name
- **3** ISBN Prefixes
- **4** Division of
- **5** Orders Address
- **6** Orders Fax
- **7** Orders Telephone
- **8** Editorial Address
- **9** SAN
- **10** Toll-Free
- **11** Web site
- **12** Distributors
- **13** Cataloging in Publication

SAMPLE ENTRY WHOLESALER & DISTRIBUTOR NAME INDEX

KEY

1 New Leaf Distributing Co., Inc., **2** *(0-9627209),* **3** Div. of Al-Wali Corp., **4** 401 Thornton Rd., Lithia Springs, GA 30122-1557 **5** (SAN 169-1449) **6** Tel: 770-948-7845; **7** Fax: 770-944-2313; **8** Toll Free Fax: 800-326-1066; **9** Toll Free: 800-326-2665 **10** Email: NewLeaf-dist.com **11** Web site: http://www.NewLeaf-dist.com

- **1** Distributor name
- **2** ISBN prefix
- **3** Division of
- **4** Editorial address
- **5** SAN
- **6** Telephone
- **7** Fax
- **8** Toll free fax
- **9** Toll free
- **10** E-mail
- **11** Web site

PUBLISHER COUNTRY CODES

Foreign Publishers are listed with the three letter International Standards Organization (ISO) code for their country of domicile. This is the complete list of ISO codes though not all countries may be represented. The codes are mnemonic in most cases. The country names here may be shortened to a more common usage form.

Code	Country	Code	Country	Code	Country
AFG	AFGHANISTAN	EI	EUROPEAN UNION	LTU	LITHUANIA
AGO	ANGOLA	EN	England	LUX	LUXEMBOURG
ALB	ALBANIA	ESP	SPAIN	LVA	LATVIA
AND	ANDORRA	EST	ESTONIA	MAC	MACAO
ANT	NETHERLANDS ANTILLES	ETH	ETHIOPIA	MAR	MOROCCO
ARE	UNITED ARAB EMIRATES	FIN	FINLAND	MCO	MONACO
ARG	ARGENTINA	FJI	FIJI	MDA	MOLDOVA
ARM	ARMENIA	FLK	FALKLAND ISLANDS	MDG	MALAGASY REPUBLIC
ASM	AMERICAN SAMOA	FRA	FRANCE	MDV	MALDIVE ISLANDS
ATA	ANTARCTICA	FRO	FAEROE ISLANDS	MEX	MEXICO
ATG	ANTIGUA & BARBUDA	FSM	MICRONESIA	MHL	MARSHALL ISLANDS
AUS	AUSTRALIA	GAB	GABON	MKD	MACEDONIA
AUT	AUSTRIA	GBR	UNITED KINGDOM	MLI	MALI
AZE	AZERBAIJAN	GEO	GEORGIA	MLT	MALTA
BDI	BURUNDI	GHA	GHANA	MMR	UNION OF MYANMAR
BEL	BELGIUM	GIB	GIBRALTAR	MNE	MONTENEGRO
BEN	BENIN	GIN	GUINEA	MNG	MONGOLIA
BFA	BURKINA FASO	GLP	GUADELOUPE	MOZ	MOZAMBIQUE
BGD	BANGLADESH	GMB	GAMBIA	MRT	MAURITANIA
BGR	BULGARIA	GNB	GUINEA-BISSAU	MSR	MONTESERRAT
BHR	BAHRAIN	GNQ	EQUATORIAL GUINEA	MTQ	MARTINIQUE
BHS	BAHAMAS	GRC	GREECE	MUS	MAURITIUS
BIH	BOSNIA & HERZEGOVINA	GRD	GRENADA	MWI	MALAWI
BLR	BELARUS	GRL	GREENLAND	MYS	MALAYSIA
BLZ	BELIZE	GTM	GUATEMALA	NAM	NAMIBIA
BMU	BERMUDA	GUF	FRENCH GUIANA	NCL	NEW CALEDONIA
BOL	BOLIVIA	GUM	GUAM	NER	NIGER
BRA	BRAZIL	GUY	GUYANA	NGA	NIGERIA
BRB	BARBADOS	HKG	HONG KONG	NIC	NICARAGUA
BRN	BRUNEI DARUSSALAM	HND	HONDURAS	NLD	THE NETHERLANDS
BTN	BHUTAN	HRV	Croatia	NOR	NORWAY
BWA	BOTSWANA	HTI	HAITI	NPL	NEPAL
BWI	BRITISH WEST INDIES	HUN	HUNGARY	NRU	NAURU
CAF	CENTRAL AFRICAN REP	IDN	INDONESIA	NZL	NEW ZEALAND
CAN	CANADA	IND	INDIA	OMN	SULTANATE OF OMAN
CH2	CHINA	IRL	IRELAND	PAK	PAKISTAN
CHE	SWITZERLAND	IRN	IRAN	PAN	PANAMA
CHL	CHILE	IRQ	IRAQ	PER	PERU
CHN	CHINA	ISL	ICELAND	PHL	PHILIPPINES
CIV	IVORY COAST	ISR	ISRAEL	PNG	PAPUA NEW GUINEA
CMR	CAMEROON	ITA	ITALY	POL	POLAND
COD	ZAIRE	JAM	JAMAICA	PRI	Puerto Rico
COG	CONGO (BRAZZAVILLE)	JOR	JORDAN	PRK	NORTH KOREA
COL	COLOMBIA	JPN	JAPAN	PRT	PORTUGAL
COM	COMOROS	KAZ	KAZAKSTAN	PRY	PARAGUAY
CPV	CAPE VERDE	KEN	KENYA	PYF	FRENCH POLYNESIA
CRI	COSTA RICA	KGZ	KYRGYZSTAN	REU	REUNION
CS	CZECHOSLOVAKIA	KHM	CAMBODIA	ROM	RUMANIA
CUB	CUBA	KNA	ST. KITTS-NEVIS	RUS	RUSSIA
CYM	CAYMAN ISLANDS	KO	Korea	RWA	RWANDA
CYP	CYPRUS	KOR	SOUTH KOREA	SAU	SAUDI ARABIA
CZE	CZECH REPUBLIC	KOS	KOSOVA	SC	Scotland
DEU	GERMANY	KWT	KUWAIT	SCG	SERBIA & MONTENEGRO
DJI	DJIBOUTI	LAO	LAOS	SDN	SUDAN
DMA	DOMINICA	LBN	LEBANON	SEN	SENEGAL
DNK	DENMARK	LBR	LIBERIA	SGP	SINGAPORE
DOM	DOMINICAN REPUBLIC	LBY	LIBYA	SLB	SOLOMON ISLANDS
DZA	ALGERIA	LCA	ST. LUCIA	SLE	SIERRA LEONE
ECU	ECUADOR	LIE	LIECHTENSTEIN	SLV	EL SALVADOR
EG	East Germany	LKA	SRI LANKA	SMR	SAN MARINO
EGY	EGYPT	LSO	LESOTHO	SOM	SOMALIA

PUBLISHER COUNTRY CODES

Code	Country	Code	Country	Code	Country
STP	SAO TOME E PRINCIPE	TKM	TURKMENISTAN	VAT	VATICAN CITY
SU	Soviet Union	TON	TONGA	VCT	ST. VINCENT
SUR	SURINAM	TTO	TRINIDAD AND TOBAGO	VEN	VENEZUELA
SVK	Slovakia	TUN	TUNISIA	VGB	BRITISH VIRGIN ISLANDS
SVN	SLOVENIA	TUR	TURKEY	VIR	U.S. VIRGIN ISLANDS
SWE	SWEDEN	TWN	TAIWAN	VNM	VIETNAM
SWZ	SWAZILAND	TZA	TANZANIA	VUT	VANUATU
SYC	SEYCHELLES	UGA	UGANDA	WA	Wales
SYN	SYNDETICS	UI	UNITED KINGDOM	WSM	WESTERN SAMOA
SYR	SYRIA	UKR	UKRAINE	YEM	REPUBLIC OF YEMEN
TCA	TURKS NDS	UN	UNITED NATIONS	YUG	YUGOSLAVIA
TCD	CHAD	URY	URUGUAY	ZAF	SOUTH AFRICA
TGO	TOGO	USA	UNITED STATES	ZMB	ZAMBIA
THA	THAILAND	UZB	UZBEKISTAN	ZWE	ZIMBABWE

COUNTRY SEQUENCE

AFGHANISTAN	AFG	CONGO, THE DEMOCRATIC REPUBLIC OF THE CONGO	COD	HONDURAS	HND
ALBANIA	ALB	COOK ISLANDS	COK	HONG KONG	HKG
ALGERIA	DZA	COSTA RICA	CRI	HUNGARY	HUN
AMERICAN SAMOA	ASM	COTE' D' IVOIRE	CIV	ICELAND	ISL
ANDORRA	AND	CROATIA	HRV	INDIA	IND
ANGOLA	AGO	CUBA	CUB	INDONESIA	IDN
ANGUILLA	AIA	CYPRUS	CYP	IRAN, ISLAMIC REPUBLIC OF	IRN
ANTARCTICA	ATA	CZECH REPUBLIC	CZE	IRAQ	IRQ
ANTIGUA & BARBUDA	ATG	CZECHOSLOVAKIA	CSK	IRELAND	IRL
ARGENTINA	ARG	DENMARK	DNK	ISRAEL	ISR
ARMENIA	ARM	DJIBOUTI	DJI	ITALY	ITA
ARUBA	ABW	DOMINICA	DMA	JAMAICA	JAM
AUSTRALIA	AUS	DOMINICAN REPUBLIC	DOM	JAPAN	JPN
AUSTRIA	AUT	EAST TIMOR	TMP	JORDAN	JOR
AZERBAIJAN	AZE	ECUADOR	ECU	KAZAKSTAN	KAZ
BAHAMAS	BHS	EGYPT (ARAB REPUBLIC OF EGYPT)	EGY	KENYA	KEN
BAHRAIN	BHR	EL SALVADOR	SLV	KIRIBATI	KIR
BANGLADESH	BGD	EQUATORIAL GUINEA	GNQ	KOREA, DEMOCRATIC PEOPLE'S REPUBLIC OF	PRK
BARBADOS	BRB	ERITREA	ERI	KOREA, REPUBLIC OF	KOR
BELARUS	BLR	ESTONIA	EST	KUWAIT	KWT
BELGIUM	BEL	ETHIOPIA	ETH	KYRGYZSTAN	KGZ
BELIZE	BLZ	EAST GERMANY	DDR	KOSOVA	KOS
BENIN	BEN	FALKLAND ISLANDS	FLK	LAO PEOPLE'S DEMOCRATIC REPUBLIC	LAO
BERMUDA	BMU	FAROE ISLANDS	FRO	LATVIA	LVA
BHUTAN	BTN	FEDERATED STATES OF MICRONESIA	FSM	LEBANON	LBN
BOLIVIA	BOL	FIJI	FJI	LESOTHO	LSO
BOSNIA & HERZEGOVINA	BIH	FINLAND	FIN	LIBERIA	LBR
BOTSWANA	BWA	FRANCE	FRA	LIBYAN ARAB JAMAHIRIYA	LBY
BOUVET ISLAND	BVT	FRENCH GUIANA	GUF	LIECHTENSTEIN	LIE
BRAZIL	BRA	FRENCH POLYNESIA	PYF	LITHUANIA	LTU
BRITISH INDIAN OCEAN TERRITORY	IOT	FRENCH SOUTHERN TERRITORIES	ATF	LUXEMBOURG	LUX
BRITISH WEST INDIES	BWI	GABON	GAB	MACAU	MAC
BRUNEI DARUSSALAM	BRN	GAMBIA	GMB	MACEDONIA, THE FORMER YUGOSLAV REPUBLIC OF	MKD
BULGARIA	BGR	GEORGIA	GEO	MADAGASCAR	MDG
BURKINA FASO	BFA	GERMANY	DEU	MALAWI	MWI
BURUNDI	BDI	GHANA	GHA	MALAYSIA	MYS
CAMBODIA	KHM	GIBRALTAR	GIB	MALDIVE ISLANDS	MDV
CAMEROON	CMR	GREECE	GRC	MALI	MLI
CANADA	CAN	GREENLAND	GRL	MALTA	MLT
CAPE VERDE	CPV	GRENADA	GRD	MARSHALL ISLANDS	MHL
CAYMAN ISLANDS	CYM	GUADELOUPE	GLP	MARTINIQUE	MTQ
CENTRAL AFRICAN REPUBLIC	CAF	GUAM	GUM	MAURITANIA	MRT
CHAD	TCD	GUATEMALA	GTM	MAURITIUS	MUS
CHILE	CHL	GUINEA	GIN	MAYOTTE	MYT
CHINA	CHN	GUINEA-BISSAU	GNB	MEXICO	MEX
CHRISTMAS ISLAND	CXR	GUYANA	GUY	MOLDOVA, REPUBLIC OF	MDA
COCOS (KEELING) ISLANDS	CCK	HAITI	HTI	MONACO	MCO
COLOMBIA	COL	HEARD ISLAND & MCDONALD ISLANDS	HMD		
COMOROS	COM				
CONGO	COG				

COUNTRY SEQUENCE

MONGOLIA	MNG	RWANDA	RWA	TANZANIA, UNITED	TZA
MONTENEGRO	MNE	SAINT HELENA	SHN	REPUBLIC OF	
MONTSERRAT	MSR	SAINT KITTS & NEVIS	KNA	THAILAND	THA
MOROCCO	MAR	SAINT PIERRE &	SPM	TOGO	TGO
MOZAMBIQUE	MOZ	MIQUELON		TOKELAU	TKL
MYANMAR	MMR	SAINT VINCENT & THE	VCT	TONGA	TON
NAMIBIA	NAM	GRENADINES		TRINIDAD & TOBAGO	TTO
NAURU	NRU	SAMOA	WSM	TUNISIA	TUN
NEPAL	NPL	SAN MARINO	SMR	TURKEY	TUR
NETHERLANDS	NLD	SAO TOME E PRINCIPE	STP	TURKMENISTAN	TKM
NETHERLANDS ANTILLES	ANT	SAUDI ARABIA	SAU	TURKS & CAICOS ISLANDS	TCA
NEW CALEDONIA	NCL	SENEGAL	SEN	TUVALU	TUV
NEW ZEALAND	NZL	SERBIA	SRB	U.S.S.R.	SUN
NICARAGUA	NIC	SERBIA & MONTENEGRO	SCG	UGANDA	UGA
NIGER	NER	SEYCHELLES	SYC	UKRAINE	UKR
NIGERIA	NGA	SIERRA LEONE	SLE	UNITED ARAB EMIRATES	UAE
NIUE	NIU	SINGAPORE	SGP	UNITED KINGDOM	GBR
NORFOLK ISLAND	NFK	SLOVAKIA	SVK	UNITED STATES	USA
NORTHERN MARIANA	MNP	SLOVENIA	SVN	UNITED STATES MINOR	UMI
ISLANDS		SOLOMON ISLANDS	SLB	OUTLYING ISLANDS	
NORWAY	NOR	SOMALIA	SOM	URUGUAY	URY
OMAN	OMN	SOUTH AFRICA	ZAF	UZBEKISTAN	UZB
OCCUPIED PALESTINIAN	PSE	SOUTH GEORGIA & THE	SGS	VANUATU	VUT
TERRITORY		SANDWICH ISLANDS		VATICAN CITY STATE	VAT
PAKISTAN	PAK	SPAIN	ESP	(HOLY SEE)	
PALAU	PLW	SRI LANKA	LKA	VENEZUELA	VEN
PANAMA	PAN	ST. LUCIA	LCA	VIET NAM	VNM
PAPUA NEW GUINEA	PNG	SUDAN	SDN	VIRGIN ISLANDS, BRITISH	VGB
PARAGUAY	PRY	SURINAME	SUR	VIRGIN ISLANDS, U. S.	VIR
PERU	PER	SVALBARD & JAN MAYEN	SJM	WALLIS & FUTUNA	WLF
PHILIPPINES	PHL	SWAZILAND	SWZ	WESTERN SAHARA	ESH
PITCAIRN	PCN	SWEDEN	SWE	West Germany	BRD
POLAND	POL	SWITZERLAND	CHE	YEMEN	YEM
PORTUGAL	PRT	SYRIAN ARAB REPUBLIC	SYR	YUGOSLAVIA	YUG
PUERTO RICO	PRI	TAIWAN, REPUBLIC OF	TWN	ZAMBIA	ZMB
QATAR	QAT	CHINA		ZIMBABWE	ZWE
REUNION	REU			ZAIRE	ZAR
ROMANIA	ROM	TAJIKISTAN	TJK		
RUSSIAN FEDERATION	RUS				

LANGUAGE CODES

Code	Language	Code	Language	Code	Language
ACE	Achioli	DUT	Dutch	HAU	Hausa
AFA	Afro-Asiatic	EFI	Efik	HAW	Hawaiian
AFR	Afrikaans	EGY	Egyptian	HEB	Hebrew
AKK	Akkadian	ELX	Elamite	HER	Herero
ALB	Albanian	ENG	English	HIL	Hiligaynon
ALE	Aleut	ENM	English, Middle	HIN	Hindi
ALG	Algonquin	ESK	Eskimo	HUN	Hungarian
AMH	Amharic	RUM	Romanian	HUP	Hupa
ANG	Anglo-Saxon	RUN	Rundi	IBA	Iban
APA	Apache	RUS	Russian	IBO	Igbo
ARA	Arabic	SAD	Sandawe	ICE	Icelandic
ARC	Aramaic	SAG	Sango	IKU	Inuktitut
ARM	Armenian	SAI	South American	ILO	Ilocano
ARN	Araucanian	SAM	Samaritan	INC	Indic
ARP	Arapaho	SAN	Sanskrit	IND	Indonesian
ARW	Arawak	SAO	Sampan	INE	Indo-European
ASM	Assamese	SBC	Serbo-Croatian	INT	Interlingua
AVA	Avar	SCO	Scots	IRA	Iranian
AVE	Avesta	SEL	Selkup	IRI	Irish
AYM	Aymara	SEM	Semitic	IRO	Iroquois
AZE	Azerbaijani	SER	Serbian	ITA	Italian
BAK	Bashkir	SHN	Shan	JAV	Javanese
BAL	Baluchi	SHO	Shona	JPN	Japanese
BAM	Bambara	SID	Sidamo	KAA	Karakalpak
BAQ	Basque	SIO	Siouan Languages	KAC	Kachin
BAT	Baltic	SIT	Sino-Tibetan	KAM	Kamba
BEJ	Beja	SLA	Slavic	KAN	Kannada
BEL	Belorussian	SLO	Slovak	KAR	Karen
BEM	Bemba	SLV	Slovenian	KAS	Kashmiri
BEN	Bengali	SMO	Samoan	KAU	Kanuri
BER	Berber Group	SND	Sindhi	KAZ	Kazakh
BIH	Bihari	SNH	Singhalese	KHA	Khasi
BLA	Blackfoot	SOG	Sogdian	KHM	Khmer, Central
BRE	Breton	SOM	Somali	KIK	Kikuyu
BUL	Bulgarian	SON	Songhai	KIN	Kinyarwanda
BUR	Burmese	ESP	Esperanto	KIR	Kirghiz
CAD	Caddo	EST	Estonian	KOK	Konkani
CAI	Central American	ETH	Ethiopic	KON	Kongo
CAM	Cambodian	EWE	Ewe	KOR	Korean
CAR	Carib	FAN	Fang	KPE	Kpelle
CAT	Catalan	FAR	Faroese	KRO	Kru
CAU	Caucasian	FEM	French, Middle	KRU	Kurukh
CEL	Celtic Group	FIJ	Fijian	SOT	Sotho, Southern
CHB	Chibcha	FIN	Finnish	SPA	Spanish
CHE	Chechen	FIU	Finno-Ugrian	SRD	Sardinian
CHI	Chinese	FLE	Flemish	SRR	Serer
CHN	Chinook	FON	Fon	SSA	Sub-Saharan
CHO	Choctaw	FRE	French	SUK	Sukuma
CHR	Cherokee	FRI	Frisian	SUN	Sundanese
CHU	Church Slavic	FRO	French, Old	SUS	Susu
CHV	Chuvash	GAA	Ga	SUX	Sumerian
CHY	Cheyenne	GAE	Gaelic	SWA	Swahili
COP	Coptic	GAG	Gallegan	SWE	Swedish
COR	Cornish	GAL	Galla	SYR	Syriac
CRE	Cree	GEC	Greek, Classical	TAG	Tagalog
CRO	Croatian	GEH	German, Middle h	TAJ	Tajik
CRP	Creoles and Pidgins	GEM	Germanic	TAM	Tamil
CUS	Cushitic	GEO	Georgian	TAR	Tatar
CZE	Czech	GER	German	TEL	Telugu
DAK	Dakota	GLG	Galician	TEM	Temne
DAN	Danish	GOH	German, Old High	TER	Tereno
DEL	Delaware	GON	Gondi	THA	Thai
DIN	Dinka	GOT	Gothic	TIB	Tibetan
DOI	Dogri	GRE	Greek	TIG	Tigre
DRA	Dravidian	GUA	Guarani	TIR	Tigrinya
DUA	Duala	GUJ	Gujarati	TOG	Tonga, Nyasa

LANGUAGE CODES

Code	Language	Code	Language	Code	Language
TON	Tonga, Tonga	MON	Mongol	PRO	Provencal
TSI	Tsimshian	MOS	Mossi	PUS	Pushto
TSO	Tsonga	MUL	Multiple Languages	QUE	Quechua
TSW	Tswana	MUS	Muskogee	RAJ	Rajasthani
KUA	Kwanyama	MYN	Mayan	ROA	Romance
KUR	Kurdish	NAI	North American	ROH	Romanish
LAD	Ladino	NAV	Navaho	ROM	Romany
LAH	Lahnda	NBL	Ndebele, Southern	TUK	Turkmen
LAM	Lamba	NDE	Ndebele, Northern	TUR	Turkish
LAO	Laotian	NEP	Nepali	TUT	Turko-Tataric
LAP	Lapp	NEW	Newari	TWI	Twi
LAT	Latin	NIC	Niger-Congo	UGA	Ugaritic
LAV	Latvian	NNO	Norwegian	UIG	Uigur
LIN	Lingala	NOB	Norwegian Bokmal	UKR	Ukrainian
LIT	Lithuanian	NOR	Norwegian	UMB	Umbundu
LOL	Lolo	NSO	Sotho, Northern	UND	Undetermined
LUB	Luba	NUB	Nubian	URD	Urdu
LUG	Luganda	NYA	Nyanja	UZB	Uzbek
LUI	Luiseno	NYM	Nyamwezi	VIE	Vietnamese
MAC	Macedonian	NYO	Nyoro Group	VOT	Votic
MAI	Maithili	OES	Ossetic	WAL	Walamo
MAL	Malayalam	OJI	Ojibwa	WAS	Washo
MAN	Mandingo	ORI	Oriya	WEL	Welsh
MAO	Maori	OSA	Osage	WEN	Wendic
MAP	Malayo-Polynesian	OTO	Otomi	WOL	Wolof
MAR	Marathi	PAA	Papuan-Australian	XHO	Xhosa
MAS	Masai	PAH	Pahari	YAO	Yao
MAY	Malay	PAL	Pahlavi	YID	Yiddish
MEN	Mende	PAN	Panjabi	YOR	Yoruba
MIC	Micmac	PEO	Persian, Old	ZAP	Zapotec
MIS	Miscellaneous	PER	Persian, Modern	ZEN	Zenaga
MLA	Malagasy	PLI	Pali	ZUL	Zulu
MLT	Malteses	POL	Polish	ZUN	Zuni
MNO	Manobo	POR	Portuguese		
MOL	Moldavian	PRA	Prakrit		

LIST OF ABBREVIATIONS

Abbreviation	Meaning	Abbreviation	Meaning
abr.	abridged	flmstrp.	filmstrip
act. bk.	activity book	footn.	
adapt.	adapted	for.	foreign
aft.	afterword	frwd.	foreword
alt.	alternate	gen.	general
Amer.	American	gr.	grade(s)
anniv.	anniversary	hndbk.	handbook
anno.	annotated by	illus.	Illustrated, illustration(s), Illustrator(s)
annot.	annotation(s)	in prep.	in preparation
ans.	answer(s)	incl.	includes, including
app.	appendix	info.	information
Apple II	Apple II disk	inst.	institute
approx.	approximately	intro.	introduction
assn.	association	ISBN	International Standard Book Number
audio	analog audio cassette	ISO	International Standards Organization
auth.	author	ITA	Italian
bd.	bound	i.t.a.	initial teaching alphabet
bdg.	binding	J.	juvenile audience level
bds.	boards	JPN	Japanese
bibl(s).	bibliography(ies)	Jr.	Junior
bk(s).	book(s)	jt. auth.	joint author
bklet(s).	booklet(s)	jt. ed.	joint editor
boxed	boxed set, slipcase or caseboard	k	kindergarten audience level
Bro.	Brother	lab	laboratory
C	college audience level	lang(s).	language(s)
co.	company	LC	Library of Congress
comm.	commission, committee	lea.	leather
comment.	commentaries	lib.	library
comp.	complied	lib. bdg.	library binding
cond.	condensed	lit.	literature, literary
contrib.	contributed	lp	record, album, long playing
corp.	corporation	l.t.	large type
dept.	department	ltd.	limited
des	designed	ltd. ed.	limited edition
diag(s).	diagram(s)	mac hd	144M, Mac
digital audio	digital audio cassette	mac ld	800K, Mac
dir.	director	mass mkt.	mass market paperbound
disk	software disk or diskette	math.	mathematics
dist.	distributed	mic. film	microfilm
Div.	Division	mic form	microform
doz.	dozen	mod.	modern
ea.	each	MS(S)	manuscript(s)
ed.	edited, edition, editor	natl.	national
eds.	editions, editors	net	net price
educ.	education	no(s).	number(s)
elem.	elementary	o.p.	out of print
ency.	encyclopedia	orig.	original text, not a reprint (paperback)
ENG	English	o.s.i.	out of stock indefinitely
enl.	enlarged	p.	pages
epil.	epilogue	pap.	paper
exp.	expanded	per.	perfect binding
expr.	experiments		
expurg.	expurgated	photos	photographer, photographs
fac.	facsimile	pop. ed.	Popular edition
fasc.	fascicule	prep.	preparation
fict.	fiction	probs.	problems
fig(s).	figure(s)	prog. bk.	programmed books
		ps.	preschool audience level
		pseud.	pseudonym
		pt(s).	part(s)
		pub.	published, publisher publishing
		pubn.	publication
		ref(s).	reference(s)
		rep.	reprint
		reprod(s).	reproduction(s)
		ret.	retold by
		rev.	revised
		rpm.	revolution per minute (phono records)
		SAN	Standard Address Number
		S&L	signed and limited
		sec.	section
		sel.	selected
		ser.	series
		Soc.	society
		sols.	solutions
		s.p.	school price
		Sr. (after given name)	Senior
		Sr. (before given name	Sister
		St.	Saint
		stu.	student manual, study guide, etc.
		subs.	subsidiary
		subsc.	subscription
		suppl.	supplement
		tech.	technical
		text ed.	text edition
		tr.	translated, translation translator
		trans.	transparencies
		unabr.	unabridged
		unexpurg.	unexpurgated
		univ.	university
		var.	variorum
		vdisk	videodisk
		VHS	video, VHS format
		vol(s).	volume(s)
		wkbk.	workbook
		YA	Young adult audience level
		yrbk.	yearbook
		3.5 hd	1.44M, 3.5 disk, DOS
		3.5 ld	720, 3.5 Disk, DOS
		5.25 hd	1.2M, 5.25 Disk, DOS
		5.25 ld	360K, 5.25 Disk, DOS

TITLE INDEX

Volume 1

A – P

A

A

Aa Contrib. by Mary Elizabeth Salzmann. 2023. (Long Vowels Ser.). (ENG.). 24p. (J). (gr. -1-2). lib. bdg. 31.36 ***(978-1-0982-8261-5(2)***, 42233, Abdo Zoom-Launch) ABDO Publishing Co.

A. Xist Publishing. 2019. (Discover the Alphabet Ser.). (ENG.). 20p. (J). (gr. -1-1). pap. 24.99 *(978-1-5324-1353-7(X))* Xist Publishing.

A. A. Milne. Charlotte Guillain. rev. ed. 2022. (Author Biographies Ser.). (ENG.). 24p. (J). pap. 6.79 *(978-1-4846-8752-9(3)*, 256327, Heinemann) Capstone.

A-Amazing Adventures! a Maze Activity Book. Jupiter Kids. 2016. (ENG., Illus.). 106p. (J). pap. 12.55 *(978-1-68326-168-1(2)*, Jupiter Kids (Childrens & Kids Fiction)) Speedy Publishing LLC.

A. B. & the 7 Seas. Everett Taylor. 2020. (ENG.). 36p. (J). pap. 9.99 *(978-0-9966505-3-3(9))* Ever Wonder Bks.

A. B. C. Capers: A Playlet in One Scene for Twenty-Eight Children, Fourteen Boys & Fourteen Girls (Classic Reprint) Soemple Soemple. 2018. (ENG., Illus.). 20p. (J). 24.31 *(978-0-656-05866-2(8))*; pap. 7.97 *(978-1-333-36759-6(7))* Forgotten Bks.

A-B-C (Sight Words) Letter Sounds Preschool Edition. Baby Professor. 2017. (ENG., Illus.). (J). pap. 7.89 *(978-1-68368-031-4(6)*, Baby Professor (Education Kids)) Speedy Publishing LLC.

A, B, Cheese. Maggie Albro. 2020. (ENG.). 29p. (J). *(978-1-716-55783-5(6))* Lulu Pr., Inc.

¡a Bailar!/ Ballet Bunnies #2: Let's Dance. Swapna Reddy & Binny Talib. 2022. (Ballet y Tutús Ser.: 2). (SPA.). 112p. (J). (gr. 1-4). pap. 12.95 *(978-607-38-1457-7(7))* Penguin Random House Grupo Editorial ESP. Dist: Penguin Random Hse. LLC.

A-Bear-C: Come Rhyme with Me! Nigel Jackson. Illus. by Mariana Hnatenko. 2021. (ENG.). 32p. (J). *(978-1-7775484-2-1(X))* Jackson, Nigel.

A. C. Milan. Mark Stewart. 2017. (First Touch Soccer Ser.). (ENG., Illus.). 24p. (J). (gr. k-3). 23.93 *(978-1-59953-855-6(5))* Norwood Hse. Pr.

À Chacun Son Masque. Marla Lesage. Tr. by Olivier Bilodeau from ENG. 2020. Orig. Title: We Wear Masks. (FRE., Illus.). 32p. (J). (gr. -1-k). 16.95 *(978-2-7644-4350-7(1))* Quebec Amerique CAN. Dist: Orca Bk. Pubs. USA.

A Child's Garden of Verses: Children's Board Book - Vintage. Robert Louis Stevenson. 2022. (Children's Die-Cut Board Book Ser.). (ENG., Illus.). 20p. (J). bds. 10.95 *(978-1-5149-9005-6(9))* Laughing Elephant.

¡a COMER! Como Los Cavernícolas, Los Piratas y Otros Personajes Históricos (Spanish Edition) Rachel Levin. 2023. (SPA.). 48p. (J). (gr. k-3). 24.95 ***(978-1-83866-681-1(8))*** Phaidon Pr., Inc.

¡a Comer con Cucharal Guía para Comenzar la Alimentación con Sólidos en Bebés Mayores de 6 Meses. Ricardo Tejeda. 2022. (SPA.). 72p. (J). pap. 15.95 ***(978-1-63765-339-5(5))*** Halo Publishing International.

¡a Comer Sano! / Let's Eat Healthy! (Set), 8 vols. 2018. (¡a Comer Sano! / Let's Eat Healthy! Ser.). (ENG & SPA., Illus.). 24p. (gr. 1-1). lib. bdg. 101.08 *(978-1-5383-3480-5(1)*, 1fe35bd9-16e3-40d3-bc71-a743079c1f28, PowerKids Pr.) Rosen Publishing Group, Inc., The.

¡a Comer Sano! (Let's Eat Healthy!) (Set), 4 vols. 2018. (¡a Comer Sano! (Let's Eat Healthy!) Ser.). (SPA., Illus.). 24p. (gr. 1-1). lib. bdg. *(978-1-5383-3415-7(1)*, 5626f4a3-fadd-40a0-89cf-6db856890991, PowerKids Pr.) Rosen Publishing Group, Inc., The.

A-Counting We Will Go. Rozanne Williams. 2017. (Learn-To-Read Ser.). (ENG., Illus.). (J). pap. 3.49 *(978-1-68310-229-8(0))* Pacific Learning, Inc.

A Curse Dark As Gold: A Geronimo Stilton Adventure. Thea Stilton. 2017. (ENG.). 176p. (J). (gr. 7-5). 83.99 *(978-1-338-24671-1(2))* Scholastic, Inc.

¡A Divertirnos!, 6 vols., Set. Dana Meachen Rau. Incl. En el Parque (at the Park) lib. bdg. 25.50 *(978-0-7614-2775-9(9)*, 0189c902-e46f-48d6-856a-7c204806d681); En el Parque de Atracciones (at the Fair) lib. bdg. 25.50 *(978-0-7614-2749-0(X)*, 9cb26d57-373c-487f-a28e-ad3f6ed1b049); En el Picnic (at the Picnic) Nanci Reginelli Vargus. lib. bdg. 25.50 *(978-0-7614-2779-7(1)*, 13634c26-34be-44d8-880e-acbfb4af0a09); En el Zoológico (at the Zoo) lib. bdg. 25.50 *(978-0-7614-2777-3(5)*, b63f8050-3988-480a-9027-3d00fc989b66); En la Granja (on a Farm) Nanci Reginelli Vargus. lib. bdg. 25.50 *(978-0-7614-2778-0(3)*, 4a9c0a4a-81c3-4673-b2ec-ec8187ea265c); En la Playa (at the Beach) lib. bdg. 25.50 *(978-0-7614-2748-3(1)*, d4c12fb7-eb50-4738-a48d-55aac6da10e1); (Illus.). 24p. (gr. k-1). 2009. (Benchmark Rebus: ¡A Divertimos! Ser.). (SPA.). 2007. lib. bdg. *(978-0-7614-2747-6(3)*, Cavendish Square) Cavendish Square Publishing LLC.

¿a dónde Va la Chatarra? Compartir y Reutilizar, 1 vol. Rachael Morlock. 2017. (Computación Científica en el Mundo Real (Computer Science for the Real World) Ser.). (SPA.). 24p. (J). (gr. 4-5). pap. *(978-1-5383-5798-9(4)*, 6939dbe2-f6ba-4523-83bd-4eac44ae2fee, Rosen Classroom) Rosen Publishing Group, Inc., The.

¿a dónde Va la Chatarra? Compartir y Reutilizar (Where Does Scrap Metal Go?: Sharing & Reusing), 1 vol. Rachael Morlock. 2017. (Niños Digitales: Superdotados con Pensamiento Computacional (Computer Kids: Powered by Computational Thinking) Ser.). (SPA.). 24p. (J). (gr. 4-5). 25.27 *(978-1-5383-2897-2(6)*, be9cd578-7744-4dca-b663-2da09616fdcc, PowerKids Pr.) Rosen Publishing Group, Inc., The.

A. Douai's Series of Rational Readers: Combining the Principles of Pestalozzi's & Froebel's Systems of Education (Classic Reprint) Adolf Douai. (ENG., Illus.). (J). 2018. 172p. 27.44 *(978-0-666-34875-3(8))*; 2017. pap. 9.97 *(978-0-259-56457-7(5))* Forgotten Bks.

A. E. F: With General Pershing, & the American Forces (Classic Reprint) Heywood Broun. 2017. (ENG., Illus.). 312p. (J). 30.46 *(978-0-332-57950-4(6))* Forgotten Bks.

A, e, I, o, U: The Wise Lesson I Learned from You. Consuelo Treviño-Ramirez. 2023. (ENG.). 74p. (J). pap. 19.95 ***(978-1-63765-340-1(9))*** Halo Publishing International.

¡a Esconderse! Leveled Reader Book 65 Level d 6 Pack. Hmh Hmh. 2021. (SPA.). 16p. (J). pap. 74.40 *(978-0-358-08192-0(0))* Houghton Mifflin Harcourt Publishing Co.

a Failli Ne Pas Tout Nous Dire. Christian Ruzé. 2017. (FRE.). 160p. (YA). pap. ***(978-0-244-63173-4(5))*** Lulu Pr., Inc.

A Gift for Lily: Practicing the Short I Sound, 1 vol. Rafael Moya. 2016. (Rosen Phonics Readers Ser.). (ENG.). 8p. (J). (gr. -1-2). pap. *(978-1-5081-3263-9(1)*, d4d2cd2d-3206-44c7-a8ad-fd0ccbf53162, Rosen Classroom) Rosen Publishing Group, Inc., The.

A Graphic Novel see Wings of Fire: the Hidden Kingdom: a Graphic Novel (Wings of Fire Graphic Novel #3) (Library Edition)

A-Hunting of the Deer & Other Essays. Charles Dudley Warner. 2017. (ENG., Illus.). (J). pap. *(978-0-649-41910-4(3))* Trieste Publishing Pty Ltd.

A-Hunting of the Deer & Other Essays (Classic Reprint) Charles Dudley Warner. 2016. (ENG., Illus.). (J). pap. 9.57 *(978-1-334-12286-6(5))* Forgotten Bks.

A-Hunting of the Deer & Other Essays (Classic Reprint) Charles Dudley Warner. 2018. (ENG., Illus.). 98p. (J). 25.94 *(978-0-365-28435-2(1))* Forgotten Bks.

A Is for Abinadi (Activity Book) An Activity Book of Scripture Heroes. Heidi Poelman. 2017. (ENG.). (J). (gr. -1-k). pap. 12.99 *(978-1-4621-2151-9(9))* Cedar Fort, Inc./CFI Distribution.

A Is for Accra. Illus. by Nana Pierre. 2017. (ENG.). (J). pap. *(978-1-911596-25-7(X))* Spiderwize.

A Is for Adam: An Alphabet Book of Bible Heroes. Heidi Poelman. 2017. (ENG.). (J). (gr. -1-1). 14.99 *(978-1-4621-2024-6(5))* Cedar Fort, Inc./CFI Distribution.

A Is for Albatross: ABCs of Endangered Birds. Sharon Katz Cooper. 2016. (E for Endangered Ser.). (ENG., Illus.). 32p. (J). (gr. -1-2). lib. bdg. 27.99 *(978-1-4914-8032-8(7)*, 130540, Capstone Pr.) Capstone.

A Is for Apperdoo. John Barkhimer Jr. 2017. (ENG., Illus.). 44p. (J). pap. *(978-1-387-00045-6(4))* Lulu Pr., Inc.

A Is for Ark. Crystal Bowman & Teri McKinley. Illus. by Luke Flowers. 2017. (Our Daily Bread for Little Hearts Ser.). (ENG.). 18p. (J). (— 1). bds. 9.99 *(978-1-62707-599-2(2))* Discovery Hse. Pubs.

A Is for Atlanta. Ryan Rivera. 2018. (ENG.). 38p. (YA). 14.95 *(978-1-63177-860-5(9))* Amplify Publishing Group.

A Is for Atom: ABCs for Aspiring Chemists. Heidi McMahon. Illus. by Nako Nakatsuka. 2017. (ENG.). (J). pap. 14.99 *(978-0-692-95226-9(8))* PawlingPr.

A Is for Awkward: A Guide to Surviving Middle School. Aryelle Jacobsen. 2017. (ENG., Illus.). (J). (gr. 5-6). 18.95 *(978-1-63051-443-3(8))*; (gr. 7-12). pap. 7.95 *(978-1-63051-442-6(X))* Chiron Pubns.

A Is Not Only for Apple. C. K. Thomas Tseng. Illus. by Anat Tour. 2016. (ENG.). (J). pap. 9.99 *(978-0-9978432-9-3(2))* Anat Tour.

A. J. Styles: The Phenomenal One. Teddy Borth. 2017. (Wrestling Biographies Ser.). (ENG., Illus.). 24p. (J). (gr. 2-8). lib. bdg. 31.36 *(978-1-5321-2106-7(7)*, 26789, Abdo Zoom-Fly) ABDO Publishing Co.

¡a Jugar con la Pelota! Judy Kentor Schmauss. 2016. (Early Rising Readers Ser.). (SPA.). (J). (gr. -1). 6.67 *(978-1-4788-3670-4(9))* Newmark Learning LLC.

¡a Jugar con la Pelota! - 6 Pack. Judy Kentor Schmauss. 2016. (Early Rising Readers Ser.). (SPA.). (J). (gr. 1). 40.00 net. *(978-1-4788-4613-0(5))* Newmark Learning LLC.

A. K. a. F. M. Shultz. 2019. (Messengers Ser.: Vol. 1). (ENG.). 180p. (J). pap. *(978-1-7752637-5-3(4))* FM Shultz.

A. K. A. A Post-Apocalyptic Novel for Children. F. M. Shultz. 2018. (ENG., Illus.). 168p. (J). pap. *(978-1-7752637-0-8(3))* FM Shultz.

A. K. A. Wendy Wonder: Halloween. Wendy Sveen. 2017. (ENG., Illus.). (J). (gr. 1-6). pap. 5.99 *(978-0-9967904-2-0(X))* AKA Wendy Wonder.

A-Level Chemistry Flash Notes Aqa Year 1 & As: Condensed Revision Notes - Designed to Facilitate Memorisation. C. Boes. 2016. (Coloured Chemistry Revision Cards Ser.: Vol. 1). (ENG., Illus.). 120p. (YA). (gr. 11-12). pap. *(978-0-9957060-1-9(8))* C. Boes.

A-Level Chemistry Flash Notes Aqa Year 2: Condensed Revision Notes - Designed to Facilitate Memorisation. C. Boes. 2017. (Coloured Chemistry Revision Cards Ser.: Vol. 5). (ENG., Illus.). 102p. (YA). (gr. 11-12). pap. *(978-0-9957060-4-0(2))* C. Boes.

A-Level Chemistry Flash Notes Edexcel Year 1 & As: Condensed Revision Notes - Designed to Facilitate Memorisation. C. Boes. 2017. (Coloured Chemistry Revision Cards Ser.: Vol. 2). (ENG., Illus.). 120p. (YA). (gr. 11-12). pap. *(978-0-9957060-3-3(4))* C. Boes.

A-Level Chemistry Flash Notes Edexcel Year 2: Condensed Revision Notes - Designed to Facilitate Memorisation. C. Boes. 2017. (Coloured Chemistry Revision Cards Ser.: Vol. 6). (ENG., Illus.). 102p. (YA). (gr. 11-12). pap. *(978-0-9957060-7-1(7))* C. Boes.

A-Level Chemistry Flash Notes OCR a Year 1 & As: Condensed Revision Notes - Designed to Facilitate Memorisation. C. Boes. 2016. (Coloured Chemistry Revision Cards Ser.: Vol. 3). (ENG., Illus.). 114p. (YA). (gr. 11-12). pap. *(978-0-9957060-0-2(X))* C. Boes.

A-Level Chemistry Flash Notes OCR a Year 2: Condensed Revision Notes - Designed to Facilitate Memorisation. C. Boes. 2017. (Coloured Chemistry Revision Cards Ser.: Vol. 7). (ENG., Illus.). 94p. (YA). (gr. 11-12). pap. *(978-0-9957060-5-7(0))* C. Boes.

A-Level Chemistry Flash Notes OCR B Year 1 & As: Condensed Revision Notes - Designed to Facilitate Memorisation. C. Boes. 2017. (Coloured Chemistry Revision Cards Ser.: Vol. 4). (ENG., Illus.). (YA). (gr. 11-12). pap. *(978-0-9957060-2-6(6))* C. Boes.

A-Level Chemistry Flash Notes OCR B Year 2: Condensed Revision Notes - Designed to Facilitate Memorisation. C. Boes. 2017. (Coloured Chemistry Revision Cards Ser.: Vol. 8). (ENG., Illus.). (YA). (gr. 11-12). pap. *(978-0-9957060-6-4(9))* C. Boes.

A-Maze-In Mazes! Kids Super Fun Maze Activity Book. Jupiter Kids. 2016. (ENG., Illus.). 108p. (J). pap. 12.55 *(978-1-68326-166-7(6)*, Jupiter Kids (Childrens & Kids Fiction)) Speedy Publishing LLC.

A-Maze-Ing Adventures, 12 vols. 2020. (A-Maze-Ing Adventures Ser.). (ENG., Illus.). 32p. (gr. 3-3). lib. bdg. 173.58 *(978-1-4994-8608-7(1)*, 7e570aa6-f420-4f91-8836-43a56c8f5f84, Windmill Bks.) Rosen Publishing Group, Inc., The.

A-Maze-Ing Adventures among the Stars, 1 vol. Lisa Regan. Illus. by Andy Peters. 2020. (A-Maze-Ing Adventures Ser.). (ENG.). 32p. (gr. 3-3). lib. bdg. 28.93 *(978-1-4994-8559-2(X)*, d9d52245-f818-4e89-b605-418657617a4f, Windmill Bks.) Rosen Publishing Group, Inc., The.

A-Maze-Ing Adventures in Asia & Australasia, 1 vol. Lisa Regan. Illus. by Andy Peters. 2020. (A-Maze-Ing Adventures Ser.). (ENG.). 32p. (gr. 3-3). pap. 11.00 *(978-1-4994-8553-0(0)*, 5aa6a1b0-09ab-4643-a0e2-4fc7ce9ce3a8, Windmill Bks.) Rosen Publishing Group, Inc., The.

A-Maze-Ing Adventures in Deep Space, 1 vol. Lisa Regan. Illus. by Andy Peters. 2020. (A-Maze-Ing Adventures Ser.). (ENG.). 32p. (gr. 3-3). pap. 11.00 *(978-1-4994-8565-3(4)*, bdae8b44-3c19-4a8d-8942-c3ff21f00cec); lib. bdg. 28.93 *(978-1-4994-8567-7(0)*, ca32c7b2-1464-4eb1-b731-b86d9e3d05fd) Rosen Publishing Group, Inc., The. (Windmill Bks.).

A-Maze-Ing Adventures in the Solar System, 1 vol. Lisa Regan. Illus. by Andy Peters. 2020. (A-Maze-Ing Adventures Ser.). (ENG.). 32p. (gr. 3-3). lib. bdg. 28.93 *(978-1-4994-8563-9(8)*, d05a0f7e-6518-4f22-baa6-acac359a089d, Windmill Bks.) Rosen Publishing Group, Inc., The.

a-Maze-Ing Christmas (8-10) Warner Press. 2018. (ENG.). 16p. (J). pap. 2.39 *(978-1-68434-051-4(9))* Warner Pr., Inc.

A-Maze-Ing Mazes! Kids Maze Activity Book. Bobo's Children Activity Books. 2016. (ENG., Illus.). (J). pap. 9.33 *(978-1-68327-295-3(1))* Sunshine In My Soul Publishing.

A-Maze-Ing Peanuts: 100 Mazes Featuring Charlie Brown & Friends. Charles M. Schulz & Joe Wos. 2021. (ENG.). 112p. (J). pap. 12.99 *(978-1-5248-6972-4(4))* Andrews McMeel Publishing.

A-Maze Me! Fun Activity Games for Girls: American Girl Books Collection. Jupiter Kids. 2016. (ENG., Illus.). 76p. (J). pap. 13.75 *(978-1-68305-381-1(8)*, Jupiter Kids (Childrens & Kids Fiction)) Speedy Publishing LLC.

A-Maze-Me! Mazes for Kids (Activity Book Edition) Work, Play & Learn Series Grade 1 Up. Baby Professor. 2017. (ENG., Illus.). (J). (gr. 1-4). pap. 13.00 *(978-1-5419-1009-6(5)*, Baby Professor (Education Kids)) Speedy Publishing LLC.

¡a Medir! (Measure It!) (Set), 6 vols. Julie Murray. 2019. (¡a Medir! (Measure It!) Ser.). (SPA.). 24p. (J). (gr. -1-2). lib. bdg. 188.16 *(978-1-0982-0066-4(7)*, 33006, Abdo Kids) ABDO Publishing Co.

¡a Mí No! Valeri Gorbachev. 2020. (¡Me Gusta Leer! Ser.). 24p. (J). (gr. -1-3). pap. 8.99 *(978-0-8234-4688-9(3))* Holiday Hse., Inc.

À Nos Vies Prospères et Nos âmes Amères. Fatma Soumaré. Ed. by Melissa Melissa Poprawka. 2023. (FRE.). 59p. (YA). pap. ***(978-1-4477-5455-8(7))*** Lulu Pr., Inc.

A-Okay. Jarad Greene. Illus. by Jarad Greene. 2021. (ENG., Illus.). 240p. (J). (gr. 3-7). 22.99 *(978-0-06-303285-9(6)*, HarperAlley) HarperCollins Pubs.

A-Okay. Jarad Greene. 2021. (ENG., Illus.). 240p. (J). (gr. 3-7). pap. 13.99 *(978-0-06-303284-2(8)*, HarperAlley) HarperCollins Pubs.

A Party for Piper: Practicing the P Sound, 1 vol. Victoria Vinci. 2016. (Rosen Phonics Readers Ser.). (ENG., Illus.). 8p. (J). (gr. -1-2). pap. *(978-1-5081-3071-0(X)*, 16420d36-b6aa-43dc-b665-5954ea5266bb, Rosen Classroom) Rosen Publishing Group, Inc., The.

A Poet's Journal: Exploring Nature & the Seasons Set, 14 vols. 2018. (Poet's Journal: Exploring Nature & the Seasons Ser.). (ENG.). 24p. (gr. 2-4). lib. bdg. 183.89 *(978-1-5081-9721-8(0)*, 431121f0-b59b-4aa2-8534-b238cbd5a49e, Windmill Bks.) Rosen Publishing Group, Inc., The.

¡a Por Todas! / Big Nate Goes for Broke. Lincoln Peirce. 2022. (Nate el Grande / Big Nate Ser.: 4). (SPA.). 224p. (J). (gr. 3-7). pap. 12.95 *(978-1-64473-623-4(3))* Penguin Random House Grupo Editorial ESP. Dist: Penguin Random Hse. LLC.

¿a Qué Llamas Fútbol? (ENIL FSTK) Alina Karam Córdova & Jesse Hileman. 2017. (1r Enil Fstk Ser.). (SPA.). 32p. (J).

pap. 9.60 *(978-1-64053-029-4(0)*, ARC Pr. Bks.) American Reading Co.

¡a Recoger Manzanas! (Apple Picking Day! Spanish Edition) Candice Ransom. Illus. by Erika Meza. 2021. (LEYENDO a PASOS (Step into Reading) Ser.). 32p. (J). (gr. -1-1). pap. 5.99 *(978-0-593-37973-8(X))*; (SPA.). lib. bdg. 14.99 *(978-0-593-37974-5(8))* Random Hse. Children's Bks. (Random Hse. Bks. for Young Readers).

¡A reír! see Let's Giggle! / ¡a Reír!

a Romance of Peking (Classic Reprint) Charles Welsh Mason. 2018. (ENG., Illus.). 196p. (J). 27.96 *(978-0-428-88565-6(9))* Forgotten Bks.

A. S. K. Real World Questions / Real Word Answers. David Robertson. rev. ed. 2019. (ENG.). 224p. (J). 14.99 *(978-1-5271-0339-9(0)*, 3b8b2d43-9e74-45e0-8fd4-b9c189463fda, CF4Kids) Christian Focus Pubns. GBR. Dist: Baker & Taylor Publisher Services (BTPS).

A. Scartazzini Conversation-Book in English & Italian: A. Scartazzini Novissimo Manuale Di Conversazione, Inglese e Italiano (Classic Reprint) Giovanni Andrea Scartazzini. 2018. (ENG., Illus.). 198p. (J). 28.00 *(978-0-484-50858-2(X))* Forgotten Bks.

A Silly Kitty Christmas see Filou le Chat et Noël

a+ Student Primary Journal Half Page Ruled Notebook. Journals and Notebooks. 2019. (ENG.). 120p. (J). pap. 12.99 *(978-1-5419-6608-6(2)*, @ Journals & NoteBks.) Speedy Publishing LLC.

A Summer Sonata see Sonata de Verano

A to Z: Your Grand County History Alphabet. Penny Hamilton. 2017. (ENG., Illus.). 38p. (J). (gr. k-3). 17.95 *(978-0-692-83321-6(8))* Grand County Historical Assn.

a to Z Book of Wildflowers. Michael P. Earney. 2018. (ENG., Illus.). 62p. (J). (gr. 2-6). 21.95 *(978-1-941345-64-1(6))*; pap. 16.95 *(978-1-941345-65-8(4))* Erin Go Bragh Publishing.

A to Z Fun & Tasty Foods Baby & Toddler Alphabet Book. Baby Professor. 2017. (ENG., Illus.). (J). pap. 7.89 *(978-1-5419-0175-9(4)*, Baby Professor (Education Kids)) Speedy Publishing LLC.

a to Z of Animal Magic. Angela Hales. 2023. (ENG.). 58p. (J). pap. ***(978-1-0358-1251-6(7))*** Austin Macauley Pubs. Ltd.

a to Z Story of Australian Animals. Sally Morgan. Illus. by Bronwyn Bancroft. 2021. (ENG.). 32p. (J). (gr. -1-k). pap. 9.99 *(978-1-76050-593-6(5))* Little Hare Bks. AUS. Dist: Independent Pubs. Group.

¡a Trabajar Duro! / Dig (Spanish Edition) Jaye Garnett. Ed. by Cottage Door Press. Illus. by Mattia Cerato. 2020. (Peek-A-Flap Ser.). (SPA.). 12p. (J). (gr. -1-1). bds. 9.99 *(978-1-64638-060-2(6)*, 1002770-SLA) Cottage Door Pr.

(a) Tractores en la Granja. Kate Marquez & Robbie Byerly. 2017. (1-3a Ser.). (SPA.). 16p. (J). pap. 9.60 *(978-1-63437-889-5(X)*, ARC Pr. Bks.) American Reading Co.

A-Train Allen. Lesley Younge. Illus. by Lonnie Ollivierre. 2023. (Own Voices, Own Stories Ser.). (ENG.). 32p. (J). (gr. k-3). 18.99 *(978-1-5341-1183-7(2)*, 205377) Sleeping Bear Pr.

À Travers les Plumes de Manéo. Estelle Cloutier. 2022. (FRE.). 36p. (J). pap. ***(978-1-387-67797-9(7))*** Lulu Pr., Inc.

A Truckload of Trouble: Tales of Blueberry Street. Debbie Burton. 2022. (Tails of Blueberry Street Ser.: Vol. 3). (ENG.). 80p. (J). pap. 8.99 *(978-1-64949-561-7(7))* Elk Lake Publishing, Inc.

a True Book - Engineering Wonders (NEW SUBSET): Skyscrapers. Katie Marsico. 2016. (True Book(tm) — Engineering Wonders Ser.). (ENG., Illus.). 48p. (J). pap. 6.95 *(978-0-531-22273-7(X)*, Children's Pr.) Scholastic Library Publishing.

a True Book - Engineering Wonders (NEW SUBSET): Warships. Katie Marsico. 2016. (True Book(tm) — Engineering Wonders Ser.). (ENG., Illus.). 48p. (J). pap. 6.95 *(978-0-531-22274-4(8)*, Children's Pr.) Scholastic Library Publishing.

a True Book - Extreme Earth: Avalanches (Library Edition) Steven Otfinoski. 2016. (True Book(tm), a — Extreme Earth Ser.). (ENG., Illus.). 48p. (J). lib. bdg. 31.00 *(978-0-531-22294-2(2)*, Children's Pr.) Scholastic Library Publishing.

A Unicorn is Born: Practicing the OR Sound, 1 vol. Fabio Schiavone. 2016. (Rosen Phonics Readers Ser.). (ENG., Illus.). 8p. (J). (gr. -1-2). pap. *(978-1-5081-3028-4(0)*, 235e675c-f518-4750-ab0f-55f574275 77f, Rosen Classroom) Rosen Publishing Group, Inc., The.

¡a Ver Quién Gana! Set of 6 with Common Core Teacher Materials. Benchmark Education Co., LLC Staff. 2017. (Classic Tales Ser.). (SPA.). (J). (gr. 1). 42.00 net. *(978-1-5125-0657-0(5))* Benchmark Education Co.

A Violin for Violet: Practicing the V Sound, 1 vol. Timea Thompson. 2016. (Rosen Phonics Readers Ser.). (ENG., Illus.). 12p. (J). (gr. -1-2). pap. *(978-1-5081-3038-3(8)*, b7dcb91a-eed5-4287-ab60-f127281b22c4, Rosen Classroom) Rosen Publishing Group, Inc., The.

A Visual Exploration of Science: Set 1, 8 vols. 2017. (Visual Exploration of Science Ser.). (ENG.). 96p. (gr. 8-8). 155.20 *(978-1-4994-6657-7(9)*, ddbd742a-6be1-4a77-a1da-93403ab7d338, Rosen Young Adult) Rosen Publishing Group, Inc., The.

A Visual Exploration of Science: Set 2, 10 vols. 2017. (Visual Exploration of Science Ser.). (ENG.). 104p. (YA). (gr. 8-8). lib. bdg. 194.00 *(978-1-5081-7782-1(1)*, 95a97a45-3747-4b7d-8fd0-d721f4724fc3, Rosen Young Adult) Rosen Publishing Group, Inc., The.

A World in Danger: Set, 8 vols. 2021. (World in Danger Ser.). (ENG.). 24p. (J). (gr. 2-2). lib. bdg. 101.08 *(978-1-7253-3613-1(8)*, d282d2db-d236-4784-a9c8-bac466a0c568, PowerKids Pr.) Rosen Publishing Group, Inc., The.

A-Z Animals Coloring Book for Children (6x9 Coloring Book / Activity Book) Sheba Blake. 2020. (ENG.). 56p. (J). pap. 9.99 *(978-1-222-28933-6(4))* Indy Pub.

A-Z Animals Coloring Book for Children (8. 5x8. 5 Coloring Book / Activity Book) Sheba Blake. 2021. (ENG.). 56p. (J). pap. 12.99 *(978-1-222-29226-8(2))* Indy Pub.

A-Z Animals Coloring Book for Children (8x10 Coloring Book / Activity Book) Sheba Blake. 2020. (ENG.). 56p. (J). pap. 14.99 *(978-1-222-28934-3(2))* Indy Pub.

A-Z Animals Handwriting Practice Activity Book for Children (6x9 Coloring Book / Activity Book) Sheba Blake. 2020. (ENG.). 30p. (J). pap. 9.99 *(978-1-222-28911-4(3))* Indy Pub.

A-Z Animals Handwriting Practice Activity Book for Children (8. 5x8. 5 Coloring Book / Activity Book) Sheba Blake. 2021. (ENG.). 30p. (J). pap. 12.99 *(978-1-222-29225-1(4))* Indy Pub.

A-Z Animals Handwriting Practice Activity Book for Children (8x10 Coloring Book / Activity Book) Sheba Blake. 2020. (ENG.). 30p. (J). pap. 14.99 *(978-1-222-28912-1(1))* Indy Pub.

A-Z CHRISTmas Coloring & Activity Book: About the Marvelous Birth of Jesus. Jacqueline D. Jones. 2022. 56p. (J). pap. 9.99 *(978-1-6678-1453-7(2))* BookBaby.

A-Z Devociones para Los Más Pequeños. Susan Park. 2023. (SPA.). 60p. (J). pap. 18.00 ***(978-1-0881-7279-7(2))*** Indy Pub.

A-Z Devotions for Little Ones. Susan Park. 2023. (ENG.). 60p. (J). pap. 17.00 ***(978-1-0880-9683-3(2))*** Indy Pub.

A-Z Dinosaurs Coloring Book. Bobo's Children Activity Books. 2016. (ENG., Illus.). (J). pap. 9.33 *(978-1-68327-516-9(0))* Sunshine In My Soul Publishing.

A-Z Family Devotional. Susan Park. 2023. (ENG.). 86p. (J). pap. 18.00 ***(978-1-0881-7258-2(X))*** Indy Pub.

A-Z How to Be a Princess. Brittany Finch. Illus. by Alina Kralia. 2022. (Tieghan's Story Ser.: 1). 34p. (J). 25.00 *(978-1-6678-1265-6(3))* BookBaby.

A-Z of Animals. Tom Jackson. 2018. (ENG.). 32p. (J). (gr. -1-1). 9.95 *(978-1-78274-686-7(2))* Amber Bks. GBR. Dist: Sterling Publishing Co., Inc.

A-Z of Endangered Animals. Jennifer Cossins. 2019. (ENG.). 64p. (J). pap. 12.99 *(978-0-7344-1857-9(4))*; (gr. 1-5). 16.99 *(978-0-7344-1795-4(0))* Hachette Australia AUS. (Lothian Children's Bks.). Dist: Hachette Bk. Group.

a-Z of Me: Life Lessons for Kids. Katherine Turner. Illus. by Katherine Turner. 2020. (ENG.). 34p. (J). 28.38 *(978-1-716-54716-4(4))* Lulu Pr., Inc.

a-Z of Minding Me. Tracey Flynn & Niamh Gogan. Illus. by Kerry O'Callaghan. 2022. (ENG.). 32p. (J). 18.95 *(978-0-7171-9429-2(9))* Gill Bks. IRL. Dist: Casemate Pubs. & Bk. Distributors, LLC.

A-Z of Self-Care for Kids. Alexandra Barnett. 2022. (ENG.). 34p. (J). ***(978-1-915680-50-1(6))***; pap. ***(978-1-913615-80-2(4))*** Trigger Publishing.

A-Z on How I See. Maureen Oyaide-Ofenor Od Msc Pvt. 2021. (ENG.). 44p. (J). *(978-0-2288-2711-5(6))*; pap. *(978-0-2288-2709-2(4))* Tellwell Talent.

A-Z Tracing & Color Activity Book for Children (6x9 Coloring Book / Activity Book) Sheba Blake. 2020. (ENG.). 30p. (J). pap. 9.99 *(978-1-222-28907-7(5))* Indy Pub.

A-Z Tracing & Color Activity Book for Children (8. 5x8. 5 Coloring Book / Activity Book) Sheba Blake. 2021. (ENG.). 30p. (J). pap. 12.99 *(978-1-222-29223-7(8))* Indy Pub.

A-Z Tracing & Color Activity Book for Children (8x10 Coloring Book / Activity Book) Sheba Blake. 2020. (ENG.). 30p. (J). pap. 14.99 *(978-1-222-28908-4(3))* Indy Pub.

A439: Being the Autobiography of a Piano (Classic Reprint) Algernon Sidney Rose. (ENG., Illus.). (J). 2018. 262p. 29.30 *(978-0-483-92202-0(1))*; 2017. pap. 11.97 *(978-0-243-41447-5(1))* Forgotten Bks.

Aa. Bela Davis. 2016. (Alphabet Ser.). (ENG., Illus.). 24p. (J). (gr. -1-2). lib. bdg. 31.36 *(978-1-68080-877-3(X)*, 23229, Abdo Kids) ABDO Publishing Co.

AAAlligator! Judith Henderson. Illus. by Andrea Stegmaier. 2020. (ENG.). 40p. (J). (gr. -1-2). 18.99 *(978-1-5253-0151-3(9))* Kids Can Pr., Ltd. CAN. Dist: Hachette Bk. Group.

Aarrff! Aarrff! The Dog Coloring Book. Jupiter Kids. 2016. (ENG., Illus.). 106p. (J). pap. 12.55 *(978-1-68305-119-0(X)*, Jupiter Kids (Childrens & Kids Fiction)) Speedy Publishing LLC.

Aah! Blown Away, Crash! An Alphabet Misadventure. Brigitte Brulz. Illus. by Alyssa Brulz. 2020. (ENG.). 34p. (J). 17.99 ***(978-1-0878-7717-4(2))*** Indy Pub.

Aakash # 1: Clash with the Legion of Darkness. Vinod et al. 2018. (ENG., Illus.). 42p. (J). pap. 11.99 *(978-1-64249-370-2(8))* Notion Pr., Inc.

Aalfred & Aalbert. Morag Hood. 2019. (ENG., Illus.). 32p. (J). (gr. -1-3). 16.95 *(978-1-68263-121-8(4))* Peachtree Publishing Co. Inc.

Aalia's Guardian Angel. Tahirih Lemon. 2022. (ENG.). 116p. (YA). (gr. 7-10). pap. ***(978-0-6455901-3-5(4))*** Lemon, Tahirih.

Aaliyah in Wonderland. Aaliyah Youssef Thomas & Carlos Zapata. 2020. (ENG.). 38p. (J). *(978-1-8380713-5-6(0))* Tiny Angel Pr. Ltd.

Aaliyah's Dress. Hannah Morris. Ed. by Kit Duncan. Illus. by Alex Bjelica. 2017. (Adventures of the Four Bankieteers Ser.: Vol. 3). (ENG.). 42p. (J). pap. *(978-1-912274-06-2(X))* ActiveMindCare Publishing.

a&a Detective Agency: the Fairfleet Affair. K. H. Saxton. 2023. (A&a Detective Agency Ser.). 272p. (J). (gr. 3-7). 16.99 ***(978-1-4549-5012-7(9))***; pap. 8.99 ***(978-1-4549-5013-4(7))*** Sterling Publishing Co., Inc. (Union Square Pr.).

A'ja Wilson. Tracy Abell. 2022. (WNBA Superstars Ser.). (ENG., Illus.). 32p. (J). (gr. 3-5). pap. 9.95 *(978-1-63739-127-3(7))*; lib. bdg. 31.35 *(978-1-63739-073-3(4))* North Star Editions. (Focus Readers).

Aanya's Adventure at the Festival of Lights. Nandini Agarwal. 2021. (ENG.). 34p. (J). *(978-1-80369-082-7(8))*; pap. *(978-1-80369-081-0(X))* Authors OnLine, Ltd.

A$AP Rocky: Master Collaborator. Judy Dodge Cummings. 2019. (Hip-Hop Artists Ser.). (ENG., Illus.). 112p. (J). (gr. 6-12). lib. bdg. 41.36 *(978-1-5321-9017-9(4)*, 33354, Essential Library) ABDO Publishing Co.

Aarav's Note. Derrick Whitsett. 2022. (ENG.). 32p. (J). 19.99 ***(978-1-0880-1056-3(3))*** Indy Pub.

Aardvark & the Anthill. Donna & Jonna. 2022. (ENG.). 36p. (J). 29.95 ***(978-1-63692-489-2(1))***; pap. 17.95 ***(978-1-63692-487-8(5))*** Newman Springs Publishing, Inc.

Aardvark or Anteater. Tamra Orr. 2019. (21st Century Junior Library: Which Is Which? Ser.). (ENG., Illus.). 24p. (J). (gr. 2-5). pap. 12.79 *(978-1-5341-5020-1(X)*, 213387); lib. bdg. 30.64 *(978-1-5341-4734-8(9)*, 213386) Cherry Lake Publishing.

Aardvarks. Emma Bassier. (Weird & Wonderful Animals Ser.). (ENG., Illus.). 32p. (J). 2020. (gr. 3-3). pap. 9.95 *(978-1-64494-331-1(X)*, 164494331X); 2019. (gr. 2-5). lib. bdg. 32.79 *(978-1-5321-6601-3(X)*, 33304, DiscoverRoo) Pop!.

Aardvarks in the Ark? Carmy. 2022. (ENG., Illus.). 34p. (J). pap. 16.95 *(978-1-63630-472-4(9))* Covenant Bks.

Aaron Burr: More Than a Villain (Alexander Hamilton) Brian McGrath. rev. ed. 2017. (Social Studies: Informational Text Ser.). (ENG., Illus.). 32p. (gr. 4-8). pap. 11.99 *(978-1-4258-6355-5(8))* Teacher Created Materials, Inc.

Aaron Burr's Ghost & Other New York City Hauntings. Megan Cooley Peterson. 2020. (Haunted History Ser.). (ENG., Illus.). 32p. (J). (gr. 3-5). lib. bdg. 31.32 *(978-1-4966-8372-4(2)*, 200244, Capstone Pr.) Capstone.

Aaron Copland (Revised Edition) (Getting to Know the World's Greatest Composers) (Library Edition) Mike Venezia. Illus. by Mike Venezia. 2018. (Getting to Know the World's Greatest Composers Ser.). (ENG., Illus.). 40p. (J). (gr. 3-4). 29.00 *(978-0-531-22867-8(3)*, Children's Pr.) Scholastic Library Publishing.

Aaron Donald. Christina Hill. 2022. (Sports All-Stars (Lerner (tm) Sports) Ser.). (ENG., Illus.). 32p. (J). (gr. 2-5). pap. 9.99 *(978-1-7284-4943-2(X)*, 37a5d3c7-1c59-4d03-b4c6-b45346114546); lib. bdg. 29.32 *(978-1-7284-4120-7(X)*, 22258946-c13a-4267-87b8-b990964730c1) Lerner Publishing Group. (Lerner Pubns.).

Aaron Donald. Donald Parker. 2019. (Gridiron Greats: Pro Football's Best Players Ser.). 80p. (J). (gr. 12). lib. bdg. 34.60 *(978-1-4222-4340-4(0))* Mason Crest.

Aaron Donald: Football Star. Lee Patrick. 2020. (Biggest Names in Sports Set 5 Ser.). (ENG., Illus.). 32p. (J). (gr. 3-5). pap. 9.95 *(978-1-64493-130-1(3)*, 1644931303); lib. bdg. 31.35 *(978-1-64493-051-9(X)*, 164493051X) North Star Editions. (Focus Readers).

Aaron Donald vs. Reggie White: Who Would Win? David Stabler. 2023. (All-Star Smackdown (Lerner (tm) Sports) Ser.). (ENG., Illus.). 32p. (J). (gr. 2-5). pap. 9.99 Lerner Publishing Group.

Aaron Gray & the Dragon War. David A. Wilson. 2017. (Breveny Chronicles Ser.: Vol. 1). (ENG., Illus.). (J). pap. *(978-1-5272-0616-8(5))* Alex/Slingsby.

Aaron Judge. Jon M. Fishman. 2018. (Sports All-Stars (Lerner (tm) Sports) Ser.). (ENG., Illus.). 32p. (J). (gr. 2-5). pap. 9.99 *(978-1-5415-2802-4(6)*, 01d3544b-7f50-43ea-a0db-ffe5be5c9554); lib. bdg. 29.32 *(978-1-5415-2456-9(X)*, efa506f1-5228-4891-a35d-b52e0c826f7d, Lerner Pubns.) Lerner Publishing Group.

Aaron Judge. Contrib. by Anthony K. Hewson. 2023. (SportsZone Biographies Ser.). (ENG.). 32p. (J). (gr. 3-9). lib. bdg. 32.79 ***(978-1-0982-9165-5(4)***, 42952, SportsZone) ABDO Publishing Co.

Aaron Judge. Allan Morey. 2019. (ENG.). 24p. (J). (gr. 1-3). pap. 10.99 *(978-1-68152-448-1(1)*, 11034) Amicus.

Aaron Judge. Rebecca Pettiford. 2023. (Sports Superstars Ser.). (ENG., Illus.). (J). (gr. 3-7). lib. bdg. 26.95 Bellwether Media.

Aaron Judge: Baseball Star. Greg Bates. 2018. (Biggest Names in Sports Set 3 Ser.). (ENG., Illus.). 32p. (J). (gr. 3-5). pap. 9.95 *(978-1-63517-968-2(8)*, 1635179688); lib. bdg. 31.35 *(978-1-63517-867-8(3)*, 1635178673) North Star Editions. (Focus Readers).

Aaron Judge & the New York Yankees: Then & Now: the Ultimate Baseball Coloring, Activity, Biography & STATS Book for Adults & Kids. Anthony Curcio. 2018. (ENG., Illus.). 100p. (J). pap. 8.99 *(978-0-9980307-2-2(4))* Sportiva Bks.

Aaron Rodgers. Jon M. Fishman. 2018. (Sports All-Stars (Lerner (tm) Sports) Ser.). (ENG., Illus.). 32p. (J). (gr. 2-5). lib. bdg. 29.32 *(978-1-5415-2453-8(5)*, b9e5cd1b-8619-4b3d-8f98-73b111eda244, Lerner Pubns.) Lerner Publishing Group.

Aaron Rodgers. Will Graves. 2020. (PrimeTime: Superstar Quarterbacks Ser.). (ENG.). 32p. (J). (gr. 3-4). pap. 9.95 *(978-1-63494-231-0(X)*, 1634942310); lib. bdg. 31.35 *(978-1-63494-213-3(2)*, 1634942132) Pr. Room Editions LLC.

Aaron Rodgers. Allan Morey. 2019. (Pro Sports Biographies Ser.). (ENG.). 24p. (J). (gr. 1-3). pap. 8.99 *(978-1-68152-449-8(X)*, 11035) Amicus.

Aaron Rodgers, 1 vol. Philip Wolny. 2018. (Sports' Top MVPs Ser.). (ENG.). 48p. (gr. 5-5). 33.47 *(978-1-5081-8210-8(8)*, 60ce8f8d-2fdd-418c-995e-f0a29cc2ddf9) Rosen Publishing Group, Inc., The.

Aaron Rodgers, Vol. 9. Joe L. Morgan. 2018. (Gridiron Greats: Pro Football's Best Players Ser.). 80p. (J). (gr. 7). lib. bdg. 33.27 *(978-1-4222-4068-7(1))* Mason Crest.

Aaron Rodgers: Champion Football Star, 1 vol. David Aretha. 2017. (Sports Star Champions Ser.). (ENG.). 48p. (gr. 5-6). lib. bdg. 29.60 *(978-0-7660-8716-3(6)*, 8a93cff0-03e9-459c-95ff-da509f7d5f69) Enslow Publishing, LLC.

Aaron Rodgers: Super Bowl MVP, 1 vol. Daniel E. Harmon. 2018. (Living Legends of Sports Set 2 Ser.). (ENG.). 48p. (gr. 5-6). lib. bdg. 28.41 *(978-1-5383-0397-9(3)*, 51a09ab2-f87c-4fdd-9e89-176c8cafc89e, Britannica Educational Publishing) Rosen Publishing Group, Inc., The.

Aaron Rodgers: Superstar Quarterback. Dennis St. Sauver. 2019. (NFL Superstars Ser.). (ENG., Illus.). 32p. (J). (gr. 2-5). lib. bdg. 34.21 *(978-1-5321-1984-2(4)*, 32447, Big Buddy Bks.) ABDO Publishing Co.

Aaron Slater & the Sneaky Snake (the Questioneers Book #6) Andrea Beaty. Illus. by David Roberts. 2023. (Questioneers Ser.). (ENG.). 160p. (J). (gr. 1-4). 12.99 *(978-1-4197-5398-5(3)*, 1730701, Amulet Bks.) Abrams, Inc.

Aaron Slater, Illustrator. Andrea Beaty. Illus. by David Roberts. 2021. (Questioneers Ser.). (ENG.). 40p. (J). (gr. k-2). 18.99 *(978-1-4197-5396-1(7)*, 1730501) Abrams, Inc.

Aaron Slater's Big Project Book for Astonishing Artists. Andrea Beaty. Illus. by David Roberts. 2022. (Questioneers Ser.). (ENG.). 96p. (J). (gr. -1-3). pap. 14.99 *(978-1-4197-5397-8(5)*, 1730603) Abrams, Inc.

Aaron Slick from Punkin Crick: A Clean Rural Comedy in Three Acts (Classic Reprint) Beale Cormack. (ENG., Illus.). (J). 2018. 106p. 26.08 *(978-0-483-76327-2(6))*; 2017. pap. 9.57 *(978-0-259-39188-3(3))* Forgotten Bks.

Aarón Soñador, Ilustrador / Aaron Slater, Illustrator. Andrea Beaty. Illus. by David Roberts. 2022. (Los Preguntones / the Questioneers Ser.). (SPA.). 40p. (J). (gr. k-3). 17.95 *(978-1-64473-443-8(5)*, Beascoa) Penguin Random House Grupo Editorial ESP. Dist: Penguin Random Hse. LLC.

Aarón Soñador y la Serpiente Sigilosa / Aaron Slater & the Sneaky Snake. Andrea Beaty. Illus. by David Roberts. 2023. (Los Preguntones / the Questioneers Ser.). (SPA.). 144p. (J). (gr. 2-4). pap. 11.95 ***(978-1-64473-855-9(4)***, Alfaguara) Penguin Random House Grupo Editorial ESP. Dist: Penguin Random Hse. LLC.

Aaron the Aardvark Meets Grizible. David B. McKinney. 2017. (Aaron the Aardvark Ser.: Vol. 3). (ENG., Illus.). (J). (gr. k-3). 18.50 *(978-0-692-86325-1(7))* McKinney, David.

Aaron the Jew, Vol. 1 Of 3: A Novel (Classic Reprint) Benjamin Leopold Farjeon. (ENG., Illus.). (J). 2018. 220p. 28.43 *(978-0-483-92049-1(5))*; 2016. pap. 10.97 *(978-1-334-23833-8(2))* Forgotten Bks.

Aaron West (Classic Reprint) John Knittel. 2017. (ENG., Illus.). (J). 31.34 *(978-0-265-67398-0(4))*; pap. 13.97 *(978-1-5276-4893-7(1))* Forgotten Bks.

Aaron's Adventure: The Art of Giving. Mandy Addison. Illus. by Mandy Addison. 2022. (ENG.). 24p. (J). pap. *(978-0-2288-7485-0(8))* Tellwell Talent.

Aaron's Christmas Wish. Put Me In The Story & J. D. Green. Illus. by Julia Seal. 2018. (Christmas Wish Ser.). (ENG.). 32p. (J). (gr. k-3). 6.99 ***(978-1-4926-8504-3(6))*** Sourcebooks, Inc.

Aaron's Day Off. Cindy Mackey. 2017. (ENG., Illus.). (J). (gr. k-3). pap. 11.99 *(978-0-9990993-0-8(2))* Cyrano Bks.

Aaron's Hair. Robert Munsch et al. Illus. by Alan Daniel & Lea Daniel. 2020. (ENG.). 32p. (J). pap. 7.99 *(978-0-439-98716-5(4))* Scholastic Canada, Ltd. CAN. Dist: Publishers Group West (PGW).

Aaron's Incredible Pen. Ron Jesiolowski. 2021. (ENG.). 42p. (J). 16.95 *(978-1-6629-1777-6(5))* Gatekeeper Pr.

Aaron's Rod (Classic Reprint) David Herbert Lawrence. 2017. (ENG., Illus.). 346p. (J). 31.05 *(978-0-266-61153-0(2))* Forgotten Bks.

Aasira. Amber Camell. 2020. (ENG.). 300p. (YA). pap. 19.95 *(978-1-64654-483-7(8))* Fulton Bks.

Aathichoodi. Vaishnavi Ramshankar & Saraniya S. 2022. (TAM.). 34p. (J). pap. 9.00 *(978-1-63640-530-8(4)*, White Falcon Publishing) White Falcon Publishing.

AB Gets His Wings. Richard Bland. 2019. (ENG., Illus.). 40p. (J). pap. *(978-1-78132-553-7(7))* SilverWood Bks.

AB-O'Th-Yates Dictionary; or, Walmsley Fowt Skoomester: Put T'Gether by the Help o Fause Juddie (Classic Reprint) Benjamin Brierley. 2018. (ENG., Illus.). 246p. (J). 28.97 *(978-0-267-68232-4(8))* Forgotten Bks.

Abaddon Illusion. Lindsey Bakken. 2021. (ENG.). 306p. (YA). pap. 12.99 *(978-1-63752-829-7(9))* Primedia eLaunch LLC.

Abaft the Funnel (Classic Reprint) Rudyard Kipling. 2017. (ENG., Illus.). (J). 31.61 *(978-0-265-58870-3(7))* Forgotten Bks.

Abandon. Alice Butler. 2022. (ENG.). 72p. (J). pap. ***(978-1-80227-928-3(8))*** Publishing Push Ltd.

Abandon Ship! The True World War II Story about the Sinking of the Laconia. Michael J. Tougias & Alison O'Leary. 2023. (True Survival Ser.: 1). (ENG., Illus.). 272p. (J). (gr. 4-9). 18.99 *(978-0-316-40137-1(4))* Little, Brown Bks. for Young Readers.

Abandoned. Paul Gallico. 2022. (ENG.). 320p. (J). (gr. 4-7). pap. 13.99 *(978-1-68137-667-7(9)*, NYRB Kids) New York Review of Bks., Inc., The.

Abandoned Claim (Classic Reprint) Flora Haines Loughead. 2018. (ENG., Illus.). 338p. (J). 30.87 *(978-0-267-21038-1(8))* Forgotten Bks.

Abandoned (Classic Reprint) William Clark Russell. (ENG., Illus.). (J). 2018. 356p. 31.24 *(978-0-483-57644-5(1))*; 2016. pap. 13.97 *(978-1-334-13156-1(2))* Forgotten Bks.

Abandoned Farm, and, Connie's Mistake (Classic Reprint) Mary Jane Holmes. (ENG., Illus.). (J). 2018. 322p. 30.56 *(978-0-483-68223-8(3))*; 2016. pap. 13.57 *(978-1-333-13929-2(2))* Forgotten Bks.

Abandoned Farm (Classic Reprint) Kate Sanborn. 2017. (ENG., Illus.). 184p. (J). 27.69 *(978-0-484-20796-6(2))* Forgotten Bks.

Abandoned Farmer (Classic Reprint) Sydney Herman Preston. 2018. (ENG., Illus.). 314p. (J). 30.37 *(978-0-483-92664-6(7))* Forgotten Bks.

Abandoned Farmers (Classic Reprint) Irvin S. Cobb. 2018. (ENG., Illus.). 252p. (J). 29.11 *(978-0-483-96212-5(0))* Forgotten Bks.

Abandoned Hospitals, 1 vol. Alix Wood. 2016. (World's Scariest Places Ser.). (ENG.). 32p. (J). (gr. 4-5). pap. 11.50 *(978-1-4824-5897-8(7)*, 0a6093ca-299d-4fa4-8947-4cfbc1f3f102) Stevens, Gareth Publishing LLLP.

Abandoned on the Wild Frontier: Introducing Peter Cartwright. Dave Jackson & Neta Jackson. 2016. (ENG., Illus.). (J). pap. 7.99 *(978-1-939445-17-9(5))* Castle Rock Creative, Inc.

Abandoning an Adopted Farm (Classic Reprint) Kate Sanborn. 2017. (ENG., Illus.). (J). 27.90 *(978-0-331-68885-6(9))* Forgotten Bks.

Abba Father's Lullaby. Elizabeth Stevens. 2017. (ENG., Illus.). (J). 21.95 *(978-1-64140-441-9(8))*; pap. 12.95 *(978-1-68197-408-8(8))* Christian Faith Publishing.

Abba Tree. Devora Busheri. Illus. by Gal Shkedi. 2020. (ENG.). 24p. (J). (gr. -1-3). 17.99 *(978-1-5415-3466-7(2)*, 16b82cf6-5bb3-486a-b02b-85d4be5457a6, Kar-Ben Publishing) Lerner Publishing Group.

Abba's Sanctuary: Book One. Aksmc. 2018. (ENG., Illus.). 34p. (J). pap. 13.95 *(978-1-64114-648-7(6))* Christian Faith Publishing.

2 The check digit for ISBN-10 appears in parentheses after the full ISBN-13

Abbatial Crosier: Or Bonaik & Septimine, a Tale of a Medieval Abbess (Classic Reprint) Eugene Sue. 2018. (ENG., Illus.). 154p. (J). 27.09 *(978-0-483-26358-1(3))* Forgotten Bks.
ABBE Aubain, & Mosaics (Classic Reprint) Prosper Merimee. 2018. (ENG., Illus.). 354p. (J). 31.20 *(978-0-483-26225-6(0))* Forgotten Bks.
ABBE Constantin. Ludovic Halevy. 2017. (ENG., Illus.). (J). pap. *(978-0-649-00137-8(0))*; pap. *(978-0-649-40747-7(4))* Trieste Publishing Pty Ltd.
ABBE Constantin: L'Abbe Constantin (Classic Reprint) Ludovic Halevy. 2017. (ENG., Illus.). (J). pap. 13.57 *(978-0-259-30114-1(0))* Forgotten Bks.
Abbé Constantin: L'Abbé Constantin (Classic Reprint) Ludovic Halevy. 2018. (ENG., Illus.). 350p. (J). 31.14 *(978-0-666-23675-3(5))* Forgotten Bks.
ABBE Constantin (Classic Reprint) Ludovic Halevy. 2018. (ENG., Illus.). (J). 28.41 *(978-0-265-19791-2(0))* Forgotten Bks.
ABBE Daniel: From Andre French Andre Theuriet (Classic Reprint) Helen B. Dole. 2018. (ENG., Illus.). 212p. (J). 28.27 *(978-0-332-45400-9(2))* Forgotten Bks.
ABBE Pierre (Classic Reprint) Jay William Hudson. 2018. (ENG., Illus.). 344p. (J). 31.01 *(978-0-428-86088-2(5))* Forgotten Bks.
Abbey & the Beatles. Tracilyn George. 2020. (ENG.). 24p. (J). pap. 11.00 *(978-1-990153-93-8(3))* Lulu Pr., Inc.
Abbey Mcfly. Carmen Haines. 2019. (ENG., Illus.). 38p. (J). pap. *(978-1-78830-222-7(2))* Olympia Publishers.
Abbey's Big Backyard Adventure. Debbie Wright. 2018. (ENG., Illus.). 28p. (J). pap. 12.95 *(978-1-64140-390-0(X))* Christian Faith Publishing.
Abbey's Dental Jewel. Mary Catherine Rolston. 2021. (ENG.). 40p. (J). *(978-1-0391-1659-7(0))*; pap. *(978-1-0391-1658-0(2))* FriesenPress.
Abbie Against the Storm: The True Story of a Young Heroine & a Lighthouse. Marcia Vaughan. Illus. by Bill Farnsworth. 2022. (ENG.). 32p. (J). 10.99 *(978-1-58270-888-1(6)*, Beyond Words) Simon & Schuster.
Abbie Ann (Classic Reprint) George Madden Martin. (ENG., Illus.). (J). 2018. 262p. 29.30 *(978-0-332-85286-7(5))*; 2016. pap. 11.97 *(978-1-333-47821-6(6))* Forgotten Bks.
Abbie Rose & the Magic Suitcase: I Trapped a Dolphin but It Really Wasn't My Fault (Expanded with Fact Pages) Neil Humphreys. Illus. by Cheng Puay Koon. 2023. (ENG.). 28p. (J). (gr. k-2). pap. 13.99 ***(978-981-5084-95-5(X))*** Marshall Cavendish International (Asia) Private Ltd. SGP. Dist: Independent Pubs. Group.
Abbie Rose & the Magic Suitcase: Picking up a Penguin's Egg Really Got Me into Trouble (Expanded with Fact Pages) Neil Humphreys. Illus. by Cheng Puay Koon. 2023. (Abbie Rose & the Magic Suitcase Ser.). (ENG.). 28p. (J). (gr. k-2). pap. 13.99 ***(978-981-5084-96-2(8))*** Marshall Cavendish International (Asia) Private Ltd. SGP. Dist: Independent Pubs. Group.
Abbie Rose & the Magic Suitcase: The Day a Panda Really Saved My Life (Expanded with Fact Pages) Neil Humphreys. Illus. by Cheng Puay Koon. 2023. (Abbie Rose & the Magic Suitcase Ser.). (ENG.). 28p. (J). (gr. k-2). pap. 13.99 ***(978-981-5084-94-8(1))*** Marshall Cavendish International (Asia) Private Ltd. SGP. Dist: Independent Pubs. Group.
Abbie Saunders. Mary A. Morton. 2017. (ENG.). 316p. (J). pap. *(978-3-7447-4737-0(9))* Creation Pubs.
Abbie Saunders: A Story of Pioneer Days in Minnesota (Classic Reprint) Mary A. Morton. 2017. (ENG., Illus.). (J). 30.35 *(978-1-5283-7813-0(X))* Forgotten Bks.
Abbie's Woods: Defending the Nest. Susan Thogerson Maas. 2021. (ENG.). 192p. (J). pap. 12.99 *(978-1-941720-77-6(3)*, WhiteSpark Publishing) WhiteFire Publishing.
Abbildungen Zur Geschichte der Schrift. Heinrich Wuttke. 2016. (GER., Illus.). (J). pap. *(978-3-7428-0937-7(7))* Creation Pubs.
Abbildungen Zur Geschichte der Schrift, Vol. 1 (Classic Reprint) Heinrich Wuttke. 2018. (GER., Illus.). 30p. (J). pap. 7.97 *(978-0-656-97103-9(7))* Forgotten Bks.
Abbot: Being the Sequel of the Monastery (Classic Reprint) Unknown Author. (ENG., Illus.). (J). 2018. 950p. 43.51 *(978-0-332-75512-0(6))*; 2017. pap. 25.85 *(978-0-243-49154-4(9))* Forgotten Bks.
Abbot: Being the Sequel of the Monastery (Classic Reprint) Walter Scott. 2018. (ENG., Illus.). 588p. (J). 36.02 *(978-0-428-55657-0(4))* Forgotten Bks.
Abbot: Being the Sequel to the Monastery (Classic Reprint) Walter Scott. 2018. (ENG., Illus.). 472p. (J). 33.63 *(978-0-267-84465-4(4))* Forgotten Bks.
Abbot Academy Class Book, 1903 (Classic Reprint) Abbot Academy. 2016. (ENG., Illus.). (J). pap. 9.57 *(978-1-334-14040-2(5))* Forgotten Bks.
Abbot Academy Class Book, 1904 (Classic Reprint) Abbot Academy. 2017. (ENG., Illus.). (J). pap. 9.57 *(978-0-266-06965-2(7))* Forgotten Bks.
Abbot Academy Class Book 1906: Published by the Members of the Senior Class at Andover, Massachusetts, June, Nineteen Hundred & Six (Classic Reprint) Abbot Academy. 2017. (ENG., Illus.). (J). pap. 9.57 *(978-1-334-97752-7(6))* Forgotten Bks.
Abbot Academy Class Book, 1908 (Classic Reprint) Dorothy Taylor. 2017. (ENG., Illus.). (J). 25.59 *(978-0-260-87709-3(3))*; pap. 9.57 *(978-1-5282-9239-9(1))* Forgotten Bks.
Abbot Academy Class Book, 1909 (Classic Reprint) Abbot Academy. 2017. (ENG., Illus.). (J). 25.77 *(978-0-260-63064-3(0))*; pap. 9.57 *(978-0-266-01869-8(6))* Forgotten Bks.
Abbot Academy Class Book, 1910 (Classic Reprint) Abbot Academy. 2017. (ENG., Illus.). (J). 25.79 *(978-0-265-98967-8(1))*; pap. 9.57 *(978-1-5278-6040-7(X))* Forgotten Bks.
Abbot Academy Class Book, 1913 (Classic Reprint) Abbot Academy. 2017. (ENG., Illus.). (J). 96p. 25.90 *(978-0-484-15658-5(6))*; pap. 9.57 *(978-0-282-54358-7(9))* Forgotten Bks.
Abbot Academy Class Book, 1914 (Classic Reprint) Abbot Academy. 2017. (ENG., Illus.). (J). pap. 9.57 *(978-0-259-97439-0(0))* Forgotten Bks.
Abbot Academy Class Book, 1915 (Classic Reprint) Abbot Academy. 2017. (ENG., Illus.). (J). 25.20 *(978-0-260-87641-6(0))*; pap. 9.57 *(978-1-5285-4048-3(4))* Forgotten Bks.
Abbot Circle, 1916 (Classic Reprint) Abbot Academy. 2017. (ENG., Illus.). (J). 80p. 25.55 *(978-0-484-35459-2(0))*; pap. 9.57 *(978-0-259-96919-8(2))* Forgotten Bks.
Abbot Circle, 1917 (Classic Reprint) Abbot Academy. (ENG., Illus.). (J). 2019. 68p. 25.30 *(978-0-365-25072-2(4))*; 2017. pap. 9.57 *(978-0-259-80665-3(X))* Forgotten Bks.
Abbot Circle, 1918 (Classic Reprint) Abbot Academy. (ENG., Illus.). (J). 2018. 80p. 25.55 *(978-0-666-63514-3(5))*; 2016. pap. 9.57 *(978-1-334-11603-2(2))* Forgotten Bks.
Abbot Circle, 1919 (Classic Reprint) Abbot Academy. 2017. (ENG., Illus.). (J). 25.59 *(978-0-260-54355-4(1))*; pap. 9.57 *(978-0-266-04678-3(9))* Forgotten Bks.
Abbot Circle, 1920 (Classic Reprint) Abbot Academy. 2017. (ENG., Illus.). (J). 132p. 26.62 *(978-0-484-43920-6(0))*; pap. 9.57 *(978-0-259-94221-4(9))* Forgotten Bks.
Abbot Circle, 1921 (Classic Reprint) Abbot Academy. (ENG., Illus.). (J). 2018. 104p. 26.04 *(978-0-666-73964-3(1))*; 2017. pap. 9.57 *(978-0-259-96034-8(9))* Forgotten Bks.
Abbot Circle, 1922 (Classic Reprint) Abbot Academy. 2017. (ENG., Illus.). (J). 26.39 *(978-0-266-60674-1(1))*; pap. 9.57 *(978-0-282-96614-0(5))* Forgotten Bks.
Abbot Circle, 1929 (Classic Reprint) Abbot Academy. (ENG., Illus.). (J). 2018. 148p. 26.97 *(978-0-666-06639-8(6))*; 2017. pap. 9.57 *(978-0-259-97738-4(1))* Forgotten Bks.
Abbot, Vol. 1 (Classic Reprint) Walter Scott. 2017. (ENG., Illus.). (J). 31.92 *(978-0-265-37446-7(4))* Forgotten Bks.
Abbot, Vol. 1 Of 3: Being the Sequel of the Monastery (Classic Reprint) Walter Scott. (ENG., Illus.). (J). 2018. 362p. 31.36 *(978-0-484-51825-3(9))*; 2016. pap. 13.97 *(978-1-334-11879-1(5))* Forgotten Bks.
Abbot, Vol. 2 (Classic Reprint) Walter Scott. 2019. (ENG., Illus.). 364p. (J). 31.42 *(978-0-365-29603-4(1))* Forgotten Bks.
Abbot, Vol. 2 of 3 (Classic Reprint) Walter Scott. (ENG., Illus.). (J). 2018. 386p. 31.88 *(978-0-483-92753-7(8))*; 2016. pap. 16.57 *(978-1-334-15417-1(1))* Forgotten Bks.
Abbot, Vol. 3 of 3 (Classic Reprint) Walter Scott. 2018. (ENG., Illus.). 378p. (J). 31.69 *(978-0-483-79058-2(3))* Forgotten Bks.
Abbotscourt (Classic Reprint) John Ayscough. (ENG., Illus.). (J). 2018. 322p. 30.54 *(978-0-484-05995-4(5))*; 2017. pap. 13.57 *(978-0-259-06162-5(X))* Forgotten Bks.
Abby & Amina. Anne Lavallee. Illus. by Sastra Noor. 2021. (ENG.). 28p. (J). *(978-0-2288-6456-1(9))*; pap. *(978-0-2288-6455-4(0))* Tellwell Talent.
Abby & Kira. Emily Ably. 2023. (ENG.). 40p. (J). 17.99 ***(978-1-0880-9903-2(3))*** Indy Pub.
Abby & Kira: Cut to the Chase: Cut to The. Emily Ably. 2023. (ENG.). 38p. (J). pap. 12.99 ***(978-1-0880-9639-0(5))*** Indy Pub.
Abby & the Secret Society (the Baby-Sitters Club Mystery #23) Ann M. Martin. 2016. (Geronimo Stilton & the Kingdom of Fantasy Ser.: 23). (ENG.). 160p. (J). (gr. 2-5). E-Book 14.99 *(978-0-545-79228-8(2)*, Scholastic Paperbacks) Scholastic, Inc.
Abby Beech: A Story about Being Yourself. George Neeb. 2020. (ENG., Illus.). 38p. (J). pap. *(978-1-9991190-2-7(9))* Neeb, George.
Abby: Curled up & on a Roll. Paige Walshe. 2022. (ENG., Illus.). 96p. (J). 24.99 *(978-1-61345-266-0(7))* Hermes Pr.
Abby Flies a Kite: A Book about Wind. Kerry Dinmont. 2017. (My Day Readers Ser.). (ENG.). 24p. (J). (gr. -1-2). lib. bdg. 32.79 *(978-1-5038-2014-2(9)*, 211861) Child's World, Inc, The.
Abby Goes to the Calgary Stampede. Tracilyn George. 2023. (ENG.). 32p. (J). pap. 14.99 ***(978-1-77475-535-8(1))*** Draft2Digital.
Abby in Neverland (Whatever after Special Edition #3) Sarah Mlynowski. 3rd ed. 2023. (Whatever After Ser.). (ENG.). 256p. (J). (gr. 3-7). 16.99 *(978-1-338-77560-0(X)*, Scholastic Pr.) Scholastic, Inc.
Abby in Oz (Whatever after Special Edition #2) Sarah Mlynowski. (Whatever After Ser.). (ENG.). 240p. (J). (gr. 3-7). 2022. pap. 6.99 *(978-0-545-74673-1(6))*; 2020. (Illus.). 16.99 *(978-0-545-74669-4(8)*, Scholastic Pr.) Scholastic, Inc.
Abby: In Search of Treasure see Abby: En busca del Tesoro
Abby in Wonderland (Whatever after Special Edition), 1 vol., Vol. 1. Sarah Mlynowski. 2018. (Whatever After Ser.: 1). (ENG.). 256p. (J). (gr. 3-7). pap. 7.99 *(978-0-545-74667-0(1))* Scholastic, Inc.
Abby Invents the Foldibot. Arlyne Simon. 2021. (Abby Invents Ser.: 2). (ENG.). 48p. (J). pap. 15.99 *(978-1-7321975-2-7(0))* Abby Invents.
Abby Invents Unbreakable Crayons. Arlyne Simon. Illus. by Diana Necsulescu. 2018. (ENG.). 40p. (J). (gr. 1-3). 17.99 *(978-1-7321975-1-0(2))* Abby Invents.
Abby Invents Unbreakable Crayons. Arlyne Simon. Illus. by Diana Necsulescu. 2018. (ENG.). 40p. (J). pap. 12.99 *(978-1-7321975-0-3(4))* Abby Invents.
Abby (Sesame Street Friends) Andrea Posner-Sanchez. 2019. (Sesame Street Friends Ser.). (ENG., Illus.). 26p. (J). (— 1). bds. 8.99 *(978-1-9848-9590-5(7)*, Random Hse. Bks. for Young Readers) Random Hse. Children's Bks.
Abby Sue, Where Are You? P. L. Rainey. 2019. (ENG.). 26p. (J). (gr. -1-3). pap. 12.95 *(978-1-64458-122-3(1))* Christian Faith Publishing.
Abby Sunderland: Lost at Sea. Virginia Loh-Hagan. 2019. (True Survival Ser.). (ENG., Illus.). 32p. (J). (gr. 4-8). pap. 14.21 *(978-1-5341-3988-6(5)*, 212781); lib. bdg. 32.07 *(978-1-5341-4332-6(7)*, 212780) Cherry Lake Publishing. (45th Parallel Press).
Abby Tabby-Tail Finds a Family. Kristine Montgomery. 2019. (ENG., Illus.). 36p. (J). pap. 14.95 *(978-1-64096-796-0(6))* Newman Springs Publishing, Inc.
Abby, the Wonder Dog & Her Warrior Princess. Melanie Ewbank. Illus. by Samuel Jack. 2022. (ENG.). 50p. (J). 19.99 ***(978-1-956218-22-0(X))*** Climbing Angel Publishing.
Abby, Tried & True. Donna Gephart. 2022. (ENG.). 288p. (J). (gr. 5-7). pap. 7.99 *(978-1-5344-4090-6(9))* Simon & Schuster.
Abby, Tried & True. Donna Gephart. 2021. (ENG.). 272p. (J). (gr. 5-7). 18.99 *(978-1-5344-4089-0(5)*, Simon & Schuster Bks. For Young Readers) Simon & Schuster Bks. For Young Readers.
Abby Visits the Big City: The City Mouse & the Country Mouse Remixed. Connie Colwell Miller. Illus. by Victoria Assanelli. 2016. (Aesop's Fables Remixed Ser.). (ENG.). 24p. (J). (gr. 1-4). lib. bdg. 20.95 *(978-1-60753-952-0(7)*, 15612) Amicus.
Abby Wambach, 1 vol. Ryan Nagelhout. 2016. (Sports MVPs Ser.). (ENG., Illus.). 24p. (J). (gr. 1-2). 24.27 *(978-1-4824-4639-5(1)*, d9ec0017-f0e3-46f9-8aef-ac521cb9030f) Stevens, Gareth Publishing LLLP.
Abby Wambach. Esther Porter. 2016. (Women in Sports Ser.). (ENG., Illus.). 24p. (J). (gr. -1-2). lib. bdg. 27.32 *(978-1-4914-7974-2(4)*, 130470, Capstone Pr.) Capstone.
Abby's First Field Trip: Abby Douglas Mystery Series. M. M. Plott. 2016. (ENG., Illus.). (J). pap. 6.99 *(978-0-692-76014-7(8))* Mountain Stream Publishing.
Abby's Magic Music: Carried Away. Tracy Watland. 2023. (ENG.). 38p. (J). 18.95 ***(978-1-63755-787-7(6)***, Mascot Kids) Amplify Publishing Group.
ABC. Jaye Garnett. Ed. by Cottage Door Press. Illus. by Kathrin Fehrl. 2021. (Peek-A-Flap Ser.). (ENG.). 12p. (J). (gr. -1-1). bds. 9.99 *(978-1-64638-332-0(X)*, 1007360) Cottage Door Pr.
ABC. Christie Hainsby. Illus. by Scott Barker. 2021. (ENG.). 12p. (J). (— 1). bds. 10.99 *(978-1-80058-318-4(4))* Make Believe Ideas GBR. Dist: Scholastic, Inc.
ABC. Annie Simpson. Illus. by Hayley Kershaw. 2019. (ENG.). 12p. (J). (— 1). bds. 9.99 *(978-1-78843-655-7(5))* Make Believe Ideas GBR. Dist: Scholastic, Inc.
ABC. Yvette Xu. 2021. (ENG.). 28p. (J). pap. 12.95 *(978-1-64801-641-7(3))* Newman Springs Publishing, Inc.
ABC: Art by the Letter. Tami Wroath. 2017. (ENG.). (J). 20.00 *(978-0-9833085-7-7(8))* Ham Museum of Art.
ABC: Early Learning Board Book with Large Font. Wonder House Books. 2020. (Big Board Bks.). (ENG.). 10p. (J). (-k). bds. 2.99 ***(978-93-90183-84-5(7))*** Prakash Bk. Depot IND. Dist: Independent Pubs. Group.
ABC: Now I Know Common Disabilities. Elsie Guerrero. 2019. (ENG., Illus.). 34p. (J). (gr. 1-6). 19.99 *(978-1-7327573-9-4(9))* Elsie Publishing Co.
ABC: Robots of the Alphabet Planet. Xander Ngwala. Ed. by Nakia Ngwala. Illus. by Matto Haq. 2017. (ENG.). (J). 19.99 *(978-0-9846663-5-5(4))* Genet Pr. LLC.
ABC: Turn the Wheels; Find the Words. Illus. by Jan Lewis. 2016. 10p. (J). (gr. -1-12). bds. 14.99 *(978-1-86147-712-5(0)*, Armadillo) Anness Publishing GBR. Dist: National Bk. Network.
ABC - Life in the Womb. Valerie Silva. Illus. by Hillary Craig. 2021. (ENG.). 34p. (J). 19.99 ***(978-1-0879-4494-4(5))*** Indy Pub.
ABC 123 Preschool Activity Book. Illus. by Martha Zschock. 2022. (ENG.). 48p. (J). pap. 5.99 *(978-1-4413-3824-2(1)*, b6743aff-e2f1-498d-898b-1cb76074efbf) Peter Pauper Pr. Inc.
ABC 123 Sing, Read & Play. Ed. by Cottage Door Press. Illus. by Malgorzata Detner. 2022. (ENG.). 16p. (J). (gr. -1-k). 24.99 *(978-1-64638-626-0(4)*, 1008230) Cottage Door Pr.
ABC 123 Write & Wipe Flip Book: Scholastic Early Learners (Write & Wipe) Scholastic. 2018. (Scholastic Early Learners Ser.). (ENG.). 32p. (J). (gr. -1-k). bds. 6.99 *(978-1-338-27228-4(4))* Scholastic, Inc.
ABC Adventure! a Little Baby's Book of Discovering Language by Learning the ABCs. - Baby & Toddler Alphabet Books. Baby Professor. 2017. (ENG., Illus.). (J). pap. 7.89 *(978-1-68326-638-9(2)*, Baby Professor (Education Kids)) Speedy Publishing LLC.
ABC Alphabet Book: Learning to Write Alphabet/ Handwriting Book for Pre-Schoolers, Kindergartens. Marthe Reyer. 2022. (ENG.). 110p. (J). pap. 11.49 *(978-1-915105-25-7(0))* Lulu Pr., Inc.
ABC Alphabet Book - Coloring Books 2-4 Years Edition. Creative Playbooks. 2016. (ENG., Illus.). (J). pap. 7.74 *(978-1-68323-114-1(7))* Twin Flame Productions.
ABC Alphabet Mazes - Mazes Children Edition. Creative Playbooks. 2016. (ENG., Illus.). (J). pap. 10.81 *(978-1-68323-131-8(7))* Twin Flame Productions.
ABC & 123 Learning Songs. Rose Nestling. Ed. by Cottage Door Press. Illus. by Beatrice Costamagna. 2017. (ENG.). 12p. (J). (gr. -1-k). bds. 19.99 *(978-1-68052-147-4(0)*, 1001510) Cottage Door Pr.
ABC & Xyz of Bee Culture: A Cyclopedia of Everything Pertaining to the Care of the Honey-Bee; Bees, Hives, Honey, Implements, Honey-Plants, etc.; Facts Gleaned from the Experience of Thousands of Bee-Keepers, & Afterward Verified in Our Apiary. Amos Ives Root. 2017. (ENG., Illus.). (J). 36.02 *(978-1-5282-4873-0(2))* Forgotten Bks.
ABC & You & Me. Corinna Luyken. 2023. (Illus.). 48p. (J). (-k). 18.99 *(978-0-593-53046-7(2)*, Rocky Pond Bks.) Penguin Young Readers Group.
ABC Animal Orchestra. Melissa Davilio. 2023. (ENG.). 58p. (J). pap. 10.66 ***(978-1-312-52019-6(1))*** Lulu Pr., Inc.
ABC Animal Orchestra. Melissa Davilio & Jan Alessio. 2020. (ENG.). 62p. (J). pap. 30.00 *(978-1-716-13002-1(6))* Lulu Pr., Inc.
ABC Animals. Toko Hosoya. 2021. (Animal Concepts Ser.). (ENG., Illus.). 20p. (J). (gr. -1-1). bds. 10.99 *(978-1-4867-1863-4(9)*, 438043bd-1223-48a5-9f2e-927f187d811f) Flowerpot Pr.
ABC Animals! Stephen Majsak. 2022. (ENG.). 32p. (J). (gr. -1-k). 12.99 *(978-1-6672-0001-9(1)*, Silver Dolphin Bks.) Printers Row Publishing Group.
ABC Animals. Created by Peter Pauper Press Inc. 2020. (ENG., Illus.). (J). 17.99 *(978-1-4413-3463-3(7)*, d56987be-e577-4f4c-8efb-69ec71b51b3a) Peter Pauper Pr. Inc.
ABC Animals!: a Scanimation Picture Book. Rufus Butler Seder. 2016. (Scanimation Ser.). (ENG., Illus.). 16p. (J). (gr. -1-k). 19.95 *(978-0-7611-7782-1(5)*, 17782) Workman Publishing Co., Inc.
ABC Bible Verses for Little Ones. Rebecca Lutzer. 2019. (ENG., Illus.). 32p. (J). (gr. -1-1). 15.99 *(978-0-7369-7343-4(5)*, 6973434) Harvest Hse. Pubs.
ABC Black History & Me: An Inspirational Journey Through Black History, from a to Z. Queenbe Monyei. 2023. (ABC for Me Ser.: 14). (ENG., Illus.). 32p. (J). (gr. -1-1). bds. 16.99 *(978-0-7603-8023-9(6)*, 419749, Walter Foster Jr) Quarto Publishing Group USA.
ABC Book see Libro Abc-dario
ABC Book. Charles Buckles Falls. 2023. (Applewood Bks.). (ENG., Illus.). 32p. (J). (gr. -1-2). 19.95 *(978-1-4290-9687-4(X))* Applewood Bks.
ABC Book: Write + Wipe. todd Parr. 2020. (ENG.). 26p. (J). (gr. -1-1). bds. 9.99 *(978-0-316-49534-9(4))* Little, Brown Bks. for Young Readers.
ABC Book of Bible Verses: Lessons for Little Ones. Shelley A. Ritchie. 2017. (ENG., Illus.). (J). (gr. -1-2). pap. 23.95 *(978-1-5127-8297-4(1)*, WestBow Pr.) Author Solutions, LLC.
ABC Book of God's Friends. Patsy Lawrence. 2021. (ENG.). 38p. (J). pap. 15.95 *(978-1-68517-002-8(1))* Christian Faith Publishing.
ABC Book (Pokémon) Steve Foxe. Illus. by Golden Books. 2020. (Little Golden Book Ser.). (ENG.). 24p. (J). (gr. -1-2). 4.99 *(978-1-9848-4927-4(1)*, Golden Bks.) Random Hse. Children's Bks.
ABC Bunny. Wanda Gag. 2022. (Fesler-Lampert Minnesota Heritage Ser.). (ENG., Illus.). 40p. (J). (gr. -1-1). 9.95 *(978-1-5179-1289-5(X))* Univ. of Minnesota Pr.
ABC by Names. Gina Latreace Edison-Clark. 2017. (ENG.). 32p. (J). pap. 18.98 ***(978-1-4834-6745-0(7))*** Lulu Pr., Inc.
ABC Cats: an Alpha-Cat Book. Lesléa Newman. Illus. by Isabella Kung. 2021. (ENG.). 26p. (J). (-k). bds. 7.99 *(978-1-5362-0994-5(5))* Candlewick Pr.
ABC Christmas Puzzle Book. Jessica Nash. 2021. (ENG.). 101p. (YA). pap. ***(978-1-300-44576-0(9))*** Lulu Pr., Inc.
ABC Cities Around the World. Charles Hanna. 2019. (ENG.). 36p. (J). 15.95 *(978-1-64307-096-4(7))* Amplify Publishing Group.
ABC Color & Learn: Letters, Counting, Shapes, Tracing, & More! Tiger Tales. 2022. (My First Home Learning Ser.). (ENG.). 112p. (J). (-k). pap. 7.99 *(978-1-6643-4031-2(9))* Tiger Tales.
ABC Coloring Book. Floie Rosa. 2020. (ENG.). 88p. (J). pap. *(978-0-7715-0135-7(8))* Reader's Digest Assn. (Canada).
ABC Coloring Book: Amazing Alphabet Book for Kids, Coloring Books for Toddlers, Page Large 8. 5 X 11. Elma Angels. 2020. 56p. (J). (ENG.). pap. 7.99 *(978-1-4785-2369-7(7))*; (ENM.). pap. 8.79 *(978-1-716-32764-3(4))* Lulu Pr., Inc.
ABC Coloring Book: Texas Animals & Insects. Charles Harrison Pompa. 2017. (ENG., Illus.). 34p. (J). pap. *(978-1-365-76876-7(7))* Lulu Pr., Inc.
ABC Coloring Book for Baby & Toddler I Alphabet Book. Prodigy Wizard. 2016. (ENG., Illus.). (J). pap. 9.25 *(978-1-68323-073-1(6))* Twin Flame Productions.
ABC Coloring Book for Children (6x9 Coloring Book / Activity Book) Sheba Blake. 2021. (ENG.). 56p. (J). pap. 9.99 *(978-1-222-28998-5(9))* Indy Pub.
ABC Coloring Book for Children (8. 5x8. 5 Coloring Book / Activity Book) Sheba Blake. 2021. (ENG.). 56p. (J). pap. 12.99 *(978-1-222-29172-8(X))* Indy Pub.
ABC Coloring Book for Children (8x10 Coloring Book / Activity Book) Sheba Blake. 2021. (ENG.). 56p. (J). pap. 14.99 *(978-1-222-28999-2(7))* Indy Pub.
ABC Coloring Book for Preschoolers - Reading & Writing Workbook Children's Reading & Writing Books. Baby Professor. 2018. (ENG., Illus.). 64p. (J). pap. 12.99 *(978-1-5419-2747-6(8)*, Baby Professor (Education Kids)) Speedy Publishing LLC.
ABC Coloring Book for Toddlers 2-4 Years: Learn the Alphabet a to Z, by Coloring Funny Animals & Letters Written in Different Fonts. for Preschool Boys & Girls, Little Kids & Kindergarten. B D Andy Bradradrei. 2021. (ENG.). 110p. (J). pap. 11.96 *(978-0-446-14868-9(7)*, Springboard Pr.) Little Brown & Co.
ABC Colouring Book Oman. Arabesque Travel. 2020. (ENG.). 28p. (J). pap. *(978-1-8380756-0-6(7))* Arabesque Travel.
ABC Colouring Book SAUDI ARABIA. Arabesque Travel. 2020. (ENG.). 28p. (J). pap. *(978-1-8380756-1-3(5))* Arabesque Travel.
ABC Colouring Book Uae. Arabesque Travel. 2020. (ENG.). 28p. (J). pap. *(978-1-8380756-2-0(3))* Arabesque Travel.
ABC Dance! An Animal Alphabet. Sabrina Moyle. Illus. by Eunice Moyle. 2020. (HelloLucky Ser.). (ENG.). 26p. (J). (gr. -1 — 1). bds. 7.95 *(978-1-5235-0746-7(2)*, 100746) Workman Publishing Co., Inc.
ABC de Las Microfabulas. Luisa Valenzuela. 2018. (Resonancias Ser.). (ENG.). 77p. (J). 15.99 *(978-607-16-5823-4(3))* Fondo de Cultura Economica USA.
ABC Death. Shane Hawley. Illus. by Joel Erkkinen. 2018. (Button Poetry Ser.). (ENG.). 72p. (J). 16.00 *(978-1-943735-46-4(8))* Button Poetry.
ABC des Programmierens. Gottfried Wolmeringer. 2022. (GER.). 219p. pap. ***(978-1-4709-0605-4(8))*** Lulu Pr., Inc.
ABC Dogs Coloring Book. Ro Mira. 2023. (ENG.). 120p. (J). pap. ***(978-1-312-66571-2(8))*** Lulu Pr., Inc.
ABC Dot-To-Dots. Joan Hoffman. deluxe ed. 2019. (ENG., Illus.). 64p. (J). (gr. -1-k). pap., wbk. ed. 4.49 *(978-1-58947-347-8(7)*, d94c384a-02a4-4395-baa0-11edf00b6ceb) School Zone Publishing Co.
ABC Dream. Kim Krans. 2016. (Illus.). 48p. (J). (gr. -1-2). 16.99 *(978-0-553-53929-5(9)*, Random Hse. Bks. for Young Readers) Random Hse. Children's Bks.
ABC: Early Learning at the Museum. Illus. by The Trustees of the British Museum. 2018. (Early Learning at the Museum Ser.). (ENG.). 22p. (J). (— 1). bds. 7.99 *(978-1-5362-0268-7(1))* Candlewick Pr.
ABC Eat Local Wisconsin. Rebekah Johnson. Illus. by Karl Kralapp. 2020. (ENG.). 32p. (J). 17.99 *(978-1-64538-151-8(X))*; pap. 10.00 ***(978-1-64538-138-9(2))*** Orange Hat Publishing.

ABC, Explore the Garden with Me. Maria Sare. 2018. (ENG., Illus.). 42p. (J). pap. *(978-1-912021-59-8(5)*, Nightingale Books) Pegasus Elliot Mackenzie Pubs.

ABC Factor. Katrina Charman. Illus. by Tony Neal. 2021. (ENG.). 32p. (J). pap. 6.99 *(978-1-4052-9857-5(X))* Farshore GBR. Dist: HarperCollins Pubs.

Abc Flashcards: Ideal for Home Learning. Collins Easy Learning. 2017. (ENG.). 55p. (J). (gr. -1-k). 8.99 *(978-0-00-820107-4(2))* HarperCollins Pubs. Ltd. GBR. Dist: Independent Pubs. Group.

ABC for Me: ABC Bedtime: Fall Gently to Sleep with This Nighttime Routine, from a to Zzz, Vol. 11. Erica Harrison. 2022. (ABC for Me Ser.: 11). (ENG., Illus.). 32p. (J). (gr. -1-1). bds. 16.99 *(978-1-60058-990-4(1)*, 337248, Walter Foster Jr) Quarto Publishing Group USA.

ABC for Me: ABC Earth-Friendly Me, Volume 7. Christiane Engel. 2020. (ABC for Me Ser.: 7). (ENG., Illus.). 36p. (J). (gr. -1-1). bds. 16.99 *(978-1-60058-880-8(8)*, 337245, Walter Foster Jr) Quarto Publishing Group USA.

ABC for Me: ABC Everyday Heroes Like Me: A Celebration of Heroes, from a to Z!, Volume 10. Sugar Snap Studio. 2021. (ABC for Me Ser.: 10). (ENG., Illus.). 32p. (J). (gr. -1-1). bds. 16.99 *(978-1-60058-913-3(8)*, 343400, Walter Foster Jr) Quarto Publishing Group USA.

ABC for Me: ABC Helpful Me: Learn All the Ways You Can Be a Helper — From a to Z!, Volume 13. Erica Harrison. 2022. (ABC for Me Ser.: 13). (ENG., Illus.). 32p. (J). (gr. -1-1). bds. 16.99 *(978-0-7603-7610-2(7)*, 343965, Walter Foster Jr) Quarto Publishing Group USA.

ABC for Me: ABC Let's Celebrate You & Me: A Celebration of All the Things That Make Us Unique & Special, from a to Z!, Volume 9. Sugar Snap Studio. 2021. (ABC for Me Ser.: 9). (ENG., Illus.). 32p. (J). (gr. -1-1). bds. 16.99 *(978-1-60058-905-8(7)*, 342543, Walter Foster Jr) Quarto Publishing Group USA.

ABC for Me: ABC Love, Volume 2. Christiane Engel. 2017. (ABC for Me Ser.: 2). (ENG., Illus.). 36p. (J). (gr. -1-1). 16.95 *(978-1-63322-240-3(3)*, 224819, Walter Foster Jr) Quarto Publishing Group USA.

ABC for Me: ABC Mindful Me, Volume 4. Christiane Engel. 2018. (ABC for Me Ser.: 4). (ENG., Illus.). 36p. (J). (gr. -1-1). bds. 16.95 *(978-1-63322-510-7(0)*, 301672, Walter Foster Jr) Quarto Publishing Group USA.

ABC for Me: ABC the World & Me: Let's Take a Journey Around the World from a to Z!, Vol. 12. Christiane Engel. 2022. (ABC for Me Ser.: 12). (ENG., Illus.). 32p. (J). (gr. -1-1). bds. 16.99 *(978-1-60058-986-7(3)*, 346759, Walter Foster Jr) Quarto Publishing Group USA.

ABC for Me: ABC What Can He Be? Boys Can Be Anything They Want to Be, from a to Z, Volume 6. Sugar Snap Studio & Jessie Ford. 2019. (ABC for Me Ser.: 6). (ENG., Illus.). 36p. (J). (gr. -1-1). bds. 16.95 *(978-1-63322-724-8(3)*, 307841, Walter Foster Jr) Quarto Publishing Group USA.

ABC for Me: ABC What Can I Be? YOU Can Be Anything YOU Want to Be, from a to Z, Volume 8. Sugar Snap Studio & Jessie Ford. 2020. (ABC for Me Ser.: 8). (ENG., Illus.). 36p. (J). (gr. -1-1). bds. 16.99 *(978-1-60058-882-2(4)*, 338014, Walter Foster Jr) Quarto Publishing Group USA.

ABC for Me: ABC What Can She Be? Girls Can Be Anything They Want to Be, from a to Z. Sugar Snap Studio & Jessie Ford. (ABC for Me Ser.: 5). (ENG., Illus.). (J). (gr. -1-1). Vol. 5. 2022. 32p. pap. 8.99 *(978-1-60058-985-0(5)*, 343964); Volume 5. 2018. 36p. bds. 16.95 *(978-1-63322-624-1(7)*, 304575) Quarto Publishing Group USA. (Walter Foster Jr).

ABC for Me: ABC What Can We Be? Coloring Book: Color Your Way Through What We Can Be, from a to Z. Sugar Snap Studio & Jessie Ford. 2021. (ABC for Me Ser.). (ENG.). 80p. (J). (gr. -1-1). pap. 6.99 *(978-1-60058-983-6(9)*, 346362, Walter Foster Jr) Quarto Publishing Group USA.

ABC for Me: ABC Yoga. Christiane Engel. (ABC for Me Ser.: 1). (ENG., Illus.). (J). (gr. -1-1). Vol. 1. 2022. 32p. pap. 8.99 *(978-1-60058-984-3(7)*, 344310); Volume 1. 2016. 36p. 16.95 *(978-1-63322-146-8(6)*, 224014) Quarto Publishing Group USA. (Walter Foster Jr).

ABC for Toddlers: Abc for Toddlers 1- 4 Years. Mb Humble. 2021. (ENG.). 30p. (J). pap. *(978-1-910024-17-1(1))* Esanjam.

ABC Fun for Boys & Girls Matching Game Activity Book. Jupiter Kids. 2016. (ENG., Illus.). 106p. (J). pap. 16.55 *(978-1-68326-156-8(9)*, Jupiter Kids (Childrens & Kids Fiction)) Speedy Publishing LLC.

ABC God Loves Me. Rose Rossner. Illus. by Anna Kubaszewska. 2023. 28p. (J). (— 1). bds. 9.99 *(978-1-7282-6080-8(9))* Sourcebooks, Inc.

ABC God Loves Me: Exploring FIRST WORDS Through the Story of the Gospel. Karen Rosario Ingerslev. Illus. by Kristina Abbott. 2022. (Bible Explorers Ser.). (ENG.). 30p. (J). pap. *(978-1-9989998-8-0(2))* Pure and Fire.

ABC Guide to Children's Games Around the Globe. Nicole Brewer. Illus. by Mariia Luzina. 2022. 34p. (J). pap. 12.99 *(978-1-6678-5038-2(5))* BookBaby.

ABC Hidden Pictures Sticker Learning Fun. Created by Highlights Learning. 2020. (Highlights Hidden Pictures Sticker Learning Ser.). 64p. (J). (-k). pap. 8.99 *(978-1-64472-184-1(8)*, Highlights) Highlights Pr., c/o Highlights for Children, Inc.

ABC I Am Lucky to Be Me Travel Size Book. Domi Williamson. 2023. (ENG.). 34p. (J). pap. 10.99 *(978-1-0881-0610-5(2))* Indy Pub.

ABC I Love Me. Miriam Muhammad. 2018. (ENG., Illus.). 32p. (J). pap. 9.99 *(978-0-692-14977-5(5))* Choose Joy Publishing.

ABC I Love You. Candace Warren & Maggie Fischer. Illus. by Grace Habib. 2022. (ENG.). 20p. (J). (— 1). bds. 7.99 *(978-1-6672-0093-4(3)*, Silver Dolphin Bks.) Printers Row Publishing Group.

ABC Is for Circus: Hardcover Popular Edition. Patrick Hruby. 2017. (ENG., Illus.). 56p. 9.95 *(978-1-62326-107-8(4))* AMMO Bks., LLC.

ABC Kids. Hjcs Scholars. 2020. (ENG.). 34p. (J). pap. 4.28 *(978-1-6781-0096-4(X))* Lulu Pr., Inc.

ABC Kids: Coloring & Letter Tracing Book (Naturebella's Kids Multicultural Series) Kimaada Le Gendre. Illus. by Antonella Cammarano. 2021. (ENG.). 54p. (J). pap. 8.95 *(978-1-7376409-3-6(7))* Le Gendre, Kimaada.

ABC Kids Alphabet Book. Kimaada Le Gendre. Illus. by Antonella Cammarano. 2022. (Naturebella's Kids Multicultural Ser.). (ENG.). 32p. (J). pap. 12.95 *(978-1-7376409-6-7(1))* Le Gendre, Kimaada.

ABC Kids & the Wiggles: 101 First Words. A. B. C. Kids & The The Wiggles. 2023. (Wiggles Ser.). (ENG.). 16p. (J). (gr. -1-k). bds. 16.99 *(978-1-922857-37-8(8))* Bonnier Publishing GBR. Dist: Independent Pubs. Group.

ABC Kids: Bananas in Pyjamas Colours. A. B. C. Kids. 2023. (ENG.). 10p. (J). (gr. -1-2). bds. 15.99 *(978-1-922857-63-7(7))* Bonnier Publishing GBR. Dist: Independent Pubs. Group.

ABC Letter Tracing Activity Book for Children (6x9 Hardcover Puzzle Book / Activity Book) Sheba Blake. 2021. (ENG.). 104p. (J). 19.99 *(978-1-222-30116-8(4))* Indy Pub.

ABC Letter Tracing Activity Book for Children (6x9 Puzzle Book / Activity Book) Sheba Blake. 2020. (ENG.). 104p. (J). pap. 9.99 *(978-1-222-28309-9(3))* Indy Pub.

ABC Letter Tracing Activity Book for Children (8x10 Hardcover Puzzle Book / Activity Book) Sheba Blake. 2021. (ENG.). 104p. (J). 24.99 *(978-1-222-30117-5(2))* Indy Pub.

ABC Letter Tracing Activity Book for Children (8x10 Puzzle Book / Activity Book) Sheba Blake. 2020. (ENG.). 104p. (J). pap. 14.99 *(978-1-222-28310-5(7))* Indy Pub.

ABC Letter Tracing for Preschoolers: A Fun Book to Practice Writing & Drawing for Kids Ages 3-5. Jessa Joy. 2021. (ENG.). 28p. (J). pap. *(978-0-552-42438-7(2))* Carousel Bks.

ABC Letter Tracing for Preschoolers: Alphabet Writing Practice for Kids & Toddlers. Magnificent Maxim. 2021. (ENG.). 104p. (J). pap. 11.89 *(978-1-6671-8317-6(6))* Lulu Pr., Inc.

ABC Letter Tracing for Preschoolers: French Handwriting Practice Workbook for Kids. Ojula Technology Innovations. 2023. (FRE.). 192p. (J). pap. 42.99 *(978-1-0881-8369-4(7))* Indy Pub.

ABC Letter Tracing for Preschoolers: Practice for Kids, Line Tracing, Letters, - Activity Book for Kids Ages 3, 4, 5, 6, Teaches ABC Hardcover. Esel Press. 2021. (ENG.). 104p. (J). 19.75 *(978-1-716-20423-4(2))* Lulu Pr., Inc.

ABC Letter Tracing for Preschoolers: Practice for Kids, Line Tracing, Letters Hardcover. Esel Press. 2021. (ENG.). 104p. (J). 19.75 *(978-1-716-20459-3(3))* Lulu Pr., Inc.

ABC Letter Tracing PLUS Coloring & Activity Fun! JUMBO Coloring & Activity Book. Amelia Griggs. Illus. by Winda Mulyasari. 2020. (Bella & Friends Learning Ser.: Vol. 1). (ENG.). 132p. (J). pap. 7.99 *(978-1-7330666-3-1(2))* Griggs, Amelia.

ABC Letter Tracing Workbook: Learning to Write Alphabet. Handwriting Activity Book for Preschoolers. Chantell Walton. 2021. (ENG.). 104p. (J). pap. *(978-1-387-19103-1(9))* Lulu Pr., Inc.

ABC Michigan. Anne Lewis. Illus. by Kirsten Halvorsen. 2018. (ABC States Ser.). (ENG.). 28p. (J). (gr. -1-2). bds. 9.99 *(978-1-947141-01-8(5))* Rubber Ducky Pr.

ABC of Australian Animals. Bronwyn Bancroft. 2018. (ENG.). 24p. (J). (— 1). bds. 11.99 *(978-1-76050-185-3(9))* Little Hare Bks. AUS. Dist: Independent Pubs. Group.

ABC of Body Safety & Consent: Teach Children about Body Safety, Consent, Safe/unsafe Touch, Private Parts, Body Boundaries & Respect. Jayneen Sanders. Illus. by Courtney Dawson. 2020. (ENG.). 42p. (J). (gr. k-5). *(978-1-925089-59-2(2))*; pap. *(978-1-925089-58-5(4))* UpLoad Publishing Pty, Ltd.

ABC of Democracy. Nancy Shapiro. Illus. by Paulina Morgan. ed. 2022. (Empowering Alphabets Ser.: Vol. 3). (ENG.). 52p. (J). (gr. -1-1). bds. *(978-0-7112-6479-3(1))* Frances Lincoln Childrens Bks.

ABC of Democracy. Nancy Shapiro. Illus. by Paulina Morgan. ed. 2022. (Empowering Alphabets Ser.: 3). (ENG.). 52p. (J). (gr. -1-1). 17.99 *(978-0-7112-6480-9(5)*, Frances Lincoln Children's Bks.) Quarto Publishing Group UK GBR. Dist: Hachette Bk. Group.

ABC of Dinosaurs. Sienna Nightingale. Ed. by Cottage Door Press. Illus. by Isabella Grott. 2022. (ENG.). 22p. (J). (gr. -1-k). bds. 9.99 *(978-1-64638-334-4(6)*, 1007380) Cottage Door Pr.

ABC of Equality. Chana Ginelle Ewing. Illus. by Paulina Morgan. 2020. (Empowering Alphabets Ser.: Vol. 1). (ENG.). 56p. (J). (gr. -1-1). *(978-0-7112-6214-0(4))* Frances Lincoln Childrens Bks.

ABC of Equality. Chana Ginelle Ewing. Illus. by Paulina Morgan. 2019. (Empowering Alphabets Ser.: Vol. 1). (ENG.). 52p. (J). (gr. -1-1). bds. 15.99 *(978-1-78603-742-8(4)*, Frances Lincoln Children's Bks.) Quarto Publishing Group UK GBR. Dist: Hachette Bk. Group.

ABC of Families. Abbey Williams. Illus. by Paulina Morgan. 2022. (ENG.). 56p. (J). (gr. -1-1). *(978-0-7112-7422-8(3))* Frances Lincoln Childrens Bks.

ABC of Feelings. Bonnie Lui. 2021. (ENG., Illus.). 32p. (J). (gr. -1-2). 17.99 *(978-0-593-20519-8(7)*, Philomel Bks.) Penguin Young Readers Group.

ABC of Finland: An Educational Colouring Book. Kaarina Brooks. 2018. (ENG., Illus.). 34p. (J). pap. 5.50 *(978-0-9735152-1-3(X))* Villa Wisteria Pubns.

ABC of Flowers. Jutta Hilpuesch. Illus. by Jutta Hilpuesch. 2020. (Illus.). 36p. (J). (— 1). bds. 8.99 *(978-0-593-11410-0(8)*, Philomel Bks.) Penguin Young Readers Group.

ABC of Gender Identity. Devika Dalal. ed. 2021. (Illus.). 64p. (J). 18.95 *(978-1-78775-808-7(7)*, 801317) Kingsley, Jessica Pubs. GBR. Dist: Hachette UK Distribution.

ABC of Motocross. Lisa Hagman. 2018. (ENG., Illus.). 56p. (J). (gr. 1-2). pap. *(978-91-639-8336-8(2))* förlag, Hagmans.

ABC of Nature. Carmine Falcone. Ed. by Cottage Door Press. Illus. by Stephanie Fizer Coleman. 2022. (ENG.). 22p. (J). (gr. -1-k). bds. 9.99 *(978-1-64638-335-1(4)*, 1007390) Cottage Door Pr.

ABC of Treasures. Marion Frith. 2019. (ENG., Illus.). 26p. (J). (gr. -1). bds. 13.99 *(978-1-76050-289-8(8))* Little Hare Bks. AUS. Dist: Independent Pubs. Group.

ABC Poetry. Katy Rios. Illus. by Katy Rios. 2021. (ENG.). 36p. (J). pap. 9.99 *(978-0-9836783-2-8(4))* Jones Publishing LLC.

ABC Pop-Up. Courtney Watson McCarthy. Illus. by Courtney Watson McCarthy. 2017. (ENG., Illus.). 32p. (J). (gr. k-4). 29.99 *(978-0-7636-9007-6(4))* Candlewick Pr.

ABC Prayer to Jesus: Praise for Hearts Both Young & Old. Tim Shorey. Illus. by Dan Lee. 2021. (ENG.). 62p. (J). 22.99 *(978-1-64645-314-6(X))* Redemption Pr.

ABC Prayer to Jesus: Praise for Hearts Both Young & Old. Tim Shorey & Dan Lee. 2021. (ENG.). 62p. (J). pap. 14.99 *(978-1-64645-419-8(7))* Redemption Pr.

ABC Prayers. Myriam Baudic. Illus. by Camille Bernard. ed. 2020. (ENG.). 64p. (J). (gr. -1-k). 12.99 *(978-0-7459-7879-6(7)*, da6a7f87-fc33-4dc3-b186-9ab8a58244d4, Lion Children's) Lion Hudson PLC GBR. Dist: Baker & Taylor Publisher Services (BTPS).

ABC Pre-K Workbook: Scholastic Early Learners (Skills Workbook) Scholastic. 2019. (Scholastic Early Learners Ser.). (ENG.). 24p. (J). (gr. -1-k). pap. 3.99 *(978-1-338-30497-8(6))* Scholastic, Inc.

ABC Pride. Louie Stowell & Elly Barnes. Illus. by Amy Phelps. 2022. 32p. (J). (-k). (ENG.). 12.99 *(978-0-7440-6317-2(5)*, DK Children); *(978-0-241-57254-2(1))* Dorling Kindersley Publishing, Inc.

ABC Ready for School: An Alphabet of Social Skills. Celeste Delaney. Illus. by Stephanie Fizer Coleman. 2018. (ENG.). 40p. (J). (gr. -1-1). 16.99 *(978-1-63198-174-6(9)*, 81746) Free Spirit Publishing Inc.

ABC Rhyme with Me. Joann Cervellino. 2021. (ENG.). 38p. (J). pap. 7.99 *(978-1-956001-51-8(4))* Print & Media, Westpoint.

ABC Rhyme with Me! Bible Coloring Book. Esther Lamb & Bridgett Richardson. 2018. (ENG., Illus.). 64p. (J). pap. *(978-1-387-80767-3(6))* Lulu Pr., Inc.

ABC Roar. Chieu Anh Urban. Illus. by Chieu Anh Urban. 2022. (ENG., Illus.). 30p. (J). (— 1). bds. 12.99 *(978-1-6659-0302-8(3)*, Little Simon) Little Simon.

ABC Short Stories: Children Book. Jules Lemaître. Ed. by Nicolae Sfetcu. Tr. by Nicolae Sfetcu. 2022. (ENG.). 61p. (J). pap. *(978-1-4716-6324-6(8))* Lulu Pr., Inc.

ABC Swiss. Niels Blasi. Illus. by Niels Blasi. 2022. (ENG.). 64p. (J). 19.95 *(978-3-03869-125-9(9))* Helvetiq, RedCut Sarl CHE. Dist: Consortium Bk. Sales & Distribution.

ABC Thankful Me. Kyaw Lin. Illus. by Yuliya Pieletskaya. 2022. (ENG.). 28p. (J). 16.99 *(978-1-57687-999-3(2))* POW! Kids Bks.

ABC That Could Be Me. Little Coleman. Illus. by Lindsay Scott. 2022. (ENG.). 28p. (J). 15.95 *(978-1-64605-149-6(1))* Deep Vellum Publishing.

ABC Time Coloring Book: Fun Colouring Books for Children Kids to Color & Learn Activity Pages. Aryla Publishing. 2020. (Color in Fun Kids Ser.: Vol. 4). (ENG., Illus.). 72p. (J). pap. *(978-1-912675-70-8(6))* Aryla Publishing.

ABC to VEG. Natasha Michaud. Illus. by Irina Dringova. 2021. (ENG.). 38p. (J). *(978-0-2288-4695-6(1))*; pap. *(978-0-2288-4694-9(3))* Tellwell Talent.

ABC Tracing & Coloring Activity Book for Children (6x9 Coloring Book / Activity Book) Sheba Blake. 2020. (ENG.). 56p. (J). pap. 9.99 *(978-1-222-28480-5(4))* Indy Pub.

ABC Tracing & Coloring Activity Book for Children (8. 5x8. 5 Coloring Book / Activity Book) Sheba Blake. 2020. (ENG.). 56p. (J). pap. 12.99 *(978-1-222-28773-8(0))* Indy Pub.

ABC Tracing & Coloring Activity Book for Children (8x10 Coloring Book / Activity Book) Sheba Blake. 2020. (ENG.). 56p. (J). pap. 14.99 *(978-1-222-28481-2(2))* Indy Pub.

Abc, Visit the Zoo with Me. Maria Sare. 2018. (ENG., Illus.). 42p. (J). pap. *(978-1-912021-85-7(4)*, Nightingale Books) Pegasus Elliot Mackenzie Pubs.

ABC, What Do You See? Rolling along Route 66. Annette La Fortune Murray. Illus. by Joyce Harbin Cole. 2022. (ENG.). 40p. (J). 22.99 *(978-1-63988-195-6(6))* Primedia eLaunch LLC.

ABC Writing Lesson. Charan Langton. 2021. (Reading Lesson Ser.: 2). (ENG.). 128p. (J). (gr. -1-3). pap. 12.95 *(978-0-913063-34-7(7))* Mountcastle Co.

ABC... XYZ Draw & Write Journal for Kids 4 Yrs. - 7 Yrs. /PreK - 2nd Gr: 120 Pages Story Journal: Early Creative Kids Composition Notebook with ... Midline Draw & Write Journal for Kids K-2. Create Publication. 2021. (ENG.). 124p. pap. *(978-1-6780-7924-6(3))* Lulu Pr., Inc.

ABCD Nature Alphabet Book. Adrija Ghosh. Illus. by Adrija Ghosh. 2022. (ENG.). 36p. (J). pap. *(978-1-922932-41-9(8))* Library For All Limited.

ABCedar Key: An Island Alphabet. Miriam Needham. Illus. by Helen Read. 2018. (ENG.). 54p. (J). pap. 19.95 *(978-1-62023-600-0(1)*, bf40f072-9b12-4462-bbda-9c8ccc8f3aa5) Atlantic Publishing Group, Inc.

ABC's. Katie Wilson. 2017. (ENG., Illus.). 20p. (J). (gr. -1-1). bds. *(978-1-4867-1238-0(X))* Flowerpot Children's Pr. Inc.

ABC's: Accept Others, Be Kind, Care for All. Bailey Hodson. 2019. (ENG.). 20p. (J). pap. 14.99 *(978-0-359-60121-9(9))* Lulu Pr., Inc.

ABCs: Memory Flash Cards. Clever Publishing & W. Harry Kim. 2018. (Clever Big Box Of Ser.). (ENG.). 20p. (J). (gr. -1 — 1). 14.99 *(978-1-948418-42-3(8))* Clever Media Group.

ABCs, 123s & Other Fun Toddler Coloring Book: Have Fun with Numbers, Letters, Shapes, Colors & Animals My Best Toddler Activity Book My Best Toddler Coloring Book Activity Workbook for Homeschool Preschool Early Learning & Kindergarten. Hellen M. Anvil. 2021. (ENG., Illus.). 130p. pap. *(978-1-716-29793-9(1))* Lulu Pr., Inc.

ABCs, 123s, Blues, Reds & Greens: Book 1 in the Learn with Me Series. Cate McKoy & Connor McKoy. 2018. (ENG., Illus.). 26p. (J). pap. 11.99 *(978-1-948390-18-7(3))* Pen It Pubns.

ABC's & Animals Coloring Book for Children - Create Your Own Doodle Cover (8x10 Softcover Personalized Coloring Book / Activity Book) Sheba Blake. 2021. (ENG.). 58p. (J). pap. 14.99 *(978-1-222-31390-1(1))* Indy Pub.

ABC's & Animals Coloring Book for Children (6x9 Coloring Book / Activity Book) Sheba Blake. 2020. (ENG.). 56p. (J). pap. 9.99 *(978-1-222-28381-5(6))* Indy Pub.

ABC's & Animals Coloring Book for Children (8. 5x8. 5 Coloring Book / Activity Book) Sheba Blake. 2020. (ENG.). 56p. (J). pap. 12.99 *(978-1-222-28746-2(3))* Indy Pub.

ABC's & Animals Coloring Book for Children (8x10 Coloring Book / Activity Book) Sheba Blake. 2020. (ENG.). 56p. (J). pap. 14.99 *(978-1-222-28382-2(4))* Indy Pub.

ABCs & Black History. Shakeema Funchess. l.t. ed. 2023. (ENG.). 60p. (J). pap. 20.00 *(978-1-0880-7560-9(6))* Indy Pub.

ABCs & Numbers Dot-To-Dot Coloring Book: Over 50 Activities! Illus. by Martha Day Zschock. 2021. (ENG.). 64p. (J). 5.99 *(978-1-4413-3717-7(2)*, a285b2bb-728f-4dd9-bd21-57d0538b4601) Peter Pauper Pr. Inc.

ABCs & the NBA. Shakeema Funchess. l.t. ed. 2023. (ENG.). 34p. (J). pap. 15.00 *(978-1-0880-8371-0(4))* Indy Pub.

ABCs & the WNBA. Shakeema Funchess. l.t. ed. 2023. (ENG.). 34p. (J). pap. 15.00 *(978-1-0880-9525-6(9))* Indy Pub.

ABCs Are Delicious. Heather Stephens. Illus. by Cyndi Stephens. 2019. (ENG.). 20p. (J). *(978-1-5255-4162-9(5))*; pap. *(978-1-5255-4163-6(3))* FriesenPress.

ABCs at School. Monica Simpson. 2019. (ENG.). 36p. (J). pap. *(978-0-359-75202-7(0))* Lulu Pr., Inc.

ABCs at the Beach. Jennifer Marino Walters. Illus. by Nathan Y. Jarvis. 2020. (ABC Adventures Ser.). (ENG.). 32p. (J). (gr. -1-2). lib. bdg. 17.99 *(978-1-63440-881-3(0)*, 0563cbe7-e411-4289-b766-5a44ddf88073) Red Chair Pr.

ABCs for a Better You & Me: a Book about Diversity, Kindness, & Inclusion (Nickelodeon) Random House. Illus. by Random House. 2022. (Pictureback(R) Ser.). (ENG., Illus.). 24p. (J). (gr. -1-2). 5.99 *(978-0-593-42551-0(0)*, Random Hse. Bks. for Young Readers) Random Hse. Children's Bks.

Abc's for a Child of God. M. G. Strate. 2018. (ENG., Illus.). 36p. (J). pap. 11.95 *(978-1-64300-018-3(7))* Covenant Bks.

Abc's for All Ages: A Glance at Dance. Patty Copper. 2019. (ENG.). 30p. (J). 23.95 *(978-1-4808-8500-4(2))*; pap. 13.95 *(978-1-4808-8499-1(5))* Archway Publishing.

Abc's for All Ages: Animals. Patty Copper. 2018. (ENG.). 32p. (J). 25.95 *(978-1-4808-6983-7(X))*; pap. 16.95 *(978-1-4808-6982-0(1))* Archway Publishing.

ABC's for All Ages: Musical Instruments. Patty Copper. 2017. (ENG., Illus.). 32p. (J). 25.95 *(978-1-4808-5341-6(0))*; pap. 16.95 *(978-1-4808-5340-9(2))* Archway Publishing.

Abc's for All Ages: Take Part in Art. Patty Copper. 2018. (ENG.). 32p. (J). 25.95 *(978-1-4808-6149-7(9))*; pap. 16.95 *(978-1-4808-6147-3(2))* Archway Publishing.

ABCs for Girls Like Me. Melanie Goolsby. 2018. (ENG., Illus.). 60p. (J). 20.00 *(978-0-692-14101-4(4))* ABC for Girls Like Me.

Abc's for Girls Like Me - the Coloring Book. Melanie Goolsby. 2018. (ENG., Illus.). 36p. (J). pap. 15.00 *(978-0-692-16271-2(2))* ABC for Girls Like Me.

ABCs for Mommy! Part of the Young Parenting Series Second Edition. Juliann Mangino. 2019. (ENG.). 126p. (J). pap. 16.95 *(978-0-9967370-7-4(3))* Doc Publishing.

ABCs for Teens, & What They Mean. Betty Lou Rogers. 2017. (ENG., Illus.). (J). pap. 12.95 *(978-0-9983078-8-6(2))* Skookum Bks.

ABCs from Grandma. Sandra Magsamen. 2023. (ENG.). 32p. (J). (gr. -1-5). bds. 12.99 *(978-1-7282-8994-6(7)*, Hometown World) Sourcebooks, Inc.

ABCs from Space: A Discovered Alphabet. Adam Voiland. Photos by Adam Voiland. 2017. (ENG., Illus.). 40p. (J). (gr. -1-3). 19.99 *(978-1-4814-9428-1(7)*, Simon & Schuster Bks. For Young Readers) Simon & Schuster Bks. For Young Readers.

ABCs from the Bible. Yvonne M. Morgan. Illus. by Jeanne Conway. 2021. (ENG.). 48p. (J). 21.99 *(978-1-950074-32-7(3))*; pap. 17.99 *(978-1-950074-31-0(5))* 4RV Pub.

ABC's Fun with Words. Elizabeth Newton. 2021. (ENG.). 60p. (J). 23.99 *(978-1-954095-75-5(9))* Yorkshire Publishing Group.

ABCs in the Bible. Rebekah Moredock. Illus. by Lisa Reed. 2020. (ENG.). 20p. (J). (gr. -1 — 1). bds. 9.99 *(978-1-5460-1428-7(4)*, Worthy Kids/Ideals) Worthy Publishing.

Abc's in the Days of My Life As a Twin. Jeanette M. Corprew-Cox. 2019. (ENG., Illus.). 60p. (J). pap. 17.99 *(978-1-64254-064-2(1))* BookPatch LLC, The.

ABCs in the Forest. Jennifer Marino Walters. Illus. by Nathan Y. Jarvis. 2020. (ABC Adventures Ser.). (ENG.). 32p. (J). (gr. -1-2). lib. bdg. 17.99 *(978-1-63440-891-2(8)*, cbe1a6b0-5388-40c6-b2b0-47b8b4eca5d6) Red Chair Pr.

ABCs of AOC: Alexandria Ocasio-Cortez from a to Z. Jamia Wilson. 2019. (ENG.). 48p. (J). (gr. 3-7). 13.99 *(978-0-316-49514-1(X))* Little, Brown Bks. for Young Readers.

ABCs of Arizona. Sandra Magsamen. 2023. (ABCs Regional Ser.). (ENG.). 32p. (J). (gr. -1-5). bds. 12.99 *(978-1-7282-7229-0(7)*, Hometown World) Sourcebooks, Inc.

ABCs of Art. Sabrina Hahn. 2019. (Sabrina Hahn's Art & Concepts for Kids Ser.). (Illus.). 64p. (J). (gr. -1-1). 19.99 *(978-1-5107-4938-2(1)*, Sky Pony Pr.) Skyhorse Publishing Co., Inc.

ABCs of Asian American History: A Celebration from a to Z of All Asian Americans, from Bangladeshi Americans to Vietnamese Americans. Renee Macalino Rutledge. Illus. by Lauren Akazawa Mendez. 2023. 48p. (J). 14.95 *(978-1-64604-454-2(1))* Ulysses Pr.

Abcs of Astrophysics: A Scientific Alphabet Book for Babies. Applesauce Press. 2023. (ENG.). 24p. (J). (gr. -1-1). bds. 8.95 *(978-1-64643-348-3(3)*, Applesauce Pr.) Cider Mill Pr. Bk. Pubs., LLC.

4

The check digit for ISBN-10 appears in parentheses after the full ISBN-13

A

ABCs of Bees. Lisa Robbins. 2019. (ENG., Illus.). 32p. (J). pap. 10.00 *(978-1-945620-59-1(5))* Hear My Heart Publishing.

ABC's of Beginning French Language a Children's Learn French Books. Baby Professor. 2017. (ENG., Illus.). (J). pap. 7.89 *(978-1-5419-0261-9(0),* Baby Professor (Education Kids)) Speedy Publishing LLC.

ABCs of Biochemistry. Cara Florance. 2021. (Illus.). 26p. (J). (gr. -1-k). bds. 9.99 *(978-1-7282-4116-6(2))* Sourcebooks, Inc.

ABCs of Biology. Chris Ferrie & Cara Florance. 2018. (Baby University Ser.: 0). (Illus.). 26p. (J). (gr. -1-k). bds. 9.99 *(978-1-4926-7114-5(2))* Sourcebooks, Inc.

ABCs of Black History. Rio Cortez. Illus. by Lauren Semmer. 2020. (ENG.). 64p. (J). (gr. k-17). 14.95 *(978-1-5235-0749-8(7),* 100749) Workman Publishing Co., Inc.

ABCs of Black History. Shakeema Funchess. 2023. (ABCs Ser.: Vol. 1). (ENG.). 60p. (J). 30.00 ***(978-1-0881-7950-5(9))*** Indy Pub.

ABC's of Business. David Veen. 2021. 42p. (J). pap. 11.95 *(978-1-0983-5925-6(9))* BookBaby.

ABCs of California. Sandra Magsamen. 2021. (ABCs Regional Ser.). (ENG.). 32p. (J). (gr. -1-5). bds. 12.99 *(978-1-7282-4328-3(9),* Hometown World) Sourcebooks, Inc.

ABCs of Calm: Discover Mindfulness from A-Z. Rose Rossner & Brooke Backsen. Illus. by AndoTwin. 2022. (ENG.). 28p. (J). (— 1). bds. 8.99 *(978-1-7282-5070-0(6))* Sourcebooks, Inc.

ABCs of Chicago. Sandra Magsamen. 2021. (ABCs Regional Ser.). (ENG.). 32p. (J). (gr. -1-5). bds. 12.99 *(978-1-7282-4337-5(8),* Hometown World) Sourcebooks, Inc.

ABCs of Christmas. Illus. by Jill Howarth. 2016. (ENG.). 26p. (J). (gr. -1 — 1). bds. 7.95 *(978-0-7624-6125-7(X),* Running Pr. Kids) Running Pr.

ABCs of Christmas. Jo Parker. Illus. by Flora Waycott. 2020. 30p. (J). (-k). bds. 8.99 *(978-0-593-22237-9(7),* Grosset & Dunlap) Penguin Young Readers Group.

ABC's of Christ's Gift Academy. Judi Cochran et al. 2020. (ENG.). 64p. (J). pap. *(978-1-716-12428-0(X))* Lulu Pr., Inc.

ABCs of Colorado. Sandra Magsamen. 2023. (ABCs Regional Ser.). (ENG.). 32p. (J). (gr. -1-5). bds. 12.99 ***(978-1-7282-7225-2(4),*** Hometown World) Sourcebooks, Inc.

ABCs of Covid-19: Ayudar a Los Ninos a Comprender la Pandemia Mundial. Tasha Thompson-Gray. Illus. by Stephanie Rogers Carter. 2020. (SPA.). 32p. (J). pap. 14.99 *(978-1-7357314-1-4(2))* P A Reading Pr.

ABCs of Covid-19: Ayudar a Los Ninos a Comprender la Pandemia Mundial. Tasha Thompson-Gray. Illus. by Stephanie Rogers Carter. 2020. (SPA.). 32p. (J). 22.99 *(978-1-7357314-3-8(9))* P A Reading Pr.

ABCs of d&d (Dungeons & Dragons Children's Book) Dungeons & Dragons & Ivan Van Norman. 2018. (Dungeons & Dragons Ser.). (ENG., Illus.). (J). (gr. -1-2). 14.99 *(978-0-7869-6666-0(1),* Wizards of the Coast) Wizards of the Coast.

ABC's of Dryston's Autism. Ivory Sims. 2021. (ENG., Illus.). 32p. (J). pap. 14.95 *(978-1-64654-639-8(3))* Fulton Bks.

ABCs of Economics. Chris Ferrie & Veronica Goodman. 2020. (Baby University Ser.). (Illus.). 26p. (J). (gr. -1-k). bds. 9.99 *(978-1-7282-2040-6(8))* Sourcebooks, Inc.

ABC's of Endangered Species. Jennifer Jake. 2016. (ENG., Illus.). (J). (gr. k-5). pap. 12.95 *(978-0-692-71437-9(5))* Global Goddess Pr.

ABCs of Engineering. Chris Ferrie & Sarah Kaiser. 2019. (Baby University Ser.: 0). (Illus.). 26p. (J). (gr. -1-k). bds. 9.99 *(978-1-4926-7121-3(5))* Sourcebooks, Inc.

ABC's of Finance. Chantal Gregory. 2022. (ENG.). 34p. (J). 29.00 ***(978-1-0879-4026-7(5))*** Indy Pub.

ABC's of Finance. Chantal Gregory. 2022. (ENG.). 29p. *(978-1-716-14346-5(2))* Lulu Pr., Inc.

ABCs of Finance. Vested LLC. 2021. (ENG., Illus.). 30p. (J). 22.99 *(978-1-0983-7896-7(2))* BookBaby.

ABCs of Firefighting. Jacob Carver. 2021. (ENG., Illus.). 58p. (J). pap. 16.95 *(978-1-63814-859-3(7))* Covenant Bks.

ABCs of Florida. Sandra Magsamen. 2021. (ABCs Regional Ser.). (ENG.). 32p. (J). (gr. -1-5). bds. 12.99 *(978-1-7282-4333-7(5),* Hometown World) Sourcebooks, Inc.

Abc's of Food: Alphabet Book & Workbook. Beansprout Education & Miss Grant. Illus. by Leeron Morraes. 2019. (ENG.). 58p. (J). 17.99 *(978-1-950471-04-1(7))* BeanSprout Bks.

ABCs of Fraud. Kevin Gosschalk & Vanita Pandey. 2022. 28p. (J). pap. 9.99 *(978-1-6678-3413-9(4))* BookBaby.

ABCs of Fruits & Vegetables. Kimberly Kross. 2018. (ENG., Illus.). 32p. (J). 22.95 *(978-1-64079-692-8(4))* Christian Faith Publishing.

ABCs of Geography. Chris Ferrie & Adam Mathews. 2022. (Baby University Ser.). (ENG., Illus.). 26p. (J). (gr. -1-k). bds. 9.99 *(978-1-7282-3258-4(9))* Sourcebooks, Inc.

ABCs of Georgia. Sandra Magsamen. 2023. (ABCs Regional Ser.). (ENG.). 32p. (J). (gr. -1-5). bds. 12.99 ***(978-1-7282-7228-3(9),*** Hometown World) Sourcebooks, Inc.

ABC's of Giving Back. Lindsey Chadwick. 2017. (ENG., Illus.). (J). 21.95 *(978-1-64028-203-2(3));* (gr. -1-3). pap. 11.95 *(978-1-64028-298-8(X))* Christian Faith Publishing.

ABC's of GOD: Answering Those What Is God Like Questions with Your Children. Eric M. West. (ENG.). 64p. (J). 2023. 28.49 ***(978-1-6628-7788-9(9));*** 2021. pap. 16.49 *(978-1-6628-2936-9(1))* Salem Author Services.

ABC's of God's Gifts. Nancy Elizabeth Pharr. 2017. (ENG., Illus.). (J). pap. 15.95 *(978-1-5127-6640-0(2),* WestBow Pr.) Author Solutions, LLC.

ABCs of Golden Gate Park. Marta Lindsey. Illus. by Michael Wertz. 2020. (ENG.). 28p. (J). (gr. -1 — 1). bds. 12.99 *(978-1-5132-6303-8(X),* West Margin Pr.) West Margin Pr.

ABCs of Halloween. Patricia Reeder Eubank. Illus. by Patricia Reeder Eubank. 2020. (ENG., Illus.). 26p. (J). (gr. -1 — 1). bds. 7.99 *(978-1-5460-1485-0(3),* Worthy Kids/Ideals) Worthy Publishing.

ABCs of Halloween: An Alphabet Book. Illus. by Lydia Nichols. 2019. (ENG.). 26p. (J). (gr. -1 — 1). bds. 8.99 *(978-0-7624-6656-6(1),* Running Pr. Kids) Running Pr.

ABC's of Health. Peter Alderman. Illus. by Mark Kummer. 2017. (ENG.). 32p. (J). (gr. k-3). *(978-1-4867-1279-3(7))* Flowerpot Children's Pr. Inc.

ABCs of Home. Sandra Magsamen. 2021. (ABCs Regional Ser.). (ENG.). 32p. (J). (gr. -1-5). bds. 12.99 *(978-1-7282-4255-2(X),* Hometown World) Sourcebooks, Inc.

ABCs of How I Love You. Ron Berry. Ed. by Smart Kidz. Illus. by Chris Sharp. 2019. (Parent Love Letters Ser.). (ENG.). 12p. (J). (gr. -1-2). bds. 14.99 *(978-1-64123-194-7(7),* 770969) Smart Kidz Media, Inc.

ABCs of Indiana. Sandra Magsamen. 2023. (ABCs Regional Ser.). (ENG.). 32p. (J). (gr. -1-5). bds. 12.99 ***(978-1-7282-7232-0(7),*** Hometown World) Sourcebooks, Inc.

ABCs of Iowa. Sandra Magsamen. 2023. (ABCs Regional Ser.). (ENG.). 32p. (J). (gr. -1-5). bds. 12.99 ***(978-1-7282-8690-7(5),*** Hometown World) Sourcebooks, Inc.

ABCs of Juneteenth. Shakeema Funchess. 2023. (ENG.). 28p. (J). pap. 20.00 ***(978-1-0881-2646-2(4))*** Indy Pub.

ABCs of Kentucky. Sandra Magsamen. 2023. (ABCs Regional Ser.). (ENG.). 32p. (J). (gr. -1-5). bds. 12.99 ***(978-1-7282-7234-4(3),*** Hometown World) Sourcebooks, Inc.

ABCs of Kindness. Samantha Berger. Illus. by Ekaterina Trukhan. 2020. (Highlights Books of Kindness Ser.). (ENG.). 26p. (J). (-k). 12.99 *(978-1-68437-651-3(3),* Highlights) Highlights Pr., c/o Highlights for Children, Inc.

ABCs of Kindness. Patricia Hegarty. Illus. by Summer Macon. import ed. 2019. (Books of Kindness Ser.). (ENG.). 22p. (J). (— 1). bds. 8.99 *(978-0-593-12307-2(7),* Rodale Kids) Random Hse. Children's Bks.

ABCs of Kindness at Christmas. Patricia Hegarty. Illus. by Summer Macon. 2023. (Books of Kindness Ser.). (ENG.). 22p. (J). (— 1). bds. 8.99 ***(978-0-593-64771-4(8),*** Rodale Kids) Random Hse. Children's Bks.

ABCs of Life: Stories of Tamika. Bennie Brown. (ENG.). (J). 2023. 60p. 28.49 ***(978-1-6628-7669-1(6));*** 2016. (Illus.). pap. 12.99 *(978-1-4984-8356-8(9))* Salem Author Services.

ABCs of Louisiana. Destiny Alhaina. 2022. (ENG.). 29p. (J). ***(978-1-387-76330-6(X))*** Lulu Pr., Inc.

ABCs of Louisiana. Sandra Magsamen. 2023. (ABCs Regional Ser.). (ENG.). 32p. (J). (gr. -1-5). bds. 12.99 ***(978-1-7282-7226-9(2),*** Hometown World) Sourcebooks, Inc.

ABCs of Love. Patricia Hegarty. Illus. by Summer Macon. 2022. (Books of Kindness Ser.). (ENG.). 22p. (J). (— 1). bds. 8.99 *(978-0-593-48610-8(2),* Rodale Kids) Random Hse. Children's Bks.

ABCs of Love. Rose Rossner. Illus. by AndoTwin. 2020. (ENG.). 28p. (J). bds. 8.99 *(978-1-7282-2095-6(5))* Sourcebooks, Inc.

ABCs of Love for Mom. Patricia Hegarty. Illus. by Summer Macon. 2023. (Books of Kindness Ser.). (ENG.). 22p. (J). (— 1). bds. 8.99 *(978-0-593-65192-6(8),* Rodale Kids) Random Hse. Children's Bks.

ABCs of LSU. Linda Colquitt Taylor. Illus. by Erin Casteel. 2020. (ENG.). 32p. (J). 19.95 *(978-0-8071-7387-9(6),* 8180) Louisiana State Univ. Pr.

ABCs of Maryland. Sandra Magsamen. 2023. (ABCs Regional Ser.). (ENG.). 32p. (J). (gr. -1-5). bds. 12.99 ***(978-1-7282-8696-9(4),*** Hometown World) Sourcebooks, Inc.

ABCs of Mathematics. Chris Ferrie. 2017. (Baby University Ser.: 0). (Illus.). 26p. (J). (gr. -1-k). bds. 9.99 *(978-1-4926-5628-9(3))* Sourcebooks, Inc.

ABCs of Michigan. Sandra Magsamen. 2021. (ABCs Regional Ser.). (ENG.). 32p. (J). (gr. -1-5). bds. 12.99 *(978-1-7282-4329-0(7),* Hometown World) Sourcebooks, Inc.

ABCs of Minnesota. Sandra Magsamen. 2021. (ABCs Regional Ser.). (ENG.). 32p. (J). (gr. -1-5). bds. 12.99 *(978-1-7282-4331-3(9),* Hometown World) Sourcebooks, Inc.

ABCs of Missouri S&T: an Alphabet Book for Missouri University of Science & Technology. Will Kirby. 2023. (ENG.). 38p. (J). 18.95 ***(978-1-63755-613-9(6),*** Mascot Kids) Amplify Publishing Group.

ABCs of My Feelings & Music. Scott Edgar & Stephanie Edgar. Illus. by Nancy Sosna Bohm. 2021. (ENG.). 32p. (J). (gr. 2-4). 17.95 *(978-1-62277-462-3(0))* G I A Pubns., Inc.

ABCs of Nebraska. Sandra Magsamen. 2023. (ABCs Regional Ser.). (ENG.). 32p. (J). (gr. -1-5). bds. 12.99 ***(978-1-7282-7237-5(8),*** Hometown World) Sourcebooks, Inc.

ABC's of Neurosurgery. Jesna Sublett. Illus. by Jesna Sublett & Wynter Sublett. 2022. (ENG.). 32p. (J). 24.95 ***(978-1-61493-864-4(4))*** Peppertree Pr., The.

ABCs of Nevada. Sandra Magsamen. 2023. (ABCs Regional Ser.). (ENG.). 32p. (J). (gr. -1-5). bds. 12.99 ***(978-1-7282-7238-2(6),*** Hometown World) Sourcebooks, Inc.

ABCs of New England. Sandra Magsamen. 2021. (ABCs Regional Ser.). (ENG.). 32p. (J). (gr. -1-5). bds. 12.99 *(978-1-7282-4334-4(3),* Hometown World) Sourcebooks, Inc.

ABCs of New York. Sandra Magsamen. 2023. (ABCs Regional Ser.). (ENG.). 32p. (J). (gr. -1-5). bds. 12.99 ***(978-1-7282-7236-8(X),*** Hometown World) Sourcebooks, Inc.

ABCs of New York City. Sandra Magsamen. 2021. (ABCs Regional Ser.). (ENG.). 32p. (J). (gr. -1-5). bds. 12.99 *(978-1-7282-4336-8(X),* Hometown World) Sourcebooks, Inc.

ABCs of North Carolina. Sandra Magsamen. 2023. (ABCs Regional Ser.). (ENG.). 32p. (J). (gr. -1-5). bds. 12.99 ***(978-1-7282-7231-3(9),*** Hometown World) Sourcebooks, Inc.

ABCs of Oceanography. Chris Ferrie & Katherina Petrou. 2020. (Baby University Ser.). (Illus.). 26p. (J). (gr. -1-k). bds. 9.99 *(978-1-4926-8081-9(8))* Sourcebooks, Inc.

ABCs of Ohio. Sandra Magsamen. 2021. (ABCs Regional Ser.). (ENG.). 32p. (J). (gr. -1-5). bds. 12.99 *(978-1-7282-4330-6(0),* Hometown World) Sourcebooks, Inc.

ABCs of Oklahoma. Sandra Magsamen. 2023. (ABCs Regional Ser.). (ENG.). 32p. (J). (gr. -1-5). bds. 12.99 ***(978-1-7282-8687-7(5),*** Hometown World) Sourcebooks, Inc.

ABCs of Pennsylvania. Sandra Magsamen. 2021. (ABCs Regional Ser.). (ENG.). 32p. (J). (gr. -1-5). bds. 12.99 *(978-1-7282-4335-1(1),* Hometown World) Sourcebooks, Inc.

ABCs of Physics. Chris Ferrie. 2017. (Baby University Ser.: 0). (Illus.). 26p. (J). (gr. -1-k). bds. 9.99 *(978-1-4926-5624-1(0))* Sourcebooks, Inc.

ABCs of Real Food. Lorraine Moore. 2022. (ENG.). 58p. (J). pap. ***(978-1-922751-94-2(4))*** Shawline Publishing Group.

Abc's of Rock Gardening with Ketcham Es Students. Richard C. Campbell. 2022. (ENG.). 32p. (J). pap. 10.00 ***(978-1-0880-3018-9(1))*** Indy Pub.

ABCs of Sarasota. Joan Love. 2022. (ENG.). 38p. (J). 30.00 *(978-1-63755-389-3(7),* Mascot Kids) Amplify Publishing Group.

ABCs of Science. Chris Ferrie. 2017. (Baby University Ser.: 0). (Illus.). 26p. (J). (gr. -1-k). bds. 9.99 *(978-1-4926-5631-9(3))* Sourcebooks, Inc.

Abc's of Shakespeare. Kelly Bahney. Illus. by Aprilia Muktirina. 2018. (ENG.). 34p. (J). pap. 10.99 *(978-0-9894685-5-8(0))* Selenite Pr.

ABCs of Sickle Cell Disease. Elle Cole. Illus. by Kate Hamernik. 2021. (ENG.). 58p. (J). pap. 16.99 *(978-1-7350498-4-7(0))* Cleverly Changing Pr.

ABCs of Sickle Cell Disease. Elle Cole. Illus. by Kate Hamernik. l.t. ed. 2021. (ENG.). 58p. (J). 25.99 ***(978-1-7350498-9-2(1))*** Cleverly Changing Pr.

ABCs of Space. Chris Ferrie & Julia Kregenow. 2018. (Baby University Ser.: 0). (Illus.). 26p. (J). (gr. -1-k). bds. 9.99 *(978-1-4926-7112-1(6))* Sourcebooks, Inc.

ABC's of Spirit Animals Coloring Book. Cherise Arthur. Illus. by D. Priva. 2022. (ENG.). 56p. (J). pap. 8.00 *(978-1-0880-2966-4(3))* Indy Pub.

ABCs of Storytelling for Young Writers. Jessa R. Sexton & K. Mark Hilliard. 2019. (ENG., Illus.). 52p. (J). (gr. 3-5). pap. 10.00 *(978-0-9990090-9-3(5))* Hilliard Pr.

ABCs of Style: A Graffiti Alphabet. Ed. by David Villorente. 2018. (ENG., Illus.). 64p. (J). 25.00 *(978-0-9725920-9-3(1))* Testify Bks., Inc.

ABCs of Success for the Teen Soul - Volume 1: Anecdotes & Affirmations of Values & Identity for Positive Emotional Health. Okey Nwangburuka. 2019. (ENG., Illus.). 56p. (YA). pap. 14.95 *(978-1-64559-774-2(1))* Covenant Bks.

ABCs of Success for the Teen Soul - Volume 2: Foundational Affirmations for Building Healthy Relationships. Okey Nwangburuka. 2021. (ABCs of Success for the Teen Soul Ser.: Vol. 2). (ENG.). 60p. (YA). pap. 14.95 *(978-1-63630-321-5(8))* Covenant Bks.

ABCs of Tennessee. Sandra Magsamen. 2023. (ABCs Regional Ser.). (ENG.). 32p. (J). (gr. -1-5). bds. 12.99 ***(978-1-7282-7230-6(0),*** Hometown World) Sourcebooks, Inc.

ABCs of Texas. Sandra Magsamen. 2021. (ABCs Regional Ser.). (ENG.). 32p. (J). (gr. -1-5). bds. 12.99 *(978-1-7282-4327-6(0),* Hometown World) Sourcebooks, Inc.

ABCs of the Air Force. Richard Marsh. 2017. (ENG.). (J). 14.95 *(978-1-68401-332-6(1))* Amplify Publishing Group.

ABC's of the Kingdom Kid. Esaias B. Alvarez Illustrated by Aiyanah & Kimemelah Alvarez. 2019. (ENG.). 64p. (J). pap. 18.95 *(978-1-0980-1227-4(5))* Christian Faith Publishing.

ABCs of the Solar System & Beyond (Tinker Toddlers) Dhoot. 2019. (ENG., Illus.). 34p. (J). (Tinker Toddlers Ser.: Vol. 7). pap. 9.99 *(978-1-7325080-6-4(2));* 14.99 *(978-1-950491-04-9(8),* Tinker Toddlers) GenBeam LLC.

ABCs of the Web. John C. Vanden-Heuvel, Sr. & Andrey Ostrovsky. Illus. by Tom Holmes. 2016. (ENG.). 28p. (J). (gr. -1-3). bds. 8.99 *(978-1-4998-0312-9(5))* Little Bee Books Inc.

ABCs of Trucks, Boats Planes, & Trains. Ronnie Sellers. Illus. by Andy Rowland. 2020. (ENG.). 32p. (J). bds. 9.95 *(978-1-5319-1222-2(2))* Sellers Publishing, Inc.

ABCs of Virginia. Sandra Magsamen. 2023. (ABCs Regional Ser.). (ENG.). 32p. (J). (gr. -1-5). bds. 12.99 ***(978-1-7282-7233-7(5),*** Hometown World) Sourcebooks, Inc.

ABCs of West Virginia. Sandra Magsamen. 2023. (ABCs Regional Ser.). (ENG.). 32p. (J). (gr. -1-5). bds. 12.99 ***(978-1-7282-7235-1(1),*** Hometown World) Sourcebooks, Inc.

ABCs of What I Can Be. Caitlin McDonagh. (Illus.). 40p. (J). (gr. -1-2). 2020. pap. 8.99 *(978-0-8234-4736-7(7));* 2018. 17.99 *(978-0-8234-3782-5(5))* Holiday Hse., Inc.

ABCs of What I Want to Be. Michael Harker. 2018. (ABC Ser.: Vol. 1). (ENG., Illus.). 34p. (J). pap. 15.99 *(978-1-949609-68-4(5))* Pen It Pubns.

ABCs of Wisconsin. Sandra Magsamen. 2021. (ABCs Regional Ser.). (ENG.). 32p. (J). (gr. -1-5). bds. 12.99 *(978-1-7282-4332-0(7),* Hometown World) Sourcebooks, Inc.

ABCs of Women in Music. Anneli Loepp Thiessen. Illus. by Haeon Grace Kang. 2022. 32p. (J). (gr. k-2). 18.95 *(978-1-62277-628-3(3))* G I A Pubns., Inc.

ABCs of Wonder: Discovering the Alphabet's Delightful World. Brooke Tatum. l.t. ed. 2023. (ENG.). 30p. (J). pap. 10.99 ***(978-1-0881-8228-4(3),*** Ashley) Music Sales Corp.

ABCs of Yoga for Kids Softcover. Teresa Anne Power. Illus. by Kathleen Rietz. 2019. (ENG.). 32p. (J). pap. 9.99 *(978-0-9822587-9-8(8))* Stafford House.

ABCs on Skis. Jennifer Marino Walters. Illus. by Nathan Y. Jarvis. 2020. (ABC Adventures Ser.). (ENG.). 32p. (J). (gr. -1-2). lib. bdg. 17.99 *(978-1-63440-886-8(1),* 993c4cb8-ad93-4b22-b165-ce576b56927a) Red Chair Pr.

ABCs on Wheels. Ramon Olivera. Illus. by Ramon Olivera. 2016. (ENG., Illus.). 40p. (J). (gr. -1-k). 19.99 *(978-1-4814-3244-3(3),* Little Simon) Little Simon.

ABCs Our Way. Sahara Wisdom. 2017. (ENG., Illus.). 32p. (J). pap. *(978-1-387-16169-0(5))* Lulu Pr., Inc.

ABCs to Ranching. Patricia Raymond. 2017. (ENG.). (J). 14.95 *(978-1-63177-611-3(8))* Amplify Publishing Group.

ABCs with Animals. Monica Simpson. 2019. (ENG.). 32p. (J). pap. *(978-0-359-03204-4(4))* Lulu Pr., Inc.

ABCs with Blue (Blue's Clues & You) Random House. Illus. by Random House. 2021. (ENG., Illus.). 26p. (J). (— 1). bds. 7.99 *(978-0-593-31011-3(X),* Random Hse. Bks. for Young Readers) Random Hse. Children's Bks.

ABCs with Tonellio. Tony Lumpkin. Illus. by Maya Henderson. 2022. (ENG.). 40p. (J). 21.95 *(978-1-0880-3346-3(6))* Indy Pub.

ABCs with Tonellio Coloring Book. Tony Lumpkin. Illus. by Maya Henderson. 2023. (ENG.). 40p. (J). pap. 9.99 ***(978-1-0881-0960-1(8))*** Indy Pub.

ABC's with Zach. Danny Mount. 2020. (ENG.). 32p. (J). pap. *(978-1-716-65196-0(4))* Lulu Pr., Inc.

ABCs Write-On Wipe-off W/Marker: Learn How to Write the Alphabet. Created by Flying Frog Publishing. 2022. (Write-On & Wipe-off Ser.). (ENG.). 18p. (J). (gr. -1-1). bds. 8.99 ***(978-1-63560-225-8(4))*** Flying Frog Publishing, Inc.

ABCs, You Can Be. J. W. Mettle. 2022. (ENG.). 74p. (J). 31.95 ***(978-1-68498-261-5(8));*** pap. 20.95 ***(978-1-68498-260-8(X))*** Newman Springs Publishing, Inc.

ABC'z. John E. Mullin. Illus. by John E. Mullin. 2019. (ENG., Illus.). 58p. (J). (gr. k-1). 17.99 *(978-1-7321442-2-4(2))* JM Studio.

Abdallah: Or the Four-Leaved Shamrock (Classic Reprint) Édouard Laboulaye. 2017. (ENG., Illus.). (J). 28.76 *(978-0-266-21717-6(6))* Forgotten Bks.

Abdication (Classic Reprint) Edmund Candler. 2018. (ENG., Illus.). 292p. (J). 29.92 *(978-0-484-44506-1(5))* Forgotten Bks.

Abdiel's Cross. Nancy Hardman Klemme. 2018. (ENG., Illus.). 24p. (J). 21.95 *(978-1-64003-367-2(X));* pap. 12.95 *(978-1-64003-366-5(1))* Covenant Bks.

Abdo Kids Jokes (Set), 6 vols. Joe King. 2021. (Abdo Kids Jokes Ser.). (ENG.). 24p. (J). (gr. -1-2). lib. bdg. 188.16 *(978-1-0982-0915-5(X),* 38158, Abdo Kids) ABDO Publishing Co.

Abdo Kids Jokes Set 2 (Set), 6 vols. 2023. (Abdo Kids Jokes Ser.). (ENG.). 24p. (J). (gr. -1-2). lib. bdg. 188.16 ***(978-1-0982-6603-5(X),*** 42104, Abdo Kids) ABDO Publishing Co.

Abdo Kids Jokes (Set Of 6) Joe King. 2022. (Abdo Kids Jokes Ser.). (ENG., Illus.). 144p. (J). (gr. k-k). pap. 53.70 *(978-1-64494-629-9(7),* Abdo Kids-Junior) ABDO Publishing Co.

Abducted. Katrina Cope. 2019. (Valkyrie Academy Dragon Alliance Ser.: Vol. 8). (ENG., Illus.). 118p. (YA). pap. *(978-0-6486613-7-5(7))* Cosy Burrow Bks.

Abducted: The Story of Carolina. Jessica Klee. 2017. (ENG., Illus.). (J). (gr. k-6). 19.95 *(978-0-9980128-3-4(1))* Legacy Pr. of Florida, Inc.

Abducted (Classic Reprint) Jones Kelly. 2018. (ENG., Illus.). 30p. (J). 24.54 *(978-0-332-89697-7(8))* Forgotten Bks.

Abducted (XBooks) Can Cops Catch the Kidnapper? Diane Webber. 2020. (Xbooks Ser.). (ENG., Illus.). 48p. (J). (gr. 3-8). pap. 6.95 *(978-0-531-13258-6(7),* Children's Pr.) Scholastic Library Publishing.

Abducted (XBooks) (Library Edition) Can Cops Catch the Kidnapper? Diane Webber. 2020. (Xbooks Ser.). (ENG., Illus.). 48p. (J). (gr. 3-8). lib. bdg. 29.00 *(978-0-531-13169-5(6),* Children's Pr.) Scholastic Library Publishing.

Abductors: A John Burton Novel. Richard Lippard. 2019. (ENG.). 460p. (YA). pap. 24.95 *(978-1-64584-033-6(6))* Page Publishing Inc.

Abdullah Rides a Bike. Tracilyn George. 2021. (ENG.). 22p. (J). pap. 11.00 *(978-1-77475-184-8(4))* Lulu Pr., Inc.

Abe Builds a Birdhouse: A Book about Animal Homes. Kerry Dinmont. 2017. (My Day Readers Ser.). (ENG.). 24p. (J). (gr. -1-2). lib. bdg. 32.79 *(978-1-5038-2016-6(5),* 211862) Child's World, Inc, The.

Abe Lincoln: His Wit & Wisdom from A-Z. Alan Schroeder. Illus. by John O'Brien. 2016. (ENG.). 32p. (J). (gr. 1-4). 7.99 *(978-0-8234-3575-3(X))* Holiday Hse., Inc.

Abe Lincoln & Nancy Hanks: Being One of Elbert Hubbard's Famous Little Journeys; to Which Is Added for Full Measure a Tribute to the Mother of Lincoln (Classic Reprint) Elbert Hubbard. 2018. (ENG., Illus.). 70p. (J). 25.36 *(978-0-365-35784-1(7))* Forgotten Bks.

Abe Lincoln at Loafer Station: A Novel Based on Hoosier Legends (Classic Reprint) Anet Garrison. 2017. (ENG., Illus.). (J). 28.37 *(978-0-331-85501-2(1));* pap. 10.97 *(978-0-259-79674-9(3))* Forgotten Bks.

Abe Lincoln Crosses a Creek: A Tall, Thin Tale (Introducing His Forgotten Frontier Friend) Deborah Hopkinson. Illus. by John Hendrix. 2016. 40p. (J). (gr. -1-3). 7.99 *(978-1-5247-0158-1(0),* Dragonfly Bks.) Random Hse. Children's Bks.

Abe Lincoln Gets His Chance (Classic Reprint) Frances Cavanah. (ENG., Illus.). (J). 2018. 102p. 26.00 *(978-0-483-56753-5(1));* 2017. pap. 9.57 *(978-0-243-20597-4(X))* Forgotten Bks.

Abe Martin: Of Brown County, Indiana (Classic Reprint) Kin Hubbard. 2017. (ENG., Illus.). (J). 27.30 *(978-0-265-86867-6(X))* Forgotten Bks.

Abe Martin's Almanack (Classic Reprint) Kin Hubbard. 2018. (ENG., Illus.). (J). 140p. 26.78 *(978-0-267-67690-3(5));* 122p. 26.41 *(978-0-656-04996-7(0))* Forgotten Bks.

Abe Martin's Primer: The Collected Writings of Abe Martin & His Brown County, Indiana, Neighbors (Classic Reprint) Kin Hubbard. 2017. (ENG., Illus.). (J). 27.53 *(978-0-260-47475-9(4))* Forgotten Bks.

Abe to the Rescue. Diana Duncan. 2017. (ENG., Illus.). 30p. pap. 16.05 *(978-1-5437-4313-5(7))* Partridge Pub.

Abecé de Las Emociones: All about Feelings. Felicity Brooks. 2019. (All About... Ser.). (SPA.). 32ppp. (J). 14.99 *(978-0-7945-4649-6(8),* Usborne) EDC Publishing.

Abecedaire et Petits Poemes Caledoniens. Mme Fuentes Celine. Illus. by Mme Ferrand Julie. 2016. (FRE.). (J). pap. *(978-2-9556904-9-9(X))* Julie, Ferrand.

Abecedario con Animales y Aliteraciones. Joshua Lawrence Patel Deutsch & Stephania Valencia. Illus. by Afzal Khan. 2021. (SPA.). 32p. (J). pap. 8.50 *(978-1-0880-1756-2(8));* 26.00 *(978-1-0879-9702-5(X))* Indy Pub.

For book reviews, descriptive annotations, tables of contents, cover images, author biographies & additional information, updated daily, subscribe to www.booksinprint.com 5

ABeCedarios: Mexican Folk Art ABCs in English & Spanish, 1 vol. Cynthia Weill & K. B. Basseches. Illus. by Moisés Jiménez & Armando Jiménez. 2022. (First Concepts in Mexican Folk Art Ser.). (ENG.). 32p. (J). (gr. -1-1). pap. 11.95 *(978-1-64379-634-5(8)*, 23353382, Cinco Puntos Press) Lee & Low Bks., Inc.

Abecedarul. Lica Sainciuc. 2021. (RUM.). 180p. (J). 32.00 *(978-1-0879-0229-6(0))* Indy Pub.

abeille et Sa Ruche. Elizabeth Raum. Illus. by Romina Martí. 2017. (Animaux Architectes Ser.). (FRE.). 24p. (J). (gr. 1-4). *(978-1-77092-380-5(2)*, 17611) Amicus.

Abeille Melissa. Michelle Holthouse. 2022. (FRE.). 38p. (J). ***(978-0-2288-8106-3(4))***; pap. ***(978-0-2288-8105-6(6))*** Tellwell Talent.

Abeilles: Organes et Fonctions, Education et Produits, Miel et Cire (Classic Reprint) Maurice Girard. 2017. (FRE., Illus.). (J). 30.00 *(978-0-265-34111-7(6))* Forgotten Bks.

Abeilles Tueuses (Killer Bees) Amy Culliford. Tr. by Annie Evearts. 2021. (Animaux les Plus Meurtriers (Deadliest Animals) Ser.). (FRE.). (J). (gr. 3-9). pap. ***(978-1-0396-0301-1(7)***, 12829, Crabtree Branches) Crabtree Publishing Co.

Abeja y Yo. Alison Jay. 2017. (SPA.). 32p. (J). (gr. k-2). *(978-84-261-4442-3(X))* Juventud, Editorial ESP. Dist: Lectorum Pubns., Inc.

¡Abejas! Linda Koons. Illus. by Natalie Smillie. 2016. (Early Rising Readers Ser.). (SPA.). (J). (gr. -1). 6.67 *(978-1-4788-3666-7(0))* Newmark Learning LLC.

¡Abejas! - 6 Pack. Linda Koons. 2016. (Early Rising Readers Ser.). (SPA.). (J). (gr. 1). 40.00 net. *(978-1-4788-4609-3(7))* Newmark Learning LLC.

Abejas Libro para Colorear: Libro para Colorear de Abejas de la Miel para niños de 4 a 8 años - 40 Divertidas Páginas para Colorear Abejas, Osos y Miel. Emil Rana O'Neil. 2021. (SPA.). 82p. (J). pap. 10.99 *(978-1-008-93455-9(0))* Ridley Madison, LLC.

Abejas Útiles. Alan Walker. 2022. (Ciencias Del Patio Trasero (Backyard Science) Ser.). (SPA.). 24p. (J). (gr. k-2). pap. *(978-1-0396-4941-5(6)*, 19570); lib. bdg. *(978-1-0396-4814-2(2)*, 19569) Crabtree Publishing Co.

Abejita Amarilla / Little Yellow Bee (Spanish Edition) Ginger Swift. Ed. by Cottage Door Press. Illus. by Katya Longhi. 2020. (SPA.). 12p. (J). (gr. -1 — 1). bds. 7.99 *(978-1-64638-057-2(6)*, 1000660-SLA) Cottage Door Pr.

Abejita Que No Quería Escuchar. Dorcaly Fiallo. 2020. (SPA.). 38p. (J). (gr. k-3). 18.00 *(978-0-578-72638-0(6))* Publify Consulting.

Abel Allnutt, Vol. 1 Of 3: A Novel (Classic Reprint) James Justinian Morier. 2018. (ENG., Illus.). 326p. (J). 30.62 *(978-0-483-73516-3(7))* Forgotten Bks.

Abel Allnutt, Vol. 2 Of 3: A Novel (Classic Reprint) James Justinian Morier. 2018. (ENG., Illus.). 316p. (J). 30.43 *(978-0-484-58539-2(8))* Forgotten Bks.

Abel Allnutt, Vol. 3 Of 3: A Novel (Classic Reprint) James Justinian Morier. (ENG., Illus.). (J). 2018. 314p. 30.37 *(978-0-483-40887-6(5))*; 2016. pap. 13.57 *(978-1-333-41369-9(6))* Forgotten Bks.

Abel & the Twelve Keys of Israel. Lindsay Thompson & Chelsea Thompson. 2020. (ENG.). 94p. (YA). pap. 13.95 *(978-1-0980-3208-1(X))* Christian Faith Publishing.

Abel & the Twelve Keys of Israel: The Throne of Your Heart. Chelsea Thompson & Lindsay Thompson. 2022. (ENG., Illus.). 514p. (YA). pap. 28.95 *(978-1-68570-570-1(7))* Christian Faith Publishing.

Abel & the Twelve Keys of Israel: Uncircumcised Hearts. Lindsay Thompson & Chelsea Thompson. 2021. (ENG.). 312p. (YA). pap. 20.95 *(978-1-63874-456-6(4))* Christian Faith Publishing.

Abel Drake's Wife (Classic Reprint) John Saunders. 2018. (ENG., Illus.). 324p. (J). 30.58 *(978-0-267-24542-0(4))* Forgotten Bks.

Abel Griscom's Letters (Classic Reprint) Abel Griscom. (ENG., Illus.). (J). 2018. 28p. 24.47 *(978-0-365-39034-3(8))*; 2017. pap. 7.97 *(978-0-259-92868-3(2))* Forgotten Bks.

Abela: the Girl Who Saw Lions. Berlie Doherty. 2018. (ENG.). 240p. (YA). (gr. 7). pap. 11.99 *(978-1-78344-646-9(3))* Andersen Pr. GBR. Dist: Independent Pubs. Group.

Abelardo y Eloisa: La Historia de Las Calamidades. Jose Wiechers. 2017.Tr. of Abelardo & Eloisa. (SPA.). 384p. (J). pap. 28.95 *(978-1-68165-488-1(1))* Trialtea USA, LLC.

Abella & the Magical Afro Puffs. Roberta McGill. 2020. (ENG.). 24p. (J). pap. 10.00 *(978-1-64237-988-4(3))* Gatekeeper Pr.

Abella & the Magical Afro Puffs Workbook of Reflections, Creativity, Dreams, & Imaginations! Roberta McGill. 2021. (ENG.). 30p. (J). pap. 10.00 *(978-1-6629-1455-3(5))* Gatekeeper Pr.

Abella Starts a Tooth Fairy School. Zane Carson Carruth. 2020. (ENG.). 34p. (J). pap. 14.99 *(978-1-0879-1451-0(5))* Indy Pub.

Abel's Island Novel Units Teacher Guide. Novel Units. 2019. (ENG.). (J). pap. 12.99 *(978-1-56137-345-1(1)*, Novel Units, Inc.) Classroom Library Co.

Abena's Big Dream. Cynthia Addae. Illus. by Remi Bryant. 2022. (Abena's Big Dream Ser.). (ENG.). 32p. (J). 16.99 ***(978-1-954529-20-5(1))***; pap. 12.99 ***(978-1-954529-12-0(0))*** PlayPen Publishing.

Abena's Big Dream Coloring Book. Cynthia Addae. Illus. by Remi Bryant. 2022. (Abena's Big Dream Ser.). (ENG.). 24p. (J). pap. 5.99 ***(978-1-954529-29-8(5))*** PlayPen Publishing.

Abeni's Song. P. Djeli Clark. 2023. (Abeni's Song Ser.: 1). (ENG.). 336p. (J). 19.99 *(978-1-250-82582-7(2)*, 900251797, Starscape) Doherty, Tom Assocs., LLC.

Abenteuer Im Oak-Park. Bertie Fox. 2017. (GER., Illus.). (J). *(978-3-7439-0280-0(X))*; pap. *(978-3-7439-1908-2(7))* tredition Verlag.

Abenteuer Im Reich der Fantasie. Michael Pummer. 2017. (GER., Illus.). (J). *(978-3-7439-6943-8(2))*; pap. *(978-3-7439-6942-1(4))* tredition Verlag.

Abenteuer Mit Paul. Swetlana Look. 2017. (GER., Illus.). (J). *(978-3-7439-7314-5(6))*; pap. *(978-3-7439-7313-8(8))* tredition Verlag.

Abercrombie. S. J. Goodin. 2019. (ENG.). 134p. (J). *(978-1-78878-665-2(3))*; pap. *(978-1-78878-664-5(5))* Austin Macauley Pubs. Ltd.

Abercrombie the Apple; Understanding Type 1 Diabetes. James Paul Dunworth. 2019. (ENG.). 62p. (J). pap. *(978-0-359-37283-6(X))* Lulu Pr., Inc.

Aberdeen Worthies; or, Sketches of Characters. W. Bannerman. 2017. (ENG., Illus.). (J). pap. *(978-0-649-49184-1(X))* Trieste Publishing Pty Ltd.

Aberdeen Worthies, or Sketches of Characters Resident in Aberdeen During the End of the Last & Beginning of the Present Century (Classic Reprint) W. Bannerman. (ENG., Illus.). (J). 2019. 126p. 26.52 *(978-0-267-94220-6(6))*; 2016. pap. 9.57 *(978-1-334-14008-2(1))* Forgotten Bks.

Abe's Adventure: A True Story. Heather Stevenson. 2022. (ENG., Illus.). 22p. (J). pap. 14.95 *(978-1-63985-922-1(5))* Fulton Bks.

Abhandlungen Aus Dem Gebiete der Zoologie und Vergleichenden Anatomie, Vol. 1 (Classic Reprint) Hermann Schlegel. (GER., Illus.). (J). 2018. 108p. 26.14 *(978-0-656-54278-9(0))*; 2017. pap. 9.57 *(978-0-243-48487-4(9))* Forgotten Bks.

Abhorsen Classic Edition. Garth Nix. 2021. (Old Kingdom Ser.: 3). (ENG.). 384p. (YA). (gr. 8). pap. 12.99 *(978-0-06-308682-1(4)*, HarperCollins) HarperCollins Pubs.

Abhuman: Revelation. Hugh B. Long. 2016. (Covenant Ser.: Vol. 1). (ENG., Illus.). (YA). (gr. 7-12). pap. *(978-1-927646-68-7(5))* Asgard Studios.

Abi. Ben Levin. 2020. (Nellie's Friends Ser.: Vol. 4). (ENG.). 44p. (J). pap. 9.99 *(978-0-9997310-7-9(6))* Shrimlife Pr.

Abi & Max Lights! Camera! Abi! Mommy Mastery. 2020. (ENG.). 28p. *(978-1-716-49479-6(6))* Lulu Pr., Inc.

Abi Ta Konta Mas Aventura Di Alberto, Endi I Sammy. Marella Nahr Angelica. 2021. (PAP.). 62p. (J). pap. 19.65 *(978-1-7370056-5-0(4))* Kraal, Luisette.

Abigail Adams. Jennifer Strand. 2018. (First Ladies (Launch!) Ser.). (ENG., Illus.). 24p. (J). (gr. -1-2). lib. bdg. 31.36 *(978-1-5321-2281-1(0)*, 28329, Abdo Zoom-Launch) ABDO Publishing Co.

Abigail Adams & the Women Who Shaped America. Torrey Maloof. rev. ed. 2016. (Social Studies: Informational Text Ser.). (ENG., Illus.). 32p. (gr. 4-8). pap. 11.99 *(978-1-4938-3080-0(5))* Teacher Created Materials, Inc.

Abigail Adams, Pirate of the Caribbean. Steve Sheinkin. ed. 2020. (Time Twisters Ser.). (ENG.). 155p. (J). (gr. 2-3). 16.69 *(978-1-64697-149-7(3))* Penworthy Co., LLC, The.

Abigail Adams, Pirate of the Caribbean. Steve Sheinkin. Illus. by Neil Swaab. 2019. (Time Twisters Ser.). (ENG.). 176p. (J). pap. 6.99 *(978-1-250-20788-3(6)*, 900201776) Roaring Brook Pr.

Abigail & Her Magic Day! Lisa Sherman. 2022. (ENG., Illus.). 26p. (J). pap. 14.95 ***(978-1-68498-474-9(2))*** Newman Springs Publishing, Inc.

Abigail & Her Pet Zombie. Marie F. Crow. 2020. (Abigail & Her Pet Zombie Ser.: Vol. 2). (ENG.). 118p. (J). pap. 9.99 *(978-1-64533-696-9(4))* Kingston Publishing Co.

Abigail & Her Pet Zombie: A Very Zombie Christmas. Marie F. Crow. 2022. (Abigail & Her Pet Zombie Ser.: Vol. 7). (ENG.). 54p. (J). 19.99 ***(978-1-64533-404-0(X))***; pap. 12.99 ***(978-1-64533-403-3(1))*** Kingston Publishing Co.

Abigail & the Birth of the Sun. Matthew Cunningham. Illus. by Sarah Wilkins. 2019. 32p. (J). (gr. -1-k). 17.99 *(978-0-14-377270-5(8))* Penguin Group New Zealand, Ltd. NZL. Dist: Independent Pubs. Group.

Abigail & the Making of the Moon. Matthew Cunningham. Illus. by Sarah Wilkins. 2023. (Abigail Ser.). 32p. (J). (gr. -1-k). 16.99 ***(978-0-14-377952-0(4))*** Penguin Group New Zealand, Ltd. NZL. Dist: Independent Pubs. Group.

Abigail & the Saints of Holiday Isle. Jaromy Henry. 2019. (ENG.). 152p. (J). pap. *(978-0-359-82773-2(X))* Lulu Pr., Inc.

Abigail Bear: A Testing Week. Shona Stringer. Illus. by Lyn Stone. 2022. (ENG.). 24p. (J). pap. *(978-1-83975-765-5(5))* Grosvenor Hse. Publishing Ltd.

Abigail Bear - the Lockdown. Shona Stringer. Illus. by Lyn Stone. 2020. (ENG.). 24p. (J). pap. *(978-1-83975-277-3(7))* Grosvenor Hse. Publishing Ltd.

Abigail Eats Bugs. Virginia Pye. 2018. (ENG., Illus.). 26p. (J). *(978-0-2288-0174-0(5))*; pap. *(978-0-2288-0173-3(7))* Tellwell Talent.

Abigail Fig: the Secret Agent Pig: World of Claris, Volume 2. Megan Hess. 2022. (ENG., Illus.). 48p. (J). (gr. -1-2). 17.99 *(978-1-76050-772-5(5))* Hardie Grant Bks. AUS. Dist: Hachette Bk. Group.

Abigail Gets Angry. Karen Waymire. Illus. by Karen Waymire. 2021. (ENG.). 24p. (J). 20.00 ***(978-1-7373105-0-1(3))*** sunflower.

Abigail I Love You All Ways. Marianne Richmond. Illus. by Dubravka Kolanovic. 2023. (I Love You All Ways Ser.). (ENG.). 32p. (J). (gr. -1-3). 8.99 ***(978-1-7282-7327-3(7))*** Sourcebooks, Inc.

Abigail Is a Big Girl. Don Hoffman. Illus. by Todd Dakins. 2nd ed. 2016. (Billy & Abby Ser.). (ENG.). 28p. (J). (gr. -1-k). pap. 3.99 *(978-1-943154-03-6(1))* Peek-A-Boo Publishing.

Abigail, Little Bible Heroes Board Book. B&H Kids Editorial Staff. 2019. (Little Bible Heroes(tm) Ser.). (ENG.). 16p. (J). bds. 7.99 *(978-1-5359-5428-0(0)*, 005814402, B&H Kids) B&H Publishing Group.

Abigail on the North Pole Express. J. D. Green. Illus. by Joanne Partis. 2022. (North Pole Express Bears Ser.). (ENG.). 32p. (J). (gr. -1-3). 7.99 ***(978-1-7282-6905-4(9))*** Sourcebooks, Inc.

Abigail on the North Pole Express. J. D. Green. 2019. (North Pole Express Ser.). (ENG.). 32p. (J). (gr. -1-3). 7.99 ***(978-1-7282-0298-3(1))*** Sourcebooks, Inc.

Abigail, Queen of Nowhere: A Fairy Tale. Darrell Case. 2018. (ENG., Illus.). 24p. (J). pap. 9.95 *(978-1-5136-3893-5(9))* Case, Darrell.

Abigail Santa's Secret Elf. Put Me In The Story & Katherine Sully. Illus. by Julia Seal. 2018. (Santa's Secret Elf Ser.). (ENG.). 32p. (J). (gr. k-3). 5.99 *(978-1-4926-8111-3(3))* Sourcebooks, Inc.

Abigail Skunk's Lessons for Her Kits. Marian Keen. Illus. by Jodie Dias & Wendy Weston. 2021. (ENG.). 34p. (J). pap. *(978-1-988220-22-2(X))* Keen Ideas Publishing.

Abigail Snale, Can't I Sniff? Charlotte Safos. 2017. (ENG., Illus.). (J). (gr. 1-4). pap. 17.45 *(978-1-5043-8114-7(9)*, Balboa Pr.) Author Solutions, LLC.

Abigail Toenail & the Clipper of Doom! William Anthony. Illus. by Irene Renon. 2023. (Level 4/5 - Blue/Green Set Ser.). (ENG.). 32p. (J). (gr. 1-3). lib. bdg. 19.95 Bearport Publishing Co., Inc.

Abigail 'Twas the Night Before Christmas. Illus. by Lisa Alderson. 2019. (Night Before Christmas Ser.). (ENG.). 32p. (J). (gr. -1-3). 7.99 ***(978-1-7282-0191-7(8))*** Sourcebooks, Inc.

Abigail's Christmas Wish. Put Me In The Story & J. D. Green. Illus. by Julia Seal. 2018. (Christmas Wish Ser.). (ENG.). 32p. (J). (gr. k-3). 6.99 ***(978-1-4926-8298-1(5))*** Sourcebooks, Inc.

Abigail's Gift to Baby Jesus. Pamela Casper Burris. 2021. (ENG.). 32p. (J). 24.95 *(978-1-63630-816-6(3))*; pap. 14.95 *(978-1-63630-815-9(5))* Covenant Bks.

Abigail's Wish, 1 vol. Gloria Ann Wesley. Illus. by Richard Rudnicki. 2016. (ENG.). 32p. (J). (gr. 1-3). 22.95 *(978-1-77108-439-0(1)*, defd3a5e-1b53-4362-8bd4-703fa1483fd1) Nimbus Publishing, Ltd. CAN. Dist: Baker & Taylor Publisher Services (BTPS).

Abigail's World. Abigail Groves. 2018. (ENG., Illus.). 24p. (J). pap. *(978-1-78132-813-2(7))* SilverWood Bks.

Abigel Rowe, Vol. 1 Of 3: A Chronicle of the Regency (Classic Reprint) Lewis Wingfield. (ENG., Illus.). (J). 2018. 358p. 31.30 *(978-0-483-41373-3(9))*; 2016. pap. 13.97 *(978-1-334-12035-0(8))* Forgotten Bks.

Abigel Rowe, Vol. 2 Of 3: A Chronicle of the Regency (Classic Reprint) Lewis Wingfield. (ENG., Illus.). (J). 2018. 316p. 30.41 *(978-0-483-40555-4(8))*; 2016. pap. 13.57 *(978-1-333-57849-7(0))* Forgotten Bks.

Abigel Rowe, Vol. 3 Of 3: A Chronicle of the Regency (Classic Reprint) Lewis Wingfield. (ENG., Illus.). (J). 2018. 308p. 30.27 *(978-0-428-87336-3(7))*; 2016. pap. 13.57 *(978-1-334-19396-5(7))* Forgotten Bks.

Abijah's Fairy Tale. Bárbara Anderson. 2016. (ENG., Illus.). 72p. (J). pap. *(978-1-365-48147-5(6))* Lulu Pr., Inc.

Abilene's Cloudy Journey: A Tale of a Cloud & Courage. Ferdie Cadet. Illus. by Blueberry Illustrations. 2021. (Abilene Ser.). (ENG.). 38p. (J). 19.99 ***(978-0-578-99784-1(3))*** Abilene Bks.

Abilità Di Forbici con Veicoli Libro Di Attività. Esel Press. 2021. (ITA.). 124p. (J). pap. *(978-1-6671-1217-6(1))* Lulu.com.

Abilities We Have. Alyssa Weaver. Illus. by I. Cenizal. 2022. (ENG.). 22p. (J). *(978-0-2288-4545-4(9))*; pap. *(978-0-2288-4544-7(0))* Tellwell Talent.

Abi's Adventures: A Day at the Park! Alexis Chandel. 2022. (ENG.). 28p. (J). pap. 10.00 ***(978-0-578-90379-8(2))*** Lulu Pr., Inc.

Ablaze (Scholastic Best Seller) Christopher Krovatin. 2023. (ENG.). 224p. (J). (gr. 4-7). pap. 7.99 *(978-1-338-81603-7(9))* Scholastic, Inc.

Ablaze with Color: A Story of Painter Alma Thomas. Jeanne Walker Harvey & Loveis Wise. 2022. (ENG., Illus.). 40p. (J). (gr. -1-3). 19.99 *(978-0-06-302189-1(7)*, HarperCollins) HarperCollins Pubs.

Abnakis & Their History; or, Historical Notices on the Aborigines of Acadia. Eugene Vetromile. 2017. (ENG., Illus.). (J). pap. *(978-0-649-11429-0(9))* Trieste Publishing Pty Ltd.

Abner & Ian Get Right-Side Up. Dave Eggers. Illus. by Laura Park. 2019. (ENG.). 80p. (J). (gr. -1-3). 18.99 *(978-0-316-48586-9(1))* Little, Brown Bks. for Young Readers.

Abner Daniel: A Novel (Classic Reprint) Will N. Harben. 2018. (ENG., Illus.). 324p. (J). 30.60 *(978-0-484-36040-1(X))* Forgotten Bks.

Abnormal Field Guides to Cryptic Creatures: Bigfoot. World Book. 2020. (Abnormal Field Guides to Cryptic Creatures Ser.). (ENG.). 50p. (J). pap. ***(978-0-7166-4782-9(6))*** World Bk.-Childcraft International.

Aboard a Slow Train in Mizzoury (Classic Reprint) Walter Ben Hare. 2018. (ENG., Illus.). 64p. (J). 25.22 *(978-0-267-45780-9(4))* Forgotten Bks.

Aboard HMS Beagle, 1 vol. Tanya Dellaccio. 2019. (History on the High Seas Ser.). (ENG.). 24p. (gr. 2-3). pap. 9.15 *(978-1-5382-3786-1(5)*, 120f318f-4d11-49fa-9e0d-7509e6f9071c) Stevens, Gareth Publishing LLLP.

Aboard the Amistad, 1 vol. Caitie McAneney. 2019. (History on the High Seas Ser.). (ENG.). 24p. (J). (gr. 2-3). pap. 9.15 *(978-1-5382-3790-8(3)*, 13bfb77a-c055-44f8-aaa3-db6037088fef) Stevens, Gareth Publishing LLLP.

Aboard the Erie Canal. 2017. (ENG., Illus.). 22p. (J). (gr. 2-5). pap. 9.95 *(978-0-9977996-8-2(4))* Primedia eLaunch LLC.

Aboard the Mavis: It Is Told in This Book How Five Boys & Five Girls Cruise in the Schooner Mavis about the East End of Long Island, & How, in Addition to Sundry Good Times, They Learn Somewhat of the Early History of Their Country. Richard Markham. (ENG., Illus.). (J). 2018. 240p. 28.85 *(978-0-364-13259-3(0))*; 2017. pap. 11.57 *(978-0-259-54441-8(8))* Forgotten Bks.

Aboard the Mayflower. Theresa Emminizer. 2019. (History on the High Seas Ser.). (ENG.). 24p. (gr. 2-3). 48.90 *(978-1-5382-3795-3(4))* Stevens, Gareth Publishing LLLP.

Aboard the Santa Maria, 1 vol. Kate Mikoley. 2019. (History on the High Seas Ser.). (ENG.). 24p. (gr. 2-3). 24.27 *(978-1-5382-3800-4(4)*, fbaa0175-ed2e-4982-a118-2c23e48a3685) Stevens, Gareth Publishing LLLP.

Aboard the Titanic, 1 vol. Elizabeth Krajnik. 2019. (History on the High Seas Ser.). (ENG.). 24p. (gr. 2-3). pap. 9.15 *(978-1-5382-3802-8(0)*, 16808908-47a4-45f0-876d-5db172d6af20) Stevens, Gareth Publishing LLLP.

Aboard the Titanic (a True Book: the Titanic) John Son. 2022. (True Book (Relaunch) Ser.). (ENG., Illus.). 48p. (J). (gr. 3-5). 31.00 *(978-1-338-84050-6(9))*; pap. 7.99 *(978-1-338-84051-3(7))* Scholastic Library Publishing. (Children's Pr.).

Aboard USS Constitution, 1 vol. Therese M. Shea. 2019. (History on the High Seas Ser.). (ENG.). 24p. (gr. 2-3). pap. 9.15 *(978-1-5382-3806-6(3)*, b7839a0b-4d9a-4491-a498-f7e8a22504d7) Stevens, Gareth Publishing LLLP.

Abolicionismo (Abolitionism) El Movimiento para Eliminar la Esclavitud (the Movement to End Slavery) Elliott Smith. 2023. (Esclavitud en Estados Unidos y la Lucha Por la Libertad (American Slavery & the Fight for Freedom) (Read Woke (tm) Books en Español) Ser.). (SPA., Illus.). 32p. (J). (gr. 4-8). pap. 10.99. lib. bdg. 30.65 ***(978-1-7284-9185-1(1)***, 5321e230-d016-4516-9122-238721f5be38) Lerner Publishing Group. (Ediciones Lerner).

Abolition. Tim Black. 2019. (Tesla's Time Travelers Ser.: 4). (ENG.). 276p. (YA). (gr. 7-12). pap. 18.00 *(978-1-949135-81-7(0))* Untreed Reads Publishing, LLC.

Abolitionism: The Movement to End Slavery. Elliott Smith. 2022. (American Slavery & the Fight for Freedom (Read Woke (tm) Books) Ser.). (ENG., Illus.). 32p. (J). (gr. 4-8). pap. 10.99 *(978-1-7284-4817-6(4)*, 84c95967-cff2-4236-88ea-5db6b10d538e, Lerner Pubns.) Lerner Publishing Group.

Abolitionista Volume 2: Jada & the Urban Slave Rebellion. Thomas Estler. 2018. (Abolitionista Ser.: 2). (ENG.). 132p. (YA). pap. 10.00 *(978-0-9774214-6-6(5)*, 9780977421466) Moving Finger Pr.

Abolitionists. Sarah E. De Capua. 2021. (Black American Journey Ser.). (ENG.). 32p. (J). (gr. 4-7). lib. bdg. 35.64 *(978-1-5038-5440-6(X)*, 215317) Child's World, Inc, The.

Abolitionists: Together with Personal Memories of the Struggle for Human Rights, 1830-1864. John F. Hume. 2017. (ENG., Illus.). (J). 23.95 *(978-1-374-94821-1(7))*; pap. 13.95 *(978-1-374-94820-4(9))* Capital Communications, Inc.

Abolitionists: Together with Personal Memories of the Struggle for Human Rights, 1830-1864 (Classic Reprint) John F. Hume. 2017. (ENG., Illus.). (J). 28.76 *(978-0-260-32213-5(X))* Forgotten Bks.

Abolitionists: What We Need Is Action (America in The 1800s) Torrey Maloof. rev. ed. 2017. (Social Studies: Informational Text Ser.). (ENG., Illus.). 32p. (J). (gr. 4-8). pap. 11.99 *(978-1-4938-3801-1(6))* Teacher Created Materials, Inc.

Abolitionists & Human Rights: Fighting for Emancipation, 1 vol. Leslie Beckett. 2016. (Spotlight on American History Ser.). (ENG.). 24p. (J). (gr. 4-6). 27.93 *(978-1-5081-4937-8(2)*, 44df7110-5d05-4ad1-ac95-2fd92a184641, PowerKids Pr.) Rosen Publishing Group, Inc., The.

Abolitionists & Slave Owners. Jeremy Morlock. 2019. (Opponents in American History Ser.). (ENG., Illus.). 32p. (J). (gr. 4-5). 60.00 *(978-1-5383-4539-9(0)*, PowerKids Pr.) Rosen Publishing Group, Inc., The.

Abolitionists Join the Fight, 1 vol. Ed. by Joanne Randolph. 2018. (Civil War & Reconstruction: Rebellion & Rebuilding Ser.). (ENG., Illus.). 32p. (J). (gr. 4-5). 27.93 *(978-1-5383-4077-6(1)*, cd033114-8fc8-4f62-aa8d-15a69c2d980d, PowerKids Pr.) Rosen Publishing Group, Inc., The.

Abominable Hombre de Las Nieves / the Abominable Snowman. R. A. Montgomery. 2022. (Elige Tu Propia Aventura Ser.: 3). (SPA.). 144p. (J). (gr. 3-7). pap. 10.95 *(978-607-38-1145-3(4))* Penguin Random House Grupo Editorial ESP. Dist: Penguin Random Hse. LLC.

Abominations of Modern Society (Classic Reprint) T. De Witt Talmage. 2017. (ENG., Illus.). (J). 29.92 *(978-0-266-73957-9(1))* Forgotten Bks.

Aboriginal Australians. Diana Marshall. 2017. (World Cultures Ser.). (ENG.). 32p. (J). (gr. 3-7). lib. bdg. 29.99 *(978-1-5105-2261-9(1))* SmartBook Media, Inc.

Aboriginal Cameleer. G. G. Smith. 2018. (ENG., Illus.). 274p. (J). pap. 19.92 *(978-0-244-11375-9(0))* Lulu Pr., Inc.

Abortion: A Continuing Debate, 1 vol. Meghan Green. 2017. (Hot Topics Ser.). (ENG.). 104p. (YA). (gr. 7-7). 41.03 *(978-1-5345-6197-7(8)*, b84b32a4-485a-4438-88a9-58e8666f2837, Lucent Pr.) Greenhaven Publishing LLC.

About a Boy. Nkem Denchukwu. 2018. (ENG., Illus.). 34p. (J). (gr. 2-6). pap. 11.99 *(978-0-692-13413-9(1))* Eleviv Publishing Group.

About a Fox & a Boy. Paul De Marco. 2018. (ENG., Illus.). 154p. (J). pap. 6.24 *(978-0-244-38132-5(1))* Lulu Pr., Inc.

About a Girl: A Novel. Sarah McCarry. 2017. (Metamorphoses Trilogy Ser.: 3). (ENG.). 224p. (YA). pap. 24.99 *(978-1-250-85673-9(6)*, 900259722, St. Martin's Griffin) St. Martin's Pr.

About a Song. Guilherme Karsten. 2021. (ENG., Illus.). 36p. (J). (gr. k-2). 16.99 *(978-1-84976-743-9(2))* Tate Publishing, Ltd. GBR. Dist: Abrams, Inc.

About Amphibians: A Guide for Children, 1 vol. Cathryn Sill. Illus. by John Sill. rev. ed. 2018. (About... Ser.: 5). 48p. (J). (gr. -1-2). 16.95 *(978-1-68263-031-0(5))*; pap. 8.99 *(978-1-68263-032-7(3))* Peachtree Publishing Co. Inc.

About Amphibians / Sobre Los Anfibios: A Guide for Children / una Guía para Niños. Cathryn Sill. Illus. by John Sill. ed. 2018. (About... Ser.: 22). 48p. (J). (gr. -1-2). pap. 8.95 *(978-1-68263-033-4(1))* Peachtree Publishing Co. Inc.

About As Easy As Finding the Exit in a Movie Theater Maze Activity Book. Jupiter Kids. 2016. (ENG., Illus.). 106p. (J). pap. 16.55 *(978-1-68326-157-5(7)*, Jupiter Kids (Childrens & Kids Fiction)) Speedy Publishing LLC.

About Bears. Rose Marie Colucci. 2019. (ENG.). 34p. (J). pap. *(978-1-7947-8149-8(8))* Lulu Pr., Inc.

About Buying a Horse: Occasional Happy Thoughts; I (Classic Reprint) F. C. Burnand. 2017. (ENG., Illus.). (J). 30.23 *(978-0-266-46859-2(4))* Forgotten Bks.

About Ceylon & Borneo. Walter J. Clutterbuck. 2017. (ENG.). 296p. (J). pap. *(978-3-7447-9818-1(6))* Creation Pubs.

About Ceylon & Borneo: Being an Account of Two Visits to Ceylon, One to Borneo, & How We Fell Out on Our Homeward Journey (Classic Reprint) Walter J. Clutterbuck. 2018. (ENG., Illus.). 304p. (J). 30.17 *(978-0-364-10238-1(1))* Forgotten Bks.

About England with Dickens (Classic Reprint) Alfred Rimmer. 2018. (ENG., Illus.). 398p. (J). 32.11 *(978-0-267-99297-3(1))* Forgotten Bks.

About Fish: A Guide for Children, 1 vol. Cathryn Sill. Illus. by John Sill. rev. ed. 2017. (About... Ser.: 6). 48p. (J). (gr. -1-2).

6 The check digit for ISBN-10 appears in parentheses after the full ISBN-13

16.95 *(978-1-56145-987-2(9))*; pap. 7.99 *(978-1-56145-988-9(7))* Peachtree Publishing Co. Inc.

About Fish / Sobre Los Peces: A Guide for Children / una Guía para Niños, 1 vol. Cathryn Sill. Illus. by John Sill. ed. 2017. (About... Ser.: 21). 48p. (J). (gr. -1-2). pap. 8.99 *(978-1-56145-989-6(5))* Peachtree Publishing Co. Inc.

About Habitats: Rivers & Streams, 1 vol. Cathryn Sill. Illus. by John Sill. 2019. (About Habitats Ser.: 9). 48p. (J). (gr. -1-2). 16.95 *(978-1-68263-091-4(9))* Peachtree Publishing Co. Inc.

About Habitats: Seashores, 1 vol. Cathryn Sill. Illus. by John Sill. 2017. (About Habitats Ser.: 8). 48p. (J). (gr. -1-2). 16.95 *(978-1-56145-968-1(2))* Peachtree Publishing Co. Inc.

About Habitats: Tundras, 1 vol. Cathryn Sill. Illus. by John Sill. 2021. (About Habitats Ser.: 10). 48p. (J). (gr. -1-2). 17.99 *(978-1-68263-233-8(4))* Peachtree Publishing Co. Inc.

About Habitats: Forests, 1 vol. Cathryn Sill. Illus. by John Sill. 2019. (About Habitats Ser.: 6). 48p. (J). (gr. -1-2). pap. 8.99 *(978-1-68263-126-3(5))* Peachtree Publishing Co. Inc.

About Habitats Polar Regions. Cathryn Sill. Illus. by John Sill. 2021. (About Habitats Ser.: Vol. 7). (ENG.). 48p. (J). lib. bdg. 19.80 *(978-1-6636-3016-2(X))* Perfection Learning Corp.

About Habitats: Rivers & Streams. Cathryn Sill. Illus. by John Sill. 2022. 48p. (J). (gr. -1-2). pap. 8.99 *(978-1-68263-394-6(2))* Peachtree Publishing Co. Inc.

About Habitats: Seashores. Cathryn Sill. Illus. by John Sill. 2022. 48p. (J). (gr. -1-2). pap. 8.99 *(978-1-68263-402-8(7))* Peachtree Publishing Co. Inc.

About Harriet (Classic Reprint) Clara Whitehill Hunt. 2018. (ENG., Illus.). 162p. (J). 27.24 *(978-0-267-25671-6(X))* Forgotten Bks.

About Kindness. Jacy Lee. 2022. (ENG.). 44p. (J). *(978-1-0391-1941-3(7))*; pap. *(978-1-0391-1940-6(9))* FriesenPress.

About Marine Mammals: A Guide for Children. Cathryn Sill. Illus. by John Sill. (About... Ser.: 19). 48p. (J). (gr. -1-2). 2021. 7.99 *(978-1-68263-288-8(1))*; 2016. 16.95 *(978-1-56145-906-3(2))* Peachtree Publishing Co. Inc.

About May 5th. Vanessa Leanne V. 2020. (ENG.). 236p. (YA). *(978-1-64536-211-1(6))*; pap. *(978-1-64536-212-8(4))* Austin Macauley Pubs. Ltd.

About Me. Denise Horner Mitnick. Illus. by Denise Horner Mitnick. 2022. (ENG.). 30p. (J). 24.95 *(978-1-61493-821-7(0))*; pap. 16.95 *(978-1-61493-822-4(9))* Peppertree Pr., The.

About Money & Other Things. Dinah Maria Mulock Craik. 2017. (ENG.). 246p. (J). pap. *(978-3-7447-2561-3(8))* Creation Pubs.

About Money & Other Things: A Gift-Book. Dinah Maria Mulock Craik. 2017. (ENG., Illus.). (J). pap. *(978-0-649-27565-6(9))* Trieste Publishing Pty Ltd.

About Money & Other Things: A Gift-Book (Classic Reprint) Dinah Maria Mulock Craik. (ENG., Illus.). (J). 2018. 250p. 29.05 *(978-0-332-82535-9(3))*; 2016. pap. 11.57 *(978-1-334-18266-2(3))* Forgotten Bks.

About New York: An Account of What a Boy Saw in His Visit to the City (Classic Reprint) Philip Wallys. (ENG., Illus.). (J). 2018. 118p. 26.33 *(978-0-484-65886-7(7))*; 2016. pap. 9.57 *(978-1-334-44879-9(5))* Forgotten Bks.

About Old Story-Tellers. Donald G. Mitchell. 2017. (ENG.). 244p. (J). pap. *(978-3-337-36917-0(0))* Creation Pubs.

About Old Story-Tellers of How & When They Lived, & What Stories They Told (Classic Reprint) Donald G. Mitchell. 2017. (ENG., Illus.). (J). 28.91 *(978-0-266-49586-4(9))* Forgotten Bks.

About Paris (Classic Reprint) Richard Harding Davis. 2018. (ENG., Illus.). 238p. (J). 28.91 *(978-0-484-81191-0(6))* Forgotten Bks.

About Parrots: A Guide for Children, 1 vol. Cathryn Sill. Illus. by John Sill. 2020. (About... Ser.: 16). 48p. (J). (gr. -1-2). pap. 7.99 *(978-1-68263-158-4(3))* Peachtree Publishing Co. Inc.

About Reptiles / Sobre Los Reptiles: A Guide for Children / una Guía para Niños, 1 vol. Cathryn Sill. Illus. by John Sill. ed. 2016. (About... Ser.: 20). 40p. (J). (gr. -1-2). pap. 8.99 *(978-1-56145-909-4(7))* Peachtree Publishing Co. Inc.

About Rodents: A Guide for Children, 1 vol. Cathryn Sill. Illus. by John Sill. 2016. (About... Ser.: 11). 48p. (J). (gr. -1-2). pap. 7.95 *(978-1-56145-914-8(3))* Peachtree Publishing Co. Inc.

About Seabirds: A Guide for Children. Cathryn Sill. Illus. by John Sill. 2020. (About... Ser.: 24). 48p. (J). (gr. -1-2). 16.99 *(978-1-68263-092-1(7))* Peachtree Publishing Co. Inc.

About the Bee, the Butterfly & a Bunny! Learning Through Stories. Rumjhum SenGupta. 2018. (ENG., Illus.). 42p. (J). pap. 11.99 *(978-1-64324-409-9(4))* Notion Pr., Inc.

About the Feathered Folk (Classic Reprint) Crona Temple. 2018. (ENG., Illus.). 132p. (J). 26.62 *(978-0-267-16094-5(1))* Forgotten Bks.

About the Texas Oil Towns Coloring Book. Kreative Kids. 2016. (ENG., Illus.). (J). pap. 9.20 *(978-1-68377-285-9(7))* Whlke, Traudl.

About Us & the Deacon (Classic Reprint) Clarke Smith. (ENG., Illus.). (J). 2018. 330p. 30.72 *(978-0-332-88863-7(0))*; 2017. pap. 13.57 *(978-0-259-41234-2(1))* Forgotten Bks.

About Waterfowl: A Guide for Children. Cathryn Sill. Illus. by John Sill. 2022. 48p. (J). (gr. -1-2). 18.99 *(978-1-68263-234-5(2))* Peachtree Publishing Co. Inc.

About Woodpeckers: A Guide for Children. Cathryn Sill. Illus. by John Sill. 2018. (About... Ser.: 23). 48p. (J). (gr. -1-2). 16.95 *(978-1-68263-004-4(8))* Peachtree Publishing Co. Inc.

About Yorkshire (Classic Reprint) Thomas Macquoid. 2018. (ENG., Illus.). 416p. (J). 32.41 *(978-0-483-63721-4(1))* Forgotten Bks.

Above: Broken Sky Chronicles, Book 2. Jason Chabot. 2017. (Broken Sky Chronicles Ser.: 2). (ENG.). 384p. (YA). pap. 19.95 *(978-1-68162-604-8(7))*; (gr. 7-13). 35.95 *(978-1-68162-605-5(5))* Turner Publishing Co.

Above All Else: 60 Devotions for Young Women, 1 vol. Chelsea Crockett. 2019. (ENG.). 208p. (YA). 15.99 *(978-0-310-76726-8(1))* Zondervan.

Above & Beyond Dark Waters. Des Birch. 2016. (ENG., Illus.). 192p. (J). 39.99 *(978-1-365-51962-8(7))* Lulu Pr., Inc.

Above & Beyond with Collaboration. Natalie Hyde. 2016. (Fueling Your Future! Going above & Beyond in the 21st Century Ser.). (ENG., Illus.). 48p. (J). (gr. 5-9). *(978-0-7787-2829-0(3))* Crabtree Publishing Co.

Above & Beyond with Communication. Robin Johnson. 2016. (Fueling Your Future! Going above & Beyond in the 21st Century Ser.). (ENG., Illus.). 48p. (J). (gr. 5-9). *(978-0-7787-2830-6(7))* Crabtree Publishing Co.

Above & Beyond with Creativity & Innovation. Robin Johnson. 2016. (Fueling Your Future! Going above & Beyond in the 21st Century Ser.). (ENG., Illus.). 48p. (J). (gr. 5-9). *(978-0-7787-2831-3(5))* Crabtree Publishing Co.

Above & Beyond with Critical Thinking & Problem Solving. Megan Kopp. 2016. (Fueling Your Future! Going above & Beyond in the 21st Century Ser.). (ENG., Illus.). 48p. (J). (gr. 5-9). *(978-0-7787-2842-9(0))* Crabtree Publishing Co.

Above Her Station: The Story of a Young Woman's Life (Classic Reprint) Herman Philip. (ENG., Illus.). (J). 2018. 232p. 28.70 *(978-0-483-84345-5(8))*; 2016. pap. 11.57 *(978-1-333-45622-1(0))* Forgotten Bks.

Above Suspicion: A Novel (Classic Reprint) H. Riddell. 2018. (ENG., Illus.). 406p. (J). 32.27 *(978-0-483-90503-0(8))* Forgotten Bks.

Above the French Lines: Letters of Stuart Walcott, American Aviator: July 4, 1917, to December 8 1917. Stuart Walcott. 2017. (ENG., Illus.). (J). pap. *(978-0-649-44344-4(6))* Trieste Publishing Pty Ltd.

Above the French Lines: Letters of Stuart Walcott, American Aviator; July 4, 1917 to December 8, 1917 (Classic Reprint) Stuart Walcott. 2017. (ENG., Illus.). 112p. (J). 26.21 *(978-0-332-31516-4(9))* Forgotten Bks.

Above the Rim: How Elgin Baylor Changed Basketball. Jen Bryant. Illus. by Frank Morrison. 2020. (ENG.). 40p. (J). (gr. -1-3). 19.99 *(978-1-4197-4108-1(X)*, 1190301, Abrams Bks. for Young Readers) Abrams, Inc.

Above the Shame of Circumstance (Classic Reprint) Gertrude Capen Whitney. (ENG., Illus.). (J). 2018. 326p. 30.62 *(978-0-483-96976-6(1))*; 2017. pap. 13.57 *(978-0-243-92488-2(7))* Forgotten Bks.

Above the Snow Line: Mountaineering Sketches Between 1870 & 1880 (Classic Reprint) Clinton Dent. 2016. (ENG., Illus.). (J). pap. 13.97 *(978-1-334-13412-8(X))* Forgotten Bks.

Abracadabra. Bevin Rolfs Spencer. Illus. by Molly Satterthwaite. 2016. (Backyard Players Ser.). (ENG.). 114p. (J). (gr. 1-3). pap. 7.99 *(978-1-5324-0079-7(9))* Xist Publishing.

Abracadabra! Fun Magic Tricks for Kids - 30 Tricks to Make & Perform (Includes Video Links) Kristen Kelly & Ken Kelly. 2016. (Illus.). 96p. (J). (gr. 1-1). 14.99 *(978-1-5107-0296-7(2)*, Sky Pony Pr.) Skyhorse Publishing Co., Inc.

Abracadabra! The Magic of Trying. Maria Loretta Giraldo & Katie ten Hagen. Illus. by Nicoletta Bertelle. 2018. 32p. (J). *(978-1-4338-2874-4(X)*, Magination Pr.) American Psychological Assn.

Abracadabra Headmaster! Mark Billen. 2018. (ENG., Illus.). 100p. (J). pap. *(978-0-244-33365-2(3))* Lulu Pr., Inc.

Abracadabra, It's Spring! Anne Sibley O'Brien & Susan Gal. 2016. (Seasonal Magic Ser.). (ENG., Illus.). 24p. (J). (gr. -1-k). 15.99 *(978-1-4197-1891-5(6)*, 1121301, Abrams Appleseed) Abrams, Inc.

Abracadabra! Tricks for Rookie Magicians: 4D a Magical Augmented Reading Experience. Norm Barnhart. 2018. (Amazing Magic Tricks 4D! Ser.). (ENG., Illus.). 32p. (J). (gr. 2-6). lib. bdg. 33.99 *(978-1-5435-0568-9(6)*, 137372, Capstone Classroom) Capstone.

Abracadabra Whoopsie. Adam Kargman. 2019. (ENG., Illus.). 38p. (J). (gr. -1-3). 14.95 *(978-1-68401-638-9(X))* Amplify Publishing Group.

Abracham the Leprechaun. Bárbara Anderson. 2016. (ENG., Illus.). 136p. (J). pap. *(978-1-365-45650-3(1))* Lulu Pr., Inc.

Abraham. Frank Keating. Illus. by Mike Wimmer. 2017. (Mount Rushmore Presidential Ser.). (ENG.). 32p. (J). (gr. 1-4). 17.99 *(978-1-4424-9319-3(4)*, Simon & Schuster/Paula Wiseman Bks.) Simon & Schuster/Paula Wiseman Bks.

Abraham - Bible People: The Short Story of Abraham. Agnes De Bezenac & Salem De Bezenac. Illus. by Agnes De Bezenac. 2018. (Bible People Ser.: Vol. 3). (ENG., Illus.). 26p. (J). (gr. k-2). 11.50 *(978-1-63474-231-3(1))*; pap. 7.50 *(978-1-63474-242-9(7))* iCharacter.org.

Abraham Africanus I; His Secret Life, As Revealed under the Mesmeric Influence: Mysteries of the White House (Classic Reprint) Alexander Del Mar. 2018. (ENG., Illus.). 66p. (J). 25.24 *(978-0-484-03546-0(0))* Forgotten Bks.

Abraham Coloring Book: A Story Coloring Book. Agnes De Bezenac & Salem De Bezenac. Illus. by Agnes De Bezenac. 2017. (Story Coloring Bks.: Vol. 3). (ENG., Illus.). (J). (gr. k-1). pap. 4.95 *(978-1-63474-079-1(3))* iCharacter.org.

Abraham, el Valiente Explorador de Dios (D4Y) / Abraham, God's Brave Explorer (D4Y) Janna Arndt & Kay Arthur. 2020. (D4y Ser.). (SPA.). 200p. (J). pap. 19.99 *(978-1-62119-768-3(9))* Precept.

Abraham, el Valiente Explorador de Dios (Génesis 11-25), D4Y Guía Del Maestro / Abraham, God's Brave Explorer (Genesis 11-25) D4Y Teacher's Guide. Betty McAllister. 2020. (SPA.). 208p. (J). pap. 39.99 *(978-1-62119-783-6(2))* Precept.

Abraham Father of All Nations. Michele Watson. 2021. (ENG.). 34p. (J). 20.99 *(978-1-6628-0130-3(0))*; pap. 10.49 *(978-1-6628-0129-7(7))* Salem Author Services.

Abraham Gottlob Werner's Letztes Mineral-System: Aus Dessen Nachlasse Auf Oberbergamtliche Anordnung Herausgegeben und Mit Erläuterungen Versehen (Classic Reprint) Abraham Gottlob Werner. 2018. (GER., Illus.). (J). 216p. 28.35 *(978-0-366-46919-2(3))*; 202p. 28.06 *(978-1-390-05896-3(4))*; 218p. pap. 10.97 *(978-0-366-46916-1(9))*; 204p. pap. 10.57 *(978-1-390-05860-4(3))* Forgotten Bks.

Abraham Lincoln. Emma E. Haldy. Illus. by Jeff Bane. 2016. (My Early Library: My Itty-Bitty Bio Ser.). (ENG.). 24p. (J). (gr. k-1). 30.64 *(978-1-63470-476-2(2)*, 207635) Cherry Lake Publishing.

Abraham Lincoln, 2 vols. Laura K. Murray. 2020. (Biographies Ser.). (ENG.). (J). 53.32 *(978-1-9771-2216-2(7))*; (Illus.). 32p. (gr. 1-3). pap. 6.95 *(978-1-9771-1801-1(1)*, 142161); (Illus.). 32p. (gr. 1-3). lib. bdg. 31.32 *(978-1-9771-1357-3(5)*, 141469) Capstone. (Pebble).

Abraham Lincoln. BreAnn Rumsch. (United States Presidents Ser.). (ENG., Illus.). (J). 2020. 48p. (gr. 3-6). lib. bdg. 35.64 *(978-1-5321-9362-0(9)*, 34881, Checkerboard Library); 2016. 40p. (gr. 2-5). 35.64 *(978-1-68078-106-9(5)*, 21829, Big Buddy Bks.) ABDO Publishing Co.

Abraham Lincoln. Jennifer Strand. 2016. (Legendary Leaders Ser.). (ENG.). 24p. (J). (gr. -1-2). 49.94 *(978-1-68079-402-1(7)*, 23023, Abdo Zoom-Launch) ABDO Publishing Co.

Abraham Lincoln. Judy Wearing. 2019. (History Makers Ser.). (ENG.). 24p. (J). lib. bdg. 22.99 *(978-1-5105-4533-5(6))* SmartBook Media, Inc.

Abraham Lincoln: A Historical Drama in Four Acts (Classic Reprint) Martin L. D. Bunge. 2018. (ENG., Illus.). 44p. (J). 24.80 *(978-0-484-79463-3(9))* Forgotten Bks.

Abraham Lincoln: A Story & a Play (Classic Reprint) Mary Hazelton Wade. 2018. (ENG., Illus.). 84p. (J). 25.63 *(978-0-365-26025-7(8))* Forgotten Bks.

Abraham Lincoln: A Story & a Play. Pp. 1-82. Mary Hazelton Wade. 2017. (ENG., Illus.). (J). pap. *(978-0-649-35085-8(5))* Trieste Publishing Pty Ltd.

Abraham Lincoln: Addressing a Nation. Torrey Maloof. rev. ed. 2017. (Social Studies: Informational Text Ser.). (ENG., Illus.). 32p. (gr. 4-8). pap. 11.99 *(978-1-4938-3805-9(9))* Teacher Created Materials, Inc.

Abraham Lincoln: His Book; a Facsimile Reproduction of the Original (Classic Reprint) Abraham Lincoln. 2019. (ENG., Illus.). 62p. (YA). (gr. 8-8). 25.20 *(978-0-267-30882-8(5))* Forgotten Bks.

Abraham Lincoln: Our 16th President. Sarah Hansen. 2020. (United States Presidents Ser.). (ENG.). 48p. (J). (gr. 3-6). lib. bdg. 41.36 *(978-1-5038-4408-7(0)*, 214185) Child's World, Inc, The.

Abraham Lincoln: President, 1 vol. Adam I. P. Smith. 2016. (History Makers Ser.). (ENG., Illus.). 144p. (J). (gr. 9-9). 47.36 *(978-1-5026-1912-9(1)*, a00797b5-af27-4994-925c-24cf2ac38b7d) Cavendish Square Publishing LLC.

Abraham Lincoln: The Cabin in the Woods the Courageous Kids Series. Wanda Kay Knight. 2020. (ENG.). 46p. (J). pap. 6.99 *(978-1-64764-947-0(1))* Waldorf Publishing.

Abraham Lincoln: The Gettysburg Address. Rebecca Sjonger. 2019. (Deconstructing Powerful Speeches Ser.). 48p. (J). (gr. 6-6). pap. *(978-0-7787-5253-0(4))* Crabtree Publishing Co.

Abraham Lincoln: The Making of America #3. Teri Kanefield. (Making of America Ser.). (ENG.). (J). (gr. 5-9). 2019. 256p. pap. 7.99 *(978-1-4197-3625-4(6)*, 1198003); 2018. (Illus.). 240p. 16.99 *(978-1-4197-3159-4(9)*, 1198001, Abrams Bks. for Young Readers) Abrams, Inc.

Abraham Lincoln & the Civil War. Lisa Trumbauer. rev. ed. 2016. (Life in the Time Of Ser.). (ENG.). 32p. (J). (gr. 1-3). pap. 8.29 *(978-1-4846-3822-4(0)*, 134722, Heinemann) Capstone.

Abraham Lincoln Before 1860: Anne Rutledge; Excerpts from Newspapers & Other Sources; from the Files of the Lincoln Financial Foundation Collection (Classic Reprint) Lincoln Financial Foundation. 2017. (ENG., Illus.). (J). pap. 9.57 *(978-0-259-48114-0(9))* Forgotten Bks.

Abraham Lincoln Before 1860: Birth; Excerpts from Newspapers & Other Sources (Classic Reprint) Lincoln Financial Foundation. 2017. (ENG., Illus.). (J). pap. 7.97 *(978-0-282-41000-1(7))* Forgotten Bks.

Abraham Lincoln Before 1860: Boyhood Stories; Excerpts from Newspapers & Other Sources (Classic Reprint) Lincoln Financial Foundation. (ENG., Illus.). (J). 2018. 46p. 24.87 *(978-0-656-79674-8(X))*; 2017. pap. 9.57 *(978-0-259-52972-9(9))* Forgotten Bks.

Abraham Lincoln Before 1860: Six Years at New Salem, Illinois, 1831-1837; Excerpts from Newspapers & Other Sources; from the Files of the Lincoln Financial Foundation Collection (Classic Reprint) Lincoln Financial Foundation. 2017. (ENG., Illus.). (J). 24.72 *(978-0-265-56397-7(6))* Forgotten Bks.

Abraham Lincoln: Civil War President (Presidential Biographies) John Perritano. 2020. (Presidential Biographies Ser.). (ENG., Illus.). 32p. (J). (gr. 2-4). pap. 6.99 *(978-0-531-13070-4(3)*, Children's Pr.) Scholastic Library Publishing.

Abraham Lincoln (Classic Reprint) Unknown Author. (ENG., Illus.). (J). 2018. 192p. 27.88 *(978-0-428-77475-2(X))*; 2018. 28p. 24.47 *(978-0-483-73241-4(9))*; 2018. 40p. 24.72 *(978-0-267-41856-5(6))*; 2017. pap. 7.97 *(978-1-334-93846-7(6))*; 2016. pap. 7.97 *(978-1-334-06890-4(9))* Forgotten Bks.

Abraham Lincoln (Classic Reprint) Saml Gabriel Sons and Company. (ENG., Illus.). (J). 2018. 20p. 24.33 *(978-0-364-11211-3(5))*; 2017. pap. 7.97 *(978-0-259-81013-1(4))* Forgotten Bks.

Abraham Lincoln (Presidential Biographies) (Library Edition) John Perritano. 2020. (Presidential Biographies Ser.). (ENG., Illus.). 32p. (J). (gr. 2-4). 25.00 *(978-0-531-13098-8(3)*, Children's Pr.) Scholastic Library Publishing.

Abraham Lincoln, Pro Wrestler. Steve Sheinkin. ed. 2020. (Time Twisters Ser.). (ENG.). 153p. (J). (gr. 2-3). 16.69 *(978-1-64697-150-3(7))* Penworthy Co., LLC, The.

Abraham Lincoln, Pro Wrestler. Steve Sheinkin. Illus. by Neil Swaab. 2019. (Time Twisters Ser.). (ENG.). 176p. (J). pap. 8.99 *(978-1-250-20787-6(8)*, 900201775) Roaring Brook Pr.

Abraham Lincoln Says... Don't Give Up! Lou Del Bianco. Illus. by Patrick Carlson. 2018. (ENG.). 46p. (J). (gr. k-5). pap. 12.95 *(978-0-9989987-6-3(1))* Niche Content Pr.

Abraham Lincoln SP. Emma E. Haldy. Illus. by Jeff Bane. 2018. (My Early Library: Mi Mini Biografía (My Itty-Bitty Bio) Ser.). (SPA.). 24p. (J). (gr. k-1). lib. bdg. 30.64 *(978-1-5341-2993-1(6)*, 212020) Cherry Lake Publishing.

Abraham Lincoln's Dueling Words: The Duel That Shaped a Future President. Donna Janell Bowman. Illus. by S. D. Schindler. 2021. 36p. (J). (gr. 1-4). 8.99 *(978-1-68263-335-9(7))* Peachtree Publishing Co. Inc.

Abraham Lincoln's Gettysburg Address. Tamra Orr. 2020. (21st Century Skills Library: Front Seat of History: Famous Speeches Ser.). (ENG., Illus.). 32p. (J). (gr. 4-7). lib. bdg. 32.07 *(978-1-5341-6878-7(8)*, 215399) Cherry Lake Publishing.

Abraham Lincoln's Personality: Experiences with Animals; Excerpts from Newspapers & Other Sources (Classic Reprint) Lincoln Financial Foundation Collection. (ENG., Illus.). (J). 2018. 24p. 24.41 *(978-0-666-97335-1(0))*; 2017. pap. 7.97 *(978-0-282-54068-5(7))* Forgotten Bks.

Abraham Lincoln's Personality: Experiences with Horses; Excerpts from Newspapers & Other Sources (Classic Reprint) Lincoln Financial Foundation Collection. 2017. (ENG., Illus.). (J). 24.52 *(978-0-266-56660-1(X))*; pap. 7.97 *(978-0-282-84015-0(X))* Forgotten Bks.

Abraham Lincoln's Personality: Honesty; Excerpts from Newspapers & Other Sources (Classic Reprint) Lincoln Financial Foundation Collection. 2018. (ENG., Illus.). 56p. (J). 25.07 *(978-0-332-79502-7(0))* Forgotten Bks.

Abraham Lincoln's Personality: Humanity; Excerpts from Newspapers & Other Sources (Classic Reprint) Lincoln Financial Foundation Collection. 2018. (ENG., Illus.). 22p. (J). 24.35 *(978-0-484-18932-3(8))* Forgotten Bks.

Abraham Lincoln's Personality: Lincoln As a Storyteller; Excerpts from Newspapers & Other Sources (Classic Reprint) Lincoln Financial Foundation Collection. 2018. (ENG., Illus.). 24p. (J). 24.41 *(978-0-484-38233-5(0))* Forgotten Bks.

Abraham Lincoln's Personality: Love for Children; Excerpts from Newspapers & Other Sources from the Files of the Lincoln Financial Foundation Collection (Classic Reprint) Lincoln Financial Foundation. (ENG., Illus.). (J). 2018. 24p. 24.39 *(978-0-365-26318-0(4))*; 2017. pap. 7.97 *(978-0-259-40028-8(9))* Forgotten Bks.

Abraham Lincoln's Personality: Psychobiography; Excerpts from Newspapers & Other Sources (Classic Reprint) Lincoln Financial Foundation. 2017. (ENG., Illus.). (J). pap. 7.97 *(978-0-259-93476-9(3))* Forgotten Bks.

Abraham Lincoln's Personality: Sense of Humor; Excerpts from Newspaper & Other Sources (Classic Reprint) Lincoln Financial Foundation Collection. 2017. (ENG., Illus.). (J). 25.90 *(978-1-5284-7442-9(2))* Forgotten Bks.

Abraham Lincoln's Personality: Sympathy; Excerpts from Newspapers & Other Sources (Classic Reprint) Lincoln Financial Foundation Collection. 2018. (ENG., Illus.). 20p. (J). 24.33 *(978-0-332-15854-9(3))* Forgotten Bks.

Abraham Lincoln's Presidency. Catherine M. Andronik & Karen Latchana Kenney. 2016. (Presidential Powerhouses Ser.). (ENG., Illus.). 104p. (YA). (gr. 6-12). 35.99 *(978-1-4677-7925-8(3)*, 9e967ebf-e20b-4c3c-82d8-9a5d2ae0b0db); E-Book 54.65 *(978-1-4677-8547-1(4))* Lerner Publishing Group. (Lerner Pubns.).

Abraham the Father of the Jewish People: A Children's Companion to the Bible. Nathan Drazin. 2019. (ENG.). 104p. (J). pap. *(978-965-229-970-3(7))* Gefen Publishing Hse., Ltd.

Abrahamic Faith. Mohammad Rehman. 2021. (ENG.). 148p. (YA). pap. 15.95 *(978-1-63692-530-1(8))* Newman Springs Publishing, Inc.

Abraham's Ike, or the Servant of Abraham Seeking a Wife for Isaac (Classic Reprint) S. Wallace. (ENG., Illus.). (J). 2018. 20p. 24.35 *(978-0-484-65289-6(3))*; 2016. pap. 7.97 *(978-1-333-31918-2(5))* Forgotten Bks.

Abraham's Sacrifice (Classic Reprint) Gustaf Janson. 2018. (ENG., Illus.). 360p. (J). 31.32 *(978-0-484-37144-5(4))* Forgotten Bks.

AbrakaPOW. Isaiah Campbell. Illus. by Dave Perillo. 2016. (ENG.). 400p. (J). (gr. 3-7). 16.99 *(978-1-4814-2634-3(6)*, Simon & Schuster Bks. For Young Readers) Simon & Schuster Bks. For Young Readers.

Abram Says: God Talks to Me! Tai East. 2022. (ENG.). 42p. (J). 22.00 *(978-1-0878-8951-1(0))* Indy Pub.

Abrams NFS Infact: Leveled Reader a Life in the Sky. Houghton Mifflin Harcourt. 2019. (Abrams NFS Infact Ser.). (ENG.). 24p. (J). (gr. 3). pap. 11.00 *(978-0-7664-5168-1(2))* Houghton Mifflin Harcourt Publishing Co.

Abrams NFS Infact: Leveled Reader a Pony for a Day. Houghton Mifflin Harcourt. 2019. (Abrams NFS Infact Ser.). (ENG.). 16p. (J). (gr. 2). pap. 11.00 *(978-0-7664-5137-7(2))* Houghton Mifflin Harcourt Publishing Co.

Abrams NFS Infact: Leveled Reader Animal Tricks. Houghton Mifflin Harcourt. 2019. (Abrams NFS Infact Ser.). (ENG.). 16p. (J). (gr. 1). pap. 11.00 *(978-0-7664-5125-4(9))* Houghton Mifflin Harcourt Publishing Co.

Abrams NFS Infact: Leveled Reader Ants. Houghton Mifflin Harcourt. 2019. (Abrams NFS Infact Ser.). (ENG.). 16p. (J). (gr. 1). pap. 11.00 *(978-0-7664-5134-6(8))* Houghton Mifflin Harcourt Publishing Co.

Abrams NFS Infact: Leveled Reader Beaks & Feet. Houghton Mifflin Harcourt. 2019. (Abrams NFS Infact Ser.). (ENG.). 24p. (J). (gr. 2). pap. 11.00 *(978-0-7664-5151-3(8))* Houghton Mifflin Harcourt Publishing Co.

Abrams NFS Infact: Leveled Reader Behind the Camera. Houghton Mifflin Harcourt. 2019. (Abrams NFS Infact Ser.). (ENG.). 24p. (J). (gr. 3). pap. 11.00 *(978-0-7664-5158-2(5))* Houghton Mifflin Harcourt Publishing Co.

Abrams NFS Infact: Leveled Reader Big Animal Vet. Houghton Mifflin Harcourt. 2019. (Abrams NFS Infact Ser.). (ENG.). 12p. (J). (gr. 1). pap. 11.00 *(978-0-7664-5115-5(1))* Houghton Mifflin Harcourt Publishing Co.

Abrams NFS Infact: Leveled Reader Big Ears & Sticky Fingers. Houghton Mifflin Harcourt. 2019. (Abrams NFS Infact Ser.). (ENG.). 24p. (J). (gr. 3). pap. 11.00 *(978-0-7664-5156-8(9))* Houghton Mifflin Harcourt Publishing Co.

Abrams NFS Infact: Leveled Reader Big Weather. Houghton Mifflin Harcourt. 2019. (Abrams NFS Infact Ser.). (ENG.). 32p. (J). (gr. 4). pap. 11.00 *(978-0-7664-5182-7(8))* Houghton Mifflin Harcourt Publishing Co.

Abrams NFS Infact: Leveled Reader Bird Sounds. Houghton Mifflin Harcourt. 2019. (Abrams NFS Infact Ser.).

A

(ENG.). 16p. (J). (gr. 1). pap. 11.00 *(978-0-7664-5132-2(1))* Houghton Mifflin Harcourt Publishing Co.

Abrams NFS Infact: Leveled Reader Bug Buzz! Houghton Mifflin Harcourt. 2019. (Abrams NFS Infact Ser.). (ENG.). 24p. (J). (gr. 2). pap. 11.00 *(978-0-7664-5145-2(3))* Houghton Mifflin Harcourt Publishing Co.

Abrams NFS Infact: Leveled Reader Burps, Scabs & Smells. Houghton Mifflin Harcourt. 2019. (Abrams NFS Infact Ser.). (ENG.). 24p. (J). (gr. 3). pap. 11.00 *(978-0-7664-5164-3(X))* Houghton Mifflin Harcourt Publishing Co.

Abrams NFS Infact: Leveled Reader Can Fish Fly? Houghton Mifflin Harcourt. 2019. (Abrams NFS Infact Ser.). (ENG.). 16p. (J). (gr. 1). pap. 11.00 *(978-0-7664-5133-9(X))* Houghton Mifflin Harcourt Publishing Co.

Abrams NFS Infact: Leveled Reader Can You See Me? Houghton Mifflin Harcourt. 2019. (Abrams NFS Infact Ser.). (ENG.). 12p. (J). (gr. k). pap. 11.00 *(978-0-7664-5100-1(3))* Houghton Mifflin Harcourt Publishing Co.

Abrams NFS Infact: Leveled Reader Color Codes. Houghton Mifflin Harcourt. 2019. (Abrams NFS Infact Ser.). (ENG.). 24p. (J). (gr. 2). pap. 11.00 *(978-0-7664-5144-5(5))* Houghton Mifflin Harcourt Publishing Co.

Abrams NFS Infact: Leveled Reader Dance! Houghton Mifflin Harcourt. 2019. (Abrams NFS Infact Ser.). (ENG.). 40p. (J). (gr. 5). pap. 11.00 *(978-0-7664-5191-9(7))* Houghton Mifflin Harcourt Publishing Co.

Abrams NFS Infact: Leveled Reader Day & Night. Houghton Mifflin Harcourt. 2019. (Abrams NFS Infact Ser.). (ENG.). 12p. (J). (gr. k). pap. 11.00 *(978-0-7664-5101-8(1))* Houghton Mifflin Harcourt Publishing Co.

Abrams NFS Infact: Leveled Reader Deep down Weird. Houghton Mifflin Harcourt. 2019. (Abrams NFS Infact Ser.). (ENG.). 16p. (J). (gr. 2). pap. 11.00 *(978-0-7664-5138-4(0))* Houghton Mifflin Harcourt Publishing Co.

Abrams NFS Infact: Leveled Reader Dive! Dive! Houghton Mifflin Harcourt. 2019. (Abrams NFS Infact Ser.). (ENG.). 12p. (J). (gr. 1). pap. 11.00 *(978-0-7664-5120-9(8))* Houghton Mifflin Harcourt Publishing Co.

Abrams NFS Infact: Leveled Reader Edward Lear's Scrapbook. Houghton Mifflin Harcourt. 2019. (Abrams NFS Infact Ser.). (ENG.). 16p. (J). (gr. 2). pap. 11.00 *(978-0-7664-5139-1(9))* Houghton Mifflin Harcourt Publishing Co.

Abrams NFS Infact: Leveled Reader Erik's Viking Adventure. Houghton Mifflin Harcourt. 2019. (Abrams NFS Infact Ser.). (ENG.). 16p. (J). (gr. 1). pap. 11.00 *(978-0-7664-5131-5(3))* Houghton Mifflin Harcourt Publishing Co.

Abrams NFS Infact: Leveled Reader Exotic Plant Shop. Houghton Mifflin Harcourt. 2019. (Abrams NFS Infact Ser.). (ENG.). 12p. (J). (gr. 1). pap. 11.00 *(978-0-7664-5117-9(8))* Houghton Mifflin Harcourt Publishing Co.

Abrams NFS Infact: Leveled Reader Extreme Fashion. Houghton Mifflin Harcourt. 2019. (Abrams NFS Infact Ser.). (ENG.). 24p. (J). (gr. 3). pap. 11.00 *(978-0-7664-5162-9(3))* Houghton Mifflin Harcourt Publishing Co.

Abrams NFS Infact: Leveled Reader Fantastic Plants & Animals. Houghton Mifflin Harcourt. 2019. (Abrams NFS Infact Ser.). (ENG.). 16p. (J). (gr. 1). pap. 11.00 *(978-0-7664-5127-8(5))* Houghton Mifflin Harcourt Publishing Co.

Abrams NFS Infact: Leveled Reader Flashes & Bangs. Houghton Mifflin Harcourt. 2019. (Abrams NFS Infact Ser.). (ENG.). 32p. (J). (gr. 4). pap. 11.00 *(978-0-7664-5183-4(6))* Houghton Mifflin Harcourt Publishing Co.

Abrams NFS Infact: Leveled Reader Flight or Fright? Houghton Mifflin Harcourt. 2019. (Abrams NFS Infact Ser.). (ENG.). 24p. (J). (gr. 3). pap. 11.00 *(978-0-7664-5157-5(7))* Houghton Mifflin Harcourt Publishing Co.

Abrams NFS Infact: Leveled Reader Flying Kicks. Houghton Mifflin Harcourt. 2019. (Abrams NFS Infact Ser.). (ENG.). 24p. (J). (gr. 3). pap. 11.00 *(978-0-7664-5154-4(2))* Houghton Mifflin Harcourt Publishing Co.

Abrams NFS Infact: Leveled Reader Food Fuel. Houghton Mifflin Harcourt. 2019. (Abrams NFS Infact Ser.). (ENG.). 24p. (J). (gr. 3). pap. 11.00 *(978-0-7664-5166-7(6))* Houghton Mifflin Harcourt Publishing Co.

Abrams NFS Infact: Leveled Reader Generation Energy. Houghton Mifflin Harcourt. 2019. (Abrams NFS Infact Ser.). (ENG.). 56p. (J). (gr. 5). pap. 11.00 *(978-0-7664-5203-9(4))* Houghton Mifflin Harcourt Publishing Co.

Abrams NFS Infact: Leveled Reader Great Animal Gallery. Houghton Mifflin Harcourt. 2019. (Abrams NFS Infact Ser.). (ENG.). 24p. (J). (gr. 2). pap. 11.00 *(978-0-7664-5153-7(4))* Houghton Mifflin Harcourt Publishing Co.

Abrams NFS Infact: Leveled Reader How Can I Help You? Houghton Mifflin Harcourt. 2019. (Abrams NFS Infact Ser.). (ENG.). 12p. (J). (gr. 1). pap. 11.00 *(978-0-7664-5118-6(6))* Houghton Mifflin Harcourt Publishing Co.

Abrams NFS Infact: Leveled Reader How Many Babies? Houghton Mifflin Harcourt. 2019. (Abrams NFS Infact Ser.). (ENG.). 12p. (J). (gr. k). pap. 11.00 *(978-0-7664-5103-2(8))* Houghton Mifflin Harcourt Publishing Co.

Abrams NFS Infact: Leveled Reader How to Change the World. Houghton Mifflin Harcourt. 2019. (Abrams NFS Infact Ser.). (ENG.). 56p. (J). (gr. 5). pap. 11.00 *(978-0-7664-5201-5(8))* Houghton Mifflin Harcourt Publishing Co.

Abrams NFS Infact: Leveled Reader How We See. Houghton Mifflin Harcourt. 2019. (Abrams NFS Infact Ser.). (ENG.). 12p. (J). (gr. 1). pap. 11.00 *(978-0-7664-5119-3(4))* Houghton Mifflin Harcourt Publishing Co.

Abrams NFS Infact: Leveled Reader Huge Art. Houghton Mifflin Harcourt. 2019. (Abrams NFS Infact Ser.). (ENG.). 40p. (J). (gr. 5). pap. 11.00 *(978-0-7664-5194-0(1))* Houghton Mifflin Harcourt Publishing Co.

Abrams NFS Infact: Leveled Reader I Spy a Spiral. Houghton Mifflin Harcourt. 2019. (Abrams NFS Infact Ser.). (ENG.). 12p. (J). (gr. k). pap. 11.00 *(978-0-7664-5104-9(6))* Houghton Mifflin Harcourt Publishing Co.

Abrams NFS Infact: Leveled Reader Invasive Species. Houghton Mifflin Harcourt. 2019. (Abrams NFS Infact Ser.). (ENG.). 32p. (J). (gr. 4). pap. 11.00 *(978-0-7664-5186-5(0))* Houghton Mifflin Harcourt Publishing Co.

Abrams NFS Infact: Leveled Reader Legs! Houghton Mifflin Harcourt. 2019. (Abrams NFS Infact Ser.). (ENG.). 12p. (J). (gr. k). pap. 11.00 *(978-0-7664-5106-3(2))* Houghton Mifflin Harcourt Publishing Co.

Abrams NFS Infact: Leveled Reader Lemon. Houghton Mifflin Harcourt. 2019. (Abrams NFS Infact Ser.). (ENG.). 12p. (J). (gr. k). pap. 11.00 *(978-0-7664-5111-7(9))* Houghton Mifflin Harcourt Publishing Co.

Abrams NFS Infact: Leveled Reader Let's Make Comics! Houghton Mifflin Harcourt. 2019. (Abrams NFS Infact Ser.). (ENG.). 24p. (J). (gr. 3). pap. 11.00 *(978-0-7664-5159-9(3))* Houghton Mifflin Harcourt Publishing Co.

Abrams NFS Infact: Leveled Reader Maggie Aderin?pocock: Space SC. Houghton Mifflin Harcourt. 2019. (Abrams NFS Infact Ser.). (ENG.). 40p. (J). (gr. 5). pap. 11.00 *(978-0-7664-5193-3(3))* Houghton Mifflin Harcourt Publishing Co.

Abrams NFS Infact: Leveled Reader Man Meets Metal. Houghton Mifflin Harcourt. 2019. (Abrams NFS Infact Ser.). (ENG.). 32p. (J). (gr. 4). pap. 11.00 *(978-0-7664-5184-1(4))* Houghton Mifflin Harcourt Publishing Co.

Abrams NFS Infact: Leveled Reader Mayan Mystery. Houghton Mifflin Harcourt. 2019. (Abrams NFS Infact Ser.). (ENG.). 56p. (J). (gr. 5). pap. 11.00 *(978-0-7664-5202-2(6))* Houghton Mifflin Harcourt Publishing Co.

Abrams NFS Infact: Leveled Reader Mini Marvels. Houghton Mifflin Harcourt. 2019. (Abrams NFS Infact Ser.). (ENG.). 24p. (J). (gr. 2). pap. 11.00 *(978-0-7664-5150-6(X))* Houghton Mifflin Harcourt Publishing Co.

Abrams NFS Infact: Leveled Reader Mud, Metal & Logs. Houghton Mifflin Harcourt. 2019. (Abrams NFS Infact Ser.). (ENG.). 12p. (J). (gr. k). pap. 11.00 *(978-0-7664-5107-0(0))* Houghton Mifflin Harcourt Publishing Co.

Abrams NFS Infact: Leveled Reader My Dinosaur. Houghton Mifflin Harcourt. 2019. (Abrams NFS Infact Ser.). (ENG.). 16p. (J). (gr. 1). pap. 11.00 *(978-0-7664-5126-1(7))* Houghton Mifflin Harcourt Publishing Co.

Abrams NFS Infact: Leveled Reader Myths & Legends Kit. Houghton Mifflin Harcourt. 2019. (Abrams NFS Infact Ser.). (ENG.). 48p. (J). (gr. 5). pap. 11.00 *(978-0-7664-5196-4(8))* Houghton Mifflin Harcourt Publishing Co.

Abrams NFS Infact: Leveled Reader off to the Beach. Houghton Mifflin Harcourt. 2019. (Abrams NFS Infact Ser.). (ENG.). 12p. (J). (gr. k). pap. 11.00 *(978-0-7664-5113-1(5))* Houghton Mifflin Harcourt Publishing Co.

Abrams NFS Infact: Leveled Reader on Your Bike! Houghton Mifflin Harcourt. 2019. (Abrams NFS Infact Ser.). (ENG.). 48p. (J). (gr. 5). pap. 11.00 *(978-0-7664-5197-1(6))* Houghton Mifflin Harcourt Publishing Co.

Abrams NFS Infact: Leveled Reader One Potato, Two Potatoes. Houghton Mifflin Harcourt. 2019. (Abrams NFS Infact Ser.). (ENG.). 16p. (J). (gr. 1). pap. 11.00 *(978-0-7664-5130-8(5))* Houghton Mifflin Harcourt Publishing Co.

Abrams NFS Infact: Leveled Reader Our Class Tiger. Houghton Mifflin Harcourt. 2019. (Abrams NFS Infact Ser.). (ENG.). 24p. (J). (gr. 2). pap. 11.00 *(978-0-7664-5143-8(7))* Houghton Mifflin Harcourt Publishing Co.

Abrams NFS Infact: Leveled Reader Our Siberian Journey. Houghton Mifflin Harcourt. 2019. (Abrams NFS Infact Ser.). (ENG.). 24p. (J). (gr. 4). pap. 11.00 *(978-0-7664-5172-8(0))* Houghton Mifflin Harcourt Publishing Co.

Abrams NFS Infact: Leveled Reader Outdoor Art. Houghton Mifflin Harcourt. 2019. (Abrams NFS Infact Ser.). (ENG.). 24p. (J). (gr. 4). pap. 11.00 *(978-0-7664-5173-5(9))* Houghton Mifflin Harcourt Publishing Co.

Abrams NFS Infact: Leveled Reader Pancakes. Houghton Mifflin Harcourt. 2019. (Abrams NFS Infact Ser.). (ENG.). 12p. (J). (gr. k). pap. 11.00 *(978-0-7664-5110-0(0))* Houghton Mifflin Harcourt Publishing Co.

Abrams NFS Infact: Leveled Reader Perfect Pets. Houghton Mifflin Harcourt. 2019. (Abrams NFS Infact Ser.). (ENG.). 16p. (J). (gr. 2). pap. 11.00 *(978-0-7664-5136-0(4))* Houghton Mifflin Harcourt Publishing Co.

Abrams NFS Infact: Leveled Reader Rabbits, Hats & Secrets. Houghton Mifflin Harcourt. 2019. (Abrams NFS Infact Ser.). (ENG.). 24p. (J). (gr. 3). pap. 11.00 *(978-0-7664-5155-1(0))* Houghton Mifflin Harcourt Publishing Co.

Abrams NFS Infact: Leveled Reader Rainforest Secrets. Houghton Mifflin Harcourt. 2019. (Abrams NFS Infact Ser.). (ENG.). 40p. (J). (gr. 5). pap. 11.00 *(978-0-7664-5190-2(9))* Houghton Mifflin Harcourt Publishing Co.

Abrams NFS Infact: Leveled Reader Real Heroes. Houghton Mifflin Harcourt. 2019. (Abrams NFS Infact Ser.). (ENG.). 24p. (J). (gr. 4). pap. 11.00 *(978-0-7664-5176-6(3))* Houghton Mifflin Harcourt Publishing Co.

Abrams NFS Infact: Leveled Reader Robot Zoo. Houghton Mifflin Harcourt. 2019. (Abrams NFS Infact Ser.). (ENG.). 16p. (J). (gr. 1). pap. 11.00 *(978-0-7664-5135-3(6))* Houghton Mifflin Harcourt Publishing Co.

Abrams NFS Infact: Leveled Reader Scratch's Bad Reputations. Houghton Mifflin Harcourt. 2019. (Abrams NFS Infact Ser.). (ENG.). 24p. (J). (gr. 4). pap. 11.00 *(978-0-7664-5174-2(7))* Houghton Mifflin Harcourt Publishing Co.

Abrams NFS Infact: Leveled Reader Season Swap. Houghton Mifflin Harcourt. 2019. (Abrams NFS Infact Ser.). (ENG.). 24p. (J). (gr. 2). pap. 11.00 *(978-0-7664-5142-1(9))* Houghton Mifflin Harcourt Publishing Co.

Abrams NFS Infact: Leveled Reader Seasons. Houghton Mifflin Harcourt. 2019. (Abrams NFS Infact Ser.). (ENG.). 12p. (J). (gr. k). pap. 11.00 *(978-0-7664-5102-5(X))* Houghton Mifflin Harcourt Publishing Co.

Abrams NFS Infact: Leveled Reader Secret Life of Rocks. Houghton Mifflin Harcourt. 2019. (Abrams NFS Infact Ser.). (ENG.). 32p. (J). (gr. 4). pap. 11.00 *(978-0-7664-5178-0(X))* Houghton Mifflin Harcourt Publishing Co.

Abrams NFS Infact: Leveled Reader Skelebones. Houghton Mifflin Harcourt. 2019. (Abrams NFS Infact Ser.). (ENG.). 24p. (J). (gr. 3). pap. 11.00 *(978-0-7664-5169-8(0))* Houghton Mifflin Harcourt Publishing Co.

Abrams NFS Infact: Leveled Reader Skills & Thrills. Houghton Mifflin Harcourt. 2019. (Abrams NFS Infact Ser.). (ENG.). 24p. (J). (gr. 3). pap. 11.00 *(978-0-7664-5165-0(8))* Houghton Mifflin Harcourt Publishing Co.

Abrams NFS Infact: Leveled Reader Snack Attack. Houghton Mifflin Harcourt. 2019. (Abrams NFS Infact Ser.). (ENG.). 12p. (J). (gr. 1). pap. 11.00 *(978-0-7664-5123-0(2))* Houghton Mifflin Harcourt Publishing Co.

Abrams NFS Infact: Leveled Reader Sock Monsters. Houghton Mifflin Harcourt. 2019. (Abrams NFS Infact Ser.). (ENG.). 12p. (J). (gr. k). pap. 11.00 *(978-0-7664-5112-4(7))* Houghton Mifflin Harcourt Publishing Co.

Abrams NFS Infact: Leveled Reader Space Dad. Houghton Mifflin Harcourt. 2019. (Abrams NFS Infact Ser.). (ENG.). 12p. (J). (gr. 1). pap. 11.00 *(978-0-7664-5121-6(6))* Houghton Mifflin Harcourt Publishing Co.

Abrams NFS Infact: Leveled Reader Spice Story. Houghton Mifflin Harcourt. 2019. (Abrams NFS Infact Ser.). (ENG.). 40p. (J). (gr. 5). pap. 11.00 *(978-0-7664-5195-7(X))* Houghton Mifflin Harcourt Publishing Co.

Abrams NFS Infact: Leveled Reader Tasty Travels. Houghton Mifflin Harcourt. 2019. (Abrams NFS Infact Ser.). (ENG.). 24p. (J). (gr. 4). pap. 11.00 *(978-0-7664-5175-9(5))* Houghton Mifflin Harcourt Publishing Co.

Abrams NFS Infact: Leveled Reader the Craft of Paper. Houghton Mifflin Harcourt. 2019. (Abrams NFS Infact Ser.). (ENG.). 40p. (J). (gr. 5). pap. 11.00 *(978-0-7664-5192-6(5))* Houghton Mifflin Harcourt Publishing Co.

Abrams NFS Infact: Leveled Reader the Dinosaur Hunters. Houghton Mifflin Harcourt. 2019. (Abrams NFS Infact Ser.). (ENG.). 24p. (J). (gr. 3). pap. 11.00 *(978-0-7664-5167-4(4))* Houghton Mifflin Harcourt Publishing Co.

Abrams NFS Infact: Leveled Reader the Misadventures of Charles D. Houghton Mifflin Harcourt. 2019. (Abrams NFS Infact Ser.). (ENG.). 48p. (J). (gr. 5). pap. 11.00 *(978-0-7664-5199-5(2))* Houghton Mifflin Harcourt Publishing Co.

Abrams NFS Infact: Leveled Reader the Missing Bone. Houghton Mifflin Harcourt. 2019. (Abrams NFS Infact Ser.). (ENG.). 16p. (J). (gr. 1). pap. 11.00 *(978-0-7664-5129-2(1))* Houghton Mifflin Harcourt Publishing Co.

Abrams NFS Infact: Leveled Reader the Pizza Patch. Houghton Mifflin Harcourt. 2019. (Abrams NFS Infact Ser.). (ENG.). 24p. (J). (gr. 2). pap. 11.00 *(978-0-7664-5146-9(1))* Houghton Mifflin Harcourt Publishing Co.

Abrams NFS Infact: Leveled Reader the Show Must Go On! Houghton Mifflin Harcourt. 2019. (Abrams NFS Infact Ser.). (ENG.). 48p. (J). (gr. 5). pap. 11.00 *(978-0-7664-5198-8(4))* Houghton Mifflin Harcourt Publishing Co.

Abrams NFS Infact: Leveled Reader the Toy Box. Houghton Mifflin Harcourt. 2019. (Abrams NFS Infact Ser.). (ENG.). 12p. (J). (gr. k). pap. 11.00 *(978-0-7664-5114-8(3))* Houghton Mifflin Harcourt Publishing Co.

Abrams NFS Infact: Leveled Reader Things with Wings. Houghton Mifflin Harcourt. 2019. (Abrams NFS Infact Ser.). (ENG.). 12p. (J). (gr. 1). pap. 11.00 *(978-0-7664-5116-2(X))* Houghton Mifflin Harcourt Publishing Co.

Abrams NFS Infact: Leveled Reader Thomas Heatherwick: Designer. Houghton Mifflin Harcourt. 2019. (Abrams NFS Infact Ser.). (ENG.). 48p. (J). (gr. 5). pap. 11.00 *(978-0-7664-5200-8(X))* Houghton Mifflin Harcourt Publishing Co.

Abrams NFS Infact: Leveled Reader Time Zone. Houghton Mifflin Harcourt. 2019. (Abrams NFS Infact Ser.). (ENG.). 32p. (J). (gr. 4). pap. 11.00 *(978-0-7664-5185-8(2))* Houghton Mifflin Harcourt Publishing Co.

Abrams NFS Infact: Leveled Reader Tools & Animals. Houghton Mifflin Harcourt. 2019. (Abrams NFS Infact Ser.). (ENG.). 12p. (J). (gr. k). pap. 11.00 *(978-0-7664-5109-4(7))* Houghton Mifflin Harcourt Publishing Co.

Abrams NFS Infact: Leveled Reader Tractor & Digger. Houghton Mifflin Harcourt. 2019. (Abrams NFS Infact Ser.). (ENG.). 12p. (J). (gr. k). pap. 11.00 *(978-0-7664-5108-7(9))* Houghton Mifflin Harcourt Publishing Co.

Abrams NFS Infact: Leveled Reader Tree Town. Houghton Mifflin Harcourt. 2019. (Abrams NFS Infact Ser.). (ENG.). 16p. (J). (gr. 1). pap. 11.00 *(978-0-7664-5128-5(3))* Houghton Mifflin Harcourt Publishing Co.

Abrams NFS Infact: Leveled Reader under Our Feet. Houghton Mifflin Harcourt. 2019. (Abrams NFS Infact Ser.). (ENG.). 12p. (J). (gr. k). pap. 11.00 *(978-0-7664-5105-6(4))* Houghton Mifflin Harcourt Publishing Co.

Abrams NFS Infact: Leveled Reader up in the Air. Houghton Mifflin Harcourt. 2019. (Abrams NFS Infact Ser.). (ENG.). 12p. (J). (gr. 1). pap. 11.00 *(978-0-7664-5122-3(4))* Houghton Mifflin Harcourt Publishing Co.

Abrams NFS Infact: Leveled Reader Way-Out Day Out. Houghton Mifflin Harcourt. 2019. (Abrams NFS Infact Ser.). (ENG.). 24p. (J). (gr. 2). pap. 11.00 *(978-0-7664-5147-6(X))* Houghton Mifflin Harcourt Publishing Co.

Abrams NFS Infact: Leveled Reader Who Eats Who? Houghton Mifflin Harcourt. 2019. (Abrams NFS Infact Ser.). (ENG.). 16p. (J). (gr. 2). pap. 11.00 *(978-0-7664-5140-7(2))* Houghton Mifflin Harcourt Publishing Co.

Abrams NFS Infact: Leveled Reader William Kamkwamba: Bright Spar. Houghton Mifflin Harcourt. 2019. (Abrams NFS Infact Ser.). (ENG.). 40p. (J). (gr. 4). pap. 11.00 *(978-0-7664-5189-6(5))* Houghton Mifflin Harcourt Publishing Co.

Abrams NFS Infact: Leveled Reader Zaha Hadid: Building the Futur. Houghton Mifflin Harcourt. 2019. (Abrams NFS Infact Ser.). (ENG.). 24p. (J). (gr. 3). pap. 11.00 *(978-0-7664-5171-1(2))* Houghton Mifflin Harcourt Publishing Co.

Abrams NFS Infact: Leveled Reader Zoom In! Houghton Mifflin Harcourt. 2019. (Abrams NFS Infact Ser.). (ENG.). 16p. (J). (gr. 1). pap. 11.00 *(978-0-7664-5124-7(0))* Houghton Mifflin Harcourt Publishing Co.

Abrams NFS Infact: Leveled Reader Zoom Out! Houghton Mifflin Harcourt. 2019. (Abrams NFS Infact Ser.). (ENG.). 16p. (J). (gr. 2). pap. 11.00 *(978-0-7664-5141-4(0))* Houghton Mifflin Harcourt Publishing Co.

Abran Paso a la Mariposa: un Libro de la Serie la Oruga Muy Impaciente (Spanish Language Edition of Make Way for Butterfly) Ross Burach. Illus. by Ross Burach. 2023.Tr. of Make Way for Butterfly. (SPA.). 32p. (J). (gr. -1-3). pap. 7.99 *(978-1-338-89675-6(X)*, Scholastic en Espanol) Scholastic, Inc.

Abraza Este Libro (Hug This Book!) (Spanish Edition) Barney Saltzberg. 2016. (SPA.). 32p. (J). (gr. -1 — 1). 16.95 *(978-0-7148-7302-2(0))* Phaidon Pr., Inc.

Abraza Tu Miedo. Miguel Mendoza Luna. 2018. (SPA.). 36p. (J). pap. 12.99 *(978-958-30-5617-8(0))* Panamericana Editorial COL. Dist: Lectorum Pubns., Inc.

Abrazo de Agujeta. Alejandra Vega-Rivera. Illus. by Maria Tuti. 2022. (SPA.). 26p. (YA). pap. 13.95 *(978-1-63765-166-7(X))* Halo Publishing International.

Abrazo de Oso. Susanna Isern. Illus. by Betania Zacarias. 2017. (SPA.). 36p. (J). (gr. -1-3). 14.95 *(978-84-946333-6-2(8))* NubeOcho Ediciones ESP. Dist: Consortium Bk. Sales & Distribution.

Abreea Louise & the Spirit in the Attic. Betty Ellis. 2021. (ENG.). 62p. (YA). pap. 12.95 *(978-1-63903-206-8(1))* Christian Faith Publishing.

Abrege de l'Histoire Romaine Par l'Abbe C. -F. -X. Millot. Millot-C-F-X. 2016. (Histoire Ser.). (FRE., Illus.). (J). pap. *(978-2-01-957939-5(1))* Hachette Groupe Livre.

Abremente 10-11 Años. Los Editores de Catapulta. 2023. (Abremente Ser.). (SPA.). 112p. (J). (gr. 4-6). pap. 8.95 *(978-987-637-278-7(5))* Catapulta Pr.

Abremente 11-12 Años. Los Editores de Play Bac. 2023. (Abremente Ser.). (SPA.). 112p. (J). (gr. 4-7). pap. 8.95 *(978-987-637-397-5(8))* Catapulta Pr.

Abremente 2-3 Años. Los Editores de Play Bac. 2023. (Abremente Ser.). (SPA.). 112p. (J). (— 1). pap. 8.95 *(978-987-637-396-8(X))* Catapulta Pr.

Abremente 3-4 Años. Los Editores de Play Bac. 2023. (Abremente Ser.). (SPA.). 112p. (J). (gr. -1-k). pap. 8.95 *(978-987-637-277-0(7))* Catapulta Pr.

Abremente 4-5 Años. Los Editores de Play Bac. 2023. (Abremente Ser.). (SPA.). 112p. (J). (gr. -1-k). pap. 8.95 *(978-987-637-155-1(X))* Catapulta Pr.

Abremente 5-6 Años. Los Editores de Play Bac. 2023. (Abremente Ser.). (SPA.). 112p. (J). (gr. k-2). pap. 8.95 *(978-987-637-157-5(6))* Catapulta Pr.

Abremente 6-7 Años. Los Editores de Play Bac. 2023. (Abremente Ser.). (SPA.). 112p. (J). (gr. k-2). pap. 8.95 *(978-987-637-158-2(4))* Catapulta Pr.

Abremente 7-8 Años. Los Editores de Play Bac. 2023. (Abremente Ser.). (SPA.). 112p. (J). (gr. 2-4). pap. 8.95 *(978-987-637-159-9(2))* Catapulta Pr.

Abremente 8-9 Años. Los Editores de Play Bac. 2023. (Abremente Ser.). (SPA.). 112p. (J). (gr. 2-4). pap. 8.95 *(978-987-637-160-5(6))* Catapulta Pr.

Abremente 9-10 Años. Los Editores de Play Bac. 2023. (Abremente Ser.). (SPA.). 112p. (J). (gr. 4-7). pap. 8.95 *(978-987-637-161-2(4))* Catapulta Pr.

Abriß der Griechischen und Römischen Mythologie Mit Besonderer Berücksichtigung der Kunst und Litteratur (Classic Reprint) Adolf Hemme. 2018. (GER., Illus.). (J). 66p. 25.26 *(978-1-391-33805-7(7))*; 68p. pap. 9.57 *(978-1-390-17021-4(7))* Forgotten Bks.

Abridged Dictionary of the English-Lithuania Languages: Sutrumpytas Angliszkai-Lietuviszkas Zodynelis (Classic Reprint) Peter Saurusaitis, abr. ed. 2017. (ENG., Illus.). (J). 28.17 *(978-0-265-86659-7(6))*; pap. 10.57 *(978-1-5278-8170-9(9))* Forgotten Bks.

Abrigo de Papa' David Banks. 2019. (SPA.). 40p. (J). pap. 12.99 *(978-0-578-44910-4(2))* Noble Success Publishing.

Abril. Julie Murray. 2017. (Los Meses (Months) Ser.).Tr. of April. (SPA.). 24p. (J). (gr. -1-2). lib. bdg. 31.36 *(978-1-5321-0631-6(9)*, 27222, Abdo Kids) ABDO Publishing Co.

Abroad. Thomas Crane. 2017. (ENG., Illus.). (J). pap. *(978-1-76057-605-9(0))* Trieste Publishing Pty Ltd.

Abroad (Classic Reprint) Thomas Crane. 2016. (ENG., Illus.). (J). pap. 9.57 *(978-1-334-16493-4(2))* Forgotten Bks.

Abroad in a Runabout (Classic Reprint) A. J. Hand. 2017. (ENG., Illus.). (J). 32.93 *(978-0-331-20926-6(8))* Forgotten Bks.

Abroad with Jane (Classic Reprint) Edward Sandford Martin. (ENG., Illus.). (J). 2018. 138p. 26.76 *(978-0-656-34732-2(5))*; 2018. 126p. 26.52 *(978-0-483-50108-9(5))*; 2017. pap. 9.57 *(978-0-243-43572-2(X))* Forgotten Bks.

Abroad with Mark Twain & Eugene Field: Tales They Told to a Fellow Correspondent (Classic Reprint) Henry W. Fisher. (ENG., Illus.). (J). 2018. 250p. 29.16 *(978-0-484-52789-7(4))*; 2016. pap. 11.57 *(978-1-333-45309-1(4))* Forgotten Bks.

Abroad with the Boys (Classic Reprint) Frances Repplier Wellens. (ENG., Illus.). (J). 2018. 98p. 25.92 *(978-0-483-48888-5(7))*; 2016. pap. 9.57 *(978-1-333-22193-5(2))* Forgotten Bks.

Abroad with the Fletchers (Classic Reprint) Jane Felton Sampson. (ENG., Illus.). (J). 2018. 446p. 33.10 *(978-0-365-39418-1(1))*; 2017. pap. 16.57 *(978-1-5276-5886-8(4))* Forgotten Bks.

Abroad with the Jimmies (Classic Reprint) Lilian Bell. 2017. (ENG., Illus.). (J). 30.66 *(978-1-5285-7987-2(9))* Forgotten Bks.

Absalom Jones: America's First Black Priest. Mark Francisco Bozzuti-Jones. Illus. by Christopher Michael Taylor. 2021. (ENG.). 64p. (J). pap. 15.95 *(978-1-64065-472-3(0))* Church Publishing, Inc.

Absence. Melanie Tem. 2021. (ENG.). 154p. (YA). pap. 13.99 *(978-1-63789-947-2(5)*, Mystique Pr.) Crossroad Pr.

Absence of Light. Zoe Sharp. 2016. (ENG.). 240p. pap. 14.95 *(978-1-63194-081-1(3))* Felony & Mayhem, LLC.

Absence of Sparrows. Kurt Kirchmeier. 2020. (ENG., Illus.). 384p. (J). (gr. 3-7). pap. 7.99 *(978-0-316-45090-4(1))* Little, Brown Bks. for Young Readers.

Absent & Present (Classic Reprint) Chester Kallman. (ENG., Illus.). (J). 2018. 76p. 25.46 *(978-0-666-99375-5(0))*; 2017. pap. 9.57 *(978-0-243-48643-4(X))* Forgotten Bks.

Absent Man: A Narrative (Classic Reprint) Peter Plastic. 2018. (ENG., Illus.). 236p. (J). 28.93 *(978-0-428-37717-5(3))* Forgotten Bks.

Absentee (Classic Reprint) Maria Edgeworth. 2018. (ENG., Illus.). 346p. (J). 31.05 *(978-0-267-62381-5(X))* Forgotten Bks.

Absolute Animal Alliteration. Tim Kopperud. 2021. (ENG.). 60p. (J). *(978-1-0391-2541-4(7))*; pap. *(978-1-0391-2540-7(9))* FriesenPress.

Absolute Beginners Harmonica Songbook: a Companion to the Best-Selling Absolute Beginners Harmonica Method with Online Backing Tracks for Play-Along Fun.

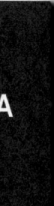

Hal Leonard Corp. 2023. (ENG.). 64p. (J). pap. 14.99 ***(978-1-5400-5732-7(1)***, 00295868) Leonard, Hal Corp.

Absolute Best Connecting the Dots for Young Children. Smarter Activity Books for Kids. 2016. (ENG., Illus.). (J). pap. 9.22 *(978-1-68374-141-1(2))* Examined Solutions PTE. Ltd.

Absolute Best Cut Out Activity Book for Kids. Smarter Activity Books for Kids. 2016. (ENG., Illus.). (J). pap. 8.99 *(978-1-68374-142-8(0))* Examined Solutions PTE. Ltd.

Absolute Best Cut Out Activity Book for Kids Activity Book. Smarter Activity Books for Kids. 2016. (ENG., Illus.). (J). pap. 8.99 *(978-1-68374-143-5(9))* Examined Solutions PTE. Ltd.

Absolute Best Dot to Dot for Children. Smarter Activity Books for Kids. 2016. (ENG., Illus.). (J). pap. 9.22 *(978-1-68374-144-2(7))* Examined Solutions PTE. Ltd.

Absolute Best Hidden Pictures to Find Activity Book for Kids: Where Is It? Activity Book. Smarter Activity Books for Kids. 2016. (ENG., Illus.). (J). pap. 8.99 *(978-1-68374-145-9(5))* Examined Solutions PTE. Ltd.

Absolute Best How to Draw Activity Book for Kids Activity Book. Smarter Activity Books for Kids. 2016. (ENG., Illus.). (J). pap. 9.22 *(978-1-68374-146-6(3))* Examined Solutions PTE. Ltd.

Absolute Best Way to Find It... Hidden Pictures to Find Activity Book for Adults. Smarter Activity Books. 2016. (ENG., Illus.). (J). pap. 8.99 *(978-1-68374-147-3(1))* Examined Solutions PTE. Ltd.

Absolute Drawing Basics for Kids Activity Book. Smarter Activity Books for Kids. 2016. (ENG., Illus.). (J). pap. 9.22 *(978-1-68374-148-0(X))* Examined Solutions PTE. Ltd.

Absolute Expert - Pandas: All the Latest Facts from the Field with National Geographic Explorer Mark Brody. Ruth Strother. 2019. (Absolute Expert Ser.). (Illus.). 112p. (J). (gr. 3-7). 14.99 *(978-1-4263-3431-3(1)*, National Geographic Kids) Disney Publishing Worldwide.

Absolute Expert - Space: All the Latest Facts from the Field. Joan Marie Galat. 2020. (Absolute Expert Ser.). (Illus.). 112p. (J). (gr. 3-7). 14.99 *(978-1-4263-3669-0(1)*, National Geographic Kids) Disney Publishing Worldwide.

Absolute Expert: Dinosaurs. Lela Nargi. 2018. (Absolute Expert Ser.). (Illus.). 112p. (J). (gr. 3-7). 14.99 *(978-1-4263-3140-4(1))*; (ENG., lib. bdg. 24.90 *(978-1-4263-3141-1(X))* Disney Publishing Worldwide. (National Geographic Kids).

Absolute Expert: Dolphins. Jennifer Swanson. 2018. (Absolute Expert Ser.). (Illus.). 112p. (J). (gr. 3-7). 14.99 *(978-1-4263-3010-0(3)*, National Geographic Kids) Disney Publishing Worldwide.

Absolute Expert: Pandas: All the Latest Facts from the Field with National Geographic Explorer Mark Brody. Ruth Strother. 2019. (Absolute Expert Ser.). (ENG., Illus.). 112p. (J). (gr. 3-7). lib. bdg. 24.90 *(978-1-4263-3432-0(X)*, National Geographic Kids) Disney Publishing Worldwide.

Absolute Expert: Rocks & Minerals. Ruth Strother. 2019. (Absolute Expert Ser.). (Illus.). 112p. (J). (gr. 3-7). 14.99 *(978-1-4263-3279-1(3)*, National Geographic Kids) Disney Publishing Worldwide.

Absolute Expert: Soccer. Eric Zweig. 2018. (Absolute Expert Ser.). (Illus.). 112p. (J). (gr. 3-7). 14.99 *(978-1-4263-3008-7(1))*; (ENG., lib. bdg. 24.90 *(978-1-4263-3009-4(X))* Disney Publishing Worldwide. (National Geographic Kids).

Absolute Expert: Space: All the Latest Facts from the Field. Joan Marie Galat. 2020. (Absolute Expert Ser.). (ENG., Illus.). 112p. (J). (gr. 3-7). lib. bdg. 24.90 *(978-1-4263-3670-6(5)*, National Geographic Kids) Disney Publishing Worldwide.

Absolute Expert: Volcanoes. Lela Nargi. 2018. (Absolute Expert Ser.). (Illus.). 112p. (J). (gr. 3-7). 14.99 *(978-1-4263-3142-8(8))*; (ENG., lib. bdg. 24.90 *(978-1-4263-3143-5(6))* Disney Publishing Worldwide. (National Geographic Kids).

Absolute Expert: Wolves. 2020. (ENG.). (J). 24.90 *(978-1-4263-3852-6(X))* National Geographic Society.

Absolute Heart. Michael Vance Gurley. 2019. (Infernal Instruments of the Dragon Ser.: 1). (ENG.). 286p. (YA). pap. 16.99 *(978-1-64080-992-5(9)*, Harmony Ink Pr.) Dreamspinner Pr.

Absolutely Alfie & the First Week Friends. Sally Warner. Illus. by Shearry Malone. 2017. (Absolutely Alfie Ser.: 2). (ENG.). 144p. (J). (gr. 1-3). 6.99 *(978-1-101-99991-2(8)*, Puffin Books); 14.99 *(978-1-101-99989-9(6)*, Viking Books for Young Readers) Penguin Young Readers Group.

Absolutely Alfie & the Furry, Purry Secret. Sally Warner. Illus. by Shearry Malone. 2017. (Absolutely Alfie Ser.: 1). (ENG.). 144p. (J). (gr. 1-3). 6.99 *(978-1-101-99988-2(8)*, Puffin Books) Penguin Young Readers Group.

Absolutely Alfie & the Princess Wars, 4. Sally Warner. Illus. by Shearry Malone. 2018. (Absolutely Alfie Ser.). (ENG.). 142p. (J). (gr. 1-3). 21.19 *(978-1-5364-4646-3(7)*, Puffin) Penguin Publishing Group.

Absolutely Alfie & the Princess Wars. Sally Warner. Illus. by Shearry Malone. 2018. (Absolutely Alfie Ser.: 4). (ENG.). 144p. (J). (gr. 1-3). 6.99 *(978-1-101-99997-4(7)*, Puffin Books) Penguin Young Readers Group.

Absolutely Alfie & the Worst Best Sleepover. Sally Warner. Illus. by Shearry Malone. 2018. (Absolutely Alfie Ser.: 3). (ENG.). 144p. (J). (gr. 1-3). 5.99 *(978-1-101-99994-3(2)*, Puffin Books); 14.99 *(978-1-101-99992-9(6)*, Viking Books for Young Readers) Penguin Young Readers Group.

Absolutely Alfie & the Worst Best Sleepover. Sally Warner. ed. 2018. (Absolutely Alfie Ser.: 3). lib. bdg. 16.00 *(978-0-606-40884-4(3))* Turtleback.

Absolutely Epic Crosswords. Ivy Finnegan. 2022. (Absolutely Epic Activity Bks.: 2). (ENG.). 192p. (J). pap. 8.99 *(978-1-3988-0938-3(1)*, e1dedc36-9d36-4e5b-9a3b-d11b0505062a) Arcturus Publishing GBR. Dist: Baker & Taylor Publisher Services (BTPS).

Absolutely Epic Dot-To-Dots. Ivy Finnegan. 2022. (Absolutely Epic Activity Bks.: 6). (ENG.). 192p. (J). pap. 8.99 *(978-1-3988-0939-0(X)*, 79a526ac-c204-4d8d-b261-83b025cbec3e) Arcturus Publishing GBR. Dist: Baker & Taylor Publisher Services (BTPS).

Absolutely Epic Mazes. Ivy Finnegan. 2022. (Absolutely Epic Activity Bks.: 1). (ENG.). 192p. (J). pap. 8.99 *(978-1-3988-0937-6(3)*, 9c3c7e1d-a52b-433b-bf81-83232a27788f) Arcturus Publishing GBR. Dist: Baker & Taylor Publisher Services (BTPS).

Absolutely Epic Science Experiments: More Than 50 Awesome Projects You Can Do at Home. Anna Claybourne & Anne Rooney. 2022. (Absolutely Epic Activity Bks.: 3). (ENG.). 192p. (J). pap. 8.99 *(978-1-3988-0902-4(0)*, bffaac84-a46f-47dc-a270-5c40436721b6) Arcturus Publishing GBR. Dist: Baker & Taylor Publisher Services (BTPS).

Absolutely Epic Sudoku. Ivy Finnegan. 2022. (Absolutely Epic Activity Bks.: 5). (ENG.). 192p. (J). pap. 8.99 *(978-1-3988-0926-0(8)*, b96a577c-1526-48ff-988c-347f27ed2064) Arcturus Publishing GBR. Dist: Baker & Taylor Publisher Services (BTPS).

Absolutely Epic Wordsearch. Ivy Finnegan. 2022. (Absolutely Epic Activity Bks.: 4). (ENG.). 192p. (J). pap. 8.99 *(978-1-3988-0927-7(6)*, b5e4953d-0602-47f9-944a-b38660cdd6bc) Arcturus Publishing GBR. Dist: Baker & Taylor Publisher Services (BTPS).

Absolutely Everything! A History of Earth, Dinosaurs, Rulers, Robots & Other Things Too Numerous to Mention. Christopher Lloyd. Illus. by Andy Forshaw. 2018. (ENG.). 352p. (J). (gr. 4-7). 21.99 *(978-1-9998028-3-7(7))* What on Earth Books.

Absolutely Nat: a Graphic Novel (Nat Enough #3) Maria Scrivan. Illus. by Maria Scrivan. 2021. (Nat Enough Ser.: 3). (ENG., Illus.). 240p. (J). (gr. 3-7). 24.99 *(978-1-338-71540-8(2))*; pap. 12.99 *(978-1-338-71539-2(9))* Scholastic, Inc. (Graphix).

Absolutely No Dogs Allowed. Asher Kranowitz. Illus. by Annette Abrams. 2016. (ENG.). 32p. (J). pap. 14.95 *(978-1-935567-58-5(6))* Sensory Resources.

Ab(solutely) Normal: Short Stories That Smash Mental Health Stereotypes. Ed. by Nora Shalaway Carpenter & Rocky Callen. 2023. (ENG.). 336p. (YA). (gr. 9). 24.99 *(978-1-5362-2414-6(6))* Candlewick Pr.

Absolutely One Thing. Lauren Child. ed. 2018. (Charlie & Lola Ser.). lib. bdg. 19.65 *(978-0-606-40905-6(X))* Turtleback.

Absolutely One Thing: Featuring Charlie & Lola. Lauren Child. Illus. by Lauren Child. (Charlie & Lola Ser.). (ENG., Illus.). 32p. (J). (gr. -1-3). 2018. 9.99 *(978-1-5362-0038-6(7))*; 2016. 17.99 *(978-0-7636-8728-1(6))* Candlewick Pr.

Absolutely, Positively Natty. Lisa Greenwald. 2023. (ENG.). 272p. (J). (gr. 3-7). 18.99 *(978-0-06-306272-6(0)*, Tegen, Katherine Bks) HarperCollins Pubs.

Absolutely, Positively No Princesses Book. Ian Lendler. Illus. by Deborah Zemke. 2019. (ENG.). 36p. (J). (gr. 1-5). 16.99 *(978-1-939547-51-4(2)*, 62663356-eefe-4f0a-91f2-485f1af574d6) Creston Bks.

Absolutely True Adventures of Daydreamer Dev (Omnibus Edition, 3 In 1) Ken Spillman. 2019. (ENG.). 176p. (J). (gr. 1-3). pap. 9.99 *(978-0-14-344978-2(8)*, Puffin) Penguin Bks. India PVT, Ltd IND. Dist: Independent Pubs. Group.

Absoluteness of Nothing. C. G. Watson. 2017. (ENG.). 272p. (YA). (gr. 9). pap. 10.99 *(978-1-4814-3185-9(4)*, Simon Pulse) Simon Pulse.

Absolution (Classic Reprint) Clara Viebig. 2017. (ENG., Illus.). (J). 30.66 *(978-0-266-20293-6(4))* Forgotten Bks.

Absolution Island. Marcus Damanda. 2017. (ENG., Illus.). (J). pap. *(978-1-77339-229-5(8))* Evernight Publishing.

Abstieg des Phönixes. Dorothy Dreyer. Tr. by Sora Sanders. 2021. (Fluch des Phönixes Ser.: Vol. 1).Tr. of Phoenix Descending. (GER.). 350p. (YA). 27.00 *(978-1-952667-53-4(4))* Snowy Wings Publishing.

Abstract Art, 1 vol. Alix Wood. 2016. (Create It! Ser.). (ENG.). 32p. (gr. 4-5). pap. 11.50 *(978-1-4824-5043-9(7)*, 55507467-be8e-411c-87e3-7e2ba4206ed9) Stevens, Gareth Publishing LLLP.

Abstract Cats: A Coloring Book of Floral & Abstract Feline Art. Jack R. Armstrong. 2023. (ENG.). 52p. (J). pap. ***(978-1-4477-5895-2(1))*** Lulu Pr., Inc.

Abstract Patterns Coloring Book for Teens & Young Adults (6x9 Coloring Book / Activity Book) Sheba Blake. 2021. (Abstract Patterns Coloring Bks.: Vol. 1). (ENG.). 64p. (YA). pap. 9.99 *(978-1-222-29084-4(7))*; (Illus.). pap. 9.99 *(978-1-222-29103-2(7))* Indy Pub.

Abstract Patterns Coloring Book for Teens & Young Adults (8. 5x8. 5 Coloring Book / Activity Book) Sheba Blake. 2021. (ENG.). 64p. (YA). (Abstract Patterns Coloring Bks.: Vol. 1). pap. 12.99 *(978-1-222-29202-2(5))*; (Illus.). pap. 12.99 *(978-1-222-29210-7(6))* Indy Pub.

Abstract Patterns Coloring Book for Teens & Young Adults (8x10 Coloring Book / Activity Book) Sheba Blake. 2021. (Abstract Patterns Coloring Bks.: Vol. 1). (ENG.). 64p. (YA). pap. 14.99 *(978-1-222-29085-1(5))*; (Illus.). pap. 14.99 *(978-1-222-29104-9(5))* Indy Pub.

Absurd Art! Hermione Redshaw. 2023. (Wacky World Of... Ser.). (ENG.). 24p. (J). (gr. 2-5). lib. bdg. 19.95 Bearport Publishing Co., Inc.

Absurd, Said Bird. Tricia Gardella. Illus. by Ginger Nielson. 2022. (ENG.). 42p. (J). pap. 12.99 ***(978-1-959412-18-2(3))*** Write 'em Cowgirl Publishing.

Abu Bakr As-Siddiq. Ruhi Demirel et al. 2016. (Age of Bliss Ser.). (ENG.). 82p. (J). (gr. 4-8). pap. 5.95 *(978-1-59784-371-3(7)*, Tughra Bks.) Blue Dome, Inc.

Abuela, Don't Forget Me. Rex Ogle. 2022. (ENG.). 208p. (YA). (gr. 8-13). 18.95 *(978-1-324-01995-4(6)*, 341995, Norton Young Readers) Norton, W. W. & Co., Inc.

Abuela en la Caja. Geri Magee. 2021. (SPA.). 38p. (J). pap. 12.99 *(978-1-7348781-1-0(8))* Heart2Heart Publishing.

Abuela y Abuelo ¿pueden Codificar? Timothy Amadi et al. 2023. (SPA.). 62p. (J). 19.99 ***(978-1-61153-479-5(8)***, Torchflame Bks.) Light Messages Publishing.

Abuela's Sombrero. Julie Bergfors. Illus. by Leslie Warren. 2023. (ENG.). 32p. (J). ***(978-1-0391-7665-2(8))***; pap. ***(978-1-0391-7664-5(X))*** FriesenPress.

Abuela's Special Letters. Jacqueline Jules. Illus. by Kim Smith. (Sofia Martinez Ser.). (ENG.). 32p. (J). (gr. k-2). 2018. pap. 5.95 *(978-1-5158-0730-8(4)*, 133612); 2017. lib. bdg. 21.32 *(978-1-5158-0728-5(2)*, 133610) Capstone. (Picture Window Bks.).

Abuela's Super Capa. Ana Siqueira. Illus. by Elisa Chavarri. 2023. (ENG.). 40p. (J). (gr. -1-3). 17.99 *(978-0-06-311365-7(1)*, HarperCollins) HarperCollins Pubs.

Abuela's Weave see Tapiz de Abuela

Abuelita & Me. Leonarda Carranza. Illus. by Rafael Mayani. 2022. 32p. (J). 17.95 *(978-1-77321-610-2(4))* Annick Pr., Ltd. CAN. Dist: Publishers Group West (PGW).

¿Abuelita, de Qué Están Hechos Los Ositos? Un Cuento de Amor. Midge Newth & Ruth Cruz. 2021. (SPA.). 40p. (J). pap. 9.99 *(978-0-9967949-4-7(8))* Thunder Child Productions LLC. dba PuppyDucks Publishing.

¿Abuelita, de Qué Están Hechos Los Ositos? Un Cuento de Amor. Midge Newth & Ruth Cruz. Illus. by Spencer Epps. 2019. (SPA.). 32p. (J). pap. 9.99 *(978-0-9967949-3-0(X))* Thunder Child Productions LLC. dba PuppyDucks Publishing.

Abuelita y Yo. Leonarda Carranza. Illus. by Rafael Mayani. 2022. (SPA.). 32p. (J). (gr. k-2). 17.95 *(978-1-77321-659-1(7))* Annick Pr., Ltd. CAN. Dist: Publishers Group West (PGW).

Abuelito Manuel y Su Viaje Al Lugar a Donde Todos Van. Gladys Azcona Sánchez. 2023. (SPA.). 40p. (J). 20.95 ***(978-1-63765-422-4(7))***; pap. 14.95 ***(978-1-63765-400-2(6))*** Halo Publishing International.

Abuelo. Arthur Dorros. Illus. by Raúl ón. 2022. (ENG.). 32p. (J). (gr. -1-3). pap. 7.99 *(978-0-06-168630-6(1)*, HarperCollins) HarperCollins Pubs.

Abuelo: Leveled Reader Book 3 Level C 6 Pack. Hmh Hmh. 2021. (SPA.). 16p. (J). pap. 74.40 *(978-0-358-08219-4(6))* Houghton Mifflin Harcourt Publishing Co.

Abuelo Books: Los Libros de Abuelo. Annie Schout. 2020. (ENG., Illus.). 104p. (J). pap. 22.95 *(978-1-64544-840-2(1))* Page Publishing Inc.

Abuelo y Yo. Dorraine Robinson. 2023. (SPA.). 36p. (J). pap. ***(978-1-915522-33-7(1))*** Conscious Dreams Publishing.

Abuelos. Ariel Andrés Almada. Illus. by Sonja Wimmer. 2023. (Amor de Familia Ser.). 32p. (J). (gr. k-3). 16.95 *(978-84-18302-90-9(9))* Cuento de Luz SL ESP. Dist: Publishers Group West (PGW).

Abuelo's Sweet Music: La Dulce Musica de Mi Abuelo. Rita Deblois Linsey. 2020. (ENG.). 26p. (J). pap. 15.15 *(978-1-62952-971-4(0)*, Mill City Press, Inc) Salem Author Services.

Abul- Abbas the Elephant. Karen Neis. 2018. (ENG., Illus.). 36p. (J). (gr. 2-6). 21.99 *(978-1-387-76738-0(0))*; pap. 15.99 *(978-1-387-76740-3(2))* Lulu Pr., Inc.

Abundance for Kids. Robert N. Jacobs & Ava Jacobs. 2023. (ENG.). 140p. (J). pap. ***(978-1-80381-472-8(1))*** Grosvenor Hse. Publishing Ltd.

Aburrido (Bored) Bilingual. Amy Culliford. 2022. (Mis Emociones (My Emotions) Bilingual Ser.).Tr. of Aburrido. (SPA.). 16p. (J). (gr. -1-1). pap. *(978-1-0396-2450-4(2)*, 20704) Crabtree Publishing Co.

Aburrido de Ser un Ave. Amy Culliford. Illus. by John Joseph. 2022. (Fénix y Ganso (Phoenix & Goose) Ser.). (SPA.). 16p. (J). (gr. -1-3). lib. bdg. *(978-1-0396-4846-3(0)*, 19945, Crabtree Blossoms) Crabtree Publishing Co.

Aburrido de Ser un Ave: Bored As a Bird. Amy Culliford. Illus. by John Joseph. 2022. (Fénix y Ganso (Phoenix & Goose) Ser.). (SPA.). 16p. (J). (gr. -1-3). pap. *(978-1-0396-4973-6(4)*, 19946, Crabtree Blossoms) Crabtree Publishing Co.

Abuse among Family & Friends. H. W. Poole. 2019. (Sexual Violence & Harassment Ser.). (Illus.). 80p. (J). (gr. 12). lib. bdg. 34.60 *(978-1-4222-4200-1(5))* Mason Crest.

Abuse of Discretion. Pamela Samuels Young. 2017. (Dre Thomas Ser.: Vol. 3). (ENG.). 352p. (J). pap. 16.99 *(978-0-9857341-1-4(6))* Goldman Hse. Publishing.

Abysmal Brute (Classic Reprint) Unknown Author. 2018. (ENG., Illus.). 176p. (J). 27.53 *(978-0-428-92602-1(9))* Forgotten Bks.

Abyss (Classic Reprint) Nathan Kussy. (ENG., Illus.). (J). 2017. 34.85 *(978-0-331-88451-7(8))*; 2016. pap. 19.57 *(978-1-334-13023-6(X))* Forgotten Bks.

Abyss Surrounds Us. Emily Skrutskie. 2016. (Abyss Ser.). (ENG., Illus.). 288p. (YA). (gr. 9-12). pap. 11.99 *(978-0-7387-4691-3(6)*, 0738746916, Flux) North Star Editions.

Abyss Surrounds Us. Emily Skrutskie. 2016. lib. bdg. 23.30 *(978-0-606-38499-5(5))* Turtleback.

Abysses: L'argent, à Quel Prix ? Sandrine Joly. 2022. (FRE.). 37p. (YA). pap. ***(978-1-4717-6943-6(7))*** Lulu Pr., Inc.

Abyssinian Cats. Tammy Gagne. 2016. (Illus.). 24p. (J). *(978-1-4896-5617-9(0))* Weigl Pubs., Inc.

Abyssinian Cats. Mari Schuh. (Favorite Cat Breeds Ser.). (ENG., Illus.). 24p. (J). 2017. (gr. k-2). pap. 9.99 *(978-1-68152-095-7(8)*, 15700); 2016. (gr. 1-4). lib. bdg. 20.95 *(978-1-60753-966-7(7)*, 15692) Amicus.

Abyssinians. Nicki Clausen-Grace. 2019. (Cat Stats Ser.). (ENG.). 32p. (J). (gr. 4-6). pap. 9.99 *(978-1-64466-014-0(8)*, 12645); (Illus.). lib. bdg. *(978-1-68072-797-5(4)*, 12644) Black Rabbit Bks. (Bolt).

Abyssus Illustrata: A Selection of Poems of Inspiration. Nathan Brown. 2022. (ENG.). 64p. (YA). pap. 19.00 ***(978-1-4709-3966-3(5))*** Lulu Pr., Inc.

ABZZz... A Bedtime Alphabet. Isabel Minhós Martins & Yara Kono. 2016. (Illus.). 28p. (J). (gr. -1-2). 14.95 *(978-0-500-65077-6(2)*, 565077) Thames & Hudson.

AC-130J Ghostrider. Megan Cooley Peterson. 2019. (Air Power Ser.). (ENG., Illus.). 32p. (J). (gr. 4-6). pap. 9.99 *(978-1-64466-008-9(3)*, 12621, Bolt) Black Rabbit Bks.

AC Milan. Todd Kortemeier. 2017. (Europe's Best Soccer Clubs Ser.). (ENG., Illus.). 48p. (J). (gr. 3-6). lib. bdg. 34.21 *(978-1-5321-1129-7(0)*, 25834, SportsZone) ABDO Publishing Co.

AC Milan. Jim Whiting. 2016. (J). *(978-1-56660-846-6(5)*, Creative Education); (ENG.). 24p. (gr. 1-3). pap. 9.99 *(978-1-62832-352-8(3)*, 20755, Creative Paperbacks); (ENG.). 48p. (gr. 4-7). pap. 12.00 *(978-1-62832-195-1(4)*, 21055, Creative Paperbacks) Creative Co., The.

ACA NADA (Classic Reprint) Kay Livingston. 2017. (ENG., Illus.). (J). 24.33 *(978-0-266-85153-0(3))*; pap. 7.97 *(978-1-5278-9683-3(8))* Forgotten Bks.

Academic Anxiety. Carla Mooney. 2021. (Teen Challenges Ser.). (ENG., Illus.). 112p. (YA). (gr. 6-12). lib. bdg. 41.36 *(978-1-5321-9624-9(5)*, 38530, Essential Library) ABDO Publishing Co.

Academic Planner Non Dated. Planners & Notebooks Inspira Journals. 2019. (ENG.). 200p. (J). pap. 12.55 *(978-1-64521-364-2(1)*, Inspira) Editorial Imagen.

Academie des Princesses. Berengere Berte. 2017. (FRE., Illus.). (J). pap. 10.48 *(978-0-244-91824-8(4))* Lulu Pr., Inc.

Academy. Katie Sise. 2018. (ENG.). 288p. (YA). (gr. 8). 17.99 *(978-0-06-240414-5(8)*, Balzer & Bray) HarperCollins Pubs.

Academy Arcanist. Shami Stovall. 2022. (Astra Academy Ser.: Vol. 1). (ENG.). 384p. (YA). 19.99 ***(978-1-957613-17-8(3))*** Capital Station Bks., LLC.

Academy for Grown Horsemen: Containing the Completest Instructions for Walking, Trotting, Cantering, Galloping, Stumbling & Tumbling (Classic Reprint) Henry William Bunbury. (ENG., Illus.). (J). 2018. 192p. 27.86 *(978-0-666-21881-0(1))*; 2016. pap. 10.57 *(978-1-334-31888-7(3))* Forgotten Bks.

Academy for Grown Horsemen: Containing the Completest Instructions for Walking, Trotting, Cantering, Galloping, Stumbling, & Tumbling; Illustrated with Copper Plates, & Adorned with a Portrait of the Author (Classic Reprint) Geoffrey Gambado. (ENG., Illus.). (J). 2017. 25.84 *(978-0-331-61758-0(7))*; 2016. pap. 9.57 *(978-1-334-17161-1(0))* Forgotten Bks.

Academy for the Gifted. Hudson Warm. 2022. (ENG.). 276p. (YA). pap. 13.00 *(978-1-7354098-1-8(2))* Warm, Hudson.

Academy Keeper: Or Variety of Useful Directions Concerning the Management of an Academy, the Terms, Diet, Lodging, Recreation, Discipline, & Instruction of Young Gentlemen (Classic Reprint) Unknown Author. 2018. (ENG., Illus.). 44p. (J). 24.80 *(978-0-267-28474-0(8))* Forgotten Bks.

Academy of Cultivation: Writing Book. Shakira Carrington. 2018. (ENG., Illus.). 42p. (J). pap. 26.96 *(978-1-387-46783-9(2))* Lulu Pr., Inc.

Academy of Vampire Heirs: Blood Sources 102. Ginna Moran. 2019. (ENG.). 392p. (YA). pap. 13.99 *(978-1-951314-17-0(4))* Sunny Palms Pr.

Academy of Vampire Heirs: Blood Wars 105. Ginna Moran. 2021. (ENG.). 362p. (YA). pap. 13.99 *(978-1-951314-49-1(2))* Sunny Palms Pr.

Academy of Vampire Heirs: Coven Bonds 103. Ginna Moran. 2019. (Academy of Vampire Heirs Ser.: Vol. 3). (ENG.). 390p. (YA). pap. 13.99 *(978-1-951314-20-0(4))* Sunny Palms Pr.

Academy of Vampire Heirs: Dhampirs 101. Ginna Moran. 2019. (Academy of Vampire Heirs Ser.: Vol. 1). (ENG.). 384p. (YA). pap. 13.99 *(978-1-942073-49-9(6))* Sunny Palms Pr.

Academy of Vampire Heirs: Personal Donors 104. Ginna Moran. 2020. (Aovh Ser.: Vol. 4). (ENG.). 354p. (YA). pap. 13.99 *(978-1-951314-32-3(8))* Sunny Palms Pr.

Acadia: Or, a Month with the Blue Noses (Classic Reprint) Frederic S. Cozzens. 2017. (ENG., Illus.). 332p. (J). 30.76 *(978-0-484-80638-1(6))* Forgotten Bks.

Acadia (a True Book: National Parks) (Library Edition) Audra Wallace. 2018. (True Book (Relaunch) Ser.). (ENG., Illus.). 48p. (J). (gr. 3-5). lib. bdg. 31.00 *(978-0-531-23505-8(X)*, Children's Pr.) Scholastic Library Publishing.

Acadia Files: Book Four, Spring Science, 1 vol. Katie Coppens. Illus. by Holly Hatam. 2020. (Acadia Science Ser.: 4). (ENG.). 88p. (J). (gr. 3-7). 13.95 *(978-0-88448-610-7(9)*, 884610) Tilbury Hse. Pubs.

Acadia Files: Book Three, Winter Science, 1 vol. Katie Coppens. Illus. by Holly Hatam. (Acadia Science Ser.: 3). (ENG.). 88p. (J). (gr. 3-7). 2021. pap. 7.95 *(978-0-88448-608-4(7)*, 884608); Bk. 3. 2019. 13.95 *(978-0-88448-607-7(9)*, 884607) Tilbury Hse. Pubs.

Acadia Files: Book Two, Autumn Science, 1 vol. Katie Coppens. Illus. by Holly Hatam. (Acadia Science Ser.: 2). (ENG.). (J). (gr. 4-7). 2021. 88p. pap. 7.95 *(978-0-88448-605-3(2)*, 884605); 2018. 80p. 13.95 *(978-0-88448-604-6(4)*, 884604) Tilbury Hse. Pubs.

Acadia National Park. Grace Hansen. 2018. (National Parks (Abdo Kids Jumbo) Ser.). (ENG., Illus.). 24p. (J). (gr. -1-2). lib. bdg. 32.79 *(978-1-5321-8205-1(8)*, 29869, Abdo Kids) ABDO Publishing Co.

Acadia National Park. Eileen Ogintz. 2019. (Kid's Guides Ser.). (Illus.). 144p. (J). (gr. 1-5). pap. 15.95 *(978-1-60893-984-8(7))* Down East Bks.

Acadian Secret. Tammy Lowe. 2022. (ENG.). 246p. (YA). pap. 15.99 *(978-1-5092-4310-5(0))* Wild Rose Pr., Inc., The.

Acampada (Campout) Kirsten McDonald. Illus. by Fátima Anaya. 2021. (Carlos & Carmen (Spanish Version) (Calico Kid) Ser.). (SPA.). 32p. (J). (gr. -1-3). lib. bdg. 32.79 *(978-1-0982-3140-8(6)*, 37729, Calico Chapter Bks) Magic Wagon.

Acampada de Las Pequeñas Estrellas. Taylor Farley. Tr. by Pablo de la Vega. 2021. (Pequeñas Estrellas (Little Stars) Ser.). (SPA., Illus.). 24p. (J). (gr. k-2). pap. *(978-1-4271-3177-5(5)*, 15153); lib. bdg. *(978-1-4271-3159-1(7)*, 15134) Crabtree Publishing Co.

ACB with Honora Lee. Kate De Goldi. Illus. by Gregory O'Brien. 2017. (ENG.). 128p. (J). (gr. 5). pap. 9.99 *(978-1-77049-724-5(2)*, Tundra Bks.) Tundra Bks. CAN. Dist: Penguin Random Hse. LLC.

Accell Vol. 2: Pop Quiz. Joe Casey. Illus. by Damion Scott. 2018. (ENG.). 144p. pap. 14.99 *(978-1-941302-75-0(0)*, 06c08c88-9f94-4ab0-9fd5-46c2a518cfdd, Lion Forge) Oni Pr., Inc.

Accell Vol. 3: Turf Battles. Joe Casey. Illus. by Damion Scott. 2018. (ENG.). 144p. pap. 14.99 *(978-1-941302-79-8(3)*, 1c85a7ce-8037-43fb-ac9a-d94e7636559b, Lion Forge) Oni Pr., Inc.

Accents: Color Your Classroom! Scholastic. 2017. (Color Your Classroom Ser.). (ENG.). (gr. -1-6). 6.99 *(978-1-338-12796-6(9))* Teacher's Friend Pubns., Inc.

A

Accents: Library Labels. Scholastic. 2019. (ENG.). (J). (gr. k-5). 6.99 *(978-1-338-34503-2(6))* Teacher's Friend Pubns., Inc.

Accept & Value Each Person / Aceptar y Valorar a Cada Persona. Cheri J. Meiners. Illus. by Meredith Johnson. 2022. (Learning to Get Along(r) Ser.). (ENG.). 48p. (J). (gr. -1-2). pap. 12.99 *(978-1-63198-821-9(2)*, 88219) Free Spirit Publishing Inc.

Accept Yourself. Kisha Monique Houston. 2020. (ENG.). 34p. (YA). pap. *(978-1-6781-8729-3(1))* Lulu Pr., Inc.

Acceptable Sacrifice see Sacrificio Aceptable

Acceptance. Gayle Cheatham. 2021. (ENG., Illus.). 36p. (J). pap. 15.95 *(978-1-63874-464-1(5))* Christian Faith Publishing.

Acceptance. Janice Cooley. 2018. (ENG., Illus.). 182p. (YA). pap. 14.95 *(978-1-64140-065-7(X))* Christian Faith Publishing.

Acceptance Is My Superpower: A Children's Book about Diversity & Equality. Alicia Ortego. 2021. (ENG., Illus.). 44p. (J). 15.99 *(978-1-7359741-3-2(7))* Slickcolors INC.

Accepting the Gift Curriculum Workbook: Hands-On Activities to Accompany the Accepting the Gift Curriculum Guidebook. Amanda Debroeck. Ed. by Missy Ewing. 2023. (ENG.). 82p. (J). pap. 19.98 *(978-1-312-62110-7(9))* Lulu Pr., Inc.

Accessories Designer: Cut, Color, Make & Create! Nancy Lambert. Illus. by Diane Le Feyer. 2017. (My Fashion Studio Ser.). (ENG.). 144p. (J). (gr. 3). pap. 12.99 *(978-1-78445-643-6(8))* Top That! Publishing PLC GBR. Dist: Independent Pubs. Group.

Accessorize Yourself! Kara L. Laughlin et al. 2016. (Accessorize Yourself! Ser.). (ENG., Illus.). 48p. (J). (gr. 4-8). 149.28 *(978-1-4914-8696-2(1)*, 24371, Capstone Pr.) Capstone.

Accessorize Yourself! 66 Projects to Personalize Your Look. Debbie Kachidurian et al. ed. 2016. (Craft It Yourself Ser.). (ENG., Illus.). 144p. (J). (gr. 3-9). pap., pap., pap. 14.95 *(978-1-62370-645-6(9)*, 131410, Capstone Young Readers) Capstone.

Accessory after the Fact (Classic Reprint) William Alfred Hobday. (ENG., Illus.). (J). 2018. 178p. 27.57 *(978-0-484-69326-4(3))*; 2017. pap. 9.97 *(978-0-243-96327-0(0))* Forgotten Bks.

Accessory Projects for a Lazy Crafternoon. Stella Fields. 2016. (Lazy Crafternoon Ser.). (ENG., Illus.). 32p. (J). (gr. 3-9). lib. bdg. 28.65 *(978-1-5157-1436-1(5)*, 132441, Capstone Pr.) Capstone.

Accident. Glasko Klein. 2019. (Do-Over Ser.). (ENG.). 96p. (YA). (gr. 6-12). 26.65 *(978-1-5415-4029-3(8)*, 71255b39-86f8-44e8-b485-83b9e7d3b440, Darby Creek) Lerner Publishing Group.

Accident. Gayle Fein Petrillo. 2021. (ENG.). 58p. (YA). pap. 12.95 *(978-1-64719-238-9(2))* Booklocker.com, Inc.

Accident! Andrea Tsurumi. 2017. (ENG., Illus.). 48p. (J). (gr. -1-3). 18.99 *(978-0-544-94480-0(1)*, 1659175, Clarion Bks.) HarperCollins Pubs.

Accident at Sea - Te Kabuanibwai I Marawa (Te Kiribati) Taamara Maruia. Illus. by Giward Musa. 2023. (ENG.). 30p. (J). pap. *(978-1-922876-85-0(2))* Library For All Limited.

Accident! Lap Board Book. Andrea Tsurumi. 2019. (ENG., Illus.). 42p. (J). (— 1). bds. 12.99 *(978-1-328-62007-1(7)*, 1733956, Clarion Bks.) HarperCollins Pubs.

Accident Season. Moïra Fowley-Doyle. ed. 2016. (ENG.). 320p. (YA). (gr. 9). 22.10 *(978-0-606-39325-6(0))* Turtleback.

Accidental. Alex Richards. (ENG.). (YA). 2021. 384p. pap. 10.99 *(978-1-5476-0662-7(2)*, 900237153); 2020. 368p. 17.99 *(978-1-5476-0358-9(5)*, 900212583) Bloomsbury Publishing USA. (Bloomsbury Young Adult).

Accidental Adventure of Mattie the Giraffe. Andi Scurto. 2021. (ENG.). 32p. (J). 35.00 *(978-1-6678-1181-9(9))* BookBaby.

Accidental Adventures of Bernie the Banana Slug. G. Michael Smith. Illus. by G. Michael Smith. 2018. (ENG., Illus.). 86p. (J). pap. *(978-1-927755-66-2(2))* Agio Publishing Hse.

Accidental Adventures of Bettie Wormington-Credenza. Ranke De Vries. 2018. (ENG., Illus.). 126p. (J). pap. *(978-0-9958692-6-4(X))* Outside the Lines Pr.

Accidental Aerial. Maureen Crisp. Illus. by Irina Burtseva. 2020. (ENG.). 110p. (J). pap. *(978-0-473-53188-1(7))* Marmac Media.

Accidental Afterlife of Thomas Marsden. Emma Trevayne. 2016. (ENG.). 272p. (J). (gr. 3-7). pap. 8.99 *(978-1-4424-9884-6(6)*, Simon & Schuster Bks. For Young Readers) Simon & Schuster Bks. For Young Readers.

Accidental Apprentice. Amanda Foody. 2021. (Wilderlore Ser.: 1). (ENG.). 304p. (J). (gr. 3-7). 18.99 *(978-1-5344-7756-8(X)*, McElderry, Margaret K. Bks.) McElderry, Margaret K. Bks.

Accidental Bad Girl. Maxine Kaplan. 2021. (ENG.). 400p. (YA). (gr. 9-17). pap. 9.99 *(978-1-4197-3379-6(6)*, 1192703) Abrams, Inc.

Accidental Diary of B. U. G. Jen Carney. 2021. (Accidental Diary of B. U. G. Ser.). (Illus.). 272p. (J). (gr. 3-7). 15.99 *(978-0-241-45544-9(8)*, Puffin) Penguin Bks., Ltd. GBR. Dist: Independent Pubs. Group.

Accidental Diary of B. U. G.: Basically Famous. Jen Carney. 2021. (Accidental Diary of B. U. G. Ser.). (Illus.). 240p. (J). (gr. 3-7). 14.99 *(978-0-241-45547-0(2)*, Puffin) Penguin Bks., Ltd. GBR. Dist: Independent Pubs. Group.

Accidental Diary of B. U. G.: Sister Act. Jen Carney. 2022. (Accidental Diary of B. U. G. Ser.). (Illus.). 256p. (J). (gr. 3-7). 14.99 *(978-0-241-45549-4(9)*, Puffin) Penguin Bks., Ltd. GBR. Dist: Independent Pubs. Group.

Accidental Farmer: The Story of Ross Farm, 1 vol. Joan Watson & Murray Creed. 2017. (Stories of Our Past Ser.). (ENG., Illus.). 128p. pap. 15.95 *(978-1-77108-527-4(4)*, 39e531ec-2366-4499-a968-326aa3a282c6) Nimbus Publishing, Ltd. CAN. Dist: Baker & Taylor Publisher Services (BTPS).

Accidental Honeymoon (Classic Reprint) David Potter. 2017. (ENG., Illus.). (J). 27.36 *(978-0-266-54251-3(4))*; pap. 9.97 *(978-0-282-75562-1(4))* Forgotten Bks.

Accidental Insurgent. Shanti Hershenson. 2021. (ENG.). 334p. (YA). 25.98 *(978-1-0879-8941-9(8))* Indy Pub.

Accidental Life of Jessie Jefferson. Paige Toon. 2016. (Jessie Jefferson Novels Ser.: 1). (ENG.). 336p. (J). pap. 9.99 *(978-1-4711-4582-7(4)*, Simon & Schuster Children's) Simon & Schuster, Ltd. GBR. Dist: Simon & Schuster, Inc.

Accidental Mime. Jenna Shamata. Illus. by Sakshi Mangal. 2021. (ENG.). 24p. (J). *(978-1-5255-6967-8(8))*; pap. *(978-1-5255-6968-5(6))* FriesenPress.

Accidental Pilot. Mark Fenton. Illus. by Dylan Simpson. 2020. (ENG.). 54p. (J). pap. 5.99 *(978-1-946180-29-2(7))* Simpson Productions.

Accidental Records to Make You Go Oops! Contrib. by Kenny Abdo. 2023. (Broken Records Ser.). (ENG.). 24p. (J). (gr. 2-8). lib. bdg. 31.36 *(978-1-0982-8135-9(7)*, 42380, Abdo Zoom-Fly) ABDO Publishing Co.

Accidental Rich Boy. Akmal Ullah. 2019. (ENG.). 192p. (YA). (gr. 7-12). pap. *(978-1-912356-27-0(9))* Beacon Bks.

Accidental Romance. William Sidney Rossiter. 2017. (ENG.). 186p. (J). pap. *(978-3-7446-9268-7(X))* Creation Pubs.

Accidental Romance: And Other Stories (Classic Reprint) William Sidney Rossiter. 2018. (ENG., Illus.). 184p. (J). 27.71 *(978-0-484-30645-4(6))* Forgotten Bks.

Accidental Scientific Discoveries That Changed the World, 12 vols. 2019. (Accidental Scientific Discoveries That Changed the World Ser.). (ENG.). 32p. (J). (gr. 3-4). lib. bdg. 169.62 *(978-1-5382-4159-2(5)*, c9a84129-e70d-4f86-854b-5b24193eb4d8) Stevens, Gareth Publishing LLLP.

Accidentally Me. Kim Karras. 2016. (ENG.). 245p. (YA). pap. 15.99 *(978-1-4621-1867-0(4)*, Sweetwater Bks.) Cedar Fort, Inc./CFI Distribution.

Accidentals. Sarina Bowen. 2018. (ENG., Illus.). 320p. (YA). (gr. 8-12). pap. 15.00 *(978-1-942444-62-6(1))*; (gr. 9-12). 24.00 *(978-1-942444-67-1(2))* Tuxbury Publishing LLC.

Accidentals (Classic Reprint) Helen MacKay. 2017. (ENG., Illus.). (J). 30.76 *(978-1-5285-8956-7(4))* Forgotten Bks.

Accidente. Gayle Fein Petrillo. 2021. (SPA.). 62p. (YA). pap. 12.95 *(978-1-64719-401-7(6))* Booklocker.com, Inc.

Accidents of Youth: Consisting of Short Histories, Calculated to Improve the Moral Conduct of Children, & Warn Them of the Many Dangers to Which They Are Exposed; Illustrated by Engravings (Classic Reprint) Unknown Author. (ENG., Illus.). (J). 2017. 26.41 *(978-0-331-52209-9(8))*; 2016. pap. 9.57 *(978-1-334-16108-7(9))* Forgotten Bks.

Acclaim of Achilles. David Campiti. 2022. (Greek Mythology Ser.). (ENG., Illus.). 32p. (J). (gr. 3-3). pap. 9.95 *(978-1-64494-660-2(2)*, Graphic Planet) ABDO Publishing Co.

Acclaim of Achilles. David Campiti. Illus. by Lelo Alves. 2021. (Greek Mythology (Magic Wagon) Ser.). (ENG.). 32p. (J). (gr. 3-8). lib. bdg. 32.79 *(978-1-0982-3178-1(3)*, 38698, Graphic Planet - Fiction) Magic Wagon.

Accolade. C. M. Charles. 2021. (ENG.). 84p. (YA). pap. 12.95 *(978-1-63630-763-3(9))* Covenant Bks.

Accolade (Classic Reprint) Ethel Sidgwick. 2018. (ENG., Illus.). 452p. (J). 33.22 *(978-0-267-22997-0(6))* Forgotten Bks.

Accomplished Gentleman (Classic Reprint) Julian Sturgis. 2017. (ENG., Illus.). (J). 29.30 *(978-0-260-90448-5(1))*; pap. 11.97 *(978-1-5282-5595-0(X))* Forgotten Bks.

Accomplishment Ratio: A Treatment of the Inherited Determinants of Disparity in School Product. Raymond Franzen. 2017. (ENG., Illus.). (J). pap. *(978-0-649-33844-3(8))* Trieste Publishing Pty Ltd.

Accord de la Science et de la Religion: Le Deluge Mosaique, l'Histoire et la Geologie (Classic Reprint) Edmond Lambert. 2017. (FRE., Illus.). (J). 35.28 *(978-0-265-32779-1(2))*; pap. 19.57 *(978-0-282-92787-5(5))* Forgotten Bks.

According to Aggie. Mary Richards et al. ed. 2018. (American Girl Contemporary Ser.). (ENG.). 115p. (J). (gr. 3-5). 19.96 *(978-1-64310-674-8(0))* Penworthy Co., LLC, The.

According to Maria (Classic Reprint) John Lane. 2018. (ENG., Illus.). 368p. (J). 31.51 *(978-0-483-40649-0(X))* Forgotten Bks.

According to St. John: A Novel (Classic Reprint) Amelie Rives. (ENG., Illus.). (J). 2017. 32.19 *(978-0-266-90456-4(4))*; 2016. pap. 11.97 *(978-1-334-50584-3(5))* Forgotten Bks.

Accordion Folding: Simple Paper Folding. Megan Borgert-Spaniol. 2019. (Cool Paper Art Ser.). (ENG., Illus.). 32p. (J). (gr. 3-6). lib. bdg. 34.21 *(978-1-5321-1943-9(7)*, 32471, Checkerboard Library) ABDO Publishing Co.

Accosted. Katrina Cope. 2022. (Thor's Dragon Rider Ser.: Vol. 8). (ENG., Illus.). 188p. (YA). pap. *(978-0-6455102-0-1(3))* Cosy Burrow Bks.

Account of a Dream at Harwich: In a Letter to a Member of Parliament about the Camisars (Classic Reprint) Unknown Author. (ENG., Illus.). (J). 2018. 20p. 24.33 *(978-0-267-58237-2(4))*; 2016. pap. 7.97 *(978-1-334-15917-6(3))* Forgotten Bks.

Account of Megan Waterford. Beth Fisher. 2018. (ENG., Illus.). 108p. (J). *(978-0-244-13675-8(0))* Lulu Pr., Inc.

Account of Our Arresting Experiences (Classic Reprint) Conway Evans. (ENG., Illus.). (J). 2018. 38p. 24.70 *(978-0-267-32760-7(9))*; 2016. pap. 7.97 *(978-1-333-53999-3(1))* Forgotten Bks.

Account of Shelley's Visits to France, Switzerland, & Savoy, in the Years 1814 And 1816. Charles I. Elton. 2017. (ENG., Illus.). (J). pap. *(978-0-649-05181-6(5))* Trieste Publishing Pty Ltd.

Account of Some German Volcanos, & Their Productions: With a New Hypothesis of the Prismatical Basaltes, Established upon Facts; Being an Essay of Physical Geography for Philosophers & Miners; Published As Supplementary to Sir William Hamilton's OB. Rudolf Erich Raspe. (ENG., Illus.). (J). 2018. 166p. 27.32 *(978-0-364-02229-0(9))*; 2017. pap. 9.97 *(978-0-259-55054-9(X))* Forgotten Bks.

Account of Some Recent Improvements in the System of Navigating the Ganges by Iron Steam Vessels (Classic Reprint) Albert Robinson. 2016. (ENG., Illus.). (J). pap. 9.57 *(978-1-334-18612-7(X))* Forgotten Bks.

Account of the Captivity of Elizabeth Hanson, Now or Late of Kachecky, in New-England: Who, with Four of Her Children & Servant-Maid, Was Taken Captive by the Indians, & Carried into Canada (Classic Reprint) Elizabeth Hanson. (ENG., Illus.). (J). 2018. 34p. 24.60 *(978-0-666-49127-5(5))*; 2017. pap. 7.97 *(978-0-259-44173-1(2))* Forgotten Bks.

Account of the Dangers to Which I Have Been Exposed, since the 31st of May 1793: Interspersed with Historical Remarks (Classic Reprint) Jean-Baptiste Louvet De Couvray. (ENG., Illus.). (J). 2018. 244p. 28.95 *(978-0-483-76263-3(6))*; 2017. pap. 11.57 *(978-0-243-53136-3(2))* Forgotten Bks.

Account of the Fishes Found in the River Ganges & Its Branches (Classic Reprint) Francis Hamilton. (ENG., Illus.). (J). 2018. 416p. 32.54 *(978-0-267-77837-9(6))*; 2017. pap. 16.57 *(978-1-5276-1508-3(1))* Forgotten Bks.

Account of the Pilgrimage to the Tomb of General Grant (Classic Reprint) Caspar W. Weinberger. (ENG., Illus.). (J). 2018. 42p. 24.78 *(978-0-267-61828-6(X))*; 2016. pap. 7.97 *(978-1-334-17603-6(5))* Forgotten Bks.

Account Rendered (Classic Reprint) E. F. Benson. (ENG., Illus.). (J). 2018. 376p. 31.67 *(978-0-332-11589-4(5))*; 2016. pap. 16.57 *(978-1-334-14002-0(2))* Forgotten Bks.

Accountable: The True Story of a Racist Social Media Account & the Teenagers Whose Lives It Changed. Dashka Slater. 2023. (ENG.). 496p. (YA). 20.99 *(978-0-374-31434-7(9)*, 900226456, Farrar, Straus & Giroux (BYR)) Farrar, Straus & Giroux.

Accountable Ninja: A Children's Book about a Victim Mindset, Blaming Others, & Accepting Responsibility. Mary Nhin. 2023. (Ninja Life Hacks Ser.: Vol. 89). (ENG.). 38p. (J). 22.99 *(978-1-63731-651-1(8))* Grow Grit Pr.

Accredited Ghost Stories (Classic Reprint) T. M. Jarvis. 2017. (ENG., Illus.). (J). 28.97 *(978-0-265-38499-2(0))* Forgotten Bks.

ACCUPLACER Practice Test Questions & Exam Review for the Next-Generation ACCUPLACER Placement Tests: Accuplacer Practice Test Questions & Exam Review for the Next-Generation Accuplacer Placement Tests. Ed. by Mometrix College Placement Test Team. 2017. (ENG.). (J). pap. 39.99 *(978-1-5167-0741-6(9))* Mometrix Media LLC.

Accuracy. Jordan Gillespie. 2020. (New State Ser.: 1). (ENG.). 260p. (YA). pap. 16.99 *(978-1-64405-803-9(0)*, Harmony Ink Pr.) Dreamspinner Pr.

Accursed Roccos: A Tale of Dalmatia (Classic Reprint) D. Powell Johnson. 2017. (ENG., Illus.). (J). 33.71 *(978-1-5284-5370-7(0))* Forgotten Bks.

Accursed Vampire. Madeline McGrane. Illus. by Madeline McGrane. 2021. (ENG., Illus.). 176p. (J). (gr. 5). 22.99 *(978-0-06-295435-0(0))*; pap. 12.99 *(978-0-06-295434-3(2))* HarperCollins Pubs. (Quill Tree Bks.).

Accursed Vampire #2: the Curse at Witch Camp. Madeline McGrane. Illus. by Madeline McGrane. 2023. (ENG., Illus.). 256p. (J). (gr. 5). 22.99 *(978-0-06-295438-1(5))*; pap. 13.99 *(978-0-06-295437-4(7))* HarperCollins Pubs. (Quill Tree Bks.).

Accused! The Trials of the Scottsboro Boys: Lies, Prejudice, & the Fourteenth Amendment. Larry Dane Brimner. 2019. (Illus.). 192p. (YA). (gr. 8-12). 18.99 *(978-1-62979-775-5(8)*, Calkins Creek) Highlights Pr., c/o Highlights for Children, Inc.

Accused of Witchcraft! Salem, 1692-1693. Tim Cooke. 2022. (Doomed History Ser.). (ENG.). (J). (gr. 3-7). lib. bdg. 28.50 Bearport Publishing Co., Inc.

Ace: The Origin of Batman's Dog. Steve Korté. Illus. by Art Baltazar. 2017. (DC Super-Pets Origin Stories Ser.). (ENG.). 48p. (gr. 1-3). lib. bdg. 25.32 *(978-1-4965-5138-2(9)*, 136162, Stone Arch Bks.) Capstone.

Ace Compeers: The Secrets of Skin Colour. Rita Bhandari. Illus. by Indra Audipriatna. 2022. (ENG.). 76p. (J). *(978-1-0391-0871-4(7))* FriesenPress.

Ace of Clubs (Classic Reprint) Prince Josef Lubomirski. 2018. (ENG., Illus.). 402p. (J). 32.19 *(978-0-483-31875-5(2))* Forgotten Bks.

Ace of Hearts. Myriad Augustine. 2020. (Lorimer Real Love Ser.). (ENG.). 160p. (YA). (gr. 7-12). lib. bdg. 27.99 *(978-1-4594-1502-7(7)*, 159f6b43-d1ef-4346-82bb-17fe09d16eca); pap. 8.99 *(978-1-4594-1500-3(0)*, f6bd6df5-b53f-4b78-b85f-b69aa7a870d7) James Lorimer & Co. Ltd., Pubs. CAN. Dist: Lerner Publishing Group.

Ace of Shades. Amanda Foody. 2018. (Shadow Game Ser.: 1). (ENG.). 464p. (YA). pap. 10.99 *(978-1-335-49905-9(9))* Harlequin Enterprises ULC CAN. Dist: HarperCollins Pubs.

Ace of Spades. Faridah Abike-Iyimide. 2021. (ENG.). 432p. (YA). 18.99 *(978-1-250-80081-7(1)*, 900240809) Feiwel & Friends.

Ace of Spades. Faridah Abike-Iyimide. 2023. (ENG.). 448p. (YA). pap. 12.99 *(978-1-250-80080-0(3)*, 900240810) Square Fish.

Ace of Swords. Clare Carter. 2021. (ENG.). 286p. (YA). pap. 16.99 *(978-0-578-89304-4(5))* FyreSyde Publishing.

ACE Short-Response Writing. Grace Long. 2019. (ENG.). 144p. (J). (gr. 3). pap. 19.99 *(978-1-338-28560-4(2))* Scholastic, Inc.

Ace Takes Flight. Cory McCarthy. (B. E. S. T. World Ser.: 1). (ENG.). (J). (gr. 3-7). 2022. 272p. pap. 7.99 *(978-0-358-72147-5(4))*; 2021. 256p. 16.99 *(978-0-358-26507-8(X)*, 1771114) HarperCollins Pubs. (Clarion Bks.).

Ace the Adventurous. Silenat Fente. 2021. (ENG.). (J). 34p. 19.99 *(978-1-6628-0731-2(7))*; 36p. pap. 12.49 *(978-1-6628-0730-5(9))* Salem Author Services.

Ace the Golfer. Miguel Jesus Garcia. Illus. by Daniel Romero Cala. 2017. (ENG.). (J). (gr. k-3). 17.99 *(978-0-692-92660-4(7))* Get Kids Golfing.

Acepta Qué Nos Hemos Enamorado. Iran Flores. 2018. (SPA., Illus.). 296p. (YA). (gr. 10-12). pap. 18.95 *(978-607-453-501-3(9))* Selector, S.A. de C.V. MEX. Dist: Spanish Pubs., LLC.

Acerca de Las Mascotas see We Both Read Bilingual Edition-About Pets/Acerca de Las Mascotas

Acerca de Los Perros see We Both Read Bilingual Edition-About Dogs/Acerca de Los Perros

Acertijero. Valentín Rincón. Illus. by Alejandro Magallanes. 2020. (Recreo Ser.). (SPA.). 286p. (J). (gr. 4-7). pap. 19.00 *(978-607-8237-75-3(6))* Nostra Ediciones MEX. Dist: Independent Pubs. Group.

Aces & Kings: Cartoons from the des Moines Register (Classic Reprint) Jay Norwood Darling. 2017. (ENG., Illus.). (J). 25.92 *(978-0-265-77008-5(4))*; pap. 9.57 *(978-1-5277-4737-1(9))* Forgotten Bks.

Aces for Industry (Classic Reprint) Rufus Steele. 2018. (ENG., Illus.). 102p. (J). 26.02 *(978-0-483-67406-6(0))* Forgotten Bks.

Aces the Cat & the Bird Feeder. E. M. Sweet. 2018. (ENG., Illus.). 28p. (J). pap. 12.95 *(978-1-64349-574-3(7))* Christian Faith Publishing.

Aces Wild: A Heist. Amanda DeWitt. 352p. (YA). (gr. 9). 2023. pap. 12.99 *(978-1-68263-623-7(2))*; 2022. 17.99 *(978-1-68263-466-0(3))* Peachtree Publishing Co. Inc.

Acharnians of Aristophanes: Performed by Undergraduates of the University of Pennsylvania in the Academy of Music, in Philadelphia, May 14th & 15th, 1886 (Classic Reprint) Aristophanes. 2016. (ENG., Illus.). (J). pap. 9.57 *(978-1-333-37936-0(6))* Forgotten Bks.

Achieve a Sense of Balance While Coloring: Calming Coloring Books for Adults Hard Cover. Activibooks. 2016. (ENG., Illus.). (J). pap. 9.20 *(978-1-68321-028-3(X))* Mimaxion.

Achievement (Classic Reprint) E. Temple Thurston. 2017. (ENG., Illus.). (J). 33.40 *(978-1-5279-8339-7(0))*; pap. 16.57 *(978-0-243-92585-8(9))* Forgotten Bks.

Achievements of John Carruthers (Classic Reprint) Edmund Charles Cox. 2018. (ENG., Illus.). (J). 352p. 31.18 *(978-1-396-74126-5(7))*; 354p. pap. 13.57 *(978-1-391-75924-1(9))* Forgotten Bks.

Achiever's Alphabet. Christian J. Bolden. Illus. by Alexander T. Lee. 2017. (ENG.). 64p. (J). pap. 13.99 *(978-0-692-96171-1(2))* Bolden, Christian.

Achieving Guitar Artistry - Triads. William BAY. 2017. pap. 19.99 *(978-0-9983842-2-1(4))* Bay, William Music.

Achieving Speech & Language Targets: A Resource for Individual Education Planning. Catherine Delamain & Jill Spring. ed. 2017. (ENG., Illus.). 280p. (C). pap. 57.95 *(978-0-86388-579-2(9)*, Y329781) Routledge.

Achieving Sustainable Greenhouse Cultivation. Ed. by Leo F. M. Marcelis & Ep Heuvelink. 2019. (Burleigh Dodds Series in Agricultural Science Ser.: 63). (ENG., Illus.). 538p. 220.00 *(978-1-78676-280-1(3))* Burleigh Dodds Science Publishing Ltd. GBR. Dist: Ingram Publisher Services.

Achille, la Promesse du Pirate. Herve Feat. 2017. (FRE., Illus.). 142p. (YA). pap. *(978-1-326-96478-8(X))* Lulu Pr., Inc.

Achilles Tatius (Classic Reprint) S. Gaselee. 2017. (ENG., Illus.). (J). 34.09 *(978-0-265-74097-2(5))* Forgotten Bks.

A'Choille Fhiadhach (the Wild Wood), 100 vols. Kenny Lindsay. 2021. (Lasag Ser.). (ENG.). 74p. (YA). pap. 14.99 *(978-1-910985-75-5(9))* Sandstone Pr. Ltd. GBR. Dist: Casemate Pubs. & Bk. Distributors, LLC.

Achoo! Virginie Morgand. 2016. (ENG., Illus.). 36p. (J). (gr. -1 — 1). 16.95 *(978-1-84976-376-9(3)*, 1648501) Tate Publishing, Ltd. GBR. Dist: Abrams, Inc.

ACHOO! ACHOO! I've Got the Flu. Andie Michaels. (ENG.). (J). 2021. pap. 14.95 *(978-1-7330663-2-7(2))*; 2019. 32p. 19.95 *(978-1-7330663-0-3(6))* Mulberry Street Publishing.

Achoo Choo Choo. Carol Kasser. 2019. (ENG., Illus.). 60p. (J). pap. 16.99 *(978-1-950454-42-6(8))* Pen It Pubns.

Achsah: A New England Life-Study (Classic Reprint) William Marshall Fitts Round. (ENG., Illus.). (J). 2018. 378p. 31.69 *(978-0-365-42193-1(6))*; 2017. pap. 16.57 *(978-0-259-31067-9(0))* Forgotten Bks.

Achtsamkeit Fur Wikinger. Amanda Boulter. 2017. (GER., Illus.). 108p. (J). pap. *(978-1-9999011-2-7(6))* Hartas, Leo.

A'Chu & Other Stories (Classic Reprint) Emma T. Anderson. 2018. (ENG., Illus.). 362p. (J). 31.36 *(978-0-364-08222-5(4))* Forgotten Bks.

Acid Drops: A Play in One Act (Classic Reprint) Gertrude E. Jennings. 2019. (ENG., Illus.). 24p. (J). 24.39 *(978-0-267-51557-8(X))* Forgotten Bks.

Acid King. Jesse P. Pollack. 2018. (Simon True Ser.). (ENG., Illus.). 480p. (YA). (gr. 9). pap. 12.99 *(978-1-4814-8228-8(9)*, Simon Pulse) Simon Pulse.

Acid Test: What Happened at Red Gables, the Strafford, Country Place, When Someone, Drank a Poisoned Cocktail (Classic Reprint) Robert Emmet Macalarney. 2017. (ENG., Illus.). (J). 24.41 *(978-0-331-77624-9(3))* Forgotten Bks.

Acids & Bases. Daniel R. Faust. 2023. (Intro to Chemistry: Need to Know Ser.). (ENG.). 32p. (J). (gr. 5-7). lib. bdg. 28.50 Bearport Publishing Co., Inc.

Acids & Bases - Food Chemistry for Kids Children's Chemistry Books. Baby Professor. 2017. (ENG., Illus.). (J). pap. 9.25 *(978-1-5419-0464-4(8)*, Baby Professor (Education Kids)) Speedy Publishing LLC.

Acids, Bases, & Salts. William D. Adams. 2023. (Building Blocks of Chemistry Ser.). (ENG.). 42p. (J). pap. *(978-0-7166-4848-2(2))* World Bk.-Childcraft International.

Acids, Bases, & Salts. William D. Adams. Illus. by Maxine Lee-MacKie. 2022. (Building Blocks of Chemistry Ser.). (ENG.). 42p. (J). *(978-0-7166-4372-2(3))* World Bk.-Childcraft International.

Ackley Pilgrims: Nine Weeks Trip Through Europe, Summer Of '92. George A. Spink. 2017. (ENG., Illus.). (J). pap. *(978-0-649-39396-1(1))* Trieste Publishing Pty Ltd.

Ackley Pilgrims: Nine Weeks Trip Through Europe, Summer of '92; a Pilgrim; Auburn, R. I (Classic Reprint) George A. Spink. 2017. (ENG., Illus.). 84p. (J). 25.65 *(978-0-332-85026-9(9))* Forgotten Bks.

Ackroyd of the Faculty (Classic Reprint) Anna Chapin Ray. (ENG., Illus.). (J). 2018. 322p. 30.54 *(978-0-428-84264-2(X))*; 2017. pap. 13.57 *(978-0-243-52074-9(3))* Forgotten Bks.

Acmaq: Le Secret de la Vieille Madouesse - Tome 1. Diane Carmel Léger. 2018. (FRE., Illus.). 216p. (YA). (gr. 7-12). pap. *(978-2-349-72369-7(0))* Editions La Grande Maree.

Acmaq - Tome 2: Les Feux Follets de Tatamagouche. Diane Carmel Leger. 2019. (FRE.). 208p. (J). (gr. 4-6). pap. *(978-2-349-72385-7(2))* Editions La Grande Maree.

Acme Magazin, Vol. 1: November, 1906-May, 1907 (Classic Reprint) Acme Publishing Company. (ENG., Illus.). (J). 2018. 414p. 32.44 *(978-0-483-44198-9(8))*; 2017. pap. 16.57 *(978-1-334-92134-6(2))* Forgotten Bks.

10

The check digit for ISBN-10 appears in parentheses after the full ISBN-13

Aconcagua. Erinn Banting. 2019. (Illus.). 32p. (J). pap. *(978-1-7911-1411-4(3),* AV2 by Weigl) Weigl Pubs., Inc.
Acorn 1906: An Illustrated Quarterly Magazine Devoted to Literature & Art (Classic Reprint) Unknown Author. (ENG., Illus.). (J). 2018. 158p. 27.16 *(978-0-364-58817-8(9));* 2017. pap. 9.57 *(978-0-243-52992-6(9))* Forgotten Bks.
Acorn Adventures. Lynley Smith. 2018. (ENG., Illus.). 230p. (J). pap. *(978-1-911211-81-5(1))* Zaccmedia.
Acorn & Button. Laura Petrisin. 2022. (ENG.). 46p. (J). pap. 16.95 ***(978-1-958877-52-4(2))*** Booklocker.com, Inc.
Acorn Family & I Will Conquer. June Goodfellow. 2023. (ENG.). 32p. (J). pap. ***(978-0-7223-5270-0(0))*** Stockwell, Arthur H. Ltd.
Acorn Farm. Margaret Bateson. Illus. by Nicola Slater. 2016. (J). *(978-1-4351-6320-1(6))* Barnes & Noble, Inc.
Acorn Gert & Brother Bert. Elizabeth Duncan Stretar. 2017. (ENG., Illus.). (J). (gr. 3-6). pap. 12.95 *(978-1-61244-532-8(2))* Halo Publishing International.
Acorn High School: Acorn Dragons vs Shallow Falls Bears. Josh Zimmer. 2021. (ENG.). 20p. (YA). pap. 10.00 *(978-1-0879-4278-0(0))* Indy Pub.
Acorn High School: Acorn Dragons vs Shallow Falls Bears. Josh Zimmer. 2020. (ENG.). 22p. (YA). 18.00 *(978-0-578-75940-1(3))* Superstar Speedsters.
Acorn Man. Carl Berry. 2016. (ENG., Illus.). (J). pap. 12.95 *(978-1-68409-011-2(3))* Page Publishing Inc.
Acorn Man's Search for the Golden Heart. Marleen Van Veen. 2017. (ENG., Illus.). (J). pap. 29.95 *(978-1-68176-389-7(3))* America Star Bks.
Acorn Nut. Bev Beck. 2019. (ENG., Illus.). 32p. (J). (gr. k-2). pap. 12.99 *(978-1-59095-375-4(4),* ExamWise) Total Recall Learning, Inc.
Acorn to Oak Tree. Elizabeth Neuenfeldt. 2021. (Beginning to End Ser.). (ENG., Illus.). 24p. (J). (gr. k-3). pap. 7.99. *(978-1-64834-243-1(4),* 20354); lib. bdg. 26.95 *(978-1-64487-421-9(0))* Bellwether Media. (Blastoff! Readers).
Acorn to Oak Tree. Rachel Tonkin. Illus. by Stephanie Fizer Coleman. 2019. (Follow the Life Cycle Ser.). (ENG.). 24p. (J). (gr. 2-2). pap. *(978-0-7787-6387-1(0),* 22aed180-f6c3-48a2-bb06-864c1a75e594); lib. bdg. *(978-0-7787-6379-6(X),* 06b16217-d63a-45d9-8e8e-0f2fa8128f8d) Crabtree Publishing Co.
Acorns & Roots. Megs Calleja. 2020. (ENG.). 234p. (YA). *(978-1-5255-6117-7(0));* pap. *(978-1-5255-6118-4(9))* FriesenPress.
Acosadora y el Acosado. Cory a Graves. Illus. by Raman Bhardwaj. 2022. (SPA.). 41p. (J). pap. ***(978-1-387-59119-0(3))*** Lulu Pr., Inc.
Acoso: ¿denuncia Legítima o Victimización? Marta Lamas. 2018. (Centzontle Ser.). (SPA.). 182p. (J). pap. 8.99 *(978-607-16-5817-3(9))* Fondo de Cultura Economica USA.
Acoustic Rooster's Barnyard Boogie Starring Indigo Blume. Kwame Alexander. Illus. by Tim Bowers. 2020. (ENG.). 32p. (J). (gr. 1-3). 16.99 *(978-1-5341-1114-1(X),* 204999) Sleeping Bear Pr.
Acquaintance. Saba Syed. 2017. (Crossroads Novel Ser.: Vol. 1). (ENG., Illus.). (YA). (gr. 9-12). pap. 17.99 *(978-0-9992990-0-5(X))* Daybreak Pr.
Acquiring & Using Potions & Consumables in Fortnite. Jessica Shaw. 2019. (J). pap. *(978-1-7253-4790-8(3))* Rosen Publishing Group, Inc., The.
Acquiring the Human Skills of Thinking, Saying, Doing. Betty Lou Rogers. 2017. (ENG., Illus.). 30p. (J). pap. 12.95 *(978-0-9983078-4-8(X))* Skookum Bks.
Acquitted, Vol. 1 Of 3: A Novel (Classic Reprint) Gordon Smythies. (ENG., Illus.). (J). 2018. 280p. 29.73 *(978-0-332-58674-8(X));* 2016. pap. 13.57 *(978-1-334-11814-2(0))* Forgotten Bks.
Acquitted, Vol. 2 Of 3: A Novel (Classic Reprint) Gordon Smythies. (ENG., Illus.). (J). 2018. 286p. 29.82 *(978-0-483-96710-6(6));* 2016. pap. 13.57 *(978-1-334-24491-9(X))* Forgotten Bks.
Acquitted, Vol. 3 Of 3: A Novel (Classic Reprint) Gordon Smythies. (ENG., Illus.). (J). 2018. 274p. 29.55 *(978-0-332-87271-1(8));* 2016. pap. 11.97 *(978-1-333-44896-7(1))* Forgotten Bks.
Acres of Diamonds: A Lecture (Classic Reprint) Russell Herman Conwell. (ENG., Illus.). (J). 2018. 38p. 24.64 *(978-0-484-19399-3(6));* 2016. pap. 7.97 *(978-1-333-14948-2(4))* Forgotten Bks.
Acres of Diamonds. His Life & Achievements, with an Autobiographical Notes. Russell H Conwell. 2017. (ENG., Illus.). (J). pap. *(978-0-649-03669-3(7))* Trieste Publishing Pty Ltd.
Acro Dance. Trudy Becker. 2023. (Dance Ser.). (ENG., Illus.). 24p. (J). lib. bdg. 28.50 ***(978-1-64619-826-9(3))*** Little Blue Hse.
Acro Dance. Contrib. by Trudy Becker. 2023. (Dance Ser.). (ENG., Illus.). 24p. (J). pap. 8.95 ***(978-1-64619-855-9(7))*** Little Blue Hse.
Acrobat & Other Poems: Leveled Reader Gold Level 22. Rg Rg. 2016. (PM Ser.). (ENG.). 24p. (J). (gr. 2-3). pap. 11.00 *(978-0-544-89250-7(X))* Rigby Education.
Acrobats & Mountebanks (Classic Reprint) Hugues Le Roux. 2018. (ENG., Illus.). 370p. (J). 31.55 *(978-0-267-84065-6(9))* Forgotten Bks.
Across a Broken Shore. Amy Trueblood. 2019. (ENG.). 352p. (YA). (gr. 9-12). pap. 14.99 *(978-1-63583-042-2(7),* 1635830427, Flux) North Star Editions.
Across a Field of Starlight: (a Graphic Novel) Blue Delliquanti. 2022. (Illus.). 352p. (YA). (gr. 7). 23.99 *(978-0-593-12414-7(6));* (ENG.). pap. 16.99 *(978-0-593-12413-0(8))* Penguin Random Hse. LLC.
Across America by Motor-Cycle (Classic Reprint) C. K. Shepherd. 2018. (ENG., Illus.). 304p. (J). 30.17 *(978-0-656-20444-1(3))* Forgotten Bks.
Across America in the Only House on Wheels. M. e. Lasley. 2017. (ENG.). 166p. (J). pap. *(978-3-337-25711-8(9))* Creation Pubs.
Across America in the Only House on Wheels: Or Lasley's Traveling Palace (Classic Reprint) M. e. Lasley. 2018. (ENG., Illus.). 170p. (J). 27.40 *(978-0-267-61810-1(7))* Forgotten Bks.
Across America in the Only House on Wheels: Or Lasley's Traveling Palace (Classic Reprint) M. E. A. Lasley. 2016. (ENG., Illus.). (J). pap. 9.97 *(978-1-334-16875-8(X))* Forgotten Bks.
Across an Ulster Bog (Classic Reprint) M. Hamilton. 2017. (ENG., Illus.). (J). 28.33 *(978-0-260-48261-7(7))* Forgotten Bks.
Across Australia with Frank Reade, Jr., in His New Electric Car (Classic Reprint) Luis Senarens. 2018. (ENG., Illus.). (J). 52p. 24.99 *(978-1-396-68518-7(9));* 54p. pap. 9.57 *(978-1-396-18077-4(X))* Forgotten Bks.
Across Country (Classic Reprint) Wanderer Wanderer. 2018. (ENG., Illus.). 422p. (J). 32.62 *(978-0-267-46508-8(4))* Forgotten Bks.
Across England in a Dog-Cart: From London to St. Davids & Back (Classic Reprint) James John Hissey. 2017. (ENG., Illus.). (J). 33.55 *(978-0-265-75933-2(1));* pap. 16.57 *(978-1-5277-3725-9(X))* Forgotten Bks.
Across Five Aprils Novel Units Student Packet. Novel Units. 2019. (ENG.). (YA). pap. 13.99 *(978-1-56137-491-5(1),* Novel Units, Inc.) Classroom Library Co.
Across France in a Caravan, Being Some Account of a Journey from Bordeaux to Genoa in the Escargot, Taken in the Winter 1889-90 (Classic Reprint) George Nugent-Bankes. 2018. (ENG., Illus.). 462p. (J). 33.43 *(978-0-267-69969-8(7))* Forgotten Bks.
Across Patagonia (Classic Reprint) Lady Florence Dixie. 2017. (ENG., Illus.). (J). 30.02 *(978-0-265-75197-8(7))* Forgotten Bks.
Across Ruby Fields: Book 4 of the Cryptozoology Series. Heather Hamel. 2016. (ENG., Illus.). (J). pap. 9.99 *(978-0-9972358-3-8(7))* Jakobi Publishing, LLC.
Across Siberia Alone: An American Woman's Adventures (Classic Reprint) John Clarence Lee. 2017. (ENG., Illus.). (J). 29.22 *(978-0-266-84988-9(1))* Forgotten Bks.
Across Texas (Classic Reprint) Edward S. Ellis. 2019. (ENG., Illus.). 366p. (J). 31.45 *(978-0-365-23202-5(5))* Forgotten Bks.
Across the Arid Zone (Classic Reprint) Walter S. Cramp. 2018. (ENG., Illus.). 322p. (J). 30.56 *(978-0-484-33933-9(8))* Forgotten Bks.
Across the Atlantic. Charles H. Haeseler. 2017. (ENG.). 388p. (J). pap. *(978-3-337-25659-3(7))* Creation Pubs.
Across the Atlantic: Letters from France, Switzerland, Germany, Italy, & England (Classic Reprint) Charles H. Haeseler. (ENG., Illus.). (J). 2018. 32.23 *(978-0-260-04340-5(0));* 2016. pap. 16.57 *(978-1-333-53669-5(0))* Forgotten Bks.
Across the Barrier: A Record of True Experiences (Classic Reprint) Helen A. Dallas. 2018. (ENG., Illus.). 228p. (J). 28.62 *(978-0-483-59795-2(3))* Forgotten Bks.
Across the Bay. Carlos Aponte. Illus. by Carlos Aponte. 2019. (ENG., Illus.). 32p. (J). (gr. -1-2). 18.99 *(978-1-5247-8662-5(4),* Penguin Workshop) Penguin Young Readers Group.
Across the Border. Troy Reed. 2018. (ENG., Illus.). 176p. (YA). pap. 14.95 *(978-1-64214-903-6(9))* Page Publishing Inc.
Across the Border. Arleta Richardson. 2016. (Beyond the Orphan Train Ser.: 4). (ENG.). 192p. (J). (gr. 3-6). pap. 7.99 *(978-0-7814-1358-9(3),* 136205) Cook, David C.
Across the Campus. Caroline M. Fuller. 2017. (ENG.). 452p. (J). pap. *(978-3-7446-8991-5(3))* Creation Pubs.
Across the Campus: A Story of College Life (Classic Reprint) Caroline M. Fuller. 2018. (ENG., Illus.). 450p. (J). 33.20 *(978-0-267-17591-8(4))* Forgotten Bks.
Across the Chasm (Classic Reprint) Julia Magruder. 2018. (ENG., Illus.). 320p. (J). 30.50 *(978-0-267-45147-0(4))* Forgotten Bks.
Across the Continent by the Lincoln Highway (Classic Reprint) Effie Price Gladding. 2018. (ENG., Illus.). 328p. (J). 30.66 *(978-0-365-39722-9(9))* Forgotten Bks.
Across the Continent in the Stationary Express: An Unique Operatic Novelty in One Act (Classic Reprint) Karl L. Hoschna. (ENG., Illus.). (J). 2018. 66p. 25.28 *(978-0-364-54395-5(7));* 2017. pap. 9.57 *(978-0-282-29669-8(7))* Forgotten Bks.
Across the Country 18, 19, 20: A Transportation Counting Book. Martha E. H. Rustad. 2016. (1, 2, 3 Count with Me Ser.). (ENG., Illus.). 24p. (J). (gr. k-2). pap. 8.99 *(978-1-68152-110-7(5),* 15521); lib. bdg. 20.95 *(978-1-60753-919-3(5),* 15515) Amicus.
Across the Creek. Rosanne Hawke. 2017. (ENG., Illus.). 148p. 40.00 *(978-1-5326-3798-8(5),* Stone Table Bks.) Wipf & Stock Pubs.
Across the Desert. Dusti Bowling. 2023. (ENG.). 336p. (J). (gr. 3-7). pap. 8.99 *(978-0-316-49476-2(3))* Little, Brown Bks. for Young Readers.
Across the Desert of Fire, or Frank Reade, Jr. 's Marvelous Trip in a Strange Country (Classic Reprint) Luis Senarens. 2018. (ENG., Illus.). (J). 40p. 24.74 *(978-0-365-05964-6(1));* 42p. pap. 7.97 *(978-0-656-60374-9(7))* Forgotten Bks.
Across the Face of the Storm. Jerome R. Adams. 2021. (World Young Readers Ser.: 41). (ENG.). 200p. (YA). pap. 17.95 *(978-1-77183-681-4(4))* Guernica Editions, Inc. CAN. Dist: Independent Pubs. Group.
Across the Fourwinds. Shane Trusz & Darryl Frayne. 2018. (Maidstone Chronicles Ser.: Vol. 1). (ENG., Illus.). 438p. (YA). (gr. 7-12). *(978-1-9995495-4-1(6));* pap. *(978-1-9995495-2-7(X))* Fairbay Publishing.
Across the Gamerverse. C. L. Baxter. 2023. (Parallel Parker Ser.: Vol. 2). (ENG.). 164p. (J). pap. ***(978-1-7387114-6-8(3))*** DMS Print.
Across the Great Divide: Book 1 the Clouds of War, 1 vol. Michael Ross. 2019. (ENG.). 380p. (YA). pap. 22.99 *(978-1-59555-934-0(5))* Elm Hill.
Across the Gulf & Journey into Un-Time. Michael A. Susko. 2019. (ENG.). 78p. (J). pap. 5.99 *(978-1-393-97720-9(0))* Draft2Digital.
Across the Ice. Dana Fraedrich. 2019. (Broken Gears Ser.: Vol. 3). (ENG.). 386p. (YA). (gr. 8-12). pap. 16.99 *(978-0-692-98176-4(4))* Goat Song Publishing.
Across the Isthmus to in California in '52 (Classic Reprint) Unknown Author. 2018. (ENG., Illus.). 82p. (J). 25.61 *(978-0-666-70093-3(1))* Forgotten Bks.
Across the Line. Nayanika Mahtani. 2019. (ENG.). 248p. (J). pap. 9.99 *(978-0-14-344603-3(7),* Penguin Enterprise) Penguin Bks. India PVT, Ltd IND. Dist: Independent Pubs. Group.
Across the Mesa (Classic Reprint) Jarvis Hall. 2018. (ENG., Illus.). 322p. (J). 30.56 *(978-0-332-39465-7(4))* Forgotten Bks.
Across the Plains. Robert Louis Stevenson. 2017. (ENG.). (J). 292p. pap. *(978-3-337-25078-2(5));* 332p. pap. *(978-3-337-07659-7(9))* Creation Pubs.
Across the Plains. Robert Louis Stevenson. 2020. (ENG.). 162p. (J). pap. *(978-1-77441-165-0(2))* Westland, Brian.
Across the Plains: With Other Memories & Essays (Classic Reprint) Robert Louis Stevenson. 2017. (ENG., Illus.). (J). 30.79 *(978-0-266-44472-5(5))* Forgotten Bks.
Across the Plains by Prairie Schooner: Personal Narrative of B. F. Bonney of His Trip to Sutter's Fort, California, in 1846, & of His Pioneer Experiences in Oregon During the Days of Oregon's Provisional Government (Classic Reprint) Benjamin Franklin Bonney. (ENG., Illus.). (J). 2018. 24p. 24.39 *(978-0-483-09355-3(6));* 2016. pap. 7.97 *(978-1-333-73318-6(6))* Forgotten Bks.
Across the Plains in 1850: Journal & Letters of Jerome Dutton, Written During an Overland Journey from Scott County, Iowa, to Sacramento County, California, in the Year Named (Classic Reprint) Jerome Dutton. (ENG., Illus.). (J). 2018. 42p. 24.78 *(978-0-267-88888-7(0));* 2016. pap. 7.97 *(978-1-333-48738-6(X))* Forgotten Bks.
Across the Plains in '54: A Story for Young People of Early Emigration to California (Classic Reprint) Manford Allen Nott. 2018. (ENG., Illus.). 248p. (J). 29.01 *(978-0-267-19141-3(3))* Forgotten Bks.
Across the Plains in '54: A Story for Young People of Early Emmigration to California; & the Captive Maidens, or, the Prizes Won - a Sequel of Across the Plains in 54' Manford Allen Nott. 2017. (ENG., Illus.). (J). pap. *(978-0-649-37687-2(0))* Trieste Publishing Pty Ltd.
Across the Plains to California in 1852: Journal of Mrs. Lodisa Frizzell (Classic Reprint) Lodisa Frizzell. 2017. (ENG., Illus.). (J). 24.76 *(978-0-265-93734-1(5))* Forgotten Bks.
Across the Pond. Joy McCullough. 2021. (ENG.). 288p. (J). (gr. 5). 17.99 *(978-1-5344-7121-4(9),* Atheneum Bks. for Young Readers) Simon & Schuster Children's Publishing.
Across the Pond. S. E. Wendel. 2016. (ENG., Illus.). (J). pap. 12.99 *(978-1-68076-687-5(2),* Epic Pr.) ABDO Publishing Co.
Across the Prairie in a Motor Caravan: A 3, 000 Mile Tour by Two Englishwomen on Behalf of Religious Education (Classic Reprint) Frances H. Eva Hasell. 2018. (ENG., Illus.). 142p. (J). 26.85 *(978-0-267-66355-2(2))* Forgotten Bks.
Across the Rainbow Bridge: Stories of Norse Gods & Humans. Kevin Crossley-Holland. Illus. by Jeffrey Alan Love. 2021. (ENG.). 96p. (J). (gr. 5). 18.99 *(978-1-5362-1771-1(9))* Candlewick Pr.
Across the River. Xue Tao. 2022. (ENG.). 24p. (J). pap. 6.95 *(978-1-4788-7510-9(0))* Newmark Learning LLC.
Across the Savannah. Libby Walden. Illus. by Clover Robin. 2019. (ENG.). 12p. (J). *(978-1-84857-723-7(0))* Kane Miller.
Across the Sea. Ruth Homberg. 2016. (Disney Princess Step into Reading Ser.). lib. bdg. 14.75 *(978-0-606-38472-8(3))* Turtleback.
Across the Sea (Disney Frozen) Ruth Homberg. Illus. by RH Disney. 2016. (Step into Reading Ser.). (ENG.). 24p. (J). (gr. -1-1). 5.99 *(978-0-7364-3398-3(6),* RH/Disney) Random Hse. Children's Bks.
Across the Sea of Stars. Joel Ferguson. 2019. (ENG.). 264p. (YA). pap. 14.95 *(978-1-64569-701-5(0))* Christian Faith Publishing.
Across the Stream (Classic Reprint) E. F. Benson. 2018. (ENG., Illus.). 324p. (J). 30.60 *(978-0-483-80891-1(1))* Forgotten Bks.
Across the World. Amelia Hansen. 2017. (ENG., Illus.). 16p. (J). pap. 12.49 *(978-1-387-43191-5(9))* Lulu Pr., Inc.
Across the Years (Classic Reprint) Eleanor Hodgman Porter. (ENG., Illus.). (J). 2018. 350p. 31.14 *(978-0-267-39306-0(7));* 2017. pap. 13.57 *(978-1-5276-5402-0(8))* Forgotten Bks.
Across Tides of Time: A Story for Teenagers & Young People. Chris Woodhead. 2019. (ENG.). 162p. (YA). pap. *(978-1-911593-52-2(8))* Arena Bks.
Acrostic Dictionary: Containing More Than Thirty Thousand Words, with Their Initials & Finals Alphabetically Arranged (Classic Reprint) A. Cyril Pearson. (ENG., Illus.). (J). 2018. 510p. 34.42 *(978-0-267-55592-5(X));* 2016. pap. 16.97 *(978-1-333-65109-1(0))* Forgotten Bks.
Acrostic Poems. Ruthie Van Oosbree & Lauren Kukla. 2022. (Poetry Power (BB) Ser.). (ENG.). 32p. (J). (gr. 2-5). lib. bdg. 34.21 *(978-1-5321-9891-5(4),* 39547, Big Buddy Bks.) ABDO Publishing Co.
Acrylics, 1 vol. Alix Wood. 2018. (Make a Masterpiece Ser.). (ENG.). 32p. (J). (gr. 3-4). pap. 11.50 *(978-1-5382-3576-8(5),* f5390739-2ad7-462c-978b-4ff690fbddef); lib. bdg. 28.27 *(978-1-5382-3578-2(1),* 8aaf3319-ceff-4a76-9749-a176960d7f3f) Stevens, Gareth Publishing LLLP.
Act. Kayla Miller. Illus. by Kayla Miller. 2020. (Click Graphic Novel Ser.). (ENG., Illus.). 224p. (J). (gr. 3-7). 24.99 *(978-0-358-24218-5(5),* 1767109); pap. 12.99 *(978-0-358-20635-4(9),* 1763911) HarperCollins Pubs. (Clarion Bks.).
Act 3. Andrew Keenan-Bolger & Kate Wetherhead. 2018. (Jack & Louisa Ser.: 3). (Illus.). 256p. (J). (gr. 3-7). 8.99 *(978-1-5247-8497-3(4),* Penguin Workshop) Penguin Young Readers Group.
Act Cool. Tobly McSmith. (ENG.). (YA). (gr. 9). 2023. 368p. pap. 15.99 *(978-0-06-303857-8(9));* 2021. 352p. 18.99 *(978-0-06-303856-1(0))* HarperCollins Pubs. (Quill Tree Bks.).
ACT Flashcards, Fourth Edition: up-To-Date Review: + Sorting Ring for Custom Study. James D. Giovannini & Patsy J. Prince. 2023. (Barron's Test Prep Ser.). (ENG.). 417p. (YA). (gr. 9-12). 29.99 *(978-1-5062-8740-9(9),* Barron's Educational Series, Inc.) Kaplan Publishing.
ACT in a Backwater (Classic Reprint) E. F. Benson. 2018. (ENG., Illus.). 354p. (J). 31.20 *(978-0-666-04652-9(2))* Forgotten Bks.
Act of Impulse: A Story (Classic Reprint) Helen Bayliss. 2018. (ENG., Illus.). 306p. (J). 30.23 *(978-0-483-73040-3(8))* Forgotten Bks.
Act of Kindness. Cherie Smith. 2021. (ENG., Illus.). 30p. (J). 21.95 *(978-1-63985-478-3(9));* pap. 14.95 *(978-1-63860-366-5(9))* Fulton Bks.
Act One: An Autobiography (Classic Reprint) Moss Hart. 2017. (ENG., Illus.). (J). 33.20 *(978-0-260-96700-8(9));* pap. 16.57 *(978-1-5282-6482-2(7))* Forgotten Bks.
ACT Prep Book: Complete Review, Practice Test, Video Tutorials for the ACT Test: ACT Secrets Study Guide. Ed. by Mometrix College Admissions Test Team. 2017. (ENG.). (J). pap. 48.99 *(978-1-5167-0740-9(0))* Mometrix Media LLC.
ACT Prep Plus 2024: Includes 5 Full Length Practice Tests, 100s of Practice Questions, & 1 Year Access to Online Quizzes & Video Instruction. Kaplan Test Prep. 2023. (Kaplan Test Prep Ser.). (ENG.). 876p. (YA). (gr. 11-12). pap. 34.99 ***(978-1-5062-8713-3(1),*** Kaplan Test Prep) Kaplan Publishing.
ACT Total Prep 2024: Includes 2,000+ Practice Questions + 6 Practice Tests. Kaplan Test Prep. 2023. (Kaplan Test Prep Ser.). (ENG.). 1104p. (YA). (gr. 11-12). pap. 46.99 ***(978-1-5062-8715-7(8),*** Kaplan Test Prep) Kaplan Publishing.
ACT Up! The War Against HIV in the LGBTQ+ Community, 1 vol. Rita Santos. 2018. (History of the LGBTQ+ Rights Movement Ser.). (ENG., Illus.). 112p. (J). (gr. 7-7). 38.80 *(978-1-5383-8124-3(9),* 81cbbef6-347b-429f-a2b5-4a55124884fd); pap. 18.65 *(978-1-5081-8306-8(6),* 0513c45d-e964-41ed-84fb-d7b059bd71ff) Rosen Publishing Group, Inc., The.
ACTA Ridleiana: Easter, 1897 (Classic Reprint) H. G. Williams. (ENG., Illus.). (J). 2018. 20p. 24.31 *(978-0-365-48572-8(1));* 2017. pap. 7.97 *(978-0-259-87372-3(1))* Forgotten Bks.
ACTA Ridleiana: Easter 1899 (Classic Reprint) H. G. Williams. (ENG., Illus.). (J). 2018. 32p. 24.56 *(978-0-666-44739-5(X));* 2017. pap. 7.97 *(978-0-282-63232-8(8))* Forgotten Bks.
ACTA Ridleiana, Vol. 2: June, 1892 (Classic Reprint) F. J. Steen. (ENG., Illus.). (J). 2018. 20p. 24.31 *(978-0-656-23172-0(6));* 2017. pap. 7.97 *(978-0-259-87403-4(5))* Forgotten Bks.
ACTA Victoriana, Vol. 38: December, 1913 (Classic Reprint) Victoria University. (ENG., Illus.). (J). 2018. 110p. 26.17 *(978-0-483-91681-4(1));* 2016. pap. 9.57 *(978-1-334-15937-4(8))* Forgotten Bks.
ACTA Victoriana, Vol. 38: February, 1914 (Classic Reprint) Victoria University. (ENG., Illus.). (J). 2018. 76p. 25.46 *(978-0-267-37161-7(6));* 2016. pap. 9.57 *(978-1-334-15961-9(0))* Forgotten Bks.
ACTA Victoriana, Vol. 42: January, 1918 (Classic Reprint) University Of Toronto. 2018. (ENG., Illus.). 78p. (J). 25.53 *(978-0-428-72466-5(3))* Forgotten Bks.
Acting. Jenny Fretland VanVoorst. 2016. (Artist's Studio Ser.). (Illus.). 24p. (J). (gr. k-2). lib. bdg. 25.65 *(978-1-62031-280-3(8),* Bullfrog Bks.) Jump! Inc.
Acting Animals. Julie Murray. 2019. (Working Animals Ser.). (ENG.). 24p. (J). (gr. k-4). lib. bdg. 31.36 *(978-1-5321-2730-4(8),* 31667, Abdo Zoom-Dash) ABDO Publishing Co.
Acting Dogs. Marie Pearson. 2023. (Dogs at Work Ser.). (ENG., Illus.). 32p. (J). (gr. 2-3). pap. 9.95 *(978-1-63738-448-0(3),* Apex) North Star Editions.
Acting Dogs. Contrib. by Marie Pearson. 2023. (Dogs at Work Ser.). (ENG.). 32p. (J). (gr. 2-3). lib. bdg. 31.35 *(978-1-63738-421-3(1),* Apex) North Star Editions.
Acting in Theater, 1 vol. George Capaccio. 2016. (Exploring Theater Ser.). (ENG., Illus.). 96p. (YA). (gr. 7-7). lib. bdg. 44.50 *(978-1-5026-2269-3(6),* 3b92a490-d591-4a5d-a8ef-46cc5a02bf43) Cavendish Square Publishing LLC.
Acting in TV & Film, 1 vol. Jeri Freedman. 2018. (Exploring Careers in TV & Film Ser.). (ENG.). 96p. (J). (gr. 7-7). pap. 20.99 *(978-1-5026-4011-6(2),* c72655be-19d3-4df7-8ddc-46954c219fe7) Cavendish Square Publishing LLC.
Acting Monologues & Scenes for Kids! Over 200 Pages of Scenes & Monologues for Kids 6 To 13. Bo Kane. 2020. (ENG.). 218p. (J). pap. 13.99 *(978-0-9841950-6-0(8))* Burbank Publishing.
Acting Out Yoga Presents: Anna in Paris. Danielle Palli. 2020. (ENG.). 40p. (J). pap. 12.50 *(978-0-578-12427-8(0))* Birdland Media Works.
Acting the Part. Z. R. Ellor. 2022. (ENG.). 288p. (YA). (gr. 8). 17.99 *(978-0-06-315788-0(8),* HarperTeen) HarperCollins Pubs.
Acting Wild: How We Behave Like Birds, Bugs, & Beasts. Maria Birmingham. Illus. by Dave Whamond. 2019. (ENG.). 32p. (J). (gr. 2-6). 16.95 *(978-1-77147-326-2(6))* Owlkids Bks. Inc. CAN. Dist: Publishers Group West (PGW).
Action-Adventure Games. Kirsty Holmes. 2019. (Game On! Ser.). (Illus.). 32p. (J). (gr. 4-4). *(978-0-7787-5260-8(7));* pap. *(978-0-7787-5289-9(5))* Crabtree Publishing Co.
Action & the Word: A Novel of New York (Classic Reprint) Brander Matthews. (ENG., Illus.). (J). 2018. 292p. 29.94 *(978-0-428-97723-8(5));* 2017. pap. 13.57 *(978-0-243-32497-2(9))* Forgotten Bks.
Action Auf Dem Pferdehof. Jonas Odermatt. 2018. (GER., Illus.). 38p. (J). pap. *(978-3-99064-150-7(6))* novum pocket Verlag in der novum publishing GmbH.
Action Bible: God's Redemptive Story. Illus. by Sergio Cariello. rev. ed. 2020. (Action Bible Ser.). (ENG.). 832p. (J). (gr. 3-7). 32.99 *(978-0-8307-7744-0(X),* 146992) Cook, David C.
Action Bible Anytime Devotions: 90 Ways to Help Kids Connect with God Anytime, Anywhere. Illus. by Sergio Cariello. 2020. (Action Bible Ser.: 1). (ENG.). 200p. (J). (gr. 3-7). pap. 16.99 *(978-0-8307-7898-0(5),* 149325) Cook, David C.
Action Bible Christmas: 25 Stories about Jesus' Arrival. Illus. by Sergio Cariello. 2022. (Action Bible Ser.). (ENG.).

64p. (J). (gr. 3-7). 19.99 *(978-0-8307-8464-6(0)*, 153359) Cook, David C.

Action Bible Coloring Book: 55 Reproducible Pages of Bible Heroes & Devotions. David C Cook. Illus. by Sergio Cariello. 2019. (Action Bible Ser.). (ENG.). 112p. (J). 14.99 *(978-0-8307-7590-3(0)*, 144661) Cook, David C.

Action Bible Easter: 25 Stories about Jesus' Resurrection. Sergio Cariello. Illus. by Sergio Cariello. ed. 2023. (Action Bible Ser.). (ENG.). 64p. (J). (gr. 3-7). 19.99 *(978-0-8307-8466-0(7)*, 153360) Cook, David C.

Action Bible Guess-It Game. Sergio Cariello. Illus. by Sergio Cariello. rev. ed. 2023. (Action Bible Ser.). (ENG.). 100p. (J). (gr. 3-7). 9.99 ***(978-0-8307-8669-5(4)***, 156928) Cook, David C.

Action Bible: Heroes & Villains. Illus. by Sergio Cariello. ed. 2022. (Action Bible Ser.). (ENG.). 160p. (J). (gr. 2-6). 18.99 *(978-0-8307-8293-2(1)*, 152531) Cook, David C.

Action Bible New Testament: God's Redemptive Story. Illus. by Sergio Cariello. rev. ed. 2021. (Action Bible Ser.). (ENG.). 288p. (J). (gr. 3-7). pap. 17.99 *(978-0-8307-8291-8(5)*, 152530) Cook, David C.

Action Front (Classic Reprint) Boyd Cable. (ENG., Illus.). (J). 2018. 308p. 30.27 *(978-0-365-43300-2(4))*; 2018. 288p. 29.84 *(978-0-267-73140-4(X))*; 2016. pap. 13.57 *(978-1-334-09609-9(0))*; 2016. pap. 13.57 *(978-1-333-51176-0(0))* Forgotten Bks.

Action Games. Julianna Helt. 2023. (Video Games Ser.). (ENG., Illus.). 32p. (J). lib. bdg. 31.35 ***(978-1-63738-571-5(4)***, Apex) North Star Editions.

Action Games. Contrib. by Julianna Helt. 2023. (Video Games Ser.). (ENG., Illus.). 32p. (J). pap. 9.95 ***(978-1-63738-625-5(7)***, Apex) North Star Editions.

Action Hero: the Fincredible Diary of Fin Spencer. Ciaran Murtagh. Illus. by Tim Wesson. 2017. (Fincredible Diary of Fin Spencer Ser.: 3). (ENG.). 224p. (J). (gr. 4-7). pap. 7.99 *(978-1-84812-532-2(1))* Bonnier Publishing GBR. Dist: Independent Pubs. Group.

Action, Imitation & Fun Series: Jack & the Bean Stalk; Diamonds & Toads; Sleeping Beauty (Classic Reprint) Mara L. Pratt-Chadwick. (ENG., Illus.). (J). 2018. 96p. 25.88 *(978-0-365-47925-3(X))*; 2017. pap. 9.57 *(978-0-259-45233-1(5))* Forgotten Bks.

Action, Imitation & Fun Series. VI, Advanced Primer, Red Riding Hood, the Seven Kids. Mara L. Pratt-Chadwick. 2017. (ENG., Illus.). (J). pap. *(978-0-649-41162-7(5))* Trieste Publishing Pty Ltd.

Action, Imitation & Fun Series, Vol. 3: Advanced Primer the Three Pigs (Classic Reprint) Mara L. Pratt -Chadwick. 2018. (ENG., Illus.). 108p. (J). 26.14 *(978-0-267-84459-3(X))* Forgotten Bks.

Action Lab - Dogs of Wonder, Vol. 2. Vito Delsante & Scott Fogg. Ed. by Nicole D'Andria. 2017. (ENG., Illus.). 96p. (J). pap. 9.99 *(978-1-63229-253-7(X)*, aa8de8ee-b9f8-4568-b1ab-11068c217b47) Action Lab Entertainment.

Action Mindset Workbook for Teens: Simple CBT Skills to Help You Conquer Fear & Self-Doubt & Take Steps Toward What Really Matters. Anne McGrath et al. 2023. (ENG.). 160p. (YA). (gr. 6-12). pap. 18.95 ***(978-1-64848-046-1(2)***, 50461, Instant Help Books) New Harbinger Pubns.

Action Packed Adventures! Super Cool Activity Book for Kids. Kreative Kids. 2016. (ENG., Illus.). (J). pap. 10.81 *(978-1-68377-749-6(2))* Whlke, Traudl.

Action Presidents #1: George Washington! Fred Van Lente. Illus. by Ryan Dunlavey. 2020. (Action Presidents Ser.: 1). (ENG.). 128p. (J). (gr. 3-7). 22.99 *(978-0-06-289118-1(9))*; pap. 10.99 *(978-0-06-289117-4(0))* HarperCollins Pubs. (HarperAlley).

Action Presidents #2: Abraham Lincoln! Fred Van Lente. Illus. by Ryan Dunlavey. 2020. (Action Presidents Ser.: 2). (ENG.). 128p. (J). (gr. 3-7). 22.99 *(978-0-06-289121-1(9))*; pap. 10.99 *(978-0-06-289120-4(0))* HarperCollins Pubs. (HarperAlley).

Action Presidents #3: Theodore Roosevelt! Fred Van Lente. Illus. by Ryan Dunlavey. 2020. (Action Presidents Ser.: 3). (ENG.). 128p. (J). (gr. 3-7). 22.99 *(978-0-06-289124-2(3))*; pap. 11.99 *(978-0-06-289123-5(5))* HarperCollins Pubs. (HarperAlley).

Action Presidents #4: John F. Kennedy! Fred Van Lente. Illus. by Ryan Dunlavey. 2020. (Action Presidents Ser.: 4). (ENG.). 128p. (J). (gr. 3-7). 22.99 *(978-0-06-289127-3(8))*; pap. 11.99 *(978-0-06-289126-6(X))* HarperCollins Pubs. (HarperAlley).

Action Rhymes Musical Songbook. Illus. by Wendy Straw. 2019. (Wendy Straw's Songbooks Ser.). (ENG.). 16p. (J). (— 1). 14.99 *(978-1-925386-92-9(9)*, Brolly Bks.) Borghesi & Adam Pubs. Pty Ltd AUS. Dist: Independent Pubs. Group.

Action Sports, 6 vols. 2017. (Action Sports (Fly!) Ser.). (ENG., Illus.). 24p. (J). (gr. 2-8). lib. bdg. 188.16 *(978-1-5321-2091-6(5)*, 26774, Abdo Zoom-Fly) ABDO Publishing Co.

Action Sports (Set Of 6) K. A. Hale. 2019. (Action Sports Ser.). (ENG.). 192p. (J). (gr. 3-3). pap. 59.70 *(978-1-64494-143-0(0)*, 1644941430) Bigfoot Bks. GBR. Dist: North Star Editions.

Action Tank. Mike Barry. 2022. (ENG.). 96p. (J). pap. 9.99 *(978-1-949514-91-9(9))* Scout Comics.

Actions. Dayna Martin. 2018. (Illus.). 31p. (J). *(978-1-4896-9637-3(7)*, AV2 by Weigl) Weigl Pubs., Inc.

Actions. Penelope Dyan. Illus. by Penelope Dyan. I.t. ed. 2022. (ENG.). 34p. (J). pap. 12.60 *(978-1-61477-602-4(4))* Bellissima Publishing, LLC.

Actions & Reactions (Classic Reprint) Rudyard Kipling. 2017. (ENG., Illus.). (J). 31.16 *(978-1-5280-8176-4(5))* Forgotten Bks.

Actions & Reactions in Russia (Classic Reprint) R. Scotland Liddell. 2018. (ENG., Illus.). 270p. (J). 29.47 *(978-0-267-80301-9(X))* Forgotten Bks.

Actions & Reactions, Vol. 1 of 2 (Classic Reprint) Rudyard Kipling. 2018. (ENG., Illus.). 202p. (J). 28.06 *(978-0-483-97063-2(8))* Forgotten Bks.

Actions & Reactions, Vol. 2 of 2 (Classic Reprint) Rudyard Kipling. 2018. (ENG., Illus.). 164p. (J). 27.28 *(978-0-484-78846-5(9))* Forgotten Bks.

Actions Speak Louder Than (Classic Reprint) Kate J. Neely. 2018. (ENG., Illus.). 252p. (J). 29.09 *(978-0-483-88486-1(3))* Forgotten Bks.

Activate. Adele Jones. 2016. (ENG., Illus.). 217p. (YA). pap. *(978-1-925139-97-6(2))* Rhiza Pr.

Activated Disciple: Taking Your Faith to the Next Level. Jeff Cavins. 2018. (ENG.). (YA). pap. 16.95 *(978-1-945179-42-6(2))* Ascension Pr.

Active Citizenship Today, 12 vols. 2017. (Active Citizenship Today Ser.). (ENG.). (J). (gr. 3-3). lib. bdg. 181.26 *(978-1-5026-3212-8(8)*, 605853b0-fe3b-455e-8b88-c98d8207a984) Cavendish Square Publishing LLC.

Active Footsteps (Classic Reprint) Caroline Nichols Churchill. 2018. (ENG., Illus.). 264p. (J). 29.36 *(978-0-483-27506-5(9))* Forgotten Bks.

Active Hands, Full Brains Activity Book Kindergarten. Educando Kids. 2019. (ENG.). 40p. (J). pap. 8.55 *(978-1-64521-710-7(8)*, Educando Kids) Editorial Imagen.

Active Kids Activity Book for Boys Age 6. Educando Kids. 2019. (ENG.). 42p. (J). pap. 8.55 *(978-1-64521-748-0(5)*, Educando Kids) Editorial Imagen.

Active Kids Like Kids Activity Book. Kreative Kids. 2016. (ENG., Illus.). (J). pap. 10.81 *(978-1-68377-750-2(6))* Whlke, Traudl.

Active Learning! Human Body: More Than 100 Brain-Boosting Activities That Make Learning Easy & Fun. DK. 2023. (DK Active Learning Ser.). (ENG.). 96p. (J). (gr. 3-7). pap. 14.99 *(978-0-7440-5614-3(4)*, DK Children) Dorling Kindersley Publishing, Inc.

Active Learning Package Grade 1. Hmh Hmh. 2016. (Journeys Ser.). (ENG.). (J). (gr. 1). pap. 564.67 *(978-0-544-92195-5(X))* Houghton Mifflin Harcourt Publishing Co.

Active Learning Package Grade 2. Hmh Hmh. 2016. (Journeys Ser.). (ENG.). (J). (gr. 2). pap. 593.20 *(978-0-544-92196-2(8))* Houghton Mifflin Harcourt Publishing Co.

Active Learning Package Grade 3. Hmh Hmh. 2016. (Journeys Ser.). (ENG.). (J). (gr. 3). pap. 592.27 *(978-0-544-92197-9(6))* Houghton Mifflin Harcourt Publishing Co.

Active Learning Package Grade K. Hmh Hmh. 2016. (Journeys Ser.). (ENG.). (J). (gr. k). pap. 583.13 *(978-0-544-92194-8(1))* Houghton Mifflin Harcourt Publishing Co.

Active Learning Stars & Planets: More Than 100 Brain-Boosting Activities That Make Learning Easy & Fun. DK. 2023. (DK Active Learning Ser.). (ENG.). 96p. (J). (gr. 3-7). pap. 14.99 *(978-0-7440-5615-0(2)*, DK Children) Dorling Kindersley Publishing, Inc.

Active Memory. Dan Wells. 2018. (Mirador Ser.: 3). (ENG.). 400p. (YA). (gr. 8). 17.99 *(978-0-06-234793-0(4)*, Balzer & Bray) HarperCollins Pubs.

Active Minds: Begin to Read. p i kids. 2019. (ENG.). 60p. (J). bds., bds. *(978-1-5037-4405-9(1)*, c68a598e-3161-4046-adcb-fe605d4e0abc, PI Kids) Phoenix International Publications, Inc.

Active Minds - Numbers & Counting Self-Standing Pocket Chart. Sequoia Children's Publishing. 2019. (Active Minds Pocket Charts Ser.). (ENG.). (J). 12.99 *(978-1-64269-106-1(2)*, 2315001d-d56d-4f67-abe5-246a483cc4b3, Sequoia Publishing & Media LLC) Sequoia Children's Bks.

Active Minds 1001 Kindergarten Learning Activities: A STEAM Workbook. Sequoia Children's Publishing. Illus. by Sequoia Children's Publishing. 2021. (ENG.). 320p. (J). pap. 16.99 *(978-1-64269-363-8(4)*, 4888, Sequoia Kids Media) Phoenix International Publications, Inc.

Active Minds 1001 Kindergarten Learning Activities: A STEAM Workbook. Sequoia Children's Publishing. 2021. (ENG.). 320p. (J). pap. 12.99 *(978-1-64269-338-6(3)*, 4085, Sequoia Kids Media) Phoenix International Publications, Inc.

Active Minds 1001 Preschool Learning Activities: A STEAM Workbook. Sequoia Children's Publishing. 2021. (ENG.). 320p. (J). pap. 12.99 *(978-1-64269-339-3(1)*, 4086, Sequoia Kids Media) Phoenix International Publications, Inc.

Active Minds 301 First Grade Questions & Answers. Sequoia Children's Publishing. 2021. (ENG.). 192p. (J). pap. 9.99 *(978-1-64269-331-7(6)*, 4084, Sequoia Publishing & Media LLC) Phoenix International Publications, Inc.

Active Minds 301 Preschool Questions & Answers. Sequoia Children's Publishing. 2021. (ENG.). 192p. (J). pap. 9.99 *(978-1-64269-330-0(8)*, 4083, Sequoia Publishing & Media LLC) Phoenix International Publications, Inc.

Active Minds Alphabet & Sight Words Pocket Chart. Sequoia Children's Publishing. 2019. (Active Minds Pocket Charts Ser.). (ENG.). (J). 12.99 *(978-1-64269-105-4(4)*, 092ee2bc-3424-4fc3-b49d-51d7c51bdc92, Sequoia Publishing & Media LLC) Sequoia Children's Bks.

Active Minds Alphabet Practice Pad. Sequoia Children's Publishing. 2018. (ENG.). 64p. (J). pap. 3.99 *(978-1-64269-021-7(X)*, 3972, Sequoia Publishing & Media LLC) Phoenix International Publications, Inc.

Active Minds Amazing Activity Book. Sequoia Children's Publishing. 2021. (ENG., Illus.). 144p. (J). pap. 6.99 *(978-1-5037-4591-9(0)*, 3256, PI Kids) Phoenix International Publications, Inc.

Active Minds Colors & Shapes Bingo. Sequoia Children's Publishing. 2018. (ENG.). (J). 4.99 *(978-1-64269-024-8(4)*, 8e829a28-3e83-4303-9af3-1b04ec92c486, Sequoia Publishing & Media LLC) Sequoia Children's Bks.

Active Minds English/Spanish Bilingual Family Magnets. Sequoia Children's Publishing. ed. 2020. (ENG.) (J). 5.99 *(978-1-64269-230-3(1)*, 4049, Sequoia Publishing & Media LLC) Phoenix International Publications, Inc.

Active Minds Explorers: Baby Cockatiel. Ellen Lawrence. 2022. (Active Minds Explorers: Baby Animals Ser.). (ENG.). (J). (gr. -1-2). pap. 8.95 ***(978-1-64996-983-5(X)***, 32716, Sequoia Kids Media) Sequoia Children's Bks.

Active Minds Explorers: Baby Iguana. Ellen Lawrence. 2022. (Active Minds Explorers: Baby Animals Ser.). (ENG.). (J). (gr. -1-2). pap. 8.95 ***(978-1-64996-980-4(5)***, 32717, Sequoia Kids Media) Sequoia Children's Bks.

Active Minds Explorers: Baby Moose. Ellen Lawrence. 2022. (Active Minds Explorers: Baby Animals Ser.). (ENG.). (J). (gr. -1-2). pap. 8.95 ***(978-1-64996-978-1(3)***, 32718, Sequoia Kids Media) Sequoia Children's Bks.

Active Minds Explorers: Baby Orangutan. Ellen Lawrence. 2022. (Active Minds Explorers: Baby Animals Ser.). (ENG.). (J). (gr. -1-2). pap. 8.95 ***(978-1-64996-982-8(1)***, 32719, Sequoia Kids Media) Sequoia Children's Bks.

Active Minds Explorers: Baby Ostrich. Ellen Lawrence. 2022. (Active Minds Explorers: Baby Animals Ser.). (ENG.). (J). (gr. -1-2). pap. 8.95 ***(978-1-64996-981-1(3)***, 32720, Sequoia Kids Media) Sequoia Children's Bks.

Active Minds Explorers: Baby Panda. Ellen Lawrence. 2022. (Active Minds Explorers: Baby Animals Ser.). (ENG.). (J). (gr. -1-2). pap. 8.95 ***(978-1-64996-979-8(1)***, 32721, Sequoia Kids Media) Sequoia Children's Bks.

Active Minds Graphic Novel Alphabet. Cassie Gitkin. Illus. by Michael S. Miller. 2021. (ENG.). 18p. (J). bds. 9.99 *(978-1-64269-328-7(6)*, 4082, Sequoia Kids Media) Phoenix International Publications, Inc.

Active Minds Graphic Novel: Alphabet. Cassie Sequoia Kids Media. Illus. by Michael S. Miller. 2021. (Active Minds Graphic Novels Ser.). (ENG.). 18p. (J). (gr. k-2). pap. 8.95 ***(978-1-64996-693-3(8)***, 17053, Sequoia Kids Media) Sequoia Children's Bks.

Active Minds Graphic Novel: Counting. Cassie Gitkin. Illus. by Michael S. Miller. 2021. (Active Minds Graphic Novels Ser.). (ENG.). 18p. (J). (gr. k-2). pap. 8.95 ***(978-1-64996-694-0(6)***, 17055, Sequoia Kids Media) Sequoia Children's Bks.

Active Minds Graphic Novel Counting. Cassie Gitkin. Illus. by Michael S. Miller. 2021. (ENG.). 18p. (J). bds. 9.99 *(978-1-64269-327-0(8)*, 4081, Sequoia Kids Media) Phoenix International Publications, Inc.

Active Minds Graphic Novel: First Words. Cassie Gitkin. Illus. by Michael S. Miller. 2021. (Active Minds Graphic Novels Ser.). (ENG.). 18p. (J). (gr. k-2). pap. 8.95 ***(978-1-64996-696-4(2)***, 17056, Sequoia Kids Media) Sequoia Children's Bks.

Active Minds Graphic Novels: Colors & Shapes. Cassie Gitkin. Illus. by Michael S. Miller. 2021. (Active Minds Graphic Novels Ser.). (ENG.). 18p. (J). (gr. k-2). pap. 8.95 ***(978-1-64996-695-7(4)***, 17054, Sequoia Kids Media) Sequoia Children's Bks.

Active Minds Inside My Body: Learn What Makes You Work! Nicole Witmer & Caleb Burroughs. Illus. by Martha Aviles & Lindsay McCool. 2021. (ENG.). 10p. (J). bds. 5.99 *(978-1-64269-251-8(4)*, 4065, Sequoia Publishing & Media LLC) Phoenix International Publications, Inc.

Active Minds Kids Ask about Birds of Prey. Bendix Anderson. 2022. (Active Minds Kids Ask About Ser.). (ENG.). (J). (gr. 2-5). pap. 8.95 ***(978-1-64996-992-7(9)***, 32722, Sequoia Kids Media) Sequoia Children's Bks.

Active Minds Kids Ask about Crocodiles. Irene Trimble. 2022. (Active Minds Kids Ask About Ser.). (ENG.). (J). (gr. 3-4). pap. 8.95 ***(978-1-64996-993-4(7)***, 32723, Sequoia Kids Media) Sequoia Children's Bks.

Active Minds Kids Ask about Dinosaurs. Jay Johnson. 2022. (Active Minds Kids Ask About Ser.). (ENG.). (J). (gr. 3-4). pap. 8.95 ***(978-1-64996-994-1(5)***, 32724, Sequoia Kids Media) Sequoia Children's Bks.

Active Minds Kids Ask about Predators. Kenn Goin. 2022. (Active Minds Kids Ask About Ser.). (ENG.). (J). (gr. 3-4). pap. 8.95 ***(978-1-64996-995-8(3)***, 32725, Sequoia Kids Media) Sequoia Children's Bks.

Active Minds Kids Ask about Sharks. Irene Trimble. 2022. (Active Minds Kids Ask About Ser.). (ENG.). (J). (gr. 3-4). pap. 8.95 ***(978-1-64996-996-5(1)***, 32726, Sequoia Kids Media) Sequoia Children's Bks.

Active Minds Kids Ask about Snakes. Christopher Nicholas. 2022. (Active Minds Kids Ask About Ser.). (ENG.). (J). (gr. 2-5). pap. 8.95 ***(978-1-64996-997-2(X)***, 32727, Sequoia Kids Media) Sequoia Children's Bks.

Active Minds Kids Ask about Wild Cats. Diane Muldrow. 2022. (Active Minds Kids Ask About Ser.). (ENG.). (J). (gr. 2-5). pap. 8.95 ***(978-1-64996-998-9(8)***, 32728, Sequoia Kids Media) Sequoia Children's Bks.

Active Minds Kids Ask about Wolves. Christopher Nicholas. 2022. (Active Minds Kids Ask About Ser.). (ENG.). (J). (gr. 2-5). pap. 8.95 ***(978-1-64996-999-6(6)***, 32729, Sequoia Kids Media) Sequoia Children's Bks.

Active Minds Kids Ask HOW Does a Roller Coaster Stay on the Track? Sequoia Children's Publishing. 2021. (ENG., Illus.). 24p. (J). 9.99 *(978-1-64269-349-2(9)*, 9102, Sequoia Kids Media) Phoenix International Publications, Inc.

Active Minds Kids Ask WHAT Makes a Skunk Stink? Sequoia Children's Publishing. 2021. (ENG., Illus.). 24p. (J). 9.99 *(978-1-64269-352-2(9)*, 9105, Sequoia Kids Media) Phoenix International Publications, Inc.

Active Minds Kids Ask WHERE Do Dinosaurs Get Their Names? Sequoia Children's Publishing. 2021. (ENG., Illus.). 24p. (J). 9.99 *(978-1-64269-351-5(0)*, 9104, Sequoia Kids Media) Phoenix International Publications, Inc.

Active Minds Kids Ask WHO Invented Bubble Gum? Sequoia Children's Publishing. 2021. (ENG., Illus.). 24p. (J). 9.99 *(978-1-64269-353-9(7)*, 9106, Sequoia Kids Media) Phoenix International Publications, Inc.

Active Minds Kids Ask WHY Does the Moon Change Shape? Sequoia Children's Publishing. 2021. (ENG., Illus.). 24p. (J). 9.99 *(978-1-64269-350-8(2)*, 9103, Sequoia Kids Media) Phoenix International Publications, Inc.

Active Minds Kindergarten Tote & Trace, 6 vols. Sequoia Children's Publishing. Illus. by Sequoia Children's Publishing. 2020. (ENG.). 192p. (J). pap. 23.99 *(978-1-64269-321-8(9)*, 4079, Sequoia Publishing & Media LLC) Phoenix International Publications, Inc.

Active Minds Laptop Learning Write-And-Erase Board 1-20 Numbers. Sequoia Children's Publishing. 2020. (ENG.). (J). bds. 5.99 *(978-1-64269-181-8(X)*, 4036, Sequoia Publishing & Media LLC) Phoenix International Publications, Inc.

Active Minds Laptop Learning Write-And-Erase Board Uppercase Alphabet. Sequoia Children's Publishing. 2020. (ENG.). (J). bds. 5.99 *(978-1-64269-182-5(8)*, 4037, Sequoia Publishing & Media LLC) Phoenix International Publications, Inc.

Active Minds More Sight Words Magnets. Sequoia Children's Publishing. 2020. (ENG.). (J). 5.99 *(978-1-64269-229-7(8)*, 4048, Sequoia Publishing & Media LLC) Phoenix International Publications, Inc.

Active Minds My First Book of Planets. Nicole Witmer. Illus. by Marie Allen. 2021. (ENG.). 10p. (J). bds. 5.99 *(978-1-64269-250-1(6)*, 4064, Sequoia Publishing & Media LLC) Phoenix International Publications, Inc.

Active Minds Numbers Practice Pad. Sequoia Children's Publishing. 2018. (ENG.). 64p. (J). pap. 3.99 *(978-1-64269-022-4(8)*, 4726, Sequoia Publishing & Media LLC) Phoenix International Publications, Inc.

Active Minds on the Go! Activity Book & Stickers. Sequoia Children's Publishing. 2021. (ENG.). 64p. (J). 7.99 *(978-1-64269-341-6(3)*, 4088, Sequoia Kids Media) Phoenix International Publications, Inc.

Active Minds Opposites. Sequoia Children's Publishing. 2020. (ENG.). 10p. (J). bds. 5.99 *(978-1-64269-185-6(2)*, 4038, Sequoia Publishing & Media LLC) Phoenix International Publications, Inc.

Active Minds Picture Puzzles What's Different. Sequoia Children's Publishing. 2020. (ENG.). 10p. (J). bds. 5.99 *(978-1-64269-188-7(7)*, 4041, Sequoia Publishing & Media LLC) Phoenix International Publications, Inc.

Active Minds Rhyming Words. Sequoia Children's Publishing. 2020. (ENG.). 10p. (J). bds. 5.99 *(978-1-64269-186-3(0)*, 4039, Sequoia Publishing & Media LLC) Phoenix International Publications, Inc.

Active Minds Sight Words Magnets. Sequoia Children's Publishing. 2018. (ENG.). (J). 5.99 *(978-1-64269-026-2(0)*, 3973, Sequoia Publishing & Media LLC) Phoenix International Publications, Inc.

Active Minds Stupendous Travel: Activity Book & Stickers. Sequoia Children's Publishing. 2020. (ENG.). 64p. (J). 7.99 *(978-1-64269-191-7(7)*, 4043, Sequoia Publishing & Media LLC) Phoenix International Publications, Inc.

Active Minds Toddler Time: A STEAM Workbook. Sequoia Children's Publishing. (ENG.). 320p. (J). 2022. pap. 12.99 *(978-1-64269-340-9(5)*, 4087); 2021. pap. 16.99 *(978-1-64269-365-2(0)*, 4887) Phoenix International Publications, Inc. (Sequoia Kids Media).

Active Minds Uppercase Alphabet: Shaped Write & Erase Board. Sequoia Children's Publishing. 2019. (ENG.). (J). bds. 4.99 *(978-1-64269-061-3(9)*, 3986, Sequoia Publishing & Media LLC) Phoenix International Publications, Inc.

Active Minds US Map Magnets. Sequoia Children's Publishing. 2018. (ENG.). (J). 5.99 *(978-1-64269-025-5(2)*, 4727, Sequoia Publishing & Media LLC) Phoenix International Publications, Inc.

Active Minds Word Fun Compounds, Sight Words, & More! Sequoia Children's Publishing. 2020. (ENG.). 10p. (J). bds. 5.99 *(978-1-64269-187-0(9)*, 4040, Sequoia Publishing & Media LLC) Phoenix International Publications, Inc.

Active Minds Write-And-Erase Cursive Learning Boards. Sequoia Children's Publishing. 2020. (ENG.). 96p. (J). pap. 6.99 *(978-1-64269-231-0(X)*, 4050, Sequoia Publishing & Media LLC) Phoenix International Publications, Inc.

Active Minds Write-And-Erase Multiplication Learning Boards. Sequoia Children's Publishing. 2018. (ENG.). 6p. (J). bds. 6.99 *(978-1-64269-028-6(7)*, 3975, Sequoia Publishing & Media LLC) Phoenix International Publications, Inc.

Active Minds Write-And-Erase My First Learning Boards. Sequoia Children's Publishing. 2018. (ENG.). 6p. (J). bds. 6.99 *(978-1-64269-027-9(9)*, 3974, Sequoia Publishing & Media LLC) Phoenix International Publications, Inc.

Active Minds Write-And-Erase Sight Words Learning Boards. Sequoia Children's Publishing. 2020. (ENG.). 6p. (J). pap. 6.99 *(978-1-64269-232-7(8)*, 4051, Sequoia Publishing & Media LLC) Phoenix International Publications, Inc.

Active Service: A Novel (Classic Reprint) Stephen. Crane. 2017. (ENG., Illus.). (J). 31.20 *(978-0-260-36546-0(7))* Forgotten Bks.

Actividades de Navidad con Khloe Koala. Maria Campbell. 2016. (SPA., Illus.). 66p. (J). pap. *(978-1-365-50982-7(6))* Lulu Pr., Inc.

Actividades Didacticas para Ninos: Juegos y Actividades para Ninos de Entre 3 a 5 Anos de Edad. Pasos Primeros. 2017. (SPA., Illus.). (J). (gr. k-3). pap. 7.99 *(978-1-68368-981-2(X))* Editorial Imagen.

Activision Blizzard: Makers of Overwatch & Call of Duty: Makers of Overwatch & Call of Duty. Contrib. by Sue Bradford Edwards. 2023. (Video Game Companies Ser.). (ENG.). 112p. (YA). (gr. 6-12). lib. bdg. 41.36 ***(978-1-0982-9058-0(5)***, 41828, Essential Library) ABDO Publishing Co.

Activism: The Ultimate Teen Guide. Kathlyn Gay. 2016. (It Happened to Me Ser.: 47). (Illus.). 234p. 59.00 *(978-1-4422-4293-7(0))* Rowman & Littlefield Publishers, Inc.

Activism & Volunteering. Holly Duhig. 2018. (Our Values - Level 3 Ser.). 32p. (J). (gr. 5-6). *(978-0-7787-5436-7(7))* Crabtree Publishing Co.

Activist: A Story of the Marjory Stoneman Douglas Shooting. Lauren Elizabeth Hogg. Illus. by Don Hudson. 2019. (Zuiker Teen Topics Ser.). (ENG.). 96p. (YA). (gr. 6). 12.99 *(978-1-947378-21-6(X))* Zuiker Pr.

Activist: a Story of the Marjory Stoneman Douglas Shooting. Lauren Elizabeth Hogg. Illus. by Don Hudson. 2022. (Zuiker Teen Topics Ser.). (ENG.). 88p. (J). (gr. 6). pap. 9.99 *(978-1-947378-36-0(8))* Zuiker Pr.

Activist Athletes: When Sports & Politics Mix, 1 vol. Ed. by he New York Times. 2020. (In the Headlines Ser.). (ENG.). 224p. (gr. 9-9). lib. bdg. 54.93 *(978-1-64282-333-2(3)*, a4a36841-9731-4211-9bd5-4e282387ed86, New York Times Educational Publishing) Rosen Publishing Group, Inc., The.

Activist Athletes: When Sports & Politics Mix, 1 vol. Ed. by The New York Times Editorial. 2020. (In the Headlines Ser.). (ENG.). 224p. (gr. 9-9). pap. 24.47 *(978-1-64282-332-5(5)*,

12
The check digit for ISBN-10 appears in parentheses after the full ISBN-13

e529b446-15a1-4af3-a4e4-29fae830bd13, New York Times Educational Publishing) Rosen Publishing Group, Inc., The.

Activista Ambiental Wangari Maathai (Environmental Activist Wangari Maathai) Jennifer Swanson. 2022. (Biografías de Pioneros STEM (STEM Trailblazer Bios) Ser.). (SPA., Illus.). 32p. (J). (gr. 2-5). pap. 8.99 *(978-1-7284-7519-6(8)*, 7429daeb-3276-4e42-8f75-3a9c3fb19a5e); lib. bdg. 26.65 *(978-1-7284-7443-4(4)*, b3b93467-3742-4ad2-a0be-b5e06c22d890) Lerner Publishing Group. (Ediciones Lerner).

Activists Assemble — Save Your Planet. Ben Hoare. 2021. (Activists Assemble Ser.). (ENG.). (J). 48p. 14.99 *(978-0-7534-7691-8(6)*, 900234020); 64p. pap. 9.99 *(978-0-7534-7690-1(8)*, 900234021) Roaring Brook Pr. (Kingfisher).

Activists Assemble — We Are All Equal! Shannon Weber. 2021. (Activists Assemble Ser.). (ENG.). (J). 48p. 14.99 *(978-0-7534-7693-2(2)*, 900234079); 64p. pap. 9.99 *(978-0-7534-7692-5(4)*, 900234080) Roaring Brook Pr. (Kingfisher).

Activists: Courage. Shawn Tan & Priscilla Tan. Illus. by Kristen Kiong. 2023. (Awesome Women Ser.). (ENG.). 60p. (J). (gr. -1-k). bds. 30.00 ***(978-981-4974-92-9(7))*** Marshall Cavendish International (Asia) Private Ltd. SGP. Dist: Independent Pubs. Group.

Activists: Determination. Priscilla Tan & Shawn Tan. Illus. by Kristen Kiong. 2023. (Awesome Women Ser.). (ENG.). 60p. (J). (gr. -1-k). bds. 30.00 ***(978-981-4974-96-7(X))*** Marshall Cavendish International (Asia) Private Ltd. SGP. Dist: Independent Pubs. Group.

Activites Manuelles - une Bible Pour Moi: Manuel d'Activites Pour Parents et Animateurs. Agnes De Bezenac. 2016. (Bible Pour Moi Ser.). (FRE., Illus.). (J). (gr. k-2). pap. 30.00 *(978-1-62387-603-6(6))* iCharacter.org.

Activities & Colouring Prayer Book. Joy Ani. 2016. (ENG., Illus.). (J). pap. *(978-0-9935147-2-2(3))* Sunesis Pubns.

Activities for Kids - Preschool Activity Book: Preschool Activity Book. Aleta Gordon. 2022. (ENG.). 200p. pap. ***(978-1-387-49201-5(2))*** Lulu Pr., Inc.

Activities for Kids Mazes & Coloring Book. Kreative Kids. 2016. (ENG., Illus.). (J). pap. 10.81 *(978-1-68377-742-7(5))* Whike, Traudl.

Activities for Minecrafters: Dungeons: Puzzles & Games for Hours of Fun! — Logic Games, Code Breakers, Word Searches, Mazes, Riddles, & More! Jen Funk Weber. Illus. by Amanda Brack. 2022. (Activities for Minecrafters Ser.). 64p. (J). (gr. 1-4). pap. 7.99 *(978-1-5107-6502-3(6)*, Sky Pony Pr.) Skyhorse Publishing Co., Inc.

Activities for Minecrafters: Earth: Puzzles & Games for Hours of Fun! Sky Pony Sky Pony Press. Illus. by Erin Falligrant. 2020. (Activities for Minecrafters Ser.). 64p. (J). (gr. 1-4). pap. 7.99 *(978-1-5107-6192-6(6)*, Sky Pony Pr.) Skyhorse Publishing Co., Inc.

Activities for Smiling Kids Puzzle Book Edition. Kreative Kids. 2016. (ENG., Illus.). (J). pap. 10.81 *(978-1-68377-751-9(4))* Whike, Traudl.

Activities of Federal Law Enforcement Agencies Toward the Branch Davidians; Part 2: Joint Hearings Before the Subcommittee on Crime of the Committee on the Judiciary House of Representatives & the Subcommittee on National Security, International Affairs. United States Committee on Th Judiciary. 2018. (ENG., Illus.). 620p. (J). 36.68 *(978-0-428-47543-7(4))* Forgotten Bks.

Activities That Make Kids Smile Mazes Edition. Smarter Activity Books for Kids. 2016. (ENG., Illus.). (J). pap. 8.99 *(978-1-68374-660-7(0))* Examined Solutions PTE. Ltd.

Activities to Do When You Gotta Poo! Sequoia Children's Publishing. 2020. (ENG.). 16p. (J). 4.99 *(978-1-64269-128-3(3)*, 41551774-dc69-4a2c-88a7-078c04679a7d, Sequoia Publishing & Media LLC) Sequoia Children's Bks.

Activities We Do (Set Of 8) 2019. (Activities We Do Ser.). (ENG.). 128p. (J). (gr. k-1). pap. 63.60 *(978-1-64185-864-9(8)*, 1641858648); lib. bdg. 205.12 *(978-1-64185-795-6(1)*, 1641857951) North Star Editions. (Focus Readers).

Activity: Face. La Zoo. 2018. (CHI.). (J). *(978-986-479-543-7(0))* Commonwealth Publishing Co., Ltd.

Activity: Foot. La Zoo. 2018. (CHI.). (J). *(978-986-479-542-0(2))* Commonwealth Publishing Co., Ltd.

Activity: Hand. La Zoo. 2018. (CHI.). (J). *(978-986-479-541-3(4))* Commonwealth Publishing Co., Ltd.

Activity Adventure Book for Kids Activity Book. Smarter Activity Books for Kids. 2016. (ENG., Illus.). (J). pap. 8.99 *(978-1-68374-149-7(8))* Examined Solutions PTE. Ltd.

Activity Alley! Kids Activity Book. Smarter Activity Books for Kids. 2016. (ENG., Illus.). (J). pap. 8.99 *(978-1-68374-661-4(9))* Examined Solutions PTE. Ltd.

Activity & Coloring Book for Kids Age 4-8: Amazing Activity Workbook for Toddlers & Kids - Coloring, Dot to Dot, Mazes, Connect the Dots. Kiddo Life. 2020. (ENG.). 88p. (J). pap. 7.99 *(978-1-716-27488-6(5))* Lulu Pr., Inc.

Activity Book. Daniel King & Mandy Morreale. 2023. (ENG.). 44p. (J). pap. 7.99 ***(978-1-0879-0592-1(3))*** Indy Pub.

Activity Book: Monsters - Packed Fun, Activities for Kids. Diana Aleksandrova. Illus. by Svilen Dimitrov & Alicia Young. 2020. (Special Monsters Collection). (ENG.). 40p. (J). pap. 6.99 ***(978-1-953118-11-0(9))*** Dedoni.

Activity Book: Preschool Activity Book: Numbers Learning & Coloring Images & Scissors Skills /Ages: 3-5. Cosmin. 2021. (ENG.). 52p. (J). pap. *(978-0-8416-7823-1(5))* Neall-Crae Publishing Ltd.

Activity Book - Hidden Pictures Edition. Speedy Kids. 2017. (ENG., Illus.). (J). pap. 9.20 *(978-1-5419-0948-9(8))* Speedy Publishing LLC.

Activity Book 1st Grade. Picture Reading Storytelling. Logic & Creativity Boosters: Fairytale Coloring & Fantasy Dot to Dots. Kids Activity Books Ages 4-8. Speedy Kids. 2017. (ENG., Illus.). 200p. (J). pap. 12.26 *(978-1-5419-4768-9(1))* Speedy Publishing LLC.

Activity Book 5 Year Old Kindergarten Puzzles. Educando Kids. 2019. (ENG.). 42p. (J). pap. 8.55 *(978-1-64521-704-6(3)*, Educando Kids) Editorial Imagen.

Activity Book Cars & All Things That Go. Educando Kids. 2019. (ENG.). 42p. (J). pap. 8.55 *(978-1-64521-731-2(0)*, Educando Kids) Editorial Imagen.

Activity Book, Companion Workbook for on Grandpop's Lap. Cathy Helowicz. 2017. (ENG., Illus.). (J). pap. 6.99 *(978-0-9981322-3-5(3))* Ocean Crest Publishing, LLC.

Activity Book for 3 - 5 Year Olds: This Book Has over 80 Puzzles & Activities for Children Aged 3 to 5. This Will Make a Great Educational Activity Book. James Manning. 2020. (ENG.). 76p. (J). pap. *(978-1-80027-532-4(3))* West Suffolk CBT Service Ltd., The.

Activity Book for 3-4 Year Olds: Mazes, Math Puzzles, Math Exercise, Picture Puzzles, Connect Numbers, Crosswords, - Math Activity Book Gift Idea for Girls & Boys. Lena Bidden. 2021. (ENG.). 52p. (J). pap. 8.00 *(978-1-716-24636-4(9))* Lulu Pr., Inc.

Activity Book for 4 Year Old Dot to Dots & Mazes. Educando Kids. 2019. (ENG.). 42p. (J). pap. 8.55 *(978-1-64521-773-2(6)*, Educando Kids) Editorial Imagen.

Activity Book for 5 Year Old Boy Find the Difference & Mazes. Educando Kids. 2019. (ENG.). 42p. (J). pap. 8.55 *(978-1-64521-784-8(1)*, Educando Kids) Editorial Imagen.

Activity Book for Boys: Activity Coloring Book for Children 3 - 5 Years Old - Alphabet Tracing, Number Tracing Book for Kids - Practice Alphabet & Numbers. Lena Bidden. l.t. ed. 2021. (ENG.). 122p. (J). pap. 8.99 *(978-0-910508-59-9(3))* Lulu Pr., Inc.

Activity Book for Children 6-8 Years Old: Fun Activity Book - Word Search, Coloring Book, Sudoku & Mazes for Kids - Perfect Gift for Boys & Girls. Lena Bidden. l.t. ed. 2021. (ENG.). 84p. (J). pap. 14.99 *(978-1-716-19441-2(5))* Lulu Pr., Inc.

Activity Book for Girls: Beautiful Activity Book for Girls Ages 6-10 - Word Search Puzzles, Coloring Pages, Maze Pages, Sudoku Pages for Many Hours of Fun. Lena Bidden. 2020. (ENG.). 108p. (J). pap. 9.00 *(978-1-716-29022-0(8))* Lulu Pr., Inc.

Activity Book for Kids. Lena Bidden. 2021. (ENG.). 68p. (J). pap. 9.00 *(978-1-716-27002-4(2))* Lulu Pr., Inc.

Activity Book for Kids. Deeasy Books. 2021. (ENG.). 110p. (J). pap. 9.00 ***(978-1-716-20199-8(3))*** Indy Pub.

Activity Book for Kids. Porto O'Karolyn. 2021. (ENG.). 164p. (J). pap. *(978-1-6780-9395-2(5))* Lulu.com.

Activity Book for Kids. Cristie Publishing. 2020. (ENG.). 108p. (J). pap. 11.00 *(978-1-716-30881-9(X))* Lulu Pr., Inc.

Activity Book for Kids: Colored Pages of Fun Handwriting Practice for Kids among Coloring Pages to Make This Book As Fun As It Can Be Educational & Fun Activities for Pre-Schoolers & Kids Ages 4-7 8. 5x 8. 5. The Smart Mermaid Publishing. 2021. (ENG.). 102p. (J). pap. 19.33 *(978-1-68471-527-5(X))* Lulu Pr., Inc.

Activity Book for Kids: Dot to Dot Stress Reliever. Creative Playbooks. 2016. (ENG., Illus.). (J). pap. 7.74 *(978-1-68323-453-1(7))* Twin Flame Productions.

Activity Book for Kids: Easy Puzzles Coloring Pages Brain Games & Much More. Lulu Berry. 2021. (ENG.). 110p. (J). pap. 10.99 *(978-1-716-22118-7(8))* Lulu Pr., Inc.

Activity Book for Kids: Mazes & Copy the Picture. Cristie Dozaz. 2020. (ENG.). 44p. (J). pap. 10.00 *(978-1-716-43347-4(9))* Lulu Pr., Inc.

Activity Book for Kids. 1,2,3,4... Do You Want More? Easy to Difficult Color by Number on the Go. 100+ Pages of Multi-Themed Coloring for Stress Relief. Speedy Kids. 2017. (ENG., Illus.). 200p. (J). pap. 12.26 *(978-1-5419-4770-2(3))* Speedy Publishing LLC.

Activity Book for Kids 4-5. Letters, Numbers, Fruits & Shapes. Building the Foundation of Early Learning One Concept at a Time. Includes Coloring & Connect the Dots Exercises. Speedy Kids. 2017. (ENG., Illus.). 200p. (J). pap. 12.26 *(978-1-5419-4818-1(1))* Speedy Publishing LLC.

Activity Book for Kids 5+ Years Old: Fun Activity Book for Boys & Girls 6-9 7-10 Years Old. Big Pages of Connect the Dots, Mazes, Puzzles & Many More for Children & Kids. Happy & Engaging Games Book for Preschoolers: Learning Words, Coloring, Drawing, Calculating, Counting Numbers & M. Am Publishing Press. 2021. (ENG.). 60p. (J). pap. 10.99 *(978-1-915100-12-2(7)*, GoPublish) Visual Adjectives.

Activity Book for Kids 6-10: Activity for Kids Coloring, Picture Alphabet, Number, & More for Kindergarten & Preschool Prep Success ! Temperate Targon. 2021. (ENG.). 70p. (J). pap. 8.99 *(978-1-6780-6625-3(7))* Lulu Pr., Inc.

Activity Book for Kids 6-8: Mazes, Word Search, Connect the Dots, Coloring, Picture Puzzles, & More!: Mazes, Word Search, Connect the Dots, Coloring, Picture Puzzles, & More! Personaldev Books. 2021. (ENG.). 108p. (J). pap. 11.50 *(978-1-716-23702-7(5))* Lulu Pr., Inc.

Activity Book for Kids 7-9. Funny Cartoon Animals to Link, Draw & Color. Easy-To-Do Coloring, Connect the Dots & Drawing Book for Kids to Do Unguided by Adults. Jupiter Kids. 2017. (ENG., Illus.). 200p. (J). pap. 12.26 *(978-1-5419-4787-0(8)*, Jupiter Kids (Childrens & Kids Fiction)) Speedy Publishing LLC.

Activity Book for Kids 9-12 Wild Awesome Fun. Activibooks For Kids. 2016. (ENG., Illus.). (J). pap. 9.20 *(978-1-68321-166-2(9))* Mimaxion.

Activity Book for Kids Ages 4-12: A Fun Kid Workbook Game for Learning, Coloring, Dot to Dot, Mazes & More for Kindergarten & Preschool Prep Success ! Mellow Maxim. 2021. (ENG.). 70p. (J). pap. 9.89 *(978-1-6780-6635-2(4))* Lulu Pr., Inc.

Activity Book for Kids Ages 4-8: Amazing Kids Activity Books, Activity Books for Kids - over 130 Fun Activities Workbook: Coloring, Copy the Picture, Dot to Dot, Mazes, Word Search, Page Large 8. 5 X 11. Angels Forever. 2020. (ENG.). 136p. (J). pap. 10.79 *(978-1-716-32122-1(0))* Lulu Pr., Inc.

Activity Book for Kids Ages 4-8: Over 104 Fun Activities Workbook Game for Everyday Learning, Coloring, Puzzles, Mazes, Word Search & More! Personaldev Books. 2021. (ENG.). 108p. (J). pap. 10.99 *(978-1-716-23709-6(2))* Lulu Pr., Inc.

Activity Book for Kids Ages 6-8. Callie Rachelle. 2021. (ENG.). 112p. (J). pap. 6.49 *(978-1-716-08599-4(3))* Lulu Pr., Inc.

Activity Book for Kids Travel Edition. Educando Kids. 2019. (ENG.). 42p. (J). pap. 8.55 *(978-1-64521-750-3(7)*, Educando Kids) Editorial Imagen.

Activity Book for Prek. the Most Complete Activity Book Toddler Fun Learning Guide 100 Exercises Featuring Basic Concepts for Mastery (Letters, Shapes, Numbers & Colors) Jupiter Kids. 2017. (ENG., Illus.). 200p. (J). pap. 12.26 *(978-1-5419-4766-5(5)*, Jupiter Kids (Childrens & Kids Fiction)) Speedy Publishing LLC.

Activity Book for Ridiculously Imaginative Children - Activity Book 9-12. Jupiter Kids. 2018. (ENG., Illus.). 106p. (J). pap. 12.55 *(978-1-5419-3577-8(2)*, Jupiter Kids (Childrens & Kids Fiction)) Speedy Publishing LLC.

Activity Book for Toddlers. Cristie Publishing. 2021. (ENG.). 102p. (J). pap. 12.99 *(978-1-716-26520-4(7))* Lulu Pr., Inc.

Activity Book for Young Artists. Jupiter Kids. 2016. (ENG., Illus.). 100p. (YA). pap. 12.55 *(978-1-68326-176-6(3)*, Jupiter Kids (Childrens & Kids Fiction)) Speedy Publishing LLC.

Activity Book Grade 2. My Little Girl Knows Fairytales & More. Full Page Fantasy Coloring & Other Puzzles to Enjoy. Coloring Activity Book Age 7-9. Speedy Kids. 2017. (ENG., Illus.). 200p. (J). pap. 12.26 *(978-1-5419-4767-2(3))* Speedy Publishing LLC.

Activity Book Kids 3-5: Fun Activity Workbook for Children 3-5 Years Old - Mazes, Alphabet Tracing, Math Puzzles, Math Exercise, Picture Puzzles, Connect Numbers, Crosswords - Gift Ideas for Toddlers Boys & Girls - Educational Activity Book. Shanice Johnson. l.t. ed. 2021. (ENG.). 52p. (J). pap. 11.99 *(978-1-63998-206-6(X))* Brumby Kids.

Activity Book Kids 4-8: Word Search Puzzles - Dot to Dot - Sudoku - Puzzles for Children Toddlers - Learning Activities Book for Kids. Shanice Johnson. l.t. ed. 2021. (ENG.). 132p. (J). pap. 12.99 *(978-1-63998-209-7(4))* Brumby Kids.

Activity Book Maze Craze & Other Puzzles. Educando Kids. 2019. (ENG.). 42p. (J). pap. 8.55 *(978-1-64521-752-7(3)*, Educando Kids) Editorial Imagen.

Activity Book of Challenging Hidden Picture Puzzles for Kids. Jupiter Kids. 2016. (ENG., Illus.). 106p. (J). pap. 16.55 *(978-1-68326-158-2(5)*, Jupiter Kids (Childrens & Kids Fiction)) Speedy Publishing LLC.

Activity Book of Early Numeracy in Addition & Subtraction. Educando Kids. 2019. (ENG.). 42p. (J). pap. 8.55 *(978-1-64521-701-5(9)*, Educando Kids) Editorial Imagen.

Activity Book of Kindness Do Good: 70+ Activities Aimed to Help Kids Learn More about Kindness, Compassion, & Doing Good! Ahlam Oun. 2021. (ENG.). 78p. (J). pap. 15.00 *(978-1-304-33176-2(8))* Lulu Pr., Inc.

Activity Book Super Heroes. 2016. (ENG.). (J). pap. *(978-1-4321-1663-7(0))* Christian Art Pubs.

Activity Book Teens Color by Number, Mazes & More. Educando Kids. 2019. (ENG.). 42p. (J). pap. 8.55 *(978-1-64521-737-4(X)*, Educando Kids) Editorial Imagen.

Activity Book with Mazes, Color by Number & Other Puzzles. Educando Kids. 2019. (ENG.). 42p. (J). pap. 8.55 *(978-1-64521-767-1(1)*, Educando Kids) Editorial Imagen.

Activity Book with Minifigure (LEGO Ninjago) AMEET Studio. Illus. by AMEET Studio. 2020. (LEGO Ninjago Ser.). (ENG., Illus.). 32p. (J). (gr. 1-3). 9.99 *(978-1-338-58195-9(3))* Scholastic, Inc.

Activity Books 1 Year Old Sizes Edition. Activity Book Zone for Kids. 2016. (ENG., Illus.). (J). pap. 7.55 *(978-1-68376-271-3(1))* Sabeels Publishing.

Activity Books 1st Grade Alphabet Edition. Activity Book Zone for Kids. 2016. (ENG., Illus.). (J). pap. 7.55 *(978-1-68376-260-7(6))* Sabeels Publishing.

Activity Books 2 Year Old Spelling Edition. Activity Book Zone for Kids. 2016. (ENG., Illus.). (J). pap. 7.55 *(978-1-68376-259-1(2))* Sabeels Publishing.

Activity Books 3 Year Old Drawing Edition. Activity Book Zone for Kids. 2016. (ENG., Illus.). (J). pap. 9.20 *(978-1-68376-257-7(6))* Sabeels Publishing.

Activity Books 3rd Grade Coloring Edition. Activity Book Zone for Kids. 2016. (ENG., Illus.). (J). pap. 9.20 *(978-1-68376-269-0(X))* Sabeels Publishing.

Activity Books 4 Year Old Connect the Dots Edition. Activity Book Zone for Kids. 2016. (ENG., Illus.). (J). pap. 7.55 *(978-1-68376-268-3(1))* Sabeels Publishing.

Activity Books 4th Grade Matching Edition. Activity Book Zone for Kids. 2016. (ENG., Illus.). (J). pap. 7.55 *(978-1-68376-255-3(X))* Sabeels Publishing.

Activity Books 5 Year Old Spot the Difference Edition. Activity Book Zone for Kids. 2016. (ENG., Illus.). (J). pap. 7.55 *(978-1-68376-254-6(1))* Sabeels Publishing.

Activity Books 5th Grade Puzzles Edition. Activity Book Zone for Kids. 2016. (ENG., Illus.). (J). pap. 7.55 *(978-1-68376-266-9(5))* Sabeels Publishing.

Activity Books 6 Year Old Colors Edition. Activity Book Zone for Kids. 2016. (ENG., Illus.). (J). pap. 7.55 *(978-1-68376-261-4(4))* Sabeels Publishing.

Activity Books 7 Year Old Doodle Edition. Activity Book Zone for Kids. 2016. (ENG., Illus.). (J). pap. 7.55 *(978-1-68376-256-0(8))* Sabeels Publishing.

Activity Books 8 - 10: This Book Has over 80 Puzzles & Activities for Children Between the Ages of 8 & 10. This Book Is Printable, Photocopiable & Downloadable & Comes with 6 Bonus PDF Activity Books. James Manning. 2020. (ENG.). 76p. (J). pap. *(978-1-80027-533-1(1))* CBT Bks.

Activity Books Age 2+ Bundle: Includes an Activity, 2 vols. Speedy Publishing LLC Staff. 2016. (ENG., Illus.). 100p. (J). pap. 15.99 *(978-1-68326-021-9(X))* Speedy Publishing LLC.

Activity Books Ages 2-5 Word Games Edition. Activity Book Zone for Kids. 2016. (ENG., Illus.). (J). pap. 7.55 *(978-1-68376-275-1(4))* Sabeels Publishing.

Activity Books Ages 6-8 Puzzles Edition. Activity Book Zone for Kids. 2016. (ENG., Illus.). (J). pap. 7.55 *(978-1-68376-273-7(8))* Sabeels Publishing.

Activity Books Ages 9-12 Counting Edition. Kreative Kids. 2016. (ENG., Illus.). (J). pap. 10.81 *(978-1-68377-246-0(6))* Whike, Traudl.

Activity Books Children Counting Edition. Activity Book Zone for Kids. 2016. (ENG., Illus.). (J). pap. 7.55 *(978-1-68376-258-4(4))* Sabeels Publishing.

Activity Books for 2 Year Olds Doodle Edition. Activity Book Zone for Kids. 2016. (ENG., Illus.). (J). pap. 7.55 *(978-1-68376-279-9(7))* Sabeels Publishing.

Activity Books for 3 Year Olds Bundle: Includes A, 2 vols. Speedy Publishing LLC Staff. 2016. (ENG., Illus.). 100p. (J). pap. 15.99 *(978-1-68326-044-8(9))* Speedy Publishing LLC.

Activity Books for 3 Year Olds Hidden Pictures Edition. Activity Book Zone for Kids. 2016. (ENG., Illus.). (J). pap. 7.55 *(978-1-68376-272-0(X))* Sabeels Publishing.

Activity Books for 4 Year Olds: An Activity Book with 120 Puzzles, Exercises & Challenges for Kids Aged 4 To 6. Manning James. 2018. (Activity Books for 4 Year Olds Ser.; Vol. 2). (ENG., Illus.). 124p. (J). (gr. k-2). pap. *(978-1-78917-571-4(2))* West Suffolk CBT Service Ltd., The.

Activity Books for 5 Year Olds: An Activity Book with 120 Puzzles, Exercises & Challenges for Kids Aged 4 To 6. James Manning. 2018. (Activity Books for 5 Year Olds Ser.; Vol. 1). (ENG., Illus.). 124p. (J). (gr. k-2). pap. *(978-1-78917-365-9(5))* West Suffolk CBT Service Ltd., The.

Activity Books for 6-9 Year Old Children (Horses) This Book Has over 80 Puzzles & Activities for Children That Involve Horses. This Will Make a Great Educational Activity Book for Children. James Manning. 2020. (ENG.). 76p. (J). pap. *(978-1-80027-527-0(7))* CBT Bks.

Activity Books for 6-9 Year Old Children (Wizards) This Book Has over 80 Puzzles & Activities for Children That Involve Wizards. This Will Make a Great Educational Activity Book for Children. James Manning. 2020. (ENG.). 76p. (J). pap. *(978-1-80027-531-7(5))* CBT Bks.

Activity Books for Ages 6-10. These Little Piggies Met the Fairies. Read & Do Exercises for Boys & Girls. Coloring, Storytelling, Connecting Dots & Color by Number. Speedy Kids. l.t. ed. 2017. (ENG., Illus.). 200p. (J). pap. 12.26 *(978-1-5419-4819-8(X))* Speedy Publishing LLC.

Activity Books for Children Bundle (Shark Edition), 2 vols. Speedy Publishing LLC Staff. 2016. (ENG., Illus.). 200p. (J). pap. 15.99 *(978-1-68326-026-4(0))* Speedy Publishing LLC.

Activity Books for Girls & Boys Bundle: Includes, 2 vols. Speedy Publishing LLC Staff. 2016. (ENG., Illus.). 100p. (J). pap. 15.99 *(978-1-68326-012-7(0))* Speedy Publishing LLC.

Activity Books for Girls Drawing Edition. Kreative Kids. 2016. (ENG., Illus.). (J). pap. 9.20 *(978-1-68377-245-3(8))* Whike, Traudl.

Activity Books for Kids 9-12 Mazes Edition. Activity Book Zone for Kids. 2016. (ENG., Illus.). (J). pap. 7.55 *(978-1-68376-274-4(6))* Sabeels Publishing.

Activity Books for Kids Ages 4-8. Coloring, How to Draw & Dot to Dot Exercises of Healthy Eats. Hours of Satisfying Mental Meals for Kids to Digest Solo or with Friends. Speedy Kids. 2017. (ENG., Illus.). 200p. (J). pap. 12.26 *(978-1-5419-4785-6(1))* Speedy Publishing LLC.

Activity Books for Kids Ages 4-8 Shapes Edition. Activity Book Zone for Kids. 2016. (ENG., Illus.). (J). pap. 7.55 *(978-1-68376-262-1(2))* Sabeels Publishing.

Activity Books for Kids Ages 7-9. Kreative Kids. 2016. (ENG., Illus.). (J). pap. 10.81 *(978-1-68377-248-4(2))* Whike, Traudl.

Activity Books for Kids Cut Outs Edition. Activity Book Zone for Kids. 2016. (ENG., Illus.). (J). pap. 7.55 *(978-1-68376-276-8(2))* Sabeels Publishing.

Activity Books for Toddlers (Add to Ten - Level 2) 30 Full Color Preschool/Kindergarten Addition Worksheets That Can Assist with Understanding of Math. James Manning. 2019. (Activity Books for Toddlers Ser.; Vol. 8). (ENG., Illus.). 34p. (J). pap. *(978-1-83878-073-9(4))* West Suffolk CBT Service Ltd., The.

Activity Books for Toddlers Spot the Difference Edition. Activity Book Zone for Kids. 2016. (ENG., Illus.). (J). pap. 7.55 *(978-1-68376-277-5(0))* Sabeels Publishing.

Activity Books for Toddlers (Trace & Color Worksheets to Develop Pen Control: 50 Preschool/Kindergarten Worksheets to Assist with the Development of Fine Motor Skills in Preschool Children. James Manning. 2019. (2 Ser.; Vol. 50). (ENG., Illus.). 56p. (J). pap. *(978-1-83856-604-3(X))* West Suffolk CBT Service Ltd., The.

Activity Books Kids (2nd Grade) This Book Is Full of Mind Stimulating Puzzles & Activities for Children Between the Ages of 5 & 6. This Book Is Printable, Photocopiable & Downloadable & Comes with 6 Bonus PDF Activity Books. James Manning. 2020. (ENG.). 76p. (J). pap. *(978-1-80027-534-8(X))* CBT Bks.

Activity Books Kindergarten Dot to Dot Edition. Activity Book Zone for Kids. 2016. (ENG., Illus.). (J). pap. 7.55 *(978-1-68376-267-6(3))* Sabeels Publishing.

Activity Books Pre School Matching Edition. Activity Book Zone for Kids. 2016. (ENG., Illus.). (J). pap. 7.55 *(978-1-68376-278-2(9))* Sabeels Publishing.

Activity Books Preschool Scissor Skills Edition. Activity Book Zone for Kids. 2016. (ENG., Illus.). (J). pap. 7.55 *(978-1-68376-263-8(0))* Sabeels Publishing.

Activity Books Teens Search-A-Word Edition. Activity Book Zone. 2016. (ENG., Illus.). (J). pap. 9.20 *(978-1-68376-265-2(7))* Sabeels Publishing.

Activity Cards Grade 1. Hmh Hmh. 2018. (SPA.). 600p. (J). pap. 94.73 *(978-1-328-52107-1(9))* Houghton Mifflin Harcourt Publishing Co.

Activity Cards Grade 2. Hmh Hmh. 2018. (SPA.). 594p. (J). pap. 94.73 *(978-1-328-52108-8(7))* Houghton Mifflin Harcourt Publishing Co.

Activity Cards Grade 3. Hmh Hmh. 2018. (SPA.). 630p. (J). pap. 94.73 *(978-1-328-52109-5(5))* Houghton Mifflin Harcourt Publishing Co.

Activity Cards Grade 4. Hmh Hmh. 2018. (SPA.). 672p. (J). pap. 94.73 *(978-1-328-52110-1(9))* Houghton Mifflin Harcourt Publishing Co.

Activity Cards Grade 5. Hmh Hmh. 2018. (SPA.). 666p. (J). pap. 94.73 *(978-1-328-52111-8(7))* Houghton Mifflin Harcourt Publishing Co.

Activity Cards Grade 6. Hmh Hmh. 2018. (SPA.). 732p. (J). pap. 94.73 *(978-1-328-52112-5(5))* Houghton Mifflin Harcourt Publishing Co.

Activity Cards Grade K. Hmh Hmh. 2018. (SPA.). 416p. (J). pap. 94.73 *(978-1-328-52106-4(0))* Houghton Mifflin Harcourt Publishing Co.

Activity Central! Kids Activity Book. Smarter Activity Books for Kids. 2016. (ENG., Illus.). (J). pap. 8.99 *(978-1-68374-662-1(7))* Examined Solutions PTE. Ltd.

Activity Coloring Book: Interesting Dot-To-Do, Activity & Coloring Pages for Kids, Girls & Boys, Fun, Attractive Activity & Coloring Paperback. H. Elliott. 2021. (ENG.). 54p. (J). pap. 7.99 *(978-1-716-20759-4(2))* Lulu Pr., Inc.

Activity Log Book: Amazing Day-To-Day Diary Logbook of Daily Activities. Helen C. Seventh. 2021. (ENG.). 130p. (YA). pap. 6.50 *(978-1-716-09171-1(3))* Lulu Pr., Inc.

Activity Puzzle Book for Kids Ages 8-12. Brainy Panda & Oliver Zack. 2022. (ENG.). 102p. (J). pap. 14.99 ***(978-1-956223-74-3(6))*** Services, Atom LLC.

Activity Seek & Find the Bible Activity Book. Activity Book Zone for Kids. 2016. (ENG., Illus.). (J). pap. 7.55 *(978-1-68376-074-0(3))* Sabeels Publishing.

Actor. Stephanie Turnbull. 2016. (How to Be... Ser.). 24p. (gr. 2-6). 28.50 *(978-1-62588-364-3(1)*, Smart Apple Media) Black Rabbit Bks.

Actor: Or, a Son of Thespis; an Original Comedy-Drama in Four Acts (Classic Reprint) Milton Nobles. 2018. (ENG., Illus.). 110p. (J). 26.17 *(978-0-267-17334-1(2))* Forgotten Bks.

Actor Abroad, or Gossip Dramatic, Narrative & Descriptive, Vol. 1: From the Recollections of an Actor in Australia, New Zealand, the Sandwich Islands, California, Nevada, Central America, & New York (Classic Reprint) Edmund Leathes. (ENG., Illus.). (J). 2018. 344p. 31.01 *(978-0-365-12102-2(9))*; 2017. pap. 13.57 *(978-0-282-17340-1(4))* Forgotten Bks.

Actor-Manager: With an Introd, by W. D. Howells (Classic Reprint) Leonard Merrick. 2018. (ENG., Illus.). 322p. (J). 30.54 *(978-0-428-50891-3(X))* Forgotten Bks.

Actors Budget (Classic Reprint) William Oxberry. 2018. (ENG., Illus.). 364p. (J). 31.42 *(978-0-428-96841-0(4))* Forgotten Bks.

Actor's Hand-Book: And Guide to the Stage for Amateurs by the Old Stager (Classic Reprint) Mark Lemon. 2018. (ENG., Illus.). 24p. (J). 24.47 *(978-0-332-19436-3(1))* Forgotten Bks.

Actress a Novel (Classic Reprint) Louise Closser Hale. 2018. (ENG., Illus.). 346p. (J). 31.03 *(978-0-365-42764-3(0))* Forgotten Bks.

Actress (Classic Reprint) Frank Owen. 2017. (ENG., Illus.). 112p. (J). 26.23 *(978-0-484-36529-1(0))* Forgotten Bks.

Actress' Daughter: A Novel (Classic Reprint) May Agnes Fleming. (ENG., Illus.). (J). 2018. 398p. 32.11 *(978-0-483-63260-8(0))*; 2016. pap. 16.57 *(978-1-334-12898-1(7))* Forgotten Bks.

Actress of the Present Day, Vol. 1 of 3 (Classic Reprint) Unknown Author. 2018. (ENG., Illus.). 300p. (J). 30.10 *(978-0-483-74267-3(8))* Forgotten Bks.

Actress of the Present Day, Vol. 2 of 3 (Classic Reprint) Unknown Author. (ENG., Illus.). (J). 2018. 300p. 30.10 *(978-0-484-10067-0(X))*; 2016. pap. 13.57 *(978-1-333-67982-8(3))* Forgotten Bks.

Actress of the Present Day, Vol. 3 of 3 (Classic Reprint) Unknown Author. 2018. (ENG., Illus.). 324p. (J). 30.58 *(978-0-483-93438-2(0))* Forgotten Bks.

Actress's Pilgrimage (Classic Reprint) Ina Rozant. 2017. (ENG., Illus.). (J). 27.53 *(978-0-265-71292-4(0))*; pap. 9.97 *(978-1-5276-6672-6(7))* Forgotten Bks.

Actriz Desaparecida / Case Closed #2: Stolen from the Studio. Lauren Magaziner. 2022. (Resuelve el Misterio Ser.: 2). (SPA.). 512p. (J). (gr. 4-7). pap. 16.95 *(978-607-38-0839-2(9))* Penguin Random House Grupo Editorial ESP. Dist: Penguin Random Hse. LLC.

Acts of God & the Apostles. Margo Holmes. ed. 2019. (ENG.). 28p. (J). (gr. -1). pap. 9.99 *(978-1-949297-02-7(0)*, 138387) Deeper Revelation Bks.

Acts of Grace. Sydney Walters. 2023. (ENG.). 14p. (YA). pap. 16.95 ***(978-1-63755-290-2(4)**, Mascot Books)* Amplify Publishing Group.

Acts of Kindness Through a City: The Adventures of Maya & Her Modern Day Family. Sheila R. Alvarez & Ernesto F. Alvarez. Illus. by Ishrat H. Ahmed. 2016. (ENG.). (J). pap. 9.95 *(978-0-9972566-1-1(3))* Maya & Me Pubns.

Acts of Resistance: a Novel. Dominic Carrillo. 2023. (ENG.). 224p. (YA). pap. 12.99 *(978-1-59580-119-7(7))* Santa Monica Pr.

Actuación. Jenny Fretland VanVoorst. 2016. (El Estudio del Artista (Artist's Studio)).Tr. of Acting. 24p. (J). (gr. k-2). lib. bdg. 25.65 *(978-1-62031-320-6(0)*, Bullfrog Bks.) Jump! Inc.

Actuación Sorpresa de Zac: Leveled Reader Book 59 Level I 6 Pack. Hmh Hmh. 2021. (SPA.). 24p. (J). pap. 74.40 *(978-0-358-08368-9(0))* Houghton Mifflin Harcourt Publishing Co.

Actual Family. Doug Reynolds. 2019. (ENG.). 38p. (J). 14.95 *(978-1-64307-322-4(2))* Amplify Publishing Group.

Actual Ruby: My Life in the Middle. Samantha Gerschwiler. 2022. (ENG.). 472p. (YA). pap. 28.99 *(978-1-6657-1866-0(8))* Archway Publishing.

Actually Super. Adi Alsaid. 2023. 288p. (YA). (gr. 7). 18.99 *(978-0-593-37580-8(7)*, Knopf Bks. for Young Readers) Random Hse. Children's Bks.

Acuario. Cari Meister. 2016. (Los Primeros Viajes Escolares (First Field Trips)).Tr. of Aquarium. (SPA.). 24p. (J). (gr. k-2). lib. bdg. 25.65 *(978-1-62031-326-8(X)*, Bullfrog Bks.) Jump! Inc.

Acura NSX. Kaitlyn Duling. 2023. (Cool Cars Ser.). (ENG., Illus.). (J). (gr. 3-7). lib. bdg. 26.95 Bellwether Media.

Acura NSX. Megan Cooley Peterson. 2021. (Voitures Hors du Commun Ser.). (FRE.). 32p. (J). (gr. 4-6). lib. bdg. *(978-1-77092-506-9(6)*, 13292, Bolt) Black Rabbit Bks.

Acura NSX. Megan Cooley Peterson. (Coches épicos Ser.). (SPA.). 32p. (J). (gr. 4-6). 2021. lib. bdg. *(978-1-62310-504-4(8)*, 13188); 2020. pap. 9.99 *(978-1-64466-458-2(5)*, 13189) Black Rabbit Bks. (Bolt).

AD after Death. Scott Snyder. 2017. (ENG., Illus.). 256p. (YA). 24.99 *(978-1-63215-868-0(X)*, 99d8a111-6697-4d8d-890d-439436caa559) Image Comics.

Ad Coelum (Classic Reprint) Emma Marshall. 2018. (ENG., Illus.). 342p. (J). 30.95 *(978-0-267-17817-9(4))* Forgotten Bks.

Ad Interim & Ad Outerim (Classic Reprint) Unknown Author. 2018. (ENG., Illus.). 36p. (J). 24.66 *(978-0-483-77477-3(4))* Forgotten Bks.

AD79 the Destruction of Pompeii. Roger Canavan. Illus. by Damian Zain. ed. 2022. (Adventures in the Real World Ser.). (ENG.). 128p. (J). (gr. 4). pap. 8.99 *(978-1-913971-14-4(7))* Book Hse. GBR. Dist: Sterling Publishing Co., Inc.

ADA: Aegis Default. Michael J. Fleming. 2017. (ENG., Illus.). 376p. (J). pap. *(978-1-7750004-2-6(7))* Anapanda Bks.

Ada: Revenant Artifact. Michael J. Fleming. 2019. (ADA Ser.: Vol. 3). (ENG.). 420p. (J). pap. *(978-1-7750004-4-0(3))* Anapanda Bks.

ADA: Solstice Volition. Michael J. Fleming. 2017. (ENG., Illus.). 353p. (J). pap. *(978-1-7750004-0-2(0))* Anapanda Bks.

Ada & the Galaxies. Alan Lightman & Olga Pastuchiv. Illus. by Susanna Chapman. (ENG.). 40p. (J). (gr. -1-3). 2022. 8.99 *(978-1-5362-2863-2(X))*; 2021. 17.99 *(978-1-5362-1561-8(9))* Candlewick Pr. (MIT Kids Press).

Ada & the Number-Crunching Machine. Zoë Tucker. Illus. by Rachel Katstaller. 2019. (ENG.). 32p. (J). (gr. -1-2). 18.95 *(978-0-7358-4317-2(1))* North-South Bks., Inc.

ADA & Your Rights at School & Work, 1 vol. Kerry Elizabeth Benson. 2019. (Equal Access: Fighting for Disability Protections Ser.). (ENG.). 64p. (gr. 5-5). pap. 13.95 *(978-1-5081-8327-3(9)*, 807f97a8-3ff-4ab9-97b4-d137896f3dfb) Rosen Publishing Group, Inc., The.

Ada & Zangemann: A Tale of Software, Skateboards, & Raspberry Ice Cream. Matthias Kirschner. Illus. by Sandra Brandstätter. 2023. 57p. (J). (gr. 5). 17.99 ***(978-1-7185-0320-5(2))*** No Starch Pr., Inc.

Ada Blackjack: Castaway. Virginia Loh-Hagan. 2018. (True Survival Ser.). (ENG.). 32p. (J). (gr. 4-8). pap. 14.21 *(978-1-5341-0873-8(4)*, 210856); lib. bdg. 32.07 *(978-1-5341-0774-8(6)*, 210855) Cherry Lake Publishing. (45th Parallel Press).

Ada from the Blue Isle. S. S. Johnstone. 2020. (ENG., Illus.). 32p. (J). (gr. k-1). pap. *(978-1-78830-743-7(7))* Olympia Publishers.

Ada Lace & the Impossible Mission. Emily Calandrelli. Illus. by Renée Kurilla. 2018. (Ada Lace Adventure Ser.: 4). (ENG.). 112p. (J). (gr. 1-5). pap. 6.99 *(978-1-5344-1684-0(6)*, Simon & Schuster Bks. For Young Readers) Simon & Schuster Bks. For Young Readers.

Ada Lace & the Impossible Mission, 4. Emily Calandrelli et al. ed. 2019. (Ada Lace Ch Bks). (ENG.). 94p. (J). (gr. 2-3). 16.36 *(978-0-87617-583-5(3))* Penworthy Co., LLC, The.

Ada Lace & the Suspicious Artist. Emily Calandrelli. Illus. by Renée Kurilla. 2019. (Ada Lace Adventure Ser.: 5). (ENG.). 112p. (J). (gr. 1-5). pap. 6.99 *(978-1-5344-1687-1(0)*, Simon & Schuster Bks. For Young Readers) Simon & Schuster Bks. For Young Readers.

Ada Lace & the Suspicious Artist, 5. Emily Calandrelli et al. ed. 2019. (Ada Lace Ch Bks). (ENG.). 100p. (J). (gr. 2-3). 16.36 *(978-0-87617-584-2(1))* Penworthy Co., LLC, The.

Ada Lace Gets Famous. Emily Calandrelli. Illus. by Renée Kurilla. 2023. (Ada Lace Adventure Ser.: 6). (ENG.). 128p. (J). (gr. 1-5). 17.99 ***(978-1-6659-3117-5(5)**, Simon & Schuster Bks. For Young Readers)* Simon & Schuster Bks. For Young Readers.

Ada Lace, on the Case. Emily Calandrelli. Illus. by Renée Kurilla. 2017. (Ada Lace Adventure Ser.: 1). (ENG.). 128p. (J). (gr. 1-5). pap. 6.99 *(978-1-4814-8598-2(9)*, Simon & Schuster Bks. For Young Readers) Simon & Schuster Bks. For Young Readers.

Ada Lace Sees Red. Emily Calandrelli. Illus. by Renée Kurilla. 2017. (Ada Lace Adventure Ser.: 2). (ENG.). 144p. (J). (gr. 1-5). 17.99 *(978-1-4814-8602-6(0))*; pap. 6.99 *(978-1-4814-8601-9(2))* Simon & Schuster Bks. For Young Readers. (Simon & Schuster Bks. For Young Readers).

Ada Lace, Take Me to Your Leader. Emily Calandrelli. Illus. by Renée Kurilla. 2018. (Ada Lace Adventure Ser.: 3). (ENG.). 96p. (J). (gr. 1-5). 17.99 *(978-1-4814-8605-7(5))*; pap. 6.99 *(978-1-4814-8604-0(7))* Simon & Schuster Bks. For Young Readers. (Simon & Schuster Bks. For Young Readers).

Ada Lace, Take Me to Your Leader. Emily Calandrelli. ed. 2018. (Ada Lace Adventure Ser.: 3). lib. bdg. 17.20 *(978-0-606-41405-0(3))* Turtleback.

Ada Lovelace. Virginia Loh-Hagan. Illus. by Jeff Bane. 2018. (Mi Mini Biografía (My Itty-Bitty Bio): My Early Library). (ENG.). 24p. (J). (gr. k-1). pap. 12.79 *(978-1-5341-0815-8(7)*, 210624); lib. bdg. 30.64 *(978-1-5341-0716-8(9)*, 210623) Cherry Lake Publishing.

Ada Lovelace: A 4D Book. Mary Boone. 2018. (STEM Scientists & Inventors Ser.). (ENG., Illus.). 24p. (J). (gr. 1-3). lib. bdg. 27.99 *(978-1-5435-2772-8(8)*, 138222, Capstone Pr.) Capstone.

Ada Lovelace: (Children's Biography Book, Kids Books, Age 5 10, Historical Women in History) Inspired Inner Genius. 2021. (ENG.). 36p. (J). 24.99 *(978-1-6904-1274-8(7))* IIG Pub.

Ada Lovelace: Computer Programmer & Mathematician, 1 vol. Avery Elizabeth Hurt. 2017. (History Makers Ser.). (ENG.). 144p. (YA). (gr. 9-9). 47.36 *(978-1-5026-3295-1(0)*, 147e5b8d-a96e-41a0-a052-0fc3ae0b6591) Cavendish Square Publishing LLC.

ADA Lovelace: Mathematician & First Programmer. Kristi Lew. 2017. (Britannica Beginner Bios Ser.). (Illus.). 32p. (J). (gr. 6-10). 77.40 *(978-1-5383-0022-0(2))* Rosen Publishing Group, Inc., The.

Ada Lovelace: Pioneering Computer Programming. Kelly Doudna. 2017. (STEM Superstar Women Ser.). (ENG., Illus.). 32p. (J). (gr. 3-6). lib. bdg. 32.79 *(978-1-5321-1283-6(1)*, 27607, Checkerboard Library) ABDO Publishing Co.

Ada Lovelace & Computer Algorithms. Ellen Labrecque. 2017. (21st Century Junior Library: Women Innovators Ser.). (ENG., Illus.). 24p. (J). (gr. 2-5). lib. bdg. 29.21 *(978-1-63472-177-6(2)*, 209280) Cherry Lake Publishing.

Ada Lovelace & Computing. Roger Canavan. Illus. by Annaliese Stoney. ed. 2020. (Eureka Moment! Ser.). (ENG.). 128p. (J). (gr. 4). pap. 8.95 *(978-1-912904-04-4(7))* Book Hse. GBR. Dist: Sterling Publishing Co., Inc.

Ada Lovelace, Poet of Science: The First Computer Programmer. Diane Stanley. Illus. by Jessie Hartland. 2016. (ENG.). 40p. (J). (gr. -1-3). 18.99 *(978-1-4814-5249-6(5)*, Simon & Schuster Bks. For Young Readers) Simon & Schuster Bks. For Young Readers.

Ada Lovelace (the First Names Series) Ben Jeapes. Illus. by Nick Ward. (First Names Ser.). (ENG.). (J). (gr. 3-7). 2021. 176p. pap. 6.99 *(978-1-4197-4675-8(8)*, 1279403); 2020. 160p. 9.99 *(978-1-4197-4075-6(X)*, 1279401, Abrams Bks. for Young Readers) Abrams, Inc.

Ada Lovelace (Women in Science) (Library Edition) Nick Pierce. Illus. by Isobel Lundie. 2019. (Women in Science Ser.). (ENG.). 32p. (J). (gr. 2-3). lib. bdg. 29.00 *(978-0-531-23534-8(3)*, Watts, Franklin) Scholastic Library Publishing.

Ada Magnífica, Científica Investiga: Todo Sobre Hornear / the Why Files: Baking. Andrea Beaty & Theanne Griffith. 2023. (Los Preguntones / the Questioneers Ser.: 8). (SPA.). 80p. (J). (gr. k-3). pap. 12.95 *(978-1-64473-705-7(1)*, Beascoa) Penguin Random House Grupo Editorial ESP. Dist: Penguin Random Hse. LLC.

Ada Magnífica, Científica Investiga: Todo Sobre Las Plantas / the Why Files: Pla Nts. Andrea Beaty & Theanne Griffith. 2023. (Los Preguntones / the Questioneers Ser.: 7). (SPA.). 80p. (J). (gr. k-3). pap. 12.95 *(978-1-64473-703-3(5)*, Beascoa) Penguin Random House Grupo Editorial ESP. Dist: Penguin Random Hse. LLC.

Ada Magnífica, Científica Investiga: ¡Todo Sobre Volar! / Ada Twist, Scientist: Exploring Flight! Andrea Beaty & Theanne Griffith. 2022. (Los Preguntones / the Questioneers Ser.: 6). (SPA.). 80p. (J). (gr. k-3). pap. 12.95 *(978-1-64473-702-6(7)*, Beascoa) Penguin Random House Grupo Editorial ESP. Dist: Penguin Random Hse. LLC.

Ada Magnífica y Las Mascotas Desaparecidas / Ada Twist & the Disappearing Dogs. Andrea Beaty. Illus. by David Roberts. 2023. (Los Preguntones / the Questioneers Ser.: 5). (SPA.). 144p. (J). (gr. 2-4). pap. 11.95 *(978-1-64473-742-2(6)*, Beascoa) Penguin Random House Grupo Editorial ESP. Dist: Penguin Random Hse. LLC.

Ada Magnífica y Los Pantalones Peligrosos / Ada Twist & the Perilous Pants. Andrea Beaty. Illus. by David Roberts. 2020. (Los Preguntones / the Questioneers Ser.: 2). (SPA.). 144p. (J). (gr. 2-4). pap. 11.95 *(978-1-64473-184-0(3)*, Alfaguara) Penguin Random House Grupo Editorial ESP. Dist: Penguin Random Hse. LLC.

ADA Moore's Story, Vol. 1 Of 3: A Novel (Classic Reprint) Unknown Author. (ENG., Illus.). (J). 2018. 258p. 29.24 *(978-0-364-66264-9(6))*; 2016. pap. 11.97 *(978-1-333-73802-0(1))* Forgotten Bks.

ADA Moore's Story, Vol. 2 Of 3: A Novel (Classic Reprint) Unknown Author. 2018. (ENG., Illus.). 258p. (J). 29.24 *(978-0-428-77024-2(X))* Forgotten Bks.

Ada Twist & the Disappearing Dogs: (the Questioneers Book #5) Andrea Beaty. Illus. by David Roberts. 2022. (Questioneers Ser.). (ENG.). 144p. (J). (gr. 1-4). 12.99 *(978-1-4197-4352-8(X)*, 1684801) Abrams, Inc.

Ada Twist & the Disappearing Dogs (the Questioneers Book #5) 16-Copy Mixed Floor Display with Premium Promo Item. Andrea Beaty. Illus. by David Roberts. 2022. (ENG.). (gr. k-2). 263.84 *(978-1-4197-6132-4(3))* Abrams, Inc.

Ada Twist & the Perilous Pants: The Questioneers Book #2. Andrea Beaty. 2019. (Questioneers Ser.). (ENG., Illus.). 144p. (J). (gr. 1-4). 12.99 *(978-1-4197-3422-9(9)*, 1203901) Abrams, Inc.

ADA Twist & the Perilous Pants (Signed Exclusive Bookstore Day Edition with Free Iron-On ADA Patch) Andrea Beaty. 2019. (ENG.). (J). (gr. 1-4). 9.95 *(978-1-4197-3997-2(2))* Workman Publishing Co., Inc.

Ada Twist, Scientist. Andrea Beaty. 2016. (Questioneers Ser.). (ENG., Illus.). 32p. (J). (gr. k-2). 19.99 *(978-1-4197-2137-3(2)*, 1119001) Abrams, Inc.

Ada Twist, Scientist: Brainstorm Book. Abrams Books. 2022. (Questioneers Ser.). (ENG.). 76p. (J). (gr. -1-3). pap. 12.99 *(978-1-4197-5926-0(4)*, 1760803, Abrams Bks. for Young Readers) Abrams, Inc.

Ada Twist, Scientist: Ghost Busted. Gabrielle Meyer. 2022. (Questioneers Ser.). (ENG., Illus.). 32p. (J). (gr. -1-3). 10.99 *(978-1-4197-6080-8(7)*, 1767901) Abrams, Inc.

Ada Twist, Scientist: Show Me the Bunny. Netflix & Gabrielle Meyer. 2022. (Questioneers Ser.). (ENG., Illus.). 32p. (J). (gr. -1-3). 10.99 *(978-1-4197-6079-2(3)*, 1767801, Abrams Bks. for Young Readers) Abrams, Inc.

Adagios, Proverbios, Rifaos, e Anexins Da Lingua Portugueza: Tirados DOS Melhores Autores Nacionaes, e Recopilados Por Ordem Alfabetica (Classic Reprint) Francisco Rolland. 2017. (POR., Illus.). (J). 27.11 *(978-0-260-89420-5(6))*; pap. 9.57 *(978-0-260-75996-2(1))* Forgotten Bks.

Adagios, Proverbios, Rifãos, e Anexins Da Lingua Portugueza: Tirados DOS Melhores Autores Nacionaes, e Recopilados Por Ordem Alfabetica (Classic Reprint) Francisco Rolland. 2018. (POR., Illus.). (J). 154p. 27.07 *(978-0-366-43362-9(8))*; 156p. pap. 9.57 *(978-0-366-43238-7(9))* Forgotten Bks.

Adagios, Proverbios, Rifãos, e Anexins Da Lingua Portugueza (Classic Reprint) Francisco Rolland. 2018. (POR., Illus.). (J). 142p. 26.83 *(978-0-366-12464-0(1))*; 144p. pap. 9.57 *(978-0-365-93548-3(4))* Forgotten Bks.

Adagios, Proverbios, Rifaos, e Anexins Da Lingua Portugueza, Tirados DOS Melhores Autores Nacionaes, e Recopilados Por Ordem Alfabetica (Classic Reprint) Francisco Rolland. 2018. (POR., Illus.). (J). 156p. 27.11 *(978-0-428-39143-0(5))*; 158p. pap. 9.57 *(978-0-428-01319-6(8))* Forgotten Bks.

Adalyn & Elliott Solve the Mystery of the Blue Ghosts. Robert D. Bass. Illus. by Patricia A. Bass. 2018. (Adventures of Adalyn & Elliott Ser.: Vol. 1). (ENG.). 26p. (J). (gr. 1-4). pap. 9.68 *(978-0-692-09813-4(5))* Bass, Robert Enterprises.

Adalyn y Elliott Resuelven el Misterio de Los Fantasmas Azules. Robert D. Bass. Illus. by Patricia A. Bass. 2019. (SPA.). 26p. (J). (gr. 1-4). pap. 9.68 *(978-0-578-52952-3(1))* Bass, Robert Enterprises.

Adam: The Gardener (Classic Reprint) Charles Cowden Clarke. 2017. (ENG., Illus.). (J). 29.20 *(978-0-331-71974-1(6))* Forgotten Bks.

Adam & Amy Have Asthma. Elaine Zachary McElyea. 2016. (ENG., Illus.). (J). pap. 9.99 *(978-1-4984-9059-7(X))* Salem Author Services.

Adam & Dad Go Fishing. Samantha Riley. 2020. (ENG.). 20p. (J). pap. 12.95 *(978-1-64801-666-0(9))* Newman Springs Publishing, Inc.

Adam & Eve. Josh Martin. 2019. (Biblical Bks.: Vol. 1). (ENG., Illus.). 116p. (YA). (gr. 7-12). pap. 23.00 *(978-1-0878-1223-6(2))* Indy Pub.

Adam & Eve. D. D. Sodagar. 2017. (God's Prophets Illustrated Ser.: Vol. 1). (ENG., Illus.). (J). 25.99 *(978-1-946737-00-7(3))* ShiaGnosis.

Adam & Eve. Josh Martin. l.t. ed. 2019. (ENG.). 116p. (YA). (gr. 7-12). pap. 23.00 ***(978-1-0880-6744-4(1))*** Indy Pub.

Adam & Eve & Pinch Me: Tales (Classic Reprint) Alfred Edgar Coppard. 2017. (ENG., Illus.). 336p. (J). 30.83 *(978-0-266-37521-0(9))* Forgotten Bks.

Adam & Eve with the Kingdom Servants. Martin. l.t. ed. 2023. (ENG.). 134p. (J). pap. 26.00 ***(978-1-0881-2072-9(5))*** Indy Pub.

Adam & Eve's 1-2-3s. Crystal Bowman & Teri McKinley. Illus. by Luke Flowers. 2017. (Our Daily Bread for Little Hearts Ser.). (ENG.). 18p. (J). (— 1). bds. 9.99 *(978-1-62707-600-5(X))* Discovery Hse. Pubs.

Adam & His Tuba. Ziga X. Gombac. Tr. by Olivia Hellewell. Illus. by Maja Kastelic. 2023. (ENG.). 40p. (J). (gr. k-2). 18.95 *(978-0-7358-4497-1(6))* North-South Bks., Inc.

Adam & the Golden Horseshoe. Adam Page. Illus. by Dylan Coburn. 2020. (Elite Team Ser.). (ENG.). 40p. (J). (gr. k-2). 16.95 *(978-0-9993886-2-4(2))* Mrs. Weisz Bks.

Adam & Thomas. Aharon Appelfeld. Tr. by Jeffrey M. Green. Illus. by Philippe Dumas. 2017. 160p. (J). (gr. 3-7). pap. 14.95 *(978-1-60980-744-3(8)*, Triangle Square) Seven Stories Pr.

Adam Bede & Scenes of Clerical Life (Classic Reprint) George Elliott. (ENG., Illus.). (J). 2018. 836p. 41.16 *(978-0-483-75968-8(6))*; 2017. pap. 23.57 *(978-0-243-47290-1(0))* Forgotten Bks.

Adam Brown, the Merchant, Vol. 3 of 3 (Classic Reprint) Horace Smith. 2017. (ENG., Illus.). (J). 30.50 *(978-0-265-16070-1(7))* Forgotten Bks.

Adam Brown, Vol. 1 Of 3: The Merchant (Classic Reprint) Horace Smith. 2018. (ENG., Illus.). 322p. (J). 30.54 *(978-0-483-66471-5(5))* Forgotten Bks.

Adam Brown, Vol. 2 Of 3: The Merchant (Classic Reprint) Horace Smith. (ENG., Illus.). (J). 2017. 30.74 *(978-0-331-43628-0(0))*; 2016. pap. 13.57 *(978-1-333-43609-4(2))* Forgotten Bks.

Adam Clarke, a Story of the Toilers: Being a Narrative of the Experiences of a Family of British Emigrants to the United States in Cotton Mill, Iron Foundry, Coal Mine, & Other Fields of Labor (Classic Reprint) Henry Mann. 2018. (ENG., Illus.). 296p. (J). 30.02 *(978-0-332-62144-9(8))* Forgotten Bks.

Adam Escapes the Maze Mazes Books for Kids. Educando Kids. 2019. (ENG.). 42p. (J). pap. 8.55 *(978-1-64521-601-8(2)*, Educando Kids) Editorial Imagen.

Adam, Eve & the Forbidden Tree. D. D. Sodagar. 2017. (Story of God's Prophets Ser.: Vol. 1). (ENG., Illus.). (J). (gr. 1-6). 27.99 *(978-1-946737-02-1(X))*; pap. 16.99 *(978-1-946737-03-8(8))* ShiaGnosis.

Adam Eve Pinch Me, Tales (Classic Reprint) A. E. Coppard. 2017. (ENG., Illus.). (J). 26.87 *(978-0-260-05852-2(1))* Forgotten Bks.

Adam Exiled: Book Two. Nicholas Abdilla & Chris Stead. 2nd ed. 2020. (Adam X Ser.: Vol. 2). (ENG.). 296p. (YA). pap. *(978-1-925638-69-1(3))* Old Mate Media.

Adam Grainger & Other Stories (Classic Reprint) Henry Wood. 2018. (ENG., Illus.). 478p. (J). 33.78 *(978-0-332-04664-8(8))* Forgotten Bks.

Adam Had a Dog: The Raw Truth about Sexual Perversion According to God's Word. Zoe Smith. 2022. (ENG.). 42p. (YA). pap. 12.95 ***(978-1-63903-943-2(0))*** Christian Faith Publishing.

Adam Jack Goes in to Space: An Adam Jack Adventure. Christopher Noel Timms. 2016. (ENG., Illus.). 47p. (J). pap. *(978-0-9956268-0-5(4))* Rosefinch Publishing.

Adam Johnstone's Son (Classic Reprint) F. Marion Crawford. 2018. (ENG., Illus.). 350p. (J). 31.14 *(978-0-428-48029-5(2))* Forgotten Bks.

Adam Johnstone's Son, Vol. 26 (Classic Reprint) F. Marion Crawford. 2018. (ENG., Illus.). 510p. (J). 34.42 *(978-0-267-92921-4(8))* Forgotten Bks.

Adam Levine. E. Merwin. 2018. (Amazing Americans: Pop Music Stars Ser.). (ENG.). 24p. (J). (gr. -1-3). 26.99 *(978-1-68402-680-7(6))* Bearport Publishing Co., Inc.

Adam Lindsay Gordon & His Friends in England & Australia. Edith Humphris & Douglas Sladen. 2019. (ENG.). 576p. (J). pap. *(978-93-5395-011-8(2))* Alpha Editions.

Adam of Dublin: A Romance of to-Day (Classic Reprint) Con Al O'Riordan. 2018. (ENG., Illus.). 350p. (J). 31.12 *(978-0-365-04844-2(5))* Forgotten Bks.

Adam of the Road Novel Units Student Packet. Novel Units. 2019. (ENG.). (J). pap. 13.99 *(978-1-58130-876-1(0)*, Novel Units, Inc.) Classroom Library Co.

Adam of the Road Novel Units Teacher Guide. Novel Units. 2019. (ENG.). (J). pap. 12.99 *(978-1-58130-875-4(2)*, Novel Units, Inc.) Classroom Library Co.

Adam Plus One. Teresa Krager. Illus. by Joezie Mitchell. 2021. (ENG.). 32p. (J). 19.99 *(978-1-64949-307-1(X))* Elk Lake Publishing, Inc.

Adam Rush: A Novel (Classic Reprint) Lynn Roby Meekins. 2017. (ENG., Illus.). (J). 354p. 31.22 *(978-0-332-94060-1(8))*; pap. 13.57 *(978-1-5276-3795-5(6))* Forgotten Bks.

Adam Shuffler (Classic Reprint) Samuel Alfred Beadle. (ENG., Illus.). (J). 2018. 182p. 27.67 *(978-0-483-46252-6(7))*; 2016. pap. 10.57 *(978-1-334-22770-7(5))* Forgotten Bks.

Adam Smith & His Theory of the Free Market - Social Studies for Kids Children's Philosophy Books. Baby Professor. 2017. (ENG., Illus.). 64p. (J). pap. 9.52 *(978-1-5419-1286-1(1)*, Baby Professor (Education Kids)) Speedy Publishing LLC.

Adam (Sometimes) Can't Sit Still. Jo Oliver-Yeager. 2021. (ENG.). 36p. (J). pap. 11.95 *(978-1-7358815-1-5(1))* Kind Word Publishing.

Adam the First Zoo Keeper. Lauren Keys. 2022. (ENG., Illus.). 60p. (J). 27.95 *(978-1-63630-239-3(4))* Covenant Bks.

Adam Thielen: Football Star. Anthony K. Hewson. 2020. (Biggest Names in Sports Set 5 Ser.). (ENG., Illus.). 32p. (J). (gr. 3-5). pap. 9.95 *(978-1-64493-135-6(4)*, 1644931354, Focus Readers) North Star Editions.

Adam Thielen: Football Star. Chrös McDougall. 2020. (Biggest Names in Sports Set 5 Ser.). (ENG., Illus.). 32p. (J). (gr. 3-5). lib. bdg. 31.35 *(978-1-64493-056-4(0)*, 1644930560, Focus Readers) North Star Editions.

Adam Thielen: Football's Underdog Star. Matt Chandler. 2020. (Sports Illustrated Kids Stars of Sports Ser.). (ENG., Illus.). 32p. (J). (gr. 3-5). lib. bdg. 31.32 *(978-1-4966-8381-6(1)*, 200253, Capstone Pr.) Capstone.

Adam's Animals. Barry L. Schwartz. Illus. by Steliyana Doneva. 2017. (ENG.). 32p. (J). 17.95 *(978-1-68115-530-2(3)*, 944f4494-d482-4ad5-90a3-2b81d3fb9dab) Behrman Hse., Inc.

Adam's Clay: A Novel (Classic Reprint) Cosmo Hamilton. 2018. (ENG., Illus.). 330p. (J). 30.70 *(978-0-483-33906-4(7))* Forgotten Bks.

Adam's Feather Friends. Witty Wits. 2022. (ENG.). 66p. (J). pap. 17.95 ***(978-1-0879-9929-6(4))*** Indy Pub.

Adam's Fishy Tails. Witty Wits. 2022. (ENG.). 68p. (J). pap. 17.95 ***(978-1-0880-7625-5(4))*** Indy Pub.

Adán la Hormiga. Julie Awerkamp & Holly Andreason. Illus. by Jesi Yap. 2020. (SPA.). 24p. (J). 15.99 *(978-1-952209-14-7(5))* Lawley Enterprises.

Adanor Fairys Skry Leaf. J. P. Moss. 2021. (ENG.). 38p. (J). pap. 9.36 *(978-1-7947-5378-5(8))* Lulu Pr., Inc.

Adapt or Die: Biology at Its Most Extreme! Louise Spilsbury & Kelly Roberts. 2023. (Life on the Edge Ser.). (ENG., Illus.). 48p. (J). (gr. 5-8). pap. 10.99 ***(978-1-915761-43-9(3)***, 68c4e4f8-26b8-42ab-a230-53af30908847); lib. bdg. 31.99 ***(978-1-915153-83-8(2)***, e19aa7ca-1be2-49bf-906f-f0be3314db74) Cheriton Children's Bks. GBR. Dist: Lerner Publishing Group.

Adaptable Ninja: A Children's Book about Cognitive Flexibility & Set Shifting Skills. Mary Nhin. 2022. (ENG.). 34p. (J). 19.99 *(978-1-63731-199-8(0))* Grow Grit Pr.

Adaptación y Biodiversidad. Richard Worth. 2017. (Vitales Ser.). (SPA.). (YA). (gr. 6-8). pap. *(978-1-5021-6894-8(4))* Benchmark Education Co.

Adaptación y Biodiversidad - 6 Pack: Set of 6 Common Core Edition. Richard Worth. 2017. (Vitales Ser.). (SPA.). (YA). (gr. 6-8). 75.00 *(978-1-5021-7116-0(3))* Benchmark Education Co.

Adaptation, 1 vol. Gale George. 2016. (Spotlight on Ecology & Life Science Ser.). (ENG., Illus.). 24p. (J). (gr. 4-6). pap. 11.00 *(978-1-4994-2552-9(X)*, 19856404-61d5-4ab5-8fda-7e0c9090811e, PowerKids Pr.) Rosen Publishing Group, Inc., The.

Adaptations. Christina Earley. 2022. (Life Science Ser.). (ENG.). 24p. (J). (gr. 3-6). lib. bdg. 27.93 *(978-1-63897-492-5(6)*, 20494) Seahorse Publishing.

Adaptations. Contrib. by Christina Earley. 2022. (Life Science Ser.). (ENG.). 24p. (J). (gr. 3-6). pap. 8.95 *(978-1-63897-607-3(4)*, 20495) Seahorse Publishing.

Adapting to Change #1. Joe Caramagna & Eugene Son. Illus. by Marvel Animation Studios. 2019. (Avengers: Ultron Revolution Ser.). (ENG.). 24p. (J). (gr. 2-6). lib. bdg. 31.36 *(978-1-5321-4346-5(X)*, 31866, Marvel Age) Spotlight.

Adapting to Climate Change, 1 vol. Ed. by he New York Times. 2019. (In the Headlines Ser.). (ENG., Illus.). 224p. (YA). (gr. 9-9). 54.93 *(978-1-64282-300-4(7)*, 481ba55a-fb74-4d86-8e0a-8ef3136b868c, New York Times Educational Publishing) Rosen Publishing Group, Inc., The.

Adapting to Climate Change. Emma Huddleston. (Climate Change Ser.). (ENG., Illus.). 48p. (J). (gr. 4-5). 2021. pap. 11.95 *(978-1-64494-424-0(3)*, Core Library); 2020. lib. bdg. 35.64 *(978-1-5321-9271-5(1)*, 34931) ABDO Publishing Co.

Adapting to Climate Change, 1 vol. Ed. by The New York Times Editorial Staff. 2019. (In the Headlines Ser.). (ENG., Illus.). 224p. (YA). (gr. 9-9). pap. 24.47 *(978-1-64282-299-1(X)*, 94b641b8-acc3-4e0d-a00b-5d320c8758c7, New York Times Educational Publishing) Rosen Publishing Group, Inc., The.

Adaptive Skate Coloring Book! Daniel Edmondson. 2016. (ENG.). (J). pap. 12.95 *(978-1-63177-747-9(5))* Amplify Publishing Group.

Adara Princess of the Sea: Killer Lamprey of the Trash Triangle. Robert W. Cabell. Illus. by Robert W. Cabell. 2018. (ENG., Illus.). 336p. (J). pap. 13.95 *(978-0-9890974-5-1(5)*, Oceanus Bks.) Warrington Pubns.

Ada's Dream. Anastasia de la Mota. 2021. (ENG.). 34p. (J). pap. 9.50 *(978-0-578-94568-2(1))* Seymour Reide.

Ada's Ideas: The Story of Ada Lovelace, the World's First Computer Programmer. Fiona Robinson. 2016. (ENG., Illus.). 40p. (J). (gr. 1-4). 17.95 *(978-1-4197-1872-4(X)*, 1103001, Abrams Bks. for Young Readers) Abrams, Inc.

Ada's Violin: The Story of the Recycled Orchestra of Paraguay. Susan Hood. Illus. by Sally Wern Comport. 2016. (ENG.). 40p. (J). (gr. -1-3). 18.99 *(978-1-4814-3095-1(5)*, Simon & Schuster Bks. For Young Readers) Simon & Schuster Bks. For Young Readers.

Ada's Wash Day. Shamette Donacien. 2021. (ENG.). 42p. (J). pap. *(978-1-913674-78-6(9))* Conscious Dreams Publishing.

Adaya Solves the Case of the Missing Easter Rabbit: A Saskatchewan Fairy Tale. Ed. by 4 Paws Games and Publishing. Illus. by Karen Zorvoc. 2019. (Adaya Ser.: Vol. 1). (ENG.). 42p. (J). pap. *(978-1-988345-92-5(8))* Caswell, Vickianne.

Add Fraction Activity Book for Kids: Math Workbook for Kids. Speedy Kids. 2017. (ENG., Illus.). (J). pap. 9.20 *(978-1-5419-3347-7(8))* Speedy Publishing LLC.

Add-To Pack Set 1. Hmh Hmh. 2019. (Hero Academy Ser.). (ENG.). (J). (gr. -1-k). pap. 49.50 *(978-0-358-09870-6(X))* Houghton Mifflin Harcourt Publishing Co.

Add-To Pack Set 10. Hmh Hmh. 2019. (Hero Academy Ser.). (ENG.). (J). (gr. 2-4). pap. 49.50 *(978-0-358-09879-9(3))* Houghton Mifflin Harcourt Publishing Co.

Add-To Pack Set 11. Hmh Hmh. 2019. (Hero Academy Ser.). (ENG.). (J). (gr. 2-4). pap. 49.50 *(978-0-358-09880-5(7))* Houghton Mifflin Harcourt Publishing Co.

Add-To Pack Set 12. Hmh Hmh. 2019. (Hero Academy Ser.). (ENG.). (J). (gr. 3-4). pap. 49.50 *(978-0-358-09881-2(5))* Houghton Mifflin Harcourt Publishing Co.

Add-To Pack Set 13. Hmh Hmh. 2019. (Hero Academy Ser.). (ENG.). (J). (gr. 3-4). pap. 49.50 *(978-0-358-09882-9(3))* Houghton Mifflin Harcourt Publishing Co.

Add-To Pack Set 3. Hmh Hmh. 2019. (Hero Academy Ser.). (ENG.). (J). (gr. k-1). pap. 49.50 *(978-0-358-09872-0(6))* Houghton Mifflin Harcourt Publishing Co.

Add-To Pack Set 4. Hmh Hmh. 2019. (Hero Academy Ser.). (ENG.). (J). (gr. k-1). pap. 49.50 *(978-0-358-09873-7(4))* Houghton Mifflin Harcourt Publishing Co.

Add-To Pack Set 5. Hmh Hmh. 2019. (Hero Academy Ser.). (ENG.). (J). (gr. 1). pap. 49.50 *(978-0-358-09874-4(2))* Houghton Mifflin Harcourt Publishing Co.

Add-To Pack Set 6. Hmh Hmh. 2019. (Hero Academy Ser.). (ENG.). (J). (gr. 1-2). pap. 49.50 *(978-0-358-09875-1(0))* Houghton Mifflin Harcourt Publishing Co.

Add-To Pack Set 7. Hmh Hmh. 2019. (Hero Academy Ser.). (ENG.). (J). (gr. 1-2). pap. 49.50 *(978-0-358-09876-8(9))* Houghton Mifflin Harcourt Publishing Co.

Add-To Pack Set 8. Hmh Hmh. 2019. (Hero Academy Ser.). (ENG.). (J). (gr. 1-3). pap. 49.50 *(978-0-358-09877-5(7))* Houghton Mifflin Harcourt Publishing Co.

Add-To Pack Set 9. Hmh Hmh. 2019. (Hero Academy Ser.). (ENG.). (J). (gr. 2-3). pap. 49.50 *(978-0-358-09878-2(5))* Houghton Mifflin Harcourt Publishing Co.

Addams Family: a Frightful Welcome. Alexandra West. Illus. by Lissy Marlin. 2019. (I Can Read Level 3 Ser.). (ENG.). 32p. (J). (gr. -1-3). pap. 4.99 *(978-0-06-294677-5(3)*, HarperCollins) HarperCollins Pubs.

Addams Family: an Original Picture Book: Includes Lyrics to the Iconic Song! Vic Mizzy. Illus. by Lissy Marlin. 2019. (Addams Family Ser.). (ENG.). 32p. (J). (gr. -1-3). 17.99 *(978-0-06-294679-9(X)*, HarperCollins) HarperCollins Pubs.

Addams Family: Meet the Family. Alexandra West. Illus. by Lissy Marlin. 2019. (I Can Read Level 2 Ser.). (ENG.). 32p. (J). (gr. -1-3). pap. 4.99 *(978-0-06-294675-1(7)*, HarperCollins) HarperCollins Pubs.

Addams Family: the Deluxe Junior Novel. Calliope Glass. 2019. (Addams Family Ser.). (ENG.). 144p. (J). (gr. 3-7). 9.99 *(978-0-06-294681-2(1)*, HarperCollins) HarperCollins Pubs.

Addams Family: the Junior Novel. Calliope Glass. 2019. (Addams Family Ser.). (ENG.). 144p. (J). (gr. 3-7). pap. 7.99 *(978-0-06-294682-9(X)*, HarperCollins) HarperCollins Pubs.

Addams Family: Wednesday's Library. Calliope Glass & Alexandra West. 2019. (Addams Family Ser.). (ENG.). 208p. (J). (gr. 3-7). 12.99 *(978-0-06-294684-3(6)*, HarperCollins) HarperCollins Pubs.

Added Upon: A Story. Nephi Anderson. 2017. (ENG., Illus.). (J). 23.95 *(978-1-374-82134-7(9))* Capital Communications, Inc.

Added Upon: A Story. Nephi Anderson. 2018. (ENG., Illus.). 118p. (J). pap. *(978-1-78987-010-7(0))* Pantianos Classics.

Added Upon: A Story (Classic Reprint) Nephi Anderson. 2018. (ENG., Illus.). 236p. (J). 28.76 *(978-0-365-07133-4(1))* Forgotten Bks.

Added Upon: A Story of Spiritual Self-Discovery. Nephi Anderson. 2019. (ENG.). 116p. (J). pap. *(978-0-359-72735-3(2))* Lulu Pr., Inc.

Added Upon: A Story of Spiritual Self-Discovery (Hardcover) Nephi Anderson. 2019. (ENG.). 116p. (J). *(978-0-359-72734-6(4))* Lulu Pr., Inc.

Adderall: Affecting Lives. Martha London. 2021. (Affecting Lives: Drugs & Addiction Ser.). (ENG.). 32p. (J). (gr. 4-7). lib. bdg. 35.64 *(978-1-5038-4488-9(9)*, 214255, MOMENTUM) Child's World, Inc, The.

Addestra il Tuo Drago a Condividere: (Teach Your Dragon to Share) un Libro Sui Draghi per Insegnare Ai Bambini a Condividere. una Simpatica Storia per Bambini, per Educarli Alla Condivisione e Al Lavoro Di Squadra. Steve Herman. 2020. (My Dragon Books Italiano Ser.: Vol. 17). (ITA.). 42p. (J). (gr. k-3). 18.95 *(978-1-64916-009-6(7))*; pap. 12.95 *(978-1-64916-008-9(9))* Digital Golden Solutions LLC.

Addestra il Tuo Drago a Fare Amicizia: (Teach Your Dragon to Make Friends) una Simpatica Storia per Bambini, per Educarli All'amicizia e Alle Abilità Sociali. Steve Herman. 2020. (My Dragon Books Italiano Ser.: Vol. 16). (ITA.). 42p. (J). (gr. k-3). 18.95 *(978-1-64916-007-2(0))*; pap. 12.90 *(978-1-64916-006-5(2))* Digital Golden Solutions LLC.

Addestra il Tuo Drago a Fare Cose Difficili: Una Simpatica Storia per Bambini Sulla Perseveranza, le Affermazioni Positive e la Mentalità Di Crescita. Steve Herman. 2020. (My Dragon Books Italiano Ser.: Vol. 36). (ITA.). 42p. (J). (gr. k-3). 18.95 *(978-1-64916-082-9(8))*; pap. 12.95 *(978-1-64916-081-2(X))* Digital Golden Solutions LLC.

Addestra il Tuo Drago a Provare Cose Nuove: (Get Your Dragon to Try New Things) una Simpatica Storia per Bambini, per Insegnare Loro Ad Abbracciare il Cambiamento, Imparare Nuove Abilità Ed Espandere la Propria Zona Di Comfort. Steve Herman. 2020. (My Dragon Books Italiano Ser.: Vol. 19). (ITA.). 42p. (J). (gr. k-3). 18.95 *(978-1-64916-019-5(4))*; pap. 12.95 *(978-1-64916-018-8(6))* Digital Golden Solutions LLC.

Addestra il Tuo Drago a Seguire le Istruzioni: (Teach Your Dragon to Follow Instructions) una Simpatica Storia per Bambini, per Insegnare Loro l'importanza Di Ascoltare e Seguire le Istruzioni. Steve Herman. 2020. (My Dragon Books Italiano Ser.: Vol. 20). (ITA.). 42p. (J). (gr. k-3). 18.95 *(978-1-64916-025-6(9))*; pap. 12.95 *(978-1-64916-024-9(0))* Digital Golden Solutions LLC.

Addestra il Tuo Drago a Seguire le Regole: (Train Your Dragon to Follow Rules) una Simpatica Storia per Bambini, per Insegnare Loro a Comprendere l'importanza Di Seguire le Regole. Steve Herman. 2020. (My Dragon Books Italiano Ser.: Vol. 11). (ITA.). 42p. (J). (gr. k-4). 18.95 *(978-1-950280-86-5(1))*; pap. 12.95 *(978-1-950280-85-8(3))* Digital Golden Solutions LLC.

Addestra il Tuo Drago a Usare il Gabinetto: (Potty Train Your Dragon) una Simpatica Storia per Bambini, per Rendere Facile e Divertente il Momento Di Educarli All'uso Del WC. Steve Herman. 2020. (My Dragon Books Italiano Ser.: Vol. 1). (ITA.). 44p. (J). (gr. k-2). 18.95 *(978-1-950280-40-7(3))*; pap. 12.95 *(978-1-950280-39-1(X))* Digital Golden Solutions LLC.

Addestra il Tuo Drago a Volersi Bene: (Train Your Dragon to Love Himself) una Simpatica Storia per Bambini, per Educarli All'autostima e Insegnare Loro a Volersi Bene. Steve Herman. 2020. (My Dragon Books Italiano Ser.: Vol. 13). (ITA.). 42p. (J). (gr. k-3). 18.95 *(978-1-950280-94-0(2))*; pap. 12.95 *(978-1-950280-93-3(4))* Digital Golden Solutions LLC.

Addestra il Tuo Drago Ad Accettare un NO: (Train Your Dragon to Accept NO) una Simpatica Storia per Bambini, per Educarli Al Disaccordo, Alle Emozioni e Alla Gestione Della Rabbia. Steve Herman. 2020. (My Dragon Books Italiano Ser.: Vol. 7). (ITA.). 42p. (J). (gr. k-3). 18.95 *(978-1-950280-72-8(1))*; pap. 12.95 *(978-1-950280-71-1(3))* Digital Golden Solutions LLC.

Addestra il Tuo Drago Ad Essere Gentile: (Train Your Dragon to Be Kind) una Simpatica Storia per Bambini, per Insegnare Loro Ad Essere Gentili, Altruisti, Generosi e Premurosi. Steve Herman. 2020. (My Dragon Books Italiano Ser.: Vol. 9). (ITA.). 46p. (J). (gr. k-3). 18.95 *(978-1-950280-76-6(4))*; pap. 12.95 *(978-1-950280-75-9(6))* Digital Golden Solutions LLC.

Addestra il Tuo Drago Arrabbiato: (Train Your Angry Dragon) una Simpatica Storia per Bambini, per Educarli Alle Emozioni e Alla Gestione Della Rabbia. Steve Herman. 2020. (My Dragon Books Italiano Ser.: Vol. 2). (ITA.). 44p. (J). (gr. k-3). 18.95 *(978-1-950280-44-5(6))*; pap. 12.95 *(978-1-950280-43-8(8))* Digital Golden Solutions LLC.

Addicted to e-Cigarettes & Vaping. Carla Mooney. 2019. (Addicted Ser.). (ENG.). 80p. (YA). (gr. 6-12). 41.27 *(978-1-68282-567-9(1))* ReferencePoint Pr., Inc.

Addicted to Gambling. John Allen. 2019. (Addicted Ser.). (ENG.). 80p. (YA). (gr. 6-12). 41.27 *(978-1-68282-569-3(8))* ReferencePoint Pr., Inc.

Addicted to Opioids. Jennifer Skancke. 2019. (Addicted Ser.). (ENG.). 80p. (YA). (gr. 6-12). 41.27 *(978-1-68282-571-6(X))* ReferencePoint Pr., Inc.

Addicted to Social Media. Carla Mooney. 2019. (Addicted Ser.). (ENG.). 80p. (YA). (gr. 6-12). 41.27 *(978-1-68282-573-0(6))* ReferencePoint Pr., Inc.

Addicted to Video Games. Bradley Steffens. 2019. (Addicted Ser.). (ENG.). 80p. (YA). (gr. 6-12). 41.27 *(978-1-68282-575-4(2))* ReferencePoint Pr., Inc.

Addiction: A Problem of Epidemic Proportions. Stephanie Lundquist-Arora. 2020. (ENG.). 80p. (YA). (gr. 6-12). 41.27 *(978-1-68282-921-9(9))* ReferencePoint Pr., Inc.

Addiction & Overdose: Confronting an American Crisis. Connie Goldsmith. 2017. (ENG., Illus.). 128p. (YA). (gr. 8-12). 37.32 *(978-1-5124-0953-6(7)*, 33aec29b-ac47-4fa7-b324-1ead1dff74fd, Twenty-First Century Bks.) Lerner Publishing Group.

Addie: Adam As a Child. Larry Judd. 2020. (ENG., Illus.). 28p. (J). pap. 11.95 *(978-1-64334-970-1(8))* Page Publishing Inc.

Addie Anne, Compass Rose, & Hank Hart: A Story about Mandalas & Mindfulness. Betty J. White. 2019. (ENG.). 36p. (J). pap. 24.49 *(978-0-359-91542-2(6))* Lulu Pr., Inc.

Addie Bell's Shortcut to Growing Up. Jessica Brody. 2018. 368p. (J). (gr. 5). 7.99 *(978-0-399-55513-8(7)*, Yearling) Random Hse. Children's Bks.

Addie Greer, Engineer: Addie Saves Recess. P. J. Hoover. 2021. (ENG.). 70p. (J). pap. 7.99 *(978-1-949717-33-4(X))* Roots in Myth.

Addie Sinclair: In the Moon Room. Kimberley S. Clarke. Illus. by John Fleischaker. 2016. (ENG.). (J). pap. *(978-0-9865001-3-8(5))* Pink Wig Publishing.

Addie the Ambassador. Terri Metz. 2020. (ENG., Illus.). 30p. (J). 20.99 *(978-1-952011-91-7(4))* Pen It Pubns.

Addie Wants a Kitten. Johnnie Brooks. 2022. (ENG., Illus.). 26p. (J). 25.95 ***(978-1-68526-574-8(X))***; pap. 13.95 ***(978-1-68526-572-4(3))*** Covenant Bks.

Addie's Magic Carpet. Julia M. Fallon. 2019. (ENG.). 36p. (J). pap. 14.95 *(978-1-68456-116-2(7))* Page Publishing Inc.

Addilyn & Penelope's Playdate Problem. Jane Orr. 2019. (ENG.). 32p. (J). pap. ***(978-0-359-52008-4(1))*** Lulu Pr., Inc.

Adding Acorns. Lesley A. Wood. 2021. (ENG.). 34p. (J). pap. 11.31 *(978-1-8384832-1-0(7))* Ormond, Jennifer.

Adding & Subtracting Activity Book. 2017. (Math Sticker Activity Books* Ser.). (ENG.). (J). pap. 9.99 *(978-0-7945-3870-5(3)*, Usborne) EDC Publishing.

Adding & Subtracting Activity Book. Penny Worms. Illus. by Kasia Dudziuk. 2021. (Arcturus Math Skills Workbooks Ser.: 1). (ENG.). 96p. (J). pap. 9.99 *(978-1-83940-600-3(3)*, 9f7905f4-ed28-4986-90f1-08c5a84f5c38) Arcturus Publishing GBR. Dist: Baker & Taylor Publisher Services (BTPS).

Adding & Subtracting with Colour: Art of Math Education: Holiday Edition (Preschool to Grade 1) Created by Laura Briscoe & Jeni Van Kesteren. 2019. (Art of Math Education Ser.: Vol. 2). (ENG., Illus.). 26p. (J). (gr. k-1). pap. ***(978-1-9995276-6-2(6))*** Briscoe, Laura.

Adding Apples. Nick Rebman. 2021. (Math Basics Ser.). (ENG., Illus.). 16p. (J). (gr. -1-1). pap. 7.95 *(978-1-64619-198-7(6)*, 1646191986); lib. bdg. 25.64 *(978-1-64619-164-2(1))* Little Blue Hse. (Little Blue Readers).

Adding Coins & Bills, 1 vol. Portia Summers. 2016. (Value of Money Ser.). (ENG.). 24p. (gr. 1-2). pap. 10.35 *(978-0-7660-7693-8(8)*, e2088aa8-476d-48b0-93d1-d4704dfbefd0) Enslow Publishing, LLC.

Adding for Preschoolers (Add to Ten - Easy) 30 Full Color Preschool/Kindergarten Addition Worksheets That Can Assist with Understanding of Math. James Manning. 2019. (Adding for Preschoolers Ser.: Vol. 5). (ENG., Illus.). 34p. (J). pap. *(978-1-83856-251-9(6))*; pap. *(978-1-83878-049-4(1))* Coloring Pages.

Adding Means You Have More Children's Arithmetic Books. Baby Professor. 2017. (ENG., Illus.). (J). pap. 7.89 *(978-1-5419-0307-4(2)*, Baby Professor (Education Kids)) Speedy Publishing LLC.

Adding Multi-Digit Numbers Is Fun I Children's Science & Nature. Prodigy Wizard. 2016. (ENG., Illus.). (J). pap. 9.25 *(978-1-68323-074-8(4))* Twin Flame Productions.

Adding Single Digit Numbers Is Easy Children's Science & Nature. Bobo's Little Brainiac Books. 2016. (ENG., Illus.). (J). pap. 7.99 *(978-1-68327-831-3(3))* Sunshine In My Soul Publishing.

Adding up (Collins Children's Poster) Collins Kids. Illus. by Steve Evans. 2018. (ENG.). 1p. (J). (-4). 9.99 *(978-0-00-830477-5(7))* HarperCollins Pubs. Ltd. GBR. Dist: Independent Pubs. Group.

Addison Cooke & the Ring of Destiny. Jonathan W. Stokes. 2020. (Addison Cooke Ser.: 3). (Illus.). 384p. (J). (gr. 3-7). 9.99 *(978-0-14-751565-0(3)*, Puffin Books) Penguin Young Readers Group.

Addison Cooke & the Tomb of the Khan. Jonathan W. Stokes. 2018. (Addison Cooke Ser.: 2). (Illus.). 464p. (J). (gr. 3-7). 9.99 *(978-0-14-751564-3(5)*, Puffin Books) Penguin Young Readers Group.

Addison Cooke & the Treasure of the Incas. Jonathan W. Stokes. 2017. (Addison Cooke Ser.: 1). 352p. (J). (gr. 3-7). 9.99 *(978-0-14-751563-6(7)*, Puffin Books) Penguin Young Readers Group.

Addison I Love You All Ways. Marianne Richmond. Illus. by Dubravka Kolanovic. 2023. (I Love You All Ways Ser.). (ENG.). 32p. (J). (gr. -1-3). 8.99 ***(978-1-7282-7328-0(5))*** Sourcebooks, Inc.

Addison on the North Pole Express. J. D. Green. Illus. by Joanne Partis. 2022. (North Pole Express Bears Ser.). (ENG.). 32p. (J). (gr. -1-3). 7.99 ***(978-1-7282-6906-1(7))*** Sourcebooks, Inc.

Addison on the North Pole Express. J. D. Green. 2019. (North Pole Express Ser.). (ENG.). 32p. (J). (gr. -1-3). 7.99 ***(978-1-7282-0299-0(X))*** Sourcebooks, Inc.

Addison Santa's Secret Elf. Put Me In The Story & Katherine Sully. Illus. by Julia Seal. 2018. (Santa's Secret Elf Ser.). (ENG.). 32p. (J). (gr. k-3). 5.99 *(978-1-4926-8112-0(1))* Sourcebooks, Inc.

Addison 'Twas the Night Before Christmas. Illus. by Lisa Alderson. 2019. (Night Before Christmas Ser.). (ENG.). 32p. (J). (gr. -1-3). 7.99 ***(978-1-7282-0192-4(6))*** Sourcebooks, Inc.

Addison's Christmas Wish. Put Me In The Story & J. D. Green. Illus. by Julia Seal. 2018. (Christmas Wish Ser.). (ENG.). 32p. (J). (gr. k-3). 6.99 ***(978-1-4926-8299-8(3))*** Sourcebooks, Inc.

Addition. Charles Ghigna. Illus. by Misa Saburi. 2017. (Winter Math Ser.). (ENG.). 24p. (J). (gr. -1-3). 33.99 *(978-1-68410-007-1(0)*, 31591) Cantata Learning.

Addition. Nat Lambert. Illus. by Andrea Petrlik. 2020. (I Can Do It! Ser.). (ENG.). 12p. (J). (gr. k-2). bds. 9.99 *(978-1-78958-470-7(1))* Top That! Publishing PLC GBR. Dist: Independent Pubs. Group.

Addition. Joseph Midthun. Illus. by Samuel Hiti. 2022. (ENG.). 42p. (J). pap. ***(978-0-7166-4876-5(8))*** World Bk.-Childcraft International.

Addition + Subtraction: 100 Practice Pages - Timed Tests - KS1 Maths Workbook (Ages 5-7) - Learn to Add & Subtract - Answer Key Included. Classroom Knight. 2020. (ENG.). 108p. (J). pap. 6.99 ***(978-1-63578-319-3(4))*** Libro Studio LLC.

Addition 0-12, 56 vols. School Zone Publishing Company Staff. rev. ed. 2019. (ENG.). 52p. (J). (gr. 1-2). 3.49 *(978-0-938256-91-5(2)*, f7d6f28c-dc99-4cca-904e-994027d537a6) School Zone Publishing Co.

Addition 0-12 Workbook Math Essentials Children's Arithmetic Books. Baby Iq Builder Books. 2016. (ENG., Illus.). (J). pap. 8.99 *(978-1-68374-060-5(2))* Examined Solutions PTE. Ltd.

Addition 0-20 Workbook Math Essentials Children's Arithmetic Books. Baby Iq Builder Books. 2016. (ENG., Illus.). (J). pap. 8.99 *(978-1-68374-068-1(8))* Examined Solutions PTE. Ltd.

Addition & Subraction 1-2. School Zone Publishing Company Staff. deluxe ed. 2019. (ENG.). 64p. (J). (gr. 1-2). pap., wbk. ed. 4.49 *(978-1-58947-323-2(X)*, 1727b4ab-61dd-408b-95c6-bdc1a48f960a) School Zone Publishing Co.

Addition & Subtraction Drills - Math Book 1st Grade Children's Math Books. Baby Professor. 2017. (ENG., Illus.). 64p. (J). pap. 9.52 *(978-1-5419-2852-7(0)*, Baby Professor (Education Kids)) Speedy Publishing LLC.

Addition & Subtraction Math Essentials Children's Arithmetic Books. Baby Iq Builder Books. 2016. (ENG., Illus.). (J). pap. 8.99 *(978-1-68374-076-6(9))* Examined Solutions PTE. Ltd.

Addition & Subtraction Practice for 3rd Grade - Math Books for Kids Children's Math Books. Baby Professor. 2017. (ENG., Illus.). (J). pap. 9.55 *(978-1-5419-2810-7(5)*, Baby Professor (Education Kids)) Speedy Publishing LLC.

Addition & Subtraction Quick Quizzes Ages 5-7: Ideal for Home Learning. Collins Easy Learning. 2017. (Collins Easy Learning KS1 Ser.). (ENG., Illus.). 32p. (J). (gr. k-2). pap. 6.99 *(978-0-00-821247-6(3))* HarperCollins Pubs. Ltd. GBR. Dist: Independent Pubs. Group.

Addition & Subtraction Quick Quizzes Ages 7-9. Collins Easy Collins Easy Learning. 2017. (Collins Easy Learning KS2 Ser.). (ENG., Illus.). 32p. (J). (gr. 2-4). pap. 6.99 *(978-0-00-821256-8(2))* HarperCollins Pubs. Ltd. GBR. Dist: Independent Pubs. Group.

A

Addition & Subtraction Workbook: 101 Pages of Fun Addition, Subtraction, Number Bond, & More - Ages 6 to 8, 1st & 2nd Grade Math. Jennifer Trace & Diverse Press. 2020. (ENG.). 58p. (J). 13.43 *(978-1-946525-34-5(0))* Kids Activity Publishing.

Addition & Subtraction Workbook: Math Workbook Grade 1 Fun Addition, Subtraction, Number Bonds, Fractions, Matching, Time, Money, & More. Jennifer L. Trace. 2020. (ENG.). 64p. (J). pap. 6.15 *(978-1-946525-53-6(7))* Kids Activity Publishing.

Addition & Subtraction Workbook Math Essentials Children's Arithmetic Books. Professor Gusto. 2016. (ENG., Illus.). (J). pap. 10.81 *(978-1-68321-945-3(7))* Mimaxion.

Addition Books for Kids Math Essentials Children's Arithmetic Books. Professor Gusto. 2016. (ENG., Illus.). (J). pap. 10.81 *(978-1-68321-951-4(1))* Mimaxion.

Addition Books for Kindergarten Math Essentials Children's Arithmetic Books. Professor Gusto. 2016. (ENG., Illus.). (J). pap. 10.81 *(978-1-68321-957-6(0))* Mimaxion.

Addition Facts Colouring Book 1-12: The Easy Way to Learn the Addition Tables. Magdalene Press. 2019. (ENG., Illus.). 52p. (J). (gr. k-5). pap. *(978-1-77335-127-8(3))* Magdalene Pr.

Addition Flash Cards. 2021. (ENG., Illus.). 60p. (J). 3.95 *(978-1-4413-3700-9(8),* 4b59b9fd-c7a3-444c-b80d-a25a28381409) Peter Pauper Pr. Inc.

Addition Games for Second Graders Math Essentials Children's Arithmetic Books. Prodigy Wizard Books. 2016. (ENG., Illus.). (J). pap. 9.25 *(978-1-68323-954-3(7))* Twin Flame Productions.

Addition Grade 1 Math Essentials Children's Arithmetic Books. Prodigy Wizard Books. 2016. (ENG., Illus.). (J). pap. 9.25 *(978-1-68323-960-4(1))* Twin Flame Productions.

Addition Kindergarten Practice Workbook Math Essentials Children's Arithmetic Books. Bobo's Little Brainiac Books. 2016. (ENG., Illus.). (J). pap. 7.99 *(978-1-68327-750-7(3))* Sunshine In My Soul Publishing.

Addition on the Menu. Kirsty Holmes. 2021. (Math Academy Ser.). (ENG., Illus.). 24p. (J). (gr. 1-4). pap. *(978-1-4271-3013-6(2),* 11416); lib. bdg. *(978-1-4271-3009-9(4),* 11411) Crabtree Publishing Co. (Crabtree Classics).

Addition Practice for 1st Grade Learners - Math Books for 1st Graders Children's Math Books. Baby Professor. 2017. (ENG., Illus.). (J). pap. 9.55 *(978-1-5419-2817-6(2),* Baby Professor (Education Kids)) Speedy Publishing LLC.

Addition Practice Math Essentials Children's Arithmetic Books. Bobo's Little Brainiac Books. 2016. (ENG., Illus.). (J). pap. 7.99 *(978-1-68327-756-9(2))* Sunshine In My Soul Publishing.

Addition Problems. Janice Laakko. 2022. (ENG.). 188p. (J). pap. 12.99 ***(978-1-63988-581-7(1))*** Primedia eLaunch LLC.

Addition Subtraction Practice Workbook: Kindergarten Math Workbook Age 5-7 - Homeschool Kindergarteners & 1st Grade Activities - Place Value, Manipulatives, Regrouping, Decomposing Numbers, Counting Money, Telling Time, Word Problems + Worksheets & Scholastic Panda Education. 2021. (Coloring Books for Kids Ser.). (ENG.). 112p. (J). pap. 9.98 *(978-1-953149-34-3(0))* Polymath Publishing Hse. LLC.

Addition Subtraction Speed Drills: 100 Daily Timed Math Tests with Facts That Stick, Reproducible Practice Problems, Digits 0-20, Double & Multi-Digit Worksheets for Kids in Grades K-2. Scholastic Panda Education. 2021. (Practicing Math Facts Ser.). (ENG.). 112p. (J). pap. 9.98 *(978-1-953149-36-7(7))* Polymath Publishing Hse. LLC.

Addition Subtraction Workbook Math Essentials Children's Arithmetic Books. Bobo's Little Brainiac Books. 2016. (ENG., Illus.). (J). pap. 7.99 *(978-1-68327-762-0(7))* Sunshine In My Soul Publishing.

Addition Versus Subtraction Children's Arithmetic Books. Baby Professor. 2017. (ENG., Illus.). (J). pap. 7.89 *(978-1-5419-0176-6(2),* Baby Professor (Education Kids)) Speedy Publishing LLC.

Addition Wipe-Clean Workbook: Includes Wipe-Clean Pen. IglooBooks. Illus. by Katie Abey. 2021. (Help with Homework Ser.). (ENG.). 10p. (J). (gr. k-2). bds., bds. 9.99 *(978-1-80108-720-9(2))* Igloo Bks. GBR. Dist: Simon & Schuster, Inc.

Addition Workbook Grade 1 Math Essentials Children's Arithmetic Books. Baby Iq Builder Books. 2016. (ENG., Illus.). (J). pap. 8.99 *(978-1-68374-664-5(3))* Examined Solutions PTE. Ltd.

Addition Workbook Grade 3 Math Essentials Children's Arithmetic Books. Baby Iq Builder Books. 2016. (ENG., Illus.). (J). pap. 8.99 *(978-1-68374-670-6(8))* Examined Solutions PTE. Ltd.

Addition Workbook Kindergarten Math Essentials Children's Arithmetic Books. Baby Iq Builder Books. 2016. (ENG., Illus.). (J). pap. 8.99 *(978-1-68374-676-8(7))* Examined Solutions PTE. Ltd.

Addition Workbooks Math Essentials Children's Arithmetic Books. Baby Iq Builder Books. 2016. (ENG., Illus.). (J). pap. 8.99 *(978-1-68374-682-9(1))* Examined Solutions PTE. Ltd.

Additional Director Guide. 2018. (One Starry Night Ser.). (ENG.). (J). pap. 9.99 *(978-1-4707-5499-0(1))* Group Publishing, Inc.

Additionner. Douglas Bender. Tr. by Annie Evearts. 2021. (S'amuser Avec les Maths (Fun with Math) Ser.). (FRE., Illus.). 16p. (J). (gr. -1-1). pap. *(978-1-0396-0417-9(X),* 13604) Crabtree Publishing Co.

Address Delivered by Request Before the Ornamental Tree Association, Westford, May 13, 1876 (Classic Reprint) Edwin Ruthven Hodgman. 2017. (ENG., Illus.). (J). 24.33 *(978-0-266-54497-5(5));* pap. 7.97 *(978-0-282-76841-6(6))* Forgotten Bks.

Address on the Culture Demanded by the Age. Frederic De Peyster. 2017. (ENG., Illus.). (J). pap. *(978-0-649-26045-4(7))* Trieste Publishing Pty Ltd.

Address to the Young, on the Importance of Religion. John Foster. 2017. (ENG., Illus.). (J). pap. *(978-0-649-05189-2(0))* Trieste Publishing Pty Ltd.

Addresses & Journal of Proceedings of the National Educational Association, Session of the Year 1875, at Minneapolis, Minnesota. National Education Of the United States. 2017. (ENG., Illus.). (J). pap. *(978-0-649-68067-2(7))* Trieste Publishing Pty Ltd.

Addresses on the Civil Sabbath, from a Patriotic & Humanitarian Standpoint: With Appendix Containing Sabbath Laws of All the States, Judicial Decision, Replies to Seventh-Day Adventists, etc (Classic Reprint) Wilbur Fisk Crafts. (ENG., Illus.). (J). 2018. 288p. 29.86 *(978-0-483-29694-7(5));* 2016. pap. 13.57 *(978-1-333-48541-2(7))* Forgotten Bks.

Addresses on the Civil Sabbath, from a Patriotic & Humanitarian Standpoint (Classic Reprint) Wilbur Fisk Crafts. (ENG., Illus.). (J). 2018. 136p. 26.70 *(978-0-332-11045-5(1));* 2017. pap. 9.57 *(978-0-243-19360-8(2))* Forgotten Bks.

Addy's Cup of Sugar: Based on a Buddhist Story of Healing (a Stillwater & Friends Book) Jon J. Muth. Illus. by Jon J. Muth. 2020. (ENG., Illus.). 32p. (J). (gr. -1-3). 17.99 *(978-0-439-63428-1(8),* Scholastic Pr.) Scholastic, Inc.

Addy's Journey to Her Forever Home (Mom's Choice Award Winner) Nicole Schryer. Illus. by Brittany Koncler. 2022. (ENG.). 34p. (J). 14.99 *(978-1-0878-7231-5(6))* Indy Pub.

ADELA CATHCART - the Complete Fantasy Tales Series: The Light Princess, the Shadows, Christmas Eve, the Giant's Heart, the Broken Swords, the Cruel Painter, the Castle & Many More. George MacDonald. 2019. (ENG.). 272p. (J). pap. *(978-80-273-3131-4(5))* E-Artnow.

Adela Cathcart (Classic Reprint) George MacDonald. 2017. (ENG., Illus.). (J). 32.74 *(978-0-266-42417-8(1))* Forgotten Bks.

Adelaide & Theodore or, Letters on Education, Vol. 2: Containing; All the Principles Relative to Three Different Plans of Education; to That of Princes, & to Those of Young Persons of Both Sexes (Classic Reprint) Stéphanie Félicité Genlis. 2018. (ENG., Illus.). 298p. (J). 30.06 *(978-0-267-47308-3(7))* Forgotten Bks.

Adelaide Lindsay, Vol. 1 Of 3: A Novel (Classic Reprint) Marsh Caldwell. (ENG., Illus.). (J). 2018. 288p. 29.84 *(978-0-484-74245-0(0));* 2016. pap. 13.57 *(978-1-333-35706-1(0))* Forgotten Bks.

Adelaide or the Countercharm, a Novel, Vol. 1 (Classic Reprint) Catherine Cuthbertson. 2018. (ENG., Illus.). 432p. (J). 32.83 *(978-0-484-54514-3(0))* Forgotten Bks.

Adelaide, or the Massacre of St. Bartholomew: A Tale Including Historical Anecdotes of Henry the Great (Classic Reprint) Barbara Hofland. 2018. (ENG., Illus.). 198p. (J). 27.98 *(978-0-267-21984-1(9))* Forgotten Bks.

Adelaide, or the Rainy Evening: A Moral Tale (Classic Reprint) Unknown Author. 2018. (ENG., Illus.). 40p. (J). 24.72 *(978-0-332-51527-4(3))* Forgotten Bks.

¡Adelante, Ve a Cambiar el Mundo! Un Libro de Regalo de Graduación Preescolar/Primer día de Jardín de Infantes. Ashten Evans. Tr. by Yilda A. Ruiz Monroy. Illus. by Sabdo Purnomo. 2023. 64p. (J). 12.95 ***(978-1-64604-553-2(X))*** Ulysses Pr.

Adele. C. F. Earl. 2016. (ENG., Illus.). (J). pap. 15.99 *(978-1-62524-387-4(1),* Village Earth Pr.) Harding Hse. Publishing Sebice Inc.

Adele. Katie Lajiness. 2017. (Big Buddy Pop Biographies Set 2 Ser.). (ENG., Illus.). 32p. (J). (gr. 2-5). lib. bdg. 34.21 *(978-1-5321-1057-3(X),* 25690, Big Buddy Bks.) ABDO Publishing Co.

Adele: Music Sensation. Jeanne Marie Ford. 2017. (Superstar Stories Ser.). (ENG.). 24p. (J). (gr. 3-6). lib. bdg. 32.79 *(978-1-5038-1993-1(0),* 211869) Child's World, Inc, The.

Adele Hamilton (Classic Reprint) Delia Buford Elliott. (ENG., Illus.). (J). 2018. 130p. 26.58 *(978-0-483-33220-1(8));* 2016. pap. 9.57 *(978-1-333-23565-9(8))* Forgotten Bks.

Adele in Sand Land: TOON Level 1. Claude Ponti. 2017. (Illus.). 48p. (J). (gr. -1-k). 12.99 *(978-1-943145-16-4(4),* 9781943145164, Toon Books) Astra Publishing Hse.

Adele, Vol. 1 Of 3: A Tale (Classic Reprint) Julia Kavanagh. (ENG., Illus.). (J). 2017. 328p. 30.66 *(978-0-484-54538-9(8));* 2016. pap. 13.57 *(978-1-333-35037-6(6))* Forgotten Bks.

Adele Wears Ball Gowns. Tracilyn George. Illus. by Aria Jones. 2023. (ENG.). 30p. (J). pap. 14.99 ***(978-1-77475-537-2(8))*** Draft2Digital.

Adélie Penguin. Grace Hansen. 2021. (Antarctic Animals Ser.). (ENG., Illus.). 24p. (J). (gr. -1-2). lib. bdg. 32.79 *(978-1-0982-0937-7(0),* 38188, Abdo Kids) ABDO Publishing Co.

Adélie Penguins. Jody S. Rake. 2019. (Penguins! Ser.). (ENG., Illus.). 24p. (J). (gr. -1-2). lib. bdg. 27.32 *(978-1-9771-0934-7(9),* 140540, Pebble) Capstone.

Adeline Armadillo & the Armor of God: The Bejeweled Belt of Truth. Kimberly Reich. 2018. (ENG., Illus.). 36p. (J). pap. *(978-0-359-10481-9(9))* Lulu Pr., Inc.

Adeline Goes to the Lake. Olivia Emmel. 2022. (Adventures of Adeline Ione Ser.: Vol. 1). (ENG.). 28p. (J). 18.99 ***(978-1-6629-2654-9(5));*** pap. 10.99 ***(978-1-6629-2655-6(3))*** Gatekeeper Pr.

Adeline in a Gymnastics Jam. Martha Louise. 2021. (ENG.). 110p. (J). 19.95 *(978-1-7329423-4-9(X));* pap. 12.95 *(978-1-7329423-3-2(1))* Frey Hse. Publishing LLC.

Adeline or Mysteries, Romance, & Realities of Jewish Life, Vol. 1 (Classic Reprint) Osborn W. Trenery Heighway. (ENG., Illus.). (J). 2018. 704p. 38.44 *(978-0-267-52656-7(3));* 2017. pap. 20.97 *(978-0-259-31292-5(4))* Forgotten Bks.

Adeline, or Mysteries, Romance, & Realities of Jewish Life, Vol. 1 (Classic Reprint) Osborn W. Trenery Heighway. 2018. (ENG., Illus.). (J). 370p. 31.53 *(978-0-366-53266-7(9));* 372p. pap. 13.97 *(978-0-365-86535-3(4))* Forgotten Bks.

Adelita, a Sea Turtle's Journey. Jenny Goebel. Illus. by Ana Miminoshvili. 2020. (ENG.). 32p. (J). (gr. -1-3). 16.99 *(978-0-8075-8114-8(3),* 807581143) Whitman, Albert & Co.

Adem & the Magic Fenjer: A Moving Story about Refugee Families. Selma Bacevac. Illus. by Neira Pekmez. 2022. (Mighty Balkan Kids Ser.: 1). 30p. (J). pap. 16.95 *(978-1-6678-4083-3(5))* BookBaby.

Aden Power: Or, the Cost of a Scheme (Classic Reprint) Farleigh Owen. (ENG., Illus.). (J). 2018. 162p. 27.24 *(978-0-332-13815-2(1));* 2016. pap. 9.97 *(978-1-334-02182-4(1))* Forgotten Bks.

Adentro y Afuera. Amy Culliford. 2022. (Direcciones en Mi Mundo (Directions in My World) Ser.). (SPA.). 16p. (J). (gr. -1-1). pap. *(978-1-0396-4910-1(6),* 19726); lib. bdg. *(978-1-0396-4783-1(9),* 19725) Crabtree Publishing Co.

Adentures of Walter Pigeon. Susan Rutherford. 2017. (ENG., Illus.). (J). pap. 10.15 *(978-1-4834-7609-4(X))* Lulu Pr., Inc.

Ade's Fables (Classic Reprint) George Ade. (ENG., Illus.). (J). 2018. 314p. 30.37 *(978-0-332-85411-3(6));* 2016. pap. 13.57 *(978-1-333-50807-4(7))* Forgotten Bks.

Adesso Ci Travestiamo Da Gatti! Mariagrazia Bottacin. 2019. (ITA.). 46p. (J). pap. 6.93 *(978-0-244-83377-0(X))* Lulu Pr., Inc.

Adgar's Marienlegenden: Nach der Londoner Handschrift, Egerton 612, Zum Ersten Mal Vollständig (Classic Reprint) Adgar Adgar. 2018. (GER., Illus.). (J). 326p. 30.62 *(978-1-396-38926-9(1));* 328p. pap. 13.57 *(978-1-391-04196-4(8))* Forgotten Bks.

ADHD. Nancy Dickmann. 2023. (Fast Track: Living With Ser.). (ENG., Illus.). 24p. (J). (gr. 1-3). pap. 10.99 *(978-1-78121-807-5(2),* 23951) Black Rabbit Bks.

ADHD: Understand Your Mind & Body (Engaging Readers, Level 3) Aj Knight. I.t. ed. 2023. (Understand Your Mind & Body Ser.: Vol. 1). (ENG., Illus.). 32p. (J). ***(978-1-77476-784-9(8));*** pap. ***(978-1-77476-785-6(6))*** AD Classic.

ADHD: What Every Parent Needs to Know. American Academy of Pediatrics American Academy of Pediatrics et al. 3rd ed. 2019. (ENG., Illus.). 342p. pap. 16.95 *(978-1-61002-264-4(5))* American Academy of Pediatrics.

ADHD & Me. Chelsea Radojcic-DiCicco. 2021. (ENG.). 24p. (J). ***(978-1-68474-476-3(8))*** Lulu Pr., Inc.

ADHD & Me. Jamarion Rainey. 2019. (ENG.). 36p. (J). pap. 14.20 *(978-0-359-57758-3(X))* Lulu Pr., Inc.

ADHD Is Our Superpower: The Amazing Talents & Skills of Children with ADHD. Soli Lazarus. Illus. by Adriana Camargo. ed. 2021. 64p. pap. 15.95 *(978-1-78775-730-1(7),* 786043) Kingsley, Jessica Pubs. GBR. Dist: Hachette UK Distribution.

ADHD My Secret Power. Anthony Davis. 2023. 28p. (J). (gr. 2-5). 25.00 BookBaby.

ADHD Strategies for Minecrafters: Fun Activities to Help Kids Thrive — an Unofficial Activity Book for Minecrafters. Erin Falligant. 2022. 64p. (J). (gr. k-3). pap. 9.99 *(978-1-5107-7250-2(2),* Sky Pony Pr.) Skyhorse Publishing Co., Inc.

ADHD, Tics & Me! A Story to Explain ADHD & Tic Disorders/Tourette Syndrome. Susan Ozer & Inyang Takon. Illus. by Sophie Kennedy. 2022. 64p. pap. 14.95 *(978-1-78775-891-9(5),* 806062) Kingsley, Jessica Pubs. GBR. Dist: Hachette UK Distribution.

ADHD Warrior: Helping Children Conquer ADHD Unwanted Behaviors. Ambroes Pass-Turner. 2023. (ENG.). 56p. (J). 23.99 ***(978-1-6629-2141-4(1));*** pap. 12.55 ***(978-1-6629-2142-1(X))*** Gatekeeper Pr.

Adhemar (Classic Reprint) Paul de Kock. 2017. (ENG., Illus.). (J). 29.40 *(978-1-5282-8171-3(3))* Forgotten Bks.

Adi Sorts with Variables. Caroline Karanja. Illus. by Ben Whitehouse. 2018. (Code Play Ser.). (ENG.). 24p. (J). (gr. k-3). pap. 7.95 *(978-1-5158-2750-4(X),* 137952); lib. bdg. 27.99 *(978-1-5158-2746-7(1),* 137948) Capstone. (Picture Window Bks.).

Adia Kelbara & the Circle of Shamans. Isi Hendrix. 2023. (Adia Kelbara & the Circle of Shamans Ser.: 1). (ENG.). 352p. (J). (gr. 3-7). 19.99 ***(978-0-06-326633-9(4),*** Balzer & Bray) HarperCollins Pubs.

Adidas. Tom Streissguth. 2022. (Sports Brands Ser.). (ENG.). 112p. (YA). (gr. 6-12). lib. bdg. 41.36 *(978-1-5321-9811-3(6),* 39695, Essential Library) ABDO Publishing Co.

Adidas: Athletic Apparel Trailblazer: Athletic Apparel Trailblazer. Contrib. by J. R. Kinley. 2023. (Big Sports Brands Ser.). (ENG.). 48p. (J). (gr. 3-9). lib. bdg. 34.21 ***(978-1-0982-9065-8(8),*** 41891, SportsZone) ABDO Publishing Co.

Adidas vs. Puma: A Long-Running Rivalry. Kenny Abdo. 2022. (Versus Ser.). (ENG., Illus.). 24p. (J). (gr. 2-8). lib. bdg. 31.36 *(978-1-0982-2860-6(X),* 41097, Abdo Zoom-Fly) ABDO Publishing Co.

Adios (Classic Reprint) Mara Zahn. (ENG., Illus.). (J). 2018. 116p. 26.29 *(978-0-365-05566-2(2));* 2017. pap. 9.57 *(978-1-5276-5950-6(X))* Forgotten Bks.

¡Adiós, Habana! ¡Hola, Nueva York! (Good-Bye, Havana! Hola, New York!) Edie Colon. Tr. by Alexis Romay. Illus. by Raul Colon. 2023. (SPA.). 32p. (J). (gr. -1-3). 8.99 ***(978-1-6659-3611-8(8));*** 18.99 ***(978-1-6659-3612-5(6))*** Simon & Schuster/Paula Wiseman Bks. (Simon & Schuster/Paula Wiseman Bks.).

Adiós, Isla Del Príncipe / Anne's House of Dreams. Lucy Maud Montgomery. 2022. (Ana de Las Tejas Verdes Ser.: 5). (SPA.). 208p. (J). (gr. 4-7). pap. 12.95 *(978-607-38-1830-8(0))* Penguin Random House Grupo Editorial ESP. Dist: Penguin Random Hse. LLC.

Adirondack: Tales of the Forest, Mountains, & God's Creations. Gary Philip Guido. 2021. (ENG.). 164p. (J). 18.95 *(978-1-0879-5489-9(4))* Honeydrop Kids Club.

Adirondack Cabin, a Family Story: Telling of Journeyings by Lake & Mountain, & Idyllic, Days in the Heart of the Wilderness (Classic Reprint) Margaret Sidney. 2017. (ENG., Illus.). (J). 33.28 *(978-0-265-20210-4(8));* pap. 16.57 *(978-1-5276-9985-4(4))* Forgotten Bks.

Adirondack (Classic Reprint) J. T. Headley. 2017. (ENG., Illus.). 286p. (J). 29.80 *(978-0-484-46826-8(X))* Forgotten Bks.

Adirondack Idyl (Classic Reprint) Lida Ostrom Vanamee. (ENG., Illus.). (J). 2018. 154p. 27.09 *(978-0-483-99944-2(X));* 2017. pap. 9.57 *(978-0-243-23632-9(8))* Forgotten Bks.

Adirondack Lullaby. Brian J. Heinz. Illus. by Maggie Henry. 2016. (ENG.) (J). bds. 9.95 *(978-1-59531-053-8(3))* North Country Bks., Inc.

Adirondack, or Life in the Woods (Classic Reprint) Joel Tyler Headley. (ENG., Illus.). (J). 2017. 33.86 *(978-0-331-48906-4(6));* 2016. pap. 16.97 *(978-1-333-33775-9(2))* Forgotten Bks.

Adirondack Stories (Classic Reprint) P. Deming. 2018. (ENG., Illus.). 208p. (J). 28.19 *(978-0-267-43834-1(6))* Forgotten Bks.

Adirondack Tales (Classic Reprint) W. H. H. Murray. 2017. (ENG., Illus.). 482p. (J). 33.84 *(978-0-484-84100-9(9))* Forgotten Bks.

Adirondack Tales, Vol. 2: The Story of the Man Who Missed It; the Story That the Keg Told Me; Who Were They? (Classic Reprint) William Henry Harrison Murray. (ENG., Illus.). (J). 2018. 410p. 32.37 *(978-0-483-58228-6(X));* 2017. pap. 16.57 *(978-0-243-22680-1(2))* Forgotten Bks.

Adirondacks (Classic Reprint) Thomas Morris Longstreth. 2017. (ENG., Illus.). (J). 32.02 *(978-0-260-87822-9(7))* Forgotten Bks.

Adi's Perfect Patterns & Loops. Caroline Karanja. Illus. by Ben Whitehouse. 2018. (Code Play Ser.). (ENG.). 24p. (J). (gr. k-3). pap. 7.95 *(978-1-5158-2748-1(8),* 137950); lib. bdg. 27.99 *(978-1-5158-2744-3(5),* 137946) Capstone. (Picture Window Bks.).

Adivina Quién, 6 bks., Set. Dana Meachen Rau. Incl. Adivina Quién Brinca (Guess Who Jumps) lib. bdg. 25.50 *(978-0-7614-3457-3(7),* 718d7bda-6155-47f3-8122-a6443cdd6df3); Adivina Quien Caza (Guess Who Hunts) lib. bdg. 25.50 *(978-0-7614-3461-0(5),* fbd402d3-57fe-4d46-a29e-44b9baa6c315); Adivina Quién Gruñe (Guess Who Grunts) lib. bdg. 25.50 *(978-0-7614-3455-9(0),* 8311737c-76de-4199-83a6-0e81482e749f); Adivina Quién Nada (Guess Who Swims) lib. bdg. 25.50 *(978-0-7614-3458-0(5),* 1c6650ef-53d2-4485-8a78-8a3390c67a20); Adivina Quién Pica (Guess Who Stings) lib. bdg. 25.50 *(978-0-7614-3460-3(7),* 12e29945-58cf-4cad-acb7-5816cb8d02c9); Adivina Quién Ronronea (Guess Who Purrs) lib. bdg. 25.50 *(978-0-7614-3454-2(2),* 6270227c-ab71-4087-8fcb-5f49e88ab622); 32p. (gr. k-2). 2010. (Bookworms — Spanish Editions: Adivina Quien Ser.). (SPA.). 2008. Set lib. bdg. 95.70 net. *(978-0-7614-3453-5(4),* Cavendish Square) Cavendish Square Publishing LLC.

Adivina Quién, 6 bks., Set. Edward R. Ricciuti. Incl. Adivina Quién Atrapa (Guess Who Grabs) lib. bdg. 25.50 *(978-0-7614-2383-6(4),* 2432c2fa-766a-48e6-9509-f541a0032e4e); Adivina Quién Baja en Picada (Guess Who Swoops) lib. bdg. 25.50 *(978-0-7614-2387-4(7),* dd914657-2c3d-47f8-8d67-e08d2b86b048); Adivina Quién Cambia (Guess Who Changes) lib. bdg. 25.50 *(978-0-7614-2380-5(X),* 552b7dc4-6c4b-493e-aa21-3c2af49368fd); Adivina Quién Ruge (Guess Who Roars) lib. bdg. 25.50 *(978-0-7614-2386-7(9),* 8d0eb239-8216-4594-adf9-72ead2dabacf); Adivina Quién Se Esconde (Guess Who Hides) lib. bdg. 25.50 *(978-0-7614-2385-0(0),* 2ed3baec-9e12-4aac-ba75-10f2697eeeab); Adivina Quién Se Zambulle (Guess Who Dives) lib. bdg. 25.50 *(978-0-7614-2381-2(8),* c27821a4-9617-4183-b146-19ba4fd72406); (Illus.). (gr. k-2). 2008. (Bookworms — Spanish Editions: Adivina Quien Ser.). (SPA.). 32p. 2006. lib. bdg. *(978-0-7614-2379-9(6),* Cavendish Square) Cavendish Square Publishing LLC.

Adivina... ¿Quién Soy? Bombero. Larousse Ediciones. 2021. (Los Oficios Ser.). (SPA.). 8p. (J). (gr. -1-k). pap. 1.95 *(978-607-21-0832-5(6))* Larousse, Ediciones, S. A. de C. V. MEX. Dist: Independent Pubs. Group.

Adivina... ¿Quién Soy? Carpintero. Larousse Ediciones. 2021. (Los Oficios Ser.). (SPA.). 8p. (J). (gr. -1-k). pap. 1.95 *(978-607-21-0837-0(7))* Larousse, Ediciones, S. A. de C. V. MEX. Dist: Independent Pubs. Group.

Adivina... ¿Quién Soy? Chef. Larousse Ediciones. 2021. (Los Oficios Ser.). (SPA.). 8p. (J). (gr. -1-k). pap. 1.95 *(978-607-21-0833-2(4))* Larousse, Ediciones, S. A. de C. V. MEX. Dist: Independent Pubs. Group.

Adivina... ¿Quién Soy? Diseñadora de Modas. Larousse Ediciones. 2021. (Los Oficios Ser.). (SPA.). 8p. (J). (gr. -1-k). pap. 1.95 *(978-607-21-0836-3(9))* Larousse, Ediciones, S. A. de C. V. MEX. Dist: Independent Pubs. Group.

Adivina... ¿Quién Soy? Estilista. Larousse Ediciones. 2021. (Los Oficios Ser.). (SPA.). 8p. (J). (gr. -1-k). pap. 1.95 *(978-607-21-0838-7(5))* Larousse, Ediciones, S. A. de C. V. MEX. Dist: Independent Pubs. Group.

Adivina... ¿Quién Soy? Maestra. Larousse Ediciones. 2021. (Los Oficios Ser.). (SPA.). 8p. (J). (gr. -1-k). pap. 1.95 *(978-607-21-0834-9(2))* Larousse, Ediciones, S. A. de C. V. MEX. Dist: Independent Pubs. Group.

Adivina... ¿Quién Soy? Policía. Larousse Ediciones. 2021. (Los Oficios Ser.). (SPA.). 8p. (J). (gr. -1-k). pap. 1.95 *(978-607-21-0835-6(0))* Larousse, Ediciones, S. A. de C. V. MEX. Dist: Independent Pubs. Group.

Adivina... ¿Quién Soy? Veterinaria. Larousse Ediciones. 2021. (Los Oficios Ser.). (SPA.). 8p. (J). (gr. -1-k). pap. 1.95 *(978-607-21-0831-8(8))* Larousse, Ediciones, S. A. de C. V. MEX. Dist: Independent Pubs. Group.

Adivinancero. Valentín Rincón. Illus. by Alejandro Magallanes. 2020. (Recreo Ser.). (SPA.). 144p. (J). (gr. 4-7). pap. 16.95 *(978-607-8237-54-8(3))* Nostra Ediciones MEX. Dist: Independent Pubs. Group.

Adivinancero 2. Valentín Rincón. Illus. by Alejandro Magallanes. 2020. (Recreo Ser.). (SPA.). 240p. (J). (gr. 4-7). pap. 19.00 *(978-607-8237-76-0(4))* Nostra Ediciones MEX. Dist: Independent Pubs. Group.

Adivinario / Book of Riddles. Pablo Boullosa. Illus. by Cecilia Rébora. 2022. (SPA.). 64p. (J). (gr. -1-3). pap. 12.95 *(978-607-38-1669-4(3),* Alfaguara) Penguin Random House Grupo Editorial ESP. Dist: Penguin Random Hse. LLC.

Adjectives. Lori Brown. Illus. by Julianna Harvey. 2023. (Dudley & Friends Ser.: Vol. 4). (ENG.). (J). 28p. 32.95 ***(978-1-958273-22-7(8));*** 26p. pap. 18.95 ***(978-1-958273-21-0(X))*** Bluewater Pubns.

Adjectives. Contrib. by Kelly Doudna. 2023. (Sentences Ser.). (ENG.). 24p. (J). (gr. -1-2). lib. bdg. 31.36 (978-1-0982-8275-2(2), 42275, Abdo Zoom-Launch) ABDO Publishing Co.

Adjectives. Ann Heinrichs. 2019. (English Grammar Ser.). (ENG.). 32p. (J). (gr. 2-5). lib. bdg. 35.64 (978-1-5038-3239-8(2), 212998) Child's World, Inc, The.

Adjectives. Ann Heinrichs. 2016. (Illus.). 24p. (J). (978-1-4896-5980-4(3), AV2 by Weigl) Weigl Pubs., Inc.

Adjectives. Deborah G. Lambert. 2016. (978-1-5105-2273-2(5)) SmartBook Media, Inc.

Adjectives Say Incredible! Michael Dahl. Illus. by Lauren Lowen. 2019. (Word Adventures: Parts of Speech Ser.). (ENG.). 32p. (J). (gr. k-3). lib. bdg. 27.99 (978-1-5158-3871-5(4), 139590, Picture Window Bks.) Capstone.

Adjectives Say Incredible! Michael Dahl. Illus. by Lauren Lowen. 2019. (Word Adventures: Parts of Speech Ser.). (ENG.). 32p. (J). (gr. k-3). pap. 7.95 (978-1-5158-4060-2(3), 140054, Picture Window Bks.) Capstone.

Adjoa's New Arrival. Isabella Kpobie-Mensah. Illus. by Leanne Armstrong. 2020. (ENG.). 30p. (J). pap. (978-1-83853-583-4(7)) Independent Publishing Network.

Adjustment. Suzanne Young. 2017. (Program Ser.: 5). (ENG., Illus.). 416p. (YA). (gr. 9). 19.99 (978-1-4814-7132-9(5), Simon Pulse) Simon Pulse.

Adjustment. Suzanne Young. 2018. (Program Ser.: 5). (ENG., Illus.). 480p. (YA). (gr. 9). pap. 12.99 (978-1-4814-7133-6(3), Simon Pulse) Simon Pulse.

Adjustment (Classic Reprint) Marguerite Bryant. (ENG., Illus.). (J). 2018. 512p. 34.46 (978-0-332-75175-7(9)); 2017. pap. 16.97 (978-0-243-09239-0(3)) Forgotten Bks.

Adlet of Inuits - Half-Man, Half-Dog Creatures That Feasted on Inuit Villages - Mythology for Kids - True Canadian Mythology, Legends & Folklore. Professor Beaver. 2021. (ENG.). 72p. (J). 24.99 (978-0-2282-3609-2(6), Professor Beaver) Speedy Publishing LLC.

Adlet of Inuits - Half-Man, Half-Dog Creatures That Feasted on Inuit Villages Mythology for Kids True Canadian Mythology, Legends & Folklore. Professor Beaver. 2021. (ENG.). 72p. (J). pap. 14.99 (978-0-2282-3572-9(3), Professor Beaver) Speedy Publishing LLC.

Administration & Conduct of Industrial Arts Courses in the Junior High School: A Thesis (Classic Reprint) Wilber Dean French. 2018. (ENG., Illus.). (J). 60p. 25.13 (978-0-364-97188-6(6)); 62p. pap. 9.57 (978-0-656-77457-9(6)) Forgotten Bks.

Administration of a Testing Program in an Elementary School (Classic Reprint) George Fallows Moody. (ENG., Illus.). (J). 2018. 298p. 30.04 (978-0-365-35374-4(4)); 2017. pap. 13.57 (978-0-282-31894-9(1)) Forgotten Bks.

Administration of Sacraments in Combat (Classic Reprint) James F. Madden. 2017. (ENG., Illus.). (J). pap. 7.97 (978-0-282-46008-2(X)) Forgotten Bks.

Administration of Sacraments in Combat (Classic Reprint) Tom Adams. 2018. (ENG., Illus.). 24p. (J). 24.39 (978-0-483-08021-8(7)) Forgotten Bks.

Admirable Lady Biddy Fane, Vol. 2: Her Surprising Curious Adventures in Strange Parts Happy Deliverance from Pirates, Battle, Captivity,& Other Terrors, with Divers Romantic Moving Accidents As Set Forth by Benet Pengilly (Her Companion in Misfortune. Frank Barrett. 2018. (ENG., Illus.). 296p. (J). 30.00 (978-0-483-23778-0(7)) Forgotten Bks.

Admirable Tinker: Child of the World. Edgar Jepson. 2017. (ENG., Illus.). (J). 23.95 (978-1-374-97323-7(8)); pap. 13.95 (978-1-374-97322-0(X)) Capital Communications, Inc.

Admirable Tinker: Child of the World (Classic Reprint) Edgar Jepson. (ENG., Illus.). (J). 2018. 338p. 30.87 (978-0-483-23591-5(1)); 2017. pap. 13.57 (978-0-259-49221-4(3)) Forgotten Bks.

Admiral a Romance of Nelson in the Year of the Nile (Classic Reprint) Douglas Sladen. 2019. (ENG., Illus.). 436p. (J). 32.89 (978-0-365-20252-3(5)) Forgotten Bks.

Admiral Goes to the Rescue. Lubna Alsagoff. 2023. (Wonderful World of Words Ser.: 12). (ENG.). 28p. (J). (gr. 2-4). pap. 8.99 (978-981-5009-01-9(X)) Marshall Cavendish International (Asia) Private Ltd. SGP. Dist: Independent Pubs. Group.

Admiral Wright's Heroical Storicals: Daniel Boone & the Battle of Boonesborough. Annie Winston. 2019. (ENG.). 210p. (J). pap. 14.99 (978-1-58169-692-9(2), Evergreen Pr.) Genesis Communications, Inc.

Admiral's Caravan (Classic Reprint) Charles E. Carryl. (ENG., Illus.). (J). 2018. 144p. 26.87 (978-0-332-92432-8(7)); 2016. pap. 9.57 (978-1-333-63331-8(9)) Forgotten Bks.

Admiral's Light (Classic Reprint) Henry Milner Rideout. 2017. (ENG., Illus.). (J). 29.63 (978-1-5283-6874-2(6)) Forgotten Bks.

Admiral's Ward: A Novel (Classic Reprint) Alexander. 2016. (ENG., Illus.). (J). pap. 16.57 (978-1-334-13320-6(4)) Forgotten Bks.

Admiral's Ward: A Novel (Classic Reprint) Alexander. 2018. (ENG., Illus.). 488p. (J). 34.15 (978-0-483-11082-3(5)) Forgotten Bks.

Admiral's Ward, Vol. 1 of 3 (Classic Reprint) Alexander. 2016. (ENG., Illus.). (J). pap. 13.57 (978-1-333-39190-4(0)) Forgotten Bks.

Admiral's Ward, Vol. 1 of 3 (Classic Reprint) Alexander. 2018. (ENG., Illus.). 330p. (J). 30.70 (978-0-267-31073-9(0)) Forgotten Bks.

Admiral's Ward, Vol. 3 of 3 (Classic Reprint) Alexander. 2018. (ENG., Illus.). 322p. (J). 30.56 (978-0-483-62279-1(6)) Forgotten Bks.

Admiral's Wife in the Making, 1860 1903 (Classic Reprint) Ida Margaret Graves Poore. (ENG., Illus.). (J). 2018. 394p. 32.02 (978-0-666-04070-1(2)); 2016. pap. 16.57 (978-1-333-64789-6(1)) Forgotten Bks.

Admission. Julie Buxbaum. 2022. (ENG.). 352p. (YA). (gr. 7). pap. 9.99 (978-1-9848-9365-9(3), Ember) Random Hse. Children's Bks.

Adnah: A Tale of the Time of Christ (Classic Reprint) J. Breckenridge Ellis. 2018. (ENG., Illus.). 310p. (J). 30.29 (978-0-483-49234-9(5)) Forgotten Bks.

Adnam's Orchard (Classic Reprint) Sarah Grand. 2018. (ENG., Illus.). 670p. (J). 37.74 (978-0-484-68942-7(8)) Forgotten Bks.

Adobe Shelters to Steel Skyscrapers: A Timeline of Building. Contrib. by World Book, Inc. Staff. 2016. (Illus.). 40p. (J). (978-0-7166-3540-6(2)) World Bk., Inc.

Adobeland Stories (Classic Reprint) Verner Z. Reed. 2017. (ENG., Illus.). (J). 27.59 (978-0-266-19316-6(1)) Forgotten Bks.

Adolescence of Zhenya Luvers (Classic Reprint) Boris Leonidovich Pasternak. 2017. (ENG., Illus.). (J). 25.90 (978-0-331-56916-2(7)); pap. 9.57 (978-0-243-24598-7(X)) Forgotten Bks.

Adolf Hitler. James Buckley, Jr. 2017. (History's Worst Ser.). (ENG., Illus.). 208p. (J). (gr. 3-7). pap. 8.99 (978-1-4814-7942-4(3), Aladdin) Simon & Schuster Children's Publishing.

Adolf Hitler, 1 vol. Ed. by he New York Times. 2018. (Public Profiles Ser.). (ENG.). 224p. (YA). (gr. 9-9). lib. bdg. 54.93 (978-1-64282-004-1(0), 9bc131e9-0281-4dc2-a330-de65b13b2944, New York Times Educational Publishing) Rosen Publishing Group, Inc., The.

Adolf Hitler, 1 vol. Ed. by The New York Times Editorial. 2018. (Public Profiles Ser.). (ENG.). 224p. (YA). (gr. 9-9). pap. 24.47 (978-1-64282-005-8(9), 64062ba3-ad4d-4e3a-8445-1daf1bead28a, New York Times Educational Publishing) Rosen Publishing Group, Inc., The.

Adolf Hitler - What Started World War 2 - Biography 6th Grade Children's Biography Books. Baby Professor. 2017. (ENG., Illus.). (J). pap. 9.55 (978-1-5419-1192-5(X), Baby Professor (Education Kids)) Speedy Publishing LLC.

¿Adónde Vamos? Leveled Reader Book 43 Level C 6 Pack. Hmh Hmh. 2021. (SPA.). 16p. (J). pap. 74.40 (978-0-358-08172-2(6)) Houghton Mifflin Harcourt Publishing Co.

¿Adónde Van las Mariposas Desde Aquí? Allyson Collins. Illus. by Angelica A. Foster. 2023. (SPA.). 30p. (J). 24.99 (978-1-0881-0572-6(6)) Indy Pub.

Adopt, Don't Shop. Chiara Sparks. 2020. (ENG.). 30p. (J). pap. (978-1-988675-67-1(7)) STOKE Publishing.

Adopt Me! Perfect Pets Journal. Contrib. by Uplift Games LLC. 2023. (Adopt Me! Ser.). (ENG., Illus.). 96p. (J). (gr. 1-5). pap. 10.99 (978-0-06-331284-5(0), HarperCollins) HarperCollins Pubs.

Adopt Me! Dress Your Pets! Uplift Games Uplift Games LLC. Illus. by Uplift Games Uplift Games LLC. 2023. (Adopt Me! Ser.). (ENG., Illus.). 32p. (J). (gr. 1-5). 11.99 (978-0-06-331286-9(7), HarperCollins) HarperCollins Pubs.

Adoptar un Dinosaurio. Jose Carlos Andres. Illus. by Ana Sanfelippo. 2019. (SPA.). 40p. (J). 16.95 (978-84-17123-62-8(8)) NubeOcho Ediciones ESP. Dist: Consortium Bk. Sales & Distribution.

Adopted by the Streets. Tyvon Price. 2019. (ENG.). 136p. (YA). pap. 14.95 (978-1-64544-262-2(4)) Page Publishing Inc.

Adopted Daughter: A Tale for Young Persons (Classic Reprint) Elizabeth Sandham. 2018. (ENG., Illus.). 220p. (J). 28.43 (978-0-267-41162-7(6)) Forgotten Bks.

Adopted Daughter; or the Trials of Sabra: A Tale of Real Life (Classic Reprint) Unknown Author. 2018. (ENG., Illus.). 200p. (J). 28.02 (978-0-365-47121-9(6)) Forgotten Bks.

Adopted Dragon: A Story about Adoption. Steve Herman. 2022. (My Dragon Bks.: Vol. 60). (ENG.). 50p. (J). 20.95 (978-1-64916-137-6(9)); pap. 12.95 (978-1-64916-136-9(0)) Digital Golden Solutions LLC.

Adopted Husband: Sono Omokage (Classic Reprint) Shimei Futabatei. 2018. (ENG., Illus.). (J). 29.61 (978-0-260-53416-3(1)) Forgotten Bks.

Adopted Son: A Historical Novel (Classic Reprint) Jacob van Lennep. 2017. (ENG., Illus.). (J). 33.53 (978-0-331-82784-2(0)); pap. 16.57 (978-0-259-27370-7(8)) Forgotten Bks.

Adopted Son: A Play in Four Acts (Classic Reprint) Bertha Hurwitz. 2018. (ENG., Illus.). 98p. (J). 25.92 (978-0-484-36655-7(6)) Forgotten Bks.

Adopted Teen Workbook: Develop Confidence, Strength, & Resilience on the Path to Adulthood. Barbara Neiman. 2019. (ENG., Illus.). 184p. (YA). (gr. 6-12). pap. 16.95 (978-1-68403-141-2(9), 41412, Instant Help Books) New Harbinger Pubns.

Adopting of Rosa Marie: A Sequel to Dandelion Cottage. Carroll Watson Rankin. 2018. (ENG., Illus.). 154p. (YA). (gr. 7-12). pap. (978-93-5329-343-7(X)) Alpha Editions.

Adoption de Bebe Ours. Jennifer Keats Curtis. Tr. by Sophie Troff. Illus. by Veronica V. Jones. 2019. (FRE.). 32p. (J). 11.95 (978-1-64351-585-4(3)) Arbordale Publishing.

Adoption Story: Little Stork's New Home. Carolyn Robertson. Illus. by Patricia De Villiers. 2017. (ENG.). (J). pap. (978-0-9931153-4-9(9)) Sparklypoo Pubns.

Adoptive Families. Leanne Currie-McGhee. 2018. (Changing Families Ser.). (ENG.). 64p. (J). (gr. 6-12). 39.93 (978-1-68282-355-2(5)) ReferencePoint Pr., Inc.

Adoptive Families. C. M. Davis. 2023. (All Families Ser.). (ENG., Illus.). 32p. (J). (gr. 2-3). pap. 9.95 (978-1-63739-493-9(4), Focus Readers) North Star Editions.

Adora & the Distance. Marc Bernardin. Illus. by Ariela Kristantina & Bryan Valenza. 2022. 112p. (YA). (gr. 8-12). pap. 14.99 (978-1-5067-2450-8(7), Dark Horse Books) Dark Horse Comics.

Adora Finds a Friend, 10. Shana Muldoon Zappa et al. 2016. (Star Darlings Ser.). (ENG.). 176p. (J). (gr. 3-6). 21.19 (978-1-4844-8574-3(2)) Disney Pr.

Adora Loves Waterfalls. Tracilyn George. 2023. (ENG.). 40p. (J). pap. 15.99 (978-1-77475-539-6(4)) Draft2Digital.

Adora the Albino Alligator. Rhonda Edwards. Illus. by Stephanie Cooke. 2019. (ENG.). 32p. (J). pap. 9.98 (978-0-7443-2415-0(7)) CamCat Publishing.

Adorable Animal Friendships. Virginia Loh-Hagan. 2018. (Stranger Than Fiction Ser.). (ENG., Illus.). 32p. (J). (gr. 4-8). pap. 14.21 (978-1-5341-0859-2(9), 210800); lib. bdg. 32.07 (978-1-5341-0760-1(6), 210799) Cherry Lake Publishing. (45th Parallel Press).

Adorable Animals: A Children's Coloring Book That Features Adorable Animals Ages 5 Years Old & Up. Rodney Harrison. 2022. (ENG.). 46p. (J). pap. (978-1-387-52603-1(0)) Lulu Pr., Inc.

Adorable Babies: Babysitting Fun Coloring & Puzzle Book. Smarter Activity Books for Kids. 2016. (ENG., Illus.). (J). pap. 8.99 (978-1-68374-811-3(5)) Examined Solutions PTE. Ltd.

Adorable Beastling. Jonathan Rosenbaum. 2020. (ENG., Illus.). 36p. (J). 11.99 (978-1-63229-523-1(7), e5493f96-a127-48b4-9523-068b39cbfd8c) Action Lab Entertainment.

Adorable Bees Coloring Book: Cute Bees Coloring Book Funny Bees Coloring Pages for Kids 25 Incredibly Cute & Lovable Bees. Welove Coloringbooks. 2021. (ENG., Illus.). 106p. (J). pap. 11.49 (978-1-716-28118-1(0)) Lulu Pr., Inc.

Adorable Bees Coloring Book: Cute, Fun & Relaxing Bee Coloring Activity Book for Boys, Girls, Especially Kindergarten Toddlers Ages 4-8. Rhea Stokes. 2021. (ENG.). 64p. (J). pap. 9.55 (978-1-008-94319-3(3)) Lulu Pr., Inc.

Adorable Dogs Coloring Book: Cute Dogs Coloring Book - Lovable Dogs Coloring Pages for Kids -25 Incredibly Cute & Lovable Dogs. Welove Coloringbooks. 2020. (ENG.). 106p. (J). pap. 11.49 (978-1-716-30092-9(4)) Lulu Pr., Inc.

Adorable Dragons: Coloring Book for Kids. Liny Dee. 2023. (ENG.). 72p. (J). pap. (978-1-312-44465-2(7)) Lulu Pr., Inc.

Adorable Ducks Coloring Book: Cute Ducks Coloring Book - Funny Ducks Coloring Pages for Kids -25 Incredibly Cute & Lovable Ducks. Welove Coloringbooks. 2020. (ENG., Illus.). 106p. (J). pap. 10.49 (978-1-716-28013-9(3)) Lulu Pr., Inc.

Adorable Fluffy Moths & Butterflies Coloring Book. Activity Attic. 2016. (ENG., Illus.). (J). pap. 7.74 (978-1-68323-826-3(5)) Twin Flame Productions.

Adorable Greek Myths: Coloring Book for Kids. Liny Dee. 2023. (ENG.). 72p. (J). pap. (978-1-312-45953-3(0)) Lulu Pr., Inc.

Adorable Kawaii Girls: A Giant Jumbo Children's Coloring Book Features over 80 Pages of Kawaii Girls. Beatrice Harrison. 2022. (ENG.). 102p. (J). pap. 15.96 (978-1-387-42835-9(7)) Lulu Pr., Inc.

Adorable Kindergarten Writing Paper with Lines for ABC Kids - Notebook with Dotted Lined Sheets for K-3 Students. Adil Daisy. 2021. (ENG.). 102p. (J). pap. 11.99 (978-1-716-25451-2(5)) Lulu Pr., Inc.

Adorable Koalas: Coloring Book for Kids. Liny Dee. 2023. (ENG.). 72p. (J). pap. (978-1-312-44433-1(9)) Lulu Pr., Inc.

Adorable Puppies & Kitties Coloring Book. Jupiter Kids. 2017. (ENG., Illus.). (J). pap. 9.20 (978-1-68326-590-0(4), Jupiter Kids (Childrens & Kids Fiction)) Speedy Publishing LLC.

AdoraBULL. Alison Donald. Illus. by Alex Willmore. 2019. (ENG.). 32p. (J). (gr. -1-3). 17.99 (978-1-84886-412-2(4), c8d8c538-3326-45ee-b1be-6767d43362b7) Maverick Arts Publishing GBR. Dist: Lerner Publishing Group.

Adored: 365 Devotions for Young Women, 1 vol. Zondervan. 2017. (ENG.). 384p. (YA). 16.99 (978-0-310-76279-9(0)) Zondervan.

Adoring Aunt Amelia's Amazing Apples. Teresa Hill Troncale. Illus. by Jamie Wood. 2021. (ENG.). 36p. (J). 22.99 (978-1-6628-0221-8(8)); pap. 12.49 (978-1-6628-0220-1(X)) Salem Author Services.

Adorkable. Cookie O'Gorman. 2016. (ENG., Illus.). (J). pap. 14.99 (978-0-9978174-0-9(2)) Cookie O'Gorman.

Adorkable. Cookie O'Gorman. 2019. (ENG.). 340p. (YA). pap. 9.99 (978-1-64063-759-7(1), 900214943) Entangled Publishing, LLC.

Adorned in Blood. L. S. Barron. 2021. (ENG.). 226p. (YA). pap. (978-1-83943-961-2(0)) Totally Entwinded Group.

Adoro Compartilhar: I Love to Share (Brazilian Portuguese Edition) Shelley Admont & Kidkiddos Books. 2nd ed. 2019. (Portuguese Bedtime Collection). (POR., Illus.). 34p. (J). (gr. k-3). pap. (978-1-5259-1709-7(9)) Kidkiddos Bks.

Adoro Partilhar: I Love to Share (Portuguese Portugal Edition) Shelley Admont & Kidkiddos Books. 2019. (Portuguese Portugal Bedtime Collection). (POR., Illus.). 34p. (J). (gr. k-3). (978-1-5259-1919-0(9)); pap. (978-1-5259-1918-3(0)) Kidkiddos Bks.

Adoro Partilhar I Love to Share: Portuguese English Bilingual Book -Portugal. Shelley Admont & Kidkiddos Books. 2020. (Portuguese Portugal English Bilingual Collection). (POR., Illus.). 34p. (J). (gr. k-3). (978-1-5259-2022-6(7)); pap. (978-1-5259-2021-9(9)) Kidkiddos Bks.

Adri Tiene Miedo a la Oscuridad / Adri Is Afraid of the Dark. Elisabetta Dami. Tr. by Helena AGUILÀ RUZOLA. 2022. (Bruna y Bruno Ser.: 1). (SPA.). 48p. (J). (gr. -1-3). pap. 14.95 (978-607-38-1651-9(0), Beascoa) Penguin Random House Grupo Editorial ESP. Dist: Penguin Random Hse. LLC.

Adrian Simcox Does NOT Have a Horse. Marcy Campbell. Illus. by Corinna Luyken. 2018. 40p. (J). (-k). 18.99 (978-0-7352-3037-8(4), Dial Bks) Penguin Young Readers Group.

Adriana Steals the Plane from Her Big Brother. Rachel White. Illus. by Indie Pay. 2023. (ENG.). 22p. (J). (978-0-6456064-2-3(1)) King, Rachel.

Adriana's Angels. Ruth Goring. Illus. by Erika Meza. 2017. (J). 16.99 (978-1-5064-1832-2(5), Sparkhouse Family) 1517 Media.

Adriann Takes a Stand. Melondy Roberson. Illus. by Roszella Offord. 2017. (ENG.). 36p. (J). (gr. -1-3). pap. 12.00 (978-1-59755-442-8(1), Advantage BibleStudy) Advantage Bks.

Adrian's Christmas Wish. Put Me In The Story & J. D. Green. Illus. by Julia Seal. 2018. (Christmas Wish Ser.). (ENG.). 32p. (J). (gr. k-3). 6.99 (978-1-4926-8505-0(4)) Sourcebooks, Inc.

Adrian's Journey. Alison Cooper. 2017. (ENG.). 462p. pap. 16.95 (978-1-78629-571-2(7), 68a31e60-ff71-413c-82b1-cbf442cdafdd) Austin Macauley Pubs. Ltd. GBR. Dist: Baker & Taylor Publisher Services (BTPS).

Adrift. Heidi E. Y. Stemple. Illus. by Anastasia Suvorova. 2021. (ENG.). 32p. (J). 17.95 (978-1-62371-909-8(7), Crocodile Bks.) Interlink Publishing Group, Inc.

Adrift: A Story of Niagara (Classic Reprint) Julia Ditto Young. 2017. (ENG., Illus.). (J). 29.69 (978-0-265-76433-6(5)) Forgotten Bks.

Adrift: An Odd Couple of Polar Bears. Jessica Olien. Illus. by Jessica Olien. 2017. (ENG., Illus.). 40p. (J). (gr. -1-3). 17.99 (978-0-06-245177-4(4), Balzer & Bray) HarperCollins Pubs.

Adrift at Sea: A Vietnamese Boy's Story of Survival. Marsha Forchuk Skrypuch. Illus. by Brian Deines. 2016. (ENG.). 40p. (J). (gr. 1-4). 19.95 (978-1-77278-005-5(7)) Pajama Pr. CAN. Dist: Publishers Group West (PGW).

Adrift (Classic Reprint) Charles W. Babcock. 2018. (ENG., Illus.). 28p. (J). 24.52 (978-0-484-32750-3(X)) Forgotten Bks.

Adrift (Classic Reprint) Anna Hanson Dorsey. 2018. (ENG., Illus.). 648p. (J). 37.30 (978-0-484-78223-4(1)) Forgotten Bks.

Adrift in America: Or Work & Adventure in the States (Classic Reprint) Cecil Roberts. 2017. (ENG., Illus.). (J). 29.22 (978-0-331-30748-1(0)) Forgotten Bks.

Adrift in New York: Or Tom & Florence Braving the World (Classic Reprint) Horatio Alger. 2018. (ENG., Illus.). 274p. (J). 29.55 (978-0-267-20544-8(9)) Forgotten Bks.

Adrift in New York: Tom & Florence Braving the World. Horatio Alger. 2019. (ENG.). 214p. (YA). (gr. 7-12). pap. (978-93-5329-578-3(5)) Alpha Editions.

Adrift in New Zealand (Classic Reprint) E. Way Elkington. 2018. (ENG., Illus.). 356p. (J). 31.24 (978-0-428-76319-0(7)) Forgotten Bks.

Adrift in the Wilds: The Adventures of Two Shipwrecked Boys. Edward S. Ellis. 2019. (ENG.). 214p. (J). pap. (978-93-5329-851-7(2)) Alpha Editions.

Adrift with a Vengeance: A Tale of Love & Adventure (Classic Reprint) Kinahan Cornwallis. (ENG., Illus.). (J). 2018. 328p. 30.66 (978-0-483-52059-2(4)); 2017. pap. 13.57 (978-0-259-00493-6(6)) Forgotten Bks.

Adsonville, or Marrying Out: A Narrative Tale (Classic Reprint) John C. Johnson. (ENG., Illus.). (J). 2017. 29.94 (978-0-331-58904-7(4)); 2016. pap. 13.57 (978-1-334-13153-0(8)) Forgotten Bks.

Adulation. Tiana Wilkins. 2018. (ENG., Illus.). 176p. (YA). (gr. 7-12). pap. 9.99 (978-1-64133-112-8(7)) MainSpringBks.

Adult Activity Book: Dot to Dots. Speedy Publishing LLC. 2016. (ENG., Illus.). 108p. (J). pap. 12.55 (978-1-68326-159-9(3)) Speedy Publishing LLC.

Adult Calm & Relaxing Coloring Book: Relaxing Coloring Pages for Adults & Kids, Animals Nature, Flowers, Christmas & More Woderful Pages. Elli Steele. 2020. (ENG.). 98p. (YA). pap. 9.99 (978-1-716-32904-3(3)) Lulu Pr., Inc.

Adult Coloring Book. Sienna Valdeza. 2021. (ENG.). 104p. (YA). pap. 6.99 (978-1-716-60609-0(8)) Lulu Pr., Inc.

Adult Coloring Book: A Gorgeous Mandala & Flowers Designs Stress Relieving. Elli Steele. 2020. (ENG.). 106p. (YA). pap. 10.31 (978-1-716-29883-7(0)) Lulu Pr., Inc.

Adult Coloring Book: A Whimsical Adult Coloring Book Mandala & Animals Designs Stress Relieving. Elli Steele. 2020. (ENG.). 106p. (YA). pap. 10.29 (978-1-716-32274-7(X)) Lulu Pr., Inc.

Adult Coloring Book: Adult Coloring Book for Stress Relief Relaxation. Elli Steele. 2020. (ENG.). 124p. (YA). pap. 10.99 (978-1-716-32237-2(5)) Lulu Pr., Inc.

Adult Coloring Book: Amazing Flowers-30 Inspirational Words-Stress Relieving-Fun Coloring Book. Jenni Jenson. 2021. (ENG.). 64p. (YA). pap. (978-0-397-59650-8(2), Weidenfeld & Nicolson) Orion Publishing Group, Ltd.

Adult Coloring Book: Giant Super Jumbo 30 Designs Color Calm Fruits & Vegetables for Anxiety. Beatrice Harrison. 2020. (ENG.). 34p. (YA). pap. 7.86 (978-1-716-93211-3(4)) Lulu Pr., Inc.

Adult Coloring Book: Giant Super Jumbo 30 Designs Color Calm Fruits & Vegetables for Anxiety (Book Edition:2) Beatrice Harrison. 2020. (ENG.). 34p. (YA). pap. 7.86 (978-1-716-93185-7(1)) Lulu Pr., Inc.

Adult Coloring Book: Giant Super Jumbo 30 Designs of Happy Thanksgiving Patterns for Relaxation. Beatrice Harrison. 2020. (ENG.). 34p. (YA). pap. 7.86 (978-1-716-91628-1(3)) Lulu Pr., Inc.

Adult Coloring Book: Giant Super Jumbo 30 Designs of Happy Thanksgiving Patterns for Relaxation (Book Edition:2) Beatrice Harrison. 2020. (ENG.). 34p. (YA). pap. 7.86 (978-1-716-91614-4(3)) Lulu Pr., Inc.

Adult Coloring Book: Giant Super Jumbo 30 Designs of the Most Beautiful Christmas Decorations for Relaxation & Fun. Beatrice Harrison. 2020. (ENG.). 34p. (YA). pap. 7.86 (978-1-716-90528-5(1)) Lulu Pr., Inc.

Adult Coloring Book: Giant Super Jumbo 30 Designs of the Most Beautiful Christmas Decorations for Relaxation & Fun (Book Edition:2) Beatrice Harrison. 2020. (ENG.). 34p. (YA). pap. 7.86 (978-1-716-90526-1(5)) Lulu Pr., Inc.

Adult Coloring Book: Giant Super Jumbo 30 Designs of the Most Beautiful Christmas Trees for Relaxation. Beatrice Harrison. 2020. (ENG.). 34p. (YA). pap. 7.86 (978-1-716-93080-5(4)) Lulu Pr., Inc.

Adult Coloring Book: Giant Super Jumbo 30 Designs of the Most Beautiful Christmas Trees for Relaxation (Book Edition:2) Beatrice Harrison. 2020. (ENG.). 34p. (YA). pap. 7.86 (978-1-716-93076-8(6)) Lulu Pr., Inc.

Adult Coloring Book: Giant Super Jumbo 30 Designs of the Most Beautiful Halloween Pumpkins for Relaxation & Fun. Beatrice Harrison. 2020. (ENG.). 34p. (YA). pap. 7.86 (978-1-716-93163-5(0)) Lulu Pr., Inc.

Adult Coloring Book: Giant Super Jumbo 30 Designs of the Most Beautiful Halloween Pumpkins for Relaxation & Fun (Book Edition:2) Beatrice Harrison. 2020. (ENG.). 34p. (YA). pap. 7.86 (978-1-716-93157-4(6)) Lulu Pr., Inc.

Adult Coloring Book: Giant Super Jumbo 30 Designs of the Most Beautiful Peaceful Landscapes for Depression & Anxiety. Beatrice Harrison. 2020. (ENG.). 34p. (YA). pap. 7.86 (978-1-716-93068-3(5)) Lulu Pr., Inc.

Adult Coloring Book: Giant Super Jumbo 30 Designs of the Most Beautiful Peaceful Landscapes for Depression & Anxiety (Book Edition:2) Beatrice Harrison. 2020. (ENG.). 34p. (YA). pap. 7.86 *(978-1-716-93062-1(6))* Lulu Pr., Inc.

Adult Coloring Book: Giant Super Jumbo 30 Designs Variety of Scary Demons of Halloween Witches, Pumpkins, Demon Beast, Skulls, Dragons, Owls for Relaxation & Fun. Beatrice Harrison. 2020. (ENG.). 34p. (YA). pap. 7.86 *(978-1-716-85187-2(4))* Lulu Pr., Inc.

Adult Coloring Book: Giant Super Jumbo 30 Designs Wonderful Happy Thanksgiving Patterns for Calmness. Beatrice Harrison. 2020. (ENG.). 34p. (YA). pap. 7.86 *(978-1-716-93073-7(1))* Lulu Pr., Inc.

Adult Coloring Book: Giant Super Jumbo 30 Designs Wonderful Happy Thanksgiving Patterns for Calmness (Book Edition:2) Beatrice Harrison. 2020. (ENG.). 34p. (YA). pap. 7.86 *(978-1-716-93071-3(5))* Lulu Pr., Inc.

Adult Coloring Book: Giant Super Jumbo Coloring Book Features 30 Designs of the Most Adorable Cats, Kittens, Dogs, & Puppies for Stress Relief & Boredom (Book Edition:1) Beatrice Harrison. 2020. (ENG.). 34p. (YA). pap. 7.86 *(978-1-716-84109-5(7))* Lulu Pr., Inc.

Adult Coloring Book: Giant Super Jumbo Coloring Book Features 30 Designs of the Most Adorable Cats, Kittens, Dogs, & Puppies for Stress Relief & Boredom (Book Edition:2) Beatrice Harrison. 2020. (ENG.). 34p. (YA). pap. 7.86 *(978-1-716-84100-2(3))* Lulu Pr., Inc.

Adult Coloring Book: Giant Super Jumbo Mega Coloring Book Featuring Beautiful Country Life Animals & Old-Fashioned Country Scenes for Stress Relief. Beatrice Harrison. 2020. (ENG.). 34p. (YA). pap. 7.86 *(978-1-716-66851-7(4))* Lulu Pr., Inc.

Adult Coloring Book: Jesus Walks with Me: Uplifting Spiritual & Inspirational Christian Poems, Bible Scriptures, & Beautiful Adult Patterns for Healing, Crisis, Troubles, Anxiety, & Depression. Beatrice Harrison. 2020. (ENG.). 34p. (YA). pap. 7.86 *(978-1-716-88598-3(1))* Lulu Pr., Inc.

Adult Coloring Book Animals: Stress Relieving Designs Animals, Fun, Easy, & Relaxing Coloring Pages for Animal Lovers. Nisclaroo. 2020. (ENG.). 98p. (J). pap. 11.24 *(978-1-716-40221-0(2))* Google.

Adult Coloring Book Bear Designs: 33 Relaxing Bear Designs with Mandala Inspired Patterns for Stress Relief Teddy Bear Mandala. Elli Steele. 2021. (ENG.). 68p. (YA). pap. 8.75 *(978-1-008-98769-2(7))* Lulu Pr., Inc.

Adult Coloring Book Mandala Beautiful Design: Awesome Mandala Coloring Book Stress Relieving. Elli Steele. 2021. (ENG.). 126p. (YA). pap. 10.99 *(978-1-716-24964-8(3))* Lulu Pr., Inc.

Adult Coloring Book (Mysterious Mechanical Creatures) Advanced Coloring (Colouring) Books with 40 Coloring Pages: Mysterious Mechanical Creatures (Colouring (Coloring) Books) James Manning. 2019. (Adult Coloring Book Ser.: Vol. 11). (ENG., Illus.). 82p. (YA). pap. *(978-1-83856-828-3(X))* Coloring Pages.

Adult Coloring Book (Mysterious Mechanical Creatures) Advanced Coloring (colouring) Books with 40 Coloring Pages: Mysterious Mechanical Creatures (Colouring (coloring) Books) James Manning. 2019. (Advanced Coloring (Colouring) Books with 40 Colori Ser.: Vol. 11). (ENG., Illus.). 82p. (YA). pap. *(978-1-83856-383-7(0))* Coloring Pages.

Adult Coloring Book (Mysterious Wild Beasts) A Wild Beasts Coloring Book with 30 Coloring Pages for Relaxed & Stress Free Coloring. This Book Can Be Downloaded As a PDF & Printed off to Color Individual Pages. James Manning. 2019. (Adult Coloring Book Ser.: Vol. 14). (ENG., Illus.). 62p. (YA). pap. *(978-1-83856-533-6(7))* Coloring Pages.

Adult Coloring Book, Stress Relief Swear Word Coloring Book Pages Big Pack (45 Pages) Martin G. 2022. (ENG.). 54p. pap. *(978-1-4717-0109-2(3))* Lulu Pr., Inc.

Adult Coloring Book with Flowers & Animals: Amazing Adult Coloring Book with Stress Relieving Animals & Flowers Designs. Elli Steele. 2020. (ENG.). 128p. (YA). pap. 11.25 *(978-1-716-32267-9(7))* Lulu Pr., Inc.

Adult Coloring Books (Mysterious Wild Beasts) A Wild Beasts Coloring Book with 30 Coloring Pages for Relaxed & Stress Free Coloring. This Book Can Be Downloaded As a PDF & Printed off to Color Individual Pages. James Manning. 2019. (Adult Coloring Books (Mysterious Wild Beasts) Ser.: Vol. 14). (ENG., Illus.). 62p. (YA). pap. *(978-1-83856-537-4(X))*; pap. *(978-1-83856-539-8(6))* Coloring Pages.

Adult Coloring Flowers: Adult Coloring Flower Book to Get Stress Relieving & Relaxation. Elli Steele. 2020. (ENG.). 106p. (YA). pap. 10.36 *(978-1-716-30584-9(5))* Lulu Pr., Inc.

Adult Coloring Images (Mysterious Mechanical Creatures) Advanced Coloring (Colouring) Books with 40 Coloring Pages: Mysterious Mechanical Creatures (Colouring (Coloring) Books) James Manning. 2019. (Adult Coloring Images Ser.: Vol. 11). (ENG., Illus.). 82p. (YA). pap. *(978-1-83856-614-2(7))* Coloring Pages.

Adult Coloring Pages (Mysterious Mechanical Creatures) Advanced Coloring (Colouring) Books with 40 Coloring Pages: Mysterious Mechanical Creatures (Colouring (Coloring) Books) James Manning. 2019. (Adult Coloring Pages Ser.: Vol. 11). (ENG., Illus.). 82p. (YA). pap. *(978-1-83856-597-8(3))* Coloring Pages.

Adult Designs Coloring Book - Design Coloring Books for Adults. Activibooks. 2016. (ENG., Illus.). (J). pap. 9.20 *(978-1-68321-099-3(9))* Mimaxion.

Adult Easter Eggs Coloring Book. Elli Steele. 2021. (ENG.). 104p. (YA). pap. 10.19 *(978-1-008-99689-2(0))* Lulu Pr., Inc.

Adult Journal. Desire Biggiers. 2022. (ENG.). 51p. pap. *(978-1-387-79778-3(6))* Lulu Pr., Inc.

Adult Life Skills for Children: A Fable. Eve Baker. 2022. (ENG.). 196p. (J). pap. *(978-1-80369-136-7(0))* Authors OnLine, Ltd.

Adult Mandala Coloring Book: Awesome Mandala Adult Coloring Book Stress Relieving Mandala Designs for Adults Relaxation. Elli Steele. 2021. (ENG.). 104p. (YA). pap. 10.15 *(978-1-008-99005-0(1))* Lulu Pr., Inc.

Adult Stories: Touching Tales of Love & Loving. René Blanco. 2019. (Flightbooks Ser.: 2). (ENG.). 130p. (J). pap. *(978-0-9834147-1-1(8))* FlightBks.

Adult Themed Coloring Books (Absolute Nonsense) This Book Has 36 Coloring Sheets That Can Be Used to Color in, Frame, and/or Meditate over: This Book Can Be Photocopied, Printed & Downloaded As a PDF. James Manning. 2019. (Adult Themed Coloring Bks.: Vol. 30). (ENG., Illus.). 74p. (YA). pap. *(978-1-83884-154-6(7))* Coloring Pages.

Adult Themed Coloring Books (All You Need Is Love) This Book Has 40 Coloring Sheets That Can Be Used to Color in, Frame, and/or Meditate over: This Book Can Be Photocopied, Printed & Downloaded As a PDF. James Manning & Christabelle Manning. 2019. (Adult Themed Coloring Bks.: Vol. 27). (ENG., Illus.). 82p. (YA). pap. *(978-1-83884-013-6(3))* Coloring Pages.

Adult Themed Coloring Books (Anti Stress) This Book Has 36 Coloring Sheets That Can Be Used to Color in, Frame, and/or Meditate over: This Book Can Be Photocopied, Printed & Downloaded As a PDF. James Manning. 2019. (Adult Themed Coloring Bks.: Vol. 32). (ENG., Illus.). 74p. (YA). pap. *(978-1-83884-272-7(1))* Coloring Pages.

Adult Themed Coloring Books (Art Therapy) This Book Has 40 Art Therapy Coloring Sheets That Can Be Used to Color in, Frame, and/or Meditate over: This Book Can Be Photocopied, Printed & Downloaded As a PDF. James Manning. 2019. (Adult Themed Coloring Bks.: Vol. 26). (ENG., Illus.). 82p. (YA). pap. *(978-1-83856-126-0(9))* Coloring Pages.

Adult Themed Coloring Books (Fashion) This Book Has 36 Coloring Sheets That Can Be Used to Color in, Frame, and/or Meditate over: This Book Can Be Photocopied, Printed & Downloaded As a PDF. James Manning & Christabelle Manning. 2019. (Adult Themed Coloring Bks.). (ENG., Illus.). 74p. (YA). pap. *(978-1-83884-220-8(9))* Coloring Pages.

Adult Themed Coloring Books (Nonsense Alphabet) This Book Has 36 Coloring Sheets That Can Be Used to Color in, Frame, and/or Meditate over: This Book Can Be Photocopied, Printed & Downloaded As a PDF. James Manning & Christabelle Manning. 2019. (Adult Themed Coloring Bks.: Vol. 29). (ENG., Illus.). 74p. (YA). pap. *(978-1-83884-096-9(6))* Coloring Pages.

Adulteress; or Anecdotes of Two Noble Families, Vol. 1 Of 4: A Tale (Classic Reprint) Unknown Author. 2018. (ENG., Illus.). 304p. (J). 30.17 *(978-0-483-67188-1(6))* Forgotten Bks.

Adulteress, or Anecdotes of Two Noble Families, Vol. 3 Of 4: A Tale (Classic Reprint) Unknown Author. (ENG., Illus.). (J). 2018. 308p. 30.25 *(978-0-332-79807-3(0))*; 2016. pap. 13.57 *(978-1-333-23363-1(9))* Forgotten Bks.

Adulteress; or Anecdotes of Two Noble Families, Vol. 4 Of 4: A Tale (Classic Reprint) Unknown Author. 2018. (ENG., Illus.). 360p. (J). 31.32 *(978-0-483-28591-0(9))* Forgotten Bks.

Adulteress, Vol. 2 Of 4: Or, Anecdotes of Two Noble Families; a Tale (Classic Reprint) Unknown Author. 2018. (ENG., Illus.). 336p. (J). 30.83 *(978-0-484-37890-1(2))* Forgotten Bks.

Adulting 101: A Guide to Personal Finance: Things Young Adults Should Know about Finances As They Enter Adulthood. Stephen D. Mayer. 2019. (ENG., Illus.). 108p. (YA). (gr. 10-12). pap. 24.95 *(978-1-0878-5222-5(6))* SD Mayer & Assocs. LLP.

Adulting 101: Life Skills All Teens Should Know. Contrib. by Hannah Beilenson. 2023. (ENG.). 160p. (YA). 12.99 ***(978-1-4413-4056-6(4),*** b7e96088-5979-4b5a-999f-9dbc1a8c60bf) Peter Pauper Pr. Inc.

Adults Coloring Book with Bird: Gorgeous Birds Coloring Book for Adults Stress Relieving with Gorgeus Bird Designs. Elli Steele. 2020. (ENG.). 106p. (YA). pap. 10.33 *(978-1-716-31447-6(X))* Lulu Pr., Inc.

Adults Easter Eggs Coloring Pages: Awesome Easter Coloring Book for Adults with Beautiful Eggs Design, Tangled Ornaments, & More! Elli Steele. 2021. (ENG.). 64p. (YA). pap. 9.65 *(978-1-008-99694-6(7))* Lulu Pr., Inc.

Adurable: Little Pups in Big Trucks. Bob Shea. Illus. by Brian Won. 2022. (Adurable Ser.). 32p. (J). (— 1). bds. 7.99 *(978-0-593-32589-6(3),* Dial Bks) Penguin Young Readers Group.

Adurable: the Great Truck Switcheroo. Bob Shea. Illus. by Brian Won. 2023. (Adurable Ser.). 32p. (J). (— 1). bds. 8.99 *(978-0-593-32595-7(8),* Dial Bks) Penguin Young Readers Group.

Adurable: This Pup Is Stuck! Bob Shea. Illus. by Brian Won. 2022. (Adurable Ser.). 32p. (J). (— 1). bds. 7.99 *(978-0-593-32592-6(3),* Dial Bks) Penguin Young Readers Group.

Advance Agent: First Experience Ahead of a Show Told in Amusing Anecdote (Classic Reprint) Myles McCarthy. 2017. (ENG., Illus.). (J). 26.00 *(978-0-331-37519-0(2))* Forgotten Bks.

Advance Puzzles Activity Book Tweens. Educando Kids. 2019. (ENG.). 42p. (J). pap. 8.55 *(978-1-64521-753-4(1),* Educando Kids) Editorial Imagen.

Advance To 2035. Irene Pierce Dunn. 2019. (ENG.). 58p. (YA). pap. 11.95 *(978-1-64492-522-5(2))* Christian Faith Publishing.

Advanced Color by Math Exercises Grade 5 Math Children's Math Books. Baby Professor. 2018. (ENG., Illus.). 64p. (J). pap. 12.99 *(978-1-5419-2670-7(6),* Baby Professor (Education Kids)) Speedy Publishing LLC.

Advanced Color by Math for 5th Graders Children's Math Books. Baby Professor. 2018. (ENG., Illus.). 64p. (J). pap. 12.99 *(978-1-5419-3044-5(4),* Baby Professor (Education Kids)) Speedy Publishing LLC.

Advanced Coloring Books for Adults (36 Intricate & Complex Abstract Coloring Pages) 36 Intricate & Complex Abstract Coloring Pages: This Book Has 36 Abstract Coloring Pages That Can Be Used to Color in, Frame, and/or Meditate over: This Book Can Be Photocopied, Printed & Downloaded As a PDF. James Manning & Christabelle Manning. 2019. (Advanced Coloring Books for Adults Ser.: Vol. 24). (ENG., Illus.). 74p. (YA). pap. *(978-1-83856-381-3(4))* Coloring Pages.

Advanced Coloring Books for Adults (Absolute Nonsense) This Book Has 36 Coloring Sheets That Can Be Used to Color in, Frame, and/or Meditate over: This Book Can Be Photocopied, Printed & Downloaded As a PDF. James Manning. 2019. (Advanced Coloring Books for Adults Ser.: Vol. 30). (ENG., Illus.). 74p. (YA). pap. *(978-1-83884-158-4(X))* Coloring Pages.

Advanced Coloring Books for Adults (All You Need Is Love) This Book Has 40 Coloring Sheets That Can Be Used to Color in, Frame, and/or Meditate over: This Book Can Be Photocopied, Printed & Downloaded As a PDF. James Manning & Christabelle Manning. 2019. (Advanced Coloring Books for Adults Ser.: Vol. 27). (ENG., Illus.). 82p. (YA). pap. *(978-1-83884-017-4(6))*; pap. *(978-1-83884-054-9(0))* Coloring Pages.

Advanced Coloring Books for Adults (Anti Stress) This Book Has 36 Coloring Sheets That Can Be Used to Color in, Frame, and/or Meditate over: This Book Can Be Photocopied, Printed & Downloaded As a PDF. James Manning. 2019. (Advanced Coloring Books for Adults Ser.: Vol. 32). (ENG., Illus.). 74p. (YA). pap. *(978-1-83884-276-5(4))* Coloring Pages.

Advanced Coloring Books for Adults (Art Therapy) This Book Has 40 Art Therapy Coloring Sheets That Can Be Used to Color in, Frame, and/or Meditate over: This Book Can Be Photocopied, Printed & Downloaded As a PDF. James Manning. 2019. (Advanced Coloring Books for Adults Ser.: Vol. 26). (ENG., Illus.). 82p. (YA). pap. *(978-1-83856-130-7(7))* Coloring Pages.

Advanced Coloring Books for Adults (Fashion) This Book Has 36 Coloring Sheets That Can Be Used to Color in, Frame, and/or Meditate over: This Book Can Be Photocopied, Printed & Downloaded As a PDF. James Manning & Christabelle Manning. 2019. (Advanced Coloring Books for Adults Ser.: Vol. 30). (ENG., Illus.). 74p. (YA). pap. *(978-1-83884-224-6(1))* Coloring Pages.

Advanced Coloring Books for Adults (Mysterious Mechanical Creatures) Advanced Coloring (Colouring) Books with 40 Coloring Pages: Mysterious Mechanical Creatures (Colouring (Coloring) Books) James Manning. 2019. (Advanced Coloring Books for Adults Ser.: Vol. 11). (ENG., Illus.). 82p. (YA). pap. *(978-1-83856-585-5(X))*; pap. *(978-1-83856-590-9(6))* Coloring Pages.

Advanced Coloring Books for Adults (Nonsense Alphabet) This Book Has 36 Coloring Sheets That Can Be Used to Color in, Frame, and/or Meditate over: This Book Can Be Photocopied, Printed & Downloaded As a PDF. James Manning & Christabelle Manning. 2019. (Advanced Coloring Books for Adults Ser.: Vol. 29). (ENG., Illus.). 74p. (YA). pap. *(978-1-83884-100-3(8))* Coloring Pages.

Advanced Coloring Books for Adults (Winter Coloring Pages) Winter Coloring Pages: This Book Has 30 Winter Coloring Pages That Can Be Used to Color in, Frame, and/or Meditate over: This Book Can Be Photocopied, Printed & Downloaded As a PDF. James Manning & Christabelle Manning. 2019. (Advanced Coloring Books for Adults Ser.: Vol. 25). (ENG., Illus.). 62p. (YA). pap. *(978-1-83856-219-9(2))* Coloring Pages.

Advanced Coloring Books (Mysterious Wild Beasts) A Wild Beasts Coloring Book with 30 Coloring Pages for Relaxed & Stress Free Coloring. This Book Can Be Downloaded As a PDF & Printed off to Color Individual Pages. James Manning. 2019. (Advanced Coloring Bks.: Vol. 14). (ENG., Illus.). 62p. (YA). pap. *(978-1-83856-545-9(0))* Coloring Pages.

Advanced Doodle Monsters Coloring Book. Kreativ Entspannen. 2016. (ENG., Illus.). (J). pap. 9.20 *(978-1-68377-354-2(3))* Whike, Traudl.

Advanced Doodles to Color Coloring Book. Activibooks. 2016. (ENG., Illus.). (J). pap. 9.20 *(978-1-68321-658-2(X))* Mimaxion.

Advanced Dot to Dot Fun: Dot to Dot Books Extreme. Jupiter Kids. 2016. (ENG., Illus.). 78p. (J). pap. 13.75 *(978-1-68305-426-9(1),* Jupiter Kids (Childrens & Kids Fiction)) Speedy Publishing LLC.

Advanced First Reader (Classic Reprint) Ellen M. Cyr. (ENG., Illus.). (J). 2018. 128p. 26.54 *(978-0-666-09613-5(9))*; 2017. pap. 9.57 *(978-0-259-45701-5(9))* Forgotten Bks.

Advanced Fractions & Decimals Workbook Math Essentials: Children's Fraction Books. Professor Gusto. 2016. (ENG., Illus.). (J). pap. 10.81 *(978-1-68321-262-1(2))* Mimaxion.

Advanced Geometry Books for Kids - Open & Closed Curves Children's Math Books. Baby Professor. 2017. (ENG., Illus.). (YA). pap. 9.25 *(978-1-5419-0457-6(5),* Baby Professor (Education Kids)) Speedy Publishing LLC.

Advanced Geometry Books for Kids - Perimeter, Circumference & Area Children's Math Books. Baby Professor. 2017. (ENG., Illus.). (YA). pap. 9.25 *(978-1-5419-0458-3(3),* Baby Professor (Education Kids)) Speedy Publishing LLC.

Advanced Geometry Books for Kids - the Phythagorean Theorem Children's Math Books. Baby Professor. 2017. (ENG., Illus.). (YA). pap. 9.25 *(978-1-5419-0438-5(9),* Baby Professor (Education Kids)) Speedy Publishing LLC.

Advanced Grid by Grid Exercises for Young Artists: Drawing Book for Kids. Speedy Kids. 2017. (ENG., Illus.). (J). pap. 9.05 *(978-1-5419-3257-9(9))* Speedy Publishing LLC.

Advanced-Guard (Classic Reprint) Sydney C. Grier. 2017. (ENG., Illus.). (J). 30.95 *(978-0-260-72753-4(9))* Forgotten Bks.

Advanced Higher Maths: Comprehensive Textbook for the CfE. John Ballantyne et al. 2nd rev. ed. 2020. (ENG.). 368p. (YA). (gr. 8). pap. 47.95 *(978-0-00-838445-6(2),* Leckie & Leckie) HarperCollins Pubs. Ltd. GBR. Dist: Independent Pubs. Group.

Advanced Kid's Maze Activity Book. Smarter Activity Books for Kids. 2016. (ENG., Illus.). (J). pap. 8.99 *(978-1-68374-282-1(6))* Examined Solutions PTE. Ltd.

Advanced Lessons in Lip-Reading (Classic Reprint) Elizabeth Helm Nitchie. (ENG., Illus.). (J). 2018. 332p. 30.74 *(978-0-484-91078-1(7))*; 2017. pap. 13.57 *(978-0-243-44650-6(0))* Forgotten Bks.

Advanced Patterns & Designs for Adults to Color: Pattern Coloring Books for Adults. Activibooks. 2016. (ENG., Illus.). (J). pap. 9.20 *(978-1-68321-087-0(5))* Mimaxion.

Advanced Placement United States History, 4th Edition. John J. Newman & Schmalbach John M. 2020. (ENG.). 864p. (YA). lib. bdg. 22.95 *(978-1-6903-0550-7(9))* Perfection Learning Corp.

Advanced Skateboarding, 1 vol. Aaron Rosenberg & Peter Michalski. 2016. (Skateboarding Tips & Tricks Ser.). (ENG., Illus.). 48p. (J). (gr. 5-5). pap. 12.75 *(978-1-4777-8859-2(X),* 8baff582-8f6a-4d7b-bc88-083a66c8986c, Rosen Reference) Rosen Publishing Group, Inc., The.

Advanced Third Reader (Classic Reprint) Lewis B. Monroe. 2018. (ENG., Illus.). 212p. (J). 28.27 *(978-0-483-40798-5(4))* Forgotten Bks.

Advancing Technology: Women Who Led the Way (Super SHEroes of Science) Supriya Sahai. 2022. (Super SHEroes of Science Ser.). (ENG., Illus.). 48p. (J). (gr. 3-5). 29.00 *(978-1-338-80038-8(8))*; pap. 7.99 *(978-1-338-80039-5(6))* Scholastic Library Publishing. (Children's Pr.).

Advantage of a Good Resolution (Classic Reprint) Unknown Author. (ENG., Illus.). (J). 2018. 26p. 24.43 *(978-0-267-56380-7(9))*; 2016. pap. 7.97 *(978-1-333-75072-5(2))* Forgotten Bks.

Advanzus (Classic Reprint) Bert M. Berg. (ENG., Illus.). (J). 2018. 20p. 24.33 *(978-0-484-32381-9(4))*; 2016. pap. 7.97 *(978-1-333-27793-2(8))* Forgotten Bks.

Advent: A Mystery (Classic Reprint) Arthur Cleveland Coxe. 2016. (ENG., Illus.). (J). pap. 9.57 *(978-1-333-31324-1(1))* Forgotten Bks.

Advent: A Play in Five Acts (Classic Reprint) August Strindberg. (ENG., Illus.). (J). 2018. 118p. 26.35 *(978-0-365-21168-6(0))*; 2017. pap. 9.57 *(978-0-259-50421-4(1))* Forgotten Bks.

Advent: Ein Weihnachtsspiel (Classic Reprint) August Strindberg. (GER., Illus.). (J). 2018. 128p. 26.54 *(978-0-666-49271-5(9))*; 2017. pap. 9.57 *(978-0-282-17706-5(X))* Forgotten Bks.

Advent Coloring Book: 24 Christmas Coloring Pages. Arcturus Publishing. 2020. (ENG.). 48p. (J). pap. 9.99 *(978-1-3988-0027-4(9),* 800072c4-37ce-4f5d-8f13-c035d1bcbb3b) Arcturus Publishing GBR. Dist: Baker & Taylor Publisher Services (BTPS).

Advent of Modern Spiritualism, or Great Oaks from Acorns Grow: A Playlet (Classic Reprint) Mary C. Vlasek. 2017. (ENG., Illus.). (J). 24.52 *(978-0-266-56898-8(X))* Forgotten Bks.

Advent of Ultron #1. Jim Zub. Illus. by Woo Bin Choi et al. 2017. (Avengers K Set 2 Ser.). (ENG.). 28p. (J). (gr. 2-8). lib. bdg. 31.36 *(978-1-5321-4001-3(0),* 25468, Marvel Age) Spotlight.

Advent of Ultron #2. Jim Zub. Illus. by Woo Bin Choi et al. 2017. (Avengers K Set 2 Ser.). (ENG.). 28p. (J). (gr. 2-8). lib. bdg. 31.36 *(978-1-5321-4002-0(9),* 25469, Marvel Age) Spotlight.

Advent of Ultron #3. Jim Zub. Illus. by Woo Bin Choi et al. 2017. (Avengers K Set 2 Ser.). (ENG.). 28p. (J). (gr. 2-8). lib. bdg. 31.36 *(978-1-5321-4003-7(7),* 25470, Marvel Age) Spotlight.

Advent of Ultron #4. Jim Zub. Illus. by Woo Bin Choi et al. 2017. (Avengers K Set 2 Ser.). (ENG.). 28p. (J). (gr. 2-8). lib. bdg. 31.36 *(978-1-5321-4004-4(5),* 25471, Marvel Age) Spotlight.

Advent of Ultron #5. Jim Zub. Illus. by Woo Bin Choi et al. 2017. (Avengers K Set 2 Ser.). (ENG.). 32p. (J). (gr. 2-8). lib. bdg. 31.36 *(978-1-5321-4005-1(3),* 25472, Marvel Age) Spotlight.

Advent of Ultron #6. Jim Zub. Illus. by Woo Bin Choi et al. 2017. (Avengers K Set 2 Ser.). (ENG.). 28p. (J). (gr. 2-8). lib. bdg. 31.36 *(978-1-5321-4006-8(1),* 25473, Marvel Age) Spotlight.

Advent Prayers for Kids. Luisette Kraal. 2022. (ENG.). 54p. (J). pap. 10.00 ***(978-1-7379647-8-0(3))*** Kraal, Luisette.

Advent Storybook: 25 Bible Stories Showing Why Jesus Came. Laura Richie. Illus. by Ian Dale. 2018. (Bible Storybook Ser.). (ENG.). 64p. (J). (gr. -1-2). 18.99 *(978-0-8307-7608-5(7),* 145331) Cook, David C.

Adventues of Elsie & Peaches: An Elephant & Piglet Tale. Catherine Hampel & Dominique Kinsley. 2019. (ENG., Illus.). 60p. (J). (gr. k-4). pap. 12.95 *(978-1-7329843-1-8(X))* Palm.

Adventues of Elsie & Peaches: Ghosts in the Attic. Catherine Hampel & Dominique Kinsley. 2019. (Adventues of Elsie & Peaches Ser.: Vol. 2). (ENG., Illus.). 62p. (J). (gr. k-3). pap. 12.95 *(978-1-7329843-3-2(6))*; 21.95 *(978-1-7329843-2-5(8))* Palm.

Adventuras de Ellie y Eve: Ellie Conoce Al Nueve Bebe: Ellie Conoce. Paula M. Karll. 2020. (SPA.). 58p. (J). 19.95 ***(978-1-0879-9369-0(5))*** Indy Pub.

Adventure. C. A. E. Moberly & E. F. Jourdain. Ed. by Evans Joan. 2019. (ENG., Illus.). 142p. (J). pap. 8.50 *(978-1-68422-304-6(0))* Martino Fine Bks.

Adventure. Jennifer M. Zeiger. 2018. (ENG., Illus.). 288p. (J). (gr. 5-6). 20.00 *(978-0-692-99474-0(2))* Zeiger, Jennifer M.

Adventure: A Little Boy Heart Alive. Sallie Buyno. 2021. (ENG., Illus.). 26p. (J). pap. 12.95 *(978-1-63881-070-4(2))* Newman Springs Publishing, Inc.

Adventure: With Appendix & Maps (Classic Reprint) C. A. E. Moberly. 2017. (ENG., Illus.). (J). 28.62 *(978-0-265-24757-0(8))* Forgotten Bks.

Adventure Activity Book. Sequoia Children's Publishing. 2019. (ENG.). 16p. (J). 2.99 *(978-1-64269-091-0(0),* 4006, Sequoia Publishing & Media LLC) Phoenix International Publications, Inc.

Adventure Against the Endermen: An Unofficial Overworld Heroes Adventure, Book One. Danica Davidson. 2017. (Unofficial Overworld Heroes Adventure Ser.: 1). (ENG.). 112p. (J). (gr. 3-8). 16.99 *(978-1-5107-2850-9(3))*; pap. 7.99 *(978-1-5107-2702-1(7))* Skyhorse Publishing Co., Inc. (Sky Pony Pr.).

Adventure at Rainbow Bridge. Sabrina Fair Andronica. Illus. by S. Klakina. 2020. (ENG.). 32p. (J).

(978-1-64969-243-6(9)); pap. (978-1-64969-244-3(7)) Tablo Publishing.

Adventure Awaits. Henry Cole. Illus. by Henry Cole. 2022. (ENG., Illus.). 26p. (J). (gr. -1). bds. 9.99 *(978-1-6659-0290-8(6))*, Little Simon) Little Simon.

Adventure Awaits. Karen Kingsbury & Tyler Russell. (Baxter Family Children Story Ser.). (ENG., Illus.). (J). (gr. 3-7). 2023. 304p. pap. 8.99 *(978-1-6659-0803-0(3))*; 2022. 288p. 17.99 *(978-1-6659-0802-3(5))* Simon & Schuster/Paula Wiseman Bks. (Simon & Schuster/Paula Wiseman Bks.).

Adventure Awaits! Natasha Bouchard. ed. 2022. (Step into Reading Ser.). (ENG.). 26p. (J). (gr. 1-4). 16.96 ***(978-1-68505-700-8(4))*** Penworthy Co., LLC, The.

Adventure Awaits! (Disney Strange World) RH Disney. Illus. by RH Disney. 2022. (Step into Reading Ser.). (ENG., Illus.). 32p. (J). (gr. 1-3). 14.99 *(978-0-7364-9031-3(0))*; 5.99 *(978-0-7364-4332-6(0))* Random Hse. Children's Bks. (RH/Disney).

Adventure Awaits in South America. Katrina de la Fe. 2019. (ENG.). 24p. (J). pap. 16.00 *(978-1-4834-9461-6(6))* Lulu Pr., Inc.

Adventure Begins. J. R. Davidson. 2017. (ENG., Illus.). (J). pap. *(978-1-4602-9605-9(2))* FriesenPress.

Adventure Begins. Kelcey Dolphin. 2022. (ENG.). 56p. (YA). pap. *(978-0-2288-7516-1(1))* Tellwell Talent.

Adventure Begins. Clint Van Iseghem. 2020. (ENG.). 16p. (J). pap. 9.99 *(978-1-6781-2641-4(1))* Lulu Pr., Inc.

Adventure Begins: April Fool's Apprentice Series. Tiffany Lim. 2018. (April Fool's Apprentice Ser.). (ENG.). 112p. (J). pap. 12.95 *(978-981-4794-11-4(2))* Marshall Cavendish International (Asia) Private Ltd. SGP. Dist: Independent Pubs. Group.

Adventure Begins: #1. Johanna Gohmann. Illus. by Chloe Dijon. 2021. (Trapped in Pirate Park Ser.). (ENG.). 48p. (J). (gr. 3-7). lib. bdg. 34.21 *(978-1-0982-3171-2(6)*, 38750, Spellbound) Magic Wagon.

Adventure Begins! (Dungeons & Dragons) Dennis R. Shealy. Illus. by Nate Lovett. 2023. (Little Golden Book Ser.). (ENG.). 24p. (J). (-k). 5.99 *(978-0-593-56936-8(9)*, Golden Bks.) Random Hse. Children's Bks.

Adventure Bible Book of Daring Deeds & Epic Creations: 60 Ultimate Try-Something-new, Explore-the-world Activities, 1 vol. Zonderkidz. 2018. (Adventure Bible Ser.). (ENG., Illus.). 160p. (J). 12.99 *(978-0-310-76317-8(7))* Zonderkidz.

Adventure (Classic Reprint) Rosita Forbes. 2017. (ENG., Illus.). (J). 30.72 *(978-0-331-82711-8(5))*; pap. 13.57 *(978-0-243-26461-2(5))* Forgotten Bks.

Adventure Club Afloat. Ralph Henry Barbour. 2018. (ENG., Illus.). 168p. (YA). (gr. 7-12). pap. *(978-93-86874-73-3(3))* Alpha Editions.

Adventure Collection, Bks. 9-16. Scholastic, Inc. Staff. 2018. (Pokémon Ser.). (ENG.). 96p. (J). (gr. 2-5). 39.92 *(978-1-338-28400-3(2))* Scholastic, Inc.

Adventure Day: A Children's Book about Hiking & Chasing Waterfalls. Dineo Dowd. Illus. by Cecil Gocotano. 2019. (ENG.). 26p. (J). (gr. k). 17.99 *(978-1-0878-5159-4(9))* dineo dowd.

Adventure Devos: Youth Edition: Summer Camp Never Has to End When Your Devotional Takes You Adventuring All Year Long! Eric Sprinkle & Sam Evans. 2019. (ENG., Illus.). 220p. (YA). (gr. 7-12). pap. 15.00 *(978-1-7322694-7-7(5))* Adventure Experience Pr.

Adventure Finders: the Edge of Empire. Rod Espinosa. Ed. by Nicole D'Andria. 2020. (ENG., Illus.). 124p. (YA). pap. 14.99 *(978-1-63229-512-5(1)*, 91ba5f6c-860e-4b17-9f86-60e9e74745ff) Action Lab Entertainment.

Adventure for Princess Aurelia. B. Heather Mantler. 2019. (ENG.). 72p. (J). pap. *(978-1-927507-45-2(6))* Mantler Publishing.

Adventure Girl: Dabi Digs in Israel. Janice Hechter. 2021. (ENG., Illus.). 32p. (J). (gr. k-2). 17.95 *(978-1-7336865-0-1(9)*, Alazar Pr.) Royal Swan Enterprises, Inc.

Adventure Horse - Book 5 in the Connemara Horse Adventure Series for Kids. Elaine Heney. 2022. (Connemara Horse Adventure Ser.: Vol. 5). (ENG.). 178p. (J). pap. ***(978-1-915542-07-6(3))*** Irish Natural Horsemanship.

Adventure Horse - Book 5 in the Connemara Horse Adventure Series for Kids the Perfect Gift for Children. Elaine Heney. 2023. (Connemara Pony Adventures Ser.: Vol. 5). (ENG.). 182p. (J). ***(978-1-915542-48-9(0))*** Irish Natural Horsemanship.

Adventure in Alphabet Land. Ann Martino. Ed. by Jaselle Martino. Illus. by S. Si Joelle Cowie and M N Fadhil Fadli. 2020. (ENG.). 54p. (J). pap. *(978-1-5255-4824-6(7))*; *(978-1-5255-4823-9(9))* FriesenPress.

Adventure in Alphabet Land — US Edition. Ann Martino. Ed. by Jaselle Martino. Illus. by S. Si And Joelle Cowie M N Fadhil Fadli. 2020. (ENG.). 54p. (J). *(978-1-0391-0085-5(6))*; pap. *(978-1-0391-0084-8(8))* FriesenPress.

Adventure in Hidden Picture Searches Activity Book. Jupiter Kids. 2016. (ENG., Illus.). 108p. (J). pap. 12.55 *(978-1-68326-177-3(1)*, Jupiter Kids (Childrens & Kids Fiction)) Speedy Publishing LLC.

Adventure in Photography. Octave Thanet. 2016. (ENG., Illus.). (J). pap. *(978-3-7428-1992-5(5))* Creation Pubs.

Adventure in Puckovakia: The Continuing Adventures of Puck the Magic Penguin. Bill Moreland. 2018. (Puck the Magic Penguin Ser.: Vol. 3). (ENG., Illus.). 274p. (J). (gr. k-6). pap. 14.95 *(978-1-949756-05-0(X))* Virtualbookworm.com Publishing, Inc.

Adventure in Space. Chuck Kelly. 2016. (Legend of Otherland Ser.: 3). (ENG., Illus.). (YA). pap. 10.99 *(978-1-68160-202-8(4))* Crimson Cloak Publishing.

Adventure in the Secret City. Chuck Kelly. 2016. (Legend of Otherland Ser.: 4). (ENG., Illus.). (J). (gr. 3-6). pap. 14.49 *(978-1-68160-205-9(9))* Crimson Cloak Publishing.

Adventure in the Treetops. Aalayah Sargeant. 2018. (ENG., Illus.). 42p. (J). (gr. 2-5). pap. *(978-1-912183-46-3(3))* UK Bk. Publishing.

Adventure into Freedom. Brenda Koch. 2021. (ENG.). 114p. (J). pap. 13.95 *(978-1-64468-958-5(8))* Covenant Bks.

Adventure into Freedom: Part 2. Brenda Koch. 2021. (ENG.). 128p. (J). pap. 14.95 *(978-1-63814-509-7(1))* Covenant Bks.

Adventure Inventor. Nicole Charland. 2021. (ENG.). 235p. (J). pap. *(978-1-300-58404-9(1))* Lulu Pr., Inc.

Adventure Is Now. Jess Redman. 2021. (ENG., Illus.). 336p. (J). 16.99 *(978-0-374-31471-2(3)*, 900236368, Farrar, Straus & Giroux (BYR)) Farrar, Straus & Giroux.

Adventure Is Out There: Over 50 Creative Activities for Outdoor Explorers. Jenni Lazell. Illus. by Tjarda Borsboom. 2021. (ENG.). 112p. (J). (gr. 3-7). 12.95 *(978-1-78312-649-1(3))* Welbeck Publishing Group Ltd. GBR. Dist: Two Rivers Distribution.

Adventure Jungle. Michael Quast. 2019. (ENG.). 28p. (J). pap. 12.00 *(978-1-7947-5723-3(6))* Lulu Pr., Inc.

Adventure Mazes: 29 Colorful Mazes. Clever Publishing & Nora Watkins. Illus. by Inna Anikeeva. 2023. (Clever Mazes Ser.). (ENG.). 32p. (J). (gr. -1-1). pap. 5.99 ***(978-1-956560-97-8(1))*** Clever Media Group.

Adventure Mega Mazes! Adult Maze Activity Book. Activibooks. 2016. (ENG., Illus.). (J). pap. 7.55 *(978-1-68321-479-3(X))* Mimaxion.

Adventure of a Prodigal Father (Classic Reprint) Frank H. Cheley. (ENG., Illus.). (J). 2018. 140p. 26.78 *(978-0-484-34861-4(2))*; 2017. pap. 9.57 *(978-0-243-04593-8(X))* Forgotten Bks.

Adventure of Asher & Rocket. Shawna Keyes. Illus. by Shawna Keyes. 2022. (Adventures of Asher & Rocket Ser.: 1). (ENG.). 24p. (J). pap. 13.24 *(978-1-6678-2614-1(X))* BookBaby.

Adventure of Christmas: 25 Simple Family Devotions for December. Ed Drew. Illus. by Alex Webb-Peploe. 2021. (ENG.). 128p. (J). pap. *(978-1-78498-652-0(6))* Good Bk. Co., The.

Adventure of Dojada. J. Robert Hartman. 2019. (ENG.). 190p. (J). pap. *(978-0-359-61637-4(2))* Lulu Pr., Inc.

Adventure of Dolly Finn. Fred Steel. 2022. (ENG.). 26p. (J). pap. 9.99 ***(978-1-956017-14-4(3))*** WorkBk. Pr.

Adventure of Eomji. Iwai Dosio. 2018. (KOR.). (J). *(978-89-6635-088-9(7))* Bookbank Publishing Co.

Adventure of Fearless Fred, the Outlaw (Classic Reprint) Unknown Author. (ENG., Illus.). (J). 2018. 118p. 26.33 *(978-0-484-17375-9(8))*; 2016. pap. 9.57 *(978-1-334-17119-2(X))* Forgotten Bks.

Adventure of Floyd & Nelson. Cindy Hoy. 2019. (ENG., Illus.). 200p. (J). pap. 15.95 *(978-1-64559-707-0(5))* Covenant Bks.

Adventure of Foot, Footfoot, & Footfootfoot. Brandon Greenway. 2020. (ENG.). 72p. (J). pap. 12.95 *(978-1-64628-406-1(2))* Page Publishing Inc.

Adventure of Friendship. Adele M. Lim. Illus. by Ken Tumulak. 2018. (ENG.). 42p. (J). pap. *(978-1-912145-78-2(2))* Acorn Independent Pr.

Adventure of Harwood Squirrel. Dorothy Wyatt. 2023. (ENG.). 26p. (J). pap. 10.99 ***(978-1-68547-225-2(7))*** Paperchase Solution.

Adventure of Jake the Labrador Retriever: Jake Finds a Home. Paula R. Courtright. 2017. (ENG., Illus.). (J). pap. 12.95 *(978-1-63525-975-9(4))* Christian Faith Publishing.

Adventure of Jeppy & the Trash King. Stefani Milan. 2017. (ENG., Illus.). (J). pap. 15.99 *(978-0-9991251-3-7(3))* Starseed Universe Pr.

Adventure of Kakenya. Zehaan Walji. 2018. (ENG., Illus.). 24p. (J). pap. *(978-0-2288-0145-0(1))* Tellwell Talent.

Adventure of Nate's Angel Dog. David Newark. 2019. (ENG., Illus.). 36p. (J). pap. 13.95 *(978-1-64096-472-3(X))* Newman Springs Publishing, Inc.

Adventure of Papa's Hat. Theresa A. Lynch. 2021. (ENG.). 26p. (J). 23.95 *(978-1-6624-1986-7(4))* Page Publishing Inc.

Adventure of Paperman - Heroes' Journey (Volume 3) Eric Larner. Illus. by Rollin Kunz. 2018. (ENG.). 330p. (J). pap. 17.99 *(978-1-883651-91-6(3))* Winters Publishing.

Adventure of Princess Ava. Mary Ann Manning. Illus. by Mary Ann Manning. 2022. (ENG.). 24p. (J). ***(978-1-387-50753-5(2))*** Lulu Pr., Inc.

Adventure of Princess Fifi: Super Hero. Arianna Gabriel. 2021. (ENG., Illus.). 30p. (J). pap. 13.95 *(978-1-64952-392-1(0))* Fulton Bks.

Adventure of Princess Pearl Learning Book: Preschool Educational Workbook Ages 2-4. Jessica Walker & Analyn Walker. 2023. (ENG.). 171p. (J). pap. ***(978-1-312-47238-9(3))*** Lulu Pr., Inc.

Adventure of Sable Brown: Under the Sea. Shalise Y. Gardner. Illus. by Debopriya Banerjee. 2021. (ENG.). 58p. (J). pap. 12.99 *(978-0-9968775-5-8(X))* A.R.T Bks. 4Kids.

Adventure of Scruffin & Scrumpy. Jesse Villarreal. 2022. (ENG., Illus.). 42p. (J). 23.95 *(978-1-63985-823-1(7))*; pap. 15.95 *(978-1-63860-028-2(7))* Fulton Bks.

Adventure of Seafares see **Abenteuer der Seefahrt**

Adventure of Sockboy. Karl M. Cottle. Illus. by Karl M. Cottle. 2021. (ENG.). 56p. (J). 24.95 *(978-1-7377235-0-9(6))* Precocity Pr.

Adventure of Sophia & the Secret Fairies. Kathleen Chestnut. 2022. (ENG.). 32p. (J). pap. *(978-1-4583-8243-6(5))* Lulu Pr., Inc.

Adventure of Syvannah & Haelyn. Paul Weightman. 2019. (ENG.). 76p. (J). pap. *(978-0-244-17050-9(9))* Lulu Pr., Inc.

Adventure of the Bruce-Partington Plans. Arthur Conan Doyle. 2018. (ENG.). 38p. (J). pap. *(978-93-5329-153-2(4))* Alpha Editions.

Adventure of the Bunny. Leon Hill. 2020. (ENG.). 28p. (J). pap. 19.99 *(978-1-950088-86-7(3))* Bk. Writing Inc.

Adventure of the Scarlet Bird. Monica Yoknis. 2018. (ENG., Illus.). 146p. (YA). (gr. 7-12). pap. 10.00 *(978-0-692-10945-8(5))* Two Oaks, LLC.

Adventure of Treasure Hunt. Alyssa Cartwright. 2017. (ENG., Illus.). 32p. (J). pap. *(978-1-387-02744-6(1))* Lulu Pr., Inc.

Adventure of William Dormouse: (Illustrated Print Edition) Stephen Tearle. 2022. (ENG.). 36p. (J). pap. 6.40 *(978-1-4717-6229-1(7))* Lulu Pr., Inc.

Adventure on Gallop Ghosts Islands. Mary Warner. 2022. (ENG.). 56p. (J). 25.95 *(978-1-63985-084-6(8))*; pap. 16.95 *(978-1-63985-082-2(1))* Fulton Bks.

Adventure on in the Big, Big World. Susan Gross & Andrew Gross. Illus. by Lucia Gaia. 2022. (ENG.). 62p. (J). pap. 16.99 *(978-1-0880-5622-6(9))* Lulu Pr., Inc.

Adventure on in the Big, Big World. Susan Gross & Andrew Gross. Illus. by Lucia Pohlman. 2022. (ENG.). 62p. (J). 23.95 *(978-1-0879-6484-3(9))* Lulu Pr., Inc.

Adventure on Sterna's Hill. Jr Richard L. Cates. 2019. (ENG.). 34p. (J). pap. 13.60 *(978-0-692-93813-3(3))* Cates, Jr., Richard L.

Adventure on Whalebone Island. M. A. Wilson. 2016. (Maple Harbour Adventures Ser.: Vol. 1). (ENG., Illus.). 178p. (J). (gr. 3-5). pap. *(978-0-9953445-0-1(7))* Rainy Bay Pr.

Adventure Records to Get Your Heart Racing! Contrib. by Kenny Abdo. 2023. (Broken Records Ser.). (ENG.). 24p. (J). (gr. 2-8). lib. bdg. 31.36 ***(978-1-0982-8136-6(5)***, 42383, Abdo Zoom-Fly) ABDO Publishing Co.

Adventure Ride, 1 vol. Susan Hughes. Illus. by Michaela Cashmore-Hingley. 2018. (ENG.). 21p. (J). pap. *(978-1-77654-243-7(6)*, Red Rocket Readers) Flying Start Bks.

Adventure School (Super Cute, Book 4), Book 4. Pip Bird. 2021. (Super Cute Ser.: 4). (ENG., Illus.). 160p. (J). 5.99 *(978-0-7555-0130-4(6))* Farshore GBR. Dist: HarperCollins Pubs.

Adventure Starts at Bedtime: 30 Real-Life Stories of Daring & Danger. Ness Knight. 2021. (ENG., Illus.). 128p. (J). (gr. k-2). 22.99 *(978-1-78627-932-3(0)*, King, Laurence Publishing) Orion Publishing Group, Ltd. GBR. Dist: Hachette Bk. Group.

Adventure Steve in the Atlantic (for 8-13 Year Olds) Stephen Shanly. Illus. by Lakicevic Dusan. 2019. (ENG.). 84p. (J). pap. *(978-1-78623-675-3(3))* Grosvenor Hse. Publishing Ltd.

Adventure Stories. Virginia Loh-Hagan. 2019. (Stone Circle Stories: Culture & Folktales Ser.). (ENG., Illus.). 32p. (J). (gr. 4-8). pap. 14.21 *(978-1-5341-4005-9(0)*, 212849); lib. bdg. 32.07 *(978-1-5341-4349-4(1)*, 212848) Cherry Lake Publishing. (45th Parallel Press).

Adventure Stories for Daring Girls. Samantha Newman. Illus. by Khoa Le. 2020. (Inspiring Heroines Ser.: 2). (ENG.). 128p. (J). 19.99 *(978-1-83940-608-9(9)*, def5edba-235e-40db-9307-2a93a36c0f77) Arcturus Publishing GBR. Dist: Baker & Taylor Publisher Services (BTPS).

Adventure Story. Russel Tracy Wolter II. 2017. (ENG., Illus.). (J). (gr. k-3). pap. 12.95 *(978-0-692-84564-6(X))* Wolter, Russel II.

Adventure Tales from Florida's Past. Peggy Sias Lantz. Illus. by Elizabeth Smith. 2021. (ENG.). 168p. (J). pap. 12.95 *(978-0-9679600-4-3(5))* Woodsmere Pr., LLC.

Adventure Through the Water Cycle with Drip the Raindrop. Cara Moyers. Illus. by Charlie Astrella. 2021. (ENG.). 36p. (J). (gr. k-2). 12.99 *(978-1-4867-2108-5(7)*, 07c17357-b1fc-4b43-a923-4c3ccab7e544) Flowerpot Pr.

Adventure Time Vol. 2: Sugary Shorts Mathematical Edition. Roger Langridge & Alex Cox. ed. 2016. lib. bdg. 33.05 *(978-0-606-38730-9(7))* Turtleback.

Adventure Time Volume 1: Playing with Fire (Color Edition) Danielle Corsetto. ed. 2016. lib. bdg. 26.95 *(978-0-606-38733-0(1))* Turtleback.

Adventure to Heaven. Madelyn Jones. Illus. by Tatianna Adkins. 2020. (ENG.). 24p. (J). pap. 8.99 *(978-1-7354851-0-2(1))* Jones, Madelyn.

Adventure Train: The First Safari Adventure. Tammy Lee. 2021. (ENG.). 36p. (J). pap. *(978-0-620-94491-5(9))* Kingsley Pubs.

Adventure Van & the Travelling Clan. Lindsay Jay. 2022. (ENG.). 44p. (J). *(978-1-0391-2121-8(7))*; pap. *(978-1-0391-2120-1(9))* FriesenPress.

Adventure with Fractions. Rachel Roger & Joe Lineberry. Illus. by Arte Rave. 2020. (Gift of Numbers Ser.: Vol. 4). (ENG.). 42p. (J). 17.95 *(978-1-943419-53-1(1))*; pap. 12.95 *(978-1-943419-54-8(X))* Prospective Pr.

Adventure with My Blanky Mylar. Peter G. Vu. 2022. (ENG.). 28p. (J). 17.99 ***(978-1-957203-54-6(4))***; pap. 6.99 ***(978-1-957203-53-9(6))*** Ideopage Pr. Solutions.

Adventure with Piney Joe: Exploring the New Jersey Pine Barrens Volumes I & II. William J. Lewis. Illus. by Shane Tomalinas. 2022. (ENG.). 188p. (YA). pap. 19.99 *(978-1-947889-09-5(5))* South Jersey Culture & History Ctr.

Adventure with STEM. Jermiko Thomas. 2018. (ENG.). 30p. (J). pap. 11.99 ***(978-1-68411-559-4(0))*** BN Publishing.

Adventure with the Doxies. Sarah Saylor. 2018. (ENG., Illus.). 44p. (J). pap. 13.99 *(978-1-949609-58-5(8))* Pen It Pubns.

Adventuregame Comics: Leviathan (Book 1) Jason Shiga. 2022. (Adventuregame Comics Ser.). (ENG., Illus.). 144p. (J). (gr. 3-7). 14.99 *(978-1-4197-5779-2(2)*, 1755101, Amulet Bks.) Abrams, Inc.

Adventuregame Comics: the Beyond (Book 2) Jason Shiga. 2023. (Adventuregame Comics Ser.). (ENG.). 136p. (J). (gr. 3-7). 14.99 ***(978-1-4197-5781-5(4)***, 1755201, Amulet Bks.) Abrams, Inc.

Adventureman, Volume 1: the End & Everything After. Matt Fraction. 2020. (ENG., Illus.). 168p. (YA). 24.99 *(978-1-5343-1712-3(0)*, 46fe3b7a-1e7f-42fa-b877-4a6c14160ee2) Image Comics.

Adventureman, Volume 2: a Fairy Tale of New York. Matt Fraction. 2022. (ENG., Illus.). 168p. (YA). 24.99 *(978-1-5343-2214-1(0))* Image Comics.

Adventurer at Sea: On the Edge of Freedom: on the Edge of Freedom. Margreit Maitland. 2021. (ENG.). 260p. (YA). pap. 9.95 *(978-1-63777-201-0(7))* Red Penguin Bks.

Adventurer (Classic Reprint) Rudolf Herzog. 2018. (ENG., Illus.). 388p. (J). 31.90 *(978-0-483-40191-4(9))* Forgotten Bks.

Adventurer (Classic Reprint) Lloyd Osbourne. 2018. (ENG., Illus.). 418p. (J). 32.52 *(978-0-483-64348-2(3))* Forgotten Bks.

Adventurer in Spain (Classic Reprint) S. R. Crockett. 2017. (ENG., Illus.). (J). 31.49 *(978-0-265-16785-4(X))* Forgotten Bks.

Adventurer of the North: Being a Continuation of the Histories of Pierre & His People, & the Latest Existing Records of Pretty Pierre (Classic Reprint) Gilbert Parker. 2017. (ENG., Illus.). (J). 28.62 *(978-0-265-35879-5(5))* Forgotten Bks.

Adventurer, Vol. 1 (Classic Reprint) John Hawkesworth. 2018. (ENG., Illus.). 316p. (J). 30.41 *(978-0-483-53257-1(6))* Forgotten Bks.

Adventurers: A Tale of Treasure Trove (Classic Reprint) H. B. Marriott Watson. (ENG., Illus.). (J). 2018. 318p. 30.46 *(978-0-332-92320-8(7))*; 2017. pap. 13.57 *(978-0-259-02798-0(7))* Forgotten Bks.

Adventurers: Something Hairy Catches Their Eye. Mark Keegan. 2021. (ENG., Illus.). 46p. (J). 26.95 *(978-1-63885-502-6(1))*; pap. 15.95 *(978-1-63885-500-2(5))* Covenant Bks.

Adventurers: The Store Robbery. Bill Thomas. 2019. (ENG.). 136p. (J). pap. 6.99 *(978-1-7325905-4-0(0))* Dancing With Bear Publishing.

Adventurers & the City of Secrets. Jemma Hatt. 2020. (Adventurers Ser.: Vol. 3). (ENG.). 196p. (J). (gr. 2-6). pap. *(978-1-9993641-2-0(0))* Elmside Publishing.

Adventurers & the Continental Chase. Jemma Hatt. 2020. (ENG.). 188p. (J). pap. *(978-1-9993641-6-8(3))* Elmside Publishing.

Adventurers & the Cursed Castle. Jemma Hatt. 2019. (Adventurers Ser.: Vol. 1). (ENG., Illus.). 202p. (J). pap. *(978-1-9993641-0-6(4))* Elmside Publishing.

Adventurers & the Jungle of Jeopardy. Jemma Hatt. 2021. (ENG.). 204p. (J). pap. *(978-1-9993641-8-2(X))* Elmside Publishing.

Adventurers & the Sea of Discovery. Jemma Hatt. 2022. (ENG.). 188p. (J). pap. *(978-1-9993641-9-9(8))* Elmside Publishing.

Adventurers & the Temple of Treasure. Jemma Hatt. 2019. (Adventurers Ser.: Vol. 2). (ENG.). 202p. (J). (gr. 2-5). pap. *(978-1-9993641-1-3(2))* Elmside Publishing.

Adventurers Bond: Book 5 of the Adventures on Brad. Wong Tao. 2020. (Adventures on Brad Ser.: Vol. 5). (ENG.). 340p. (YA). (gr. 7-11). pap. *(978-1-989458-80-8(7))* Tao Wong.

Adventurer's Guide to Dragons (and Why They Keep Biting Me) Wade Albert White. (Adventurer's Guide Ser.: 2). (ENG.). (J). (gr. 3-7). 2018. 400p. pap. 8.99 *(978-0-316-30532-7(4))*; 2017. 384p. 16.99 *(978-0-316-30531-0(6))* Little, Brown Bks. for Young Readers.

Adventurer's Guide to Successful Escapes. Wade Albert White. (Adventurer's Guide Ser.: 1). (ENG.). (J). (gr. 3-7). 2017. 400p. pap. 7.99 *(978-0-316-30526-6(X))*; 2016. (Illus.). 384p. 16.99 *(978-0-316-30528-0(6))* Little, Brown Bks. for Young Readers.

Adventurer's Guide to Treasure (and How to Steal It) Wade Albert White. 2019. (Adventurer's Guide Ser.: 3). (ENG., Illus.). 448p. (J). (gr. 3-7). 17.99 *(978-0-316-51844-4(1))* Little, Brown Bks. for Young Readers.

Adventurers Guild (Adventurers Guild, the, Book 1) Zack Loran Clark & Nick Eliopulos. 2017. (Adventurers Guild Ser.: 1). (ENG.). 320p. (J). (gr. 3-7). 16.99 *(978-1-4847-8801-1(X))* Little, Brown Bks. for Young Readers.

Adventurers Guild: Night of Dangers. Zack Loran Clark & Nick Eliopulos. 2020. (Adventurers Guild Ser.: 3). (ENG.). 400p. (J). (gr. 3-7). pap. 7.99 *(978-1-368-00034-5(7))* Hyperion Bks. for Children.

Adventurers Guild: Twilight of the Elves. Zack Loran Clark & Nick Eliopulos. 2018. (Adventurers Guild Ser.: 2). (ENG., Illus.). 384p. (J). (gr. 3-7). 16.99 *(978-1-4847-8860-8(5))* Little, Brown Bks. for Young Readers.

Adventurer's Heart: Book 2 of the Adventures on Brad. Wong Tao. 2020. (Adventures on Brad Ser.: Vol. 2). (ENG.). 362p. (YA). (gr. 7-11). pap. *(978-1-989458-77-8(7))* Tao Wong.

Adventurers of Greythorpe High. Dean Rowell. 2023. (ENG.). 92p. (J). pap. ***(978-1-80369-722-2(9))*** Authors OnLine, Ltd.

Adventurers of the Night (Classic Reprint) G. A. Birmingham. 2018. (ENG., Illus.). 286p. (J). 29.82 *(978-0-483-26953-8(0))* Forgotten Bks.

Adventurers, or Scenes in Ireland, in the Reign of Elizabeth, Vol. 1 of 3 (Classic Reprint) Unknown Author. (ENG., Illus.). (J). 2018. 350p. 31.12 *(978-0-483-33274-4(7))*; 2016. pap. 13.57 *(978-1-333-36022-1(3))* Forgotten Bks.

Adventurers, Vol. 2 Of 3: Or, Scenes in Ireland, in the Reign of Elizabeth (Classic Reprint) Unknown Author. 2018. (ENG., Illus.). 328p. (J). 30.66 *(978-0-484-23965-3(1))* Forgotten Bks.

Adventurers, Vol. 3 Of 3: Or Scenes in Ireland, in the Reign of Elizabeth (Classic Reprint) Unknown Author. 2018. (ENG., Illus.). 328p. (J). 30.66 *(978-0-332-20030-9(2))* Forgotten Bks.

Adventurers Wanted, Book 5: The Axe of Sundering. M. L. Forman. 2017. (Adventurers Wanted Ser.: 5). (ENG.). 432p. (J). (gr. 5). 19.99 *(978-1-60907-934-5(5)*, Shadow Mountain) Shadow Mountain Publishing.

Adventures among Birds (Classic Reprint) W. H. Hudson. 2018. (ENG., Illus.). 328p. (J). 30.66 *(978-0-267-65335-5(2))* Forgotten Bks.

Adventures & Conversations of a Morning: Intended to Interest & Instruct the Minds of Youth (Classic Reprint) Onesiphorus Frankly. 2018. (ENG., Illus.). 110p. (J). 26.17 *(978-0-267-51640-7(1))* Forgotten Bks.

Adventures & Day Dreams (Classic Reprint) I. Owen Thompson. 2018. (ENG., Illus.). 132p. (J). 26.62 *(978-0-267-45368-9(X))* Forgotten Bks.

Adventures & Enthusiasms (Classic Reprint) E. V. Lucas. 2018. (ENG., Illus.). 342p. (J). 30.97 *(978-0-666-52139-2(5))* Forgotten Bks.

Adventures & Letters of Richard Harding Davis (Classic Reprint) Richard Harding Davis. 2017. (ENG., Illus.). (J). 33.92 *(978-1-5281-7036-9(9))* Forgotten Bks.

Adventures & Misadventures; or an Undergraduate's Experiences in Canada: A Simple Narrative Told in Simple Episodes (Classic Reprint) Lofty Lofty. 2018. (ENG., Illus.). 232p. (J). 28.70 *(978-0-483-58167-8(4))* Forgotten Bks.

A

Adventures & Reminiscences of a Volunteer (Classic Reprint) George T. Ulmer. 2018. (ENG., Illus.). 110p. (J). 26.31 *(978-0-484-90382-0(9))* Forgotten Bks.

Adventures at Cornerstone Cove. Robin Waldrip. Illus. by Tracy Applewhite Broome. 2023. 40p. (J). (gr. 4-7). 25.00 ***(978-1-6678-8254-3(6))*** BookBaby.

Adventures at Dinglewood: The Airshow Aeroplanes. Roger J. March. 2020. (ENG.). 44p. (J). pap. *(978-1-5289-3033-8(9))* Austin Macauley Pubs. Ltd.

Adventures at Dinglewood Freddie the Flying Machine. Roger J. March. 2020. (ENG.). 68p. (J). *(978-1-78878-339-2(5))*; pap. *(978-1-78878-338-5(7))* Austin Macauley Pubs. Ltd.

Adventures at Dinglewood: Tom's Trouble. Roger J. March. 2018. (ENG., Illus.). 42p. pap. 15.95 *(978-1-78710-496-9(6)*, 6483a56f-9033-468d-9a47-6ca517b81088) Austin Macauley Pubs. Ltd. GBR. Dist: Baker & Taylor Publisher Services (BTPS).

Adventures at Granddad's. Sylvia L. Alderton. 2017. (ENG., Illus.). (J). pap. 10.95 *(978-1-5127-9939-2(4)*, WestBow Pr.) Author Solutions, LLC.

Adventures at Granddad's House. Larry McDonald. 2016. (ENG., Illus.). (J). pap. 15.99 *(978-0-9979788-5-8(6))* Mindstir Media.

Adventures at High Point, (Expanded Edition) The Story of Adventure, Love, Life & Commitment, for the Young & the Young-At-Heart Who Long for a Real Place Like High Point. Connie M. Hall. 2016. (ENG., Illus.). (J). pap. 7.95 *(978-1-944537-19-7(8))* Holt, Max Media.

Adventures Begin. M. M. Jen Jellyfish. 2016. (ENG., Illus.). (J). 25.95 *(978-1-4808-3881-9(0))*; pap. 16.95 *(978-1-4808-3879-6(9))* Archway Publishing.

Adventures Beyond the Zambesi: Of the o'Flaherty, the Insular Miss. the Soldier Man; & the Rebel-Woman (Classic Reprint) Fred Maturin. 2018. (ENG., Illus.). 432p. (J). 32.83 *(978-0-267-46674-0(9))* Forgotten Bks.

Adventures by Sea & Land of the Count Deganay: Or, the Devotion & Fidelity of Woman; an Episode of the Colonization of Canada (Classic Reprint) H. Emile Chevalier. 2017. (ENG., Illus.). (J). 30.62 *(978-0-266-18779-0(X))* Forgotten Bks.

Adventures de Boulon: Chaque Voyage Begins with a Dream. Boubbha Stories. 2017. (Boulon Ser.: Vol. 1). (FRE.). 36p. (J). pap. *(978-1-78808-022-4(X))* Independent Publishing Network.

Adventures for Breakfast. Anastasiya Keegan. 2022. (ENG., Illus.). 32p. (J). 18.99 *(978-1-64823-004-2(0))* POW! Kids Bks.

Adventures from Outer Space: Houston's First Adventure. Julie a Roccaforte. 2020. (ENG.). 56p. (J). 21.95 *(978-1-4808-8568-4(1))* Archway Publishing.

Adventures from Outer Space: Houston's First Adventure. Julie A. Roccaforte. 2019. (ENG.). 54p. (J). pap. 23.95 *(978-1-4808-8174-7(0))* Archway Publishing.

Adventures from the Farm: A Very Special Christmas Tree. Streul Cathy. 2019. (ENG.). 26p. (J). pap. 7.99 *(978-1-951469-09-2(7))* Bookwhip.

Adventures from the Farm: New Friends. Streul Cathy. 2020. (ENG.). 22p. (J). pap. 7.99 *(978-1-951469-65-8(8))* Bookwhip.

Adventures from the Farm: The Beginning. Streul Cathy. 2019. (ENG.). 32p. (J). pap. 7.99 *(978-1-951469-08-5(9))* Bookwhip.

Adventures from the Farm: The Great Pond Adventure. Streul Cathy. 2020. (ENG.). 22p. (J). pap. 7.99 *(978-1-951469-66-5(6))* Bookwhip.

Adventures from the Land of Stories: Queen Red Riding Hood's Guide to Royalty. Chris Colfer. 2017. (Land of Stories Ser.). (ENG.). 128p. (J). (gr. 3-7). 13.99 *(978-0-316-38336-3(8))* Little, Brown Bks. for Young Readers.

Adventures from the Land of Stories: the Mother Goose Diaries. Chris Colfer. 2017. (Land of Stories Ser.). (ENG.). 128p. (J). (gr. 3-7). 13.99 *(978-0-316-38334-9(1))* Little, Brown Bks. for Young Readers.

Adventures in 100 Acre Wood: Pooh Truck Tales. Nathan Maher. 2022. (ENG.). 34p. (J). 24.99 ***(978-1-0879-2894-4(X))*** Indy Pub.

Adventures in a Fantasy Wonderland: A Unicorn Themed Activity Book. Bobo's Children Activity Books. 2016. (ENG., Illus.). (J). pap. 9.43 *(978-1-68327-287-8(0))* Sunshine In My Soul Publishing.

Adventures in Africa. Sharon Bell. 2018. (ENG., Illus.). 158p. (J). 24.99 *(978-1-63337-231-3(6))*; pap. 14.99 *(978-1-63337-228-3(6))* Roland Golf Services.

Adventures in Alaska (Classic Reprint) Samuel Hall Young. 2018. (ENG., Illus.). 202p. (J). 28.08 *(978-0-267-81711-5(8))* Forgotten Bks.

Adventures in & Beyond Jalia. Granvil Morgan Jr. 2018. (ENG., Illus.). 170p. (J). pap. 14.95 *(978-1-64214-132-0(1))* Page Publishing Inc.

Adventures in Angel Wing Forest: Volume Two. G. N. Bell. 2017. (ENG., Illus.). 212p. (J). pap. *(978-0-244-02867-1(2))* Lulu Pr., Inc.

Adventures in Architecture for Kids: 30 Design Projects for STEAM Discovery & Learning, Volume 2. Vicky Chan. 2021. (Design Genius Jr Ser.: 2). (ENG., Illus.). 144p. (J). (gr. 2-6). pap. 24.99 *(978-1-63159-972-9(0)*, 337639, Rockport Publishers) Quarto Publishing Group USA.

Adventures in Arnock. Stephen W. Moore. 2018. (ENG., Illus.). 150p. (J). pap. 13.95 *(978-1-64214-898-5(9))* Page Publishing Inc.

Adventures in Asian Art: An Afternoon at the Museum. Sue DiCicco. (Illus.). 48p. (J). (gr. k-3). 2021. (ENG.). 7.99 *(978-0-8048-5495-5(5))*; 2nd ed. 2017. 15.95 *(978-0-8048-4730-8(4))* Tuttle Publishing.

Adventures in Bird-Land (Classic Reprint) Oliver Gregory Pike. (ENG., Illus.). (J). 2017. 370p. 31.53 *(978-0-484-65698-6(8))*; 2016. pap. 13.97 *(978-1-333-41051-3(4))* Forgotten Bks.

Adventures in Bolivia (Classic Reprint) C. h. Prodgers. 2018. (ENG., Illus.). 288p. (J). 29.84 *(978-0-365-27626-5(X))* Forgotten Bks.

Adventures in Brambly Hedge. Jill Barklem. 2020. (Brambly Hedge Ser.). (ENG., Illus.). 128p. (J). 34.99 *(978-0-00-746145-5(3)*, HarperCollins Children's Bks.) HarperCollins Pubs. Ltd. GBR. Dist: HarperCollins Pubs.

Adventures in Cartooning: Characters in Action (Enhanced Edition) James Sturm et al. 2023. (Adventures in Cartooning Ser.: 2). (ENG., Illus.). 112p. (J). pap. 18.99 *(978-1-250-83942-8(4)*, 900255165, First Second Bks.) Roaring Brook Pr.

Adventures in Cartooning: Create a World. James Sturm et al. 2023. (Adventures in Cartooning Ser.: 3). (ENG., Illus.). 112p. (J). pap. 18.99 *(978-1-250-83941-1(6)*, 900255159, First Second Bks.) Roaring Brook Pr.

Adventures in Coding. Eva Holland & Chris Minnick. 2016. (Adventures In ... Ser.). (ENG., Illus.). 320p. pap. 24.99 *(978-1-119-23268-1(6))* Wiley, John & Sons, Inc.

Adventures in Coloring: A Mandalas Coloring Book. Speedy Publishing LLC. 2016. (ENG., Illus.). 106p. (YA). pap. 12.55 *(978-1-68326-275-6(1))* Speedy Publishing LLC.

Adventures in Coloring: A Mother & Child Coloring Book. Kreative Kids. 2016. (ENG., Illus.). (J). pap. 9.20 *(978-1-68377-286-6(5))* Whlke, Traudl.

Adventures in Coloring: Big Eyed Sea Creatures Coloring Book. Smarter Activity Books for Kids. 2016. (ENG., Illus.). (J). pap. 9.22 *(978-1-68374-408-5(X))* Examined Solutions PTE. Ltd.

Adventures in Coloring: Color Doodles Coloring Book. Bobo's Adult Activity Books. 2016. (ENG., Illus.). (J). pap. 6.92 *(978-1-68327-611-1(6))* Sunshine In My Soul Publishing.

Adventures in Coloring: Doodle Monsters Coloring Book. Jupiter Kids. 2017. (ENG., Illus.). (J). pap. 9.20 *(978-1-68326-591-7(2)*, Jupiter Kids (Childrens & Kids Fiction)) Speedy Publishing LLC.

Adventures in Coloring: Doodles, a Coloring Book. Jupiter Kids. 2017. (ENG., Illus.). (J). pap. 9.20 *(978-1-68326-592-4(0)*, Jupiter Kids (Childrens & Kids Fiction)) Speedy Publishing LLC.

Adventures in Coloring: Elephant Mandalas Coloring Book. Activibooks. 2016. (ENG., Illus.). (J). pap. 9.20 *(978-1-68321-745-9(4))* Mimaxion.

Adventures in Coloring: Laboratory Tools Coloring Book. Bobo's Children Activity Books. 2016. (ENG., Illus.). (J). pap. 9.33 *(978-1-68327-612-8(4))* Sunshine In My Soul Publishing.

Adventures in Coloring: The Human Form Coloring Book. Activibooks For Kids. 2016. (ENG., Illus.). (J). pap. 9.20 *(978-1-68321-659-9(8))* Mimaxion.

Adventures in Contentment (Classic Reprint) David Grayson, pseud. 2017. (ENG., Illus.). (J). 29.59 *(978-0-265-77575-2(2))* Forgotten Bks.

Adventures in Coral Reefs Coloring Book. Activity Book Zone for Kids. 2016. (ENG., Illus.). (J). pap. 9.20 *(978-1-68376-403-8(X))* Sabeels Publishing.

Adventures in Cottontail Pines: The Summer Princess. T. K. Wade. Illus. by Coy Fields. 2017. (Adventures in Cottontail Pines Ser.: Vol. 1). (ENG.). 28p. (J). (gr. 2-6). pap. 11.99 *(978-0-692-04699-9(2))* Wade, T.K.

Adventures in Couch Cove As Told by Jack the Raccoon. K. Patton. Illus. by Joe Huffman. 2021. (ENG.). 38p. (J). 16.00 *(978-1-0879-4350-3(7))*; pap. 11.00 *(978-1-0879-4198-1(9))* Indy Pub.

Adventures in Culture. 2016. (Adventures in Culture Ser.). 00024p. (J). pap. 48.90 *(978-1-4824-5841-1(1))* Stevens, Gareth Publishing LLLP.

Adventures in Culture: Set 2, 12 vols. 2018. (Adventures in Culture Ser.). (ENG.). 24p. (gr. 1-2). lib. bdg. 145.62 *(978-1-5382-2176-1(4)*, 323bc2df-dc04-4eed-b259-4a0c96c1a717) Stevens, Gareth Publishing LLLP.

Adventures in Culture: Sets 1 - 2. 2018. (Adventures in Culture Ser.). (J). pap. 109.80 *(978-1-5382-2807-4(6))*; (gr. 1-2). lib. bdg. 291.24 *(978-1-5382-2177-8(2)*, 6878cbac-39c9-45f3-8430-68dcb0efb80c) Stevens, Gareth Publishing LLLP.

Adventures in Dinosaur Land. Bethbirdbooks. 2020. (ENG.). 24p. (J). pap. 10.95 *(978-1-950603-04-6(0))* BethBirdBks.

Adventures in Diving with Dolphins Coloring Book. Jupiter Kids. 2017. (ENG., Illus.). (J). pap. 9.20 *(978-1-68326-593-1(9)*, Jupiter Kids (Childrens & Kids Fiction)) Speedy Publishing LLC.

Adventures in Eden: Fantastic Fruit. April Gaertner. (ENG., Illus.). 30p. (J). 2018. 22.95 *(978-1-64300-162-3(0))*; 2017. pap. 12.95 *(978-1-64003-102-9(2))* Covenant Bks.

Adventures in Extreme Coloring: A Mischief Coloring Book. Speedy Publishing LLC. 2016. (ENG., Illus.). 106p. (J). pap. 12.55 *(978-1-68326-276-3(X))* Speedy Publishing LLC.

Adventures in Fairy Meadow. Kelly McIntire. 2019. (ENG.). 112p. (J). pap. 5.99 *(978-1-7335230-1-1(4))* Pivot Point Pubns.

Adventures in Fern Hollow. John Patience. Illus. by John Patience. 2019. (Tales from Fern Hollow Ser.). (ENG., Illus.). 80p. (J). (gr. k-2). *(978-1-9161125-9-9(5))* Talewater Pr.

Adventures in Fosterland Take Me Home Collection (Boxed Set) Emmett & Jez; Super Spinach; Baby Badger; Snowpea the Puppy Queen. Hannah Shaw. Illus. by Bev Johnson. ed. 2023. (Adventures in Fosterland Ser.). (ENG.). 608p. (J). (gr. 1-4). pap. 27.99 ***(978-1-6659-3413-8(1)**, Aladdin)* Simon & Schuster Children's Publishing.

Adventures in Friendship (Classic Reprint) David Grayson, pseud. 2017. (ENG., Illus.). (J). 29.14 *(978-1-5282-7117-2(3))* Forgotten Bks.

Adventures in Grandma's Wyoming Garden. Nola Reifel. 2017. (ENG., Illus.). (J). 21.95 *(978-1-64028-396-1(X))*; pap. 12.95 *(978-1-63525-091-6(9))* Christian Faith Publishing.

Adventures in Hiveland (Classic Reprint) Frank Stevens. 2018. (ENG., Illus.). 238p. (J). 28.83 *(978-0-267-18895-6(1))* Forgotten Bks.

Adventures in Indigence & Other Essays (Classic Reprint) Laura Spencer Portor. 2017. (ENG., Illus.). (J). 29.28 *(978-1-5280-7182-6(4))* Forgotten Bks.

Adventures in Kindness: 52 Awesome Kid Adventures for Building a Better World. Carrie Fox et al. 2020. (ENG., Illus.). 172p. (J). (gr. 1-6). pap. 18.95 *(978-1-7346186-0-0(4))* Changemakers Pr.

Adventures in Lettering: 40 Exercises to Improve Your Lettering Skills. Dawn Nicole Warnaar. 2016. (ENG.). 128p. (J). (gr. 3-7). pap. 16.95 *(978-1-63322-173-4(3)*, Walter Foster Jr) Quarto Publishing Group USA.

Adventures in London (Classic Reprint) James Douglas. (ENG., Illus.). (J). 2018. 318p. 30.46 *(978-0-483-47846-6(6))*; 2018. 434p. 32.87 *(978-0-483-58311-5(1))*; 2017. pap. 16.57 *(978-0-243-22776-1(0))*; 2016. pap. 13.57 *(978-1-333-58147-3(5))* Forgotten Bks.

Adventures in Many Lands. Algernon Blackwood. 2017. (ENG.). 254p. (J). pap. *(978-93-86423-07-8(3))* Alpha Editions.

Adventures in Mashonaland (Classic Reprint) Rose Blennerhassett. (ENG., Illus.). (J). 2018. 354p. 31.20 *(978-0-483-12873-6(2))*; 2016. pap. 13.57 *(978-1-334-14325-0(0))* Forgotten Bks.

Adventures in Middle School 2-Book Box Set: Invisible Emmie & Positively Izzy. Terri Libenson. Illus. by Terri Libenson. 2018. (Emmie & Friends Ser.). (ENG., Illus.). 416p. (J). (gr. 3-7). pap. 25.98 *(978-0-06-289749-7(7)*, Balzer & Bray) HarperCollins Pubs.

Adventures in Nature: Stories, Activities & Inspiration for All the Family. Dawn Nelson. 2022. (ENG., Illus.). 160p. 24.95 *(978-0-7509-9510-8(6))* History Pr. Ltd., The GBR. Dist: Independent Pubs. Group.

Adventures in Nature Activity Book. 2023. (Activity Book Ser.). (ENG.). 32p. (J). (gr. -1-3). pap. 5.99 *(978-1-956560-06-0(8))* Clever Media Group.

Adventures in Nature's Wonder Coloring Book. Activity Attic. 2016. (ENG., Illus.). (J). pap. 7.74 *(978-1-68323-827-0(3))* Twin Flame Productions.

Adventures in New Guinea. Louis Tregance & Henry Crocker. 2017. (ENG.). 260p. (J). pap. *(978-3-337-33959-3(X))* Creation Pubs.

Adventures in New Guinea: The Narrative of Louis Tregance, a French Sailor; Nine Years in Captivity among the Orangwoks, a Tribe in the Interior of New Guinea (Classic Reprint) Louis Tregance. 2018. (ENG., Illus.). 260p. (J). 29.28 *(978-0-656-61275-8(4))* Forgotten Bks.

Adventures in New Guinea (Classic Reprint) James Chalmers. (ENG., Illus.). (J). 2018. 196p. 27.96 *(978-0-365-12584-6(9))*; 2017. pap. 10.57 *(978-0-282-13049-7(7))* Forgotten Bks.

Adventures in Nursing. Laquana Smith. 2021. (ENG.). 40p. (J). pap. 15.00 *(978-1-300-82414-5(X))* Lulu Pr., Inc.

Adventures in Nursing: Exploring the World of Possibilities! Laquana Smith. 2021. (ENG.). 40p. (J). pap. 15.00 *(978-1-4583-9659-4(2))* Lulu Pr., Inc.

Adventures in Odyssey Memory Book - Cruise Characters. Focus on the Family. 2017. (ENG.). (J). 11.99 *(978-1-58997-963-5(X))* Focus on the Family Publishing.

Adventures in Odyssey Memory Book - Town Characters Adventures in Odyssey Memory Book - Town Characters. Focus on the Family. 2017. (Adventures in Odyssey Ser.). (ENG.). 64p. (J). 11.99 *(978-1-58997-964-2(8))* Focus on the Family Publishing.

Adventures in Oz Vol. VI: The Royal Book of Oz, Kabumpo in Oz. & Ozoplaning with the Wizard of Oz. L. Frank Baum & Ruth Plumly Thompson. 2017. (ENG., Illus.). 306p. (J). (gr. k-6). 19.99 *(978-1-5154-1937-2(1))*; pap. 14.99 *(978-1-5154-1936-5(3))* Wilder Pubns., Corp.

Adventures in Pondland (Classic Reprint) Frank Stevens. 2017. (ENG., Illus.). (J). 300p. 30.10 *(978-0-484-15024-8(3))*; pap. 13.57 *(978-0-259-44085-7(X))* Forgotten Bks.

Adventures in Princess Aurolla's Castle. Sarah Jane Arcwyk. 2018. (Princess Aurolla Bks.: Vol. 1). (ENG., Illus.). 164p. (J). pap. *(978-1-7753261-0-6(1))* Dennis, Hugh.

Adventures in Propaganda, Letters from an Intelligence Officer in France (Classic Reprint) Heber Blankenhorn. 2018. (ENG., Illus.). 206p. (J). 28.15 *(978-0-666-32094-0(2))* Forgotten Bks.

Adventures in Puppy-Sitting. Annie Auerbach & Jessica Carleton. Illus. by Disney Storybook Art Team. 2018. (Puppy Dog Pals Ser.). (ENG.). 32p. (J). (gr. -1-3). 31.36 *(978-1-5321-4250-5(1)*, 28538, Picture Bk.) Spotlight.

Adventures in Puppy-Sitting. Jessica Perich Carleton. 2019. (Illus.). (J). *(978-1-368-02664-2(8))* ABDO Publishing Co.

Adventures in Quinnland. Sandra Quinn Oconis. 2018. (ENG.). 44p. (J). 22.99 *(978-1-5456-5222-0(8))*; pap. 12.49 *(978-1-5456-5221-3(X))* Salem Author Services.

Adventures in Science with Bob & Don (Classic Reprint) Harry A. Carpenter. (ENG., Illus.). (J). 2018. 160p. 27.20 *(978-0-267-35128-2(3))*; 2016. pap. 9.57 *(978-1-333-74844-9(2))* Forgotten Bks.

Adventures in Servia. Alfred Wright & Alfred George Farquhar-Bernard. 2017. (ENG.). 280p. (J). pap. *(978-3-337-17750-8(6))* Creation Pubs.

Adventures in Servia: Or the Experiences of a Medical Free Lance among the Bashi-Bazouks, etc (Classic Reprint) Alfred Wright. 2017. (ENG., Illus.). (J). 29.67 *(978-1-5285-7709-0(4))* Forgotten Bks.

Adventures in Sound with Max Axiom Super Scientist: 4D an Augmented Reading Science Experience. Emily Sohn. Illus. by Cynthia Martin. 2018. (Graphic Science 4D Ser.). (ENG.). 32p. (J). (gr. 3-9). pap. 7.95 *(978-1-5435-2955-5(0)*, 138555); lib. bdg. 36.65 *(978-1-5435-2944-9(5)*, 138533) Capstone. (Capstone Pr.).

Adventures in Space Activity Book. 2023. (Activity Book Ser.). (ENG.). 32p. (J). (gr. -1-3). pap. 5.99 *(978-1-956560-07-7(6))* Clever Media Group.

Adventures in STEAM. Izzi Howell et al. 2018. (Adventures in STEAM Ser.). (ENG.). 48p. (J). (gr. 3-6). 179.94 *(978-1-5435-3556-3(9)*, 28609, Capstone Pr.) Capstone.

Adventures in Steel (Classic Reprint) Lavinia R. Davis. 2018. (ENG., Illus.). 182p. (J). 27.65 *(978-0-267-44648-3(9))* Forgotten Bks.

Adventures in Swaziland: The Story the of a South African Boer (Classic Reprint) Owen Rowe O'Neil. 2017. (ENG., Illus.). (J). 32.74 *(978-0-260-59319-1(2))* Forgotten Bks.

Adventures in the Alps (Classic Reprint) Archibald Campbell Knowles. 2018. (ENG., Illus.). 222p. (J). 28.50 *(978-0-267-66148-0(7))* Forgotten Bks.

Adventures in the Blackberry Patch. Fannie Moody. 2019. (Adventure Ser.: Vol. 1). (ENG.). 32p. (J). pap. 16.99 *(978-1-68314-836-4(3)*, Reliant Publishing) Redemption Pr.

Adventures in the Circulatory System. Alexander Lowe. Illus. by Sebastian Kadlecik. 2021. (Norwood Discovery Graphics Ser.). (ENG.). 32p. (J). (gr. 2-3). pap. 14.60 *(978-1-68404-580-8(0))* Norwood Hse. Pr.

Adventures in the Circulatory System. Alexander Lowe. Illus. by Sebastian Kadlecik. 2020. (Norwood Discovery Graphics: the Bod Squad Ser.). (ENG.). 32p. (J). (gr. 2-3). 29.27 *(978-1-68450-862-4(2))* Norwood Hse. Pr.

Adventures in the Digestive System. Alexander Lowe. Illus. by Sebastian Kadlecik. 2021. (Norwood Discovery Graphics Ser.). (ENG.). 32p. (J). (gr. 2-3). pap. 14.60 *(978-1-68404-581-5(9))* Norwood Hse. Pr.

Adventures in the Digestive System. Alexander Lowe. Illus. by Sebastian Kadlecik. 2020. (Norwood Discovery Graphics: the Bod Squad Ser.). (ENG.). 32p. (J). (gr. 2-3). 29.27 *(978-1-68450-861-7(4))* Norwood Hse. Pr.

Adventures in the Gym: With Jym Shoe Jimmie, Jym Shoe Jammie, Jym Shoe Johnnie. Terri Dawson-Howard. 2019. (ENG.). 34p. (J). pap. 15.60 *(978-1-4834-2778-2(1))* Lulu Pr., Inc.

Adventures in the Gym: With Jym Shoe Jimmie Jym Shoe Jammie Jym Shoe Johnnie. Terri C. Dawson. 2020. (ENG.). 32p. (J). pap. 15.60 *(978-1-68474-035-2(5))* Lulu Pr., Inc.

Adventures in the High Meadow: With Tiac, Eo, & Wooly. Allan Turner. Illus. by Lissa Calvert. 2020. (ENG.). 210p. (J). *(978-1-5255-5442-1(5))*; pap. *(978-1-5255-5443-8(3))* FriesenPress.

Adventures in the Kingdom of Love: The Rainbow of Truth. Diner Benford. 2017. (ENG., Illus.). (J). 25.95 *(978-1-4808-5127-6(2))*; pap. 16.95 *(978-1-4808-5128-3(0))* Archway Publishing.

Adventures in the Life of Rohan & Sania. Revant Gupta. 2021. (ENG.). 210p. (J). pap. 14.00 *(978-1-68487-974-8(4))* Notion Pr., Inc.

Adventures in the Mountains. L. I. V. Phillips. 2021. (ENG.). 36p. (J). pap. 15.00 *(978-1-953507-35-8(2))* Brightlings.

Adventures in the Muscular System. Alexander Lowe. Illus. by Sebastian Kadlecik. 2021. (Norwood Discovery Graphics Ser.). (ENG.). 32p. (J). (gr. 2-3). pap. 14.60 *(978-1-68404-583-9(5))* Norwood Hse. Pr.

Adventures in the Muscular System. Alexander Lowe. Illus. by Sebastian Kadlecik. 2020. (Norwood Discovery Graphics: the Bod Squad Ser.). (ENG.). 32p. (J). (gr. 2-3). 29.27 *(978-1-68450-859-4(2))* Norwood Hse. Pr.

Adventures in the Nervous System. Alexander Lowe. Illus. by Sebastian Kadlecik. 2021. (Norwood Discovery Graphics Ser.). (ENG.). 32p. (J). (gr. 2-3). pap. 14.60 *(978-1-68404-579-2(7))* Norwood Hse. Pr.

Adventures in the Nervous System. Alexander Lowe. Illus. by Sebastian Kadlecik. 2020. (Norwood Discovery Graphics: the Bod Squad Ser.). (ENG.). 32p. (J). (gr. 2-3). 29.27 *(978-1-68450-863-1(0))* Norwood Hse. Pr.

Adventures in the Outback: Short Stories Set in Remote Areas of Australia. Greg Jessep. Illus. by Ester de Boer. 2020. (ENG.). 60p. (YA). *(978-0-2288-3971-2(8))*; pap. *(978-0-2288-3970-5(X))* Tellwell Talent.

Adventures in the Pond: Bob & the Duck. Kay Williams. Illus. by Danna Victoria. 2nd ed. 2019. (ENG.). 30p. (J). pap. 7.91 *(978-1-913165-10-9(8))* TinydragonBks.

Adventures in the Pond: Fido the Fish at the Bottom of the Pond. Kay Williams. Illus. by Danna Victoria. 2nd ed. 2019. (ENG.). 30p. (J). pap. 7.91 *(978-1-913165-01-7(9))* TinydragonBks.

Adventures in the Pond: Gizmo Escapes. Kay Williams. Illus. by Danna Victoria. 2nd ed. 2019. (ENG.). 30p. (J). pap. 7.91 *(978-1-913165-02-4(7))* TinydragonBks.

Adventures in the Pond: Jaws Gets Toothache. Kay Williams. Illus. by Danna Victoria. 2nd ed. 2019. (ENG.). 30p. (J). pap. 7.91 *(978-1-913165-04-8(3))* TinydragonBks.

Adventures in the Pond: Snapper & the Hiccups. Kay Williams. Illus. by Danna Victoria. 2nd ed. 2019. (ENG.). 30p. (J). pap. 7.91 *(978-1-913165-05-5(1))* TinydragonBks.

Adventures in the Pond: The Big Move. Kay Williams. Illus. by Danna Victoria. 2nd ed. 2019. (ENG.). 32p. (J). pap. 7.91 *(978-1-913165-07-9(8))* TinydragonBks.

Adventures in the Pond: The Day the Fish Got a Shock. Kay Williams. Illus. by Danna Victoria. 2nd ed. 2019. (ENG.). 30p. (J). pap. 7.91 *(978-1-913165-06-2(X))* TinydragonBks.

Adventures in the Pond: Tiddles Caught in a Trap. Kay Williams. Illus. by Danna Victoria. 2nd ed. 2019. (ENG.). 30p. (J). pap. 7.91 *(978-1-913165-03-1(5))* TinydragonBks.

Adventures in the Rainbow Forest: A Special Children's Story with Additional Crochet Patterns. P. D. Mosca. 2020. (ENG., Illus.). 248p. (J). pap. *(978-1-913833-14-5(3))* Mirador Publishing.

Adventures in the Real World: Discovering the Tomb of Tutankhamun. Roger Canavan. Illus. by Damian Zain. ed. 2021. (Adventures in the Real World Ser.). (ENG.). 128p. (J). (gr. 4). pap. 8.95 *(978-1-913337-82-7(0))* Book Hse. GBR. Dist: Sterling Publishing Co., Inc.

Adventures in the Real World: Journey of the Mayflower. Roger Canavan. ed. 2020. (Adventures in the Real World Ser.). (ENG., Illus.). 128p. (J). (gr. 4). pap. 8.95 *(978-1-912904-20-4(9))* Book Hse. GBR. Dist: Sterling Publishing Co., Inc.

Adventures in the Respiratory System. Alexander Lowe. Illus. by Sebastian Kadlecik. 2021. (Norwood Discovery Graphics Ser.). (ENG.). 32p. (J). (gr. 2-3). pap. 14.60 *(978-1-68404-582-2(7))* Norwood Hse. Pr.

Adventures in the Respiratory System. Alexander Lowe. Illus. by Sebastian Kadlecik. 2020. (Norwood Discovery Graphics: the Bod Squad Ser.). (ENG.). 32p. (J). (gr. 2-3). 29.27 *(978-1-68450-860-0(6))* Norwood Hse. Pr.

Adventures in the Tiniest Forms of Life Coloring Book. Creative Playbooks. 2016. (ENG., Illus.). (J). pap. 7.74 *(978-1-68323-828-7(1))* Twin Flame Productions.

Adventures in the Wilderness (Classic Reprint) W. H. H. Murray. 2017. (ENG., Illus.). (J). 29.71 *(978-1-5284-8059-8(7))* Forgotten Bks.

20
The check digit for ISBN-10 appears in parentheses after the full ISBN-13

Adventures in Thinking! Kids Challenge Mega Awesome Activity Book. Smarter Activity Books for Kids. 2016. (ENG., Illus.). (J). pap. 8.99 *(978-1-68374-812-0(3))* Examined Solutions PTE. Ltd.

Adventures in Thule. William Black. 2017. (ENG.). (J). 242p. pap. *(978-3-337-33995-1(6))*; 244p. pap. *(978-3-7447-5083-7(3))* Creation Pubs.

Adventures in Thule: Three Stories for Boys. William Black. 2017. (ENG., Illus.). (J). pap. *(978-0-649-03846-6(0))* Trieste Publishing Pty Ltd.

Adventures in Thule: Three Stories for Boys (Classic Reprint) William Black. 2018. (ENG., Illus.). (J). 42p. 24.78 *(978-0-267-44337-6(4))*; 220p. 28.43 *(978-0-666-07731-8(2))* Forgotten Bks.

Adventures in Tibet 1901: Including the Diary of Miss. Annie R. Taylor's Remarkable Journey from Tau-Chau to Ta-Chien-Lu Through the Heart of the Forbidden Land (Classic Reprint) William Carey. 2017. (ENG., Illus.). (J). 30.97 *(978-0-265-90206-6(1))* Forgotten Bks.

Adventures in Ticoland: Where the Magic of Animals Never Ends. Joseph Lim. (ENG., Illus.). (J). 2018. 84p. 28.95 *(978-1-64191-908-1(6))*; 2017. pap. 15.95 *(978-1-64028-906-2(2))* Christian Faith Publishing.

Adventures in Toyland. Edith King Hall. 2022. (ENG.). 180p. (J). pap. 15.95 *(978-1-64720-452-5(6))* Fiction Hse. Pr.

Adventures in Uniwandaland. Amir Darnley & Alethia Darnley. 2019. (ENG.). 32p. (J). pap. 14.99 *(978-1-7337778-0-3(6))* Darlyng & Co. Publishing.

Adventures in Writing: A Fun Guide to Figurative Language. Jennifer Woolf. 2017. (Second Edition Ser.). (ENG., Illus.). 122p. (J). (gr. 3-6). pap. 24.95 *(978-0-692-24486-9(7))* Children's Creative Writing Institute, The.

Adventures in Xenia-Pterodactyl Island. Rl Hansen. 2021. (Adventures in Xenia Ser.). (ENG.). 182p. (YA). pap. 12.99 *(978-1-393-02602-0(8))* Draft2Digital.

Adventures into Imagination. John Lavernoich. 2021. (ENG.). 112p. (YA). pap. *(978-1-716-31148-2(9))* Lulu Pr., Inc.

Adventures into the Heart: Playful Stories about Family Love for Kids Ages 3-5 - Perfect for Early Readers. Eric Klassen. 2021. (ENG.). 28p. (J). pap. 8.99 ***(978-1-7378625-2-9(2))*** Playful Mind Pr.

Adventures into the Heart, Book 2: Playful Stories about Family Love for Kids Ages 3-5 (Perfect for Early Readers) Eric Klassen. 2022. (Adventures into the Heart Ser.: Vol. 2). (ENG.). 34p. (J). 17.99 ***(978-1-7378625-4-3(9))*** Playful Mind Pr.

Adventures into the Heart, Book 3: Playful Stories about Family Love for Kids Ages 3-8. Eric Klassen. 2023. (Adventures into the Heart Ser.: Vol. 3). (ENG.). 36p. (J). 17.99 ***(978-1-7378625-5-0(7))*** Playful Mind Pr.

Adventures of ... What's Your Name? Marlys Siegel. 2017. (ENG., Illus.). 90p. (J). pap. 14.95 *(978-1-947373-07-5(2))* Lexingford Publishing.

Adventures Of 3. Grace M. Kinnebrew. 2021. (ENG.). 30p. (J). 24.95 *(978-1-64670-975-5(6))*; pap. 14.95 *(978-1-64670-974-8(8))* Covenant Bks.

Adventures of a Bank-Note, Vol. 2 of 2 (Classic Reprint) Thomas Bridges. 2017. (ENG., Illus.). (J). 28.27 *(978-0-266-66791-9(0))*; pap. 10.97 *(978-1-5276-3731-3(X))* Forgotten Bks.

Adventures of a Bank-Note, Vol. 3 of 4 (Classic Reprint) Thomas Bridges. 2017. (ENG., Illus.). (J). 28.19 *(978-0-265-66107-9(2))*; pap. 10.57 *(978-1-5276-3424-4(8))* Forgotten Bks.

Adventures of a Bank-Note, Vol. 4 of 4 (Classic Reprint) Thomas Bridges. 2017. (ENG., Illus.). (J). 28.23 *(978-0-265-74945-6(X))*; pap. 10.57 *(978-1-5277-1791-6(7))* Forgotten Bks.

Adventures of a Bear, & a Great Bear Too. Alfred Elwes. 2017. (ENG., Illus.). (J). pap. *(978-0-649-43858-7(2))* Trieste Publishing Pty Ltd.

Adventures of a Bible, or the Advantages of Early Piety: Intended As a Present for a Good Boy or Girl (Classic Reprint) Unknown Author. 2018. (ENG., Illus.). 26p. (J). 24.45 *(978-0-267-86084-5(6))* Forgotten Bks.

Adventures of a Brownie: As Told to My Child by Miss Mulock. Dinah Craik. 2019. (ENG., Illus.). 98p. (YA). (gr. 7-12). pap. *(978-93-5329-431-1(2))* Alpha Editions.

Adventures of a Brownie, As Told to My Child (Classic Reprint) Dinah Maria Mulock Craik. 2017. (ENG., Illus.). (J). 26.62 *(978-0-260-88827-3(3))* Forgotten Bks.

Adventures of a Brownie, As Told to My Child; Illustrated by Edna Potter. Dinah Maria Mulock Craik. 2017. (ENG., Illus.). (J). pap. *(978-0-649-52867-7(0))* Trieste Publishing Pty Ltd.

Adventures of a Brownie (Classic Reprint) Dinah Maria Mulock Craik. (ENG., Illus.). (J). 2018. 236p. 28.76 *(978-0-483-63648-4(7))*; 2017. pap. 11.57 *(978-0-243-31780-6(8))* Forgotten Bks.

Adventures of a Captain's Wife Going Through the Straits of Magellan to California in 1850 (Classic Reprint) Unknown Author. 2018. (ENG., Illus.). 64p. (J). 25.24 *(978-0-484-52009-6(1))* Forgotten Bks.

Adventures of a Chinaman in China (Classic Reprint) Jules Vern. (ENG., Illus.). (J). 2017. 386p. 31.86 *(978-0-484-03630-6(0))*; 2016. pap. 16.57 *(978-1-333-72298-2(2))* Forgotten Bks.

Adventures of a Chocolate Bunny. Iveta Ongley. 2022. (ENG.). 28p. (J). ***(978-0-473-56717-0(2))*** Ongley, Iveta.

Adventures of a Conscript (Classic Reprint) W. H. Younce. 2017. (ENG., Illus.). (J). 26.21 *(978-0-260-72490-8(4))* Forgotten Bks.

Adventures of a Country Boy at a Country Fair (Classic Reprint) James Otis. 2017. (ENG., Illus.). (J). 30.43 *(978-0-331-74661-7(1))* Forgotten Bks.

Adventures of a Country Boy (Classic Reprint) Jacob Abbott. 2018. (ENG., Illus.). 274p. (J). 29.55 *(978-0-267-13242-3(5))* Forgotten Bks.

Adventures of a Danish Emigrant (Classic Reprint) Sorens K. Petersen. 2017. (ENG., Illus.). (J). 26.54 *(978-0-331-90696-7(1))*; pap. 9.57 *(978-0-259-42281-5(9))* Forgotten Bks.

Adventures of a Deaf-Mute: The Old Man of the Mountain (Classic Reprint) Unknown Author. 2018. (ENG., Illus.). 54p. (J). 25.01 *(978-0-484-04244-4(0))* Forgotten Bks.

Adventures of a Despatch Rider (Classic Reprint) W. H. L. Watson. (ENG., Illus.). (J). 2018. 292p. 29.92 *(978-0-365-48777-7(5))*; 2016. pap. 13.57 *(978-1-334-15915-2(7))* Forgotten Bks.

Adventures of a Dog Named Sam. Ralph Oyague. 2019. (ENG.). 32p. (J). 23.95 *(978-1-64298-720-1(4))*; pap. 13.95 *(978-1-64298-718-8(2))* Page Publishing Inc.

Adventures of a Doll: Compiled with the Hope of Affording Amusement & Instruction (Classic Reprint) Mary Mister. (ENG., Illus.). (J). 2018. 206p. 28.15 *(978-0-267-86239-9(3))*; 2017. pap. 10.57 *(978-0-282-30214-6(X))* Forgotten Bks.

Adventures of a Donkey: From the French of Mme; la Comtesse de Segur (Classic Reprint) Unknown Author. 2018. (ENG., Illus.). 290p. (J). 29.88 *(978-0-483-46155-0(5))* Forgotten Bks.

Adventures of a Donkey (Classic Reprint) Arabella Argus. 2018. (ENG., Illus.). 254p. (J). 29.14 *(978-0-267-19518-3(4))* Forgotten Bks.

Adventures of a Dramatist, Vol. 1 of 2 (Classic Reprint) Benjamin Frere. 2018. (ENG., Illus.). 314p. (J). 30.39 *(978-0-483-71101-3(2))* Forgotten Bks.

Adventures of a Drop Called Droppie. Iryna Petrenko. Illus. by Viktoria Khmelnickaya. 2022. (ENG.). 36p. (J). pap. ***(978-1-922895-64-6(4))*** Library For All Limited.

Adventures of a Dwergish Girl. Daniel M. Pinkwater. Illus. by Aaron Renier. 2020. 192p. (J). (gr. 2-7). 16.95 *(978-1-61696-336-1(0)*, 2eda6d4c-ad1f-4ccc-acb5-0e6f759be06b) Tachyon Pubns.

Adventures of a Fair Rebel (Classic Reprint) Matt Crim. 2018. (ENG., Illus.). 336p. (J). 30.85 *(978-0-267-18116-2(7))* Forgotten Bks.

Adventures of a Fairy Penguin. Hilary-Ann. 2020. (ENG.). 34p. (J). pap. *(978-1-5289-0514-5(8))* Austin Macauley Pubs. Ltd.

Adventures of a FIFO Kid. Azelia Walter. 2022. (ENG.). 34p. (J). *(978-0-6452558-4-3(X))* KMD Bks.

Adventures of a Flapjack Octopus. Charles Watson & Wendy Louise Thompson. 2020. (ENG.). 32p. (J). pap. *(978-1-5289-8408-9(0))* Austin Macauley Pubs. Ltd.

Adventures of a Floatplane Named Kodiak. Kreg Korinek. 2018. (ENG., Illus.). 40p. (J). pap. 13.99 *(978-0-9998275-6-7(1))* Mindstir Media.

Adventures of a Freshmen (Classic Reprint) Jesse Lynch Williams. (ENG., Illus.). (J). 2018. 230p. 28.64 *(978-0-267-77384-8(6))*; 2016. pap. 11.57 *(978-1-334-12539-3(2))* Forgotten Bks.

Adventures of a Girl Called Bicycle. Christina Uss. (Illus.). (J). (gr. 3-7). 2020. 336p. pap. 8.99 *(978-0-8234-4573-8(9))*; 2018. 320p. 16.99 *(978-0-8234-4007-8(9))* Holiday Hse., Inc. (Margaret Ferguson Books).

Adventures of a Grain of Dust (Classic Reprint) Hallam Hawksworth. (ENG., Illus.). (J). 2017. 29.40 *(978-0-331-07789-6(2))*; 2016. pap. 11.97 *(978-1-333-45405-0(8))* Forgotten Bks.

Adventures of a Green Dragon (Classic Reprint) T. M. O. 2018. (ENG., Illus.). 182p. (J). 27.65 *(978-0-365-18920-6(0))* Forgotten Bks.

Adventures of a Halfpenny, Commonly Called a Birmingham Halfpenny, or Counterfeit: As Related by Itself (Classic Reprint) Unknown Author. 2018. (ENG., Illus.). 20p. (J). 24.31 *(978-0-267-87143-8(0))* Forgotten Bks.

Adventures of a Kung Fu Kid Coloring Book. Kreative Kids. 2016. (ENG., Illus.). (J). pap. 9.20 *(978-1-68377-287-3(3))* Whlke, Traudl.

Adventures of A-Man. Advay Yallakara. I.t. ed. 2020. (ENG.). 44p. (J). pap. 8.00 *(978-1-63684-825-9(7))* Primedia eLaunch LLC.

Adventures of a Marmotte: Sold for the Distressed Irish (Classic Reprint) Eliza Grey. 2018. (ENG., Illus.). 60p. (J). 25.13 *(978-0-332-78980-4(2))* Forgotten Bks.

Adventures of a Medical Student, Vol. 1 of 2 (Classic Reprint) Robert Douglas. 2017. (ENG., Illus.). (J). 30.91 *(978-1-5279-7315-2(8))*; pap. 13.57 *(978-0-282-97750-4(3))* Forgotten Bks.

Adventures of a Modest Man (Classic Reprint) Robert W. Chambers. 2018. (ENG., Illus.). 360p. (J). 31.34 *(978-0-483-58535-5(1))* Forgotten Bks.

Adventures of a Mounted Trooper in the Australian Constabulary: Being Recollections of Seven Years' Experience of Life in Victoria, & New South Wales (Classic Reprint) William Burrows. (ENG., Illus.). (J). 2018. 226p. 28.56 *(978-0-484-63691-9(X))*; 2017. pap. 10.97 *(978-0-282-22401-1(7))* Forgotten Bks.

Adventures of a Nature Guide (Classic Reprint) Enos A. Mills. 2017. (ENG., Illus.). (J). 30.52 *(978-1-5282-4621-7(7))* Forgotten Bks.

Adventures of a Nice Young Man: A Novel (Classic Reprint) A. I. X. 2018. (ENG., Illus.). 416p. (J). 32.50 *(978-0-365-24472-1(4))* Forgotten Bks.

Adventures of a Pig Called Diggy. Diane Mitchell. 2018. (ENG., Illus.). 18p. (J). pap. *(978-1-5289-1630-1(1))* Austin Macauley Pubs. Ltd.

Adventures of a Pincushion: Designed Chiefly for the Use of Young Ladies (Classic Reprint) Mary Ann Kilner. 2018. (ENG., Illus.). 110p. (J). 26.17 *(978-0-483-49969-0(2))* Forgotten Bks.

Adventures of a Pincushion, Vol. 1 Of 2: Designed Chiefly for the Use of Young Ladies (Classic Reprint) Mary Ann Kilner. 2018. (ENG., Illus.). 58p. (J). 25.09 *(978-0-666-63264-7(2))* Forgotten Bks.

Adventures of a Pincushion, Vol. 2 Of 2: Designed Chiefly for the Use of Young Ladies; in Two Volumes (Classic Reprint) Mary Ann Kilner. 2018. (ENG., Illus.). 64p. (J). 25.22 *(978-0-428-33496-3(2))* Forgotten Bks.

Adventures of a Pretty Awesome Kid: Melvins Gift. Natalie J. Williams & Deanna Williams. 2018. (Adventures of a Pretty Awesome Kid Ser.: Vol. 1). (ENG., Illus.). 28p. (J). (gr. k-4). 24.99 *(978-0-9995825-3-4(4))* Evergreen Pr. LLC.

Adventures of a Rupee. Helenus Scott. 2017. (ENG.). 288p. (J). pap. *(978-3-7447-5238-1(0))* Creation Pubs.

Adventures of a Rupee: Wherein Are Interspersed Various Anecdotes Asiatic & European (Classic Reprint) Helenus Scott. 2017. (ENG., Illus.). (J). 29.88 *(978-0-265-81483-3(9))* Forgotten Bks.

Adventures of a Special Correspondent. Jules Vern. 2020. (ENG.). (J). 164p. 17.95 *(978-1-63637-177-1(9))*; 162p. pap. 9.95 *(978-1-63637-176-4(0))* Bibliotech Pr.

Adventures of a Speculist, or a Journey Through London, Vol. 1 of 2 (Classic Reprint) George Alexander Stevens. (ENG., Illus.). (J). 2018. 296p. 30.02 *(978-0-364-15294-2(X))*; 2017. pap. 13.57 *(978-1-334-92367-8(1))* Forgotten Bks.

Adventures of a Squirrel: Supposed to Be Related by Himself (Classic Reprint) Unknown Author. (ENG., Illus.). (J). 2018. 72p. 25.38 *(978-0-484-11108-9(6))*; 2016. pap. 9.57 *(978-1-334-16440-8(1))* Forgotten Bks.

Adventures of a Squirrel Named Gus. Doris Price Jacobs. 2022. (ENG., Illus.). 30p. (J). pap. 13.95 ***(978-1-63885-339-8(8))*** Covenant Bks.

Adventures of a Stuttering Superhero: Adventure #1 Interrupt-Itis. Kim Block. Illus. by Cheryl Cameron. 2016. (Adventures of a Stuttering Superhero Ser.: Vol. 1). (ENG.). (J). pap. *(978-1-77302-356-4(X))* Tellwell Talent.

Adventures of a Stuttering Superhero: Adventure #2: Melissa Meets Her Stamily. Kim Block. Illus. by Cheryl Cameron. 2018. (Adventures of a Stuttering Superhero Ser.: Vol. 2). (ENG.). 26p. (J). (gr. k-4). pap. *(978-1-7750071-2-8(X))* Tellwell Talent.

Adventures of a Stuttering Superhero: Adventure #3 Eye Contact. Kim Block. 2019. (Adventures of a Stuttering Superhero Ser.: Vol. 3). (ENG., Illus.). 22p. (J). (gr. k-6). pap. *(978-1-7750071-6-6(2))* Tellwell Talent.

Adventures of a Suburbanite (Classic Reprint) Ellis Parker Butler. 2017. (ENG., Illus.). (J). 29.44 *(978-0-260-24907-4(6))* Forgotten Bks.

Adventures of a Thought Thief Part 1: Heredity & Hierarchy - the Beginning. Beverly A. Burchett. Ed. by Denise M. Johnson. 2019. (Part Ser.: Vol. 1). (ENG., Illus.). 212p. (YA). (gr. 7-12). pap. 12.50 *(978-0-9903781-7-4(9))* Blackcurrant Pr.

Adventures of a Toonie. Melanie Maria Sherlock. 2019. (ENG., Illus.). 26p. (J). *(978-0-2288-1337-8(9))*; pap. *(978-0-2288-1336-1(0))* Tellwell Talent.

Adventures of a Valet, Vol. 1 of 2 (Classic Reprint) John Waldie. (ENG., Illus.). (J). 2018. 316p. 30.41 *(978-0-365-36956-1(X))*; 2017. pap. 13.57 *(978-0-259-18848-3(4))* Forgotten Bks.

Adventures of a Widow (Classic Reprint) Edgar Fawcett. 2018. (ENG., Illus.). 342p. (J). 30.97 *(978-0-267-16252-9(9))* Forgotten Bks.

Adventures of a Wolfhound & the Leprechauns. Joann Lakin Jackson. Illus. by Katherine J. Moloney. 2022. (ENG.). 36p. (J). 20.00 ***(978-0-916262-20-4(0))*** Trescott Research.

Adventures of a Woman Hobo (Classic Reprint) Ethel Lynn. 2017. (ENG., Illus.). (J). 30.13 *(978-0-331-18418-1(4))* Forgotten Bks.

Adventures of a Young Kenopsia. Judah Geronimo. 2021. (ENG.). 106p. (J). pap. *(978-1-716-25188-7(5))* Lulu Pr., Inc.

Adventures of a Young Naturalist. Lucien Biart. Ed. by Parker Gillmore. 2019. (ENG., Illus.). 368p. (YA). pap. *(978-93-5329-476-2(2))* Alpha Editions.

Adventures of a Young Naturalist (Classic Reprint) Lucien Biart. 2018. (ENG., Illus.). 620p. (J). 36.73 *(978-0-484-64603-1(6))* Forgotten Bks.

Adventures of a Zombie: an Unofficial Minecraft Diary. Books Kid. Illus. by Elliot Gaudard. 2021. (Unofficial Minecraft Diaries: 3). (ENG.). 144p. (J). (gr. 3-7). pap. 7.99 *(978-1-64517-683-1(5)*, Silver Dolphin Bks.) Printers Row Publishing Group.

Adventures of Abby & Callie: Abby Gets a Bath. Sarah-Jane Harsip. 2021. (ENG.). 20p. (J). pap. 12.95 *(978-1-63692-276-8(7))* Newman Springs Publishing, Inc.

Adventures of Abby & Friend. Connor Owens. 2021. (Adventures Of Ser.: Vol. 1). (ENG.). 218p. (YA). pap. 15.99 *(978-1-6629-1113-2(0))* Gatekeeper Pr.

Adventures of Abby Longtail & the Bottomless Box. Shirley M. Young. 2021. (ENG., Illus.). 72p. (J). pap. 18.95 *(978-1-64701-520-6(0))* Page Publishing Inc.

Adventures of Abdalla, Son of Hanif (Classic Reprint) Jean Paul Bignon. 2018. (ENG., Illus.). 226p. (J). 28.56 *(978-0-267-19805-4(1))* Forgotten Bks.

Adventures of Abella & Her Magic Wand. Zane Carson Carruth. 2020. (ENG.). 34p. (J). pap. 14.99 *(978-1-0879-2765-7(X))* Indy Pub.

Adventures of Abuelito. Jackie Tait. Illus. by Katherine Johnson. 2016. (ENG.). (J). pap. 12.99 *(978-0-9978612-9-7(0))* Mindstir Media.

Adventures of Adelaide Pastaflora. Kyriaki Sampatakaki. 2019. (ENG., Illus.). 28p. (J). pap. 11.22 *(978-0-244-43496-0(4))* Lulu Pr., Inc.

ADVENTURES of ADELAIDE PASTAFLORA Journey to Cheeseshire. Kyriaki Sampatakaki. 2019. (ENG.). 32p. (J). pap. 13.10 *(978-0-359-90501-0(3))* Lulu Pr., Inc.

Adventures of ADO & Peco. James Jernigan. 2018. (ENG., Illus.). 74p. (J). pap. 17.95 *(978-1-64079-263-0(5))* Christian Faith Publishing.

Adventures of AJ. Roshell Phillips. 2022. (ENG., Illus.). 30p. (J). pap. 14.95 *(978-1-63885-050-2(X))* Covenant Bks.

Adventures of AJ & His Pet Rocks. Sue McKee. 2022. (ENG., Illus.). 30p. (J). pap. 14.95 ***(978-1-63903-052-1(2))*** Christian Faith Publishing.

Adventures of Akbar (Classic Reprint) Flora Annie Steel. 2018. (ENG., Illus.). 250p. (J). 29.07 *(978-0-666-72633-9(7))* Forgotten Bks.

Adventures of Aleia & Her Dad: The Littlest Things. Wesley Irwin. 2021. (ENG.). 70p. (J). 24.24 *(978-0-578-33541-4(7))* Irwin, Wesley.

Adventures of Aleks & Lily the Llama. Cveta Chydzinski. 2023. 30p. (J). 21.99 ***(978-1-6678-8068-6(3))*** BookBaby.

Adventures of Alex & Ben & the Beachwater Fire Department. Jerome Mourelatos. 2021. (ENG.). 28p. (J). 20.95 *(978-1-63710-152-0(X))*; pap. 13.95 *(978-1-63710-150-6(3))* Fulton Bks.

Adventures of Alexander T. Frog. Michael Brian O'Hara. 2017. (ENG., Illus.). (J). pap. 13.95 *(978-1-4808-4458-2(6))* Archway Publishing.

Adventures of Alfie Onion. Vivian French. Illus. by Marta Kissi. 2018. (ENG.). 192p. (J). pap. 5.99 *(978-1-61067-732-5(3))* Kane Miller.

Adventures of Alfie the M000n Pug: In the Beginning. Kathleen Gunn. 2020. (Adventures of Alfie the M000n Pug Ser.: Vol. 1). (ENG.). 96p. (J). pap. 8.50 *(978-1-951932-02-2(1))* Legaia Bks. USA.

Adventures of Alfie the M000n Pug: Uneasy Times. Kathleen Gunn. 2020. (Adventures of Alfie the M000n Pug Ser.: Vol. 2). (ENG.). 118p. (J). pap. 8.50 *(978-1-951932-47-3(1))* Legaia Bks. USA.

Adventures of Allie & Green. Rod Parker. Illus. by Brooke River. 2023. 38p. (J). pap. 19.95 ***(978-1-6678-8078-5(0))*** BookBaby.

Adventures of Ally & the Water Dragon. Phoenix Rose Crane. 2017. (3 Ninja Kitties Ser.: Vol. 4). (ENG., Illus.). (J). pap. 15.99 *(978-0-9964109-5-3(3))* Stepup Strategies.

Adventures of Alura the Sleuth. Hyacintha Lord. 2023. (ENG.). 96p. (J). ***(978-1-0391-4285-5(0))***; pap. ***(978-1-0391-4284-8(2))*** FriesenPress.

Adventures of Amanda. Debbie Vitale. 2019. (ENG.). 46p. (J). 24.95 *(978-1-64492-251-4(7))*; pap. 14.95 *(978-1-64458-016-5(0))* Christian Faith Publishing.

Adventures of Amber: Walk in the Woods. Isabell Hayden. Illus. by Bekir Riza Sahin. 2021. (ENG.). 34p. (J). 18.99 *(978-1-7372791-9-8(3))*; pap. 12.99 *(978-1-7370915-8-5(5))* Mindstir Media.

Adventures of Amerina: The Doll. Steve R. Romano & Heidi Bosch Romano. I.t. ed. 2020. (ENG.). 38p. (J). 24.99 *(978-0-578-76798-7(8))* Steve R. Romano dba Lunamont Visions Bks.

Adventures of Amerina: The Garden. Steve R. Romano & Heidi Bosch Romano. Illus. by Heidi Bosch Romano. 2nd I.t. ed. 2020. (ENG.). 42p. (J). 25.99 *(978-0-578-74420-9(1))* Steve R. Romano dba Lunamont Visions Bks.

Adventures of Amerina: The Horse. Steve R. Romano & Heidi Bosch Romano. I.t. ed. 2020. (ENG.). 34p. (J). 23.95 *(978-0-578-77177-9(2))* Steve R. Romano dba Lunamont Visions Bks.

Adventures of Amerina: The Sled. Steve R. Romano & Heidi Bosch Romano. I.t. ed. 2020. (ENG.). 36p. (J). 24.99 *(978-0-578-77404-6(6))* Steve R. Romano dba Lunamont Visions Bks.

Adventures of Amma & Kwessi - In Barbados: In the Sparkling Rainbow Teacup & Saucer. Joyce Osei. 2020. (ENG., Illus.). 62p. (J). pap. *(978-1-913192-90-7(3))* Filament Publishing.

Adventures of Ammy & Kiwi: A Day at the Zoo. Jamie Peyton. Illus. by David Okon. 2023. (ENG.). 36p. (J). pap. 14.99 ***(978-1-6628-7840-4(0))*** Salem Author Services.

Adventures of an Army Nurse in Two Wars (Classic Reprint) Mary Phinney von Olnhausen. (ENG., Illus.). (J). 2017. 31.53 *(978-1-5283-8585-5(3))*; 2016. pap. 13.97 *(978-1-334-16195-7(X))* Forgotten Bks.

Adventures of an Ender Dragon: an Unofficial Minecraft Diary. Books Kid. Illus. by Elliot Gaudard. 2022. (Unofficial Minecraft Diaries: 4). (ENG.). 144p. (J). (gr. 3-7). pap. 7.99 *(978-1-64517-879-8(X)*, Silver Dolphin Bks.) Printers Row Publishing Group.

Adventures of an Escaped Union Prisoner: From Andersonville (Classic Reprint) Thomas H. Howe. 2018. (ENG., Illus.). 52p. (J). 24.97 *(978-0-267-66726-0(4))* Forgotten Bks.

Adventures of an Evangelist: A Circumstantial Narrative of Commonplace Events (Classic Reprint) Nelson Ayers. 2017. (ENG., Illus.). (J). 282p. 29.73 *(978-0-332-30613-1(5))*; 284p. pap. 13.57 *(978-0-332-24186-9(6))* Forgotten Bks.

Adventures of an Old Maid (Classic Reprint) Belle C. Greene. (ENG., Illus.). (J). 2018. 312p. 30.33 *(978-0-483-11527-9(4))*; 2016. pap. 13.57 *(978-1-333-42557-9(0))* Forgotten Bks.

Adventures of Ana & Pitsi: Inuit Daughters of Canada's North. Wayne Ferguson. 2018. (ENG., Illus.). 84p. (J). *(978-1-5255-1903-1(4))*; pap. *(978-1-5255-1904-8(2))* FriesenPress.

Adventures of Ana the Bee. Evelyn Sanchez-Toledo. Illus. by Jesús Gallardo. 2022. (ENG.). 44p. (J). 20.97 *(978-1-957058-25-2(0))* Fig Factor Media Publishing.

Adventures of Ana the Bee. Evelyn Sanchez-Toledo. Illus. by Jesús Gallardo. 2022. (ENG.). 44p. (J). pap. 15.00 *(978-1-957058-18-4(8))* Fig Factor Media Publishing.

Adventures of Anatole. Nancy Willard. Illus. by David McPhail. 2018. 344p. (J). (gr. k-4). pap. 12.99 *(978-1-68137-292-1(4)*, NYRB Kids) New York Review of Bks., Inc., The.

Adventures of Andolocia, with the Purse & Cap of His Father Fortunatus: A Tale for the Nursery (Classic Reprint) Unknown Author. (ENG., Illus.). (J). 2018. 40p. 24.85 *(978-0-332-41101-9(X))*; 2016. pap. 7.97 *(978-1-334-16052-3(X))* Forgotten Bks.

Adventures of Andy & Lily: At the Beauty Shop. Debra Holder. 2018. (ENG., Illus.). 36p. (J). pap. 13.95 *(978-1-64191-100-9(X))* Christian Faith Publishing.

Adventures of Andy & Mandy Bear & Friends: Volume 2. Timothy Wade Bowley. 2022. (ENG.). 50p. (J). pap. 17.95 ***(978-1-0980-7841-6(1))*** Christian Faith Publishing.

Adventures of Andy MacDonald: Book 1 - Second Edition. Janet Lawson. 2020. (ENG.). 142p. (J). pap. ***(978-0-9935343-7-9(6))*** Janet Lawson.

Adventures of Angel Pup & Grandpa. Roger Eagan. 2022. (ENG., Illus.). 32p. (J). pap. 14.95 *(978-1-6624-6582-6(3))* Page Publishing Inc.

Adventures of Anna. Carole Hyla Sheppard. 2018. (ENG., Illus.). 40p. (J). pap. 13.95 *(978-1-64114-843-6(8))* Christian Faith Publishing.

Adventures of Annabelle: Annabelle & Her First Garden. Judy Pernice. 2017. (ENG., Illus.). 28p. pap. 13.95 *(978-1-5043-8506-0(3)*, Balboa Pr.) Author Solutions, LLC.

Adventures of Annabelle: Annabelle & the Last Day of School. Judy Pernice. 2016. (ENG., Illus.). 24p. pap. 10.95 *(978-1-5043-6460-7(0)*, Balboa Pr.) Author Solutions, LLC.

Adventures of Annabelle: Annabelle & the Messy Room. Judy Pernice. 2017. (ENG., Illus.). 24p. pap. 10.95 *(978-1-5043-8127-7(0)*, Balboa Pr.) Author Solutions, LLC.

Adventures of Antgelo & Friends. Alex Loh. 2023. (Figuring Life Out Ser.). (ENG.). 32p. (J). (gr. 4-7). pap. 8.99 ***(978-981-5044-46-1(X))*** Marshall Cavendish International (Asia) Private Ltd. SGP. Dist: Independent Pubs. Group.

A

Adventures of Antoine (Classic Reprint) Harry Collinson Owen. 2018. (ENG., Illus.). 292p. (J). 29.92 (978-0-483-53324-0(6)) Forgotten Bks.

Adventures of Ariel & Ron. Dionne Nichols. 2017. (ENG., Illus.). 62p. (J). (gr. 2-6). 24.95 (978-1-59713-191-9(1)) Goose River Pr.

Adventures of Arkansas: Volume One. Saundra Sauni Box. 2023. (ENG.). 30p. (J). 19.95 (978-1-63985-870-5(9)); pap. 12.95 (978-1-63985-868-2(7)) Fulton Bks.

Adventures of Arno & Sophie. Jennifer Laidlaw. 2023. (ENG.). 76p. (J). pap. (978-1-3984-9138-0(1)) Austin Macauley Pubs. Ltd.

Adventures of Aubrey's Masks: A Short Novel. Matilda Canales. 2019. (ENG.). 56p. (YA). pap. 12.95 (978-1-64628-289-0(2)) Page Publishing Inc.

Adventures of Auntie Sue Sue. Therese Nadler. Illus. by Angela Gooliaff. 2020. (ENG.). 40p. (J). (978-1-5255-6313-3(0)); pap. (978-1-5255-6314-0(9)) FriesenPress.

Adventures of Austin the Cornish Miner: The Bell of Lyonesse. Karen M. Hoyle. 2019. (ENG., Illus.). 106p. (J). pap. (978-1-912850-34-1(6)) Clink Street Publishing.

Adventures of Austin the Cornish Miner Book Two: The Morgawr & the Bad Knockers. Karen M. Hoyle. 2016. (ENG., Illus.). (J). pap. (978-1-911110-71-2(3)) Clink Street Publishing.

Adventures of Avery & Masa: Lost & Found on Java Island. Steve Barrett. Illus. by Erle Tompkins. 2016. (ENG.). (J). pap. 8.99 (978-0-9982242-2-0(7)) Fauna Nirvana LLC.

Adventures of Babu: From There to Here. Justin Kaliszewski. Illus. by Justin Kaliszewski. 2016. (ENG., Illus.). (J). (gr. k-6). 19.95 (978-1-939919-44-1(4)) Merry Dissonance Pr.

Adventures of Baby Goose & Little Dove. Shayna M. Jansen-Byers. 2022. (ENG.). 32p. (J). 14.99 (978-1-0879-6026-5(6)) Indy Pub.

Adventures of Baby Norman: Christmas at the Clarksdale Estate. Jim Griffith. 2017. (ENG., Illus.). (YA). pap. 17.95 (978-1-64028-044-1(8)) Christian Faith Publishing.

Adventures of Baby's Friends: The Perfect Gift. Richard Sia. 2021. (ENG.). 30p. (J). (978-0-2288-5021-2(5)); pap. (978-0-2288-5020-5(7)) Tellwell Talent.

Adventures of Baggy & Paxton: The Search for Baggy & Psycho. Dale Sowerby. 2018. (ENG., Illus.). 36p. (J). (gr. -1-2). pap. 12.99 (978-1-78719-703-9(4)) New Generation Publishing GBR. Dist: Independent Pubs. Group.

Adventures of Baggy & Paxton: The Strange Egg of Eagleton Sands. Dale Sowerby. 2018. (ENG., Illus.). 38p. (J). (gr. -1-2). pap. 12.99 (978-1-78719-657-5(7)) New Generation Publishing GBR. Dist: Independent Pubs. Group.

Adventures of Bailey! (the Cute Cockapoo) Carole G. Morton. 2019. (Adventures of Bailey Ser.: Vol. 1). (ENG., Illus.). 40p. (J). pap. (978-1-912655-38-0(1)) Rowanvale Bks.

Adventures of Bailey & Monty: A Christmas Tail. Andrew Montguire & Robert O'Connor. l.t. ed. 2022. (ENG.). 30p. (J). pap. (978-1-80094-441-1(1)) Terence, Michael Publishing.

Adventures of Bailey Buttons: ChimpHaven. Marissa Rodriguez. 2019. (ENG.). 36p. (J). pap. 15.62 (978-0-359-59848-9(X)) Wright Bks.

Adventures of Bambino Bambino's Christmas Dream. Thomas Jude Cypher. 2022. (ENG.). 36p. (J). 21.99 (978-1-6628-5732-4(2)); pap. 10.99 (978-1-6628-5731-7(4)) Salem Author Services.

Adventures of Bannock Boy - My Genealogy Search. Alexandria Anthony & Preacher Timothy. 2019. (ENG.). 34p. (J). pap. (978-0-359-47021-1(1)) Lulu Pr., Inc.

Adventures of Barnabas: The Eastern Bunny. Jerome D. Knochelmann. 2022. (ENG.). 50p. (J). (978-0-2288-5962-8(X)); pap. (978-0-2288-5961-1(1)) Tellwell Talent.

Adventures of Barney Mahoney (Classic Reprint) Thomas Crofton Croker. (ENG., Illus.). (J). 2018. 306p. 30.23 (978-0-483-63365-0(8)); 2017. pap. 13.57 (978-0-243-40719-4(X)) Forgotten Bks.

Adventures of Bay & Breezy: The Dudley Labrador Sisters. Ashley Ronald Nelly. Illus. by Sarah Webster Smith. 2021. (ENG.). 32p. (J). 24.95 (978-1-63860-999-5(3)) Fulton Bks.

Adventures of BB-8. David Fentiman. 2016. (Illus.). 47p. (J). (978-1-5182-1848-4(2)) Dorling Kindersley Publishing, Inc.

Adventures of BB-8. David Fentiman. 2016. (Star Wars DK Readers Level 2 Ser.). lib. bdg. 13.55 (978-0-606-38709-5(9)) Turtleback.

Adventures of BB, the Wonder Pony. Susan C. Perry. Illus. by Thea Han. 2023. (ENG.). 42p. (J). pap. 7.99 (978-1-7366537-4-6(1)) Methow Pr.

Adventures of Beanie the Spider: Book 1. Christine Banks. 2021. (Adventures of Beanie the Spider Ser.). (ENG.). 24p. (J). 25.00 (978-1-0983-6129-7(6)) BookBaby.

Adventures of Beanie the Spider: Book 2: Beanie & the Kid. Christine Banks. 2022. (Adventures of Beanie the Spider Ser.: 2). 28p. (J). 25.00 (978-1-6678-3341-5(3)) BookBaby.

Adventures of Beanie the Spider: Book 3: a Santa Story. Christine Banks. 2022. (Adventures of Beanie the Spider Ser.: 3). (Illus.). 28p. (J). 25.00 (978-1-6678-6137-1(9)) BookBaby.

Adventures of Beanie the Spider: Book 4: Strings N Things. Christine Banks. 2023. (Adventures of Beanie the Spider Ser.: 4). 32p. (J). (gr. 6-8). 25.00 (978-1-6678-9111-8(1)) BookBaby.

Adventures of Bear & Unicorn: Journey to the Lake. Sparkles Johnson & Sunshine Akbas. 2022. (ENG.). 46p. (J). pap. 15.95 (978-1-63881-243-2(8)) Newman Springs Publishing, Inc.

Adventures of Bear Fittle: The Red Apples. Lavette Ervin. Illus. by Blueberry Illustrations. 2020. (ENG.). 30p. (J). (gr. k-6). 16.99 (978-1-7344278-0-6(9)) Ervin, Lavette.

Adventures of Bear in the Castle:: Bear's Big Treasure Hunt. Madeline Brennan. Illus. by Giedre Sen. 2019. (Adventures of Bear in the Castle Ser.: Vol. 1). (ENG.). 38p. (J). pap. (978-1-9991599-0-0(X)) LoGreco, Bruno.

Adventures of Beckham Grey: All Stuffed. Elizabeth Alfheim. Illus. by Chad Thompson. 2022. (ENG.). 34p. (J). 21.95 (978-1-63765-317-3(4)); pap. 15.95 (978-1-63765-318-0(2)) Halo Publishing International.

Adventures of Beckham Grey: The Farm Challenge. Elizabeth Alfheim. Illus. by Chad Thompson. 2022. (ENG.). 34p. (J). 21.95 (978-1-63765-314-2(X)); pap. 15.95 (978-1-63765-313-5(1)) Halo Publishing International.

Adventures of Beckham Grey: The Lumbering Beast. Elizabeth Alfheim. Illus. by Chad Thompson. 2022. (ENG.). 30p. (J). 21.95 (978-1-63765-255-8(0)); pap. 15.95 (978-1-63765-256-5(9)) Halo Publishing International.

Adventures of Becki the Chicken: Series 1. Evelyn Spades. 2019. (ENG.). 42p. (J). pap. 12.49 (978-1-63050-201-0(4)) Salem Author Services.

Adventures of Beep, Bop, Bope, & Boop: The Circus. Carol Ann King. 2019. (ENG., Illus.). 30p. (J). pap. 12.95 (978-1-64300-639-0(8)) Covenant Bks.

Adventures of Belinda the Flea. David Bradley-Holden. 2022. (ENG.). 50p. (J). pap. (978-1-915338-79-2(4)) UK Bk. Publishing.

Adventures of Bell Star. Anna Moffett. 2022. (ENG., Illus.). 24p. (J). pap. 14.95 (978-1-68517-696-9(8)) Christian Faith Publishing.

Adventures of Bella & Bubbles. Wonderly Marshall. 2018. (ENG., Illus.). 28p. (J). 22.95 (978-1-64492-159-3(6)); pap. 12.95 (978-1-64349-874-4(6)) Christian Faith Publishing.

Adventures of Bella & Ruby: Why Is Ruby Barking? Deana Cook. 2022. (Adventures of Bella & Ruby Ser.: 1). (Illus.). 30p. (J). 24.99 (978-1-6678-7404-3(7)) BookBaby.

Adventures of Ben the Mouse, Bk. 1. Andy Coltart. 2019. (ENG.). 80p. (gr. 2-4). pap. 10.99 (978-1-78955-458-8(6)) New Generation Publishing GBR. Dist: Independent Pubs. Group.

Adventures of Benjamin & Daisy. Nancy Stahl. 2018. (ENG., Illus.). 66p. (J). 25.95 (978-1-64424-192-9(7)); pap. 16.95 (978-1-64298-586-3(4)) Page Publishing Inc.

Adventures of Benjamin & Rocket. John Travis Green. 2018. (ENG.). 54p. (J). pap. 6.99 (978-1-387-80590-7(8)) Lulu Pr., Inc.

Adventures of Benjamin Boogie. Kourtney Troon. 2019. (ENG.). 60p. (J). pap. (978-1-5289-2963-9(2)) Austin Macauley Pubs. Ltd.

Adventures of Berkeley the Bear. Erin L. Sponaugle. 2017. (Adventures of Berkeley the Bear Ser.: Vol. 1). (ENG., Illus.). (J). (gr. 1-3). 14.95 (978-0-692-92978-0(9)) Next Chapter Pr.

Adventures of Bernie the Bear. Brock Hicks. Illus. by Elizabeth Haury. 2021. (ENG.). 52p. pap. (978-1-716-27957-7(7)) Lulu Pr., Inc.

Adventures of Big Bear & Little Bird. Robert Louis Grohs. 2019. (ENG.). 32p. (J). pap. 13.95 (978-1-64628-534-1(4)); 21.95 (978-1-64350-421-6(5)) Page Publishing Inc.

Adventures of Big d & Me: Big d Took Me to the Sea. Alan C. Christensen. 2019. (ENG., Illus.). 24p. (J). 21.95 (978-1-64559-237-2(5)) Covenant Bks.

Adventures of Big Doggy & Poor Mumpy. Donna Nicholas. 2019. (ENG., Illus.). 24p. (J). pap. (978-1-78830-338-5(5)) Olympia Publishers.

Adventures of Big Sil Philadelphia, Pa: Children's Book / Picture Book. A. J. Bennett. Illus. by Drew Lewis. Photos by Nick Thomas. 2016. (Adventures of Big Sil Ser.: Vol. 3). (ENG.). (J). pap. 7.99 (978-0-9967352-4-7(0)) Big Sil LLC.

Adventures of Big Sil Philadelphia, Pa: Children's Book Picture Book. A. J. Bennett. Illus. by Drew Lewis. Photos by Nick Thomas. 2016. (Adventures of Big Sil Ser.: Vol. 3). (ENG.). (J). 19.99 (978-0-9967352-5-4(9)) Big Sil LLC.

Adventures of Bilberry Thurland, Vol. 1 of 3 (Classic Reprint) Charles Hooton. 2018. (ENG., Illus.). 358p. (J). 31.28 (978-0-483-36113-3(5)) Forgotten Bks.

Adventures of Bilberry Thurland, Vol. 2 of 3 (Classic Reprint) Charles Hooton. 2018. (ENG., Illus.). 308p. (J). 30.25 (978-0-483-31330-9(0)) Forgotten Bks.

Adventures of Bilberry Thurland, Vol. 3 of 3 (Classic Reprint) Charles Hooton. 2018. (ENG., Illus.). 290p. (J). 29.88 (978-0-483-26109-9(2)) Forgotten Bks.

Adventures of Billie & Pillie. Christopher J. Evans. Illus. by Susan Perrigot. 2019. (ENG.). 82p. (J). (gr. k-6). pap. 9.95 (978-1-946540-91-1(9)) Strategic Book Publishing & Rights Agency (SBPRA).

Adventures of Billy & Penny. Suze Orman. Illus. by Kt. 2017. (ENG.). 40p. (J). (gr. -1-2). 14.99 (978-1-4019-5304-1(2)) Hay Hse., Inc.

Adventures of Billy & Willie & the Magic Cave- Dinosaur Island. Dale Lane. 2021. (ENG.). 30p. (J). pap. 18.99 (978-1-0879-1053-6(6)) Indy Pub.

Adventures of Billy & Willie & the Magic Cave- Our Journey to Africa. Dale Lane. 2022. (ENG.). 72p. (J). pap. 24.99 (978-1-0880-1572-8(7)) Indy Pub.

Adventures of Billy & Willie & the Magic Cave-Space Travel on Galactic Express. Dale Lane. 2022. (ENG.). 72p. (J). pap. 24.99 (978-1-0879-4251-3(9)) Indy Pub.

Adventures of Billy Bog Brush: The Fire Brigade. Ian Campbell. Illus. by Tim Constable. 2018. (ENG.). 26p. (J). pap. (978-1-912562-80-0(4)) Clink Street Publishing.

Adventures of Billy Bog Brush: The Lost Boy. Ian Campbell. Illus. by Tim Constable. 2019. (ENG.). 40p. (J). pap. (978-1-912562-82-4(0)) Clink Street Publishing.

Adventures of Billy Box: The Race. Robert Devoto. 2022. (ENG., Illus.). 46p. (J). pap. 12.95 (978-1-68526-195-5(7)) Covenant Bks.

Adventures of Billy Gus: I Can Fly! Tiffiny Mitchell. 2021. (ENG., Illus.). 94p. (J). pap. 13.95 (978-1-6624-1055-0(7)) Page Publishing Inc.

Adventures of Billy Molar: The S. Mutans Revolution. Cynthia Knop. 2019. (ENG.). 38p. (J). 14.95 (978-1-68401-958-8(3)) Amplify Publishing Group.

Adventures of Billy Richards: Be a Cool Kid. R. D. Randall. 2022. (ENG., Illus.). 142p. (J). pap. 21.95 (978-1-63985-597-1(1)) Fulton Bks.

Adventures of Billy Shakespoke: Before & Behind the Curtain (Classic Reprint) Unknown Author. 2017. (ENG., Illus.). 274p. (J). 29.57 (978-0-484-87571-4(X)) Forgotten Bks.

Adventures of Billy the Bass & the Dock Family: Tall Tales of Billy's Adventures with His Creature Friends & His Human Family. Patricia E. Whitfield. 2020. (ENG.). 56p. (J). pap. (978-0-2288-2431-2(1)) Tellwell Talent.

Adventures of Billy the Bus. William Webster. 2018. (ENG., Illus.). 46p. (J). pap. 11.99 (978-1-78719-742-8(5)) New Generation Publishing GBR. Dist: Independent Pubs. Group.

Adventures of Billy the Bus: Billy Moves to the City. William Webster. 2016. (ENG., Illus.). (J). pap. (978-1-78719-037-5(4)) Authors OnLine, Ltd.

Adventures of Billy the Invisible Bee. Ian Ventress. 2020. (ENG., Illus.). 28p. (J). pap. (978-1-913179-67-0(2)) UK Bk. Publishing.

Adventures of Billy Topsail. Norman Duncan. 2019. (ENG., Illus.). 200p. (YA). (gr. 7-12). pap. (978-93-5329-432-8(0)) Alpha Editions.

Adventures of Bindle (Classic Reprint) Herbert Jenkins. (ENG., Illus.). (J). 2018. 336p. 30.83 (978-0-483-12768-5(X)); 2017. pap. 13.57 (978-1-334-94104-7(1)) Forgotten Bks.

Adventures of Biplob the Bumblebee. Abhishek Talwar. 2019. (ENG.). 32p. (J). (gr. 1-3). pap. 8.99 (978-0-14-344699-6(1), Puffin) Penguin Bks. India PVT, Ltd IND. Dist: Independent Pubs. Group.

Adventures of Biss & Olee: Play on the Farm. Jessie Vallier. Illus. by Krystal Kramer. 2021. 26p. (J). 21.68 (978-1-6678-0852-9(4)); (ENG.). pap. 10.00 (978-1-6678-0851-2(6)) BookBaby.

Adventures of Bixie & Myron Happy Birthday. Robert Kneitinger. 2021. (ENG.). 40p. (J). pap. 15.00 (978-1-945423-24-6(2)) International Localization Network.

Adventures of Black Kitty. David J. Rouzzo. 2019. (ENG.). 36p. (J). pap. (978-0-359-36527-2(2)) Lulu Pr., Inc.

Adventures of Blackberry Bear (Classic Reprint) Margaret Fox. (ENG., Illus.). (J). 2018. 112p. 26.23 (978-0-267-22403-6(8)); 2016. pap. 9.57 (978-1-333-96605-8(9)) Forgotten Bks.

Adventures of Blade & Rye. P. M. Terrell. Illus. by Susan Fitzgerald. 2018. (ENG.). 44p. (J). pap. 11.99 (978-1-935970-42-2(9)) Drake Valley Pr.

Adventures of Blu Pigtails: The Invisible Germ Bug. J. Kymberly Cloud. 2022. (ENG., Illus.). 36p. (J). pap. 14.95 (978-1-63985-035-8(X)) Fulton Bks.

Adventures of Blue Flamingo. Emma. Illus. by Emma. 2018. (Adventures of Blue Flamingo Ser.). (ENG., Illus.). 26p. (J). (gr. 1-3). pap. 6.99 (978-1-63529-973-1(X)) Caliber Comics.

Adventures of Blugryn. C. E. S. Allingham-Maghzian. Illus. by Roshanak Kiani. 2023. (ENG.). 30p. (J). pap. (978-1-80369-777-2(6)) Authors OnLine, Ltd.

Adventures of Bob the Beagle: Finding a New Family. Sarah Lambert Barham. 2022. (ENG., Illus.). 22p. (J). 22.95 (978-1-63630-539-4(3)); pap. 12.95 (978-1-63630-538-7(5)) Covenant Bks.

Adventures of Bob White. Thornton W. Burgess. 2017. (ENG., Illus.). (J). pap. (978-0-649-52131-9(5)) Trieste Publishing Pty Ltd.

Adventures of Bob White (Classic Reprint) Thornton W. Burgess. 2017. (ENG., Illus.). (J). 27.82 (978-0-265-79267-4(3)) Forgotten Bks.

Adventures of Bobbeta the Bookmark. Ava Baldassari. 2023. (Illus.). 28p. (J). 21.00 (978-1-6678-7238-4(9)) BookBaby.

Adventures of Bobby & Jimmy. Bob Lister. 2022. (ENG.). 104p. (J). pap. 14.95 (978-1-942155-51-5(4)) Randall, Peter E. Pub.

Adventures of Bobby o'Malley & Bandit: Trilogy. J. W. Jacobs. 2019. (ENG., Illus.). 184p. (YA). pap. 14.95 (978-1-64471-245-0(8)) Covenant Bks.

Adventures of Bobby Orde (Classic Reprint) Stewart Edward White. 2018. (ENG., Illus.). 372p. (J). 31.59 (978-0-484-69434-6(5)) Forgotten Bks.

Adventures of Bobby the Big Red Bus. Steven Donaldson. Illus. by Lisa Blary. 2021. (ENG.). 34p. (J). 19.99 (978-1-7379747-2-7(X)) DONALDSON, STEPHEN /THE BIG RED BUS Co.

Adventures of Bobby the Big Red Bus: The Adventures of Bobby the Big Red Bus. Steven Donaldson. Illus. by Lisa Blary. 2021. (Journey Begins Ser.). (ENG.). 34p. (J). pap. 8.99 (978-1-7379747-8-9(9)) DONALDSON, STEPHEN /THE BIG RED BUS Co.

Adventures of Boston: The Nosy Beagle. Elzie Lynn Culp. Illus. by Barbara Read. 2018. (ENG.). 28p. (J). 22.95 (978-1-64300-174-6(4)); pap. 12.95 (978-1-64300-173-9(6)) Covenant Bks.

Adventures of Bottom Wind Billy. Richard Bimson. 2020. (ENG.). 26p. (J). pap. (978-1-5289-1316-4(7)) Austin Macauley Pubs. Ltd.

Adventures of Brave Wolf. Russell Joseph. 2018. (ENG., Illus.). 44p. (J). 24.95 (978-1-64299-969-3(5)); pap. 14.95 (978-1-64079-506-8(5)) Christian Faith Publishing.

Adventures of Brenda & Bobby Dinosaur. Lashawn Smith. Illus. by Cameron Wilson. 2023. (ENG.). 32p. (J). pap. 15.99 (978-1-0880-8369-7(2)) Indy Pub.

Adventures of Brenda & Bobby Dinosaur the Coloring Book. Lashawn Smith. Illus. by Cameron Wilson. 2023. (ENG.). 30p. (J). pap. 10.99 (978-1-0881-0770-6(2)) Indy Pub.

Adventures of Brian's Hamster. Regina E. Le Duc. Illus. by Miriam Gustafson. 2023. (ENG.). 32p. (J). pap. 12.99 (978-1-63522-025-4(4)) Rivershore Bks.

Adventures of Brisbane & Friends. Garrett Michael Williams. 2022. (ENG., Illus.). 68p. (J). pap. 18.95 (978-1-63814-669-8(1)) Covenant Bks.

Adventures of Brothers. Erin Rhoades. 2019. (ENG., Illus.). 44p. (J). pap. 14.95 (978-1-64471-627-4(5)) Covenant Bks.

Adventures of Bruno & Frida - the French Bulldogs - Bruno & Frida Go to Mardi Gras: Bruno & Frida Go to Mardi Gras. Gary Mallon. Illus. by Melissa VanDiver. 2021. (Adventures of Bruno & Frida - the French Bulldogs Ser.: Vol. 1). (ENG.). 34p. (J). (gr. k-4). 20.00 (978-0-578-24199-9(4)) IngramSpark.

Adventures of Bub & Tub: Volume One. Gillian Wells. Illus. by Lacey Bellette. 2021. (ENG.). 102p. (J). pap. (978-1-922444-21-9(9)) Shawline Publishing Group.

Adventures of Bub & Tub Volume Two. Gillian Wells. Illus. by Lacey Bellette. 2021. (ENG.). 94p. (J). pap. (978-1-922594-29-7(6)) Shawline Publishing Group.

Adventures of Bubba Bear. Charre Smith. 2021. (ENG., Illus.). 38p. (J). 23.95 (978-1-6624-0775-8(0)) Page Publishing Inc.

Adventures of Bubba Jones: Time Traveling Through Yellowstone National Park, Vol. 5. Jeff Alt. Illus. by Hannah Tuohy. 2023. (National Park Ser.: 5). (ENG.). 200p. (J). (gr. 3-7). pap. 9.99 (978-0-8253-0984-7(0)) Beaufort Bks., Inc.

Adventures of Bubba Jones (#3) Time Traveling Through Acadia National Park. Jeff Alt. Illus. by Hannah Tuohy. 2018. (National Park Ser.: 3). (ENG.). 192p. (J). (gr. 3-7). pap. 9.99 (978-0-8253-0882-6(8)) Beaufort Bks., Inc.

Adventures of Bubba Jones (#4) Time Traveling Through Grand Canyon National Park. Jeff Alt. Illus. by Hannah Tuohy. 2020. (National Park Ser.: 4). (ENG.). 200p. (J). (gr. 3-7). pap. 9.99 (978-0-8253-0927-4(1)) Beaufort Bks., Inc.

Adventures of Buddy & Annabella. Doctor Poppy. Illus. by Leslie L. Spradlin. 2022. (ENG.). 28p. (J). pap. 10.99 (978-1-6628-6092-8(7)) Salem Author Services.

Adventures of Bugaboo & Ladybug: Out of This World. Jewel Sweeney. 2018. (ENG.). (J). 14.95 (978-1-68401-749-2(1)) Amplify Publishing Group.

Adventures of Bugaboo & Ladybug: The Fire Breathing Dragon. Jewel Sweeney. 2019. (ENG.). 38p. (J). 14.95 (978-1-64307-470-2(9)) Amplify Publishing Group.

Adventures of Bumber the Umbrella. Elki Powers. 2022. (ENG.). 24p. (J). pap. 10.95 (978-1-63868-081-9(7)) Virtualbookworm.com Publishing, Inc.

Adventures of Bumble the Bus: A Day Out in London. Lizzie Allister. Illus. by Catherine Constance. 2016. (ENG.). 14p. (J). pap. (978-1-78623-798-9(9)) Grosvenor Hse. Publishing Ltd.

Adventures of Bumbleboots. Trevor Headley. 2017. (ENG., Illus.). (J). pap. (978-3-7103-3405-4(5)) united p.c. Verlag.

Adventures of Bunbun & Friends. M N Roberts. 2021. (ENG.). 50p. (J). pap. 15.99 (978-1-956010-42-8(4)) Rushmore Pr. LLC.

Adventures of Bunbury & Olly Too. Penni Farthing. Illus. by Anna Krupa. 2019. (ENG.). 30p. (J). pap. (978-1-78830-498-6(5)) Olympia Publishers.

Adventures of Bunny Ted. Eric Olsen. 2019. (ENG.). 32p. (J). pap. (978-1-5289-0075-1(8)) Austin Macauley Pubs. Ltd.

Adventures of Butchie. Mary Edmondson. Illus. by Claudio Espinosa. 2021. (ENG.). 50p. (J). pap. 14.99 (978-1-63848-691-6(3)) Primedia eLaunch LLC.

Adventures of Butterfly Ben & Johnson: An Allegory for All Ages. F. Leslie Spangler. 2017. (ENG., Illus.). (J). (gr. 3-7). pap. 12.95 (978-1-63525-773-1(5)) Christian Faith Publishing.

Adventures of Cade: A Knight's Story. Abel Rendon & Raymond Storm. 2022. (Adventures of Cade Ser.: Vol. 1). (ENG.). 54p. (J). 14.99 (978-1-0881-5086-3(1)) Indy Pub.

Adventures of Caleb & His Magic Closet: Astronaut for a Day. Crystal Cox. 2019. (ENG.). 38p. (J). 14.95 (978-1-68401-146-9(9)) Amplify Publishing Group.

Adventures of Cali & Boone: The Pups Learn Encouragement. Ron Morton. 2022. (Adventures of Cali & Boone Ser.). (ENG., Illus.). 38p. (J). 25.95 (978-1-68517-844-4(8)); pap. 14.95 (978-1-68517-513-9(9)) Christian Faith Publishing.

Adventures of Cali the Cat, Cali's Missing Human. Mara Reitsma & Elo Shy. 2017. (ENG., Illus.). 36p. (J). pap. (978-1-387-47584-1(3)) Lulu Pr., Inc.

Adventures of Callie the Curious Cat. Cindy Solomita. Illus. by Rick Sanders. 2017. (ENG.). (J). (gr. k-6). 19.99 (978-0-9992479-4-5(8)) Thewordverve.

Adventures of Camellia N. The Arctic. Debra Wideroe. Illus. by Daniela Frongia. 2016. (Adventures of Camellia N. Ser.: 1). (ENG.). 36p. (J). (gr. -1-2). 16.95 (978-0-9970851-1-2(8)) Notable Kids Publishing.

Adventures of Camellia N.; the Rainforest. Debra Wideroe. Illus. by Daniela Frongia. 2018. (Adventures of Camellia N. Ser.: 3). (ENG.). 40p. (J). (gr. k-3). 16.95 (978-0-9970851-4-3(2)) Notable Kids Publishing.

Adventures of Cami & Chead! Mario Tenaglia. 2017. (ENG., Illus.). (J). pap. 16.95 (978-1-4808-4182-6(X)) Archway Publishing.

Adventures of Captain 8-Leg. Nathan Craig. 2023. (ENG.). 34p. (J). pap. (978-1-83934-563-0(2)) Olympia Publishers.

Adventures of Captain a & the Super Squad: A Is for Autism. Lisa Starr. Illus. by Samantha Wirtz. 2023. (ENG.). 26p. (J). 29.90 (978-1-312-40937-8(1)) Lulu Pr., Inc.

Adventures of Captain Antonio. A. C. Allanby. 2016. (ENG.). 78p. (J). (gr. 7-9). mass mkt. 11.95 (978-1-78554-330-2(X), 520befa0-adfb-489a-9deb-d1cd5f808006) Austin Macauley Pubs. Ltd. GBR. Dist: Baker & Taylor Publisher Services (BTPS).

Adventures of Captain Bear & the Crew of the Marie Grace. a Christmas Tale. P. G. Rob. 2022. (ENG.). 34p. (J). pap. (978-0-473-59289-9(4)) Trinity Publishing.

Adventures of Captain Bentley. Mary Truly. 2018. (ENG., Illus.). 136p. (J). (gr. 3-6). pap. 16.99 (978-0-578-40941-2(0)) Mary Ryan.

Adventures of Captain Blake, or My Life (Classic Reprint) W. H. Maxwell. 2018. (ENG., Illus.). 474p. (J). 33.67 (978-0-267-44240-9(8)) Forgotten Bks.

Adventures of Captain Fishhook Waterflea: Spiny Beard's Revenge. Timothy Mihuc & Sarah Mihuc. 2016. (ENG.). 32p. (J). pap. (978-1-329-18468-8(8)) Lulu Pr., Inc.

Adventures of Captain Horn. Frank Richard Stockton. 2017. (ENG., Illus.). (J). 27.95 (978-1-374-94087-1(9)); pap. 17.95 (978-1-374-94086-4(0)) Capital Communications, Inc.

Adventures of Captain Jimmy Jams. Summerton Thompson Connor. 2023. (ENG.). 28p. (J). (978-0-2288-8079-0(3)); (Captain Jimmy Jams Ser.: Vol. 1). pap. (978-0-2288-8078-3(5)) Tellwell Talent.

Adventures of Captain Kitchen. Shawn Oetzel. 2018. (ENG., Illus.). 130p. (J). pap. (978-1-988837-06-2(5)) Dark Recesses Pr.

Adventures of Captain Pump: The World's First Fitness Superhero! Jasson Finney. 2018. (Illus.). 59p. (gr. 4-8). pap. 10.95 (978-1-939096-05-0(7), Xeno Bks.) Red Hen Pr.

Adventures of Captain Rebus: The Hunt for Mummy. Emma Murray. Illus. by Romina Avanzini. 2021. (ENG.). 61p. (J). pap. (978-1-008-97776-1(4)) Lulu Pr., Inc.

Adventures of Captain Recovery: Book 2. Kyle Chirgwin. Illus. by Lynn Mohney & Joshua Otero. 2022. (Adventures of Captain Recovery Ser.: 2). 42p. (J). pap. 11.47 (978-1-6678-3144-2(5)) BookBaby.

22

The check digit for ISBN-10 appears in parentheses after the full ISBN-13

A

Adventures of Captain Red Cheeks. Ryan Beichner. 2019. (ENG.). 30p. (J). pap. 13.95 *(978-1-63338-944-1(8))* Fulton Bks.

Adventures of Captain Stinky & Sailor Puss: Captain Stinky & Sailor Puss Meet the Magicals. Colin Fisher. Illus. by Erika Bentsen. 2019. (Adventures of Captain Stinky & Sailor Puss Ser.: Vol. 3). (ENG.). 56p. (J). pap. *(978-0-9951295-0-4(9))* Fisher, Colin.

Adventures of Captain Stinky & Sailor Puss: Captain Stinky & Sailor Puss Rescue a Pirate. Colin Fisher. Illus. by Erika Bentsen. 2nd ed. 2019. (Adventures of Captain Stinky & Sailor Puss Ser.: Vol. 2). (ENG.). 46p. (J). pap. *(978-0-473-47133-0(7))* Fisher, Colin.

Adventures of Captain Underpants (Now with a Dog Man Comic!) (Color Edition) 25 1/2 Anniversary Edition. Dav Pilkey. Illus. by Dav Pilkey. 2023. (Captain Underpants Ser.). (ENG.). 176p. (J). (gr. 2). 12.99 *(978-1-338-86539-4(0))* Scholastic, Inc.

Adventures of Captain Williby: The Mystery of the Lost Treasure. Patricia Bell. 2018. (ENG., Illus.). 28p. (J). 22.95 *(978-1-64191-647-9(8))*; pap. 12.95 *(978-1-64458-461-3(1))* Christian Faith Publishing.

Adventures of Cardigan. Elaine Bosvik Ciamau. Illus. by Viorel Ciamau. 2019. (ENG.). 64p. (J). *(978-1-5255-5099-7(3))*; pap. *(978-1-5255-5100-0(0))* FriesenPress.

Adventures of Carol & Boscobel. Jonathan Stefonek. Illus. by Jayden Shambeau. 2022. (ENG.). 234p. (J). 21.99 ***(978-1-64538-444-1(6))***; pap. 16.99 ***(978-1-64538-443-4(8))*** Orange Hat Publishing.

Adventures of Caroline: And the Emerald Dragon. Eric R. Oberst. Illus. by Manoj Bhargav. 2018. (Adventures of Caroline Ser.: Vol. 2). (ENG.). 156p. (J). (gr. 4-6). 24.99 *(978-0-692-16754-0(4))* Painted Leaf Publishing.

Adventures of Carson & Haiden: The Nighttime Noise. Julia Hash. 2018. (ENG., Illus.). 30p. (J). pap. 12.95 *(978-1-64300-345-0(3))* Covenant Bks.

Adventures of Casey & the Jackelope: Search for the Book of the Guardians. Kevin Moyers & Casey Sanchez-Moyers. 2018. (ENG., Illus.). 52p. (J). 24.99 *(978-1-387-80275-3(5))* Lulu Pr., Inc.

Adventures of Cashman & Supersaver. Kristine Lidstone & Kirsten Regel. 2023. (ENG.). 32p. (J). ***(978-1-0391-6158-0(8))***; pap. ***(978-1-0391-6157-3(X))*** FriesenPress.

Adventures of Cat & Jude. Marie Reigns. 2019. (ENG.). 40p. (J). 14.95 *(978-1-68401-829-1(3))* Amplify Publishing Group.

Adventures of Caveboy. Sudipta Bardhan-Quallen. Illus. by Eric Wight. (Caveboy Ser.). (ENG.). 80p. (J). 2019. pap. 7.99 *(978-1-61963-987-4(4))*, 900154210, Bloomsbury Children's Bks.); 2017. 9.99 *(978-1-61963-986-7(6))*, 301182, Bloomsbury USA Childrens) Bloomsbury Publishing USA.

Adventures of Cedric the Bear. Lucia Wilson. Illus. by Anne Bowes. 2019. (ENG.). 112p. (J). pap. *(978-94-93056-16-9(3))* Amsterdam Publishers.

Adventures of Charles Dunkin: A Very Special Bear. Barbara Birchim. 2019. (ENG., Illus.). 68p. (J). (gr. 1-6). pap. 12.95 *(978-1-63498-818-6(3))* Bookstand Publishing.

Adventures of Charles Edward (Classic Reprint) Harrison Rhodes. 2018. (ENG., Illus.). 354p. (J). 31.20 *(978-0-483-49842-6(4))* Forgotten Bks.

Adventures of Charles the Cat with the Question Mark Tail. Elaine Florence Singleton. Ed. by David William Eckert. 2019. (ENG., Illus.). 48p. (J). *(978-0-2288-1919-6(9))*; pap. *(978-0-2288-1693-5(9))* Tellwell Talent.

Adventures of Charley Mcchoochoo: Tank's Glasses. Trevor Davis. Illus. by Lochlin Anderson. 2018. (ENG.). 46p. (J). pap. 9.99 *(978-0-9998275-7-4(X))* Mindstir Media.

Adventures of Charlie: Lost. Godders. Illus. by Natalie France & Talisha France. 2023. (ENG.). 48p. (J). pap. ***(978-1-4477-4192-3(7))*** Lulu Pr., Inc.

Adventures of Charlie: Mr Fox. Godders. Illus. by Natalie France & Talisha France. 2023. (ENG.). 40p. (J). pap. ***(978-1-4478-8115-5(X))*** Lulu Pr., Inc.

Adventures of Charlie: Thomasina Falls into the Pond. Godders. 2023. (ENG.). 48p. (J). pap. ***(978-1-4709-0713-6(5))*** Lulu Pr., Inc.

Adventures of Charlie & Betty. Maggie B. Illus. by Daniela Rios. 2020. (ENG.). 38p. (J). pap. *(978-1-78830-449-8(7))* Olympia Publishers.

Adventures of Charlie Bear: Monster Slayer. Judi Gowin. 2018. (ENG., Illus.). 30p. (J). pap. 12.95 *(978-1-64191-884-8(5))* Christian Faith Publishing.

Adventures of Charlie, Blue & Larry Lamp Post. Sarah Duchess of York. 2021. (ENG.). 38p. (J). *(978-0-6452689-0-4(9))* Karen Mc Dermott.

Adventures of Charlie Chameleon: School Days. Ellen L. Buikema. Illus. by Elizabeth Engel. 2016. (ENG.). (J). pap. 8.95 *(978-0-9908979-6-5(6))* Running Horse Pr.

Adventures of Charlie Chameleon: Summertime. Ellen L. Buikema. 2017. (ENG., Illus.). (J). pap. 8.95 *(978-0-9908979-9-6(0))* Running Horse Pr.

Adventures of Charlie Chipmunk. Michael J. Rubel. Illus. by Vinh Ha. 2019. (ENG.). 160p. (J). *(978-1-5255-4087-5(4))*; pap. *(978-1-5255-4088-2(2))* FriesenPress.

Adventures of Charlie Marley: Midnight's Moment in Time. Andrew Luria. 2020. (ENG.). 382p. (J). pap. 14.99 *(978-1-0879-0944-8(9))* Indy Pub.

Adventures of Chatterer the Red Squirrel (Classic Reprint) Thornton W. Burgess. 2018. (ENG., Illus.). 144p. (J). 26.87 *(978-0-483-82718-9(5))* Forgotten Bks.

Adventures of Cheramie. Stanley Guess. 2018. (ENG., Illus.). 44p. (YA). pap. 14.95 *(978-1-64214-239-6(5))* Page Publishing Inc.

Adventures of Chester (a Wisconsin Mouse) 2020. (ENG., Illus.). 120p. (J). pap. 24.99 *(978-1-64538-159-4(5))* Orange Hat Publishing.

Adventure's of Chew Chew & Chipper Too! Barry Jarreau. 2022. (ENG.). 34p. (J). pap. 8.99 ***(978-1-0880-5426-0(9))*** Indy Pub.

Adventures of Chewy the Chihuahua & Her Sidekick Cupcake. Jay Smith. Illus. by Stacey Morrison. 2019. (ENG.). 50p. (J). 24.95 *(978-1-64471-027-2(7))*; pap. 14.95 *(978-1-64471-026-5(9))* Covenant Bks.

Adventures of Chi Chi Giraffe. James Griffiths. 2017. (ENG., Illus.). 36p. (J). pap. *(978-0-244-01605-0(4))* Lulu Pr., Inc.

Adventures of Chi-Chi the Chinchilla. Ekaterina Gaidouk. 2020. (ENG.). 60p. *(978-1-716-56107-8(8))*; pap. *(978-1-716-56106-1(X))* Lulu Pr., Inc.

Adventures of Chi-Chi the Chinchilla & the Three Worlds. Ekaterina Gaidouk et al. 2020. (ENG.). 72p. *(978-1-716-64499-3(2))* Lulu Pr., Inc.

Adventures of ChiChi Ba & Mr. Bunny First Encounter with Shadow. Saletha Oliver. 2021. (ENG.). 38p. (J). pap. 11.00 *(978-1-947928-85-5(6))* VMH Publishing.

Adventures of Chip & Salsa: Meet Me at the Inn. Jo Oliver-Yeager. 2021. (ENG.). 30p. (J). 19.95 *(978-1-7358815-6-0(2))*; pap. 14.95 *(978-1-7358815-5-3(4))* Kind Word Publishing.

Adventures of Chloe the RV Dog & Her Friends, 1 vol. Justine Webster. 2019. (ENG.). 24p. (J). 26.99 *(978-0-310-10376-9(2))*; pap. 15.99 *(978-0-310-10375-2(4))* Elm Hill.

Adventures of Chocolate Sunshine. Cherrel Turner-Callwood. 2018. (ENG.). 88p. (J). pap. 10.99 *(978-0-9977601-0-1(9))* Skinulicious Services.

Adventures of Chook Chick & Cackles: First Flight. Fiona Brown. 2019. (Adventures of Chook Chick & Cackles Ser.: Vol. 3). (ENG., Illus.). 30p. (J). pap. ***(978-0-6485278-3-1(2))*** Brown, Fiona M.

Adventures of Chook Chick & Cackles: Pink & Floyd - the New Recruits. Fiona Brown. 2021. (ENG.). 26p. (J). pap. ***(978-0-6485278-7-9(5))*** Brown, Fiona M.

Adventures of Chris & Raymond: The Zombie Sleepover. Meldy Wilton. Illus. by Richard P. Broad. 2021. (ENG.). 44p. (J). *(978-1-0391-2931-3(5))*; pap. *(978-1-0391-2930-6(7))* FriesenPress.

Adventures of Chupacabra Charlie. Frederick Luis Aldama. Illus. by Chris Escobar. 2020. (Latinographix Ser.). (ENG.). 36p. (J). (gr. -1-4). pap. 9.95 *(978-0-8142-5586-5(8))*, Mad Creek Bks.) Ohio State Univ. Pr.

Adventures of Claire: And Her Jelly Hair. Mary Davis. Illus. by Evanne Whitman. 2023. (Adventures of Claire Ser.). 24p. (J). (— 1). 24.39 BookBaby.

Adventures of Clarke Jones: Hiccup Madness. Clarke Jones. Illus. by Clarke Jones & Lucy Fonseca. 2021. (ENG.). 38p. (J). *(978-0-2288-5896-6(8))*; pap. *(978-0-2288-5895-9(X))* Tellwell Talent.

Adventures of Clever Kitty: From He Windy City. Kelly Bixler. 2021. (ENG., Illus.). 24p. (J). pap. 11.95 *(978-1-6624-3991-9(1))* Page Publishing Inc.

Adventures of Cloud Girl. Dael Oates. 2017. (ENG.). (J). (gr. k-3). 19.95 *(978-0-9986932-1-9(7))*; (Illus.). pap. 12.99 *(978-0-9986932-2-4(7))* Left Shoe Lost.

Adventures of Coach & Little Dell: My First Tie. Tanae Denean Eskridge & Brandon M. Frame. Illus. by Armond Hill. 2019. (ENG.). 48p. (J). *(978-1-78324-109-5(8))*; pap. *(978-1-78324-108-8(X))* Wordzworth Publishing.

Adventures of Coco & Babs: A Fresno Love Story. Auntie Trin. 2021. (ENG.). 48p. (J). pap. 9.95 *(978-1-6642-3136-8(6))*, WestBow Pr.) Author Solutions, LLC.

Adventures of Cocoa the Cockapoo. Gaye Logan & David Logan. Illus. by Katharine Hill. 2021. (ENG.). 24p. (J). pap. *(978-1-83875-317-7(6))*, Nightingale Books) Pegasus Elliot Mackenzie Pubs.

Adventures of Cody the Mischievous Moose. Lindsey Stansbury. 2018. (ENG.). 64p. (J). pap. 13.98 *(978-1-7322370-0-1(X))* Cody Roach Enterprises.

Adventures of Cole & Corbin. Nana V. 2017. (ENG., Illus.). (J). pap. 11.95 *(978-1-947491-80-9(6))* Yorkshire Publishing Group.

Adventures of Congo in Search of His Master: An American Tale, Containing a True Account of a Shipwreck & Interspersed with Anecdotes Found on Facts; Illustrated with Engravings (Classic Reprint) John Farrar. 2018. (ENG., Illus.). 184p. (J). 27.77 *(978-0-483-00493-1(6))* Forgotten Bks.

Adventures of Connie & Diego (Las Aventuras de Connie y Diego), 1 vol. Maria Garcia & Connie Garcia. Illus. by Malaquias Montoya. 2016. (ENG.). 32p. (J). (gr. -1-3). pap. 10.95 *(978-0-89239-124-0(3))*, leelowcbp) Lee & Low Bks., Inc.

Adventures of Connie the Purple Bus. Christopher Dante Alighire. 2022. (ENG.). 38p. (J). 15.95 *(978-1-64543-913-4(5))*, Mascot Kids) Amplify Publishing Group.

Adventures of Connor & Finn. Steven A. O'Dalaigh. 2022. (ENG., Illus.). 228p. (YA). pap. 19.95 ***(978-1-6624-6215-3(8))*** Page Publishing Inc.

Adventures of Connor the Courageous Cutter: Caution at Calamity Canal. Scott McBride & Rodger Thompson. 2016. (ENG.). (J). (gr. -1-3). 14.95 *(978-1-63177-827-8(7))* Amplify Publishing Group.

Adventures of Connor the Courageous Cutter: the Blinding Blizzard. Scott McBride & Rod Thompson. 2023. (ENG.). 38p. (J). 14.95 ***(978-1-64543-931-8(3))*** Amplify Publishing Group.

Adventures of Cookie: Cookies First Day of School. Natassia K. Cordrey. 2022. (ENG., Illus.). 38p. (YA). pap. 15.95 *(978-1-6624-5835-4(5))* Page Publishing Inc.

Adventures of Cordell. Dee Michalowski. Illus. by Geoff Crowe. 2020. (ENG.). 32p. (J). 19.99 *(978-0-578-75490-1(8))* Adventures of Cordell, The.

Adventures of Cotton Candy River. Nicole Peters. 2017. (ENG.). 34p. (J). pap. ***(978-1-77302-145-4(1))*** Tellwell Talent.

Adventures of Couki & Broni: The Great Departure. Cindy Valt. 2018. (FRE., Illus.). 34p. (J). pap. *(978-2-9557516-3-3(4))* Cindy, Valt.

Adventures of Count D'Orveau: A Romance (Classic Reprint) Unknown Author. 2018. (ENG., Illus.). 192p. (J). 27.86 *(978-0-428-66699-6(X))* Forgotten Bks.

Adventures of Cowboy Bob: Total Eclipse of the Sun. Pat Batchelor. Illus. by Teofilo Padilla. 2019. (Adventures of Cowboy Bob Ser.: Vol. 1). (ENG.). 28p. (J). 14.97 *(978-0-578-49904-8(5))* Engineering Search Partners.

Adventures of Cowboy Coy & Flapjack. Kyla Price. 2022. (ENG., Illus.). 40p. (J). pap. 15.95 *(978-1-0980-7770-9(9))* Christian Faith Publishing.

Adventures of Cowboy Jake. Alice White. Illus. by Valerie Cotton. 2018. (ENG.). 20p. (J). (gr. k-4). 22.95 *(978-1-61493-625-1(0))*; pap. 14.95 *(978-1-61493-622-0(6))* Peppertree Pr., The.

Adventures of Crabapple Jones. Sherri J. Howard. 2019. (ENG., Illus.). 24p. (J). 21.95 *(978-1-64471-600-7(3))* Covenant Bks.

Adventures of Crimson & the Guardian. Karen M. Cossey. 2017. (ENG., Illus.). (J). (gr. 2-5). pap. *(978-0-473-38119-6(2))* Rare Design Ltd.

Adventures of Crinkle the Crab. Sarah Rich. 2019. (ENG.). 36p. (J). pap. *(978-1-5289-3185-4(8))* Austin Macauley Pubs. Ltd.

Adventures of Cuddle Cat & Dozy Dog. Denis Lawrence. 2019. (ENG.). 170p. (J). pap. *(978-0-244-21107-3(8))* Lulu Pr., Inc.

Adventures of Cyril Squirrel- SOS Superhero. Cat Fisher & Stu Fisher. Illus. by Fleur Orchard. 2017. (ENG.). (J). pap. *(978-0-9956127-4-7(9))* Snufflesnout Hse. Bks.

Adventures of Cyril the White Squirrel in Bramblefields Woods. Annie Glastonbury. 2020. (ENG., Illus.). 26p. (J). pap. *(978-1-78222-764-9(4))* Paragon Publishing, Rothersthorpe.

Adventures of D. J. the Big Head Boy Genius: Hurricane Harvey Ruins the Party. Felicia Moore. 2019. (ENG., Illus.). 40p. (J). (gr. k-4). 12.99 *(978-1-970079-63-0(0))*; pap. 10.99 ***(978-1-970079-57-9(6))*** Opportune Independent Publishing Co.

Adventures of Dai & I. Juleeia Sneesby. 2022. (ENG.). 24p. (J). pap. ***(978-0-6452132-9-4(2))*** Wendiilou Publishing.

Adventures of Dale & Belle: Welcome Home. Dawn Ingle. 2016. (ENG., Illus.). (J). pap. 24.95 *(978-1-60441-020-4(5))* America Star Bks.

Adventures of Dan & Sam. Suzon Babitt Weber & Phyllis S. Yingling. Illus. by Pamela Yourell. 2019. (Steps to Success Ser.: Vol. 1). (ENG.). 40p. (J). pap. 8.95 *(978-1-882788-18-7(4))* Vangar Pubs./Baltimore.

Adventures of Darcy Pickle - the Jungle. Howard Lamb. 2019. (ENG.). 30p. (J). pap. *(978-1-78830-286-9(9))* Olympia Publishers.

Adventures of David: Thunderbolt Bike. G. D. Howe. 2021. (ENG.). 28p. (J). *(978-1-5255-7465-8(5))*; pap. *(978-1-5255-7466-5(3))* FriesenPress.

Adventures of David Grayson (Classic Reprint) Ray Stannard Baker. 2018. (ENG., Illus.). 274p. (J). 29.55 *(978-0-484-21587-9(6))* Forgotten Bks.

Adventures of David Simple: Containing an Account of His Travels Through the Cities of London & Westminster in the Search of a Real Friend (Classic Reprint) Sarah Fielding. 2017. (ENG., Illus.). (J). 31.75 *(978-0-266-72811-5(1))*; pap. 16.57 *(978-1-5276-8826-1(7))* Forgotten Bks.

Adventures of David Simple, Vol. 2: Containing an Account of His Travels Through the Cities of London & Westminster, in the Search of a Real Friend (Classic Reprint) Sarah Fielding. (ENG., Illus.). (J). 2018. 330p. 30.70 *(978-0-483-69003-5(1))*; 2017. pap. 13.57 *(978-0-243-31450-8(7))* Forgotten Bks.

Adventures of David Vane & David Crane (Classic Reprint) John Townsend Trowbridge. 2017. (ENG., Illus.). (J). pap. 10.57 *(978-1-5276-0446-9(2))* Forgotten Bks.

Adventures of Dennis & Pigpen. Janice M. Champion. 2017. (ENG., Illus.). (J). pap. 12.95 *(978-0-9982386-5-4(1))* Scott Publishing Co.

Adventures of Denny the Dairy Cat. Bruce Burrell. 2017. (ENG., Illus.). (J). pap. 13.95 *(978-1-64079-376-7(3))* Christian Faith Publishing.

Adventures of Derby & Charlie: Derby & Charlie Go to the Beach-The Power of Influence. Shane K. Twede. Illus. by Sangngg. 2018. (Adventures of Derby & Charlie Ser.: Vol. 1). (ENG.). 32p. (J). (gr. k-3). 19.99 *(978-0-578-40186-7(X))* Kory Industries.

Adventures of Derby & Charlie: Derby & Charlie Go to the Beach-The Power of Influence. Shane K. Twede. Illus. by Sangngg. 2018. (Adventures of Derby & Charlie Ser.: Vol. 1). (ENG.). 32p. (J). (gr. k-3). pap. 13.99 *(978-0-578-42596-2(3))* Kory Industries.

Adventures of Derby & Charlie - Derby & Charlie Go Fishing: The Magic of Attitude. Shane K. Twede. Illus. by Sang Nguyen. 2019. (Adventures of Derby & Charlie Ser.: Vol. 2). (ENG.). 24p. (J). (gr. k-6). 21.95 *(978-0-578-50961-7(X))* Kory Industries.

Adventures of Detective Dopeyworth. Elizabeth Green. 2022. (ENG.). 60p. (J). ***(978-1-80381-285-4(0))***; pap. ***(978-1-80381-222-9(2))*** Grosvenor Hse. Publishing Ltd.

Adventures of Diana: Part II Diary of a 3rd Grader. Rachel Yang. 2023. (Adventures of Diana Ser.: 2). (Illus.). 78p. (J). pap. 8.99 ***(978-1-6678-8255-0(4))*** BookBaby.

Adventures of Diaper Diva: A Day on the Farm. Elizabeth Robbins. 2019. (ENG.). 18p. (J). 21.95 *(978-1-64492-915-5(5))*; pap. 11.95 *(978-1-64416-764-9(6))* Christian Faith Publishing.

Adventures of Dick Maitland: A Tale of Unknown Africa. Harry Collingwood. 2017. (ENG., Illus.). (J). pap. 14.95 *(978-1-374-85315-7(1))* Capital Communications, Inc.

Adventures of Digby Deep. Moragh Carter & Frank Carter. Illus. by Iryna Baykovska. 2022. 26p. (J). pap. 15.99 *(978-1-9164209-0-8(0))* BookBaby.

Adventures of Diggeldy Dan (Classic Reprint) Edwin P. Norwood. 2017. (ENG., Illus.). (J). 29.47 *(978-0-265-98550-2(1))* Forgotten Bks.

Adventures of Diggerydoo & Taller Too. Richard Allen Anderson. Illus. by Amber D. Pickle. 2016. (ENG.). (J). pap. 11.95 *(978-1-942766-13-1(0))* Vabella Publishing.

Adventures of Digital Girl. Ron L. Adam. Illus. by Elisha Davis, II. 2022. (ENG.). 30p. (J). ***(978-0-2288-5575-0(6))***; pap. ***(978-0-2288-5576-7(4))*** Tellwell Talent.

Adventures of Dilly Dog: Dilly at the Lakes. Sandy Shaw. 2017. (ENG., Illus.). 16p. (J). pap. 13.95 *(978-1-78693-586-1(4))*, 218f207f-fe5c-49b4-9777-d5370742807d) Austin Macauley Pubs. Ltd. GBR. Dist: Baker & Taylor Publisher Services (BTPS).

Adventures of Dina & Debbie. Camille Saturday. 2020. (ENG.). 30p. (YA). pap. 12.95 *(978-1-0980-3210-4(1))* Christian Faith Publishing.

Adventures of Disco Toast. Emilie May King. Illus. by Taylor D. King. 2020. (ENG.). 45p. (J). *(978-1-716-88918-9(9))* Lulu Pr., Inc.

Adventures of Doc Holliday Hennings. Tk Bethea. 2017. (ENG., Illus.). (J). pap. 39.00 *(978-1-4834-7271-3(X))* Lulu Pr., Inc.

Adventures of Dock & Nettle. James L. P. Johnson. Illus. by Lyn Stone. 2021. (ENG.). 88p. (J). pap. *(978-1-83975-373-2(0))* Grosvenor Hse. Publishing Ltd.

Adventures of Doctor Brady (Classic Reprint) William Howard Russell. 2018. (ENG., Illus.). 460p. (J). 33.40 *(978-0-267-43644-6(0))* Forgotten Bks.

Adventures of Doctor Brady, Vol. 1 of 3 (Classic Reprint) William Howard Russell. (ENG., Illus.). (J). 2018. 326p. 30.62 *(978-0-483-20041-8(7))*; 2017. pap. 13.57 *(978-0-243-89466-6(X))* Forgotten Bks.

Adventures of Doctor Brady, Vol. 2 of 3 (Classic Reprint) William Howard Russell. 2018. (ENG., Illus.). 326p. (J). 30.62 *(978-0-483-19446-5(8))* Forgotten Bks.

Adventures of Doctor Brady, Vol. 3 of 3 (Classic Reprint) William Howard Russell. 2018. (ENG., Illus.). 366p. (J). 31.45 *(978-0-483-60825-2(4))* Forgotten Bks.

Adventures of DogShoe & the Bakery Gang. Timothy A. Bennett. (ENG.). 52p. (J). 2023. 24.50 ***(978-1-60693-209-4(8))***; 2022. pap. 14.95 ***(978-1-61204-106-3(X))*** Strategic Book Publishing & Rights Agency (SBPRA). (Strategic Bk. Publishing).

Adventures of Don Lavington. George Manville Fenn. 2017. (ENG.). 420p. (J). pap. *(978-3-337-17709-6(3))* Creation Pubs.

Adventures of Don Lavington: Nolens Volens. George Manville Fenn. 2017. (ENG., Illus.). (J). 28.95 *(978-1-374-85960-9(5))*; pap. 18.95 *(978-1-374-85959-3(1))* Capital Communications, Inc.

Adventures of Don Sylvio de Rosalva (Classic Reprint) Christoph Martin Wieland. 2017. (ENG., Illus.). (J). 33.90 *(978-1-5284-7521-1(6))* Forgotten Bks.

Adventures of Donkey Drake & Lamar Lamb. Brant Means. 2019. (ENG., Illus.). 28p. (J). 20.00 *(978-1-945620-65-2(X))* Hear My Heart Publishing.

Adventures of Donkey Drake & Lamar Lamb. Brant Means. Illus. by Lynn Mohney. 2019. (ENG.). 28p. (J). pap. 11.99 *(978-1-945620-60-7(9))* Hear My Heart Publishing.

Adventures of Downy Green (Classic Reprint) George Calderon. (ENG., Illus.). (J). 2018. 202p. 28.06 *(978-0-666-83239-9(0))*; 2017. pap. 10.57 *(978-0-282-97444-2(X))* Forgotten Bks.

Adventures of Dr. Brain & Mr. Strong. Lashandra Monique Hall. Illus. by Vanessa Kaliwo. 2019. (ENG.). 30p. (J). pap. 19.99 *(978-1-7908-6674-8(X))* Elnoir Jane Publishing.

Adventures of Dr. Sloth: Rebecca Cliffe & Her Quest to Protect Sloths. Suzi Eszterhas. Photos by Suzi Eszterhas. 2022. (ENG., Illus.). 40p. (J). (gr. 3-6). lib. bdg. 30.65 *(978-1-5415-8939-1(4))*, 8327ef75-a24a-46cc-98e6-c6002e65f375, Millbrook Pr.) Lerner Publishing Group.

Adventures of Dr. Whitty (Classic Reprint) G. A. Birmingham. 2017. (ENG., Illus.). (J). 31.30 *(978-1-5283-7270-1(0))* Forgotten Bks.

Adventures of Dreamtopia. Young Writers. 2020. (ENG., Illus.). 34p. (J). (gr. 1-3). pap. *(978-1-7753943-7-2(9))* Studio Dreamshare.

Adventures of Drone-Boy & Drone-Girl: Comet & Natalie: a Story about Robotics. Betty J. White. 2023. (ENG.). 36p. (YA). pap. ***(978-1-312-73221-6(0))*** Lulu Pr., Inc.

Adventures of Duck. Shayla McGowan. 2021. (ENG., Illus.). 30p. (J). pap. 12.95 *(978-1-63814-145-7(2))* Covenant Bks.

Adventures of Dude Remy: A Four Book Collection. Michele Robin. Illus. by Victor Tavares. 2022. (Volume 1 Ser.: 1). 74p. (J). 39.00 *(978-1-6678-2677-6(8))* BookBaby.

Adventures of Dude Remy: Book One: off the Line. Michele Robin. 2023. (Adventures of Dude Remy Ser.: 1). 24p. (J). pap. 10.99 ***(978-1-6678-7685-6(6))*** BookBaby.

Adventures of Dude Remy with Turquoise Charlie: A Four-Book Collection. Michele Robin. 2023. (Adventures of Dude Remy Ser.: 2). 80p. (J). (gr. 1-3). 39.00 BookBaby.

Adventures of Duke, the Therapy Dog: Duke Finds a Home. Allison McGill & John Paul Snead. 2019. (ENG.). 42p. (J). pap. 15.95 *(978-1-4834-9754-9(2))* Lulu Pr., Inc.

Adventures of Duncan & Lulu. Amanda Young & Traci Meyer. Illus. by Jp Roberts. 2021. (ENG.). 28p. (J). *(978-1-5255-8511-1(8))*; pap. *(978-1-5255-8512-8(6))* FriesenPress.

Adventures of Durgin: An American Leprechaun. George T. Harbron. Illus. by Sakha Umrikar. 2021. (ENG.). 152p. (J). pap. *(978-1-9196360-3-0(X))*; *(978-1-9196360-2-3(1))* Shakspeare Editorial.

Adventures of Easton the Rescue Pet: The Dog in the Dell. Elizabeth Retter. Illus. by Izzy Bean. 2023. (ENG.). 34p. (J). ***(978-0-2288-9108-6(6))***; pap. ***(978-0-2288-9107-9(8))*** Tellwell Talent.

Adventures of Edward Tall & Teddy Small & Friends. John Patience. Illus. by John Patience. l.t. ed. 2023. (ENG.). 82p. (J). ***(978-1-7398518-9-7(7))*** Talewater Pr.

Adventures of Edward the Baby Liraffe: Africa. Jack Le Raff. Illus. by Casie Trace. (ENG.). (J). 2021. 22p. pap. 6.99 *(978-0-9922650-2-1(9))*; 2019. (Adventures of Edward the Baby Liraffe Ser.: Vol. 1). 50p. pap. 19.95 *(978-0-9922650-1-4(0))* Liraffe LLC.

Adventures of Edward the Baby Liraffe: Europe. Jack Le Raff. Illus. by Casie Trace. (ENG.). (J). 2021. 22p. pap. 6.99 *(978-0-9922651-0-6(X))*; 2019. (Europe Ser.: Vol. 2). 68p. pap. 19.95 *(978-0-9922650-0-7(2))* Liraffe LLC.

Adventures of Edward the Baby Liraffe: Great Britain. Jack Le Raff. Illus. by Casie Trace. 2022. (ENG.). (J). 58p. pap. 19.95 ***(978-0-9922650-3-8(7))***; 22p. pap. 7.45 ***(978-0-9922650-6-9(1))*** Liraffe LLC.

Adventures of Egg Box Dragon. Richard Adams. Illus. by Alex T. Smith. 2019. (ENG.). 32p. (J). 9.99 ***(978-1-4449-3841-8(X))*** Hachette Children's Group GBR. Dist: Hachette Bk. Group.

Adventures of Einar the Polar Bear. Philip Mumby. 2017. (ENG.). 132p. (J). pap. ***(978-0-244-04491-6(0))*** Lulu Pr., Inc.

Adventures of el Cipitio: Las Aventuras Del Cipitio. Randy Jurado Ertll. 2nd ed. 2018. (Adventures of el Cipitio Ser.:

Vol. 2). (ENG., Illus.). 28p. (J). (gr. -1-3). 24.99 *(978-0-9909929-8-1(5))* ERTLL Pubs.

Adventures of Eli, a Shepherd Boy. Ronald B McPherson. 2019. (ENG.). 144p. (J). pap. 14.95 *(978-1-64544-381-0(7))* Page Publishing Inc.

Adventures of Eli & Lincoln: The Hidden Treasure. Trent Grundmeyer. 2019. (ENG.). 38p. (J). 14.95 *(978-1-64543-030-8(8))* Amplify Publishing Group.

Adventures of Eli & Tig. Alora Johns. 2021. (ENG., Illus.). 58p. (J). pap. 17.95 *(978-1-63874-587-7(0))* Christian Faith Publishing.

Adventures of Elizabeth in Rugen (Classic Reprint) Elizabeth von Arnim. 2017. (ENG., Illus.). (J). 30.52 *(978-1-5280-8409-3(8))* Forgotten Bks.

Adventures of Ella & Gorlord. Robert Hill. 2020. (ENG.). 88p. (J). pap. 16.95 *(978-1-64628-732-1(0))* Page Publishing Inc.

Adventures of Ellie & Blankie: Ellie Goes to India. Salina Perry. 2018. (ENG., Illus.). 30p. (J). *(978-1-77370-264-3(5))*; pap. *(978-1-77370-265-0(3))* Tellwell Talent.

Adventures of Ellie & Eve Ellie Meets the New Baby. Paula M. Karll. 2021. (ENG.). 58p. (J). 19.95 *(978-1-0879-9433-8(0))* Indy Pub.

Adventures of Ellie Dragon: Ellie Dragon & the Kitten. James Nicholas Adams. Illus. by Brian Abbinanti. 2020. (ENG.). 27p. (J). *(978-1-716-97222-5(1))* Lulu Pr., Inc.

Adventures of Elliott Clinton Rat, III: My Journey on the Merrimack & Concord Rivers. Ellen Gaines. 2017. (ENG.). (J). pap. 13.95 *(978-1-68401-307-4(0))* Amplify Publishing Group.

Adventures of Elsie & Peaches: An Elephant & Piglet Tale: an Elephant & Piglet Tale (hardback) Catherine Hampel & Dominique Kinsley. 2019. (ENG., Illus.). 60p. (J). 19.95 *(978-1-7329843-0-1(1))* Palm.

Adventures of Elyon - the Secret Chambers Book 1. Deborah Meyers. 2016. (ENG., Illus.). (J). pap. 10.99 *(978-1-365-54704-1(3))* Lulu Pr., Inc.

Adventures of Emily Anne a Birthday Party for Bobby. John E. Kenney. 2017. (ENG., Illus.). (J). pap. 11.49 *(978-1-5456-1091-6(6))* Salem Author Services.

Adventures of Emina. Obioma Osae-Brown. 2022. (ENG.). 50p. (J). pap. 12.95 *(978-1-6624-6133-0(X))* Page Publishing Inc.

Adventures of EMMA. Richard Spinney. 2022. (ENG., Illus.). 114p. (J). 35.95 *(978-1-68498-284-4(7))*; pap. 20.95 *(978-1-68498-283-7(9))* Newman Springs Publishing, Inc.

Adventures of Emma Danger: The Tale of Two Tigers. Bryan Paijit. 2021. (ENG., Illus.). 30p. (J). pap. 13.95 *(978-1-63710-331-9(X))* Fulton Bks.

Adventures of Energy Annie: The Importance of Integrity. Elizabeth Cosmos & K. Henriott-Jauw. 2018. (Energy Annie Book Ser.: Vol. 3). (ENG., Illus.). 34p. (J). 15.95 *(978-0-9998412-1-1(1))*; pap. 10.95 *(978-0-9998412-2-8(X))* Ama Deus Energy Pr.

Adventures of Energy Annie: The Power of Thought. Elizabeth Cosmos. Illus. by Kate Henriott-Jauw. 2022. (ENG.). 34p. (J). 17.95 *(978-0-9987414-3-7(4))*; pap. 12.95 *(978-0-9987414-4-4(2))* Ama Deus Energy Pr.

Adventures of Eric the Spider. Elaine Madle. Illus. by Shaun Madle. 2018. (ENG.). 40p. (J). pap. *(978-1-912562-29-9(4))* Clink Street Publishing.

Adventures of Emistine. Cynthia E. Olanin. 2018. (ENG., Illus.). 38p. (J). pap. 9.95 *(978-1-64096-159-3(3))* Newman Springs Publishing, Inc.

Adventures of Euca: A Baby Leaf's Big World. Jessica Howard. Illus. by M. K. Perring. 2022. (ENG.). 36p. (J). pap. *(978-1-922701-88-6(2))* Shawline Publishing Group.

Adventures of Eugene. John G. Smith. 2018. (ENG., Illus.). 64p. (J). pap. *(978-0-244-43252-2(X))* Lulu Pr., Inc.

Adventures of Ezekiel Alexander Thornbird: Following the Steps of the Great: a Journey Home. Lisa Gayle Miles. 2018. (ENG., Illus.). 78p. (J). pap. 11.95 *(978-1-64003-579-9(6))* Covenant Bks.

Adventures of Ezekiel Alexander Thornbird; Trials & Tribulations: A Journey of Awakenings. Lisa Gayle Miles. 2019. (ENG., Illus.). 78p. (J). pap. 11.95 *(978-1-64300-827-1(7))* Covenant Bks.

Adventures of Farlow the Magical Dog. Jojo D. 2020. (ENG., Illus.). 28p. (J). pap. 12.95 *(978-1-64531-967-2(9))* Newman Springs Publishing, Inc.

Adventures of Felix & Pip: COO-EE Call to Friends Far Away. Lorraine De Kleuver. 2022. (ENG.). 30p. (J). pap. *(978-0-6451965-6-8(8))* Aly's Bks.

Adventures of Feluda: Mystery of the Elephant God. Ray Satyajit. 2019. (Adventures of Feluda Ser.). (ENG.). 112p. pap. 14.95 *(978-0-14-333574-0(X,* Puffin) Penguin Bks. India PVT, Ltd IND. Dist: Independent Pubs. Group.

Adventures of Feluda: the Curse of the Goddess. Ray Satyajit. 2016. (Adventures of Feluda Ser.). (ENG.). 104p. (J). pap. 19.99 *(978-0-14-333451-4(4,* Puffin) Penguin Bks. India PVT, Ltd IND. Dist: Independent Pubs. Group.

Adventures of Feluda: the Royal Bengal Mystery. Ray Satyajit. 2016. (Adventures of Feluda Ser.). (ENG.). 112p. (J). pap. 19.99 *(978-0-14-333450-7(6,* Puffin) Penguin Bks. India PVT, Ltd IND. Dist: Independent Pubs. Group.

Adventures of Ferdinand Count Fathom: In Two Volumes (Classic Reprint) Tobias George Smollett. 2018. (ENG., Illus.). 234p. (J). 28.72 *(978-0-483-78313-3(7))* Forgotten Bks.

Adventures of Fidget the Monkey. Rosemary Munro. 2017. (ENG., Illus.). (gr. 1-2). pap. *(978-1-78222-509-6(9))* Paragon Publishing, Rothersthorpe.

Adventures of Finley! Dana Morgan. 2020. (ENG.). 40p. (J). pap. 12.99 *(978-1-387-47582-7(7))* Wright Bks.

Adventures of Finley & Cisco. Lisa Ozalis-Graham. 2017. (ENG., Illus.). (J). 25.95 *(978-1-4808-5154-2(X))*; pap. 16.95 *(978-1-4808-5153-5(1))* Archway Publishing.

Adventures of Finn & Jj: Equation Salvation. Collin Matthew Helein. 2017. (ENG.). (J). 14.95 *(978-1-68401-093-6(4))* Amplify Publishing Group.

Adventures of Firebolt. Debbie Pearl & Brittany Nicole Lewis. Illus. by Jack Foster. 2020. (Furtastic Ser.: Vol. 1). (ENG.). 38p. (J). 14.99 *(978-0-578-22846-4(7))* Dream Fetchers.

Adventures of Fish Fingers. Caz Carter. Illus. by Caz Carter. 2023. (ENG.). 32p. (J). pap. *(978-1-922851-08-6(6))* Shawline Publishing Group.

Adventures of Fleet Foot & Her Fawns: A True-To-Nature Story for Children & Their Elders (Classic Reprint) Allen Chaffee. 2017. (ENG., Illus.). 132p. (J). 26.64 *(978-0-332-72808-7(0))* Forgotten Bks.

Adventures of Flora Bee: Bee School. Rhodri Davies. 2018. (ENG., Illus.). 22p. (J). *(978-1-5289-1941-8(6))*; pap. *(978-1-5289-1940-1(8))* Austin Macauley Pubs. Ltd.

Adventures of Flossie the Flower & Friends. Robert Boland & Kirsty Boland. Illus. by Vinicius Alves Caetano. 2023. (ENG.). 32p. (J). pap. *(978-1-80381-365-3(2))* Grosvenor Hse. Publishing Ltd.

Adventures of Floyd Flamingo. Steve William Laible & C. Andrew Beck. 2020. (ENG.). 76p. (J). pap. 6.95 *(978-1-62485-073-8(1))* Kodel Group, LLC, The.

Adventures of Flying Dog. R. Chawla. Ed. by J. Ward. 2021. (ENG.). 50p. (J). pap. 12.99 *(978-1-6671-5545-6(8))* Lulu Pr., Inc.

Adventures of Francois: Foundling, Thief, Juggler, & Fencing Master (Classic Reprint) S. Weir Mitchell. 2017. (ENG., Illus.). (J). 30.89 *(978-0-266-16631-3(8))* Forgotten Bks.

Adventures of Fred the Fly. Joe Carr. 2018. (ENG., Illus.). 28p. (J). (gr. k-6). pap. 6.99 *(978-1-64314-034-6(5))* Authors Pr.

Adventures of Fred the Fly: And His Homecoming Party. Joe Carr. 2018. (ENG., Illus.). 28p. (J). (gr. k-6). pap. 6.99 *(978-1-64314-037-7(X))* Authors Pr.

Adventures of Fred the Fly: And His Homecoming Party. Joe Carr. 2018. (ENG., Illus.). 30p. (J). (gr. k-6). 15.99 *(978-1-64133-292-7(1))*; pap. 9.99 *(978-1-64133-291-0(3))* MainSpringBks.

Adventures of Fred the Fly: And Some of His Friends. Joe Carr. 2018. (ENG., Illus.). 28p. (J). (gr. k-6). 15.99 *(978-1-64133-287-3(5))*; pap. 9.99 *(978-1-64133-044-2(9))* MainSpringBks.

Adventures of Freddy & Dudley: What Do You Eat? Jaimee Moore. Illus. by Umeahika Geethanjali. 2022. (ENG.). 26p. (J). pap. 6.99 *(978-1-0880-4600-5(2))* Indy Pub.

Adventures of Freddy & Sammy: Sammy Goes Camping. Michael Hetterscheidt. 2022. (ENG.). 28p. (J). 24.97 *(978-1-0880-7479-4(0))* Indy Pub.

Adventures of Free Diving Derek. James Elsewhere. 2020. (ENG., Illus.). 282p. (J). pap. *(978-1-78132-975-7(3))* SilverWood Bks.

Adventures of Frog Doctor. Thomas. Gray. 2022. (ENG.). 34p. (J). 25.99 *(978-1-6628-3649-7(X))*; pap. 11.99 *(978-1-6628-3648-0(1))* Salem Author Services.

Adventures of Froggy & Little Bear: A New Friend. Todd W. Hiller. 2021. (ENG.). 24p. (J). pap. 12.95 *(978-1-63765-020-2(5))* Halo Publishing International.

Adventures of Gastão in Japan. Ingrid Seabra et al. (J). 2023. (KOR.). 210p. pap. 45.99 *(978-1-954145-66-5(7))*; 2022. (Adventures of Gastão Ser.: Vol. 2). (ENG.). 180p. 46.99 *(978-1-954145-03-0(9))*; 2022. (Adventures of Gastão Ser.: Vol. 2). (ENG.). 180p. pap. 45.99 *(978-1-954145-81-8(0))* Nonsuch Media Pte. Ltd.

Adventures of Gastão in South Korea. Ingrid Seabra et al. 2022. (ENG.). 144p. (J). pap. 39.99 *(978-1-954145-80-1(2))*; (Adventures of Gastão Ser.: Vol. 3). 44.99 *(978-1-954145-79-5(9))* Nonsuch Media Pte. Ltd.

Adventures of George & His Blended Family. Vinnie Strumolo. 2020. (ENG.). 34p. (J). *(978-1-64182-622-8(3))*; pap. *(978-1-64182-481-1(6))* Austin Macauley Pubs. Ltd.

Adventures of George & Reggie 2: King Orcan's Revenge. Guillermo F. Porro. Ed. by Paige Barrera. 2018. (Adventures of George & Reggie Ser.: Vol. 2). (ENG., Illus.). 146p. (J). (gr. 4-6). pap. 10.00 *(978-0-692-11503-9(X))* Porro, Guillermo Fermin III.

Adventures of George the Germ: What Are Germs? Heidi Meadows. Illus. by Emma Shull. 2021. (ENG.). 34p. (J). 16.95 *(978-1-64538-237-9(0))*; pap. 10.99 *(978-1-64538-215-7(X))* Orange Hat Publishing.

Adventures of Georgia & Cash: Our Visit to Playgroup. Susan D. Hoddy. 2022. (Adventures of Georgia & Cash Ser.: Vol. 2). (ENG.). 36p. (J). pap. *(978-0-6452158-5-4(6))* Hoddy, Susan.

Adventures of Gerard, the Lion Killer: Comprising a History of His Ten Years' Campaign among the Wild Animals of Northern Africa (Classic Reprint) Jules Gerard. (ENG., Illus.). (J). 2017. 33.14 *(978-0-331-78502-9(1))*; 2016. pap. 16.57 *(978-1-333-68052-7(X))* Forgotten Bks.

Adventures of Gigi & Her Shepherd. Cindy Meade. 2019. (ENG.). 62p. (J). 26.95 *(978-1-64569-189-1(6))*; pap. 16.95 *(978-1-64569-187-7(X))* Christian Faith Publishing.

Adventures of Gil Blas of Santillane, Vol. 1 of 2 (Classic Reprint) Alain-Rene Lesage. 2018. (ENG., Illus.). (J). 418p. 32.52 *(978-1-391-20751-3(3))*; 420p. pap. 16.57 *(978-1-390-96392-2(6))* Forgotten Bks.

Adventures of Gil Blas of Santillane, Vol. 1 Of 4: A New Translation (Classic Reprint) Alain René Le Sage. 2016. (ENG., Illus.). (J). pap. 13.57 *(978-1-334-15464-5(3))* Forgotten Bks.

Adventures of Gil Blas of Santillane, Vol. 1 Of 4: A New Translation (Classic Reprint) Alain Rene Le Sage. 2018. (ENG., Illus.). 282p. (J). 29.71 *(978-0-483-38918-2(8))* Forgotten Bks.

Adventures of Gil Blas of Santillane, Vol. 3 (Classic Reprint) Alain-Rene Lesage. 2018. (ENG., Illus.). (J). 410p. 32.37 *(978-1-397-22591-7(2))*; 412p. pap. 16.57 *(978-1-397-22577-1(7))* Forgotten Bks.

Adventures of Gil Blas of Santillane, Vol. 4 of 4 (Classic Reprint) Alain René Le Sage. 2017. (ENG., Illus.). (J). pap. 11.57 *(978-1-334-92280-0(2))* Forgotten Bks.

Adventures of Gil Blas of Santillane, Vol. 4 of 4 (Classic Reprint) Alain Rene Le Sage. 2018. (ENG., Illus.). 238p. (J). 28.83 *(978-0-656-08810-2(9))* Forgotten Bks.

Adventures of Gilbert the Grumpy Gator. Judith Linehan. 2019. (ENG.). 38p. (J). pap. 15.00 *(978-1-7336855-0-4(2))* Linehan Authors.

Adventures of Ginger Buckle Jones. Christopher Nicholas. 2018. (ENG., Illus.). 34p. (J). pap. 9.99 *(978-0-692-04831-3(6))* Duke & Oscar.

Adventures of Gippety. Russ Mitera & Matthew Mitera. 2016. (ENG., Illus.). (J). pap. 19.99 *(978-1-365-19547-1(3))* Lulu Pr., Inc.

Adventures of Gizmo & Kimora. Sharon E. Harris. 2023. (ENG., Illus.). 44p. (J). pap. 16.95 *(978-1-6624-4265-0(3))* Page Publishing Inc.

Adventures of Glia Girl: Ouch! Christine Holubec-Jackson. Illus. by Heather Korlak. 2023. (Adventures of Glia Girl Ser.: Vol. 2). (ENG.). 38p. (J). *(978-1-7753999-7-1(4))*; pap. *(978-1-7753999-5-7(8))* PageMaster Publication Services, Inc.

Adventures of Glibb Redundant: New Friends from the Big City. Ken Blanton. 2021. (ENG.). 42p. (J). pap. 9.99 *(978-1-953904-37-9(8))* Stellar Literary.

Adventures of Glibb Redundant: People, Critters, & New Friends. Ken Blanton. 2021. (ENG.). 28p. (J). pap. 7.99 *(978-1-953904-40-9(8))* Stellar Literary.

Adventures of Glow. Nakisha Wilson. 2016. (ENG., Illus.). (J). pap. 20.45 *(978-1-5043-6645-8(X),* Balboa Pr.) Author Solutions, LLC.

Adventures of Godfrey: The Peripatetic Cat. Susan L. Kallander. Illus. by Susan L. Kallander. 2021. (ENG.). 48p. (J). pap. 11.50 *(978-1-0879-9957-9(X))* Indy Pub.

Adventures of Gogo. Phyllis R. Richardson. 2020. (ENG., Illus.). 24p. (J). pap. 12.95 *(978-1-61244-845-9(3))* Halo Publishing International.

Adventures of Goldie & Bennie: Through South America, Asia & Africa. Rikki Bennie. Illus. by Lauren Purves. 2020. (ENG.). 38p. (J). *(978-0-2288-3644-5(1))*; pap. *(978-0-2288-3285-0(3))* Tellwell Talent.

Adventures of Goldie & Sandie: The Beginning. Tena Walker. Illus. by Victoria Hawkins. 2022. (ENG.). 32p. (J). pap. 10.00 *(978-1-956544-13-8(5))* Willow Bend Publishing Group, LLC.

Adventures of Gorg. Julia Sawyer. 2022. (ENG.). 50p. (J). pap. *(978-1-5289-8388-4(2))* Austin Macauley Pubs. Ltd.

Adventures of Gracie: Gracie Comes Home. Jamie Rae Simon. 2018. (ENG., Illus.). 26p. (J). 22.95 *(978-1-64003-469-3(2))*; pap. 12.95 *(978-1-64300-371-9(2))* Covenant Bks.

Adventures of Gracie & MonkeyBear see Las Aventuras de Gracie y OsoMono: Libro 1: Verano

Adventures of Gracie & Monkeybear: Book 2: Winter. C. S. O'Kelly. Ed. by Tricia Callahan. Illus. by Jordy Farrell. 2017. (Adventures of Gracie & Monkeybear Ser.: Vol. 2). (ENG.). 34p. (J). (gr. k-4). pap. 9.99 *(978-1-946807-05-2(2),* MonkeyBear Publishing) LORE Mountain Productions.

Adventures of Gracie Rose & Her Magical Dog Winnie. Maureen Janus et al. 2018. (ENG., Illus.). 52p. (J). 24.95 *(978-1-64471-155-2(9))*; pap. 15.95 *(978-1-64300-289-7(9))* Covenant Bks.

Adventures of Grandma Mimi & Her Boys. Mildred Santorelli. 2018. (ENG., Illus.). 24p. (YA). pap. 11.95 *(978-1-64416-293-4(8))* Christian Faith Publishing.

Adventures of Grandma V & the Case of the Vanishing Fried Peach Pies. Morgan Venzant. 2018. (ENG.). 38p. (J). 14.95 *(978-1-68401-050-9(0))* Amplify Publishing Group.

Adventures of Grandmasaurus: At the Aquarium Rescue Centre. Caroline Fernandez. Illus. by Shannon O'Toole. 2021. (Adventures of Grandmasaurus Ser.: Book 2). 40p. (J). (gr. -1-3). pap. 12.95 *(978-1-988761-58-9(1))*; pap. 16.95 *(978-1-988761-59-6(X))* Common Deer Pr. CAN. Dist: National Bk. Network.

Adventures of Grandmasaurus: At the Supermarket. Caroline Fernandez. Illus. by Shannon O'Toole. 2023. (Adventures of Grandmasaurus Ser.: 3). 40p. (J). (gr. -1-3). 16.95 *(978-1-988761-70-1(0))*; pap. 12.95 *(978-1-988761-69-5(7))* Common Deer Pr. CAN. Dist: National Bk. Network.

Adventures of Grandpa: A Wholesome Farce in Three Acts (Classic Reprint) Walter Ben Hare. 2017. (ENG., Illus.). (J). 420p. 32.56 *(978-0-332-73396-8(3))*; pap. 16.57 *(978-0-282-20286-6(2))* Forgotten Bks.

Adventures of Grandpa's Dentures: Ivory Goes Camping. Joel Carver. 2021. (ENG., Illus.). 38p. (J). pap. 15.95 *(978-1-64952-019-7(0))* Fulton Bks.

Adventures of Granny & Me Stay Home Stay Safe. Ladeirdre C. Forehand. l.t. ed. 2021. (ENG.). 34p. (J). pap. 14.99 *(978-1-0880-0472-2(5))* Indy Pub.

Adventures of Granny Fannie. Yolanda C. Avery. 2020. (ENG., Illus.). 42p. (J). *(978-1-5289-3245-5(5))*; pap. *(978-1-78848-092-5(9))* Austin Macauley Pubs. Ltd.

Adventures of Granny Mint Truffle Audrey. Delores Brazier. 2022. (ENG., Illus.). 32p. (J). pap. 15.95 *(978-1-6624-6604-5(8))* Page Publishing Inc.

Adventures of Great George. Robin Williams. 2018. (ENG., Illus.). 36p. (J). pap. *(978-1-5289-0987-7(9))*; pap. *(978-1-5289-0986-0(0))* Austin Macauley Pubs. Ltd.

Adventures of Greedy Judy. Ralph Hemphill. 2019. (ENG.). 66p. (J). pap. 15.95 *(978-1-64462-977-2(1))* Page Publishing Inc.

Adventures of Grillo: Or the Cricket Who Would Be King (Classic Reprint) Ernest Candeze. 2017. (ENG., Illus.). (J). 28.76 *(978-0-265-68297-5(5))* Forgotten Bks.

Adventures of Hair: Binks & the Magic Bowler. Jeffrey Pickering. 2019. (ENG.). 42p. (J). *(978-1-5289-1428-4(7))*; pap. *(978-1-5289-1427-7(9))* Austin Macauley Pubs. Ltd.

Adventures of Hamel the Camel & Gumpus the Goopher. Kristen T. Wright. 2022. (ENG.). 20p. (J). pap. 12.99 *(978-0-9704455-0-6(4))* Wright, R. Inc.

Adventures of Hamish: Hamish Goes West. Lisa Hastings. 2022. (ENG.). 30p. (J). 23.95 *(978-1-63985-939-9(X))*; pap. 14.95 *(978-1-63985-935-1(7))* Fulton Bks.

Adventures of Harbour & His Sister, Miss Kitty. Donna Lynn. 2017. (ENG., Illus.). (J). 21.95 *(978-1-63575-399-8(6))* Christian Faith Publishing.

Adventures of Harmon. Brandie Wagner. 2019. (ENG.). 38p. (J). pap. 14.95 *(978-1-64515-848-6(9))* Christian Faith Publishing.

Adventures of Harold from the Hood: A Trip to the Park. Jim Price. Illus. by Sheree Carradine. 2022. (ENG.). 28p. (J). 32.00 *(978-1-0880-4087-4(X))* Indy Pub.

Adventures of Harold from the Hood: Friends Like Different Things. Jim Price. Illus. by Sheree Carradine. 2023. (Friends Like Different Things Ser.: Vol. 2). (ENG.). 34p. (J). 33.05 *(978-1-0881-2084-2(9))* Indy Pub.

Adventures of Harold from the Hood: Fun Time Lunch Time. Jim Price. Illus. by Sheree Carradine. 2023. (Fun Time Lunch Time Ser.: Vol. 3). (ENG.). 36p. (J). 32.00 *(978-1-0881-2048-4(2))* Indy Pub.

Adventures of... Harold the Hamster. Walter Allan. 2022. (ENG.). 28p. (J). pap. 16.99 *(978-1-0880-8089-4(8))* Indy Pub.

Adventures of Harry Franco, Vol. 1 Of 2: A Tale of the Great Panic (Classic Reprint) Charles F. Briggs. (ENG., Illus.). (J). 2018. 278p. 29.65 *(978-0-483-50434-9(0))*; 2016. pap. 13.57 *(978-1-333-67669-8(7))* Forgotten Bks.

Adventures of Harry Richmond (Classic Reprint) George Meredith. 2017. (ENG., Illus.). 556p. (J). 35.36 *(978-0-332-38295-1(8))* Forgotten Bks.

Adventures of Harry Richmond, Vol. 1 (Classic Reprint) George Meredith. (ENG., Illus.). (J). 2018. 358p. 31.28 *(978-0-428-36422-9(5))*; 2016. pap. 13.97 *(978-1-333-66808-2(2))* Forgotten Bks.

Adventures of Harry Richmond, Vol. 2 (Classic Reprint) George Meredith. 2017. (ENG., Illus.). (J). 32.02 *(978-1-5283-7436-1(3))* Forgotten Bks.

Adventures of Harry Richmond, Vol. 3 of 3 (Classic Reprint) George Meredith. (ENG., Illus.). (J). 2018. 312p. 30.35 *(978-0-483-11621-4(1))*; 2016. pap. 13.57 *(978-1-334-35622-3(X))* Forgotten Bks.

Adventures of Harry Rochester: A Tale of the Days of Marlborough & Eugene (Classic Reprint) Herbert Strang. (ENG., Illus.). (J). 2018. 460p. 33.38 *(978-0-483-71702-2(9))*; 2016. pap. 16.57 *(978-1-333-69925-3(5))* Forgotten Bks.

Adventures of Harry the Inside-Outside Cat. Margaret Segal. l.t. ed. 2022. (ENG.). 24p. (J). pap. 7.35 *(978-1-954368-34-7(8))* Diamond Media Pr.

Adventures of Harry the Inside-Outside Cat. Margaret Segal. 2017. (ENG., Illus.). (J). pap. 12.99 *(978-0-9983183-3-2(7))* Mindstir Media.

Adventures of Harun Al-Rashid, Caliph of Baghdad. Harpendore & Kelley Townley. Illus. by Anja Gram. 2018. (ENG.). 174p. (J). pap. *(978-1-911030-09-6(4))* Harpendore.

Adventures of Hatim Tai: A Romance (Classic Reprint) Hâtim Tai. 2017. (ENG., Illus.). (J). 29.30 *(978-0-265-20848-9(3))* Forgotten Bks.

Adventures of Hazar the Golden Canary. Mare Wisma. Illus. by Stephanie Wan. 2020. (ENG.). 32p. (J). pap. 14.50 *(978-1-7324576-4-5(6))* Abdullah, Mary.

Adventures of Hazel the Magic Elephant. Sarah-Jean Boulter. 2018. (ENG., Illus.). 54p. (J). pap. *(978-0-244-38521-7(1))* Lulu Pr., Inc.

Adventures of Head Trauma Hero. Patti Foster. Ed. by Molly de & Molly Detweiler. 2021. (ENG.). 54p. (J). 28.99 *(978-1-64645-380-1(8))* Redemption Pr.

Adventures of Heather. B. J. Jacobs. 2019. (ENG.). 60p. (J). pap. 16.95 *(978-1-64258-099-0(6))* Christian Faith Publishing.

Adventures of Henrietta: Hello, Henrietta! Ayesha Benson. 2020. (ENG.). 20p. (J). *(978-1-5289-2262-3(X))*; pap. *(978-1-5289-2261-6(1))* Austin Macauley Pubs. Ltd.

Adventures of Henry & Eulalie. Mushin Knott. 2023. (ENG.). 272p. (YA). pap. 17.95 *(978-1-68235-711-8(2),* Strategic Bk. Publishing) Strategic Book Publishing & Rights Agency (SBPRA).

Adventures of Henry Farm Animals. Byra Richardson. Ed. by Anelda L. Attaway. Illus. by Leroy Grayson. 2022. (ENG.). 40p. (J). 19.99 *(978-1-954425-42-2(2))* Jazzy Kitty Pubns.

Adventures of Henry the Squirrel: In Search of the Golden Heart. Eric S. Roth. 2016. (ENG., Illus.). (J). 28.95 *(978-1-4808-3832-1(2))*; pap. 23.95 *(978-1-4808-3831-4(4))* Archway Publishing.

Adventures of Henry We're Heading to Space. Byra Richardson. 2021. (ENG.). 32p. (J). pap. 19.99 *(978-1-954425-27-9(9))* Jazzy Kitty Pubns.

Adventures of Henry Whiskers. Gigi Priebe. Illus. by Daniel Duncan. 2017. (Adventures of Henry Whiskers Ser.: 1). (ENG.). 160p. (J). (gr. 2-5). pap. 5.99 *(978-1-4814-6574-8(0),* Simon & Schuster/Paula Wiseman Bks.) Simon & Schuster/Paula Wiseman Bks.

Adventures of Her Serene Limpness, the Moon-Faced Princess, Dulcet & Debonaire (Classic Reprint) Frederica St. John Orlebar. 2017. (ENG., Illus.). (J). pap. 9.57 *(978-0-259-52382-6(8))* Forgotten Bks.

Adventures of Herb the Wild Turkey - Herb the Turkey Goes Skiing. Kristy Cameron. Illus. by Jan Shickle. 2019. (Herb the Turkey Ser.: Vol. 3). (ENG.). 32p. (J). (gr. k-5). pap. 12.00 *(978-0-9859790-8-9(9))* LP Publishing.

Adventures of Herr Baby (Classic Reprint) Molesworth. 2018. (ENG., Illus.). 214p. (J). 28.39 *(978-0-332-83352-1(6))* Forgotten Bks.

Adventures of Hershel of Ostropol. Eric A. Kimmel. Illus. by Trina Schart Hyman. 2019. (ENG.). 64p. (J). (gr. 3-7). pap. 8.99 *(978-0-8234-4244-7(6))* Holiday Hse., Inc.

Adventures of Hilary Hickenbottham. Karen Haining. Ed. by Alison Carson. Illus. by Rowin Agarao. 2017. (Hilary Hickenbottham Ser.: Vol. 1). (ENG.). 256p. (J). (gr. 3-6). pap. *(978-1-9998736-0-8(2))* Haining.

Adventures of Hobart & Gibson. Rita Klopfenstein & Abby Klopfenstein. 2020. (ENG., Illus.). 36p. (J). pap. 14.95 *(978-1-64531-116-4(3))* Newman Springs Publishing, Inc.

Adventures of Holly Brown: Holly Goes Shopping. Jason Dodds. 2018. (ENG., Illus.). 28p. (J). *(978-1-78823-767-3(6))*; pap. *(978-1-78823-766-6(8))* Austin Macauley Pubs. Ltd.

Adventures of Homer the Roamer. Tom Mach. Illus. by Annilize Martin. 2017. (ENG.). (J). pap. 10.95 *(978-0-692-82104-6(X))* Hill Song Pr.

Adventures of Homeschooling with Sparkle & Glitter. Jeanette Corprew-Cox. 2021. (ENG.). 44p. (J). 18.00 *(978-1-63790-500-5(9))*; pap. 14.00 *(978-1-63790-480-0(0))* BookPatch LLC, The.

Adventures of Hooey & Friends. Iris Allyn Klipp. 2019. (ENG.). 26p. (J). 22.95 *(978-1-68456-413-2(1))*; pap. 12.95 *(978-1-68456-411-8(5))* Page Publishing Inc.

Adventures of Hope & Grace: Making Friends at School. Nicole Kissell. Illus. by Tanya Eddy. 2021. (ENG.). 32p. (J). 17.99 *(978-0-578-89176-7(X))* Kissell, Nicole.

Adventures of Hope & Hunter. Kim Balog & Rachel Haggett. 2021. (ENG.). 36p. (J). *(978-0-2288-5793-8(7))*; pap. *(978-0-2288-5795-2(3))* Tellwell Talent.

24

The check digit for ISBN-10 appears in parentheses after the full ISBN-13

Adventures of Horatio Mowzl: Little Humans. Paul Thornycroft. 2018. (ENG., Illus.). 238p. (J). pap. *(978-1-912092-89-5(1))* Arkbound.

Adventures of Hot Diggity Dog. Don Richardson. 2022. (ENG., Illus.). 26p. (J). pap. 13.95 *(978-1-64801-411-6(9))* Newman Springs Publishing, Inc.

Adventures of Huckleberry Finn. Twain. 2016. (ENG., Illus.). (J). *(978-1-78139-723-7(6))*; pap. *(978-1-78139-722-0(8))* Benediction Classics.

Adventures of Huckleberry Finn. Mark Twain, pseud. 2017. (ENG., Illus.). (J). (gr. 3-7). 28.95 *(978-1-375-00591-3(X))* Capital Communications, Inc.

Adventures of Huckleberry Finn. Mark Twain, pseud. Ed. by Sheba Blake. 2020. (ENG.). 298p. (YA). (gr. 3-7). pap. 14.99 *(978-1-222-29328-9(5))* Indy Pub.

Adventures of Huckleberry Finn. Mark Twain, pseud. 2017. (ENG., Illus.). (J). (gr. 3-7). pap. 5.35 *(978-1-68422-110-3(2))* Martino Fine Bks.

Adventures of Huckleberry Finn. Mark Twain, pseud. 2018. (ENG., Illus.). 258p. (J). (gr. 3-7). 24.99 *(978-1-5154-2250-1(X))* Wilder Pubns., Corp.

Adventures of Huckleberry Finn. Mark Twain, pseud. 2019. (ENG.). 258p. (J). 16.95 *(978-1-64594-014-2(4))* Athanatos Publishing Group.

Adventures of Huckleberry Finn. Mark Twain, pseud. 2017. (ENG., Illus.). (J). (gr. 3-7). 208p. *(978-1-78139-893-7(3))*; 212p. pap. *(978-1-78139-892-0(5))* Benediction Classics.

Adventures of Huckleberry Finn. Mark Twain, pseud. 2020. (ENG.). 234p. (J). (gr. 3-7). pap. *(978-1-77426-025-8(5))* East India Publishing Co.

Adventures of Huckleberry Finn. Mark Twain, pseud & Expressions Classic Books. 2022. (ENG.). 294p. (J). (gr. 3-7). ***(978-1-387-69882-0(6))*** Lulu Pr., Inc.

Adventures of Huckleberry Finn. Mark Twain, pseud & Expressions Classic Books. 2022. (ENG.). 294p. (J). (gr. 3-7). pap. ***(978-1-716-05007-7(3))*** Lulu Pr., Inc.

Adventures of Huckleberry Finn. Douglas Wilson. 2016. (J). pap. *(978-1-944503-41-3(2))* Canon Pr.

Adventures of Huckleberry Finn (100 Copy Collector's Edition) Mark Twain, pseud. 2019. (ENG., Illus.). 314p. (YA). (gr. 7-12). *(978-1-77226-888-1(7))* AD Classic.

Adventures of Huckleberry Finn (100 Copy Limited Edition) Mark Twain, pseud. (ENG., Illus.). 314p. (YA). (gr. 7-12). 2019. *(978-1-77226-744-0(9))*; 2018. *(978-1-77226-573-6(X))* Engage Bks. (SF Classic).

Adventures of Huckleberry Finn (Illustrated) American Classics Series. Mark Twain, pseud. 2019. (ENG.). 248p. (YA). pap. *(978-80-273-3168-0(4))* E-Artnow.

Adventures of Huckleberry Finn Novel Units Student Packet. Novel Units. 2019. (ENG.). (YA). pap. 13.99 *(978-1-56137-308-6(7)*, Novel Units, Inc.) Classroom Library Co.

Adventures of Huckleberry Finn Novel Units Teacher Guide. Novel Units. 2019. (ENG.). (YA). (gr. 4-12). pap. 12.99 *(978-1-56137-182-2(3)*, BK8009, Novel Units, Inc.) Classroom Library Co.

Adventures of Huckleberry Finn (Royal Collector's Edition) (Illustrated) (Case Laminate Hardcover with Jacket) Mark Twain, pseud. 2021. (ENG., Illus.). 314p. (YA). *(978-1-77476-143-4(2))* AD Classic.

Adventures of Huckleberry Finn (Tom Sawyer's Comrade) [Complete & Unabridged. 174 Original Illustrations.]. Mark Twain, pseud. Illus. by E. W. Kemble. 2020. (ENG.). 340p. (J). pap. *(978-1-78943-113-1(1))* Benediction Classics.

Adventures of Huckleberry Finn (Tom Sawyer's Comrade) [Complete & Unabridged. 174 Original Illustrations.]. Mark Twain, pseud & E. W. Kemble. 2020. (ENG., Illus.). 340p. (J). *(978-1-78943-114-8(X))* Benediction Classics.

Adventures of Huckleberry Finn+cd. Collective. 2017. (Green Apple Ser.). (ENG.). 80p. (YA). pap. 24.95 *(978-88-530-1547-1(0)*, Black Cat) Grove/Atlantic, Inc.

Adventures of Humfrey the Hummingbird: Friendship Is Its Own Reward! Betty Holland. 2022. (ENG.). 38p. (J). 18.95 *(978-1-64307-161-9(0))* Amplify Publishing Group.

Adventures of Humphrey the Guinea Pig: Humphrey Meets Father Christmas! Christopher Weedon. Illus. by Sandra Weedon. 2019. (Adventures of Humphrey the Guinea Pig Ser.: Vol. 1). (ENG.). 34p. (J). pap. *(978-1-78623-646-3(X))* Grosvenor Hse. Publishing Ltd.

Adventures of Humphrey the Guinea Pig: Humphrey's Night Out. Christopher Weedon. Illus. by Sandra Weedon. 2019. (Adventures of Humphrey the Guinea Pig Ser.: Vol. 1). (ENG.). 28p. (J). pap. *(978-1-78623-634-0(6))* Grosvenor Hse. Publishing Ltd.

Adventures of Husk. Nicholas Buell. 2021. (ENG.). 24p. (J). pap. 9.99 *(978-1-952330-45-2(9))* Csb Innovations.

Adventures of Ibrahim in Space. Nilufar Kasimova. Illus. by Axsa Yousaf. l.t. ed. 2021. (ENG.). 32p. (J). 24.99 ***(978-1-63848-963-4(7))*** Primedia eLaunch LLC.

Adventures of Ila Bean. Ericka Énoa and Ari Gibson & Ila Gibson. Illus. by Alby Joseph. 2020. (I Am Ila Bean Ser.: Vol. 3). (ENG.). 26p. (J). pap. 16.99 ***(978-1-0878-6231-6(0))*** Indy Pub.

Adventures of Ila Bean. Ila Gibson & Ericka Énoa and Ari Gibson. Illus. by Alby Joseph. 2020. (I Am Ila Bean Ser.: Vol. 3). (ENG.). 28p. (J). 21.99 ***(978-1-0878-6249-1(3))*** Indy Pub.

Adventures of Impy Mouse Locky. Nancy H. Worby. Illus. by Brooklyn Rota. 2020. (ENG.). 38p. (J). *(978-0-6488971-4-9(1))* AviBk.

Adventures of Imshi: A Two-Seater in Search of the Sun (Classic Reprint) John Prioleau. 2017. (ENG., Illus.). (J). 32.31 *(978-0-331-35081-4(5))* Forgotten Bks.

Adventures of Inner-City Kitty: Kitty Is Adopted. Jill Kramer. Illus. by Lauren Ackerman. 2022. (ENG.). 34p. (J). pap. 12.95 ***(978-1-957807-87-4(3))*** Waterside Pr.

Adventures of Isaac & Isaiah: The Great Big Countdown. Hope Chisholm. 2020. (ENG.). 38p. (J). pap. 21.99 *(978-1-7948-6151-0(3))* Lulu Pr., Inc.

Adventures of Itty Bitty Bunny & the Coyotes. Roger A. Sedjo. 2021. (ENG., Illus.). 30p. (J). 23.95 *(978-1-63985-377-9(4))*; pap. 13.95 *(978-1-63710-723-2(4))* Fulton Bks.

Adventures of Jack & Milo. Jennie Dial. Illus. by Kathrine Gutkovskiy. 2022. (ENG.). 44p. (J). 25.99 ***(978-0-578-27089-0(7))*** BizyBks.

Adventures of Jack & Milo - How Jack Met Milo. Jennie Dial. Illus. by Kathrine Gutkovskiy. 2022. (ENG.). 44p. (J). 25.99 ***(978-0-578-27059-3(5))*** BizyBks.

Adventures of Jack Attack. Melanie Eastwood. 2022. (ENG.). 28p. (J). pap. ***(978-1-80369-539-6(0))*** Authors OnLine, Ltd.

Adventures of Jack Rascal. Priscilla Bingham. Illus. by Samuel Frullo. 2018. (ENG.). 34p. (J). (gr. k-2). 16.99 *(978-1-78955-184-6(6))*; pap. 10.99 *(978-1-78719-786-2(7))* New Generation Publishing GBR. Dist: Independent Pubs. Group.

Adventures of Jack Scratch: The Quest for the Hiss-Paniola. Craig Phillips. Illus. by Craig Phillips. 2018. (Adventures of Jack Scratch Ser.: Vol. 1). (ENG., Illus.). 56p. (J). (gr. k-6). 22.00 *(978-0-473-43079-5(7))*; pap. 14.45 *(978-0-473-43001-6(0))* MCA Denver.

Adventures of Jack Scratch - the Curse of the Kraken. Craig Phillips. Illus. by Craig Phillips. 2019. (Adventures of Jack Scratch Ser.: Vol. 2). (ENG., Illus.). 68p. (J). ***(978-0-473-47511-6(1))*** Wildling Books Ltd.

Adventures of Jack the Ant. M. J. Zitnansky. 2022. (ENG.). 44p. (J). pap. 16.99 ***(978-1-0880-5046-0(8))*** Indy Pub.

Adventures of Jackie. Lee Albright. Illus. by Laura Salafia. 2021. 40p. (J). 29.99 *(978-1-68524-109-4(3))* BookBaby.

Adventures of Jaden Kincaid & the Missouri Five. Daniel W. Carter. 2019. (ENG.). 169p. (J). (gr. 5). pap. 15.99 *(978-1-0973-3017-1(6)*, 253992, Burkhart Bks.) Burkhart Bks.

Adventures of James Capen Adams, Mountaineer Adams Grizzly Bear Hunter of California (Classic Reprint) Theodore H. Hittell. 2017. (ENG., Illus.). (J). 32.41 *(978-1-5280-6107-0(1))* Forgotten Bks.

Adventures of Jamie, Lord of Ledbury: The Fork in the Road. Jay Kerr. Illus. by Jay Kerr. 2018. (ENG., Illus.). 40p. (J). pap. *(978-1-7752191-0-1(0))* Korm Bks.

Adventures of Jane Sawyer. Mark Twain, pseud & William Bott. (ENG.). 276p. (J). (gr. 4-6). 2020. pap. 10.95 *(978-1-64538-116-7(1))*; 2019. 23.00 *(978-1-64538-091-7(2))* Orange Hat Publishing.

Adventures of Jasper Drew Cat. Shannon Rouchelle. 2018. (ENG., Illus.). 50p. (J). pap. *(978-0-359-00821-6(6))* Lulu Pr., Inc.

Adventures of Jax & Riley: Jax & Riley Meet Their New Brother. K. L. Taylor. 2017. (ENG., Illus.). 26p. (J). pap. 9.99 *(978-0-692-95819-3(3))* TG8 LLC.

Adventures of Jax the Squirrel. Mark Flores. 2016. (ENG., Illus.). (J). pap. 12.95 *(978-1-63525-916-2(9))* Christian Faith Publishing.

Adventures of Jayden & Poppy: Fishing. Desiree Craig. Illus. by Jacob Lawrence. 2021. (ENG.). 48p. (J). pap. 12.99 *(978-1-63984-110-3(5))* Pen It Pubns.

Adventures of Jayden & Poppy: The Cave: Book 2. Desiree Craig. Illus. by Jacob Lawrence. 2022. (Adventures of Jayden & Poppy Ser.: Vol. 2). (ENG.). 34p. (J). pap. 12.99 *(978-1-63984-195-0(4))* Pen It Pubns.

Adventures of Jazzi G: Search for the Missing Peace. Gayle Johnston. 2016. (Adventures of Jazzi G Ser.: 1). (ENG., Illus.). 202p. (J). 32.95 *(978-1-63047-841-4(5))*; pap. 14.95 *(978-1-63047-840-7(7))* Morgan James Publishing.

Adventures of Jedediah the Mule: Book One. Alita Buzel. 2023. (ENG.). 104p. (J). pap. 9.99 ***(978-1-0880-9041-1(9))*** Indy Pub.

Adventures of Jeff & Reed: A Four-Story Anthology. Jen S. Kennedy & Falk Wendy. Illus. by Stephanie Hider. 2023. (ENG.). 31p. (J). (gr. 5-7). pap. 14.95 Boys Town Pr.

Adventures of Jelly, Bean, & Sophia. Em Toth. 2018. (ENG.). 38p. (J). 14.95 *(978-1-64307-138-1(6))* Amplify Publishing Group.

Adventures of Jelly Bean Slide. Kevin Miller. 2018. (ENG., Illus.). 54p. (J). 25.95 *(978-1-64350-503-9(3))*; pap. 15.95 *(978-1-64298-310-4(1))* Page Publishing Inc.

Adventures of Jenny & Philip: The Naughtiest Girl in the World. Dawn Maria France. 2017. (ENG., Illus.). iii, 22p. (J). pap. *(978-1-78623-861-0(6))* Grosvenor Hse. Publishing Ltd.

Adventures of Jenny & Philip: We All Need Friends. Dawn Maria France. Illus. by Jacqueline Tee. 2018. (ENG.). 26p. (J). pap. *(978-1-78623-372-1(X))* Grosvenor Hse. Publishing Ltd.

Adventures of Jeremiah the Squirrel! Alissa Bailey. 2020. (ENG.). 44p. (J). pap. 10.49 *(978-1-63050-149-5(2))* Salem Author Services.

Adventures of Jerry Muskrat (Classic Reprint) Thornton W. Burgess. 2018. (ENG., Illus.). 144p. (J). 26.87 *(978-0-267-46254-4(9))* Forgotten Bks.

Adventures of Jessica Jones & Sox & Grandpa. Russell Irving. 2021. (ENG.). 44p. (J). *(978-0-2288-4704-5(4))*; pap. *(978-0-2288-4703-8(6))* Tellwell Talent.

Adventures of Jill, Jake, & Stimlin: Jake Goes to School. David J. Lubinger. Illus. by Adam Slivka. 2022. (Adventures of Jill, Jake, & Stimlin Ser.: Vol. 2). (ENG.). 34p. (J). 17.99 ***(978-1-7368466-2-9(0))*** J. David Lubinger.

Adventures of Jill, Jake, & Stimlin: Jill Gets a Brother. J. David Lubinger. Illus. by Adam Slivka. 2021. (Adventures of Jill, Jake, & Stimlin Ser.: Vol. 1). (ENG.). 34p. (J). 17.99 *(978-1-7368466-0-5(4))* J. David Lubinger.

Adventures of Jimmy: Saving Gloria. Marie Castine. 2021. (ENG.). 36p. (J). pap. *(978-1-716-23019-6(5))* Lulu Pr., Inc.

Adventures of Jimmy & His Red Jacket: Part 1. Julie Dart. 2019. (ENG.). 174p. (J). (gr. 3-6). 19.99 ***(978-0-578-56167-7(0))*** Dart Publishing.

Adventures of Jimmy Brown (Classic Reprint) Jimmy Brown. 2017. (ENG., Illus.). (J). 28.93 *(978-0-260-20726-5(8))* Forgotten Bks.

Adventures of Jimmy Skunk (Classic Reprint) Thornton W. Burgess. 2017. (ENG., Illus.). (J). 26.87 *(978-0-266-54201-8(8))* Forgotten Bks.

Adventures of Jimmy the Giraffe, Sydney the Shark & Gia the Grizzly Bear. Amin Arikat. Illus. by Maria Khe. 2020. (ENG.). 64p. (J). *(978-1-5255-6108-5(1))*; pap. *(978-1-5255-6109-2(X))* FriesenPress.

Adventures of Jimmy the Little Blue Frog. William Smith. 2018. (ENG., Illus.). 38p. (J). 17.95 *(978-1-64424-123-3(4))*; pap. 9.99 *(978-1-64214-265-5(4))* Page Publishing Inc.

Adventures of Joel Pepper. Margaret Sidney. 2018. (ENG., Illus.). 254p. (YA). (gr. 7-12). pap. *(978-93-5297-367-5(4))* Alpha Editions.

Adventures of Joel Pepper. Margaret Sidney. 2021. (ENG.). 448p. (YA). (gr. 7-12). pap. 25.99 *(978-1-716-17495-7(3))* Lulu Pr., Inc.

Adventures of Joel Pepper (Classic Reprint) Margaret Sidney. 2018. (ENG., Illus.). 470p. (J). 33.59 *(978-0-484-51470-5(9))* Forgotten Bks.

Adventures of Joey, the Dog Who Barks at Puddles. Patti Holmgren. Illus. by Ron Croghan. 2017. (ENG.). (J). 21.95 *(978-1-63525-207-1(5))*; pap. 12.95 *(978-1-63575-482-7(8))* Christian Faith Publishing.

Adventures of John Blake: Mystery of the Ghost Ship. Philip Pullman. Illus. by Fred Fordham. ed. 2017. lib. bdg. 33.05 *(978-0-606-40195-1(4))* Turtleback.

Adventures of John Johns (Classic Reprint) Frederic Carrel. 2018. (ENG., Illus.). 314p. (J). 30.37 *(978-0-267-43803-7(6))* Forgotten Bks.

Adventures of John of Gaunt, Duke of Lancaster (Classic Reprint) James White. 2017. (ENG., Illus.). (J). 29.49 *(978-0-331-73144-6(4))*; pap. 11.97 *(978-0-259-19105-6(1))* Forgotten Bks.

Adventures of John of Gaunt, Duke of Lancaster, Vol. 2 (Classic Reprint) James White. 2017. (ENG., Illus.). (J). 29.32 *(978-0-331-70810-3(8))*; pap. 11.97 *(978-0-259-26518-4(7))* Forgotten Bks.

Adventures of John of Gaunt, Duke of Lancaster, Vol. 3 (Classic Reprint) James White. 2017. (ENG., Illus.). (J). 29.24 *(978-0-331-58993-1(1))*; pap. 11.97 *(978-0-259-19078-3(0))* Forgotten Bks.

Adventures of John of Gaunt, Duke of Lancaster. Vol. II. James White. 2017. (ENG., Illus.). (J). pap. *(978-0-649-03850-3(9))* Trieste Publishing Pty Ltd.

Adventures of John of Gaunt, Duke of Lancaster. Vol. III. James White. 2017. (ENG., Illus.). (J). pap. *(978-0-649-03849-7(5))* Trieste Publishing Pty Ltd.

Adventures of Johnny Butterflyseed. Tarisa Parrish. 2021. (ENG.). 32p. (J). 16.99 *(978-1-64293-843-2(2))* Post Hill Pr.

Adventures of Johnny Newcome in the Army (Classic Reprint) Unknown Author. 2017. (ENG., Illus.). (J). 360p. 31.32 *(978-0-332-39689-7(4))*; pap. 13.97 *(978-0-259-53039-8(5))* Forgotten Bks.

Adventures of Johnny Newcome in the Navy: A Poem, in Four Cantos (Classic Reprint) Alfred Burton. 2017. (ENG., Illus.). 298p. (J). 30.04 *(978-0-332-97675-4(0))* Forgotten Bks.

Adventures of Jolie & Her Best Friends Hamilton & Bacorama: A Lesson for Freddie. Rhoda Starzyk & Jolie Robinson. 2020. (ENG.). 52p. (J). pap. 15.95 *(978-1-64628-900-4(5))* Page Publishing Inc.

Adventures of Jolie & Her Best Friends Hamilton & Bacorama: Being the Best That You Can Be. Rhoda Starzyk & Jolie Robinson. 2020. (ENG., Illus.). 46p. (J). pap. 15.95 *(978-1-6624-0024-7(1))* Page Publishing Inc.

Adventures of Jolie & Her Best Friends Hamilton & Bacorama: Learning to Share. Rhoda Starzyk & Jolie Robinson. 2021. (ENG., Illus.). 34p. (J). pap. 14.95 *(978-1-6624-2784-8(0))* Page Publishing Inc.

Adventures of Jolie & Her Best Friends Hamilton & Bacorama: Making New Friends. Rhoda Starzyk & Jolie Robinson. 2022. (ENG., Illus.). 48p. (J). pap. 16.95 *(978-1-6624-4838-6(4))* Page Publishing Inc.

Adventures of Jones (Classic Reprint) Hayden Carruth. 2018. (ENG., Illus.). 174p. (J). 27.49 *(978-0-267-12627-9(1))* Forgotten Bks.

Adventures of Joseph Andrews & His Friend Mr. Abraham Adams, Vol. 2 of 2 (Classic Reprint) Henry Fielding. 2017. (ENG., Illus.). (J). 30.35 *(978-1-5281-8284-3(7))* Forgotten Bks.

Adventures of Joseph, Prince of Geelu. Fredrik Gabriel. 2019. (ENG.). 54p. (J). pap. 19.97 *(978-1-4834-9722-8(4))* Lulu Pr., Inc.

Adventures of Joshua: Spencer Spine & the Back Attack. Tiffany T. Butler. Illus. by Toby Mikle. 2018. (Adventures of Joshua Ser.). (ENG.). 32p. (J). (gr. 3-5). 21.99 *(978-1-7322956-9-8(7))* Testimony Pubs., LLC.

Adventures of Joujou (Classic Reprint) Edith Macvane. 2018. (ENG., Illus.). 330p. (J). 30.70 *(978-0-267-30134-8(0))* Forgotten Bks.

Adventures of Joy Girl: Joy Girl Loses a Pet. Patricia Hunter. 2022. (ENG.). 42p. (J). 20.00 *(978-1-953526-31-1(4))* TaylorMade Publishing, LLC.

Adventures of Joy Girl: Village Super Shero. Patricia Y. Hunter. 2021. (ENG.). 20p. (J). 18.00 *(978-1-953526-14-4(4))*; pap. 8.00 *(978-1-953526-16-8(0))* TaylorMade Publishing, LLC.

Adventures of Judy, Rosie & the Magic Coat. Paula Chilton. 2022. (ENG.). 30p. (J). ***(978-1-80227-390-8(5))*** Publishing Push Ltd.

Adventures of Jungle Bird: Every Day Is Earth Day: Preserving Our Planet, Past & Present. Andrew Dudley & Kirsten Dudley. 2023. (ENG.). 38p. (J). 18.95 ***(978-1-63755-131-8(2)***, Mascot Kids) Amplify Publishing Group.

Adventures of Kaden: The Last Dinosaur Hunter. Tom Ready. 2023. (ENG.). 44p. (YA). ***(978-0-2288-9417-9(4))***; pap. ***(978-0-2288-9416-2(6))*** Tellwell Talent.

Adventures of Kai & the Daddyman. Michelle Person. 2018. (ENG., Illus.). 26p. (J). pap. 12.00 *(978-1-387-65794-0(1))* Lulu Pr., Inc.

Adventures of Kai & the Magical Machines. Verlena L. Johnson. Ed. by Robi Kilrain. Illus. by Verlena L. Johnson. 2018. (ENG.). 36p. (J). pap. 11.95 *(978-0-578-41470-6(8))* Johnson, Verlena.

Adventures of Kamoula, the Lovely Arabian: Or, a Vindication of the Ways of Providence, Exemplified in the Triumph of Virtue & Innocence over Corruption, Perjury, & Malice (Classic Reprint) Unknown Author. 2018. (ENG., Illus.). 166p. (J). 27.32 *(978-0-483-55021-6(3))* Forgotten Bks.

Adventures of Karen & Bunny-Bunny. Maria Williams. 2020. (ENG.). 62p. (J). pap. 15.99 *(978-1-64801-478-9(X))* Newman Springs Publishing, Inc.

Adventures of Kat & Maddie. Lisa Fletcher. Ed. by Linda Felker. Illus. by Anna McCullough. 2023. (ENG.). 30p. (J). pap. 14.95 ***(978-1-63066-568-5(1))*** Indigo Sea Pr., LLC.

Adventures of Kat the Catfish. Sabrina Allison. 2022. (ENG., Illus.). 36p. (J). pap. 14.95 *(978-1-6624-4746-4(9))* Page Publishing Inc.

Adventures of Kathlyn (Classic Reprint) Harold Macgrath. 2017. (ENG., Illus.). (J). 32.17 *(978-1-5279-8980-1(1))*; pap. 16.57 *(978-1-5279-8976-4(3))* Forgotten Bks.

Adventures of Katie & George: Katie & the Dodos. J. E. Steeves. 2016. (Adventures of Katie & George Ser.: Vol. 1). (ENG., Illus.). (J). (gr. 1-3). pap. *(978-0-9950610-0-2(9))* Katie's Publishing.

Adventures of Katy Duck. Alyssa Satin Capucilli. Illus. by Henry Cole. 2016. (J). *(978-1-4814-8110-6(X)*, Simon Spotlight) Simon Spotlight.

Adventures of Kermit the Newf: Kermit Gets a Puppy. Molly Tischler. 2019. (ENG.). 38p. (J). 16.95 *(978-1-64307-301-9(X))* Amplify Publishing Group.

Adventures of Keya. H'Upahu Duta. Illus. by H'Upahu Duta & Zitkada Zi Win. 2020. (ENG.). 70p. (J). *(978-0-2288-2167-0(3))*; pap. *(978-0-2288-2166-3(5))* Tellwell Talent.

Adventures of Khoi Khoi. Lyudmyla Hilbran. 2020. (ENG., Illus.). 130p. (J). (gr. 2-6). pap. 14.95 *(978-1-7339837-9-2(1))* Barringer Publishing.

Adventures of King Rollo. David McKee. 2016. (ENG., Illus.). 128p. (J). (-k). 19.99 *(978-1-78344-468-7(1))* Andersen Pr. GBR. Dist: Independent Pubs. Group.

Adventures of Kingston: The Pitbull Who Found His Strength in God. Blake Lee. Illus. by Sarah Marsh. 2017. (ENG.). (J). pap. 12.95 *(978-1-64114-792-7(X))* Christian Faith Publishing.

Adventures of Kip. Shelley Shultz. 2022. (ENG.). 34p. (J). pap. *(978-0-2288-7572-7(2))* Tellwell Talent.

Adventures of Kip. Shelley Shultz. Illus. by Drew Banschback. 2022. (ENG.). 34p. (J). *(978-0-2288-7573-4(0))* Tellwell Talent.

Adventures of Kippy Schofield & the Fantastical Cat. Mary Barr. 2017. (ENG., Illus.). 164p. (J). 26.95 *(978-1-78612-335-0(5)*, c3fcfd2f-e911-4994-b128-19f246b8b07a) Austin Macauley Pubs. Ltd. GBR. Dist: Baker & Taylor Publisher Services (BTPS).

Adventures of Kiro & Friends: The Hike. Dennis (Pix) Nix. 2021. (ENG., Illus.). 30p. (J). pap. 14.95 *(978-1-6624-1406-0(4))* Page Publishing Inc.

Adventures of Kitty Cobb (Classic Reprint) James Montgomery Flagg. (ENG., Illus.). (J). 2018. 76p. 25.48 *(978-0-267-14135-7(1))*; 2017. pap. 9.57 *(978-0-259-98241-8(5))* Forgotten Bks.

Adventures of Kodie & Bella. Sylvie Bordzuk. Illus. by Alex Crump. 2021. (ENG.). 42p. (J). 18.99 *(978-1-63777-165-5(7))*; pap. 12.95 *(978-1-63777-164-8(9))* Red Penguin Bks.

Adventures of Koki & Chochi: The Blue Ball. Nefi Reyes. Illus. by Paola Acosta. 2021. (ENG.). 40p. (J). pap. *(978-1-008-93936-3(6))* Lulu Pr., Inc.

Adventures of Kona the Pet Therapy Dog. Johnathan King. 2020. (ENG.). 30p. (J). *(978-0-2288-3104-4(0))*; pap. *(978-0-2288-3103-7(2))* Tellwell Talent.

Adventures of Kookaburra Kitty (and Her Animal Friends) Silver Phoenix. 2022. (ENG.). 68p. (J). pap. ***(978-1-3984-4853-7(2))*** Austin Macauley Pubs. Ltd.

Adventures of Kooky the Goat. Maria Taylor. 2018. (ENG.). 32p. (J). pap. *(978-0-359-28999-8(1))* Lulu Pr., Inc.

Adventures of Koozy George & Rabbit Sebastian. Darren Galindo. 2016. (ENG., Illus.). 32p. (J). pap. 4.50 *(978-1-365-50263-7(5))* Lulu Pr., Inc.

Adventures of Lai-Lai & Chub-Chub: A New Baby Comes Home. Aaron Chokan. Illus. by Amy Rottinger. 2023. (ENG.). 24p. (J). 25.00 ***(978-1-63765-319-7(0))*** Halo Publishing International.

Adventures of Laila & Ahmed in Syria. Nushin Alloo. Illus. by Shadia Kassem. 2nd ed. 2019. (1 Ser.: Vol. 1). (ENG.). 62p. (J). pap. 20.00 *(978-0-578-46226-4(5))* Beauty Beneath the Rubble.

Adventures of Landon & Lucy. Colleen Anne Fauser. Illus. by Ken Thornburn. 2020. (ENG.). 64p. (J). *(978-1-5255-6946-3(5))*; pap. *(978-1-5255-6947-0(3))* FriesenPress.

Adventures of Largo & Jack. Joanne Randall. Illus. by Jason D. McIntosh. 2021. (ENG.). 26p. (J). pap. 12.95 *(978-0-578-97349-4(9))* Leap Year Marketing.

Adventures of Largo & Shelby. Joanne M. Randall. Illus. by Jason D. McIntosh. 2018. (Adventures of Largo Ser.: Vol. 1). (ENG.). 28p. (J). (gr. k-5). pap. 12.95 *(978-0-692-08633-9(1))* Leap Year Marketing.

Adventures of Larry & Gamble. Stacey Greaves. 2021. (Adventures of Larry & Gamble Ser.: Vol. 1). (ENG.). 24p. (J). *(978-0-2288-3780-0(4))*; pap. *(978-0-2288-3779-4(0))* Tellwell Talent.

Adventures of Larry Long Ears & the Honeycomb Crystal. Michael Martinez. 2021. (ENG., Illus.). 58p. (J). pap. 17.95 *(978-1-0980-3745-1(6))* Christian Faith Publishing.

Adventures of Larry the Lizard: The Lizard Who Went Skiing. Debra Searcey. 2020. (ENG., Illus.). 30p. (J). 23.95 *(978-1-64670-006-6(6))*; pap. 12.95 *(978-1-64670-005-9(8))* Covenant Bks.

Adventures of Larry the Squirrel: A Christmas Story. Justin Thompson. 2022. (ENG.). 50p. (J). pap. 12.00 *(978-1-953526-27-4(6))* TaylorMade Publishing, LLC.

Adventures of Laugherty Duck & Friends: Go Fly a Kite. George E. Griffin. 2019. (ENG.). 30p. (J). pap. 13.95 *(978-1-68456-400-2(X))* Page Publishing Inc.

Adventures of Laura Stuart Before My Time. Lauren Scriven. 2019. (ENG., Illus.). 36p. (J). pap. 20.00 *(978-0-359-18485-9(5))* Lulu Pr., Inc.

Adventures of LayLa the Lovable Dog: The Story of Rescuing Her Owners. Stacey A. Delaney. 2022. (ENG., Illus.). 32p. (J). pap. 14.95 *(978-1-63961-948-1(8))* Christian Faith Publishing.

Adventures of Left-Hand Island: Book 1 - Thumb Peninsula - True North. Godfrey Apap. 2021. (Adventures of Left-Hand Island Ser.: Vol. 1). (ENG.). 20p. (J). pap. ***(978-1-77317-012-1(0))*** Prism Pubs.

Adventures of Left-Hand Island: Book 10 - Somewhere under the Rainbow. Godfrey Apap. 2023. (Book 10 - Somewhere under the Rainbow Ser.: Vol. 10). (ENG.). 28p. (J). pap. ***(978-1-990133-14-5(2))*** Prism Pubs.

Adventures of Left-Hand Island: Book 2 - Thumb Peninsula South. Godfrey Apap. 2021. (Adventures of

A

Left-Hand Island Ser.: Vol. 2). (ENG.). 22p. (J). pap. *(978-1-77317-016-9(3))* Prism Pubs.

Adventures of Left-Hand Island: Book 3 - the Great Gulf Adventure. Godfrey Apap. 2021. (Adventures of Left-Hand Island Ser.: Vol. 3). (ENG.). 22p. (J). pap. *(978-1-77317-018-3(X))* Prism Pubs.

Adventures of Left-Hand Island: Book 4 - the Upper Gulf Adventure. Godfrey Apap. 2020. (Adventures of Left-Hand Island Ser.: Vol. 4). (ENG.). 26p. (J). pap. *(978-1-990133-00-8(2))* Prism Pubs.

Adventures of Left-Hand Island: Book 9 - Middle Peninsula South. Godfrey Apap. 2022. (Adventures of Left-Hand Island Ser.: Vol. 9). (ENG.). 28p. (J). pap. *(978-1-990133-12-1(6))* Prism Pubs.

Adventures of Left-Hand Island - Book 1 Extended. Godfrey Apap. 2022. (ENG.). 28p. (J). pap. *(978-1-990133-04-6(5))* Prism Pubs.

Adventures of Left-Hand Island - Book 5: Pointer Peninsula South. Godfrey Apap. 2022. (ENG.). 28p. (J). pap. *(978-1-990133-02-2(9))* Prism Pubs.

Adventures of Left-Hand Island - Book 6: Book 6 - Pointer Peninsula North. Godfrey Apap. 2022. (ENG.). 26p. (J). pap. *(978-1-990133-06-0(1))* Prism Pubs.

Adventures of Left-Hand Island - Book 8: Middle Peninsula - South Pole. Godfrey Apap. 2022. (South Pole Ser.: Vol. 8). (ENG.). 28p. (J). pap. *(978-1-990133-10-7(X))* Prism Pubs.

Adventures of Left-Hand Island Book 7: Middle Peninsula - North Pole. Godfrey Apap. 2022. (Adventures of Left-Hand Island Ser.: Vol. 7). (ENG.). 26p. (J). pap. *(978-1-990133-08-4(8))* Prism Pubs.

Adventures of Lefty & Righty: the Windy City. Lori Orlinsky. 2023. (ENG.). 38p. (J). 18.95 *(978-1-63755-427-2(3)*, Mascot Kids) Amplify Publishing Group.

Adventures of Legs & Buzz. Rollin Robinson. 2019. (ENG., Illus.). 146p. (J). pap. 24.95 *(978-1-64096-248-4(4))* Newman Springs Publishing, Inc.

Adventures of Leighton It's Potty Time. Celeste Williams. 2019. (ENG.). 38p. (J). 16.95 *(978-1-64307-345-3(1))* Amplify Publishing Group.

Adventures of Lettie Peppercorn. Sam Gayton. Illus. by Poly Bernatene. 2016. (ENG.). 304p. (J). (gr. 3-7). 16.99 *(978-1-4814-4769-0(6)*, McElderry, Margaret K. Bks.) McElderry, Margaret K. Bks.

Adventures of Levi: Making New Friends. Sharon a Wayne. 2021. (ENG.). 26p. (J). pap. 12.95 *(978-1-64468-565-5(5))* Covenant Bks.

Adventures of Levi: The Journey of Courage. Sharon a Wayne. 2018. (ENG., Illus.). 34p. (J). pap. 11.95 *(978-1-64300-692-5(4))* Covenant Bks.

Adventures of Lexi & Bug: The First Adventure. Dawn Jean. 2020. (ENG., Illus.). 24p. (J). 23.95 *(978-1-64670-877-2(6))*; pap. 13.95 *(978-1-64670-189-6(5))* Covenant Bks.

Adventures of Lightboy & London. Lonnie Murphy. 2019. (ENG.). 44p. (J). *(978-0-2288-1349-1(2))*; pap. *(978-0-2288-1348-4(4))* Tellwell Talent.

Adventures of 'Lil Bear & Blue Bird: A Children's Book. Karen Dewell. 2017. (ENG., Illus.). (J). pap. 15.95 *(978-1-4808-4327-1(X))* Archway Publishing.

Adventures of Lil' Cub: In Mercy Flight. Bruce E. Stratton. 2021. (ENG.). 44p. (J). pap. 11.99 *(978-1-63871-083-7(X))* PageTurner: Pr. & Media.

Adventures of Lil' Jay Jay: Rescue to Cryptid Island. Jason Kenzie. 2021. (ENG.). 40p. (J). pap. *(978-1-7779604-0-7(1))* Lulu.com.

Adventures of Lil' Jay Jay: Searching for the Lost Golden Pearl. Jason Kenzie. 2021. (ENG.). 34p. (J). pap. *(978-1-008-95142-6(0))* Lulu.com.

Adventures of Lil' Jay Jay: The Quest to Save Bigfoot. Jason Kenzie. 2022. (ENG.). 34p. (J). pap. *(978-1-7779604-2-1(8))* Lulu.com.

Adventures of Lil' Kenny: Vol. 1 - Kenny Finds Basketball. Edward Babaian & Kenny Anderson. Illus. by Joshua Timmons. 2019. (ENG.). 24p. (J). (gr. k-6). pap. 16.99 *(978-1-7331068-0-1(4))* BABAIAN, Edward.

Adventures of Lil Owl. Deborah Elquist. 2020. (ENG., Illus.). 28p. (J). pap. 13.95 *(978-1-64471-340-2(3))* Covenant Bks.

Adventures of Lil Paw & Brothers: Encountering the Local Legends on a Fieldtrip to the San Antonio Missions. Maureen 'Momo' Brown. 2017. (ENG., Illus.). 76p. (J). pap. *(978-1-365-86352-3(2))* Lulu Pr., Inc.

Adventures of Lily-May Foul Faeries. Emma-Jane Leeson. Illus. by Sally-Anne Kelly. 2021. (Adventures of Lily-May Ser.: 1). (ENG & GLE.). 80p. (J). pap. 13.99 *(978-1-8382152-9-3(8))* Johnny Magory Business IRL. Dist: Casemate Pubs. & Bk. Distributors, LLC.

Adventures of Lily Sutton -Book #4 Choices: Choices. Linda Scott Enakevwe. 2016. (ENG., Illus.). (J). pap. 7.99 *(978-0-9720041-7-6(3)*, Circle of Friends) Booksville, U.S.A.

Adventures of Lindy Manderson. Destinee Munoz. 2021. (Adventures of Lindy Manderson Ser.: Vol. 1). (ENG.). 56p. (YA). pap. 10.99 *(978-1-6629-0716-6(8))* Gatekeeper Pr.

Adventures of Lindy Manderson 2: The Search for the Night Spirit. Destinee Munoz. 2023. (Adventures of Lindy Manderson Ser.: Vol. 2). (ENG.). 68p. (YA). pap. 11.99 *(978-1-6629-3211-3(1))* Gatekeeper Pr.

Adventures of Linny & Finny, Volume 1: Story One: Baby Brothers & Rollie Pollies Story Two: Tea Parties. Mary F. Schulte. 2021. (ENG.). 30p. (J). 21.99 *(978-1-6628-2102-8(6))*; pap. 10.99 *(978-1-6628-2101-1(8))* Salem Author Services.

Adventures of Little Froggie: And the Little Red Floating Thing. Johnny Fondren. Illus. by Brenda Ragsdale. 2019. (Adventures of Little Froggie Ser.). (ENG.). 28p. (J). 17.99 *(978-1-951300-90-6(4))* Liberation's Publishing.

Adventures of Little Grace. Tracee Barlow. 2023. (ENG.). 30p. (J). pap. 14.98 *(978-1-0881-0997-7(X))* Indy Pub.

Adventures of Little Henry Coloring Book. Byra Richardson. Illus. by Leroy Grayson. 2023. (ENG.). 54p. (J). pap. 10.00 *(978-1-954425-74-3(0))* Jazzy Kitty Pubns.

Adventures of Little Jim Fit: The Rainy Day. Alice Ramcharran. 2021. (ENG.). 66p. (J). pap. *(978-1-80068-164-4(X))* Independent Publishing Network.

Adventures of Little Lam: Animals of the World. Aisha Yousaf. 2017. (ENG.). (J). 14.95 *(978-1-63177-679-3(7))* Amplify Publishing Group.

Adventures of Little Mikey. Anthony Harris. 2019. (ENG.). 88p. (J). pap. 15.00 *(978-1-64237-626-5(4))* Gatekeeper Pr.

Adventures of Little Morris the Wheel. Cora Nichole. 2022. (ENG., Illus.). 38p. (J). pap. 15.95 *(978-1-64952-551-2(6))* Fulton Bks.

Adventures of Little Wave & Her Friends. Linda Joy. 2019. (ENG.). 50p. (J). (gr. k-5). pap. 10.99 *(978-1-950580-86-6(5))* Bookwhip.

Adventures of Liv: First Day of School. Amanda de Leon & Amber de Leon. 2021. (ENG.). 34p. (J). 19.95 *(978-1-63765-014-1(0))*; pap. 12.95 *(978-1-63765-013-4(2))* Halo Publishing International.

Adventures of Livvy & the Snail. Marian Heemskerk. Illus. by Jennifer Doyon. 2023. (ENG.). 40p. (J). *(978-1-0391-5686-9(X))*; pap. *(978-1-0391-5685-2(1))* FriesenPress.

Adventures of Liz in the Wild Woods. B. G. Baire. 2017. (ENG., Illus.). (J). *(978-1-5255-1636-8(1))*; pap. *(978-1-5255-1637-5(X))* FriesenPress.

Adventures of Io on the Go (Io Goes to Africa) Lolanda Bunch Copper. Illus. by Blueberry Illustrations. 2022. (ENG.). 26p. (J). 19.99 *(978-0-9995168-0-5(9))* O.K.P LLC.

Adventures of Io on the Go (Io Goes to North America) Lolanda Bunch Cooper. Illus. by Blueberry Illustrations. 2022. (ENG.). 26p. (J). 19.99 *(978-0-9995168-1-2(7))* O.K.P LLC.

Adventures of Loc & Platt. Adisa Salim Pruitt. Illus. by Zeeshan Shahid. 2021. (ENG.). 74p. (J). pap. 15.00 *(978-0-9979672-4-1(2))* Southampton Publishing.

Adventures of Loc & Platt. Adisa Salim. 2016. (ENG., Illus.). (J). pap. 15.00 *(978-0-9979672-2-7(6))* Queen Adisa.

Adventures of Logan & Scruffy. Erin Pickett. Ed. by Morgan Schafer. Illus. by Bethany Evelyn. 2020. (ENG.). 123p. (J). pap. *(978-1-716-95108-4(9))* Lulu Pr., Inc.

Adventures of Loopy Lizard. Dee Farrell. 2021. (ENG., Illus.). 48p. (J). 26.95 *(978-1-63710-681-5(5))* Fulton Bks.

Adventures of Lord Jeffrey. Patricia Bak. 2018. (ENG., Illus.). 26p. (J). 18.95 *(978-1-64191-887-9(X))* Christian Faith Publishing.

Adventures of Lottie & Layla. J. C. Servant. 2018. (ENG., Illus.). 42p. (J). pap. 18.03 *(978-1-4834-9423-4(3))* Lulu Pr., Inc.

Adventures of Louie the Llama. Gay Byers. 2018. (ENG., Illus.). 22p. (J). pap. 11.95 *(978-1-64114-436-0(X))* Christian Faith Publishing.

Adventures of Lucas & Erythro. Harry Mimna. 2018. (ENG., Illus.). 54p. (J). 22.95 *(978-1-64191-927-2(2))*; pap. 14.95 *(978-1-64191-925-8(6))* Christian Faith Publishing.

Adventures of Lucas, Emma, & Tuffy the Dragon - the Pupp. Jodi Buchanan. 2022. (ENG.). 38p. (J). pap. *(978-1-83875-234-7(X))* Vanguard Pr.

Adventures of Lucky Harry Truckee the Desert Tortoise. Misty Smith. 2016. (ENG., Illus.). 38p. (J). pap. *(978-1-365-35469-4(5))* Lulu Pr., Inc.

Adventures of Lucy & Clark: The Journey Begins. Erica Cyphert & Joanna Cyphert. Illus. by Leah Cyphert. (ENG.). 24p. (J). 2023. pap. 9.99 *(978-1-6629-3167-3(0))*; 2022. 18.99 *(978-1-6629-3166-6(2))* Gatekeeper Pr.

Adventures of Lucy & Siseal: Online Friends. Sarah Dyson. 2019. (ENG., Illus.). 34p. (J). (gr. k-2). pap. 13.99 *(978-1-7334845-1-0(5))* Dyson, Sarah.

Adventures of Lucy Ladybug: Felicia's Family. Sandra Tatulli & Erika Nitsis. 2018. (ENG., Illus.). 20p. (J). pap. 11.95 *(978-1-64349-093-9(1))* Christian Faith Publishing.

Adventures of Lucy Ladybug: Jacob's Journey. Sandra Tatulli & Erika Nitsis. 2021. (ENG., Illus.). 20p. (J). pap. 12.95 *(978-1-0980-6907-0(2))* Christian Faith Publishing.

Adventures of Lucy-Loo & Roo: ... & the Magic of the Gratitude Stick! Stacey Scott & Kyra Scott. 2021. (ENG.). 56p. (J). *(978-1-5255-9037-5(5))*; pap. *(978-1-5255-9036-8(7))* FriesenPress.

Adventures of Lucy the Cow Dog: When Storms Howl. Christine Smith. 2023. (ENG.). 38p. (J). 14.95 *(978-1-64543-552-5(0)*, Mascot Kids) Amplify Publishing Group.

Adventures of Luke & Snoops. Mark Dupree. 2021. (ENG., Illus.). 120p. (J). pap. 19.95 *(978-1-6624-5700-5(6))* Page Publishing Inc.

Adventures of Luna the Pup. Allison Shontz. 2019. (ENG., Illus.). 48p. (J). pap. 15.99 *(978-1-951263-32-4(4))* Pen It Pubns.

Adventures of M. d'Haricot (Classic Reprint) J. Storer Clouston. 2018. (ENG., Illus.). 374p. (J). 31.59 *(978-0-483-08470-4(0))* Forgotten Bks.

Adventures of Mabel: The Illustrated Children's Classic; Mabel's Journeys with Her Animal Friends. Harry Thurston Peck. 2019. (ENG., Illus.). 104p. (J). pap. *(978-1-78987-183-8(2))* Pantianos Classics.

Adventures of Mabel (Classic Reprint) Harry Thurston Peck. 2017. (ENG., Illus.). (J). 29.07 *(978-1-5284-4716-4(6))* Forgotten Bks.

Adventures of Mackadoodle. Virginia Davis. 2021. (ENG.). 24p. (J). pap. 12.95 *(978-1-63630-553-0(9))* Covenant Bks.

Adventures of Macoonacorn. Ellison Wilkins. 2017. (ENG.). 38p. (J). pap. *(978-1-387-01350-0(5))* Lulu Pr., Inc.

Adventures of Maddie & Haider: First Mission. Angela Dean. 2018. (ENG.). 48p. (J). pap. 12.99 *(978-1-949609-09-7(X))* Pen It Pubns.

Adventures of Maddie & Haider: New Beginnings. Angela Dean. 2018. (ENG.). 34p. (J). pap. 12.99 *(978-1-948390-33-0(7))* Pen It Pubns.

Adventures of Maddie & Haider: The Missing Dogs. Angela Dean. 2019. (Adventures of Maddie & Haider Ser.: Vol. 3). (ENG., Illus.). 94p. (J). pap. 15.99 *(978-1-950454-74-7(6))* Pen It Pubns.

Adventures of Maddie the Mermaid: Saving Larry the Dolphin. Leanne F. Bell. 2016. (ENG., Illus.). (J). pap. *(978-0-9953781-0-0(X))* Bell Publishing Services.

Adventures of Makaio the Inquisitive Monkey. A. R. Ayrado. 2019. (ENG., Illus.). 34p. (J). 21.95 *(978-1-64471-082-1(X))* Covenant Bks.

Adventures of Malex in San Francisco. Christina Aitken. 2018. (ENG., Illus.). 46p. (J). 24.95 *(978-1-64214-414-7(2))*; pap. 14.95 *(978-1-64214-413-0(4))* Page Publishing Inc.

Adventures of Mambo & Jambo: Doing the Right Thing. Bryan Baraka Katarama. 2019. (ENG., Illus.). 28p. (J). pap. *(978-0-2288-2334-6(X))* Tellwell Talent.

Adventures of Mao Tse Turtle. Sarah Seidman. Ed. by Mariah Carlsen. Illus. by Tracy H. Seidman. 2021. (ENG.). 60p. (J). *(978-1-5255-9896-8(1))*; pap. *(978-1-5255-9895-1(3))* FriesenPress.

Adventures of Marcello Mousetti: The Leaning Mouse of Pisa. Diana Savastano. 2018. (ENG., Illus.). 94p. (J). pap. 6.34 *(978-0-9852089-6-7(1))* DRS Publishing LLC.

Adventures of Mark & David. Ronald Bonett. 2021. (ENG.). 136p. (J). pap. 12.00 *(978-1-0983-4496-2(0))* BookBaby.

Adventures of Mark Johnson. Harlan D Hayman. 2018. (ENG., Illus.). 140p. (J). pap. 13.95 *(978-1-64138-985-3(0))* Page Publishing Inc.

Adventures of Marshela Mouse. Sandra Ure Griffin. 2020. (ENG.). 56p. (J). pap. *(978-1-716-48619-7(X))* Lulu Pr., Inc.

Adventures of Marshmallow Man. Anya Jain. 2020. (ENG.). 38p. (J). pap. 14.80 *(978-1-6781-2866-1(X))* Lulu Pr., Inc.

Adventures of MarshMello & Friends: The Rescue. Sheri Parent Ellul. Illus. by Paul Schultz. 2022. (ENG.). 24p. (J). *(978-1-0391-2535-3(2))*; pap. *(978-1-0391-2534-6(4))* FriesenPress.

Adventures of Master Headstrong, & Miss. Patient, in Their Journey Towards the Land of Happiness: Containing, an Account of the Various Difficulties That Master Headstrong Experienced, by Listening to Passion, Leaving Miss. Patient, & Not Consenti. Unknown Author. 2018. (ENG., Illus.). 98p. (J). 25.92 *(978-0-484-22515-1(4))* Forgotten Bks.

Adventures of Matilda & Marty Mouse: At the Circus. Marie Burke. 2020. (ENG.). 28p. (J). pap. 8.99 *(978-1-952852-01-5(3))* INFORMA INC.

Adventures of Matilda & Marty Mouse: At the Seaside. Marie Burke. 2018. (ENG., Illus.). 32p. (J). pap. 7.99 *(978-1-948817-17-2(9))* INFORMA INC.

Adventures of Matilda the Bassett Hound. Liz Burleigh. 2016. (ENG., Illus.). (J). pap. 12.95 *(978-1-68348-598-8(X))* Page Publishing Inc.

Adventures of Matilda the Tooth Fairy: Episode One: Mission Bobby. Mark Hunter LaVigne. Illus. by Linda Proctor. 2021. (Adventures of Matilda the Tooth Fairy Ser.: Vol. 1). (ENG.). 28p. (J). pap. *(978-1-77244-216-8(X))* Rock's Mills Pr.

Adventures of Maxima & Coustaud: In Search of a Global Solution. Sheikha Shamma Bint Sultan Al Nahyan. Illus. by Breeze. 2nd ed. 2020. (Adventures of Maxima & Coustaud Ser.: Vol. 2). (ENG.). 52p. (J). *(978-1-912513-74-1(9))* Silver Quill Publishing.

Adventures of Maxima & Coustaud: The Tangled Tale. Sheikha Shamma Bint Sultan Al Nahyan. Illus. by Breeze. 2021. (Adventures of Maxima & Coustaud Ser.: Vol. 3). (ENG.). 62p. (J). *(978-1-912513-79-6(X))* Silver Quill Publishing.

Adventures of Maximilian P. Dogg - Rescue Dog: Max Finds a New Home. William P. Tveite. 2023. (ENG.). 34p. (J). pap. 8.40 *(978-1-954368-77-4(1))* Diamond Media Pr.

Adventures of Maximojo: A Warp in Time. Julianne Bien. 2017. (ENG.). 222p. (J). (gr. k-6). pap. *(978-1-987956-03-0(6))* Spectrahue Light & Sound Inc.

Adventures of Maxine & Beanie: Maxine & Beanie Go to School PAWS Journal. Karolyn Denson Landrieux. Tr. by Maru Caicoya. Illus. by Karen Light. 2021. (ENG.). 26p. (J). pap. 7.00 *(978-1-7377837-1-8(1))* Denson Landrieux, Karolyn.

Adventures of Maxine & Beanie: Maxine & Beanie Go to the Beach PAWS Journal. Karolyn Denson Landrieux. Illus. by Karen Light. 2022. (ENG.). 26p. (J). pap. 7.99 *(978-1-7377837-6-3(2))* Denson Landrieux, Karolyn.

Adventures of Maxine & Beanie Maxine & Beanie Go to the Beach. Karolyn Denson Landrieux. Illus. by Karen Light. 2022. (ENG.). 32p. (J). 22.99 *(978-1-7377837-5-6(4))* Denson Landrieux, Karolyn.

Adventures of Maya the Bee. Waldemar Bonsels. 2017. (ENG., Illus.). (J). 22.95 *(978-1-374-86828-1(0))*; pap. 12.95 *(978-1-374-86827-4(2))* Capital Communications, Inc.

Adventures of Maya the Bee (Classic Reprint) Waldemar Bonsels. 2017. (ENG., Illus.). (J). 29.05 *(978-1-5283-5097-6(9))* Forgotten Bks.

Adventures of Meesha: Meesha's First Day at School. Fred Lee Brandon III. Illus. by Baobab Publishing. 2018. (ENG.). 52p. (J). pap. 14.99 *(978-1-947045-16-3(4))* Baobab Publishing.

Adventures of Metal Man. Luca Strangis. 2017. (ENG.). 28p. (J). *(978-1-387-46958-1(4))* Lulu Pr., Inc.

Adventures of Mia & Brynn. Sarah Broussard. 2019. (ENG.). 30p. (J). 22.22 *(978-1-4357-8570-0(3))* Lulu Pr., Inc.

Adventures of Michael & Threads. Mike Davidson. 2021. (ENG., Illus.). 30p. (J). 21.95 *(978-1-63710-622-8(X))*; pap. 14.95 *(978-1-63710-014-1(0))* Fulton Bks.

Adventures of Mick Callighin, a Story of Home Rule; & the de Burghos: A Romance (Classic Reprint) W. R. Anckettil. 2018. (ENG., Illus.). 188p. (J). 27.77 *(978-0-267-16308-3(8))* Forgotten Bks.

Adventures of Mickey & Maj: Book One. Rick Lundeen. Ed. by Nicole D'Andria. 2020. (ENG., Illus.). 88p. (J). pap. 8.99 *(978-1-63229-498-2(2)*, f24b8e9b-3f74-4994-aea3-d9bdfca7129c) Action Lab Entertainment.

Adventures of Micropea: Uniquely You. Katherine Lynn. 2017. (ENG., Illus.). (J). pap. 13.95 *(978-1-9736-0658-1(5)*, WestBow Pr.) Author Solutions, LLC.

Adventures of Miguel & Ruth the Mountaineering Mouse. Miguel Sanchez Bravo. 2020. (ENG.). 40p. (J). *(978-1-5255-3581-9(1))*; pap. *(978-1-5255-3582-6(X))* FriesenPress.

Adventures of Mike & Dooley. Mike Carrier & Jeremy Dooley. 2019. (ENG.). 58p. (J). pap. *(978-1-7947-7548-0(X))* Lulu Pr., Inc.

Adventures of Mikey & Otis. Ray Ray. Illus. by Heather Workman. 2019. (ENG.). 30p. (J). 14.99 *(978-1-7331631-0-1(7))*; pap. 7.99 *(978-1-7331631-2-5(3))* Fun Family Publishing.

Adventures of Mila & Fiona the Flamingo. Deann Gyukeri. 2021. (ENG.). 26p. (J). pap. 12.99 *(978-1-68524-628-0(1))* Primedia eLaunch LLC.

Adventures of Milan & Friends, Trouble with Trolls (a Halloween Tail!) Lacey L. Bakker. 2018. (ENG., Illus.). 34p. (J). pap. *(978-1-7753119-2-8(9))* Pandamonium Publishing Hse.

Adventures of Milo & Flea. Lis Bensley. Illus. by Miki Harder. l.t. ed. 2020. (ENG.). 52p. (J). pap. 10.95 *(978-1-7334228-2-6(X))* Bensley, Lis.

Adventures of Milo & Pookie Part III. Yaya. 2018. (ENG., Illus.). 24p. (J). pap. 12.95 *(978-1-64214-081-1(3))* Page Publishing Inc.

Adventures of Milo Chow: Being Good Isn't Easy! Caroline E. Rayfield. Illus. by Jamie Jamandre. 2022. (ENG.). 62p. (J). *(978-0-2288-7768-4(7))*; pap. *(978-0-2288-7767-7(9))* Tellwell Talent.

Adventures of Mina & Jack. Lauren Martin & Jarryd Mandy. 2018. (ENG., Illus.). 52p. (J). *(978-1-5255-2567-4(0))*; pap. *(978-1-5255-2568-1(9))* FriesenPress.

Adventures of Miss Patty's Goose & Other Friends. Trudy Gibson. 2018. (Illus.). 84p. 29.00 *(978-0-692-18817-0(7))* BookBaby.

Adventures of Miss Petitfour. Anne Michaels. 2018. (Adventures of Miss Petitfour Ser.). (ENG., Illus.). 144p. (J). (gr. 1-4). pap. 9.99 *(978-0-7352-6322-2(1)*, Tundra Bks.) Tundra Bks. CAN. Dist: Penguin Random Hse. LLC.

Adventures of Miss Vivacious VI & Friends: The Predicament in the Bay. Tommy Rogers & Renee Rogers. 2022. (Adventures of Miss Vivacious VI & Friends Ser.). (ENG.). 40p. (J). 18.99 *(978-0-578-34354-9(1))* Tommy John Rogers.

Adventures of Mister Sock. Margo Hastings. 2021. (ENG.). 22p. (J). pap. 11.99 *(978-1-6628-2847-8(0))* Salem Author Services.

Adventures of Molly Mabbit: On a Starry Day. Laura Elkay. Illus. by Kimberley Coffey. 2022. (ENG.). 34p. (J). pap. *(978-1-922751-68-3(5))* Shawline Publishing Group.

Adventures of Mom & Dad's Bed. Tazee Mahjied. 2018. (ENG., Illus.). 38p. (J). pap. 14.99 *(978-1-5456-3898-9(5)*, Mill City Press, Inc) Salem Author Services.

Adventures of Monkey & Toad: Two Remarkable Friends. Donald Lloyd, Jr. 2020. (ENG., Illus.). 20p. (J). pap. 12.95 *(978-1-61244-871-8(2))* Halo Publishing International.

Adventures of Monkey See Monkey Doo. Denisia Roman-Crofts. 2019. (ENG.). 26p. (J). (gr. k-3). 15.99 *(978-0-578-51801-5(5))* Denisia Roman-Crofts.

Adventures of Monkey See Monkey Doo: Devil Monks. Denisia Roman. 2022. (ENG.). 32p. (J). 15.99 *(978-1-0879-4275-9(6))* Indy Pub.

Adventures of Mosby & Bell: Mosby & Bell Go to the Lake. Travis J. Frantz. 2020. (ENG., Illus.). 32p. (J). pap. 14.95 *(978-1-6624-0979-0(6))* Page Publishing Inc.

Adventures of Mother Hubbard & Her Dog (Classic Reprint) Unknown Author. 2018. (ENG., Illus.). 20p. (J). 24.31 *(978-0-364-16467-9(0))* Forgotten Bks.

Adventures of Mother Hubbard & Her Dog (Classic Reprint) Sarah Catherine Martin. (ENG., Illus.). (J). 2017. 24.31 *(978-0-331-87011-4(8))*; 2016. pap. 7.97 *(978-1-334-16526-9(2))* Forgotten Bks.

Adventures of Moti: A Birdie in a Box: a Birdie in a Box: a Birdie in a Box: Book 8: Christmas in Canada. Satyanarayana Ganti. Illus. by Murthy Upadhyayula. l.t. ed. 2022. (ENG.). 48p. (J). pap. 14.95 *(978-1-0880-2417-1(3))* Indy Pub.

Adventures of Moti a Birdie in a Box Book 6: Moti's New Adventure. Moti Goes to Bat. Satyanarayana Ganti. 2021. (ENG.). 66p. (J). 17.99 *(978-1-64803-470-1(5))* Westwood Bks. Publishing.

Adventures of Mouse Deer: Favorite Tales of Southeast Asia. Aaron Shepard. Illus. by Kim Gamble. (ENG.). (J). (gr. k-3). 2018. 50p. 24.00 *(978-1-62035-561-9(2))*; 2017. pap. 10.00 *(978-1-62035-525-1(6))* Shepard Pubns. (Skyhook Pr.).

Adventures of Mowgli: Stories from the Jungle Book. Rudyard Kipling. 2018. (Classics with Ruskin Ser.: Vol. 4). (ENG., Illus.). 266p. (YA). (gr. 7-12). pap. *(978-93-87693-05-0(8))* Speaking Tiger Publishing.

Adventures of Moyin: Moyin Goes to Hawaii. Teresa Oloruntowo. 2016. (ENG., Illus.). (J). pap. 12.95 *(978-1-68197-219-0(0))* Christian Faith Publishing.

Adventures of Mr. Bramble Bones: A Christmas to Remember. M. Deborah Bowden. Illus. by Woods Korey. 2019. (Adventures of Mr. Bramble Bones Ser.: Vol. 5). (ENG.). 52p. (J). 21.99 *(978-1-951263-07-2(3))* Pen It Pubns.

Adventures of Mr. Bramble Bones: Bramble Bones & Grimmy Share a Home. Deborah Bowden. Illus. by Korey Woods. 2022. (Adventures of Mr. Bramble Bones Ser.). (ENG.). 50p. (J). 21.99 *(978-1-63984-054-0(0))* Pen It Pubns.

Adventures of Mr. Bramble Bones: Ghost Hunters: the Ghost Hunters. Deborah Bowden. Illus. by Korey Woods. 2020. (ENG.). 46p. (J). 21.99 *(978-1-952894-61-9(1))* Pen It Pubns.

Adventures of Mr. Bramble Bones: Too Cold to Play. M. Deborah Bowden. Illus. by Korey Woods. 2021. (Adventures of Mr. Bramble Bones Ser.: Vol. 1). (ENG.). 38p. (J). 19.99 *(978-1-954868-28-1(6))* Pen It Pubns.

Adventures of MR Bread Head & the Disappearing Loaves. Sean Perkins. 2017. (ENG., Illus.). (J). pap. *(978-1-9998845-0-5(7))* Perkins, Sean.

Adventures of Mr. Fluffybottoms: Simple Things I Love! Tiffany K. Smith. 2022. (ENG., Illus.). 36p. (J). pap. 17.95 *(978-1-63710-295-4(X))* Fulton Bks.

Adventures of Mr. Fly - Mr Fly Meets Mr Ant. Mario Egiziano. 2018. (ENG., Illus.). 51p. (J). pap. 14.99 *(978-1-78710-320-7(X)*, 26b74213-4d8e-472e-93a2-4073bc52f35a) Austin Macauley Pubs. Ltd. GBR. Dist: Baker & Taylor Publisher Services (BTPS).

Adventures of Mr. Fuzzy Ears: Searching for a Furry Friend. Donna S. Carr Roberts. Illus. by Donna S. Carr Roberts. 2018. (Adventures of Mr. Fuzzy Ears Ser.: Vol. 1). (ENG., Illus.). 36p. (J). 16.95 *(978-0-692-18421-9(X))*; pap. 11.95 *(978-0-692-14309-4(2))* Mr. Fuzzy Ears LLC.

Adventures of Mr. Germy. Ashley Kenny. 2021. (ENG.). 54p. (J). pap. 14.95 *(978-1-64921-447-8(2))* Waldorf Publishing.

Adventures of Mr. Grass. Jamie Godin. Illus. by Emily Chen. 2022. (ENG.). 32p. (J). *(978-1-0391-3426-3(2))*; pap. *(978-1-0391-3425-6(4))* FriesenPress.

Adventures of Mr. Grummy: Mr. Grummy Meets Mr. Poppy. Bree-Ame H. Manley. 2016. (Adventures of MR.

26 The check digit for ISBN-10 appears in parentheses after the full ISBN-13

Grummy Ser.: Vol. 1). (ENG., Illus.). (J). pap. 15.00 (978-1-68419-477-3(6)) Primedia eLaunch LLC.

Adventures of Mr. H Hogg. Alex Fisher. 2023. (ENG.). 102p. (J). pap. (978-1-80381-518-3(3)) Grosvenor Hse. Publishing Ltd.

Adventures of Mr. John Timothy Homespun in Switzerland: Stolen from the French of Tartaron (Classic Reprint) Fanny Kemble. 2017. (ENG., Illus.). (J). 70p. 25.36 (978-0-332-91614-9(6)); pap. 9.57 (978-1-5276-8333-4(8)) Forgotten Bks.

Adventures of Mr. Ledbury & His Friend Jack Johnson (Classic Reprint) Albert Smith. 2017. (ENG., Illus.). (J). 36.17 (978-1-5285-7114-2(2)) Forgotten Bks.

Adventures of Mr. Ledbury & His Friend Jack Johnson, Vol. 1 of 3 (Classic Reprint) Albert Smith. 2018. (ENG., Illus.). 324p. (J). 30.58 (978-0-267-18285-5(6)) Forgotten Bks.

Adventures of Mr. Ledbury & His Friend Jack Johnson, Vol. 2 of 3 (Classic Reprint) Albert Smith. 2018. (ENG., Illus.). 308p. (J). 30.25 (978-0-267-18133-9(7)) Forgotten Bks.

Adventures of Mr. Ledbury & His Friend Jack Johnson, Vol. 3 of 3 (Classic Reprint) Albert Smith. 2018. (ENG., Illus.). 318p. (J). 30.46 (978-0-267-44025-2(1)) Forgotten Bks.

Adventures of Mr. Mcphee. Dianne Denise Nash. 2018. (ENG., Illus.). 66p. (J). pap. 16.95 (978-1-64138-074-4(8)) Page Publishing Inc.

Adventures of Mr. Money: Mr. Money Goes to the Bank. Stephanie N. Clarke. Illus. by Stephanie N. Clarke. 2021. (ENG.). 36p. (J). (978-0-2288-4094-7(5)); pap. (978-0-2288-3969-9(6)) Tellwell Talent.

Adventures of Mr Toilet Man & Mr Funky Man. Josh Advik. Illus. by Jacqueline Tee. 2023. (ENG.). 24p. (J). pap. (978-1-80381-498-8(5)) Grosvenor Hse. Publishing Ltd.

Adventures of Mr. Verdant Green, an Oxford Freshman. Cuthbert Bede. 2017. (ENG., Illus.). (J). pap. (978-0-649-24321-1(8)) Trieste Publishing Pty Ltd.

Adventures of Mr. Verdant Green, an Oxford Freshman (Classic Reprint) Cuthbert Bede. 2017. (ENG., Illus.). (J). 26.72 (978-0-331-77852-6(1)); pap. 9.57 (978-0-243-39564-4(7)) Forgotten Bks.

Adventures of Mr. Verdant Green, an Oxford Freshman, Pp. 256-500. Cuthbert Bede. 2017. (ENG., Illus.). (J). pap. (978-0-649-20242-3(2)) Trieste Publishing Pty Ltd.

Adventures of Mr. Verdant Green (Classic Reprint) Cuthbert Bede. 2018. (ENG., Illus.). 522p. (J). 34.66 (978-0-332-83216-6(3)) Forgotten Bks.

Adventures of Mr. Wilderspin on His Journey Through Life. Andrew Halliday. 2017. (ENG.). 324p. (J). pap. (978-3-337-01115-4(2)) Creation Pubs.

Adventures of Mr. Wilderspin on His Journey Through Life (Classic Reprint) Andrew Halliday. 2017. (ENG., Illus.). (J). 28.25 (978-0-266-70956-5(7)); pap. 10.97 (978-1-5276-6055-7(9)) Forgotten Bks.

Adventures of Mr. Wilson: Beyond the Gate. Dolores Horine & Dennis Horine. Illus. by Gwendolyne (Wendy) Dean. 2019. (Series 1 Ser.: Vol. 1). (ENG.). 38p. (J). pap. 12.99 (978-0-578-44699-8(5)) Treecat Publishing.

Adventures of Mrs. B: Meeting the New Family. Lynne Benkendorf. Ed. by Raquel Shayla. Illus. by Waterfield Sarah. 2018. (ENG.). 42p. (J). (gr. 1-2). 24.95 (978-1-7321250-0-1(7)) Brown Spotted Dog Publishing.

Adventures of Mrs. B: Someone Who Understands Me. Lynne Benkendorf. Ed. by Raquel Shayla. Illus. by Waterfield Sarah. 2019. (ENG.). 42p. (J). (gr. k-2). 24.95 (978-1-7321250-1-8(5)) Brown Spotted Dog Publishing.

Adventures of Mrs. Colonel Somerset in Caffraria, During the War (Classic Reprint) Helen Somerset. 2017. (ENG., Illus.). (J). 30.83 (978-0-265-68368-2(8)); pap. 13.57 (978-1-5276-5808-0(2)) Forgotten Bks.

Adventures of Mrs Ribozome. Elle Inic. Illus. by Elisa Boldrin & Neha Naik. 2019. (ENG.). 42p. (J). (gr. 1-3). (978-1-925934-03-8(9)); pap. (978-1-925934-00-7(4)) Elle Inic.

Adventures of Mrs. Tend: Being an Impartial Answer to a Letter to Her Friend, in Which Are Exhibited Some Remarks Worthy the Attention of the Curious, Her Conduct with That of Tend's Fairly Laid Open, the Injured Characters Vindicated, & Submitted T. Unknown Author. 2017. (ENG., Illus.). (J). 24.89 (978-0-331-17432-8(4)); pap. 9.57 (978-0-260-06581-0(1)) Forgotten Bks.

Adventures of Mrs. Wishing-To-Be: And Other Stories (Classic Reprint) Alice Corkran. (ENG., Illus.). (J). 2018. 210p. 28.25 (978-0-483-60914-3(5)); 2017. pap. 10.57 (978-0-243-27902-9(7)) Forgotten Bks.

Adventures of Ms. Maggie & Bandit: How Ms. Maggie Became a Champion. Kash Robbins. 2022. (ENG.). 74p. (J). pap. 16.95 (978-1-63860-014-5(7)) Fulton Bks.

Adventures of Muffin Man. Alek Lesniak. Illus. by Alek Lesniak. 2022. (ENG.). 22p. (J). pap. (978-0-2288-6869-9(6)) Tellwell Talent.

Adventures of Mumu. Yiqun Sophia Wang. 2019. (ENG.). 26p. (J). (978-1-78848-204-2(2)); pap. (978-1-78848-203-5(4)) Austin Macauley Pubs. Ltd.

Adventures of Murphy & Louie: Murphy Gets a Little Brother. Beth Hendrickson Sweet. 2017. (ENG., Illus.). (J). pap. 13.95 (978-1-4808-5578-6(2)) Archway Publishing.

Adventures of Nana & Maheeyah Pt. 1. Nyamka Youssef & Maheeyah Youssef. 2016. (ENG.). 66p. (J). pap. 24.99 (978-1-329-71606-3(X)) Lulu Pr., Inc.

Adventures of Napoleon Prince (Classic Reprint) May Edginton. (ENG., Illus.). (J). 2018. 350p. 31.12 (978-0-483-68556-7(9)); 2017. pap. 13.57 (978-0-243-92539-1(5)) Forgotten Bks.

Adventures of Nappy the Mouse. Pippa Britton & Doris Perryman. 2020. (ENG.). 24p. (J). (978-1-716-78039-4(X)) Lulu Pr., Inc.

Adventures of Natalie Hill. Raylena Church Fields. 2017. (ENG., Illus.). (YA). (gr. 7-12). pap. 12.99 (978-0-578-19214-7(4)) Chiang Mai Bks.

Adventures of Nature Nate & Chompy's Christmas Tree: Holistic Thinking Kids. Micah Hoeschele & Kristy Hammill. Illus. by Evgenia Dolotovskaia. 2019. (Adventures of Nature Nate Ser.: Vol. 2). (ENG.). 34p. (J). pap. (978-1-7751638-9-3(X)) Hammill, Kristy.

Adventures of Nature Nate & His Mud Kitchen: Holistic Thinking Kids. Kristy Hammill. Illus. by Evgenia Dolotovskiaia. 2019. (Adventures of Nature Nate Ser.: Vol. 1). (ENG.). 32p. (J). pap. (978-1-7751638-8-6(1)) Hammill, Kristy.

Adventures of Ned Minton: A Story of Fact & Fiction (Classic Reprint) Edwin J. Miller. (ENG., Illus.). (J). 2018. 244p. 28.93 (978-0-332-11394-4(9)); 2016. pap. 11.57 (978-1-333-18629-6(0)) Forgotten Bks.

Adventures of Nelly: Spring Vale. Kristina Tanisha Morgan. Illus. by Amitabha Naskar. 2020. (ENG.). 24p. (J). pap. (978-1-7773474-0-6(8)) Chan, Raz.

Adventures of Nessy & JayJay: It's Just Good Manners. Gabriel Storm. 2021. (ENG.). 36p. (J). (978-0-2288-3454-0(6)); pap. (978-0-2288-3453-3(8)) Tellwell Talent.

Adventures of Nigel Sheep. Della Livorno. 2017. (ENG., Illus.). 82p. (J). pap. (978-0-244-04906-5(8)) Lulu Pr., Inc.

Adventures of Nihu. Omoruyi Uwuigiaren. 2023. (ENG.). 154p. (J). pap. (978-1-78695-825-9(2)) Zadkiel Publishing.

Adventures of Nika & Noah. Rosina Basi. 2021. (ENG.). 32p. (J). pap. 17.95 (978-1-6685-9940-2(6)) Barnes & Noble Pr.

Adventures of Nika & Noah - ABC (Punjabi Version) Rosina Basi. 2022. (ENG.). 28p. (J). pap. 19.99 (978-1-0879-4471-5(6)) Indy Pub.

Adventures of Niyah & Kiyah. Vanessa C. Jordan. 2020. (ENG., Illus.). 30p. (J). 24.00 (978-1-64530-523-1(6), RoseDog Bks.) Dorrance Publishing Co., Inc.

Adventures of Noah. Lori Brown. 2018. (ENG., Illus.). 50p. (J). 24.95 (978-1-64458-416-3(6)); pap. 14.95 (978-1-63575-298-4(1)) Christian Faith Publishing.

Adventures of Nubia: Nubia Finds Her Magical Name. Tali Awi & Newadi Awi. 2021. (ENG.). 26p. (J). (978-1-68470-028-8(0)) Lulu Pr., Inc.

Adventures of Nubit: A Special Cloud. Emilia Rojas. 2023. (ENG.). 24p. (J). (978-1-0391-7261-6(X)); pap. (978-1-0391-7260-9(1)) FriesenPress.

Adventures of Odysseus - Mythology Stories for Kids Children's Folk Tales & Myths. Baby Professor. 2017. (ENG., Illus.). 64p. (J). pap. 9.52 (978-1-5419-1511-4(9), Baby Professor (Education Kids)) Speedy Publishing LLC.

Adventures of Odysseus (Classic Reprint) Francis Sydney Marvin. 2017. (ENG., Illus.). (J). 28.83 (978-0-260-48835-0(6)) Forgotten Bks.

Adventures of Officer King & the Case of the Missing Number 3. Tabatha King-Adams. 2019. (ENG.). 30p. (J). (978-0-359-86477-5(5)) Lulu Pr., Inc.

Adventures of Oggie the Raindrop. Anne Strichuk & David Matley. Illus. by David Matley. 2021. (ENG.). 36p. (J). pap. (978-0-2288-6587-2(5)) Tellwell Talent.

Adventures of Old Dan Tucker, & His Son Walter: A Tale of North Carolina (Classic Reprint) Calvin Henderson Wiley. 2018. (ENG., Illus.). 262p. (J). 29.30 (978-0-483-53982-2(1)) Forgotten Bks.

Adventures of Old Swifton Road: Lee & the Mysterious Cave. William Christopher Scandrett. 2021. (ENG.). 36p. (J). pap. 12.99 (978-1-7378324-1-6(0)) VMH Publishing.

Adventures of Old Swifton Road: Lee's Incredible Journey. William Christopher Scandrett. 2018. (ENG.). 30p. (J). pap. 12.99 (978-1-947928-04-6(X)); (Illus.). 16.99 (978-1-947928-05-3(8)) VMH Publishing.

Adventures of Old Swifton Road, Lee & the Mysterious Cave. William Christopher Scandrett. 2021. (ENG., Illus.). 36p. (J). 16.00 (978-1-0879-9799-5(2)) VMH Publishing.

Adventures of Olive & Her Big Heart: The Fire. Debbie Wolfe. 2021. (ENG.). 50p. (J). (978-1-5255-8764-1(1)); pap. (978-1-5255-8763-4(3)) FriesenPress.

Adventures of Oliver the Aviator: New York. Elisabet Mir & Barry D. Klipp. 2018. (ENG., Illus.). 34p. (J). pap. 32.19 (978-1-5437-4410-1(9)) Partridge Pub.

Adventures of Oliver Twist, and, Pictures from Italy, Vol. 2 (Classic Reprint) Charles Dickens. (ENG., Illus.). (J). 2018. 514p. 34.52 (978-0-483-79562-4(3)); 2016. pap. 16.97 (978-1-334-15408-9(2)) Forgotten Bks.

Adventures of Ollie & Polly: A Day at the Zoo. Keri Johnson. 2021. (ENG., Illus.). 34p. (J). 24.95 (978-1-68517-062-2(5)); pap. 14.95 (978-1-0980-6737-3(1)) Christian Faith Publishing.

Adventures of Ollie Orangutan. Larry Landgraf. 2020. (ENG., Illus.). 110p. (J). 14.99 (978-1-947867-97-0(0)); pap. 9.99 (978-1-947867-98-7(9)) Fresh Ink Group.

Adventures of Orie the Orpheum Mouse: A Journey Through the Orpheum Theatre. Naomi Law. 2021. (ENG.). 66p. (J). 27.95 (978-1-64468-828-1(X)); pap. 17.95 (978-1-64468-827-4(1)) Covenant Bks.

Adventures of Orlando, the Tuna Boat Captain: The Tuna Boat Captain. Bob & Dana Gerstlauer. Illus. by Rosemary Zilmer. 2020. (Adventures of Orlando Ser.: Vol. 1). (ENG.). 56p. (J). 22.95 (978-1-63649-328-2(9)); pap. 10.95 (978-1-63649-326-8(2)) Primedia eLaunch LLC.

Adventures of Otis & Amigo, Book Two - the President's Request. Seldon E. Nason. 2016. (ENG., Illus.). 46p. (J). pap. 11.95 (978-1-5069-0207-4(3)) First Edition Design Publishing.

Adventures of Otitis. Jessica Nicholson & Molly Lichtenwalner. 2018. (ENG.). 38p. (J). 14.95 (978-1-68401-335-7(6)) Amplify Publishing Group.

Adventures of Ottie & Sammy- Ocean Adventure. Prasanta Behera. Illus. by Manisha Maxon. 2023. (ENG.). 50p. (J). pap. 6.99 (978-1-64560-358-0(X)) Black Eagle Bks.

Adventures of Otto & Zip Collection (Boxed Set) See Zip Zap; Poof! a Bot!; Come in, Zip!; See Pip Flap; Look Out! a Storm!; for Otto. David Milgrim. Illus. by David Milgrim. ed. 2023. (Ready-To-Read Ser.). (ENG., Illus.). 192p. (J). (gr. -1-k). pap. 17.99 (978-1-6659-3833-4(1), Simon Spotlight) Simon Spotlight.

Adventures of Otto Collector's Set (Boxed Set) See Otto; See Pip Point; Swing, Otto, Swing!; See Santa Nap; Ride, Otto, Ride!; Go, Otto, Go! David Milgrim. Illus. by David Milgrim. ed. 2017. (Adventures of Otto Ser.). (ENG., Illus.). 192p. (J). (gr. -1-k). pap. 17.99 (978-1-4814-9984-2(X), Simon Spotlight) Simon Spotlight.

Adventures of Owen. Jo Ann West. 2021. (ENG., Illus.). 42p. (J). 23.95 (978-1-0980-8182-9(X)); pap. 13.95 (978-1-63961-588-9(1)) Christian Faith Publishing.

Adventures of Owen & the Anthem Singer. Todd Angilly & Rachel Goguen. Ed. by Stacy A. Padula. 2022. (ENG.). 34p. (J). 24.95 (978-1-954819-34-4(X)); pap. 16.99 (978-1-954819-35-1(8)) Briley & Baxter Publications.

Adventures of Ozchickychop & His White Teapot. Jane Aistrop. 2022. (ENG.). 62p. (J). pap. (978-1-915229-84-7(7)) Clink Street Publishing.

Adventures of Pablo: The Dragon's Egg. Barrcroft Weston. 2023. (ENG.). 52p. (J). pap. (978-1-80381-195-6(1)) Grosvenor Hse. Publishing Ltd.

Adventures of Pablo: The Missing Breakfast. Barrcroft Weston. 2022. (ENG.). 28p. (J). pap. (978-1-83975-982-6(8)) Grosvenor Hse. Publishing Ltd.

Adventures of Paddington: Love Day. Lauren Holowaty. 2020. (Adventures of Paddington Ser.). (ENG.). 24p. (J). (gr. -1-3). pap. 4.99 (978-0-06-298317-6(2), HarperCollins) HarperCollins Pubs.

Adventures of Paddington: Meet Paddington. Alexandra West. 2020. (Adventures of Paddington Ser.). (ENG., Illus.). 18p. (J). (gr. -1 — 1). bds. 8.99 (978-0-06-298309-1(1), HarperFestival) HarperCollins Pubs.

Adventures of Paddington: Paddington & the Painting. Alyssa Satin Capucilli. 2020. (My First I Can Read Ser.). (ENG., Illus.). 32p. (J). (gr. -1-3). 16.99 (978-0-06-298307-7(5)); pap. 4.99 (978-0-06-298306-0(7)) HarperCollins Pubs. (HarperCollins).

Adventures of Paddington: Paddington & the Pigeon. Alyssa Satin Capucilli. 2020. (My First I Can Read Ser.). (ENG., Illus.). 32p. (J). (gr. -1-3). 16.99 (978-0-06-298315-2(6)); pap. 4.99 (978-0-06-298314-5(8)) HarperCollins Pubs. (HarperCollins).

Adventures of Paddington: Pancake Day! Alyssa Satin Capucilli. 2020. (My First I Can Read Ser.). (ENG., Illus.). 32p. (J). (gr. -1-3). 16.99 (978-0-06-298304-6(0)); pap. 4.99 (978-0-06-298303-9(2)) HarperCollins Pubs. (HarperCollins).

Adventures of Paddington: the Magic Trick. Megan Roth. 2020. (Adventures of Paddington Ser.). (ENG.). 24p. (J). (gr. -1-3). 4.99 (978-0-06-298312-1(1), HarperCollins) HarperCollins Pubs.

Adventures of Paddington: the Monster Hunt. Rosina Mirabella. 2020. (Adventures of Paddington Ser.). (ENG.). 24p. (J). (gr. -1-3). 4.99 (978-0-06-298310-7(5), HarperCollins) HarperCollins Pubs.

Adventures of Paddington: the Wrong List. Lauren Holowaty. 2020. (Adventures of Paddington Ser.). (ENG.). 32p. (J). (gr. -1-3). 10.99 (978-0-06-298301-5(6), HarperFestival) HarperCollins Pubs.

Adventures of Paddy the Beaver (Classic Reprint) Thornton W. Burgess. (ENG., Illus.). (J). 2018. 140p. 26.78 (978-0-428-93088-2(3)); 2017. pap. 9.57 (978-0-259-74757-4(2)) Forgotten Bks.

Adventures of Padma & a Blue Dinosaur. Vaishali Shroff. 2019. 96p. pap. 19.99 (978-93-5277-743-3(3), HarperCollins Children's Bks.) HarperCollins Pubs. Ltd. GBR. Dist: HarperCollins Pubs.

Adventures of Pajama Mike: And the Mysterious House of Mirrors. Michael Ramalho. 2022. (ENG., Illus.). 26p. (J). pap. 13.95 (978-1-64559-367-6(3)) Covenant Bks.

Adventures of Park Ranger Brock Cliffhanger & His Jr. Park Rangers: Mountain Rescue: Preserving Our Great Smoky Mountains National Park. Mark Villareal. 2019. (Adventures of Park Ranger Brock Cliffhanger Ser.: Vol. 2). (ENG., Illus.). 62p. (J). (gr. 1-6). 19.99 (978-1-7323085-3-4(5)); pap. 13.99 (978-1-7323085-2-7(7)) Mr. V. Consulting Services.

Adventures of Park Ranger Brock Cliffhanger & His Jr. Park Rangers: The Missing Hikers of Allegany State Park. Mark Villareal. 2018. (ENG., Illus.). 54p. (J). (gr. 1-6). 19.99 (978-1-7323085-1-0(9)); pap. 13.99 (978-1-7323085-0-3(0)) Mr. V. Consulting Services.

Adventures of Park Ranger Jeremy: Featuring Alexander Salamander. Gale J. Lenz. 2020. (ENG., Illus.). 34p. (J). pap. 14.95 (978-1-68456-256-5(2)) Page Publishing Inc.

Adventures of Parker the Pull: The Mop Dog. Fiona Knight. 2020. (ENG.). 24p. (J). pap. 10.95 (978-1-5043-2253-9(3), Balboa Pr.) Author Solutions, LLC.

Adventures of Paul Bear. Maria M. Hazzard. 2022. (ENG., Illus.). 30p. (J). 26.95 (978-1-6624-8028-7(8)); pap. 13.95 (978-1-6624-8026-3(1)) Page Publishing Inc.

Adventures of Paula & Tech: Paula Learns about Computers with Tech: Just for Kids! Paula Smith. 2022. (Adventures of Paula & Tech Ser.: 2). (Illus.). 30p. (J). pap. 24.99 (978-1-6678-6616-1(8)) BookBaby.

Adventures of Pauli Broccoli. Birgit Kuehn. Illus. by Rainer Simon. 2016. (ENG.). (J). pap. 8.99 (978-0-9982234-2-1(5)) Boutique Natural Health Solutions, LLC.

Adventures of Pauli Broccoli. Birgit S. Kuehn. Illus. by Rainer Simon. 2016. (ENG.). (J). 17.99 (978-0-9982234-0-7(9)) Boutique Natural Health Solutions, LLC.

Adventures of Pawtucket: A Cat for All Seasons. Nan Davis. 2019. (ENG.). 74p. (J). pap. 12.95 (978-1-949053-05-0(9)) Pinecone Bk. Co.

Adventures of PB & Jay: Great Great Uncle's Ghost. Kay Goodnight. Illus. by Katie Biber. 2021. (ENG.). 88p. (J). pap. 6.00 (978-1-7327341-7-3(8)) Ferrell, Karen.

Adventures of Peanut Head: Growing Groceries. C. M. James. Illus. by Andrese Lavonne. 2021. (ENG.). 34p. (J). pap. 11.99 (978-0-578-88488-4(0)) Kre8u, LLC.

Adventures of Pebbles the Penguin. Luke Victory. 2017. (ENG.). 100p. (J). pap. (978-0-244-97804-4(2)) Lulu Pr., Inc.

Adventures of Pedro. I. Lancaster. 2018. (ENG., Illus.). 90p. (YA). (gr. 7-12). pap. 9.95 (978-1-946540-41-6(2)) Strategic Book Publishing & Rights Agency (SBPRA).

Adventures of Peek-A-Boo & Princess Cheyenne. Shani Simmons. Illus. by Muhammad Rizwan Tufail. 2021. (ENG.). 132p. (J). (978-1-0391-1794-5(5)); pap. (978-1-0391-1793-8(7)) FriesenPress.

Adventures of Peggy Spaghetti: Friends to the End. Christopher Carey. Illus. by Christian Gordon-Scott. 2019. (Adventures of Peggy Spaghetti Ser.: Vol. 2). (ENG.). 32p. (J). (gr. k-4). pap. 13.99 (978-0-578-51970-8(4)) Carey, Christopher LLC.

Adventures of Penelope Hawk. Justin V. Gray. 2016. (ENG., Illus.). (J). (gr. 4-6). pap. 14.99 (978-0-9982387-1-5(6)); (gr. 5-6). 21.00 (978-0-9982387-0-8(8)) JVGray.

Adventures of Pepi & Bob: Adventure One: Pepi Rescues Bob from the Museum. Anthony T. Morse. 2019. (ENG.). 128p. (J). (978-3-7482-7488-9(2)); pap. (978-3-7482-7487-2(4)) tredition Verlag.

Adventures of Pepper. Mickey Irene Machado. 2021. (ENG., Illus.). 36p. (J). pap. 14.95 (978-1-6624-0509-9(X)) Page Publishing Inc.

A

Adventures of Percy the Peculiar Penguin. R. Louise Lindsey. 2023. (ENG., Illus.). 52p. (J). pap. 17.95 (978-1-0980-9452-2(2)) Christian Faith Publishing.

Adventures of Peregrine Pickle, Vol. 1 Of 4: In Which Are Included, Memoirs of a Lady of Quality (Classic Reprint) Tobias George Smollett. 2018. (ENG., Illus.). 288p. (J). 29.84 (978-0-364-64475-1(3)) Forgotten Bks.

Adventures of Peregrine Pickle, Vol. 1 of 4 (Classic Reprint) Tobias George Smollett. 2017. (ENG., Illus.). (J). 30.72 (978-0-265-50789-6(8)) Forgotten Bks.

Adventures of Peregrine Pickle, Vol. 3 Of 4: In Which Are Included, Memoirs of a Lady of Quality (Classic Reprint) Tobias George Smollett. (ENG., Illus.). (J). 2018. 282p. 29.71 (978-0-332-77700-9(6)); 2018. 242p. 28.89 (978-0-483-47960-9(8)); 2017. pap. 13.57 (978-0-243-97360-6(8)); 2016. pap. 11.57 (978-1-333-56268-7(3)) Forgotten Bks.

Adventures of Peregrine Pickle, Vol. 3 of 4 (Classic Reprint) Tobias George Smollett. 2017. (ENG., Illus.). (J). 666p. 37.65 (978-0-484-04250-5(5)); pap. 20.57 (978-0-259-49902-2(1)) Forgotten Bks.

Adventures of Pete & Billy: Sand Box Saviors. James Downey. 2021. (ENG.). 32p. (J). 18.99 (978-1-954673-53-3(1)); pap. 8.99 (978-1-954673-52-6(3)) GoldTouch Pr.

Adventures of Pete the Fire Engine. Dennis W. Ault. 2018. (ENG., Illus.). 28p. (J). pap. 12.95 (978-1-64191-972-2(8)) Christian Faith Publishing.

Adventures of Pete the Golden Retriever. Don Halstead. 2021. (ENG., Illus.). 26p. (J). pap. 13.95 (978-1-6624-3863-9(X)) Page Publishing Inc.

Adventures of Peter Cottontail. Thornton Burgess. 2018. (Thornton Burgess Library). (ENG., Illus.). 128p. (J). (gr. 2-5). 22.65 (978-1-942875-61-1(4), a31eb61a-89cf-4eed-bb15-cc7c433e62e6, Seagrass) Quarto Publishing Group USA.

Adventures of Peter Cottontail: With Large Print & Original Pictures. Thornton W. Burgess. Illus. by Harrison Cady. 2018. (ENG.). 194p. (J). (gr. 2-5). pap. 15.95 (978-1-58509-378-6(5)) Book Tree, The.

Adventures of Peter Peterkin (Classic Reprint) Gilly Bear. 2018. (ENG., Illus.). 182p. (J). 27.67 (978-0-483-76550-4(3)) Forgotten Bks.

Adventures of Peter Vole: Something to Chew On. Erika Gönczi. Illus. by Erika Gönczi. 2021. (ENG.). 40p. (J). 27.44 (978-1-7947-6816-1(5)) Lulu Pr., Inc.

Adventures of Peter Vole: Tropic Thrills. Erika Gönczi. Illus. by Erika Gönczi. 2021. (ENG.). 36p. (J). 27.12 (978-1-7947-6663-1(4)) Lulu Pr., Inc.

Adventures of Petey. Pamela Baker. 2019. (ENG.). 32p. (J). pap. (978-0-359-98547-0(5)) Lulu Pr., Inc.

Adventures of Petey Pots & Pans: Adventure in Santorini. Lotfi Bashir. 2022. (ENG.). 40p. (J). pap. 12.99 (978-0-578-25872-0(2)) Southampton Publishing.

Adventures of Petey the Chiweenie: Learning Patience. Carla Tucker Minks. Illus. by Deborah Wyman. 2020. (Learning Ser.: Vol. 2). (ENG.). 40p. (J). 20.95 (978-1-5136-5895-7(6)) Morgan James Publishing.

Adventures of Petie & Emily. Victoria Lynn Allanson. 2019. (ENG.). 48p. (J). 24.95 (978-1-64492-914-8(7)); pap. 14.95 (978-1-64028-582-8(2)) Christian Faith Publishing.

Adventures of Pfreddy the Fetus. B. E. Nyce. Illus. by Gary Donald Sanchez. 2017. (ENG.). (J). pap. 10.49 (978-1-5456-1559-1(4)) Salem Author Services.

Adventures of Phantom & Pinky. Dremon. 2019. (ENG., Illus.). 48p. (J). pap. 15.95 (978-1-64531-314-4(X)) Newman Springs Publishing, Inc.

Adventures of Pharella, the Jamaican Wonder Kid. Alphonso Hunter. 2023. (ENG.). 62p. (J). pap. (978-1-7392432-0-3(X)) SanRoo Publishing.

Adventures of Philip & Emery: Volume One. John Paulits. 2019. (Adventures of Philip & Emery Ser.: Vol. 1). (ENG., Illus.). 224p. (YA). pap. 17.99 (978-1-61950-355-7(7)) Gypsy Shadow Publishing Co.

Adventures of Philip & Emery: Volume Three. John Paulits. 2019. (Philip & Emery Ser.: Vol. 3). (ENG., Illus.). 248p. (J). (gr. 1-6). pap. 18.99 (978-1-61950-357-1(3)) Gypsy Shadow Publishing Co.

Adventures of Philip & Emery: Volume Two. John Paulits. 2019. (Adventures of Philip & Emery Ser.: Vol. 2). (ENG., Illus.). 282p. (J). (gr. 1-6). pap. 19.99 (978-1-61950-356-4(5)) Gypsy Shadow Publishing Co.

Adventures of Philip on His Way Through the World: Showing Who Robbed Him, Who Helped Him, & Who Passed Him by (Classic Reprint) William Makepeace Thackeray. (ENG., Illus.). (J). 2018. 640p. 37.12 (978-0-267-62913-8(3)); 2016. pap. 16.97 (978-1-334-16462-0(2)) Forgotten Bks.

Adventures of Philip on His Way Through the World: Showing Who Robbed Him, Who Helped Him, & Who Passed Him by to Which Is Prefixed a Shabby Genteel Story (Classic Reprint) William Makepeace Thackeray. 2017. (ENG., Illus.). (J). 40.31 (978-1-5279-5147-1(2)) Forgotten Bks.

Adventures of Philip on His Way Through the World Shewing Who Robbed Him, Who Helped Him & Who Passed Him by, Vol. 1 Of 3: To Which Is Prefixed a Shabby Genteel Story (Classic Reprint) William Makepeace Thackeray. 2017. (ENG., Illus.). (J). 33.57 (978-0-265-52028-4(2)); pap. 16.57 (978-0-243-41315-7(7)) Forgotten Bks.

Adventures of Philip on His Way Through the World, Showing Who Robbed Him, Who Helped Him & Who Passed Him by, Vol. 2 Of 2: To Which Is Now Prefixed a Shabby Genteel Story, Catherine, a Story by Ikey Solomons, Esq., Junior (Classic Reprint) William Makepeace Thackeray. 2017. (ENG., Illus.). (J). 33.84

(978-0-266-68049-9(6)); pap. 16.57 *(978-1-5276-5080-0(4))* Forgotten Bks.

Adventures of Philip on His Way Through the World, Vol. 1 Of 2: Shewing Who Robbed Him, Who Helped Him, & Who Passed Him by; to Which Is Now Prefixed a Shabby Genteel Story (Classic Reprint) William Makepeace Thackeray. 2018. (ENG., Illus.). 546p. (J). 35.16 *(978-0-656-99134-1(8))* Forgotten Bks.

Adventures of Philip on His Way Through the World, Vol. 1 Of 2: Showing Who Robbed Him, Who Helped Him, & Who Passed Him by (Classic Reprint) William Makepeace Thackeray. (ENG., Illus.). (J). 2018. 464p. 33.49 *(978-0-365-29169-5(2))*; 2017. pap. 16.57 *(978-0-259-26707-2(4))* Forgotten Bks.

Adventures of Philip on His Way Through the World, Vol. 1 Of 3: Shewing Who Robbed Him, Who Helped Him, & Who Passed Him (Classic Reprint) William Makepeace Thackeray. 2018. (ENG., Illus.). 340p. (J). 30.91 *(978-0-332-09765-7(X))* Forgotten Bks.

Adventures of Philip on His Way Through the World, Vol. 2 Of 3: Shewing Who Robbed Him, Who Helped Him, & Who Passed Him by (Classic Reprint) William Makepeace Thackeray. 2018. (ENG., Illus.). 312p. (J). 30.33 *(978-0-428-75885-1(1))* Forgotten Bks.

Adventures of Philip on His Way Through the World, Vol. 2 Of 3: Showing Who Robbed Him, Who Helped Him, & Who Passed Him by (Classic Reprint) William Makepeace Thackeray. (ENG., Illus.). (J). 2018. 456p. 33.32 *(978-0-666-34232-4(6))*; 2017. pap. 16.57 *(978-0-243-29401-5(8))* Forgotten Bks.

Adventures of Philip on His Way Through the World, Vol. 3 Of 3: Showing Who Robbed Him, Who Helped Him & Who Passed Him by; Catherine: a Story (Classic Reprint) William Makepeace Thackeray. (ENG., Illus.). (J). 2018. 438p. 32.95 *(978-0-364-49302-1(X))*; 2017. pap. 16.57 *(978-0-259-26091-2(6))* Forgotten Bks.

Adventures of Philip, Vol. 2 Of 2: On His Map Through the World Showing Who Robbed Him, Who Helped Him & Who Passed Him by to Which Is Now Prefixed a Shabby Genteel Story (Classic Reprint) William Makepeace Thackeray. 2018. (ENG., Illus.). 440p. (J). 32.99 *(978-0-365-47438-8(X))* Forgotten Bks.

Adventures of Philip, Vol. 3 Of 3: On His Way Through the World; Shewing Who Robbed Him, Who Helped Him, & Who Passed Him (Classic Reprint) William Makepeace Thackeray. 2018. (ENG., Illus.). 310p. (J). 30.31 *(978-0-483-95943-9(X))* Forgotten Bks.

Adventures of Philippe & the Big City. Steven Bereznai. 2017. (ENG., Illus.). (J). pap. *(978-0-9958690-5-9(7))* Jambor Publishing.

Adventures of Philippe & the Hailstorm. Steven Bereznai. 2017. (ENG., Illus.). (J). pap. *(978-0-9958690-4-2(9))* Jambor Publishing.

Adventures of Philippe & the Magic Spell. Steven Bereznai. 2017. (ENG., Illus.). (J). pap. *(978-0-9958690-6-6(5))* Jambor Publishing.

Adventures of Philippe & the Outside World. Steven Bereznai. 2017. (ENG., Illus.). (J). pap. *(978-0-9958690-2-8(2))* Jambor Publishing.

Adventures of Philippe & the Swirling Vortex. Steven Bereznai. 2017. (CAT., Illus.). (J). pap. *(978-0-9958690-3-5(0))* Jambor Publishing.

Adventures of Phoebe Meriweather: Alligator Clips. Meryl Leigh. 2021. (ENG.). 72p. (J). pap. 9.99 *(978-1-955363-62-4(5))* Lettra Pr. LLC.

Adventures of Piang the Moro Jungle Boy: A Book for Young & Old. Florence Partello Stuart. 2017. (ENG., Illus.). (J). 23.95 *(978-1-374-86866-3(3))* Capital Communications, Inc.

Adventures of Piang, the Moro Jungle Boy: A Book for Young & Old (Classic Reprint) Florence Partello Stuart. (ENG., Illus.). (J). 2018. 288p. 29.86 *(978-0-364-26465-2(9))*; 2017. pap. 13.57 *(978-0-259-31478-3(1))* Forgotten Bks.

Adventures of Pico Paws: Steps of Faith. Pamela F. Bowman. 2020. (ENG., Illus.). 32p. (J). pap. 14.95 *(978-1-0980-5485-4(7))* Christian Faith Publishing.

Adventures of Picofino see Aventuras de Picofino

Adventures of Pinkington Trunk. Sarah Jane. Illus. by Jake Biggin. 2022. (ENG.). 20p. (J). pap. *(978-1-3984-6865-8(7))* Austin Macauley Pubs. Ltd.

Adventures of Pinocchio. C. Collodi. 2019. (ENG.). 260p. (J). pap. *(978-0-359-87960-1(8))* Lulu Pr., Inc.

Adventures of Pinocchio. Carlo Collodi. Tr. by Stephen Parkin. Illus. by Peter Bailey. 2022. (Alma Junior Classics Ser.).Tr. of Avventure Di Pinocchio. (ENG.). 188p. (J). pap. 12.00 *(978-1-84749-889-2(2)*, 662169) Alma Classics GBR. Dist: Bloomsbury Publishing Plc.

Adventures of Pinocchio: A Play in Two Acts for Young Actors. Millie Hardy-Sims. 2021. (ENG.). 88p. pap. *(978-1-4452-5130-1(2))* Lulu Pr., Inc.

Adventures of Pinocchio: Illustrated by Attilio Mussino. C. Collodi. Tr. by Carol Della Chiesa. Illus. by Attilio Mussino. 2023. (Top Five Classics Ser.: Vol. 40). (ENG.). 308p. (J). 35.00 *(978-1-938938-69-6(0))* Top Five Bks.

Adventures of Pinocchio (Abridged Edition) A Robert Ingpen Illustrated Classic. Carlo Collodi. Illus. by Robert Ingpen. abr. ed. 2022. (Robert Ingpen Illustrated Classics Ser.). (ENG.). 64p. (J). (gr. 1-3). 16.99 *(978-1-80338-030-8(6))* Welbeck Publishing Group Ltd. GBR. Dist: Two Rivers Distribution.

Adventures of Pipsqueak & Bob. Raymond G. Newsome. 2020. (ENG.). 88p. (J). pap. 7.99 *(978-1-393-27743-9(8))* Draft2Digital.

Adventures of Piwacket, Sammie & Friends. Connie Allen. 2017. (ENG., Illus.). 46p. (J). 19.99 *(978-0-9995121-2-8(9))* Mindstir Media.

Adventures of Pizza Alien. Meghan Jenkins. 2022. (ENG.). 28p. (YA). *(978-1-6780-2138-2(5))* Lulu Pr., Inc.

Adventures of PJ. Kat Connolly. 2019. (ENG., Illus.). 36p. (J). (gr. k-4). 12.99 *(978-0-578-57161-4(7))* Straykat Productions.

Adventures of Pj & Split Pea in the Pink in English & Spanish. S. D. Moore. 2018. (SPA., Illus.). 118p. (J). pap. 12.99 *(978-0-9997612-3-6(4))* Moon Leaf Publishing LLC.

Adventures of PJ Junior. Rita Moser. 2022. (ENG., Illus.). 34p. (J). 25.95 *(978-1-68570-702-6(5))* Christian Faith Publishing.

Adventures of Pluffo the Parakeet. Jean Austin-Long. 2017. (ENG., Illus.). (J). (gr. k-2). pap. 9.95 *(978-1-947247-81-9(6))* Yorkshire Publishing Group.

Adventures of Poi 'n Kai & the Seashell Snatcher. Marissa Molina. Illus. by Sarah K. Turner. 2022. (ENG.). 24p. (J). pap. 13.95 *(978-1-61244-996-8(4))* Halo Publishing International.

Adventures of Polecat. Debie Baker. 2020. (ENG.). 90p. (J). pap. 6.99 *(978-1-64764-876-3(9))* Waldorf Publishing.

Adventures of Poo. Lauren Mikos. 2017. (ENG.). 34p. (J). pap. *(978-1-387-26956-3(9))* Lulu Pr., Inc.

Adventures of Poodle-Lou! Jay West & Diane West. Illus. by Kari Lewis. 2019. (ENG.). 28p. (J). 19.99 *(978-0-359-36918-8(9))*; pap. 13.99 *(978-1-68411-698-0(8))* Worldwide Publishing Group.

Adventures of Pook & Boogee: The Boys Meet Mr. Jones. Eric R. Anderson. Illus. by Eric R. Anderson. 2019. (Adventures of Pook & Boogee Ser.: 1). (ENG., Illus.). 48p. (J). (gr. 2-4). pap. 15.99 *(978-1-7329877-3-9(4))* Too Dang Happy.

Adventures of Pook & Boogee: The Boys Meet Mr. Jones. Eric R. Anderson. 2019. (Adventures of Pook & Boogee Ser.: Vol. 1). (ENG., Illus.). 48p. (J). (gr. 2-6). 17.99 *(978-1-7329877-2-2(6))* Too Dang Happy.

Adventures of Pookie & Blue the Backyard Dogs How Pookie Got Back into the House. Christopher Vince Gonzales. 2018. (ENG.). 32p. (J). pap. *(978-0-359-30260-4(2))* Lulu Pr., Inc.

Adventures of Pookie Bear & Fin-Fin: Princess Pookie & the Fearless Fin-Fin. Kathleen Haney. 2022. (ENG., Illus.). 30p. (J). 24.95 *(978-1-63710-637-2(8))* Fulton Bks.

Adventures of Poop Turd. Johanna Higgins & B. T. Higgins. 2023. (ENG.). 110p. (J). pap. 12.99 *(978-1-0881-4612-5(0))* Indy Pub.

Adventures of Poor Puss: In Two Parts (Classic Reprint) Elizabeth Sandham. (ENG., Illus.). (J). 2018. 184p. 27.75 *(978-0-484-29821-6(6))*; 2016. pap. 10.57 *(978-1-334-14085-3(5))* Forgotten Bks.

Adventures of Poppy & Lord Ted: The First Summer. T. M. Jorden. 2021. (ENG.). 210p. (J). pap. *(978-1-83975-590-3(3))* Grosvenor Hse. Publishing Ltd.

Adventures of Poppy & Lord Ted - the Return of Saint Nick. T. M. Jorden. 2022. (Adventures of Poppy & Lord Ted Ser.: Vol. 2). (ENG.). 222p. (J). pap. *(978-1-80381-244-1(3))* Grosvenor Hse. Publishing Ltd.

Adventures of Posh Princess - & the Magical Fashion Chamber. Carolina Cutruzzola. 2020. (ENG., Illus.). 26p. (J). (gr. k-3). *(978-1-7752228-3-5(7))*; pap. *(978-1-7752228-2-8(9))* Posh Empire.

Adventures of Posh Princess - at the Mysterious Campsite. Carolina Cutruzzola. 2018. (Adventures of Posh Princess Ser.: Vol. 2). (ENG., Illus.). 26p. (J). *(978-1-7752228-1-1(0))*; pap. *(978-1-7752228-0-4(2))* Posh Empire.

Adventures of Pretzel Boy. Phinizy. Illus. by Onga Kornilov. 2019. (ENG.). 70p. (J). pap. 22.99 *(978-1-7327547-2-0(1))* Pureheart UnLtd. media.

Adventures of Prince Akbar. Flora Annie Steel. 2017. (Classics with Ruskin Ser.: Vol. 4). (ENG., Illus.). 216p. (YA). (gr. 7-12). pap. *(978-93-87164-38-3(1))* Speaking Tiger Publishing.

Adventures of Prince Charming. Jan Gray. 2018. (ENG., Illus.). 46p. (J). pap. *(978-0-244-11553-1(2))* Lulu Pr., Inc.

Adventures of Prince Lazybones: And Other Stories. Helen Ashe Hays. 2017. (ENG., Illus.). (J). 23.95 *(978-1-374-96199-9(X))*; pap. 13.95 *(978-1-374-96198-2(1))* Capital Communications, Inc.

Adventures of Prince Peter Platypus. Silva Knight. 2017. (ENG., Illus.). (J). pap. 13.95 *(978-1-63575-823-8(8))* Christian Faith Publishing.

Adventures of Princess Anyah of Antibarba: Coloring Book - the Fishing Expedition. Eldonie Mason. Illus. by Anson J. Henry. 2023. (ENG.). 30p. (J). pap. *(978-0-2288-9109-3(4))* Tellwell Talent.

Adventures of Princess Anyah of Antibarba: The Fishing Expedition. Eldonie Mason. Illus. by Anson J. Henry. 2022. (ENG.). 28p. (J). *(978-0-2288-3942-2(4))*; pap. *(978-0-2288-3941-5(6))* Tellwell Talent.

Adventure's of Princess Azora: A Magical Fairy Tales Bedtime Stories. Beatrice Harrison. 2022. (ENG.). 40p. (J). pap. 10.38 *(978-1-387-83553-9(X))* Lulu Pr., Inc.

Adventures of Princess Jellibean. Cindi Handley Goodeaux. Illus. by Sanghamitra Dasgupta. 2018. (ENG.). 52p. (J). (gr. 1-5). pap. 10.99 *(978-1-68160-697-2(6))* Crimson Cloak Publishing.

Adventures of Princess Mikaila & Prince Pete. Mark Tilden. 2018. (ENG., Illus.). 96p. (J). pap. *(978-0-2288-0668-4(2))* Tellwell Talent.

Adventures of Princess Pearl: P. O. W. E. R. Girl! Tonja K. Taylor. 2016. (ENG., Illus.). (J). pap. 7.99 *(978-0-9792713-7-3(1))* River Rain Creative Arts.

Adventures of Princess Penelope. Lindsey Rencoukos. 2017. (ENG., Illus.). (J). pap. 12.45 *(978-1-4808-5256-3(2))* Archway Publishing.

Adventures of Princess Prize. Papa D. 2022. (ENG.). 22p. (J). pap. 12.95 *(978-1-0980-7341-1(X))* Christian Faith Publishing.

Adventures of Puddin' & Pie. Jacqueline Throckmorton Hogan. 2018. (ENG.). 40p. (J). pap. 13.95 *(978-1-64079-902-8(8))* Christian Faith Publishing.

Adventures of Puddles & Squirt. Laura McGee. Illus. by Milan Samadder. 2022. 24p. (J). pap. 14.99 *(978-1-6678-3501-3(7))* BookBaby.

Adventures of Pugalugs: A Christmas 'Furry-Tail' Jessica Parish. 2019. (ENG.). 36p. (J). pap. *(978-1-5289-4047-4(4))* Austin Macauley Pubs. Ltd.

Adventures of Pugalugs: The Magic Bone. Jessica Parish. 2019. (ENG.). 36p. (J). pap. *(978-1-5289-4044-3(X))* Austin Macauley Pubs. Ltd.

Adventures of Pugalugs: Trick or Treat. Jessica Parish. 2019. (ENG.). 36p. (J). pap. *(978-1-5289-4050-4(4))* Austin Macauley Pubs. Ltd.

Adventures of Pugalugs: Walkies. Jessica Parish. 2019. (ENG.). 36p. (J). pap. *(978-1-5289-4041-2(5))* Austin Macauley Pubs. Ltd.

Adventures of Pugsley the Pug & Trucker Joe: The Christmas Miracle. Carmen Oliva. 2020. (ENG., Illus.). 42p. (J). pap. 15.95 *(978-1-64628-874-8(2))* Page Publishing Inc.

Adventures of Puppalooni. Kassie Frey. 2022. (ENG., Illus.). 28p. (J). pap. 12.95 *(978-1-63985-913-9(6))* Fulton Bks.

Adventures of Push on Turtle & Meaney Moe the Mess. Michael Evans. 2018. (ENG., Illus.). 36p. (J). pap. 13.95 *(978-1-64299-660-9(2))* Christian Faith Publishing.

Adventures of Puss in Boots: Cat about Town. Chris Cooper et al. 2016. (Adventures of Puss in Boots Ser.: 2). (Illus.). 64p. (J). (gr. 1-4). pap. 6.99 *(978-1-78585-332-6(5))* Titan Bks. Ltd. GBR. Dist: Penguin Random Hse. LLC.

Adventures of PZ & Chico. N. 2021. (ENG., Illus.). 70p. (J). pap. 15.95 *(978-1-63692-575-2(8))* Newman Springs Publishing, Inc.

Adventures of Qai Qai. Serena Williams. Illus. by Yesenia Moises. 2022. (ENG.). 40p. (J). 18.99 *(978-1-250-83140-8(7)*, 900253247) Feiwel & Friends.

Adventures of Quentin: My Super Grandpa. Crystal Gailliard. 2019. (ENG.). 20p. (J). *(978-1-922309-92-1(3))*; pap. *(978-1-922309-91-4(5))* Tablo Publishing.

Adventures of Quentin & Gracie: Japan. Emily Logan. 2020. (Adventures of Quentin & Gracie Ser.: Vol. 2). (ENG.). 40p. (J). pap. 12.99 *(978-1-7332166-3-0(4))* Logan, Emily.

Adventures of Quinn & Maverick: In the Ultimate Tea Fort. Chris Rollman & Matt Stockton. 2023. (Adventures of Quinn & Maverick Ser.: 1). 48p. (J). (gr. 3-5). pap. 17.49 *(978-1-6678-8929-0(X))* BookBaby.

Adventures of Quint the Bookmobile: The Big Move to Roneyville. Kathleen a Quinton. Ed. by Kim Carr. Illus. by Eminence Systems. 2018. (Adventures of Quint the Bookmobile Ser.: Vol. 1). (ENG.). 28p. (J). (gr. k-3). 16.99 *(978-1-5136-3611-5(1))* Quintessential Productions.

Adventures of Raffee & Jabari: Activity & Coloring Book. Lisa Dawn. 2021. (ENG.). 20p. (J). pap. 4.99 *(978-1-0879-8809-2(8))* Indy Pub.

Adventures of Ralf & Friends: Escape to Willow Farm. Michael T. Cook. 2017. (ENG., Illus.). 98p. (J). pap. *(978-1-326-98659-9(7))* Lulu Pr., Inc.

Adventures of Ralph. Rebecca Adelyn Rutherford. 2020. (ENG., Illus.). 38p. (J). pap. 14.95 *(978-1-6624-0146-6(9))* Page Publishing Inc.

Adventures of Ralph Reybridge, Vol. 1 Of 4: Containing Sketches of Modern Characters, Manners, & Education (Classic Reprint) William Linley. (ENG., Illus.). (J). 2018. 328p. 30.66 *(978-0-364-01617-6(5))*; 2017. pap. 13.57 *(978-0-243-51605-6(3))* Forgotten Bks.

Adventures of Ralph Reybridge, Vol. 2 Of 4: Containing Sketches of Modern Characters, Manners, & Education (Classic Reprint) William Linley. (ENG., Illus.). (J). 2018. 310p. 30.31 *(978-0-267-32324-1(7))*; 2016. pap. 13.57 *(978-1-332-71148-2(0))* Forgotten Bks.

Adventures of Ralph Reybridge, Vol. 3 Of 4: Containing Sketches of Modern Characters, Manners, & Education (Classic Reprint) William Linley. (ENG., Illus.). (J). 2018. 280p. 29.67 *(978-0-483-81831-6(3))*; 2016. pap. 13.57 *(978-1-333-40774-2(2))* Forgotten Bks.

Adventures of Ralph Reybridge, Vol. 4 Of 4: Containing Sketches of Modern Characters, Manners, & Education (Classic Reprint) William Linley. (ENG., Illus.). (J). 2018. 294p. 29.96 *(978-0-483-84710-1(0))*; 2016. pap. 13.57 *(978-1-334-11889-0(2))* Forgotten Bks.

Adventures of Randy the Raindrop. Mike Camp. Illus. by Lizy J. Campbell. 2021. (ENG.). 50p. (J). pap. 13.99 *(978-1-63984-027-4(3))* Pen It Pubns.

Adventures of Reddy Redbeet. Danny O. Illus. by D. L. Hughes. 2018. (ENG.). 30p. (J). pap. 15.95 *(978-1-64003-607-9(5))* Covenant Bks.

Adventures of Remedy Robin. R. Seymore. 2016. (ENG.). 44p. (J). pap. *(978-1-365-60530-7(2))* Lulu Pr., Inc.

Adventures of Renata & Linus. Shakeema Funchess. I.t. ed. 2023. (ENG.). 28p. (J). pap. 15.00 *(978-1-0881-2667-7(7))* Indy Pub.

Adventures of Rhemmie & Squeak: How It All Began. Shelley Black. Illus. by Beverly Houpt. 2019. (ENG.). 32p. (J). 23.95 *(978-1-64670-120-9(8))*; pap. 13.95 *(978-1-64670-119-3(4))* Covenant Bks.

Adventures of Rhonda Raccoon. Ellie Leas. 2021. (ENG., Illus.). 56p. (J). 27.95 *(978-1-6624-6993-0(4))*; pap. 15.95 *(978-1-6624-1139-7(1))* Page Publishing Inc.

Adventures of Rhonnie the Cross-Eyed Rhino (and Friends) Peter Davies. 2022. (ENG.). 80p. (J). pap. *(978-1-80381-138-3(2))* Grosvenor Hse. Publishing Ltd.

Adventures of Rick & Jack. Rick Randall. 2020. (ENG.). 32p. (J). 19.95 *(978-1-64701-916-7(8))*; pap. 11.95 *(978-1-68456-190-2(6))* Page Publishing Inc.

Adventures of Riley, the Museum Dog. Devra First. Illus. by Ryan Huddle. 2019. 37p. (J). (gr. -1-12). 16.95 *(978-1-63076-360-2(8))* Muddy Boots Pr.

Adventures of Robert & Louis. Gaetano. Failla. 2022. (ENG.). 86p. (J). pap. *(978-1-4710-3030-7(X))* Lulu Pr., Inc.

Adventures of Robert & Mr. Owl. Ken Atchison. 2022. (ENG.). 20p. (J). pap. 9.99 *(978-1-0879-8552-7(8))* Indy Pub.

Adventures of Robert Chevalier, Call'd de Beauchene, Captain of a Privateer in New-France, Vol. 1 of 2 (Classic Reprint) Alain René Le Sage. 2016. (ENG., Illus.). (J). pap. 19.57 *(978-1-333-34975-2(0))* Forgotten Bks.

Adventures of Robert Chevalier, Call'd de Beauchene, Captain of a Privateer in New-France, Vol. 1 of 2 (Classic Reprint) Alain Rene Le Sage. 2018. (ENG., Illus.). 616p. (J). 36.60 *(978-0-267-53852-2(9))* Forgotten Bks.

Adventures of Robin Hood. Illus. by Adam Horsepool. 2017. (10 Minute Classics Ser.). (ENG.). 32p. (J). (gr. 1-4). 16.99 *(978-1-4867-1310-3(6)*, 090238b1-e02a-4154-b1b6-6c5a3b9ef391) Flowerpot Pr.

Adventures of Robin Hood. Retold by Joanne Mattern. 2018. 137p. (J). *(978-1-338-30378-0(3))* Scholastic, Inc.

Adventures of Robin Hood: Illustrated Abridged Children Classics English Novel with Review Questions (Hardback) Wonder House Books. 2020. (Illustrated Classics Ser.). (ENG.). 240p. (J). (gr. 3-7). 6.99 *(978-93-89717-89-1(2))* Prakash Bk. Depot IND. Dist: Independent Pubs. Group.

Adventures of Robin Hound: Corgi Adventures. K. Kibbee. 2018. (Theodore & the Enchanted Bookstore Ser.: 2). (ENG.). 100p. (J). (gr. 2-4). pap. 7.99 *(978-1-944589-44-8(9))* Incorgnito Publishing Pr. LLC.

Adventures of Robinson Crusoe see Aventuras de Robinson Crusoe

Adventures of Robinson Crusoe. Daniel Dafoe. 2017. (ENG.). 436p. (J). (gr. 3-7). pap. *(978-3-337-17638-9(0))* Creation Pubs.

Adventures of Robo-Kid. Diane deGroat. 2022. (Illus.). 32p. (J). (gr. -1-3). 18.99 *(978-0-8234-4976-7(9)*, Neal Porter Bks) Holiday Hse., Inc.

Adventures of Rocky: Don't Be Afraid Rocky. Deirdre Palm Adams. 2021. (ENG., Illus.). 40p. (J). 24.95 *(978-1-6624-1525-8(7))* Page Publishing Inc.

Adventures of Rocky & Stella. Allison Duckworth. Illus. by Ishara Kavinda. 2021. (ENG.). 50p. (J). 24.99 *(978-1-6629-1939-8(5))*; pap. 17.99 *(978-1-6629-1940-4(9))* Gatekeeper Pr.

Adventures of Rocky Lizard. Cameron Smith. 2019. (ENG., Illus.). 202p. (J). pap. *(978-1-912039-56-2(7))* Three Zombie Dogs Ltd.

Adventures of Roderick Random: In Two Volumes (Classic Reprint) Tobias George Smollett. 2018. (ENG., Illus.). (J). 566p. 35.59 *(978-1-391-20568-7(5))*; 568p. pap. 19.57 *(978-1-390-96096-9(X))* Forgotten Bks.

Adventures of Roderick Random (Classic Reprint) Tobias George Smollett. 2018. (ENG., Illus.). 508p. (J). 34.37 *(978-0-267-44142-6(8))* Forgotten Bks.

Adventures of Roderick Random, Vol. 3 of 3 (Classic Reprint) Tobias George Smollett. 2018. (ENG., Illus.). 306p. (J). 29.73 *(978-0-332-19690-9(9))* Forgotten Bks.

Adventures of Rodney Bear. Nigel Dent. 2019. (ENG.). 180p. (J). pap. *(978-3-7103-4223-3(6))* united p.c. Verlag.

Adventures of Roger the Chicken: Christmas with Roger the Chicken. Glenn Cox. Illus. by Fenny Fu & Dazzling Designs. 2021. (ENG.). 20p. (J). pap. *(978-0-9874607-5-2(7))* Cox, Glenn.

Adventures of Romy. Penelope Foote. 2021. (ENG.). 214p. (J). pap. *(978-0-473-60937-5(1))* Homewood Pub.

Adventures of Roobear & Aj. Kristen Willems. 2017. (ENG., Illus.). (J). pap. 12.95 *(978-1-63575-316-5(3))* Christian Faith Publishing.

Adventures of Roobie & Radley & the Christmas Campervan Rescue. Catherine Brown. 2018. (ENG., Illus.). (J). 96p. *(978-1-78132-826-2(9))*; 90p. pap. *(978-1-78132-825-5(0))* SilverWood Bks.

Adventures of Rose. Mary Bessenich. 2022. (ENG.). 56p. (YA). pap. *(978-1-3984-5220-6(3))* Austin Macauley Pubs. Ltd.

Adventures of Rose & Bella. Samantha Sanchez. 2021. (ENG., Illus.). 20p. (J). pap. 12.95 *(978-1-63860-030-5(9))* Fulton Bks.

Adventures of Rowdy Rabbit. Pamela M. Marston. 2019. (ENG.). 66p. (J). pap. 25.20 *(978-1-68470-189-6(9))* Lulu Pr., Inc.

Adventures of Rowdy Squirrel. Rebecca Chapman. Illus. by Jenny Chapman. 2017. (ENG.). (J). 23.95 *(978-1-64079-259-3(7))*; pap. 13.95 *(978-1-64079-257-9(0))* Christian Faith Publishing.

Adventures of Ruby Dee Wilson: And the Shelter at Spring Hill. Ann Chieftain. 2023. (Answer Is Prayer Ser.: Vol. 1). (ENG.). 66p. (J). pap. 31.99 *(978-1-6628-7752-0(8))* Salem Author Services.

Adventures of Ruby Pi & the Geometry Girls: Teen Heroines in History Use Geometry, Algebra, & Other Mathematics to Solve Colossal Problems. Tom Durwood. 2022. (Ruby Pi Adventure Ser.: Vol. 1). (ENG.). 174p. (YA). pap. 13.99 *(978-1-952520-27-3(4))* Empire Studies Pr.

Adventures of Ruby Pi & the Math Girls: Teen Heroines in History Use Geometry, Algebra, & Other Mathematics to Solve Colossal Problems. Tom Durwood. 2022. (Ruby Pi Adventure Ser.: Vol. 2). (ENG.). 202p. (YA). pap. 13.99 *(978-1-952520-26-6(6))* Empire Studies Pr.

Adventures of Ruby Rat. Jennifer K. Anderson. 2022. (ENG.). 48p. (J). *(978-1-0391-2355-7(4))*; pap. *(978-1-0391-2354-0(6))* FriesenPress.

Adventures of Ruby the Red Blood Cell. Lisa Ann Redd. 2019. (ENG.). 32p. (J). 22.95 *(978-1-64082-656-4(4))* Page Publishing Inc.

Adventures of Rudy the Red Hat. Faith MacKenzie. 2017. (ENG., Illus.). (J). pap. *(978-3-99010-832-1(8))* novum pocket Verlag in der novum publishing GmbH.

Adventures of Rufus O'Malley: A Newfound Friend. Philip Huzzey. 2018. (ENG., Illus.). 112p. (J). pap. *(978-1-911596-88-2(8))* Bk.PrintingUK.com.

Adventures of Rug Bug: The Revolution. Kay M. Bates. Illus. by Kathryn R. Smith. 2020. (ENG.). 122p. (J). (gr. 2-4). pap. 7.99 *(978-1-0878-6036-7(9))* Indy Pub.

Adventures of Rug Bug: The State of Emergency. Kay M. Bates. 2022. (ENG.). 140p. (J). pap. 10.99 *(978-1-0880-2461-4(0))* Indy Pub.

Adventures of Russ Crow. Kate Dobrowolska. 2018. (ENG., Illus.). 52p. (J). (gr. k-2). pap. *(978-1-78222-626-0(5))* Paragon Publishing, Rothersthorpe.

Adventures of Sabrina Michaela: Me & My Big Sis. Katie Cocca Berk. 2018. (ENG., Illus.). 32p. (J). pap. 12.49 *(978-1-5456-3269-7(3))* Salem Author Services.

Adventures of Sajo & Her Beaver People (Classic Reprint) Grey Owl. 2018. (ENG., Illus.). (J). 284p. 29.77 *(978-0-365-06454-1(8))*; 286p. pap. 13.57 *(978-0-656-81236-3(2))* Forgotten Bks.

Adventures of Sal: Activity Book. Andre Ginnane. 2019. (ENG., Illus.). 26p. (J). (gr. k-6). pap. 12.99 *(978-1-950034-47-5(X))* Yorkshire Publishing Group.

Adventures of Sal - the Pet Playground in the Sky. Andre Ginnane. 2020. (ENG., Illus.). 34p. (J). pap. 12.99 *(978-1-952320-29-3(1))* Yorkshire Publishing Group.

Adventures of Sal - the Super Hero Mobile. Andre Ginnane. 2020. (ENG., Illus.). 32p. (J). pap. 12.99 *(978-1-952320-46-0(1))* Yorkshire Publishing Group.

Adventures of Sal - Two Houses, Two Rooms, One Love. Andre Ginnane. 2020. (ENG., Illus.). 26p. (J). pap. 12.99 *(978-1-952320-00-2(3))* Yorkshire Publishing Group.

Adventures of Sam. David W. Young. 2018. (ENG., Illus.). 70p. (J). pap. 11.95 *(978-1-64258-840-8(7))* Christian Faith Publishing.

Adventures of Sam - the Christmas Surprise. Pamela Sturgeon. 2016. (Christmas, Family, Children, Fun, Adventure, Ser.). (ENG., Illus.). 23p. (J). pap. *(978-0-9933099-3-9(3))* Inner Sanctuary Publishing.

Adventures of Samba Rat & Friends: Sherman the Last Dragon. Mary Munsie & Steven Munsie. 2018. (ENG., Illus.). 136p. (J). pap. 24.95 *(978-1-64298-979-3(7))* Page Publishing Inc.

Adventures of Sammie: In Search of the Secrets of Life. William Donald Harvey. 2017. (ENG., Illus.). (J). (gr. k-6). pap. 9.95 *(978-1-63135-843-2(X))* Strategic Book Publishing & Rights Agency (SBPRA).

Adventures of Sammy & His Friends. Kelly Bezerra & Ginilda Ruiz. 2023. (ENG.). 42p. (J). pap. ***(978-1-312-28007-6(7))*** Lulu Pr., Inc.

Adventures of Sammy & Mike. Auntie Nanny. 2019. (ENG., Illus.). 32p. (J). *(978-1-5255-3161-3(1))*; pap. *(978-1-5255-3162-0(X))* FriesenPress.

Adventures of Sammy Duck. Marion Jefferies. 2018. (ENG., Illus.). 78p. (J). pap. *(978-1-5289-0553-4(9))* Austin Macauley Pubs. Ltd.

Adventures of Samuel & Selina (Classic Reprint) Jean C. Archer. (ENG., Illus.). (J). 2018. 86p. 25.67 *(978-0-332-08925-6(8))*; 2016. pap. 9.57 *(978-1-333-14182-0(3))* Forgotten Bks.

Adventures of Samuel Oliver (Set), 4 vols. 2018. (Adventures of Samuel Oliver Ser.). (ENG., Illus.). 48p. (J). (gr. 3-7). lib. bdg. 136.88 *(978-1-5321-3370-1(7),* 31163, Spellbound) Magic Wagon.

Adventures of Sandy, Part I. Diana Harrington. 2017. (ENG., Illus.). 46p. (J). pap. *(978-1-365-81679-6(6))* Lulu Pr., Inc.

Adventures of Sanjay & Semaj. Shakeema Funchess. I.t. ed. 2023. (Adventures of Sanjay Ser.: Vol. 1). (ENG.). 50p. (J). pap. 20.00 ***(978-1-0881-2671-4(5))*** Indy Pub.

Adventures of Santa Claus. Dale Peralez. 2022. (ENG.). 56p. (J). pap. 9.99 ***(978-1-64133-769-4(9))*** Mainspring Foundations Publishing.

Adventures of Santa Claus. Dale Peralez. 2021. (ENG.). 56p. (J). pap. 12.95 *(978-1-64801-194-8(2))* Newman Springs Publishing, Inc.

Adventures of Sara Beara & Selena Bombeelina: Book 1: Who We Are. Jennifer N. Senjanin. 2018. (ENG., Illus.). 28p. (J). *(978-1-5255-1979-6(4))*; pap. *(978-1-5255-1980-2(8))* FriesenPress.

Adventures of Sarah & Preston: The Mystery Mirror & Superheroes of STEM. Jacqueline K. Sanders-Blackman. 2021. (ENG.). 61p. ***(978-1-329-11793-8(0))*** Lulu Pr., Inc.

Adventures of Sasha & Yoshi: Toy for Two. Kayelah Maria Garcia-Venable. 2021. (ENG.). 34p. (J). pap. 9.50 *(978-1-68489-542-7(1))* Primedia eLaunch LLC.

Adventures of Sasha Boo: The Block Party. Putman-Maggiotto. 2019. (ENG.). 48p. (J). pap. 15.95 *(978-1-63575-261-8(2))* Christian Faith Publishing.

Adventures of Saving & Making Money -Children's Money & Saving Reference. Baby Professor. 2017. (ENG., Illus.). (J). pap. 7.89 *(978-1-5419-0276-3(9),* Baby Professor (Education Kids)) Speedy Publishing LLC.

Adventures of Scrappy the Cat. Jacqueline Ridge. 2018. (ENG., Illus.). 34p. (J). (gr. k-3). 22.99 *(978-1-7321403-0-1(8))* Ridge, Jacqueline.

Adventures of Sebastian Seagull. Chris Crowe. 2021. (ENG.). 42p. (J). *(978-1-5255-6319-5(X))*; pap. *(978-1-5255-6320-1(3))* FriesenPress.

Adventures of Selena the Seashore Bench. Nedia L. Espinoza. 2022. (ENG.). 32p. (J). 14.99 *(978-1-7359942-6-0(X))* LSF.

Adventures of Sergeant Brown & the Mini Marines. Ce Brown & C. Brown. 2022. (ENG.). 68p. (J). pap. 15.99 *(978-1-63988-252-6(9))* Primedia eLaunch LLC.

Adventures of Sergeant Brown & the Mini Marines. Ce. Illus. by C. Brown. 2022. (ENG.). 68p. (YA). pap. 5.99 *(978-1-63988-345-5(2))* Primedia eLaunch LLC.

Adventures of Shadow, Speedy, & Zero. Keon Shakespeare. 2022. (ENG.). 166p. (YA). pap. ***(978-1-63829-120-6(9))*** Austin Macauley Pubs. Ltd.

Adventures of Sharley. Shirley McEntire. Illus. by Wesley McEntire. 2022. (ENG.). 106p. (J). pap. 14.95 *(978-1-63961-104-1(5))* Christian Faith Publishing.

Adventures of Shaun & Timothy: At the Beach. K. Ward-Edwards. 2017. (Adventures of Shaun & Timothy Ser.: Vol. 1). (ENG., Illus.). 22p. (J). pap. ***(978-1-909034-10-5(X))*** Comichaus.

Adventures of Shea, Gray & Daye: I Still Believe in Monsters. Alex Crawford. Illus. by Zach Orr. 2020. (I Still Believe in Monsters Ser.: Vol. 1). (ENG.). 22p. (J). 18.99 *(978-0-578-63996-3(3))*; pap. 14.99 ***(978-0-578-63976-5(9))*** Story & Seed.

Adventures of Shelley the Shuttlecock. Adam Atkins. 2018. (ENG., Illus.). 28p. (J). pap. 8.99 *(978-1-64133-282-8(4))* MainSpringBks.

Adventures of Sheriff Frank & the Dachshund Posse: The Sheriff's Tail: Book 1. Jacquelyn Evans. 2017. (Adventures of Sheriff Frank & the Dachshund Ser.: Vol. 1). (ENG., Illus.). 24p. (J). 21.95 *(978-1-64003-170-8(7))* Covenant Bks.

Adventures of Sherlock Ferret. Hugh Ashton. Illus. by Andy Boerger. 2018. (Sherlock Ferret Ser.). (ENG.). 222p. (J). *(978-1-912605-40-8(6))* j-views.

Adventures of Sherlock Holmes. Arthur Conan Doyle. 2020. (ENG.). 220p. (J). (gr. 4-17). pap. 21.99 *(978-1-6780-0254-1(2))* Lulu Pr., Inc.

Adventures of Sherrie & Chubbie: School Is Cool... Attendance Matters: School Is Cool... Attendance Matters. Sherrie Poitier-Liscombe. 2020. (ENG.). 62p. (J). 22.99 *(978-1-0879-2609-4(2))* Indy Pub.

Adventures of Shiann & Flora. Elay Understood. 2016. (ENG.). 74p. (J). pap. ***(978-1-365-36557-7(3))*** Lulu Pr., Inc.

Adventures of Shiko & Walter. Karen Wallsten. 2016. (ENG.). (J). 16.95 *(978-1-63177-943-5(5))* Amplify Publishing Group.

Adventures of Shillie & Sei-Jim. Stephanie Archangelus. 2020. (ENG.). 24p. (J). *(978-1-64536-196-1(9))*; pap. *(978-1-64536-197-8(7))* Austin Macauley Pubs. Ltd.

Adventures of Shuster: The Very Special Rooster. H. Donald Roberts. Illus. by Rob Gelhardt. 2017. (ENG.). 36p. (J). (gr. 2-4). pap. 12.99 *(978-0-692-05085-9(X))* Roberts, Hebard D. Bks.

Adventures of Sid & Eli: The Shiny Thing in the Garden. Allison Andrews. 2020. (ENG., Illus.). 34p. (J). 16.95 *(978-1-7350915-7-0(X))*; pap. 9.95 *(978-1-7350915-8-7(8))* Warren Publishing, Inc.

Adventures of Sig. Gaudentio Di Lucca: Being the Substance of His Examination Before the Fathers of the Inquisition at Bologna in Italy (Classic Reprint) Simon Berington. (ENG., Illus.). (J). 2018. 334p. 30.79 *(978-0-332-49737-2(2))*; 2016. pap. 13.57 *(978-1-334-13130-1(9))* Forgotten Bks.

Adventures of Sig. Gaudentio Di Lucca: Being the Substance of His Examination Before the Fathers of the Inquisition, at Bologna, in Italy; Giving an Account of an Unknown Country, in the Deserts of Africa, the Origin & Antiquity of the People, Their. Simon Berington. (ENG., Illus.). (J). 2018. 322p. 30.54 *(978-0-483-37771-4(6))*; 2016. pap. 13.57 *(978-1-334-13214-8(3))* Forgotten Bks.

Adventures of Sig. Gaudentio Di Lucca: Being the Substance of His Examination Before the Fathers of the Inquisition at Bologna in Italy; Giving an Account of an Unknown Country in the Deserts of Africa, the Origin & Antiquity of the People, Their Re. Simon Berington. 2018. (ENG., Illus.). 248p. (J). 29.03 *(978-0-332-62969-8(4))* Forgotten Bks.

Adventures of Sigi-A Day on Safari. Candace Carson. 2017. (Adventures of Sigi Ser.: Vol. 7). (ENG., Illus.). (J). (gr. k-3). 17.99 *(978-1-937339-15-9(7))*; pap. 11.99 *(978-1-937339-16-6(5))* Sigi & LuLu Productions.

Adventures of Signor Gaudentio Di Lucca: Being the Substance of His Examination Before the Fathers of the Inquisition, at Bologna, in Italy (Classic Reprint) Simon Berington. 2018. (ENG., Illus.). 114p. (J). 26.27 *(978-0-332-86581-2(9))* Forgotten Bks.

Adventures of Signor Gaudentio Di Lucca: Being the Substance of His Examination Before the Fathers of the Inquisition, at Bologna, in Italy; Giving an Account of an Unknown Country in the Midst of the Desarts of Africa (Classic Reprint) Simon Berington. 2017. (ENG., Illus.). (J). pap. 9.57 *(978-1-334-92515-3(1))* Forgotten Bks.

Adventures of Signor Gaudentio Di Lucca: Being the Substance of His Examination Before the Fathers of the Inquisition, at Bologna, in Italy; Giving an Account of an Unknown Country, in the Midst of the Desarts of Africa; Copied from the Original Manus. Signor Rhedi. 2017. (ENG., Illus.). 266p. (J). 29.40 *(978-1-5280-8503-8(5))* Forgotten Bks.

Adventures of Silly Billy: Sillogy: Volume 1. Greg McVicker. 2017. (Sillogy Ser.: Vol. 1). (ENG.). 190p. (J). pap. *(978-1-989053-19-5(X))* Belfast Child Productions.

Adventures of Simon the Seagull & His Magical Friends. Suzanne Moore. 2020. (ENG., Illus.). 28p. (J). 20.95 *(978-1-64531-180-5(5))* Newman Springs Publishing, Inc.

Adventures of Simon the Seagull & His Magical Friends: Book 2. Suzanne Moore. 2022. (ENG.). 28p. (J). 26.95 ***(978-1-63881-107-7(5))*** Newman Springs Publishing, Inc.

Adventures of Sir Frizzle Pumpkin, and, Nights at Mess: And Other Tales (Classic Reprint) James White. 2017. (ENG., Illus.). (J). 32.95 *(978-0-266-67518-1(2))*; pap. 16.57 *(978-1-5276-4914-9(8))* Forgotten Bks.

Adventures of Sir Goblin, the Feline Knight. Barbara E. Moss. Illus. by Emily Cornell Du Houx. 2022. (ENG.). 336p. 29.95 *(978-1-882190-70-6(X))* Solon Ctr. for Research & Publishing.

Adventures of Sir Knight Light. A. J. Perreault. Illus. by Hannah Lee. 2022. (ENG.). 58p. (J). 15.99 *(978-1-7327121-9-5(0))* Conviction 2 Change.

Adventures of Sir Launcelot Greaves: And the Adventures of an Atom (Classic Reprint) Tobias George Smollett. 2018. (ENG., Illus.). 398p. (J). 32.11 *(978-0-656-33978-5(0))* Forgotten Bks.

Adventures of Sir Launcelot Greaves (Classic Reprint) Tobias Smollett. 2018. (ENG., Illus.). (J). 372p. 31.57 *(978-1-396-33738-3(5))*; 374p. pap. 13.97 *(978-1-390-90002-6(9))* Forgotten Bks.

Adventures of Sir Launcelot Greaves (Classic Reprint) Tobias George Smollett. 2018. (ENG., Illus.). 830p. (J). 41.02 *(978-0-267-52188-3(X))* Forgotten Bks.

Adventures of Sir Lyon Bouse. Richard Grant White. 2017. (ENG., Illus.). 72p. (J). pap. *(978-3-337-11985-0(9))* Creation Pubs.

Adventures of Sir Lyon Bouse, Bart., in America, During the Civil War: Being Extracts from His Diary (Classic Reprint) Richard Grant White. (ENG., Illus.). (J). 2018. 72p. 25.38 *(978-0-267-95392-9(5))*; 2017. pap. 9.57 *(978-0-259-40307-4(5))* Forgotten Bks.

Adventures of Sissy Dog: It's Nice to Meet You. K. Michelle Edge. Illus. by K. Michelle Edge. 2021. (ENG.). 32p. (J). pap. 9.99 *(978-1-63848-909-2(2))* Primedia eLaunch LLC.

Adventures of Six Little Pussy-Cats, Told by Sandy: A Kindness Story (Classic Reprint) Mary Shaw Attwood. (ENG., Illus.). (J). 2018. 84p. 25.65 *(978-0-267-60643-6(5))*; 2016. pap. 9.57 *(978-1-334-13084-7(1))* Forgotten Bks.

Adventures of Skiddles the Worm. Connier Nordan. Illus. by Daphne Heathers. 2021. (ENG.). 34p. (J). 17.99 *(978-1-7374102-9-4(X))* Mindstir Media.

Adventures of Slickey, Trickey, Ickey, & the Bad Cat Earl. Charles McClure. 2017. (ENG., Illus.). (J). (gr. -1-3). pap. 12.95 *(978-1-64027-025-1(6))* Page Publishing Inc.

Adventures of Slickey, Trickey, Ickey, & the Bad Cat Earl: Thanksgiving. Charles McClure. 2018. (ENG., Illus.). 36p. (J). (gr. -1-3). pap. 13.95 *(978-1-64214-526-7(2))* Page Publishing Inc.

Adventures of Slipster & Squeaker Apple Pie. Maria E. Cross. 2017. (Adventures of Slipster & Squeaker Ser.: Vol. 1). (ENG., Illus.). (J). (gr. k-1). pap. 5.99 *(978-1-61984-763-7(9))* Gatekeeper Pr.

Adventures of Small Bill: Whistle. Henry. 2020. (Adventures of Small Bill Ser.: Vol. 1). (ENG., Illus.). 20p. (J). *(978-0-2288-2716-0(7))*; pap. *(978-0-2288-2715-3(9))* Tellwell Talent.

Adventures of Smokey. Rachel Kaplan. 2017. (ENG., Illus.). 42p. (J). pap. *(978-1-387-40673-9(6))* Lulu Pr., Inc.

Adventures of Smokey & the Grouchy Neighbor. Susan Scheuerman. Illus. by Annie Zygarowicz. 2018. (Adventures of Smokey Ser.: Vol. 1). (ENG.). 34p. (J). 16.95 *(978-0-692-12327-0(X))* Scheuerman, Susan.

Adventures of Snap. Levidia Daba. Illus. by Sherry Mitcham. 2018. (ENG.). 28p. (J). 22.99 *(978-1-5456-5336-4(4))*; pap. 12.49 *(978-1-5456-5335-7(6))* Salem Author Services.

Adventures of Snibbles Mcgibbons: First Day of School. Tim Tynan. 2017. (Adventures of Snibbles Mcgibbons Ser.: Vol. 2). (ENG., Illus.). (J). (gr. k-3). 17.95 *(978-1-61984-738-5(8))* Gatekeeper Pr.

Adventures of Snibbles Mcgibbons: The Big Move. T. K. Connolly. 2017. (ENG., Illus.). (J). 17.95 *(978-1-61984-706-4(X))*; (Adventures of Snibbles Mcgibbons Ser.: Vol. 1). pap. 14.95 *(978-1-61984-707-1(8))* Gatekeeper Pr.

Adventures of Snooper. Marcia L. Schmaus. 2017. (ENG., Illus.). (J). (gr. k-3). 17.99 *(978-0-692-97555-8(1))* Schmaus, Marcia L.

Adventures of Sofia - Warrior Princess. Stan E Hughes Aka Ha-Gue-A-Dees-Sas. 2020. (ENG.). 160p. (J). pap. 17.50 *(978-1-64268-060-7(5))* WSB Publishing, Inc.

Adventures of Sofia & Fiona - Warrior Sisters. Stan E Hughes Aka Ha-Gue-A-Dees-Sas. 2021. (ENG.). 188p. (J). pap. 22.99 *(978-1-64268-204-5(7))* WSB Publishing, Inc.

Adventures of Sophie Mouse, 7 vols., Set. 2017. (Adventures of Sophie Mouse Ser.). (ENG., Illus.). 128p. (J). (gr. k-4). lib. bdg. 219.52 *(978-1-5321-4109-6(2),* 26982, Chapter Bks.) Spotlight.

Adventures of Sophie Mouse Collection #2 (Boxed Set) The Maple Festival; Winter's No Time to Sleep!; the Clover Curse; a Surprise Visitor. Poppy Green. Illus. by Jennifer A. Bell. ed. 2019. (Adventures of Sophie Mouse Ser.). (ENG.). 512p. (J). (gr. k-4). pap. 23.99 *(978-1-5344-4641-0(9),* Little Simon) Little Simon.

Adventures of Sophie Mouse Collection #3 (Boxed Set) The Great Big Paw Print; It's Raining, It's Pouring; the Mouse House; Journey to the Crystal Cave, Vol. 3. Poppy Green. Illus. by Jennifer A. Bell. ed. 2023. (Adventures of Sophie Mouse Ser.). (ENG.). 512p. (J). (gr. k-4). pap. 27.99 *(978-1-6659-2728-4(3),* Little Simon) Little Simon.

Adventures of Sophie Mouse Collection (Boxed Set) A New Friend; the Emerald Berries; Forget-Me-Not Lake; Looking for Winston. Poppy Green. Illus. by Jennifer A. Bell. ed. 2018. (Adventures of Sophie Mouse Ser.). (ENG.). 512p. (J). (gr. k-4). pap. 23.99 *(978-1-5344-2908-6(5),* Little Simon) Little Simon.

Adventures of Sophie Mouse Ten-Book Collection (Boxed Set) A New Friend; the Emerald Berries; Forget-Me-Not Lake; Looking for Winston; the Maple Festival; Winter's No Time to Sleep!; the Clover Curse; a Surprise Visitor; the Great Big Paw Print; It's Raining, It's Pouring. Poppy Green. Illus. by Jennifer A. Bell. ed. 2021. (Adventures of Sophie Mouse Ser.). (ENG.). 1280p. (J). (gr. k-4). pap. 59.99 *(978-1-5344-9468-8(5),* Little Simon) Little Simon.

Adventures of Sparkles. Mariya Volkova. 2020. (ENG.). 56p. (J). 31.95 *(978-1-4808-9670-3(5))*; pap. 23.95 *(978-1-4808-9668-0(3))* Archway Publishing.

Adventures of Sparkles: Book 1. Cheryl Milligan. 2022. (ENG.). 100p. (J). pap. *(978-1-6781-3611-6(5))* Lulu Pr., Inc.

Adventures of Sparky & Mr. Fox: Sparky Gets Lost. Lindsey McKeon. 2022. (ENG.). 26p. (J). 15.00 ***(978-1-7354856-6-9(7))***; pap. 10.00 ***(978-1-7354856-7-6(5))*** Thureos Bks.

Adventures of Speedy & Russ. Malcolm R. Hodson. 2018. (ENG., Illus.). 46p. (J). pap. *(978-1-78823-371-2(9))* Austin Macauley Pubs. Ltd.

Adventures of Spot the Pig. Jacob Waters. 2017. (ENG., Illus.). 28p. (J). *(978-1-365-86364-6(6))* Lulu Pr., Inc.

Adventures of Spotty & Sunny: Life in the Everglades: Part 2. Saisnath Baijoo. 2017. (ENG., Illus.). (J). pap. 12.95 *(978-1-63338-192-6(7))* Fulton Bks.

Adventures of Squamish Finn. Jennifer Thuncher. 2019. (ENG., Illus.). 24p. (J). pap. *(978-0-2288-1102-2(3))* Tellwell Talent.

Adventures of Star Song: Who Am I? Vol. 1. YoNasDa Lonewolf & Safiyyah Muhammad. 2021. (ENG.). 95p. pap. *(978-1-365-74698-7(4))* Lulu Pr., Inc.

Adventures of Starry & Skye Heavens Littlest Angels. Donna Michel McEntee. Illus. by Suz Saez. 2021. (ENG.). 52p. (J). pap. 23.95 *(978-1-9822-4722-5(3),* Balboa Pr.) Author Solutions, LLC.

Adventures of Stella & Macie: Inspired by a True Story. Erica Merlis. 2021. (ENG.). 24p. (J). 19.95 *(978-1-61244-984-5(0))*; pap. 12.95 *(978-1-61244-983-8(2))* Halo Publishing International.

Adventures of Stella & Macie: Kindergarten, Here We Come! Erica Merlis. Illus. by Monique Romischer. 2022. (ENG.). 24p. (J). 20.95 ***(978-1-63765-287-9(9))***; pap. 13.95 ***(978-1-63765-207-7(0))*** Halo Publishing International.

Adventures of Steve the Bearded Dragon. Stan Morrison. 2022. (ENG., Illus.). 38p. (J). 26.95 *(978-1-63881-616-4(6))* Newman Springs Publishing, Inc.

Adventures of Steven & Rex: Blast Off! Anthony Sestito. 2022. (ENG.). 32p. (J). *(978-1-5255-9755-8(8))*; pap. *(978-1-5255-9754-1(X))* FriesenPress.

Adventures of Stewie & Veronika: Going to the Park. Louis J. Scavone. 2023. (ENG.). 26p. (J). 15.50 ***(978-1-0881-1715-6(5))*** Indy Pub.

Adventures of Stop-Sign Sam. Matt Robbins. Illus. by Cynthia Meadows. 2019. (ENG.). 26p. (J). (gr. -1-1). pap. 9.99 *(978-1-61254-403-8(7))* Brown Books Publishing Group.

Adventures of Stubborn Stanley: (a Chapter Book) Larry Jay Robinson. Ed. by Steve William Laible. 2020. (ENG.). 118p. (J). pap. 5.95 *(978-1-62485-049-3(9))* Kodel Group, LLC, The.

Adventures of Summer Ladigin. Summer Ladigin. 2021. (ENG.). 15p. (J). *(978-1-716-22832-2(8))* Lulu Pr., Inc.

Adventures of Summer Raye & Oma. Shannon Albright. 2022. (ENG., Illus.). 34p. (J). 23.95 *(978-1-63860-976-6(4))* Fulton Bks.

Adventures of Super Berry. Heather Beach. 2021. (ENG.). 24p. (J). pap. 13.95 *(978-1-64654-653-4(9))* Fulton Bks.

Adventures of Super-Newsboy. David Thrasher. 2019. (ENG., Illus.). 30p. (YA). *(978-0-2288-1617-1(3))*; pap. *(978-0-2288-1616-4(5))* Tellwell Talent.

Adventures of Super Sophie: Cocoa Needs a Vet. Heidi Wilke Rich. Illus. by Kelci Rinka. 2019. (ENG.). 20p. (J). pap. 9.99 *(978-1-64538-057-3(2))* Orange Hat Publishing.

Adventures of Superduperkid: Friendship Numbers. El Brown M Ed & Ricky Ii Brown. 2017. (ENG., Illus.). (J). pap. 12.99 *(978-0-9909512-1-6(9))* El Brown Training Solutions.

Adventures of Superhero Girl (Expanded Edition) Faith Erin Hicks. 2017. (Illus.). 128p. (J). (gr. 5-9). 16.99 *(978-1-5067-0336-7(4),* Dark Horse Books) Dark Horse Comics.

Adventures of Surfer Joe & Henry: Build More Sand Castles. Joe Crossen. 2016. (ENG., Illus.). (J). pap. 14.99 *(978-1-4834-5336-1(7))* Lulu Pr., Inc.

Adventures of Surfer Joe & Henry: You Can Do It. Joe Crossen. 2016. (ENG., Illus.). (J). pap. 14.99 *(978-1-4834-5199-2(2))* Lulu Pr., Inc.

Adventures of Susana: Numbers Book. Jessica Perez-Barnes. 2022. (ENG.). 28p. (J). 16.95 *(978-1-0879-0128-2(6))* Indy Pub.

Adventures of Susie Duck: Susie Visits Memphis, Tennessee. Julie Williams. 2020. (ENG., Illus.). 40p. (J). 24.95 *(978-1-64531-501-8(0))*; pap. 14.95 *(978-1-64531-905-4(9))* Newman Springs Publishing, Inc.

Adventures of Susie Duck: Susie Visits St. Louis, Missouri. Julie Williams. (ENG., Illus.). 30p. (J). 2019. pap. 13.95 *(978-1-64531-312-0(3))*; 2018. 22.95 *(978-1-64096-366-5(9))* Newman Springs Publishing, Inc.

Adventures of Sweet Pickles Mcgillicuddy: The Mystery of the Disappearing Ruby Earring. James C. Wright. 2021. (ENG.). 56p. (J). pap. 11.95 *(978-1-64531-990-0(3))* Newman Springs Publishing, Inc.

Adventures of Sweet Tooth the Sugar Troll. Frank T. Adams. 2017. (ENG., Illus.). (J). pap. *(978-1-4602-9760-5(1))* FriesenPress.

Adventures of Sylvie Sedan. Ginger Gregory. 2016. (ENG., Illus.). (YA). (gr. 7-12). pap. 14.99 *(978-1-942451-22-8(9))* Yorkshire Publishing Group.

Adventures of T. J. & Dodge. Cheryl A. Thompson Illustrated B. Petitt. 2018. (ENG., Illus.). 40p. (J). 22.99 *(978-1-5456-1986-5(7))*; pap. 12.49 *(978-1-5456-1985-8(9))* Salem Author Services.

Adventures of T. J. & Dodge. Cheryl Thompson. Illus. by Tiffany Petitt. 2017. (ENG.). (J). 20.99 *(978-1-4984-9182-2(0))*; pap. 9.99 *(978-1-4984-9181-5(2))* Salem Author Services.

Adventures of Taco Dude. Jack Deverin et al. 2021. (ENG.). 95p. (J). pap. *(978-1-300-76799-2(5))* Lulu Pr., Inc.

Adventures of Tad (Classic Reprint) Frank H. Converse. 2018. (ENG., Illus.). (J). 294p. 29.98 *(978-1-396-56950-0(2))*; 296p. pap. 13.57 *(978-1-391-59332-6(4))* Forgotten Bks.

Adventures of Tallulah, Lucia & Dolce: Big Jungle Adventure. Patricia Kessler. 2017. (Adventures of Tallulah, Lucia & Dolce Ser.: Vol. 1). (ENG., Illus.). 48p. (J). (gr. -1-3). 9.95 *(978-1-890379-38-4(7))* Randall, Charles Inc.

Adventures of Tank & Pudge: Book 1 the Carnival. Harold Hp Phipps. Ed. by Amy Ashby. 2017. (Adventures of Tank & Pudge Ser.: Vol. 1). (ENG., Illus.). 324p. (YA). (gr. 7-12). pap. 16.95 *(978-0-9908136-2-0(2))* Warren Publishing, Inc.

Adventures of Tank & Pudge: The Fisticuffs. Harold Hp Phipps. 2020. (Adventures of Tank & Pudge Ser.: Vol. 2). (ENG.). 362p. (YA). pap. 16.95 *(978-1-7353023-6-2(8))* Warren Publishing, Inc.

Adventures of Tate Tucker. Jimmy Flanagan. 2018. (ENG., Illus.). 28p. (J). pap. 16.95 *(978-1-9736-0346-7(2),* WestBow Pr.) Author Solutions, LLC.

Adventures of Tatiana & Makayla. Tatiana Fitch. 2019. (ENG.). 30p. (J). pap. 10.00 *(978-1-948829-16-8(9))* Relentless Publishing Hse.

Adventures of Taya & B: Worms! Neil Moreno & Taylor Moreno. Illus. by Turine Tran. 2023. (Adventures of Taya & B Ser.: 1). 40p. (J). (gr. 3-5). 30.79 ***(978-1-6678-8438-7(7))*** BookBaby.

Adventures of Taz & His Trip to the Hospital. Janet Chaloux-Baum. Illus. by Yanina Cambareri. 2020. (Adventures of Taz Ser.: 1). (ENG.). 34p. (J). 24.00 *(978-1-0983-3818-3(9))* BookBaby.

Adventures of Team Pom: Squid Happens: Team Pom Book 1. Isabel Roxas. 2021. (Adventures of Team Pom Ser.: 1). (ENG., Illus.). 96p. (J). (gr. 2-5). pap. 12.99 *(978-1-912497-25-6(5))* Flying Eye Bks. GBR. Dist: Penguin Random Hse. LLC.

Adventures of Team Pom: the Last Dodo: Team Pom Book 2. Isabel Roxas. 2022. (Adventures of Team Pom Ser.: 2). (ENG., Illus.). 96p. (J). (gr. 2-5). pap. 12.99 *(978-1-83874-055-9(4))* Flying Eye Bks. GBR. Dist: Penguin Random Hse. LLC.

Adventures of Teddy & Trouble: The Jade Mystery. M. L. Moyer. Illus. by S. W. Moyer. 2021. (Adventures of Teddy & Trouble Ser.: Vol. 2). (ENG.). 36p. (J). 18.99 *(978-1-6629-0470-7(3))*; pap. 12.99 *(978-1-6629-0471-4(1))* Gatekeeper Pr.

Adventures of Telemachus, the Son of Ulysses: Translated from the French (Classic Reprint) Francois Salignac De La Mothe-Fenelon. (ENG., Illus.). (J). 2018. 506p. 34.35 *(978-0-483-05382-3(1))*; 2016. pap. 16.97 *(978-1-334-13747-1(1))* Forgotten Bks.

Adventures of Telemachus, the Son of Ulysses (Classic Reprint) Francois Fenelon. 2017. (ENG., Illus.). (J). 35.03 *(978-1-5280-8250-1(8))*; pap. 19.57 *(978-1-334-92304-3(3))* Forgotten Bks.

Adventures of Telemachus, the Son of Ulysses, Vol. 2 (Classic Reprint) Francois Salignac De La Mothe-Fenelon. 2018. (ENG., Illus.). 248p. (J). 29.03 *(978-0-483-05505-6(0))* Forgotten Bks.

Adventures of Telemachus, Vol. 1: The Son of Ulysses (Classic Reprint) T. Smollett. 2018. (ENG., Illus.). 294p. (J). 29.96 *(978-0-483-47043-9(0))* Forgotten Bks.

Adventures of Telemachus, Vol. 2: The Son of Ulysses (Classic Reprint) T. Smollett. 2018. (ENG., Illus.). 366p. (J). 31.45 *(978-0-484-38409-4(0))* Forgotten Bks.

Adventures of Texas Pete: The Road to Freedom: Book One. Stephen C. Webb. 2021. (ENG., Illus.). 82p. (J). 22.95

(978-1-63814-745-9(0)); pap. 12.95 *(978-1-63814-743-5(4))* Covenant Bks.

Adventures of the Alien Explorers. J. Robin Escobedo. 2023. (Illus.). 24p. (J). (gr. 3-5). pap. 12.00 ***(978-1-6678-8694-7(0))*** BookBaby.

Adventures of the Baby Shark. Matt Upholz. 2018. (ENG., Illus.). 32p. (J). 13.99 *(978-0-578-42185-8(2))* Matthew Upholz.

Adventures of the Barnyard Krew: Respect for Others: Volume 1. Lisa McCord Harrison & Jennifer McKinney-Evans. 2022. (ENG., Illus.). 30p. (J). 26.95 *(978-1-63885-747-1(4))*; pap. 16.95 *(978-1-63885-746-4(6))* Covenant Bks.

Adventures of the Beautiful Little Maid Cinderilla, or the History of a Glass Slipper: To Which Is Added, an Historical Description of the Cat (Classic Reprint) Unknown Author. (ENG., Illus.). (J). 2018. 34p. 24.62 *(978-0-484-86701-6(6))*; 2016. pap. 7.97 *(978-1-333-12218-8(7))* Forgotten Bks.

Adventures of the Big Green Van. Sharon Smith. 2020. (ENG.). 26p. (J). pap. 13.95 *(978-1-64701-182-6(5))* Page Publishing Inc.

Adventures of the Blue Fin Brothers: A Trip of Their Own. Derek Aquin. 2022. (ENG.). 34p. (J). *(978-0-2288-7235-1(9))*; pap. *(978-0-2288-7234-4(0))* Tellwell Talent.

Adventures of the Brothers Four. The & Lady Jan Beeson. 2022. (ENG.). 116p. (J). 30.00 *(978-0-9890482-7-9(6))* Beeson, Jan.

Adventures of the Brothers Four Book 2. The and Lady Jan Beeson. Illus. by Jan Beeson. 2022. (ENG.). 120p. (J). 30.00 ***(978-0-9890482-8-6(4))*** Beeson, Jan.

Adventures of the Bungalow Fly. Tony Azar. 2022. (ENG., Illus.). 28p. (J). pap. 14.95 *(978-1-6624-2799-2(9))* Page Publishing Inc.

Adventures of the Cabin Kids: 88 Mountain View Cir. (New Edition) Zachary Lipscomb. Illus. by Phillip and Zachary Lipscomb. 2019. (ENG.). 24p. (J). pap. 8.99 *(978-1-64550-287-6(2))* Matchstick Literary.

Adventures of the Cactus Kids & Friends: Book One: Rodeo Day. Janis Blackwell. 2018. (ENG., Illus.). 36p. (J). 23.95 *(978-1-63575-186-4(1))* Christian Faith Publishing.

Adventures of the Caliph Haroun Alraschid (Classic Reprint) Anne Manning. 2018. (ENG., Illus.). 308p. (J). 30.25 *(978-0-267-66715-4(9))* Forgotten Bks.

Adventures of the Catford Five. Kumarie Balkissoon & Jean Popeau. 2021. (ENG.). 120p. (J). pap. *(978-1-83975-718-1(3))* Grosvenor Hse. Publishing Ltd.

Adventures of the DRB Detective Agency Escape from Halloween Mansion. W. G. Davis. 2018. (ENG.). 82p. (J). pap. 7.99 *(978-1-393-05262-3(2))* Draft2Digital.

Adventures of the Dream Kidz: The Disciples. Sandy Finne. 2020. (ENG.). 26p. (J). pap. 11.95 *(978-1-64670-036-3(8))* Covenant Bks.

Adventures of the Five Forest Fairies: Stories from Inside My Head. Grandma Sergeant. 2018. (ENG., Illus.). 42p. (J). pap. *(978-1-78830-022-3(X))* Olympia Publishers.

Adventures of the Flash Gang: Episode One: Exploding Experiment. S. J. Waugh & M. M. Downing. 2023. (Adventures of the Flash Gang Ser.). 212p. (J). (gr. 4-7). pap. 9.95 *(978-1-64603-322-5(1)*, Fitzroy Bks.) Regal Hse. Publishing, LLC.

Adventures of the Four Cousins in Always Always Land. Louis Najera. 2017. (ENG., Illus.). (J). pap. 13.95 *(978-1-63575-233-5(7))* Christian Faith Publishing.

Adventures of the 'Frigerator Family. Arthur Prisco. 2020. (ENG.). 30p. (J). pap. 16.99 *(978-1-63050-372-7(X))* Salem Author Services.

Adventures of the Girl with the Pink Bow. Linda Koley. 2018. (Adventures of the Girl with the Pink Bow Ser.: Vol. 1). (ENG., Illus.). 150p. (J). pap. *(978-0-2288-0587-8(2))* Tellwell Talent.

Adventures of the Great Bundini. K. J. Badalato. 2016. (ENG., Illus.). (J). pap. 12.99 *(978-0-692-80076-8(X))* badalato.

Adventures of the Jungle Buddies. Mark R. Williams. 2019. (ENG., Illus.). 42p. (J). *(978-0-2288-0509-0(0))*; pap. *(978-0-2288-0508-3(2))* Tellwell Talent.

Adventures of the Junior Detectives: Hibernation. Chantal Tomé. Illus. by Anthony Santos. 2022. (Junior Detectives Ser.). (ENG.). 32p. (J). *(978-1-0391-2571-1(9))*; pap. *(978-1-0391-2570-4(0))* FriesenPress.

Adventures of the Little Polar Bear. Hans de Beer. 2018. (Little Polar Bear Ser.: 12). (ENG., Illus.). 160p. (J). (gr. -1-3). 19.95 *(978-0-7358-4315-8(5))* North-South Bks., Inc.

Adventures of the Little Woman, the Pedlar, & Her Dog (Classic Reprint) Unknown Author. (ENG., Illus.). (J). 2018. 20p. 24.31 *(978-0-364-24106-6(3))*; 2016. pap. 7.97 *(978-1-334-16920-5(9))* Forgotten Bks.

Adventures of the Littles: Our First Year Vol. 2. Ann Tucker. Illus. by Mizzy. 2023. (Adventures of the Littles Ser.: Vol. 2). (ENG.). 34p. (J). 35.99 ***(978-1-6628-6231-1(8))***; pap. 25.99 ***(978-1-6628-6230-4(X))*** Salem Author Services.

Adventures of the Littles: The Day of Birth. Ann Tucker. Illus. by Allie Tucker. 2021. (ENG.). 28p. (J). 26.99 *(978-1-6628-3041-9(6))*; pap. 14.99 *(978-1-6628-3040-2(8))* Salem Author Services.

Adventures of the Magical Whisk in France. Robin Lang. 2022. (Adventures of the Magical Whisk Ser.: Vol. 2). (ENG.). 32p. (J). 18.95 *(978-1-957723-43-3(2))*; pap. 12.95 *(978-1-957723-44-0(0))* Warren Publishing, Inc.

Adventures of the Magical Whisk in Italy. Robin Lang. 2021. (Adventures of the Magical Whisk Ser.: Vol. 1). (ENG.). 30p. (J). pap. 12.95 *(978-1-954614-04-8(7))*; 18.95 *(978-1-954614-03-1(9))* Warren Publishing, Inc.

Adventures of the Mole in the Hole: The Goose Gets Loose. L. B. Hopper. Illus. by Alex Goubar. 2021. (Adventures of the Mole in the Hole Ser.: Vol. 4). (ENG.). 34p. (J). pap. *(978-1-7753720-6-6(5))* Gauvin, Jacques.

Adventures of the Mole in the Hole; the Lost Cub. L. B. Hopper. Illus. by Alex Goubar. 2021. (ENG.). 34p. (J). pap. *(978-1-7753720-8-0(1))* Gauvin, Jacques.

Adventures of the M'Tk Sewer Rat: He Came from Nothing to Lead His People. D. L. McCann. 2016. (ENG., Illus.). (J). pap. 14.95 *(978-1-938586-86-6(7))* Writer's Cramp, Inc.

Adventures of the Pincushion: Designed Chiefly for the Use of Young Ladies (Classic Reprint) Mary Ann Kilner. 2018. (ENG., Illus.). 120p. (J). 26.37 *(978-0-267-96779-7(9))* Forgotten Bks.

Adventures of the Piney Snipes. Felicia Rushing. 2022. (ENG., Illus.). 22p. (J). pap. 13.95 *(978-1-63961-648-0(9))* Christian Faith Publishing.

Adventures of the Quill. Raymond Wood. 2020. (ENG., Illus.). 84p. (J). pap. 14.95 *(978-1-64515-504-1(8))* Christian Faith Publishing.

Adventures of the Sassy Sisters DREAM BIG. The Sassy Sisters Kourtnie & Kalia. Illus. by Benedicta Buatsie. 2022. (ENG.). 28p. (J). 25.00 *(978-1-0880-2572-7(2))* Indy Pub.

Adventures of the Sensokids: I've Got the Wiggles. Reema Naim. Illus. by Hassan Almodallala. 2021. (Adventures of the Sensokids Ser.: Vol. 2). (ENG.). 56p. (J). 26.99 *(978-1-7371620-0-1(8))*; pap. 18.99 *(978-1-7371620-1-8(6))* Palmetto Publishing.

Adventures of the Six Princesses of Babylon, in Their Travels to the Temple of Virtue: An Allegory (Classic Reprint) Lucy Peacock. (ENG., Illus.). (J). 2018. 168p. 27.38 *(978-0-656-98846-4(0))*; 2017. pap. 9.97 *(978-0-282-20404-4(0))* Forgotten Bks.

Adventures of the Snuggleberries: The Four Seasons. J. S. Barry. 2022. (ENG.). 72p. (J). ***(978-1-80227-306-9(9))***; pap. ***(978-1-80227-305-2(0))*** Publishing Push Ltd.

Adventures of the Sticky Ickies. L. C. MacDonald. 2018. (ENG., Illus.). 32p. (J). *(978-1-5255-3695-3(8))*; pap. *(978-1-5255-3696-0(6))* FriesenPress.

Adventures of the Super Bunny Club. Dale Perry. 2019. (ENG.). 144p. (J). (gr. 2-5). pap. 11.95 *(978-1-68401-801-7(3))* Amplify Publishing Group.

Adventures of the Super Zeroes. Russ Bolts. Illus. by Jay Cooper. 2020. (Bots Ser.: 7). (ENG.). 128p. (J). (gr. k-4). 16.99 *(978-1-5344-6093-5(4))*; pap. 6.99 *(978-1-5344-6092-8(6))* Little Simon. (Little Simon).

Adventures of the Tall & the Small. Paige Gowan. 2019. (ENG.). 32p. (J). pap. *(978-0-359-68799-2(7))* Lulu Pr., Inc.

Adventures of the Tinsel Tots. Geraldine S. Perry. 2017. (ENG., Illus.). (J). 21.95 *(978-1-64114-034-8(8))*; pap. 12.95 *(978-1-64114-032-4(1))* Christian Faith Publishing.

Adventures of the Tiny Red Bug. Grampy Lee. 2018. (ENG., Illus.). 48p. (J). pap. 10.95 *(978-1-7321449-0-3(7))* Trireme Studios.

Adventures of the Toastmsater: Adventure's Dawn (Book 1) Justin Navarro. Illus. by Jackson Nettleingham. 2023. (Adventures of the Toastmaster Ser.). 50p. (YA). (gr. 8). pap. 15.95 BookBaby.

Adventures of the Traveling Glasses. Michelle Smallman. Illus. by Julian Gonzalez. 2018. (ENG.). 20p. (J). (gr. k-6). pap. *(978-1-7753422-0-5(4))* Smallman, Michelle.

Adventures of the Tree Sprites. Bh Decou. 2020. (ENG., Illus.). 46p. (J). pap. 15.95 *(978-1-64801-143-6(8))* Newman Springs Publishing, Inc.

Adventures of the True Sunbeam. Mark Olmstead. 2016. (ENG., Illus.). (J). (gr. k-4). pap. 12.95 *(978-1-61611-332-2(4)*, Keepsake Productions) Keepsake Productions.

Adventures of the Two Little Frogs: Vol. 2. Noel H. Landriani. 2020. (ENG.). 224p. (J). pap. 9.95 ***(978-1-7343063-4-7(3))*** Peer Leadership Advisory Network.

Adventures of the Unicorn Poo. Reice Godfrey. Illus. by Anniella Ragaza. 2023. (ENG.). 24p. (J). pap. ***(978-0-2288-7894-0(2))*** Tellwell Talent.

Adventures of the Valley Fairies. Matthew C. Hasler. 2018. (ENG.). 52p. (J). pap. *(978-1-78878-043-8(4))*; (Illus.). *(978-1-78878-044-5(2))* Austin Macauley Pubs. Ltd.

Adventures of the Vitiligo Man. Shankar Jalota. Illus. by Yuyuartt. 2022. (ENG.). 40p. (J). pap. ***(978-1-80227-565-0(7))*** Publishing Push Ltd.

Adventures of the Whistling Girl & the Carrot Pal at the Zoo (Russian Edition) Maryna K. Gipsov. Ed. by Ekaterina Ventskovskaya. 2021. (RUS.). 48p. (J). 19.99 *(978-1-0879-4668-9(9))* Indy Pub.

Adventures of the Wishing-Chair: Book 1. Enid Blyton. 2022. (Wishing-Chair Ser.). (ENG., Illus.). 176p. (J). (gr. k-2). pap. 10.99 *(978-1-4449-5948-2(4))* Hachette Children's Group GBR. Dist: Hachette Bk. Group.

Adventures of the Wishing-Chair Deluxe Edition: Book 1. Enid Blyton. 2022. (Wishing-Chair Ser.). (ENG., Illus.). 180p. (J). (gr. k-2). 21.99 *(978-1-4449-5988-8(3))* Hachette Children's Group GBR. Dist: Hachette Bk. Group.

Adventures of Theo & Gus Gus. Megan Hoert Hughes. Illus. by David C. Taylor. 2018. (ENG.). 32p. (J). pap. 10.00 *(978-1-59715-190-0(4))* Chapel Hill Press, Inc.

Adventures of Theodore: A Humorous Extravaganza As Related by Jim Higgers (Classic Reprint) Henrich Henrich. 2018. (ENG., Illus.). 232p. (J). 28.68 *(978-0-483-34191-3(6))* Forgotten Bks.

Adventures of Three Little Bears: Treasure Hunt. Christina Leija. 2017. (ENG., Illus.). 40p. (J). pap. *(978-1-365-70877-0(2))* Lulu Pr., Inc.

Adventures of Thunder & Lightning: The Night of the Big Storm. Darrell Shay. 2017. (ENG., Illus.). (J). (gr. -1-3). 12.45 *(978-1-4808-4202-1(8))*; 22.95 *(978-1-4808-4203-8(6))* Archway Publishing.

Adventures of Thunder & Lightning: Thunder & Lightning Go Fishing. Darrell Shay. 2022. (ENG.). 30p. (J). pap. 15.95 ***(978-1-63961-167-6(3))*** Christian Faith Publishing.

Adventures of Thunder the Wonder Puppy: Book One in the Series - the Collies of Chimacum Valley. Ellen Margaret O'Shea. 2019. (Collies of Chimacum Valley Ser.: Vol. 1). (ENG., Illus.). 40p. (J). (gr. k-6). 21.95 *(978-1-7321023-3-0(3))* O'Shea, Ellen Storyteller.

Adventures of Tiger Lily. Elizabeth Terhune Occhipinti. Illus. by Steven Janowicz. 2022. (ENG.). 24p. (J). pap. 15.00 *(978-1-6678-1915-0(1))* BookBaby.

Adventures of Tily-Wilma - Switzerland. Fiona Alexander Hamilton. 2019. (ENG.). 36p. (J). *(978-1-78629-510-1(5))*; pap. *(978-1-78629-509-5(1))* Austin Macauley Pubs. Ltd.

Adventures of Timias Terrystone (Classic Reprint) Oliver Bell Bunce. (ENG., Illus.). (J). 2018. 316p. 30.41 *(978-0-483-20129-3(4))*; 2016. pap. 13.57 *(978-1-334-51716-7(9))* Forgotten Bks.

Adventures of Tinkie Tickles & Eli. Victoria Dove. 2019. (ENG.). 30p. (J). pap. 15.95 *(978-1-64569-761-9(4))* Christian Faith Publishing.

Adventures of Tintin: the Complete Collection. Hergé. 2019. (Adventures of Tintin Ser.). (ENG., Illus.). 1648p. (J). (gr. -1-17). pap. 200.00 *(978-0-316-49504-2(2))* Little, Brown Bks. for Young Readers.

Adventures of Tiny Tinsel Tinker the Third. P. Revelman. 2018. (Adventures of Tiny Tinsel Tinker the Third Ser.: Vol. 1). (ENG.). 176p. (J). pap. *(978-1-912601-32-5(X))* Mirador Publishing.

Adventures of TJ & His Wheelable Chair. Amanda Kehoe. 2020. (ENG.). 32p. (J). pap. *(978-1-5289-2135-0(6))* Austin Macauley Pubs. Ltd.

Adventures of Tobias the Turtle. A. J. Stipo. 2019. (ENG., Illus.). 74p. (J). pap. 14.95 *(978-1-64300-654-3(1))* Covenant Bks.

Adventures of Toby & Dr. David: Toby's Story. Chris Harbach. (ENG., Illus.). 42p. (J). (gr. k-3). 2019. pap. 15.00 *(978-1-941516-41-6(6))*; 2018. (Adventures of Toby & Dr. David Ser.: Vol. 1). 24.99 *(978-1-941516-43-0(2))* Franklin Scribes.

Adventures of Tod: With & Without Betty (Classic Reprint) Ada Barnett. 2017. (ENG., Illus.). (J). 198p. 28.00 *(978-0-332-93308-5(3))*; pap. 10.57 *(978-0-282-99206-4(5))* Forgotten Bks.

Adventures of Tom, Jack & Joe. David Stone. 2020. (ENG.). 154p. (J). (gr. 2-6). pap. *(978-1-78465-564-8(3)*, Vanguard Press) Pegasus Elliot Mackenzie Pubs.

Adventures of Tom Jones: Parts III & IV (Classic Reprint) Henry Fielding. 2017. (ENG., Illus.). (J). 39.10 *(978-1-5283-7948-9(9))* Forgotten Bks.

Adventures of Tom Sawyer. Illus. by Asha Pearse. 2017. (ENG.). 32p. (J). (gr. -1-3). *(978-1-4867-1271-7(1))* Flowerpot Children's Pr. Inc.

Adventures of Tom Sawyer. Mark Twain, pseud. 2019. (ENG.). 190p. (YA). (gr. 7-13). 15.95 *(978-1-64594-010-4(1))* Athanatos Publishing Group.

Adventures of Tom Sawyer. Mark Twain, pseud. 2017. (ENG.). 284p. (YA). (gr. 7-13). pap. *(978-3-337-17644-0(5))* Creation Pubs.

Adventures of Tom Sawyer. Mark Twain, pseud. 2021. (ENG.). 152p. (J). (gr. 2-4). pap. 7.99 *(978-1-4209-7614-4(1))* Digireads.com Publishing.

Adventures of Tom Sawyer. Mark Twain, pseud. 2020. (ENG.). (J). (gr. 2-4). 170p. pap. *(978-1-77426-051-7(4))*; 192p. pap. *(978-1-989201-92-3(X))* East India Publishing Co.

Adventures of Tom Sawyer. Mark Twain, pseud. 2020. (ENG.). 160p. (J). (gr. 2-4). pap. 15.99 *(978-1-6781-1519-7(3))*; pap. 19.99 *(978-1-6781-1728-3(5))* Lulu Pr., Inc.

Adventures of Tom Sawyer. Mark Twain, pseud. 2023. (Children's Signature Classics Ser.). 264p. (J). (gr. 5). pap. 9.99 ***(978-1-4549-5001-1(3)***, Union Square Pr.) Sterling Publishing Co., Inc.

Adventures of Tom Sawyer. Mark Twain, pseud & Expressions Classic Books. 2021. (ENG.). 227p. (J). (gr. 5). ***(978-1-7948-2368-6(9))*** Lulu Pr., Inc.

Adventures of Tom Sawyer: A Novel. Mark Twain, pseud. 2018. (ENG., Illus.). 286p. (YA). (gr. 7-13). 28.07 *(978-1-7317-0772-7(X))*; 14.54 *(978-1-7317-0367-5(8))*; pap. 7.75 *(978-1-7317-0368-2(6))*; pap. 16.00 *(978-1-7317-0773-4(8))* Simon & Brown.

Adventures of Tom Sawyer / Las Aventuras de Tom Sawyer. Mark Twain, pseud. 2018. 64p. (J). 10.99 *(978-958-30-5409-9(7))* Panamericana Editorial COL. Dist: Lectorum Pubns., Inc.

Adventures of Tom Sawyer (100 Copy Collector's Edition) Mark Twain, pseud. 2019. (ENG.). 188p. (YA). (gr. 7-12). *(978-1-77226-890-4(9))* AD Classic.

Adventures of Tom Sawyer (100 Copy Limited Edition) Mark Twain, pseud. 2018. (ENG., Illus.). 188p. (YA). (gr. 7-12). *(978-1-77226-574-3(8))* AD Classic.

Adventures of Tom Sawyer (100 Copy Limited Edition) Mark Twain, pseud. 2019. (ENG.). 188p. (YA). (gr. 7-12). *(978-1-77226-735-8(X)*, SF Classic) Engage Bks.

Adventures of Tom Sawyer (1000 Copy Limited Edition) Twain. 2016. (ENG., Illus.). (YA). (gr. 7-12). *(978-1-77226-310-7(9))* AD Classic.

Adventures of Tom Sawyer (1000 Copy Limited Edition) Mark Twain, pseud. 2019. (ENG.). 188p. (YA). (gr. 7-12). *(978-1-77226-680-1(9))* AD Classic.

Adventures of Tom Sawyer (Abridged Edition) A Robert Ingpen Illustrated Classic. Mark Twain, pseud. Illus. by Robert Ingpen. abr. ed. 2022. (Robert Ingpen Illustrated Classics Ser.). (ENG.). 64p. (J). (gr. 1-3). 16.99 *(978-1-80338-031-5(4))* Welbeck Publishing Group Ltd. GBR. Dist: Two Rivers Distribution.

Adventures of Tom Sawyer & Huck Finn (Illustrated) American Classics Series. Mark Twain, pseud. 2019. (ENG.). 502p. (YA). (gr. 7-12). pap. *(978-80-273-3169-7(2))* E-Artnow.

Adventures of Tom Sawyer & Huckleberry Finn (1000 Copy Limited Edition) Twain. 2016. (ENG., Illus.). (YA). (gr. 7-12). *(978-1-77226-311-4(7))* AD Classic.

Adventures of Tom Sawyer (Illustrated) American Classics Series. Mark Twain, pseud. 2019. (ENG.). 232p. (YA). pap. *(978-80-268-9186-4(4))* E-Artnow.

Adventures of Tom Sawyer Novel Units Student Packet. Novel Units. 2019. (ENG.). (YA). pap., stu. ed. 13.99 *(978-1-56137-528-8(4)*, NU5284SP, Novel Units, Inc.) Classroom Library Co.

Adventures of Tom Sawyer (Royal Collector's Edition) (Case Laminate Hardcover with Jacket) Mark Twain, pseud. 2021. (ENG.). 188p. (YA). *(978-1-77476-144-1(0))* AD Classic.

Adventures of Tom Sawyer (Unabridged. Complete with All Original Illustrations) Mark Twain, pseud. 2020. (ENG., Illus.). 258p. (J). *(978-1-78943-106-3(9))*; pap. *(978-1-78943-104-9(2))* Benediction Classics.

Adventures of Tom Sawyer+cd. Collective. 2017. (Green Apple - Life Skills Ser.). (ENG.). 80p. (YA). pap. 27.95 *(978-88-530-1629-4(9)*, Black Cat) Grove/Atlantic, Inc.

Adventures of Tom Stapleton, or 202 Broadway (Classic Reprint) John M. Moore. 2018. (ENG., Illus.). (J). 554p. 35.32 *(978-0-365-72557-2(9))*; 556p. pap. 19.57 *(978-0-365-71589-4(1))* Forgotten Bks.

Adventures of Tom the Rabbit: Into the Fox's Lair. Tom M. Phan. Illus. by Tom M. Phan. 2019. (Adventures of Tom the Rabbit Ser.: Vol. 1). (ENG., Illus.). 38p. (J). (gr. k-6). 25.99 *(978-0-578-47706-0(8))* Phan, Tom.

Adventures of Tomas: Tomas & the Coronavirus. J. M. Getts. 2021. (Adventures of Tomas Ser.: 1). (ENG.). 28p. (J). 27.99 *(978-1-0983-5444-2(3))* BookBaby.

Adventures of Tommy & Goldnugget. Michelle L. Warner. 2020. (ENG.). 262p. (J). pap. 16.49 *(978-1-5456-6239-7(8))* Salem Author Services.

Adventures of Tommy & Mr. Tid Bit. Timothy J. Dell. 2016. (ENG., Illus.). (J). pap. 14.95 *(978-1-68197-778-2(8))* Christian Faith Publishing.

Adventures of Tommy Postoffice; the True Story of a Cat. Gabrielle E. Jackson. 2017. (ENG., Illus.). (J). pap. *(978-0-649-13288-1(2))* Trieste Publishing Pty Ltd.

Adventures of Tommy Postoffice the True Story of a Cat (Classic Reprint) Gabrielle E. Jackson. 2018. (ENG., Illus.). 214p. (J). 28.31 *(978-0-332-81939-6(6))* Forgotten Bks.

Adventures of Tommy the Drummer Boy: A Civil War Story of the 5th Kentucky Infantry. Alan E. Losure. 2019. (ENG., Illus.). 36p. (J). pap. 12.99 *(978-1-950034-55-0(0))* Yorkshire Publishing Group.

Adventures of Tommy the Texan & Captain Billy: A Return to Blue Skies. William Moyle. Ed. by Laura E. O'Connor. Illus. by David C. Moyle. 2019. (ENG.). 166p. (J). pap. 13.99 *(978-1-4808-8280-5(1))* Archway Publishing.

Adventures of Tommy, Tippy & Friends. Jeanne Pennell. 2020. (ENG.). 76p. (J). pap. *(978-1-988925-57-8(6))*; *(978-1-988925-65-3(7))* Doyle-Ingram, Suzanne.

Adventures of Too Cool the Urban Penguin: A Time to Pray. Elliott Nicholas. 2018. (ENG., Illus.). 26p. (J). pap. 12.95 *(978-1-64003-144-9(8))* Covenant Bks.

Adventures of Tootsie & Her Friends: Tootsi Takes a Trip. E. B. Hill. 2022. (ENG.). 30p. (J). pap. 14.95 ***(978-1-68517-936-6(3))*** Christian Faith Publishing.

Adventures of Topsy & Sunshine. Vanda Kincaid. Illus. by Beverly Annette Miller. 2018. (ENG.). 36p. (J). (gr. 1-6). pap. 14.95 *(978-1-947589-04-9(0))* Waldenhouse Pubs., Inc.

Adventures of Tosey & Banta. Gavin & Sam Khan - McIntyre. 2016. (ENG., Illus.). (J). pap. *(978-0-9931565-3-3(3))* Rainbow Publishing Enterprises.

Adventures of Troy a New Home. Hope Kelley. 2020. (ENG.). 58p. (J). 36.99 *(978-1-63050-251-5(0))*; pap. 27.49 *(978-1-63050-250-8(2))* Salem Author Services.

Adventures of Troy Rescuing Lily the Lamb. Hope Kelley. 2018. (ENG., Illus.). 58p. (J). 21.99 *(978-1-5456-5257-2(0))*; pap. 11.49 *(978-1-5456-5256-5(2))* Salem Author Services.

Adventures of Troy the Bald Eagle. Hope Kelley. 2018. (ENG., Illus.). 56p. (J). 21.99 *(978-1-5456-4354-9(7))*; pap. 11.49 *(978-1-5456-4353-2(9))* Salem Author Services.

Adventures of Troy the Spotty Rescue Dog - Troy Earns His Spots. Louise George. 2018. (ENG., Illus.). 30p. (J). *(978-1-78823-277-1(1))*; pap. *(978-1-78823-276-0(3))* Austin Macauley Pubs. Ltd.

Adventures of Tubby. Cissie Zhou. 2022. (Tubby Ser.). (ENG.). 48p. (J). (gr. k-2). 19.95 *(978-1-4878-1005-4(9))* Royal Collins Publishing Group Inc. CAN. Dist: Independent Pubs. Group.

Adventures of Tulip, Birthday Wish Fairy. S. Bear Bergman. Illus. by Suzy Q. Malik. 2019. (ENG.). 28p. (J). (gr. 1-3). 15.95 *(978-1-9991562-2-0(6))* Flamingo Rampant! CAN. Dist: Orca Bk. Pubs. USA.

Adventures of Tupaia. Courtney Sina Meredith. Illus. by Mat Tait. 2019. (ENG.). 64p. (J). (gr. 3-7). 22.99 *(978-1-988547-14-5(8))* Allen & Unwin AUS. Dist: Independent Pubs. Group.

Adventures of Tutu & Tula Brave. H. Gray. 2023. (ENG.). 50p. (J). pap. ***(978-1-9992344-4-7(8))*** Gray, John H.

Adventures of Tutu & Tula Christmas. John H. Gray. Illus. by Aria Jones. 2019. (Tutu & Tula Ser.: Vol. 2). (ENG.). 36p. (J). (gr. k). pap. *(978-0-9952387-8-7(2))* Gray, John H.

Adventures of Tutu & Tula. Christmas. John H. Gray. Illus. by Aria Jones. 2019. (Tutu & Tula Ser.: Vol. 1). (ENG.). 36p. (J). (gr. k). *(978-1-9992344-1-6(3))* Gray, John H.

Adventures of Tutu & Tula. Friends. John H. Gray. 2022. (ENG.). 44p. (J). pap. ***(978-1-9992344-3-0(X))*** Gray, John H.

Adventures of Tutu & Tula. Lost. John H. Gray. Illus. by Aria Jones. 2019. (Tutu & Tula Ser.: Vol. 1). (ENG.). 30p. (J). (gr. k-1). *(978-1-9992344-0-9(5))*; pap. *(978-0-9952387-6-3(6))* Gray, John H.

Adventures of Tutu & Tula. Rescue. John Gray. Illus. by Aria Jones. 2019. (Adventures of Tutu & Tula Ser.: Vol. 3). (ENG.). 52p. (J). (gr. k-4). pap. *(978-1-9992344-2-3(1))* Gray, John H.

Adventures of Tutu the Flying Chipmunk. Jay Lopez. 2020. (ENG.). 246p. (J). pap. 18.95 *(978-1-64701-431-5(X))* Page Publishing Inc.

Adventures of Twinkly Eyes, the Little Black Bear (Classic Reprint) Allen Chaffee. 2017. (ENG., Illus.). (J). 28.41 *(978-0-331-53870-0(9))*; pap. 10.97 *(978-0-259-55462-2(6))* Forgotten Bks.

Adventures of Twitch & Whisp: Fluffy. Karen L. Ashcroft. 2018. (ENG., Illus.). 42p. (J). pap. *(978-1-912021-73-4(0)*, Nightingale Books) Pegasus Elliot Mackenzie Pubs.

Adventures of Two Alabama Boys, Vol. 1: In Three Sections (Classic Reprint) Hezekiah John Crumpton. 2017. (ENG., Illus.). (J). 28.93 *(978-1-5283-7719-5(2))* Forgotten Bks.

Adventures of Two Ants (Classic Reprint) Nanny Hammarstrom. 2017. (ENG., Illus.). (J). 25.73 *(978-0-331-30015-4(X))* Forgotten Bks.

Adventures of Two Gun Pete with Smelly Feet: The Collection. D. J. Ducky. 2019. (ENG.). 178p. (YA). pap. 12.99 *(978-1-950454-66-2(5))* Pen It Pubns.

Adventures of Ulysses. Charles Lamb. 2017. (ENG., Illus.). (J). 21.95 *(978-1-374-87700-9(X))*; pap. 10.95 *(978-1-374-87699-6(2))* Capital Communications, Inc.

Adventures of Unc Billy Possum (Classic Reprint) Thornton W. Burgess. 2017. (ENG., Illus.). 138p. (J). 26.76 *(978-0-266-51790-0(0))* Forgotten Bks.

Adventures of Uncle Jeremiah & Family at the Great Fair: Their Observations & Triumphs (Classic Reprint) Quondam Quondam. (ENG., Illus.). (J). 2018. 234p. 28.72 *(978-0-365-32868-1(5))*; 2017. pap. 11.57 *(978-1-5276-5040-4(5))* Forgotten Bks.

30 The check digit for ISBN-10 appears in parentheses after the full ISBN-13

Adventures of Unique Dollar Billy UDB by Sea Kay. Sea Kay. 2018. (ENG., Illus.). 226p. (J). pap. 15.99 *(978-1-5456-4804-9(2))* Salem Author Services.
Adventures of Van & Bunny. Nancy Ann. 2020. (ENG.). 46p. (J). pap. *(978-1-716-85631-0(0))* Lulu Pr., Inc.
Adventures of Veggie & Angus Burger. Robert Magliano. 2017. (ENG., Illus.). (J). (gr. -1-3). pap. 12.99 *(978-0-9991507-1-9(5))* Mindstir Media.
Adventures of Vince the Cat: Vince Discovers the Golden Triangle. Heidi Bryant. Illus. by Animation Studio Prayan. 2nd ed. 2019. (Catnap Stories Ser.: Vol. 2). (ENG.). 58p. (J). (gr. k-5). pap. *(978-1-9993312-5-2(7))* Ipsum Agency.
Adventures of Vince the Cat: Vince Discovers the Wonder of Seville. Heidi Bryant. 2nd ed. 2019. (Catnap Stories Ser.: Vol. 3). (ENG., Illus.). 58p. (J). (gr. k-5). pap. *(978-1-9993312-9-0(X))* Ipsum Agency.
Adventures of Vince the Cat: Vince Goes to Paris. Heidi Bryant. Illus. by Animation Studio Prayan. 2nd ed. 2018. (Catnap Stories Ser.: Vol. 1). (ENG.). 58p. (J). (gr. k-5). pap. *(978-1-9993312-2-1(2))* Ipsum Agency.
Adventures of Vylette Bunny & Friends: Michie on a Mission. Michelle Crichton. Illus. by I. Cenizal. 2022. (ENG.). 32p. (J). *(978-0-2288-7314-3(2))*; pap. *(978-0-2288-7312-9(6))* Tellwell Talent.
Adventures of Vylette Bunny & Michie: Love at First Bite. Michelle Crichton. Illus. by I. Cenizal. 2021. (ENG.). 22p. (J). *(978-0-2288-6170-6(5))*; pap. *(978-0-2288-5135-6(1))* Tellwell Talent.
Adventures of Waffalo: No Bullying! J. Irving & T. Irving. 2019. (ENG., Illus.). 26p. (J). pap. 10.95 *(978-1-950034-35-2(6))* Yorkshire Publishing Group.
Adventures of Waggles: Book 1. Melly Grey. 2020. (Waggles Ser.: 1). (ENG., Illus.). 32p. (J). (gr. -1-3). 16.00 *(978-1-949684-00-1(8))* none.
Adventures of Waggy Tail: Waggy Picks a Family. Waggy Tail. 2020. (Waggy Picks a Family Ser.: 1). 32p. (J). pap. 9.99 *(978-1-0983-3194-8(X))* BookBaby.
Adventures of Walter Pigeon. Susan Rutherford. 2018. (ENG., Illus.). 32p. (J). pap. 10.16 *(978-1-4834-8044-2(5))* Lulu Pr., Inc.
Adventures of Walter the Walleye. T. Pfrommer. 2020. (ENG., Illus.). 22p. (J). pap. 13.95 *(978-1-0980-4879-2(2))* Christian Faith Publishing.
Adventures of Walter Worm & Benjamin Blue Jay. John Loughrey. 2023. (ENG.). 80p. (J). pap. 12.95 ***(978-1-63755-713-6(2)***, Mascot Kids) Amplify Publishing Group.
Adventures of Whittington & His Cat: Ornamented with Neat Engravings on Wood (Classic Reprint) Unknown Author. (ENG., Illus.). (J). 2017. 20p. 24.33 *(978-0-484-41631-3(6))*; 2016. pap. 7.97 *(978-1-334-27566-1(1))* Forgotten Bks.
Adventures of Wiggles: Wiggles Finds a New Home. Dennis Ploch. 2018. (ENG., Illus.). 30p. (J). pap. 12.95 *(978-1-64003-669-7(5))* Covenant Bks.
Adventures of Wilhelm, a Rat's Tale. Maria Ritter. 2018. (ENG., Illus.). 212p. (J). (gr. 5-6). pap. 12.95 *(978-1-944098-04-9(6))* PartnerPress.org.
Adventures of William & Gracie. P. C. Duke. 2018. (ENG., Illus.). 140p. (J). 34.95 *(978-1-64138-294-6(5))* Page Publishing Inc.
Adventures of William Waters, & His Ass Bob: Ornamented with Neat Wood Cuts (Classic Reprint) Unknown Author. (ENG., Illus.). (J). 2018. 20p. 24.33 *(978-0-484-00022-2(5))*; 2016. pap. 7.97 *(978-1-334-16555-9(6))* Forgotten Bks.
Adventures of Willie the Rent-A-Car. Stephan Fischl Jr. 2019. (ENG., Illus.). 30p. (J). 29.99 *(978-1-5456-7107-8(9))*; pap. 19.99 *(978-1-5456-7106-1(0))* Salem Author Services.
Adventures of Willow Downunder. James Seligman. 2017. (ENG., Illus.). 100p. (J). pap. *(978-0-244-30537-6(4))* Lulu Pr., Inc.
Adventures of Willowie Marietiye & Robinie Silver. Willow George. 2020. (ENG.). 100p. (J). pap. 12.98 *(978-0-244-25223-6(8))* Lulu Pr., Inc.
Adventures of Wilunitus. Bruce Charles McPherson. 2017. (ENG.). 302p. (J). pap. 16.99 *(978-1-393-44538-8(1))* Draft2Digital.
Adventures of Wizardry. Lizard Doorley. 2020. (ENG.). 44p. (J). pap. 15.00 *(978-1-953507-08-2(5))* Brightlings.
Adventures of Wobbles Mcgrue & the Jewel Thieves. H. N. Smith. 2021. (ENG., Illus.). 44p. (J). 27.95 *(978-1-0980-2929-6(1))* Christian Faith Publishing.
Adventures of Woofin & Mac: Smash & Grab. Luke McGrath. 2017. (ENG., Illus.). 111p. (J). *(978-1-78623-060-7(7))*; pap. *(978-1-78623-059-1(3))* Grosvenor Hse. Publishing Ltd.
Adventures of Woonun Willoughby. Briann Kearney & Sue Binney. 2020. (ENG.). 36p. (J). pap. 16.44 *(978-1-716-96153-3(X))* Lulu Pr., Inc.
Adventures of Woonun Willoughby: (aka Whispering Oak) Briann Kearney. 2020. (ENG.). 34p. pap. *(978-1-716-48065-2(5))* Lulu Pr., Inc.
Adventures of Wyatt & Nigel 4 Book Collection. Janiene Hopper. 2018. (ENG., Illus.). 122p. (J). pap. 39.02 *(978-0-359-25802-4(6))* Lulu Pr., Inc.
Adventures of Wyatt & Nigel a Very Merry Christmas. Janiene Hopper. 2018. (ENG.). 36p. (J). pap. ***(978-0-359-29432-9(4))*** Lulu Pr., Inc.
Adventures of Wyatt the Riot! & the Preschool Pig. Linda E. Martin. 2016. (ENG., Illus.). (J). pap. 16.95 *(978-1-5127-6491-8(4)*, WestBow Pr.) Author Solutions, LLC.
Adventures of Xavi & Lex. Cindy Casimir. 2020. (ENG.). 24p. (J). 19.89 *(978-1-716-66714-5(3))* Lulu Pr., Inc.
Adventures of Xavier Winfield & His Pal Oggie, EPISODE ONE: The Great Camping Adventure. Roger B. Smith. 2018. (ENG.). 184p. (YA). pap. 9.99 *(978-0-9854439-0-0(1))* Backpack Pubs.
Adventures of Yao & Honey: A Good Night Story. Hehimetu Ra Enkamit Ph D. Illus. by Nawinyeleb Apang Winborum. 2023. (Adventures of Yao & Honey Ser.: Vol. 1). (ENG.). 34p. (J). pap. 13.65 ***(978-0-9979436-4-1(5))*** Southampton Publishing.
Adventures of Yellow Dog: Buoy Visits Colonial Williamsburg. Sarah Barnes. 2017. (ENG., Illus.). (J). pap. 17.45 *(978-1-4808-5472-7(7))* Archway Publishing.
Adventures of Young Jack Harkaway & His Boy Tinker (Classic Reprint) Bracebridge Hemyng. 2018. (ENG., Illus.). 292p. (J). 29.92 *(978-0-483-97926-0(0))* Forgotten Bks.
Adventures of Young Shep: Young Shep Saves the Game. Ashleigh Shepard. 2017. (ENG., Illus.). (J). (gr. -1-3). 14.95 *(978-1-68401-158-2(2))* Amplify Publishing Group.
Adventures of Z: Overcoming the Dark Nights. Tuwana H. Cummings. 2020. (ENG.). 46p. (J). 21.99 *(978-1-63221-801-8(1))*; pap. 14.99 *(978-1-63221-800-1(3))* Salem Author Services.
Adventures of Zana the Great: Everyone in the House Except Me. Rayzelle Forrest Young. 2017. (ENG., Illus.). 28p. (J). pap. 14.99 *(978-0-9702628-0-6(9))* Onyx Pubns.
Adventures of Zaney. Dick Bennett. 2021. (ENG.). 62p. (J). pap. 14.99 *(978-1-0983-3149-8(4))* BookBaby.
Adventures of Zara & Zach: The Treasure Hunt. Danielle Tanner. 2023. (ENG.). 62p. (J). pap. ***(978-1-911697-76-3(5))*** Kingdom Pub.
Adventures of Zara & Zach: The Wizard of Atan. Danielle Tanner. 2023. (ENG.). 64p. (J). pap. ***(978-1-911697-77-0(3))*** Kingdom Pub.
Adventures of Zara & Zach - at the Amusement Park. Danielle Tanner. l.t. ed. 2022. (ENG.). 62p. (J). pap. ***(978-1-911697-68-8(4))*** Kingdom Pub.
Adventures of Zara & Zach - the Kidnapping. Danielle Tanner. 2022. (ENG.). 68p. (J). pap. ***(978-1-911697-55-8(2))*** Kingdom Pub.
Adventures of Zara & Zach in Kenya. Danielle Tanner. l.t. ed. 2022. (ENG.). 68p. (J). pap. ***(978-1-911697-58-9(7))*** Kingdom Pub.
Adventures of Zeb & Fido. Scott H. Conard. 2020. (ENG., Illus.). 54p. (J). 26.95 *(978-1-6624-3989-6(X))*; pap. 16.95 *(978-1-64334-948-0(1))* Page Publishing Inc.
Adventures of Zeb & Fido Book One: Zeb Befriends Fido. Scott Conard. (ENG., Illus.). 46p. (J). 2018. 21.95 *(978-1-64214-213-6(1))*; 2017. pap. 11.95 *(978-1-64138-144-4(2))* Page Publishing Inc.
Adventures of Zeeron & Crash. Annie Farao. 2023. (ENG.). 54p. (J). pap. ***(978-1-83934-795-5(3))*** Olympia Publishers.
Adventures of Zeke & Ledford: Book One: the Dark Wizard & the Mallenknory Stone. J. S. Siler. 2022. (ENG., Illus.). 198p. (YA). pap. 17.95 *(978-1-0980-9281-8(3))* Christian Faith Publishing.
Adventures of Zeke & Tate & the Best Birthday Cake. Chad Ziesman. 2021. (ENG., Illus.). 28p. (J). pap. 13.95 *(978-1-64584-712-0(8))* Page Publishing Inc.
Adventures of Zinzi & Zebu. Kerrith Fraser. 2016. (ENG., Illus.). 87p. (J). pap. *(978-1-84897-622-1(4))* Olympia Publishers.
Adventures of Zuma: The Tale of the Tail. B. R. Smith. 2018. (ENG., Illus.). 24p. (J). pap. 12.99 *(978-0-9998275-1-2(0))* Mindstir Media.
Adventures off Pyramid Ranch. Rose Parkhurst. 2022. (ENG., Illus.). 30p. (J). pap. 14.95 *(978-1-63874-654-6(0))* Christian Faith Publishing.
Adventures on Brad Omnibus 4-6: Books 4-6. Tao Wong. 2020. (Adventures on Brad Ser.: Vol. 65). (ENG.). 500p. (YA). pap. *(978-1-989458-63-1(7))* Tao Wong.
Adventures on Embroidery Street. Mei Su. Illus. by Ruiling Zhang. 2023. (Most Beautiful Gusu Fairy Tales Ser.). (ENG.). 48p. (J). (gr. k-2). 19.95 ***(978-1-4878-1122-8(5))*** Royal Collins Publishing Group Inc. CAN. Dist: Independent Pubs. Group.
Adventures on the Farm: Aventuras en la Granja. Rafaela Mila. 2021. (ENG.). 79p. (J). pap. *(978-1-329-05169-0(6))* Lulu Pr., Inc.
Adventures on the Farm: Little White Chicky. Lisa J. Lutz. 2017. (ENG., Illus.). (J). pap. 11.95 *(978-1-64028-922-2(4))* Christian Faith Publishing.
Adventures on the Other Trail. Rick. 2021. (ENG.). 244p. (J). 39.95 *(978-1-63860-622-2(6))* Fulton Bks.
Adventures on the Ottertail. Robb Felder. 2020. (ENG.). 214p. (J). (gr. 3-6). pap. 12.95 *(978-1-0878-5896-8(8))* Otter Falls Publishing.
Adventures Outdoors, 10 vols., Set. Suzanne Slade. Incl. Let's Go Camping. lib. bdg. 28.93 *(978-1-4042-3650-9(3)*, f039084b-bdbf-4b66-a8b2-6c0d154eb825); Let's Go Canoeing & Kayaking. lib. bdg. 28.93 *(978-1-4042-3649-3(X)*, f4f4d625-f944-4bfb-921d-b572c4a206c6); Let's Go Fishing. lib. bdg. 28.93 *(978-1-4042-3647-9(3)*, d36f87e4-227c-43e3-a423-fd082bb16fa2); Let's Go Hiking. lib. bdg. 28.93 *(978-1-4042-3651-6(1)*, 49dc087a-9657-453e-a445-40a3b422839d); Let's Go Hunting. lib. bdg. 28.93 *(978-1-4042-3646-2(5)*, 077884c0-c5a6-40d6-8e50-611ae72ed682); Let's Go Snowboarding. lib. bdg. 28.93 *(978-1-4042-3648-6(1)*, c8062675-0524-4653-bf8b-76323721e916); (Illus.). 32p. (J). (gr. 4-5). (Adventures Outdoors Ser.). (ENG.). 2006. Set lib. bdg. 144.65 *(978-1-4042-3603-5(1)*, ab121502-86ce-4a7c-b2b7-d3ece27d882e, PowerKids Pr.) Rosen Publishing Group, Inc., The.
Adventures to School: Real-Life Journeys of Students from Around the World. Miranda Paul & Baptiste Paul. Illus. by Isabel Muñoz. 2018. (ENG.). 40p. (J). (gr. -1-3). 17.99 *(978-1-4998-0665-6(5))* Little Bee Books Inc.
Adventures While Preaching the Gospel of Beauty (Classic Reprint) Nicholas Vachel Lindsay. 2018. (ENG., Illus.). 190p. (J). 27.82 *(978-0-666-46613-6(0))* Forgotten Bks.
Adventures with Abuela: Let's Go the Museum of Science & Industry. Virginia Martinez. 2023. (ENG.). 40p. (J). 19.97 ***(978-1-959989-24-0(3))*** Fig Factor Media Publishing.
Adventures with Abuela: Let's Go to Shedd Aquarium. Virginia Martinez. 2022. (ENG.). 44p. (J). 16.97 ***(978-1-957058-65-8(X))***; pap. 12.97 ***(978-1-957058-77-1(3))*** Fig Factor Media Publishing.
Adventures with Abuela: Let's Go to the Museum of Science & Industry. Virginia Martinez. 2023. (ENG.). 40p. (J). pap. 14.97 ***(978-1-959989-22-6(7))*** Fig Factor Media Publishing.
Adventures with Big E: Help with Hygiene. Jacqualine Folks. 2019. (ENG.). 38p. (J). 14.95 *(978-1-64307-229-6(3))* Amplify Publishing Group.
Adventures with Claudie. Brit Bennett. Illus. by Laura Freeman. 2023. (ENG.). 112p. (J). 16.99 ***(978-1-68337-208-0(5))*** American Girl Publishing, Inc.
Adventures with Dad: Another Story. Angela Ettrick-Brathwaite. 2018. (ENG., Illus.). 30p. (J). pap. 15.95 *(978-0-9963451-1-8(6))* Ettrick Bks.
Adventures with Dad: Memories from My Childhood in Panama. Angela Ettrick Brathwaite. 2016. (ENG., Illus.). (J). pap. 15.95 *(978-0-9963451-0-1(8))* Ettrick Bks.
Adventures with Dad: The Parrott. Angela Ettrick-Brathwaite. 2019. (ENG., Illus.). 42p. (J). pap. 15.00 *(978-0-578-55988-9(9))* Ettrick Bks.
Adventures with Daddy: Feeding Ducks. Sandra V. Paulin. 2018. (ENG., Illus.). 22p. (J). (gr. k-4). pap. 10.99 *(978-1-945532-93-1(9))* Opportune Independent Publishing Co.
Adventures with Divot & Swish in Costa Rica: The Superpower of Courage. Brown Ph D Beth. 2021. (ENG.). 48p. (J). 17.95 *(978-1-7351700-0-8(3))* Divot & Swish Publishing.
Adventures with Divot & Swish in the Ozark Mountains: The Superpower of Confidence. Beth Brown. Illus. by Charlotte Strickland. 2022. (ENG.). 56p. (J). (gr. k-4). 17.95 *(978-1-7351700-3-9(8))* Divot & Swish Publishing.
Adventures with Finn & Skip: Forest. Brendan Kearney. 2022. (Illus.). 32p. pap. ***(978-0-241-52579-1(9))*** Dorling Kindersley Publishing, Inc.
Adventures with Finn & Skip: Bee. Brendan Kearney. 2023. (Adventures with Finn & Skip Ser.). (ENG.). 32p. (J). (-k). 16.99 ***(978-0-7440-8311-8(7)***, DK Children) Dorling Kindersley Publishing, Inc.
Adventures with Finn & Skip: Bird. Brendan Kearney. 2022. (Adventures with Finn & Skip Ser.). (ENG.). 32p. (J). (-k). 16.99 *(978-0-7440-5673-0(X)*, DK Children) Dorling Kindersley Publishing, Inc.
Adventures with Finn & Skip: Fish: A Tale about Ridding the Ocean of Plastic Pollution. DK & Brendan Kearney. 2020. (Adventures with Finn & Skip Ser.). (ENG., Illus.). 32p. (J). (gr. -1-2). 14.99 *(978-0-7440-2146-2(4)*, DK Children) Dorling Kindersley Publishing, Inc.
Adventures with Finn & Skip: Forest. Brendan Kearney. 2022. (Adventures with Finn & Skip Ser.). (ENG., Illus.). 32p. (J). (-k). 16.99 *(978-0-7440-4989-3(X)*, DK Children) Dorling Kindersley Publishing, Inc.
Adventures with Four-Footed Folk: And Other Creatures of the Animal World (Classic Reprint) Belle M. Brain. 2018. (ENG., Illus.). 232p. (J). 28.70 *(978-0-267-66714-7(0))* Forgotten Bks.
Adventures with Grandpa! Tex Huntley. Illus. by Fabrizio Petrossi. 2018. (J). *(978-1-5444-0086-0(1)*, Golden Bks.) Random Hse. Children's Bks.
Adventures with Grandpa! (PAW Patrol) Golden Books. Illus. by Fabrizio Petrossi. 2018. (Little Golden Book Ser.). (ENG.). 24p. (J). (-k). 4.99 *(978-1-5247-6874-4(X)*, Golden Bks.) Random Hse. Children's Bks.
Adventures with Great Oma Acorn. Christel Mader. 2018. (ENG., Illus.). 40p. (J). *(978-1-77370-978-9(X))*; pap. *(978-1-77370-979-6(8))* Tellwell Talent.
Adventures with Imaginary Creatures Activity Book. Clever Publishing. 2023. (Activity Book Ser.). (ENG.). 32p. (J). (gr. -1-3). pap. 5.99 *(978-1-956560-28-2(9))* Clever Media Group.
Adventures with Indians (Classic Reprint) Philip V. Mighels. 2018. (ENG., Illus.). 266p. (J). 29.47 *(978-0-267-18794-2(7))* Forgotten Bks.
Adventures with Jax: Jax Finds His Match. Meagan McCallum. 2019. (ENG., Illus.). 38p. (J). (gr. -1-3). 14.95 *(978-1-64307-125-1(4))* Amplify Publishing Group.
Adventures with Jojo: Zoo. Heather Aven. 2022. (ENG.). 38p. (J). 18.95 *(978-1-63755-128-8(2)*, Mascot Kids) Amplify Publishing Group.
Adventures with Keena & Kylee. Lauren Reichenbach. Illus. by Ila Taylor Bologni. 2021. (ENG.). 30p. (J). pap. 9.95 *(978-0-578-90112-1(9))* Susso.
Adventures with Linus & Friends! Peanuts Graphic Novels. Charles M. Schulz. 2023. (Peanuts Ser.). (ENG., Illus.). 160p. (J). (gr. 3-7). 20.99 *(978-1-6659-2706-2(2))*; pap. 11.99 *(978-1-6659-2705-5(4))* Simon Spotlight. (Simon Spotlight).
Adventures with Mason & Jionni: A Snow Day in Georgia. Eddie Crunch. Illus. by Kenady Kitchen. 2021. (ENG.). 20p. (J). 27.49 *(978-1-6628-2953-6(1))*; pap. 17.99 *(978-1-6628-2952-9(3))* Salem Author Services.
Adventures with Max & Kate, 1 vol. Mick Manning. 2018. (Let's Read with Max & Kate Ser.). (ENG.). 24p. (J). (gr. 1-2). 25.27 *(978-1-5383-4037-0(2)*, 47df20a5-2af7-47ed-944a-5e3b17719663); pap. 9.25 *(978-1-5383-4038-7(0)*, 9b3da1ed-7ea9-427f-a58a-93034e28e34e) Rosen Publishing Group, Inc., The. (PowerKids Pr.).
Adventures with Moby. Vicki Fragasso. 2023. (Adventures with Moby Ser.: Vol. 1). (ENG.). 32p. (J). 19.99 ***(978-1-6629-2788-1(6))***; pap. 11.99 ***(978-1-6629-2789-8(4))*** Gatekeeper Pr.
Adventures with My Daddies. Gareth Peter. Illus. by Garry Parsons. 2021. (ENG.). 32p. (J). (gr. -1-3). 16.99 *(978-1-68263-281-9(4))* Peachtree Publishing Co. Inc.
Adventures with Ollie: Beware of the Green Monster. Carrie Pykett. 2017. (ENG., Illus.). (J). 22.95 *(978-1-63525-607-9(0))*; pap. 12.95 *(978-1-63525-605-5(4))* Christian Faith Publishing.
Adventures with Peppa (Peppa Pig) Golden Books. Illus. by Golden Books. 2020. (ENG., Illus.). 224p. (J). (gr. -1-2). pap. 5.99 *(978-0-593-12275-4(5)*, Golden Bks.) Random Hse. Children's Bks.
Adventures with Pete & Prim. Sarah Weaver. Illus. by Svetlana Lau. 2022. (ENG.). 36p. (J). 16.99 ***(978-1-0879-8914-3(0))*** Indy Pub.
Adventures with Piggy: A Day at the Beach: a Lesson on the Importance of Family. Wendy Westerfield. 2017. (ENG., Illus.). (J). pap. 13.95 *(978-1-5127-8617-0(9)*, WestBow Pr.) Author Solutions, LLC.
Adventures with Rudi. Nairy Shahinian. 2018. (ENG.). 76p. (J). *(978-1-5255-3842-1(X))*; (Illus.). pap. *(978-1-5255-3843-8(8))* FriesenPress.
Adventures with Scooter: Finding a Home. Denice Libby. 2020. (ENG.). 32p. pap. 13.95 *(978-1-4808-9046-6(4))* Archway Publishing.
Adventures with Sydney: Outside the Magical Window. Shirley Avin Jowers. 2017. (ENG., Illus.). (J). pap. 28.00 *(978-1-4834-6544-9(6))* Lulu Pr., Inc.
Adventures with the Akranoids. L. Stang. 2019. (ENG.). 248p. (J). *(978-1-5255-3824-7(1))*; pap. *(978-1-5255-3825-4(X))* FriesenPress.
Adventures with the Secret Explorers: Collection One: 4-Book Box Set of Educational Fiction Chapter Books Books. S. J. King. 2022. (Secret Explorers Ser.). (ENG.). 512p. (J). (gr. 2-4). 27.99 *(978-0-7440-7082-8(1)*, DK Children) Dorling Kindersley Publishing, Inc.
Adventures with the Secret Explorers: Collection Two: 4-Book Box Set of Educational Chapter Books. S. J. King. 2023. (Secret Explorers Ser.). (ENG.). 512p. (J). (gr. 2-4). 27.99 *(978-0-7440-7282-2(4)*, DK Children) Dorling Kindersley Publishing, Inc.
Adventures with Venturous. Jessica Trussell. 2020. (ENG., Illus.). 32p. (J). 24.95 *(978-1-64801-031-6(8))*; pap. 13.95 *(978-1-64801-030-9(X))* Newman Springs Publishing, Inc.
Adventures with Waffles. Maria Parr. Illus. by Kate Forrester. 2018. (ENG.). 240p. (J). (gr. 2-5). pap. 7.99 *(978-1-5362-0366-0(1))* Candlewick Pr.
Adventuresome Kittens. Clyde C. Jackson (Aka Pops) III Scebold. 2018. (ENG., Illus.). 92p. (J). 26.49 *(978-1-5456-3168-3(9))*; pap. 15.49 *(978-1-5456-3167-6(0))* Salem Author Services.
Adventuresome Millers. Jeffrey Baer. 2019. (ENG.). 52p. (J). 26.95 *(978-1-64515-340-5(1))* Christian Faith Publishing.
Adventuring - Glossary & Notes. Heron Books. 2019. (ENG.). 108p. (J). pap. ***(978-0-89739-114-6(4)***, Heron Bks.) Quercus.
Adventuring in California: Yesterday, Today, & Day Before Yesterday (Classic Reprint) Jessie Heaton Parkinson. (ENG., Illus.). (J). 2018. 152p. 27.32 *(978-0-332-35833-8(X))*; 2016. pap. 9.57 *(978-1-333-31687-7(9))* Forgotten Bks.
Adventurous Abbie. Fiona Harris & Sally Rippin. Illus. by Scott Edgar. 2018. (Super Moopers Ser.). (ENG.). 48p. (J). (gr. k-2). pap. 10.99 *(978-1-76068-045-9(1))* Bonnier Publishing GBR. Dist: Independent Pubs. Group.
Adventurous Ali: Temple of the Monkey God. Tyler H. Jolley & Geis H. Mary. 2019. (Adventurous Ali Ser.: Vol. 1). (ENG., Illus.). 106p. (J). (gr. 2-6). pap. 7.99 *(978-1-7331821-0-2(1))* Jolley Chronicles.
Adventurous Ali: The Abominable Disease. Tyler H. Jolley & Mary H. Geis. 2021. (ENG.). 114p. (J). (gr. 2-6). pap. 7.99 *(978-1-7331821-4-0(4))* Jolley Chronicles.
Adventurous Ali: The All-Seeing Eye. Tyler H. Jolley & Mary H. Geis. 2019. (Adventurous Ali Ser.: Vol. 2). (ENG., Illus.). 136p. (J). (gr. 2-6). pap. 7.99 *(978-1-7331821-1-9(X))* Jolley Chronicles.
Adventurous Ali: The Transylvania Pocket Watch. Tyler H. Jolley & Mary H. Geis. 2020. (Adventurous Ali Ser.: Vol. 3). (ENG., Illus.). 126p. (J). (gr. 2-6). pap. 7.99 *(978-1-7331821-2-6(8))* Jolley Chronicles.
Adventurous Crafts for Kids. Tamara JM Peterson & Ruthie Van Oosbree. 2023. (Adventurous Crafts for Kids Ser.). (ENG.). 32p. (J). 135.96 ***(978-1-6690-0425-7(2)***, 247352, Capstone Pr.) Capstone.
Adventurous Cub Meets Nessssss. R. N. Dunne. Illus. by Kalpart. 2017. (ENG.). (J). (gr. k-6). pap. 10.95 *(978-1-68181-438-4(2))* Strategic Book Publishing & Rights Agency (SBPRA).
Adventurous Dot to Dot Activity Book. Creative Playbooks. 2016. (ENG., Illus.). (J). pap. 10.81 *(978-1-68323-476-0(6))* Twin Flame Productions.
Adventurous Eats. Katrina Jorgensen. 2020. (Easy Eats Ser.). (ENG., Illus.). 32p. (J). (gr. 3-5). lib. bdg. 33.99 *(978-1-4966-8101-0(0)*, 199228, Capstone Pr.) Capstone.
Adventurous Ellie Gets Lost. Mari Ann Caudill. 2023. (ENG.). 32p. (J). 15.99 ***(978-1-0882-1526-5(2))*** Indy Pub.
Adventurous Kid's Guide to the World's Most Mysterious Places. Patrick Makin. Illus. by Whooli Chen. 2021. (ENG.). 80p. (J). (gr. 2-5). 24.99 *(978-1-4197-5159-2(X)*, 1718801) Abrams, Inc.
Adventurous Lady: Margaret Brent of Maryland. Dorothy Grant. 2017. (ENG., Illus.). (J). (gr. 4-6). pap. 14.95 *(978-0-9991706-3-2(5))* Hillside Education.
Adventurous Max Flax. Kathleen Curtis Wilson. 2017. (ENG., Illus.). (J). pap. 14.95 *(978-1-4834-6714-6(7))* Lulu Pr., Inc.
Adventurous People. Kelly Birdsong & Tim Birdsong. Illus. by Craig Orback. 2023. (ENG.). 34p. (J). 18.99 ***(978-1-63988-659-3(1))*** Primedia eLaunch LLC.
Adventurous People. Kelly Birdsong & Tim Birdsong. Illus. by Orback. 2023. (ENG.). 34p. (J). pap. 12.99 ***(978-1-63988-660-9(5))*** Primedia eLaunch LLC.
Adventurous Rumpus: Against the Ruse Inanses. Sameer. 2021. (ENG.). 132p. (J). pap. 9.99 *(978-1-68487-785-0(7))* Notion Pr., Inc.
Adventurous Seven: Their Hazardous Undertaking. Bessie Marchant. 2017. (ENG., Illus.). (J). 23.95 *(978-1-374-87140-3(0))* Capital Communications, Inc.
Adventurous Simplicissimus: Being the Description of the Life of a Strange Vagabond Named Melchior Sternfels Von Fuchshaim; Written in German & Now for the First Time Done into English (Classic Reprint) Hans Jakob Christoph Von Grimmelshausen. 2017. (ENG., Illus.). (J). 32.39 *(978-0-266-32169-9(0))* Forgotten Bks.
Adventurous Squirrels of Cool Waters Cove: A Children's Animal Picture Book for Ages 2-8. Steve L. Whysel. Illus. by Quinn Chavez. 2020. (ENG.). 32p. (J). pap. 9.13 *(978-1-64388-470-7(0))* Luminare Pr., LLC.
Adventurous Stories: For Elementary School Kids. Lunaasha Kandregula & Charisha Kandregula. 2022. (ENG.). 157p. (J). pap. ***(978-1-387-76307-8(5))*** Lulu Pr., Inc.
Adventurous Travels of Miranda & J-Dog: Egypt. Ken Bangs. 2019. (ENG.). 56p. (J). pap. 8.00 *(978-1-7331194-4-3(2))* Ken Bangs Writing.
Adventurous Voyage: Exploring Different Corners of the Earth. Mavis Sybil. 2021. (ENG.). 82p. (J). pap. 9.99 *(978-1-0879-7756-0(8))* Indy Pub.

Adventurous Women: Eight True Stories about Women Who Made a Difference. Penny Colman. 2019. (ENG., Illus.). 192p. (J). pap. 10.99 (978-1-250-22164-3(1), 900207833) Square Fish.

Adventurous World of Mark Twain. Wayne Ashmore & Jennifer Nault. 2016. (J). (978-1-5105-1955-8(6)) SmartBook Media, Inc.

Adverbs. Contrib. by Kelly Doudna. 2023. (Sentences Ser.). (ENG.). 24p. (J). (gr. -1-2). lib. bdg. 31.36 (978-1-0982-8276-9(0), 42278, Abdo Zoom-Launch) ABDO Publishing Co.

Adverbs. Ann Heinrichs. 2019. (English Grammar Ser.). (ENG.). 32p. (J). (gr. 2-5). lib. bdg. 35.64 (978-1-5038-3240-4(6), 212999) Child's World, Inc, The.

Adverbs. Ann Heinrichs. 2016. (Illus.). 24p. (J). (978-1-4896-5983-5(8), AV2 by Weigl) Weigl Pubs., Inc.

Adverbs. Deborah G. Lambert. 2016. (978-1-5105-2275-6(1)) SmartBook Media, Inc.

Adverbs Say Finally! Michael Dahl. Illus. by Maira Kistemann Chiodi. 2019. (Word Adventures: Parts of Speech Ser.). (ENG.). 32p. (J). (gr. k-3). pap. 7.95 (978-1-5158-4061-9(1), 140055); lib. bdg. 27.99 (978-1-5158-3872-2(2), 139591) Capstone. (Picture Window Bks.).

Advertencia de Los Hermanos Grimm. Chris Colfer. 2017. (SPA.). 504p. (J). (gr. 5-8). pap. 17.99 (978-987-747-295-0(3)) V&R Editoras.

Advertisement: A Play in Four Acts (Classic Reprint) Basil Macdonald Hastings. 2018. (ENG., Illus.). 116p. (J). 26.31 (978-0-267-21342-9(5)) Forgotten Bks.

Advertising. Wil Mara. 2018. (21st Century Skills Library: Global Citizens: Modern Media Ser.). (ENG.). 32p. (J). (gr. 4-7). pap. 14.21 (978-1-5341-3246-7(5), 211749); (Illus.). lib. bdg. 32.07 (978-1-5341-2926-9(X), 211748) Cherry Lake Publishing.

Advertising & Marketing in Theater, 1 vol. George Capaccio. 2017. (Exploring Theater Ser.). (ENG.). 96p. (YA). (gr. 7-7). pap. 20.99 (978-1-5026-3430-6(9), ac3bb200-766c-43cb-bb86-efa25b4f99f6); lib. bdg. 44.50 (978-1-5026-2999-9(2), e0024756-f406-4e49-93e5-d9e59cc2c8c4) Cavendish Square Publishing LLC.

Advertising for a Husband (Classic Reprint) Charles S. Bird. 2018. (ENG., Illus.). 32p. (J). 24.56 (978-0-267-15372-5(4)) Forgotten Bks.

Advertising Girls: A Masque of Very Fly Leaves in Two Scenes (Classic Reprint) Amelia Sanford. (ENG., Illus.). (J). 2018. 30p. 24.52 (978-0-267-40265-6(1)); 2016. pap. 7.97 (978-1-334-12085-5(4)) Forgotten Bks.

Advertising Overload. Duchess Harris & Sue Bradford Edwards. 2017. (News Literacy Ser.). (ENG., Illus.). 48p. (J). (gr. 4-8). lib. bdg. 35.64 (978-1-5321-1387-1(0), 27685) ABDO Publishing Co.

Advice from a Puppy. Kim A. Davis. Illus. by Angela Gooliaff. 2023. (ENG.). 48p. (J). pap. (978-1-0391-6148-1(0)); (978-1-0391-6149-8(9)) FriesenPress.

Advice from Ayatollah Sayyid Muhammad Ridha Shirazi. Ayatollah Sayyid Muhammad Ridha Shirazi. 2020. (ENG.). 288p. (YA). 35.99 (978-1-716-50321-4(3)) Lulu Pr., Inc.

Advice from My Father. D. Kafina Sinatue & Snoti H. Friday. 2020. (ENG.). 26p. (J). pap. 13.00 (978-0-578-74541-1(0)) Ez's Event Planning LLC.

Advice to a Young Woman at Service: In a Letter from a Friend (Classic Reprint) Sarah Savage. 2017. (ENG., Illus.). (J). pap. 7.97 (978-0-259-29247-0(8)) Forgotten Bks.

Advice to the Officers of the British Army, Vol. 1 (Classic Reprint) Francis Grose. 2018. (ENG., Illus.). 178p. (J). 27.59 (978-0-267-48252-8(3)) Forgotten Bks.

Advice to the Young! Honesty Is the Trade Mark & Perseverance Is a Pearl of Great Price (Classic Reprint) George Worsley. 2018. (ENG., Illus.). (J). 156p. 27.11 (978-0-366-55767-7(X)); 158p. pap. 9.57 (978-0-366-06305-5(7)) Forgotten Bks.

Advo-Cats. Christine Tricario. l.t. ed. 2017. (ENG., Illus.). (J). pap. 10.95 (978-1-61633-856-5(3)) Guardian Angel Publishing, Inc.

Adyn Loves the Indian Holidays. Reetu Dua. 2019. (ENG., Illus.). 38p. (J). 14.95 (978-1-64307-387-3(7)) Amplify Publishing Group.

Aeneid. Virgil. Tr. by Bairagi Charan Jena. 2020. (ORI.). 334p. (J). pap. 18.00 (978-1-64560-119-7(6)) Black Eagle Bks.

Aeneid. Virgil. Tr. by John Dryden. 2019. (ENG.). 322p. (J). pap. 10.99 (978-1-4209-6138-6(1)) Digireads.com Publishing.

Aeneid. Virgil. 2020. (ENG.). 210p. (J). pap. (978-1-989201-99-2(7)) East India Publishing Co.

Aeneid. Virgil. 2018. (ENG., Illus.). 262p. (J). 27.34 (978-1-7317-0722-2(3)) Simon & Brown.

Aeneid. Virgil. Tr. by John Dryden. 2018. (ENG., Illus.). 262p. (J). 14.12 (978-1-7317-0387-3(2)); pap. 7.34 (978-1-7317-0388-0(0)) Simon & Brown.

Aeneid: A Graphic Novel. Diego Agrimbau. Tr. by Trusted Translations. Illus. by Marcelo Sosa. 2018. (Classic Fiction Ser.). (ENG.). 80p. (J). (gr. 5-9). lib. bdg. 27.32 (978-1-4965-6113-8(9), 137710, Stone Arch Bks.) Capstone.

Aeneid for Boys & Girls. Alfred J. Church & Virgil. 2017. (ENG., Illus.). (J). pap. 8.95 (978-1-68422-160-8(9)) Martino Fine Bks.

Aeneid for Boys & Girls: Told from Virgil in Simple Language (Classic Reprint) Alfred J. Church. 2017. (ENG., Illus.). (J). 30.04 (978-1-5283-8173-4(4)) Forgotten Bks.

Aeneid, the (Worldview Edition) Virgil. 2019. (ENG.). (YA). pap. 13.95 (978-1-944503-65-9(X)) Canon Pr.

Aengus' Bike. Sonja Martin & Laura McMaster. 2021. (ENG.). 22p. (J). pap. (978-0-2288-4475-4(4)) Tellwell Talent.

Aenone a Tale of Slave Life in Rome (Classic Reprint) Leonard Kip. 2018. (ENG., Illus.). 310p. (J). 30.29 (978-0-484-78940-0(6)) Forgotten Bks.

Aereo Libro Da Colorare: Libro Da Colorare Perfetto per Bambini, Ragazzi e Ragazze. Regali Grande Aeroplano per I Bambini e Toddlers Che Amano Giocare con gli Aeroplani e Godere con gli Amici. Amelia Yardley. 2021. (ITA.). 82p. (J). pap. (978-1-6671-4060-5(4)) Lulu.com.

Aerial Navigation: A Practical Handbook on the Construction of Dirigible Balloons, Aerostats, Aeroplanes, & Aeromotors (Classic Reprint) Frederick Walker. (ENG., Illus.). (J). 2017. 28.76 (978-0-266-40882-6(6)); 2017. pap. 11.57 (978-0-282-61644-1(6)); 2016. pap. 11.57 (978-1-333-49811-5(X)) Forgotten Bks.

Aerial Sailors. Christopher Powell. 2023. (ENG.). 220p. (J). pap. (978-1-83934-474-9(1)) Olympia Publishers.

Aerial World: A Popular Account of the Phenomena & Life of the Atmosphere (Classic Reprint) Georg Hartwig. (ENG., Illus.). (J). 2018. 592p. 36.11 (978-0-484-27637-5(9)); 2016. pap. 19.57 (978-1-334-30362-3(2)) Forgotten Bks.

Aerials & Envy. Jake Maddox. 2018. (Jake Maddox JV Girls Ser.). (ENG., Illus.). 96p. (J). (gr. 4-8). lib. bdg. 26.65 (978-1-4965-5914-2(2), 137121, Stone Arch Bks.) Capstone.

Aerie. Maria Dahvana Headley. 2016. (Magonia Ser.: 2). (ENG.). 320p. (YA). (gr. 8). 17.99 (978-0-06-232055-1(6), HarperCollins) HarperCollins Pubs.

Aerie: Outcast. Sophie Yao. 2022. (ENG.). 230p. (YA). pap. 16.99 (978-1-956380-22-4(1)) Society of Young Inklings.

Aerin & a Troll. Jana Prackova. 2020. (ENG.). 32p. (J). (978-1-9993347-8-7(7)); pap. (978-1-9993347-9-6(5)) Prackova, Jana.

Aerobatic Aircraft. S. L. Hamilton. 2021. (Xtreme Aircraft Ser.). (ENG., Illus.). 48p. (J). (gr. 3-9). lib. bdg. 34.21 (978-1-5321-9732-1(2), 38590, Abdo & Daughters) ABDO Publishing Co.

Aerodynamics: Constituting the First Volume of a Complete Work on Aerial Flight (Classic Reprint) Frederick William Lanchester. 2018. (ENG., Illus.). 476p. (J). 33.71 (978-0-364-58942-7(6)) Forgotten Bks.

Aerola's Big Trip. Lakawthra Cox et al. 2022. (ENG.). 38p. (J). pap. 14.99 (978-1-958169-04-9(8)) Inkstone Literary.

Aeronautica, or Sketches Illustrative of the Theory & Practice of Aerostation: Comprising an Enlarged Account of the Late Aerial Expedition to Germany (Classic Reprint) Monck Mason. 2016. (ENG., Illus.). (J). pap. 16.57 (978-1-334-25636-3(5)) Forgotten Bks.

Aeronautical Engineering & Airplane Design (Classic Reprint) Alexander Klemin. (ENG., Illus.). (J). 2017. 26.85 (978-1-5282-7647-4(7)); 2016. pap. 9.57 (978-1-333-77785-2(X)) Forgotten Bks.

Aeronaves de Combate (Military Attack Aircraft) Grace Hansen. 2017. (Vehículos y Aeronaves Militares (Military Aircraft & Vehicles) Ser.). (SPA.). 24p. (J). (gr. -1-2). lib. bdg. 32.79 (978-1-5321-0209-7(7), 25244, Abdo Kids) ABDO Publishing Co.

Aeronaves Militares. Julia Garstecki. 2017. (Tecnología Militar Ser.). (SPA., Illus.). 32p. (J). (gr. 4-6). lib. bdg. (978-1-68072-579-7(3), 10583, Bolt) Black Rabbit Bks.

Aeroplane Boys: Flight or a Hydroplane Round-Up (Classic Reprint) John Luther Langworthy. 2017. (ENG., Illus.). (J). 29.26 (978-0-265-18931-3(4)) Forgotten Bks.

Aeroplane Designing for Amateurs: A Plain Treatment of the Basic Principles of Flight Engineering Including Heretofore Unpublished Facts Concerning Bird Flight & Aerodynamic Phenomena (Classic Reprint) Victor Lougheed. (ENG., Illus.). (J). 2018. 182p. 27.65 (978-0-332-15925-6(6)); 2017. pap. 10.57 (978-0-282-43724-4(X)) Forgotten Bks.

Aeroplanes. J. S. Zerbe. 2017. (ENG., Illus.). (J). pap. (978-0-649-03870-1(3)) Trieste Publishing Pty Ltd.

Aeroplanes: Powerful Planes Coloring Book. Bobo's Children Activity Books. 2016. (ENG., Illus.). (J). pap. 9.33 (978-1-68327-486-5(5)) Sunshine In My Soul Publishing.

Aeroplani Libro Da Colorare: Aereo Libro Da Colorare per I Bambini - Ragazzi e Ragazze 4-8 Anni. Emil Rana O'Neil. 2021. (ITA.). 76p. (J). pap. 10.99 (978-1-365-32007-1(3)) Ridley Madison, LLC.

Aeroplani Libro Da Colorare per I Bambini: Grande Collezione Di Aeroplani Divertenti Da Colorare. 50 Pagine con Disegni Da Dipingere per Ragazzi e Ragazze Da 4-8 6-9 Anni. Libro Da Colorare con Attività per Bambini in età Prescolare. Idee Regalo per Ragaz. Happy Books For All. 2021. (ITA.). 86p. (J). pap. (978-1-008-91870-2(9)) Lulu.com.

Aeropuerto. John Willis. 2018. (Los Lugares de Mi Comunidad Ser.). (SPA.). 24p. (J). lib. bdg. 22.99 (978-1-5105-3362-2(1)) SmartBook Media, Inc.

Aerosmith, 1 vol. Jeff Burlingame. 2018. (Bands That Rock! Ser.). (ENG.). 112p. (YA). (gr. 7-7). 38.93 (978-1-9785-0346-5(6), 24e6c9b7-cf87-40e6-b328-7f9f2c651089) Enslow Publishing, LLC.

Aerospace Engineer. Contrib. by Lisa Owings. 2023. (Careers in STEM Ser.). (ENG., Illus.). (J). (gr. k-3). lib. bdg. 26.95 Bellwether Media.

Aesculapian 2005 (Classic Reprint) Duke University School of Medicine. 2018. (ENG., Illus.). (J). 148p. 26.95 (978-1-396-09990-8(5)); 150p. pap. 9.57 (978-1-390-41850-7(2)) Forgotten Bks.

Aesculapian, 2008 (Classic Reprint) Duke University. 2017. (ENG., Illus.). (J). 27.16 (978-0-266-91758-8(5)); pap. 9.57 (978-1-5280-1224-9(0)) Forgotten Bks.

Aesop: Five Centuries of Illustrated Fables (Classic Reprint) John J. McKendry. 2017. (ENG., Illus.). (J). 25.92 (978-0-266-40404-0(9)) Forgotten Bks.

Aesop & Hyssop: Being Fables Adapted & Original with the Morals Carefully Formulated (Classic Reprint) William Ellery Leonard. 2018. (ENG., Illus.). 176p. (J). 27.53 (978-0-428-23220-7(5)) Forgotten Bks.

Aesop for Children. Aesop. Illus. by Milo Winter. 2021. (ENG.). 150p. (J). pap. 7.99 (978-1-4209-7459-1(9)) Digireads.com Publishing.

Aesop for Children. Sop. 2017. (ENG., Illus.). (J). 25.95 (978-1-374-91626-5(9)); pap. 15.95 (978-1-374-91625-8(0)) Capital Communications, Inc.

Aesop in Rhyme: With Some Originals (Classic Reprint) Jefferys Taylor. (ENG., Illus.). (J). 2018. 204p. 28.12 (978-0-656-89394-2(X)); 2016. pap. 10.57 (978-1-334-16399-9(5)) Forgotten Bks.

Aesop, Junior, in America: Being a Series of Fables Written Especially for the People of the United States of North America (Classic Reprint) Unknown Author. 2018. (ENG., Illus.). 344p. (J). 30.99 (978-0-484-04404-2(4)) Forgotten Bks.

Aesop Lake. Sarah L. Ward. 2018. (ENG., Illus.). 200p. (YA). (gr. 7-12). pap. 10.99 (978-0-9994995-2-8(1)) Green Writers Pr.

Aesop's Fables. Aesop. 2017. (ENG., Illus.). 132p. (J). pap. (978-3-7447-8468-9(1)) Creation Pubs.

Aesop's Fables. Aesop. Ed. by Sheba Blake. 2020. (ENG.). 148p. (YA). (gr. 1-3). pap. 11.99 (978-1-222-29329-6(3)) Indy Pub.

Aesop's Fables. Aesop. Tr. by V. S. Vernon Jones. 2018. (ENG., Illus.). 304p. (YA). (gr. 10). 28.62 (978-1-7317-0423-8(2)); pap. 16.56 (978-1-7317-0424-5(0)) Simon & Brown.

Aesop's Fables. Aesop. 2021. (Mint Editions — Fantasy & Fairytale Ser.). (ENG.). 144p. (J). (gr. 1-8). 13.99 (978-1-5132-2126-7(4), West Margin Pr.) West Margin Pr.

Aesop's Fables. Aesop Aesop. 2017. (ENG., Illus.). (J). 22.95 (978-1-374-89608-6(X)); pap. 12.95 (978-1-374-89607-9(1)) Capital Communications, Inc.

Aesop's Fables. Aesop Aesop et al. 2017. (ENG., Illus.). (J). pap. (978-0-649-03872-5(X)) Trieste Publishing Pty Ltd.

Aesop's Fables. Don Daily. 2020. (ENG., Illus.). 22p. (J). (gr. -1 — 1). bds. 12.99 (978-0-7624-9597-9(9), Running Pr. Kids) Running Pr.

Aesop's Fables. Caroline Lawrence. Illus. by Robert Ingpen. 2022. (Robert Ingpen Illustrated Classics Ser.). (ENG.). 192p. (J). (gr. 2-5). 24.95 (978-1-913519-90-2(2)) Welbeck Publishing Group Ltd. GBR. Dist: Two Rivers Distribution.

Aesop's Fables. Saviour Pirotta. Illus. by Richard Johnson. 2020. (ENG.). 80p. (J). 19.99 (978-0-7534-7640-6(1), 900226437, Kingfisher) Roaring Brook Pr.

Aesop's Fables: A Little Apple Classic. Charles Santore. 2019. (Little Apple Bks.). (ENG., Illus.). 28p. (J). (gr. k). 4.99 (978-1-60433-923-9(3), Applesauce Pr.) Cider Mill Pr. Bk. Pubs., LLC.

Aesop's Fables: A New Translation by V. S. Vernon Jones; with an Introduction by G. K. Chesterton, & Illustrations by Arthur Rackham (Classic Reprint) Aesop Aesop. (ENG., Illus.). (J). 2017. 30.17 (978-0-265-81329-4(8)); 2016. pap. 13.57 (978-1-333-12146-4(6)) Forgotten Bks.

Aesop's Fables: A New Version, Chiefly from Original Sources. Thomas James. 2017. (ENG., Illus.). (J). pap. (978-0-649-18987-8(6)) Trieste Publishing Pty Ltd.

Aesop's Fables: A New Version Chiefly from Original Sources. Thomas James. 2017. (ENG., Illus.). (J). pap. (978-0-649-03873-2(8)) Trieste Publishing Pty Ltd.

Aesop's Fables: A Poetic Primer. B. B. Gallagher. Illus. by Carles Arbat. 2022. (ENG.). 56p. (J). (gr. 3-5). 24.95 (978-1-7370796-1-3(5), GT9613) Good & True Media.

Aesop's Fables: Accompanied by Many Hundred Proverbs & Moral Maxims, Suited to the Subject of Each Fable (Classic Reprint) Aesop Aesop. 2017. (ENG., Illus.). (J). (gr. 4-17). 27.65 (978-0-265-28508-4(9)) Forgotten Bks.

Aesop's Fables: An Anthology of the Fabulists of All Countries (Classic Reprint) Aesop Aesop. (ENG., Illus.). (J). 2018. 270p. 29.49 (978-0-267-74825-9(6)); 2016. pap. 11.97 (978-1-334-32555-7(3)) Forgotten Bks.

Aesop's Fables: In Words of One Syllable (Classic Reprint) Mary Godolphin. 2018. (ENG., Illus.). 96p. (J). 25.88 (978-0-483-67471-4(0)) Forgotten Bks.

Aesop's Fables: Timeless Moral Stories, 12 vols. 2022. (Aesop's Fables: Timeless Moral Stories Ser.). (ENG.). (J). (gr. k-3). 393.48 (978-1-5038-6361-3(1), 216258) Child's World, Inc, The.

Aesop's Fables: Together with the Life of Aesop (Classic Reprint) De Meziriac. 2017. (ENG., Illus.). (J). 28.97 (978-0-260-01837-3(6)) Forgotten Bks.

Aesop's Fables: With 1912 Illustrations & Foreword by Gk Chesterton. Aesop Aesop. Tr. by V. S. Vernon Jones. 2018. (ENG., Illus.). 142p. (YA). (gr. 10). 14.95 (978-1-947844-50-6(4)) Athanatos Publishing Group.

Aesop's Fables: With His Life, Morals, & Remarks, Fitted for the Meanest Capacities; to Which Are Added, Five Other Fables in Prose & Verse (Classic Reprint) Aesop Aesop. (ENG., Illus.). (J). 2018. 148p. 26.95 (978-0-483-59162-2(9)); 2016. pap. 9.57 (978-1-333-12615-5(8)) Forgotten Bks.

Aesop's Fables: With Text Based Chiefly upon Croxall, la Fontaine, & l'Estrange (Classic Reprint) Aesop Aesop. 2017. (ENG., Illus.). (J). 32.89 (978-1-5284-6578-6(4)) Forgotten Bks.

Aesop's Fables: With Upwards of One Hundred & Fifty Emblematical Devices (Classic Reprint) Aesop Aesop. (ENG., Illus.). (J). 2018. 238p. 28.83 (978-0-483-51573-4(6)); 2016. pap. 11.57 (978-1-334-32499-4(9)) Forgotten Bks.

Aesop's Fables Board Book: The Classic Edition. Aesop. 2020. (ENG., Illus.). 24p. (J). (gr. k). bds. 8.95 (978-1-60433-949-9(7), Applesauce Pr.) Cider Mill Pr. Bk. Pubs., LLC.

Aesop's Fables (Classic Reprint) Aesop Aesop. 2017. (ENG., Illus.). (J). 29.34 (978-0-266-74553-2(9)) Forgotten Bks.

Aesops Fables (Classic Reprint) Aesop Aesop. 2017. (ENG., Illus.). (J). 24.47 (978-0-265-20221-0(3)) Forgotten Bks.

Aesop's Fables (Classic Reprint) Unknown Author. 2017. (ENG., Illus.). (J). 24.80 (978-0-266-99868-6(2)) Forgotten Bks.

Aesop's Fables (Classic Reprint) J. M. Conde. 2017. (ENG., Illus.). (J). 30.46 (978-0-260-04442-6(3)) Forgotten Bks.

Aesop's Fables (Classic Reprint) Grace Rhys. 2018. (ENG., Illus.). 62p. (J). 25.20 (978-0-267-86085-2(4)) Forgotten Bks.

Aesop's Fables (Deluxe Library Binding) Aesop. 2020. (ENG.). 126p. (J). (978-1-77437-875-5(2)) AD Classic.

Aesop's Fables for Children: With MP3 Downloads. Milo Winter & Aesop. 2020. (Dover Read & Listen Ser.). (ENG., Illus.). 112p. (J). (gr. k-2). pap. 14.99 (978-0-486-84639-2(3), 846393) Dover Pubns., Inc.

Aesop's Fables Hardcover: The Classic Edition by the New York Times Bestselling Illustrator, Charles Santore. Charles Santore. 2018. (Charles Santore Children's Classics Ser.). (ENG., Illus.). 64p. (J). (gr. k-6). 19.95 (978-1-60433-810-2(5), Applesauce Pr.) Cider Mill Pr. Bk. Pubs., LLC.

Aesops Fables Heirloom Edition: The Classic Edition Hardcover with Slipcase & Ribbon Marker. Aesop. 2022. (ENG., Illus.). 64p. (J). (gr. k). 24.95 (978-1-64643-282-0(7), Applesauce Pr.) Cider Mill Pr. Bk. Pubs., LLC.

Aesop's Fables (Illustrated Edition) Amazing Animal Tales for Little Children. Aesop & Milo Winter. 2019. (ENG.). 206p. (J). pap. (978-80-268-9245-8(3)) E-Artnow.

Aesop's Fables Oversized Padded Board Book: The Classic Edition. Charles Santore. 2020. (Oversized Padded Board Bks.). (ENG., Illus.). 24p. (J). (gr. k). bds. 12.95 (978-1-64643-024-6(7), Applesauce Pr.) Cider Mill Pr. Bk. Pubs., LLC.

Aesop's Fables, Vol. 2: First Grade (Classic Reprint) Aesop Aesop. 2018. (ENG., Illus.). 134p. (J). 26.66 (978-0-267-51641-4(X)) Forgotten Bks.

Aesop's Favorite Fables: More Than 130 Classic Fables for Children! Illus. by Milo Winter. 2017. (Children's Classic Collections). 112p. (J). (gr. k-3). 12.99 (978-1-944686-08-6(8), Racehorse Publishing) Skyhorse Publishing Co., Inc.

Aesthetic A5 Paperback Notebook: Citrine Version. Audacia. 2022. (ENG.). 100p. pap. (978-1-387-54511-7(6)) Lulu Pr., Inc.

Aesthetic A5 Paperback Notebook: Onyx Version. Audacia. 2022. (ENG.). 100p. pap. (978-1-387-54503-2(5)) Lulu Pr., Inc.

Aesthetic A5 Paperback Notebook: Sunstone Version. Audacia. 2022. (ENG.). 100p. pap. (978-1-387-54525-4(6)) Lulu Pr., Inc.

AetherBlood. Alexis N. Sage. 2019. (Enuma Legacies Ser.: Vol. 3). (ENG.). 388p. (YA). pap. (978-1-9990198-6-0(5)) Radostin, Inessa.

Aetherblood. Alexis N. Sage. 2019. (Enuma Legacies Ser.: Vol. 3). (ENG.). 388p. (YA). (978-1-9990198-8-4(1)) Radostin, Inessa.

AetherBorn. Alexis N. Sage. 2019. (Enuma Legacies Ser.: Vol. 1). (ENG.). 278p. (YA). pap. (978-1-9990198-0-8(6)) Radostin, Inessa.

Aetherbound. E. K. Johnston. (ENG.). 256p. (YA). (gr. 9). 2022. pap. 10.99 (978-0-7352-3187-0(7)); 2021. 17.99 (978-0-7352-3185-6(0)) Penguin Young Readers Group. (Dutton Books for Young Readers).

AetherQueen. Alexis N. Sage. 2019. (Enuma Legacies Ser.: Vol. 2). (ENG.). 332p. (YA). pap. (978-1-9990198-3-9(0)) Radostin, Inessa.

Aetherqueen. Alexis N. Sage. 2019. (Enuma Legacies Ser.: Vol. 2). (ENG.). 332p. (YA). (978-1-9990198-5-3(7)) Radostin, Inessa.

Afar. Leila del Duca. 2017. (ENG., Illus.). 168p. (YA). pap. 14.99 (978-1-63215-941-0(4), e17cfad3-9901-4a5d-96bc-6b77ab9dc3e6) Image Comics.

AFC East (Set), 4 vols. 2022. (Professional Football Teams Ser.). (ENG.). (J). (gr. 2-5). lib. bdg. 142.56 (978-1-5038-6471-9(5), 216340, Stride) Child's World, Inc, The.

AFC North (Set), 4 vols. 2022. (Professional Football Teams Ser.). (ENG.). (J). (gr. 2-5). lib. bdg. 142.56 (978-1-5038-6472-6(3), 216341, Stride) Child's World, Inc, The.

AFC South (Set), 4 vols. 2022. (Professional Football Teams Ser.). (ENG.). (J). (gr. 2-5). lib. bdg. 142.56 (978-1-5038-6473-3(1), 216342, Stride) Child's World, Inc, The.

AFC West (Set), 4 vols. 2022. (Professional Football Teams Ser.). (ENG.). (J). (gr. 2-5). lib. bdg. 142.56 (978-1-5038-6474-0(X), 216343, Stride) Child's World, Inc, The.

Affair at Pine Court: A Tale of the Adirondacks (Classic Reprint) Nelson Rust Gilbert. (ENG., Illus.). (J). 2018. 396p. 32.08 (978-0-365-18092-0(0)); 2017. pap. 16.57 (978-0-259-26643-3(4)) Forgotten Bks.

Affair at the Château (Classic Reprint) Baillie Reynolds. 2018. (ENG., Illus.). 326p. (J). 30.58 (978-0-484-06960-1(8)) Forgotten Bks.

Affair at the Inn (Classic Reprint) Kate Douglas Wiggin. 2017. (ENG., Illus.). (J). 28.60 (978-0-260-19226-4(0)) Forgotten Bks.

Affair at the Semiramis Hotel. A. E. W. Mason. 2019. (ENG.). 54p. (J). 12.99 (978-1-5154-4252-3(7)); pap. 4.95 (978-1-5154-4253-0(5)) Wilder Pubns., Corp.

Affair of Dishonour (Classic Reprint) William De Morgan. (ENG., Illus.). (J). 2018. 426p. 32.68 (978-0-332-76378-1(1)); 2017. pap. 16.57 (978-0-243-29853-2(6)) Forgotten Bks.

Affair of Dishonour Dishonor (Classic Reprint) William De Morgan. 2018. (ENG., Illus.). 452p. (J). 33.14 (978-0-484-25077-1(9)) Forgotten Bks.

Affaires 1: Livre Coloriage Pour Enfants. Bold Illustrations. 2017. (FRE., Illus.). (J). pap. 8.35 (978-1-64193-068-0(3), Bold Illustrations) FASTLANE LLC.

Affecting History of Louisa, the Wandering Maniac, or Lady of the Hay-Stack; So Called, from Having Taken up Her Residence under That Shelter, in the Village of Bourton, near Bristol, in a State of Melancholy Derangement; & Supposed to Be a Natura. George Henry Glasse. 2018. (ENG., Illus.). 40p. (J). 24.72 (978-0-484-85807-6(6)) Forgotten Bks.

Affecting History of Louisa, the Wandering Maniac, or Lady of the Hay-Stack, So Called, from Having Taken up Her Residence under That Shelter, in the Village of Bourton, near Bristol, in a State of Melancholy Derangement: And Supposed to Be a Natu. George Henry Glasse. (ENG., Illus.). (J). 2018. 40p. 24.72 (978-0-483-65338-2(1)); 2017. pap. 7.97 (978-0-243-41792-6(6)) Forgotten Bks.

Affecting Lives (Set) Drugs & Addiction, 12 vols. 2021. (Affecting Lives: Drugs & Addiction Ser.). (ENG.). (J). (gr. 4-7). lib. bdg. 427.68 (978-1-5038-5283-9(0), 215123, MOMENTUM) Child's World, Inc, The.

Affecting Scenes, Vol. 2 Of 2: Being Passages from the Diary of a Physician (Classic Reprint) Unknown Author. 2017. (ENG., Illus.). (J). 31.36 (978-0-266-18291-7(7)) Forgotten Bks.

Affecting Scenes, Vol. 2 Of 2: Being Passages from the Diary of a Physician (Classic Reprint) Samuel Warren. 2018. (ENG., Illus.). (J). 358p. 31.30

32

The check digit for ISBN-10 appears in parentheses after the full ISBN-13

(978-0-364-56833-0(X)); 304p. 30.17 (978-0-428-19064-4(2)) Forgotten Bks.

Affecting Story of the Children in the Wood (Classic Reprint) Unknown Author. 2018. (ENG., Illus.). 64p. (J). 25.22 (978-0-267-20528-8(7)) Forgotten Bks.

Affectionate Brothers: A Tale (Classic Reprint) Hofland. 2018. (ENG., Illus.). 182p. (J). 27.65 (978-0-484-16048-3(6)) Forgotten Bks.

Affectionate Brothers, Vol. 1 Of 2: A Tale (Classic Reprint) Barbara Hofland. 2017. (ENG., Illus.). (J). 146p. 26.93 (978-0-484-32549-3(3)); pap. 9.57 (978-0-259-40386-9(5)) Forgotten Bks.

Affectionate Brothers, Vol. 2: A Tale (Classic Reprint) Hofland. (ENG., Illus.). (J). 2018. 140p. 26.93 (978-0-332-87881-2(3)); 2016. pap. 9.57 (978-1-334-36898-1(8)) Forgotten Bks.

Affectionate Pair; or the History of Sung-Kin: A Chinese Tale (Classic Reprint) Peter Perring Thoms. (ENG., Illus.). (J). 2018. 108p. 26.14 (978-0-364-72654-9(7)); 2017. pap. 9.57 (978-0-282-15694-7(1)) Forgotten Bks.

Affinities. Campbell Praed. 2017. (ENG.). 324p. (J). pap. (978-3-337-34851-9(3)) Creation Pubs.

Affinities: A Romance of to-Day (Classic Reprint) Campbell Praed. 2018. (ENG., Illus.). 330p. (J). 30.72 (978-0-267-43780-1(3)) Forgotten Bks.

Affinities: And Other Stories (Classic Reprint) Mary Roberts Rinehart. 2018. (ENG., Illus.). 286p. (J). 29.80 (978-0-331-93333-8(0)) Forgotten Bks.

Affinity. Dianne J. Wilson. 2018. (Spirit Walker Ser.). (ENG.). 324p. (YA). (gr. 7). pap. 15.99 (978-1-5223-0023-6(6)) Pelican Ventures, LLC.

Affinity for War. Frank Morin. Ed. by Joshua Essoe. Illus. by Brad Fraunfelter. 2018. (Petralist Ser.: Vol. 4). (ENG.). 478p. (YA). (gr. 7-12). 29.99 (978-1-946910-05-9(8)) Whipsaw Pr.

Affinity for War. Frank Morin. 2018. (Petralist Ser.: Vol. 4). (ENG.). 636p. (YA). (gr. 7-12). pap. 19.99 (978-1-946910-04-2(X)) Whipsaw Pr.

Affirmations. Cherita Ford. 2020. (ENG.). 36p. (J). 24.95 (978-1-64544-085-7(0)) Page Publishing Inc.

Affirmations for a Young King. Tempestt Aisha. 2019. (ENG., Illus.). 72p. (J). (gr. k-4). pap. 9.99 (978-1-0878-7860-7(8)) ImaginAISHAn Media LLC.

Affirmative Action, 1 vol. Susan Meyer. 2017. (Spotlight on the Civil Rights Movement Ser.). (ENG., Illus.). 48p. (J). (gr. 6-6). pap. 12.75 (978-1-5383-8011-6(0), c4872868-b828-4daa-8e7c-f98f3f4940a4) Rosen Publishing Group, Inc., The.

Affirmative Action: Regents of the University of California V. Bakke, 1 vol. Zac Deibel. 2018. (Courting History Ser.). (ENG.). 64p. (gr. 6-6). lib. bdg. 37.36 (978-1-5026-3580-8(1), d8ad58ce-2150-4fb5-bd29-4a422f5fd649) Cavendish Square Publishing LLC.

Affirmed by God: Affirmations for Christian Girls. Leticia Pryor. Illus. by Jaylin Monroe. 2023. (ENG.). 26p. (J). pap. 10.99 **(978-1-6629-3767-5(9))** Gatekeeper Pr.

Affirming Alphabets. Crystal M. Chambers. 2022. (ENG.). 30p. (J). 15.99 **(978-1-0879-5592-6(0))** Indy Pub.

Afflicted Family, or a Doctor Without a Diploma: A Farce-Comedy, in Four Acts (Classic Reprint) Malcolm Stewart Taylor. (ENG., Illus.). (J). 2018. 25.01 (978-0-332-00835-6(5)); 2016. pap. 9.57 (978-1-333-57962-3(4)) Forgotten Bks.

Affrilachia: Poems. 2020. (ENG.). 112p. pap. 18.95 (978-0-9675424-0-9(5)) Ohio Univ. Pr.

Afghan Heritage. Tamra Orr. 2018. (21st Century Junior Library: Celebrating Diversity in My Classroom Ser.). (ENG., Illus.). 24p. (J). (gr. 2-4). lib. bdg. 30.64 (978-1-5341-2905-4(7), 211664) Cherry Lake Publishing.

Afghanistan. Ariel Factor Birdoff. 2019. (Countries We Come From Ser.). (ENG., Illus.). 32p. (J). (gr. k-3). lib. bdg. 19.95 (978-1-64280-524-6(6)) Bearport Publishing Co., Inc.

Afghanistan, 1 vol. Joanne Mattern. 2016. (Exploring World Cultures (First Edition) Ser.). (ENG., Illus.). 32p. (gr. 3-3). pap. 12.16 (978-1-5026-2150-4(9), 58753ef7-b28a-4ca2-a3f1-54e2a5645322); lib. bdg. 31.64 (978-1-5026-2152-8(5), f97ddd8b-ce2f-459f-bc11-00f8d1e5a4b1) Cavendish Square Publishing LLC.

Afghanistan. Amy Rechner. 2018. (Country Profiles Ser.). (ENG., Illus.). 32p. (J). (gr. 3-8). lib. bdg. 27.95 (978-1-62617-839-7(9), Blastoff! Discovery) Bellwether Media.

Afghanistan. Jennifer L. Rowan. 2019. (Nations in the News Ser.). (Illus.). 112p. (J). (gr. 12). lib. bdg. 35.93 (978-1-4222-4243-8(9)) Mason Crest.

Afghanistan. Tom Streissguth. 2022. (Essential Library of Countries Ser.). (ENG.). 112p. (YA). (gr. 6-12). lib. bdg. 41.36 (978-1-5321-9934-9(1), 40657, Essential Library) ABDO Publishing Co.

Afghanistan a Variety of Facts Children's People & Places Book. Bold Kids. 2022. (ENG.). 42p. (J). pap. 14.99 **(978-1-0717-1903-9(3))** FASTLANE LLC.

Afghanistan (Enchantment of the World) (Library Edition) Ruth Bjorklund. 2018. (Enchantment of the World. Second Ser.). (ENG., Illus.). 144p. (J). (gr. 5-9). lib. bdg. 40.00 (978-0-531-23587-4(4), Children's Pr.) Scholastic Library Publishing.

Afghanistan War. Max Winter. 2017. (J). (978-1-5105-3514-5(4)) SmartBook Media, Inc.

Afia the Ashanti Princess: A Visit to the Motherland. Crystal Boateng. Illus. by Gabriela Yancheva. 2020. (ENG.). 54p. (J). 25.99 (978-1-7362246-0-1(3)) Ashanti Royalty Publishing.

Afield & Afloat (Classic Reprint) Frank Richard Stockton. 2018. (ENG., Illus.). 472p. (J). 33.65 (978-0-483-76601-3(1)) Forgotten Bks.

Afikomen. Tziporah Cohen. Illus. by Yaara Eshet. 2023. (ENG.). 32p. (J). (gr. -1-1). 19.99 (978-1-77306-606-6(4)) Groundwood Bks. CAN. Dist: Publishers Group West (PGW).

Afloat in a Great City: A Story of Strange Incidents (Classic Reprint) Frank Andrew Munsey. 2018. (ENG., Illus.). 314p. (J). 30.39 (978-0-483-94453-4(X)) Forgotten Bks.

Afloat in a Sunken Forest, or Frank Reade, Jr. 's Submarine Cruise (Classic Reprint) Luis Senarens. 2018. (ENG., Illus.). (J). 40p. 24.74 (978-1-396-67575-1(2)); 42p. pap. 7.97 (978-1-391-92227-0(1)) Forgotten Bks.

Afloat on the Flood (Classic Reprint) Lawrence J. Leslie. (ENG., Illus.). (J). 2018. 188p. 27.77 (978-0-483-86465-8(X)); 2017. pap. 10.57 (978-0-243-12486-2(4)) Forgotten Bks.

Afloat; or, Adventures on Watery Trails. Alan Douglas. 2017. (ENG., Illus.). (J). pap. (978-0-649-50753-5(3)) Trieste Publishing Pty Ltd.

Afloat, or Adventures on Watery Trails (Classic Reprint) Alan Douglas. (ENG., Illus.). (J). 2018. 190p. 27.84 (978-0-267-60829-4(2)); 2016. pap. 10.57 (978-1-334-12648-2(8)) Forgotten Bks.

Afoot & Afloat (Classic Reprint) John Burroughs. 2017. (ENG., Illus.). (J). 26.21 (978-0-260-25367-5(7)) Forgotten Bks.

Afoot & Afloat in Burma (Classic Reprint) Alfred Henry Williams. (ENG., Illus.). (J). 2018. 228p. 28.60 (978-0-666-13824-8(9)); 2016. pap. 11.57 (978-1-334-13579-8(7)) Forgotten Bks.

Afoot & Alone: A Walk from Sea to Sea, by the Southern Route; Adventures & Observations in Southern California, New Mexico, Arizona, Texas, etc (Classic Reprint) Stephen Powers. (ENG., Illus.). (J). 2018. 350p. 31.14 (978-0-484-41920-8(X)); 2016. pap. 13.57 (978-1-334-16284-8(0)) Forgotten Bks.

Afoot Through the Kashmir Valleys (Classic Reprint) Marion Doughty. 2017. (ENG., Illus.). (J). 30.74 (978-0-331-28786-8(2)) Forgotten Bks.

Afoqt Secrets Study Guide: Afoqt Test Review for the Air Force Officer Qualifying Test. Ed. by Afoqt Exam Secrets Test Prep. 2018. (ENG.). 232p. (J). 57.99 (978-1-5167-1344-8(3)) Mometrix Media LLC.

Afraid. Kerry Dinmont. 2019. (Learning about Emotions Ser.). (ENG.). 24p. (J). (gr. -1-2). lib. bdg. 32.79 (978-1-5038-2802-5(6), 212609) Child's World, Inc, The.

Afraid, 1 vol. Julie Murray. 2016. (Emotions Ser.). (ENG., Illus.). 24p. (J). (gr. -1-2). lib. bdg. 31.36 (978-1-68080-521-5(5), 21322, Abdo Kids) ABDO Publishing Co.

Afraid of Everything. Adam Tierney. Illus. by Matthieu Cousin. 2020. 96p. (J). (gr. 5-9). 19.99 (978-1-68405-627-9(6)) Idea & Design Works, LLC.

Afraid of the Dark. Quindell Evans. 2018. (ENG.). 44p. (J). pap. (978-1-387-60267-4(5)) Lulu Pr., Inc.

Afraid of the Dark. Gary Repetto. 2016. (ENG.). (YA). (gr. 8-13). pap. 14.95 (978-1-59095-336-5(3), ExamWise) Total Recall Learning, Inc.

Afraid to Fly Butterfly. Deanna Skinner. 2023. (ENG.). 60p. (J). pap. 12.99 **(978-1-7357804-7-4(2))** Dee.

Afraja, or Life & Love in Norway (Classic Reprint) Theodore Mugge. (ENG., Illus.). (J). 2018. 564p. 35.55 (978-0-483-56741-2(8)); 2016. pap. 19.57 (978-1-334-13150-9(3)) Forgotten Bks.

Afram & Efuru Take the Field. Jennifer Reiss. Illus. by Phyo & Moe. 2022. (ENG.). 32p. (J). pap. **(978-1-922827-43-2(6))** Library For All Limited.

África. Linda Aspen-Baxter. 2016. (Los Siete Continentes Ser.). (SPA.). 32p. (J). lib. bdg. 22.99 (978-1-5105-2463-7(0)) SmartBook Media, Inc.

Africa. Claire Vanden Branden. 2018. (Continents (Cody Koala) Ser.). (ENG., Illus.). 24p. (J). (gr. k-3). lib. bdg. 31.36 (978-1-5321-6169-8(7), 30121, Pop! Cody Koala) Pop!.

Africa. Tracy Vonder Brink. 2022. (Seven Continents of the World Ser.). (ENG.). 32p. (J). (gr. 3-5). lib. bdg. (978-1-0396-6050-2(9), 21630); (Illus.). pap. (978-1-0396-6245-2(5), 21631) Crabtree Publishing Co.

Africa. Kelsey Jopp. 2021. (World Studies). (ENG., Illus.). 48p. (J). (gr. 5-6). pap. 11.95 (978-1-64493-472-2(8), 1644934728); lib. bdg. 34.21 (978-1-64493-396-1(9), 1644933969) North Star Editions. (Focus Readers).

Africa. Mary Lindeen. 2018. (Continents of the World Ser.). (ENG.). 24p. (J). (gr. -1-2). lib. bdg. 32.79 (978-1-5038-2493-5(4), 212317) Child's World, Inc, The.

Africa. Emily Rose Oachs. 2016. (Discover the Continents Ser.). (ENG., Illus.). 24p. (J). (gr. k-3). pap. 7.99 (978-1-61891-254-1(2), 12038); lib. bdg. 26.95 (978-1-62617-323-1(0)) Bellwether Media. (Blastoff! Readers).

Africa. Alexis Roumanis. 2018. (Continents Ser.). (ENG.). 24p. (J). lib. bdg. 22.99 (978-1-5105-3895-5(X)) SmartBook Media, Inc.

Africa. Claire Vanden Branden. 2019. (Continents Ser.). (ENG., Illus.). 24p. (J). (gr. 1-1). pap. 8.95 (978-1-64185-540-2(1), 1641855401) North Star Editions.

Africa. Heather DiLorenzo Williams & Warren Rylands. 2019. (Illus.). 24p. (J). (978-1-4896-8321-2(6), AV2 by Weigl) Weigl Pubs., Inc.

Africa. Xist Publishing. 2017. (Xist Kids Spanish Bks.). (SPA., Illus.). 28p. (J). (gr. -1-3). pap. 9.99 (978-1-5324-0105-3(1)) Xist Publishing.

Africa. Xist Publishing. 2023. (Xist Kids Spanish Bks.). (SPA.). 28p. (J). 29.99 **(978-1-5324-4012-0(X))** Xist Publishing.

Africa: A 4D Book. Christine Juarez. 2018. (Investigating Continents Ser.). (ENG., Illus.). 24p. (J). (gr. 1-3). lib. bdg. 27.99 (978-1-5435-2794-0(9), 138236, Capstone Pr.) Capstone.

Africa: Continent in the Balance 2, 13 vols., Set. Ed. by Robert I. Rotberg. Incl. African Union. Russell Roberts. 80p. (YA). lib. bdg. 21.95 (978-1-4222-0093-3(0)); Botswana. Kelly Wittman. 79p. (YA). lib. bdg. 21.95 (978-1-4222-0087-2(6)); Liberia. Brian Baughan. 87p. (YA). lib. bdg. 21.95 (978-1-4222-0088-9(4)); Libya. Judy L. Hasday. 79p. (YA). lib. bdg. 21.95 (978-1-4222-0083-4(3)); Sierra Leone. Judy L. Hasday. 79p. (J). lib. bdg. 21.95 (978-1-4222-0092-6(2)); (Illus.). (gr. 3-7). 2009. 2007. Set lib. bdg. 285.35 (978-1-4222-0080-3(9)) Mason Crest.

Africa: Progress & Problems, 13 vols., Set. Incl. AIDS & Health Issues. LeeAnne Gelletly. 126p. (YA). (gr. -1-3). 2008. lib. bdg. 24.95 (978-1-59084-954-5(X)); Governance & Leadership in Africa. Robert I. Rotberg. 112p. (J). (gr. 7-18). 2006. lib. bdg. 24.95 (978-1-59084-957-6(4)); Helping Africa Help Itself: A Global Effort. Anup Shah. 124p. (YA). (gr. 7-18). 2008. lib. bdg. 24.95 (978-1-59084-923-1(X)); Population & Overcrowding. Tunde Obadina. 110p. (YA). (gr. 7-18). 2008. lib. bdg. 24.95 (978-1-59084-997-2(3)); (Illus.). 2006. Set lib. bdg. 324.35 (978-1-59084-952-1(3)) Mason Crest.

Africa / Africa. Xist Publishing. 2017. (Xist Kids Bilingual Spanish English Ser.). (ENG & SPA., Illus.). 28p. (J). (gr. -1-3). pap. 9.99 (978-1-5324-0222-7(8)) Xist Publishing.

Africa! a Geography & Cultures Book for Children. Bold Kids. 2022. (ENG.). 46p. (J). pap. 14.99 (978-1-0717-0860-6(0)) FASTLANE LLC.

Africa, Amazing Africa: Country by Country. Atinuke. Illus. by Mouni Feddag. 2021. (ENG.). 80p. (J). (gr. 2-5). 19.99 (978-1-5362-0537-4(0)) Candlewick Pr.

Africa, Australia, & the Islands of the Pacific (Yesterday's Classics) Nellie B. Allen. 2022. (ENG.). 540p. (J). pap. 21.95 (978-1-63334-160-9(7)) Yesterday's Classics.

Africa Calling, Nighttime Falling, 1 vol. Danny Adlerman. Illus. by Kim Adlerman. 2018. (Amazing Ser.). (ENG.). 40p. (J). (gr. 2-12). pap. 12.95 (978-1-62014-805-1(6), leelowbooks) Lee & Low Bks., Inc.

Africa Calling, Nighttime Falling, 1 vol. Danny Adlerman. 2018. (ENG., Illus.). 32p. (J). (gr. k-2). pap. 9.95 (978-1-62014-795-5(5), leelowbooks) Lee & Low Bks., Inc.

Africa for Kids: People, Places & Cultures - Children Explore the World Books. Baby Professor. 2016. (ENG., Illus.). 42p. (J). pap. 11.65 (978-1-68305-601-0(9), Baby Professor (Education Kids)) Speedy Publishing LLC.

Africa Is Not a Country, 2nd Edition. Margy Burns Knight & Mark Melnicove. Illus. by Anne Sibley O'Brien. 2nd rev. ed. 2022. (ENG.). 48p. (J). (gr. 3-6). pap. 10.99 (978-1-7284-6039-0(5), c434c336-f6a-4dff-9d0c-384d1adbc487, Millbrook Pr.) Lerner Publishing Group.

Africa Speaks: A Story of Adventure, the Chronicle of the First Trans-African Journey by Motor Truck from Mombasa on the Indian Ocean to Lagos on the Atlantic, Through Central Equatorial Africa (Classic Reprint) Paul L. Hoefler. (ENG., Illus.). (J). 2018. 486p. 33.94 (978-0-267-75040-5(4)); 2016. pap. 16.57 (978-1-334-15236-8(5)) Forgotten Bks.

Africa Story: One Musicians Perilous Foray into the Worlds Most Dangerous Jungle after the Worlds Most Precious Stones. Mark Christian & Troy Christian. 2021. (ENG.). 200p. (YA). pap. 14.99 (978-1-0983-7412-9(6)) BookBaby.

African: A Children's Picture Book. Peter Tosh. Illus. by Rachel Moss. 2020. (LyricPop Ser.). (ENG.). 32p. (J). 16.95 (978-1-61775-799-0(3)) Akashic Bks.

African Acacia Trees Protect Themselves!, 1 vol. Janey Levy. 2019. (World's Weirdest Plants Ser.). (ENG.). 24p. (gr. 2-3). pap. 9.15 (978-1-5382-4626-9(0), e8bafbc2-679e-41e6-a29a-f897c4e729f1) Stevens, Gareth Publishing LLLP.

African Adventurers (Classic Reprint) Jean Kenyon MacKenzie. 2017. (ENG., Illus.). (J). 27.98 (978-1-5280-5382-2(6)) Forgotten Bks.

African Adventures (Classic Reprint) Robert Baden-Powell of Gilwell. 2017. (ENG., Illus.). (J). 27.92 (978-1-5284-7632-4(8)) Forgotten Bks.

African Alphabet, 1 vol. Eric Walters. Illus. by Sue Todd. 2017. (ENG.). 28p. (J). (gr. -1 — 1). bds. 9.95 (978-1-4598-1070-9(8)) Orca Bk. Pubs. USA.

African American Art. Crystal A. Britton. 2017. (Art Collections: Vol. 7). (ENG., Illus.). 128p. (YA). (gr. 9-12). 26.95 (978-1-4222-3931-5(4)) Mason Crest.

African American Artists & Writers, 1 vol. Ed. by Joanne Randolph. 2017. (Pioneering African Americans Ser.). (ENG.). 48p. (gr. 6-6). 29.60 (978-0-7660-9251-8(8), baa1213b-57a3-4873-8c09-2c1be76094ed) Enslow Publishing, LLC.

African American Entrepreneurs: Stories of Success, 1 vol. Philip Wolny. 2017. (Lucent Library of Black History Ser.). (ENG.). 104p. (gr. 7-7). lib. bdg. 41.03 (978-1-5345-6079-6(3), 4f8bb2b0-32a4-4243-832e-95b3f7617a98, Lucent Pr.) Greenhaven Publishing LLC.

African American Explorers & Adventurers, 1 vol. Ed. by Joanne Randolph. 2017. (Pioneering African Americans Ser.). (ENG.). 48p. (gr. 6-6). 29.60 (978-0-7660-9249-5(6), 78fb5126-acac-4cd2-96f5-4fc34c6a80ae) Enslow Publishing, LLC.

African-American Heroes. Ed. by Mike Gagnon. 2021. (ENG.). 34p. (YA). pap. (978-1-988369-37-2(1)) Hammer Comics.

African American Heroes: Cursive Writing Workbook: A Cursive Writing Workbook for Ages 12 & up by Simona Rose Boutique. Aisha Darby. 2023. (ENG.). 154p. (YA). pap. **(978-1-312-27582-9(0))** Lulu Pr., Inc.

African American History: For Kids, by Kids. Hjcs Scholars. 2019. (ENG.). 78p. (J). pap. (978-0-359-68861-6(6)) Lulu Pr., Inc.

African American History: Student Edition Worktext. Holt Rinehart and Winston. 2017. (African American History Ser.). (ENG.). 400p. (J). (gr. 9-12). pap. 34.75 (978-1-328-45003-6(1)) Holt McDougal.

African American History & Culture, 6 vols., Set. Ed. by Jeffrey H. Wallenfeldt. Incl. Africa to America: From the Middle Passage Through the 1930s. 272p. lib. bdg. 48.59 (978-1-61530-126-3(7), 1d372872-b1e6-4bf4-8e0e-5f5a81cc7aec); Black American Biographies: The Journey of Achievement. 408p. lib. bdg. 48.59 (978-1-61530-137-9(2), 8021fb2e-96f2-41e6-9937-fda231695571); Black Experience in America: From Civil Rights to the Present. 232p. lib. bdg. 48.59 (978-1-61530-146-1(1), 3687038e-416f-429d-8d05-e68842eead8a); (YA). (gr. 10-10). 2010. (African American History & Culture Ser.). (ENG., Illus.). 232 - 408p. 2010. Set lib. bdg. 145.77 (978-1-61530-151-5(8), 38124d18-f0a8-43f7-a66c-32598ddcf00e) Rosen Publishing Group, Inc., The.

African American Inventors: Overcoming Challenges to Change America, 1 vol. Sophie Washburne. 2017. (Lucent Library of Black History Ser.). (ENG.). 104p. (gr. 7-7). 41.03 (978-1-5345-6071-0(8), 620e310d-7ee6-4e1c-892d-7b08efb69c11, Lucent Pr.) Greenhaven Publishing LLC.

African American Inventors & Scientists, 1 vol. Ed. by Joanne Randolph. 2017. (Pioneering African Americans Ser.). (ENG.). 48p. (gr. 6-6). 29.60 (978-0-7660-9248-8(8), 0ef7d635-9f59-4b64-bd3e-fc7a279e7c41) Enslow Publishing, LLC.

African American Leaders Fight for Freedom: Frederick Douglass & Sojourner Truth Black Biographies Grade 5 Children's Biographies. Dissected Lives. 2022. (ENG.). 72p. (J). 31.99 **(978-1-5419-8643-5(1))**; pap. 19.99 **(978-1-5419-6052-7(1))** Speedy Publishing LLC. (Dissected Lives (Auto Biographies)).

African American Leaders of Courage (Set), 14 vols. 2019. (African American Leaders of Courage Ser.). (ENG.). 24p. (J). (gr. 1-2). lib. bdg. 176.89 (978-1-7253-1193-0(3), de6bb775-e602-479c-bede-c63a72c876d2, PowerKids Pr.) Rosen Publishing Group, Inc., The.

African American Literature: Sharing Powerful Stories, 1 vol. Meghan Sharif. 2017. (Lucent Library of Black History Ser.). (ENG.). 104p. (gr. 7-7). lib. bdg. 41.03 (978-1-5345-6077-2(7), 24b190f3-0b0a-4534-9666-4c776621daf3, Lucent Pr.) Greenhaven Publishing LLC.

African American Military Women Trailblazers. Kim Cliett Long & Terrance A. Adams. 2021. (ENG.). 34p. (J). pap. 12.99 (978-1-63821-800-5(5)) Primedia eLaunch LLC.

African American Musicians & Entertainers, 1 vol. Ed. by Joanne Randolph. 2017. (Pioneering African Americans Ser.). (ENG.). 48p. (gr. 6-6). 29.60 (978-0-7660-9250-1(X), 635e9708-094d-4471-9930-bc83d6820df5) Enslow Publishing, LLC.

African American Politicians & Civil Rights Activists, 1 vol. Ed. by Joanne Randolph. 2017. (Pioneering African Americans Ser.). (ENG.). 48p. (gr. 6-6). 29.60 (978-0-7660-9252-5(6), 1287dcf7-2639-4a7b-9f5d-d23b74f5b596) Enslow Publishing, LLC.

African American Press, 1 vol. Derek Miller. 2018. (Fourth Estate: Journalism in North America Ser.). (ENG.). 112p. (gr. 8-8). lib. bdg. 44.50 (978-1-5026-3479-5(1), 9fe62cd8-8829-474e-bfc5-a37f4fb3ab94) Cavendish Square Publishing LLC.

African American Trailblazers, 12 vols. 2019. (African American Trailblazers Ser.). (ENG.). 128p. (YA). (gr. 9-9). lib. bdg. 284.16 (978-1-5026-4755-9(9), 65ea6048-a1f2-4a49-8f0b-870b050cfd1d) Cavendish Square Publishing LLC.

African American Trailblazers (Set) 2019. (African American Trailblazers Ser.). (ENG.). 128p. (YA). pap. 126.96 (978-1-5026-4778-8(8)) Cavendish Square Publishing LLC.

African Americans & the American Revolution U. S. Revolutionary Period History 4th Grade Children's American Revolution History. Baby Professor. 2020. (ENG.). 74p. (J). 24.99 (978-1-5419-7930-7(3)); pap. 14.99 (978-1-5419-5034-4(8)) Speedy Publishing LLC. (Baby Professor (Education Kids)).

African Americans & the Revolutionary War. Judith E. Harper. 2021. (Black American Journey Ser.). (ENG.). 32p. (J). (gr. 4-7). lib. bdg. 35.64 (978-1-5038-5441-3(8), 215318) Child's World, Inc, The.

African Americans Fight for Freedom the American Civil War Grade 5 Children's Military Books. Baby Professor. 2022. (ENG.). 72p. (J). 31.99 **(978-1-5419-8885-9(X))**; pap. 19.99 **(978-1-5419-6069-5(5))** Speedy Publishing LLC. (Baby Professor (Education Kids)).

African Americans in Political Office: From the Civil War to the White House, 1 vol. Barbara M. Linde. 2017. (Lucent Library of Black History Ser.). (ENG.). 104p. (gr. 7-7). lib. bdg. 41.03 (978-1-5345-6075-8(0), a3fefef9-8027-49ac-a2a6-56a6f037d1c7, Lucent Pr.) Greenhaven Publishing LLC.

African Americans in the Armed Forces, 1 vol. Tamra B. Orr. annot. ed. 2019. (Lucent Library of Black History Ser.). (ENG.). 104p. (gr. 7-7). pap. 20.99 (978-1-5345-6849-5(2), 1354d71f-751b-447a-8a80-c6ee450cf70a); lib. bdg. 41.03 (978-1-5345-6850-1(6), d9169673-089b-4374-95d0-37bf6fccedc6) Greenhaven Publishing LLC. (Lucent Pr.).

African Americans in the Civil War, 1 vol. Kari A. Cornell. 2016. (Essential Library of the Civil War Ser.). (ENG., Illus.). 112p. (J). (gr. 8-12). lib. bdg. 41.36 (978-1-68078-271-4(1), 21697, Essential Library) ABDO Publishing Co.

African-Americans Who Fought in the American Revolution - History of the United States Children's History Books. Baby Professor. 2017. (ENG., Illus.). (J). pap. 8.79 (978-1-5419-1107-9(5), Baby Professor (Education Kids)) Speedy Publishing LLC.

African Animal Tales: Sleepy Cheetah. Mwenye Hadithi. 2017. (African Animal Tales Ser.). (ENG., Illus.). 32p. (J). (gr. -1-k). pap. 10.99 **(978-1-4449-2620-0(9))** Hachette Children's Group GBR. Dist: Hachette Bk. Group.

African Animals! a Children's Book with Facts & Pictures. Bold Kids. 2022. (ENG.). 42p. (J). pap. 14.99 (978-1-0717-0861-3(9)) FASTLANE LLC.

African Bed Time Stories: My Grandchildren Wander & Be Found. Zera Makungu Amadi. 2021. (ENG.). 58p. (J). pap. 12.95 (978-1-63881-668-3(9)) Newman Springs Publishing, Inc.

African Birds: A Folding Pocket Guide to Familiar Species. James Kavanagh & Waterford Press Staff. Illus. by Raymond Leung. 2016. (Wildlife & Nature Identification Ser.). (ENG.). 12p. 7.95 (978-1-58355-033-5(X)) Waterford Pr., Inc.

African Birds: An Illustrated Childrens' Book. Ross Gordon Cooper. 2020. (ENG.). 10p. (J). **(978-1-716-81563-8(0))** Lulu Pr., Inc.

African Burial Ground, 1 vol. Therese M. Shea. 2016. (Hidden History Ser.). (ENG., Illus.). 32p. (J). (gr. 4-5). pap. 11.50 (978-1-4824-5787-2(3), 819cc515-201f-4a11-9ab1-b6c2dbbb160a) Stevens, Gareth Publishing LLLP.

African Bush Fire & the Elephant: Green Kids Club. Sylvia M. Medina & Kelly Landen. Illus. by Joy Eagle. 2016. (ENG.). 35p. (J). (gr. k-3). pap. 9.95 (978-1-939871-22-0(0)) Green Kids Club, Inc.

African Bush Fire & the Elephant - Second Edition. Sylvia M. Medina. 2017. (Green Kids Club Ser.). (ENG., Illus.). 35p. (J). (gr. k-3). pap. 9.95 (978-1-939871-48-0(4)) Green Kids Club, Inc.

African Camp Fires (Classic Reprint) Stewart Edward White. 2017. (ENG., Illus.). (J). 33.38 *(978-0-266-20175-5(X))* Forgotten Bks.

African Civilizations Amazing & Intriguing Facts Children's History Book. Bold Kids. 2022. (ENG.). 42p. (J). pap. 14.99 ***(978-1-0717-1834-6(7))*** FASTLANE LLC.

African Dancing & You Coloring Book. Smarter Activity Books for Kids. 2016. (ENG., Illus.). (J). pap. 9.22 *(978-1-68374-409-2(8))* Examined Solutions PTE. Ltd.

African Elephant: The Largest Land Animal, 1 vol. Caitie McAneney. 2019. (Animal Record Breakers Ser.). (ENG.). 24p. (gr. 2-3). pap. 9.25 *(978-1-7253-0858-9(4)*, 4fbe62e9-e733-4c5d-b0a0-3272c5fb99fd, PowerKids Pr.) Rosen Publishing Group, Inc., The.

African Elephant (Young Zoologist) A First Field Guide to the Big-Eared Giant of the Savanna. Festus W. Ihwagi & Neon Squid. Illus. by Nic Jones. 2022. (Young Zoologist Ser.). (ENG.). 32p. (J). 15.99 *(978-1-68449-252-7(1)*, 900258814, Neon Squid) St. Martin's Pr.

African Elephants, 1 vol. Arthur Best. 2018. (Migrating Animals Ser.). (ENG.). 24p. (J). (gr. 1-1). 27.36 *(978-1-5026-3701-7(4)*, a6493a61-c99d-4fe9-964b-3239d40f4ec9) Cavendish Square Publishing LLC.

African Elephants. Kaitlyn Duling. 2019. (Animals of the Grasslands Ser.). (ENG., Illus.). 24p. (J). (gr. k-3). lib. bdg. 26.95 *(978-1-64487-054-9(1)*, Blastoff! Readers) Bellwether Media.

African Elephants. Grace Hansen. 2018. (Super Species Ser.). (ENG., Illus.). 24p. (J). (gr. -1-2). lib. bdg. 32.79 *(978-1-5321-0821-1(4)*, 28203, Abdo Kids) ABDO Publishing Co.

African Elephants. Gail Terp. 2017. (Wild Animal Kingdom Ser.). (ENG.). (J). (gr. 4-7). pap. 9.95 *(978-1-68072-483-7(5))*; 32p. pap. 9.99 *(978-1-64466-220-5(5)*, 11493); (Illus.). 32p. lib. bdg. *(978-1-68072-186-7(0)*, 10555) Black Rabbit Bks. (Bolt).

African Family Table, Vol. 11. Diane Bailey. 2018. (Connecting Cultures Through Family & Food Ser.). (Illus.). 64p. (J). (gr. 7). 31.93 *(978-1-4222-4042-7(8))* Mason Crest.

African Flags Coloring Book. Cristie Publishing. 2020. (ENG.). 56p. (J). pap. 12.00 *(978-1-716-29342-9(1))* Lulu Pr., Inc.

African Flags of the World Coloring Book for Children (6x9 Coloring Book / Activity Book) Sheba Blake. 2021. (ENG.). 58p. (J). pap. 9.99 *(978-1-222-28963-3(6))* Indy Pub.

African Flags of the World Coloring Book for Children (8. 5x8. 5 Coloring Book / Activity Book) Sheba Blake. 2021. (ENG.). 58p. (J). pap. 12.99 *(978-1-222-29156-8(8))* Indy Pub.

African Flags of the World Coloring Book for Children (8x10 Coloring Book / Activity Book) Sheba Blake. 2021. (ENG.). 58p. (J). pap. 14.99 *(978-1-222-28964-0(4))* Indy Pub.

African Girl: The Awakening. Kezia Dzifa Awadzi. 2016. (ENG., Illus.). 365p. (YA). (gr. 12). pap. *(978-9964-70-570-1(0))* Afram Pubns. Ghana, Ltd.

African Goddess Coloring Book. Kimberly Butler. 2017. (ENG., Illus.). 32p. (J). pap. *(978-1-365-79410-0(5))* Lulu Pr., Inc.

African Heartstrings. Diane S. Sepler. 2021. (ENG.). 82p. (J). 32.95 *(978-1-63630-279-9(3))*; pap. 23.95 *(978-1-63630-278-2(5))* Covenant Bks.

African History for Kids - Early Civilizations on the African Continent Ancient History for Kids 6th Grade Social Studies. Baby Professor. 2017. (ENG., Illus.). 64p. (J). pap. 9.55 *(978-1-5419-1784-2(7)*, Baby Professor (Education Kids)) Speedy Publishing LLC.

African Icons: Ten People Who Shaped History. Tracey Baptiste. 2021. (ENG., Illus.). 176p. (J). (gr. 5-9). 19.95 *(978-1-61620-900-1(3)*, 73900) Algonquin Young Readers.

African Leaders of the World Coloring & Activity Book. Erica Galloway. Illus. by Smith Jacqui. 2018. (ENG.). 20p. (J). pap. 12.99 *(978-0-578-42665-5(X))* Kelly Cochran Publishing.

African Lions. Kaitlyn Duling. 2019. (Animals of the Grasslands Ser.). (ENG., Illus.). 24p. (J). (gr. k-3). lib. bdg. 26.95 *(978-1-64487-055-6(X)*, Blastoff! Readers) Bellwether Media.

African Migrations. Hakim Adi. 2022. (ENG.). 48p. (J). (gr. 6-17). pap. 13.99 ***(978-1-5263-1816-9(4)***, Wayland) Hachette Children's Group GBR. Dist: Hachette Bk. Group.

African Millionaire: Episodes in the Life of the Illustrious Colonel Clay (Classic Reprint) Grant Allen. 2018. (ENG., Illus.). (J). 334p. 30.79 *(978-0-365-06105-2(0))*; 336p. pap. 13.57 *(978-0-656-60505-7(7))* Forgotten Bks.

African Nights Entertainment (Classic Reprint) Alec John Dawson. 2017. (ENG., Illus.). (J). 31.18 *(978-0-265-72803-1(7))*; pap. 13.57 *(978-1-5276-8822-3(4))* Forgotten Bks.

African Nursery Rhymes. Liz Mills. 2017. (ENG., Illus.). pap. 11.00 *(978-1-4323-0790-5(8))* Penguin Random House Grupo Editorial ESP. Dist: Casemate Pubs. & Bk. Distributors, LLC.

African Orchestra. Joan Rankin & Wendy Hartmann. (ENG., Illus.). 32p. (J). (gr. 1-2). 2019. pap. 8.95 *(978-1-56656-025-2(X))*; 2017. 17.95 *(978-1-56656-048-1(9))* Interlink Publishing Group, Inc. (Crocodile Bks.).

African Painted Dogs. Julie Murray. 2022. (Interesting Animals Ser.). (ENG.). 24p. (J). (gr. -1-2). lib. bdg. 31.36 *(978-1-0982-6412-3(6)*, 40923, Abdo Kids) ABDO Publishing Co.

African Patterns to Color IR. 2017. (Art Patterns to Color Ser.). (ENG.). (J). pap. 5.99 *(978-0-7945-3964-1(5)*, Usborne) EDC Publishing.

African Pride: And Other Short Stories. John Durham. 2019. (ENG.). 116p. (YA). (gr. 7-12). pap. *(978-1-78963-042-8(8)*, Choir Pr., The) Action Publishing Technology Ltd.

African Proverbs (Classic Reprint) Charlotte Leslau. (ENG., Illus.). (J). 2018. 64p. 25.24 *(978-0-364-75440-5(0))*; 2017. pap. 9.57 *(978-0-259-49727-1(4))* Forgotten Bks.

African Proverbs for All Ages. Johnnetta Betsch Cole & Nelda LaTeef. Illus. by Nelda LaTeef. 2021. (ENG., Illus.). 40p. (J). 19.99 *(978-1-250-75606-0(5)*, 900225955) Roaring Brook Pr.

African Pygmy Hedgehog. Julie Murray. (Mini Animals Ser.). (ENG.). 24p. (J). 2020. (gr. k-k). pap. 8.95 *(978-1-64494-300-7(X)*, 164494300X, Abdo Kids-Junior); 2019. (Illus.). (gr. -1-2). lib. bdg. 31.36 *(978-1-5321-8878-7(1)*, 32924, Abdo Kids) ABDO Publishing Co.

African Refugees: Development Aid & Repatriation. Ed. by Howard Adelman. 2022. (ENG.). 284p. (J). pap. *(978-0-367-16130-9(3))* Routledge, Chapman & Hall, Inc.

African Safari Animals Coloring Book. Jupiter Kids. 2017. (ENG., Illus.). (J). pap. 9.20 *(978-1-68326-958-8(6)*, Jupiter Kids (Childrens & Kids Fiction)) Speedy Publishing LLC.

African Savanna. Josh Gregory. 2016. (Community Connections: Getting to Know Our Planet Ser.). (ENG., Illus.). 24p. (J). (gr. 2-5). 29.21 *(978-1-63470-512-7(2)*, 207779) Cherry Lake Publishing.

African Sketch-Book, Vol. 2 Of 2: With Maps & Illustrations (Classic Reprint) Winwood Reade. 2018. (ENG., Illus.). 564p. (J). 35.53 *(978-0-483-59423-4(7))* Forgotten Bks.

African Sketches *see* **At the Edge of the Village: Musings of a Missionary Wife**

African Stories (Classic Reprint) Albert David Helser. (ENG., Illus.). (J). 2018. 226p. 28.58 *(978-0-365-08669-7(X))*; 2017. pap. 10.97 *(978-0-259-47184-4(4))* Forgotten Bks.

African Sunrise. Andrew Heller. 2017. (ENG., Illus.). 40p. (J). pap. *(978-1-365-88241-8(1))* Lulu Pr., Inc.

African Tale of the Enchanted Toy. Joseph Pollakoff. 2019. (ENG.). 124p. (J). (gr. 2-3). pap. 9.99 *(978-1-949574-72-2(5))* Bk. Vine Pr.

African Town. Charles Waters & Irene Latham. (Illus.). (YA). (gr. 7). 2023. 464p. pap. 12.99 *(978-0-593-32290-1(8))*; 2022. 448p. 19.99 *(978-0-593-32288-8(6))* Penguin Young Readers Group. (G.P. Putnam's Sons Books for Young Readers).

African Voices: An Anthology of Native African Writing (Classic Reprint) Peggy Rutherfoord. (ENG., Illus.). (J). 2018. 208p. 28.21 *(978-0-483-61770-4(9))*; 2017. pap. 10.57 *(978-0-243-28512-9(4))* Forgotten Bks.

African Wanderers, or the Adventures of Carlos & Antonio: Embracing Interesting Descriptions of the Manners & Customs of the Tribes, & the Natural Productions of the Country (Classic Reprint) R. Lee. (ENG., Illus.). (J). 2018. 406p. 32.29 *(978-0-483-98239-0(3))*; 2016. pap. 16.57 *(978-1-333-64631-8(3))* Forgotten Bks.

African Wildlife, Vol. 12. Joe McDonald. 2018. (Animals in the Wild Ser.). (Illus.). 72p. (J). (gr. 7). 33.27 *(978-1-4222-4164-6(5))* Mason Crest.

African Wildlife: A Folding Pocket Guide to Familiar Species. James Kavanagh & Waterford Press Staff. Illus. by Raymond Leung. 2018. (Wildlife & Nature Identification Ser.). (ENG.). 12p. 7.95 *(978-1-58355-032-8(1))* Waterford Pr., Inc.

African Worshippers: Islam & Traditional Religions - Ancient History for Kids Children's Ancient History. Baby Professor. 2017. (ENG., Illus.). (J). pap. 8.79 *(978-1-5419-1400-1(7)*, Baby Professor (Education Kids)) Speedy Publishing LLC.

African Year (Classic Reprint) Cullen Gouldsbury. (ENG., Illus.). (J). 2018. 342p. 30.97 *(978-0-267-89774-2(X))*; 2016. pap. 13.57 *(978-1-333-63678-4(4))* Forgotten Bks.

Africana: An Encyclopedia of an Amazing Continent. Kim Chakanetsa. Illus. by Mayowa Alabi. 2022. (ENG.). 96p. (J). (gr. 2-6). ***(978-0-7112-6980-4(7)***, Wide Eyed Editions) Quarto Publishing Group UK.

Africana, Vol. 2: Or, the Heart of Heathen Africa (Classic Reprint) Duff MacDonald. 2018. (ENG., Illus.). 398p. (J). 32.11 *(978-0-483-19609-4(6))* Forgotten Bks.

Africander: A Plain Tale of Colonial Life (Classic Reprint) E. Clairmonte. 2018. (ENG., Illus.). 284p. (J). 29.75 *(978-0-364-00555-2(6))* Forgotten Bks.

Africaner: Or Missionary Trials (Classic Reprint) Presbyterian Church In. 2018. (ENG., Illus.). 40p. (J). 24.72 *(978-0-267-67107-6(5))* Forgotten Bks.

Africanized Honeybee vs. Army Ant, 1 vol. Therese M. Shea. 2018. (Bizarre Beast Battles Ser.). (ENG.). 24p. (J). (gr. 2-3). pap. 9.15 *(978-1-5382-1923-2(9)*, 7f870c2a-57d5-4fb9-81eb-b1b042202969) Stevens, Gareth Publishing LLLP.

Africanized Honeybees. Scott Pearson. 2016. (Invasive Species Takeover Ser.). (ENG.). 32p. (J). (gr. 4-6). pap. 9.99 *(978-1-64466-142-0(X)*, 10270); (Illus.). 31.35 *(978-1-68072-012-9(0)*, 10269) Black Rabbit Bks. (Bolt).

Africa's Most Dangerous - the Big 5: (Age 6 & Above) Tj Rob. 2016. (ENG., Illus.). (J). pap. *(978-1-988695-44-0(9))* TJ Rob.

Africville, 1 vol. Shauntay Grant. Illus. by Eva Campbell. 2018. (ENG.). 32p. (J). (gr. k-2). 19.99 *(978-1-77306-043-9(0))* Groundwood Bks. CAN. Dist: Publishers Group West (PGW).

Afrikan Feral Cats of Sullivan's Island. Ellen Stoecker. 2018. (ENG., Illus.). 20p. (J). 20.95 *(978-1-64300-389-4(5))*; pap. 10.95 *(978-1-64300-388-7(7))* Covenant Bks.

Afro-American Folk Lore: Told Round Cabin Fires on the Sea Islands of South Carolina (Classic Reprint) A. M. H. Christensen. (ENG., Illus.). (J). 2018. 142p. 26.83 *(978-0-267-77239-1(4))*; 2017. pap. 9.57 *(978-0-259-99228-8(3))* Forgotten Bks.

Afro-Latino Alphabet. Keaira Faña-Ruiz & José Faña-Ruiz. 2023. (ENG.). 34p. (J). pap. 12.95 ***(978-1-0880-7884-6(2))*** Indy Pub.

Afro Pick Adventures Presents the Incredible Genius Imhotep. Hezzy. Illus. by Sidante Currie. 2023. (ENG.). 26p. (J). pap. ***(978-0-2288-9079-9(9))*** Tellwell Talent.

Afro Puffs Held High. Frieda Millhouse-Jones. 2022. (ENG.). 28p. (J). pap. 12.99 ***(978-1-6653-0558-7(4))*** BookLogix.

Afro Unicorn 6-Copy Clip Strip Fall 2023. April Showers. 2023. (J). (gr. -1-2). pap. 38.94 ***(978-0-593-78052-7(3)***, Random Hse. Bks. for Young Readers) Random Hse. Children's Bks.

Afros, Braids, & Curls: A Coloring Book for Curly Girls. Daniela J. Lopez. Illus. by Daniela J. Lopez & Christen A. Whyte. 2019. (ENG.). 56p. (J). (gr. k-6). pap. 10.00 *(978-0-578-59508-5(7))* Lopez, Daniela J.

After. Barbara Ehrentreu. 2018. (ENG., Illus.). 158p. (J). pap. *(978-1-77127-820-1(X))* MuseItUp Publishing.

After: A Novel (Classic Reprint) Frederic P. Ladd. 2018. (ENG., Illus.). 322p. (J). 30.56 *(978-0-428-92582-6(0))* Forgotten Bks.

After a While Crocodile: Alexa's Diary, 1 vol. Brady Barr & Jennifer Keats Curtis. Illus. by Susan Detwiler. 2016. (ENG.). 32p. (J). (gr. k-3). 17.95 *(978-1-62855-834-0(2))* Arbordale Publishing.

After Another (Classic Reprint) Stacy Aumonier. (ENG., Illus.). (J). 2018. 282p. 29.73 *(978-0-365-15562-1(4))*; 2017. pap. 11.97 *(978-0-259-10187-1(7))* Forgotten Bks.

after Bedtime Story. Shoham Smith. Illus. by Einat Tsarfati. 2016. (ENG.). 48p. (J). (gr. k-2). 16.95 *(978-1-4197-1873-1(8)*, 1121501, Abrams Bks. for Young Readers) Abrams, Inc.

After Bread: A Story of Polish Emigrant Life to America (Classic Reprint) Henryk Sienkiewicz. 2018. (ENG., Illus.). 226p. (J). 28.56 *(978-0-364-97925-9(9))* Forgotten Bks.

After Breakfast, or Pictures Done with a Quill, Vol. 1 of 2 (Classic Reprint) George Augustus Sala. (ENG., Illus.). (J). 2018. 360p. 31.34 *(978-0-428-78421-8(6))*; 2016. pap. 13.97 *(978-1-334-15897-1(5))* Forgotten Bks.

After Breakfast, Vol. 2 Of 2: Or Pictures Done with a Quill (Classic Reprint) George Augustus Sala. 2018. (ENG., Illus.). 336p. (J). 30.83 *(978-0-267-18312-8(7))* Forgotten Bks.

After Class. Annika Leiyedeth Wolff. 2020. (SPA.). 638p. (YA). pap. *(978-1-716-50703-8(0))* Lulu Pr., Inc.

After Dark. James Leck. 2016. (ENG.). 256p. (J). (gr. 5-9). 14.99 *(978-1-77138-344-8(5))* Kids Can Pr., Ltd. CAN. Dist: Hachette Bk. Group.

After Dark: Poems about Nocturnal Animals. David L. Harrison. Illus. by Stephanie Laberis. 2020. 32p. (J). (gr. k-4). 17.99 *(978-1-62979-717-5(0)*, Wordsong) Highlights Pr., c/o Highlights for Children, Inc.

After Dark & Other Stories (Classic Reprint) Wilkie Collins. 2018. (ENG., Illus.). 544p. (J). 35.14 *(978-0-483-39179-6(4))* Forgotten Bks.

After Dark (Classic Reprint) Wilkie Collins. 2017. (ENG., Illus.). (J). 32.95 *(978-1-5279-8285-7(8))* Forgotten Bks.

After Dark, Vol. 1 of 2 (Classic Reprint) Wilkie Collins. (ENG., Illus.). (J). 2018. 346p. 31.03 *(978-0-484-90772-9(7))*; 2016. pap. 13.97 *(978-1-333-62954-0(0))* Forgotten Bks.

After Dark, Vol. 2 of 2 (Classic Reprint) Wilkie Collins. (ENG., Illus.). (J). 2018. 328p. 30.68 *(978-0-484-07379-0(6))*; 2016. pap. 13.57 *(978-1-334-12423-5(X))* Forgotten Bks.

After Dark with Roxie Clark. Brooke Lauren Davis. 2022. (ENG.). 352p. (YA). 18.99 *(978-1-5476-0614-6(2)*, 900234577, Bloomsbury Young Adult) Bloomsbury Publishing USA.

After Dinner Stories: By Famous Men (Classic Reprint) King George of England. 2018. (ENG., Illus.). 130p. (J). 26.58 *(978-0-267-25669-3(8))* Forgotten Bks.

After-Dinner Stories: Containing a Great Many Stories by the Author, Which Are Absolutely Original, Both in Essence & Construction, & Appearing for the First Time in Print; Together with a Select Assortment of the Brightest Gems of Standard Wit & Hu. Paul Emilius Lowe. 2018. (ENG., Illus.). 142p. (J). 26.83 *(978-0-483-97270-4(3))* Forgotten Bks.

After Dinner Stories (Classic Reprint) E. C. Lewis. 2017. (ENG., Illus.). (J). 25.90 *(978-0-266-59894-7(3))* Forgotten Bks.

After-Dinner Stories from Balzac (Classic Reprint) Honore de Balzac. 2017. (ENG., Illus.). (J). 28.62 *(978-0-266-19367-8(6))* Forgotten Bks.

After Eden. Scott Chitwood. Illus. by Rod Thornton. 2021. (After Eden Ser.: 1). (ENG.). 104p. (YA). pap. 9.95 *(978-1-926513-05-8(3)*, 15d5c2db-33e7-451e-b1cb-03e4b389d638) R5 Comics, LLC.

After Gandhi: One Hundred Years of Nonviolent Resistance. Anne Sibley O'Brien & Perry Edmond O'Brien. 2018. (Illus.). 224p. (J). (gr. 5). pap. 11.99 *(978-1-58089-130-1(6))* Charlesbridge Publishing, Inc.

After Happily Ever After. Tony Bradman. Illus. by Sarah Warburton. 2022. (After Happily Ever After Ser.). (ENG.). 56p. (J). 285.89 *(978-1-6690-5574-7(4)*, 256028, Stone Arch Bks.) Capstone.

After His Kind (Classic Reprint) John Coventry. (ENG., Illus.). (J). 2018. 338p. 30.89 *(978-0-484-49153-2(9))*; 2017. pap. 13.57 *(978-0-282-55547-4(1))* Forgotten Bks.

After I Wake. Emma Griffiths. 2016. (ENG., Illus.). (J). 24.99 *(978-1-63477-931-9(2)*, Harmony Ink Pr.) Dreamspinner Pr.

After It Rains: A Counting Book, 1 vol. Joanne Schwartz. Illus. by Angela Doak. 2022. (ENG.). 24p. (J). bds. 9.95 *(978-1-77471-037-1(4)*, 348d43ba-aa66-40f3-a9ef-b49e4a556979) Nimbus Publishing, Ltd. CAN. Dist: Baker & Taylor Publisher Services (BTPS).

After Life: Sequel to 'the Journal of a Home Life' (Classic Reprint) Elizabeth Missing Sewell. (ENG., Illus.). (J). 2018. 488p. 33.96 *(978-0-666-24890-9(7))*; 2017. pap. 16.57 *(978-0-259-21305-5(5))* Forgotten Bks.

After Life: Ways We Think about Death, 1 vol. Merrie-Ellen Wilcox. 2018. (ENG., Illus.). 88p. (J). (gr. 4-7). 24.95 *(978-1-4598-1388-5(X))* Orca Bk. Pubs. USA.

After London: Or, Wild England - a Victorian Classic of Post-Apocalyptic Science Fiction. Richard Jefferies. 2018. (ENG., Illus.). 158p. (J). pap. *(978-1-78987-011-4(9))* Pantianos Classics.

After London: Wild England. Richard Jefferies. 2018. (ENG., Illus.). 230p. (J). pap. *(978-93-5329-033-7(3))* Alpha Editions.

After Long Waiting, Vol. 1 of 2 (Classic Reprint) Jessie L. Nicholson. 2018. (ENG., Illus.). 310p. (J). 30.29 *(978-0-484-57576-8(7))* Forgotten Bks.

After Long Waiting, Vol. 2 of 2 (Classic Reprint) Jessie L. Nicholson. 2018. (ENG., Illus.). 330p. (J). 30.72 *(978-0-267-24564-2(5))* Forgotten Bks.

After Lucas. Tudor Robins. 2018. (Stonegate Ser.: Vol. 2). (ENG., Illus.). 324p. (YA). (gr. 7-12). pap. *(978-0-9958887-5-3(2))* Robins, Tudor.

After Many Days. Christian Reid. 2017. (ENG.). 220p. (J). pap. *(978-3-337-02672-1(9))* Creation Pubs.

After Many Days: A Novel (Classic Reprint) Christian Reid. 2018. (ENG., Illus.). 220p. (J). 28.43 *(978-0-484-15729-2(9))* Forgotten Bks.

After Many Days: An American Novel by Two Americans (Classic Reprint) Theodora B. Wilson. 2017. (ENG., Illus.). (J). 370p. 31.53 *(978-0-332-59241-1(3))*; pap. 13.97 *(978-0-259-39406-8(8))* Forgotten Bks.

After Many Days: Being the Reminiscences of Cuthbert Fetherstonhaugh (Classic Reprint) Cuthbert Fetherstonhaugh. (ENG., Illus.). (J). 2017. 32.93 *(978-0-331-92340-7(8))*; 2016. pap. 16.57 *(978-1-333-55688-4(8))* Forgotten Bks.

After Many Years: And Other Sketches (Classic Reprint) David Gibson. 2018. (ENG., Illus.). 220p. (J). 28.43 *(978-0-267-25670-9(1))* Forgotten Bks.

After Midnight. Meghaa Gupta. 2023. (ENG., Illus.). 296p. (J). (gr. 5). pap. 16.99 *(978-0-14-345876-0(0)*, Puffin) Penguin Bks. India PVT, Ltd IND. Dist: Independent Pubs. Group.

After Miigaadiwin. Anna Raddon. 2018. (Seventh Fire Trilogy Ser.: Vol. 1). (ENG., Illus.). 192p. (YA). (gr. 9-12). pap. *(978-1-4866-1563-6(5))* Word Alive Pr.

After Our Heart Attacks. Bill Taylor. 2016. (ENG.). 154p. (J). 23.95 *(978-1-78629-724-2(8)*, 1252d4e3-a53f-45a0-bd25-a23a12c1a2ef); pap. 13.95 *(978-1-78629-723-5(X)*, 709c1522-2e60-4ae1-8a34-7dafe65d4916) Austin Macauley Pubs. Ltd. GBR. Dist: Baker & Taylor Publisher Services (BTPS).

After-School Activities Are Great: Leveled Reader Gold Level 21. Rg Rg. 2016. (PM Ser.). (ENG.). 24p. (J). (gr. 2-3). pap. 11.00 *(978-0-544-89234-7(8))* Rigby Education.

After School Mad Libs: World's Greatest Word Game. Sarah Fabiny. 2022. (Mad Libs Ser.). 48p. (J). (gr. 3-7). pap. 5.99 *(978-0-593-51913-4(2)*, Mad Libs) Penguin Young Readers Group.

After-School Sports Club Adventures. Alyson Heller. Illus. by Steve Björkman. 2016. (J). *(978-1-4814-7741-3(2))* Simon & Schuster Children's Publishing.

After Squidnight. Jonathan Fenske. Illus. by Jonathan Fenske. 2020. (ENG., Illus.). 32p. (J). (gr. -1-3). 12.99 *(978-1-5247-9308-1(6)*, Penguin Workshop) Penguin Young Readers Group.

After-Supper Songs: For Voice & Piano (Classic Reprint) Elizabeth Coolidge. (ENG., Illus.). (J). 2018. 56p. 25.05 *(978-0-484-87084-9(X))*; 2016. pap. 9.57 *(978-1-334-11651-3(2))* Forgotten Bks.

After Ten Years or the Maniac Wife: An Original Romantic Drama, in Three Acts (Classic Reprint) Benjamin W. Hollenbeck. 2018. (ENG., Illus.). 42p. (J). 24.76 *(978-0-267-26190-1(X))* Forgotten Bks.

After the Darkness. Kendra Merritt. 2020. (Mark of the Least Ser.). (ENG.). 182p. (YA). pap. 7.99 *(978-1-951009-11-3(8))* Blue Fyre Pr.

After the Death of Anna Gonzales. Terri Fields. 2018. (ENG.). 112p. (YA). pap. 18.99 *(978-1-250-18945-5(4)*, 900192245) Square Fish.

After the Divorce: A Romance (Classic Reprint) Grazia Deledda. 2018. (ENG., Illus.). 358p. (J). 31.30 *(978-0-428-87275-5(1))* Forgotten Bks.

After the Fall. Kate Hart. 2018. (ENG.). 336p. (YA). pap. 17.99 *(978-1-250-14421-8(3)*, 900180624) Square Fish.

After the Fall: an AFK Book (RWBY, Book 1), 1 vol., Vol. 1. E. C. Myers. Illus. by Patrick Rodriguez. 2019. (ENG.). 304p. (YA). (gr. 7-7). pap. 9.99 *(978-1-338-30574-6(3))* Scholastic, Inc.

After the Fall (How Humpty Dumpty Got Back up Again) Dan Santat. Illus. by Dan Santat. 2017. (ENG., Illus.). 40p. (J). 18.99 *(978-1-62672-682-6(5)*, 900170544) Roaring Brook Pr.

After the Fault: A Novel (Classic Reprint) Robert H. Sherard. 2017. (ENG., Illus.). (J). 29.61 *(978-0-266-52215-7(7))*; pap. 11.97 *(978-0-259-24675-6(1))* Forgotten Bks.

After the Fire. Will Hill. 2018. (ENG.). 464p. (YA). (gr. 8-12). 17.99 *(978-1-4926-6979-1(2))* Sourcebooks, Inc.

After the Fire. Will Hill. 2019. (ENG.). 464p. (YA). (gr. 8-12). pap. 15.99 *(978-1-4926-7880-9(5))* Sourcebooks, Inc.

After the Flood (Classic Reprint) Gene Stratton-Porter. 2017. (ENG., Illus.). (J). 25.38 *(978-1-5281-6224-1(2))* Forgotten Bks.

After the Game. Abbi Glines. (Field Party Ser.). (ENG., Illus.). (YA). (gr. 9). 2018. 368p. pap. 12.99 *(978-1-4814-3892-6(1))*; 2017. 352p. 18.99 *(978-1-4814-3893-3(X))* Simon Pulse. (Simon Pulse).

After the Game: A Field Party Novel. Abbi Glines. 2017. (YA). *(978-1-5344-0168-6(7)*, Simon Pulse) Simon Pulse.

After the Ink Dries. Cassie Gustafson. Illus. by Emma Vieceli. 2022. (ENG.). 432p. (YA). (gr. 9). pap. 12.99 *(978-1-5344-7370-6(X)*, Simon & Schuster Bks. For Young Readers) Simon & Schuster Bks. For Young Readers.

After the Machines Episodes 1, 2, 3, 4 & 5: This Mortal Coil. William Stanek & Robert Stanek. 2023. (ENG.). 370p. (YA). pap. 19.99 ***(978-1-62716-589-1(4))***; 35.00 ***(978-1-62716-588-4(6))*** RP Media. (Reagent Pr. Bks. for Young Readers).

After the Manner of Men (Classic Reprint) Francis Lynde. (ENG., Illus.). (J). 2018. 476p. 33.73 *(978-0-484-74532-1(8))*; 2017. pap. 16.57 *(978-0-243-52072-5(7))* Forgotten Bks.

After the Moonrise. Richard Lo. 2022. (Illus.). 32p. (J). (gr. -1-4). 16.95 *(978-1-4930-6434-2(7))* Muddy Boots Pr.

After the Moonshiners: A Book of Thrilling, yet Truthful Narratives (Classic Reprint) Unknown Author. 2018. (ENG., Illus.). 288p. (J). 29.86 *(978-0-267-83125-8(0))* Forgotten Bks.

After the Rain. Rebecca Koehn. Illus. by Simone Krüger. 2020. 32p. (J). (gr. k-3). 17.99 *(978-1-5064-5451-1(8)*, Beaming Books) 1517 Media.

After the Revolution: And Other Holiday Fantasies (Classic Reprint) William Wallace. (ENG., Illus.). (J). 2018. 344p. 31.01 *(978-0-666-34288-1(1))*; 2017. pap. 13.57 *(978-1-5276-6309-1(4))* Forgotten Bks.

After the Robots Died, Issue #1: Rey Rabbits. Carolyn Watson Dubisch. 2022. (ENG.). 40p. (J). pap. ***(978-1-387-50429-9(0))*** Lulu Pr., Inc.

The check digit for ISBN-10 appears in parentheses after the full ISBN-13

TITLE INDEX

AGE OF YEATS

A

After the Robots Died, Issue #2, the Eye in the Sand. Carolyn Watson-Dubisch. 2023. (ENG.). 34p. (J). pap. 19.57 *(978-1-312-47178-8(6))* Lulu Pr., Inc.

After the Shot Drops. Randy Ribay. 2020. (ENG.). 336p. (YA). (gr. 9). pap. 15.99 *(978-0-358-10806-1(3)*, 1748879, Clarion Bks.) HarperCollins Pubs.

After the Snowfall. Richard Lo. 2020. (Illus.). 32p. (J). (gr. -1-4). 15.95 *(978-1-63076-390-9(X))* Muddy Boots Pr.

After the Storm (a Percy the Park Keeper Story) Nick Butterworth. Illus. by Nick Butterworth. 2021. (Percy the Park Keeper Story Ser.). (ENG., Illus.). 32p. (J). pap. 7.99 *(978-0-00-835680-4(7)*, HarperCollins Children's Bks.) HarperCollins Pubs. Ltd. GBR. Dist: HarperCollins Pubs.

After the Storm (Classic Reprint) Timothy Shay Arthur. (ENG., Illus.). (J). 2018. 304p. 30.19 *(978-0-267-33109-3(6))*; 2016. pap. 13.57 *(978-1-333-57041-5(4))* Forgotten Bks.

After the Storm, Vol. 1: Or, Jonathan & His Neighbours in 1865-6 (Classic Reprint) J. Skinner. 2017. (ENG., Illus.). (J). 31.01 *(978-0-265-21536-4(6))* Forgotten Bks.

After the Storm, Vol. 2 of 2: Or, Jonathan & His Neighbours in 1865-6 (Classic Reprint) J. E. Hilary Skinner. 2018. (ENG., Illus.). 390p. (J). 31.96 *(978-0-365-31838-5(8))* Forgotten Bks.

After the Sun Goes Down. Glenn O. Blough. Illus. by Jeanne Bendick. (ENG.). 48p. (J). 2022. 23.99 *(978-1-948959-74-2(7))*; 2021. pap. 12.99 *(978-1-948959-51-3(8))* Purple Hse. Pr.

After the Town Goes Dry. Henry C Taylor. 2017. (ENG., Illus.). (J). pap. *(978-0-649-19952-5(9))* Trieste Publishing Pty Ltd.

After the Town Goes Dry (Classic Reprint) Henry C Taylor. (ENG., Illus.). (J). 2017. 46p. 24.85 *(978-0-332-38148-0(X))*; 2016. pap. 7.97 *(978-1-333-84175-1(2))* Forgotten Bks.

After the Verdict (Classic Reprint) Robert Hichens. 2018. (ENG., Illus.). (J). 546p. 35.16 *(978-1-397-19064-2(7))*; 548p. pap. 19.57 *(978-1-397-19063-5(9))* Forgotten Bks.

After the Worst Thing Happens. Audrey Vernick. 224p. (J). (gr. 4-7). 2022. pap. 9.99 *(978-0-8234-4846-3(0))*; 2020. 17.99 *(978-0-8234-4490-8(2))* Holiday Hse., Inc. (Margaret Ferguson Books).

After Thirty (Classic Reprint) Julian Street. 2018. (ENG., Illus.). 284p. (J). 29.77 *(978-0-267-20724-4(7))* Forgotten Bks.

After Three Years: The Story of the Application of an Old Principle in Platemaking & Its Adaptation to Book Printing (Classic Reprint) Vail-Ballou Press. (ENG., Illus.). (J). 2018. 70p. 25.34 *(978-0-484-57611-6(9))*; 2016. pap. 9.57 *(978-1-334-15995-4(5))* Forgotten Bks.

after Times. Christine Potter. 2022. (ENG.). 230p. (J). pap. *(978-0-3695-0711-2(8))* Evernight Publishing.

After Twenty Years: And Other Stories (Classic Reprint) Julian Sturgis. (ENG., Illus.). (J). 2018. 340p. 30.91 *(978-0-484-67767-7(5))*; 2017. pap. 13.57 *(978-1-5276-3886-0(3))* Forgotten Bks.

After You. Janet Riehecky. 2022. (Manners Matter Ser.). (ENG.). 24p. (J). (gr. -1-2). lib. bdg. 32.79 *(978-1-5038-5575-5(9)*, 215469) Child's World, Inc, The.

After Zero. Christina Collins. 2018. (ENG.). 256p. (J). (gr. 3-7). 16.99 *(978-1-4926-5532-9(5))* Sourcebooks, Inc.

Aftercare Instructions: A Novel. Bonnie Pipkin. 2018. (ENG.). 368p. (YA). pap. 27.00 *(978-1-250-11485-3(3)*, 900171581) Flatiron Bks.

Afterdeath. Benoit Chartier. 2017. (ENG., Illus.). (YA). (gr. 9-12). pap. *(978-0-9947408-2-3(4))* Trode Pubns.

Afterglow. Phil Stamper. 2023. (Golden Boys Ser.). (ENG.). 400p. (YA). 18.99 *(978-1-5476-0738-9(6)*, 900240420, Bloomsbury Young Adult) Bloomsbury Publishing USA.

Afterlife of Holly Chase: A Christmas & Holiday Book. Cynthia Hand. (ENG.). (YA). (gr. 8). 2018. 416p. pap. 11.99 *(978-0-06-231851-0(9))*; 2017. 400p. 17.99 *(978-0-06-231850-3(0))* HarperCollins Pubs. (HarperTeen).

Afterlife of the Party. Darcy Marks. 2023. (ENG.). 416p. (J). (gr. 3-7). 18.99 *(978-1-5344-8339-2(X)*, Aladdin) Simon & Schuster Children's Publishing.

Afterlife of the Party. Marlene Perez. 2021. (Afterlife Ser.: 1). (ENG., Illus.). 352p. (YA). pap. 9.99 *(978-1-64063-902-7(0)*, 900225696) Entangled Publishing, LLC.

Afterlove. Tanya Byrne. 2022. (ENG.). 400p. (YA). 18.99 *(978-1-250-86561-8(1)*, 900278054, Holt, Henry & Co. Bks. For Young Readers) Holt, Henry & Co.

Afterlove. Tanya Byrne. 2023. (ENG.). 400p. (YA). pap. 12.99 *(978-1-250-89553-0(7)*, 900278055) Square Fish.

AfterMath. Emily Barth Isler. 2023. (ENG.). 272p. (J). (gr. 5-8). pap. 12.99 Lerner Publishing Group.

Aftermath. Stacy A. Padula. 2nd ed. 2020. (Montgomery Lake High Ser.: Vol. 3). (ENG.). 174p. (YA). pap. 12.50 *(978-1-7350168-6-3(1))*; 19.95 *(978-1-7331536-7-6(5))* Briley & Baxter Publications.

Aftermath, 1903 (Classic Reprint) William Louis McGrath. (ENG., Illus.). (J). 2018. 70p. 25.34 *(978-0-666-79460-4(X))*; 2017. pap. 9.57 *(978-0-259-84395-5(4))* Forgotten Bks.

Aftermath, 1908 (Classic Reprint) Classical High School. (ENG., Illus.). (J). 2018. 104p. 26.04 *(978-0-365-14130-3(5))*; 2017. pap. 9.57 *(978-0-259-88005-9(1))* Forgotten Bks.

Aftermath of Battle: With the Red Cross in France (Classic Reprint) Edward D. Toland. 2017. (ENG., Illus.). (J). 28.64 *(978-0-260-49877-9(7))* Forgotten Bks.

Aftermath of History, 8 vols., Set. Incl. Aftermath of the Anglo-Zulu War. Matthew Scott Weltig. (Illus.). (gr. 9-12). 2008. lib. bdg. 38.60 *(978-0-8225-7599-3(X))*; Aftermath of the Chinese Nationalist Revolution. Kathlyn Gay. (Illus.). (J). (gr. 9-12). 2008. lib. bdg. 38.60 *(978-0-8225-7601-3(5))*; Aftermath of the French Defeat in Vietnam. Mark E. Cunningham & Lawrence Zwier. (gr. 9-12). 2009. 38.60 *(978-0-8225-9093-4(X))*; Aftermath of the French Revolution. James R. Arnold. (gr. 9-12). 2008. lib. bdg. 38.60 *(978-0-8225-7598-6(1))*; Aftermath of the Mexican Revolution. Susan Provost Beller. (gr. 9-12). 2008. lib. bdg. 38.60 *(978-0-8225-7600-6(7))*; Aftermath of the Russian Revolution. Kathlyn Gay. (gr. 9-12). 2009. 38.60 *(978-0-8225-9092-7(1))*; Aftermath of the Sandinista Revolution. Stuart A. Kallen. (YA). (gr. 7-12). 2009. 38.60 *(978-0-8225-9091-0(3))*; Aftermath of the Wars Against the Barbary Pirates. Brendan January. (gr. 9-12). 2009. 38.60 *(978-0-8225-9094-1(8))*; 160p. (Aftermath of History Ser.). (ENG.). 2008. Set lib. bdg. 47.26 *(978-0-8225-7597-9(3)*, Twenty-First Century Bks.) Lerner Publishing Group.

Aftermath of the War Reconstruction 1865-1877 American World History History 5th Grade Children's American History Of 1800s. Baby Professor. 2022. (ENG.). 72p. (J). 31.99 *(978-1-5419-8696-1(2))*; pap. 19.99 *(978-1-5419-5038-2(0))* Speedy Publishing LLC. (Baby Professor (Education Kids)).

Aftermath of World War II. Elisabeth Herschbach. 2022. (World War II Ser.). (ENG., Illus.). 48p. (J). (gr. 5-6). pap. 11.95 *(978-1-63739-332-1(6))*; lib. bdg. 34.21 *(978-1-63739-280-5(X))* North Star Editions. (Focus Readers).

Aftermath, Vol. 2: Part Second of a Kentucky Cardinal (Classic Reprint) James Lane Allen. 2017. (ENG., Illus.). (J). 26.99 *(978-0-266-92317-6(8))* Forgotten Bks.

Afternoon in Julia's World: Isang Hapon Sa Mundo ni Julia. Christine L. Villa. Illus. by Kathrina Iris. 2022. (ENG.). 42p. (J). pap. 12.00 *(978-1-958753-01-9(7))* Purple Cotton Candy Arts.

Afternoon into Extinction. P. J. Dibenedetto. 2018. (ENG., Illus.). 112p. (J). (gr. 3-6). 14.99 *(978-1-64316-444-1(9))*; pap. 9.99 *(978-1-64255-687-2(4))* Primedia eLaunch LLC.

Afternoon Magic. Liza Fosburgh. 2019. (ENG.). 224p. (J). (gr. 3). pap. 15.99 *(978-1-5344-6782-8(3)*, Simon & Schuster Bks. For Young Readers) Simon & Schuster Bks. For Young Readers.

Afternoon Men: A Novel (Classic Reprint) Anthony Powell. 2017. (ENG., Illus.). (J). 28.70 *(978-0-331-75585-5(8))*; pap. 11.57 *(978-0-243-29726-9(2))* Forgotten Bks.

Afternoon of the Elves. Janet Taylor Lisle. 2017. (ENG., Illus.). 128p. (J). (gr. 3-7). 19.99 *(978-1-4814-9908-8(4)*, Atheneum Bks. for Young Readers) Simon & Schuster Children's Publishing.

Afternoon on a Hill. Edna St. Vincent Millay. 2019. (Illus.). 14p. (J). (gr. -1-1). 14.99 *(978-1-56846-334-6(0)*, 18675, Creative Editions) Creative Co., The.

Afternoon on the Amazon see Tarde en el Amazonas

Afternoon on the Amazon, 6. Mary Pope Osborne. 2019. (Magic Tree House Ser.). (ENG.). 67p. (J). (gr. 2-3). 16.96 *(978-0-87617-695-5(3))* Penworthy Co., LLC, The.

Aftershock. Gabrielle Prendergast. 2023. (Orca Anchor Ser.). (ENG., Illus.). 96p. (YA). (gr. 8-12). pap. 10.95 *(978-1-4598-3720-1(7))* Orca Bk. Pubs. USA.

Aftershock. Vanessa Acton. ed. 2017. (Day of Disaster Ser.). (ENG.). 112p. (YA). (gr. 6-12). E-Book 39.99 *(978-1-5124-3500-9(7)*, 9781512435009, Darby Creek) Lerner Publishing Group.

Aftershock: A Donovan Nash Novel. Philip Donlay. 2018. (Donovan Nash Novel Ser.: 5). (ENG.). 320p. pap. 16.00 *(978-1-60809-278-9(X))* Oceanview Publishing.

Aftershocks. Marisa Reichardt. 2020. (ENG.). 336p. (YA). (gr. 7-17). 18.99 *(978-1-4197-3917-0(4)*, 1293501, Amulet Bks.) Abrams, Inc.

Afterward. E. K. Johnston. 2020. (ENG.). 352p. (YA). (gr. 9). pap. 10.99 *(978-0-7352-3191-7(5)*, Penguin Books) Penguin Young Readers Group.

Afterward. Jennifer Mathieu. ed. 2017. (YA). lib. bdg. 20.85 *(978-0-606-40590-4(9))* Turtleback.

Afterwards. A. F. Harrold. Illus. by Emily Gravett. 2019. (ENG.). 208p. (J). 17.99 *(978-1-5476-0044-1(6)*, 900196151, Bloomsbury Children's Bks.) Bloomsbury Publishing USA.

Afterwards. N. Heinz. 2019. (Rosewood Ser.: Vol. 1). (ENG.). 118p. (YA). (gr. 7-12). pap. 9.99 *(978-1-64533-074-5(5))* Kingston Publishing Co.

Afterwards: And Other Stories (Classic Reprint) Ian MacLaren. 2017. (ENG., Illus.). (J). 33.86 *(978-1-5283-8826-9(7))* Forgotten Bks.

AfterWitch. James Stoorie. 2021. (ENG.). 158p. (YA). pap. *(978-1-6780-8816-3(1))* Lulu Pr., Inc.

Again Again. E. Lockhart. (ENG.). 304p. (YA). (gr. 7). 2021. pap. 12.99 *(978-0-385-74480-5(3)*, Ember); 2020. 18.99 *(978-0-385-74479-9(X)*, Delacorte Pr.) Random Hse. Children's Bks.

Again, but Better: A Novel. Christine Riccio. 2019. (ENG.). 400p. lib. bdg. 22.80 *(978-1-6636-2964-7(1))* Perfection Learning Corp.

Again, but Better: A Novel. Christine Riccio. (ENG.). (YA). 2021. 400p. pap. 11.99 *(978-1-250-29926-0(8)*, 900196326); 2019. 384p. 18.99 *(978-1-250-29925-3(X)*, 900196325) St. Martin's Pr. (Wednesday Bks.).

Again I See the Gaillardias. Tong Li. Tr. by Brandon Yen from CHI. 2016. (ENG., Illus.). 171p. (YA). pap. *(978-0-9932154-7-6(5))* Balestier Pr.

Against All Odds. Drew Lyon. 2017. (Real Heroes of Sports Ser.). (ENG., Illus.). 32p. (J). (gr. 3-9). lib. bdg. 26.65 *(978-1-5157-4380-4(2)*, 134098, Capstone Pr.) Capstone.

Against Fate: A True Story (Classic Reprint) M. L. Rayne. 2017. (ENG., Illus.). (J). 29.44 *(978-1-5283-6887-2(8))* Forgotten Bks.

Against Heavy Odds. Hjalmar Hjorth Boyesen. 2017. (ENG.). 204p. (J). pap. *(978-3-337-07298-8(4))* Creation Pubs.

Against Heavy Odds: A Tale of Norse Heroism (Classic Reprint) Hjalmar Hjorth Boyesen. 2017. (ENG., Illus.). (J). 29.28 *(978-1-5285-7341-2(2))* Forgotten Bks.

Against Human Nature. Maria Louise Pool. 2017. (ENG.). 372p. (J). pap. *(978-3-337-03208-1(7))* Creation Pubs.

Against Human Nature: A Novel (Classic Reprint) Maria Louise Pool. (ENG., Illus.). (J). 2018. 374p. 31.61 *(978-0-483-97632-0(6))*; 2016. pap. 13.97 *(978-1-334-34514-2(7))* Forgotten Bks.

Against Odds: A Detective Story (Classic Reprint) Lawrence Lynch. 2018. (ENG., Illus.). 326p. (J). 30.64 *(978-0-483-25626-2(9))* Forgotten Bks.

Against Odds: A Personal Narrative of Life in Horse Heaven (Classic Reprint) K. Elizabeth Sihler. 2018. (ENG., Illus.). 158p. (J). 27.18 *(978-0-483-40415-1(2))* Forgotten Bks.

Against the Current: Simple Chapters from a Complex Life (Classic Reprint) Edward A. Steiner. 2018. (ENG., Illus.). 234p. (J). 28.72 *(978-0-483-01966-9(6))* Forgotten Bks.

Against the Stream: The Story of a Heroic Age in England (Classic Reprint) Elizabeth Rundle Charles. (ENG., Illus.). (J). 2018. 602p. 36.31 *(978-0-267-77334-3(X))*; 2016. pap. 19.57 *(978-1-334-12675-8(5))* Forgotten Bks.

Against the Stream, the Story of an Heroic Age in England, Vol. 1 of 3 (Classic Reprint) Elizabeth Rundle Charles. 2018. (ENG., Illus.). 298p. (J). 30.04 *(978-0-483-02275-1(6))* Forgotten Bks.

Against the Tide (Classic Reprint) Walter M. S. Lowell. (ENG., Illus.). (J). 2018. 112p. 26.23 *(978-0-666-00636-3(9))*; 2017. pap. 9.57 *(978-0-259-20239-4(8))* Forgotten Bks.

Against the Wind. Tommy Huston. 2021. (ENG.). 504p. (J). pap. 25.20 *(978-1-6671-7063-3(5))* Lulu Pr., Inc.

Against the World. Jan Brandt. Tr. by Katy Derbyshire. 2016. (German List Ser.). (ENG.). 968p. 45.00 *(978-0-85742-337-5(1))* Seagull Bks. IND. Dist: Chicago Distribution Ctr.

Against Time (Classic Reprint) Alexander Innes Shand. (ENG., Illus.). (J). 2018. 206p. 28.15 *(978-0-483-45116-2(9))*; 2016. pap. 10.57 *(978-1-334-52258-1(8))* Forgotten Bks.

Against Wind & Tide (Classic Reprint) Holme Lee. 2017. (ENG., Illus.). (J). 33.14 *(978-0-265-67236-5(8))*; pap. 16.57 *(978-1-5276-4267-6(4))* Forgotten Bks.

Against Wind & Tide, Vol. 1 of 3 (Classic Reprint) Holme Lee. 2018. (ENG., Illus.). 288p. (J). 29.84 *(978-0-484-48830-3(9))* Forgotten Bks.

Against Wind & Tide, Vol. 2 of 3 (Classic Reprint) Holme Lee. 2018. (ENG., Illus.). 312p. (J). 30.33 *(978-0-483-46556-5(9))* Forgotten Bks.

Against Wind & Tide, Vol. 3 of 3 (Classic Reprint) Holme Lee. (ENG., Illus.). (J). 2018. 342p. 30.95 *(978-0-483-74583-4(9))*; 2017. pap. 13.57 *(978-0-243-07531-7(6))* Forgotten Bks.

Againt the Wind: Against the Wind. Tommy Huston. 2022. (ENG.). 508p. (YA). pap. *(978-1-6781-6302-0(3))* Lulu Pr., Inc.

Agallas (Guts) Raina Telgemeier. 2020.Tr. of Guts. (SPA.). 224p. (J). (gr. 3-7). pap. 12.99 *(978-1-338-60118-3(0)*, Scholastic en Espanol) Scholastic, Inc.

Agate. Lisa Harkrader. 2016. (Spring Forward Ser.). (J). (gr. 2). *(978-1-4900-9455-7(5))* Benchmark Education Co.

Agatha Beaufort, Vol. 1: Or, Family Pride (Classic Reprint) Sarah Stickney Ellis. 2018. (ENG., Illus.). 302p. (J). 30.13 *(978-0-484-21732-3(1))* Forgotten Bks.

Agatha Beaufort, Vol. 2: Or, Family Pride (Classic Reprint) Sarah Stickney Ellis. 2018. (ENG., Illus.). 296p. (J). 30.02 *(978-0-484-19263-7(9))* Forgotten Bks.

Agatha Christie. Maria Isabel Sanchez Vegara. Illus. by Elisa Munso. 2017. (Little People, BIG DREAMS Ser.: 5). (ENG.). 32p. (J). (gr. -1-2). 15.99 *(978-1-84780-960-5(X)*, Frances Lincoln Children's Bks.) Quarto Publishing Group UK GBR. Dist: Hachette Bk. Group.

Agatha Christie: Detective Novelist & Playwright. Grace Hansen. 2022. (Historical Biographies Ser.). (ENG.). 32p. (J). (gr. 2-5). lib. bdg. 32.79 *(978-1-0982-4338-8(2)*, 41251, DiscoverRoo) Pop!.

Agatha Christie: Traveler, Archaeologist, & Author, 1 vol. Meghan Engsberg Cunningham. 2017. (Fearless Female Soldiers, Explorers, & Aviators Ser.). (ENG.). 128p. (YA). (gr. 9-9). lib. bdg. 47.36 *(978-1-5026-2755-1(8)*, c8cfaa4a-9388-4020-98e1-292c51207ca9) Cavendish Square Publishing LLC.

Agatha Christie (Spanish Edition) Maria Isabel Sanchez Vegara. Illus. by Elisa Munso. 2023. (Little People, Big Dreams en Español Ser.: Vol. 5). (SPA.). 32p. (J). (gr. -1-2). pap. *(978-0-7112-8467-8(9))* Frances Lincoln Childrens Bks.

Agatha (Classic Reprint) George Elliott. 2018. (ENG., Illus.). 20p. (J). 24.31 *(978-0-483-93446-7(1))* Forgotten Bks.

Agatha Cyprus: Not So Fast, Mom! Jerilynn Steele & Alan Steele. Illus. by Caitlyn Eckstein. 2018. (ENG.). 28p. (J). 22.95 *(978-1-64003-604-8(0))* Covenant Bks.

Agatha Page. Isaac Henderson. 2017. (ENG.). 420p. (J). pap. *(978-3-7447-5062-2(0))* Creation Pubs.

Agatha Page: A Parable (Classic Reprint) Isaac Henderson. 2018. (ENG., Illus.). 418p. (J). 32.52 *(978-0-483-89537-9(7))* Forgotten Bks.

Agatha Parrot & the Odd Street School Ghost. Kjartan Poskitt. Illus. by Wes Hargis. 2017. (Agatha Parrot Ser.). (ENG.). 160p. (J). (gr. 3-7). pap. 6.99 *(978-0-544-93530-3(6)*, 1658369, Clarion Bks.) HarperCollins Pubs.

Agatha Webb. Anna Katharine Green. 2017. (ENG., Illus.). (J). 25.95 *(978-1-374-85588-5(X))*; pap. 15.95 *(978-1-374-85587-8(1))* Capital Communications, Inc.

Agatha's Aunt (Classic Reprint) Harriet Lummis Smith. 2017. (ENG., Illus.). (J). 31.12 *(978-1-5281-9030-5(0))* Forgotten Bks.

Agatha's Husband. Dinah Craik. 2017. (ENG., Illus.). (J). 28.95 *(978-1-374-91794-1(X))*; pap. 18.95 *(978-1-374-91793-4(1))* Capital Communications, Inc.

Agatha's Husband: A Novel (Classic Reprint) Dinah Maria Mulock Craik. 2018. (ENG., Illus.). 318p. (J). 30.46 *(978-0-484-90401-8(9))* Forgotten Bks.

Agatha's Husband: A Novel (Classic Reprint) John Halifax. 2017. (ENG., Illus.). (J). 378p. 31.69 *(978-0-484-00928-7(1))*; pap. 16.57 *(978-1-5276-5378-8(1))* Forgotten Bks.

Agatha's Husband, Vol. 2 of 3 (Classic Reprint) Dinah Maria Mulock Craik. 2018. (ENG., Illus.). 326p. (J). 30.62 *(978-0-483-65585-0(6))* Forgotten Bks.

Agathos, & Other Sunday Stories (Classic Reprint) Samuel Wilberforce. 2018. (ENG., Illus.). (J). 28.45 *(978-0-331-04694-6(6))* Forgotten Bks.

Agathos; the Rocky Island: And Other Sunday Stories (Classic Reprint) Samuel Wilberforce. 2018. (ENG., Illus.). 252p. (J). 29.09 *(978-0-483-59043-4(6))* Forgotten Bks.

Agaton Sax & Lispington's Grandfather Clock. Nils-Olof Franzén. Tr. by Kenton Hall. 2022. (Agaton Sax Ser.: Vol. 7). (ENG.). 136p. (J). 24.99 *(978-1-78982-758-3(2))*; pap. 11.99 *(978-1-78982-757-6(4))* Oak Tree Publishing.

Agaton Sax & the Big Rig. Nils-Olof Franzén. Ed. by Stephen Harris. Tr. by Kenton Hall. 2022. (Agaton Sax Ser.: Vol. 4). (ENG.). 114p. (J). 22.99 *(978-1-78982-746-0(9))* Oak Tree Publishing.

Agaton Sax & the Big Rig. Nils-Olof Franzén & Kenton Hall. Ed. by Stephen Harris. 2022. (Agaton Sax Ser.: Vol. 4). (ENG.). 114p. (J). pap. 9.99 *(978-1-78982-745-3(0))* Oak Tree Publishing.

Agaton Sax & the Cashless Billionaires. Nils-Olof Franzén. Tr. by Kenton Hall. 2022. (Agaton Sax Ser.: Vol. 11). (ENG.). 104p. (J). pap. 9.99 *(978-1-83791-054-0(5))*; 24.99 *(978-1-78982-774-3(4))*; pap. 9.99 *(978-1-78982-773-6(6))* Oak Tree Publishing.

Agaton Sax & the Colossus of Rhodes. Nils-Olof Franzén. Tr. by Kenton Hall. 2022. (Agaton Sax Ser.: Vol. 5). (ENG.). 136p. (J). 24.99 *(978-1-78982-750-7(7))*; pap. 11.99 *(978-1-78982-749-1(3))* Oak Tree Publishing.

Agaton Sax & the Criminal Doubles. Nils-Olof Franzén. Ed. by Joe Larkins. Tr. by Kenton Hall. 2021. (ENG.). 116p. (J). 22.99 *(978-1-78982-734-7(5))*; pap. 9.99 *(978-1-78982-733-0(7))* Oak Tree Publishing.

Agaton Sax & the Diamond Thieves. Nils-Olof Franzén. Tr. by Kenton Hall. 2022. (Agaton Sax Ser.: Vol. 6). (ENG.). 112p. (J). 23.99 *(978-1-78982-754-5(X))*; pap. 9.99 *(978-1-78982-753-8(1))* Oak Tree Publishing.

Agaton Sax & the Haunted House. Nils-Olof Franzén. Tr. by Kenton Hall. 2022. (Agaton Sax Ser.: Vol. 10). (ENG.). 102p. (J). 24.99 *(978-1-78982-770-5(1))*; pap. 9.99 *(978-1-78982-769-9(8))* Oak Tree Publishing.

Agaton Sax & the League of Silent Exploders. Nils-Olof Franzén. Ed. by Stephen Harris. Tr. by Kenton Hall. 2021. (ENG.). 122p. (J). 22.99 *(978-1-78982-738-5(8))*; pap. 9.99 *(978-1-78982-737-8(X))* Oak Tree Publishing.

Agaton Sax & the London Computer Plot. Nils-Olof Franzén. Tr. by Kenton Hall. 2022. (Agaton Sax Ser.: Vol. 9). (ENG.). 108p. (J). 24.99 *(978-1-78982-766-8(3))*; pap. 9.99 *(978-1-78982-765-1(5))* Oak Tree Publishing.

Agaton Sax & the Max Brothers. Nils-Olof Franzén. Tr. by Kenton Hall. 2022. (Agaton Sax Ser.: Vol. 8). (ENG.). 106p. (J). 24.99 *(978-1-78982-762-0(0))*; pap. 9.99 *(978-1-78982-761-3(2))* Oak Tree Publishing.

Agaton Sax & the Scotland Yard Mystery. Nils-Olof Franzén. Ed. by Joe Larkins. Tr. by Kenton Hall. 2022. (ENG.). 100p. (J). 22.99 *(978-1-78982-742-2(6))*; (Agaton Sax Ser.: Vol. 3). pap. 9.99 *(978-1-78982-741-5(8))* Oak Tree Publishing.

Agaton Sax & the Scotland Yard Mystery. Nils-Olof Franzén. Tr. by Kenton Hall. 2022. (Agaton Sax Ser.: Vol. 3). (ENG.). 100p. (J). pap. 11.99 *(978-1-83791-141-7(X))* Oak Tree Publishing.

Agaton Sax Colouring Book - Volume 1. Illus. by Mike Bryson. 2021. (ENG.). 58p. (J). pap. 9.99 *(978-1-78982-904-4(6))* Oak Tree Publishing.

Agaton Sax Colouring Book - Volume 2. Illus. by Mike Bryson. 2022. (ENG.). 58p. (J). pap. 9.99 *(978-1-78982-957-0(7))* Oak Tree Publishing.

Age-Appropriate Division Workbook with Word Problems - Math 5th Grade Children's Math Books. Baby Professor. 2017. (ENG., Illus.). (J). pap. 9.55 *(978-1-5419-2821-3(0)*, Baby Professor (Education Kids)) Speedy Publishing LLC.

Age Discrimination. Carla Mooney. 2018. (Discrimination in Society Ser.). (ENG.). 80p. (YA). (gr. 6-12). 39.93 *(978-1-68282-379-8(2))* ReferencePoint Pr., Inc.

Age of Confusion. Seamus Bin Shylockeen. 2020. (ENG.). 194p. (YA). pap. 13.99 *(978-1-716-29713-7(3))* Lulu Pr., Inc.

Age of Dinosaurs: the Rise & Fall of the World's Most Remarkable Animals. Steve Brusatte. (ENG.). 272p. (J). (gr. 3-7). 2022. pap. 7.99 *(978-0-06-293018-7(4))*; 2021. (Illus.). 16.99 *(978-0-06-293017-0(6))* HarperCollins Pubs. (Quill Tree Bks.).

Age of Exploration, 1 vol. Enzo George. 2016. (Primary Sources in World History Ser.). (ENG.). 48p. (gr. 6-6). 33.07 *(978-1-5026-1814-6(1)*, 7ca7e8db-4529-47db-bdc6-da9fb45e6a29) Cavendish Square Publishing LLC.

Age of Exploration: Totally Getting Lost (Epic Fails #4) Ben Thompson & Erik Slader. Illus. by Tim Foley. 2019. (Epic Fails Ser.: 4). (ENG.). 160p. (J). pap. 7.99 *(978-1-250-15053-0(1)*, 900182542) Roaring Brook Pr.

Age of Fable (Classic Reprint) Thomas Bulfinch. 2017. (ENG., Illus.). (J). 25.98 *(978-0-331-45506-9(4))*; pap. 9.57 *(978-0-282-64659-2(0))* Forgotten Bks.

Age of Innocence (Classic Reprint) Walter Russell. 2017. (ENG., Illus.). (J). 29.75 *(978-0-331-80910-7(9))*; pap. 13.57 *(978-0-259-77503-4(7))* Forgotten Bks.

Age of Plastic. George Popple. 2023. (ENG.). 32p. (J). pap. 12.95 *(978-1-0882-1599-9(8))* Indy Pub.

Age of Storms: Valacanda Struggles for Order. Noah Elitzur. 2019. (ENG., Illus.). 80p. (J). (gr. 1-5). 19.50 *(978-0-9988004-5-5(7))* LENKK Pr.

Age of the Domestic Animals. Rush Shippen Huidekoper. 2017. (ENG.). 264p. (J). pap. *(978-3-337-40181-8(3))* Creation Pubs.

Age of the Domestic Animals: Being a Complete Treatise on the Dentition of the Horse, Ox, Sheep, Hog, & Dog, & on the Various Other Means of Determining the Age of These Animals (Classic Reprint) Rush Shippen Huidekoper. (ENG., Illus.). (J). 2017. 29.30 *(978-0-266-56985-5(4))*; 2016. pap. 11.97 *(978-1-333-93950-2(7))* Forgotten Bks.

Age of the Earth Considered Geologically & Historically (Classic Reprint) William Rhind. (ENG., Illus.). (J). 2018. 214p. 28.33 *(978-0-666-89623-0(2))*; 2017. pap. 10.97 *(978-0-282-60490-5(1))* Forgotten Bks.

Age of the Kings. Angel B. Jimenez. 2019. (ENG., Illus.). 264p. (YA). pap. 18.95 *(978-1-64531-598-8(3))* Newman Springs Publishing, Inc.

Age of the Living Dead: Beginnings. Simon Phillips & Paul Tanter. 2020. (ENG.). 76p. (YA). pap. *(978-1-716-69589-6(9))* Lulu Pr., Inc.

Age of the Sorcerers Collection: Realm of Dragons (#1), Throne of Dragons (#2) & Born of Dragons (#3) Morgan Rice. 2021. (ENG.). 610p. (J). pap. 23.99 *(978-1-0943-7321-8(4))* Lukeman Literary Management, Ltd.

Age of the Thunder Lizards! Seek & Find Activity Book. Activity Book Zone for Kids. 2016. (ENG., Illus.). (J). pap. 7.55 *(978-1-68376-035-1(2))* Sabeels Publishing.

Age of Yeats: The Golden Age of Irish Literature (Classic Reprint) George Brandon Saul. (ENG., Illus.). (J). 2018.

For book reviews, descriptive annotations, tables of contents, cover images, author biographies & additional information, updated daily, subscribe to **www.booksinprint.com**

35

392p. 31.98 (978-0-484-27507-1(0)); 2017. pap. 16.57 (978-0-243-30326-7(2)) Forgotten Bks.

Agency: a Spy in the House. Y. S. Lee. 2016. (Agency Ser.: 1). (ENG.). 352p. (YA). (gr. 7). pap. 9.99 (978-0-7636-8748-9(0)) Candlewick Pr.

Agency: the Body at the Tower. Y. S. Lee. 2016. (Agency Ser.: 2). (ENG.). 352p. (YA). (gr. 7). pap. 9.99 (978-0-7636-8750-2(2)) Candlewick Pr.

Agenda Di una Vera Befana: Appunti Di Speranza. Emanuela Molaschi. 2022. (ITA.). 151p. (YA). pap. (978-1-4710-2939-4(5)) Lulu Pr., Inc.

Agent 9: Flood-A-Geddon! James Burks. 2021. (Agent 9 Ser.). (Illus.). 192p. (J). (gr. 2-5). 18.99 (978-0-593-20294-4(5)); pap. 12.99 (978-0-593-20296-8(1)) Penguin Young Readers Group. (Razorbill).

Agent 9: Mind Control! James Burks. 2022. (Agent 9 Ser.). (Illus.). 192p. (J). (gr. 2-5). 18.99 (978-0-593-20297-5(X)); pap. 12.99 (978-0-593-20299-9(6)) Penguin Young Readers Group. (Razorbill).

Agent Angus. K. L. Denman. 2nd ed. 2021. (Orca Currents Ser.). (ENG.). 128p. (J). (gr. 4-7). pap. 10.95 (978-1-4598-3084-4(9)) Orca Bk. Pubs. USA.

Agent Danger (Set Of 2) Brian Hawkins. Illus. by Anthony Pugh. 2021. (Agent Danger Ser.). (ENG.). 288p. (J). (gr. 3-4). pap. 15.98 (978-1-63163-519-9(0)); lib. bdg. 51.40 (978-1-63163-518-2(2)) North Star Editions. (Jolly Fish Pr.).

Agent Lion. Jacky Davis & David Soman. Illus. by David Soman. 2020. (ENG., Illus.). 40p. (J). (gr. -1-3). 17.99 (978-0-06-286917-3(5), HarperCollins) HarperCollins Pubs.

Agent Lion & the Case of the Missing Party. Jacky Davis & David Soman. Illus. by David Soman. 2021. (ENG., Illus.). 40p. (J). (gr. -1-3). 17.99 (978-0-06-286918-0(3), HarperCollins) HarperCollins Pubs.

Agent Llama. Angela Woolfe. Illus. by Duncan Beedie. 2021. (ENG.). 32p. (J). (gr. -1-2). 17.99 (978-1-68010-257-4(5)) Tiger Tales.

Agent Llama: Double Trouble. Angela Woolfe. Illus. by Duncan Beedie. 2022. (ENG.). 32p. (J). (gr. -1-2). 17.99 (978-1-68010-285-7(0)) Tiger Tales.

Agent M & the Trip to Eastbarrow Mountains. Ella Gilbert. 2016. (ENG., Illus.). 46p. (J). pap. (978-1-365-19309-5(8)) Lulu Pr., Inc.

Agent Moose. Mo O'Hara. Illus. by Jess Bradley. 2020. (Agent Moose Ser.: 1). (ENG.). 128p. (J). 10.99 (978-1-250-22221-3(4), 900207972) Feiwel & Friends.

Agent Moose: Moose on a Mission. Mo O'Hara. Illus. by Jess Bradley. 2021. (Agent Moose Ser.: 2). (ENG.). 128p. (J). 10.99 (978-1-250-22222-0(2), 900207973) Feiwel & Friends.

Agent Moose: Operation Owl. Mo O'Hara. Illus. by Jess Bradley. 2022. (Agent Moose Ser.: 3). (ENG.). 128p. (J). 10.99 (978-1-250-22225-1(7), 900207976) Feiwel & Friends.

Agent Most Wanted: The Never-Before-Told Story of the Most Dangerous Spy of World War II. Sonia Purnell. 2022. (ENG., Illus.). 208p. (J). (gr. 5). 18.99 (978-0-593-35054-6(5), Viking Books for Young Readers) Penguin Young Readers Group.

Agent Pangolin. A. C. Bradburn. 2022. (ENG.). 162p. (J). pap. (978-1-915229-04-5(9)) Clink Street Publishing.

Agent Stitch: a Study in Slime. Steve Beheling. Illus. by Arianna Rhea. ed. 2022. (Agent Stitch Ser.). (ENG.). 224p. (J). (gr. 3-7). 12.99 (978-1-368-06710-2(7), Disney Press Books) Disney Publishing Worldwide.

Agent Stitch: the Trouble with Toothoids: Agent Stitch Book Two. Steve Behling. 2023. (ENG.). 224p. (J). (gr. 3-7). 12.99 (978-1-368-07133-8(3), Disney Press Books) Disney Publishing Worldwide.

Agent Weasel & the Robber King. Nick East. 2022. (Agent Weasel Ser.). (ENG.). 224p. (J). (gr. 2-4). pap. 9.99 (978-1-4449-4532-4(7)) Hachette Children's Group GBR. Dist: Hachette Bk. Group.

Agents. Leon Dalton. 2020. (ENG.). 312p. (YA). pap. 20.95 (978-1-6624-0991-2(5)) Page Publishing Inc.

Agents of God Word Search Ittybitty Activity Book. Warner Press. 2018. (ENG.). 48p. (J). pap. 13.74 (978-1-68434-052-1(7)) Warner Pr., Inc.

Agents of Karma: Debt to Pay. Alex Smith. 2020. (Agents of Karma Ser.: Vol. 1). (ENG.). 172p. (YA). pap. 14.99 (978-1-6629-0253-6(0)) Gatekeeper Pr.

Agents of PACT - Season 1 - Fleur de Conflit. Kalman Andrasofszky & Blake Northcott. 2019. (ENG.). 112p. (YA). pap. 12.99 (978-1-988247-21-2(7)) Chapterhouse Comics CAN. Dist: Diamond Comic Distributors, Inc.

Agents of SLAM. Dave Scheidt. Illus. by Scoot McMahon. 2022. (ENG.). 160p. (J). pap. 12.99 (978-1-63715-022-1(9)) Oni Pr., Inc.

Ages of Steam & Electricity. Briony Ryles. 2018. (Scientific Discovery Ser.). (ENG.). 48p. (YA). lib. bdg. 34.99 (978-1-5105-4007-1(5)) SmartBook Media, Inc.

Aggesden Vicarage, or Bridget Storey's First Charge, Vol. 2 Of 2: A Tale for the Young (Classic Reprint) Unknown Author. (ENG., Illus.). (J). 2018. 324p. 30.58 (978-0-483-82345-7(7)); 2016. pap. 13.57 (978-1-333-36420-5(2)) Forgotten Bks.

Aggesden Vicarage, Vol. 1 Of 2: Or Bridget Storey's First Charge, a Tale for the Young, in Two Volumes (Classic Reprint) Unknown Author. 2018. (ENG., Illus.). 292p. (J). 29.92 (978-0-483-79170-1(9)) Forgotten Bks.

Aggi the Ant: Little Stories, Big Lessons. Jacqui Shepherd. 2018. (Bug Stories Ser.). (ENG., Illus.). 32p. (J). (gr. k-6). pap. (978-1-77008-919-8(5)) Awareness Publishing.

Aggie. Sophie Aston. 2019. (ENG.). 46p. (J). (978-1-5289-1014-9(1)); pap. (978-1-5289-1013-2(3)) Austin Macauley Pubs. Ltd.

Aggie Boyle & the Lost Beauty. David Fine. 2017. (ENG., Illus.). (J). pap. 11.29 (978-0-9976076-7-3(X)) Write Way Publishing Co. LLC.

Aggie Boyle & the Lost Beauty. David Fine. 2020. (ENG., Illus.). 224p. (J). (gr. 3-6). pap. 14.99 (978-1-7332023-0-5(7)) Wisdom Hse. Bks.

Aggie Gets Lost. Lori Ries. Illus. by Frank W. Dormer. 2020. (Aggie & Ben Ser.). 48p. (J). (gr. -1-3). pap. 6.99 (978-1-57091-634-2(9)) Charlesbridge Publishing, Inc.

Aggie Morton, Mystery Queen: Peril at Owl Park. Marthe Jocelyn. Illus. by Isabelle Follath. (Aggie Morton, Mystery Queen Ser.: 2). 400p. (J). (gr. 5). 2021. pap. 9.99 (978-0-7352-6551-6(8)); 2020. 15.99 (978-0-7352-6549-3(6)) Tundra Bks. CAN. (Tundra Bks.). Dist: Penguin Random Hse. LLC.

Aggie Morton, Mystery Queen: the Body under the Piano. Marthe Jocelyn. Illus. by Isabelle Follath. (Aggie Morton, Mystery Queen Ser.: 1). (J). (gr. 5). 2021. 336p. pap. 9.99 (978-0-7352-6548-6(8)); 2020. (ENG.). 256p. 15.99 (978-0-7352-6546-2(1)) Tundra Bks. CAN. (Tundra Bks.). Dist: Penguin Random Hse. LLC.

Aggie Morton, Mystery Queen: the Dead Man in the Garden. Marthe Jocelyn. Illus. by Isabelle Follath. (Aggie Morton, Mystery Queen Ser.: 3). 368p. (J). (gr. 5). 2022. pap. 9.99 (978-0-7352-7078-7(3)); 2021. 16.99 (978-0-7352-7081-7(3)) Tundra Bks. CAN. (Tundra Bks.). Dist: Penguin Random Hse. LLC.

Aggie Morton, Mystery Queen: the Seaside Corpse. Marthe Jocelyn. Illus. by Isabelle Follath. 2022. (Aggie Morton, Mystery Queen Ser.: 4). 368p. (J). (gr. 5). 16.99 (978-0-7352-7082-4(1), Tundra Bks.) Tundra Bks. CAN. Dist: Penguin Random Hse. LLC.

Aggie over the Fence. Tom and Erica White. 2017. (ENG., Illus.). (J). (gr. -1-k). 11.99 (978-1-4984-8872-3(2)); 22.99 (978-1-4984-8874-7(9)) Salem Author Services.

Aggie Squib: November, 1923 (Classic Reprint) Massachusetts Agricultural College. (ENG., Illus.). (J). 2018. 132p. 26.62 (978-0-656-34872-5(0)); 2017. pap. 9.57 (978-0-243-44032-0(4)) Forgotten Bks.

Aggie Squib, 1921 (Classic Reprint) C. R. Vinten. (ENG., Illus.). (J). 2018. 134p. 26.66 (978-0-666-97022-0(X)); 2017. pap. 9.57 (978-0-243-44710-7(8)) Forgotten Bks.

Aggies: October, 1927 (Classic Reprint) Ray Stallings. 2018. (ENG., Illus.). 20p. (J). 24.31 (978-0-267-40029-4(2)) Forgotten Bks.

Aggies, 1930, Vol. 4: Magazine of the Fourth District A. & M. School (Classic Reprint) Clay Southerland. 2017. (ENG., Illus.). (J). 24.39 (978-0-265-74784-1(8)); pap. 7.97 (978-1-5277-1587-5(6)) Forgotten Bks.

Aggies, Vol. 2: February 1928 (Classic Reprint) Ray Stallings. 2017. (ENG., Illus.). (J). 24.31 (978-0-265-74575-5(6)); pap. 7.97 (978-1-5277-1431-1(4)) Forgotten Bks.

Aggies, Vol. 3: January, 1929 (Classic Reprint) Robert Stallings. (ENG., Illus.). (J). 2018. 20p. 24.31 (978-0-365-16429-6(1)); 2017. pap. 7.97 (978-0-259-87473-7(6)) Forgotten Bks.

Aggies, Vol. 3: Magazine of the Fourth District an. & M. School; October, 1929 (Classic Reprint) Clay Sutherland. (ENG., Illus.). (J). 2018. 26p. 24.45 (978-0-267-54656-5(4)); 2017. pap. 7.97 (978-0-259-79346-5(9)) Forgotten Bks.

Aggies, Vol. 3: October, 1928 (Classic Reprint) Robert Stallings. (ENG., Illus.). (J). 2018. 20p. 24.31 (978-0-483-94940-9(X)); 2016. pap. 7.97 (978-1-334-11550-9(8)) Forgotten Bks.

Aggravating Ladies. Ralph Thomas. 2017. (ENG., Illus.). 62p. (J). pap. (978-3-337-11393-3(1)) Creation Pubs.

Agi & the Thought Compass. Betsy O'Neill-Sheehan & Manuel S. Herrera. 2020. (ENG.). 34p. (J). pap. 15.99 (978-1-970133-90-5(2)) EduMatch.

Agility Dogs. Marie Pearson. 2018. (Canine Athletes Ser.). (ENG., Illus.). 32p. (J). (gr. 3-6). lib. bdg. 32.79 (978-1-5321-1736-7(1), 30760, SportsZone) ABDO Publishing Co.

Aging Out. L. Lee Shaw. 2017. (ENG., Illus.). (YA). (gr. 9-12). pap. 10.99 (978-0-9988455-0-0(7)) Boho Bks.

Aglavaine & Selysette. Maurice Maeterlinck. 2017. (ENG.). 176p. (J). pap. (978-3-337-18824-5(9)) Creation Pubs.

Aglavaine & Selysette: Drama in Five Acts (Classic Reprint) Maurice Maeterlinck. 2018. (ENG., Illus.). 176p. (J). 27.61 (978-0-484-72668-9(4)) Forgotten Bks.

Agnes: A Novel (Classic Reprint) Mary Langdon. 2018. (ENG., Illus.). 518p. (J). 34.58 (978-0-484-29533-8(0)) Forgotten Bks.

Agnes & Clarabelle. Adele Griffin & Courtney Sheinmel. ed. 2018. (Read & Bloom Ser.). (J). lib. bdg. 17.20 (978-0-606-41069-4(4)) Turtleback.

Agnes & Clarabelle Celebrate! Adele Griffin & Courtney Sheinmel. Illus. by Sara Palacios. 2017. (Agnes & Clarabelle Ser.). (ENG.). 80p. (J). 9.99 (978-1-61963-217-2(9), 900126618, Bloomsbury USA Childrens) Bloomsbury Publishing USA.

Agnes & Clarabelle Celebrate! Adele Griffin & Courtney Sheinmel. ed. 2018. (Agnes & Clarabelle Ser.: 2). (J). lib. bdg. 17.20 (978-0-606-41070-0(8)) Turtleback.

Agnes & Eliza: Or Humility (Classic Reprint) Unknown Author. (ENG., Illus.). (J). 2018. 184p. 27.69 (978-0-267-39314-5(8)); 2016. pap. 10.57 (978-1-334-13506-4(1)) Forgotten Bks.

Agnes & the Little Key. Nehemiah Adams. 2017. (ENG.). 198p. (J). pap. (978-3-337-26886-2(2)) Creation Pubs.

Agnes & the Little Key: Or Bereaved Parents Instructed & Comforted (Classic Reprint) Nehemiah Adams. 2017. (ENG., Illus.). (J). 27.94 (978-0-265-18420-2(7)) Forgotten Bks.

Agnes & the Sheep. Elle Rowley. Illus. by Clare Therese Gray. 2022. (Agnes & Friends Ser.). (ENG.). 32p. (J). (-k). 16.99 (978-0-7440-5670-9(5), DK Children) Dorling Kindersley Publishing, Inc.

Agnes Arnold, Vol. 1 Of 3: A Novel (Classic Reprint) William Bernard Mac Cabe. 2018. (ENG., Illus.). 276p. (J). 29.59 (978-0-267-62142-2(6)) Forgotten Bks.

Agnes Arnold, Vol. 2 Of 3: A Novel (Classic Reprint) William Bernard Mac Cabe. 2018. (ENG., Illus.). 296p. (J). 30.00 (978-0-267-15053-3(9)) Forgotten Bks.

Agnes Arnold, Vol. 3 Of 3: A Novel (Classic Reprint) William Bernard Maccabe. 2018. (ENG., Illus.). 282p. (J). 29.63 (978-0-332-18524-8(9)) Forgotten Bks.

Agnes at the End of the World. Kelly McWilliams. 2021. (ENG., Illus.). 448p. (YA). (gr. 7-17). pap. 10.99 (978-0-316-48732-0(5)) Little, Brown Bks. for Young Readers.

Agnes C. P. Watt: Twenty-Five Years' Mission Life on Tanna, New Hebrides (Classic Reprint) Agnes Craig Paterson Watt. 2017. (ENG., Illus.). (J). 32.08 (978-0-331-62709-1(4)) Forgotten Bks.

Agnes C. Wirt: And Other Books for Children & Youth (Classic Reprint) Unknown Author. 2018. (ENG., Illus.). 138p. (J). 26.74 (978-0-428-98162-4(3)) Forgotten Bks.

Agnes de-Courci, Vol. 1 Of 4: A Domestic Tale (Classic Reprint) Agnes Maria Bennett. (ENG., Illus.). (J). 2018. 272p. 29.53 (978-0-666-45702-8(6)); 2017. pap. 11.97 (978-0-259-40805-5(0)) Forgotten Bks.

Agnes de-Courci, Vol. 2 Of 4: A Domestic Tale (Classic Reprint) Agnes Maria Bennett. (ENG., Illus.). (J). 2018. 264p. 29.36 (978-0-484-91352-2(2)); 2016. pap. 11.97 (978-1-334-13879-9(6)) Forgotten Bks.

Agnes de-Courci, Vol. 3 Of 4: A Domestic Tale (Classic Reprint) Agnes Maria Bennett. (ENG., Illus.). (J). 2018. 266p. 29.40 (978-0-267-00442-3(7)); 2017. pap. 11.97 (978-0-243-97359-0(4)) Forgotten Bks.

Agnes Grahame, Deaconess: A Story of Woman's Work for Christ & His Church (Classic Reprint) M. A. M. (ENG., Illus.). (J). 2018. 228p. 28.60 (978-0-484-89055-7(7)); 2017. pap. 10.97 (978-0-243-94081-3(5)) Forgotten Bks.

Agnes Grey. Anne Bronte. 2021. (ENG.). 256p. (J). pap. 9.95 (978-0-571-35827-4(6)) Faber & Faber, Inc.

Agnes Grey. Anne Bronte. Ed. by Sheba Blake. 2020. (ENG.). 190p. (J). pap. 12.99 (978-1-222-29331-9(5)) Indy Pub.

Agnes Grey, Vol. 3: A Novel (Classic Reprint) Anne Brontë. 2017. (ENG., Illus.). (J). 31.51 (978-0-260-79465-9(1)) Forgotten Bks.

Agnes of the Bad Lands (Classic Reprint) J. Breckenridge Ellis. (ENG., Illus.). (J). 2018. 310p. 30.29 (978-0-332-88686-2(7)); 2016. pap. 13.57 (978-1-333-79212-1(3)) Forgotten Bks.

Agnes Service Dog for Dogs. Bruce Dolin Psyd. 2017. (ENG., Illus.). (J). pap. 12.95 (978-0-9846257-3-4(9)) Pop The World.

Agnes Surriage (Classic Reprint) Edwin Lassetter Bynner. 2019. (ENG., Illus.). 422p. (J). 32.60 (978-0-365-31475-2(7)) Forgotten Bks.

Agnes the Angus. E. M. Mabry. 2018. (ENG., Illus.). 30p. (J). pap. 12.95 (978-1-64191-746-9(6)) Christian Faith Publishing.

Agnes the Invisible, 1 vol. Jennifer Moore-Mallinos. Illus. by Marta Fabrega. 2020. (ENG.). 32p. (J). (gr. 1-2). pap. 11.00 (978-1-4994-8646-9(4), 12dfc152-c8ff-4ff4-9bf3-2c155d057afb); lib. bdg. 28.93 (978-1-4994-8647-6(2), cc55889c-d563-4eb8-bb20-a0f63b8462ff) Rosen Publishing Group, Inc., The. (Windmill Bks.).

Agnes Wentworth (Classic Reprint) E. Foxton. 2017. (ENG., Illus.). (J). 326p. 30.62 (978-0-484-57908-7(8)); pap. 13.57 (978-0-282-55546-7(3)) Forgotten Bks.

Agnes's Place. Marit Larsen. Tr. by Kari Dickson. Illus. by Jenny Løvlie. 2021. 44p. (J). (gr. -1-3). 17.99 (978-1-5420-2675-8(X), 9781542026758, AmazonCrossing) Amazon Publishing.

Agnes's Rescue: The True Story of an Immigrant Girl. Karl Beckstrand & Veara Southworth Fife. I.t. ed. 2021. (Young American Immigrants Ser.: Vol. 1). (ENG., Illus.). 34p. (J). 26.95 (978-1-951599-11-9(X)) Premio Publishing & Gozo Bks., LLC.

Agni: Superhero of Health. Madhavi Reddy. 2016. (ENG., Illus.). (J). pap. 16.95 (978-1-4808-3905-2(1)) Archway Publishing.

Agony & Ecstasy of Dying. Charles Ignatius. 2019. (ENG.). 134p. (YA). pap. 13.95 (978-1-64515-098-5(4)) Christian Faith Publishing.

Agony House. Cherie Priest. Illus. by Tara O'Connor. (ENG.). 272p. (gr. 7-7). 2020. (J). pap. 10.99 (978-1-338-58217-8(8)); 2018. (YA). 18.99 (978-0-545-93429-9(X)) Scholastic, Inc. (Levine, Arthur A. Bks.).

Agony of Atlas. David Campiti. 2022. (Greek Mythology Ser.). (ENG., Illus.). 32p. (J). (gr. 3-3). pap. 9.95 (978-1-64494-661-9(0), Graphic Planet) ABDO Publishing Co.

Agony of Atlas. David Campiti. Illus. by Lelo Alves. 2021. (Greek Mythology (Magic Wagon) Ser.). (ENG.). 32p. (J). (gr. 3-8). lib. bdg. 32.79 (978-1-0982-3179-8(1), 38700, Graphic Planet - Fiction) Magic Wagon.

Agony of Bun O'Keefe. Heather Smith. 2019. 224p. (YA). (gr. 7). pap. 9.99 (978-0-14-319867-3(X), Penguin Teen) PRH Canada Young Readers CAN. Dist: Penguin Random Hse. LLC.

Agony Point, or the Groans of 'gentility', Vol. 1 of 2 (Classic Reprint) James Pycroft. 2018. (ENG., Illus.). (J). 318p. 30.46 (978-0-391-21053-7(0)); 320p. pap. 13.57 (978-1-390-96120-1(6)) Forgotten Bks.

Agony Point, Vol. 2 Of 2: Or the Groans of Gentility (Classic Reprint) James Pycroft. 2018. (ENG., Illus.). 346p. (J). 31.05 (978-0-484-55025-3(X)) Forgotten Bks.

Agosto. Julie Murray. 2017. (Los Meses (Months) Ser.).Tr. of August. (SPA.). 24p. (J). (gr. -1-2). lib. bdg. 31.36 (978-1-5321-0635-4(1), 27226, Abdo Kids) ABDO Publishing Co.

Agra. Ken Lake & Angie Lake. Illus. by Vishnu Madhav. 2016. (Diaries of Robin's Travels Ser.). (ENG.). 96p. (J). (gr. 1-5). 5.99 (978-1-78226-053-0(6), 3d0c8eb6-7f7e-48c9-9893-96280835a4a0) Sweet Cherry Publishing GBR. Dist: Baker & Taylor Publisher Services (BTPS).

Agradecer Es lo Maximo! C. Alva. Illus. by Alan Oronoz. 2017. (SPA.). (J). (gr. k-4). (978-1-988071-77-0(1)) Hasmark Services Publishing.

Agradecido. Julie Chapus. 2019. (SPA.). 96p. (J). (gr. 4-6). pap. 12.00 (978-1-945423-08-6(0)) International Localization Network.

Agriculteurs. Quinn M. Arnold. 2017. (Graines de Savoir Ser.). (FRE., Illus.). 24p. (J). (gr. -1-k). (978-1-77092-387-4(X), 20427) Creative Co., The.

Agricultores de Antes y de Hoy. Lisa Zamosky. rev. ed. 2019. (Social Studies: Informational Text Ser.). (SPA., Illus.). 32p. (gr. 2-3). pap. 11.99 (978-1-64290-114-6(8)) Teacher Created Materials, Inc.

Agricultura y Ganaderia en Texas (Agriculture & Cattle in Texas), 1 vol. Victor Galvan. 2016. (Explora Texas (Explore Texas) Ser.). (SPA.). 24p. (gr. 9-12). (J). lib. bdg. 26.27 (978-1-5081-7600-8(0), e43e0ea2-3740-4b57-9ab9-96cdee135979); (YA). pap. 10.70 (978-1-5081-7599-5(3), f668fcfc-9c65-4557-94f1-5e3d3020f7b7) Rosen Publishing Group, Inc., The.

Agricultural Drones. Simon Rose. 2017. (Drones Ser.). (ENG., Illus.). 32p. (J). (gr. 3-9). pap. 7.95 (978-1-5157-3775-9(6), 133704, Capstone Pr.) Capstone.

Agriculture. Michelle Lomberg. 2017. (978-1-5105-1929-9(7)) SmartBook Media, Inc.

Agriculture, Vol. 10. John Perritano. 2016. (Stem in Current Events Ser.). 64p. (J). (gr. 7). 23.95 (978-1-4222-3588-1(2)) Mason Crest.

Agriculture. John Perritano. 2019. (Stem Today Ser.). (ENG.). 48p. (J). lib. bdg. 29.99 (978-1-5105-4458-1(5)) SmartBook Media, Inc.

Agriculture & Cattle in Texas, 1 vol. Victor Galván. 2018. (Explore Texas Ser.). (ENG.). 24p. (gr. 9-12). 26.27 (978-1-5081-8657-1(X), 88b968e9-66b2-43be-b2e3-8196652ec642, Rosen Young Adult) Rosen Publishing Group, Inc., The.

Agriculture & Land Use, 1 vol. Emilie Dufresne. 2019. (Environmental Issues Ser.). (ENG.). 24p. (gr. 2-3). pap. 9.25 (978-1-5345-3071-3(1), e7ae5f27-a3e6-4ad4-842c-e63e6123de69); lib. bdg. 26.23 (978-1-5345-3032-4(0), 1f1481fc-2305-4ecf-bfd5-1b869885bdc5) Greenhaven Publishing LLC. (KidHaven Publishing).

Agriculture, Food & Natural Resources, Vol. 10. Daniel Lewis. 2018. (Careers in Demand for High School Graduates Ser.). 112p. (J). (gr. 7). lib. bdg. 34.60 (978-1-4222-4136-3(X)) Mason Crest.

Agriculture in Infographics. Renae Gilles. 2020. (21st Century Skills Library: Enviro-Graphics Ser.). (ENG., Illus.). 32p. (J). (gr. 4-8). lib. bdg. 32.07 (978-1-5341-6947-0(4), 215675) Cherry Lake Publishing.

Agriculture in the USA! (Set), 6 vols. 2023. (Agriculture in the USA! Ser.). (ENG.). 24p. (J). (gr. -1-2). lib. bdg. 196.74 (978-1-0982-6617-2(X), 42146, Abdo Kids) ABDO Publishing Co.

Agua. Nadia Higgins. 2018. (Ciencia De Ser.). (SPA.). 24p. (J). lib. bdg. 23.99 (978-1-5105-3446-9(6)) SmartBook Media, Inc.

Agua. Piper Whelan. 2017. (¿qué Da Forma a la Tierra? Ser.). (SPA.). 24p. (J). lib. bdg. 23.99 (978-1-5105-2374-6(X)) SmartBook Media, Inc.

Agua: Un Sistema Terrestre. Julie K. Lundgren. 2022. (Cambios Increíbles en la Tierra (Incredible Changes on Earth) Ser.).Tr. of Water: An Earth System. (SPA.). 24p. (J). (gr. k-2). pap. (978-1-0396-4954-5(8), 19423) Crabtree Publishing Co.

Agua, Agüita / Water, Little Water. Jorge Argueta. Illus. by Felipe Ugalde. 2017. (ENG, SPA & NAH.). 32p. (J). (gr. 1-4). 17.95 (978-1-55885-854-1(7)) Arte Publico Pr.

Agua Que No Envejece. Mónica Mónica. 2023. (SPA.). 112p. (YA). pap. 13.95 (978-607-07-7987-9(8)) Editorial Planeta, S. A. ESP. Dist: Two Rivers Distribution.

Agua: un Sistema Terrestre. Julie K. Lundgren. 2022. (Cambios Increíbles en la Tierra (Incredible Changes on Earth) Ser.). (SPA.). 24p. (J). (gr. k-2). lib. bdg. (978-1-0396-4827-2(4), 19422) Crabtree Publishing Co.

Aguero: From the Playground to the Pitch. Matt Oldfield. 2018. (Ultimate Football Heroes Ser.). (ENG., Illus.). 176p. (J). (gr. 2-7). pap. 9.99 (978-1-78606-807-1(9)) Blake, John Publishing, Ltd. GBR. Dist: Independent Pubs. Group.

Aguila. Melissa Gish. 2023. (SPA.). 48p. (J). (gr. 5-7). pap. 13.99 (978-1-68277-299-7(3), Creative Paperbacks) Creative Co., The.

Águila Calva. Kaite Goldsworthy. 2017. (Los Símbolos Estadounidenses Ser.). (SPA.). 24p. (J). lib. bdg. 22.99 (978-1-5105-2384-5(7)) SmartBook Media, Inc.

águila Calva (Bald Eagle) Julie Murray. (Símbolos de Los Estados Unidos Ser.). (SPA.). 24p. (J). 2020. (gr. k-k). pap. 8.95 (978-1-64494-375-5(1), 1644943751, Abdo Kids-Junior); 2019. (gr. -1-2). lib. bdg. 31.36 (978-1-0982-0074-9(8), 33022, Abdo Kids) ABDO Publishing Co.

Águilas Calvas (Bald Eagles) Grace Hansen. 2016. (Animales de América Del Norte (Animals of North America) Ser.). (SPA.). 24p. (J). (gr. -1-2). lib. bdg. 32.79 (978-1-62402-665-2(6), 24834, Abdo Kids) ABDO Publishing Co.

Aguinaldo's Hostage, or Dick Carson's Captivity among the Filipinos (Classic Reprint) Harrie Irving Hancock. (ENG., Illus.). (J). 2018. 396p. 32.08 (978-0-267-33527-5(X)); 2016. pap. 16.57 (978-1-333-59218-9(3)) Forgotten Bks.

AH-1Z Viper. Megan Cooley Peterson. 2020. (J). pap. (978-1-62310-071-1(2)) Black Rabbit Bks.

Ah Choo O/P. L. Koehler. 2016. (ENG., Illus.). 40p. (J). (gr. k-2). 14.95 (978-1-4549-1415-0(7)) Sterling Publishing Co., Inc.

Ah-Fur, Super Sleuth - the Case of the Missing Moggies. Debra Clewerr. 2022. (ENG.). 120p. (J). pap. (978-0-6454766-2-0(5)) Morris Publishing Australia.

Ah There: Pickings from Lobby Chatter, Cincinnati Enquirer (Classic Reprint) Unknown Author. 2018. (ENG., Illus.). 262p. (J). 29.30 (978-0-483-92686-8(8)) Forgotten Bks.

Aha! I Like Learning Now! Coloring Book of 50 Fun Animals. Educando Kids. 2019. (ENG.). 42p. (J). pap. 6.99 (978-1-64521-033-7(2), Educando Kids) Editorial Imagen.

Ahead of the Army (Classic Reprint) William Osborn Stoddard. (ENG., Illus.). (J). 2018. 316p. 30.41 (978-0-666-73888-2(2)); 2017. pap. 13.57 (978-0-259-93323-6(6)) Forgotten Bks.

Ahead of the Show, or the Adventures of Al Allston, Advance Agent (Classic Reprint) Fred Thorpe. 2017. (ENG., Illus.). (J). 28.64 (978-0-265-52216-5(1)); pap. 11.57 (978-0-259-24874-3(6)) Forgotten Bks.

¡Ahí Está! Katrina Streza & Ariana Vargas. Illus. by Brenda Ponnay. 2023. (Little Lectores Ser.: Vol. 7). (SPA.). 20p. (J). 24.99 (978-1-5324-3467-9(7)); pap. 12.99 (978-1-5324-3119-7(8)) Xist Publishing.

Ahiahia the Orphan. Levi Illuitok. Illus. by Nate Wells. 2023. 36p. (YA). (gr. 8-12). 19.95 (978-1-77227-443-1(7)) Inhabit Media Inc. CAN. Dist: Consortium Bk. Sales & Distribution.

Ahimsa, 1 vol. Supriya Kelkar. 2017. (ENG.). 320p. (J). (gr. 4-7). 21.95 *(978-1-62014-356-8(9)*, leelowtu, Tu Bks.) Lee & Low Bks., Inc.

Ahir Zamandan Notlar II: Risale-I Nur'la Okumalar. Mustafa H. Kurt. 2021. (TUR.). 210p. (J). pap. 12.10 *(978-1-008-93198-5(5))* Lulu Pr., Inc.

Ahiruno Oujisama 1 see Duck Prince: Transformation

Ahlam an Akun Katibah. Samar Tahir. Illus. by Sundus Shayibi. 2018. (ARA.). 24p. (J). *(978-614-03-2016-1(X))* Dar al saqi.

Ahlam an Akun Tahyan. Samar Tahir. Illus. by Sawsan Nurullah. 2018. (ARA.). 24p. (J). *(978-614-03-2017-8(8))* Dar al saqi.

Ahmad's Pockets. Hannah Morris. Ed. by Kit Duncan. Illus. by Alex Bjelica. 2017. (Adventures of the Four Bankieteers Ser.: Vol. 1). (ENG.). 54p. (J). pap. *(978-1-912274-00-0(0))* ActiveMindCare Publishing.

Ahmed Aziz's Epic Year. Nina Hamza. (ENG.). 320p. (J). (gr. 3-7). 2023. pap. 9.99 *(978-0-06-302490-8(X))*; 2021. 16.99 *(978-0-06-302489-2(6))* HarperCollins Pubs. (Quill Tree Bks.).

Ahmoni's 1st Step! Sherese Jones. Illus. by Sherese Jones. 2020. (ENG.). 35p. (YA). ***(978-1-716-96368-1(0))*** Lulu Pr., Inc.

Ahmoni's First Word! Sherese Jones. 2020. (ENG.). 34p. (J). *(978-1-716-75917-8(X))* Lulu Pr., Inc.

Ahmoni's First Word! Sherese Jones. Illus. by Sherese Jones. 2020. (ENG.). 34p. (J). ***(978-1-716-75901-7(3))*** Lulu Pr., Inc.

Ahmose I: Pharaoh of the 18th Dynasty, 1 vol. Beatriz Santillian & Susanna Thomas. 2017. (Leaders of the Ancient World Ser.). (ENG., Illus.). 112p. (J). (gr. 6-6). 38.80 *(978-1-5081-7480-6(6)*, 91fada34-faa1-4433-aadf-ddcf41f238b7, Rosen Young Adult) Rosen Publishing Group, Inc., The.

¡Ahora! Ilan Brenman. 2019. (SPA.). 36p. (J). (gr. k-1). 19.99 *(978-607-8614-79-0(7))* V&R Editoras.

Ahora Abracadabra! Luz Maria Del Consuelo Chapela Mendoza. Illus. by Rodrigo Vargas. 2016. (Cuentamelo Otra Vez Ser.). (SPA.). (J). 16.95 *(978-1-68165-262-7(5))* Trialtea USA, LLC.

Ahora Me Llamo Luisa. Jessica Walton. 2017. (SPA.). 36p. (J). (-2). 25.99 *(978-84-9142-052-1(5))* Algar Editorial, Feditres, S.L. ESP. Dist: Lectorum Pubns., Inc.

Ahora Volvemos, Tenemos Que Ir un Momentito A África. Oliver Scherz. 2018. (SPA.). 108p. (J). (gr. 3-5). 15.99 *(978-958-30-5714-4(2))* Panamericana Editorial COL. Dist: Lectorum Pubns., Inc.

Ahora y Entonces: Leveled Reader Book 89 Level Q 6 Pack. Hmh Hmh. 2021. (SPA.). 32p. (J). pap. 74.40 *(978-0-358-08482-2(2))* Houghton Mifflin Harcourt Publishing Co.

Ahorre a Nuestros Hijos. Paul Jeffries. 2017. (ENG., Illus.). 38p. (J). pap. *(978-1-387-05447-3(3))* Lulu Pr., Inc.

Ahoy, Captain Penguin. Édouard Manceau. 2019. (ENG., Illus.). 10p. (J). (— 1). 7.95 *(978-0-7358-4351-6(1))* North-South Bks., Inc.

Ahoy Sailor Colouring Book. Karin O'Shea. 2022. (ENG.). 63p. (J). pap. ***(978-1-4710-8742-4(5))*** Lulu Pr., Inc.

Ahoy Sailor Colouring Book Vol 1 & Vol 2. Karin O'Shea. 2022. (ENG.). 123p. (J). pap. ***(978-1-4710-8370-9(5))*** Lulu Pr., Inc.

Ai. Contrib. by Mary Elizabeth Salzmann. 2023. (Vowel Teams Ser.). (ENG.). 24p. (J). (gr. -1-2). lib. bdg. 31.36 ***(978-1-0982-8282-0(5)***, 42296, Abdo Zoom-Launch) ABDO Publishing Co.

Ai: A Social Vision (Classic Reprint) Charles Daniel. 2018. (ENG., Illus.). 302p. (J). 30.15 *(978-0-428-82834-9(5))* Forgotten Bks.

AI Alphabet: An Alphabet Book Illustrated Using Artificial Intelligence. Natalia Velasco & Sofia Velasco. 2022. (ENG.). 62p. (J). 24.99 ***(978-1-0880-6713-0(1))*** Indy Pub.

Ai Chi Shui Guo de Niu. Muniu Tang. 2016. (CHI.). 36p. (J). *(978-986-161-480-9(X))* Hsin Yi Foundation.

AI Uprising Hacks. Virginia Loh-Hagan. 2019. (Could You Survive? Ser.). (ENG.). 32p. (J). (gr. 4-8). pap. 14.21 *(978-1-5341-5068-3(4)*, 213579); (Illus.). lib. bdg. 32.07 *(978-1-5341-4782-9(9)*, 213578) Cherry Lake Publishing. (45th Parallel Press).

Aida Brown's Big Sister Crown. Brown Damyionne. 2018. (ENG.). 32p. (J). 14.95 *(978-0-68401-544-3(8))* Amplify Publishing Group.

Aidan: The Lead-Free Superhero. Deanna Branch. Illus. by Aidan Branch. 2022. (ENG.). 28p. (J). pap. 9.99 ***(978-1-6629-2991-5(9))***; 19.99 ***(978-1-6629-2990-8(0))*** Gatekeeper Pr.

Aidan -L'Ultimo Guardiano Di Skye- Paolo Mandara & Marco Tripaldi. 2019. (ITA.). 228p. (J). pap. 14.00 *(978-0-244-86937-3(5))* Lulu Pr., Inc.

Aidan & the Bicycle. Noah Karrer. Illus. by Indra Audipriatna. 2022. (ENG.). 28p. (J). ***(978-1-387-55270-2(8))*** Lulu Pr., Inc.

Aidan & the Mummy Girl Save the Universe. Ralph Shikan Levinson. 2019. (Aidan Dream Detective Ser.: Vol. 2). (ENG., Illus.). 248p. (J). (gr. 4-6). pap. 11.95 *(978-1-7327889-0-9(1))* Levinson, Ralph D.

Aiden Finds Love Within a Foster Care Family! Katina Boykin. Illus. by Brittany Deanes. 2022. (ENG.). 28p. (J). 25.99 *(978-1-951300-50-0(5))* Liberation's Publishing.

Aiden I Love You All Ways. Marianne Richmond. Illus. by Dubravka Kolanovic. 2023. (I Love You All Ways Ser.). (ENG.). 32p. (J). (gr. -1-3). 8.99 ***(978-1-7282-7329-7(3))*** Sourcebooks, Inc.

Aiden Mcgee Gets a Case of the Actuallys. Aaron McGinley. Ed. by Wyatt Fisher. Illus. by Nicole Filippone. 2019. (ENG.). 30p. (J). (gr. k-3). pap. 12.00 *(978-1-7330859-2-2(0))* McGinley, Aaron.

Aiden on the North Pole Express. J. D. Green. Illus. by Joanne Partis. 2022. (North Pole Express Bears Ser.). (ENG.). 32p. (J). (gr. -1-3). 7.99 ***(978-1-7282-6907-8(5))*** Sourcebooks, Inc.

Aiden on the North Pole Express. J. D. Green. 2019. (North Pole Express Ser.). (ENG.). 32p. (J). (gr. -1-3). 7.99 ***(978-1-7282-0300-3(7))*** Sourcebooks, Inc.

Aiden Paints a Chair. Cecilia Minden. Illus. by Rob Parkinson. 2022. (Little Blossom Stories Ser.). (ENG.). 16p. (J). (gr. -1-2). pap. 11.36 *(978-1-5341-9866-1(0)*, 220071, Cherry Blossom Press) Cherry Lake Publishing.

Aiden Pike: Step Right Up! Mary C. Ryan. Illus. by Mike DeSantis. 2017. (ENG.). 70p. (J). pap. 6.95 *(978-0-9678115-4-3(6))* Dragonseed Pr.

Aiden Santa's Secret Elf. Put Me In The Story & Katherine Sully. Illus. by Julia Seal. 2018. (Santa's Secret Elf Ser.). (ENG.). 32p. (J). (gr. k-3). 5.99 *(978-1-4926-8113-7(X))* Sourcebooks, Inc.

Aiden 'Twas the Night Before Christmas. Illus. by Lisa Alderson. 2019. (Night Before Christmas Ser.). (ENG.). 32p. (J). (gr. -1-3). 7.99 ***(978-1-7282-0193-1(4))*** Sourcebooks, Inc.

Aiden's Christmas Wish. Put Me In The Story & J. D. Green. Illus. by Julia Seal. 2018. (Christmas Wish Ser.). (ENG.). 32p. (J). (gr. k-3). 6.99 ***(978-1-4926-8300-1(0))*** Sourcebooks, Inc.

AIDS & Other Killer Viruses & Pandemics, 1 vol. Ed. by Pete Schauer. 2017. (Viewpoints on Modern World History Ser.). (ENG.). 176p. (YA). (gr. 10-12). 49.43 *(978-1-5345-0139-3(8)*, 702a233d-86b4-4055-a767-bc0e0a503af4) Greenhaven Publishing LLC.

AIDS Crisis. Kenny Abdo. 2020. (Outbreak! Ser.). (ENG., Illus.). 24p. (J). (gr. 2-8). lib. bdg. 31.36 *(978-1-0982-2325-0(X)*, 36273, Abdo Zoom-Fly) ABDO Publishing Co.

AIDS Crisis, 1 vol. Katie Kawa. 2018. (History Just Before You Were Born Ser.). (ENG.). 32p. (J). (gr. 4-5). 28.27 *(978-1-5382-3025-1(9)*, ec380686-8ff8-4fb7-ad85-eb682f178849) Stevens, Gareth Publishing LLLP.

AIDS to Family Government: Or, from the Cradle to the School, According to Froebe. Bertha Meyer. 2017. (ENG., Illus.). (J). pap. *(978-0-649-04225-8(5))* Trieste Publishing Pty Ltd.

AIDS to Family Government: Or, from the Cradle to the School, According to Froebel. Bertha Meyer. 2017. (ENG., Illus.). (J). pap. *(978-0-649-04226-5(3))* Trieste Publishing Pty Ltd.

AIDS to Mental Development, or Hints to Parents: Being a System of Mental & Moral Instruction, Exemplified in Conversations Between a Mother & Her Children (Classic Reprint) Unknown Author. (ENG., Illus.). (J). 2018. 30.99 *(978-0-331-98402-6(4))*; 2016. pap. 13.57 *(978-1-333-28610-1(4))* Forgotten Bks.

AIDS to the Immortality of Certain Persons in Ireland (Classic Reprint) Susan L. Mitchell. 2018. (ENG., Illus.). 114p. (J). 26.25 *(978-0-484-42777-7(6))* Forgotten Bks.

AIDS to the Study of KI-Swahili: Four Studies Compiled & Annotated (Classic Reprint) Mervyn W. H. Beech. annot. ed. 2017. (ENG., Illus.). (J). 180p. 27.61 *(978-0-484-09513-6(7))*; pap. 9.97 *(978-0-282-28747-4(7))* Forgotten Bks.

Aïe! Les Serpents Qui Mordent. Alan Walker. Tr. by Annie Evearts. 2021. (Faits Pour Survivre (Built to Survive) Ser.).Tr. of Ouch! Snakes That Bite. (FRE.). 24p. (J). (gr. k-2). pap. *(978-1-0396-0817-7(5)*, 12609) Crabtree Publishing Co.

Aigion the Fairy Tale. Bárbara Anderson. 2017. (ENG., Illus.). (J). 164p. pap. *(978-1-387-28340-8(5))*; 152p. pap. *(978-1-387-22217-9(1))* Lulu Pr., Inc.

Aikido, 1 vol. David Klimchuk. 2019. (Enter the Dojo! Martial Arts for Kids Ser.). (ENG.). 24p. (J). (gr. 3-4). pap. 9.25 *(978-1-7253-0998-2(X)*, 51d28fd8-889a-4016-a7e8-ffa95ea2aabb, PowerKids Pr.) Rosen Publishing Group, Inc., The.

Aikido: Set, 14 vols. 2019. (Enter the Dojo! Martial Arts for Kids Ser.). (ENG.). 24p. (J). (gr. 3-4). lib. bdg. 176.89 *(978-1-7253-1197-8(6)*, 24bf8e08-e173-47ef-be1e-62f867ef2079, PowerKids Pr.) Rosen Publishing Group, Inc., The.

Aiko's Star. Amaya Rayne Hadnagy. 2020. (ENG.). 26p. (J). pap. 9.99 ***(978-1-7354878-0-9(5))*** Southampton Publishing.

Ailbe & the Elements. Lind Edwards. 2019. (ENG.). 146p. (YA). 30.95 *(978-1-9822-3212-2(9))*; pap. 12.99 *(978-1-9822-3213-9(7))* Author Solutions, LLC. (Balboa Pr.).

Ailieford, a Family History (Classic Reprint) William Wilson. 2017. (ENG., Illus.). (J). 31.94 *(978-0-266-67572-3(7))*; pap. 16.57 *(978-1-5276-4552-3(5))* Forgotten Bks.

Ailurophile: A High School Shooting. Roderick Chamberlain. 2021. (ENG.). 268p. (YA). pap. ***(978-1-300-24490-5(9))*** Lulu Pr., Inc.

Aim. Joyce Moyer Hostetter. (Bakers Mountain Stories Ser.). 288p. (J). (gr. 4-7). 2019. pap. 9.95 *(978-1-68437-276-8(3))*; 2016. (ENG.). 17.95 *(978-1-62979-673-4(5))* Highlights Pr., c/o Highlights for Children, Inc. (Calkins Creek).

Aim for the Skies: Jerrie Mock & Joan Merriam Smith's Race to Complete Amelia Earhart's Quest. Aimee Bissonette. Illus. by Doris Ettlinger. 2018. (ENG.). 32p. (J). (gr. 1-4). 16.99 *(978-1-58536-381-0(2)*, 204581) Sleeping Bear Pr.

Aim High. Shawn Pryor. Illus. by Diego Funck. 2020. (Kids' Sports Stories Ser.). (ENG.). 32p. (J). (gr. k-2). pap. 5.95 *(978-1-5158-7284-9(X)*, 201309); lib. bdg. 21.32 *(978-1-5158-7095-1(2)*, 199191) Capstone. (Picture Window Bks.).

Aim High: Irish Sports Stars, Trailblazers & Mavericks. Donny Mahoney. Illus. by Eoin Coveney. 2020. (ENG.). 64p. (J). 24.99 *(978-1-78849-208-9(0))* O'Brien Pr., Ltd., The IRL. Dist: Casemate Pubs. & Bk. Distributors, LLC.

Aimants. Christian Lopetz. Tr. by Annie Evearts. 2021. (Science Dans Mon Monde: Niveau 2 (Science in My World: Level 2) Ser.).Tr. of Magnets. (FRE.). 32p. (J). (gr. k-2). pap. *(978-1-0396-0943-3(0)*, 12807) Crabtree Publishing Co.

Aime 2: Livre Coloriage Pour Enfants. Bold Illustrations. 2017. (FRE., Illus.). 82p. (J). pap. 8.35 *(978-1-64193-054-3(3)*, Bold Illustrations) FASTLANE LLC.

Aims & Ends, and, Oonagh Lynch, Vol. 1 of 3 (Classic Reprint) Caroline Henrietta Callander Sheridan. (ENG., Illus.). (J). 2018. 330p. 30.70 *(978-0-483-71220-1(5))*; 2016. pap. 13.57 *(978-1-334-13796-9(X))* Forgotten Bks.

Aims & Ends, Vol. 2 Of 3: And Oonagh Lynch (Classic Reprint) Caroline Henrietta Sheridan. (ENG., Illus.). (J). 2018. 322p. 30.56 *(978-0-332-55481-5(3))*; 2016. pap. 13.57 *(978-1-333-45894-2(0))* Forgotten Bks.

Aims & Ends, Vol. 3 Of 3: And Oonagh Lynch (Classic Reprint) Caroline Henrietta Sheridan. (ENG., Illus.). (J). 2018. 340p. 30.93 *(978-0-484-52112-3(8))*; 2016. pap. 13.57 *(978-1-333-30801-8(9))* Forgotten Bks.

Aims & Objects: Of the Toronto Humane Society (Classic Reprint) J. George Hodgins. 2018. (ENG., Illus.). 238p. (J). 28.83 *(978-0-364-30145-6(7))* Forgotten Bks.

Aimsly's Attitude. Mary Meckler. 2017. (ENG., Illus.). (J). pap. 13.95 *(978-1-4808-4260-1(5))* Archway Publishing.

Ainay-Le-Chateau en Bourbonnais. Volume 1. De Laguerenne-H. 2016. (Histoire Ser.). (FRE., Illus.). (J). pap. *(978-2-01-957607-3(4))* Hachette Groupe Livre.

Ainay-Le-Chateau en Bourbonnais. Volume 2. De Laguerenne-H. 2016. (Histoire Ser.). (FRE., Illus.). (J). pap. *(978-2-01-957608-0(2))* Hachette Groupe Livre.

Ainslee Stories (Classic Reprint) Helen Campbell Weeks. 2018. (ENG., Illus.). 434p. (J). 32.87 *(978-0-428-61344-0(6))* Forgotten Bks.

Ainslie Gore: A Sketch from Life (Classic Reprint) Ernest Gambier-Parry. 2018. (ENG., Illus.). 322p. (J). 30.54 *(978-0-484-05900-8(9))* Forgotten Bks.

Ainsworth's Magazine, 1842, Vol. 1: A Miscellany of Romance, General Literature, & Art (Classic Reprint) William Harrison Ainsworth. (ENG., Illus.). (J). 2018. 366p. 31.47 *(978-0-483-87448-0(5))*; 2017. pap. 13.97 *(978-0-243-88593-0(8))* Forgotten Bks.

Ainsworth's Magazine, 1842, Vol. 2: A Miscellany of Romance, General Literature, & Art (Classic Reprint) William Harrison Ainsworth. 2017. (ENG., Illus.). (J). 36.73 *(978-0-266-74934-9(8))*; pap. 19.57 *(978-1-5277-1811-1(5))* Forgotten Bks.

Ainsworth's Magazine, 1843, Vol. 3: A Miscellany of Romance, General Literature, & Art (Classic Reprint) William Harrison Ainsworth. 2017. (ENG., Illus.). (J). 618p. 36.64 *(978-0-484-73780-7(5))*; pap. 19.57 *(978-0-259-18474-4(8))* Forgotten Bks.

Ainsworth's Magazine, 1843, Vol. 4: A Miscellany of Romance, General Literature, & Art (Classic Reprint) William Harrison Ainsworth. (ENG., Illus.). (J). 2018. 592p. 36.11 *(978-0-483-52138-4(8))*; 2017. pap. 19.57 *(978-1-334-92007-3(9))* Forgotten Bks.

Ainsworth's Magazine, 1844, Vol. 6: A Miscellany of Romance, General Literature, & Art (Classic Reprint) William Harrison Ainsworth. (ENG., Illus.). (J). 2018. 582p. 35.90 *(978-0-483-95867-8(0))*; 2017. pap. 19.57 *(978-0-243-91726-6(0))* Forgotten Bks.

Ainsworth's Magazine, 1845, Vol. 7: A Miscellany of Romance, General Literature, & Art (Classic Reprint) William Harrison Ainsworth. 2017. (ENG., Illus.). (J). 35.90 *(978-0-260-93997-5(8))*; pap. 19.57 *(978-1-5282-5943-9(2))* Forgotten Bks.

Ainsworth's Magazine, 1846, Vol. 10: A Miscellany of Romance, General Literature, & Art (Classic Reprint) William Harrison Ainsworth. 2017. (ENG., Illus.). (J). 35.86 *(978-0-266-67536-5(0))*; pap. 19.57 *(978-1-5276-4530-1(4))* Forgotten Bks.

Ain't Burned All the Bright. Jason Reynolds. Illus. by Jason Griffin. 2022. (ENG.). 384p. (YA). (gr. 7). 19.99 *(978-1-5344-3946-7(3)*, Atheneum/Caitlyn Dlouhy Books) Simon & Schuster Children's Publishing.

Ain't Gonna Let Nobody Turn Me 'Round: My Story of the Making of Martin Luther King Day. Kathlyn J. Kirkwood. Illus. by Steffi Walthall. 2022. (ENG.). 128p. (J). (gr. 3-7). 16.99 *(978-0-358-38726-8(4)*, 1787292, Versify) HarperCollins Pubs.

Ain't It Awful (Classic Reprint) E. C. Lewis. (ENG., Illus.). (J). 2019. 66p. 25.28 *(978-0-365-10963-1(0))*; 2017. pap. 9.57 *(978-0-259-49915-2(3))* Forgotten Bks.

Ain't Seen Muffin Yet. Patrick T. Fibbs. 2023. (ENG.). 114p. (J). pap. 9.99 ***(978-1-958310-03-8(4))*** Padwolf Publishing Inc.

Air. Created by Heron Books. 2018. (ENG., Illus.). 64p. (J). pap. *(978-0-89739-103-0(9)*, Heron Bks.) Quercus.

Air. Christopher Forest. 2019. (Natural Resources Ser.). (ENG.). 32p. (J). (gr. 2-5). lib. bdg. 32.79 *(978-1-5321-6583-6(8)*, 33268, DiscoverRoo) Pop!.

Air. Tamra B. Orr. 2020. (Earth Materials & Systems Ser.). (ENG.). 32p. (J). (gr. 1-3). pap. 7.95 *(978-1-9771-2677-1(4)*, 201712); (Illus.). lib. bdg. 29.32 *(978-1-9771-2377-0(5)*, 200387) Capstone. (Pebble).

Air. Andrea Rivera. 2017. (Science Concepts Ser.). (ENG., Illus.). 24p. (J). (gr. -1-2). lib. bdg. 31.36 *(978-1-5321-2050-3(8)*, 25350, Abdo Zoom-Launch) ABDO Publishing Co.

Air. Julia Vogel. 2017. (Science Of Ser.). (ENG.). 24p. (J). lib. bdg. 22.99 *(978-1-5105-2411-8(8))* SmartBook Media, Inc.

Air. John Willis. 2017. (Science of Survival Ser.). (ENG.). 24p. (J). lib. bdg. 22.99 *(978-1-5105-2332-6(4))* SmartBook Media, Inc.

Air: A Novel. Monica Roe. 2022. (ENG.). 272p. (J). 16.99 *(978-0-374-38865-2(2)*, 900240266, Farrar, Straus & Giroux (BYR)) Farrar, Straus & Giroux.

Air: A Novel. Monica Roe. 2023. (ENG.). 272p. (J). pap. 8.99 *(978-1-250-79826-8(4)*, 900240267) Square Fish.

Air Ambulance Crews on the Scene. Jody Jensen Shaffer. 2022. (First Responders on the Scene Ser.). (ENG.). 24p. (J). (gr. 3-6). lib. bdg. 32.79 *(978-1-5038-5584-7(8)*, 215464, MOMENTUM) Child's World, Inc, The.

Air & Sea Rescue Teams on the Scene. Amy Thernstrom & Kara L. Laughlin. 2022. (First Responders on the Scene Ser.). (ENG.). 24p. (J). (gr. 3-6). lib. bdg. 32.79 *(978-1-5038-5586-1(4)*, 215466, MOMENTUM) Child's World, Inc, The.

Air & Space. Tom Jackson. 2017. (Technology & Innovation Ser.). (ENG.). 48p. (J). lib. bdg. 34.99 *(978-1-5105-1975-6(0))* SmartBook Media, Inc.

Air & Water: Leveled Reader Card Book 11 Level V. Hmh Hmh. 2019. (ENG.). (J). pap. 14.13 *(978-0-358-16200-1(9))* Houghton Mifflin Harcourt Publishing Co.

Air & Water: Leveled Reader Card Book 11 Level V 6 Pack. Hmh Hmh. 2021. (J). (ENG.). pap. 69.33 *(978-0-358-18941-1(1))*; (SPA.). pap. 74.40 *(978-0-358-27336-3(6))* Houghton Mifflin Harcourt Publishing Co.

Air & Weather. Emily Sohn. 2019. (iScience Ser.). (ENG., Illus.). 24p. (J). (gr. k-2). pap. 13.26 *(978-1-68404-356-9(5))* Norwood Hse. Pr.

Air Commandos. Tom Head. 2018. (Elite Warriors Ser.). (ENG.). 32p. (gr. 2-7). 9.95 *(978-1-68072-719-7(2))*; (J). (gr. 4-6). pap. 9.99 *(978-1-64466-272-4(8)*, 12341); (J). (gr. 4-6). lib. bdg. *(978-1-68072-425-7(8)*, 12340) Black Rabbit Bks. (Bolt).

Air Fay. Rosa Carr. Ed. by Nicola Peake. 2021. (ENG.). 294p. (YA). pap. *(978-1-912948-34-5(6))* Crystal Peake Publisher.

Air Force. Bernard Conaghan. 2022. (Serving with Honor Ser.). (ENG.). 32p. (J). (gr. 3-9). pap. *(978-1-0396-6229-2(3)*, 21595); lib. bdg. *(978-1-0396-6034-2(7)*, 21594) Crabtree Publishing Co. (Crabtree Branches).

Air Force. Chris McNab. 2017. (Illus.). 80p. (J). *(978-1-4222-3764-9(8))* Mason Crest.

Air Force. John Townsend. 2016. (Action Force: World War II Ser.). 32p. (gr. 3-7). 31.35 *(978-1-59920-985-2(3)*, Smart Apple Media) Black Rabbit Bks.

Air Force. Heather DiLorenzo Williams & Warren Rylands. 2019. (Illus.). 24p. (J). *(978-1-4896-8025-9(X)*, AV2 by Weigl) Weigl Pubs., Inc.

Air Force One: Protecting the President's Plane. Kaitlyn Duling. 2020. (High Security Ser.). (ENG., Illus.). 32p. (J). (gr. 4-6). lib. bdg. 30.65 *(978-1-5435-9056-2(X)*, 141389) Capstone.

Air Force One Coloring Book. Steven James Petruccio. 2018. (Dover American History Coloring Bks.). (ENG.). 32p. (J). (gr. 3-7). pap. 3.99 *(978-0-486-82284-6(2)*, 822842) Dover Pubns., Inc.

Air Force Pararescue. Julie Murray. 2020. (Fierce Jobs Ser.). (ENG.). 24p. (J). (gr. k-4). lib. bdg. 31.36 *(978-1-0982-2108-9(7)*, 34463); (Illus.). (gr. 2-2). pap. 8.95 *(978-1-64494-403-5(0))* ABDO Publishing Co. (Abdo Zoom-Dash).

Air France Flight 447. Todd Kortemeier. 2019. (Engineering Disasters Ser.). (ENG., Illus.). 48p. (J). (gr. 4-8). lib. bdg. 35.64 *(978-1-5321-9070-4(0)*, 33650) ABDO Publishing Co.

Air-Igami, 8 vols. 2018. (Air-Igami Ser.). (ENG.). 32p. (J). (gr. 3-3). lib. bdg. 117.08 *(978-1-5383-4781-2(4)*, 66d623db-fce6-41aa-907e-a37578ec84c0, PowerKids Pr.) Rosen Publishing Group, Inc., The.

Air Inside. Loriann Earp. 2017. (ENG., Illus.). (J). (gr. k-4). 13.99 *(978-1-61984-718-7(3))* Gatekeeper Pr.

Air Inside: A Coloring Book. Lori Ann Earp. 2017. (ENG., Illus.). (J). (gr. k-3). pap. 4.99 *(978-1-61984-773-6(6))* Gatekeeper Pr.

Air Masses & Fronts, 1 vol. Elizabeth Borngraber & Mariel Bard. 2018. (Spotlight on Weather & Natural Disasters Ser.). (ENG.). 24p. (gr. 4-6). 27.93 *(978-1-5081-6866-9(0)*, 1e90ddb0-f083-420f-ae36-8a9072cf9203, PowerKids Pr.) Rosen Publishing Group, Inc., The.

Air Miles. John Burningham & Bill Salaman. Illus. by Helen Oxenbury. 2022. (ENG.). 32p. (J). (gr. -1-2). 18.99 *(978-1-5362-2334-7(4))* Candlewick Pr.

Air Pollution: Discover Pictures & Facts about Air Pollution for Kids! a Children's Science Book. Bold Kids. 2021. (ENG.). 32p. (J). pap. 11.99 *(978-1-0717-0832-3(5))* FASTLANE LLC.

Air Pollution: Our Changing Planet (Engaging Readers, Level 3) Ashley Lee. l.t. ed. 2023. (Our Changing Planet Ser.: Vol. 1). (ENG., Illus.). 32p. (J). ***(978-1-77476-887-7(9))***; pap. ***(978-1-77476-888-4(7))*** AD Classic.

Air Pollution! Environment & Ecology Fact Book for Children. Bold Kids. 2022. (ENG.). 42p. (J). pap. 14.99 *(978-1-0717-0862-0(7))* FASTLANE LLC.

Air Pollution! How to Limit the Pollution of the Air - Environment for Kids - Children's Environment & Ecology Books. Baby Iq Builder Books. 2016. (ENG., Illus.). (J). pap. 8.99 *(978-1-68374-715-4(1))* Examined Solutions PTE. Ltd.

Air Pollution Learning More about It Children's Earth Sciences Book. Bold Kids. 2022. (ENG.). 42p. (J). pap. 14.99 ***(978-1-0717-1714-1(6))*** FASTLANE LLC.

Air Pressure & Humidity Discover Intriguing Facts Children's Science Book. Bold Kids. 2022. (ENG.). 42p. (J). pap. 14.99 ***(978-1-0717-1767-7(7))*** FASTLANE LLC.

Air Pressure Driving the Weather!, 1 vol. Ed. by Joanne Randolph. 2017. (Weather Report). (ENG.). 32p. (gr. 3-3). pap. 11.52 *(978-0-7660-9005-7(1)*, 074abaa8-d097-4da8-9688-d1101b89b3a0) Enslow Publishing, LLC.

Air Pressure How Does It Work? Children's Science Book. Bold Kids. 2022. (ENG.). 42p. (J). pap. 14.99 ***(978-1-0717-1899-5(1))*** FASTLANE LLC.

Air Quality & Pollution, 1 vol. Kaitlyn Duling. 2018. (21st-Century Engineering Solutions for Climate Change Ser.). (ENG., Illus.). 80p. (J). (gr. 8-8). 38.79 *(978-1-5026-3841-0(X)*, 185752fb-a5eb-4beb-ab89-000db4f7fe44) Cavendish Square Publishing LLC.

Air Raid Search & Rescue. Marcus Sutter. ed. 2018. (Soldier Dogs Ser.: 1). (J). lib. bdg. 18.40 *(978-0-606-41396-1(0))* Turtleback.

Air-Sea Rescue Officers. Kevin Blake. 2016. (Police: Search & Rescue! Ser.: 6). (ENG., Illus.). 32p. (J). (gr. 2-7). 28.50 *(978-1-943553-12-9(2))* Bearport Publishing Co., Inc.

Air Service Boys, Flying for France: Or the Young Heroes of the Lafayette Escadrille (Classic Reprint) Charles Amory Beach. 2017. (ENG., Illus.). (J). 28.64 *(978-0-265-22110-5(2))* Forgotten Bks.

Air Service Boys Flying for Victory: Or, Bombing the Last German Stronghold. Charles Amory Beach. 2019. (ENG., Illus.). 148p. (YA). pap. *(978-93-5329-477-9(0))* Alpha Editions.

Air Service Boys Flying for Victory: Or Bombing the Last German Stronghold (Classic Reprint) Charles Amory Beach. 2018. (ENG., Illus.). 228p. (J). 28.60 *(978-0-267-83883-7(2))* Forgotten Bks.

Air Service Boys over the Atlantic: Or the Longest Flight on Record (Classic Reprint) Charles Amory Beach. 2018. (ENG., Illus.). 228p. (J). 28.60 *(978-0-483-45713-3(2))* Forgotten Bks.

Air Service Boys over the Enemy's Lines, or the German Spy's Secret (Classic Reprint) Charles Amory Beach.

A

AIR SERVICE BOYS, OVER THE RHINE

(ENG., Illus.). (J). 2018. 226p. 28.58 (978-0-428-74965-1(8)); 2016. pap. 10.97 (978-1-334-46922-0(9)) Forgotten Bks.

Air Service Boys, over the Rhine: Or Fighting above the Clouds (Classic Reprint) Charles Amory Beach. 2018. (ENG., Illus.). 228p. (J). 28.60 (978-0-267-24857-5(1)) Forgotten Bks.

Air Shark! Novice-Level Paper Airplanes: 4D an Augmented Reading Paper-Folding Experience. Marie Buckingham. 2018. (Paper Airplanes with a Side of Science 4D Ser.). (ENG., Illus.). 32p. (J). (gr. 3-5). lib. bdg. 33.99 (978-1-5435-0796-6(4), 137534, Capstone Classroom) Capstone.

Air Sports. Andrew Luke. 2017. (Illus.). 48p. (J). (978-1-4222-3705-2(2)) Mason Crest.

Air Strike, Bombing, Invasion & Looting - Black Wall Street, Greenwood, Oklahoma. Compiled by Rashad Hasan. 2023. Tr. of Air Strike, Bombing, Invasion & Looting - Black Wall Street, Greenwood, Oklahoma. (ENG.). (gr. 8-13). E-Book 39.00 (978-1-892824-62-2(0)) AFCHRON.

Air Traffic Controller. Ellen Labrecque. 2016. (21st Century Skills Library: Cool Vocational Careers Ser.). (ENG., Illus.). 32p. (J). (gr. 4-7). 32.07 (978-1-63471-057-2(6), 208308) Cherry Lake Publishing.

Air Transportation: From Balloons to Superjets. Tracey Kelly. 2019. (History of Inventions Ser.). (ENG.). 24p. (J). (gr. 2-4). lib. bdg. (978-1-78121-452-7(2), 16728) Brown Bear Bks.

Air Transportation Professionals: A Practical Career Guide. Tracy Brown Hamilton. 2022. (Practical Career Guides). (Illus.). 96p. (YA). (gr. 8-17). pap. 35.00 (978-1-5381-4477-0(8)) Rowman & Littlefield Publishers, Inc.

Air Trust (Classic Reprint) George Allan England. (ENG., Illus.). (J). 2018. 31.05 (978-0-265-51942-4(X)); 2017. pap. 13.57 (978-0-243-22335-0(8)) Forgotten Bks.

Air Warriors: The Dragons of Arcane Mountain & Other Tales. Noel K. Hannan. 2023. (ENG.). 180p. (YA). pap. **(978-1-4467-8407-5(X))** Lulu Pr., Inc.

Airbnb. Blaine Wiseman. 2017. (J). (978-1-5105-3488-9(1)) SmartBook Media, Inc.

Aircraft. Katie Lajiness. 2016. (First Drawings (Big Buddy Books) Ser.). (ENG., Illus.). 32p. (J). (gr. 2-5). lib. bdg. 34.21 (978-1-68078-519-7(2), 23601, Big Buddy Bks.) ABDO Publishing Co.

Aircraft. Julie Murray. 2022. (Best Inventors Ser.). (ENG.). 24p. (J). (gr. k-4). lib. bdg. 31.36 (978-1-0982-8015-4(6), 41065, Abdo Zoom-Dash) ABDO Publishing Co.

Aircraft Carriers. Virginia Loh-Hagan. 2017. (21st Century Junior Library: Extraordinary Engineering Ser.). (ENG., Illus.). 24p. (J). (gr. 2-5). lib. bdg. 29.21 (978-1-63472-161-5(6), 209216) Cherry Lake Publishing.

Aircraft Carriers: A 4D Book. Matt Scheff. 2018. (Mighty Military Machines Ser.). (ENG., Illus.). 24p. (J). (gr. -1-2). lib. bdg. 24.65 (978-1-9771-0113-6(5), 138304, Pebble) Capstone.

Aircraft Carriers in Action. Mari Bolte. 2023. (Military Machines (UpDog Books (tm)) Ser.). (ENG., Illus.). 32p. (J). (gr. 3-5). pap. 10.99 Lerner Publishing Group.

Aircraft Marshalling Signals for Kids! - Talking to Pilots! - Technology for Kids - Children's Aviation Books. Professor Gusto. 2016. (ENG., Illus.). (J). pap. 10.81 (978-1-68321-975-0(9)) Mimaxion.

Aircraft of World War I. Contrib. by John Hamilton. 2017. (World War I Ser.). (ENG., Illus.). 48p. (J). (gr. 5-9). lib. bdg. 34.21 (978-1-5321-1285-0(8), 27493, Abdo & Daughters) ABDO Publishing Co.

Aire. Julia Vogel. 2018. (Ciencia De Ser.). (SPA.). 24p. (J). lib. bdg. 23.99 (978-1-5105-3432-2(6)) SmartBook Media, Inc.

Aire, la Tierra, el Agua. Juan Casas & Emmanuel Peña. 2022. (SPA.). 48p. (J). pap. 10.95 (978-607-07-5479-1(4)) Editorial Planeta, S. A. ESP. Dist: Two Rivers Distribution.

Airi Sano, Prankmaster General: New School Skirmish. Zoe Tokushige. Illus. by Jennifer Naalchigar. 2022. (Airi Sano, Prankmaster General Ser.: 1). 304p. (J). (gr. 3-7). 14.99 (978-0-593-46578-3(4), Philomel Bks.) Penguin Young Readers Group.

Airi Sano, Prankmaster General: Public Enemy Number One. Zoe Tokushige. Illus. by Jennifer Naalchigar. 2023. (Airi Sano, Prankmaster General Ser.: 2). 288p. (J). (gr. 3-7). 14.99 **(978-0-593-46581-3(4)**, Philomel Bks.) Penguin Young Readers Group.

Airless Year. Adam P. Knave. Illus. by Valentine Barker & Frank Cvetkovic. 2022. 160p. (J). (gr. 5-9). pap. 14.99 (978-1-5067-2035-7(8), Dark Horse Books) Dark Horse Comics.

Airlie's Mission (Classic Reprint) Annie S. Swan. 2018. (ENG., Illus.). 98p. (J). 25.94 (978-0-267-25120-9(3)) Forgotten Bks.

Airline Pilot. John Allan. 2020. (Math Adventures (Step 2) Ser.). (ENG., Illus.). 32p. (J). (gr. 3-6). lib. bdg. 29.32 (978-1-913077-34-1(9), 3ad01c4c-b832-4f69-a967-1ce70739a1d7, Hungry Tomato (r)) Lerner Publishing Group.

Airlis. Brian L. Willis. 2018. (ENG.). 368p. (YA). 39.95 (978-1-4808-7273-8(3)); pap. 22.99 (978-1-4808-7272-1(5)) Archway Publishing.

Airlock. Tash McAdam. 2023. (Orca Soundings Ser.). (ENG.). 112p. (YA). (gr. 8-12). pap. 10.95 **(978-1-4598-3660-0(X))** Orca Bk. Pubs. USA.

Airman. Eoin Colfer. 2021. (ENG.). 480p. (J). (gr. 5-9). pap. 8.99 (978-1-368-06866-6(9), Disney-Hyperion) Disney Publishing Worldwide.

Airplane. Emily Rose Oachs. 2019. (Inventions That Changed the World Ser.). (ENG., Illus.). 32p. (J). (gr. 3-8). pap. 8.99 (978-1-61891-508-5(8), 12158, Blastoff! Discovery) Bellwether Media.

Airplane Boys among the Clouds. John Luther Langworthy. 2018. (ENG., Illus.). 136p. (YA). (gr. 7-12). pap. (978-93-86874-74-0(1)) Alpha Editions.

Airplane Coloring Book: Amazing Airplane Coloring Book for Kids, Boys & Girls. Great Airplane Gifts for Children & Toddlers Who Love to Play with Airplanes & Enjoy with Friends. Amelia Yardley. 2021. (ENG.). 82p. (J). pap. (978-1-008-94148-9(4)) Lulu.com.

Airplane Coloring Book: Perfect Airplane Coloring Book for Kids, Boys & Girls. Great Airplane Gifts for Children

& Toddlers Who Love to Play with Airplanes & Enjoy with Friends. Lena Frei. 2021. (ENG.). 82p. (J). pap. 16.99 (978-1-915100-18-4(6), GoPublish) Visual Adjectives.

Airplane Coloring Book for Kids. Deeasy Books. 2021. (ENG.). 84p. (J). pap. 9.00 **(978-1-716-21638-1(9))** Indy Pub.

AIRPLANE Coloring Book for Kids Kids 4-8. Bas McSerban. 2021. (ENG.). 56p. (J). pap. 10.00 (978-1-215-18641-3(X)) Lulu Pr., Inc.

Airplane Daydream. Joanne Meier & Cecilia Minden. Illus. by Bob Ostrom. 2022. (Bear Essential Readers Ser.). (ENG.). 32p. (J). (gr. -1-2). lib. bdg. 35.64 (978-1-5038-5942-5(8), 21594O, First Steps) Child's World, Inc, The.

Airplane Engine Encyclopedia: An Alphabetically Arranged Compilation of All Available Data on the World's Airplane Engines (Classic Reprint) Glenn Dale Angle. 2017. (ENG., Illus.). (J). 35.55 (978-1-5282-8824-8(6)) Forgotten Bks.

Airplane Fairy. Mariya Anderson. Illus. by Aliaa Ali. 2020. (ENG.). 44p. (J). 24.99 (978-0-578-75159-7(3)) Anderson, Mariya.

Airplane Pilot: Jake Wants to Be a Pilot. Samina Parkar. 2021. (ENG.). 26p. (J). (gr. -1-2). pap. 9.99 (978-1-7366518-5-8(4)) AKP Holdings, LLC.

Airplane Pilot: Jake Wants to Be a Pilot. Samina Parkar. 2021. (ENG.). 26p. (J). pap. 12.99 (978-1-7378585-4-6(1)) Southampton Publishing.

Airplanes. Thomas K. Adamson. 2017. (Mighty Machines in Action Ser.). (ENG., Illus.). 24p. (J). (gr. k-3). lib. bdg. 26.95 (978-1-62617-599-0(3), Blastoff! Readers) Bellwether Media.

Airplanes. Lisa J. Amstutz. 2017. (How It Works). (ENG., Illus.). 32p. (J). (gr. 3-5). pap. 9.95 (978-1-63517-298-0(5), 1635172985); lib. bdg. 31.35 (978-1-63517-233-1(0), 163517233O) North Star Editions. (Focus Readers).

Airplanes. Wendy Strobel Dieker. 2019. (Spot Mighty Machines Ser.). (ENG.). 16p. (J). (gr. -1-2). (978-1-68151-644-8(6), 10776) Amicus.

Airplanes. Kaitlyn Duling & Kaitlyn Duling. 2022. (How It Works). (ENG., Illus.). 24p. (J). (gr. k-3). pap. 7.99 (978-1-64834-672-9(3), 21384, Blastoff! Readers) Bellwether Media.

Airplanes. Cari Meister. 2019. (Transportation in My Community Ser.). (ENG., Illus.). 32p. (J). (gr. -1-2). lib. bdg. 27.99 (978-1-9771-0249-2(2), 139256, Pebble) Capstone.

Airplanes. Xist Publishing Staff. 2017. (Xist Kids Bilingual Spanish English Ser.). (ENG & SPA., Illus.). 28p. (J). (gr. -1-3). pap. 9.99 (978-1-5324-0084-1(5)) Xist Publishing.

Airplanes. Derek Zobel. 2020. (Machines with Power! Ser.). (ENG., Illus.). 24p. (J). (gr. -1-2). pap. 7.99 (978-1-68103-805-6(6), 12894); lib. bdg. 25.95 (978-1-64487-318-2(4)) Bellwether Media. (Blastoff! Readers).

Airplanes: A Planes & Aviation Facts & Picture Book for Children. Bold Kids. 2022. (ENG.). 42p. (J). pap. 14.99 (978-1-0717-0863-7(5)) FASTLANE LLC.

Airplanes: Learn & Discover Airplane Pictures & Facts - a Children's Airplane Book. Bold Kids. 2021. (ENG.). 32p. (J). pap. 11.99 (978-1-0717-0799-9(X)) FASTLANE LLC.

Airplanes: Leveled Reader Silver Level 24. Rg Rg. 2016. (PM Ser.). (ENG.). 24p. (J). (gr. 3). pap. 11.00 (978-0-544-89263-7(1)) Rigby Education.

Airplanes Coloring Book: Amazing Coloring Books Pages for Kids Ages 4-8 with 50+ Beautiful Coloring Pages of Planes, Page Large 8. 5 X 11. Elma Angels. 2020. (ENG.). 102p. (J). pap. 10.79 (978-1-716-32843-5(8)) Lulu Pr., Inc.

Airplanes Coloring Book! Discover & Enjoy a Variety of Coloring Pages for Kids! Bold Illustrations. 2021. (ENG.). (J). pap. 11.99 (978-1-0717-0578-0(4), Bold Illustrations) FASTLANE LLC.

Airplanes Coloring Book for Kids. Simon Christian. 2021. (ENG.). 82p. (J). pap. 6.39 (978-0-268-61170-5(X)) McGraw-Hill Education.

Airplanes Coloring Book for Kids: Big Collection of Airplane Coloring Pages for Boys & Girls. Airplane Coloring Book for Kids Ages 4-8, 6-9. Great Airplane Gift for Children. Big Aviation Activity Book for Preschoolers. Happy Books For All. 2021. (ENG.). 86p. (J). pap. (978-1-008-91885-6(7)) Lulu.com.

Airplane's Day. Derek Zobel. 2022. (Machines at Work Ser.). (ENG., Illus.). 24p. (J). (gr. k-3). pap. 7.99 (978-1-64834-843-3(2), 21697, Blastoff! Readers) Bellwether Media.

Airplanes Flying High in the Sky Coloring Book. Activibooks For Kids. 2016. (ENG., Illus.). (J). pap. 9.20 (978-1-68321-660-5(1)) Mimaxion.

Airplanes Kids Coloring Book: An Airplane Coloring Book for Kids Ages 4-12 with 20 Beautiful Coloring Pages of Airplanes, Fighter Jets, Helicopters & More. Jessa Joy. 2021. (ENG.). 42p. (J). pap. (978-1-74710-505-0(8)) Carousel Bks.

Airport. John Willis. 2016. (J). (978-1-5105-1877-3(0)) SmartBook Media, Inc.

Airport: The Inside Story. John Walton & Neon Squid. Illus. by Hannah Abbo. 2023. (Inside Story Ser.). (ENG.). 64p. (J). 16.99 (978-1-68449-309-8(9), 900281815, Neon Squid) St. Martin's Pr.

Airport Adventure. Steve Foxe. ed. 2021. (I Can Read Ser.). (ENG., Illus.). 32p. (J). (gr. k-1). 15.46 (978-1-64697-870-0(6)) Penworthy Co., LLC, The.

Airport Book. Lisa Brown. 2016. (ENG., Illus.). 40p. (J). 19.99 (978-1-62672-091-6(6), 900135264) Roaring Brook Pr.

Airport Colouring & Activity Book. Eleanor Boland-Brown. 2022. (ENG.). 96p. (J). pap. **(978-1-4710-4283-6(9))** Lulu Pr., Inc.

Airport Runaways: The Adventure of Kitty & Tom. Mary Johnson Godsland. 2018. (Adventure of Kitty & Tom Ser.). (ENG., Illus.). 20p. (J). (978-1-5255-1618-4(3)); pap. (978-1-5255-1619-1(1)) FriesenPress.

Airports. 1 vol. Jeff Mapua. 2019. (Exploring Infrastructure Ser.). (ENG.). 48p. (gr. 3-4). 29.60 (978-1-9785-0332-8(6), 8f90-a16c-4107-956d-1d745a746cb5) Enslow Publishing, LLC.

Airs of Tillie. Barbara Casey. 2023. (ENG.). 108p. (YA). pap. **(978-1-64540-975-5(9))** Speaking Volumes, LLC.

Airship Almanac: A Little Light Literature on High Life, Telling How to Get off the Earth & How to Get on Again; Including Much Excellent Advice on How & When to Fall, Where to Alight, Complete List of Official Hospitals of the Aero Club, Etc. Lewis Allen. (ENG., Illus.). (J). 2018. 86p. 25.67 (978-0-484-74484-3(4)); 2016. pap. 9.57 (978-1-334-13107-3(4)) Forgotten Bks.

Airship Dragon-Fly (Classic Reprint) William J. Hopkins. 2018. (ENG., Illus.). 368p. (J). 31.51 (978-0-267-52884-4(1)) Forgotten Bks.

Airshow. Mark A. Hewitt. Illus. by Nikki Mate. 2017. (ENG.). (J). (gr. -1-3). 15.95 (978-1-61296-936-7(4)) Black Rose Writing.

AirWhisperer. Lorraine Eljuga. 2022. (Elementar Ser.: Vol. 3). (ENG.). 466p. (YA). pap. (978-0-648996-2-1(9)) Eljuga, Lorraine.

Airwoman: Book 1. Zara Quentin. 2016. (Airwoman Ser.: Vol. 1). (ENG., Illus.). (J). pap. (978-0-9954048-0-9(1)) Quentin, Zara.

Airy Fairy Lilian: A Novel (Classic Reprint) Margaret Wolfe Hungerford. (ENG., Illus.). (J). 2018. 374p. 31.61 (978-0-332-57645-9(0)); 2016. pap. 13.97 (978-1-334-15760-8(X)) Forgotten Bks.

Aisha the Great. Aisha Doris. 2019. (ENG., Illus.). 32p. (J). pap. 10.50 (978-1-970079-21-0(5)) Opportune Independent Publishing Co.

Aisha the Navigator Queen of the Nile: Book 3. Amir Makin. 2019. (Aisha the Navigator Ser.: Vol. 3). (ENM., Illus.). 34p. (J). (gr. 3-6). pap. 9.99 (978-0-97994464-5-5(X)) AIC

Aisha the Princess & the Pea Fairy. Daisy Meadows. 2016. (Illus.). 62p. (J). (978-0-545-88741-0(0)) Scholastic, Inc.

Aisha the Sapphire Treasure Dragon. Maddy Mara. ed. 2022. (Dragon Girls Ser.). (ENG.). 123p. (J). (gr. 2-3). 15.96 **(978-1-68505-256-0(8))** Penworthy Co., LLC, The.

Alsha the Sapphire Treasure Dragon (Dragon Girls #5), 1 vol. Maddy Mara. 2021. (Dragon Girls Ser.: 5). (ENG.). 144p. (J). (gr. 2-5). pap. 5.99 (978-1-338-68067-6(6), Scholastic Paperbacks) Scholastic, Inc.

Aishling. John R. Morrow. 2020. (ENG.). 382p. (YA). pap. 22.95 (978-1-0980-5914-9(X)) Christian Faith Publishing.

Aislados. Cecilia Eudave. 2018. (SPA.). 210p. (YA). (gr. 9-12). pap. 16.95 (978-607-748-012-9(6)) Ediciones Urano S. A. ESP. Dist: Spanish Pubs., LLC.

Aisle 17. Robert Bowman. 2016. (ENG., Illus.). (J). pap. 14.95 (978-0-9713530-8-4(5)) Smart & Smarter Publishing.

Aisling. Emma-Jane Leeson. 2020. (ENG.). 38p. (J). pap. (978-1-716-76054-9(2)) Lulu Pr., Inc.

Aisling the Adventurous Conker. Emma-Jane Leeson. 2021. (ENG.). 40p. (J). pap. 9.99 (978-1-4477-6469-4(2)) Lulu Pr., Inc.

Aitana 'Twas the Night Before Christmas. Illus. by Lisa Alderson. 2021. (Night Before Christmas Ser.). (ENG.). 32p. (J). (gr. -1-3). 7.99 **(978-1-7282-5207-0(5))** Sourcebooks, Inc.

Äiti's Mandolin. Kaarina Brooks. 2021. (ENG.). 218p. (J). pap. 12.95 (978-1-988763-27-9(4)) Villa Wisteria Pubns.

Aiuta il Tuo Drago a Gestire L'ansia: (Help Your Dragon Deal with Anxiety) una Simpatica Storia per Bambini, per Insegnare Loro a Gestire l'ansia, la Preoccupazione e la Paura. Steve Herman. 2020. (ITA.). 42p. (J). pap. 12.95 (978-1-64916-032-4(1)); (My Dragon Books Italiano Ser.: Vol. 22). 18.95 (978-1-64916-033-1(X)) Digital Golden Solutions LLC.

Aiuta il Tuo Drago a Imparare Dagli Errori: (Help Your Dragon Learn from Mistakes) una Simpatica Storia per Bambini, per Istruirli Sul Perfezionismo Ed Educarli Ad Accettare i Fallimenti. Steve Herman. 2020. (My Dragon Books Italiano Ser.: Vol. 26). (ITA.). 40p. (J). 18.95 (978-1-64916-049-2(6)); pap. 12.95 (978-1-64916-048-5(8)) Digital Golden Solutions LLC.

Aiuta il Tuo Drago a Superare I Traumi: Una Simpatica Storia per Bambini, per Aiutarli a Comprendere e Superare gli Eventi Traumatici. Steve Herman. 2020. (My Dragon Books Italiano Ser.: Vol. 34). (ITA.). 42p. 18.95 (978-1-64916-067-6(4)); pap. 12.95 (978-1-64916-066-9(6)) Digital Golden Solutions LLC.

Aiuta il Tuo Drago a Superare l'ansia Da Separazione: Una Simpatica Storia per Bambini, per Insegnare Loro a Affrontare la Separazione, Solitudine e Perdita. Steve Herman. 2020. (My Dragon Books Italiano Ser.: Vol. 35). (ITA.). 42p. (J). 18.95 (978-1-64916-080-5(1)); pap. 12.95 (978-1-64916-079-9(8)) Digital Golden Solutions LLC.

Aivokäyrä 2020A. Sven Laakso. 2020. (FIN.). 488p. (J). pap. (978-1-716-78478-1(6)) Lulu Pr., Inc.

Aiyanna. Lisa Pinkham. 2016. (ENG., Illus.). (J). pap. 9.99 (978-1-62522-085-1(5)) Indie Artist Pr.

AJ Styles. J. R. Kinley. 2019. (Wrestling Superstars Ser.). (ENG., Illus.). 32p. (J). (gr. 3-3). pap. 9.95 (978-1-64494-222-2(4), 164494222A, Bigfoot Bks. GBR. Dist: North Star Editions.

A'ja Wilson. Anne E. Hill. 2021. (Sports All-Stars (Lerner (tm) Sports) Ser.). (ENG., Illus.). 32p. (J). (978-1-7284-3563-0(X), 98cc4ef5-edca-41f0-af84-4f32f3a2ce4, Lerner Pubns.) Lerner Publishing Group.

Ajax, His Speech to the Grecian Knabbs: From Ovid's Metam; Lib; XIII. , Consedere Duces,& Vulgi Stante Corona, &C. , Attempted in Broad Buchans (Classic Reprint) R. F. Gent. 2018. (ENG., Illus.). 48p. (J). 24.89 (978-0-656-88502-2(5)) Forgotten Bks.

Ajay & the Mumbai Sun. Varsha Shah. 2023. (ENG.). 208p. (J). (gr. 3-7). 18.99 (978-1-338-87546-5-1(9), Chicken Hse., The) Scholastic, Inc.

Ajayi Gbo Itumo Ilu. Folake Oladosu. Illus. by Wesley Lowe. 2023. (YOR.). 34p. (J). pap. **(978-0-9866435-8-3(0))** Adubi Publishing.

Ajayi lo Si Ile-Eko. Folake Oladosu. Illus. by Wesley Lowe. 2018. (Ajayi Ser.: Vol. 2). (YOR.). 34p. (J). (gr. k-4). (978-0-9866435-3-8(X)); pap. (978-0-9866435-2-1(1)) Adubi Publishing.

Ajayi lo Si Oko Isu. Folake Oladosu. Illus. by Wesley Lowe. 2020. (Ajayi Ser.: Vol. 3). (YOR.). 34p. (J). (gr. k-4). (978-0-9866435-4-5(8))

Ajay's Big Move. Rebecca Grudzina. Illus. by Kim Barnes. 2017. (Text Connections Guided Close Reading Ser.). (J). (gr. k-1). (978-1-4900-1786-0(0)) Benchmark Education Co.

Ajedrecero. Valentín Rincón. Illus. by Alejandro Magallanes. 2022. (Recreo Bolsillo Ser.). (SPA.). 144p. (J). (gr. 2-4). pap. 7.95 (978-607-8756-60-5(5)) Nostra Ediciones MEX. Dist: Independent Pubs. Group.

Ajin 12: Demi-Human, Vol. 12. Gamon Sakurai. 2018. (Ajin: Demi-Human Ser.: 12). (Illus.). 194p. (YA). (gr. 8-12). pap. 12.95 (978-1-947194-20-5(8), Vertical) Vertical, Inc.

Aji'paw: The Boy Who Found the Sun. Al Cassell. 2022. 32p. (J). (gr. 1-3). pap. 11.99 BookBaby.

Ajito: Cuentos Encantados para Todas Las Edades. Avideh Shashaani. Tr. by Jorge Romero Garcia. 2022. (SPA.). 178p. (J). pap. 19.00 **(978-1-0879-7378-4(3))** Indy Pub.

Ajonjolí y el Viaje a la Luna. Roxanna Erdman. 2020. (SPA.). 40p. (J). (gr. k-2). pap. 11.99 (978-607-746-813-4(4)) Progreso, Editorial, S. A. MEX. Dist: Lectorum Pubns., Inc.

Ajonjolí y la Musica. Roxana Erdman. 2018. (SPA.). 48p. (J). (gr. -1-2). pap. (978-607-746-338-2(8)) Progreso, Editorial, S. A.

Ajooni Loves Cake. Tina Johal. 2019. (ENG.). 24p. (J). (978-1-5255-5204-5(X)); pap. (978-1-5255-5205-2(8)) FriesenPress.

Ajooni the Kaurageous: Ajooni Stands up to the Dragon. Amarpreet Kaur Dhami. 2018. (ENG., Illus.). 48p. (J). (gr. -1-3). 14.95 (978-1-68401-876-5(5)) Amplify Publishing Group.

AJ's Quest for the Trophy. Misty L. Butler. 2021. (ENG.). 108p. (J). pap. 10.99 (978-1-0879-6698-4(1)) Indy Pub.

Aj's Wish. Renee Filippucci-Kotz. 2016. (ENG., Illus.). xiv, 65p. (J). pap. 8.99 (978-1-4808-3746-1(6)) Archway Publishing.

Ak47. Chris X. 2020. (ENG.). 252p. (YA). pap. 20.00 (978-1-716-94679-0(4)) Lulu Pr., Inc.

Akai's Special Mat. Ursula Nafula. Illus. by Catherine Groenewald. 2022. (ENG.). 38p. (J). pap. **(978-1-922910-82-0(1))** Library For All Limited.

Akai's Special Mat - Mkeka Wa Akai. Ursula Nafula. Illus. by Catherine Groenewald. 2023. (SWA.). 38p. (J). pap. **(978-1-922910-24-0(4))** Library For All Limited.

Akarnae. Lynette Noni. 2020. (Medoran Chronicles Ser.: 1). (ENG.). 448p. (YA). (gr. 7). 17.99 (978-1-925700-79-4(8), Lost the Plot) Pantera Pr. AUS. Dist: Independent Pubs. Group.

Akata Warrior. Nnedi Okorafor. 2018. (Nsibidi Scripts Ser.: 2). (ENG.). 512p. (YA). (gr. 7). pap. 12.99 (978-0-14-242585-5(0), Speak) Penguin Young Readers Group.

Akata Witch. Nnedi Okorafor. ed. 2017. (Akata Witch Ser.: 1). lib. bdg. 22.10 (978-0-606-40101-2(6)) Turtleback.

Akata Woman. Nnedi Okorafor. (Nsibidi Scripts Ser.: 3). (Illus.). 416p. (J). (gr. 7). 2023. pap. 12.99 (978-0-451-48059-0(7)); 2022. 18.99 (978-0-451-48058-3(9)) Penguin Young Readers Group. (Viking Books for Young Readers).

Akbar & Birbal: Tales of Wit & Wisdom. Amita Sarin. 2016. (ENG., Illus.). 160p. (J). (gr. 13-18). 19.99 (978-0-14-333494-1(8), Penguin Global) Penguin Publishing Group.

Akbar Aur Birbal Ki 101 Rochak Kathaye for Kids: Akbar Birbal Stories in Hindi. Wonder House Books. 2021. (Classic Tales from India Ser.). (HIN.). 160p. (J). (gr. 3-11). 16.99 **(978-93-5440-037-7(X))** Prakash Bk. Depot IND. Dist: Independent Pubs. Group.

Akbar-Birbal & the Haunted Gurukul. Apeksha Rao. 2022. (ENG.). 144p. (J). pap. 9.99 (978-0-14-345644-5(X), Puffin) Penguin Bks. India PVT, Ltd IND. Dist: Independent Pubs. Group.

Akbar's India. Marcia Thompson. 2019. (ENG., Illus.). 60p. (J). (gr. k-6). pap. (978-1-911221-25-8(6)) Balestier Pr.

Akeem's Airplane: Breaking down the Problem, 1 vol. Ava Beasley. 2017. (Computer Science for the Real World Ser.). (ENG.). 16p. (gr. 2-3). pap. (978-1-5383-5204-5(4), ba0d650e-bcbf-4d98-b584-f1e1b4277856, Rosen Classroom) Rosen Publishing Group, Inc., The.

Aki Chan Haruka, Where Are You? Nishikawa Hideko. 2018. (ENG.). (J). **(978-4-286-19613-8(5))** Bungei-Sha.

Akia's Adventure: The Sequel to Pharaoh's Arrow. George Neeb. 2019. (ENG., Illus.). 40p. (J). (gr. 2-5). pap. (978-1-9991190-0-3(2)) Neeb, George.

Akie & Ebuka Got into Trouble. Uzoma (Uzo) Rita Ezekwudo. 2022. (ENG.). 38p. (J). 24.99 (978-1-957416-01-4(7)) Naturenurturemade.

Akihiro Volunteers. Ryder Shava. 2016. (Rosen Real Readers: Social Studies Nonfiction / Fiction: Fam Ser.). (ENG.). 12p. (J). (gr. 1-2). 17.15 (978-1-5311-8694-4(7)) Perfection Learning Corp.

Akiki's Journey & the Rights of the Child. Matthew Oostvogels & Cassandra Bensch. 2020. (ENG.). 52p. (J). (978-0-2288-4492-1(4)); pap. (978-0-2288-4493-8(2)) Tellwell Talent.

Akilan · Pillayar Arul. Created by Sivalingam Kumar. 2017. (TAM., Illus.). (J). pap. 12.99 (978-0-9984282-1-5(3)) Ipaatti.

Akim Aliu: Dreamer (Original Graphic Memoir) Akim Aliu. 2023. (ENG.). 128p. (YA). (gr. 7-7). 24.99 (978-1-338-78761-0(6), Graphix) Scholastic, Inc.

Akim Aliu: Dreamer (Original Graphic Memoir) Akim Aliu & Greg Anderson Elysée. Illus. by Karen De la Vega & Marcus Williams. 2023. (ENG.). 128p. (YA). (gr. 7-7). pap. 14.99 (978-1-338-78760-3(8), Graphix) Scholastic, Inc.

Akinyi & Wonky the Donkey. Atieno Oduor. 2020. (Akinyi Africa Adventures Ser.: Vol. 2). (ENG.). 48p. (J). pap. 13.28 (978-1-953350-00-8(3)) Lorraine Atieno Oduor.

Akissi: Even More Tales of Mischief: Akissi Book 3. Marguerite Abouet. Illus. by Mathieu Sapin. 2020. (ENG.). 144p. (J). (gr. 3-7). pap. 14.99 (978-1-912497-41-6(7)) Flying Eye Bks. GBR. Dist: Penguin Random Hse. LLC.

Akissi: More Tales of Mischief: Akissi Book 2. Marguerite Abouet. Illus. by Mathieu Sapin. 2019. (ENG.). 176p. (J). (gr. 3-7). pap. 14.99 (978-1-912497-17-1(4)) Flying Eye Bks. GBR. Dist: Penguin Random Hse. LLC.

Akissi: Tales of Mischief: Akissi Book 1. Marguerite Abouet. Illus. by Mathieu Sapin. 2018. (ENG.). 184p. (J). (gr. 3-7). pap. 14.99 (978-1-911171-47-8(X)) Flying Eye Bks. GBR. Dist: Penguin Random Hse. LLC.

TITLE INDEX ALAPHYR

A

Akitas. Chris Bowman. 2019. (Awesome Dogs Ser.). (ENG., Illus.). 24p. (J). (gr. k-3). lib. bdg. 26.95 (978-1-64487-004-4(5), Blastoff! Readers) Bellwether Media.

Akiti the Hunter II - Akiti Falls in Love: Part II of the Akiti the Hunter Series. Bolaji Ajayi. Illus. by Sheyla Gallegos. 2017. (Akiti the Hunyer Ser.: Vol. 2). (ENG.). 58p. (J). (gr. k-6). pap. (978-1-910882-88-7(7)) Abela Publishing.

Akiti the Hunter Part I. Bolaji Ajayi. Illus. by Anthony Mata. I.t. ed. 2021. (ENG.). 42p. (J). 18.98 (978-0-578-31186-9(0)) Indy Pub.

Akiti the Hunter Part I (Softcover) Bolaji Ajayi. Illus. by Anthony Mata. I.t. ed. 2021. (ENG.). 42p. (J). pap. 10.99 (978-1-0880-0113-4(0)) Indy Pub.

AKITI the HUNTER Part II. Bolaji Ajayi. Illus. by Sheyla Gallegos. I.t. ed. 2021. (ENG.). (J). 54p. 18.99 (978-0-578-31149-4(6)); 58p. pap. 20.99 (978-1-0879-2920-0(2)) Indy Pub.

Akiti the Hunter (Softcover) The First African Action Hero. Ajayi Bolaji. Illus. by Anthony Mata. 2017. (African Action Heroes Ser.: Vol. 1). (ENG.). (J). (gr. k-3). pap. (978-1-910882-58-0(5)) Abela Publishing.

Akosua & Osman. Manu Herbstein. 2017. (ENG., Illus.). (YA). (gr. 10-12). pap. (978-9988-2-4314-2(6)) Herbstein, Manu.

Akpa's Journey. Mia Pelletier. Illus. by Kagan McLeod. 2022. 32p. (J). (gr. 1-3). 17.95 (978-1-77227-429-5(1)) Inhabit Media Inc. CAN. Dist: Consortium Bk. Sales & Distribution.

Akron House Mystery. Collective. 2017. (Green Apple Ser.). (ENG.). 160p. (YA). pap. 25.95 (978-88-530-1204-3(8), Black Cat) Grove/Atlantic, Inc.

Akumatized. Jeremy Zag. 2017. (ENG., Illus.). 192p. (J). pap. 9.99 (978-1-63229-267-4(X), a3803295-e925-4834-9f56-c9438ef40018) Action Lab Entertainment.

Akuzmo & the Golden Coins. Marilyn J. Malone. 2021. (ENG.). 64p. (YA). 21.95 (978-1-64719-199-3(8)); pap. 12.95 (978-1-64719-198-6(X)) Booklocker.com, Inc.

Al Acecho: Leveled Reader Card Book 44 Level T 6 Pack. Hmh Hmh. 2021. (SPA.). (J). pap. 74.40 (978-0-358-08612-3(4)) Houghton Mifflin Harcourt Publishing Co.

Al Acuario (Aquarium) Julie Murray. 2021. (Excursiones con la Escuela (Field Trips) Ser.). (SPA.). 24p. (J). (gr. -1-2). lib. bdg. 31.36 (978-1-0982-0410-5(7), 35310, Abdo Kids) ABDO Publishing Co.

Al & the Owligator. Janet Batchelor. 2020. (ENG.). 30p. (J). 18.99 (978-1-0879-2807-4(9)) Indy Pub.

Al-Ashkal Kharij Al-Lubah. Salma Ata-Allah. Illus. by Sundus Shayibi. 2018. (ARA.). 15p. (J). (978-9953-37-292-1(6)) Academia.

¡Al Bebé le Encanta Codificar! / Baby Loves Coding! Ruth Spiro. Illus. by Irene Chan. ed. 2019. (Baby Loves Science Ser.). 20p. (J). (— 1). bds. 8.99 (978-1-62354-114-9(X)) Charlesbridge Publishing, Inc.

¡Al Bebé le Encanta la Gravedad! / Baby Loves Gravity! Ruth Spiro. Illus. by Irene Chan. ed. 2019. (Baby Loves Science Ser.). 20p. (J). (— 1). bds. 8.99 (978-1-62354-115-6(8)) Charlesbridge Publishing, Inc.

¡Al Bebé le Encanta la Ingeniería Aeroespacial! / Baby Loves Aerospace Engineering! Ruth Spiro. Illus. by Irene Chan. ed. 2019. (Baby Loves Science Ser.). 22p. (J). (— 1). bds. 8.99 (978-1-58089-983-3(8)) Charlesbridge Publishing, Inc.

¡Al Bebé le Encantan Los Quarks! / Baby Loves Quarks! Ruth Spiro. Illus. by Irene Chan. ed. 2019. (Baby Loves Science Ser.). 20p. (J). (— 1). bds. 8.99 (978-1-58089-984-0(6)) Charlesbridge Publishing, Inc.

Al Capone: Dangerous Existence - Biography 7th Grade Children's Biography Books. Baby Professor. 2017. (ENG., Illus.). (J). pap. 9.55 (978-1-5419-1550-3(X), Baby Professor (Education Kids)) Speedy Publishing LLC.

¡Al Carnaval! Una Celebración en Santa Lucía. Baptiste Paul. Illus. by Jana Glatt. 2021. (SPA.). 32p. (J). (gr. -1-5). 9.99 (978-1-64686-215-3(5)) Barefoot Bks., Inc.

Al Centro de Naturaleza (Nature Center) Julie Murray. 2021. (Excursiones con la Escuela (Field Trips) Ser.). (SPA.). 24p. (J). (gr. -1-2). lib. bdg. 31.36 (978-1-0982-0413-6(1), 35316, Abdo Kids) ABDO Publishing Co.

Al Confine Del Tempo: Silloge Poetica. Antonio Pellegrino. 2022. (ITA.). 110p. (YA). pap. (978-1-4717-5113-4(9)) Lulu Pr., Inc.

Al Estilo de Amarita. Amara La Negra & Heddrick McBride. Tr. by Gabriela Ahumada-Im. 2018. (SPA., Illus.). 36p. (J). (gr. 1-4). 20.00 (978-0-578-44101-6(2)) McBride, Danielle.

Al Final de la Fila. Pimentel Marcel. 2016. (Especiales a la Orilla Del Viento Ser.). (SPA.). 20p. (J). (gr. 3-6). 8.99 (978-607-16-3378-1(8)) Fondo de Cultura Economica USA.

Al Final, Las Palabras. Antonio Malpica. 2018. (Traves Del Espejo Ser.). (SPA.). 196p. (J). pap. 16.95 (978-607-16-5457-1(2)) Fondo de Cultura Economica USA.

Al Final Mueren Los Dos. Adam Silvera. 2018. (SPA.). 352p. (YA). (gr. 8-12). pap. 19.95 (978-84-96886-78-0(6), Puck) Ediciones Urano S. A. ESP. Dist: Spanish Pubs., LLC.

Al-Firqah Al-Musiqiyah. Jalil Khazal Al-Bandawi. Illus. by Fadwa Zabib. 2018. (ARA.). 19p. (J). (978-9953-37-256-3(X)) Academia.

Al-Fusul Al-Arbah. Nabiah Khudur Qays. Illus. by Sasha Hadad. 2018. (ARA.). 27p. (J). (978-9953-37-293-8(4)) Academia.

Al-Ghazali: The Mysteries of Prayer for Children. Al-Ghazali. 2018. (Illus.). 312p. (J). (978-1-941610-38-1(2)) Fons Vitae of Kentucky, Inc.

Al-Karaji: Tenth Century Mathematician & Engineer, 1 vol. Susan Nichols. 2016. (Physicians, Scientists, & Mathematicians of the Islamic World Ser.). (ENG.). 112p. (J). (gr. 6-6). lib. bdg. 38.80 (978-1-5081-7143-0(2), feec6450-8f3f-4ba8-81fe-9722e950492a) Rosen Publishing Group, Inc., The.

Al-Khwarizmi, 1 vol. Bridget Lim & Corona Brezina. 2016. (Physicians, Scientists, & Mathematicians of the Islamic World Ser., Illus.). 112p. (J). (gr. 6-6). 38.80 (978-1-5081-7144-7(0), 56e58821-10bc-41db-9b97-a6b30d1c4887) Rosen Publishing Group, Inc., The.

Al-Kindi, 1 vol. Bridget Lim & Jennifer Viegas. 2016. (Physicians, Scientists, & Mathematicians of the Islamic World Ser.). (ENG.). 112p. (J). (gr. 6-6). 38.80 (978-1-5081-7138-6(6), 16c5a865-6c6f-4d09-a0b4-06fba0154646) Rosen Publishing Group, Inc., The.

Al Martin's Country Store: A Comedy-Drama in Five Acts (Classic Reprint) Archibald Humboldt. 2018. (ENG., Illus.). 66p. (J). 25.28 (978-0-267-19312-7(2)) Forgotten Bks.

Al Museo de Arte (Art Museum) Julie Murray. 2021. (Excursiones con la Escuela (Field Trips) Ser.). (SPA.). 24p. (J). (gr. -1-2). lib. bdg. 31.36 (978-1-0982-0411-2(5), 35312, Abdo Kids) ABDO Publishing Co.

Al Museo de Los Niños (Children's Museum) Julie Murray. 2021. (Excursiones con la Escuela (Field Trips) Ser.). (SPA.). 24p. (J). (gr. -1-2). lib. bdg. 31.36 (978-1-0982-0412-9(3), 35314, Abdo Kids) ABDO Publishing Co.

Al Otro Lado. Cristina Falcón Maldonado. Illus. by Mariona Cabassa. 2022. (SPA.). 40p. (J). (gr. k-2). pap. 18.00 (978-84-17440-84-8(4)) Akiara Bks. ESP. Dist: Independent Pubs. Group.

Al Otro Lado de la Bahía / Across the Bay. Carlos Aponte. 2021. (SPA.). 32p. (J). (gr. -1-2). 17.95 (978-1-64473-249-6(1), Beascoa) Penguin Random House Grupo Editorial ESP. Dist: Penguin Random Hse. LLC.

Al Payaso Tripita Se le Perdio la Nariz. Carlos Breton. 2018. (SPA., Illus.). 44p. (J). pap. (978-1-387-81246-2(7)) Lulu Pr., Inc.

Al Planetario (Planetarium) Julie Murray. 2021. (Excursiones con la Escuela (Field Trips) Ser.). (SPA.). 24p. (J). (gr. -1-2). lib. bdg. 31.36 (978-1-0982-0414-3(X), 35318, Abdo Kids) ABDO Publishing Co.

Al Qaeda. Earle Rice Jr. 2017. (J). lib. bdg. 29.95 (978-1-68020-047-8(X)) Mitchell Lane Pubs.

Al-Quraan Al-Kareem: 30 Part Qur'an. Tahrike Tarsile Qur'an Inc. 2nd ed. 2018. (ARA., Illus.). 65p. (gr. 18-18). reprint ed. pap. 50.00 (978-1-879402-38-6(6)) Tahrike Tarsile Quran, Inc.

Al Rescate de Las Gallinas: Leveled Reader Book 88 Level N 6 Pack. Hmh Hmh. 2020. (SPA.). 24p. (J). pap. 74.40 (978-0-358-08396-2(6)) Houghton Mifflin Harcourt Publishing Co.

Al Roker's Extreme Weather: Tornadoes, Typhoons, & Other Weather Phenomena. Al Roker. 2017. (ENG., Illus.). 48p. (J). (gr. 3-7). 16.99 (978-0-06-248499-4(0), HarperCollins) HarperCollins Pubs.

Al Schmid, Marine (Classic Reprint) Roger Butterfield. 2017. (ENG., Illus.). (J). 26.87 (978-0-331-48361-1(0)); pap. 9.57 (978-0-260-84442-2(X)) Forgotten Bks.

Al Sharpton, Vol. 9. Randolph Jacoby. 2018. (Civil Rights Leaders Ser.). 128p. (J). (gr. 7). lib. bdg. 35.93 (978-1-4222-4003-8(7)) Mason Crest.

Al Zoológico (Zoo) Julie Murray. 2021. (Excursiones con la Escuela (Field Trips) Ser.). (SPA.). 24p. (J). (gr. -1-2). lib. bdg. 31.36 (978-1-0982-0415-0(8), 35320, Abdo Kids) ABDO Publishing Co.

Alabama, 1 vol. John Hamilton. 2016. (United States of America Ser.). (ENG., Illus.). 48p. (J). (gr. 5-9). 34.21 (978-1-68078-303-2(3), 21591, Abdo & Daughters) ABDO Publishing Co.

Alabama. Ann Heinrichs. Illus. by Matt Kania. 2017. (U. S. A. Travel Guides). (ENG.). 40p. (J). (gr. 2-5). lib. bdg. 38.50 (978-1-5038-1941-2(8), 211578) Child's World, Inc, The.

Alabama. Jason Kirchner. 2016. (States Ser.). (ENG., Illus.). 32p. (J). (gr. 3-6). lib. bdg. 27.99 (978-1-5157-0386-0(X), 131999, Capstone Pr.) Capstone.

Alabama. Marcia Amidon Lusted. 2022. (Core Library of US States Ser.). (ENG., Illus.). 48p. (J). (gr. 4-8). lib. bdg. 35.64 (978-1-5321-9742-0(X), 39575) ABDO Publishing Co.

Alabama. Sarah Tieck. 2019. (Explore the United States Ser.). (ENG., Illus.). 32p. (J). (gr. 2-5). lib. bdg. 34.21 (978-1-5321-9104-6(9), 33396, Big Buddy Bks.) ABDO Publishing Co.

Alabama: People & Places Facts & Picture Book for Children. Bold Kids. 2022. (ENG.). 38p. (J). pap. 14.99 (978-1-0717-0864-4(3)) FASTLANE LLC.

Alabama: The Heart of Dixie. Janice Parker. 2016. (J). (978-1-5105-0647-3(0)) SmartBook Media, Inc.

Alabama: The Heart of Dixie. Janice Parker. 2016. (J). (978-1-4896-4815-0(1)) Weigl Pubs., Inc.

Alabama (a True Book: My United States) (Library Edition) Jo S. Kittinger. 2018. (True Book (Relaunch) Ser.). (ENG., Illus.). 48p. (J). (gr. 3-5). 31.00 (978-0-531-23161-6(5), Children's Pr.) Scholastic Library Publishing.

Alabama Crimson Tide. K. C. Kelley. 2021. (College Football Teams Ser.). (ENG.). 24p. (J). (gr. 3-6). lib. bdg. 32.79 (978-1-5038-5031-6(5), 214879) Child's World, Inc, The.

Alabama Crimson Tide. William Meier. 2020. (Inside College Football Ser.). (ENG., Illus.). 48p. (J). (gr. 4-4). pap. 11.95 (978-1-64494-464-6(2)); lib. bdg. 34.21 (978-1-5321-9240-1(1), 35089) ABDO Publishing Co. (SportsZone).

Alabama History in the US. Angela Broyles. Ed. by Sandi Harvey. 5th ed. 2020. (ENG., Illus.). 200p. (YA). pap. 24.95 (978-1-949711-56-1(0)) Bluewater Pubns.

Alabama Sketches (Classic Reprint) Samuel Minturn Peck. 2017. (ENG., Illus.). 304p. (J). 30.19 (978-0-332-20400-0(6)) Forgotten Bks.

Alabama Spitfire: The Story of Harper Lee & to Kill a Mockingbird. Bethany Hegedus. Illus. by Erin McGuire. (ENG.). 40p. (J). (gr. -1-3). 2021. pap. 8.99 (978-0-06-303740-3(8)); 2018. 17.99 (978-0-06-245670-0(9)) HarperCollins Pubs. (Balzer & Bray).

Alabaster Box (Classic Reprint) Walter Besant. 2018. (ENG., Illus.). 342p. (J). 30.97 (978-0-483-69662-4(5)) Forgotten Bks.

Alabaster Box (Classic Reprint) Mary Wilkins Freeman. 2018. (ENG., Illus.). 332p. (J). 30.74 (978-0-666-68925-2(3)) Forgotten Bks.

Alachuan, 1913, Vol. 1 (Classic Reprint) Gainesville High School. (ENG., Illus.). (J). 2018. 72p. 25.40 (978-0-656-24961-9(7)); 2016. pap. 9.57 (978-1-334-13589-7(4)) Forgotten Bks.

Alachuan, 1923, Vol. 6 (Classic Reprint) Gainesville High School. 2017. (ENG., Illus.). (J). 25.51 (978-0-331-23358-2(4)); pap. 9.57 (978-0-265-04891-7(5)) Forgotten Bks.

Aladant. María Margarita Moreno Quintero. 2021. (SPA.). 171p. (YA). pap. (978-1-105-17553-4(7)) Lulu Pr., Inc.

Aladdin. Illus. by Govinder Nazran. 2017. 24p. (J). (gr. -1-12). pap. 7.99 (978-1-86147-819-1(4), Armadillo) Anness Publishing GBR. Dist: National Bk. Network.

Aladdin. Bobbi Jg Weiss. Illus. by Xavier Vives Mateu. 2020. (Disney Classics Ser.). (ENG.). 48p. (J). (gr. 2-6). lib. bdg. 32.79 (978-1-5321-4533-9(0), 35179, Graphic Novels) Spotlight.

Aladdin. Jane Schonberger. ed. 2019. (Disney 8x8 Ser.). (ENG.). 32p. (J). (gr. k-1). 13.89 (978-0-87617-321-3(0)) Penworthy Co., LLC, The.

Aladdin. Mary Tillworth. ed. 2019. (Step into Reading Ser.). (ENG.). 22p. (J). (gr. k-1). 14.96 (978-0-87617-961-1(8)) Penworthy Co., LLC, The.

Aladdin: Or, the Wonderful Lamp (Classic Reprint) Felix O. C. Darley. 2017. (ENG., Illus.). (J). 26.99 (978-0-265-27362-3(5)) Forgotten Bks.

Aladdin - Ladybird Readers Level 4. Ladybird. 2018. (Ladybird Readers Ser.). (Illus.). 64p. (J). (gr. k-2). pap. 8.99 (978-0-241-31606-1(5)) Penguin Bks., Ltd. GBR. Dist: Independent Pubs. Group.

Aladdin Activity Book - Ladybird Readers Level 4. Ladybird. 2019. (Ladybird Readers Ser.). (ENG., Illus.). 16p. (J). (gr. k-2). pap. 5.99 (978-0-241-31607-8(3)) Penguin Random Hse. GBR. Dist: Independent Pubs. Group.

Aladdin & His Magic Lamp: One Thousand & One Nights. Illus. by Sura Ghazwah. 2016. (ENG.). 64p. pap. 7.95 (978-1-911091-00-4(X)) Real Reads Ltd. GBR. Dist: Casemate Pubs. & Bk. Distributors, LLC.

Aladdin & His Wonderful Lamp in Rhyme (Classic Reprint) Arthur Ransome. 2017. (ENG., Illus.). (J). 27.40 (978-0-265-69342-1(X)) Forgotten Bks.

Aladdin & the Genies: Band 14/Ruby (Collins Big Cat) Vivian French. Illus. by Victoria Assanelli. 2016. (Collins Big Cat Ser.). (ENG.). 48p. (J). pap. 9.95 (978-0-00-814720-4(5)) HarperCollins Pubs. Ltd. GBR. Dist: Independent Pubs. Group.

Aladdin & the King of Thieves. Disney Publishing. Illus. by Disney Publishing. 2021. (Disney Classics Ser.). (ENG., Illus.). 48p. (J). (gr. 2-6). lib. bdg. 32.79 (978-1-5321-4798-2(8), 37009, Graphic Novels) Spotlight.

Aladdin & the Magic Lamp. Intro. by Ruskin Bond. 2018. (Classics with Ruskin Ser.: Vol. 4). (ENG., Illus.). 160p. (J). (gr. 4-6). pap. (978-93-87693-82-1(1)) Speaking Tiger Publishing.

Aladdin & the Wonderful Lamp. Laurence Housman. Illus. by Edmund Dulac. 2019. (ENG.). 96p. (gr. 1-6). 19.95 (978-0-486-83241-8(4), 832414) Dover Pubns., Inc.

Aladdin & the Wonderful Lamp: A BabyLit(TM) Sounds Primer, 1 vol. Jennifer Adams. Illus. by Alison Oliver. 2017. (BabyLit Ser.). 22p. (J). (— 1). bds. 9.99 (978-1-4236-4592-4(8)) Gibbs Smith, Publisher.

Aladdin & the Wonderful Lamp: In 5 Acts (15 Scenes) (Classic Reprint) L. Green. 2017. (ENG., Illus.). (J). 24.97 (978-0-331-20441-4(X)); pap. 9.57 (978-0-260-00660-8(2)) Forgotten Bks.

Aladdin, & the Wonderful Lamp (Classic Reprint) Unknown Author. (ENG., Illus.). (J). 2018. 20p. 24.33 (978-0-267-40662-3(2)); 2017. pap. 7.97 (978-0-243-26064-5(4)) Forgotten Bks.

Aladdin Co: A Romance of Yankee Magic (Classic Reprint) Herbert Quick. 2018. (ENG., Illus.). 354p. (J). 31.20 (978-0-428-77308-3(7)) Forgotten Bks.

Aladdin from Broadway (Classic Reprint) Frederic S. Isham. 2018. (ENG., Illus.). 380p. (J). 31.73 (978-0-365-20416-9(1)) Forgotten Bks.

Aladdin Idea Lab. Niki Ahrens. Photos by Niki Ahrens. 2019. (Disney STEAM Projects Ser.). (ENG., Illus.). 32p. (J). (gr. 2-5). pap. 8.99 (978-1-5415-7400-7(1), 9781541574007, Lerner Pubns.) Lerner Publishing Group.

Aladdin in London (Classic Reprint) Fergus Hume. 2018. (ENG., Illus.). 450p. (J). 33.18 (978-0-364-37669-0(4)) Forgotten Bks.

Aladdin. la Novela. Disney Disney. 2019. (SPA.). 304p. (J). pap. 16.95 (978-607-07-5958-1(3), Planeta Publishing) Planeta Publishing Corp.

Aladdin o'Brien (Classic Reprint) Gouverneur Morris. 2018. (ENG., Illus.). 306p. (J). 30.21 (978-0-483-44119-4(8)) Forgotten Bks.

Aladdin of London: Or Lodestar (Classic Reprint) Max Pemberton. 2018. (ENG., Illus.). 322p. (J). 30.54 (978-0-484-16160-2(1)) Forgotten Bks.

Aladdin or the Wonderful Lamp, a Drama, in Three Acts (Classic Reprint) Charles Fraley. 2017. (ENG., Illus.). (J). 24.47 (978-1-5285-7282-8(3)) Forgotten Bks.

Aladdin the Second (Classic Reprint) Theo C. Knauff. 2018. (ENG., Illus.). 300p. (J). 30.10 (978-0-364-46969-9(2)) Forgotten Bks.

Aladdin. un Mundo Ideal. Disney Disney. 2019. (SPA.). 400p. (J). pap. 17.95 (978-607-07-5745-7(9), Planeta Publishing) Planeta Publishing Corp.

Aladdin und Die Wunderlampe. Ludwig Fulda. 2017. (GER., Illus.). 132p. (J). pap. (978-3-337-35245-5(6)) Creation Pubs.

Aladin & the Magic Lamp. Yen Binh. 2017. (VIE., Illus.). (J). pap. (978-604-957-782-6(X)) Van hoc.

Alain of Halfdene (Classic Reprint) Anna Robeson Brown. (ENG., Illus.). (J). 2018. 196p. 27.94 (978-0-428-96433-7(8)); 2017. pap. 10.57 (978-0-243-07283-5(X)) Forgotten Bks.

Alain Tanger's Wife (Classic Reprint) James Henry Yoxall. (ENG., Illus.). (J). 2018. 322p. 30.54 (978-0-332-54571-4(7)); 2017. pap. 13.57 (978-0-243-99364-2(1)) Forgotten Bks.

Alaina & the Great Play. Eloise Greenfield & Colin Bootman. (Illus.). 32p. (J). (gr. k-2). 2023. pap. 10.99 (978-1-7336865-6-3(8)); 2021. (ENG.). 17.95 (978-1-7336865-2-5(5)) Royal Swan Enterprises, Inc. (Alazar Pr.).

Alakazam! Tricks for Veteran Magicians: 4D a Magical Augmented Reading Experience. Norm Barnhart. 2018. (Amazing Magic Tricks 4D! Ser.). (ENG., Illus.). 32p. (J). (gr. 2-6). lib. bdg. 33.99 (978-1-5435-0571-9(6), 137375, Capstone Classroom) Capstone.

Alamance, or the Great & Final Experiment (Classic Reprint) C. H. Wiley. 2018. (ENG., Illus.). 154p. (J). 27.09 (978-0-483-38193-3(4)) Forgotten Bks.

Alamo. Lori Dittmer. 2019. (Landmarks of America Ser.). (ENG.). 24p. (J). (gr. 1-4). pap. 8.99 (978-1-62832-685-7(9), 18958, Creative Paperbacks) Creative Co., The.

Álamo. Steve Goldsworthy. 2017. (Los Símbolos Estadounidenses Ser.). (SPA.). 24p. (J). lib. bdg. 22.99 (978-1-5105-2385-2(5)) SmartBook Media, Inc.

Alamo. Tom McGowen. 2017. (J). (978-0-531-22617-9(4), Orchard Bks.) Scholastic, Inc.

Alamo. Roxanne Troup. 2023. (Visit & Learn Ser.). (ENG., Illus.). 32p. (J). pap. 9.95 (978-1-63739-670-4(8), Focus Readers) North Star Editions.

Alamo. Contrib. by Roxanne Troup. 2023. (Visit & Learn Ser.). (ENG., Illus.). 32p. (J). lib. bdg. 31.35 (978-1-63739-613-1(9), Focus Readers) North Star Editions.

Alamo All-Stars. Nathan Hale. ed. 2017. (Nathan Hale's Hazardous Tales Ser.). (J). lib. bdg. 24.45 (978-0-606-40709-0(X)) Turtleback.

Alamo All-Stars: Bigger & Badder Edition (Nathan Hale's Hazardous Tales #6) Nathan Hale. 2019. (Nathan Hale's Hazardous Tales Ser.: 6). (ENG., Illus.). 144p. (YA). (gr. 3-7). 19.99 (978-1-4197-3794-7(5), 1103902) Abrams, Inc.

Alamo All-Stars (Nathan Hale's Hazardous Tales #6) A Texas Tale. Nathan Hale. 2016. (Nathan Hale's Hazardous Tales Ser.: 6). (ENG., Illus.). 128p. (J). (gr. 3-7). 14.99 (978-1-4197-1902-8(5), 1103901) Abrams, Inc.

Alamo's Ghosts & Other Hauntings of San Antonio, Texas. Matt Chandler. 2020. (Haunted History Ser.). (ENG., Illus.). 32p. (J). (gr. 3-5). lib. bdg. 31.32 (978-1-4966-8371-7(4), 200243, Capstone Pr.) Capstone.

Alan B. Shepard, Jr: The Mercury Project & America's First Man into Space. Compiled by Annie Laura Smith & Steve Gierhart. 2021. (ENG.). 48p. (J). pap. 11.95 (978-1-64066-129-5(8)) Ardent Writer Pr., LLC, The.

Alan Cole Doesn't Dance. Eric Bell. 2018. (ENG.). 288p. (J). (gr. 3-7). 16.99 (978-0-06-256706-2(3), Tegen, Katherine Bks) HarperCollins Pubs.

Alan Cole Is Not a Coward. Eric Bell. (ENG.). (J). (gr. 3-7). 2018. 288p. pap. 9.99 (978-0-06-256704-8(7)); 2017. 272p. 16.99 (978-0-06-256702-4(0)) HarperCollins Pubs. (Tegen, Katherine Bks).

Alan Dering, Vol. 2 of 2 (Classic Reprint) Maria G. C. Fetherstonhaugh. (ENG., Illus.). (J). 2018. 246p. 28.97 (978-0-483-86855-7(8)); 2016. pap. 11.57 (978-1-334-11818-0(3)) Forgotten Bks.

Alan Gilbert's Last Birth-Day (Classic Reprint) George Mogridge. (ENG., Illus.). (J). 2018. 126p. 26.50 (978-0-483-62321-7(0)); 2017. pap. 9.57 (978-0-243-27929-6(9)) Forgotten Bks.

Alan Ransford: A Story (Classic Reprint) Ellen Douglas Deland. 2018. (ENG., Illus.). 300p. (J). 30.13 (978-0-483-64583-7(4)) Forgotten Bks.

Alan Turing. Maria Isabel Sanchez Vegara. Illus. by Ashling Lindsay. 2020. (Little People, BIG DREAMS Ser.: 38). (ENG.). 32p. (J). (gr. -1-2). 15.99 (978-0-7112-4678-2(5), Frances Lincoln Children's Bks.) Quarto Publishing Group UK GBR. Dist: Hachette Bk. Group.

Alan Turing & the Power of Curiosity. Karla Valenti. Illus. by Annalisa Beghelli. 2021. (My Super Science Heroes Ser.). 40p. (J). (gr. -1-3). 17.99 (978-1-7282-2043-7(2)) Sourcebooks, Inc.

Alan Turing's Brain Games for Kids. William Potter. Illus. by Gareth Conway. 2021. (ENG.). 96p. (J). pap. 9.99 (978-1-3988-0251-3(4), 5d66b57d-46e1-42eb-94b1-c50e672ecaae) Arcturus Publishing GBR. Dist: Baker & Taylor Publisher Services (BTPS).

Alan Turing's Logic Games for Kids. Gemma Barder. Illus. by Gareth Conway. 2023. 3. (ENG.). 96p. (J). pap. 9.99 (978-1-3988-2070-8(9), b208f392-94cb-42f3-a772-060a061548e3) Arcturus Publishing GBR. Dist: Baker & Taylor Publisher Services (BTPS).

Alan Turing's Math Games for Kids. William Potter. Illus. by Gareth Conway. 2021. (ENG.). 96p. (J). pap. 9.99 (978-1-3988-0252-0(2), 727c664f-240a-483c-a828-e122d151624c) Arcturus Publishing GBR. Dist: Baker & Taylor Publisher Services (BTPS).

Alan Turing's Number Games for Kids. Gemma Barder. Illus. by Gareth Conway. 2023. 4. (ENG.). 96p. (J). pap. 9.99 (978-1-3988-2537-6(9), 117da06d-4121-40b2-93ec-e32b93738039) Arcturus Publishing GBR. Dist: Baker & Taylor Publisher Services (BTPS).

Alana Loses a Tooth. Rebecca Morgan. Illus. by Drew Sinclair. 2019. (ENG.). 42p. (J). pap. (978-1-912551-58-3(6)) Conscious Dreams Publishing.

Alana's Adventures. Susan C. Sahakian. Illus. by Valerie Auersperg. 2021. (ENG.). 34p. (J). (978-0-473-54978-7(6)); pap. (978-0-473-54977-0(8)) Wainui Pr.

Alanis Obomsawin - Filmmaker, Singer & Storyteller of the Abenaki Nation Canadian History for Kids True Canadian Heroes - Indigenous People of Canada Edition. Professor Beaver. 2021. (ENG.). 82p. (J). 25.99 (978-0-2282-3585-9(5)); pap. 15.99 (978-0-2282-3524-8(3)) Speedy Publishing LLC. (Professor Beaver).

Alanna: The First Adventure. Tamora Pierce. 2023. (Song of the Lioness Ser.: 1). (ENG.). 272p. (YA). (gr. 7). 21.99 (978-1-6659-3885-3(4)); pap. 12.99 (978-1-6659-3741-2(6)) Simon & Schuster Children's Publishing. (Atheneum Bks. for Young Readers).

Alan's Big, Scary Teeth. Jarvis. Illus. by Jarvis. (ENG.). (J). (-k). 2023. 30p. bds. 8.99 (978-1-5362-2803-8(6)); 2020. 32p. 7.99 (978-1-5362-1590-8(2)); 2016. (Illus.). 32p. 17.99 (978-0-7636-8120-3(2)) Candlewick Pr.

Alan's Big, Scary Teeth. Jarvis. ed. 2021. (ENG., Illus.). 30p. (J). (gr. k-1). 18.96 (978-1-64697-723-9(8)) Penworthy Co., LLC, The.

Alaphyr. Mia Rees. 2021. (ENG.). 182p. (YA). 30.49 (978-1-5437-6771-1(0)); pap. 14.83 (978-1-5437-6769-8(9)) Partridge Pub.

Alarm: A Narrative of the British Invasion of Connecticut, 1777 (Classic Reprint) Emma W. Law Demeritt. (ENG., Illus.). (J). 2018. 54p. 25.01 *(978-0-364-18512-4(0))*; 2017. pap. 9.57 *(978-0-259-30919-2(2))* Forgotten Bks.

Alarming Animal Collection, 1 vol. John Wood. 2020. (Museum of Phobias Ser.). (ENG.). 32p. (J). (gr. 3-4). pap. 11.50 *(978-1-5382-5994-8(X)*, 4e13e143-174e-4430-9ccc-0ff119f14a51); lib. bdg. 28.27 *(978-1-5382-5996-2(6)*, e08f1337-4222-4bd4-a402-94ff74dfe0fc) Stevens, Gareth Publishing LLLP.

Alarming Career of Sir Richard Blackstone. Lisa Doan. 2017. (ENG.). 192p. (J). (gr. 2-7). 15.99 *(978-1-5107-1122-8(8)*, Sky Pony Pr.) Skyhorse Publishing Co., Inc.

Alarming Sacrifice: A Farce, in One Act (Classic Reprint) J. B. Buckstone. (ENG., Illus.). (J). 2018. 30p. 24.54 *(978-0-484-57653-6(4))*; 2016. pap. 7.97 *(978-1-334-12404-4(3))* Forgotten Bks.

Alarms & Discursions (Classic Reprint) G. K. Chesterton. 2018. (ENG., Illus.). 314p. (J). 30.37 *(978-0-332-12460-5(6))* Forgotten Bks.

Alarms & Journeys TM. Ed. by Dave Johnson. 2021. (ENG.). 116p. (YA). pap. 12.72 *(978-1-716-10753-5(9))* Lulu Pr., Inc.

Alas! Rhoda Broughton. 2017. (ENG.). (J). 312p. pap. *(978-3-337-06771-7(9))*; 308p. pap. *(978-3-337-03190-9(0))*; 468p. pap. *(978-3-337-04067-3(5))*; 468p. pap. *(978-3-337-04068-0(3))*; 320p. pap. *(978-3-337-03192-3(7))* Creation Pubs.

Alas: A Novel (Classic Reprint) Rhoda Broughton. 2018. (ENG., Illus.). 476p. (J). 33.71 *(978-0-483-85446-8(8))* Forgotten Bks.

Alas Salvajes (Wings in the Wild) Margarita Engle. Tr. by Alexis Romay. 2023. (SPA.). 224p. (YA). (gr. 7). 18.99 *(978-1-6659-2771-0(2))*; pap. 11.99 *(978-1-6659-2770-3(4))* Simon & Schuster Children's Publishing. (Atheneum Bks. for Young Readers).

Alas, Vol. 1 Of 3: Amelia (Classic Reprint) Rhoda Broughton. 2018. (ENG., Illus.). 466p. (J). 33.51 *(978-0-428-86479-8(1))* Forgotten Bks.

Alas, Vol. 3 Of 3: A Novel (Classic Reprint) Rhoda Broughton. 2018. (ENG., Illus.). 324p. (J). 30.62 *(978-0-484-42248-2(0))* Forgotten Bks.

Alaska, 1 vol. John Hamilton. 2016. (United States of America Ser.). (ENG., Illus.). 48p. (J). (gr. 5-9). 34.21 *(978-1-68078-304-9(1)*, 21593, Abdo & Daughters) ABDO Publishing Co.

Alaska. Audrey Harrison. 2022. (Core Library of US States Ser.). (ENG., Illus.). 48p. (J). (gr. 4-8). lib. bdg. 35.64 *(978-1-5321-9743-7(8)*, 39577) ABDO Publishing Co.

Alaska. Dominion Morakinyo. 2019. (ENG.). 42p. (J). pap. 11.12 *(978-0-244-47751-6(5))* Lulu Pr., Inc.

Alaska. Leslie Strudwick. 2018. (Our American States Ser.). (ENG.). 48p. (J). lib. bdg. 22.99 *(978-1-5105-3467-4(9))* SmartBook Media, Inc.

Alaska. Sarah Tieck. 2019. (Explore the United States Ser.). (ENG., Illus.). 32p. (J). (gr. 2-5). lib. bdg. 34.21 *(978-1-5321-9105-3(7)*, 33398, Big Buddy Bks.) ABDO Publishing Co.

Alaska: Land of the Midnight Sun - Geography & Its People - Social Studies Grade 3 - Children's Geography & Cultures Books. Baby Professor. 2019. (ENG.). 74p. (J). pap. 14.89 *(978-1-5419-4974-4(9))*; 24.88 *(978-1-5419-7463-0(8))* Speedy Publishing LLC. (Baby Professor (Education Kids)).

Alaska: People & Places Facts & Picture Book for Children. Bold Kids. 2022. (ENG.). 42p. (J). pap. 14.99 *(978-1-0717-0865-1(1))* FASTLANE LLC.

Alaska: The Last Frontier. Leslie Strudwick. 2016. (J). *(978-1-5105-0650-3(0))* SmartBook Media, Inc.

Alaska: The Last Frontier. Leslie Strudwick. 2016. (J). *(978-1-4896-4818-1(6))* Weigl Pubs., Inc.

Alaska ABC, 40th Anniversary Edition. Illus. by Shannon Cartwright. 40th anniv. ed. 2018. (Paws IV Ser.). 32p. (J). (gr. -1-2). pap. 11.99 *(978-1-63217-166-5(X)*, Little Bigfoot) Sasquatch Bks.

Alaska & Hawaii. Jennifer Howse. 2016. (Illus.). 48p. (J). *(978-1-5105-1134-7(2))* SmartBook Media, Inc.

Alaska Fairy Tales: Stories from the Great North. Jackie Mazeikas. 2018. (ENG., Illus.). 26p. (J). 16.95 *(978-1-64458-415-6(8))* Christian Faith Publishing.

Alaska Fairy Tales - Stories from the Great North. Jackie Mazeikas. 2018. (ENG., Illus.). 26p. (J). pap. 11.95 *(978-1-64114-381-3(9))* Christian Faith Publishing.

Alaska Is for the Birds! Fourteen Favorite Feathered Friends. Susan Ewing. Illus. by Evon Zerbetz. 2022. (ENG.). 40p. (J). (gr. k-3). 18.99 *(978-1-5131-2866-5(3)*, Alaska Northwest Bks.) West Margin Pr.

Alaska Man's Luck: A Romance of Fact. Hjalmar Rutzebeck. 2017. (ENG., Illus.). (J). pap. *(978-0-649-01164-3(3))* Trieste Publishing Pty Ltd.

Alaska Man's Luck: A Romance of Fact (Classic Reprint) Hjalmar Rutzebeck. 2017. (ENG., Illus.). (J). 29.55 *(978-0-260-31716-2(0))* Forgotten Bks.

Alaska Nuggets, 1911 (Classic Reprint) Chowan College N. C. (ENG., Illus.). (J). 2018. 80p. 25.57 *(978-0-267-57439-1(8))*; 2016. pap. 9.57 *(978-1-334-16420-0(7))* Forgotten Bks.

Alaska Winter Miracle. Annie B. Sullivan. 2022. (ENG., Illus.). 42p. (J). 24.95 *(978-1-68526-319-5(4))*; pap. 14.95 *(978-1-68526-317-1(8))* Covenant Bks.

Alaskan Bush Adventures: Lessons from the Land, Lessons from the Lord, 1 vol. Don Ernst. 2019. (ENG.). 140p. (YA). pap. 9.99 *(978-1-4003-0612-1(4))* Elm Hill.

Alaskan Bush Adventures: Lessons from the LandLessons from the Lord, 1 vol. Don Ernst. 2019. (ENG.). 140p. (YA). 29.99 *(978-1-4003-0621-3(3))* Elm Hill.

Alaskan Chronicles: The Provider. John Hunt. 2018. (ENG., Illus.). 288p. (YA). (gr. 8-17). pap. 12.95 *(978-1-78535-689-6(5)*, Lodestone Bks.) Hunt, John Publishing Ltd. GBR. Dist: National Bk. Network.

Alaskan Girls: Summer Adventures. Sam Britch. 2023. (ENG.). 46p. (YA). pap. 11.99 *(978-1-0880-9388-7(4))* Lulu Pr., Inc.

Alaskan Inuits - History, Culture & Lifestyle. Inuits for Kids Book 3rd Grade Social Studies. Baby Professor. 2017. (ENG., Illus.). 64p. (J). pap. 9.52 *(978-1-5419-1736-1(7)*, Baby Professor (Education Kids)) Speedy Publishing LLC.

Alaskan Malamutes. Paige V. Polinsky. 2018. (Awesome Dogs Ser.). (ENG., Illus.). 24p. (J). (gr. k-3). lib. bdg. 26.95 *(978-1-62617-791-8(0)*, Blastoff! Readers) Bellwether Media.

Alaskan Rescue. Timothy Peters. 2019. (Josh Powers Series: Book 3 Ser.: Vol. 3). (ENG.). 114p. (J). pap. 9.99 *(978-1-7327173-6-7(2))* Abundant Harvest Publishing.

Alaska's Animals. Shannon Cartwright. 2020. (Paws IV Ser.). (Illus.). 22p. (J). (— 1). bds. 10.99 *(978-1-63217-260-0(7)*, Little Bigfoot) Sasquatch Bks.

Alaska's Animals, You & I. Illus. by Shannon Cartwright. 2016. (J). *(978-0-9896321-8-8(0))* Taku Graphics.

Alaska's Iditarod. Emily Schlesinger. 2020. (White Lightning Nonfiction Ser.). (ENG., Illus.). 64p. (J). (gr. 6-8). pap. 11.95 *(978-1-68021-883-1(2))* Saddleback Educational Publishing, Inc.

Alastair's Holiday Party. Jxw. 2018. (ENG., Illus.). 82p. (J). pap. 12.95 *(978-1-61244-689-9(2))* Halo Publishing International.

Alastor. Maya Soni. 2022. (ENG.). 216p. (YA). pap. ***(978-0-2288-8356-2(3))*** Tellwell Talent.

Alayna's Adventure in Wonderland. Bhav Agastya Karra. 2016. (ENG., Illus.). (J). pap. 11.99 *(978-1-4828-8565-1(4))* Partridge Pub.

Alba & the Ocean Cleanup. Lara Hawthorne. Illus. by Lara Hawthorne. 2020. (ENG., Illus.). 32p. (J). (gr. -1-2). 16.99 *(978-1-5362-1044-6(7)*, Big Picture Press) Candlewick Pr.

Alban: A Tale of the New World (Classic Reprint) Jedediah Vincent Huntington. (ENG., Illus.). (J). 2018. 498p. 34.17 *(978-0-483-60247-2(7))*; 2017. pap. 16.57 *(978-0-243-26869-6(6))* Forgotten Bks.

Alban, or the History of a Young Puritan, Vol. 1 of 2 (Classic Reprint) Jedediah Vincent Huntington. (ENG., Illus.). (J). 2018. 394p. 32.04 *(978-0-365-47287-2(5))*; 2017. pap. 16.57 *(978-0-259-35048-4(6))* Forgotten Bks.

Alban, Vol. 2 Of 2: Or the History of a Young Puritan (Classic Reprint) Jedediah Vincent Huntington. 2017. (ENG., Illus.). (J). 442p. 33.01 *(978-0-484-06020-2(1))*; pap. 16.57 *(978-0-259-18905-3(7))* Forgotten Bks.

Albania. Corey Anderson. 2019. (Countries We Come From Ser.). (ENG., Illus.). 32p. (J). (gr. k-3). lib. bdg. 19.95 *(978-1-64280-527-7(0))* Bearport Publishing Co., Inc.

Albania (Enchantment of the World) (Library Edition) Wil Mara. 2018. (Enchantment of the World. Second Ser.). (ENG., Illus.). 144p. (J). (gr. 5-9). lib. bdg. 40.00 *(978-0-531-23588-1(2)*, Children's Pr.) Scholastic Library Publishing.

Albania Learning about the Country Children's People & Places Book. Bold Kids. 2022. (ENG.). 42p. (J). pap. 14.99 ***(978-1-0717-1904-6(1))*** FASTLANE LLC.

Albany Congress & the Colonies' Union - History of Colonial America Grade 3 - Children's American History. Universal Politics. (ENG.). 72p. (J). 2020. pap. 14.72 *(978-1-5419-5318-5(5))*; 2019. 24.71 *(978-1-5419-7509-5(X))* Speedy Publishing LLC. (Universal Politics (Politics & Social Sciences)).

Albany Depot (Classic Reprint) William Dean Howells. (ENG., Illus.). (J). 2018. 72p. 25.38 *(978-0-365-23199-8(1))*; 2018. 40p. 24.74 *(978-0-267-24540-6(8))*; 2017. pap. 7.97 *(978-0-259-81803-8(8))* Forgotten Bks.

Alba's Dream, & Other Stories: Original & Translated (Classic Reprint) Catholic Publication Society. 2018. (ENG., Illus.). (J). 28.45 *(978-0-265-71271-9(8))*; pap. 10.97 *(978-1-5276-6642-9(5))* Forgotten Bks.

Albatross Two. Colin Thiele. 2022. (ENG.). 304p. (J). pap. ***(978-1-74257-165-2(4))*** New Holland Pubs. Pty, Ltd.

Albert: A Frog & His Dream. Doug Warren. Illus. by Keegan Williams. 2022. (ENG.). 32p. (J). (gr. 2-3). 22.95 *(978-1-953021-46-5(8))*; pap. 15.95 *(978-1-953021-47-2(6))* Brandylane Pubs., Inc. (Belle Isle Bks.).

Albert: I Want to Show You Something. Deborah Colliander. 2021. (ENG.). 50p. (J). (gr. 1-4). pap. 13.95 *(978-1-63630-035-1(9))* Covenant Bks.

Albert: I Want to Tell You Something. Deborah Colliander. 2019. (ENG., Illus.). 54p. (J). (gr. 1-4). pap. 12.95 *(978-1-64559-808-4(X))* Covenant Bks.

Albert 2. Jennifer McGraw - Miceli. 2021. (ENG.). 140p. (J). 14.95 *(978-1-0879-8621-0(4))* Indy Pub.

Albert Adds Up! Eleanor May. 2018. (Mouse Math Ser.). (ENG.). 32p. (J). (gr. -1-1). lib. bdg. 34.28 *(978-1-4896-8297-0(X)*, AV2 by Weigl) Weigl Pubs., Inc.

Albert & the Apples. Arinola Araba. (ENG.). 2022. 25p. *(978-1-4717-0861-9(6))*; 2021. 26p. (J). 22.21 *(978-1-716-75076-2(8))* Lulu Pr., Inc.

Albert & the Big Boat: A Noah's Ark Story. Richard Littledale. Illus. by Heather Heyworth. ed. 2020. (ENG.). 28p. (J). (gr. -1-k). 14.99 *(978-0-7459-7793-5(6)*, 8c62db77-0a8d-4650-b153-55f44543dd65, Lion Children's) Lion Hudson PLC GBR. Dist: Baker & Taylor Publisher Services (BTPS).

Albert & the Emergency Fund: Money Stories for Kids. Arinola Araba. 2022. (ENG.). 40p. (J). pap. ***(978-1-4710-4733-6(4))*** Lulu Pr., Inc.

Albert & the Flour Sack: A Story about Elijah's Visit. Richard Littledale. Illus. by Heather Heyworth. ed. 2020. (ENG.). 32p. (J). (gr. -1-k). 14.99 *(978-0-7459-7796-6(0)*, 382fa9c8-0846-42f4-a785-cbdcee4ec2de, Lion Children's) Lion Hudson PLC GBR. Dist: Baker & Taylor Publisher Services (BTPS).

Albert & the Good Sister: The Story of Moses in the Bulrushes. Richard Littledale. Illus. by Heather Heyworth. ed. 2020. (ENG.). 32p. (J). (gr. -1-k). 14.99 *(978-0-7459-7795-9(2)*, 56a61610-3361-4437-bdca-96e2490003b1, Lion Children's) Lion Hudson PLC GBR. Dist: Baker & Taylor Publisher Services (BTPS).

Albert & the Journey Home: A Parable of Jesus. Richard Littledale. Illus. by Heather Heyworth. ed. 2021. (ENG.). 32p. (J). (gr. -1-k). 14.99 *(978-0-7459-7797-3(9)*, f05d74be-325a-4813-9ca4-d8858340b6aa, Lion Children's) Lion Hudson PLC GBR. Dist: Baker & Taylor Publisher Services (BTPS).

Albert & the Milk Pail. Jan Hahn. Tr. by Ashley Williams. Illus. by Tracy Foster. 2023. (ENG.). 118p. (J). pap. 19.95 ***(978-1-960326-21-8(X))*** Parsons Porch Bks.

Albert & the Picnic: The Story of the Feeding of The 5000. Richard Littledale. Illus. by Heather Heyworth. ed. 2021. (ENG.). 32p. (J). (gr. -1-k). 14.99 *(978-0-7459-7798-0(7)*, a9e79e64-2516-4afc-807e-3626d8c03505, Lion Children's) Lion Hudson PLC GBR. Dist: Baker & Taylor Publisher Services (BTPS).

Albert & the Slingshot: The Story of David & Goliath. Richard Littledale. Illus. by Heather Heyworth. ed. 2020. (ENG.). 28p. (J). (gr. k-2). 14.99 *(978-0-7459-7794-2(4)*, 72e78bca-1202-4985-a492-1d25f617e2d2, Lion Children's) Lion Hudson PLC GBR. Dist: Baker & Taylor Publisher Services (BTPS).

Albert de Nordenshild, or the Modern Alcibiades, Vol. 1 Of 2: A Novel, Translated from the German (Classic Reprint) Karl Gottlieb Cramer. 2017. (ENG., Illus.). (J). 31.18 *(978-0-266-73618-9(1))*; pap. 13.57 *(978-1-5277-0027-7(5))* Forgotten Bks.

Albert Doubles the Fun. Eleanor May. 2018. (Mouse Math Ser.). (ENG.). 32p. (J). (gr. -1-1). lib. bdg. 34.28 *(978-1-4896-8299-4(6)*, AV2 by Weigl) Weigl Pubs., Inc.

Albert Dreams: Money Stories for Kids. Arinola Araba. 2022. (ENG.). 40p. (J). ***(978-1-4716-0351-8(2))*** Lulu Pr., Inc.

Albert Einstein. Czeena Devera. Illus. by Jeff Bane. 2018. (My Early Library: My Itty-Bitty Bio Ser.). (ENG.). 24p. (J). (gr. k-1). lib. bdg. 30.64 *(978-1-5341-2886-6(7)*, 211588) Cherry Lake Publishing.

Albert Einstein. Emily James. 2017. (Great Scientists & Inventors Ser.). (ENG., Illus.). 24p. (J). (gr. -1-2). lib. bdg. 27.32 *(978-1-5157-3884-8(1)*, 133787, Capstone Pr.) Capstone.

Albert Einstein. Flores Lazaro. Ed. by Rafael Diaz Ycaza. Illus. by Nelson Jacome. 2017. (SPA.). 110p. (J). pap. *(978-9978-18-443-1(0))* Radmandi Editorial, Compania Ltd.

Albert Einstein. Illus. by Isabel Munoz. 2019. (Genius Ser.). (ENG.). 42p. (J). (gr. 1). 9.95 *(978-88-544-1337-5(2))* White Star Publishers ITA. Dist: Sterling Publishing Co., Inc.

Albert Einstein. Maria Isabel Sanchez Vegara. Illus. by Jean Claude. 2023. (Little People, BIG DREAMS Ser.: 72). (ENG.). 32p. (J). (gr. -1-2). pap. ***(978-0-7112-8433-3(4)***, Frances Lincoln Children's Bks.) Quarto Publishing Group UK.

Albert Einstein. Maria Isabel Sanchez Vegara. Illus. by Jean Claude. 2021. (Little People, BIG DREAMS Ser.: 72). (ENG.). 32p. (J). (gr. -1-2). 15.99 ***(978-0-7112-5758-0(2)***, Frances Lincoln Children's Bks.) Quarto Publishing Group UK GBR. Dist: Hachette Bk. Group.

Albert Einstein. Wonder House Books. 2023. (Illustrated Biography for Kids Ser.). (ENG.). 32p. (J). (gr. 3-7). 9.99 ***(978-93-5856-202-6(1))*** Prakash Bk. Depot IND. Dist: Independent Pubs. Group.

Albert Einstein. Libby Romero. ed. 2018. (National Geographic Readers Ser.). (ENG.). 48p. (J). (gr. 1-3). 11.00 *(978-1-64310-439-3(X))* Penworthy Co., LLC, The.

Albert Einstein. Inspired Inner Genius. I.t. ed. 2021. (Inspired Inner Genius Ser.: Vol. 1). (ENG.). 36p. (J). pap. 14.99 *(978-1-6904-1275-5(5))* IIG Pub.

Albert Einstein, Vol. 11. Derrick Rain. 2018. (Scientists & Their Discoveries Ser.). (Illus.). 96p. (J). (gr. 7). lib. bdg. 34.60 *(978-1-4222-4024-3(X))* Mason Crest.

Albert Einstein: A Curious Mind. Sarah Albee. 2020. (I Can Read Level 2 Ser.). (ENG., Illus.). 32p. (J). (gr. -1-3). 16.99 *(978-0-06-243270-4(2)*, HarperCollins) HarperCollins Pubs.

Albert Einstein: A Curious Mind. Sarah Albee. Illus. by Gustavo Mazali. 2020. (I Can Read Level 2 Ser.). (ENG.). 32p. (J). (gr. -1-3). pap. 4.99 *(978-0-06-243269-8(9)*, HarperCollins) HarperCollins Pubs.

Albert Einstein: A Kid's Book about Thinking & Using Your Imagination. Mary Nhin. Illus. by Yuliia Zolotova. 2021. (Mini Movers & Shakers Ser.: Vol. 6). (ENG.). 40p. (J). 19.99 *(978-1-63731-101-1(X))* Grow Grit Pr.

Albert Einstein: (Kinder Biografie-Buch, Kinderbücher, 5-10 Jahre, Wissenschaftler in der Geschichte) Inspired Inner Genius. 2022. (GER.). 38p. (J). pap. 11.99 *(978-1-6904-1267-0(4))* IIG Pub.

Albert Einstein: Relativity Rock Star. Matt Doeden. 2020. (Gateway Biographies Ser.). (ENG., Illus.). 48p. (J). (gr. 4-8). pap. 11.99 *(978-1-5415-8885-1(1)*, 59af402d-2595-43ea-a3ed-b530aef54dcc); lib. bdg. 31.99 *(978-1-5415-7743-5(4)*, 0301db16-7b69-45be-b0d2-41de3eb21e49) Lerner Publishing Group. (Lerner Pubns.).

Albert Einstein: The Genius Who Failed School - Biography Book Best Sellers Children's Biography Books. Baby Professor. 2017. (ENG., Illus.). (J). pap. 9.55 *(978-1-5419-1238-0(1)*, Baby Professor (Education Kids)) Speedy Publishing LLC.

Albert Einstein: Scientist, 1 vol. Andrew May. 2016. (History Makers Ser.). (ENG., Illus.). 144p. (J). (gr. 9-9). 47.36 *(978-1-5026-2441-3(9)*, fb5ee328-811f-405d-bae1-c6c77f7ac235) Cavendish Square Publishing LLC.

Albert Einstein's Theory of Relativity. Carl Wilkinson. 2020. (Words That Changed the World Ser.). (ENG., Illus.). 64p. (J). (gr. 2-6). 22.99 *(978-1-78627-751-0(4)*, King, Laurence Publishing) Orion Publishing Group, Ltd. GBR. Dist: Hachette Bk. Group.

Albert Forgets: Money Stories for Kids. Arinola Araba. 2022. (ENG.). 32p. ***(978-1-4716-0216-0(8))***; 34p. (J). pap. 8.56 *(978-1-4717-2869-3(2))* Lulu Pr., Inc.

Albert Helps Out. Eleanor May. Illus. by Deborah Melmon. 2017. (Mouse Math Ser.). 32p. (J). (gr. -1-1). 7.99 *(978-1-57565-860-5(7)*, 559a9afd-0705-4b1b-960c-61cc23cdd3ca, Kane Press) Astra Publishing Hse.

Albert Helps Out. Eleanor May. 2018. (Mouse Math Ser.). (ENG.). 32p. (J). (gr. -1-1). lib. bdg. 34.28 *(978-1-4896-8301-4(1)*, AV2 by Weigl) Weigl Pubs., Inc.

Albert Hopper, Science Hero. John Himmelman. Illus. by John Himmelman. 2020. (Albert Hopper, Science Hero Ser.: 1). (ENG., Illus.). 144p. (J). 13.99 *(978-1-250-23016-4(0)*, 900209343, Holt, Henry & Co. Bks. For Young Readers) Holt, Henry & Co.

Albert Hopper, Science Hero: Blasting Through the Solar System! John Himmelman. Illus. by John Himmelman. 2021. (Albert Hopper, Science Hero Ser.: 2). (ENG., Illus.). 144p. (J). 13.99 *(978-1-250-23018-8(7)*, 900209346, Holt, Henry & Co. Bks. For Young Readers) Holt, Henry & Co.

Albert Is Not Scared. Eleanor May. 2018. (Mouse Math Ser.). (ENG.). 32p. (J). (gr. -1-1). lib. bdg. 34.28 *(978-1-4896-8303-8(8)*, AV2 by Weigl) Weigl Pubs., Inc.

Albert Keeps Score. Daphne Skinner. 2018. (Mouse Math Ser.). (ENG.). 32p. (J). (gr. -1-1). lib. bdg. 34.28 *(978-1-4896-8305-2(4)*, AV2 by Weigl) Weigl Pubs., Inc.

Albert le Blanc [20th Anniversary Edition]. Nick Butterworth. 20th ed. 2022. (ENG., Illus.). 32p. (J). 6.99 *(978-0-00-854930-5(3)*, HarperCollins Children's Bks.) HarperCollins Pubs. Ltd. GBR. Dist: HarperCollins Pubs.

Albert Pujols. Josh Leventhal. 2016. (Béisbol! Latino Heroes of Major League Baseball Ser.). (ENG., Illus.). 32p. (J). (gr. 4-6). 31.35 *(978-1-68072-049-5(X)*, 10385, Bolt) Black Rabbit Bks.

Albert Schweitzer: An Adventurer for Humanity. Harold E. Robles. 2020. (ENG., Illus.). 100p. (YA). 39.95 *(978-1-60025-156-6(0))*; pap. 19.95 *(978-1-60025-155-9(2))* Bassett, Maurice.

Albert Starts School. Eleanor May. 2018. (Mouse Math Ser.). (ENG.). 32p. (J). (gr. -1-1). lib. bdg. 34.28 *(978-1-4896-8311-3(9)*, AV2 by Weigl) Weigl Pubs., Inc.

Albert Takes on the World. Jan Hahn. Tr. by Katherine Lopez. Illus. by Samantha Berner. 2023. (ENG.). 88p. (J). pap. 18.95 ***(978-1-960326-24-9(4))*** Parsons Porch Bks.

Albert the Fox & the Very Tall Tree. Erik Bennett. Illus. by Nathalie White. 2021. (Albert the Fox Stories Ser.: Vol. 1). (ENG.). 48p. (J). 19.99 *(978-1-6629-0631-2(5))* Gatekeeper Pr.

Albert the Muffin-Maker. Eleanor May. 2018. (Mouse Math Ser.). (ENG.). 32p. (J). (gr. -1-1). lib. bdg. 34.28 *(978-1-4896-8313-7(5)*, AV2 by Weigl) Weigl Pubs., Inc.

Albert the Octopus Accountant. Lily Verlin. Illus. by Tincho Schmidt. 2022. (ENG.). 34p. (J). 17.99 ***(978-0-578-26962-7(7))*** Verlin, Lily.

Alberta. Harry Beckett. 2018. (O Canada Ser.). (ENG.). 32p. (J). lib. bdg. 22.99 *(978-1-5105-3638-8(8))* SmartBook Media, Inc.

Alberta a State in Canada Children's People & Places Book. Bold Kids. 2022. (ENG.). 42p. (J). pap. 14.99 ***(978-1-0717-2081-3(3))*** FASTLANE LLC.

Alberta Alphabet Book, 1 vol. Nicky Bird. 2020. (IThink Ser.). (ENG.). 64p. (J). pap. 6.99 *(978-1-897206-23-2(2)*, ebc2eb9e-f592-4c1d-af63-d80f410a2fba) Folklore Publishing CAN. Dist: Lone Pine Publishing USA.

Alberta & the Others: A Truthful Story of Western Canada (Classic Reprint) Madge S. Smith. (ENG., Illus.). (J). 2018. 374p. 31.63 *(978-0-364-01233-8(1))*; 2017. pap. 16.57 *(978-0-243-51044-3(6))* Forgotten Bks.

Alberto Otter Singing Star. John Woody. 2019. (ENG.). 26p. (J). 22.95 *(978-1-64458-588-7(X))* Christian Faith Publishing.

Alberto's Coat of Love. Pastor Maria Deases Peralez. 2018. (ENG., Illus.). 30p. (J). pap. 12.95 *(978-1-63575-565-7(4))* Christian Faith Publishing.

Albertosaurus. Kathryn Clay. 2019. (Little Paleontologist Ser.). (ENG., Illus.). 32p. (J). (gr. k-3). lib. bdg. 28.65 *(978-1-5435-5747-3(3)*, 139703) Capstone.

Albert's Almost Amazing Adventure, 1 vol. Marty Kelley. 2020. (ENG.). 32p. (J). pap. 12.95 *(978-1-944762-81-0(7)*, d8a0f84b-3da5-476e-a16c-3d5835f0fbbb) Islandport Pr., Inc.

Albert's Amazing Snail. Eleanor May. 2018. (Mouse Math Ser.). (ENG.). 32p. (J). (gr. -1-1). lib. bdg. 34.28 *(978-1-4896-8307-6(0)*, AV2 by Weigl) Weigl Pubs., Inc.

Albert's Bigger Than Big Idea. Eleanor May. 2018. (Mouse Math Ser.). (ENG.). 32p. (J). (gr. -1-1). lib. bdg. 34.28 *(978-1-4896-8309-0(7)*, AV2 by Weigl) Weigl Pubs., Inc.

Albert's Quiet Quest. Isabelle Arsenault. 2019. (ENG., Illus.). 48p. (J). (gr. -1-3). lib. bdg. 20.99 *(978-0-553-53657-7(5)*, Random Hse. Bks. for Young Readers) Random Hse. Children's Bks.

Albert's Quiet Quest. Isabelle Arsenault. 2019. (Mile End Kids Story Ser.: 2). (ENG., Illus.). 48p. (J). (gr. -1-3). 16.99 ***(978-1-101-91762-6(8)***, Tundra Bks.) Tundra Bks. CAN. Dist: Penguin Random Hse. LLC.

Albert's Very Unordinary Birthday. Daniel Gray-Barnett. Illus. by Daniel Gray-Barnett. 2018. (ENG., Illus.). 32p. (J). (gr. -1-2). 16.99 *(978-1-5253-0118-6(7))* Kids Can Pr., Ltd. CAN. Dist: Hachette Bk. Group.

Albi: I Can't Do Different: a Kid Like Me. Riedel-MacArthur. Illus. by Claudia Varjotie. 2021. (ENG.). 36p. (J). *(978-0-6451341-8-6(X))* Gabriele Riedel-MacArthur.

Albie Newton. J. Funk. 2018. (ENG., Illus.). 32p. (J). (gr. k-4). 16.95 *(978-1-4549-2258-2(3))* Sterling Publishing Co., Inc.

Albucasis: The Father of Modern Surgery, 1 vol. Bridget Lim & Fred Ramen. 2016. (Physicians, Scientists, & Mathematicians of the Islamic World Ser.). (ENG.). 112p. (gr. 6-6). 38.80 *(978-1-5081-7140-9(8)*, ba3e970d-391d-4ae9-979e-46d783ada49f) Rosen Publishing Group, Inc., The.

Album de Villard de Honnecourt, Architecte du Xiiie Siècle (Classic Reprint) Villard De Honnecourt. 2018. (FRE., Illus.). (J). 68p. 25.32 *(978-0-365-54841-6(3))*; 70p. pap. 9.57 *(978-0-365-54837-9(5))* Forgotten Bks.

Album, Vol. 2: November-February, 1823 (Classic Reprint) Unknown Author. (ENG., Illus.). (J). 2018. 464p. 33.49 *(978-0-483-33888-3(5))*; 2017. pap. 16.57 *(978-0-243-25674-7(4))* Forgotten Bks.

Alcaldia. Megan Cuthbert. 2018. (Los Lugares de Mi Comunidad Ser.). (SPA.). 24p. (J). lib. bdg. 22.99 *(978-1-5105-3366-0(4))* SmartBook Media, Inc.

Alcatoe & the Turnip Child. Isaac Lenkiewicz. 2022. (Alcatoe Ser.: 1). (ENG., Illus.). 64p. (J). (gr. 2-5). pap. 12.99 *(978-1-83874-014-6(7))* Flying Eye Bks. GBR. Dist: Penguin Random Hse. LLC.

Alcatraz. Virginia Loh-Hagan. 2020. (Surviving History Ser.). (ENG., Illus.). 32p. (J). (gr. 4-8). lib. bdg. 32.07 *(978-1-5341-6911-1(3)*, 215531, 45th Parallel Press) Cherry Lake Publishing.

Alcatraz. Tamika Murray. 2023. (Visit & Learn Ser.). (ENG., Illus.). 32p. (J). pap. 9.95 ***(978-1-63739-671-1(6)***, Focus Readers) North Star Editions.

40 The check digit for ISBN-10 appears in parentheses after the full ISBN-13

Alcatraz: A Chilling Interactive Adventure. Matt Chandler. 2016. (You Choose: Haunted Places Ser.). (ENG., Illus.). 112p. (J). (gr. 3-7). lib. bdg. 32.65 *(978-1-5157-2580-0(4)*, 132923, Capstone Pr.) Capstone.

Alcatraz: Visit & Learn. Contrib. by Tamika M. Murray. 2023. (Visit & Learn Ser.). (ENG., Illus.). 32p. (J). lib. bdg. 31.35 ***(978-1-63739-614-8(7)***, Focus Readers) North Star Editions.

Alcatraz Believe It or Not. T. C. Bakker. Illus. by Charles House. 2016. 110p. *(978-1-932519-36-5(X))* Golden Gate National Parks Conservancy.

Alcatraz Escape. Jennifer Chambliss Bertman. Illus. by Sarah Watts. 2019. (Book Scavenger Ser.: 3). (ENG.). 272p. (J). pap. 8.99 *(978-1-250-30870-2(4)*, 900164139) Square Fish.

Alcatraz Versus the Evil Librarians TPB Boxed Set: Books 1-6. Brandon Sanderson. 2023. (Alcatraz Versus the Evil Librarians Ser.). (ENG.). (J). pap., pap., pap. 59.94 ***(978-1-250-88669-9(4)***, 900286980, Starscape) Doherty, Tom Assocs., LLC.

Alcatraz vs. the Evil Librarians. Brandon Sanderson. Illus. by Hayley Lazo. (Alcatraz Versus the Evil Librarians Ser.: 1). (ENG.). 320p. (J). 2022. pap. 9.99 *(978-0-7653-7895-8(7)*, 900141062); 2016. 18.99 *(978-0-7653-7894-1(9)*, 900141060) Doherty, Tom Assocs., LLC. (Starscape).

Alcazar: A Cerulean Novel. Amy Ewing. (ENG.). 2021. 480p. (YA). (gr. 9). pap. 10.99 *(978-0-06-249004-9(4))*; 2020. (Illus.). 464p. (YA). (gr. 9). 18.99 *(978-0-06-249002-5(8))*; 2020. (Illus.). 464p. *(978-0-06-299871-2(4))* HarperCollins Pubs. (HarperTeen).

Alcazar Castle. Grace Hansen. 2021. (Famous Castles Ser.). (ENG., Illus.). 24p. (J). (gr. -1-2). lib. bdg. 32.79 *(978-1-0982-0727-4(0)*, 37859, Abdo Kids) ABDO Publishing Co.

Alce. Kate Riggs. 2021. (Planeta Animal Ser.). (SPA.). 24p. (J). (gr. 1-4). lib. bdg. *(978-1-64026-469-4(8)*, 17722) Creative Co., The.

Alces Americanos (Moose) Grace Hansen. 2016. (Animales de América Del Norte (Animals of North America) Ser.). (SPA.). 24p. (J). (gr. -1-2). lib. bdg. 32.79 *(978-1-62402-669-0(9)*, 24842, Abdo Kids) ABDO Publishing Co.

Alcestis (Classic Reprint) Blanche Warre Cornish. 2017. (ENG., Illus.). (J). 30.25 *(978-0-265-71539-0(3))*; pap. 13.57 *(978-1-5276-7062-4(7))* Forgotten Bks.

Alcestis, Vol. 1: A Musical Novel (Classic Reprint) Warre Cornish. 2018. (ENG., Illus.). 332p. (J). 30.74 *(978-0-267-16702-9(4))* Forgotten Bks.

Alchemical Potions & Dragon Spells for Kids in Magic Training: Potions & Protection Spells for Kids in Magic Training: Potions & Protection Spells for Kids in Magic Training: Potions & Protection Spells for Kids in Magic Training. Catherine Fet. 2021. (ENG.). 46p. (J). pap. 11.99 ***(978-1-0881-3682-9(6))*** Stratostream LLC.

Alchemist. Blaine Wiseman & Katie Gillespie. 2018. (J). *(978-1-5105-3700-2(7))* SmartBook Media, Inc.

Alchemist: The Guardians of Time Book Two. Vivienne Lee Fraser. 2020. (Guardians of Time Ser.: Vol. 2). (ENG.). 330p. (YA). pap. *(978-0-6488860-1-3(8))* Fraser, Vivienne Lee.

Alchemist (Classic Reprint) Hughs. 2018. (ENG., Illus.). 224p. (J). 28.52 *(978-0-267-25839-0(9))* Forgotten Bks.

Alchemist Saga: Schism. Laura Ander. 2018. (ENG., Illus.). 314p. (J). 33.99 *(978-1-387-89847-3(7))* Lulu Pr., Inc.

Alchemist's Lost Treasure. Lawrence Terry Leibling. 2022. (ENG.). 672p. (YA). 26.00 ***(978-0-9642874-4-0(7))*** Liebling Pr., Inc.

Alchemy & Meggy Swann. Karen Cushman. 2020. (ENG.). 192p. (J). (gr. 3-7). pap. 7.99 *(978-0-358-09749-5(5)*, 1747606, Clarion Bks.) HarperCollins Pubs.

Alchemy of Letting Go. Amber Morrell. 2023. (ENG.). 288p. (J). (gr. 3-7). 17.99 *(978-0-8075-4937-7(1)*, 0807549371) Whitman, Albert & Co.

Alchemyst. Various Authors. 2018. (VIE.). (J). pap. *(978-604-1-11906-2(7))* Woman's Publishing Hse.

Alchemyst: the Secrets of the Immortal Nicholas Flamel Graphic Novel. Michael Scott. Illus. by Chris Chalik. 2023. (Secrets of the Immortal Nicholas Flamel Ser.). 256p. (YA). (gr. 7). 23.99 ***(978-0-593-30467-9(5))***; pap. 17.99 ***(978-0-593-30468-6(3))*** Random Hse. Children's Bks. (Delacorte Pr.).

Alcia Connected: Lost & Found. Derek Fisher. Ed. by Sara Harkins. Illus. by Heather Workman. 2023. (ENG.). 76p. (J). pap. 6.15 ***(978-1-0880-8949-1(6))*** Indy Pub.

Alciphron: Letters from the Country & the Town, of Fishermen, Farmers, Parasites & Courtesans (Classic Reprint) F. A. Wright. 2018. (ENG., Illus.). 230p. (J). 28.66 *(978-0-484-10897-3(2))* Forgotten Bks.

Alciphron Literally & Completely Translated from the Greek, with Introduction & Notes (Classic Reprint) Alciphron Alciphron. 2017. (ENG., Illus.). (J). 33.34 *(978-1-5282-7215-5(3))* Forgotten Bks.

Alciphron's Epistles: In Which Are Described, the Domestic Manners, the Courtesans, & Parasites of Greece (Classic Reprint) Alciphron Alciphron. 2017. (ENG., Illus.). (J). pap. 11.97 *(978-0-259-58656-2(0))* Forgotten Bks.

Alcohol. Lisa J. Amstutz. 2018. (Drugs in Real Life Ser.). (ENG., Illus.). 112p. (J). (gr. 6-12). lib. bdg. 41.36 *(978-1-5321-1412-0(5)*, 28806, Essential Library) ABDO Publishing Co.

Alcohol: Affecting Lives. Amy C. Rea. 2021. (Affecting Lives: Drugs & Addiction Ser.). (ENG.). 32p. (J). (gr. 4-7). lib. bdg. 35.64 *(978-1-5038-4486-5(2)*, 214253, MOMENTUM) Child's World, Inc, The.

Alcohol: a Women's Health Issue: A Women's Health Issue. National Institute on Alcohol Abuse and Alcoholism (U S). 2017. (ENG.). 20p. (YA). (gr. 10-5). pap. 8.00 *(978-0-16-093721-7(3)*, National Institute on Alcohol Abuse & Alcoholism) United States Government Printing Office.

Alcohol Abuse, 1 vol. Jennifer Peters. 2018. (Overcoming Addiction Ser.). (ENG.). 64p. (gr. 7-7). 36.13 *(978-1-5081-7938-2(7)*, dca1f579-ab5a-4072-9882-d6252c498361) Rosen Publishing Group, Inc., The.

Alcohol & the Constitution of Man: Being a Popular Scientific Account of the Chemical History & Properties of Alcohol, & Its Leading Effects upon the Healthy Human Constitution (Classic Reprint) Edward Livingston Youmans. 2017. (ENG., Illus.). (J). 130p. 26.60 *(978-0-484-25370-3(0))*; pap. 9.57 *(978-0-282-63043-0(0))* Forgotten Bks.

Alcohol & Tobacco, Vol. 13. H. W. Poole. Ed. by Sara Becker. 2016. (Drug Addiction & Recovery Ser.). (Illus.). 64p. (J). (gr. 7). 23.95 *(978-1-4222-3599-7(8))* Mason Crest.

Alcohol, Drugs & You: A Young Person's Guide to Avoiding Addiction. Lianna Treitler. Illus. by Bennett Treitler & Rowena Treitler. 2018. (ENG.). 196p. (J). pap. 9.99 *(978-0-9974263-3-5(0))* Silence Dogood Pr.

Alcohol, Drugs & You: A Young Person's Guide to Avoiding Addiction. Marc Treitler. Illus. by Bennett and Rowena Treitler. 2018. (ENG.). 194p. (J). pap. 9.99 *(978-0-9974263-2-8(2))* Do Good Pr.

Alcotts in Harvard (Classic Reprint) Annie M. L. Clark. 2017. (ENG., Illus.). (J). 25.51 *(978-0-331-88978-9(1))* Forgotten Bks.

Alda & the Magical Blue Dinosaur. Shalandra Q. York. 2021. (ENG.). 24p. (J). pap. 13.95 *(978-1-63692-000-9(4))* Newman Springs Publishing, Inc.

Alda's Awakening: A Story (Classic Reprint) Mary Bassett Hayes. 2018. (ENG., Illus.). 148p. (J). 26.97 *(978-0-483-93812-0(2))* Forgotten Bks.

Aldea de Pescadores. Pamela McDowell. 2016. (¿dónde Vives? Ser.). (SPA.). 24p. (J). pap. 31.41 *(978-1-4896-4483-1(0))* Weigl Pubs., Inc.

Aldeane: A Novel (Classic Reprint) Laura Preston. 2018. (ENG., Illus.). 410p. (J). 32.35 *(978-0-267-15072-4(5))* Forgotten Bks.

Alderbrook a Collection of Fanny Forester's Village Sketches, Poems, etc, Vol. 2 of 2 (Classic Reprint) Miss Emily Chubbuck. 2017. (ENG., Illus.). 264p. (J). 29.36 *(978-0-484-49834-0(7))* Forgotten Bks.

Alderbrook, Vol. 1 Of 2: A Collection of Fanny Forester's Village Sketches, Poems, etc (Classic Reprint) Emily Chubbuck. (ENG., Illus.). (J). 2018. 582p. 35.90 *(978-0-483-87824-2(3))*; 2017. 292p. 29.92 *(978-0-332-09047-4(7))*; 2017. pap. 13.57 *(978-0-259-26981-6(6))* Forgotten Bks.

Alderman Ralph, or the History of the Borough & Corporation of the Borough of Willowacre, Vol. 1: With All about the Bridge & the Baronet, the Bridge Deed & the Great Scholar, the Toll-Keeper & His Daughter, the Fiddler & His Virtues, the Lawyer. Adam Hornbook. (ENG., Illus.). (J). 2018. 624p. 36.79 *(978-0-364-75401-6(X))*; 2017. pap. 19.57 *(978-0-259-44975-1(X))* Forgotten Bks.

Alderman's Children, Vol. 1 of 3 (Classic Reprint) James Brinsley-Richards. 2018. (ENG., Illus.). 310p. (J). 30.39 *(978-0-484-27092-2(3))* Forgotten Bks.

Alderman's Children, Vol. 2 of 3 (Classic Reprint) James Brinsley-Richards. 2018. (ENG., Illus.). 300p. (J). 30.08 *(978-0-484-22726-1(2))* Forgotten Bks.

Alderman's Children, Vol. 3 of 3 (Classic Reprint) James Brinsley-Richards. (ENG., Illus.). (J). 2018. 300p. 30.08 *(978-0-483-51881-0(6))*; 2016. pap. 13.57 *(978-1-333-52157-8(X))* Forgotten Bks.

Aldersyde. Annie S. Swan. 2017. (ENG.). 322p. (J). pap. *(978-3-337-34156-5(X))* Creation Pubs.

Aldersyde: A Border Story of Seventy Years Ago (Classic Reprint) Annie S. Swan. (ENG., Illus.). (J). 2018. 344p. 30.99 *(978-0-365-45174-7(6))*; 2017. pap. 13.57 *(978-0-259-20841-9(8))* Forgotten Bks.

Aldine Readers: A First Reader (Classic Reprint) Frank Ellsworth Spaulding. (ENG., Illus.). (J). 2018. 160p. 27.22 *(978-0-267-98550-0(9))*; 2017. pap. 9.57 *(978-0-259-59308-9(7))* Forgotten Bks.

Aldine Readers: Book One (Classic Reprint) Catherine T. Bryce. 2017. (ENG., Illus.). (J). 27.28 *(978-0-260-64772-6(1))* Forgotten Bks.

Aldine Readers, Book Two. Frank E. Spaulding. 2017. (ENG., Illus.). (J). pap. *(978-0-649-04332-3(4))* Trieste Publishing Pty Ltd.

Aldine Readers Primer (Classic Reprint) Catherine T. Bryce. 2017. (ENG., Illus.). (J). 27.36 *(978-0-260-63849-6(8))* Forgotten Bks.

Aldine Readers, Vol. 2 (Classic Reprint) Frank Ellsworth Spaulding. 2018. (ENG., Illus.). 220p. (J). 28.43 *(978-0-666-95285-1(X))* Forgotten Bks.

Aldine Readers, Vol. 5 (Classic Reprint) Frank Ellsworth Spaulding. (ENG., Illus.). (J). 2018. 358p. 31.30 *(978-0-484-69464-3(2))*; 2017. pap. 13.97 *(978-1-5276-4345-1(X))* Forgotten Bks.

Aldine Second Language Book for Grades Five & Six: With Selections for Memorizing (Classic Reprint) Catherine T. Bryce. 2017. (ENG., Illus.). (J). 31.09 *(978-0-265-22315-4(6))* Forgotten Bks.

Aldine Speller, Vol. 2: For Grades Three & Four (Classic Reprint) Catherine Turner Bryce. 2017. (ENG., Illus.). (J). 26.31 *(978-0-266-54069-4(4))*; pap. 9.57 *(978-0-282-75280-4(3))* Forgotten Bks.

Aldon the Sloth. Teresa Sammons. Illus. by Tamera Navas. 2019. (ENG.). 32p. (J). pap. 12.95 *(978-1-64096-584-3(X))* Newman Springs Publishing, Inc.

Aldrin Adams & the Cheese Nightmares. Paul Howard. 2023. (Aldrin Adams Adventures Ser.). (Illus.). 432p. (J). (gr. 3-7). 9.99 ***(978-0-241-44165-7(X)***, Puffin) Penguin Bks., Ltd. GBR. Dist: Independent Pubs. Group.

Aldyth, or Let the End Try the Man (Classic Reprint) Jessie Fothergill. (ENG., Illus.). (J). 2018. 484p. 33.90 *(978-0-483-52878-9(1))*; 2017. pap. 16.57 *(978-0-243-98405-3(7))* Forgotten Bks.

Ale / Ale (Buenas Noches) Illus. by Alejandra Guevara. 2017. (Buenas Noches Ser.). (ENG & SPA.). (J). (gr. -1-2). pap. *(978-958-776-538-0(9))* Norma Ediciones, S.A.

Alec, Buzz, Lady, Fireball, & Sue. Wendy West Hart. 2018. (ENG., Illus.). 32p. (J). pap. 12.95 *(978-1-64191-928-9(0))* Christian Faith Publishing.

Alec Devlin: Or Choose Wisely (Classic Reprint) Fenton Aylmer. 2018. (ENG., Illus.). 138p. (J). 26.74 *(978-0-267-46116-5(X))* Forgotten Bks.

Alec Forbes of Howglen: A Novel (Classic Reprint) George MacDonald. (ENG., Illus.). (J). 2017. 27.49 *(978-0-331-63535-5(6))*; 2016. pap. 9.97 *(978-1-334-12957-5(6))* Forgotten Bks.

Alec Forbes of Howglen (Classic Reprint) George MacDonald. 2017. (ENG., Illus.). (J). 33.65 *(978-0-265-52272-1(2))* Forgotten Bks.

Alec Forbes of Howglen, Vol. 1 of 3 (Classic Reprint) George Mac Donald. 2018. (ENG., Illus.). (J). 30.29 *(978-0-331-97228-3(X))* Forgotten Bks.

Alec Forbes of Howglen, Vol. 2 of 3 (Classic Reprint) George Mac Donald. 2018. (ENG., Illus.). 306p. (J). 30.21 *(978-0-267-20449-6(3))* Forgotten Bks.

Alec Forbes of Howglen, Vol. 3 of 3 (Classic Reprint) George Mac Donald. 2018. (ENG., Illus.). 306p. (J). 30.21 *(978-0-484-17308-7(1))* Forgotten Bks.

Aleca Zamm Fools Them All. Ginger Rue. 2018. (Aleca Zamm Ser.: 3). (ENG.). 160p. (J). (gr. 2-5). 16.99 *(978-1-4814-7067-4(1))*; (Illus.). pap. 6.99 *(978-1-4814-7066-7(3))* Simon & Schuster Children's Publishing. (Aladdin).

Aleca Zamm Is a Wonder. Ginger Rue. 2017. (Aleca Zamm Ser.: 1). (ENG., Illus.). 160p. (J). (gr. 2-5). 16.99 *(978-1-4814-7061-2(2)*, Aladdin) Simon & Schuster Children's Publishing.

Aleca Zamm Is Ahead of Her Time. Ginger Rue. 2017. (Aleca Zamm Ser.: 2). (ENG., Illus.). 128p. (J). (gr. 2-5). pap. 6.99 *(978-1-4814-7063-6(9)*, Aladdin) Simon & Schuster Children's Publishing.

Aleca Zamm Travels Through Time. Ginger Rue. 2018. (Aleca Zamm Ser.: 4). (ENG.). 112p. (J). (gr. 2-5). 17.99 *(978-1-4814-7070-4(1))*; (Illus.). pap. 6.99 *(978-1-4814-7069-8(8))* Simon & Schuster Children's Publishing. (Aladdin).

Aleca Zamm Wonder-Ful Collection (Boxed Set) Aleca Zamm Is a Wonder; Aleca Zamm Is Ahead of Her Time; Aleca Zamm Fools Them All; Aleca Zamm Travels Through Time. Ginger Rue. ed. 2018. (Aleca Zamm Ser.). (ENG., Illus.). 560p. (J). (gr. 2-5). pap. 27.99 *(978-1-5344-1807-3(5)*, Aladdin) Simon & Schuster Children's Publishing.

Alec's Bride, Vol. 1 (Classic Reprint) Unknown Author. 2018. (ENG., Illus.). 310p. (J). 30.31 *(978-0-484-12904-6(X))* Forgotten Bks.

Alec's Bride, Vol. 2 (Classic Reprint) Unknown Author. 2018. (ENG., Illus.). 336p. (J). 30.85 *(978-0-484-27155-4(5))* Forgotten Bks.

Alec's Bride, Vol. 3 of 3 (Classic Reprint) Eliza Tabor. (ENG., Illus.). (J). 2018. 350p. 31.12 *(978-0-483-08748-4(3))*; 2016. pap. 13.57 *(978-1-333-45155-4(5))* Forgotten Bks.

Aleecia #2. Maggie Wells. 2016. (ENG., Illus.). (YA). (gr. 8-12). pap. 12.99 *(978-1-68076-639-4(2)*, Epic Pr.) ABDO Publishing Co.

ALEF-Bet Activity Book. Prod. by Minister 2 Others. 2016. (ENG., Illus.). (YA). (gr. 7-12). 15.00 *(978-1-945239-22-9(0))*; pap. 10.00 *(978-1-945239-06-9(9))* Independent Pub.

Alegría. Carmen. Gil. Illus. by Zurine Aguirre. 2018. (SPA.). 40p. (J). 15.95 *(978-84-946926-0-4(7))* NubeOcho Ediciones ESP. Dist: Consortium Bk. Sales & Distribution.

¡Alegría en el Mundo! La Navidad en Diferentes. Kate DePalma. Illus. by Sophie Fatus. 2023. (World of Celebrations Ser.). (SPA.). 40p. (J). (gr. -1-5). 17.99 Barefoot Bks., Inc.

Alegro & the Very Imperfect Poodle. Sandra Smithson. 2019. (ENG.). 126p. (YA). pap. 14.95 *(978-1-64462-894-2(5))* Page Publishing Inc.

Alejandra, la Superdelantera: Leveled Reader Book 66 Level P 6 Pack. Hmh Hmh. 2021. (SPA.). 32p. (J). pap. 74.40 *(978-0-358-08460-0(1))* Houghton Mifflin Harcourt Publishing Co.

Alejandria Fights Back! / ¡la Lucha de Alejandria! Leticia Hernandez-Linares & The Rise-Home Stories Project. Illus. by Robert Liu-Trujillo. ed. 2021. (ENG.). 48p. (J). 17.95 *(978-1-55861-704-9(3))* Feminist Pr. at The City Univ. of New York.

Alejandro: The Story of a Racehorse. Michelle Minor-Smith. Illus. by Kelly E. James. 2019. (ENG.). 40p. (J). 25.95 *(978-1-64471-967-1(3))*; pap. 15.95 *(978-1-64471-966-4(5))* Covenant Bks.

Alejandro & the Bacon Breakfast. Claudia Diaz & Chris Diaz. Illus. by Debbie J. Hefke. 2019. (ENG.). 36p. (J). (gr. k-4). 17.99 *(978-0-578-47320-8(8))* Diaz, Claudia.

Alekzander Smile & the Blue Falooba. Crispin Cockman. 2017. (ENG., Illus.). (YA). pap. *(978-1-909985-25-4(2))* Green, Callisto.

Alena & the Magic Purple Pumpkin. Jm Mazzitelli. 2018. (ENG., Illus.). 32p. (J). 19.95 *(978-1-64298-555-9(4))*; pap. 11.95 *(978-1-64298-552-8(X))* Page Publishing Inc.

Aleph. Jorge Luis Borges.Tr. of Aleph. (SPA.). 194p. 15.95 *(978-84-206-1309-3(6)*, AZ1309) Alianza Editorial, S. A. ESP. Dist: Continental Bk. Co., Inc.

Aleph Bais Trip on the Aleph Bais Ship see Oif der Aleph Bais Shif

Aleph Bet Story. Ian Clayton. Illus. by Rebecca Tercero. 2021. (ENG.). 56p. (J). pap. *(978-1-911251-34-7(1))* Son of Thunder Pub.

Alérgica (Allergic) Megan Wagner Lloyd. Illus. by Michelle Mee Nutter. 2022. (SPA.). 240p. (J). (gr. 3-7). pap. 12.99 *(978-1-338-83079-8(1)*, Scholastic en Espanol) Scholastic, Inc.

Alert Rabbit. Baan Talae Nok School Children & Rabatbai Group. Illus. by Pojana Kietprapai. 2022. (ENG.). 54p. (J). pap. ***(978-1-922835-00-0(5))*** Library For All Limited.

¡Alerta: Chalada Suelta en la Biblioteca! Dan Gutman. 2018. (SPA.). 96p. (J). (gr. 2-4). pap. 8.99 *(978-84-696-2594-1(2))* Lectorum Pubns., Inc.

¡Alerta en el Bosque Lluvioso! Leveled Reader Book 85 Level T 6 Pack. Hmh Hmh. 2021. (SPA.). 40p. (J). pap. 74.40 *(978-0-358-08564-5(0))* Houghton Mifflin Harcourt Publishing Co.

Aleta Dey: A Novel (Classic Reprint) Francis Marion Beynon. 2017. (ENG., Illus.). (J). 29.42 *(978-0-331-58439-4(5))*; pap. 11.97 *(978-0-243-52049-7(2))* Forgotten Bks.

Aleutian Indian & English Dictionary: Common Words in the Dialects of the Aleutian Indian Language As Spoken by the Oogashik, Egashik, Anangashuk & Misremie Tribes Around Sulima River & Neighboring Parts of the Alaska Peninsula (Classic Reprint) Charles A. Lee. (ENG., Illus.). (J). 2018. 30p. 24.54 *(978-0-666-15744-7(8))*; 2017. pap. 7.97 *(978-0-282-36042-9(5))* Forgotten Bks.

Aleutian Indian & English Dictionary: Common Words in the Dialects of the Aleutian Indian Language, As Spoken by the Oogashik, Egashik, Egegik, Anangashuk & Misremie Tribes Around Sulima River & Neighboring Parts of the Alaska Peninsula. Charles A. Lee. (ENG., Illus.). (J). 2018. 26p. 24.45 *(978-0-364-10373-9(6))*; 2017. pap. 7.97 *(978-0-282-61400-3(1))* Forgotten Bks.

Aleuts. Steve Goldsworthy. 2017. (World Cultures Ser.). (ENG.). 32p. (J). lib. bdg. 29.99 *(978-1-5105-2253-4(0))* SmartBook Media, Inc.

Alex & Alex. Ziggy Hanaor. Illus. by Ben Javens. 2022. (ENG.). 32p. (J). 16.99 *(978-1-80066-011-3(1))* Cicada Bks. GBR. Dist: Consortium Bk. Sales & Distribution.

Alex & Eliza. Melissa de la Cruz. (Alex & Eliza Trilogy Ser.: 1). (ENG.). (YA). (gr. 7). 2020. 400p. pap. 11.99 *(978-1-5247-3964-5(2)*, Penguin Books); 2017. 368p. 18.99 *(978-1-5247-3962-1(6)*, G.P. Putnam's Sons Books for Young Readers) Penguin Young Readers Group.

Alex & Eliza: A Love Story. Melissa De la Cruz. l.t. ed. 2017. (ENG.). 444p. 22.99 *(978-1-4328-4051-8(7))* Cengage Gale.

Alex & Her Clubhouse Friends. Laura and Roshonda Simmons. Illus. by Lafayette Azeveo. 2016. (ENG.). (J). 20.99 *(978-1-4984-9086-3(7))*; pap. 9.99 *(978-1-4984-9085-6(9))* Salem Author Services.

Alex & Max's Bedtime Madness. Daniel McManus. 2023. (ENG.). 28p. (J). pap. ***(978-1-80541-105-5(5))*** Publishing Push Ltd.

Alex & Maya Love to Surf. Chrys Coulter. Illus. by Borislava Zahova. 2016. (ENG.). 20p. (J). pap. 8.99 *(978-0-692-12942-5(1))* Cloudbreak Media Inc.

Alex & the Alpacas Ride Again. Kathryn Lefroy. 2022. 280p. (J). (gr. 4-7). 12.95 *(978-1-76099-173-9(2))* Fremantle Pr. AUS. Dist: Independent Pubs. Group.

Alex & the Alpacas Save the World. Kathryn Lefroy. 2019. 224p. (J). (gr. 4-7). 12.95 *(978-1-925815-41-2(2))* Fremantle Pr. AUS. Dist: Independent Pubs. Group.

Alex & the Data Bugs. Robin Herst Rose. Illus. by Robin Herst Rose. 2020. (ENG.). 32p. (J). pap. 11.99 *(978-0-9857934-5-6(7))* R. Herst Rose.

Alex & the Horse. Axay Patel. 2019. (ENG.). 42p. (J). *(978-1-5289-2601-0(3))*; pap. *(978-1-5289-2600-3(5))* Austin Macauley Pubs. Ltd.

Alex & the Magical Coat: Standing up for Others. Julia Reid. Illus. by Amanda M. Grafe. 2021. (Alex & the Magical Coat Ser.: Vol. 2). (ENG.). 30p. (J). pap. 12.95 *(978-1-950323-53-1(6))* Leaning Rock Pr.

Alex & the Magical Coat: Standing up for Others. Julia Reid & Amanda M. Grafe. 2021. (Alex & the Magical Coat Ser.: Vol. 2). (ENG.). 30p. (J). 16.95 *(978-1-950323-52-4(8))* Leaning Rock Pr.

Alex & the Magical Flying Coat. Julia Reid. Illus. by Amanda Grafe. 2020. (ENG.). 34p. (J). 16.95 *(978-1-950323-26-5(9))*; pap. 12.95 *(978-1-950323-27-2(7))* Leaning Rock Pr.

Alex & the Monsters: Here Comes Mr. Flat! Jaume Copons. Tr. by David Warriner. Illus. by Liliana Fortuny. 2018. 136p. (J). (gr. 1). 9.99 *(978-2-924786-09-3(6)*, CrackBoom! Bks.) Chouette Publishing CAN. Dist: Publishers Group West (PGW).

Alex & the Monsters: Restaurant Rescue! Jaume Copons. Tr. by David Warriner. Illus. by Liliana Fortuny. 2018. 145p. (J). (gr. 1). 9.99 *(978-2-924786-10-9(X)*, CrackBoom! Bks.) Chouette Publishing CAN. Dist: Publishers Group West (PGW).

Alex & the Other: Weird Stories Gone Wrong. Philippa Dowding. 2018. (Weird Stories Gone Wrong Ser.: 4). (ENG., Illus.). 144p. (J). pap. 9.99 *(978-1-4597-4063-1(7))* Dundurn Pr. CAN. Dist: Publishers Group West (PGW).

Alex & the Rainbow Warrior Affair. Bruce Meder. 2019. (ENG.). 162p. (J). pap. *(978-0-244-47163-7(0))* Lulu Pr., Inc.

Alex & the Spirit of Christmas. Marian E. Keen. Illus. by Jodie E. Dias & Wendy J. Weston. 2019. (Adventures of Alexander Catt Ser.: Vol. 1). (ENG.). 52p. (J). (gr. 2-4). pap. *(978-1-988220-19-2(X))* Keen Ideas Publishing.

Alex, Approximately. Jenn Bennett. (ENG.). (YA). (gr. 9). 2018. 416p. pap. 12.99 *(978-1-4814-7878-6(8))*; 2017. (Illus.). 400p. 18.99 *(978-1-4814-7877-9(X))* Simon Pulse. (Simon Pulse).

Alex Can't Sleep: A Cosmic Kids Bedtime Yoga Story. Brooke Vitale. Illus. by Junissa Bianda. 2022. (Cosmic Kids Ser.). 32p. (J). (gr. -1-3). 12.99 *(978-0-593-38685-9(X)*, Penguin Young Readers Licenses) Penguin Young Readers Group.

Alex Cavey: Woodcutting Adventure. Bruce Kamen. Illus. by Oliver Kryzz Bundoc. 2018. (ENG.). 30p. (J). pap. *(978-1-9164474-0-0(6))* Mila-K Publishing.

Alex Crow. Andrew Smith. ed. 2016. lib. bdg. 22.10 *(978-0-606-38854-2(0))* Turtleback.

Alex Dogboy. Monica Zak. 2017. (SPA.). 328p. (J). (gr. 6-8). 20.99 *(978-958-30-5047-3(4))* Panamericana Editorial COL. Dist: Lectorum Pubns., Inc.

Alex Dogboy, el Tercer Amor. Monica Zak. 2020. (SPA.). 348p. (J). (gr. 6-8). 20.99 *(978-958-30-6080-9(1))* Panamericana Editorial COL. Dist: Lectorum Pubns., Inc.

Alex Finds His Calm - Jabali Apata Utulivu Wake. Jennie Templeman. Illus. by Romulo Reyes, III. 2023. (SWA.). 28p. (J). pap. ***(978-1-922932-92-1(2))*** Library For All Limited.

Alex Finds His Tune. Wanda L. Roberts. 2021. (ENG., Illus.). 22p. (J). 23.95 *(978-1-68526-703-2(3))*; pap. 13.95 *(978-1-63885-423-4(8))* Covenant Bks.

Alex Goodwin's Deed (Classic Reprint) Mabel Putnam. 2018. (ENG., Illus.). 48p. (J). 24.89 *(978-0-267-26188-8(8))* Forgotten Bks.

Alex Helps Jay & Saves the Day! Jason Hapstak. 2018. (ENG., Illus.). 30p. (J). 22.95 *(978-1-64140-029-9(3))*; pap. 12.95 *(978-1-64140-027-5(7))* Christian Faith Publishing.

A

Alex Is Mr. Jolly. Lynn C. Skinner. Illus. by Ingrid Dohm. 2020. (ENG.). 36p. (J). pap. 11.99 *(978-1-7336531-4-5(7))* Skinner, Lynn C.

Alex Loves Kindergarten. Greer Glanzer. 2022. (ENG.). 32p. (J). pap. 15.95 ***(978-1-68517-628-0(3))*** Christian Faith Publishing.

Alex Meets the Baby Monsters. Julee Taylor. 2022. (ENG., Illus.). 30p. (J). pap. 14.95 *(978-1-68517-868-0(5))* Christian Faith Publishing.

Alex Morgan. Kenny Abdo. 2020. (Sports Biographies Ser.). (ENG., Illus.). 24p. (J). (gr. 2-8). lib. bdg. 31.36 *(978-1-0982-2136-2(2),* 34519, Abdo Zoom-Fly) ABDO Publishing Co.

Alex Morgan. Contrib. by Golriz Golkar. 2023. (Sports Superstars Ser.). (ENG., Illus.). (J). (gr. 3-7). lib. bdg. 26.95 Bellwether Media.

Alex Morgan. Contrib. by Luke Hanlon. 2023. (SportsZone Biographies Ser.). (ENG.). 32p. (J). (gr. 3-9). lib. bdg. 32.79 ***(978-1-0982-9166-2(2),*** 41933, SportsZone) ABDO Publishing Co.

Alex Morgan. Anthony K. Hewson. 2019. (Sports All-Stars (Lerner (tm) Sports) Ser.). (ENG., Illus.). 32p. (J). (gr. 2-5). pap. 9.99 *(978-1-5415-7446-5(X),* bb6638ab-14b0-4d47-a638-847a373da994); lib. bdg. 29.32 *(978-1-5415-5611-9(9),* 38419754-aadb-4b93-b503-58fa873928eb) Lerner Publishing Group. (Lerner Pubns.).

Alex Morgan. Laura K. Murray. 2016. (Big Time Ser.). (ENG.). 24p. (J). (gr. 1-3). pap. *(978-1-62832-263-7(2),* 20774, Creative Paperbacks); (Illus.). *(978-1-60818-667-9(9),* 20776, Creative Education) Creative Co., The.

Alex Morgan. Gail Terp. 2016. (Women Who Rock Ser.). (ENG., Illus.). 32p. (J). (gr. 4-6). 31.35 *(978-1-68072-067-9(8),* 10426, Bolt) Black Rabbit Bks.

Alex Morgan: Soccer Champion. Matt Chandler. 2020. (Stars of Sports Ser.). (ENG., Illus.). 32p. (J). (gr. 3-5). lib. bdg. 31.32 *(978-1-5435-9168-2(X),* 141558) Capstone.

Alex Morgan: Soccer Star. Matt Scheff. 2019. (Biggest Names in Sports Set 4 Ser.). (ENG., Illus.). 32p. (J). (gr. 3-5). pap. 9.95 *(978-1-64185-380-4(8),* 1641853808); lib. bdg. 31.35 *(978-1-64185-322-4(0),* 1641853220) North Star Editions. (Focus Readers).

Alex Ovechkin. Anthony K. Hewson. 2019. (Sports All-Stars (Lerner (tm) Sports) Ser.). (ENG., Illus.). 32p. (J). (gr. 2-5). pap. 9.99 *(978-1-5415-7447-2(8),* 8e162826-a63f-4883-81c0-23eae1fc7f0e, Lerner Pubns.) Lerner Publishing Group.

Alex Rider: Secret Weapon: Seven Untold Adventures from the Life of a Teenaged Spy. Anthony Horowitz. (Alex Rider Ser.: 12). (ENG.). 336p. (J). (gr. 5). 2020. 9.99 *(978-0-525-51578-4(X),* Puffin Books); 2019. (Illus.). 17.99 *(978-1-5247-3933-1(2),* Philomel Bks.) Penguin Young Readers Group.

Alex the Alligator: Second Edition. Mary Emkey. 2018. (ENG., Illus.). 48p. (J). (gr. 2-4). pap. 12.95 *(978-1-64096-061-9(9))* Newman Springs Publishing, Inc.

Alex the Caterpillar. Jo Ann Crumling. 2017. (ENG., Illus.). (J). pap. 16.95 *(978-1-5127-9122-8(9),* WestBow Pr.) Author Solutions, LLC.

Alex the Great (Classic Reprint) H. C. Witwer. 2018. (ENG., Illus.). 332p. (J). 30.76 *(978-0-365-52988-0(5))* Forgotten Bks.

Alex the Super Soccer Striker: Leveled Reader Emerald Level 25. Rg Rg. 2019. (PM Ser.). (ENG.). 32p. (J). (gr. 3-4). pap. 11.00 *(978-0-544-89277-4(1))* Rigby Education.

Alex the Warrior. Marie Dieumercie. 2021. (ENG.). 30p. (J). *(978-1-008-96474-7(3))* Lulu Pr., Inc.

Alex Was Here. Christopher Francis. 2016. (ENG., Illus.). (J). pap. 10.69 *(978-1-365-60030-2(0))* Lulu Pr., Inc.

Alex Wise vs. the End of the World. Terry J. Benton-Walker. 2023. (Alex Wise Ser.: 1). (ENG.). 416p. (J). (gr. 3-7). 18.99 ***(978-0-593-56429-5(4))***; lib. bdg. 21.99 ***(978-0-593-56430-1(8))*** Random Hse. Children's Bks. (Laybrinth Road).

Alexa Bliss: Five Feet of Fury. Kenny Abdo. 2019. (Wrestling Biographies Ser.). (ENG., Illus.). 24p. (J). (gr. 2-8). lib. bdg. 31.36 *(978-1-5321-2751-9(0),* 31709, Abdo Zoom-Fly) ABDO Publishing Co.

Alexa Moreno Singular y Extraordinaria / Alexa Moreno Unique & Extraordinary. Alexa Moreno. 2023. (SPA.). 208p. (J). (gr. 3-7). pap. 14.95 *(978-607-38-2127-8(1),* Alfaguara) Penguin Random House Grupo Editorial ESP. Dist: Penguin Random Hse. LLC.

Alexander. Harold Littledale. 2016. (Illus.). (J). *(978-1-930900-87-5(2))* Purple Hse. Pr.

Alexander & Avery's Great Adventure, 1 vol. P. A. Winters. 2020. (ENG.). 28p. (J). 23.99 *(978-1-4003-2957-1(4))*; pap. 14.99 *(978-1-4003-2956-4(6))* Elm Hill.

Alexander & Papa's Number Walk. Jenni Rose. 2021. (ENG.). 40p. (J). pap. 14.95 *(978-1-6624-2153-2(2))* Page Publishing Inc.

Alexander & Some Other Cats (Classic Reprint) Sarah J. Eddy. (ENG., Illus.). (J). 2018. 274p. 29.61 *(978-0-428-36388-8(1))*; 2017. pap. 11.97 *(978-0-243-38275-0(8))* Forgotten Bks.

Alexander B's Misadventures Book 1. Elitteon Langhorn. 2021. (ENG.). 34p. (J). pap. *(978-1-300-51576-0(7))* Lulu Pr., Inc.

Alexander B's Misadventures Book 2. Elitteon Langhorn. 2021. (ENG.). 41p. (J). pap. *(978-1-300-51684-2(4))* Lulu Pr., Inc.

Alexander B's Misadventures Book 3. Elitteon Langhorn. 2021. (ENG.). 40p. (J). pap. *(978-1-300-51674-3(7))* Lulu Pr., Inc.

Alexander B's Misadventures BOOK 4. Elitteon Langhorn. 2021. (ENG.). 40p. (J). pap. *(978-1-300-44568-5(8))* Lulu Pr., Inc.

Alexander Fleming. Flores Lazaro. Illus. by Nelson Jacome. 2017. (Ariel Juvenil Ilustrada Ser.: Vol. 41). (SPA.). 128p. (J). pap. *(978-9978-18-448-6(1))* Radmandi Editorial, Compania Ltd.

Alexander Fleming, Vol. 11. Bradley Sneddon. 2018. (Scientists & Their Discoveries Ser.). (Illus.). 96p. (J). (gr. 7). lib. bdg. 34.60 *(978-1-4222-4025-0(8))* Mason Crest.

Alexander Graham Bell. Emily James. 2017. (Great Scientists & Inventors Ser.). (ENG., Illus.). 24p. (J). (gr. -1-2). lib. bdg. 27.32 *(978-1-5157-3883-1(3),* 133786, Capstone Pr.) Capstone.

Alexander Graham Bell. Jennifer Strand. 2016. (Incredible Inventors Ser.). (ENG.). 24p. (J). (gr. -1-2). 49.94 *(978-1-68079-395-6(0),* 23016, Abdo Zoom-Launch) ABDO Publishing Co.

Alexander Graham Bell. Lola M. Schaefer. rev. ed. 2016. (First Biographies - Scientists & Inventors Ser.). (ENG.). 24p. (J). (gr. -1-2). pap. 6.29 *(978-1-5157-5965-2(2),* 134836) Capstone.

Alexander Graham Bell: The Man Behind the Telephone. Sally Lee. 2019. (Little Inventor Ser.). (ENG., Illus.). 32p. (J). (gr. 1-3). pap. 6.95 *(978-1-9771-1055-8(X),* 141132); lib. bdg. 28.65 *(978-1-9771-0975-0(6),* 140559) Capstone. (Pebble).

Alexander Graham Bell Answers the Call. Mary Ann Fraser. Illus. by Mary Ann Fraser. 2017. (Illus.). 32p. (J). (gr. 1-4). lib. bdg. 16.99 *(978-1-58089-721-1(5))* Charlesbridge Publishing, Inc.

Alexander Graham Bell for Kids: His Life & Inventions, with 21 Activities. Mary Kay Carson. 2018. (For Kids Ser.: 70). (Illus.). 144p. (J). (gr. 4). pap. 18.99 *(978-0-912777-13-9(3))* Chicago Review Pr., Inc.

Alexander Graham Bell's Telephone, 1 vol. Eileen S. Coates. 2018. (STEM Milestones: Historic Inventions & Discoveries Ser.). (ENG.). 24p. (gr. 3-3). 25.27 *(978-1-5383-4354-8(1),* 4399785d-9a23-4454-8af0-3cbcc608d4da, PowerKids Pr.) Rosen Publishing Group, Inc., The.

Alexander Hamilton. Meg Gaertner. 2018. (Founding Fathers Ser.). (ENG., Illus.). 24p. (J). (gr. 1-1). pap. 8.95 *(978-1-63517-814-2(2),* 1635178142) North Star Editions.

Alexander Hamilton. Meg Gaertner. 2018. (Founding Fathers Ser.). (ENG., Illus.). 24p. (J). (gr. k-3). lib. bdg. 31.36 *(978-1-5321-6019-6(4),* 28670, Pop! Cody Koala) Pop!.

Alexander Hamilton. Monica Kulling. ed. 2017. (Step into Reading Level 3 Ser.). lib. bdg. 13.55 *(978-0-606-39848-0(1))* Turtleback.

Alexander Hamilton: A Plan for America. Sarah Albee. Illus. by Chin Ko. 2018. (I Can Read Level 2 Ser.). (ENG.). 32p. (J). (gr. -1-3). pap. 4.99 *(978-0-06-243290-2(7),* HarperCollins) HarperCollins Pubs.

Alexander Hamilton: America's First Treasury Secretary, 1 vol. Susanna Keller. 2017. (Britannica Beginner Bios Ser.). (ENG., Illus.). 32p. (J). (gr. 2-3). pap. 13.90 *(978-1-68048-808-1(2),* eab0f6a1-72cf-4eb2-a5eb-53313f8b7c28); lib. bdg. 26.06 *(978-1-68048-809-8(0),* 2896e138-b801-4476-9722-6e478e5423ba) Rosen Publishing Group, Inc., The. (Britannica Educational Publishing).

Alexander Hamilton: Founding Father & Treasury Secretary, 1 vol. Therese M. Shea. 2017. (Junior Biographies Ser.). (ENG.). 24p. (gr. 3-4). pap. 10.35 *(978-0-7660-9045-3(0),* c04e79f6-c80e-4ab8-974e-5cbba0de0d73) Enslow Publishing, LLC.

Alexander Hamilton: Life Stories of Extraordinary Americans. Time Magazine Editors. 2018. (Heroes of History Ser.: 1). (ENG., Illus.). 144p. (J). (gr. 6-17). pap. 9.99 *(978-1-68330-850-8(6),* Time Home Entertainment) Time Inc. Bks.

Alexander Hamilton: The First Secretary of the Treasury & an Author of the Federalist Papers, 1 vol. Tatiana Ryckman. 2016. (Great American Thinkers Ser.). (ENG., Illus.). 128p. (J). (gr. 9-9). 47.36 *(978-1-5026-1934-1(2),* e61e020c-0a13-45b1-95be-cb5f62d6901b) Cavendish Square Publishing LLC.

Alexander Hamilton: The Making of America #1. Teri Kanefield. 2018. (Making of America Ser.). (ENG., Illus.). 240p. (J). (gr. 5-9). pap. 7.99 *(978-1-4197-2943-0(8),* 1181503) Abrams, Inc.

Alexander Hamilton: The Story of a Statesman. Heather E. Schwartz. 2020. (Gateway Biographies Ser.). (ENG., Illus.). 48p. (J). (gr. 4-8). pap. 11.99 *(978-1-5415-8886-8(X),* 53c57c54-581f-4c89-9d64-f13c6a4b348c); lib. bdg. 31.99 *(978-1-5415-7748-0(5),* c9c12720-d8a7-4416-8f8b-af90f397aacf) Lerner Publishing Group. (Lerner Pubns.).

Alexander Hamilton: a Plan for America. Sarah Albee. Illus. by Chin Ko. 2018. (I Can Read Level 2 Ser.). (ENG.). 32p. (J). (gr. -1-3). 16.99 *(978-0-06-243291-9(5),* HarperCollins) HarperCollins Pubs.

Alexander Hamilton Activity Book. George Toufexis. 2017. (Dover Kids Activity Books: U. S. A. Ser.). (ENG.). 48p. (J). (gr. 4-7). pap. 4.99 *(978-0-486-81852-8(7),* 818527) Dover Pubns., Inc.

Alexander Hamilton: American Hero. Barbara Lowell. Illus. by George Ermos. 2018. (Penguin Young Readers, Level 4 Ser.). 32p. (J). (gr. 1-3). pap. 4.99 *(978-1-5247-8773-8(6),* Penguin Young Readers) Penguin Young Readers Group.

Alexander Hamilton Coloring Book. Steven James Petruccio. 2017. (Dover American History Coloring Bks.). (ENG.). 48p. (J). (gr. 3-6). pap. 5.99 *(978-0-486-81212-0(X),* 81212X) Dover Pubns., Inc.

Alexander Hamilton: from Orphan to Founding Father. Monica Kulling. Illus. by Valerio Fabbretti. 2017. (Step into Reading Ser.). 48p. (J). (gr. k-3). pap. 4.99 *(978-1-5247-1698-1(7),* Random Hse. Bks. for Young Readers) Random Hse. Children's Bks.

Alexander Hamilton, Revolutionary. Martha Brockenbrough. 2019. (ENG.). 384p. (YA). pap. 12.99 *(978-1-250-21170-5(0),* 900174028) Square Fish.

Alexander Hamilton Signature Notebook: An Inspiring Notebook for Curious Minds, 7. Cider Mill Cider Mill Press. 2016. (Signature Notebook Ser.: 7). (ENG.). 192p. lthr. 12.95 *(978-1-60433-701-3(X))* Cider Mill Pr. Bk. Pubs., LLC.

Alexander Hamilton's New York City (Alexander Hamilton) Dona Herweck Rice. rev. ed. 2017. (Social Studies: Informational Text Ser.). (ENG., Illus.). 32p. (J). (gr. 4-8). pap. 11.99 *(978-1-4258-6351-7(5))* Teacher Created Materials, Inc.

Alexander Hazard & the Mysterious Orb. C. M. Couper. Lt. ed. 2020. (ENG.). 252p. (YA). pap. *(978-0-646-82529-8(1))* C.M.Couper.

Alexander I Love You All Ways. Marianne Richmond. Illus. by Dubravka Kolanovic. 2023. (I Love You All Ways Ser.). (ENG.). 32p. (J). (gr. -1-3). 8.99 ***(978-1-7282-7330-3(7))*** Sourcebooks, Inc.

Alexander on the North Pole Express. J. D. Green. Illus. by Joanne Partis. 2022. (North Pole Express Bears Ser.). (ENG.). 32p. (J). (gr. -1-3). 7.99 ***(978-1-7282-6908-5(3))*** Sourcebooks, Inc.

Alexander on the North Pole Express. J. D. Green. 2019. (North Pole Express Ser.). (ENG.). 32p. (J). (gr. -1-3). 7.99 ***(978-1-7282-0301-0(5))*** Sourcebooks, Inc.

Alexander Ovechkin. Greg Bach. 2020. (J). *(978-1-4222-4449-4(0))* Mason Crest.

Alexander Ovechkin. Meeg Pincus. Illus. by Jeff Bane. 2020. (My Early Library: My Itty-Bitty Bio Ser.). (ENG.). 24p. (J). (gr. k-1). lib. bdg. 30.64 *(978-1-5341-6845-9(1),* 215267) Cherry Lake Publishing.

Alexander Ovechkin: Hockey Star. Todd Kortemeier. 2019. (Biggest Names in Sports Set 4 Ser.). (ENG., Illus.). 32p. (J). (gr. 3-5). 31.35 *(978-1-64185-324-8(7),* 1641853247, Focus Readers) North Star Editions.

Alexander Red & the Color Squad. Red & Katrina Carmichael. 2019. (ENG., Illus.). 60p. (J). (gr. 7-12). pap. 10.95 *(978-0-9998578-3-0(5))* G Publishing LLC.

Alexander Salvador & the Discovery of Determinate: Book 1. D. R. Heath. 2023. (ENG.). 128p. (J). pap. ***(978-1-80094-525-8(6))*** Terence, Michael Publishing.

Alexander Salvador & the Fight for Freedom: Book 2. D. R. Heath. 2023. (ENG.). 134p. (J). pap. ***(978-1-80094-526-5(4))*** Terence, Michael Publishing.

Alexander Santa's Secret Elf. Put Me In The Story & Katherine Sully. Illus. by Julia Seal. 2018. (Santa's Secret Elf Ser.). (ENG.). 32p. (J). (gr. k-3). 5.99 *(978-1-4926-8114-4(8))* Sourcebooks, Inc.

Alexander the Great, 1 vol. Miles Doleac. 2016. (Conquerors & Combatants Ser.). (ENG.). 224p. (YA). (gr. 9-9). lib. bdg. 56.71 *(978-1-5026-2453-6(2),* d9e15653-dee2-49d1-acfe-a914c68aa2ff) Cavendish Square Publishing LLC.

Alexander the Great, 1 vol. Erik Richardson. 2017. (Great Military Leaders Ser.). (ENG.). 128p. (YA). (gr. 9-9). lib. bdg. 47.36 *(978-1-5026-2785-8(X),* 0c06c4b0-2e49-4b97-94d1-0865b01a9dd1) Cavendish Square Publishing LLC.

Alexander the Great: Macedonian King & Conqueror, 1 vol. Beatriz Santillian & Bernard Randall. 2017. (Leaders of the Ancient World Ser.). (ENG., Illus.). 112p. (J). (gr. 6-6). 38.80 *(978-1-5081-7482-0(2),* bfd86241-f4d8-40fe-b2d4-0d598bb61309, Rosen Young Adult) Rosen Publishing Group, Inc., The.

Alexander the Great: Military Commander & King of Ancient Greece - Biography Best Sellers Children's Biographies. Baby Professor. 2017. (ENG., Illus.). (J). pap. 8.79 *(978-1-5419-1114-7(8),* Baby Professor (Education Kids)) Speedy Publishing LLC.

Alexander Trout's Amazing Adventure. Steve Richardson. Illus. by Marie Beschorner. 2021. (ENG.). 242p. (J). 24.95 *(978-0-9786422-9-7(5),* 23a7772b-6c4d-471b-9ade-9d25a43adc49) Impossible Dreams Publishing Co.

Alexander 'Twas the Night Before Christmas. Illus. by Lisa Alderson. 2019. (Night Before Christmas Ser.). (ENG.). 32p. (J). (gr. -1-3). 7.99 ***(978-1-7282-0194-8(2))*** Sourcebooks, Inc.

Alexander und der Schulhof Tyrann. Celine Krishack. 2017. (GER., Illus.). (J). pap. 19.95 *(978-1-63508-523-5(3))* America Star Bks.

Alexander Von Humboldt. Peter Nys. 2022. (Great Minds Ser.: 1). (ENG., Illus.). 32p. (J). 16.95 *(978-1-60537-743-8(0))* Clavis Publishing.

Alexander Von Humboldt. Maria Isabel Sanchez Vegara. Illus. by Sally Agar. 2022. (Little People, BIG DREAMS Ser.: 81). (ENG.). 32p. (J). (gr. -1-2). 15.99 ***(978-0-7112-7124-1(0),*** Frances Lincoln Children's Bks.) Quarto Publishing Group UK GBR. Dist: Hachette Bk. Group.

Alexander Von Humboldt: Explorer, Naturalist & Environmental Pioneer. Danica Novgorodoff. 2022. (Illus.). 40p. (J). (gr. -1-3). 17.99 *(978-1-5247-7308-3(5))*; (ENG., lib. bdg. 20.99 *(978-1-5247-7309-0(3))* Random Hse. Children's Bks. (Crown Books For Young Readers).

Alexander's Christmas Wish. Put Me In The Story & J. D. Green. Illus. by Julia Seal. 2018. (Christmas Wish Ser.). (ENG.). 32p. (J). (gr. k-3). 6.99 ***(978-1-4926-8301-8(9))*** Sourcebooks, Inc.

Alexander's Journey with Jesus. Ashton Bohannon. Illus. by Jason Velazquez. 2022. (ENG.). 40p. (J). 16.99 *(978-1-6629-2683-9(9))*; pap. 8.99 *(978-1-6629-2684-6(7))* Gatekeeper Pr.

Alexander's Journey with Jesus. Ashton Bohannon. Illus. by Jason Velazquez. 2021. (ENG.). 42p. (J). 35.99 *(978-1-6628-3143-0(9))*; pap. 25.99 *(978-1-6628-3142-3(0))* Salem Author Services.

Alexander's Rainbow. Victoria Peterson Laird. 2020. (ENG.). 36p. (J). *(978-1-716-73646-9(3))* Lulu Pr., Inc.

Alexander's Wonderful Journey. L. Hatch. 2022. (ENG.). 40p. (J). *(978-1-0391-3312-9(6))*; pap. *(978-1-0391-3311-2(8))* FriesenPress.

Alexandra (Classic Reprint) Gladys Schmitt. 2018. (ENG., Illus.). (J). 324p. 30.58 *(978-0-366-45154-8(5))*; 326p. pap. 13.57 *(978-0-366-05881-5(9))* Forgotten Bks.

Alexandra Readers: First Reader (Classic Reprint) W. A. McIntyre. (ENG., Illus.). (J). 2018. 164p. 27.28 *(978-0-364-95126-2(5))*; 2017. pap. 9.97 *(978-0-259-50516-7(1))* Forgotten Bks.

Alexandra Rose & Her Icy-Cold Toes. Monique Mulligan. 2020. (ENG., Illus.). 34p. (J). *(978-0-6487887-2-0(5))* Karen Mc Dermott.

Alexandra's Alligator. Grego Dow. 2021. (ENG.). 40p. (J). pap. *(978-1-990336-12-6(4))* Rusnak, Alanna.

Alexandre le Grand Dans la Litterature Francaise du Moyen Age, Vol. 1: Textes (Classic Reprint) Paul Meyer. 2017. (FRE., Illus.). (J). 31.61 *(978-0-265-62391-6(X))* Forgotten Bks.

Alexandre le Grand Dans la Litterature Francaise du Moyen Age, Vol. 2: Histoire de la Legende (Classic Reprint) Paul Meyer. 2017. (FRE., Illus.). (J). 32.48 *(978-0-266-45143-3(8))* Forgotten Bks.

Alexandria Ocasio-Cortez. Emma Kaiser. 2020. (Groundbreaking Women in Politics Ser.). (ENG., Illus.). 48p. (J). (gr. 5-6). pap. 11.95 *(978-1-64493-168-4(0))*; lib. bdg. 34.21 *(978-1-64493-089-2(7),* 1644930897) North Star Editions. (Focus Readers).

Alexandria Ocasio-Cortez. Rachael L. Thomas. 2019. (Checkerboard Biographies Ser.). (ENG., Illus.). 32p. (J). (gr. 3-6). lib. bdg. 32.79 *(978-1-5321-1995-8(X),* 32461, Checkerboard Library) ABDO Publishing Co.

Alexandria Ocasio-Cortez: Get to Know the Rising Politician. Leticia Snow. 2020. (People You Should Know Ser.). (ENG., Illus.). 32p. (J). (gr. 3-5). pap. 7.95 *(978-1-4966-6578-2(3),* 142256); lib. bdg. 29.99 *(978-1-5435-9089-0(6),* 141495) Capstone.

Alexandria Ocasio-Cortez: Making a Difference in Politics, 1 vol. Katie Kawa. 2020. (People Who Make a Difference Ser.). (ENG.). 24p. (gr. 3-3). pap. 9.25 *(978-1-5345-3468-1(7),* ad2e3bae-0197-4318-ac69-caeccb29798b, KidHaven Publishing) Greenhaven Publishing LLC.

Alexandria Ocasio-Cortez: Political Headliner. Anna Leigh. 2020. (Gateway Biographies Ser.). (ENG., Illus.). 48p. (J). (gr. 4-8). pap. 11.99 *(978-1-5415-8887-5(8),* 4c9370a0-46fb-4703-a708-f4b25f51427b); lib. bdg. 31.99 *(978-1-5415-7747-3(7),* 9d524870-e3ff-4ed2-81fb-53c71f64c3bd) Lerner Publishing Group. (Lerner Pubns.).

Alexa's Christmas Wish. Put Me In The Story & J. D. Green. Illus. by Julia Seal. 2018. (Christmas Wish Ser.). (ENG.). 32p. (J). (gr. k-3). 6.99 ***(978-1-4926-8506-7(2))*** Sourcebooks, Inc.

Alexei the Siberian Tiger & Friends at the Circus: Short Stories, Fuzzy Animals & Life Lessons, Norma MacDonald. 2018. (ENG., Illus.). 82p. (J). pap. 8.59 *(978-1-945290-17-6(X))* Find Your Way Publishing, Inc.

Alexena; or the Castle of Santa Marco, Vol. 1 Of 3: A Romance Embellished with Engravings (Classic Reprint) Unknown Author. 2018. (ENG., Illus.). 296p. (J). 30.02 *(978-0-267-21478-5(2))* Forgotten Bks.

Alexena, or the Castle of Santa Marco, Vol. 2 Of 3: A Romance, Embellished with Engravings (Classic Reprint) Unknown Author. 2018. (ENG., Illus.). 310p. (J). 30.29 *(978-0-483-90818-5(5))* Forgotten Bks.

Alexena, or the Castle of Santa Marco, Vol. 3 Of 3: A Romance (Classic Reprint) Unknown Author. (ENG., Illus.). (J). 2018. 228p. 28.62 *(978-0-267-54813-2(3))*; 2016. pap. 10.97 *(978-1-333-51422-8(0))* Forgotten Bks.

Alexia (Classic Reprint) Mary Perkins Ives Abbott. (ENG., Illus.). (J). 2018. 190p. 27.84 *(978-0-483-33254-6(2))*; 2016. pap. 10.57 *(978-1-333-31978-6(9))* Forgotten Bks.

Alexia Loves Troy: A Reverse Grumpy Sunshine Romance. Jordan Ford. 2023. (Misfits Remix Ser.: Vol. 3). (ENG.). 378p. (J). pap. ***(978-1-991034-26-7(1))*** Forever Love Publishing.

Alexia Versus the Birthday Bear. Tevin Hansen. Illus. by Tevin Hansen. 2016. (Illus.). (J). pap. 5.99 *(978-1-941429-37-2(8))* Handersen Publishing.

Alexis & the Perfect Recipe: #4. Coco Simon. Illus. by Laura Roode & Abigail Halpin. 2023. (Cupcake Diaries). (ENG.). 144p. (J). (gr. 3-7). lib. bdg. 32.79 ***(978-1-0982-5194-9(6),*** 42653, Chapter Bks.) Spotlight.

Alexis & the Perfect Recipe the Graphic Novel. Coco Simon. Illus. by Glass House Glass House Graphics. 2023. (Cupcake Diaries: the Graphic Novel Ser.: 4). (ENG.). 160p. (J). (gr. 3-7). 20.99 ***(978-1-6659-3322-3(4))***; pap. 11.99 ***(978-1-6659-3321-6(6))*** Simon Spotlight. (Simon Spotlight).

Alexis Cool As a Cupcake: #8. Coco Simon. Illus. by Laura Roode & Abigail Halpin. 2023. (Cupcake Diaries). (ENG.). 144p. (J). (gr. 3-7). lib. bdg. 32.79 ***(978-1-0982-5198-7(9),*** 42657, Chapter Bks.) Spotlight.

Alexis Cupcake Crush. Coco Simon. 2016. (Cupcake Diaries: 28). (ENG., Illus.). 160p. (J). (gr. 3-7). pap. 6.99 *(978-1-4814-6060-6(9),* Simon Spotlight) Simon Spotlight.

Alexis Cupcake Crush. Coco Simon. ed. 2016. (Cupcake Diaries: 28). lib. bdg. 17.20 *(978-0-606-38968-6(7))* Turtleback.

Alexis Discovers Credit. T. Frazier. Illus. by Yenushka Dunuwilla. 2020. (ENG.). 16p. (J). pap. 19.57 *(978-0-9971125-0-4(6))* Dobral LLC.

Alexis Has a Cleft Lip. Tracilyn George. 2023. (ENG.). 22p. (J). pap. 12.99 ***(978-1-77475-541-9(6))*** Draft2Digital.

Alexis Learns to Love Herself. Aman Smith. 2022. (ENG.). 20p. (J). 22.99 ***(978-1-0880-7304-9(2))*** Indy Pub.

Alexis' Story: 4th Grade. Donnilee J. Hernandez. 2021. (ENG., Illus.). 38p. (J). 24.95 *(978-1-0980-9097-5(7))* Christian Faith Publishing.

Alexis, the Tyrant of the East: A Persian Tale (Classic Reprint) William William. 2018. (ENG., Illus.). 204p. (J). 28.10 *(978-0-267-42590-7(2))* Forgotten Bks.

Alexis's Half-Baked Idea. Coco Simon. Illus. by Tracy Bishop. 2019. (Cupcake Diaries: 32). (ENG.). 160p. (J). (gr. 3-7). 17.99 *(978-1-5344-4067-8(4))*; pap. 6.99 *(978-1-5344-4066-1(6))* Simon Spotlight. (Simon Spotlight).

Alex's Adventure: On the Westcoast of Canada. Michelle Loree Dion. 2019. (ENG.). 24p. (J). *(978-1-5255-5393-6(3))*; pap. *(978-1-5255-5394-3(1))* FriesenPress.

Alex's Adventures in Wonderland: I Wonder about Coronavirus (and Other Viruses, Bacteria & Germs) Lia Bebelia. 2020. (ENG.). 88p. (J). pap. *(978-1-9999298-4-8(5))* Lia Bebelia Publishing.

Alex's Adventures in Wonderland: I Wonder about My Family. Lia Bebelia. Ed. by Matt Adams. Illus. by Christine P. Flores. 2018. (ENG.). 34p. (J). (gr. k-2). pap. *(978-1-9999298-0-0(2))* Lia Bebelia Publishing.

Alex's Adventures in Wonderland: I Wonder about the Tooth Fairy. Lia Bebelia. Ed. by Rufus McAlister. Illus. by Christine P. Flores. 2018. (978-1-9999298-2-4 Ser.). (ENG.). 38p. (J). (gr. k-2). pap. *(978-1-9999298-2-4(9))* Lia Bebelia Publishing.

Alex's Good Fortune. Benson Shum. Illus. by Benson Shum. 2020. (Illus.). 32p. (J). (gr. -1-3). 9.99 *(978-0-593-22294-2(6))*; (gr. k-2). 4.99 *(978-0-593-22293-5(8))* Penguin Young Readers Group. (Penguin Workshop).

42 The check digit for ISBN-10 appears in parentheses after the full ISBN-13

Alex's Lemonade Stand: Charities Started by Kids! Melissa Sherman Pearl. 2018. (Community Connections: How Do They Help? Ser.). (ENG., Illus.). (J). (gr. 2-5). lib. bdg. 29.21 *(978-1-5341-0729-8(0),* 210675) Cherry Lake Publishing.

Alex's Lemonade Stand Foundation: Charities Started by Kids! Melissa Sherman Pearl. 2018. (Community Connections: How Do They Help? Ser.). (ENG.). 24p. (J). (gr. 2-5). pap. 12.79 *(978-1-5341-0828-8(9),* 210676) Cherry Lake Publishing.

Alex's New Home. Mary Lipe. 2019. (ENG.). 30p. (J). 23.95 *(978-1-64628-092-6(X))* Page Publishing Inc.

Alex's Ripple Effect. Cindy Klayh. 2021. (ENG.). 28p. (J). *(978-1-5255-8278-3(X));* pap. *(978-1-5255-8277-6(1))* FriesenPress.

Alfa Raps. Tracilyn George. 2023. (ENG.). 22p. (J). pap. 12.99 ***(978-1-77475-543-3(2))*** Draft2Digital.

Alfalfa Sprouts in Grandma's Soup. Susan Saunders. 2020. (ENG.). 33p. (J). pap. *(978-1-716-44072-4(6))* Lulu Pr., Inc.

Alfie. James F. Park. 2018. (ENG.). 90p. (J). pap. *(978-0-244-09528-4(0))* Lulu Pr., Inc.

Alfie: (the Turtle That Disappeared) Thyra Heder. 2017. (ENG., Illus.). 48p. (J). (gr. -1-3). 18.99 *(978-1-4197-2529-6(7),* 1165701, Abrams Bks. for Young Readers) Abrams, Inc.

Alfie & Bet's ABC. Illus. by Maddie Frost. 2018. (J). 12.99 *(978-1-61067-647-2(5))* Kane Miller.

Alfie & Dad. Shirley Hughes. Illus. by Shirley Hughes. 2017. (Alfie Ser.). (ENG., Illus.). 32p. (J). (gr. -1-k). 22.99 *(978-1-78230-066-3(X))* Penguin Random Hse. GBR. Dist: Independent Pubs. Group.

Alfie & Dad. Shirley Hughes. 2018. (Alfie Ser.). (Illus.). 32p. (J). (-k). pap. 14.99 *(978-1-78295-691-4(3),* Red Fox) Random House Children's Books GBR. Dist: Independent Pubs. Group.

Alfie & His Very Best Friend. Shirley Hughes. 2016. (Alfie Ser.). (ENG., Illus.). 32p. (J). (gr. -1-k). 19.99 *(978-1-78230-061-8(9))* Penguin Random Hse. GBR. Dist: Independent Pubs. Group.

Alfie & Mum. Shirley Hughes. 2017. (Alfie Ser.). (Illus.). 32p. (J). (gr. -1-k). pap. 12.99 *(978-1-78295-645-7(X),* Red Fox) Random House Children's Books GBR. Dist: Independent Pubs. Group.

Alfie & Reid: A Fine Partnership Indeed. Stephen Thornton. Illus. by Daniel Olivier-Argyle. 2019. (ENG.). 20p. (J). *(978-1-4602-6169-9(0));* pap. *(978-1-4602-6170-5(4))* FriesenPress.

Alfie & Rosie Adventure Bunnies: The Tale of Acceptance. Tanya E. Ma. 2019. (Adventure Bunnies Ser.: Vol. 1). (ENG.). 36p. (J). pap. *(978-0-6487346-1-1(7))* Price, Anne-Marie.

Alfie & the Greatest Creatures: Alfie & the Lion. Susie Davids. 2018. (Alfie & the Greatest Creatures Ser.: Vol. 5). (ENG., Illus.). (J). (gr. 1-2). *(978-1-907978-80-7(1));* pap. *(978-1-907978-81-4(X))* ETA Publishing Hse.

Alfie & the Greatest Creatures: Alfie in the Snow. Susie Davids. 2018. (Alfie & the Greatest Creatures Ser.: Vol. 2). (ENG., Illus.). (J). (gr. 1-2). *(978-1-907978-68-5(2));* pap. *(978-1-907978-69-2(0))* ETA Publishing Hse.

Alfie & the Greatest Creatures: Alfie in the Sun. Susie Davids. 2018. (Alfie & the Greatest Creatures Ser.: Vol. 4). (ENG., Illus.). (J). (gr. 1-2). *(978-1-907978-76-0(3));* pap. *(978-1-907978-77-7(1))* ETA Publishing Hse.

Alfie & the Greatest Creatures: Alfie in the Tropics. Susie Davids. 2018. (Alfie & the Greatest Creatures Ser.: Vol. 1). (ENG., Illus.). (J). (gr. 1-2). *(978-1-907978-28-9(3));* pap. *(978-1-907978-29-6(1))* ETA Publishing Hse.

Alfie & the Greatest Creatures: Alfie in the Water. Susie Davids. 2018. (Alfie & the Greatest Creatures Ser.: Vol. 3). (ENG., Illus.). (J). (gr. 1-2). *(978-1-907978-72-2(0));* pap. *(978-1-907978-73-9(9))* ETA Publishing Hse.

Alfie & the Magic Healing Potion. Tara Devlin. 2016. (ENG.). 114p. (J). pap. ***(978-0-244-33201-3(0))*** Lulu Pr., Inc.

Alfie at Nursery School. Shirley Hughes. 2018. (ENG., Illus.). 32p. (J). (-k). 19.99 *(978-1-78230-071-7(6))* Penguin Random Hse. GBR. Dist: Independent Pubs. Group.

Alfie at Nursery School. Shirley Hughes. 2018. (Illus.). 32p. (J). pap. 11.99 *(978-1-78295-766-9(9),* Red Fox) Random House Children's Books GBR. Dist: Independent Pubs. Group.

Alfie Cat in Trouble. Rachel Wells. 2016. (ENG., Illus.). 144p. (J). 5.99 *(978-0-00-817208-4(0),* HarperCollins Children's Bks.) HarperCollins Pubs. Ltd. GBR. Dist: HarperCollins Pubs.

Alfie Dalfie. Jon Adams. Illus. by Anatol Adams. 2017. (ENG.). (J). pap. 12.45 *(978-0-9797613-6-2(0))* Slack Water Pr.

Alfie Doodle. Jill Anderson. 2018. (ENG., Illus.). 38p. (J). pap. *(978-1-78623-368-4(1))* Grosvenor Hse. Publishing Ltd.

Alfie Far from Home. Rachel Wells. 2018. (ENG.). 144p. (J). 5.99 *(978-0-00-826390-4(6),* HarperCollins Children's Bks.) HarperCollins Pubs. Ltd. GBR. Dist: HarperCollins Pubs.

Alfie Outdoors. Shirley Hughes. 2016. (Alfie Ser.). (Illus.). 32p. (J). (-k). pap. 14.99 *(978-1-78295-265-7(9),* Red Fox) Random House Children's Books GBR. Dist: Independent Pubs. Group.

Alfie the Brave. Richard Harris. Illus. by Simon Howe. 2022. 32p. (J). (— 1). 19.99 *(978-1-76104-135-8(5),* Puffin) Penguin Random Hse. AUS. Dist: Independent Pubs. Group.

Alfie's Adventures in Ancient Rome. Andrew Powell-Thomas. Illus. by Nohya Muhammad. 2020. (ENG.). 100p. (J). pap. *(978-1-9164164-5-1(4))* Cityscape Publishing.

Alfie's Christmas. Shirley Hughes. 2016. (Alfie Ser.). (ENG., Illus.). 32p. (J). (gr. -1-k). 12.99 *(978-1-78230-064-9(3))* Penguin Random Hse. GBR. Dist: Independent Pubs. Group.

Alfie's Christmas. Shirley Hughes. 2017. (Alfie Ser.). (ENG., Illus.). 32p. (J). (-k). pap. 11.99 *(978-1-78295-724-9(3),* Red Fox) Random House Children's Books GBR. Dist: Independent Pubs. Group.

Alfie's Holiday in Monaco. Ed. by Joyce Pocock & Heidi Downey. Illus. by A. W. J. Pilgrim. 2018. (Adventures of Alfie the Talking Bus Ser.: Vol. 2). (ENG.). 26p. (J). pap. *(978-1-78926-832-4(X))* Independent Publishing Network.

Alfie's New Game, Mission: Air Pollution. Natalie Lusardi. Illus. by Charly Fuller. 2023. (ENG.). 36p. (J). pap. ***(978-1-80381-381-3(4))*** Grosvenor Hse. Publishing Ltd.

Alfombra de la Princesa: Leveled Reader Book 1 Level I 6 Pack. Hmh Hmh. 2021. (SPA.). 16p. (J). pap. 74.40 *(978-0-358-08399-3(0))* Houghton Mifflin Harcourt Publishing Co.

Alfonso & Leopold: An Alaska Adventure. Patrick Lawrence. 2017. (ENG., Illus.). (J). 25.95 *(978-1-4808-5252-5(X));* pap. 15.95 *(978-1-4808-5251-8(1))* Archway Publishing.

Alfred Appreciates Arithmetic. Jim Gaven. 2016. (ENG.). 34p. (J). pap. ***(978-1-365-36073-2(3))*** Lulu Pr., Inc.

Alfred Bulltop Stormalong. Emily Dolbear. Illus. by Kathleen Petelinsek. 2021. (Tall Tales Ser.). (ENG.). 24p. (J). (gr. k-3). 32.79 *(978-1-5038-5006-4(4),* 215158) Child's World, Inc, The.

Alfred Dudley, or the Australian Settlers (Classic Reprint) Sarah Porter. 2018. (ENG., Illus.). 214p. (J). 28.31 *(978-0-332-54736-7(1))* Forgotten Bks.

Alfred Hagart's Household, Vol. 1 of 2 (Classic Reprint) Alexander Smith. 2018. (ENG., Illus.). 308p. (J). 30.25 *(978-0-484-16313-2(2))* Forgotten Bks.

Alfred in India: Or Scenes in Hindoostan (Classic Reprint) Unknown Author. 2018. (ENG., Illus.). 186p. (J). 27.73 *(978-0-483-54187-0(7))* Forgotten Bks.

Alfred Nobel. Czeena Devera. Illus. by Jeff Bane. 2018. (My Early Library: My Itty-Bitty Bio Ser.). (ENG.). 24p. (J). (gr. k-1). lib. bdg. 30.64 *(978-1-5341-2885-9(9),* 211584) Cherry Lake Publishing.

Alfred Nobel, Vol. 11. Timmy Warner. 2018. (Scientists & Their Discoveries Ser.). (Illus.). 96p. (J). (gr. 7). lib. bdg. 34.60 *(978-1-4222-4026-7(6))* Mason Crest.

Alfred, or the Youthful Enquirer: In Which Many of the Operations of Nature & Art Are Familiarly Explained, & Adapted to the Comprehension of Children (Classic Reprint) Unknown Author. 2018. (ENG., Illus.). 220p. (J). 28.43 *(978-0-267-69586-7(1))* Forgotten Bks.

Alfred the Great. Anita Quick. I.t. ed. 2017. (ENG., Illus.). (J). pap. 10.95 *(978-1-61633-846-6(6))* Guardian Angel Publishing, Inc.

Alfred the Great Alpine Gnome. George W. Green. 2018. (ENG., Illus.). 102p. (J). (gr. 2-6). pap. *(978-1-912021-92-5(7),* Nightingale Books) Pegasus Elliot Mackenzie Pubs.

Alfred the Monarch Butterfly. Jerlene Crawford Hales. 2016. (ENG., Illus.). (J). 24.95 *(978-1-63525-729-8(8));* pap. 13.95 *(978-1-68197-311-1(1))* Christian Faith Publishing.

Alfredo Nobel. Flores Lazaro. Ed. by Rafael Diaz Ycaza. Illus. by Nelson Jacome. 2017. (SPA.). 128p. (J). pap. *(978-9978-18-445-5(7))* Radmandi Editorial, Compania Ltd.

Alfred's Book of Monsters. Sam Streed. Illus. by Sam Streed. 2019. (Illus.). 32p. (J). (gr. -1-2). lib. bdg. 15.99 *(978-1-58089-833-1(5))* Charlesbridge Publishing, Inc.

Alfred's Special Place. Paola Di Paolo. 2017. (ENG., Illus.). (J). (gr. k-4). pap. *(978-1-5255-0547-8(5))* FriesenPress.

Alfrex: La Inusual Travesía de un Skater. Elyen Ernesto Pérez de la Cruz. 2021. (SPA.). 30p. (J). 17.99 *(978-1-0879-6341-9(9))* Indy Pub.

Alf's Button (Classic Reprint) W. A. Darlington. 2017. (ENG., Illus.). (J). 29.90 *(978-0-265-46100-6(6))* Forgotten Bks.

Algebra - by Design. Russell F. Jacobs. 2017. (ENG.). 48p. (J). pap. 19.95 *(978-0-9846042-9-6(4))* Tessellations.

Algebra 1 Companion Text. Heron Books. 2023. (ENG.). 326p. (YA). pap. ***(978-0-89739-108-5(X),*** Heron Bks.) Quercus.

Algebra 1 Topics - by Design. Russell F. Jacobs. 2017. (ENG.). 48p. (J). pap. 19.95 *(978-0-918272-37-9(8))* Tessellations.

Algebra & Trigonometry, 1 vol. Ed. by Nicholas Faulkner & William L. Hosch. 2017. (Foundations of Math Ser.). (ENG., Illus.). 312p. (J). (gr. 10-10). lib. bdg. 55.59 *(978-1-68048-774-9(4),* 2cdca200-24cf-448b-8a3d-0b0ffe8f85a3) Rosen Publishing Group, Inc., The.

Algebra Grades 6-8 Workbook Children's Algebra Books. Baby Iq Builder Books. 2016. (ENG., Illus.). (J). pap. 8.99 *(978-1-68374-741-3(0))* Examined Solutions PTE. Ltd.

Algebra Lineare e Geometria Cartesiana. Nicola Bellini. 2023. (ITA.). 110p. (C). pap. ***(978-1-4478-6730-2(0))*** Lulu Pr., Inc.

Algeria, 1 vol. Falaq Kagda. 2017. (Cultures of the World (Third Edition)(r) Ser.). (ENG., Illus.). 144p. (gr. 5-5). 48.79 *(978-1-5026-2742-1(6),* f6f7b34e-69d1-41df-973b-bed33d222794) Cavendish Square Publishing LLC.

Algeria a Discoverable Country Children's People & Places Book. Bold Kids. 2022. (ENG.). 42p. (J). pap. 14.99 ***(978-1-0717-1905-3(X))*** FASTLANE LLC.

Algic Researches, Vol. 2 Of 2: Comprising Inquiries Respecting the Mental Characteristics of the North American Indians, First Series, Indian Tales & Legends (Classic Reprint) Henry Rowe Schoolcraft. 2018. (ENG., Illus.). 246p. (J). 28.97 *(978-0-484-19680-2(4))* Forgotten Bks.

Algo, Algún Día. Amanda Gorman. Tr. by Jasminne Mendez. Illus. by Christian Robinson. 2023. Orig. Title: Something, Someday. 40p. (J). (gr. -1-3). 18.99 ***(978-0-593-62346-6(0),*** Viking Books for Young Readers) Penguin Young Readers Group.

Algo anda mal en mi Casa see Something Is Wrong at My House: A Book about Parents Fighting

Algo Pasa en Mi Ciudad: Un Relato Sobre la Injusticia y el Racismo. Marianne Celano et al. Illus. by Jennifer Zivoin. 2020. (SPA.). 32p. (J). (gr. k-2). 18.95 *(978-84-16470-03-7(0))* Fineo Editorial, S.L. ESP. Dist: Independent Pubs. Group.

Algo Se Nos Escapa (Something's Fishy) (Spanish Edition) Jean Gourounas. 2017. (SPA.). 40p. (J). (gr. -1-1). 19.95 *(978-0-7148-7552-1(X))* Phaidon Pr., Inc.

Algonquin. F. A. Bird. 2021. (Native American Nations Ser.). (ENG., Illus.). 32p. (J). (gr. 3-6). lib. bdg. 32.79 *(978-1-5321-9714-7(4),* 38440, Checkerboard Library) ABDO Publishing Co.

Algonquin. Heather Kissock. 2018. (Canadian Aboriginal Art & Culture Ser.). (ENG.). 32p. (J). lib. bdg. 22.99 *(978-1-5105-3985-3(9))* SmartBook Media, Inc.

Algonquin Indian Tales (Classic Reprint) Egerton R. Young. 2018. (ENG., Illus.). 322p. (J). 30.56 *(978-0-267-49440-8(8))* Forgotten Bks.

Algonquin Legends of New England. Charles G. Leland. 2022. (ENG.). 304p. (YA). pap. 19.00 ***(978-1-716-04389-5(1))*** Lulu Pr., Inc.

Algonquin Maiden: A Romance of the Early Days of Upper Canada (Classic Reprint) G. Mercer Adam. 2017. (ENG., Illus.). (J). 28.97 *(978-1-5284-7528-0(3))* Forgotten Bks.

Algonquin Sunset: An Algonquin Quest Novel. Rick Revelle. 2017. (Algonquin Quest Novel Ser.: 3). (ENG.). 304p. (YA). pap. 12.99 *(978-1-4597-3702-0(4))* Dundurn Pr. CAN. Dist: Publishers Group West (PGW).

Algorithms, 1 vol. Jeff Mapua. 2018. (Let's Learn about Computer Science Ser.). (ENG.). 24p. (gr. 1-2). lib. bdg. 24.27 *(978-1-9785-0177-5(3),* be97ae7f-8502-4a90-ad46-70f56b57fod8) Enslow Publishing, LLC.

Algorithms: Solve a Problem! Blake Hoena. Illus. by Sr. Sanchez. 2018. (Code It! Ser.). (ENG.). 24p. (C). (gr. 1-3). lib. bdg. 33.99 *(978-1-68410-383-6(5),* 140357) Cantata Learning.

Algorithms: The Building Blocks of Computer Programming, 1 vol. Daniel R. Faust. 2018. (Essential Concepts in Computer Science Ser.). (ENG.). 32p. (gr. 4-5). 27.93 *(978-1-5383-3127-9(6),* 7d2c24b6-9708-45e1-a13f-48f8fd4b2faf, PowerKids Pr.) Rosen Publishing Group, Inc., The.

Algorithms & Sequencing. Teddy Borth. 2021. (Coding Basics Ser.). (ENG., Illus.). 24p. (J). (gr. k-3). lib. bdg. 31.36 *(978-1-5321-6961-8(2),* 37999, Pop! Cody Koala) Pop!.

Alguien quiere Tacos? see Tacos Anyone?, Bk. 2, An Autism Story Book

Alhambra & Wolfert's Roost, & Miscellaneous (Classic Reprint) Washington. Irving. (ENG., Illus.). (J). 2018. 374p. 31.63 *(978-0-267-54984-9(9));* 2016. pap. 16.57 *(978-1-333-54245-0(3))* Forgotten Bks.

Alhambra (Classic Reprint) Washington. Irving. 2018. (ENG., Illus.). (J). 384p. 31.82 *(978-0-267-09434-9(5));* 436p. 32.89 *(978-0-656-71149-9(3))* Forgotten Bks.

Alhambra, Vol. 2 (Classic Reprint) Washington. Irving. 2018. (ENG., Illus.). 382p. (J). 31.78 *(978-0-364-05144-3(2))* Forgotten Bks.

Ali & His Magic Pjs: Ali in the Air. Isla Mann. 2017. (ENG., Illus.). (J). (gr. 2-4). pap. *(978-1-911240-72-3(2))* Rowanvale Bks.

Ali & His Magic Pjs: Swimming with Dolphins. Isla Mann. 2017. (Ali & His Magic Pjs Ser.: Vol. 2). (ENG., Illus.). (J). (gr. k-2). pap. *(978-1-911569-35-0(X))* Rowanvale Bks.

Ali & Sonni. Adriana Diaz-Donoso. 2022. (ENG.). 24p. (J). pap. ***(978-1-922827-78-4(9))*** Library For All Limited.

Ali & the Sea Stars. Ali Stroker. Illus. by Gillian Reid. 2022. (ENG.). 40p. (J). (gr. -1-3). 18.99 *(978-0-06-301571-5(4),* HarperCollins) HarperCollins Pubs.

Ali & the Spider. Rowzaa El-Magazy. 2016. (ENG., Illus.). 18p. (J). (gr. -1-2). 8.95 *(978-0-86037-325-4(8))* Kube Publishing Ltd. GBR. Dist: Consortium Bk. Sales & Distribution.

Ali & Yasouf, or Envy the Wrong Road to Happiness: A Moral Tale (Classic Reprint) Unknown Author. 2017. (ENG., Illus.). (J). 76p. 25.46 *(978-0-332-58829-2(7));* pap. 9.57 *(978-0-259-21541-7(4))* Forgotten Bks.

Ali Baba: Or, the Forty Thieves (Classic Reprint) Unknown Author. 2017. (ENG., Illus.). (J). 24.31 *(978-0-266-44638-5(8))* Forgotten Bks.

Ali Baba & the Forty Thieves: One Thousand & One Nights. Illus. by Sura Ghazwah. 2016. (ENG.). 64p. pap. 7.95 *(978-1-911091-01-1(8))* Real Reads Ltd. GBR. Dist: Casemate Pubs. & Bk. Distributors, LLC.

Ali Babba Steals Home of Babba. Kamel Elhassani. 2018. (ENG., Illus.). 380p. (YA). 30.95 *(978-1-64298-646-4(1));* pap. 20.95 *(978-1-64298-621-1(6))* Page Publishing Inc.

Ali Cross. James Patterson. (Ali Cross Ser.: 1). (ENG.). (J). (gr. 5-9). 2020. 336p. pap. 8.99 *(978-0-316-70568-4(3));* 2019. 320p. 16.99 *(978-0-316-53041-5(7))* Little Brown & Co. (Jimmy Patterson).

Ali Cross: Like Father, Like Son. James Patterson. (Ali Cross Ser.: 2). (ENG.). (J). (gr. 5-9). 2022. 320p. pap. 8.99 *(978-0-316-42377-9(7));* 2021. (Illus.). 304p. 16.99 *(978-0-316-50013-5(5))* Little Brown & Co. (Jimmy Patterson).

Ali Cross: the Secret Detective. James Patterson. (Ali Cross Ser.: 3). (ENG.). 272p. (J). (gr. 5-9). 2023. pap. 8.99 ***(978-0-316-40981-0(2));*** 2022. 16.99 *(978-0-316-40991-9(X))* Little Brown & Co. (Jimmy Patterson).

Ali Finds Her Courage. Katelyn Alderson. 2023. (ENG.). 30p. (J). pap. ***(978-1-3984-2794-5(2))*** Austin Macauley Pubs. Ltd.

Ali Ibn Abi Talib. Asiye Gülen et al. 2016. (Age of Bliss Ser.). (ENG., Illus.). 69p. (J). (gr. 4-8). pap. 5.95 *(978-1-59784-374-4(1),* Tughra Bks.) Blue Dome, Inc.

Ali Pacha; Countess of Saint Geran; Murat (Classic Reprint) Dumas. 2016. (ENG., Illus.). (J). pap. 13.97 *(978-1-333-63835-1(3))* Forgotten Bks.

Ali Pacha; Countess of Saint Geran; Murat (Classic Reprint) Alexandre Dumas. 2017. (ENG., Illus.). 360p. (J). 31.30 *(978-0-332-53729-0(3))* Forgotten Bks.

Ali the Barber & the 40 Haircuts. Daniel K. Walten. 2022. (ENG., Illus.). 36p. (J). 26.95 ***(978-1-6624-7405-7(9))*** Page Publishing Inc.

Ali the Great & the Dinosaur Mistake. Saadia Faruqi. Illus. by Debby Rahmalia. 2023. (Ali the Great Ser.). (ENG.). 32p. (J). 22.65 ***(978-1-6663-9388-0(6),*** 244819); pap. 6.99 ***(978-1-4846-8119-0(3),*** 244807) Capstone. (Picture Window Bks.).

Ali the Inventor Helps the Veterinarian: Book 3. Amir Makin. 2019. (Ali the Inventor Ser.: Vol. 3). (ENG., Illus.). 34p. (J). (gr. 2-6). pap. 9.99 *(978-0-9799464-6-2(8))* AIC Publications.

Aliana Reaches for the Moon. Laura Roettiger. Illus. by Ariel Boroff. 2019. (ENG.). 34p. (J). (gr. k-5). pap. 9.99 *(978-1-63233-196-0(9))* Eifrig Publishing.

Alianza. Amy Tintera. 2020. (SPA.). 416p. (YA). (gr. 7). pap. 22.00 *(978-607-527-839-1(7))* Editorial Oceano de Mexico MEX. Dist: Independent Pubs. Group.

Alias Anna: A True Story of Outwitting the Nazis. Susan Hood. 2022. (ENG., Illus.). 352p. (J). (gr. 5). 19.99 *(978-0-06-308389-9(2),* HarperCollins) HarperCollins Pubs.

Alias Anna: A True Story of Outwitting the Nazis. Susan Hood & Greg Dawson. 2023. (ENG., Illus.). 368p. (J). (gr. 5). pap. 9.99 *(978-0-06-308390-5(6),* HarperCollins) HarperCollins Pubs.

Alias Cliff O'Shea: God's Secret Agent. Paul Thomas Jordan. 2018. (Alias Cliff O'Shea Ser.: Vol. 1). (ENG., Illus.). 82p. (YA). pap. 10.00 *(978-0-9961897-6-7(9))* Principle Bks. Pubs.

Alias Cliff O'Shea: God's Secret Agent Book 2. Paul Thomas Jordan. 2019. (Alias Cliff O'Shea Ser.: Vol. 2). (ENG.). 106p. (YA). (gr. 7-12). pap. 10.00 *(978-1-7331855-0-9(X))* Principle Bks. Pubs.

Alias Cliff o'Shea Book 3: God's Secret Agent. Paul Thomas Jordan. 2021. (ENG.). 118p. (YA). pap. 10.00 *(978-1-7331855-2-3(6))* Principle Bks. Pubs.

Alias Miss. Sherlock: A Drama in Four Acts (Classic Reprint) Arthur Lewis Tubbs. (ENG., Illus.). (J). 2018. 104p. 26.04 *(978-0-483-93190-9(X));* 2016. pap. 9.57 *(978-1-334-19099-5(2))* Forgotten Bks.

Alia's Vision: First Transformation. Kianna Smith. 2019. (ENG.). 108p. (YA). 28.95 *(978-1-9822-2192-8(5));* pap. 8.99 *(978-1-9822-2190-4(9))* Author Solutions, LLC. (Balboa Pr.).

Alibi. Kristin Butcher. 2nd ed. 2021. (Orca Currents Ser.). (ENG.). 120p. (J). (gr. 4-7). pap. 10.95 *(978-1-4598-3308-1(2))* Orca Bk. Pubs. USA.

Alice: Grand Duchess of Hesse; Princess of Great Britain & Ireland; Biographical Sketch & Letters (Classic Reprint) Unknown Author. 2017. (ENG., Illus.). (J). 32.46 *(978-0-266-83005-4(6))* Forgotten Bks.

Alice a the Inn, Vol. 3: A Tale of the Old Coaching Days (Classic Reprint) John Walter Sherer. 2018. (ENG., Illus.). 252p. (J). 29.09 *(978-0-483-31371-2(8))* Forgotten Bks.

Alice Across America: The Story of the First Women's Cross-Country Road Trip. Sarah Glenn Marsh. Illus. by Gilbert Ford. 2020. (ENG.). 48p. (J). 18.99 *(978-1-250-29702-0(8),* 900195861, Holt, Henry & Co. Bks. For Young Readers) Holt, Henry & Co.

Alice Adams. Booth Tarkington. 2017. (ENG., Illus.). (J). 25.95 *(978-1-374-93394-1(5));* pap. 15.95 *(978-1-374-93393-4(7))* Capital Communications, Inc.

Alice Adams. Booth Tarkington. 2018. (ENG., Illus.). 246p. (J). *(978-3-7326-2636-6(9))* Klassik Literatur. ein Imprint der Salzwasser Verlag GmbH.

Alice Adams. Booth Tarkington. 2017. (ENG., Illus.). (J). pap. *(978-0-649-10008-8(5))* Trieste Publishing Pty Ltd.

Alice Adams: Illustrated by Arthur William Brown (Classic Reprint) Booth Tarkington. 2017. (ENG., Illus.). (J). 29.67 *(978-0-266-85254-4(8))* Forgotten Bks.

Alice Allan: The Country Town, et CET (Classic Reprint) Alexander Wilson. 2018. (ENG., Illus.). 316p. (J). 30.41 *(978-0-483-66850-8(8))* Forgotten Bks.

Alice & a Family: A Story of South London (Classic Reprint) St. John G. Ervine. 2018. (ENG., Illus.). 322p. (J). 30.54 *(978-0-365-34190-1(8))* Forgotten Bks.

Alice & Beatrice (Classic Reprint) Grandmamma Grandmamma. 2018. (ENG., Illus.). 196p. (J). 27.94 *(978-0-484-33874-5(9))* Forgotten Bks.

Alice & Gert: An Ant & Grasshopper Story. Helaine Becker. Illus. by Dena Seiferling. 2020. (ENG.). 24p. (J). (gr. k-4). 17.95 *(978-1-77147-358-3(4))* Owlkids Bks. Inc. CAN. Dist: Publishers Group West (PGW).

Alice & Greta: A Tale of Two Witches. Steven J. Simmons. Illus. by Cyd Moore. 2019. 32p. (J). (gr. -1-2). 16.99 *(978-1-62354-110-1(7))* Charlesbridge Publishing, Inc.

Alice & Her Two Friends (Classic Reprint) Charles Seely Wood. (ENG., Illus.). (J). 2018. 298p. 30.04 *(978-0-365-38076-4(8));* 2017. pap. 13.57 *(978-0-282-63408-7(8))* Forgotten Bks.

Alice & Jerry Basic Readers; Reading Foundation Program: Guidebook for Teachers for the New Day in & Day Out (Classic Reprint) Mabel O'Donnell. (ENG., Illus.). (J). 2018. 354p. 31.22 *(978-0-364-75950-9(X));* 2017. pap. 13.57 *(978-0-259-86883-5(3))* Forgotten Bks.

Alice & Jerry Basic Readers Reading Foundation Program: Guidebook for Teachers for the New down the River Road (Classic Reprint) Mabel O'Donnell. 2017. (ENG., Illus.). (J). 27.20 *(978-0-265-57148-4(0));* pap. 9.57 *(978-0-282-83978-9(X))* Forgotten Bks.

Alice & Jerry Books: Day in & Day Out (Classic Reprint) Mabel O'Donnell. 2017. (ENG., Illus.). (J). 27.24 *(978-0-331-72751-7(X));* pap. 9.97 *(978-0-259-49831-5(9))* Forgotten Bks.

Alice & Jerry Books: Round about (Classic Reprint) Mabel O'Donnell. 2017. (ENG., Illus.). (J). 28.37 *(978-0-265-57298-6(3));* pap. 10.97 *(978-0-282-85186-6(0))* Forgotten Bks.

Alice & Jerry Books: The Companion Book for Round about (Classic Reprint) Mabel O'Donnell. 2017. (ENG., Illus.). (J). 26.76 *(978-0-265-57254-2(1));* pap. 9.57 *(978-0-282-85219-1(0))* Forgotten Bks.

Alice & Other Fairy Plays for Children. Kate Freiligrath-Kroeker & Mary Sibree. 2017. (ENG.). 340p. (J). pap. *(978-3-337-21464-7(9))* Creation Pubs.

Alice, & Other Fairy Plays for Children (Classic Reprint) Kate Freiligrath-Kroeker. (ENG., Illus.). (J). 2018. 336p. 30.83 *(978-0-484-15492-5(3));* 2016. pap. 13.57 *(978-1-334-33509-9(5))* Forgotten Bks.

Alice & Pops: Tap! Tap! Tap! Karen Campbell Kuebler. 2021. (ENG., Illus.). 36p. (J). 24.95 *(978-1-63860-471-6(1));* pap. 14.95 *(978-1-63710-871-0(0))* Fulton Bks.

Alice & the Garden. Anna Johnston. 2020. (Alice Ser.: 1). 24p. (J). 22.99 *(978-1-0983-2254-0(1))* BookBaby.

Alice & Tom: Or the Record of a Happy Year (Classic Reprint) Kate Louise Brown. 2018. (ENG., Illus.). 232p. (J). 28.68 *(978-0-267-16855-2(1))* Forgotten Bks.

Alice-Angel of Time: Part Two. E. Graziani. 2016. (Alice of the Rocks Ser.: Vol. 2). (ENG., Illus.). (YA). (gr. 7-12). pap. *(978-1-928133-74-2(6))* Morning Rain Publishing.

Alice Ashland. Edith Neville. 2017. (ENG.). 222p. (J). pap. *(978-3-337-34499-3(2))* Creation Pubs.

Alice Ashland: A Romance of the World's Fair (Classic Reprint) Edith Neville. (ENG., Illus.). (J). 2018. 220p. 28.43

(978-0-267-39153-0(6)); 2016. pap. 10.97 *(978-1-334-13708-2(0))* Forgotten Bks.

Alice Ate an Apple: The World of Letters. Anne-Marie Labrecque. Illus. by Mathieu Dionne St-Arneault. 2022. (ENG.). 60p. (J). (gr. -1-k). 16.99 Éditions Tourbillon FRA. Dist: Hachette Bk. Group.

Alice Au Pays des Merveilles. Lewis Carroll, pseud. Tr. by Henri Bue. Illus. by John Tenniel. 2018. (FRE.). 176p. (J). pap. *(978-2-35455-003-5(0))* Livio Informatique.

Alice Au Pays des Merveilles: Édition Bilingue Espéranto/Français (+ Lecture Audio Intégrée) Lewis Carroll, pseud. 2017. (FRE., Illus.). 272p. (J). pap. *(978-2-37808-014-3(X))* L'Accolade éditions.

Alice Austen Lived Here, 1 vol. Alex Gino. 2022. (ENG.). 176p. (J). (gr. 4-7). 17.99 *(978-1-338-73389-1(3)*, Scholastic Pr.) Scholastic, Inc.

Alice Blythe Somewhere in England (Classic Reprint) Martha Trent. (ENG., Illus.). (J). 2018. 212p. 28.29 *(978-0-428-97662-0(X))*; 2016. pap. 10.97 *(978-1-333-64576-2(7))* Forgotten Bks.

Alice Collection/Alice in Elementary (Boxed Set) Starting with Alice; Alice in Blunderland; Lovingly Alice. Phyllis Reynolds Naylor. ed. 2016. (Alice Ser.). (ENG., Illus.). 672p. (J). (gr. 2-7). pap. 17.99 *(978-1-4814-7874-8(5)*, Atheneum Bks. for Young Readers) Simon & Schuster Children's Publishing.

Alice Collection/High School & Beyond: I Like Him, He Likes Her; It's Not Like I Planned It This Way; Please Don't Be True; You & Me & the Space in Between; Now I'll Tell You Everything. Phyllis Reynolds Naylor. ed. 2016. (Alice Ser.). (ENG., Illus.). 3648p. (YA). (gr. 7). pap. 61.99 *(978-1-4814-7876-2(1)*, Atheneum/Caitlyn Dlouhy Books) Simon & Schuster Children's Publishing.

Alice Collection/the Middle School Years: The Agony of Alice; Alice in Rapture, Sort of; Reluctantly Alice; All but Alice; Alice in April; Alice in-Between; Alice the Brave; Alice in Lace; Outrageously Alice; Achingly Alice; Alice on the Outside; the Grooming of Alice. Phyllis Reynolds Naylor. ed. 2016. (Alice Ser.). (ENG., Illus.). 2368p. (J). (gr. 5-9). pap. 89.99 *(978-1-4814-7875-5(3)*, Atheneum/Caitlyn Dlouhy Books) Simon & Schuster Children's Publishing.

Alice Devine (Classic Reprint) Edgar Jepson. 2017. (ENG., Illus.). (J). 31.34 *(978-1-5283-8361-5(3))* Forgotten Bks.

Alice down the Rabbit Hole: Coloring Book. Isobel Lundie. 2017. (ENG.). 40p. (J). (gr. 2). pap. 4.95 *(978-1-912006-75-5(8))* Book Hse. GBR. Dist: Sterling Publishing Co., Inc.

Alice Fleck's Recipes for Disaster. Rachelle Delaney. (ENG.). 256p. (J). (gr. 4-7). 2022. pap. 8.99 *(978-0-7352-6929-3(7))*; 2021. 17.99 *(978-0-7352-6927-9(0))* PRH Canada Young Readers CAN. (Puffin Canada). Dist: Penguin Random Hse. LLC.

Alice-For-Short: A Dichronism (Classic Reprint) William De Morgan. (ENG., Illus.). (J). 2018. 594p. 36.17 *(978-0-483-46885-6(1))*; 2017. pap. 19.57 *(978-1-334-93463-6(0))* Forgotten Bks.

Alice-For-Short (Classic Reprint) William De Morgan. 2017. (ENG., Illus.). (J). 35.90 *(978-0-265-18086-0(4))* Forgotten Bks.

Alice Franklin: A Tale; Another Part of Sowing & Reaping (Classic Reprint) Mary Botham Howitt. 2018. (ENG., Illus.). 188p. (J). 27.77 *(978-0-267-15213-1(2))* Forgotten Bks.

Alice Godolphin, and, a Little Heiress, Vol. 1 Of 2: Two Stories (Classic Reprint) Mary Neville. 2018. (ENG., Illus.). (J). 274p. 29.55 *(978-0-366-55695-3(9))*; 276p. pap. 11.97 *(978-0-366-06475-5(4))* Forgotten Bks.

Alice Gololphin, and, a Little Heiress, Vol. 2 Of 2: Two Stories (Classic Reprint) Mary Neville. (ENG., Illus.). (J). 2018. 278p. 29.63 *(978-0-267-34891-6(6))*; 2016. pap. 13.57 *(978-1-333-72364-4(4))* Forgotten Bks.

Alice Grey, the Suspected One; or the Moral Brand: A Domestic Drama, in Three Acts, As Performed at the Royal Surrey Theatre (Classic Reprint) I. T. Haines. 2018. (ENG., Illus.). 58p. (J). 25.09 *(978-0-483-94081-9(X))* Forgotten Bks.

Alice H. Parker & the Furnace. Virginia Loh-Hagan. 2018. (21st Century Junior Library: Women Innovators Ser.). (ENG., Illus.). 24p. (J). (gr. 2-5). lib. bdg. 29.21 *(978-1-5341-2909-2(X)*, 211680) Cherry Lake Publishing.

Alice in Blunderland: An Iridescent Dream (Classic Reprint) John Kendrick Bangs. 2017. (ENG., Illus.). (J). 26.70 *(978-0-266-40743-0(9))* Forgotten Bks.

Alice in God's Wonderland. Clark & Lourine Gist. 2018. (ENG., Illus.). 94p. (J). 29.95 *(978-1-64258-573-5(4))*; pap. 19.95 *(978-1-68197-694-5(3))* Christian Faith Publishing.

Alice in Murderland, Vol. 5. Kaori Yuki. 2017. (Alice in Murderland Ser.: 5). (ENG., Illus.). 176p. (gr. 11-17). 17.00 *(978-0-316-50279-5(0))* Yen Pr. LLC.

Alice in Nether Land. Carol Kasser. 2019. (ENG.). 118p. (YA). pap. 11.99 *(978-1-950454-44-0(4))* Pen It Pubns.

Alice in Transmedia Wonderland: Curiouser & Curiouser New Forms of a Children's Classic, 1 vol. Anna Kérchy. 2016. (ENG., Illus.). 268p. pap. 39.95 *(978-1-4766-6668-6(7)*, d26a5778-f87f-4c1f-94c6-1fe0b0a272ea) McFarland & Co., Inc. Pubs.

Alice in Wonderland. Contrib. by Lewis Carroll, pseud. 2016. (ENG., Illus.). (J). pap. 29.99 *(978-1-63111-869-2(2))* Books-A-Million, Inc.

Alice in Wonderland. Lewis Carroll, pseud. 2021. (ENG.). 52p. (J). (gr. -1). pap. *(978-1-396-32120-7(9))* Forgotten Bks.

Alice in Wonderland. Lewis Carroll, pseud. 2017. (ENG., Illus.). (J). pap. *(978-1-77335-019-6(6))*; (gr. 3). *(978-1-77335-021-9(8))*; (gr. 1-4). pap. *(978-1-77335-020-2(X))* Magdalene Pr.

Alice in Wonderland. Lewis Carroll, pseud. Illus. by Manuela Adreani. 2018. (ENG.). 80p. (J). (gr. 3). 16.95 *(978-88-544-1255-2(4))* White Star Publishers ITA. Dist: Sterling Publishing Co., Inc.

Alice in Wonderland. François Corteggiani. Illus. by Sara Storino et al. 2020. (Disney Classics Ser.). (ENG.). 48p. (J). (gr. 2-6). lib. bdg. 32.79 *(978-1-5321-4534-6(9)*, 35180, Graphic Novels) Spotlight.

Alice in Wonderland. Carroll Lewis. 2022. (Read in English Ser.). (ENG & SPA.). 32p. (J). (gr. 2-4). pap. 3.95 *(978-607-21-2441-7(0))* Larousse, Ediciones, S. A. de C. V. MEX. Dist: Independent Pubs. Group.

Alice in Wonderland. Illus. by Asha Pearse. 2017. (ENG.). 32p. (J). (gr. -1-3). *(978-1-4867-1270-0(3))* Flowerpot Children's Pr. Inc.

Alice in Wonderland: A Dramatization of Lewis Carroll's Alice's Adventures in Wonderland & Through the Looking Glass (Classic Reprint) Alice Gerstenberg. 2017. (ENG., Illus.). (J). 27.07 *(978-1-5283-6295-5(0))* Forgotten Bks.

Alice in Wonderland: A Play; Compiled from Lewis Carroll's Stories Alice in Wonderland & Through the Looking-Glass, & What Alice Found There (Classic Reprint) Emily Prime Delafield. 2017. (ENG., Illus.). (J). 26.23 *(978-0-265-28799-6(5))* Forgotten Bks.

Alice in Wonderland: Adapted by S. S. B (Classic Reprint) Lewis Carroll, pseud. 2016. (ENG., Illus.). (YA). (gr. 7-12). pap. 9.57 *(978-1-334-14710-4(8))* Forgotten Bks.

Alice in Wonderland: Alice's Adventures in Wonderland & Through the Looking Glass. Lewis Carroll, pseud. Illus. by John Tenniel. 2018. (ENG.). 304p. (J). (gr. 3-8). 14.99 *(978-1-63158-275-2(5)*, Racehorse Publishing) Skyhorse Publishing Co., Inc.

Alice in Wonderland: Based on the Original Story by Lewis Carroll. Maria Robins. 2019. (ENG., Illus.). 32p. (J). pap. *(978-0-473-49177-2(X))* Altreya Publishing Ltd.

Alice in Wonderland: Illustrated Abridged Children Classics English Novel with Review Questions (Hardback) Lewis Carroll, pseud & Wonder House Books. 2020. (Illustrated Classics Ser.). (ENG.). 192p. (J). (gr. 3-7). 6.99 ***(978-93-90093-03-8(1))*** Prakash Bk. Depot IND. Dist: Independent Pubs. Group.

Alice in Wonderland: In Five Acts (Classic Reprint) Lewis Carroll, pseud. 2017. (ENG., Illus.). (J). (gr. 3). 25.20 *(978-0-331-25179-1(5))*; (gr. 2-4). pap. 9.57 *(978-0-259-79178-2(4))* Forgotten Bks.

Alice in Wonderland: The Aston & James Collection. Lewis Carroll, pseud. 2017. (ENG., Illus.). (YA). (gr. 7-12). pap. 5.99 *(978-1-946745-03-3(0))* Aston & James Publishing, LLC.

Alice in Wonderland / Alicia en el Pais de Las Maravillas. Lewis Carroll, pseud. 2018. 64p. (J). 10.99 *(978-958-30-5412-9(7))* Panamericana Editorial COL. Dist: Lectorum Pubns., Inc.

Alice in Wonderland (100 Copy Limited Edition) Lewis Carroll, pseud. 2018. (ENG., Illus.). 108p. (J). 59.95 *(978-1-77226-614-6(0))* Sapling Bks.

Alice in Wonderland: a Puzzle Adventure. The Templar Company LTD. Illus. by Aleksandra Artymoska. 2020. (ENG.). 96p. (J). (gr. 2-4). 19.99 *(978-1-5362-1039-2(0)*, Big Picture Press) Candlewick Pr.

Alice in Wonderland Books - Alice in Wonderland (Illustrated) & Through the Looking Glass. Lewis Carroll, pseud. 2021. (ENG., Illus.). 118p. (J). pap. *(978-1-83945-377-9(X))* FeedARead.com.

Alice in Wonderland (Classic Reprint) Lewis Carroll, pseud. 2017. (ENG., Illus.). (J). 24.87 *(978-1-5280-5070-8(3))* Forgotten Bks.

Alice in Wonderland Collection. Lewis Carroll, pseud. 2020. (ENG.). 236p. (YA). *(978-1-716-61634-1(4))*; pap. *(978-1-716-61644-0(1))* Lulu Pr., Inc.

Alice in Wonderland Coloring Book for Children (6x9 Coloring Book / Activity Book) Sheba Blake. 2021. (ENG.). 52p. (J). pap. 9.99 *(978-1-222-29047-9(2))* Indy Pub.

Alice in Wonderland Coloring Book for Children (8. 5x8. 5 Coloring Book / Activity Book) Sheba Blake. 2021. (ENG.). 52p. (J). pap. 12.99 *(978-1-222-29194-0(0))* Indy Pub.

Alice in Wonderland Coloring Book for Children (8x10 Coloring Book / Activity Book) Sheba Blake. 2021. (ENG.). 52p. (J). pap. 14.99 *(978-1-222-29048-6(0))* Indy Pub.

Alice in Wonderland Coloring Book for Young Adults & Teens (6x9 Coloring Book / Activity Book) Sheba Blake. 2020. (ENG.). 24p. (YA). pap. 9.99 *(978-1-222-28552-9(5))* Indy Pub.

Alice in Wonderland Coloring Book for Young Adults & Teens (8. 5x8. 5 Coloring Book / Activity Book) Sheba Blake. 2020. (ENG., Illus.). 24p. (YA). pap. 12.99 *(978-1-222-28795-0(1))* Indy Pub.

Alice in Wonderland Coloring Book for Young Adults & Teens (8x10 Coloring Book / Activity Book) Sheba Blake. 2020. (ENG.). 24p. (YA). pap. 14.99 *(978-1-222-28553-6(3))* Indy Pub.

Alice in Wonderland (Illustrated) Alice's Adventures in Wonderland, Through the Looking-Glass, & the Hunting of the Snark. Lewis Carroll, pseud. Illus. by John Tenniel & Henry Holiday. 2020. (Top Five Classics Ser.). (ENG.). 324p. (J). (gr. 2-6). pap. 16.00 *(978-1-938938-44-3(5))* Top Five Bks.

Alice in Wonderland Puzzle Book. Illus. by Fabiana Attanasio. 2020. (ENG.). 12p. (J). (gr. k). 14.95 *(978-88-544-1699-4(1))* White Star Publishers ITA. Dist: Sterling Publishing Co., Inc.

Alice in Wonderland Remixed. Marlon McKenney. Illus. by Marlon McKenney. 2018. (ENG., Illus.). 52p. (J). (gr. k-4). 20.00 *(978-1-7322051-0-9(8))*; 2nd ed. pap. 9.99 *(978-1-7322051-2-3(4))* Conscious Culture Publishing.

Alice James, Her Brothers, Her Journal: Edited with an Introduction (Classic Reprint) Alice James. 2017. (ENG., Illus.). (J). 270p. 29.49 *(978-0-332-31349-8(2))*; 272p. pap. 11.97 *(978-0-332-31257-6(7))* Forgotten Bks.

Alice Learmont: Or, a Mother's Love (Classic Reprint) Dinah Maria Mulock Craik. (ENG., Illus.). (J). 2018. 170p. 27.40 *(978-0-483-86667-6(9))*; 2017. pap. 9.97 *(978-0-243-33159-8(2))* Forgotten Bks.

Alice l'Hôte des Gorilles. Christine Warugaba. Illus. by Valerie Bouthyette. 2018. (FRE.). 38p. (J). pap. *(978-99977-773-7-9(9))* FURAHA Pubs. Ltd.

Alice Lorraine. Richard Doddridge Blackmore. 2017. (ENG.). (J). 310p. pap. *(978-3-7446-7810-0(5))*; 404p. pap. *(978-3-7447-2538-5(3))* Creation Pubs.

Alice Lorraine: A Tale of the South Downs (Classic Reprint) R. D. Blackmore. 2017. (ENG., Illus.). (J). 32.21 *(978-1-5282-7077-9(0))* Forgotten Bks.

Alice Lorraine, Vol. 1 Of 3: A Tale of the South Downs (Classic Reprint) R. D. Blackmore. (ENG., Illus.). (J). 2018. 310p. 30.31 *(978-0-332-83690-4(8))*; 2016. pap. 13.57 *(978-1-334-15863-6(0))* Forgotten Bks.

Alice Lorraine, Vol. 2 Of 3: A Tale of the South Downs (Classic Reprint) R. D. Blackmore. 2017. (ENG., Illus.). (J). 30.81 *(978-0-260-15918-2(2))* Forgotten Bks.

Alice Lorraine, Vol. 3 Of 3: A Tale of the South Downs (Classic Reprint) R. D. Blackmore. 2018. (ENG., Illus.). 366p. (J). 31.47 *(978-0-666-67640-5(2))* Forgotten Bks.

Alice-Miranda at Camp: Alice-Miranda 10. Jacqueline Harvey. 2020. (Alice-Miranda Ser.: 10). 352p. (J). (gr. 3-7). 9.99 *(978-1-76089-181-7(9)*, Puffin) Penguin Random Hse. AUS. Dist: Independent Pubs. Group.

Alice-Miranda at the Palace: Alice-Miranda 11. Jacqueline Harvey. 2020. (Alice-Miranda Ser.: 11). 384p. (J). (gr. 3-7). 9.99 *(978-1-76089-182-4(7)*, Puffin) Penguin Random Hse. AUS. Dist: Independent Pubs. Group.

Alice-Miranda Holds the Key. Jacqueline Harvey. Illus. by Anne Yi. 2017. (Alice-Miranda Ser.: 15). (ENG.). 384p. (J). (gr. 3-7). 9.99 *(978-0-14-378070-0(0))* Random Hse. Australia AUS. Dist: Independent Pubs. Group.

Alice-Miranda Holds the Key: Alice-Miranda 15. Jacqueline Harvey. 2020. (Alice-Miranda Ser.: 15). 384p. (J). (gr. 3-7). 9.99 *(978-1-76089-186-2(X)*, Puffin) Penguin Random Hse. AUS. Dist: Independent Pubs. Group.

Alice-Miranda in China: Alice-Miranda 14. Jacqueline Harvey. 2020. (Alice-Miranda Ser.: 14). 368p. (J). (gr. 3-7). 9.99 *(978-1-76089-187-9(8)*, Puffin) Penguin Random Hse. AUS. Dist: Independent Pubs. Group.

Alice-Miranda in Egypt: Alice-Miranda 20. Jacqueline Harvey. 2021. (Alice-Miranda Ser.). (Illus.). 416p. (J). (gr. 4-6). 16.99 *(978-1-76089-104-6(5)*, Puffin) Penguin Random Hse. AUS. Dist: Independent Pubs. Group.

Alice-Miranda in Hollywood. Jacqueline Harvey & Anne Yi Anne. 2018. (Alice-Miranda Ser.: 16). (ENG.). 362p. (J). (gr. 3-7). 10.99 *(978-0-14-378061-8(1))* Random Hse. Australia AUS. Dist: Independent Pubs. Group.

Alice-Miranda in Hollywood: Alice-Miranda 16. Jacqueline Harvey. 2020. (Alice-Miranda Ser.: 16). 368p. (J). (gr. 3-7). 9.99 *(978-1-76089-188-6(6)*, Puffin) Penguin Random Hse. AUS. Dist: Independent Pubs. Group.

Alice-Miranda in Japan: Alice-Miranda 9. Jacqueline Harvey. 2020. (Alice-Miranda Ser.: 9). 352p. (J). (gr. 3-7). 9.99 *(978-1-76089-189-3(4)*, Puffin) Penguin Random Hse. AUS. Dist: Independent Pubs. Group.

Alice-Miranda in New York. Jacqueline Harvey. 2020. (Alice-Miranda Ser.: 5). 384p. (J). (gr. 3-7). 9.99 *(978-1-76089-190-9(8)*, Puffin) Penguin Random Hse. AUS. Dist: Independent Pubs. Group.

Alice-Miranda in Paris. Jacqueline Harvey. 2020. (Alice-Miranda Ser.: 7). 336p. (J). (gr. 3-7). 9.99 *(978-1-76089-191-6(6)*, Puffin) Penguin Random Hse. AUS. Dist: Independent Pubs. Group.

Alice-Miranda in Scotland: Alice-Miranda 17. Jacqueline Harvey. 2020. (Alice-Miranda Ser.: 17). 384p. (J). (gr. 3-7). 9.99 *(978-1-76089-192-3(4)*, Puffin) Penguin Random Hse. AUS. Dist: Independent Pubs. Group.

Alice-Miranda in the Alps: Alice-Miranda 12. Jacqueline Harvey. 2020. (Alice-Miranda Ser.: 12). 384p. (J). (gr. 3-7). 9.99 *(978-1-76089-193-0(2)*, Puffin) Penguin Random Hse. AUS. Dist: Independent Pubs. Group.

Alice-Miranda in the Outback: Alice-Miranda 19. Jacqueline Harvey. 2021. (Alice-Miranda Ser.: 19). 384p. (J). (gr. 3-6). 9.99 *(978-1-76089-103-9(7)*, Puffin) Penguin Random Hse. AUS. Dist: Independent Pubs. Group.

Alice-Miranda Keeps the Beat. Jacqueline Harvey. 2020. (Alice-Miranda Ser.: 18). (Illus.). 384p. (J). (gr. 3-7). 9.99 *(978-0-14-378603-0(2)*, Puffin) Penguin Random Hse. AUS. Dist: Independent Pubs. Group.

Alice-Miranda Shines Bright: Alice-Miranda 8. Jacqueline Harvey. 2020. (Alice-Miranda Ser.: 8). 336p. (J). (gr. 3-7). 9.99 *(978-1-76089-194-7(0)*, Puffin) Penguin Random Hse. AUS. Dist: Independent Pubs. Group.

Alice-Miranda Shows the Way. Jacqueline Harvey. 2020. (Alice-Miranda Ser.: 6). 368p. (J). (gr. 3-7). 9.99 *(978-1-76089-195-4(9)*, Puffin) Penguin Random Hse. AUS. Dist: Independent Pubs. Group.

Alice-Miranda to the Rescue. Jacqueline Harvey. 2016. (Alice-Miranda Ser.: 13). (ENG.). 336p. (J). (gr. 3-7). pap. 9.99 *(978-0-85798-522-4(1))* Random Hse. Australia AUS. Dist: Independent Pubs. Group.

Alice-Miranda to the Rescue: Alice-Miranda 13. Jacqueline Harvey. 2020. (Alice-Miranda Ser.: 13). 384p. (J). (gr. 3-7). 9.99 *(978-1-76089-196-1(7)*, Puffin) Penguin Random Hse. AUS. Dist: Independent Pubs. Group.

Alice o'Connor's Surrender (Classic Reprint) Mary Elizabeth Carey. 2018. (ENG., Illus.). 164p. (J). 27.30 *(978-0-267-48862-9(9))* Forgotten Bks.

Alice of Old Vincennes (Classic Reprint) Maurice Thompson. 2018. (ENG., Illus.). 454p. (J). 33.26 *(978-0-483-53462-9(5))* Forgotten Bks.

Alice of the Inn, Vol. 1: A Tale of the Old Coaching Days (Classic Reprint) John Walter Sherer. (ENG., Illus.). (J). 2018. 248p. 29.01 *(978-0-267-10511-3(8))*; 2017. pap. 11.57 *(978-0-259-37672-9(8))* Forgotten Bks.

Alice on the Island: A Pearl Harbor Survival Story. Mayumi Shimose Poe. Illus. by Matt Forsyth. 2019. (Girls Survive Ser.). (ENG.). 112p. (J). (gr. 3-7). pap. 7.95 *(978-1-4965-8012-2(5)*, 139979, Stone Arch Bks.) Capstone.

Alice Paul & the Fight for Women's Rights: From the Vote to the Equal Rights Amendment. Deborah Kops. 2017. (ENG., Illus.). 216p. (J). (gr. 5-12). 17.95 *(978-1-62979-323-8(X)*, Calkins Creek) Highlights Pr., c/o Highlights for Children, Inc.

Alice Rosedale, or the Power Consistent Christian Life (Classic Reprint) Caroline L. Blake. 2018. (ENG., Illus.). 194p. (J). 27.90 *(978-0-428-88595-3(0))* Forgotten Bks.

Alice, Secret Agent of Wonderland: A Graphic Novel. Katie Schenkel. Illus. by Fernando Cano. 2020. (Far Out Classic Stories Ser.). (ENG.). 40p. (J). (gr. 3-6). pap. 5.95 *(978-1-4965-9192-0(5)*, 142205); lib. bdg. 25.32 *(978-1-4965-8684-1(0)*, 141429) Capstone. (Stone Arch Bks.).

Alice Sit-By-the-Fire (Classic Reprint) James Matthew Barrie. 2017. (ENG., Illus.). (J). 26.89 *(978-0-266-21576-9(9))* Forgotten Bks.

Alice, the Antelope with an Antisocial Attitude. Rosita Bird. 2017. (Animal Alphabet Ser.: 1). (ENG., Illus.). (J). (gr. 1-5). pap. 9.25 *(978-1-68160-372-8(1))* Crimson Cloak Publishing.

Alice the Armadillo. Felicia Law. 2020. (ENG.). 34p. (J). pap. 7.99 *(978-1-63684-507-4(X))* Primedia eLaunch LLC.

Alice the Cat. Tim Cummings. 2023. 186p. (J). (gr. 6-7). pap. 14.95 ***(978-1-64603-352-2(3)***, Fitzroy Bks.) Regal Hse. Publishing, LLC.

Alice Thornton Adams: 1887 1908 (Classic Reprint) Unknown Author. (ENG., Illus.). (J). 2018. 88p. 25.71 *(978-0-483-98050-1(1))*; 2016. pap. 9.57 *(978-1-333-39861-3(1))* Forgotten Bks.

Alice Through the Looking Glass. Lewis Carroll, pseud. Illus. by John Tenniel. 2016. (ENG.). 133p. (J). (gr. 3). pap. *(978-1-911249-01-6(0))* Jam, Huge.

Alice Through the Looking-Glass. Lewis Carroll, pseud & Tony Ross. 2016. (ENG., Illus.). 116p. (J). (-k). pap. 14.99 *(978-1-78344-412-0(6))* Andersen Pr. GBR. Dist: Independent Pubs. Group.

Alice Through the Wormhole. Tim Fisher. 2018. (ENG.). 84p. (J). *(978-0-9928783-1-3(4))*; pap. *(978-0-9928783-0-6(6))* Oxshott Pr.

Alice Vale. Lois Waisbrooker. 2017. (ENG.). 276p. (J). pap. *(978-3-7447-4323-5(3))* Creation Pubs.

Alice Vale: A Story for the Times (Classic Reprint) Lois Waisbrooker. 2018. (ENG., Illus.). 272p. (J). 29.51 *(978-0-483-72065-7(8))* Forgotten Bks.

Alice Walker, 1 vol. Anita Croy. 2019. (Writers Who Changed the World Ser.). (ENG.). 64p. (gr. 6-7). pap. 16.28 *(978-1-5345-6581-4(7)*, 14a7ff44-6426-48e4-8c78-6f58f1d20ca5); lib. bdg. 36.56 *(978-1-5345-6582-1(5)*, 736682ca-f875-4cbd-8a42-b51cd416de41) Greenhaven Publishing LLC. (Lucent Pr.).

Alice Waters, the Sandown Victory: A Temperance Story for Old & Young (Classic Reprint) Charlotte S. Hilbourne. 2018. (ENG., Illus.). 28p. (J). 24.47 *(978-0-267-20961-3(4))* Forgotten Bks.

Alice Weston Smith, 1868-1908: Letters to Her Friends & Selections from Her Note-Books (Classic Reprint) Alice Weston Smith. (ENG., Illus.). (J). 2018. 496p. 34.13 *(978-0-267-33682-5(1))*; 2016. pap. 16.57 *(978-1-333-63072-0(7))* Forgotten Bks.

Alice, Where Are You? Anne Holley. 2023. (ENG.). 126p. (J). pap. ***(978-1-80369-672-0(9))*** Authors OnLine, Ltd.

Alice Wilde, the Raftsman's Daughter: A Forest Romance (Classic Reprint) Metta V. Victor. (ENG., Illus.). (J). 2018. 132p. 26.62 *(978-0-483-65033-6(1))*; 2016. pap. 9.57 *(978-1-333-49192-5(1))* Forgotten Bks.

Alices Adventures In #Wonderland. Lewis Carroll, pseud. Illus. by Bats Langley. 2018. (ENG.). 146p. (gr. 5-9). 18.95 *(978-1-949116-10-6(7))* Woodhall Pr.

Alice's Adventures in Cambridge (Classic Reprint) R. C. Evarts. 2018. (ENG., Illus.). 70p. (J). 25.36 *(978-0-267-20704-6(2))* Forgotten Bks.

Alice's Adventures in Wonderland. Lewis Carroll, pseud. Illus. by John Tenniel. 2017. (ENG.). 122p. (J). 14.75 *(978-1-947844-18-6(0))* Athanatos Publishing Group.

Alice's Adventures in Wonderland. Lewis Carroll, pseud. 2021. (ENG.). 66p. (J). (gr. 3-9). pap. 5.99 *(978-1-4209-7483-6(1))* Digireads.com Publishing.

Alice's Adventures in Wonderland. Lewis Carroll, pseud. 2020. (ENG.). 102p. (J). (gr. 3-9). pap. *(978-1-77426-026-5(3))* East India Publishing Co.

Alice's Adventures in Wonderland. Lewis Carroll, pseud. Ed. by Sheba Blake. 2020. (ENG.). 82p. (YA). (gr. 3-9). pap. 9.99 *(978-1-222-29332-6(3))* Indy Pub.

Alice's Adventures in Wonderland. Lewis Carroll, pseud. 2019. (ENG.). 88p. (J). (gr. 3-9). *(978-1-989631-53-9(3))*; pap. *(978-1-989631-23-2(1))* OMNI Publishing.

Alice's Adventures in Wonderland. Lewis Carroll, pseud. Illus. by Carly Gledhill. 2019. (Penguin Bedtime Classics Ser.). (ENG.). 18p. (J). (— 1). bds. 7.99 *(978-0-593-11325-7(X)*, Viking Books for Young Readers) Penguin Young Readers Group.

Alice's Adventures in Wonderland. Lewis Carroll, pseud. Illus. by John Tenniel. 2023. (Alice's Adventures in Wonderland Ser.: 1). (ENG.). 192p. (J). (gr. 3). 17.99 *(978-1-6659-2578-5(7))*; pap. 7.99 ***(978-1-6659-2577-8(9))*** Simon & Schuster Children's Publishing. (Aladdin).

Alice's Adventures in Wonderland. Lewis Carroll, pseud. 2018. (ENG., Illus.). 146p. (J). *(978-93-87669-05-5(X))* Sumaiyah Distributors Pvt Ltd.

Alice's Adventures in Wonderland. Lewis Carroll, pseud. (Vulpine Classics Ser.: Vol. 4). (ENG.). 118p. (J). (gr. 3-9). 2022. pap. 8.39 ***(978-1-83919-354-5(9))***; 2021. pap. 7.49 *(978-1-83919-110-7(4))* Vulpine Pr.

Alice's Adventures in Wonderland. Lewis Carroll, pseud. 2020. (Mint Editions — The Children's Library). (ENG.). 70p. (J). (gr. 1-9). pap. 5.99 *(978-1-5132-6359-5(5)*, West Margin Pr.) West Margin Pr.

Alice's Adventures in Wonderland. Lewis Carroll, pseud & Slava Korin. 2021. (ENG.). 130p. (J). (gr. 3-9). pap. 13.99 *(978-0-578-94542-2(8))* Korin, Steve.

Alice's Adventures in Wonderland. Lewis Carroll Lewis Carroll. 2020. (ENG.). 105p. (J). pap. ***(978-1-716-49032-3(4))*** Lulu Pr., Inc.

Alice's Adventures in Wonderland: And Through the Looking-Glass & What Alice Found There (Classic Reprint) Lewis Carroll, pseud. 2016. (ENG., Illus.). (J). 16.57 *(978-1-334-99694-8(6))* Forgotten Bks.

Alice's Adventures in Wonderland: Retold in Words of One Syllable (Classic Reprint) J. C. Gorham. 2018. (ENG., Illus.). (J). 106p. 26.08 *(978-1-396-41830-3(X))*; 108p. pap. 9.57 *(978-1-390-90156-6(4))* Forgotten Bks.

Alice's Adventures in Wonderland: The Classic Edition. Lewis Carroll, pseud. 2017. (Charles Santore Children's Classics Ser.: 10). (ENG., Illus.). 96p. (J). (gr. 1). 21.95 *(978-1-60433-711-2(7)*, Applesauce Pr.) Cider Mill Pr. Bk. Pubs., LLC.

44

The check digit for ISBN-10 appears in parentheses after the full ISBN-13

ALICE's ADVENTURES in WONDERLAND - with the Original John Tenniel Illustrations. Lewis Carroll, pseud. 2021. (ENG.). 42p. (J). pap. *(978-1-78876-807-8(8))* FeedARead.com.

Alice's Adventures in Wonderland & Through the Looking-Glass. Lewis Carroll, pseud. 2018. (ENG.). 224p. (J). (gr. 3-9). 13.99 *(978-1-61382-572-3(2))*; (Illus.). pap. 6.68 *(978-1-61382-573-0(0))* Simon & Brown.

Alice's Adventures in Wonderland & Through the Looking-Glass. Floor Rieder & Lewis Carroll. Illus. by Floor Rieder. 2020. (ENG., Illus.). 384p. (J). (gr. 4-7). 25.00 *(978-1-78269-284-3(3)*, Pushkin Children's Bks.) Steerforth Pr.

Alice's Adventures in Wonderland, and, Through the Looking-Glass & What Alice Found There (Classic Reprint) Lewis Carroll, pseud. 2017. (ENG., Illus.). (J). (gr. 3-7). 30.87 *(978-1-5283-6395-2(7))* Forgotten Bks.

Alice's Adventures in Wonderland & Through the Looking Glass by Lewis Carroll: Stacked Prose Edition. Lewis Carroll, pseud. 2022. (ENG.). 182p. (YA). pap. 15.00 *(978-1-935057-28-4(6))* Mr. Cal Cumin.

Alice's Adventures in Wonderland & Through the Looking-Glass (Deluxe Edition) Lewis Carroll, pseud. Illus. by John Tenniel. 2021. 296p. (J). (gr. 3-7). 40.00 *(978-1-4549-4403-4(X))* Sterling Publishing Co., Inc.

Alice's Adventures in Wonderland & Through the Looking-Glass: the Little Folks Edition. Lewis Carroll, pseud. Illus. by Sir John Tenniel. 2021. (ENG.). 256p. (J). (gr. k-2). 19.99 *(978-1-5290-5793-5(0)*, 900325992, Macmillan Children's Bks.) Pan Macmillan GBR. Dist: Macmillan.

Alice's Adventures in Wonderland (Aziloth Books) The Only Edition with All 42 of John Tenniel's Illustrations in Colour. Lewis Carroll, pseud. 2016. (ENG., Illus.). (J). pap. *(978-1-911405-13-9(6))* Aziloth Bks.

Alice's Adventures in Wonderland, Belarusian Edition. Lewis Carroll, pseud. 2018. (BEL., Illus.). 120p. (J). pap. *(978-91-633-3238-8(8)*, Classic Translations) Eonia Publishing.

Alice's Adventures in Wonderland (Fully Illustrated in Color) Lewis Carroll, pseud. Illus. by John Tenniel & Arthur Rackham. 2022. (ENG.). 106p. (J). *(978-1-78943-338-8(X))*; pap. *(978-1-78943-337-1(1))* Benediction Classics.

Alice's Adventures in Wonderland (HarperCollins Children's Classics) Lewis Carroll, pseud. 2022. (HarperCollins Children's Classics Ser.). (ENG.). 160p. (J). 7.99 *(978-0-00-854274-0(0)*, HarperCollins Children's Bks.) HarperCollins Pubs. Ltd. GBR. Dist: HarperCollins Pubs.

Alice's Adventures in Wonderland (Illustrated) Lewis Carroll, pseud. 2018. (ENG., Illus.). 80p. (J). (gr. k-12). 19.99 *(978-1-5154-2299-0(2))* Wilder Pubns., Corp.

Alice's Adventures in Wonderland; Through the Looking Glass Novel Units Student Packet. Novel Units. 2019. (ENG.). (J). pap., stu. ed. 13.99 *(978-1-58130-878-5(7)*, Novel Units, Inc.) Classroom Library Co.

Alice's Adventures in Wonderland; Through the Looking Glass Novel Units Teacher Guide. Novel Units. ed. 2019. (ENG.). (J). pap. 12.99 *(978-1-58130-877-8(9)*, Novel Units, Inc.) Classroom Library Co.

Alice's Adventures in Wonderland (World Classics, Unabridged) Lewis Carroll, pseud. 2017. (ENG., Illus.). (YA). (gr. 7-12). pap. *(978-93-86019-46-2(9))* Alpha Editions.

Alice's Adventures under Ground. Lewis Carroll, pseud. 2022. (ENG.). 40p. (J). pap. ***(978-1-387-90677-2(1))*** Lulu Pr., Inc.

Alice's Adventures under Ground: Being a Facsimile of the Original Ms. Book Afterwards Developed into Alice's Adventures in Wonderland (Classic Reprint) Lewis Carroll, pseud. 2017. (ENG., Illus.). (J). 26.27 *(978-0-331-09908-9(X))*; viii, 95p. pap. 9.57 *(978-0-259-94987-9(6))* Forgotten Bks.

Alice's Cabinet of Curiosities: Colouring Book. Alice Von Gotha. 2017. (ENG., Illus.). (J). pap. *(978-0-9933284-7-3(4))* Erebus Society.

Alice's Farm: A Rabbit's Tale. Maryrose Wood. 2021. (ENG.). 368p. (J). pap. 8.99 *(978-1-250-79175-7(8)*, 900208345) Square Fish.

Alice's Final Adventure - Alan Lance Andersen. 2017. (ENG., Illus.). (J). pap. 29.95 *(978-1-387-30587-2(5))* Lulu Pr., Inc.

Alice's Games & Activities. Mimo Club. 2021. (ENG.). 50p. (J). pap. ***(978-1-716-15767-7(6))*** Lulu Pr., Inc.

Alice's Magic Garden: Before the Rabbit Hole ... Henry Herz. Illus. by Natalie Hoopes. 2018. (ENG.). 32p. (J). (gr. -1-k). 16.99 *(978-1-64170-032-0(7)*, 550032) Familius LLC.

Alice's Mazes: A Counting Adventure in Wonderland. Illus. by Agnese Baruzzi. 2019. (Search, Find, & Count Ser.). (ENG.). 56p. (J). (gr. 1). pap. 9.95 *(978-88-544-1524-9(3))* White Star Publishers ITA. Dist: Sterling Publishing Co., Inc.

Alice's Musical Debut. Duewa Frazier. Illus. by Nadia Salas. 2019. (ENG.). 44p. (J). (gr. 2-6). pap. 12.99 *(978-0-578-50965-5(2))* Lit Noire Publishing.

Alice's Visit to the Hawaiian Islands. Mary H. Krout. 2017. (ENG., Illus.). (J). pap. *(978-0-649-25621-1(2))* Trieste Publishing Pty Ltd.

Alice's Visit to the Hawaiian Islands (Classic Reprint) Mary H. Krout. 2018. (ENG., Illus.). 208p. (J). 28.21 *(978-0-666-78182-6(6))* Forgotten Bks.

Alice's Wonderland Bakery: a Hare-Raising Halloween. Catherine Hapka, pseud. ed. 2023. (ENG.). 24p. (J). (gr. -1-k). pap. 5.99 ***(978-1-368-08457-4(5)***, Disney Press Books) Disney Publishing Worldwide.

Alice's Wonderland Bakery: Cookie the Cookbook. Disney Books. Illus. by Mike Wall. ed. 2023. (ENG.). 22p. (J). (gr. -1-k). bds. 9.99 ***(978-1-368-07399-8(9)***, Disney Press Books) Disney Publishing Worldwide.

Alice's Wonderland Bakery: the Gingerbread Palace. Disney Books. ed. 2022. (ENG., Illus.). 32p. (J). (gr. -1-k). pap. 9.99 *(978-1-368-08424-6(9)*, Disney Press Books) Disney Publishing Worldwide.

Alice's Wonderland Bakery: Unforgettable Unbirthday. Disney Books. ed. 2022. (ENG.). 24p. (J). (gr. -1-k). pap. 5.99 *(978-1-368-07868-9(0)*, Disney Press Books) Disney Publishing Worldwide.

Alice's Wonderland Bakery: Where There's a Whisk, There's a Way. Disney Books. ed. 2022. (ENG., Illus.). 32p. (J). (gr. -1-k). 9.99 *(978-1-368-08200-6(9)*, Disney Press Books) Disney Publishing Worldwide.

Alicia: A Tale of the American Navy (Classic Reprint) Alexis Alexis. (ENG., Illus.). (J). 2018. 262p. 29.32 *(978-0-364-38732-0(7))*; 2017. pap. 11.97 *(978-0-259-55079-2(5))* Forgotten Bks.

Alicia Alonso: Prima Ballerina. Carmen Bernier-Grand. Illus. by Raúl ón. 2019. (ENG.). 64p. (J). (gr. 4-8). pap. 9.99 *(978-1-4778-1074-3(9)*, 9781477810743, Two Lions) Amazon Publishing.

Alicia Alonso Takes the Stage. Rebel Girls & Nancy Ohlin. 2020. (Rebel Girls Chapter Bks.). (Illus.). 128p. (J). (gr. 3-7). 12.99 *(978-1-7333292-2-4(6))* Rebel Girls.

Alicia & Her Aunt, or Think Before You Speak: A Tale for Young Persons (Classic Reprint) Barbara Hofland. (ENG., Illus.). (J). 2018. 188p. 27.77 *(978-0-484-87528-8(0))*; 2016. pap. 10.57 *(978-1-334-25886-2(4))* Forgotten Bks.

Alicia Connected: The Big Gift. Derek Fisher. Ed. by Kim Burger. Illus. by Heather Workman. 2021. (ENG.). 74p. (J). pap. 6.99 *(978-1-0879-5778-4(8))* Indy Pub.

Alicia Connected: Tricked with Treats. Derek Fisher. Ed. by Elizabeth Ferris. Illus. by Heather Workman. 2021. (ENG.). 80p. (J). pap. 6.49 *(978-1-0879-5151-5(8))* Indy Pub.

Alicia de Lacy, Vol. 1: An Historical Romance (Classic Reprint) West. 2018. (ENG., Illus.). 366p. (J). 31.45 *(978-0-483-92232-7(3))* Forgotten Bks.

Alicia de Lacy, Vol. 3 Of 4: An Historical Romance (Classic Reprint) Jane West. (ENG., Illus.). (J). 2018. 370p. 31.53 *(978-0-483-94973-7(6))*; 2016. pap. 13.97 *(978-1-333-42425-1(6))* Forgotten Bks.

Alicia en el País de Las Maravillas. Lewis Carroll, pseud. 2019. (SPA.). 80p. (J). (gr. 4-7). pap. *(978-970-643-507-1(7))* Selector, S.A. de C.V.

Alicia en el País de Las Maravillas. Lewis Carroll, pseud. 2018. (Brújula y la Veleta Ser.). (SPA.). 64p. (J). (gr. 4-7). pap. 9.95 *(978-987-718-482-2(6))* Ediciones Lea S.A. ARG. Dist: Independent Pubs. Group.

Alicia en el País de Las Maravillas TD. Lewis Carroll, pseud. 2022. (SPA.). 208p. (YA). 13.95 *(978-607-07-8484-2(7))* Editorial Planeta, S. A. ESP. Dist: Two Rivers Distribution.

Alicia Keys. Carlie Lawson. 2021. (Hip-Hop & R&B: Culture, Music & Storytelling Ser.). (ENG.). (J). (gr. 7-12). 34.60 *(978-1-4222-4626-9(4))* Mason Crest.

Alicia Keys: Singer-Songwriter, 1 vol. Rita Santos. 2018. (Junior Biographies Ser.). (ENG.). 24p. (gr. 3-4). 24.27 *(978-1-9785-0205-5(2)*, ee4a9889-71cf-487d-b124-44c8396e2be8) Enslow Publishing, LLC.

Alicia Nel Belpaese. Antonella Pirolo. Illus. by Hemerson Maury Flores. 2016. (ITA.). 44p. (J). pap. *(978-88-909981-7-1(2))* Fralenghe.

ALICIA PARA NIÑOS. Lewis Carroll, pseud. 2018. (SPA.). 56p. (J). 15.95 *(978-84-9145-121-1(8)*, Picarona Editorial) Ediciones Obelisco ESP. Dist: Spanish Pubs., LLC.

Alicia the Snow Queen Fairy. Daisy Meadows. 2017. (Illus.). 159p. (J). *(978-1-5182-2779-0(1))* Scholastic, Inc.

Alicia the Snow Queen Fairy. Daisy Meadows. ed. 2016. (Rainbow Magic — Special Edition Ser.). (Illus.). 159p. (J). lib. bdg. 17.20 *(978-0-606-39728-5(0))* Turtleback.

Alicia Warlock: A Mystery, & Other Stories (Classic Reprint) Wilkie Collins. 2018. (ENG., Illus.). 132p. (J). 26.68 *(978-0-484-60213-6(6))* Forgotten Bks.

Alicia y Cone Pintan un Mural. Pamela Ayuso. Illus. by Charity Russell. 2nd ed. 2019. (SPA.). 30p. (J). *(978-1-989161-66-1(9))* Hasmark Services Publishing.

Alicia's Diary: With Shakespeare Criticisms (Classic Reprint) Alicia A. Mulvany. (ENG., Illus.). (J). 2018. 516p. 34.56 *(978-0-267-32425-5(1))*; 2016. pap. 16.97 *(978-1-333-51484-6(0))* Forgotten Bks.

Alicia's Garden. Julie Pryke. Illus. by Tracey Challis. 2020. (ENG.). 36p. (J). pap. *(978-1-78645-463-8(7))* Beaten Track Publishing.

Alicia's Great Day: Bring Your Pet to School Day. Sheryl Teresa Clarke. 2023. (Adventures with Alicia Ser.: Vol. 1). (ENG.). 206p. (J). pap. ***(978-1-7391227-2-0(0))*** Harvey, Naomi.

Alida Craig (Classic Reprint) Pauline King. 2018. (ENG., Illus.). 300p. (J). 30.10 *(978-0-365-17534-6(X))* Forgotten Bks.

Alide: An Episode of Goethe's Life (Classic Reprint) Emma Lazarus. (ENG., Illus.). (J). 2017. 28.48 *(978-0-331-23471-8(8))*; 2016. pap. 10.97 *(978-1-333-65523-5(1))* Forgotten Bks.

Alien: A Story of Middle Age (Classic Reprint) F. F. Montresor. (ENG., Illus.). (J). 2017. 32.23 *(978-0-331-58446-2(8))*; 2016. pap. 16.57 *(978-1-334-61154-4(8))* Forgotten Bks.

Alien: Mysterious Monsters (Book Two) David Michael Slater. Illus. by Mauro Sorghienti. 2018. (Mysterious Monsters Ser.: 2). (ENG.). 106p. (J). (gr. 2-4). pap. 8.99 *(978-1-944589-26-4(0))* Incorgnito Publishing Pr. LLC.

Alien: #2. David Michael Slater. Illus. by Mauro Sorghienti. 2023. (Mysterious Monsters Ser.). (ENG.). 104p. (J). (gr. 1-4). lib. bdg. 31.36 ***(978-1-0982-5276-2(4)***, 42665, Chapter Bks.) Spotlight.

Alien Abductions. Katie Chanez. 2019. (Aliens Ser.). (ENG., Illus.). 32p. (J). (gr. 4-6). 30.65 *(978-1-5435-7103-5(4)*, 140395) Capstone.

Alien Abductions. Douglas Hustad. 2021. (Mysterious & Creepy Ser.). (ENG.). 80p. (YA). (gr. 6-12). 43.93 *(978-1-6782-0204-0(5)*, BrightPoint Pr.) ReferencePoint Pr., Inc.

Alien Abductions. Ken Karst. (Odysseys in Mysteries Ser.). (ENG.). (J). 2021. 80p. (gr. 7-10). *(978-1-64026-358-1(6)*, 18603, Creative Education); 2020. 80p. (gr. 7-10). pap. 15.99 *(978-1-62832-890-5(8)*, 18604, Creative Paperbacks); 2018. 48p. (gr. 4-7). pap. 12.00 *(978-1-62832-556-0(9)*, 19753, Creative Paperbacks) Creative Co., The.

Alien Abductions. Lisa Owings. 2018. (Investigating the Unexplained Ser.). (ENG., Illus.). 32p. (J). (gr. 3-8). lib. bdg. 27.95 *(978-1-62617-851-9(8)*, Blastoff! Discovery) Bellwether Media.

Alien Adventures of Finn Caspian: Finn Caspian & the Accidental Volcano. Jonathan Messinger. 2020. (Alien Adventures of Finn Caspian Ser.: 2). (ENG., Illus.). 128p. (J). (gr. 1-5). 16.99 *(978-0-06-293218-1(7)*, HarperCollins) HarperCollins Pubs.

Alien Adventures of Finn Caspian #1: The Fuzzy Apocalypse. Jonathan Messinger. 2020. (Alien Adventures of Finn Caspian Ser.: 1). (ENG., Illus.). 128p. (J). (gr. 1-5). 16.99 *(978-0-06-293215-0(2))*; pap. 5.99 *(978-0-06-293214-3(4))* HarperCollins Pubs. (HarperCollins).

Alien Adventures of Finn Caspian #2: The Accidental Volcano. Jonathan Messinger. 2020. (Alien Adventures of Finn Caspian Ser.: 2). (ENG., Illus.). 128p. (J). (gr. 1-5). pap. 5.99 *(978-0-06-293217-4(9)*, HarperCollins) HarperCollins Pubs.

Alien Adventures of Finn Caspian #3: The Uncommon Cold. Jonathan Messinger. 2021. (Alien Adventures of Finn Caspian Ser.: 3). (ENG., Illus.). 144p. (J). (gr. 1-5). 16.99 *(978-0-06-293221-1(7))*; pap. 5.99 *(978-0-06-293220-4(9))* HarperCollins Pubs. (HarperCollins).

Alien Adventures of Finn Caspian #4: Journey to the Center of That Thing. Jonathan Messinger. 2021. (Alien Adventures of Finn Caspian Ser.: 4). (ENG., Illus.). 128p. (J). (gr. 1-5). 16.99 *(978-0-06-293224-2(1))*; pap. 5.99 *(978-0-06-293223-5(3))* HarperCollins Pubs. (HarperCollins).

Alien & a Mermaid Join Worlds. B M X & Tari S. Tucker. 2023. (ENG.). 28p. (J). 24.99 ***(978-1-960142-77-1(1))*** Mindstir Media.

Alien & Fantasy Creature Skulls Coloring Book. Kreative Kids. 2016. (ENG., Illus.). (J). pap. 9.20 *(978-1-68377-524-9(4))* Whike, Traudl.

Alien & the Marine Iguana. David Brown. 2017. (ENG.). 88p. (J). pap. ***(978-0-244-65351-4(8))*** Lulu Pr., Inc.

Alien Angel. G. A. Pagart. 2023. (ENG.). 474p. (YA). pap. 23.99 ***(978-1-955595-09-4(7))*** EBk. Writing Hub.

Alien Angel Major Forgiveness. G. A. Pagart. 2023. (ENG.). 436p. (YA). pap. 17.99 ***(978-1-955595-08-7(9))*** EBk. Writing Hub.

Alien Club. Trel W. Sidoruk. Ed. by Lauren Sidoruk. Illus. by Aleksandra Klepacka. 2016. (ENG.). (YA). (gr. 9-12). pap. 19.99 *(978-0-9971513-9-8(0))* Mo Peanuts Publishing.

Alien Coloring Book. Darien Faraday Adan. l.t. ed. 2021. (ENG.). 68p. (J). pap. 9.99 *(978-1-008-92203-7(X))* Lulu Pr., Inc.

Alien Coloring Pages (Coloring Sheets for Kids) An Alien Coloring Book, Full of Alien Coloring Activity & Alien Coloring in. This Alien Coloring Book Is Full of Alien Coloring Sheets with 40 Aliens to Color. James Manning. 2020. (ENG., Illus.). 84p. (J). pap. *(978-1-80027-462-4(9))* CBT Bks.

Alien Conspiracy: An Unofficial Fortnite Novel. Cara J. Stevens. 2018. (Battle Royale: Secrets of the Island Ser.). 112p. (J). (gr. 1-5). pap. 7.99 *(978-1-5107-4434-9(7)*, Sky Pony Pr.) Skyhorse Publishing Co., Inc.

Alien Conspiracy Theories. Ellis M. Reed. 2019. (Aliens Ser.). (ENG., Illus.). 32p. (J). (gr. 4-6). pap. 7.95 *(978-1-5435-7491-3(2)*, 141007); lib. bdg. 30.65 *(978-1-5435-7104-2(2)*, 140396) Capstone.

Alien: Echo. Mira Grant. 2019. (ENG.). 304p. (YA). 18.99 *(978-1-250-30629-6(9)*, 900197799) Imprint IND. Dist: Macmillan.

Alien Encounters, 8 vols. 2017. (Alien Encounters Ser.). (ENG.). 288p. (YA). (gr. 8-8). lib. bdg. 165.88 *(978-1-5081-7780-7(5)*, 636c8084-2879-4684-a67f-0e8044df1f76, Rosen Young Adult) Rosen Publishing Group, Inc., The.

Alien Encounters. Vs Editorial Board. rev. ed. 2017. (ENG., Illus.). 88p. pap. *(978-93-5057-799-8(2))* V&S Pubs.

Alien Encounters: In History, 12 vols. 2019. (Paranormal Throughout History Ser.). (ENG.). 48p. (J). (gr. 5-5). lib. bdg. 200.82 *(978-1-7253-4666-6(4)*, e3ab19b5-fcf9-44d0-bedf-016d5233d0fb, Rosen Reference) Rosen Publishing Group, Inc., The.

Alien Encounters in History, 1 vol. Enzo George. 2019. (Paranormal Throughout History Ser.). (ENG., Illus.). 48p. (J). (gr. 5-5). 33.47 *(978-1-7253-4654-3(0)*, f3ddd9e8-fcd4-4f83-933c-21ad9fce88b7); pap. 12.75 *(978-1-7253-4660-4(5)*, 28507f3f-4e02-46db-8ff2-0f86ba3f9c90) Rosen Publishing Group, Inc., The. (Rosen Central).

Alien from the Commonwealth. Robert Timsol. 2017. (ENG.). 386p. (J). pap. *(978-3-7446-7944-2(6))* Creation Pubs.

Alien from the Commonwealth: The Romance of an Odd Young Man (Classic Reprint) Robert Timsol. (ENG., Illus.). (J). 2018. 388p. 31.90 *(978-0-267-40982-2(6))*; 2016. pap. 16.57 *(978-1-334-23531-3(7))* Forgotten Bks.

Alien in My Pocket #7: Telescope Troubles. Nate Ball. 2016. (Alien in My Pocket Ser.: 7). (ENG., Illus.). 144p. (J). (gr. 1-5). pap. 4.99 *(978-0-06-237088-4(X)*, HarperCollins) HarperCollins Pubs.

Alien in My Pocket #8: Space Invaders. Nate Ball. 2016. (Alien in My Pocket Ser.: 8). (ENG., Illus.). 144p. (J). (gr. 1-5). pap. 4.99 *(978-0-06-237091-4(X)*, HarperCollins) HarperCollins Pubs.

Alien in the Backyard. Vikas Sivadasan. 2021. (ENG.). 70p. (J). pap. 7.99 *(978-1-68487-272-5(3))* Notion Pr., Inc.

Alien in the Outfield (Book 6) Lori Haskins Houran. Illus. by Jessica Warrick. 2017. (How to Be an Earthling Ser.: 6). 64p. (J). (gr. 1-4). 6.99 *(978-1-57565-848-3(8)*, 6b5c279a-7e30-4bcd-be2d-055ec8834290, Kane Press) Astra Publishing Hse.

Alien in the Plant Pot. Nick Newitt. 2018. (ENG., Illus.). 72p. (J). pap. *(978-0-244-96578-5(1))* Lulu Pr., Inc.

Alien Inspection. Cher Louise Jones. 2nd ed. 2020. (ENG.). 116p. (J). (gr. 3-6). pap. 8.99 *(978-1-913619-02-2(8))* Feisty Scholar Pubns.

Alien Invasion. Israel Keats. 2017. (Level Up Ser.). (ENG.). 120p. (YA). (gr. 6-12). pap. 7.99 *(978-1-5124-5356-0(0)*, b9358e54-28d0-4870-96f3-95ea47d4215e); lib. bdg. 26.65 *(978-1-5124-3984-7(3)*, 4bd61854-84ad-4b3c-a63b-159a2525f4ee) Lerner Publishing Group. (Darby Creek).

Alien Invasion. Phil Kettle. Illus. by David McCubbin. 2019. (Spike! Ser.). (ENG.). 44p. (J). (gr. k-8). pap. 7.99 *(978-0-6485557-0-4(4)*, Brolly Bks.) Borghesi & Adam Pubs. Pty Ltd AUS. Dist: Independent Pubs. Group.

Alien Invasion. Allan Morey. 2019. (It's the End of the World! Ser.). (ENG., Illus.). 24p. (J). (gr. 3-7). lib. bdg. 26.95 *(978-1-64487-078-5(9)*, Torque Bks.) Bellwether Media.

Alien Invasion Hacks. Virginia Loh-Hagan. 2019. (Could You Survive? Ser.). (ENG., Illus.). 32p. (J). (gr. 4-8). pap. 14.21 *(978-1-5341-5067-6(6)*, 213575); lib. bdg. 32.07 *(978-1-5341-4781-2(0)*, 213574) Cherry Lake Publishing. (45th Parallel Press).

Alien Invasion! (Mudpuddle Farm) Michael Morpurgo. Illus. by Shoo Rayner. 2018. (Mudpuddle Farm Ser.). (ENG.). 144p. (J). 4.99 *(978-0-00-826910-4(6)*, HarperCollins Children's Bks.) HarperCollins Pubs. Ltd. GBR. Dist: HarperCollins Pubs.

Alien Invasion: Sports Edition (Set), 8 vols. Josh Anderson & Gil Conrad. Illus. by Turner Lange. 2021. (Alien Invasion: Sports Edition Ser.). (ENG.). 32p. (J). (gr. 5-8). 256.56 *(978-1-5341-9293-5(X)*, 218942); pap., pap., pap. 113.71 *(978-1-5341-9311-6(1)*, 218943) Cherry Lake Publishing. (Torch Graphic Press).

Alien Invasion Worldwide Coloring Book. Kreative Kids. 2016. (ENG., Illus.). (J). pap. 9.20 *(978-1-68377-288-0(1))* Whike, Traudl.

Alien Landing Sites. Jessica Rudolph. 2017. (Tiptoe into Scary Places Ser.). (ENG.). 24p. (J). (gr. k-3). lib. bdg. 26.99 *(978-1-68402-268-7(1))* Bearport Publishing Co., Inc.

Alien Lockdown. Ailynn Collins. Illus. by Juan Calle Velez. 2019. (Michael Dahl Presents: Screams in Space 4D Ser.). (ENG.). 112p. (J). (gr. 3-5). lib. bdg. 27.32 *(978-1-4965-7905-8(4)*, 139615, Stone Arch Bks.) Capstone.

Alien Mom. Minerva Taylor. 2020. (ENG.). 52p. (J). pap. 9.99 *(978-1-951744-02-1(0))* Telemachus Pr., LLC.

Alien Nate. Dave Whamond. Illus. by Dave Whamond. 2020. (ENG., Illus.). 64p. (J). (gr. 1-4). 14.99 *(978-1-5253-0209-1(4))* Kids Can Pr., Ltd. CAN. Dist: Hachette Bk. Group.

Alien Nation. Sandro Bassi. 2021. (ENG., Illus.). 56p. (J). (gr. 3-9). 18.99 *(978-1-64614-038-1(9))* Levine Querido.

Alien Next Door 1: the New Kid. A. I. Newton. Illus. by Anjan Sarkar. 2018. (Alien Next Door Ser.: 1). (ENG.). 112p. (J). (gr. k-3). 16.99 *(978-1-4998-0559-8(4))*; pap. 5.99 *(978-1-4998-0558-1(6))* Little Bee Books Inc.

Alien Next Door 10: the Surprise Sleepover. A. I. Newton. Illus. by Alan Brown. 2023. (Alien Next Door Ser.). (ENG.). 112p. (J). (gr. k-3). 16.99 *(978-1-4998-1366-1(X))*; pap. 5.99 *(978-1-4998-1365-4(1))* Little Bee Books Inc.

Alien Next Door 2: Aliens for Dinner?! A. I. Newton. Illus. by Anjan Sarkar. 2018. (Alien Next Door Ser.: 2). (ENG.). 112p. (J). (gr. k-3). 16.99 *(978-1-4998-0562-8(4))*; pap. 5.99 *(978-1-4998-0561-1(6))* Little Bee Books Inc.

Alien Next Door 3: Alien Scout. A. I. Newton. Illus. by Anjan Sarkar. 2018. (Alien Next Door Ser.: 3). (ENG.). 112p. (J). (gr. k-3). 16.99 *(978-1-4998-0581-9(0))*; pap. 5.99 *(978-1-4998-0580-2(2))* Little Bee Books Inc.

Alien Next Door: 4 Books In 1! A. I. Newton. Illus. by Anjan Sarkar. 2019. (Alien Next Door Ser.: 1). (ENG.). 416p. (J). (gr. k-3). 14.99 *(978-1-4998-0992-3(1))* Little Bee Books Inc.

Alien Next Door 4: Trick or Cheat? A. I. Newton. Illus. by Anjan Sarkar. 2018. (Alien Next Door Ser.: 4). (ENG.). 112p. (J). (gr. k-3). 16.99 *(978-1-4998-0584-0(5))*; pap. 5.99 *(978-1-4998-0583-3(7))* Little Bee Books Inc.

Alien Next Door 5: Baseball Blues. A. I. Newton. Illus. by Anjan Sarkar. 2018. (Alien Next Door Ser.: 5). (ENG.). 112p. (J). (gr. k-3). 16.99 *(978-1-4998-0723-3(6))*; pap. 5.99 *(978-1-4998-0722-6(8))* Little Bee Books Inc.

Alien Next Door 6: the Mystery Valentine. A. I. Newton. Illus. by Anjan Sarkar. 2018. (Alien Next Door Ser.: 6). (ENG.). 112p. (J). (gr. k-3). 16.99 *(978-1-4998-0726-4(0))*; pap. 5.99 *(978-1-4998-0725-7(2))* Little Bee Books Inc.

Alien Next Door 7: up, up, & Away! A. I. Newton. Illus. by Anjan Sarkar. 2019. (Alien Next Door Ser.: 7). (ENG.). 112p. (J). (gr. k-3). 16.99 *(978-1-4998-0806-3(2))*; pap. 5.99 *(978-1-4998-0805-6(4))* Little Bee Books Inc.

Alien Next Door 8: a New Planet. A. I. Newton. Illus. by Anjan Sarkar. 2020. (Alien Next Door Ser.: 8). (ENG.). 112p. (J). (gr. k-3). 16.99 *(978-1-4998-1003-5(2))*; pap. 5.99 *(978-1-4998-1002-8(4))* Little Bee Books Inc.

Alien Next Door 9: the Marvelous Museum. A. I. Newton. Illus. by Alan Brown. 2022. (Alien Next Door Ser.). (ENG.). 112p. (J). (gr. k-3). 16.99 *(978-1-4998-1363-0(5))*; pap. 5.99 *(978-1-4998-1362-3(7))* Little Bee Books Inc.

Alien Ocean Animals. Rosie Colosi. ed. 2020. (National Geographic Readers Ser.). (ENG.). 48p. (J). (gr. 2-3). 14.96 *(978-1-64697-280-7(5))* Penworthy Co., LLC, The.

Alien on the Stoop. Mary B. Truly. 2020. (ENG., Illus.). 42p. (J). 24.99 *(978-1-7338945-4-8(3))*; (gr. 2-6). pap. 14.99 *(978-1-7338945-3-1(5))* Mary Ryan.

Alien Pirates. Harry Markos. 2022. (ENG.). 38p. (J). pap. ***(978-1-915387-43-1(4))*** Markosia Enterprises, Ltd.

Alien Road. M. J. McIsaac. 2021. (Orca Currents Ser.). (ENG.). 144p. (J). (gr. 4-7). pap. 10.95 *(978-1-4598-2698-4(1))* Orca Bk. Pubs. USA.

Alien Savage. Mavis Sybil. 2021. (J). (SPA.). 48p. pap. 9.99 *(978-1-0879-8622-7(2))*; (ENG.). 42p. pap. 7.99 *(978-1-0879-8216-8(2))* Indy Pub.

Alien Scout, 3. A. I. Newton. 2019. (Alien Next Door Ch Bks). (ENG.). 94p. (J). (gr. 2-3). 15.59 *(978-0-87617-269-8(9))* Penworthy Co., LLC, The.

Alien Souls (Classic Reprint) Achmed Abdullah. 2017. (ENG., Illus.). (J). 29.26 *(978-1-5283-6740-0(5))* Forgotten Bks.

Alien Summer #1. James S. Murray & Carsen Smith. 2022. (Area 51 Interns Ser.). (Illus.). 240p. (J). (gr. 3-7). 16.99 *(978-0-593-22612-4(7)*, Penguin Workshop) Penguin Young Readers Group.

Alien Superstar (Book #1) Lin Oliver & Henry Winkler. 2019. (Alien Superstar Ser.). (ENG., Illus.). 264p. (YA). (gr. 3-7). 14.99 *(978-1-4197-3369-7(9)*, 1259301, Amulet Bks.) Abrams, Inc.

Alien Takeback. Kate Ferris. 2022. (ENG.). 296p. (YA). pap. *(978-1-922701-80-0(7))* Shawline Publishing Group.

Alieni Libro Da Colorare: Fantastico Libro Da Colorare Degli Alieni Dello Spazio Esterno per Bambini Dai 4

Agli 8 Anni. Emil Rana O'Neil. 2021. (ITA.). 66p. (J). pap. 10.99 *(978-1-365-34203-5(4))* Ridley Madison, LLC.

Aliens. Katie Chanez et al. 2019. (Aliens Ser.). (ENG.). 32p. (J). (gr. 4-6). 245.20 *(978-1-5435-7119-6(0)*, 29298); pap., pap., pap. 63.60 *(978-1-5435-8245-1(1)*, 29701) Capstone.

Aliens, 1 vol. Andrew Coddington. 2016. (Creatures of Fantasy Ser.). (ENG., Illus.). 64p. (gr. 6-6). 35.93 *(978-1-5026-1862-7(1)*, f7c33507-c5a1-4d65-b96c-72e537701c7e) Cavendish Square Publishing LLC.

Aliens, 1 vol. Joe Fullman. 2019. (Amazing Origami Ser.). (ENG.). 32p. (J). (gr. 2-3). pap. 11.50 *(978-1-5382-4233-9(8)*, 44bfc216-98b8-4273-bdde-f6b5a39e6b2c); lib. bdg. 29.27 *(978-1-5382-4179-0(X)*, 50881e68-e23a-4332-9e82-bfa8791b2807) Stevens, Gareth Publishing LLLP.

Aliens. Laura K. Murray. 2017. (Are They Real? Ser.). (ENG., Illus.). 24p. (J). (gr. 1-4). pap. 8.99 *(978-1-62832-367-2(1)*, 20051, Creative Paperbacks); *(978-1-60818-759-1(4)*, 20053, Creative Education) Creative Co., The.

Aliens. Marysa Storm. 2020. (Little Bit Spooky Ser.). (ENG.). 24p. (J). (gr. k-3). lib. bdg. *(978-1-62310-174-9(3)*, 14442, Bolt Jr.) Black Rabbit Bks.

Aliens: Join the Scientists Searching Space for Extraterrestrial Life. Joalda Morancy & Neon Squid. Illus. by Amy Grimes. 2022. (Myth Busters Ser.). (ENG.). 80p. (J). 17.99 *(978-1-68449-253-4(X)*, 900258869, Neon Squid) St. Martin's Pr.

Aliens - Livre de Coloriage. Emil Rana O'Neil. 2021. (FRE.). 66p. (J). pap. 9.99 *(978-1-008-91981-5(0))* Ridley Madison, LLC.

Aliens a Novel (Classic Reprint) Henry F. Keenan. 2018. (ENG., Illus.). 458p. (J). 33.36 *(978-0-483-44529-1(0))* Forgotten Bks.

Aliens among Us: the Evidence (Set), 6 vols. Mari Bolte. 2022. (21st Century Skills Library: Aliens among Us: the Evidence Ser.). (ENG., Illus.). 32p. (J). (gr. 4-8). 192.42 *(978-1-6689-1015-3(2)*, 220824); pap., pap., pap. 85.29 *(978-1-6689-1036-8(5)*, 220981) Cherry Lake Publishing.

Aliens & ABC's Activity Book for Children (6x9 Coloring Book / Activity Book) Sheba Blake. 2020. (ENG.). 56p. (J). pap. 9.99 *(978-1-222-28562-8(2))* Indy Pub.

Aliens & ABC's Activity Book for Children (8. 5x8. 5 Coloring Book / Activity Book) Sheba Blake. 2020. (ENG.). 56p. (J). pap. 12.99 *(978-1-222-28800-1(1))* Indy Pub.

Aliens & ABC's Activity Book for Children (8x10 Coloring Book / Activity Book) Sheba Blake. 2020. (ENG.). 56p. (J). pap. 14.99 *(978-1-222-28563-5(0))* Indy Pub.

Aliens & UFOs, 1 vol. Sarah Levete. 2016. (Mystery Hunters Ser.). (ENG.). 48p. (J). (gr. 5-5). pap. 15.05 *(978-1-4824-5992-0(2)*, ef5f6e57-b22d-4a47-bceb-35897525d253) Stevens, Gareth Publishing LLLP.

Aliens & UFOs: Myth or Reality? Lori Hile. 2018. (Investigating Unsolved Mysteries Ser.). (ENG., Illus.). 32p. (J). (gr. 3-9). lib. bdg. 28.65 *(978-1-5435-3570-9(4)*, 138911, Capstone Pr.) Capstone.

Aliens Ate My Homework Collection (Boxed Set) Aliens Ate My Homework; I Left My Sneakers in Dimension X; the Search for Snout; Aliens Stole My Body. Bruce Coville. Illus. by Katherine Coville. ed. 2018. (Rod Allbright & the Galactic Patrol Ser.). (ENG.). 848p. (J). (gr. 3-7). pap. 27.99 *(978-1-5344-1514-0(9)*, Aladdin) Simon & Schuster Children's Publishing.

ALIENS, BLACK HOLES & Some Answers. Danny Five Toes. 2022. (ENG., Illus.). 68p. (YA). pap. 12.95 *(978-1-63860-122-7(4))* Fulton Bks.

Aliens (Classic Reprint) William McFee. 2017. (ENG., Illus.). (J). 33.05 *(978-0-260-34516-5(4))* Forgotten Bks.

Aliens (Classic Reprint) Mary Tappan Wright. (ENG., Illus.). (J). 2018. 434p. 32.85 *(978-0-666-88382-7(3))*; 2017. pap. 16.57 *(978-1-5276-8060-9(6))* Forgotten Bks.

Aliens Don't Like Cheese. Adam M. Scott. 2017. (ENG., Illus.). (J). pap. 17.00 *(978-1-365-91464-5(X))* Lulu Pr., Inc.

Aliens for Dinner?!, 2. A. I. Newton. 2019. (Alien Next Door Ch Bks). (ENG.). 94p. (J). (gr. 2-3). 15.59 *(978-0-87617-270-4(2))* Penworthy Co., LLC, The.

Aliens from Earth: When Animals & Plants Invade Other Ecosystems, 1 vol. Mary Batten. Illus. by Beverly Doyle. rev. ed. 2016. 36p. (J). (gr. 3-7). 16.95 *(978-1-56145-900-1(3))* Peachtree Publishing Co. Inc.

Aliens from Planet X. Charles Gilbert. 2022. (ENG.). 33p. (YA). pap. *(978-1-4357-7908-2(8))* Lulu Pr., Inc.

Aliens from Planet Zargon Coloring Book. Jupiter Kids. 2017. (ENG., Illus.). (J). pap. 9.20 *(978-1-68326-594-8(7)*, Jupiter Kids (Childrens & Kids Fiction)) Speedy Publishing LLC.

Aliens Get the Sniffles Too! Ahhh-Choo! Katy S. Duffield. Illus. by K. G. Campbell. 2017. (ENG.). 32p. (J). (gr. -1-2). 16.99 *(978-0-7636-6502-9(9))* Candlewick Pr.

Alien's Homework, the Coloring Book. Tarif Youssef-Agha. Illus. by Aashay Utkarsh. 2023. (ENG.). 44p. (J). pap. 7.99 ***(978-1-956581-22-5(7))*** Erin Go Bragh Publishing.

Alien's Homework, the Ride Is about to Start. Tarif Youssef-Agha. Illus. by Aashay Utkarsh. 2023. (ENG.). 44p. (J). pap. 12.99 ***(978-1-956581-19-5(7))*** Erin Go Bragh Publishing.

Aliens Invade Earth Coloring Book. Jupiter Kids. 2016. (ENG., Illus.). 106p. (YA). pap. 12.55 *(978-1-68326-277-0(8)*, Jupiter Kids (Childrens & Kids Fiction)) Speedy Publishing LLC.

Aliens Love Cats. Lisa Bessette & Kiyomi Taylor. l.t. ed. 2021. (ENG.). 28p. (J). 12.50 *(978-1-0879-6223-8(4))* Indy Pub.

Aliens Love Dinopants. Claire Freedman. Illus. by Ben Cort. 2016. (Underpants Bks.). (ENG.). 32p. (J). (gr. -1-2). 17.99 *(978-1-4814-6736-0(0)*, Aladdin) Simon & Schuster Children's Publishing.

Aliens Make Friends: Growing Friendships, 1 vol. Mindy Huffman. 2019. (Social & Emotional Learning for the Real World Ser.). (ENG.). 12p. (gr. 1-2). pap. *(978-1-7253-5578-1(7)*, 3cdc7ca8-1366-4a90-ba50-fb7518c7bd8c, Rosen Classroom) Rosen Publishing Group, Inc., The.

Aliens on Earth. Wendy Mass & Michael Brawer. ed. 2017. (Space Taxi Ser.: 6). (J). lib. bdg. 16.00 *(978-0-606-40227-9(6))* Turtleback.

Aliens Took over My Body Coloring Book. Creative Playbooks. 2016. (ENG., Illus.). (J). pap. 7.74 *(978-1-68323-737-2(4))* Twin Flame Productions.

Aliens Ufos & the End of Our World. Nick Huntley. 2021. (ENG., Illus.). 170p. (YA). pap. 15.95 *(978-1-6624-4104-2(5))* Page Publishing Inc.

Aliens, UFOs, & Unexplained Encounters, 1 vol. Dave Kelly & Andrew Coddington. 2017. (Paranormal Investigations Ser.). (ENG.). 64p. (gr. 6-6). 35.93 *(978-1-5026-2845-9(7)*, 19ee3e24-8ead-49da-b2aa-b93608779b37) Cavendish Square Publishing LLC.

Aliens, Underwear, & Monsters. Bruce Coville. Illus. by Glen Mullaly. 2022. (Sixth-Grade Alien Ser.: 11). (ENG.). 160p. (J). (gr. 3-7). pap. 6.99 *(978-1-5344-8736-9(0))*; 17.99 *(978-1-5344-8737-6(9))* Simon & Schuster Children's Publishing. (Aladdin).

Aliens Visit My School Coloring Book. Activibooks For Kids. 2016. (ENG., Illus.). (J). pap. 9.20 *(978-1-68321-746-6(2))* Mimaxion.

Aliens Who Loved Lemon Curd. Lorraine Piddington. Illus. by Jacqueline Tee. 2016. (ENG.). 21p. (J). pap. *(978-1-78623-810-8(1))* Grosvenor Hse. Publishing Ltd.

Alienship. B. Random. 2017. (Mrax Ser.: Vol. 1). (ENG., Illus.). 326p. (J). (gr. 5-6). pap. *(978-1-9997246-2-7(3))* Wordworm Pr.

Aliento Perruno (Dog Breath) Dav Pilkey. Illus. by Dav Pilkey. 2019. (SPA., Illus.). 32p. (J). (gr. -1-3). pap. 7.99 *(978-1-338-56597-3(4)*, Scholastic en Espanol) Scholastic, Inc.

Aliera Wants to Be a Monkey. Janet Rowe. Illus. by Amee S. Neal. 2018. (ENG.). 26p. (J). pap. 12.95 *(978-1-64300-941-4(9))* Covenant Bks.

Alif Baa Storybook. Zainab Ghannawi. Illus. by Zainab Ghannawi. 2022. (ENG.). 34p. (J). ***(978-0-2288-7780-6(6))***; pap. ***(978-0-2288-7779-0(2))*** Tellwell Talent.

Alif Baa Taa (x4) - 4 Times the Words & Illustration with English Arabic & Transliteration. Ali Elsayed. 2022. (ENG.). 32p. (J). 20.00 *(978-1-7780706-2-4(0))* Itsy Bitsy Muslims.

¿Aligátor o Cocodrilo? un Libro de Comparaciones y Contrastes. Jennifer Shields. Tr. by Alejandra de la Torre & Javier Camacho Miranda from ENG. 2023. (Libro de Comparaciones y Contrastes Ser.).Tr. of Alligator or Crocodile? a Compare & Contrast Book. (SPA., Illus.). 32p. (J). (gr. k-3). 11.95 ***(978-1-63817-262-8(5))*** Arbordale Publishing.

Alight. Alexandra Hart & Phoebe Sleeman. 2022. (ENG.). 264p. (J). pap. *(978-1-80378-035-1(5))* Cranthorpe Millner Pubs.

Alight: Book Two of the Generations Trilogy. Scott Sigler. 2016. (Generations Trilogy Ser.: 2). 448p. (gr. 9). pap. 12.00 *(978-0-553-39317-0(0)*, Del Rey) Random Hse. Worlds.

Align Above: Cultivating a Life of Wellness. Kristin Hagen. 2019. (ENG.). 46p. (J). pap. 15.95 *(978-1-64515-822-5(5))* Christian Faith Publishing.

Align Above: Keeping You Well for Your Whole Life. Kristin Hagen. 2019. (ENG.). 56p. (J). pap. 16.95 *(978-1-64515-824-9(1))* Christian Faith Publishing.

Aligning the Signs. Rebecca Rossi. 2021. (ENG.). 316p. (YA). pap. *(978-0-6452641-9-7(9))* MMH Pr.

Alijah XII. Kirja Ilja. 2023. (Alijah Ser.: Vol. 1). (ENG.). 64p. (J). pap. 12.99 ***(978-1-954819-84-9(6))*** Briley & Baxter Publications.

Aliments Repoussants et dégoûtants (Gross & Disgusting Food) Julie K. Lundgren. Tr. by Annie Evearts. 2021. (Choses Repoussantes et dégoûtantes (Gross & Disgusting Things) Ser.). (FRE.). (J). (gr. 3-9). pap. ***(978-1-0396-0316-5(5)***, 12888, Crabtree Branches) Crabtree Publishing Co.

Alina All Alone. Laura Tava-Petrelli. Illus. by Jupiters Muse. 2022. (ENG.). 28p. (J). *(978-0-2288-6870-5(X))*; pap. *(978-0-2288-6871-2(8))* Tellwell Talent.

Alina Hagen... Geht Erst Einmal Verbrecher Jagen! Franka Hshne. 2018. (GER., Illus.). 114p. (J). pap. *(978-0-244-72520-4(9))* Lulu Pr., Inc.

Alina Hagen... geht Wieder Verbrecher Jagen! Franka Hohne. 2019. (GER.). 120p. (J). pap. *(978-0-244-80664-4(0))* Lulu Pr., Inc.

Alina in a Pinch. Shenaaz Nanji. 2022. (ENG.). 88p. (J). (gr. 1-3). pap. 10.95 *(978-1-77260-245-6(0))* Second Story Pr. CAN. Dist: Orca Bk. Pubs. USA.

Alina the Positive Thought Warrior. Lucie La Brecque & Diana Cole. Illus. by Aubrey Morgan Foster. 2021. (ENG.). 40p. (J). pap. 14.95 *(978-1-951805-58-6(5))* Waterside Pr.

Aline of the Grand Woods: A Story of Louisiana (Classic Reprint) Nevil G. Henshaw. 2018. (ENG., Illus.). 504p. (J). 34.29 *(978-0-483-95095-5(5))* Forgotten Bks.

Alioramus on the Hunt. Dreaming Tortoise. Illus. by Dreaming Tortoise. 2017. (When Dinosaurs Ruled the Earth Ser.). (ENG., Illus.). 32p. (J). (gr. k-3). lib. bdg. 27.99 *(978-1-925235-19-7(X)*, a3258ce6-bb8a-4186-ab9e-2e5aef2b326d, Big and SMALL) ChoiceMaker Pty. Ltd., The AUS. Dist: Lerner Publishing Group.

Ali's Knockout Punch: How a Photograph Stunned the Boxing World. Michael Burgan. 2017. (Captured History Sports Ser.). (ENG., Illus.). 64p. (J). (gr. 5-9). lib. bdg. 35.32 *(978-0-7565-5527-6(2)*, 134410, Compass Point Bks.) Capstone.

Alis the Aviator. Danielle Metcalfe-Chenail. Illus. by Kalpna Patel. 2019. (ENG.). 40p. (J). (gr. -1-2). 17.99 *(978-1-101-91905-7(1)*, Tundra Bks.) Tundra Bks. CAN. Dist: Penguin Random Hse. LLC.

Alisa Paige: A Novel (Classic Reprint) Robert W. Chambers. (ENG., Illus.). (J). 2018. 546p. 35.18 *(978-0-483-62207-4(9))*; 2017. pap. 19.57 *(978-0-243-28876-2(X))* Forgotten Bks.

Alisa's First Adventure. Liz Ball. Illus. by Bree Stallings. 2018. (ENG.). 24p. (J). (gr. k-3). pap. 10.95 *(978-0-692-18141-6(5))* Tree Farm Pr.

Aliscans: Kritischer Text (Classic Reprint) Erich Wienbeck. 2018. (GER., Illus.). 594p. (J). 36.15 *(978-0-656-97477-1(X))* Forgotten Bks.

Aliscans: Kritischer Text Von Erich Wienbeck, Wilhelm Hartnacke, Paul Rasch (Classic Reprint) Aliscans Aliscans. (GER., Illus.). (J). 2018. 596p. 36.19 *(978-0-666-71798-6(2))*; 2017. pap. 19.57 *(978-0-259-79963-4(7))* Forgotten Bks.

Aliscans (Classic Reprint) Gustav Rolin. 2018. (GER., Illus.). 368p. (J). 31.51 *(978-0-267-60149-3(2))* Forgotten Bks.

Alise of Astra (Classic Reprint) H. B. Marriott Watson. (ENG., Illus.). (J). 2018. 322p. 30.58 *(978-0-484-38152-9(0))*; 2016. pap. 13.57 *(978-1-333-60027-3(5))* Forgotten Bks.

Alisha's Magical Red Lipstick. Edna Khalily. 2022. (ENG.). 32p. (J). pap. 9.97 ***(978-1-0880-8031-3(6))*** Writers on the Move Publishing.

Alison & Her Rock Awesome Robot. Fred Chao. 2019. (ENG., Illus.). 160p. (J). pap. 19.99 *(978-1-63229-437-1(0)*, 728aa827-c8c2-4e84-a9d0-9f7fd883f96d) Action Lab Entertainment.

Alison Lester's Wonderful World: Colour Your Favourite Drawings. Alison Lester. 2017. (ENG.). 48p. (J). (gr. k). pap. 9.99 *(978-1-76029-313-0(X))* Allen & Unwin AUS. Dist: Independent Pubs. Group.

Alison the Art Fairy. Daisy Meadows. ed. 2018. 65p. (J). (gr. 1-4). 15.36 *(978-1-64310-182-8(X))* Penworthy Co., LLC, The.

Alison the Art Fairy. Daisy Meadows. 2016. (Illus.). 65p. (J). *(978-0-545-95523-2(8))* Scholastic, Inc.

Alison's Adventures: Your Passport to the World. Compiled by Ripleys Believe It Or Not!. 2020. (ENG.). 144p. (YA). (gr. 4-8). pap. 19.99 *(978-1-60991-337-3(X))* Ripley Entertainment, Inc.

Alison's Fishing Birds. Roderick Haig-Brown. Illus. by Sheryl McDougald. 2017. (ENG.). 48p. (J). 21.95 *(978-1-987915-19-8(4))* Caitlin Pr., Inc. CAN. Dist: Independent Pubs. Group.

Alistair Grim's Odd Aquaticum. Gregory Funaro. 2016. (Alistair Grim Ser.: 2). (ENG.). 448p. (J). (gr. 3-7). pap. 7.99 *(978-1-4847-0900-9(4))* Hyperion Bks. for Children.

Alistur the Magnificent. D. L. Winter. 2022. (ENG.). 250p. (YA). 20.00 ***(978-1-0880-4572-5(3))*** Winter Pr.

Aliunde, or Love Ventures (Classic Reprint) Unknown Author. (ENG., Illus.). (J). 2018. 228p. 28.62 *(978-0-484-44139-1(6))*; 2017. pap. 10.97 *(978-0-259-91696-3(X))* Forgotten Bks.

Alive. Chandler Baker. 2017. (ENG.). 384p. (YA). (gr. 7-12). pap. 9.99 ***(978-1-4847-0934-4(9))*** Little, Brown Bks. for Young Readers.

Alive. Scott Sigler. 2016. (Generations Trilogy Ser.: 1). 384p. (gr. 9). pap. 14.00 *(978-0-553-39312-5(X)*, Del Rey) Random House Publishing Group.

Alive? Melissa Woods. 2018. (Alive? Ser.: Vol. 1). (ENG.). 292p. (YA). pap. 11.95 *(978-1-63422-478-9(7))* Clean Teen Publishing.

Alive. Chandler Baker. ed. 2017. (YA). lib. bdg. 20.85 *(978-0-606-39171-9(1))* Turtleback.

Alive Again! the Easter Story. Raffaella Ligi, Sarah J. Dodd. Illus. by Raffaella Ligi. ed. 2021. (ENG.). 32p. (J). (gr. -1). pap. 9.99 *(978-0-7459-7895-6(9)*, bd49d670-5849-4839-a940-f7fb54ce0d23, Lion Children's) Lion Hudson PLC GBR. Dist: Baker & Taylor Publisher Services (BTPS).

Alive-Alive O. Christopher Gilmore. 2017. (ENG., Illus.). (J). pap. *(978-1-78723-080-4(5))* CompletelyNovel.com.

Alive & Alone. W. R. Benton. 2017. (ENG., Illus.). (YA). pap. 10.99 *(978-1-939812-20-9(8))* Loose Cannon.

Alive & Dead: Helping a Child Grieve the Death of a Loved One. Jeanne Burdsall. 2017. (ENG.). 52p. (J). pap. ***(978-1-365-99691-7(3))*** Lulu Pr., Inc.

Alive in the Jungle: A Story for the Young. Eleanor Stredder. 2017. (ENG., Illus.). (J). pap. *(978-0-649-16737-1(6))* Trieste Publishing Pty Ltd.

Alive in the Jungle: A Story for the Young (Classic Reprint) Eleanor Stredder. 2018. (ENG., Illus.). 196p. (J). 27.94 *(978-0-483-58394-8(4))* Forgotten Bks.

Alizah's Story: I Stutter. Shoshanah Hobson. 2020. (ENG.). 24p. (J). pap. 14.99 *(978-0-578-74505-3(4))* Hobson, Shoshanah.

Alize Abenturak Wonderland-En: Alice's Adventures in Wonderland, Basque Edition. Lewis Carroll, pseud. 2018. (BAQ., Illus.). 96p. (J). pap. *(978-80-88080-35-0(5)*, Classic Translations) Eonia Publishing.

Alkyoneus & the Warrior Queen. Tracey West. Illus. by Craig Phillips. 2020. (Heroes in Training Ser.: 17). (ENG.). 112p. (J). (gr. 1-4). 17.99 *(978-1-5344-3295-6(7))*; pap. 6.99 *(978-1-5344-3294-9(9))* Simon & Schuster Children's Publishing. (Aladdin).

All Aboard. Oliver Optic, pseud. 2017. (ENG.). 262p. (J). pap. *(978-3-337-41327-9(7))* Creation Pubs.

All Aboard! Kelly Starling Lyons. ed. 2021. (I Can Read Ser.). (ENG., Illus.). 32p. (J). (gr. k-1). 14.96 *(978-1-64697-537-2(5))* Penworthy Co., LLC, The.

All Aboard: A Story for Girls. Fannie E. Newberry. 2017. (ENG., Illus.). (J). pap. 13.95 *(978-1-374-97316-9(5))* Capital Communications, Inc.

All Aboard: Or Life on the Lake (Classic Reprint) Oliver Optic, pseud. 2018. (ENG., Illus.). 294p. (J). 29.96 *(978-0-666-83724-0(4))* Forgotten Bks.

All Aboard! (an Abrams Extend-A-Book) Let's Ride a Train. Nichole Mara. Illus. by Andrew Kolb. 2017. (Abrams Extend-A-Book Ser.). (ENG.). 10p. (J). (gr. -1 — 1). bds. 9.95 *(978-1-4197-2567-8(X)*, 1180210, Abrams Appleseed) Abrams, Inc.

All Aboard for Sunrise Lands: A Trip Through California Across the Pacific to Japan, China, & Australia (Classic Reprint) Edward A. Rand. 2018. (ENG., Illus.). 386p. (J). 31.86 *(978-0-483-27000-8(8))* Forgotten Bks.

All Aboard for the Lakes & Mountains: A Trip to Picturesque Localities in the United States (Classic Reprint) Edward Augustus Rand. (ENG., Illus.). (J). 2018. 408p. 32.31 *(978-0-332-72840-7(4))*; 2016. pap. 16.57 *(978-1-333-49864-1(0))* Forgotten Bks.

All Aboard, Georgia! Rosalind Bunn & Maggie Bunn. Illus. by Keller Pyle. 2021. (ENG.). 32p. (J). (gr. k-3). 19.95 *(978-1-4556-2614-4(7)*, Pelican Publishing) Arcadia Publishing.

All Aboard! London: A Travel Primer, 1 vol. Haily Meyers & Kevin Meyers. 2016. (Lucy Darling Ser.). (Illus.). 22p. (J). (— 1). bds. 9.99 *(978-1-4236-4242-8(2))* Gibbs Smith, Publisher.

All Aboard, Louisiana! Rosalind Bunn & Maggie Bunn. 2022. (ENG., Illus.). 32p. (J). 19.95 *(978-1-4556-2666-3(X)*, Pelican Publishing) Arcadia Publishing.

All Aboard! National Parks: A Wildlife Primer, 1 vol. Haily Meyers & Kevin Meyers. 2016. (Lucy Darling Ser.). (Illus.). 22p. (J). (— 1). bds. 11.99 *(978-1-4236-4236-7(8))* Gibbs Smith, Publisher.

All Aboard Pacific Northwest: A Recreation Primer, 1 vol. Haily Meyers & Kevin Meyers. 2017. (Lucy Darling Ser.). (ENG., Illus.). 22p. (J). (— 1). bds. 9.99 *(978-1-4236-4601-3(0))* Gibbs Smith, Publisher.

All Aboard! Texas, 1 vol. Haily Meyers & Kevin Meyers. 2019. (Lucy Darling Ser.). (ENG.). 22p. (J). (— 1). bds. 11.99 *(978-1-4236-5228-1(2))* Gibbs Smith, Publisher.

All Aboard! the Airport Train (an Abrams Extend-A-Book) Nichole Mara. Illus. by Andrew Kolb. 2019. (Abrams Extend-A-Book Ser.). (ENG.). 10p. (J). (gr. -1 — 1). bds. 9.99 *(978-1-4197-3678-0(7)*, 1257610) Abrams, Inc.

All Aboard! the Christmas Train (an Abrams Extend-A-Book) Nichole Mara. Illus. by Andrew Kolb. 2018. (Abrams Extend-A-Book Ser.). (ENG.). 10p. (J). (gr. -1 — 1). bds. 9.99 *(978-1-4197-3295-9(1)*, 1255210, Abrams Appleseed) Abrams, Inc.

'All Aboard' the Freedom Train. Gene Carnell. 2017. (All-American Ser.: Vol. 5). (ENG., Illus.). (J). pap. 6.95 *(978-1-63051-435-8(7))* Chiron Pubns.

All Aboard the London Bus. Patricia Toht. Illus. by Sam Usher. 2022. (ENG.). 40p. (J). (gr. k-3). pap. 9.99 *(978-0-7112-7973-5(X)*, 420723, Frances Lincoln Children's Bks.) Quarto Publishing Group UK GBR. Dist: Hachette Bk. Group.

All Aboard the Potty Train. Elizabeth F. Szewczyk. Illus. by Bryan Werts. 2021. (ENG.). 32p. (J). pap. 11.99 *(978-1-954868-47-2(2))* Pen It Pubns.

All Aboard the Schooltrain: a Little Story from the Great Migration. Glenda Armand. Illus. by Keisha Morris. 2023. (ENG.). 48p. (J). (gr. 1-4). 19.99 *(978-1-338-76689-9(9)*, Scholastic Pr.) Scholastic, Inc.

All Aboard! the Sesame Street Subway (an Abrams Extend-A-Book) Nichole Mara. Illus. by Andrew Kolb. 2023. (Abrams Extend-A-Book Ser.). (ENG.). 8p. (J). (gr. -1 — 1). bds. 12.99 *(978-1-4197-6655-8(4)*, 1799610, Abrams Appleseed) Abrams, Inc.

All Aboard the Spooky Express! Eric James. Illus. by Marcin Piwowarski. 2017. (Spooky Express Ser.). (ENG.). 32p. (J). (gr. k-6). 9.99 *(978-1-4926-5375-2(6)*, Hometown World) Sourcebooks, Inc.

All Aboard! Tractor: The Farm's Most Amazing Plants, Animals, & Machines. Pavla Hanácková. Illus. by Diarmuid Ó Catháin. 2023. 22p. (J). (gr. -1-1). bds. 12.99 *(978-1-5107-7468-1(8)*, Sky Pony Pr.) Skyhorse Publishing Co., Inc.

All Aboard! Washington DC: A Capitol Primer, 1 vol. Haily Meyers & Kevin Meyers. 2016. (Lucy Darling Ser.). (ENG., Illus.). 22p. (J). (— 1). bds. 9.99 *(978-1-4236-4245-9(7))* Gibbs Smith, Publisher.

All Aboard with Noah, 1 vol. Juliet David. Illus. by Jackie Canuso & Jackie Canuso. ed. 2016. (ENG.). 12p. (J). (gr. -1-k). 11.99 *(978-1-78128-249-6(8)*, b8b47fdf-710b-4ba4-850d-be9857166e82, Candle Bks.) Lion Hudson PLC GBR. Dist: Baker & Taylor Publisher Services (BTPS).

All about 3D Printing. Tracy Abell. 2017. (Cutting-Edge Technology Ser.). (ENG., Illus.). 32p. (J). (gr. 3-5). pap. 9.95 *(978-1-63517-065-8(6))*; lib. bdg. 31.35 *(978-1-63517-009-2(5)*, 1635170095) North Star Editions. (Focus Readers).

All about a Boy Who Was Afraid of the Dark: (and How He Got over It) Ann Marie Hannon. 2017. (ENG., Illus.). 30p. 25.95 *(978-1-4808-3753-9(9))* Archway Publishing.

All about Africa! about All African States & Peoples. Baby Professor. 2017. (ENG., Illus.). (J). pap. 9.25 *(978-1-5419-0159-9(2)*, Baby Professor (Education Kids)) Speedy Publishing LLC.

All about Ainsley. Erin Smith. 2023. (ENG.). 30p. (J). 24.99 ***(978-1-312-62579-2(1))*** Lulu Pr., Inc.

All about Airedales: A Book of General Information Valuable to Dog Lovers & Owners, Breeders & Fanciers, Illustrated from Selected Photographs of Noted Dogs & Rare Scenes; the Airedale Terrier Reviewed (Classic Reprint) Robert Manning Palmer. 2017. (ENG., Illus.). (J). 27.44 *(978-0-260-84841-3(7))* Forgotten Bks.

All about Allergies. Francesca Potts. 2017. (Inside Your Body Ser.). (ENG., Illus.). 24p. (J). (gr. k-4). lib. bdg. 32.79 *(978-1-5321-1115-0(0)*, 25806, Super SandCastle) ABDO Publishing Co.

All about Alligators. Candice Letkeman. 2018. (Illus.). 24p. (J). *(978-1-4896-5641-4(3)*, AV2 by Weigl) Weigl Pubs., Inc.

All about Animals! A Lift-The-Flap Book of Fun Facts. Hannah Eliot. Illus. by Pete Oswald. 2018. (Did You Know? Ser.). (ENG.). 24p. (J). (gr. -1-k). bds. 7.99 *(978-1-5344-1135-7(6)*, Little Simon) Little Simon.

All about Animals: An Illustrated Guide to Creatures Great & Small. Polly Cheeseman. Illus. by Iris Deppe. 2022. (ENG.). 48p. (J). 12.99 *(978-1-3988-1991-7(3)*, 5674fa32-ca9e-42e8-ae1f-07f8532b391c) Arcturus Publishing GBR. Dist: Baker & Taylor Publisher Services (BTPS).

All about Animals - Rongorongoia Maan (Te Kiribati) Robbyna Butter. Illus. by Romulo Reyes, III. 2023. (ENG.). 24p. (J). pap. ***(978-1-922844-36-1(5))*** Library For All Limited.

All about Anne, 1 vol. Illus. by Huck Scarry. 2018. (ENG.). 72p. (J). (gr. 5-8). 24.95 *(978-1-77260-060-5(1))* Second Story Pr. CAN. Dist: Orca Bk. Pubs. USA.

All about Anxiety. Carrie Lewis. Illus. by Sophia Touliatou. 2020. 88p. (J). (gr. 3-7). 16.99 *(978-1-5064-6320-9(7)*, Beaming Books) 1517 Media.

All about Apps. Christy Mihaly. 2017. (Cutting-Edge Technology Ser.). (ENG., Illus.). 32p. (J). (gr. 3-5). lib. bdg. 31.35 *(978-1-63517-010-8(9)*, 1635170109, Focus Readers) North Star Editions.

All about Arachnid Coloring Book. Activity Book Zone for Kids. 2016. (ENG., Illus.). (J). pap. 9.20 *(978-1-68376-404-5(8))* Sabeels Publishing.

All about Arctic Foxes: English Edition. Jordan Hoffman. 2020. (Nunavummi Reading Ser.). (ENG., Illus.). 24p. (J). pap. 8.95 *(978-1-77450-066-8(3))* Inhabit Education Bks. Inc. CAN. Dist: Consortium Bk. Sales & Distribution.

All about Artificial Intelligence. Joanne Mattern. 2023. (Cutting-Edge Technology Set 2 Ser.). (ENG., Illus.). 32p. (J). (gr. 3-5). lib. bdg. 31.35 *(978-1-63739-470-0(5),* Focus Readers) North Star Editions.

All about Artificial Intelligence. Contrib. by Joanne Mattern. 2023. (Cutting-Edge Technology Set 2 Ser.). (ENG., Illus.). 32p. (J). (gr. 3-5). pap. 9.95 *(978-1-63739-507-3(8),* Focus Readers) North Star Editions.

All about Asthma. Megan Borgert-Spaniol. 2018. (Inside Your Body Ser.). (ENG., Illus.). 24p. (J). (gr. k-4). lib. bdg. 32.79 *(978-1-5321-1578-3(4),* 29010, Super SandCastle) ABDO Publishing Co.

All about Baby Zoo Animals: Set 3, 12 vols. 2016. (All about Baby Zoo Animals Ser.). 24p. (ENG.). (gr. k-1). lib. bdg. 145.62 *(978-0-7660-7489-7(7),* 3303150c-5c3b-4f59-8cef-fe99a206712d); (gr. 1-k). pap. 56.10 *(978-0-7660-7961-8(9))* Enslow Publishing, LLC.

All about Baby Zoo Animals: Sets 1 - 3. 2016. (All about Baby Zoo Animals Ser.). (ENG.). (J). pap. 186.30 *(978-0-7660-7978-6(3));* lib. bdg. 436.86 *(978-0-7660-7936-6(8),* c6564598-f790-4c0a-ae6c-1bd6abd6e175) Enslow Publishing, LLC.

All about Banks - Finance Bank for Kids Children's Money & Saving Reference. Baby Professor. 2017. (ENG., Illus.). 64p. (J). pap. 9.52 *(978-1-5419-1282-3(9),* Baby Professor (Education Kids)) Speedy Publishing LLC.

All about Bats. Caryn Jenner. 2017. (Illus.). 23p. (J). *(978-1-5182-2632-8(9))* Dorling Kindersley Publishing, Inc.

All about Bears. Jennifer Szymanski. ed. 2020. (National Geographic Readers Ser.). (ENG.). 23p. (J). (gr. k-1). 14.96 *(978-1-64697-281-4(3))* Penworthy Co., LLC, The.

All about Bee Stings. Megan Borgert-Spaniol. 2018. (Inside Your Body Ser.). (ENG., Illus.). 24p. (J). (gr. k-4). lib. bdg. 32.79 *(978-1-5321-1579-0(2),* 29012, Super SandCastle) ABDO Publishing Co.

All about Beetles. Matt Reher. 2016. (2G Bugs Ser.). (ENG., Illus.). 32p. (J). pap. 9.60 *(978-1-63437-098-1(8))* American Reading Co.

All about Belugas: English Edition. Jordan Hoffman. 2021. (Nunavummi Reading Ser.). (ENG., Illus.). 24p. (J). (gr. 2-5). pap. 8.95 *(978-1-77450-460-4(X))* Inhabit Education Bks. Inc. CAN. Dist: Consortium Bk. Sales & Distribution.

All about Ben: Helping Children with Attachment Issues to Understand Their Feelings. Dorothy Markham & Aileen O'Donnell. Illus. by Aileen O'Donnell. 2018. (Illus.). 40p. (C). pap. 14.95 *(978-1-78592-499-6(0),* 696838) Kingsley, Jessica Pubs. GBR. Dist: Hachette UK Distribution.

All about Bible Animals: Over 100 Amazing Facts about the Animals of the Bible. Simona Piscioneri. 2023. (ENG., Illus.). 48p. (J). ***(978-1-78498-868-5(5))*** Good Bk. Co., The.

All about Bicycles, 1 vol. Therese Shea. 2016. (Let's Find Out! Transportation Ser.). (ENG., Illus.). 32p. (J). (gr. 2-3). lib. bdg. 26.06 *(978-1-68048-439-7(7),* 8c4388e3-1402-4a6a-9b60-a3825b4554e6) Rosen Publishing Group, Inc., The.

All about Bikes: Leveled Reader Turquoise Level 17. Rg Rg. 2016. (PM Ser.). (ENG.). 16p. (J). (gr. 2). pap. 11.00 *(978-0-544-89173-9(2))* Rigby Education.

All about Birds: An Illustrated Guide to Our Feathered Friends. Polly Cheeseman. Illus. by Iris Deppe. 2022. (ENG.). 48p. (J). 12.99 *(978-1-3988-1992-4(1),* 4d24ce0f-9b22-42c9-b0ae-f185846304bf) Arcturus Publishing GBR. Dist: Baker & Taylor Publisher Services (BTPS).

All about Birds Sticker Activity Book. Tiger Tales. Illus. by Kelsey Collings. 2023. (ENG.). 40p. (J). (gr. -1-2). pap. 7.99 *(978-1-6643-4052-7(1))* Tiger Tales.

All about Bluey. Penguin Young Readers Licenses. 2021. (Bluey Ser.). (ENG., Illus.). 14p. (J). (— 1). bds. 6.99 *(978-0-593-22668-1(2),* Penguin Young Readers Licenses) Penguin Young Readers Group.

All about Broken Bones. Francesca Potts. 2017. (Inside Your Body Ser.). (ENG., 24p. (J). (gr. k-4). Illus.). lib. bdg. 32.79 *(978-1-5321-1116-7(9),* 25808); 49.94 *(978-1-68078-901-0(5),* 26302) ABDO Publishing Co. (Super SandCastle).

All about Bus Drivers. Brianna Kaiser. 2022. (Sesame Street (r) Loves Community Helpers Ser.). (ENG., Illus.). 32p. (J). (gr. -1-2). pap. 9.99 *(978-1-7284-6381-0(5),* 455490ac-6c94-4c63-b699-ffb45f44540f, Lerner Pubns.) Lerner Publishing Group.

All about Canada, Vol. 1: For Little Folks (Classic Reprint) D. J. Dickie. (ENG., Illus.). (J). 2018. 80p. 25.55 *(978-0-484-80685-5(8));* 2017. pap. 9.57 *(978-0-259-46045-9(1))* Forgotten Bks.

All about Cars, 1 vol. Sarah Machajewski. 2016. (Let's Find Out! Transportation Ser.). (ENG.). 32p. (J). (gr. 2-3). lib. bdg. 26.06 *(978-1-68048-440-3(0),* e69493c6-0a31-4b45-a34f-fbec9f5f6484, Britannica Educational Publishing) Rosen Publishing Group, Inc., The.

All about Castles. Nell K. Duke et al. Illus. by Scott SanGiacomo. 2016. 32p. (J). *(978-0-87659-687-6(1))* Gryphon Hse., Inc.

All about Cats. Monika Filipina. Illus. by Monika Filipina. 2017. (Child's Play Library). (Illus.). 32p. (J). (ENG.). *(978-1-84643-934-6(5));* pap. *(978-1-84643-933-9(7))* Child's Play International Ltd.

All about Cats. Joanne Mattern. 2021. (All about Cats Ser.). (ENG.). 32p. (J). 114.60 *(978-1-6663-5891-9(6),* 240432, Capstone Pr.) Capstone.

All about Cats, 12 vols., Set. Joanne Mattern. Incl. Exotic Cats. 2010. lib. bdg. 28.65 *(978-1-4296-6630-5(7),* 115763); Oriental Cats. (Illus.). 2011. lib. bdg. 28.65 *(978-1-4296-6866-8(0),* 116484); Persian Cats. 2010. lib. bdg. 28.65 *(978-1-4296-6634-3(X),* 115766); (J). (gr. 3-9). (All about Cats Ser.). (ENG.). 32p. 2011. 171.90 *(978-1-4296-6869-9(5),* 16648, Capstone Pr.) Capstone.

All about Chickenpox. Megan Borgert-Spaniol. 2018. (Inside Your Body Ser.). (ENG., Illus.). 24p. (J). (gr. k-4). lib. bdg. 32.79 *(978-1-5321-1580-6(6),* 29014, Super SandCastle) ABDO Publishing Co.

All about Children. Robert A. Saul. 2017. (ENG., Illus.). (J). 15.95 *(978-1-4808-4674-6(0))* Archway Publishing.

All about Children. Robert A. Saul. Illus. by Jan Yalich Betts. 2018. (ENG.). 34p. (J). pap. 12.95 *(978-0-692-15368-0(3))* Saul, Robert.

All about China: Stories, Songs, Crafts & Games for Kids. Allison Branscombe. Illus. by Lin. Wang. 2018. 64p. (J). (gr. 3-6). 14.99 *(978-0-8048-4849-7(1))* Tuttle Publishing.

All about Christmas: Over 100 Amazing Facts Behind the Christmas Story. Alison Mitchell. 2022. (ENG., Illus.). 47p. (J). *(978-1-78498-776-3(X))* Good Bk. Co., The.

All about Christmas Angels, 1 vol. Kristen Rajczak Nelson. 2019. (It's Christmas! Ser.). (ENG.). 24p. (J). (gr. 2-2). 25.27 *(978-1-7253-0066-8(4),* 7dcb2754-046c-4ce9-bf56-7a1d45754473); pap. 9.25 *(978-1-7253-0064-4(8),* 4721917a-17f0-4fa2-8345-c0dce0b8c55f) Rosen Publishing Group, Inc., The. (PowerKids Pr.).

All about Christmas Carols. Kristen Rajczak Nelson. 2019. (It's Christmas! Ser.). (ENG.). 24p. (J). (gr. 2-2). 49.50 *(978-1-7253-0069-9(9),* PowerKids Pr.) Rosen Publishing Group, Inc., The.

All about Christmas Trees, 1 vol. Kristen Rajczak Nelson. 2019. (It's Christmas! Ser.). (ENG.). 24p. (J). (gr. 2-2). 25.27 *(978-1-7253-0074-3(5),* 3b497a02-3254-4990-a172-f67f2a7b57fe, PowerKids Pr.) Rosen Publishing Group, Inc., The.

All about Climate Maps, 1 vol. Barbara M. Linde. 2018. (Map Basics Ser.). (ENG.). 24p. (gr. 2-3). lib. bdg. 24.27 *(978-1-5382-2915-6(3),* 5e44992b-f78b-4fa4-afd4-c6ea54152156) Stevens, Gareth Publishing LLLP.

All about Clive Board Book Set Of 8. Jessica Spanyol. Illus. by Jessica Spanyol. 2020. (Social & Emotional Learning Sets Ser.). (ENG., Illus.). 56p. (J). bds., bds., bds. *(978-1-78628-532-4(0))* Child's Play International Ltd.

All about Coding. Angie Smibert. 2017. (Cutting-Edge Technology Ser.). (ENG., Illus.). 32p. (J). (gr. 3-5). pap. 9.95 *(978-1-63517-067-2(2),* 1635170672, Focus Readers) North Star Editions.

All about Coding Functions. Jaclyn Jaycox. 2019. (Simple Coding Ser.). (ENG.). 24p. (J). (gr. 2-5). lib. bdg. 32.79 *(978-1-5038-3199-5(X),* 213053) Child's World, Inc, The.

All about Coding Loops. James Bow. 2019. (Simple Coding Ser.). (ENG.). 24p. (J). (gr. 2-5). lib. bdg. 32.79 *(978-1-5038-3198-8(1),* 213054) Child's World, Inc, The.

All about Coding Selections. George Anthony Kulz. 2019. (Simple Coding Ser.). (ENG.). 24p. (J). (gr. 2-5). lib. bdg. 32.79 *(978-1-5038-3197-1(3),* 213055) Child's World, Inc, The.

All about Coding Sequences. George Anthony Kulz. 2019. (Simple Coding Ser.). (ENG.). 24p. (J). (gr. 2-5). lib. bdg. 32.79 *(978-1-5038-3196-4(5),* 213056) Child's World, Inc, The.

All about Coding Statements. Jaclyn Jaycox. 2019. (Simple Coding Ser.). (ENG.). 24p. (J). (gr. 2-5). lib. bdg. 32.79 *(978-1-5038-3200-8(7),* 213059) Child's World, Inc, The.

All about Coding Variables. James Bow. 2019. (Simple Coding Ser.). (ENG.). 24p. (J). (gr. 2-5). lib. bdg. 32.79 *(978-1-5038-3202-2(3),* 213057) Child's World, Inc, The.

All about Colds. Francesca Potts. 2017. (Inside Your Body Ser.). (ENG., Illus.). 24p. (J). (gr. k-4). lib. bdg. 32.79 *(978-1-5321-1117-4(7),* 25810, Super SandCastle) ABDO Publishing Co.

All about Colors! Identifying Primary & Secondary Colors - Reading Book Preschool Children's Reading & Writing Books. Baby Professor. 2018. (ENG., Illus.). 64p. (J). pap. 12.99 *(978-1-5419-2885-5(7),* Baby Professor (Education Kids)) Speedy Publishing LLC.

All about Construction Workers. Mari Schuh. 2020. (Sesame Street (r) Loves Community Helpers Ser.). (ENG., Illus.). 32p. (J). (gr. -1-2). pap. 9.99 *(978-1-7284-1393-8(1),* 2a398dda-c49c-4330-86ee-711fe10d82c4); lib. bdg. 29.32 *(978-1-5415-8997-1(1),* ad9a7cd3-092f-4d58-9f5e-390cf1b81256) Lerner Publishing Group. (Lerner Pubns.).

All about Cuts & Bruises. Francesca Potts. 2017. (Inside Your Body Ser.). (ENG., Illus.). 24p. (J). (gr. k-4). lib. bdg. 32.79 *(978-1-5321-1118-1(5),* 25812, Super SandCastle) ABDO Publishing Co.

All about Data, 1 vol. Charmaine Robertson. 2016. (Rosen REAL Readers: STEM & STEAM Collection). (ENG.). 8p. (gr. k-1). pap. 5.46 *(978-1-5081-2404-7(3),* 8eaeaddf-7c04-450c-8418-ff50d32aa490, Rosen Classroom) Rosen Publishing Group, Inc., The.

All about Debugging Code. Meg Marquardt. 2019. (Simple Coding Ser.). (ENG.). 24p. (J). (gr. 2-5). lib. bdg. 32.79 *(978-1-5038-3201-5(5),* 213058) Child's World, Inc, The.

All about Derbyshire (Classic Reprint) Edward Bradbury. 2018. (ENG., Illus.). 470p. (J). 33.59 *(978-0-267-27865-7(9))* Forgotten Bks.

All about Deserts. Christina Mia Gardeski. 2018. (Habitats Ser.). (ENG., Illus.). 24p. (J). (gr. -1-2). lib. bdg. 22.65 *(978-1-5157-9757-9(0),* 136867, Pebble) Capstone.

All about Dinosaurs: Set 2. Mike Clark. 2018. (All about Dinosaurs Ser.). (ENG.). 24p. (J). pap. 33.00 *(978-1-5345-2531-3(9))* Greenhaven Publishing LLC.

All about Dinosaurs (Set) Amy Allatson. 2017. (All about Dinosaurs Ser.). (ENG., Illus.). 24p. (gr. 2-2). pap. 33.00 *(978-1-5345-2204-6(2))* Greenhaven Publishing LLC.

All about Dinosaurs: Set 2, 8 vols. 2017. (All about Dinosaurs Ser.). (ENG., Illus.). 24p. (J). (gr. 2-2). lib. bdg. 104.92 *(978-1-5345-2378-4(2),* da69aa0f-2f82-4819-8e88-0db9701fbc5c) Greenhaven Publishing LLC.

All about Dinosaurs: Set 3, 8 vols. 2021. (All about Dinosaurs Ser.). (ENG.). 24p. (J). (gr. 2-2). lib. bdg. 104.92 *(978-1-5345-3901-3(8),* 50b97977-6b62-4e85-b43d-2b1bb94c17cb, KidHaven Publishing) Greenhaven Publishing LLC.

All about Dinosaurs: Sets 1 - 3, 24 vols. 2021. (All about Dinosaurs Ser.). (ENG.). (J). (gr. 2-2). lib. bdg. 314.76 *(978-1-5345-3902-0(6),* 1cf1ef48-a9bb-4a42-bd9b-ffcb2b356380, KidHaven Publishing) Greenhaven Publishing LLC.

All about Doctors. Jennifer Boothroyd. 2020. (Sesame Street (r) Loves Community Helpers Ser.). (ENG., Illus.). 32p. (J). (gr. -1-2). 29.32 *(978-1-5415-8996-4(3),* 75616dc5-c76b-4563-ac0b-9b0753f6df94); pap. 9.99 *(978-1-7284-1394-5(X),* 46102ad8-72d1-4fb4-b1b1-99e4a0df0c65) Lerner Publishing Group. (Lerner Pubns.).

All about Dolphins: Dolphin Coloring Book. Jupiter Kids. 2016. (ENG., Illus.). 106p. (J). pap. 12.55 *(978-1-68305-121-3(1),* Jupiter Kids (Childrens & Kids Fiction)) Speedy Publishing LLC.

All about Dragons. Izzy Quinn. Illus. by Kristina Kister. 2021. (ENG.). 32p. (J). (— 1). 20.99 ***(978-1-76050-957-6(4))*** Little Hare Bks. AUS. Dist: Independent Pubs. Group.

All about Drones. Tracy Abell. 2017. (Cutting-Edge Technology Ser.). (ENG., Illus.). 32p. (J). (gr. 3-5). lib. bdg. 31.35 *(978-1-63517-012-2(5),* 1635170125, Focus Readers) North Star Editions.

All about Dudley. Libby Agostino. Illus. by Libby Agostino. 2020. (ENG.). 30p. (J). pap. *(978-0-2288-3669-8(7))* Tellwell Talent.

All about Dyspraxia: Understanding Developmental Coordination Disorder. Kathy Hoopmann. ed. 2022. (Illus.). 80p. (J). 15.95 *(978-1-78775-835-3(4),* 808019) Kingsley, Jessica Pubs. GBR. Dist: Hachette UK Distribution.

All about Ear Infections. Francesca Potts. 2017. (Inside Your Body Ser.). (ENG., Illus.). 24p. (J). (gr. k-4). lib. bdg. 32.79 *(978-1-5321-1119-8(3),* 25814, Super SandCastle) ABDO Publishing Co.

All about Earth: Exploring the Planet with Science Projects. Sara L. Latta. 2016. (ENG., Illus.). 32p. (J). lib. bdg. *(978-1-4747-0323-9(2))* Capstone.

All about Earthquakes, 1 vol. Chad Taylor. 2016. (Rosen REAL Readers: STEM & STEAM Collection). (ENG.). 12p. (gr. 1-2). pap. 6.33 *(978-1-5081-2470-2(1),* 7f0e2da4-cb53-4213-890f-77ea29aa41f4, Rosen Classroom) Rosen Publishing Group, Inc., The.

All about Earthquakes (a True Book: Natural Disasters) Libby Romero. 2021. (True Book (Relaunch) Ser.). (ENG., Illus.). 48p. (J). (gr. 3-5). pap. 7.99 *(978-1-338-76951-7(0),* Children's Pr.) Scholastic Library Publishing.

All about Edible Plants in Your Neighborhood Children's Science & Nature. Baby Professor. 2017. (ENG., Illus.). (J). pap. 7.89 *(978-1-5419-0208-4(4),* Baby Professor (Education Kids)) Speedy Publishing LLC.

All about Eevee (Pokémon) Simcha Whitehill. 2021. (ENG., Illus.). 96p. (J). (gr. 2-5). pap. 7.99 *(978-1-338-72354-0(5))* Scholastic, Inc.

All about Elves, 1 vol. Kristen Rajczak Nelson. 2019. (It's Christmas! Ser.). (ENG.). 24p. (J). (gr. 2-2). pap. 9.25 *(978-1-7253-0076-7(1),* 461a101b-1950-457f-9489-fd5aa2652888, PowerKids Pr.) Rosen Publishing Group, Inc., The.

All about Erosion, 1 vol. Charmaine Robertson. 2016. (Rosen REAL Readers: STEM & STEAM Collection). (ENG.). 12p. (gr. 1-2). pap. 6.33 *(978-1-5081-2461-0(2),* 29b7f123-3567-48d6-8498-cb6e6a2da3d6, Rosen Classroom) Rosen Publishing Group, Inc., The.

All about Families. Felicity Brooks. 2019. (All About... Ser.). (ENG.). 32ppp. (J). 14.99 *(978-0-7945-4782-0(6),* Usborne) EDC Publishing.

All about Families. Ruth Owen. 2017. (First Words & Pictures Ser.). (ENG., Illus.). 32p. (J). (gr. -1-2). lib. bdg. 29.32 *(978-1-911341-81-9(2),* 22a2695d-0a73-4e5f-bff3-7932776f5954) Ruby Tuesday Books Limited GBR. Dist: Lerner Publishing Group.

All about Fantasy Creatures. A. J. Sautter. 2017. (All about Fantasy Creatures Ser.). (ENG., Illus.). 32p. (J). (gr. 3-9). 117.28 *(978-1-5157-6860-9(0),* 26592, Capstone Pr.) Capstone.

All about Feelings. Felicity Brooks. Illus. by Mar Ferrero. 2023. (All About Ser.). (ENG.). 32p. (J). 15.99 ***(978-1-80507-058-0(4))*** Usborne Publishing, Ltd. GBR. Dist: HarperCollins Pubs.

All about Feelings IR. Felicity Brooks. 2019. (All About... Ser.). (ENG.). 32ppp. (J). 14.99 *(978-0-7945-4491-1(6),* Usborne) EDC Publishing.

All about Firefighters. Jennifer Boothroyd. 2020. (Sesame Street (r) Loves Community Helpers Ser.). (ENG., Illus.). 32p. (J). (gr. -1-2). pap. 9.99 *(978-1-7284-1395-2(8),* 3f91b114-a076-4f5b-a5ef-619bec9d7c70); lib. bdg. 29.32 *(978-1-5415-8995-7(5),* dd6a996e-e15f-4def-80dc-df98a464f1d8) Lerner Publishing Group. (Lerner Pubns.).

All about Flags Geography Boost Coloring Book for Girls & Boys. Educando Kids. 2019. (ENG.). 42p. (J). pap. 6.99 *(978-1-64521-166-2(5),* Educando Kids) Editorial Imagen.

All about Flowers. Claire Throp. rev. ed. 2016. (All about Plants Ser.). (ENG.). 24p. (J). (gr. -1-1). pap. 5.99 *(978-1-4846-3846-0(8),* 134787, Heinemann) Capstone.

All about Flying Foxes. Katie Gillespie. 2018. (Illus.). 24p. (J). *(978-1-4896-5653-7(7),* AV2 by Weigl) Weigl Pubs., Inc.

All about Food Crops. 2017. (All about Food Crops Ser.). 24p. (gr. k-1). pap. 56.10 *(978-0-7660-8888-7(X));* (ENG.). lib. bdg. 145.62 *(978-0-7660-8600-5(3),* cb68889f-d080-4479-8496-e096b424f59d) Enslow Publishing, LLC.

All about Forests. Christina Mia Gardeski. 2017. (Habitats Ser.). (ENG., Illus.). 24p. (J). (gr. -1-2). lib. bdg. 22.65 *(978-1-5157-7638-3(7),* 135926, Pebble) Capstone.

All about Fossils: Discovering Dinosaurs & Other Clues to the Past (a True Book: Digging in Geology) (Library Edition) Cody Crane. Illus. by Gary LaCoste. 2021. (True Book (Relaunch) Ser.). (ENG.). 48p. (J). (gr. 3-5). lib. bdg. 31.00 *(978-0-531-13712-3(0),* Children's Pr.) Scholastic Library Publishing.

All about Fossils: Discovering Dinosaurs & Other Clues to the Past (a True Book: Digging in Geology) (Paperback) Cody Crane. Illus. by Gary LaCoste. 2021. (True Book (Relaunch) Ser.). (ENG.). 48p. (J). (gr. 3-5). pap. 7.99 *(978-0-531-13716-1(3),* Children's Pr.) Scholastic Library Publishing.

All about Fractions & More. John Daspit. 2021. (ENG.). 70p. (YA). pap. 10.99 *(978-1-63837-522-7(4))* Palmetto Publishing.

ALL about FRACTIONS & MORE Solution to Problems. John Daspit. 2021. (ENG.). 32p. (YA). pap. 10.99 *(978-1-63837-521-0(6))* Palmetto Publishing.

All about Garbage Collectors. Brianna Kaiser. 2022. (Sesame Street (r) Loves Community Helpers Ser.). (ENG., Illus.). 32p. (J). (gr. -1-2). pap. 9.99 *(978-1-7284-6380-3(7),* 4409d6a8-bf9b-4fe6-8a75-f11924ff0e37, Lerner Pubns.) Lerner Publishing Group.

All about Giraffes. Katie Gillespie. 2018. (Illus.). 24p. (J). *(978-1-4896-5656-8(1),* AV2 by Weigl) Weigl Pubs., Inc.

All about Glaciers, 1 vol. Dewayne Hotchkins. 2016. (Rosen REAL Readers: STEM & STEAM Collection). (ENG.). 12p. (gr. 1-2). pap. 6.33 *(978-1-5081-2467-2(1),* ac22db33-743f-4dfd-8c72-c5a36f5b6eef, Rosen Classroom) Rosen Publishing Group, Inc., The.

All about Green Tech. Clara MacCarald. 2023. (Cutting-Edge Technology Set 2 Ser.). (ENG., Illus.). 32p. (J). (gr. 3-5). pap. 9.95 *(978-1-63739-508-0(6),* Focus Readers) North Star Editions.

All about Green Tech. Contrib. by Clara MacCarald. 2023. (Cutting-Edge Technology Set 2 Ser.). (ENG., Illus.). 32p. (J). (gr. 3-5). lib. bdg. 31.35 *(978-1-63739-471-7(3),* Focus Readers) North Star Editions.

All about Greenland Sharks: English Edition. Jordan Hoffman. 2020. (Nunavummi Reading Ser.). (ENG., Illus.). 24p. (J). pap. 8.95 *(978-1-77450-064-4(7))* Inhabit Education Bks. Inc. CAN. Dist: Consortium Bk. Sales & Distribution.

All about Grizzly Bears: English Edition. Jordan Hoffman. 2021. (Nunavummi Reading Ser.). (Illus.). 24p. (J). pap. 8.95 *(978-1-77450-275-4(5))* Inhabit Education Bks. Inc. CAN. Dist: Consortium Bk. Sales & Distribution.

All about Harriet. Sally Magnay. 2023. (ENG.). 128p. (J). pap. ***(978-1-80016-498-7(X),*** Vanguard Press) Pegasus Elliot Mackenzie Pubs.

All about Head Lice. Megan Borgert-Spaniol. 2018. (Inside Your Body Ser.). (ENG., Illus.). 24p. (J). (gr. k-4). lib. bdg. 32.79 *(978-1-5321-1581-3(4),* 29016, Super SandCastle) ABDO Publishing Co.

All about Heat Waves & Droughts (a True Book: Natural Disasters) Steve Tomecek. 2021. (True Book (Relaunch) Ser.). (ENG., Illus.). 48p. (J). (gr. 3-5). pap. 7.99 *(978-1-338-76958-6(8),* Children's Pr.) Scholastic Library Publishing.

All about Henry VIII. Amy Licence. 2016. (All About Ser.: Vol. 3). (ENG., Illus.). (J). (gr. 2-5). pap. *(978-84-945937-4-1(9))* MadeGlobal Publishing.

All about Honey Green Band. Lynne Rickards. ed. 2017. (Cambridge Reading Adventures Ser.). (ENG., Illus.). 16p. pap. 6.15 *(978-1-108-40572-0(X))* Cambridge Univ. Pr.

All about Hurricanes (a True Book: Natural Disasters) Cody Crane. 2021. (True Book (Relaunch) Ser.). (ENG., Illus.). 48p. (J). (gr. 3-5). pap. 7.99 *(978-1-338-76965-4(0),* Children's Pr.) Scholastic Library Publishing.

All about Hydroponics, 1 vol. Dewayne Hotchkins. 2016. (Rosen REAL Readers: STEM & STEAM Collection). (ENG.). 12p. (gr. 1-2). pap. 6.33 *(978-1-5081-2458-0(2),* 32082e4a-cead-4a86-bdcd-6ad8ffedfa9f, Rosen Classroom) Rosen Publishing Group, Inc., The.

All about Inclined Planes. Jennifer Howse. 2017. (Illus.). 24p. (J). *(978-1-5105-0948-1(8))* SmartBook Media, Inc.

All about Indians, Vol. 2 (Classic Reprint) D. J. Dickie. 2017. (ENG., Illus.). (J). 114p. 26.25 *(978-0-484-28316-8(2));* pap. 9.57 *(978-0-259-46098-5(2))* Forgotten Bks.

All about Indonesia: Stories, Songs, Crafts & Games for Kids. Linda Hibbs. 2018. (Illus.). 64p. (J). (gr. 3-6). 14.99 *(978-0-8048-4850-3(5))* Tuttle Publishing.

All about Insects: An Illustrated Guide to Bugs & Creepy Crawlies. Polly Cheeseman. Illus. by Iris Deppe. 2022. (ENG.). 48p. (J). 12.99 *(978-1-3988-1993-1(X),* dd3d6c7a-8d48-4fe8-b704-55441b71d166) Arcturus Publishing GBR. Dist: Baker & Taylor Publisher Services (BTPS).

All about Japan: Stories of Sunrise Land Told for Little Folks. Belle M. Brain. 2017. (ENG., Illus.). (J). pap. *(978-0-649-04410-8(X))* Trieste Publishing Pty Ltd.

All about Japan: Stories of Sunrise Land, Told for Little Folks (Classic Reprint) Belle M. Brain. 2017. (ENG., Illus.). (J). 29.59 *(978-0-331-98533-7(0));* pap. 11.97 *(978-1-5276-9781-2(9))* Forgotten Bks.

All about Japan: Stories, Songs, Crafts & Games for Kids. Willamarie Moore. Illus. by Kazumi Wilds. 2017. 64p. (J). (gr. 3-6). 14.95 *(978-4-8053-1440-1(0))* Tuttle Publishing.

All about Korea: Stories, Songs, Crafts & Games for Kids. Ann Martin Bowler. Illus. by Soosoonam Barg. 2018. 64p. (J). (gr. 3-6). 14.99 *(978-0-8048-4938-8(2))* Tuttle Publishing.

All about Lab-Grown Meat. Rachel Kehoe. 2023. (Cutting-Edge Technology Set 2 Ser.). (ENG., Illus.). 32p. (J). (gr. 3-5). pap. 9.95 *(978-1-63739-509-7(4));* lib. bdg. 31.35 *(978-1-63739-472-4(1))* North Star Editions. (Focus Readers).

All about Leaves. Claire Throp. rev. ed. 2016. (All about Plants Ser.). (ENG.). 24p. (J). (gr. -1-1). pap. 5.99 *(978-1-4846-3847-7(6),* 134788, Heinemann) Capstone.

All about Levers. Jennifer Howse. 2017. (Illus.). 24p. (J). *(978-1-5105-0951-1(8))* SmartBook Media, Inc.

All about LGBTIQ+ Linda Becker. 2022. (ENG.). 128p. (J). (gr. 3-7). 27.99 ***(978-1-922677-56-3(6))*** Bonnier Publishing GBR. Dist: Independent Pubs. Group.

All about Mail Carriers. Mari Schuh. 2020. (Sesame Street (r) Loves Community Helpers Ser.). (ENG., Illus.). 32p. (J). (gr. -1-2). 29.32 *(978-1-5415-8999-5(8),* 93fcfe53-f898-429b-b7a1-2b5d7905bb8c); pap. 9.99 *(978-1-7284-1396-9(6),* 2c65a8a8-e83c-4368-9338-5572a69cb725) Lerner Publishing Group. (Lerner Pubns.).

All about Maps. Kira Freed. 2017. (Text Connections Guided Close Reading Ser.). (J). (gr. k-1). *(978-1-4900-1787-7(9))* Benchmark Education Co.

All about Maps (Set), 8 vols. 2019. (All about Maps Ser.). (ENG.). (J). (gr. 1-4). lib. bdg. 262.32 *(978-1-5038-3436-1(0),* 212997) Child's World, Inc, The.

All about Marcus. Chris Fishburn. 2019. (ENG.). 24p. (J). *(978-0-359-90495-2(5))* Lulu Pr., Inc.

All about Mary Mother of Jesus Children's Jesus Book. Baby Professor. 2017. (ENG., Illus.). (J). pap. 7.89

A

(978-1-5419-0308-1(0), Baby Professor (Education Kids)) Speedy Publishing LLC.

All about Masks: Leveled Reader Purple Level 20. Rg Rg. 2016. (PM Ser.). (ENG.). 24p. (J). (gr. 2). pap. 11.00 (978-0-544-89230-9(5)) Rigby Education.

All about Me. Elanor Best. Illus. by Charly Lane. 2019. (ENG.). 48p. (J). (gr. -1-7). pap. 7.99 (978-1-78947-076-5(5)) Make Believe Ideas GBR. Dist: Scholastic, Inc.

All about Me: Leveled Reader Book 1 Level a 6 Pack Grade K. Hmh Hmh. 2021. (SPA.). 16p. (J). pap. 74.40 (978-0-358-08106-7(8)) Houghton Mifflin Harcourt Publishing Co.

All about Me: Telling My Story. Msw Allison Zweig. 2023. (ENG.). 54p. (J). pap. (978-1-365-25524-3(7)) Lulu Pr., Inc.

All about Me! Art Journal: Record Your Story Through Creative Art Projects, Prompts, & Activities. Nicole Sipe. Illus. by Pamela Chen. 2022. (My Time Capsule Ser.). (ENG.). 128p. (J). (gr. 1-3). pap. 16.99 (978-1-60058-988-1(X), 343295, Walter Foster Jr) Quarto Publishing Group USA.

All about Me/ Todo Sobre Mi (Words Are Fun/Diverpalabras) (Bilingual) (Bilingual Edition) Scholastic. ed. 2017. (Words Are Fun / Diverpalabras Ser.). (SPA.). 12p. (J). (gr. -1 — 1). bds. 8.95 (978-0-531-23071-8(6), Children's Pr.) Scholastic Library Publishing.

All about Me Workbook: Scholastic Early Learners (Workbook) Scholastic. 2020. (Scholastic Early Learners Ser.). (ENG.). 52p. (J). (gr. -1-k). pap. 5.99 (978-1-338-67775-1(6), Cartwheel Bks.) Scholastic, Inc.

All about Meadows, 1 vol. Chad Taylor. 2016. (Rosen REAL Readers: STEM & STEAM Collection). (ENG.). 8p. (gr. k-1). pap. 5.46 (978-1-5081-2392-7(6), dba1e7f9-c1c3-461a-b023-712b7a5e1378, Rosen Classroom) Rosen Publishing Group, Inc., The.

All about Minerals (a True Book: Digging in Geology) (Paperback) Discovering the Building Blocks of the Earth. Cody Crane. Illus. by Gary LaCoste. 2021. (True Book (Relaunch) Ser.). (ENG.). 48p. (J). (gr. 3-5). pap. 7.99 (978-0-531-13715-4(5), Children's Pr.) Scholastic Library Publishing.

All about Mirrors, 1 vol. Nancy Anderson. 2016. (Rosen REAL Readers: STEM & STEAM Collection). (ENG.). 12p. (gr. 1-2). pap. 6.33 (978-1-5081-2437-5(X), 3f66e785-9eb0-46db-85ad-f15f10e84175, Rosen Classroom) Rosen Publishing Group, Inc., The.

All about Motorcycles, 1 vol. Justine Ciovacco. 2016. (Let's Find Out! Transportation Ser.). (ENG., Illus.). 32p. (J). (gr. 2-3). lib. bdg. 26.06 (978-1-68048-441-0(9), 105bfa71-3734-4ac9-bf46-cbb2f598f860) Rosen Publishing Group, Inc., The.

All about Music: Interactive Children's Sound Book with 10 Buttons. IglooBooks. Illus. by Yoss Sanchez. 2021. (ENG.). 10p. (J). (gr. -1-1). bds. 14.99 (978-1-80022-809-2(0)) Igloo Bks. GBR. Dist: Simon & Schuster, Inc.

All about My Dog: Dog Health Log Book, Pet Information & Care, Pet Training Log, Pet Expense Tracker, Vet Appointment, Gifts for Dog Owner. Illus. by Paperland Online Store. 2021. (ENG.). 102p. (J). pap. (978-1-105-11505-9(4)) Lulu Pr., Inc.

All about My Pet - Bird: My Journal Our Life Together. Petal Publishing Co. 2020. (ENG.). 26p. (J). pap. (978-1-922515-00-1(0)) Life Graduate, The.

All about My Pet - Guinea Pig: My Journal Our Life Together. Petal Publishing Co. 2020. (ENG.). 26p. (J). pap. (978-1-922515-01-8(9)) Life Graduate, The.

All about My Pet - Lizard: My Journal Our Life Together. Petal Publishing Co. 2020. (ENG.). 26p. (J). pap. (978-1-922515-02-5(7)) Life Graduate, The.

All about My Pet Chicken: My Journal Our Life Together. Petal Publishing Co. 2021. (All about My Pet Ser.: Vol. 1). (ENG.). 26p. (J). pap. (978-1-922568-38-0(4)) Life Graduate, The.

All about My Pet Fish: My Journal Our Life Together. Petal Publishing Co. 2020. (All about My Pet Ser.: Vol. 1). (ENG.). 26p. (J). pap. (978-1-922515-40-7(X)) Life Graduate, The.

All about My Pet Goat: My Journal Our Life Together. Petal Publishing Co. 2020. (All about My Pet Ser.: Vol. 1). (ENG.). 26p. (J). pap. (978-1-922515-41-4(8)) Life Graduate, The.

All about My Pet Hamster: My Journal Our Life Together. Petal Publishing Co. 2020. (All about My Pet Ser.: Vol. 1). (ENG.). 26p. (J). pap. (978-1-922515-38-4(8)) Life Graduate, The.

All about My Pet Hermit Crab: My Journal Our Life Together. Petal Publishing Co. 2020. (All about My Pet Ser.: Vol. 1). (ENG.). 26p. (J). pap. (978-1-922515-37-7(X)) Life Graduate, The.

All about My Pet Mouse: My Journal Our Life Together. Petal Publishing Co. 2021. (All about My Pet Ser.: Vol. 1). (ENG.). 26p. (J). pap. (978-1-922568-39-7(2)) Life Graduate, The.

All about My Pet Pig: My Journal Our Life Together. Petal Publishing Co. 2020. (All about My Pet Ser.: Vol. 1). (ENG.). 26p. (J). pap. (978-1-922515-39-1(6)) Life Graduate, The.

All about My Pet Pony: My Journal Our Life Together. Petal Publishing Co. 2020. (All about My Pet Ser.: Vol. 1). (ENG.). 26p. (J). pap. (978-1-922515-36-0(1)) Life Graduate, The.

All about My Senses. 2017. (All about My Senses Ser.). 24p. (gr. k-1). pap. 56.10 (978-0-7660-8813-9(8)); (ENG.). lib. bdg. 145.62 (978-0-7660-8601-2(1), e4547c5b-c3ce-4ca6-ace7-3789e61e581f) Enslow Publishing, LLC.

All about My World. (All about My World Ser.). (ENG.). 24p. (J). 2017. pap. 336.60 (978-0-7660-8366-0(7)); 2016. lib. bdg. 145.62 (978-0-7660-8361-5(6), e1323a8a-be99-4581-9e32-8add15b3e060) Enslow Publishing, LLC.

All about Nanotechnology. Racquel Foran. 2023. (Cutting-Edge Technology Set 2 Ser.). (ENG., Illus.). 32p. (J). (gr. 3-5). pap. 9.95 (978-1-63739-510-3(8), Focus Readers) North Star Editions.

All about Nanotechnology. Contrib. by Racquel Foran. 2023. (Cutting-Edge Technology Set 2 Ser.). (ENG., Illus.). 32p. (J). (gr. 3-5). lib. bdg. 31.35 (978-1-63739-473-1(X), Focus Readers) North Star Editions.

All about Nothing. Elizabeth Rusch. Illus. by Elizabeth Goss. 2023. (All about Noticing Ser.). 32p. (J). (gr. -1-3). 17.99 (978-1-62354-352-5(5)) Charlesbridge Publishing, Inc.

All about Numbers: Math Coloring Book. Jupiter Kids. 2016. (ENG., Illus.). 106p. (J). pap. 12.55 (978-1-68305-123-7(8), Jupiter Kids (Childrens & Kids Fiction)) Speedy Publishing LLC.

All about Nurses. Brianna Kaiser. 2022. (Sesame Street (r) Loves Community Helpers Ser.). (ENG., Illus.). 32p. (J). (gr. -1-2). pap. 9.99 (978-1-7284-6378-0(5), a7cf3be7-6b7e-4c4e-8d7d-995b824bf9a7, Lerner Pubns.) Lerner Publishing Group.

All about Nurses: The Real Story about Nurse Careers. Phn Csn Nevarez. 2022. (ENG.). 224p. (YA). pap. 16.38 (978-1-387-45509-6(5)) Lulu Pr., Inc.

All about Oceans. Christina Mia Gardeski. 2017. (Habitats Ser.). (ENG., Illus.). 24p. (J). (gr. -1-2). lib. bdg. 22.65 (978-1-5157-7644-4(1), 135929, Pebble) Capstone.

All about Online Gaming. Jill Sherman. 2017. (Illus.). 32p. (J). (978-1-63517-124-2(5)); (ENG., (gr. 3-5). lib. bdg. 31.35 (978-1-63517-013-9(3), 1635170133) North Star Editions. (Focus Readers).

All about Opposites. (All about Opposites Ser.). 24p. (J). 2017. (ENG.). pap. 336.60 (978-0-7660-8465-0(5)); 2016. pap. 56.10 (978-0-7660-8417-9(5)) Enslow Publishing, LLC.

All about Opposites, 12 vols. 2019. (All about Opposites Ser.). (ENG.). 24p. (J). (gr. k-k). lib. bdg. 145.62 (978-1-5382-4152-3(8), 00f5c772-778d-49cf-b5db-6e909db89bcd) Stevens, Gareth Publishing LLLP.

All about Orcas: Killer Whale Coloring Book. Bobo's Children Activity Books. 2016. (ENG., Illus.). (J). pap. 9.33 (978-1-68327-038-6(X)) Sunshine In My Soul Publishing.

All about Pandas. Candice Letkeman. 2018. (Illus.). 24p. (978-1-4896-5674-2(X), AV2 by Weigl) Weigl Pubs., Inc.

All about Peter. Beatrix Potter. 2018. (Peter Rabbit Ser.). (ENG., Illus.). 10p. (J). (— 1). bds. 9.99 (978-0-241-32455-4(6), Warne) Penguin Young Readers Group.

All about Pets, 12 vols. 2016. (All about Pets Ser.). 24p. (ENG.). (gr. k-1). lib. bdg. 145.62 (978-0-7660-7488-0(9), 96a4cce4-592b-4543-bef7-23ed96114555); (gr. 1-k). pap. 56.10 (978-0-7660-7963-2(5)) Enslow Publishing, LLC.

All about Physical Maps, 1 vol. Barbara M. Linde. 2018. (Map Basics Ser.). (ENG.). 24p. (gr. 2-3). lib. bdg. 24.27 (978-1-5382-2916-3(1), 7db9cc59-3dfc-46f1-8787-5ff135a268bc) Stevens, Gareth Publishing LLLP.

All about Pink Eye. Megan Borgert-Spaniol. 2018. (Inside Your Body Ser.). (ENG., Illus.). 24p. (J). (gr. k-4). lib. bdg. 32.79 (978-1-5321-1582-0(2), 29018, Super SandCastle) ABDO Publishing Co.

All about Plants. Claire Throp. rev. ed. 2016. (All about Plants Ser.). (ENG.). 24p. (J). (gr. -1-1). pap., pap., pap. 29.95 (978-1-4846-3861-3(1), 26139, Heinemann) Capstone.

All about Plants! (Ada Twist, Scientist: the Why Files #2) Andrea Beaty et al. 2022. (Questioneers Ser.). (ENG., Illus.). 80p. (J). (gr. k-3). 12.99 (978-1-4197-6151-5(X), 1772901) Abrams, Inc.

All about Police Officers. Mari Schuh. 2020. (Sesame Street (r) Loves Community Helpers Ser.). (ENG., Illus.). 32p. (J). (gr. -1-2). 29.32 (978-1-5415-8998-8(X), 6e6d78e4-e263-4605-b975-0ed8c6b379c8); pap. 9.99 (978-1-7284-1397-6(4), 5b147978-a36c-4f3b-b829-50dc2dd54ad5) Lerner Publishing Group. (Lerner Pubns.).

All about Political Maps, 1 vol. Barbara M. Linde. 2018. (Map Basics Ser.). (ENG.). 24p. (gr. 2-3). lib. bdg. 24.27 (978-1-5382-2917-0(X), 273c0401-c4cd-4be6-9c03-e6c19984430b) Stevens, Gareth Publishing LLLP.

All about Pre-K Workbook: Scholastic Early Learners (Workbook) Scholastic Early Learners. 2019. (Scholastic Early Learners Ser.). (ENG.). 24p. (J). (gr. -1 — 1). pap. 3.99 (978-1-338-30477-0(1)) Scholastic, Inc.

All about Pulleys. James De Medeiros. 2017. (Illus.). 24p. (J). (978-1-5105-0954-2(2)) SmartBook Media, Inc.

All about Rain Forests. Christina Mia Gardeski. 2017. (Habitats Ser.). (ENG., Illus.). 24p. (J). (gr. -1-2). lib. bdg. 22.65 (978-1-5157-7643-7(3), 135928, Pebble) Capstone.

All about Rainbows. A'Rhonda Hickerson. 2021. (ENG.). 28p. (J). 23.95 (978-1-0980-5565-3(9)); pap. 13.95 (978-1-0980-5564-6(0)) Christian Faith Publishing.

All about Ramps, 1 vol. Jill Andersen. 2016. (Rosen REAL Readers: STEM & STEAM Collection). (ENG.). 8p. (gr. k-1). pap. 5.46 (978-1-5081-2371-2(3), aa741f0c-bf56-4845-8574-f7004ac2e3d0, Rosen Classroom) Rosen Publishing Group, Inc., The.

All about Reindeer, 1 vol. Kristen Rajczak Nelson. 2019. (It's Christmas! Ser.). (ENG.). 24p. (J). (gr. 2-2). 25.27 (978-1-7253-0082-8(6), 599e6af0-27fc-4790-8c1b-1d2d0306f7b1); pap. 9.25 (978-1-7253-0080-4(X), 0f370d98-38f9-4d59-b5ff-70f3032a477c) Rosen Publishing Group, Inc., The. (PowerKids Pr.).

All about Resource Maps, 1 vol. Barbara M. Linde. 2018. (Map Basics Ser.). (ENG.). 24p. (gr. 2-3). lib. bdg. 24.27 (978-1-5382-2918-7(8), 5002bfa9-e33f-44bb-8978-edd1de8072f0) Stevens, Gareth Publishing LLLP.

All about Road Maps & GPS, 1 vol. Barbara M. Linde. 2018. (Map Basics Ser.). (ENG.). 24p. (gr. 2-3). lib. bdg. 24.27 (978-1-5382-2919-4(6), d43eedb6-ccd6-45f6-93af-753d186ab6d2) Stevens, Gareth Publishing LLLP.

All about Robots. Lisa J. Amstutz. 2017. (Cutting-Edge Technology Ser.). (ENG., Illus.). 32p. (J). (gr. 3-5). lib. bdg. 31.35 (978-1-63517-014-6(1), 1635170141, Focus Readers) North Star Editions.

All about Rocks (a True Book: Digging in Geology) (Library Edition) Discovering the World Beneath Your Feet. Alessandra Potenza. Illus. by Gary LaCoste. 2021. (True Book (Relaunch) Ser.). (ENG.). 48p. (J). (gr. 3-5). lib. bdg. 31.00 (978-0-531-13710-9(4), Children's Pr.) Scholastic Library Publishing.

All about Rosa Board Book Set Of 4. Jessica Spanyol. Illus. by Jessica Spanyol. 2020. (Social & Emotional Learning Sets Ser.). (ENG., Illus.). 48p. (J). bds., bds., bds. (978-1-78628-534-8(7)) Child's Play International Ltd.

All about Santa. Kristen Rajczak Nelson. 2019. (It's Christmas! Ser.). (ENG.). 24p. (J). (gr. 2-2). 49.50 (978-1-7253-0085-9(0), PowerKids Pr.) Rosen Publishing Group, Inc., The.

All about Screws. Michael De Medeiros. 2017. (Illus.). 24p. (J). (978-1-5105-0957-3(7)) SmartBook Media, Inc.

All about Seeds. Claire Throp. rev. ed. 2016. (All about Plants Ser.). (ENG.). 24p. (J). (gr. -1-1). pap. 5.99 (978-1-4846-3849-1(2), 134790, Heinemann) Capstone.

All about Sharing, Volume 1. Bryan Smith. Illus. by Lisa M. Griffin. ed. 2022. (Social Strategies Ser.). (ENG.). 31p. (J). (gr. -1-5). pap. 11.95 (978-1-944882-96-9(0)) Boys Town Pr.

All about Ships, 1 vol. Kerry Hinton. 2016. (Let's Find Out! Transportation Ser.). (ENG., Illus.). 32p. (J). (gr. 2-3). lib. bdg. 26.06 (978-1-68048-443-4(5), 0c96a812-3dc8-487e-bcba-8fc0b229c3ec) Rosen Publishing Group, Inc., The.

All about Small Boats, 1 vol. Justine Ciovacco. 2016. (Let's Find Out! Transportation Ser.). (ENG., Illus.). 32p. (gr. 2-3). lib. bdg. 26.06 (978-1-68048-444-1(3), 51cf4685-1ddb-4693-910b-b4fb28b428e8) Rosen Publishing Group, Inc., The.

All about Smart Technology. Megan Blakemore. 2017. (Cutting-Edge Technology Ser.). (ENG., Illus.). 32p. (J). (gr. 3-5). pap. 9.95 (978-1-63517-071-9(0), 1635170710, Focus Readers) North Star Editions.

All about Soccer: Leveled Reader Card Book 12 Level V. Hmh Hmh. 2019. (ENG.). (J). pap. 14.13 (978-0-358-16204-9(1)) Houghton Mifflin Harcourt Publishing Co.

All about Soccer: Leveled Reader Card Book 12 Level V 6 Pack. Hmh Hmh. 2021. (J). (ENG.). pap. 69.33 (978-0-358-18945-9(4)); (SPA.). pap. 74.40 (978-0-358-27340-0(4)) Houghton Mifflin Harcourt Publishing Co.

All about Social Networking. Patti Richards. 2017. (Cutting-Edge Technology Ser.). (ENG., Illus.). 32p. (J). (gr. 3-5). lib. bdg. 31.35 (978-1-63517-016-0(8), 1635170168, Focus Readers) North Star Editions.

All about Soil, 1 vol. Lamar Coldwell. 2016. (Rosen REAL Readers: STEM & STEAM Collection). (ENG.). 8p. (gr. k-1). pap. 5.46 (978-1-5081-2413-9(2), 9f5555b7-a7ed-4ea9-b8d7-9a10a4502032, Rosen Classroom) Rosen Publishing Group, Inc., The.

All about Sore Throats. Francesca Potts. 2017. (Inside Your Body Ser.). (ENG., Illus.). 24p. (J). (gr. k-4). lib. bdg. 32.79 (978-1-5321-1120-4(7), 25816, Super SandCastle) ABDO Publishing Co.

All about Sound. Angela Royston. 2016. (All about Science Ser.). (ENG., Illus.). 32p. (J). (gr. 1-3). lib. bdg. 29.99 (978-1-4846-2691-7(5), 131134, Heinemann) Capstone.

All about Spacecraft, 1 vol. Tracy Brown Hamilton. 2016. (Let's Find Out! Transportation Ser.). (ENG., Illus.). 32p. (J). (gr. 2-3). lib. bdg. 26.06 (978-1-68048-445-8(1), 5bc59e5b-21fc-43ba-9dd5-62c742978fcd) Rosen Publishing Group, Inc., The.

All about Spiders. Christabel Pinto. 2022. (ENG.). 38p. (J). pap. (978-1-922827-98-2(3)) Library For All Limited.

All about Spiders. Matt Reher. 2016. (2G Bugs Ser.). (ENG., Illus.). 24p. (J). pap. 8.00 (978-1-63437-096-7(1)) American Reading Co.

All about Spiders: Leveled Reader Gold Level 22. Rg Rg. 2016. (PM Ser.). (ENG.). 24p. (J). (gr. 2-3). pap. 11.00 (978-0-544-89243-9(7)) Rigby Education.

All about Stasia: Stories of the Sticks Episode One. Jeanie Palfrey. Ed. by Katharine Smith. 2020. (Stories of the Sticks Ser.). (ENG., Illus.). 146p. (J). pap. (978-1-913166-25-0(2)) Heddon Publishing.

All about Streaming. Rachel Kehoe. 2023. (Cutting-Edge Technology Set 2 Ser.). (ENG., Illus.). 32p. (J). (gr. 3-5). pap. 9.95 (978-1-63739-511-0(6), Focus Readers) North Star Editions.

All about Streaming. Contrib. by Rachel Kehoe. 2023. (Cutting-Edge Technology Set 2 Ser.). (ENG., Illus.). 32p. (J). (gr. 3-5). lib. bdg. 31.35 (978-1-63739-474-8(8), Focus Readers) North Star Editions.

All about Sunlight, 1 vol. Charmaine Robertson. 2016. (Rosen REAL Readers: STEM & STEAM Collection). (ENG.). 8p. (gr. k-1). pap. 5.46 (978-1-5081-2410-8(8), 82d2aa4c-a133-47b9-94eb-fcde3cc169c7, Rosen Classroom) Rosen Publishing Group, Inc., The.

All about Super Me! Journal Grades K-1. Teacher Created Resources. 2017. (ENG.). 48p. (J). pap. 4.99 (978-0-7439-8004-3(2)) Teacher Created Resources, Inc.

All about Super-Sensational Me! Journal Grades 2-3. Teacher Created Resources. 2017. (ENG.). 48p. (J). pap. 4.99 (978-0-7439-8005-0(0)) Teacher Created Resources, Inc.

All about Systems. Jacqueline A. Ball. Illus. by Ken Bowser. 2017. (Space Cat Explores STEM Ser.). (ENG.). 24p. (J). (gr. 1-3). lib. bdg. 19.99 (978-1-63440-195-1(6), 50adb897-bff5-4d5d-a052-e4488534900b) Red Chair Pr.

All about Teachers. Jennifer Boothroyd. 2020. (Sesame Street (r) Loves Community Helpers Ser.). (ENG., Illus.). 32p. (J). (gr. -1-2). 29.32 (978-1-5415-8994-0(7), bfdeb0c0d-202f-4ef3-989a-02612fe10df7); pap. 9.99 (978-1-7284-1398-3(2), 86fd9cd9-27c7-4468-a39c-618a940cd183) Lerner Publishing Group. (Lerner Pubns.).

All about Teeth. Nicole A. Mansfield. 2023. (My Teeth Ser.). (ENG.). 24p. (J). 29.99 (978-0-7565-7081-1(6), 244940); pap. 6.99 (978-0-7565-7100-9(6), 244935) Capstone. (Pebble).

All about Thailand: Stories, Songs, Crafts & Games for Kids. Elaine Russell. Illus. by Patcharee Meesukhon & Vinit Yeesman. 2016. 64p. (J). (gr. 3-6). 14.95 (978-0-8048-4427-7(5)) Tuttle Publishing.

All about the 15 Famous Greek Philosophers - Biography History Books Children's Historical Biographies. Baby Professor. 2017. (ENG., Illus.). (J). pap. 8.79 (978-1-5419-4002-4(4), Baby Professor (Education Kids)) Speedy Publishing LLC.

All about the ABC's Cut N' Color Activity Book. Jupiter Kids. 2017. (ENG., Illus.). (J). pap. 9.20 (978-1-68326-117-9(8), Jupiter Kids (Childrens & Kids Fiction)) Speedy Publishing LLC.

All about the Body Anatomy & Physiology. Baby Professor. 2017. (ENG., Illus.). (J). pap. 7.89 (978-1-5419-0188-9(6), Baby Professor (Education Kids)) Speedy Publishing LLC.

All about the College Boys: A Book of Many Tales, Advice & Warning (Classic Reprint) Rachel Rachel. (ENG., Illus.). (J). 2018. 38p. 24.68 (978-0-267-71358-5(4)); 2016. pap. 7.97 (978-1-333-33442-0(7)) Forgotten Bks.

All about the Commonwealth. Anita Ganeri. 2016. (All About Ser.). (ENG.). 32p. (J). (gr. 4-7). pap. 10.99 (978-1-4451-5005-5(0), Franklin Watts) Hachette Children's Group GBR. Dist: Hachette Bk. Group.

All about the Flu. Megan Borgert-Spaniol. 2018. (Inside Your Body Ser.). (ENG., Illus.). 24p. (J). (gr. k-4). lib. bdg. 32.79 (978-1-5321-1583-7(0), 29020, Super SandCastle) ABDO Publishing Co.

All about the Hogwarts Houses (Harry Potter) Vanessa Moody. Illus. by Violet Tobacco. 2022. (ENG.). 112p. (J). (gr. 1-3). pap. 8.99 (978-1-338-82815-3(0)) Scholastic, Inc.

All about the Hype. Paige Toon. 2017. (Jessie Jefferson Novels Ser.: 3). (ENG.). 320p. (J). 9.99 (978-1-4711-4610-7(3), Simon & Schuster Children's) Simon & Schuster, Ltd. GBR. Dist: Simon & Schuster, Inc.

All about the Intensive Care Unit: How to Prepare Kids for an ICU Visit. Alexandria Friesen & Morgan Livingstone. Illus. by Maria Lima. 2021. (Child Life Book Club Ser.). (ENG.). 48p. (J). (978-1-0391-3456-0(4)); pap. (978-1-0391-3455-3(6)) FriesenPress.

All about the Moon (Phases of the Moon) 1st Grade Science Workbook. Baby Professor. 2016. (ENG., Illus.). 42p. (J). pap. 11.65 (978-1-68305-484-9(9), Baby Professor (Education Kids)) Speedy Publishing LLC.

All about the North & South Poles. Christina Mia Gardeski. 2017. (Habitats Ser.). (ENG., Illus.). 24p. (J). (gr. -1-2). pap. 6.95 (978-1-5157-7647-5(6), 135931, Pebble) Capstone.

All about the North Pole, 1 vol. Kristen Rajczak Nelson. 2019. (It's Christmas! Ser.). (ENG.). 24p. (J). (gr. 2-2). 25.27 (978-1-7253-0090-3(7), 98fc8430-c7c9-45c8-8594-0496b65f25d1); pap. 9.25 (978-1-7253-0088-0(5), 41dcba67-c371-4686-af5f-1ca8ffcf208b) Rosen Publishing Group, Inc., The. (PowerKids Pr.).

All about the Ozone Layer: Effects on Human, Animal & Plant Health - Environment Books Children's Environment Books. Baby Professor. 2017. (ENG., Illus.). (J). pap. 8.79 (978-1-5419-3843-4(7), Baby Professor (Education Kids)) Speedy Publishing LLC.

All about the Planet. Created by Highlights. 2023. (Highlights All about Activity Bks.). 80p. (J). (-k). pap. 9.99 (978-1-63962-077-7(X), Highlights) Highlights Pr., c/o Highlights for Children, Inc.

All about the Reptiles of the World - Animal Books Children's Animal Books. Baby Professor. 2017. (ENG., Illus.). (J). pap. 9.55 (978-1-5419-3872-4(0), Baby Professor (Education Kids)) Speedy Publishing LLC.

All about the Sea Grades 4-6. V. I. Clarke & Leona Melnyk. 2022. (ENG.). 100p. (J). pap. (978-1-55035-146-0(X)) S & S Learning Material, Ltd.

All about the Solar System - Children's Science & Nature. Baby Professor. 2017. (ENG., Illus.). (J). pap. 7.89 (978-1-5419-0296-1(3), Baby Professor (Education Kids)) Speedy Publishing LLC.

All about the Three Kings, 1 vol. Kristen Rajczak Nelson. 2019. (It's Christmas! Ser.). (ENG.). 24p. (J). (gr. 2-2). 25.27 (978-1-7253-0277-8(2), 31689cf7-67fb-4215-a2ee-227d3e4ea340); pap. 9.25 (978-1-7253-0274-7(8), 7759a6a2-771c-47ea-b896-bf3db7ebeb88) Rosen Publishing Group, Inc., The. (PowerKids Pr.).

All about: the Tudors. Heather Morris. 2016. (All About Ser.). (ENG.). 48p. (J). (gr. 4-6). pap. 9.99 (978-0-7502-9275-7(X), Wayland) Hachette Children's Group GBR. Dist: Hachette Bk. Group.

All about the Very Hungry Caterpillar. Eric Carle. Illus. by Eric Carle. 2018. (World of Eric Carle Ser.). (ENG., Illus.). 10p. (J). (gr. k-k). bds. 9.99 (978-1-5247-8588-8(1), Grosset & Dunlap) Penguin Young Readers Group.

All about Topographic Maps, 1 vol. Barbara M. Linde. 2018. (Map Basics Ser.). (ENG.). 24p. (gr. 2-3). lib. bdg. 24.27 (978-1-5382-2920-0(X), 2ff296d8-cd2e-47d7-a10a-9dab13927a8f) Stevens, Gareth Publishing LLLP.

All about Tornadoes (a True Book: Natural Disasters) Cody Crane. 2021. (True Book (Relaunch) Ser.). (ENG., Illus.). 48p. (J). (gr. 3-5). pap. 7.99 (978-1-338-76962-3(6), Children's Pr.) Scholastic Library Publishing.

All about Trains, 1 vol. Justine Ciovacco. 2016. (Let's Find Out! Transportation Ser.). (ENG., Illus.). 32p. (J). (gr. 2-3). lib. bdg. 26.06 (978-1-68048-446-5(X), f6691dac-d91c-42d3-a44d-ca5a8b58b093) Rosen Publishing Group, Inc., The.

All about Trees: An Illustrated Guide to Nature's Giants. Polly Cheeseman. Illus. by Iris Deppe. 2022. (ENG.). 48p. (J). 12.99 (978-1-3988-1994-8(8), 66d04711-d9aa-47f5-8fe7-6796bc586c8a) Arcturus Publishing GBR. Dist: Baker & Taylor Publisher Services (BTPS).

All about Trees Sticker Activity Book. Tiger Tales. Illus. by Claire Le Fevre. 2023. (ENG.). 40p. (J). (gr. -1-2). pap. 7.99 (978-1-6643-4053-4(X)) Tiger Tales.

All about Us: Our Friendship, Our Dreams, Our World. Ellen Bailey. 2018. (ENG.). 128p. (J). pap. 12.99 (978-1-4494-9171-0(5)) Andrews McMeel Publishing.

All about Vietnam: Projects & Activities for Kids: Learn about Vietnamese Culture with Stories, Songs, Crafts & Games. Phuoc Thi Minh Tran. Illus. by Dong Nguyen & Hop Thi Nguyen. 2022. 64p. (J). (gr. 3-6). 14.99 (978-0-8048-4693-6(6)) Tuttle Publishing.

All about Virtual Reality. Contrib. by Clara MacCarald. 2023. (Cutting-Edge Technology Set 2 Ser.). (ENG., Illus.). 32p. (J). (gr. 3-5). pap. 9.95 (978-1-63739-512-7(4)); lib. bdg.

31.35 *(978-1-63739-475-5(6))* North Star Editions. (Focus Readers).

All about Volcanoes (a True Book: Natural Disasters) Libby Romero. 2021. (True Book (Relaunch) Ser.). (ENG., Illus.). 48p. (J). (gr. 3-5). pap. 7.99 *(978-1-338-76969-2(3)*, Children's Pr.) Scholastic Library Publishing.

All about Weather- Baby & Toddler Color Books. Bobo's Little Brainiac Books. 2016. (ENG., Illus.). (J). pap. 7.99 *(978-1-68327-838-2(0))* Sunshine In My Soul Publishing.

All about Wedges. Tatiana Tomljanovic. 2017. (Illus.). 24p. (J). *(978-1-5105-0960-3(7))* SmartBook Media, Inc.

All about Wetlands. Christina Mia Gardeski. 2018. (Habitats Ser.). (ENG., Illus.). 24p. (J). (gr. -1-2). lib. bdg. 22.65 *(978-1-5157-9759-3(7)*, 136869, Pebble) Capstone.

All about Wheels & Axles. Erinn Banting. 2017. (Illus.). 24p. (J). *(978-1-5105-0963-4(1))* SmartBook Media, Inc.

All about Wild Animals, 10 bks. Gareth Editorial Staff Staff. Incl. Chimpanzees. lib. bdg. 28.67 *(978-0-8368-4171-8(9)*, a86f65b5-d9c0-4fd5-b7d5-af5c04048d11); Dolphins. (J). lib. bdg. 28.67 *(978-0-8368-4115-2(8)*, 05296131-f5a0-4f8f-adae-f38abb63a10f); Giraffes. (J). lib. bdg. 28.67 *(978-0-8368-4116-9(6)*, 9b3ce9d5-f4f7-486c-8a50-d1966b4cb649); Hippos. (J). lib. bdg. 28.67 *(978-0-8368-4118-3(2)*, 171c6ca2-9c95-4834-90c9-2b9f7a50b6ab); Kangaroos. lib. bdg. 28.67 *(978-0-8368-4119-0(0)*, c8980046-0927-47ae-8a39-b2d9ce59a8a8); Pandas. (J). lib. bdg. 28.67 *(978-0-8368-4121-3(2)*, 6461d8a5-bc68-4370-bb4e-0fb8f4467dd9); Parrots. lib. bdg. 28.67 *(978-0-8368-4122-0(0)*, d5d4253d-68f7-43b0-b7ae-0f3bff54c0e0); Spiders. lib. bdg. 28.67 *(978-0-8368-4172-5(7)*, 1d2493e0-0c2f-4846-b183-af7b966597cb); Turtles. lib. bdg. 28.67 *(978-0-8368-4123-7(9)*, 0023390b-bc18-4e11-8df0-8d5daa50df04); Wolves. lib. bdg. 28.67 *(978-0-8368-4124-4(7)*, 806715c5-07a9-486f-8193-e316620d5a5a); 32p. (gr. 2-4)., Gareth Stevens Learning Library (Illus.). 2004. Set lib. bdg. 226.00 *(978-0-8368-4114-5(X))* Stevens, Gareth Publishing LLLP.

All about Wildebeests. Katie Gillespie. 2018. (Illus.). 24p. *(978-1-4896-5710-7(X)*, AV2 by Weigl) Weigl Pubs., Inc.

All about Wildfires (a True Book: Natural Disasters) Alessandra Potenza. 2021. (True Book (Relaunch) Ser.). (ENG., Illus.). 48p. (J). (gr. 3-5). pap. 7.99 *(978-1-338-76954-8(5)*, Children's Pr.) Scholastic Library Publishing.

All about Women's College Gymnastics. Heather Rule. 2020. (Gymnastics Zone Ser.). (ENG., Illus.). 32p. (J). (gr. 3-6). lib. bdg. 32.79 *(978-1-5321-9233-3(9)*, 35075, SportsZone) ABDO Publishing Co.

All about Wudu (Ablution) Activity Book. Aysenur Gunes. Illus. by Ercan Polat. 2017. (Discover Islam Sticker Activity Bks.). (ENG.). 32p. (J). (gr. -1-2). pap., act. bk. ed. 5.95 *(978-0-86037-681-1(8))* Kube Publishing Ltd. GBR. Dist: Consortium Bk. Sales & Distribution.

All about You: A Personality Quiz Book. Nicole Raheja. 2020. (ENG.). 130p. (J). pap. 12.95 *(978-1-7328292-2-0(5))* Stillwater River Pubns.

All about Your Facial Skin: An Informational Guide. Ed D. Elizabeth Ajayi-Bridges. 2022. (ENG.). 25p. (YA). *(978-1-4357-9919-6(4))* Lulu Pr., Inc.

All-Action Animal Art, 16 vols. 2018. (All-Action Animal Art Ser.). (ENG.). 32p. (J). (gr. 3-3). lib. bdg. 234.16 *(978-1-5383-4782-9(2)*, bb93b02f-21b3-4e85-bf35-34b02b35d6ba, PowerKids Pr.) Rosen Publishing Group, Inc., The.

All Alone. Russ Thompson. 2021. (Finding Forward Ser.). (ENG.). 120p. (YA). pap. 6.99 *(978-1-7373157-2-8(6))* Finding Forward Bks.

All Alone with You. Amelia Diane Coombs. 2023. (ENG.). 352p. (YA). (gr. 9). 19.99 ***(978-1-5344-9357-5(3)**,* Simon & Schuster Bks. For Young Readers) Simon & Schuster Bks. For Young Readers.

All along the River. Magnus Weightman. 2020. (ENG., Illus.). 32p. (J). (gr. -1). 19.95 *(978-1-60537-518-2(7))* Clavis Publishing.

All along the River: A Novel (Classic Reprint) M. E. Braddon. 2018. (ENG., Illus.). 374p. (J). 31.61 *(978-0-483-53794-1(2))* Forgotten Bks.

All along the River, Vol. 1 Of 3: A Novel (Classic Reprint) Mary Elizabeth Braddon. (ENG., Illus.). (J). 2018. 332p. 30.74 *(978-0-483-39400-1(9))*; 2016. pap. 13.57 *(978-1-333-35477-0(0))* Forgotten Bks.

All along the River, Vol. 2 Of 3: A Novel (Classic Reprint) Mary Elizabeth Braddon. (ENG., Illus.). (J). 2018. 308p. 30.25 *(978-0-483-66992-5(X))*; 2016. pap. 13.57 *(978-1-333-55934-2(8))* Forgotten Bks.

All along the River, Vol. 3 Of 3: A Novel (Classic Reprint) M. E. Braddon. 2018. (ENG., Illus.). 318p. (J). 30.50 *(978-0-484-84409-3(1))* Forgotten Bks.

All-American 12 Days of Christmas. Lady Liberty. Illus. by Uncle Sam. 2021. (ENG.). 34p. (J). pap. *(978-1-928131-63-2(8))* Polyglot Publishing.

All-American ABC. Make Believe Ideas. Illus. by Dawn Machell. 2019. (ENG.). 26p. (J). (gr. -1-7). bds. 8.99 *(978-1-78843-627-4(X))* Make Believe Ideas GBR. Dist: Scholastic, Inc.

All American Boys. Jason Reynolds & Brendan Kiely. ed. 2017. (ENG.). (YA). lib. bdg. 20.85 *(978-0-606-39493-2(1))* Turtleback.

All-American Muslim Girl. Nadine Jolie Courtney. 2021. (ENG.). 432p. (YA). pap. 10.99 *(978-1-250-61991-4(2)*, 900190420) Square Fish.

All among the Lighthouses: Or the Cruise of the Goldenrod (Classic Reprint) Mary Bradford Crowninshield. 2018. (ENG., Illus.). 422p. (J). 32.60 *(978-0-483-21757-7(3))* Forgotten Bks.

All Animal Lives Matter. Tony Ridgway. Illus. by Tony Ridgway. l.t. ed. 2018. (ENG., Illus.). 38p. (J). (gr. k-4). 14.95 *(978-1-61477-361-0(0))* Bellissima Publishing, LLC.

All Animals Count. Meg Gorman. 2018. (ENG., Illus.). 34p. (J). pap. *(978-1-9164530-0-5(7))* Gorman, Meg.

All Animals Count. Meg Gorman. Illus. by Meg Gorman. 2018. (ENG., Illus.). 34p. (J). (gr. k-2). *(978-1-9164530-1-2(5))* Gorman, Meg.

All Animals Go to Heaven. Todd Lou Brady. 2021. (ENG., Illus.). 32p. (J). pap. 14.95 *(978-1-0980-8939-9(1))* Christian Faith Publishing.

All Are Neighbors. Alexandra Penfold. Illus. by Suzanne Kaufman. 2022. (ENG.). 44p. (J). (gr. -1-3). lib. bdg. 21.99 *(978-0-593-42999-0(0))*; 18.99 *(978-0-593-42998-3(2))* Random Hse. Children's Bks. (Knopf Bks. for Young Readers).

All Are Welcome. Alexandra Penfold. Illus. by Suzanne Kaufman. 2018. (ENG.). 44p. (J). (gr. -1-3). 17.99 *(978-0-525-57964-9(8)*, Knopf Bks. for Young Readers) Random Hse. Children's Bks.

All Around a Palette (Classic Reprint) Elizabeth Williams Champney. (ENG., Illus.). (J). 2018. 336p. 30.83 *(978-0-483-58953-7(5))*; 2017. pap. 13.57 *(978-0-243-24035-7(X))* Forgotten Bks.

All Around Arendelle (Disney Frozen) Elle Stephens. Illus. by Disney Storybook Disney Storybook Art Team. 2020. (ENG.). 64p. (J). (gr. -1-2). 15.99 *(978-0-7364-4084-4(4)*, RH/Disney) Random Hse. Children's Bks.

All Around Ashland: Doodle, Color, & Learn All about Ashland, Oregon! Created by You Are Here Books. 2020. (ENG.). 50p. (J). pap. 14.99 *(978-1-952239-06-9(0)*, 73d51107-7064-4d53-9ae9-ea908e11406a, You Are Here Bks.) Bushel & Peck Bks.

All Around Aspen: Doodle, Color, & Learn All about Aspen, Colorado! Created by You Are Here Books. 2020. (ENG.). 50p. (J). pap. 14.99 *(978-1-952239-23-6(0)*, 47fe8c73-ba8d-4d68-8f22-c719815b297e, You Are Here Bks.) Bushel & Peck Bks.

All Around Bellingham: Doodle, Color, & Learn All about Bellingham, Washington! Created by You Are Here Books. 2020. (ENG.). 50p. (J). pap. 14.99 *(978-1-952239-02-1(8)*, d79dd06e-2d5a-488f-86a8-c30099aaa37a, You Are Here Bks.) Bushel & Peck Bks.

All Around Bend: Doodle, Color, & Learn All about Bend, Oregon! Created by You Are Here Books. 2020. (ENG.). 50p. (J). pap. 14.99 *(978-1-952239-05-2(2)*, e258754a-66e0-41f3-9f15-b3a738810ef4, You Are Here Bks.) Bushel & Peck Bks.

All Around Boise: Doodle, Color, & Learn All about Boise, Idaho! Created by You Are Here Books. 2020. (ENG.). 50p. (J). pap. 14.99 *(978-1-952239-09-0(5)*, 4b950194-2469-4971-a64d-7669372fa1ca, You Are Here Bks.) Bushel & Peck Bks.

All-Around Boy: The Life & Letters of Ralph Robinson Green (Classic Reprint) Unknown Author. 2018. (ENG., Illus.). 266p. (J). 29.40 *(978-0-666-62352-2(X))* Forgotten Bks.

All Around Bustletown: Fall. Rotraut Susanne Berner. 2020. (All Around Bustletown Ser.). (ENG., Illus.). 14p. (J). (-k). bds. 14.95 *(978-3-7913-7422-2(2))* Prestel Verlag GmbH & Co KG. DEU. Dist: Penguin Random Hse. LLC.

All Around Bustletown: Nighttime. Rotraut Susanne Berner. 2022. (ENG., Illus.). 14p. (J). (-k). bds. 12.95 *(978-3-7913-7490-1(7))* Prestel Verlag GmbH & Co KG. DEU. Dist: Penguin Random Hse. LLC.

All Around Bustletown: Spring. Rotraut Susanne Berner. 2020. (All Around Bustletown Ser.). (ENG., Illus.). 14p. (J). (-k). bds. 14.95 *(978-3-7913-7409-3(5))* Prestel Verlag GmbH & Co KG. DEU. Dist: Penguin Random Hse. LLC.

All Around Bustletown: Summer. Rotraut Susanne Berner. 2020. (All Around Bustletown Ser.). (ENG., Illus.). 14p. (J). (-k). bds. 14.95 *(978-3-7913-7420-8(6))* Prestel Verlag GmbH & Co KG. DEU. Dist: Penguin Random Hse. LLC.

All Around Bustletown: Winter. Rotraut Susanne Berner. 2019. (All Around Bustletown Ser.). (ENG., Illus.). 14p. (J). (-k). bds. 14.95 *(978-3-7913-7415-4(X))* Prestel Verlag GmbH & Co KG. DEU. Dist: Penguin Random Hse. LLC.

All Around Coeur D'Alene: Doodle, Color, & Learn All about Coeur d'Alene, Idaho! Created by You Are Here Books. 2020. (ENG.). 50p. (J). pap. 14.99 *(978-1-952239-04-5(4)*, 46273a59-d580-46ca-8d1c-ce8c402e7db4, You Are Here Bks.) Bushel & Peck Bks.

All Around Colorado Springs: Doodle, Color, & Learn All about Colorado Springs! Created by You Are Here Books. 2020. (ENG.). 50p. (J). pap. 14.99 *(978-1-952239-24-3(9)*, ca66d5ab-6c17-49bd-91b6-c7ee85aef4c8, You Are Here Bks.) Bushel & Peck Bks.

All Around Denver: Doodle, Color, & Learn All about Denver, Colorado! Created by You Are Here Books. 2020. (ENG.). 50p. (J). pap. 14.99 *(978-1-952239-22-9(2)*, cb2b6733-330c-4b98-a529-7559a05974db, You Are Here Bks.) Bushel & Peck Bks.

All Around Fresno: Doodle, Color, & Learn All about Fresno, California! Created by You Are Here Books. 2020. (ENG.). 50p. (J). pap. 14.99 *(978-1-952239-14-4(1)*, 7003328d-aff0-4d40-bd9b-ed776c58465f, You Are Here Bks.) Bushel & Peck Bks.

All Around Lincoln: Doodle, Color, & Learn All about Lincoln, Nebraska! Created by You Are Here Books. 2020. (ENG.). 50p. (J). pap. 14.99 *(978-1-952239-11-3(7)*, 8c08d050-8f22-4265-8f54-be176f7b3d69, You Are Here Bks.) Bushel & Peck Bks.

All Around Los Angeles: Doodle, Color, & Learn All about Los Angeles! Created by You Are Here Books. 2020. (ENG.). 50p. (J). pap. 14.99 *(978-1-952239-17-5(6)*, fbb2fc02-7160-4b59-a27a-9b7ee8e1b589, You Are Here Bks.) Bushel & Peck Bks.

All Around Monterey: Doodle, Color, & Learn All about Monterey, California! Created by You Are Here Books. 2020. (ENG.). 50p. (J). pap. 14.99 *(978-1-952239-16-8(8)*, 44be78c2-2d0d-472c-b291-4bdb5ab2a392, You Are Here Bks.) Bushel & Peck Bks.

All Around Oakland: Doodle, Color, & Learn All about Oakland! Created by You Are Here Books. 2020. (ENG.). 50p. (J). pap. 14.99 *(978-1-952239-12-0(5)*, 5615daf4-8702-42f2-aad7-f3d703babe5d, You Are Here Bks.) Bushel & Peck Bks.

All Around Olympia: Doodle, Color, & Learn All about Olympia, Washington! Created by You Are Here Books. 2020. (ENG.). 50p. (J). pap. 14.99 *(978-1-952239-25-0(7)*, 52ac8102-c216-4dbd-9c94-71a2f39e9bcf, You Are Here Bks.) Bushel & Peck Bks.

All Around Omaha: Doodle, Color, & Learn All about Omaha, Nebraska! Created by You Are Here Books. 2020. (ENG.). 50p. (J). pap. 14.99 *(978-1-952239-10-6(9)*, 558889c3-8a2a-4bd8-9a27-fdc06cb6ab55, You Are Here Bks.) Bushel & Peck Bks.

All Around Portland: Doodle, Color, & Learn All about Portland, Oregon! Created by You Are Here Books. 2020. (ENG.). 50p. (J). pap. 14.99 *(978-1-952239-07-6(9)*, dc24d9b9-df55-433c-91ae-cdcb9565c3f0, You Are Here Bks.) Bushel & Peck Bks.

All Around Provo: Doodle, Color, & Learn All about Provo, Utah! Created by You Are Here Books. 2020. (ENG.). 50p. (J). pap. 14.99 *(978-1-952239-21-2(4)*, a11a37f3-4520-42ee-aba4-bf15780cdee2, You Are Here Bks.) Bushel & Peck Bks.

All Around Salt Lake City: Doodle, Color, & Learn All about Salt Lake City, Utah! Created by You Are Here Books. 2020. (ENG.). 50p. (J). pap. 14.99 *(978-1-952239-19-9(2)*, 631f7258-0831-400d-9be2-085b4b02b773, You Are Here Bks.) Bushel & Peck Bks.

All Around San Diego: Doodle, Color, & Learn All about San Diego, California! Created by You Are Here Books. 2020. (ENG.). 50p. (J). pap. 14.99 *(978-1-952239-13-7(3)*, d9f2b55a-6da4-400e-8795-c39e22b605f4, You Are Here Bks.) Bushel & Peck Bks.

All Around San Francisco: Doodle, Color, & Learn All about San Francisco! Created by You Are Here Books. 2020. (ENG.). 50p. (J). pap. 14.99 *(978-1-952239-18-2(4)*, 17ffe2d8-bba5-4a6d-b463-c3f7d4ff70ff, You Are Here Bks.) Bushel & Peck Bks.

All Around San Luis Obispo: Doodle, Color, & Learn All about San Luis Obispo, California! Created by You Are Here Books. 2020. (ENG.). 50p. (J). pap. 14.99 *(978-1-952239-15-1(X)*, 4ac2a97d-a28e-4424-a3c3-367a9dfecfed, You Are Here Bks.) Bushel & Peck Bks.

All Around Seattle: Doodle, Color, & Learn All about Seattle, Washington! Created by You Are Here Books. 2020. (ENG.). 50p. (J). pap. 14.99 *(978-1-952239-08-3(7)*, 0b023fa5-b52f-4e20-9c97-3c2bfa4925d8, You Are Here Bks.) Bushel & Peck Bks.

All Around Spokane: Doodle, Color, & Learn All about Spokane, Washington! Created by You Are Here Books. 2020. (ENG.). 50p. (J). pap. 14.99 *(978-1-952239-03-8(6)*, 8da718bc-c201-404f-b20f-a8a4af5a7581, You Are Here Bks.) Bushel & Peck Bks.

All Around St. George: Doodle, Color, & Learn All about St. George, Utah! Created by You Are Here Books. 2020. (ENG.). 50p. (J). pap. 14.99 *(978-1-952239-20-5(6)*, 67e09ebf-8aa9-49d5-87b0-2c1045168d97, You Are Here Bks.) Bushel & Peck Bks.

All Around Tacoma: Doodle, Color, & Learn All about Tacoma, Washington! Created by You Are Here Books. 2020. (ENG.). 50p. (J). pap. 14.99 *(978-1-952239-01-4(X)*, 74994b01-2803-4cc8-9583-5d3992d4c060, You Are Here Bks.) Bushel & Peck Bks.

All Around the Moon. Jules Vern. 2020. (ENG.). (J). 214p. 19.95 *(978-1-63637-151-1(5))*; 212p. pap. 11.95 *(978-1-63637-150-4(7))* Bibliotech Pr.

All Around the Moon. Jules Vern. 2017. (ENG., Illus.). (J). pap. 16.95 *(978-1-374-81433-2(4))* Capital Communications, Inc.

All Around the World: We Are United Against COVID-19. Ya'sha Dagner. 2022. (ENG.). 40p. (J). 28.99 ***(978-1-6629-0560-5(2))***; pap. 14.99 ***(978-1-6629-0561-2(0))*** Gatekeeper Pr.

All Around the World: Sports & Games. Géraldine Cosneau & Géraldine Cosneau. 2016. (ENG., Illus.). 48p. (J). (gr. -1-2). pap. 16.95 *(978-1-84976-410-0(7)*, 1673003) Tate Publishing, Ltd. GBR. Dist: Hachette Bk. Group, Abrams, Inc.

All Around Town! a Maze Activity Book. Jupiter Kids. 2016. (ENG., Illus.). 106p. (J). pap. 12.55 *(978-1-68326-160-5(7)*, Jupiter Kids (Childrens & Kids Fiction)) Speedy Publishing LLC.

All Around Us, 1 vol. Xelena González. Illus. by Adriana M. Garcia. 2017. (ENG.). 32p. (J). (gr. -1-4). 19.95 *(978-1-941026-76-2(1)*, 23353382, Cinco Puntos Press) Lee & Low Bks., Inc.

All-Around Writing. Carlos Fernandez. 2016. (ENG.). 36p. (J). pap. ***(978-1-365-11765-7(0))*** Lulu Pr., Inc.

All Because of the Tail. Maria Luisa Di Gravio. Illus. by Maria Luisa Di Gravio. 2022. (ENG.). 40p. (J). 12.99 *(978-1-5037-6285-5(8)*, 5811, Sunbird Books) Phoenix International Publications, Inc.

All Because You Matter (an All Because You Matter Book) Tami Charles. Illus. by Bryan Collier. 2020. (ENG.). 40p. (J). (gr. -1-3). 17.99 *(978-1-338-57485-2(X)*, Orchard Bks.) Scholastic, Inc.

All Bees Have Jobs. Matt Reher. 2016. (1B Bugs Ser.). (ENG., Illus.). 28p. (J). pap. 8.00 *(978-1-64053-126-0(2)*, ARC Pr. Bks.) American Reading Co.

All Better. Andrea M. Garraway. 2019. (ENG.). 18p. (J). pap. 11.95 *(978-1-64492-386-3(6))* Christian Faith Publishing.

All Better, Baby! Sara Gillingham. 2022. (ENG., Illus.). 12p. (J). (gr. -1-17). bds. 12.99 *(978-1-4197-4316-0(3)*, 1682710) Abrams, Inc.

All Bodies Are Good Bodies. Charlotte Barkla. Illus. by Erica Salcedo. 2021. (ENG.). 24p. (J). (gr. -1-k). 17.99 *(978-1-76050-393-2(2))* Little Hare Bks. AUS. Dist: Independent Pubs. Group.

All Bodies Are Wonderful: Use Science to Celebrate Everyone's Body! Beth Cox. 2023. (ENG.). 36p. (J). (gr. 1-1). 12.99 ***(978-1-5107-7509-1(9)**,* Sky Pony Pr.) Skyhorse Publishing Co., Inc.

All Boys Aren't Blue: A Memoir-Manifesto. George M. Johnson. 2020. (ENG., Illus.). 320p. (YA). 18.99 *(978-0-374-31271-8(0)*, 900201132, Farrar, Straus & Giroux (BYR)) Farrar, Straus & Giroux.

All Boys Favourites. 2016. (Mandalas for Children Ser.). (ENG.). (J). pap. *(978-1-910538-43-2(4))* Nanook Bks. Ltd.

All Buckled Up. Andrea Zimmerman. Illus. by Andrea Zimmerman & David Clemesha. 2019. (ENG.). 28p. (J). (gr. -1-k). bds. 8.99 *(978-1-5344-3868-2(8)*, Little Simon) Little Simon.

All but One. Raquel Bonita. 2022. (ENG.). 32p. (J). pap. 7.95 *(978-1-4788-7546-8(1))* Newmark Learning LLC.

All by Himself? Elana K. Arnold. Illus. by Giselle Potter. 2022. (ENG.). 40p. (J). (gr. -1-3). 18.99 *(978-1-5344-8989-9(4)*, Beach Lane Bks.) Beach Lane Bks.

All by Myself. Stephanie Shaw. Illus. by Emilie Gill. 2023. 32p. (J). (gr. -1-3). 18.99 *(978-1-68263-487-5(6))* Peachtree Publishing Co. Inc.

All by Myself: Pants, Vest, Getting Dressed! Debbie Foy. 2017. (All by Myself Ser.). (ENG.). 20p. (J). (gr. -1-k). pap. 6.99 *(978-0-7502-9620-5(8)*, Wayland) Hachette Children's Group GBR. Dist: Hachette Bk. Group.

All Can Help see Todos Pueden Ayudar

All-Caps YOU: A 30-Day Adventure Toward Finding Joy in Who God Made You to Be. Emma Mae Jenkins. 2020. (ENG.). 240p. (YA). 15.99 *(978-1-4964-4026-6(9)*, 20_32098, Wander) Tyndale Hse. Pubs.

All Cats Are on the Autism Spectrum. Kathy Hoopmann. ed. 2020. (Illus.). 80p. 15.95 *(978-1-78775-471-3(5)*, 751597) Kingsley, Jessica Pubs. GBR. Dist: Hachette UK Distribution.

All Colors, 1 vol. Amalia Hoffman. 2019. (ENG., Illus.). 24p. (J). bds. 9.99 *(978-0-7643-5791-6(3)*, 16091) Schiffer Publishing, Ltd.

All Cooped Up. Virginia Nevarez. 2020. (ENG.). 32p. (J). pap. *(978-1-5255-8752-8(8))*; *(978-1-5255-8753-5(6))* FriesenPress.

All Creation Waits — Children's Edition: The Advent Mystery of New Beginnings for Children. Gayle Boss. Illus. by Sharon Spitz. 2023. (ENG.). 64p. (J). (gr. -1). 20.99 ***(978-1-64060-828-3(1))*** Paraclete Pr., Inc.

All Creatures Great. Frederick Albert Biggs. Illus. by Rochella Stewart. 2022. (ENG.). 48p. (J). pap. *(978-1-716-55860-3(3))* Lulu Pr., Inc.

All Creatures Great & Small. Precious Moments & Cecil Alexander. 2019. (Illus.). 32p. (J). (gr. k-2). 9.99 *(978-1-4926-8592-0(5))* Sourcebooks, Inc.

All Creatures Great & Small Adorable Animals Coloring Book. Bobo's Children Activity Books. 2016. (ENG., Illus.). (J). pap. 9.33 *(978-1-68327-039-3(8))* Sunshine In My Soul Publishing.

All Creatures Small. Frederick Albert Biggs. Illus. by Rochella Stewart. 2020. (ENG.). 47p. (J). pap. *(978-1-716-61894-9(0))* Lulu Pr., Inc.

All Day Long, God Loves Me. Mikal Keefer. Illus. by Nomar Perez. 2017. (Best of Li'l Buddies Ser.). (ENG.). 16p. (J). bds. 6.99 *(978-1-4707-4859-3(2))* Group Publishing, Inc.

All Dinosaurs Eat Cake: A Picture Book about Dinosaurs & Cake. Philip Stabler. 2019. (ENG., Illus.). 34p. (J). pap. *(978-1-912183-87-6(0))* UK Bk. Publishing.

All Dogs Come from HEAVEN. Amanda Siegrist. 2021. (ENG., Illus.). 34p. (J). 22.95 *(978-1-63710-257-2(7))*; pap. 13.95 *(978-1-63710-255-8(0))* Fulton Bks.

All Dolled Up! Jan Fields. Illus. by Dave Shephard. 2017. (Ghost Detectors Ser.: 21). (ENG.). 80p. (J). (gr. 2-5). lib. bdg. 35.64 *(978-1-5321-3153-0(4)*, 27050, Calico Chapter Bks.) ABDO Publishing Co.

All Dressed Up. Andrea Zimmerman. Illus. by David Clemesha. 2021. (ENG.). 28p. (J). (gr. -1-k). bds. 8.99 *(978-1-5344-3870-5(X)*, Little Simon) Little Simon.

All Dressed up / Todo Vestido. Xist Publishing. 2017. (Xist Kids Bilingual Spanish English Ser.). (ENG & SPA.). 28p. (J). (gr. -1-3). pap. 9.99 *(978-1-5324-0085-8(3))* Xist Publishing.

All Ears, All Eyes. Richard Jackson. Illus. by Katherine Tillotson. 2017. (ENG.). 40p. (J). (gr. -1-3). 17.99 *(978-1-4814-1571-2(9))* Simon & Schuster Children's Publishing.

All Except Axle. Sue Lowell Gallion. Illus. by Lisa Manuzak Wiley. 2020. (ENG.). 48p. (J). (gr. -1-3). 17.99 *(978-1-5344-4022-7(4)*, Aladdin) Simon & Schuster Children's Publishing.

All Eyes on Alexandra. Anna Levine. Illus. by Chiara Pasqualotto. 2018. (ENG.). 32p. (J). (gr. -1-2). pap. 7.99 *(978-1-5124-4440-7(5)*, a7cd1c1c-6b8e-4ee8-8812-346ddf627acd); lib. bdg. 12.99 *(978-1-5124-4439-1(1)*, 33fb4e9-5d50-4598-a90d-ec65fc94d65c) Lerner Publishing Group. (Kar-Ben Publishing).

All Eyes on Her. L. E. Flynn. 2022. (ENG.). 384p. (YA). pap. 10.99 *(978-1-250-76283-2(9)*, 900185426) Square Fish.

All Eyes on Ozzy! K-Fai Steele. Illus. by K-Fai Steele. 2021. (ENG., Illus.). 40p. (J). (gr. -1-3). 17.99 *(978-0-06-274858-4(0)*, Balzer & Bray) HarperCollins Pubs.

All Eyes on Us. Kit Frick. 2022. (ENG., Illus.). 400p. (YA). (gr. 9). pap. 12.99 *(978-1-6659-2594-5(9)*, McElderry, Margaret K. Bks.) McElderry, Margaret K. Bks.

All Fall Down: Jean Archer Quartet #2. Jason A. Anderson. 2020. (Jean Archer Quartet Ser.: Vol. 2). (ENG.). 290p. (YA). pap. 14.00 ***(978-1-0878-6519-5(0))*** Indy Pub.

All Families Adoptive Families. Contrib. by C.m. Davis. 2023. (All Families Ser.). (ENG., Illus.). 32p. (J). (gr. 2-3). lib. bdg. 31.35 *(978-1-63739-456-4(X)*, Focus Readers) North Star Editions.

All Families Invited. Kathleen Goodman. Illus. by Jo Edwards. 2019. (ENG.). 34p. (J). (gr. -1-3). 19.95 *(978-1-7336080-1-5(X))* Goodman, Kathleen.

All Families (Set Of 6) 2023. (All Families Ser.). (ENG., Illus.). (J). (gr. 2-3). pap. 59.70 *(978-1-63739-492-2(6))*; lib. bdg. 188.10 *(978-1-63739-455-7(1))* North Star Editions. (Focus Readers).

All Fired up! (Paw Patrol) Golden Books. Illus. by Nate Lovett. 2016. (ENG.). 64p. (J). (gr. -1-2). pap. 4.99 *(978-1-101-93167-7(1)*, Golden Bks.) Random Hse. Children's Bks.

All Fish Faces. Tam Warner Minton. 2017. (ENG., Illus.). (J). pap. 25.99 *(978-1-387-10346-1(6))* Lulu Pr., Inc.

All Fools: Being the Story of Some Very Young Men & a Girl (Classic Reprint) Marmaduke Pickthall. 2018. (ENG., Illus.). 382p. (J). 31.80 *(978-0-483-94043-7(7))* Forgotten Bks.

All for a Handful of Dreams. Rohan Ragoowansi. 2018. (ENG., Illus.). 36p. (J). pap. 22.99 *(978-1-5437-0191-3(4))* Partridge Pub.

All for a Scrap of Paper: A Romance of the Present War (Classic Reprint) Joseph Hocking. (ENG., Illus.). (J). 2018.

A

260p. 29.28 *(978-0-484-91563-2(0))*; 2017. pap. 11.97 *(978-0-259-39148-7(4))* Forgotten Bks.

All for His Country (Classic Reprint) John Ulrich Giesy. 2017. (ENG., Illus.). (J). 30.64 *(978-0-265-74519-9(5))*; pap. 13.57 *(978-1-5277-1384-0(9))* Forgotten Bks.

All for Money (Classic Reprint) Mary Dwinell Chellis. 2018. (ENG., Illus.). 374p. (J). 31.61 *(978-0-267-15584-2(0))* Forgotten Bks.

All for Naught, Vol. 1 of 3 (Classic Reprint) Wilfred Woollam. 2018. (ENG., Illus.). 300p. (J). 30.08 *(978-0-483-91786-6(9))* Forgotten Bks.

All for Naught, Vol. 2 of 3 (Classic Reprint) Wilfred Woollam Ma. 2018. (ENG., Illus.). 260p. (J). 29.28 *(978-0-483-81301-4(X))* Forgotten Bks.

All for Naught, Vol. 3 of 3 (Classic Reprint) Wilfred Woollam. (ENG., Illus.). (J). 2018. 262p. 29.30 *(978-0-483-79230-2(6))*; 2016. pap. 11.97 *(978-1-333-35097-0(X))* Forgotten Bks.

All for One. Richard Baran. 2019. (ENG.). 152p. (YA). (gr. 7-12). pap. 14.99 *(978-1-59095-356-3(8)*, ExamWise) Total Recall Learning, Inc.

All for One. Terry Catasus Jennings. Illus. by Fatima Anaya. 2021. (Definitely Dominguita Ser.: 3). (ENG.). 160p. (J). (gr. 1-4). 17.99 *(978-1-5344-6512-1(X))*; pap. 6.99 *(978-1-5344-6511-4(1))* Simon & Schuster Children's Publishing. (Aladdin).

All for One. Melissa de la Cruz. (Alex & Eliza Trilogy Ser.: 3). (YA). (gr. 7). 2020. 416p. pap. 10.99 *(978-0-525-51590-6(9)*, Penguin Books); 2019. 400p. 17.99 *(978-0-525-51588-3(7)*, G.P. Putnam's Sons Books for Young Readers) Penguin Young Readers Group.

All for the Kids: Yoga for Children. Nichole Rich. 2017. (ENG., Illus.). (J). pap. 14.95 *(978-1-5069-0383-5(5))* First Edition Design Publishing.

All for the Love of Laddie: Written for Children & Those Who Love Them (Classic Reprint) C. Y. Douglass. 2018. (ENG., Illus.). 358p. (J). 31.28 *(978-0-483-86658-4(X))* Forgotten Bks.

All for You. VL. 2021. (ENG., Illus.). 30p. (J). 24.95 *(978-1-0980-5103-7(3))*; pap. 14.95 *(978-1-0980-5102-0(5))* Christian Faith Publishing.

All Four Quarters of the Moon. Shirley Marr. 2022. (ENG.). 368p. (J). (gr. 3-7). 17.99 *(978-1-5344-8886-1(3)*, Simon & Schuster Bks. For Young Readers) Simon & Schuster Bks. For Young Readers.

All Fun Activities for Kids Coloring Book. Smarter Activity Books for Kids. 2016. (ENG., Illus.). (J). pap. 9.22 *(978-1-68374-813-7(1))* Examined Solutions PTE. Ltd.

All Girls Favourites. Jack Beetle. 2016. (Mandalas for Children Ser.). (ENG.). (J). pap. *(978-1-910538-42-5(6))* Nanook Bks. Ltd.

All God's Creatures: 60 Days of Devotions for Animal-Loving Kids. Ed. by Lindsay Schlegel. Illus. by Katie WeKall. 2021. (ENG.). 174p. (J). pap. 18.99 *(978-1-953456-13-7(8))* Little Lamb Bks.

All God's Creatures (Little Sunbeams) Ginger Swift. Ed. by Cottage Door Press. Illus. by Daniela Sosa. 2019. (Little Sunbeams Ser.). (ENG.). 12p. (J). (gr. -1 — 1). bds. 7.99 *(978-1-68052-523-6(9)*, 1003790) Cottage Door Pr.

All Good Gifts. Rosa Pappas Davis. 2019. (ENG.). 38p. (J). pap. 15.95 *(978-1-9736-8121-2(8)*, WestBow Pr.) Author Solutions, LLC.

All Hallow's Eve. Jennifer Hughes. 2019. (ENG.). 38p. (J). 14.95 *(978-1-68401-164-3(7))* Amplify Publishing Group.

All Hallows' Eve. Scott M. Salisbury. 2019. (ENG., Illus.). 54p. (J). (gr. 2-4). pap. 16.99 ***(978-1-7332680-0-4(6))*** Salisbury, Scott.

All Have Sinned. B.K. Douglas. 2021. (ENG.). 184p. (YA). pap. 16.95 *(978-1-6624-1395-7(5))* Page Publishing Inc.

All He Knew. Helen Frost. 2020. (ENG.). 272p. (J). 18.99 *(978-0-374-31299-2(0)*, 900207318, Farrar, Straus & Giroux (BYR)) Farrar, Straus & Giroux.

All He Knew: A Story. John Habberton. 2017. (ENG., Illus.). (J). pap. 12.95 *(978-1-374-83401-9(7))* Capital Communications, Inc.

All He Knew: A Story (Classic Reprint) John Habberton. 2018. (ENG., Illus.). 204p. (J). 28.10 *(978-0-483-97558-3(3))* Forgotten Bks.

All Heart. Mara Dabrishus. Ed. by Erin Smith. 2016. (Stay the Distance Ser.: Vol. 2). (ENG., Illus.). (YA). (gr. 9-12). pap. 11.99 *(978-0-9961872-5-1(1))* Dabrishus, Mara.

All Heart: My Dedication & Determination to Become One of Soccer's Best. Carli Lloyd & Wayne Coffey. (ENG., Illus.). 304p. (J). (gr. 5-7). 2018. pap. 9.99 *(978-1-328-74097-7(8)*, 1677146); 2016. 16.99 *(978-0-544-97869-0(2)*, 1663897) HarperCollins Pubs. (Clarion Bks.).

All Highest Goes to Jerusalem: Being the Diary of the German Emperor's Journey to the Holy Land (Classic Reprint) Frank Alvah Dearborn. 2018. (ENG., Illus.). 100p. (J). 25.96 *(978-0-484-71232-3(2))* Forgotten Bks.

All Honor to Stanley! Dr. David Livingstone's Discoveries in Africa; Also, M. de Challue's Adventures & Discoveries in Africa (Classic Reprint) George L. Barclay. (ENG., Illus.). (J). 2018. 112p. 26.23 *(978-0-267-88412-4(5))*; 2016. pap. 9.57 *(978-1-333-40367-6(4))* Forgotten Bks.

All I Am: A Catholic Devotional for Discovering Who You Are in God. Caroline Pignat. 2022. (ENG., Illus.). 224p. (J). 16.99 *(978-0-310-75153-3(5))* Zonderkidz.

All I Can Be. Gee Johnson. 2017. (2G Graphic Novels Ser.). (ENG., Illus.). 36p. (J). pap. 18.99 *(978-1-63437-083-7(X))* American Reading Co.

All I Want for Christmas. Wendy Loggia. 2020. (Underlined Paperbacks Ser.). 240p. (YA). (gr. 7). pap. 9.99 *(978-0-593-17983-3(8)*, Underlined) Random Hse. Children's Bks.

All I Want for Christmas Are Good Books & Good Coffee! a Book Review Journal: Booktok Journal for Coffee Lovers, Holiday Theme, 6x9. Korey's World. 2022. (ENG.). 114p. (J). pap. ***(978-1-387-49932-8(7))*** Lulu Pr., Inc.

All I Want for Christmas Is... a Family. L. P. Randolph. 2022. (ENG.). 30p. (J). pap. 14.95 *(978-1-0980-7951-2(5))* Christian Faith Publishing.

All I Want for Christmas Is Ewe. Rose Rossner. Illus. by Gail Yerrill. 2021. (Punderland Ser.). 24p. (J). (gr. -1-k). bds. 8.99 *(978-1-7282-2340-7(7))* Sourcebooks, Inc.

All I Want for My Birthday. Katie Collins. Illus. by Miruna Craciun. 2021. (ENG.). 31p. (J). *(978-1-6671-2472-8(2))* Lulu Pr., Inc.

All I Want Is an Octopus. Tracy Gunaratnam. Illus. by Valentina Fontana. 2021. (ENG.). 32p. (J). (gr. -1-3). 17.99 *(978-1-84886-779-6(4)*, d72344c9-15d7-4b94-a901-7bef7dfc3c39) Maverick Arts Publishing GBR. Dist: Lerner Publishing Group.

All In. Jennifer Lynn Barnes. ed. 2023. (Naturals Ser.: 3). (ENG.). 400p. (YA). (gr. 9-17). pap. 11.99 ***(978-0-316-54084-1(6))*** Little, Brown Bks. for Young Readers.

All in a Day's Work. Sequoia Kids Media Sequoia Kids Media. 2021. (Super Funny Jokes for Kids Ser.). (ENG.). 24p. (J). (gr. 1-3). pap. 9.50 ***(978-1-64996-709-1(8)***, 17074, Sequoia Kids Media) Sequoia Children's Bks.

All in a Day's Work: Jokes about Jobs. Sequoia Kids Media. 2022. (Super Funny Jokes for Kids Ser.). (ENG.). 24p. (J). (gr. 1-3). lib. bdg. 27.29 *(978-1-64996-193-8(6)*, 4941, Sequoia Kids Media) Phoenix International Publications, Inc.

All in a Day's Work - Farming-Inspired Activity Book for Children. Jupiter Kids. 2018. (ENG., Illus.). 106p. (J). pap. 12.55 *(978-1-5419-3543-3(8)*, Jupiter Kids (Childrens & Kids Fiction)) Speedy Publishing LLC.

All in a Drop: How Antony Van Leeuwenhoek Discovered an Invisible World. Lori Alexander. Illus. by Vivien Mildenberger. (ENG.). 96p. (J). (gr. 3-7). 2021. pap. 7.99 *(978-0-358-56975-6(3)*, 1809533); 2019. 17.99 *(978-1-328-88420-6(1)*, 1698170) HarperCollins Pubs. (Clarion Bks.).

All in a Garden Fair. Walter Besant. 2017. (ENG.). (J). 326p. pap. *(978-3-337-08264-2(5))*; 328p. pap. *(978-3-337-08262-8(9))*; 306p. pap. *(978-3-337-08265-9(3))* Creation Pubs.

All in a Garden Fair: The Simple Story of Three Boys & a Girl (Classic Reprint) Walter Besant. 2018. (ENG., Illus.). (J). 372p. 31.61 *(978-0-332-34666-3(8))*; 374p. pap. 13.97 *(978-1-330-97751-4(3))* Forgotten Bks.

All in a Garden Fair, the Simple Story of Three Boys & a Girl, Vol. 2 of 3 (Classic Reprint) Walter Besant. 2017. (ENG., Illus.). (J). 30.64 *(978-0-265-80307-3(1))* Forgotten Bks.

All in a Garden Fair, the Simple Story of Three Boys & a Girl, Vol. 3 of 3 (Classic Reprint) Walter Besant. 2017. (ENG., Illus.). (J). 30.17 *(978-0-266-96495-7(8))* Forgotten Bks.

All in a Garden Fair, Vol. 1 Of 3: The Simple Story of Three Boys & a Girl (Classic Reprint) Walter Besant. (ENG., Illus.). (J). 2017. 30.58 *(978-0-260-35466-2(X))*; 2016. pap. 13.57 *(978-1-334-15551-2(8))* Forgotten Bks.

All in a Garden Green. Paul J. Willis. 2020. (ENG.). 172p. (YA). 24.00 *(978-1-63982-061-0(2))*; pap. 16.00 *(978-1-63982-060-3(4))* Slant Bks.

All in a Month: And Other Stories (Classic Reprint) Allen Raine. (ENG., Illus.). (J). 2018. 286p. 29.82 *(978-0-428-73491-6(X))*; 2016. pap. 13.57 *(978-1-334-77853-7(1))* Forgotten Bks.

All in a Nutshell. Brian Vernier. 2021. (ENG., Illus.). 44p. (J). 24.95 *(978-1-63710-363-0(8))* Fulton Bks.

All in All Journaling Devotional: Loving God Wherever You Are. Sophie Hudson. 2017. (ENG.). 304p. (J). (gr. 9-12). 14.99 *(978-1-4627-4340-7(4)*, 005793549, B&H Kids) B&H Publishing Group.

All in Good Time a Telling Time Book for Kids. Pfiffikus. 2016. (ENG., Illus.). (J). pap. 10.81 *(978-1-68377-651-2(8))* Whlke, Traudl.

All in It: K (1) Carries on (Classic Reprint) Ian Hay. (ENG., Illus.). (J). 2018. 262p. 29.30 *(978-0-656-19863-4(X))*; 2017. pap. 11.97 *(978-0-282-53211-6(0))* Forgotten Bks.

All in Line! Connect the Dots Activity Book. Activibooks For Kids. 2016. (ENG., Illus.). (J). pap. 7.55 *(978-1-68321-470-0(6))* Mimaxion.

All in One Animal Connect the Dots Activity Book. Activity Book Zone for Kids. 2016. (ENG., Illus.). (J). pap. 9.20 *(978-1-68376-036-8(0))* Sabeels Publishing.

All in One Day's Work. Mariya Rana & Shelly Ramos Paine. 2021. (ENG.). 26p. (J). pap. 15.00 *(978-0-578-31232-3(8))* Southampton Publishing.

All in One Dot to Dot Activity Book. Jupiter Kids. 2016. (ENG., Illus.). 106p. (J). pap. 12.55 *(978-1-68326-161-2(5)*, Jupiter Kids (Childrens & Kids Fiction)) Speedy Publishing LLC.

All in One Guide to Manga Mastery Activity Book. Jupiter Kids. 2017. (ENG., Illus.). (J). pap. 9.20 *(978-1-68326-162-9(3)*, Jupiter Kids (Childrens & Kids Fiction)) Speedy Publishing LLC.

All in Pieces. Suzanne Young. (ENG.). (YA). (gr. 9). 2017. 288p. pap. 11.99 *(978-1-4814-1884-3(X))*; 2016. (Illus.). 272p. 17.99 *(978-1-4814-1883-6(1))* Simon Pulse. (Simon Pulse).

All in the Dark (Classic Reprint) Joseph Sheridan Le Fanu. 2018. (ENG., Illus.). 382p. (J). 31.80 *(978-0-267-23036-5(2))* Forgotten Bks.

All in the Same Boat. Wilkie J. Martin & Helena Crevel. l.t. ed. 2020. (ENG.). 72p. (J). (gr. 2-3). pap. *(978-1-912348-49-7(7))* Witcherley Bk. Co., The.

All in the Same Boat: A Cautionary Modern Fable about Greed Featuring a Rat, a Mouse & a Gerbil. Wilkie J. Martin. Illus. by Tanja Russita. 2019. (ENG.). 52p. (J). (gr. 1-2). pap. *(978-1-912348-19-0(5))* Witcherley Bk. Co., The.

All in the Same Boat: A Grim Modern Fable about Greed Featuring a Rat, a Mouse & a Gerbil. Wilkie J. Martin. Illus. by Tanja Russita. 2019. (ENG.). 52p. (J). (gr. 2-3). *(978-1-912348-20-6(9))* Witcherley Bk. Co., The.

All in the Same Boat (Classic Reprint) James Montgomery Flagg. (ENG., Illus.). (J). 2019. 106p. 26.08 *(978-0-365-25765-3(6))*; 2018. 98p. 25.92 *(978-0-484-37581-8(4))*; 2017. pap. 9.57 *(978-0-259-84216-3(8))*; 2017. pap. 9.57 *(978-0-259-89670-8(5))* Forgotten Bks.

All in the Same Boat (Highly Illustrated Special Edition) Wilkie J. Martin. Illus. by Helena Crevel. l.t. ed. 2020. (ENG.). 72p. (J). (gr. 2-3). *(978-1-912348-62-6(4))* Witcherley Bk. Co., The.

All Is Merry & Bright. Jeffrey Burton. Illus. by Don Clark. 2018. (Shine Bright Book Ser.). (ENG.). 26p. (J). (gr. -1 — 1). 24.99 *(978-1-5344-2912-3(3)*, Little Simon) Little Simon.

All Is Revealed in Russia: An Agnes Kelly Mystery Adventure. Christine Keleny. 2019. (Agnes Kelly Mystery Adventure Ser.: Vol. 3). (ENG., Illus.). 204p. (J). (gr. 3-6). pap. 10.95 *(978-1-949085-14-3(7))* CK Books Publishing.

All Is (Science) Fair in Love & War: Sparks Ignite. Jason M. Burns. Illus. by Dustin Evans. 2023. (Bit by Bot Ser.). (ENG.). 32p. (J). (gr. 4-8). pap. 14.21 *(978-1-6689-2096-1(4)*, 222074); lib. bdg. 32.07 *(978-1-6689-1994-1(X)*, 221972) Cherry Lake Publishing. (Torch Graphic Press).

All Ketchup, No Mustard! Jason Tharp. ed. 2021. (Ready-To-Read Graphics Ser.). (ENG., Illus.). 64p. (J). (gr. 2-3). 16.96 *(978-1-64697-981-3(8))* Penworthy Co., LLC, The.

All Ketchup, No Mustard! Ready-To-Read Graphics Level 2. Jason Tharp. Illus. by Jason Tharp. 2021. (Nugget & Dog Ser.). (ENG., Illus.). 64p. (J). (gr. k-2). 17.99 *(978-1-5344-8463-4(9))*; pap. 6.99 *(978-1-5344-8462-7(0))* Simon Spotlight. (Simon Spotlight).

All Kids Are Good Kids. Judy Carey Nevin. Illus. by Susie Hammer. 2019. (ENG.). 26p. (J). (gr. -1 — 1). bds. 7.99 *(978-1-5344-3204-8(3)*, Little Simon) Little Simon.

All Kids Cut, Color & Create Activity Book. Smarter Activity Books for Kids. 2016. (ENG., Illus.). (J). pap. 8.99 *(978-1-68374-814-4(X))* Examined Solutions PTE. Ltd.

All Kinds Of, 6 vols., Set. Sara Swan Miller. Incl. Ears. lib. bdg. 32.64 *(978-0-7614-2518-2(7)*, ad20e96c-e413-4afb-98a3-68b440d10af9); Eyes. lib. bdg. 32.64 *(978-0-7614-2519-9(5)*, fe379b58-ab63-41ce-9207-92c3d44515de); Feet. lib. bdg. 32.64 *(978-0-7614-2520-5(9)*, b686beea-40e7-40a3-a0b5-634cf9acb3bd); Mouths. lib. bdg. 32.64 *(978-0-7614-2521-2(7)*, 6ad17e74-3545-43fe-a68c-e594aa1a4177); Noses. lib. bdg. 32.64 *(978-0-7614-2522-9(5)*, 0b0e8fd1-231c-4b2a-bd35-c9a44c5fee9f); Skin. lib. bdg. 32.64 *(978-0-7614-2713-1(9)*, 030735fa-c79d-49b9-814c-1e4967a7d423); (Illus.). 48p. (gr. 4-4). 2008. (All Kinds of Ser.). 2007. lib. bdg. *(978-0-7614-2517-5(9)*, Cavendish Square) Cavendish Square Publishing LLC.

All Kinds of Awesome. Jess Hitchman. Illus. by Vivienne To. 2021. (ENG.). 32p. (J). 18.99 *(978-1-250-24525-0(7)*, 900212524) Feiwel & Friends.

All Kinds of Bad. Rachel Rust. 2016. (ENG., Illus.). (J). pap. *(978-1-77339-059-8(7))* Evernight Publishing.

All Kinds of Bodies. Judith Heneghan. Illus. by Ayesha Lopez Rubio. 2020. 32p. (J). *(978-0-7787-6801-2(5))* Crabtree Publishing Co.

All Kinds of Cars. Carl Johanson. 2017. (ENG., Illus.). 40p. (J). (gr. -1-k). 16.95 *(978-1-911171-01-0(1))* Flying Eye Bks. GBR. Dist: Penguin Random Hse. LLC.

All Kinds of Castles. Annie M. Wyatt. 2022. (ENG.). 38p. (J). 26.95 ***(978-1-6657-3146-1(X))***; pap. 15.95 ***(978-1-6657-3145-4(1))*** Archway Publishing.

All Kinds of Families. Anita Ganeri. Illus. by Ayesha Lopez Rubio. 2020. 32p. (J). *(978-0-7787-6802-9(3))* Crabtree Publishing Co.

All Kinds of Families. Suzanne Lang. 2019. (ENG., Illus.). 32p. (J). (— 1). bds. 8.99 *(978-0-553-49940-7(8)*, Random Hse. Bks. for Young Readers) Random Hse. Children's Bks.

All Kinds of Families. Martha Elizabeth Hillman Rustad. 2019. (What Makes a Family Ser.). (ENG., Illus.). 24p. (J). (gr. -1-2). pap. 6.95 *(978-1-9771-1054-1(1)*, 141130); lib. bdg. 27.32 *(978-1-9771-0902-6(0)*, 140504) Capstone. (Pebble).

All Kinds of Families: 40th Anniversary Edition. Norma Simon. Illus. by Sarah S. Brannen. 40th anniv. ed. 2016. (ENG.). 32p. (J). (gr. -1-3). 16.99 *(978-0-8075-0286-0(3)*, 807502863) Whitman, Albert & Co.

All Kinds of Feelings. Judith Heneghan. Illus. by Ayesha Lopez Rubio. 2020. 32p. (J). *(978-0-7787-6803-6(1))* Crabtree Publishing Co.

All Kinds of Friends. Sheila M. Kelly & Shelley Rotner. Photos by Shelley Rotner. 2017. (ENG., Illus.). 32p. (J). (gr. k-2). pap. 7.99 *(978-1-5124-8632-2(9)*, 97274d24-957e-48a7-9bf7-cffeeff9282f, Millbrook Pr.) Lerner Publishing Group.

All Kinds of Gems of Prose & Verse (Classic Reprint) W. H. Housley. 2017. (ENG., Illus.). (J). 29.49 *(978-0-265-50847-3(9))* Forgotten Bks.

All Kinds of K9s. Aspen Clair. 2018. (ENG., Illus.). 20p. (J). pap. 9.99 *(978-0-578-20118-4(6))* Clair, Aspen.

All Kinds of Kindness. Judy Carey Nevin. Illus. by Susie Hammer. 2020. (ENG.). 26p. (J). (gr. -1 — 1). bds. 8.99 *(978-1-5344-3206-2(X)*, Little Simon) Little Simon.

All Kinds of Other. James Sie. (ENG.). (YA). (gr. 9). 2022. 432p. pap. 10.99 *(978-0-06-296250-8(7))*; 2021. 416p. 17.99 *(978-0-06-296249-2(3))* HarperCollins Pubs. (Quill Tree Bks.).

All Kinds of People. Shelley Rotner. 2018. (Illus.). 24p. (J). (— 1). bds. 7.99 *(978-0-8234-3972-0(0))* Holiday Hse., Inc.

All Kinds of Plants Blue Band. Anita Ganeri. ed. 2016. (Cambridge Reading Adventures Ser.). (ENG., Illus.). 16p. pap. 7.95 *(978-1-316-60579-0(5))* Cambridge Univ. Pr.

All Kinds of Transportation. Anne Depue. Ed. by Cindy; Depue Peattie. 2016. (Spring Forward Ser.). (ENG.). (J). (gr. 1). 6.84 net. *(978-1-4900-6022-4(7))* Benchmark Education Co.

All Kinds of Trucks Coloring Book for Small Kids an Big Kids & Truck Lovers Around the World. B. A. Publications. 2023. (ENG.). 73p. (J). pap. ***(978-1-4478-6542-1(1))*** Lulu Pr., Inc.

All Laced Up. Erin Fletcher. 2016. (ENG., Illus.). (YA). (gr. 7). pap. 15.99 *(978-1-68281-316-4(9))* Entangled Publishing, LLC.

All Mad Here: Looking Glass Saga. Tanya Lisle. 2020. (Looking Glass Saga Ser.: Vol. 9). (ENG.). 276p. (J). pap. *(978-1-988911-38-0(9))*; pap. *(978-1-988911-33-5(8))* Scrap Paper Entertainment.

All Math Words Dictionary: 3rd Home Edition, for Students of Algebra, Geometry & Calculus. David E. McAdams. 2022. (ENG.). 204p. (J). pap. 32.95 ***(978-1-63270-240-1(1))*** Life is a Story Problem LLC.

All Math Words Dictionary: For Students of Algebra, Geometry & Calculus. David E. McAdams. 3rd ed. (Math Vocabulary AIDS & Dictionaries Ser.: Vol. 2). (ENG.). (YA). 2023. 266p. pap. 52.95 ***(978-1-63270-280-7(0))***; 2023. 158p. pap. 35.96 ***(978-1-63270-278-4(9))***; 2023. 158p. 41.95 ***(978-1-63270-279-1(7))***; 2023. 158p. pap. 35.95 ***(978-1-63270-281-4(9))***; 2023. 156p. pap. 44.95 ***(978-1-63270-282-1(7))***; 2022. 266p. 59.95 ***(978-1-63270-272-2(X))***; 2023. 402p. 59.45 ***(978-1-63270-284-5(3))***; 2023. 402p. pap. 48.95 ***(978-1-63270-283-8(5))*** Life is a Story Problem LLC.

All Men Are Ghosts (Classic Reprint) L. P. Jacks. 2018. (ENG., Illus.). 376p. (J). 31.65 *(978-0-365-23382-4(X))* Forgotten Bks.

All Men Are Ghosts, Volume V. L. P. Jacks. 2017. (ENG., Illus.). (J). pap. *(978-0-649-20763-3(7))* Trieste Publishing Pty Ltd.

All Mixed Up. Dana McCall. Illus. by Safeer Nawaz. 2022. (ENG.). 34p. (J). pap. 9.99 *(978-1-7372458-4-1(1))* Legacy of Negasi.

All Moms. Sarah Kate Ellis & Kristen Ellis-Henderson. Illus. by Max Rambaldi. 2022. (ENG.). 32p. (J). (gr. -1-3). 17.99 *(978-1-4998-1263-3(9))* Little Bee Books Inc.

All Moonshine (Classic Reprint) Richard Whiteing. (ENG., Illus.). (J). 2018. 288p. 29.86 *(978-0-365-14819-7(9))*; 2017. pap. 13.57 *(978-1-5276-6080-9(X))* Forgotten Bks.

All My Animals. Lauren Napier. Illus. by Dawid Ryski. 2016. (ENG.). 48p. (J). (gr. -1-2). 24.95 *(978-3-89955-777-0(8))* Die Gestalten Verlag DEU. Dist: Ingram Publisher Services.

All My Best Adventures Are with You. Sean Leary. 2018. (ENG., Illus.). 142p. (J). pap. 30.00 *(978-1-948662-00-0(0))* Dreaming World Bks.

All My Brothers. Michelle St Claire. 2022. (ENG.). 50p. (J). pap. 9.50 *(978-1-945891-49-6(1))* May 3rd Bks., Inc.

All My Days. Martha Lanaghen. Illus. by Alexandra Ruso. 2020. (ENG.). 24p. (J). *(978-1-716-95093-3(7))* Lulu Pr., Inc.

All My Favorite Construction Vehicles Coloring Book. Creative Playbooks. 2016. (ENG., Illus.). (J). pap. 7.74 *(978-1-68323-829-4(X))*; pap. 7.74 *(978-1-68323-875-1(3))* Twin Flame Productions.

All My Favorite Sports! Coloring Book. Creative Playbooks. 2016. (ENG., Illus.). (J). pap. 7.74 *(978-1-68323-830-0(3))* Twin Flame Productions.

All My Fingers & All My Toes a Counting Book. Baby Professor. 2017. (ENG., Illus.). (J). pap. 7.89 *(978-1-5419-0277-0(7)*, Baby Professor (Education Kids)) Speedy Publishing LLC.

All My Friends. Hope Larson. Illus. by Hope Larson. 2022. (Eagle Rock Ser.: 3). (ENG., Illus.). 192p. (J). 21.99 *(978-0-374-31163-6(3)*, 900195865); pap. 12.99 *(978-0-374-38866-9(0)*, 900240272) Farrar, Straus & Giroux. (Farrar, Straus & Giroux (BYR)).

All My Friends Are Different. Niwatha Mathy. 2023. (ENG.). 32p. (J). pap. ***(978-1-912765-59-1(4))*** Blue Falcon Publishing.

All My Friends Are Ghosts. S. M. Vidaurri. Illus. by Hannah Krieger. 2020. (ENG.). 160p. (J). pap. 14.99 *(978-1-68415-498-2(7))* BOOM! Studios.

All My Goodnight Hug - a Ready-For-bed Story. Kitty Taylor. Illus. by Aleksandra Szmidt. 2021. (Padded Board Bks.). (ENG.). 24p. (J). bds. 9.99 *(978-1-80105-111-8(9))* Top That! Publishing PLC GBR. Dist: Independent Pubs. Group.

All My Life I've Had to Fight. Lasharee Esters. Ed. by Akela Heard. 2020. (ENG.). 40p. (YA). pap. ***(978-1-716-83422-6(8))*** Lulu Pr., Inc.

All My Love. Joshua James Cole. 2023. (ENG.). 46p. (J). 18.99 ***(978-1-0881-4206-6(0))*** Indy Pub.

All My Purrs, Spicy. Lorraine Abrams. 2017. (Adventures of Spicy - 1 Ser.). (ENG., Illus.). (J). pap. 9.00 *(978-1-62880-118-7(2))* Published by Westview, Inc.

All My Rage. Sabaa Tahir. 2023. (ENG.). 400p. (gr. 9-12). 31.19 ***(978-1-5364-7797-9(4)***, Razorbill) Penguin Young Readers Group.

All My Rage: A Novel. Sabaa Tahir. l.t. ed. 2022. (ENG.). 514p. lib. bdg. 24.99 *(978-1-4328-9705-5(5))* Cengage Gale.

All My Rage: A Novel. Sabaa Tahir. (ENG.). (YA). (gr. 9). 2023. 400p. pap. 12.99 *(978-0-593-20236-4(8))*; 2022. 384p. 19.99 *(978-0-593-20234-0(1))* Penguin Young Readers Group. (Razorbill).

All My Secrets. Sophie McKenzie. 2018. (ENG.). 304p. (J). pap. 11.99 *(978-1-4711-2221-7(2)*, Simon & Schuster Children's) Simon & Schuster, Ltd. GBR. Dist: Simon & Schuster, Inc.

All My Teen Adventures! a Guide to Teenage Travels. @ Journals and Notebooks. 2016. (ENG., Illus.). 106p. (J). pap. 12.25 *(978-1-68326-571-9(8))* Speedy Publishing LLC.

All My Treasures: A Book of Joy. Jo Witek. 2016. (Growing Hearts Ser.). (ENG., Illus.). 32p. (J). (gr. -1 — 1). bds. 16.95 *(978-1-4197-2204-2(2)*, 1150201, Abrams Appleseed) Abrams, Inc.

All New Games, Puzzles & More! Super Mega Fun Kids Activity Book. Bobo's Children Activity Books. 2016. (ENG., Illus.). (J). pap. 7.99 *(978-1-68327-373-8(7))* Sunshine In My Soul Publishing.

All-New Mallory Pike (the Baby-Sitters Club #126) Ann M. Martin. 2018. (True Book (Relaunch) Ser.: 126). (ENG.). 160p. (J). (gr. 3-5). E-Book 31.00 *(978-0-545-87469-4(6)*, Scholastic Paperbacks) Scholastic, Inc.

All New Must Have Orange 430. Michael Speechley. 2018. 32p. (J). (gr. k-1). 24.99 *(978-0-14-378897-3(3)*, Viking Adult) Penguin Publishing Group.

All New Superstar Kids: Rhyming Moral Fun. Gavin Rhodes. Illus. by Aliyah Coreana. 2017. (ENG.). 58p. (J). (gr. k-6). pap. *(978-1-78719-630-8(5))* Authors OnLine, Ltd.

All Night Long. Tora Stephenchel. 2021. (Learning Sight Words Ser.). (ENG.). 24p. (J). (gr. -1-2). lib. bdg. 32.79 *(978-1-5038-4505-3(2)*, 214272) Child's World, Inc, The.

50 The check digit for ISBN-10 appears in parentheses after the full ISBN-13

A

All Odds Are Against Me. Edna Taylor Aka Aisha Night. 2021. (ENG.). 46p. (J). pap. 12.95 *(978-1-6624-3445-7(6))* Page Publishing Inc.

All-Of-a-Kind Family Hanukkah. Emily Jenkins. Illus. by Paul O. Zelinsky. 2018. 40p. (J). (gr. -1-2). 18.99 *(978-0-399-55419-3(X)*, Schwartz & Wade Bks.) Random Hse. Children's Bks.

All of a Sudden & Forever: Help & Healing after the Oklahoma City Bombing. Chris Barton. Illus. by Nicole Xu. 2020. (ENG.). 40p. (J). (gr. 2-5). 19.99 *(978-1-5415-2669-3(4)*, bd2374a3-ebaf-42d1-b8e3-1ed4ca3f32da, Carolrhoda Bks.) Lerner Publishing Group.

All of a Sudden! Children's Books: Crabadabica. Bohannon, Sr. 2020. (All of a Sudden! Children's Bks.: Vol. 1). (ENG.). 32p. (J). pap. 13.95 *(978-1-64468-349-1(0))* Covenant Bks.

All-Of-a-Sudden Peggy: A Light Comedy in Three Acts (Classic Reprint) Ernest Denny. 2017. (ENG., Illus.). (J). 26.70 *(978-0-331-81733-1(0))* Forgotten Bks.

All of Creation: Understanding God's Planet & How We Can Help. Betsy Painter. 2023. (ENG., Illus.). 192p. (J). 16.99 *(978-0-310-14343-7(8))* Zonderkidz.

All of Me. Chris Baron. 2021. (ENG., Illus.). 320p. (J). pap. 8.99 *(978-1-250-25059-9(5)*, 900197759) Square Fish.

All of Our Demise. Amanda Foody & C. L. Herman. (All of Us Villains Ser.: 2). (ENG.). 480p. (YA). 2023. pap. 11.99 *(978-1-250-78936-5(2)*, 900237954); 2022. (Illus.). 18.99 *(978-1-250-78934-1(6)*, 900237953) Doherty, Tom Assocs., LLC. (Tor Teen).

All of Our Forest Friends Coloring Book. Kreative Kids. 2016. (ENG., Illus.). (J). pap. 9.20 *(978-1-68377-532-4(5))* Whlke, Traudl.

All of the Factors of Why I Love Tractors. Davina Bell. Illus. by Jenny Lovlie. 2021. (ENG.). 40p. (J). (gr. -1-3). 17.99 *(978-0-06-301918-8(3)*, Greenwillow Bks.) HarperCollins Pubs.

All of the Other Reindeer. Orso Marrone. 2018. (ENG., Illus.). 130p. (J). pap. 23.95 *(978-1-64416-485-3(X))* Christian Faith Publishing.

All of the Things You Can Be. Yassmina Conley. Illus. by Ginger Nielson. 2021. (ENG.). 32p. (J). 19.95 *(978-1-63760-270-6(7))* Primedia eLaunch LLC.

All of This in Just Six Days. Lori Gibson. 2016. (ENG., Illus.). (J). pap. 12.95 *(978-1-63525-097-8(8))* Christian Faith Publishing.

All of This Is True: a Novel. Lygia Day Penaflor. (ENG.). 432p. (YA). (gr. 8). 2020. pap. 10.99 *(978-0-06-267366-4(1))*; 2018. 17.99 *(978-0-06-267365-7(3))* HarperCollins Pubs. (HarperTeen).

All of Us. Carin Berger. Illus. by Carin Berger. 2018. (ENG., Illus.). 40p. (J). (gr. -1-3). 17.99 *(978-0-06-269413-3(8)*, Greenwillow Bks.) HarperCollins Pubs.

All of Us. Kathryn Erskine. Illus. by Alexandra Boiger. 2021. 32p. (J). (gr. -1-3). 17.99 *(978-0-593-20469-6(7)*, Philomel Bks.) Penguin Young Readers Group.

All of Us. Gokce Irten. 2022. (ENG.). 44p. (J). (gr. -1-3). 18.99 *(978-1-64896-185-4(1))* Princeton Architectural Pr.

All of Us: a Young People's History of the World. Christophe Ylla-Somers. Tr. by Anna Lehmann. Illus. by Yvan Pommaux. 2019. (ENG.). 88p. (J). (gr. 3-6). 29.95 *(978-1-68137-321-8(1)*, NYR Children's Collection) New York Review of Bks., Inc., The.

All of Us Are Different, but We Are Still Alike. Anne Coleman. 2019. (ENG.). 30p. (J). *(978-1-78878-439-9(1))*; pap. *(978-1-78878-438-2(3))* Austin Macauley Pubs. Ltd.

All of Us Villains. Amanda Foody & C. L. Herman. (All of Us Villains Ser.: 1). (ENG.). 400p. (YA). 2022. pap. 10.99 *(978-1-250-78927-3(3)*, 900237911); 2021. 22.99 *(978-1-250-78925-9(7)*, 900237910) Doherty, Tom Assocs., LLC. (Tor Teen).

All of Us Villains. Amanda Foody & Christine Lynn Herman. 2021. 386p. (YA). ***(978-1-250-83714-1(6)***, Tor Teen) Doherty, Tom Assocs., LLC.

All of Us with Wings. Michelle Ruiz Keil. (ENG.). (YA). (gr. 11). 2020. 1p. pap. 10.99 *(978-1-64129-135-4(4))*; 2019. (Illus.). 360p. 18.99 *(978-1-64129-034-0(X))* Soho Pr., Inc. (Soho Teen).

All on Account of Professor (Classic Reprint) Harry L. Dixson. (ENG., Illus.). (J). 2018. 40p. 24.72 *(978-0-483-81343-4(5))*; 2016. pap. 7.97 *(978-1-334-20662-7(7))* Forgotten Bks.

All on the Irish Shore: Irish Sketches. E. OE Somerville. 2017. (ENG., Illus.). (J). pap. *(978-0-649-40724-8(5))* Trieste Publishing Pty Ltd.

All on the Irish Shore: Irish Sketches (Classic Reprint) E. OE Somerville. 2017. (ENG., Illus.). (J). 29.92 *(978-0-266-18371-6(9))* Forgotten Bks.

All or Nothing. Margaret Gurevich. Illus. by Brooke Hagel. 2016. (Chloe by Design Ser.). (ENG.). 96p. (J). (gr. 5-8). lib. bdg. 25.32 *(978-1-4965-3263-3(5)*, 132431, Stone Arch Bks.) Capstone.

All Our Broken Pieces. L. D. Crichton. 2020. (ENG.). 416p. (YA). (gr. 9-17). pap. 9.99 *(978-1-368-04526-1(X))* Hyperion Bks. for Children.

All Our Broken Pieces. L. D. Crichton. 2019. (ENG.). 416p. (YA). (gr. 9-17). 17.99 *(978-1-368-02396-2(7))* Hyperion Pr.

All Our Communities, 12 vols. 2019. (All Our Communities Ser.). (ENG.). 24p. (J). (gr. 1-2). lib. bdg. 145.62 *(978-1-5382-4561-3(2)*, e5b16957-8b82-47df-ae0b-8b6f072d54c2) Stevens, Gareth Publishing LLLP.

All Our Hidden Gifts. Caroline O'Donoghue. Illus. by Stefanie Caponi. (Gifts Ser.). (ENG.). (YA). (gr. 9). 2022. 400p. pap. 10.99 *(978-1-5362-2526-6(6))*; 2021. 384p. 19.99 *(978-1-5362-1394-2(2))* Candlewick Pr.

All Out of Pretty. Ingrid Palmer. 2018. (ENG.). 344p. (YA). (gr. 7-12). 16.99 *(978-1-939547-48-4(2)*, 8fe2a0c1-3f0e-4034-be6e-b825aed9d232) Creston Bks.

All Out: the No-Longer-Secret Stories of Kick-Ass Queer Teens. Saundra Mitchell et al. 2018. (ENG.). 368p. (YA). 18.99 *(978-1-335-47045-4(X)*, Harlequin Teen) Harlequin Enterprises ULC CAN. Dist: HarperCollins Pubs.

All Passengers Aboard! Airplane Coloring Book. Jupiter Kids. 2017. (ENG., Illus.). (J). pap. 9.20 *(978-1-68326-595-5(5)*, Jupiter Kids (Childrens & Kids Fiction)) Speedy Publishing LLC.

All Paws on Deck, 1. Jessica Young. ed. 2018. (Branches Early Ch Bks). (ENG.). 72p. (J). (gr. 1-3). 16.36 *(978-1-64310-340-2(7))* Penworthy Co., LLC, The.

All Paws on Deck: a Branches Book (Haggis & Tank Unleashed #1) Jessica Young. Illus. by James Burks. 2016. (Haggis & Tank Unleashed Ser.: 1). (ENG.). 80p. (J). (gr. k-2). pap. 5.99 *(978-0-545-81886-5(9))* Scholastic, Inc.

All Pets Allowed: Blackberry Farm 2. Adele Griffin. Illus. by LeUyen Pham. 2021. (ENG.). 192p. (J). (gr. 2-6). 16.95 *(978-1-64375-073-6(9)*, 74073) Algonquin Young Readers.

All Quiet on the Western Front Novel Units Student Packet. Novel Units. 2019. (ENG.). (YA). pap. 13.99 *(978-1-56137-620-9(5)*, Novel Units, Inc.) Classroom Library Co.

All Right Already! A Snowy Story. Jory John. Illus. by Benji Davies. 2018. (ENG.). 32p. (J). (gr. -1-3). 18.99 *(978-0-06-237099-0(5)*, HarperCollins) HarperCollins Pubs.

All Right, Vegemite. Ed. by June Factor. 2017. (Far Out! Ser.). (ENG.). 112p. (J). (gr. k-2). pap. 8.99 *(978-1-925386-07-3(4)*, Brolly Bks.) Borghesi & Adam Pubs. Pty Ltd AUS. Dist: Independent Pubs. Group.

All Rise for the Honorable Perry T. Cook. Leslie Connor. (ENG.). (J). (gr. 3-7). 2017. 416p. pap. 9.99 *(978-0-06-233347-6(X))*; 2016. 400p. 16.99 *(978-0-06-233346-9(1))* HarperCollins Pubs. (Tegen, Katherine Bks).

All Rise: the Story of Ketanji Brown Jackson. Carole Boston Weatherford. Illus. by Ashley Evans. 2023. (ENG.). 40p. (J). (gr. -1-3). 18.99 ***(978-0-593-65016-5(6))***; lib. bdg. 21.99 ***(978-0-593-65017-2(4))*** Random Hse. Children's Bks. (Crown Books For Young Readers).

All Roads Lead to Calvary. Jerome Jerome. 2017. (ENG., Illus.). (J). 25.95 *(978-1-374-83172-8(7))*; pap. 15.95 *(978-1-374-83171-1(9))* Capital Communications, Inc.

All Roads Lead to Calvary (Classic Reprint) Jerome Jerome. 2018. (ENG., Illus.). 360p. (J). 31.34 *(978-0-332-42306-7(9))* Forgotten Bks.

All Roads Lead to Ewers: A Leafy Tom Adventure. Robin Buckallew. 2021. (ENG.). 219p. (YA). pap. ***(978-1-365-82184-4(6))*** Lulu Pr., Inc.

All Round the World. Parker Gillmore. 2017. (ENG.). 292p. (J). pap. *(978-3-7447-6074-4(X))* Creation Pubs.

All Round the World: Adventures in Europe, Asia, Africa, & America (Classic Reprint) Parker Gillmore. 2018. (ENG., Illus.). 288p. (J). 29.84 *(978-0-428-47513-0(2))* Forgotten Bks.

All Round the Wrekin (Classic Reprint) Walter White. 2017. (ENG., Illus.). (J). 33.76 *(978-0-266-76589-9(0))*; pap. 16.57 *(978-1-5277-4260-4(1))* Forgotten Bks.

All Saints' Day & Other Sermons. Charles Kingsley. 2017. (ENG.). 430p. (J). pap. *(978-3-337-26477-2(8))* Creation Pubs.

All Saints Day & Other Sermons. Charles Kingsley. 2017. (ENG., Illus.). (J). 26.95 *(978-1-374-89040-4(5))*; pap. 16.95 *(978-1-374-89039-8(1))* Capital Communications, Inc.

All Saints' Day & Other Sermons. Charles Kingsley & William Harrison. 2017. (ENG.). 428p. (J). pap. *(978-3-337-08799-9(X))* Creation Pubs.

All Saints' Sabbath School Library Catalogue (Classic Reprint) All Saints School. 2017. (ENG., Illus.). (J). 24.31 *(978-0-266-89055-3(5))*; pap. 7.97 *(978-1-5284-1809-6(3))* Forgotten Bks.

All Seasons Activity Book: Mazes, Puzzles, Coloring, & More! More Than 30 Fun Activities! Daria Ermilova & Clever Publishing. Illus. by Olga Koval. 2023. (Activity Book Ser.). (ENG.). 32p. (J). (gr. -1-3). pap. 5.99 *(978-1-956560-23-7(8))* Clever Media Group.

All Shades of Green! Tree Shapes Coloring Book. Smarter Activity Books for Kids. 2016. (ENG., Illus.). (J). pap. 9.22 *(978-1-68374-410-8(1))* Examined Solutions PTE. Ltd.

All Signs Point to Soccer: a Story of Bravery. Josh Anderson & Gil Conrad. Illus. by Turner Lange. 2021. (Alien Invasion: Sports Edition Ser.). (ENG.). 32p. (J). (gr. 5-8). pap. 14.21 *(978-1-5341-8929-4(7)*, 219427); lib. bdg. 32.07 *(978-1-5341-8789-4(8)*, 219426) Cherry Lake Publishing. (Torch Graphic Press).

All Signs Point to Yes. Cam Montgomery et al. 2022. (ENG.). 336p. (YA). 19.99 *(978-1-335-41862-3(8))* Harlequin Enterprises ULC CAN. Dist: HarperCollins Pubs.

All Sizes Cry: A Book of Self Love. Asia H. Igou. Illus. by Kim Linh B. Heidi. 2016. (ENG.). (J). (gr. k-3). 15.00 *(978-0-692-67491-8(8))* igou, asia.

All Sorts. Pippa Goodhart. Illus. by Emily Rand. 2021. (ENG.). 32p. (J). (gr. -1-2). 16.95 *(978-1-912497-21-8(2))* Flying Eye Bks. GBR. Dist: Penguin Random Hse. LLC.

All Sorts & Conditions of Men: An Impossible Story (Classic Reprint) Walter Besant. (ENG., Illus.). (J). 2018. 370p. 31.53 *(978-0-365-10928-0(2))*; 2017. pap. 13.97 *(978-0-259-46172-2(5))* Forgotten Bks.

All Sorts & Conditions of Men: An Inpossible Story (Classic Reprint) Walter Besant. (ENG., Illus.). (J). 2018. 462p. 33.43 *(978-0-332-20111-5(2))*; 2017. pap. 16.57 *(978-0-243-30263-5(0))* Forgotten Bks.

All Sorts & Conditions of Men, Vol. 1 Of 3: An Impossible Story (Classic Reprint) Walter Besant. (ENG., Illus.). (J). 2017. 31.05 *(978-0-331-82483-4(3))*; 2016. pap. 13.57 *(978-1-334-27307-0(3))* Forgotten Bks.

All Sorts & Conditions of Men, Vol. 2 Of 3: An Impossible Story (Classic Reprint) Walter Besant. 2017. (ENG., Illus.). (J). 30.76 *(978-0-260-65653-7(4))* Forgotten Bks.

All Sorts & Conditions of Men, Vol. 3 Of 3: An Impossible Story (Classic Reprint) Walter Besant. 2017. (ENG., Illus.). (J). 30.41 *(978-0-331-80768-4(8))* Forgotten Bks.

All Sorts (Classic Reprint) I. A. R. Wylie. 2017. (ENG., Illus.). 308p. (J). 30.27 *(978-0-484-33324-5(0))* Forgotten Bks.

All Sorts of Dialogues: A Collection of Dialogues for Young People, with Additional Stage Directions by Compiler (Classic Reprint) Clara J. Denton. 2018. (ENG., Illus.). 154p. (J). 27.07 *(978-0-484-80712-8(9))* Forgotten Bks.

All Sorts of Stories Book (Classic Reprint) Lang. (ENG., Illus.). (J). 2017. 32.31 *(978-0-260-27695-7(2))*; 2016. pap. 16.57 *(978-1-333-40140-5(X))* Forgotten Bks.

All Star: How Larry Doby Smashed the Color Barrier in Baseball. Audrey Vernick. Illus. by Cannaday Chapman. 2022. (ENG.). 40p. (J). (gr. -1-3). 17.99 *(978-1-328-48297-6(9)*, 1715451, Clarion Bks.) HarperCollins Pubs.

All-Star Activity Book (a Sports Illustrated Kids Book) More Than 100 Games & Activities. Sports Illustrated for Kids Editors. 2017. (ENG.). 128p. (J). (gr. 3-17). pap. 9.99 *(978-1-68330-773-0(9))* Sports Illustrated For Kids.

All-Star Goofball Trivia: Weird & Wild Sports Trivia. Matt Chandler et al. ed. 2017. (Sports Illustrated Kids Ser.). (ENG., Illus.). 144p. (J). (gr. 3-9). pap., pap., pap. 9.95 *(978-1-62370-778-1(1)*, 132653, Capstone Young Readers) Capstone.

All-Star Players, 12 vols., Sets 1-2. Incl. All-Star Players: Set 1. 2006. lib. bdg. 115.72 *(978-1-4042-3601-1(5)*, ee6f4b42-d882-4d9d-89a6-a982e7b38577); All-Star Players: Set 2. 2008. lib. bdg. 86.79 *(978-1-4358-2564-2(0)*, f8cacf69-255e-445a-9789-a59ccc4a8526, PowerKids Pr.); (J). (gr. 4-5). 2008. Set lib. bdg. 287.40 *(978-1-4358-2669-4(8))* Rosen Publishing Group, Inc., The.

All-Star Players: Set 1, 8 vols. John Smithwick. Incl. Meet Alex Rodriguez: Baseball's Lightning Rod. lib. bdg. 28.93 *(978-1-4042-3636-3(8)*, c3cfdddc-5d8d-4f27-a525-61ca0eb84d3d); Meet David Ortiz: Baseball's Top Slugger. lib. bdg. 28.93 *(978-1-4042-3637-0(6)*, 0c12cf4c-8808-4e11-8c1d-a5b76656ce59); Meet Dwyane Wade: Basketball's Rising Star. lib. bdg. 28.93 *(978-1-4042-3639-4(2)*, 6d5c92d5-781a-4753-8656-f549a7e35f1d); Meet Lebron James: Basketball's King James. lib. bdg. 28.93 *(978-1-4042-3638-7(4)*, 5cc93377-b064-4475-aeab-47e633317325); Meet Shaun Alexander: Football's Top Running Back. lib. bdg. 28.93 *(978-1-4042-3635-6(X)*, 9a73e01b-b60c-48af-bf08-fde51a839c2a); (Illus.). 32p. (YA). (gr. 4-5). 2007. (All-Star Players Ser.). (ENG.). 2006. Set lib. bdg. 115.72 *(978-1-4042-3601-1(5)*, ee6f4b42-d882-4d9d-89a6-a982e7b38577) Rosen Publishing Group, Inc., The.

All-Star Players: Set 2, 6 vols. Ethan Edwards. Incl. Meet Derek Jeter: Captain of the New York Yankees. lib. bdg. 28.93 *(978-1-4042-4488-7(3)*, 24d1ceed-b96f-4658-9d25-85ded96adc7f); Meet Kevin Garnett: Basketball's Big Ticket. lib. bdg. 28.93 *(978-1-4042-4490-0(5)*, 84b490fb-50de-4512-b8dd-aef5080f8b2a); Meet LaDainian Tomlinson: Football's Fastest Running Back. lib. bdg. 28.93 *(978-1-4042-4491-7(3)*, ebe26808-364d-40ec-8670-44cc1f5490a6); (Illus.). 32p. (YA). (gr. 4-5). 2008. (All-Star Players Ser.). (ENG.). 2008. Set lib. bdg. 86.79 *(978-1-4358-2564-2(0)*, f8cacf69-255e-445a-9789-a59ccc4a8526, PowerKids Pr.) Rosen Publishing Group, Inc., The.

All-Star Pups! (Paw Patrol) Mary Tillworth. Illus. by Fabrizio Petrossi. 2016. (Little Golden Book Ser.). (ENG.). 24p. (J). (-k). 5.99 *(978-1-101-93685-6(1)*, Golden Bks.) Random Hse. Children's Bks.

All-Star Sports Trivia. The Editors The Editors of Sports Illustrated Kids. 2021. (ENG., Illus.). 128p. (J). (gr. 3). 17.95 *(978-1-62937-952-4(2)*, Sports Illustrated Books) Time Inc. Bks.

All Summer Long. Hope Larson. Illus. by Hope Larson. 2018. (Eagle Rock Ser.: 1). (ENG., Illus.). 176p. (J). 22.99 *(978-0-374-30485-0(8)*, 900160974); pap. 14.99 *(978-0-374-31071-4(8)*, 900194119) Farrar, Straus & Giroux. (Farrar, Straus & Giroux (BYR)).

All Summer Long. Hope Larson. ed. 2018. (J). lib. bdg. 24.50 *(978-0-606-41111-0(9))* Turtleback.

All Systems Whoa. Andrea J. Loney. Illus. by Fuuji Takashi. 2023. (Abby in Orbit Ser.: 3). (ENG.). 96p. (J). (gr. 1-5). 13.99 *(978-0-8075-0095-8(X)*, 080750095X) Whitman, Albert & Co.

All Taut or Rigging the Boat (Classic Reprint) Oliver Optic, pseud. 2018. (ENG., Illus.). 364p. (J). 31.42 *(978-0-267-67106-9(7))* Forgotten Bks.

All-Terrain Sports. Andrew Luke. 2017. (Illus.). 48p. (J). *(978-1-4222-3706-9(0))* Mason Crest.

All-Terrain Trouble! (DC Batman) David Croatto. Illus. by Anthony Conley. 2023. (Pictureback(R) Ser.). (ENG.). 24p. (J). (gr. -1-2). 5.99 *(978-0-593-57059-3(6)*, Random Hse. Bks. for Young Readers) Random Hse. Children's Bks.

All That Buzzz about Christmas: A Christmas Story Coloring Book. Bob Williams & Pamela Atkinson. 2019. (ENG.). 18p. (J). pap. *(978-1-922355-48-5(8))* Tablo Publishing.

All That Glitters. Lisa Ann Scott. Illus. by Heather Burns. 2017. 117p. (J). pap. *(978-1-338-13559-6(7))* Scholastic, Inc.

All That Glitters. Tina Wells. Illus. by Mike Segawa. 2022. (Zee Files Ser.: 2). (ENG.). 152p. (J). (gr. 4-7). 12.99 *(978-1-5132-0959-3(0)*, West Margin Pr.) West Margin Pr.

All That Glitters (Geek Girl, Book 4) Holly Smale. 2021. (Geek Girl Ser.: 4). (ENG.). 464p. (J). 10.99 *(978-0-00-846133-1(3)*, HarperCollins Children's Bks.) HarperCollins Pubs. Ltd. GBR. Dist: HarperCollins Pubs.

All That I Am. Miles Taylor-Charlemagne. 2021. (ENG.). 84p. (YA). pap. *(978-1-365-28792-3(0))* Lulu Pr., Inc.

All That I Am, All That I Could Be... Is Enough. Melissa McLauchlan. 2022. (ENG.). 30p. (J). ***(978-1-3984-4808-7(7))***; pap. ***(978-1-3984-4807-0(9))*** Austin Macauley Pubs. Ltd.

All That I Can Be (Little Critter) An Inspirational Gift for Kids. Mercer Mayer. 2017. (Pictureback(R) Ser.). (Illus.). 48p. (J). (gr. -1-2). 5.99 *(978-0-399-55377-6(0)*, Random Hse. Bks. for Young Readers) Random Hse. Children's Bks.

All That I Can Fix. Crystal Chan. (ENG.). 320p. (YA). (gr. 7). 2019. pap. 12.99 *(978-1-5344-0889-0(4))*; 2018. (Illus.). 18.99 *(978-1-5344-0888-3(6))* Simon Pulse. (Simon Pulse).

All That Is You. Alyssa Satin Capucilli. Illus. by Devon Holzwarth. 2022. (ENG.). 32p. (J). 18.99 *(978-1-62779-702-3(5)*, 900158367, Holt, Henry & Co. Bks. For Young Readers) Holt, Henry & Co.

All That Remain. Becca Sandford. 2023. (ENG.). 330p. (YA). ***(978-1-0391-6517-5(6))***; pap. ***(978-1-0391-6516-8(8))*** FriesenPress.

All That Remains. Elizabeth Brown. 2019. (ENG.). 234p. (YA). pap. 14.99 *(978-1-386-17975-7(2))* Blue Dog Pr.

All That Shines. Ellen Hagan. 2023. (ENG.). 304p. (YA). 19.99 ***(978-1-5476-1021-1(2)***, 900256783, Bloomsbury Young Adult) Bloomsbury Publishing USA.

All That the Curious Green Frog Saw. Natalia Castro. 2016. (ENG., Illus.). 16p. *(978-1-365-20299-5(2))* Lulu Pr., Inc.

All That Trash: The Story of the 1987 Garbage Barge & Our Problem with Stuff. Meghan McCarthy. Illus. by Meghan McCarthy. 2018. (ENG., Illus.). 48p. (J). (gr. -1-3). 19.99 *(978-1-4814-7752-9(8)*, Simon & Schuster/Paula Wiseman Bks.) Simon & Schuster/Paula Wiseman Bks.

All That Was Possible: Being the Record of a Summer in the Life of Mrs. Sibyl Crofts, Comedian (Classic Reprint) Howard Overing Sturgis. 2018. (ENG., Illus.). 320p. (J). 30.50 *(978-0-428-94551-0(1))* Forgotten Bks.

All That's Left in the World. Erik J. Brown. (ENG.). (YA). (gr. 8). 2023. 368p. pap. 15.99 *(978-0-06-305498-1(1))*; 2022. 352p. 17.99 *(978-0-06-305497-4(3))* HarperCollins Pubs. (Balzer & Bray).

All That's Left to Say. Emery Lord. 2023. (ENG.). 400p. (J). 19.99 *(978-1-68119-941-2(6)*, 900194060, Bloomsbury Young Adult) Bloomsbury Publishing USA.

All the Animals Gave Their Gifts: A Native Christmas. Sharon K. Ward (Katydid in the Morning). 2019. (ENG.). 50p. (J). pap. 16.95 *(978-1-64569-317-8(1))* Christian Faith Publishing.

All the Animals: How to Draw Books for Kids. Alli Koch. 2021. (How to Draw for Kids Ser.). (Illus.). 80p. (J). (gr. 2). pap. 14.95 *(978-1-950968-23-7(5)*, Paige Tate & Co.) Blue Star Pr.

All the Animals Where I Live. Philip C. Stead. 2018. (ENG., Illus.). 48p. (J). 18.99 *(978-1-62672-656-7(6)*, 900165279) Roaring Brook Pr.

All the Answers. Kate Messner. 2016. (ENG.). 272p. (J). pap. 8.99 *(978-1-68119-020-4(6)*, 900156128, Bloomsbury USA Childrens) Bloomsbury Publishing USA.

All the Awake Animals Are Almost Asleep. Crescent Dragonwagon. Illus. by David McPhail. 2016. (ENG.). 30p. (J). (gr. -1 — 1). bds. 7.99 *(978-0-316-33627-7(0))* Little, Brown Bks. for Young Readers.

All the Beating Hearts. Julie Fogliano. Illus. by Cátia Chien. 2023. 40p. (J). (gr. -1-3). 18.99 *(978-0-8234-5216-3(6)*, Neal Porter Bks) Holiday Hse., Inc.

All the Best Children. Henry Johnson Charte 3rd Grade Scholars. 2018. (ENG., Illus.). 32p. (J). pap. *(978-1-387-55385-3(2))* Lulu Pr., Inc.

All the Best Liars: A Novel. Amelia Kahaney. 2023. (ENG.). 336p. (YA). pap. 12.99 *(978-1-250-31272-3(8)*, 900199246) Flatiron Bks.

All the Best Questions! And Some Answers, Too. Jeremy Steele. 2018. 208p. (YA). pap. 14.99 *(978-1-5064-3808-5(3)*, Beaming Books) 1517 Media.

All the Better to Read to You. Sheri-Ann O'Shea & Jovan Carl Segura. 2021. (ENG.). 38p. (J). pap. *(978-1-922550-35-4(3))* Library For All Limited.

All the Better to Read to You - Avó Bele Halo Di'ak Liu. Sheri-Ann O'Shea. Illus. by Jovan Carl Segura. 2021. (TET.). 38p. (J). pap. *(978-1-922550-72-9(8))* Library For All Limited.

All the Big Eyed Animals of the World Coloring Book. Jupiter Kids. 2017. (ENG., Illus.). (J). pap. 9.20 *(978-1-68326-596-2(3)*, Jupiter Kids (Childrens & Kids Fiction)) Speedy Publishing LLC.

All the Birds in the World. Created by Inc. Peter Pauper Press. 2020. (ENG., Illus.). 32p. (J). 16.99 *(978-1-4413-3329-2(0)*, df391d95-dc04-4acb-9450-d540ceee2a1b) Peter Pauper Pr. Inc.

All the Bright Places. Jennifer Niven. ed. 2016. lib. bdg. 22.10 *(978-0-606-38876-4(1))* Turtleback.

All the Bright Places Movie Tie-In Edition. Jennifer Niven. ed. 2020. (ENG.). 416p. (YA). (gr. 9). pap. 10.99 *(978-0-593-11892-4(8)*, Ember) Random Hse. Children's Bks.

All the Broken Pieces. Cindi Madsen. 2016. (ENG., Illus.). (YA). (gr. 9). pap. 15.99 *(978-1-68281-305-8(3))* Entangled Publishing, LLC.

All the Brothers Were Valiant. Ben Ames Williams. 2017. (ENG., Illus.). (J). pap. *(978-0-649-29504-3(8))* Trieste Publishing Pty Ltd.

All the Brothers Were Valiant (Classic Reprint) Ben Ames Williams. 2017. (ENG., Illus.). (J). 28.19 *(978-0-331-31099-3(6))* Forgotten Bks.

All the Colors. Rosie Winget. Ed. by Cottage Door Press. Illus. by Hilli Kushnir. 2020. (ENG.). 10p. (J). (gr. -1-1). bds. 14.99 *(978-1-68052-942-5(0)*, 1005850) Cottage Door Pr.

All the Colors I See. Allegra Agliardi. 2018. (ENG., Illus.). 64p. (J). (gr. -1-k). 19.95 *(978-1-84976-577-0(4))* Tate Publishing, Ltd. GBR. Dist: Hachette Bk. Group.

All the Colors in the World Stylish Coloring Books for Girls Ages 8-12. Educando Kids. 2019. (ENG.). 42p. (J). pap. 6.99 *(978-1-64521-083-2(9)*, Educando Kids) Editorial Imagen.

All the Colors of Christmas (Board) Matthew Paul Turner. Illus. by Gillian Gamble. 2022. 30p. (J). (— 1). bds. 8.99 *(978-0-593-57964-0(X)*, Convergent Bks.) Crown Publishing Group, The.

All the Colors of Life. Lisa Aisato. Tr. by Olivia Lasky. 2021. (ENG., Illus.). 192p. (gr. 3). 24.00 *(978-1-64690-011-4(1))* North-South Bks., Inc.

All the Colors of Love. Jessica Freely. 2016. (ENG., Illus.). (YA). (gr. 9-12). 24.99 *(978-1-63477-932-6(0)*, Harmony Ink Pr.) Dreamspinner Pr.

All the Colors of the Earth. Sheila Hamanaka. Illus. by Sheila Hamanaka. 2020. (ENG., Illus.). 32p. (J). (gr. -1-3). pap. 8.99 *(978-0-688-17062-5(2)*, HarperCollins) HarperCollins Pubs.

All the Colors That I See. B&H Kids Editorial Staff. Illus. by Holli Conger. 2018. (Little Words Matter(tm) Ser.). (ENG.). 22p. (J). (gr. -1 — 1). bds. 7.99 *(978-1-4627-9475-1(0)*, 005801980, B&H Kids) B&H Publishing Group.

All the Colours of Paradise. Glenda Millard. Illus. by Stephen Michael King. 2020. (Kingdom of Silk Ser.: 04). 128p. 4.99 *(978-0-7333-2583-0(1))* ABC Bks. AUS. Dist: HarperCollins Pubs.

All the Commotion in the Ocean Children's Fish & Marine Life. Baby Professor. 2017. (ENG., Illus.). (J). pap. 7.89 *(978-1-5419-0209-1(2)*, Baby Professor (Education Kids)) Speedy Publishing LLC.

All the Darkness. P. Marcelo W. Balboa. 2020. (ENG.). 48p. (J). *(978-1-5255-8494-7(4))*; pap. *(978-1-5255-8493-0(6))* FriesenPress.

All the Days of My Life: An Autobiography; the Red Leaves of a Human Heart (Classic Reprint) Amelia Edith Huddleston Barr. 2017. (ENG., Illus.). (J). 35.36 *(978-1-5279-7971-0(7))* Forgotten Bks.

All the Days Past, All the Days to Come. Mildred D. Taylor. 496p. (YA). (gr. 9). 2021. pap. 12.99 *(978-0-425-28808-5(0)*, Penguin Books); 2020. 19.99 *(978-0-399-25730-8(6)*, Viking Books for Young Readers) Penguin Young Readers Group.

All the Dead Lie Down. Kyrie McCauley. 2023. (ENG.). 368p. (YA). (gr. 9). 19.99 *(978-0-06-324298-2(2)*, Tegen, Katherine Bks) HarperCollins Pubs.

All the Devils Here. Astor Penn. 2016. (ENG., Illus.). (YA). (gr. 8-12). 24.99 *(978-1-63477-933-3(9)*, Harmony Ink Pr.) Dreamspinner Pr.

All the Different Types of Trees Coloring Book. Activity Attic Books. 2016. (ENG., Illus.). (J). pap. 7.74 *(978-1-68323-832-4(X))* Twin Flame Productions.

All the Dirt: A History of Getting Clean. Katherine Ashenburg. 2016. (ENG., Illus.). 108p. (J). (gr. 3-7). pap. 12.95 *(978-1-55451-789-3(3))* Annick Pr., Ltd. CAN. Dist: Publishers Group West (PGW).

All the Familiar Colloquies of Desiderius Erasmus, of Roterdam, Concerning Men, Manners, & Things, Translated into English (Classic Reprint) Desiderius Erasmus. (ENG., Illus.). (J). 2018. 616p. 36.60 *(978-0-483-43308-3(X))*; 2016. pap. 19.57 *(978-1-333-47548-2(9))* Forgotten Bks.

All the Families in My Town. Tr. by Robin Bright. Illus. by Ariane Caldin. ed. 2022. (ENG.). 40p. (J). (gr. -1). 17.95 *(978-2-89802-409-2(0)*, CrackBoom! Bks.) Chouette Publishing CAN. Dist: Publishers Group West (PGW).

All the Feels. Jill Telford. Illus. by Alla Stellakis. 2020. (ENG.). 24p. (J). *(978-1-716-39581-9(X))* Lulu Pr., Inc.

All the Feels for Teens: The Good, the Not-So-Good, & the Utterly Confusing. Elizabeth Laing Thompson. 2021. (ENG., Illus.). 224p. (YA). pap. 14.99 *(978-1-4964-5107-1(4)*, 20_35009, Wander) Tyndale Hse. Pubs.

All the Fighting Parts. Hannah V. Sawyerr. 2023. (ENG.). 400p. (YA). (gr. 9-17). 19.99 ***(978-1-4197-6261-1(3)***, 1777701, Amulet Bks.) Abrams, Inc.

All the Forever Things. Jolene Perry. 2017. (ENG.). 272p. (YA). (gr. 8-12). 16.99 *(978-0-8075-2532-6(4)*, 807525324); pap. 9.99 *(978-0-8075-2534-0(0)*, 807525340) Whitman, Albert & Co.

All the Fun of the Fair (Bad Nana, Book 2) Sophy Henn. 2022. (Bad Nana Ser.: 2). (ENG.). 192p. (J). pap. 5.99 *(978-0-00-840075-0(X)*, HarperCollins Children's Bks.) HarperCollins Pubs. Ltd. GBR. Dist: HarperCollins Pubs.

All the Fun Winter Things #4. Erica S. Perl. Illus. by Chris Chatterton. 2019. (Arnold & Louise Ser.). (ENG.). 64p. (J). (gr. 1-3). 6.99 *(978-1-5247-9048-6(6)*, Penguin Workshop) Penguin Young Readers Group.

All the Good Girls Go to Hell. Beck Medina. 2020. (All the Good Girls Go to Hell Ser.: Vol. 1). (ENG.). 116p. (YA). pap. 12.99 *(978-1-0879-2175-4(9))* 1537 Pr.

All the Greys on Greene Street. Laura Tucker. (ENG.). 320p. (J). (gr. 3-7). 2020. 8.99 *(978-0-451-47955-6(6)*, Puffin Books); 2019. (Illus.). 17.99 *(978-0-451-47953-2(X)*, Viking Books for Young Readers) Penguin Young Readers Group.

All the Impossible Things. Lindsay Lackey. 2019. (ENG.). 384p. (J). 16.99 *(978-1-250-20286-4(8)*, 900200393) Roaring Brook Pr.

All the Impossible Things. Lindsay Lackey. 2022. (ENG.). 384p. (J). pap. 8.99 *(978-1-250-61890-0(8)*, 900200394) Square Fish.

All the Insects in the World Coloring Book Kids 6 Years Old. Educando Kids. 2019. (ENG.). 42p. (J). pap. 6.99 *(978-1-64521-028-3(6)*, Educando Kids) Editorial Imagen.

All the Invisible Things. Orlagh Collins. 2020. (ENG.). 368p. (YA). 17.99 *(978-1-68119-950-4(5)*, 900194100, Bloomsbury Young Adult) Bloomsbury Publishing USA.

All the Jewels of Fairyland. Shirley Barber. 2021. (ENG.). 24p. (J). (gr. k-2). 18.99 *(978-1-922418-14-2(5)*, Brolly Bks.) Borghesi & Adam Pubs. Pty Ltd AUS. Dist: Independent Pubs. Group.

All the King's Tights (Early Reader) Maudie Smith. 2016. (Early Reader Ser.). (ENG.). 64p. (J). (gr. k-2). 6.99 ***(978-1-4440-1425-9(0)***, Orion Children's Bks.) Hachette Children's Group GBR. Dist: Hachette Bk. Group.

All the Little Fathers. Margaret Wise Brown. Illus. by Marilyn Faucher. 2020. (Margaret Wise Brown Classics Ser.). (ENG.). 28p. (J). (gr. -1-k). bds. 7.99 *(978-1-68412-968-3(0)*, Silver Dolphin Bks.) Printers Row Publishing Group.

All the Little Snowflakes. Cindy Jin. Illus. by Dawn M. Cardona. 2020. (ENG.). 18p. (J). (gr. -1-k). bds. 7.99 *(978-1-5344-7099-6(9)*, Little Simon) Little Simon.

All the Lonely People. Jen Marie Hawkins. 2021. (ENG.). 312p. (YA). pap. 14.95 *(978-1-945654-78-7(3))* Owl Hollow Pr.

All the Love in the World. Tammi Salzano. Illus. by Lucy Fleming. 2019. (ENG.). 22p. (J). (-k). bds. 9.99 *(978-1-68010-603-9(1))* Tiger Tales.

All the Love on This Island. Natalie Davis. 2022. (ENG.). 32p. (J). (gr. -1-k). 17.99 *(978-1-368-07800-9(1)*, Disney Press Books) Disney Publishing Worldwide.

All the Loveless Things. Sammantha Loveless. 2022. (ENG.). 104p. (YA). pap. ***(978-1-387-41633-2(2))*** Lulu Pr., Inc.

All the Lovely Bad Ones Graphic Novel: A Ghost Story Graphic Novel. Mary Downing Hahn. Illus. by Naomi Franquiz et al. 2023. (ENG.). 160p. (J). (gr. 3-7). 24.99 ***(978-0-358-65014-0(3))***; pap. 15.99 ***(978-0-358-65013-3(5))*** HarperCollins Pubs. (Clarion Bks.).

All the Mammals in the World. David Opie. Illus. by David Opie. 2023. (ENG.). 36p. (J). 16.99 ***(978-1-4413-3559-3(5)***, 1c6d831f-2d44-45b2-b2cf-84d1f3e04fd1) Peter Pauper Pr. Inc.

All the Mammals in the World Coloring for Kids Ages 4-8. Educando Kids. 2019. (ENG.). 42p. (J). pap. 6.99 *(978-1-64521-132-7(0)*, Educando Kids) Editorial Imagen.

All the Me That I Can Be: An ABC Book of Careers for Children. Tania Cadet. Illus. by Cameron Wilson. 2022. (ENG.). 32p. (J). 18.00 ***(978-1-0880-0691-7(4))*** Indy Pub.

All the Me That I Can Be: An ABC Book of Careers for Children. Tania Fanfan. Illus. by Cameron Wilson. 2022. (ENG.). 32p. (J). 18.99 ***(978-1-0880-7447-3(2))*** Indy Pub.

All the Monsters I Piggyback. Sharon Warner. 2019. (ENG.). 32p. (J). *(978-1-5289-0582-4(2))*; pap. *(978-1-5289-0581-7(4))* Austin Macauley Pubs. Ltd.

All the Mowgli Stories. Rudyard Kipling. Illus. by Stuart Tresilian. 2017. (ENG.). 328p. 12.99 *(978-1-5098-3076-3(6)*, 900176730, Collector's Library, The) Pan Macmillan GBR. Dist: Macmillan.

All the Muches. Jill Peterson. 2021. (ENG.). 34p. (J). pap. 9.99 *(978-1-945169-58-8(3))* Orison Pubs.

All the Places We Call Home. Patrice Gopo. Illus. by Jenin Mohammed. 2022. (ENG.). 32p. (J). (gr. -1-3). 17.99 *(978-1-5460-1266-5(4)*, Worthy Kids/Ideals) Worthy Publishing.

All the Pretty Butterflies. Stuart Purcell. 2020. (ENG.). 28p. (J). pap. *(978-0-9935137-9-4(4))* Pocket Watch Publishing.

All the Pretty Things. Emily Arsenault. 2021. 368p. (YA). (gr. 9). pap. 10.99 *(978-1-9848-9708-4(X)*, Ember) Random Hse. Children's Bks.

All the Pretty Things God Made Activity Book Nature. Educando Kids. 2019. (ENG.). 42p. (J). pap. 8.55 *(978-1-64521-712-1(4)*, Educando Kids) Editorial Imagen.

All the Rage: A Novel. Courtney Summers. 2016. (ENG.). 336p. (YA). pap. 12.99 *(978-1-250-06915-3(7)*, 900096244, St. Martin's Griffin) St. Martin's Pr.

All the Rainbows Colours: A Book about Diversity, Inclusion & Belonging for Little Minds. Emma Ledden. 2021. (ENG.). 32p. (J). pap. 9.90 *(978-1-8382893-2-4(1))* Little Bear Pr.

All the Right Reasons. Bethany Mangle. 2022. (ENG.). 304p. (YA). (gr. 9). 18.99 *(978-1-5344-9903-4(2)*, McElderry, Margaret K. Bks.) McElderry, Margaret K. Bks.

All the Sand in the Desert Can't Cover up the Beauty of Saudi Arabia - Geography Book Grade 3 Children's Geography Books. Baby Professor. 2017. (ENG., Illus.). 64p. (J). pap. 9.52 *(978-1-5419-1602-9(6)*, Baby Professor (Education Kids)) Speedy Publishing LLC.

All the Silly Stuff in My Teeth. Mike Henson. Illus. by Barbara Bakos. 2022. (ENG.). 32p. (J). (gr. -1-1). ***(978-0-7112-6629-2(8))*** White Lion Publishing.

All the Stars & Teeth. Adalyn Grace. 2020. (Illus.). 416p. (YA). pap. *(978-1-78909-406-0(2))* ETT Imprint.

All the Stars & Teeth. Adalyn Grace. 2020. (All the Stars & Teeth Duology Ser.: 1). (ENG., Illus.). 384p. (YA). 18.99 *(978-1-250-30778-1(3)*, 900198134) Imprint IND. Dist: Macmillan.

All the Stars & Teeth. Adalyn Grace. 2021. (All the Stars & Teeth Duology Ser.: 1). (ENG.). 400p. (YA). pap. 11.99 *(978-1-250-76280-1(4)*, 900198135) Square Fish.

All the Stars Denied, 1 vol. Guadalupe Garcia McCall. 2018. (ENG.). 336p. (YA). (gr. 6-12). 19.95 *(978-1-62014-281-3(3)*, leelowtu, Tu Bks.) Lee & Low Bks., Inc.

All the Stars on Fire. Beck Medina. 2019. (ENG., Illus.). 478p. (YA). (gr. 7-12). pap. 19.99 *(978-0-578-50588-6(6))* 1537 Pr.

All the Stars on Fire. Beck Medina. 2021. (All the Stars on Fire Ser.: Vol. 1). (ENG.). 448p. (YA). (gr. 7-12). 22.99 *(978-1-0879-4092-3(3))* Indy Pub.

All the Tales from the Ark, 1 vol. Avril Rowlands. Illus. by Avril Rowlands & Rosslyn Moran. 2nd ed. 2016. (ENG.). 400p. (J). (gr. 2-4). pap. 10.99 *(978-0-7459-7682-2(4)*, 3390e080-339c-4d8b-919d-ce0ff1bb67a5, Lion Books) Lion Hudson PLC GBR. Dist: Baker & Taylor Publisher Services (BTPS).

All the Things a Teacher Will Never Say, 6 vols. Noé Carlain. Illus. by Ronan Badel. 2021. (All the Things Ser.: 2). (ENG.). 32p. (J). (gr. -1-3). 14.99 *(978-0-7643-6218-7(6)*, 24812) Schiffer Publishing, Ltd.

All the Things Dad Will Always Say, 6 vols. Noé Carlain. Illus. by Ronan Badel. 2022. (All the Things Ser.: 3). (ENG.). 32p. (J). 14.99 *(978-0-7643-6330-6(1)*, 24811) Schiffer Publishing, Ltd.

All the Things Mom Will Never Say, 6 vols. Noé Carlain. Illus. by Ronan Badel. 2022. (All the Things Ser.: 4). (ENG.). 32p. 14.99 *(978-0-7643-6331-3(X)*, 24810) Schiffer Publishing, Ltd.

All the Things My Ears Can Hear! Mike Bullington. Illus. by Mike Bullington. 2022. (ENG.). 18p. (J). pap. ***(978-0-2288-7639-7(7))*** Tellwell Talent.

All the Things Santa Claus Will Never Do, 6 vols. Noé Carlain. Illus. by Ronan Badel. 2021. (All the Things Ser.: 1). (ENG.). 32p. (J). (gr. -1-3). 14.99 *(978-0-7643-6217-0(8)*, 24813) Schiffer Publishing, Ltd.

All the Things (Something, Nothing, Everything) K. A. Last. 2019. (ENG.). 508p. (YA). (gr. 9-12). pap. ***(978-0-6480257-1-7(2))*** Last, K. A.

All the Things That Could Go Wrong. Stewart Foster. 2018. (ENG.). 336p. (J). (gr. 3-7). 29.00 *(978-0-316-41685-6(1))* Little, Brown Bks. for Young Readers.

All the Things the Wide Eyed Animals See Coloring Book. Kreative Kids. 2016. (ENG., Illus.). (J). pap. 9.20 *(978-1-68377-289-7(X))* Whike, Traudl.

All the Things We Didn't See. D. A. Reed. 2021. (ENG.). 248p. (YA). pap. *(978-1-6671-3753-7(0))* Lulu Pr., Inc.

All the Things We Do in the Dark. Saundra Mitchell. (ENG.). 304p. (YA). (gr. 8). 2021. pap. 10.99 *(978-0-06-285260-1(4))*; 2019. 17.99 *(978-0-06-285259-5(0))* HarperCollins Pubs. (HarperTeen).

All the Things We Never Knew. Liara Tamani. (ENG.). 384p. (YA). (gr. 8). 2021. pap. 10.99 *(978-0-06-265692-6(9))*; 2020. 18.99 *(978-0-06-265691-9(0))* HarperCollins Pubs. (Greenwillow Bks.).

All the Things You Could Be. Leanne Pastor. 2019. (ENG.). 44p. (J). *(978-1-5255-5192-5(2))*; pap. *(978-1-5255-5193-2(0))* FriesenPress.

All the Things You Will See. Steven Robert Roth. 2020. (ENG., Illus.). 48p. (J). 23.75 ***(978-0-578-65440-9(7))*** Roth.

All the Tides of Fate. Adalyn Grace. 2022. (All the Stars & Teeth Duology Ser.: 2). (ENG.). 368p. (YA). pap. 12.99 *(978-1-250-81769-3(2)*, 900198138) Square Fish.

All the Walls of Belfast. Sarah Carlson. 2019. (ENG.). (YA). 272p. 26.99 *(978-1-68442-253-1(1))*; 264p. pap. 16.99 *(978-1-68442-252-4(3))* Turner Publishing Co.

All the Wandering Light. Heather Fawcett. 2018. (Even the Darkest Stars Ser.: 2). (ENG.). 448p. (YA). (gr. 8). 17.99 *(978-0-06-246341-8(1)*, Balzer & Bray) HarperCollins Pubs.

All the Wave. Tiana Woolridge. 2022. 26p. (J). pap. 11.36 *(978-1-6678-5447-2(X))* BookBaby.

All the Way Down: The Violent Underworld of Street Gangs (Classic Reprint) Vincent Riccio. (ENG., Illus.). (J). 2017. 27.90 *(978-0-260-78890-0(2))*; 2016. pap. 9.97 *(978-1-334-16290-9(5))* Forgotten Bks.

All the Way down: Amazon Rainforest: Amazon Rainforest. Alex Woolf. Illus. by Isobel Lundie. ed. 2021. (All the Way Down Ser.). (ENG.). 56p. (J). (gr. 4). 16.95 *(978-1-913337-98-8(7))* Book Hse. GBR. Dist: Sterling Publishing Co., Inc.

All the Way down: Ocean. Alex Woolf. Illus. by Isobel Lundie. ed. 2021. (All the Way Down Ser.). (ENG.). 56p. (J). (gr. 4). 16.95 *(978-1-913337-83-4(9))* Book Hse. GBR. Dist: Sterling Publishing Co., Inc.

All the Way Home! a Maze Activity Book. Jupiter Kids. 2016. (ENG., Illus.). 108p. (J). pap. 12.55 *(978-1-68326-163-6(1)*, Jupiter Kids (Childrens & Kids Fiction)) Speedy Publishing LLC.

All the Way Round: Or, What a Boy Saw & Heard on His Way Round the World; a Book for Young People, & Older Ones with Young Hearts (Classic Reprint) Unknown Author. 2018. (ENG., Illus.). 268p. (J). 29.42 *(978-0-483-47042-2(2))* Forgotten Bks.

All the Way to Havana. Margarita Engle. 2017. (ENG., Illus.). 40p. (J). 18.99 *(978-1-62779-642-2(8)*, 900157314, Holt, Henry & Co. Bks. For Young Readers) Holt, Henry & Co.

All the Way to Havana. Margarita Engle. Illus. by Mike Curato. 2023. (ENG.). 40p. (J). 8.99 *(978-1-250-88166-3(8)*, 900282539) Square Fish.

All the Way to the Top: How One Girl's Fight for Americans with Disabilities Changed Everything. Nabi H. Ali & Annette Bay Pimentel. 2020. (ENG., Illus.). 32p. (J). (gr. k-4). 18.99 *(978-1-4926-8897-6(5))* Sourcebooks, Inc.

All the Way Up: It Begins Now. Kevin Moreno Moreno et al. 2018. (ENG., Illus.). 96p. (J). pap. 15.00 *(978-1-947185-07-4(1))* Rhea Leto Media Group.

All the Ways the World Can End. Abby Sher. 2020. (ENG.). 336p. (YA). pap. 17.99 *(978-1-250-15847-5(8)*, 900158892) Square Fish.

All the Ways to Be Smart. Davina Bell. Illus. by Alison Colpoys. 2023. (ENG.). 32p. (J). (gr. -1-1). bds. 12.95 *(978-1-957363-26-4(6))* Scribe Pubns. AUS. Dist: Consortium Bk. Sales & Distribution.

All the Ways to Be Smart. Davina Bell. Illus. by Allison Colpoys. 2019. (ENG.). 32p. (J). (gr. -1-1). 17.99 *(978-1-947534-96-4(3))* Scribe Pubns. AUS. Dist: Consortium Bk. Sales & Distribution.

All the Ways You Can Face the Sky. Farlo Ben Truman. 2018. (ENG., Illus.). 302p. (YA). pap. *(978-1-910705-94-0(2))* New Haven Publishing, Ltd.

All the Wind in the World. Samantha Mabry. 2018. (ENG.). 272p. (gr. 9-12). pap. 13.99 *(978-1-61620-855-4(4)*, 73855) Algonquin Young Readers.

All the World Praises You: An Illuminated Aleph-Bet Book. Debra Band. Tr. by Arnold J. Band. Illus. by Debra Band. 2018. (ENG., Illus.). 32p. (gr. -1). 19.99 *(978-0-9857996-7-0(6))* Honeybee in the Garden, LLC.

All the World to Nothing (Classic Reprint) Wyndham Martyn. 2017. (ENG., Illus.). (J). 32.66 *(978-1-5284-8777-1(X))* Forgotten Bks.

All the World's a Stage, Vol. 1 Of 3: A Novel (Classic Reprint) Mary A. M. Hoppus. 2018. (ENG., Illus.). 312p. (J). 30.33 *(978-0-267-15916-1(1))* Forgotten Bks.

All the World's a Stage, Vol. 2 Of 3: A Novel (Classic Reprint) Mary A. M. Hoppus. (ENG., Illus.). (J). 2018. 314p. 30.37 *(978-0-483-85971-5(0))*; 2016. pap. 13.57 *(978-1-333-51539-3(1))* Forgotten Bks.

All the World's a Stage, Vol. 3 Of 3: A Novel (Classic Reprint) Mary A. M. Hoppus. (ENG., Illus.). (J). 2018. 298p. 30.04 *(978-0-267-34642-4(5))*; 2016. pap. 13.57 *(978-1-333-69907-9(7))* Forgotten Bks.

All the Worlds Between Us. Morgan Lee Miller. 2019. (ENG.). 240p. (YA). (gr. 7-12). pap. 13.95 *(978-1-63555-457-1(8))* Bold Strokes Bks.

All the Wrong Chords. Christine Hurley Deriso. 2017. (ENG.). 280p. (YA). (gr. 9-12). pap. 11.99 *(978-1-63583-010-1(9)*, 1635830109, Flux) North Star Editions.

All the Wrong Places. Mayshyra Vetaw. 2020. (ENG.). 369p. (YA). pap. *(978-1-716-73962-0(4))* Lulu Pr., Inc.

All the Wrong Questions: Question 1: Also Published As Who Could That Be at This Hour? Lemony Snicket, pseud. Illus. by Seth. 2017. (All the Wrong Questions Ser.: 1). (ENG.). 288p. (J). (gr. 3-17). pap. 9.99 *(978-0-316-44546-7(0))* Little, Brown Bks. for Young Readers.

All the Year Round. John Yeoman. Illus. by Quentin Blake. 2019. (ENG.). 32p. (J). (gr. k-2). pap. 16.99 *(978-1-78344-613-1(7))* Andersen Pr. GBR. Dist: Independent Pubs. Group.

All the Year Round: A Nature Reader (Classic Reprint) Frances L. Strong. 2017. (ENG., Illus.). (J). 26.78 *(978-0-265-56811-8(0))* Forgotten Bks.

All the Year Round: A Weekly Journal; December 18, 1886 (Classic Reprint) Charles Dickens. 2017. (ENG., Illus.). (J). 30p. 24.52 *(978-0-484-65117-2(X))*; pap. 7.97 *(978-0-259-26244-2(7))* Forgotten Bks.

All the Year Round (Classic Reprint) Frances McMinds. 2018. (ENG., Illus.). 140p. (J). 26.78 *(978-0-483-97670-2(9))* Forgotten Bks.

All the Year Round, Vol. 1: A Nature Reader (Classic Reprint) Frances L. Strong. 2017. (ENG., Illus.). (J). 26.95 *(978-0-265-59115-4(5))* Forgotten Bks.

All the Year Round, Vol. 1: A Weekly Journal (Classic Reprint) Charles Dickens. 2018. (ENG., Illus.). 628p. (J). 36.85 *(978-0-483-42562-0(1))* Forgotten Bks.

All the Year Round, Vol. 1: A Weekly Journal; from April 30, 1859, to October 33, 1859; Being from No. 1 to No. 26 (Classic Reprint) Charles Dickens. (ENG., Illus.). (J). 2018. 632p. 36.97 *(978-0-428-22241-3(2))*; 2017. pap. 19.57 *(978-1-334-96060-4(7))* Forgotten Bks.

All the Year Round, Vol. 1: A Weekly Journal; from January 5, 1889, to June 29, 1889, Including No. 1 to No. 26 (Classic Reprint) Charles Dickens. 2017. (ENG., Illus.). (J). 766p. 39.70 *(978-0-484-00650-7(9))*; pap. 19.57 *(978-1-334-92486-6(4))* Forgotten Bks.

All the Year Round, Vol. 10: A Weekly Journal; from August 29, 1863, to February 6, 1864 (Classic Reprint) Charles Dickens. (ENG., Illus.). (J). 2018. 630p. 36.89 *(978-0-483-84490-2(X))*; 2016. pap. 19.57 *(978-1-334-16322-7(7))* Forgotten Bks.

All the Year Round, Vol. 10: A Weekly Journal; from July 1, 1893, to December 30, 1893; Including No. 235 to No. 261 (Classic Reprint) Unknown Author. 2018. (ENG., Illus.). (J). 808p. 40.56 *(978-1-391-21208-1(8))*; 810p. pap. 23.57 *(978-1-390-96271-0(7))* Forgotten Bks.

All the Year Round, Vol. 10: A Weekly Journal; from May 3, 1873, to October 25, 1873, Including No. 231 to No. 256 (Classic Reprint) Charles Dickens. (ENG., Illus.). (J). 2018. 626p. 36.81 *(978-0-483-74772-2(6))*; 2017. pap. 19.57 *(978-0-243-90434-1(7))* Forgotten Bks.

All the Year Round, Vol. 11: A Weekly Journal; from February 13, to August 6, 1864, Including No. 251 to No. 276 (Classic Reprint) Charles Dickens. (ENG., Illus.). (J). 2018. 628p. 36.85 *(978-0-484-01205-8(3))*; 2017. pap. 19.57 *(978-0-243-32635-8(1))* Forgotten Bks.

All the Year Round, Vol. 11: A Weekly Journal; from January 6, 1894, to June 30, 1894; Including No. 262 to No. 287 (Classic Reprint) Charles Dickens. (ENG., Illus.). (J). 2018. 748p. 39.32 *(978-0-483-55530-3(4))*; 2017. pap. 20.97 *(978-0-243-06961-3(8))* Forgotten Bks.

All the Year Round, Vol. 12: A Weekly Journal; from July 7, 1894, to December 29, 1894 (Classic Reprint) Charles Dickens. 2017. (ENG., Illus.). (J). 41.53 *(978-0-260-16242-7(6))*; pap. 23.97 *(978-1-5285-0390-7(2))* Forgotten Bks.

All the Year Round, Vol. 13: A Weekly Journal; from January 5, 1895, to March 30, 1895, Including No. 314 to No. 326 (Classic Reprint) Unknown Author. (ENG., Illus.). (J). 2018. 312p. 30.35 *(978-0-267-12560-9(7))*; 2017. pap. 13.57 *(978-1-334-92750-8(2))* Forgotten Bks.

All the Year Round, Vol. 13: A Weekly Journal; from October 17, 1874, to March 27, 1875 (Classic Reprint) Charles Dickens. (ENG., Illus.). (J). 2018. 628p. 36.85 *(978-0-332-90124-4(6))*; 2018. 630p. 36.93 *(978-0-484-54942-4(1))*; 2017. pap. 19.57 *(978-0-243-17262-7(1))*; 2016. pap. 19.57 *(978-1-334-16305-0(7))* Forgotten Bks.

All the Year Round, Vol. 13: From January 5, 1895, to March 30, 1895 (Classic Reprint) Charles Dickens. 2017. (ENG., Illus.). (J). 30.79 *(978-0-265-39767-1(7))* Forgotten Bks.

All the Year Round, Vol. 13: From January 5, 1895, to March 30, 1895; Including No; 314 to No; 326 (Classic Reprint) Charles Dickens. 2016. (ENG., Illus.). (J). pap. 13.57 *(978-1-333-29800-5(5))* Forgotten Bks.

All the Year Round, Vol. 14: A Weekly Journal; from April 3, 1875 to September 25, 1875 (Classic Reprint) Charles Dickens. (ENG., Illus.). (J). 2018. 628p. 36.85 *(978-0-483-11051-9(5))*; 2017. pap. 19.57 *(978-1-334-91226-9(2))* Forgotten Bks.

All the Year Round, Vol. 14: A Weekly Journal, from July 29, 1865, to January 6, 1866 (Classic Reprint) Charles Dickens. 2017. (ENG., Illus.). (J). 36.85 *(978-1-5282-8903-0(X))* Forgotten Bks.

All the Year Round, Vol. 15: A Weekly Journal; from October 2, 1875, to March 11, 1876; Including No. 357 to No. 380 (Classic Reprint) Charles Dickens. (ENG., Illus.). (J). 2018. 626p. 36.81 *(978-0-364-07406-0(X))*; 2016. pap. 19.57 *(978-1-334-13088-5(4))* Forgotten Bks.

All the Year Round, Vol. 16: A Weekly Journal; from July 14 to December 22, 1866; Including No. 337 to No. 400 (Classic Reprint) Charles Dickens. (ENG., Illus.). (J). 2018. 628p. 36.85 *(978-0-483-30428-4(X))*; 2016. pap. 19.57 *(978-1-334-16323-4(5))* Forgotten Bks.

All the Year Round, Vol. 16: A Weekly Journal; from March 18, 1876, to September 9, 1876; Including No. 391 to No. 406 (Classic Reprint) Charles Dickens. 2017. (ENG., Illus.). (J). 36.85 *(978-0-266-51736-8(6))*; pap. 19.57 *(978-1-334-90004-4(3))* Forgotten Bks.

All the Year Round, Vol. 17: A Weekly Journal; from December 29, 1866, to June 22, 1867, Including No. 401 to No. 426 (Classic Reprint) Charles Dickens. (ENG., Illus.). (J). 2018. 628p. 36.87 *(978-0-267-36907-2(7))*; 2016. pap. 19.57 *(978-1-334-20882-9(4))* Forgotten Bks.

All the Year Round, Vol. 17: A Weekly Journal; from September 16, 1876, to February 24, 1877, Including No. 407 to No. 430 (Classic Reprint) Charles Dickens. (ENG., Illus.). (J). 2018. 628p. 36.89 *(978-0-484-09515-0(3))*; 2017. pap. 19.57 *(978-1-334-89871-6(5))* Forgotten Bks.

All the Year Round, Vol. 18: A Weekly Journal; from June 29 to December 7, 1867 (Classic Reprint) Charles Dickens. 2017. (ENG., Illus.). (J). 35.82 *(978-0-266-39163-0(X))* Forgotten Bks.

All the Year Round, Vol. 18: A Weekly Journal; from June 29 to December 7, 1867; Including No; 427 to No; 450, & the Extra Number for Christmas (Classic Reprint) Charles Dickens. 2016. (ENG., Illus.). (J). pap. 19.57 *(978-1-333-20703-8(4))* Forgotten Bks.

All the Year Round, Vol. 18: A Weekly Journal; from March 3, 1877, to August 4, 1877 (Classic Reprint) Charles Dickens. (ENG., Illus.). (J). 2018. 628p. 36.85 *(978-0-364-49774-6(2))*; 2017. pap. 19.57 *(978-0-243-57877-1(6))* Forgotten Bks.

All the Year Round, Vol. 19: A Weekly Journal; from August 11, 1877, to January 19, 1878, Including No. 454 to No. 477 (Classic Reprint) Charles Dickens. (ENG., Illus.). (J). 2018. 628p. 36.85 *(978-0-483-61673-8(7))*; 2017. pap. 19.57 *(978-0-243-28450-4(0))* Forgotten Bks.

All the Year Round, Vol. 19: A Weekly Journal; from December 14, 1867, to June 6, 1868 (Classic Reprint)

52

The check digit for ISBN-10 appears in parentheses after the full ISBN-13

TITLE INDEX — ALLEGORIES (CLASSIC REPRINT)

Charles Dickens. 2017. (ENG., Illus.). (J). 37.84 (978-0-265-36873-2(1)) Forgotten Bks.

All the Year Round, Vol. 2: A Nature Reader; Part II: Winter (Classic Reprint) Frances L. Strong. 2017. (ENG., Illus.). (J). 26.62 (978-0-260-73872-1(7)) Forgotten Bks.

All the Year Round, Vol. 2: A Weekly Journal; from July 6, 1889, to December 28, 1889, Including No. 27 to No. 52 (Classic Reprint) Charles Dickens. (ENG., Illus.). (J). 2017. 39.61 (978-0-266-48760-9(2)); 2016. pap. 23.57 (978-1-334-12936-0(3)) Forgotten Bks.

All the Year Round, Vol. 2: A Weekly Journal; October 29, 1859 (Classic Reprint) Charles Dickens. (ENG., Illus.). (J). 2018. 624p. 36.77 (978-0-483-45475-0(3)); 2017. pap. 19.57 (978-1-334-90426-4(X)) Forgotten Bks.

All the Year Round, Vol. 2 (Classic Reprint) Charles Dickens. 2018. (ENG., Illus.). 628p. (J). 36.89 (978-0-484-26511-9(3)) Forgotten Bks.

All the Year Round, Vol. 20: A Weekly Journal, from June 13 to November 28, 1868 (Classic Reprint) Charles Dickens. 2017. (ENG., Illus.). (J). 36.35 (978-0-265-38710-8(8)) Forgotten Bks.

All the Year Round, Vol. 21: A Weekly Journal; from July 6, 1878, to December 14, 1878; Including No. 501 to No. 524 (Classic Reprint) Charles Dickens. (ENG., Illus.). (J). 2018. 652p. 37.34 (978-0-483-84663-0(5)); 2017. pap. 19.97 (978-1-334-92659-4(X)) Forgotten Bks.

All the Year Round, Vol. 22: A Weekly Journal; from December 21, 1878, to June 14, 1879; Including No. 525 to No. 550 (Classic Reprint) Charles Dickens. (ENG., Illus.). (J). 2018. 628p. 36.85 (978-0-364-25189-8(1)); 2017. pap. 19.57 (978-1-334-92340-1(X)) Forgotten Bks.

All the Year Round, Vol. 25: A Weekly Journal; from May 15, 1880, to October 16, 1880, Including No. 598 to No. 620 (Classic Reprint) Charles Dickens. 2017. (ENG., Illus.). (J). 35.36 (978-0-331-10795-1(3)); pap. 19.57 (978-1-5283-9804-6(1)) Forgotten Bks.

All the Year Round, Vol. 3: A Weekly Journal, from December 4, 1869, to May 28, 1870 (Classic Reprint) Charles Dickens. 2017. (ENG., Illus.). (J). 36.85 (978-1-5281-8372-7(X)) Forgotten Bks.

All the Year Round, Vol. 3: A Weekly Journal; from January 4, 1890, to June 28, 1890 (Classic Reprint) Charles Dickens. 2017. (ENG., Illus.). (J). 39.57 (978-0-331-89005-6(6)); 35.85 (978-0-260-60556-7(8)); pap. 19.57 (978-1-5282-0806-2(4)); pap. 23.57 (978-0-259-39537-9(4)) Forgotten Bks.

All the Year Round, Vol. 31: A Weekly Journal; from January 6, 1883, to June 9, 1883; Including No. 736 to No. 758 (Classic Reprint) Charles Dickens. 2017. (ENG., Illus.). (J). 35.36 (978-0-260-91750-8(8)); pap. 19.57 (978-1-4326-3341-9(4)) Forgotten Bks.

All the Year Round, Vol. 32: A Weekly Journal, from June 16, 1883, to November 17, 1883; Including No. 759 to No. 781 (Classic Reprint) Charles Dickens. (ENG., Illus.). (J). 2018. 704p. 38.42 (978-0-483-40375-5(0)); 2017. pap. 20.97 (978-0-243-58858-8(2)) Forgotten Bks.

All the Year Round, Vol. 33: A Weekly Journal; from November 24, 1883, to April 26, 1884, Including No. 782 to No. 804 (Classic Reprint) Charles Dickens. (ENG., Illus.). (J). 2018. 556p. 35.36 (978-0-365-27410-0(0)); 2017. pap. 19.57 (978-0-243-53131-8(1)) Forgotten Bks.

All the Year Round, Vol. 34: A Weekly Journal; from May 3, 1884, to October 4, 1884 (Classic Reprint) Charles Dickens. 2017. (ENG., Illus.). (J). 35.36

All the Year Round, Vol. 34: A Weekly Journal; from May 3, 1884, to October 4, 1884; Including No. 805 to No. 827 (Classic Reprint) Charles Dickens. 2016. (ENG., Illus.). (J). pap. 19.57 (978-1-333-22006-4(5)) Forgotten Bks.

All the Year Round, Vol. 35: A Weekly Journal; from October 11, 1884, to March 14, 1885; Including No. 828 to No. 850 (Classic Reprint) Charles Dickens. (ENG., Illus.). (J). 2018. 700p. 38.40 (978-0-666-71244-8(1)); 2017. pap. 20.97 (978-0-243-09563-7(4)) Forgotten Bks.

All the Year Round, Vol. 36: A Weekly Journal; from February 20, 1886, to July 31, 1886 (Classic Reprint) Charles Dickens. 2017. (ENG., Illus.). (J). 40.19 (978-1-5281-8566-0(5)); pap. 23.57 (978-1-5281-2265-7(3)) Forgotten Bks.

All the Year Round, Vol. 38: A Weekly Journal; from August 7, 1886, to January 15, 1887; Including No. 923 to No. 946 (Classic Reprint) Charles Dickens. (ENG., Illus.). (J). 2018. 716p. 38.66 (978-0-364-39768-6(9)); 2016. pap. 19.57 (978-1-334-09112-4(9)) Forgotten Bks.

All the Year Round, Vol. 4: October 13 to March 23, 1861; Including No. 77 to No. 100 (Classic Reprint) Charles Dickens. (ENG., Illus.). (J). 2018. 626p. 36.85 (978-0-428-79672-3(9)); 2016. pap. 19.57 (978-1-333-15000-9(7)) Forgotten Bks.

All the Year Round, Vol. 40: A Weekly Journal; from January 22, 1887, to July 9, 1887; Including No. 947 to No. 971 (Classic Reprint) Charles Dickens. (ENG., Illus.). (J). 2018. 732p. 39.99 (978-0-483-42435-0(6)); 2016. pap. 16.97 (978-1-334-24657-9(2)) Forgotten Bks.

All the Year Round, Vol. 40: A Weekly Journal; from January 26, 1878, to June 29, 1878, Including No. 478 to No. 500 (Classic Reprint) Charles Dickens. 2017. (ENG., Illus.). (J). 36.85 (978-0-265-72936-6(0)); pap. 19.57 (978-1-5276-9011-0(3)) Forgotten Bks.

All the Year Round, Vol. 41: A Weekly Journal; from July 16, 1887, to December 31, 1887, Including No. 972 to No. 996 (Classic Reprint) Charles Dickens. 2018. (ENG., Illus.). (J). 734p. 39.04 (978-1-385-67433-8(4)); 736p. pap. 23.57 (978-1-391-45940-4(4)) Forgotten Bks.

All the Year Round, Vol. 42: A Weekly Journal, from January 7, 1888, to June 30, 1888 (Classic Reprint) Charles Dickens. 2017. (ENG., Illus.). (J). 36.85 (978-1-5285-8305-7(5)) Forgotten Bks.

All the Year Round, Vol. 42 (Classic Reprint) Charles Dickens. 2017. (ENG., Illus.). (J). pap. 23.57 (978-1-334-89079-6(3)) Forgotten Bks.

All the Year Round, Vol. 43: A Weekly Journal, from July 7, 1888, to December 29, 1888 (Classic Reprint) Charles Dickens. 2017. (ENG., Illus.). (J). 39.70 (978-1-5285-8484-5(8)) Forgotten Bks.

**All the Year Round, Vol. 5: A Weekly Journal; from December 3, 1870, to May 27, 1871, Including No. 105

to No. 130 (Classic Reprint)** Charles Dickens Jun. (ENG., Illus.). (J). 2017. 36.89 (978-0-266-94156-9(7)); 2016. pap. 19.57 (978-1-334-16223-7(8)) Forgotten Bks.

All the Year Round, Vol. 5: A Weekly Journal; from January 3, 1891, to June 27, 1891, Including No. 105 to No. 130 (Classic Reprint) Charles Dickens. 2017. (ENG., Illus.). (J). 39.76 (978-0-266-74441-2(5)); pap. 23.57 (978-1-5277-1208-9(7)) Forgotten Bks.

All the Year Round, Vol. 5 (Classic Reprint) Charles Dickens. 2018. (ENG., Illus.). 626p. (J). 36.85 (978-0-483-51507-9(8)) Forgotten Bks.

All the Year Round, Vol. 6: A Weekly Journal, Conducted by Charles Dickens, with Which Is Incorporated Household Words; from September 28, 1861, to March 8, 1862, Including No. 127 to No. 150 (Classic Reprint) Charles Dickens. (ENG., Illus.). (J). 2017. 35.64 (978-0-331-53181-7(X)); 2016. pap. 19.57 (978-1-334-16801-7(6)) Forgotten Bks.

All the Year Round, Vol. 6: A Weekly Journal; from July 4, 1891, to December 26, 1891; Including No. 131 to No. 156 (Classic Reprint) Charles Dickens. (ENG., Illus.). (J). 2018. 770p. 39.78 (978-0-483-95565-4(4)); 2017. pap. 23.57 (978-0-243-91770-9(8)) Forgotten Bks.

All the Year Round, Vol. 6: A Weekly Journal; from June 3, 1871, to November 25, 1871; Including No. 131 to No. 156 (Classic Reprint) Charles Dickens Jun. 2017. (ENG., Illus.). (J). 622p. 36.73 (978-0-260-65924-8(8)); 626p. pap. 19.57 (978-1-5284-6281-5(5)) Forgotten Bks.

All the Year Round, Vol. 7: A Weekly Journal; from December 2, 1871, to May 11, 1872 (Classic Reprint) Charles Dickens. 2017. (ENG., Illus.). (J). 35.85 (978-0-265-37621-7(5)) Forgotten Bks.

All the Year Round, Vol. 7: A Weekly Journal, from September 15 to September 6, 1862 (Classic Reprint) Charles Dickens. 2017. (ENG., Illus.). (J). 36.85 (978-0-265-38905-8(4)) Forgotten Bks.

All the Year Round, Vol. 8: A Weekly Journal; from July 2, 1892, to December 31, 1892; Including No. 183 to No. 209 (Classic Reprint) Charles Dickens. 2017. (ENG., Illus.). (J). 40.25 (978-0-265-71609-4(5)); pap. 23.57 (978-1-5276-7285-7(9)) Forgotten Bks.

All the Year Round, Vol. 8: A Weekly Journal; from September 13, 1862 to February 21, 1863 (Classic Reprint) Charles Dickens. 2017. (ENG., Illus.). (J). 36.85 (978-0-265-38754-0(0)) Forgotten Bks.

All the Year Round, Vol. 9: A Monthly Journal; from January 7, 1893, to June 24, 1893; Including No. 210 to No. 234 (Classic Reprint) Charles Dickens. 2017. (ENG., Illus.). (J). 2017. 732p. 39.01 (978-0-332-89027-7(0)); 2016. pap. 23.57 (978-1-334-13553-5(X)) Forgotten Bks.

All the Year Round, Vol. 9: A Weekly Journal; from February 28 to August 22, 1863 (Classic Reprint) Charles Dickens. (ENG., Illus.). (J). 2018. 628p. 36.89 (978-0-332-45722-2(2)); 2016. pap. 19.57 (978-1-334-16115-1(5)) Forgotten Bks.

All the Year with Nature (Classic Reprint) P. Graham. 2018. (ENG., Illus.). 258p. (J). 29.22 (978-0-483-48082-7(7)) Forgotten Bks.

All These Books. Kendara Blake. (ENG.) (YA). (gr. 9). 2022. 320p. pap. 11.99 (978-0-06-29717-5(2)); 2021. (Illus.). 304p. 18.99 (978-0-06-29716-8(4)) HarperCollins Pubs.

All These Monsters. Amy Tintera. 2021. (All These Monsters Ser.). (ENG., Illus.). 464p. (YA). (gr. 9). pap. 9.99 (978-0-358-44768-9(2)); 1793(1). Clarion Bks.). HarperCollins Pubs.

All These Sunken Souls: A Black Horror Anthology. Kalynn Bayron et al. Ed. by Circe Moskowitz. 2023. (ENG.). 256p. (YA). (gr. 7). 18.99 (978-1-64160-837-4(4)) Amistad/HarperCollins Pubs.

All These Warriors. Amy Tintera. (All These Monsters Ser.). (ENG.). 336p. (YA). (gr. 9). 2023. pap. 15.99 (978-0-06-293041-2(4)); (Illus.). 17.99 (978-0-358-37241-7(4)); 1272(56) HarperCollins Pubs. (Clarion Bks.).

All Things Big & Strong Boys Coloring Books 8-10. Educando Kids. 2019. (ENG.). 142p. (J). pap. 6.99 (978-1-64521-063-4(4)); Educando Kids) Editorial Imagen.

All Things Bright & Beautiful. Cecil Frances Alexander. Illus. by Kady Hudson. 2017. (ENG.). 20p. (J). (gr. 1-k). bds. 9.99 (978-0-06-267059-4(5)); Tommy Nelson/Thomas Nelson.

All Things Bright & Beautiful: A Stained Glass Coloring Book. Activity Attic Books. 2016. (ENG., Illus.). (J). pap. (978-1-63632-338-9(2)) Twin Flame Productions.

All Things Bright & Beautiful: Make Believe Ideas. 1 vol. Thomas Nelson Publishing Staff. 2017. (ENG.). 10p. (J). bds. 8.99 (978-0-7180-93372-2(2)) Make Believe Ideas (Dist. Des. Nelson, Thomas Inc.

All Things Change: Nature's Rhythms, from Sprouting Seeds to Shining Stars. Anna Claybourne. Illus. by Sarah Edmonds. 2021. (ENG.). 64p. (J). (gr. 1-3). 16.95 (978-1-91351-946-6(5)) Welbeck Publishing Group Ltd. GBR. Dist: Two Rivers Distribution.

All Things Huge & Hideous. G. Scott Huggins. 2020. (James & Harriet Ser.: Vol. 1). (ENG.). 206p. (YA). pap. 10.99 (978-1-73552444-0-9(6)) G. Scott Huggins.

All Things Mia Fizz Coloring Book: Relax & Get Creative with Hand-Drawn Pages Full of Donuts, Fashion, & Inspirational Quotes. Mia Fizz. 2020. (Mia Fizz Coloring Bks.). (ENG.). 52p. (YA). pap. (978-1-9163004-2-2(1)) Fizz, Mia.

All Things New - Teen Girls' Bible Study: A Study on 2 Corinthians for Teen Girls. Kelly Minter. 2016. (ENG.). 158p. (YA). (gr. 7-12). pap. 12.99 (978-1-4300-5093-4(1)) Lifeway Christian Resources.

All Things New Living. Revol Daniel Olson. 2017. (Seventh Daughter Ser.: Vol. 1). (ENG., Illus.). (YA). (gr. 8-12). pap. 15.95 (978-1-938679-10-0(5)) Written World Communications.

All Things That Go Coloring Pages for Preschool Children's Activities, Crafts & Games Books. Baby Professor. 2016. (ENG., Illus.). 64p. (J). pap. 12.99 (978-1-5419-2886-9(2)) Baby Professor (Education Kids) Speedy Publishing LLC.

All Thirteen: the Incredible Cave Rescue of the Thai Boys' Soccer Team. Christina Soontornvat. 2020. (ENG., Illus.).

286p. (J). (gr. 3-7). 25.99 (978-1-5362-0945-7(7)) Candlewick Pr.

All This for Free. Meredith Canton-Feler & Michael Bartowski. 2016. (ENG., Illus.). 32p. (J). (978-1-365-33454-2(6)) Lulu Pr., Inc.

All Time: The. Mikki Daughtry & Rachael Lippincott. (ENG.). (YA). (gr. 7). 2021. 352p. pap. 12.99 (978-1-5344-6635-7(5)); 2020. (Illus.). 336p. 18.99 (978-1-5344-6634-0(7)) Simon & Schuster Bks. for Young Readers.

All Those Countries! Geography Shapes Coloring Book. Bobo's Children Activity Books. 2016. (ENG., Illus.). (J). pap. 9.33 (978-1-68327-613-6(2)) Sunshine in My Soul Publishing.

All Those Shapes! Rock & Pebble Shapes Coloring Book. Creative Playbooks. 2016. (ENG., Illus.). (J). pap. 7.74 (978-1-68393-860-7(5)) Twin Flame Productions.

All Through the Day the Mother Goose Way: Mother Goose's Children of Long Ago, What Gave Them Pains & Aches & What Made Them Grow (Classic Reprint) Jean Broadhurst. (ENG., Illus.). (J). 2018. 786p. 25.46 (978-0-267-31128-6(1)); 2016. pap. 9.57 (978-1-332-71826-4(X)) Forgotten Bks.

All Through the Game. Demetris Purvis II. 2022. (ENG.). 38p. (J). 18.95 (978-1-63755-011-3(1)) Mascot Kids) Amplify Publishing Group.

All Through the Night: Important Jobs That Get Done at Night. Polly Faber. Illus. by Harriet Hobday. 2022. (ENG.). 32p. (J-k). 17.99 (978-1-5362-2751-2(X)) Candlewick Pr.

All Through the Week with Cat & Dog. Tomie Williams. 2017. (Learn with Cat & Dog). (ENG., Illus.). (J). pap. 3.49 (978-1-68310-205-2(3)) Pacific Learning, Inc.

All Tied In. 13. Charles M. Schulz. 2019. (Peanuts). (ENG.). Coll(edit.). 1170p. (J). (gr. 2-3). 20.96 (978-0-0876(1)-94(-3(3)) PennyLane Co., LLC, The.

All-Time Best WNBA Players. Ellen Labrecque. 2020. (Women's Professional Basketball Ser.). (ENG.). 24p. (J). (gr. 2-5). 10 bd. 32.79 (978-1-5038-53293-4(2)); 21.34(1)) Child's World, Inc., The.

All-Time Favourite Nature Stories. Ruskin Bond. Illus. by David Tamizhvanan. 2023. (ENG.). (J). (gr. 3-7). pap. 9.80 (978-1-34(1600-5(3(1)); Puffin) Penguin Bks. India PVT, Ltd. IND. ND: Independent Pubs. Group.

All-Time Favourites for Children: Classic Collection of 25+ Most-Loved, Great Stories by Famous Award-winning Author (Illustrated, Must-read Fiction Short Stories for Kids) Ruskin Bond. (ENG.). 232p. (J). pap. 9.99 (978-0-14-34(593-8(6)); Puffin) Penguin Bks. India PVT, Ltd IND. ND: Independent Pubs. Group.

All Time Hero. Susan Bangert-Wood. Illus. by Jack Foster. Lt. ed. 2017. (ENG.). (J). (gr. 6-k). pap. 10.95 (978-1-63(53-644-3(4)) Guardian Angel Publishing.

All to Play For. Emma Berry. 2020. (2 Ser.: Vol. 18). (ENG., Illus.). 420p. (YA). pap. (978-1-9132-84-22-0(1))

All Together. James Burks, ad. 2023. (Bird & Squirrel Ser.). (ENG.). 125p. (J). (gr. 2-5). 21.96 (978-1-68585-021-8(3)) Penny/Crown Pr., Co., LLC, The.

All Together Now. Hope Larson. (ENG., Illus.). 192p. (J). 2020. (Eagle Rock Ser.: 2). (ENG., Illus.). 192p. (J). 21.99 (978-0-374-31162-4(5)); 900195664); pap. 12.99 (978-0-374-31395-4(2)); 900312541) Farrar, Straus & Giroux Bks. for Young Readers, & Straus & Giroux), LLC.

All-Together Quilt. Lizzy Rockwell. 2020. (Illus.). 40p. (J). (gr. k-3). 18.99 (978-0-375-82204-9(6)); (Illus.). lib. bdg. 20.99 (978-0-375-97204-6(3)) Random Hse. Children's Bks.

All up in My Space: How to Decorate with Feeling. Contrib. by Emma Hopkinson & Robyn Donaldson. 2023. (Illus.). 288p. 24.99 (978-0-241-57014-1(4)); DK) Dorling Kindersley Publishing, Inc.

All Ways for Ever. Kaelay Boyle. 2023. (ENG.). 28p. (J). (978-1-312-68283-9(3)) Lulu Pr., Inc.

All You Can Be with Richard Scarry. Illus. by Richard Scarry. (J). 7. pap. 9.99 (978-0-448-49412-8(4)); Razorbill) Penguin Young Readers Group.

All You Could Have Been. T. E. Carter. 2022. (ENG.). (YA). pap. 18.99 (978-1-250-23354-7(2)); 90018881)

All You Ever Wanted: Stories of a Better World. Tyler, Chin-Tanner et al. Ed. by Tyler Chin-Tanner et al. 2022. (ENG., Illus.). 178p. (YA). pap. 19.99 (978-1-949518-07-8(8)); 993014(5 5669-aa423-0356-7ba6b1a70723) A Wave Blue World.

All You Left. Wendy Mills. 2017. (ENG.). 386p. (YA). pap. 10.99 (978-1-48119-42436-0(5)); 9007125(1). Bloomsbury Publishing USA.

All We Know. Linda Ashman. Illus. by Jane Dyer. 2016. (ENG.). 40p. (J). (gr. 1-3). 17.99 (978-0-06-168995-1(0)); HarperCollins) HarperCollins Pubs.

All We Need. Kathy Wolff. Illus. by Marjorie Priceman. Magrait. 2021. (ENG.). 40p. (J). 17.99 (978-1-61963-647-7(6)); 9001(5291) Bloomsbury Children's Bks.) Bloomsbury Publishing USA.

All We Need Is Love: Padded Board Book (Goodbooks). Illus. by Julia Seal. 2021. (ENG.). 24p. (J). (J-k). bds. 8.99 (978-1-80100-658-5(3)) Igloo Bks. GBR. Dist: Simon & Schuster, Inc.

All We Need Is Love & a Really Big Pillow! Peter H. Reynolds & Henry Rocket Reynolds. Illus. by Peter H. Reynolds. 2023. (ENG.). 48p. (J). (gr. 1-3). 18.99 (978-1-4231-61373-8(4)) Orchard Bks./Scholastic, Inc.

All Welcome Here. James Preller. Illus. by Mary GrandPre. 2022(0). (ENG.). 40p. (J). 18.99 (978-1-250-15566-7(8)); 90018479(1)) Feiwel & Friends.

All We Wish: Learning to Trust God's Love. Lacy Finn Borgo. Illus. by Rebecca Evans. 2022. (ENG., Illus.). 24p. (978-0-10-0248-3(1,5); IVP Kids) InterVarsity Pr.

All-Wood Morrison: Time: Today, Place: the United States, Period of Action: Twenty-Four Hours or Maybe More Holman Day. 2018. (ENG., Illus.). 334p. (J). 30.87 (978-0-483-09574-7(0)) Forgotten Bks.

All Wrapped up (Geek Girl Special, Book 1) Holly Smale. 2022. (Geek Girl Special Ser.: 1). (ENG.). 220p. (J). 8.99 (978-0-00-853295-8(4)); HarperCollins Pubs. GBR. Dist: HarperCollins Pubs.

All You Have to Do. Autumn Allen. 2023. 432p. (YA). (gr. 7). 19.99 (978-0-593-61994-9(8)); Kokila) Penguin Young Readers Group.

All You Need for a Snowman Board Book: A Winter & Holiday Book for Kids. Alice Schertle. 2017. Illus. by Barbara Lavallee. 2019. 28p. (J). (gr. 1-1). — pap. 5.99 (978-0-358-08701-4(5)); 146996; Clarion Bks.) HarperCollins Pubs.

All You Need Is a Pencil: the Totally Hilarious All about America Activity Book. Joe Rhatigan. 2016. (All You Need Is a Pencil Ser.: 3). (Illus.). 144p. (J-k). (gr. 3). pap. 9.99 (978-1-63220-674-0(5)) Charlesbridge Publishing, Inc.

All You Need Is a Pencil: the Weird, Wacky, & Unusual Activity Book. Joe Rhatigan. 2016. (All You Need Is a Pencil Ser.:). (Illus.). 144p. (J-k). (gr. 3). pap. 9.99 (978-1-63422-077-7(1)) Charlesbridge Publishing, Inc.

All You Need Is a Pencil: the Wild & Crazy Summer Activity Book. Joe Rhatigan. 2016. (All You Need Is a Pencil Ser.: 5). (Illus.). 144p. (J). (gr. 3). 7.99 (978-1-63422-054-0(2)) Charlesbridge Publishing, Inc.

All You Need Is Love. Russell I. Sanders. 2017. (YA). (Illus.). 25.99 (978-1-5040-34(0-2(2)); 220p. pap. 14.99 (978-1-63533-323-0(2))(Moonshine/Pr.) Harmony Ink Pr.

All You Need Is Mud. Cam Higgins. Illus. by Ariel Landy. 2019. (Tales from Maple Ridge Ser.: 4). (ENG., Illus.). 128p. (J). (gr. 1-4). 16.99 (978-1-5344-0976-7(4)); pap. 5.99 (978-1-5344-0975-0(6)); lib. bdg. (978-1-5344-0977-4(2)) Little Simon/Simon & Schuster Children's Publishing.

All You Need to Know Before You Go: Practical Travel Tips for Happy Travelers. Billi Grossman-Galina. 2019. Books of Equinox. (ENG.). 146p. (J). pap. 14.99 (978-965-572-855-5(5)) Grossman-Galina, Billi.

All You Need to Know: Thomas Everett. Illus. by Heidi Griffiths. 2018. (ENG., Illus.). (J). pap. 15.95 (978-0-692-08555-1(4)) Everett, Thomas.

All Your Twisted Secrets. Diana Urban. (ENG.). 400p. (YA). (gr. 9). 2021. pap. 11.99 (978-0-06-290853-6(3)); pap. 11.99 (978-0-06-290852-9(6)); 2020. 18.99 (978-0-06-290851-2(9)) HarperTeen) HarperCollins Pubs.

All Yours. Rainbow Rowell. 2023. (Simon Snow Ser.: 4). 440p. (gr. 9). pap. 14.99 (978-1-250-25463-4(0)); 2022. 456p. (YA). 20.99 (978-1-250-25462-7(3)) Wednesday Bks.) St. Martin's Pr.

All Zero for the Day (Classic Reprint). 2021. (ENG.). 332p. (J). pap. 21.13 (978-0-243-35369-5(1)) Forgotten Bks.

All 3 Pt Of 3 or to the Day (Classic Reprint) Charlotte Campbell Bury. 2018. (ENG., Illus.). 318p. (J). 30.46 (978-0-332-78041-2(4)) Forgotten Bks.

Alla Ricerca Del Percome: Esopo News. Bruno Mancini. 2022. (ITA.). 159p. (YA). pap. **(978-1-4710-6196-7(5))** Lulu Pr., Inc.

Alla Ska Sova see Now That Night Is Near

Allah Dethroned: A Journey Through Modern Turkey (Classic Reprint) Lilo Linke. 2018. (ENG., Illus.). (J). 422p. 32.62 (978-1-391-00470-9(1)); 424p. pap. 16.57 (978-1-390-76083-5(9)) Forgotten Bks.

Allah Gave Me a Tongue to Taste. Ayesha Jones. Illus. by Stevan Stratford. 2016. (ENG.). 32p. (J). 8.95 (978-0-86037-338-4(X)) Kube Publishing Ltd. GBR. Dist: Consortium Bk. Sales & Distribution.

Allah Is God. Yasmin Nordien. Illus. by Maryann Jaraisy. 2022. (ENG.). 28p. (J). pap. 9.95 (978-1-921772-72-6(7)) Ali Gator AUS. Dist: Consortium Bk. Sales & Distribution.

Allah Made Everything: The Song Book. Zain Bhikha. Illus. by Azra Momin. 2019. (Song Book Ser.: 1). 30p. (J). 11.95 (978-0-86037-775-7(6)) Kube Publishing Ltd. GBR. Dist: Consortium Bk. Sales & Distribution.

Allan Haywood: Blessed Are the Free for They Shall Be... 2018. (ENG., Illus.). 313p. (J). pap. 18.99 (978-0-648-32740-4(2))

Allan R. Hager Memorial... Tyler. Illus. by R. Hager. (ENG.). 120p. 3 vols. 2023. 34p. (978-0-3713-4416-8(8)); (978-0-3713-4416-8(3))

Alla Giornata, Vol. 3 Of 3: Or to the Day (Classic Reprint) Charlotte Campbell Bury. 2018. (ENG., Illus.). 318p. (J). 30.46 (978-0-332-78041-2(4)) Forgotten Bks.

Alla Ricerca Dei Percome: Esopo News. Bruno Mancini. 2022. (ITA.). 159p. (YA). pap. **(978-1-4710-6196-7(5))** Lulu Pr., Inc.

Alla Ska Sova see Now That Night Is Near

Allah Dethroned: A Journey Through Modern Turkey (Classic Reprint) Lilo Linke. 2018. (ENG., Illus.). (J). 422p. 32.62 (978-1-391-00470-9(1)); 424p. pap. 16.57 (978-1-390-76083-5(9)) Forgotten Bks.

Allah Gave Me a Tongue to Taste. Ayesha Jones. Illus. by Stevan Stratford. 2016. (ENG.). 32p. (J). 8.95 (978-0-86037-338-4(X)) Kube Publishing Ltd. GBR. Dist: Consortium Bk. Sales & Distribution.

Allah Is God. Yasmin Nordien. Illus. by Maryann Jaraisy. 2022. (ENG.). 28p. (J). pap. 9.95 (978-1-921772-72-6(7)) Ali Gator AUS. Dist: Consortium Bk. Sales & Distribution.

Allah Made Everything: The Song Book. Zain Bhikha. Illus. by Azra Momin. 2019. (Song Book Ser.: 1). 30p. (J). 11.95 (978-0-86037-775-7(6)) Kube Publishing Ltd. GBR. Dist: Consortium Bk. Sales & Distribution.

Allan Haywood: Blessed Are the Free for They Shall Be Free. Robin R. Hagler. 2020. (ENG., Illus.). (J). 54p. (978-0-578-63452-6(9))

Allan Quatermain (Annotated). H. Rider Haggard. 2020. (ENG.). 314p. (YA). pap. 13.95 (978-1-65273-054-3(3)) Independently Published.

Allegiance. Jennifer Ellis. 2019. (ENG.). 320p. (YA). pap. 14.99 (978-1-9994-9540-4(0)) Foxglove Pr.

Allegiance. (ENG.) (YA). III. Veronica Rossi. 2016. (Riders Ser.: 3). (ENG.). pap. 10.99 (978-0-7653-8254-3(8)); (978-0-7653-8253-6(0)) Tor Teen/Tom Doherty Associates, LLC.

Allegiance. (Remaining) Roto. 2016. (Divergence Ser.: 3). 52p. (J). 5.62p. (gr. 1-2). 6.99

Allegories. Frederic William Farrar. 2018. (ENG., Illus.). 380p. (J). 31.71 (978-0-483-23149-8(5)) Forgotten Bks.

Allegories (Classic Reprint) Frederic William Farrar. 2018. (ENG., Illus.). 380p. (J). 31.71 (978-0-332-98891-7(0)) Forgotten Bks.

Allegories & a Christian Lesson: For Children's Christmas Entertainments (Classic Reprint) Charlotte S. Porter. 2018. (ENG., Illus.). 62p. (J). 22.27 (978-0-364-57614-5(8)); pap. 9.57 (978-1-334-82196-7(6)) Forgotten Bks.

Collected in Northern Norway Preliminary Account Illus. by R. Flk. 11. Folk Lore Journal. Collected in Northern Norway Preliminary Account.

Allegories & Christian Lessons: For Children's Christmas Entertainments (Classic Reprint) Charlotte S. Porter. 146p. (J). (gr. 2-5). pap. 7.99 (978-1-62354-094-4(1))

Allegra (Classic Reprint) Lizzie Allen Harker. 2018. (ENG., Illus.). 364p. (J). 31.42 *(978-0-483-28932-1(9))* Forgotten Bks.

Allegro: A Musical Journey Through 11 Musical Masterpieces. David W. Miles. Illus. by Anita Barghigiani. 2018. (ENG.). 32p. (J). (gr. k-3). 24.99 *(978-1-64170-038-2(6),* 550038) Familius LLC.

Allen B & the Open Gate. Matthew Crosby. Illus. by Nick Francis Difonzo. 2017. (ENG.). 32p. (J). (gr. 1-5). pap. 9.99 *(978-1-5324-0175-6(2))* Xist Publishing.

Allen Linn's Children's Bible Book: Creation & the Life of Jesus. Allen Linn. Illus. by Emily Zieroth. 2020. (ENG.). 36p. (J). pap. 8.95 *(978-0-9982014-8-1(0))* Pyramid Pubs.

Allen Lucas: The Self-Made Man (Classic Reprint) Emily Chubbuck. 2017. (ENG., Illus.). 182p. (J). 27.65 *(978-0-332-90200-5(5))* Forgotten Bks.

Allen Prescott, or the Fortunes of a New-England Boy, Vol. 2 of 2 (Classic Reprint) Susan Anne Livingston Ridley Sedgwick. (ENG., Illus.). (J). 2018. 228p. 28.60 *(978-0-484-60598-4(4))*; 2017. pap. 10.97 *(978-0-243-98661-3(0))* Forgotten Bks.

Allergic. Megan Lloyd et al. ed. 2021. (ENG., Illus.). 234p. (J). (gr. 4-5). 25.46 *(978-1-64697-964-6(8))* Penworthy Co., LLC, The.

Allergic: a Graphic Novel. Megan Wagner Lloyd. Illus. by Michelle Mee Nutter. 2021. (ENG.). 240p. (J). (gr. 3-7). 24.99 *(978-1-338-56891-2(4))*; pap. 12.99 *(978-1-338-56890-5(6))* Scholastic, Inc. (Graphix).

Allergic Alpaca. Kiah Thomas. Illus. by Connah Brecon. 2019. (ENG.). 32p. (J). (gr. -1-k). 15.99 *(978-1-76050-343-7(6))* Little Hare Bks. AUS. Dist: Independent Pubs. Group.

Allergic to Caffeine & Lovebots... A Futuristic-Sci-Fi-Romantic-Fantasy-Thriller. Wayne C Truly. 2018. (ENG., Illus.). 226p. (YA). pap. 16.95 *(978-1-64298-665-5(8))* Page Publishing Inc.

Allergies! 2023. (Allergies! Ser.). (ENG.). (J). (gr. 1-2). pap. 62.10 ***(978-1-9785-3697-5(6))*** Enslow Publishing, LLC.

Allergies. Nancy Dickmann. 2023. (Fast Track: Living With Ser.). (ENG., Illus.). 24p. (J). (gr. 1-3). pap. 10.99 *(978-1-78121-808-2(0),* 23952) Black Rabbit Bks.

Allergies & Other Immune System Disorders. Rebecca Sherman. 2017. (Illus.). 128p. (J). *(978-1-4222-3749-6(4))* Mason Crest.

Allergy Adventures with Cari the Cupcake. Donna and Reagan Webber. 2017. (ENG., Illus.). (J). 22.95 *(978-1-4808-4858-0(1))*; pap. 16.95 *(978-1-4808-4857-3(3))* Archway Publishing.

Allerlei, 1890, Vol. 1 (Classic Reprint) Sara B. Harvey. 2017. (ENG., Illus.). (J). 26.60 *(978-0-260-79674-5(3))*; pap. 9.57 *(978-1-5284-3313-6(0))* Forgotten Bks.

Allerlei, 1893, Vol. 2 (Classic Reprint) Lasell Seminary for Young Women. 2018. (ENG., Illus.). (J). 152p. 27.03 *(978-0-366-56461-3(7))*; 154p. pap. 9.57 *(978-0-366-15584-2(9))* Forgotten Bks.

Allerlei, 1894, Vol. 3 (Classic Reprint) Lasell Seminary for Young Women. 2017. (ENG., Illus.). (J). 132p. 26.64 *(978-0-484-81274-0(2))*; pap. 9.57 *(978-0-259-98094-0(3))* Forgotten Bks.

Allerlei, 1895, Vol. 4 (Classic Reprint) Katherine Belle Bragdon. 2017. (ENG., Illus.). (J). 26.76 *(978-0-266-60463-1(3))*; pap. 9.57 *(978-0-282-96874-8(1))* Forgotten Bks.

Allerlei, 1896, Vol. 5 (Classic Reprint) Lasell Seminary for Young Women. 2018. (ENG., Illus.). (J). 2018. 144p. 26.87 *(978-0-267-10725-4(0))*; 2017. pap. 9.57 *(978-0-259-96528-2(6))* Forgotten Bks.

Allerlei, 1897, Vol. 6 (Classic Reprint) Lassell Junior College. 2017. (ENG., Illus.). (J). 26.70 *(978-0-260-72058-0(5))*; pap. 9.57 *(978-0-266-00042-6(8))* Forgotten Bks.

Allerlei, 1898, Vol. 7 (Classic Reprint) Lasell Seminary for Young Women. 2018. (ENG., Illus.). (J). 142p. 26.83 *(978-1-396-34240-0(0))*; 144p. pap. 9.57 *(978-1-390-90386-7(9))* Forgotten Bks.

Allerlei, 1899, Vol. 8 (Classic Reprint) Lasell Seminary for Young Women. 2018. (ENG., Illus.). (J). 140p. 26.78 *(978-0-365-55093-8(0))*; 142p. pap. 9.57 *(978-0-365-55078-5(7))* Forgotten Bks.

Allerlei, 1905 (Classic Reprint) Lasell Seminary for Young Women. (ENG., Illus.). (J). 2018. 114p. 26.25 *(978-0-484-09183-1(2))*; 2017. pap. 9.57 *(978-0-259-97297-6(5))* Forgotten Bks.

Allerlei 1906: Lasell Seminary (Classic Reprint) Marie Andrews. 2017. (ENG., Illus.). (J). 26.50 *(978-0-260-49070-4(9))*; pap. 9.57 *(978-0-265-06385-9(X))* Forgotten Bks.

Allerlei, 1907 (Classic Reprint) Lasell Seminary. (ENG., Illus.). (J). 2018. 192p. 27.86 *(978-0-365-24095-2(8))*; 2017. pap. 10.57 *(978-0-282-04679-8(8))* Forgotten Bks.

Allerlei, 1910 (Classic Reprint) Lasell Seminary for Young Women. 2017. (ENG., Illus.). (J). 84p. 25.65 *(978-0-484-00518-0(9))*; pap. 9.57 *(978-0-259-96955-6(9))* Forgotten Bks.

Allerlei, 1911 (Classic Reprint) Lasell Seminary for Young Women. 2017. (ENG., Illus.). (J). 25.96 *(978-0-266-75369-8(8))*; pap. 9.57 *(978-1-5277-3453-1(6))* Forgotten Bks.

Allerlei, 1912 (Classic Reprint) Mildred Hall. (ENG., Illus.). (J). 2018. 96p. 25.90 *(978-0-365-19110-0(8))*; 2017. pap. 9.57 *(978-0-259-89210-6(6))* Forgotten Bks.

Allerlei, 1913 (Classic Reprint) Mildred Westervelt. (ENG., Illus.). (J). 2018. 82p. 25.61 *(978-0-483-47298-3(0))*; 2017. pap. 9.57 *(978-1-334-93352-3(9))* Forgotten Bks.

Allerlei, or Year Book of Lasell, 1904 (Classic Reprint) Lasell Seminary. 2017. (ENG., Illus.). (J). 26.35 *(978-0-260-56573-0(3))*; pap. 9.57 *(978-0-266-04193-1(0))* Forgotten Bks.

Alles Knigge Oder Was? Dagmar M Daxecker. 2017. (GER., Illus.). (J). pap. *(978-3-7103-2859-6(4))* united p.c. Verlag.

Alles Uber Mein Haustier Einsiedlerkrebs: Mein Tagebuch Unser Gemeinsames Leben. Petal Publishing Co. 2020. (GER.). 26p. (J). pap. *(978-1-922515-49-0(3))* Life Graduate, The.

Alles Uber Mein Haustier Hamster: Mein Tagebuch Unser Gemeinsames Leben. Petal Publishing Co. 2020. (GER.). 26p. (J). pap. *(978-1-922515-50-6(7))* Life Graduate, The.

Alles über Mein Haustier Pferd: Mein Tagebuch Unser Gemeinsames Leben. Petal Publishing Co. 2021. (GER.). 26p. (J). pap. *(978-1-922568-84-7(8))* Life Graduate, The.

Alles Uber Mein Haustier Pony: Mein Tagebuch Unser Gemeinsames Leben. Petal Publishing Co. 2020. (GER.). 26p. (J). pap. *(978-1-922515-48-3(5))* Life Graduate, The.

Alles Uber Mein Haustier Schwein: Mein Tagebuch Unser Gemeinsames Leben. Petal Publishing Co. 2020. (GER.). 26p. (J). pap. *(978-1-922515-52-0(3))* Life Graduate, The.

Alles über Meine Haustier Huhn: Mein Tagebuch Unser Gemeinsames Leben. Petal Publishing Co. 2021. (Alles Über Mein Haustier Ser.: Vol. 1). (GER.). 26p. (J). pap. *(978-1-922568-67-0(8))* Life Graduate, The.

Alles über Meine Haustier-Maus: Mein Tagebuch Unser Gemeinsames Leben. Petal Publishing Co. 2021. (Alles Über Mein Haustier Ser.: Vol. 1). (GER.). 26p. (J). pap. *(978-1-922568-68-7(6))* Life Graduate, The.

Alles Uber Meine Haustierziege: Alles Uber Meine Haustierziege. Petal Publishing Co. 2020. (GER.). 26p. (J). pap. *(978-1-922515-54-4(X))* Life Graduate, The.

Alles Uber Meinen Haustierfisch: Mein Tagebuch Unser Gemeinsames Leben. Petal Publishing Co. 2020. (GER.). 26p. (J). pap. *(978-1-922515-53-7(1))* Life Graduate, The.

Alley: I Have Albinism. Alethea Allen. Illus. by Amanda Papoon. 2022. (ENG.). 44p. (J). pap. 12.99 ***(978-1-63988-635-7(4))*** Primedia eLaunch LLC.

Alley Alligator's Awesome Smile. Tim McNutt Sr. 2017. (ENG., Illus.). 32p. (J). pap. 12.95 *(978-1-64138-013-3(6))* Page Publishing Inc.

Alley & Rex. Joel Ross. Illus. by Nicole Miles. 2022. (Alley & Rex Ser.). (ENG.). 160p. (J). (gr. 3-7). pap. 6.99 *(978-1-5344-9544-9(4),* Atheneum Bks. for Young Readers) Simon & Schuster Children's Publishing.

Alley Cat & the Magical Tree. The Pest. 2020. (ENG.). 56p. (J). pap. 16.95 *(978-1-64628-236-4(1))* Page Publishing Inc.

Alley Cat Rally. Ricky Trickartt. 2021. (ENG., Illus.). 40p. (J). (gr. -1-2). 16.99 *(978-1-83874-030-6(9))* Flying Eye Bks. GBR. Dist: Penguin Random Hse. LLC.

Alley Rabbit (Classic Reprint) James Hosmer Penniman. (ENG., Illus.). (J). 2017. 25.42 *(978-0-331-71571-2(6))*; 2016. pap. 9.57 *(978-1-334-12581-2(3))* Forgotten Bks.

Allgemeine Deutsche Real-Encyclopädie Für Die Gebildeten Stände, Vol. 7 Of 10: Conversations-Lexikon; o Bis Q (Classic Reprint) Brockhaus' Konversations-Lexikon. 2018. (GER., Illus.). (J). 1012p. 44.79 *(978-0-365-57192-6(X))*; 1014p. pap. 27.13 *(978-0-365-57188-9(1))* Forgotten Bks.

Allgemeine Geologie und Stratigraphie (Classic Reprint) Axel Born. 2018. (GER., Illus.). (J). 166p. 27.34 *(978-1-391-34887-2(7))*; 168p. pap. 9.97 *(978-1-390-18244-6(4))* Forgotten Bks.

Allgemeine Himmelskunde: Eine Populare Darstellung Dieser Wissenschaft Nach Den Neuesten Forschungen (Classic Reprint) Eduard Wetzel. 2017. (GER., Illus.). (J). 36.77 *(978-0-260-85474-2(3))*; pap. 19.57 *(978-0-260-85464-3(6))* Forgotten Bks.

Alli, the Lost Little Alligator. Bridget Adams Smith. 2020. (ENG., Illus.). 28p. (J). (gr. k-4). 19.95 *(978-1-61244-879-4(8))*; pap. 12.95 *(978-1-61244-833-6(X))* Halo Publishing International.

Allie All Along. Sarah Lynne Reul & Sarah Lynne Reul. 2018. (Illus.). 40p. (J). (gr. -1-2). 18.99 *(978-1-4549-2858-4(1))* Sterling Publishing Co., Inc.

Allie, First at Last: a Wish Novel. Angela Cervantes. (ENG.). 208p. (J). (gr. 3-7). 2017. pap. 6.99 *(978-0-545-81268-9(2),* Scholastic Paperbacks); 2016. 16.99 *(978-0-545-81223-8(2),* Scholastic Pr.) Scholastic, Inc.

Allie, Ganadora Por Fin (Allie, First at Last): a Wish Novel. Angela Cervantes. 2017. (SPA.). 224p. (J). (gr. 3-7). pap. 6.99 *(978-1-338-18788-5(0),* Scholastic en Espanol) Scholastic, Inc.

Allie, No! No! Tammy Stallworth Arnau & Lacy Goodwin. 2019. (ENG.). 20p. (J). pap. 11.40 *(978-1-68470-447-7(2))* Lulu Pr., Inc.

Allie the Albino Squirrel. E. K. McCoy. Illus. by Ghazal Qaadri. 2022. (ENG.). 32p. (J). pap. 13.99 *(978-1-63988-372-1(X))* Primedia eLaunch LLC.

Allie the Albino Squirrel (Mom's Choice Award(R) Gold Medal Recipient) E. K. McCoy. 2022. (ENG.). 32p. (J). 16.99 ***(978-1-63988-521-3(8))*** Primedia eLaunch LLC.

Allied. Amy Tintera. (Ruined Ser.: 3). (ENG.). (YA). (gr. 8). 2019. 432p. pap. 9.99 *(978-0-06-239667-9(6))*; 2018. 416p. 17.99 *(978-0-06-239666-2(8))* HarperCollins Pubs. (HarperTeen).

Allied Powers Fight Back. Christopher Chant. 2017. (World War II Ser.: Vol. 5). (ENG., Illus.). 79p. (YA). (gr. 7-12). 24.95 *(978-1-4222-3895-0(4))* Mason Crest.

Allied Powers vs. the Axis Powers in World War II - History Book about Wars Children's History. Baby Professor. 2017. (ENG., Illus.). 64p. (J). pap. 9.52 *(978-1-5419-1520-6(8),* Baby Professor (Education Kids)) Speedy Publishing LLC.

Allied Powers vs. the Central Powers of World War I: History 6th Grade Children's Military Books. Baby Professor. 2017. (ENG., Illus.). (J). pap. 9.55 *(978-1-5419-1444-5(9),* Baby Professor (Education Kids)) Speedy Publishing LLC.

Allien Cave Explorers: Meet NASA Inventor William "Red" Whittaker & His Team's. 2017. (J). *(978-0-7166-6163-4(2))* World Bk., Inc.

Allies. Alan Gratz. 2019. (ENG., Illus.). 336p. (J). (gr. 4-7). 17.99 *(978-1-338-24572-1(4),* Scholastic Pr.) Scholastic, Inc.

Allies: Real Talk about Showing up, Screwing up, & Trying Again. Shakirah Bourne & Dana Alison Levy. (ENG.). 240p. (J). (gr. 7). 2022. pap. 12.99 *(978-0-7440-6665-4(4))*; 2021. (Illus.). 16.99 *(978-0-7440-3991-7(6))* Dorling Kindersley Publishing, Inc. (DK Children).

Allie's Ally. Jeremey Hunter & Donna Marie Hunter. 2022. (ENG.). 40p. (J). pap. 14.99 ***(978-1-948927-99-4(3))*** Butler, Kate Bks.

Allies & Enemies. Brooke Vitale. ed. 2021. (World of Reading Ser.). (ENG., Illus.). 32p. (J). (gr. 2-3). 14.36 *(978-1-64697-673-7(8))* Penworthy Co., LLC, The.

Allie's Bayou Rescue, 1 vol. Missy Robertson & Mia Robertson. 2018. (Faithgirlz / Princess in Camo Ser.: 1). (ENG., Illus.). 192p. (J). pap. 8.99 *(978-0-310-76247-8(2))* Zonderkidz.

Allies or Enemies. Kelcey Dolphin. 2022. (ENG.). 68p. (J). ***(978-0-2288-8146-9(3))***; pap. ***(978-0-2288-8145-2(5))*** Tellwell Talent.

Alligator. Melissa Gish. (Spotlight on Nature Ser.). (ENG.). 32p. (J). (gr. 4-7). 2021. *(978-1-64026-336-9(5),* 18619, Creative Education); 2020. pap. 9.99 *(978-1-62832-868-4(1),* 18620, Creative Paperbacks) Creative Co., The.

Alligator. August Hoeft. (I See Animals Ser.). (ENG.). (J). (gr. k-1). 2022. 20p. 24.99 ***(978-1-5324-4190-5(8))***; 2020. 12p. pap. 5.99 *(978-1-5324-1468-8(4))* Xist Publishing.

Alligator. Virginia Loh-Hagan. Illus. by Jeff Bane. 2017. (My Early Library: My Favorite Animal Ser.). (ENG.). 24p. (J). (gr. k-1). lib. bdg. 30.64 *(978-1-63472-836-2(X),* 209770) Cherry Lake Publishing.

Alligator Annie Had Ten Grins! Coloring Book. Activity Book Zone for Kids. 2016. (ENG., Illus.). (J). pap. 9.20 *(978-1-68376-405-2(6))* Sabeels Publishing.

Alligator Baby. Robert Munsch. Illus. by Michael Martchenko. 2021. (ENG.). 32p. (J). (gr. -1-3). pap. 8.99 *(978-0-590-12387-7(4))* Scholastic Canada, Ltd. CAN. Dist: Publishers Group West (PGW).

Alligator, Bayou, Crawfish. Ali Solino. Ed. by Candice Huber. Illus. by Ali Solino. 2018. (ENG., Illus.). 33p. (J). (gr. -1-2). 19.99 *(978-1-7322794-3-8(8))* Tubby & Coo's Mid-City Bk. Shop.

Alligator Daddy: Holistic Thinking Kids. Micah R. Hoeschele. Illus. by Alex Bjelica. 2018. (ENG.). 30p. (J). pap. *(978-1-7751638-3-1(0))* Hammill, Kristy.

Alligator Jazz, 1 vol. Samuel Pittman, II. Illus. by Sheila Bailey. 2018. (ENG.). 32p. (J). (gr. -1-3). 16.99 *(978-1-4556-2422-5(5),* Pelican Publishing) Arcadia Publishing.

Alligator Kid. Ana Tremillo Keohan. 2021. (ENG.). 26p. (J). 22.95 *(978-1-64559-845-9(4))*; pap. 12.95 *(978-1-64559-844-2(6))* Covenant Bks.

Alligator or Crocodile? Christina Leaf. 2019. (Spotting Differences Ser.). (ENG., Illus.). 24p. (J). (gr. k-3). lib. bdg. 26.95 *(978-1-64487-030-3(4),* Blastoff! Readers) Bellwether Media.

Alligator Pie & Other Poems: A Dennis Lee Treasury. Dennis Lee & Juan Wijngaard. Illus. by Frank Newfeld & David McPhail. 2020. (ENG.). 192p. (J). (gr. -1-k). 19.99 *(978-1-4434-1169-1(8),* HarperCollins) HarperCollins Pubs.

Alligator Seder. Jessica Hickman. Illus. by Elissambura. 2020. (ENG.). 12p. (J). (gr. -1 — 1). bds. 6.99 *(978-1-5415-6041-3(8),* 328acd50-3eca-4a22-a925-629f27e06cde, Kar-Ben Publishing) Lerner Publishing Group.

Alligator Snapping Turtles. Julie Murray. 2022. (Animal Pranksters Ser.). (ENG.). 24p. (J). (gr. k-4). lib. bdg. 31.36 *(978-1-0982-2832-3(4),* 39943); (gr. 1-1). pap. 8.95 *(978-1-64494-759-3(5))* ABDO Publishing Co. (Abdo Zoom-Dash).

Alligator vs. Python. Jerry Pallotta. ed. 2020. (Who Would Win Ser.). (ENG., Illus.). 32p. (J). (gr. 2-3). 14.36 *(978-1-64697-523-5(5))* Penworthy Co., LLC, The.

Alligator vs. Python. Jerry Pallotta. Illus. by Rob Bolster. 2023. (Who Would Win? Ser.). (ENG.). 32p. (J). (gr. 1-4). lib. bdg. 32.79 ***(978-1-0982-5247-2(0),*** 42610) Spotlight.

Alligator vs. Python (Who Would Win?) Jerry Pallotta. Illus. by Rob Bolster. 2020. (Who Would Win? Ser.). 12. (ENG.). 32p. (J). (gr. 1-4). pap. 4.99 *(978-0-545-45192-5(2))* Scholastic, Inc.

Alligator Who Came for Dinner. Steve Smallman. Illus. by Joëlle Dreidemy. 2021. (ENG.). 32p. (J). (gr. -1-2). 17.99 *(978-1-68010-245-1(1))* Tiger Tales.

Alligator Who Liked to Jump. Janet Popham. 2019. (ENG., Illus.). 34p. (J). pap. *(978-1-78830-324-8(5))* Olympia Publishers.

Alligator Wrestler: A Girls Can Do Anything Book. Carmen Petro. Illus. by Sarah Gledhill. 2019. (ENG.). 38p. (J). (gr. 2-6). pap. 12.99 *(978-1-64633-087-4(0))* Primedia eLaunch LLC.

Alligators. Melissa Gish. 2017. (X-Books: Predators Ser.). (ENG., Illus.). 32p. (J). (gr. 3-6). *(978-1-60818-817-8(5),* 20384, Creative Education) Creative Co., The.

Alligators. Rachel Grack. 2019. (Animals of the Wetlands Ser.). (ENG., Illus.). 24p. (J). (gr. k-3). lib. bdg. 26.95 *(978-1-62617-985-1(9),* Blastoff! Readers) Bellwether Media.

Alligators. Grace Hansen. 2016. (Reptiles Ser.). (ENG., Illus.). 24p. (J). (gr. -1-2). pap. 7.95 *(978-1-4966-1024-9(5),* 134930, Capstone Classroom) Capstone.

Alligators. Shannon Jade. 2023. (Wild Animals Ser.). (ENG., Illus.). 32p. (J). (gr. 2-3). lib. bdg. 31.35 *(978-1-63738-439-8(4),* Apex) North Star Editions.

Alligators. Contrib. by Shannon Jade. 2023. (Wild Animals Ser.). (ENG., Illus.). 32p. (J). (gr. 2-3). pap. 9.95 *(978-1-63738-466-4(1),* Apex) North Star Editions.

Alligators. Martha London. 2019. (Wild about Animals Ser.). (ENG., Illus.). 32p. (J). (gr. 3-3). pap. 9.95 *(978-1-64494-242-0(9),* 1644942429) Bigfoot Bks. GBR. Dist: North Star Editions.

Alligators. Julie Murray. 2019. (Animal Kingdom Ser.). (ENG.). 32p. (J). (gr. 2-5). lib. bdg. 34.21 *(978-1-5321-1613-1(6),* 32337, Big Buddy Bks.) ABDO Publishing Co.

Alligators. Alicia Rodriguez. 2022. (Asian Animals Ser.). (ENG.). 16p. (J). (gr. -1-1). pap. 7.95 *(978-1-63897-554-0(X),* 19272); lib. bdg. 25.27 *(978-1-63897-439-0(X),* 19271) Seahorse Publishing.

Alligators. Leo Statts. 2016. (Swamp Animals Ser.). (ENG.). 24p. (J). (gr. -1-2). 49.94 *(978-1-68079-374-1(8),* 22995, Abdo Zoom-Launch) ABDO Publishing Co.

Alligators: Reptiles & Amphibians Facts & Picture Book for Children. Bold Kids. 2022. (ENG.). 46p. (J). pap. 14.99 *(978-1-0717-0866-8(X))* FASTLANE LLC.

Alligators All Around: An Alphabet. Maurice Sendak. Illus. by Maurice Sendak. 2018. (ENG., Illus.). 32p. (J). (gr. -1-3). pap. 7.95 *(978-0-06-285436-0(4),* HarperCollins) HarperCollins Pubs.

Alligators All Around Board Book: An Alphabet. Maurice Sendak. Illus. by Maurice Sendak. 2017. (ENG., Illus.). 32p. (J). (gr. -1-3). bds. 8.95 *(978-0-06-266807-3(2),* HarperCollins) HarperCollins Pubs.

Alligators, Alligators. Eve Bunting. Illus. by Diane Ewen. 2023. (ENG.). 32p. (J). (gr. -1-3). 19.99 ***(978-1-328-84626-6(1),*** Clarion Bks.) HarperCollins Pubs.

Alligators Alligators F&g. Bunting. 2023. (ENG.). (J). 17.99 ***(978-1-328-84627-3(X),*** HarperCollins) HarperCollins Pubs.

Alligators & Crocodiles. Victoria Marcos. 2018. (Discover Reading Ser.). (ENG., Illus.). 32p. (J). (gr. -1-3). pap. 9.99 *(978-1-5324-0537-2(5))* Xist Publishing.

Alligators & Crocodiles. Joanne Mattern. 2018. (Core Content Science — Animal Look-Alikes Ser.). (ENG., Illus.). 32p. (J). (gr. 2-4). lib. bdg. 23.99 *(978-1-63440-209-5(X),* 90ae212e-aa72-4373-b646-4b6fd1225669) Red Chair Pr.

Alligators & Crocodiles. Ellis M. Reed. 2020. (Comparing Animal Differences Ser.). (ENG.). 24p. (J). (gr. k-3). lib. bdg. 32.79 *(978-1-5038-3590-0(1),* 213365) Child's World, Inc, The.

Alligators & Crocodiles. Leonard Lee Rue. 2019. (Creatures of the Ocean Ser.). (Illus.). 80p. (J). (gr. 12). lib. bdg. 34.60 *(978-1-4222-4304-6(4))* Mason Crest.

Alligators & Crocodiles Can't Chew! And Other Amazing Facts (Ready-To-Read Level 2) Thea Feldman. Illus. by Lee Cosgrove. 2021. (Super Facts for Super Kids Ser.). (ENG.). 32p. (J). (gr. k-2). 17.99 *(978-1-5344-7980-7(5))*; pap. 4.99 *(978-1-5344-7979-1(1))* Simon Spotlight. (Simon Spotlight).

Alligators & Crocodiles (New & Updated) Gail Gibbons. 2023. 32p. (J). (gr. -1-3). 18.99 ***(978-0-8234-5448-8(7))*** Holiday Hse., Inc.

Alligator's Day. Howie Minsky. 2019. (Hello, Everglades! Ser.). (ENG.). 16p. (J). (gr. -1-2). pap. 11.36 *(978-1-5341-5720-0(4),* 214135, Cherry Blossom Press) Cherry Lake Publishing.

Alligators Don't Peep: The Adventures of Ellen & Eric. Dayle Huffman. Illus. by Bambi Wright. 2018. (ENG.). 26p. (J). (gr. k-4). pap. 9.95 *(978-0-692-06796-3(5))* Grateful Abundance Publishing.

Alligator's Friends. Jenifer Purcell Rosenberg. 2023. (ENG.). 32p. (J). pap. 12.99 ***(978-1-63789-575-7(5),*** Wonderstruck Bks.) Crossroad Pr.

Alligators from Head to Tail, 1 vol. Emmett Martin. 2020. (Animals from Head to Tail Ser.). (ENG.). 24p. (J). (gr. k-2). pap. 9.15 *(978-1-5382-5522-3(7),* 0b9619aa-9e0f-42ad-ba2a-bf76c75b5782) Stevens, Gareth Publishing LLLP.

Alligators. Grandes Dents. Chasseurs Féroces! Alan Walker. Tr. by Annie Evearts. 2021. (Faits Pour Survivre (Built to Survive) Ser.). (FRE.). 24p. (J). (gr. k-2). pap. *(978-1-0396-0814-6(0),* 12610) Crabtree Publishing Co.

Alligators on the Loose: ... & Counting! Kathryn Giggies. 2018. (ENG., Illus.). 46p. (J). pap. 14.95 *(978-1-64299-369-1(7))* Christian Faith Publishing.

Alligators Overhead: The Adventures of Pete & Weasel Book 1. C. Lee McKenzie. 2018. (Adventures of Pete & Weasel Ser.: Vol. 1). (ENG., Illus.). 204p. (J). (gr. 4-6). pap. 10.33 *(978-1-7320103-0-7(7),* C. Lee McKenzie) McKenzie, Cheryl.

Alligator's Smile: And Other Poems. Jane Yolen. Photos by Jason Stemple. 2016. (ENG., Illus.). 32p. (J). (gr. 3-6). 19.99 *(978-1-4677-5575-7(3),* 128e7ad1-4c39-4355-a7ed-70e6e7ba7e2b); E-Book 30.65 *(978-1-5124-1110-2(8))* Lerner Publishing Group. (Millbrook Pr.).

Allin Winfield: A Romance (Classic Reprint) George Ethelbert Walsh. 2017. (ENG., Illus.). (J). 340p. 30.91 *(978-0-332-79999-5(9))*; pap. 13.57 *(978-1-5276-9096-7(2))* Forgotten Bks.

Allira the Fairy - Our Yarning. Tyra Hayward. Illus. by Clarice Masajo. 2022. (Our Yarning Ser.). (ENG.). 24p. (J). pap. ***(978-1-922932-96-9(5))*** Library For All Limited.

Allison Santa's Secret Elf. Put Me In The Story & Katherine Sully. Illus. by Julia Seal. 2018. (Santa's Secret Elf Ser.). (ENG.). 32p. (J). (gr. k-3). 5.99 *(978-1-4926-8115-1(6))* Sourcebooks, Inc.

Allison the Alligator. Amy Provencal. 2019. (ENG., Illus.). 32p. (J). 13.95 *(978-1-64471-115-6(X))* Covenant Bks.

Allison the Butterfly. Diane Askew. 2018. (ENG.). 28p. (J). pap. 12.95 *(978-1-64214-245-7(X))* Page Publishing Inc.

Allison's Christmas Wish. Put Me In The Story & J. D. Green. Illus. by Julia Seal. 2018. (Christmas Wish Ser.). (ENG.). 32p. (J). (gr. k-3). 6.99 ***(978-1-4926-8302-5(7))*** Sourcebooks, Inc.

Alliteration: A Picture Book & Board Game for All Ages! J. Y. Johnson-Garcia. Illus. by J. Y. Johnson-Garcia. 2020. (ENG.). 36p. (J). pap. 11.99 *(978-1-7339560-4-8(2))* J.Y. Johnson-Garcia.

Allons Au Carnaval! Une Célébration à Sainte-Lucie. Baptiste Paul. Illus. by Jana Glatt. 2021. (FRE.). 32p. (J). (gr. -1-5). 9.99 *(978-1-64686-216-0(3))* Barefoot Bks., Inc.

Allorah & the Alligator. Tracilyn George. Illus. by Anik Cousineau. 2023. (ENG.). 26p. (J). pap. 12.99 ***(978-1-77475-523-5(8))*** Draft2Digital.

Allosaurus see Alosaurio

Allosaurus. Grace Hansen. 2017. (Dinosaurs Set 2 Ser.). (ENG., Illus.). 24p. (J). (gr. -1-2). lib. bdg. 32.79 *(978-1-5321-0035-2(3),* 25148, Abdo Kids) ABDO Publishing Co.

Allosaurus. Julie Murray. 2022. (Dinosaurs Ser.). (ENG., Illus.). 24p. (J). (gr. k-4). lib. bdg. 31.36 *(978-1-0982-2825-5(1),* 39929, Abdo Zoom-Dash) ABDO Publishing Co.

Allosaurus. Arnold Ringstad. 2019. (Dinosaurs Ser.). (ENG., Illus.). 24p. (J). (gr. -1-1). pap. 8.95 *(978-1-64185-548-8(7),* 1641855487) North Star Editions.

Allosaurus. Arnold Ringstad. 2018. (Dinosaurs Ser.). (ENG., Illus.). 24p. (J). (gr. -1-1). lib. bdg. 31.36 *(978-1-5321-6177-3(8),* 30137, Pop! Cody Koala) Pop!.

Allosaurus. Rebecca Sabelko. Illus. by James Kuether. 2020. (World of Dinosaurs Ser.). (ENG.). 24p. (J). (gr. 3-7). pap. 8.99 *(978-1-68103-835-3(8),* 12924); lib. bdg. 26.95 *(978-1-64487-290-1(0))* Bellwether Media.

Allosaurus: The Troublesome Tooth, 1 vol. Catherine Veitch. Illus. by Steve Brown. 2020. (Dinosaur Adventures Ser.). (ENG.). 24p. (J). (gr. 1-2). pap. 9.25 *(978-1-4994-8485-4(2),*

54

The check digit for ISBN-10 appears in parentheses after the full ISBN-13

A

417bbed6-cc62-4aaa-900d-951ab36b4645, Windmill Bks.) Rosen Publishing Group, Inc., The.

Allosaurus & Its Relatives: The Need-To-Know Facts. Megan Cooley Peterson. Illus. by Jon Hughes. 2016. (Dinosaur Fact Dig Ser.). (ENG.). 32p. (J). (gr. -1-2). lib. bdg. 27.99 *(978-1-5157-2697-5(5),* 133126, Capstone Pr.) Capstone.

Allosaurus to Zuniceratops: The a to Z Dinosaur Activity Book. Bobo's Children Activity Books. 2016. (ENG., Illus.). (J). pap. 7.99 *(978-1-68327-290-8(0))* Sunshine In My Soul Publishing.

All's Fair (Classic Reprint) Richard Wormser. 2018. (ENG., Illus.). (J). 160p. 27.22 *(978-0-365-67553-2(9));* 162p. pap. 9.57 *(978-0-365-67547-1(4))* Forgotten Bks.

All's Fair in Love & War (Classic Reprint) Unknown Author. 2018. (ENG., Illus.). 24p. (J). 24.39 *(978-0-267-47175-1(0))* Forgotten Bks.

All's Faire in Middle School. Victoria Jamieson. 2017. (Illus.). 264p. (J). (gr. 4-7). 22.99 *(978-0-525-42998-2(0));* pap. 12.99 *(978-0-525-42999-9(9))* Penguin Young Readers Group. (Dial Bks).

All's Faire in Middle School. Victoria Jamieson. ed. 2017. lib. bdg. 24.50 *(978-0-606-40484-6(8))* Turtleback.

All's Fairy in Love & War: Avalon Web of Magic Book 8. Rachel Roberts. Illus. by Allison Strom. 2018. (ENG.). 178p. (J). (gr. 2-6). pap. 9.99 *(978-1-941015-38-4(7))* Red Sky Presents.

All's Happy That Ends Happy. Rose Lagercrantz. Illus. by Eva Eriksson. 2020. (My Happy Life Ser.). (ENG.). 224p. (J). (gr. k-3). 18.99 *(978-1-77657-292-2(0),* 38bf1430-ac3a-4bf5-b3a9-25a07ea63dd5) Gecko Pr. NZL. Dist: Lerner Publishing Group.

All's Not Gold That Glitters: Or the Young Californian (Classic Reprint) Alice B. Haven. 2018. (ENG., Illus.). 230p. (J). 28.64 *(978-0-484-34719-8(5))* Forgotten Bks.

All's Right with the World. Jennifer Adams. Illus. by Christopher Silas Neal. 2023. (ENG.). 32p. (J). (gr. -1-3). 17.99 *(978-0-06-296248-5(5),* Balzer & Bray) HarperCollins Pubs.

All's Well, or Alice's Victory (Classic Reprint) Emily Sarah Holt. 2018. (ENG., Illus.). 326p. (J). 30.62 *(978-0-267-28901-1(4))* Forgotten Bks.

All's Well That Ends Well. William Shakespeare. 2017. (ENG., Illus.). (J). 23.95 *(978-1-374-82360-0(0));* pap. 13.95 *(978-1-374-82359-4(7))* Capital Communications, Inc.

All's Well That Ends Well: a Shakespeare Children's Story. William Shakespeare. 2020. (Sweet Cherry Easy Classics Ser.). (ENG., Illus.). 64p. (J). 6.95 *(978-1-78226-725-6(5),* 0f411953-2201-4bb9-95a9-6f62dec41cfd) Sweet Cherry Publishing GBR. Dist: Baker & Taylor Publisher Services (BTPS).

All's Well That Ends Well: a Shakespeare Children's Story. Illus. by Macaw Books. ed. 2020. (Sweet Cherry Easy Classics Ser.). (ENG.). 64p. (J). 5.99 *(978-1-78226-718-8(2),* 8dbd6bba-4b10-49b2-bf8f-fda1247b4559) Sweet Cherry Publishing GBR. Dist: Baker & Taylor Publisher Services (BTPS).

Allward: A Story of Gypsy Life (Classic Reprint) Ethel Stefana Stevens. 2018. (ENG., Illus.). (J). 396p. 32.06 *(978-0-366-73818-2(6));* 398p. pap. 16.57 *(978-0-366-73815-1(1))* Forgotten Bks.

Ally. Anna Banks. 2018. (Nemesis Ser.: 2). (ENG.). 336p. (YA). pap. 16.99 *(978-1-250-18075-9(9),* 900190255) Square Fish.

Ally & Jordi's Adventure Through Florida. Rachel Porter. 2017. (ENG., Illus.). 52p. (J). pap. *(978-1-4675-7968-1(8))* Independent Pub.

Ally Baby Can: Be an Eco-Activist. Nyasha Williams. Illus. by Jade Orlando. 2023. (Ally Baby Can Ser.: 2). (ENG.). 32p. (J). (gr. -1-3). 9.99 *(978-0-06-321456-9(3),* HarperCollins) HarperCollins Pubs.

Ally Baby Can: Be Antiracist. Nyasha Williams. Illus. by Jade Orlando. 2023. (Ally Baby Can Ser.: 3). (ENG.). 32p. (J). (gr. -1-3). 12.99 *(978-0-06-321453-8(9),* HarperCollins) HarperCollins Pubs.

Ally Baby Can: Be Feminist. Nyasha Williams. Illus. by Jade Orlando. 2022. (Ally Baby Can Ser.: 1). (ENG.). 32p. (J). (gr. -1-3). 8.99 *(978-0-06-321454-5(7),* HarperCollins) HarperCollins Pubs.

Ally Bally Bee: A Lift-The-flap Book, 30 vols. Illus. by Kathryn Selbert. 2022. (Scottish Rhymes Ser.). 12p. (J). 9.95 *(978-1-78250-439-9(7),* Kelpies) Floris Bks. GBR. Dist: Consortium Bk. Sales & Distribution.

Ally Cat, a Tale of Survival. Kathleen J. Shields. 2017. (ENG.). 268p. (YA). (gr. 7-12). pap. 12.95 *(978-1-941345-22-1(0))* Erin Go Bragh Publishing.

Ally-Mae Goes to the Doctor Today: Perfect Love Casts Out All Fear. Ammy Mae Bhramayana. Illus. by Satoshi Danny Waite & Carmelina Joy Waite. 2022. (ENG.). 30p. (J). 21.99 ***(978-1-6628-6268-7(7));*** pap. 10.99 ***(978-1-6628-6267-0(9))*** Salem Author Services.

Ally-Sauria y el Primer día de Escuela (Spanish Edition) Richard Torrey. 2023. (Ally-Saurus Ser.). 36p. (J). (gr. k-3). 8.99 ***(978-1-4549-5074-5(9),*** Union Square Pr.) Sterling Publishing Co., Inc.

Ally-Saurus & the First Day of School. Richard Torrey. 2021. (Ally-Saurus Ser.). (Illus.). 32p. (J). (gr. -1). bds. 7.95 *(978-1-4549-4345-7(9))* Sterling Publishing Co., Inc.

Ally the Accepting Alligator. Kim Trumbo & Fanny Liem. 2016. (ENG., Illus.). (J). pap. 9.49 *(978-0-9961703-2-1(4))* Generosity Philosophy.

Ally's Apple Days. Hope Allison Robinson. 2021. (ENG.). 22p. (J). 22.95 *(978-1-64559-530-4(7));* pap. 12.95 *(978-1-64559-529-8(3))* Covenant Bks.

Ally's Birth-Day: The Cadi & Carpet-Mender (Classic Reprint) Unknown Author. 2018. (ENG., Illus.). 50p. (J). 24.93 *(978-0-267-51643-8(6))* Forgotten Bks.

Ally's Mad Mystery. Jessica Brody. 2017. 185p. (J). pap. *(978-1-4847-9931-4(3))* Disney Publishing Worldwide.

Alma: Or, the Story of a Little Music Mistress (Classic Reprint) Emma Marshall. 2018. (ENG., Illus.). 294p. (J). 29.96 *(978-0-483-77328-8(X))* Forgotten Bks.

Alma & Her Family/Alma y Su Familia. Juana Martinez-Neal. Illus. by Juana Martinez-Neal. ed. 2023. (Alma's Words/Las Palabras de Alma Ser.).Tr. of Alma & Her Family/Alma y Su Familia. 24p. (J). (-k). bds. 8.99 ***(978-0-7636-9362-6(6))*** Candlewick Pr.

Alma & How She Got Her Name. Juana Martinez-Neal. Illus. by Juana Martinez-Neal. (ENG.). 32p. (J). (gr. -1-3). 2023. 8.99 ***(978-1-5362-2043-8(4));*** 2018. (Illus.). 17.99 *(978-0-7636-9355-8(3))* Candlewick Pr.

Alma Extranjera. M2r Pikiuriis. 2017. (SPA., Illus.). 54p. (J). pap. *(978-1-365-82955-0(3))* Lulu Pr., Inc.

Alma, Head to Toe/Alma, de Pies a Cabeza. Juana Martinez-Neal. Illus. by Juana Martinez-Neal. ed. 2023. (Alma's Words/Las Palabras de Alma Ser.).Tr. of Alma, Head to Toe/Alma, de Pies a Cabeza. 24p. (J). (-k). bds. 8.99 ***(978-1-5362-2887-8(7))*** Candlewick Pr.

Alma Mater: A Story of College Life, Written in Commemoration of the Fiftieth Anniversary of Elmhurst College at Elmhurst, Illinois (Classic Reprint) Frederick Baltzer. (ENG., Illus.). (J). 2017. 27.90 *(978-0-331-62078-8(2));* 2016. pap. 10.57 *(978-1-334-11763-3(2))* Forgotten Bks.

Alma Mater's Mirror, 1887 (Classic Reprint) Thomas Spencer Baynes. (ENG., Illus.). (J). 2018. 290p. 29.88 *(978-0-428-89980-6(3));* 2016. pap. 13.57 *(978-1-334-14963-4(1))* Forgotten Bks.

Alma Oscura. Karina Tapia. 2019. (SPA.). 492p. (YA). (gr. 7-12). pap. 21.95 *(978-1-61244-738-4(4))* Halo Publishing International.

Alma Presses Play. Tina Cane. 2021. 336p. (YA). (gr. 7). 17.99 *(978-0-593-12114-6(7),* Make Me a World) Random Hse. Children's Bks.

Alma Speaks up / Alma Habla (Alma's Way Storybook #1) (Bilingual) (Bilingual Edition), Vol. 1. G. M. King. ed. 2023. (Alma's Way Ser.). (SPA.). 24p. (J). (gr. -1-3). pap. 5.99 *(978-1-338-85008-6(3))* Scholastic, Inc.

Alma Woodsey Thomas: Painter & Educator, 1 vol. Charlotte Etinde-Crompton & Samuel Willard Crompton. 2019. (Celebrating Black Artists Ser.). (ENG.). 104p. (gr. 7-7). 38.93 *(978-1-9785-1468-3(9),* e209b4fd-1309-4def-935a-f3066ac49b20) Enslow Publishing, LLC.

Alma y Cómo Obtuvo Su Nombre. Juana Martinez-Neal. Illus. by Juana Martinez-Neal. (SPA.). 32p. (J). (gr. -1-3). 2022. 7.99 *(978-1-5362-2042-1(6));* 2018. (Illus.). 17.99 *(978-0-7636-9358-9(8))* Candlewick Pr.

Almack's Revisited, Vol. 2 of 3 (Classic Reprint) Charles White. 2017. (ENG., Illus.). (J). 332p. 30.76 *(978-0-484-79889-1(8));* pap. 13.57 *(978-0-259-02802-4(9))* Forgotten Bks.

Almack's, Vol. 1 Of 2: A Novel (Classic Reprint) Marianne Spencer Stanhope. (ENG., Illus.). (J). 2018. 604p. 36.35 *(978-0-267-00474-4(5));* 2017. pap. 19.57 *(978-0-243-97601-0(1))* Forgotten Bks.

Almack's, Vol. 1 Of 3: A Novel (Classic Reprint) Marianne Spencer Stanhope Hudson. 2018. (ENG., Illus.). 408p. (J). 32.33 *(978-0-666-85647-0(8))* Forgotten Bks.

Almanac, Vol. 16: Published by the Annual Board of the Toledo Central High School, 1914 (Classic Reprint) Toledo Central High School. (ENG., Illus.). (J). 2018. 208p. 28.21 *(978-0-483-69331-9(6));* 2016. pap. 10.57 *(978-1-333-46620-6(X))* Forgotten Bks.

Almanzar (Classic Reprint) J. Frank Davis. (ENG., Illus.). (J). 2018. 236p. 28.78 *(978-0-365-50576-1(5));* 2017. pap. 11.57 *(978-0-259-10177-2(X))* Forgotten Bks.

Almas Perdidas Libro 1: la Revelación / the Revelation. Lost Souls, Book 1. Ariana Godoy. 2023. (Wattpad. Almas Perdidas Ser.: 1). (SPA.). 336p. (YA). (gr. 9). pap. 18.95 ***(978-1-64473-647-0(0),*** Montena) Penguin Random House Grupo Editorial ESP. Dist: Penguin Random Hse. LLC.

Almas Perdidas Libro 2: el Nuevo Mundo / the New World. Lost Souls, Book 2. Ariana Godoy. 2023. (Wattpad. Almas Perdidas Ser.: 2). (SPA.). 336p. (YA). (gr. 9). pap. 18.95 ***(978-607-38-3240-3(0),*** Montena) Penguin Random House Grupo Editorial ESP. Dist: Penguin Random Hse. LLC.

Almendra. Won-Pyung Sohn. 2022. (SPA.). 256p. (YA). (gr. 7). pap. 15.95 *(978-607-557-307-6(0))* Editorial Oceano de Mexico MEX. Dist: Independent Pubs. Group.

Almighty Sun: Importance of the Biggest Star in Our Solar System Energy, Environment & Climate Grade 3 Children's Physics Books. Baby Professor. 2021. (ENG.). 72p. (J). 27.99 *(978-1-5419-7295-7(3));* pap. 16.99 *(978-1-5419-5899-9(3))* Speedy Publishing LLC. (Baby Professor (Education Kids)).

Almira, Vol. 1: Being the History of a Young Lady of Good Birth & Fortune, but More Distinguish'd Merit (Classic Reprint) Unknown Author. (ENG., Illus.). (J). 2018. 200p. 28.04 *(978-0-428-50607-0(0));* 2017. pap. 10.57 *(978-0-259-27846-7(7))* Forgotten Bks.

Almocreve de Petas, Ou Moral Disfarcada, para Correccao das Miudezas Da Vida, Vol. 1 (Classic Reprint) José Daniel Rodrigues da Costa. 2017. (POR., Illus.). (J). 328p. 30.66 *(978-0-332-31426-6(X));* 330p. pap. 13.57 *(978-0-332-31420-4(0))* Forgotten Bks.

Almocreve de Petas, Ou Moral Disfarcada, para Correccao das Miudezas Da Vida, Vol. 2 (Classic Reprint) José Daniel Rodrigues da Costa. 2017. (POR., Illus.). (J). pap. 13.97 *(978-0-243-50439-8(X))* Forgotten Bks.

Almocreve de Petas, Ou Moral Disfarçada, para Correcção das Miudezas Da Vida, Vol. 2 (Classic Reprint) José Daniel Rodrigues da Costa. 2018. (POR., Illus.). 368p. (J). 31.49 *(978-0-666-27780-0(X))* Forgotten Bks.

Almocreve de Petas, Ou Moral Disfarçada, para Correcção das Miudezas Da Vida, Vol. 3 (Classic Reprint) José Daniel Rodrigues da Costa. 2018. (POR., Illus.). (J). 448p. 33.14 *(978-0-366-84178-3(5));* 450p. pap. 16.57 *(978-0-366-84170-7(X))* Forgotten Bks.

Almond. Allen Say. Illus. by Allen Say. 2020. (ENG., Illus.). 32p. (J). (gr. -1-3). 18.99 *(978-1-338-30037-6(7),* Scholastic Pr.) Scholastic, Inc.

Almond-Blossom (Classic Reprint) Olive Wadsley. (ENG., Illus.). (J). 2018. 374p. 31.61 *(978-0-484-77769-8(6));* 2016. pap. 13.97 *(978-1-334-09196-4(X))* Forgotten Bks.

Almond-Eyed: A Story of the Day (Classic Reprint) Atwell Whitney. 2017. (ENG., Illus.). (J). 28.08 *(978-0-331-63209-5(8))* Forgotten Bks.

Almonds of Life (Classic Reprint) F. E. Mills Young. (ENG., Illus.). (J). 2018. 310p. 30.29 *(978-0-483-38878-9(5));* 2016. pap. 13.57 *(978-1-334-15797-4(9))* Forgotten Bks.

Almoran & Hamet, Vol. 1 Of 2: An Oriental Tale (Classic Reprint) John Hawkesworth. 2018. (ENG., Illus.). 156p. (J). 27.16 *(978-0-332-08926-3(6))* Forgotten Bks.

Almost a Priest: A Tale That Deals in Facts (Classic Reprint) Julia McNair Wright. 2018. (ENG., Illus.). 444p. (J). 33.05 *(978-0-483-65279-8(2))* Forgotten Bks.

Almost a Silent Night. Nate Colson. 2019. (ENG., Illus.). 32p. (J). 24.95 *(978-1-64559-027-9(5));* pap. 14.95 *(978-1-64559-026-2(7))* Covenant Bks.

Almost a World Record Breaker. Molly B. Burnham. ed. 2016. (Teddy Mars Ser.: 1). (J). lib. bdg. 17.20 *(978-0-606-38132-1(5))* Turtleback.

Almost Adulting: All You Need to Know to Get It Together (Sort Of) Arden Rose. (ENG., Illus.). (YA). (gr. 8). 2018. 224p. pap. 10.99 *(978-0-06-257411-4(6));* 2017. 208p. 18.99 *(978-0-06-257410-7(8))* HarperCollins Pubs. (HarperCollins).

Almost Always Best, Best Friends. Apryl Stott. Illus. by Apryl Stott. 2022. (ENG., Illus.). 40p. (J). (gr. -1-3). 17.99 *(978-1-5344-9909-6(1),* Simon & Schuster Bks. For Young Readers) Simon & Schuster Bks. For Young Readers.

Almost American Girl: An Illustrated Memoir. Robin Ha. Illus. by Robin Ha. 2020. (ENG., Illus.). 240p. (J). (gr. 8). 22.99 *(978-0-06-268510-0(4));* pap. 12.99 *(978-0-06-268509-4(0))* HarperCollins Pubs. (Balzer & Bray).

Almost Everybody Farts. Marty Kelley. (Everybody Farts Ser.). (J). (gr. -1). 2019. 28p. bds. 8.99 *(978-1-4549-3430-1(1));* 2017. (Illus.). 32p. 12.95 *(978-1-4549-1954-4(X))* Sterling Publishing Co., Inc.

Almost Everybody Farts: the Reek-Quel. Marty Kelley. 2022. (Everybody Farts Ser.). (Illus.). 32p. (J). (gr. -1-k). 16.99 *(978-1-4549-4377-8(7))* Sterling Publishing Co., Inc.

Almost Exmoor. R. S. Turner. 2019. (ENG., Illus.). 188p. (J). (gr. 2-3). pap. *(978-1-913071-10-3(3))* 2QT, Ltd. (Publishing).

Almost Flying. Jake Maia Arlow. 352p. (J). (gr. 5-9). 2023. 8.99 *(978-0-593-11294-6(6));* 2021. 17.99 *(978-0-593-11293-9(8))* Penguin Young Readers Group. (Dial Bks).

Almost Impossible. Nicole Williams. 2018. 272p. (YA). (gr. 9). pap. 9.99 *(978-0-553-49881-3(9),* Crown Books For Young Readers) Random Hse. Children's Bks.

Almost Invisible, 1 vol. Maureen Garvie. 2018. (ENG.). 192p. (J). (gr. 6-8). 16.95 *(978-1-77306-078-1(3))* Groundwood Bks. CAN. Dist: Publishers Group West (PGW).

Almost, Maine: A Novel. John Cariani. 2023. (ENG.). 352p. (YA). pap. 11.99 *(978-1-250-10289-8(8),* 900163389) Square Fish.

Almost Midnight. C. C. Hunter. 2016. (Shadow Falls: after Dark Ser.). (ENG.). 416p. (YA). pap. 16.00 *(978-1-250-08100-1(9),* 900154290, St. Martin's Griffin) St. Martin's Pr.

Almost Nothing, yet Everything: A Book about Water. Hiroshi Osada. Tr. by David Boyd. Illus. by Ryoji Arai. 2021. 44p. (J). (gr. k-5). 17.95 *(978-1-59270-357-9(7))* Enchanted Lion Bks., LLC.

Almost Paradise. Corabel Shofner. 2018. (ENG.). 304p. (J). pap. 19.99 *(978-1-250-15858-1(3),* 900157543) Square Fish.

Almost Paradise. Corabel Shofner. ed. 2018. (J). lib. bdg. 18.40 *(978-0-606-41107-3(0))* Turtleback.

Almost Summer All Year. Cynthia A. Wheeler. 2020. (ENG.). 12p. (J). *(978-1-6781-2016-0(2))* Lulu Pr., Inc.

Almost the Same — Kids Spot the Different Activity Book. Activity Book Zone for Kids. 2016. (ENG., Illus.). (J). pap. 7.55 *(978-1-68376-072-6(7))* Sabeels Publishing.

Almost There-A Twisted Tale. Farrah Rochon. 2022. (Twisted Tale Ser.). (ENG.). 464p. (YA). (gr. 7-12). 18.99 *(978-1-368-07756-9(0),* Disney-Hyperion) Disney Publishing Worldwide.

Almost There & Almost Not. Linda Urban. 2021. (ENG.). 224p. (J). (gr. 5). 17.99 *(978-1-5344-7880-0(9),* Atheneum Bks. for Young Readers) Simon & Schuster Children's Publishing.

Almost Time. Gary D. Schmidt & Elizabeth Stickney. Illus. by G. Brian Karas. 2020. (ENG.). 32p. (J). (gr. -1-3). 17.99 *(978-0-544-78581-6(9),* 1638579, Clarion Bks.) HarperCollins Pubs.

Almost True Adventures of Brandon & Josh. Barry M. Fellinger. Illus. by Sonia Facchin-Brulé. 2022. (ENG.). 128p. (J). pap. ***(978-0-2288-7825-4(X))*** Tellwell Talent.

Almosts: A Study of the Feeble-Minded (Classic Reprint) Helen Macmurchy. 2018. (ENG., Illus.). 192p. (J). 27.86 *(978-0-267-22352-7(8))* Forgotten Bks.

Almuerzo en Las Hojas. Marzieh A. Ali. Illus. by Lala Stellune. 2023. (Nadia & Nadir (Spanish Version) Ser.). (SPA.). 32p. (J). (gr. -1-3). lib. bdg. 32.79 ***(978-1-0982-3748-6(X),*** 42810, Calico Chapter Bks) Magic Wagon.

Alo Man: Stories from the Congo (Classic Reprint) Mara L. Pratt-Chadwick. 2017. (ENG., Illus.). (J). 27.55 *(978-0-331-19591-0(7));* pap. 9.97 *(978-0-265-01283-3(X))* Forgotten Bks.

Aloe to ZZ: A Tropical Houseplant ABC Adventure. Erica Henderson. Illus. by Rebecca Bender. 2022. (ENG.). 48p. (J). *(978-1-5255-8296-7(8));* pap. *(978-1-5255-8295-0(X))* FriesenPress.

Alo'ha! a Hawaiian Salutation (Classic Reprint) George Leonard Chaney. 2017. (ENG., Illus.). 322p. (J). 30.56 *(978-0-332-95422-6(6))* Forgotten Bks.

Aloha Beach Chicken. Dawn Clower. Illus. by Shiloh Strain. 2017. (Beach Chicken Ser.: Vol. 2). (ENG.). (J). (gr. k-2). pap. 12.99 *(978-0-692-96780-5(X))* hart Hse. publishing's.

Aloha, Hawaii! Martha Zschock. 2018. (Hello Ser.). (ENG., Illus.). 16p. (J). bds. 9.99 *(978-1-938700-55-2(4),* Commonwealth Editions) Applewood Bks.

Aloha Kanaka: A Story of Life at a Girl's Camp (Classic Reprint) Edward Leeds Gulick. (ENG., Illus.). (J). 2017. 28.97 *(978-0-266-39501-0(5));* 2016. pap. 11.57 *(978-1-334-15418-8(X))* Forgotten Bks.

Aloha 'Oe. Stephanie Solomon. 2022. (ENG.). 28p. (J). pap. 13.00 ***(978-1-0878-9598-7(7))*** Indy Pub.

Alola Chapter Book Collection. Jeanette Lane. 2018. (Pokémon Ser.). (ENG.). 96p. (J). (gr. 2-5). 19.96 *(978-1-338-32862-2(X))* Scholastic, Inc.

Alola Deluxe Activity Book (Pokémon) Scholastic. 2019. (ENG.). 80p. (J). (gr. 2-5). pap. 12.99 *(978-1-338-30472-5(0))* Scholastic, Inc.

Alola Region Handbook (Pokémon) Scholastic. 2017. (ENG., Illus.). 192p. (J). (gr. 2-5). pap. 9.99 *(978-1-338-14862-6(1))* Scholastic, Inc.

Alon Makes a Difference. Katherine Ranga. Illus. by Rimpa Das. 2020. (ENG.). 46p. (J). pap. 11.00 *(978-1-64871-920-2(1))* Primedia eLaunch LLC.

Alondra. Gina Femia. 2023. (ENG.). 320p. (YA). 19.99 *(978-0-374-38845-4(8),* 900238705, Farrar, Straus & Giroux (BYR)) Farrar, Straus & Giroux.

Alondra: La Viejita Del Piso de Arriba. Maurice Farias. 2019. (SPA.). 50p. (J). pap. *(978-1-716-63870-1(4))* Lulu Pr., Inc.

Alondra en el Cielo. Beatriz Ramona Coronado Ortega. 2023. (SPA.). 138p. (J). pap. 25.00 ***(978-1-63765-405-7(7))*** Halo Publishing International.

Alondras Al Vuelo. Karen Gregory. 2019. (SPA.). 352p. (YA). (gr. 9-12). pap. 18.95 *(978-607-453-628-7(7))* Spanish Pubs., LLC.

Alone. Marvelous Aderibigbe. 2021. (ENG.). 68p. (J). pap. 15.00 *(978-1-953507-62-4(X))* Brightlings.

Alone. Cyn Balog. (ENG.). (YA). (gr. 8-12). 2018. 304p. pap. 10.99 *(978-1-4926-6086-6(8));* 2017. 288p. 17.99 *(978-1-4926-5547-3(3))* Sourcebooks, Inc.

Alone! Barry Falls. 2021. (ENG., Illus.). 40p. (J). pap. 8.99 *(978-1-84365-467-4(9),* Pavilion Children's Books) Pavilion Bks. GBR. Dist: HarperCollins Pubs.

Alone. Megan E. Freeman. (ENG.). 416p. (J). (gr. 5). 2022. pap. 8.99 *(978-1-5344-6757-6(2));* 2021. 18.99 *(978-1-5344-6756-9(4))* Simon & Schuster Children's Publishing. (Aladdin).

Alone. Scott Sigler. 2017. (Generations Trilogy Ser.: 3). 560p. (YA). (gr. 9). pap. 15.00 *(978-0-553-39321-7(9),* Del Rey) Random Hse. Worlds.

Alone. Scott Stuart. 2022. (ENG., Illus.). 32p. (J). (gr. -1-17). 14.99 *(978-1-76121-045-7(9))* Hardie Grant Bks. AUS. Dist: Hachette Bk. Group.

Alone: A Beautiful Land of Dreams (Classic Reprint) George Wesley Davis. 2018. (ENG., Illus.). 168p. (J). 27.36 *(978-0-484-06119-3(4))* Forgotten Bks.

Alone: The Journeys of Three Young Refugees. Paul Tom. Tr. by Arielle Aaronson. Illus. by Mélanie Baillairgé. 2023. (ENG.). 144p. (J). (gr. 3-7). 21.99 *(978-1-77306-927-2(6))* Groundwood Bks. CAN. Dist: Publishers Group West (PGW).

Alone: The Rebels of Neosalem. Fabien Vehlmann. 2021. (Alone Ser.: Volume 12). (Illus.). 48p. (J). (gr. 5-9). pap. 11.95 *(978-1-80044-023-4(5))* CineBook GBR. Dist: National Bk. Network.

Alone, but Not Lonely. Tvisha Gupta. 2022. (ENG.). 224p. (YA). pap. 16.99 ***(978-1-956380-24-8(6))*** Society of Young Inklings.

Alone (Classic Reprint) Norman Douglas. 2017. (ENG., Illus.). (J). 31.40 *(978-0-260-53794-2(2));* pap. 13.97 *(978-0-243-51749-7(1))* Forgotten Bks.

Alone (Classic Reprint) Marion Harland. (ENG., Illus.). (J). 2018. 388p. 31.90 *(978-0-484-56210-2(X));* 2016. pap. 16.57 *(978-1-333-75758-8(1))* Forgotten Bks.

Alone in the Dark. By Gloria Quinones. 2016. (ENG., Illus.). (J). pap. 9.99 *(978-1-4984-8536-4(7))* Salem Author Services.

Alone in the Metal. C. A. Stampley. Ed. by Chris Elston & Andrea Elston. 2023. (ENG.). 342p. (YA). pap. 18.99 ***(978-1-953158-84-0(6))*** Shine-A-Light Pr.

Alone in the Night. Laurie Stewart. Photos by Unsplash Com. 2016. (ENG., Illus.). (J). pap. *(978-0-9950101-4-7(5))* Corvid Moon Publishing.

Alone in the Night. Holly Webb. Illus. by Sophy Williams. 2017. 126p. (J). *(978-1-5182-5346-1(6))* Tiger Tales.

Alone in the Wilderness: One Man's Survival in the Forests & Nature of Maine As a Wild Man of America. Joseph Knowles. 2018. (ENG., Illus.). 110p. (J). pap. *(978-0-359-01389-0(9))* Lulu Pr., Inc.

Alone in the Wilderness: One Man's Survival in the Forests & Nature of Maine As a Wild Man of America (Hardcover) Joseph Knowles. 2018. (ENG., Illus.). 110p. (J). *(978-0-359-01388-3(0))* Lulu Pr., Inc.

Alone in the Wilderness (Classic Reprint) Joseph Knowles. 2017. (ENG., Illus.). (J). 31.26 *(978-1-5285-4672-0(5))* Forgotten Bks.

Alone in the Woods. Rebecca Behrens. 2020. (Illus.). 320p. (J). (gr. 3-7). (ENG.). 16.99 *(978-1-4926-7337-8(4));* pap. 7.99 *(978-1-7282-3101-3(9))* Sourcebooks, Inc.

Alone in West Africa (Classic Reprint) Mary Gaunt. 2018. (ENG., Illus.). 654p. (J). 37.41 *(978-0-428-86547-4(X))* Forgotten Bks.

Alone on a Wide Wide Sea, Vol. 1 of 3 (Classic Reprint) W. Clark Russell. (ENG., Illus.). (J). 2019. 342p. 30.95 *(978-0-267-32824-6(9));* 2016. pap. 13.57 *(978-1-333-54477-5(4))* Forgotten Bks.

Alone on a Wide Wide Sea, Vol. 2 of 3 (Classic Reprint) W. Clark Russell. 2018. (ENG., Illus.). 308p. (J). 30.27 *(978-0-267-20598-1(8))* Forgotten Bks.

Alone on a Wide Wide Sea, Vol. 3 of 3 (Classic Reprint) William Clark Russell. 2017. (ENG., Illus.). (J). 30.43 *(978-0-331-63468-6(6))* Forgotten Bks.

Alone Together. Scholastic, Inc. Staff. 2018. (My Arabic Library). (ARA.). 36p. (J). pap. 7.99 *(978-1-338-26775-4(2))* Scholastic, Inc.

Alone Vol. 11: the Nailers in the Night. Illus. by Bruno Gazzotti & Bruno Gazzotti. 2020. (Alone Ser.: 11). 48p. (J). (gr. 5-17). pap. 11.95 *(978-1-84918-538-7(7))* CineBook GBR. Dist: National Bk. Network.

Along Came a Fox. Georgiana Deutsch. Illus. by Cally Johnson-Isaacs. 2020. (ENG.). 32p. (J). (gr. -1-2). 17.99 *(978-1-68010-226-0(5))* Tiger Tales.

Along Came Bud: A Two Act Comedy (Classic Reprint) Ross Farquhar. (ENG., Illus.). (J). 2018. 28p. 24.47 *(978-0-483-97568-2(0));* 2016. pap. 7.97 *(978-1-334-13482-1(0))* Forgotten Bks.

Along Came Coco: A Story about Coco Chanel. Eva Byrne. 2019. (ENG., Illus.). 32p. (J). (gr. -1-3). 16.99

(978-1-4197-3425-0(3), 1264801, Abrams Bks. for Young Readers) Abrams, Inc.

Along Came Maddie: Football Tryouts. Asia J. Crandall. 2016. (ENG., Illus.). (J). 22.95 (978-1-4808-3431-6(9)); pap. 16.95 (978-1-4808-3430-9(0)) Archway Publishing.

Along Chinese Roads (Classic Reprint) Irene Lewall Dornblaser. 2017. (ENG., Illus.). (J). 28p. 24.47 (978-0-484-69950-1(4)); pap. 7.97 (978-0-259-78675-7(6)) Forgotten Bks.

Along for the Ride. Rachel Meinke. 2021. (ENG.). 312p. (YA). pap. 10.99 (978-1-989365-45-8(0), 900225687) Wattpad Bks. CAN. Dist: Macmillan.

Along for the Ride: (Movie Tie-In) Sarah Dessen. ed. 2022. (ENG., Illus.). 432p. (J). (gr. 9). pap. 11.99 (978-0-593-52500-5(0), Viking Books for Young Readers) Penguin Young Readers Group.

Along for the Ride (Set), 4 vols. 2017. (Along for the Ride Ser.). (ENG., Illus.). 48p. (J). (gr. 3-7). lib. bdg. 136.88 (978-1-5321-3000-7(7), 25546, Spellbound) Magic Wagon.

Along Four-Footed Trails: Wild Animals of the Plains As I Knew Them (Classic Reprint) Ruth A. Cook. 2018. (ENG., Illus.). 268p. (J). 29.44 (978-0-364-21094-9(X)) Forgotten Bks.

Along Freedom's Rails. Christine Ruland. 2018. (ENG., Illus.). 110p. (YA). pap. 12.95 (978-1-64349-773-0(1)) Christian Faith Publishing.

Along French Byways (Classic Reprint) Clifton Johnson. 2017. (ENG., Illus.). (J). 31.59 (978-0-266-74982-0(8)) Forgotten Bks.

Along New England Roads (Classic Reprint) W. C. Prime. 2017. (ENG., Illus.). 220p. (J). 28.43 (978-0-331-03911-5(7)) Forgotten Bks.

Along Shore with a Man-Of-war. Marguerite Dickens. 2017. (ENG.). 274p. (J). pap. (978-3-337-00926-7(3)) Creation Pubs.

Along Shore with a Man-Of-War (Classic Reprint) Marguerite Dickens. 2018. (ENG., Illus.). 270p. (J). 29.47 (978-0-365-44642-2(4)) Forgotten Bks.

Along the Florida Reef (Classic Reprint) Charles Frederick Holder. 2018. (ENG., Illus.). 290p. (J). 29.88 (978-0-267-79682-3(X)) Forgotten Bks.

Along the Friendly Way: Reminiscences & Impressions (Classic Reprint) James Meeker Ludlow. 2018. (ENG., Illus.). 364p. (J). 31.42 (978-0-483-10662-8(3)) Forgotten Bks.

Along the Indigo. Elsie Chapman. 2018. (ENG.). 392p. (gr. 8-17). 17.99 (978-1-4197-2531-9(9), Amulet Bks.) Abrams, Inc.

Along the King's Highway or the Invisible Route: A Romance of the Southern United States (Classic Reprint) John Caroline Dial Shook. (ENG., Illus.). (J). 2018. 530p. 34.83 (978-0-483-23081-1(2)); 2017. pap. 19.57 (978-1-331-22024-4(6)) Forgotten Bks.

Along the Missouri (Classic Reprint) Harry Van DeMark. 2018. (ENG., Illus.). 76p. (J). 25.46 (978-0-267-20644-5(5)) Forgotten Bks.

Along the Mohawk Trail, or Boy Scouts on Lake Champlain (Classic Reprint) Percy Keese Fitzhugh. (ENG., Illus.). (J). 2018. 410p. 32.35 (978-0-365-15497-6(0)); 2017. pap. 16.57 (978-0-259-51084-0(X)) Forgotten Bks.

Along the Old Roads of Cape Ann (Classic Reprint) Unknown Author. (ENG., Illus.). (J). 2018. 110p. 26.17 (978-0-267-96058-3(1)); 2016. pap. 9.57 (978-1-334-27628-6(5)) Forgotten Bks.

Along the Old Trail, Vol. 1: Pioneer Sketches of Arrow Rock & Vicinity (Classic Reprint) Thomas Claiborne Rainey. 2018. (ENG., Illus.). 106p. (J). 26.10 (978-0-267-84968-0(0)) Forgotten Bks.

Along the Orinoco, or with Frank Reade, Jr., in Venezuela (Classic Reprint) Luis Senarens. 2018. (ENG., Illus.). (J). 44p. 24.82 (978-1-396-67596-6(5)); 46p. pap. 7.97 (978-1-391-98426-1(9)) Forgotten Bks.

Along the Rio Grande (Classic Reprint) Tracy Hammond Lewis. 2017. (ENG., Illus.). (J). 29.07 (978-0-331-38616-5(X)) Forgotten Bks.

Along the Road (Classic Reprint) Unknown Author. 2018. (ENG., Illus.). 24p. (J). 24.41 (978-0-267-27867-1(5)) Forgotten Bks.

Along the Saltwise Sea. A. Deborah Baker. 2021. (Up-And-under Ser.: 2). (ENG.). 208p. 19.99 (978-1-250-76828-5(4), 900233063, Tor.com) Doherty, Tom Assocs., LLC.

Along the Tapajós. Fernando Vilela. Tr. by Daniel Hahn. Illus. by Fernando Vilela. 2019. (ENG., Illus.). 40p. (J). (gr. k-3). 17.99 (978-1-5420-0868-6(9), 9781542008686, AmazonCrossing) Amazon Publishing.

Along the Trail: In Which Marjorie Finds That Everyone Does Not Hurry Past the Rough Places on the Rail, & Why (Classic Reprint) Katherine M. Yates. (ENG., Illus.). (J). 2018. 62p. 25.18 (978-0-483-58623-9(4)); 2016. pap. 9.57 (978-1-334-12967-4(3)) Forgotten Bks.

Along Turkish Highways (Classic Reprint) C. Henry Holbrook. 2017. (ENG., Illus.). (J). 24.47 (978-0-331-50178-0(3)); pap. 7.97 (978-0-331-32095-4(9)) Forgotten Bks.

Along with You. Michelle Areaux. 2018. (ENG., Illus.). 148p. (YA). pap. 9.99 (978-1-970068-09-2(4)) Kingston Publishing Co.

Alongside Being Notes Suggested by a New England Boyhood of Doctor Edward Everett Hale (Classic Reprint) Caroline Wells Healey Dall. 2018. (ENG., Illus.). 106p. (J). 26.08 (978-0-332-93255-2(9)) Forgotten Bks.

Alonica: Rise of the Dragon Heirs. Greg Kelso. 2016. (Alonica Ser.: Vol. 1). (ENG.). 386p. (YA). (gr. 9-12). pap. 13.99 (978-1-7331092-1-5(8)) GMKelso.

Alonica: Splitting Heirs. Greg Kelso. 2019. (Alonica Ser.: Vol. 2). (ENG.). 298p. (YA). (gr. 8-12). pap. 11.99 (978-1-7331092-0-8(X)) GMKelso.

Alonzo & Melissa; or the Unfeeling Father: An American Tale (Classic Reprint) Daniel Jackson. 2018. (ENG., Illus.). 186p. (J). 27.75 (978-0-267-45419-8(8)) Forgotten Bks.

Alora & the Alligator. Tracilyn George. 2020. (ENG.). (J). 40p. pap. 23.26 (978-1-716-35627-8(X)); 38p. pap. 13.00 (978-1-7774435-0-4(4)); 28p. pap. 18.50 (978-1-716-48731-6(5)) Lulu Pr., Inc.

Alora the Last Disciple of Oswinaeron. Dawna Teater. 2021. (ENG.). 48p. (YA). pap. 11.95 (978-1-63881-016-2(8)) Newman Springs Publishing, Inc.

Alora's ABC Book. Jim Allen Jackson. 2021. (ENG.). 34p. (J). pap. (978-1-68474-447-3(4)) Lulu Pr., Inc.

Alora's ABC Book: Written & Illustrated by Jim Allen Jackson. Jim Allen Jackson. 2021. (ENG.). 31p. (J). (978-1-716-08299-3(4)) Lulu Pr., Inc.

Alora's Christmas Tree. Jim Allen Jackson. 2021. (ENG.). 33p. (J). pap. (978-1-6671-9047-1(4)) Lulu Pr., Inc.

Alora's Christmas Tree: Graphic Design by Craig Taylor Written & Illustrated by Jim Allen Jackson. Jim Allen Jackson. 2021. (ENG.). 25p. (J). (978-1-716-10607-1(9)) Lulu Pr., Inc.

Alora's Counting Book: Graphic Design by Craig Taylor Written & Illustrated by Jim Allen Jackson. Jim Allen Jackson. 2021. (ENG.). 31p. (J). (978-1-716-11157-0(9)) Lulu Pr., Inc.

Alora's Easter. Jim Allen Jackson. 2021. (ENG.). 34p. (J). pap. (978-1-6671-9052-5(0)) Lulu Pr., Inc.

Alora's Easter: Graph Design Craig Taylor Written & Illustrated by Jim Allen Jackson. Jim Allen Jackson. 2021. (ENG.). 28p. (J). (978-1-716-08265-8(X)) Lulu Pr., Inc.

Alora's Fangtastic Friends: Written & Illustrated by Jim Allen Jackson. Jim Allen Jackson. 2021. (ENG.). 34p. (J). pap. (978-1-68474-444-2(X)) Lulu Pr., Inc.

Alora's Halloween: Graphic Design by Craig Taylor Written & Illustrated by Jim Allen Jackson. Jim Allen Jackson. 2021. (ENG.). (J). 32p. pap. (978-1-6671-8494-4(6)); 24p. (978-1-716-10110-6(7)) Lulu Pr., Inc.

Alora's St. Patrick's Day. Jim Allen Jackson. 2021. (ENG.). (J). 39p. pap. (978-1-6671-9045-7(8)); 32p. (978-1-716-10123-6(9)) Lulu Pr., Inc.

Alora's Thanksgiving: Graphic Design by Craig Taylor Written & Illustrated by Jim Allen Jackson. Jim Allen Jackson. 2021. (ENG.). 36p. (J). pap. (978-1-6671-8483-8(0)) Lulu Pr., Inc.

Alora's Valentine: Graphic Design by Craig Taylor Written & Illustrated by Jim Allen Jackson. Jim Allen Jackson. 2021. (ENG.). (J). 34p. pap. (978-1-6671-8491-3(1)); 25p. (978-1-716-10603-3(6)) Lulu Pr., Inc.

Alosaurio. Grace Hansen. 2017. (Dinosaurios (Dinosaurs Set 2) Ser.). Tr. of Allosaurus. (SPA., Illus.). 24p. (J). (gr. -1-2). lib. bdg. 32.79 (978-1-5321-0648-4(3), 27239, Abdo Kids) ABDO Publishing Co.

Alotta the Girl Who Walks with Dragons. Joan Hall. Ed. by Joan Hall. 2017. (Enchanted Ser.: Vol. 1). (ENG., Illus.). 234p. (J). pap. 11.99 (978-0-9819815-8-1(5)) Hall, Joan.

Alpaca Bag. Mae Q. Howell. Illus. by Kay Widdowson. 2020. (Pun with Animals Ser.). (ENG.). 14p. (J). (gr. k-2). bds. 8.99 (978-1-4867-1811-5(6), 22c82e82-8d4c-4d90-bf58-2377b2ab3c99) Flowerpot Pr.

Alpaca Coloring Book: Adult Coloring Book, Gifts for Alpaca Lovers, Floral Mandala Coloring Pages, Animal Coloring Book, Activity Coloring. Illus. by Paperland Online Store. 2021. (ENG.). 42p. (J). pap. (978-1-6671-4709-3(9)) Lulu Pr., Inc.

Alpaca in My Pocket. Karen L. Cantley. 2023. (ENG.). 38p. (J). (978-0-2288-8189-6(7)); pap. (978-0-2288-8190-2(0)) Tellwell Talent.

Alpaca Laca Shish Boom Bang! Maria Taylor. 2018. (ENG., Illus.). 18p. (J). (978-0-359-17218-4(0)) Lulu Pr., Inc.

Alpaca Lunch. Jennifer Churchman & John Churchman. 2018. (Sweet Pea & Friends Ser.: 4). (ENG., Illus.). 40p. (J). (gr. -1-3). 17.99 (978-0-316-41160-8(4)) Little, Brown Bks. for Young Readers.

Alpaca My Bags: a Wish Novel. Jenny Goebel. 2020. (ENG.). 272p. (J). (gr. 3-7). pap. 6.99 (978-1-338-60890-8(8)) Scholastic, Inc.

Alpaca or Llama. Tamra Orr. 2019. (21st Century Junior Library: Which Is Which? Ser.). (ENG., Illus.). 24p. (J). (gr. 2-5). pap. 12.79 (978-1-5341-5019-5(6), 213383); lib. bdg. 30.64 (978-1-5341-4733-1(0), 213382) Cherry Lake Publishing.

Alpaca Pati's Fancy Fleece. Tracey Kyle. Illus. by Yoss Sanchez. 2019. (ENG.). 32p. (J). (gr. -1-3). 17.99 (978-0-7624-9414-9(X), Running Pr. Kids) Running Pr.

Alpacas, 1 vol. Alonso Garcia. 2017. (Wild & Woolly Ser.). (ENG.). 24p. (J). (gr. 3-3). 25.27 (978-1-5383-2523-0(3), 3eee6935-e631-4cc0-8f08-b6770e47309e, PowerKids Pr.) Rosen Publishing Group, Inc., The.

Alpacas, 2 vols. Michelle Hasselius. 2016. (Farm Animals Ser.). (ENG.). (J). 53.32 (978-1-5157-5672-9(6)); (Illus.). 24p. (gr. -1-2). lib. bdg. 27.32 (978-1-5157-0924-4(8), 132226, Capstone Pr.) Capstone.

Alpacas. Lydia Lukidis. 2019. (J). (978-1-7911-1640-8(X), AV2 by Weigl) Weigl Pubs., Inc.

Alpactory: Ready, Pack, Go! Ruth Chan. 2021. (ENG., Illus.). 40p. (J). (gr. -1-3). 17.99 (978-0-06-290951-0(7), HarperCollins) HarperCollins Pubs.

Alpha. Jus Accardo. 2018. (Infinity Division Novel Ser.: 3). (ENG.). 400p. (YA). pap. 9.99 (978-1-64063-185-4(2), 900190792) Entangled Publishing, LLC.

Alpha, 1917 (Classic Reprint) Boston Normal School. (ENG., Illus.). (J). 2018. 114p. 26.25 (978-0-332-93580-5(9)); 2016. pap. 9.57 (978-1-334-27558-6(0)) Forgotten Bks.

Alpha & Omega. TAN Books. 2021. (ENG.). (J). (gr. 8-8). pap. 29.95 (978-1-5051-1927-5(8), 2958) TAN Bks.

Alpha-Animals. Nick Lowe. 2020. (Alpha-Animals Letter Sounds a to Z Ser.: Vol. 1). (ENG.). 66p. (J). pap. 13.99 (978-1-7355006-1-4(5)) Preston, Matt LLC.

Alpha Beta Chowder. Jeanne Steig. Illus. by William Steig. 2016. (ENG.). 48p. (J). (gr. -1-3). 17.99 (978-1-4814-4060-8(8), Atheneum/Caitlyn Dlouhy Books) Simon & Schuster Children's Publishing.

Alpha, Bravo, Charlie: el Libro Sobre Los Códigos Náuticos (Alpha, Bravo, Charlie) (Spanish Edition) Sara Gillingham. 2016. (SPA.). 112p. (J). (gr. 1-3). 19.95 (978-0-7148-7191-2(5)) Phaidon Pr., Inc.

Alpha Buddies Land. Donna M. Rink. (ENG.). 56p. (J). 2021. 34.99 (978-0-578-33380-9(5)); 2019. (Illus.). pap. 17.99 (978-0-578-46331-5(8)) Alpha Buddies Inc.

Alpha King's Mate. Anedria White. 2017. (ENG.). 120p. (J). pap. (978-1-365-98923-0(2)) Lulu Pr., Inc.

Alpha-Mania Adventures: Captain Ray & the Rhyming Pirates: a Rhyming Book. Jennifer Makwana. Illus. by Jalisa Henry. 2016. (Pirates Ser.: Vol. 1). (ENG.). (J). pap. (978-0-9947637-4-7(3)) Ruth Rumack's Learning Space.

Alpha-Mania Adventures: Slomo's Secret Treasure: a Blending Book. Jennifer Makwana. Illus. by Jalisa Henry. 2016. (Pirates Ser.: Vol. 2). (ENG.). (J). pap. (978-0-9947637-5-4(1)) Ruth Rumack's Learning Space.

Alpha-Mania Adventures: The Complete Set. Jennifer Makwana. Illus. by Jalisa Henry. 2017. (ENG.). 188p. (J). (gr. k-3). pap. (978-0-9959587-5-3(0)) Ruth Rumack's Learning Space.

Alpha-Mania Adventures: The Fantastic Floating Feast: an Alliteration Book. Danielle Van Bakel. Illus. by Jalisa Henry. 2016. (Pirates Ser.: Vol. 3). (ENG.). (J). pap. (978-0-9947637-6-1(X)) Ruth Rumack's Learning Space.

Alpha-Mania Adventures: The Great Riddle Race: a Sound Manipulation Book. Jennifer Makwana. Illus. by Jalisa Henry. 2016. (Pirates Ser.: Vol. 5). (ENG.). (J). pap. (978-0-9947637-8-5(6)) Ruth Rumack's Learning Space.

Alpha-Mania Adventures: The Splitter Critter & the Greedy Pirates: a Segmenting Book. Jennifer Makwana. Illus. by Jalisa Henry. 2016. (Pirates Ser.: Vol. 4). (ENG.). (J). pap. (978-0-9947637-7-8(8)) Ruth Rumack's Learning Space.

Alpha Wave. Andrew Demcak. 2018. (Elusive Spark Ser.: 2). (ENG., Illus.). 220p. (YA). (gr. 7-12). pap. 14.99 (978-1-64080-193-6(6), Harmony Ink Pr.) Dreamspinner Pr.

AlphaBark Park. Meg Dieter. 2023. (ENG.). 62p. (J). pap. (978-1-83934-407-7(5)) Olympia Publishers.

Alphabeasts: A Monstrously Fun Book. Hazel Quintanilla. 2023. (ENG.). 48p. (J). (gr. k-2). 17.99 (978-1-4867-2781-0(6), 6f390cfd-d6f9-495a-bb68-e5d3f9972fac) Flowerpot Pr.

Alphabedtime. Susanna Leonard Hill. Illus. by Betsy Snyder. 2022. 32p. (J). (-k). 17.99 (978-0-399-16841-3(9), Nancy Paulsen Books) Penguin Young Readers Group.

Alphabet. Armadillo Press Staff. 2018. (Illus.). 24p. (J). (gr. -1-12). bds. 6.99 (978-1-86147-664-7(7), Armadillo) Anness Publishing GBR. Dist: National Bk. Network.

Alphabet. Cassie Gitkin. Illus. by Michael S. Miller. 2022. (Active Minds: Graphic Novels Ser.). (ENG.). 24p. (J). (gr. k-2). lib. bdg. 24.69 (978-1-64996-175-4(8), 4930, Sequoia Kids Media) Phoenix International Publications, Inc.

Alphabet. Oliver Jeffers. Illus. by Oliver Jeffers. 2017. (ENG., Illus.). 26p. (J). (— 1). bds. 9.99 (978-0-399-54542-9(5), Philomel Bks.) Penguin Young Readers Group.

Alphabet. Nat Lambert. Illus. by Barry Green. 2022. (I Can Do It! Ser.). (ENG.). 12p. (J). 9.99 (978-1-80105-254-2(9)) Top That! Publishing PLC GBR. Dist: Independent Pubs. Group.

Alphabet. Ed. by Rainstorm Publishing. Illus. by Simon Abbott. 2019. (Let's Get Talking Ser.). (ENG.). 20p. (J). bds. 7.99 (978-1-77402-002-9(5)) Rainstorm Pr.

Alphabet. Ed. by Rainstorm Publishing. Illus. by Laila Hills. 2019. (Love to Learn Ser.). (ENG.). 20p. (J). bds. 8.99 (978-1-926444-61-1(2)) Rainstorm Pr.

Alphabet. Ed. by Rainstorm Publishing. Illus. by Jennie Bradley. 2019. (Handle Board Ser.). (ENG.). 20p. (J). bds. 7.99 (978-1-926444-48-2(5)) Rainstorm Pr.

Alphabet: A Fun Book to Practice Writing Learn How to Write Cursive a - Z Preschool Practice Handwriting Workbook Learn to Write for Kids Ages 3-5. Timothy C. Watterson. 2021. (ENG.). 130p. (J). pap. (978-0-9693728-6-8(8)) Think Publishing Ltd.

Alphabet: Fine Motor Skills & Letter Recognition. Des. by Flowerpot Press. 2020. (ENG.). 24p. (J). (gr. -1-1). bds. 9.99 (978-1-4867-1803-0(5), 610556ae-2ad9-427c-94e3-d88b64d4f1ac) Flowerpot Pr.

Alphabet: Flash Cards, 56 vols. School Zone Publishing Company Staff. rev. ed. 2019. (ENG., Illus.). 56p. (J). (gr. -1-k). 3.49 (978-0-938256-86-1(6), 4c2dc327-ab90-4b03-a859-1a3481275005) School Zone Publishing Co.

Alphabet: Terentian Metres; Good, Better, Best, Well, &C.; Second Issue, with a Paper on the Pronouns of the Third Person (Classic Reprint) Thomas Hewitt Key. (ENG., Illus.). (J). 2018. 234p. 28.72 (978-0-656-24866-7(1)); 2017. pap. 11.57 (978-0-282-17463-7(X)) Forgotten Bks.

Alphabet 12 Board Books. Little Grasshopper Books & Publications International Ltd. Staff. 2019. (Early Learning Ser.). (ENG.). 120p. (J). (gr. -1 — 1). bds. 15.98 (978-1-64030-949-4(7), 6104900) Publications International, Ltd.

Alphabet Activities Practice Book Toddler-Grade K - Ages 1 To 6. Pfiffikus. 2016. (ENG., Illus.). (J). pap. 10.81 (978-1-68377-636-9(4)) Whike, Traudl.

Alphabet Activity Book: Awesome Homeschool Preschool Learning Activities for Kids. Monica Freeman. 2020. (ENG.). 106p. (J). pap. 5.99 (978-1-716-31401-8(1)) Lulu Pr., Inc.

Alphabet Activity Book for Kids Ages 5-6 - Trace the Letters & Coloring Book: Amazing Activity Book for Preschool Kids Ages 5-6 to Trace the Alphabet Big Letters & Color the Animals for Sound Recognition. Pippa McSimon. 2021. (ENG.). 126p. (J). pap. 12.00 (978-1-60107-166-8(3)) Univ. of California, Agriculture and Natural Resources.

Alphabet Adventure for Little Boys. Anthony Eden. 2016. (ENG., Illus.). (J). pap. (978-1-5272-0236-8(4)) Cambrian Way Trust.

Alphabet Alligator: Fold-Out Accordion Book. IglooBooks. Illus. by Sally Payne. 2021. (ENG.). 26p. (J). (— 1). bds., bds. 8.99 (978-1-83903-267-7(7)) Igloo Bks. GBR. Dist: Simon & Schuster, Inc.

Alphabet & Affirmations with the Black Unicorn. Sandra Elaine Scott. Illus. by Jasmine Mills. 2021. (ENG.). 64p. (J). 22.00 (978-0-9969049-5-7(6)) Vision Your Dreams.

Alphabet & Animals. Caroline Springer Marchand. 2020. (Did You Know Ser.). (ENG.). 36p. (J). pap. (978-1-5255-6293-8(2)); (978-1-5255-6292-1(4)) FriesenPress.

Alphabet & Coloring Skills Activity Book for Kids. Bobo's Children Activity Books. 2016. (ENG., Illus.). (J). pap. 7.99 (978-1-68327-413-1(X)) Sunshine In My Soul Publishing.

Alphabet & Family Values. Caroline Springer Marchand. 2022. (Did You Know Ser.). (ENG.). 40p. (J). (978-1-0391-3941-1(8)); pap. (978-1-0391-3940-4(X)) FriesenPress.

Alphabet & Handwriting Practice Workbook for Preschool Kids Ages 3-6: Handwriting Practice for Kids to Improve Pen Control, Alphabet Comprehension, Word Development & to Build Writing Confidence. Romney Nelson. 2021. (ENG., Illus.). 112p. (J). pap. (978-1-922568-41-0(4)) Life Graduate, The.

Alphabet & Most Commonly Used Words in French: Language Second Grade Children's Foreign Language Books. Baby Professor. 2017. (ENG., Illus.). (J). pap. 9.55 (978-1-5419-2594-6(7), Baby Professor (Education Kids)) Speedy Publishing LLC.

Alphabet & Most Commonly Used Words in Spanish: Language Second Grade Children's Foreign Language Books. Baby Professor. 2017. (ENG., Illus.). (J). pap. 9.55 (978-1-5419-2593-9(9), Baby Professor (Education Kids)) Speedy Publishing LLC.

Alphabet & Number Mazes for Beginners: (Ages 4-8) Maze Activity Workbook. Ashley Lee. 2020. (ENG.). 80p. (J). pap. (978-1-77437-926-4(0)) AD Classic.

Alphabet & Numbers: Alphabet a to M; Alphabet N to Z; Numbers 1 to 5; Numbers 6 To 10, 4 vols. Tiger Tales. Illus. by Artful Doodlers. 2020. (My First Home Learning Ser.). (ENG.). 128p. (J). (gr. -1-2). pap. 12.99 (978-1-68010-495-0(0)) Tiger Tales.

Alphabet Animals. Lynnie Adrian. 2022. (ENG., Illus.). 46p. (J). pap. 16.95 (978-1-63961-973-3(9)) Christian Faith Publishing.

Alphabet Animals Coloring Book for Kids: Easy Educational Coloring Pages of Animal Letters a to Z for Boys & Girls, Little Kids, Preschool, Kindergarten & Elementary. Jasmine Taylor. 2021. (ENG.). 57p. (J). pap. (978-1-7947-9874-8(9)) Lulu Pr., Inc.

Alphabet Animals Colouring Book. B. A. Publications. 2023. (ENG.). 55p. (J). pap. (978-1-4478-6788-3(2)) Lulu Pr., Inc.

Alphabet Antics. Robert Heidbreder. Illus. by Philippe Béha. 2022. (ENG.). 56p. (J). (gr. -1-k). 17.95 (978-1-926890-38-8(8)) Tradewind Bks. CAN. Dist: Orca Bk. Pubs. USA.

Alphabet Authors. Kathleen Corrigan. 2023. (Decoables - Search for Sounds Ser.). (ENG.). 16p. (J). (gr. k-k). 27.93 (978-1-68450-721-4(9)); pap. 11.93 (978-1-68404-865-6(6)) Norwood Hse. Pr.

Alphabet Balloons Coloring Book for Children (6x9 Coloring Book / Activity Book) Sheba Blake. 2021. (ENG.). 56p. (J). pap. 9.99 (978-1-222-29016-5(2)) Indy Pub.

Alphabet Balloons Coloring Book for Children (8. 5x8. 5 Coloring Book / Activity Book) Sheba Blake. 2021. (ENG.). 56p. (J). pap. 12.99 (978-1-222-29183-4(5)) Indy Pub.

Alphabet Balloons Coloring Book for Children (8x10 Coloring Book / Activity Book) Sheba Blake. 2021. (ENG.). 56p. (J). pap. 14.99 (978-1-222-29017-2(0)) Indy Pub.

Alphabet Bible. Sierra E. Ward. 2022. (ENG.). 34p. (J). pap. 24.99 (978-0-578-33723-4(1)) Ward, Sierra.

Alphabet Boats. Samantha R. Vamos. Illus. by Ryan O'Rourke. 2018. 32p. (J). (gr. -1-2). lib. bdg. 14.99 (978-1-58089-731-0(2)) Charlesbridge Publishing, Inc.

Alphabet Book Activity Book - Ladybird Readers Starter Level 1. Ladybird. 2019. (Ladybird Readers Ser.). 16p. (gr. k). pap. 6.99 (978-0-241-39385-7(X), Ladybird) Penguin Bks., Ltd. GBR. Dist: Independent Pubs. Group.

Alphabet Book for Children of the Heavenly Way: A Parent Read- along Book. Amelia Wu. Illus. by Gloria Gao. 2018. (ENG.). 64p. (J). 26.95 (978-1-64258-222-2(0)) Christian Faith Publishing.

Alphabet Book of Breathing for Children. Marj Murray & Audrey Redmond. Illus. by Brian Van Wyk. 2023. (ENG.). 68p. (J). pap. (978-0-6397-1617-6(2)) African Public Policy & Research Institute, The.

Alphabet Book of Lowercase Letters. Helena Feltus. Illus. by Helena Feltus. 2018. (ENG., Illus.). 36p. (J). (gr. k-1). 22.00 (978-1-7320292-0-0(2)) Qum.

Alphabet Book of Uppercase Letters (Workbook) Learning Dodo Inc. Illus. by Learning Dodo Inc. 2019. (Education Series, Reading Ser.: Vol. 1). (ENG., Illus.). 58p. (J). pap. (978-1-9994773-5-6(9)) Learning Dodo.

Alphabet (Collins Children's Poster) Collins Kids. Illus. by Steve Evans. 2018. (ENG.). 1p. (J). (-4). 9.99 (978-0-00-830469-0(6)) HarperCollins Pubs. Ltd. GBR. Dist: Independent Pubs. Group.

Alphabet Coloring & Tracing Book for Kids. Deeasy Books. 2021. (ENG.). 104p. (J). pap. 8.00 (978-1-716-18718-6(4)) Indy Pub.

Alphabet Coloring Book. Lubna Jawad. 2021. (ENG.). 54p. (J). pap. (978-1-68474-613-2(2)) Lulu Pr., Inc.

Alphabet Coloring Book: Letters Coloring Book- Fun Coloring Book for Toddlers&kids-Preschool Coloring Book- Lulu Berry. 2021. (ENG.). 58p. (J). pap. 9.99 (978-1-716-23303-6(8)) Lulu Pr., Inc.

Alphabet Coloring Book for Kids: ABC Letter Tracing, Animals Coloring Book for Toddlers & Preschool Kids. Coloristica. 2021. (ENG.). 108p. (J). pap. (978-1-008-98844-6(8)) Lulu.com.

Alphabet Coloring Book for Kids Ages 3-5. Yka Bloomfield. 2021. (ENG.). 58p. (J). pap. 7.29 (978-1-716-18115-3(1)) Lulu Pr., Inc.

Alphabet Coloring Book for Preschoolers: (Ages 4-5) ABC Letter Guides, Letter Tracing, Coloring, Activities, & More! (Large 8. 5 X11 Size) Lauren Dick. 2020. (ENG.). 70p. (J). pap. (978-1-77437-912-7(0)) AD Classic.

Alphabet Connect the Dots: Themeless Edition - Reading Book for Preschool Children's Reading & Writing Books. Baby Professor. 2016. (ENG., Illus.). 64p. (J). pap. 12.99 (978-1-5419-2924-1(1), Baby Professor (Education Kids)) Speedy Publishing LLC.

Alphabet, Counting & Coloring Skills Activity Book for Kids. Bobo's Children Activity Books. 2016. (ENG., Illus.). (J). pap. 7.99 (978-1-68327-434-6(2)) Sunshine In My Soul Publishing.

Alphabet, Countries & Maps Coloring Book. Cristie Publishing. 2020. (ENG.). 56p. (J). pap. 8.99 (978-1-716-27800-6(7)) Lulu Pr., Inc.

56

The check digit for ISBN-10 appears in parentheses after the full ISBN-13

Alphabet Dance. Manjit Legha. 2021. (ENG.). 28p. (J). 12.00 *(978-1-63640-256-7(9)*, White Falcon Publishing) White Falcon Publishing.

Alphabet de l'Imperfection et Malice des Femmes: Reveu, Corrige, et Augmente d'un Friand Dessert et de Plusieurs Histoires Pour les Courtisans et Partisans de la Femme Mondaine (Classic Reprint) Jacques Olivier. 2017. (FRE., Illus.). (J). pap. 13.57 *(978-1-332-67757-3(6))* Forgotten Bks.

Alphabet de l'Imperfection et Malice des Femmes: Reveu, Corrigé, et Augmenté d'un Friand Dessert et de Plusieurs Histoires Pour les Courtisans et Partisans de la Femme Mondaine (Classic Reprint) Jacques Olivier. 2018. (FRE., Illus.). 304p. (J). 30.19 *(978-0-484-61880-9(6))* Forgotten Bks.

Alphabet Dinosaur Coloring Book for Kids: Coloring Book Dinosaur for Kids Ages 3-6:25 Drawings with Drawing Letters in the Shape of a Dinosaurs. Konkoly Jm. 2021. (ENG.). 54p. (J). *(978-1-326-06614-7(5)*, Jonathan Cape) Penguin Random Hse.

Alphabet Dinosaurs Coloring Book for Children (6x9 Coloring Book / Activity Book) Sheba Blake. 2021. (ENG.). 56p. (J). pap. 9.99 *(978-1-222-28989-3(X))* Indy Pub.

Alphabet Dinosaurs Coloring Book for Children (8. 5x8. 5 Coloring Book / Activity Book) Sheba Blake. 2021. (ENG.). 56p. (J). pap. 12.99 *(978-1-222-29180-3(0))* Indy Pub.

Alphabet Dinosaurs Coloring Book for Children (8x10 Coloring Book / Activity Book) Sheba Blake. 2021. (ENG.). 56p. (J). pap. 14.99 *(978-1-222-28990-9(3))* Indy Pub.

Alphabet Dot to Dot Workbook Prek-Grade 1 - Ages 4 To 7. Prodigy. 2016. (ENG., Illus.). (J). pap. 9.25 *(978-1-68323-168-4(6))* Twin Flame Productions.

Alphabet Dot-To-Dots: Learn the Letters a to Z. Genie Espinosa. 2019. (ENG.). 96p. (J). pap. 9.99 *(978-1-78950-030-1(3)*, 84d3381a-206f-4161-870c-9dbdaa59ef46) Arcturus Publishing GBR. Dist: Baker & Taylor Publisher Services (BTPS).

Alphabet Experience with the Letter A. Cartrice Covin. 2017. (ENG., Illus.). (J). pap. 12.99 *(978-0-9988740-5-0(1))* Mindstir Media.

Alphabet Expert's Connect the Dots Activity Book. Smarter Activity Books for Kids. 2016. (ENG., Illus.). (J). pap. 8.99 *(978-1-68374-283-8(4))* Examined Solutions PTE. Ltd.

Alphabet Family. Leonard Judge. Illus. by Meiling Liu & Steve Hutchison. 2020. (ENG.). 60p. (J). pap. *(978-1-77205-475-0(5))* DC Canada International (DDCI) Corp.

Alphabet Family & Friends a to Z. Lisa Narciso. 2nd ed. 2022. (ENG.). 56p. (J). 29.99 ***(978-1-0879-2147-1(3))*** Indy Pub.

Alphabet for Life. Fran Norris. 2019. (ENG., Illus.). 30p. (J). pap. ***(978-1-913136-02-4(7))*** Clink Street Publishing.

alphabet Français et Anglais / the French & English Alphabet Book. Beverly Pearl. 2022. (FRE.). 32p. (J). pap. ***(978-1-387-94018-9(X))*** Lulu Pr., Inc.

Alphabet Fun, 56 vols. School Zone Publishing Company Staff. 2019. (ENG.). 36p. (J). (gr. -1-k). 3.49 *(978-0-88743-472-3(X)*, 67830f17-aa05-4ce8-9cd6-39aa8658ab02) School Zone Publishing Co.

Alphabet Fun: Write & Reuse Workbook. Ed. by Joan Hoffman. 2019. (Write & Reuse Ser.). (ENG.). 52p. (J). pap. 10.99 *(978-1-68147-283-6(X))* School Zone Publishing Co.

Alphabet Fun (Set Of 26) 2021. (Alphabet Fun Ser.). (ENG., Illus.). 624p. (J). (gr. k-1). pap. 232.70 *(978-1-64619-391-2(1))*; lib. bdg. 741.00 *(978-1-64619-364-6(4))* Little Blue Hse. (Little Blue Readers).

Alphabet Handwriting Practice Workbook for Kids: Preschool Writing Workbook with Sight Words for Pre K, Kindergarten & Kids Ages 3+. Writing Practice Book to Master Letters - ABC Handwriting Book. Maxine Dixon. 2020. (ENG.). 112p. (J). pap. 9.99 *(978-1-716-34305-6(4))* Lulu Pr., Inc.

Alphabet Heroes: ABCs & Beyond. Isreal Hicks. 2017. (ENG., Illus.). (J). *(978-0-9959297-1-5(8))* Enter Play Media.

Alphabet Hidden Pictures Workbook Prek-Grade 1 - Ages 4 To 7. Bobo's Little Brainiac Books. 2016. (ENG., Illus.). (J). pap. 7.99 *(978-1-68327-820-7(8))* Sunshine In My Soul Publishing.

Alphabet Illustré Fleurs Trente Gravures. Sans Auteur. 2018. (FRE., Illus.). 70p. (J). (gr. -1-1). pap. *(978-2-01-919008-8(7))* Hachette Groupe Livre.

Alphabet in Silhouette. Natalie Jarvis & Chirpy Bird. 2016. (ENG., Illus.). 24p. (J). (gr. -1-k). bds. 14.99 *(978-1-76012-511-0(3))* Little Hare Bks. AUS. Dist: Independent Pubs. Group.

Alphabet Inside. Lucille Giffone. 2018. (ENG., Illus.). 34p. (J). 22.95 *(978-1-64299-717-0(X))*; pap. 13.95 *(978-1-64191-216-7(2))* Christian Faith Publishing.

Alphabet Is Missing. Madeline Tyler. Illus. by Richard Bayley. 2023. (Level 4/5 - Blue/Green Set Ser.). (ENG.). 32p. (J). (gr. 1-3). lib. bdg. 19.95 Bearport Publishing Co., Inc.

Alphabet Job Buddies. Karen Weaver. Illus. by Kat Fox. 2019. (ENG.). 32p. (J). pap. *(978-0-6485378-1-6(1))*; *(978-0-9954104-0-4(2))* Karen Mc Dermott.

Alphabet Kingdom. Starla Michelle Halfmann. 2019. (ENG., Illus.). 64p. (J). (gr. -1-3). 24.95 *(978-1-944903-57-2(7)*, 1336501, Cameron Kids) Cameron + Co.

Alphabet Learning: Learning to Eat Good Fruit. Tamela Thomas. 2023. (ENG., Illus.). 78p. (J). 31.95 ***(978-1-68526-571-7(5))***; pap. 20.95 ***(978-1-68526-569-4(3))*** Covenant Bks.

Alphabet Letter Tracing. Deeasy Books. 2021. (ENG.). 104p. (J). pap. 8.00 *(978-1-716-22151-4(X))* Indy Pub.

Alphabet Letter Tracing Ages 3+ Alphabet Handwriting Practice Workbook for Kids: Preschool Writing Workbook / Easy to Trace, Write, Color, & Learn Alphabet Practice Handwriting. Arina Sunset. 2021. (ENG.). 84p. (J). pap. *(978-0-388-13653-9(7))* Lulu.com.

Alphabet Letter Tracing Book for Kids: Teach Your Child the Alphabet, Letter by Letter with These Printable Worksheets. with a Focus on Tracing Letters & Handwriting Practice, These Worksheets Will Help Your Child Learn to Read & Write. Bulent Kusev. 2023. (ENG.). 56p. (J). pap. ***(978-1-4477-9143-0(6))*** Lulu Pr., Inc.

Alphabet Letter Tracing for Kids: Fun Educational Book Full of Learning for Kids. Tracing the ABCs for Children - Great Alphabet Learning Book for Kids & Toddlers. Includes ABCs with Cool Teaching Pictures for Every Letter. (Preschool Handwriting Workbo. Maxine Dixon. 2021. (ENG., Illus.). 104p. (J). pap. 9.99 *(978-1-716-24644-9(X))* Lulu Pr., Inc.

Alphabet Letter Tracing for Preschoolers: A Workbook for Boys to Practice Pen Control, Line Tracing, Shapes the Alphabet & More! (ABC Activity Book) 8. 5 X 11 Inch. The Life Graduate Publishing Group. 2020. (ENG.). 84p. (J). pap. *(978-1-922515-16-2(7))* Life Graduate, The.

Alphabet Letter Tracing for Preschoolers: A Workbook for Kids to Practice Pen Control, Line Tracing, Shapes the Alphabet & More! (ABC Activity Book) The Life Graduate Publishing Group. 2020. (ENG.). 84p. (J). pap. *(978-1-922515-18-6(3))* Life Graduate, The.

Alphabet Love. Rachel Tawil Kenyon. Illus. by Anna Süßbauer. 2021. (ENG.). 26p. (J). (gr. -1 — 1). bds. 7.99 *(978-1-5460-1394-5(6)*, Worthy Kids/Ideals) Worthy Publishing.

Alphabet Magic for Kids: Crayola Magic 3D. Jupiter Kids. 2016. (ENG., Illus.). 106p. (J). pap. 12.55 *(978-1-68305-124-4(6)*, Jupiter Kids (Childrens & Kids Fiction)) Speedy Publishing LLC.

Alphabet Mandalas Coloring Book for Children (6x9 Coloring Book / Activity Book) Sheba Blake. 2020. (ENG.). 56p. (J). pap. 9.99 *(978-1-222-28937-4(7))* Indy Pub.

Alphabet Mandalas Coloring Book for Children (8. 5x8. 5 Coloring Book / Activity Book) Sheba Blake. 2021. (ENG.). 56p. (J). pap. 12.99 *(978-1-222-29228-2(9))* Indy Pub.

Alphabet Mandalas Coloring Book for Children (8x10 Coloring Book / Activity Book) Sheba Blake. 2020. (ENG.). 56p. (J). pap. 14.99 *(978-1-222-28938-1(5))* Indy Pub.

Alphabet Marches On: Into Words Making Stories. Cinder Albright. 2023. (ENG.). 116p. (J). 56.00 ***(978-1-63661-456-4(6))*** Dorrance Publishing Co., Inc.

Alphabet Master - a to Z Connect the Dots Activity Book. Bobo's Children Activity Books. 2016. (ENG., Illus.). (J). pap. 7.99 *(978-1-68327-291-5(9))* Sunshine In My Soul Publishing.

Alphabet Match, 56 vols. School Zone Staff. rev. ed. 2019. (ENG.). 56p. (J). (gr. -1-k). 3.49 *(978-1-58947-477-2(5)*, 6ec643bd-2be1-40bb-bc91-b80e821045b0) School Zone Publishing Co.

Alphabet Match Game (Flashcards) Flash Cards for Preschool & Pre-K, Ages 3-5, Games for Kids, ABC Learning, Uppercase & Lowercase, Phonics, Memory Building, & Listening Skills. The Reading The Reading House. 2022. (Reading House Ser.). (ENG.). 52p. (J). (gr. -1-2). 4.99 *(978-0-593-45047-5(7))* Random Hse. Children's Bks.

Alphabet Menagerie. J. Neil Barham. 2016. (ENG., Illus.). (J). pap. 12.99 *(978-1-4984-9028-3(X))* Salem Author Services.

Alphabet Menagerie: It's Cool to Be a Critter. John Maling. 2016. (ENG., Illus.). (J). (gr. 1-4). 15.99 *(978-1-885331-66-3(5))*; pap. 11.99 *(978-1-885331-59-5(2))* Mile High Pr., Ltd.

Alphabet, Number & Site Words Tracing along with Bonus Alphabet & Site Word Flash Cards! Beth Costanzo. 2022. (ENG.). 76p. (J). pap. 12.95 ***(978-1-0880-5543-4(5))*** Adventures of Scuba Jack Pubs., The.

Alphabet Nursery Rhyme Picture Book #1. Leon Lavell. 2020. (ENG.). 40p. (J). pap. ***(978-1-716-60742-4(6))*** Lulu Pr., Inc.

Alphabet Nursery Rhyme Picture Book #2. Leon Lavell. 2020. (ENG.). 36p. (J). pap. ***(978-1-716-52527-8(6))*** Lulu Pr., Inc.

Alphabet Nursery Rhyme Picture Book #3. Leon Lavell. 2020. (ENG.). 36p. (J). pap. ***(978-1-716-52525-4(X))*** Lulu Pr., Inc.

Alphabet Nursery Rhyme Picture Book #4. Leon Lavell. 2020. (ENG.). 36p. (J). pap. ***(978-1-716-52431-8(8))*** Lulu Pr., Inc.

Alphabet Nursery Rhyme Picture Book #5. Leon Lavell. 2020. (ENG.). 36p. (J). pap. ***(978-1-716-52421-9(0))*** Lulu Pr., Inc.

Alphabet of Alphabets: 26 Alphabetical Games, from A-Z! A. J. Wood & Mike Jolley. Illus. by Allan Sanders. 2020. (ENG.). 48p. (J). (gr. -1 — 1). 19.99 ***(978-0-7112-6316-1(7)***, Wide Eyed Editions) Quarto Publishing Group UK.

Alphabet of Dinosaurs. Peter Dodson. Illus. by Wayne D. Barlowe & Michael Meaker. 2016. (ENG.). 66p. (gr. k-5). 29.95 *(978-1-59687-512-8(7)*, ipicturebooks) ibooks, Inc.

Alphabet of Flowers & Fruit (Classic Reprint) Unknown Author. 2017. (ENG., Illus.). (J). 24.31 *(978-0-260-10776-3(X))*; pap. 7.97 *(978-1-5284-0183-8(2))* Forgotten Bks.

Alphabet of History: The Words (Classic Reprint) Wilbur Dick Nesbit. 2017. (ENG., Illus.). 32p. (J). 24.56 *(978-0-332-16872-2(7))* Forgotten Bks.

Alphabet of Hugs. Emily Snape. 2020. (ENG., Illus.). 32p. (J). bds. 9.99 *(978-1-250-24000-2(X)*, 900221443) Feiwel & Friends.

Alphabet of Possibility. Destiny Fernandez. 2019. (ENG.). 38p. (J). 14.95 *(978-1-64307-458-0(X))* Amplify Publishing Group.

Alphabet of Scientific Chemistry, for the Use of Beginners (Classic Reprint) James Rennie. 2018. (ENG., Illus.). (J). 210p. 28.23 *(978-1-396-35615-5(0))*; 212p. pap. 10.57 *(978-1-390-92916-4(7))* Forgotten Bks.

Alphabet on Uncle Albert's Head. Mattie Jay. 2020. (ENG.). 112p. (J). pap. *(978-1-716-69926-9(6))* Lulu Pr., Inc.

Alphabet Pie. Matt Walls. Illus. by Angela Black. 2019. (ENG.). 30p. (J). pap. ***(978-0-9949583-6-5(6))*** Herman's Monster Hse. Publishing.

Alphabet Pizza. Daniel Roberts. Illus. by Daniel Roberts. 2020. (ENG.). 32p. (J). *(978-1-716-69561-2(9))* Lulu Pr., Inc.

Alphabet Rabbit Coloring Book: Amazing Kids Activity Books, Drawing Alphabet - over 25 Fun Activities Workbook, Page Large 8. 5 X 11. Angels Forever. 2021. (ENG.). 58p. (J). pap. 7.97 *(978-0-12-345432-4(8))* Lulu Pr., Inc.

Alphabet Rhyme: Little Legends & Me. Created by K. M. Young. 2020. (Little Legends & Me Ser.: Vol. 2). (ENG., Illus.). 24p. (J). (gr. k-3). pap. ***(978-0-6484971-3-4(5))*** Mar Young, Kathy.

Alphabet Rhymes: Ants in Fancy Pants. Barbara Fox. 2019. (ENG., Illus.). 32p. (J). pap. 9.99 *(978-1-68160-683-5(6))* Crimson Cloak Publishing.

Alphabet Riddles. Emma Huddleston. 2022. (Riddle Fun Ser.). (ENG.). 24p. (J). (gr. k-3). lib. bdg. 32.79 *(978-1-5038-4989-1(9)*, 214838) Child's World, Inc, The.

Alphabet Sounds. Denise Boland. 2023. (ENG.). 60p. (J). pap. ***(978-1-312-67815-6(1))*** Lulu Pr., Inc.

Alphabet Stickers. Joan Hoffman. Illus. by Robin Boyer. 2019. (ENG.). 64p. (J). (gr. -1-k). 8.99 *(978-1-58947-746-9(4)*, 7258866c-3804-4741-bb25-d037f0fe00c8) School Zone Publishing Co.

Alphabet Stickies for Toddlers: My First Sticker Activity Book. Jupiter Kids. 2016. (ENG., Illus.). 76p. (J). pap. 13.75 *(978-1-68305-382-8(6)*, Jupiter Kids (Childrens & Kids Fiction)) Speedy Publishing LLC.

Alphabet Street. Jonathan Emmett. Illus. by Ingela P. Arrhenius. 2019. (ENG.). 26p. (J). (-k). bds. 18.99 *(978-1-5362-0827-6(2))* Candlewick Pr.

Alphabet Tale. Brooke Bentley. 2019. (ENG.). 56p. (J). pap. *(978-0-359-43736-8(2))* Lulu Pr., Inc.

Alphabet Thief, 1 vol. Bill Richardson. Illus. by Roxanna Bikadoroff. 2017. (ENG.). 40p. (J). (gr. k-4). 16.95 *(978-1-55498-877-8(2))* Groundwood Bks. CAN. Dist: Publishers Group West (PGW).

Alphabet Toddler Coloring Book. Addison Greer. 2021. (ENG.). (J). 112p. pap. 10.95 *(978-1-716-18176-4(3))*; 110p. pap. 10.95 *(978-1-716-18335-5(9))* Lulu Pr., Inc.

Alphabet Toddler Coloring Book. Chase Malone. 2020. (ENG.). 110p. (J). pap. 8.70 *(978-1-716-24996-9(1))* Lulu Pr., Inc.

Alphabet Toddler Coloring Book. Tony Reed. 2021. (ENG.). (J). 112p. pap. 7.20 *(978-1-716-08058-6(4))*; 110p. pap. 7.20 *(978-1-716-08492-8(X))* Lulu Pr., Inc.

Alphabet Toddler Coloring Book. Matt Rios. 2021. (ENG.). 112p. (J). pap. 9.30 *(978-1-716-22566-6(3))* Lulu Pr., Inc.

Alphabet Toddler Coloring Book. Adele West. 2021. (ENG.). 110p. (J). pap. *(978-1-716-06347-3(7))* Pearson Business.

Alphabet Toddler Coloring Book. Kate Harrett. l.t. ed. 2020. (ENG.). 110p. (J). pap. 8.80 *(978-1-716-35053-5(0))* Lulu Pr., Inc.

Alphabet Trace the Letters. Floie Rosa. 2020. (ENG.). 104p. (J). pap. *(978-1-716-33514-3(0))* Reader's Digest Assn. (Canada).

Alphabet Trace the Letters for Preschoolers. Maggie C. Love. 2020. (ENG.). 138p. (J). pap. 12.49 *(978-1-716-33127-5(7))* Lulu Pr., Inc.

Alphabet Tracing Activity Book: Practice Pen Control with Letters - Traceable Letters for Pre-K & Kindergarten for Ages 3-5. Sheba Blake. 2023. (Alphabet Tracing Activity Book Ser.: Vol. 1). (ENG.). (J). 60p. pap. 14.99 ***(978-1-0881-5200-3(7))***; 32p. pap. 14.99 ***(978-1-0881-5789-3(0))*** Indy Pub.

Alphabet Tracing Book. Marissa O'Starrie. 2021. (ENG.). 108p. (J). pap. 6.35 *(978-1-716-16881-9(3))* Lulu Pr., Inc.

Alphabet Tracing Letters Book: Trace Letters of the Alphabet & Sight WordsPreschool Practice Handwriting Workbook: Pre K, Kindergarten & Kids Ages 3-7 Reading & Writing. Ananda Store. 2021. (ENG.). 56p. (J). pap. *(978-1-008-94799-3(7))* Lulu.com.

Alphabet Trail. Mary Susan Carey. 2020. (ENG.). 34p. (J). pap. *(978-1-9992131-5-2(7)*, Angel Journal and Bks.) Carey, MS Media.

Alphabet Trains. Samantha R. Vamos. ed. 2019. (Alphabet Vehicles Ser.). (ENG.). 32p. (J). (gr. k-1). 19.96 *(978-0-87617-016-8(5))* Penworthy Co., LLC, The.

Alphabet War. Diane Burton Robb. 2018. (2019 Av2 Fiction Ser.). (ENG.). 32p. (J). (gr. -1-3). lib. bdg. 34.28 *(978-1-4896-8249-9(X)*, AV2 by Weigl) Weigl Pubs., Inc.

Alphabet War: A Story about Dyslexia. Diane Burton Robb. Illus. by Gail Piazza. 2017. (ENG.). 32p. (J). (gr. -1-3). pap. 8.99 *(978-0-8075-0304-1(5)*, 0807503045) Whitman, Albert & Co.

Alphabet with Blue. Tina Rillieux. (ENG.). (J). 2020. 34p. pap. 15.49 *(978-1-716-04211-9(9))*; 2019. 36p. pap. 19.99 *(978-0-359-64855-9(X))* Lulu Pr., Inc.

Alphabet with Fruit & Veg. Alyssa A B. 2017. (ENG., Illus.). (J). pap. *(978-1-908552-52-5(2))* TamaRe Hse. Pubs.

Alphabet with Red. Tina Rillieux. (ENG.). (J). 2020. 34p. pap. 15.49 *(978-1-716-04197-6(X))*; 2019. 36p. pap. 19.99 *(978-0-359-65825-1(3))* Lulu Pr., Inc.

Alphabet Word Search for Kids: (Ages 4-8) One Word Search for Every Letter of the Alphabet! Engage Books. l.t. ed. 2021. (ENG.). 56p. (J). pap. *(978-1-77476-095-6(9))* AD Classic.

Alphabet Workbook Prek-Grade 1 - Ages 4 To 7. Professor Gusto. 2016. (ENG., Illus.). (J). pap. 10.81 *(978-1-68321-081-8(6))* Mimaxion.

Alphabet Workbook Prek-Grade K - Ages 4 To 6. Prodigy. 2016. (ENG., Illus.). (J). pap. 9.25 *(978-1-68323-082-3(5))* Twin Flame Productions.

Alphabet Workbook Prek-Grade K - Ages 4 To 6. Prodigy. 2016. (ENG., Illus.). (J). pap. 9.25 *(978-1-68323-172-1(4))* Twin Flame Productions.

Alphabet Workbook Toddler-Grade K - Ages 1 To 6. Professor Gusto. 2016. (ENG., Illus.). (J). pap. 10.81 *(978-1-68321-894-4(9))* Mimaxion.

Alphabet Writing & Drawing Tablet Ages 3-7. Ed. by Zone Staff School. 2019. (ENG.). 96p. (J). pap. 6.99 *(978-1-68147-242-3(2)*, e97352d8-e738-4ba5-b3b9-51cc51534233) School Zone Publishing Co.

Alphabet Writing Practice Workbook Preschool Edition. Prodigy Wizard Books. 2016. (ENG., Illus.). (J). pap. 7.74 *(978-1-68323-165-3(1))* Twin Flame Productions.

Alphabet Zoo. Pat Chapman. 2018. (ENG., Illus.). 64p. (J). 28.95 *(978-1-64214-336-2(7))* Page Publishing Inc.

Alphabet Zoo. Catherine Davis. 2023. (ENG.). 32p. (J). ***(978-1-312-58540-9(4))*** Lulu Pr., Inc.

Alphabet ZooP: Zoological Poetry from a to Z. Alissa Bernholc. 2023. (ENG.). 34p. (J). 20.95 ***(978-1-960146-14-4(9))***; pap. 11.95 ***(978-1-960146-15-1(7))*** Warren Publishing, Inc.

Alphabet ZooP Coloring Book: Zoological Poetry from a to Z. Alissa Bernholc. 2023. (ENG.). 20p. (J). pap. 8.99 ***(978-1-960146-28-1(9))*** Warren Publishing, Inc.

Alphabet Zwoop: Poemlets for Young Children. Madeleine Holzer. Illus. by Amy Bouchard. 2017. (ENG.). 32p. (J). (gr. k-4). 16.99 *(978-0-942942-31-6(0))* Emu Editions.

Alphabetical Tashi. Barbara Fienberg & Anna Fienberg. Illus. by Arielle Gamble et al. 2020. (Tashi Ser.). (ENG.). 80p. (J). (gr. -1-k). 15.99 *(978-1-76052-529-3(4)*, A&U Children's) Allen & Unwin AUS. Dist: Independent Pubs. Group.

Alphabet's Alphabet. Chris Harris. Illus. by Dan Santat. 2020. (ENG.). 48p. (J). (gr. -1-3). 17.99 *(978-0-316-26662-8(0))* Little, Brown Bks. for Young Readers.

Alphabetter. Linda Ragsdale. Illus. by Martina Hogan. 2017. (Peace Dragon Tales Ser.). (ENG.). 32p. (J). (gr. 3-6). 16.99 *(978-1-4867-1210-6(X)*, 502b7223-eb27-49ed-b6bc-ea1be393c961) Flowerpot Pr.

AlphaBit: An ABC Quest in 8-Bit (Alphabet Book, Gamer Kid's Book, Baby Shower Gift Book, First Word Book, PreSchool Book) Chronicle Chronicle Books. Illus. by Juan Carlos Solon. 2019. (ENG.). 36p. (J). (gr. -1 — 1). 13.99 *(978-1-4521-7030-5(4))* Chronicle Bks. LLC.

AlphaBot. Vicky Fang. Illus. by Vicky Fang. 2023. (ENG.). 24p. (J). (gr. -1-2). 14.99 ***(978-1-5362-2653-9(X)***, MIT Kids Press) Candlewick Pr.

Alphabreaths: The ABCs of Mindful Breathing. Christopher Willard & Daniel Rechtschaffen. 2019. (ENG., Illus.). 32p. (J). 18.99 *(978-1-68364-197-1(3)*, 900220906) Sounds True, Inc.

Alphabuddies: G Is First! Beth Bacon. Illus. by Eric Barclay. 2023. (ENG.). 40p. (J). (gr. -1-3). 19.99 ***(978-0-06-305597-1(X)***, HarperCollins) HarperCollins Pubs.

Alphabutt Book: An ABCs of Baby Butts & Bodies. Huggies. 2023. (ENG.). 64p. (J). (gr. -1-k). 14.99 ***(978-1-4642-1656-5(8))*** Sourcebooks, Inc.

Alphadoodler: The Activity Book That Brings Letters to Life. Jan Bajtlik. 2016. (ENG., Illus.). 160p. (J). (gr. k-2). pap. 16.95 *(978-1-84976-405-6(0)*, 1649003) Tate Publishing, Ltd. GBR. Dist: Abrams, Inc.

Alphamaniacs: Builders of 26 Wonders of the Word. Paul Fleischman. Illus. by Melissa Sweet. 2020. (ENG.). 160p. (YA). (gr. 7). 19.99 *(978-0-7636-9066-3(X))* Candlewick Pr.

Alphamations: Discovering the Power of Affirmations Through the ABC's. Lisa Aquilina. 2016. (ENG., Illus.). (J). pap. 13.95 *(978-1-5043-6611-3(5)*, Balboa Pr.) Author Solutions, LLC.

Alphapoetical Soup: An a-Z Collection of Poetic Forms. Dorie Deats. Illus. by Joanna Pasek. 2019. (ENG.). 68p. (J). pap. 15.00 *(978-1-7326064-2-5(0))* Deats, Dorie.

Alphaprints: Alphababies: With Giant Flaps. Roger Priddy. 2019. (Alphaprints Ser.). (ENG., Illus.). 10p. (J). bds. 9.99 *(978-0-312-52932-1(5)*, 900203570) St. Martin's Pr.

Alphaprints: Boo! Touch & Feel. Roger Priddy. 2018. (Alphaprints Ser.). (ENG., Illus.). 10p. (J). bds. 7.99 *(978-0-312-52738-9(1)*, 900189623) St. Martin's Pr.

Alphaprints: Create Your Own: A Sticker & Doodle Activity Book. Roger Priddy. 2018. (Alphaprints Ser.). (ENG., Illus.). 78p. (J). spiral bd. 12.99 *(978-0-312-52544-6(3)*, 900180397) St. Martin's Pr.

Alphaprints: Curious Cat & Other Fluffy Friends. Roger Priddy. 2019. (Alphaprints Ser.). (ENG.). 14p. (J). bds. 10.99 *(978-0-312-52799-0(3)*, 900194749) St. Martin's Pr.

Alphaprints: Easter 123: Lift the Flaps in Every Scene. Roger Priddy. 2020. (Alphaprints Ser.). (ENG., Illus.). 16p. (J). bds. 8.99 *(978-0-312-52971-0(6)*, 900209871) St. Martin's Pr.

Alphaprints: Easter 123 Mini: Mini Version. Priddy Priddy Books. 2020. (Alphaprints Ser.). (ENG.). 16p. (J). bds. 5.99 *(978-1-68449-044-8(8)*, 900219299) St. Martin's Pr.

Alphaprints: Easter Fun! Touch & Feel. Roger Priddy. 2017. (Alphaprints Ser.). (ENG., Illus.). 10p. (J). bds. 7.99 *(978-0-312-52156-1(1)*, 900169932) St. Martin's Pr.

Alphaprints First Words. Roger Priddy. 2018. (Alphaprints Ser.). (ENG., Illus.). 14p. (J). bds. 9.99 *(978-0-312-52812-6(4)*, 900195209) St. Martin's Pr.

Alphaprints: Gobble Gobble: Touch & Feel. Roger Priddy. 2016. (Alphaprints Ser.). (ENG.). 10p. (J). bds. 7.99 *(978-0-312-52057-1(3)*, 900160015) St. Martin's Pr.

Alphaprints: Hungry Hippo & Other Safari Animals. Roger Priddy. 2019. (Alphaprints Ser.). (ENG., Illus.). 14p. (J). bds. 10.99 *(978-0-312-52880-5(9)*, 900198473) St. Martin's Pr.

Alphaprints: Magical Creatures. Roger Priddy. 2019. (Alphaprints Ser.). (ENG., Illus.). 20p. (J). bds. 9.99 *(978-0-312-52927-7(9)*, 900203517) St. Martin's Pr.

Alphaprints: Trace, Write, & Learn 123: Finger Tracing & Wipe Clean. Roger Priddy. 2017. (Alphaprints Ser.). (ENG.). 14p. (J). bds. 9.99 *(978-0-312-52151-6(0)*, 900169910) St. Martin's Pr.

Alphaprints: Trace, Write, & Learn ABC: Finger Tracing & Wipe Clean. Roger Priddy. 2017. (Alphaprints Ser.). (ENG.). 14p. (J). bds. 9.99 *(978-0-312-52149-3(9)*, 900169911) St. Martin's Pr.

Alphaprints: Wipe Clean Workbook ABC. Roger Priddy. 2017. (Wipe Clean Activity Bks.). (ENG.). 56p. (J). spiral bd. 12.99 *(978-0-312-52152-3(9)*, 900170063) St. Martin's Pr.

Alphie Bates & the Number Nine Clan. Alexander V. David. 2017. (ENG., Illus.). 72p. (J). pap. *(978-1-4600-0906-2(1)*, Epic Pr.) Essence Publishing.

Alphie the Albino Polar Bear. C. Michael Forsyth. Illus. by Brett Forsyth. 2018. (ENG.). 32p. (J). pap. 7.99 *(978-0-9884780-4-0(0))*; 15.00 *(978-0-9884780-5-3(6))* Freedom's Hammer.

Alphonse Daudet (Classic Reprint) Alphonse Daudet. (ENG., Illus.). (J). 2018. 186p. 27.75 *(978-0-483-89820-2(1))*; 2017. 30.27

A

(978-0-265-19478-2(4)); 2016. pap. 10.57 *(978-1-334-16316-6(2))* Forgotten Bks.

Alphonse, There's Mud on the Ceiling! Daisy Hirst. Illus. by Daisy Hirst. 2020. (Natalie & Alphonse Ser.). (ENG., Illus.). 32p. (J). (-k). 16.99 *(978-1-5362-1117-7(6))* Candlewick Pr.

Alphonso's Little Reward. Patricia Karwatowicz. Illus. by Kathleen Bullock. I.t. ed. 2017. (ENG.). (J). pap. 10.95 *(978-1-61633-829-9(6))* Guardian Angel Publishing, Inc.

Alpine Ibex. Kaitlyn Duling. 2021. (Animals of the Mountains Ser.). (ENG., Illus.). 24p. (J). (gr. k-3). lib. bdg. 26.95 *(978-1-64487-413-4(X)*, Blastoff! Readers) Bellwether Media.

Alpine Path: The Story of My Career (Classic Reprint) L. M. Montgomery. 2017. (ENG., Illus.). (J). 96p. 25.90 *(978-0-484-79408-4(6))*; pap. 9.57 *(978-1-5276-5185-2(1))* Forgotten Bks.

Alpine Rangers. Cameron Alexander. 2019. (Dark Corps Ser.: Vol. 10). (ENG.). 178p. (J). (gr. 2-6). pap. 7.99 *(978-1-950594-03-0(3)*, Bickering Owls Publishing) Maracle, Derek.

Alpine Skiing. Ellen Labrecque. 2018. (21st Century Skills Library: Global Citizens: Olympic Sports Ser.). (ENG., Illus.). 32p. (J). (gr. 4-7). pap. 14.21 *(978-1-5341-0849-3(1)*, 210760); lib. bdg. 32.07 *(978-1-5341-0750-2(9)*, 210759) Cherry Lake Publishing.

Alps & Sanctuaries: Of Piedmont & the Canton Ticino (Classic Reprint) Samuel Butler. 2017. (ENG., Illus.). (J). 31.20 *(978-0-260-52557-4(X))* Forgotten Bks.

Alps & the Rhine: A Series of Sketches (Classic Reprint) Joel Tyler Headley. 2017. (ENG., Illus.). (J). 31.86 *(978-0-260-42460-0(9))*; pap. 16.57 *(978-1-5284-1710-5(0))* Forgotten Bks.

Alps from End to End: With 52 Full-Paged Illustrations (Classic Reprint) William Martin Conway. 2018. (ENG., Illus.). 418p. (J). 32.52 *(978-0-364-35500-8(X))* Forgotten Bks.

Alroy: Or, the Prince of the Captivity. Benjamin Disraeli. 2017. (ENG., Illus.). (J). 25.95 *(978-1-374-93178-7(0))*; pap. 15.95 *(978-1-374-93177-0(2))* Capital Communications, Inc.

ALS Donderslag Bij Heldere Hemel. Tanja Douwstra. 2017. (DUT., Illus.). (J). pap. *(978-3-99010-837-6(9))* novum pocket Verlag in der novum publishing GmbH.

Alsace in Rust & Gold (Classic Reprint) Edith O'Shaughnessy. 2017. (ENG., Illus.). (J). 28.35 *(978-1-5279-6932-2(0))* Forgotten Bks.

Alsatiana, or, the Faithful Daughter: A Fairy Tale of the Present Day. Émile Wendling. 2017. (ENG., Illus.). (J). pap. *(978-0-649-23322-9(0))* Trieste Publishing Pty Ltd.

Alsatiana, or the Faithful Daughter: A Fairy Tale of the Present Day (Classic Reprint) Émile Wendling. 2018. (ENG., Illus.). 44p. (J). 24.80 *(978-0-332-18777-8(2))* Forgotten Bks.

Alsea Texts & Myths (Classic Reprint) Leo J. Frachtenberg. 2017. (ENG., Illus.). (J). 30.21 *(978-0-331-55628-5(6))* Forgotten Bks.

Also. E. B. Goodale. 2022. (ENG., Illus.). 32p. (J). (gr. -1-3). 17.99 *(978-0-358-15394-8(8)*, 1756215, Clarion Bks.) HarperCollins Pubs.

Also an Octopus. Maggie Tokuda-Hall. Illus. by Benji Davies. (ENG.). 32p. (J). (gr. -1-2). 2020. 8.99 *(978-1-5362-1591-5(0))*; 2016. 16.99 *(978-0-7636-7084-9(7))* Candlewick Pr.

Also an Octopus. Maggie Tokuda-Hall. ed. 2022. (ENG.). 32p. (J). (gr. k-1). 18.96 ***(978-1-68505-241-6(X))*** Penworthy Co., LLC, The.

Also Known As Lard Butt. Ann Herrick. 2020. (ENG.). 160p. (J). pap. *(978-0-2286-1335-0(3))* Books We Love Publishing Partners.

Also Perhaps (Classic Reprint) Frank Athelstane Swettenham. 2018. (ENG., Illus.). 344p. (J). 30.99 *(978-0-483-21083-7(8))* Forgotten Bks.

Also Ran (Classic Reprint) Baillie Reynolds. 2017. (ENG., Illus.). (J). 30.72 *(978-0-266-66333-1(8))*; pap. 13.57 *(978-1-5276-3586-9(4))* Forgotten Bks.

Alston Crucis, Vol. 1 of 3 (Classic Reprint) Helen Shipton. 2018. (ENG., Illus.). 300p. (J). 30.10 *(978-0-483-26374-1(5))* Forgotten Bks.

Alston Crucis, Vol. 2 of 3 (Classic Reprint) Helen Shipton. 2018. (ENG., Illus.). 298p. (J). 30.04 *(978-0-483-32176-2(1))* Forgotten Bks.

Alston Crucis, Vol. 3 of 3 (Classic Reprint) Helen Shipton. 2018. (ENG., Illus.). 314p. (J). 30.37 *(978-0-483-38298-5(1))* Forgotten Bks.

Alt-Französische Grammatik, Worin Die Conjugation Vorzugsweise Berücksichtigt Ist: Nebst Einem Anhang Von Alten Fabliaux et Contes Welche Schiller's Gang Nach Dem Eisenhammer, Wieland's Wasserkufe, Bürger's Lied Von Treue, Langbein's Kirschbaum Entspre. Konrad von Orelli. 2018. (FRE., Illus.). (J). 426p. 32.70 *(978-0-365-54408-1(6))*; 428p. pap. 16.57 *(978-0-365-54406-7(X))* Forgotten Bks.

Altair: Memoirs of the Vampire. Brian Charles Alexander. 2020. (ENG.). 40p. (YA). pap. *(978-1-716-92169-8(4))* Lulu Pr., Inc.

Altar Boy. Robert Oszczepinski. 2018. (ENG., Illus.). 32p. (YA). pap. 10.95 *(978-1-64350-973-0(X))* Page Publishing Inc.

Altar of Gold. Linda Broten Straley. 2020. (ENG., Illus.). 262p. (YA). (gr. 7-10). pap. 15.99 *(978-0-9993646-3-5(4))* Endicott & Hugh Bks.

Altar Steps (Classic Reprint) Compton Mackenzie. 2018. (ENG., Illus.). 378p. (J). 31.69 *(978-0-484-25827-2(3))* Forgotten Bks.

Altars to Mammon (Classic Reprint) Elizabeth Neff. (ENG., Illus.). (J). 2018. 340p. 30.91 *(978-0-483-59164-6(5))*; 2016. pap. 13.57 *(978-1-333-46208-6(5))* Forgotten Bks.

Alte Meister Neu Entdecken: Eine Spurensuche in der Gemaldegalerie Alte Meister und der Skulpturensammlung Bis 1800. Claudia Blei-Hoch. Illus. by Astrid Lange. 2020. (GER.). 64p. (J). 16.00 *(978-3-95498-523-4(3))* Sandstein Kommunikation GmbH DEU. Dist: ISD.

Alte Musikinstrumente: Ein Leitfaden Fur Sammler (Classic Reprint) Hermann Ruth-Sommer. 2016. (GER., Illus.). (J). pap. 11.57 *(978-1-333-93985-4(X))* Forgotten Bks.

Altenglische Bibliothek: Obbern Bokenam's Legenden (Classic Reprint) Eugen Kolbing. 2017. (ENG., Illus.). (J). 30.02 *(978-0-260-87252-4(0))*; pap. 13.57 *(978-0-260-34520-2(2))* Forgotten Bks.

Altered: 2nd Edition. Gardner D L. 2017. (ENG., Illus.). (YA). (gr. 10-12). 29.99 *(978-0-692-89976-2(6))* Gardner, Dianne Lynn.

Altered Horizon. Richard Cutler. 2022. (ENG.). 282p. (YA). pap. 16.95 *(978-1-954819-36-8(6))* Briley & Baxter Publications.

Alternate Fourth Reader: Stickney (Classic Reprint) Unknown Author. (ENG., Illus.). (J). 2018. 388p. 31.90 *(978-0-484-22056-9(X))*; 2017. pap. 16.57 *(978-0-259-02625-9(5))* Forgotten Bks.

Alternate Realities & Parallel Dimensions. Mari Bolte. 2023. (Strange Science Ser.). (ENG., Illus.). 32p. (J). (gr. 4-7). lib. bdg. 30.65 ***(978-1-62920-768-1(3)***, 1fe355a7-e406-40de-b16d-d0e6e97892a0) Full Tilt Pr. NZL. Dist: Lerner Publishing Group.

Alternative: Awaken Your Dream, Unite Your Community, & Live in Hope, 1 vol. Caleb Stanley & Austin Dennis. 2019. (ENG., Illus.). 192p. (YA). pap. 16.99 *(978-0-310-76588-2(9))* Zondervan.

Alternative Advent Calendar (a Special Christmas Advent Calendar with 25 Advent Houses - All You Need to Celebrate Advent) An Alternative Special Christmas Advent Calendar: Celebrate the Days of Advent Using 25 Fillable DIY Decorated Paper Houses. James Manning & Christabelle Manning. 2019. (Alternative Advent Calendar Ser.: Vol. 38). (ENG., Illus.). 52p. (J). (gr. k-6). pap. *(978-1-83894-150-5(9))* West Suffolk CBT Service Ltd., The.

Alternative Christmas Tree. Darren Saunders. 2016. (ENG., Illus.). 48p. (J). pap. *(978-1-329-70563-0(7))* Lulu Pr., Inc.

Alternative (Classic Reprint) George Barr McCutcheon. (ENG., Illus.). (J). 2018. 124p. 26.47 *(978-0-483-59631-3(0))*; 2018. 140p. 26.78 *(978-0-483-95063-4(7))*; 2016. pap. 9.57 *(978-1-334-14202-4(5))* Forgotten Bks.

Alternative Energy (Set), 8 vols. 2016. (Alternative Energy Ser.). (ENG.). 48p. (J). (gr. 4-8). lib. bdg. 285.12 *(978-1-68078-452-7(8)*, 23841) ABDO Publishing Co.

Alternative Energy Source. John Perritano. 2018. (Earth's Precious Water Ser.). (ENG.). 24p. (J). lib. bdg. 22.99 *(978-1-5105-3887-0(9))* SmartBook Media, Inc.

Alternative Energy Sources: The End of Fossil Fuels?, 1 vol. Sophie Washburne. 2018. (Hot Topics Ser.). (ENG.). 104p. (gr. 7-7). pap. 20.99 *(978-1-5345-6508-1(6)*, f730bdff-4303-4a41-8b2e-0829dd673c00, Lucent Pr.) Greenhaven Publishing LLC.

Alternative Exercises for Fraser & Squair's French Grammar (Classic Reprint) William Henry Fraser. (ENG., Illus.). (J). 2018. 82p. 25.61 *(978-0-267-58360-7(5))*; 2016. pap. 9.57 *(978-1-334-15882-7(7))* Forgotten Bks.

Alternative Exercises for Fraser & Squair's High School French Grammar (Classic Reprint) W. H. Fraser. 2018. (ENG., Illus.). 88p. (J). 25.73 *(978-0-484-26512-6(1))* Forgotten Bks.

Alternative Exercises to Accompany Part I. of the Joynes-Meissner German Grammar (Classic Reprint) Orlando Faulkland Lewis. 2017. (ENG., Illus.). (J). 68p. 25.30 *(978-0-332-18953-6(8))*; pap. 9.57 *(978-0-259-75934-8(1))* Forgotten Bks.

Alternative Reality Developers. Andrew Morkes. 2019. (Cool Careers in Science Ser.). (Illus.). 96p. (J). (gr. 12). lib. bdg. 34.60 *(978-1-4222-4293-3(5))* Mason Crest.

Alternative Treatments for Pain Management. Ben Baker. 2019. (Opioid Education Ser.). (Illus.). 96p. (J). (gr. 12). lib. bdg. 34.60 *(978-1-4222-4382-4(6))* Mason Crest.

Alterno Nerva. Alan D D. 2020. (SPA.). 488p. (J). pap. 17.99 *(978-1-393-60858-5(2))* Draft2Digital.

Alters Volume 1. Paul Jenkins. Ed. by Mike Marts. 2017. (ENG., Illus.). 128p. (YA). pap. 14.99 *(978-1-935002-87-1(2)*, 9684f69a-05df-4fd9-8ae2-9b4c51a6da27) AfterShock Comics.

Altfranzösische Rolandslied: Text Von Chateauroux und Venedig VII (Classic Reprint) Wendelin Foerster. 2018. (GER., Illus.). 430p. (J). 32.74 *(978-0-666-82825-5(3))* Forgotten Bks.

Altfranzösische Rolandslied: Text Von Paris, Cambridge, Lyon und Den Sog. Lothringischen Fragmenten Mit R. Heiligbrodt's Concordanztabelle Zum Altfranzösische Rolandslied (Classic Reprint) Wendelin Foerster. 2018. (FRE., Illus.). (J). 802p. 40.46 *(978-1-391-60215-8(3))*; 804p. pap. 23.57 *(978-1-390-83893-0(5))* Forgotten Bks.

Altha: Or, Shells from the Strand (Classic Reprint) Ada M. Field. 2018. (ENG., Illus.). 316p. (J). 30.41 *(978-0-484-11688-6(6))* Forgotten Bks.

Althea: Or the Children of Rosemont Plantation (Classic Reprint) D. Ella Nirdlinger. 2017. (ENG., Illus.). (J). 28.50 *(978-0-266-88083-7(5))* Forgotten Bks.

Althea & Oliver. Cristina Moracho. ed. 2016. lib. bdg. 22.10 *(978-0-606-37577-1(5))* Turtleback.

Althea Gibson: the Story of Tennis' Fleet-Of-Foot Girl. Megan Reid. Illus. by Laura Freeman. 2020. (ENG.). 40p. (J). (gr. -1-3). 18.99 *(978-0-06-285109-3(8)*, Balzer & Bray) HarperCollins Pubs.

Althea Vernon, or the Embroidered Handkerchief: To Which Is Added, Henrietta Harrison, or the Blue Cotton Umbrella (Classic Reprint) Eliza Leslie. 2017. (ENG., Illus.). (J). 29.55 *(978-0-266-72233-5(4))*; pap. 11.97 *(978-1-5276-7959-7(4))* Forgotten Bks.

Although She Was a Hen, They Called Her Edward Glenn. Angela Priester Mathis. 2017. (ENG., Illus.). (J). (gr. -1-3). 22.99 *(978-1-5456-0388-8(X))*; pap. 11.99 *(978-1-5456-0387-1(1))* Salem Author Services.

Altitude of Spirit. The Elder Brothers Of Humanity. 2020. (ENG.). 34p. (J). pap. *(978-1-716-53303-7(1))* Lulu Pr., Inc.

Altogether New Foolish Dictionary: Perpetrated for the Second Time, after Ten Years of National Peace & Good Will (Classic Reprint) Charles Wayland Towne. 2018. (ENG., Illus.). (J). 158p. 27.18 *(978-0-366-27826-8(6))*; 160p. pap. 9.57 *(978-0-366-27825-1(8))* Forgotten Bks.

Alton ABC. Reneé B. Johnson. Illus. by Mary A. Curvey et al. 2019. (ENG.). (gr. k). *(978-0-578-46891-4(3))* Johnson, Renee B.

Alton Locke Tailor & Poet: An Autobiography (Classic Reprint) Charles Kingsley. 2017. (ENG., Illus.). (J). 31.34 *(978-0-331-93187-7(7))* Forgotten Bks.

Alton Locke, Tailor & Poet, Vol. 1 Of 2: An Autobiography; in Two Volumes (Classic Reprint) Charles Kingsley. 2017. (ENG., Illus.). (J). 30.48 *(978-1-5284-7197-8(0))* Forgotten Bks.

Alton Locke, Vol. 2 Of 2: Tailor & Poet, an Autobiography (Classic Reprint) Charles Kingsley. 2017. (ENG., Illus.). (J). 29.73 *(978-1-5284-7196-1(2))* Forgotten Bks.

Alton of Somasco. Harold Bindloss. 2017. (ENG., Illus.). (J). 27.95 *(978-1-374-95553-0(1))*; pap. 17.95 *(978-1-374-95552-3(3))* Capital Communications, Inc.

Alton of Somasco: A Romance of the Great Northwest (Classic Reprint) Harold Bindloss. (ENG., Illus.). (J). 2018. 376p. 31.67 *(978-0-483-89740-3(X))*; 2016. pap. 16.57 *(978-1-333-73001-7(2))* Forgotten Bks.

Altowan, or, Incidents of Life & Adventure in the Rocky Mountains, in Two Volumes, Vol. II. An Amateur Traveler. 2017. (ENG., Illus.). (J). pap. *(978-0-649-39157-8(8))* Trieste Publishing Pty Ltd.

Altowan or Incidents of Life & Adventure in the Rocky Mountains, Vol. 2 of 2 (Classic Reprint) An Amateur Traveler. 2018. (ENG., Illus.). 244p. (J). 28.93 *(978-0-331-84078-0(2))* Forgotten Bks.

Altrd. Keilani Davis. 2020. (ENG.). 72p. (YA). pap. 7.99 *(978-1-393-98479-5(7))* Draft2Digital.

Alturlie: The Same Being Some Passages in the Life of Simon Stuart of Alturlie (Classic Reprint) H. Robswood Cooke. (ENG., Illus.). (J). 2018. 320p. 30.50 *(978-0-332-82795-7(X))*; 2016. pap. 13.57 *(978-1-334-30534-4(X))* Forgotten Bks.

Aluminum. John Csiszar. 2017. (Chemistry of Everyday Elements Ser.). (ENG., Illus.). 64p. (J). (gr. 7-12). 23.95 *(978-1-4222-3838-7(5))* Mason Crest.

Aluminum. John Csiszar. 2018. (Elements of Chemistry Ser.). (ENG.). 48p. (J). lib. bdg. 34.99 *(978-1-5105-3847-4(X))* SmartBook Media, Inc.

Aluminum, 1 vol. Anita Louise McCormick. 2018. (Exploring the Elements Ser.). (ENG.). 48p. (gr. 6-6). 29.60 *(978-0-7660-9902-9(4)*, f75ba851-1a5f-4cb4-9cfb-090ed23b5620) Enslow Publishing, LLC.

Aluminum Educational Facts Children's Science Book. Bold Kids. 2022. (ENG.). 42p. (J). pap. 14.99 ***(978-1-0717-2104-9(6))*** FASTLANE LLC.

Alvar Núñez Cabeza de Vaca: Explorer of the American Southwest, 1 vol. Sandra Colmenares. 2019. (Our Voices: Spanish & Latino Figures of American History Ser.). (ENG.). 48p. (gr. 6-6). pap. 12.75 *(978-1-5081-8426-3(7)*, cb28067a-7585-4541-8e45-0537b51cab95, Rosen Reference) Rosen Publishing Group, Inc., The.

Alvin & the Superheroes. Lauren Forte. ed. 2018. (Ready-To-Read Ser.). (ENG.). 32p. (J). (gr. -1-1). 13.89 *(978-1-64310-732-5(1))* Penworthy Co., LLC, The.

Alvin Kamara. Donald Parker. 2019. (Gridiron Greats: Pro Football's Best Players Ser.). (Illus.). 80p. (J). (gr. 12). lib. bdg. 34.60 *(978-1-4222-4341-1(9))* Mason Crest.

Alvin, the Green Acre Water Boy. Ronald Tomanio. Illus. by Thomas Rines. 2021. (ENG.). 26p. (J). pap. 9.95 *(978-0-85398-648-5(7))* Ronald, George Pub., Ltd.

Alvin's Dream. Sybil Eggleston. 2022. (ENG., Illus.). 32p. (J). 25.95 *(978-1-63903-977-7(5))*; pap. 14.95 *(978-1-63903-975-3(9))* Christian Faith Publishing.

Alvin's New Friend. Lauren Forte. ed. 2018. (I Can Read! Level 2 Ser.). lib. bdg. 13.55 *(978-0-606-40852-3(5))* Turtleback.

Alvira Alias Orea (Classic Reprint) J. Duff Henderson. 2018. (ENG., Illus.). 282p. (J). 29.73 *(978-0-267-20056-6(0))* Forgotten Bks.

Always. Lian Clement. 2022. (ENG.). 98p. (YA). pap. 13.95 *(978-1-6624-6398-3(7))* Page Publishing Inc.

Always. Lauren Dragnett. 2020. (ENG., Illus.). 24p. (J). 23.95 *(978-1-64468-191-6(9))*; pap. 13.95 *(978-1-64559-674-5(5))* Covenant Bks.

Always. Ellen Kahan Zager. 2021. (ENG.). 30p. (J). pap. 11.99 *(978-1-63752-510-4(9))* Primedia eLaunch LLC.

Always Abbey: An Arthritis Story. Bl Pohl. 2018. (ENG., Illus.). 42p. (J). pap. 18.00 *(978-0-692-10794-2(0))* Pohl, Brittiany Publishing.

Always & Forever. Adrienne Garlen. 2021. (ENG.). 126p. (YA). pap. 14.95 *(978-1-63860-376-4(6))* Fulton Bks.

Always & Forever, Lara Jean. Jenny Han. (To All the Boys I've Loved Before Ser.: 3). (ENG.). (YA). (gr. 7). 2018. Illus.). pap. 10.99 *(978-1-4814-3049-4(1))*; 2017. (Illus.). 17.99 *(978-1-4814-3048-7(3))*; 2020. pap. 10.99 *(978-1-5344-9725-2(0))* Simon & Schuster Bks. For Young Readers. (Simon & Schuster Bks. For Young Readers).

Always Angel: A Coloring Storybook. Kimberly Eisendrath. Illus. by Julio Gaytan. 2016. (J). (gr. k-6). (SPA.). pap. 8.95 *(978-0-9861864-7-9(3))*; (ENG.). pap. 8.95 *(978-0-9861864-5-5(7))* Silver Thread Publishing.

Always Anjali. Sheetal Sheth. 2018. (ENG., Illus.). 38p. (J). (gr. -1-3). 19.95 *(978-1-68401-968-7(0))* Amplify Publishing Group.

Always Anjali. Sheetal Sheth. Illus. by Jessica Blank. 2023. (Always Anjali Ser.: 1). 40p. (J). (gr. -1-3). 18.99 *(978-0-593-64883-4(8))*; (ENG.). lib. bdg. 21.99 *(978-0-593-64884-1(6))* Random Hse. Children's Bks. (Random Hse. Bks. for Young Readers).

Always Be Kind. Tora Stephenchel. 2021. (Learning Sight Words Ser.). (ENG.). 24p. (J). (gr. -1-2). lib. bdg. 32.79 *(978-1-5038-4509-1(5)*, 214276) Child's World, Inc, The.

Always Be Optimistic. Saucan Ventures. 2017. (ENG., Illus.). 66p. (J). pap. *(978-0-9958732-5-4(9))* SAUCAN Ventures Inc.

Always Be Your Best You. Warren Landrum. 2021. (ENG.). 44p. (J). 15.95 *(978-1-0880-0935-2(2))* Landrum, Warren.

Always Believe in Yourself. Elizabeth T. Elliston. 2021. (ENG.). 34p. (J). 24.95 *(978-1-6624-3117-3(1))*; pap. 14.95 *(978-1-6624-1466-4(8))* Page Publishing Inc.

Always Broke? Skills to Make More Money, 1 vol. Louise Spilsbury. 2018. (Life Skills Ser.). (ENG.). 48p. (gr. 5-5). lib. bdg. 30.93 *(978-0-7660-9980-7(6)*, ed0e1e91-7afc-444d-ba9e-49d995301bff) Enslow Publishing, LLC.

Always, Clementine. Carlie Sorosiak. 2022. (ENG.). 304p. (J). (gr. 3-7). 17.99 *(978-1-5362-2884-7(2))* Candlewick Pr.

Always Eat Your Vegetables: Seek & Find Activity Book. Jupiter Kids. 2017. (ENG., Illus.). (J). pap. 9.20 *(978-1-68326-164-3(X)*, Jupiter Kids (Childrens & Kids Fiction)) Speedy Publishing LLC.

Always Everly. Nate Wragg. 2021. (ENG., Illus.). 40p. (J). (gr. -1-3). 17.99 *(978-0-06-298279-7(6)*, HarperCollins) HarperCollins Pubs.

Always Forever Maybe. Anica Mrose Rissi. (ENG.). (YA). (gr. 8). 2020. 272p. pap. 10.99 *(978-0-06-268529-2(5))*; 2018. 256p. 17.99 *(978-0-06-268528-5(7))* HarperCollins Pubs. (Quill Tree Bks.).

Always Happy: Or, Anecdotes of Felix & His Sister Serena; a Tale, Written for Her Children, by a Mother (Classic Reprint) Maria Elizabeth Budden. 2018. (ENG., Illus.). 212p. (J). 28.29 *(978-0-267-44370-3(6))* Forgotten Bks.

Always Here with Me. Anthea Davidson-Jarrett. 2019. (ENG.). (J). 32p. pap. *(978-0-244-22720-3(9))*; 28p. pap. 13.64 *(978-0-244-15380-9(9))* Lulu Pr., Inc.

Always Hug a Unicorn. Rosie Greening. Illus. by Stuart Lynch. 2019. (ENG.). 12p. (J). (gr. -1 — 1). 12.99 *(978-1-78843-659-5(8))*; (— 1). 9.99 *(978-1-78843-624-3(5))* Make Believe Ideas GBR. Dist: Scholastic, Inc.

Always Human: A Graphic Novel (Always Human, #1) Ari North. 2020. (Always Human Ser.). (ENG., Illus.). 256p. (YA). (gr. 6). 24.99 *(978-1-4998-1110-0(1))*; pap. 14.99 *(978-1-4998-1109-4(8))* Little Bee Books Inc.

Always in Fashion. Jan Van Hee. 2017. (ENG., Illus.). (YA). (gr. 7-12). pap. 11.99 *(978-0-9974953-0-0(8))* Sable Creek Pr. LLC.

Always in My Heart. Andi Landes. Illus. by Jacqueline East. 2018. (Padded Board Books for Babies Ser.). (ENG.). 20p. (J). (gr. -1-k). bds. 6.99 *(978-1-68412-585-2(5)*, Silver Dolphin Bks.) Printers Row Publishing Group.

Always in Your Heart. Paula Hixenbaugh. 2021. (ENG., Illus.). 28p. (J). pap. 14.95 *(978-1-63903-453-6(6))* Christian Faith Publishing.

Always Isn't Forever. J. C. Cervantes. 2023. 384p. (YA). (gr. 7). 19.99 *(978-0-593-40448-5(3)*, Razorbill) Penguin Young Readers Group.

Always, Jackie. J. Patrick Lewis. Illus. by John Thompson. 2020. (ENG.). 32p. (J). (gr. 1-3). 18.99 *(978-1-56846-307-0(3)*, 18355, Creative Editions) Creative Co., The.

Always Jane. Jenn Bennett. 2022. (ENG.). 384p. (YA). (gr. 9). 19.99 *(978-1-5344-8232-6(6)*, Simon & Schuster Bks. For Young Readers) Simon & Schuster Bks. For Young Readers.

Always Just Be You! Travis a Thompson. Illus. by Travis a Thompson. 2019. (ENG., Illus.). 36p. (J). (gr. k-5). 20.95 *(978-0-578-50746-0(3))* SivART Gallery, The.

Always Keep Your Promises: Cuddles the Little Red Fox Series. Carole Jaeggi. 2023. (Book Ser.: Vol. 5). (ENG.). 54p. (J). pap. 18.79 ***(978-1-63950-187-8(8))*** Writers Apex.

Always Leaving. Gene Gant. 2016. (ENG., Illus.). (YA). (gr. 8-12). 24.99 *(978-1-63477-934-0(7)*, Harmony Ink Pr.) Dreamspinner Pr.

Always Look Up: An Emotional Regulation Tool. Rachyl Worsfold. 2023. (ENG.). 46p. (J). pap. ***(978-1-7779347-5-0(3))*** LoGreco, Bruno.

Always Looking Up: Nancy Grace Roman, Astronomer. Laura Gehl. Illus. by Louise Pigott & Alex Oxton. 2019. (She Made History Ser.). (ENG.). 32p. (J). (gr. -1-3). 17.99 *(978-0-8075-0296-9(0)*, 807502960) Whitman, Albert & Co.

Always Love Your Mom. Noah J King. 2018. (ENG., Illus.). 30p. (J). (gr. -1-3). 23.95 *(978-1-64462-524-8(5))*; pap. 13.95 *(978-1-64298-006-6(4))* Page Publishing Inc.

Always Mine - ROYAL. Chloé Sénéchal. 2021. (FRE.). 112p. (YA). pap. ***(978-1-291-45485-7(3))*** Lulu Pr., Inc.

Always More Love. Erin Guendelsberger. Illus. by AndoTwin. 2020. (ENG.). (J). 24p. (gr. -1-k). bds. 7.99 *(978-1-7282-3061-0(6))*; 40p. (gr. k-3). 10.99 *(978-1-7282-1376-7(2))* Sourcebooks, Inc.

Always Near: A Book about Grief. Stephanie Spruce. Ed. by Melanie Lopata. Illus. by Antonio Bevacqui. 2022. (ENG.). 34p. (J). pap. 10.99 ***(978-1-0879-4599-6(2))*** Indy Pub.

Always Never Yours. Emily Wibberley & Austin Siegemund-Broka. 2019. 384p. (YA). (gr. 7). pap. 12.99 *(978-0-451-47864-1(9)*, Penguin Books) Penguin Young Readers Group.

Always on the Other Side: A Life Story with a Twist. Susan Namugga. 2022. (ENG.). 102p. (YA). 25.95 *(978-1-4583-9014-1(4))* Lulu Pr., Inc.

Always Ours. Christy Wopat. Illus. by Julie Wells. 2020. (ENG.). 36p. (J). (gr. k-4). 17.99 *(978-1-64538-139-6(0))*; pap. 12.00 *(978-1-64538-123-5(4))* Orange Hat Publishing.

Always Remember. Cece Meng. Illus. by Jago. 2016. 32p. (J). (gr. -1-2). 17.99 *(978-0-399-16809-3(5)*, Philomel Bks.) Penguin Young Readers Group.

Always Remember. Stephanie Huber. 2020. (ENG.). 40p. (J). 16.99 *(978-1-9736-9592-9(8)*, WestBow Pr.) Author Solutions, LLC.

Always Remember Us. A. M. Yallum. 2022. (ENG.). 304p. (YA). pap. 21.95 ***(978-1-68526-633-2(9))*** Covenant Bks.

Always See the Rainbow. Laura Kelley. Illus. by Stefanie Geyer. 2023. 26p. (J). pap. 12.99 BookBaby.

Always Sisters: A Story of Loss & Love. Saira Mir. Illus. by Shahrzad Maydani. 2023. (ENG.). 32p. (J). (gr. -1-3). 18.99 ***(978-1-6659-0156-7(X)***, Simon & Schuster Bks. For Young Readers) Simon & Schuster Bks. For Young Readers.

Always Smile: Carley Allison's Secrets for Laughing, Loving & Living. Alice Kuipers. 2019. (ENG., Illus.). 392p. (YA). (gr. 9-12). 17.99 *(978-1-5253-0040-0(7))* Kids Can Pr., Ltd. CAN. Dist: Hachette Bk. Group.

Always So Grumpy. Erin Guendelsberger. Illus. by AndoTwin. 2020. (ENG.). 40p. (J). (gr. k-3). 10.99 *(978-1-7282-1620-1(6))* Sourcebooks, Inc.

Always Stop & Smell the Flowers. Maryann Katterjohn. 2019. (ENG.). 26p. (J). 15.99 *(978-1-7332346-1-0(6))* Mindstir Media.

Always the Almost: A Novel. Edward Underhill. 2023. (ENG., Illus.). 320p. (YA). 18.99 *(978-1-250-83520-8(8),* 900254281, Wednesday Bks.) St. Martin's Pr.
Always Tree. Donna Anderson. Illus. by Priscilla Patterson. 2019. (ENG.). 30p. (J). pap. 12.99 *(978-1-7338162-3-6(2))* Climb Your Moutain Publishing.
Always Wash Your Hands. Eileen Rhona Marita. Illus. by Michael Magpantay. 2021. (ENG.). 26p. (J). pap. *(978-1-922621-69-6(2))* Library For All Limited.
Always Watch Out for the Flying Potato Salad! Henry Winkler & Lin Oliver. ed. 2017. (Here's Hank Ser.: 9). lib. bdg. 16.00 *(978-0-606-40339-9(6))* Turtleback.
Always Watch Out for the Flying Potato Salad!, 9. Henry Winkler et al. ed. 2019. (Here's Hank Ser.). (ENG.). 121p. (J). (gr. 2-3). 16.96 *(978-0-87617-554-5(X))* Penworthy Co., LLC, The.
Always Watch Out for the Flying Potato Salad! #9. Henry Winkler & Lin Oliver. Illus. by Scott Garrett. 2017. (Here's Hank Ser.: 9). 128p. (J). (gr. 1-3). 6.99 *(978-1-101-99583-9(1),* Penguin Workshop) Penguin Young Readers Group.
Always Wear Your Hard Hat! a Construction Coloring Book. Activibooks For Kids. 2016. (ENG., Illus.). (J). pap. 9.20 *(978-1-68321-661-2(X))* Mimaxion.
Always with You, 1 vol. Eric Walters. Illus. by Carloe Liu. 2019. (ENG.). 32p. (J). 24.95 *(978-1-77108-738-4(2),* 44ebc04f-282e-4af1-8fde-afd12b897100) Nimbus Publishing, Ltd. CAN. Dist: Baker & Taylor Publisher Services (BTPS).
Always with You, Always with Me. Kelly Rowland & Jessica Mckay. Illus. by Fanny Liem. 2022. 19.99 *(978-1-7339049-5-7(6))* Hightree Publishing.
Always with You, Always with Me. Kelly Rowland & Jessica McKay. Illus. by Fanny Liem. 2022. (ENG.). 40p. (J). (gr. -1-2). 17.99 *(978-0-593-46551-6(2),* Viking Books for Young Readers) Penguin Young Readers Group.
Aly Raisman. Grace Hansen. 2016. (Olympic Biographies Ser.). (ENG., Illus.). 24p. (J). (gr. -1-2). lib. bdg. 32.79 *(978-1-68080-944-2(X),* 23353, Abdo Kids) ABDO Publishing Co.
Aly Raisman. Matt Scheff. 2016. (Olympic Stars Ser.). (ENG., Illus.). 32p. (J). (gr. 3-9). lib. bdg. 32.79 *(978-1-68078-562-3(1),* 23807, SportsZone) ABDO Publishing Co.
Aly Raisman: Athlete & Activist. Anna Leigh. 2019. (Gateway Biographies Ser.). (ENG., Illus.). 48p. (J). (gr. 4-8). lib. bdg. 31.99 *(978-1-5415-4261-7(4),* 7f2fb359-a94f-4539-bd0f-586db1fb54fe, Lerner Pubns.) Lerner Publishing Group.
Aly Raisman: Gold-Medal Gymnast. Matt Chandler. 2020. (Sports Illustrated Kids Stars of Sports Ser.). (ENG., Illus.). 32p. (J). (gr. 3-5). lib. bdg. 31.32 *(978-1-4966-8385-4(4),* 200257, Capstone Pr.) Capstone.
Alya & the Three Cats. Tr. by Mehdi Retnani. Illus. by Maya Fidawi. 2020. (ENG.). 32p. (J). (gr. -1). 17.95 *(978-2-89802-236-4(5),* CrackBoom! Bks.) Chouette Publishing CAN. Dist: Publishers Group West (PGW).
Alycat & the Friendship Friday. Alysson Foti Bourque. 2018. (ENG.). 38p. (J). 14.95 *(978-1-68401-903-8(6))* Amplify Publishing Group.
Alycat & the Friendship Friday. Alysson Foti Bourque. 2022. (Alycat Ser.: 3). (ENG., Illus.). 32p. (J). (gr. k-2). 17.99 *(978-1-4556-2709-7(7),* Pelican Publishing) Arcadia Publishing.
Alycat & the Sleepover Saturday. Alysson Foti Bourque. 2023. (ENG., Illus.). 32p. (J). (gr. 1-3). 17.99 *(978-1-4556-2723-3(2),* Pelican Publishing) Arcadia Publishing.
Alycat & the Thursday Dessert Day. Alysson Foti Bourque. 2022. (Alycat Ser.: 1). (ENG., Illus.). 32p. (J). (gr. k-2). 17.99 *(978-1-4556-2707-3(0),* Pelican Publishing) Arcadia Publishing.
Alycat & the Thursday Dessert Day. Alysson Foti Bourque. 2016. (ENG.). (J). (gr. -1-3). 14.95 *(978-1-63177-744-8(0))* Amplify Publishing Group.
Alyons. J. a Du Preez. 2018. (ENG., Illus.). 156p. (J). pap. *(978-1-78132-765-4(3))* SilverWood Bks.
Alyssa. Keri a Kitson. Ed. by Jeanne Mason. Illus. by Raven Ngo. 2019. (Estrel Ser.: Vol. 2). (ENG.). 76p. (J). pap. *(978-976-95857-0-6(X))* Kitson, Keri.
Alyssa Chronicle: The Princess Gardener, Book II. Michael Strelow. 2018. (ENG., Illus.). 120p. (J). (gr. -1-12). pap. 11.95 *(978-1-78535-835-7(9),* Our Street Bks.) Hunt, John Publishing Ltd. GBR. Dist: National Bk. Network.
Alyssa's Butterfly: A Story of Friendship Between a Little Girl & Her Medical Butterfly. Tania Antonacci. 2022. (ENG.). 18p. (J). pap. *(978-0-2288-6406-6(2))* Tellwell Talent.
Am I? Nirosha Paramanathan. Illus. by Jezreel S. Cuevas. 2021. (Mini Pinky Ponky Ser.: Vol. 1). (ENG.). 26p. (J). pap. *(978-0-6488935-4-7(5))* Paramanathan, Nirosha.
Am I a Fish? The Magic of Decisions. Kristin Heins & Marc Finkelstein. 2017. (Who Am I? Ser.: Vol. 1). (ENG., Illus.). 36p. (J). (gr. k-6). *(978-1-7752179-0-9(6))* Masala Enterprises.
Am I a Frog? Lizzy Rockwell. 2023. (I Like to Read Ser.). 32p. (J). (gr. -1-3). pap. 7.99 *(978-0-8234-5452-5(5))* Holiday Hse., Inc.
Am I a Lunatic? or Dr. Henry T. Helmbold's Exposure of His Personal Experience in the Lunatic Asylums of Europe & America (Classic Reprint) Henry T. Helmbold. 2018. (ENG., Illus.). (J). 144p. 26.87 *(978-1-396-37407-4(8));* 146p. pap. 9.57 *(978-1-390-98362-3(5))* Forgotten Bks.
Am I a Rabbit? The Liberation of Fear. Kristin Heins & Marc Finkelstein. 2017. (Who Am I? Ser.: Vol. 3). (ENG., Illus.). 36p. (J). (gr. k-6). *(978-1-7752179-8-5(1))* Masala Enterprises.
Am I a Sheep? The Courage of Individualism. Kristin Heins & Marc Finkelstein. 2017. (Who Am I? Ser.: Vol. 2). (ENG., Illus.). 36p. (J). (gr. k-6). *(978-1-7752179-3-0(0))* Masala Enterprises.
Am I Bad: Stories of Autism. Brandy Miller. Illus. by Simon D. Fielder. 2017. (ENG.). 26p. (J). (gr. k-5). pap. *(978-1-9998896-0-9(6))* Miller, Brandy.
Am I Big Enough? A Fun Little Book on Manners, 1 vol. Julia Pinckney. Illus. by Timothy Young. 2016. (ENG.). 32p. (J). 16.99 *(978-0-7643-5053-5(6),* 6857) Schiffer Publishing, Ltd.
Am I Black or Am I White? Norman Whaler. Illus. by Jasmine Mills. 2018. (ENG.). 30p. (J). (gr. k-2). 19.99 *(978-1-948131-08-7(0))* Whaler, Norman / Beneath Another Sky Bks.
Am I Colour-Blind? A Story on Climate Change. Estela T. Domaoal. 2023. (ENG.). 32p. (J). pap. 9.00 ***(978-1-63640-904-7(0),*** White Falcon Publishing) White Falcon Publishing.
Am I Good Enough? Deborah Courtney. 2016. (ENG., Illus.). (J). pap. 18.99 *(978-1-5043-0265-4(6),* Balboa Pr.) Author Solutions, LLC.
Am I Like You?, 1 vol. Brian Scott Sockin & Laura Erickson. Illus. by Anna Rettberg. 2021. (ENG.). 32p. (J). (gr. k-5). 8.95 *(978-1-943645-57-2(4),* d990de82-6248-434b-bf2d-d2279b1d261d, Cornell Lab Publishing Group, The) WunderMill, Inc.
Am I Made of Stardust? Dr Maggie Answers the Big Questions for Young Scientists. Maggie Aderin-Pocock. Illus. by Chelen Ecija. 2023. (ENG.). 278p. pap. ***(978-1-80528-006-4(6))*** Quadry, Fatima.
Am I Next. Fudgewilli. 2020. (ENG.). 26p. (J). pap. 9.99 *(978-1-7342208-7-2(2))* SRFPRTY.
Am I Normal? UK Edition. Christine R. Draper. 2020. (ENG.). 30p. (J). pap. *(978-1-909986-58-9(5))* achieve2day.
Am I Normal? US English Edition. Afzal R. Khan & Christine Draper. 2020. (ENG.). 30p. (J). pap. *(978-1-909986-59-6(3))* achieve2day.
Am I Obsolete? James Rauff. 2018. (ENG.). 32p. (J). 17.99 *(978-0-692-11283-0(9))* Recirculation Art.
Am I on A (?) ? see ¿Estoy en Una (?) ?
Am I Perfect Enough. Julia Stozub. 2018. (ENG., Illus.). 24p. (J). *(978-1-387-26490-2(7))* Lulu Pr., Inc.
Am I Really Inuk? Noah Noah. Tr. by Ida Allurut. Illus. by Charlotte Karetak. 2020. (ENG.). 24p. (J). pap. *(978-1-5255-1432-6(6))* FriesenPress.
Am I Safe? Exploring Fear & Anxiety with Children. Tim Huff & Iona Snair. Illus. by Tim Huff. 2018. (Compassion Ser.). (ENG., Illus.). 44p. (J). pap. *(978-1-988928-07-4(9))* BayRidge Bks.
Am I Too Little for God? Camille Doucette. 2017. (ENG., Illus.). 22p. (J). pap. 12.95 *(978-1-63575-723-1(1))* Christian Faith Publishing.
Am I Weird? A Book about Finding Your Place When You Feel Like You Don't Fit In, Volume 2. Jennifer Licate. Illus. by Suzanne Beaky. ed. 2021. (Navigating Friendships Ser.: 2). (ENG.). 40p. (J). (gr. 4-8). pap. 12.95 *(978-1-944882-65-5(0),* 69-003) Boys Town Pr.
Am I Your Number One? Cassandra Thomas Funderburk Ed D. 2022. (ENG.). 20p. (J). pap. 13.95 *(978-1-63985-227-7(1))* Fulton Bks.
Am I Your Pet? Carolyn Wolfe. Illus. by Amruta Patil. 2017. (ENG.) (J). (gr. k-6). pap. 15.99 *(978-1-61286-318-4(3))* Avid Readers Publishing Group.
Am I Yours? Alex Latimer. 2018. (JPN.). (J). (gr. -1-3). *(978-4-04-106563-1(1))* Kadokawa Shoten.
Am I Yours?, 1 vol. Alex Latimer. (ENG., Illus.). 32p. (J). (gr. -1-3). 2020. pap. 7.99 *(978-1-68263-172-0(9));* 2018. 16.95 *(978-1-68263-044-0(7))* Peachtree Publishing Co. Inc.
Amabel: A Family History (Classic Reprint) Elizabeth Wormeley. (ENG., Illus.). (J). 2018. 470p. 33.59 *(978-0-332-19573-5(2));* 2016. pap. 16.57 *(978-1-333-52253-7(3))* Forgotten Bks.
Amabilidad en el Parque. Miranda Kelly. Tr. by Pablo de la Vega from ENG. 2021. (En Mi Comunidad (in My Community) Ser.). (SPA., Illus.). 24p. (J). (gr. -1-1). pap. *(978-1-4271-3146-1(5),* 14193); lib. bdg. *(978-1-4271-3136-2(8),* 14182) Crabtree Publishing Co.
Amabilidad Es Mi Superpoder: Un Libro para niños Sobre la Empatía, el Cariño y la Solidaridad (Spanish Edition) Alicia Ortego. 2021. (SPA.). 40p. (J). 15.99 *(978-1-7359741-2-5(9))* Slickcolors INC.
Amadi, der Phoenix, Die Sphinx und der Djinn. Katharina Gerlach. 2016. (GER., Illus.). (J). pap. *(978-3-95681-062-6(7))* Kolata, Katharina. Independent Bookworm.
Amadi, the Phoenix, the Sphinx, & the Djinn. Katharina Gerlach. 2016. (ENG., Illus.). (J). pap. *(978-3-95681-065-7(1))* Kolata, Katharina. Independent Bookworm.
Amah Faraway. Margaret Chiu Greanias. Illus. by Tracy Subisak. 2022. (ENG.). 40p. (J). 18.99 *(978-1-5476-0721-1(1),* 900240161, Bloomsbury Children's Bks.) Bloomsbury Publishing USA.
Amaia Eta Pitxitxi: Itsas Sakonera Bidaia. Marijoxe Azurtza Sorrondegi. Illus. by Todor Azurtza & Geneva Ayarra. 2022. (BAQ.). 36p. (J). pap. 14.00 ***(978-1-0880-1591-9(3))*** Indy Pub.
Amaiya & Friends See a Counselor. Tiffany Young. Ed. by Tamara Taylor & Britani Overman. 2018. (ENG., Illus.). 24p. (J). (gr. k-3). pap. 10.99 *(978-0-9970313-4-8(4))* Tamara Taylor Edu Publishing LLC.
Amaiya & Friends See a Counselor: Coloring Book. Tiffany Young. Ed. by Tamara Taylor & Britani Overman. 2018. (ENG., Illus.). 26p. (J). (gr. k-3). pap. 5.99 *(978-0-9970313-5-5(2))* Tamara Taylor Edu Publishing LLC.
Amajurjuk. Levi Illuitok. Illus. by Ben Shannon. 2022. (Inuit Folktales Ser.). 28p. (J). (gr. 4-7). 11.95 *(978-1-77227-431-8(3))* Inhabit Media Inc. CAN. Dist: Consortium Bk. Sales & Distribution.
Amaka - My Family in the Heartland. Ure Mezu-Chukwu. 2018. (ENG., Illus.). 30p. (J). pap. 13.99 *(978-0-87831-143-9(2))* Black Academy Pr., Inc.
Amal & George Clooney, 1 vol. Corona Brezina. 2019. (Power Couples Ser.). (ENG., Illus.). 112p. (J). (gr. 7-7). pap. 18.65 *(978-1-5081-8875-9(0),* 0cf25556-ad79-4a52-991c-5d56f8c2fa4e) Rosen Publishing Group, Inc., The.
Amal Unbound. Aisha Saeed. (ENG.). 240p. (J). (gr. 5-9). 2020. 8.99 *(978-0-399-54469-9(0),* Puffin Books); 2018. 17.99 *(978-0-399-54468-2(2),* Nancy Paulsen Books) Penguin Young Readers Group.
Amalaganimals: Ability Not Disability. Stephen Pantoja. 2019. (ENG.). 40p. (J). pap. 20.00 *(978-1-7948-1295-6(4))* Lulu Pr., Inc.
Amalie's Amazing Adventures. Frank English. 2023. (ENG.). 92p. (J). ***(978-1-914083-96-9(2));*** pap. ***(978-1-914083-95-2(4))*** Andrews UK Ltd.
Amana Meteorites of February 12, 1875 (Classic Reprint) Gustavus Detlef Hinrichs. 2017. (ENG., Illus.). (J). pap. 9.57 *(978-1-5283-2806-7(X))* Forgotten Bks.
Amanda: A Daughter of the Mennonites (Classic Reprint) Anna Balmer Myers. (ENG., Illus.). (J). 2018. 318p. 30.48 *(978-0-666-00261-7(4));* 2017. pap. 13.57 *(978-0-259-33934-2(2))* Forgotten Bks.
Amanda & the Lost Time. Shelley Admont & Kidkiddos Books. 2nd ed. 2019. (Motivational Children's Book Collection). (ENG., Illus.). 30p. (J). (gr. 2-5). pap. *(978-1-5259-1578-9(9))* Kidkiddos Bks.
Amanda & the Lost Time (Afrikaans Children's Book) Shelley Admont & Kidkiddos Books. l.t. ed. 2022. (Afrikaans Bedtime Collection). (AFR., Illus.). 32p. (J). *(978-1-5259-6580-7(8));* pap. *(978-1-5259-6579-1(4))* Kidkiddos Bks.
Amanda & the Lost Time (Afrikaans English Bilingual Children's Book) Shelley Admont & Kidkiddos Books. l.t. ed. 2022. (Afrikaans English Bilingual Collection). (AFR., Illus.). 32p. (J). *(978-1-5259-6583-8(2));* pap. *(978-1-5259-6582-1(4))* Kidkiddos Bks.
Amanda & the Lost Time (Albanian Children's Book) Shelley Admont & Kidkiddos Books. 2021. (Albanian Bedtime Collection). (ALB., Illus.). 32p. (J). *(978-1-5259-5687-4(6));* pap. *(978-1-5259-5686-7(8))* Kidkiddos Bks.
Amanda & the Lost Time (Albanian English Bilingual Book for Kids) Shelley Admont & Kidkiddos Books. 2021. (Albanian English Bilingual Collection). (ALB., Illus.). 32p. (J). *(978-1-5259-5690-4(6));* pap. *(978-1-5259-5689-8(2))* Kidkiddos Bks.
Amanda & the Lost Time (Bengali Children's Book) Shelley Admont & Kidkiddos Books. l.t. ed. 2023. (Bengali Bedtime Collection). (BEN.). 32p. (J). ***(978-1-5259-7432-8(7));*** pap. ***(978-1-5259-7431-1(9))*** Kidkiddos Bks.
Amanda & the Lost Time (Bengali English Bilingual Book for Kids) Shelley Admont & Kidkiddos Books. l.t. ed. 2023. (Bengali English Bilingual Collection). (BEN., Illus.). 32p. (J). ***(978-1-5259-7435-9(1));*** pap. ***(978-1-5259-7434-2(3))*** Kidkiddos Bks.
Amanda & the Lost Time (Bulgarian Children's Book) Shelley Admont & Kidkiddos Books. 2021. (Bulgarian Bedtime Collection). (BUL., Illus.). 32p. (J). *(978-1-5259-5525-9(X));* pap. *(978-1-5259-5524-2(1))* Kidkiddos Bks.
Amanda & the Lost Time (Bulgarian English Bilingual Book for Kids) Shelley Admont & Kidkiddos Books. 2021. (Bulgarian English Bilingual Collection). (BUL., Illus.). 32p. (J). *(978-1-5259-5528-0(4));* pap. *(978-1-5259-5527-3(6))* Kidkiddos Bks.
Amanda & the Lost Time (Chinese Children's Book - Mandarin Simplified) No Pinyin. Shelley Admont & Kidkiddos Books. 2021. (Chinese Bedtime Collection). (CHI., Illus.). 32p. (J). *(978-1-5259-5206-7(4));* pap. *(978-1-5259-5205-0(6))* Kidkiddos Bks.
Amanda & the Lost Time (Chinese English Bilingual Book for Kids - Mandarin Simplified) No Pinyin. Shelley Admont & Kidkiddos Books. 2021. (Chinese English Bilingual Collection). (CHI., Illus.). 32p. (J). *(978-1-5259-5209-8(9));* pap. *(978-1-5259-5208-1(0))* Kidkiddos Bks.
Amanda & the Lost Time (Croatian Book for Kids) Shelley Admont & Kidkiddos Books. 2021. (Croatian Bedtime Collection). (HRV., Illus.). 32p. (J). *(978-1-5259-5606-5(X));* pap. *(978-1-5259-5605-8(1))* Kidkiddos Bks.
Amanda & the Lost Time (Croatian English Bilingual Children's Book) Shelley Admont & Kidkiddos Books. 2021. (Croatian English Bilingual Collection). (HRV., Illus.). 32p. (J). *(978-1-5259-5609-6(4));* pap. *(978-1-5259-5608-9(6))* Kidkiddos Bks.
Amanda & the Lost Time (Czech Children's Book) Shelley Admont & Kidkiddos Books. 2021. (Czech Bedtime Collection). (CZE., Illus.). 32p. (J). *(978-1-5259-5678-2(7));* pap. *(978-1-5259-5677-5(9))* Kidkiddos Bks.
Amanda & the Lost Time (Czech English Bilingual Book for Kids) Shelley Admont & Kidkiddos Books. 2021. (Czech English Bilingual Collection). (CZE., Illus.). 32p. (J). *(978-1-5259-5681-2(7));* pap. *(978-1-5259-5680-5(9))* Kidkiddos Bks.
Amanda & the Lost Time (Danish Children's Book) Shelley Admont & Kidkiddos Books. 2021. (Danish Bedtime Collection). (DAN., Illus.). 32p. (J). *(978-1-5259-5363-7(X));* pap. *(978-1-5259-5362-0(1))* Kidkiddos Bks.
Amanda & the Lost Time (Danish English Bilingual Book for Kids) Shelley Admont & Kidkiddos Books. 2021. (Danish English Bilingual Collection). (DAN., Illus.). 32p. (J). *(978-1-5259-5366-8(4));* pap. *(978-1-5259-5365-1(6))* Kidkiddos Bks.
Amanda & the Lost Time (Dutch Book for Kids) Shelley Admont & Kidkiddos Books. 2021. (Dutch Bedtime Collection). (DUT., Illus.). 32p. (J). *(978-1-5259-5390-3(7));* pap. *(978-1-5259-5389-7(3))* Kidkiddos Bks.
Amanda & the Lost Time (Dutch English Bilingual Children's Book) Shelley Admont & Kidkiddos Books. 2021. (Dutch English Bilingual Collection). (DUT., Illus.). 32p. (J). *(978-1-5259-5393-4(1));* pap. *(978-1-5259-5392-7(3))* Kidkiddos Bks.
Amanda & the Lost Time (English Afrikaans Bilingual Book for Kids) Shelley Admont & Kidkiddos Books. l.t. ed. 2022. (English Afrikaans Bilingual Collection). (AFR., Illus.). 32p. (J). *(978-1-5259-6577-7(8));* pap. *(978-1-5259-6576-0(X))* Kidkiddos Bks.
Amanda & the Lost Time (English Albanian Bilingual Book for Kids) Shelley Admont & Kidkiddos Books. 2021. (English Albanian Bilingual Collection). (ALB., Illus.). 32p. (J). *(978-1-5259-5684-3(1));* pap. *(978-1-5259-5683-6(3))* Kidkiddos Bks.
Amanda & the Lost Time (English Arabic Bilingual Book for Kids) Shelley Admont & Kidkiddos Books. 2021. (English Arabic Bilingual Collection). (ARA., Illus.). 32p. (J). *(978-1-5259-5630-0(2));* pap. *(978-1-5259-5629-4(9))* Kidkiddos Bks.
Amanda & the Lost Time (English Bengali Bilingual Book for Kids) Shelley Admont & Kidkiddos Books. l.t. ed. 2023. (English Bengali Bilingual Collection). (BEN., Illus.). 32p. (J). ***(978-1-5259-7429-8(7));*** pap. ***(978-1-5259-7428-1(9))*** Kidkiddos Bks.
Amanda & the Lost Time (English Bulgarian Bilingual Book for Kids) Shelley Admont & Kidkiddos Books. 2021. (English Bulgarian Bilingual Collection). (BUL., Illus.). 32p. (J). *(978-1-5259-5522-8(5));* pap. *(978-1-5259-5521-1(7))* Kidkiddos Bks.
Amanda & the Lost Time (English Chinese Bilingual Book for Kids - Mandarin Simplified) No Pinyin. Shelley Admont & Kidkiddos Books. 2021. (English Chinese Bilingual Collection). (CHI., Illus.). 32p. (J). *(978-1-5259-5203-6(X));* pap. *(978-1-5259-5202-9(1))* Kidkiddos Bks.
Amanda & the Lost Time (English Croatian Bilingual Children's Book) Shelley Admont & Kidkiddos Books. 2021. (English Croatian Bilingual Collection). (HRV., Illus.). 32p. (J). *(978-1-5259-5603-4(5));* pap. *(978-1-5259-5602-7(7))* Kidkiddos Bks.
Amanda & the Lost Time (English Czech Bilingual Book for Kids) Shelley Admont & Kidkiddos Books. 2021. (English Czech Bilingual Collection). (Illus.). 32p. (J). (CZE.). *(978-1-5259-5675-1(2));* (HRV., pap. *(978-1-5259-5674-4(4))* Kidkiddos Bks.
Amanda & the Lost Time (English Danish Bilingual Book for Kids) Shelley Admont & Kidkiddos Books. 2021. (English Danish Bilingual Collection). (DAN., Illus.). 32p. (J). *(978-1-5259-5360-6(5));* pap. *(978-1-5259-5359-0(1))* Kidkiddos Bks.
Amanda & the Lost Time (English Dutch Bilingual Children's Book) Shelley Admont & Kidkiddos Books. 2021. (English Dutch Bilingual Collection). (DUT., Illus.). 32p. (J). *(978-1-5259-5387-3(7));* pap. *(978-1-5259-5386-6(9))* Kidkiddos Bks.
Amanda & the Lost Time (English Farsi Bilingual Book for Kids - Persian) Shelley Admont & Kidkiddos Books. 2021. (English Farsi Bilingual Collection). (PER., Illus.). 32p. (J). *(978-1-5259-5486-3(5));* pap. *(978-1-5259-5485-6(7))* Kidkiddos Bks.
Amanda & the Lost Time (English French Bilingual Book for Kids) Shelley Admont & Kidkiddos Books. l.t. ed. 2021. (English French Bilingual Collection). (FRE., Illus.). 32p. (J). *(978-1-5259-5324-8(9));* pap. *(978-1-5259-5323-1(0))* Kidkiddos Bks.
Amanda & the Lost Time (English German Bilingual Children's Book) Shelley Admont & Kidkiddos Books. 2021. (English German Bilingual Collection). (GER., Illus.). 32p. (J). *(978-1-5259-5504-4(7));* pap. *(978-1-5259-5503-7(9))* Kidkiddos Bks.
Amanda & the Lost Time (English Greek Bilingual Book for Kids) Shelley Admont & Kidkiddos Books. 2021. (English Greek Bilingual Collection). (GRE., Illus.). 32p. (J). *(978-1-5259-5414-6(8));* pap. *(978-1-5259-5413-9(X))* Kidkiddos Bks.
Amanda & the Lost Time (English Hebrew Bilingual Book for Kids) Shelley Admont & Kidkiddos Books. 2021. (English Hebrew Bilingual Collection). (HEB., Illus.). 32p. (J). *(978-1-5259-5239-5(0));* pap. *(978-1-5259-5238-8(2))* Kidkiddos Bks.
Amanda & the Lost Time (English Hindi Bilingual Book for Kids) Shelley Admont & Kidkiddos Books. 2021. (English Hindi Bilingual Collection). (HIN., Illus.). 32p. (J). *(978-1-5259-5459-7(8));* pap. *(978-1-5259-5458-0(X))* Kidkiddos Bks.
Amanda & the Lost Time (English Hungarian Bilingual Children's Book) Shelley Admont & Kidkiddos Books. 2021. (English Hungarian Bilingual Collection). (HUN., Illus.). 32p. (J). *(978-1-5259-5432-0(6));* pap. *(978-1-5259-5431-3(8))* Kidkiddos Bks.
Amanda & the Lost Time (English Irish Bilingual Book for Children) Shelley Admont & Kidkiddos Books. l.t. ed. 2023. (English Irish Bilingual Collection). (GLE., Illus.). 32p. (J). ***(978-1-5259-7630-8(3));*** pap. ***(978-1-5259-7629-2(X))*** Kidkiddos Bks.
Amanda & the Lost Time (English Italian Bilingual Book for Kids) Shelley Admont & Kidkiddos Books. 2021. (English Italian Bilingual Collection). (ITA., Illus.). 32p. (J). *(978-1-5259-5248-7(X));* pap. *(978-1-5259-5247-0(1))* Kidkiddos Bks.
Amanda & the Lost Time (English Japanese Bilingual Book for Kids) Shelley Admont & Kidkiddos Books. 2021. (English Japanese Bilingual Collection). (JPN., Illus.). 32p. (J). *(978-1-5259-5594-5(2));* pap. *(978-1-5259-5593-8(4))* Kidkiddos Bks.
Amanda & the Lost Time (English Korean Bilingual Book for Kids) Shelley Admont & Kidkiddos Books. 2021. (English Korean Bilingual Collection). (KOR., Illus.). 32p. (J). *(978-1-5259-5621-8(3));* pap. *(978-1-5259-5620-1(5))* Kidkiddos Bks.
Amanda & the Lost Time (English Macedonian Bilingual Book for Children) Shelley Admont & Kidkiddos Books. l.t. ed. 2023. (English Macedonian Bilingual Collection). (MAC., Illus.). 32p. (J). ***(978-1-5259-7438-0(6));*** pap. ***(978-1-5259-7437-3(8))*** Kidkiddos Bks.
Amanda & the Lost Time (English Malay Bilingual Book for Kids) Shelley Admont & Kidkiddos Books. 2021. (English Malay Bilingual Collection). (MAY., Illus.). 32p. (J). *(978-1-5259-5576-1(4));* pap. *(978-1-5259-5575-4(6))* Kidkiddos Bks.
Amanda & the Lost Time (English Polish Bilingual Children's Book) Shelley Admont & Kidkiddos Books. 2021. (English Polish Bilingual Collection). (POL., Illus.). 32p. (J). *(978-1-5259-5558-7(6));* pap. *(978-1-5259-5557-0(8))* Kidkiddos Bks.
Amanda & the Lost Time (English Portuguese Bilingual Children's Book - Portugal) Shelley Admont & Kidkiddos Books. l.t. ed. 2021. (English Portuguese Bilingual Collection - Portugal Ser.). (POR., Illus.). 32p. (J). *(978-1-5259-5257-9(9));* pap. *(978-1-5259-5256-2(0))* Kidkiddos Bks.
Amanda & the Lost Time (English Portuguese Bilingual Children's Book -Brazilian) Shelley Admont & Kidkiddos Books. 2021. (English Portuguese Bilingual Collection - Brazil Ser.). (POR., Illus.). 32p. (J). *(978-1-5259-5513-6(6));* pap. *(978-1-5259-5512-9(8))* Kidkiddos Bks.

Amanda & the Lost Time (English Punjabi Bilingual Children's Book - Gurmukhi) Shelley Admont & Kidkiddos Books. 2021. (English Punjabi Bilingual Collection - India Ser.). (PAN., Illus.). 32p. (J). (978-1-5259-5275-3(7)); pap. (978-1-5259-5274-6(9)) Kidkiddos Bks.

Amanda & the Lost Time (English Romanian Bilingual Book for Kids) Shelley Admont & Kidkiddos Books. 2021. (English Romanian Bilingual Collection). (RUM., Illus.). 32p. (J). (978-1-5259-5477-1(6)); pap. (978-1-5259-5476-4(8)) Kidkiddos Bks.

Amanda & the Lost Time (English Russian Bilingual Book for Kids) Shelley Admont & Kidkiddos Books. l.t. ed. 2021. (English Russian Bilingual Collection). (RUS., Illus.). 32p. (J). (978-1-5259-5284-5(6)); pap. (978-1-5259-5283-8(8)) Kidkiddos Bks.

Amanda & the Lost Time (English Serbian Bilingual Book for Kids - Latin Alphabet) Shelley Admont & Kidkiddos Books. 2021. (English Serbian Bilingual Collection - Latin Ser.). (SRP., Illus.). 32p. (J). (978-1-5259-5585-3(3)); pap. (978-1-5259-5584-6(5)) Kidkiddos Bks.

Amanda & the Lost Time (English Spanish Bilingual Book for Kids) Shelley Admont & Kidkiddos Books. 2021. (English Spanish Bilingual Collection). (SPA., Illus.). 32p. (J). (978-1-5259-5342-2(7)); pap. (978-1-5259-5341-5(9)) Kidkiddos Bks.

Amanda & the Lost Time (English Swedish Bilingual Book for Kids) Shelley Admont & Kidkiddos Books. 2021. (English Swedish Bilingual Collection). (SWE., Illus.). 32p. (J). (978-1-5259-5351-4(6)); pap. (978-1-5259-5350-7(8)) Kidkiddos Bks.

Amanda & the Lost Time (English Tagalog Bilingual Book for Kids) Filipino Children's Book. Shelley Admont & Kidkiddos Books. 2021. (English Tagalog Bilingual Collection). (TGL., Illus.). 32p. (J). (978-1-5259-5531-0(4)); pap. (978-1-5259-5530-3(6)) Kidkiddos Bks.

Amanda & the Lost Time (English Thai Bilingual Book for Kids) Shelley Admont & Kidkiddos Books. l.t. ed. 2022. (English Thai Bilingual Collection). (THA., Illus.). 32p. (J). **(978-1-5259-6670-5(7))**; pap. **(978-1-5259-6669-9(3))** Kidkiddos Bks.

Amanda & the Lost Time (English Turkish Bilingual Children's Book) Shelley Admont & Kidkiddos Books. 2021. (English Turkish Bilingual Collection). (TUR., Illus.). 32p. (J). (978-1-5259-5405-4(9)); pap. (978-1-5259-5404-7(0)) Kidkiddos Bks.

Amanda & the Lost Time (English Ukrainian Bilingual Children's Book) Shelley Admont & Kidkiddos Books. 2021. (English Ukrainian Bilingual Collection). (UKR & ENG., Illus.). 32p. (J). (978-1-5259-5657-7(4)); pap. (978-1-5259-5656-0(6)) Kidkiddos Bks.

Amanda & the Lost Time (English Urdu Bilingual Book for Kids) Shelley Admont & Kidkiddos Books. 2021. (English Urdu Bilingual Collection). (URD., Illus.). 32p. (J). (978-1-5259-5567-9(5)); pap. (978-1-5259-5566-2(7)) Kidkiddos Bks.

Amanda & the Lost Time (English Vietnamese Bilingual Children's Book) Shelley Admont & Kidkiddos Books. 2021. (English Vietnamese Bilingual Collection). (VIE., Illus.). 32p. (J). (978-1-5259-5549-5(7)); pap. (978-1-5259-5548-8(9)) Kidkiddos Bks.

Amanda & the Lost Time (English Welsh Bilingual Book for Children) Shelley Admont & Kidkiddos Books. l.t. ed. 2023. (English Welsh Bilingual Collection). (WEL., Illus.). 32p. (J). **(978-1-5259-7420-5(3))**; pap. **(978-1-5259-7419-9(X))** Kidkiddos Bks.

Amanda & the Lost Time (French Children's Book) Shelley Admont & Kidkiddos Books. l.t. ed. 2021. (French Bedtime Collection). (FRE., Illus.). 32p. (J). (978-1-5259-5327-9(3)); pap. (978-1-5259-5326-2(5)) Kidkiddos Bks.

Amanda & the Lost Time (French English Bilingual Book for Kids) Shelley Admont & Kidkiddos Books. 2021. (French English Bilingual Collection). (FRE., Illus.). 32p. (J). (978-1-5259-5330-9(3)); pap. (978-1-5259-5329-3(X)) Kidkiddos Bks.

Amanda & the Lost Time (German Book for Kids) Shelley Admont & Kidkiddos Books. 2021. (German Bedtime Collection). (GER., Illus.). 32p. (J). (978-1-5259-5507-5(1)); pap. (978-1-5259-5506-8(3)) Kidkiddos Bks.

Amanda & the Lost Time (German English Bilingual Children's Book) Shelley Admont & Kidkiddos Books. 2021. (German English Bilingual Collection). (GER., Illus.). 32p. (J). (978-1-5259-5510-5(1)); pap. (978-1-5259-5509-9(8)) Kidkiddos Bks.

Amanda & the Lost Time (Greek Children's Book) Shelley Admont & Kidkiddos Books. 2021. (Greek Bedtime Collection). (GRE., Illus.). 32p. (J). (978-1-5259-5417-7(2)); pap. (978-1-5259-5416-0(4)) Kidkiddos Bks.

Amanda & the Lost Time (Greek English Bilingual Book for Kids) Shelley Admont & Kidkiddos Books. 2021. (Greek English Bilingual Collection). (GRE., Illus.). 32p. (J). (978-1-5259-5420-7(2)); pap. (978-1-5259-5419-1(9)) Kidkiddos Bks.

Amanda & the Lost Time (Hindi Children's Book) Shelley Admont & Kidkiddos Books. 2021. (Hindi Bedtime Collection). (HIN., Illus.). 32p. (J). (978-1-5259-5462-7(8)); pap. (978-1-5259-5461-0(X)) Kidkiddos Bks.

Amanda & the Lost Time (Hindi English Bilingual Book for Kids) Shelley Admont & Kidkiddos Books. 2021. (Hindi English Bilingual Collection). (HIN., Illus.). 32p. (J). (978-1-5259-5465-8(2)); pap. (978-1-5259-5464-1(4)) Kidkiddos Bks.

Amanda & the Lost Time (Hungarian Book for Kids) Shelley Admont & Kidkiddos Books. 2021. (Hungarian Bedtime Collection). (HUN., Illus.). 32p. (J). (978-1-5259-5435-1(0)); pap. (978-1-5259-5434-4(2)) Kidkiddos Bks.

Amanda & the Lost Time (Hungarian English Bilingual Children's Book) Shelley Admont & Kidkiddos Books. 2021. (Hungarian English Bilingual Collection). (HUN., Illus.). 32p. (J). (978-1-5259-5438-2(5)); pap. (978-1-5259-5437-5(7)) Kidkiddos Bks.

Amanda & the Lost Time (Irish Children's Book) Shelley Admont & Kidkiddos Books. l.t. ed. 2023. (Irish Bedtime Collection). (GLE.). 32p. (J). **(978-1-5259-7636-0(2))**; pap. **(978-1-5259-7635-3(4))** Kidkiddos Bks.

Amanda & the Lost Time (Irish English Bilingual Book for Kids) Shelley Admont & Kidkiddos Books. l.t. ed. 2023. (Irish English Bilingual Collection). (GLE., Illus.). 32p. (J). **(978-1-5259-7633-9(8))**; pap. **(978-1-5259-7632-2(X))** Kidkiddos Bks.

Amanda & the Lost Time (Italian Children's Book) Shelley Admont & Kidkiddos Books. 2021. (Italian Bedtime Collection). (ITA., Illus.). 32p. (J). (978-1-5259-5251-7(X)); pap. (978-1-5259-5250-0(1)) Kidkiddos Bks.

Amanda & the Lost Time (Italian English Bilingual Book for Kids) Shelley Admont & Kidkiddos Books. 2021. (Italian English Bilingual Collection). (ITA., Illus.). 32p. (J). (978-1-5259-5254-8(4)); pap. (978-1-5259-5253-1(6)) Kidkiddos Bks.

Amanda & the Lost Time (Japanese Children's Book) Shelley Admont & Kidkiddos Books. 2021. (Japanese Bedtime Collection). (JPN., Illus.). 32p. (J). (978-1-5259-5597-6(7)); pap. (978-1-5259-5596-9(9)) Kidkiddos Bks.

Amanda & the Lost Time (Japanese English Bilingual Book for Kids) Shelley Admont & Kidkiddos Books. 2021. (Japanese English Bilingual Collection). (JPN., Illus.). 32p. (J). (978-1-5259-5600-3(0)); pap. (978-1-5259-5599-0(3)) Kidkiddos Bks.

Amanda & the Lost Time (Korean Children's Book) Shelley Admont & Kidkiddos Books. 2021. (Korean Bedtime Collection). (KOR., Illus.). 32p. (J). (978-1-5259-5624-9(8)); pap. (978-1-5259-5623-2(X)) Kidkiddos Bks.

Amanda & the Lost Time (Korean English Bilingual Book for Kids) Shelley Admont & Kidkiddos Books. 2021. (Korean English Bilingual Collection). (KOR., Illus.). 32p. (J). pap. (978-1-5259-5626-3(4)); (978-1-5259-5627-0(2)) Kidkiddos Bks.

Amanda & the Lost Time (Macedonian Children's Book) Shelley Admont & Kidkiddos Books. l.t. ed. 2023. (Macedonian Bedtime Collection). (MAC.). 32p. (J). **(978-1-5259-7441-0(6))**; pap. **(978-1-5259-7440-3(8))** Kidkiddos Bks.

Amanda & the Lost Time (Macedonian English Bilingual Book for Kids) Shelley Admont & Kidkiddos Books. l.t. ed. 2023. (Macedonian English Bilingual Collection). (MAC., Illus.). 32p. (J). **(978-1-5259-7444-1(0))**; pap. **(978-1-5259-7443-4(2))** Kidkiddos Bks.

Amanda & the Lost Time (Malay Children's Book) Shelley Admont & Kidkiddos Books. 2021. (Malay Bedtime Collection). (MAY., Illus.). 32p. (J). (978-1-5259-5579-2(9)); pap. (978-1-5259-5578-5(0)) Kidkiddos Bks.

Amanda & the Lost Time (Malay English Bilingual Book for Kids) Shelley Admont & Kidkiddos Books. 2021. (Malay English Bilingual Collection). (MAY., Illus.). 32p. (J). pap. (978-1-5259-5581-5(0)); (978-1-5259-5582-2(9)) Kidkiddos Bks.

Amanda & the Lost Time (Polish Book for Kids) Shelley Admont & Kidkiddos Books. 2021. (Polish Bedtime Collection). (POL., Illus.). 32p. (J). (978-1-5259-5561-7(6)); pap. (978-1-5259-5560-0(8)) Kidkiddos Bks.

Amanda & the Lost Time (Polish English Bilingual Children's Book) Shelley Admont & Kidkiddos Books. 2021. (Polish English Bilingual Collection). (POL., Illus.). 32p. (J). (978-1-5259-5564-8(0)); pap. (978-1-5259-5563-1(2)) Kidkiddos Bks.

Amanda & the Lost Time (Portuguese Book for Kids-Portugal) European Portuguese. Shelley Admont & Kidkiddos Books. l.t. ed. 2021. (Portuguese Bedtime Collection - Portugal Ser.). (POR., Illus.). 32p. (J). (978-1-5259-5260-9(9)); pap. (978-1-5259-5259-3(5)) Kidkiddos Bks.

Amanda & the Lost Time (Portuguese Book for Kids-Brazilian) Shelley Admont & Kidkiddos Books. 2021. (Portuguese Bedtime Collection - Brazil Ser.). (POR., Illus.). 32p. (J). (978-1-5259-5516-7(0)); pap. (978-1-5259-5515-0(2)) Kidkiddos Bks.

Amanda & the Lost Time (Portuguese English Bilingual Children's Book - Portugal) Shelley Admont & Kidkiddos Books. 2021. (Portuguese English Bilingual Collection - Portugal Ser.). (POR., Illus.). 32p. (J). (978-1-5259-5263-0(3)); pap. (978-1-5259-5262-3(5)) Kidkiddos Bks.

Amanda & the Lost Time (Portuguese English Bilingual Children's Book -Brazilian) Shelley Admont & Kidkiddos Books. 2021. (Portuguese English Bilingual Collection - Brazil Ser.). (POR., Illus.). 32p. (J). (978-1-5259-5519-8(5)); pap. (978-1-5259-5518-1(7)) Kidkiddos Bks.

Amanda & the Lost Time (Punjabi Book for Kids-Gurmukhi) Shelley Admont & Kidkiddos Books. 2021. (Punjabi Bedtime Collection - India Ser.). (PAN., Illus.). 32p. (J). (978-1-5259-5278-4(1)); pap. (978-1-5259-5277-7(3)) Kidkiddos Bks.

Amanda & the Lost Time (Punjabi English Bilingual Children's Book - Gurmukhi) Shelley Admont & Kidkiddos Books. 2021. (English Punjabi Bilingual Collection - India Ser.). (PAN., Illus.). 32p. (J). (978-1-5259-5281-4(1)); pap. (978-1-5259-5280-7(3)) Kidkiddos Bks.

Amanda & the Lost Time (Romanian Children's Book) Shelley Admont & Kidkiddos Books. 2021. (Romanian Bedtime Collection). (RUM., Illus.). 32p. (J). (978-1-5259-5480-1(6)); pap. (978-1-5259-5479-5(2)) Kidkiddos Bks.

Amanda & the Lost Time (Romanian English Bilingual Book for Kids) Shelley Admont & Kidkiddos Books. 2021. (Romanian English Bilingual Collection). (RUM., Illus.). 32p. (J). (978-1-5259-5483-2(0)); pap. (978-1-5259-5482-5(2)) Kidkiddos Bks.

Amanda & the Lost Time (Russian Children's Book) Shelley Admont & Kidkiddos Books. 2021. (Russian Bedtime Collection). (RUS., Illus.). 32p. (J). (978-1-5259-5287-6(0)); pap. (978-1-5259-5286-9(2)) Kidkiddos Bks.

Amanda & the Lost Time (Russian English Bilingual Book for Kids) Shelley Admont & Kidkiddos Books. 2021. (Russian English Bilingual Collection). (RUS., Illus.). 32p. (J). (978-1-5259-5290-6(0)); pap. (978-1-5259-5289-0(7)) Kidkiddos Bks.

Amanda & the Lost Time (Serbian Children's Book - Latin Alphabet) Shelley Admont & Kidkiddos Books. 2021. (Serbian Bedtime Collection - Latin Ser.). (SRP., Illus.). 32p. (J). (978-1-5259-5588-4(8)); pap. (978-1-5259-5587-7(X)) Kidkiddos Bks.

Amanda & the Lost Time (Serbian English Bilingual Book for Kids - Latin Alphabet) Shelley Admont & Kidkiddos Books. 2021. (Serbian English Bilingual Collection - Latin Ser.). (SRP., Illus.). 32p. (J). (978-1-5259-5591-4(8)); pap. (978-1-5259-5590-7(X)) Kidkiddos Bks.

Amanda & the Lost Time (Spanish Children's Book) Shelley Admont & Kidkiddos Books. 2021. (Spanish Bedtime Collection). (SPA., Illus.). 32p. (J). (978-1-5259-5345-3(1)); pap. (978-1-5259-5344-6(3)) Kidkiddos Bks.

Amanda & the Lost Time (Spanish English Bilingual Book for Kids) Shelley Admont & Kidkiddos Books. 2021. (Spanish English Bilingual Collection). (SPA., Illus.). 32p. (J). (978-1-5259-5348-4(6)); pap. (978-1-5259-5347-7(8)) Kidkiddos Bks.

Amanda & the Lost Time (Swedish Children's Book) Shelley Admont & Kidkiddos Books. 2021. (Swedish Bedtime Collection). (SWE., Illus.). 32p. (J). (978-1-5259-5354-5(0)); pap. (978-1-5259-5353-8(2)) Kidkiddos Bks.

Amanda & the Lost Time (Swedish English Bilingual Book for Kids) Shelley Admont & Kidkiddos Books. 2021. (Swedish English Bilingual Collection). (SWE., Illus.). 32p. (J). (978-1-5259-5357-6(5)); pap. (978-1-5259-5356-9(7)) Kidkiddos Bks.

Amanda & the Lost Time (Tagalog Children's Book) Filipino Children's Book. Shelley Admont & Kidkiddos Books. 2021. (Tagalog Bedtime Collection). (TGL., Illus.). 32p. (J). (978-1-5259-5534-1(9)); pap. (978-1-5259-5533-4(0)) Kidkiddos Bks.

Amanda & the Lost Time (Tagalog English Bilingual Book for Kids) Filipino Children's Book. Shelley Admont & Kidkiddos Books. 2021. (Tagalog English Bilingual Collection). (TGL., Illus.). 32p. (J). (978-1-5259-5537-2(3)); pap. (978-1-5259-5536-5(5)) Kidkiddos Bks.

Amanda & the Lost Time (Thai Children's Book) Shelley Admont & Kidkiddos Books. l.t. ed. 2022. (Thai Bedtime Collection). (THA., Illus.). 32p. (J). **(978-1-5259-6673-6(1))**; pap. **(978-1-5259-6672-9(3))** Kidkiddos Bks.

Amanda & the Lost Time (Thai English Bilingual Book for Kids) Shelley Admont & Kidkiddos Books. l.t. ed. 2022. (Thai English Bilingual Collection). (THA., Illus.). 32p. (J). **(978-1-5259-6676-7(6))**; pap. **(978-1-5259-6675-0(8))** Kidkiddos Bks.

Amanda & the Lost Time (Turkish Book for Kids) Shelley Admont & Kidkiddos Books. 2021. (Turkish Bedtime Collection). (TUR., Illus.). 32p. (J). (978-1-5259-5408-5(3)); pap. (978-1-5259-5407-8(5)) Kidkiddos Bks.

Amanda & the Lost Time (Turkish English Bilingual Book for Kids) Shelley Admont & Kidkiddos Books. 2021. (Turkish English Bilingual Collection). (TUR., Illus.). 32p. (J). (978-1-5259-5411-5(3)); pap. (978-1-5259-5410-8(5)) Kidkiddos Bks.

Amanda & the Lost Time (Ukrainian Book for Kids) Shelley Admont & Kidkiddos Books. 2021. (Ukrainian Bedtime Collection). (UKR., Illus.). 32p. (J). (978-1-5259-5660-7(4)); pap. (978-1-5259-5659-1(0)) Kidkiddos Bks.

Amanda & the Lost Time (Ukrainian English Bilingual Children's Book) Shelley Admont & Kidkiddos Books. 2021. (Ukrainian English Bilingual Collection). (UKR., Illus.). 32p. (J). (978-1-5259-5663-8(9)); pap. (978-1-5259-5662-1(0)) Kidkiddos Bks.

Amanda & the Lost Time (Vietnamese Book for Kids) Shelley Admont & Kidkiddos Books. 2021. (Vietnamese Bedtime Collection). (VIE., Illus.). 32p. (J). (978-1-5259-5552-5(7)); pap. (978-1-5259-5551-8(9)) Kidkiddos Bks.

Amanda & the Lost Time (Vietnamese English Bilingual Children's Book) Shelley Admont & Kidkiddos Books. 2021. (Vietnamese English Bilingual Collection). (VIE., Illus.). 32p. (J). (978-1-5259-5555-6(1)); pap. (978-1-5259-5554-9(3)) Kidkiddos Bks.

Amanda & the Lost Time (Welsh Children's Book) Shelley Admont & Kidkiddos Books. l.t. ed. 2023. (Welsh Bedtime Collection). (WEL.). 32p. (J). **(978-1-5259-7423-6(8))**; pap. **(978-1-5259-7422-9(X))** Kidkiddos Bks.

Amanda & the Lost Time (Welsh English Bilingual Book for Kids) Shelley Admont & Kidkiddos Books. l.t. ed. 2023. (Welsh English Bilingual Collection). (WEL., Illus.). 32p. (J). **(978-1-5259-7426-7(2))**; pap. **(978-1-5259-7425-0(4))** Kidkiddos Bks.

Amanda Black 1 - Una herencia peligrosa. Juan Gómez-Jurado. 2021. (Amanda Black Ser.: 1). (SPA.). 192p. (J). (gr. 4-7). 16.95 (978-84-17921-37-8(0), B De Blook) Penguin Random House Grupo Editorial ESP. Dist: Penguin Random Hse. LLC.

Amanda Gorman. Megan Borgert-Spaniol. 2021. (Checkerboard Biographies Ser.). (ENG., Illus.). 32p. (J). (gr. 3-6). lib. bdg. 32.79 (978-1-5321-9599-0(0), 37412, Checkerboard Library) ABDO Publishing Co.

Amanda Gorman. Eym Briscoe. Illus. by Jeff Bane. 2021. (My Early Library: My Itty-Bitty Bio Ser.). (ENG.). 24p. (J). (gr. k-1). pap. 12.79 (978-1-5341-9666-7(8), 219767); lib. bdg. 30.64 (978-1-5341-9664-3(1), 219766) Cherry Lake Publishing.

Amanda Gorman. Maria Isabel Sanchez Vegara. Illus. by Queenbe Monyei. 2023. (Little People, Big Dreams Ser.: Vol. 75). (ENG.). 32p. (J). (gr. -1-2). pap. **(978-0-7112-8445-6(8))** Frances Lincoln Childrens Bks.

Amanda Gorman. Maria Isabel Sanchez Vegara. Illus. by Queenbe Monyei. 2022. (Little People, BIG DREAMS Ser.: 75). (ENG.). 32p. (J). (gr. -1-2). **(978-0-7112-7071-8(6)**, Frances Lincoln Children's Bks.) Quarto Publishing Group UK.

Amanda Gorman: Inspiring Hope with Poetry. Artika R. Tyner. 2022. (Gateway Biographies Ser.). (ENG., Illus.). 48p. (J). (gr. 4-8). pap. 11.99 (978-1-7284-4875-6(1), b91040b5-be05-4183-82ea-4de6e8305d5d); lib. bdg. 31.99 (978-1-7284-4186-3(2), a1d3c749-e174-46c4-98f3-de900f159e4f) Lerner Publishing Group. (Lerner Pubns.).

Amanda Gorman: Poeta y Activista. Grace Hansen. 2022. (Biografías: Personas Que Han Hecho Historia Ser.). (SPA.). 24p. (J). (gr. -1-2). lib. bdg. 32.79 (978-1-0982-6538-0(6), 41021, Abdo Kids) ABDO Publishing Co.

Amanda Gorman: Poet & Activist. Grace Hansen. 2021. (History Maker Biographies (Abdo Kids Jumbo) Ser.). (ENG., Illus.). 24p. (J). (gr. -1-2). lib. bdg. 32.79 (978-1-0982-0888-2(9), 37873, Abdo Kids) ABDO Publishing Co.

Amanda in France: Fire in the Cathedral. Darlene Foster. 2022. (Amanda Travels Adventure Ser.: 9). (ENG.). 114p. (J). (gr. 2-7). pap. 12.99 (978-1-77168-274-9(4)) Central Avenue Publishing CAN. Dist: Independent Pubs. Group.

Amanda in Holland: Missing in Action. Darlene Foster. 2019. (Amanda Travels Adventure Ser.: 7). (ENG.). 128p. (J). (gr. 2-1). pap. 12.99 (978-1-77168-171-1(3)) Central Avenue Publishing CAN. Dist: Independent Pubs. Group.

Amanda in Malta: The Sleeping Lady. Darlene Foster. 2021. (Amanda Travels Adventure Ser.: 8). (ENG.). 118p. (J). (gr. 2-1). pap. 12.99 (978-1-77168-237-4(X)) Central Avenue Publishing CAN. Dist: Independent Pubs. Group.

Amanda in New Mexico: Ghosts in the Wind. Darlene Foster. 2017. (Amanda Travels Adventure Ser.: 6). (ENG.). 128p. (J). (gr. 2-1). pap. 12.99 (978-1-77168-120-9(9)) Central Avenue Publishing CAN. Dist: Independent Pubs. Group.

Amanda Meets Nicholas. Amanda Vogler. 2019. (ENG.). 40p. (J). pap. **(978-0-359-83411-2(6))** Lulu Pr., Inc.

Amanda Noble, #Zoolife. Lesa Boutin. 2017. (ENG., Illus.). 196p. (J). pap. 8.99 (978-0-9788183-6-4(9)) Boot in the Door Pubns.

Amanda Noble, #zoolife. Lesa Boutin. 2018. (ENG., Illus.). 202p. (J). pap. 8.49 (978-0-9788183-9-5(3)) Boot in the Door Pubns.

Amanda of the Mill (Classic Reprint) Marie Van Vorst. 2018. (ENG., Illus.). 350p. (J). 31.14 (978-0-484-24440-4(X)) Forgotten Bks.

Amanda on the Danube: The Sounds of Music. Darlene Foster. 2016. (Amanda Travels Adventure Ser.: 5). (ENG., Illus.). 128p. (J). (gr. 2-1). pap. 12.99 (978-1-77168-102-5(0)) Central Avenue Publishing CAN. Dist: Independent Pubs. Group.

Amanda Panda & the Bigger, Better Birthday. Candice Ransom. Illus. by Christine Grove. 2018. 32p. (J). (gr. -1-2). 17.99 (978-1-5247-6819-5(7), Doubleday Bks. for Young Readers) Random Hse. Children's Bks.

Amanda the Desert Mermaid. Luke Conner. 2018. (ENG., Illus.). 30p. (J). pap. 11.99 (978-0-692-08598-1(X)) Kindred Trade LLC.

Amanda the Mammal: What Is a Mammal?, 2 vols. Linda Ayers. Illus. by Katy Hudson. 2016. (Animal World: Animal Kingdom Boogie Ser.). (ENG.). (J). (gr. 1-3). 53.32 (978-1-5158-1277-7(4)) Cantata Learning.

Amanda the Panda. Louise Majeski. 2018. (ENG., Illus.). 26p. (J). pap. 12.60 (978-1-948738-59-0(7)) Legaia Bks. USA.

Amanda's Dream: Winning & Success Skills Children's Books Collection. Shelley Admont & Kidkiddos Books. 2nd ed. 2019. (ENG.). 32p. (J). (gr. 1-4). pap. (978-1-5259-1280-1(1)) Kidkiddos Bks.

Amanda's Dream (Afrikaans Children's Book) Shelley Admont & Kidkiddos Books. l.t. ed. 2022. (Afrikaans Bedtime Collection). (AFR.). 32p. (J). (978-1-5259-6481-7(X)); pap. (978-1-5259-6480-0(1)) Kidkiddos Bks.

Amanda's Dream (Afrikaans English Bilingual Children's Book) Shelley Admont & Kidkiddos Books. l.t. ed. 2022. (Afrikaans English Bilingual Collection). (AFR.). 32p. (J). (978-1-5259-6484-8(4)); pap. (978-1-5259-6483-1(6)) Kidkiddos Bks.

Amanda's Dream (Albanian Children's Book) Shelley Admont & Kidkiddos Books. 2021. (Albanian Bedtime Collection). (ALB.). 32p. (J). (978-1-5259-5651-5(5)); pap. (978-1-5259-5650-8(7)) Kidkiddos Bks.

Amanda's Dream (Albanian English Bilingual Book for Kids) Shelley Admont & Kidkiddos Books. 2021. (Albanian English Bilingual Collection). (ALB.). 32p. (J). (978-1-5259-5654-6(X)); pap. (978-1-5259-5653-9(1)) Kidkiddos Bks.

Amanda's Dream (Bengali Children's Book) Shelley Admont & Kidkiddos Books. l.t. ed. 2023. (Bengali Bedtime Collection). (BEN.). 32p. (J). **(978-1-5259-7135-8(2))**; pap. **(978-1-5259-7134-1(4))** Kidkiddos Bks.

Amanda's Dream (Bengali English Bilingual Book for Kids) Shelley Admont & Kidkiddos Books. l.t. ed. 2023. (Bengali English Bilingual Collection). (BEN.). 32p. (J). **(978-1-5259-7138-9(7))**; pap. **(978-1-5259-7137-2(9))** Kidkiddos Bks.

Amanda's Dream (Bulgarian Book for Kids) Shelley Admont & Kidkiddos Books. 2020. (Bulgarian Bedtime Collection). (BUL.). 32p. (J). (978-1-5259-3685-2(9)); pap. (978-1-5259-3684-5(0)) Kidkiddos Bks.

Amanda's Dream (Bulgarian English Bilingual Book for Kids) Shelley Admont & Kidkiddos Books. 2020. (Bulgarian English Bilingual Collection). (BUL.). 32p. (J). (978-1-5259-3688-3(3)); pap. (978-1-5259-3687-6(5)) Kidkiddos Bks.

Amanda's Dream (Chinese Children's Book - Mandarin Simplified) Shelley Admont & Kidkiddos Books. l.t. ed. 2020. (Chinese Bedtime Collection). (CHI.). 32p. (J). (978-1-5259-4295-2(6)); pap. (978-1-5259-4294-5(8)) Kidkiddos Bks.

Amanda's Dream (Chinese English Bilingual Children's Book - Mandarin Simplified) Shelley Admont & Kidkiddos Books. l.t. ed. 2020. (Chinese English Bilingual Collection). (CHI.). 32p. (J). (978-1-5259-4298-3(0)); pap. (978-1-5259-4297-6(2)) Kidkiddos Bks.

Amanda's Dream (Croatian Children's Book) Shelley Admont & Kidkiddos Books. 2021. (Croatian Bedtime Collection). (HRV.). 32p. (J). (978-1-5259-5372-9(9)); pap. (978-1-5259-5371-2(0)) Kidkiddos Bks.

Amanda's Dream (Croatian English Bilingual Book for Kids) Shelley Admont & Kidkiddos Books. 2021. (Croatian English Bilingual Collection). (HRV.). 32p. (J). (978-1-5259-5375-0(3)); pap. (978-1-5259-5374-3(5)) Kidkiddos Bks.

Amanda's Dream (Czech Children's Book) Shelley Admont & Kidkiddos Books. 2021. (Czech Bedtime Collection).

60

The check digit for ISBN-10 appears in parentheses after the full ISBN-13

TITLE INDEX AMARANTH

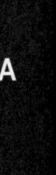

(CZE.). 32p. (J). *(978-1-5259-5453-5(9))*; pap. *(978-1-5259-5452-8(0))* Kidkiddos Bks.

Amanda's Dream (Czech English Bilingual Book for Kids) Shelley Admont & Kidkiddos Books. 2021. (Czech English Bilingual Collection). (CZE.). 32p. (J). *(978-1-5259-5456-6(3))*; pap. *(978-1-5259-5455-9(5))* Kidkiddos Bks.

Amanda's Dream (Danish Children's Book) Shelley Admont & Kidkiddos Books. 2020. (Danish Bedtime Collection). (DAN.). 32p. (J). *(978-1-5259-4414-7(2))*; pap. *(978-1-5259-4413-0(4))* Kidkiddos Bks.

Amanda's Dream (Danish English Bilingual Children's Book) Shelley Admont & Kidkiddos Books. l.t. ed. 2020. (Danish English Bilingual Collection). (DAN.). 32p. (J). *(978-1-5259-4417-8(7))*; pap. *(978-1-5259-4416-1(9))* Kidkiddos Bks.

Amanda's Dream (Dutch Book for Kids) Shelley Admont & Kidkiddos Books. 2020. (Dutch Bedtime Collection). (DUT.). 32p. (J). pap. *(978-1-5259-3774-3(X))* Kidkiddos Bks.

Amanda's Dream (Dutch Book for Kids) Kidkiddos Books & Shelley Admont. 2020. (Dutch Bedtime Collection). (DUT.). 32p. (J). *(978-1-5259-3775-0(8))* Kidkiddos Bks.

Amanda's Dream (Dutch English Bilingual Book for Kids) Shelley Admont & Kidkiddos Books. 2020. (Dutch English Bilingual Collection). (DUT.). 32p. (J). *(978-1-5259-3778-1(2))*; pap. *(978-1-5259-3777-4(4))* Kidkiddos Bks.

Amanda's Dream (English Afrikaans Bilingual Book for Kids) Shelley Admont & Kidkiddos Books. l.t. ed. 2022. (English Afrikaans Bilingual Collection). (AFR.). 32p. (J). *(978-1-5259-6478-7(X))*; pap. *(978-1-5259-6477-0(1))* Kidkiddos Bks.

Amanda's Dream (English Albanian Bilingual Book for Kids) Shelley Admont & Kidkiddos Books. 2021. (English Albanian Bilingual Collection). (ALB.). 32p. (J). *(978-1-5259-5648-5(5))*; pap. *(978-1-5259-5647-8(7))* Kidkiddos Bks.

Amanda's Dream (English Arabic Bilingual Book for Kids) Shelley Admont & Kidkiddos Books. l.t. ed. 2021. (English Arabic Bilingual Collection). (ARA.). 32p. (J). *(978-1-5259-4595-3(5))*; pap. *(978-1-5259-4594-6(7))* Kidkiddos Bks.

Amanda's Dream (English Bengali Bilingual Book for Kids) Shelley Admont & Kidkiddos Books. l.t. ed. 2023. (English Bengali Bilingual Collection). (BEN.). 32p. (J). ***(978-1-5259-7132-7(8))***; pap. ***(978-1-5259-7131-0(X))*** Kidkiddos Bks.

Amanda's Dream (English Bulgarian Bilingual Children's Book) Shelley Admont & Kidkiddos Books. 2020. (English Bulgarian Bilingual Collection). (BUL.). 32p. (J). *(978-1-5259-3682-1(4))*; pap. *(978-1-5259-3681-4(6))* Kidkiddos Bks.

Amanda's Dream (English Chinese Bilingual Book for Kids - Mandarin Simplified) Shelley Admont & Kidkiddos Books. l.t. ed. 2020. (English Chinese Bilingual Collection). (CHI.). 32p. (J). *(978-1-5259-4292-1(1))*; pap. *(978-1-5259-4291-4(3))* Kidkiddos Bks.

Amanda's Dream (English Croatian Bilingual Book for Kids) Shelley Admont & Kidkiddos Books. 2021. (English Croatian Bilingual Collection). (HRV.). 32p. (J). *(978-1-5259-5369-9(9))*; pap. *(978-1-5259-5368-2(0))* Kidkiddos Bks.

Amanda's Dream (English Czech Bilingual Book for Kids) Shelley Admont & Kidkiddos Books. 2021. (English Czech Bilingual Collection). (CZE.). 32p. (J). *(978-1-5259-5450-4(4))*; pap. *(978-1-5259-5449-8(0))* Kidkiddos Bks.

Amanda's Dream (English Danish Bilingual Book for Kids) Shelley Admont & Kidkiddos Books. 2020. (English Danish Bilingual Collection). (DAN.). 32p. (J). *(978-1-5259-4411-6(8))*; pap. *(978-1-5259-4410-9(X))* Kidkiddos Bks.

Amanda's Dream (English Dutch Bilingual Children's Book) Shelley Admont & Kidkiddos Books. 2020. (English Dutch Bilingual Collection). (DUT.). 32p. (J). *(978-1-5259-3772-9(3))*; pap. *(978-1-5259-3771-2(5))* Kidkiddos Bks.

Amanda's Dream (English Farsi Bilingual Children's Book) Persian Book for Kids. Shelley Admont & Kidkiddos Books. 2020. (English Farsi Bilingual Collection). (PER.). 32p. (J). *(978-1-5259-3817-7(7))*; pap. *(978-1-5259-3816-0(9))* Kidkiddos Bks.

Amanda's Dream (English Greek Bilingual Book for Kids) Shelley Admont & Kidkiddos Books. l.t. ed. 2020. (GRE.). 32p. (J). *(978-1-5259-2969-4(0))*; pap. *(978-1-5259-2968-7(2))* Kidkiddos Bks.

Amanda's Dream (English Hebrew Bilingual Book) Shelley Admont & Kidkiddos Books. 2019. (English Hebrew Bilingual Collection). (HEB., Illus.). 32p. (J). (gr. 1-4). *(978-1-5259-1966-4(0))*; pap. *(978-1-5259-1965-7(2))* Kidkiddos Bks.

Amanda's Dream (English Hindi Bilingual Book for Kids) Shelley Admont & Kidkiddos Books. l.t. ed. 2021. (English Hindi Bilingual Collection). (HIN.). 32p. (J). *(978-1-5259-4541-0(6))*; pap. *(978-1-5259-4540-3(8))* Kidkiddos Bks.

Amanda's Dream (English Hungarian Bilingual Book for Children) Shelley Admont & Kidkiddos Books. l.t. ed. 2020. (English Hungarian Bilingual Collection). (HUN.). 32p. (J). *(978-1-5259-3163-5(6))*; pap. *(978-1-5259-3162-8(8))* Kidkiddos Bks.

Amanda's Dream (English Irish Bilingual Book for Children) Shelley Admont & Kidkiddos Books. l.t. ed. 2023. (English Irish Bilingual Collection). (GLE.). 32p. (J). ***(978-1-5259-7141-9(7))***; pap. ***(978-1-5259-7140-2(9))*** Kidkiddos Bks.

Amanda's Dream (English Italian Bilingual Book for Children) Shelley Admont & Kidkiddos Books. 2020. (English Italian Bilingual Collection). (ITA.). 32p. (J). pap. *(978-1-5259-3040-9(0))*; *(978-1-5259-3041-6(9))* Kidkiddos Bks.

Amanda's Dream (English Japanese Bilingual Book for Kids) Shelley Admont & Kidkiddos Books. 2020. (English Japanese Bilingual Collection). (JPN.). 32p. (J). *(978-1-5259-3873-3(8))*; pap. *(978-1-5259-3872-6(X))* Kidkiddos Bks.

Amanda's Dream (English Korean Bilingual Book for Kids) Shelley Admont & Kidkiddos Books. l.t. ed. 2020. (English Korean Bilingual Collection). (KOR.). 32p. (J). *(978-1-5259-3646-3(8))*; pap. *(978-1-5259-3645-6(X))* Kidkiddos Bks.

Amanda's Dream (English Macedonian Bilingual Book for Children) Shelley Admont & Kidkiddos Books. l.t. ed. 2023. (English Macedonian Bilingual Collection). (MAC.). 32p. (J). ***(978-1-5259-7123-5(9))***; pap. ***(978-1-5259-7122-8(0))*** Kidkiddos Bks.

Amanda's Dream (English Malay Bilingual Book for Kids) Shelley Admont & Kidkiddos Books. l.t. ed. 2021. (English Malay Bilingual Collection). (MAY.). 32p. (J). *(978-1-5259-4631-8(5))*; pap. *(978-1-5259-4630-1(7))* Kidkiddos Bks.

Amanda's Dream (English Polish Bilingual Children's Book) Shelley Admont & Kidkiddos Books. 2020. (English Polish Bilingual Collection). (POL.). 32p. (J). *(978-1-5259-3754-5(5))*; pap. *(978-1-5259-3753-8(7))* Kidkiddos Bks.

Amanda's Dream (English Portuguese Bilingual Children's Book - Portugal) European Portuguese. Shelley Admont & Kidkiddos Books. 2020. (English Portuguese Bilingual Collection - Portugal Ser.). (POR.). 32p. (J). *(978-1-5259-3718-7(9))*; pap. *(978-1-5259-3717-0(0))* Kidkiddos Bks.

Amanda's Dream (English Portuguese Bilingual Children's Book -Brazilian) Portuguese Brazil. Shelley Admont & Kidkiddos Books. l.t. ed. 2020. (English Portuguese Bilingual Collection - Brazil Ser.). (POR.). 32p. (J). *(978-1-5259-3700-2(6))*; pap. *(978-1-5259-3699-9(9))* Kidkiddos Bks.

Amanda's Dream (English Punjabi Bilingual Children's Book - Gurmukhi) Shelley Admont & Kidkiddos Books. l.t. ed. 2021. (English Punjabi Bilingual Collection - India Ser.). (PAN.). 32p. (J). *(978-1-5259-4907-4(1))*; pap. *(978-1-5259-4906-7(3))* Kidkiddos Bks.

Amanda's Dream (English Romanian Book for Kids) Shelley Admont & Kidkiddos Books. 2020. (English Romanian Bilingual Collection). (RUM.). 32p. (J). *(978-1-5259-3891-7(6))*; pap. *(978-1-5259-3890-0(8))* Kidkiddos Bks.

Amanda's Dream (English Russian Bilingual Book) Shelley Admont & Kidkiddos Books. 2019. (English Russian Bilingual Collection). (RUS., Illus.). 32p. (J). (gr. 1-4). *(978-1-5259-1911-4(3))*; pap. *(978-1-5259-1910-7(5))* Kidkiddos Bks.

Amanda's Dream (English Serbian Bilingual Book for Kids - Latin Alphabet) Serbian - Latin Alphabet. Shelley Admont & Kidkiddos Books. 2020. (English Serbian Bilingual Collection - Latin Ser.). (SRP.). 32p. (J). *(978-1-5259-4113-9(5))*; pap. *(978-1-5259-4112-2(7))* Kidkiddos Bks.

Amanda's Dream (English Swedish Bilingual Book for Kids) Shelley Admont & Kidkiddos Books. l.t. ed. 2021. (English Swedish Bilingual Collection). (SWE.). 32p. (J). *(978-1-5259-4796-4(6))*; pap. *(978-1-5259-4795-7(8))* Kidkiddos Bks.

Amanda's Dream (English Tagalog Bilingual Book for Kids) Shelley Admont & Kidkiddos Books. l.t. ed. 2020. (English Tagalog Bilingual Collection). (TGL.). 32p. (J). *(978-1-5259-3592-3(5))*; pap. *(978-1-5259-3591-6(7))* Kidkiddos Bks.

Amanda's Dream (English Thai Bilingual Book for Kids) Shelley Admont & Kidkiddos Books. l.t. ed. 2022. (English Thai Bilingual Collection). (THA.). 32p. (J). ***(978-1-5259-6613-2(8))***; pap. ***(978-1-5259-6612-5(X))*** Kidkiddos Bks.

Amanda's Dream (English Turkish Bilingual Book for Kids) Shelley Admont & Kidkiddos Books. l.t. ed. 2020. (English Turkish Bilingual Collection). (TUR.). 32p. (J). *(978-1-5259-3547-3(X))*; pap. *(978-1-5259-3546-6(1))* Kidkiddos Bks.

Amanda's Dream (English Ukrainian Bilingual Book for Kids) Shelley Admont & Kidkiddos Books. 2020. (English Ukrainian Bilingual Collection). (UKR.). 32p. (J). *(978-1-5259-3955-6(6))*; pap. *(978-1-5259-3954-9(8))* Kidkiddos Bks.

Amanda's Dream (English Urdu Bilingual Book for Kids) Shelley Admont & Kidkiddos Books. l.t. ed. 2021. (English Urdu Bilingual Collection). (URD.). 32p. (J). *(978-1-5259-5030-8(4))*; pap. *(978-1-5259-5029-2(0))* Kidkiddos Bks.

Amanda's Dream (English Vietnamese Bilingual Book for Kids) Shelley Admont & Kidkiddos Books. 2021. (English Vietnamese Bilingual Collection). (VIE.). 32p. (J). *(978-1-5259-4492-5(4))*; pap. *(978-1-5259-4491-8(6))* Kidkiddos Bks.

Amanda's Dream (English Welsh Bilingual Book for Children) Shelley Admont & Kidkiddos Books. l.t. ed. 2023. (English Welsh Bilingual Collection). (WEL.). 32p. (J). ***(978-1-5259-7150-1(6))***; pap. ***(978-1-5259-7149-5(2))*** Kidkiddos Bks.

Amanda's Dream (Greek Book for Children) Shelley Admont & Kidkiddos Books. 2020. (Greek Bedtime Collection). (GRE.). 32p. (J). *(978-1-5259-2972-4(0))*; pap. *(978-1-5259-2971-7(2))* Kidkiddos Bks.

Amanda's Dream (Greek English Bilingual Children's Book) Shelley Admont & Kidkiddos Books. l.t. ed. 2020. (Greek English Bilingual Collection). (GRE.). 32p. (J). *(978-1-5259-2975-5(5))*; pap. *(978-1-5259-2974-8(7))* Kidkiddos Bks.

Amanda's Dream (Hindi Children's Book) Shelley Admont & Kidkiddos Books. l.t. ed. 2021. (Hindi Bedtime Collection). (HIN.). 32p. (J). *(978-1-5259-4544-1(0))*; pap. *(978-1-5259-4543-4(2))* Kidkiddos Bks.

Amanda's Dream (Hindi English Bilingual Children's Book) Shelley Admont & Kidkiddos Books. l.t. ed. 2021. (Hindi English Bilingual Collection). (HIN.). 32p. (J). *(978-1-5259-4547-2(5))*; pap. *(978-1-5259-4546-5(7))* Kidkiddos Bks.

Amanda's Dream (Hungarian Book for Kids) Shelley Admont & Kidkiddos Books. l.t. ed. 2020. (Hungarian Bedtime Collection). (HUN.). 32p. (J). *(978-1-5259-3166-6(0))*; pap. *(978-1-5259-3165-9(2))* Kidkiddos Bks.

Amanda's Dream (Hungarian English Bilingual Book for Children) Shelley Admont & Kidkiddos Books. l.t. ed. 2020. (Hungarian English Bilingual Collection). (HUN.). 32p. (J). *(978-1-5259-3169-7(5))*; pap. *(978-1-5259-3168-0(7))* Kidkiddos Bks.

Amanda's Dream (Irish Children's Book) Shelley Admont & Kidkiddos Books. l.t. ed. 2023. (Irish Bedtime Collection). (GLE.). 32p. (J). ***(978-1-5259-7144-0(1))***; pap. ***(978-1-5259-7143-3(3))*** Kidkiddos Bks.

Amanda's Dream (Irish English Bilingual Book for Kids) Shelley Admont & Kidkiddos Books. l.t. ed. 2023. (Irish English Bilingual Collection). (GLE.). 32p. (J). ***(978-1-5259-7147-1(6))***; pap. ***(978-1-5259-7146-4(8))*** Kidkiddos Bks.

Amanda's Dream (Italian Book for Kids) Shelley Admont & Kidkiddos Books. l.t. ed. 2020. (Italian Bedtime Collection). (ITA.). 32p. (J). *(978-1-5259-3044-7(3))*; pap. *(978-1-5259-3043-0(5))* Kidkiddos Bks.

Amanda's Dream (Italian English Bilingual Book for Kids) Shelley Admont & Kidkiddos Books. l.t. ed. 2020. (Italian English Bilingual Collection). (ITA.). 32p. (J). *(978-1-5259-3047-8(8))*; pap. *(978-1-5259-3046-1(X))* Kidkiddos Bks.

Amanda's Dream (Japanese Children's Book) Shelley Admont & Kidkiddos Books. l.t. ed. 2020. (Japanese Bedtime Collection). (JPN.). 32p. (J). *(978-1-5259-3876-4(2))*; pap. *(978-1-5259-3875-7(4))* Kidkiddos Bks.

Amanda's Dream (Japanese English Bilingual Children's Book) Shelley Admont & Kidkiddos Books. l.t. ed. 2020. (Japanese English Bilingual Collection). (JPN.). 32p. (J). *(978-1-5259-3879-5(7))*; pap. *(978-1-5259-3878-8(9))* Kidkiddos Bks.

Amanda's Dream (Korean Children's Book) Shelley Admont & Kidkiddos Books. 2020. (Korean Bedtime Collection). (KOR.). 32p. (J). *(978-1-5259-3649-4(2))*; pap. *(978-1-5259-3648-7(4))* Kidkiddos Bks.

Amanda's Dream (Korean English Bilingual Children's Book) Shelley Admont & Kidkiddos Books. l.t. ed. 2020. (Korean English Bilingual Collection). (KOR.). 32p. (J). *(978-1-5259-3652-4(2))*; pap. *(978-1-5259-3651-7(4))* Kidkiddos Bks.

Amanda's Dream (Macedonian Children's Book) Shelley Admont & Kidkiddos Books. l.t. ed. 2023. (Macedonian Bedtime Collection). (MAC.). 32p. (J). ***(978-1-5259-7126-6(3))***; pap. ***(978-1-5259-7125-9(5))*** Kidkiddos Bks.

Amanda's Dream (Macedonian English Bilingual Book for Kids) Shelley Admont & Kidkiddos Books. l.t. ed. 2023. (Macedonian English Bilingual Collection). (MAC.). 32p. (J). ***(978-1-5259-7129-7(8))***; pap. ***(978-1-5259-7128-0(X))*** Kidkiddos Bks.

Amanda's Dream (Malay Children's Book) Shelley Admont & Kidkiddos Books. l.t. ed. 2021. (Malay Bedtime Collection). (MAY.). 32p. (J). *(978-1-5259-4634-9(X))*; pap. *(978-1-5259-4633-2(1))* Kidkiddos Bks.

Amanda's Dream (Malay English Bilingual Book for Kids) Shelley Admont & Kidkiddos Books. l.t. ed. 2021. (Malay English Bilingual Collection). (MAY.). 32p. (J). *(978-1-5259-4637-0(4))*; pap. *(978-1-5259-4636-3(6))* Kidkiddos Bks.

Amanda's Dream (Polish Book for Kids) Shelley Admont & Kidkiddos Books. 2020. (Polish Bedtime Collection). (POL.). 32p. (J). *(978-1-5259-3757-6(X))*; pap. *(978-1-5259-3756-9(1))* Kidkiddos Bks.

Amanda's Dream (Polish English Bilingual Book for Kids) Shelley Admont & Kidkiddos Books. 2020. (Polish English Bilingual Collection). (POL.). 32p. (J). *(978-1-5259-3760-6(X))*; pap. *(978-1-5259-3759-0(6))* Kidkiddos Bks.

Amanda's Dream (Portuguese Book for Kids) Portuguese Brazil. Shelley Admont & Kidkiddos Books. l.t. ed. 2020. (Portuguese Bedtime Collection - Brazil Ser.). (POR.). 32p. (J). *(978-1-5259-3703-3(0))*; pap. *(978-1-5259-3702-6(2))* Kidkiddos Bks.

Amanda's Dream (Portuguese Book for Kids- Portugal) European Portuguese. Shelley Admont & Kidkiddos Books. 2020. (Portuguese Bedtime Collection - Portugal Ser.). (POR.). 32p. (J). *(978-1-5259-3721-7(9))*; pap. *(978-1-5259-3720-0(0))* Kidkiddos Bks.

Amanda's Dream (Portuguese English Bilingual Book for Kids -Brazilian) Portuguese Brazil. Shelley Admont & Kidkiddos Books. 2020. (Portuguese English Bilingual Collection - Brazil Ser.). (POR.). 32p. (J). *(978-1-5259-3706-4(5))*; pap. *(978-1-5259-3705-7(7))* Kidkiddos Bks.

Amanda's Dream (Portuguese English Bilingual Book for Kids- Portugal) European Portuguese. Shelley Admont & Kidkiddos Books. 2020. (Portuguese English Bilingual Collection - Portugal Ser.). (POR.). 32p. (J). *(978-1-5259-3724-8(3))*; pap. *(978-1-5259-3723-1(5))* Kidkiddos Bks.

Amanda's Dream (Punjabi Book for Kids - Gurmukhi) Shelley Admont & Kidkiddos Books. l.t. ed. 2021. (Punjabi Bedtime Collection - India Ser.). (PAN.). 32p. (J). *(978-1-5259-4910-4(1))*; pap. *(978-1-5259-4909-8(8))* Kidkiddos Bks.

Amanda's Dream (Punjabi English Bilingual Kids' Book - Gurmukhi) Shelley Admont & Kidkiddos Books. 2021. (Punjabi English Bilingual Collection - India Ser.). (PAN.). 32p. (J). *(978-1-5259-4913-5(6))*; pap. *(978-1-5259-4912-8(8))* Kidkiddos Bks.

Amanda's Dream (Romanian Children's Book) Shelley Admont & Kidkiddos Books. 2020. (Romanian Bedtime Collection). (RUM.). 32p. (J). *(978-1-5259-3894-8(0))*; pap. *(978-1-5259-3893-1(2))* Kidkiddos Bks.

Amanda's Dream (Romanian English Bilingual Children's Book) Shelley Admont & Kidkiddos Books. l.t. ed. 2020. (Romanian English Bilingual Collection). (RUM.). 32p. (J). *(978-1-5259-3897-9(5))*; pap. *(978-1-5259-3896-2(7))* Kidkiddos Bks.

Amanda's Dream (Russian Edition) Shelley Admont & Kidkiddos Books. 2019. (Russian Bedtime Collection). (RUS., Illus.). 32p. (J). (gr. 1-4). *(978-1-5259-1913-8(X))*; pap. *(978-1-5259-1912-1(1))* Kidkiddos Bks.

Amanda's Dream (Russian English Bilingual Book) Shelley Admont & Kidkiddos Books. 2020. (Russian English Bilingual Collection). (RUS., Illus.). 32p. (J). (gr. 1-4). *(978-1-5259-2037-0(5))*; pap. *(978-1-5259-2036-3(7))* Kidkiddos Bks.

Amanda's Dream (Serbian Children's Book - Latin Alphabet) Serbian - Latin Alphabet. Shelley Admont & Kidkiddos Books. 2020. (Serbian Bedtime Collection - Latin Ser.). (SRP.). 32p. (J). *(978-1-5259-4116-0(X))*; pap. *(978-1-5259-4115-3(1))* Kidkiddos Bks.

Amanda's Dream (Serbian English Bilingual Children's Book - Latin Alphabet) Serbian - Latin Alphabet. Shelley Admont & Kidkiddos Books. 2020. (Serbian English Bilingual Collection - Latin Ser.). (SRP.). 32p. (J). *(978-1-5259-4119-1(4))*; pap. *(978-1-5259-4118-4(6))* Kidkiddos Bks.

Amanda's Dream (Swedish Children's Book) Shelley Admont & Kidkiddos Books. 2021. (Swedish Bedtime Collection). (SWE.). 32p. (J). *(978-1-5259-4799-5(0))*; pap. *(978-1-5259-4798-8(2))* Kidkiddos Bks.

Amanda's Dream (Swedish English Bilingual Book for Kids) Shelley Admont & Kidkiddos Books. 2021. (Swedish English Bilingual Collection). (SWE.). 32p. (J). *(978-1-5259-4802-2(4))*; pap. *(978-1-5259-4801-5(6))* Kidkiddos Bks.

Amanda's Dream (Tagalog Children's Book - Filipino) Shelley Admont & Kidkiddos Books. l.t. ed. 2020. (Tagalog Bedtime Collection). (TGL.). 32p. (J). *(978-1-5259-3595-4(X))*; pap. *(978-1-5259-3594-7(1))* Kidkiddos Bks.

Amanda's Dream (Tagalog English Bilingual Children's Book) Shelley Admont & Kidkiddos Books. l.t. ed. 2020. (Tagalog English Bilingual Collection). (TGL.). 32p. (J). *(978-1-5259-3598-5(4))*; pap. *(978-1-5259-3597-8(6))* Kidkiddos Bks.

Amanda's Dream (Thai Children's Book) Shelley Admont & Kidkiddos Books. l.t. ed. 2022. (Thai Bedtime Collection). (THA.). 32p. (J). ***(978-1-5259-6616-3(2))***; pap. ***(978-1-5259-6615-6(4))*** Kidkiddos Bks.

Amanda's Dream (Thai English Bilingual Children's Book) Shelley Admont & Kidkiddos Books. l.t. ed. 2022. (Thai English Bilingual Collection). (THA.). 32p. (J). ***(978-1-5259-6619-4(7))***; pap. ***(978-1-5259-6618-7(9))*** Kidkiddos Bks.

Amanda's Dream (Turkish Children's Book) Shelley Admont & Kidkiddos Books. l.t. ed. 2020. (Turkish Bedtime Collection). (TUR.). 32p. (J). *(978-1-5259-3550-3(X))*; pap. *(978-1-5259-3549-7(6))* Kidkiddos Bks.

Amanda's Dream (Turkish English Bilingual Children's Book) Shelley Admont & Kidkiddos Books. 2020. (Turkish English Bilingual Collection). (TUR.). 32p. (J). *(978-1-5259-3553-4(4))*; pap. *(978-1-5259-3552-7(6))* Kidkiddos Bks.

Amanda's Dream (Ukrainian Children's Book) Shelley Admont & Kidkiddos Books. 2020. (Ukrainian Bedtime Collection). (UKR.). 32p. (J). *(978-1-5259-3958-7(0))*; pap. *(978-1-5259-3957-0(2))* Kidkiddos Bks.

Amanda's Dream (Ukrainian English Bilingual Children's Book) Shelley Admont & Kidkiddos Books. 2020. (UKR.). 32p. (J). *(978-1-5259-3961-7(0))*; pap. *(978-1-5259-3960-0(2))* Kidkiddos Bks.

Amanda's Dream (Vietnamese Children's Book) Shelley Admont & Kidkiddos Books. 2021. (Vietnamese Bedtime Collection). (VIE.). 32p. (J). *(978-1-5259-4495-6(9))*; pap. *(978-1-5259-4494-9(0))* Kidkiddos Bks.

Amanda's Dream (Vietnamese English Bilingual Children's Book) Shelley Admont & Kidkiddos Books. 2021. (Vietnamese English Bilingual Collection). (VIE.). 32p. (J). *(978-1-5259-4498-7(3))*; pap. *(978-1-5259-4497-0(5))* Kidkiddos Bks.

Amanda's Dream (Welsh Children's Book) Shelley Admont & Kidkiddos Books. l.t. ed. 2023. (Welsh Bedtime Collection). (WEL.). 32p. (J). ***(978-1-5259-7153-2(0))***; pap. ***(978-1-5259-7152-5(2))*** Kidkiddos Bks.

Amanda's Dream (Welsh English Bilingual Book for Kids) Shelley Admont & Kidkiddos Books. l.t. ed. 2023. (Welsh English Bilingual Collection). (WEL.). 32p. (J). ***(978-1-5259-7156-3(5))***; pap. ***(978-1-5259-7155-6(7))*** Kidkiddos Bks.

Amanda's Fire Drill: A Book about Fire Safety. Kerry Dinmont. 2017. (My Day Readers Ser.). (ENG.). 24p. (J). (gr. -1-2). lib. bdg. 32.79 *(978-1-5038-2036-4(X)*, 211854) Child's World, Inc, The.

Amandla Stenberg. Jenny Benjamin. 2019. (Influential People Ser.). (ENG., Illus.). 32p. (J). (gr. 4-6). pap. 7.95 *(978-1-5435-6034-3(2)*, 140080); lib. bdg. 28.65 *(978-1-5435-5789-3(9)*, 139745) Capstone.

Amani: Dances with Whales in Madagascar. Honeymoon Aljabri. 2021. (ENG., Illus.). 34p. (J). 23.95 *(978-1-63860-448-8(7))*; pap. 13.95 *(978-1-63860-446-4(0))* Fulton Bks.

Amani Swims with a Mermaid in Zanzibar. Honeymoon Aljabri. 2021. (ENG.). 22p. (J). 22.95 *(978-1-63710-938-0(5))*; pap. 12.95 *(978-1-63710-714-0(5))* Fulton Bks.

Amani Wanders in Serengeti. Honeymoon Aljabri. 2020. (ENG.). 20p. (J). pap. 12.95 *(978-1-64654-269-7(X))* Fulton Bks.

Amani's Big Fruit Basket. Nidhi Kalaiya. Illus. by Rea Diwata Mendoza. 2021. (ENG.). 36p. (J). pap. *(978-1-922750-59-4(X))* Library For All Limited.

Amanita's Journey. Amira-Nicholle & Nya Hirtle. 2017. (ENG.). 168p. (J). pap. ***(978-1-365-86585-5(1))*** Lulu Pr., Inc.

Amanita's Journey. Nya Hirtle. 2017. (ENG., Illus.). (J). pap. 10.65 *(978-1-365-78629-7(3))* Lulu Pr., Inc.

Amanita's Journey. Nya Hirtle & Amira-Nicholle Hirtle. 2017. (ENG., Illus.). 138p. (J). pap. *(978-1-365-90884-2(4))* Lulu Pr., Inc.

Amar. Nunez Pereira Cristina & Rafael R. Valcarcel. 2019. 94p. (J). (gr. 3-6). 20.99 *(978-987-747-433-6(6))* V&R Editoras.

Amara Learns about Albania. Tracilyn George. 2023. (ENG.). 28p. (J). pap. 12.99 ***(978-1-77475-767-3(2))*** Draft2Digital.

Amaranth: A Gift for All Seasons (Classic Reprint) American Sunday Union. 2018. (ENG., Illus.). 258p. (J). 29.24 *(978-0-484-19254-5(X))* Forgotten Bks.

Amaranth, or Token of Remembrance: A Christmas & New Year's Gift (Classic Reprint) Emily Percival. 2017. (ENG., Illus.). (J). 30.17 (978-0-265-37428-3(6)) Forgotten Bks.

Amarantus & His Neighbourhood. Caroline Lawrence. Illus. by Laura Jenkinson-Brown. 2021. (ENG.). 176p. (J). pap. (978-1-80068-155-2(0)) Independent Publishing Network.

Amara's Farm. Janay Brown-Wood. Illus. by Samara Hardy. (Where in the Garden? Ser.: 1). 32p. (J). (gr. -1-2). 2023. pap. 7.99 (978-1-68263-586-5(4)); 2021. 16.99 (978-1-68263-165-2(6)) Peachtree Publishing Co. Inc.

Amargasaurus. Rebecca Sabelko. Illus. by James Kuether. 2023. (World of Dinosaurs Ser.). (ENG.). (J). (gr. 3-7). pap. 8.99 Bellwether Media.

Amargasaurus. Contrib. by Rebecca Sabelko. 2023. (World of Dinosaurs Ser.). (ENG., Illus.). (J). (gr. 3-7). lib. bdg. 26.95 Bellwether Media.

Amari 2-Book Hardcover Box Set: Amari & the Night Brothers, Amari & the Great Game. B. B. Alston. 2022. (Supernatural Investigations Ser.). (ENG.). 848p. (J). (gr. 3-7). 36.98 (978-0-06-327425-9(6), Balzer & Bray) HarperCollins Pubs.

Amari & the Great Game. B. B. Alston. (Supernatural Investigations Ser.). (ENG.). 432p. 2023. (gr. 4-7). 28.69 (978-1-5364-8191-4(2)); 2023. (J). (gr. 3-7). pap. 10.99 (978-0-06-297520-1(X)); 2022. (Illus.). (J). (gr. 3-7). 18.99 (978-0-06-297519-5(6)) HarperCollins Pubs. (Balzer & Bray).

Amari & the Night Brothers. B. B. Alston. (Supernatural Investigations Ser.: 1). (ENG.). 2022. 432p. (J). (gr. 3-7). pap. 11.99 (978-0-06-297517-1(X)); 2021. (Illus.). 416p. (J). (gr. 3-7). 17.99 (978-0-06-297516-4(1)); 1. 2022. 432p. (gr. 4-7). 29.94 (978-1-5364-7242-4(5)) HarperCollins Pubs. (Balzer & Bray).

Amari y Los Hermanos de la Noche / Amari & the Night Brothers. B. B. Alston. (SPA.). 448p. (J). (gr. 4-7). 2023. (Amari Ser.). pap. 14.95 (978-1-64473-875-7(9)); 2022. (Investigaciones Supernaturales Ser.: 1). pap. 12.95 (978-607-38-1416-4(X)) Penguin Random House Grupo Editorial ESP. Dist: Penguin Random Hse. LLC.

Amarillo. Amy Culliford. Tr. by Pablo de la Vega. 2021. (Mi Color Favorito (My Favorite Color) Ser.). (SPA., Illus.). 16p. (J). (gr. -1-1). pap. (978-1-4271-3296-3(8), 14838) Crabtree Publishing Co.

Amarillo en la Pintura Tradicional China (Spanish Edition) Zirong ZENG. 2021. (Color en la Pintura China Ser.). (ENG.). 32p. (J). 19.95 (978-1-4878-0817-4(8)) Royal Collins Publishing Group Inc. CAN. Dist: Independent Pubs. Group.

Amarillo y Redondo. Muriel Villanueva. 2018. (SPA.). 40p. (J). (-2). 18.99 (978-84-947173-9-0(1)) Editorial Flamboyant ESP. Dist: Lectorum Pubns., Inc.

Amarilly in Love (Classic Reprint) Belle Kanaris Maniates. 2018. (ENG., Illus.). 294p. (J). 29.96 (978-0-484-75966-3(3)) Forgotten Bks.

Amarilly of Clothes-Line Alley. Belle K. Maniates. 2017. (ENG., Illus.). (J). 23.95 (978-1-374-91186-4(0)) Capital Communications, Inc.

Amarilly of Clothes-Line Alley (Classic Reprint) Belle K. Maniates. 2018. (ENG., Illus.). 294p. (J). 29.98 (978-0-483-93778-9(9)) Forgotten Bks.

Amari's Great Adventures: Amari Discovers the Planets. Deborah D. Harris. 2020. (ENG.). 28p. (J). 19.99 (978-1-63221-681-6(7)); pap. 8.99 (978-1-63221-680-9(9)) Salem Author Services.

Amari's Great Adventures: The Magical Playground. Deborah D. Harris. Illus. by Kim Sponaugle. 2018. (ENG.). (J). (gr. -1-2). 19.99 (978-1-5456-3621-3(4)) Salem Author Services.

Amarita's Way. Amara La Negra & Heddrick McBride. 2018. (ENG., Illus.). 36p. (J). (gr. -1-3). 20.00 (978-0-578-44099-6(7)) McBride, Danielle.

Amarita's Way: No Time for Bullies. Heddrick McBride. Ed. by Sereika Chiem. Illus. by Hh -Pax. 2021. (ENG.). 26p. (J). pap. 14.00 (978-1-7371528-8-0(6)) McBride Collection of Stories LLC.

Amar(se) Es de Valientes / Loving Yourself Is for the Brave. Alejandro Ordóñez. 2019. (SPA.). 176p. (YA). (gr. 9). pap. 12.95 (978-607-31-7487-9(X), Altea) Penguin Random House Grupo Editorial ESP. Dist: Penguin Random Hse. LLC.

Amaryllis at the Fair. Richard Jefferies. 2020. (ENG.). (J). 150p. 17.95 (978-1-64799-587-4(6)); 148p. pap. 9.95 (978-1-64799-586-7(8)) Bibliotech Pr.

Amaryllis at the Fair. Richard Jefferies. 2017. (ENG.). 270p. (J). pap. (978-3-337-03235-7(4)) Creation Pubs.

Amaryllis at the Fair: A Novel (Classic Reprint) Richard Jefferies. 2018. (ENG., Illus.). 298p. (J). 30.04 (978-0-364-29271-6(7)) Forgotten Bks.

Amaryllì's Bunny: Where Is She Now? Dana Regan. Illus. by Nati Gogiashvili. 2020. (ENG.). 34p. (J). pap. 12.95 (978-0-578-69214-2(7)) Praising Pages Publishing.

Amaryllis (Classic Reprint) Georgios Drosines. (ENG., Illus.). (J). 2018. 168p. 27.36 (978-0-484-71125-8(3)); 2017. pap. 9.97 (978-0-243-38030-5(5)) Forgotten Bks.

Ama's Dream. Grant N. Perryman. 2019. (African Juvenile Ser.: Vol. 1). (ENG., Illus.). 56p. (J). (gr. 4-5). pap. 18.99 (978-1-7320969-2-9(9)); 28.99 (978-1-7320969-0-5(2)) Perryman Hse. of Design.

AMA's Stories: AMA's Dance Class. Cynthia Deluola. 2017. (ENG., Illus.). (J). (gr. k-1). pap. (978-1-78719-537-0(6)) Authors OnLine, Ltd.

Ama's Stories: Cooking with Mum. Cynthia Deluola. 2018. (ENG., Illus.). 32p. (J). (gr. k-1). pap. 13.99 (978-1-78955-333-8(4)) New Generation Publishing GBR. Dist: Independent Pubs. Group.

AMA's Stories: My Family. Cynthia Deluola. 2017. (ENG., Illus.). (J). (gr. k-1). pap. (978-1-78719-490-8(6)) Authors OnLine, Ltd.

Amat: A Novel, Vol. 3 (Classic Reprint) Unknown Author. 2018. (ENG., Illus.). 256p. (J). 29.18 (978-0-483-99937-4(7)) Forgotten Bks.

Amat, Vol. 1 Of 3: A Novel (Classic Reprint) Unknown Author. (ENG., Illus.). (J). 2018. 300p. 30.08 (978-0-332-94784-6(X)); 2016. pap. 13.57 (978-1-333-67917-0(3)) Forgotten Bks.

Amat, Vol. 2 Of 3: A Novel (Classic Reprint) Unknown Author. (ENG., Illus.). (J). 2018. 282p. 29.73 (978-0-332-70623-8(0)); 2016. pap. 13.57 (978-1-333-40800-8(5)) Forgotten Bks.

Amateur & Professional Winter Sports Coloring Book. Creative Playbooks. 2016. (ENG., Illus.). (J). pap. 7.74 (978-1-68323-833-1(8)) Twin Flame Productions.

Amateur Angler's Days in Dove Dale: Or How I Spent My Three Weeks Holiday, July 24-Aug. 14 (Classic Reprint) Unknown Author. (ENG., Illus.). (J). 2018. 132p. 26.62 (978-0-267-53727-3(1)); 2017. pap. 9.57 (978-0-282-27002-5(7)) Forgotten Bks.

Amateur Angler's Days in Dove Dale; July 24th August 14th, 1884; Phoenix Edition 1910: To Which Is Now Added Dove Dale Revisited, 1902; with Portrait of the Amateur Angler & Other Illustrations (Classic Reprint) Edward Marston. (ENG., Illus.). (J). 2018. 202p. 28.19 (978-0-483-08731-6(9)); 2016. pap. 10.57 (978-1-333-14364-0(8)) Forgotten Bks.

Amateur Army (Classic Reprint) Patrick Macgill. 2018. (ENG., Illus.). 132p. (J). 26.62 (978-0-267-98484-8(7)) Forgotten Bks.

Amateur (Classic Reprint) Charles G. Norris. 2017. (ENG., Illus.). (J). 31.75 (978-0-266-19687-7(X)); pap. 16.57 (978-0-243-23825-5(8)) Forgotten Bks.

Amateur Cracksman (Classic Reprint) E. W. Hornung. 2017. (ENG., Illus.). (J). 29.34 (978-0-266-40637-2(8)) Forgotten Bks.

Amateur Emigrant, and, the Silverado Squatters (Classic Reprint) Robert Louis Stevenson. (ENG., Illus.). (J). 2017. 29.73 (978-0-266-46228-6(6)); 2016. pap. 13.57 (978-1-334-14503-2(2)) Forgotten Bks.

Amateur Fireman (Classic Reprint) James Otis. 2017. (ENG., Illus.). (J). 31.16 (978-0-260-01459-7(1)) Forgotten Bks.

Amateur Gentleman (Classic Reprint) Jeffery Farnol. 2017. (ENG., Illus.). (J). 37.65 (978-1-5280-8307-2(5)) Forgotten Bks.

Amateur Poacher (Classic Reprint) Richard Jefferies. 2017. (ENG., Illus.). (J). 29.09 (978-0-260-00657-8(2)) Forgotten Bks.

Amateurs. Sara Shepard. 2016. (Amateurs Ser.: 1). (ENG.). 320p. (YA). (gr. 9-17). 17.99 (978-1-4847-4227-3(3)) Little, Brown Bks. for Young Readers.

Amatonda: A Tale (Classic Reprint) Christian Leberecht Heyne. (ENG., Illus.). (J). 2018. 316p. 30.41 (978-0-364-27664-8(9)); 2016. pap. 13.57 (978-1-333-24102-5(X)) Forgotten Bks.

Amatory Tales of Spain, France, Switzerland, & the Mediterranean, Vol. 2 Of 4: Containing the Fair Andalusian; Rosolia of Palermo, & the Maltese Portrait; Interspersed with Pieces of Original Poetry (Classic Reprint) Honoria Scott. 2017. (ENG., Illus.). (J). pap. 11.57 (978-0-243-09383-0(7)) Forgotten Bks.

Amatory Tales of Spain, France, Switzerland, & the Mediterranean, Vol. 4 Of 4: Containing the Fair Andalusian; Rosolia of Palermo; & the Maltese Portrait; Interspersed with Pieces of Original Poetry (Classic Reprint) Honoria Scott. (ENG., Illus.). (J). 2018. 260p. 29.22 (978-0-428-54475-1(4)); 2016. pap. 11.97 (978-1-333-43303-1(4)) Forgotten Bks.

Amayah & Tye's Lemonade Stand: Amayah & Tye's Lesson on Building Community Wealth. Zulu Ali. 2020. (Nubian Royalty Kids Book Ser.: Vol. 2). (ENG.). 30p. (J). pap. 12.00 (978-1-6629-0751-7(6)) Gatekeeper Pr.

Amayah BEAUTY, BRAINS, WARRIOR, PRINCESS. Andre' Largent. 2022. (ENG.). 56p. (YA). pap. 15.00 (978-0-578-37676-9(8)) Andre' Largent.

Amaya's Anger: A Mindful Understanding of Strong Emotions. Gabi Garcia. Illus. by Marta Pineda. 2021. (ENG.). 40p. (J). 17.99 (978-1-949633-39-9(X)) Skinned Knee Publishing.

Amaze, 3 vols., Set. David Stewart. Illus. by Carolyn Franklin. Incl. How a Seed Grows into a Sunflower. 27.00 (978-0-531-20442-9(1)); How a Tadpole Grows into a Frog. 24.94 (978-0-531-20443-6(X)); How Your Body Works: A Good Look Inside Your Insides. 27.00 (978-0-531-20444-3(8)); (Illus.). 32p. (J). (gr. k-3). 2008. Set lib. bdg. 189.00 (978-0-531-20445-0(6), Children's Pr.) Scholastic Library Publishing.

Amaze Me! a Kids' Maze Activity Book. Jupiter Kids. 2016. (ENG., Illus.). 108p. (J). pap. 12.55 (978-1-68326-165-0(8), Jupiter Kids (Childrens & Kids Fiction)) Speedy Publishing LLC.

Amazed. Illus. by Aleksandra Artymowska. 2017. (ENG.). 32p. (J). (gr. 1-4). 16.99 (978-1-78627-051-1(X), King, Laurence Publishing) Orion Publishing Group, Ltd. GBR. Dist: Hachette Bk. Group.

Amazed by Mazes! Kids Activity Book. Bobo's Children Activity Books. 2016. (ENG., Illus.). (J). pap. 7.99 (978-1-68327-292-2(7)) Sunshine In My Soul Publishing.

Amazed by the Maze - Kids Activity Book. Bobo's Children Activity Books. 2016. (ENG., Illus.). (J). pap. 9.43 (978-1-68327-293-9(5)) Sunshine In My Soul Publishing.

Amazed by the Mazes: Maze Activity Book. Bobo's Children Activity Books. 2016. (ENG., Illus.). (J). pap. 7.99 (978-1-68327-294-6(3)) Sunshine In My Soul Publishing.

Amazing. Arianna Airlight. 2020. (ENG.). 37p. (J). pap. (978-1-716-62206-9(9)) Lulu Pr., Inc.

Amazing. Steve Antony. 2020. (ENG., Illus.). 32p. (J). (gr. -1-k). pap. 10.99 (978-1-4449-4471-6(1)) Hachette Children's Group GBR. Dist: Hachette Bk. Group.

Amazing: Asian Americans & Pacific Islanders Who Inspire Us All. Maia Shibutani et al. Illus. by Aaliya Jaleel. 2023. 32p. (J). (gr. -1-3). 18.99 (978-0-593-52543-2(4), Viking Books for Young Readers) Penguin Young Readers Group.

Amazing a-Z of Resilience: 26 Curious Stories & Activities to Lift Yourself Up. David Gumbrell. 2021. (Illus.). 64p. (J). 17.95 (978-1-83997-337-6(4), 865638) Kingsley, Jessica Pubs. GBR. Dist: Hachette UK Distribution.

Amazing ABCs! How Little Babies & Toddlers Learn Language by Knowing Their Alphabet ABCs - Baby & Toddler Alphabet Books. Baby Professor. 2017. (ENG., Illus.). (J). pap. 7.89 (978-1-68326-605-1(6), Baby Professor (Education Kids)) Speedy Publishing LLC.

Amazing ABCs of Successful Faith. Neah S. Houser & Antwan L. Houser, Sr. Illus. by Courtney Smith. 2021. (ENG.). 40p. (J). pap. 7.99 (978-1-64949-167-1(0)) Elk Lake Publishing, Inc.

Amazing Abe Has Autism! Rooman F. Ahad. 2021. (ENG., Illus.). 26p. (J). 24.95 (978-1-63985-307-6(3)); pap. 14.95 (978-1-63710-236-7(4)) Fulton Bks.

Amazing Acrobatic Activities & Positions to Try. Jupiter Kids. 2016. (ENG., Illus.). 100p. (J). pap. 12.55 (978-1-68326-167-4(4), Jupiter Kids (Childrens & Kids Fiction)) Speedy Publishing LLC.

Amazing Activities for Fans of Animal Crossing: An Unofficial Activity Book — Mazes, Crosswords, & Puzzles to Improve Your Skills. Jen Funk Weber. Illus. by Grace Sandford. 2020. 64p. (J). (gr. 3-5). pap. 9.99 (978-1-5107-6303-6(1), Sky Pony Pr.) Skyhorse Publishing Co., Inc.

Amazing Activities for Fans of Mario Kart Tour: An Unofficial Activity Book — Word Searches, Crossword Puzzles, Dot to Dot, Mazes, & Brain Teasers to Improve Your Skills. Brian Boone. 2021. 64p. (J). (gr. 1-5). pap. 9.99 (978-1-5107-6305-0(8), Sky Pony Pr.) Skyhorse Publishing Co., Inc.

Amazing Activities for Minecrafters: Puzzles & Games for Hours of Entertainment! Contrib. by Sky Pony Press. 2017. (Activities for Minecrafters Ser.). (Illus.). 96p. (J). (gr. 1-5). pap. 11.99 (978-1-5107-2174-6(6), Sky Pony Pr.) Skyhorse Publishing Co., Inc.

Amazing Activity Book for Curious Kids Activity Book for 5 Year Old. Educando Kids. 2019. (ENG.). 42p. (J). pap. 8.55 (978-1-64521-759-6(0), Educando Kids) Editorial Imagen.

Amazing Activity Book for Grade 1 Students. Educando Kids. 2019. (ENG.). 42p. (J). pap. 8.55 (978-1-64521-708-4(6), Educando Kids) Editorial Imagen.

Amazing Activity Book for Kids. Porto O'Karolyn. 2021. (ENG.). 102p. (J). pap. 8.99 (978-1-716-08435-5(0)) Lulu Pr., Inc.

Amazing, Adorable Animal Babies! Rose Nestling. Ed. by Parragon Books. Illus. by Corrine Caro. 2022. (ENG.). 10p. (J). (gr. -1-5). bds. 14.99 (978-1-64638-390-0(7), 1008560, Parragon Books) Cottage Door Pr.

Amazing Adventure Begins. Pauline Mallard. 2016. (ENG., Illus.). 4p. (J). (gr. k-3). pap. (978-1-910864-52-4(8), Choir Pr., The) Action Publishing Technology Ltd.

Amazing Adventure of Ava Appleby. Marissa Trainor. Illus. by Catherine Villanueva. 2017. (ENG.). (J). pap. 6.99 (978-1-945169-12-0(5)) Orison Pubs.

Amazing Adventures of Ann Turnner. A. J. Wich. 2023. (ENG.). 250p. (YA). pap. 16.99 (978-1-960810-22-9(7)) Yorkshire Publishing Group.

Amazing Adventures of Annemarie & Emily. Michael F. Corriere. Illus. by Annemarie. 2017. (ENG.). (J). pap. (978-1-4602-9633-2(8)) FriesenPress.

Amazing Adventures of Awesome Amani. Samuels Jamiyl & Samuels Tracy-Ann. 2019. (W. R. E. A. C Havoc Heroes Ser.: Vol. 1). (ENG., Illus.). 66p. (J). (gr. 2-6). pap. 14.95 (978-0-578-61255-3(0)) W.R.E.a.C Havoc Publishing.

Amazing Adventures of Batman! Laurie S. Sutton & Brandon T. Snider. 2020. (Amazing Adventures of Batman! Ser.). (ENG.). 32p. (J). (gr. k-2). 202.56 (978-1-5158-4826-4(4), 29816); pap., pap., pap. 23.80 (978-1-5158-5893-5(6), 29951) Capstone. (Picture Window Bks.).

Amazing Adventures of Billy Burro. Gregory D. Harris. 2022. (ENG.). 62p. (J). pap. (978-1-78963-039-8(8), Choir Pr., The) Action Publishing Technology Ltd.

Amazing Adventures of Eco Boy Vol. 1. Lana Sultan. 2020. (ENG.). 38p. (J). (978-1-5289-7471-4(9)); pap. (978-1-5289-7470-7(0)) Austin Macauley Pubs. Ltd.

Amazing Adventures of Jimmy & Billy: Green Pastures. Bob Sivulka. Illus. by Skyler Hamman. 2022. (Amazing Adventures of Jimmy & Billy Ser.: 3). 34p. (J). 23.99 (978-1-6678-4205-9(6)); pap. 12.99 (978-1-6678-4206-6(4)) BookBaby.

Amazing Adventures of Jimmy & Billy: I Shall Not Want. Bob Sivulka. Illus. by Kate Hamernik. 2021. (Amazing Adventures of Jimmy & Billy Ser.: 2). 32p. (J). 22.99 (978-1-0983-7767-0(2)) BookBaby.

Amazing Adventures of Jimmy & Billy: The Lord Is My Shepherd. Bob Sivulka. Illus. by Kate Hamernik. 2020. (Amazing Adventures of Jimmy & Billy Ser.: 1). (ENG.). 32p. (J). 23.95 (978-1-0983-4296-8(8)); pap. 12.99 (978-1-0983-4295-1(X)) BookBaby.

Amazing Adventures of Kathy - Dragon Slayer: A Modern Age Fairy Tale. Jack Stephens. 2017. (ENG., Illus.). (J). pap. 22.99 (978-1-4828-6297-3(2)) Partridge Pub.

Amazing Adventures of Kenzie Grace: The Enchanted Gift. D. D. Baker. 2018. (Adventures of Kenzie Grace Ser.: Vol. 1). (ENG., Illus.). 116p. (J). (gr. 4-6). pap. 9.99 (978-1-7329440-0-8(8)) Baker, Debbie.

Amazing Adventures of Kid & Sweets: The City. Mark Alan Long. 2019. (Amazing Adventures of Kid & Sweets Ser.: Vol. 2). (ENG., Illus.). 32p. (J). pap. 12.99 (978-1-950454-55-6(X)) Pen It Pubns.

Amazing Adventures of Kid & Sweets: The Hero. Mark Alan Long. 2018. (ENG.). 32p. (J). pap. 12.99 (978-1-949609-10-3(3)) Pen It Pubns.

Amazing Adventures of Kid & Sweets: The Park. Mark Alan Long. 2019. (ENG., Illus.). 44p. (J). pap. 14.99 (978-1-951263-48-5(0)) Pen It Pubns.

Amazing Adventures of Kit & Caboodle: Two Cool Cats. Carolyn Morwick. 2023. (ENG.). 74p. (J). pap. (978-1-83934-514-2(4)) Olympia Publishers.

Amazing Adventures of Molly Grue. Miss Angel. 2017. (ENG., Illus.). (J). pap. 40.00 (978-1-365-68236-0(6)) Lulu Pr., Inc.

Amazing Adventures of Mr. Wimples & Sophie Ann: Real Bears Don't Drink Tea. Michael Natoli. 2020. (ENG.). 36p. (J). 23.95 (978-1-64801-332-4(5)); pap. 13.95 (978-1-64801-331-7(7)) Newman Springs Publishing, Inc.

Amazing Adventures of Queenie (Rhyming Picture Book about Adventures of Dog for Ages 3-8) Zenovia Bryant-Bright. 2023. (ENG.). 24p. (J). 31.99 (978-1-0881-2391-1(0)) Indy Pub.

Amazing Adventures of Queenie (Rhyming Picture Book about Adventures of Dog for Ages 3-8) Zenovia Bryant-Bright. 2021. (ENG.). 24p. (J). (978-1-365-82203-2(6)) Lulu Pr., Inc.

Amazing Adventures of Super Dreidel. Howard Eisenberg. 2019. (ENG.). 38p. (J). 14.95 (978-1-68401-551-1(0)) Amplify Publishing Group.

Amazing Adventures of the Gnome Nog. Allen Ropiecki. 2022. (ENG.). 170p. (J). pap. 16.95 (978-1-6624-8067-6(9)) Page Publishing Inc.

Amazing Adventures of the Kung Fu Kid Coloring Book. Kreative Kids. 2016. (ENG., Illus.). (J). pap. 9.20 (978-1-68377-355-9(1)) Whike, Traudl.

Amazing Adventures of Wobblin' Wobin. Tony Rocca. 2019. (ENG., Illus.). 182p. (J). pap. (978-1-912850-44-0(3)) Clink Street Publishing.

Amazing Adventures of Zion the Lion: Book 1: How Zion Almost Lost His Tail. Sophie Emmanuel. Illus. by Travaglini Lee. 2018. (ENG.). 26p. (J). pap. (978-0-9919270-0-5(1)) Emmanuel, Sophia.

Amazing Afternoon Adventure with Arlo the Awesome Little Vole: Part 1. John Cayden. 2021. (Arlo's Afternoon Adventure Ser.: Vol. 1). (ENG.). 62p. (J). pap. 14.99 (978-1-7360766-9-9(8)) Moredo-Burich, John.

Amazing Agents of God: Awesome Assignments. Andy Robb. 2018. (ENG.). 112p. (J). pap. 9.99 (978-1-78259-827-5(8), a4f41714-8930-4ec9-bdfa-f39fea1b4369) Crusade for World Revival GBR. Dist: Baker & Taylor Publisher Services (BTPS).

Amazing Agents of God: Extraordinary Exploits. Andy Robb. 2019. (ENG., Illus.). 112p. (J). pap. 9.99 (978-1-78259-938-8(X), 5f9f3198-b37e-4ec2-8593-ae101e2f2de6) Crusade for World Revival GBR. Dist: Baker & Taylor Publisher Services (BTPS).

Amazing Agents of God: Megatastic Missions. Andy Robb. 2018. (ENG., Illus.). 112p. (J). pap. 9.99 (978-1-78259-804-6(9), 48df48b6-2b0e-4cc0-9c0e-0028b938e04d) Crusade for World Revival GBR. Dist: Baker & Taylor Publisher Services (BTPS).

Amazing Agents of God: Outstanding Operations. Andy Robb. 2019. (ENG., Illus.). 112p. (J). pap. 9.99 (978-1-78259-939-5(8), 3f9b7804-880b-400e-9d24-758b45004613) Crusade for World Revival GBR. Dist: Baker & Taylor Publisher Services (BTPS).

Amazing Alabama: A Coloring Book Journey Through Our 67 Counties. Laura Murray. 2017. (ENG., Illus.). 80p. (J). pap. 9.95 (978-1-58838-339-6(3), 8647, NewSouth Bks.) NewSouth, Inc.

Amazing Alphabet of Cake. Kirstie Rowson. Illus. by Kirstie Rowson. 2017. (ENG., Illus.). 32p. (J). pap. (978-0-9928408-5-3(6)) And So We Begin Ltd.

Amazing Amber y Su Ojo láser Perezoso. Eagle Ngo & Mitchell Bagley. Tr. by Sebastian Brown. 2022. (SPA.). 34p. (J). pap. (978-0-6483744-5-9(9)); (978-0-6483744-4-2(0)) Cheng Ophthalmology Pty, Limited.

Amazing Americans: Country Music Stars. Bearport Publishing. 2018. (ENG.). 24p. (J). (gr. -1-3). 107.96 (978-1-68402-791-0(8)) Bearport Publishing Co., Inc.

Amazing Americans: Football Stars. Compiled by Bearport Publishing Team. 2018. (ENG.). 24p. (J). (gr. -1-3). 107.96 (978-1-68402-450-6(1)) Bearport Publishing Co., Inc.

Amazing Americans: Olympians. Contrib. by Bearport Publishing Staff. 2017. (ENG.). (J). (gr. -1-3). 107.96 (978-1-68402-238-0(X)) Bearport Publishing Co., Inc.

Amazing Americans: Pop Music Stars. Compiled by BEarport Publishing Team. 2018. (ENG.). 24p. (J). (gr. -1-3). 215.92 (978-1-68402-455-1(2)) Bearport Publishing Co., Inc.

Amazing Amphibians: 30 Activities & Observations for Exploring Frogs, Toads, Salamanders, & More. Lisa J. Amstutz. 2020. (Young Naturalists Ser.: 6). (ENG., Illus.). 128p. (J). (gr. 2-4). pap. 16.99 (978-1-64160-072-9(1)) Chicago Review Pr., Inc.

Amazing Ancients! World of the Maya. Elaine A. Kule. Illus. by DGPH Stufio. 2020. (Amazing Ancients! Ser.). 32p. (J). (gr. 3-7). pap. 10.99 (978-0-593-09306-1(2), Penguin Workshop) Penguin Young Readers Group.

Amazing & Aerodynamic Airplanes Coloring Book. Kreative Kids. 2016. (ENG., Illus.). (J). pap. 9.20 (978-1-68377-290-3(3)) Whike, Traudl.

Amazing & Almost Always Accurate Alliterative Alphabet. Patrick S. Stemp. Illus. by Anita Soelver. 2017. (ENG.). 60p. (J). pap. (978-1-988023-12-0(2)) Stirling Bay.

Amazing & Crazy Moments of Lara & Chilly: Adventure of Lara & Chilly. Ayushree Barman. 2018. (ENG., Illus.). 134p. (J). pap. 8.99 (978-1-64429-011-8(1)) Notion Pr., Inc.

Amazing & Extreme Connect the Dots Activity Book. Jupiter Kids. 2016. (ENG., Illus.). 106p. (J). pap. 12.55 (978-1-68326-169-8(0), Jupiter Kids (Childrens & Kids Fiction)) Speedy Publishing LLC.

Amazing & True Story of Tooth Mouse Pérez. Ana Cristina Herreros. Tr. by Sara Lissa Paulson. Illus. by Violeta Lopiz. 2023. 48p. (J). (gr. 2-5). 18.95 (978-1-59270-359-3(3)) Enchanted Lion Bks., LLC.

Amazing Angels Activity Book. Sam Loman. Illus. by Sam Loman. 2019. (ENG., Illus.). 96p. (J). pap. 9.99 (978-1-78950-667-9(0), 4fb4fd15-603e-4388-ad8e-bac0c3fd69f4) Arcturus Publishing GBR. Dist: Baker & Taylor Publisher Services (BTPS).

Amazing Animal Adventure. Anna Claybourne. 2018. (KOR.). (J). (978-89-433-1138-4(9)) Borim Pr.

Amazing Animal Adventure: An Around-The-World Spotting Expedition. Illus. by Brendan Kearney. 2016. (ENG.). 64p. (J). (gr. 1-5). 19.95 (978-1-78067-845-0(2), King, Laurence Publishing) Orion Publishing Group, Ltd. GBR. Dist: Hachette Bk. Group.

Amazing Animal Alphabet Affirmation Book. Beatriz Garcia MSW LCSW MA. Illus. by Deborah Mori. 2020. (ENG.). 32p. (J). pap. 13.95 (978-1-9822-5838-2(1), Balboa Pr.) Author Solutions, LLC.

Amazing Animal Anatomies: Biology at Its Most Extreme! Louise Spilsbury & Kelly Roberts. 2023. (Life on the Edge Ser.). (ENG., Illus.). 48p. (J). (gr. 5-8). lib. bdg. 31.99 (978-1-915153-78-4(6),

62

The check digit for ISBN-10 appears in parentheses after the full ISBN-13

71bea767-70c7-4e29-8cd0-3f9d85f936fe) Cheriton Children's Bks. GBR. Dist: Lerner Publishing Group.

Amazing Animal Anatomies: Biology at Its Most Extreme! Contrib. by Louise Spilsbury & Kelly Roberts. 2023. (Life on the Edge Ser.). (ENG., Illus.). 48p. (J). (gr. 5-8). pap. 10.99 ***(978-1-915761-38-5(7)***, c84cbed3-91ef-4d1e-9200-de8b7f670f13) Cheriton Children's Bks. GBR. Dist: Lerner Publishing Group.

Amazing Animal Architects. Rebecca Rissman et al. 2018. (Amazing Animal Architects Ser.). (ENG.). 24p. (J). (gr. 1-3). 111.96 *(978-1-5435-2693-6(4)*, 28195, Capstone Pr.) Capstone.

Amazing Animal Architects of the Air: A 4D Book. Mari Schuh. 2018. (Amazing Animal Architects Ser.). (ENG., Illus.). 24p. (J). (gr. 1-3). 27.99 *(978-1-5435-2682-0(9)*, 138125, Capstone Pr.) Capstone.

Amazing Animal Architects of the Water: A 4D Book. Yvonne Pearson. 2018. (Amazing Animal Architects Ser.). (ENG., Illus.). 24p. (J). (gr. 1-3). lib. bdg. 27.99 *(978-1-5435-2683-7(7)*, 138126, Capstone Pr.) Capstone.

Amazing Animal Architects on Land: A 4D Book. Rebecca Rissman. 2018. (Amazing Animal Architects Ser.). (ENG., Illus.). 24p. (J). (gr. 1-3). lib. bdg. 27.99 *(978-1-5435-2684-4(5)*, 138127, Capstone Pr.) Capstone.

Amazing Animal Architects Underground: A 4D Book. Rebecca Rissman. 2018. (Amazing Animal Architects Ser.). (ENG., Illus.). 24p. (J). (gr. 1-3). 27.99 *(978-1-5435-2681-3(0)*, 138121, Capstone Pr.) Capstone.

Amazing Animal Art. Emily Kington. 2019. (Wild Art Projects Ser.). (ENG., Illus.). 32p. (J). (gr. 3-6). lib. bdg. 27.99 *(978-1-5415-0128-7(4)*, 4eb4bc6e-6e4d-4a0d-9536-86fe93b093cc, Hungry Tomato (r)) Lerner Publishing Group.

Amazing Animal Atlas. Nick Crumpton. Illus. by Gaia Bordicchia. 2017. (ENG.). 52p. (J). (gr. 1-3). 28.95 *(978-1-909263-11-6(7))* Flying Eye Bks. GBR. Dist: Penguin Random Hse. LLC.

Amazing Animal Atlas of Scotland, 28 vols. Illus. by Anders Frang. 2020. (Amazing Atlas Ser.). 48p. (J). 24.95 *(978-1-78250-659-1(4))* Floris Bks. GBR. Dist: Consortium Bk. Sales & Distribution.

Amazing Animal Earth. Alessandra Yap & Anastasia Popp. 2020. (ENG., Illus.). 28p. (J). (gr. -1-1). pap. 10.99 *(978-1-912678-22-8(5))* Little Steps Bks AUS. Dist: Independent Pubs. Group.

Amazing Animal Features (Set), 6 vols. 2023. (Amazing Animal Features Ser.). (ENG.). 24p. (J). (gr. -1-2). lib. bdg. 196.74 ***(978-1-0982-6624-0(2)***, 42167, Abdo Kids) ABDO Publishing Co.

Amazing Animal Homes, 1 vol. Tamara Einstein. 2020. (KidsWorld Ser.). (ENG.). 64p. (J). pap. 6.99 *(978-1-988183-56-5(1)*, 74762b81-312e-4353-ac3a-200b5fc020b7) KidsWorld Bks. CAN. Dist: Lone Pine Publishing USA.

Amazing Animal Journeys: The Most Incredible Migrations in the Natural World. Philippa Forrester. 2023. (DK Amazing Earth Ser.). (ENG.). 176p. (J). (gr. 2-4). 24.99 *(978-0-7440-5990-8(9)*, DK Children) Dorling Kindersley Publishing, Inc.

Amazing Animal Patterns Coloring Books for Adults Relaxation Edition. Activity Attic Books. 2016. (ENG., Illus.). (J). pap. 7.74 *(978-1-68323-004-5(3))* Twin Flame Productions.

Amazing Animals. Illus. by Faratiana Andriamanga. 2016. (Coloring Studio Ser.: 2). (ENG.). 48p. (J). (gr. 1-17). pap. 8.99 *(978-0-316-39288-4(X))* Little, Brown Bks. for Young Readers.

Amazing Animals. Ed. by Kidsbooks. 2019. (That's Facts-Inating Ser.). (ENG.). 256p. (J). pap. 9.99 *(978-1-62885-697-2(1))* Kidsbooks, LLC.

Amazing Animals. Cordelia Nash. Illus. by Benjamin Richards. 2021. (Spray Pen Art Ser.). (ENG.). 60p. (J). 12.99 *(978-1-78958-853-8(7))* Top That! Publishing PLC GBR. Dist: Independent Pubs. Group.

Amazing Animals, 18 vols., Set. Incl. Bears. Catherine Lukas. (J). lib. bdg. 30.67 *(978-0-8368-9104-1(X)*, d4ef9ab8-a233-4a7c-bc6a-0f7b7785b4c5); Cats. Christina Wilsdon. (J). lib. bdg. 30.67 *(978-0-8368-9105-8(8)*, 6c32c722-89b3-4602-9ccf-92b7e03b3881); Fishes. Edward S. Barnard. (YA). lib. bdg. 30.67 *(978-0-8368-9106-5(6)*, 419358db-52ff-4ad5-a903-1da8175c80d0); Frogs. Edward S. Barnard. (YA). lib. bdg. 30.67 *(978-0-8368-9107-2(4)*, 8491392c-f207-49e3-8db5-7f998f752ed8); Monkeys. Christina Wilsdon. (YA). lib. bdg. 30.67 *(978-0-8368-9109-6(0)*, 833d10e8-c596-414a-b887-66af9ca088b8); Polar Bears. Christina Wilsdon. (J). lib. bdg. 30.67 *(978-0-8368-9110-2(4)*, 7d0a9c57-86de-4c08-a273-261412e93dc8); Sharks. Christina Wilsdon. (YA). lib. bdg. 30.67 *(978-0-8368-9111-9(2)*, dc212612-931f-46ac-8e39-b19de65bf9fc); Zebras. Christina Wilsdon. (J). lib. bdg. 30.67 *(978-0-8368-9113-3(9)*, a4d14fa4-ff9e-4624-9d3b-7880db765a74); (gr. 3-5). (Amazing Animals Ser.). (ENG.). 48p. 2009. Set lib. bdg. 276.03 *(978-0-8368-9135-5(X)*, afb9416c-025a-4dba-af6a-9886c3631198, Gareth Stevens Learning Library) Stevens, Gareth Publishing LLLP.

Amazing Animals, 18 vols., Set. Incl. Alligators & Crocodiles. Angela Royston. (gr. 2-4). 2009. lib. bdg. 24.45 *(978-1-60596-152-1(3))*; Anacondas. James De Medeiros. (gr. 2-4). 2008. lib. bdg. 24.45 *(978-1-59036-960-9(2)*, 1290899); Bald Eagles. Arlene Worsley. (gr. 3-7). 2006. lib. bdg. 24.45 *(978-1-59036-388-1(4))*; Blue Whales. Angela Royston. (gr. 2-4). 2009. lib. bdg. 24.45 *(978-1-60596-148-4(5))*; Dolphins. James De Medeiros. (gr. 2-4). 2008. lib. bdg. 24.45 *(978-1-59036-958-6(0))*; Elephants. Jacqueline Dineen. (gr. 2-4). 2009. lib. bdg. 24.45 *(978-1-60596-154-5(X))*; Giant Pandas. Don Cruickshank. (gr. 3-7). 2006. lib. bdg. 24.45 *(978-1-59036-389-8(2))*; Gorillas. Michael De Medeiros. (gr. 3-7). 2006. lib. bdg. 24.45 *(978-1-59036-390-4(6))*; Great White Sharks. Barbara Balfour. (gr. 3-7). 2006. lib. bdg. 24.45 *(978-1-59036-391-1(4))*; Grizzly Bears. Jacqueline Dineen. (gr. 2-4). 2009. lib. bdg. 24.45 *(978-1-60596-158-3(2))*; Jaguars. David Huntrods. (gr. 3-7). 2006. lib. bdg. 24.45 *(978-1-59036-392-8(2))*; Kangaroos. Anna Rebus. (gr. 3-7). 2006. lib. bdg. 24.45 *(978-1-59036-393-5(0))*; Lions. Jacqueline Dineen. (gr. 2-4). 2009. lib. bdg. 24.45 *(978-1-60596-150-7(7))*; Orangutans. Michael De Medeiros. (gr. 2-4). 2008. lib. bdg. 24.45 *(978-1-59036-966-1(1))*; Penguins. David Whitfield. (gr. 2-4). 2008. lib. bdg. 24.45 *(978-1-59036-968-5(8))*; Polar Bears. Michael De Medeiros. (gr. 2-4). 2008. lib. bdg. 24.45 *(978-1-59036-964-7(5))*; Tigers. Galadriel Findlay Watson. (gr. 2-4). 2008. lib. bdg. 24.45 *(978-1-59036-962-3(9))*; Wolves. Angela Royston. (gr. 2-4). 2009. lib. bdg. 24.45 *(978-1-60596-156-9(6))*; 24p. (J). (Illus.). 2010. Set lib. bdg. 440.10 *(978-1-59036-612-7(3))* Weigl Pubs., Inc.

Amazing Animals: Alligators: Multiplication (Grade 4) Misconish Darlene Tyler. 2017. (Mathematics in the Real World Ser.). (ENG., Illus.). 32p. (J). (gr. 4-5). pap. 11.99 *(978-1-4258-5548-2(2))* Teacher Created Materials, Inc.

Amazing Animals: Critter Camp: Division (Grade 3) Linda Ruggieri. 2017. (Mathematics in the Real World Ser.). (ENG., Illus.). 32p. (J). (gr. 3-4). pap. 11.99 *(978-1-4807-5800-1(0))* Teacher Created Materials, Inc.

Amazing Animals: Extreme Dinosaurs: Comparing & Rounding Decimals (Grade 5) Saskia Lacey. 2018. (Mathematics in the Real World Ser.). (ENG., Illus.). 32p. (J). (gr. 4-8). pap. 11.99 *(978-1-4258-5819-3(8))* Teacher Created Materials, Inc.

Amazing Animals: Giant Foil Sticker Book with Puzzles & Activities. IglooBooks. Illus. by Bonnie Pang. 2019. (ENG.). 24p. (J). (gr. -1-1). pap. 9.99 *(978-1-83852-850-8(4))* Igloo Bks. GBR. Dist: Simon & Schuster, Inc.

Amazing Animals: Honeybees: Place Value (Grade 2) Kristy Stark. 2018. (Mathematics in the Real World Ser.). (ENG., Illus.). 32p. (J). (gr. 2-3). pap. 10.99 *(978-1-4258-5742-4(6))* Teacher Created Materials, Inc.

Amazing Animals: Lift-The-Flap Fact Book. IglooBooks. Illus. by Bonnie Pang. 2021. (ENG.). 26p. (J). bds. 9.99 *(978-1-83903-652-1(4))* Igloo Bks. GBR. Dist: Simon & Schuster, Inc.

Amazing Animals: More Than 100 of the World's Most Remarkable Creatures. Claire Hibbert & Clare Hibbert. 2021. (ENG.). 128p. (J). pap. 12.99 *(978-1-83940-588-4(0)*, bfc96d74-1cec-4881-89df-9a86ec429f61) Arcturus Publishing GBR. Dist: Baker & Taylor Publisher Services (BTPS).

Amazing Animals: Narwhals: Addition (Grade 1) Logan Avery. 2018. (Mathematics in the Real World Ser.). (ENG., Illus.). 24p. (J). (gr. 1-2). pap. 9.99 *(978-1-4258-5680-9(2))* Teacher Created Materials, Inc.

Amazing Animals: Prehistoric Creatures: Numbers To 1,000 (Grade 2) Saskia Lacey. 2018. (Mathematics in the Real World Ser.). (ENG., Illus.). 32p. (J). (gr. 2-3). pap. 10.99 *(978-1-4258-5744-8(2))* Teacher Created Materials, Inc.

Amazing Animals: Sharks: Skip Counting (Grade 2) Saskia Lacey. 2018. (Mathematics in the Real World Ser.). (ENG., Illus.). 32p. (J). (gr. 2-3). pap. 10.99 *(978-1-4258-5743-1(4))* Teacher Created Materials, Inc.

Amazing Animals: Strange Animal Partnerships: Multiplying Fractions (Grade 4) Jay Hwang. 2017. (Mathematics in the Real World Ser.). (ENG., Illus.). 32p. (gr. 4-5). pap. 11.99 *(978-1-4258-5555-0(5))* Teacher Created Materials, Inc.

Amazing Animals: Tails. Dona Herweck Rice. 2018. (Mathematics in the Real World Ser.). (ENG., Illus.). 20p. (J). (gr. k-1). 8.99 *(978-1-4258-5619-9(5))* Teacher Created Materials, Inc.

Amazing Animals: Unusual Animal Coloring & Puzzle Book. Bobo's Children Activity Books. 2016. (ENG., Illus.). (J). pap. 7.99 *(978-1-68327-375-2(3))* Sunshine In My Soul Publishing.

Amazing Animals: Venomous Snakes: Fractions & Decimals (Grade 4) Noelle Hoffmeister. 2017. (Mathematics in the Real World Ser.). (ENG., Illus.). 32p. (gr. 4-5). pap. 11.99 *(978-1-4258-5557-4(1))* Teacher Created Materials, Inc.

Amazing Animals: Wild Whales: Addition & Subtraction (Grade 3) Melissa Pioch. 2017. (Mathematics in the Real World Ser.). (ENG., Illus.). 32p. (J). (gr. 3-4). pap. 11.99 *(978-1-4807-5795-0(0))* Teacher Created Materials, Inc.

Amazing Animals: World Record Wildlife: Adding & Subtracting Fractions (Grade 5) Elise Wallace. 2018. (Mathematics in the Real World Ser.). (ENG., Illus.). 32p. (J). (gr. 4-8). pap. 11.99 *(978-1-4258-5813-1(9))* Teacher Created Materials, Inc.

Amazing Animals A-D Kindergarten Box Set - Scholastic Early Learners, 1 vol. Scholastic. 2018. (Scholastic Early Learners Ser.). (ENG.). 256p. (J). (gr. -1-3). 16.99 *(978-1-338-29961-8(1))* Scholastic, Inc.

Amazing Animals Around the World. DGPH Stufio. 2023. (Illus.). 64p. (J). (gr. 2-5). 17.99 *(978-0-593-52231-8(1)*, Penguin Workshop) Penguin Young Readers Group.

Amazing Animals Basic Word Types - Classroom Edition. Colin M. Drysdale. 2019. (ENG., Illus.). 56p. (J). (gr. 2-6). pap. *(978-1-909832-74-9(X))* Pictish Beast Pubns.

Amazing Animals Big & Small: a First Book of Opposites: Scholastic Early Learners (My First) Scholastic. 2017. (Scholastic Early Learners Ser.). (ENG.). 16p. (J). (gr. -1 — 1). bds. 9.99 *(978-1-338-20242-7(1)*, Cartwheel Bks.) Scholastic, Inc.

Amazing Animals: Bighorn Sheep. Kate Riggs. 2017. (Amazing Animals Ser.). (ENG., Illus.). 24p. (J). (gr. 1-3). pap. 9.99 *(978-1-62832-359-7(0)*, 20027, Creative Paperbacks) Creative Co., The.

Amazing Animals Coloring Book. Clorophyl Editions. 2022. (ENG.). 60p. (J). pap. 7.99 *(978-1-64124-191-5(8)*, 1915) Fox Chapel Publishing Co., Inc.

Amazing Animals Coloring Book for Adults: Stress Relieving Beautiful Designs to Color for Adults & Teens, One-Sided Printing, A4 Size, Premium Quality Paper, Beautiful Illustrations, Perfect for Adults, Elli Steele. 2021. (ENG.). 94p. (YA). pap. 9.96 *(978-1-716-09667-9(7))* Lulu Pr., Inc.

Amazing Animals: Crabs. Valerie Bodden. 2017. (Amazing Animals Ser.). (ENG., Illus.). 24p. (J). (gr. 1-3). pap. 10.99 *(978-1-62832-360-3(4)*, 20030, Creative Paperbacks) Creative Co., The.

Amazing Animals: Falcons. Kate Riggs. 2017. (Amazing Animals Ser.). (ENG., Illus.). 24p. (J). (gr. 1-3). pap. 9.99 *(978-1-62832-361-0(2)*, 20033, Creative Paperbacks) Creative Co., The.

Amazing Animals: Forest Adventure. Tony Mitton. Illus. by Ant Parker. 2020. (Amazing Animals Ser.). (ENG.). 20p. (J). bds. 6.99 *(978-0-7534-7628-4(2)*, 900226419, Kingfisher) Roaring Brook Pr.

Amazing Animals from a to Z. Alison O'Connor. 2016. (ENG., Illus.). (J). pap. 12.95 *(978-0-9982211-7-5(1))* Relevant Pages Pr.

Amazing Animals: Iguanas. Valerie Bodden. 2017. (Amazing Animals Ser.). (ENG., Illus.). 24p. (J). (gr. 1-3). pap. 10.99 *(978-1-62832-362-7(0)*, 20036, Creative Paperbacks) Creative Co., The.

Amazing Animals: Jellyfish. Valerie Bodden. 2017. (Amazing Animals Ser.). (ENG., Illus.). 24p. (J). (gr. 1-3). pap. 10.99 *(978-1-62832-363-4(9)*, 20039, Creative Paperbacks) Creative Co., The.

Amazing Animals! Magic Tree House Fact Tracker Boxed Set: Dolphins & Sharks; Polar Bears & the Arctic; Penguins & Antarctica; Pandas & Other Endangered Species, 4 vols. Mary Pope Osborne & Natalie Pope Boyce. Illus. by Sal Murdocca. 2018. (Magic Tree House (R) Fact Tracker Ser.). 128p. (J). (gr. 2-5). 27.96 *(978-0-525-64538-2(1)*, Random Hse. Bks. for Young Readers) Random Hse. Children's Bks.

Amazing Animals: Meerkats. Valerie Bodden. 2017. (Amazing Animals Ser.). (ENG., Illus.). 24p. (J). (gr. 1-3). pap. 9.99 *(978-1-62832-364-1(7)*, 20042, Creative Paperbacks) Creative Co., The.

Amazing Animals of the World. Sabina Konecna. Illus. by Zuzana Dreadka Kruta. 2021. (World of Amazement Ser.). 40p. (J). 12.95 *(978-80-00-05930-3(4))* Albatros, Nakladatelstvi pro deti mladez, a.s. CZE. Dist: Consortium Bk. Sales & Distribution.

Amazing Animals on the Go! (Boxed Set) Tigers Can't Purr!; Sharks Can't Smile!; Polar Bear Fur Isn't White!; Alligators & Crocodiles Can't Chew!; Snakes Smell with Their Tongues!; Elephants Don't Like Ants! Illus. by Lee Cosgrove. ed. 2022. (Super Facts for Super Kids Ser.). (ENG.). 192p. (J). (gr. k-2). pap. 17.99 *(978-1-5344-9702-3(1)*, Simon Spotlight) Simon Spotlight.

Amazing Animals: Raccoons. Kate Riggs. 2017. (Amazing Animals Ser.). (ENG., Illus.). 24p. (J). (gr. 1-3). pap. 9.99 *(978-1-62832-365-8(5)*, 20045, Creative Paperbacks) Creative Co., The.

Amazing Animals: Rain Forest Adventure. Tony Mitton & Ant Parker. 2020. (Amazing Animals Ser.). (ENG.). 20p. (J). bds. 6.99 *(978-0-7534-7631-4(2)*, 900226421, Kingfisher) Roaring Brook Pr.

Amazing Animals: Safari Adventure. Tony Mitton & Ant Parker. 2020. (Amazing Animals Ser.). (ENG.). 20p. (J). bds. 6.99 *(978-0-7534-7630-7(4)*, 900226422, Kingfisher) Roaring Brook Pr.

Amazing Animals: Spider Monkeys: Place Value. Logan Avery. 2018. (Mathematics in the Real World Ser.). (ENG., Illus.). 24p. (J). (gr. 1-2). pap. 9.99 *(978-1-4258-5678-6(0))* Teacher Created Materials, Inc.

Amazing Animals: Storks. Kate Riggs. 2017. (Amazing Animals Ser.). (ENG., Illus.). 24p. (J). (gr. 1-3). pap. 9.99 *(978-1-62832-366-5(3)*, 20048, Creative Paperbacks) Creative Co., The.

Amazing Animals to Color Coloring Book. Creative Playbooks. 2016. (ENG., Illus.). (J). pap. 7.74 *(978-1-68323-740-2(4))* Twin Flame Productions.

Amazing Animals Who Changed the World. Heidi Poelman. Illus. by Kyle Kershner. 2019. (People Who Changed the World Ser.). (ENG.). 20p. (J). (gr. -1-3). bds. 9.99 *(978-1-64170-110-5(2)*, 550110) Familius LLC.

Amazing Anime Drawings in the Palm of Your Hand Cut Outs Book. Jupiter Kids. 2017. (ENG., Illus.). (J). pap. 9.20 *(978-1-68326-170-4(4)*, Jupiter Kids (Childrens & Kids Fiction)) Speedy Publishing LLC.

Amazing Ants. Tammy Brown. 2018. (Plants, Animals, & People Ser.). (ENG., Illus.). 16p. (gr. -1-2). lib. bdg. 28.50 *(978-1-64156-156-3(4)*, 9781641561563) Rourke Educational Media.

Amazing Ants, 1 vol. Miranda Kelly. 2022. (Backyard Science Ser.). (ENG.). 24p. (J). (gr. k-2). pap. *(978-1-0396-4652-0(2)*, 17162); lib. bdg. *(978-1-0396-4461-8(9)*, 16220) Crabtree Publishing Co. (Crabtree Seedlings).

Amazing Ants: A 4D Book. Megan Cooley Peterson. 2019. (Little Entomologist 4D Ser.). (ENG., Illus.). 32p. (J). (gr. -1-2). lib. bdg. 30.65 *(978-1-9771-0340-6(5)*, 139324) Capstone.

Amazing Ants Insect Coloring Book. Activity Book Zone for Kids. 2016. (ENG., Illus.). (J). pap. 9.20 *(978-1-68376-406-9(4))* Sabeels Publishing.

Amazing Apatosaurus Affair: James Bone Graphic Novel #7. Carole Marsh. 2022. (James Bone Ser.). (ENG.). 24p. (J). 22.99 ***(978-0-635-13620-6(1))***; pap. 5.99 ***(978-0-635-13619-0(8))*** Gallopade International.

Amazing App Developers. Heather C. Hudak. 2018. (It's a Digital World! Ser.). (ENG., Illus.). 32p. (J). (gr. 3-6). lib. bdg. 32.79 *(978-1-5321-1530-1(X)*, 28914, Checkerboard Library) ABDO Publishing Co.

Amazing Apple Tree. Donna B. Brooks. Illus. by Kalpart. 2017. (ENG.). 52p. (J). (gr. k-6). 15.50 *(978-1-941739-78-5(4))* Enchanted Pages Publishing LLC.

Amazing Archaeology (Set), 6 vols. Julie Murray. 2021. (Amazing Archaeology Ser.). (ENG.). 24p. (J). (gr. k-4). lib. bdg. 188.16 *(978-1-0982-2663-3(1)*, 38602, Abdo Zoom-Dash) ABDO Publishing Co.

Amazing Archaeology (Set Of 6) Julie Murray. 2022. (Amazing Archaeology Ser.). (ENG., Illus.). 144p. (J). (gr. 2-2). pap. 53.70 *(978-1-64494-636-7(X)*, Abdo Zoom-Dash) ABDO Publishing Co.

Amazing Armies Children's Military & War History Books. Baby Professor. 2017. (ENG., Illus.). (J). pap. 7.89 *(978-1-5419-0309-8(9)*, Baby Professor (Education Kids)) Speedy Publishing LLC.

Amazing Art for Creative Kids: Turn Everyday Stuff into a Monster-Size Maché Dinosaur, a Plant Pot Chimpanzee & Much More... Emily Kington. 2020. (ENG.). 96p. (J). 19.99 *(978-1-913440-43-5(5)*, 4e5aad56-ad31-4772-86a5-eaf136fb3871, Beetle Bks.) Hungry Tomato Ltd. GBR. Dist: Baker & Taylor Publisher Services (BTPS).

Amazing Artists. J. P. Miller. Illus. by Chellie Carroll. 2021. (Black Stories Matter Ser.). (ENG.). 48p. (J). (gr. 4-9). pap. *(978-1-4271-2811-9(1)*, 10352); lib. bdg. *(978-1-4271-2807-2(3)*, 10347) Crabtree Publishing Co. (Crabtree Classics).

Amazing Artists & Designers. Georgia Amson-Bradshaw. Illus. by Rita Petruccioli. 2018. (ENG.). 48p. (J). (gr. 4-7). pap. 9.99 *(978-1-4380-1217-9(9))* Sourcebooks, Inc.

Amazing Artist's How to Draw Activity Book. Smarter Activity Books for Kids. 2016. (ENG., Illus.). (J). pap. 9.22 *(978-1-68374-284-5(2))* Examined Solutions PTE. Ltd.

Amazing Assembly Line: Working at the Same Time, 1 vol. Theresa Morlock. 2017. (Computer Kids: Powered by Computational Thinking Ser.). (ENG.). 24p. (J). (gr. 4-5). 25.27 *(978-1-5383-2431-8(8)*, e6984085-0204-4d6d-bd51-204852cebe98, PowerKids Pr.); pap. *(978-1-5081-3752-8(8)*, 096f4718-22ac-4967-b5db-73173a5e8ca1, Rosen Classroom) Rosen Publishing Group, Inc., The.

Amazing Athletes: An All-Star Look at Canada's Paralympians. Marie-Claude Ouellet. Tr. by Phyllis Aronoff & Howard Scott from FRE. 2021. (ENG., Illus.). 48p. (J). 18.95 *(978-1-77147-485-6(8))* Owlkids Bks. Inc. CAN. Dist: Publishers Group West (PGW).

Amazing Atlantic Canadian Kids: Awesome Stories of Bravery & Adventure, 1 vol. John Boileau. Illus. by James Bentley. 2019. (Amazing Atlantic Canadians Ser.). (ENG.). 160p. (J). pap. 19.95 *(978-1-77108-797-1(8)*, 1dbf03ce-16c6-4d30-a2b5-7d1ed22099ef) Nimbus Publishing, Ltd. CAN. Dist: Baker & Taylor Publisher Services (BTPS).

Amazing Authors, 6 vols. 2016. (Amazing Authors Ser.). (ENG.). 24p. (J). (gr. -1-2). 299.64 *(978-1-68079-380-2(2)*, 23001, Abdo Zoom-Launch) ABDO Publishing Co.

Amazing, Awesome Whadda-Ya-Wanna-Be Book. William Rowe. 2018. (ENG., Illus.). 54p. (J). pap. *(978-1-387-88292-2(9))* Lulu Pr., Inc.

Amazing Baby Birds to Color Coloring Book. Activibooks For Kids. 2016. (ENG., Illus.). (J). pap. 9.20 *(978-1-68321-747-3(0))* Mimaxion.

Amazing Baby Birds to Color Coloring Book. Smarter Activity Books for Kids. 2016. (ENG., Illus.). (J). pap. 9.22 *(978-1-68374-411-5(X))* Examined Solutions PTE. Ltd.

Amazing Beef Squad: Never Say Die! Jason Ross. (ENG.). 240p. (J). (gr. 4-7). 2022. 8.99 *(978-0-593-12477-2(4)*, Yearling); 2021. 16.99 *(978-0-593-12475-8(8)*, Delacorte Bks. for Young Readers) Random Hse. Children's Bks.

Amazing Bees. Ed. by The Amazing Bees. 2021. (ENG.). 128p. (J). pap. 19.99 ***(978-1-0879-8951-8(5))*** Indy Pub.

Amazing Bees. The Amazing Bees. 2021. (ENG.). 128p. (J). 29.99 *(978-1-6629-0343-4(X))*; pap. 14.99 *(978-1-6629-1783-7(X))*; (Illus.). pap. 19.99 *(978-1-6629-0344-1(8))* Gatekeeper Pr.

Amazing Bees. The Amazing Bees. 2021. (ENG.). 128p. (J). 39.99 ***(978-1-0879-9123-8(4))*** Indy Pub.

Amazing Bees, a Christmas Story. Ed. by Amazing Bees. 2021. (ENG.). 40p. (J). 15.99 ***(978-1-0880-0067-0(3))***; pap. 9.99 ***(978-1-0879-9818-3(2))*** Indy Pub.

Amazing Bees, a Christmas Story Coloring Book. Yoel Silber. 2022. (ENG.). 36p. (J). pap. 6.99 ***(978-1-0879-0343-9(2))*** Indy Pub.

Amazing Berry. Brooke A. Gallagher. Illus. by Amanda M. Dowell. 2022. (ENG.). 24p. (J). 22.22 ***(978-1-0880-7058-1(2))*** Indy Pub.

Amazing Bible Stories. Juliet David. Illus. by Jo Parry. ed. 2019. (ENG.). 16p. (J). (gr. -1-k). 18.99 *(978-1-78128-288-5(9)*, 91cabf54-a0a5-46d7-afd5-bd3db0410222, Candle Bks.) Lion Hudson PLC GBR. Dist: Baker & Taylor Publisher Services (BTPS).

Amazing Birthday Extravaganza Coloring Book. Jupiter Kids. 2016. (ENG., Illus.). 106p. (J). pap. 12.55 *(978-1-68326-225-1(5)*, Jupiter Kids (Childrens & Kids Fiction)) Speedy Publishing LLC.

Amazing Black Atlantic Canadians: Inspiring Stories of Courage & Achievement, 1 vol. Lindsay Ruck. Illus. by James Bentley. 2021. (Amazing Atlantic Canadians Ser.). (ENG.). 160p. (J). pap. 19.95 *(978-1-77108-917-3(2)*, 3c074247-d4b6-418e-9ec7-22e304bb7733) Nimbus Publishing, Ltd. CAN. Dist: Baker & Taylor Publisher Services (BTPS).

Amazing Black Inventors. Joy James. l.t. ed. 2022. (ENG.). 40p. (J). pap. ***(978-1-80094-405-3(5))*** Terence, Michael Publishing.

Amazing Book of Connect the Dots Animal Edition Activity Book. Activity Book Zone for Kids. 2016. (ENG., Illus.). (J). pap. 9.20 *(978-1-68376-037-5(9))* Sabeels Publishing.

Amazing Book of Many Mazes, Calming Activity Book. Activity Book Zone. 2016. (ENG., Illus.). (J). pap. 7.55 *(978-1-68376-038-2(7))* Sabeels Publishing.

Amazing Book of Mazes: Kids Activity Book. Smarter Activity Books for Kids. 2016. (ENG., Illus.). (J). pap. 8.99 *(978-1-68374-285-2(0))* Examined Solutions PTE. Ltd.

Amazing Book of Star Wars: Feel the Force! Learn about Star Wars! Elizabeth Dowsett. 2016. (ENG., Illus.). 48p. (J). (gr. k-2). 14.99 *(978-1-4654-5460-7(8)*, DK Children) Dorling Kindersley Publishing, Inc.

Amazing Book of Unicorns. Porto O'Karolyn. 2021. (ENG.). 102p. (J). pap. 5.49 *(978-1-716-16134-6(7))* Lulu Pr., Inc.

Amazing Book of Unicorns Vol2. Porto O'Karolyn. 2021. (ENG.). 102p. (J). pap. 5.49 *(978-1-716-15782-0(X))* Lulu Pr., Inc.

Amazing Brain Games for Clever Kids(r). Gareth Moore & Chris Dickason. 2021. (Buster Brain Games Ser.: 17). (ENG., Illus.). 192p. (J). (gr. 2-4). pap. 8.99 *(978-1-78055-664-2(0)*, Buster Bks.) O'Mara, Michael Bks., Ltd. GBR. Dist: Independent Pubs. Group.

Amazing Brain Games for Kids Activity Book. Bobo's Children Activity Books. 2016. (ENG., Illus.). (J). pap. 7.99 *(978-1-68327-376-9(1))* Sunshine In My Soul Publishing.

A

Amazing Brick Mosaics: Fantastic Projects to Build with Lego Blocks You Already Have. Amanda Brack. 2018. (ENG., Illus.). 160p. (J). pap. 19.99 *(978-1-250-16361-5(7),* 900186485) St. Martin's Pr.

Amazing Bugs. Melanie Bridges & Camilla de la Bedoyere. 2020. (In Focus: Bugs Ser.). (ENG., Illus.). 32p. (J). (gr. 2-5). lib. bdg. 29.32 *(978-0-7112-4807-6(9),* 3d2fee42-bb9b-44fc-b625-e2cf65922421) QEB Publishing Inc.

Amazing Buildings. Contrib. by Kate Hayden. 2023. (DK Super Readers Ser.). (ENG., Illus.). 32p. (J). (gr. 3-5). pap. 4.99 *(978-0-7440-7145-0(3),* DK Children) Dorling Kindersley Publishing, Inc.

Amazing Canyons Around the World. Gail Terp. 2019. (Passport to Nature Ser.). (ENG., Illus.). 32p. (J). (gr. 4-6). lib. bdg. 28.65 *(978-1-5435-5778-7(3),* 139734) Capstone.

Amazing Cardboard Tube Science. Jodi Wheeler-Toppen. 2016. (Recycled Science Ser.). (ENG., Illus.). 32p. (J). (gr. 3-9). lib. bdg. 28.65 *(978-1-5157-0860-5(8),* 132162, Capstone Pr.) Capstone.

Amazing Cartoon Butterflies, a Coloring Book. Activibooks. 2016. (ENG., Illus.). (J). pap. 9.20 *(978-1-68321-748-0(9))* Mimaxion.

Amazing Cat Club & the Canadian Treasure. Chris Hargreaves. 2017. (ENG., Illus.). (J). pap. *(978-0-9924446-4-8(0))* Hargreaves, Chris.

Amazing Catalog of Weirdest Reptiles. Cristina Banfi. Illus. by Rossella Trionfetti. 2021. (ENG.). 64p. (J). (gr. 2). 14.95 *(978-88-544-1746-5(7))* White Star Publishers ITA. Dist: Sterling Publishing Co., Inc.

Amazing Catapult. Elizabeth Catanese. Illus. by Benedetta Capriotti. 2021. (Mt. Olympus Theme Park Ser.). (ENG.). 48p. (J). (gr. 3-7). lib. bdg. 34.21 *(978-1-0982-3036-4(1),* 37689, Spellbound) Magic Wagon.

Amazing Cats Coloring Book for Adults: Adult Coloring Book for Cat Lovers & Stress Relief & Relaxation. Elli Steele. 2021. (ENG.). 76p. (YA). pap. 9.05 *(978-1-716-20135-6(7))* Lulu Pr., Inc.

Amazing Caves Around the World. Rachel Castro. 2019. (Passport to Nature Ser.). (ENG., Illus.). 32p. (J). (gr. 4-6). lib. bdg. 28.65 *(978-1-5435-5773-2(2),* 139729) Capstone.

Amazing Childen's Stories. Mary E. Coe. 2017. (ENG., Illus.). (J). pap. 9.99 *(978-1-4834-6793-1(7))* Lulu Pr., Inc.

Amazing Christmas Star. Elizabeth Akinteye. 2019. (ENG., Illus.). 28p. (J). pap. *(978-1-9160574-4-9(6))* TUEMS Publishing.

Amazing Coelacanth. Mike Bruton. 2018. (ENG., Illus.). 64p. pap. 10.00 *(978-1-77584-502-7(8))* Penguin Random House South Africa ZAF. Dist: Casemate Pubs. & Bk. Distributors, LLC.

Amazing Color by Numbers. Illus. by Andres Vaisberg. 2022. (ENG.). 96p. (J). pap. 9.99 *(978-1-3988-1971-9(9),* 56663815-50d9-4426-b04f-b89c67858516) Arcturus Publishing GBR. Dist: Baker & Taylor Publisher Services (BTPS).

Amazing Colouring & Learning Book of Fruits & Veggies. Elisha Berkeley & Caleb Berkeley. 2019. (ENG.). 30p. (J). pap. *(978-1-927820-97-1(9))* CM Berkeley Media Group.

Amazing Colouring for Kids: Fantastic Fun for 5 Year Olds. Buster Books. Illus. by Cindy Wilde & Emily Twomey. 2023. (ENG.). 48p. (J). (gr. -1-1). pap. 9.99 *(978-1-78055-832-5(5),* Buster Bks.) O'Mara, Michael Bks., Ltd. GBR. Dist: Independent Pubs. Group.

Amazing Crafty Cat. Charise Mericle Harper. 2017. (Crafty Cat Ser.: 1). (ENG., Illus.). 128p. (J). 14.99 *(978-1-62672-486-0(5),* 900158669, First Second Bks.) Roaring Brook Pr.

Amazing, Crazy & Weird Bugs & Insects: (Age 6 & Above) Tj Rob. 2016. (Amazing, Crazy & Weird Animal Facts Ser.). (ENG., Illus.). (J). pap. *(978-1-988695-39-6(2))* TJ Rob.

Amazing Deserts Around the World. Rachel Castro. 2019. (Passport to Nature Ser.). (ENG., Illus.). 32p. (J). (gr. 4-6). lib. bdg. 28.65 *(978-1-5435-5776-3(7),* 139732) Capstone.

Amazing Dinosaurs Coloring Book for Kids Age 4 To 8. Magical Colors. 2021. (ENG., Illus.). 72p. (J). pap. 7.99 *(978-1-716-27119-9(3))* Lulu Pr., Inc.

Amazing Disappearing Shoe Trick. Lara Cain Gray. Illus. by Clarice Masajo. 2023. (ENG.). 34p. (J). pap. ***(978-1-922991-44-7(9))*** Library For All Limited.

Amazing Disappearing Shoe Trick. Lara Cain Gray & Anthony Aoude. 2022. (ENG.). 34p. (J). pap. ***(978-1-922951-66-3(8))*** Library For All Limited.

Amazing Dogs. Contrib. by Laura Buller. 2023. (DK Super Readers Ser.). (ENG., Illus.). 32p. (J). (gr. 2-4). pap. 4.99 *(978-0-7440-7167-2(4),* DK Children) Dorling Kindersley Publishing, Inc.

Amazing Dogs with Amazing Jobs. Laura Greaves. 2020. (Illus.). 288p. (J). (gr. 4-6). 14.99 *(978-0-14-379687-9(9),* Puffin) Penguin Random Hse. AUS. Dist: Independent Pubs. Group.

Amazing Doodle Monsters Coloring Book. Activibooks For Kids. 2016. (ENG., Illus.). (J). pap. 9.20 *(978-1-68321-728-2(4))* Mimaxion.

Amazing Doodles to Color, Coloring Book. Speedy Publishing LLC. 2016. (ENG., Illus.). 106p. (J). pap. 12.55 *(978-1-68326-223-7(9))* Speedy Publishing LLC.

Amazing Dot to Dot Activity Book. Bobo's Children Activity Books. 2016. (ENG., Illus.). (J). pap. 9.33 *(978-1-68327-296-0(X))* Sunshine In My Soul Publishing.

Amazing Dot to Dot Adventures Activity Book. Jupiter Kids. 2016. (ENG., Illus.). 108p. (J). pap. 12.55 *(978-1-68326-171-1(2),* Jupiter Kids (Childrens & Kids Fiction)) Speedy Publishing LLC.

Amazing Earth: The Most Incredible Places from Around the World. DK & Anita Ganeri. 2021. (DK Amazing Earth Ser.). (ENG., Illus.). 176p. (J). (gr. 2-4). 24.99 *(978-0-7440-3340-3(3),* DK Children) Dorling Kindersley Publishing, Inc.

Amazing Easter Coloring Book for Kids: Perfect Cute Easter Alphabet Coloring Book for Boys & Girls Ages 4-8. W. Mendoza. 2021. (ENG.). 88p. (J). pap. 9.09 *(978-1-716-10361-2(4))* Lulu Pr., Inc.

Amazing Elephant Mandalas to Color Coloring Book. Bobo's Adult Activity Books. 2016. (ENG., Illus.). (J). pap. 9.33 *(978-1-68327-614-2(0))* Sunshine In My Soul Publishing.

Amazing Evolution: The Journey of Life. Anna Claybourne. Illus. by Wesley Robins. 2019. (ENG.). 80p. (J). (gr. 4-7). 22.99 ***(978-1-78240-737-9(5),*** Ivy Kids) Ivy Group, The GBR. Dist: Hachette Bk. Group.

Amazing Expeditions: Journeys That Changed the World. Anita Ganeri. Illus. by Michael Mullan. 2019. (ENG.). 48p. (J). (gr. 3-5). 19.99 ***(978-1-78240-747-8(2),*** Ivy Kids) Ivy Group, The GBR. Dist: Hachette Bk. Group.

Amazing Experiments to Experience Coloring Book. Creative Playbooks. 2016. (ENG., Illus.). (J). pap. 7.74 *(978-1-68323-834-8(6))* Twin Flame Productions.

Amazing Facts. Abhishek Kumar Mishra. rev. ed. 2016. (ENG., Illus.). 144p. pap. *(978-93-5057-622-9(8))* V&S Pubs.

Amazing Facts about the Science of Sports - Sports Book Grade 3 Children's Sports & Outdoors Books. Baby Professor. 2017. (ENG., Illus.). 64p. (J). pap. 9.52 *(978-1-5419-1275-5(6),* Baby Professor (Education Kids)) Speedy Publishing LLC.

Amazing Facts Every 10 Year Old Needs to Know (Amazing Facts Every Kid Needs to Know) Clive Gifford. Illus. by Chris Dickason. 2022. (Amazing Facts Every Kid Needs to Know Ser.). (ENG.). 96p. (J). 5.99 *(978-0-00-855713-3(6),* Red Shed) Farshore GBR. Dist: HarperCollins Pubs.

Amazing Facts Every Kid Needs to Know Amazing Facts: Lionesses. Rebecca Lewis-Oakes. 2023. (Amazing Facts Every Kid Needs to Know Ser.). (ENG., Illus.). 96p. (J). 6.99 ***(978-0-00-864183-2(8),*** Red Shed) Farshore GBR. Dist: HarperCollins Pubs.

Amazing Facts for Smart Kids Age 6-8. Tsb Publications. 2022. (ENG.). 90p. (J). pap. 16.99 ***(978-1-956223-65-1(7))*** Services, Atom LLC.

Amazing Facts King Charles III (Amazing Facts Every Kid Needs to Know) Hannah Wilson. Illus. by Chris Dickason. 2023. (Amazing Facts Every Kid Needs to Know Ser.). (ENG.). 96p. (J). 5.99 ***(978-0-00-861214-6(5),*** Red Shed) Farshore GBR. Dist: HarperCollins Pubs.

Amazing Facts Sir David Attenborough (Amazing Facts Every Kid Needs to Know) Hannah Wilson. Illus. by Chris Dickason. 2023. (Amazing Facts Every Kid Needs to Know Ser.). (ENG.). 96p. (J). 5.99 ***(978-0-00-861222-1(6),*** Red Shed) Farshore GBR. Dist: HarperCollins Pubs.

Amazing Fairy Wood. Mike Gould. 2018. (ENG., Illus.). 76p. (J). pap. *(978-1-912021-60-4(9),* Nightingale Books) Pegasus Elliot Mackenzie Pubs.

Amazing Fashion Coloring Book: Cute Fashion Coloring Book for Girls & Teens, Amazing Pages with Fun Designs Style & Adorable Outfits. Elena Sharp. 2021. (ENG.). 68p. (J). pap. 8.56 *(978-1-716-07690-9(0))* Lulu Pr., Inc.

Amazing Fish Story. David Crystal. 2022. (ENG., Illus.). 24p. (J). pap. 14.95 ***(978-1-68498-274-5(X))*** Hawes & Jenkins Publishing, Inc.

Amazing Football: Stars, Stats & Facts. Mike Ryan. 2016. (ENG., Illus.). 64p. (J). (gr. 5-10). pap. 9.95 *(978-1-77085-777-3(X),* 76054987-5121-4332-8ff4-a9aadd7c1b43) Firefly Bks., Ltd.

AMAZING FOOTBALL FACTS EVERY 7 YEAR OLD NEEDS to KNOW (Amazing Facts Every Kid Needs to Know) Clive Gifford. Illus. by Emiliano Migliardo. 2023. (Amazing Facts Every Kid Needs to Know Ser.). (ENG.). 96p. (J). 5.99 ***(978-0-00-861574-1(8),*** Red Shed) Farshore GBR. Dist: HarperCollins Pubs.

Amazing Football Facts Every 8 Year Old Needs to Know. Clive Gifford. Illus. by Emiliano Migliardo. 2023. (Amazing Facts Every Kid Needs to Know Ser.). (ENG.). 96p. (J). 5.99 ***(978-0-00-861578-9(0),*** Red Shed) Farshore GBR. Dist: HarperCollins Pubs.

Amazing Friendship: Diversity & Inclusion. Juliette Bellot Toulon. 2021. (ENG.). 24p. (J). pap. 7.99 *(978-1-955347-82-2(4))* GoldTouch Pr.

Amazing Grace. Heidi Crane. 2019. (ENG., Illus.). 50p. (J). 24.95 *(978-1-64300-739-7(4));* pap. 15.95 *(978-1-64300-738-0(6))* Covenant Bks.

Amazing Grace. Harvest House Publishers. 2022. (Hymns for Little Ones Ser.). (ENG., Illus.). 20p. (J). (-k). bds. 9.99 *(978-0-7369-8500-0(X),* 6985000, Harvest Kids) Harvest Hse. Pubs.

Amazing Grace. Reneka Smith. 2017. (ENG., Illus.). (YA). pap. 20.99 *(978-1-5456-0553-0(X))* Salem Author Services.

Amazing Grace: The Beginning. Curtis Garrity. 2019. (ENG.). 22p. (J). 23.95 *(978-1-64569-652-0(9))* Christian Faith Publishing.

Amazing Grace: Who Proves That Virtue Has Its Silver Lining (Classic Reprint) Kate Trimble Sharber. 2018. (ENG., Illus.). 346p. (J). 31.05 *(978-0-428-90276-6(6))* Forgotten Bks.

Amazing Grace Newton & the Missing Noodle. Nancy Sinatsch & N. Jane Quackenbush. 2018. (Amazing Grace Newton Ser.: Vol. 3). (ENG.). 228p. (J). pap. 11.99 *(978-0-9994345-8-1(6))* Hidden Wolf Bks.

Amazing Hairstyles Book. Mari Martin. 2016. 32p. (J). *(978-1-4896-4771-9(6))* Weigl Pubs., Inc.

Amazing History of Castles & Knights. Barbara Taylor. 2016. (Illus.). 64p. (J). (gr. -1-12). 12.99 *(978-1-86147-717-0(1),* Armadillo) Anness Publishing GBR. Dist: National Bk. Network.

Amazing History of Food. Kesha Grant. 2023. (Amazing Histories Ser.). (ENG.). 32p. (J). 31.32 *(978-1-6690-1188-0(7),* 247639); pap. 7.99 *(978-1-6690-1183-5(6),* 247634) Capstone. (Capstone Pr.).

Amazing History of Homes. Heather Murphy Capps. 2023. (Amazing Histories Ser.). (ENG.). 32p. (J). 31.32 *(978-1-6690-1196-5(8),* 248085); pap. 7.99 *(978-1-6690-1191-0(7),* 248070) Capstone. (Capstone Pr.).

Amazing History of Medicine. Heather Murphy Capps. 2023. (Amazing Histories Ser.). (ENG.). 32p. (J). 31.32 *(978-1-6690-1204-7(2),* 248083); pap. 7.99 *(978-1-6690-1199-6(2),* 248068) Capstone. (Capstone Pr.).

Amazing History of Monsters: Discover Creatures Beyond Your Wildest Imagination in over 300 Exciting Pictures. Fiona Macdonald. 2016. (Illus.). 64p. (J). (gr. -1-12). 12.99 *(978-1-86147-744-6(9),* Armadillo) Anness Publishing GBR. Dist: National Bk. Network.

Amazing History of Mummies & Tombs: Uncover the Secrets of the Egyptian Pyramids & Other Ancient Burial Sites, Shown in over 350 Exciting Pictures. Fiona MacDonald. 2016. (Illus.). 64p. (J). (gr. -1-12). 12.99 *(978-1-86147-735-4(X),* Armadillo) Anness Publishing GBR. Dist: National Bk. Network.

Amazing History of Pirates: See What a Buccaneer's Life Was Really Like, with over 350 Exciting Pictures. Philip Steele. 2016. (Illus.). 64p. (J). (gr. 3-7). 12.99 *(978-1-86147-711-8(2),* Armadillo) Anness Publishing GBR. Dist: National Bk. Network.

Amazing History of the Wild West: Find Out about the Brave Pioneers Who Tamed the American Frontier, Shown in 300 Exciting Pictures. Peter Harrison. 2016. (ENG., Illus.). 64p. (J). (gr. -1-12). 12.99 *(978-1-86147-766-8(X),* Armadillo) Anness Publishing GBR. Dist: National Bk. Network.

Amazing History of Wizards & Witches: Discover a World of Magic & Mystery, with over 340 Exciting Pictures. Paul Dowswell. 2016. (Illus.). 64p. (J). (gr. -1-12). 12.99 *(978-1-86147-731-6(7))* Anness Publishing, Inc.

Amazing HotWheels Cars Coloring Book for All Ages. Magical Colors. 2021. (ENG., Illus.). 74p. (J). pap. 8.55 *(978-1-716-21024-2(0))* Lulu Pr., Inc.

Amazing Human Body. 2017. (Amazing Human Body Ser.). 48p. (gr. 6-6). pap. 70.20 *(978-0-7660-9033-0(7));* (ENG.). lib. bdg. 177.60 *(978-0-7660-9032-3(9),* eafe98c4-f6e1-47ff-8581-42ddc8a0cbed) Enslow Publishing, LLC.

Amazing Human Body. Christine Zuchora-Walske. 2018. (Unbelievable Ser.). (ENG., Illus.). 32p. (J). (gr. 3-6). 32.80 *(978-1-63235-416-7(0),* 13764, 12-Story Library) Bookstaves, LLC.

Amazing Human Body, 12 vols., Set. Incl. Circulatory System. Ruth Bjorklund. (Illus.). (J). lib. bdg. 36.93 *(978-0-7614-3053-7(9),* 6566d474-6aeb-4b5b-abe3-856c913ac904); Digestive System. Gretchen Hoffmann. lib. bdg. 36.93 *(978-0-7614-3058-2(X),* d38aad49-4f98-493c-8b1c-ea9f651ba9a7); Endocrine System. Lorrie Klosterman. lib. bdg. 36.93 *(978-0-7614-3055-1(5),* 5439f615-d006-49c9-bf24-0fed8eb176c8); Immune System. Lorrie Klosterman. lib. bdg. 36.93 *(978-0-7614-3054-4(7),* d32ab769-f6af-4ecd-b543-d2bfd42fe94d); Skeletal System. Karen Diane Haywood. lib. bdg. 36.93 *(978-0-7614-3056-8(3),* 572cb514-e264-41f1-9fcb-50dbf485fc83); Skin. Lorrie Klosterman. lib. bdg. 36.93 *(978-0-7614-3057-5(1),* b37298d7-40c8-420d-b576-46927fce5bc7); 80p. (gr. 6-6). (Amazing Human Body Ser.). (ENG.). 2009. Set lib. bdg. 221.58 *(978-0-7614-3052-0(0),* ca24a172-ed46-46f7-b61c-fdc4ade0c9da, Cavendish Square) Cavendish Square Publishing LLC.

Amazing Human Body: Big Ideas Learning Box. IglooBooks. 2022. (ENG.). 24p. (J). (gr. k). pap. 24.99 *(978-1-80108-791-9(1))* Igloo Bks. GBR. Dist: Simon & Schuster, Inc.

Amazing Human Body Anatomy & Physiology. Baby Professor. 2017. (ENG., Illus.). (J). pap. 7.89 *(978-1-5419-0399-9(4),* Baby Professor (Education Kids)) Speedy Publishing LLC.

Amazing Human Feats of Distance. Matt Scheff. 2018. (Superhuman Feats Ser.). (ENG., Illus.). 32p. (J). (gr. 4-6). lib. bdg. 28.65 *(978-1-5435-4125-0(9),* 139079, Capstone Pr.) Capstone.

Amazing Human Feats of Endurance. Haley S. Johnson. 2018. (Superhuman Feats Ser.). (ENG., Illus.). 32p. (J). (gr. 4-6). lib. bdg. 28.65 *(978-1-5435-4123-6(2),* 139077, Capstone Pr.) Capstone.

Amazing Human Feats of Engineering. Matt Scheff. 2018. (Superhuman Feats Ser.). (ENG., Illus.). 32p. (J). (gr. 4-6). lib. bdg. 28.65 *(978-1-5435-4126-7(7),* 139080, Capstone Pr.) Capstone.

Amazing Human Feats of Speed. Debbie Vilardi & Deborah Vilardi. 2018. (Superhuman Feats Ser.). (ENG., Illus.). 32p. (J). (gr. 4-6). lib. bdg. 28.65 *(978-1-5435-4121-2(6),* 139075, Capstone Pr.) Capstone.

Amazing Human Feats of Strength. Debbie Vilardi & Deborah Vilardi. 2018. (Superhuman Feats Ser.). (ENG., Illus.). 32p. (J). (gr. 4-6). lib. bdg. 28.65 *(978-1-5435-4124-3(0),* 139078, Capstone Pr.) Capstone.

Amazing Human Feats of Survival. Annette Gulati. 2018. (Superhuman Feats Ser.). (ENG., Illus.). 32p. (J). (gr. 4-6). lib. bdg. 28.65 *(978-1-5435-4122-9(4),* 139076, Capstone Pr.) Capstone.

Amazing Idea of You. Charlotte Sullivan Wild. Illus. by Mary Lundquist. 2019. (ENG.). 40p. (J). 17.99 *(978-1-68119-183-6(0),* 900162074, Bloomsbury Children's Bks.) Bloomsbury Publishing USA.

Amazing Incredible Shrinking Drums. Thornton Cline. 2017. (ENG.). 44p. pap. 9.99 *(978-1-57424-344-4(6),* 00231633) Centerstream Publishing.

Amazing Incredible Shrinking Guitar. Thornton Cline. 2016. (ENG.). 48p. pap. 9.99 *(978-1-57424-329-1(2),* 00159517) Centerstream Publishing.

Amazing Inheritance (Classic Reprint) Frances Roberta Sterrett. (ENG., Illus.). (J). 2018. 334p. 30.81 *(978-0-364-03141-4(7));* 2017. pap. 13.57 *(978-0-259-21291-1(1))* Forgotten Bks.

Amazing Insects & Spiders. Kelly Gaffney. 2016. (Engage Literacy Orange - Extension A Ser.). (ENG.). 16p. (J). pap. 6.99 *(978-1-5157-3279-2(7),* 133281); pap. 36.94 *(978-1-5157-5065-9(5),* 26057) Capstone. (Capstone Pr.).

Amazing Insects Around the World. DGPH Studio. 2023. (Illus.). 64p. (J). (gr. 2-5). 17.99 *(978-0-593-52233-2(8),* Penguin Workshop) Penguin Young Readers Group.

Amazing Inventions (Set Of 8) 2022. (Amazing Inventions Ser.). (ENG.). 256p. (J). (gr. 2-3). pap. 79.60 *(978-1-63739-096-2(3));* lib. bdg. 250.80 *(978-1-63739-042-9(4))* North Star Editions. (Focus Readers).

Amazing Islands Around the World. Pat Tanumihardja. 2019. (Passport to Nature Ser.). (ENG., Illus.). 32p. (J). (gr. 4-6). lib. bdg. 28.65 *(978-1-5435-5777-0(5),* 139733) Capstone.

Amazing Journey from Moss to Rain Forests: A Graphic Novel about Earth's Plants. Steve Foxe. Illus. by Scott Jeralds. 2023. (Earth's Amazing Journey Ser.). (ENG.). 32p. (J). 36.65 *(978-1-6663-9372-9(X),* 244556); pap. 7.99 *(978-1-6663-9367-5(3),* 244541) Capstone. (Capstone Pr.).

Amazing Journey of Cuppa. Ross McWilliam. 2020. (ENG.). 224p. (J). pap. *(978-1-913192-81-5(4))* Filament Publishing.

Amazing Journey of Katy Cupsworth, the Performance Warrior: Finding the Six Secrets of the Footballing Mindset. Ross McWilliam. 2019. (ENG., Illus.). 162p. (J). pap. *(978-1-913192-48-8(2))* Filament Publishing.

Amazing Junior Atlas - Animals. YoYo Books YoYo Books. 2021. (ENG.). 48p. (J). (gr. -1). 12.99 *(978-94-6422-131-2(3))* YoYo Bks. BEL. Dist: Simon & Schuster, Inc.

Amazing Junior Atlas - Dinosaurs. YoYo Books YoYo Books. 2021. (ENG.). 48p. (J). (gr. -1). 12.99 *(978-94-6422-132-9(1))* YoYo Bks. BEL. Dist: Simon & Schuster, Inc.

Amazing Lakes Around the World. Roxanne Troup. 2019. (Passport to Nature Ser.). (ENG., Illus.). 32p. (J). (gr. 4-6). lib. bdg. 28.65 *(978-1-5435-5774-9(0),* 139730) Capstone.

Amazing Landmarks: Discover the Hidden Stories Behind 10 Iconic Structures! Rekha S. Rajan. Illus. by Alex Asfour. 2022. (ENG.). 112p. (J). (gr. 2-5). 19.99 *(978-1-338-65249-9(4),* Scholastic Pr.) Scholastic, Inc.

Amazing Lewis & Clark Expedition. Jean F. Blashfield. 2017. (Landmarks in U. S. History Ser.). (ENG., Illus.). 32p. (J). (gr. 3-6). lib. bdg. 27.99 *(978-1-5157-7120-3(2),* 135519, Capstone Pr.) Capstone.

Amazing Life Cycle of Butterflies. Kay Barnham & Maddie Frost. 2018. (ENG., Illus.). 32p. (J). (gr. k-3). 14.99 *(978-1-4380-5042-3(9))* Sourcebooks, Inc.

Amazing Life Cycle of Plants. Kay Barnham & Maddie Frost. 2018. (ENG., Illus.). 32p. (J). (gr. k-3). 14.99 *(978-1-4380-5043-0(7))* Sourcebooks, Inc.

Amazing Life Cycles, 6 vols., Set. Incl. Amazing Fish. Honor Head. lib. bdg. 28.67 *(978-0-8368-8895-9(2),* 64849a0a-d601-4d81-85ce-f8d156cea5b1); Amazing Mammals. Honor Head. lib. bdg. 28.67 *(978-0-8368-8896-6(0),* af13f778-17e8-466b-9c16-e62453b60da8); Amazing Reptiles & Amphibians. Brian Williams. lib. bdg. 28.67 *(978-0-8368-8898-0(7),* 6714477f-cf2f-49bd-9918-1b18318798f4); (Illus.). (gr. 3-5). (Amazing Life Cycles Ser.). (ENG.). 32p. 2008. Set lib. bdg. 86.01 *(978-0-8368-8893-5(6),* f05bfc94-9dd9-4341-bd1f-7e10cf0bc889, Gareth Stevens Learning Library) Stevens, Gareth Publishing LLLP.

Amazing Life of Azaleah Lane. Nikki Shannon Smith. Illus. by Mari Lobo. 2020. (Azaleah Lane Ser.). (ENG.). 112p. (J). (gr. k-2). 14.95 *(978-1-5158-4464-8(1),* 140571, Picture Window Bks.) Capstone.

Amazing Life of Mary, Queen of Scots: Fact-Tastic Stories from Scotland's History, 34 vols. Gill Arbuthnott. Illus. by Mike Phillips. 2022. (Fact-Tastic Stories from Scotland's History Ser.). 136p. (J). pap. 11.95 *(978-1-78250-668-3(3))* Floris Bks. GBR. Dist: Consortium Bk. Sales & Distribution.

Amazing Life Science Activities. Rani Iyer. 2017. (Curious Scientists Ser.). (ENG., Illus.). 24p. (J). (gr. 1-3). pap. 7.95 *(978-1-5157-6892-0(9),* 135385); lib. bdg. 25.99 *(978-1-5157-6886-9(4),* 135381) Capstone. (Capstone Pr.).

Amazing L'nu'k: A Celebration of the People of Mi'kma'ki, 1 vol. Julie Pellissier-Lush & Robin Grant. Illus. by James Bentley. 2023. (Amazing Atlantic Canadians Ser.: 4). 184p. (J). pap. 19.95 ***(978-1-77471-168-2(0),*** 3295ce3b-1fb5-4036-884f-fddfb0357e8b) Nimbus Publishing, Ltd. CAN. Dist: Baker & Taylor Publisher Services (BTPS).

Amazing Machines — On the Move. Tony Mitton. Illus. by Ant Parker. 2021. (ENG.). (J). 39.99 *(978-0-7534-7827-1(7),* 900252415, Kingfisher) Roaring Brook Pr.

Amazing Machines: Big Bulldozers. Tony Mitton. Illus. by Ant Parker. (Amazing Machines Ser.). (ENG.). 24p. (J). 2022. pap. 6.99 *(978-0-7534-7652-9(5),* 900231953); 2021. 12.99 *(978-0-7534-7654-3(1),* 900231952) Roaring Brook Pr. (Kingfisher).

Amazing Machines: Big Truckload of Fun. Tony Mitton. 2019. (Amazing Machines Ser.). (ENG., Illus.). (J). 39.99 *(978-0-7534-7466-2(2),* 900194604, Kingfisher) Roaring Brook Pr.

Amazing Machines: Clean Green Machines. Tony Mitton. Illus. by Ant Parker. (Amazing Machines Ser.). (ENG.). 24p. (J). 2023. pap. 6.99 *(978-0-7534-7681-9(9),* 900233875); 2022. 12.99 *(978-0-7534-7680-2(0),* 900233874) Roaring Brook Pr. (Kingfisher).

Amazing Machines: Colossal Cranes. Tony Mitton. Illus. by Ant Parker. (Amazing Machines Ser.). (ENG.). (J). 2022. 20p. bds. 6.99 *(978-0-7534-7634-5(7),* 900226425); 2021. 24p. 12.99 *(978-0-7534-7653-6(3),* 900231950); 2021. 28p. pap. 5.99 *(978-0-7534-7651-2(7),* 900231951) Roaring Brook Pr. (Kingfisher).

Amazing Machines Cool Cars Activity Book. Tony Mitton. Illus. by Ant Parker. 2017. (Amazing Machines Ser.). (ENG.). 24p. (J). pap. 5.99 *(978-0-7534-7296-5(1),* 900161205, Kingfisher) Roaring Brook Pr.

Amazing Machines: First Numbers. Tony Mitton. Illus. by Ant Parker. 2018. (Amazing Machines Ser.). (ENG.). 22p. (J). bds. 9.99 *(978-0-7534-7440-2(9),* 900192346, Kingfisher) Roaring Brook Pr.

Amazing Machines: First Words. Tony Mitton. Illus. by Ant Parker. 2018. (Amazing Machines Ser.). (ENG.). 22p. (J). bds. 9.99 *(978-0-7534-7439-6(5),* 900192345, Kingfisher) Roaring Brook Pr.

Amazing Machines in Busy Places: Construction Site. Tony Mitton. 2023. (Amazing Machines Ser.). (ENG.). 24p. (J). 12.99 *(978-0-7534-7840-0(4),* 900277887, Kingfisher) Roaring Brook Pr.

Amazing Machines Jigsaw Book. Tony Mitton & Ant Parker. 2018. (Amazing Machines Ser.). (ENG.). 10p. (J). bds. 12.99 *(978-0-7534-7391-7(7),* 900183782, Kingfisher) Roaring Brook Pr.

Amazing Machines Leveraged in the Lab Coloring Book. Creative Playbooks. 2016. (ENG., Illus.). (J). pap. 7.74 *(978-1-68323-835-5(4))* Twin Flame Productions.

Amazing Machines: Remarkable Robots. Tony Mitton. Illus. by Ant Parker. 2022. (Amazing Machines Ser.). (ENG.).

64

The check digit for ISBN-10 appears in parentheses after the full ISBN-13

TITLE INDEX

AMAZING WORLD OF DOTS - DOT TO DOT BOOKS

20p. (J). bds. 6.99 *(978-0-7534-7711-3(4)*, 900235241, Kingfisher) Roaring Brook Pr.

Amazing Machines: Rescue Vehicles. Tony Mitton. Illus. by Ant Parker. 2020. (Amazing Machines Ser.). (ENG.). 72p. (J). pap. 12.99 *(978-0-7534-7573-7(1)*, 900219374, Kingfisher) Roaring Brook Pr.

Amazing Machines: Shiny Snow Machines. Tony Mitton. Illus. by Ant Parker. 2023. (Amazing Machines Ser.). (ENG.). 24p. (J). pap. 6.99 ***(978-0-7534-7851-6(X)***, 900260116, Kingfisher) Roaring Brook Pr.

Amazing Machines: Shiny Snow Machines. Tony Mitton. 2022. (Amazing Machines Ser.). (ENG.). 24p. (J). 12.99 *(978-0-7534-7839-4(0)*, 900260115, Kingfisher) Roaring Brook Pr.

Amazing Magic Tricks! Norm Barnhart. ed. 2019. (ENG., Illus.). 112p. (J). (gr. 2-6). pap., pap., pap. 12.95 *(978-1-5435-0604-4(6)*, 137389, Capstone Classroom) Capstone.

Amazing Magic Tricks. Thomas Canavan. ed. 2018. (ENG.). 128p. (J). (gr. 1-3). 22.96 *(978-1-64310-711-0(9))* Penworthy Co., LLC, The.

Amazing Magic Tricks 4D!, 4 vols. Norm Barnhart. 2018. (Amazing Magic Tricks 4D! Ser.). (ENG.). 32p. (J). (gr. 2-6). 135.96 *(978-1-5435-0572-6(4)*, 27681, Capstone Classroom) Capstone.

Amazing Magician Richy Roy. Richard Roy. 2017. (ENG., Illus.). (J). pap. *(978-0-9959024-3-5(7))* Prestige Bk. Publishing.

Amazing MakerSpace DIY Electricity (a True Book: Makerspace Projects) (Library Edition) Kristina A. Holzweiss. 2017. (True Book (Relaunch) Ser.). (ENG., Illus.). 48p. (J). (gr. 3-5). lib. bdg. 31.00 *(978-0-531-23845-5(8)*, Children's Pr.) Scholastic Library Publishing.

Amazing MakerSpace DIY Fliers (a True Book: Makerspace Projects) (Library Edition) Kristina A. Holzweiss. 2017. (True Book (Relaunch) Ser.). (ENG., Illus.). 48p. (J). (gr. 3-5). lib. bdg. 31.00 *(978-0-531-23846-2(6)*, Children's Pr.) Scholastic Library Publishing.

Amazing MakerSpace DIY Movers (a True Book: Makerspace Projects) (Library Edition) Kristina A. Holzweiss. 2017. (True Book (Relaunch) Ser.). (ENG., Illus.). 48p. (J). (gr. 3-5). lib. bdg. 31.00 *(978-0-531-23847-9(4)*, Children's Pr.) Scholastic Library Publishing.

Amazing Makerspace DIY Slippery Slime (a True Book: Makerspace Projects) (Library Edition) Cody Crane. 2018. (True Book (Relaunch) Ser.). (ENG., Illus.). 48p. (J). (gr. 3-5). lib. bdg. 31.00 *(978-0-531-12735-3(4)*, Children's Pr.) Scholastic Library Publishing.

Amazing Makerspace DIY with Electricity (a True Book: Makerspace Projects) Kristina A. Holzweiss. 2017. (True Book (Relaunch) Ser.). (ENG., Illus.). 48p. (J). (gr. 3-5). pap. 7.95 *(978-0-531-24096-0(7)*, Children's Pr.) Scholastic Library Publishing.

Amazing Mandala Coloring Book for Adults: Awesome Mandala Coloring Book Stress Relieving. Elli Steele. 2021. (ENG.). 106p. (YA). pap. 10.34 *(978-1-716-23845-1(5))* Lulu Pr., Inc.

Amazing Maps Activity Book. Eilidh MuLdoon. Illus. by Eilidh MuLdoon. 2019. (ENG., Illus.). 96p. (J). pap. 9.99 *(978-1-78888-213-2(X)*, dda66b2e-2c67-494d-b474-4dadec464e6e) Arcturus Publishing GBR. Dist: Baker & Taylor Publisher Services (BTPS).

Amazing Marriage (Classic Reprint) George Meredith. 2017. (ENG., Illus.). (J). 37.51 *(978-1-5285-7881-3(3))* Forgotten Bks.

Amazing Marriage, Vol. 1 (Classic Reprint) Lady Scott. 2017. (ENG., Illus.). (J). 29.96 *(978-1-5281-7937-9(4))* Forgotten Bks.

Amazing Marriage, Vol. 2 (Classic Reprint) George Meredith. 2018. (ENG., Illus.). 304p. (J). 30.17 *(978-0-483-96888-2(9))* Forgotten Bks.

Amazing Maze Collection: Kids Activity Book. Smarter Activity Books for Kids. 2016. (ENG., Illus.). (J). pap. 8.99 *(978-1-68374-286-9(9))* Examined Solutions PTE. Ltd.

Amazing Mazes. Amy Boxshall. Illus. by Make Believe Ideas. 2021. (ENG.). 128p. (J). (gr. 2-5). pap. 5.99 *(978-1-80058-428-0(8))* Make Believe Ideas GBR. Dist: Scholastic, Inc.

Amazing Mazes: Kids Maze Activity Book. Bobo's Children Activity Books. 2016. (ENG., Illus.). (J). pap. 9.33 *(978-1-68327-297-7(8))* Sunshine In My Soul Publishing.

Amazing Mazes: Level 2. Lida Danilova & Clever Publishing. Illus. by Inna Anikeeva. 2019. (Clever Mazes Ser.). (ENG.). 48p. (J). (gr. k-3). pap. 4.99 *(978-1-949998-22-1(3))* Clever Media Group.

Amazing Mazes: The Greatest Mazes of All Time Activity Book. Jupiter Kids. 2016. (ENG., Illus.). 108p. (J). pap. 12.55 *(978-1-68326-175-9(5)*, Jupiter Kids (Childrens & Kids Fiction)) Speedy Publishing LLC.

Amazing Mazes! an Activity & Activity Book. Jupiter Kids. 2016. (ENG., Illus.). 108p. (J). pap. 12.55 *(978-1-68326-173-5(9)*, Jupiter Kids (Childrens & Kids Fiction)) Speedy Publishing LLC.

Amazing Mazes & the People Who Do Them: A Book for Maze Lovers. Matthew Mason. 2022. (ENG.). 35p. (J). pap. *(978-1-4583-8236-8(2))* Lulu Pr., Inc.

Amazing Mazes for Kids Activity Book Age 4 To 6: Magical Activity Book for Kids Age 4-6 with Fun & Learn. Magical Colors. 2021. (ENG.). 46p. (J). pap. 6.95 *(978-1-716-27100-7(2))* Lulu Pr., Inc.

Amazing Mazes for Kids of All Ages Activity Book. Activity Book Zone for Kids. 2016. (ENG., Illus.). (J). pap. 7.55 *(978-1-68376-039-9(5))* Sabeels Publishing.

Amazing Mazes for Minecrafters: Challenging Mazes for Hours of Entertainment! Jen Funk Weber. 2019. (Activities for Minecrafters Ser.). (ENG.). 80p. (J). (gr. 1-5). pap. 12.99 *(978-1-5107-4723-4(0)*, Sky Pony Pr.) Skyhorse Publishing Co., Inc.

Amazing Mazes for Preschoolers Activity Book. Jupiter Kids. 2016. (ENG., Illus.). 108p. (J). pap. 12.55 *(978-1-68326-172-8(0)*, Jupiter Kids (Childrens & Kids Fiction)) Speedy Publishing LLC.

Amazing Mazes, Goofy Games, Perplexing Puzzles, & More! Super Fun Kids Activity Book. Bobo's Children Activity Books. 2016. (ENG., Illus.). (J). pap. 7.99 *(978-1-68327-374-5(5))* Sunshine In My Soul Publishing.

Amazing Mazes! into the Fantastic World of Kindergarten Mazes. Jupiter Kids. 2016. (ENG., Illus.). 108p. (J). pap. 12.55 *(978-1-68326-174-2(7)*, Jupiter Kids (Childrens & Kids Fiction)) Speedy Publishing LLC.

Amazing Me! Board Book Set Of 4. Carol Thompson. Illus. by Carol Thompson. 2020. (Social & Emotional Learning Sets Ser.). (ENG., Illus.). 48p. (J). bds., bds., bds. *(978-1-78628-531-7(2))* Child's Play International Ltd.

Amazing Meerkat! Fun Facts about the World's Cleverest Mongoose. Susan Mason. 2021. (Funny Fauna Ser.). (ENG.). 44p. (J). pap. *(978-1-913960-02-5(1))* Bubble Publishing.

Amazing Migrations: Caribou! Elephants! Penguins! (Rookie STAR: Extraordinary Animals) (Library Edition) Lisa M. Herrington. 2018. (Rookie Star Ser.). (ENG., Illus.). 32p. (J). (gr. 2-3). lib. bdg. 25.00 *(978-0-531-23088-6(0)*, Children's Pr.) Scholastic Library Publishing.

Amazing Military Facts. Mandy R. Marx. 2016. (Amazing Military Facts Ser.). (ENG., Illus.). 24p. (J). (gr. -1-2). 117.28 *(978-1-5157-1362-3(8)*, 24867, Capstone Pr.) Capstone.

Amazing Miracle. Adrienne a Williams. Illus. by Blueberry Illustrations. 2019. (ENG.). 26p. (J). (gr. k-6). 16.99 *(978-0-578-53827-3(X))* Williams, Dr. Adrienne.

Amazing Misty-Bird. Trista Shaye. 2021. (ENG.). 174p. (J). 21.00 *(978-1-0879-3535-5(0))* Indy Pub.

Amazing, Misunderstood Bats. Marta Magellan. Illus. by Mauro Magellan. 2021. (ENG.). 34p. (J). pap. 9.99 *(978-1-63233-211-0(6))* Eifrig Publishing.

Amazing Moms. Alison Brown. Illus. by Alison Brown. 2023. (ENG., Illus.). 28p. (J). (— 1). bds., bds. 9.99 *(978-1-6672-0392-8(4)*, Silver Dolphin Bks.) Printers Row Publishing Group.

Amazing Mountains Around the World. Pat Tanumihardja. 2019. (Passport to Nature Ser.). (ENG., Illus.). 32p. (J). (gr. 4-6). lib. bdg. 28.65 *(978-1-5435-5775-6(9)*, 139731) Capstone.

Amazing Mr. Doolittle: A Biography of Lieutenant General James H. Doolittle (Classic Reprint) Quentin Reynolds. (ENG., Illus.). (J). 2018. 320p. 30.52 *(978-0-267-44792-3(2))*; 2017. pap. 13.57 *(978-0-282-56251-9(6))* Forgotten Bks.

Amazing Mr. Franklin: Or the Boy Who Read Everything, 1 vol. Ruth Ashby. 2019. (Illus.). 112p. (J). (gr. 2-5). pap. 7.95 *(978-1-68263-102-7(8))* Peachtree Publishing Co. Inc.

Amazing Nature: Reusable Sticker & Activity Book. IglooBooks. Illus. by Noémie Gionet Landry. 2023. (ENG.). 10p. (J). (gr. -1). 12.99 ***(978-1-80368-368-3(6))*** Igloo Bks. GBR. Dist: Simon & Schuster, Inc.

Amazing Nature Activity Book. Anna Brett & Penny Worms. Illus. by Eilidh MuLdoon. 2020. (ENG.). 96p. (J). pap. 9.99 *(978-1-83940-590-7(2)*, 2a8163e1-629a-4a43-80c3-ce0335c81a2f) Arcturus Publishing GBR. Dist: Baker & Taylor Publisher Services (BTPS).

Amazing Nature Puzzles. Created by Highlights. 2022. (Highlights Hidden Pictures Ser.). (Illus.). 144p. (J). (gr. 1-4). pap. 9.95 *(978-1-64472-868-0(0)*, Highlights) Highlights Pr., c/o Highlights for Children, Inc.

Amazing NFL Stories: 12 Highlights from NFL History. Matt Scheff. 2016. (NFL at a Glance Ser.). (ENG., Illus.). 32p. (J). (gr. 3-6). 32.80 *(978-1-63235-151-7(X)*, 11948, 12-Story Library) Bookstaves, LLC.

Amazing Ocean Animals. Maribeth Boelts. 2016. (Spring Forward Ser.). (J). (gr. 1). *(978-1-4900-2244-4(9))* Benchmark Education Co.

Amazing Origami: Set 4, 12 vols. 2016. (Amazing Origami Ser.). (ENG.). 00032p. (J). (gr. 2-3). lib. bdg. 175.62 *(978-1-4824-5848-0(9)*, 9add5793-4dbc-4821-9955-92dc22613dbe) Stevens, Gareth Publishing LLLP.

Amazing Origami: Set 5, 8 vols. 2018. (Amazing Origami Ser.). (ENG.). 32p. (J). (gr. 2-3). lib. bdg. 117.08 *(978-1-5382-3596-6(X)*, 47d33d68-dc55-42e3-9685-7c2059503cf7) Stevens, Gareth Publishing LLLP.

Amazing Origami Animals. Rob Ives. 2019. (Amazing Origami Ser.). (ENG., Illus.). 32p. (J). (gr. 3-6). 27.99 *(978-1-5415-0123-2(3)*, 0ea35943-0cac-44f5-851f-9c6204810dfa, Hungry Tomato (r)) Lerner Publishing Group.

Amazing Origami Dinosaurs. Rob Ives. 2019. (Amazing Origami Ser.). (ENG., Illus.). 32p. (J). (gr. 3-6). 27.99 *(978-1-5415-0126-3(8)*, 1d6ca8f5-d204-4d75-9d64-cce0e7c71196, Hungry Tomato (r)) Lerner Publishing Group.

Amazing Origami for Kids: 20 Easy Patterns with 40 Sheets of Colored & Color-Your-Own Paper. Rita Foelker. 2022. (ENG.). 176p. (J). pap. 19.99 *(978-1-64124-149-6(7)*, 1496) Fox Chapel Publishing Co., Inc.

Amazing Origami Gifts. Rob Ives. 2019. (Amazing Origami Ser.). (ENG., Illus.). 32p. (J). (gr. 3-6). 27.99 *(978-1-5415-0124-9(1)*, f0029e7e-fb82-4ee8-a099-6ff5561f5915, Hungry Tomato (r)) Lerner Publishing Group.

Amazing Origami: Set 6, 8 vols. 2019. (Amazing Origami Ser.). (ENG.). 32p. (J). (gr. 2-3). lib. bdg. 117.08 *(978-1-5382-4180-6(3)*, fe9d8c1f-86fe-498d-b6b4-42f4e779e8be) Stevens, Gareth Publishing LLLP.

Amazing Origami: Sets 1 - 5. 2018. (Amazing Origami Ser.). (ENG.). (J). pap. 322.00 *(978-1-5382-3610-9(9))*; (gr. 2-3). lib. bdg. 819.56 *(978-1-5382-3597-3(8)*, e35cf767-7052-41cb-9e17-819300a9f6ad) Stevens, Gareth Publishing LLLP.

Amazing Origami: Sets 1 - 6. 2019. (Amazing Origami Ser.). (ENG.). (J). pap. 368.00 *(978-1-5382-4971-0(5))*; (gr. 2-3). lib. bdg. 936.64 *(978-1-5382-4428-9(4)*, 3566b54b-12d4-4357-9250-3138bcf30307) Stevens, Gareth Publishing LLLP.

Amazing Origami Vehicles. Rob Ives. 2019. (Amazing Origami Ser.). (ENG., Illus.). 32p. (J). (gr. 3-6). 27.99 *(978-1-5415-0125-6(X)*, 1ea8c9f2-8daa-4666-ae38-6729383d770e, Hungry Tomato (r)) Lerner Publishing Group.

Amazing Overcomers: Triumphing to New Heights & Better Tomorrows. Brenda Stevens. 2020. (ENG.). 20p. (YA). pap. 11.95 *(978-1-0980-6132-6(2))* Christian Faith Publishing.

Amazing Paper Airplanes: The Craft & Science of Flight. Kyong Hwa Lee. 2016. (ENG., Illus.). 184p. (J). pap. 19.95 *(978-0-8263-5664-2(8)*, P496835) Univ. of New Mexico Pr.

Amazing Partnerships. Virginia Loh-Hagan. 2023. (Wild Wicked Wonderful Express Ser.). (ENG., Illus.). 24p. (J). (gr. 2-5). pap. 12.79 *(978-1-6689-2074-9(3)*, 222052, 45th Parallel Press) Cherry Lake Publishing.

Amazing Partnerships. Contrib. by Virginia Loh-Hagan. 2023. (Wild Wicked Wonderful Express Ser.). (ENG., Illus.). 24p. (J). (gr. 2-5). lib. bdg. 30.64 *(978-1-6689-1972-9(9)*, 221950, 45th Parallel Press) Cherry Lake Publishing.

Amazing Pen & Paper Games: Packed with Pen-And-paper Puzzles. Gareth Moore. 2020. (Buster Backpack Bks.: 4). (ENG.). 96p. (J). (gr. 2-4). pap. 9.99 *(978-1-78055-606-2(3)*, Buster Bks.) O'Mara, Michael Bks., Ltd. GBR. Dist: Independent Pubs. Group.

Amazing Picture Search Challenge Activity Book. Activity Book Zone for Kids. 2016. (ENG., Illus.). (J). pap. 7.55 *(978-1-68376-040-5(9))* Sabeels Publishing.

Amazing Planet Earth. Scott Emmons. ed. 2018. (Step into Reading Ser.). (ENG.). 31p. (J). (gr. -1-1). 13.89 *(978-1-64310-632-8(5))* Penworthy Co., LLC, The.

Amazing Planet Earth. Scott Emmons. Illus. by Nikolas Ilic & Eddie West. 2017. 31p. (J). *(978-1-5182-5200-6(1))* Random Hse., Inc.

Amazing Planet Earth (StoryBots) Storybots. 2017. (Step into Reading Ser.). (Illus.). 32p. (J). (gr. -1-1). pap. 4.99 *(978-1-5247-1857-2(2)*, Random Hse. Bks. for Young Readers) Random Hse. Children's Bks.

Amazing Plants of the World. Stepanka Sekaninova. Illus. by Zuzana Dreadka Kruta. 2022. (World of Amazement Ser.). 64p. (J). 16.95 *(978-80-00-06353-9(0))* Albatros, Nakladatelstvi pro deti mladez, a.s. CZE. Dist: Consortium Bk. Sales & Distribution.

Amazing Powers. Catherine Saunders. ed. 2020. (DK Readers Ser.). (ENG.). 48p. (J). (gr. 2-3). 14.96 *(978-1-64697-024-7(1))* Penworthy Co., LLC, The.

Amazing Puzzles & Quizzes for Every 6 Year Old (Amazing Puzzles & Quizzes for Every Kid) Clive Gifford. Illus. by Steve James. 2023. (Amazing Puzzles & Quizzes for Every Kid Ser.). (ENG.). 96p. (J). 5.99 *(978-0-00-859527-2(5)*, Red Shed) Farshore GBR. Dist: HarperCollins Pubs.

Amazing Race! Vincent Mirante. 2022. (ENG., Illus.). 38p. (J). pap. 15.95 ***(978-1-6624-8831-3(9))*** Page Publishing Inc.

Amazing Race to the Finish Mazes Kids Book. Educando Kids. 2019. (ENG.). 42p. (J). pap. 8.55 *(978-1-64521-616-2(0)*, Educando Kids) Editorial Imagen.

Amazing Science, 12 bks. Darlene R. Stille. Illus. by Sheree Boyd. Incl. Electricity: Bulbs, Batteries, & Sparks. (ENG., Illus.). 24p. (J). (gr. k-4). 2004. 27.32 *(978-1-4048-0245-2(2)*, 90443, Picture Window Bks.); (Amazing Science Ser.). (ENG.). Illus.). 24p. 2004. 319.80 *(978-1-4048-0244-5(4)*, Picture Window Bks.) Capstone.

Amazing Science - Planets, 9 vols., Set. Nancy Loewen. Illus. by Jeffrey Yesh. Incl. Nearest to the Sun: The Planet Mercury. lib. bdg. 27.32 *(978-1-4048-3954-0(2)*, 94526); Our Home Planet: Earth. lib. bdg. 27.32 *(978-1-4048-3951-9(8)*, 94520); (J). (gr. k-4). (Amazing Science: Planets Ser.). (ENG., Illus.). 24p. 2008. 81.96 *(978-1-4048-4360-8(4)*, 166794, Picture Window Bks.) Capstone.

Amazing Scriptures: A Book of Mormon Adventure of Comics & Mazes. Norman Shurtliff. 2018. (ENG.). pap. 11.99 *(978-1-4621-2213-4(2))* Cedar Fort, Inc./CFI Distribution.

Amazing Sea Life Coloring Books Ocean Edition. Creative Playbooks. 2016. (ENG., Illus.). (J). pap. 7.74 *(978-1-68323-107-3(4))* Twin Flame Productions.

Amazing Sharks, 1 vol. Steve Parker. 2016. (Animals Are Wild! Ser.). (ENG.). 40p. (gr. 3-4). pap. 15.05 *(978-1-4824-5018-7(6)*, 29b94b87-483f-40ca-bf48-a72dee4d6ac9) Stevens, Gareth Publishing LLLP.

Amazing Ships, 4 vols., Set. Johnathan Sutherland & Diane Canwell. Incl. Aircraft Carriers. lib. bdg. 28.67 *(978-0-8368-8376-3(4)*, 565e8ea2-9937-4c35-bc98-5926db9e1099); Container Ships & Oil Tankers. lib. bdg. 28.67 *(978-0-8368-8377-0(2)*, 94ffc712-2f28-4888-a16f-9c5c9ab8303c); Submarines. lib. bdg. 28.67 *(978-0-8368-8379-4(9)*, 0d684bb4-756b-4f6d-82c9-97ab52c01322); (Illus.). (gr. 3-5). (Amazing Ships Ser.). (ENG.). 32p. 2007. Set lib. bdg. 57.34 *(978-0-8368-8375-6(6)*, 688e5a45-729f-447f-a707-9db7a70d412f, Gareth Stevens Learning Library) Stevens, Gareth Publishing LLLP.

Amazing Sights of the Sky. Martha E. H. Rustad. 2017. (Amazing Sights of the Sky Ser.). (ENG., Illus.). 24p. (J). (gr. -1-2). 117.28 *(978-1-5157-6802-9(3)*, 26560, Capstone Pr.) Capstone.

Amazing Skin: Designed by God. Kyle Butt. 2016. (Illus.). 32p. (J). pap. *(978-1-60063-108-5(8))* Apologetics Pr., Inc.

Amazing Snowman. Barbara Jean Hicks. 2020. (ENG.). 32p. (J). (gr. -1-k). bds. 7.99 *(978-1-368-06390-6(X)*, Disney Press Books) Disney Publishing Worldwide.

Amazing Space: Go on a Journey to the Edge of the Universe. Illus. by John Hersey. 2019. (ENG.). 48p. (J). (gr. 2-7). 19.99 *(978-1-78312-393-3(1))* Carlton Bks., Ltd. GBR. Dist: Two Rivers Distribution.

Amazing Space: Interactive Children's Sound Book with 10 Buttons. IglooBooks. 2020. (ENG.). 10p. (J). (gr. -1-1). bds. 14.99 *(978-1-78905-857-4(0))* Igloo Bks. GBR. Dist: Simon & Schuster, Inc.

Amazing Spider-Man by Nick Spencer Vol. 9: Sins Rising, Vol. 9. Nick Spencer. 2020. (Amazing Spider-Man Ser.: 9). (Illus.). 136p. (gr. 4-17). pap. 17.99 *(978-1-302-92024-1(3)*, Marvel Universe) Marvel Worldwide, Inc.

Amazing Spider-Man: My Mighty Marvel First Book. Marvel Entertainment. 2020. (Mighty Marvel First Book Ser.). (ENG., Illus.). 24p. (J). (gr. -1-17). bds. 10.99 *(978-1-4197-4658-1(8)*, 1700610) Abrams, Inc.

Amazing Spider-Man Omnibus Vol. 2 [new Printing 2]. Stan Lee. Illus. by John Romita, Sr. & Marvel Various. 2021. 992p. (gr. -1-17). 125.00 *(978-1-302-92794-3(9)*, Marvel Universe) Marvel Worldwide, Inc.

Amazing Spider-Man: Red Goblin. Dan Slott. 2019. (Amazing Spider-Man Ser.: 1). (Illus.). 264p. (gr. 8-17). pap. 24.99 *(978-1-302-92042-5(1)*, Marvel Universe) Marvel Worldwide, Inc.

Amazing Spirograph's to Color Coloring Book. Activibooks. 2016. (ENG., Illus.). (J). pap. 9.20 *(978-1-68321-749-7(7))* Mimaxion.

Amazing Step by Step How to Draw Activity Book. Activity Book Zone for Kids. 2016. (ENG., Illus.). (J). pap. 9.20 *(978-1-68376-041-2(7))* Sabeels Publishing.

Amazing Stories. Al Vicent. 2016. (ENG., Illus.). (J). pap. 19.99 *(978-1-4834-4988-3(2))* Lulu Pr., Inc.

Amazing Stories of Survival: Leveled Reader Ruby Level 28. Rg Rg. 2019. (PM Ser.). (ENG.). 32p. (J). (gr. 4). pap. 11.00 *(978-0-544-89307-8(7))* Rigby Education.

Amazing Story. Mary Beth Bozanin. 2018. (ENG., Illus.). 24p. (J). pap. *(978-1-4866-1684-8(4))* Word Alive Pr.

Amazing Students of Venezuela. Claudia Bellante. Illus. by Elizabeth Builes. 2023. (Against All Odds Ser.). (ENG.). 32p. (J). 18.95 *(978-1-62371-793-3(0)*, Crocodile Bks.) Interlink Publishing Group, Inc.

Amazing Swirls & Twirls: Mazes & Pencil Coloring Activity Book for Kids. Jupiter Kids. 2017. (ENG., Illus.). (J). pap. 8.33 *(978-1-5419-3365-1(6)*, Jupiter Kids (Childrens & Kids Fiction)) Speedy Publishing LLC.

Amazing Tale of Permanent Marko. L. J. Gerisson. 2021. (ENG.). 28p. (J). pap. 16.95 *(978-1-6657-1031-2(4))* Archway Publishing.

Amazing Tales of the Portal Pen. Adelyn Rae. 2019. (ENG.). 430p. (YA). pap. 15.00 *(978-1-7342711-1-9(6))* Hilliard Pr.

Amazing Teachers & YOU! Geraldine Oades-Sese. 2021. (ENG.). 32p. (J). 17.95 *(978-1-7370619-1-5(0))* RGS Resilience LLC.

Amazing Things We Can See with a Telescope: An Introduction to Astronomy. C. Chérie Hardy. Illus. by Suzanne Horwitz. 2021. (ENG.). 46p. (J). pap. 15.95 *(978-1-946753-52-6(1))* Avant-garde Bks.

Amazing Toddler Coloring Book. Adil Daisy. 2020. (ENM.). 84p. (J). pap. 11.00 *(978-1-716-34149-6(3))* Lulu Pr., Inc.

Amazing Tree House. Naomi Rogers. 2017. (ENG., Illus.). (J). (gr. k-2). 17.99 *(978-1-941420-30-0(3))* Tru Publishing.

Amazing True Christmas Story la Asombrosa Verdadera Historia de Navidad. David Kendall Polus. Illus. by Abigail Polus. 2022. (ENG.). 38p. (J). pap. 14.99 ***(978-1-6628-6263-2(6))*** Salem Author Services.

Amazing Tuskegee Jets Coloring Book. Activibooks For Kids. 2016. (ENG., Illus.). (J). pap. 9.20 *(978-1-68321-826-5(4))* Mimaxion.

Amazing U. S. Air Force Facts. Mandy R. Marx. 2016. (Amazing Military Facts Ser.). (ENG., Illus.). 24p. (J). (gr. -1-2). lib. bdg. 27.32 *(978-1-5157-0951-0(5)*, 132275, Capstone Pr.) Capstone.

Amazing U. S. Army Facts. Mandy R. Marx. 2016. (Amazing Military Facts Ser.). (ENG., Illus.). 24p. (J). (gr. -1-2). lib. bdg. 27.32 *(978-1-5157-0953-4(1)*, 132277, Capstone Pr.) Capstone.

Amazing U. S. Marine Facts. Mandy R. Marx. 2016. (Amazing Military Facts Ser.). (ENG., Illus.). 24p. (J). (gr. -1-2). lib. bdg. 27.32 *(978-1-5157-0954-1(X)*, 132278, Capstone Pr.) Capstone.

Amazing U. S. Navy Facts. Mandy R. Marx. 2016. (Amazing Military Facts Ser.). (ENG., Illus.). 24p. (J). (gr. -1-2). lib. bdg. 27.32 *(978-1-5157-0952-7(3)*, 132276, Capstone Pr.) Capstone.

Amazing Universe. Lauren Kukla. 2016. (Exploring Our Universe Ser.). (ENG., Illus.). 32p. (J). (gr. 3-6). lib. bdg. 32.79 *(978-1-68078-402-2(1)*, 23663, Checkerboard Library) ABDO Publishing Co.

Amazing Vegetables. Michael Reed. 2019. (ENG.). 36p. pap. *(978-0-359-58931-9(6))* Lulu Pr., Inc.

Amazing Violinist: Violin Method Volume 1. Dmitry Myzdrikov. 2019. (Volume 1 Ser.). (ENG., Illus.). 70p. (J). pap. *(978-0-2288-2015-4(4))* Tellwell Talent.

Amazing Volcanoes Around the World. Simon Rose. 2019. (Passport to Nature Ser.). (ENG., Illus.). 32p. (J). (gr. 4-6). lib. bdg. 28.65 *(978-1-5435-5779-4(1)*, 139735) Capstone.

Amazing Watercolor Fish, the / el Asombroso Pez Acuarela. Carolyn Dee Flores. Illus. by Carolyn Dee Flores. 2018. (ENG & SPA., Illus.). 32p. (J). (gr. -1-2). 17.95 *(978-1-55885-873-2(3)*, Piñata Books) Arte Publico Pr.

Amazing Waterfalls Around the World. Roxanne Troup. 2019. (Passport to Nature Ser.). (ENG., Illus.). 32p. (J). (gr. 4-6). lib. bdg. 28.65 *(978-1-5435-5780-0(5)*, 139736) Capstone.

Amazing Women. Caryn Jenner. 2017. (Illus.). 96p. (J). *(978-1-5182-2593-2(4))* Dorling Kindersley Publishing, Inc.

Amazing Women. Caryn Jenner. ed. 2018. (DK Readers Ser.). (ENG.). 96p. (J). (gr. 1-3). 13.89 *(978-1-64310-397-6(0))* Penworthy Co., LLC, The.

Amazing Women of the Middle East: 25 Stories from Ancient Times to Present Day. Tarnowska Wafa'. Illus. by Margarida Esteves et al. 2020. (ENG.). 112p. (J). 19.95 *(978-1-62371-870-1(8)*, Crocodile Bks.) Interlink Publishing Group, Inc.

Amazing Women's Fashion to Color: A Coloring Book. Kreativ Entspannen. 2016. (ENG., Illus.). (J). pap. 9.20 *(978-1-68377-291-0(1))* Whike, Traudl.

Amazing Wonders Around the Globe! Wonders of the World Children's Reference Books. Baby Professor. 2017. (ENG., Illus.). 64p. (J). pap. 9.52 *(978-1-5419-1721-7(9)*, Baby Professor (Education Kids)) Speedy Publishing LLC.

Amazing World: Bugs: Get to Know 20 Crazy Bugs, Volume 1. L. J. Tracosas. 2023. (Amazing World Ser.: 1). (ENG.). 48p. (J). (gr. 2-7). 16.99 *(978-0-7858-4192-0(X)*, 1169410, Chartwell) Book Sales, Inc.

Amazing World of Aviation. Jacqueline Camacho-Ruiz. Illus. by Karen Light. 2019. (ENG.). 42p. (J). pap. 9.97 *(978-1-7324916-7-0(4)*, Fig Factor Media LLC) Fig Factor Media Publishing.

Amazing World of Dots - Dot to Dot Books for Kids Ages 4-8 Edition. Creative Playbooks. 2016. (ENG., Illus.). (J). pap. 7.74 *(978-1-68323-040-3(X))* Twin Flame Productions.

For book reviews, descriptive annotations, tables of contents, cover images, author biographies & additional information, updated daily, subscribe to **www.booksinprint.com**

65

Amazing World of Drawing! How to Draw Activity Book. Smarter Activity Books for Kids. 2016. (ENG., Illus.). (J). pap. 9.22 *(978-1-68374-287-6(7))* Examined Solutions PTE. Ltd.

Amazing World of Science & Math. 2016. (Amazing World of Science & Math Ser.). 48p. (gr. 5-5). pap. 56.20 *(978-1-4824-5335-5(5))*; (ENG.). lib. bdg. 134.40 *(978-1-4824-4970-9(6),* 9d4e086f-e589-40ba-ae53-e2fd73bdddf3) Stevens, Gareth Publishing LLLP.

Amazing World of Slime Coloring Book: 25 Popular Slimes - Fishbowl Slime, Butter Slime, Unicorn Slime, Fluffy Slime, Popcorn Slime & More! Gameplay Publishing. 2017. (ENG., Illus.). 56p. (J). pap. *(978-1-912191-06-2(7))* Gameplay Publishing.

Amazing World of STEM. Nathaniel A. Turner & Naeem K. Turner-Bandele. Illus. by Keva M. Richardson. 2020. (ENG.). 32p. (J). (gr. k-3). 23.99 *(978-1-7352666-0-2(4))* Two Crabs & A Lion LLC.

Amazing World of STEM: Homes for All. Naeem K. Turner-Bandele & Nathaniel A. Turner. Illus. by Keva M. Richardson. 2023. (Amazing World of Stem Ser.: Vol. 2). (ENG.). 34p. (J). 23.99 ***(978-1-7352666-8-8(X))*** Two Crabs & A Lion LLC.

Amazing World of Video Game Development. Denis Galanin. 2022. (ENG., Illus.). 32p. (J). (gr. k-3). 17.99 *(978-1-64170-749-7(6),* 550749) Familius LLC.

Amazing World Trivia for Kids: Puzzles & Surprising Facts from Around the Globe! Vicki Whiting. 2023. (ENG.). 80p. (J). pap. 5.99 *(978-1-64124-267-7(1),* 2677) Fox Chapel Publishing Co., Inc.

Amazing World War II Stories. Nel Yomtov et al. 2019. (Amazing World War II Stories Ser.). (ENG.). 32p. (J). (gr. 3-9). 146.60 *(978-1-5435-7321-3(5),* 29342); pap., pap., pap. 31.80 *(978-1-5435-8126-3(9),* 29497) Capstone.

Amazing World War II Stories: Four Full-Color Graphic Novels. Nel Yomtov et al. ed. 2020. (Amazing World War II Stories Ser.). (ENG., Illus.). 128p. (J). (gr. 3-9). 12.95 *(978-1-4966-6658-1(5),* 142370) Capstone.

Amazing Wright Brothers' Coloring Book. Activity Book Zone for Kids. 2016. (ENG., Illus.). (J). pap. 9.20 *(978-1-68376-281-2(9))* Sabeels Publishing.

Amazing Years (Classic Reprint) W. Pett Ridge. 2018. (ENG., Illus.). 284p. (J). 29.75 *(978-0-364-20916-5(X))* Forgotten Bks.

Amazing Young People (Set), 8 vols. 2019. (Amazing Young People Ser.). (ENG.). 32p. (J). (gr. 2-5). lib. bdg. 262.32 *(978-1-5321-6363-0(0),* 32041, DiscoverRoo) Pop!.

Amazing Young People (Set Of 8) 2019. (Amazing Young People Ser.). (ENG.). 256p. (J). (gr. 3-3). pap. 79.60 *(978-1-64494-036-5(1),* 1644940361) North Star Editions.

Amazing Zoe: A Queen Like Me! Valene Campbell. Illus. by Arooba Bilal. 2020. (Amazing Zoe Ser.: Vol. 2). (ENG.). 68p. (J). 22.99 *(978-1-7771895-3-2(5))* Zou Zou Media Hse. Inc.

Amazing Zoe: A Queen Like Me! Valene Campbell & Arooba Bilal. 2020. (Amazing Zoe Ser.: Vol. 2). (ENG.). 68p. (J). pap. 13.99 *(978-1-7771895-4-9(3))* Zou Zou Media Hse. Inc.

Amazing Zoe: Grandma's Memory Box. Valene Campbell. 2021. (ENG., Illus.). 68p. (J). pap. 16.99 *(978-1-7771895-8-7(6))* Zou Zou Media Hse. Inc.

Amazing Zoe: Grandma's Memory Box. Valene Campbell. Illus. by Valene Campbell. 2021. (Amazing Zoe Ser.: Vol. 3). (ENG., Illus.). 68p. (J). 21.99 *(978-1-7771895-7-0(8))* Zou Zou Media Hse, Inc.

Amazing Zoo! - Nneia Maan Ae Rangi ni Kamiimii! (Te Kiribati) Renga Tekanene. Illus. by Romulo Reyes, III. 2022. (MIC.). 38p. (J). pap. ***(978-1-922910-04-2(X))*** Library For All Limited.

Amazingly Angus, 2. Kiki Thorpe. ed. 2022. (Horsetail Hollow Ser.). (ENG.). 105p. (J). (gr. 1-4). 17.46 ***(978-1-68505-526-4(5))*** Penworthy Co., LLC, The.

Amazingly Awesome Alphabetical Animals. Nawal White. Illus. by Rafael Moura. 2022. (ENG.). 58p. (J). 27.99 ***(978-1-64949-777-2(6))***; pap. 19.99 ***(978-1-64949-778-9(4))*** Elk Lake Publishing, Inc.

Amazingly Awesome Amani Takes on Jitters & Fear. Tracy-Ann Samuels & Jamiyl Samuels. 2019. (ENG.). 38p. (J). 14.95 *(978-1-64307-361-3(3))* Amplify Publishing Group.

Amazingly Disorganised Help Dictionary. Georgia Productions. 2018. (Illus.). 176p. (YA). (gr. 7). 18.99 *(978-0-14-379325-0(X))* Penguin Random Hse. AUS. Dist: Independent Pubs. Group.

Amazingly Happy Things. Nicole Peltier Lewis. 2020. (ENG.). 30p. (J). 22.99 *(978-1-5456-6466-7(8))*; pap. 12.49 *(978-1-5456-6465-0(X))* Salem Author Services.

Amazo & the Planetary Reboot. Brandon T. Snider. Illus. by Tim Levins. 2017. (Justice League Ser.). (ENG.). 88p. (J). (gr. 2-6). lib. bdg. 26.65 *(978-1-4965-5156-6(7),* 136169, Stone Arch Bks.) Capstone.

Amazon. Sara Green. 2018. (Brands We Know Ser.). (ENG., Illus.). 24p. (J). (gr. 3-8). lib. bdg. 27.95 *(978-1-62617-773-4(2),* Pilot Bks.) Bellwether Media.

Amazon. Joy Gregory. 2017. (J). *(978-1-5105-3492-6(X))* SmartBook Media, Inc.

Amazon. Shannon Baker Moore. 2018. (Tech Titans Ser.). (ENG., Illus.). 112p. (J). (gr. 6-12). lib. bdg. 41.36 *(978-1-5321-1685-8(3),* 30622, Essential Library) ABDO Publishing Co.

Amazon. Tom Jackson. ed. 2023. (DK Eyewitness Ser.). (ENG.). 72p. (J). (gr. 4-8). 23.96 ***(978-1-68505-847-0(7))*** Penworthy Co., LLC, The.

Amazon: The Business Behind the Everything Store. Adam Sutherland. 2016. (Big Brands Ser.). (ENG., Illus.). 32p. (J). (gr. 4-6). 26.65 *(978-1-5124-0588-0(4),* b965057b-fc52-40d9-bdda-58e2fb18c48c); E-Book 39.99 *(978-1-5124-0592-7(2))* Lerner Publishing Group. (Lerner Pubns.).

Amazon Adventure: How Tiny Fish Are Saving the World's Largest Rainforest. Sy Montgomery. (Scientists in the Field Ser.). (ENG., Illus.). 80p. (J). (gr. 5-7). 2020. pap. 10.99 *(978-0-358-23839-3(0),* 1767751); 2017. 18.99 *(978-0-544-35299-5(8),* 1586365) HarperCollins Pubs. (Clarion Bks.).

Amazon (Classic Reprint) Carl Vosmaer. 2017. (ENG., Illus.). (J). 29.92 *(978-0-331-72356-4(5))* Forgotten Bks.

Amazon Explorers. Andrea Pelleschi. 2019. (Science Adventurers Ser.). (ENG., Illus.). 112p. (J). (gr. 6-12). lib. bdg. 41.36 *(978-1-5321-9031-5(X),* 33382, Essential Library) ABDO Publishing Co.

Amazon Princess & the Pea. Laurie S. Sutton. Illus. by Agnes Garbowska. 2021. (DC Super Hero Fairy Tales Ser.). (ENG.). 72p. (J). 27.32 *(978-1-6639-1063-9(4),* 212384); pap. 6.95 *(978-1-6639-2141-3(5),* 212378) Capstone. (Stone Arch Bks.).

Amazon Rain Forest. Vicky Franchino. 2016. (Community Connections: Getting to Know Our Planet Ser.). (ENG., Illus.). 24p. (J). (gr. 2-5). lib. bdg. 29.21 *(978-1-63470-513-4(0),* 207783) Cherry Lake Publishing.

Amazon Rain Forest: Leveled Reader Sapphire Level 29. Rg Rg. 2019. (PM Ser.). (ENG.). 32p. (J). (gr. 4-5). pap. 11.00 *(978-0-544-89320-7(4))* Rigby Education.

Amazon Rainforest. Rebecca Kraft Rector. 2018. (Natural Wonders of the World Ser.). (ENG., Illus.). 32p. (J). (gr. 3-5). pap. 9.95 *(978-1-63517-583-7(6))*; lib. bdg. 31.35 *(978-1-63517-511-0(9),* 1635175119) North Star Editions. (Focus Readers).

Amazon Rainforest: Leveled Reader Book 56 Level U 6 Pack. Hmh Hmh. 2021. (SPA.). 32p. (J). pap. 74.40 *(978-0-358-08102-9(5))* Houghton Mifflin Harcourt Publishing Co.

Amazon Rainforest: One of Earth's Largest Natural Resources - Children's Books about Forests Grade 4 - Children's Environment & Ecology Books. Baby Professor. 2019. (ENG.). 72p. (J). pap. 14.72 *(978-1-5419-5329-1(0))*; 24.71 *(978-1-5419-7554-5(5))* Speedy Publishing LLC. (Baby Professor (Education Kids)).

Amazon Rainforest Research Journal. Natalie Hyde. 2017. (Ecosystems Research Journal Ser.). (Illus.). 32p. (J). (gr. 4-5). *(978-0-7787-3467-3(6))*; (ENG., pap. *(978-0-7787-3492-5(7))* Crabtree Publishing Co.

Amazon River. Sangma Francis. Illus. by Rômolo D'Hipólito. (Earth's Incredible Places Ser.). (ENG.). (J). (gr. 2-6). 2023. 88p. pap. 14.99 *(978-1-83874-869-2(5))*; 2021. 80p. 19.99 *(978-1-912497-75-1(1))* Flying Eye Bks. GBR. Dist: Penguin Random Hse. LLC.

Amazon River - Major Rivers of the World Series Grade 4 - Children's Geography & Cultures Books. Baby Professor. 2019. (ENG.). 72p. (J). pap. 14.72 *(978-1-5419-5366-6(5))*; 24.71 *(978-1-5419-7721-1(1))* Speedy Publishing LLC. (Baby Professor (Education Kids)).

Amazon, the Golden Eagle: Her Story of Overcoming a Tough Start. Patricia H. Wheeler. 2020. (ENG.). 50p. (J). pap. 12.95 *(978-1-64388-483-7(2))* Luminare Pr., LLC.

Amazona. António Almas. 2022. (POR.). 106p. (YA). pap. *(978-1-4716-7756-4(7))* Lulu Pr., Inc.

Amazonas Mágico. Henry Giron. 2021. (SPA., Illus.). 42p. (J). pap. 11.95 *(978-1-6624-9012-5(7))* Page Publishing Inc.

Amazons, 1 vol. Ellen Labrecque. 2019. (Women of Mythology: Goddesses, Warriors, & Hunters Ser.). (ENG.). 32p. (gr. 2-2). pap. 9.22 *(978-1-5026-5152-5(1),* 2df3fe58-3fb2-4614-88e5-10cddd774221) Cavendish Square Publishing LLC.

Amazons. Arthur W. Pinero. 2017. (ENG.). (J). 200p. pap. *(978-3-337-04917-1(6))*; 184p. pap. *(978-3-7447-6948-8(8))*; 184p. pap. *(978-3-7446-7406-5(1))* Creation Pubs.

Amazons: A Farcical Romance in Three Acts. Arthur W. Pinero. 2017. (ENG., Illus.). (J). pap. *(978-0-649-49073-8(8))* Trieste Publishing Pty Ltd.

Amazons: A Farcical Romance in Three Acts (Classic Reprint) Arthur W. Pinero. 2017. (ENG., Illus.). (J). 28.02 *(978-1-5281-8297-3(9))* Forgotten Bks.

Amazons vs. Gladiators. Virginia Loh-Hagan. 2019. (Battle Royale: Lethal Warriors Ser.). (ENG., Illus.). 32p. (J). (gr. 4-8). pap. 14.21 *(978-1-5341-5049-2(8),* 213503); lib. bdg. 32.07 *(978-1-5341-4763-8(2),* 213502) Cherry Lake Publishing. (45th Parallel Press).

Ambassador of Nowhere Texas. Kimberly Willis Holt. 2021. (ENG., Illus.). 320p. (J). 16.99 *(978-1-250-23410-0(7),* 900210030, Holt, Henry & Co. Bks. For Young Readers) Holt, Henry & Co.

Ambassador of Nowhere Texas. Kimberly Willis Holt. 2022. (ENG.). 320p. (J). pap. 14.99 *(978-1-250-82109-6(6),* 900210031) Square Fish.

Ambassador of Vine Street: Adventures in Neighboring. Taryn Kingery. Illus. by Laura Nelsen. 2022. 24p. (J). pap. 15.00 *(978-1-6678-6065-7(8))* BookBaby.

Ambassadors (Classic Reprint) Henry James. 2017. (ENG., Illus.). (J). 34.33 *(978-0-266-21828-9(8))* Forgotten Bks.

Ambassadors, Vol. 1 (Classic Reprint) Henry James. 2018. (ENG., Illus.). 310p. (J). 30.31 *(978-0-364-74971-5(7))* Forgotten Bks.

Ambassadress (Classic Reprint) William Wriothesley. (ENG., Illus.). (J). 2018. 314p. 30.37 *(978-0-483-76259-6(8))*; 2017. pap. 13.57 *(978-0-243-52873-8(6))* Forgotten Bks.

Amber Ambrosia. Rae St Clair Bridgman. 2021. (ENG.). 198p. (J). *(978-1-5255-8578-4(9))*; pap. *(978-1-5255-8577-7(0))* FriesenPress.

Amber Amulet. Craig Silvey. 2018. (ENG., Illus.). 96p. (J). (gr. 5-5). 14.99 *(978-1-5107-2189-0(4),* Sky Pony Pr.) Skyhorse Publishing Co., Inc.

Amber & Clay. Laura Amy Schlitz. Illus. by Julia Iredale. (ENG.). 544p. (J). (gr. 5-9). 2022. pap. 14.99 *(978-1-5362-2814-4(1))*; 2021. 22.99 *(978-1-5362-0122-2(7))* Candlewick Pr.

Amber & Sapphire: The Magic Spell. Ekaterina Walter & Taya Walter. Illus. by Jim "Wiz" Wisniewski. 2017. (ENG.). (J). pap. 14.99 *(978-0-9994522-0-2(7))* Skazka Publishing.

Amber Fang: Betrayal, 1 vol. Arthur Slade. 2019. (Amber Fang Ser.: 2). (ENG.). 232p. (YA). (gr. 8-12). pap. 14.95 *(978-1-4598-2272-6(2))* Orca Bk. Pubs. USA.

Amber Fang: Hunted, 1 vol. Arthur Slade. 2019. (Amber Fang Ser.: 1). (ENG.). 192p. (YA). (gr. 8-12). pap. 14.95 *(978-1-4598-2269-6(2))* Orca Bk. Pubs. USA.

Amber Fang: Revenge, 1 vol. Arthur Slade. 2019. (Amber Fang Ser.: 3). (ENG.). 240p. (YA). (gr. 8-12). pap. 14.95 *(978-1-4598-2275-7(7))* Orca Bk. Pubs. USA.

Amber Giant. Giulietta Spudich. 2017. 142p. (J). pap. 7.99 *(978-1-941429-49-5(1))* Handersen Publishing.

Amber Gods: And Other Stories (Classic Reprint) Harriet Elizabeth Prescott. 2018. (ENG., Illus.). 442p. (J). 33.12 *(978-0-484-64710-6(5))* Forgotten Bks.

Amber Makes a Checklist: Getting Ready for Bed. Andrea Craig. 2018. (ENG., Illus.). 38p. (J). pap. 13.95 *(978-1-64300-031-2(4))* Covenant Bks.

Amber Sky. Claire Warner. 2017. (C. O. I. L. S of Copper & Brass Ser.: Vol. 1). (ENG., Illus.). 396p. (YA). pap. *(978-0-9954631-2-7(3))* Raven Pr.

Amber the Crystal Fairy. Deanna Robinson. 2016. (ENG.). 33p. (J). 24.95 *(978-1-78612-120-2(4),* 4e636b98-fa3b-48d1-a8b5-b6dbeff1a14e) Austin Macauley Pubs. Ltd. GBR. Dist: Baker & Taylor Publisher Services (BTPS).

Amber Witch (Classic Reprint) Wilhelm Meinhold. 2018. (ENG., Illus.). (J). 29.75 *(978-0-260-14351-8(0))* Forgotten Bks.

Amber Witch the Most Interesting Trial for Witchcraft Ever Known (Classic Reprint) Wilhelm Meinhold. 2018. (ENG., Illus.). 274p. (J). 29.55 *(978-0-365-44125-0(2))* Forgotten Bks.

Ambere Is Going on a Plane - Ambere Atu Ba Sa'e Aviaun. Elisabeth de Sousa. Illus. by Kimberly Pacheco. 2021. (TET.). 28p. (J). pap. *(978-1-922550-53-8(1))* Library For All Limited.

Amberly & the Secret of the Fairy Warriors. Gina Vallance. Ed. by Rhonda Hayter. Illus. by Laura Catrinella. 2021. (ENG.). 150p. (J). *(978-1-5255-8037-6(X))*; pap. *(978-1-5255-8038-3(8))* FriesenPress.

Amber's New Family. Elizabeth Cameron. 2021. (ENG.). 74p. (J). pap. 10.99 *(978-1-955363-02-0(1))* Lettra Pr. LLC.

Amber's Song, 1 vol. Kaitlyn Pitts et al. 2021. (Faithgirlz / the Daniels Sisters Ser.). (ENG., Illus.). 176p. (J). pap. 8.99 *(978-0-310-76963-7(9))* Zonderkidz.

Amber's Special Birthday Wish & Other Stories. Diane Farrugia. Illus. by Fauzia Najm & Zephyr Art. 2019. (ENG.). 50p. (J). pap. *(978-1-913289-71-3(0))* Terence, Michael Publishing.

Ambiguities (Classic Reprint) John L. Kraber. 2018. (ENG., Illus.). 94p. (J). 25.84 *(978-0-267-49688-4(5))* Forgotten Bks.

Ambiguito Bombero. Madeleine Schachter. Tr. by Xaira Ferrara. Illus. by Yvonne Lonergan. 2021. (Fire Buddy Ser.). (SPA.). 40p. (J). pap. 10.99 *(978-1-7339003-4-8(9))* Schachter, Madeleine Arts.

Ambition of Mark Truitt (Classic Reprint) Henry Russell Miller. 2018. (ENG., Illus.). 464p. (J). 33.47 *(978-0-483-52641-9(X))* Forgotten Bks.

Ambition on Fleek: A Daily Planner for the Driven & Confident Girl. Gracelyn Leath. 2017. (ENG., Illus.). (J). pap. 24.18 *(978-0-9796546-3-3(7))* Inward Core, Inc.

Ambition, or the Launch of a Skiff upon the Sea of Life (Classic Reprint) Eiggam Strebor. (ENG., Illus.). (J). 2018. 234p. 28.72 *(978-0-484-51702-7(3))*; 2017. pap. 11.57 *(978-0-243-50900-3(6))* Forgotten Bks.

Ambition, Vol. 1 of 3 (Classic Reprint) M. G. Lewis. 2018. (ENG., Illus.). 302p. (J). 30.15 *(978-0-267-45899-8(1))* Forgotten Bks.

Ambitious Abbey. Abbey Duplaga. Illus. by Andrew Thomas. 2018. (Ambitious Abbey Ser.: Vol. 1). (ENG.). 34p. (J). (gr. k-4). 15.95 *(978-0-692-10005-9(9))* Ambitious Abbey, LLC.

Ambitious Abbey Takes the Lead. Abbey Duplaga. Illus. by Andrew Thomas. 2021. (ENG.). 34p. (J). 15.95 *(978-0-578-95482-0(6))* Ambitious Abbey, LLC.

Ambitious Girl. Meena Harris. Illus. by Marissa Valdez. 2021. (Ambitious Girl Ser.: 1). (ENG.). 40p. (J). (gr. -1-3). 18.99 *(978-0-316-22969-2(5))* Little, Brown Bks. for Young Readers.

Ambitious Ninja: A Children's Book about Goal Setting. Mary Nhin. Illus. by Jelena Stupar. 2021. (Ninja Life Hacks Ser.: Vol. 45). (ENG.). 36p. (J). 19.99 *(978-1-63731-111-0(7))* Grow Grit Pr.

Ambitious Slave (Classic Reprint) Reginald Rowland. 2018. (ENG., Illus.). 98p. (J). 25.94 *(978-0-483-27089-3(X))* Forgotten Bks.

Ambitious Woman. Edgar Fawcett. 2017. (ENG.). 452p. (J). pap. *(978-3-337-00084-4(3))* Creation Pubs.

Ambitious Woman: A Novel (Classic Reprint) Edgar Fawcett. 2018. (ENG., Illus.). 462p. (J). 33.43 *(978-0-483-65497-6(3))* Forgotten Bks.

Ambrose Fecit, or the Peer & the Printer: A Novel (Classic Reprint) Thomas Dunn English. (ENG., Illus.). (J). 2018. 138p. 26.74 *(978-0-484-60300-3(0))*; 2016. pap. 9.57 *(978-1-334-14129-4(0))* Forgotten Bks.

Ambrose Follows His Nose. Dick King-Smith. 2022. (ENG., Illus.). 176p. (J). (gr. -1-3). 21.99 *(978-0-241-48840-9(0),* Puffin) Penguin Bks., Ltd. GBR. Dist: Independent Pubs. Group.

Ambrose Follows His Nose. Dick King-Smith & Josie Rogers. 2023. (Illus.). 176p. (J). (gr. 2-4). 9.99 ***(978-0-241-48841-6(9),*** Puffin) Penguin Bks., Ltd. GBR. Dist: Independent Pubs. Group.

Ambulance: Rescue Vehicle Facts & Picture Book for Kids. Bold Kids. 2022. (ENG.). 42p. (J). pap. 14.99 *(978-1-0717-0867-5(8))* FASTLANE LLC.

Ambulance 464 Encore des Blessés (Classic Reprint) Julien Hequembourg Bryan. 2018. (ENG., Illus.). 284p. (J). 29.77 *(978-0-365-47384-8(7))* Forgotten Bks.

Ambulance to the Rescue! Elena Ulyeva & Clever Publishing. Illus. by Anastasia Volkova. 2022. (Everyday Heroes Ser.). (ENG.). 20p. (J). (gr. -1-k). bds. 9.99 *(978-1-956560-27-5(0))* Clever Media Group.

Ambulances. B. J. Best. 2017. (Riding to the Rescue! Ser.). (Illus.). 24p. (J). (gr. 1-1). pap. 49.32 *(978-1-5026-2553-3(9))* Cavendish Square Publishing LLC.

Ambulances. Chris Bowman. 2018. (Mighty Machines in Action Ser.). (ENG., Illus.). 24p. (J). (gr. k-3). lib. bdg. 26.95 *(978-1-62617-756-7(2),* Blastoff! Readers) Bellwether Media.

Ambulances. Lori Dittmer. 2019. (Amazing Rescue Vehicles Ser.). (ENG.). 24p. (J). (gr. 1-3). pap. 9.99 *(978-1-62832-629-1(8),* 18720, Creative Paperbacks); *(978-1-64026-041-2(2),* 18719) Creative Co., The.

Ambulances, 1 vol. Lois Fortuna. 2016. (To the Rescue! Ser.). (ENG.). 24p. (J). (gr. k-k). 24.27 *(978-1-4824-4659-3(6),* f3f39f45-2b63-404a-ad05-e406083ab9f7) Stevens, Gareth Publishing LLLP.

Ambulances: A First Look. Percy Leed. 2023. (Read about Vehicles (Read for a Better World (tm)) Ser.). (ENG., Illus.). 24p. (J). (gr. k-2). pap. 9.99 Lerner Publishing Group.

Ambulances / Ambulancias. Erin Falligant. Illus. by Sr. Sánchez. 2019. (Machines! / ¡Las Máquinas! Ser.). (MUL.). 24p. (J). (gr. -1-2). lib. bdg. 33.99 *(978-1-68410-336-2(3),* 140256) Cantata Learning.

Ambulancias en Acción (Ambulances on the Go) Kerry Dinmont. 2017. (Bumba Books (r) en Español — Máquinas en Acción (Machines That Go) Ser.). (SPA., Illus.). 24p. (J). (gr. -1-1). 26.65 *(978-1-5124-2876-6(0),* 57c2c71a-a178-4839-807e-835d7990e97c); E-Book 4.99 *(978-1-5124-3567-2(8),* 9781512435672); E-Book 39.99 *(978-1-5124-3566-5(X),* 9781512435665) Lerner Publishing Group. (Ediciones Lerner).

Ambush. Hongcheng Yu. Illus. by Hongcheng Yu. 2020. (ENG.). 32p. (J). pap. 7.95 *(978-1-4788-6939-9(9))* Newmark Learning LLC.

Ambush at the Rickety Beehive. Laura Jane Albee. 2020. (ENG.). 36p. (J). pap. *(978-1-78830-767-3(4))* Olympia Publishers.

Ambush of Tigers: A Wild Gathering of Collective Nouns. Betsy R. Rosenthal. Illus. by Jago Silver. 2022. (ENG.). 40p. (J). (gr. k-3). 10.99 *(978-1-7284-5849-6(8),* 0101bfab-66e7-423c-9fe6-af398b8df45b, Millbrook Pr.) Lerner Publishing Group.

Ambushed. Katrina Cope. 2019. (Valkyrie Academy Dragon Alliance Ser.: Vol. 6). (ENG., Illus.). 124p. (YA). pap. *(978-0-6486613-5-1(0))* Cosy Burrow Bks.

Ambushed! The Assassination Plot Against President Garfield. Gail Jarrow. 2021. (Medical Fiascoes Ser.). (Illus.). 240p. (J). (gr. 5-9). 19.99 *(978-1-68437-814-2(1),* Calkins Creek) Highlights Pr., c/o Highlights for Children, Inc.

Ambushed in Jaguar Swamp: Introducing Barbrooke Grubb. Dave Jackson & Neta Jackson. 2016. (ENG., Illus.). (J). pap. 7.99 *(978-1-939445-32-2(9))* Castle Rock Creative, Inc.

Amédée's Son (Classic Reprint) Harry James Smith. 2018. (ENG., Illus.). 360p. (J). 31.32 *(978-0-365-47582-8(3))* Forgotten Bks.

Amelia & Camelia Make a Great Team. Kate Pennington. Illus. by Monika Zaper. 2019. (Beyond a Joke Ser.: Vol. 1). (ENG.). 36p. (J). pap. *(978-0-6483910-1-2(9))* Kate Frances Pennington.

Amelia & Me: Book 1 of the Ginny Ross Series, 1 vol. Heather Stemp. 2020. (Ginny Ross Ser.: Book 1). (ENG., Illus.). 280p. (YA). pap. 11.95 *(978-1-77108-824-4(9),* cac72fea-a3a7-42ff-992f-2fcd5ec73d51) Nimbus Publishing, Ltd. CAN. Dist: Baker & Taylor Publisher Services (BTPS).

Amelia & the Lonely Llama. Michael Wuehler. 2021. (ENG., Illus.). 62p. (YA). 25.95 *(978-1-63710-779-9(X))*; pap. 15.95 *(978-1-63985-380-9(4))* Fulton Bks.

Amelia & the Magic Connection of the Forest: A Book about the Unity & Wisdom of the Forest. Norma Reyes & Claudia Perez. Illus. by Norma Reyes. 2020. (ENG.). 34p. (J). *(978-0-2288-3409-0(0))*; pap. *(978-0-2288-3408-3(2))* Tellwell Talent.

Amelia & the Magic Jungle. A. M Overett. Illus. by A. M Overett. 2018. (ENG., Illus.). 198p. (J). pap. 9.95 *(978-1-64373-221-3(8))*; (gr. 1-6). pap. 26.95 *(978-1-64373-220-6(X))*; (gr. 1-6). pap. 11.95 *(978-1-64373-222-0(6))* LPC.

Amelia & the Magic Jungle: 2nd Edition. A. M Overett. 2019. (Magic Jungle Ser.: Vol. 3). (ENG.). 196p. (J). (gr. 1-6). pap. 8.95 *(978-1-64373-238-1(2))* LPC.

Amelia & the Magic Ponies. Sue Houser. Illus. by Mariah Fox. 2022. (ENG.). 46p. (J). pap. 18.99 ***(978-1-5154-4810-5(X))*** Wilder Pubns., Corp.

Amelia Bedelia 12-Book Boxed Set: Amelia Bedelia by the Dozen. Herman Parish. Illus. by Lynne Avril. 2019. (Amelia Bedelia Ser.). (ENG.). 1920p. (J). (gr. 1-5). pap. 59.99 *(978-0-06-293520-5(8),* Greenwillow Bks.) HarperCollins Pubs.

Amelia Bedelia 5-Book I Can Read Box Set #1: Amelia Bedelia Hit the Books. Peggy Parish. Illus. by Fritz Siebel et al. 5th ed. 2016. (I Can Read Level 2 Ser.). (ENG.). 320p. (J). (gr. -1-3). pap. 25.95 *(978-0-06-244356-4(9),* Greenwillow Bks.) HarperCollins Pubs.

Amelia Bedelia 5-Minute Stories. Herman Parish. Illus. by Lynne Avril. 2020. (Amelia Bedelia Ser.). (ENG.). 192p. (J). (gr. -1-3). 14.99 *(978-0-06-296195-2(0),* Greenwillow Bks.) HarperCollins Pubs.

Amelia Bedelia & Friends #1: Amelia Bedelia & Friends Beat the Clock. Herman Parish. Illus. by Lynne Avril. 2019. (Amelia Bedelia & Friends Ser.: 1). (ENG.). 160p. (J). (gr. 1-5). 15.99 *(978-0-06-293518-2(6))*; 12.99 *(978-0-06-296181-5(0))*; pap. 6.99 *(978-0-06-293517-5(8))* HarperCollins Pubs. (Greenwillow Bks.).

Amelia Bedelia & Friends #2: Amelia Bedelia & Friends the Cat's Meow. Herman Parish. Illus. by Lynne Avril. 2019. (Amelia Bedelia & Friends Ser.: 2). (ENG.). 160p. (J). (gr. 1-5). 15.99 *(978-0-06-293522-9(4))*; 12.99 *(978-0-06-296182-2(9))*; pap. 6.99 *(978-0-06-293521-2(6))* HarperCollins Pubs. (Greenwillow Bks.).

Amelia Bedelia & Friends #3: Amelia Bedelia & Friends Arise & Shine. Herman Parish. Illus. by Lynne Avril. 2020. (Amelia Bedelia & Friends Ser.: 3). (ENG.). 160p. (J). (gr. 1-5). 15.99 *(978-0-06-296184-6(5))*; pap. 6.99 *(978-0-06-296183-9(7))* HarperCollins Pubs. (Greenwillow Bks.).

Amelia Bedelia & Friends #4: Amelia Bedelia & Friends Paint the Town. Herman Parish. Illus. by Lynne Avril. 2020. (Amelia Bedelia & Friends Ser.: 4). (ENG.). 160p. (J). (gr. 1-5). 15.99 *(978-0-06-296187-7(X))*; pap. 5.99 *(978-0-06-296186-0(1))* HarperCollins Pubs. (Greenwillow Bks.).

Amelia Bedelia & Friends #5: Amelia Bedelia & Friends Mind Their Manners. Herman Parish. 2021. (Amelia Bedelia & Friends Ser.: 5). (ENG., Illus.). 160p. (J). (gr. 1-5). pap. 5.99 *(978-0-06-296189-1(6),* Greenwillow Bks.) HarperCollins Pubs.

Amelia Bedelia & Friends #5: Amelia Bedelia & Friends Mind Their Manners. Herman Parish & Lynne Avril. 2021. (Amelia Bedelia & Friends Ser.: 5). (ENG., Illus.). 160p. (J).

66

The check digit for ISBN-10 appears in parentheses after the full ISBN-13

TITLE INDEX AMERICA

(gr. 1-5). 15.99 *(978-0-06-296190-7(X)*, Greenwillow Bks.) HarperCollins Pubs.

Amelia Bedelia & Friends #6: Amelia Bedelia & Friends Blast Off! Herman Parish & Lynne Avril. 2021. (Amelia Bedelia & Friends Ser.: 6). (ENG., Illus.). 160p. (J). (gr. 1-5). 15.99 *(978-0-06-296193-8(4))*; pap. 6.99 *(978-0-06-296192-1(6))* HarperCollins Pubs. (Greenwillow Bks.).

Amelia Bedelia & Friends Chapter Book Boxed Set #1: All Boxed In. Herman Parish. Illus. by Lynne Avril. 2020. (Amelia Bedelia & Friends Ser.). (ENG.). 640p. (J). (gr. 1-5). 23.96 *(978-0-06-302319-2(9)*, Greenwillow Bks.) HarperCollins Pubs.

Amelia Bedelia by the Yard. Herman Parish. Illus. by Lynne Avril. 2016. (I Can Read Level 1 Ser.). (ENG.). 32p. (J). (gr. -1-3). pap. 4.99 *(978-0-06-233427-5(1)*, Greenwillow Bks.) HarperCollins Pubs.

Amelia Bedelia Chapter Book #10: Amelia Bedelia Ties the Knot. Herman Parish. Illus. by Lynne Avril. 2016. (Amelia Bedelia Ser.). (ENG.). 160p. (J). (gr. 1-5). pap. 6.99 *(978-0-06-233416-9(6)*, Greenwillow Bks.) HarperCollins Pubs.

Amelia Bedelia Chapter Book 10-Book Box Set, Set. Herman Parish. Illus. by Lynne Avril. 2016. (Amelia Bedelia Ser.). (ENG.). 1600p. (J). (gr. 1-5). pap. 49.99 *(978-0-06-256981-3(3)*, Greenwillow Bks.) HarperCollins Pubs.

Amelia Bedelia Chapter Book (11) - Amelia Bedelia Makes a Splash. Herman Parish. Illus. by Lynne Avril. 2017. (Amelia Bedelia Ser.). (ENG.). 160p. (J). (gr. 1-5). pap. 6.99 *(978-0-06-265839-5(5)*, Greenwillow Bks.) HarperCollins Pubs.

Amelia Bedelia Chapter Book #9: Amelia Bedelia on the Job. Herman Parish. Illus. by Lynne Avril. 2016. (Amelia Bedelia Ser.). (ENG.). 160p. (J). (gr. 1-5). pap. 6.99 *(978-0-06-233412-1(3)*, Greenwillow Bks.) HarperCollins Pubs.

Amelia Bedelia Cleans Up: #6. Herman Parish. Illus. by Lynne Avril. 2021. (Amelia Bedelia Ser.). (ENG.). 160p. (J). (gr. 1-5). lib. bdg. 32.79 *(978-1-0982-5107-9(5)*, 38851, Chapter Bks.) Spotlight.

Amelia Bedelia Dances Off: #8. Herman Parish. Illus. by Lynne Avril. 2021. (Amelia Bedelia Ser.). (ENG.). 160p. (J). (gr. 1-5). lib. bdg. 32.79 *(978-1-0982-5109-3(1)*, 38853, Chapter Bks.) Spotlight.

Amelia Bedelia Digs In. Herman Parish. ed. 2018. (Amelia Bedelia Chapter Book Ser.: 12). (J). lib. bdg. 14.75 *(978-0-606-40061-9(3))* Turtleback.

Amelia Bedelia Digs In: #12. Herman Parish. Illus. by Lynne Avril. 2021. (Amelia Bedelia Ser.). (ENG.). 160p. (J). (gr. 1-5). lib. bdg. 32.79 *(978-1-0982-5113-0(X)*, 38857, Chapter Bks.) Spotlight.

Amelia Bedelia Gets a Break. Herman Parish. Illus. by Lynne Avril. 2018. (I Can Read Level 1 Ser.). (ENG.). 32p. (J). (gr. -1-3). 16.99 *(978-0-06-265889-0(1))*; pap. 4.99 *(978-0-06-265888-3(3))* HarperCollins Pubs. (Greenwillow Bks.).

Amelia Bedelia Gets the Picture. Herman Parish. Illus. by Lynne Avril. 2019. (I Can Read Level 1 Ser.). (ENG.). 32p. (J). (gr. -1-3). 16.99 *(978-0-06-293525-0(9))*; pap. 4.99 *(978-0-06-293524-3(0))* HarperCollins Pubs. (Greenwillow Bks.).

Amelia Bedelia Gets the Picture. Herman Parish. ed. 2020. (I Can Read Ser.). (ENG.). 32p. (J). (gr. k-1). 14.96 *(978-1-64697-008-7(X))* Penworthy Co., LLC, The.

Amelia Bedelia Goes Wild!: #4. Herman Parish. Illus. by Lynne Avril. 2021. (Amelia Bedelia Ser.). (ENG.). 160p. (J). (gr. 1-5). lib. bdg. 32.79 *(978-1-0982-5105-5(9)*, 38849, Chapter Bks.) Spotlight.

Amelia Bedelia Hops to It, 3. Herman Parish. ed. 2022. (Amelia Bedelia Ch Bks). (ENG., Illus.). 136p. (J). (gr. 2-3). 16.46 *(978-1-68505-230-0(4))* Penworthy Co., LLC, The.

Amelia Bedelia I Can Read Box Set #2: Books Are a Ball. Herman Parish. Illus. by Lynne Avril. 2017. (I Can Read Level 1 Ser.). (ENG.). 160p. (J). (gr. -1-3). pap. 29.95 *(978-0-06-244357-1(7)*, Greenwillow Bks.) HarperCollins Pubs.

Amelia Bedelia Lost & Found. Herman Parish. Illus. by Lynne Avril. 2020. (I Can Read Level 1 Ser.). (ENG.). 32p. (J). (gr. -1-3). 16.99 *(978-0-06-296197-6(7))*; pap. 4.99 *(978-0-06-296196-9(9))* HarperCollins Pubs. (Greenwillow Bks.).

Amelia Bedelia Lost & Found. Herman Parish. ed. 2020. (I Can Read Ser.). (ENG., Illus.). 32p. (J). (gr. k-1). 14.96 *(978-1-64697-385-9(2))* Penworthy Co., LLC, The.

Amelia Bedelia Makes a Splash: #11. Herman Parish. Illus. by Lynne Avril. 2021. (Amelia Bedelia Ser.). (ENG.). 160p. (J). (gr. 1-5). lib. bdg. 32.79 *(978-1-0982-5112-3(1)*, 38856, Chapter Bks.) Spotlight.

Amelia Bedelia Means Business: #1. Herman Parish. Illus. by Lynne Avril. 2021. (Amelia Bedelia Ser.). (ENG.). 152p. (J). (gr. 1-5). lib. bdg. 32.79 *(978-1-0982-5102-4(4)*, 38846, Chapter Bks.) Spotlight.

Amelia Bedelia Novel Units Teacher Guide. Novel Units. 2019. (Amelia Bedelia Ser.). (ENG.). (J). (gr. 1-3). pap. 12.99 *(978-1-56137-023-8(1)*, Novel Units, Inc.) Classroom Library Co.

Amelia Bedelia on the Job. Herman Parish. ed. 2016. (Amelia Bedelia Chapter Book Ser.: 9). (J). lib. bdg. 14.75 *(978-0-606-38160-4(0))* Turtleback.

Amelia Bedelia on the Job: #9. Herman Parish. Illus. by Lynne Avril. 2021. (Amelia Bedelia Ser.). (ENG.). 152p. (J). (gr. 1-5). lib. bdg. 32.79 *(978-1-0982-5110-9(5)*, 38854, Chapter Bks.) Spotlight.

Amelia Bedelia on the Move. Herman Parish. Illus. by Lynne Avril. 2017. (I Can Read Level 1 Ser.). (ENG.). 32p. (J). (gr. -1-3). 16.99 *(978-0-06-265886-9(7))*; pap. 4.99 *(978-0-06-265885-2(9))* HarperCollins Pubs. (Greenwillow Bks.).

Amelia Bedelia on the Move. Herman Parish. ed. 2018. (I Can Read Ser.). (ENG.). 32p. (J). (gr. -1-1). 13.89 *(978-1-64310-349-5(0))* Penworthy Co., LLC, The.

Amelia Bedelia Road Trip!: #3. Herman Parish. Illus. by Lynne Avril. 2021. (Amelia Bedelia Ser.). (ENG.). 160p. (J). (gr. 1-5). lib. bdg. 32.79 *(978-1-0982-5104-8(0)*, 38848, Chapter Bks.) Spotlight.

Amelia Bedelia Scared Silly, 2. Herman Parish. ed. 2021. (Amelia Bedelia Ch Bks). (ENG., Illus.). 143p. (J). (gr. 2-3). 16.46 *(978-1-64697-996-7(6))* Penworthy Co., LLC, The.

Amelia Bedelia (Set), 12 vols. Herman Parish. Illus. by Lynne Avril. 2021. (Amelia Bedelia Ser.). (ENG.). (J). (gr. 1-5). lib. bdg. 393.48 *(978-1-0982-5101-7(6)*, 38845, Chapter Bks.) Spotlight.

Amelia Bedelia Sets Sail: #7. Herman Parish. Illus. by Lynne Avril. 2021. (Amelia Bedelia Ser.). (ENG.). 160p. (J). (gr. 1-5). lib. bdg. 32.79 *(978-1-0982-5108-6(3)*, 38852, Chapter Bks.) Spotlight.

Amelia Bedelia Shapes Up: #5. Herman Parish. Illus. by Lynne Avril. 2021. (Amelia Bedelia Ser.). (ENG.). 160p. (J). (gr. 1-5). lib. bdg. 32.79 *(978-1-0982-5106-2(7)*, 38850, Chapter Bks.) Spotlight.

Amelia Bedelia Special Edition Holiday Chapter Book #1: Amelia Bedelia Wraps It Up. Herman Parish. Illus. by Lynne Avril. 2020. (Amelia Bedelia Special Edition Holiday Ser.: 1). (ENG.). 160p. (J). (gr. 1-5). pap. 5.99 *(978-0-06-296203-4(5))*; 15.99 *(978-0-06-296204-1(3))* HarperCollins Pubs. (Greenwillow Bks.).

Amelia Bedelia Special Edition Holiday Chapter Book #2: Amelia Bedelia Scared Silly. Herman Parish. Illus. by Lynne Avril. 2021. (Amelia Bedelia Special Edition Holiday Ser.: 2). (ENG.). 160p. (J). (gr. 1-5). 15.99 *(978-0-06-296207-2(8))*; pap. 6.99 *(978-0-06-296206-5(X))* HarperCollins Pubs. (Greenwillow Bks.).

Amelia Bedelia Special Edition Holiday Chapter Book #3: Amelia Bedelia Hops to It. Herman Parish. Illus. by Lynne Avril. 2022. (Amelia Bedelia Special Edition Holiday Ser.: 3). (ENG.). 160p. (J). (gr. 1-5). 15.99 *(978-0-06-296210-2(8))*; pap. 6.99 *(978-0-06-296209-6(4))* HarperCollins Pubs. (Greenwillow Bks.).

Amelia Bedelia Steps Out. Herman Parish & Lynne Avril. 2021. (I Can Read Level 1 Ser.). (ENG., Illus.). 32p. (J). (gr. -1-3). 16.99 *(978-0-06-296200-3(0))*; pap. 4.99 *(978-0-06-296199-0(3))* HarperCollins Pubs. (Greenwillow Bks.).

Amelia Bedelia Steps Out. Herman Parish. ed. 2021. (I Can Read Ser.). (ENG., Illus.). 32p. (J). (gr. k-1). 14.96 *(978-1-64697-675-1(4))* Penworthy Co., LLC, The.

Amelia Bedelia Storybook Favorites: Includes 5 Stories Plus Stickers! Herman Parish. Illus. by Lynne Avril. 2019. (Amelia Bedelia Ser.). (ENG.). 192p. (J). (gr. -1-3). 13.99 *(978-0-06-288301-8(1)*, Greenwillow Bks.) HarperCollins Pubs.

Amelia Bedelia Storybook Favorites #2. Herman Parish. Illus. by Lynn Sweat. 2020. (Amelia Bedelia Ser.). (ENG.). 192p. (J). (gr. 1-5). 13.99 *(978-0-06-301333-9(9)*, Greenwillow Bks.) HarperCollins Pubs.

Amelia Bedelia Storybook Treasury #2 (Classic) Calling Doctor Amelia Bedelia; Amelia Bedelia & the Cat; Amelia Bedelia Bakes Off. Herman Parish. Illus. by Lynn Sweat. 2016. (Amelia Bedelia Ser.). (ENG.). 192p. (J). (gr. 1-5). 11.99 *(978-0-06-246908-3(8)*, Greenwillow Bks.) HarperCollins Pubs.

Amelia Bedelia Takes the Cake. Herman Parish. Illus. by Lynne Avril. 2016. (I Can Read Level 1 Ser.). (ENG.). 32p. (J). (gr. -1-3). pap. 4.99 *(978-0-06-233430-5(1)*, Greenwillow Bks.) HarperCollins Pubs.

Amelia Bedelia Ties the Knot. Herman Parish. ed. 2016. (Amelia Bedelia Chapter Book Ser.: 10). (J). lib. bdg. 14.75 *(978-0-606-38762-0(5))* Turtleback.

Amelia Bedelia Ties the Knot: #10. Herman Parish. Illus. by Lynne Avril. 2021. (Amelia Bedelia Ser.). (ENG.). 160p. (J). (gr. 1-5). lib. bdg. 32.79 *(978-1-0982-5111-6(3)*, 38855, Chapter Bks.) Spotlight.

Amelia Bedelia under the Weather. Herman Parish. Illus. by Lynne Avril. 2018. (I Can Read Level 1 Ser.). (ENG.). 32p. (J). (gr. -1-3). 16.99 *(978-0-06-265892-0(1))*; pap. 4.99 *(978-0-06-265891-3(3))* HarperCollins Pubs. (Greenwillow Bks.).

Amelia Bedelia under the Weather. Herman Parish. 2019. (I Can Read 88 Ser.). (ENG.). 31p. (J). (gr. k-1). 14.96 *(978-1-64310-972-5(3))* Penworthy Co., LLC, The.

Amelia Bedelia Unleashed: #2. Herman Parish. Illus. by Lynne Avril. 2021. (Amelia Bedelia Ser.). (ENG.). 160p. (J). (gr. 1-5). lib. bdg. 32.79 *(978-1-0982-5103-1(2)*, 38847, Chapter Bks.) Spotlight.

Amelia Bedelia Wraps It Up, 1. Herman Parish. ed. 2020. (Amelia Bedelia Ch Bks). (ENG., Illus.). 137p. (J). (gr. 2-3). 15.96 *(978-1-64697-494-8(8))* Penworthy Co., LLC, The.

Amelia Bedelia's First Day of School Holiday. Herman Parish. Illus. by Lynne Avril. 2020. (Amelia Bedelia Ser.). (ENG.). 32p. (J). (gr. -1-3). 10.99 *(978-0-06-298487-6(X)*, Greenwillow Bks.) HarperCollins Pubs.

Amelia Bedelia's First Valentine Holiday. Herman Parish. Illus. by Lynne Avril. 2020. (Amelia Bedelia Ser.). (ENG.). 32p. (J). (gr. -1-3). 10.99 *(978-0-06-298488-3(8)*, Greenwillow Bks.) HarperCollins Pubs.

Amelia Chamelia & the Birthday Party. Laura Sieveking. Illus. by Alyssa Bermudez. 2019. (Amelia Chamelia Ser.). 96p. (J). (gr. k). 9.99 *(978-0-14-379166-9(4)*, Puffin) Penguin Random Hse. AUS. Dist: Independent Pubs. Group.

Amelia Chamelia & the Farm Adventure. Laura Sieveking. Illus. by Alyssa Bermudez. 2019. (Amelia Chamelia Ser.). 96p. (J). (gr. k). 9.99 *(978-0-14-379164-5(8)*, Puffin) Penguin Random Hse. AUS. Dist: Independent Pubs. Group.

Amelia Chamelia & the Gelato Surprise. Laura Sieveking. Illus. by Alyssa Bermudez. 2019. (Amelia Chamelia Ser.). 96p. (J). (gr. k). 9.99 *(978-0-14-379160-7(5)*, Puffin) Penguin Random Hse. AUS. Dist: Independent Pubs. Group.

Amelia Chamelia & the School Play: Amelia Chamelia 3. Laura Sieveking. Illus. by Alyssa Bermudez. 2019. (Amelia Chamelia Ser.). 96p. (J). (gr. k). 9.99 *(978-0-14-379162-1(1)*, Puffin) Penguin Random Hse. AUS. Dist: Independent Pubs. Group.

Amelia Cole Omnibus. D. J. Kirkbride & Adam P. Knave. Illus. by Nick Brokenshire. 2017. (Amelia Cole Ser.). 564p. (YA). (gr. 8-12). pap. 39.99 *(978-1-63140-899-1(2))* Idea & Design Works, LLC.

Amelia Darehart, the Most Daring Snail of Her Time. Eileen Will Tenney. 2017. (ENG., Illus.). (J). (gr. k-3). pap. 12.99 *(978-0-9988337-0-5(3))* Pippa's Passion.

Amelia Earhart. Kate Conley. 2021. (Groundbreaker Bios Ser.). (ENG., Illus.). 32p. (J). (gr. 2-5). lib. bdg. 34.21 *(978-1-5321-9683-6(0)*, 38398, Kids Core) ABDO Publishing Co.

Amelia Earhart. Kate Conley. 2022. (Groundbreaker Bios Ser.). (ENG., Illus.). 32p. (J). (gr. 2-3). pap. 9.95 *(978-1-64494-667-1(X))* North Star Editions.

Amelia Earhart, 1 vol. Tim Cooke. 2016. (Meet the Greats Ser.). (ENG.). 48p. (J). (gr. 5-5). pap. 15.65 *(978-1-4824-5944-9(2)*, bc38f5a3-8bb2-4f99-8696-fe4253d99a9d) Stevens, Gareth Publishing LLLP.

Amelia Earhart. Contrib. by Sue Gagliardi. 2023. (Unsolved Mysteries Ser.). (ENG., Illus.). 32p. (J). (gr. 2-3). pap. 9.95 *(978-1-63738-457-2(2))*; lib. bdg. 31.35 *(978-1-63738-430-5(0))* North Star Editions. (Apex).

Amelia Earhart. Emma E. Haldy. Illus. by Jeff Bane. 2016. (My Early Library: My Itty-Bitty Bio Ser.). (ENG.). 24p. (J). (gr. k-1). 30.64 *(978-1-63470-480-9(0)*, 207651) Cherry Lake Publishing.

Amelia Earhart. Stephen Krensky. Illus. by Bobbie Houser. 2022. (Before They Were Famous Ser.). (ENG.). 32p. (J). (gr. 3-5). pap. *(978-1-0396-6256-8(0)*, 19296); lib. bdg. *(978-1-0396-6061-8(4)*, 19295) Crabtree Publishing Co.

Amelia Earhart. Kim Moldofsky. Illus. by Alan Brown. 2022. (It's Her Story Ser.). (ENG.). 42p. (J). (gr. 2-5). pap. 9.95 ***(978-1-64996-744-2(6)**, 17111, Sequoia Kids Media)* Sequoia Children's Bks.

Amelia Earhart. Erika L. Shores. 2020. (Biographies Ser.). (ENG.). 32p. (J). (gr. 1-3). pap. 6.95 *(978-1-9771-2654-2(5)*, 201638); (Illus.). lib. bdg. 31.32 *(978-1-9771-2329-9(5)*, 199506) Capstone. (Pebble).

Amelia Earhart. Judy Wearing. 2019. (History Makers Ser.). (ENG.). 24p. (J). lib. bdg. 22.99 *(978-1-5105-4530-4(1))* SmartBook Media, Inc.

Amelia Earhart, Volume 3. Maria Isabel Sanchez Vegara. Illus. by Mariadiamantes. (Little People, BIG DREAMS Ser.). (ENG.). 32p. (J). (gr. -1-2). 2023. pap. 8.99 ***(978-0-7112-8383-1(4))***; 2016. 15.99 *(978-1-84780-888-2(3))* Quarto Publishing Group UK GBR. (Frances Lincoln Children's Bks.). Dist: Hachette Bk. Group.

Amelia Earhart: A Kid's Book about Flying Against All Odds. Mary Nhin. Illus. by Yuliia Zolotova. 2020. (Mini Movers & Shakers Ser.: Vol. 1). (ENG.). 36p. (J). 19.99 *(978-1-953399-47-2(9))* Grow Grit Pr.

Amelia Earhart: Aviation Pioneer. Daniel E. Harmon. 2017. (Britannica Beginner Bios Ser.). (Illus.). 32p. (J). (gr. 6-10). 77.40 *(978-1-5383-0020-6(6))* Rosen Publishing Group, Inc., The.

Amelia Earhart: (Children's Biography Book, Kids Books, Age 5 10, Historical Women in History) Inspired Inner Genius. 2022. (ENG.). 38p. (J). pap. 12.99 *(978-1-6904-1277-9(1))* IIG Pub.

Amelia Earhart: First Woman to Fly Solo Across the Atlantic, 1 vol. Kristin Thiel. 2017. (Fearless Female Soldiers, Explorers, & Aviators Ser.). (ENG.). 128p. (YA). (gr. 9-9). 47.36 *(978-1-5026-2749-0(3)*, f4ee7b7b-24c9-4aed-9fcc-73f5401b1c71) Cavendish Square Publishing LLC.

Amelia Earhart: Flying Solo. John Burke. 2017. (Great Leaders & Events Ser.). (ENG.). (J). (gr. 4-8). lib. bdg. 35.99 *(978-1-942875-45-1(2))* Quarto Publishing Group USA.

Amelia Earhart: My First Amelia Earhart. Maria Isabel Sanchez Vegara. Illus. by Mariadiamantes. ed. 2018. (Little People, BIG DREAMS Ser.: 3). (ENG.). 24p. (J). (gr. -1 — 1). bds. 9.99 ***(978-1-78603-252-2(X)**,* Frances Lincoln Children's Bks.) Quarto Publishing Group UK GBR. Dist: Hachette Bk. Group.

Amelia Earhart: Pioneering Aviator & Force for Women's Rights. Diane Dakers. 2016. (ENG.). 112p. (J). *(978-0-7787-2562-6(6))* Crabtree Publishing Co.

Amelia Earhart: Pionera en Aviación (Amelia Earhart: Aviation Pioneer) (Spanish Version) Grace Hansen. 2016. (Biografías: Personas Que Han Hecho Historia (History Maker Biographies Set 2) Ser.). (SPA.). 24p. (J). (gr. -1-2). lib. bdg. 32.79 *(978-1-62402-678-2(8)*, 24860, Abdo Kids) ABDO Publishing Co.

Amelia Earhart: This Broad Ocean. S. S. Taylor. Illus. by Ben Towle. 2020. (Center for Cartoon Studies Presents Ser.). (ENG.). 96p. (J). (gr. 5-9). 17.99 *(978-1-368-02229-3(4))* Hyperion Bks. for Children.

Amelia Earhart: This Broad Ocean. S. S. Taylor. Illus. by Ben Towle. 2020. (Center for Cartoon Studies Presents Ser.). (ENG.). 96p. (J). (gr. 5-9). pap. 12.99 *(978-1-368-04287-1(2))* Little, Brown Bks. for Young Readers.

Amelia Earhart & Other Female Aviators Coloring Book. Activity Book Zone for Kids. 2016. (ENG., Illus.). (J). pap. 9.20 *(978-1-68376-407-6(2))* Sabeels Publishing.

Amelia Earhart & the Flying Chariot. Steve Sheinkin. ed. 2020. (Time Twisters Ser.). (ENG.). 157p. (J). (gr. 2-3). 16.69 *(978-1-64697-147-3(7))* Penworthy Co., LLC, The.

Amelia Earhart & the Flying Chariot. Steve Sheinkin. Illus. by Neil Swaab. 2019. (Time Twisters Ser.). (ENG.). 176p. (J). 13.99 *(978-1-250-14899-5(5)*, 900182127); pap. 8.99 *(978-1-250-15257-2(7)*, 900182128) Roaring Brook Pr.

Amelia Earhart (Spanish Edition) Maria Isabel Sanchez Vegara. Illus. by Mariadiamantes. 2023. (Little People, BIG DREAMS en Español Ser.). (SPA.). 32p. (J). (gr. -1-2). pap. 8.99 ***(978-0-7112-8466-1(0)**,* Frances Lincoln Children's Bks.) Quarto Publishing Group UK GBR. Dist: Hachette Bk. Group.

Amelia Earhart (the First Names Series) Andrew Prentice. Illus. by Mike Smith. (First Names Ser.). (ENG.). (J). (gr. 3-7). 2020. 176p. pap. 6.99 *(978-1-4197-4089-3(X)*, 1279103); 2019. 160p. 9.99 *(978-1-4197-3741-1(4)*, 1279101) Abrams, Inc. (Abrams Bks. for Young Readers).

Amelia Earhart's Final Flight. Megan Cooley Peterson. 2022. (History's Mysteries Ser.). (ENG.). 32p. (J). 31.32 *(978-1-6639-5873-0(4)*, 226012); pap. 7.95 *(978-1-6663-2050-3(1)*, 225988) Capstone. (Capstone Pr.).

Amelia Erroway: Castaway Commander: a Graphic Novel. Betsy Peterschmidt. 2021. (ENG., Illus.). 288p. (J). (gr. 3-7). 26.99 *(978-1-338-18614-7(0))*; pap. 14.99 *(978-1-338-18612-3(4))* Scholastic, Inc. (Graphix).

Amelia Fang & the Barbaric Ball. Laura Ellen Anderson. (Amelia Fang Ser.: 1). (ENG.). 224p. (J). (gr. 2). 2023. 7.99 ***(978-1-9848-4841-3(0)**,* Yearling); 2019. (Illus.). 12.99 *(978-1-9848-4839-0(9)*, Delacorte Bks. for Young Readers) Random Hse. Children's Bks.

Amelia Fang & the Memory Thief. Laura Ellen Anderson. 2020. (Amelia Fang Ser.: 3). (ENG., Illus.). 224p. (J). (gr. 2). 12.99 *(978-0-593-17247-6(7)*, Delacorte Bks. for Young Readers) Random Hse. Children's Bks.

Amelia Fang & the Rainbow Rangers. Laura Ellen Anderson. 2020. (Amelia Fang Ser.: 4). (ENG., Illus.). 240p. (J). (gr. 2). 12.99 *(978-0-593-17249-0(3)*, Delacorte Bks. for Young Readers) Random Hse. Children's Bks.

Amelia Fang & the Unicorns of Glitteropolis. Laura Ellen Anderson. (Amelia Fang Ser.: 2). (ENG.). 240p. (J). (gr. 2). 2023. 7.99 ***(978-1-9848-4844-4(5)**,* Yearling); 2019. (Illus.). 12.99 *(978-1-9848-4842-0(9)*, Delacorte Bks. for Young Readers) Random Hse. Children's Bks.

Amelia Frump & the Billion-Cajillion Dollar Secret. Debbie Roppolo. 2018. (ENG.). 78p. (J). pap. 5.39 *(978-1-7325905-2-6(4))* Dancing With Bear Publishing.

Amelia Gets Ready for Kindergarten. Megan Suarez. 2020. (ENG.). 28p. (J). pap. 15.50 *(978-0-359-93201-6(0))* Lulu Pr., Inc.

Amelia Goes to the Park. Tracilyn George. 2021. (ENG.). 22p. (J). pap. 12.99 ***(978-1-77475-533-4(5))*** Draft2Digital.

Amelia Goes to the Park. Tracilyn George. 2020. (ENG.). (J). 22p. pap. 11.00 *(978-1-7774435-2-8(0))*; 24p. pap. 11.32 *(978-1-716-05107-4(X))* Lulu Pr., Inc.

Amelia I Love You All Ways. Marianne Richmond. Illus. by Dubravka Kolanovic. 2023. (I Love You All Ways Ser.). (ENG.). 32p. (J). (gr. -1-3). 8.99 ***(978-1-7282-7331-0(5))*** Sourcebooks, Inc.

Amelia Maylock: Hidden in the Amethyst. Jason Ellis. 2019. (Amelia Maylock Chronicles Ser.: Vol. 2). (ENG.). 210p. (J). (gr. 4-6). pap. *(978-1-906529-21-5(3))* JTT Publishing.

Amelia Maylock: The 12th Year Awakening. Jason Ellis. 2017. (Amelia Maylock Chronicles Ser.: Vol. 1). (ENG., Illus.). (J). (gr. 4-6). pap. *(978-1-906529-49-9(3))* JTT Publishing.

Amelia on the North Pole Express. J. D. Green. Illus. by Joanne Partis. 2022. (North Pole Express Bears Ser.). (ENG.). 32p. (J). (gr. -1-3). 7.99 ***(978-1-7282-6909-2(1))*** Sourcebooks, Inc.

Amelia on the North Pole Express. J. D. Green. 2019. (North Pole Express Ser.). (ENG.). 32p. (J). (gr. -1-3). 7.99 ***(978-1-7282-0302-7(3))*** Sourcebooks, Inc.

Amelia Peabody Tileston: And Her Canteens for the Serbs (Classic Reprint) Amelia Peabody Tileston. 2017. (ENG., Illus.). (J). 28.52 *(978-0-331-71735-8(2))* Forgotten Bks.

Amelia Santa's Secret Elf. Put Me In The Story & Katherine Sully. Illus. by Julia Seal. 2018. (Santa's Secret Elf Ser.). (ENG.). 32p. (J). (gr. k-3). 5.99 *(978-1-4926-8116-8(4))* Sourcebooks, Inc.

Amelia Six: An Amelia Earhart Mystery. Kristin L. Gray. 2021. (ENG.). 272p. (J). (gr. 3-7). pap. 7.99 *(978-1-5344-1886-8(5)*, Simon & Schuster/Paula Wiseman Bks.) Simon & Schuster/Paula Wiseman Bks.

Amelia Sparklepaw's Party Problem. Daisy Meadows & Lisa Ann Scott. ed. 2016. (Magic Animal Friends Ser.). (ENG.). 176p. (J). (gr. 2-5). 17.20 *(978-0-606-39140-5(1))* Turtleback.

Amelia the Fart Detector. Anthony Sumpter. Illus. by Jordynn Morris. 2020. (ENG.). 18p. (J). (gr. 2-3). pap. 9.95 *(978-1-949290-42-4(5))* Bedazzled Ink Publishing Co.

Amelia 'Twas the Night Before Christmas. Illus. by Lisa Alderson. 2019. (Night Before Christmas Ser.). (ENG.). 32p. (J). (gr. -1-3). 7.99 ***(978-1-7282-0195-5(0))*** Sourcebooks, Inc.

Amelia Unabridged: A Novel. Ashley Schumacher. 2021. (ENG.). 304p. (YA). 19.99 *(978-1-250-25302-6(0)*, 900218608, Wednesday Bks.) St. Martin's Pr.

Amelia Westlake Was Never Here. Erin Gough. (ENG., Illus.). 368p. (YA). (gr. 9-17). 2020. pap. 10.99 *(978-0-316-45068-3(5))*; 2019. 17.99 *(978-0-316-45066-9(9))* Little, Brown Bks. for Young Readers. (Poppy).

Ameliaranne & the Green Umbrella (Classic Reprint) Constance Heward. 2017. (ENG., Illus.). (J). 25.11 *(978-0-331-08890-8(8))*; pap. 9.57 *(978-0-259-53017-6(4))* Forgotten Bks.

Amelia's Adventures: Enchanted Garden. Paulina Paterek. 2023. (ENG.). 34p. (J). pap. ***(978-1-312-72209-5(6))*** Lulu Pr., Inc.

Amelia's Autumn Trail. Haley Belinda. 2018. (ENG., Illus.). 42p. (J). (gr. 1-3). *(978-1-9998344-1-8(0))*; pap. *(978-1-9998344-0-1(2))* Norton's Independent Publishing.

Amelia's Bed. Matt Barnard. Illus. by Jade Manchett. 2022. (ENG.). 20p. (J). pap. *(978-1-83975-894-2(5))* Grosvenor Hse. Publishing Ltd.

Amelia's Christmas Wish. Put Me In The Story & J. D. Green. Illus. by Julia Seal. 2018. (Christmas Wish Ser.). (ENG.). 32p. (J). (gr. k-3). 6.99 ***(978-1-4926-8303-2(5))*** Sourcebooks, Inc.

Amelia's Story. Kevin Minor et al. 2020. (ENG.). 32p. (J). (gr. -1-3). 16.99 *(978-0-7643-6009-1(4)*, 18537) Schiffer Publishing, Ltd.

Amelia's Wish. Jackie Hartfield. 2022. (ENG.). 36p. (J). pap. *(978-1-7398905-0-6(7))* Stockwell, Arthur H. Ltd.

Amelie Rives, Vol. 2 of 2 (Classic Reprint) Unknown Author. 2018. (ENG., Illus.). 244p. (J). 28.93 *(978-0-483-80738-9(9))* Forgotten Bks.

Amemos Como Jesús, 1 vol. Cecile Olesen Fodor. Illus. by Gavin Scott. 2019. (SPA.). 10p. (J). 8.99 *(978-1-4041-0992-6(7))* Grupo Nelson.

Ameri-Scares Montana: Ghosts in the Dust. Elizabeth Massie. 2020. (ENG.). 196p. (J). pap. 13.99 *(978-1-951510-23-7(2)*, Wonderstruck Bks.) Crossroad Pr.

Ameri-Scares Tennessee: Winter Haunting. Elizabeth Massie. 2019. (Ameri-Scares Ser.: Vol. 8). (ENG.). 148p. (J). pap. 9.99 *(978-1-950565-83-2(1)*, Wonderstruck Bks.) Crossroad Pr.

Ameri-Scares West Virginia: Lair of the Mothman. Stephen Mark Rainey. 2019. (Ameri-Scares Ser.: Vol. 7). (ENG., Illus.). 152p. (J). pap. 9.99 *(978-1-949914-23-8(2)*, Wonderstruck Bks.) Crossroad Pr.

America: A World Power US Expansion to the Pacific US History Grade 6 Children's American History. Baby

A

Professor. 2022. (ENG.). 72p. (J). 31.99 *(978-1-5419-8632-9(6))*; pap. 19.99 *(978-1-5419-5498-4(X))* Speedy Publishing LLC. (Baby Professor (Education Kids)).

America: 50 Years of Change. Eric Braun et al. 2018. (America: 50 Years of Change Ser.). (ENG.). 64p. (J). (gr. 5-9). 146.60 *(978-1-5435-0417-0(5)*, 27650, Capstone Pr.) Capstone.

America ABC Board Book. Samuel Troy Wilson. Illus. by Irene Chan. 2019. (ENG.). 32p. (J). (gr. -1 — 1). bds. 10.99 *(978-0-06-279527-4(9)*, HarperCollins) HarperCollins Pubs.

America at the Front (Classic Reprint) Fullerton Leonard Waldo. 2018. (ENG., Illus.). 216p. (J). 28.35 *(978-0-365-25544-4(0))* Forgotten Bks.

America at War, 10 vols., Set. Incl. American Civil War & Reconstruction: People, Politics, & Power. Ed. by Jeffrey H. Wallenfeldt. 264p. (YA). lib. bdg. 52.59 *(978-1-61530-007-5(4)*, caabe591-854b-4c24-a3a4-5428b6cccf32); American Revolutionary War & the War of 1812: People, Politics, & Power. Jeffrey H. Wallenfeldt. 240p. (YA). lib. bdg. 52.59 *(978-1-61530-022-8(8)*, 561f6901-5903-417e-b7a2-91ced313eedc); Korean War & the Vietnam War: People, Politics, & Power. William L. Hosch. 232p. (J). lib. bdg. 52.59 *(978-1-61530-011-2(2)*, ac3dd829-b1e0-46de-a740-8d1cb2c3f3af); World War I: People, Politics, & Power. Ed. by William L. Hosch. 240p. (YA). lib. bdg. 52.59 *(978-1-61530-013-6(9)*, 2a9225aa-addc-419c-b6e7-c1a9f093d455); World War II: People, Politics, & Power. William L. Hosch. 264p. (YA). lib. bdg. 52.59 *(978-1-61530-008-2(2)*, 6f99d295-8a87-4a02-be51-5ac1aca6dec4); (gr. 10-10). (America at War Ser.). (ENG., Illus.). 264p. 2010. Set lib. bdg. 262.95 *(978-1-61530-030-3(9)*, 9e18dd47-8482-4795-90cf-6192d9a8499a) Rosen Publishing Group, Inc., The.

America Border Culture Dreamer: The Young Immigrant Experience from a to Z. Wendy Ewald. 2018. (ENG., Illus.). 64p. (J). (gr. 5-17). 18.99 *(978-0-316-48495-4(4))* Little, Brown Bks. for Young Readers.

America Changes! How American Life & Culture Changed in the Late 1800's Social Studies Children's American History. Baby Professor. 2022. (ENG.). 74p. (J). 31.99 *(978-1-5419-9444-7(2))*; pap. 20.99 *(978-1-5419-8304-5(1))* Speedy Publishing LLC. (Baby Professor (Education Kids)).

America (Classic Reprint) Sholom Asch. (ENG., Illus.). (J). 2018. 164p. 27.30 *(978-0-365-13337-7(X))*; 2017. pap. 9.97 *(978-0-259-99241-7(0))* Forgotten Bks.

America Debates, 10 vols., Set. Incl. America Debates Civil Liberties & Terrorism. Jeri Freedman. lib. bdg. 37.13 *(978-1-4042-1927-4(7)*, fde63664-951f-4dfc-ab55-ae6531a981b7); America Debates Global Warming: Crisis or Myth? Matthew Robinson. lib. bdg. 37.13 *(978-1-4042-1925-0(0)*, c5bbec49-cbcc-419d-9683-5edb38f138b6); America Debates Privacy Versus Security. Jeri Freedman. lib. bdg. 37.13 *(978-1-4042-1929-8(3)*, 2eb69dee-61d6-4b38-aa54-f78f558adcd3); America Debates Stem Cell Research. Jeri Freedman. lib. bdg. 37.13 *(978-1-4042-1928-1(5)*, c346cbf7-3ff5-4b79-b664-a38d8b1a3d0f); America Debates United States Policy on Immigration. Renee Ambrosek. lib. bdg. 37.13 *(978-1-4042-1924-3(2)*, f0cb50ae-84e2-4ebc-b1bd-6c1f343be16c); (Illus.). 64p. (YA). (gr. 5-6). 2007. (America Debates Ser.). (ENG.). 2007. Set lib. bdg. 185.65 *(978-1-4042-1100-1(4)*, c31750e3-e23f-42c2-8c58-d334a0c8a2ef) Rosen Publishing Group, Inc., The.

América Del Norte. Erinn Banting. 2016. (Los Siete Continentes Ser.). (SPA.). 32p. (J). lib. bdg. 22.99 *(978-1-5105-2468-2(1))* SmartBook Media, Inc.

América Del Norte. Alexis Roumanis. 2016. (Explorando Los Continentes Ser.). (SPA.). 24p. (J). pap. 31.41 *(978-1-4896-4288-2(9))* Weigl Pubs., Inc.

América Del Sur. Erinn Banting. 2016. (Los Siete Continentes Ser.). (SPA.). 32p. (J). lib. bdg. 22.99 *(978-1-5105-2469-9(X))* SmartBook Media, Inc.

América Del Sur. Alexis Roumanis. 2016. (Explorando Los Continentes Ser.). (SPA.). 24p. (J). pap. 31.41 *(978-1-4896-4303-2(6))* Weigl Pubs., Inc.

América Embrujada. Matt Chandler. 2020. (América Embrujada Ser.).Tr. of Haunted America. (SPA.). 32p. (J). (gr. 3-9). 122.60 *(978-1-4966-8548-3(2)*, 200725, Capstone Pr.) Capstone.

America First: A Boy Scout Operetta; Dedicated to the Boy Scouts of America (Classic Reprint) Will Charles MacFarlane. (ENG., Illus.). (J). 2018. 70p. 25.34 *(978-0-666-59087-9(7))*; 2017. pap. 9.57 *(978-0-259-94298-6(7))* Forgotten Bks.

America First (Classic Reprint) Frances Nimmo Greene. 2018. (ENG., Illus.). 142p. (J). 26.83 *(978-0-484-45038-6(7))* Forgotten Bks.

America from a to Z: An Alphabet Adventure. Amelia Hepworth. Illus. by E. Rodriguez. 2021. (ENG.). 24p. (J). (-k). bds. 9.99 *(978-1-68010-693-0(7))* Tiger Tales.

America in The 1800s: Immigration & Industry How Immigrants Shaped America's Future Grade 7 American History. Baby Professor. 2022. (ENG.). 72p. (J). 31.99 *(978-1-5419-9706-6(9))*; pap. 19.99 *(978-1-5419-5571-4(4))* Speedy Publishing LLC. (Baby Professor (Education Kids)).

America in The 1920s: Post-War Troubles United States History Grade 7 Children's American History. Baby Professor. 2022. (ENG.). 72p. (J). 31.99 *(978-1-5419-8919-1(8))*; pap. 19.99 *(978-1-5419-5575-2(7))* Speedy Publishing LLC. (Baby Professor (Education Kids)).

America in the 20th Century (1913/1999) Victor South. 2018. (J). *(978-1-5105-3610-4(8))* SmartBook Media, Inc.

America in the Making: An One-Act Patriotic Play in Ten Episodes (Classic Reprint) Ragna B. Eskil. 2018. (ENG., Illus.). 30p. (J). 24.52 *(978-0-484-27935-2(1))* Forgotten Bks.

America Is Born, 1770-1800. Constance Sharp. 2018. (J). *(978-1-5105-3592-3(6))* SmartBook Media, Inc.

America Kelsey: Romance of the Great San Joaquin Valley (Classic Reprint) Dave S. Matthews. 2017. (ENG., Illus.). (J). 26.89 *(978-0-331-84762-8(0))* Forgotten Bks.

America, My Love, America, My Heart. Daria Peoples-Riley. Illus. by Daria Peoples-Riley. 2021. (ENG., Illus.). 40p. (J). (gr. -1-3). 17.99 *(978-0-06-299329-8(1)*, Greenwillow Bks.) HarperCollins Pubs.

America Redux: Visual Stories from Our Dynamic History. Ariel Aberg-Riger. Illus. by Ariel Aberg-Riger. 2023. (ENG., Illus.). 304p. (YA). (gr. 9). 24.99 *(978-0-06-305753-1(0)*, Balzer & Bray) HarperCollins Pubs.

America Says Goodbye to France: Pontiac's Rebellion, Proclamation of 1763 U. S. Revolutionary Period Grade 4 Children's Military Books. Baby Professor. 2020. (ENG.). 72p. (J). 24.99 *(978-1-5419-7973-4(7))*; pap. 14.99 *(978-1-5419-5974-3(4))* Speedy Publishing LLC. (Baby Professor (Education Kids)).

America Street: A Multicultural Anthology of Stories. Ed. by Anne Mazer & Brice Particelli. 2019. (ENG.). 224p. (YA). (gr. 7-13). pap. 13.95 *(978-0-89255-491-1(6)*, 255491) Persea Bks., Inc.

America the Beautiful. Wendell Minor. Illus. by Wendell Minor. 2020. (Illus.). 48p. (J). (gr. -1-2). 18.99 *(978-1-62354-121-7(2))* Charlesbridge Publishing, Inc.

America the Beautiful. Cholena Rose Dare. Ed. by Cottage Door Press. Illus. by Katie Melrose. 2021. (ENG.). 24p. (J). (gr. -1-3). 16.99 *(978-1-68052-929-6(3)*, 1005710) Cottage Door Pr.

America the Beautiful. Julie Anne Savage. 2018. (ENG., Illus.). 38p. (J). (gr. k-6). pap. 8.95 *(978-0-692-12278-5(8))* Green Apple Lessons, Inc.

America the Beautiful, 1 vol. Kristen Susienka. 2019. (America's Songs Ser.). (ENG.). 32p. (J). (gr. 3-3). pap. 11.58 *(978-1-5026-4861-7(X)*, c1e4ca3e-57f6-4f00-8125-4e860a39629d) Cavendish Square Publishing LLC.

America the Beautiful to Color: Road Trip Adventures to Color. Zoe Ingram. Illus. by Zoe Ingram. 2017. (ENG., Illus.). 96p. (J). (gr. -1). pap. 15.99 *(978-0-06-256990-5(2)*, HarperCollins) HarperCollins Pubs.

America, the Patriotic Garden Angel. Jamie Page. 2018. (ENG., Illus.). 22p. (J). 21.95 *(978-1-64079-361-3(5))*; pap. 12.95 *(978-1-64079-359-0(3))* Christian Faith Publishing.

America Then & Now. Dona Herweck Rice. rev. ed. 2018. (Social Studies: Informational Text Ser.). (ENG., Illus.). 24p. (J). (gr. 1-3). pap. 10.99 *(978-1-4258-2514-0(1))* Teacher Created Materials, Inc.

America Wilderness, 1865-1890. Wesley Windsor. 2018. (J). *(978-1-5105-3604-3(3))* SmartBook Media, Inc.

America Will Win Wwiii. Contrib. by Vaughan Petrov. 2017. (ENG., Illus.). (YA). pap. 14.21 *(978-1-4999-0357-7(X))* FastPrncil, Inc.

American: A Middle Western Legend (Classic Reprint) Howard Fast. 2017. (ENG., Illus.). (J). 31.26 *(978-0-260-82668-8(5))*; pap. 13.97 *(978-0-243-29984-3(2))* Forgotten Bks.

American Abelard & Heloise: A Love Story (Classic Reprint) Mary Ives Todd. (ENG., Illus.). (J). 2018. 340p. 31.01 *(978-0-484-01570-7(2))*; 2016. pap. 13.57 *(978-1-333-74936-1(8))* Forgotten Bks.

American Ace. Marilyn Nelson. 2016. (ENG.). 128p. (YA). (gr. 7). 17.99 *(978-0-8037-3305-3(4)*, Dial Bks) Penguin Young Readers Group.

American Adventure the Poodle Named Oodle. Nyomi Pfeffer & Paul Pfeffer. 2019. (ENG.). 58p. (J). pap. 24.99 *(978-0-359-81909-6(5))* Lulu Pr., Inc.

American Adventures. British Broadcasting Corporation Children's Books Staff & Justin Richards. 2016. (ENG.). 192p. (J). 14.99 *(978-1-4059-2872-4(7)*, 693ad97d-0494-487c-b36a-3f38d2afcbed) Penguin Bks., Ltd. GBR. Dist: Diamond Comic Distributors, Inc.

American Aliens, 1 vol. Gina Hagler. 2019. (Creatures of the Paranormal Ser.). (ENG.). 48p. (J). (gr. 5-5). 29.60 *(978-1-9785-1354-9(2)*, 3df33771-97ee-4783-841c-0c541f3f20e8) Enslow Publishing, LLC.

American Alligator. Ellen Lawrence. 2016. (Swamp Things: Animal Life in a Wetland Ser.). (ENG., Illus.). 24p. (J). (gr. -1-3). 26.99 *(978-1-944102-51-7(5))* Bearport Publishing Co., Inc.

American Alligator. Carla Mooney. 2016. (Back from near Extinction Ser.). (ENG., Illus.). 48p. (J). (gr. 4-8). lib. bdg. 35.64 *(978-1-68078-462-6(5)*, 23861) ABDO Publishing Co.

American Alligator vs. Wild Boar. Nathan Sommer. 2023. (Animal Battles Ser.). (ENG., Illus.). (J). (gr. 3-7). pap. 7.99. lib. bdg. 26.95 Bellwether Media.

American Alligators. Megan Borgert-Spaniol. 2016. (North American Animals Ser.). (ENG., Illus.). 24p. (J). (gr. k-3). 26.95 *(978-1-62617-399-6(0)*, Blastoff! Readers) Bellwether Media.

American Alligators. Tyler Omoth. 2017. (Animals of North America Ser.). (ENG., Illus.). 32p. (J). (gr. 2-3). lib. bdg. 31.35 *(978-1-63517-027-6(3)*, 1635170273, Focus Readers) North Star Editions.

American Ambassador (Classic Reprint) Lawrence Byrne. 2017. (ENG., Illus.). 308p. (J). 30.27 *(978-0-332-57819-4(4))* Forgotten Bks.

American & Italian Cantatrici: Or a Year at the Singing Schools of Milan (Classic Reprint) Lucius Lucius. 2017. (ENG., Illus.). (J). 350p. 31.12 *(978-0-484-90547-3(3))*; pap. 13.57 *(978-0-259-36548-8(3))* Forgotten Bks.

American & National Identity, 1 vol. Kristin Thiel. 2018. (Discovering America: an Exceptional Nation Ser.). (ENG.). 112p. (gr. 7-7). lib. bdg. 44.50 *(978-1-5026-4263-9(8)*, ae2c7270-046d-4246-8cdc-eb25c24546f4) Cavendish Square Publishing LLC.

American Anthology, 1787-1900: Selections Illustrating the Editor's Critical Review of American Poetry in the Nineteenth Century (Classic Reprint) Edmund Clarence Stedman. (ENG., Illus.). (J). 2018. 946p. 43.41 *(978-0-365-05157-2(8))*; 2018. 940p. 43.28 *(978-0-666-52547-5(1))*; 2017. pap. 25.81 *(978-0-243-48718-9(5))*; 2017. pap. 25.63 *(978-0-259-52035-1(7))* Forgotten Bks.

American Apiculturist, 1891, Vol. 9: A Journal Devoted to Practical Beekeeping (Classic Reprint) Unknown Author. 2018. (ENG., Illus.). 186p. (J). 27.73 *(978-0-267-86088-3(9))* Forgotten Bks.

American Artists Help Keep America Beautiful. Davey O'Rourke. 2017. (Text Connections Guided Close Reading Ser.). (J). (gr. 2). *(978-1-4900-1840-9(9))* Benchmark Education Co.

American As Paneer Pie. Supriya Kelkar. 2021. (ENG.). 336p. (J). (gr. 3-7). pap. 8.99 *(978-1-5344-3939-9(0)*, Simon & Schuster Bks. For Young Readers) Simon & Schuster Bks. For Young Readers.

American Authors E. B. White & Gary Soto. Kathryn L. O'Dell. 2017. (Text Connections Guided Close Reading Ser.). (J). (gr. 2). *(978-1-4900-1851-5(4))* Benchmark Education Co.

American Badgers. Rebecca Sabelko. 2018. (North American Animals Ser.). (ENG., Illus.). 24p. (J). (gr. k-3). lib. bdg. 26.95 *(978-1-62617-795-6(3)*, Blastoff! Readers) Bellwether Media.

American Baron: A Novel (Classic Reprint) James De Mille. 2018. (ENG., Illus.). 144p. (J). 26.89 *(978-0-428-94050-8(1))* Forgotten Bks.

American Battlefield of a European War: The French & Indian War - Us History Elementary Children's American Revolution History. Baby Professor. 2017. (ENG., Illus.). (J). pap. 9.55 *(978-1-5419-1184-0(9)*, Baby Professor (Education Kids)) Speedy Publishing LLC.

American Beavers. Alicia Z. Klepeis. 2017. (Animals of North America Ser.). (ENG., Illus.). 32p. (J). (gr. 2-3). lib. bdg. 31.35 *(978-1-63517-028-3(1)*, 1635170281, Focus Readers) North Star Editions.

American Bee Journal, 1861, Vol. 9 (Classic Reprint) Unknown Author. 2018. (ENG., Illus.). 572p. (J). 35.69 *(978-0-332-43799-6(X))* Forgotten Bks.

American Bee Journal, 1872, Vol. 7 (Classic Reprint) Samuel Wagner. 2017. (ENG., Illus.). (J). 230p. 28.64 *(978-0-332-85524-0(4))*; pap. 11.57 *(978-0-282-21100-4(4))* Forgotten Bks.

American Bee Journal, 1874, Vol. 10 (Classic Reprint) W. F. Clarke. (ENG., Illus.). (J). 2018. 870p. 41.84 *(978-0-428-46636-7(2))*; 2017. pap. 24.18 *(978-0-282-75038-1(X))* Forgotten Bks.

American Bee Journal, 1891, Vol. 28 (Classic Reprint) Thomas G. Newman. 2018. (ENG., Illus.). 592p. (J). 36.11 *(978-0-364-06412-2(9))* Forgotten Bks.

American Bee Journal, 1895, Vol. 35: Devoted Exclusively to the Interests of Honey Producers (Classic Reprint) George W. York. 2017. (ENG., Illus.). (J). 41.22 *(978-0-265-60754-1(X))*; pap. 23.57 *(978-0-282-96987-5(X))* Forgotten Bks.

American Bee Journal, 1897, Vol. 37: The Oldest Bee-Paper in America, Devoted Exclusively to the Interests of Honey Producers (Classic Reprint) George W. York. 2017. (ENG., Illus.). (J). 41.14 *(978-0-260-25184-8(4))*; pap. 23.57 *(978-1-5282-0786-7(6))* Forgotten Bks.

American Bee Journal, 1899, Vol. 39 (Classic Reprint) George W. York. 2017. (ENG., Illus.). (J). 41.14 *(978-0-266-56977-0(3))*; pap. 23.57 *(978-0-282-83821-8(X))* Forgotten Bks.

American Bee Journal, 1903, Vol. 43 (Classic Reprint) George W. York. 2017. (ENG., Illus.). (J). 41.47 *(978-0-265-56747-0(5))*; pap. 23.97 *(978-0-282-83280-3(7))* Forgotten Bks.

American Bee Journal, 1905, Vol. 45 (Classic Reprint) George W. York. 2017. (ENG., Illus.). (J). 42.87 *(978-0-265-56514-8(6))*; pap. 25.21 *(978-0-282-84050-1(8))* Forgotten Bks.

American Bee Journal, Vol. 23: January 5, 1887 (Classic Reprint) Thomas G. Newman and Son. (ENG., Illus.). (J). 2018. 640p. 37.10 *(978-0-656-25625-9(7))*; 2016. pap. 19.57 *(978-1-334-12982-7(7))* Forgotten Bks.

American Bee Journal, Vol. 25: January 5, 1889 (Classic Reprint) Thomas G. Newman. (ENG., Illus.). (J). 2018. 642p. 37.14 *(978-0-656-09232-1(7))*; 2016. pap. 19.57 *(978-1-334-16196-4(8))* Forgotten Bks.

American Bee Journal, Vol. 26: Jan. 4, 1890 (Classic Reprint) Thomas G. Newman. 2017. (ENG., Illus.). 650p. (J). 37.30 *(978-0-332-18948-2(1))* Forgotten Bks.

American Bee Journal, Vol. 29: January June, 1892 (Classic Reprint) Thomas G. Newman. 2018. (ENG., Illus.). 552p. (J). 35.28 *(978-0-483-89315-3(3))* Forgotten Bks.

American Bee Journal, Vol. 30: July 1, to December 29, 1892 (Classic Reprint) George W. York and Co. (ENG., Illus.). (J). 2018. 548p. 35.20 *(978-0-656-22182-0(8))*; 2016. pap. 19.57 *(978-1-334-16606-8(4))* Forgotten Bks.

American Bee Journal, Vol. 31: Devoted Exclusively to Bee-Culture; January 5, 1893 (Classic Reprint) George W. York. (ENG., Illus.). (J). 2017. 524p. 34.70 *(978-0-332-32109-7(6))*; 2016. pap. 19.57 *(978-1-334-16557-3(2))* Forgotten Bks.

American Bee Journal, Vol. 32: July 6, 1893 (Classic Reprint) George W. York. 2018. (ENG., Illus.). 532p. (J). 34.87 *(978-0-267-86089-0(7))* Forgotten Bks.

American Bee Journal, Vol. 34: July 5, 1894 (Classic Reprint) George W. York and Co. (ENG., Illus.). (J). 2018. 576p. 35.78 *(978-0-332-11690-7(5))*; 2016. pap. 19.57 *(978-1-333-74223-2(1))* Forgotten Bks.

American Bee Journal, Vol. 38: January 6, 1898 (Classic Reprint) George W. York. 2017. (ENG., Illus.). (J). 41.12 *(978-0-266-57982-3(5))*; pap. 23.57 *(978-0-282-86412-5(1))* Forgotten Bks.

American Bee Journal, Vol. 41: January 3, 1901 (Classic Reprint) George W. York. 2017. (ENG., Illus.). (J). 41.20 *(978-0-266-57263-3(4))*; pap. 23.57 *(978-0-282-85232-0(8))* Forgotten Bks.

American Bee Journal, Vol. 44: Jan. 7, 1904 (Classic Reprint) George W. York. 2017. (ENG., Illus.). (J). 42.46 *(978-0-265-57047-0(6))*; pap. 24.80 *(978-0-282-83716-7(7))* Forgotten Bks.

American Bee Journal, Vol. 47: January 3, 1907 (Classic Reprint) George W. York and Co. (ENG., Illus.). (J). 2018. 772p. 39.82 *(978-0-364-05752-0(1))*; 2016. pap. 23.57 *(978-1-334-16623-5(4))* Forgotten Bks.

American Bee Journal, Vol. 48: January, 1908 (Classic Reprint) George W. York. (ENG., Illus.). (J). 2018. 388p. 31.90 *(978-0-656-09270-3(X))*; 2016. pap. 16.57 *(978-1-333-17639-6(2))* Forgotten Bks.

American Bee Journal, Vol. 49: January, 1909 (Classic Reprint) George W. York. (ENG., Illus.). (J). 2018. 436p. 32.89 *(978-0-656-30764-7(1))*; 2016. pap. 16.57 *(978-1-334-11659-9(8))* Forgotten Bks.

American Bee Journal, Vol. 50: Golden Jubilee Year; January 1910 (Classic Reprint) George W. York. 2017. (ENG., Illus.). (J). 32.23 *(978-0-331-92190-8(1))* Forgotten Bks.

American Bee Journal, Vol. 52: January, 1912 (Classic Reprint) George W. York. 2016. (ENG., Illus.). (J). pap. 16.57 *(978-1-333-84805-7(6))* Forgotten Bks.

American Bee Journal, Vol. 7: 1871-72 (Classic Reprint) Samuel Wagner. 2018. (ENG., Illus.). 292p. (J). 29.92 *(978-0-267-86092-0(7))* Forgotten Bks.

American Bee Journal, Vol. 9: July, 1873 (Classic Reprint) W. F. Clarke. 2018. (ENG., Illus.). 150p. (J). 26.99 *(978-0-267-86071-5(4))* Forgotten Bks.

American Bee-Keeper, Vol. 10: 1900 (Classic Reprint) Unknown Author. (ENG., Illus.). (J). 2018. 764p. 39.67 *(978-0-332-89080-7(5))*; 2016. pap. 23.57 *(978-1-333-79306-7(5))* Forgotten Bks.

American Bee-Keeper, Vol. 17: January, 1907 (Classic Reprint) Unknown Author. (ENG., Illus.). (J). 2018. 456p. 33.30 *(978-0-484-17934-8(9))*; 2016. pap. 16.57 *(978-1-333-84704-3(1))* Forgotten Bks.

American Bee-Keeper, Vol. 5: January, 1895 (Classic Reprint) W. T. Falconer Manfg Co. (ENG., Illus.). (J). 2018. 362p. 31.40 *(978-0-484-27002-1(8))*; 2016. pap. 13.97 *(978-1-334-16084-4(8))* Forgotten Bks.

American Bee-Keeper, Vol. 6: January, 1896 (Classic Reprint) W. T. Falconer Manfg Co. (ENG., Illus.). (J). 2018. 372p. 31.57 *(978-0-364-12986-9(7))*; 2016. pap. 13.97 *(978-1-334-16309-8(X))* Forgotten Bks.

American Bee Keeper, Vol. 7: January, 1897 (Classic Reprint) Unknown Author. 2018. (ENG., Illus.). 388p. (J). 31.90 *(978-0-483-19755-8(6))* Forgotten Bks.

American Bee-Keeper, Vol. 8: January, 1898 (Classic Reprint) Unknown Author. 2018. (ENG., Illus.). 268p. (J). 29.42 *(978-0-666-97114-2(5))* Forgotten Bks.

American Betiya. Anuradha D. Rajurkar. 2023. (ENG.). 368p. (YA). (gr. 7). pap. 11.99 *(978-1-9848-9718-3(7)*, Ember) Random Hse. Children's Bks.

American Billionaires: Privilege, Politics & Power, 1 vol. Ed. by he New York Times. 2020. (In the Headlines Ser.). (ENG.). 224p. (gr. 9-9). lib. bdg. 54.93 *(978-1-64282-336-3(8)*, fe923863-0157-401d-99b2-ea788232a950, New York Times Educational Publishing) Rosen Publishing Group, Inc., The.

American Billionaires: Privilege, Politics & Power, 1 vol. Ed. by The New York Times Editorial. 2020. (In the Headlines Ser.). (ENG.). 224p. (gr. 9-9). pap. 24.47 *(978-1-64282-335-6(X)*, 3dd3e369-20a9-4522-88f4-e6ed7c403a48, New York Times Educational Publishing) Rosen Publishing Group, Inc., The.

American Birds: Studied & Photographed from Life (Classic Reprint) William Lovell Finley. 2017. (ENG., Illus.). (J). 31.82 *(978-0-266-93569-8(9))* Forgotten Bks.

American Bison, 1 vol. Arthur Best. 2018. (Migrating Animals Ser.). (ENG.). 24p. (gr. 1-1). 27.36 *(978-1-5026-3705-5(7)*, e0a6fd95-83fc-4940-a737-2744aa69d6e0) Cavendish Square Publishing LLC.

American Bison. Tyler Omoth. 2017. (Animals of North America Ser.). (ENG., Illus.). 32p. (J). (gr. 2-3). pap. 9.95 *(978-1-63517-085-6(0)*, 1635170850, Focus Readers) North Star Editions.

American Bison. Jill Sherman. 2018. (North American Animals Ser.). (ENG.). 24p. (J). (gr. 1-4). pap. 8.99 *(978-1-68152-332-3(9)*, 15117); lib. bdg. *(978-1-68151-412-3(5)*, 15109) Amicus.

American Bison. Anita Yasuda. 2016. (Back from near Extinction Ser.). (ENG., Illus.). 48p. (J). (gr. 4-8). lib. bdg. 35.64 *(978-1-68078-463-3(3)*, 23863) ABDO Publishing Co.

American Black Bears. Tyler Omoth. 2017. (Animals of North America Ser.). (ENG., Illus.). 32p. (J). (gr. 2-3). pap. 9.95 *(978-1-63517-086-3(9)*, 1635170869, Focus Readers) North Star Editions.

American Book of Beauty, or Token of Friendship, for 1847 (Classic Reprint) Unknown Author. (ENG., Illus.). (J). 2018. 162p. 27.24 *(978-0-267-32372-2(7))*; 2016. pap. 9.97 *(978-1-333-51151-7(5))* Forgotten Bks.

American Book of Golden Deeds (Classic Reprint) James Baldwin. 2018. (ENG., Illus.). 314p. (J). 30.39 *(978-0-483-12085-3(5))* Forgotten Bks.

American Boys Engineering Book (Classic Reprint) Alexander Russell Bond. (ENG., Illus.). (J). 2017. 314p. 30.39 *(978-0-484-71551-5(8))*; 2016. pap. 13.57 *(978-1-334-58220-2(3))* Forgotten Bks.

American Boy's Handy Book: What to Do & How to Do It. Daniel Carter Beard. 2018. (Illus.). 416p. (J). (gr. 4-12). 19.95 *(978-1-4930-3680-6(7)*, Lyons Pr.) Globe Pequot Pr., The.

American Boy's Life of Theodore Roosevelt. Edward Stratemeyer. 2017. (ENG., Illus.). (J). 23.95 *(978-1-374-85738-4(6))*; pap. 13.95 *(978-1-374-85737-7(8))* Capital Communications, Inc.

American Bride in Porto Rico (Classic Reprint) Marion Blythe. (ENG., Illus.). (J). 2018. 220p. 28.43 *(978-0-484-68690-7(9))*; 2017. pap. 10.97 *(978-0-243-15154-7(3))* Forgotten Bks.

American Bullfrogs. Al Albertson. 2019. (North American Animals Ser.). (ENG., Illus.). 24p. (J). (gr. k-3). lib. bdg. 26.95 *(978-1-62617-981-3(6)*, Blastoff! Readers) Bellwether Media.

American Bullfrogs Invade Swamps & Ponds. Susan H. Gray. 2021. (21st Century Junior Library: Invasive Species Science: Tracking & Controlling Ser.). (ENG., Illus.). 24p. (J). (gr. 2-5). pap. 12.79 *(978-1-5341-8844-0(4)*, 219111); lib. bdg. 30.64 *(978-1-5341-8704-7(9)*, 219110) Cherry Lake Publishing.

American Cardinal: A Novel (Classic Reprint) Unknown Author. 2018. (ENG., Illus.). 314p. (J). 30.39 *(978-0-365-47834-8(2))* Forgotten Bks.

TITLE INDEX AMERICAN HEROES

American Cardinal Reader: (Set Of 5) Edith M. McLaughlin & Adrian T. Curtis. 2021. (ENG.). (J). (gr. k-5). 94.75 *(978-1-5051-2407-1(7)*, NP9035) TAN Bks.

American Cat in Japan. Polly C. Shafer. Illus. by Jiayi Ma. 2022. (ENG.). 76p. (J). 24.99 ***(978-1-0880-5000-2(X))*** Indy Pub.

American Celebrations, 7 vols., Set. Incl. Cinco de Mayo. Leia Tait. pap. 11.95 *(978-1-60596-934-3(6))*; Columbus Day. Rennay Craats. pap. 11.95 *(978-1-60596-933-6(8))*; Labor Day. Lynn Hamilton. pap. 11.95 *(978-1-60596-777-6(7))*; Martin Luther King, Jr. Day. Jill Foran. pap. 11.95 *(978-1-60596-779-0(3))*; Memorial Day. Lynn Hamilton. pap. 11.95 *(978-1-60596-778-3(5))*; Presidents' Day. Lynn Hamilton. pap. 11.95 *(978-1-60596-931-2(1))*; Veterans Day. Arlene Worsley. pap. 11.95 *(978-1-60596-932-9(X))*; (Illus.). 24p. (J). (gr. 3-5). 2010. 2010. Set lib. bdg. 189.91 *(978-1-61690-215-5(9))* Weigl Pubs., Inc.

American Child (Classic Reprint) Elizabeth McCracken. 2018. (ENG., Illus.). 254p. (J). 29.14 *(978-0-483-83082-0(8))* Forgotten Bks.

American Child in Europe: The Impressions of a Little Girl, During a Year's Travel in the Old World (Classic Reprint) Louise Arms Wallace. 2018. (ENG., Illus.). 136p. (J). 26.70 *(978-0-332-86493-8(6))* Forgotten Bks.

American Citizen (Classic Reprint) Madeleine Lucette Ryley. 2018. (ENG., Illus.). 304p. (J). 30.19 *(978-0-483-66225-4(9))* Forgotten Bks.

American Citizenship, 6 vols. 2016. (American Citizenship Ser.). (ENG.). 48p. (J). (gr. 4-8). lib. bdg. 213.84 *(978-1-68078-238-7(X)*, 22077) ABDO Publishing Co.

American Civil Rights Movement, 1 vol. Emily Jankowski Mahoney. 2016. (Civic Participation: Working for Civil Rights Ser.). (ENG., Illus.). 32p. (J). (gr. 5-5). pap. 11.00 *(978-1-4994-2791-2(3)*, 488ee833-b57f-4c13-9b92-ba8674c4fe08, PowerKids Pr.) Rosen Publishing Group, Inc., The.

American Civil War. Kate Moening. 2023. (War Histories Ser.). (ENG., Illus.). (J). (gr. 3-7). pap. 7.99 Bellwether Media.

American Civil War. Contrib. by Kate Moening. 2023. (War Histories Ser.). (ENG., Illus.). (J). (gr. 3-7). lib. bdg. 26.95 Bellwether Media.

American Civil War - Blues, Greys, Yankees & Rebels. - History for Kids Historical Timelines for Kids 5th Grade Social Studies. Baby Professor. 2017. (ENG., Illus.). 64p. (J). pap. 9.52 *(978-1-5419-1659-3(X)*, Baby Professor (Education Kids)) Speedy Publishing LLC.

American Civil War Begins History of American Wars Grade 5 Children's Military Books. Baby Professor. 2022. (ENG.). 72p. (J). 31.99 ***(978-1-5419-8674-9(1))***; pap. 19.99 ***(978-1-5419-6062-6(9))*** Speedy Publishing LLC. (Baby Professor (Education Kids)).

American Claimant: And Other Stories & Sketches (Classic Reprint) Mark Twain, pseud. 2018. (ENG., Illus.). 566p. (J). 35.57 *(978-0-364-99176-3(3))* Forgotten Bks.

American Claimant (Classic Reprint) Mark Twain, pseud. 2017. (ENG., Illus.). (J). 32.70 *(978-0-266-21149-5(6))*; 29.42 *(978-0-266-65578-7(5))*; pap. 11.97 *(978-1-5276-1035-4(7))* Forgotten Bks.

American (Classic Reprint) Mary Dillon. (ENG., Illus.). (J). 2018. 328p. 30.66 *(978-0-332-93539-3(6))*; 2016. pap. 13.57 *(978-1-333-38477-7(7))* Forgotten Bks.

American (Classic Reprint) Belle Willey Gue. 2018. (ENG., Illus.). 276p. (J). 29.59 *(978-0-428-86844-4(4))* Forgotten Bks.

American (Classic Reprint) Henry James. 2017. (ENG., Illus.). 508p. (J). 34.37 *(978-0-332-12799-6(0))* Forgotten Bks.

American Clergyman: Drama, in Six Acts, Including Three Effectual Tableaux (Classic Reprint) Frank Danz. (ENG., Illus.). (J). 2018. 36p. 24.66 *(978-0-483-79126-8(1))*; 2016. pap. 7.97 *(978-1-334-12607-9(0))* Forgotten Bks.

American Coin: A Novel (Classic Reprint) Unknown Author. 2018. (ENG., Illus.). 226p. (J). 28.58 *(978-0-483-89696-3(9))* Forgotten Bks.

American Colonies. Virginia Loh-Hagan. 2020. (Surviving History Ser.). (ENG., Illus.). 32p. (J). (gr. 4-8). lib. bdg. 32.07 *(978-1-5341-6912-8(1)*, 215535, 45th Parallel Press) Cherry Lake Publishing.

American Colonies: Asking Tough Questions. Jennifer Kaul. 2020. (Questioning History Ser.). (ENG.). 48p. (J). (gr. 3-5). pap. 8.95 *(978-1-4966-8812-5(0)*, 201745); (Illus.). lib. bdg. 33.99 *(978-1-4966-8466-0(4)*, 200342) Capstone. (Capstone Pr.).

American Comedies (Classic Reprint) J. K. Paulding. (ENG., Illus.). (J). 2018. 288p. 29.86 *(978-0-483-87493-0(0))*; 2016. pap. 13.57 *(978-1-333-42478-7(7))* Forgotten Bks.

American Comic Almanack For 1831: With Whims, Scraps & Oddities; Calculated for the Meridian of Boston, Lat. 42, Long. 71, but Will Answer for All New England (Classic Reprint) Charles Ellms. 2017. (ENG., Illus.). (J). 24.80 *(978-0-331-83944-9(X))*; pap. 7.97 *(978-0-259-89889-4(9))* Forgotten Bks.

American Comic Annual, 1914 (Classic Reprint) Henry James Finn. 2017. (ENG., Illus.). (J). 29.67 *(978-0-266-16551-4(6))*; pap. 13.57 *(978-1-5276-3015-4(3))* Forgotten Bks.

American Comprehensive Reader: For the Use of Schools (Classic Reprint) William Draper Swan. (ENG., Illus.). (J). 2018. 314p. 30.37 *(978-0-483-37609-0(4))*; 2016. pap. 13.57 *(978-1-333-19635-6(0))* Forgotten Bks.

American Crime Stories (Set), 8 vols. 2019. (American Crime Stories Ser.). (ENG.). 112p. (J). (gr. 6-12). lib. bdg. 330.88 *(978-1-5321-9007-0(7)*, 33334, Essential Library) ABDO Publishing Co.

American Crows. Lisa J. Amstutz. 2016. (Backyard Birds Ser.). (ENG., Illus.). 24p. (J). (gr. -1-2). lib. bdg. 27.32 *(978-1-4914-8511-8(6)*, 131093, Capstone Pr.) Capstone.

American Crows. Rebecca Sabelko. 2019. (North American Animals Ser.). (ENG., Illus.). 24p. (J). (gr. k-3). lib. bdg. 26.95 *(978-1-62617-909-7(3)*, Blastoff! Readers) Bellwether Media.

American Crusader at Verdun (Classic Reprint) Philip Sidney Rice. 2017. (ENG., Illus.). (J). 26.62 *(978-0-265-48070-0(1))* Forgotten Bks.

American Culture & Society, 1 vol. Kate Shoup. 2018. (Discovering America: an Exceptional Nation Ser.). (ENG.). 112p. (gr. 7-7). 44.50 *(978-1-5026-4267-7(0)*, 70a78153-f28b-45d7-82af-75ee0d272eb1) Cavendish Square Publishing LLC.

American Curl Cats. Katie Lajiness. 2017. (Big Buddy Cats Ser.). (ENG., Illus.). 32p. (J). (gr. 2-5). lib. bdg. 34.21 *(978-1-5321-1195-2(9)*, 27547, Big Buddy Bks.) ABDO Publishing Co.

American Curls. Betsy Rathburn. 2017. (Cool Cats Ser.). (ENG., Illus.). 24p. (J). (gr. k-3). lib. bdg. 26.95 *(978-1-62617-625-6(6)*, Blastoff! Readers) Bellwether Media.

American Definition Spelling Book: In Which the Words Are Not Only Rationally Divided into Syllables, Accurately Accented, the Various Sounds of the Vowels Represented by Figures, & Their Parts of Speech Properly Distinguished, but the Definition Or. Abner Kneeland. 2017. (ENG., Illus.). (J). pap. 10.57 *(978-0-282-74394-9(4))* Forgotten Bks.

American Democracy in Action, 12 vols. 2018. (American Democracy in Action Ser.). (ENG.). 48p. (gr. 6-6). lib. bdg. 211.38 *(978-1-5345-6452-7(7)*, 4e9d7589-ee42-4648-b351-dd4025120fe8) Greenhaven Publishing LLC.

American Diary of a Japanese Girl (Classic Reprint) Morning Glory. 2018. (ENG., Illus.). 284p. (J). 29.77 *(978-0-483-36715-9(X))* Forgotten Bks.

American Dog Box Set Costco. Jennifer Li Shotz. 2021. (American Dog Ser.). (ENG.). (J). pap. 8.10 *(978-0-358-57663-1(6)*, Clarion Bks.) HarperCollins Pubs.

American Drama. Kiley Luchsinger. 2020. (ENG.). 52p. (YA). pap. *(978-1-716-99278-0(8))* Lulu Pr., Inc.

American Drama: Edition 3: 2021-2022. Compiled by Kiley Luchsinger. 2022. (ENG.). 85p. (YA). pap. ***(978-1-387-78993-1(7))*** Lulu Pr., Inc.

American Dream. Nicole Tukahirwa. 2017. (ENG., Illus.). 34p. (J). *(978-1-387-22496-8(4))* Lulu Pr., Inc.

American Dream? A Journey on Route 66 Discovering Dinosaur Statues, Muffler Men, & the Perfect Breakfast Burrito. Shing Yin Khor. 2019. (ENG., Illus.). 160p. (YA). (gr. 6-12). 37.32 *(978-1-5415-7852-4(X)*, 1bb98f2a-1936-4c64-8a15-cfab600dfc79); pap. 16.99 *(978-1-942186-37-3(1)*, cb862426-e9b1-43be-8574-6946b333fb4f) Lerner Publishing Group. (Zest Bks.).

American Dream of Braven Young. Brooke Raybould. Illus. by Juan Manuel Moreno. 2022. (ENG.). 48p. (J). (gr. 1-5). 19.95 *(978-1-7370796-5-1(8)*, GT9651) Good & True Media.

American Dream (Thea Stilton #33) Thea Stilton. 2021. (Thea Stilton Ser.: 33). (ENG., Illus.). 176p. (J). (gr. 2-5). pap. 8.99 *(978-1-338-68707-1(7)*, Scholastic Paperbacks) Scholastic, Inc.

American Elementary Arithmetic. M. A. Bailey. 2017. (ENG., Illus.). (J). pap. *(978-0-649-04635-5(8))* Trieste Publishing Pty Ltd.

American Emperor. Louis Tracy. 2017. (ENG.). 444p. (J). pap. *(978-3-337-17054-7(4))* Creation Pubs.

American Emperor: The Story of the Fourth Empire of France (Classic Reprint) Louis Tracy. 2018. (ENG., Illus.). 442p. (J). 33.01 *(978-0-332-97080-6(9))* Forgotten Bks.

American Eras: Defining Moments (Set), 8 vols. Martin Gitlin. 2021. (21st Century Skills Library: American Eras: Defining Moments Ser.). (ENG., Illus.). 32p. (J). (gr. 4-8). 256.56 *(978-1-5341-9285-0(9)*, 218910); pap., pap., pap. 113.71 *(978-1-5341-9303-1(0)*, 218911) Cherry Lake Publishing.

American Essays (Classic Reprint) Washington. Irving. 2017. (ENG., Illus.). (J). 29.53 *(978-0-266-36983-7(9))* Forgotten Bks.

American Fairy Tales. L. Frank Baum. Ed. by Sheba Blake. 2020. (ENG.). 100p. (YA). pap. 11.99 *(978-1-222-29335-7(8))* Indy Pub.

American Fairy Tales: [illustrated Edition]. L. Frank Baum. 2018. (ENG., Illus.). (J). (gr. k-4). 148p. *(978-605-7861-56-6(6))*; 146p. pap. *(978-605-7566-22-5(X))* Uhrayoglu, Murat E Kitap Projesi.

American Family: A Novel of to-Day (Classic Reprint) Henry Kitchell Webster. 2018. (ENG., Illus.). 456p. (J). 33.30 *(978-0-484-50708-0(7))* Forgotten Bks.

American Family in Germany (Classic Reprint) John Ross Browne. (ENG., Illus.). (J). 2018. 382p. 31.80 *(978-0-483-43170-6(2))*; 2017. pap. 16.57 *(978-0-243-55745-5(0))* Forgotten Bks.

American Family in Paris: With Fifty-Eight Illustrations of Historical Monuments & Familiar Scenes (Classic Reprint) Unknown Author. 2018. (ENG., Illus.). 330p. (J). 30.72 *(978-0-267-48992-3(7))* Forgotten Bks.

American Fiction (Classic Reprint) Edgar Poe. 2017. (ENG., Illus.). (J). 34.25 *(978-0-266-38663-6(6))* Forgotten Bks.

American First Class Book; or Exercises in Reading & Recitation: Selected Principally from Modern Authors of Great Britain & America; & Designed for the Use of the Highest Class, in Public & Private Schools (Classic Reprint) John Pierpont. 2018. (ENG., Illus.). 488p. (J). 33.96 *(978-0-331-90641-7(4))* Forgotten Bks.

American First Class Book, or Exercises in Reading & Recitation: Selected Principally from Modern Authors of Great Britain & America; & Designed for the Use of the Highest Class in Publick & Private Schools (Classic Reprint) John Pierpont. 2018. (ENG., Illus.). (J). 542p. 35.08 *(978-1-397-22403-3(7))*; 544p. pap. 19.57 *(978-1-397-22378-4(2))* Forgotten Bks.

American Flag. Heather Kissock. 2017. (Illus.). 24p. (J). *(978-1-5105-0596-4(2))* SmartBook Media, Inc.

American Flags of the World Coloring Book for Children (6x9 Coloring Book / Activity Book) Sheba Blake. 2021. (ENG.). 52p. (J). pap. 9.99 *(978-1-222-28965-7(2))* Indy Pub.

American Flags of the World Coloring Book for Children (8. 5x8. 5 Coloring Book / Activity Book) Sheba Blake. 2021. (ENG.). 52p. (J). pap. 12.99 *(978-1-222-29157-5(6))* Indy Pub.

American Flags of the World Coloring Book for Children (8x10 Coloring Book / Activity Book) Sheba Blake. 2021. (ENG.). 52p. (J). pap. 14.99 *(978-1-222-28966-4(0))* Indy Pub.

American Folk Art. Jr Ketchum. 2017. (Art Collections: Vol. 7). (ENG., Illus.). 142p. (YA). (gr. 9-12). 26.95 *(978-1-4222-3932-2(2))* Mason Crest.

American Football: Arabic-English Bilingual Edition. Karen Durrie. 2016. (Let's Play Ser.). (ARA & ENG.). (J). (gr. k-2). 29.99 *(978-1-61913-913-8(8))* Weigl Pubs., Inc.

American Football Playbook: Build Own Plays, Strategize & Create Winning Game Plans with Field Diagrams Notebook for Drawing up Plays, Scouting & Creating Drills for Coaches & Players. Fiona Ortega. 2023. (ENG.). 102p. (YA). pap. 13.99 ***(978-1-312-45968-7(9))*** Lulu Pr., Inc.

American Football Playbook: Design Your Own Plays, Strategize & Create Winning Game Plans Using Football Coach Notebook with Field Diagrams for Drawing up Plays, Scouting & Creating Drills for Coaches & Players. Fiona Ortega. 2023. (ENG.). 102p. (J). pap. 13.99 ***(978-1-312-46021-8(0))*** Lulu Pr., Inc.

American Football Playbook: Football Field Diagram Notebook for Designing a Game Plan & Training Coaching Playbook for Drawing up Plays, Creating Drills, Scouting & Strategy Planning for Matches. Fiona Ortega. 2023. (ENG.). 102p. (J). pap. ***(978-1-312-56247-9(1))*** Lulu Pr., Inc.

American Game Fishes: Their Habits, Habitat, & Peculiarities; How, When, & Where to Angle for Them (Classic Reprint) W. A. Perry. 2018. (ENG., Illus.). 614p. (J). 36.56 *(978-0-666-91741-6(8))* Forgotten Bks.

American Gargoyles. Neil Cohen. 2019. (ENG., Illus.). 48p. (J). 20.00 *(978-1-64428-011-9(6)*, Vireo Bk., A) Rare Bird Bks.

American Gentleman's Guide to Politeness & Fashion: Or Familiar Letters to His Nephews, Containing Rules of Etiquette, Directions for the Formation of Character, etc., etc (Classic Reprint) Henry Lunettes. 2017. (ENG., Illus.). (J). 33.94 *(978-0-331-73764-6(7))*; pap. 16.57 *(978-0-259-25994-7(2))* Forgotten Bks.

American Gentleman's Guide to Politeness & Fashion, or Familiar Letters to His Nephews (Classic Reprint) Henry Lunettes. 2017. (ENG., Illus.). (J). 33.88 *(978-0-266-36662-1(7))* Forgotten Bks.

American Geography & the Environment, 1 vol. Joel Newsome. 2018. (Discovering America: an Exceptional Nation Ser.). (ENG.). 112p. (gr. 7-7). lib. bdg. 44.50 *(978-1-5026-4266-0(2)*, 377cff52-50d7-4df1-a7cb-4030e91b35f1) Cavendish Square Publishing LLC.

American Ghosts, 1 vol. Kate Mikoley. 2019. (Creatures of the Paranormal Ser.). (ENG.). 48p. (J). (gr. 5-5). pap. 12.70 *(978-1-9785-1356-3(9)*, 1f4153dc-8fba-40ab-8e51-1c7fa8441059) Enslow Publishing, LLC.

American Girl. Sara Green. 2017. (Brands We Know Ser.). (ENG., Illus.). 24p. (J). (gr. 3-8). lib. bdg. 27.95 *(978-1-62617-553-2(5)*, Pilot Bks.) Bellwether Media.

American Girl. Kellen Hertz. ed. 2017. (American Girl Contemporary Middle Grade Ser.: 1). 172p. (J). lib. bdg. 20.85 *(978-0-606-39988-3(7))* Turtleback.

American Girl: And Her Four Years in a Boys' College (Classic Reprint) Sola Sola. (ENG., Illus.). (J). 2017. 29.67 *(978-0-265-18564-3(5))*; 2016. pap. 13.57 *(978-1-334-76483-7(2))* Forgotten Bks.

American Girl: Discover Science. Rona Skene. ed. 2018. (American Girl Ser.). (ENG.). 63p. (J). (gr. 2-3). 24.96 *(978-1-64310-277-1(X))* Penworthy Co., LLC, The.

American Girl: Girl of the Year: 2017, Novel 1. Teresa E. Harris. ed. 2016. (American Girl Contempory Middle Grade Ser.: 1). 196p. (J). lib. bdg. 20.85 *(978-0-606-39986-9(0))* Turtleback.

American Girl: Operetta for Young Ladies (in Two Acts) (Classic Reprint) Victor H. Vincent. 2017. (ENG., Illus.). (J). 25.38 *(978-0-265-73642-5(0))*; pap. 9.57 *(978-1-5277-0020-8(8))* Forgotten Bks.

American Girl: The Story of America. ed. 2018. (American Girl Ser.). (ENG.). 62p. (J). (gr. 1-3). 23.36 *(978-1-64310-401-0(2))* Penworthy Co., LLC, The.

American Girl Abroad (Classic Reprint) Adeline Trafton. 2017. (ENG., Illus.). (J). 29.49 *(978-0-265-18631-2(5))* Forgotten Bks.

American Girl Baking Gift Set: Recipes for Cookies, Cupcakes & More (Kid's Cookbook, American Girl Doll) Weldon Weldon Owen. 2022. (ENG.). 128p. (J). 35.00 *(978-1-68188-862-0(9))* Weldon Owen, Inc.

American Girl Character Encyclopedia New Edition. DK. 2021. (ENG., Illus.). 208p. (J). (gr. 1-4). pap. 14.99 *(978-0-7440-4220-7(8)*, DK Children) Dorling Kindersley Publishing, Inc.

American Girl Cooking: Recipes for Delicious Snacks, Meals & More. Williams-Sonoma & American American Girl. 2016. (ENG., Illus.). 128p. (J). 19.99 *(978-1-68188-101-0(2)*, 3039364) Bonnier Publishing USA.

American Girl Cooking Gift Set: Recipes for Delicious Snacks, Meals & More (Kid's Cookbook, American Girl Doll) Weldon Weldon Owen. 2022. (ENG.). 128p. (J). 39.99 *(978-1-68188-863-7(7))* Weldon Owen, Inc.

American Girl Dolls. Contrib. by Elizabeth Neuenfeldt. 2023. (Favorite Toys Ser.). (ENG., Illus.). (J). (gr. 3-7). lib. bdg. 26.95 Bellwether Media.

American Girl Dress up Ultimate Sticker Collection. DK. 2023. (Ultimate Sticker Collection). (ENG.). 72p. (J). (gr. 1-4). pap. 12.99 *(978-0-7440-7377-5(4)*, DK Children) Dorling Kindersley Publishing, Inc.

American Girl Entrepreneur: Pleasant Rowland. Paige V. Polinsky. 2017. (Toy Trailblazers Set 2 Ser.). (ENG., Illus.). 32p. (J). (gr. 3-6). lib. bdg. 32.79 *(978-1-5321-1094-8(4)*, 25764, Checkerboard Library) ABDO Publishing Co.

American Girl in India: A Novel (Classic Reprint) Shelland Bradley. 2018. (ENG., Illus.). 292p. (J). 29.92 *(978-0-483-08391-2(7))* Forgotten Bks.

American Girl in London (Classic Reprint) Sara Jeanette Duncan. 2018. (ENG., Illus.). 338p. (J). 30.87 *(978-0-483-32097-0(8))* Forgotten Bks.

American Girl in Mexico (Classic Reprint) Elizabeth Visere McGary. 2017. (ENG., Illus.). (J). 28.08 *(978-0-265-19704-2(X))* Forgotten Bks.

American Girl in Munich: Impressions of a Music Student (Classic Reprint) Mabel W. Daniels. 2017. (ENG., Illus.). (J). 30.13 *(978-0-260-16052-2(0))* Forgotten Bks.

American Girl: Inspiring Stories from the Past: (Coloring & Activity, Official Coloring Book, American Girl Gifts for Girls Aged 8+) American American Girl. 2020. (ENG.). 80p. (J). 9.99 *(978-1-68188-524-7(7))* Weldon Owen, Inc.

American Girl Let's Celebrate Cookbook Collection. Weldon Weldon Owen. 2022. (ENG.). 400p. (J). pap. 39.99 *(978-1-68188-871-2(8))* Weldon Owen, Inc.

American Girl Little Golden Book Boxed Set (American Girl) 2023. (Little Golden Book Ser.). (ENG., Illus.). 120p. (J). (-k). 29.95 *(978-0-593-64888-9(9)*, Golden Bks.) Random Hse. Children's Bks.

American Girl of the Period, Her Ways & Views (Classic Reprint) Garry Gaines. 2018. (ENG., Illus.). 164p. (J). 27.28 *(978-0-483-58703-8(6))* Forgotten Bks.

American Girl Pop-Up Advent Calendar: (Advent Calendar for Kids, Christmas Advent Calendars) American American Girl. 2022. (ENG.). 28p. (J). 45.00 *(978-1-68188-883-5(1))* Weldon Owen, Inc.

American Girl Sweet & Savory Treats Cookbook: Delicious Recipes Inspired by Your Favorite Characters (American Girl Doll Gifts) Weldon Weldon Owen. 2021. (ENG.). 144p. (J). 19.99 *(978-1-68188-775-3(4))* Weldon Owen, Inc.

American Girl Ultimate Sticker Book. DK. 2021. (Ultimate Sticker Book Ser.). (ENG.). 24p. (J). (gr. 1-4). pap. 6.99 *(978-0-7440-4221-4(6)*, DK Children) Dorling Kindersley Publishing, Inc.

American Girl's Book: Or, Occupation for Play Hours (Classic Reprint) Eliza Leslie. 2018. (ENG., Illus.). 698p. (J). 38.29 *(978-0-656-70923-6(5))* Forgotten Bks.

American Girl's Book: Or Occupation for Play Hours (Classic Reprint) Leslie Leslie. 2017. (ENG., Illus.). (J). 30.60 *(978-0-266-46771-7(7))* Forgotten Bks.

American Girl's Handy Book: Making the Most of Outdoor Fun. Lina Beard & Adelia B. Beard. 2018. (Illus.). 488p. (J). (gr. 4-7). 19.95 *(978-1-4930-3679-0(3)*, Lyons Pr.) Globe Pequot Pr., The.

American Gothic: The Life of Grant Wood. Susan Wood. Illus. by Ross MacDonald. 2017. (ENG.). 40p. (J). (gr. k-2). 18.95 *(978-1-4197-2533-3(5)*, 1102001, Abrams Bks. for Young Readers) Abrams, Inc.

American Government (Set Of 6) Connor Stratton. 2023. (American Government Ser.). (ENG.). (J). pap. 53.70 ***(978-1-63739-646-9(5))***; lib. bdg. 171.00 ***(978-1-63739-589-9(2))*** North Star Editions. (Focus Readers).

American Graphic, 8 vols., Set. Incl. Bambino: The Story of Babe Ruth's Legendary 1927 Season. Nel Yomtov. Illus. by Tim Foley. 2010. lib. bdg. 31.32 *(978-1-4296-5473-9(2)*, 113873); Sarah Palin: Political Rebel. Nelson Yomtov. Illus. by Francesca D'Ottavi. 2011. lib. bdg. 31.32 *(978-1-4296-6018-1(X)*, 114955, Capstone Pr.); (J). (gr. 3-9). (American Graphic Ser.). (ENG.). 32p. 2011. 219.24 *(978-1-4296-6585-8(8)*, 171241, Capstone Pr.) Capstone.

American Gypsies (Classic Reprint) Albert Thomas Sinclair. 2017. (ENG., Illus.). (J). 24.35 *(978-0-266-86221-5(7))* Forgotten Bks.

American Harem: A Comedietta in One Act (Classic Reprint) Unknown Author. (ENG., Illus.). (J). 2018. 22p. 24.35 *(978-0-267-53689-4(5))*; 2016. pap. 7.97 *(978-1-333-39160-7(9))* Forgotten Bks.

American Health Series Healthy & Happy II (Classic Reprint) Charles C. Wilson. 2017. (ENG., Illus.). 144p. (J). 26.87 *(978-0-332-84486-2(2))* Forgotten Bks.

American Health Series, Vol. 1: Our Good Health (Classic Reprint) Charles C. Wilson. (ENG., Illus.). (J). 2018. 120p. 26.39 *(978-0-267-78524-7(0))*; 2016. pap. 9.57 *(978-1-334-31559-6(0))* Forgotten Bks.

American Heart. Laura Moriarty. 2019. (ENG.). 416p. (YA). (gr. 8). pap. 9.99 *(978-0-06-269411-9(1)*, HarperTeen) HarperCollins Pubs.

American Heritage Children's Dictionary. Editors of Editors of the American Heritage Di. 2018. (ENG., Illus.). 896p. (J). (gr. 3-6). 24.99 *(978-1-328-78735-4(4)*, 1684485, Clarion Bks.) HarperCollins Pubs.

American Heritage First Dictionary. Editors of the American Heritage Di. 2018. (ENG., Illus.). 304p. (gr. k-2). pap. 19.99 *(978-1-328-75336-6(0)*, 1678709, Collins Reference) HarperCollins Pubs.

American Heroes. Dona Herweck Rice. rev. ed. 2018. (Reader's Theater Ser.). (ENG., Illus.). 20p. (J). (gr. k-1). 8.99 *(978-1-4258-2513-3(3))* Teacher Created Materials, Inc.

American Heroes, 6 vols., Group 3. Sneed B. Collard, III. Incl. Cesar Chavez. 32.64 *(978-0-7614-4055-0(0)*, abfe4b16-e58b-4817-8708-b7bdbc77951d); George Washington. 32.64 *(978-0-7614-4060-4(7)*, 2757fb59-5b7f-48ba-b248-ebe59643b8d1); Jacob Lawrence. 32.64 *(978-0-7614-4058-1(5)*, 19d54f3f-2d13-43c3-a7af-77244e0ba9a9); Lady Bird Johnson. 32.64 *(978-0-7614-4056-7(9)*, 1b484198-89c3-48ec-b434-f596e2cfb712); Phillis Wheatley. (Illus.). 32.64 *(978-0-7614-4057-4(7)*, b5aabf94-bd02-4815-9f30-a3d8be34143b); Sitting Bull. 32.64 *(978-0-7614-4059-8(3)*, d331b804-8748-40a1-a55d-cc9e79408f93); 48p. (gr. 3-3). 2010. (American Heroes 3 Ser.). 2009. Set lib. bdg. 179.57 *(978-0-7614-4054-3(2)*, Cavendish Square) Cavendish Square Publishing LLC.

American Heroes, 12 vols., Set. Sneed B. Collard, III. Incl. Abraham Lincoln: A Courageous Leader. lib. bdg. 32.64 *(978-0-7614-2162-7(9)*, a82c585e-4cbb-4af2-9285-a34c366a5da6); Benjamin Franklin: The Man Who Could Do Just about Anything. lib. bdg. 32.64 *(978-0-7614-2161-0(0)*, 92ba54e7-6855-43a1-b3f4-276d6a5eef30); David Crockett: Fearless Frontiersman. lib. bdg. 32.64 *(978-0-7614-2160-3(2)*, 2038e960-fec3-45e4-bd5d-bcb5eb5fba37); John Adams: Our Second President. 32.64 *(978-0-7614-2159-7(9)*, 5302f21c-d1f8-4327-9f07-352329765f38); Rosa Parks: The Courage to Make a Difference. lib. bdg. 32.64 *(978-0-7614-2163-4(7)*, 3c36a99d-4199-4687-a280-30439851ae4b); Sacagawea:

A

Brave Shoshone Girl. lib. bdg. 32.64 *(978-0-7614-2166-5(1),* 8319f4a1-5531-4f32-9e8b-4de0fdedd320); (Illus.). 48p. (gr. 3-3). (American Heroes Ser.). (ENG.). 2007. Set lib. bdg. 195.84 *(978-0-7614-2158-0(0),* a6e2d8c6-6fcf-40f5-9e2d-268736f8c4c2, Cavendish Square) Cavendish Square Publishing LLC.

American Heroes, Group 2, 12 vols., Set. Incl. Booker T. Washington: Getting into the Schoolhouse. Larry Dane Brimner. lib. bdg. 32.64 *(978-0-7614-3063-6(6),* 03eab1a3-95bb-48ec-8714-ed0c9c2df0d3); Chief Crazy Horse: Following a Vision. Larry Dane Brimner. lib. bdg. 32.64 *(978-0-7614-3061-2(X),* 748a9f2d-7e49-4e8f-9cf1-18b087238068); Eleanor Roosevelt: Making the World a Better Place. Sneed B. Collard, III. lib. bdg. 32.64 *(978-0-7614-3069-8(5),* 1b05b04c-6b03-4112-934f-2eeace2a1983); John Glenn: Hooked on Flying. Sneed B. Collard, III. (Illus.). lib. bdg. 32.64 *(978-0-7614-3066-7(0),* 0802b8b4-5c46-44f3-bfaf-f60b33b36ace); Pocahontas: Bridging Two Worlds. Larry Dane Brimner. lib. bdg. 32.64 *(978-0-7614-3065-0(2),* c65e5cb1-d030-467f-884c-63fc62bac5d7); Thomas Jefferson: Let Freedom Ring! Sneed B. Collard, III. lib. bdg. 32.64 *(978-0-7614-3067-4(9),* 8eac1ebf-a575-4a39-a66b-9e82fcc32ff5); 48p. (gr. 3-3). (American Heroes Ser.). (ENG.). 2009. Set lib. bdg. 195.84 *(978-0-7614-3060-5(1),* 44be042a-8327-4e50-b149-20c5b61d07c8, Cavendish Square) Cavendish Square Publishing LLC.

American History: Americans of African Descent. Casey Bell. 2019. (ENG.). 20p. (J). pap. 12.00 *(978-0-359-66196-1(3))* Lulu Pr., Inc.

American History: Latin & Hispanic Americans. Casey Bell. 2019. (ENG.). 20p. (J). pap. 12.00 *(978-0-359-99410-6(5))* Lulu Pr., Inc.

American History: a Visual Encyclopedia. DK. 2019. (DK Children's Visual Encyclopedias Ser.). (ENG., Illus.). 320p. (J). (gr. 3-7). pap. 19.99 *(978-1-4654-8366-9(7),* DK Children) Dorling Kindersley Publishing, Inc.

American History for Little Folks (Classic Reprint) Albert F. Blaisdell. 2017. (ENG., Illus.). (J). 27.28 *(978-0-265-28913-6(0))* Forgotten Bks.

American History: Set 1, 12 vols. 2016. (American History Ser.). (ENG.). 104p. (J). (gr. 7-7). lib. bdg. 246.18 *(978-1-5345-6061-1(0),* 406637d6-3fa3-4977-9cd2-d5d4137fff44, Lucent Pr.) Greenhaven Publishing LLC.

American History: Set 3, 12 vols. annot. ed. 2018. (American History Ser.). (ENG.). 104p. (gr. 7-7). lib. bdg. 246.18 *(978-1-5345-6453-4(5),* 08ef22d2-aab6-4865-84c1-9a63b04244fc) Greenhaven Publishing LLC.

American History: Sets 1 - 3, 36 vols. 2018. (American History Ser.). (ENG.). (YA). (gr. 7-7). lib. bdg. 738.54 *(978-1-5345-6475-6(6),* 7e79833b-342f-4d37-8fc5-777d2ca2ed1d, Lucent Pr.) Greenhaven Publishing LLC.

American History Stories, Vol. 1 (Classic Reprint) Mara Louise Pratt. (ENG., Illus.). (J). 2018. 228p. 28.62 *(978-0-364-97996-9(8))*; 2017. pap. 10.97 *(978-0-259-40861-1(1))* Forgotten Bks.

American History Stories, Vol. 2 (Classic Reprint) Mara Louise Pratt. 2017. (ENG., Illus.). (J). 27.40 *(978-0-265-38561-6(X))* Forgotten Bks.

American History Stories, Vol. 3 (Classic Reprint) Mara Louise Pratt. 2018. (ENG., Illus.). 160p. (J). 27.20 *(978-0-364-67179-5(3))* Forgotten Bks.

American History Stories, Vol. 4 (Classic Reprint) Mara Louise Pratt. 2018. (ENG., Illus.). 184p. (J). 27.69 *(978-0-364-73548-0(1))* Forgotten Bks.

American History Stories (Volume II) Mara L. Pratt. 2019. (ENG.). 164p. (J). pap. *(978-93-5380-141-0(9))* Alpha Editions.

American History Story-Book. Albert F. Blaisdell. 2017. (ENG., Illus.). (J). pap. *(978-0-649-74157-1(9))* Trieste Publishing Pty Ltd.

American History Story-Book (Classic Reprint) Albert F. Blaisdell. 2018. (ENG., Illus.). 164p. (J). 27.28 *(978-0-267-19486-5(2))* Forgotten Bks.

American Hobo in Europe (Classic Reprint) Windy Bill. 2018. (ENG., Illus.). 310p. (J). 30.29 *(978-0-484-01071-9(9))* Forgotten Bks.

American Hope. William Morse Cole. 2017. (ENG., Illus.). (J). pap. *(978-0-649-40760-6(1))* Trieste Publishing Pty Ltd.

American Humourists: Recent & Living (Classic Reprint) Robert Ford. (ENG., Illus.). (J). 2018. 328p. 30.66 *(978-0-428-94465-0(5))*; 2016. pap. 13.57 *(978-1-333-25511-4(X))* Forgotten Bks.

American Husband in Paris (Classic Reprint) Anna Bowman Dodd. (ENG., Illus.). (J). 2018. 166p. 27.34 *(978-0-484-15006-4(5))*; 2016. pap. 9.97 *(978-1-333-31735-5(2))* Forgotten Bks.

American Identity. Jill Sherman. 2016. (American Citizenship Ser.). (ENG., Illus.). 48p. (J). (gr. 4-8). lib. bdg. 35.64 *(978-1-68078-239-4(8),* 22079) ABDO Publishing Co.

American Immigration: Our History, Our Stories. Kathleen Krull. (ENG.). 288p. (J). (gr. 3-7). 2021. pap. 10.99 *(978-0-06-238112-5(1),* Quill Tree Bks.); 2020. (Illus.). 16.99 *(978-0-06-238113-2(X),* HarperCollins) HarperCollins Pubs.

American in England (Classic Reprint) Alexander Slidell MacKenzie. 2019. (ENG., Illus.). 312p. (J). 30.33 *(978-0-365-31139-3(1))* Forgotten Bks.

American in England, Vol. 1 of 2 (Classic Reprint) Alexander Slidell MacKenzie. (ENG., Illus.). (J). 2018. 238p. 28.81 *(978-0-656-04452-8(7))*; 2017. pap. 13.57 *(978-0-282-23498-0(5))* Forgotten Bks.

American in England, Vol. 2 of 2 (Classic Reprint) Unknown Author. 2017. (ENG., Illus.). (J). pap. 13.57 *(978-0-259-53746-5(2))* Forgotten Bks.

American in Europe: Being Guesses & Calculations on Men & Manners; Made During a Tour Through the Most Important Portions of Europe (Classic Reprint) Henry Clay Crockett. (ENG., Illus.). (J). 2018. 568p. 35.61 *(978-0-428-85584-0(9))*; 2016. pap. 19.57 *(978-1-334-31896-2(4))* Forgotten Bks.

American in New York: A Novel of to-Day (Classic Reprint) Opie Percival Read. 2017. (ENG., Illus.). (J). 31.53 *(978-1-5284-6802-2(3))* Forgotten Bks.

American in Paris, Vol. 1 of 2 (Classic Reprint) John Sanderson. (ENG., Illus.). (J). 2018. 664p. 37.61 *(978-0-332-38296-8(6))*; 2017. 28.50 *(978-0-265-20443-6(7))* Forgotten Bks.

American in the Making: The Life Story of an Immigrant. M. E. Ravage. 2017. (ENG., Illus.). (J). pap. *(978-0-649-21944-5(9))* Trieste Publishing Pty Ltd.

American in the Making: The Life Story of an Immigrant (Classic Reprint) M. E. Ravage. 2017. (ENG., Illus.). (J). 29.63 *(978-0-331-55006-1(7))* Forgotten Bks.

American Indian Art & Culture, 5 vols., Set. Heather Kissock. Incl. Apache. Jordan McGill. lib. bdg. 25.70 *(978-1-60596-991-6(5))*; Caddo. Rachel Small. lib. bdg. 25.70 *(978-1-60596-979-4(6))*; Cherokee. Rachel Small. lib. bdg. 25.70 *(978-1-60596-994-7(X))*; Comanche. lib. bdg. 25.70 *(978-1-60596-988-6(5))*; Tigua. Jordan McGill. lib. bdg. 25.70 *(978-1-60596-982-4(6))*; 24p. (J). (gr. 3-6). 2010. 2010. Set lib. bdg. 128.50 *(978-1-61690-186-8(1))* Weigl Pubs., Inc.

American Indian As Participant in the Civil War. Annie Heloise Abel. 2017. (ENG., Illus.). (J). 27.95 *(978-1-374-94363-6(0))*; pap. 17.95 *(978-1-374-94362-9(2))* Capital Communications, Inc.

American Indian As Participant in the Civil War (Classic Reprint) Annie Heloise Abel. 2017. (ENG., Illus.). (J). 32.29 *(978-0-331-83626-4(2))* Forgotten Bks.

American Indian Code Talkers. Julia Garstecki. 2016. (All-American Fighting Forces Ser.). (ENG.). 32p. (J). (gr. 4-6). pap. 9.99 *(978-1-64466-150-5(0),* 10302); (Illus.). 31.35 *(978-1-68072-003-7(1),* 10301) Black Rabbit Bks. (Bolt).

American Indian Fairy Tales: To Young America from the Oldest Americans. W. T. Larned. 2017. (ENG., Illus.). (J). pap. 5.95 *(978-1-63391-530-5(1))* Westphalia Press.

American Indian Fairy Tales, Retold (Classic Reprint) William Trowbridge Larned. 2017. (ENG., Illus.). (J). (gr. k-12). 25.92 *(978-0-331-67276-3(6))* Forgotten Bks.

American Indian Rights Movement. Eric Braun. 2018. (Movements That Matter (Alternator Books (r)) Ser.). (ENG., Illus.). 32p. (J). (gr. 3-6). lib. bdg. 30.65 *(978-1-5415-2333-3(4),* 6b1c7ab7-bc7a-43f5-9b07-14bc12027909, Lerner Pubns.) Lerner Publishing Group.

American Indian Rights Movement, 1 vol. Sarah Machajewski. 2016. (Civic Participation: Working for Civil Rights Ser.). (ENG.). 32p. (J). (gr. 5-5). pap. 11.00 *(978-1-4994-2675-5(5),* 59f884a7-64e5-4cb3-b48f-86c372b7faef, PowerKids Pr.) Rosen Publishing Group, Inc., The.

American Indian Stories (Classic Reprint) Zitkala-Sa Zitkala-Sa. 2017. (ENG., Illus.). (J). 28.02 *(978-0-331-57913-0(8))*; pap. 10.57 *(978-0-243-26405-6(4))* Forgotten Bks.

American Indians in The 1800s: Right & Resistance (America in The 1800s) Katie Blomquist. rev. ed. 2017. (Social Studies: Informational Text Ser.). (ENG., Illus.). 32p. (gr. 4-8). pap. 11.99 *(978-1-4938-3799-1(0))* Teacher Created Materials, Inc.

American Indians of the East: Woodland People. Heather E. Schwartz. rev. ed. 2016. (Social Studies: Informational Text Ser.). (ENG., Illus.). 32p. (gr. 4-8). pap. 11.99 *(978-1-4938-3071-8(6))* Teacher Created Materials, Inc.

American Indians of the Plains: Surviving the Great Expanse. Jennifer Overend Prior. rev. ed. 2016. (Social Studies: Informational Text Ser.). (ENG., Illus.). 32p. (gr. 4-8). pap. 11.99 *(978-1-4938-3070-1(8))* Teacher Created Materials, Inc.

American Indians of the West: Battling the Elements. Katelyn Rice. rev. ed. 2016. (Social Studies: Informational Text Ser.). (ENG., Illus.). 32p. (gr. 4-8). pap. 11.99 *(978-1-4938-3069-5(4))* Teacher Created Materials, Inc.

American Ingenuity: Stories of Inventions That Shaped a Nation. Sean Kennelly. 2018. (ENG.). 48p. (J). (gr. 4-6). pap. *(978-1-4867-1399-8(8))* Flowerpot Children's Pr. Inc.

American Institutions & Their Influence. Alexis de Tocqueville. 2022. (ENG.). 440p. (YA). pap. ***(978-1-387-90615-4(1))*** Lulu Pr., Inc.

American Jest Book: Being a Chaste Collection of Anecdotes, Bon Mots, & Epigrams, Original & Selected, for the Amusement of the Young & Old of Both Sexes (Classic Reprint) Unknown Author. (ENG., Illus.). (J). 2018. 218p. 28.39 *(978-0-332-83607-2(X))*; 2017. pap. 10.97 *(978-0-243-11904-2(6))* Forgotten Bks.

American Joe Miller: A Collection of Yankee Wit & Humour (Classic Reprint) Robert Kempt. 2017. (ENG., Illus.). (J). 28.81 *(978-0-331-56564-5(1))* Forgotten Bks.

American Joe Miller: Or, the Jester's Own Book, Being a Choice Collection of Anecdotes & Witticisms (Classic Reprint) Unknown Author. 2018. (ENG., Illus.). 234p. (J). 28.72 *(978-0-332-94455-5(7))* Forgotten Bks.

American Journal of School Hygiene, Vol. 5, 1921, No. 1-4. 2017. (ENG., Illus.). (J). pap. *(978-0-649-31878-0(1))* Trieste Publishing Pty Ltd.

American Kitsune, Vol. 8: A Fox's Rescue. Brandon B. Varnell. Ed. by Crystal Holdefer. Illus. by Kirsten Moody. 2022. (ENG.). 492p. (YA). pap. 15.00 *(978-1-951904-40-1(0))* Kitsune Inc.

American Kitsune, Vol. 9: A Fox's Hostility. Brandon B. Varnell. Ed. by Crystal Holdefer. 2022. (ENG.). 498p. (YA). pap. 15.00 *(978-1-951904-44-9(3))* Kitsune Inc.

American Kitsune, Volume 1: A Fox's Love. Brandon Varnell. 2nd ed. 2021. (American Kitsune Ser.: Vol. 1). (ENG.). 300p. (YA). pap. 15.00 *(978-1-951904-20-3(6))* Kitsune Inc.

American Kitsune, Volume 2. Brandon Varnell. Illus. by Kirsten Moody. 2nd ed. 2021. (American Kitsune Ser.: Vol. 2). (ENG.). 376p. (YA). pap. 15.00 *(978-1-951904-82-1(6))* Kitsune Inc.

American Kitsune, Volume 3. Brandon Varnell. Ed. by Crystal Holdefer. Illus. by Kirsten Moody. 2021. (ENG.). 404p. (YA). pap. 15.00 *(978-1-951904-84-5(2))* Kitsune Inc.

American Leaders: Then & Now. Jessica Rusick. 2020. (9/11 Terrorist Attacks Ser.). (ENG., Illus.). 48p. (J). (gr. 5-9). lib. bdg. 34.21 *(978-1-5321-9448-1(X),* 36545, Abdo & Daughters) ABDO Publishing Co.

American Legends & Folktales (Group 3) 2017. (American Legends & Folktales Ser.). (ENG., Illus.). 32p. (J). 380.88 *(978-1-5026-2434-5(6))* Cavendish Square Publishing LLC.

American Legends & Folktales (Group 4) 2018. (American Legends & Folktales Ser.). (ENG., Illus.). 32p. (J). pap. 63.48 *(978-1-5026-3984-4(X))*; (gr. 3-3). lib. bdg. 181.26 *(978-1-5026-3895-3(9),* 2ed9a155-4f71-4cc5-99a9-e40f735bdded) Cavendish Square Publishing LLC.

American Legends & Folktales (Groups 1 - 4) 2018. (American Legends & Folktales Ser.). (ENG.). (J). pap. 277.92 *(978-1-5026-4005-5(8))*; (gr. 3-3). lib. bdg. 737.04 *(978-1-5026-3726-0(X),* cf17d781-59aa-40f9-954e-c27c3142889c) Cavendish Square Publishing LLC.

American Legion Magazine, Vol. 31: December, 1941 (Classic Reprint) American Legion. 2018. (ENG., Illus.). 62p. (J). 25.18 *(978-0-656-34673-8(6))* Forgotten Bks.

American Legion Magazine, Vol. 32: June, 1942 (Classic Reprint) American Legion. (ENG., Illus.). (J). 2018. 72p. 25.38 *(978-0-666-80077-0(4))*; 2017. pap. 9.57 *(978-1-334-91749-3(3))* Forgotten Bks.

American Legion Magazine, Vol. 37: September, 1944 (Classic Reprint) Alexander Gardiner. 2016. (ENG., Illus.). (J). pap. 9.57 *(978-1-334-12199-9(0))* Forgotten Bks.

American Legion Monthly, Vol. 1: October, 1926 (Classic Reprint) John T. Winterich. 2018. (ENG., Illus.). 102p. (J). 26.00 *(978-0-483-13654-0(9))* Forgotten Bks.

American Legion Monthly, Vol. 18: June, 1935 (Classic Reprint) Frank H. Tyson. (ENG., Illus.). (J). 2018. 72p. 25.40 *(978-0-267-10125-2(2))*; 2017. pap. 9.57 *(978-0-259-45695-7(0))* Forgotten Bks.

American Legion Monthly, Vol. 21: December, 1936 (Classic Reprint) John T. Winterich. 2018. (ENG., Illus.). 70p. (J). 25.34 *(978-0-267-77550-7(4))* Forgotten Bks.

American Legion Monthly, Vol. 3: August, 1927 (Classic Reprint) John T. Winterich. 2017. (ENG., Illus.). (J). pap. 9.57 *(978-0-243-46166-0(6))* Forgotten Bks.

American Legion Monthly, Vol. 7: September, 1929 (Classic Reprint) John T. Winterich. (ENG., Illus.). (J). 2018. 88p. 25.71 *(978-0-484-27827-0(4))*; 2017. pap. 9.57 *(978-0-243-51808-1(0))* Forgotten Bks.

American Legion Weekly, Vol. 1: August 15, 1919 (Classic Reprint) American Legion. 2018. (ENG., Illus.). 36p. (J). 24.64 *(978-0-483-63328-5(3))* Forgotten Bks.

American Legion Weekly, Vol. 1: Sept. 12, 1919 (Classic Reprint) American Legion National Headquarters. 2018. (ENG., Illus.). 40p. (J). 24.72 *(978-0-428-96748-2(5))* Forgotten Bks.

American Legion Weekly, Vol. 3: September 2, 1921 (Classic Reprint) American Legion. 2018. (ENG., Illus.). 34p. (J). 24.60 *(978-0-483-50925-2(6))* Forgotten Bks.

American Legion Weekly, Vol. 3: September 23, 1921 (Classic Reprint) American Legion. 2018. (ENG., Illus.). 30p. (J). 24.52 *(978-0-483-52562-7(6))* Forgotten Bks.

American Legion Weekly, Vol. 4: June 16, 1922 (Classic Reprint) American Legion. 2018. (ENG., Illus.). 30p. (J). 24.52 *(978-0-483-48843-4(7))* Forgotten Bks.

American Legion Weekly, Vol. 4: November 24, 1922 (Classic Reprint) American Legion. 2018. (ENG., Illus.). 38p. (J). 24.68 *(978-0-483-49734-4(7))* Forgotten Bks.

American Legion Weekly, Vol. 5: January 5, 1923 (Classic Reprint) American Legion. 2018. (ENG., Illus.). 34p. (J). 24.60 *(978-0-483-49111-3(X))* Forgotten Bks.

American Legion Weekly, Vol. 6: December 12, 1924 (Classic Reprint) American Legion. 2018. (ENG., Illus.). 32p. (J). 24.56 *(978-0-483-48750-5(3))* Forgotten Bks.

American Legion Weekly, Vol. 6: May 16, 1924 (Classic Reprint) American Legion. 2017. (ENG., Illus.). (J). pap. 7.97 *(978-0-243-41750-6(0))* Forgotten Bks.

American Legion Weekly, Vol. 8: June, 1926 (Classic Reprint) American Legion. (ENG., Illus.). (J). 2018. 28p. 24.47 *(978-0-332-34456-0(8))*; 2017. pap. 7.97 *(978-0-243-40401-8(8))* Forgotten Bks.

American Letters of a Japanese Parlor-Maid: By Miss. Morning Glory Morning Noguchi (Classic Reprint) Yone Noguchi. 2017. (ENG., Illus.). (J). 28.78 *(978-0-266-68147-2(6))* Forgotten Bks.

American Life & Best Sellers from the Catcher in the Rye to the Hunger Games, 1 vol. Diane Dakers. 2016. (Pop Culture Ser.). (ENG., Illus.). 112p. (YA). (gr. 7-7). 41.64 *(978-1-5026-1981-5(4),* 965984a4-0a1a-487b-97b1-b62969bc18a7) Cavendish Square Publishing LLC.

American Life & Communication from the Telephone to Twitter, 1 vol. Cathleen Small. 2016. (Pop Culture Ser.). (ENG.). 112p. (J). (gr. 7-7). 41.64 *(978-1-5026-1977-8(6),* facc0764-e0e2-4c74-99cc-64a9d2834f15) Cavendish Square Publishing LLC.

American Life & Video Games from Pong to Minecraft(r), 1 vol. Kathryn Hulick. 2016. (Pop Culture Ser.). (ENG., Illus.). 112p. (J). (gr. 7-7). 41.64 *(978-1-5026-1975-4(X),* dc1c1603-ff93-43a2-bc5b-0ad8d351e49c) Cavendish Square Publishing LLC.

American Life in The 1930s. Contrib. by Kate Conley. 2023. (Iconic American Decades Ser.). (ENG.). 112p. (YA). (gr. 6-12). lib. bdg. 41.36 ***(978-1-5321-9802-1(7)***, 41801, Essential Library) ABDO Publishing Co.

American Life in The 1940s. Contrib. by Kathy MacMillan. 2023. (Iconic American Decades Ser.). (ENG.). 112p. (YA). (gr. 6-12). lib. bdg. 41.36 ***(978-1-5321-9803-8(5)***, 41804, Essential Library) ABDO Publishing Co.

American Life in The 1950s. Contrib. by Donna B. McKinney. 2023. (Iconic American Decades Ser.). (ENG.). 112p. (YA). (gr. 6-12). lib. bdg. 41.36 ***(978-1-5321-9804-5(3)***, 41807, Essential Library) ABDO Publishing Co.

American Life in The 1960s. Contrib. by Laura K. Murray. 2023. (Iconic American Decades Ser.). (ENG.). 112p. (YA). (gr. 6-12). lib. bdg. 41.36 ***(978-1-5321-9805-2(1)***, 41810, Essential Library) ABDO Publishing Co.

American Life in The 1970s. Contrib. by Sue Bradford Edwards. 2023. (Iconic American Decades Ser.). (ENG.). 112p. (YA). (gr. 6-12). lib. bdg. 41.36 ***(978-1-5321-9806-9(X)***, 41813, Essential Library) ABDO Publishing Co.

American Life in The 1980s. Contrib. by Kate Conley. 2023. (Iconic American Decades Ser.). (ENG.). 112p. (YA). (gr. 6-12). lib. bdg. 41.36 ***(978-1-5321-9807-6(8)***, 41816, Essential Library) ABDO Publishing Co.

American Life in The 1990s. Contrib. by A. W. Buckey. 2023. (Iconic American Decades Ser.). (ENG.). 112p. (YA). (gr. 6-12). lib. bdg. 41.36 ***(978-1-5321-9808-3(6)***, 41819, Essential Library) ABDO Publishing Co.

American Life in The 2000s. Contrib. by Erin Nicks. 2023. (Iconic American Decades Ser.). (ENG.). 112p. (YA). (gr. 6-12). lib. bdg. 41.36 ***(978-1-5321-9809-0(4)***, 41822, Essential Library) ABDO Publishing Co.

American, Like Me? Kaothar Baher El-Far. 2023. (ENG.). 30p. (J). pap. 18.00 ***(978-1-63661-549-3(X))*** Dorrance Publishing Co., Inc.

American Literature in Parody: A Collection of Parody, Satire, & Literary Burlesque of American Writers Past & Present (Classic Reprint) Robert P. Falk. 2017. (ENG., Illus.). (J). 29.67 *(978-0-331-80248-1(1))*; pap. 13.57 *(978-0-259-46442-6(2))* Forgotten Bks.

American Lounger: Or Tales, Sketches, & Legends, Gathered in Sundry Journeyings (Classic Reprint) J. H. Ingraham. 2017. (ENG., Illus.). 272p. (J). 29.53 *(978-0-332-62154-8(5))* Forgotten Bks.

American Madonna: A Story of Love (Classic Reprint) Mary Ives Todd. 2018. (ENG., Illus.). 274p. (J). 29.55 *(978-0-484-61653-9(6))* Forgotten Bks.

American Magazine, Vol. 58: May October, 1909 (Classic Reprint) Unknown Author. (ENG., Illus.). (J). 2018. 682p. 37.96 *(978-0-666-67613-9(5))*; 2017. pap. 20.57 *(978-1-5276-6115-8(6))* Forgotten Bks.

American Magazine, Vol. 63: November, 1906 April, 1907 (Classic Reprint) Unknown Author. (ENG., Illus.). (J). 2018. 808p. 40.56 *(978-0-267-14483-9(0))*; 2016. pap. 23.57 *(978-1-334-14339-7(0))* Forgotten Bks.

American Magazine, Vol. 64: May, 1907 October, 1907 (Classic Reprint) Unknown Author. (ENG., Illus.). (J). 2018. 800p. 40.42 *(978-0-332-43224-3(6))*; 2017. pap. 23.57 *(978-0-243-87430-9(8))* Forgotten Bks.

American Magazine, Vol. 67: November, 1908-April, 1909 (Classic Reprint) Unknown Author. (ENG., Illus.). (J). 2018. 786p. 40.11 *(978-0-483-44678-6(5))*; 2017. pap. 23.57 *(978-1-334-92021-9(4))* Forgotten Bks.

American Magazine, Vol. 7: November, 1887, to April, 1888 (Classic Reprint) Unknown Author. (ENG., Illus.). (J). 2018. 776p. 39.90 *(978-0-364-81541-0(8))*; 2017. pap. 23.57 *(978-0-243-93922-0(1))* Forgotten Bks.

American Magazine, Vol. 73: November 1911 to April 1912 (Classic Reprint) Miriam Florence Squier Leslie. 2018. (ENG., Illus.). (J). 886p. 42.17 *(978-1-396-39095-1(2))*; 888p. pap. 24.51 *(978-1-390-99454-4(6))* Forgotten Bks.

American Magazine, Vol. 74: May, 1912, to November, 1912 (Classic Reprint) Unknown Author. (ENG., Illus.). (J). 2018. 1006p. 44.67 *(978-0-483-79582-2(8))*; 2017. pap. 27.01 *(978-0-243-28441-2(1))* Forgotten Bks.

American Magazine, Vol. 8: May to October, 1888 (Classic Reprint) Unknown Author. 2017. (ENG., Illus.). (J). 39.90 *(978-0-260-16013-3(X))*; pap. 23.57 *(978-1-5282-0374-6(7))* Forgotten Bks.

American Marquis: Or, Detective for Vengeance; a Story of a Masked Bride & a Husband's Quest (Classic Reprint) Nick Carter. 2017. (ENG., Illus.). (J). 28.19 *(978-0-265-44101-5(3))* Forgotten Bks.

American Mastodon. Kathryn Clay. 2018. (Little Paleontologist Ser.). (ENG., Illus.). 32p. (J). (gr. k-3). pap. 6.95 *(978-1-5435-0547-4(3),* 137362); lib. bdg. 28.65 *(978-1-5435-0543-6(0),* 137358) Capstone. (Capstone Pr.).

American Mastodon. Julie Murray. 2023. (Ice Age Animals Ser.). (ENG.). 24p. (J). (gr. -1-2). lib. bdg. 32.79 ***(978-1-0982-6632-5(3)***, 42191, Abdo Kids) ABDO Publishing Co.

American Medium in England (Classic Reprint) Frances Eleanor Trollope. 2017. (ENG., Illus.). (J). 27.18 *(978-0-266-66987-6(5))*; pap. 9.57 *(978-1-5276-4143-3(0))* Forgotten Bks.

American Middle Class. Duchess Harris Jd & Rebecca Rowell. 2018. (Class in America Ser.). (ENG., Illus.). 112p. (J). (gr. 6-12). lib. bdg. 41.36 *(978-1-5321-1403-8(6),* 28788, Essential Library) ABDO Publishing Co.

American Migration & Settlement, 1 vol. Brett Griffin. 2018. (Discovering America: an Exceptional Nation Ser.). (ENG.). 112p. (gr. 7-7). lib. bdg. 44.50 *(978-1-5026-4265-3(4),* 12165498-85f1-4377-9ff8-b318aa021305) Cavendish Square Publishing LLC.

American Minks Invade the United Kingdom. Susan H. Gray. 2021. (21st Century Junior Library: Invasive Species Science: Tracking & Controlling Ser.). (ENG., Illus.). 24p. (J). (gr. 2-5). pap. 12.79 *(978-1-5341-8847-1(9),* 219123); lib. bdg. 30.64 *(978-1-5341-8707-8(3),* 219122) Cherry Lake Publishing.

American Monthly Knickerbocker, Vol. 63: June, 1864 (Classic Reprint) John Holmes Agnew. (ENG., Illus.). (J). 2018. 106p. 26.08 *(978-0-484-27046-5(X))*; 2017. pap. 9.57 *(978-0-243-24983-1(7))* Forgotten Bks.

American Moonshot Young Readers' Edition: John F. Kennedy & the Great Space Race. Douglas Brinkley. (ENG.). 272p. (J). (gr. 3-7). 2020. pap. 7.99 *(978-0-06-266029-9(2))*; 2019. (Illus.). 16.99 *(978-0-06-266028-2(4))* HarperCollins Pubs. (HarperCollins).

American Moral Tales: For Young Persons (Classic Reprint) Dorothea Lynde Dix. (ENG., Illus.). (J). 2018. 270p. 29.47 *(978-0-483-94188-5(3))*; 2017. pap. 11.97 *(978-0-243-44422-9(2))* Forgotten Bks.

American Mother: And Other Stories (Classic Reprint) Mary Lanman Underwood. (ENG., Illus.). (J). 2018. 282p. 29.73 *(978-0-364-64025-8(1))*; 2017. pap. 13.57 *(978-0-259-06118-2(2))* Forgotten Bks.

American Mouse Goes to Italy. Gina Lypaczewski & Claire Mariucci. Illus. by Paula S. Wallace. 2020. (ENG.). 38p. (J). 18.95 *(978-1-7324911-5-1(1))* Rosemount FARM Publishing, LLC.

American Mouse Goes to Italy. Claire Mariucci & Gina Lypaczewski. Illus. by Paula S. Wallace. 2020. (ENG.). 38p. (J). pap. 12.95 *(978-1-7324911-4-4(3))* Rosemount FARM Publishing, LLC.

TITLE INDEX AMERICAN STAR SPEAKER, EDUCATOR &

American Murderer: The Parasite That Haunted the South. Gail Jarrow. 2022. (Medical Fiascoes Ser.). (Illus.). 160p. (J). (gr. 5-12). 24.99 *(978-1-68437-815-9(X)*, Calkins Creek) Highlights Pr., c/o Highlights for Children, Inc.

American Muscle Cars Coloring Book for Kids: A Fun & Engaging Muscle Car Coloring Workbook for Boys & Girls Featuring All Kinds of Different Muscle Car Designs Your Child Will Love. Happy Harper. l.t. ed. 2020. (ENG., Illus.). 94p. (J). pap. *(978-1-989968-29-1(5)*, Happy Harper) Gill, Karanvir.

American Nights' Entertainments: Compiled from Pencilings of an United States Senator: Entitled, a Winter in the Federal City; with a Supplement (Classic Reprint) Talbot Greene. (ENG., Illus.). (J). 2018. 274p. 29.55 *(978-0-483-14696-9(X))*; 2016. pap. 11.97 *(978-1-334-76750-0(5))* Forgotten Bks.

American Normal Readers: Third Book. May Louise Harvey. 2017. (ENG., Illus.). (J). pap. *(978-0-649-04678-2(1))* Trieste Publishing Pty Ltd.

American Normal Readers. Second Book. May Louise Harvey. 2017. (ENG., Illus.). (J). pap. *(978-0-649-53445-6(X))* Trieste Publishing Pty Ltd.

American Normal Readers, Vol. 1: Prepared under the Direction & with the Approval of a Supervisor of Catholic Schools (Classic Reprint) May Louise Harvey. 2017. (ENG., Illus.). (J). 146p. 26.91 *(978-0-484-69930-3(X))*; pap. 9.57 *(978-0-259-74751-2(3))* Forgotten Bks.

American Normal Readers, Vol. 2: Prepared under the Direction & with the Approval of a Supervisor of Catholic Schools (Classic Reprint) May Louise Harvey. 2017. (ENG., Illus.). (J). 27.44 *(978-0-265-71755-4(8))*; pap. 9.97 *(978-1-5276-7366-3(9))* Forgotten Bks.

American Normal Readers, Vol. 3 (Classic Reprint) May Louise Harvey. (ENG., Illus.). (J). 2018. 226p. 28.56 *(978-0-483-52501-6(4))*; 2017. pap. 10.97 *(978-0-243-11139-8(8))* Forgotten Bks.

American Normal Readers, Vol. 4 (Classic Reprint) May Louise Harvey. 2017. (ENG., Illus.). (J). 31.20 *(978-0-265-20658-4(8))* Forgotten Bks.

American Normal Readers, Vol. 5 (Classic Reprint) May Louise Harvey. 2018. (ENG., Illus.). 420p. (J). 32.56 *(978-0-428-96086-5(3))* Forgotten Bks.

American Notes: And Pictures from Italy (Classic Reprint) Charles Dickens. 2017. (ENG., Illus.). (J). 35.94 *(978-0-265-46055-9(7))* Forgotten Bks.

American Notes (Classic Reprint) Charles Dickens. (ENG., Illus.). (J). 2018. 700p. 38.35 *(978-0-483-19139-6(6))*; 2017. pap. 20.97 *(978-0-243-28491-7(8))* Forgotten Bks.

American Notes (Classic Reprint) Rudyard Kipling. 2018. (ENG., Illus.). 138p. (J). 26.76 *(978-0-656-16616-9(9))* Forgotten Bks.

American Notes for General Circulation (Classic Reprint) Charles Dickens. 2017. (ENG., Illus.). (J). 27.86 *(978-0-265-71549-9(0))*; pap. 10.57 *(978-1-5276-7097-6(X))*; 32.77 *(978-1-5279-8195-9(9))* Forgotten Bks.

American Notes for General Circulation. in Two Volumes. Vol. II. [London-1852]. Charles Dickens. 2017. (ENG., Illus.). (J). pap. *(978-0-649-65872-5(8))* Trieste Publishing Pty Ltd.

American Notes for General Circulation, Vol. 1 of 2 (Classic Reprint) Charles Dickens. 2018. (ENG., Illus.). 320p. (J). 30.50 *(978-0-483-26419-9(9))* Forgotten Bks.

American Notes for General Circulation, Vol. 2 of 2 (Classic Reprint) Charles Dickens. 2018. (ENG., Illus.). 326p. (J). 30.62 *(978-0-267-66022-3(7))* Forgotten Bks.

American Notes; Pictures from Italy; a Child's History of England (Classic Reprint) Charles Dickens. (ENG., Illus.). (J). 2017. 38.40 *(978-0-260-79346-1(9))*; 2016. pap. 20.97 *(978-1-333-68189-0(5))* Forgotten Bks.

American Ornithology, Vol. 6: A Magazine Devoted Entirely to Birds (Classic Reprint) Chester A. Reed. 2018. (ENG., Illus.). 220p. (J). 28.45 *(978-0-267-28606-5(6))* Forgotten Bks.

American Paint Horses. David Denniston. 2018. (Horse Breeds Ser.). (ENG., Illus.). 32p. (J). (gr. 3-9). lib. bdg. 28.65 *(978-1-5435-0033-2(1)*, 136986, Capstone Pr.) Capstone.

American Paint Horses. Rachel Grack. 2020. (Saddle Up! Ser.). (ENG.). 24p. (J). (gr. k-3). lib. bdg. 26.95 *(978-1-64487-231-4(5)*, Blastoff! Readers) Bellwether Media.

American Paint Horses. Grace Hansen. 2016. (Horses (Abdo Kids Jumbo) Ser.). (ENG., Illus.). 24p. (J). (gr. -1-2). lib. bdg. 32.79 *(978-1-68080-925-1(3)*, 23325, Abdo Kids) ABDO Publishing Co.

American Paint Horses. Cari Meister. 2018. (Favorite Horse Breeds Ser.). (ENG.). 24p. (J). (gr. 1-4). *(978-1-68151-420-8(6)*, 15133) Amicus.

American Paint Horses. Carl Meister. 2018. (Favorite Horse Breeds Ser.). (ENG.). 24p. (J). (gr. 1-3). pap. 10.99 *(978-1-68152-340-8(X)*, 15141) Amicus.

American Panda. Gloria Chao. (ENG.). (YA). (gr. 7). 2019. 336p. pap. 11.99 *(978-1-4814-9911-8(4))*; 2018. (Illus.). 320p. 19.99 *(978-1-4814-9910-1(6))* Simon Pulse. (Simon Pulse).

American Pep: A Tale of America's Efficiency (Classic Reprint) A. Stone. 2018. (ENG., Illus.). 352p. (J). 31.16 *(978-0-483-73519-4(1))* Forgotten Bks.

American Pharoah. Jon M. Fishman. 2016. (Amazing Athletes Ser.). (ENG., Illus.). 32p. (J). (gr. 2-5). 26.65 *(978-1-5124-0829-4(8)*, aaca3424-f4f1-4737-8a80-7b46a8659997); E-Book 39.99 *(978-1-5124-0876-8(X)*, 9781512408768); E-Book 39.99 *(978-1-5124-0831-7(X))* Lerner Publishing Group. (Lerner Pubns.).

American Pharoah: Triple Crown Champion. Shelley Fraser Mickle. 2019. (ENG.). 224p. (J). (gr. 3-7). pap. 8.99 *(978-1-4814-8071-0(5)*, Aladdin) Simon & Schuster Children's Publishing.

American Pharoah: Triple Crown Champion. Shelley Fraser Mickle. 2017. (ENG., Illus.). 224p. (J). (gr. 3-7). 17.99 *(978-1-4814-8070-3(7)*, Simon & Schuster/Paula Wiseman Bks.) Simon & Schuster/Paula Wiseman Bks.

American Place Puzzlers. Compiled by Bearport Publishing Team. 2018. (ENG.). 24p. (J). (gr. -1-3). 215.92 *(978-1-68402-477-3(3))* Bearport Publishing Co., Inc.

American Poilu (Classic Reprint) Elmer Stetson Harden. 2018. (ENG., Illus.). 260p. (J). 29.26 *(978-0-483-78529-8(6))* Forgotten Bks.

American Politician: A Novel (Classic Reprint) F. Marion Crawford. 2017. (ENG., Illus.). (J). 31.53 *(978-1-5280-6208-4(6))* Forgotten Bks.

American Politician a Novel, Vol. 1 of 2 (Classic Reprint) F. Marion Crawford. 2018. (ENG., Illus.). 248p. (J). 29.01 *(978-0-483-27285-9(X))* Forgotten Bks.

American Politician, Vol. 2 Of 2: A Novel (Classic Reprint) F. Marion Crawford. 2017. (ENG., Illus.). (J). pap. 10.97 *(978-1-334-87145-0(0))* Forgotten Bks.

American Politician, Vol. 2 Of 2: A Novel (Classic Reprint) Francis Marion Crawford. 2018. (ENG., Illus.). 226p. (J). 28.56 *(978-0-483-19843-2(9))* Forgotten Bks.

American Popular Lessons: Chiefly Selected from the Writings of Mrs. Barbauld, Miss. Edgeworth & Other Approved Authors; Designed Particularly for the Younger Classes of Children in Schools (Classic Reprint) Eliza Robbins. (ENG., Illus.). (J). 2018. 256p. 29.18 *(978-0-666-83873-5(9))*; 2017. pap. 11.57 *(978-0-259-28078-1(X))* Forgotten Bks.

American Popular Lessons: Chiefly Selected from the Writings of Mrs. Barbauld, Miss. Edgeworth, & Other Approved Writers (Classic Reprint) Eliza Robbins. 2017. (ENG., Illus.). (J). 29.30 *(978-0-331-68287-8(7))*; pap. 11.97 *(978-1-5276-4365-9(4))* Forgotten Bks.

American Postal Service: History of the Postal Service from the Earliest Times. the American System Described with Full Details of Operation. Louis Melius. 2019. (ENG.). 118p. (J). pap. *(978-93-5370-275-5(5))* Alpha Editions.

American Preceptor Improved: Being a New Selection of Lessons for Reading & Speaking; Designed for the Use of Schools (Classic Reprint) Caleb Bingham. (ENG., Illus.). (J). 2018. 230p. 28.66 *(978-0-483-44886-5(9))*; 2018. 218p. 28.39 *(978-0-483-46725-5(1))*; 2016. pap. 11.57 *(978-1-334-15841-4(X))* Forgotten Bks.

American Preceptor Improved: Being a New Selection of Lessons for Reading & Speaking, Designed for the Use of Schools (Classic Reprint) Caleb Bingham. 2017. (ENG., Illus.). (J). 28.68 *(978-0-331-86520-2(3))*; pap. 11.57 *(978-0-243-09103-4(6))* Forgotten Bks.

American Press Humorists Eighth Annual Convention: August 1910, Montreal, Canada (Classic Reprint) American Press Humorists. 2018. (ENG., Illus.). (J). 108p. 26.12 *(978-0-366-56884-0(1))*; 110p. pap. 9.57 *(978-0-366-46997-0(5))* Forgotten Bks.

American Primary Spelling-Book (Classic Reprint) Samuel Thomas Worcester. (ENG., Illus.). (J). 2018. 112p. 26.21 *(978-0-364-74230-3(5))*; 2017. pap. 9.57 *(978-0-259-51227-1(3))* Forgotten Bks.

American Primary Teacher. a Monthly Magazine Devoted to the Interests of Primary Instruction in America. Vol. I. October, 1877 - July, 1878, Nos. 1-10. 2017. (ENG., Illus.). (J). pap. *(978-0-649-04763-5(X))* Trieste Publishing Pty Ltd.

American Primary Teacher, Vol. 14: Devoted to the Methods & Principles of Teaching; from September, 1896, to June, 1897, Inclusive (Classic Reprint) A. E. Winship. 2017. (ENG., Illus.). (J). 42.05 *(978-0-265-76862-4(4))*; pap. 24.39 *(978-1-5277-4800-2(6))* Forgotten Bks.

American Prisoner (Classic Reprint) Eden Phillpotts. 2017. (ENG., Illus.). (J). 33.18 *(978-1-5280-7951-8(5))*; pap. 16.57 *(978-0-243-28592-1(2))* Forgotten Bks.

American Prose. Horace Elisha Scudder. 2017. (ENG.). 438p. (J). pap. *(978-3-337-37327-6(5))* Creation Pubs.

American Prose; Horace Elisha Scudder. 2017. (ENG.). 426p. (J). pap. *(978-3-7446-8517-7(9))* Creation Pubs.

American Prose. Horace Elisha Scudder & And Others. 2017. (ENG.). 438p. (J). pap. *(978-3-337-28048-2(X))* Creation Pubs.

American Prose: Hawthorne; Irving; Longfellow Whittier; Holmes; Lowell; Thoreau; Emerson (Classic Reprint) Horace Elisha Scudder. 2018. (ENG., Illus.). 426p. (J). 32.72 *(978-0-332-66218-3(7))* Forgotten Bks.

American Push (Classic Reprint) Edgar Fawcett. (ENG., Illus.). (J). 2018. 246p. 28.97 *(978-0-483-67652-7(7))*; 2018. 56p. 25.07 *(978-0-267-26978-5(1))*; 2016. pap. 11.57 *(978-1-334-09192-6(7))* Forgotten Bks.

American Quarter Horses. Rachel Grack. 2020. (Saddle Up! Ser.). (ENG.). 24p. (J). (gr. k-3). lib. bdg. 26.95 *(978-1-64487-232-1(3)*, Blastoff! Readers) Bellwether Media.

American Quarter Horses. Cari Meister. 2018. (Favorite Horse Breeds Ser.). (ENG.). 24p. (J). (gr. 1-4). *(978-1-68151-421-5(4)*, 15134) Amicus.

American Quarter Horses. Carl Meister. 2018. (Favorite Horse Breeds Ser.). (ENG.). 24p. (J). (gr. 1-4). pap. 8.99 *(978-1-68152-341-5(8)*, 15142) Amicus.

American Quarter Horses. Amanda Parise-Peterson. 2018. (Horse Breeds Ser.). (ENG.). 32p. (J). (gr. 3-9). lib. bdg. 28.65 *(978-1-5435-0032-5(3)*, 136984, Capstone Pr.) Capstone.

American Race-Turf Register, Sportsman's Herald, & General Stud Book, Vol. 1 Of 2: Containing the Pedigrees of the Most Celebrated Horses, Mares, & Geldings, That Have Distinguished Themselves As Racers on the American Turf (Classic Reprint) Patrick Nisbett Edgar. 2017. (ENG., Illus.). (J). 36.11 *(978-0-265-80891-7(X))* Forgotten Bks.

American Reader, Consisting of Familiar, Instructive, & Entertaining Stories: Selected for the Use of Schools (Classic Reprint) Herman Daggett. (ENG., Illus.). (J). 2018. 292p. 29.92 *(978-0-267-00355-6(2))*; 2017. 29.86 *(978-0-265-72091-2(5))*; 2017. pap. 13.57 *(978-1-5276-7770-8(2))*; 2017. pap. 13.57 *(978-0-243-95777-4(7))* Forgotten Bks.

American Reformed Horse Book: A Treatise on the Causes, Symptoms, & Cure of All the Diseases of the Horse, Including Every Disease Peculiar to America (Classic Reprint) George H. Dadd. 2018. (ENG., Illus.). 442p. (J). 33.01 *(978-0-484-67445-4(5))* Forgotten Bks.

American Revolution. Thomas K. Adamson. 2017. (J). *(978-1-5105-3500-8(4))* SmartBook Media, Inc.

American Revolution, 1 vol. Peter Castellano. 2017. (Look at U. S. History Ser.). (ENG., Illus.). 32p. (J). (gr. 2-2). pap. 11.50 *(978-1-4824-6023-0(8)*, 610cbae6-95b5-4d77-856e-a65234d4a018) Stevens, Gareth Publishing LLLP.

American Revolution. DK. 2022. (DK Eyewitness Ser.). (ENG.). 72p. (J). (gr. 3-7). pap. 9.99 *(978-0-7440-5226-8(2)*, DK Children) Dorling Kindersley Publishing, Inc.

American Revolution. Cara MacCarald. 2018. (Forming Our Nation Ser.). (ENG.). 32p. (J). lib. bdg. 22.99 *(978-1-5105-3789-7(9))* SmartBook Media, Inc.

American Revolution. Clara MacCarald. 2017. (Foundations of Our Nation Ser.). (ENG., Illus.). 32p. (J). (gr. 3-5). pap. 9.95 *(978-1-63517-307-9(8)*, 1635173078); lib. bdg. 31.35 *(978-1-63517-242-3(X)*, 163517242X) North Star Editions. (Focus Readers).

American Revolution. Nancy Ohlin. Illus. by Adam Larkum. 2016. (Blast Back! Ser.). (ENG.). 112p. (J). (gr. 2-5). pap. 5.99 *(978-1-4998-0122-4(X))* Little Bee Books Inc.

American Revolution, 1 vol. Sophie Washburne. 2020. (Turning Points Ser.). (ENG.). 104p. (J). (gr. 7-7). pap. 20.99 *(978-1-5026-5759-6(7)*, d0e1190c-4eaa-401e-9296-01a8bfd0bf58) Cavendish Square Publishing LLC.

American Revolution. Sarah Powers Webb. 2016. (Primary Source History Ser.). (ENG., Illus.). 32p. (J). (gr. 3-6). lib. bdg. 27.99 *(978-1-4914-8487-6(X)*, 130944, Capstone Pr.) Capstone.

American Revolution: American History for Kids - Children Explore History Book Edition. Baby Professor. 2016. (ENG., Illus.). 42p. (J). pap. 11.65 *(978-1-68305-624-9(8)*, Baby Professor (Education Kids)) Speedy Publishing LLC.

American Revolution: Fighting for Freedom. Torrey Maloof. rev. ed. 2016. (Social Studies: Informational Text Ser.). (ENG., Illus.). 32p. (gr. 4-8). pap. 11.99 *(978-1-4938-3079-4(1))* Teacher Created Materials, Inc.

American Revolution: Fighting for Independence, 1 vol. Amy B. Rogers & John Davenport. 2016. (American History Ser.). (ENG.). 104p. (J). (gr. 7-7). 41.03 *(978-1-5345-6041-3(6)*, 4750de29-4801-477f-bcb2-7d1a9159bbf5, Lucent Pr.) Greenhaven Publishing LLC.

American Revolution: 12 Things to Know. Peggy Caravantes. 2017. (America at War Ser.). (ENG., Illus.). 32p. (J). (gr. 3-6). 32.80 *(978-1-63235-264-4(8)*, 11703, 12-Story Library) Bookstaves, LLC.

American Revolution Educational Facts Children's History Book. Bold Kids. 2022. (ENG.). 42p. (J). pap. 14.99 ***(978-1-0717-1616-8(6))*** FASTLANE LLC.

American Revolution for Kids Us Revolutionary Timelines - Colonization to Abolition 4th Grade Children's American Revolution History. Baby Professor. 2017. (ENG., Illus.). 64p. (J). pap. 9.52 *(978-1-5419-1746-0(4)*, Baby Professor (Education Kids)) Speedy Publishing LLC.

American Revolution Technology. Tammy Gagne. 2017. (War Technology Ser.). (ENG., Illus.). 48p. (J). (gr. 4-8). lib. bdg. 35.64 *(978-1-5321-1188-4(6)*, 25952) ABDO Publishing Co.

American Revolution up Close! Showing Events & Processes, 1 vol. Ava Beasley. 2017. (Computer Kids: Powered by Computational Thinking Ser.). (ENG.). 24p. (J). (gr. 4-5). 25.27 *(978-1-5383-2432-5(6)*, 358d2c7c-7829-4563-94a5-7a157a158857, PowerKids Pr.); pap. *(978-1-5081-3759-7(5)*, 0373d979-cf6d-4ff0-9c36-09c39f9bd2bc, Rosen Classroom) Rosen Publishing Group, Inc., The.

American Revolutionary War. Kate Moening. 2023. (War Histories Ser.). (ENG., Illus.). (J). (gr. 3-7). pap. 7.99 Bellwether Media.

American Revolutionary War. Contrib. by Kate Moening. 2023. (War Histories Ser.). (ENG., Illus.). (J). (gr. 3-7). lib. bdg. 26.95 Bellwether Media.

American Revolutionary War. Anita Yasuda. 2016. (Illus.). 48p. (J). *(978-1-5105-1278-8(0))* SmartBook Media, Inc.

American Road Trip. Patrick Flores-Scott. 2019. (ENG.). 336p. (YA). pap. 10.99 *(978-1-250-21165-1(4)*, 900158804) Square Fish.

American Robins. Megan Borgert-Spaniol. 2016. (North American Animals Ser.). (ENG., Illus.). 24p. (J). (gr. k-3). 26.95 *(978-1-62617-400-9(8)*, Blastoff! Readers) Bellwether Media.

American Robins. Julie Murray. 2021. (State Birds Ser.). (ENG., Illus.). 24p. (J). (gr. -1-2). lib. bdg. 31.36 *(978-1-0982-0713-7(0)*, 37831, Abdo Kids) ABDO Publishing Co.

American-Romani Vocabulary (Classic Reprint) Albert Thomas Sinclair. 2017. (ENG., Illus.). (J). 24.31 *(978-0-265-61024-4(9))*; pap. 7.97 *(978-0-282-99216-3(2))* Forgotten Bks.

American Royals. Katharine McGee. (American Royals Ser.: 1). (ENG.). (YA). (gr. 9). 2020. 464p. pap. 12.99 *(978-1-9848-3020-3(1)*, Ember); 2019. 448p. 18.99 *(978-1-9848-3017-3(1)*, Random Hse. Bks. for Young Readers) Random Hse. Children's Bks.

American Royals Boxed Set. Katharine McGee. 2023. (American Royals Ser.). (ENG.). 1280p. (YA). (gr. 9). pap., pap., pap. 38.97 ***(978-0-593-65221-3(5)***, Ember) Random Hse. Children's Bks.

American Royals II: Majesty. Katharine McGee. (American Royals Ser.: 2). (ENG.). (YA). (gr. 9). 2022. 400p. pap. 12.99 *(978-1-9848-3024-1(4)*, Ember); 2020. 384p. 18.99 *(978-1-9848-3021-0(X)*, Random Hse. Bks. for Young Readers) Random Hse. Children's Bks.

American Royals III: Rivals. Katharine McGee. (American Royals Ser.: 3). (ENG.). (YA). (gr. 9). 2023. 416p. pap. 12.99 *(978-0-593-42973-0(7)*, Ember); 2022. 400p. 19.99 *(978-0-593-42970-9(2)*, Random Hse. Bks. for Young Readers); 2022. 400p. lib. bdg. 22.99 *(978-0-593-42971-6(0)*, Random Hse. Bks. for Young Readers) Random Hse. Children's Bks.

American Royals IV: Reign. Katharine McGee. 2023. (American Royals Ser.: 4). (ENG.). 432p. (YA). (gr. 9). 19.99 ***(978-0-593-42974-7(5)***, Random Hse. Bks. for Young Readers) Random Hse. Children's Bks.

American Royals IV: Reign 4-Copy Pre-Pack with Merchandising Kit. Katharine McGee. 2023. (YA). (gr. 9). 79.96 ***(978-0-593-78111-1(2)***, Ember) Random Hse. Children's Bks.

American Royals (Spanish Edition) Katharine McGee. 2021. (American Royals Ser.). (SPA.). 282p. (YA). (gr. 8-12). pap. 22.99 *(978-84-272-1650-1(5))* Penguin Random House Grupo Editorial ESP. Dist: Penguin Random Hse. LLC.

American Saddlebred Horses. Cari Meister. 2018. (Favorite Horse Breeds Ser.). (ENG.). 24p. (J). (gr. 1-4). *(978-1-68151-422-2(2)*, 15135) Amicus.

American Saddlebred Horses. Carl Meister. 2018. (Favorite Horse Breeds Ser.). (ENG.). 24p. (J). (gr. 1-4). pap. 8.99 *(978-1-68152-342-2(6)*, 15143) Amicus.

American School Dialogue Book, Vol. 1 (Classic Reprint) Unknown Author. (ENG., Illus.). (J). 2018. 76p. 25.46 *(978-0-666-87515-0(4))*; 2017. pap. 9.57 *(978-0-259-37372-8(9))* Forgotten Bks.

American School Readers: Fifth Reader (Classic Reprint) Kate F. Oswell. (ENG., Illus.). (J). 2018. 512p. 34.46 *(978-0-267-12977-5(7))*; 2017. pap. 16.97 *(978-1-5276-4364-2(6))* Forgotten Bks.

American School Readers: First Reader (Classic Reprint) Kate Forrest Oswell. (ENG., Illus.). (J). 2018. 156p. 27.11 *(978-0-364-71194-1(9))*; 2017. pap. 9.57 *(978-0-259-58658-6(7))* Forgotten Bks.

American School Readers: Primer (Classic Reprint) Kate Forrest Oswell. 2017. (ENG., Illus.). (J). 132p. 26.62 *(978-0-484-56636-0(9))*; pap. 9.57 *(978-0-259-47530-9(0))* Forgotten Bks.

American School Readers: Second Reader (Classic Reprint) Kate F. Oswell. 2018. (ENG., Illus.). 206p. (J). 28.17 *(978-0-484-61464-1(9))* Forgotten Bks.

American School Readers: Third Reader (Classic Reprint) Kate Forrest Oswell. 2017. (ENG., Illus.). (J). 29.40 *(978-0-266-68031-4(3))*; pap. 11.97 *(978-1-5276-5050-3(2))* Forgotten Bks.

American School Readers Fourth Reader (Classic Reprint) Kate F. Oswell. (ENG., Illus.). (J). 2018. 346p. 31.03 *(978-0-365-43966-0(5))*; 2017. pap. 13.57 *(978-1-5276-5828-8(7))* Forgotten Bks.

American Schoolgirl Explores Mexico a Memoir. Ellen Lopez. 2017. (ENG.). 144p. (J). pap. 11.95 ***(978-0-9907047-6-8(9))*** Southampton Publishing.

American Selection of Lessons in Reading & Speaking: Calculate to Improve the Minds & Refine the Taste of Youth; to Which Is Prefixed, Rules in Elocution, & Directions for Expressing the Principal Passions of the Mind (Classic Reprint) Noah Webster. 2017. (ENG., Illus.). (J). 28.64 *(978-0-265-80477-3(9))*; pap. 11.57 *(978-0-243-89875-6(4))* Forgotten Bks.

American Selection, of Lessons in Reading & Speaking: Calculated to Improve the Minds & Refine the Taste of Youth; to Which Are Prefixed Rules in Elocution, & Directions for Expressing the Principal Passions of the Mind (Classic Reprint) Noah Webster. (ENG., Illus.). (J). 2018. 230p. 28.64 *(978-0-484-75867-3(5))*; 2016. pap. 11.57 *(978-1-334-02395-8(6))* Forgotten Bks.

American Senator: A Novel (Classic Reprint) Anthony Trollope. 2017. (ENG., Illus.). 190p. (J). 27.82 *(978-0-265-31343-5(0))* Forgotten Bks.

American Shoes: A Refugee's Story. Rosemarie Lengsfeld Turke & Garrett Turke. 2022. (ENG., Illus.). 352p. (YA). (gr. 7). 24.00 *(978-1-58270-852-2(5)*, Beyond Words) Simon & Schuster.

American Short Stories: Selected & Edited with an Introductory Essay on the Short Story (Classic Reprint) Charles Sears Baldwin. 2018. (ENG., Illus.). 360p. (J). 31.32 *(978-0-483-51336-5(9))* Forgotten Bks.

American Shorthair Cats. Nancy Furstinger. 2016. (Illus.). 24p. (J). *(978-1-4896-5620-9(0))* Weigl Pubs., Inc.

American Shorthair Cats. Grace Hansen. 2016. (Cats Set 2 Ser.). (ENG., Illus.). 24p. (J). (gr. -1-2). lib. bdg. 32.79 *(978-1-68080-918-3(0)*, 23311, Abdo Kids) ABDO Publishing Co.

American Shorthair Cats. Mari Schuh. (Favorite Cat Breeds Ser.). (ENG., Illus.). 24p. (J). 2017. (gr. k-2). pap. 10.99 *(978-1-68152-096-4(6)*, 15701); 2016. (gr. 1-4). lib. bdg. 20.95 *(978-1-60753-967-4(5)*, 15693) Amicus.

American Shorthairs. Nicki Clausen-Grace. 2019. (Cat Stats Ser.). (ENG.). 32p. (J). (gr. 4-6). pap. 9.99 *(978-1-64466-015-7(6)*, 12649); (Illus.). lib. bdg. *(978-1-68072-798-2(2)*, 12648) Black Rabbit Bks. (Bolt).

American Sign Language Biblical Coloring Book. Tarsha Phillips. Illus. by D'Metrius Jackson. 2021. (ENG.). 32p. (J). pap. 12.00 *(978-1-7358663-1-4(8))* Lady Knight Enterprises Publishing.

American Slavery As It Is: Testimony of a Thousand Witnesses. Theodore Dwight Weld. 2020. (ENG.). 570p. (YA). (gr. 9). 20.99 *(978-1-64798-481-6(5))* Wyatt North.

American Slavery As It Is: Testimony of a Thousand Witnesses (Classic Reprint) Theodore Dwight Weld. 2017. (ENG., Illus.). (YA). (gr. 9). 28.64 *(978-1-5280-4763-0(X))* Forgotten Bks.

American Song. Arthur Beaman Simonds. 2017. (ENG.). 338p. (J). pap. *(978-3-7447-0810-4(1))* Creation Pubs.

American Song: A Collection of Representative American Poems, with Analytical & Critical Studies of the Writers (Classic Reprint) Arthur Beaman Simonds. 2018. (ENG., Illus.). 336p. (J). 30.83 *(978-0-483-90053-0(2))* Forgotten Bks.

American Special Ops. Pete Delmar & Robert Grayson. 2023. (American Special Ops Ser.). (ENG.). 48p. (J). 207.90 ***(978-1-6690-6393-3(3)***, 260049, Capstone Pr.) Capstone.

American Spelling Book, Giving the Sound of the Syllables, According to the Most Approved Principles of English Orthoepy: With Easy Reading Lessons; Designed for the Use of the Public Schools (Classic Reprint) John McCurdy. 2018. (ENG., Illus.) (J). 154p. 27.09 *(978-1-396-63513-7(0))*; 156p. pap. 9.57 *(978-1-391-64766-1(1))* Forgotten Bks.

American Spirit: Letters of Briggs Kilburn Adams (Classic Reprint) Briggs Kilburn Adams. 2018. (ENG., Illus.). 106p. (J). 26.12 *(978-0-484-09520-4(X))* Forgotten Bks.

American Star Speaker, Educator & Entertainer: A Standard Work on Composition & Oratory; Containing Rules for Expressing Written Thought in a Correct & Elegant Manner; Model Selections from the Most Famous Authors; Subjects for Compositions & How.

A

For book reviews, descriptive annotations, tables of contents, cover images, author biographies & additional information, updated daily, subscribe to www.booksinprint.com 71

Henry Davenport Northrop. (ENG., Illus.). (J). 2018. 492p. 34.04 *(978-0-483-02765-7(0))*; 2017. pap. 16.57 *(978-0-243-21464-8(2))* Forgotten Bks.

American Stories (Classic Reprint) Edward Everett Hale. (ENG., Illus.). (J). 2018. 298p. 30.04 *(978-0-364-85962-9(8))*; 2017. pap. 13.57 *(978-0-243-10078-1(7))* Forgotten Bks.

American Story-Book: Short Stories from Studies of Life in Southwestern Pennsylvania; Pathetic, Tragic, Humorous, & Grotesque (Classic Reprint) Frank Cowan. (ENG., Illus.). (J). 2018. 390p. 31.94 *(978-0-483-39424-7(6))*; 2016. pap. 16.57 *(978-1-333-60835-4(7))* Forgotten Bks.

American Street. Ibi Zoboi. (ENG.). (YA). (gr. 9). 2018. 352p. pap. 15.99 *(978-0-06-247305-9(0))*; 2017. 336p. 19.99 *(978-0-06-247304-2(2))* HarperCollins Pubs. (Balzer & Bray).

American Struggle: Teens Respond to Jacob Lawrence. Ed. by Chul R. Kim. 2020. (ENG., Illus.). 200p. (YA). (gr. 9-12). 19.95 *(978-1-64442-021-8(X))* Six Foot Pr., LLC.

American Suffragette. Isaac N. Stevens. 2017. (ENG., Illus.). (J). 23.95 *(978-1-374-86728-4(4))* Capital Communications, Inc.

American Suffragette: A Novel (Classic Reprint) Isaac N. Stevens. 2018. (ENG., Illus.). 256p. (J). 29.20 *(978-0-364-05855-8(2))* Forgotten Bks.

American Supercars: Dodge, Chevrolet, Ford, 1 vol. Paul Mason. 2018. (Supercars Ser.). (ENG.). 32p. (J). (gr. 4-5). 27.93 *(978-1-5383-3878-0(5),* f04a0506-203e-4a88-ac44-d96a9031f469, PowerKids Pr.) Rosen Publishing Group, Inc., The.

American Symbols: What You Need to Know. Melissa Ferguson. 2017. (Fact Files Ser.). (ENG.). 24p. (J). (gr. 1-3). lib. bdg. 27.99 *(978-1-5157-8116-5(X),* 136128, Capstone Pr.) Capstone.

American Symbols Primary Sources Pack. Created by Gallopade International. 2017. (Primary Sources Ser.). (ENG.). (J). 12.99 *(978-0-635-12595-8(1))* Gallopade International.

American Tall Tales. Anne H. Yeager. 2017. (Text Connections Guided Close Reading Ser.). (J). (gr. 2). *(978-1-4900-1839-3(5))* Benchmark Education Co.

American Tall Tales Audiobook & Companion Reader Bundle (the Jim Weiss Audio Collection) Jim Weiss. 2019. (Jim Weiss Audio Collection: 73). (ENG.). 118p. (J). (gr. 1-7). pap. 34.90 incl. audio compact disk *(978-1-945841-86-6(9),* 458486) Well-Trained Mind Pr.

American Temperance Speaker, Vol. 1: A Choice Collection of Dialogues, Prose & Poetry, Especially Adapted for Use in All Adult & Juvenile Temperance Organizations, Sabbath & Day Schools, & for Public & Private Readings, Recitations & Addre. John Stuart Ogilvie. (ENG., Illus.). (J). 2018. 106p. 26.08 *(978-0-484-58148-6(1))*; 2017. pap. 9.57 *(978-0-243-40556-5(1))* Forgotten Bks.

American Terrorist. Todd Strasser. 2017. (YA). pap. *(978-1-4814-6134-4(6),* Simon & Schuster Bks. For Young Readers) Simon & Schuster Bks. For Young Readers.

American Text-Book on Physiology (Classic Reprint) Henry Pickering Bowditch. 2018. (ENG., Illus.). 1090p. (J). 46.38 *(978-0-484-55088-8(8))* Forgotten Bks.

American Tragedy. Theodore Dreiser. 2021. (ENG.). 752p. (YA). pap. 29.95 *(978-1-4341-0459-5(1),* Waking Lion Press) The Editorium, LLC.

American Tragedy. Theodore Dreiser. 2021. (ENG.). 752p. (YA). 24.99 *(978-1-5154-4832-7(0))*; pap. 19.99 *(978-1-5154-4833-4(9))* Wilder Pubns., Corp.

American Tramp in Scotland Scotland (Classic Reprint) Weary Ben. 2018. (ENG., Illus.). 106p. (J). 26.08 *(978-0-483-86206-7(1))* Forgotten Bks.

American Tumbleweeds. Marta Elva. 2020. (ENG.). 274p. (YA). pap. 15.95 *(978-1-5154-1733-0(6))* Wilder Pubns., Corp.

American Turkey Journal, Vol. 10: January 1942 (Classic Reprint) Unknown Author. 2018. (ENG., Illus.). (J). 26p. 24.43 *(978-1-391-13420-8(6))*; 28p. pap. 7.97 *(978-1-390-53406-1(5))* Forgotten Bks.

American Turkey Journal, Vol. 2: February, 1934 (Classic Reprint) Unknown Author. 2018. (ENG., Illus.). 44p. (J). pap. 7.97 *(978-1-390-53455-9(3))* Forgotten Bks.

American Twins of the Revolution. Lucy Fitch Perkins & Angela Broyles. Ed. by Angela Broyles. 2020. (ENG., Illus.). 106p. (gr. 4-6). pap. 9.95 *(978-1-949711-70-7(6))* Bluewater Pubns.

American Values & Freedoms (Set), 6 vols. 2017. (American Values & Freedoms Ser.). (ENG.). 112p. (J). (gr. 6-12). lib. bdg. 248.16 *(978-1-5321-1298-0(X),* 27506, Essential Library) ABDO Publishing Co.

American Vampires, 1 vol. Linda R. Baker. 2019. (Creatures of the Paranormal Ser.). (ENG.). 48p. (J). (gr. 5-5). pap. 12.70 *(978-1-9785-1359-4(3),* 1e9a3549-65f7-4de3-a890-eb5cac91e80f) Enslow Publishing, LLC.

American Visitor (Classic Reprint) Joyce Cary. 2017. (ENG., Illus.). (J). pap. 11.57 *(978-0-243-28159-6(5))* Forgotten Bks.

American Voices Group 3, 10 vols., Set. Incl. Century of Immigration: 1820-1924. Rebecca Stefoff. lib. bdg. 41.21 *(978-0-7614-2172-6(6),* 5ed6ed0e-95d2-451c-9def-b5203ae1bf88); Time of Slavery. Elizabeth Sirimarco. lib. bdg. 41.21 *(978-0-7614-2169-6(6),* 807c3378-871d-4140-afb9-5d2454c00e63); Wild West. Rebecca Stefoff. lib. bdg. 41.21 *(978-0-7614-2170-2(X),* d98d8496-a771-43e2-9b03-98c032965b89); Women's Movement. Virginia Schomp. lib. bdg. 41.21 *(978-0-7614-2171-9(8),* 423501d2-b7a9-41e0-81d6-44c29393c44c); (Illus.). 160p. (gr. 6-6). (American Voices From Ser.). (ENG.). 2007. Set lib. bdg. 206.05 *(978-0-7614-2167-2(X),* af391110-fc6d-49dd-bdf2-acffe66661bf, Cavendish Square) Cavendish Square Publishing LLC.

American, Vol. 2 of 2 (Classic Reprint) Henry James Jr. 2017. (ENG., Illus.). 314p. (J). 30.37 *(978-0-265-20020-9(2))* Forgotten Bks.

American Wanderer, Through Various Parts of Europe, in a Series of Letters to a Lady: Interspersed with a Variety of Interesting Anecdotes (Classic Reprint) Unknown Author. 2017. (ENG., Illus.). (J). 33.01 *(978-0-266-72295-3(4))*; pap. 16.57 *(978-1-5276-8093-7(2))* Forgotten Bks.

American Wanderer, Through Various Parts of Europe, in a Series of Letters to a Lady: Interspersed with a Variety of Interesting Anecdotes (Classic Reprint) Virginian Virginian. (ENG., Illus.). (J). 2018. 448p. 33.14 *(978-0-428-91535-3(3))*; 2016. pap. 16.57 *(978-1-333-52717-4(9))* Forgotten Bks.

American War Ballads & Lyrics, Vol. 1: A Collection of the Songs & Ballads of the Colonial Wars, the Revolution, the War of 1812-15, the War with Mexico, & the Civil War (Classic Reprint) George Cary Eggleston. 2017. (ENG., Illus.). (J). 28.97 *(978-0-266-22066-4(5))* Forgotten Bks.

American Werewolves, 1 vol. Linda R. Baker. 2019. (Creatures of the Paranormal Ser.). (ENG.). 48p. (J). (gr. 5-5). pap. 12.70 *(978-1-9785-1362-4(3),* aa8ca474-51fb-43bd-b21b-b08b8f84aa9a) Enslow Publishing, LLC.

American Wit & Humor: By One Hundred of America's Leading Humorists (Classic Reprint) Joel Chandler Harris. 2018. (ENG., Illus.). 302p. (J). 30.15 *(978-0-484-60674-5(3))* Forgotten Bks.

American Wit & Humor: By One Hundred of America's Leading Humorists; Including World Famous Cartoons & Caricatures (Classic Reprint) Unknown Author. 2017. (ENG., Illus.). (J). 30.27 *(978-0-260-56526-6(1))* Forgotten Bks.

American Wit & Humor: By One Hundred of America's Leading Humorists; Including World Famous Cartoons & Caricatures (Classic Reprint) Joel Chandler Harris. 2016. (ENG., Illus.). (J). pap. 13.57 *(978-1-334-82901-7(2))* Forgotten Bks.

American Wit & Humor: By One Hundred of America's Leading Humorists; Including World Famous Cartoons & Caricatures (Classic Reprint) Joel Chandler Harris. 2017. (ENG., Illus.). (J). 30.31 *(978-1-5280-7491-9(2))* Forgotten Bks.

American Wit & Humor, Vol. 1: A Collection from Various Sources Classified under Appropriate Subject-Headings (Classic Reprint) Unknown Author. 2018. (ENG., Illus.). 250p. (J). 29.05 *(978-0-365-49188-0(8))* Forgotten Bks.

American Wit & Humor, Vol. 2: A Collection from Various Sources Classified under Appropriate Subject Headings (Classic Reprint) George W. Jacobs. 2018. (ENG., Illus.). 324p. (J). 30.58 *(978-0-332-14520-4(4))* Forgotten Bks.

American Wit & Humor, Vol. 8 (Classic Reprint) Thomas L. Masson. 2018. (ENG., Illus.). 318p. (J). 30.46 *(978-0-484-01385-7(8))* Forgotten Bks.

American Witches, 1 vol. Angela Timmons-Hanselka. 2019. (Creatures of the Paranormal Ser.). (ENG.). 48p. (J). (gr. 5-5). pap. 12.70 *(978-1-9785-1365-5(8),* 3b9b5422-fbad-41d8-926e-0c14b63d94e3) Enslow Publishing, LLC.

American Woman in Europe: The Journal of Two Years & a Half Sojourn in Germany, Switzerland, France, & Italy (Classic Reprint) S. R. Urbino. 2017. (ENG., Illus.). (J). 30.91 *(978-0-331-89156-0(5))* Forgotten Bks.

American Women Role Models Coloring Book. Smarter Activity Books for Kids. 2016. (ENG., Illus.). (J). pap. 9.22 *(978-1-68374-412-2(8))* Examined Solutions PTE. Ltd.

American Women's Legal Status; Letters to American Girls; Letters to American Boys (Classic Reprint) George James Bayles. 2017. (ENG., Illus.). (J). 442p. 33.03 *(978-0-332-95611-4(3))*; pap. 16.57 *(978-0-259-55132-4(5))* Forgotten Bks.

American Wonderland (Classic Reprint) Richard Meade Bache. 2018. (ENG., Illus.). 260p. (J). 29.26 *(978-0-484-08742-1(8))* Forgotten Bks.

American Zombies, 1 vol. Kate Mikoley. 2019. (Creatures of the Paranormal Ser.). (ENG.). 48p. (J). (gr. 5-5). pap. 12.70 *(978-1-9785-1368-6(2),* 9c080f24-7abe-4367-9981-508721f7ab70) Enslow Publishing, LLC.

Americanized: Rebel Without a Green Card. Sara Saedi. 2019. (ENG.). 304p. (YA). (gr. 9). pap. 11.99 *(978-1-5247-1782-7(7),* Ember) Random Hse. Children's Bks.

Americanly. Lynn Parrish Sutton. Illus. by Melanie Hope Greenberg. 2018. (ENG.). 30p. (J). 11.99 *(978-1-61067-511-6(8))* Kane Miller.

Americans. John Curtis Underwood. 2017. (ENG., Illus.). (J). pap. *(978-0-649-48411-9(8))* Trieste Publishing Pty Ltd.

Americans. Douglas Wood. Illus. by Elizabeth Sayles. 2018. (ENG.). 40p. (J). (gr. -1-3). 17.99 *(978-1-4169-2756-3(5),* Simon & Schuster Bks. For Young Readers) Simon & Schuster Bks. For Young Readers.

Americans: Student Edition United States History Since 1877 2016. Holt McDougal. 2016. (Americans Ser.). (ENG.). 1140p. (YA). (gr. 9-12). 75.95 *(978-0-544-32140-3(5))* Holt McDougal.

Americans All: A Romance of the Great War (Classic Reprint) John Merritte Driver. 2018. (ENG., Illus.). 536p. (J). 34.97 *(978-0-484-39055-2(4))* Forgotten Bks.

Americans All: Stories of American Life of to-Day (Classic Reprint) Benjamin A. Heydrick. 2017. (ENG., Illus.). (J). 31.05 *(978-0-266-19609-9(8))* Forgotten Bks.

Americans at Home, or Byeways, Backwoods, & Prairies, Vol. 3 of 3 (Classic Reprint) Thomas Haliburton. 2018. (ENG., Illus.). (J). 360p. 31.34 *(978-0-366-40383-7(4))*; 362p. pap. 13.97 *(978-0-366-40382-0(6))* Forgotten Bks.

Americans at Home, Vol. 1 Of 3: Or Byeways, Backwoods, & Prairies (Classic Reprint) Unknown Author. 2017. (ENG., Illus.). (J). 30.91 *(978-0-260-36338-1(3))*; pap. 13.57 *(978-0-282-09920-6(4))* Forgotten Bks.

Americans at Home, Vol. 2 Of 3: Or Byeways, Backwoods, & Prairies (Classic Reprint) Thomas Haliburton. 2017. (ENG., Illus.). (J). 30.81 *(978-1-5281-8913-2(2))*; pap. 13.57 *(978-1-5280-1248-5(8))* Forgotten Bks.

Americans (Classic Reprint) Edwin Davies Schoonmaker. 2018. (ENG., Illus.). 306p. (J). 30.21 *(978-0-267-28631-7(7))* Forgotten Bks.

Americans in Exile: From the Pictures & Papers of Paul Duane, Ex-Officer of the United States Army (Classic Reprint) Grace Stuart Reid. 2018. (ENG., Illus.). 298p. (J). 30.06 *(978-0-483-56785-6(X))* Forgotten Bks.

Americans in Rome (Classic Reprint) Henry Perry Leland. (ENG., Illus.). (J). 2018. 312p. 30.35 *(978-0-364-33024-1(4))*; 2016. pap. 13.57 *(978-1-333-76517-0(7))* Forgotten Bks.

American's London (Classic Reprint) Louise Closser Hale. 2018. (ENG., Illus.). 376p. (J). 31.67 *(978-0-364-20966-0(6))* Forgotten Bks.

Americans Move West, 1846-1860. Teresa LaClair. 2019. *(978-1-5105-3600-5(0))* SmartBook Media, Inc.

Americans vs. Americans Causes of the US Civil War US History Grade 7 Children's United States History Books. Baby Professor. 2022. (ENG.). 72p. (J). 31.99 ***(978-1-5419-9445-4(0))***; pap. 19.99 ***(978-1-5419-8837-8(X))*** Speedy Publishing LLC. (Baby Professor (Education Kids)).

Americans Weren't the First to Live on the Frontier: Exposing Myths about the American Frontier. Jill Keppeler. 2019. (Exposed! More Myths about American History Ser.). (ENG.). 32p. (gr. 2-3). 63.00 *(978-1-5382-3739-7(3))* Stevens, Gareth Publishing LLLP.

Americas & Oceania Flags Coloring Book. Cristie Publishing. 2020. (ENG.). 50p. (J). pap. 9.99 *(978-1-716-31604-3(9))* Lulu Pr., Inc.

America's Bloody History from Columbus to the Gold Rush, 1 vol. Kieron Connolly. 2017. (Bloody History of America Ser.). (ENG.). 88p. (gr. 8-8). 37.60 *(978-0-7660-9177-1(5),* 618bafd2-4108-420b-8da9-c09752e50a0e); pap. 20.95 *(978-0-7660-9554-0(1),* a6ba4963-2187-45fb-9817-3c86421f98da) Enslow Publishing, LLC.

America's Bloody History from the Civil War to the Great Depression, 1 vol. Kieron Connolly. 2017. (Bloody History of America Ser.). (ENG.). 88p. (gr. 8-8). 37.60 *(978-0-7660-9178-8(3),* 2eccc640-a875-4b93-be57-f45939ce32e2) Enslow Publishing, LLC.

America's Bloody History from Vietnam to the War on Terror, 1 vol. Kieron Connolly. 2017. (Bloody History of America Ser.). (ENG.). 88p. (gr. 8-8). 37.60 *(978-0-7660-9180-1(5),* a92bb720-3a4b-4034-aa1a-44302d2dd1cb); pap. 20.95 *(978-0-7660-9556-4(8),* 2aaa20cd-f1a2-4bce-a811-26f2f83462ab) Enslow Publishing, LLC.

America's Bloody History from World War II to the Civil Rights Movement, 1 vol. Kieron Connolly. 2017. (Bloody History of America Ser.). (ENG.). 88p. (gr. 8-8). 37.60 *(978-0-7660-9179-5(1),* ce7f5754-d0d1-49f5-8ebd-935f815267bb) Enslow Publishing, LLC.

America's Changing Demographics, 1 vol. Ed. by Martin Gitlin. 2019. (Opposing Viewpoints Ser.). (ENG.). 200p. (gr. 10-12). pap. 34.80 *(978-1-5345-0600-8(4),* 68fdb3d2-266c-43be-a4b6-f3ea01aa2bb1) Greenhaven Publishing LLC.

America's Daughter (Classic Reprint) Rena Isabell Halsey. (ENG., Illus.). (J). 2017. 32.81 *(978-1-5285-8341-1(8))*; 2016. pap. 16.57 *(978-1-333-98029-0(9))* Forgotten Bks.

America's Favorite Symbols (Set), 12 vols. 2020. (America's Favorite Symbols Ser.). (ENG.). 24p. (gr. 1-2). lib. bdg. 151.62 *(978-1-7253-1760-4(5),* af60d097-0f7a-4074-a889-892846f5f1f0, PowerKids Pr.) Rosen Publishing Group, Inc., The.

America's Flag Story, 1 vol. Karen S. Robbins. Illus. by J. James. 2020. (ENG.). 32p. (J). (gr. -1-3). 16.99 *(978-0-7643-5921-7(5),* 16218) Schiffer Publishing, Ltd.

America's Infrastructure, 1 vol. Ed. by Lisa Idzikowski. 2018. (At Issue Ser.). (ENG.). 128p. (gr. 10-12). 41.03 *(978-1-5345-0416-5(8),* 5a1b7440-3ab4-4f91-ace4-0ffae079a103) Greenhaven Publishing LLC.

America's Mental Health Crisis, 1 vol. Ed. by Nadra Nittle. 2019. (Current Controversies Ser.). (ENG.). 200p. (gr. 10-12). pap. 33.00 *(978-1-5345-0613-8(6),* 92223951-df19-4d11-942d-6de025953d2a) Greenhaven Publishing LLC.

America's National Parks Activity Book. Becky Radtke. 2022. (Dover Kids Activity Books: Nature Ser.). (ENG.). 64p. (J). (gr. 2-5). pap. 5.99 *(978-0-486-84859-4(0),* 848590) Dover Pubns., Inc.

America's National Parks Coloring & Activity Book. Carole Marsh. 2016. (Non-State Ser.). (ENG., Illus.). (J). pap. 5.99 *(978-0-635-12460-9(2))* Gallopade International.

America's Oddest Buildings, 1 vol. Katie Kawa. 2016. (Weird America Ser.). (ENG.). 32p. (J). (gr. 3-4). pap. 11.50 *(978-1-4824-5739-1(3),* c8dcee2a-6868-45e5-8a19-7eaffa667269) Stevens, Gareth Publishing LLLP.

America's Oddest Fads, 1 vol. M. H. Seeley. 2016. (Weird America Ser.). (ENG.). 32p. (J). (gr. 3-4). pap. 11.50 *(978-1-4824-5747-6(4),* fa2b01be-ffb5-4df2-bbb9-d708cc1b6958) Stevens, Gareth Publishing LLLP.

America's Oddest Historical Moments, 1 vol. M. H. Seeley. 2016. (Weird America Ser.). (ENG.). 32p. (J). (gr. 3-4). pap. 11.50 *(978-1-4824-5751-3(2),* b2f38bf9-5c53-4c53-adf3-6bd0c8cc01d4) Stevens, Gareth Publishing LLLP.

America's Secret Weapon: Navajo Code Talkers of World War II. Ann Stalcup. 2017. (Illus.). 59p. (J). pap. *(978-1-63293-176-4(1))* Sunstone Pr.

America's Songs, 12 vols. 2019. (America's Songs Ser.). (ENG.). 32p. (J). (gr. 3-3). lib. bdg. 181.26 *(978-1-5026-4884-6(9),* 2471a5d0-4b9c-478e-b0f6-de60b726167d) Cavendish Square Publishing LLC.

America's Songs (Set) 2019. (America's Songs Ser.). (ENG.). 32p. (J). pap. 63.48 *(978-1-5026-4935-5(7))* Cavendish Square Publishing LLC.

America's Story. Angela O'Dell. 2017. (Illus.). (J). *(978-1-68344-058-1(7),* Master Books) New Leaf Publishing Group.

America's Story 3 Set. Angela O'Dell. 2017. (Illus.). (J). pap. 69.98 *(978-1-68344-059-8(5),* Master Books) New Leaf Publishing Group.

America's Story for America's Children, Vol. 1 Of 5: The Beginner's Book (Classic Reprint) Mara Louise Pratt. 2017. (ENG., Illus.). (J). 26.91 *(978-0-331-88341-1(4))*; pap. 9.57 *(978-0-282-62854-3(1))* Forgotten Bks.

America's Story (Group 1) 2019. (America's Story Ser.). (ENG.). 144p. (J). pap. 169.28 *(978-1-5026-4399-5(5))*; (gr. 8-8). lib. bdg. 378.88 *(978-1-5026-4250-9(6),* adc27dee-66b5-4c2d-9429-c0f115070c04) Cavendish Square Publishing LLC.

America's Story (Group 2), 8 vols. 2019. (America's Story Ser.). (ENG.). 144p. (YA). (gr. 8-8). lib. bdg. 189.44 *(978-1-5026-5298-0(6),* 5ebad214-91f1-411f-9132-ce5fdbb5e8be) Cavendish Square Publishing LLC.

America's Story (Groups 1 - 2) 2019. (America's Story Ser.). (ENG.). (YA). pap. 265.92 *(978-1-5026-5382-6(6))*; (gr. 8-8). lib. bdg. 568.32 *(978-1-5026-5299-7(4),* 8aff03ed-b804-4bb0-9bdd-48f46480e243) Cavendish Square Publishing LLC.

America's Tea Parties: Not One but Four! Boston, Charleston, New York, Philadelphia. Marissa Moss. 2016. (ENG., Illus.). 48p. (J). (gr. 3-7). 19.95 *(978-1-4197-1874-8(6),* 1102801, Abrams Bks. for Young Readers) Abrams, Inc.

America's Urban-Rural Divide, 1 vol. Ed. by Bridey Heing. 2019. (Introducing Issues with Opposing Viewpoints Ser.). (ENG.). 120p. (J). (gr. 7-10). pap. 29.30 *(978-1-5345-0660-2(8),* 3b9954bf-d1f9-4408-a474-b6e0c5d4dec0) Greenhaven Publishing LLC.

Amethyst. Zia Winters. 2019. (Guardians Ser.: Vol. 1). (ENG.). 160p. (J). pap. *(978-0-620-81065-4(3))* Winters, Zia.

Amethyst. Shannon Hale et al. ed. 2022. (ENG.). 156p. (J). (gr. 2-3). 23.46 ***(978-1-68505-394-9(7))*** Penworthy Co., LLC, The.

Amethyst: The Story of a Beauty (Classic Reprint) Christabel Rose Coleridge. 2018. (ENG., Illus.). 354p. (J). 31.20 *(978-0-483-20004-3(2))* Forgotten Bks.

Amethyst & Pyres: The Story of How It Began. Heather Maria. 2020. (ENG.). 32p. (J). *(978-1-5255-6772-8(1))*; pap. *(978-1-5255-6773-5(X))* FriesenPress.

Amethyst & Rainbow Island. Olivia Sunshine. 2020. (ENG.). 160p. (YA). pap. *(978-0-2288-2853-2(8))* Tellwell Talent.

Amethyst Awakening: The Gifted Reborn. T. H. Tracy. 2022. (ENG.). 234p. (YA). pap. 14.95 ***(978-1-0880-4333-2(X))*** Oaklea Pr., The.

Amethyst Bottle. Linda Shields Allison. 2020. (ENG.). 232p. (YA). pap. 16.99 *(978-1-64718-487-2(8))* Booklocker.com, Inc.

Amethyst Box (Classic Reprint) Anna Katharine Green. 2017. (ENG., Illus.). 246p. (J). 28.99 *(978-0-484-01244-7(4))* Forgotten Bks.

Amethyst Cross (Classic Reprint) Fergus Hume. 2018. (ENG., Illus.). (J). 254p. 29.16 *(978-1-396-15236-8(9))*; 256p. pap. 11.57 *(978-1-396-12107-4(2))* Forgotten Bks.

Amethyst: Princess of Gemworld. Shannon Hale & Dean Hale. Illus. by Asiah Fulmore. 2021. 160p. (J). (gr. 3-7). pap. 9.99 *(978-1-77950-122-6(6))* DC Comics.

Amharic Alphabet Lessons. Salem Melaku Hailu. l.t. ed. 2020. (AMH.). 74p. (J). pap. 15.00 *(978-1-0878-9428-7(X))* Indy Pub.

Amharic Handwriting Workbook - Amharic Children's Book. Kiazpora. 2019. (AMH.). 82p. (J). (gr. k-6). pap. 9.99 *(978-1-946057-31-0(2))* Kiazpora LLC.

Amherst Book: A Collection of Stories, Poems, Songs, Sketches & Historical Articles (Classic Reprint) Amherst College. 2018. (ENG., Illus.). 206p. (J). 28.15 *(978-0-483-05969-6(2))* Forgotten Bks.

Amherst Life. Walter Savage Ball. 2017. (ENG.). 168p. (J). pap. *(978-3-337-27716-1(0))* Creation Pubs.

Amherst Life: Selections from the Undergraduate Publications at Amherst College (Classic Reprint) Walter Savage Ball. 2018. (ENG., Illus.). 166p. (J). 27.32 *(978-0-484-18559-2(4))* Forgotten Bks.

AMI... Den Deboshon Ku Alex I Nina. Haddasa Faneyte. 2020. (PAP.). 188p. (J). pap. 10.00 *(978-1-0878-9284-9(8))* Indy Pub.

ami du PÈre NoËl. Jean François CAMEIRA. 2021. (FRE.). 185p. (J). pap. ***(978-1-291-58857-6(4))*** Lulu Pr., Inc.

Ami du Père Noël. Jean-Francois Cameira & Marie Laure Damperat. 2021. (FRE.). 185p. (J). *(978-1-291-35739-4(4))* Lulu Pr., Inc.

Âmî Osâwâpikones (Dear Dandelion) S. J. Okemow. 2023. 40p. (J). (gr. k-2). 18.99 *(978-1-77321-740-6(2))* Annick Pr., Ltd. CAN. Dist: Publishers Group West (PGW).

Amiable. Dotun Oshowole. 2020. (ENG.). 32p. (YA). pap. 20.99 *(978-1-716-71718-5(3))* Lulu Pr., Inc.

Amicable Quixote, Vol. 1 Of 4: Or the Enthusiasm of Friendship (Classic Reprint) Unknown Author. 2018. (ENG., Illus.). 236p. (J). 28.76 *(978-0-483-93820-5(3))* Forgotten Bks.

Amici: A Christmas Greeting & a Reminder to the Class of Eighty-Four (Classic Reprint) Mary Raymond Shipman Andrews. 2018. (ENG., Illus.). 32p. (J). 24.56 *(978-0-267-17157-6(9))* Forgotten Bks.

Amicus Book Of 123. Isobel Lundie. 2019. (ENG.). 10p. (J). (gr. -1-1). bds. 8.99 *(978-1-68152-569-3(0),* 10870) Amicus.

Amicus Book of ABC. Isobel Lundie. 2019. (ENG.). 26p. (J). (gr. -1-1). bds. 8.99 *(978-1-68152-568-6(2),* 10869) Amicus.

Amicus Book of Animal Homes. Isobel Lundie. 2020. (ENG.). 10p. (J). (gr. -1 — 1). 9.99 *(978-1-68152-757-4(X),* 10667) Amicus.

Amicus Book of Animals. Isobel Lundie. 2020. (ENG.). 10p. (J). (gr. -1 — 1). pap. 8.99 *(978-1-68152-570-9(4),* 10720) Amicus.

Amicus Book of Colors. Isobel Lundie. 2020. (ENG., Illus.). 10p. (J). (gr. -1 — 1). pap. 8.99 *(978-1-68152-571-6(2),* 10721) Amicus.

Amicus Book of Earth. Isobel Lundie. 2020. (ENG.). 10p. (J). (gr. -1 — 1). 9.99 *(978-1-68152-758-1(8),* 10668) Amicus.

Amid Stars & Darkness. Chani Lynn Feener. 2018. (Xenith Trilogy Ser.: 1). (ENG.). 384p. (YA). pap. 14.99 *(978-1-250-15895-6(8),* 900185541) Square Fish.

72 The check digit for ISBN-10 appears in parentheses after the full ISBN-13

Amid Wind & Stone. Nichole Luiken & Nicole Luiken. 2016. (ENG., Illus.). 410p. (J). pap. 14.99 *(978-1-68281-126-9(3))* Entangled Publishing, LLC.

Amielle-Rose: The Gift of Purpose. Nicole Duhart. Illus. by Penny Weber. 2021. (ENG.). 36p. (J). pap. 12.99 ***(978-1-7351681-5-9(7))*** Savino, Nicole.

Amie's Party. Iain Lauchlan. Illus. by Nik Afia. 2022. (ENG.). 32p. (J). pap. *(978-1-913615-64-2(2))*; ***(978-1-915680-53-2(0))*** Trigger Publishing.

Amiga Muy Especial / Phoebe & Her Unicorn. Dana Simpson. 2019. (Cloe y Su Unicornio Ser.). (SPA.). 224p. (J). (gr. 4-7). pap. 16.95 *(978-607-31-7766-5(6)*, B De Blook) Penguin Random House Grupo Editorial ESP. Dist: Penguin Random Hse. LLC.

Amiga para Querido Dragón. Margaret Hillert. Illus. by Jack Pullan. 2017. (BeginningtoRead Ser.).Tr. of Friend for Dear Dragon. (ENG & SPA.). 32p. (J). (-2). 22.60 *(978-1-59953-828-0(8))*; pap. 11.94 *(978-1-68404-014-8(0))* Norwood Hse. Pr.

¿Amigas para Siempre? La Complicada Vida de Claudia Cristina Cortez. Diana G. Gallagher. Illus. by Brann Garvey. 2019. (Claudia Cristina Cortez en Español Ser.). (SPA.). 88p. (J). (gr. 4-8). pap. 6.95 *(978-1-4965-8585-1(2)*, 141318); lib. bdg. 26.65 *(978-1-4965-8544-8(5)*, 141293) Capstone. (Stone Arch Bks.).

Amigas Sobre Ruedas / Unicorn on a Roll. Dana Simpson. 2020. (SPA.). 224p. (J). (gr. 4-7). pap. 16.95 *(978-607-31-9026-8(3)*, B De Blook) Penguin Random House Grupo Editorial ESP. Dist: Penguin Random Hse. LLC.

Amigo: ¿Qué Podemos Comer?: What Can We Eat? Núria Camahort. 2021. (ENG.). 44p. (J). pap. 14.95 ***(978-1-7347967-2-8(3))*** Camahort, Nuria.

Amigo Beau. Susanne Beeman. 2022. (ENG., Illus.). 26p. (J). pap. 13.95 *(978-1-68517-503-0(1))* Christian Faith Publishing.

Amigo de Dios: Un Libro Ilustrado para niños Que Desean Estar Más Cerca de Dios. Andres Reina. 2017. (SPA., Illus.). 52p. (J). (gr. k-6). pap. *(978-1-68185-948-4(3))* Marcelo Laffitte.

Amigo para Ben: Leveled Reader Book 39 Level K 6 Pack. Hmh Hmh. 2021. (SPA.). 16p. (J). pap. 74.40 *(978-0-358-08350-4(8))* Houghton Mifflin Harcourt Publishing Co.

Amigo Que Nunca Falla: Cuentos para Dormir Que les Harán Despertar. José Luis Navajo. 2021. (Cuentos para Dormir Que les Harán Despertar Ser.: 1). (SPA.). 144p. (J). (gr. 2-5). pap. 14.99 *(978-1-64123-733-8(3)*, 771359) Whitaker Hse.

Amigo Se Escribe con H. Maria Fernanda Heredia. Illus. by Carlos Manuel Díaz. 2019.Tr. of Friend Is Spelled with Ph. (SPA.). 126p. (J). (gr. 4-6). pap. 13.99 *(978-958-04-7160-8(6)*, Norma) Norma S.A. COL. Dist: Distribuidora Norma, Inc.

Amigo Virtual. Patricia Carrillo Collard. 2022. (SPA.). 120p. (J). pap. 12.95 ***(978-607-07-7516-1(3))*** Editorial Planeta, S. A. ESP. Dist: Two Rivers Distribution.

Amigos. Eric Carle. Illus. by Eric Carle. 2016. (SPA., Illus.). 22p. (J). (— 1). bds. 7.99 *(978-0-399-54506-1(9))* Penguin Young Readers Group.

¡Amigos Al Rescate! (Friends to the Rescue!) Bilingual. David Armentrout & Patricia Armentrout. 2022. (Mejor Versión de Ti Mismo (Being Your Best) Bilingual Ser.).Tr. of ¡Amigos Al Rescate!. (SPA.). 24p. (J). (gr. k-2). pap. *(978-1-0396-2472-6(3)*, 20188) Crabtree Publishing Co.

Amigos de Elmer see Elmer's Friends

Amigos de Kate en el Campamento: Ordenar los Datos, 1 vol. Leonard Clasky. 2017. (Computación Científica en el Mundo Real (Computer Science for the Real World) Ser.). (SPA.). 16p. (J). (gr. 2-3). pap. *(978-1-5383-5591-6(4)*, e1c25477-c8cb-4c12-b090-9bbbc388ba95, Rosen Classroom) Rosen Publishing Group, Inc., The.

Amigos de la Granja (Farmyard Friends) (Set), 4 vols. 2019. (Amigos de la Granja (Farmyard Friends) Ser.). (SPA., Illus.). 32p. (J). (gr. -1-3). lib. bdg. 131.16 *(978-1-5321-3610-8(2)*, 31959, Calico Chapter Bks) Magic Wagon.

Amigos de la Granja Set 2 (Set), 4 vols. 2023. (Amigos de la Granja Ser.). (SPA.). 32p. (J). (gr. -1-3). lib. bdg. 131.16 ***(978-1-0982-3739-4(0)***, 42783, Calico Chapter Bks) Magic Wagon.

Amigos o No: La Percepción de Los niños y la Perspicacia de un Padre. J. Reef. 2020. (SPA.). 36p. (J). pap. 12.99 *(978-1-7339874-3-1(6))* Money Jar LLC.

Amilia & the Magic Ring. Jana Adams & Ron Adams. 2022. (ENG., Illus.). 46p. (J). pap. 15.95 *(978-1-68498-277-6(4))* Newman Springs Publishing, Inc.

Aminah's World: An Activity Book & Children's Guide about Artist Aminah Brenda Lynn Robinson. 2018. (ENG.). 60p. (J). (gr. 3-8). 24.95 *(978-0-918881-35-9(8))* Ohio Univ. Pr.

Amina's Voice. Hena Khan. ed. 2019. (Penworthy Picks Middle School Ser.). (ENG.). 208p. (J). (gr. 4-5). 19.36 *(978-1-64310-938-1(3))* Penworthy Co., LLC, The.

Amina's Voice. Hena Khan. 2017. (Amina's Voice Ser.). (ENG., Illus.). 208p. (J). (gr. 3-7). 17.99 *(978-1-4814-9206-5(3)*, Salaam Reads) Simon & Schuster Bks. For Young Readers.

Amina's Voice. Hena Khan. 2018. (Amina's Voice Ser.). (ENG.). 208p. (J). (gr. 3-7). pap. 7.99 *(978-1-4814-9207-2(1))* Simon & Schuster, Inc.

Amina's Voice. Hena Khan. ed. 2018. lib. bdg. 18.40 *(978-0-606-40842-4(8))* Turtleback.

Amina's Wall. Illus. by Carlos Lemos. 2nd ed. 2019. (ENG.). 40p. (J). (gr. k-3). pap. 12.99 ***(978-1-64713-119-7(7))*** Primedia eLaunch LLC.

Amino Acids, Enzymes, Electrolytes, Glucose & More for Kids! Body Chemistry Edition - Children's Clinical Chemistry Books. Pfiffikus. 2016. (ENG., Illus.). (J). pap. 10.81 *(978-1-68377-619-2(4))* Whike, Traudl.

Aminta: Favola Boscareccia con Gl'intermezzi (Classic Reprint) Torquato Tasso. 2018. (ITA., Illus.). (J). 120p. 26.39 *(978-0-364-52625-5(4))*; 122p. pap. 9.57 *(978-0-666-05532-3(7))* Forgotten Bks.

Aminta: Favola Boscherecia (Classic Reprint) Torquato Tasso. 2018. (ITA., Illus.). (J). 202p. 28.06 *(978-0-364-44982-0(9))*; 204p. pap. 10.57 *(978-0-656-56909-0(3))* Forgotten Bks.

Aminta, Favola Boscherecia; l'Amor Fuggitivo, Idillio; Carme (Classic Reprint) Torquato Tasso. 2018. (ITA., Illus.). (J). 120p. 26.39 *(978-0-483-67276-5(9))*; 122p. pap. 9.57 *(978-0-483-67231-4(9))* Forgotten Bks.

Amintiri Si Vechi Legende Din Carpati. Maria Stela Bradea. 2023. (RUM.). 170p. (YA). pap. ***(978-1-4475-9523-6(8))*** Lulu Pr., Inc.

Amira & Hamza 5c (B4G1) Solid Prepack. Samira Ahmed. 2021. (ENG.). 368p. (J). 67.96 *(978-1-64732-815-3(2))* Little, Brown Bks. for Young Readers.

Amira & Hamza: the War to Save the Worlds. Samira Ahmed. 2022. (Amira & Hamza Ser.). (ENG.). 384p. (J). (gr. 3-7). pap. 7.99 *(978-0-316-54048-3(X))* Little, Brown Bks. for Young Readers.

Amira, Princess of the Flowers. P. J. Walker Franklin. 2017. (Chronicles of Tobai Ser.: Vol. 1). (ENG., Illus.). (J). (gr. 1-6). 27.99 *(978-0-9982922-0-5(6))*; pap. 16.99 *(978-0-9982922-2-9(2))* Hopecopious Productions.

Amira's Family. Elliot Riley. Illus. by Srimalie Bassani. 2017. (All Kinds of Families Ser.). (ENG.). 24p. (gr. -1-2). 28.50 *(978-1-68342-318-8(6)*, 9781683423188); pap. 9.95 *(978-1-68342-414-7(X)*, 9781683424147) Rourke Educational Media.

Amira's Picture Day. Reem Faruqi. Illus. by Fahmida Azim. 40p. (J). (gr. -1-3). 2023. pap. 8.99 *(978-0-8234-5126-5(7))*; 2021. 17.99 *(978-0-8234-4019-1(2))* Holiday Hse., Inc.

Amira's Suitcase. Vikki Conley. Illus. by Nicky Johnston. 2022. (ENG.). 32p. (J). (gr. -1-1). 17.99 *(978-1-913639-77-8(0)*, c4a9af41-f1b4-45d5-a40e-539c46c87217) New Frontier Publishing AUS. Dist: Lerner Publishing Group.

Amir's First Haircut: The Ongoing Saga of Life's Lessons Through the Eyes of a Young Boy. Hope Sundreamz & Sky Owens. 2019. (Septology Saga Ser.: Vol. 4). (ENG., Illus.). 78p. (J). 29.95 *(978-0-9964684-9-7(8))* Dumplinz Bk. Publishing.

Amir's First Haircut: The Ongoing Saga of Life's Lessons Through the Eyes of a Young Boy. Hope Syndreamz. Illus. by Sky Owens. 2019. (ENG.). 78p. (J). pap. 21.95 *(978-0-9964684-7-3(1))* Dumplinz Bk. Publishing.

Amis et Amiles und Jourdains de Blaivies: Zwei Altfranzösische Heldengedichte des Kerlingischen Sagenkreises (Classic Reprint) Konrad Hofmann. 2018. (GER., Illus.). 318p. (J). 30.48 *(978-0-666-01578-5(3))* Forgotten Bks.

Amish Guys Don't Call. Debby Dodds. 2017. (YA). (gr. 9-12). pap. *(978-1-988279-43-5(7))* Blue Moon Pubs.

Amishman (Classic Reprint) Clyde Smith. (ENG., Illus.). (J). 2018. 146p. 26.91 *(978-0-484-53569-4(2))*; 2017. pap. 9.57 *(978-0-243-28573-0(6))* Forgotten Bks.

Amistad Al Primer Ladrido / Friendship at First Bark. Patricia Mora. Illus. by Diana Mármol. 2022. (Club de Las Paseadoras de Perros Ser.: 1). (SPA.). 184p. (J). (gr. 3-7). pap. 10.95 *(978-607-38-1951-0(X))* Penguin Random House Grupo Editorial ESP. Dist: Penguin Random Hse. LLC.

Amistad de Acuerdo a Humphrey. Betty G. Birney. 2018. (Humphrey Ser.: 2). (SPA.). 176p. (J). (gr. 3-7). 7.99 *(978-0-451-48003-3(1)*, Puffin Books) Penguin Young Readers Group.

Amistad (Friendship) Julie Murray. 2020. (Nuestra Personalidad (Character Education) Ser.). (SPA.). 24p. (J). (gr. -1-2). lib. bdg. 31.36 *(978-1-0982-0406-8(9)*, 35302, Abdo Kids) ABDO Publishing Co.

Amistad Monstruosa. Véronique Massenot. 2017. (SPA.). 32p. (J). (gr. 1-2). pap. 15.99 *(978-958-30-5177-7(2))* Panamericana Editorial COL. Dist: Lectorum Pubns., Inc.

Amistad Mutiny. Barbara A. Somervill. 2021. (Black American Journey Ser.). (ENG.). 32p. (J). (gr. 4-7). lib. bdg. 35.64 *(978-1-5038-5370-6(5)*, 215259) Child's World, Inc, The.

Amistad para Siempre / a Forever Friendship. Lucy Maud Montgomery. 2022. (Ana de Las Tejas Verdes Ser.: 2). (SPA.). 240p. (J). (gr. 4-7). pap. 12.95 *(978-607-38-0842-2(9))* Penguin Random House Grupo Editorial ESP. Dist: Penguin Random Hse. LLC.

Amistad Peor Imposible / Dork Diaries: Tales from a Not-So-Best Friend Forever. Rachel Renée Russell. 2022. (Diario de una Dork Ser.: 14). (SPA.). 312p. (J). (gr. 4-7). pap. 15.95 *(978-1-64473-535-0(0))* Penguin Random House Grupo Editorial ESP. Dist: Penguin Random Hse. LLC.

Amistad Que Necesito: Como Darme Cariño y Bondad a Mi Mismo. Gabi Garcia. Illus. by Miranda Rivadeneira. 2021. (SPA.). 36p. (J). 18.99 *(978-1-949633-29-0(2))* Skinned Knee Publishing.

Amistad Revolt. Ellis Roxburgh. 2017. (Rebellions, Revolts, & Uprisings Ser.). 48p. (gr. 5-5). pap. 84.30 *(978-1-5382-0752-9(4))* Stevens, Gareth Publishing LLLP.

Amistad: the Story of a Slave Ship. Patricia C. McKissack. Illus. by Sanna Stanley. 2021. (Step into Reading Ser.). (ENG.). 48p. (J). (gr. 2-4). pap. 4.99 *(978-0-593-43276-1(2)*, Random Hse. Bks. for Young Readers) Random Hse. Children's Bks.

Amma, Take Me to Shirdi. Bhakti Mathur. 2019. (ENG., Illus.). 90p. (J). (gr. 3-5). pap. 11.99 *(978-0-14-344817-4(X)*, Puffin) Penguin Bks. India PVT, Ltd IND. Dist: Independent Pubs. Group.

Amma, Take Me to the Taj Mahal. Bhakti Mathur. 2022. (ENG., Illus.). 96p. (J). pap. 14.99 *(978-0-14-345164-8(2)*, Puffin) Penguin Bks. India PVT, Ltd IND. Dist: Independent Pubs. Group.

Amma, Take Me to Tirupati. Bhakti Mathur. 2017. (ENG., Illus.). 80p. (J). pap. 11.99 *(978-0-14-342831-2(4)*, Puffin) Penguin Bks. India PVT, Ltd IND. Dist: Independent Pubs. Group.

Amma (Tamil) Jimil Patel. Tr. by Rammesh Rajagopal. 2023. (TAM.). 20p. (J). pap. 8.99 ***(978-1-0881-4280-6(X))*** Indy Pub.

Amma, Tell Me about Diwali! (Hindi) Amma Kahe Kahani, Diwali! Bhakti Mathur. 2016. (Amma Tell Me Ser.). (HIN.). 32p. (J). pap. 15.00 *(978-988-12395-0-1(6)*, 3f007e68-08e4-4602-8e30-2f50cd97ea79) Anjana Publishing HKG. Dist: Baker & Taylor Publisher Services (BTPS).

Amma Tell Me about Holi! (Hindi) Amma Kahe Kahani, Holi! Bhakti Mathur. 2016. (Amma Tell Me Ser.). (HIN.). 28p. (J). pap. 15.00 *(978-988-12395-2-5(4)*, c8764614-74d4-4d68-a1e2-3c4e3d1dcdc0) Anjana Publishing HKG. Dist: Baker & Taylor Publisher Services (BTPS).

Amma Tell Me about Raksha Bandhan! Bhakti Mathur. I.t. ed. 2018. (Amma Tell Me Ser.: 12). (ENG.). 32p. (J). pap. 16.50 *(978-988-79059-8-1(4)*, 21f3a90b-e889-4177-bbb0-c5d8b3cac37b) Anjana Publishing HKG. Dist: Baker & Taylor Publisher Services (BTPS).

Amma, Tell Me about Ramayana! (Hindi Version) Amma Kahe Kahani, Ramayana! Bhakti Mathur. 2016. (Amma Tell Me Ser.). (HIN.). 36p. (J). pap. 15.00 *(978-988-12394-9-5(4)*, 892b6ea6-9de6-4cc2-92ea-aefe1368929b) Anjana Publishing HKG. Dist: Baker & Taylor Publisher Services (BTPS).

Amma Tell Me about the Avatars of Vishnu! Part 1. Bhakti Mathur. 2021. (Amma Tell Me Ser.: 13). (ENG.). 36p. (J). pap. 16.50 *(978-988-79059-9-8(2)*, 7f074754-da8c-41d6-8221-305d6c42c984) Anjana Publishing HKG. Dist: Baker & Taylor Publisher Services (BTPS).

Amma Tell Me Festival Series: Three Book Set. Bhakti Mathur. 2016. (Amma Tell Me Ser.). (ENG., Illus.). 54p. (J). pap. 44.00 *(978-988-12395-6-3(7)*, dbc7ffb7-14f5-4827-9539-7b67a0785a84) Anjana Publishing HKG. Dist: Baker & Taylor Publisher Services (BTPS).

Amma Tell Me Hanuman Trilogy: Three Book Set. Bhakti Mathur. 2016. (Amma Tell Me Ser.). (ENG., Illus.). 54p. (J). pap. 44.00 *(978-988-12395-5-6(9)*, 0fe00994-ec6a-44a6-a961-e2eb9469cbb5) Anjana Publishing HKG. Dist: Baker & Taylor Publisher Services (BTPS).

Amma Tell Me Krishna Trilogy: Three Book Set. Bhakti Mathur. 2016. (Amma Tell Me Ser.). (ENG., Illus.). 54p. (J). pap. 44.00 *(978-988-12395-4-9(0)*, 864c9f65-41b7-4adc-9672-23df680b6773) Anjana Publishing HKG. Dist: Baker & Taylor Publisher Services (BTPS).

Amnesia: Colony 1: Alex & Trish. G. K. Stream. 2019. (Genettic Roulette Ser.: Vol. 2). (ENG.). 174p. (J). pap. 10.00 *(978-1-393-16489-0(7))* Draft2Digital.

Amnesia Project. Payton Todd. (ENG.). 310p. (YA). 2023. ***(978-1-990863-25-7(6))***; 2022. pap. ***(978-1-990863-26-4(4))*** Martrain Corporate & Personal Development.

Amnesia Stone. Ryan Murphy. 2020. (ENG.). 340p. (J). pap. 18.99 *(978-1-63221-502-4(0))* Salem Author Services.

Amnesique. Lewis Pattinson. 2017. (FRE., Illus.). 506p. (J). pap. *(978-1-326-94622-7(6))* Lulu Pr., Inc.

Amnesty #4. Clancy Teitelbaum. 2016. (ENG., Illus.). (YA). (gr. 8-12). pap. 12.99 *(978-1-68076-655-4(4)*, Epic Pr.) ABDO Publishing Co.

Amo a Dios. Elias Zapple & Teran. Illus. by Crisanto Etorma. 2020. (Cuentos para Dormir Ser.: Vol. 3). (SPA.). 36p. (J). pap. *(978-1-912704-69-9(2))* Heads or Tales Pr.

Amo a Mi Hermano Mayor. Tr. by Camila Ayala Terán. Illus. by Elias Zapple & Crisanto Etorma. 2020. (Cuentos para Dormir Ser.: Vol. 2). (SPA.). 32p. (J). pap. *(978-1-912704-45-3(5))* Heads or Tales Pr.

Amo a Mi Mamá: I Love My Mom -Spanish Edition. Shelley Admont & Kidkiddos Books. 2nd ed. 2019. (Spanish Bedtime Collection). (SPA., Illus.). 32p. (J). (gr. k-3). pap. *(978-1-5259-1252-8(6))* Kidkiddos Bks.

Amo a Mi Mamá I Love My Mom: Spanish English Bilingual Children's Book. Shelley Admont & S. a Publishing. 2018. (Spanish English Bilingual Collection). (SPA., Illus.). 32p. (J). (gr. k-3). *(978-1-5259-0929-0(0))* Shelley Admont Publishing.

Amo a Mi Papá. Elias Zapple. Tr. by Camila Ayala Terán. Illus. by Xenia Basova. 2020. (Cuentos para Dormir Ser.: Vol. 4). (SPA.). 32p. (J). pap. *(978-1-912704-49-1(8))* Heads or Tales Pr.

Amo a MIS Mamás. Elias Zapple. Tr. by Camila Ayala Terán. Illus. by Crisanto Etorma. 2020. (Cuentos para Dormir Ser.: Vol. 5). (SPA.). 32p. (J). pap. *(978-1-912704-59-0(5))* Heads or Tales Pr.

Amo Condividere I Love to Share: Italian English Bilingual Book. Shelley Admont & Kidkiddos Books. 2nd ed. 2019. (Italian English Bilingual Collection). (ITA., Illus.). 34p. (J). (gr. k-3). pap. *(978-1-5259-1682-3(3))* Kidkiddos Bks.

Amo Dormire Nel Mio Letto: I Love to Sleep in My Own Bed - Italian Edition. Shelley Admont & Kidkiddos Books. 2nd ed. 2019. (Italian Bedtime Collection). (ITA., Illus.). 36p. (J). (gr. k-3). pap. *(978-1-5259-1700-4(5))* Kidkiddos Bks.

Amo Dormire Nel Mio Letto I Love to Sleep in My Own Bed: Italian English Bilingual Book. Shelley Admont & Kidkiddos Books. 2nd ed. 2019. (Italian English Bilingual Collection). (ITA., Illus.). 36p. (J). (gr. k-3). pap. *(978-1-5259-1372-3(7))* Kidkiddos Bks.

¡Amo el Rosa! Frances Gilbert. Illus. by Eren Unten. 2020. (LEYENDO a PASOS (Step into Reading) Ser.). (SPA.). 32p. (J). (gr. -1-1). lib. bdg. 14.99 *(978-0-593-17427-2(5)*, Random Hse. Bks. for Young Readers) Random Hse. Children's Bks.

¡Amo el Rosa! (I Love Pink Spanish Edition) Frances Gilbert. Illus. by Eren Unten. 2020. (LEYENDO a PASOS (Step into Reading) Ser.). (SPA.). 32p. (J). (gr. -1-1). pap. 5.99 *(978-0-593-17426-5(7)*, Random Hse. Bks. for Young Readers) Random Hse. Children's Bks.

Amo... (Holiday Edition) Raccolta Di Favole Della Buonanotte: I Love to... Bedtime Collection (Italian Edition) Shelley Admont & Kidkiddos Books. 2019. (Italian Bedtime Collection). (ITA., Illus.). 104p. (J). (gr. k-3). *(978-1-5259-1983-1(0))*; pap. *(978-1-5259-1982-4(2))* Kidkiddos Bks.

Amo Lavarmi I Denti: I Love to Brush My Teeth - Italian Edition. Shelley Admont & Kidkiddos Books. 2nd ed. 2019. (ITA., Illus.). 36p. (J). (gr. k-3). pap. *(978-1-5259-1816-2(8))* Kidkiddos Bks.

Amo Lavarmi I Denti I Love to Brush My Teeth: Italian English Bilingual Book. Shelley Admont & Kidkiddos Books. 2nd ed. 2019. (Italian English Bilingual Collection). (ITA., Illus.). 36p. (J). (gr. k-3). pap. *(978-1-5259-1744-8(7))* Kidkiddos Bks.

Amo Mangiare Frutta e Verdura: I Love to Eat Fruits & Vegetables - Italian Edition. Shelley Admont & Kidkiddos Books. 2nd ed. 2019. (Italian Bedtime Collection). (ITA., Illus.). 32p. (J). (gr. k-3). pap. *(978-1-5259-1753-0(6))* Kidkiddos Bks.

Amo Mangiare Frutta e Verdura I Love to Eat Fruits & Vegetables: Italian English Bilingual Book. Shelley Admont & Kidkiddos Books. 2nd ed. 2019. (Italian English Bilingual Collection). (ITA., Illus.). 32p. (J). (gr. k-3). pap. *(978-1-5259-1484-3(7))* Kidkiddos Bks.

Amo Mantenere in Ordine la Mia Camera: I Love to Keep My Room Clean - Italian Edition. Shelley Admont & Kidkiddos Books. 2nd ed. 2019. (Italian Bedtime Collection). (ITA., Illus.). 34p. (J). (gr. k-3). pap. *(978-1-5259-1836-0(2))* Kidkiddos Bks.

Amo Mantenere in Ordine la Mia Camera I Love to Keep My Room Clean: Italian English Bilingual Book. Shelley Admont & Kidkiddos Books. 2nd ed. 2019. (Italian English Bilingual Collection). (ITA., Illus.). 34p. (J). (gr. k-3). pap. *(978-1-5259-1776-9(5))* Kidkiddos Bks.

Amo Protegerme de Gérmenes y Viruses. Elias Zapple. Tr. by Camila Ayala Terán. Illus. by Eunice Vergara. 2020. (Cuentos para Dormir Ser.: Vol. 6). (SPA.). 28p. (J). pap. *(978-1-912704-80-4(3))* Heads or Tales Pr.

Amo... Raccolta Di Favole Della Buonanotte: I Love to... Bedtime Collection (Italian Edition) Shelley Admont. 2017. (Italian Bedtime Collection). (ITA., Illus.). (J). (gr. k-3). *(978-1-77268-638-8(7))*; pap. *(978-1-926432-98-4(3))* Kidkiddos Bks.

Among a Thousand Fireflies. Helen Frost. Illus. by Rick Lieder. 2016. (ENG.). 32p. (J). (gr. -1-2). 15.99 *(978-0-7636-7642-1(X))* Candlewick Pr.

Among a Thousand Fireflies. Helen Frost. Illus. by Rick Lieder. 2019. (ENG.). 32p. (J). (gr. -1-2). 7.99 *(978-1-5362-0562-6(1))* Candlewick Pr.

Among Aliens, Vol. 1 Of 2: A Novel (Classic Reprint) Frances Eleanor Trollope. 2018. (ENG., Illus.). 240p. (J). 28.87 *(978-0-267-43480-0(4))* Forgotten Bks.

Among Aliens, Vol. 2 Of 2: A Novel (Classic Reprint) Frances Eleanor Trollope. 2018. (ENG., Illus.). 258p. (J). 29.22 *(978-0-332-91173-1(X))* Forgotten Bks.

Among Bavarian Inns: Being an Account of Little Journeys to the Bavarian Highlands & to Various Quaint Inns & Hostelries in & Out of the Ancient Towns (Classic Reprint) Frank Roy Fraprie. 2018. (ENG., Illus.). 418p. (J). 32.54 *(978-0-666-94090-2(8))* Forgotten Bks.

Among English Hedgerows (Classic Reprint) Clifton Johnson. 2018. (ENG., Illus.). 368p. (J). 31.51 *(978-0-365-35359-1(0))* Forgotten Bks.

Among English Inns: The Story of a Pilgrimage to Characteristic Spots of Rural England (Classic Reprint) Josephine Tozier. 2019. (ENG., Illus.). 336p. (J). 30.83 *(978-0-484-89309-1(2))* Forgotten Bks.

Among French Folk: A Book for Vagabonds. W. Branch Johnson. 2017. (ENG., Illus.). (J). pap. *(978-0-649-38667-3(1))* Trieste Publishing Pty Ltd.

Among French Folk: A Book for Vagabonds (Classic Reprint) W. Branch Johnson. 2018. (ENG., Illus.). 260p. (J). 29.30 *(978-0-332-95512-4(5))* Forgotten Bks.

Among Italian Peasants (Classic Reprint) Tony Cyriax. 2017. (ENG., Illus.). (J). 30.39 *(978-0-265-99738-3(0))* Forgotten Bks.

Among Malay Pirates: A Tale of Adventure & Peril. G. A. Henty. 2018. (ENG., Illus.). 84p. (J). 12.99 *(978-1-5154-2246-4(1))* Wilder Pubns., Corp.

Among Ourselves, Vol. 3: To a Mother's Memory; Being a Life Story of Principally Seven Generations, Especially of the Morris-Trueblood Branch; Catherine & Her Household (Classic Reprint) Sarah Parke Morrison. 2018. (ENG., Illus.). 316p. (J). 30.41 *(978-0-483-28738-9(5))* Forgotten Bks.

Among the Apple Orchards (Classic Reprint) Clement Scott. (ENG., Illus.). (J). 2018. 168p. 27.36 *(978-0-332-97743-0(9))*; 2017. pap. 9.97 *(978-0-259-51904-1(9))* Forgotten Bks.

Among the Beasts & Briars. Ashley Poston. (ENG.). (YA). (gr. 8). 2022. 368p. pap. 10.99 *(978-0-06-284737-9(6))*; 2020. (Illus.). 352p. 17.99 *(978-0-06-284736-2(8))* HarperCollins Pubs. (Balzer & Bray).

Among the Bhotiyas & Their Neighbors (Classic Reprint) E. c. m. Browne. 2017. (ENG., Illus.). (J). 25.48 *(978-0-331-10420-2(2))* Forgotten Bks.

Among the Camps. Thomas Nelson Page. 2018. (ENG.). 184p. (J). pap. *(978-3-337-42575-3(5))* Creation Pubs.

Among the Camps: Or Young People's Stories of the War (Classic Reprint) Thomas Nelson Page. 2018. (ENG., Illus.). 190p. (J). 27.82 *(978-0-666-69816-2(3))* Forgotten Bks.

Among the Chosen. Blake J. Fuksa. 2020. (ENG.). 110p. (YA). pap. 11.99 *(978-1-0879-0218-0(5))* Indy Pub.

Among the Chosen: The Underworld. Blake J. Fuksa. 2020. (Among the Chosen Ser.: Vol. 2). (ENG.). 108p. (YA). pap. 9.99 *(978-1-0879-3666-6(7))* Indy Pub.

Among the Eskimos of Labrador: A Record of Five Years' Close Intercourse with the Eskimo Tribes of Labrador (Classic Reprint) Samuel King Hutton. (ENG., Illus.). (J). 2017. 32.31 *(978-0-331-60367-5(5))*; 2016. pap. 16.57 *(978-1-334-14990-0(9))* Forgotten Bks.

Among the Fairies (Classic Reprint) Augusta Bethell Adamson Parker. (ENG., Illus.). (J). 2017. 28.37 *(978-0-331-36705-8(X))*; 2016. pap. 10.97 *(978-1-333-62396-8(8))* Forgotten Bks.

Among the Fallen. Virginia Frances Schwartz. (ENG.). 304p. (YA). (gr. 9). 2023. pap. 9.99 *(978-0-8234-5109-8(7))*; 2019. 16.99 *(978-0-8234-4102-0(4))* Holiday Hse., Inc.

Among the Farmyard People (Classic Reprint) Clara Dillingham Pierson. 2018. (ENG., Illus.). 288p. (J). 29.84 *(978-0-666-79349-2(2))* Forgotten Bks.

Among the Forest People (Classic Reprint) Clara Dillingham Pierson. (ENG., Illus.). (J). 2018. 222p. 28.50 *(978-0-483-29562-9(0))*; 2016. pap. 10.97 *(978-1-333-41815-1(9))* Forgotten Bks.

Among the Forest Trees, or How the Bushman Family Got Their Homes: Being a Book of Facts & Incidents of Pioneer Life in Upper Canada, Arranged in the Form of

a Story (Classic Reprint) Joseph Henry Hilts. (ENG., Illus.). (J). 2018. 390p. 31.96 *(978-0-267-59965-3(X))*; 2016. pap. 16.57 *(978-1-334-14302-1(1))* Forgotten Bks.

Among the French Folk: Sketches from Real Life (Classic Reprint) E. H. Moggridge. (ENG., Illus.). (J). 2019. 132p. 26.64 *(978-1-397-29125-7(7))*; 2019. 134p. pap. 9.57 *(978-1-397-28998-8(8))*; 2018. 134p. 26.68 *(978-0-483-48703-1(1))*; 2017. pap. 9.57 *(978-0-243-00021-0(9))* Forgotten Bks.

Among the Guerillas (Classic Reprint) Edmund Kirke. 2018. (ENG., Illus.). 292p. (J). 29.92 *(978-0-484-11570-4(7))* Forgotten Bks.

Among the Hidden Novel Units Student Packet. Novel Units. 2019. (Shadow Children Ser.). (ENG.). (J). (gr. 7-8). pap., stu. ed. 13.99 *(978-1-58130-779-5(9)*, Novel Units, Inc.) Classroom Library Co.

Among the Hills (Classic Reprint) E. Frances Poynter. (ENG., Illus.). (J). 2018. 322p. 30.54 *(978-0-483-50407-3(6))*; 2016. pap. 13.57 *(978-1-334-78241-1(5))* Forgotten Bks.

Among the Humorists & after-Dinner Speakers, Vol. 1: A New Collection of Humorous Stories & Anecdotes (Classic Reprint) William Patten. (ENG., Illus.). (J). 2018. 294p. 29.96 *(978-0-267-68482-3(7))*; 2016. pap. 13.57 *(978-1-333-35749-8(4))* Forgotten Bks.

Among the Humorists & after-Dinner Speakers, Vol. 2: A New Collection of Humorous Stories & Anecdotes (Classic Reprint) William Patten. 2017. (ENG., Illus.). (J). 30.43 *(978-0-266-72674-6(7))*; pap. 13.57 *(978-1-5276-8695-3(7))* Forgotten Bks.

Among the Humorists & after-Dinner Speakers, Vol. 3: A New Collection of Humorous Stories & Anecdotes (Classic Reprint) William Patten. (ENG., Illus.). (J). 2017. 30.50 *(978-0-266-41841-2(4))*; 2016. pap. 13.57 *(978-1-333-66731-3(0))* Forgotten Bks.

Among the Idolmakers (Classic Reprint) L. P. Jacks. 2018. (ENG., Illus.). 384p. (J). 31.82 *(978-0-267-41865-7(5))* Forgotten Bks.

Among the Indians of Alaska (Classic Reprint) Charles Replogle. 2018. (ENG., Illus.). 216p. (J). 28.35 *(978-0-483-42281-0(9))* Forgotten Bks.

Among the Lilies & Elsewhere, with Jesus: Pleasant Talks with the Young on Passages of Scripture (Classic Reprint) Charles A. Smith. (ENG., Illus.). (J). 2018. 290p. 29.88 *(978-0-483-78228-0(9))*; 2017. pap. 13.57 *(978-0-243-27705-6(9))* Forgotten Bks.

Among the Meadow People (Classic Reprint) Clara Dillingham Pierson. (ENG., Illus.). (J). 2018. 130p. 26.60 *(978-0-666-30844-3(6))*; 2017. 28.17 *(978-0-265-99214-2(1))* Forgotten Bks.

Among the Mongols (Classic Reprint) James Gilmour. 2017. (ENG., Illus.). (J). 32.19 *(978-0-266-40699-0(8))* Forgotten Bks.

Among the Moonshiners (Classic Reprint) Campbell Waldo Waite. (ENG., Illus.). (J). 2018. 296p. 30.02 *(978-0-483-66825-6(7))*; 2016. pap. 13.57 *(978-1-334-27108-3(9))* Forgotten Bks.

Among the Night People. Clara Dillingham Pierson. 2017. (ENG., Illus.). (J). pap. *(978-0-649-00369-3(1))* Trieste Publishing Pty Ltd.

Among the Night People (Classic Reprint) Clara Dillingham Pierson. 2018. (ENG., Illus.). 262p. (J). 29.30 *(978-0-484-72239-1(5))* Forgotten Bks.

Among the Northern Hills (Classic Reprint) W. C. Prime. 2018. (ENG., Illus.). 226p. (J). 28.56 *(978-0-483-27005-3(9))* Forgotten Bks.

Among the Pines: Or, South in Secession Time. James R. Gilmore. 2017. (ENG., Illus.). (J). 24.95 *(978-1-374-87446-6(9))*; pap. 14.95 *(978-1-374-87445-9(0))* Capital Communications, Inc.

Among the Pond People (Classic Reprint) Clara Dillingham Pierson. (ENG., Illus.). (J). 2017. 29.05 *(978-0-265-94142-3(3))*; 2016. pap. 11.57 *(978-1-333-19459-8(5))* Forgotten Bks.

Among the Red Stars. Gwen C. Katz. (ENG.). 384p. (YA). (gr. 8). 2018. pap. 9.99 *(978-0-06-264275-2(8))*; 2017. 17.99 *(978-0-06-264274-5(X))* HarperCollins Pubs. (HarperTeen).

Among the Ruins (Classic Reprint) Gomez Carrillo. 2017. (ENG., Illus.). (J). 31.32 *(978-0-260-89023-8(5))* Forgotten Bks.

Among the Stars. Matthew K. Wyers. 2018. (ENG., Illus.). 366p. (J). pap. 19.49 *(978-1-5456-4434-8(9))* Salem Author Services.

Among the Stars: Or Wonderful Things in the Sky (Classic Reprint) Agnes Giberne. 2018. (ENG., Illus.). 352p. (J). 31.16 *(978-0-484-43921-3(9))* Forgotten Bks.

Among the Trees: Off-Grid Forest Living. Mari Bolte. 2022. (Life Unplugged Ser.). (ENG., Illus.). 32p. (J). (gr. 4-6). lib. bdg. 27.99 *(978-1-62920-953-1(8)*, fc9d3d96-ba48-4ef9-825e-7a843abdd5cc) Full Tilt Pr. NZL. Dist: Lerner Publishing Group.

Among the Water-Fowl: Observation, Adventure, Photography; a Popular Narrative Account of the Water-Fowl As Founded in the Northern & Middle States & Lower Canada, East of the Rocky Mountains (Classic Reprint) Herbert K. Job. 2017. (ENG., Illus.). (J). 29.05 *(978-0-260-50373-2(8))* Forgotten Bks.

Among the Welsh Hills (Classic Reprint) M. C. Halifax. (ENG., Illus.). (J). 2018. 308p. 30.25 *(978-0-365-18198-9(6))*; 2017. pap. 13.57 *(978-0-259-52724-4(6))* Forgotten Bks.

Among Us: 100% Unofficial Game Guide. Matt Yeo. 2021. (100% Unofficial Ser.). (ENG.). 64p. (J). (gr. 3-7). 9.99 *(978-0-06-313582-6(5)*, HarperCollins) HarperCollins Pubs.

Among Us: Beginner's Guide. Josh Gregory. 2021. (21st Century Skills Innovation Library: Unofficial Guides). (ENG., Illus.). 32p. (J). (gr. 4-8). pap. 14.21 *(978-1-5341-8919-5(X)*, 219387); lib. bdg. 32.07 *(978-1-5341-8779-5(0)*, 219386) Cherry Lake Publishing.

Among Us Mortals (Classic Reprint) William Ely Hill. 2019. (ENG., Illus.). 158p. (J). 27.18 *(978-0-365-29602-7(3))* Forgotten Bks.

Among Vikings & Valkyries Coloring Book. Kreative Kids. 2016. (ENG., Illus.). (J). pap. 9.20 *(978-1-68377-292-7(X))* Whlke, Traudl.

Amongst the Aristocracy, of the Ghetto, (les Nouveaux Riches) Sketches Drawn from Life of the New-Rich (Classic Reprint) Adolphus Raymond. 2018. (ENG., Illus.). 326p. (J). 30.62 *(978-0-483-40861-6(1))* Forgotten Bks.

Amor. Matt de la Peña. Illus. by Loren Long. 2018. Orig. Title: Love. 40p. (J). (gr. -1-3). 17.99 *(978-0-525-51880-8(0)*, G.P. Putnam's Sons Books for Young Readers) Penguin Young Readers Group.

Amor / Love (Spanish Edition) Cheri Love-Byrd. Ed. by Cottage Door Press. Illus. by Kathrin Fehrl. ed. 2022. (Peek-A-Flap Ser.). (SPA.). 12p. (J). (gr. -1-1). bds. 9.99 *(978-1-64638-403-7(2)*, 1006240-SLA) Cottage Door Pr.

Amor de la Oruga Muy Hambrienta. Illus. by Eric Carle. 2018. (World of Eric Carle Ser.). (SPA.). 32p. (J). (-k). 9.99 *(978-1-5247-9151-3(2))* Penguin Young Readers Group.

Amor de Pelo. Matthew A. Cherry. Illus. by Vashti Harrison. 2021. (SPA.). 32p. (J). (gr. -1-3). 18.99 *(978-0-593-35477-3(X)*, Kokila) Penguin Young Readers Group.

Amor en Verdad - Estudio Bíblico para Jóvenes: El Amor en Verdad Espera. Sean McDowell. 2022. (SPA.). 128p. (YA). pap. 14.99 *(978-1-0877-6976-9(0))* Lifeway Christian Resources.

Amor Es. Kim Lucretia. 2021.Tr. of Amor Es. (SPA.). 34p. (J). pap. 12.99 ***(978-0-578-86862-2(8))*** Kim Lucretia Writes.

Amor Es Bondadoso, 1 vol. Laura Sassi. Illus. by Lison Chaperon. 2019. (SPA.). 32p. (J). 15.99 *(978-0-8297-4227-5(1))* Vida Pubs.

Amor Hace para Niños, 1 vol. Bob Goff & Lindsey Goff Viducich. 2019. (SPA.). 224p. (J). pap. 14.99 *(978-1-4041-1062-5(3))* Grupo Nelson.

Amor, Honor, y Poder. Pedro Calderón De La Barca. 2017. (SPA., Illus.). (J). 22.95 *(978-1-374-92058-3(4))*; pap. 12.95 *(978-1-374-92057-6(6))* Capital Communications, Inc.

Amor (Love) Julie Murray. 2016. (Emociones (Emotions) Ser.). (SPA.). 24p. (J). (gr. -1-2). lib. bdg. 31.36 *(978-1-62402-611-9(7)*, 24726, Abdo Kids) ABDO Publishing Co.

Amor, Odio y Otros Filtros. Samira Ahmed. 2019. (SPA.). 272p. (YA). (gr. 7). pap. 19.99 *(978-987-609-715-4(6))* Editorial de Nuevo Extremo S.A. ARG. Dist: Independent Pubs. Group.

Amor Pixelado. Christian Montenegro. 2019. (SPA.). 160p. (YA). pap. 17.95 *(978-607-748-145-4(9)*, Puck) Ediciones Urano S. A. ESP. Dist: Spanish Pubs., LLC.

Amor Subestimado. Mariolita Vásquez. 2023. (SPA.). 90p. (J). pap. 14.95 ***(978-1-63765-386-9(7))*** Halo Publishing International.

Amor y Celos Hacen Discretos. Tirso de Molina. 2017. (SPA., Illus.). (J). 22.95 *(978-1-374-92060-6(6))*; pap. 12.95 *(978-1-374-92059-0(2))* Capital Communications, Inc.

Amor y Otros Choques de Tren. Leah Konen. 2019. (SPA.). 336p. (YA). (gr. 9-12). pap. 16.99 *(978-607-8614-55-4(X))* V&R Editoras.

amore Vince Sempre: Un Amore Regale. Emanuela Molaschi. 2023. (ITA.). 168p. (J). pap. ***(978-1-4477-7550-8(3))*** Lulu Pr., Inc.

Amorous Adventures of Big Ben: A Story about a Very Large Shire Horse, & How He Found Love. Dave Robson. Illus. by Elaine Quinn. 2020. (ENG.). 108p. (J). pap. *(978-1-913294-87-8(0))* TSL Pubns.

Amorphous Assassin. Greg R. Fishbone. 2016. (Galaxy Games Ser.: 2). (ENG., Illus.). (J). (gr. 3-6). pap. 11.99 *(978-1-945017-11-7(2))* Spellbound River Pr.

Amos & the Moon. Jan Balet. 2016. (ENG., Illus.). 24p. (J). 17.95 *(978-1-62326-052-1(3))* AMMO Bks., LLC.

Amos Armfield: Or the Leather-Covered Bible (Classic Reprint) Unknown Author. (ENG., Illus.). (J). 2018. 144p. 26.89 *(978-0-483-46258-8(6))*; 2016. pap. 9.57 *(978-1-334-23749-2(2))* Forgotten Bks.

Amos Faces His Bully. Cheryl Malandrinos. Illus. by Jack Foster. l.t. ed. 2018. (ENG.). 20p. (J). (gr. k-4). pap. 10.95 *(978-1-61633-909-8(8))* Guardian Angel Publishing, Inc.

Amos Fortune, Free Man Novel Units Student Packet. Novel Units. 2019. (ENG.). (J). pap. 13.99 *(978-1-58130-506-7(0)*, Novel Units, Inc.) Classroom Library Co.

Amos Fortune, Free Man Novel Units Teacher Guide. Novel Units. 2019. (ENG.). (J). pap. 12.99 *(978-1-58130-505-0(2)*, Novel Units, Inc.) Classroom Library Co.

Amos Huntingdon. Theodore P. Wilson. 2017. (ENG., Illus.). (J). 25.95 *(978-1-374-85962-3(1))*; pap. 15.95 *(978-1-374-85961-6(3))* Capital Communications, Inc.

Amos Judd (Classic Reprint) J. A. Mitchell. 2018. (ENG., Illus.). 276p. (J). 29.59 *(978-0-483-52371-5(2))* Forgotten Bks.

Amos Judd (Classic Reprint) John Ames Mitchell. (ENG., Illus.). (J). 2018. 286p. 29.80 *(978-0-656-33747-7(8))*; 2017. pap. 13.57 *(978-0-243-27890-9(X))* Forgotten Bks.

Amos Kilbright His Adscititious Experiences: With Other Stories (Classic Reprint) Frank R. Stockton. 2017. (ENG., Illus.). (J). 27.28 *(978-0-260-32771-0(9))* Forgotten Bks.

Amos Mcgee Misses the Bus. Philip C. Stead. Illus. by Erin E. Stead. 2021. (ENG.). 48p. (J). 18.99 *(978-1-250-21322-8(3)*, 900203940) Roaring Brook Pr.

Amo's Sapotawan. William Dumas. Illus. by Rhian Brynjolson. 2022. (Six Seasons of the Asiniskaw Ithiniwak Ser.: 2). (ENG.). 60p. (J). (gr. 4-6). 33.00 *(978-1-55379-929-0(1)*, HighWater Pr.) Portage & Main Pr. CAN. Dist: Orca Bk. Pubs. USA.

Amour 1: Livre Coloriage Pour Enfants. Bold Illustrations. 2017. (FRE., Illus.). (J). pap. 8.35 *(978-1-64193-053-6(5)*, Bold Illustrations) FASTLANE LLC.

Amour C'Est... Monica Dumont. 2016. (FRE., Illus.). (J). pap. *(978-0-9917611-9-7(7))* Dumont, Monica.

Amour de Cassatt / Cassatt's Love: Learn Family Relationships in French & English. Oui Love Books. Illus. by Mary Cassatt. 2019. (First Impressions Ser.: Vol. 3). (ENG.). 34p. (J). pap. 14.99 *(978-1-947961-69-2(1)*, Oui Love Bks.) Odeon Livre.

Amour de Cassatt/Cassatt's Love: Learn Family Relationships in French & English. Oui Love Books. Ed. by Odéon Livre. Illus. by Mary Cassatt. 2019. (First Impressions Ser.: Vol. 3). (ENG.). 34p. (J). (gr. -1-k). 21.99 ***(978-1-947961-70-8(5))*** Odeon Livre.

Amour de la Vie, et, la Foi des Hommes (Classic Reprint) Jack. London. 2018. (FRE., Illus.). 36p. (J). pap. 7.97 *(978-0-259-36597-6(1))* Forgotten Bks.

Amour éternel. Jm Mercedes. 2021. (ENG.). 126p. (YA). pap. 12.99 *(978-1-393-97233-4(0))* Draft2Digital.

Amouretta Landscape & Other Stories (Classic Reprint) Adeline Adams. 2018. (ENG., Illus.). 264p. (J). 29.36 *(978-0-666-87162-6(0))* Forgotten Bks.

Amours of Philander & Sylvia, Vol. 2: Being the Third & Last Part of Love-Letters Between a Nobleman & His Sister (Classic Reprint) Aphra. Behn. 2018. (ENG., Illus.). 264p. (J). 29.36 *(978-0-332-84742-9(X))* Forgotten Bks.

Amours Pastorales de Daphnis et Chloé: Escrites en Grec (Classic Reprint) Jacques Amyot Longus. 2018. (FRE., Illus.). (J). 198p. 27.98 *(978-1-391-68091-0(X))*; 200p. pap. 10.57 *(978-1-390-85457-2(4))* Forgotten Bks.

Amours Pastorales de Daphnis et Chloe: Escrites en Grec (Classic Reprint) Longus Longus. 2017. (FRE., Illus.). (J). 28.81 *(978-0-331-74681-5(6))*; pap. 11.57 *(978-0-259-07415-1(2))* Forgotten Bks.

Amoya's Big Move. Dahlia Richards. 2018. (ENG., Illus.). 38p. (J). (gr. 3-4). 14.95 *(978-1-68401-390-6(9))* Amplify Publishing Group.

AMP a Girls's Manual. Toi J. McKnight. 2021. (ENG.). 30p. (J). pap. 13.99 *(978-1-0879-6775-2(9))* Indy Pub.

Ampharita: An American Idyll (Classic Reprint) Countess Di Brazza. 2018. (ENG., Illus.). 260p. (J). 29.26 *(978-0-483-44037-1(X))* Forgotten Bks.

Amphibian Acrobats, 1 vol. Leslie Bulion. Illus. by Robert Meganck. 2020. 60p. (J). (gr. 3-7). 15.99 *(978-1-68263-098-3(6))*; pap. 7.99 *(978-1-68263-184-3(2))* Peachtree Publishing Co. Inc.

Amphibian Fossils, 1 vol. Mariel Bard. 2016. (Fossil Files Ser.). (ENG.). 32p. (J). (gr. 5-5). pap. 11.00 *(978-1-4994-2720-2(4)*, 297b6b42-b813-41d3-8ca1-8d23c56b1c9e, PowerKids Pr.) Rosen Publishing Group, Inc., The.

Amphibian Life Cycle. Tracy Vonder Brink. 2022. (Life Cycles of Living Things Ser.). (ENG.). 24p. (J). (gr. k-2). pap. 8.95 *(978-1-63897-568-7(X)*, 20471); lib. bdg. 27.93 *(978-1-63897-453-6(5)*, 20470) Seahorse Publishing.

Amphibian Life Cycles, 1 vol. Bray Jacobson. 2017. (Look at Life Cycles Ser.). (ENG.). 32p. (J). (gr. 2-2). 28.27 *(978-1-5382-1033-8(9)*, f5db6261-9383-4af3-ae68-7171a9c04bbb) Stevens, Gareth Publishing LLLP.

Amphibian Rescue (Grade 3) Vickie An. rev. ed. 2018. (Smithsonian: Informational Text Ser.). (ENG., Illus.). 32p. (J). (gr. 3-4). pap. 11.99 *(978-1-4938-6677-9(X))* Teacher Created Materials, Inc.

Amphibians. Emma Bernay & Emma Carlson Berne. 2017. (My First Animal Kingdom Encyclopedias Ser.). (ENG., Illus.). 32p. (J). (gr. -1-2). lib. bdg. 27.99 *(978-1-5157-3926-5(0)*, 133852, Capstone Pr.) Capstone.

Amphibians. Grace Jones. 2019. (Living Things & Their Habitats Ser.). (ENG.). 24p. (J). (gr. k-3). pap. 7.99 *(978-1-78637-636-7(9))* BookLife Publishing Ltd. GBR. Dist: Independent Pubs. Group.

Amphibians. Andrew Mayher. 2017. (ENG., Illus.). (YA). (gr. 9-12). pap. *(978-0-9953954-3-5(8))* Aurora House.

Amphibians. Julie Murray. 2018. (Animal Classes Ser.). (ENG., Illus.). 24p. (J). (gr. k-4). lib. bdg. 31.36 *(978-1-5321-2295-8(0)*, 28357, Abdo Zoom-Dash) ABDO Publishing Co.

Amphibians. Dalton Rains. 2023. (Animal Groups Ser.). (ENG., Illus.). 24p. (J). pap. 8.95 ***(978-1-64619-835-1(2))***; lib. bdg. 28.50 ***(978-1-64619-806-1(9))*** Little Blue Hse.

Amphibians, 1 vol. Kristen Rajczak Nelson. 2018. (Investigate Biodiversity Ser.). (ENG.). 24p. (gr. 2-2). 25.60 *(978-1-9785-0184-3(6)*, 8d2bb7a6-fe45-4f0d-83fa-b8649eae0698) Enslow Publishing, LLC.

Amphibians. Rachel Seigel. 2022. (Field Guides). (ENG.). 112p. (J). (gr. 3-9). lib. bdg. 44.21 *(978-1-5321-9879-3(5)*, 39537) ABDO Publishing Co.

Amphibians. Jack Zayarny. 2016. (J). *(978-1-5105-1108-8(3))* SmartBook Media, Inc.

Amphibians: A 4D Book. Sally Lee. 2018. (Little Zoologist Ser.). (ENG., Illus.). 32p. (J). (gr. -1-2). lib. bdg. 30.65 *(978-1-5435-2642-4(X)*, 138102, Pebble) Capstone.

Amphibians: Animal Group Science Book for Kids Children's Zoology Books Edition. Baby Professor. 2016. (ENG., Illus.). 42p. (J). pap. 11.65 *(978-1-68305-507-5(1)*, Baby Professor (Education Kids)) Speedy Publishing LLC.

Amphibians Educational Facts Children's Animal Fact Book. Bold Kids. 2022. (ENG.). 42p. (J). pap. 14.99 ***(978-1-0717-1679-3(4))*** FASTLANE LLC.

Amphibians' End (a Kulipari Novel #3) Trevor Pryce. Illus. by Sanford Greene. 2016. (Kulipari Ser.). (ENG.). 304p. (J). (gr. 3-7). pap. 8.95 *(978-1-4197-2194-6(1)*, 1088803) Abrams, Inc.

Amphibians (Wild World: Big & Small Animals) Brenna Maloney. 2023. (Wild World Ser.). (ENG., Illus.). 32p. (J). (gr. k-2). 25.00 *(978-1-338-85346-9(5))*; pap. 6.99 *(978-1-338-85347-6(3))* Scholastic Library Publishing. (Children's Pr.).

Amphibians (Wild World: Fast & Slow Animals) Brenna Maloney. 2022. (Wild World Ser.). (ENG., Illus.). 32p. (J). (gr. k-2). 25.00 *(978-1-338-83646-2(3))*; pap. 6.99 *(978-1-338-83647-9(1))* Scholastic Library Publishing. (Children's Pr.).

Amulet. Dylan Wright. 2018. (ENG., Illus.). 162p. (J). pap. 12.00 *(978-0-692-11404-9(1))* Stationmaster Pr.

Amulet: A Christmas & New Year's Present for 1846; with Nine Beautiful Steel Engravings (Classic Reprint) Otis Broaders and Co. (ENG., Illus.). (J). 2018. 342p. 30.95 *(978-0-483-01203-5(3))*; 2016. pap. 13.57 *(978-1-333-44918-6(6))* Forgotten Bks.

Amulet: A Novel (Classic Reprint) Mary Noailles Murfree. 2018. (ENG., Illus.). 368p. (J). 31.49 *(978-0-483-51217-7(6))* Forgotten Bks.

Amulet: A Tale of Spanish California (Classic Reprint) Unknown Author. 2017. (ENG., Illus.). (J). 29.84 *(978-0-331-34241-3(3))* Forgotten Bks.

Amulet: A Tale of the Orient (Classic Reprint) Katharine Treat Blackledge. (ENG., Illus.). (J). 2018. 302p. 30.15 *(978-0-656-35768-0(1))*; 2017. pap. 13.57 *(978-0-259-48409-7(1))* Forgotten Bks.

Amulet #1-8 Box Set, 1 vol. Kazu Kibuishi. Illus. by Kazu Kibuishi. 2018. (Amulet Ser.). (ENG., Illus.). 1696p. (J). (gr. 3-7). pap., pap., pap. 103.92 *(978-1-338-32818-9(2)*, Graphix) Scholastic, Inc.

Amulet Chase. Mckenzie Wagner. 2017. (ENG., Illus.). 215p. (J). pap. 10.99 *(978-1-4621-1983-7(2)*, Sweetwater Bks.) Cedar Fort, Inc./CFI Distribution.

Amulet Graphic Novels (7 Book Series) Kazu Kibuishi. ed. 2018. (ENG.). (J). (gr. 4-5). 167.72 *(978-1-64310-254-2(0))* Penworthy Co., LLC, The.

Amulet of Scion. J. T. Grobler. 2021. (ENM.). (J). 174p. ***(978-0-620-96503-3(7))***; 198p. pap. ***(978-0-620-95744-1(1))*** African Public Policy & Research Institute, The.

Amulet of Wishes. Rita A. Rubin. 2021. (Chronicles of the Guardians Ser.: Vol. 1). (ENG.). 346p. (YA). pap. *(978-0-6450928-0-6(0))* Fabbian, Alana.

Amulet: the Official Coloring Book. Illus. by Kazu Kibuishi. 2023. (ENG.). 96p. (J). (gr. 1-3). pap. 15.99 ***(978-1-339-01828-7(4))*** Scholastic, Inc.

Amulet's Curse. Ayn O'Reilly Walters. 2022. (Between the Trees Ser.: Vol. 2). (ENG.). 264p. (J). pap. *(978-1-80381-126-0(9))* Grosvenor Hse. Publishing Ltd.

Amundsen's Way: The Race to the South Pole. Joanna Grochowicz. 2019. (ENG., Illus.). 320p. (J). (gr. 5-9). pap. 14.99 *(978-1-76063-766-8(1)*, A&U Children's) Allen & Unwin AUS. Dist: Independent Pubs. Group.

Amusement Park from the Black Lagoon. Mike Thaler. Illus. by Jared Lee. 2016. (Black Lagoon Adventures Set 4 Ser.). (ENG.). 64p. (J). (gr. 2-6). lib. bdg. 31.36 *(978-1-61479-600-8(9)*, 24333, Chapter Bks.) Spotlight.

Amusement Park Mystery. Gertrude Chandler Warner. Illus. by Charles Tang. 2020. (Boxcar Children Ser.). (ENG.). 128p. (J). (gr. 2-6). lib. bdg. 31.36 *(978-1-5321-4471-4(7)*, 35161, Chapter Bks.) Spotlight.

Amusement Park Rides (Set), 6 vols. 2018. (Amusement Park Rides Ser.). (ENG.). 24p. (J). (gr. -1-2). lib. bdg. 196.74 *(978-1-5321-0799-3(4)*, 28159, Abdo Kids) ABDO Publishing Co.

Amusement Park Science. Karen Latchana Kenney & Tammy Enz. 2019. (Amusement Park Science Ser.). (ENG.). 32p. (J). (gr. 3-6). 119.96 *(978-1-5435-7290-2(1)*, 29339); pap., pap., pap. 31.80 *(978-1-5435-8206-2(0)*, 29467) Capstone.

Amusement Parks & Water Parks. Joanne Mattern. 2018. (Kids' Day Out Ser.). (ENG., Illus.). 32p. (J). (gr. 2-4). lib. bdg. 25.32 *(978-1-63440-388-7(6)*, b46ccaa2-2c3a-4497-a56a-cd2b52f2280f) Red Chair Pr.

Amusements of a Man of Fashion, Vol. 1 of 3 (Classic Reprint) Norman Nugent. 2018. (ENG., Illus.). 284p. (J). 29.77 *(978-0-483-87028-4(5))* Forgotten Bks.

Amusements of a Man of Fashion, Vol. 2 Of 3: A Novel (Classic Reprint) Norman Nugent. 2018. (ENG., Illus.). 274p. (J). 29.55 *(978-0-428-88714-8(7))* Forgotten Bks.

Amusements of a Man of Fashion, Vol. 3 of 3 (Classic Reprint) Norman Nugent. 2018. (ENG., Illus.). 292p. (J). 29.92 *(978-0-483-92803-9(8))* Forgotten Bks.

Amusements Serious & Comical, Calculated for the Meridian of London (Classic Reprint) Richard E. Brown. 2018. (ENG., Illus.). 166p. (J). 27.32 *(978-0-267-17517-8(5))* Forgotten Bks.

Amusez-Vous 1: Livre Coloriage Pour Enfants. Bold Illustrations. 2017. (FRE., Illus.). (J). pap. 8.35 *(978-1-64193-039-0(X)*, Bold Illustrations) FASTLANE LLC.

Amusez-Vous 2: Livre Coloriage Pour Enfants. Bold Illustrations. 2017. (FRE., Illus.). 82p. (J). pap. 8.35 *(978-1-64193-040-6(3)*, Bold Illustrations) FASTLANE LLC.

Amusez-Vous 3: Livre Coloriage Pour Enfants. Bold Illustrations. 2017. (FRE., Illus.). 82p. (J). pap. 8.35 *(978-1-64193-041-3(1)*, Bold Illustrations) FASTLANE LLC.

Amusing Companion, or Interesting Story Teller: Being a Collection of Marvellous, Wonderful, Moral, Sentimental, Humorous, & Instructive Tales (Classic Reprint) Charles P. Fessenden. 2017. (ENG., Illus.). (J). 27.71 *(978-0-265-73615-9(3))*; pap. 10.57 *(978-1-5276-9999-1(4))* Forgotten Bks.

Amusing History of Little Jack Horner (Classic Reprint) Unknown Author. (ENG., Illus.). (J). 2018. 20p. 24.33 *(978-0-267-56488-0(0))*; 2016. pap. 7.97 *(978-1-333-76533-0(9))* Forgotten Bks.

Amusing Irish Tales (Classic Reprint) William Carleton. 2017. (ENG., Illus.). (J). 29.26 *(978-1-5281-8029-0(1))* Forgotten Bks.

Amusing Prose Chap-Books. Robert Hays Cunningham. 2017. (ENG.). 354p. (J). pap. *(978-3-337-07765-5(X))* Creation Pubs.

Amusing Prose Chap-Books, Chiefly of Last Century. Robert Hays Cunningham. 2017. (ENG.). 354p. (J). pap. *(978-3-337-11110-6(6))* Creation Pubs.

Amusing Prose Chap-Books, Chiefly of Last Century (Classic Reprint) Robert Hays Cunningham. 2018. (ENG., Illus.). 352p. (J). 31.16 *(978-0-484-84600-4(0))* Forgotten Bks.

Amusing Stories: Translated from the Persian (Classic Reprint) Edward Rehatsek. 2017. (ENG., Illus.). (J). 30.13 *(978-0-331-96962-7(9))*; pap. 13.57 *(978-0-259-30254-4(6))* Forgotten Bks.

Amusing Story of Farmer Meanwell: And His Daughter Sally (Classic Reprint) Unknown Author. 2018. (ENG., Illus.). 20p. (J). 24.31 *(978-0-484-41272-8(8))* Forgotten Bks.

Amy & Marion's Voyage Around the World. Sarah B. Adams. 2018. (ENG.). 402p. (J). pap. *(978-3-337-42770-2(7))* Creation Pubs.

Amy & Marion's Voyage, Around the World (Classic Reprint) Sarah B. Adams. 2018. (ENG., Illus.). 400p. (J). 32.15 *(978-0-332-88315-1(9))* Forgotten Bks.

Amy & the Emerald Snake. Callie Barkley. Illus. by Tracy Bishop. 2022. (Critter Club Ser.: 25). (ENG.). 128p. (J). (gr. k-4). 17.99 *(978-1-6659-2827-4(1))*; pap. 6.99 *(978-1-6659-2826-7(3))* Little Simon. (Little Simon).

Amy & the Tortoise: How Animals Saved the Planet. John Leben. 2022. 80p. (J). 30.20 *(978-1-6678-3450-4(9))* BookBaby.

74

The check digit for ISBN-10 appears in parentheses after the full ISBN-13

Amy Carmichael: The Brown-Eyed Girl Who Learned to Pray. Hunter Beless. Illus. by Héloïse Mab. 2023. (ENG.). 24p. (J). *(978-1-78498-820-3(0))* Good Bk. Co., The.

Amy Coney Barrett: Supreme Court Justice. Kate Conley. 2021. (Essential Lives Ser.). (ENG., Illus.). 112p. (J). (gr. 6-12). lib. bdg. 41.36 *(978-1-5321-9593-8(1),* 37354, Essential Library) ABDO Publishing Co.

Amy Dala & the Answer. Megan Gilmore. Illus. by Kay Fletcher. 2020. (ENG.). 40p. (J). (gr. 1-5). 17.99 *(978-1-0879-3338-2(2))* Indy Pub.

Amy Goes to School for the First Time. Karina Sweet. 2017. (ENG., Illus.). 26p. (J). *(978-1-365-70353-9(3))* Lulu Pr., Inc.

Amy Has a Rash: Chickenpox. Nicole Audet. Illus. by Mylène Villeneuve. 2017. (ENG.). 26p. (J). pap. 9.99 *(978-1-989041-07-9(8))* Nicole Publishing.

Amy Herbert (Classic Reprint) Elizabeth M. Sewell. 2017. (ENG., Illus.). (J). 31.86 *(978-0-266-20843-3(6))* Forgotten Bks.

Amy Herbert, Vol. 1 of 2 (Classic Reprint) Elizabeth Missing Sewell. (ENG., Illus.). (J). 2018. 266p. 29.38 *(978-0-666-81262-9(4));* 2017. pap. 11.97 *(978-0-259-20195-3(2))* Forgotten Bks.

Amy Herbert, Vol. 2 of 2 (Classic Reprint) W. Sewell. 2017. (ENG., Illus.). (J). 29.42 *(978-0-331-06928-0(8));* pap. 11.97 *(978-0-260-27885-2(8))* Forgotten Bks.

Amy Hippo: The Superhero Who Tried Too Hard. Mallory White. 2022. (ENG.). 144p. (J). pap. 19.99 ***(978-1-0880-7277-6(1))*** Indy Pub.

Amy in Acadia: A Story for Girls (Classic Reprint) Helen Leah Reed. (ENG., Illus.). (J). 2018. 378p. 31.69 *(978-0-483-79448-1(1));* 2016. pap. 16.57 *(978-1-334-13995-6(4))* Forgotten Bks.

Amy Lee: Or Without & Within (Classic Reprint) George Canning Hill. 2017. (ENG., Illus.). (J). 31.90 *(978-1-5285-8403-6(1))* Forgotten Bks.

Amy Loved Weekends. Raymond Bellock. 2017. (ENG., Illus.). 32p. (J). pap. *(978-1-387-20709-1(1))* Lulu Pr., Inc.

Amy Mcdougall, Master Matchmaker. Gary Pedler. 2021. (ENG.). 178p. (J). (gr. 4-7). pap. 15.95 *(978-1-64603-063-7(X),* Fitzroy Bks.) Regal Hse. Publishing, LLC.

Amy Meets Her Stepsister: #5. Callie Barkley. Illus. by Marsha Riti. 2020. (Critter Club Ser.). (ENG.). 120p. (J). (gr. k-4). lib. bdg. 31.36 *(978-1-5321-4734-0(1),* 36724, Chapter Bks.) Spotlight.

Amy on Park Patrol. Callie Barkley. Illus. by Tracy Bishop. 2017. (Critter Club Ser.: 17). (ENG.). 128p. (J). (gr. k-3). pap. 6.99 *(978-1-4814-9432-8(5),* Little Simon) Little Simon.

Amy on Park Patrol. Callie Barkley. ed. 2017. (Critter Club Ser.: 17). lib. bdg. 16.00 *(978-0-606-40208-8(X))* Turtleback.

Amy Price for President!, 1 vol. Charley Pickle. 2019. (We the Weirdos Ser.). (ENG.). 64p. (YA). (gr. 2-3). 23.25 *(978-1-5383-8204-2(0),* 7f366cff-45bf-4875-9b9f-2057b49de4b3); pap. 13.35 *(978-1-5383-8203-5(2),* 79c5e9b7-25ac-4986-bf82-18791c1054bc) Enslow Publishing, LLC.

Amy Sitters & the Very Tall Deer. Aven Ramona Roberts. 2020. (ENG.). 54p. (J). pap. 15.00 *(978-1-953507-29-7(8))* Brightlings.

Amy the Nurse Gets Married. Carole Hb Gelinas & John Gelinas, Jr. 2020. (ENG.). 64p. (J). pap. *(978-1-716-93106-2(1))* Lulu Pr., Inc.

Amy the Puppy Whisperer. Callie Barkley. Illus. by Tracy Bishop. 2020. (Critter Club Ser.: 21). (ENG.). 128p. (J). (gr. k-4). 17.99 *(978-1-5344-6622-7(3));* pap. 5.99 *(978-1-5344-6621-0(5))* Little Simon. (Little Simon).

Amy the Red Panda Is Writing the Best Story in the World. Colleen AF Venable. Illus. by Ruth Chan. 2017. (ENG.). 40p. (J). (gr. -1-3). 17.99 *(978-0-06-233848-8(X),* Greenwillow Bks.) HarperCollins Pubs.

Amy, the Stolen Wife: A True Love Story; Combined with Medical Facts of Importance Mentally & Physiologically; Proofs of the Domination over a Nonresistant by Positive Malevolent People (Classic Reprint) Charles McCormick. (ENG., Illus.). (J). 2018. 218p. 28.39 *(978-0-267-00102-6(9));* 2017. pap. 10.97 *(978-0-243-44083-2(9))* Forgotten Bks.

Amy Throw's a Line... A Fishing Adventure. Haley Belinda. Illus. by Bob and Ed Bobooks. 2018. (Wiggly Road Trilogy Ser.: Vol. 1). (ENG.). 38p. (J). (gr. 1-3). pap. *(978-1-9998344-9-4(6))* Norton's Independent Publishing.

Amy und Die Blume. Steffi Katharina Figueroa Treidtel. 2017. (GER., Illus.). (J). pap. *(978-3-7103-3012-4(2))* united p.c. Verlag.

Amy Uses the Alphabet: Step by Step, 1 vol. Emiliya King. 2017. (Computer Science for the Real World Ser.). (ENG.). 12p. (gr. 1-2). pap. *(978-1-5383-5142-0(0),* fac1de4f-49bf-4bfd-bd16-067c319be2fc, Rosen Classroom) Rosen Publishing Group, Inc., The.

Amy Wu Adventures (Boxed Set) Amy Wu & the Perfect Bao; Amy Wu & the Patchwork Dragon; Amy Wu & the Warm Welcome; Amy Wu & the Ribbon Dance. Kat Zhang. Illus. by Charlene Chua. ed. 2023. (Amy Wu Ser.). (ENG.). 160p. (J). (gr. -1-3). 75.99 ***(978-1-6659-3765-8(3),*** Simon & Schuster Bks. For Young Readers) Simon & Schuster Bks. For Young Readers.

Amy Wu & the Patchwork Dragon. Kat Zhang. Illus. by Charlene Chua. 2020. (Amy Wu Ser.). (ENG.). 40p. (J). (gr. -1-3). 17.99 *(978-1-5344-6363-9(1),* Aladdin) Simon & Schuster Children's Publishing.

Amy Wu & the Perfect Bao. Kat Zhang. Illus. by Charlene Chua. 2019. (Amy Wu Ser.). (ENG.). 40p. (J). (gr. -1-3). 18.99 *(978-1-5344-1133-3(X),* Simon & Schuster/Paula Wiseman Bks.) Simon & Schuster/Paula Wiseman Bks.

Amy Wu & the Ribbon Dance. Kat Zhang. Illus. by Charlene Chua. 2023. (Amy Wu Ser.). (ENG.). 40p. (J). (gr. -1-3). 18.99 ***(978-1-6659-1672-1(9),*** Simon & Schuster Bks. For Young Readers) Simon & Schuster Bks. For Young Readers.

Amya 'Twas the Night Before Christmas. Illus. by Lisa Alderson. 2021. (Night Before Christmas Ser.). (ENG.). 32p. (J). (gr. -1-3). 7.99 ***(978-1-7282-5208-7(3))*** Sourcebooks, Inc.

Amygdala: A Tale of the Greek Revolution (Classic Reprint) Edmonds. 2018. (ENG., Illus.). 258p. (J). 29.24 *(978-0-484-86647-7(8))* Forgotten Bks.

Amy's Amazing Hats: A Book about Friendship, Caring & Kindness. Sharyn Diamond. 2020. (ENG., Illus.). 46p. (J). 25.95 *(978-1-6624-3116-6(3));* pap. 15.95 *(978-1-64584-257-6(6))* Page Publishing Inc.

Amy's Diary #1: Space Alien... Almost? Veronique Grisseaux & India Desjardins. Illus. by Aynié Laëtitia. 2019. (Amy's Diary Ser.: 1). (ENG.). 96p. (J). 14.99 *(978-1-5458-0215-1(7),* 900198753, Papercutz) Mad Cave Studios.

Amy's Diary #2: The World's Upside Down. Veronique Grisseaux & India Desjardins. 2019. (Amy's Diary Ser.: 2). (ENG., Illus.). 96p. (J). 14.99 *(978-1-62991-857-0(1),* 900185412); pap. 9.99 *(978-1-62991-856-3(3),* 900185413) Mad Cave Studios. (Papercutz).

Amy's Diary #3: Moving On! Veronique Grisseaux & India Desjardins. 2020. (Amy's Diary Ser.: 3). (ENG., Illus.). 96p. (J). 14.99 *(978-1-5458-0344-8(7),* 900209657); pap. 9.99 *(978-1-5458-0345-5(5),* 900209658) Mad Cave Studios. (Papercutz).

Amy's Dreaming Adventures: The Underwater Paradise. Chrissy Metge. 2019. (ENG., Illus.). 38p. (J). pap. *(978-0-473-50356-7(5))* Duckling Publishing.

Amy's Friendship Bracelet. Vicki D. King. 2018. (ENG., Illus.). 96p. (J). (gr. 4-6). pap. 10.95 *(978-1-949483-23-9(1))* Strategic Book Publishing & Rights Agency (SBPRA).

Amy's Metaphor. Elisa Oh. Illus. by Tatjana Mai-Wyss. 2020. (ENG.). 24p. (J). pap. *(978-1-922374-95-0(4))* Library For All Limited.

Amy's Music Box, & Other Little Stories & Verses for Children (Classic Reprint) Eleanor Cecilia Donnelly. 2018. (ENG., Illus.). (J). 210p. 28.23 *(978-1-396-68384-8(4));* 212p. pap. 10.57 *(978-1-391-59307-4(3))* Forgotten Bks.

Amy's New Dress. Vicki D. King. 2018. (ENG., Illus.). 108p. (J). (gr. 4-6). pap. 10.95 *(978-1-948260-18-3(2))* Strategic Book Publishing & Rights Agency (SBPRA).

Amy's New Home, & Other Stories for Boys & Girls (Classic Reprint) Henry Van Ingen. (ENG., Illus.). (J). 2018. 228p. 28.60 *(978-0-666-58428-1(1));* 2017. pap. 10.97 *(978-0-259-42037-8(9))* Forgotten Bks.

Amy's Probation, or Six Months at a Convent School: An Answer to the Question, Shall Protestant Girls Be Sent to Roman Catholic Schools? (Classic Reprint) Unknown Author. 2018. (ENG., Illus.). (J). 264p. 29.34 *(978-1-391-96250-4(8));* 266p. pap. 11.97 *(978-1-390-90099-6(1))* Forgotten Bks.

Amy's Resolution Dilemma. Alma Brittany. 2018. (ENG., Illus.). 24p. (J). pap. 12.95 *(978-1-64079-689-8(4))* Christian Faith Publishing.

Amy's Very Merry Christmas: #9. Callie Barkley. Illus. by Marsha Riti. 2020. (Critter Club Ser.). (ENG.). 120p. (J). (gr. k-4). lib. bdg. 31.36 *(978-1-5321-4738-8(4),* 36728, Chapter Bks.) Spotlight.

Amzi: A Novellette (Classic Reprint) Oliver James Bond. (ENG., Illus.). (J). 2018. 90p. 25.77 *(978-0-365-48029-7(0));* 2017. pap. 9.57 *(978-0-259-84428-0(4))* Forgotten Bks.

An Unofficial Minecraft(R) Graphic Novel: Set 1, 8 vols. 2020. (Unofficial Minecraft(r) Graphic Novel Ser.). (ENG.). 32p. (J). (gr. 5-5). lib. bdg. 111.72 *(978-1-7253-0727-8(8),* 9429f903-b7a6-459f-8f69-83cbb9401799, PowerKids Pr.) Rosen Publishing Group, Inc., The.

An Unofficial Minecraft(R) Graphic Novel: Set 2, 8 vols. 2022. (Unofficial Minecraft(r) Graphic Novel Ser.). (ENG.). 32p. (J). (gr. 5-5). lib. bdg. 111.72 *(978-1-7253-3038-2(5),* 1e990f14-4736-473e-a410-1ced19ebc6eb, PowerKids Pr.) Rosen Publishing Group, Inc., The.

An Unofficial Minecraft(R) Graphic Novel: Sets 1 - 2, 16 vols. 2022. (Unofficial Minecraft(r) Graphic Novel Ser.). (ENG.). (J). (gr. 5-5). lib. bdg. 223.44 *(978-1-7253-3039-9(3),* 776b96d3-76a6-4f89-b567-758e60dc4b4e, PowerKids Pr.) Rosen Publishing Group, Inc., The.

Ana - Hombres y Mujeres de la Biblia. Contrib. by Casscom Media. 2017. (Men & Women of the Bible - Revised Ser.). (ENG & SPA.). (J). pap. *(978-87-7132-616-1(2))* Scandinavia Publishing Hse.

Ana & Andrew , 4 vols. Christine Platt. 2020. (Ana & Andrew (Spanish) Ser.). (SPA.). 128p. (J). (gr. 2-2). pap. 39.80 *(978-1-64494-362-5(X),* 164494362X, Calico Kid) ABDO Publishing Co.

Ana & Andrew (Set), 4 vols. 2018. (Ana & Andrew Ser.). (ENG.). 32p. (J). (gr. -1-3). lib. bdg. 131.16 *(978-1-5321-3350-3(2),* 31123, Calico Chapter Bks) Magic Wagon.

Ana & Andrew Set 2 (Set), 4 vols. Christine Platt. Illus. by Junissa Bianda. 2019. (Ana & Andrew Ser.). (ENG.). 32p. (J). (gr. -1-3). lib. bdg. 131.16 *(978-1-5321-3635-1(8),* 33716, Calico Chapter Bks) Magic Wagon.

Ana & Andrew Set 2 (Set Of 4) Christine Platt. 2020. (Ana & Andrew Set 2 Ser.). (ENG.). 128p. (J). (gr. 2-2). pap. 39.80 *(978-1-64494-259-8(3),* 1644942593, Calico Kid) ABDO Publishing Co.

Ana & Andrew Set 2 (Spanish) (Set Of 4) Christine Platt. Illus. by Anuki López. 2021. (Ana & Andrew Set 2 (Spanish) Ser.). (ENG.). 128p. (J). (gr. 2-2). pap. 39.80 *(978-1-64494-527-8(4),* Calico Kid) ABDO Publishing Co.

Ana & Andrew Set 3 (Set), 6 vols. Christine Platt. Illus. by Anuki López. 2020. (Ana & Andrew Ser.). (ENG.). 24p. (J). (gr. -1-3). lib. bdg. 196.74 *(978-1-5321-3965-9(9),* 36487, Calico Chapter Bks) Magic Wagon.

Ana & Andrew Set 3 (Set Of 6) Christine Platt. Illus. by Anuki López. 2021. (Ana & Andrew Set 3 Ser.). (ENG.). 192p. (J). (gr. 2-2). pap. 59.70 *(978-1-64494-519-3(3),* Calico Kid) ABDO Publishing Co.

Ana & Andrew Set 3 (Spanish Version) (Set), 6 vols. 2022. (Ana & Andrew Ser.). (SPA.). 32p. (J). (gr. -1-3). lib. bdg. 196.74 *(978-1-0982-3480-5(4),* 39829, Calico Chapter Bks) Magic Wagon.

Ana & Andrew (Spanish Version) (Set), 4 vols. Christine Platt. Illus. by Junissa Bianda. 2021. (Ana & Andrew (Spanish Version) Ser.). (SPA.). 32p. (J). (gr. -1-3). lib. bdg. 131.16 *(978-1-0982-3133-0(3),* 37715, Calico Chapter Bks) Magic Wagon.

Ana & Andrew (Spanish Version) (Set), 4 vols. Christine Platt. Illus. by Sharon Sordo. 2019. (Ana & Andrew (Spanish Version) Ser.). (SPA.). 32p. (J). (gr. -1-3). lib. bdg. 131.16 *(978-1-5321-3755-6(9),* 33776, Calico Chapter Bks) Magic Wagon.

Ana & Her Dog Nana. Ed. by Frank Joseph Ortiz Bello. Tr. by Edgar J. Marcano. Illus. by Irma Ilia Terron Tamez. 2019. (ENG.). 38p. (J). pap. 15.00 *(978-1-881741-93-0(1))* Ediciones Eleos.

Ana & the Cursed Freckles see Ana y la Maldicion de Las Pecas

Ana de Aguilones Verdes: Anne of Green Gables, Spanish Edition. Lucy Maud Montgomery. 2018. (SPA., Illus.). 416p. (YA). (gr. 7-12). pap. *(978-961-17-5112-9(5),* Classic Translations) Eonia Publishing.

Ana de Tejas Verdes. Illus. by Katherine Quinn. 2023. (Ya Leo A... Ser.). (SPA.). 24p. (J). (gr. k-2). bds. 12.95 ***(978-84-18933-07-3(0))*** Editorial Alma ESP. Dist: Independent Pubs. Group.

Ana en la Escuela. Kallie George. 2021. (SPA.). 66p. (J). 19.99 *(978-84-18582-60-8(X))* Plataforma Editorial SL ESP. Dist: Lectorum Pubns., Inc.

¡Ana Es una Ciudadana! Ciudadanía Digital, 1 vol. Manuel Martinez. 2017. (Computación Científica en el Mundo Real (Computer Science for the Real World) Ser.). (SPA.). 16p. (J). (gr. 2-3). pap. *(978-1-5383-5627-2(9),* 473765f3-f503-43ef-bcb9-33c25f914d0a, Rosen Classroom) Rosen Publishing Group, Inc., The.

Ana Frank. Eduardo Alonso. 2018. (SPA.). 192p. (J). (gr. 6-8). pap. 22.99 *(978-84-682-2214-1(3))* Vicens-Vives, Editorial, S.A. ESP. Dist: Lectorum Pubns., Inc.

Ana Is a Citizen! Digital Citizenship, 1 vol. Manuel Martinez. 2017. (Computer Science for the Real World Ser.). (ENG.). 16p. (gr. 2-3). pap. *(978-1-5383-5216-8(8),* 652772e9-7054-403c-a0cd-01e695cf2438, Rosen Classroom) Rosen Publishing Group, Inc., The.

Ana Loves Chocolate. Jane Glover. 2022. (ENG.). 30p. (J). pap. ***(978-1-3984-4665-6(3))*** Austin Macauley Pubs. Ltd.

Ana Maria Reyes Does Not Live in a Castle, 1 vol. Hilda Eunice Burgos. 2018. (ENG.). 288p. (J). (gr. 4-7). 18.95 *(978-1-62014-362-9(3),* leelowtu, Tu Bks.) Lee & Low Bks., Inc.

Ana on the Edge. A. J. Sass. (ENG.). (J). (gr. 3-7). 2021. 400p. pap. 7.99 *(978-0-316-45862-7(7));* 2020. 384p. 16.99 *(978-0-316-45861-0(9))* Little, Brown Bks. for Young Readers.

Ana y Su Perra Nana. Irma Ilia Terron Tamez. 2017. (SPA., Illus.). (J). pap. 11.99 *(978-1-881741-72-5(9))* Ediciones Eleos.

Anabelle. Neris Morilla. 2020. (SPA.). 102p. (YA). pap. *(978-1-716-92312-8(3))* Lulu Pr., Inc.

Anaconda. Grace Hansen. (Animales Sudamericanos Ser.). 24p. (J). (gr. -1-2). 2023. (SPA.). lib. bdg. 32.79 ***(978-1-0982-6758-2(3),*** 42744); 2022. (ENG., Illus.). lib. bdg. 32.79 *(978-1-0982-6181-8(X),* 39415) ABDO Publishing Co. (Abdo Kids).

Anaconda vs. Jaguar. Thomas K. Adamson. 2020. (Animal Battles Ser.). (ENG.). 24p. (J). (gr. 3-7). lib. bdg. 26.95 *(978-1-64487-155-3(6),* Torque Bks.) Bellwether Media.

Anacondas, 1 vol. Sebastian Avery. 2016. (Snakes on the Hunt Ser.). (ENG.). 24p. (J). (gr. 3-3). pap. 9.25 *(978-1-4994-2190-3(7),* 9e4a8db0-32d2-4125-bf6c-220e8e147ed8, PowerKids Pr.) Rosen Publishing Group, Inc., The.

Anacondas. James Bow. 2023. (Wild Animals Ser.). (ENG., Illus.). 32p. (J). (gr. 2-3). pap. 9.95 *(978-1-63738-467-1(X));* lib. bdg. 31.35 *(978-1-63738-440-4(8))* North Star Editions. (Apex).

Anacondas. Nicki Clausen-Grace. 2018. (Wild Animal Kingdom (Continuation) Ser.). (ENG.). 32p. (gr. 2-7). 9.95 *(978-1-68072-733-3(8));* (J). (gr. 4-6). pap. 9.99 *(978-1-64466-286-1(8),* 12397); (J). (gr. 4-6). lib. bdg. *(978-1-68072-439-4(8),* 12396) Black Rabbit Bks. (Bolt).

Anacondas. Golriz Golkar. 2018. (Rain Forest Animals Ser.). (ENG., Illus.). 24p. (J). (gr. 1-1). pap. 8.95 *(978-1-63517-819-7(3),* 1635178193) North Star Editions.

Anacondas. Golriz Golkar. 2018. (Rain Forest Animals (Cody Koala) Ser.). (ENG., Illus.). 24p. (J). (gr. k-3). lib. bdg. 31.36 *(978-1-5321-6024-0(0),* 28680, Pop! Cody Koala) Pop!.

Anacondas. Rachel Grack. 2019. (Animals of the Rain Forest Ser.). (ENG., Illus.). 24p. (J). (gr. k-3). lib. bdg. 26.95 *(978-1-62617-947-9(6),* Blastoff! Readers) Bellwether Media.

Anacondas. S. L. Hamilton. 2018. (Xtreme Snakes Ser.). (ENG., Illus.). 32p. (J). (gr. 3-9). lib. bdg. 32.79 *(978-1-5321-1599-8(7),* 28774, Abdo & Daughters) ABDO Publishing Co.

Anacondas. Jaclyn Jaycox. Tr. by Aparicio Publishing Aparicio Publishing LLC. 2020. (Animals en Espanol Ser.).Tr. of Anacondas. (SPA., Illus.). 32p. (J). (gr. 1-3). lib. bdg. 31.32 *(978-1-9771-2547-7(6),* 200624, Pebble) Capstone.

Anacondas. Jaclyn Jaycox. 2020. (Animals Ser.).Tr. of Anacondas. (ENG., Illus.). 32p. (J). (gr. 1-3). pap. 6.95 *(978-1-9771-1793-9(7),* 142153); lib. bdg. 31.32 *(978-1-9771-1340-5(0),* 141461) Capstone. (Pebble).

Anacondas. Leo Statts. 2016. (Rain Forest Animals Ser.). (ENG.). 24p. (J). (gr. -1-2). 49.94 *(978-1-68079-360-4(8),* 22981, Abdo Zoom-Launch) ABDO Publishing Co.

Anacondas Verdes (Green Anacondas) Grace Hansen. 2016. (Especies Extraordinarias (Super Species) Ser.). (SPA.). 24p. (J). (gr. -1-2). lib. bdg. 32.79 *(978-1-62402-696-6(6),* 24896, Abdo Kids) ABDO Publishing Co.

Anacondas Gail Terp. 2020. (Serpientes Escurridizas Ser.). (SPA.). 32p. (J). (gr. 4-6). pap. 9.99 *(978-1-64466-464-3(X),* 13385, Bolt) Black Rabbit Bks.

Anagrania's Challenge. Ina Curic. Illus. by Tunde Varga. 2018. (Whole Nutrition Ser.: Vol. 1). (ENG.). 34p. (J). (gr. k-5). 14.99 *(978-973-0-26102-8(4),* Imagine Creatively) BaBk.y.

Anaheim Ducks. Contrib. by David J. Clarke. 2023. (NHL Teams Set 3 Ser.). (ENG., Illus.). 32p. (J). lib. bdg. 31.35 ***(978-1-63494-671-1(5))*** Pr. Room Editions LLC.

Anaheim Ducks. David J. Clarke. 2023. (NHL Teams Set 3 Ser.). (ENG., Illus.). 32p. (J). pap. 9.95 ***(978-1-63494-695-7(2))*** Pr. Room Editions LLC.

Anahí y el Hombre árbol / Anahí & the Tree Man. Xavier ías Conde. 2020. (SPA.). 118p. (J). pap. 14.00 *(978-1-949299-12-0(0))* Jade Publishing.

Anaiah Learns to Invest: Building Collette-Anaiah's Susu Box. Anaiah Akosua Ofori-Poku. Illus. by Nana Ama Buabeng-Munkoh. 2022. (ENG.). 40p. (J). pap. *(978-0-2288-5733-4(3))* Tellwell Talent.

Anaiah's Adventures. Darshaun McAway et al. 2021. (ENG.). 60p. (J). *(978-1-300-70571-0(X));* pap. *(978-1-300-64918-2(6));* pap. 18.98 *(978-1-105-46008-1(8))* Lulu Pr., Inc.

Anaiah's Haunted Halloween. Darshaun McAway et al. 2018. (ENG.). 20p. (J). ***(978-1-716-54531-3(5))*** Lulu Pr., Inc.

Anaiah's Road Trip. Anaiah McAway & Darshaun McAway. 2018. (ENG.). 12p. (J). *(978-1-716-87829-9(2))* Lulu Pr., Inc.

Anaiah's Trip to Space. Darshaun McAway. 2017. (ENG., Illus.). (J). pap. 10.99 *(978-1-387-01632-7(6))* Lulu Pr., Inc.

Anak Perempuan Hutan. Sissel Waage. Tr. by Johanna Emawati. Illus. by Ivana Josipovic. 2022. (IND.). 81p. (YA). ***(978-1-4716-9531-5(X))*** Lulu Pr., Inc.

Anak Perempuan Hutan: Bersama Alam Selamanya (buku Saku) Sissel Waage. Tr. by Johanna Ernawati. Illus. by Ana-Maria Cosma. 2022. (IND.). 42p. (J). pap. ***(978-1-387-56717-1(9))*** Lulu Pr., Inc.

Anak Perempuan Hutan (Paperback) Sissel Waage. Tr. by Johanna Ernawati. Illus. by Ivana Josipovic. 2022. (IND.). 81p. (YA). pap. ***(978-1-4716-9524-7(7))*** Lulu Pr., Inc.

Analee, in Real Life. Janelle Milanes. (ENG.). (YA). (gr. 7). 2019. 432p. pap. 12.99 *(978-1-5344-1030-5(9));* 2018. (Illus.). 416p. 18.99 *(978-1-5344-1029-9(5))* Simon Pulse. (Simon Pulse).

Análisis Intertextuales - Agentes de Cambio: Common Core Edition. Benchmark Education Company, LLC Staff. 2016. (Text Connections Ser.). (SPA.). (J). (gr. 6). *(978-1-5125-0741-6(5))* Benchmark Education Co.

Análisis Intertextuales - Agentes de Cambio: Non-Common Core Edition. Benchmark Education Company, LLC Staff. 2016. (Text Connections Ser.). (SPA.). (J). (gr. 6). *(978-1-5125-0747-8(4))* Benchmark Education Co.

Análisis Intertextuales - Animales en la Literatura, Animales en la Vida: Common Core Edition. Benchmark Education Company, LLC Staff. 2016. (Text Connections Ser.). (SPA.). (J). (gr. 4). *(978-1-5125-0712-6(1))* Benchmark Education Co.

Análisis Intertextuales - Animales en la Literatura, Animales en la Vida: Non-Common Core Edition. Benchmark Education Company, LLC Staff. 2016. (Text Connections Ser.). (SPA.). (J). (gr. 4). *(978-1-5125-0730-0(X))* Benchmark Education Co.

Análisis Intertextuales - Aprender Del Pasado para Mirar Al Futuro: Common Core Edition. Benchmark Education Company, LLC Staff. 2016. (Text Connections Ser.). (SPA.). (J). (gr. 6). *(978-1-5125-0740-9(7))* Benchmark Education Co.

Análisis Intertextuales - Aprender Del Pasado Parara Mirar Al Futuro: Non-Common Core Edition. Benchmark Education Company, LLC Staff. 2016. (Text Connections Ser.). (SPA.). (J). (gr. 6). *(978-1-5125-0746-1(6))* Benchmark Education Co.

Análisis Intertextuales - Complicados Enigmas: Common Core Edition. Benchmark Education Company, LLC Staff. 2016. (Text Connections Ser.). (SPA.). (J). (gr. 6). *(978-1-5125-0742-3(3))* Benchmark Education Co.

Análisis Intertextuales - Complicados Enigmas: Non-Common Core Edition. Benchmark Education Company, LLC Staff. 2016. (Text Connections Ser.). (SPA.). (J). (gr. 6). *(978-1-5125-0748-5(2))* Benchmark Education Co.

Análisis Intertextuales - Crecer en Tiempos Difíciles: Common Core Edition. Benchmark Education Company, LLC Staff. 2016. (Text Connections Ser.). (SPA.). (J). (gr. 5). *(978-1-5125-0721-8(0))* Benchmark Education Co.

Análisis Intertextuales - Crecer en Tiempos Difíciles: Non-Common Core Edition. Benchmark Education Company, LLC Staff. 2016. (Text Connections Ser.). (SPA.). (J). (gr. 5). *(978-1-5125-0739-3(3))* Benchmark Education Co.

Análisis Intertextuales - el Valor en Tiempos Difíciles: Common Core Edition. Benchmark Education Company, LLC Staff. 2016. (Text Connections Ser.). (SPA.). (J). (gr. 6). *(978-1-5125-0744-7(X))* Benchmark Education Co.

Análisis Intertextuales - el Valor en Tiempos Difíciles: Non-Common Core Edition. Benchmark Education Company, LLC Staff. 2016. (Text Connections Ser.). (SPA.). (J). (gr. 6). *(978-1-5125-0750-8(4))* Benchmark Education Co.

Análisis Intertextuales - Exploraciones Marinas: Common Core Edition. Benchmark Education Company, LLC Staff. 2016. (Text Connections Ser.). (SPA.). (J). (gr. 3). *(978-1-5125-0705-8(9))* Benchmark Education Co.

Análisis Intertextuales - Exploraciones Marinas: Non-Common Core Edition. Benchmark Education Company, LLC Staff. 2016. (Text Connections Ser.). (SPA.). (J). (gr. 3). *(978-1-5125-0723-2(7))* Benchmark Education Co.

Análisis Intertextuales - Fuera de Este Mundo en Palabras: Common Core Edition. Benchmark Education Company, LLC Staff. 2016. (Text Connections Ser.). (SPA.). (J). (gr. 3). *(978-1-5125-0708-9(3))* Benchmark Education Co.

Análisis Intertextuales - Fuera de Este Mundo en Palabras: Non-Common Core Edition. Benchmark Education Company, LLC Staff. 2016. (Text Connections Ser.). (SPA.). (J). (gr. 3). *(978-1-5125-0726-3(1))* Benchmark Education Co.

Análisis Intertextuales - Gobierno y Civismo: Common Core Edition. Benchmark Education Company, LLC Staff. 2016. (Text Connections Ser.). (SPA.). (J). (gr. 3). *(978-1-5125-0707-2(5))* Benchmark Education Co.

Análisis Intertextuales - Gobierno y Civismo: Non-Common Core Edition. Benchmark Education Company, LLC Staff. 2016. (Text Connections Ser.). (SPA.). (J). (gr. 3). *(978-1-5125-0725-6(3))* Benchmark Education Co.

A

Análisis Intertextuales - Historias de Distintas épocas y Lugares: Common Core Edition. Benchmark Education Company, LLC Staff. 2016. (Text Connections Ser.). (SPA.). (J). (gr. 3). *(978-1-5125-0704-1(0))* Benchmark Education Co.

Análisis Intertextuales - Historias de Distintas épocas y Lugares: Non-Common Core Edition. Benchmark Education Company, LLC Staff. 2016. (Text Connections Ser.). (SPA.). (J). (gr. 3). *(978-1-5125-0722-5(9))* Benchmark Education Co.

Análisis Intertextuales - Inventores e Innovaciones: Common Core Edition. Benchmark Education Company, LLC Staff. 2016. (Text Connections Ser.). (SPA.). (J). (gr. 5). *(978-1-5125-0717-1(2))* Benchmark Education Co.

Análisis Intertextuales - Inventores e Innovaciones: Non-Common Core Edition. Benchmark Education Company, LLC Staff. 2016. (Text Connections Ser.). (SPA.). (J). (gr. 5). *(978-1-5125-0735-5(0))* Benchmark Education Co.

Análisis Intertextuales - Justicia para Todos: Common Core Edition. Benchmark Education Company, LLC Staff. 2016. (Text Connections Ser.). (SPA.). (J). (gr. 4). *(978-1-5125-0715-7(6))* Benchmark Education Co.

Análisis Intertextuales - Justicia para Todos: Non-Common Core Edition. Benchmark Education Company, LLC Staff. 2016. (Text Connections Ser.). (SPA.). (J). (gr. 4). *(978-1-5125-0733-1(4))* Benchmark Education Co.

Análisis Intertextuales - la Guerra Civil - Estados Unidos Dividido: Common Core Edition. Benchmark Education Company, LLC Staff. 2016. (Text Connections Ser.). (SPA.). (J). (gr. 5). *(978-1-5125-0719-5(9))* Benchmark Education Co.

Análisis Intertextuales - la Guerra Civil - Estados Unidos Dividido: Non-Common Core Edition. Benchmark Education Company, LLC Staff. 2016. (Text Connections Ser.). (SPA.). (J). (gr. 5). *(978-1-5125-0737-9(7))* Benchmark Education Co.

Análisis Intertextuales - la Tierra y el Cielo: Common Core Edition. Benchmark Education Company, LLC Staff. 2016. (Text Connections Ser.). (SPA.). (J). (gr. 4). *(978-1-5125-0714-0(8))* Benchmark Education Co.

Análisis Intertextuales - la Tierra y el Cielo: Non-Common Core Edition. Benchmark Education Company, LLC Staff. 2016. (Text Connections Ser.). (SPA.). (J). (gr. 4). *(978-1-5125-0732-4(6))* Benchmark Education Co.

Análisis Intertextuales - Las Palabras Dan Forma a Nuestro Mundo: Common Core Edition. Benchmark Education Company, LLC Staff. 2016. (Text Connections Ser.). (SPA.). (J). (gr. 5). *(978-1-5125-0716-4(4))* Benchmark Education Co.

Análisis Intertextuales - Las Palabras Dan Forma a Nuestro Mundo: Non-Common Core Edition. Benchmark Education Company, LLC Staff. 2016. (Text Connections Ser.). (SPA.). (J). (gr. 5). *(978-1-5125-0734-8(2))* Benchmark Education Co.

Análisis Intertextuales - Levantar el Vuelo: Common Core Edition. Benchmark Education Company, LLC Staff. 2016. (Text Connections Ser.). (SPA.). (J). (gr. 6). *(978-1-5125-0745-4(8))* Benchmark Education Co.

Análisis Intertextuales - Levantar el Vuelo: Non-Common Core Edition. Benchmark Education Company, LLC Staff. 2016. (Text Connections Ser.). (SPA.). (J). (gr. 6). *(978-1-5125-0751-5(2))* Benchmark Education Co.

Análisis Intertextuales - Mi Cuerpo, Mis Emociones: Common Core Edition. Benchmark Education Company, LLC Staff. 2016. (Text Connections Ser.). (SPA.). (J). (gr. 4). *(978-1-5125-0710-2(5))* Benchmark Education Co.

Análisis Intertextuales - Mi Cuerpo, Mis Emociones: Non-Common Core Edition. Benchmark Education Company, LLC Staff. 2016. (Text Connections Ser.). (SPA.). (J). (gr. 4). *(978-1-5125-0728-7(8))* Benchmark Education Co.

Análisis Intertextuales - Mitos Antiguos y Lejanos: Common Core Edition. Benchmark Education Company, LLC Staff. 2016. (Text Connections Ser.). (SPA.). (J). (gr. 3). *(978-1-5125-0709-6(1))* Benchmark Education Co.

Análisis Intertextuales - Mitos Antiguos y Lejanos: Non-Common Core Edition. Benchmark Education Company, LLC Staff. 2016. (Text Connections Ser.). (SPA.). (J). (gr. 3). *(978-1-5125-0727-0(X))* Benchmark Education Co.

Análisis Intertextuales - Resistir la Tormenta: Common Core Edition. Benchmark Education Company, LLC Staff. 2016. (Text Connections Ser.). (SPA.). (J). (gr. 4). *(978-1-5125-0711-9(3))* Benchmark Education Co.

Análisis Intertextuales - Resistir la Tormenta: Non-Common Core Edition. Benchmark Education Company, LLC Staff. 2016. (Text Connections Ser.). (SPA.). (J). (gr. 4). *(978-1-5125-0729-4(6))* Benchmark Education Co.

Análisis Intertextuales - Soñadores e Inventores: Common Core Edition. Benchmark Education Company, LLC Staff. 2016. (Text Connections Ser.). (SPA.). (J). (gr. 3). *(978-1-5125-0706-5(7))* Benchmark Education Co.

Análisis Intertextuales - Soñadores e Inventores: Non-Common Core Edition. Benchmark Education Company, LLC Staff. 2016. (Text Connections Ser.). (SPA.). (J). (gr. 3). *(978-1-5125-0724-9(5))* Benchmark Education Co.

Análisis Intertextuales - Tiempos Revolucionarios: Common Core Edition. Benchmark Education Company, LLC Staff. 2016. (Text Connections Ser.). (SPA.). (J). (gr. 4). *(978-1-5125-0713-3(X))* Benchmark Education Co.

Análisis Intertextuales - Tiempos Revolucionarios: Non-Common Core Edition. Benchmark Education Company, LLC Staff. 2016. (Text Connections Ser.). (SPA.). (J). (gr. 4). *(978-1-5125-0731-7(8))* Benchmark Education Co.

Análisis Intertextuales - Tradiciones Orales: Common Core Edition. Benchmark Education Company, LLC Staff. 2016. (Text Connections Ser.). (SPA.). (J). (gr. 6). *(978-1-5125-0743-0(1))* Benchmark Education Co.

Análisis Intertextuales - Tradiciones Orales: Non-Common Core Edition. Benchmark Education Company, LLC Staff. 2016. (Text Connections Ser.). (SPA.). (J). (gr. 6). *(978-1-5125-0749-2(0))* Benchmark Education Co.

Análisis Intertextuales - Voces Nativoamericanas: Common Core Edition. Benchmark Education Company, LLC Staff. 2016. (Text Connections Ser.). (SPA.). (J). (gr. 5). *(978-1-5125-0718-8(0))* Benchmark Education Co.

Análisis Intertextuales - Voces Nativoamericanas: Non-Common Core Edition. Benchmark Education Company, LLC Staff. 2016. (Text Connections Ser.). (SPA.). (J). (gr. 5). *(978-1-5125-0736-2(9))* Benchmark Education Co.

Análisis Intertextuales - Vuelos de la Imaginación: Common Core Edition. Benchmark Education Company, LLC Staff. 2016. (Text Connections Ser.). (SPA.). (J). (gr. 5). *(978-1-5125-0720-1(2))* Benchmark Education Co.

Análisis Intertextuales - Vuelos de la Imaginación: Non-Common Core Edition. Benchmark Education Company, LLC Staff. 2016. (Text Connections Ser.). (SPA.). (J). (gr. 5). *(978-1-5125-0738-6(5))* Benchmark Education Co.

Analog or Digital- a Telling Time Book for Kids. Pfiffikus. 2016. (ENG., Illus.). (J). pap. 10.81 *(978-1-68377-652-9(6))* Whike, Traudl.

Analyse des Mesures, des Rapports et des Angles, Ou Reduction des Integrales Aux Logarithmes, et Aux Arcs de Cercle (Classic Reprint) Charles Walmesley. 2018. (FRE., Illus.). (J). 468p. 33.55 *(978-1-396-31155-0(6))*; 470p. pap. 16.57 *(978-1-391-72259-7(0))* Forgotten Bks.

Analyses of Rocks & Minerals from the Laboratory of the United States Geological Survey, 1880 to 1914 (Classic Reprint) Frank Wigglesworth Clarke. 2017. (ENG., Illus.). (J). 41.16 *(978-0-260-17785-8(7))* Forgotten Bks.

Analyses of Rocks from the Laboratory of the United States Geological Survey, 1880-1899 (Classic Reprint) Frank Wigglesworth Clarke. 2018. (ENG., Illus.). (J). 31.84 *(978-0-331-38157-3(5))* Forgotten Bks.

Analysis & Calculus, 1 vol. Ed. by Nicholas Faulkner & Erik Gregersen. 2017. (Foundations of Math Ser.). (ENG., Illus.). 352p. (J). (gr. 10-10). 55.59 *(978-1-68048-775-6(2)*, 75bd0dd4-6c82-4edc-b82d-deb12c694857) Rosen Publishing Group, Inc., The.

Analysis of Mind. Bertrand Russell. 2017. (ENG., Illus.). (J). 25.95 *(978-1-374-93022-3(9))*; pap. 15.95 *(978-1-374-93021-6(0))* Capital Communications, Inc.

Analytic Geometry: With Introductory Chapter on the Calculus (Classic Reprint) Claude Irwin Palmer. 2018. (ENG., Illus.). (J). 31.38 *(978-0-331-38809-1(X))* Forgotten Bks.

Analytical Chinese-English Dictionary: Compiled for the China Inland Mission (Classic Reprint) Frederick William Baller. (ENG., Illus.). (J). 2018. 646p. 37.24 *(978-0-666-91079-0(0))*; 2017. pap. 19.97 *(978-0-282-55832-1(2))* Forgotten Bks.

Analytical Fourth Reader: Containing Practical Directions for Reading; a Thorough Method of Thought-Analysis; a Critical Phonic Analysis of English Words (Classic Reprint) Richard Edwards. 2018. (ENG., Illus.). 268p. (J). 29.42 *(978-0-656-72462-8(5))* Forgotten Bks.

Analytical Reader: Containing Lessons in Simultaneous Reading & Defining, with Spelling from the Same (Classic Reprint) Samuel Putnam. (ENG., Illus.). (J). 2018. 236p. 28.76 *(978-0-364-28557-2(5))*; 2017. pap. 11.57 *(978-0-243-93380-8(0))* Forgotten Bks.

Analyze the Ancients, 14 vols. 2018. (Analyze the Ancients Ser.). (ENG.). 48p. (gr. 5-6). lib. bdg. 235.20 *(978-1-5382-2720-6(7)*, 47f450f8-17b5-43d1-930f-536b49095671) Stevens, Gareth Publishing LLLP.

Analyzing Environmental Change, 12 vols. 2018. (Analyzing Environmental Change Ser.). (ENG.). 48p. (gr. 6-6). lib. bdg. 198.42 *(978-1-5026-3950-9(5)*, e5e39dfd-f56e-40b6-a2fe-dfd31b73f74f) Cavendish Square Publishing LLC.

Analyzing Sources of Information about the U. S. Constitution, 1 vol. Sarah Machajewski. 2018. (Project Learning Through American History Ser.). (ENG.). 32p. (J). (gr. 4-5). 27.93 *(978-1-5383-3051-7(2)*, df15087e-f547-4e3c-aa22-e2cde8753ef4, PowerKids Pr.) Rosen Publishing Group, Inc., The.

Analyzing the Issues: Set 1, 12 vols. 2016. (Analyzing the Issues Ser.). (ENG.). 208p. (gr. 8-8). lib. bdg. 305.58 *(978-0-7660-7503-0(6)*, 718470a7-f237-4e28-989d-814c3ce35d6f) Enslow Publishing, LLC.

Analyzing the Issues: Set 2, 12 vols. 2016. (Analyzing the Issues Ser.). (ENG.). 208p. (YA). (gr. 8-8). lib. bdg. 305.58 *(978-0-7660-8374-5(8)*, 7034259f-42c2-45a5-880f-a48ab48f1227) Enslow Publishing, LLC.

Analyzing the Issues: Set 3, 12 vols. 2017. (Analyzing the Issues Ser.). (ENG.). 208p. (gr. 8-8). lib. bdg. 305.58 *(978-0-7660-8569-5(4)*, fcacfdfa-bbf3-41d7-abb1-4bc5d8162ff3) Enslow Publishing, LLC.

Analyzing the Issues (Fall 2018 Bundle) 2018. (Analyzing the Issues Ser.). (ENG.). (YA). pap. 314.76 *(978-1-9785-0033-4(5))* Enslow Publishing, LLC.

Analyzing the Issues (Fall 2019 Bundle) 2019. (Analyzing the Issues Ser.). (ENG.). (YA). pap. 472.14 *(978-1-9785-0629-9(5))* Enslow Publishing, LLC.

Analyzing the Issues: Set 4, 12 vols. 2017. (Analyzing the Issues Ser.). (ENG.). (J). (gr. 8-8). lib. bdg. 305.58 *(978-0-7660-9171-9(6)*, 23d4b126-e807-4d52-8b10-14f8398669d1) Enslow Publishing, LLC.

Analyzing the Issues: Set 5, 12 vols. 2018. (Analyzing the Issues Ser.). (ENG.). 224-232p. (gr. 8-8). lib. bdg. 305.58 *(978-1-9785-0013-6(0)*, a7cb53f0-a1db-4a42-84a4-64c14d0f779b) Enslow Publishing, LLC.

Analyzing the Issues: Set 6, 12 vols. 2019. (Analyzing the Issues Ser.). (ENG.). 232p. (YA). (gr. 8-8). lib. bdg. 305.58 *(978-1-9785-0572-8(8)*, 273027ba-3b4f-4dab-8018-026c5a5a4a87) Enslow Publishing, LLC.

Analyzing the Issues: Sets 1 - 5, 60 vols. 2018. (Analyzing the Issues Ser.). (ENG.). (YA). (gr. 8-8). lib. bdg. 1527.90 *(978-1-9785-0014-3(9)*, 13364926-82af-482a-bf05-c2f02fd1557f) Enslow Publishing, LLC.

Analyzing the Issues: Sets 1 - 6, 72 vols. 2019. (Analyzing the Issues Ser.). (ENG.). (YA). (gr. 8-8). lib. bdg. 1833.48 *(978-1-9785-0573-5(6)*, ee731a15-427e-4d5d-88ca-ae2368d7d430) Enslow Publishing, LLC.

Anamchara: Connections. Nisha Vyas-Myall. 2017. (ENG., Illus.). 190p. (J). pap. *(978-1-326-90965-9(7))* Lulu Pr., Inc.

Anamnesis. Adelaide Thorne. Ed. by Darren Todd. 2019. (Whitewashed Ser.: Vol. 3). (ENG.). 400p. (YA). (gr. 7-12). pap. 18.95 *(978-1-62253-523-1(5))* Evolved Publishing.

Anancy & the Turtle. Sari Prawita & Annette Pateman. 2020. (ENG., Illus.). 32p. (J). pap. *(978-1-7773416-1-9(2))* Government of Canada.

Anansi. Christine Platt. Illus. by Evelt Yanait. (Cuentos Folclóricos Ser.). 32p. (J). (gr. -1-3). 2022. (SPA.). lib. bdg. 32.79 *(978-1-0982-3537-6(1)*, 41111); 2021. (ENG.). lib. bdg. 32.79 *(978-1-0982-3022-7(1)*, 37661) Magic Wagon. (Calico Chapter Bks).

Anansi & Mongoose. Yohance Henley. 2020. (ENG.). 22p. (J). *(978-1-922439-91-8(6))*; pap. *(978-1-922439-90-1(8))* Tablo Publishing.

Anansi & the Apple Tree. Simon Lockwood-Bean. Illus. by Melodie Hrabe. 2019. (ENG.). 32p. (J). (gr. k-3). 18.95 *(978-1-7333606-1-6(1))*; pap. 9.99 *(978-0-578-47162-4(0))* Bennett Day Schl., Inc.

Anansi & the Golden Pot. Taiye Selasi. Illus. by Tinuke Fagborun. 2022. (ENG.). 32p. (J). (-k). 16.99 *(978-0-7440-4990-9(3)*, DK Children) Dorling Kindersley Publishing, Inc.

Anansi & the Green Sea Turtles. Anika Christopher. 2022. (ENG.). 38p. (J). 19.95 *(978-1-8383326-1-7(8))* Constellate Children's Books VGB. Dist: Amplify Publishing Group.

Anansi & Turtle - Anansi et Tortue. Ghanaian Folktale. Illus. by Wiehan de Jager. 2023. (FRE.). 28p. (J). pap. ***(978-1-922849-70-0(7))*** Library For All Limited.

Anansi & Turtle - Anansi Na Kasa. Illus. by Wiehan de Jager. 2023. (SWA.). 28p. (J). pap. ***(978-1-922876-23-2(2))*** Library For All Limited.

Anansi & Vulture - Anansi et Vautour. Ghanaian Folktale. Illus. by Wiehan de Jager. 2022. (FRE.). 32p. (J). pap. ***(978-1-922849-71-7(5))*** Library For All Limited.

Anansi & Vulture - Anansi Na Tai. Illus. by Wiehan de Jager. 2023. (SWA.). 32p. (J). pap. ***(978-1-922876-24-9(0))*** Library For All Limited.

Anansi & Wisdom - Anansi et la Sagesse. Ghanaian Folktale. Illus. by Wiehan de Jager. 2022. (FRE.). 20p. (J). pap. ***(978-1-922849-67-0(7))*** Library For All Limited.

Anansi & Wisdom - Anansi Na Hekima. Ghanaian Folktale. Illus. by Wiehan de Jager. 2023. (SWA.). 20p. (J). pap. ***(978-1-922876-25-6(9))*** Library For All Limited.

Anansi Gives Stories to the World - Anansi Donne des Histoires Au Monde. Ghanaian Folktale. Illus. by Wiehan de Jager. 2022. (FRE.). 32p. (J). pap. ***(978-1-922849-69-4(3))*** Library For All Limited.

Anansi Helps a Friend Activity Book - Ladybird Readers Level 1. Ladybird. 2016. (Ladybird Readers Ser.). (ENG.). 16p. (J). (gr. 2-4). pap., act. bk. ed. 5.99 *(978-0-241-25420-2(5))* Penguin Bks., Ltd. GBR. Dist: Independent Pubs. Group.

Anansi Helps a Friend: Ladybird Readers Level 1. Ladybird. 2016. (Ladybird Readers Ser.). (Illus.). 48p. (J). pap. 9.99 *(978-0-241-25409-7(4))* Penguin Bks., Ltd. GBR. Dist: Independent Pubs. Group.

Anansi, the Crows, & the Crocodile. Ghanaian Folktale & Wiehan de Jager. 2022. (ENG.). 30p. (J). pap. ***(978-1-922918-05-5(9))*** Library For All Limited.

Anansi, the Crows, & the Crocodile - Anansi, Kunguru, Na Mamba. Illus. by Wiehan de Jager. 2023. (SWA.). 30p. (J). pap. ***(978-1-922876-26-3(7))*** Library For All Limited.

Anansi the Spider Novel Units Teacher Guide. Novel Units. 2019. (ENG.). (J). pap. 12.99 *(978-1-56137-278-2(1)*, Novel Units, Inc.) Classroom Library Co.

Anansi the Talking Spider & Other Legendary Creatures of Africa, 1 vol. Craig Boutland. 2018. (Cryptozoologist's Guide to Curious Creatures Ser.). (ENG.). 32p. (gr. 4-5). lib. bdg. 28.27 *(978-1-5382-2706-0(1)*, fd8e5bf2-3ab2-4403-9467-e47242605031) Stevens, Gareth Publishing LLLP.

Anansi's Narrow Waist: A Tale from Ghana, 1 vol. H. Arrington. Illus. by Nicole Allin. 2017. (ENG.). 32p. (J). (gr. k-3). 16.99 *(978-1-4556-2216-0(8)*, Pelican Publishing) Arcadia Publishing.

Ananya Prayaog. Tulsi Jain. Tr. by Smita Mahendra. 2023. (HIN.). 188p. (YA). pap. 14.00 ***(978-1-64560-375-7(X))*** Black Eagle Bks.

Anarchism & Other Essays. Emma Goldman. 2022. (ENG.). 369p. (J). pap. ***(978-1-387-50730-6(3))*** Lulu Pr., Inc.

Anarchy, 1 vol. Kerry Hinton. 2019. (Examining Political Systems Ser.). (ENG.). 64p. (gr. 6-6). pap. 13.95 *(978-1-5081-8432-4(1)*, 07fa87e5-9b7c-464a-9594-52e4ecf95dc9, Rosen Reference) Rosen Publishing Group, Inc., The.

Ana's Stand. Crystal Kauffman. 2022. (ENG.). 175p. (YA). pap. ***(978-1-387-57591-6(0))*** Lulu Pr., Inc.

Anastasia. Melissa Frost. 2018. (ENG., Illus.). 146p. (J). pap. *(978-1-77339-536-4(X))* Evernight Publishing.

Anastasia Grace Goes to New York. Roz Potgieter. Illus. by Anahit Aleksanyan. 2020. (ENG.). 38p. (J). pap. *(978-0-6450004-6-7(9))* Cilento Publishing.

Anastasia Has the Answers see Anastasia Tiene las Respuetas

Anastasia on Her Own Bk 5. 2016. (Anastasia Krupnik Story Ser.). (ENG., Illus.). 176p. (J). (gr. 5-7). pap. 7.99 *(978-0-544-54027-9(1)*, 1608838, Clarion Bks.) HarperCollins Pubs.

Anastasius, or Memoirs of a Greek, Vol. 2 Of 2: Written at the Close of the Eighteenth Century (Classic Reprint) Thomas Hope. (ENG., Illus.). (J). 2017. 33.07 *(978-0-265-40392-1(8))*; 2016. pap. 16.57 *(978-1-333-39828-6(X))* Forgotten Bks.

Anatole France (of the Academie Francaise) The Queen Pedauque (la Rotisserie de la Reine Pedauque) (Classic Reprint) Jos A. V. Stritzko. 2017. (ENG., Illus.). (J). 31.24 *(978-0-260-23519-0(9))* Forgotten Bks.

Anatole Qui Ne Séchait Jamais see Riley Can't Stop Crying

Anatomía de una Inadaptada: Anatomy of a Misfit (Spanish Edition), 1 vol. Andrea Portes. 2018. (SPA.). 240p. (YA). (gr. 9). pap. 12.99 *(978-0-7180-9440-9(9))* HarperCollins Español.

Anatomical & Histological Dissection of the Human Ear. Adam Politzer & George Stone. 2017. (ENG.). 296p. (J). pap. *(978-3-337-25585-5(X))* Creation Pubs.

Anatomical & Histological Dissection of the Human Ear: In the Normal & Diseased Condition (Classic Reprint) Adam Politzer. 2017. (ENG., Illus.). (J). 29.92 *(978-0-331-48138-9(3))* Forgotten Bks.

Anatomical Instructor: Or an Illustration of the Modern & Most Approved Methods of Preparing & Preserving the Different Parts of the Human Body & of Quadrupeds, by Injection, Corrosion, Maceration, Distention, Articulation, Modelling, Etc. Thomas Pole. 2016. (ENG., Illus.). (J). pap. 16.57 *(978-1-334-42719-0(4))* Forgotten Bks.

Anatomical Names: Especially the Basle Nomina Anatomica (Bna) (Classic Reprint) Albert Chauncey Eycleshymer. (ENG., Illus.). (J). 2017. 776p. 39.92 *(978-0-266-47929-1(4))*; 2016. pap. 23.57 *(978-1-334-41460-2(2))* Forgotten Bks.

Anatomicum: Welcome to the Museum. Jennifer Z. Paxton. Illus. by Katy Wiedemann. 2020. (Welcome to the Museum Ser.). (ENG.). 112p. (J). (gr. 3-7). 37.99 *(978-1-5362-1506-9(6)*, Big Picture Press) Candlewick Pr.

Anatomy: A Manual for Students & Practitioners (Classic Reprint) Fred John Brockway. 2017. (ENG., Illus.). 742p. (J). 39.22 *(978-0-266-58613-5(9))* Forgotten Bks.

Anatomy: a Love Story. Dana Schwartz. 2022. (Anatomy Duology Ser.: 1). (ENG., Illus.). 352p. (YA). 18.99 *(978-1-250-77415-6(2)*, 900234502, Wednesday Bks.) St. Martin's Pr.

Anatomy ABC for Your Doctor to Be. Illus. by Dena Mizrahi Feinberg DMD. 2022. 30p. (J). pap. 14.99 *(978-1-6678-5324-6(4))* BookBaby.

Anatomy & Histology of the Mouth & Teeth. Isaac Norman Broomell. 2017. (ENG.). 426p. (J). pap. *(978-3-337-40528-1(2))* Creation Pubs.

Anatomy & Physiology for Kids! the Human Body & It Works: Science for Kids - Children's Anatomy & Physiology Books. Baby Professor. 2017. (ENG., Illus.). (J). pap. 7.89 *(978-1-68305-744-4(9)*, Baby Professor (Education Kids)) Speedy Publishing LLC.

Anatomy for Kids Human Body, Dentistry & Food Quiz Book for Kids Children's Questions & Answer Game Books. Dot Edu. 2017. (ENG., Illus.). 64p. (J). pap. 9.55 *(978-1-5419-1691-3(3)*, Dot EDU (Educational & Textbooks)) Speedy Publishing LLC.

Anatomy of Beasts. Olivia A. Cole. 2019. (ENG.). 432p. (YA). (gr. 8). 17.99 *(978-0-06-264424-4(6)*, Tegen, Katherine Bks) HarperCollins Pubs.

Anatomy of the Brain Coloring Book. Activibooks For Kids. 2016. (ENG., Illus.). (J). pap. 9.20 *(978-1-68321-922-4(8))* Mimaxion.

Anatsui: Art & Life. Susan M. Vogel. 2021. (ENG., Illus.). 224p. (J). 60.00 *(978-3-7913-5978-6(9))* Prestel Verlag GmbH & Co KG. DEU. Dist: Penguin Random Hse. LLC.

Anaya & the Music Maker. Sydnie Knutson. 2017. (ENG., Illus.). 30p. (J). pap. 16.95 *(978-1-9736-1097-7(3)*, WestBow Pr.) Author Solutions, LLC.

Anbesa'na Ayit - the Lion & the Mouse - Amharic Children's Book. Kiazpora. 2019. (AMH., Illus.). 52p. (J). 14.99 *(978-1-946057-34-1(7))*; pap. 8.99 *(978-1-946057-32-7(0))* Kiazpora LLC.

Ancestor Approved: Intertribal Stories for Kids. Cynthia L. Smith. (ENG.). 320p. (J). (gr. 3-7). 2022. pap. 9.99 *(978-0-06-286995-1(7))*; 2021. 19.99 *(978-0-06-286994-4(9))* HarperCollins Pubs. (Heartdrum).

Ancestor Hunting: Some Account of a Week Spent in Windham County, Vermont, During the Month of June, 1901 (Classic Reprint) Hamline Elijah Robinson. 2018. (ENG., Illus.). 20p. (J). 24.31 *(978-0-267-70196-4(9))* Forgotten Bks.

Ancestor of Wall Street (Classic Reprint) Hallbowlin Elmes. (ENG., Illus.). (J). 2018. 646p. 37.22 *(978-0-428-98606-3(4))*; 2017. pap. 19.57 *(978-1-334-93372-1(3))* Forgotten Bks.

Ancestors: A Novel (Classic Reprint) Gertrude Franklin Horn Atherton. 2017. (ENG., Illus.). 710p. (J). 38.56 *(978-1-5281-4770-5(7))* Forgotten Bks.

Ancestors of Peter Atherly: And Other Tales (Classic Reprint) Bret Harte. (ENG., Illus.). (J). 2017. 32.27 *(978-0-265-50277-8(2))*; 2016. pap. 16.57 *(978-1-334-12064-0(1))* Forgotten Bks.

Ancestory: The Mystery & Majesty of Ancient Cave Art. Hannah Salyer. Illus. by Hannah Salyer. 2023. (ENG., Illus.). 48p. (J). (gr. -1-3). 19.99 *(978-0-358-46984-1(8)*, Clarion Bks.) HarperCollins Pubs.

Ancestral Invasion & Other Stories (Classic Reprint) Madeline Wynne. 2017. (ENG., Illus.). (J). 27.49 *(978-1-5279-6255-2(5))* Forgotten Bks.

Ancestral Timber (Classic Reprint) Kitty Parsons. (ENG., Illus.). (J). 2018. 102p. 26.02 *(978-0-365-38874-6(2))*; 2017. pap. 9.57 *(978-0-259-44310-0(7))* Forgotten Bks.

Ancestral Trail - Once upon & Time Again: Series: the Ancestral Trail Trilogy, Book 3. Frank Graves. 2017. (ENG., Illus.). 360p. (J). pap. *(978-1-873133-03-3(0))* Frajil Publishing Ltd.

Ancestry of Donald Trump. Diana Muir. 2020. (ENG.). 342p. (YA). pap. *(978-1-716-55773-6(9))* Lulu Pr., Inc.

Anche le Streghe Raccontano Storie. Rosa Palmieri & Valentina Cardone. 2021. (ITA.). 49p. (J). pap. *(978-1-7948-4276-2(4))* Lulu Pr., Inc.

Anchor Charts: Adjectives. Scholastic. 2018. (Anchor Chart Ser.). (ENG.). (gr. 1-3). 3.49 *(978-1-338-23379-7(3))* Teacher's Friend Pubns., Inc.

Anchor Charts: Comound Words. Scholastic. 2018. (Anchor Chart Ser.). (ENG.). (gr. 1-3). 3.49 *(978-1-338-23380-3(7))* Teacher's Friend Pubns., Inc.

Anchor Charts: Homophones. Scholastic. 2018. (Anchor Chart Ser.). (ENG.). (gr. 1-3). 3.49 *(978-1-338-23381-0(5))* Teacher's Friend Pubns., Inc.

Anchor Charts: Nouns. Scholastic. 2018. (Anchor Chart Ser.). (ENG.). (gr. 1-3). 3.49 *(978-1-338-23377-3(7))* Teacher's Friend Pubns., Inc.

Anchor Charts: Synonyms/Antonyms. Scholastic. 2018. (Anchor Chart Ser.). (ENG.). (gr. 1-3). 3.49 *(978-1-338-23382-7(3))* Teacher's Friend Pubns., Inc.

Anchor Charts: Verbs. Scholastic. 2018. (Anchor Chart Ser.). (ENG.). (gr. 1-3). 3.49 *(978-1-338-23378-0(5))* Teacher's Friend Pubns., Inc.

Anchor Moon. Amy Walker. 2020. (ENG.). 30p. (J). pap. *(978-1-5289-5114-2(X))* Austin Macauley Pubs. Ltd.

Anchorage (Classic Reprint) Florence Olmstead. 2018. (ENG., Illus.). (J). 372p. 31.59 *(978-0-365-49469-0(0))*; 374p. pap. 13.97 *(978-0-365-49467-6(4))* Forgotten Bks.

Anchored. Brenda Beem. 2017. (ENG., Illus.). (J). pap. *(978-1-77339-447-3(9))* Evernight Publishing.

Anchored. Elliana Johnson. (ENG.). (YA). 2022. 107p. pap. ***(978-1-387-81282-0(3))***; 2021. 156p. pap. 11.80 *(978-1-300-38534-9(0))* Lulu Pr., Inc.

Anchored. Debra Tidball. Illus. by Arielle Li. 2023. (ENG.). 32p. (J). (gr. 4-8). 19.99 *(978-1-922539-49-6(X)*, EK Bks.) Exisle Publishing Pty Ltd. AUS. Dist: Two Rivers Distribution.

Anchored Director Manual. Ed. by Group Publishing. 2020. (Group's Weekend Vbs 2020 Ser.). (ENG.). 95p. (J). pap. 15.39 *(978-1-4707-6155-4(6))* Group Publishing, Inc.

Anchored in Love. Jenna M. Thompson. 2022. (ENG.). 90p. (J). pap. 19.99 *(978-1-7352564-3-6(9))* Draft2Digital.

Anchored in Peace. Jenna Thompson. 2021. (ENG.). 144p. (J). pap. 19.99 *(978-1-7352564-2-9(0))* Draft2Digital.

Anchored in Self-Control. Jenna Thompson. 2021. (ENG.). 108p. (J). pap. 19.00 *(978-1-7352564-1-2(2))* Draft2Digital.

Anchored Spotlight Vbs Leader Manual. Ed. by Group Publishing. 2020. (Group's Weekend Vbs 2020 Ser.). (ENG.). 16p. (J). pap. 10.39 *(978-1-4707-6160-8(2))* Group Publishing, Inc.

Anchors. Penelope Dyan. Illus. by Dyan. l.t. ed. 2022. (ENG.). 34p. (J). pap. 12.60 *(978-1-61477-592-8(3))* Bellissima Publishing, LLC.

Anchors Away Play Leader Manual. Ed. by Group Publishing. 2020. (Group's Weekend Vbs 2020 Ser.). (ENG.). 16p. (J). pap. 10.39 *(978-1-4707-6156-1(4))* Group Publishing, Inc.

Anchors Aweigh (Classic Reprint) Harriet Ogden Welles. 2017. (ENG., Illus.). (J). 30.31 *(978-0-260-06071-6(2))* Forgotten Bks.

Ancien Théâtre François, Ou Collection des Ouvrages Dramatiques les Plus Remarquables Depuis les Mystères Jusqu'à Corneille, Vol. 10: Publié Avec des Notes et Éclaircissements; Glossaire (Classic Reprint) Emmanuel Louis Nicolas Viollet-Le-Duc. 2018. (FRE., Illus.). 532p. (J). 34.89 *(978-0-364-06235-7(5))* Forgotten Bks.

Ancien Théâtre François, Ou Collection des Ouvrages Dramatiques les Plus Remarquables Depuis les Mystères Jusqu'à Corneille, Vol. 10: Publié Avec des Notes et Éclaircissements; Glossaire (Classic Reprint) Emmanuel Louis Nicolas Viollet-Le-Duc. 2018. (FRE., Illus.). (J). 510p. 34.44 *(978-1-391-47136-5(9))*; 512p. pap. 16.97 *(978-1-390-97332-7(8))* Forgotten Bks.

Anciennes Mesures D'Eure-Et-Loir: Suivies d'un Appendice Sur l'Origine de Notre Numeration. Benoit-A. 2017. (Sciences Ser.). (FRE., Illus.). (J). pap. *(978-2-01-450227-5(7))* Hachette Groupe Livre.

Ancient Africa Educational Facts Children's History Book. Bold Kids. 2022. (ENG.). 42p. (J). pap. 14.99 ***(978-1-0717-1617-5(4))*** FASTLANE LLC.

Ancient Aliens. Meg Gaertner. 2019. (Aliens Ser.). (ENG., Illus.). 32p. (J). (gr. 4-6). pap. 7.95 *(978-1-5435-7492-0(0)*, 141008) Capstone.

Ancient Aliens: Did Historic Contact Happen? Rachael L. Thomas. 2018. (Science Fact or Science Fiction? Ser.). (ENG., Illus.). 32p. (J). (gr. 3-6). lib. bdg. 32.79 *(978-1-5321-1537-0(7)*, 28928, Checkerboard Library) ABDO Publishing Co.

Ancient Americas, 12 vols. 2016. (Ancient Americas Ser.). 32p. (gr. 5-5). (ENG.). 167.58 *(978-1-4994-2246-7(6)*, f6232c8f-5082-4439-a5db-5a116f3503c0); pap. 60.00 *(978-1-5081-5245-3(4))* Rosen Publishing Group, Inc., The. (PowerKids Pr.).

Ancient America's Lost Giants, 1 vol. Xaviant Haze. 2017. (Discovering Ancient America Ser.). (ENG., Illus.). 200p. (J). (gr. 9-9). 42.41 *(978-1-4994-6676-8(5)*, 5a742ab4-a693-4ad5-92b8-899175025e10, Rosen Young Adult) Rosen Publishing Group, Inc., The.

Ancient America's Lost History, 1 vol. Frank Joseph. 2017. (Discovering Ancient America Ser.). (ENG., Illus.). 200p. (gr. 9-9). 42.41 *(978-1-4994-6677-5(3)*, 8fcfb928-9965-4aa8-8b1a-075fa4ce0ce8, Rosen Young Adult) Rosen Publishing Group, Inc., The.

Ancient Amulet: Lumen Epic Fantasy Series Book 3. Matt Sprunt. Ed. by Hollie Sprunt. Illus. by Petur Atli Antonsson. 2018. (ENG.). 336p. (J). pap. 13.95 *(978-0-692-99751-2(2))* Living Room Adventures.

Ancient & Epic Tales: From Around the World. Heather Forest. 2016. (ENG.). 175p. (J). (gr. 3-5). pap. 17.95 *(978-1-939160-87-4(1))* August Hse. Pubs., Inc.

Ancient & Imperial China: Read It Yourself with Ladybird Level 4. Ladybird Books Staff. 2018. (Read It Yourself with Ladybird Ser.). 48p. (J). (gr. -1-2). 4.99 *(978-0-241-31222-3(1))* Penguin Bks., Ltd. GBR. Dist: Independent Pubs. Group.

Ancient & Modern Ballads of Chevy Chase: With Notes, Music, & New Pictures by TF (Classic Reprint) Chevy Chase. (ENG., Illus.). (J). 2018. 84p. 25.65 *(978-0-364-08873-9(7))*; 2016. pap. 9.57 *(978-1-334-11678-0(4))* Forgotten Bks.

Ancient & Modern, Vol. 1 of 46 (Classic Reprint) Charles Dudley Warner. 2018. (ENG., Illus.). 656p. (J). 37.43 *(978-0-365-53208-8(8))* Forgotten Bks.

Ancient Animals of North America Coloring Book. Kreativ Entspannen. 2016. (ENG., Illus.). (J). pap. 9.20 *(978-1-68377-293-4(8))* Whlke, Traudl.

Ancient Animals: Plesiosaur. Sarah L. Thomson. Illus. by Andrew Plant. 2017. (Ancient Animals Ser.). 32p. (J). (gr. 1-4). lib. bdg. 12.99 *(978-1-58089-542-2(5))* Charlesbridge Publishing, Inc.

Ancient Architecture. Joyce Markovics. 2023. (Building Big Ser.). (ENG., Illus.). 32p. (J). (gr. 4-6). pap. 14.21 *(978-1-6689-2083-1(2)*, 222061); lib. bdg. 32.07 *(978-1-6689-1981-1(8)*, 221959) Cherry Lake Publishing.

Ancient Arctic Mammals: English Edition. Dana Hopkins. Illus. by Aaron Edzerza. 2020. (Nunavummi Reading Ser.). (ENG.). 36p. (J). pap. 12.95 *(978-1-77450-074-3(4))* Inhabit Education Bks. Inc. CAN. Dist: Consortium Bk. Sales & Distribution.

Ancient Art & Cultures, 12 vols., Set. Incl. Art & Culture of Ancient Egypt. Lisa Springer & Neil Morris. lib. bdg. 31.80 *(978-1-4358-3589-4(1)*, fdc1ac8c-d293-4d82-ab08-84b4dd22ea47, Rosen Reference); Art & Culture of Ancient Greece. Dimitra Tsakiridis & Matilde Bardi. lib. bdg. 31.80 *(978-1-4358-3590-0(5)*, 42aa1a1f-92f2-4826-9b82-69e165a92e9e, Rosen Reference); Art & Culture of Ancient Rome. Nicholas Pistone. lib. bdg. 31.80 *(978-1-4358-3591-7(3)*, 5ed3d44f-076b-41c3-a109-842270e2e763); Art & Culture of the Medieval World. Steven S. Delaware. lib. bdg. 31.80 *(978-1-4358-3592-4(1)*, 8b7706c8-6e7f-4216-bcaa-a690d52f0ce4, Rosen Reference); Art & Culture of the Prehistoric World. Beatrice D. Brooke & Roberto Carvalho de Magalhães. lib. bdg. 31.80 *(978-1-4358-3588-7(3)*, f2dae2c9-8dbb-4502-8b26-cea34785775e); Art & Culture of the Renaissance World. Lauren Murphy & Rupert Matthews. lib. bdg. 31.80 *(978-1-4358-3593-1(X)*, cf427b1e-f143-42c4-84f6-5e06fafa1d35, Rosen Reference); (YA). (gr. 6-6). 2010. (Ancient Art & Cultures Ser.). (ENG., Illus.). 40p. 2009. Set lib. bdg. 190.80 *(978-1-4358-3602-0(2)*, 787182af-5dc2-4f19-95d9-7be4b0f50011, Rosen Reference) Rosen Publishing Group, Inc., The.

Ancient Assyria Children's Middle Eastern History Books. Baby Professor. 2017. (ENG., Illus.). (J). pap. 7.89 *(978-1-5419-0210-7(6)*, Baby Professor (Education Kids)) Speedy Publishing LLC.

Ancient Aztec Amazing & Intriguing Facts Children's History Book. Bold Kids. 2022. (ENG.). 42p. (J). pap. 14.99 ***(978-1-0717-1872-8(X))*** FASTLANE LLC.

Ancient Aztec Culture, 1 vol. Emily Jankowski Mahoney. 2016. (Spotlight on the Maya, Aztec, & Inca Civilizations Ser.). (ENG., Illus.). 32p. (J). (gr. 4-6). pap. 12.75 *(978-1-4994-1895-8(7)*, 983c5496-d1dc-4705-b26b-414f3c13d944, PowerKids Pr.) Rosen Publishing Group, Inc., The.

Ancient Aztec Daily Life, 1 vol. Heather Moore Niver. 2016. (Spotlight on the Maya, Aztec, & Inca Civilizations Ser.). (ENG., Illus.). 32p. (J). (gr. 4-6). pap. 12.75 *(978-1-4994-1900-9(7)*, 99f521d6-8a62-481e-9305-be751b08c967, PowerKids Pr.) Rosen Publishing Group, Inc., The.

Ancient Aztec Geography, 1 vol. Barbara M. Linde. 2016. (Spotlight on the Maya, Aztec, & Inca Civilizations Ser.). (ENG., Illus.). 32p. (J). (gr. 4-6). pap. 12.75 *(978-1-4994-1909-2(0)*, 6270a6ca-1873-487a-96ca-97dbac4a0d3d, PowerKids Pr.) Rosen Publishing Group, Inc., The.

Ancient Aztec Government, 1 vol. Christine Honders. 2016. (Spotlight on the Maya, Aztec, & Inca Civilizations Ser.). (ENG., Illus.). 32p. (J). (gr. 4-6). pap. 12.75 *(978-1-4994-1914-6(7)*, 947ee263-98a5-4f28-a99a-23072140eae0, PowerKids Pr.) Rosen Publishing Group, Inc., The.

Ancient Aztec Technology, 1 vol. Emily Jankowski Mahoney. 2016. (Spotlight on the Maya, Aztec, & Inca Civilizations Ser.). (ENG., Illus.). 32p. (J). (gr. 4-6). pap. 12.75 *(978-1-4994-1923-8(6)*, 64c7714e-3c60-4376-b40f-1c89ed65e7c2, PowerKids Pr.) Rosen Publishing Group, Inc., The.

Ancient Aztecs. Emily Rose Oachs. 2020. (Ancient Civilizations Ser.). (ENG., Illus.). 32p. (J). (gr. 3-8). pap. 8.99 *(978-1-61891-857-4(5)*, 12586, Blastoff! Discovery) Bellwether Media.

Ancient Building Techniques: Leveled Reader Card Book 22 Level X. Hmh Hmh. 2019. (ENG.). (J). pap. 14.13 *(978-0-358-16206-3(8))* Houghton Mifflin Harcourt Publishing Co.

Ancient Building Techniques: Leveled Reader Card Book 22 Level X 6 Pack. Hmh Hmh. 2021. (J). (ENG.). pap. 69.33 *(978-0-358-18947-3(0))*; (SPA.). pap. 74.40 *(978-0-358-27342-4(0))* Houghton Mifflin Harcourt Publishing Co.

Ancient Cave. Taylor Zajonc. Illus. by Geraldine Rodriguez. 2018. (Adventures of Samuel Oliver Ser.). (ENG.). 48p. (J). (gr. 3-7). lib. bdg. 34.21 *(978-1-5321-3371-8(5)*, 31165, Spellbound) Magic Wagon.

Ancient China. Samantha S. Bell. 2019. (Civilizations of the World Ser.). (ENG., Illus.). 32p. (J). (gr. 3-5). pap. 9.95 *(978-1-64185-821-2(4)*, 1641858214); lib. bdg. 31.35 *(978-1-64185-752-9(8)*, 1641857528) North Star Editions. (Focus Readers).

Ancient China, 1 vol. Daniel R. Faust. 2018. (Look at Ancient Civilizations Ser.). (ENG.). 32p. (gr. 2-2). 28.27 *(978-1-5382-3004-6(6)*, 6bc68f78-1889-405d-a12a-c8520fa3e165) Stevens, Gareth Publishing LLLP.

Ancient China. Emily Rose Oachs. 2020. (Ancient Civilizations Ser.). (ENG., Illus.). 32p. (J). (gr. 3-8). pap. 8.99 *(978-1-61891-858-1(3)*, 12587, Blastoff! Discovery) Bellwether Media.

Ancient China. Louise Spilsbury. 2016. (History Hunters Ser.). (ENG., Illus.). 32p. (J). (gr. 3-9). lib. bdg. 28.65 *(978-1-5157-2525-1(1)*, 132896) Capstone.

Ancient China. Jane Shuter. rev. ed. 2016. (Excavating the Past Ser.). (ENG.). 48p. (J). (gr. 4-6). pap. 8.99 *(978-1-4846-3645-9(7)*, 134040, Heinemann) Capstone.

Ancient China: Ancient History Facts & Picture Book for Children. Bold Kids. 2022. (ENG.). 38p. (J). pap. 14.99 *(978-1-0717-0868-2(6))* FASTLANE LLC.

Ancient China for Kids - Early Dynasties, Civilization & History Ancient History for Kids 6th Grade Social Studies. Baby Professor. 2017. (ENG., Illus.). 64p. (J). pap. 9.55 *(978-1-5419-1781-1(2)*, Baby Professor (Education Kids)) Speedy Publishing LLC.

Ancient China Inside Out. Kelly Spence. 2017. (Ancient Worlds Inside Out Ser.). (ENG., Illus.). 32p. (J). (gr. 4-5). *(978-0-7787-2868-9(4))*; pap. *(978-0-7787-2875-7(7))* Crabtree Publishing Co.

Ancient China's Inventions, Technology & Engineering - Ancient History Book for Kids Characteristics of Early Societies. Professor Beaver. 2017. (ENG., Illus.). 64p. (J). pap. 9.52 *(978-0-2282-2865-3(4)*, Professor Beaver) Speedy Publishing LLC.

Ancient Chinese. Elizabeth Andrews. 2022. (Ancient Civilizations Ser.). (ENG., Illus.). 32p. (J). (gr. 2-5). lib. bdg. 32.79 *(978-1-0982-4324-1(2)*, 41223, DiscoverRoo) Pop!.

Ancient Chinese: Evil Empires & Reigns of Terror. Contrib. by Sarah Eason & Louise Spilsbury. 2023. (Deadly History Ser.). (ENG., Illus.). 48p. (J). (gr. 5-8). pap. 10.99 ***(978-1-915761-27-9(1)***, 7a6dd523-520e-4c90-aa7b-da8e76738c38) Cheriton Children's Bks. GBR. Dist: Lerner Publishing Group.

Ancient Chinese: Evil Empires & Reigns of Terror. Louise Spilsbury & Sarah Eason. 2023. (Deadly History Ser.). (ENG., Illus.). 48p. (J). (gr. 5-8). lib. bdg. 31.99 ***(978-1-915153-67-8(0)***, fff45f08-552e-4704-b5fa-1e6096cb22c1) Cheriton Children's Bks. GBR. Dist: Lerner Publishing Group.

Ancient Chinese Emperors & How They Ruled-Children's Ancient History Books. Baby Professor. 2017. (ENG., Illus.). (J). pap. 7.89 *(978-1-5419-0310-4(2)*, Baby Professor (Education Kids)) Speedy Publishing LLC.

Ancient Chinese Government & Geography, 1 vol. Avery Hurt. 2016. (Spotlight on the Rise & Fall of Ancient Civilizations Ser.). (ENG., Illus.). 48p. (J). (gr. 6-6). pap. 12.75 *(978-1-4777-8890-5(5)*, 9c04f736-3416-4071-ab43-b304c760ea0e) Rosen Publishing Group, Inc., The.

Ancient Chinese Religion & Beliefs, 1 vol. Brian Hanson-Harding. 2016. (Spotlight on the Rise & Fall of Ancient Civilizations Ser.). (ENG., Illus.). 48p. (J). (gr. 6-6). pap. 12.75 *(978-1-4777-8893-6(X)*, 5aa93a28-39c2-4a89-aacb-8ac49b53b027) Rosen Publishing Group, Inc., The.

Ancient Chinese Technology, 1 vol. Jennifer Culp. 2016. (Spotlight on the Rise & Fall of Ancient Civilizations Ser.). (ENG., Illus.). 48p. (J). (gr. 6-6). pap. 12.75 *(978-1-4777-8897-4(2)*, dd3b59dd-ac62-494b-8cd3-d0bafe1e9aa7) Rosen Publishing Group, Inc., The.

Ancient City of Rome - Ancient History Grade 6 Children's Ancient History. Baby Professor. 2017. (ENG., Illus.). (J). pap. 8.79 *(978-1-5419-1322-6(1)*, Baby Professor (Education Kids)) Speedy Publishing LLC.

Ancient Civilization Hidden in the Indus River Valley Indus Civilization Grade 6 Children's Ancient History. Baby Professor. 2022. (ENG.). 72p. (J). 31.99 ***(978-1-5419-8369-4(6))***; pap. 19.99 ***(978-1-5419-5468-7(8))*** Speedy Publishing LLC. (Baby Professor (Education Kids)).

Ancient Civilization of the Indus River Indus Civilization Grade 4 Children's Ancient History. Baby Professor. 2020. (ENG.). 84p. (J). 25.99 *(978-1-5419-7710-5(6))*; pap. 15.99 *(978-1-5419-5355-0(X))* Speedy Publishing LLC. (Baby Professor (Education Kids)).

Ancient Civilizations: 4-Book Hardcover Set. 2019. (ENG., Illus.). 384p. (J). (gr. 3-4). 77.95 ***(978-1-61930-881-7(9)***, 695df775-7a58-4c1c-a8c5-ee2293deb5dd) Nomad Pr.

Ancient Civilizations: How People Lived Around the World & Through the Ages. Philip Brooks. 2016. (Illus.). 64p. (J). (gr. -1-12). 12.99 *(978-1-86147-695-1(7)*, Armadillo) Anness Publishing GBR. Dist: National Bk. Network.

Ancient Civilizations - Mesopotamia, Egypt, & the Indus Valley Ancient History for Kids 4th Grade Children's Ancient History. Baby Professor. 2017. (ENG., Illus.). 64p. (J). pap. 9.52 *(978-1-5419-1744-6(8)*, Baby Professor (Education Kids)) Speedy Publishing LLC.

Ancient Civilizations: Aztecs, Maya, Incas! With 25 Social Studies Projects for Kids. Anita Yasuda. Illus. by Tom Casteel. 2019. (Explore Your World Ser.). (ENG.). 96p. (J). (gr. 3-4). 19.95 *(978-1-61930-831-2(2)*, 3ccca94a-d4a6-46e8-ba96-6dd0a8a67095); pap. 14.95 *(978-1-61930-834-3(7)*, 3d0ad5a7-5190-4c91-a914-ee962677982c) Nomad Pr.

Ancient Civilizations: Egyptians! With 25 Social Studies Projects for Kids. Carmella Van Vleet. Illus. by Tom Casteel. 2019. (Explore Your World Ser.). (ENG.). 96p. (J). (gr. 3-4). 19.95 *(978-1-61930-835-0(5)*, d1095d39-89b7-47d3-bd46-0bbd5679fc93); pap. 14.95 *(978-1-61930-838-1(X)*, ea3ccff3-e62d-4e0f-af35-6c70935f4bdf) Nomad Pr.

Ancient Civilizations for Kids: A History Series - Children Explore History Book Edition. Baby Professor. 2016. (ENG., Illus.). 42p. (J). pap. 11.65 *(978-1-68305-602-7(7)*, Baby Professor (Education Kids)) Speedy Publishing LLC.

Ancient Civilizations: Greeks! With 25 Social Studies Projects for Kids. Carmella Van Vleet. Illus. by Tom Casteel. 2019. (Explore Your World Ser.). (ENG.). 96p. (J). (gr. 3-4). 19.95 *(978-1-61930-839-8(8)*, dd05d445-b9f1-4498-b303-9b13e1b81ce5); pap. 14.95 *(978-1-61930-842-8(8)*, 0c73c113-5270-4131-83db-d2daf205f154) Nomad Pr.

Ancient Civilizations of Islam - Muslim History for Kids - Early Dynasties Ancient History for Kids 6th Grade Social Studies. Baby Professor. 2017. (ENG., Illus.). 64p. (J). pap. 9.55 *(978-1-5419-1783-5(9)*, Baby Professor (Education Kids)) Speedy Publishing LLC.

Ancient Civilizations: Romans! With 25 Social Studies Projects for Kids. Carmella Van Vleet. Illus. by Tom Casteel. 2019. (Explore Your World Ser.). (ENG.). 96p. (J). (gr. 3-4). 19.95 *(978-1-61930-843-5(6)*, f5d66ee0-809f-420a-9857-3c61185d7272); pap. 14.95 *(978-1-61930-846-6(0)*, 03ef2f1a-cb08-4adf-8a66-7b9dcbc97a47) Nomad Pr.

Ancient Civilizations (Set), 6 vols. 2022. (Ancient Civilizations Ser.). (ENG.). 32p. (J). (gr. 2-5). lib. bdg. 196.74 *(978-1-0982-4323-4(4)*, 41221, DiscoverRoo) Pop!.

Ancient Civilizations: Women Who Made a Difference (Super SHEroes of History) Lori McManus. 2022. (Super SHEroes of History Ser.). (ENG., Illus.). 48p. (J). (gr. 3-5). 29.00 *(978-1-338-84059-9(2))*; pap. 7.99 *(978-1-338-84060-5(6))* Scholastic Library Publishing. (Children's Pr.).

Ancient Collects, & Other Prayers: Selected from Devotional Use from Various Rituals, with an Appendix on the Collects in the Prayer-Book (Classic Reprint) William Bright. 2017. (ENG., Illus.). (J). 29.22 *(978-0-265-71412-6(5))* Forgotten Bks.

Ancient Cultures & Civilizations, 12 vols. 2016. (Ancient Cultures & Civilizations Ser.). 32p. (gr. 5-5). (ENG.). 167.58 *(978-1-4994-2247-4(4)*, a5bbf0e0-e8fe-4796-a16d-4c75bce2d0c5); pap. 60.00 *(978-1-5081-5247-7(0))* Rosen Publishing Group, Inc., The. (PowerKids Pr.).

Ancient Dreams. Jp Roth. 2020. (ENG., Illus.). 276p. (YA). (gr. 7-12). pap. 19.95 *(978-1-68433-472-8(1))*; (Ancient Dreams Ser.: Vol. 1). 24.95 *(978-1-68433-984-6(7))* Black Rose Writing.

Ancient Egypt, 1 vol. George Cottrell. 2016. (Unlocking Ancient Civilizations Ser.). (ENG.). 32p. (J). (gr. 4-5). lib. bdg. 28.88 *(978-1-5345-2027-1(9)*, 33e2328d-8ce6-43bf-84ae-f6e0649a93d5, KidHaven Publishing) Greenhaven Publishing LLC.

Ancient Egypt. Nancy Dickmann. 2016. (History Hunters Ser.). (ENG., Illus.). 32p. (J). (gr. 3-9). lib. bdg. 28.65 *(978-1-5157-2531-2(6)*, 132902) Capstone.

Ancient Egypt, 1 vol. Daniel R. Faust. 2018. (Look at Ancient Civilizations Ser.). (ENG.). 32p. (gr. 2-2). 28.27 *(978-1-5382-3005-3(4)*, 262a5318-6d96-4fcb-abdf-46d3abb73fed) Stevens, Gareth Publishing LLLP.

Ancient Egypt. Virginia Loh-Hagan. 2020. (Surviving History Ser.). (ENG., Illus.). 32p. (J). (gr. 4-8). lib. bdg. 32.07 *(978-1-5341-6907-4(5)*, 215515, 45th Parallel Press) Cherry Lake Publishing.

Ancient Egypt. Angela McDonald. 2017. (Illus.). 64p. (J). *(978-1-5182-2325-9(7))* Dorling Kindersley Publishing, Inc.

Ancient Egypt. Don Nardo. 2019. (Civilizations of the World Ser.). (ENG., Illus.). 32p. (J). (gr. 3-5). 31.35 *(978-1-64185-753-6(6)*, 1641857536, Focus Readers) North Star Editions.

Ancient Egypt. Nancy Ohlin. Illus. by Adam Larkum. 2016. (Blast Back! Ser.). (ENG.). 112p. (J). (gr. 2-5). pap. 5.99 *(978-1-4998-0116-3(5))* Little Bee Books Inc.

Ancient Egypt. George Hart. ed. 2022. (DK Eyewitness Ser.). (ENG.). 72p. (J). (gr. 4-5). 22.46 ***(978-1-68505-456-4(0))*** Penworthy Co., LLC, The.

Ancient Egypt. DK. rev. ed. 2021. (DK Eyewitness Ser.). (ENG., Illus.). 72p. (J). (gr. 3-7). pap. 9.99 *(978-0-7440-3963-4(0)*, DK Children) Dorling Kindersley Publishing, Inc.

Ancient Egypt. Jackie Gaff. rev. ed. 2016. (Excavating the Past Ser.). (ENG.). 48p. (J). (gr. 4-6). pap. 8.99 *(978-1-4846-3646-6(5)*, 134041, Heinemann) Capstone.

Ancient Egypt: An Interactive History Adventure. Heather Adamson. rev. ed. 2016. (You Choose: Historical Eras Ser.). (ENG.). 112p. (J). (gr. 3-7). pap. 6.95 *(978-1-5157-4249-4(0)*, 134006, Capstone Pr.) Capstone.

Ancient Egypt: Geography & Cultures Facts & Picture Book for Children. Bold Kids. 2022. (ENG.). 42p. (J). pap. 14.99 *(978-1-0717-0869-9(4))* FASTLANE LLC.

Ancient Egypt: The Land of Pyramids & Pharaohs, 1 vol. Nicole Horning. 2017. (World History Ser.). (ENG.). 104p. (YA). (gr. 7-7). 41.53 *(978-1-5345-6246-2(X)*, 276aef7f-6abf-4b91-9279-6763ae928fe5); pap. 20.99 *(978-1-5345-6306-3(7)*, a5ad149a-d460-4091-8bec-8f0bcd948ac9) Greenhaven Publishing LLC. (Lucent Pr.).

Ancient Egypt - Read It Yourself with Ladybird Level 3. Ladybird Books Staff. 2018. (Read It Yourself with Ladybird Ser.). 48p. (J). (gr. -1-2). 4.99 *(978-0-241-31243-8(4))* Penguin Bks., Ltd. GBR. Dist: Independent Pubs. Group.

Ancient Egypt Coloring Book: Egyptian Designs Coloring Book for Adults & Kids. Sir Astor. 2021. (ENG.). 78p. (J). pap. 9.99 *(978-0-691-27788-2(5))* Princeton Univ. Pr.

Ancient Egypt Comes Alive Coloring Books 10-12. Educando Kids. 2019. (ENG.). 42p. (J). pap. 6.99 *(978-1-64521-189-1(4)*, Educando Kids) Editorial Imagen.

Ancient Egypt for Kids Through the Lives & Legends of Its Pharaohs & Queens. Catherine Fet. 2022. (ENG.). 80p. (J). pap. 18.99 ***(978-1-0880-6471-9(X))*** Stratostream LLC.

Ancient Egypt Inside Out. Ellen Rodger. 2017. (Ancient Worlds Inside Out Ser.). (ENG., Illus.). 32p. (J). (gr. 4-5). *(978-0-7787-2874-0(9))*; pap. *(978-0-7787-2888-7(9))* Crabtree Publishing Co.

Ancient Egypt Primary Sources. Carole Marsh. 2018. (Primary Sources Ser.). (ENG.). 20p. (J). pap. 12.99 *(978-0-635-12597-2(8))* Gallopade International.

Ancient Egypt (Set), 6 vols. Tyler Gieseke. 2021. (Ancient Egypt Ser.). (ENG.). 32p. (J). (gr. 2-5). lib. bdg. 196.74 *(978-1-5321-6985-4(X)*, 38047, DiscoverRoo) Pop!.

Ancient Egypt (Set Of 6) Tyler Gieseke. 2021. (Ancient Egypt Ser.). (ENG., Illus.). 192p. (J). (gr. 2-3). pap. 59.70 *(978-1-64494-532-2(0))* Pop!.

Ancient Egyptian Hieroglyph Coloring Book. Activity Attic Books. 2016. (ENG., Illus.). (J). pap. 7.74 *(978-1-68323-198-1(8))* Twin Flame Productions.

Ancient Egyptian Pyramids. Anne Giulieri. 2017. (Engage Literacy Silver - Extension A Ser.). (ENG.). 24p. (J). pap. 36.94 *(978-1-5157-3522-9(2)*, 25394); pap. 7.99 *(978-1-5157-3515-1(X)*, 133500) Capstone. (Capstone Pr.).

Ancient Egyptians. Neil Grant. 2017. (ENG.). (J). pap. 7.99 *(978-1-78121-227-1(9))* Brown Bear Bks.

Ancient Egyptians, 1 vol. David West. 2016. (Discovering Ancient Civilizations Ser.). (ENG.). 32p. (J). (gr. 3-3). pap. 11.50 *(978-1-4824-5067-5(4)*, fcdfb006-eba2-48dd-ae3c-d0511372e4a7) Stevens, Gareth Publishing LLLP.

Ancient Egyptians: Brutal Burials & Savage Slavery. Contrib. by Sarah Eason & Louise Spilsbury. 2023. (Deadly

History Ser.). (ENG., Illus.). 48p. (J). (gr. 5-8). pap. 10.99 **(978-1-915761-26-2(3),** f816ab7c-7769-4220-a7d7-1b95aed08f37) Cheriton Children's Bks. GBR. Dist: Lerner Publishing Group.

Ancient Egyptians: Brutal Burials & Savage Slavery. Louise Spilsbury & Sarah Eason. 2023. (Deadly History Ser.). (ENG., Illus.). 48p. (J). (gr. 5-8). lib. bdg. 31.99 **(978-1-915153-66-1(2),** a2da10e3-43bc-4607-8197-84134b6d2064) Cheriton Children's Bks. GBR. Dist: Lerner Publishing Group.

Ancient Egypt's Deepest Secrets Revealed -Children's Ancient History Books. Baby Professor. 2017. (ENG., Illus.). (J). pap. 7.89 *(978-1-5419-0190-2(8),* Baby Professor (Education Kids)) Speedy Publishing LLC.

Ancient Faeries & Elves Coloring Book. Creative Playbooks. 2016. (ENG., Illus.). (J). pap. 7.74 *(978-1-68323-839-3(7))* Twin Flame Productions.

Ancient Games: A History of Sports & Gaming. Iris Volant. Illus. by Avalon Nuovo. 2021. (ENG.). 64p. (J). (gr. 3-7). 19.95 *(978-1-912497-76-8(X))* Flying Eye Bks. GBR. Dist: Penguin Random Hse. LLC.

Ancient Ghosts: A Collection of Strange & Scary Stories from Northern Norway. Edel Marit Gaino. Tr. by Olivia Lasky & Lea Simma. Illus. by Toma Feizo Gas. 2022. 200p. (YA). (gr. 9-12). pap. 13.95 *(978-1-77450-587-8(8))* Inhabit Education Bks. Inc. CAN. Dist: Consortium Bk. Sales & Distribution.

Ancient Giants of the Americas: Suppressed Evidence & the Hidden History of a Lost Race. Xaviant Haze. 2016. (Illus.). 192p. pap. 15.99 *(978-1-63265-069-6(X),* Career Pr.) Red Wheel/Weiser.

Ancient Granddad Gets Rich in Baghdad. Roman Susel. 2021. (ENG.). 68p. (J). pap. *(978-1-7752588-2-7(3))* Susel, Roman.

Ancient Greece see Antigua Grecia

Ancient Greece. Samantha S. Bell. 2019. (Civilizations of the World Ser.). (ENG., Illus.). 32p. (J). (gr. 3-5). pap. 9.95 *(978-1-64185-823-6(0),* 1641858230); lib. bdg. 31.35 *(978-1-64185-754-3(4),* 1641857544) North Star Editions. (Focus Readers).

Ancient Greece. George Cottrell. (Unlocking Ancient Civilizations Ser.). (J). (gr. 4-5). 2017. pap. 63.00 *(978-1-5345-2030-1(9));* 2016. (ENG.). 32p. pap. 11.50 *(978-1-5345-2029-5(5),* 5b123c10-d346-4fd1-9da0-85d7b7b33f05); 2016. (ENG.). 32p. lib. bdg. 28.88 *(978-1-5345-2031-8(7),* 672951f4-67f9-477e-b56a-a7da299c8d06) Greenhaven Publishing LLC. (KidHaven Publishing).

Ancient Greece. Nancy Dickmann. 2016. (History Hunters Ser.). (ENG., Illus.). 32p. (J). (gr. 3-9). lib. bdg. 28.65 *(978-1-5157-2535-0(9),* 132906) Capstone.

Ancient Greece, 1 vol. Daniel R. Faust. 2018. (Look at Ancient Civilizations Ser.). (ENG.). 32p. (gr. 2-2). 28.27 *(978-1-5382-3006-0(2),* c5237b49-9f5a-4356-8135-9b27fd14ea3f) Stevens, Gareth Publishing LLLP.

Ancient Greece. Nancy Ohlin. Illus. by Adam Larkum. 2016. (Blast Back! Ser.). (ENG.). 112p. (J). (gr. 2-5). pap. 5.99 *(978-1-4998-0118-7(1))* Little Bee Books Inc.

Ancient Greece. Contrib. by Anne Pearson. 2023. (DK Eyewitness Ser.). (ENG.). 72p. (J). (gr. 3-7). pap. 9.99 **(978-0-7440-8152-7(1),** DK Children) Dorling Kindersley Publishing, Inc.

Ancient Greece: 2nd Grade History Book Children's Ancient History Edition. Baby Professor. 2016. (ENG., Illus.). 42p. (J). pap. 11.65 *(978-1-68305-496-2(2),* Baby Professor (Education Kids)) Speedy Publishing LLC.

Ancient Greece: Ancient History Facts & Picture Book for Children. Bold Kids. 2022. (ENG.). 42p. (J). pap. 14.99 *(978-1-0717-0870-5(8))* FASTLANE LLC.

Ancient Greece & the Olympics Children's Ancient History. Baby Professor. 2017. (ENG., Illus.). (J). pap. 8.79 *(978-1-5419-1121-5(0),* Baby Professor (Education Kids)) Speedy Publishing LLC.

Ancient Greece for Kids - History, Art, War, Culture, Society & More Ancient Greece Encyclopedia 5th Grade Social Studies. Baby Professor. 2017. (ENG., Illus.). 64p. (J). pap. 9.52 *(978-1-5419-1655-5(7),* Baby Professor (Education Kids)) Speedy Publishing LLC.

Ancient Greece for Kids Through the Lives of Its Philosophers, Lawmakers, & Heroes. Catherine Fet. 2020. (ENG., Illus.). 78p. (J). pap. 17.99 *(978-1-0879-2056-6(6))* Indy Pub.

Ancient Greece Has Monsters Too! Ancient Greece Illustrated Children's Ancient History. Baby Professor. 2017. (ENG., Illus.). (J). pap. 8.79 *(978-1-5419-1117-8(2),* Baby Professor (Education Kids)) Speedy Publishing LLC.

Ancient Greece Inside Out. John Malam. 2017. (Ancient Worlds Inside Out Ser.). (ENG., Illus.). 32p. (J). (gr. 4-5). *(978-0-7787-2876-4(5));* pap. *(978-0-7787-2890-0(0))* Crabtree Publishing Co.

Ancient Greek Amazing & Intriguing Facts Children's History Book. Bold Kids. 2022. (ENG.). 42p. (J). pap. 14.99 **(978-1-0717-1871-1(1))** FASTLANE LLC.

Ancient Greek Gods & Their Powers-Children's Ancient History Books. Baby Professor. 2017. (ENG., Illus.). (J). pap. 7.89 *(978-1-5419-0252-7(1),* Baby Professor (Education Kids)) Speedy Publishing LLC.

Ancient Greek Mythical Creatures ABC. Laura Jenkinson-Brown. 2022. (ENG.). 32p. (J). pap. *(978-1-6780-3067-4(8))* Lulu Pr., Inc.

Ancient Greeks. Elizabeth Andrews. 2022. (Ancient Civilizations Ser.). (ENG.). 32p. (J). (gr. 2-5). lib. bdg. 32.79 *(978-1-0982-4325-8(0),* 41225, DiscoverRoo) Pop!.

Ancient Greeks. Charles Freeman. 2017. (ENG.). (J). pap. 7.99 *(978-1-78121-228-8(7))* Brown Bear Bks.

Ancient Greeks. Joshua George. 2016. (Sticker History Ser.). (ENG.). (J). pap. *(978-1-78445-667-2(5))* Top That! Publishing PLC.

Ancient Greeks, 1 vol. David West. 2016. (Discovering Ancient Civilizations Ser.). (ENG.). 32p. (gr. 3-3). pap. 11.50 *(978-1-4824-5063-7(1),* 5f8c8870-fd84-410d-a6ed-d4b31fb8a6bd) Stevens, Gareth Publishing LLLP.

Ancient Greeks Sticker Book: Create Spectacular Greek Sticker Scenes! Joshua George. Illus. by Ed Myer. 2017. (Sticker History Ser.). (ENG.). 38p. (J). (gr. 2-6). pap. 8.99 *(978-1-78445-867-6(8))* Top That! Publishing PLC GBR. Dist: Independent Pubs. Group.

Ancient Grudge (Classic Reprint) Arthur Stanwood Pier. 2018. (ENG., Illus.). 490p. (J). 34.00 *(978-0-483-36055-6(4))* Forgotten Bks.

Ancient Hebrew History & Culture for Kids Ancient History for Kids 6th Grade Social Studies. Baby Professor. 2017. (ENG., Illus.). 64p. (J). pap. 9.55 *(978-1-5419-1779-8(0),* Baby Professor (Education Kids)) Speedy Publishing LLC.

Ancient History for Kids: Civilizations & Peoples! - Children's Ancient History Books. Left Brain Kids. 2016. (ENG., Illus.). (J). pap. 7.51 *(978-1-68376-598-1(2))* Sabeels Publishing.

Ancient Inca Amazing & Intriguing Facts Children's History Book. Bold Kids. 2022. (ENG.). 42p. (J). pap. 14.99 **(978-1-0717-1873-5(8))** FASTLANE LLC.

Ancient Inca Culture, 1 vol. Kristen Rajczak Nelson. 2016. (Spotlight on the Maya, Aztec, & Inca Civilizations Ser.). (ENG., Illus.). 32p. (J). (gr. 4-6). pap. 12.75 *(978-1-4994-1928-3(7),* 4cd6c53e-3d6a-48e6-af90-65a6f0753710, PowerKids Pr.) Rosen Publishing Group, Inc., The.

Ancient Inca Daily Life, 1 vol. Heather Moore Niver. 2016. (Spotlight on the Maya, Aztec, & Inca Civilizations Ser.). (ENG., Illus.). 32p. (J). (gr. 4-6). pap. 12.75 *(978-1-4994-1933-7(3),* 93f67ad2-477e-4d84-98d1-380987eef697, PowerKids Pr.) Rosen Publishing Group, Inc., The.

Ancient Inca Geography, 1 vol. Theresa Morlock. 2016. (Spotlight on the Maya, Aztec, & Inca Civilizations Ser.). (ENG.). 32p. (J). (gr. 4-6). pap. 12.75 *(978-1-4994-1943-6(0),* fc9a90ca-8182-45f3-a779-b64a90ea6d20, PowerKids Pr.) Rosen Publishing Group, Inc., The.

Ancient Inca Government, 1 vol. Amy Hayes. 2016. (Spotlight on the Maya, Aztec, & Inca Civilizations Ser.). (ENG., Illus.). 32p. (J). (gr. 4-6). pap. 12.75 *(978-1-4994-1948-1(1),* a6a6a3df-5f27-49e7-bc53-9520d18a5eb1, PowerKids Pr.) Rosen Publishing Group, Inc., The.

Ancient Inca Technology, 1 vol. Ryan Nagelhout. 2016. (Spotlight on the Maya, Aztec, & Inca Civilizations Ser.). (ENG., Illus.). 32p. (J). (gr. 4-6). pap. 12.75 *(978-1-4994-1953-5(8),* 2614cf0c-21f8-46a4-8e76-675d0d814904, PowerKids Pr.) Rosen Publishing Group, Inc., The.

Ancient India, 1 vol. Daniel R. Faust. 2018. (Look at Ancient Civilizations Ser.). (ENG.). 32p. (gr. 2-2). lib. bdg. 28.27 *(978-1-5382-3003-9(8),* 8b744782-39fb-4e4f-b6d0-4cc3ac18eeef) Stevens, Gareth Publishing LLLP.

Ancient India. Sara Green. 2020. (Ancient Civilizations Ser.). (ENG., Illus.). 32p. (J). (gr. 3-8). pap. 8.99 *(978-1-61891-861-1(3),* 12590, Blastoff! Discovery) Bellwether Media.

Ancient India for Kids - Early Civilization & History Ancient History for Kids 6th Grade Social Studies. Baby Professor. 2017. (ENG., Illus.). 64p. (J). pap. 9.55 *(978-1-5419-1780-4(4),* Baby Professor (Education Kids)) Speedy Publishing LLC.

Ancient Islam What Is This Ancient Religion? Children's History Book. Bold Kids. 2022. (ENG.). 42p. (J). pap. 14.99 **(978-1-0717-1738-7(3))** FASTLANE LLC.

Ancient Israel: Middle East History Facts & Picture Book for Children. Bold Kids. 2022. (ENG.). 42p. (J). pap. 14.99 *(978-1-0717-0871-2(6))* FASTLANE LLC.

Ancient Kingdom of Kush Nubia Civilization Grade 5 Children's Ancient History. Baby Professor. 2021. (ENG.). 72p. (J). 27.99 *(978-1-5419-8455-4(2));* pap. 16.99 *(978-1-5419-5419-9(X))* Speedy Publishing LLC. (Baby Professor (Education Kids)).

Ancient Landmark: A Kentucky Romance (Classic Reprint) Elizabeth Cherry Waltz. 2018. (ENG., Illus.). 288p. (J). 29.86 *(978-0-267-30235-2(5))* Forgotten Bks.

Ancient Law (Classic Reprint) Ellen Glasgow. (ENG., Illus.). (J). 2017. 34.11 *(978-0-265-58318-0(7));* 2016. pap. 16.57 *(978-1-333-32409-4(X))* Forgotten Bks.

Ancient Legends, Mystic Charms & Superstitions of Ireland: Deluxe Slipcase Edition. Jane Wilde. Illus. by Stephen Reid. 2021. (Arcturus Slipcased Classics Ser.: 21). (ENG.). 384p. 24.99 *(978-1-83940-702-4(6),* 2d2ba058-430d-4cde-bc09-425b1632b976) Arcturus Publishing GBR. Dist: Baker & Taylor Publisher Services (BTPS).

Ancient Man: The Beginning of Civilizations. Hendrik Willem Van Loon. 2017. (ENG., Illus.). (YA). (gr. 7-12). pap. *(978-93-86367-95-2(5))* Alpha Editions.

Ancient Masks from Around the World Coloring Book. Activity Attic. 2016. (ENG., Illus.). (J). pap. 7.74 *(978-1-68323-840-9(0))* Twin Flame Productions.

Ancient Maya. Sara Green. 2020. (Ancient Civilizations Ser.). (ENG., Illus.). 32p. (J). (gr. 3-8). pap. 8.99 *(978-1-61891-862-8(1),* 12591, Blastoff! Discovery) Bellwether Media.

Ancient Maya Culture, 1 vol. Christine Honders. 2016. (Spotlight on the Maya, Aztec, & Inca Civilizations Ser.). (ENG., Illus.). 32p. (J). (gr. 4-6). pap. 12.75 *(978-1-4994-1958-0(9),* 7fa32ed4-514b-42ea-919f-496b9f151c10, PowerKids Pr.) Rosen Publishing Group, Inc., The.

Ancient Maya Daily Life, 1 vol. Heather Moore Niver. 2016. (Spotlight on the Maya, Aztec, & Inca Civilizations Ser.). (ENG., Illus.). 32p. (J). (gr. 4-6). pap. 12.75 *(978-1-4994-1963-4(5),* 50ae85a3-a956-4ce9-a66f-47a6fa243241, PowerKids Pr.) Rosen Publishing Group, Inc., The.

Ancient Maya Economy, 1 vol. Janey Levy. 2016. (Spotlight on the Maya, Aztec, & Inca Civilizations Ser.). (ENG., Illus.). 32p. (J). (gr. 4-6). pap. 12.75 *(978-1-4994-1966-5(X),* ae5d8155-b5c4-43a4-b04a-e2d04c41a767, PowerKids Pr.) Rosen Publishing Group, Inc., The.

Ancient Maya Geography, 1 vol. Amy Hayes. 2016. (Spotlight on the Maya, Aztec, & Inca Civilizations Ser.). (ENG.). 32p. (J). (gr. 4-6). pap. 12.75 *(978-1-4994-1971-9(6),* 2894b284-fc58-4634-9e53-777ff2e45923, PowerKids Pr.) Rosen Publishing Group, Inc., The.

Ancient Maya Government, 1 vol. Jill Keppeler. 2016. (Spotlight on the Maya, Aztec, & Inca Civilizations Ser.). (ENG., Illus.). 32p. (J). (gr. 4-6). pap. 12.75 *(978-1-4994-1976-4(7),* cbbedbbc-8b8f-4e92-ba00-426af6ec690e, PowerKids Pr.) Rosen Publishing Group, Inc., The.

Ancient Maya Inside Out. Rachel Stuckey. 2017. (Ancient Worlds Inside Out Ser.). (ENG., Illus.). 32p. (J). (gr. 4-5). *(978-0-7787-2878-8(1));* pap. *(978-0-7787-2892-4(7))* Crabtree Publishing Co.

Ancient Maya Technology, 1 vol. Charles Hofer. 2016. (Spotlight on the Maya, Aztec, & Inca Civilizations Ser.). (ENG., Illus.). 32p. (J). (gr. 4-6). 27.93 *(978-1-4994-1983-2(X),* 345530b4-49be-48b9-ada2-5c1718e100c4, PowerKids Pr.) Rosen Publishing Group, Inc., The.

Ancient Mesopotamia, 1 vol. Daniel R. Faust. 2018. (Look at Ancient Civilizations Ser.). (ENG.). 32p. (gr. 2-2). lib. bdg. 28.27 *(978-1-5382-3007-7(0),* e0cfa2ab-86dd-4f68-bf4a-f622539744b5) Stevens, Gareth Publishing LLLP.

Ancient Mesopotamia. Don Nardo. 2019. (Civilizations of the World Ser.). (ENG., Illus.). 32p. (J). (gr. 3-5). pap. 9.95 *(978-1-64185-824-3(9),* 1641858249); lib. bdg. 31.35 *(978-1-64185-755-0(2),* 1641857552) North Star Editions. (Focus Readers).

Ancient Mesopotamia: 2nd Grade History Book Children's Ancient History Edition. Baby Professor. 2016. (ENG., Illus.). 42p. (J). pap. 11.65 *(978-1-68305-497-9(0),* Baby Professor (Education Kids)) Speedy Publishing LLC.

Ancient Mesopotamia: Exploration & Discovery Facts & Picture Book for Children. Bold Kids. 2022. (ENG.). 46p. (J). pap. 14.99 *(978-1-0717-0872-9(4))* FASTLANE LLC.

Ancient Mesopotamia Inside Out. Ellen Rodger. 2017. (Ancient Worlds Inside Out Ser.). (ENG., Illus.). 32p. (J). (gr. 4-5). *(978-0-7787-2880-1(3));* pap. *(978-0-7787-2894-8(3))* Crabtree Publishing Co.

Ancient Mesopotamian Daily Life, 1 vol. Barbara Krasner. 2016. (Spotlight on the Rise & Fall of Ancient Civilizations Ser.). (ENG., Illus.). 48p. (J). (gr. 6-6). pap. 12.75 *(978-1-4777-8905-6(7),* 2e906b56-a014-493b-9649-3edfdc7fec1a) Rosen Publishing Group, Inc., The.

Ancient Mesopotamian Technology, 1 vol. Kristi Holl. 2016. (Spotlight on the Rise & Fall of Ancient Civilizations Ser.). (ENG.). 48p. (YA). (gr. 6-6). pap. 12.75 *(978-1-4777-8953-7(7),* 6157a27f-8c99-4fb0-8157-fabca824370f) Rosen Publishing Group, Inc., The.

Ancient Names. Aimee Lekeberg. 2023. (ENG.). 96p. (YA). pap. 14.95 **(978-1-63985-276-5(X))** Fulton Bks.

Ancient Oak. B. J. Jewett. Illus. by Martin Bellmann. 2023. (ENG.). 50p. (J). 32.00 **(978-1-951960-48-3(3),** Compass Flower Pr.) AKA:yoLa.

Ancient Oceans: Color Disappeared Oceans & the Life in Them. Jupiter Kids. 2016. (ENG., Illus.). 106p. (J). pap. 12.55 *(978-1-68326-226-8(3),* Jupiter Kids (Childrens & Kids Fiction)) Speedy Publishing LLC.

Ancient Olympic Games. Jhonny Núñez. 2021. (ENG., Illus.). 48p. (J). (gr. 2-4). 18.99 *(978-1-5263-1009-5(0),* Wayland) Hachette Children's Group GBR. Dist: Hachette Bk. Group.

Ancient One. T. A. Barron. 2016. (Adventures of Kate Ser.: 2). (ENG.). 320p. (J). (gr. 5). 8.99 *(978-1-101-99702-4(8),* Puffin Books) Penguin Young Readers Group.

Ancient Peoples of Africa: From Egypt to the Great Zimbabwe Empire - History for Kids - Children's Ancient History Books. Left Brain Kids. 2016. (ENG., Illus.). (J). pap. 7.51 *(978-1-68376-596-7(6))* Sabeels Publishing.

Ancient Poetry: Revised & Modernized (Classic Reprint) John Edward Boyd. (ENG., Illus.). (J). 2018. 64p. 25.22 *(978-0-267-96470-3(6));* 2016. pap. 9.57 *(978-1-334-60121-7(6))* Forgotten Bks.

Ancient Poetry (Classic Reprint) J. Edward Boyd. 2018. (ENG., Illus.). 46p. (J). 24.87 *(978-0-332-49686-3(4))* Forgotten Bks.

Ancient Prince: Bloodline of Kings. G. R. Burns. 2022. (ENG.). 290p. (J). 25.95 *(978-1-7373291-5-2(8))* Pacific Bks.

Ancient Riddles: The Great Sphinx Coloring Book. Activibooks For Kids. 2016. (ENG., Illus.). (J). pap. 9.20 *(978-1-68321-663-6(6))* Mimaxion.

Ancient River Valleys: Color the Rivers That Created Civilization. Bobo's Children Activity Books. 2016. (ENG., Illus.). (J). pap. 9.33 *(978-1-68327-616-6(7))* Sunshine In My Soul Publishing.

Ancient Roman Art - Art History Books for Kids Children's Art Books. Baby Professor. 2017. (ENG., Illus.). (J). pap. 8.79 *(978-1-5419-3860-1(7),* Baby Professor (Education Kids)) Speedy Publishing LLC.

Ancient Roman Gods! from Aphrodite to Zeus History for Kids - Children's Ancient History Books. Left Brain Kids. 2016. (ENG., Illus.). (J). pap. 7.51 *(978-1-68376-599-8(0))* Sabeels Publishing.

Ancient Roman Homes, 8 vols., Set. Incl. Ancient Roman Clothes. Paul Harrison. lib. bdg. 30.27 *(978-1-61532-304-3(X),* 1e01ca0a-378c-4439-aaff-e822399c2242); Paul Harrison. lib. bdg. 30.27 *(978-1-61532-305-0(8),* e7141177-5891-4925-8347-748a7f452c9a); Ancient Roman Jobs. Nicola Barber. lib. bdg. 30.27 *(978-1-61532-307-4(4),* d0ccd0fd-8bd5-4d66-b590-b7da4e773aef); Ancient Roman Sports & Pastimes. Nicola Barber. lib. bdg. 30.27 *(978-1-61532-306-7(6),* d2bcfc1a-44df-494f-ab3b-ec082266c837); (J). (gr. 4-4). (Ancient Communities: Roman Life Ser.). (ENG., Illus.). 32p. 2010. Set lib. bdg. 121.08 *(978-1-61532-390-6(2),* ddd974de-7700-489a-bcd7-e3f6e6147ce9, PowerKids Pr.) Rosen Publishing Group, Inc., The.

Ancient Roman Roads & Architecture-Children's Ancient History Books. Baby Professor. 2017. (ENG., Illus.). (J). pap. 7.89 *(978-1-5419-0226-8(2),* Baby Professor (Education Kids)) Speedy Publishing LLC.

Ancient Romans. Elizabeth Andrews. 2022. (Ancient Civilizations Ser.). (ENG., Illus.). 32p. (J). (gr. 2-5). lib. bdg. 32.79 *(978-1-0982-4326-5(9),* 41227, DiscoverRoo) Pop!.

Ancient Romans. John Haywood. 2017. (ENG., Illus.). (J). pap. 7.99 *(978-1-78121-226-4(0))* Brown Bear Bks.

Ancient Romans, 1 vol. David West. 2016. (Discovering Ancient Civilizations Ser.). (ENG.). 32p. (gr. 3-3). pap. 11.50 *(978-1-4824-5059-0(3),* a3383f85-6a6b-4bde-adde-7511453f007a) Stevens, Gareth Publishing LLLP.

Ancient Romans & Their Neighbors: An Activity Guide. Simonetta Carr. 2019. (Cultures of the Ancient World Ser.). (ENG., Illus.). 208p. (J). (gr. 4). pap. 18.99 *(978-0-914091-71-4(9))* Chicago Review Pr., Inc.

Ancient Romans Sticker Book: Create Riotous Roman Sticker Scenes! Joshua George. Illus. by Ed Myer. 2017. (Sticker History Ser.). (ENG.). 38p. (J). (gr. k-6). pap. 8.99 *(978-1-78445-872-0(4))* Top That! Publishing PLC GBR. Dist: Independent Pubs. Group.

Ancient Rome. Samantha S. Bell. 2019. (Civilizations of the World Ser.). (ENG., Illus.). 32p. (J). (gr. 3-5). pap. 9.95 *(978-1-64185-825-0(7),* 1641858257); lib. bdg. 31.35 *(978-1-64185-756-7(0),* 1641857560) North Star Editions. (Focus Readers).

Ancient Rome. George Cottrell. (Unlocking Ancient Civilizations Ser.). (J). (gr. 4-5). 2017. pap. 63.00 *(978-1-5345-2034-9(1));* 2016. (ENG.). 32p. pap. 11.50 *(978-1-5345-2033-2(3),* 643fcdd3-153d-4896-b85e-1b76f768644c); 2016. (ENG.). 32p. lib. bdg. 28.88 *(978-1-5345-2035-6(X),* 0d17b30f-7b3b-446f-9c19-d1cea502f4c1) Greenhaven Publishing LLC. (KidHaven Publishing).

Ancient Rome, 1 vol. Daniel R. Faust. 2018. (Look at Ancient Civilizations Ser.). (ENG.). 32p. (gr. 2-2). 28.27 *(978-1-5382-3008-4(9),* d2027f37-a0bc-4e8c-b207-be5de34c116a) Stevens, Gareth Publishing LLLP.

Ancient Rome. Virginia Loh-Hagan. 2020. (Surviving History Ser.). (ENG., Illus.). 32p. (J). (gr. 4-8). lib. bdg. 32.07 *(978-1-5341-6908-1(3),* 215519, 45th Parallel Press) Cherry Lake Publishing.

Ancient Rome. Emily Rose Oachs. 2020. (Ancient Civilizations Ser.). (ENG., Illus.). 32p. (J). (gr. 3-8). pap. 8.99 *(978-1-61891-864-2(8),* 12593, Blastoff! Discovery) Bellwether Media.

Ancient Rome. Simon James. ed. 2022. (DK Eyewitness Ser.). (ENG.). 72p. (J). (gr. 4-8). 22.96 **(978-1-68505-647-6(4))** Penworthy Co., LLC, The.

Ancient Rome: 2nd Grade History Book Children's Ancient History Edition. Baby Professor. 2016. (ENG., Illus.). 42p. (J). pap. 11.65 *(978-1-68305-498-6(9),* Baby Professor (Education Kids)) Speedy Publishing LLC.

Ancient Rome: Ancient History Book Facts & Pictures for Children. Bold Kids. 2022. (ENG.). 42p. (J). pap. 14.99 *(978-1-0717-0873-6(2))* FASTLANE LLC.

Ancient Rome for Kids - Early History, Science, Architecture, Art & Government Ancient History for Kids 6th Grade Social Studies. Baby Professor. 2017. (ENG., Illus.). 64p. (J). pap. 9.55 *(978-1-5419-1782-8(0),* Baby Professor (Education Kids)) Speedy Publishing LLC.

Ancient Rome for Kids Through the Lives of Its Heroes, Emperors, & Philosophers. Catherine Fet. 2020. (ENG., Illus.). 92p. (J). pap. 18.99 *(978-1-0879-2062-7(0))* Indy Pub.

Ancient Rome History for Kids: Daily Life & Historic Personalities Children's Ancient History. Baby Professor. 2019. (ENG.). 116p. (J). 24.95 *(978-1-5419-6891-2(3));* pap. 13.99 *(978-1-5419-6887-5(5))* Speedy Publishing LLC. (Baby Professor (Education Kids)).

Ancient Rome Inside Out. John Malam. 2017. (Ancient Worlds Inside Out Ser.). (ENG., Illus.). 32p. (J). (gr. 4-5). *(978-0-7787-2882-5(X));* pap. *(978-0-7787-2896-2(X))* Crabtree Publishing Co.

Ancient Rulers & Their Empires-Children's Ancient History Books. Baby Professor. 2017. (ENG., Illus.). (J). pap. 7.89 *(978-1-5419-0332-6(3),* Baby Professor (Education Kids)) Speedy Publishing LLC.

Ancient Song of Life. Jenn M. Carson. Illus. by Meg K. Hunter. 2020. (Misty River Valley Fairies Ser.). (ENG.). 28p. (J). *(978-1-5255-7974-5(6));* pap. *(978-1-5255-7975-2(4))* FriesenPress.

Ancient Starship. Cerberus Jones. 2017. (ENG.). 160p. (J). pap. 5.99 *(978-1-61067-501-7(0))* Kane Miller.

Ancient Symbols, Artwork, Carvings & Alphabets: Book 3. Eugene Ruble. Illus. by Eugene Ruble. l.t. ed. 2018. (Ancient Symbols, Artwork, Carvings & Alphabets Ser.: Vol. 3). (ENG., Illus.). 24p. (J). (gr. k-5). pap. 10.95 *(978-1-61633-929-6(2))* Guardian Angel Publishing, Inc.

Ancient Tales & Folklore of Japan (Classic Reprint) Richard Gordon Smith. 2017. (ENG., Illus.). (J). 36.60 *(978-0-260-70535-8(7))* Forgotten Bks.

Ancient Truths of the Shang Dynasty Chinese Ancient History Grade 5 Children's Ancient History. Baby Professor. 2022. (ENG.). 72p. (J). 31.99 **(978-1-5419-8442-4(0));** pap. 19.99 **(978-1-5419-6033-6(5))** Speedy Publishing LLC. (Baby Professor (Education Kids)).

Ancient Underground Structures. Natalie Hyde. 2018. (Underground Worlds Ser.). (Illus.). 32p. (J). (gr. 4-4). *(978-0-7787-6078-8(2))* Crabtree Publishing Co.

Ancient Volcanoes of Great Britain, Vol. 1 of 2 (Classic Reprint) Archibald Geikie. (ENG., Illus.). (J). 2017. 34.44 *(978-0-266-19887-1(2));* 2016. pap. 16.97 *(978-1-334-61708-9(2))* Forgotten Bks.

Ancient Volcanoes of Great Britain, Vol. 2 of 2 (Classic Reprint) Archibald Geikie. (ENG., Illus.). (J). 2018. 524p. 34.70 *(978-0-332-86705-2(6));* 2017. pap. 19.57 *(978-0-282-71838-1(9))* Forgotten Bks.

Ancient Warriors. Iris Volant. Illus. by Joe Lillington. 2018. (ENG.). 64p. (J). (gr. 2). 19.95 *(978-1-911171-93-5(3))* Flying Eye Bks. GBR. Dist: Penguin Random Hse. LLC.

Ancient Warriors (Set), 6 vols. Kenny Abdo. 2020. (Ancient Warriors Ser.). (ENG.). 24p. (J). (gr. 2-8). lib. bdg. 188.16 *(978-1-0982-2121-8(4),* 34489, Abdo Zoom-Fly) ABDO Publishing Co.

Ancient Ways: Winchester Fifty Years Ago (Classic Reprint) William Tuckwell. 2017. (ENG., Illus.). 184p. (J). 27.71 *(978-0-332-86671-0(8))* Forgotten Bks.
Ancient Wonders. Iris Volant. Illus. by Avalon Nuovo. 2019. (ENG.). 64p. (J). (gr. 2). 19.95 *(978-1-912497-91-1(3))* Flying Eye Bks. GBR. Dist: Penguin Random Hse. LLC.
Ancient Wonders: The Pyramids of Egypt Coloring Book. Kreative Kids. 2016. (ENG., Illus.). (J). pap. 9.20 *(978-1-68377-294-1(6))* Whlke, Traudl.
Ancient World. Contrib. by World Book, Inc. Staff. 2019. (Illus.). 96p. (J). *(978-0-7166-3726-4(X))* World Bk., Inc.
Ancient World for Kids: A History Series - Children Explore History Book Edition. Baby Professor. 2016. (ENG., Illus.). 42p. (J). pap. 11.65 *(978-1-68305-625-6(6),* Baby Professor (Education Kids)) Speedy Publishing LLC.
Ancient World (Yesterday's Classics) Albert Malet. 2021. (ENG.). 384p. (YA). pap. 14.95 *(978-1-63334-139-5(9))* Yesterday's Classics.
Ancient Worlds Atlas. DK. Illus. by Russell Barnett. 2023. (ENG.). 64p. (J). (gr. 3-7). 20.00 *(978-0-7440-7726-1(5),* DK Children) Dorling Kindersley Publishing, Inc.
Ancion. Marguerite Antonio. 2017. (ENG.). 336p. (YA). pap. *(978-1-77302-586-5(4))* Tellwell Talent.
Ancker Haply & the Vasa Ship: Based on the Historic 1628 Event of the Vasa Ship. Grecia Saavedra Pinto. Illus. by Cecilia Pinto Valdes. 2020. (ENG.). 34p. (J). 14.99 *(978-1-7332602-9-9(3))* Grecia Saavedra Pinto.
And a Cat from Carmel Market. Alyssa Satin Capucilli. Illus. by Rotem Teplow. 2021. (ENG.). 32p. (J). (gr. -1-2). pap. 7.99 *(978-1-5415-8671-0(9),* 530e8aec-59c2-4ea5-af20-92df61d50595, Kar-Ben Publishing) Lerner Publishing Group.
And a Devil's Heart, Vol. 1 Of 4: A Novel (Classic Reprint) Selina Davenport. 2018. (ENG., Illus.). 236p. (J). 28.76 *(978-0-267-20403-8(5))* Forgotten Bks.
And All the Animals Came in Pairs Coloring for Teen Girls. Educando Kids. 2019. (ENG.). 42p. (J). pap. 6.99 *(978-1-64521-138-9(X),* Educando Kids) Editorial Imagen.
And All the Stars Shall Fall, 1 vol. Hugh MacDonald. 2017. (ENG.). 280p. (J). (gr. 8-12). pap. 12.95 *(978-1-927502-97-6(7),* c57e1db3-5244-41f7-af7c-3a766bc8c0c8) Acorn Pr., The CAN. Dist: Baker & Taylor Publisher Services (BTPS).
And All the Wild Animals Play. L. V. Spiro. 2016. (ENG., Illus.). (J). 30.99 *(978-1-4984-8599-9(5));* pap. 19.99 *(978-1-4984-8598-2(7))* Salem Author Services.
And Also! Lauren Beukes. 2021. (ENG.). 36p. (J). pap. *(978-1-922550-01-9(9))* Library For All Limited.
And Also - Nomós! Lauren Beukes. Illus. by Nkosingiphile Mazibuko. 2021. (TET.). 36p. (J). pap. *(978-1-922591-01-2(7))* Library For All Limited.
And Away They Went: A Saskatchewan Adventure. Krista McDivitt & Michael Slobodian. Illus. by Krista McDivitt. 2019. (ENG., Illus.). 34p. (J). *(978-0-2288-1312-5(3))* Tellwell Talent.
And Away They Went: A Saskatchewan Adventure. Michael Slobodian. 2019. (ENG., Illus.). 34p. (J). pap. *(978-0-2288-1311-8(5))* Tellwell Talent.
And Billy Disappeared: A Comedy of Mystery in Four Acts (Classic Reprint) Walter Ben Hare. 2018. (ENG., Illus.). 164p. (J). 27.28 *(978-0-364-85132-6(5))* Forgotten Bks.
and Book. Michelle Musson. 2018. (ENG., Illus.). 38p. (J). pap. 16.99 *(978-0-9997646-1-9(6))* MeetMinnie.
And Break the Pretty Kings. Lena Jeong. 2023. (Sacred Bone Ser.: 1). (ENG.). 448p. (YA). (gr. 8). 19.99 *(978-0-06-324164-0(1),* HarperTeen) HarperCollins Pubs.
And Carry On... Sebastian Kopanski. 2019. (ENG.). 98p. (J). pap. *(978-1-7335939-5-3(0))* Light Network, The.
And Cedars Also Cry see I Kedry Tojze Plachyt
And Chocolate Shall Lead Us. Lew Hollander. Illus. by Sandra Jones. 2021. (ENG.). 32p. (J). pap. 6.99 *(978-0-9728156-2-8(7))* Green Mansions, Inc.
And Gleanings (Classic Reprint) Maggie P. Anderson. 2018. (ENG., Illus.). 148p. (J). (gr. -1-3). 26.97 *(978-0-483-46175-8(X))* Forgotten Bks.
And God Takes Care of You. Cheryl Bland. 2019. (ENG.). 28p. (J). pap. 13.95 *(978-1-64458-532-0(4))* Christian Faith Publishing.
And Heaven Stood Silent. Christopher Billiot. 2017. (ENG., Illus.). (J). pap. 13.95 *(978-1-63575-704-0(5))* Christian Faith Publishing.
And Here's (drumroll Please) Ivy! Cynthia Lowrey. Illus. by Liz Kennington. 2022. (ENG.). 20p. (J). 19.99 ***(978-1-0879-7297-8(3))*** Indy Pub.
And Home Came Ted: A Comedy of Mystery in Three Acts Guaranteed under the Pure Fun Laws (Classic Reprint) Walter Ben Hare. 2018. (ENG., Illus.). 162p. (J). 27.26 *(978-0-267-29240-0(6))* Forgotten Bks.
And I Darken. Kiersten White. 2017. (And I Darken Ser.: 1). (ENG.). 528p. (YA). (gr. 7). pap. 10.99 *(978-0-553-52234-1(5),* Ember) Random Hse. Children's Bks.
And I Think about You. Rosanne L. Kurstedt. Illus. by Ya-Ling Huang. 2022. (ENG.). 32p. (J). (gr. -1-1). 18.99 *(978-1-5253-0459-0(3))* Kids Can Pr., Ltd. CAN. Dist: Hachette Bk. Group.
And If You Can't. Sydney N. Hatcher. Illus. by Bella Bartlett. 2020. (ENG.). 38p. (J). pap. *(978-1-64921-972-5(5))* Yildiz Ilkin.
... & It Startled the Cat. Jaye Krebs. 2021. (ENG.). 34p. (J). *(978-0-9958510-4-7(2))* obo Pr.
And J. J. Slept. Loretta Garbutt. Illus. by Erika Rodriguez Medina. 2022. (ENG.). 32p. (J). (gr. -1-2). 18.99 *(978-1-5253-0419-4(4))* Kids Can Pr., Ltd. CAN. Dist: Hachette Bk. Group.
And Jakob Flew the Fiend Away. Ursula Hartlein. 2018. (ENG.). 332p. (YA). (gr. 10-12). pap. *(978-1-927967-16-4(3))* IndieBookLauncher.com.
And Love Speaks. J. L. Blair & Jamie L. Blair. Illus. by Mark Nino Balita. 2021. (ENG.). 38p. (J). pap. 14.99 *(978-1-63877-123-4(5))* Primedia eLaunch LLC.
And Love Speaks: Helping Children Understand ALS. Jamie L. Blair. 2021. (ENG.). 38p. (J). 19.99 *(978-1-63877-122-7(7))* Primedia eLaunch LLC.
And off You Go to Change the World: A Preschool Graduation/First Day of Kindergarten Gift Book. Ashten Evans. Illus. by Sabdo Purnomo. 2021. (ENG.). 64p. (J). 12.95 *(978-1-64604-032-2(5))* Ulysses Pr.
And Other Mistakes. Erika Turner. 2023. (ENG.). 320p. (YA). 19.99 *(978-1-250-83484-3(8),* 900254105) Feiwel & Friends.
And Other Poems (Classic Reprint) Fred Emerson Brooks. 2018. (ENG., Illus.). 218p. (J). 28.41 *(978-0-483-98637-4(2))* Forgotten Bks.
And Other Stories & Poems (Classic Reprint) George J. Cross. 2018. (ENG., Illus.). 128p. (J). 26.54 *(978-0-267-24693-9(5))* Forgotten Bks.
And Other Tales (Classic Reprint) Sarah Warner Brooks. 2018. (ENG., Illus.). 240p. (J). 28.87 *(978-0-428-96934-9(8))* Forgotten Bks.
And Quiet Flows the Don, Vol. 1 Of 4: A Novel (Classic Reprint) Mikhail Sholokhov. 2017. (ENG., Illus.). (J). 37.36 *(978-1-5285-7510-2(5))* Forgotten Bks.
And Shall Trelawney Die? & the Mist on the Moors: Being Romances of the Parish of Altarnun in the County of Cornwall (Classic Reprint) Joseph Hocking. 2018. (ENG., Illus.). (J). 374p. 31.61 *(978-0-332-35511-5(X));* 376p. pap. 13.97 *(978-0-243-93009-8(7))* Forgotten Bks.
And She Said Breathe. Kathy Marvel & Kristen Race. 2019. (ENG.). 28p. (J). 19.99 *(978-1-7341194-2-8(X));* pap. 14.99 *(978-1-7341194-1-1(1))* Mindstir Media.
And She Was. Jessica Verdi. 2018. (ENG.). 368p. (YA). (gr. 9). 18.99 *(978-1-338-15053-7(7),* Scholastic Pr.) Scholastic, Inc.
And So, Ahmed Hears. Dawn Doig. (ENG.). 34p. (J). 2021. 20.99 *(978-1-954868-55-7(3));* 2018. (Illus.). pap. 11.99 *(978-1-948390-20-0(5))* Pen It Pubns.
And So, Ahmed Hears (Mongolian Version) Dawn Doig. 2018. (MON., Illus.). 34p. (J). pap. 11.99 *(978-1-948390-10-1(8))* Pen It Pubns.
And So Can She. Lauren Bresner. Illus. by Carolyn Parks. 2022. (ENG.). 28p. (J). 26.99 *(978-1-953852-61-8(0));* pap. 15.99 *(978-1-953852-59-5(9))* EduMatch.
And Some Who Dream: A Tale of Tiny Bats. Wanda E. Justice. Ed. by Clive L. Justice. Illus. by Enid Elliot. 2016. (ENG.). 32p. (J). (gr. k-6). pap. *(978-0-9920461-6-3(5))* BC Bigleaf Maple Book ltd.
And That's the Tooth. Terri Fields. 2020. (ENG., Illus.). 32p. (J). (gr. k-2). 11.95 *(978-1-64351-825-1(9),* 4f77f2eb-9a31-4bd5-b043-5070fd18ac5d) Arbordale Publishing.
And the Angels Sang. Marjorie Sturm. 2019. (ENG.). 30p. (J). 23.95 *(978-1-0980-1591-6(6));* pap. 13.95 *(978-1-64458-792-8(0))* Christian Faith Publishing.
And the Bullfrogs Sing: A Life Cycle Begins. David L. Harrison. Illus. by Kate Cosgrove. 32p. (J). (gr. -1-3). 2020. pap. 8.99 *(978-0-8234-4675-9(1));* 2019. 17.99 *(978-0-8234-3834-1(1))* Holiday Hse., Inc.
And the Captain Answered (Classic Reprint) Octave Thanet. 2018. (ENG., Illus.). 92p. (J). 25.81 *(978-0-364-35556-5(5))* Forgotten Bks.
And the Diary of a Superfluous Man (Classic Reprint) Ivan Gergiyevitch Turgenieff. 2018. (ENG., Illus.). 148p. (J). 26.95 *(978-0-483-36268-0(9))* Forgotten Bks.
And the Dove (Classic Reprint) Cameron. 2018. (ENG., Illus.). 44p. (J). 24.80 *(978-0-483-58269-9(7))* Forgotten Bks.
And the Meek Shall Walk. Shaun Allan. 2018. (ENG., Illus.). 248p. (J). pap. *(978-1-910484-14-2(8))* Singularity Bks.
And the Moon Follows, 1 vol. Cyn Bermudez. 2020. (YA Prose Ser.). (ENG.). 96p. (J). (gr. 2-3). 25.80 *(978-1-5383-8530-2(9),* 5afd439f-e138-44c9-b731-cb4632e49dfd); pap. 16.35 *(978-1-5383-8529-6(5),* 080c2f67-d174-48ff-aa02-97d66baec482) Enslow Publishing, LLC. (West 44 Bks.).
And the Ocean Was Our Sky. Patrick Ness. Illus. by Rovina Cai. 2018. (ENG.). 160p. (YA). (gr. 8). 19.99 *(978-0-06-286072-9(0),* Quill Tree Bks.) HarperCollins Pubs.
And the Ocean Was Our Sky. Patrick Ness. 2018. (Illus.). 160p. (YA). pap. *(978-0-06-287744-4(5),* HarperTeen) HarperCollins Pubs.
And the Robot Went ... Michelle Robinson. Illus. by Sergio Ruzzier. 2017. (ENG.). 32p. (J). (gr. -1-3). 16.99 *(978-0-544-58652-9(2),* 1614145, Clarion Bks.) HarperCollins Pubs.
And the Sphinx Spoke (Classic Reprint) Paul Eldridge. 2017. (ENG., Illus.). (J). 26.27 *(978-0-265-21348-3(7))* Forgotten Bks.
And the Trees Began to Move. Lisa Gammon Olson. Illus. by Lauren Rutledge. 2020. (ENG.). 36p. (J). pap. 12.99 *(978-1-63233-202-8(7))* Elfrig Publishing.
And the Trees Crept In. Dawn Kurtagich. 2017. (ENG.). 368p. (YA). (gr. 10-17). pap. 9.99 *(978-0-316-29871-1(9))* Little, Brown Bks. for Young Readers.
And the World Was Forever Changed: Columbus Brought Plants, Animals & Diseases - Lessons of History Grade 3 - Children's Exploration Books. Baby Professor. 2019. (ENG.). 86p. (J). pap. 15.92 *(978-1-5419-5305-5(3));* 25.91 *(978-1-5419-7501-9(4))* Speedy Publishing LLC. (Baby Professor (Education Kids)).
And Then... Alborozo. Illus. by Alborozo. 2016. (Child's Play Library). (Illus.). 32p. (J). (ENG.). *(978-1-84643-696-3(6));* pap. *(978-1-84643-695-6(8))* Child's Play International Ltd.
And Then Came Hope. Stephen Savage. 2021. (Illus.). (J). (— 1). 34p. bds. 7.99 *(978-0-8234-4970-5(X));* 40p. 18.99 *(978-0-8234-4518-9(6))* Holiday Hse., Inc. (Neal Porter Bks).
And Then Came Jean: A Novel (Classic Reprint) Robert Alexander Wason. (ENG., Illus.). (J). 2018. 472p. 33.73 *(978-0-332-13538-0(1));* 2017. pap. 16.57 *(978-0-243-29843-3(9))* Forgotten Bks.
And Then Came the Storm (Classic Reprint) H. H. Harper. 2018. (ENG., Illus.). 60p. (J). 25.13 *(978-0-483-44035-7(3))* Forgotten Bks.
And Then Comes School. Tom Brenner. Illus. by Jen Hill. 2023. (And Then Comes Ser.). (ENG.). 32p. (J). (gr. -1-3). 17.99 *(978-1-5362-0913-6(9))* Candlewick Pr.
And Then Comes Summer. Tom Brenner. Illus. by Jaime Kim. (And Then Comes Ser.). (ENG.). 32p. (J). (gr. -1-3). 2021. 7.99 *(978-1-5362-1737-7(9));* 2017. 17.99 *(978-0-7636-6071-0(X))* Candlewick Pr.
And Then Comes Summer. Tom Brenner. ed. 2021. (And Then Comes Ser.). (ENG., Illus.). 30p. (J). (gr. k-1). 17.96 *(978-1-64697-724-6(6))* Penworthy Co., LLC, The.
And Then COVID Happened! Paris Chanel. Illus. by Taiye Okoh. 2022. (ENG.). 46p. (J). 29.99 *(978-1-7370830-4-7(3))* Paris Loves Bks.
And Then... I Burned My Tail! Adriana Marin Grez. 2018. (ENG., Illus.). 36p. (J). pap. *(978-965-92663-1-9(6))* Uesonlo Writings.
And Then I Turned into a Mermaid. Laura Kirkpatrick. 2020. (And Then I Turned into a Mermaid Ser.: 1). (ENG.). 208p. (J). (gr. 3-8). pap. 8.99 *(978-1-7282-1420-7(3))* Sourcebooks, Inc.
And Then There Were Eight: Poems about Space. Laura Purdie Salas. rev. ed. 2016. (Poetry Ser.). (ENG.). 32p. (J). (gr. -1-2). pap. 8.10 *(978-1-5157-6153-2(3),* 135040, Capstone Pr.) Capstone.
And Then There Were Four. Nancy Werlin. ed. 2018. lib. bdg. 22.10 *(978-0-606-41305-3(7))* Turtleback.
And Then What... Asheka Joseph. 2021. (ENG., Illus.). 30p. (J). 23.95 *(978-1-64801-121-4(7))* Newman Springs Publishing, Inc.
And There Was Evening, & There Was Morning. Harriet Cohen Helfand & Ellen Kahan Zager. Illus. by Ellen Kahan Zager. 2018. (ENG., Illus.). 24p. (J). (gr. -1-3). 12.99 *(978-1-5124-8364-2(8),* 69ab789a-10a7-4075-9d3d-f314709c87df, Kar-Ben Publishing) Lerner Publishing Group.
And They Danced. Sandra Stone. 2022. (ENG., Illus.). 26p. (J). pap. 14.95 *(978-1-63881-561-7(5))* Newman Springs Publishing, Inc.
And They Laughed Ha Ha, Ha Ha, Ha Ha. Sylvia White. 2017. (ENG., Illus.). 62p. (J). 26.95 *(978-1-946478-58-0(X));* pap. 19.95 *(978-1-946478-59-7(8))* Parsons Porch Bks.
And They Lived ... Steven Salvatore. (ENG.). 384p. (YA). 2023. pap. 11.99 *(978-1-5476-1212-3(6),* 900282847); 2022. 17.99 *(978-1-5476-0819-5(6),* 900249443) Bloomsbury Publishing USA. (Bloomsbury Young Adult).
And They're Off. V. Danielle McBride. 2016. (ENG., Illus.). (J). pap. 17.45 *(978-1-4808-3790-4(3))* Archway Publishing.
And Thus He Came: A Christmas Fantasy. Cyrus Townsend Brady. 2019. (ENG.). 44p. (J). pap. *(978-93-5329-839-5(3))* Alpha Editions.
And Thus He Came: A Christmas Fantasy (Classic Reprint) Cyrus Townsend Brady. 2018. (ENG., Illus.). 120p. (J). 26.39 *(978-0-483-69780-5(X))* Forgotten Bks.
And Time Stopped: Dimension 9. Kristen L. Jackson. 2022. (Keeper of the Watch Ser.: Vol. 3). (SPA.). 210p. (YA). pap. 19.95 *(978-1-68433-958-7(8))* Black Rose Writing.
And We Call It Love, 1 vol. Amanda Vink. 2019. (YA Verse Ser.). (ENG.). 200p. (YA). (gr. 3-4). 25.80 *(978-1-5383-8276-9(8),* 96ba24fa-1462-42af-91ad-96c304932f3b); pap. 16.35 *(978-1-5383-8275-2(X),* c4731398-50c7-4569-9623-345408f880c5) Enslow Publishing, LLC.
And We Rise: The Civil Rights Movement in Poems. Erica Martin. (Illus.). 160p. (J). (gr. 7). 2023. pap. 10.99 *(978-0-593-35254-0(8),* Viking Books for Young Readers); 2022. 18.99 *(978-0-593-35252-6(1),* Philomel Bks.) Penguin Young Readers Group.
And We Stayed: Emmet Explains a Quarantine. Katie Byrd. Illus. by Katie Byrd & Nhan Le. 2020. (ENG.). 28p. (J). 18.99 *(978-1-6629-0278-9(6));* pap. 12.99 *(978-1-6629-0279-6(4))* Gatekeeper Pr.
And We're Off. Dana Schwartz. 2018. 272p. (YA). (gr. 7). pap. 9.99 *(978-0-448-49382-4(9),* Razorbill) Penguin Young Readers Group.
And What about Mrs. Claus? Santa Jim. 2022. (ENG., Illus.). 88p. (YA). 31.95 ***(978-1-63860-853-0(9))*** Fulton Bks.
And What Really Is a Dad? Steven J. Lee. 2022. (ENG.). 26p. (J). pap. 12.99 ***(978-1-958729-54-0(X))*** Mindstir Media.
And You Can Love Me: A Story for Everyone Who Loves Someone with Autism Spectrum Disorder (Asd) Sherry Quan Lee. Illus. by Teagan Trif Merrifield & Kyra Gaylor. 2019. (ENG.). 40p. (J). (gr. -1-3). pap. 15.95 *(978-1-61599-424-3(6))* Loving Healing Pr., Inc.
And You Can Love Me: A Story for Everyone Who Loves Someone with Autism Spectrum Disorder (Asd) Sherry Quan Lee & Kyra Gaylor. Illus. by Teagan Trif Merrifield. 2019. (ENG.). 40p. (J). (gr. k-2). 26.95 *(978-1-61599-425-0(4))* Loving Healing Pr., Inc.
Anda (the College Collection Set 1 - for Reluctant Readers), 6, 3. Georgina Jonas. 2016. (College Collection). (ENG., Illus.). 48p. (YA). pap. 4.95 *(978-1-78583-101-0(1))* Crown Hse. Publishing LLC.
Andalusia: Sketches & Impressions (Classic Reprint) Somerset Maugham. 2018. (ENG., Illus.). 240p. (J). 28.85 *(978-0-483-22742-2(0))* Forgotten Bks.
Andaman Adventure: Barren Island. Deepak Dalal. 2023. (ENG.). 224p. (YA). (gr. 8). pap. 9.99 ***(978-0-14-344941-6(9),*** Penguin Enterprise) Penguin Bks. India PVT, Ltd IND. Dist: Independent Pubs. Group.
Andaman Adventure: the Jarawa. Deepak Dalal. 2023. (ENG., Illus.). 224p. (YA). (gr. 8). pap. 9.99 ***(978-0-14-344940-9(0),*** Penguin Enterprise) Penguin Bks. India PVT, Ltd IND. Dist: Independent Pubs. Group.
Ande Trembath: A Tale of Old Cornwall England (Classic Reprint) Matthew Stanley Kemp. 2018. (ENG., Illus.). 416p. (J). 32.50 *(978-0-484-75365-4(7))* Forgotten Bks.
Andean Bear! an Animal Encyclopedia for Kids (Bear Kingdom) - Children's Biological Science of Bears Books. Prodigy Wizard. 2016. (ENG., Illus.). (J). pap. 9.25 *(978-1-68323-969-7(5))* Twin Flame Productions.
Andee the Aquanaut: Guardian of the Great Seas. S. J. House. 2021. (Andee the Aquanaut Ser.: Vol. 1). (ENG.). 140p. (J). pap. ***(978-0-6453818-6-3(1))*** House, Simon J.
Andele, or the Mexican-Kiowa Captive: A Story of Real Life among the Indians (Classic Reprint) J. J. Methvin. 2017. (ENG., Illus.). (J). 28.10 *(978-0-266-55355-7(9))* Forgotten Bks.
Ander & Santi Were Here: A Novel. Jonny Garza Villa. 2023. (ENG., Illus.). 368p. (YA). 18.99 *(978-1-250-84399-9(5),* 900256345, Wednesday Bks.) St. Martin's Pr.
Anderida, Vol. 1 Of 3: Or, the Briton & the Saxon, A. D. CCCCXLI (Classic Reprint) Unknown Author. 2018. (ENG., Illus.). 308p. (J). 30.21 *(978-0-332-98642-5(X))* Forgotten Bks.
Andersen para Ninos. Alicia Alarcon. 2018. (SPA.). 104p. (YA). pap. 6.95 *(978-970-643-878-2(5))* Selector, S.A. de C.V. MEX. Dist: Spanish Pubs., LLC.
Andersen's Fairy Tales. Hans Christian. Andersen. 2021. (ENG.). 288p. (J). (gr. k-2). pap. 11.99 *(978-1-4209-7464-5(5))* Digireads.com Publishing.
Andersen's Fairy Tales. Hans Christian. Andersen. Illus. by Lisbeth Zwerger. 2018. 96p. (J). (gr. k-2). 11.99 *(978-988-8341-69-6(3),* Minedition) Penguin Young Readers Group.
Andersen's Fairy Tales. Hans Christian Andersen. 2017. (ENG., Illus.). (J). pap. 13.95 *(978-1-374-82429-4(1))* Capital Communications, Inc.
Andersen's Tales (Classic Reprint) Hans Christian Anderson. 2017. (ENG., Illus.). (J). 33.71 *(978-0-265-20656-0(1));* pap. 16.57 *(978-0-243-89407-9(4))* Forgotten Bks.
Anderson Twins: The Secret of Morning Star Ranch. Christa Banks. 2022. (ENG., Illus.). 134p. (J). pap. 22.95 ***(978-1-6624-7245-9(5))*** Page Publishing Inc.
Andersons (Classic Reprint) S. Macnaughtan. 2018. (ENG., Illus.). 384p. (J). 31.84 *(978-0-267-46416-6(9))* Forgotten Bks.
Anderson's Heat. Derek Tellier. 2016. (What's Your Dream? Ser.). (ENG., Illus.). 96p. (J). (gr. 4-6). lib. bdg. 25.99 *(978-1-4965-3441-5(7),* 132559, Stone Arch Bks.) Capstone.
Andersonville Violets: A Story of Northern & Southern Life. Herbert W. Collingwood. 2017. (ENG., Illus.). (J). pap. *(978-0-649-01360-9(3))* Trieste Publishing Pty Ltd.
Andersonville Violets: A Story of Northern & Southern Life (Classic Reprint) Herbert W. Collingwood. 2018. (ENG., Illus.). 300p. (J). 30.08 *(978-0-267-18394-4(1))* Forgotten Bks.
Andi Dreams of Gold, 1 vol. Susan K. Marlow. 2018. (Circle C Stepping Stones Ser.: 5). (Illus.). 112p. (J). pap. 7.99 *(978-0-8254-4434-0(9))* Kregel Pubns.
Andi Far from Home, 1 vol. Susan K. Marlow. 2018. (Circle C Stepping Stones Ser.: 6). 112p. (J). pap. 7.99 *(978-0-8254-4435-7(7))* Kregel Pubns.
Andi Lassos Trouble, 1 vol. Susan K. Marlow. 2017. (Circle C Stepping Stones Ser.: 3). (Illus.). 112p. (J). pap. 7.99 *(978-0-8254-4432-6(2))* Kregel Pubns.
Andi Saddles Up, 1 vol. Susan K. Marlow. 2017. (Circle C Stepping Stones Ser.: 1). (Illus.). 112p. (J). pap. 7.99 *(978-0-8254-4430-2(6))* Kregel Pubns.
Andi to the Rescue, 1 vol. Susan K. Marlow. 2017. (Circle C Stepping Stones Ser.: 4). (Illus.). 112p. (J). pap. 7.99 *(978-0-8254-4433-3(0))* Kregel Pubns.
Andi under the Big Top, 1 vol. Susan K. Marlow. 2017. (Circle C Stepping Stones Ser.: 2). (Illus.). 105p. (J). pap. 7.99 *(978-0-8254-4431-9(4))* Kregel Pubns.
Andi y la Mina de Oro. Georgette L. Baker. Tr. by Georgette L. Baker. 2016. (SPA., Illus.). (J). (gr. 4-6). 12.95 *(978-1-892306-48-7(4))* Canternos-bilingual bks. and music.
Andie's Polka-Dot Dress. Marni Kay. Illus. by Andrea Kay. 2021. (ENG.). 28p. (J). *(978-1-0391-0985-8(3));* pap. *(978-1-0391-0984-1(5))* FriesenPress.
Andiron Tales (Classic Reprint) John Kendrick Bangs. 2018. (ENG., Illus.). 112p. (J). 26.23 *(978-0-267-29585-2(5))* Forgotten Bks.
Andiswa Soccer Star - Andiswa Nyota Wa Mpira Wa Miguu. Eden Daniels. Illus. by Eden Daniels. 2023. (SWA.). 24p. (J). pap. ***(978-1-922876-28-7(3))*** Library For All Limited.
Andiswa Soccer Star - la Star du Football D'Andiswa. Eden Daniels. 2022. (FRE.). 24p. (J). pap. ***(978-1-922849-72-4(3))*** Library For All Limited.
Andivius Hedulio. Edward Lucas White. 2017. (ENG., Illus.). (J). 31.95 *(978-1-374-88156-3(2));* pap. 22.95 *(978-1-374-88155-6(4))* Capital Communications, Inc.
Andivius Hedulio: Adventures of a Roman Nobleman in the Days of the Empire (Classic Reprint) Edward Lucas White. (ENG., Illus.). (J). 2017. 36.52 *(978-0-331-57112-7(9));* 2016. pap. 19.57 *(978-1-332-71333-2(5))* Forgotten Bks.
Andover Magazine, 1896 (Classic Reprint) Ida Morill McCurdy. (ENG., Illus.). (J). 2018. 88p. 25.71 *(978-0-483-60239-7(6));* 2017. pap. 9.57 *(978-0-243-26716-3(9))* Forgotten Bks.
Andover Way (Classic Reprint) Claude Moore Fuess. (ENG., Illus.). (J). 2018. 346p. 31.05 *(978-0-656-34967-8(0));* 2017. pap. 13.57 *(978-0-243-44402-1(8))* Forgotten Bks.
Andre, Kid Aviator. Shenek Alston. Illus. by Joyeeta Neogi. 2019. (ENG.). 26p. (J). 18.00 *(978-1-7321464-3-3(8));* pap. 13.00 *(978-1-7321464-2-6(X))* Shenek.
André the Five-Star Cat. Alma Hammond. 2017. (Travel With Me Ser.). (ENG., Illus.). 44p. (J). 20.95 *(978-0-9985362-4-8(5))* Sweetbeet Bks.
André the Five-Star Cat. Alma Hammond. Illus. by Carla Klosowski & Katya Shyshkova. 2017. (Travel With Me Ser.). (ENG.). 48p. (J). pap. 14.95 *(978-0-9985362-3-1(7))* Sweetbeet Bks.
Andre the Giant. Alex Monnig. 2023. (Xtreme Wrestling Royalty Ser.). (ENG.). 48p. (J). (gr. 3-9). lib. bdg. 34.21 ***(978-1-0982-9145-7(X),*** 41762, Abdo & Daughters) ABDO Publishing Co.
Andrea. Robert Algeri. 2020. (ENG.). 98p. (YA). pap. 12.95 *(978-1-59433-942-4(2))* Publication Consultants.
Andrea Carter & the Dangerous Decision, 1 vol. Susan K. Marlow. 2018. (Circle C Adventures Ser.: 6). 144p. (J). pap. 8.99 *(978-0-8254-4501-9(9))* Kregel Pubns.
Andrea Carter & the Long Ride Home: A Novel, 1 vol. Susan K. Marlow. 2016. (Circle C Adventures Ser.: 1). 144p. (J). pap. 8.99 *(978-0-8254-4500-2(0))* Kregel Pubns.
Andrea Carter & the Price of Truth, 1 vol. Susan K. Marlow. 2017. (Circle C Adventures Ser.: 6). 144p. (J). pap. 8.99 *(978-0-8254-4505-7(1))* Kregel Pubns.
Andrea Carter & the San Francisco Smugglers, 1 vol. Susan K. Marlow. 2019. (Circle C Adventures Ser.: 4). 144p. pap. 8.99 *(978-0-8254-4503-3(5))* Kregel Pubns.

A

Andrea Carter & the Trouble with Treasure, 1 vol. Susan K. Marlow. 2017. (Circle C Adventures Ser.: 5). 144p. (J). pap. 8.99 (978-0-8254-4504-0(3)) Kregel Pubns.

Andrea Se Viste de Rojo. Norma Munoz Ledo Carrasco. Illus. by Victor Garcia Bernal. 2016. (Cuentamelo Otra Vez Ser.). (SPA.). 24p. (J). 16.95 (978-1-68165-263-4(3)) Trialtea USA, LLC.

Andrea's Dream. Robert Algeri. 2020. (ENG.). 96p. (YA). pap. 12.95 (978-1-59433-949-3(X)) Publication Consultants.

Andree at the North Pole: With Details of His Fate (Classic Reprint) Leon Lewis. 2018. (ENG., Illus.). 294p. (J). 29.96 (978-0-267-47673-2(6)) Forgotten Bks.

Andre's Great Day. Trina Triche. Illus. by Natalie Marino. 2017. (ENG.). (YA). 21.99 (978-1-5456-1380-1(X)); pap. 11.49 (978-1-5456-1379-5(6)) Salem Author Services.

Andrés y una Familia a la Vez: Guía para Aprender Sobre la Diversidad Familiar. Rosa Margarita Yabur Holguin. 2021. (SPA.). 41p. (J). pap. **(978-1-7948-2345-7(X))** Lulu Pr., Inc.

Andrew & Friends: Oh No, Can Andrew Help ? Alicia Soliz Dawson. Illus. by Andrew Scott Dawson. 2023. (Andrew & Friends Ser.: Vol. 1). (ENG.). 24p. (J). pap. 10.99 **(978-1-6628-6693-7(3))** Salem Author Services.

Andrew & His Invisible Dog Poseidon. E. K. Bowhall. Illus. by Valeria Leonova. 2021. (ENG.). 28p. (J). 15.00 (978-1-0878-7829-4(2)) Indy Pub.

Andrew & the Bee. Rochelle Haynes. 2021. (ENG.). 40p. (J). pap. 12.99 (978-1-7350720-4-3(4)) Molo Global Consulting, LLC.

Andrew & the Birthday Surprise: The Boy Who Cried Wolf Remixed. Connie Colwell Miller. Illus. by Victoria Assanelli. 2016. (Aesop's Fables Remixed Ser.). (ENG.). 24p. (J). (gr. 1-4). lib. bdg. 20.95 (978-1-60753-951-3(9), 15611) Amicus.

Andrew & the Midnight Ape. David Horan. 2022. (ENG.). 120p. (J). **(978-1-3984-3040-2(4))**; pap. **(978-1-3984-3039-6(0))** Austin Macauley Pubs. Ltd.

Andrew & the Wild Turkey. Carrie Lynn Hooper. 2018. (ENG., Illus.). 24p. (J). 12.99 (978-1-948653-45-9(1)); pap. 6.99 (978-1-948653-44-2(3)) Authors Pr.

Andrew Bentley: Or How He Retrieved His Honor (Classic Reprint) Walter Scott Brown. 2018. (ENG., Illus.). 312p. (J). 30.35 (978-0-267-65641-7(6)) Forgotten Bks.

Andrew Carnegie: Industrialist & Philanthropist. Kaitlin Scirri. 2018. (J). pap. (978-1-5026-4014-7(7)) Cavendish Square Publishing LLC.

Andrew Carnegie & the Steel Industry, 1 vol. Kristen Rajczak Nelson. 2016. (Great Entrepreneurs in U. S. History Ser.). (ENG., Illus.). 32p. (J). (gr. 5-5). pap. 12.75 (978-1-4994-2115-6(X), 86a635c6-2e46-4123-87f9-cf147087a193, PowerKids Pr.) Rosen Publishing Group, Inc., The.

Andrew Deverel, Vol. 2 Of 2: The History of an Adventurer in New Guinea (Classic Reprint) Mayne Reid. 2018. (ENG., Illus.). 238p. (J). 28.81 (978-0-483-90400-2(7)) Forgotten Bks.

Andrew Jackson. Megan M. Gunderson. (United States Presidents Ser.). (ENG., Illus.). (J). 2020. 48p. (gr. 3-6). lib. bdg. 35.64 (978-1-5321-9357-6(2), 34871, Checkerboard Library); 2016. 40p. (gr. 2-5). 35.64 (978-1-68078-101-4(4), 21819, Big Buddy Bks.) ABDO Publishing Co.

Andrew Jackson: Our 7th President. Ann Graham Gaines. 2020. (United States Presidents Ser.). (ENG.). 48p. (J). (gr. 3-6). lib. bdg. 41.36 (978-1-5038-4399-8(8), 214176) Child's World, Inc, The.

Andrew Jackson: Populist President, 1 vol. Peg Robinson. 2018. (Hero or Villain? Claims & Counterclaims Ser.). (ENG.). 112p. (YA). (gr. 8-8). 45.93 (978-1-5026-3526-6(7), b86265d9-7922-4379-8388-727033706c5d) Cavendish Square Publishing LLC.

Andrew Jackson: The Making of America #2. Teri Kanefield. 2019. (ENG., Illus.). 256p. (J). (gr. 5-9). pap. 7.99 (978-1-4197-3421-2(0), 1197903, Abrams Bks. for Young Readers) Abrams, Inc.

Andrew Jackson: the Making of America #2. Teri Kanefield. 2018. (ENG., Illus.). 240p. (J). (gr. 5-9). 16.99 (978-1-4197-2840-2(7), 1197901, Abrams Bks. for Young Readers) Abrams, Inc.

Andrew Jackson's Presidency. Christine Zuchora-Walske. 2016. (Presidential Powerhouses Ser.). (ENG., Illus.). 104p. (YA). (gr. 6-12). 35.99 (978-1-4677-7926-5(1), 78407cea-eed3-4c5d-9bd1-0b769822ca4e); E-Book 54.65 (978-1-4677-8548-8(2)) Lerner Publishing Group. (Lerner Pubns.).

Andrew Jackson's Presidency: Democracy in Action, 1 vol. Steve Wilson. 2016. (Spotlight on American History Ser.). (ENG., Illus.). 24p. (J). (gr. 4-6). 27.93 (978-1-5081-4938-5(0), 6649632c-035b-4121-ad0c-f1d92c5f188f, PowerKids Pr.) Rosen Publishing Group, Inc., The.

Andrew Johnson. Megan M. Gunderson. (United States Presidents Ser.). (ENG., Illus.). (J). 2020. 48p. (gr. 3-6). lib. bdg. 35.64 (978-1-5321-9359-0(9), 34875, Checkerboard Library); 2016. 40p. (gr. 2-5). 35.64 (978-1-68078-103-8(0), 21823, Big Buddy Bks.) ABDO Publishing Co.

Andrew Johnson: Our 17th President. Judith E. Harper. 2020. (United States Presidents Ser.). (ENG.). 48p. (J). (gr. 3-6). lib. bdg. 41.36 (978-1-5038-4409-4(9), 214186) Child's World, Inc, The.

Andrew Lang - the Blue Fairy Book: As Through This Enchanted Land Blithe We Wander, Hand in Hand" Andrew Lang. 2019. (ENG.). 222p. (J). pap. (978-1-78780-231-5(0)) Copyright Group Ltd.

Andrew Lang - the Crimson Fairy Book: 'the Danger That Is Most to Be Feared Is Never the Danger We Are Most Afraid Of" Andrew Lang. 2018. (ENG.). 168p. (J). pap. (978-1-78780-241-4(8)) Copyright Group Ltd.

Andrew Lang - the Grey Fairy Book: Nothing Tastes Better Than What One Eats by Oneself. Andrew Lang. 2019. (ENG.). 184p. (J). pap. (978-1-78780-234-6(5)) Copyright Group Ltd.

Andrew Lang - the Olive Fairy Book: You Can Cover a Great Deal of Country in Books. Andrew Lang. 2019. (ENG.). 164p. (J). pap. (978-1-78780-233-9(7)) Copyright Group Ltd.

Andrew Lang - the Red Fairy Book: 'It Is So Delightful to Teach Those One Loves!" Andrew Lang. 2019. (ENG.). 244p. (J). pap. (978-1-78780-232-2(9)) Copyright Group Ltd.

Andrew Lang - the Violet Fairy Book: You Can Cover a Great Deal of Country in Books. Andrew Lang. 2019. (ENG.). 192p. (J). pap. (978-1-78780-237-7(X)) Copyright Group Ltd.

Andrew Luck. Laura K. Murray. 2016. (Big Time Ser.). (ENG.). 24p. (J). (gr. 1-3). pap. (978-1-62832-264-4(0), 20777, Creative Paperbacks); (Illus.). (978-1-60818-668-6(7), 20779, Creative Education) Creative Co., The.

Andrew on the North Pole Express. J. D. Green. Illus. by Joanne Partis. 2022. (North Pole Express Bears Ser.). (ENG.). 32p. (J). (gr. -1-3). 7.99 **(978-1-7282-6910-8(5))** Sourcebooks, Inc.

Andrew on the North Pole Express. J. D. Green. 2019. (North Pole Express Ser.). (ENG.). 32p. (J). (gr. -1-3). 7.99 **(978-1-7282-0303-4(1))** Sourcebooks, Inc.

Andrew R. Buxton: The Rifle Brigade; a Memoir (Classic Reprint) Andrew R. Buxton. 2017. (ENG., Illus.). (J). 30.87 (978-0-260-54514-5(7)) Forgotten Bks.

Andrew Santa's Secret Elf. Put Me In The Story & Katherine Sully. Illus. by Julia Seal. 2018. (Santa's Secret Elf Ser.). (ENG.). 32p. (J). (gr. k-3). 5.99 (978-1-4926-8117-5(2)) Sourcebooks, Inc.

Andrew Taylor Still: Father of Osteopathic Medicine. Jason Haxton. 2016. (ENG., Illus.). 48p. (J). 27.00 (978-1-61248-174-6(4)) Truman State Univ. Pr.

Andrew the Glad (Classic Reprint) Maria Thompson Daviess. (ENG., Illus.). (J). 2018. 376p. 31.67 (978-0-483-84531-2(0)); 2016. pap. 16.57 (978-1-334-19398-9(3)) Forgotten Bks.

Andrew 'Twas the Night Before Christmas. Illus. by Lisa Alderson. 2019. (Night Before Christmas Ser.). (ENG.). 32p. (J). (gr. -1-3). 7.99 **(978-1-7282-0196-2(9))** Sourcebooks, Inc.

Andrews Bold Adventure. Gerda Brien. 2021. (ENG.). 34p. (J). pap. 12.95 (978-1-6678-0317-3(4)) BookBaby.

Andrew's Christmas Wish. Put Me In The Story & J. D. Green. Illus. by Julia Seal. 2018. (Christmas Wish Ser.). (ENG.). 32p. (J). (gr. k-3). 6.99 **(978-1-4926-8304-9(3))** Sourcebooks, Inc.

Andrew's Loose Tooth. Robert Munsch. Illus. by Michael Martchenko. 2019. (ENG.). 32p. (J). pap. 8.99 (978-0-590-12435-5(8)) Scholastic Canada, Ltd. CAN. Dist: Publishers Group West (PGW).

Andrew's Nursery Rhymes. Andrew Grey. 2016. (ENG., Illus.). (J). pap. 12.95 (978-1-365-23022-6(8)) Lulu Pr., Inc.

Andrew's Nursery Rhymes & Rhymes. Andrew Grey. 2019. (ENG.). 24p. (J). pap. 12.95 (978-0-359-46018-2(6)) Lulu Pr., Inc.

Andrew's World: Collection 1. Barbara Bucklin et al. 2020. (ENG., Illus.). 113p. (J). pap. (978-1-716-69823-1(5)) Lulu Pr., Inc.

Andrew's World: I Love Flying on Airplanes! Barbara Bucklin et al. 2020. (ENG.). 44p. (J). pap. 14.00 (978-1-716-03619-4(4)) Lulu Pr., Inc.

Andrew's World: I Love My Doctor! Barbara Bucklin et al. 2020. (ENG.). 33p. (J). pap. (978-1-716-58186-1(9)) Lulu Pr., Inc.

Andrew's World: I Love to Brush My Teeth! Barbara Bucklin et al. 2020. (ENG.). 34p. (J). pap. (978-1-716-35637-7(7)) Lulu Pr., Inc.

Andrew's World: I Love to Have a Plan! Barbara Bucklin et al. 2020. (ENG.). 33p. (J). pap. (978-1-716-81975-9(X)) Lulu Pr., Inc.

Andrew's World: I Love to Shop! Barbara Bucklin et al. 2020. (ENG.). 38p. (J). pap. **(978-0-359-73010-0(8))** Lulu Pr., Inc.

Andria (Classic Reprint) Percy White. (ENG., Illus.). (J). 2018. 326p. 30.64 (978-0-365-50382-8(7)); 2017. pap. 13.57 (978-0-243-42120-6(6)) Forgotten Bks.

Androcles & the Lion: A Fable Play (Classic Reprint) George Bernard Shaw. 2017. (ENG., Illus.). (J). 25.05 (978-0-260-92755-2(4)) Forgotten Bks.

Androcles & the Lion; Overruled; Pygmalion (Classic Reprint) George Bernard Shaw. 2017. (ENG., Illus.). (J). 30.76 (978-0-266-37876-1(5)) Forgotten Bks.

Andromeda: An Idyll of the Great River (Classic Reprint) Robert Buchanan. 2018. (ENG., Illus.). 456p. (J). 33.30 (978-0-267-18487-3(5)) Forgotten Bks.

Andronike: The Heroine of the Greek Revolution (Classic Reprint) Stephanos Theodoros Xenos. 2018. (ENG., Illus.). 548p. (J). 35.20 (978-0-483-53330-1(0)) Forgotten Bks.

Andy & His Cat Go to the Zoo. Aminta Colon. 2022. (ENG.). 32p. (J). 19.99 **(978-1-0880-2453-9(X))** Indy Pub.

Andy & Joani & the Cookie Dough: Andy y Su Gata y la Masa de Galletas. Aminta ón. Illus. by Sergio Drumond. 2023. (Adventures of Andy & Joani the Cat Ser.: Vol. 3). (ENG.). 40p. (J). 19.99 **(978-1-0880-8961-3(5))** Indy Pub.

Andy & Joani Go to New York: Andy y Su Gato Van a Nueva York. Aminta Colon. 2022. (ENG.). 44p. (J). 19.99 **(978-1-0880-0772-3(4))** Indy Pub.

Andy & Mandy Learn to Ride the School Bus. Arlene Krassa. 2019. (ENG., Illus.). 44p. (J). (gr. k-2). 17.99 (978-0-578-45105-3(0)) Krassa, Arlene.

Andy & Mandy Ride the School Bus. Arlene Krassa. 2019. (ENG., Illus.). 50p. (J). (gr. k-2). 19.99 (978-0-578-45100-8(X)) Krassa, Arlene.

Andy & Sandy & the Big Talent Show. Tomie dePaola & Jim Lewis. Illus. by Tomie dePaola. (Andy & Sandy Book Ser.). (ENG., Illus.). 32p. (J). (gr. -1-3). 2019. 5.99 (978-1-5344-1375-7(8)); 2017. 9.99 (978-1-4814-7947-9(4)) Simon & Schuster Bks. For Young Readers. (Simon & Schuster Bks. For Young Readers).

Andy & Sandy & the First Snow. Tomie dePaola. Illus. by Tomie dePaola. (Andy & Sandy Book Ser.). (ENG., Illus.). 32p. (J). (gr. -1-3). 2018. 5.99 (978-1-5344-1374-0(X)); 2016. 9.99 (978-1-4814-4159-9(0)) Simon & Schuster Bks. For Young Readers. (Simon & Schuster Bks. For Young Readers).

Andy & Sandy Collection: When Andy Met Sandy; Andy & Sandy's Anything Adventure; Andy & Sandy & the First Snow; Andy & Sandy & the Big Talent Show. Tomie dePaola. Illus. by Tomie dePaola. ed. 2017. (Andy & Sandy Book Ser.). (ENG., Illus.). 128p. (J). (gr. -1-3). 35.99 (978-1-5344-1369-6(3), Simon & Schuster Bks. For Young Readers) Simon & Schuster Bks. For Young Readers.

Andy & Sandy Paperback Collection (Boxed Set) When Andy Met Sandy; Andy & Sandy's Anything Adventure; Andy & Sandy & the First Snow; Andy & Sandy & the Big Talent Show. Tomie dePaola. Illus. by Tomie dePaola. ed. 2019. (Andy & Sandy Book Ser.). (ENG., Illus.). 128p. (J). (gr. -1-3). pap. 23.99 (978-1-5344-1376-4(6), Simon & Schuster Bks. For Young Readers) Simon & Schuster Bks. For Young Readers.

Andy & Sandy's Anything Adventure. Tomie dePaola. Illus. by Tomie dePaola. (Andy & Sandy Book Ser.). (ENG., Illus.). 32p. (J). (gr. -1-3). 2018. 5.99 (978-1-5344-1373-3(1)); 2016. 9.99 (978-1-4814-4157-5(4)) Simon & Schuster Bks. For Young Readers. (Simon & Schuster Bks. For Young Readers).

Andy & Spirit Go on a Day Count. Mary Jean Kelso. 2017. (Andy & the Albino Horse Ser.: Vol. 6). (ENG., Illus.). (J). pap. 10.95 (978-1-61633-844-2(X)) Guardian Angel Publishing, Inc.

Andy & Spirit Ride a Train. Mary Jean Kelso. Illus. by Kc Snider. 2018. (Andy & Spirit Ser.: Vol. 7). (ENG.). 22p. (J). (gr. k-5). pap. 10.95 (978-1-61633-949-4(7)) Guardian Angel Publishing, Inc.

Andy & the Bully! The Real Super-Man. Paul R. Rushin. Illus. by Michael Telapary. 2016. (ENG.). (J). pap. 14.95 (978-1-68273-876-4(0)) BookPatch LLC, The.

Andy & the Circus. Ellis Credle. 2018. (ENG., Illus.). 55p. (J). 18.95 (978-1-930900-98-1(8)) Purple Hse. Pr.

Andy & the Gold Mine. Georgette L. Baker. 2016. (ENG., Illus.). (J). 12.95 (978-1-892306-44-9(1)) Cantemos-bilingual bks. and music.

Andy at Yale: Or, the Great Quadrangle Mystery. Roy Eliot Stokes. 2017. (ENG., Illus.). (J). pap. 14.95 (978-1-374-97264-3(9)) Capital Communications, Inc.

Andy Blake: Or the Irish Diamond, a Comedy, in Two Acts (Classic Reprint) Dion Boucicault. 2018. (ENG., Illus.). 26p. (J). 24.43 (978-0-483-79538-9(0)) Forgotten Bks.

Andy Blake's Secret Service (Classic Reprint) Leo Edwards. 2019. (ENG., Illus.). (J). 266p. 29.40 (978-1-397-25470-2(X)); 268p. pap. 11.97 (978-1-397-25398-9(3)) Forgotten Bks.

Andy Gets Angry. Mike Masse. Illus. by Emily Corbett. 2021. (ENG.). 36p. (J). (978-0-2288-5912-3(3)); pap. (978-0-2288-5911-6(5)) Tellwell Talent.

Andy Go Joe's Funtastic Stories. Charmain Ingleton. 2020. (ENG.). 32p. (J). pap. 5.00 (978-0-244-87578-7(2)) Lulu Pr., Inc.

Andy Go Joe's Mini Adventure Stories. Charmain Ingleton. 2019. (ENG., Illus.). 82p. (J). pap. (978-0-244-15211-6(X)) Lulu Pr., Inc.

Andy Gordon. Horatio Alger, Jr. 2019. (ENG.). 134p. (J). pap. 8.25 (978-1-63391-864-1(5)) Westphalia Press.

Andy Gordon (Classic Reprint) Horatio Alger. 2017. (ENG., Illus.). (J). 26.47 (978-0-260-80970-4(5)) Forgotten Bks.

Andy Gordon, or the Fortunes of a Young Janitor (Classic Reprint) Horatio Alger Jr. (ENG., Illus.). (J). 2018. 262p. 29.38 (978-0-332-60327-8(X)); 2016. pap. 11.97 (978-1-334-13147-9(3)) Forgotten Bks.

Andy Grant's Pluck. Horatio Alger. 2017. (ENG., Illus.). (J). pap. (978-0-649-20907-1(9)) Trieste Publishing Pty Ltd.

Andy Grant's Pluck. Horatio Alger. 2019. (ENG.). 214p. (YA). (gr. 7-12). pap. (978-93-5329-579-0(3)) Alpha Editions.

Andy Grant's Pluck (Classic Reprint) Horatio Alger Jr. 2018. (ENG., Illus.). 280p. (J). 29.67 (978-0-484-65676-4(7)) Forgotten Bks.

Andy Hall: The Mission Scholar in the Army (Classic Reprint) Caroline E. Kelly. (ENG., Illus.). (J). 2018. 280p. 29.69 (978-0-666-95376-6(7)); 2016. pap. 13.57 (978-1-334-16237-4(9)) Forgotten Bks.

Andy Mcnab Ultimate Survival Handbook: Survive in the Wild, in the City & Online! Andy McNab. 2023. (ENG.). 144p. (J). (gr. 3-7). 14.95 **(978-1-83935-224-9(8))** Welbeck Publishing Group Ltd. GBR. Dist: Two Rivers Distribution.

Andy, That's My Name. Tomie dePaola. Illus. by Tomie dePaola. 2019. (ENG., Illus.). 32p. (J). (gr. -1-3). 7.99 (978-1-5344-3014-3(8), Simon & Schuster Bks. For Young Readers) Simon & Schuster Bks. For Young Readers.

Andy the Acrobat: Or Out with the Greatest Show on Earth (Classic Reprint) Peter T. Harkness. 2018. (ENG., Illus.). 232p. (J). 28.70 (978-0-483-92412-3(1)) Forgotten Bks.

Andy the Acrobat: Out with the Greatest Show on Earth. Peter T. Harkness. 2017. (ENG., Illus.). (J). 23.95 (978-1-374-89184-5(3)); pap. 13.95 (978-1-374-89183-8(5)) Capital Communications, Inc.

Andy the Alligator Learns His ABC's. Andrew Dong. 2017. (ENG., Illus.). (J). (gr. k-3). 19.99 (978-0-692-80729-3(2)) Dong, Jianming.

Andy the Ant Knows How to Act: Controlling Your Actions, 1 vol. Seth Matthas. 2019. (Social & Emotional Learning for the Real World Ser.). (ENG.). 8p. (gr. k-1). pap. (978-1-7253-5380-0(6), 1fcdee25-a888-41b4-a793-afcdb5243ce0, Rosen Classroom) Rosen Publishing Group, Inc., The.

Andy the Anteater. Callum Kesley. 2018. (ENG., Illus.). 32p. (J). pap. (978-1-78830-010-0(6)) Olympia Publishers.

Andy the Tree Man. Christina Vandette. 2021. (ENG., Illus.). 20p. (J). pap. 12.95 (978-1-0980-9408-9(5)) Christian Faith Publishing.

Andy Warhol. Sean Corbett. 2016. (J). (978-1-4896-4617-0(5)) Weigl Pubs., Inc.

Andy Warhol. Maria Isabel Sanchez Vegara. Illus. by Timothy Hunt. 2021. (Little People, BIG DREAMS Ser.: 60). (ENG.). 32p. (J). (gr. -1-2). 15.99 **(978-0-7112-5795-5(7)**, Frances Lincoln Children's Bks.) Quarto Publishing Group UK GBR. Dist: Hachette Bk. Group.

Andy Warhol: Fighting to Revolutionize Art, 1 vol. Edward Willett. 2017. (Rebels with a Cause Ser.). (ENG.). 128p. (gr. 8-8). 38.93 (978-0-7660-9259-4(3), 7b14bf3d-e2de-44e4-941f-c110731c81b3); pap. 20.95 (978-0-7660-9548-9(7), 8c09f03e-1050-4342-895a-07a30f2d133e) Enslow Publishing, LLC.

Andy Warhol Crinkle Fabric Stroller Book. Mudpuppy. 2023. (ENG., Illus.). 8p. (J). (gr. -1 — 1). 12.99 (978-0-7353-7779-0(0)) Mudpuppy Pr.

Andy Warhol Soup Can Crayons + Sharpener. Mudpuppy. 2023. (ENG.). (J). (gr. -1-17). 19.99 **(978-0-7353-8011-0(2))** Mudpuppy Pr.

Andy Warhol What Colors Do You See? Board Book. Mudpuppy. 2020. (ENG.). 28p. (J). (gr. -1-k). bds. 12.99 (978-0-7353-6379-3(X)) Mudpuppy Pr.

Andy Warner's Oddball Histories: Pests & Pets. Andy Warner. 2021. (Andy Warner's Oddball Histories Ser.). (ENG., Illus.). 192p. (J). (gr. 3-7). 24.99 (978-0-316-49823-4(8)); pap. 12.99 (978-0-316-46338-6(8)) Little, Brown Bks. for Young Readers.

Andy Web Artist: Artist. Maree Coote. Illus. by Maree Coote. 2018. (ENG., Illus.). 24p. (J). (gr. k-2). 22.99 (978-0-9924917-5-8(4)) Melbournestyle Bks. AUS. Dist: Independent Pubs. Group.

Andy y Su Gato Van Al Zoológico. Aminta Colon. 2022. (SPA.). 32p. (J). 19.99 **(978-1-0880-2620-5(6))** Indy Pub.

Andy's Adventure in Outer Space. Tammy Wuttunee. Illus. by Lauren Curley. 2021. (ENG.). 22p. (J). (978-0-2288-5274-2(9)); pap. (978-0-2288-0736-0(0)) Tellwell Talent.

Andy's Adventures. Sandy Bauman. 2021. (ENG.). 32p. (J). 23.95 (978-1-63630-005-4(7)); pap. 13.95 (978-1-63630-004-7(9)) Covenant Bks.

Andy's Animal Alphabet Almanac. Andy Crocker. 2022. (Andy's Animal Alphabet Almanac Ser.: 1). 64p. (J). 39.95 (978-1-6678-1797-2(3)) BookBaby.

Andy's Biggg Dream. J. R. Davis. 2021. (ENG., Illus.). 30p. (J). pap. 12.95 (978-1-64468-606-5(6)) Covenant Bks.

Andy's Bubblegum Adventure. Mary Koeberl Rechenberg. Illus. by Ashley Farrar. 2020. (ENG.). 62p. (J). pap. 13.00 (978-1-7328384-2-0(9)) Farmer Valley Publishing.

Andy's Gone. Marie-Claude Verdier. Tr. by Alexis Diamond. 2021. (ENG.). 80p. pap. 19.95 (978-0-3691-0218-8(5)) Playwrights Canada Pr. CAN. Dist: Consortium Bk. Sales & Distribution.

Andy's Pocketknife. Dorcas R. Mast. Illus. by Peter Balholm. 2018. (J). pap. (978-0-7399-2581-2(4)) Rod & Staff Pubs., Inc.

Andy's Surprise! What a Moose, Ayuh! Tim Caverly. Illus. by Jr Franklin Manzo. 2019. (Allagash Tails Collection: Vol. 8). (ENG.). 28p. (J). pap. 10.99 (978-1-7322456-6-2(5)) Leicester Bay Bks.

Ane the Last Witch. Tony Bury. 2018. (ENG., Illus.). 216p. (J). pap. (978-1-912021-52-9(8), Nightingale Books) Pegasus Elliot Mackenzie Pubs.

Anecdota Americana: Five Hundred Stories for the Amusement of the Five Hundred Nations That Comprise America (Classic Reprint) Unknown Author. 2017. (ENG., Illus.). (J). 27.88 (978-0-266-97995-1(5)) Forgotten Bks.

Anecdota Literaria; a Collection of Short Poems in English, Latin, & French: Illustrative of the Literature & History of England in the Thirteenth Century, & More Especially of the Conditions & Manners of the Different Classes of Society. Thomas Wright. 2018. (ENG., Illus.). 134p. (J). 26.68 (978-0-364-07163-2(X)) Forgotten Bks.

Anecdotes & Illustrations of D. L. Moody: Related by Him in His Revival Work (Classic Reprint) Dwight Lyman Moody. 2018. (ENG., Illus.). 212p. (J). 28.27 (978-0-365-41178-9(7)) Forgotten Bks.

Anecdotes & Traditions Illustrative of Early English History & Literature. William J. Thoms. 2017. (ENG., Illus.). (J). pap. (978-0-649-12385-8(9)) Trieste Publishing Pty Ltd.

Anecdotes, &C. of Elizabeth Viscountess Mordaunt, Commencing 1656 (Classic Reprint) Elizabeth Carey Mordaunt. 2018. (ENG., Illus.). 144p. (J). 26.89 (978-0-483-79820-5(7)) Forgotten Bks.

Anecdotes Concerning the Famous John Reinhold Patkul, or an Authentic Relation of What Passed Betwixt Him & His Confessor, the Night Before & at His Execution (Classic Reprint) Lorentz Hagen. (ENG., Illus.). (J). 2018. 50p. 24.93 (978-0-365-16280-3(9)); 2017. pap. 9.57 (978-0-259-56350-1(1)) Forgotten Bks.

Anecdotes for Boys: Entertaining Narratives & Anecdotes, Illustrative of Principles & Character (Classic Reprint) Harvey Newcomb. 2017. (ENG., Illus.). (J). 26.91 (978-0-331-94965-0(2)) Forgotten Bks.

Anecdotes for Girls: Entertaining Narratives & Anecdotes Illustrative of Principles & Character (Classic Reprint) Harvey Newcomb. (ENG., Illus.). (J). 2017. 26.91 (978-0-265-48696-2(3)); 2016. pap. 9.57 (978-1-333-33710-0(8)) Forgotten Bks.

Anecdotes, Incidents & Illustrations, Vol. 2 (Classic Reprint) Dwight Lyman Moody. (ENG., Illus.). (J). 2018. 134p. 26.66 (978-0-656-80743-7(1)); 2016. pap. 9.57 (978-1-333-46677-0(3)) Forgotten Bks.

Anecdotes of Actors: With Other Desultory Recollections, etc, etc, etc (Classic Reprint) Mathews. 2017. (ENG., Illus.). (J). 33.01 (978-0-265-21422-0(X)); pap. 16.57 (978-1-5279-0205-3(6)) Forgotten Bks.

Anecdotes of Animals (Classic Reprint) Percy J. Billinghurst. 2018. (ENG., Illus.). 208p. (J). 28.19 (978-0-267-41761-2(6)) Forgotten Bks.

Anecdotes of Archery. Ely Hargrove. 2017. (ENG., Illus.). 114p. (J). pap. (978-3-337-36719-0(4)) Creation Pubs.

Anecdotes of Big Cats & Other Beasts (Classic Reprint) David Wilson. (ENG., Illus.). (J). 2018. 348p. 31.09 (978-0-484-59285-7(8)); 2016. pap. 13.57 (978-1-333-43437-3(5)) Forgotten Bks.

Anecdotes of Buffalo Bill: Which Have Never Before Appeared in Print (Classic Reprint) D. H. Winget. 2017. (ENG., Illus.). (J). 28.72 (978-0-265-50374-4(4)) Forgotten Bks.

Anecdotes of Buffalo Bill That Have Never Appeared in Print (Classic Reprint) Dan Winget. (ENG., Illus.). (J). 2018. 240p. 28.85 (978-0-656-88994-5(2)); 2017. pap. 11.57 (978-0-259-55028-0(0)) Forgotten Bks.

Anecdotes of Kings Selected from History: Or Gertrude's Stories for Children (Classic Reprint) Unknown Author. 2018. (ENG., Illus.). 248p. (J). 29.01 (978-0-483-86735-2(7)) Forgotten Bks.

Anecdotes of the Blind (Classic Reprint) Abram V. Courtney. (ENG., Illus.). (J). 2018. 56p. 25.05

TITLE INDEX

ANGELFLY

(978-0-483-47674-5(9)); 2017. pap. 9.57 (978-0-243-23824-8(X)) Forgotten Bks.

Anecdotes of the Delborough Family, Vol. 1 Of 5: A Novel (Classic Reprint) Susannah Gunning. (ENG., Illus.). (J). 2018. 246p. 28.99 (978-0-364-55735-8(4)); 2017. pap. 11.57 (978-0-259-27570-1(0)) Forgotten Bks.

Anecdotes of the Delborough Family, Vol. 3 Of 5: A Novel (Classic Reprint) Gunning. 2018. (ENG., Illus.). 242p. (J). 28.89 (978-0-483-31063-6(8)) Forgotten Bks.

Anecdotes of the Delborough Family, Vol. 5 Of 5: A Novel (Classic Reprint) Susannah Gunning. 2018. (ENG., Illus.). 258p. (J). 29.24 (978-0-483-04176-9(9)) Forgotten Bks.

Anecdotes of the Great War, Gathered from European Sources (Classic Reprint) Carleton Britton Case. 2018. (ENG., Illus.). 164p. (J). 27.28 (978-0-484-53241-9(3)) Forgotten Bks.

Anecdotes of the Habits & Instinct of Animals. R. Lee. 2017. (ENG., Illus.). (J). pap. 15.95 (978-1-374-91291-5(3)) Capital Communications, Inc.

Anecdotes of the Habits & Instincts of Animals (Classic Reprint) R. Lee. (ENG., Illus.). (J). 2018. 324p. 30.58 (978-0-483-84759-0(3)); 2016. pap. 13.57 (978-1-334-15249-8(7)) Forgotten Bks.

Anecdotes of the Habits & Instincts of Birds, Reptiles, & Fishes (Classic Reprint) R. Lee. (ENG., Illus.). (J). 2018. 400p. 32.15 (978-0-267-90078-7(3)); 2016. pap. 16.57 (978-1-333-68178-4(X)) Forgotten Bks.

Anecdotes of the Theatre, Collected & Arranged (Classic Reprint) Arthur Harold Engelbach. 2018. (ENG., Illus.). 286p. (J). 29.80 (978-0-267-18485-9(9)) Forgotten Bks.

Anecdotes of the Upper Ten Thousand, Vol. 2 Of 2: Their Legends & Their Lives (Classic Reprint) Grantley Fitzhardinge Berkeley. (ENG., Illus.). (J). 2018. 432p. 32.81 (978-0-267-75834-0(0)); 2016. pap. 16.57 (978-1-334-14701-2(9)) Forgotten Bks.

Anecdotes, Poetry & Incidents of the War: North & South, 1860-1865 (Classic Reprint) Frank Moore. (ENG., Illus.). (J). 2018. 602p. 36.33 (978-0-364-09714-4(0)); 2017. pap. 19.57 (978-0-282-04674-3(7)) Forgotten Bks.

Anecdotes Selected from the Lives of Plutarch (Classic Reprint) Plutarch. 2017. (ENG., Illus.). (J). 27.24 (978-0-331-91138-1(8)); pap. 9.97 (978-0-243-24734-9(6)) Forgotten Bks.

Anecho: 1941-42 (Classic Reprint) Joseph Lott. (ENG., Illus.). (J). 2018. 52p. 24.97 (978-0-666-84667-9(7)); 2017. pap. 9.57 (978-0-259-86444-8(7)) Forgotten Bks.

Anecho, 1928-1929 (Classic Reprint) Victoria Provincial Normal School. (ENG., Illus.). (J). 2018. 92p. 25.79 (978-0-666-98962-8(1)); 2017. pap. 9.57 (978-0-243-47964-1(6)) Forgotten Bks.

Anecho, 1928 (Classic Reprint) Provincial Normal School. (ENG., Illus.). (J). 2018. 86p. 25.67 (978-0-666-99962-7(7)); 2017. pap. 9.57 (978-0-243-49219-0(7)) Forgotten Bks.

Anecho, 1930-31 (Classic Reprint) Provincial Normal School. (ENG., Illus.). (J). 2018. 80p. 25.55 (978-0-364-02548-2(4)); 2017. pap. 9.57 (978-0-243-53585-9(6)) Forgotten Bks.

Anecho, 1930 (Classic Reprint) Provincial Normal School. (ENG., Illus.). (J). 2018. 74p. 25.42 (978-0-656-89423-9(7)); 2017. pap. 9.57 (978-0-259-85849-2(8)) Forgotten Bks.

Anecho, 1934-1935 (Classic Reprint) Provincial Normal School. (ENG., Illus.). (J). 2018. 78p. 25.51 (978-0-364-00127-1(5)); 2017. pap. 9.57 (978-0-243-49692-1(3)) Forgotten Bks.

Anecho, 1941-42 (Classic Reprint) Provincial Normal School. (ENG., Illus.). (J). 2018. 40p. 24.74 (978-0-656-18224-4(5)); 2017. pap. 7.97 (978-0-259-91416-7(9)) Forgotten Bks.

Anecho of the Provincial Normal School, Victoria, for 1926-1927 (Classic Reprint) Victoria Provincial Normal School. (ENG., Illus.). (J). 2018. 68p. 25.30 (978-0-364-00206-3(9)); 2017. pap. 9.57 (978-0-243-49833-8(0)) Forgotten Bks.

anell Perdut. Rosa Maria Morros. 2019. (CAT.). 256p. (J). pap. (978-84-608-1437-5(8)) Morros, Rosa Maria.

Anelthalien, 1 vol. H. A. Pruitt. 2020. (ENG.). 336p. (YA). 32.99 (978-1-4003-2753-9(9)); pap. 24.99 (978-1-4003-2752-2(0)) Elm Hill.

Anemone Is Not the Enemy. Anna McGregor. 2021. (ENG.). 32p. (J). 16.99 (978-1-950354-51-1(2)) Scribe Pubns. AUS. Dist: Consortium Bk. Sales & Distribution.

Anesthetics, 1 vol. Vic Kovacs. 2016. (Miracles of Medicine Ser.). (ENG.). 48p. (J). (gr. 6-6). pap. 15.05 (978-1-4824-6093-3(9), a50f5590-a577-4ef8-9bf9-154b181c3b64) Stevens, Gareth Publishing LLLP.

Ang Aking Nanay Ay Kamangha-Mangha: My Mom Is Awesome (Tagalog Edition) Shelley Admont & S. a Publishing. 2016. (Tagalog Bedtime Collection). (TGL., Illus.). (J). (gr. 1-4). (978-1-77268-720-0(0)); pap. (978-1-77268-719-4(7)) Shelley Admont Publishing.

Ang Aking Nanay Ay Kamangha-Mangha: My Mom Is Awesome (Tagalog Edition) Shelley Admont & Kidkiddos Books. 2nd ed. 2019. (Tagalog Bedtime Collection). (TGL., Illus.). 34p. (J). (gr. 1-4). pap. (978-1-5259-1764-6(1)) Kidkiddos Bks.

Ang Aking Nanay Ay Kamangha-Mangha My Mom Is Awesome: Tagalog English Bilingual Edition. Shelley Admont & S. a Publishing. (Tagalog English Bilingual Collection). (TGL., Illus.). (J). (gr. 1-4). 2018. 34p. (978-1-5259-0777-7(8)); 2016. (978-1-77268-814-6(2)) Shelley Admont Publishing.

Ang Mananambal Nga Iring: Cebuano Edition of the Healer Cat. Tuula Pere. Tr. by Kris Recina. Illus. by Klaudia Bezak. 2019. (CEB.). 40p. (J). (gr. k-4). (978-952-357-157-0(5)); pap. (978-952-357-158-7(3)) Wickwick oy.

Ang Manggagamot Na Pusa: Tagalog Edition of the Healer Cat. Tuula Pere. Tr. by Raymond Azarcon. Illus. by Klaudia Bezak. 2019. (TGL.). 40p. (J). (gr. k-4). (978-952-357-271-3(7)); pap. (978-952-357-272-0(5)) Wickwick oy.

Ang Modernong Gabay Sa Stock Market Investing para Sa Mga Tinedyer: Paano Masisiguro Ang Isang Buhay Ng Kalayaan Sa Pananalapi Sa Pamamagitan Ng Kapangyarihan Ng Pamumuhunan. Alan John. 3rd ed. 2023. (FIL.). 176p. (YA). pap. 14.99 (978-1-0881-1793-4(7)) Indy Pub.

Angala. Maeve Ere-Bestman. 2017. (ENG.). 278p. (J). pap. (978-978-979-086-9(4)) Divine Printers and Publishers Nigeria Ltd.

Angangsgründe der Rechenkunst und Algebra. Joseph Spengler. 2017. (GER.). 404p. (J). pap. (978-3-7436-2965-1(2)) Creation Pubs.

Ange: A Novel (Classic Reprint) Florence Marryatt. (ENG., Illus.). (J). 2018. 354p. 31.20 (978-0-483-15185-7(8)); 2016. pap. 13.57 (978-1-333-30030-2(1)) Forgotten Bks.

Angebliche Argonautenbilder: Archäologische Abhandlung (Classic Reprint) Adam Flasch. 2018. (GER., Illus.). 52p. (J). pap. 9.57 (978-1-391-01359-6(X)) Forgotten Bks.

Angel. Joss Stirling. 2017. (SPA.). 328p. (YA). (gr. 9-12). pap. 13.99 (978-987-747-137-3(X)) V&R Editoras.

Angel. Ellen Miles. ed. 2018. 85p. (J). (gr. 1-4). 16.36 (978-1-64310-121-7(6)) Penworthy Co., LLC, The.

Angel: A Sketch in Indian Ink (Classic Reprint) Bithia Mary Croker. 2018. (ENG., Illus.). 386p. (J). 31.86 (978-0-332-97944-1(X)) Forgotten Bks.

Angel & Bavar. Amy Wilson. 2018. (ENG.). 320p. (J). (gr. 3-7). 16.99 (978-0-06-267151-6(0), Tegen, Katherine Bks) HarperCollins Pubs.

Angel & Joe & Their Two Dogs. Debra Christensen. 2020. (ENG.). 36p. (J). pap. 13.95 (978-1-64468-762-8(3)) Covenant Bks.

Angel & the Author: And Others (Classic Reprint) Jerome Jerome. (ENG., Illus.). (J). 2018. 312p. 30.33 (978-0-484-60173-3(3)); 2017. pap. 13.57 (978-0-243-15540-8(9)) Forgotten Bks.

Angel & the Demon: A Tale of Modern Spiritualism (Classic Reprint) T. S. Arthur. 2018. (ENG., Illus.). 326p. (J). 30.64 (978-0-484-11957-3(5)) Forgotten Bks.

Angel & the Flying Stallions (Pony Club Secrets, Book 10), Book 10. Stacy Gregg. 2020. (Pony Club Secrets Ser.: 10). (ENG., Illus.). 224p. (J). (gr. 4-7). 6.99 (978-0-00-729930-0(3), HarperCollins Children's Bks.) HarperCollins Pubs. Ltd. GBR. Dist: HarperCollins Pubs.

Angel & the Piper. Linda Rae. 2018. (ENG., Illus.). 46p. (J). 24.95 (978-1-64114-376-9(2)); pap. 14.95 (978-1-64416-377-1(2)) Christian Faith Publishing.

Angel! Angel! What Do You See? Cherri Pless Dittmer. 2019. (ENG., Illus.). 32p. (J). pap. 6.99 (978-0-7586-6210-1(6)) Concordia Publishing Hse.

Angel Baby & Her Teddy Bear. Evelyn Gugliotti. 2022. (ENG., Illus.). 48p. (J). pap. 16.95 (978-1-63860-043-5(0)) Fulton Bks.

Angel Called Scruffy. Denise G. Irvine. 2017. (ENG., Illus.). (J). pap. 11.99 (978-1-4984-9737-4(3)) Salem Author Services.

Angel (Classic Reprint) Guy Thorne. (ENG., Illus.). (J). 2018. 346p. 31.05 (978-0-332-51838-1(8)); 2018. 356p. 31.26 (978-0-483-40731-2(3)); 2017. pap. 13.57 (978-0-243-28995-0(2)); 2016. pap. 13.97 (978-1-334-14352-6(8)) Forgotten Bks.

Angel Doll Miracle. Michelle Gelinas. 2018. (ENG., Illus.). 50p. (J). 24.95 (978-1-64299-455-1(3)); pap. 14.95 (978-1-63525-541-6(4)) Christian Faith Publishing.

Angel Down. Micky O'Brady. 2021. (ENG.). 394p. (YA). pap. 16.99 (978-1-952667-24-4(0)) Snowy Wings Publishing.

Angel Eclipsed. C. L. Coffey. 2018. (Louisiangel Ser.: Vol. 2). (ENG., Illus.). 308p. (J). pap. (978-1-912644-98-8(3)) Axellia Publishing.

Angel Fall. L. X. Calypso. 2022. (ENG.). 252p. (YA). pap. 20.95 (978-1-63985-571-1(8)) Fulton Bks.

Angel Finds the Way. Robert Smith. 2018. (ENG.). (J). 14.95 (978-1-62086-452-4(5)) Amplify Publishing Group.

Angel for Jessica Leigh. Yvette S. Illus. by Patricia And Robin DeWitt. 2023. (Spiral Staircase to Heaven Ser.). (ENG.). 44p. (YA). (978-1-0391-5083-6(7)); pap. (978-1-0391-5082-9(9)) FriesenPress.

Angel Friend of Mine Helps Robbie's Missions. Anthony V. Salerno. 2021. (ENG.). 172p. (YA). pap. 16.95 (978-1-0980-9844-5(7)) Christian Faith Publishing.

Angel Friends. Courtney Dayne. 2020. (ENG.). 24p. (J). pap. 15.00 (978-1-7948-8463-2(7)) Lulu Pr., Inc.

Angel Heart Friends. Subendri Naidoo. 2020. (ENG.). 64p. (J). pap. 23.95 (978-1-9822-4677-8(4), Balboa Pr.) Author Solutions, LLC.

Angel in a Web (Classic Reprint) Julian Ralph. (ENG., Illus.). (J). 2018. 272p. 29.53 (978-0-364-00630-6(7)); 2017. pap. 11.97 (978-0-282-99344-3(4)) Forgotten Bks.

Angel in an Unexpected Place. Elizabeth Johnson. 2020. (ENG.). 32p. (J). pap. 13.95 (978-1-64468-608-9(2)) Covenant Bks.

Angel in Beijing. Belle Yang. Illus. by Belle Yang. (ENG.). 32p. (J). (gr. -1-3). 2022. 7.99 (978-1-5362-2773-4(0)); 2018. (Illus.). 16.99 (978-0-7636-9270-4(0)) Candlewick Pr.

Angel in Crisis. C. L. Coffey. 2017. (Louisiangel Ser.: Vol. 4). (ENG., Illus.). 332p. (J). pap. (978-1-912644-96-4(7)) Axellia Publishing.

Angel in Disguise. Thelma Collins. 2020. (ENG.). 28p. (J). pap. 19.99 (978-1-63221-121-7(1)) Salem Author Services.

Angel in the Alley: An Oklahoma Story of Fur, Friendship, & Finding Family. Sara Conover McKinnis. Illus. by Lana Dunlap. 2018. (ENG.). 48p. (J). (gr. k-5). pap. 16.00 (978-0-692-15641-4(0)) Mot de Mere Publishing.

Angel in the Classroom. Julie Finnemore. Illus. by Sam Woodfield. 2022. (Angel Ser.: Vol. 2). (ENG.). 114p. (J). pap. (978-1-80381-191-8(9)) Grosvenor Hse. Publishing Ltd.

Angel in the Garden. Teresa E. Lavergne. 2017. (ENG., Illus.). (J). pap. 12.00 (978-0-9966237-2-8(8)) Teresa E Lavergne.

Angel in the Mirror: The City under Seattle. Thea Thomas. 2020. (City under Seattle Ser.: Vol. 3). (ENG.). 172p. (YA). pap. 9.49 (978-1-947151-94-9(0)) Emerson & Tilman.

Angel in the Park. Jan Thornton Jones. 2017. (ENG., Illus.). (J). 22.95 (978-1-64079-174-9(4)); pap. 12.95 (978-1-64079-172-5(8)) Christian Faith Publishing.

Angel in the Playground. Julie Finnemore. 2018. (ENG., Illus.). 94p. (J). pap. (978-1-78623-376-9(2)) Grosvenor Hse. Publishing Ltd.

Angel in the Rose Garden. Ivania Pérez Cirigo. 2021. (ENG.). 68p. (YA). pap. 13.95 (978-1-6624-5672-5(7)) Page Publishing Inc.

Angel Intrudes: A Play in One Act (Classic Reprint) Floyd Dell. 2017. (ENG., Illus.). (J). 24.47 (978-0-331-66934-3(X)) Forgotten Bks.

Angel Island: Gateway to Gold Mountain. Russell Freedman. 2016. (ENG., Illus.). 96p. (J). (gr. 5-7). pap. 10.99 (978-0-544-81089-1(9), 1641671, Clarion Bks.) HarperCollins Pubs.

Angel Island: Gateway to Gold Mountain. Russell Freedman. ed. 2016. lib. bdg. 22.10 (978-0-606-39677-6(2)) Turtleback.

Angel Island Immigration Station. Virginia Loh-Hagan. 2022. (21st Century Skills Library: Racial Justice in America: AAPI Histories Ser.). (ENG., Illus.). 32p. (J). (gr. 5-8). pap. 14.21 (978-1-6689-1089-4(6), 221034); lib. bdg. 32.07 (978-1-6689-0929-4(4), 220896) Cherry Lake Publishing.

Angel Lilly & the Stone Lion. Bob Sortelli. 2017. (ENG., Illus.). (J). pap. 12.95 (978-1-64028-249-0(1)) Christian Faith Publishing.

Ángel Llamado Caridad: ¿Seré un Ángel o, Simplemente, Mujer? Cj J. Fontán. 2022. (SPA.). 590p. (YA). pap. 31.95 (978-1-6624-8916-7(1)) Page Publishing Inc.

Angel Mage. Garth Nix. (ENG.). (YA). (gr. 9). 2020. 576p. pap. 10.99 (978-0-06-268323-6(3)); 2019. (Illus.). 560p. 19.99 (978-0-06-268322-9(5)) HarperCollins Pubs. (Tegen, Katherine Bks).

Angel Next Door Spoils Me Rotten, Vol. 2 (light Novel), Volume 2. Saekisan. Tr. by Nicole Wilder. 2021. (Angel Next Door Spoils Me Rotten Ser.: 2). (ENG., Illus.). 232p. (gr. 8-17). pap. 15.00 (978-1-9753-2269-4(X), Yen Pr.) Yen Pr. LLC.

Angel of Ashes & Dust: Wormwood Trilogy, Book 3. D.H. Nevins. 2022. (Wormwood Ser.: Vol. 3). (ENG.). 392p. (J). pap. (978-0-9877612-6-2(9)) Black Wraith Bks.

Angel of Christmas: A Vision of to-Day (Classic Reprint) Stella George Stern Perry. 2018. (ENG., Illus.). (J). 148p. 26.95 (978-0-366-56271-8(1)); 150p. pap. 9.57 (978-0-366-10978-4(2)) Forgotten Bks.

Angel of Clay (Classic Reprint) William Ordway Partridge Lull. 2018. (ENG., Illus.). 242p. (J). 28.91 (978-0-483-98394-6(2)) Forgotten Bks.

Angel of Forgiveness (Classic Reprint) Rosa Nouchette Carey. 2017. (ENG., Illus.). (J). 33.84 (978-1-5282-8935-1(8)) Forgotten Bks.

Angel of Greenwood. Randi Pink. 2021. (ENG., Illus.). 304p. (YA). 18.99 (978-1-250-76847-6(0), 900233094) Feiwel & Friends.

Angel of Greenwood. Randi Pink. 2022. (ENG.). 304p. (YA). pap. 10.99 (978-1-250-82129-4(0), 900233095) Square Fish.

Angel of Lonesome Hill: A Story of a President (Classic Reprint) Frederick Landis. 2018. (ENG., Illus.). 50p. (J). 24.93 (978-0-483-79329-3(9)) Forgotten Bks.

Angel of Mine. Phyllis McCrobie. 2022. (ENG., Illus.). 28p. (J). 24.95 (978-1-63903-505-2(2)) Christian Faith Publishing.

Angel of Pain (Classic Reprint) E. F. Benson. 2017. (ENG., Illus.). 370p. (J). 31.55 (978-0-484-55964-5(8)) Forgotten Bks.

Angel of Santo Tomas: The Story of Fe Del Mundo. Tammy Yee. 2022. (ENG., Illus.). 36p. (J). (gr. k-5). 16.95 (978-1-943431-74-8(4)) Tumblehome Learning.

Angel of the Gila: A Tale of Arizona (Classic Reprint) Cora Marsland. (ENG., Illus.). (J). 2018. 296p. 30.00 (978-0-483-83017-2(8)); 2016. pap. 13.57 (978-1-333-36495-3(4)) Forgotten Bks.

Angel of the Household (Classic Reprint) T. S. Arthur. 2017. (ENG., Illus.). (J). 28.29 (978-0-265-15382-6(4)) Forgotten Bks.

Angel of the Iceberg: And Other Stories, Illustrating Great Moral Truths; Designed Chiefly for the Young (Classic Reprint) John Todd. 2018. (ENG., Illus.). 390p. (J). 31.94 (978-0-483-60767-5(3)) Forgotten Bks.

Angel of the Tenement (Classic Reprint) George Madden Martin. (ENG., Illus.). (J). 2018. 144p. 26.87 (978-0-364-21921-8(1)); 2017. pap. 9.57 (978-0-259-30951-2(6)) Forgotten Bks.

Angel of Winter. Anne Dodd. 2017. (ENG., Illus.). (J). pap. 8.95 (978-1-947247-00-0(X)) Yorkshire Publishing Group.

Angel over the Right Shoulder (Classic Reprint) Unknown Author. (ENG., Illus.). (J). 2018. 34p. 24.60 (978-0-365-41932-7(X)); 2017. pap. 7.97 (978-0-259-21268-3(7)) Forgotten Bks.

Angel Pillow. Renee Garrot. 2017. (ENG., Illus.). (J). pap. 19.95 (978-0-9986060-4-0(9)) Lexingford Publishing.

Angel Radio. A. M. Blaushild. 2016. (ENG., Illus.). (YA). 27.99 (978-1-63477-935-7(5), Harmony Ink Pr.) Dreamspinner Pr.

Angel Rock Leap. Ellen Weisberg. 2019. (ENG.). 240p. (YA). (gr. 7-12). 19.95 (978-1-64633-168-0(0)) Waldorf Publishing.

Angel Sharks. Rebecca Pettiford. 2020. (Shark Frenzy Ser.). (ENG., Illus.). 24p. (J). (gr. k-3). lib. bdg. 26.95 (978-1-64487-243-7(9), Blastoff! Readers) Bellwether Media.

Angel Sharks in Action. Buffy Silverman. 2017. (Lightning Bolt Books (r) — Shark World Ser.). (ENG., Illus.). 24p. (J). (gr. 1-3). 29.32 (978-1-5124-3381-4(0), 1e518dbe-3407-4c1a-851f-ec272a8d5043, Lerner Pubns.) Lerner Publishing Group.

Angel Stories from the Bible. Charlotte Grossetête. Illus. by Madeleine Brunelet et al. 2017. (ENG.). 48p. (J). (gr. k-5). 15.99 (978-1-62164-207-7(0)) Ignatius Pr.

Angel Tears. Julia Ramirez. 2021. (ENG.). 73p. (YA). pap. (978-0-557-94807-9(X)) Lulu Pr., Inc.

Angel, the Couch Potato. Donna Dobroski. 2022. (ENG.). 22p. (J). pap. (978-0-2288-5832-4(1)) Tellwell Talent.

Angel (the Puppy Place #46) Ellen Miles. 2017. (Puppy Place Ser.: 46). (ENG.). 96p. (J). (gr. 2-5). pap. 5.99 (978-1-338-06919-8(5), Scholastic Paperbacks) Scholastic, Inc.

Angel, the Star, & the Baby: Coloring & Activity Book (Ages 5-7) Created by Warner Press. 2023. (ENG.). 16p. (J). pap. 4.01 (978-1-68434-463-5(8)) Warner Pr., Inc.

Angel Thieves. Kathi Appelt. (ENG.). 336p. (YA). (gr. 9). 2020. pap. 11.99 (978-1-4423-3966-8(7), Atheneum Bks. for Young Readers); 2019. 18.99 (978-1-4424-2109-7(6), Atheneum/Caitlyn Dlouhy Books) Simon & Schuster Children's Publishing.

Angel: Through My Eyes - Natural Disaster Zones. Zoe Daniel. Ed. by Lyn White. 2019. (Through My Eyes Ser.). (ENG.). 192p. (J). (gr. 6-9). pap. 15.99 (978-1-76011-377-3(8)) Allen & Unwin AUS. Dist: Independent Pubs. Group.

Angel Tormented. C. L. Coffey. 2016. (Louisiangel Ser.: Vol. 3). (ENG., Illus.). 352p. (J). pap. (978-1-912644-97-1(5)) Axellia Publishing.

Angel Tree & Me. Tracy Blom. Illus. by Fx and Color Studio. 2019. (ENG.). 26p. (J). pap. 9.99 (978-1-7336349-6-4(3)) Southampton Publishing.

Angel Trilogy: A Life Beyond Death. K. L. Taylor. 2017. (ENG.). 80p. (J). pap. (978-1-326-94610-4(2)) Lulu Pr., Inc.

Angel Unawares: A Story of Christmas Eve (Classic Reprint) C. N. Williamson. 2018. (ENG., Illus.). 68p. (J). 25.30 (978-0-332-73307-4(6)) Forgotten Bks.

Angel Visit: Or Recollections of Gentle Lizzie (Classic Reprint) Unknown Author. 2017. (ENG., Illus.). 72p. (J). 25.38 (978-0-265-93690-0(X)) Forgotten Bks.

Angel Warrior. Emmanuel Brown. 2022. (ENG., Illus.). 32p. (J). pap. 14.95 (978-1-63881-991-2(2)) Newman Springs Publishing, Inc.

Angel Wings. Marilyn Melton Morrison. Illus. by Ginger Enis. 2020. (ENG.). 32p. (J). pap. 12.49 (978-1-63221-093-7(2)) Salem Author Services.

Angel with a Broken Wing: A Story for Children Who Feel Not Good Enough. L. Odessa Mabry. 2022. (ENG.). 42p. (J). pap. 12.24 (978-1-7332520-6-5(1)) Southampton Publishing.

Angel with a Broom (Classic Reprint) Elia Wilkinson Peattie. (ENG., Illus.). (J). 2018. 30p. 24.54 (978-0-483-52136-0(1)); 2016. pap. 7.97 (978-1-334-54804-8(8)) Forgotten Bks.

Angel with Only One Wing. Nadene Merkitch Jantz. (ENG., Illus.). 50p. (J). 2021. 22.99 (978-1-63984-173-8(3)); 2020. pap. 15.99 (978-1-948390-54-5(X)) Pen It Pubns.

Angela. Quincy Tran. 2016. (ENG., Illus.). (J). 25.00 (978-1-365-41010-9(2)) Lulu Pr., Inc.

Angela: A Novel (Classic Reprint) Anne Marsh-Caldwell. (ENG., Illus.). (J). 2017. 34.35 (978-0-331-80869-8(2)); 2016. pap. 16.97 (978-1-333-30356-3(4)) Forgotten Bks.

Angela: A Sketch (Classic Reprint) Alice Weber. 2018. (ENG., Illus.). 202p. (J). 28.08 (978-0-484-82962-5(9)) Forgotten Bks.

Angela Merkel: Chancellor of Germany. Kate Moening. 2019. (Women Leading the Way Ser.). (ENG., Illus.). 24p. (J). (gr. k-3). pap. 7.99 (978-1-61891-721-8(8), 12302); lib. bdg. 26.95 (978-1-64487-098-3(3)) Bellwether Media. (Blastoff! Readers).

Angela Merkel: Chancellor of Germany. Edward Willett. 2018. (World Leaders Ser.). (ENG., Illus.). 48p. (J). (gr. 5-6). pap. 11.95 (978-1-63517-622-3(0), 1635176220); lib. bdg. 34.21 (978-1-63517-550-9(X), 163517550X) North Star Editions. (Focus Readers).

Angela the Warrior. Stephanie Jordan Psyd Omd. 2017. (ENG., Illus.). (J). pap. 16.95 (978-1-5043-8362-2(1), Balboa Pr.) Author Solutions, LLC.

Angela the Warrior. Stephanie Jordan. 2018. (ENG.). 38p. (J). 14.95 (978-1-68401-752-2(1)) Amplify Publishing Group.

Angela, Vol. 1 Of 3: A Novel (Classic Reprint) Anne Marsh-Caldwell. (ENG., Illus.). (J). 2018. 324p. 30.62 (978-0-484-30661-4(8)); 2016. pap. 13.57 (978-1-334-23611-2(9)) Forgotten Bks.

Angela, Vol. 2 Of 3: A Novel (Classic Reprint) Anne Marsh-Caldwell. 2018. (ENG., Illus.). 328p. (J). 30.66 (978-0-332-96730-1(1)) Forgotten Bks.

Angela, Vol. 3 Of 3: A Novel (Classic Reprint) Anne Marsh-Caldwell. (ENG., Illus.). (J). 2018. 360p. 31.32 (978-0-483-94215-8(4)); 2017. pap. 13.97 (978-0-243-44795-4(7)) Forgotten Bks.

Angela's Airplane. Robert Munsch. Illus. by Michael Martchenko. (Classic Munsch Ser.). (ENG.). 24p. (J). (gr. k-2). 2018. 6.95 (978-1-77321-076-6(9)); 2016. bds. 7.99 (978-1-55451-829-6(6)) Annick Pr., Ltd. CAN. Dist: Publishers Group West (PGW).

Angela's Airplane Early Reader. Robert Munsch. Illus. by Michael Martchenko. 2022. (Munsch Early Readers Ser.). 40p. (J). (gr. k-3). 16.99 (978-1-77321-650-8(3)) Annick Pr., Ltd. CAN. Dist: Publishers Group West (PGW).

Angela's Airplane Early Reader: (Munsch Early Reader) Robert Munsch. Illus. by Michael Martchenko. adapted ed. 2022. (Munsch Early Readers Ser.). 40p. (J). (gr. k-3). pap. 4.99 (978-1-77321-640-9(6)) Annick Pr., Ltd. CAN. Dist: Publishers Group West (PGW).

Angela's Business (Classic Reprint) Henry Sydnor Harrison. 2018. (ENG., Illus.). 404p. (J). 32.23 (978-0-483-02758-9(8)) Forgotten Bks.

Angela's Christmas. Frank McCourt. Illus. by Raúl ón. 2019. (ENG.). 32p. (J). (gr. -1-3). 17.99 (978-1-5344-6122-2(1), Simon & Schuster/Paula Wiseman Bks.) Simon & Schuster/Paula Wiseman Bks.

Angela's Christmas Wish. Illus. by Brown Bag Brown Bag Films. 2021. (ENG.). 32p. (J). (gr. -1-3). 14.99 (978-1-6659-0377-6(5), Simon Spotlight) Simon Spotlight.

Angela's Quest (Classic Reprint) Lilian Bell. 2017. (ENG., Illus.). (J). 29.82 (978-0-265-19061-6(4)) Forgotten Bks.

Ángeles Caídos. Susan Ee. 2021. (Ángeles Caídos Ser.: Vol. 1). (SPA.). 328p. (YA). pap. 13.99 (978-0-9835970-0-1(6)) Dream, Feral LLC.

Angelfish. Nathan Sommer. 2018. (Ocean Life up Close Ser.). (ENG., Illus.). 24p. (J). (gr. k-3). lib. bdg. 26.95 (978-1-62617-764-2(3), Blastoff! Readers) Bellwether Media.

Angelfish Feels Angry. Katie Woolley. Illus. by David Arumi. 2022. (Emotion Ocean Ser.). (ENG.). 32p. (J). (gr. k-3). pap. 9.99 (978-1-7284-6408-4(0), 8674fd7f-3825-4086-b2fd-4a2ec9969181); lib. bdg. 29.32 (978-1-7284-4600-4(7), 6f5fa9c6-fd52-42bd-b292-86ef200e9767) Lerner Publishing Group. (Lerner Pubns.).

Angelfly. Nikki Ness. Tr. by M. Amelia Eikli. Illus. by Eidi Helen Stickler. 2017. (ENG.). 136p. (J). pap. (978-82-690749-3-2(4)) FlyFly.

A

Angeli in Volo. Nadia Diotallevi. 2018. (ITA.). 34p. (J). pap. *(978-0-244-13360-3(3))* Lulu Pr., Inc.

Angelic Business. the Full Trilogy. a Paranormal YA Series. Olga Núñez Miret. 2020. (ENG.). 500p. (YA). pap. *(978-1-393-92322-0(4))* Just Olga Bks.

Angelica (Classic Reprint) Elisabeth Sanxay Holding. 2018. (ENG., Illus.). 292p. (J). 29.94 *(978-0-267-29198-4(1))* Forgotten Bks.

Angelina & Alice. Katharine Holabird. Illus. by Helen Craig. 2021. (Angelina Ballerina Ser.). (ENG.). 32p. (J). (gr. -1-3). 17.99 *(978-1-5344-9527-2(4)*, Little Simon) Little Simon.

Angelina & Henry. Katharine Holabird. Illus. by Helen Craig. 2023. (Angelina Ballerina Ser.). (ENG.). 32p. (J). (gr. -1-3). 18.99 ***(978-1-6659-3948-5(6)***, Little Simon) Little Simon.

Angelina & the Princess. Katharine Holabird. Illus. by Helen Craig. 2020. (Angelina Ballerina Ser.). (ENG.). 32p. (J). (gr. -1-3). 17.99 *(978-1-5344-6961-7(3)*, Little Simon) Little Simon.

Angelina & the Royal Wedding. Katharine Holabird. Illus. by Helen Craig. 2022. (Angelina Ballerina Ser.). (ENG.). 32p. (J). (gr. -1-3). 18.99 *(978-1-6659-2633-1(3)*, Little Simon) Little Simon.

Angelina & the Silver Sword: Tales from the Magick Realm-Book 1. Eva Mae Smith. 2021. (ENG.). 137p. (YA). pap. *(978-1-6780-8051-8(9))* Lulu Pr., Inc.

Angelina & the Valentine's Day Surprise. Katharine Holabird. Illus. by Helen Craig. 2022. (Angelina Ballerina Ser.). (ENG.). 18p. (J). (gr. -1-2). 9.99 *(978-1-5344-9629-3(7)*, Simon Spotlight) Simon Spotlight.

Angelina at the Fair. Katharine Holabird. Illus. by Helen Craig. 2022. (Angelina Ballerina Ser.). (ENG.). 32p. (J). (gr. -1-3). 18.99 *(978-1-6659-1283-9(9)*, Little Simon) Little Simon.

Angelina at the Palace. Katharine Holabird. Illus. by Helen Craig. 2022. (Angelina Ballerina Ser.). (ENG.). 32p. (J). (gr. -1-3). 17.99 *(978-1-5344-9721-4(8)*, Little Simon) Little Simon.

Angelina Ballerina. Katharine Holabird. Illus. by Helen Craig. 2019. (Angelina Ballerina Ser.). (ENG.). 32p. (J). (gr. -1-3). 18.99 *(978-1-5344-5151-3(X)*, Little Simon) Little Simon.

Angelina Ballerina 5-Minute Stories. Katharine Holabird. Illus. by Helen Craig. 2022. (Angelina Ballerina Ser.). (ENG.). 192p. (J). (gr. -1-2). 12.99 *(978-1-6659-2058-2(0)*, Simon Spotlight) Simon Spotlight.

Angelina Ballerina & the Art Fair. Katharine Holabird. ed. 2021. (Ready-To-Read Ser.). (ENG., Illus.). 32p. (J). (gr. k-1). 15.46 *(978-1-68505-059-7(X))* Penworthy Co., LLC, The.

Angelina Ballerina & the Art Fair: Ready-To-Read Level 1. Katharine Holabird. Illus. by Helen Craig. 2021. (Angelina Ballerina Ser.). (ENG.). 32p. (J). (gr. -1-1). 17.99 *(978-1-5344-9511-1(8))*; pap. 4.99 *(978-1-5344-9510-4(X))* Simon Spotlight. (Simon Spotlight).

Angelina Ballerina & the Tea Party. Katharine Holabird. ed. 2019. (Ready-To-Read Ser.). (ENG.). 32p. (J). (gr. k-1). 13.96 *(978-1-64697-112-1(4))* Penworthy Co., LLC, The.

Angelina Ballerina & the Tea Party: Ready-To-Read Level 1. Katharine Holabird. Illus. by Helen Craig. 2019. (Angelina Ballerina Ser.). (ENG.). 32p. (J). (gr. -1-1). 17.99 *(978-1-5344-5427-9(6))*; pap. 4.99 *(978-1-5344-5426-2(8))* Simon Spotlight. (Simon Spotlight).

Angelina Ballerina at Ballet School. Katharine Holabird. ed. 2022. (Angelina Ballerina 8x8 Bks). (ENG., Illus.). 24p. (J). (gr. k-1). 17.46 *(978-1-68505-153-2(7))* Penworthy Co., LLC, The.

Angelina Ballerina at Ballet School. Katharine Holabird. Illus. by Helen Craig. 2021. (Angelina Ballerina Ser.). (ENG.). 24p. (J). (gr. -1-2). pap. 5.99 *(978-1-5344-8529-7(5)*, Simon Spotlight) Simon Spotlight.

Angelina Ballerina by the Sea. Katharine Holabird. Illus. by Helen Craig. 2022. (Angelina Ballerina Ser.). (ENG.). 16p. (J). (gr. -1-2). pap. 6.99 *(978-1-6659-1392-8(4)*, Simon Spotlight) Simon Spotlight.

Angelina Ballerina Classic Picture Book Collection (Boxed Set) Angelina Ballerina; Angelina & Alice; Angelina & the Princess. Katharine Holabird. Illus. by Helen Craig. ed. 2023. (Angelina Ballerina Ser.). (ENG.). 96p. (J). (gr. -1-3). 53.99 ***(978-1-6659-3956-0(7)***, Simon Spotlight) Simon Spotlight.

Angelina Ballerina Dresses Up. Katharine Holabird. ed. 2020. (Angelina Ballerina 8x8 Bks). (ENG., Illus.). 32p. (J). (gr. k-1). 16.96 *(978-1-64697-418-4(2))* Penworthy Co., LLC, The.

Angelina Ballerina Dresses Up. Katharine Holabird. Illus. by Helen Craig. 2020. (Angelina Ballerina Ser.). (ENG.). 32p. (J). (gr. -1-1). pap. 7.99 *(978-1-5344-6951-8(6)*, Simon Spotlight) Simon Spotlight.

Angelina Ballerina Loves Ice-Skating! Katharine Holabird. Illus. by Helen Craig. 2020. (Angelina Ballerina Ser.). (ENG.). 22p. (J). (gr. -1-k). bds. 7.99 *(978-1-5344-6959-4(1)*, Simon Spotlight) Simon Spotlight.

Angelina Ballerina Loves the Library. Katharine Holabird. ed. 2022. (Ready-To-Read Ser.). (ENG.). 32p. (J). (gr. k-1). 16.46 ***(978-1-68505-211-9(8))*** Penworthy Co., LLC, The.

Angelina Ballerina Loves the Library: Ready-To-Read Level 1. Katharine Holabird. Illus. by Helen Craig. 2021. (Angelina Ballerina Ser.). (ENG.). 32p. (J). (gr. -1-1). 17.99 *(978-1-5344-9821-1(4))*; pap. 4.99 *(978-1-5344-9820-4(6))* Simon Spotlight. (Simon Spotlight).

Angelina Ballerina Mini Library (Boxed Set) Meet Angelina Ballerina; Angelina Loves; Angelina Ballerina at Ballet School; Angelina Ballerina Dresses Up. Katharine Holabird. Illus. by Helen Craig. ed. 2022. (Angelina Ballerina Ser.). (ENG.). 96p. (J). (gr. -1-2). 14.99 *(978-1-6659-2748-2(8)*, Simon Spotlight) Simon Spotlight.

Angelina Ballerina on the Go! (Boxed Set) Angelina Ballerina at Ballet School; Angelina Ballerina Dresses up; Big Dreams!; Center Stage; Family Fun Day; Meet Angelina Ballerina. Katharine Holabird. Illus. by Helen Craig. ed. 2022. (Angelina Ballerina Ser.). (ENG.). 136p. (J). (gr. -1-1). pap. 17.99 *(978-1-6659-0142-0(X)*, Simon Spotlight) Simon Spotlight.

Angelina Ballerina Tries Again. Katharine Holabird. ed. 2020. (Ready-To-Read Ser.). (ENG., Illus.). 32p. (J). (gr. k-1). 13.96 *(978-1-64697-422-1(0))* Penworthy Co., LLC, The.

Angelina Ballerina Tries Again: Ready-To-Read Level 1. Katharine Holabird. Illus. by Helen Craig. 2020. (Angelina Ballerina Ser.). (ENG.). 32p. (J). (gr. -1-1). 17.99 *(978-1-5344-6446-9(8))*; pap. 4.99 *(978-1-5344-6445-2(X))* Simon Spotlight. (Simon Spotlight).

Angelina Ballerina's Ballet Tour. Katharine Holabird. Illus. by Helen Craig. 2023. (Angelina Ballerina Ser.). (ENG.). 64p. (J). (gr. -1-3). 17.99 ***(978-1-6659-3591-3(X))***; pap. 5.99 ***(978-1-6659-3590-6(1))*** Simon Spotlight. (Simon Spotlight).

Angelina Dreams Big. Melody McFarlane. Illus. by Afroja Bithi. 2023. (ENG.). 28p. (J). pap. 8.99 ***(978-1-6629-3349-3(5))***; 17.99 ***(978-1-6629-3348-6(7))*** Gatekeeper Pr.

Angelina Feels Like Dancing! A Touch-And-Feel Ballet Book. Katharine Holabird. Illus. by Helen Craig. 2020. (Angelina Ballerina Ser.). (ENG.). 12p. (J). (gr. -1-2). 9.99 *(978-1-5344-8006-3(4)*, Simon Spotlight) Simon Spotlight.

Angelina Loves. Katharine Holabird. Illus. by Helen Craig. 2019. (Angelina Ballerina Ser.). (ENG.). 22p. (J). (gr. -1-k). bds. 6.99 *(978-1-5344-5686-0(4)*, Simon Spotlight) Simon Spotlight.

Angelina on Stage. Katharine Holabird. Illus. by Helen Craig. 2022. (Angelina Ballerina Ser.). (ENG.). 32p. (J). (gr. -1-3). 18.99 *(978-1-6659-1996-8(5)*, Little Simon) Little Simon.

Angelina, Star of the Show. Katharine Holabird. Illus. by Helen Craig. 2023. (Angelina Ballerina Ser.). (ENG.). 32p. (J). (gr. k-3). 18.99 ***(978-1-6659-3144-1(2)***, Little Simon) Little Simon.

Angelina the Clumsy Fairy & Animal Adventures. Phillippa Leslie. 2019. (ENG., Illus.). 62p. (J). pap. *(978-1-78623-600-5(1))* Grosvenor Hse. Publishing Ltd.

Angelina's Baby Sister. Katharine Holabird. Illus. by Helen Craig. 2021. (Angelina Ballerina Ser.). (ENG.). 32p. (J). (gr. -1-3). 17.99 *(978-1-5344-8323-1(3)*, Little Simon) Little Simon.

Angelina's Ballet Bag. Katharine Holabird. Illus. by Helen Craig. 2022. (Angelina Ballerina Ser.). (ENG.). 12p. (J). (gr. -1-1). bds. 12.99 *(978-1-6659-0209-0(4)*, Simon Spotlight) Simon Spotlight.

Angelino. Deane W. Conley. 2017. (ENG., Illus.). 48p. (J). pap. 12.95 *(978-1-64191-076-7(3))* Christian Faith Publishing.

Angelita la Oveja. Lisa Mullarkey. Illus. by Paula Franco. 2023. (Amigos de la Granja Ser.). (SPA.). 32p. (J). (gr. -1-3). lib. bdg. 32.79 ***(978-1-0982-3743-1(9)***, 42795, Calico Chapter Bks) Magic Wagon.

Angell Prize-Contest Recitations: To Advance Humane Education in All Its Phases; Compiled to Be Used in Entertainments Managed by Churches, Societies, Lyceums, Sunday Schools, Bands of Mercy, or Individuals Aiming to Establish Right over Wrong, Kindness O. Emma Rood Tuttle. (ENG., Illus.). (J). 2018. 198p. 27.98 *(978-0-483-79846-5(0))*; 2017. pap. 10.57 *(978-0-243-21660-4(2))* Forgotten Bks.

Angelo & the Sunbeam Jewel. Dandi Palmer. 2017. (ENG., Illus.). (J). pap. *(978-1-906442-62-0(2))* Dodo Bks.

Angelo Apple. Anetta Norwell. 2017. (ENG., Illus.). (J). pap. 12.99 *(978-0-9986975-8-1(3))* Mindstir Media.

Angelo Lyons, Vol. 1 Of 3: A Novel (Classic Reprint) William Platt. 2018. (ENG., Illus.). 342p. (J). 30.97 *(978-0-483-79322-4(1))* Forgotten Bks.

Angelo Lyons, Vol. 2 Of 3: A Novel (Classic Reprint) William Platt. (ENG., Illus.). (J). 2018. 328p. 30.68 *(978-0-267-31081-4(1))*; 2016. pap. 13.57 *(978-1-333-39224-6(9))* Forgotten Bks.

Angelo Lyons, Vol. 3 Of 3: A Novel (Classic Reprint) William Platt. (ENG., Illus.). (J). 2018. 332p. 30.74 *(978-0-483-85540-3(5))*; 2016. pap. 13.57 *(978-1-334-20659-7(7))* Forgotten Bks.

Angelo's PIC Nic, or Table Talk: Including Numerous Recollections of Public Characters, Who Have Figured in Some Part or Another of the Stage of Life for the Last Fifty Years (Classic Reprint) Henry Angelo. (ENG., Illus.). (J). 2017. 408p. 32.31 *(978-0-332-27829-2(8))*; 2016. pap. 16.57 *(978-1-334-14276-5(9))* Forgotten Bks.

Angelot: A Story of the First Empire (Classic Reprint) Eleanor Catherine Price. 2018. (ENG., Illus.). (J). 496p. 34.15 *(978-0-366-56119-3(7))*; 498p. pap. 16.57 *(978-0-366-06327-7(8))* Forgotten Bks.

Angels see Angeles: The Secret/el Secreto

Angels. Ed. by Jody Amato. 2016. (ENG., Illus.). (YA). (gr. 7-10). pap. 10.99 *(978-0-9981499-0-5(X))* Towne Woman Creations.

Angels. Chewe Jai'. 2016. (ENG., Illus.). (YA). (gr. 7-10). 14.99 *(978-0-9981499-1-2(8))* Towne Woman Creations.

Angels. Laura K. Murray. 2017. (Are They Real? Ser.). (ENG., Illus.). 24p. (J). (gr. 1-4). pap. 8.99 *(978-1-62832-368-9(X)*, 20054, Creative Paperbacks) Creative Co., The.

Angels. Penelope Dyan. Illus. by Penelope Dyan. l.t. ed. 2022. (ENG.). 34p. (J). pap. 12.60 ***(978-1-61477-623-9(7))*** Bellissima Publishing, LLC.

Angel's Advocate: A Magical Fantasy. Jalen Jasso. 2021. (ENG.). 258p. (YA). pap. 14.98 *(978-1-0879-7344-9(9))* Indy Pub.

Angels among Us: Millennial Quest Series, Book 2. John M. Pontius. 2017. (YA). pap. 15.99 *(978-1-4621-2128-1(4)*, Horizon Pubs.) Cedar Fort, Inc./CFI Distribution.

Angels & a Fun Family Roadtrip! Sara Goetz. 2016. (ENG., Illus.). (J). pap. 16.95 *(978-1-5043-6388-4(4)*, Balboa Pr.) Author Solutions, LLC.

Angels & Fairies & Bright Rainbows. Sara Lee Langsam. 2021. (ENG.). 68p. (J). pap. 15.00 *(978-0-578-94965-9(2))* Amerissis Pr.

Angels & the Harp. Sylvia Rea. Illus. by Martha Carroll. 2017. (ENG.). (J). pap. 9.95 *(978-1-944393-59-5(5))* RIVERRUN BOOKSTORE INC.

Angels, Angels Everywhere. Susan M. Branz. Illus. by Ashley D. Bostanic. 2017. (ENG.). (J). 19.95 *(978-1-68197-856-7(3))*; (gr. -1-3). 12.95 *(978-1-68197-854-3(7))* Christian Faith Publishing.

Angels Angels Everywhere. Leanne LaBadie. 2017. (ENG., Illus.). (J). (gr. -1-3). *(978-1-5255-1304-6(4))*; *(978-1-5255-1305-3(2))* FriesenPress.

Angels Angels Everywhere. Jodi Pesca. 2019. (ENG., Illus.). 18p. (J). pap. 12.95 *(978-1-64438-622-4(4))* Booklocker.com, Inc.

Angels, Angels Way up High. Karen Jean Matsko Hood. Ed. by Whispering Pine Press International. Illus. by Alexandra Dzhiganskaya. 2017. (Hood Picture Book Ser.). (J). bk. 2. pap. 15.95 *(978-1-930948-09-9(3))*; Vol. 2. 24.95 *(978-1-930948-81-5(6))* Whispering Pine Pr. International, Inc.

Angels Are Sweet & Neat Coloring Book. Activibooks For Kids. 2016. (ENG., Illus.). (J). pap. 9.20 *(978-1-68321-656-8(3))* Mimaxion.

Angels, Are They Real? Laura K. Murray. 2017. (Are They Real? Ser.). (ENG., Illus.). 24p. (J). (gr. 1-4). *(978-1-60818-760-7(8)*, 20056, Creative Education) Creative Co., The.

Angels Around Me. Claire Odogbo. 2022. (ENG.). 48p. (J). pap. *(978-0-2288-6326-7(0))* Tellwell Talent.

Angel's Broken Wings. Edna Y. Sykes. 2021. (ENG.). 26p. (J). 18.99 *(978-1-0879-7985-4(4))* Indy Pub.

Angel's Christmas. Bill Harlan & Lisa Winter. 2019. (ENG.). 198p. (YA). pap. 15.95 *(978-1-64492-126-5(X))* Christian Faith Publishing.

Angel's Christmas Miracle. Patti Galietta. 2016. (ENG., Illus.). (J). pap. 10.95 *(978-1-5043-5025-9(1)*, Balboa Pr.) Author Solutions, LLC.

Angels Club 3: The Fight to Save Mustangs. Vail Courtney. 2017. (Angels Club Ser.: Vol. 3). (ENG., Illus.). (J). (gr. 3-6). pap. 13.99 *(978-0-9845582-7-8(6))* West Ridge Farm Publishing.

Angels, Demons, Devils & Gods. Lawrence Shenkin. 2020. (ENG.). 142p. (J). 25.00 *(978-1-716-77091-3(2))* Lulu Pr., Inc.

Angels, Fairies & Dragons Tales: Book 1. C. a Caines. 2019. (ENG., Illus.). 78p. (J). (gr. k-6). *(978-1-9995433-0-3(0))* Magical Mysteries.

Angels Foretold of Baby Jesus. Dona Haws. 2016. (ENG.). (J). (gr. k-3). 14.99 *(978-1-4621-1987-5(5))* Cedar Fort, Inc./CFI Distribution.

Angel's Forever Home. Rita Gigante et al. 2019. (ENG.). 38p. (J). 14.95 *(978-1-64307-121-3(1))* Amplify Publishing Group.

Angels from Above. Candy Moore Myers. 2016. (ENG., Illus.). (J). 22.99 *(978-1-4984-8440-4(9))*; pap. 11.99 *(978-1-4984-8439-8(5))* Salem Author Services.

Angel's Great Escape: A Christmas Story. Kirstie Rowson. Illus. by Kristyna Litten. 2016. (ENG.). 36p. (J). pap. *(978-0-9928408-1-5(3))* And So We Begin Ltd.

Angels in Flight above Coloring Book. Activibooks For Kids. 2016. (ENG., Illus.). (J). pap. 9.20 *(978-1-68321-751-0(9))* Mimaxion.

Angels in the Yard. D. E. Claire. 2023. (ENG.). 132p. (J). pap. ***(978-1-80227-468-4(5))*** Publishing Push Ltd.

Angels Ministers: Four Plays of Victorian Shade Character (Classic Reprint) Laurence Housman. 2018. (ENG., Illus.). 154p. (J). 27.09 *(978-0-365-31055-6(7))* Forgotten Bks.

Angels of Avalon: Book 1: the Glastonbury Twins Book 1. Keith Maxwell. 2021. (Glastonbury Twins Ser.: Vol. 1). (ENG.). 74p. (J). pap. *(978-1-913833-66-4(6))* Mirador Publishing.

Angels of Gum Tree Road. Sue Elvis. 2016. (ENG.). 224p. (J). pap. *(978-0-9925588-4-0(0))* Elvis, Susan.

Angels of Karma - the Beauty of Grey. Erchana Murray-Bartlett. 2023. (ENG.). 308p. (YA). pap. ***(978-1-80016-507-6(2)***, Vanguard Press) Pegasus Elliot Mackenzie Pubs.

Angels of Mons: The Bowmen & Other Legends of the War (Classic Reprint) Arthur Machen. 2018. (ENG., Illus.). 92p. (J). 25.81 *(978-0-483-76016-5(1))* Forgotten Bks.

Angels on Christmas Trees Coloring Book. Jupiter Kids. 2017. (ENG., Illus.). (J). pap. 9.20 *(978-1-68326-597-9(1)*, Jupiter Kids (Childrens & Kids Fiction)) Speedy Publishing LLC.

Angel's Share. Seymour C. Hamilton. Illus. by Shirley MacKenzie. 2nd ed. 2022. (Astreya's World Ser.: Vol. 1). (ENG.). 170p. (YA). pap. ***(978-0-9949499-8-1(7))*** Seymour Hamilton.

Angels Shoes & Other Stories (Classic Reprint) Marjorie L. C. Pickthall. 2018. (ENG., Illus.). 326p. (J). 30.64 *(978-0-484-44404-0(2))* Forgotten Bks.

Angels Sky Coloring Book with Vocabulary. Teen Angels. 2017. (ENG., Illus.). 70p. (J). pap. *(978-1-387-05697-2(2))* Lulu Pr., Inc.

Angels Smell Like Candy Coloring Book. Activibooks For Kids. 2016. (ENG., Illus.). (J). pap. 9.20 *(978-1-68321-743-5(8))* Mimaxion.

Angels' Song: A Christmas Token (Classic Reprint) Charles Benjamin Tayler. 2016. (ENG., Illus.). (J). pap. 11.57 *(978-1-334-14571-1(7))* Forgotten Bks.

Angels, the Enemy & the Corgi. Ann Mansfield Rector. 2017. (ENG., Illus.). (J). pap. 9.50 *(978-1-4834-5689-8(7))* Lulu Pr., Inc.

Angels Unshelved. Teresa Meyerhoeffer Christensen. 2018. (ENG., Illus.). 214p. (YA). pap. 14.95 *(978-1-64003-518-8(4))* Covenant Bks.

Angels Whisper the Story of Creation Revised - Second Edition. Ray McClendon. 2016. (ENG., Illus.). (J). pap. 15.95 *(978-1-5127-6314-0(4)*, WestBow Pr.) Author Solutions, LLC.

Angel's Wickedness: A True Story. Marie Corelli. 2017. (ENG., Illus.). (J). pap. *(978-0-649-31816-2(1))* Trieste Publishing Pty Ltd.

Angel's Wickedness: A True Story (Classic Reprint) Marie Corelli. (ENG., Illus.). (J). 2017. 25.01 *(978-0-260-61752-1(0))*; 2016. pap. 9.57 *(978-1-334-31927-3(8))* Forgotten Bks.

Angels Wings: Angel Wars Book 1. Anavah Moses. 2021. (ENG.). 154p. (YA). pap. 9.99 *(978-1-68487-609-9(5))* Notion Pr., Inc.

Angels' Work: Or, the Choristers of St. Mark's (Classic Reprint) Unknown Author. 2018. (ENG., Illus.). 80p. (J). 25.57 *(978-0-484-63507-3(7))* Forgotten Bks.

Anger. Czeena Devera. Illus. by Jeff Bane. 2021. (My Early Library: My Many Emotions Ser.). (ENG.). 24p. (J). (gr. k-1). pap. 12.79 *(978-1-5341-8833-4(9)*, 219067); lib. bdg. 30.64 *(978-1-5341-8693-4(X)*, 219066) Cherry Lake Publishing.

Anger. Tamra B. Orr. 2016. (21st Century Basic Skills Library: Feelings Ser.). (ENG., Illus.). 24p. (J). (gr. k-3). 26.35 *(978-1-63471-041-1(X)*, 208244) Cherry Lake Publishing.

Anger: An Inside Out Story. Isabelle Filliozat. 2020. (J). *(978-1-5415-9857-7(1))* Lerner Publishing Group.

Anger: Emotions & Feelings (Engaging Readers, Level 1) Kari Jones. Ed. by Sarah Harvey. l.t. ed. 2023. (Emotions & Feelings Ser.: Vol. 1). (ENG., Illus.). 32p. (J). ***(978-1-77476-796-2(1))***; pap. ***(978-1-77476-797-9(X))*** AD Classic.

Anger: Three Stories about Keeping Anger from Boiling Over. Ségolène de Noüel et al. Illus. by Caroline Modeste. 2021. (How to Handle My Emotions Ser.). (ENG.). 56p. (J). (gr. 2-5). pap. 11.99 *(978-1-62164-453-8(7))* Ignatius Pr.

Anger Is a Gift: A Novel. Mark Oshiro. (ENG.). 464p. (YA). 2019. pap. 10.99 *(978-1-250-16703-3(5)*, 900187398); 2018. 17.99 *(978-1-250-16702-6(7)*, 900187397) Doherty, Tom Assocs., LLC. (Tor Teen).

Anger Is a Storm. Lauren Martin. 2022. (ENG.). 24p. (J). 14.99 ***(978-1-0880-5821-3(3))*** Indy Pub.

Anger Is Like Armour. Shona Innes. Illus. by Írisz Agócs. 2020. (Big Hug Book Ser.). (ENG.). 32p. (J). 15.99 *(978-1-76050-765-7(2))* Little Hare Bks. AUS. Dist: Independent Pubs. Group.

Anger Management for Parents: How to Manage Your Emotions & Rise a Happy & Confident Child. Guide to Understand Your Triggers & Stop Losing Your Temper. Maria J. Scott. 2022. (ENG.). 140p. (J). 32.35 *(978-1-4716-5933-1(X))*; pap. 21.60 *(978-1-4716-6023-8(0))* Lulu Pr., Inc.

Anger Management Workbook for Teen Boys: CBT Skills to Defuse Triggers, Manage Difficult Emotions, & Resolve Issues Peacefully. Thomas J. Harbin. 2022. (ENG., Illus.). 168p. (YA). (gr. 6-12). pap. 18.95 *(978-1-68403-907-4(X)*, 49074, Instant Help Books) New Harbinger Pubns.

Anger Monster: A Story about Emotions. Grace Boyd. Illus. by Eleonora D'Amico. 2021. (ENG.). 36p. (J). pap. 15.99 ***(978-1-0879-1697-2(6))*** Indy Pub.

Anger Tree. John Cary. 2017. (ENG., Illus.). (J). (gr. 1-5). pap. 9.95 *(978-1-946539-28-1(7))* Strategic Book Publishing & Rights Agency (SBPRA).

Anger Volcano - a Book about Anger for Kids. Amanda Greenslade. 2017. (ENG., Illus.). (J). *(978-1-925635-77-5(5)*, Tigerace Bks.) Australian EBk. Pub.

Anger Within. Yolanda Carter. 2019. (ENG.). 220p. (YA). pap. 16.95 *(978-1-64424-772-3(0))* Page Publishing Inc.

Anger Within. P. K. Thomas. 2019. (ENG.). 50p. (J). 25.95 *(978-1-64458-683-9(5))* Christian Faith Publishing.

Anger Workbook for Kids: Fun DBT Activities to Help You Deal with Big Feelings & Get along with Others. Christina Kress. 2021. (ENG., Illus.). 152p. (J). (gr. k-5). pap. 21.95 *(978-1-68403-727-8(1)*, 47278, Instant Help Books) New Harbinger Pubns.

Anger Workbook for Teens: Activities to Help You Deal with Anger & Frustration. Raychelle Cassada Lohmann. 2nd rev. ed. 2019. (ENG., Illus.). 184p. (YA). (gr. 6-12). pap. 18.95 *(978-1-68403-245-7(8)*, 42457, Instant Help Books) New Harbinger Pubns.

Angesula Won't Sleep - e Aki Kona ni Matuu Angesula (Te Kiribati) Nelson Eae. Illus. by Bojana Simic. 2023. (ENG.). 38p. (J). pap. ***(978-1-922844-54-5(3))*** Library For All Limited.

Angie Bastian: Boomchickapop Boss. Rebecca Felix. 2017. (Female Foodies Ser.). (ENG., Illus.). 32p. (J). (gr. 3-6). lib. bdg. 32.79 *(978-1-5321-1264-5(5)*, 27588, Checkerboard Library) ABDO Publishing Co.

Angie Quinn's Amazing Adventures with Shnoogy & Kruddy: The Doodle Trap. Constance M. Douglas. Ed. by Gordon Blair. Illus. by Constance M. Douglas. 2020. (Angie Quinn's Amazing Adventures with Shnoogy & Krudy Ser.). (ENG., Illus.). 60p. (gr. k-5). pap. 14.95 *(978-0-9829274-4-1(4))* Changing World Publishing.

Angie Thomas 2-Book Hardcover Box Set: The Hate U Give & on the Come Up. Angie Thomas. 2019. (ENG.). 928p. (YA). (gr. 9). 37.98 *(978-0-06-289748-0(9)*, Balzer & Bray) HarperCollins Pubs.

Angie Thomas Box Set: the Hate U Give & Concrete Rose. Angie Thomas. 2022. (ENG.). 848p. (YA). (gr. 9). pap. 29.98 *(978-0-06-325288-2(0)*, Balzer & Bray) HarperCollins Pubs.

Angie Thomas: the Hate U Give & Concrete Rose 2-Book Box Set. Angie Thomas. 2021. (ENG.). 832p. (YA). (gr. 9). 38.98 *(978-0-06-316207-5(5)*, Balzer & Bray) HarperCollins Pubs.

Angie's Rescue: Pigs Can Fly! Barbara Thumann-Calderaro. 2017. (ENG.) (J). pap. 14.95 *(978-1-68401-324-1(0))* Amplify Publishing Group.

Angkor Wat. Melissa Ross. 2023. (Structural Wonders Ser.). (ENG., Illus.). 32p. (J). (gr. 3-5). lib. bdg. 31.35 *(978-1-63739-477-9(2)*, Focus Readers) North Star Editions.

Angkor Wat. Contrib. by Melissa Ross. 2023. (Structural Wonders Ser.). (ENG., Illus.). 32p. (J). (gr. 3-5). pap. 9.95 *(978-1-63739-514-1(0)*, Focus Readers) North Star Editions.

Angl. Isabel Belmonte Fernandez. 2019. (SPA.). 42p. (J). pap. *(978-0-244-45063-2(3))* Lulu Pr., Inc.

Angle Classification & Measurement - 6th Grade Geometry Books Vol I Children's Math Books. Baby Professor. 2017. (ENG., Illus.). (YA). pap. 9.25 *(978-1-5419-0419-4(2)*, Baby Professor (Education Kids)) Speedy Publishing LLC.

Angle Classification & Measurement - 6th Grade Geometry Books Vol II Children's Math Books. Baby Professor. 2017. (ENG., Illus.). (YA). pap. 9.25 *(978-1-5419-0420-0(6)*, Baby Professor (Education Kids)) Speedy Publishing LLC.

Angler at Large (Classic Reprint) William Caine. 2017. (ENG., Illus.). 318p. (J). 30.46 *(978-0-331-65801-9(1))* Forgotten Bks.

Angler in the Lake District: Or, Piscatory Colloquies & Fishing Excursions in Westmoreland & Cumberland (Classic Reprint) John Davy. 2018. (ENG., Illus.). 364p. (J). 31.40 *(978-0-267-13612-4(9))* Forgotten Bks.

Angler in Wales, or Days & Nights of Sportsmen, Vol. 1 (Classic Reprint) Thomas Medwin. 2018. (ENG., Illus.). 358p. (J). 31.30 *(978-0-428-77707-4(4))* Forgotten Bks.

Angler in Wales, or Days & Nights of Sportsmen, Vol. 2 of 2 (Classic Reprint) Thomas Medwin. (ENG., Illus.). (J).

TITLE INDEX

ANIMAL ATLAS

2017. 31.32 *(978-0-266-50904-2(5))*; 2016. pap. 13.97 *(978-1-334-23758-4(1))* Forgotten Bks.

Angler Island. Brad A. Lamar. 2021. (ENG.). 280p. (YA). pap. 19.95 *(978-1-6624-4907-9(0))* Page Publishing Inc.

Anglerfish: the Seadevil of the Deep. Elaine M. Alexander. Illus. by Fiona Fogg. 2022. (ENG.). 32p. (J). (gr. -1-3). 17.99 *(978-1-5362-1396-6(9))* Candlewick Pr.

Angler's Basket: Filled in Sunshine & Shade Through the Space of Forty Years: Being a Collection of Stories, Quaint Sayings, & Remembrances, with a Few Angling Hints & Experiences (Classic Reprint) T.E. Pritt. (ENG., Illus.). (J). 2018. 164p. 27.28 *(978-0-666-12676-4(3))*; 2017. pap. 9.97 *(978-0-259-27357-8(0))* Forgotten Bks.

Angles, Edges, & Curves, Oh My! Challenging Shape Drawing Activity Book. Jupiter Kids. 2016. (ENG., Illus.). 106p. (J). pap. 12.55 *(978-1-68326-181-0(X)*, Jupiter Kids (Childrens & Kids Fiction)) Speedy Publishing LLC.

Anglican Friar, & the Fish Which He Took by Hook & by Crook: A Comic Legend (Classic Reprint) A. Novice. 2018. (ENG., Illus.). 186p. (J). 27.73 *(978-0-428-83421-0(3))* Forgotten Bks.

Angliiskaia Hrestomatia, S Prilozheniem Anglo-Russkago Slovaria (Classic Reprint) A. Paukeromt. (ENG., Illus.). (J). 2018. 460p. 33.38 *(978-0-332-90236-4(6))*; 2017. pap. 16.57 *(978-0-243-28794-9(1))* Forgotten Bks.

Angling Excursions of Gregory Greendrake, Esq: In the Counties of Wicklow, Meath, Westmeath, Longford, & Cavan (Classic Reprint) Geoffrey Greydrake. 2017. (ENG., Illus.). (J). 30.48 *(978-0-331-56669-7(9))*; pap. 13.57 *(978-0-282-12058-0(0))* Forgotten Bks.

Angling Sketches. Andrew Lang & William Gordon Burn-Murdoch. 2017. (ENG.). 206p. (J). pap. *(978-3-337-09761-5(8))* Creation Pubs.

Anglo-American Magazine, Vol. 1: July to December, 1852 (Classic Reprint) Unknown Author. 2017. (ENG., Illus.). (J). 36.77 *(978-0-260-18977-6(4))*; pap. 19.57 *(978-1-5282-0480-4(8))* Forgotten Bks.

Anglo-American Magazine, Vol. 2: January to July, 1853 (Classic Reprint) Unknown Author. (ENG., Illus.). (J). 2018. 688p. 38.09 *(978-0-483-55652-2(1))*; 2016. pap. 20.57 *(978-1-334-59214-0(4))* Forgotten Bks.

Anglo-American Magazine, Vol. 2: January to June, 1853 (Classic Reprint) Unknown Author. (ENG., Illus.). (J). 2018. 690p. 38.13 *(978-0-483-60548-0(4))*; 2016. pap. 20.57 *(978-1-334-12818-9(9))* Forgotten Bks.

Anglo American Magazine, Vol. 3: July to December, 1853 (Classic Reprint) Unknown Author. (ENG., Illus.). (J). 2018. 680p. 37.92 *(978-0-484-35878-1(2))*; 2017. pap. 20.57 *(978-0-243-02805-4(9))* Forgotten Bks.

Anglo-American Magazine, Vol. 4: January to June, 1854 (Classic Reprint) Unknown Author. (ENG., Illus.). (J). 2018. 696p. 38.25 *(978-0-364-02833-9(5))*; 2017. pap. 20.97 *(978-0-243-89897-8(5))*; 2016. pap. 20.57 *(978-1-334-21830-9(7))* Forgotten Bks.

Anglo-American Magazine, Vol. 5: From July to December, 1854 (Classic Reprint) Unknown Author. 2017. (ENG., Illus.). (J). 37.67 *(978-0-266-72322-6(5))*; pap. 20.57 *(978-1-5276-8130-9(0))* Forgotten Bks.

Anglo-American Magazine, Vol. 5: January-June, 1901 (Classic Reprint) Unknown Author. 2017. (ENG., Illus.). 574p. (J). 35.74 *(978-0-332-72084-5(5))* Forgotten Bks.

Anglo-Burmese Dictionary, Vol. 1: Consisting of Monosyllables (Classic Reprint) George Henry Hough. 2017. (ENG., Illus.). (J). 154p. 27.09 *(978-0-332-65583-3(0))*; pap. 9.57 *(978-0-282-12512-7(4))* Forgotten Bks.

Anglo-Greek Primer, or First Step to a Practical Knowledge of the English & Greek Languages (Classic Reprint) Samuel Sheridan Wilson. 2018. (ENG., Illus.). 196p. (J). 27.96 *(978-0-484-61294-4(8))* Forgotten Bks.

Anglo-Indians (Classic Reprint) Alice Perrin. (ENG., Illus.). (J). 2018. 330p. 30.72 *(978-0-332-99305-8(1))*; 2017. 31.16 *(978-0-331-66132-3(2))*; 2017. pap. 13.57 *(978-0-243-51863-0(3))* Forgotten Bks.

Anglo-Irish of the Nineteenth Century, Vol. 3 Of 3: A Novel (Classic Reprint) John Banim. 2018. (ENG., Illus.). 318p. (J). 30.46 *(978-0-332-48391-7(6))* Forgotten Bks.

Anglo-Saxons, 1 vol. Susan Harrison. 2020. (Historical Britain Ser.). (ENG., Illus.). 32p. (J). (gr. 3-7). 22.99 *(978-1-83927-131-1(0))* BookLife Publishing Ltd. GBR. Dist: Independent Pubs. Group.

Anglo-Saxons. Ladybird. 2016. (Ladybird Histories Ser.). (Illus.). 64p. (J). (gr. 2-4). pap. 14.99 *(978-0-7232-9442-9(9))* Penguin Bks., Ltd. GBR. Dist: Independent Pubs. Group.

Anglomaniacs (Classic Reprint) Burton Harrison. 2017. (ENG., Illus.). (J). 30.17 *(978-0-266-17501-8(5))* Forgotten Bks.

Angola, 1 vol. Bethany Bryan et al. 2018. (Cultures of the World (Third Edition)(r) Ser.). (ENG.). 144p. (J). (gr. 5-5). lib. bdg. 48.79 *(978-1-5026-4018-5(X)*, 209e33a4-950d-4b60-826a-3fdc9e779ea5) Cavendish Square Publishing LLC.

Angola. Sean Sheehan et al. 2018. (J). pap. *(978-1-5026-4017-8(1))* Musa Publishing.

Angora Rabbit. Joyce L. Markovics. 2016. (Weird but Cute Ser.: 8). (ENG., Illus.). 24p. (J). (gr. -1-3). 26.99 *(978-1-62724-847-1(1))* Bearport Publishing Co., Inc.

Angora Rabbits, 1 vol. Marigold Brooks. 2017. (Wild & Woolly Ser.). (ENG.). 24p. (J). (gr. 3-3). 25.27 *(978-1-5383-2525-4(X)*, 404f1627-ceeb-41a7-ade2-ea92fd9ff51c, PowerKids Pr.) Rosen Publishing Group, Inc., The.

Angriff der Loruhamanen. Horst Dieter Peters. 2017. (GER., Illus.). (J). pap. *(978-3-7103-3276-0(1))* united p.c. Verlag.

Angry. Savina Collins. Illus. by Anita DuFalla. 2017. (I Have Feelings Ser.). (ENG.). 24p. (gr. -1-1). 28.50 *(978-1-68342-141-2(8)*, 9781683421412) Rourke Educational Media.

Angry. Kerry Dinmont. 2019. (Learning about Emotions Ser.). (ENG.). 24p. (J). (gr. -1-2). lib. bdg. 32.79 *(978-1-5038-2803-2(4)*, 212610) Child's World, Inc, The.

Angry. August Hoeft. (ENG.). (J). (gr. k-1). 2022. 20p. 24.99 ***(978-1-5324-3848-6(6))***; 2020. 8p. pap. 5.99 *(978-1-5324-1391-9(2))* Xist Publishing.

Angry, 1 vol. Julie Murray. 2016. (Emotions Ser.). (ENG., Illus.). 24p. (J). (gr. -1-2). lib. bdg. 31.36 *(978-1-68080-522-2(3)*, 21324, Abdo Kids) ABDO Publishing Co.

Angry Aliens Battle the Good Guys Coloring Book. Activibooks For Kids. 2016. (ENG., Illus.). (J). pap. 9.20 *(978-1-68321-664-3(4))* Mimaxion.

Angry, Angry Angus. Katrina Sealey. 2017. (ENG., Illus.). 20p. (J). pap. *(978-1-78623-868-9(3))* Grosvenor Hse. Publishing Ltd.

Angry Ants. Sherry L. Meinberg. 2023. (ENG.). 70p. (J). pap. 15.99 ***(978-1-960142-20-7(8))*** Mindstir Media.

Angry Birds Comics: Flight School. Paul Tobin & Kari Korhonen. Illus. by Giorgio Cavazzano & Corrado Mastantuono. 2017. (Angry Birds Ser.: 1). 80p. (J). (gr. 4-7). 12.99 *(978-1-68405-001-7(4))* Idea & Design Works, LLC.

Angry Birds Comics: Game Play, Vol. 1. Paul Tobin et al. Illus. by Giorgio Cavazzano. 2017. (Angry Birds Ser.: 1). 80p. (J). (gr. 4-7). 12.99 *(978-1-63140-973-8(5))* Idea & Design Works, LLC.

Angry Birds Movie: The Junior Novel. Chris Cerasi. ed. 2016. (J). lib. bdg. 16.00 *(978-0-606-38190-1(2))* Turtleback.

Angry Birds Movie 2: Best Enemies. Tomas Palacios. 2019. (I Can Read Level 2 Ser.). (ENG., Illus.). 32p. (J). (gr. -1-3). pap. 4.99 *(978-0-06-294537-2(8)*, HarperCollins) HarperCollins Pubs.

Angry Birds Movie 2: the Junior Novel. Heather Nuhfer. 2019. (Angry Birds Movie 2 Ser.). (ENG., Illus.). 176p. (J). (gr. 3-7). pap. 7.99 *(978-0-06-294535-8(1)*, HarperCollins) HarperCollins Pubs.

Angry Birds Movie: Big Trouble on Bird Island. Sarah Stephens. Illus. by Tugrul Karacan. 2016. (Angry Birds Ser.). (ENG.). 24p. (J). (gr. -1-3). pap. 3.99 *(978-0-06-245340-2(8)*, HarperFestival) HarperCollins Pubs.

Angry Birds Movie: Laughtastic Joke Book. Courtney Carbone. 2016. (Angry Birds Ser.). (ENG., Illus.). 144p. (J). (gr. 3-7). pap. 5.99 *(978-0-06-246407-1(8)*, HarperFestival) HarperCollins Pubs.

Angry Birds Movie: Meet the Angry Birds. Chris Cerasi. 2016. (I Can Read Level 2 Ser.). (ENG., Illus.). 32p. (J). (gr. -1-3). pap. 4.99 *(978-0-06-245332-7(7)*, HarperCollins) HarperCollins Pubs.

Angry Birds Movie Official Guidebook. Chris Cerasi. 2016. (Angry Birds Ser.). (ENG., Illus.). 160p. (J). (gr. 3-7). pap. 7.99 *(978-0-06-245342-6(4)*, HarperFestival) HarperCollins Pubs.

Angry Birds Movie: Seeing Red. Sarah Stephens. Illus. by Tugrul Karacan. 2016. (Angry Birds Ser.). (ENG.). 24p. (J). (gr. -1-3). pap. 3.99 *(978-0-06-245338-9(6)*, HarperFestival) HarperCollins Pubs.

Angry Birds Movie: the Junior Novel. Chris Cerasi. 2016. (Angry Birds Ser.). (ENG., Illus.). 144p. (J). (gr. 3-7). pap. 5.99 *(978-0-06-245336-5(X)*, HarperFestival) HarperCollins Pubs.

Angry Birds Movie: Too Many Pigs. Chris Cerasi. 2016. (I Can Read Level 2 Ser.). (ENG., Illus.). 32p. (J). (gr. -1-3). pap. 4.99 *(978-0-06-245334-1(3)*, HarperCollins) HarperCollins Pubs.

Angry Birds Playground: Atlas: A Global Geography Adventure. Elizabeth Carney. 2016. (Illus.). 128p. (J). (gr. -1-k). pap. 9.99 *(978-1-4263-2459-8(6)*, National Geographic Kids) Disney Publishing Worldwide.

Angry Bubbles. Mashawna Caudill. 2019. (ENG.). 8p. (J). *(978-0-359-25531-3(0))* Lulu Pr., Inc.

Angry Cookie. Laura Dockrill. Illus. by Maria Karipidou. 2019. (ENG.). 40p. (J). (gr. -1-2). 16.99 *(978-1-5362-0544-2(3))* Candlewick Pr.

Angry Dragon. Michael Gordon. 2019. (Emotions & Feelings Ser.: Vol. 3). (ENG., Illus.). 32p. (J). (gr. k-1). 14.99 *(978-0-578-47255-3(4))* Kids Bk. Pr.

Angry Elf, 5. Tracey West. ed. 2022. (Branches Early Ch Bks). (ENG.). 88p. (J). (gr. 1-4). 16.46 ***(978-1-68505-564-6(8))*** Penworthy Co., LLC, The.

Angry Eyes: A Monster Training Guide. Steve Dalton. 2018. (ENG., Illus.). 30p. (J). (gr. k-3). pap. 7.99 *(978-0-692-14600-2(8))* Dalton, Steven.

Angry Intruder, 1 vol. Catherine Marshall. 2018. (Christy of Cutter Gap Ser.: 3). 112p. (J). pap. 7.99 *(978-1-68370-161-3(5))* Evergreen Farm.

Angry Is... see Enojo Es...

Angry Me. Sandra V. Feder. Illus. by Rahele Jomepour Bell. 2022. 32p. (J). (gr. -1-1). 19.99 *(978-1-77306-338-6(3))* Groundwood Bks. CAN. Dist: Publishers Group West (PGW).

Angry Monk & the Fly: A Tale of Mindfulness for Children. Tina Schneider. 2022. (Illus.). 64p. (J). (gr. -1-4). 16.99 *(978-0-8048-5375-0(4))* Tuttle Publishing.

Angry Ninja: A Children's Book about Fighting & Managing Anger. Mary Nhin & Grow Grit Press. Illus. by Jelena Stupar. 2019. (Ninja Life Hacks Ser.: Vol. 1). (ENG.). 30p. (J). 18.99 *(978-1-953399-88-5(6))* Grow Grit Pr.

Angry Octopus see Pulpo Enojado: Un Cuento Sobre Cómo Controlar la Ira Que Enseña la Relajación Muscular Activa y Progresiva, y la Respiración: un Cuento Sobre Cómo Controlar la Ira Que Enseña la Relajación Muscular Activa y Progresiva, y la Respiración

Angry Octopus. Mandy Morreale & Daniel King. Illus. by Mandy Morreale. 2023. (ENG.). 24p. (J). pap. 9.99 ***(978-1-0881-1215-1(3))*** Indy Pub.

Angry Octopus Color Me Happy, Color Me Calm: A Self-Help Kid's Coloring Book for Overcoming Anxiety, Anger, Worry, & Stress. Lori Lite. 2017. (ENG., Illus.). (J). (gr. -1-5). 14.95 *(978-1-937985-33-2(4))* Stress Free Kids.

Angry Polar Bear. Stephen T. McCullum. 2021. (ENG., Illus.). 38p. (J). pap. 14.95 *(978-1-63874-819-9(5))* Christian Faith Publishing.

Angry Potato Man: ... & the Jellybellies! Natascha Rosina Taylor. Illus. by Natascha Taylor. 2016. (ENG.). (J). pap. *(978-0-9566666-7-3(1))* nischnasch.

Angry Tamale. Valine Macias & Joseph Macias. 2022. (ENG., Illus.). 24p. (J). pap. 13.95 *(978-1-63903-447-5(1))* Christian Faith Publishing.

Angry Taxpayer. Crystal M. Morris. Illus. by Natasha Davis & Trinity M. Beattie. 2022. (ENG.). 34p. (J). pap. ***(978-0-2288-8305-0(9))*** Tellwell Talent.

Angry Unicorn: A Lift-The-Flap Book! 14 Flaps! Clever Publishing. Illus. by Samara Hardy. 2023. (First Feelings Ser.). (ENG.). 10p. (J). (gr. -1-1). bds. 10.99 *(978-1-954738-96-6(X))* Clever Media Group.

Angryman. Gro Dahle. Illus. by Svein Nyhus. 2019. (ENG.). 48p. (J). (gr. 2-6). 17.95 *(978-0-7358-4340-0(6))* North-South Bks., Inc.

AngulSH. Lila Felix. 2018. (ENG.). 300p. (YA). (gr. 8). pap. 10.95 *(978-1-63422-284-6(9))* Clean Teen Publishing.

Angus: Pony of the Everglades. Virona Skye. 2021. (ENG., Illus.). 50p. (J). 26.95 *(978-1-6624-1895-2(7))* Page Publishing Inc.

Angus All Aglow. Heather Smith. ed. 2019. (ENG.). 33p. (J). (gr. k-1). 20.96 *(978-1-64310-892-6(1))* Penworthy Co., LLC, The.

Angus & Frank. Madison Baine. 2021. (ENG.). 36p. (J). pap. 14.99 *(978-1-63877-198-2(7))* Primedia eLaunch LLC.

Angus & the Pirates. Mark Kurtze. 2022. (ENG.). 34p. (J). pap. ***(978-0-6456195-6-0(6))*** DoctorZed Publishing.

Angus Parker, Circus Tiger. Erin Russo. Illus. by Erin Russo. 2018. (ENG., Illus.). 68p. (J). (gr. 3-6). pap. 12.99 *(978-1-948365-09-3(X))* Orange Hat Publishing.

Angus the Soldier Bear: The Princess Rescue. Bruce Kurtz & Cindy Freland. l.t. ed. 2021. (ENG.). 64p. (J). pap. 6.99 *(978-1-0880-1398-4(8))* Maryland Secretarial Services, Inc.

Angus, Tootallo & the Fairies. Billie Cook. 2019. (ENG., Illus.). 36p. (J). pap. *(978-1-78693-755-1(7))* Austin Macauley Pubs. Ltd.

Anhelo. Serie Crave-1 (Spanish Edition) / Crave (the Crave Series. Book 1) Tracy Wolff. 2022. (SPA.). 672p. (YA). pap. 16.99 *(978-607-07-9024-9(3))* Editorial Planeta, S. A. ESP. Dist: Two Rivers Distribution.

Aniana Del Mar Jumps In. Jasminne Mendez. 2023. 384p. (J). (gr. 3-7). 18.99 *(978-0-593-53181-5(7)*, Dial Bks) Penguin Young Readers Group.

Anidodos. Institut Somna. 2016. (FRE., Illus.). 32p. (J). pap. *(978-1-365-03831-0(9))* Lulu Pr., Inc.

Anika la Peresoza. Delia Peruyera. 2021. (ENG.). 30p. (J). pap. 9.99 *(978-1-0879-7678-5(2))* Indy Pub.

Anika's Gift: Colonizing Humanity's First New World. Sean Curley. Ed. by Caitlin Curley. 2022. (ENG.). 324p. (YA). pap. ***(978-1-387-78411-0(0))*** Lulu Pr., Inc.

Anima Vilis a Tale of the Great Siberian Steppe (Classic Reprint) Marya Rodziewicz. 2018. (ENG., Illus.). 314p. (J). 30.33 *(978-0-332-21011-7(1))* Forgotten Bks.

Animachines. Debora Pearson. Illus. by Nora Hilb. 2016. (ENG.). 16p. (J). (— 1). bds. 7.99 *(978-1-55451-831-9(8))* Annick Pr., Ltd. CAN. Dist: Publishers Group West (PGW).

Animais Parceiros (Animal Partners in Portuguese), 1 vol. Arbordale Publishing. Tr. by Adriana Sacciotto & Tatiana Wiedemann. Illus. by Arbordale Publishing. 2019. (POR., Illus.). 32p. (J). 11.95 *(978-1-64351-405-5(9))* Arbordale Publishing.

Animal. Matt Hawkins. 2017. (ENG., Illus.). 128p. (YA). pap. 16.99 *(978-1-5343-0225-9(5)*, b888d89c-1651-42b9-b3f7-60f89403b7c0) Image Comics.

Animal 123. Nikolas Ilic. Ed. by Emily Pither. Illus. by Nikolas Ilic. 2021. (Nikolas ILIC's First Concepts Ser.: Vol. 1). (ENG., Illus.). 26p. (gr. -1-k). bds. ***(978-0-7112-6269-0(1))*** White Lion Publishing.

Animal ABC: Playful Animals Teach a to Z (Padded Board Book) Maria Harding & Wonder House Books. 2018. (ENG.). 26p. (J). (— 1). bds. 7.99 ***(978-93-87779-01-3(7))*** Prakash Bk. Depot IND. Dist: Independent Pubs. Group.

Animal ABCs. Patricia Cartwright & Travis Burdick. 2018. (ENG., Illus.). 32p. (J). pap. *(978-1-387-83922-3(5))* Lulu Pr., Inc.

Animal ABCs. Merril Seidl. 2023. 32p. (J). (-1). 23.00 BookBaby.

Animal ABCs: Draw & Color. Suzan Johnson. 2020. (ENG.). 38p. (J). pap. 9.99 *(978-1-947082-11-3(6))* True Beginnings Publishing.

Animal Abecedary: A One-Of-a-Kind Alphabet Book, 1 vol. Leslie Haines. 2018. (ENG., Illus.). 32p. 16.99 *(978-0-7643-5597-4(X)*, 16231) Schiffer Publishing, Ltd.

Animal Activity Book. Illus. by Alain Gree. 2019. (Alain Grée Activity Book Ser.). (ENG.). 64p. (J). pap. 12.99 *(978-1-78708-019-5(6))* Button Bks. GBR. Dist: Publishers Group West (PGW).

Animal Activity Book. Jo Moon et al. 2020. (ENG.). 176p. (J). pap. 16.99 *(978-1-83857-687-5(8)*, 0269dbe7-cc59-4b38-a0c4-916f5dc87ceb) Arcturus Publishing GBR. Dist: Baker & Taylor Publisher Services (BTPS).

Animal Actors, 1 vol. Alexis Burling. 2018. (Animals at Work Ser.). (ENG.). 32p. (gr. 3-3). 26.93 *(978-0-7660-9611-0(4)*, 71f9bf5c-7096-46f4-82f0-c4de0a106e84) Enslow Publishing, LLC.

Animal Adaptations. Patricia Armentrout. 2022. (Animals in Their World Ser.). (ENG.). 24p. (J). (gr. k-2). pap. *(978-1-0396-6183-7(1)*, 19242); lib. bdg. *(978-1-0396-5988-9(8)*, 19241) Crabtree Publishing Co.

Animal Adaptations. Contrib. by National Science Teachers Association Staff. 2018. (ENG.). 48p. (J). (gr. 2-4). pap. 12.95 *(978-1-68140-596-4(2))* National Science Teachers Assn.

Animal Adaptations. Louise and Richard Spilsbury & Richard Spilsbury. 2017. (Engineered by Nature Ser.). (ENG., Illus.). 32p. (J). (gr. 3-8). lib. bdg. 27.95 *(978-1-62617-585-3(3)*, Pilot Bks.) Bellwether Media.

Animal Adaptations: Extreme Conditions. Radka Piro. Illus. by Lida Larina. 2021. (Can You Guess Who I Am? Ser.). (ENG.). 20p. (J). 14.95 *(978-80-00-06132-0(5))* Albatros, Nakladatelstvi pro deti mladez, a.s. CZE. Dist: Consortium Bk. Sales & Distribution.

Animal Adaptations: Unique Body Parts: And Other Ways Animals Are Equipped for Life. Radka Piro. Illus. by Lida Larina. 2021. (Can You Guess Who I Am? Ser.). 20p. (J). 14.95 *(978-80-00-06133-7(3))* Albatros, Nakladatelstvi pro deti mladez, a.s. CZE. Dist: Consortium Bk. Sales & Distribution.

Animal Adventures, 20 vols. 2017. (Animal Adventures Ser.). (ENG.). 24p. (J). (gr. 1-2). lib. bdg. 262.70 *(978-1-5081-9475-0(0)*, 4b3d9f89-291d-49f9-b122-0fc3f32599e8, Windmill Bks.) Rosen Publishing Group, Inc., The.

Animal Adventures. 2017. (Animal Adventures Ser.). (ENG.). (J). pap. 92.50 *(978-1-5081-9500-9(5))* Windmill Bks.

Animal Adventures. Melissa Peterson & Laura Ingalls Wilder. Illus. by Ji-Hyuk Kim. 2017. 102p. (J). *(978-1-5182-4227-4(8))* Harper & Row Ltd.

Animal Adventures: Reillustrated Edition. Laura Ingalls Wilder. 2017. (Little House Chapter Book Ser.: 3). (ENG., Illus.). 112p. (J). (gr. 1-5). pap. 6.99 *(978-0-06-237712-8(4)*, HarperCollins) HarperCollins Pubs.

Animal Adventures at Rainbow Cottage. Betty Salthouse. Illus. by Martha Frankland. 2018. (ENG.). 114p. (J). (gr. k-3). pap. *(978-1-911223-27-6(5))* Hawkesbury Pr.

Animal Adventures with Max & Kate, 1 vol. Mick Manning. 2018. (Let's Read with Max & Kate Ser.). (ENG.). 24p. (J). (gr. 1-2). 25.27 *(978-1-5383-4041-7(0)*, 4de550fb-1272-4bb0-a1e6-bbcfc2de61c4); pap. 9.25 *(978-1-5383-4042-4(9)*, 5a81db79-0fcb-4853-8b1e-6ff7134bfb4b) Rosen Publishing Group, Inc., The. (PowerKids Pr.).

Animal Allies: 15 Amazing Women in Wildlife Research. Elizabeth Pagel-Hogan. 2022. (Women of Power Ser.: 4). 224p. (YA). (gr. 7). 16.99 *(978-1-64160-622-6(3))* Chicago Review Pr., Inc.

Animal Allies: Creatures Working Together. Ginjer L. Clarke. 2023. (Penguin Young Readers, Level 4 Ser.). 48p. (J). (gr. 3-4). 15.99 ***(978-0-593-52192-2(7))***; pap. 5.99 ***(978-0-593-52191-5(9))*** Penguin Young Readers Group. (Penguin Young Readers).

Animal Allstars: African Animals Facts & Folklore. Alicia Klepeis. Illus. by Florian Bayer. 2017. (ENG.). 64p. (J). (gr. 1-4). 14.95 *(978-3-89955-782-4(4))* Die Gestalten Verlag DEU. Dist: Ingram Publisher Services.

Animal Alphabet see Alfabeto Animal

Animal Alphabet. Cooper Duke & Nell K. Duke. 2016. (Illus.). 56p. (J). *(978-0-87659-711-8(8))* Gryphon Hse., Inc.

Animal Alphabet. Joshua George. Illus. by Zhanna Ovocheva. 2019. (Animal Friends Padded Board Bks.). (ENG.). 30p. (J). (— 1). bds. 9.99 *(978-1-78958-164-5(8))* Top That! Publishing PLC GBR. Dist: Independent Pubs. Group.

Animal Alphabet. Emery Westfall. 2021. 44p. (J). 24.99 *(978-1-0983-5782-5(5))* BookBaby.

Animal Alphabet a to Z: 3-In-1 Book Teaching Children Positive Words, Alphabet & Animals. Ankit Kothari. 2017. (Positive Learning for Kids Ser.: Vol. 1). (ENG., Illus.). (J). 19.99 *(978-1-947645-04-2(8))*; pap. 7.97 *(978-1-947645-08-0(0))* Positive Pasta Publishing, LLC.

Animal Alphabet Alliterations. Joshua Lawrence Patel Deutsch. Illus. by Afzal Khan. (ENG.). 28p. (J). 2022. pap. 8.50 *(978-1-0880-2220-7(0))*; 2020. pap. 10.50 *(978-1-0878-8393-9(8))* Indy Pub.

Animal Alphabet Fun Coloring Book. Kathy Voerg. 2019. (Dover Alphabet Coloring Bks.). (ENG.). 48p. (J). (gr. -1-2). 4.99 *(978-0-486-83650-8(9)*, 836509) Dover Pubns., Inc.

Animal Alphabet Sharing & Caring: 5-In-1 Book Teaching Children Important Concepts of Sharing, Caring, Alphabet, Animals & Relationships. Ankit Kothari. 2017. (Positive Learning for Kids Ser.: Vol. 2). (ENG., Illus.). (J). (gr. -1-k). 19.99 *(978-1-947645-05-9(6))*; pap. 7.97 *(978-1-947645-09-7(9))* Positive Pasta Publishing, LLC.

Animal Analogues: Verses & Illustrations (Classic Reprint) Robert Williams Wood. 2018. (ENG., Illus.). (J). 36p. 24.64 *(978-0-366-70855-0(4))*; 38p. pap. 7.97 *(978-0-366-70838-3(4))*; 36p. 24.64 *(978-0-267-93459-1(9))* Forgotten Bks.

Animal & Reptiles Skulls Coloring Book. Activity Attic Books. 2016. (ENG., Illus.). (J). pap. 7.74 *(978-1-68323-841-6(9))* Twin Flame Productions.

Animal Antics. DK. 2020. (ENG., Illus.). 144p. (J). (gr. k-2). 12.99 *(978-1-4654-9243-2(7)*, DK Children) Dorling Kindersley Publishing, Inc.

Animal Antics, 1 vol. Paul Virr. Illus. by Amanda Enright. 2019. (Just Kidding! Ser.). (ENG.). 32p. (J). (gr. 1-2). 28.93 *(978-1-5383-9120-4(1)*, ed463728-5ed6-427f-854e-4278ee87ec8b); pap. 11.00 *(978-1-7253-9300-4(X)*, 3545f06d-0116-4c35-8d9e-6d0b89822243) Rosen Publishing Group, Inc., The. (Windmill Bks.).

Animal Antics. Whitney Stewart. Illus. by Rocío Alejandro. ed. 2020. (Mindful Tots Ser.). (SPA.). 14p. (J). (gr. -1-k). bds. 7.99 ***(978-1-64686-111-8(6))*** Barefoot Bks., Inc.

Animal Antics e-J First Grade Reader Box Set: Scholastic Early Learners (Guided Reader), 1 vol. Scholastic. 2019. (Scholastic Early Learners Ser.).Tr. of Guided Reader. (ENG.). 256p. (J). (gr. -1-1). 16.99 *(978-1-338-36086-8(8)*, Cartwheel Bks.) Scholastic, Inc.

Animal Antics Sticker Activity Book. Elanor Best. 2019. (ENG.). 96p. (J). (gr. -1-7). pap. 9.99 *(978-1-78843-242-9(8))* Make Believe Ideas GBR. Dist: Scholastic, Inc.

Animal Antipodes. Carly Allen-Fletcher. 2019. (ENG., Illus.). 32p. (J). (gr. 2-3). 17.99 *(978-1-939547-49-1(0)*, b132424b-9bee-4352-895c-6cacb525ef53) Creston Bks.

Animal Appetites. Joanne Mattern. 2019. (Core Content Science — Animal Top Ten Ser.). (ENG., Illus.). 40p. (J). (gr. 2-4). lib. bdg. 25.32 *(978-1-63440-694-9(X)*, 54caad3f-ca02-490a-90d8-b6905b9405b6) Red Chair Pr.

Animal Architects. Libby Romero. 2019. (National Geographic Readers Ser.). (ENG.). 48p. (J). (gr. 2-3). 14.96 *(978-0-87617-650-4(3))* Penworthy Co., LLC, The.

Animal at Large. Patricia Reilly Giff. Illus. by Abby Carter. (Mysteries on Zoo Lane Ser.: 2). 128p. (J). (gr. 2-5). 2021. pap. 7.99 *(978-0-8234-4908-8(4))*; 2020. 16.99 *(978-0-8234-4667-4(0))* Holiday Hse., Inc.

Animal Athletes. Joanne Mattern. 2019. (Core Content Science — Animal Top Ten Ser.). (ENG., Illus.). 40p. (J). (gr. 2-4). lib. bdg. 25.32 *(978-1-63440-693-2(1)*, 070639db-8528-4444-98f1-abcc30c74efe) Red Chair Pr.

Animal Athletics: An Alliterative Alphabet. Linda B. Cotnam. 2020. (ENG.). 32p. (J). *(978-0-2288-4665-9(X))*; pap. *(978-0-2288-3283-6(7))* Tellwell Talent.

Animal Atlas. Illus. by Ingela P. Arrhenius. 2023. (ENG.). 12p. (J). (gr. -1-2). 19.99 *(978-1-5362-3123-6(1))* Candlewick Pr.

Animal Atlas. DK. 2021. (DK Where on Earth? Atlases Ser.). (ENG., Illus.). 160p. (J). (gr. 4-7). 21.99 *(978-0-7440-2779-2(9)*, DK Children) Dorling Kindersley Publishing, Inc.

Animal Atlas: A Pictorial Guide to the World's Wildlife. DK. Illus. by Kenneth Lilly. 2020. (DK Pictorial Atlases Ser.). (ENG.). 64p. (J). (gr. 4-7). 20.00 *(978-1-4654-9097-1(3),* DK Children) Dorling Kindersley Publishing, Inc.

Animal Attacks. Marne Ventura. 2018. (J). *(978-1-4896-9769-1(1),* AV2 by Weigl) Weigl Pubs., Inc.

Animal Autobiographies: The Rat (Classic Reprint) George Mottram Andrews Hewett. (ENG., Illus.). (J). 2018. 286p. 29.80 *(978-0-483-60005-8(9));* 2017. pap. 13.57 *(978-0-243-26335-6(X))* Forgotten Bks.

Animal Babies see Animales Bebes

Animal Babies. Ginger Swift. Illus. by Chie Y. Boyd & Olivia Chin Mueller. 2018. (ENG.). 48p. (J). (gr. -1-2). bds. 24.99 *(978-1-68052-338-6(4),* 9001180) Cottage Door Pr.

Animal Babies. Ed. by World Book, Inc. Staff. 2016. (Learning Ladders 2/Soft Cover Ser.: Vol. 1). (ENG., Illus.). 34p. (J). pap. *(978-0-7166-7933-2(7))* World Bk.-Childcraft International.

Animal Babies Around the House. Editors of Kingfisher. 2020. (Animal Babies Ser.). (ENG.). 24p. (J). bds. 8.99 *(978-0-7534-7658-1(4),* 900233822, Kingfisher) Roaring Brook Pr.

Animal Babies in Forests. Editors of Kingfisher. 2020. (Animal Babies Ser.). (ENG.). 24p. (J). bds. 8.99 *(978-0-7534-7659-8(2),* 900233825, Kingfisher) Roaring Brook Pr.

Animal Babies in Polar Lands. Editors of Kingfisher. 2020. (Animal Babies Ser.). (ENG.). 24p. (J). bds. 8.99 *(978-0-7534-7656-7(8),* 900233812, Kingfisher) Roaring Brook Pr.

Animal Babies in the Forest! Illus. by Julia Groves. 2016. (Animal Babies Ser.: 4). 14p. (J). spiral bd. *(978-1-84643-878-3(0))* Child's Play International Ltd.

Animal Babies in the Meadow! Illus. by Julia Groves. 2016. (Animal Babies Ser.: 4). 14p. (J). spiral bd. *(978-1-84643-879-0(9))* Child's Play International Ltd.

Animal Babies in the River! Illus. by Julia Groves. 2016. (Animal Babies Ser.: 4). 14p. (J). spiral bd. *(978-1-84643-880-6(2))* Child's Play International Ltd.

Animal Babies Like to Play. Jennifer Adams. Illus. by Mary Lundquist. 2019. (ENG.). 32p. (J). (gr. -1-3). 17.99 *(978-0-06-239447-7(9),* Balzer & Bray) HarperCollins Pubs.

Animal Babies on the Mountain! Illus. by Julia Groves. 2016. (Animal Babies Ser.: 4). 14p. (J). spiral bd. *(978-1-84643-881-3(0))* Child's Play International Ltd.

Animal Babies: Scholastic Early Learners (Touch & Explore) Scholastic. 2021. (Scholastic Early Learners Ser.). (ENG.). 14p. (J). (gr. -1 — 1). bds. 7.99 *(978-1-338-74487-3(9),* Cartwheel Bks.) Scholastic, Inc.

Animal Babies (Set), 6 vols. Mary Elizabeth Salzmann. 2019. (Animal Babies Ser.). (ENG.). 24p. (J). (gr. -1-3). lib. bdg. 179.58 *(978-1-5321-1956-9(9),* 32497, SandCastle) ABDO Publishing Co.

Animal Babies (Set Of 8) 2019. (Animal Babies Ser.). (ENG.). 128p. (J). (gr. k-1). pap. 63.60 *(978-1-64185-811-3(7),* 1641858117); lib. bdg. 205.12 *(978-1-64185-742-0(0),* 1641857420) North Star Editions. (Focus Readers).

Animal Babies (Snappy Shaped Board Books) Derek Matthews. annot. ed. 2016. (CHI.). (J). *(978-986-212-301-0(X))* Shan Jen Publishing Co., Ltd.

Animal Bathtime. Sara Conway. Illus. by Zoe Waring. 2018. (Animal Time Ser.). (ENG.). 20p. (J). bds. 6.99 *(978-1-77402-030-2(0))* Rainstorm Pr.

Animal Battles Set. Various Authors. (ENG.). 24p. (J). (gr. 3-7). 2022. 592.90 *(978-1-64487-785-2(6));* 2021. 31.99 *(978-1-64487-645-9(0))* Bellwether Media.

Animal Bedtime. National Wildlife Federation Staff & Jennifer Bové. 2017. (Ranger Rick: Animal Fun for Young Children Ser.). (Illus.). 32p. (J). (gr. -1-1). pap. 5.99 *(978-1-63076-290-2(3))* Muddy Boots Pr.

Animal Behavior. Joseph Midthun. Illus. by Samuel Hiti. 2016. (Building Blocks of Life Science 2/Soft Cover Ser.: Vol. 1). (ENG.). 34p. (J). pap. *(978-0-7166-7884-7(5))* World Bk.-Childcraft International.

Animal Behavior. Joseph Midthun. Illus. by Samuel Hiti. 2022. (ENG.). 42p. (J). pap. ***(978-0-7166-4840-6(7))*** World Bk.-Childcraft International.

Animal Behavior, Extinction & Preservation: Animal Species Book Children's Zoology Books. Baby Professor. 2019. (ENG.). 120p. (J). 24.95 *(978-1-5419-6882-0(4));* pap. 14.95 *(978-1-5419-6878-3(6))* Speedy Publishing LLC. (Baby Professor (Education Kids)).

Animal Behavior (Set), 6 vols. 2023. (Animal Behavior Ser.). (ENG.). 32p. (J). (gr. 2-5). lib. bdg. 205.32 ***(978-1-0982-9099-3(2),*** 41993, Kids Core) ABDO Publishing Co.

Animal BFFs: Even Animals Have Best Friends! Sophie Corrigan. 2022. (ENG., Illus.). 160p. (J). (gr. 2-4). ***(978-0-7112-6017-7(6))*** Frances Lincoln Childrens Bks.

Animal Big Sticker Fun: Over 100 Pages of Coloring & Activities! IglooBooks. 2023. (ENG.). 112p. (J). (gr. -1). 10.99 ***(978-1-83771-573-2(4))*** Igloo Bks. GBR. Dist: Simon & Schuster, Inc.

Animal Body Parts: Veterinary Anatomy Coloring. Jupiter Kids. 2016. (ENG., Illus.). 106p. (J). pap. 12.55 *(978-1-68305-127-5(0),* Jupiter Kids (Childrens & Kids Fiction)) Speedy Publishing LLC.

Animal Boogie. Stella Blackstone. Illus. by Debbie Harter. 2021. (Barefoot Singalongs Ser.). (ENG.). 32p. (J). (gr. -1-1). pap. 9.99 *(978-1-64686-489-8(1))* Barefoot Bks., Inc.

Animal Boogie. Stella Blackstone. Illus. by Debbie Harter. ed. 2019. (Barefoot Singalongs Ser.). (SPA.). 32p. (J). (gr. -1-2). pap. 7.99 ***(978-1-64686-116-3(7))*** Barefoot Bks., Inc.

Animal Book. Camilla De la Bédoyère et al. Ed. by Richard Kelly. 2017. (ENG., Illus.). 160p. (J). 22.95 *(978-1-78209-892-8(5))* Miles Kelly Publishing, Ltd. GBR. Dist: Parkwest Pubns., Inc.

Animal Book for Coloring. Jenni Niinivita. Illus. by Jemichi Art. 2021. (ENG.). 54p. (J). pap. ***(978-1-365-67285-9(9))*** Lulu Pr., Inc.

Animal Builder Brawl. Elsie Olson. 2019. (Incredible Animal Face-Offs Ser.). (ENG., Illus.). 24p. (J). (gr. k-4). lib. bdg. 32.79 *(978-1-5321-9192-3(8),* 33558, Super SandCastle) ABDO Publishing Co.

Animal Builders. (Animal Builders Ser.). 24p. (J). 2017. (ENG.). 295.92 *(978-1-5026-2425-3(7));* 2016. pap. 49.32 *(978-1-5026-2423-9(0))* Cavendish Square Publishing LLC.

Animal Bus: A Shaped Countdown Book. Helen Hughes. Illus. by Mel Matthews. 2022. (ENG.). 12p. (J). (-k). bds. 8.99 *(978-1-6643-5036-6(5))* Tiger Tales.

Animal Camouflage Clash. Rachael L. Thomas. 2019. (Incredible Animal Face-Offs Ser.). (ENG., Illus.). 24p. (J). (gr. k-4). lib. bdg. 32.79 *(978-1-5321-9193-0(6),* 33560, Super SandCastle) ABDO Publishing Co.

Animal Cell & Division Biology for Kids Children's Biology Books. Baby Professor. 2017. (ENG., Illus.). (J). pap. 9.25 *(978-1-5419-0527-6(X),* Baby Professor (Education Kids)) Speedy Publishing LLC.

Animal Cells. Mason Anders. 2017. (Genetics Ser.). (ENG., Illus.). 32p. (J). (gr. 3-6). lib. bdg. 27.99 *(978-1-5157-7259-0(4),* 135583, Capstone Pr.) Capstone.

Animal Cells. Michelle Lomberg. 2016. (Illus.). 32p. (J). *(978-1-5105-1184-2(9))* SmartBook Media, Inc.

Animal Champions, 8 vols. 2022. (Animal Champions Ser.). (ENG.). 24p. (J). (gr. 2-2). lib. bdg. 104.92 *(978-1-5345-4235-8(3),* cc1e6335-66ad-4774-a5dc-821fc0b1df29, KidHaven Publishing) Greenhaven Publishing LLC.

Animal Champions. Madeline Taylor. 2022. (Animal Champions Ser.). (ENG.). 24p. (J). pap. 35.00 *(978-1-5345-4251-8(5),* KidHaven Publishing) Greenhaven Publishing LLC.

Animal Chorus Line: Fulfilling Your Dreams & Never Giving Up. Anne Childs. 2017. (ENG., Illus.). (J). pap. 20.99 *(978-1-5043-1000-0(4),* Balboa Pr.) Author Solutions, LLC.

Animal Circus Coloring Book for Children (6x9 Coloring Book / Activity Book) Sheba Blake. 2021. (ENG.). 24p. (J). pap. 9.99 *(978-1-222-28987-9(3))* Indy Pub.

Animal Circus Coloring Book for Children (8. 5x8. 5 Coloring Book / Activity Book) Sheba Blake. 2021. (ENG.). 24p. (J). pap. 12.99 *(978-1-222-29168-1(1))* Indy Pub.

Animal Circus Coloring Book for Children (8x10 Coloring Book / Activity Book) Sheba Blake. 2021. (ENG.). 24p. (J). pap. 14.99 *(978-1-222-28988-6(1))* Indy Pub.

Animal City: (Animal Books for Kids, Children's Nature Books) Joan Negrescolor. 2018. (ENG., Illus.). 40p. (J). (gr. -1-k). 18.99 *(978-1-4521-7029-9(0))* Chronicle Bks. LLC.

Animal Classes (Set), 6 vols. 2018. (Animal Classes Ser.). (ENG.). 24p. (J). (gr. -1-4). lib. bdg. 188.16 *(978-1-5321-2294-1(2),* 28355, Abdo Zoom-Dash) ABDO Publishing Co.

Animal Classification. 2017. (Animal Classification Ser.). (ENG.). (J). 378.00 *(978-1-5345-2119-3(4),* KidHaven Publishing) Greenhaven Publishing LLC.

Animal Classification. Emma Huddleston. 2021. (Discover Biology Ser.). (ENG., Illus.). 32p. (J). (gr. 2-5). lib. bdg. 34.21 *(978-1-5321-9529-7(X),* 37508, Kids Core) ABDO Publishing Co.

Animal Classification (Set) 2017. (Animal Classification Ser.). (ENG.). (J). pap. 63.00 *(978-1-5345-2120-9(8),* KidHaven Publishing) Greenhaven Publishing LLC.

Animal Classification: Set 1, 12 vols. 2016. (Animal Classification Ser.). (ENG.). 32p. (J). (gr. 3-4). lib. bdg. 173.28 *(978-1-5345-2117-9(8),* 55201b4b-f779-4ef2-903e-63154aa65b68, KidHaven Publishing) Greenhaven Publishing LLC.

Animal Classification: Set 2. 2019. (Animal Classification Ser.). (ENG.). 32p. (J). pap. 63.00 *(978-1-5345-3143-7(2));* (gr. 3-4). lib. bdg. 173.28 *(978-1-5345-3040-9(1),* 615eea4d-3e06-4ccd-a4f6-feffe8668d62) Greenhaven Publishing LLC. (KidHaven Publishing).

Animal Classification: Sets 1 - 2. 2019. (Animal Classification Ser.). (J). pap. 138.00 *(978-1-5345-3188-8(2));* (gr. 3-4). lib. bdg. 346.56 *(978-1-5345-3041-6(X),* e2c99077-73e0-40a9-a9ab-433829d50cd3) Greenhaven Publishing LLC. (KidHaven Publishing).

Animal Clinic: Mr Rhino's Day. Joydip Majumder. 2023. (ENG.). 30p. (J). pap. 9.99 ***(978-1-959082-58-3(2))*** Bk.Trail Agency.

Animal Color by Number Activity Book for Kids: (Ages 4-8) Includes a Variety of Animals! (Wild Life, Woodland Animals, Sea Life & More!) Engage Books. 2021. (ENG.). 62p. (J). pap. *(978-1-77476-062-8(2))* AD Classic.

Animal Color by Numbers. Arcturus Publishing. Illus. by Andres Vaisberg. 2022. (ENG.). 96p. (J). pap. 9.99 *(978-1-3988-1943-6(3),* a17e4327-968f-422a-a981-94288d4b4434) Arcturus Publishing GBR. Dist: Baker & Taylor Publisher Services (BTPS).

Animal Coloring & Activity Book for Kids Ages 6-8: Animal Coloring Book, Dot to Dot, Maze Book, Kid Games, & Kids Activities. Young Dreamers Press. Illus. by Fairy Crocs. 2021. (Fun Activities for Kids Ser.: Vol. 4). (ENG.). 62p. (J). pap. *(978-1-989790-69-4(0))* EnemyOne.

Animal Coloring Book. Darrell Swirsky. 2020. (ENG.). 58p. (J). pap. 7.29 *(978-1-716-33235-7(4))* Gyrfalcon Pr.

Animal Coloring Book: Coloring Book for Children Ages 4-8 - Animal Coloring Pages - Jumbo Kids Coloring Books - Best Gift for Boys or Girls. Lee Standford. 2021. (ENG.). 56p. (J). pap. 9.00 *(978-1-716-24333-2(5))* Lulu Pr., Inc.

Animal Coloring Book: Kids Coloring Book Ages 4-8, 9-12. Young Dreamers Press. Illus. by Fabian Gordillo. 2021. (ENG.). 66p. (J). pap. *(978-1-990136-09-2(5))* EnemyOne.

Animal Coloring Book for Kids. Bold Illustrations. 2017. (ENG., Illus.). (J). pap. 8.35 *(978-1-64193-036-9(5),* Bold Illustrations) FASTLANE LLC.

Animal Coloring Book for Kids: A Coloring Book Featuring 30 Cute & Lovable Animals for Kids. Dimitra Clifford. 2021. (ENG.). 64p. (J). pap. *(978-1-6671-6023-8(0))* Lulu.com.

Animal Coloring Book for Kids: Amazing Animal Coloring Books, Fun Coloring Book for Kids & Toddlers, Page Large 8. 5 X 11. Elma Angels. 2020. (ENG.). 86p. (J). pap. 9.97 *(978-1-716-32504-5(8))* Lulu Pr., Inc.

Animal Coloring Book for Kids: Cute Animal Coloring Pages for Kids 4-8 - Kids Coloring Books - Relaxing Coloring Book for Boys & Girls. Lena Bidden. 2021. (ENG.). 56p. (J). pap. 10.00 *(978-1-716-24484-1(6))* Lulu Pr., Inc.

Animal Coloring Book for Kids - Christmas Edition. Darrell Swirsky. 2020. (ENG.). 56p. (J). pap. 4.99 *(978-1-85111-593-8(5))* Gyrfalcon Pr.

Animal Coloring Book for Kids Ages 3-8: My First Animal Coloring Book, Educational Coloring Book, Great Gift for Boys & Girls. Maia Simonds. 2021. (ENG.). 106p. (J). pap. 11.80 *(978-1-6671-9411-0(9))* Lulu Pr., Inc.

Animal Coloring Book for Kids Ages 4+ 50 Animals. A. B. Lockhaven & Grace Lockhaven. Illus. by Alex Palma. 2021. (ENG.). 102p. (J). pap. 6.99 *(978-1-63911-013-1(5))* Twisted Key Publishing, LLC.

Animal Coloring Book for Kids Ages 4-8: Wonderful Animal Book for Teens, Boys & Kids, Great Animal Activity Book for Children & Toddlers Who Love to Play & Enjoy with Cute Animals. Amelia Yardley. 2021. (ENG.). 82p. (J). pap. *(978-1-008-92352-2(4))* Lulu.com.

Animal Coloring Book for Kids with the Learning Bugs Vol. 1: Fun Children's Coloring Book for Toddlers & Kids Ages 3-8 with 50 Pages to Color & Learn the Animals & Fun Facts about Them. The Learning Bugs. 2019. (ENG., Illus.). 106p. (J). (gr. k-6). pap. *(978-1-910677-42-1(6))* CWP Publishing.

Animal Coloring Book for Kids with the Learning Bugs Vol. 2: Fun Children's Coloring Book for Toddlers & Kids Ages 3-8 with 50 Pages to Color & Learn the Animals & Fun Facts about Them. The Learning Bugs. 2019. (ENG., Illus.). 106p. (J). (gr. k-6). pap. *(978-1-910677-44-5(2))* CWP Publishing.

Animal Coloring Book for Toddlers: Children Coloring Book, Cute Animal Coloring Book, Simple & Fun Designs. Darrell Vandagriff. 2021. (ENG.). 56p. (J). pap. 13.00 *(978-1-7355011-5-4(8))* Lulu Pr., Inc.

Animal Coloring Book for Toddlers: My First Coloring Book, Toddler Coloring Activity, Animal Coloring Pages for Little Kids. Maia Simonds. 2021. (ENG.). 104p. (J). pap. 11.80 *(978-1-6671-9407-3(0))* Lulu Pr., Inc.

Animal Coloring Book. Fun Learning Experience for Improved Identification & Knowledge of Sea Creatures & Animals. Coloring & How to Draw Templates for Relaxation. Jupiter Kids. 2017. (ENG., Illus.). 200p. (J). pap. 12.26 *(978-1-5419-4779-5(7),* Jupiter Kids (Childrens & Kids Fiction)) Speedy Publishing LLC.

Animal Coloring for the Advanced Colorists - Full Page Coloring Book. Speedy Kids. 2017. (ENG., Illus.). (J). pap. 9.20 *(978-1-5419-3420-7(2))* Speedy Publishing LLC.

Animal Colors. Nikolas Ilic. Ed. by Emily Pither. Illus. by Nikolas Ilic. 2021. (Nikolas ILIC's First Concepts Ser.: Vol. 3). (ENG., Illus.). 26p. (gr. -1-k). bds. ***(978-0-7112-6272-0(1))*** White Lion Publishing.

Animal Colors. Christopher Silas Neal. 2018. (Christopher Silas Neal Ser.). (ENG., Illus.). 40p. (J). (gr. -1-1). bds. 12.99 *(978-1-4998-0535-2(7))* Little Bee Books Inc.

Animal Colors. Ed. by Rainstorm Publishing. Illus. by Ela Jarzabek. 2019. (ENG.). 20p. (J). bds. 7.99 *(978-1-989219-98-0(5))* Rainstorm Pr.

Animal Colouring Book for Kids with the Learning Bugs Vol. 1: Fun Children's Colouring Book for Toddlers & Kids Ages 3-8 with 50 Pages to Colour & Learn the Animals & Fun Facts about Them. The Learning Bugs. 2019. (ENG., Illus.). 106p. (J). (gr. k-6). pap. *(978-1-910677-41-4(8))* CWP Publishing.

Animal Colouring Book for Kids with the Learning Bugs Vol. 2: Fun Children's Colouring Book for Toddlers & Kids Ages 3-8 with 50 Pages to Colour & Learn the Animals & Fun Facts about Them. The Learning Bugs. 2019. (ENG., Illus.). 106p. (J). (gr. k-6). pap. *(978-1-910677-43-8(4))* CWP Publishing.

Animal Communication. Abbie Dunne. 2016. (Life Science Ser.). (ENG., Illus.). 24p. (J). (gr. -1-2). lib. bdg. 27.32 *(978-1-5157-0943-5(4),* 132257, Capstone Pr.) Capstone.

Animal Connect the Dot Journey: An Activity Book. Jupiter Kids. 2016. (ENG., Illus.). 108p. (J). pap. 12.55 *(978-1-68326-178-0(X),* Jupiter Kids (Childrens & Kids Fiction)) Speedy Publishing LLC.

Animal Connect the Dots for Kids: (Ages 4-8) Dot to Dot Activity Book for Kids with 5 Difficulty Levels! (1-5, 1-10, 1-15, 1-20, 1-25 Animal Dot-To-Dot Puzzles) Engage Books. 2021. (ENG.). 64p. (J). pap. *(978-1-77476-114-4(9))* AD Classic.

Animal Conservationists. Laura Perdew. 2019. (Science Adventurers Ser.). (ENG., Illus.). 112p. (J). (gr. 6-12). lib. bdg. 41.36 *(978-1-5321-9032-2(8),* 33384, Essential Library) ABDO Publishing Co.

Animal Control Officer. Lisa Harkrader. 2019. (Jobs with Animals Ser.). (ENG., Illus.). 32p. (J). (gr. 4-6). pap. 7.95 *(978-1-5435-6044-2(X),* 140090); lib. bdg. 28.65 *(978-1-5435-5782-4(1),* 139738) Capstone.

Animal Countdown. Lisa Robbins. 2016. (ENG., Illus.). (J). 22.00 *(978-1-945620-17-1(X))* Hear My Heart Publishing.

Animal Countdown. Lisa Robbins. Illus. by Jessica Berck. 2016. (ENG.). (J). pap. 11.99 *(978-0-9862331-9-7(6))* Hear My Heart Publishing.

Animal Counting. Joshua George. Illus. by Zhanna Ovocheva. 2019. (Animal Friends Padded Board Bks.). (ENG.). 30p. (J). (— 1). bds. 9.99 *(978-1-78958-165-2(6))* Top That! Publishing PLC GBR. Dist: Independent Pubs. Group.

Animal Counting. Rosie Greening. Illus. by Danielle Mudd. 2022. (ENG.). 12p. (J). (— 1). 9.99 *(978-1-80337-480-2(2))* Make Believe Ideas GBR. Dist: Scholastic, Inc.

Animal Coverings. Connor Stratton. 2020. (Animal Parts Ser.). (ENG., Illus.). 24p. (J). (gr. k-1). pap. 8.95 *(978-1-64619-207-6(9),* 1646192079); lib. bdg. 28.50 *(978-1-64619-173-4(0),* 1646191730) Little Blue Hse. (Little Blue Readers).

Animal Crackers. Sarah Webb & Alan Nolan. 2020. (ENG.). 176p. pap. 14.99 *(978-1-78849-065-8(7))* O'Brien Pr., Ltd., The IRL. Dist: Casemate Pubs. & Bk. Distributors, LLC.

Animal Crime Fighters, 1 vol. Alexis Burling. 2018. (Animals at Work Ser.). (ENG.). 32p. (gr. 3-3). 26.93 *(978-0-7660-9615-8(7),* aa27a2a3-8dfa-4ef5-80cd-1e3f90a6d6dd) Enslow Publishing, LLC.

Animal Crossing. Mari Bolte. 2021. (Great Game! Ser.). (ENG.). 48p. (J). (gr. 3-5). 30.60 *(978-1-68450-833-4(9));* pap. 14.60 *(978-1-68404-645-4(9))* Norwood Hse. Pr.

Animal Crossing. Jessica Rusick. 2021. (Game On! Ser.). (ENG., Illus.). 32p. (J). (gr. 3-6). lib. bdg. 32.79 *(978-1-5321-9578-5(8),* 37424); (gr. 4-5). pap. 9.95 *(978-1-64494-547-6(9))* ABDO Publishing Co. (Checkerboard Library).

Animal Crossing: Beginner's Guide. Josh Gregory. 2021. (21st Century Skills Innovation Library: Unofficial Guides). (ENG., Illus.). 32p. (J). (gr. 4-8). pap. 14.21 *(978-1-5341-8912-6(2),* 219359); lib. bdg. 32.07 *(978-1-5341-8772-6(3),* 219358) Cherry Lake Publishing.

Animal Crossing: Characters. Josh Gregory. 2021. (21st Century Skills Innovation Library: Unofficial Guides). (ENG., Illus.). 32p. (J). (gr. 4-8). pap. 14.21 *(978-1-5341-8914-0(9),* 219367); lib. bdg. 32.07 *(978-1-5341-8774-0(X),* 219366) Cherry Lake Publishing.

Animal Crossing: Collecting Fish, Bugs, & Fossils. Josh Gregory. 2021. (21st Century Skills Innovation Library: Unofficial Guides). (ENG., Illus.). 32p. (J). (gr. 4-8). pap. 14.21 *(978-1-5341-8917-1(3),* 219379); lib. bdg. 32.07 *(978-1-5341-8777-1(4),* 219378) Cherry Lake Publishing.

Animal Crossing: Decorating & Customizing. Josh Gregory. 2021. (21st Century Skills Innovation Library: Unofficial Guides). (ENG., Illus.). 32p. (J). (gr. 4-8). pap. 14.21 *(978-1-5341-8915-7(7),* 219371); lib. bdg. 32.07 *(978-1-5341-8775-7(8),* 219370) Cherry Lake Publishing.

Animal Crossing: Gathering & Crafting. Josh Gregory. 2021. (21st Century Skills Innovation Library: Unofficial Guides). (ENG., Illus.). 32p. (J). (gr. 4-8). pap. 14.21 *(978-1-5341-8916-4(5),* 219375); lib. bdg. 32.07 *(978-1-5341-8776-4(6),* 219374) Cherry Lake Publishing.

Animal Crossing New Horizons: Pro Island Designer. Claire Lister. 2021. (ENG., Illus.). 64p. (J). pap. 8.99 *(978-1-5248-7075-1(7))* Andrews McMeel Publishing.

Animal Crossing New Horizons Official Activity Book (Nintendo(r)) Steve Foxe. Illus. by Random House. 2021. (ENG.). 32p. (J). (gr. -1-2). pap. 9.99 *(978-0-593-37364-4(2),* Random Hse. Bks. for Young Readers) Random Hse. Children's Bks.

Animal Crossing New Horizons Residents' Handbook. Claire Lister. 2021. (Kingfisher Game Guides). (ENG.). 64p. (J). pap. 8.99 *(978-0-7534-7798-4(X),* 900244132, Kingfisher) Roaring Brook Pr.

Animal Crossing New Horizons Residents' Handbook: Updated Edition with Version 2. 0 Content! Claire Lister. 2022. (Kingfisher Game Guides). (ENG.). 64p. (J). pap. 8.99 *(978-0-7534-7901-8(X),* 900281664, Kingfisher) Roaring Brook Pr.

Animal Crossing Official Sticker Book (Nintendo(r)) Courtney Carbone. Illus. by Random House. 2019. (ENG.). 64p. (J). (gr. k-4). pap. 12.99 *(978-1-5247-7262-8(3),* Random Hse. Bks. for Young Readers) Random Hse. Children's Bks.

Animal Crosswords. Phillip Clarke. 2019. (Activity Puzzle Bks.). (ENG.). 112ppp. (J). pap. 4.99 *(978-0-7945-4466-9(5),* Usborne) EDC Publishing.

Animal Dads. Ami Dobelle. 2019. (ENG.). 36p. (J). pap. 17.99 *(978-1-4834-9335-0(0))* Lulu Pr., Inc.

Animal Dance! Adapted by Natalie Shaw. 2023. (CoComelon Ser.). (ENG.). 14p. (J). (gr. -1-k). bds., bds. 8.99 *(978-1-6659-2894-6(8),* Simon Spotlight) Simon Spotlight.

Animal Defense!, 12 vols. 2019. (Animal Defense! Ser.). (ENG.). 48p. (J). (gr. 3-4). lib. bdg. 177.60 *(978-1-9785-0704-3(6),* 9b3559b6-f51b-424d-b89a-d0082dec2aaf) Enslow Publishing, LLC.

Animal Defenses. Mary Lindeen. 2017. (Beginning-To-Read Ser.). (ENG.). 32p. (J). (gr. k-2). pap. 13.26 *(978-1-68404-096-4(5));* (Illus.). 22.60 *(978-1-59953-877-8(6))* Norwood Hse. Pr.

Animal Designs Coloring Book: Stress-Relieving Patterns. Sara C. Shine. 2021. (ENG.). 106p. (YA). pap. *(978-1-4710-6072-4(1))* Lulu.com.

Animal Detectives. Wiley Blevins. 2018. (Animals That Help Us (LOOK! Books (tm)) Ser.). (ENG., Illus.). 24p. (J). (gr. -1-3). pap. 8.99 *(978-1-63440-364-1(9),* 1abc7f61-5543-4e4e-aca1-84b75bf28c10); lib. bdg. 25.32 *(978-1-63440-316-0(9),* c920d56d-825f-4962-9836-8e8db878d917) Red Chair Pr.

Animal Detectives: The Case of the Missing Goats. Najib Abdi. Illus. by Lucia Benito. 2021. (ENG.). 38p. (J). *(978-1-913717-60-5(7))* Acorn Independent Pr.

Animal Detectives: The Chicken Thief. Najib Abdi. 2016. (ENG., Illus.). (J). pap. *(978-1-911079-67-5(0))* Acorn Independent Pr.

Animal Discoveries. Tamra B. Orr. 2018. (Marvelous Discoveries Ser.). (ENG., Illus.). 32p. (J). (gr. 2-5). lib. bdg. 28.65 *(978-1-5435-2615-8(2),* 138086, Capstone Pr.) Capstone.

Animal Doctor's Life & Work Coloring Book. Creative Playbooks. 2016. (ENG., Illus.). (J). pap. 7.74 *(978-1-68323-837-9(0))* Twin Flame Productions.

Animal Doodles with Scooby-Doo! Benjamin Bird. Illus. by Scott Neely. 2017. (Scooby-Doodles! Ser.). (ENG.). 32p. (J). (gr. 3-9). lib. bdg. 28.65 *(978-1-5157-3405-5(6),* Capstone Pr.) Capstone.

Animal Dot to Dot Activity Book. Smarter Activity Books for Kids. 2016. (ENG., Illus.). (J). pap. 8.99 *(978-1-68374-232-6(X))* Examined Solutions PTE. Ltd.

Animal Dot to Dot Coloring Book. Lena Bidden. l.t. ed. 2021. (ENG.). 54p. (J). pap. 11.99 *(978-1-716-18144-3(5))* Lulu Pr., Inc.

Animal Dot to Dot Fun Activities - Dot to Dot Edition. Creative Playbooks. 2016. (ENG., Illus.). (J). pap. 7.74 *(978-1-68323-035-9(3))* Twin Flame Productions.

Animal Dreaming: An Aboriginal Dreamtime Story, 1 vol. Paul Morin. 2019. (ENG., Illus.). 32p. (J). (gr. 1-4). 9.95 *(978-0-7737-3062-5(1),* d1f31dfb-37da-4623-b85c-dd97e059edb7) Trifolium Bks., Inc. CAN. Dist: Firefly Bks., Ltd.

Animal Dreams. Fred Burstein. Illus. by Burstein Anna. 2020. (ENG.). 50p. (J). (gr. 1-4). pap. 15.95 *(978-1-5154-1728-6(X))* Wilder Pubns., Corp.

84

The check digit for ISBN-10 appears in parentheses after the full ISBN-13

A

Animal Dreams Novel Units Student Packet. Novel Units. 2019. (ENG.). (YA). pap. 13.99 *(978-1-58130-619-4(9),* Novel Units, Inc.) Classroom Library Co.

Animal Dreams Novel Units Teacher Guide. Novel Units. 2019. (ENG.). (YA). pap. 12.99 *(978-1-58130-618-7(0),* Novel Units, Inc.) Classroom Library Co.

Animal Ears, 1 vol. Mary Holland. 2018. (ENG., Illus.). 32p. (J). (gr. k-3). 17.95 *(978-1-60718-447-8(8),* 9781607184478) Arbordale Publishing.

Animal Ears. Connor Stratton. 2020. (Animal Parts Ser.). (ENG., Illus.). 24p. (J). (gr. k-1). pap. 8.95 *(978-1-64619-208-3(7),* 1646192087); lib. bdg. 28.50 *(978-1-64619-174-1(9),* 1646191749) Little Blue Hse. (Little Blue Readers).

Animal Eco Influencers (Set), 6 vols. 2019. (Animal Eco Influencers Ser.). (ENG.). 24p. (J). (gr. k-4). lib. bdg. 196.74 *(978-1-5321-9184-8(7),* 33542, Super SandCastle) ABDO Publishing Co.

Animal Eco-Warriors: Humans & Animals Working Together to Protect Our Planet. Nic Gill. 2017. (ENG.). 144p. (gr. 9-13). pap. 18.95 *(978-1-4863-0621-3(7))* CSIRO Publishing AUS. Dist: Stylus Publishing, LLC.

Animal Education: An Experimental Study on the Psychical Development of the White Rat, Correlated with the Growth of Its Nervous System (Classic Reprint) John Broadus Watson. (ENG., Illus.). (J). 2018. 130p. 26.60 *(978-0-267-51685-8(1));* 2017. pap. 9.57 *(978-0-282-63503-9(3))* Forgotten Bks.

Animal Emotions. 2017. (Animal Emotions Ser.). 32p. (gr. 3-3). pap. 63.12 *(978-0-7660-8890-0(1));* (ENG.). lib. bdg. 161.58 *(978-0-7660-8588-6(0),* 1db209e6-58ed-4e6a-a1d4-dec7b6b78add) Enslow Publishing, LLC.

Animal Encounter Bucket List. Emma Huddleston. (Travel Bucket Lists Ser.). (ENG., Illus.). 48p. (J). (gr. 4-5). 2022. pap. 11.95 *(978-1-64494-730-2(7),* Core Library); 2021. lib. bdg. 35.64 *(978-1-5321-9522-8(2),* 38562) ABDO Publishing Co.

Animal Encounters. Agnes Bellegris. 2017. (ENG., Illus.). (J). 25.95 *(978-1-4808-4093-5(9));* pap. 16.95 *(978-1-4808-4092-8(0))* Archway Publishing.

Animal Encyclopedias (Set), 4 vols. 2020. (Animal Encyclopedias Ser.). (ENG.). 192p. (J). (gr. 4-8). lib. bdg. 199.72 *(978-1-5321-9298-2(3),* 34781, Early Encyclopedias) ABDO Publishing Co.

Animal Engineers, 8 vols. 2018. (Animal Engineers Ser.). (ENG., Illus.). 256p. (J). (gr. 2-3). pap. 79.60 *(978-1-63517-956-9(4),* 1635179564); lib. bdg. 250.80 *(978-1-63517-855-5(X),* 163517855X) North Star Editions. (Focus Readers).

Animal Environments Educational Facts Children's Earth Sciences Book. Bold Kids. 2023. (ENG.). 42p. (J). pap. 14.99 ***(978-1-0717-1680-9(8))*** FASTLANE LLC.

Animal Episodes & Studies in Sensation. G. H. Powell. 2017. (ENG., Illus.). (J). pap. *(978-0-649-39240-7(X))* Trieste Publishing Pty Ltd.

Animal Episodes & Studies in Sensation (Classic Reprint) G. H. Powell. 2018. (ENG., Illus.). 284p. (J). 29.75 *(978-0-365-20236-3(3))* Forgotten Bks.

Animal Escape (I Spy with My Little Eye) Steve Smallman. Ed. by Cottage Door Press. Illus. by Nicola Slater. 2020. (I Spy with My Little Eye Ser.). (ENG.). 32p. (J). (gr. -1-3). 8.99 *(978-1-64638-008-4(8),* 2003450, Parragon Books) Cottage Door Pr.

Animal Etiquette for Kids: The Lost Art of Mannerisms. Ashley Chadwick. Illus. by Cori Elba. 2023. (ENG.). 26p. (J). pap. 12.95 ***(978-1-958729-34-2(5))*** Mindstir Media.

Animal Evolution (Set), 6 vols. 2018. (Animal Evolution Ser.). (ENG.). 112p. (J). (gr. 6-12). lib. bdg. 248.16 *(978-1-5321-1661-2(6),* 30574, Essential Library) ABDO Publishing Co.

Animal Experimentation. Jessie Alkire. 2017. (Animal Rights Ser.). (ENG., Illus.). 32p. (J). (gr. 3-6). lib. bdg. 32.79 *(978-1-5321-1257-7(2),* 27574, Checkerboard Library) ABDO Publishing Co.

Animal Explorers, 12 vols. 2019. (Animal Explorers Ser.). (ENG.). 32p. (J). (gr. 3-3). lib. bdg. 161.58 *(978-1-9785-1015-4(9),* 89a4b6b4-c551-404c-a660-09d6508d4194) Enslow Publishing, LLC.

Animal Explorer's Dot to Dot Activity Book. Activity Book Zone for Kids. 2016. (ENG., Illus.). (J). pap. 7.55 *(978-1-68376-042-9(5))* Sabeels Publishing.

Animal Extinction & Preservation - Animal Books Children's Animal Books. Baby Professor. 2017. (ENG., Illus.). (J). pap. 9.55 *(978-1-5419-3871-7(2),* Baby Professor (Education Kids)) Speedy Publishing LLC.

Animal Extremes (Set Of 8) 2023. (Animal Extremes Ser.). (ENG., Illus.). 8p. (J). pap. 79.60 ***(978-1-63738-579-1(X));*** lib. bdg. 250.80 ***(978-1-63738-525-8(0))*** North Star Editions. (Apex).

Animal Eyes. Connor Stratton. 2020. (Animal Parts Ser.). (ENG., Illus.). 24p. (J). (gr. k-1). pap. 8.95 *(978-1-64619-209-0(5),* 1646192095); lib. bdg. 28.50 *(978-1-64619-175-8(7),* 1646191757) Little Blue Hse. (Little Blue Readers).

Animal Eyes: How Creatures See & How Their Eyes Have Adapted to Their World. Françoise Vulpé. 2023. (ENG.). 72p. (J). (gr. 3-6). 29.95 ***(978-0-2281-0421-6(1),*** ea502ec6-04ef-4d77-aa3c-e58b64e45cdf) Firefly Bks., Ltd.

Animal Eyes: How Creatures See & How Their Eyes Have Adapted to Their World. Contrib. by Françoise Vulpé. 2023. (ENG., Illus.). 72p. (J). (gr. 3-6). pap. 14.95 ***(978-0-2281-0413-1(0),*** db23c230-2caa-4ff3-83d7-43464932a5f8) Firefly Bks., Ltd.

Animal Fables from the Dark Continent (Classic Reprint) A. O. Stafford. (ENG., Illus.). (J). 2018. 136p. 26.72 *(978-0-666-01316-3(0));* 2017. pap. 9.57 *(978-0-259-58357-8(X))* Forgotten Bks.

Animal Faces Coloring Books 7 Year Old Edition. Creative Playbooks. 2016. (ENG., Illus.). (J). pap. 7.74 *(978-1-68323-096-0(5))* Twin Flame Productions.

Animal Fact File: Head-To-Tail Profiles of More Than 90 Mammals. Tony Hare. 2018. (ENG.). 192p. (J). pap. 26.95 *(978-981-4779-76-0(8))* Marshall Cavendish International (Asia) Private Ltd. SGP. Dist: Independent Pubs. Group.

Animal Facts: By the Numbers. Steve Jenkins. Illus. by Steve Jenkins. 2022. (By the Numbers Ser.). (ENG., Illus.). 40p. (J). (gr. -1-3). 14.99 *(978-0-358-47012-0(9),* 1798719); pap. 5.99 *(978-0-358-47013-7(7),* 1798720) HarperCollins Pubs. (Clarion Bks.).

Animal Facts or Fibs. Kristin J. Russo. 2018. (Facts or Fibs? Ser.). (ENG., Illus.). 32p. (J). (gr. 3-9). pap. 7.95 *(978-1-5435-0209-1(1),* 137132); lib. bdg. 28.65 *(978-1-5435-0205-3(9),* 137127) Capstone. (Capstone Pr.).

Animal Facts to Make You Smile! Grace Hansen. 2017. (Seeing Is Believing Ser.). (ENG.). 24p. (J). (gr. -1-2). pap. 7.95 *(978-1-4966-1316-5(3),* 135028, Capstone Classroom) Capstone.

Animal Fair's Monkey Business: The Animal Fair. Lin Munguia et al. 2020. (ENG.). 47p. (J). *(978-1-716-63261-7(7))* Lulu Pr., Inc.

Animal Fairy Can't Fly. Laurie Friedman. 2022. (Fairy Friends Ser.). (ENG.). 32p. (J). (gr. k-2). pap. 9.50 *(978-1-63897-641-7(4),* 19910); lib. bdg. 30.00 *(978-1-63897-526-7(4),* 19909) Seahorse Publishing.

Animal Fairy Tales Big Book & Small Book Add To. Charlotte Guillain. Illus. by Dawn Beacon. 2022. (Animal Fairy Tales Ser.). (ENG.). 24p. (J). pap., pap., pap. 266.41 *(978-1-4109-9952-8(1),* 254146, Raintree) Capstone.

Animal Fairy Tales Big Book & Small Book Classroom Collection. Charlotte Guillain. Illus. by Dawn Beacon. 2022. (Animal Fairy Tales Ser.). (ENG.). 24p. (J). pap., pap. 529.61 *(978-1-4109-9953-5(X),* 254147, Raintree) Capstone.

Animal Fairy Tales Classroom Collection. Charlotte Guillain. Illus. by Dawn Beacon. 2022. (Animal Fairy Tales Ser.). (ENG.). 24p. (J). 346.91 *(978-1-4109-9945-0(9),* 254131, Raintree) Capstone.

Animal Families see Familias de Animales

Animal Families. Rose Nestling. Ed. by Cottage Door Press. Illus. by Jaclyn Sinquett. 2021. (ENG.). 18p. (J). (gr. -1-k). bds. 17.99 *(978-1-64638-185-2(8),* 1006870) Cottage Door Pr.

Animal Families, 12 vols., Set. Willow Clark. Incl. Dolphins: Life in the Pod. lib. bdg. 26.27 *(978-1-4488-2512-7(1),* 18c6ce56-7304-49ed-a940-b04ae4df9ffe); Gorillas: Life in the Troop. lib. bdg. 26.27 *(978-1-4488-2514-1(8),* 6bea3b44-124e-43ae-b5b6-23318fb3341a); Lions: Life in the Pride. lib. bdg. 26.27 *(978-1-4488-2513-4(X),* 2d2c8936-a5ee-415e-8a1f-24bc90dfb4fc); Meerkats: Life in the Mob. lib. bdg. 26.27 *(978-1-4488-2511-0(3),* 3ab6db97-51ab-4113-a978-4c2ec87d2b2f); Penguins: Life in the Colony. lib. bdg. 26.27 *(978-1-4488-2510-3(5),* 4da8f4af-57b1-4feb-9839-df2b9924f9ad); Wolves: Life in the Pack. lib. bdg. 26.27 *(978-1-4488-2515-8(6),* ad6b4f2d-8d04-49c2-acfe-221cadcc56b4); (J). (gr. 1-1). (Animal Families Ser.). (ENG., Illus.). 24p. 2011. 157.62 *(978-1-4488-2777-0(9),* 05fc78ce-1c5b-4543-bc26-3e2ea31bc172, PowerKids Pr.) Rosen Publishing Group, Inc., The.

Animal Families: Reading in Rhyme. Sally King. 2017. (ENG., Illus.). 25p. (J). *(978-1-78623-886-3(1))* Grosvenor Hse. Publishing Ltd.

Animal Families - BBC Do You Know... ? Level 1. Ladybird. 2020. (Illus.). 32p. (J). (gr. k-3). pap. 9.99 *(978-0-241-38283-7(1),* Ladybird) Penguin Bks., Ltd. GBR. Dist: Independent Pubs. Group.

Animal Families Doing Things Together. Milissa Nelson. 2021. (ENG.). 32p. (J). pap. 9.99 *(978-0-578-76776-5(7))* Birch Bark Pr.

Animal Families: Farm. Illus. by Jane Ormes. 2019. (Animal Families Ser.). (ENG.). 14p. (J). (-k). bds. 9.99 *(978-1-5362-0830-6(2))* Candlewick Pr.

Animal Families: Forest. Illus. by Jane Ormes. 2020. (Animal Families Ser.). (ENG.). 14p. (J). (-k). bds. 9.99 *(978-1-5362-1198-6(2))* Candlewick Pr.

Animal Families: Jungle. Illus. by Jane Ormes. 2019. (Animal Families Ser.). (ENG.). 14p. (J). (-k). bds. 9.99 *(978-1-5362-0831-3(0))* Candlewick Pr.

Animal Families: River. Illus. by Jane Ormes. 2022. (Animal Families Ser.). (ENG.). 14p. (J). (-k). bds. 9.99 *(978-1-5362-2401-6(4))* Candlewick Pr.

Animal Families: Safari. Illus. by Jane Ormes. 2020. (Animal Families Ser.). (ENG.). 14p. (J). (-k). bds. 9.99 *(978-1-5362-1199-3(0))* Candlewick Pr.

Animal Families: Snow. Illus. by Jane Ormes. 2022. (Animal Families Ser.). (ENG.). 14p. (J). (-k). bds. 9.99 *(978-1-5362-2744-4(7))* Candlewick Pr.

Animal Family: Set 2. 2017. (Animal Family Ser.). 24p. (gr. k-k). pap. 48.90 *(978-1-4824-6489-4(6));* (ENG.). lib. bdg. 145.62 *(978-1-4824-6487-0(X),* 2e7a788b-5abb-4b16-86cc-ae1bd300842f) Stevens, Gareth Publishing LLLP.

Animal Family Match: A Matching Game. Mike Unwin. Illus. by Ryuto Miyake. 2022. (Magma for Laurence King Ser.). (ENG.). (J). (gr. 1-5). 16.99 *(978-1-913947-39-2(4),* King, Laurence Publishing) Orion Publishing Group, Ltd. GBR. Dist: Hachette Bk. Group.

Animal Family: Sets 1 - 3. 2020. (Animal Family Ser.). (ENG.). (J). pap. 164.70 *(978-1-5382-6148-4(0));* lib. bdg. 436.86 *(978-1-5382-5983-2(4),* 281f9de3-1b89-4640-999c-02a452187429) Stevens, Gareth Publishing LLLP.

Animal Farm. Blaine Wiseman. 2016. (Lightbox Literature Studies). (ENG., Illus.). 32p. (J). lib. bdg. 34.99 *(978-1-5105-1170-5(9))* SmartBook Media, Inc.

Animal Farm: A Fairy Story. George. Orwell & Eric Blair. 2021. (ENG.). 58p. (J). pap. 3.99 *(978-1-946963-44-4(5))* Albatross Pubs.

Animal Farm: AQA GCSE 9-1 English Literature Text Guide: Ideal for the 2024 & 2025 Exams. Collins GCSE. 2017. (ENG.). 80p. (YA). (gr. 9-11). pap. 5.99 *(978-0-00-824713-3(7))* HarperCollins Pubs. Ltd. GBR. Dist: Independent Pubs. Group.

Animal Farm Coloring Book for Children (6x9 Coloring Book / Activity Book) Sheba Blake. 2020. (ENG.). 24p. (J). pap. 9.99 *(978-1-222-28947-3(4))* Indy Pub.

Animal Farm Coloring Book for Children (8. 5x8. 5 Coloring Book / Activity Book) Sheba Blake. 2021. (ENG.). 24p. (J). pap. 12.99 *(978-1-222-29150-6(9))* Indy Pub.

Animal Farm Coloring Book for Children (8x10 Coloring Book / Activity Book) Sheba Blake. 2020. (ENG.). 24p. (J). pap. 14.99 *(978-1-222-28948-0(2))* Indy Pub.

Animal Farm Novel Units Student Packet. Novel Units. 2019. (ENG.). (YA). pap. 13.99 *(978-1-56137-306-2(0),* Novel Units, Inc.) Classroom Library Co.

Animal Farts Coloring Book. Jasmine Taylor. 2019. (ENG., Illus.). 44p. (J). pap. *(978-0-359-87169-8(0))* Lulu Pr., Inc.

Animal Field Journal: Inspired by the Journals of Jane Goodall. Ed. by Cottage Door Press. 2021. (ENG.). 12p. (J). (gr. -1-2). bds. 17.99 *(978-1-64638-077-0(0),* 1006400) Cottage Door Pr.

Animal Figures Coloring Book: Color Therapy for Peace & Relaxation - Calming Coloring Book Animals. Activibooks. 2016. (ENG., Illus.). (J). pap. 9.20 *(978-1-68321-027-6(1))* Mimaxion.

Animal Files (Set Of 8) 2019. (Animal Files Ser.). (ENG., Illus.). 256p. (J). (gr. 3-5). pap. 79.60 *(978-1-64185-365-1(4),* 1641853654); lib. bdg. 250.80 *(978-1-64185-307-1(7))* North Star Editions. (Focus Readers).

Animal Friends. B&H Kids Editorial Staff. 2020. (Little Bible Heroes(tm) Ser.). (ENG., Illus.). 38p. (J). (gr. -1-k). bds. 12.99 *(978-1-0877-2227-6(6),* 005827432, B&H Kids) B&H Publishing Group.

Animal Friends. Camilla de la Bedoyere. 2023. (ENG., Illus.). 64p. (J). (gr. 1-4). lib. bdg. 33.32 *(978-0-7112-8195-0(5),* 94bfbbfb-8667-4399-82e9-a2124c39f53c) QEB Publishing Inc.

Animal Friends. Illus. by Laila Hills. 2017. (J). *(978-1-62885-342-1(5))* Kidsbooks, LLC.

Animal Friends. Jane Werner Watson. Illus. by Garth Williams. 2016. (Little Golden Book Ser.). 24p. (J). (gr. -1-k). 5.99 *(978-0-553-53642-3(7),* Golden Bks.) Random Hse. Children's Bks.

Animal Friends: A Step-By-step Drawing & Story Book. Samantha Chagollan. Illus. by Mattia Cerato. 2019. (Watch Me Read & Draw Ser.). (ENG.). 32p. (J). (gr. -1-2). lib. bdg. 26.65 *(978-1-60058-798-6(4),* e57dd410-9ceb-452e-bc7b-1c4b9fb90695, Walter Foster Jr) Quarto Publishing Group USA.

Animal Friends Adding Up. Georgie Taylor. Illus. by Bethany Carr. 2023. (Early Learning Magic Water Colouring Ser.). (ENG.). 30p. (J). (gr. -1-k). 14.99 *(978-1-80105-556-7(4))* Top That! Publishing PLC GBR. Dist: Independent Pubs. Group.

Animal Friends Alphabet. Joseph Barnes. Illus. by Bethany Carr. 2023. (Early Learning Magic Water Colouring Ser.). (ENG.). 30p. (J). (gr. -1-k). 14.99 *(978-1-80105-332-7(4))* Top That! Publishing PLC GBR. Dist: Independent Pubs. Group.

Animal Friends Alphabet Book. Hanna Brady. Illus. by Jenny Slife. 2021. (ENG.). 58p. (J). 20.99 ***(978-1-7324001-9-1(9))*** Brady, Hanna.

Animal Friends: Barnyard Jamboree! (Animal Books for Toddlers, Farm Animal Board Book) Junzo Terada. 2017. (Animal Friends Ser.). (ENG., Illus.). 10p. (J). bds. 9.99 *(978-1-4521-5189-2(X))* Chronicle Bks. LLC.

Animal Friends Counting. Joseph Barnes. Illus. by Bethany Carr. 2023. (Early Learning Magic Water Colouring Ser.). (ENG.). 30p. (J). (gr. -1-k). 14.99 *(978-1-80105-333-4(2))* Top That! Publishing PLC GBR. Dist: Independent Pubs. Group.

Animal Friends First Words. Georgie Taylor. Illus. by Bethany Carr. 2023. (Early Learning Magic Water Colouring Ser.). (ENG.). 30p. (J). (gr. -1-k). 14.99 *(978-1-80105-555-0(6))* Top That! Publishing PLC GBR. Dist: Independent Pubs. Group.

Animal Friends Fun in the Sun Coloring Book. Creative Playbooks. 2016. (ENG., Illus.). (J). pap. 7.74 *(978-1-68323-741-9(2))* Twin Flame Productions.

Animal Friends Fun under the Moon Coloring Book. Activibooks For Kids. 2016. (ENG., Illus.). (J). pap. 9.20 *(978-1-68321-752-7(7))* Mimaxion.

Animal Friends Long Days of Play Coloring Book. Kreative Kids. 2016. (ENG., Illus.). (J). pap. 9.20 *(978-1-68377-295-8(4))* Whlke, Traudl.

Animal Friends of the Timberlands. Larry W. Jones. 2022. (ENG.). 95p. (J). *(978-1-387-91576-7(2))* Lulu Pr., Inc.

Animal Friends of West Texas. Heather Wylie. Illus. by Heather Wylie. 2023. (ENG.). 34p. (J). pap. ***(978-1-387-22324-4(0))*** Lulu Pr., Inc.

Animal Friends on Parade Puzzle. Junzo Terada. 2017. (Animal Friends Ser.: 3). (ENG., Illus.). 12p. (J). (gr. -1-k). 14.99 *(978-1-4521-5190-8(3))* Chronicle Bks. LLC.

Animal Friends Stained Glass Coloring Book. Kreativ Entspannen. 2016. (ENG., Illus.). (J). pap. 9.20 *(978-1-68377-296-5(2))* Whlke, Traudl.

Animal Friends: Swimming Hole Party! (Animal Books for Toddlers, Jungle Animal Board Book) Junzo Terada. 2017. (Animal Friends Ser.). (ENG., Illus.). 10p. (J). bds. 9.99 *(978-1-4521-4983-7(6))* Chronicle Bks. LLC.

Animal Fun Facts (Set), 6 vols. Julie Murray. 2021. (Animal Fun Facts Ser.). (ENG.). 24p. (J). (gr. k-4). lib. bdg. 188.16 *(978-1-0982-2443-1(4),* 37092, Abdo Zoom-Dash) ABDO Publishing Co.

Animal Games. Alexandra Robinson. Illus. by Dawn Machell. 2019. (ENG.). 12p. (J). (— 1). 12.99 *(978-1-78947-009-3(9))* Make Believe Ideas GBR. Dist: Scholastic, Inc.

Animal Games. B. J. Guy. l.t. ed. 2022. (ENG.). 78p. (J). pap. *(978-1-80094-297-4(4))* Terence, Michael Publishing.

Animal Group Behavior, 2 vols. Abbie Dunne. 2016. (Life Science Ser.). (ENG.). (J). (gr. k-1). 53.32 *(978-1-5157-5419-0(7));* (Illus.). 24p. (gr. -1-2). lib. bdg. 27.32 *(978-1-5157-0944-2(2),* 132258, Capstone Pr.) Capstone.

Animal Groups. Clara MacCarald. 2017. (Science Alliance Ser.). (ENG.). 32p. (J). (gr. 3-6). pap. 9.95 *(978-1-68342-443-7(3),* 9781683424437) Rourke Educational Media.

Animal Groups. Lucia Raatma et al. 2019. (Animal Groups Ser.). (ENG.). 24p. (J). (gr. -1-2). 175.92 *(978-1-9771-0959-0(4),* 29326); pap., pap., pap. 41.70 *(978-1-9771-1129-6(7),* 29622) Capstone. (Pebble).

Animal Groups (Set), 6 vols. 2018. (Animal Groups (Abdo Kids Junior) Ser.). (ENG.). 24p. (J). (gr. -1-2). lib. bdg. 188.16 *(978-1-5321-0778-8(1),* 28117, Abdo Kids) ABDO Publishing Co.

Animal Groups (Set Of 8) 2023. (Animal Groups Ser.). (ENG., Illus.). 8p. (J). pap. 71.60 ***(978-1-64619-834-4(4));*** lib. bdg. 228.00 ***(978-1-64619-805-4(0))*** Little Blue Hse.

Animal Habitats see Hábitats de Animales (Animal Habitats) (Set)

Animal Habitats. Christian Lopetz. 2022. (Animals in Their World Ser.). (ENG.). 24p. (J). (gr. k-2). pap. *(978-1-0396-6184-4(X),* 19248) Crabtree Publishing Co.

Animal Habitats. Contrib. by Christian Lopetz. 2022. (Animals in Their World Ser.). (ENG.). 24p. (J). (gr. k-2). lib. bdg. *(978-1-0396-5989-6(6),* 19247) Crabtree Publishing Co.

Animal Habitats: Discovering How Animals Live in the Wild. Tony Hare. 2023. (ENG.). 160p. (J). (— 1). pap. 18.99 ***(978-981-5044-48-5(6))*** Marshall Cavendish International (Asia) Private Ltd. SGP. Dist: Independent Pubs. Group.

Animal Habitats (Set), 6 vols. Julie Murray. 2020. (Animal Habitats Ser.). (ENG.). 24p. (J). (gr. -1-2). lib. bdg. 188.16 *(978-1-0982-0206-4(6),* 34545, Abdo Kids) ABDO Publishing Co.

Animal Hall of Fame - Volume 1: The Biggest, Smallest, Fastest, Slowest, Meanest, Deadliest, Tallest & More... (Age 6 & Above) Tj Rob. 2016. (Animal Feats & Records Ser.). (ENG., Illus.). (J). pap. *(978-1-988695-27-3(9))* TJ Rob.

Animal Hall of Fame - Volume 2: The Strongest, Longest, Smartest, Highest Flying, Deepest Living, Biggest Eater & More... (Age 6 & Above) Tj Rob. 2016. (Animal Feats & Records Ser.). (ENG., Illus.). (J). pap. *(978-1-988695-30-3(9))* TJ Rob.

Animal Helpers. Stepanka Sekaninova. Illus. by Misha Bera. 2021. 56p. (J). 16.95 *(978-80-00-05946-4(0))* Albatros, Nakladatelstvi pro deti mladez, a.s. CZE. Dist: Consortium Bk. Sales & Distribution.

Animal Helpers: Aquariums see Animal Helpers: Aquariums: Spanish

Animal Heroes. Ernest Thompson Seton. 2018. (ENG., Illus.). 172p. (J). pap. *(978-1-5287-0269-0(7))* Freeman Pr.

Animal Heroes: Being the Histories of a Cat, a Dog, a Pigeon, a Lynx, Two Wolves a Reindeer & in Elucidation of the Same over 200 Drawings (Classic Reprint) Ernest Thompson Seton. 2018. (ENG., Illus.). 366p. (J). 31.49 *(978-0-484-72634-4(X))* Forgotten Bks.

Animal Hibernator Battle. Rachael L. Thomas. 2019. (Incredible Animal Face-Offs Ser.). (ENG., Illus.). 24p. (J). (gr. k-4). lib. bdg. 32.79 *(978-1-5321-9194-7(4),* 33562, Super SandCastle) ABDO Publishing Co.

Animal Homes, 16 vols. 2018. (Animal Homes Ser.). (ENG.). 24p. (gr. 1-1). lib. bdg. 218.88 *(978-1-5026-3899-1(1),* fb0c781b-761c-4728-a9f0-2b1de2f95b5c) Cavendish Square Publishing LLC.

Animal Homes. Mary Holland. 2020. (Animal Anatomy & Adaptations Ser.). (ENG., Illus.). 32p. (J). (gr. 1-4). 11.95 *(978-1-64351-755-1(4),* 6ff15d09-480e-49f7-893a-c5355e5d0f55) Arbordale Publishing.

Animal Homes. Sally King. Illus. by Corrina Holyoake. 2021. (ENG.). 32p. (J). *(978-1-83975-782-2(5))* Grosvenor Hse. Publishing Ltd.

Animal Homes. Veronica Wagner. Illus. by Maryn Arreguin. 2022. (Bilingual Bks.). (ENG.). 24p. (J). (gr. -1-3). pap. 9.50 ***(978-1-64996-722-0(5),*** 17089, Sequoia Kids Media) Sequoia Children's Bks.

Animal Homes. Ed. by World Book, Inc. Staff. 2016. (Learning Ladders 1/Hardcover Ser.: Vol. 1). (ENG., Illus.). 34p. (J). *(978-0-7166-7903-5(5))* World Bk.-Childcraft International.

Animal Homes: BBC Earth Do You Know... ? Level 2. Ladybird. 2020. (Illus.). 32p. (J). (gr. k-3). pap. 9.99 *(978-0-241-38276-9(9),* Ladybird) Penguin Bks., Ltd. GBR. Dist: Independent Pubs. Group.

Animal Homes & Hangouts. Richard Spilsbury. 2017. (Engineered by Nature Ser.). (ENG., Illus.). 32p. (J). (gr. 3-8). lib. bdg. 27.95 *(978-1-62617-586-0(1),* Pilot Bks.) Bellwether Media.

Animal Homes Pink a Band. Lauri Kubuitsile. ed. 2016. (Cambridge Reading Adventures Ser.). (ENG., Illus.). 16p. pap. 7.95 *(978-1-316-60071-9(8))* Cambridge Univ. Pr.

Animal Homes (Set), 6 vols. 2019. (Animal Homes (AK) Ser.). (ENG.). 24p. (J). (gr. -1-2). lib. bdg. 188.16 *(978-1-5321-8520-5(0),* 31378, Abdo Kids) ABDO Publishing Co.

Animal Horns. Connor Stratton. 2020. (Animal Parts Ser.). (ENG., Illus.). 24p. (J). (gr. k-1). pap. 8.95 *(978-1-64619-210-6(9),* 1646192109); lib. bdg. 28.50 *(978-1-64619-176-5(5),* 1646191765) Little Blue Hse. (Little Blue Readers).

Animal House. Langdon. Illus. by Langdon. 2022. (ENG.). 108p. (J). *(978-1-68583-433-3(7));* pap. *(978-1-68583-434-0(5))* Tablo Publishing.

Animal House. M. D. Milton-Smith. 2019. (ENG.). 130p. (YA). *(978-1-922381-26-2(8));* pap. *(978-1-922381-25-5(X))* Tablo Publishing.

Animal How to Draw Books for Kids. Educando Kids. 2019. (ENG.). 42p. (J). pap. 8.55 *(978-1-64521-623-0(3),* Educando Kids) Editorial Imagen.

Animal Idioms (Set) Animal Idioms, 8 vols. 2021. (Animal Idioms Ser.). (ENG.). 32p. (J). (gr. 2-5). lib. bdg. 273.76 *(978-1-5321-9664-5(4),* 38304, Kids Core) ABDO Publishing Co.

Animal Idioms (Set Of 8) 2022. (Animal Idioms Ser.). (ENG.). 256p. (J). (gr. 2-3). pap. 79.60 *(978-1-64494-643-5(2))* North Star Editions.

Animal in Mandala Art. Ibrahim Alhadhoud. 2020. (ENG.). 40p. pap. *(978-1-716-86431-5(3))* Lulu Pr., Inc.

Animal Inn 3-Books-In-1! A Furry Fiasco; Treasure Hunt; the Bow-Wow Bus. Paul DuBois Jacobs & Jennifer Swender. Illus. by Stephanie Laberis. 2017. (Animal Inn Ser.). (ENG.). 304p. (J). (gr. 2-5). pap. 8.99 *(978-1-5344-0964-4(5),* Aladdin) Simon & Schuster Children's Publishing.

Animal Inn Fur-Tastic Collection Books 1-4 (Boxed Set) A Furry Fiasco; Treasure Hunt; the Bow-Wow Bus; Bright Lights, Big Kitty! Paul DuBois Jacobs & Jennifer Swender. Illus. by Stephanie Laberis. ed. 2017. (Animal Inn Ser.). (ENG.). 448p. (J). (gr. 2-5). pap. 23.99

(978-1-4814-9690-2(5), Aladdin) Simon & Schuster Children's Publishing.

Animal Inside Us. Heather Wiggins. 2020. (ENG.). 132p. (YA). pap. 13.00 *(978-1-716-83808-8(8))* Lulu Pr., Inc.

Animal-Inspired Robots. Robin Koontz. 2018. (Nature-Inspired Innovations Ser.). (ENG., Illus.). 48p. (gr. 4-8). pap. 10.95 *(978-1-64156-583-7(7)*, 9781641565837) Rourke Educational Media.

Animal Intelligence. George John Romanes. 2016. (ENG., Illus.). (J). pap. *(978-3-7433-3358-1(9))* Creation Pubs.

Animal Invaders: Destroying Native Habitats. 2016. (Animal Invaders: Destroying Native Habitats Ser.). 00024p. (J). pap. 48.90 *(978-1-4824-5844-2(6))* Stevens, Gareth Publishing LLLP.

Animal Jam. Fernando Ruiz & Eric Esquivel. 2017. (ENG., Illus.). 104p. (J). 12.99 *(978-1-5241-0386-6(1)*, b40df03d-1e59-43af-8d6a-d44be7b16b8b, Dynamite Entertainment) Dynamic Forces, Inc.

Animal Jam Activity Book. National Geographic Kids. 2018. 128p. (J). (gr. 3-7). pap. 12.99 *(978-1-4263-3148-0(7)*, National Geographic Kids) Disney Publishing Worldwide.

Animal Jam Journal. National Geographic Kids. 2017. 112p. (J). (gr. 3-7). 9.99 *(978-1-4263-3079-7(0)*, National Geographic Kids) Disney Publishing Worldwide.

Animal Jam Official Insider's Guide, Second Edition. Katherine Noll. 2nd ed. 2017. (Illus.). 272p. (J). (gr. 3-7). pap. 12.99 *(978-1-4263-2875-6(3)*, National Geographic Kids) Disney Publishing Worldwide.

Animal Jive. Beth Woodruff. 2021. (ENG., Illus.). 30p. (J). pap. 12.95 *(978-1-63692-750-3(5))* Newman Springs Publishing, Inc.

Animal Jokes. Joe King. (Abdo Kids Jokes Ser.). (ENG., 24p. (J). 2022. Illus.). (gr. k-k). pap. 8.95 *(978-1-64494-630-5(0)*, Abdo Kids-Junior); 2021. (gr. -1-2). lib. bdg. 31.36 *(978-1-0982-0916-2(8)*, 38160, Abdo Kids) ABDO Publishing Co.

Animal Jokes. U. R. Phunny. 2016. (Big Buddy Jokes Ser.). (ENG., Illus.). 32p. (J). (gr. 2-5). lib. bdg. 34.21 *(978-1-68078-510-4(9)*, 23569, Big Buddy Bks.) ABDO Publishing Co.

Animal Jokes for Funny Kids. Andrew Pinder & Josephine Southon. 2022. (Buster Laugh-A-lot Bks.: 6). (ENG., Illus.). 128p. (J). (gr. 2-4). pap. 8.99 *(978-1-78055-784-7(1)*, Buster Bks.) O'Mara, Michael Bks., Ltd. GBR. Dist: Independent Pubs. Group.

Animal Jokes, Riddles, & Games. Clara Christopher. 2016. (ENG., Illus.). 32p. (J). *(978-0-7787-2387-5(9))* Crabtree Publishing Co.

Animal Journeys, 10 vols., Set. Thessaly Catt. Incl. Migrating with the Arctic Tern. (J). lib. bdg. 26.27 *(978-1-4488-2542-4(3)*, f7cb169c-63fd-4eaa-8e8b-cf9848a6e920); Migrating with the Caribou. (YA). 26.27 *(978-1-4488-2541-7(5)*, 64d852e8-3d3d-41f9-9342-2e68974cd586); Migrating with the Humpback Whale. (J). lib. bdg. 26.27 *(978-1-4488-2543-1(1)*, f928972a-b648-4b57-9775-71a5041a33fd); Migrating with the Monarch Butterfly. (YA). lib. bdg. 26.27 *(978-1-4488-2546-2(6)*, 006bc443-1eae-4e0f-8156-2d853ab56e1e); Migrating with the Salmon. (YA). lib. bdg. 26.27 *(978-1-4488-2545-5(8)*, 40be3a5a-a500-4682-a00c-ab5c28af80fc); Migrating with the Wildebeest. (J). lib. bdg. 26.27 *(978-1-4488-2544-8(X)*, f7b281c3-7225-434e-8b94-d06211b1ada0); (gr. 2-3). (Animal Journeys Ser.). (ENG., Illus.). 24p. 2011. Set lib. bdg. 131.35 *(978-1-4488-2781-7(7)*, 01579856-b1cb-4b46-bf43-4f12ef8880bd, PowerKids Pr.) Rosen Publishing Group, Inc., The.

Animal Kaleidoscope Designs Coloring Book. Jeremy Elder. 2017. (Dover Animal Coloring Bks.). (ENG., Illus.). 32p. (J). (gr. 3-6). pap. 3.99 *(978-0-486-80883-3(1)*, 808831) Dover Pubns., Inc.

Animal Kingdom. Heron Books. 2022. (ENG.). 104p. (J). pap. ***(978-0-89739-125-2(X)***, Heron Bks.) Quercus.

Animal Kingdom. Elizabeth E. Mazer. 2022. (ENG., Illus.). 40p. (J). pap. 15.95 ***(978-1-68526-501-4(4))*** Covenant Bks.

Animal Kingdom. Plant the Seed Ministries. 2016. (ENG., Illus.). (J). pap. 14.99 *(978-1-944782-41-2(9))* Primedia eLaunch LLC.

Animal Kingdom: With 50 Incredible Sounds! IglooBooks. 2022. (ENG.). 24p. (J). (gr. k-2). 21.99 *(978-1-80368-447-5(X))* Igloo Bks. GBR. Dist: Simon & Schuster, Inc.

Animal Kingdom, Arranged in Conformity with Its Organization, Vol. 1 Of 4: The Crustacea, Arachnides & Insecta (Classic Reprint) Georges Cuvier. 2017. (ENG., Illus.). (J). 34.06 *(978-0-266-61391-6(8))*; pap. 16.57 *(978-0-282-99302-3(9))* Forgotten Bks.

Animal Kingdom Arranged in Conformity with Its Organization, Vol. 3 (Classic Reprint) Georges Cuvier. 2017. (ENG., Illus.). (J). 36.25 *(978-0-265-25764-7(6))* Forgotten Bks.

Animal Kingdom, Arranged in Conformity with Its Organization, Vol. 7: With Additional Descriptions of All the Species Hitherto Named, & of Many Not Before Noticed (Classic Reprint) Georges Cuvier. 2016. (ENG., Illus.). (J). pap. 23.57 *(978-1-333-38584-2(6))* Forgotten Bks.

Animal Kingdom Origami, 12 vols. 2017. (Animal Kingdom Origami Ser.). 32p. (ENG.). (gr. 3-3). 175.62 *(978-1-4994-3398-2(0)*, 88eaccaf-26d9-406f-bb5b-8b0949c4db1d); (gr. 8-8). pap. 70.50 *(978-1-5081-5370-2(1))* Rosen Publishing Group, Inc., The. (PowerKids Pr.).

Animal Kingdom Patterns Coloring Book: Calming Coloring for Boys Edition. Activibooks For Kids. 2016. (ENG., Illus.). (J). pap. 9.20 *(978-1-68321-011-5(5))* Mimaxion.

Animal Kingdom (Set), 48 vols. Julie Murray. 2019. (Animal Kingdom Ser.). (ENG.). 32p. (J). (gr. 2-5). lib. bdg. 1642.56 *(978-1-5321-1612-4(8)*, 32335, Big Buddy Bks.) ABDO Publishing Co.

Animal Knowledge Genius: A Quiz Encyclopedia to Boost Your Brain. DK. 2021. (DK Knowledge Genius Ser.). (ENG.). 176p. (J). (gr. 4-7). 21.99 *(978-0-7440-3959-7(2)*, DK Children) Dorling Kindersley Publishing, Inc.

Animal Legs, 1 vol. Mary Holland. 2016. (Animal Adaptations Ser.). (ENG., Illus.). 32p. (J). (gr. k-3). 17.95 *(978-1-62855-843-2(1))* Arbordale Publishing.

Animal Legs. Connor Stratton. 2020. (Animal Parts Ser.). (ENG., Illus.). 24p. (J). (gr. k-1). pap. 8.95 *(978-1-64619-211-3(7)*, 1646192117); lib. bdg. 28.50 *(978-1-64619-177-2(3)*, 1646191773) Little Blue Hse. (Little Blue Readers).

Animal Life Activity Book for 10 Year Old Boy. Educando Kids. 2019. (ENG.). 42p. (J). pap. 8.55 *(978-1-64521-786-2(8)*, Educando Kids) Editorial Imagen.

Animal Life Cycle. Maddie Spalding. 2019. (Nature Cycles Ser.). (ENG.). 24p. (J). (gr. 2-5). lib. bdg. 32.79 *(978-1-5038-2844-5(1)*, 212651) Child's World, Inc, The.

Animal Life Cycles. Joseph Midthun. Illus. by Samuel Hiti. 2022. (ENG.). 42p. (J). pap. ***(978-0-7166-4841-3(5))*** World Bk.-Childcraft International.

Animal Life Cycles: Discovering How Animals Live in the Wild. Tony Hare. 2023. (ENG.). 160p. (J). (— 1). pap. 18.99 ***(978-981-5044-49-2(4))*** Marshall Cavendish International (Asia) Private Ltd. SGP. Dist: Independent Pubs. Group.

Animal Life Cycles Set. Various Authors. 2022. (ENG.). 24p. (J). (gr. k-3). 161.70 *(978-1-64487-786-9(4)*, Blastoff! Readers) Bellwether Media.

Animal Life Readers (Classic Reprint) Edith Carrington. 2018. (ENG., Illus.). 202p. (J). 28.06 *(978-0-484-55780-1(7))* Forgotten Bks.

Animal Lovers Super Fun Adventure Coloring Book. Kreative Kids. 2016. (ENG., Illus.). (J). pap. 9.20 *(978-1-68377-356-6(X))* Whike, Traudl.

Animal Mandala Coloring Book for Kids Ages 3 & Up: A Cute Coloring Book with Black Outlines, Animal Designs, 36 Unique One-Side Pages Promoting Creativity & Peacefulness, Anastasia Reece. 2021. (ENG.). 75p. (J). pap. *(978-1-291-22162-6(X))* Lulu Pr., Inc.

Animal Mandala Colouring Book: Coloring Book for Adults Stress Relieving Designs - 50 Animal Mandalas Colouring Book Stress- Relief - Coloring Book for Adults or Kids. Lena Bidden. 2021. (ENG., Illus.). 52p. (J). pap. 10.00 *(978-1-716-24513-8(3))* Lulu Pr., Inc.

Animal Mandalas Stress Relief Coloring Book - Mandala Coloring Animals Edition. Activibooks. 2016. (ENG., Illus.). (J). pap. 9.20 *(978-1-68321-089-4(1))* Mimaxion.

Animal Manners. Suzanne Hetzel. Illus. by Suzanne Hetzel. 2022. (ENG.). 36p. (J). 21.99 ***(978-1-0880-3637-2(6))*** Indy Pub.

Animal Math: Set 3, 12 vols. 2017. (Animal Math Ser.). (ENG.). 24p. (J). (gr. 1-2). lib. bdg. 145.62 *(978-1-5382-1278-3(1)*, 2ea36e14-3132-4012-8e41-b754f85e206d) Stevens, Gareth Publishing LLLP.

Animal Math: Sets 1 - 3. 2017. (Animal Math Ser.). (ENG.). (J). pap. 164.70 *(978-1-5382-1660-6(4))*; (gr. 1-2). lib. bdg. 448.86 *(978-1-5382-1294-3(3)*, e239999a-6cb4-4764-b338-a10df09f8ace) Stevens, Gareth Publishing LLLP.

Animal Mating Game: The Wacky, Weird World of Sex in the Animal Kingdom. Ann Downer. 2016. (ENG., Illus.). 104p. (YA). (gr. 6-12). 35.99 *(978-1-4677-8571-6(7)*, 41ca4167-9c67-44ee-8257-33204b6dbb09); E-Book 54.65 *(978-1-5124-1143-0(4))* Lerner Publishing Group. (Twenty-First Century Bks.).

Animal Mazes. Created by Highlights. 2019. (Highlights My First Amazing Mazes Ser.). 48p. (J). (-k). pap. 4.99 *(978-1-68437-259-1(3)*, Highlights) Highlights Pr., c/o Highlights for Children, Inc.

Animal Mazes Books for Kids. Educando Kids. 2019. (ENG.). 42p. (J). pap. 8.55 *(978-1-64521-618-6(7)*, Educando Kids) Editorial Imagen.

Animal Mechanicals, 12 vols. 2016. (Animal Mechanicals Ser.). 32p. (gr. 3-3). (ENG.). 167.58 *(978-1-4994-2248-1(2)*, 94d1be4d-9a72-4832-9f59-1e55789e897e); pap. 60.00 *(978-1-4994-2442-3(6))* Rosen Publishing Group, Inc., The. (PowerKids Pr.).

Animal Memories, Vol. 2: Birds (Classic Reprint) Samuel Lockwood. (ENG., Illus.). (J). 2018. 408p. 32.33 *(978-0-365-39644-4(3))*; 2016. pap. 16.57 *(978-1-334-63290-7(1))* Forgotten Bks.

Animal Migration, 1 vol. Holden Strauss. 2016. (Spotlight on Ecology & Life Science Ser.). (ENG.). 24p. (J). (gr. 4-6). pap. 11.00 *(978-1-4994-2579-6(1)*, 90aa3a4a-aa95-4f1e-8bc3-07674dcdeafd, PowerKids Pr.) Rosen Publishing Group, Inc., The.

Animal Migration Set 2 (Set), 6 vols. Grace Hansen. 2020. (Animal Migration Ser.). (ENG.). 24p. (J). (gr. -1-2). lib. bdg. 196.74 *(978-1-0982-0227-9(9)*, 34587, Abdo Kids) ABDO Publishing Co.

Animal Migrations (Set Of 8) 2023. (Animal Migrations Ser.). (ENG., Illus.). 8p. (J). pap. 79.60 ***(978-1-63739-660-5(0))***; lib. bdg. 250.80 ***(978-1-63739-603-2(1))*** North Star Editions. (Focus Readers).

Animal Migrator Match-Up. Rachael L. Thomas. 2019. (Incredible Animal Face-Offs Ser.). (ENG., Illus.). 24p. (J). (gr. k-4). lib. bdg. 32.79 *(978-1-5321-9195-4(2)*, 33564, Super SandCastle) ABDO Publishing Co.

Animal Mischief Makers! 2023. (Animal Mischief Makers! Ser.). (ENG.). (J). (gr. 1-2). pap. 62.10 ***(978-1-9785-3698-2(4))*** Enslow Publishing, LLC.

Animal Mischief Makers! Set. 2023. (Animal Mischief Makers! Ser.). (ENG.). (J). (gr. 1-2). lib. bdg. 145.62 ***(978-1-9785-3430-8(2))*** Enslow Publishing, LLC.

Animal Mothers & Fathers. Mary Lindeen. 2017. (BeginningtoRead Ser.). (ENG.). 32p. (J). (-2). 22.60 *(978-1-59953-879-2(2))*; pap. 13.26 *(978-1-68404-098-8(1))* Norwood Hse. Pr.

Animal Mouths. Connor Stratton. 2020. (Animal Parts Ser.). (ENG., Illus.). 24p. (J). (gr. k-1). pap. 8.95 *(978-1-64619-212-0(5)*, 1646192125); lib. bdg. 28.50 *(978-1-64619-178-9(1)*, 1646191781) Little Blue Hse. (Little Blue Readers).

Animal Mummies. Joyce Markovics. 2021. (Unwrapped: Marvelous Mummies Ser.). (ENG., Illus.). 24p. (J). (gr. 2-4). lib. bdg. 30.64 *(978-1-5341-8039-0(7)*, 218436) Cherry Lake Publishing.

Animal Musicians. Pedro Alcalde. Illus. by Julio Blasco. 2019. (ENG.). 56p. (J). (gr. 2-3). 14.95 *(978-2-924774-54-0(3))* La Montagne Secrete CAN. Dist: Independent Pubs. Group.

Animal Myths, Busted! Jodie Mangor. 2017. (Science Myths, Busted! Ser.). (ENG., Illus.). 32p. (J). (gr. 3-6). 32.80 *(978-1-63235-300-9(8)*, 11805, 12-Story Library) Bookstaves, LLC.

Animal Needs. Emily Sohn & Barbara J. Foster. 2019. (IScience Ser.). (ENG., Illus.). 24p. (J). (gr. k-2). 23.94 *(978-1-68450-973-7(4))* Norwood Hse. Pr.

Animal Noises. Thomas Flintham. Illus. by Thomas Flintham. 2016. (ENG., Illus.). 24p. (J). (gr. -1 — 1). bds. 7.99 *(978-1-4814-6935-7(5)*, Little Simon) Little Simon.

Animal Noses. Mary Holland. 2019. (ENG., Illus.). 32p. (J). (gr. 1-4). 17.95 *(978-1-60718-805-6(8)*, 9781607188056); 9.95 *(978-1-60718-806-3(6)*, 9781607188063) Arbordale Publishing.

Animal Noses. Connor Stratton. 2020. (Animal Parts Ser.). (ENG., Illus.). 24p. (J). (gr. k-1). pap. 8.95 *(978-1-64619-213-7(3)*, 1646192133); lib. bdg. 28.50 *(978-1-64619-179-6(X)*, 164619179X) Little Blue Hse. (Little Blue Readers).

Animal Noses. Mary Holland. ed. 2019. (Animal Adaptations Pic Bks). (ENG.). 32p. (J). (gr. k-2). 19.96 *(978-1-64310-836-0(0))* Penworthy Co., LLC, The.

Animal Noses in Action. Ruth Owen. 2021. (Tell Me More! Science Ser.). (ENG., Illus.). 24p. (J). (gr. 2-5). pap. 9.99 *(978-1-78856-157-0(0)*, be40f5ef-99c2-480c-834c-a0d2d08d1452); lib. bdg. 29.32 *(978-1-78856-156-3(2)*, 1e37631a-325f-4c36-8ef8-23170431a60d) Ruby Tuesday Books Limited GBR. Dist: Lerner Publishing Group.

Animal Number Safari: Numbers 11 - 20. Shailla Matlock-Karimbux. 2021. (ENG.). 37p. (J). pap. *(978-1-716-20408-1(9))* Lulu Pr., Inc.

Animal Numbers. Thomas Flintham. Illus. by Thomas Flintham. 2016. (ENG., Illus.). 24p. (J). (gr. -1 — 1). bds. 7.99 *(978-1-4814-6937-1(1)*, Little Simon) Little Simon.

Animal Numbers. Ed. by Rainstorm Publishing. Illus. by Ela Jarzabek. 2019. (ENG.). 20p. (J). bds. 7.99 *(978-1-989219-97-3(7))* Rainstorm Pr.

Animal Offspring. Margaret Hall & Linda Tagliaferro. rev. ed. 2018. (Animal Offspring Ser.). (ENG.). 24p. (J). (gr. -1-2). 175.92 *(978-1-5435-0897-0(9)*, 27770, Capstone Pr.) Capstone.

Animal Olympics. Julie Pryke. Illus. by Joanne Tordoff. 2019. (ENG.). 56p. (J). pap. *(978-1-78645-392-1(4))* Beaten Track Publishing.

Animal Olympics. Joe Wells. 2018. (ENG., Illus.). 30p. (J). pap. *(978-0-9935230-8-3(0))* Lane, Betty.

Animal Olympics Violin Score. Michael Tseitlin. 2016. (ENG., Illus.). 46p. (J). pap. 18.00 *(978-1-365-37195-0(6))* Lulu Pr., Inc.

Animal Opposites. Jane Cabrera. 2017. (ENG.). 18p. (J). (gr. -1-k). bds. 8.99 *(978-1-4998-0630-4(2))* Little Bee Books Inc.

Animal Opposites. Nikolas Ilic. Illus. by Nikolas Ilic. 2023. (Nikolas Ilic's First Concepts Ser.: 5). (ENG., Illus.). 26p. (J). (gr. -1-k). bds. ***(978-0-7112-7864-6(4))***, Happy Yak) Quarto Publishing Group UK.

Animal Opposites. National Wildlife Federation Staff & Jennifer Bové. 2017. (Ranger Rick: Animal Fun for Young Children Ser.). (Illus.). 32p. (J). (gr. -1-1). pap. 5.99 *(978-1-63076-292-6(X))* Muddy Boots Pr.

Animal Origami for Kids. Ralph Jones. 2020. (ENG.). 36p. (J). pap. 12.95 *(978-1-716-47603-7(8))* Lulu Pr., Inc.

Animal Ornaments for the Holidays Coloring Book. Jupiter Kids. 2017. (ENG., Illus.). (J). pap. 9.20 *(978-1-68326-598-6(X)*, Jupiter Kids (Childrens & Kids Fiction)) Speedy Publishing LLC.

Animal Ornaments to Color Coloring Book. Activibooks. 2016. (ENG., Illus.). (J). pap. 9.20 *(978-1-68321-665-0(2))* Mimaxion.

Animal Ornaments to Design & Color Coloring Book. Activity Attic. 2016. (ENG., Illus.). (J). pap. 7.74 *(978-1-68323-742-6(0))* Twin Flame Productions.

Animal Pals Kids Drawing Book 8. 5 X 11. Educando Kids. 2019. (ENG.). 42p. (J). pap. 8.55 *(978-1-64521-632-2(2)*, Educando Kids) Editorial Imagen.

Animal Parade. Emily Dyson. Illus. by Laura Chaggar. 2021. (ENG.). 28p. (J). pap. ***(978-1-912677-33-7(4))*** Ainslie & Fishwick Pub.

Animal Parts (Set Of 8) Connor Stratton. 2020. (Animal Parts Ser.). (ENG., Illus.). 192p. (J). (gr. k-1). pap. 71.60 *(978-1-64619-206-9(0)*, 1646192060); lib. bdg. 228.00 *(978-1-64619-172-7(2)*, 1646191722) Little Blue Hse. (Little Blue Readers).

Animal Party: A Book of Fun from a to Z! Ashley M. Blas. Illus. by Shirley F. Durant. 2022. (ENG.). 36p. (J). 24.00 *(978-1-68537-254-5(6))* Dorrance Publishing Co., Inc.

Animal Patterns. Little Bee Books. 2017. (Guess the Animals Ser.). (ENG., Illus.). 16p. (J). (gr. -1 — 1). bds. 5.99 *(978-1-4998-0530-7(6))* Little Bee Books Inc.

Animal Patterns: Arabic-English Bilingual Edition. Aaron Carr. 2016. (Science Kids Ser.). (ARA & ENG.). (J). (gr. -1-1). 29.99 *(978-1-61913-921-3(9))* Weigl Pubs., Inc.

Animal Patterns Coloring Book 2. Denise McGill. 2019. (ENG.). 46p. (J). pap. *(978-0-359-40134-5(1))* Lulu Pr., Inc.

Animal Peep-Through: My Jungle Friends. Roger Priddy. 2022. (Animal Peep Through Ser.). (ENG., Illus.). 10p. (J). bds. 7.99 *(978-1-68449-194-0(0)*, 900250917) St. Martin's Pr.

Animal Perfecto. Illus. by Raquel Diaz Reguera. 2017. (SPA.). 40p. (J). (gr. -1-3). 15.95 *(978-84-946333-8-6(4))* NubeOcho Ediciones ESP. Dist: Consortium Bk. Sales & Distribution.

Animal Performers. Sara Green. 2018. (Movie Magic Ser.). (ENG., Illus.). 32p. (J). (gr. 3-8). lib. bdg. 27.95 *(978-1-62617-845-8(3)*, Blastoff! Discovery) Bellwether Media.

Animal Plagues: Their History, Nature, & Prevention (Classic Reprint) George Fleming. 2018. (ENG., Illus.). (J). 36.73 *(978-0-331-62245-4(9))* Forgotten Bks.

Animal Planet All-Star Readers: Amazing Animal Families Level 1: Includes 4 Readers! Editors of Silver Dolphin Books. 2022. (Animal Planet All-Star Readers Ser.). (ENG.). 132p. (J). (gr. 1-3). pap. 7.99 *(978-1-6672-0104-7(2)*, Silver Dolphin Bks.) Printers Row Publishing Group.

Animal Planet All-Star Readers: I Am Fungie the Dolphin Level 2. Brenda Scott Royce. 2021. (Animal Planet All-Star Readers Ser.). (ENG.). 32p. (J). (gr. 1-3). pap. 4.99 *(978-1-64517-745-6(9)*, Silver Dolphin Bks.) Printers Row Publishing Group.

Animal Planet All-Star Readers: I Am Fungie the Dolphin Level 2 (Library Binding) Brenda Scott Royce. 2021. (Animal Planet All-Star Readers Ser.). (ENG.). 32p. (J). (gr. 1-3). 14.99 *(978-1-64517-767-8(X)*, Silver Dolphin Bks.) Printers Row Publishing Group.

Animal Planet All-Star Readers: I Am Machli, Queen of the Tigers, Level 2. Brenda Scott Royce. 2022. (Animal Planet All-Star Readers Ser.). (ENG.). 32p. (J). (gr. 1-3). pap. 4.99 *(978-1-64517-937-5(0)*, Silver Dolphin Bks.) Printers Row Publishing Group.

Animal Planet All-Star Readers: I Am Machli, Queen of the Tigers, Level 2 (Library Binding) Brenda Scott Royce. 2022. (Animal Planet All-Star Readers Ser.). (ENG.). 32p. (J). (gr. 1-3). lib. bdg. 14.99 *(978-1-64517-954-2(0)*, Silver Dolphin Bks.) Printers Row Publishing Group.

Animal Planet All-Star Readers: I Am Major, First Dog, Level 2 (Library Binding) Brenda Scott Royce. Illus. by Adam Devaney. 2021. (Animal Planet All-Star Readers Ser.). (ENG.). 32p. (J). (gr. 1-3). lib. bdg. 14.99 *(978-1-64517-826-2(9)*, Silver Dolphin Bks.) Printers Row Publishing Group.

Animal Planet: Awesome Adventures: 3 Chapter Books In 1! Catherine Nichols & Gail Herman. 2021. (Animal Planet Awesome Adventures Ser.). (ENG.). 328p. (J). (gr. 3-7). pap. 8.99 *(978-1-64517-836-1(6)*, Silver Dolphin Bks.) Printers Row Publishing Group.

Animal Planet Awesome Adventures: Puppy Rescue Riddle. Catherine Nichols. 2021. (Animal Planet Awesome Adventures Ser.). (ENG.). 112p. (J). (gr. 3-7). pap. 5.99 *(978-1-64517-731-9(9)*, Silver Dolphin Bks.) Printers Row Publishing Group.

Animal Planet: Incredible Animals 4-Book Reader Bind-Up Level 2. Lori C. Froeb. 2022. (ENG.). 132p. (J). (gr. 1-3). pap. 7.99 *(978-1-64517-523-0(5)*, Silver Dolphin Bks.) Printers Row Publishing Group.

Animal Planet: Learn & Color. Thea Feldman. 2022. (ENG.). 288p. (J). (gr. -1-k). pap. 14.99 *(978-1-64517-793-7(9)*, Silver Dolphin Bks.) Printers Row Publishing Group.

Animal Planet: Real Life Sticker & Activity Book: Awesome Animals. Editors of Silver Dolphin Books. 2023. (ENG.). 128p. (J). (gr. 1-3). 15.99 *(978-1-64517-563-6(4)*, Silver Dolphin Bks.) Printers Row Publishing Group.

Animal Planet: Wild Animals Around the World Coloring & Activity Book. Editors of Silver Dolphin Books. 2020. (Coloring & Activity with Crayons Ser.). (ENG.). 48p. (J). (gr. -1-k). pap. 5.99 *(978-1-64517-276-5(7)*, Silver Dolphin Bks.) Printers Row Publishing Group.

Animal Planet: Wild Baby Animals Coloring Book. Editors of Silver Dolphin Books. Illus. by Dana Regan. 2021. (Jumbo 224-Page Coloring Book Ser.). (ENG.). 224p. (J). (gr. -1-k). pap. 9.99 *(978-1-64517-677-0(0)*, Silver Dolphin Bks.) Printers Row Publishing Group.

Animal Playground. Barbara March. Illus. by Abygale Choi. 2021. (ENG.). 26p. (J). pap. 9.95 *(978-1-937228-08-8(8))* Story Trust Publishing, LLC.

Animal Poems, 1 vol. Illus. by Natalia Moore. 2017. (Poems Just for Me Ser.). (ENG.). 32p. (gr. 3-3). pap. 11.00 *(978-1-4994-8389-5(9)*, 5b28ac0c-948b-4ff0-84ea-faa180528525, Windmill Bks.) Rosen Publishing Group, Inc., The.

Animal Pokey (Rookie Toddler) Janice Behrens. Illus. by Marybeth Butler. 2019. (Rookie Toddler Ser.). (ENG.). 12p. (J). (gr. -1 — 1). bds. 6.95 *(978-0-531-12926-5(8)*, Children's Pr.) Scholastic Library Publishing.

Animal Portraits. Lucie Brunellière. 2023. (ENG.). 40p. (J). (gr. -1-1). 19.99 *(978-1-914912-47-4(0))* Boxer Bks., Ltd. GBR. Dist: Sterling Publishing Co., Inc.

Animal Power: The Amazon. Irene Lam. 2019. (ENG., Illus.). 48p. (YA). (gr. 7-12). pap. 7.99 *(978-0-9996577-4-4(7))* RMA Publicity LLC dba Sigma's Bookshelf.

Animal Pranksters (Set), 6 vols. 2022. (Animal Pranksters Ser.). (ENG.). 24p. (J). (gr. k-4). lib. bdg. 188.16 *(978-1-0982-2831-6(6)*, 39941, Abdo Zoom-Dash) ABDO Publishing Co.

Animal Pranksters (Set Of 6) Julie Murray. 2022. (Animal Pranksters Ser.). (ENG.). (J). (gr. 1-1). pap. 53.70 *(978-1-64494-758-6(7)*, Abdo Zoom-Dash) ABDO Publishing Co.

Animal Predator Smackdown. Elsie Olson. 2019. (Incredible Animal Face-Offs Ser.). (ENG., Illus.). 24p. (J). (gr. k-4). lib. bdg. 32.79 *(978-1-5321-9196-1(0)*, 33566, Super SandCastle) ABDO Publishing Co.

Animal Predators: Complete Set. Incl. Animal Predators: Classroom Set. Lerner Publishing Group Staff. (Illus.). (J). 2005. 54.95 *(978-0-8225-5487-5(9))*; Crocodiles. (Illus.). 40p. (J). 2005. pap. 46.95 *(978-0-8225-5493-6(3))*; Great White Sharks. (Illus.). 40p. (J). 2005. pap. 46.95 *(978-0-8225-5488-2(7))*; Killer Whales. (Illus.). 40p. (J). 2005. pap. 46.95 *(978-0-8225-5492-9(5))*; Lions. (Illus.). 40p. (J). 2005. pap. 46.95 *(978-0-8225-5491-2(7))*; Owls. (Illus.). 40p. (J). 2005. pap. 46.95 *(978-0-8225-5490-5(9))*; Polar Bears. (Illus.). 40p. (J). 2005. pap. 46.95 *(978-0-8225-5489-9(5))*; Teaching Animal Predators. Ed. by LernerClassroom Editors. 2008. pap., tchr. ed. 7.95 *(978-0-8225-4044-1(4))*; Wolves: Easyreads - Level 1. (Illus.). 40p. (J). 2005. pap. 46.95 *(978-0-8225-5494-3(1))*; (gr. 3-6). 2005. 327.95 *(978-0-8225-3885-1(7))* Lerner Publishing Group.

Animal Products; Peter Lund Simmonds. 2017. (ENG.). 442p. (J). pap. *(978-3-7447-4302-0(0))* Creation Pubs.

Animal Products: Their Preparation, Commercial Uses, & Value (Classic Reprint) Peter Lund Simmonds. 2018. (ENG., Illus.). 440p. (J). 32.97 *(978-0-365-01999-2(2))* Forgotten Bks.

Animal Records to Dig Your Claws Into! Contrib. by Kenny Abdo. 2023. (Broken Records Ser.). (ENG.). 24p. (J). (gr. 2-8). lib. bdg. 31.36 ***(978-1-0982-8137-3(3)***, 42386, Abdo Zoom-Fly) ABDO Publishing Co.

Animal Rescue Agency #1: Case File: Little Claws. Eliot Schrefer. 2022. (Animal Rescue Agency Ser.: 1). (ENG.).

192p. (J). (gr. 3-7). pap. 6.99 *(978-0-06-298234-6(6),* Tegen, Katherine Bks) HarperCollins Pubs.

Animal Rescue Agency #1: Case File: the Little Claws. Eliot Schrefer. 2021. (Animal Rescue Agency Ser.: 1). (ENG., Illus.). 176p. (J). (gr. 3-7). 16.99 *(978-0-06-298233-9(8),* Tegen, Katherine Bks) HarperCollins Pubs.

Animal Rescue Agency #2: Case File: Pangolin Pop Star. Eliot Schrefer. 2022. (Animal Rescue Agency Ser.: 2). (ENG., Illus.). 192p. (J). (gr. 3-7). 16.99 *(978-0-06-298236-0(2),* Tegen, Katherine Bks) HarperCollins Pubs.

Animal Rescue Agency #2: Case File: Pangolin Pop Star. Eliot Schrefer. 2023. (Animal Rescue Agency Ser.: 2). (ENG.). 192p. (J). (gr. 3-7). pap. 8.99 *(978-0-06-298237-7(0),* Tegen, Katherine Bks) HarperCollins Pubs.

Animal Rescue Friends, Volume 1. Gina Loveless & Meika Hashimoto. Illus. by Geneviève Kote. 2021. (Animal Rescue Friends Ser.: 1). (ENG.). 160p. (J). pap. 9.99 *(978-1-5248-6734-8(9))* Andrews McMeel Publishing.

Animal Rescue Friends: Friends Fur-Ever, Volume 2. Jana Tropper. Illus. by Geneviève Kote & Axelle Lenoir. 2022. (Animal Rescue Friends Ser.: 2). (ENG.). 160p. (J). 21.99 *(978-1-5248-7937-2(1));* pap. 12.99 *(978-1-5248-7584-8(8))* Andrews McMeel Publishing.

Animal Rescuers. C. J. Ma. Illus. by C. J. Ma. 2016. (ENG., Illus.). (J). pap. 11.99 *(978-1-61170-242-2(9))* Robertson Publishing.

Animal Rescues. Mark L. Lewis. 2019. (Rescues in Focus Ser.). (ENG., Illus.). 32p. (J). (gr. 2-3). pap. 9.95 *(978-1-64185-839-7(7),* 1641858397); lib. bdg. 31.35 *(978-1-64185-770-3(6),* 1641857706) North Star Editions. (Focus Readers).

Animal Riddles, 1 vol. Nicholle Einstein. 2016. (KidsWorld Ser.). (ENG., Illus.). 64p. (J). pap. 6.99 *(978-0-9940069-6-7(9),* 8edf66ca-bc2a-4c9c-93a5-0de4972dbb54) KidsWorld Bks. CAN. Dist: Lone Pine Publishing USA.

Animal Riddles. Emma Huddleston. 2022. (Riddle Fun Ser.). (ENG.). 24p. (J). (gr. k-3). lib. bdg. 32.79 *(978-1-5038-4984-6(8),* 214833) Child's World, Inc, The.

Animal Rights. Virginia Loh-Hagan. 2021. (Stand up, Speak OUT Ser.). (ENG.). 32p. (J). (gr. 4-8). pap. 14.21 *(978-1-5341-8890-7(8),* 219271); (Illus.). lib. bdg. 32.07 *(978-1-5341-8750-4(2),* 219270) Cherry Lake Publishing. (45th Parallel Press).

Animal Rights: 5 Volume Set, 5 vols. Gale Research Inc. 2018. (Animal Rights & Welfare Ser.). (ENG., Illus.). xxii, 197p. 232.00 *(978-1-4103-8109-5(9))* Cengage Gale.

Animal Rights: Animal Testing & Research. Gale Research Inc. 2018. (Animal Rights & Welfare Ser.). (ENG., Illus.). 288p. 51.00 *(978-1-4103-8110-1(2))* Cengage Gale.

Animal Rights: Big Game Hunting. Gale Research Inc. 2018. (Animal Rights & Welfare Ser.). (ENG., Illus.). 224p. 51.00 *(978-1-4103-8111-8(0))* Cengage Gale.

Animal Rights: Farm Animals. Gale Research Inc. 2018. (Animal Rights & Welfare Ser.). (ENG., Illus.). 288p. 51.00 *(978-1-4103-8112-5(9))* Cengage Gale.

Animal Rights: Pets. Gale Research Inc. 2018. (Animal Rights & Welfare Ser.). (ENG., Illus.). 256p. 51.00 *(978-1-4103-8113-2(7))* Cengage Gale.

Animal Rights: Zoos & Aquariums. Gale Research Inc. 2018. (Animal Rights & Welfare Ser.). (ENG., Illus.). 224p. 51.00 *(978-1-4103-8114-9(5))* Cengage Gale.

Animal Rights (Set), 6 vols. 2017. (Animal Rights Ser.). (ENG.). 32p. (J). (gr. 3-6). lib. bdg. 196.74 *(978-1-5321-1256-0(4),* 27573, Checkerboard Library) ABDO Publishing Co.

Animal Robots. Luke Colins. 2020. (World of Robots Ser.). (ENG.). 24p. (J). (gr. k-3). lib. bdg. *(978-1-62310-162-6(X),* 14418, Bolt Jr.) Black Rabbit Bks.

Animal Robots. S. L. Hamilton. 2018. (Xtreme Robots Ser.). (ENG.). 32p. (J). (gr. 3-9). lib. bdg. 32.79 *(978-1-5321-1822-7(8),* 30562, Abdo & Daughters) ABDO Publishing Co.

Animal Robots. Thomas Kingsley Troupe. 2017. (Mighty Bots Ser.). (ENG.). 32p. (gr. 2-7). 9.95 *(978-1-68072-459-2(2),* Bolt) Black Rabbit Bks.

Animal Robots. Thomas Kingsley Troupe. 2017. (Mighty Bots Ser.). (ENG.). 32p. (J). (gr. 4-6). pap. 9.99 *(978-1-64466-196-3(9),* 11440); (Illus.). lib. bdg. *(978-1-68072-156-0(9),* 10496) Black Rabbit Bks. (Bolt).

Animal Salams. Karima Sperling. Illus. by Karima Sperling. 2020. (ENG., Illus.). 28p. (J). pap. 10.00 *(978-0-9913003-8-9(6))* Little Bird Bks.

Animal Says. Howie Minsky. 2019. (Hello, Everglades! Ser.). (ENG., Illus.). 16p. (J). (gr. -1-2). pap. 11.36 *(978-1-5341-5742-2(5),* 214201, Cherry Blossom Press) Cherry Lake Publishing.

Animal Scavengers, 6 bks., Set. Sandra Markle. Incl. Hyenas. lib. bdg. 25.26 *(978-0-8225-3194-4(1));* Jackals. lib. bdg. 25.26 *(978-0-8225-3197-5(6));* Vultures. lib. bdg. 25.26 *(978-0-8225-3195-1(X));* Wolverines. (J). lib. bdg. 25.26 *(978-0-8225-3198-2(4));* (Illus.). 40p. (gr. 3-6). 2005. Set lib. bdg. 151.56 *(978-0-8225-3210-1(7),* Lerner Pubns.) Lerner Publishing Group.

Animal School Time. Sara Conway. Illus. by Zoe Waring. 2019. (Animal Time Ser.). (ENG.). 20p. (J). (gr. -1 — 1). bds. 6.99 *(978-1-926444-52-9(3))* Rainstorm Pr.

Animal Scientist & Activist Jane Goodall. Douglas Hustad. 2016. (STEM Trailblazer Bios Ser.). (ENG., Illus.). 32p. (J). (gr. 2-5). 26.65 *(978-1-5124-0788-4(7),* 58f77d81-a91e-4461-82e6-f2bdc4755037, Lerner Pubns.) Lerner Publishing Group.

Animal Search-A-Word Puzzles (Dover Little Activity Books) Pers Dez. 2021. (ENG.). 66p. (YA). pap. 8.99 *(978-1-716-19558-7(6))* Lulu Pr., Inc.

Animal Secrets Revealed! 2017. (Animal Secrets Revealed! Ser.). 48p. (gr. 4-4). pap. 70.20 *(978-0-7660-8889-4(8));* (ENG.). lib. bdg. 177.60 *(978-0-7660-8589-3(9),* 5e0787c4-8eb9-48c6-ad29-88c53181ea1b) Enslow Publishing, LLC.

Animal Selfies Spot the Difference. Compiled by Kidsbooks. 2022. (Family Fun Spiral Wipe Off Ser.). (ENG.). 24p. (J). pap. 16.99 *(978-1-63854-029-8(2))* Kidsbooks, LLC.

Animal Senses - BBC Earth Do You Know... ? Level 3. Ladybird. 2020. (Illus.). 32p. (J). (gr. k-3). pap. 9.99 *(978-0-241-35577-0(X),* Ladybird) Penguin Bks., Ltd. GBR. Dist: Independent Pubs. Group.

Animal Shapes. Nikolas Ilic. Illus. by Nikolas Ilic. 2023. (Nikolas Ilic's First Concepts Ser.: 4). (ENG., Illus.). 26p. (J). (gr. -1-k). bds. ***(978-0-7112-7862-2(8)***, Happy Yak) Quarto Publishing Group UK.

Animal Shapes. Christopher Silas Neal. 2018. (Christopher Silas Neal Ser.). (ENG., Illus.). 40p. (J). (gr. -1-1). bds. 12.99 *(978-1-4998-0534-5(9))* Little Bee Books Inc.

Animal Shelter Series: Pretty Piper. Ann Drews. 2020. (Animal Shelter Ser.: Vol. 2). (ENG.). 32p. (J). pap. 12.99 *(978-1-952894-66-4(2))* Pen It Pubns.

Animal Showdown: Round 2. Stephanie Warren Drimmer. ed. 2020. (Animal Showdown Ser.). (ENG.). 96p. (J). (gr. 4-5). 25.96 *(978-1-64697-279-1(1))* Penworthy Co., LLC, The.

Animal Showdown: Round Three. Stephanie Warren Drimmer. ed. 2020. (Animal Showdowns Ser.). (ENG., Illus.). 96p. (J). (gr. 4-5). 25.96 *(978-1-64697-492-4(1))* Penworthy Co., LLC, The.

Animal Showdown: Surprising Animal Matchups with Surprising Results. Stephanie Warren Drimmer. 2020. (Illus.). 96p. (J). (gr. 3-7). pap. 14.99 *(978-1-4263-3842-7(2),* National Geographic Kids) Disney Publishing Worldwide.

Animal Showdown: Round Three: Surprising Animal Matchups with Surprising Results. Stephanie Warren Drimmer. 2020. (ENG., Illus.). 96p. (J). (gr. 3-7). 24.90 *(978-1-4263-3843-4(0),* National Geographic Kids) Disney Publishing Worldwide.

Animal Showdown: Round Two. Stephanie Warren Drimmer. 2019. (Illus.). 96p. (J). (gr. 3-7). pap. 14.99 *(978-1-4263-3433-7(8));* (ENG., lib. bdg. 24.90 *(978-1-4263-3434-4(6))* Disney Publishing Worldwide. (National Geographic Kids).

Animal Sidekicks: Amazing Stories of Symbiosis in Animals & Plants. Macken Murphy & Neon Squid. Illus. by Dragan Kordic. 2022. (ENG.). 128p. (J). 19.99 *(978-1-68449-201-5(7),* 900251255) St. Martin's Pr.

Animal Skeletons from Around the World Coloring Book. Activity Attic. 2016. (ENG., Illus.). (J). pap. 7.74 *(978-1-68323-842-3(7))* Twin Flame Productions.

Animal Skins. Mary Holland. 2020. (ENG., Illus.). 32p. (J). pap. 9.95 *(978-1-64351-340-9(0))* Arbordale Publishing.

Animal Skins. Mary Holland. ed. 2020. (Animal Adaptations Pic Bks). (ENG.). 32p. (J). (gr. k-1). 19.96 *(978-0-87617-464-7(0))* Penworthy Co., LLC, The.

Animal Smackdown. Emily Krieger. ed. 2019. (ENG.). 96p. (J). (gr. 4-5). 24.96 *(978-0-87617-490-6(X))* Penworthy Co., LLC, The.

Animal Smackdown: Surprising Animal Matchups with Surprising Results. Emily Krieger. 2018. (Illus.). 96p. (J). (gr. 3-7). pap. 14.99 *(978-1-4263-3151-0(7),* National Geographic Kids) Disney Publishing Worldwide.

Animal Snapshots & How Made (Classic Reprint) Silas a Lottridge. 2018. (ENG., Illus.). 360p. (J). 31.32 *(978-0-267-79423-2(1))* Forgotten Bks.

Animal Societies. Nadia Ali. 2023. (Animal Societies Ser.). (ENG.). 32p. (J). 125.28 ***(978-0-7565-7235-8(5)***, 247628); pap., pap., pap. 31.96 ***(978-0-7565-7236-5(3)***, 247630) Capstone. (Pebble).

Animal Song. Jonty Howley. 2023. 40p. (J). (gr. -1-3). 18.99 *(978-0-593-38146-5(7));* (ENG.). lib. bdg. 21.99 *(978-0-593-38147-2(5))* Random Hse. Children's Bks.

Animal Sounds - BBC Do You Know... ? Level 1. Ladybird. 2020. (Illus.). 32p. (J). (gr. k-3). pap. 9.99 *(978-0-241-38278-3(5),* Ladybird) Penguin Bks., Ltd. GBR. Dist: Independent Pubs. Group.

Animal Sounds - Tangiia Maan (Te Kiribati) Matirete Aukitino. Illus. by Jovan Carl Segura. 2022. (MIS.). 26p. (J). pap. ***(978-1-922910-63-9(5))*** Library For All Limited.

Animal Sounds - Tangiia Maan (Te Kiribati) Ateota Teraaka. Illus. by Rea Diwata Mendoza. 2022. (MIS.). 26p. (J). pap. ***(978-1-922895-86-8(5))*** Library For All Limited.

Animal Speed Showdown. Elsie Olson. 2019. (Incredible Animal Face-Offs Ser.). (ENG., Illus.). 24p. (J). (gr. k-4). lib. bdg. 32.79 *(978-1-5321-9197-8(9),* 33568, Super SandCastle) ABDO Publishing Co.

Animal Spell. Michael A. Susko. 2019. (ENG.). 156p. (J). pap. 9.99 *(978-1-393-05366-8(1))* Draft2Digital.

Animal Sticker Faces: With Fun Coloring & Activities. IglooBooks. Illus. by Gal Weizman. 2023. (ENG.). 50p. (J). (gr. -1). pap. 9.99 ***(978-1-83771-545-9(9))*** Igloo Bks. GBR. Dist: Simon & Schuster, Inc.

Animal Stories for Children (Classic Reprint) Bessie Cahoone Newton. 2017. (ENG., Illus.). (J). 28.93 *(978-0-266-91215-6(X));* pap. 11.57 *(978-0-243-26337-0(6))* Forgotten Bks.

Animal Stories for God's Children. John Hooker. 2019. (ENG.). 96p. (J). pap. *(978-3-7103-4106-9(X))* united p.c. Verlag.

Animal Stories (Vintage Storybook) Vintage Storybook: Time Well Spent. Ed. by Cottage Door Press. 2021. (Vintage Storybook Ser.). (ENG.). 256p. (J). (gr. -1-3). 28.99 *(978-1-64638-098-5(3),* 9003000) Cottage Door Pr.

Animal Story Book. Andrew Lang. 2020. (ENG.). (J). (gr. 2-8). 220p. 19.95 *(978-1-64799-563-8(9));* 218p. pap. 9.95 *(978-1-64799-562-1(0))* Bibliotech Pr.

Animal Story Book. Andrew Lang. 2017. (ENG.). 418p. (J). pap. *(978-3-337-22877-4(1))* Creation Pubs.

Animal Story Book (Classic Reprint) Andrew Lang. 2018. (ENG., Illus.). 420p. (J). 32.56 *(978-0-332-47180-8(2))* Forgotten Bks.

Animal Story Book (Classic Reprint) Ernest Thompson-Seton. (ENG., Illus.). (J). 2018. 432p. 32.83 *(978-0-484-55723-8(8));* 2017. pap. 16.57 *(978-0-243-27014-9(3))* Forgotten Bks.

Animal Structures: A Laboratory Guide in the Teaching of Elementary Zoology (Classic Reprint) David Starr Jordan. 2017. (ENG., Illus.). (J). 26.29 *(978-0-266-59326-3(7));* pap. 9.57 *(978-0-282-90153-0(1))* Forgotten Bks.

Animal Studies: A Text-Book of Elementary Zoology for Use in High Schools & Colleges (Classic Reprint) David Starr Jordan. 2017. (ENG., Illus.). (J). 33.67 *(978-0-331-22030-8(X))* Forgotten Bks.

Animal Super Spy Saw Silly Stuff Coloring Book. Creative Playbooks. 2016. (ENG., Illus.). (J). pap. 7.74 *(978-1-68323-838-6(9))* Twin Flame Productions.

Animal Survival (Set), 6 vols. 2022. (Animal Survival Ser.). (ENG.). 32p. (J). (gr. 2-5). lib. bdg. 205.32 *(978-1-5321-9848-9(5),* 39707, Kids Core) ABDO Publishing Co.

Animal Survival (Set Of 6) 2022. (Animal Survival Ser.). (ENG.). (J). (gr. 3-3). pap. 59.70 *(978-1-64494-765-4(X))* North Star Editions.

Animal Survivors, 6 bks., Set. Susan Labella. Incl. Chameleons & Other Animals with Amazing Skin. (Illus.). 24p. (J). (gr. 1-2). 2005. lib. bdg. 22.00 *(978-0-516-24925-4(8));* (Scholastic News Nonfiction Readers Ser.). 2005. 108.00 *(978-0-516-25390-9(5),* Children's Pr.) Scholastic Library Publishing.

Animal Tails, 1 vol. Mary Holland. 2017. (ENG., Illus.). 32p. (J). (gr. k-3). 17.95 *(978-1-62855-976-7(4))* Arbordale Publishing.

Animal Tails. Little Bee Books. 2020. (Guess the Animals Ser.). (ENG., Illus.). 16p. (J). (— 1). bds. 6.99 *(978-1-4998-1013-4(X))* Little Bee Books Inc.

Animal Tails. Connor Stratton. 2020. (Animal Parts Ser.). (ENG., Illus.). 24p. (J). (gr. k-1). pap. 8.95 *(978-1-64619-214-4(1),* 1646192141); lib. bdg. 28.50 *(978-1-64619-180-2(3),* 1646191803) Little Blue Hse. (Little Blue Readers).

Animal Tales: Happy Birthday Jesus. Cheri Manning Fite. 2016. (ENG., Illus.). (J). pap. 13.95 *(978-1-68197-083-7(X))* Christian Faith Publishing.

Animal Tales: Ten Modern Fables. Margo Lestz. 2019. (ENG., Illus.). 90p. (J). (gr. 2-5). pap. *(978-1-9993118-3-4(3)); (978-1-9993118-2-7(5))* Boo-Tickety Publishing.

Animal Tales & Bible Stories: Freddy's Favorite Cracker Snacks. Toussaint H. E. Brown. 2017. (ENG., Illus.). 24p. (J). *(978-1-387-06287-4(5))* Lulu Pr., Inc.

Animal Tales & Bible Stories: Tobi Learns to Pray. Toussaint H. E. Brown. 2017. (ENG., Illus.). 20p. (J). *(978-1-387-05794-8(4))* Lulu Pr., Inc.

Animal Tales & Bible Stories Barry & the Lamb's Book. Toussaint H. E. Brown. 2016. (ENG., Illus.). 24p. (J). *(978-1-365-29280-4(0))* Lulu Pr., Inc.

Animal Talk: All the Incredible Ways That Animals Communicate. Contrib. by Michael Leach & Meriel Lland. 2023. (ENG.). 80p. (J). (gr. 2-4). 16.99 ***(978-0-7440-8274-6(9)***, DK Children) Dorling Kindersley Publishing, Inc.

Animal Talk: Animal Communication. Seon-Hye Jang. Illus. by Hyeong-Jin Lee. 2017. (Science Storybooks Ser.). (ENG.). 32p. (J). (gr. k-4). lib. bdg. 27.99 *(978-1-925235-13-5(0),* 2aa58531-805a-488b-a227-e07453bd90de, Big and SMALL) ChoiceMaker Pty. Ltd., The AUS. Dist: Lerner Publishing Group.

Animal Talk: Mexican Folk Art Animal Sounds in English & Spanish. Cynthia Weill. Illus. by Rubí Fuentes & Efraín Broa. 2016. (First Concepts in Mexican Folk Art Ser.). (ENG.). 32p. (J). (gr. -1-2). 11.95 ***(978-1-64379-657-4(7)***, 23353382, Cinco Puntos Press) Lee & Low Bks., Inc.

Animal Teams: How Amazing Animals Work Together in the Wild. Charlotte Milner. 2022. (ENG., Illus.). 32p. (J). (gr. k-2). 16.99 *(978-0-7440-5001-1(4),* DK Children); pap. ***(978-0-241-52591-3(8))*** Dorling Kindersley Publishing, Inc.

Animal Teamwork, 12 vols. 2017. (Animal Teamwork Ser.). 24p. (ENG.). (gr. 3-3). 151.62 *(978-1-4994-3495-8(2),* f3bfad61-b97a-4b6f-8354-189dec13b314); (gr. 7-8). pap. 49.50 *(978-1-5081-5371-9(X))* Rosen Publishing Group, Inc., The. (PowerKids Pr.).

Animal Teeth. Michelle Anderson. 2018. (Plants, Animals, & People Ser.). (ENG., Illus.). 16p. (gr. -1-2). pap. 9.95 *(978-1-64156-246-1(3),* 9781641562461) Rourke Educational Media.

Animal Testing. Gail Terp. 2018. (Illus.). 48p. (J). *(978-1-4896-9625-0(3),* AV2 by Weigl) Weigl Pubs., Inc.

Animal Testing: Attacking a Controversial Problem. Bob Woods. 2017. (Illus.). 64p. (J). *(978-1-4222-3872-1(5))* Mason Crest.

Animal Time Set #1 (Animal Time: Time to Read, Level 1) Lori Haskins Houran. Illus. by Alex Willmore. 2021. (Time to Read Ser.). (ENG.). 128p. (J). (gr. k-2). pap. 14.99 *(978-0-8075-7193-4(8),* 807571938) Whitman, Albert & Co.

Animal Toolkit: How Animals Use Tools. Steve Jenkins & Robin Page. Illus. by Steve Jenkins. 2022. (ENG., Illus.). 32p. (J). (gr. 1-4). 18.99 *(978-0-358-24444-8(7),* 1767949, Clarion Bks.) HarperCollins Pubs.

Animal Town. Sharron Montes de Oca. 2018. (ENG., Illus.). 46p. (J). *(978-1-5289-2424-5(X));* pap. *(978-1-5289-2425-2(8))* Austin Macauley Pubs. Ltd.

Animal Town. Sharron Montes de Oca. 2017. (ENG., Illus.). 44p. (J). pap. 15.95 *(978-1-78693-365-2(9),* cc3f5e21-ad2d-41ce-ab66-0329de3aa5ff) Austin Macauley Pubs. Ltd. GBR. Dist: Baker & Taylor Publisher Services (BTPS).

Animal Town. Sharron Montes De Oca. 2017. (ENG.). 44p. (J). 23.95 *(978-1-78693-366-9(7),* 2d3330fd-8c57-444b-ae80-84a1705fa735) Austin Macauley Pubs. Ltd. GBR. Dist: Baker & Taylor Publisher Services (BTPS).

Animal Tracks. Little Bee Books. 2020. (Guess the Animals Ser.). (ENG., Illus.). 16p. (J). (— 1). bds. 6.99 *(978-1-4998-1014-1(8))* Little Bee Books Inc.

Animal Tracks: North American Animals a to Z. David Procelli. 2017. (ENG.). (J). 14.95 *(978-1-68401-055-4(1))* Amplify Publishing Group.

Animal Tracks & Traces. Mary Holland. 2020. (ENG., Illus.). 32p. (J). (gr. k-3). 17.95 *(978-1-64351-747-6(3))* Arbordale Publishing.

Animal Tracks of Canada, 1 vol. Tamara Einstein. 2016. (KidsWorld Ser.). (ENG., Illus.). 64p. (J). pap. 6.99 *(978-0-9940069-1-2(8),* f7d64c6f-7488-4be0-8f90-a266175dc281) KidsWorld Bks. CAN. Dist: Lone Pine Publishing USA.

Animal Traps & Lairs. Richard Spilsbury. 2017. (Engineered by Nature Ser.). (ENG., Illus.). 32p. (J). (gr. 3-8). lib. bdg. 27.95 *(978-1-62617-587-7(X),* Pilot Bks.) Bellwether Media.

Animal Tricksters. Joanne Mattern. 2019. (Core Content Science — Animal Top Ten Ser.). (ENG., Illus.). 40p. (J). (gr. 2-4). lib. bdg. 25.32 *(978-1-63440-695-6(8),* ba3dfbdc-32ba-49a0-a283-aa07d4b6c864) Red Chair Pr.

Animal Trivia. Simon Tudhope. 2018. (Activity Puzzle Books - Trivia Bks.). (ENG.). 112p. (J). pap. 4.99 *(978-0-7945-4010-4(4),* Usborne) EDC Publishing.

Animal Ultimate Handbook: The Need-To-Know Facts & Stats on More Than 200 Animals. DK. 2022. (Illus.). 352p. (J). pap. ***(978-0-241-53868-5(8))*** Dorling Kindersley Publishing, Inc.

Animal Ultimate Handbook: The Need-To-Know Facts & Stats on More Than 200 Animals. DK. 2022. (DK's Ultimate Handbook Ser.). (ENG., Illus.). 352p. (J). (gr. k-4). pap. 14.99 *(978-0-7440-5669-3(1),* DK Children) Dorling Kindersley Publishing, Inc.

Animal Wisdom: A Guided Journal. Vanessa Chakour. 2021. (ENG.). 192p. (YA). (gr. 7). pap. 16.95 *(978-1-4549-4225-2(8))* Sterling Publishing Co., Inc.

Animal Wonders: Beautiful Birds Coloring Book. Activibooks For Kids. 2016. (ENG., Illus.). (J). pap. 9.20 *(978-1-68321-654-4(7))* Mimaxion.

Animal Words. 50 Flash Cards: Learn 100 Words! Clever Publishing. Illus. by Ekaterina Guscha & Anna Guz. 2022. (ENG.). 50p. (J). (gr. -1 — 1). 15.99 *(978-1-954738-81-2(1))* Clever Media Group.

Animal Wordsearch. Ivy Finnegan. Illus. by Natasha Rimmington. 2020. (ENG.). 96p. (J). pap. 9.99 *(978-1-83940-586-0(4),* 2922ba18-d91b-427d-a043-c0723a74ff1f) Arcturus Publishing GBR. Dist: Baker & Taylor Publisher Services (BTPS).

Animal World. Lauren Crisp. Illus. by Thomas Elliott. 2021. (I Can Learn Ser.). (ENG.). 12p. (J). (-k). bds. 12.99 *(978-1-68010-670-1(8))* Tiger Tales.

Animal World, 1 vol. William Potter. Illus. by Ed Myer. 2017. (Spot & Discover Ser.). (ENG.). 24p. (J). (gr. 1-2). 26.27 *(978-1-5081-9344-9(4),* 7c057f77-8304-4b83-b0c9-a892628dde69); pap. 9.25 *(978-1-5081-9348-7(7),* d5509cdd-2f01-46e7-b822-2fefd6624ebf) Rosen Publishing Group, Inc., The. (Windmill Bks.).

Animal World: 9 Mini Board Book Box Set. Clever Publishing. Illus. by Ekaterina Elkina. 2019. (Clever Mini Board Bks.). (ENG.). 54p. (J). (gr. -1 — 1). bds. 16.99 *(978-1-948418-52-2(5),* 321906) Clever Media Group.

Animal World: The Amazing Connections & Diversity Found in the Animal Family Tree. Jules Howard. Illus. by Kelsey Oseid. 2018. (Blueprint Editions Ser.). (ENG.). 80p. (J). (gr. 2-5). 23.99 *(978-1-4998-0632-8(9))* Little Bee Books Inc.

Animal World of Beatrix Potter. Jennifer Hurtig. 2016. (J). *(978-1-5105-1951-0(3))* SmartBook Media, Inc.

Animal Wrangler. Laura K. Murray. 2018. (Wild Jobs Ser.). (ENG., Illus.). 24p. (J). (gr. 1-4). *(978-1-60818-921-2(X),* 19489, Creative Education); pap. 9.99 *(978-1-62832-537-9(2),* 19487, Creative Paperbacks) Creative Co., The.

Animal Zombies! And Other Bloodsucking Beasts, Creepy Creatures, & Real-Life Monsters. Chana Stiefel. 2018. (Illus.). 96p. (J). (gr. 3-7). pap. 14.99 *(978-1-4263-3149-7(5),* National Geographic Kids) Disney Publishing Worldwide.

Animalejo y el Oso. Charlotte Habersack. 2020. (SPA.). 28p. (J). (gr. 1-3). pap. 16.99 *(978-958-30-6118-9(2))* Panamericana Editorial COL. Dist: Lectorum Pubns., Inc.

Animalero. Valentín Rincón. Illus. by Alejandro Magallanes. 2020. (Recreo Ser.). (SPA.). 168p. (J). (gr. k-2). pap. 18.00 *(978-607-8469-19-2(3))* Nostra Ediciones MEX. Dist: Independent Pubs. Group.

Animalero. Valentín Rincón. Illus. by Alejandro Magallanes. 2022. (Recreo Bolsillo Ser.). (SPA.). 132p. (J). (gr. k-2). pap. 7.95 *(978-607-8756-58-2(3))* Nostra Ediciones MEX. Dist: Independent Pubs. Group.

Animales: 101 Cosas Que Deberias Saber Sobre Los (Animals: 101 Facts) Editor. 2017. (101 Facts (Spanish Editions) Ser.). (ENG.). 48p. (J). pap. *(978-1-60745-838-8(1))* Lake Press.

Animales: Libro para Colorear Ninos. Bold Illustrations. 2017. (SPA., Illus.). (J). pap. 8.35 *(978-1-64193-110-6(8),* Bold Illustrations) FASTLANE LLC.

Animales a Bordo: Animals on Board (Spanish Edition) Stuart J. Murphy. Illus. by R. W. Alley. 2020. (MathStart 2 Ser.). (SPA.). 40p. (J). (gr. -1-3). pap. 5.99 *(978-0-06-298326-8(1),* HarperCollins) HarperCollins Pubs.

Animales Acuaticos y Tiburones: 101 Cosas Que Deberias Saber Sobre Los (Aquatic Animals & Sharks: 101 Facts) Editor. 2017. (101 Facts (Spanish Editions) Ser.). (ENG.). 48p. (J). pap. *(978-1-60745-783-1(0))* Lake Press.

Animales Africanos (African Animals) (Set), 6 vols. 2018. (Animales Africanos (African Animals) Ser.). (SPA.). 24p. (J). (gr. -1-2). lib. bdg. 196.74 *(978-1-5321-8028-6(4),* 28271, Abdo Kids) ABDO Publishing Co.

Animales Amarillos. Teddy Borth. 2017. (Animales de Colores Ser.). (SPA.). 24p. (J). (gr. -1-2). pap. 7.95 *(978-1-4966-1216-8(7),* 134987, Capstone Classroom) Capstone.

Animales Amarillos (Yellow Animals), 1 vol. Teddy Borth. 2016. (Animales de Colores (Animal Colors) Ser.). (SPA., Illus.). 24p. (J). (gr. -1-2). lib. bdg. 32.79 *(978-1-68080-729-5(3),* 22620, Abdo Kids) ABDO Publishing Co.

Animales Anaranjados. Teddy Borth. 2017. (Animales de Colores Ser.). (SPA.). 24p. (J). (gr. -1-2). pap. 7.95 *(978-1-4966-1212-0(4),* 134984, Capstone Classroom) Capstone.

Animales Anaranjados (Orange Animals), 1 vol. Teddy Borth. 2016. (Animales de Colores (Animal Colors) Ser.). (SPA., Illus.). 24p. (J). (gr. -1-2). lib. bdg. 32.79 *(978-1-68080-726-4(9),* 22614, Abdo Kids) ABDO Publishing Co.

Animales Asiáticos (Set), 6 vols. 2022. (Animales Asiáticos Ser.). (SPA.). 24p. (J). (gr. -1-2). lib. bdg. 196.74 *(978-1-0982-6530-4(0),* 41005, Abdo Kids) ABDO Publishing Co.

Animales Asombrosos: Abejas Meliferas. Kristy Stark. rev. ed. 2018. (Mathematics in the Real World Ser.). (SPA., Illus.). 32p. (J). (gr. 2-3). pap. 10.99 *(978-1-4258-2859-2(0))* Teacher Created Materials, Inc.

Animales Asombrosos: Criaturas Prehistóricas: Números Hasta 1,000 (Amazing Animals: Prehistoric Creatures: Numbers To 1,000) Saskia Lacey. rev. ed. 2018. (Mathematics in the Real World Ser.). (SPA., Illus.). 32p. (J). (gr. 2-3). pap. 10.99 *(978-1-4258-2861-5(2))* Teacher Created Materials, Inc.

Animales Asombrosos: Tiburones: Conteo Salteado (Amazing Animals: Sharks: Skip Counting) Saskia Lacey. rev. ed. 2018. (Mathematics in the Real World Ser.). (SPA., Illus.). 32p. (J). (gr. 2-3). pap. 10.99 *(978-1-4258-2860-8(4))* Teacher Created Materials, Inc.

Animales Azules. Teddy Borth. 2017. (Animales de Colores Ser.). (SPA.). 24p. (J). (gr. -1-2). pap. 7.95 *(978-1-4966-1210-6(8)*, 134982, Capstone Classroom) Capstone.

Animales Azules (Blue Animals), 1 vol. Teddy Borth. 2016. (Animales de Colores (Animal Colors) Ser.). (SPA., Illus.). 24p. (J). (gr. -1-2). lib. bdg. 32.79 *(978-1-68080-724-0(2)*, 22610, Abdo Kids) ABDO Publishing Co.

Animales Bebé: Leveled Reader Book 89 Level e 6 Pack. Hmh Hmh. 2021. (SPA.). 16p. (J). pap. 74.40 *(978-0-358-08215-6(3))* Houghton Mifflin Harcourt Publishing Co.

Animales Bebés. Xist Publishing. 2017. (Xist Kids Spanish Bks.). (SPA., Illus.). 28p. (J). (gr. -1-3). pap. 9.99 *(978-1-5324-0110-7(8))* Xist Publishing.

Animales Bebés 2. Xist Publishing. 2017. (Xist Kids Spanish Bks.). (SPA., Illus.). 28p. (J). (gr. -1-3). pap. 9.99 *(978-1-5324-0111-4(6))* Xist Publishing.

Animales Bebes 2/ Baby Animals 2. Xist Publishing Staff. 2017. (Xist Kids Bilingual Spanish English Ser.). (ENG & SPA., Illus.). 28p. (J). (gr. -1-3). pap. 9.99 *(978-1-5324-0089-6(6))* Xist Publishing.

Animales Bebés 3. Xist Publishing. 2017. (Xist Kids Spanish Bks.). (SPA., Illus.). 28p. (J). (gr. -1-3). pap. 9.99 *(978-1-5324-0112-1(4))* Xist Publishing.

Animales Bebes 3/ Baby Animals 3. Xist Publishing Staff. 2017. (Xist Kids Bilingual Spanish English Ser.). (ENG & SPA., Illus.). 28p. (J). (gr. -1-3). pap. 9.99 *(978-1-5324-0090-2(X))* Xist Publishing.

Animales Bebés/ Baby Animals. Xist Publishing Staff. 2017. (Xist Kids Bilingual Spanish English Ser.). (ENG & SPA., Illus.). 28p. (J). (gr. -1-3). pap. 9.99 *(978-1-5324-0088-9(8))* Xist Publishing.

Animales Blancos. Teddy Borth. 2017. (Animales de Colores Ser.). (SPA.). 24p. (J). (gr. -1-2). pap. 7.95 *(978-1-4966-1214-4(0)*, 134986, Capstone Classroom) Capstone.

Animales Blancos (White Animals), 1 vol. Teddy Borth. 2016. (Animales de Colores (Animal Colors) Ser.). (SPA., Illus.). 24p. (J). (gr. -1-2). lib. bdg. 32.79 *(978-1-68080-728-8(5)*, 22618, Abdo Kids) ABDO Publishing Co.

Animales Camuflados. Carmen Corriols. 2016. (Early Rising Readers Ser.). (SPA.). 16p. (J). (gr. 1). 6.67 *(978-1-4788-4186-9(9))* Newmark Learning LLC.

Animales Camuflados - 6 Pack. Carmen Corriols. 2016. (Early Rising Readers Ser.). (SPA.). (J). (gr. 1). 40.00 net. *(978-1-4788-4765-6(4))* Newmark Learning LLC.

Animales Carroñeros (Animal Scavengers) Sandra Markle. Incl. Buitres. 39p. (J). (gr. -1-3). lib. bdg. 25.26 *(978-0-8225-7731-7(3)*, Ediciones Lerner); Demonios de Tasmania. Tr. by Translations.com Staff. 40p. (gr. 3-6). lib. bdg. 25.26 *(978-0-8225-7733-1(X))*; Glotones. 39p. (J). (gr. -1-3). lib. bdg. 25.26 *(978-0-8225-7732-4(1)*, Ediciones Lerner); Las Hormigas Legionarias. 39p. (J). (gr. -1-3). lib. bdg. 25.26 *(978-0-8225-7730-0(5)*, Ediciones Lerner); (Illus.). (SPA.). 2007. Set lib. bdg. 101.04 *(978-0-8225-7729-4(1)*, Ediciones Lerner) Lerner Publishing Group.

Animales con Armadura: Leveled Reader Book 57 Level o 6 Pack. Hmh Hmh. 2021. (SPA.). 24p. (J). pap. 74.40 *(978-0-358-08452-5(0))* Houghton Mifflin Harcourt Publishing Co.

Animales con Armadura para Sobrevivir: Leveled Reader Book 6 Level I 6 Pack. Hmh Hmh. 2020. (SPA.). 16p. (J). pap. 74.40 *(978-0-358-08404-4(0))* Houghton Mifflin Harcourt Publishing Co.

Animales de Australia (Australian Animals) (Set), 6 vols. Grace Hansen. 2019. (Animales de Australia (Australian Animals) Ser.). (SPA.). 24p. (J). (gr. -1-2). lib. bdg. 196.74 *(978-1-0982-0080-0(2)*, 33034, Abdo Kids) ABDO Publishing Co.

Animales de Colores, 6 vols. Teddy Borth. 2017. (Animales de Colores Ser.). (SPA.). 24p. (J). (gr. -1-2). pap., pap., pap. 47.70 *(978-1-4966-1222-9(1)*, 26327, Capstone Classroom) Capstone.

Animales de Granja: (Farm Animals) Xist Publishing. Tr. by Víctor Santana. 2017. (Xist Kids Spanish Bks.). (SPA., Illus.). 28p. (J). (gr. -1-3). pap. 9.99 *(978-1-5324-0369-9(0))* Xist Publishing.

Animales de Granja Libro de Colorear: Para niños de 4 a 8 Años. Young Dreamers Press. Illus. by Fairy Crocs. 2020. (Cuadernos para Colorear Niños Ser.: Vol. 5). (SPA.). 66p. (J). pap. *(978-1-989790-28-1(3))* EnemyOne.

Animales de Granja Libro de Colorear para Niños: 45 Divertidas Páginas para Colorear de Animales Domésticos para niños y niñas de 4 a 8 años - Simpáticos Burros, Vacas, Cerdos, Caballos, Pollos, Pavos, Ovejas y Mucho Más. Emil Rana O'Neil. 2021. (SPA.). 94p. (J). pap. 11.99 *(978-1-008-94216-5(2))* Ridley Madison, LLC.

Animales de la Sabana. Pablo Zamboni. 2021. (Mis Amigos Ser.). (SPA & ENG.). 12p. (J). (gr. -1-k). spiral bd. 8.99 *(978-987-48006-5-7(8))* Editorial EKEKA ARG. Dist: Independent Pubs. Group.

Animales de la Selva Amazónica — el Carpincho. Katie Gillespie. 2018. (Eyediscover Ser.). (SPA.). 24p. (J). lib. bdg. 31.41 *(978-1-4896-8237-6(6))* Weigl Pubs., Inc.

Animales de la Selva Amazónica — el Mono Araña. Katie Gillespie. 2018. (Eyediscover Ser.). (SPA.). 24p. (J). lib. bdg. 31.41 *(978-1-4896-8209-3(0))* Weigl Pubs., Inc.

Animales de la Selva Amazónica — el Tapir. Katie Gillespie. 2018. (Eyediscover Ser.). (SPA.). 24p. (J). lib. bdg. 31.41 *(978-1-4896-8211-6(2))* Weigl Pubs., Inc.

Animales de la Selva Amazónica — el Tucán. Katie Gillespie. 2018. (Eyediscover Ser.). (SPA.). 24p. (J). lib. bdg. 31.41 *(978-1-4896-8213-0(9))* Weigl Pubs., Inc.

Animales de la Selva Amazónica — la Rana de Dardo Venenoso. Katie Gillespie. 2018. (Eyediscover Ser.). (SPA.). 24p. (J). lib. bdg. 31.41 *(978-1-4896-8207-9(4))* Weigl Pubs., Inc.

Animales de Océano. Xist Publishing. 2018. (Xist Kids Spanish Bks.). (SPA., Illus.). 28p. (J). (gr. -1-3). pap. 9.99 *(978-1-5324-0697-3(5))* Xist Publishing.

Animales de Origami. Carmen Corriols. 2016. (Early Rising Readers Ser.). (SPA.). 16p. (J). (gr. 1). 6.67 *(978-1-4788-4173-9(7))* Newmark Learning LLC.

Animales de Origami - 6 Pack. Carmen Corriols. 2016. (Early Rising Readers Ser.). (SPA.). (J). (gr. 1). 40.00 net. *(978-1-4788-4752-6(2))* Newmark Learning LLC.

Animales de Otoño. Julie Murray. 2023. (Las Estaciones: ¡Llega el Otoño! Ser.). (SPA.). 24p. (J). (gr. -1-2). lib. bdg. 31.36 ***(978-1-0982-6752-0(4)***, 42726, Abdo Kids) ABDO Publishing Co.

Animales Del Ártico (Arctic Animals) (Set), 6 vols. Grace Hansen. 2021. (Animales Del Ártico (Arctic Animals) Ser.). (SPA.). 24p. (J). (gr. -1-2). lib. bdg. 196.74 *(978-1-0982-0423-5(9)*, 35336, Abdo Kids) ABDO Publishing Co.

Animales Del Océano Libro de Colorear para niños Pequeños: Bajo la Vida Del Mar Libro para Colorear para niños y niñas de 2 a 5 años 50 Divertidas Páginas para Colorear con Increíbles Criaturas Marinas. Emil Rana O'Neil. 2021. (SPA.). 102p. (J). pap. 11.99 *(978-1-008-93669-0(3))* Ridley Madison, LLC.

Animales Del Zoológico / Zoo Animals: Set 2, 12 vols. 2019. (Animales Del Zoológico / Zoo Animals Ser.). (ENG & SPA.). 24p. (J). (gr. k-k). lib. bdg. 145.62 *(978-1-5382-4411-1(X)*, a9a55625-a7ba-4b98-8d04-30614e7b66f9) Stevens, Gareth Publishing LLLP.

Animales Del Zoológico / Zoo Animals: Sets 1 - 2, 24 vols. 2019. (Animales Del Zoológico / Zoo Animals Ser.). (SPA & ENG.). (J). (gr. k-k). lib. bdg. 291.24 *(978-1-5382-4412-8(8)*, 8ebf162c-e539-4e10-902c-74d90e2de41c) Stevens, Gareth Publishing LLLP.

Animales en Acción. Joshua Lawrence Patel Deutsch. 2022. (SPA.). 20p. (J). pap. 8.50 *(978-1-0879-2732-9(3))* Indy Pub.

Animales en el Bosque (Animals in Forests) Julie Murray. 2021. (Hábitats de Animales (Animal Habitats) Ser.).Tr. of Animals in Forests. (SPA.). 24p. (J). (gr. -1-2). lib. bdg. 31.36 *(978-1-0982-6066-8(X)*, 38248, Abdo Kids) ABDO Publishing Co.

Animales en el Camión. Petra Craddock. Illus. by Anthony Schmidt & Erica Lyn Schmidt. 2016. (Early Rising Readers Ser.). (SPA.). (J). (gr. -1). 6.67 *(978-1-4788-3677-3(6))* Newmark Learning LLC.

Animales en el Camión - 6 Pack. Petra Craddock. 2016. (Early Rising Readers Ser.). (SPA.). (J). (gr. 1). 40.00 net. *(978-1-4788-4620-8(8))* Newmark Learning LLC.

Animales en el Desierto (Animals in Deserts) Julie Murray. 2021. (Hábitats de Animales (Animal Habitats) Ser.).Tr. of Animals in Deserts. (SPA.). 24p. (J). (gr. -1-2). lib. bdg. 31.36 *(978-1-0982-6065-1(1)*, 38246, Abdo Kids) ABDO Publishing Co.

Animales en el Océano (Animals in the Ocean) Julie Murray. 2021. (Hábitats de Animales (Animal Habitats) Ser.).Tr. of Animals in the Ocean. (SPA.). 24p. (J). (gr. -1-2). lib. bdg. 31.36 *(978-1-0982-6069-9(4)*, 38254, Abdo Kids) ABDO Publishing Co.

Animales en la Antártida (Animals in Antarctica) Julie Murray. 2021. (Hábitats de Animales (Animal Habitats) Ser.).Tr. of Animals in Antarctica. (SPA.). 24p. (J). (gr. -1-2). lib. bdg. 31.36 *(978-1-0982-6064-4(3)*, 38244, Abdo Kids) ABDO Publishing Co.

Animales en la Sabana (Animals in Savannas) Julie Murray. 2021. (Hábitats de Animales (Animal Habitats) Ser.).Tr. of Animals in Savannas. (SPA.). 24p. (J). (gr. -1-2). lib. bdg. 31.36 *(978-1-0982-6067-5(8)*, 38250, Abdo Kids) ABDO Publishing Co.

Animales en Los Arroyos y Ríos (Animals in Streams & Rivers) Julie Murray. 2021. (Hábitats de Animales (Animal Habitats) Ser.).Tr. of Animals in Streams & Rivers. (SPA.). 24p. (J). (gr. -1-2). lib. bdg. 31.36 *(978-1-0982-6068-2(6)*, 38252, Abdo Kids) ABDO Publishing Co.

Animales en Peligro de Extinción. Diana Maria Orozco-Velasquez & Gina Marcela Orozco Velasquez. 2017. (SPA.). 80p. (gr. 3-5). pap. 22.99 *(978-958-30-5455-6(0))* Panamericana Editorial COL. Dist: Lectorum Pubns., Inc.

Animales Espeluznantes (Spooky Animals) (Set), 6 vols. Grace Hansen. 2021. (Animales Espeluznantes (Spooky Animals) Ser.).Tr. of Spooky Animals. (SPA.). 24p. (J). (gr. -1-2). lib. bdg. 196.74 *(978-1-0982-6070-5(8)*, 38172, Abdo Kids) ABDO Publishing Co.

¡Animales Extraordinarios! Grace Hansen. 2017. (Ver para Creer Ser.). (SPA.). 24p. (J). (gr. -1-2). pap. 7.95 *(978-1-4966-1335-6(X)*, 135038, Capstone Classroom) Capstone.

Animales Extraordinarios! (Weird Animals to Shock You!) Grace Hansen. 2016. (Ver para Creer (Seeing Is Believing) Ser.). (SPA., Illus.). 24p. (J). (gr. -1-2). lib. bdg. 32.79 *(978-1-68080-772-1(2)*, 22706, Abdo Kids) ABDO Publishing Co.

Animales I See at the Zoo, 6 vols., Set. Kathleen Pohl. Incl. Alligators. lib. bdg. 24.67 *(978-0-8368-8217-9(2)*, 8bea46e5-fc1a-416f-86f2-8abd1d532af9); Cheetahs. lib. bdg. 24.67 *(978-0-8368-8218-6(0)*, 0120ee13-e1dc-43de-bd20-afffe2364e37); Gorillas. lib. bdg. 24.67 *(978-0-8368-8219-3(9)*, 883c6632-2f25-4949-8cf3-6b734bbd9a88); Pandas. lib. bdg. 24.67 *(978-0-8368-8220-9(2)*, f85a94ea-627f-438d-89d0-4ddc862a7bd4); Peacocks. lib. bdg. 24.67 *(978-0-8368-8221-6(0)*, 9bb8d50c-8cee-4544-8066-468ef7d6063f); Rhinos. lib. bdg. 24.67 *(978-0-8368-8222-3(9)*, 1573c68f-e599-4068-97a1-897380971b5c); (Illus.). 24p. (gr. k-2). 2007., Weekly Reader Leveled Readers 2007. Set lib. bdg. 119.58 *(978-0-8368-8216-2(4))* Stevens, Gareth Publishing LLLP.

Animales Interesantes (Set), 6 vols. Jerry Pallotta. 2023. (Animales Interesantes Ser.). (SPA.). 24p. (J). (gr. -1-2). lib. bdg. 188.16 ***(978-1-0982-6743-8(5)***, 42699, Abdo Kids) ABDO Publishing Co.

Animales (Knowledge Encyclopedia Animal!) El Reino Animal Como Nunca lo Habías Visto. DK. 2019. (DK Knowledge Encyclopedias Ser.). Orig. Title: Knowledge Encyclopedia Animal!. (SPA., Illus.). 288p. (J). (gr. 4-7). 29.99 *(978-1-4654-8682-0(8)*, DK Children) Dorling Kindersley Publishing, Inc.

Animales Libro para Colorear para niños Años 4-8: Maravilloso Libro de Animales para Adolescentes, niños y Jóvenes, un Gran Libro de Actividades de Animales para niños y Jóvenes a Los Que les Gusta Jugar y Disfrutar con Los Simpáticos Animales. Amelia Yardley. 2021. (SPA.). 82p. (J). pap. *(978-1-7948-9945-2(6))* Lulu.com.

Animales Mandalas Libro de Colorear: El Arte Alivia el Estrés. Sara C. Shine. 2021. (SPA.). 106p. (YA). pap. *(978-1-4709-6959-2(9))* Lulu.com.

Animales Militares. Julia Garstecki. 2017. (Tecnología Militar Ser.). (SPA., Illus.). 32p. (J). (gr. 4-6). lib. bdg. *(978-1-68072-580-3(7)*, 10585, Bolt) Black Rabbit Bks.

Animales Miniatura (Mini Animals) (Set), 6 vols. Julie Murray. 2020. (Animales Miniatura (Mini Animals) Ser.). (SPA.). 24p. (J). (gr. -1-2). lib. bdg. 188.16 *(978-1-0982-0416-7(6)*, 35322, Abdo Kids) ABDO Publishing Co.

Animales Mortales: (Deadly Animals) Xist Publishing. Tr. by Víctor Santana. 2017. (Xist Kids Spanish Bks.). (SPA., Illus.). 28p. (J). (gr. -1-3). pap. 9.99 *(978-1-5324-0371-2(2))* Xist Publishing.

Animales Nocturnos (Nocturnal Animals) (Set), 6 vols. 2018. (Animales Nocturnos (Nocturnal Animals) Ser.). (SPA.). 24p. (J). (gr. -1-2). lib. bdg. 188.16 *(978-1-5321-8014-9(4)*, 28243, Abdo Kids) ABDO Publishing Co.

Animales para Colorear. Joshua Lawrence Patel Deutsch. Illus. by Afzal Khan. 2022. (SPA.). 22p. (J). pap. 8.50 *(978-1-0879-2878-4(8))* Indy Pub.

Animales Pequeños Que Se Ocultan: Leveled Reader Book 90 Level e 6 Pack. Hmh Hmh. 2021. (SPA.). 16p. (J). pap. 74.40 *(978-0-358-08216-3(1))* Houghton Mifflin Harcourt Publishing Co.

Animales Que Cambian (Changing Animals Set 2) (Set), 6 vols. 2018. (Animales Que Cambian (Changing Animals) Ser.). (SPA.). 24p. (J). (gr. -1-2). lib. bdg. 196.74 *(978-1-5321-8393-5(3)*, 29979, Abdo Kids) ABDO Publishing Co.

Animales Que Viven Bajo la Tierra: Leveled Reader Book 61 Level I 6 Pack. Hmh Hmh. 2021. (SPA.). 16p. (J). pap. 74.40 *(978-0-358-08278-1(1))* Houghton Mifflin Harcourt Publishing Co.

Animales Rojos. Teddy Borth. 2017. (Animales de Colores Ser.). (SPA.). 24p. (J). (gr. -1-2). pap. 7.95 *(978-1-4966-1213-7(2)*, 134985, Capstone Classroom) Capstone.

Animales Rojos (Red Animals), 1 vol. Teddy Borth. 2016. (Animales de Colores (Animal Colors) Ser.). (SPA., Illus.). 24p. (J). (gr. -1-2). lib. bdg. 32.79 *(978-1-68080-727-1(7)*, 22616, Abdo Kids) ABDO Publishing Co.

Animales Salvajes, 6 bks., Set. Sharon Gordon. Incl. Animales de la Montaña (Mountain Animals) lib. bdg. 25.50 *(978-0-7614-3429-0(1)*, 7419d5a0-5927-4bf3-ae74-0865285161d7); Animales de la Selva Tropical (Rain Forest Animals) lib. bdg. 25.50 *(978-0-7614-3428-3(3)*, 2198074f-e7d4-4287-abc2-4f782df75518); Animales de Las Planicies (Plains Animals) lib. bdg. 25.50 *(978-0-7614-3430-6(5)*, a887b9c1-6a64-44ff-8f58-769351aaae5b); Animales de Los Humedales (Wetland Animals) lib. bdg. 25.50 *(978-0-7614-3433-7(X)*, 35976bc4-5b6c-4707-a678-aedbf585098c); Animales Del Desierto (Desert Animals) lib. bdg. 25.50 *(978-0-7614-3427-6(5)*, 06e02796-2e6e-4249-a669-d3c8093c4a75); Animales Del Mar (Ocean Animals) lib. bdg. 25.50 *(978-0-7614-3431-3(3)*, 5b6b0964-cedf-4666-a82a-c524a54ae7ac); 24p. (gr. k-1). 2010. (Benchmark Rebus: Animales Salvajes Ser.). (SPA.). 2008. Set lib. bdg. 95.70 *(978-0-7614-3426-9(7)*, Cavendish Square) Cavendish Square Publishing LLC.

Animales Sudamericanos (Set), 6 vols. 2023. (Animales Sudamericanos Ser.). (SPA.). 24p. (J). (gr. -1-2). lib. bdg. 196.74 ***(978-1-0982-6757-5(5)***, 42741, Abdo Kids) ABDO Publishing Co.

Animales Verdes. Teddy Borth. 2017. (Animales de Colores Ser.). (SPA.). 24p. (J). (gr. -1-2). pap. 7.95 *(978-1-4966-1211-3(6)*, 134983, Capstone Classroom) Capstone.

Animales Verdes (Green Animals), 1 vol. Teddy Borth. 2016. (Animales de Colores (Animal Colors) Ser.). (SPA., Illus.). 24p. (J). (gr. -1-2). lib. bdg. 32.79 *(978-1-68080-725-7(0)*, 22612, Abdo Kids) ABDO Publishing Co.

Animaletters: An Alphabet Wordplay Book. David Bianculli. Illus. by Melinda Copper. 2023. 62p. (J). 27.99 ***(978-1-6678-8374-8(7))*** BookBaby.

Animali: Libro Da Colorare per Bambini. Bold Illustrations. 2017. (ITA., Illus.). 82p. (J). pap. 8.35 *(978-1-64193-147-2(7)*, Bold Illustrations) FASTLANE LLC.

Animali - Libro Di Matematica Da Colorare. Addizioni e Sottrazioni: Esercizi Di Matematica per la 1a e 2a Classe Elementare. Gameplay Publishing. 2020. (ITA.). 58p. (J). pap. *(978-1-912191-19-2(9))* Gameplay Publishing.

Animali Della Fattoria Libro Da Colorare. Emil Rana O'Neil. 2021. (ITA.). 94p. (J). pap. 11.99 *(978-1-365-37923-9(X))* Ridley Madison, LLC.

Animali Della Giungla Libro Da Colorare per I Bambini: Fantastico Libro Da Colorare e Attività con Animali Selvatici e Animali Della Giungla per Bambini, Bambini e Ragazzi, Divertimento con Animali Della Giungla Carino, Unici Animali Selvatici Pagine Da Colorare per Ragazzi e Ragazze. Happy Coloring. 2021. (ITA.). 80p. (J). pap. 11.99 *(978-1-008-94328-5(2))* McGraw-Hill Education.

Animali Dello Zoo Libro Da Colorare: Libro Da Colorare con Animali per Bambini Piccoli, Bambini in età Prescolare, Ragazzi e Ragazze. Lenard Vinci Press. 2020. (ITA.). 80p. (J). pap. 9.99 *(978-1-716-32847-3(0))* Lulu Pr., Inc.

Animali Dell'oceano Libro Da Colorare per Bambini: Sotto la Vita Del Mare Libro Da Colorare per Ragazzi e Ragazze 50 Divertenti Pagine Da Colorare con Incredibili Creature Marine per I Bambini. Emil Rana O'Neil. 2021. (ITA.). 102p. (J). pap. 11.99 *(978-1-365-37867-6(5))* Ridley Madison, LLC.

Animali Libro Da Colorare per Bambini 4-9 Anni: Incredibili Pagine Da Colorare per Bambini Di età 4-6 6-9 con Animali Carini Come Orsi, Cervi, Tigri, Leoni e Molti Altri- Disegni Da Colorare Di Animali Felici per I Bambini con 60 Grafici Unici Facili Da C. Malkovich Rickblood. 2021. (ITA.). 126p. (J). pap. 10.99 *(978-0-12-061776-0(5))* Lulu Pr., Inc.

Animali Libro Da Colorare per Bambini Anni 4-8: Meraviglioso Libro Di Animali per Adolescenti, Ragazzi e Bambini, Grande Libro Di Attività Di Animali per Bambini e Bambini Piccoli Che Amano Giocare e Divertirsi con Animali Carini. Amelia Yardley. 2021. (ITA.). 82p. (J). pap. *(978-1-7948-2496-6(0))* Lulu.com.

Animalicious: A Quirky ABC Book. Anna Dewdney & Reed Duncan. Illus. by Claudia Boldt. 2019. 32p. (J). (gr. -1-1). 14.99 *(978-1-5247-9205-3(5)*, Penguin Workshop) Penguin Young Readers Group.

Animalitos de la Granja (1) / Little Farm Animals. Book 1: Spanish Baby Books. Irena Abad Ros. Illus. by Jorge Zarco Villarosa. 2020. (Animalitos Ser.). (SPA.). 48p. (J). (-k). 14.95 *(978-84-488-5495-9(0)*, Beascoa) Penguin Random House Grupo Editorial ESP. Dist: Penguin Random Hse. LLC.

Animalitos del mar. Irene Abad Ros. 2020. (Animalitos Ser.). (SPA., Illus.). 48p. (J). (-k). 14.95 *(978-84-488-5496-6(9)*, Beascoa) Penguin Random House Grupo Editorial ESP. Dist: Penguin Random Hse. LLC.

Animalium Poster Book. Jenny Broom. Illus. by Katie Scott. 2017. (Welcome to the Museum Ser.). (ENG.). 56p. (J). (gr. 2-4). pap. 22.00 *(978-0-7636-9318-3(9)*, Big Picture Press) Candlewick Pr.

Animally. Lynn Parrish Sutton. Illus. by Hazel Mitchell. 2016. (ENG.). 30p. (J). 11.99 *(978-1-61067-345-7(X))* Kane Miller.

Animalogy: About Wild Animals. Enid Milton. Illus. by Immanuel Nicodemus. 2022. (ENG.). 44p. (J). pap. 10.99 ***(978-1-956017-37-3(2))*** WorkBk. Pr.

Animals. Nick Ackland & Clever Publishing. Illus. by Charlotte Archer. 2019. (Clever Colorful Concepts Ser.). (ENG.). 10p. (J). (gr. -1 — 1). bds. 5.99 *(978-1-948418-92-8(4)*, 331917) Clever Media Group.

Animals. Alice Barker. Illus. by Carrie Hennon. 2022. (Fingerprint! Ser.). (ENG.). 72p. (J). 12.99 *(978-1-80105-051-7(1))* Top That! Publishing PLC GBR. Dist: Independent Pubs. Group.

Animals. Harriet Brundle. 2019. (Infographics Ser.). (ENG.). 32p. (J). (gr. 2-6). pap. 9.99 *(978-1-78637-630-5(X))* BookLife Publishing Ltd. GBR. Dist: Independent Pubs. Group.

Animals. Margot Channing. Illus. by Jean Claude. 2017. (First Words & Pictures Ser.). (ENG.). 14p. (J). (gr. -1 — 1). bds. 9.99 *(978-1-68152-200-5(4)*, 14732) Amicus.

Animals. Editor. 2018. (Chalk Art Ser.). (ENG.). 10p. (J). bds. *(978-1-76045-532-3(6))* Lake Press.

Animals. Pascale Eenkema Van Dijk & Reinier Eenkema Van Dijk. 2022. (ENG.). 34p. (J). pap. ***(978-1-922827-48-7(7))*** Library For All Limited.

Animals. Kit Elliot. Illus. by Amanda Shufflebotham. 2022. (ENG.). (J). 88p. (gr. 2-4). 22.99 *(978-1-80105-528-4(9))*; 56p. 14.99 *(978-1-80105-132-3(1))* Top That! Publishing PLC GBR. Dist: Independent Pubs. Group.

Animals. Valentina Facci. Tr. by Sally Ann DelVino. 2018. (Lens Bks.). (ENG., Illus.). 32p. (J). (gr. 2-17). 18.99 *(978-0-7624-9225-1(2)*, Running Pr. Kids) Running Pr.

Animals. Jenna Lee Gleisner & John Willis. 2018. (Illus.). 24p. (J). *(978-1-4896-9572-7(9)*, AV2 by Weigl) Weigl Pubs., Inc.

Animals. Connie Isaacs. Illus. by Bethany Carr. 2023. (Neon Scratch Art Ser.). (ENG.). 48p. (J). (gr. k-2). 12.99 ***(978-1-80105-633-5(1))*** Top That! Publishing PLC GBR. Dist: Independent Pubs. Group.

Animals. Connie Isaacs. Illus. by Dan Crisp. 2018. (Sticker Play Ser.). (ENG.). 60p. (J). (gr. k). pap. 5.99 *(978-1-78700-613-3(1))* Top That! Publishing PLC GBR. Dist: Independent Pubs. Group.

Animals. Noah James. Illus. by Barry Green. 2020. (Drawing for Dorks Ser.). (ENG.). 128p. (J). (gr. 4-7). pap. 7.99 *(978-1-78958-633-6(X))* Top That! Publishing PLC GBR. Dist: Independent Pubs. Group.

Animals. Nat Lambert. Illus. by Steph Hinton. 2017. (Wipe Clean Dot-To-dot Ser.). (ENG.). 24p. (J). (gr. -1-k). bds. 9.99 *(978-1-78700-001-8(X))* Top That! Publishing PLC GBR. Dist: Independent Pubs. Group.

Animals. Illus. by Jan Lewis. 2017. 14p. (J). (gr. -1-12). 11.99 *(978-1-86147-727-9(9)*, Armadillo) Anness Publishing GBR. Dist: National Bk. Network.

Animals. Julie Mercier & Clever Publishing. 2019. (My First Words Ser.). (ENG.). 192p. (J). (gr. -1 — 1). pap. 7.99 *(978-1-948418-64-5(9))* Clever Media Group.

Animals. Sonya Newland. 2020. (Outdoor Science Ser.). (ENG., Illus.). 32p. (J). (gr. 3-5). lib. bdg. 31.99 *(978-1-4966-5793-0(4)*, 142209) Capstone.

Animals, 1 vol. Susan Purcell. 2018. (My Book Of Ser.). (ENG.). 24p. (gr. k-1). 26.27 *(978-1-5081-9647-1(8)*, 66c910a0-696f-4a2e-8efe-c2ba7ee308a4, Windmill Bks.) Rosen Publishing Group, Inc., The.

Animals. Ed. by Rainstorm Publishing. Illus. by Simon Abbott. 2019. (Let's Get Talking Ser.). (ENG.). 20p. (J). bds. 7.99 *(978-1-989219-99-7(3))* Rainstorm Pr.

Animals. Ed. by Rainstorm Publishing. Illus. by Laila Hills. 2019. (Love to Learn Ser.). (ENG.). 20p. (J). bds. 8.99 *(978-1-926444-63-5(9))* Rainstorm Pr.

Animals, 10 vols. Nick Rebman. 2018. (Animals Ser.). (ENG., Illus.). 160p. (J). (gr. k-1). pap. 79.50 *(978-1-63517-945-3(9)*, 1635179459); lib. bdg. 256.40

(978-1-63517-844-9(4)) North Star Editions. (Focus Readers).

Animals. Maddie Spalding & John Willis. 2018. (Illus.). 24p. (J). pap. (978-1-4896-9678-6(4), AV2 by Weigl) Weigl Pubs., Inc.

Animals. Sara Elizabeth Stone. 2018. (God's Creation Ser.: Vol. 2). (ENG., Illus.). 36p. (J). pap. 11.95 (978-1-64003-254-5(1)) Covenant Bks.

Animals. John Willis. 2018. (Science Opposites Ser.). (ENG.). 24p. (J). pap. 13.95 (978-1-4896-8468-4(9)); lib. bdg. 31.41 (978-1-4896-8467-7(0)) Weigl Pubs., Inc.

Animals. Katie Wilson. 2017. (ENG., Illus.). 20p. (J). (gr. k-3). bds. (978-1-4867-1236-6(3)) Flowerpot Children's Pr. Inc.

Animals. M. J. York & John Willis. 2018. (Illus.). 24p. (J). (978-1-4896-9665-6(2), AV2 by Weigl) Weigl Pubs., Inc.

Animals: 5 Flaps to Flip! Nick Ackland & Clever Publishing. Illus. by Martina Hogan. 2020. (Peek-A-Boo Ser.). (ENG.). 10p. (J). (gr. -1 — 1). bds. 5.99 (978-1-949998-49-8(5)) Clever Media Group.

Animals: A Baby Montessori Book. Ed. by Chiara Piroddi. Illus. by Agnese Baruzzi. 2021. (Baby Montessori Ser.). (ENG.). 20p. (J). bds. 8.99 (978-1-5248-6268-8(1)) Andrews McMeel Publishing.

Animals: Children's Stories. Pamela Rose Rasmussen. 2022. (ENG.). 46p. (J). pap. **(978-0-2288-8621-1(X))** Tellwell Talent.

Animals: Creative Expression Theme. 2016. (Early Rising Readers Ser.). (ENG.). (J). (gr. 1-2). 105.00 (978-1-4788-5102-8(3)) Newmark Learning LLC.

Animals! Here We Grow. Shelley Rotner. 2022. (Illus.). 40p. (J). (gr. -1-2). pap. 8.99 (978-0-8234-5142-5(9)) Holiday Hse., Inc.

Animals: Hide & Sneak. Bastien Contraire. 2017. (ENG., Illus.). 26p. (gr. -1 — 1). bds. 9.95 (978-0-7148-7422-7(1)) Phaidon Pr., Inc.

Animals: Let's Play Today! Coloring Book. Creative Playbooks. 2016. (ENG., Illus.). (J). pap. 7.74 (978-1-68323-846-1(X)) Twin Flame Productions.

Animals: Math Theme. 2016. (Early Rising Readers Ser.). (ENG.). (J). (gr. 1-2). 105.00 (978-1-4788-5072-4(8)) Newmark Learning LLC.

Animals: Physical Development Theme. 2016. (Early Rising Readers Ser.). (ENG.). (J). (gr. 1-2). 105.00 (978-1-4788-5062-5(0)) Newmark Learning LLC.

Animals: Premium Children's Colouring Books. Graham Downs & Elmari Downs. 2021. (ENG., Illus.). 68p. (J). pap. (978-1-365-19791-8(3)) Lulu Pr., Inc.

Animals: Science Theme. 2016. (Early Rising Readers Ser.). (ENG.). (J). (gr. 1-2). 105.00 (978-1-4788-5092-2(2)) Newmark Learning LLC.

Animals: Social & Emotional Development Theme. 2016. (Early Rising Readeers Ser.). (ENG.). (J). (gr. 1-2). 105.00 (978-1-4788-5052-6(3)) Newmark Learning LLC.

Animals: Social Studies Theme. 2016. (Early Rising Readers Ser.). (ENG.). (J). (gr. 1-2). 105.00 (978-1-4788-5082-3(5)) Newmark Learning LLC.

Animals: The Illustrated Geography of Our World. Susan Martineau. Illus. by Vicky Barker. 2019. (Geographics Geography for Kids Ser.). (ENG.). 24p. (J). (gr. 1-5). pap. 6.99 (978-1-63158-490-9(1), Racehorse Publishing) Skyhorse Publishing Co., Inc.

Animals: Their Pictures, Habits, & Uses (Classic Reprint) James Bishop. 2017. (ENG., Illus.). (J). 24.89 (978-0-266-60001-5(8)); pap. 9.57 (978-0-282-92613-7(5)) Forgotten Bks.

Animals: Touch, Listen, & Learn Features Inside! Katie Wilson. 2017. (Discovery Concepts Ser.). (ENG., Illus.). 20p. (J). (gr. k — 1). bds. 8.99 (978-1-4867-1203-8(7), 6ad3e83c-9686-4c41-a14d-e36e298a00ef) Flowerpot Pr.

Animals: Turn the Wheels Find the Pictures. Illus. by Jan Lewis. 2016. 10p. (J). (gr. -1-12). bds. 14.99 (978-1-86147-713-2(9), Armadillo) Anness Publishing GBR. Dist: National Bk. Network.

Animals: Witness Life in the Wild Featuring 100s of Species. Scholastic. 2019. (ENG., Illus.). 208p. (J). (gr. 3-7). pap. 19.99 (978-1-338-36005-9(1), Scholastic Nonfiction) Scholastic, Inc.

Animals: a Spotting Journey Across the World (Litte Detectives) A Look-And-Find Book. Illus. by Annie Sechao. 2020. (Little Detectives Ser.). 14p. (J). (gr. -1-1). bds. 11.99 (978-2-89802-263-0(2), CrackBoom! Bks.) Chouette Publishing CAN. Dist: Publishers Group West (PGW).

Animals: a Touch-And-Feel Playbook. Ladybird. 2022. (Baby Touch Ser.). (ENG.). 12p. (J). (— 1). bds. 12.99 (978-0-241-53035-1(0), Ladybird) Penguin Bks., Ltd. GBR. Dist: Penguin Random Hse. LLC.

Animals ABC: Scholastic Early Learners (Slide & Find) Scholastic. 2016. (Scholastic Early Learners Ser.). (ENG.). 10p. (J). (gr. -1 — 1). bds. 9.99 (978-0-545-90344-8(0)) Scholastic, Inc.

Animals Activity Book. Sequoia Children's Publishing. 2019. (ENG.). 16p. (J). 2.99 (978-1-64269-090-3(2), 4005, Sequoia Publishing & Media LLC) Phoenix International Publications, Inc.

Animals Activity Book for Kids. Addison Greer. 2021. (ENG.). 112p. (J). pap. 10.95 (978-1-716-18185-6(2)) Lulu Pr., Inc.

Animals Activity Book for Kids. Tony Reed. 2021. (ENG.). 112p. (J). pap. 7.20 (978-1-716-07306-9(5)) Lulu Pr., Inc.

Animals Activity Book for Kids. Matt Rios. 2021. (ENG.). 112p. (J). pap. 8.99 (978-1-716-20214-8(0)) Lulu Pr., Inc.

Animals after Dark. Sequoia Kids Media Sequoia Kids Media. 2022. (Super Spooky Stories for Kids Ser.). (ENG.). 24p. (J). (gr. -1-2). pap. 9.50 **(978-1-64996-756-5(X)**, 17138, Sequoia Kids Media) Sequoia Children's Bks.

Animals All Around Us. Melanie Hava. 2023. (ENG.). 24p. (J). bds. 9.99 (978-1-76050-920-0(5)) Little Hare Bks. AUS. Dist: Independent Pubs. Group.

Animals Alphabet Soup. Possum Doss. 2021. (ENG.). 64p. (J). 29.99 (978-1-64921-977-0(6)) Primedia eLaunch LLC.

Animals Alphabet Soup Volume 1. 2021. (ENG.). 64p. (J). 32.99 (978-1-7377780-8-0(4)) Primedia eLaunch LLC.

Animals Alphabet Soup Volume 1. Possum Doss. 2021. (ENG.). 64p. (J). pap. 19.99 **(978-1-7377780-4-2(1))** Primedia eLaunch LLC.

Animals & Affirmations Kids Coloring Book: Kids Affirmation Coloring Book. Breonnte Lopez. 2023. (ENG.). 32p. (J). pap. **(978-1-312-46333-2(3))** Lulu Pr., Inc.

Animals & Alphabet Handwriting Workbook. Personaldev Book2. 2021. (ENG.). 80p. (J). pap. 9.99 (978-1-716-21918-4(3)) Lulu Pr., Inc.

Animals & Fish, 1 vol. Jill Sherman. 2017. (Let's Learn about Natural Resources Ser.). (ENG.). 24p. (gr. 1-2). 24.27 (978-0-7660-9238-9(0), 564bedf6-42b7-4f24-a7fc-a9150bf0a9bf) Enslow Publishing, LLC.

Animals & Me - a to Z. Jen Selinsky. 2018. (ENG., Illus.). 34p. (J). pap. 12.99 (978-1-948390-69-9(8)) Pen It Pubns.

Animals & More: A Connect the Dots Activity Book. Bobo's Children Activity Books. 2016. (ENG., Illus.). (J). pap. 7.99 (978-1-68327-301-1(X)) Sunshine In My Soul Publishing.

Animals & Their Environments, 1 vol. Edison Booth. 2016. (Spotlight on Ecology & Life Science Ser.). (ENG.). 24p. (J). (gr. 4-6). 27.93 (978-1-4994-2558-1(9), 2c920445-5d7a-4c13-acbb-61f4fd944263); pap. 11.00 (978-1-4994-2556-7(2), 729a0900-d7a8-4e55-9e30-c8e3090c8418) Rosen Publishing Group, Inc., The. (PowerKids Pr.).

Animals & Their Names! Shakira Carrington. 2018. (ENG., Illus.). 34p. (J). pap. 23.96 (978-1-387-47742-5(0)) Lulu Pr., Inc.

Animals & Their Young. Esther Goh. Illus. by Rea Diwata Mendoza. 2022. (ENG.). 32p. (J). pap. **(978-1-922827-86-9(X))** Library For All Limited.

Animals & Tools. Matt Reher. 2017. (1B Zoology Magazine Ser.). (ENG., Illus.). 24p. (J). pap. 9.60 (978-1-63437-179-7(8)) American Reading Co.

Animals & Tools (FSTK) Matt Reher. 2016. (1B Zoology Magazine Ser.). (ENG.). 24p. (J). pap. 8.00 (978-1-63437-641-1(1), ARC Pr. Bks.) American Reading Co.

Animals & Us - BBC Do You Know... ? Level 1. Ladybird. 2020. 32p. (J). (gr. k-3). pap. 9.99 (978-0-241-35583-1(4), Ladybird) Penguin Bks., Ltd. GBR. Dist: Independent Pubs. Group.

Animals, Animals! Emily James. 2016. (Animals, Animals! Ser.). (ENG.). 32p. (J). (gr. -1-2). 119.96 (978-1-5157-2685-2(1), 25211, Capstone Pr.) Capstone.

Animals Animals, 12 vols., Group 6. Incl. Buffalo. Phyllis Jean Perry. lib. bdg. 32.64 (978-0-7614-1866-5(0), cbe41560-63a4-4e19-9904-e9016b3b1d13); Jellyfish. David C. King. lib. bdg. 32.64 (978-0-7614-1867-2(9), 2f47b2ba-370f-4178-b5c7-f2e8093db4a8); Kangaroos. Judith Jango-Cohen. lib. bdg. 32.64 (978-0-7614-1869-6(5), 5e77dd1a-4db2-4f3d-8e75-6548f5f92967); Moose. Diana Estigarribia. lib. bdg. 32.64 (978-0-7614-1870-2(9), 21ffb3b6-375a-41c1-bf15-f67985f9040b); Porcupines. Judith Jango-Cohen. lib. bdg. 32.64 (978-0-7614-1868-9(7), c8a0c10c-4617-4391-afc7-d4d0915b074e); Zebras. Katherine Noble-Goodman. lib. bdg. 32.64 (978-0-7614-1871-9(7), 2de3cbfe-bd15-467a-b208-22e43bd8408f); (Illus.). 48p. (gr. 5-5). (Animals, Animals Ser.). (ENG.). 2007. 195.84 (978-0-7614-1865-8(2), b6815946-d446-4c1d-add6-b18d7fa8f6cd); Set lib. bdg. 195.84 (978-0-7614-2523-6(3), 15af1405-3ec1-492d-806e-c40b0fc4a8fb) Cavendish Square Publishing LLC. (Cavendish Square).

Animals Animals Coloring Book: 100-Page Coloring Book for Kids (Colouring Pad) Journal Jungle Publishing. 2018. (ENG., Illus.). 100p. (J). (gr. k-5). pap. (978-1-987869-15-6(X)) Mindful Word, The.

Animals Animals Group 7, 12 vols., Set. Incl. Anteaters. Tracy Barrett. lib. bdg. 32.64 (978-0-7614-2234-1(X), 40754684-d7b3-4924-9aaa-e4c223637e2d); Bees. Judith Jango-Cohen. lib. bdg. 32.64 (978-0-7614-2235-8(8), bbf1f759-f970-4071-b164-1a4cc14075c5); Eagles. Marc Tyler Nobleman. lib. bdg. 32.64 (978-0-7614-2236-5(6), ad719e4d-4830-49cb-bd3d-e12602a50aac); Foxes. Marc Tyler Nobleman. lib. bdg. 32.64 (978-0-7614-2237-2(4), f3ec3fb7-c011-4270-a923-e41336d4fada); Hippopotamuses. Judith Jango-Cohen. lib. bdg. 32.64 (978-0-7614-2238-9(2), 5ae4f5ea-be20-4e46-bb56-70c8e269575b); Turtles & Tortoises. Tracy Barrett. lib. bdg. 32.64 (978-0-7614-2239-6(0), 360df613-b3a6-4733-937a-ab5dc8b8eb03); (Illus.). 48p. (gr. 5-5). (Animals, Animals Ser.). (ENG.). 2007. Set lib. bdg. 195.84 (978-0-7614-2233-4(1), 79cfe9d2-458f-4865-9e75-81cdd1733baf, Cavendish Square) Cavendish Square Publishing LLC.

Animals Animals Group 9, 12 vols., Set. Incl. Alligators. Steven Otfinoski. (Illus.). lib. bdg. 32.64 (978-0-7614-2930-2(1), 1cc3ebee-a7dc-4ead-afc5-d18db435084f); Coyotes. Wil Mara. (Illus.). lib. bdg. 32.64 (978-0-7614-2928-9(X), 9f36a7fe-d5fd-48fb-9aa6-1795952028f8); Deer. Wil Mara. (Illus.). lib. bdg. 32.64 (978-0-7614-2926-5(3), e2eb19b1-c4ed-4a04-84e8-4c776c940de2); Ducks. Wil Mara. (Illus.). lib. bdg. 32.64 (978-0-7614-2927-2(1), 5ba321be-38c5-4b00-8d41-efdd55291c05); Hummingbirds. Steven Otfinoski. lib. bdg. 32.64 (978-0-7614-2932-6(8), 3a2f8c0b-6095-44e7-a3d6-083c35f3a53d); Skunks. Steven Otfinoski. lib. bdg. 32.64 (978-0-7614-2929-6(8), a81a73cf-f2d0-4cac-8571-174ff5fdb731); 48p. (gr. 5-5). (Animals, Animals Ser.). (ENG.). 2009. Set lib. bdg. 195.84 (978-0-7614-2925-8(5), 77ceefd6-fb17-42f5-8ede-7b6c94a46925, Cavendish Square) Cavendish Square Publishing LLC.

Animals Are Delicious. Sarah Hutt. 2016. (ENG., Illus.). 48p. (gr. -1 — 1). 17.95 (978-0-7148-7144-8(3)) Phaidon Pr., Inc.

Animals Are Delicious. Sarah Hutt. Illus. by David Ladd & Stephanie Anderson. 2016. (ENG.). 48p. 17.95 (978-0-7148-7123-3(0)) Phaidon Pr., Inc.

Animals Are Miracles. Steven a Guemann. Illus. by Jared Murnan. 2017. (ENG.). 50p. (J). pap. 10.99 (978-0-9909120-4-0(3)) Guemann, Steven.

Animals Are Wild!, 12 vols. 2016. (Animals Are Wild! Ser.). 40p. (ENG.). (gr. 3-4). lib. bdg. 201.60 (978-1-4824-4971-6(4), 1ba843d5-16e8-4201-ac42-48a2518b5195); (gr. 4-3). pap. 84.30 (978-1-4824-5307-2(X)) Stevens, Gareth Publishing LLLP.

Animals at Home: Match 27 Animals to Their Homes. Illus. by Claudia Boldt. 2017. (Magma for Laurence King Ser.). (ENG.). 56p. (J). (gr. -1-k). 14.99 (978-1-78627-027-6(7), King, Laurence Publishing) Orion Publishing Group, Ltd. GBR. Dist: Hachette Bk. Group.

Animals at Home (Classic Reprint) Lillian L. Bartlett. 2018. (ENG., Illus.). 178p. (J). 27.57 (978-0-267-27109-2(3)) Forgotten Bks.

Animals at Night - BBC Earth Do You Know... ? Level 2. Ladybird. 2020. (Illus.). 32p. (J). (gr. k-3). pap. 9.99 (978-0-241-35582-4(6), Ladybird) Penguin Bks., Ltd. GBR. Dist: Independent Pubs. Group.

Animals at Work, 12 vols. 2018. (Animals at Work Ser.). (ENG.). 32p. (gr. 3-3). lib. bdg. 161.58 (978-1-9785-0015-0(7), bc16a8a1-21e4-41dd-97f3-89f275f77c5b) Enslow Publishing, LLC.

Animals (Backyard Explorer Series Book 2) Andrew Markey. Illus. by Fadhilah Putri. 2021. (Backyard Explorer Ser.: Vol. 2). (ENG.). 34p. (J). pap. 9.95 **(978-1-0878-8569-8(8))** Indy Pub.

Animals Being Colors: An ABC Collection of Animals & Colors. Michael Pause. 2016. (ENG., Illus.). (J). pap. 19.50 (978-1-4834-5431-3(2)) Lulu Pr., Inc.

Animals: Book & Fact Cards: 128-Page Book & 52 Fact Cards. Claudia Martin. 2022. (ENG., Illus.). 128p. (J). pap. 16.99 (978-1-3988-2001-2(6), 86925c88-92c0-46d5-a5df-18b3716ce6f8) Arcturus Publishing GBR. Dist: Baker & Taylor Publisher Services (BTPS).

Animals Brag about Their Bottoms. Maki Sato. Tr. by Brian Bergstrom. 2020. (ENG.). 32p. (J). (gr. -1-3). 16.95 (978-1-77164-710-6(8), Greystone Kids) Greystone Books Ltd. CAN. Dist: Publishers Group West (PGW).

Animals Building Character: An Activities Book to Color. Justice Saint Rain. Illus. by Bonnie Gordon-Lucas. 2019. (ENG.). 82p. (J). pap. 12.95 (978-1-888547-39-9(1)) Special Ideas.

Animals by Day, Animals by Night. Kelly Lewis. 2016. (Spring Forward Ser.). (J). (gr. 1). (978-1-4900-3727-1(6)) Benchmark Education Co.

Animals by Design: Exploring Unique Creature Features. Illus. by Susan Windsor. 2018. 125p. (J). pap. (978-1-946246-12-7(3)) Institute for Creation Research.

Animals Can Work. Sharon McMahon. 2016. (1-3Y Animals Ser.). (ENG., Illus.). 16p. (J). pap. 9.60 (978-1-63437-666-2(8)) American Reading Co.

Animals Caring for Their Young. Contrib. by World Book, Inc. Staff. 2018. (Illus.). 48p. (J). (978-0-7166-2726-5(4)) World Bk., Inc.

Animals Chanting! Strange but Real Creatures Coloring Book. Bobo's Children Activity Books. 2016. (ENG., Illus.). (J). pap. 9.33 (978-1-68327-289-2(7)) Sunshine In My Soul Publishing.

Animals' Christmas Tree (Classic Reprint) John Punnett Peters. 2018. (ENG., Illus.). (J). 40p. 24.72 (978-1-396-34389-6(X)); 42p. pap. 7.97 (978-1-390-90498-7(9)) Forgotten Bks.

Animals Close Up, 12 vols. 2022. (Animals Close Up Ser.). (ENG.). 24p. (J). (gr. k-k). lib. bdg. 145.62 (978-1-5382-8139-0(2), f4579362-d914-4a2f-852e-530bfd78dfb6) Stevens, Gareth Publishing LLLP.

Animals Close Up. Seth Lynch. 2022. (Animals Close Up Ser.). (ENG.). 24p. (J). pap. 51.90 (978-1-5382-8211-3(9)) Stevens, Gareth Publishing LLLP.

Animals Color by Number for Kids: 50 Animals Including Farm Animals, Jungle Animals, Woodland Animals & Sea Animals (Jumbo Coloring Activity Book for Kids Ages 4-8, Boys & Girls, Fun Early Learning) Gameplay Publishing & Color by Number Series. 2018. (ENG., Illus.). 102p. (J). pap. (978-1-912191-11-6(3)) Gameplay Publishing.

Animals Color by Numbers: Color by Numbers: Bee, Monkey, Elephant, Vegetables, Numbers, Colours & Much More. Fun End Educational Animals Color by Numbers Book. Angelica Taylor. 2021. (ENG.). 42p. (J). pap. 8.00 (978-1-929113-88-0(9)) Four Winds Pubns.

Animals Coloring Book. Personaldev Books. 2021. (ENG.). 68p. (J). pap. 8.99 (978-1-716-26581-5(9)) Lulu Pr., Inc.

Animals Coloring Book. Cristie Publishing. 2021. (ENG.). 92p. (J). pap. 10.50 (978-1-716-25663-9(1)) Lulu Pr., Inc.

Animals Coloring Book. Floie Rosa. 2020. (ENG.). 102p. (J). pap. (978-1-716-33493-1(4)) Reader's Digest Assn. (Canada).

Animals Coloring Book: An Adult Coloring Book with, Elephants, Lions, Dogs, Crocodiles, Bears, Birds, Fish, Plants & More, for Stress Relief & Relaxation. Lenard Vinci Press. 2020. (ENG.). 92p. (J). pap. 10.99 (978-1-716-38220-8(3)) Lulu Pr., Inc.

Animals Coloring Book: Funny Animals Coloring Book - Nice Animals Coloring Pages for Kids -25 Incredibly Cute & Lovable Animals. Welove Coloringbooks. 2021. (ENG., Illus.). 106p. (J). pap. 11.49 (978-1-716-21821-7(7)) Lulu Pr., Inc.

Animals Coloring Book & Animal Dot No Dot. Personaldev Books. 2021. (ENG.). 68p. (J). pap. 10.00 (978-1-716-26566-2(5)) Lulu Pr., Inc.

Animals Coloring Book for Adults: A Gorgeous Coloring Book Stress Relieving Animal Designs. Elli Steele. 2021. (ENG.). 106p. (YA). pap. 10.33 (978-1-716-25669-1(0)) Lulu Pr., Inc.

Animals Coloring Book for Children (6x9 Coloring Book / Activity Book) Sheba Blake. (Animals Coloring Book Ser.: Vol. 3). (ENG.). (J). 2021. 62p. pap. 9.99 (978-1-222-29231-2(9)); 2021. 62p. pap. 9.99 (978-1-222-29233-6(5)); 2020. 102p. pap. 9.99 (978-1-222-28458-4(8)); 2020. 102p. pap. 9.99 (978-1-222-28474-4(X)) Indy Pub.

Animals Coloring Book for Children (8. 5x8. 5 Coloring Book / Activity Book) Sheba Blake. (Animals Coloring Book Ser.: Vol. 3). (ENG.). (J). 2021. 62p. pap. 12.99 (978-1-222-29251-0(3)); 2021. 62p. pap. 12.99 (978-1-222-29252-7(1)); 2020. 102p. pap. 12.99 (978-1-222-28770-7(6)); 2020. 102p. pap. 12.99 (978-1-222-28772-1(2)) Indy Pub.

Animals Coloring Book for Children (8x10 Coloring Book / Activity Book) Sheba Blake. (Animals Coloring Book Ser.: Vol. 3). (ENG.). (J). 2021. 62p. pap. 14.99 (978-1-222-29232-9(7)); 2021. 62p. pap. 14.99 (978-1-222-29234-3(3)); 2020. 102p. pap. 14.99 (978-1-222-28459-1(6)); 2020. 102p. pap. 14.99 (978-1-222-28475-1(8)) Indy Pub.

Animals Coloring Book for Kids. Deeasy Books. 2020. (ENG.). 102p. (J). pap. 9.00 (978-1-716-29317-7(0)); pap. 12.00 (978-1-716-28167-9(9)) Indy Pub.

Animals Coloring Book for Kids. Addison Greer. 2021. (ENG.). 110p. (J). pap. 10.95 (978-1-716-18191-7(7)) Lulu Pr., Inc.

Animals Coloring Book for Kids. Tony Reed. 2021. (ENG.). 110p. (J). pap. 7.15 (978-1-716-21064-8(X)) Lulu Pr., Inc.

Animals Coloring Book for Kids. Matt Rios. 2021. (ENG., Illus.). 110p. (J). pap. 8.80 (978-1-716-23013-4(6)); pap. 8.80 (978-1-716-23254-1(6)) Lulu Pr., Inc.

Animals Coloring Book for Kids: Amazing Coloring Book for Toddlers, Preschool & Kindergarten, over 50 Coloring Images of Animals! Snow Thome. 2021. (ENG.). 110p. (J). pap. 11.50 (978-1-716-25782-7(4)); pap. 11.45 (978-1-716-25791-9(3)) Lulu Pr., Inc.

Animals Coloring Book for Kids: Cute Animals: Relaxing Colouring Book for Kids Ages 3-8, Boys & Girls, Easy to Color. Arina Sunset. 2021. (ENG.). 68p. (J). pap. (978-1-4966-1779-8(7)) Lulu.com.

Animals Coloring Book for Kids: Educational Coloring Pages with Cute & Lovable Animals for Kids Ages 3-8 Farm, Jungle, Forest & Ocean Animals. Soul McColorings. 2021. (ENG.). 94p. (J). pap. 11.99 (978-1-84021-736-0(7)) Google.

Animals Coloring Book for Kids Ages 4-9 Years. Malkovich Rickblood. 2021. (ENG.). 126p. (J). pap. 8.99 (978-1-716-17797-2(9)) Lulu Pr., Inc.

Animals Coloring Book for Kids & Toddlers: 50 Different Animals Including Farm Animals, Jungle Animals, Woodland Animals & Sea Animals (Jumbo Activity Book for Kids Ages 2-4, 4-8, Boys & Girls, Fun Early Learning) Gameplay Publishing. 2017. (ENG., Illus.). 102p. (J). pap. (978-1-912191-10-9(5)) Gameplay Publishing.

Animals Coloring Book for Kids Vol. 1. Tanitatiana. 2021. (ENG.). 136p. (J). pap. 10.99 (978-1-872635-14-9(8)) Lulu Pr., Inc.

Animals Coloring Book for Toddler. Irene Eva Toth. 2020. (ENG.). 120p. (J). pap. 10.60 (978-1-716-36908-7(8)) Lulu Pr., Inc.

Animals Coloring Book for Toddlers: Amazing Coloring Book for Kids, Preschool & Kindergarten, over 50 Coloring Images of Animals! Snow Thome. 2021. (ENG.). 106p. (J). pap. 11.00 (978-1-716-24490-2(0)); pap. 11.00 (978-1-716-24494-0(3)) Lulu Pr., Inc.

Animals Come Out. Susan Vande Griek. Illus. by Josée Bisaillon. 2023. 24p. (J). (gr. -1-1). 18.99 **(978-1-77306-675-2(7))** Groundwood Bks. CAN. Dist: Publishers Group West (PGW).

Animals Communicate. Nadia Ali. 2023. (Animal Societies Ser.). (ENG.). 32p. (J). 31.32 (978-0-7565-7176-4(6), 247296); pap. 7.99 (978-0-7565-7171-9(5), 247281) Capstone. (Pebble).

Animals Communicating. Contrib. by World Book, Inc. Staff. 2018. (Illus.). 48p. (J). (978-0-7166-2727-2(2)); (978-0-7166-2740-1(X)) World Bk., Inc.

Animals: Creatures of the Wild Workbook. Timothy Polnaszek. 2021. (Foundations of Science Ser.). (ENG.). 112p. (J). (gr. 1-5). pap. 24.95 (978-1-5051-1765-3(8), 2921) TAN Bks.

Animals Defending Themselves. Contrib. by World Book, Inc. Staff. 2018. 48p. (J). (978-0-7166-2728-9(0)) World Bk., Inc.

Animals Depending on Other Animals. Contrib. by World Book, Inc. Staff. 2018. (Illus.). 48p. (J). (978-0-7166-2729-6(9)) World Bk., Inc.

Animals Do - Aroia Maan (Te Kiribati) Melinda Lem. Illus. by Jhunny Moralde. 2023. (ENG.). 18p. (J). pap. **(978-1-922844-77-4(2))** Library For All Limited.

Animals Do Housekeeping, Too How Animals Modify Their Environment to Suit Their Needs Ecology Books Grade 3 Children's Environment Books. Baby Professor. 2021. (ENG.). 72p. (J). 27.99 (978-1-5419-7962-8(1)); pap. 16.99 (978-1-5419-5918-7(3)) Speedy Publishing LLC. (Baby Professor (Education Kids)).

Animals Do, Too! How They Behave Just Like You. Etta Kaner. Illus. by Marilyn Faucher. 2017. (ENG.). 32p. (J). (gr. -1-2). 16.95 (978-1-77138-569-5(3)) Kids Can Pr., Ltd. CAN. Dist: Hachette Bk. Group.

Animals Do What?, 8 vols. 2022. (Animals Do What? Ser.). (ENG.). 24p. (J). (gr. 2-3). lib. bdg. 97.08 (978-1-9785-3190-1(7), 9048ca50-8a25-4ff9-97b1-c60176773b4a) Enslow Publishing, LLC.

Animals Dot-To-Dot. Illus. by Martha Zschock. 2022. (ENG.). 64p. (J). pap. 5.99 (978-1-4413-3818-1(7), 3c634666-6821-4652-ad99-ddd6d59f8aa6) Peter Pauper Pr. Inc.

Animals Dot to Dot & Coloring: Attractive Drawing Animals & Coloring Book- Fun Animals Coloring Workbook - Connect the Dots Numbers Activity Book - Easy Kids Dot to Dot Book - Preschool to Kindergarten Activity Book - Ages 3-8. Floie Rosa. 2020. (ENG.). 120p. (J). pap. (978-1-716-33447-4(0)) Reader's Digest Assn. (Canada).

Animals Dot to Dot Coloring Activity Book for Kids: Animals Dot to Dot Coloring Activity Book for Kids: Fun Connect the Dots Animals Coloring Book for Kids, Animals Theme Activity Book Conect the Dots. Konkoly Jm. 2021. (ENG.). 56p. (J). pap. (978-0-433-96228-1(3), Jonathan Cape) Penguin Random Hse.

Animals: Early Learning at the Museum. Illus. by The Trustees of the British Museum. 2019. (Early Learning at the Museum Ser.). (ENG.). 22p. (J). (— 1). bds. 7.99 (978-1-5362-0583-1(4)) Candlewick Pr.

Animals en Espanol. Mari Schuh & Jaclyn Jaycox. 2020. (Animals en Espanol Ser.).Tr. of Animals. (SPA.). 32p. (J). (gr. 1-3). 250.56 *(978-1-9771-2563-7(8),* 200723, Pebble) Capstone.

Animals English. Editor. 2017. (English/Spa Cloth Bks.). (ENG.). 8p. (J). *(978-1-60745-911-8(6))* Lake Press.

Animals' Environmental Protest. Chesney Orme. 2021. (ENG.). 44p. (J). *(978-1-80369-119-0(0))*; pap. *(978-1-80369-118-3(2))* Authors OnLine, Ltd.

Animals Fart! S. C. Allen. 2019. (ENG.). 38p. (J). pap. 19.99 *(978-1-7947-9152-7(3))* Lulu Pr., Inc.

Animals Finding Food. Wendy Perkins. 2018. (Illus.). 48p. (J). *(978-0-7166-2724-1(8))* World Bk., Inc.

Animals Finding Food. Contrib. by World Book, Inc. Staff. 2018. (Illus.). 48p. (J). *(978-0-7166-2730-2(2))* World Bk., Inc.

Animals Finding Mates. Contrib. by World Book, Inc. Staff. 2018. (Illus.). 48p. (J). *(978-0-7166-2731-9(0))* World Bk., Inc.

Animals from a to Z: Exploring the Americas. Amelia Hepworth. Illus. by Carolina Buzio. 2021. (ENG.). 24p. (J). (-k). bds. 9.99 *(978-1-68010-694-7(5))* Tiger Tales.

Animals from Head to Tail. 2016. (Animals from Head to Tail Ser.). 24p. (gr. k-k). pap. 48.90 *(978-1-4824-5309-6(6))*; (ENG.). lib. bdg. 145.62 *(978-1-4824-4516-9(6),* edc012c0-1f81-4eb2-875f-5bef215734a0) Stevens, Gareth Publishing LLLP.

Animals from Head to Tail: Sets 1 - 2. 2020. (Animals from Head to Tail Ser.). (ENG.). (J). pap. 109.80 *(978-1-5382-6152-1(9))*; lib. bdg. 291.24 *(978-1-5382-5971-9(0),* 9f5b8f4c-ea31-41b9-a3a6-2212054c97cb) Stevens, Gareth Publishing LLLP.

Animals Go Home: Leveled Reader Book 73 Level d 6 Pack Grade K. Hmh Hmh. 2021. (SPA.). 16p. (J). pap. 74.40 *(978-0-358-08110-4(6))* Houghton Mifflin Harcourt Publishing Co.

Animals Go to Town. Poonam V. Mehta. 2020. (ENG., Illus.). 26p. (J). 23.99 *(978-1-63684-590-6(8))*; pap. 13.99 *(978-1-63684-589-0(4))* Regency Pubs., The.

Animals Go to War: From Dogs to Dolphins. Connie Goldsmith. 2018. (ENG., Illus.). 136p. (YA). (gr. 6-12). lib. bdg. 37.32 *(978-1-5124-9804-2(1),* fbe6332a-6a7e-4c91-a839-527b2755162d, Twenty-First Century Bks.) Lerner Publishing Group.

Animals Go Vroom! Abi Cushman. 2021. (Illus.). 36p. (J). (-k). 17.99 *(978-1-9848-3665-6(X),* Viking Books for Young Readers) Penguin Young Readers Group.

Animals Goofier Than Goofy Coloring Book. Activity Attic Books. 2016. (ENG., Illus.). (J). pap. 7.74 *(978-1-68323-843-0(5))* Twin Flame Productions.

Animals Grimm: a Treasury of Tales. Kevin Crossley-Holland. 2019. (ENG., Illus.). 96p. (J). (gr. -1-2). 17.99 *(978-1-78344-747-3(8))* Penguin Random Hse. AUS. Dist: Independent Pubs. Group.

Animals Grow: Level J. (Wonder Worldtm Ser.). 16p. 26.50 *(978-0-7802-3472-7(3))*; 29.95 *(978-0-7802-1191-9(X))* Wright Group/McGraw-Hill.

Animals Grow & Change see Los Seres Vivos Necesitan Agua

Animals Growing up: Set 1, 16 vols. 2018. (Animals Growing Up Ser.). (ENG.). 24p. (J). (gr. 1-2). lib. bdg. 194.16 *(978-1-9785-0016-7(5),* b5dc3ba4-90f6-4d40-b633-139ea3bca6ce) Enslow Publishing, LLC.

Animals Growing up: Set 2, 12 vols. 2019. (Animals Growing Up Ser.). (ENG.). 24p. (J). (gr. 1-2). lib. bdg. 145.62 *(978-1-9785-0705-0(4),* 41046612-a8e9-4293-84b3-d64130f01141) Enslow Publishing, LLC.

Animals Growing up: Set 3, 16 vols. 2019. (Animals Growing Up Ser.). (ENG.). 24p. (J). (gr. 1-2). lib. bdg. 194.16 *(978-1-9785-1575-8(8),* d0d4f412-6682-4244-9109-48be3319dd6c) Enslow Publishing, LLC.

Animals Growing up: Sets 1 - 2. 2019. (Animals Growing Up Ser.). (ENG.). (J). pap. 144.90 *(978-1-9785-1091-3(8))*; (gr. 1-2). lib. bdg. 339.78 *(978-1-9785-0706-7(2),* f9795439-f241-44a5-af98-e57609ec660f) Enslow Publishing, LLC.

Animals Growing up: Sets 1 - 3. 2019. (Animals Growing Up Ser.). (ENG.). (J). pap. 227.70 *(978-1-9785-1579-6(0))*; (gr. 1-2). lib. bdg. 533.94 *(978-1-9785-1578-9(2),* 273de75a-b3f6-406e-9b63-7a235f039d76) Enslow Publishing, LLC.

Animals Habitats: Armenian, 01 vols., 1. Ed. by Nathalie Beullens-Maoui. 2016. (Our Wonderful World Ser.). (ENG & SPA.). 8p. (J). pap. 9.35 *(978-1-5081-1209-9(6),* Rosen Classroom) Rosen Publishing Group, Inc., The.

Animals Habitats: Filipino, 01 vols., 1. Ed. by Nathalie Beullens-Maoui. 2016. (Our Wonderful World Ser.). (ENG & SPA.). 8p. (J). pap. 9.35 *(978-1-5081-1215-0(0),* Rosen Classroom) Rosen Publishing Group, Inc., The.

Animals Habitats: Hmong Green, 01 vols., 1. Ed. by Nathalie Beullens-Maoui. 2016. (Our Wonderful World Ser.). (ENG & SPA.). 8p. (J). pap. 9.35 *(978-1-5081-1227-3(4),* Rosen Classroom) Rosen Publishing Group, Inc., The.

Animals Have Families. Nadia Ali. 2023. (Animal Societies Ser.). (ENG.). 32p. (J). 31.32 *(978-0-7565-7184-9(7),* 247185); pap. 7.99 *(978-0-7565-7179-5(0),* 247180) Capstone. (Pebble).

Animals Have Jobs. Nadia Ali. 2023. (Animal Societies Ser.). (ENG.). 32p. (J). 31.32 *(978-0-7565-7200-6(2),* 247295); pap. 7.99 *(978-0-7565-7195-5(2),* 247280) Capstone. (Pebble).

Animals Have Jobs Too! Alexandra Numeroff. 2022. (ENG.). 78p. (J). 17.99 ***(978-1-0878-5671-1(X))*** Indy Pub.

Animals Have Shadows, Too! an Activity Book. Smarter Activity Books for Kids. 2016. (ENG., Illus.). (J). pap. 8.99 *(978-1-68374-304-0(0))* Examined Solutions PTE. Ltd.

Animals Help Plants. Mary Lindeen. 2018. (BeginningtoRead Ser.). (ENG.). 32p. (J). (gr. -1-2). lib. bdg. 22.60 *(978-1-59953-902-7(0))*; (gr. k-2). pap. 13.26 *(978-1-68404-149-7(X))* Norwood Hse. Pr.

Animals Help Plants Pollinate, 1 vol. Elliot Paderewski. 2016. (Rosen REAL Readers: STEM & STEAM Collection). (ENG.). 12p. (gr. 1-2). pap. 6.33 *(978-1-5081-2455-9(8),* 592842a5-e12f-41f7-8ba6-8bc23bdac909, Rosen Classroom) Rosen Publishing Group, Inc., The.

Animals Helping Animals - BBC Earth Do You Know... ? Level 4. Ladybird. 2020. (Illus.). 32p. (J). (gr. k-3). pap. 9.99 *(978-0-241-35580-0(X),* Ladybird) Penguin Bks., Ltd. GBR. Dist: Independent Pubs. Group.

Animals Hidden in the Desert. Jessica Rusick. 2022. (Animals Undercover Ser.). (ENG.). 32p. (J). 31.32 *(978-1-6663-1550-9(8),* 233245); pap. 8.95 *(978-1-6663-1802-9(7),* 233227) Capstone. (Pebble).

Animals Hidden in the Forest. Jessica Rusick. 2022. (Animals Undercover Ser.). (ENG.). 32p. (J). 31.32 *(978-1-6663-1545-5(1),* 233244); pap. 8.95 *(978-1-6663-1812-8(4),* 233226) Capstone. (Pebble).

Animals Hidden in the Ocean. Jessica Rusick. 2022. (Animals Undercover Ser.). (ENG.). 32p. (J). 31.32 *(978-1-6663-1540-0(0),* 233246); pap. 8.95 *(978-1-6663-1816-6(7),* 233228) Capstone. (Pebble).

Animals Hidden in the Snow. Jessica Rusick. 2022. (Animals Undercover Ser.). (ENG.). 32p. (J). 31.32 *(978-1-6663-1535-6(4),* 233204); pap. 8.95 *(978-1-6663-2830-1(8),* 233198) Capstone. (Pebble).

Animals I See at the Zoo/Animales Que Veo en el Zoológico, 4 bks. JoAnn Early Macken. Incl. Bears / Los Osos. 2002. pap. 9.15 *(978-0-8368-4003-2(8),* f749894c-c2a6-4393-a62c-c99d95295df5); Elephants / Los Elefantes. 2002. pap. 9.15 *(978-0-8368-4004-9(6),* 4f0213e6-b7df-4581-99ff-495a7f31bf60); Penguins / Los Pinguinos. (J). 2004. pap. 9.15 *(978-0-8368-4006-3(2),* 74d6e910-2d98-4e43-adf6-203bc5265399); 24p. (gr. k-2)., Weekly Reader Leveled Readers (SPA & ENG., Illus.). 2003. pap. *(978-0-8368-4002-5(X),* Weekly Reader) Stevens, Gareth Publishing LLLP.

Animals I See at the Zoo/Animales Que Veo en el Zoológico, 6 vols., Set. Kathleen Pohl. Incl. Alligators / Caimanes. (Illus.). 24p. (gr. k-2). 2007. lib. bdg. 24.67 *(978-0-8368-8231-5(8),* c873cc61-d322-422e-b564-6b9dfe5e1f5c, Weekly Reader Leveled Readers); 2007. Set lib. bdg. 119.58 *(978-0-8368-8230-8(X))* Stevens, Gareth Publishing LLLP.

Animals II Teacher's Guide. Alan Trussell-Cullen. (gr. k-2). tchr. ed. 14.95 *(978-0-7368-9126-4(9),* Red Brick Learning) Capstone.

Animals Illustrated: Arctic Wolf see Loup Arctique

Animals Illustrated: Arctic Wolf. William Flaherty. Illus. by Sean Bigham. 2018. (Animals Illustrated Ser.: 6). (ENG.). 24p. (J). (gr. 1-3). 12.95 *(978-1-77227-213-0(2))* Inhabit Media Inc. CAN. Dist: Consortium Bk. Sales & Distribution.

Animals Illustrated: Bowhead Whale see Baleine Boréale

Animals Illustrated: Bowhead Whale, 1 vol. Joanasie Karpik. Illus. by Sho Uehara. 2018. (Animals Illustrated Ser.: 5). (ENG.). 28p. (J). (gr. 1-3). 12.95 *(978-1-77227-162-1(4))* Inhabit Media Inc. CAN. Dist: Consortium Bk. Sales & Distribution.

Animals Illustrated: Caribou see Caribou

Animals Illustrated: Caribou. Dorothy Aglukark & David Aglukark. Illus. by Amiel Sandland. 2020. (Animals Illustrated Ser.: 7). Orig. Title: Animals Illustrated: Caribou. (ENG.). 28p. (J). (gr. 1-3). 12.95 *(978-1-77227-234-5(5))* Inhabit Media Inc. CAN. Dist: Consortium Bk. Sales & Distribution.

Animals Illustrated: Muskox see Boeuf Musqué

Animals Illustrated: Muskox, 1 vol. Allen Niptanatiak. Illus. by Kagan McLeod. 2016. (Animals Illustrated Ser.: 3). (ENG.). 24p. (J). (gr. 1-3). 12.95 *(978-1-77227-122-5(5))* Inhabit Media Inc. CAN. Dist: Consortium Bk. Sales & Distribution.

Animals Illustrated: Narwhal see Narval

Animals Illustrated: Narwhal, 1 vol. Solomon Awa. Illus. by Hwei Lim. 2016. (Animals Illustrated Ser.: 2). (ENG.). 24p. (J). (gr. 1-3). 12.95 *(978-1-77227-080-8(6))* Inhabit Media Inc. CAN. Dist: Consortium Bk. Sales & Distribution.

Animals Illustrated: Polar Bear see Ours Polaire

Animals Illustrated: Polar Bear, 1 vol. William Flaherty. Illus. by Danny Christopher. 2016. (Animals Illustrated Ser.: 1). (ENG.). 24p. (J). (gr. 1-3). 12.95 *(978-1-77227-079-2(2))* Inhabit Media Inc. CAN. Dist: Consortium Bk. Sales & Distribution.

Animals Illustrated: Ringed Seal. William Flaherty. Illus. by Sara Otterstatter. 2022. (Animals Illustrated Ser.: 9). 28p. (J). (gr. 1-3). 12.95 *(978-1-77227-370-0(8))* Inhabit Media Inc. CAN. Dist: Consortium Bk. Sales & Distribution.

Animals Illustrated: Walrus see Morse

Animals Illustrated: Walrus, 1 vol. Herve Paniaq. Illus. by Ben Shannon. 2017. (Animals Illustrated Ser.: 4). (ENG.). 32p. (J). (gr. 1-3). 12.95 *(978-1-77227-142-3(X))* Inhabit Media Inc. CAN. Dist: Consortium Bk. Sales & Distribution.

Animals Illustrated: Wolverine. Allen Niptanatiak. Illus. by Patricia Ann Lewis-MacDougall. 2021. (Animals Illustrated Ser.: 8). (ENG.). 28p. (J). (gr. 1-3). 12.95 *(978-1-77227-298-7(1))* Inhabit Media Inc. CAN. Dist: Consortium Bk. Sales & Distribution.

Animals in a Mess. Kate Dobrowolska. Illus. by Sophie Jones. 2018. (ENG.). 46p. (J). (gr. k-1). pap. *(978-1-78222-625-3(7))* Paragon Publishing, Rothersthorpe.

Animals in a Quandary. Kate Dobrowolska. 2017. (ENG., Illus.). (J). (gr. k-2). pap. *(978-1-78222-517-1(X))* Paragon Publishing, Rothersthorpe.

Animals in Antarctica. Julie Murray. 2020. (Animal Habitats Ser.). (ENG., Illus.). 24p. (J). (gr. -1-2). lib. bdg. 31.36 *(978-1-0982-0207-1(4),* 34547, Abdo Kids) ABDO Publishing Co.

Animals in Art. Sabrina Hahn. 2020. (Sabrina Hahn's Art & Concepts for Kids Ser.). (Illus.). 64p. (J). (gr. -1-1). bds. 19.99 *(978-1-5107-6209-1(4),* Sky Pony Pr.) Skyhorse Publishing Co., Inc.

Animals in Aunt Telma's Backyard. Sandra Nedopetalski. 2020. (ENG.). 78p. (J). pap. 15.66 *(978-1-5243-1580-1(X))* Lantia LLC.

Animals in Danger. Raymond Bergin. 2022. (What on Earth? Climate Change Explained Ser.). (ENG., Illus.). 32p. (J). (gr. 3-7). lib. bdg. 28.50 *(978-1-63691-555-5(8),* 18650) Bearport Publishing Co., Inc.

Animals in Danger. Sean McCollum. Illus. by Sam Valentino. 2022. (ENG.). 24p. (J). pap. ***(978-1-922835-33-8(1))*** Library For All Limited.

Animals in Danger (a True Book: Understanding Climate Change) (Library Edition) Katie Free. 2020. (True Book (Relaunch) Ser.). (ENG., Illus.). 48p. (J). (gr. 3-5). lib. bdg. 31.00 *(978-0-531-13075-9(4),* Children's Pr.) Scholastic Library Publishing.

Animals in Deserts. Julie Murray. 2020. (Animal Habitats Ser.). (ENG., Illus.). 24p. (J). (gr. -1-2). lib. bdg. 31.36 *(978-1-0982-0208-8(2),* 34549, Abdo Kids) ABDO Publishing Co.

Animals in Forests. Julie Murray. 2020. (Animal Habitats Ser.). (ENG., Illus.). 24p. (J). (gr. -1-2). lib. bdg. 31.36 *(978-1-0982-0209-5(0),* 34551, Abdo Kids) ABDO Publishing Co.

Animals in French & English. Oui Love Books. 2020. (ENG.). 28p. (J). 17.95 ***(978-1-64574-028-5(5))*** Odeon Livre.

Animals in Hiding, 1 vol. Michael Salaka. 2017. (Animals in My World Ser.). (ENG.). 24p. (J). (gr. 1-1). pap. 9.25 *(978-1-5383-2148-5(3),* 6486d0eb-e988-408e-9658-35a55919467b, PowerKids Pr.) Rosen Publishing Group, Inc., The.

Animals in Military Action. Debbie Vilardi. (Military Animals Ser.). (ENG., Illus.). 32p. (J). (gr. 2-3). 2022. pap. 9.95 *(978-1-64494-588-9(6))*; 2021. lib. bdg. 32.79 *(978-1-5321-6993-9(0),* 38806, DiscoverRoo) Pop!.

Animals in Military Medicine. Amy C. Rea. (Military Animals Ser.). (ENG., Illus.). 32p. (J). (gr. 2-3). 2022. pap. 9.95 *(978-1-64494-589-6(4))*; 2021. lib. bdg. 32.79 *(978-1-5321-6994-6(9),* 38808, DiscoverRoo) Pop!.

Animals in Minecraft. Josh Gregory. 2018. (21st Century Skills Innovation Library: Unofficial Guides Junior Ser.). (ENG., Illus.). 24p. (J). (gr. 2-4). lib. bdg. 30.64 *(978-1-5341-2983-2(9),* 211976) Cherry Lake Publishing.

Animals in My Backyard - Animal Book 4 Years Old Children's Animal Books. Baby Professor. 2017. (ENG., Illus.). (J). pap. 8.79 *(978-1-5419-1097-3(4),* Baby Professor (Education Kids)) Speedy Publishing LLC.

Animals in My Brain: A Kid's Guide to Understanding & Controlling Their Behaviour. Sarah Joseph. Illus. by Rachel Griffiths. 2018. (ENG.). 34p. (J). *(978-1-9994994-1-9(7))*; pap. *(978-1-9994994-0-2(9))* & Bks.

Animals in My World, 12 vols. 2017. (Animals in My World Ser.). 24p. (ENG.). (gr. 1-1). 151.62 *(978-1-5081-6173-8(9),* 1ecb4df3-b87c-43aa-a54c-0e6000faabca); (gr. 4-6). pap. 49.50 *(978-1-5081-6174-5(7))* Rosen Publishing Group, Inc., The. (PowerKids Pr.).

Animals in My Yard Set. Various Authors. 2022. (ENG.). 24p. (J). (gr. -1-2). 467.10 *(978-1-64487-787-6(2),* Blastoff! Readers) Bellwether Media.

Animals in Savannas. Julie Murray. 2020. (Animal Habitats Ser.). (ENG., Illus.). 24p. (J). (gr. -1-2). lib. bdg. 31.36 *(978-1-0982-0210-1(4),* 34553, Abdo Kids) ABDO Publishing Co.

Animals in Spring see Los Animales en la Primavera

Animals in Spring. Kathryn Clay. 2016. (Celebrate Spring Ser.). (ENG., Illus.). 24p. (J). (gr. -1-2). lib. bdg. 22.65 *(978-1-4914-8302-2(4),* 130778, Pebble) Capstone.

Animals in Spring. M. J. York. 2017. (Welcoming the Seasons Ser.). (ENG.). 24p. (J). (gr. -1-2). lib. bdg. 32.79 *(978-1-5038-1651-0(6),* 211503) Child's World, Inc, The.

Animals in Streams & Rivers see Animales en Los Arroyos y Rios (Animals in Streams & Rivers)

Animals in Streams & Rivers. Julie Murray. 2020. (Animal Habitats Ser.). (ENG., Illus.). 24p. (J). (gr. -1-2). lib. bdg. 31.36 *(978-1-0982-0211-8(2),* 34555, Abdo Kids) ABDO Publishing Co.

Animals in Summer. Maddie Spalding. 2018. (Welcoming the Seasons Ser.). (ENG.). 24p. (J). (gr. -1-2). lib. bdg. 32.79 *(978-1-5038-2377-8(6),* 212220) Child's World, Inc, The.

Animals in the Air. Brenda McHale. 2023. (Animal Fact Files Ser.). (ENG.). 24p. (J). (gr. 1-3). lib. bdg. 19.95 Bearport Publishing Co., Inc.

Animals in the Arctic, 1 vol. John Wood. 2017. (Where Animals Live Ser.). (ENG.). 24p. (J). (gr. 1-2). pap. 9.25 *(978-1-5345-2383-8(9),* 089b3b13-407b-4aee-8d1d-aed16b14c616); lib. bdg. 26.23 *(978-1-5345-2380-7(4),* c67fbf52-453b-4a7a-9b2e-3bba7406ef53) Greenhaven Publishing LLC.

Animals in the Ark. Suzanne B. Wallace. 2019. (ENG., Illus.). 34p. (J). 24.95 *(978-1-64670-393-7(6))*; pap. 13.95 *(978-1-64300-384-9(4))* Covenant Bks.

Animals in the Ark: From the French (Classic Reprint) P. Guigou. 2017. (ENG., Illus.). (J). 58p. 25.09 *(978-0-484-28117-1(8))*; pap. 9.57 *(978-0-259-27766-8(5))* Forgotten Bks.

Animals in the Barnyard - Children's Agriculture Books. Baby Professor. 2017. (ENG., Illus.). (J). pap. 7.89 *(978-1-5419-0211-4(4),* Baby Professor (Education Kids)) Speedy Publishing LLC.

Animals in the Bible. Rebekah Moredock. Illus. by Lisa Reed. 2019. (ENG.). 20p. (J). (gr. -1-1). bds. 8.99 *(978-0-8249-1696-1(4),* Worthy Kids/Ideals) Worthy Publishing.

Animals in the Bible: A Book of Lessons from God's Creation. Lynn Calos Arce. Illus. by Lynn Calos Arce. 2020. (ENG.). 54p. (J). 16.00 *(978-1-0879-1530-2(9))* Indy Pub.

Animals in the City. Elizabeth Carney. 2019. (National Geographic Readers Ser.). (ENG.). 32p. (J). (gr. k-1). 14.96 *(978-0-87617-651-1(1))* Penworthy Co., LLC, The.

Animals in the Clouds. Rebecca Steward. 2019. (ENG., Illus.). 30p. (J). pap. 12.99 *(978-0-578-58303-7(8))* Steward, Rebecca.

Animals in the Desert, 1 vol. John Wood. 2017. (Where Animals Live Ser.). (ENG.). 24p. (J). (gr. 1-2). pap. 9.25 *(978-1-5345-2365-4(0),* 14cf2e03-83d4-468c-90a2-88029fec13f4); lib. bdg. 26.23 *(978-1-5345-2363-0(4),* d3c50585-902e-42e6-8713-c613db1d3538) Greenhaven Publishing LLC.

Animals in the Forest, 1 vol. John Wood. 2017. (Where Animals Live Ser.). (ENG.). 24p. (J). (gr. 1-2). pap. 9.25 *(978-1-5345-2368-5(5),* 48dc9e82-757f-4ec4-9062-8ce442d0c984); lib. bdg. 26.23 *(978-1-5345-2366-1(9),* b68daeb8-c32e-4dd7-9357-dd00bf92fc39) Greenhaven Publishing LLC.

Animals in the Forest: The Day Terrible Things Came. Kathryn Rose Newey. 2017. (ENG., Illus.). 63p. (J). pap. 5.37 *(978-0-244-33310-2(6))* Lulu Pr., Inc.

Animals in the Hot Desert. Katie Peters. 2019. (Let's Look at Animal Habitats (Pull Ahead Readers — Nonfiction) Ser.). (ENG., Illus.). 16p. (J). (gr. -1-1). pap. 8.99 *(978-1-5415-7310-9(2),* 7f0ced4c-c8d7-4816-af4a-3d6e5a773fda); lib. bdg. 27.99 *(978-1-5415-5861-8(8),* ac22c68b-8277-4e8f-86f7-323d0f31cdcf) Lerner Publishing Group. (Lerner Pubns.).

Animals in the House. Drew Falchetta. 2017. (1-3Y Domestic Animal Ser.). (ENG., Illus.). 16p. (J). pap. 9.60 *(978-1-64053-140-6(8),* ARC Pr. Bks.) American Reading Co.

Animals in the Jungle Coloring Book. Activibooks For Kids. 2016. (ENG., Illus.). (J). pap. 9.20 *(978-1-68321-666-7(0))* Mimaxion.

Animals in the Military, 1 vol. Alexis Burling. 2018. (Animals at Work Ser.). (ENG.). 32p. (gr. 3-3). 26.93 *(978-0-7660-9619-6(X),* 588f9338-e5e0-4be5-9cb6-eb0155963cfa) Enslow Publishing, LLC.

Animals in the Mountains, 1 vol. John Wood. 2017. (Where Animals Live Ser.). (ENG.). 24p. (J). (gr. 1-2). pap. 9.25 *(978-1-5345-2371-5(5),* 3c15ba2d-da3b-4a4e-bcd7-849f66c12d19); lib. bdg. 26.23 *(978-1-5345-2369-2(3),* 68ace0af-3797-458d-a06d-857e8cbd8680) Greenhaven Publishing LLC.

Animals in the Ocean see Animales en el Océano (Animals in the Ocean)

Animals in the Ocean. Julie Murray. 2020. (Animal Habitats Ser.). (ENG., Illus.). 24p. (J). (gr. -1-2). lib. bdg. 31.36 *(978-1-0982-0212-5(0),* 34557, Abdo Kids) ABDO Publishing Co.

Animals in the Ocean, 1 vol. John Wood. 2017. (Where Animals Live Ser.). (ENG.). 24p. (J). (gr. 1-2). pap. 9.25 *(978-1-5345-2374-6(X),* c4c2e29c-1157-4966-881b-a8dfb20f6aa7); lib. bdg. 26.23 *(978-1-5345-2372-2(3),* 3af2be42-656c-41d4-bc2e-407e953b7bd4) Greenhaven Publishing LLC.

Animals in the Rain Forest, 1 vol. John Wood. 2017. (Where Animals Live Ser.). (ENG.). 24p. (J). (gr. 1-2). pap. 9.25 *(978-1-5345-2377-7(4),* 05347944-6fb3-4500-ae50-0ee059bd677f); lib. bdg. 26.23 *(978-1-5345-2375-3(8),* 80f07432-1bb8-4037-9dd5-7a829a18365f) Greenhaven Publishing LLC.

Animals in the Sand. Brenda McHale. 2023. (Animal Fact Files Ser.). (ENG.). 24p. (J). (gr. 1-3). lib. bdg. 19.95 Bearport Publishing Co., Inc.

Animals in the Sky. Sara Gillingham. 2020. (ENG., Illus.). 32p. (gr. -1 — 1). bds. 12.95 *(978-1-83866-024-6(0))* Phaidon Pr., Inc.

Animals in the Tropics Coloring Book. Kreative Kids. 2016. (ENG., Illus.). (J). pap. 9.20 *(978-1-68377-297-2(0))* Whlke, Traudl.

Animals in the Wild, 6 bks., Set. Sharon Gordon. Incl. Desert Animals. lib. bdg. 25.50 *(978-0-7614-2898-5(4),* a9235f1c-c795-43a2-a45c-327930bb3ccb); Mountain Animals. (Illus.). lib. bdg. 25.50 *(978-0-7614-2900-5(X),* 4f4fbc71-6806-4662-beb5-162a442a6eef); Ocean Animals. lib. bdg. 25.50 *(978-0-7614-2903-6(4),* b5f2e3a5-60e8-46f2-9d59-a3ce5407205a); Plains Animals. lib. bdg. 25.50 *(978-0-7614-2902-9(6),* 1382ae23-570c-4424-b9fe-a88fdebfe467); Rain Forest Animals. lib. bdg. 25.50 *(978-0-7614-2899-2(2),* 52e3c243-f78f-4cc2-baa8-2e774c787a86, Cavendish Square); Wetland Animals. lib. bdg. 25.50 *(978-0-7614-2904-3(2),* 368222cd-a534-45a5-88e6-126dea7deb56, Cavendish Square); (gr. k-1). 2009. (Benchmark Rebus: Animals in the Wild Ser.). 2008. Set lib. bdg. 95.70 net. *(978-0-7614-2897-8(6),* Cavendish Square) Cavendish Square Publishing LLC.

Animals in the Wild Coloring Book. Smarter Activity Books for Kids. 2016. (ENG., Illus.). (J). pap. 9.22 *(978-1-68374-413-9(6))* Examined Solutions PTE. Ltd.

Animals in Tigrinya. Elinor K. Tesfamariam. Illus. by Senet Abrha. 2023. (MUL.). 64p. (J). pap. 14.99 ***(978-1-0881-0500-9(9))*** Indy Pub.

Animals in Winter. Jenna Lee Gleisner. 2018. (Welcoming the Seasons Ser.). (ENG.). 24p. (J). (gr. -1-2). lib. bdg. 32.79 *(978-1-5038-2386-0(5),* 212229) Child's World, Inc, The.

Animals in Winter. Lori Mortensen. 2016. (Spring Forward Ser.). (J). (gr. 2). *(978-1-4900-9452-6(0))* Benchmark Education Co.

Animals in Your Face! an Animal Faces Coloring Book. Activity Attic. 2016. (ENG., Illus.). (J). pap. 7.74 *(978-1-68323-844-7(3))* Twin Flame Productions.

Animals Knew Him. Julie Latzke. 2017. (ENG., Illus.). (J). pap. 12.95 *(978-1-63575-914-3(5))* Christian Faith Publishing.

Animals Like Reading! George Simmers. 2017. (ENG., Illus.). 32p. (J). pap. *(978-0-244-04688-0(3))* Lulu Pr., Inc.

Animals Live in Homes. Nadia Ali. 2023. (Animal Societies Ser.). (ENG.). 32p. (J). 31.32 *(978-0-7565-7192-4(8),* 247294); pap. 7.99 *(978-0-7565-7187-0(1),* 247279) Capstone. (Pebble).

Animals Living Alongside People. Contrib. by World Book, Inc. Staff. 2018. (Illus.). 48p. (J). *(978-0-7166-2732-6(9))* World Bk., Inc.

Animals Living in Groups. Contrib. by World Book, Inc. Staff. 2018. (Illus.). 48p. (J). *(978-0-7166-2733-3(7))* World Bk., Inc.

Animals Look at Me. Howie Minsky. 2019. (Hello, Everglades! Ser.). (ENG., Illus.). 16p. (J). (gr. -1-2). pap. 11.36 *(978-1-5341-5715-6(8),* 214120, Cherry Blossom Press) Cherry Lake Publishing.

Animals Lost & Found: Stories of Extinction, Conservation & Survival. Jason Bittel. Illus. by Jonathan Woodward. 2022. (ENG.). 128p. (J). (gr. 2). 19.99 *(978-0-7440-3339-7(X)*, DK Children) Dorling Kindersley Publishing, Inc.

Animals Lost & Found: Stories of Extinction, Conservation & Survival. DK & Jason Bittel. Illus. by Jonathan Woodward. 2022. 128p. (J). ***(978-0-241-46137-2(5))*** Dorling Kindersley Publishing, Inc.

Animals Love Coloring Book for Kids: Cute & Funny Animals Sharing Love by Raz Mcovoo. Raz McOvoo. 2021. (ENG.). 64p. (J). pap. 9.70 *(978-1-716-09702-7(9))* Lulu Pr., Inc.

Animals Magic Painting Book. Fiona Watt. 2019. (Magic Painting Bks.). (ENG.). 16ppp. (J). pap. 9.99 *(978-0-7945-4642-7(0)*, Usborne) EDC Publishing.

Animals Make Me Smile: An Alphabet Book. Susan Yost Filgate. Illus. by Leonard Filgate. 2016. (ENG.). 34p. (J). pap. 12.00 *(978-0-9978819-2-9(5))* America Hispanic Consulting Group Inc.

Animals Making Homes. Contrib. by World Book, Inc. Staff. 2018. (Illus.). 48p. (J). *(978-0-7166-2734-0(5))* World Bk., Inc.

Animals Math Coloring Book: Addition & Subtraction Practice, Grades 1-2 (Pixel Art for Kids) Gameplay Publishing & Math Coloring Library. 2018. (ENG., Illus.). 58p. (J). pap. *(978-1-912191-12-3(1))* Gameplay Publishing.

Animals Math Coloring Book: Multiplication & Division Practice, Grades 3-4 (Pixel Art for Kids) Gameplay Publishing & Math Coloring Library. 2018. (ENG., Illus.). 58p. (J). pap. *(978-1-912191-13-0(X))* Gameplay Publishing.

Animals Memoirs, Vol. 1: Mammals (Classic Reprint) Samuel Lockwood. 2018. (ENG., Illus.). 338p. (J). 30.89 *(978-0-483-19091-7(8))* Forgotten Bks.

Animals Migrating. Contrib. by World Book, Inc. Staff. 2018. (Illus.). 48p. (J). *(978-0-7166-2735-7(3))* World Bk., Inc.

Animals Mix & Match Games: Kids Activity Books Age 5. Jupiter Kids. 2016. (ENG., Illus.). 76p. (J). pap. 13.75 *(978-1-68305-383-5(4)*, Jupiter Kids (Childrens & Kids Fiction)) Speedy Publishing LLC.

Animals Move. Jane Whittingham. 2022. (Big, Little Concepts Ser.: 3). (Illus.). 32p. (J). (gr. -1-k). 17.95 *(978-1-77278-238-7(6))* Pajama Pr. CAN. Dist: Publishers Group West (PGW).

Animals Move: A Pilates Workout for Children. Kate Hawkins. Illus. by Sam Hawkins. 2022. (ENG.). 42p. (J). pap. ***(978-1-80227-658-9(0))*** Publishing Push Ltd.

Animals Next Door. Addison Baker. Illus. by Addison Baker. 2019. (Animals Next Door Ser.: Vol. 1). (ENG., Illus.). 202p. (J). pap. 14.97 *(978-0-9998358-6-9(6))* Tribute Publishing.

Animals Next Door Coloring Book. Addison Baker. 2019. (ENG.). 120p. (J). pap. 12.99 *(978-0-9798580-8-6(9))* ADB Artist Publishing.

Animals of a Bygone Era: An Illustrated Compendium. Maja Säfström. 2017. (Illus.). 112p. 14.99 *(978-0-399-57852-6(8)*, Ten Speed Pr.) Potter/Ten Speed/Harmony/Rodale.

Animals of Africa, 10 vols. 2017. (Animals of Africa Ser.). (ENG.). 320p. (J). (gr. 2-3). pap. 99.50 *(978-1-63517-335-2(3)*, 1635173353); lib. bdg. 313.50 *(978-1-63517-270-6(5)*, 1635172705) North Star Editions. (Focus Readers).

Animals of All Kinds, 56 vols. School Zone Publishing Company Staff. rev. ed. 2019. (ENG., Illus.). (J). (gr. -1-2). 3.49 *(978-0-938256-97-7(1)*, 0d6ad7c9-555b-44ec-8299-a34cadbdb522) School Zone Publishing Co.

Animals of Asia for Kids. Rachel Bubb. 2021. (ENG.). 55p. pap. ***(978-1-7948-6321-7(4))*** Lulu Pr., Inc.

Animals of Farthing Wood (Modern Classics) Colin Dann. 2016. (Modern Classics Ser.). (ENG., Illus.). 400p. (J). (gr. 2-6). pap. 7.99 *(978-1-4052-8180-5(4))* Farshore GBR. Dist: HarperCollins Pubs.

Animals of Farthing Wood: the Adventure Begins. Colin Dann. 2017. (Puffin Book Ser.). (Illus.). 272p. (J). (gr. 2-4). pap. 16.99 *(978-0-14-136874-0(8))* Penguin Bks., Ltd. GBR. Dist: Independent Pubs. Group.

Animals of Heaven. The Abbotts. 2017. (ENG., Illus.). (J). pap. 20.50 *(978-1-365-80257-7(4))* Lulu Pr., Inc.

Animals of Long Ago: An Activity Book. Created by Heron Books. 2018. (ENG., Illus.). 80p. (J). pap. *(978-0-89739-107-8(1)*, Heron Bks.) Quercus.

Animals of My Land / Animales de Mi Tierra/ Noyolkanyolkej 2nd Edition. Rossy Lima. 2017. (ENG., Illus.). (J). (gr. k-3). pap. 10.00 *(978-0-9985390-6-5(6))* Jade Publishing.

Animals of My Land: Animales de Mi Tierra/Noyolkanyolkej. Rossy E. Lima & Gerald a Padilla. Illus. by Gaby Rico. 2018. (ENG.). 38p. (J). (gr. k-3). 18.99 *(978-1-949299-07-6(4))* Jade Publishing.

Animals of North America, 10 vols. 2017. (Animals of North America Ser.). (ENG.). 320p. (J). (gr. 2-3). pap. 99.50 *(978-1-63517-093-1(1)*, 1635170931); lib. bdg. 313.50 *(978-1-63517-037-5(0))* North Star Editions. (Focus Readers).

Animals of North America Coloring Book. Holly Clarke. 2021. (ENG.). 82p. (J). pap. *(978-1-6671-7216-3(6))* Lulu Pr., Inc.

Animals of North America for Kids. Rachel Bubb. 2022. (ENG.). 41p. pap. ***(978-1-387-69042-8(6))*** Lulu Pr., Inc.

Animals of Paradise: Coloring Book. Karima Sperling. 2017. (ENG., Illus.). (J). pap. 6.50 *(978-0-9913003-4-1(3))* Little Bird Bks.

Animals of the Arctic Set. Various Authors. 2022. (ENG.). 24p. (J). (gr. k-3). 269.50 *(978-1-64487-788-3(0)*, Blastoff! Readers) Bellwether Media.

Animals of the Beach. Czeena Devera. 2019. (Wild Things Ser.). (ENG.). 16p. (J). (gr. -1-2). pap. 11.36 *(978-1-5341-4982-3(1)*, 213235, Cherry Blossom Press) Cherry Lake Publishing.

Animals of the Coral Reef Set. Various Authors. 2022. (ENG.). 24p. (J). (gr. k-3). 269.50 *(978-1-64487-789-0(9)*, Blastoff! Readers) Bellwether Media.

Animals of the Desert Set. Various Authors. 2022. (ENG.). 24p. (J). (gr. k-3). 269.50 *(978-1-64487-790-6(2)*, Blastoff! Readers) Bellwether Media.

Animals of the Forest. Czeena Devera. 2019. (Wild Things Ser.). (ENG.). 16p. (J). (gr. -1-2). pap. 11.36 *(978-1-5341-4979-3(1)*, 213226, Cherry Blossom Press) Cherry Lake Publishing.

Animals of the Forest Set. Various Authors. 2022. (ENG.). 24p. (J). (gr. k-3). 269.50 *(978-1-64487-791-3(0)*, Blastoff! Readers) Bellwether Media.

Animals of the Galapagos Islands Coloring Book. Activibooks For Kids. 2016. (ENG., Illus.). (J). pap. 9.20 *(978-1-68321-824-1(8))* Mimaxion.

Animals of the Grasslands (Set), 16 vols. 2020. (Animals of the Grasslands Ser.). (ENG.). 24p. (J). (gr. 1-2). lib. bdg. 202.16 *(978-1-7253-1759-8(1)*, b435f8fa-7e6d-42c3-8494-b2cee7e0a0a7, PowerKids Pr.) Rosen Publishing Group, Inc., The.

Animals of the Grasslands Set. Various Authors. 2022. (ENG.). 24p. (J). (gr. k-3). 269.50 *(978-1-64487-792-0(9)*, Blastoff! Readers) Bellwether Media.

Animals of the Ice Age Gold Band. John Hughes. ed. 2016. (Cambridge Reading Adventures Ser.). (ENG., Illus.). 24p. pap. 8.80 *(978-1-107-55162-6(5))* Cambridge Univ. Pr.

Animals of the Jungle. Czeena Devera. 2019. (Wild Things Ser.). (ENG.). 16p. (J). (gr. -1-2). pap. 11.36 *(978-1-5341-4981-6(3)*, 213232, Cherry Blossom Press) Cherry Lake Publishing.

Animals of the Jungle. Shelby Moran. 2017. (Animals in My World Ser.). 24p. (gr. 4-6). 49.50 *(978-1-5383-2141-6(6)*, PowerKids Pr.) Rosen Publishing Group, Inc., The.

Animals of the Mountains Set. Various Authors. 2022. (ENG.). 24p. (J). (gr. k-3). 269.50 *(978-1-64487-793-7(7)*, Blastoff! Readers) Bellwether Media.

Animals of the Night: Set 3. 2016. (Animals of the Night Ser.). 32p. (gr. 3-3). pap. 63.12 *(978-0-7660-7965-6(1))*; (ENG.). lib. bdg. 161.58 *(978-0-7660-7495-8(1)*, ac4006e5-8c43-42e5-8255-13bf0ef85039) Enslow Publishing, LLC.

Animals of the Night: Sets 1 - 3. 2016. (Animals of the Night Ser.). (ENG.). (J). pap. 207.36 *(978-0-7660-7980-9(5))*; (gr. 3-3). lib. bdg. 484.74 *(978-0-7660-7937-3(6)*, 6f564bab-d189-4100-8f06-f190e383a9a2) Enslow Publishing, LLC.

Animals of the Nile Coloring Book. Activibooks For Kids. 2016. (ENG., Illus.). (J). pap. 9.20 *(978-1-68321-729-9(2))* Mimaxion.

Animals of the Ocean. Czeena Devera. 2019. (Wild Things Ser.). (ENG.). 16p. (J). (gr. -1-2). pap. 11.36 *(978-1-5341-4980-9(5)*, 213229, Cherry Blossom Press) Cherry Lake Publishing.

Animals of the Rain Forest. Julie Murray. 2022. (Rain Forest Life Ser.). (ENG.). 24p. (J). (gr. k-4). lib. bdg. 31.36 *(978-1-0982-8008-6(3)*, 41051, Abdo Zoom-Dash) ABDO Publishing Co.

Animals of the Rain Forest Set. Various Authors. 2022. (ENG.). 24p. (J). (gr. k-3). 269.50 *(978-1-64487-794-4(5)*, Blastoff! Readers) Bellwether Media.

Animals of the Rainforest: Leveled Reader Book 9 Level I 6 Pack. Hmh Hmh. 2021. (SPA.). 24p. (J). pap. 74.40 *(978-0-358-08121-0(1))* Houghton Mifflin Harcourt Publishing Co.

Animals of the Rainforest: Leveled Reader Purple Level 20. Rg Rg. 2016. (PM Ser.). (ENG.). 24p. (J). (gr. 2). pap. 11.00 *(978-0-544-89200-2(3))* Rigby Education.

Animals of the Savanna: My Nature Sticker Activity Book. Olivia Cosneau. 2019. (ENG.). 24p. (J). (gr. k-3). pap. 7.99 *(978-1-61689-788-8(0))* Princeton Architectural Pr.

Animals of the Seas & Oceans, a How to Draw Activity Book. Jupiter Kids. 2016. (ENG., Illus.). 106p. (J). pap. 12.55 *(978-1-68326-183-4(6)*, Jupiter Kids (Childrens & Kids Fiction)) Speedy Publishing LLC.

Animals of the Southeast United States: A Coloring Book. Hailey Malone. 2021. (ENG.). 54p. (J). pap. 14.95 *(978-1-63804-006-4(0))* Clemson Univ. Pr.

Animals of the Wetlands Set. Various Authors. 2022. (ENG.). 24p. (J). (gr. k-3). 269.50 *(978-1-64487-795-1(3)*, Blastoff! Readers) Bellwether Media.

Animals of the Wild: Coloring Book Packs. Jupiter Kids. 2016. (ENG., Illus.). 106p. (J). pap. 12.55 *(978-1-68305-131-2(9)*, Jupiter Kids (Childrens & Kids Fiction)) Speedy Publishing LLC.

Animals of the Wild: Seek & Find Activity Book. Jupiter Kids. 2016. (ENG., Illus.). 108p. (J). pap. 16.55 *(978-1-68326-184-1(4)*, Jupiter Kids (Childrens & Kids Fiction)) Speedy Publishing LLC.

Animals of the World. Toby Reynolds. 2018. (Quick-Reference Atlases Ser.). (Illus.). 32p. (J). (gr. 4). *(978-0-7787-5038-3(8))* Crabtree Publishing Co.

Animals of to-Day, Their Life & Conversation (Classic Reprint) Charles John Cornish. 2016. (ENG., Illus.). (J). pap. 13.97 *(978-1-333-79194-0(1))* Forgotten Bks.

Animals on Fall River. Sunshine Wallace & Karrie Wallace. 2022. (ENG.). 90p. (J). pap. 24.99 ***(978-1-0880-3239-8(7))*** Indy Pub.

Animals on Fall River. Sunshine Wallace & Wallace. Lt. ed. 2023. (ENG.). 80p. (J). pap. 19.99 ***(978-1-0881-5229-4(5))*** Indy Pub.

Animals on Land. Brenda McHale. 2023. (Animal Fact Files Ser.). (ENG.). 24p. (J). (gr. 1-3). lib. bdg. 19.95 Bearport Publishing Co., Inc.

Animals on the Farm. Teddy Borth. 2016. (On the Farm Ser.). (ENG.). 24p. (J). (gr. -1-2). pap. 7.95 *(978-1-4966-1000-3(8)*, 134905, Capstone Classroom) Capstone.

Animals on the Farm. Jaye Garnett. Ed. by Cottage Door Press. Illus. by Melanie Demmer. 2021. (ENG.). 22p. (J). (gr. -1 — 1). bds. 8.99 *(978-1-64638-607-9(8)*, 1008100) Cottage Door Pr.

Animals on the Farm Set. Various Authors. 2022. (ENG.). 24p. (J). (gr. k-3). 215.60 *(978-1-64487-796-8(1)*, Blastoff! Readers) Bellwether Media.

Animals on the Move! Bearport Publishing. 2018. (ENG.). 16p. (J). (gr. -1-1). 47.70 *(978-1-64280-140-8(2))* Bearport Publishing Co., Inc.

Animals on the Move. Junia K. Johnson. 2022. (My First Animal Bks.). (ENG.). 24p. (J). (gr. k-2). pap. *(978-1-0396-6220-9(X)*, 20771); lib. bdg. *(978-1-0396-6025-0(8)*, 20770) Crabtree Publishing Co.

Animals on the Move Set. Various Authors. 2022. (ENG.). 24p. (J). (gr. k-3). 215.60 *(978-1-64487-797-5(X)*, Blastoff! Readers) Bellwether Media.

Animals Phonics Box Set (LEGO Nonfiction) Set: A LEGO Adventure in the Real World. Penelope Arlon. 2018. (LEGO Nonfiction Ser.). (ENG.). 16p. (J). (gr. -1-k). 12.99 *(978-1-338-26191-2(6))* Scholastic, Inc.

Animals Point & Name with 44 Rhymes. Rock 'n Learn. 2016. (ENG., Illus.). 32p. (J). bds. 8.99 *(978-1-941722-20-6(2))* Rock 'N Learn, Inc.

Animals Say... Rigby Education Staff. (Sails Literacy Ser.). (Illus.). 16p. (gr. 2-3). 27.00 *(978-0-7635-9943-0(3)*, 699433C99) Rigby Education.

Animals Scare Me Stiff see Animales Me Aterrorizan

Animals Scissor Skills for Kids: Scissor Practice for Toddlers, Kids/ Cut & Color. Rex McJamie. 2021. (ENG.). 88p. (J). pap. 10.99 *(978-1-915105-12-7(9))* Lulu Pr., Inc.

Animals Scratchin' Their Butts on Famous Buildings: An Animal & Architecture Coloring Book. Albert B. Squid. 2022. (ENG.). 54p. (J). pap. 8.94 *(978-1-4583-2032-2(4))* Lulu Pr., Inc.

Animals (See Hear Learn) Ed. by Cottage Door Press. Illus. by Airin O'Callaghan. 2023. (See Hear Learn Ser.). (ENG.). 14p. (J). bds. 12.99 ***(978-1-64638-843-1(7)***, 1009160) Cottage Door Pr.

Animals Shoud Definitely Not Wear Clothing. Judith Barrett. ed. 2021. (Animals Should Definitely Not Ser.). (ENG., Illus.). 32p. (J). (gr. k-1). 18.96 *(978-1-64697-576-1(6))* Penworthy Co., LLC, The.

Animals Should Definely Not Wear Clothes see Animales No Se Visten

Animals Should Definitely Not Act Like People. Judith Barrett. ed. 2021. (Animals Should Definitely Not Ser.). (ENG., Illus.). 31p. (J). (gr. k-1). 18.96 *(978-1-64697-577-8(4))* Penworthy Co., LLC, The.

Animals Sleep in Lots of Ways (FSTK) Matt Reher. 2016. (1B Zoology Magazine Ser.). (ENG.). 24p. (J). pap. 8.00 *(978-1-63437-648-8(X))* American Reading Co.

Animals Spanish/English. Editor. 2017. (English/Spa Cloth Bks.). (ENG.). 8p. (J). *(978-1-60745-912-5(4))* Lake Press.

Animals Speak. Dime (Deep in My Evangelism). 2021. (ENG.). 64p. (J). pap. 17.95 *(978-1-63692-006-1(3))* Newman Springs Publishing, Inc.

Animals Spell Love. David Cundy. Illus. by David Cundy. 2016. (ENG., Illus.). 40p. 15.95 *(978-1-56792-586-9(3))* Godine, David R. Pub.

Animals Stickers & Activity Book. Clever Publishing. 2019. (Clever Sticker & Activity Ser.). (ENG.). 32p. (J). (gr. -1-3). pap. 4.99 *(978-1-949998-17-7(7))* Clever Media Group.

Animals Surviving in Extreme Environments. Contrib. by World Book, Inc. Staff. 2018. (Illus.). 48p. (J). *(978-0-7166-2736-4(1))* World Bk., Inc.

Animals Tales from Panchtantra: Timeless Stories for Children from Ancient India. Wonder House Books. 2019. (Classic Tales from India Ser.). (ENG.). 84p. (J). 11.99 ***(978-93-89178-11-1(8))*** Prakash Bk. Depot IND. Dist: Independent Pubs. Group.

Animals Tamed Connect the Dots Coloring Book. Educando Kids. 2019. (ENG.). 42p. (J). pap. 8.55 *(978-1-64521-686-5(1)*, Educando Kids) Editorial Imagen.

Animals That Change Color. Libby Romero. ed. 2020. (National Geographic Readers Ser.). (ENG.). 32p. (J). (gr. 2-3). 14.96 *(978-1-64697-282-1(1))* Penworthy Co., LLC, The.

Animals That Crawl. Pearl Markovics. 2018. (Animals on the Move! Ser.). (ENG., Illus.). 16p. (J). (gr. -1-1). 6.99 *(978-1-64280-141-5(0))*; lib. bdg. 16.96 *(978-1-64280-008-1(2))* Bearport Publishing Co., Inc.

Animals That Dig. Pearl Markovics. 2018. (Animals on the Move! Ser.). (ENG., Illus.). 16p. (J). (gr. -1-1). 6.99 *(978-1-64280-142-2(9))*; lib. bdg. 16.96 *(978-1-64280-007-4(4))* Bearport Publishing Co., Inc.

Animals That Fly. Pearl Markovics. 2018. (Animals on the Move! Ser.). (ENG., Illus.). 16p. (J). (gr. -1-1). 6.99 *(978-1-64280-143-9(7))*; lib. bdg. 16.96 *(978-1-64280-003-6(1))* Bearport Publishing Co., Inc.

Animals That Hatch from Eggs Children's Science & Nature. Baby Professor. 2017. (ENG., Illus.). (J). pap. 7.89 *(978-1-5419-0311-1(0)*, Baby Professor (Education Kids)) Speedy Publishing LLC.

Animals That Hunt in the Dark - Nocturnal Animal Book 1st Grade Children's Animal Books. Baby Professor. 2017. (ENG., Illus.). (J). pap. 9.55 *(978-1-5419-1563-3(1)*, Baby Professor (Education Kids)) Speedy Publishing LLC.

Animals That Jump. Pearl Markovics. 2018. (Animals on the Move! Ser.). (ENG., Illus.). 16p. (J). (gr. -1-1). 6.99 *(978-1-64280-144-6(5))*; lib. bdg. 16.96 *(978-1-64280-005-0(8))* Bearport Publishing Co., Inc.

Animals That Know How to Party Coloring Book. Activibooks For Kids. 2016. (ENG., Illus.). (J). pap. 9.20 *(978-1-68321-923-1(6))* Mimaxion.

Animals That Laugh & Play Coloring Book. Creative Playbooks. 2016. (ENG., Illus.). (J). pap. 7.74 *(978-1-68323-845-4(1))* Twin Flame Productions.

Animals That Live in Social Groups. Bobbie Kalman. 2016. (Big Science Ideas Ser.). (ENG., Illus.). 32p. (J). (gr. 3-6). lib. bdg. *(978-0-7787-2787-3(4))* Crabtree Publishing Co.

Animals That Live in the Ocean, 14 vols., Set. Valerie J. Weber. Incl. Dolphins. lib. bdg. 25.27 *(978-0-8368-9240-6(2)*, 8daefe29-3ff1-45cc-b6e7-f47d327db16e); Manatees. lib. bdg. 25.27 *(978-0-8368-9241-3(0)*, b71f1422-a2e8-495b-a3be-421fdcd13fd4); Octopuses & Squids. lib. bdg. 25.27 *(978-0-8368-9242-0(9)*, 4b2b859f-1912-446c-a41a-50ed9e5ab7f3); Sea Horses. lib. bdg. 25.27 *(978-0-8368-9243-7(7)*, 2508d9e5-03c2-4b25-ae74-62b349e87293); Sea Turtles. lib. bdg. 25.27 *(978-0-8368-9244-4(5)*, ae2dd165-8622-4bff-8450-bb29abd5b218); Sharks. lib. bdg. 25.27 *(978-0-8368-9245-1(3)*, 0fcac860-e40d-4c1d-b378-ac7b6807ab64); Walruses. lib. bdg. 25.27 *(978-0-8368-9566-7(5)*, 9116a86c-886d-4dc7-9fd9-ecfd261739f9); Whales. lib. bdg. 25.27 *(978-0-8368-9567-4(3)*, 62d23f93-cad3-44d7-a5ce-e810e6a55ff7); (Illus.). (J). (gr. 1-1). (Animals That Live in the Ocean Ser.). (ENG.). 24p. 2008. Set lib. bdg. 176.89 *(978-0-8368-9314-4(X)*, 963b77ac-8ee7-4743-9339-fe316149dd6d, Weekly Reader Leveled Readers) Stevens, Gareth Publishing LLLP.

Animals That Live in the Ocean/Animales Que Viven en el Océano, 12 vols., Set. Valerie J. Weber. Incl. Dolphins / Delfines. lib. bdg. 25.27 *(978-0-8368-9246-8(1)*, 7576a41b-fbaf-4e5f-9d63-ee4a468f68a4); Manatees / Manatíes. lib. bdg. 25.27 *(978-0-8368-9247-5(X)*, f6ade463-b519-4816-9d1d-7d92b4e8b3a4); Octopuses & Squids / Pulpos y Calamares. lib. bdg. 25.27 *(978-0-8368-9248-2(8)*, f7699b10-e49f-41af-b08b-444ac4153781); Sea Horses / Caballitos de Mar. lib. bdg. 25.27 *(978-0-8368-9249-9(6)*, 559f6309-9aa6-4121-950f-9d7d1e9b3015); Sea Turtles / Tortugas Marinas. lib. bdg. 25.27 *(978-0-8368-9250-5(X)*, d833269d-dc68-452e-b9eb-7011da8449ec); Sharks / Tiburones. lib. bdg. 25.27 *(978-0-8368-9251-2(8)*, dca0805d-5f9e-4b75-8034-4b6c5df4a5ef); Walruses / Morsas. lib. bdg. 25.27 *(978-0-8368-9568-1(1)*, 1de07039-9504-4536-8a12-576eab82686f); Whales / Ballenas. lib. bdg. 25.27 *(978-0-8368-9569-8(X)*, abd00aaa-37d5-4f85-a775-f8a7ad79666f); (J). (gr. 1-1). (Animals That Live in the Ocean / Animales Que Viven en el Océano Ser.). (SPA & ENG.). 24p. 2008. Set lib. bdg. 151.62 *(978-0-8368-9315-1(8)*, 2a6eb847-96cb-49e5-863f-e4f61e7442f6, Weekly Reader Leveled Readers) Stevens, Gareth Publishing LLLP.

Animals That Live in the Rain Forest, 12 vols., Set. Julie Guidone. Incl. Frogs. lib. bdg. 25.27 *(978-1-4339-0025-9(4)*, 705f1c8d-e50a-4d41-a217-b878346cb9e7); Jaguars. lib. bdg. 25.27 *(978-1-4339-0023-5(8)*, 6cf0749e-2e93-4534-b35a-2c4f41e80065); Monkeys. lib. bdg. 25.27 *(978-1-4339-0024-2(6)*, abf1a056-ff4c-4311-b792-7b0e1c26d974); Sloths. lib. bdg. 25.27 *(978-1-4339-0026-6(2)*, 1e760ff5-200e-4603-9ee3-1bda1e103e2e); Snakes. lib. bdg. 25.27 *(978-1-4339-0027-3(0)*, b1abb875-5cf3-4160-a1f7-5463d4c84d9d); Toucans & Other Birds. lib. bdg. 25.27 *(978-1-4339-0028-0(9)*, e76e10e3-8051-4f38-bc50-25ef6c30caf6); (J). (gr. 1-1). (Animals That Live in the Rain Forest Ser.). (ENG.). 24p. 2009. Set lib. bdg. 151.62 *(978-1-4339-0029-7(7)*, aae07fca-777c-4662-ab63-8996ad3a2f19, Weekly Reader Leveled Readers) Stevens, Gareth Publishing LLLP.

Animals That Live Underground: Leveled Reader Orange Level 16. Rg Rg. 2016. (PM Ser.). (ENG.). 16p. (J). (gr. 1-2). pap. 11.00 *(978-0-544-89163-0(5))* Rigby Education.

Animals That Make Me Say Ewww! (National Wildlife Federation) Dawn Cusick. 2016. (Animals That Make Me Say... Ser.). (Illus.). 80p. (J). (gr. 2-5). 16.99 *(978-1-62354-063-0(1))* Charlesbridge Publishing, Inc.

Animals That Make Me Say Look Out! (National Wildlife Federation) Dawn Cusick. 2016. (Animals That Make Me Say... Ser.). (Illus.). 80p. (J). (gr. 2-5). 15.99 *(978-1-62354-080-7(1))* Charlesbridge Publishing, Inc.

Animals That Might Exist by Professor O'Logist. Stéphane Nicolet. Illus. by Jean-Baptiste Drouot. 2021. (ENG.). 80p. (J). (gr. 2-5). 19.99 *(978-1-990252-05-1(2))* Milky Way Picture Bks. CAN. Dist: Abrams, Inc.

Animals That Run. Pearl Markovics. 2018. (Animals on the Move! Ser.). (ENG., Illus.). 16p. (J). (gr. -1-1). 6.99 *(978-1-64280-145-3(3))*; lib. bdg. 16.96 *(978-1-64280-006-7(6))* Bearport Publishing Co., Inc.

Animals That Saved the Pumpkins. Sherry Lyn. 2018. (ENG., Illus.). 24p. (J). 21.95 *(978-1-64298-335-7(7))*; pap. 11.95 *(978-1-64214-832-9(6))* Page Publishing Inc.

Animals That Sing. Lori Mortensen. 2018. (Let's Learn Ser.). (ENG., Illus.). 16p. (gr. -1-2). pap. 9.95 *(978-1-64156-219-5(6)*, 9781641562195) Rourke Educational Media.

Animals That Swim. Pearl Markovics. 2018. (Animals on the Move! Ser.). (ENG., Illus.). 16p. (J). (gr. -1-1). 6.99 *(978-1-64280-146-0(1))*; lib. bdg. 16.96 *(978-1-64280-004-3(X))* Bearport Publishing Co., Inc.

Animals, Their Relation & Use to Man: A Nature Study Textbook (Classic Reprint) Carolyn Douglass Wood. 2018. (ENG., Illus.). 204p. (J). 28.10 *(978-0-656-84003-8(X))* Forgotten Bks.

Animals: Together or Alone: A Crash of Rhinos, a Waddle of Penguins & Other Fun Facts. Mia Cassany. Illus. by Tania Garcia. 2022. (ENG.). 48p. (J). (gr. 1-3). 17.95 *(978-1-914519-38-3(8))* Welbeck Publishing Group Ltd. GBR. Dist: Two Rivers Distribution.

Animals under the Weather. Kate Dobrowolska. 2018. (ENG., Illus.). 44p. (J). (gr. k-3). pap. *(978-1-78222-636-9(2))* Paragon Publishing, Rothersthorpe.

Animals under Water. Brenda McHale. 2023. (Animal Fact Files Ser.). (ENG.). 24p. (J). (gr. 1-3). lib. bdg. 19.95 Bearport Publishing Co., Inc.

Animals Undercover. Jessica Rusick. 2022. (Animals Undercover Ser.). (ENG.). 32p. (J). 125.28 *(978-1-6663-3322-0(0)*, 235015, Pebble) Capstone.

Animals Underground. Illus. by Daniel Moignot. 2023. (My First Discovery Paperbacks Ser.). (ENG.). 32p. (J). (gr. k-2). pap. 9.99 *(978-1-85103-751-3(9))* Moonlight Publishing, Ltd. GBR. Dist: Independent Pubs. Group.

Animals We Can't Live Without (Set), 12 vols. 2022. (Animals We Can't Live Without Ser.). (ENG.). (J). (gr. 1-4). lib. bdg. 393.48 *(978-1-5038-5893-0(6)*, 215783) Child's World, Inc, The.

Animals Went in Two by Two. Wendy Straw. 2020. (Wendy Straw's Nursery Rhyme Collection). (ENG.). 12p. (J). (— 1). pap. 4.99 *(978-0-9925668-7-6(8)*, Brolly Bks.) Borghesi & Adam Pubs. Pty Ltd AUS. Dist: Independent Pubs. Group.

Animals with Armor: Leveled Reader Silver Level 24. Rg Rg. 2016. (PM Ser.). (ENG.). 24p. (J). (gr. 3). pap. 11.00 *(978-0-544-89267-5(4))* Rigby Education.

Animals with Armor (Set), 6 vols. Julie Murray. 2021. (Animals with Armor Ser.). (ENG.). 24p. (J). (gr. k-4). lib. bdg. 188.16 *(978-1-0982-2656-5(9)*, 38616, Abdo Zoom-Dash) ABDO Publishing Co.

Animals with Armor (Set Of 6) Julie Murray. 2022. (Animals with Armor Ser.). (ENG.). 144p. (J). (gr. 2-2). pap. 53.70 *(978-1-64494-652-7(1)*, Abdo Zoom-Dash) ABDO Publishing Co.

Animals with Bite (Set), 6 vols. Julie Murray. 2020. (Animals with Bite Ser.). (ENG.). 24p. (J). (gr. k-4). lib. bdg. 188.16 *(978-1-0982-2296-3(2)*, 36229, Abdo Zoom-Dash) ABDO Publishing Co.

Animals with Camo (Set), 6 vols. Julie Murray. 2021. (Animals with Camo Ser.). (ENG.). 24p. (J). (gr. k-4). lib. bdg. 188.16 *(978-1-0982-2436-3(1)*, 37078, Abdo Zoom-Dash) ABDO Publishing Co.

Animals with Color (Set), 6 vols. 2023. (Animals with Color Ser.). (ENG.). 24p. (J). (gr. k-4). lib. bdg. 188.16 ***(978-1-0982-8113-7(6)***, 42314, Abdo Zoom-Dash) ABDO Publishing Co.

Animals with Strength (Set), 6 vols. 2022. (Animals with Strength Ser.). (ENG.). 24p. (J). (gr. k-4). lib. bdg. 188.16 *(978-1-0982-8000-0(8)*, 41035, Abdo Zoom-Dash) ABDO Publishing Co.

Animals with Super Powers, 4 vols., Set. Incl. Color-Changing Animals. Valerie Yaw. lib. bdg. 26.99 *(978-1-61772-122-9(0))*; Electric Animals. Natalie Lunis. lib. bdg. 26.99 *(978-1-61772-121-2(2))*; Glow-In-the-Dark Animals. Natalie Lunis. lib. bdg. 26.99 *(978-1-61772-119-9(0))*; See-Through Animals. Natalie Lunis. lib. bdg. 26.99 *(978-1-61772-120-5(4))*; (YA). (gr. 2-5). 2011. (Animals with Super Powers Ser.). 24p. 2014. 135.68 *(978-1-61772-118-2(2))* Bearport Publishing Co., Inc.

Animals with Superpowers!, 8 vols. 2021. (Animals with Superpowers! Ser.). (ENG., Illus.). 24p. (J). (gr. 2-2). lib. bdg. 104.92 *(978-1-5345-3600-5(0)*, f5785638-d3e0-40b7-9334-dbf8a7eefdc4, KidHaven Publishing) Greenhaven Publishing LLC.

Animals with Tiny Cat. Viviane Schwarz. Illus. by Viviane Schwarz. 2018. (ENG., Illus.). 24p. (J). (-k). bds. 7.99 *(978-0-7636-9818-8(0))* Candlewick Pr.

Animals with Venom (Set), 6 vols. Julie Murray. 2020. (Animals with Venom Ser.). (ENG.). 24p. (J). (gr. k-4). lib. bdg. 188.16 *(978-1-0982-2100-3(1)*, 34447, Abdo Zoom-Dash) ABDO Publishing Co.

Animals with Venom (Set Of 6) Julie Murray. 2020. (Animals with Venom Ser.). (ENG., Illus.). 144p. (J). (gr. 2-2). pap. 53.70 *(978-1-64494-395-3(6)*, Abdo Zoom-Dash) ABDO Publishing Co.

Animals Without Brains!, 12 vols. 2019. (Animals Without Brains! Ser.). (ENG.). 24p. (J). (gr. 1-2). lib. bdg. 145.62 *(978-1-5382-4894-2(8)*, 27a13447-90e4-47fb-b2e6-4067c832e6aa) Stevens, Gareth Publishing LLLP.

Animals Word Search: A Challenging Animal Word Search. mike b. 2023. (ENG.). 71p. (J). pap. ***(978-1-329-05556-8(X))*** Lulu Pr., Inc.

Animals Work. Ted Lewin. 2019. (Illus.). 22p. (J). (— 1). bds. 7.99 *(978-0-8234-4277-5(2))* Holiday Hse., Inc.

Animals Work. Ted Lewin. ed. 2018. (I Like to Read Ser.). (ENG.). 30p. (J). (gr. -1-1). 10.00 *(978-1-64310-689-2(9))* Penworthy Co., LLC, The.

Animals Would Not Sleep! Sara Levine. Illus. by Marta Alvarez Miguens. 2020. (Storytelling Math Ser.: 2). 32p. (J). (-k). pap. 7.99 *(978-1-62354-197-2(2))* Charlesbridge Publishing, Inc.

Animals/Animales. Editor. 2018. (Chalk Art Bilingual Editions Ser.). (ENG.). 10p. (J). bds. *(978-1-76045-536-1(9))* Lake Press.

Animaltastic! Anna-Maria McLean. 2020. (ENG.). 64p. (J). pap. *(978-1-5289-8579-6(6))* Austin Macauley Pubs. Ltd.

AnimalWays, 10 vols., Group 5. Incl. Butterflies. Gloria G. Schlaepfer. lib. bdg. 38.36 *(978-0-7614-1745-3(1)*, 5e4bd3ae-922d-409a-b93b-88f6f7e72a67); Hawks. Tom Warhol. lib. bdg. 38.36 *(978-0-7614-1744-6(3)*, 39e57943-a3b4-4744-9da9-08da1b27768d); Lions. Rebecca Stefoff. lib. bdg. 38.36 *(978-0-7614-1746-0(X)*, ba5233f9-b2a1-4f21-88f7-369232b3f665); Penguins. Rebecca Stefoff. lib. bdg. 38.36 *(978-0-7614-1743-9(5)*, 4e039e30-fbe3-411f-bc16-a0cf800133b5); Spiders. Marc Zabludoff. lib. bdg. 38.36 *(978-0-7614-1747-7(8)*, 072784af-4277-484e-b331-e89d7806a4c2); (Illus.). 112p. (gr. 6-6). (Animal Ways Ser.). (ENG.). 2007. 191.80 *(978-0-7614-1742-2(7)*, 349144d4-2b72-4406-b7f7-3f97d71bc7a9, Cavendish Square) Cavendish Square Publishing LLC.

AnimalWays - Group 6, 10 vols., Set. Incl. Beetles. Marc Zabludoff. 2008. lib. bdg. 38.36 *(978-0-7614-2532-8(2)*, 8914ec8d-3bbf-4692-a7f3-76d9e6a9a194); Deer. Rebecca Stefoff. 2008. lib. bdg. 38.36 *(978-0-7614-2534-2(9)*, 11e9643d-d618-45d7-b6e7-c28fa75b6c7b); Monkeys. Marc Zabludoff. 2008. lib. bdg. 38.36 *(978-0-7614-2535-9(7)*, 6f46f84f-b6c4-4052-a7d3-1abe6841e139); Owls. Tom Warhol. 2008. lib. bdg. 38.36 *(978-0-7614-2537-3(3)*, ff185028-7fdb-4ddb-b2cd-8b1314fd2f32); Turtles. Rebecca Stefoff. 2009. lib. bdg. 38.36 *(978-0-7614-2539-7(X)*, 9788a317-b99e-442e-ab0c-cef1041ce0f5); (Illus.). 112p. (gr. 6-6). (Animal Ways Ser.). (ENG.). 2008. Set lib. bdg. 191.80 *(978-0-7614-2531-1(4)*, b6e27759-d1e6-4a97-946c-5e1b3bcbbcd3, Cavendish Square) Cavendish Square Publishing LLC.

ANIMALZ - Sports Edition: An Alphabet Book of Animals & Sports. Craig Poore. Illus. by Craig Poore. 2022. (ENG.). 44p. (J). ***(978-0-6453351-0-1(X))***; pap. ***(978-0-6453351-1-8(8))*** Poore, Craig.

Animated Like Me. Rayna Best. 2020. (ENG.). 36p. (J). pap. 10.00 *(978-1-7352521-0-0(7))* Rayna Holloway.

Animated Science: Periodic Table. John Farndon. Illus. by Shiho Pate. 2021. (Animated Science Ser.). (ENG.). 128p. (J). (gr. 3-7). lib. bdg. 24.99 *(978-1-338-75366-0(5))*; pap. 12.99 *(978-1-338-75365-3(7))* Scholastic, Inc. (Scholastic Nonfiction).

Animated Science: Rocks & Minerals. John Farndon. Illus. by Shiho Pate. 2022. (Animated Science Ser.). (ENG.). 128p. (J). (gr. 3-7). 24.99 *(978-1-338-75368-4(1)*, Scholastic Nonfiction); pap. 12.99 *(978-1-338-75367-7(3)*, Scholastic Pr.) Scholastic, Inc.

Animation. Sara Green. 2019. (Movie Magic Ser.). (ENG., Illus.). 32p. (J). (gr. 3-8). lib. bdg. 27.95 *(978-1-64487-042-6(8)*, Blastoff! Discovery) Bellwether Media.

Animation & Presentation from Scratch: 4D an Augmented Reading Experience. Rachel Grant. 2018. (Code It Yourself 4D Ser.). (ENG., Illus.). 48p. (J). (gr. 3-5). lib. bdg. 33.99 *(978-1-5157-6659-9(4)*, 135228, Capstone Pr.) Capstone.

Animation Lab for Kids: Fun Projects for Visual Storytelling & Making Art Move - from Cartooning & Flip Books to Claymation & Stop-Motion Movie Making, Volume 9. Laura Bellmont & Emily Brink. 2016. (Lab for Kids Ser.: 9). (ENG., Illus.). 144p. (J). (gr. 3-12). pap. 24.99 *(978-1-63159-118-1(5)*, 219945, Quarry Bks.) Quarto Publishing Group USA.

Animaux: Livre Coloriage Pour Enfants. Bold Illustrations. 2017. (FRE., Illus.). 82p. (J). pap. 8.35 *(978-1-64193-073-4(X)*, Bold Illustrations) FASTLANE LLC.

Animaux Dans Mon Cerveau: Un Guide Pour Enfants Pour Comprendre et Contrôler Leur Comportement. Sarah Joseph. Tr. by Julie Morgan. Illus. by Rachel Griffiths. 2020. (FRE.). 34p. (J). pap. *(978-1-9994994-3-3(3))* & Bks.

Animaux de la Ferme Livre de Coloriage. Emil Rana O'Neil. 2021. (FRE.). 96p. (J). pap. 11.99 *(978-1-008-91975-4(6))* Ridley Madison, LLC.

Animaux de la Ferme Livre de Coloriage: Pour les Enfants de 4 à 8 Ans. Young Dreamers Press. Illus. by Fairy Crocs. 2020. (Livres de Coloriage Pour Enfants Ser.: Vol. 5). (FRE.). 66p. (J). (gr. 2-5). pap. *(978-1-989790-29-8(1))* EnemyOne.

Animaux de la France (Classic Reprint) Victor Rendu. 2018. (FRE., Illus.). 780p. 40.00 *(978-0-483-25161-8(5))*; 782p. pap. 23.57 *(978-0-483-22179-6(1))* Forgotten Bks.

Animaux de Zoo Livre de Coloriage: Livre de Coloriage d'animaux Pour les Tout-Petits, les Enfants d'âge Préscolaire, les Garçons et les Filles. Lenard Vinci Press. 2020. (FRE.). 80p. (J). pap. 9.99 *(978-1-716-32864-0(0))* Lulu Pr., Inc.

Animaux Livre de Coloriage Pour les Enfants Ans 4-8: Un Livre d'animaux Merveilleux Pour les Adolescents, les Garçons et les Enfants, un Excellent Livre d'activités Pour les Enfants et les Jeunes Enfants. Amelia Yardley. 2021. (FRE., Illus.). 82p. (J). pap. *(978-1-7948-5805-3(9))* Lulu.com.

Animaux Mandalas Livre de Coloriage: Soulager le Stress Par l'art/Livre de Coloriage Avec Animaux Mandala. Sara C. Shine. 2021. (FRE.). 106p. (YA). pap. *(978-1-4709-8472-4(5))* Lulu.com.

Animaux Marins. Glorya Phillips. 2021. (FRM.). 52p. (J). pap. 12.99 *(978-1-6672-5053-3(1))* Univ. of California Pr.

Animaux Marins Livre de Coloriage Pour Adulte: Un Livre de Coloriage Océanique Relaxant Pour Adultes, Adolescents et Enfants Avec des Dauphins, des Requins, des Poissons, des Baleines, des Méduses et Autres Nageurs ... Rhea Stokes. 2021. (FRE.). 62p. (YA). pap. 9.65 *(978-1-008-92958-6(1))* Lulu Pr., Inc.

Animaux Musiciens. Pedro Alcalde. Illus. by Julio Antonio Blasco. 2020. (ENG.). 64p. (J). (gr. 2-4). 14.95 *(978-2-924774-58-8(6))* Secret Mountain CAN. Dist: Independent Pubs. Group.

Animaux Parlans, Poeme Epique en Vingt-Six Chants, Vol. 2 (Classic Reprint) Giovanni Battista Casti. 2017. (FRE., Illus.). (J). pap. 16.57 *(978-0-259-25260-3(3))* Forgotten Bks.

Animaux Parlans, Po'me Pique en Vingt-Six Chants, Vol. 2 (Classic Reprint) Giovanni Battista Casti. 2018. (FRE., Illus.). 448p. (J). 33.14 *(978-0-656-95036-2(6))* Forgotten Bks.

Animaux Repoussants et dégoûtants (Gross & Disgusting Animals) Julie K. Lundgren. Tr. by Annie Evearts. 2021. (Choses Repoussantes et dégoûtantes (Gross & Disgusting Things) Ser.). (FRE.). (J). (gr. 3-9). pap. ***(978-1-0396-0315-8(7)***, 12889, Crabtree Branches) Crabtree Publishing Co.

Animazes: Extraordinary Animal Migrations. Katie Haworth. Illus. by Melissa Castrillón. 2019. (ENG.). 40p. (J). (gr. 1-4). 17.99 *(978-1-5362-0853-5(1)*, Big Picture Press) Candlewick Pr.

Animazing Coloring Book. Paul Lee. 2022. (ENG.). 42p. (J). pap. ***(978-1-387-56723-2(3))*** Lulu Pr., Inc.

Anime: Japanese Animation Comes to America, 1 vol. Kenneth L. Bartolotta. 2017. (Eye on Art Ser.). (ENG.). 104p. (gr. 7-7). lib. bdg. 41.03 *(978-1-5345-6102-1(1)*, db4e1966-c6e5-4741-8ec5-4838034ba13d, Lucent Pr.) Greenhaven Publishing LLC.

Anime & Manga Mega Handbook. Scholastic. 2023. (ENG.). 208p. (J). (gr. 2-5). pap. 14.99 ***(978-1-339-01746-4(6))*** Scholastic, Inc.

Anime Coloring Pages: This Anime Coloring Book Is Suitable for Kids, & Has 38 Anime Coloring in Pages. Have Fun Completing Your Anime Coloring in Using Our Anime Coloring Sheets. James Manning. 2020. (ENG., Illus.). 78p. (J). pap. *(978-1-80027-536-2(6))* CBT Bks.

Anime Comic Sketchbook. MaGumbo Publishers. 2023. (ENG.). 201p. (YA). pap. ***(978-1-4477-3933-3(7))*** Lulu Pr., Inc.

Anime Sketchbook: Drawing Pad - 120 Pages (8. 5x11) - Notebook for Drawing, Writing, Painting, Sketching Blank Paper for Drawing Anime Anime Lover Gift Idea. Penciol Press. 2021. (ENG.). 124p. (YA). pap. 11.00 *(978-1-716-17240-3(3))* Lulu Pr., Inc.

Anime World. Contrib. by Hal Marcovitz. 2023. (All Things Anime & Manga Ser.). (ENG.). 64p. (YA). (gr. 6-12). 43.93 ***(978-1-6782-0516-4(8))*** ReferencePoint Pr., Inc.

Animetal Volume 1. Yaso Hanamura. Tr. by T. Emerson. 2019. (Animetal Ser.: 1). 197p. pap. 14.99 *(978-1-7183-5800-3(8))* J-Novel Club.

AniMilliner's ALPHABET. Ed Pokoj. 2020. (ENG.). 60p. (J). 24.99 *(978-1-950306-29-9(1))* KWE Publishing LLC.

Animobiles: Animals on the Mooove. Maddie Frost. 2018. (ENG., Illus.). 40p. (J). (gr. -1-3). 17.99 *(978-1-4926-5671-5(2)*, Sourcebooks Jabberwocky) Sourcebooks, Inc.

Animocolor N1. Amelie Mourichon. 2017. (FRE., Illus.). (J). pap. 7.55 *(978-0-244-91669-5(1))* Lulu Pr., Inc.

Animology: The Big Book of Letter Art Alphabeasts. Maree Coote. 2020. (ENG.). 72p. (J). (gr. k-2). 24.99 *(978-0-9924917-9-6(7))* Melbournestyle Bks. AUS. Dist: Independent Pubs. Group.

Animoo Town Goes Crazy. Lynnda Robinson. Illus. by Ronaldo Florendo. 2021. (ENG.). 42p. (J). pap. 9.50 *(978-1-7364718-0-7(5))* Southampton Publishing.

Animorphs (Volume 4 Of 5) The Message. Katherine Applegate. 2018. (VIE.). (J). (gr. 3-6). pap. *(978-604-972-064-2(9))* Publishing Hse. of Writers's Assn.

Animorphs Retro Tin Set, 1 vol. Scholastic. 2020. (Animorphs Ser.). (ENG.). 1040p. (J). (gr. 3-7). 41.94 *(978-1-338-67883-3(3))* Scholastic, Inc.

Animorphs (Volume 1 Of 5) Katherine Applegate. 2018. (VIE.). (J). (gr. 3-6). pap. *(978-604-960-638-0(2))* Publishing Hse. of Writers's Assn.

Animosity: Evolution Vol. 1. Marguerite Bennett. Ed. by Mike Marts. 2018. (ENG., Illus.). 120p. (YA). pap. 14.99 *(978-1-935002-68-0(6)*, e4509d1e-a672-4e2a-bf1e-977ea19c1abc) AfterShock Comics.

Animosity Vol. 3. Marguerite Bennett. Ed. by Mike Marts. 2018. (ENG., Illus.). 120p. (YA). pap. 14.99 *(978-1-935002-56-7(2)*, b1656515-de41-42b3-830c-156526668cc7) AfterShock Comics.

Animosity Vol 5. Marguerite Bennett. Ed. by Mike Marts. 2020. (ENG., Illus.). 128p. (YA). pap. 19.99 *(978-1-949028-36-2(4)*, 9ae3030e-c4e5-433f-9ab8-bb5e5ab18938) AfterShock Comics.

Animosity: Year Three Marguerite Bennett. Ed. by Mike Marts. 2021. (ENG., Illus.). 216p. (YA). 39.99 *(978-1-949028-58-4(5)*, 9e48eae2-444b-4107-ab3f-bf836faa14ef) AfterShock Comics.

Animus. Antoine Revoy. 2018. (ENG., Illus.). 224p. (YA). pap. 16.99 *(978-1-62672-183-8(1)*, 900143706, First Second Bks.) Roaring Brook Pr.

Aniquilación de la Naturaleza, La Extinción de Aves y Mamíferos Por el Ser Humano. Paul E. Ehrlich et al. 2023. (SPA.). 208p. (YA). (gr. 8). pap. 21.00 ***(978-607-557-292-5(9))*** Editorial Oceano de Mexico MEX. Dist: Independent Pubs. Group.

Anisa's International Day. Reem Faruqi. 2022. (ENG.). 112p. (J). (gr. 3-7). 16.99 *(978-0-06-320623-6(4)*, HarperCollins) HarperCollins Pubs.

Anita: A Story of the Rocky Mountains (Classic Reprint) Bertha B. 2017. (ENG., Illus.). (J). 30.27 *(978-0-331-28675-5(0))* Forgotten Bks.

Anita & the Dragons, 1 vol. Hannah Carmona. Illus. by Anna Cunha. 2021. (ENG.). 32p. (J). (gr. 2-4). 17.99 *(978-1-911373-63-6(3)*, e21d15c7-34fa-4550-9066-6d903485a4ba) Lantana Publishing GBR. Dist: Lerner Publishing Group.

Anita, Look at the Beautiful Hydrangeas. Anita W. Buice. Illus. by Sherry B. Brown. 2022. (ENG.). 42p. (J). 24.95 ***(978-1-957479-10-1(8))*** Vabella Publishing.

Aniya & the Power of a Positive Kid! Melissa West. Illus. by Tynicka Simpson. 2017. (ENG.). (J). pap. *(978-1-4602-9785-8(7))* FriesenPress.

Aniyah's Adventures: Colors. Toledo Hill. 2020. (Aniyah's Adventures Ser.: Vol. 1). (ENG.). 36p. (J). 15.00 *(978-1-6629-0442-4(8))*; pap. 10.00 *(978-1-6629-0443-1(6))* Gatekeeper Pr.

Aniyah's Premiere. Z. Andrew Jatau. 2019. (ENG., Illus.). 40p. (J). (gr. k-5). 14.99 *(978-0-9964154-7-7(5))* Mylemarks LLC.

Anjiro: An Historical Romance Dealing with the Introduction of Christianity into Japan in the Sixteenth Century (Classic Reprint) Devenish Meares. 2018. (ENG., Illus.). 144p. (J). 26.93 *(978-0-484-34228-5(2))* Forgotten Bks.

Ankerwick Castle, Vol. 1 Of 4: A Novel (Classic Reprint) Croffts. 2018. (ENG., Illus.). (J). 294p. 29.96 *(978-0-483-91157-4(7))*; 296p. pap. 13.57 *(978-0-483-91152-9(6))* Forgotten Bks.

Ankerwick Castle, Vol. 3 Of 4: A Novel (Classic Reprint) Croffts. (ENG., Illus.). (J). 2018. 272p. 29.51 *(978-0-428-80054-3(8))*; 2016. pap. 11.97 *(978-1-334-22505-5(2))* Forgotten Bks.

Ankerwick Castle, Vol. 4 Of 4: A Novel (Classic Reprint) Croffts. (ENG., Illus.). (J). 2018. 262p. 29.30 *(978-0-484-34389-3(0))*; 2016. pap. 11.97 *(978-1-334-11929-3(5))* Forgotten Bks.

Ankh of Isis. Christine Norris. 2017. (Library of Athena Ser.: bk.2). (J). pap. *(978-1-61271-332-8(7))* Zumaya Pubns. LLC.

Ankylosaurus. Aaron Carr. 2016. (J). *(978-1-5105-1909-1(2))* SmartBook Media, Inc.

Ankylosaurus. Grace Hansen. 2017. (Dinosaurs Set 2 Ser.). (ENG., Illus.). 24p. (J). (gr. -1-2). lib. bdg. 32.79 *(978-1-5321-0036-9(1)*, 25150, Abdo Kids) ABDO Publishing Co.

Ankylosaurus. Julie Murray. 2022. (Dinosaurs Ser.). (ENG., Illus.). 24p. (J). (gr. k-4). lib. bdg. 31.36 *(978-1-0982-2826-2(X)*, 39931, Abdo Zoom-Dash) ABDO Publishing Co.

Ankylosaurus. Rebecca Sabelko. Illus. by James Kuether. 2019. (World of Dinosaurs Ser.). (ENG.). 24p. (J). (gr. 3-7). pap. 8.99 *(978-1-61891-727-0(7)*, 12326, Epic Bks.) Bellwether Media.

Ankylosaurus: A First Look. Jeri Ranch. 2023. (Read about Dinosaurs (Read for a Better World (tm)) Ser.). (ENG., Illus.). 24p. (J). (gr. k-2). pap. 9.99. lib. bdg. 29.32 ***(978-1-7284-9133-2(9)***, 191a23b4-b3c2-4857-90a7-ea1a721672dd) Lerner Publishing Group. (Lerner Pubns.).

Ankylosaurus: Dinosaurs Book with Facts & Pictures for Children. Bold Kids. 2022. (ENG.). 46p. (J). pap. 14.99 *(978-1-0717-0874-3(0))* FASTLANE LLC.

Ankylosaurus: The Clumsy Club, 1 vol. Fran Bromage. Illus. by Tom Heard. 2019. (Dinosaur Adventures Ser.). (ENG.). 24p. (J). (gr. 1-2). 26.27 *(978-1-7253-9509-1(6)*, 3d7dc377-20f9-4e54-9d30-906f7e5d15e1); pap. 9.25 *(978-1-7253-9507-7(X)*, 7a733a1d-03c6-4ff7-8b2a-d640d99ce2cf) Rosen Publishing Group, Inc., The. (Windmill Bks.).

Ankylosaurus & Other Armored Dinosaurs: The Need-To-Know Facts. Kathryn Clay. Illus. by Jon Hughes. 2016. (Dinosaur Fact Dig Ser.). (ENG.). 32p. (J). (gr. -1-2). lib. bdg. 27.99 *(978-1-4914-9646-6(0)*, 131706, Capstone Pr.) Capstone.

Anleitung Zur Diagnose und Therapie der Kehlkopf-Nasen-Und Ohrenkrankheiten: Vorlesungen Gehalten in Fortbildungskursen Für Praktische Aerzte (Classic Reprint) Richard Kayser. 2018. (GER., Illus.). (J). 248p. 29.03 *(978-0-364-31509-5(1))*; 250p. pap. 11.57 *(978-0-267-75930-9(4))* Forgotten Bks.

Anleitung Zur Kenntniss des Gestirnten Himmels (Classic Reprint) Johann Elert Bode. 2018. (GER., Illus.). 656p. (J). 37.45 *(978-1-396-61088-2(X))* Forgotten Bks.

Anlibrum, 1934, Vol. 2 (Classic Reprint) Elmhurst High School. 2018. (ENG., Illus.). (J). 78p. 25.51 *(978-1-396-68646-7(0))*; 80p. pap. 9.57 *(978-1-396-17866-5(X))* Forgotten Bks.

Anmir, Different? Miracle Jones. Ed. by Iris M. Williams. 2016. (ENG., Illus.). (J). pap. 15.00 *(978-1-942022-66-4(2))* Butterfly Typeface, The.

Anmir, Different? A Journal. Miracle Jones. Photos by Ministering Moments. 2017. (ENG., Illus.). (J). pap. 10.00 *(978-1-942022-90-9(5))* Butterfly Typeface, The.

Ann & Her Mother (Classic Reprint) O. Douglas. 2018. (ENG., Illus.). 290p. (J). 29.88 *(978-0-331-59308-2(4))* Forgotten Bks.

Ann & Mary: A True Story (Classic Reprint) Unknown Author. 2018. (ENG., Illus.). 24p. (J). 24.39 *(978-0-267-46052-6(X))* Forgotten Bks.

Ann Arbor Tales (Classic Reprint) Karl Edwin Harriman. 2018. (ENG., Illus.). 314p. (J). 30.37 *(978-0-483-97120-2(0))* Forgotten Bks.

Ann at Highwood Hall. Robert Graves. Illus. by Edward Ardizzone. 2017. 56p. (J). (gr. k-4). 16.95 *(978-1-60980-743-6(X)*, Triangle Square) Seven Stories Pr.

Ann Bancroft: Explorer. Kate Moening. 2020. (Women Leading the Way Ser.). (ENG., Illus.). 24p. (J). (gr. k-3). lib. bdg. 26.95 *(978-1-64487-119-5(X)*, Blastoff! Readers) Bellwether Media.

Ann Bassett: Colorado's Cattle Queen. Linda Wommack. 2018. (Illus.). 247p. *(978-0-87004-619-3(5))* Caxton Pr.

Ann Boyd: A Novel (Classic Reprint) Will Nathaniel Harben. 2018. (ENG., Illus.). 402p. (J). 32.19 *(978-0-483-77470-4(7))* Forgotten Bks.

Ann Connover (Classic Reprint) American Sunday School Union. 2018. (ENG., Illus.). 184p. (J). 27.69 *(978-0-267-25666-2(3))* Forgotten Bks.

Ann Fights for Freedom: An Underground Railroad Survival Story. Nikki Shannon Smith. Illus. by Alessia Trunfio. 2019. (Girls Survive Ser.). (ENG.). 112p. (J). (gr. 3-7). lib. bdg. 25.99 *(978-1-4965-7853-2(8)*, 139371, Stone Arch Bks.) Capstone.

Ann Hits the Ball. Cecilia Minden. Illus. by Rachael McLean. 2021. (Little Blossom Stories Ser.). (ENG.). 16p. (J). (gr. -1-2). pap. 11.36 *(978-1-5341-7969-1(0)*, 218178, Cherry Blossom Press) Cherry Lake Publishing.

Ann Morgan's Love: A Pedestrian Poem (Classic Reprint) Arthur Munby. 2018. (ENG., Illus.). 72p. (J). 25.38 *(978-0-267-22470-8(2))* Forgotten Bks.

Ann of Sunflower Lane. Julie A. Sellers. 2022. (ENG.). 300p. (YA). 30.00 ***(978-1-956578-23-2(4))***; pap. 18.99 ***(978-1-956578-22-5(6))*** Meadowlark.

Ann Sheridan & the Sign of the Sphinx: An Original Story Featuring Ann Sheridan, Famous Motion Picture Star As the Heroine (Classic Reprint) Kathryn Heisenfelt. 2017. (ENG., Illus.). (J). 29.22 *(978-0-331-86748-0(6))*; pap. 11.57 *(978-0-243-16987-0(6))* Forgotten Bks.

Ann Veronica. H. G. Wells. Ed. by Sheba Blake. 2020. (ENG.). 288p. (J). pap. 14.99 *(978-1-222-29339-5(0))* Indy Pub.

Ann Veronica: A Modern Love Story (Classic Reprint) H. G. Wells. 2018. (ENG., Illus.). (J). 31.92 *(978-0-260-51998-6(7))* Forgotten Bks.

Anna. Christine Warugaba. 2017. (ENG., Illus.). 30p. (J). pap. *(978-99977-771-5-7(8))* FURAHA Pubs. Ltd.

Anna: A Tale for Children; by a Lady (Classic Reprint) Unknown Author. 2018. (ENG., Illus.). 204p. (J). 28.04 *(978-0-428-26163-4(9))* Forgotten Bks.

Anna Analyst: A Novel. Patti Edgar. 2021. (ENG.). 168p. (J). (gr. 4-7). pap. 8.95 *(978-1-77337-056-9(1)*, Yellow Dog) Great Plains Pubns. CAN. Dist: Independent Pubs. Group.

Anna & Evan Meet: Charles Darwin. Tanya Hutter & Lina Daniel. 2019. (ENG., Illus.). 30p. (J). pap. *(978-1-912850-38-9(9))* Clink Street Publishing.

Anna & Froga: Out & About. Anouk Ricard. Tr. by Helge Dascher. 2017. (Anna & Froga Ser.). (ENG., Illus.). 208p. (J). pap. 19.95 *(978-1-77046-292-2(9)*, 900184513) Drawn & Quarterly Pubns. CAN. Dist: Macmillan.

Anna & Max's ABC Adventure at the Lake. Alexandra Ames. 2017. (ENG., Illus.). 28p. (J). *(978-1-387-10750-6(X))* Lulu Pr., Inc.

Anna & the African Chief: Quentin Academy of Magical Arts & Sciences. Brigitte Novalis. 2023. (Quentin Academy of Magical Arts & Sciences Ser.: Vol. 4). (ENG.). 284p. (YA). pap. 15.99 ***(978-1-944870-49-2(0))*** Novalis Pr.

Anna & the Apocalypse. Katharine Turner & Barry Waldo. 2018. (ENG.). 272p. (YA). pap. 20.99 *(978-1-250-31880-0(7)*, 900200256) Imprint IND. Dist: Macmillan.

Anna & the Banana-Jamma. Rebecca Nielsen. 2019. (ENG.). 30p. (J). pap. 13.95 *(978-1-64424-287-2(7))* Page Publishing Inc.

Anna & the Christmas Tree. Stephanie Hrehirchuk. Illus. by Joy Bickell. 2018. (Anna's Angels Ser.: Vol. 4). (ENG.). 38p. (J). (gr. 3-5). pap. *(978-0-9958839-8-7(X))* Anna's Angels Pr.

Anna & the Earth Angel. Stephanie Hrehirchuk. 2017. (Anna's Angels Ser.: Vol. 1). (ENG., Illus.). (J). (gr. 1-4). pap. *(978-0-9958839-0-1(4))* Anna's Angels Pr.

Anna & the Food Forest. Stephanie Hrehirchuk. 2018. (Anna's Angels Ser.: Vol. 3). (ENG., Illus.). 38p. (J). (gr. 3-4). pap. *(978-0-9958839-6-3(3))* Anna's Angels Pr.

Anna & the French Kiss Collector's Edition. Stephanie Perkins. 2020. (ENG.). 384p. (YA). (gr. 7). 22.99 *(978-0-593-11126-0(5)*, Dutton Books for Young Readers) Penguin Young Readers Group.

Anna & the Lost Child: Quentin Academy of Magical Arts & Sciences. Brigitte Novalis. 2018. (ENG., Illus.). 290p. (J). pap. 13.39 *(978-1-944870-06-5(7))* Novalis Pr.

A

Anna & the Missing Child: Quentin Academy of Magical Arts & Sciences. Brigitte Novalis. 2018. (Quentin Academy of Magical Arts & Sciences Ser.: Vol. 1). (ENG.). 256p. (J). pap. 11.55 (978-1-944870-32-4(6)) Novalis Pr.

Anna & the Mongolian Princess: Quentin Academy of Magical Arts & Sciences, Volume 3. Brigitte Novalis. 2021. (ENG.). 268p. (J). pap. 13.55 (978-1-944870-39-3(3)) Novalis Pr.

Anna & the Mysterious Twins: Quentin Academy of Magical Arts & Sciences. Brigitte Novalis. 2019. (Quentin Academy of Magical Arts & Sciences Ser.: Vol. 2). (ENG.). 258p. (J). pap. 12.55 (978-1-944870-37-9(7)) Novalis Pr.

Anna & the Mystery of the Mountains (Disney Frozen) RH Disney. Illus. by Disney Storybook Disney Storybook Art Team. 2023. (Graphic Novel Ser.). (ENG.). 96p. (J). (gr. 3-7). 12.99 (978-0-7364-4401-9(7), RH/Disney) Random Hse. Children's Bks.

Anna & the Swallow Man. Gavriel Savit. 2016. (CHI.). 272p. (YA). (gr. 7). pap. (978-957-33-3251-0(5)) Crown Publishing Co., Ltd.

Anna & the Swallow Man. Gavriel Savit. 2017. (ENG.). 256p. (YA). (gr. 7). pap. 9.99 (978-0-553-52208-2(6), Ember) Random Hse. Children's Bks.

Anna & the Swallow Man. Gavriel Savit. ed. 2017. lib. bdg. 20.85 (978-0-606-39876-3(7)) Turtleback.

Anna at the Aquarium. Tracilyn George. 2020. (ENG.). 22p. (J). pap. 11.00 (978-1-7774435-1-1(2)) Lulu Pr., Inc.

Anna at the Art Museum. Hazel Hutchins & Gail Herbert. Illus. by Lil Crump. (ENG.). (J). (gr. k-2). 2020. 36p. pap. 9.95 (978-1-77321-042-1(4)); 2018. 32p. 18.95 (978-1-77321-043-8(2)) Annick Pr., Ltd. CAN. Dist: Publishers Group West (PGW).

Anna, Banana, & Friends — A Four-Book Paperback Collection! (Boxed Set) Anna, Banana, & the Friendship Split; Anna, Banana, & the Monkey in the Middle; Anna, Banana, & the Big-Mouth Bet; Anna, Banana, & the Puppy Parade. Anica Mrose Rissi. Illus. by Meg Park. ed. 2017. (Anna, Banana Ser.). (ENG.). 544p. (J). (gr. 1-5). pap. 27.99 (978-1-5344-1153-1(4), Simon & Schuster Bks. For Young Readers) Simon & Schuster Bks. For Young Readers.

Anna Banana & Me see Ana Banana y Yo

Anna, Banana, & the Big-Mouth Bet. Anica Mrose Rissi. Illus. by Meg Park. 2016. (Anna, Banana Ser.: 3). (ENG.). 128p. (J). (gr. 1-5). pap. 6.99 (978-1-4814-1612-2(X), Simon & Schuster Bks. For Young Readers) Simon & Schuster Bks. For Young Readers.

Anna, Banana, & the Little Lost Kitten. Anica Mrose Rissi. Illus. by Meg Park. 2017. (Anna, Banana Ser.: 5). (ENG.). 144p. (J). (gr. 1-5). 17.99 (978-1-4814-8669-9(1)); pap. 6.99 (978-1-4814-8670-5(5)) Simon & Schuster Bks. For Young Readers. (Simon & Schuster Bks. For Young Readers).

Anna, Banana, & the Magic Show Mix-Up. Anica Mrose Rissi. Illus. by Cassey Kuo. 2019. (Anna, Banana Ser.: 8). (ENG.). 160p. (J). (gr. 1-5). 17.99 (978-1-5344-1722-9(2)); pap. 5.99 (978-1-5344-1721-2(4)) Simon & Schuster Bks. For Young Readers. (Simon & Schuster Bks. For Young Readers).

Anna, Banana, & the Puppy Parade. Anica Mrose Rissi. Illus. by Meg Park. 2017. (Anna, Banana Ser.: 4). (ENG.). 144p. (J). (gr. 1-5). pap. 6.99 (978-1-4814-1615-3(4), Simon & Schuster Bks. For Young Readers) Simon & Schuster Bks. For Young Readers.

Anna, Banana, & the Recipe for Disaster. Anica Mrose Rissi. Illus. by Meg Park. 2018. (Anna, Banana Ser.: 6). (ENG.). 128p. (J). (gr. 1-5). 17.99 (978-1-4814-8672-9(1)); pap. 6.99 (978-1-4814-8673-6(X)) Simon & Schuster Bks. For Young Readers. (Simon & Schuster Bks. For Young Readers).

Anna, Banana, & the Sleepover Secret. Anica Mrose Rissi. Illus. by Cassey Kuo. 2018. (Anna, Banana Ser.: 7). (ENG.). 128p. (J). (gr. 1-5). 17.99 (978-1-5344-1719-9(2)); pap. 5.99 (978-1-5344-1718-2(4)) Simon & Schuster Bks. For Young Readers. (Simon & Schuster Bks. For Young Readers).

Anna Borden's Career: A Novel (Classic Reprint) Margarete Munsterberg. 2017. (ENG., Illus.). (J). 374p. 31.61 (978-0-484-71766-3(9)); pap. 13.97 (978-0-259-19849-9(8)) Forgotten Bks.

Anna Christie. Eugene O'Neill. 2016. (Dover Thrift Editions: Plays Ser.). (ENG., Illus.). 64p. (gr. 9). pap. 3.00 (978-0-486-29985-3(6), 299856) Dover Pubns., Inc.

Anna Clayton; or the Mother's Trial: A Tale of Real Life (Classic Reprint) Francis Marion Dimmick. 2018. (ENG., Illus.). 362p. (J). 31.38 (978-0-483-68251-1(9)) Forgotten Bks.

Anna Discovers the Heart of the Shepherd: A Children's Parable of the Beatitudes. Kimberly Dixon. 2020. (ENG., Illus.). 24p. (J). 23.95 (978-1-64471-051-7(X)); pap. 13.95 (978-1-64471-050-0(1)) Covenant Bks.

Anna Dressed in Blood. Kendare Blake. 2023. (Anna Dressed in Blood Ser.: 1). (ENG.). 416p. (YA). pap. 12.99 (978-1-250-90787-5(X), 900291769, Tor Teen) Doherty, Tom Assocs., LLC.

Anna, Elsa, & Friends (Disney Frozen 2) RH Disney. Illus. by Disney Storybook Disney Storybook Art Team. 2019. (ENG.). 18p. (J). (— 1). bds. 8.99 (978-0-7364-4057-8(7), RH/Disney) Random Hse. Children's Bks.

Anna Finds a Friend, 3. Kate Egan. ed. 2020. (Disney Before the Story Ser.). (ENG., Illus.). 120p. (J). (gr. 2-3). 16.96 (978-1-64697-382-8(8)) Penworthy Co., LLC, The.

Anna from the North Pole. Kristin Wilson. Illus. by Rezdewi Studio. 2021. (ENG.). 36p. (J). pap. 10.00 (978-1-7370448-9-5(7)) Southampton Publishing.

Anna Hibiscus. Atinuke. Illus. by Lauren Tobia. 2022. (Anna Hibiscus Ser.). (ENG.). 112p. (J). (gr. 1-4). 16.99 (978-1-5362-2519-8(3)); pap. 7.99 (978-1-5362-2523-5(1)) Candlewick Pr.

Anna K: A Love Story. Jenny Lee. (Anna K Ser.: 1). (ENG.). 400p. (YA). 2021. pap. 10.99 (978-1-250-23644-9(4), 900210540); 2020. 18.99 (978-1-250-23643-2(6), 900210539) Flatiron Bks.

Anna K Away. Jenny Lee. (Anna K Ser.: 2). (ENG.). 304p. (YA). 2022. pap. 11.99 (978-1-250-23647-0(9), 900210543); 2021. 18.99 (978-1-250-23646-3(0), 900210542) Flatiron Bks.

Anna Kadabra 1. el Club de la Luna Llena. Pedro Mañas. 2023. (SPA.). 128p. (YA). pap. 12.95 (978-607-07-7793-6(X)) Editorial Planeta, S. A. ESP. Dist: Two Rivers Distribution.

Anna Kadabra 2. un Problema con Alas. Pedro Mañas & David Sierra. 2022. (Anna Kadabra Ser.: 2). (SPA.). 128p. (J). pap. 12.95 (978-607-07-8240-4(2)) Editorial Planeta, S. A. ESP. Dist: Two Rivers Distribution.

Anna Karenin, Vol. 3: Fables & Stories for Children; Miscellaneous Articles (Classic Reprint) Lev Nikolayevich Tolstoy. (ENG., Illus.). (J). 2018. 946p. 43.43 (978-0-483-51729-5(1)); 2017. pap. 25.77 (978-0-243-08511-8(7)) Forgotten Bks.

Anna, Kid Engineer. Shenek Alston. 2018. (ENG., Illus.). 30p. (J). 18.00 (978-0-692-08159-4(3)) Shenek.

Anna, Kid Engineer. Shenek Alston. Illus. by Joyeeta Neogi. 2018. (ENG.). 30p. (J). pap. 12.00 (978-1-7321464-1-9(1)) Shenek.

Anna Lee - the Maiden-The Wife-the Mother. Timothy Shay Arthur. 2017. (ENG.). 292p. (J). pap. (978-3-337-08078-5(2)) Creation Pubs.

Anna Lee, the Maiden, the Wife, the Mother: A Tale (Classic Reprint) Timothy Shay Arthur. (ENG., Illus.). (J). 2018. 298p. 30.06 (978-0-484-89002-1(6)); 2016. pap. 13.57 (978-1-333-74433-5(1)) Forgotten Bks.

Anna Lee's Invisible Friend. Parker Lyn Moseley. 2017. (ENG., Illus.). (J). pap. 13.95 (978-1-9736-0625-3(9), WestBow Pr.) Author Solutions, LLC.

Anna Lombard (Classic Reprint) Victoria Cross. (ENG., Illus.). (J). 2018. 332p. 30.74 (978-0-484-11360-1(7)); 2016. pap. 13.57 (978-1-333-47623-6(X)) Forgotten Bks.

Anna Lucia: Book 2 the Casa Bella Chronicles. Liz Galvano. 2017. (ENG., Illus.). (YA). pap. 22.99 (978-1-5456-0817-3(2)) Salem Author Services.

Anna Maria & Maestro Vivaldi. Jan L. Coates. Illus. by Francois Thisdale. 2022. (ENG.). 32p. (J). (gr. k-3). 19.95 (978-0-88995-645-2(6), 7d9fed6f-a1a1-45cd-9dbd-72259b5884fc) Red Deer Pr. CAN. Dist: Firefly Bks., Ltd.

Anna Marie & the Crazy Gobbles. Gino Hallidy. 2022. (Benchmark Timeline Ser.: 3). 68p. (J). pap. 7.75 (978-1-6678-4743-6(0)) BookBaby.

Anna Maylie: A Story of Work (Classic Reprint) Ella Farman Pratt. 2018. (ENG., Illus.). 424p. (J). 32.64 (978-0-483-89429-7(X)) Forgotten Bks.

Anna of the Five Towns: A Novel (Classic Reprint) Arnold Bennett. 2018. (ENG., Illus.). 312p. (J). 30.33 (978-0-365-27242-7(6)) Forgotten Bks.

Anna of the Five Towns: (Aziloth Books) Arnold Bennett. 2016. (ENG., Illus.). (J). pap. (978-1-911405-10-8(1)) Aziloth Bks.

Anna on the North Pole Express. J. D. Green. 2019. (North Pole Express Ser.). (ENG.). 32p. (J). (gr. -1-3). 7.99 (978-1-7282-0304-1(X)) Sourcebooks, Inc.

Anna; or Memoirs of a Welch Heiress, Vol. 1 Of 2: Interspersed with Anecdotes of a Nabob (Classic Reprint) Bennett. 2018. (ENG., Illus.). 312p. (J). 30.35 (978-0-483-74458-5(1)) Forgotten Bks.

Anna, or Memoirs of a Welch Heiress, Vol. 1 of 4 (Classic Reprint) Agnes Maria Bennett. 2017. (ENG., Illus.). (J). 28.97 (978-0-265-74239-6(0)); pap. 11.57 (978-1-5277-0908-9(6)) Forgotten Bks.

Anna; or Memoirs of a Welch Heiress, Vol. 2 Of 2: Interspersed with Anecdotes of a Nabob (Classic Reprint) Unknown Author. 2018. (ENG., Illus.). 314p. (J). 30.39 (978-0-267-45898-1(3)) Forgotten Bks.

Anna, or Memoirs of a Welch Heiress, Vol. 2 of 4 (Classic Reprint) Agnes Maria Bennett. 2017. (ENG., Illus.). (J). pap. 11.97 (978-0-243-25934-2(4)) Forgotten Bks.

Anna, or Memoirs of a Welch Heiress, Vol. 3 of 4 (Classic Reprint) Bennett. 2018. (ENG., Illus.). 264p. (J). 29.40 (978-0-332-42872-7(9)) Forgotten Bks.

Anna Pavlova. Maria Isabel Sanchez Vegara. Illus. by Sue Downing. 2022. (Little People, BIG DREAMS Ser.: 91). (ENG.). 32p. (J). (gr. -1-2). 15.99 (978-0-7112-7112-8(7), Frances Lincoln Children's Bks.) Quarto Publishing Group UK GBR. Dist: Hachette Bk. Group.

Anna Ross: A Story for Children (Classic Reprint) Grace Kennedy. 2017. (ENG., Illus.). (J). 27.40 (978-0-265-36140-5(0)) Forgotten Bks.

Anna Ruadh. L. M. Montgomery. Tr. by Mòrag Anna Nicnèill. Illus. by Etta Moffatt. 2020. (GLA.). 330p. (YA). (978-1-988747-32-3(5)); pap. (978-1-988747-31-6(7)) Bradan Pr.

Anna the Adventuress (Classic Reprint) E. Phillips Oppenheim. 2018. (ENG., Illus.). 360p. (J). 31.32 (978-0-483-54989-0(4)) Forgotten Bks.

Anna the Author. Doug Lia. 2018. (ENG., Illus.). 24p. (J). pap. 14.95 (978-1-64424-277-3(X)) Page Publishing Inc.

Anna the Storm-Water Drain Cat. Stella Barton Day. Ed. by Lynn Berner Coble. Illus. by Jennifer Tipton Cappoen. 2016. (ENG.). (J). (gr. k-2). pap. 11.99 (978-1-946198-00-6(5)) Paws and Claws Publishing, LLC.

Anna 'Twas the Night Before Christmas. Illus. by Lisa Alderson. 2019. (Night Before Christmas Ser.). (ENG.). 32p. (J). (gr. -1-3). 7.99 (978-1-7282-0197-9(7)) Sourcebooks, Inc.

Anna und das Verschwundene Kind: Quentin Akademie der Magischen Künste und Wissenschaften. Brigitte Novalis. 2018. (Quentin Akademie der Magischen Künste und Wissenschaften Ser.: Vol. 1). (GER.). 270p. (J). pap. 12.55 (978-1-944870-30-0(X)) Novalis Pr.

Anna und Die Geheimnisvollen Zwillinge: Quentin Akademie der Magischen Künste und Wissenschaften. Brigitte Novalis. 2019. (Quentin Akademie der Magischen Künste und Wissenschaften Ser.: Vol. 2). (GER.). 284p. (J). pap. 12.55 (978-1-944870-35-5(0)) Novalis Pr.

Anna und Die Mongolische Prinzessin: Quentin Akademie der Magischen Künste und Wissenschaften, Buch 3. Brigitte Novalis. 2021. (GER.). 290p. (J). pap. 13.99 (978-1-944870-42-3(3)) Novalis Pr.

Anna, Vol. 4 Of 4: Or, Memoirs of a Welch Heiress (Classic Reprint) Bennett. 2018. (ENG., Illus.). 276p. (J). 29.61 (978-0-332-14623-2(5)) Forgotten Bks.

Anna Wells & the Mystery of the Dusty Duchess: An Animal Justice Club Mystery. Terry Ruth Eissfeldt. 2023. (ENG.). 192p. (YA). (978-0-2288-9346-2(1)); pap. (978-0-2288-9345-5(3)) Tellwell Talent.

Annabel & Cat. Amy Mullen. Illus. by Amy Mullen. 2017. (ENG., Illus.). 32p. (J). (gr. -1-1). pap. 9.99 (978-1-5324-0180-0(9)) Xist Publishing.

Annabel & Cat / Annabel y Gato. Amy Mullen. Illus. by Amy Mullen. 2018. (Xist Kids Bilingual Spanish English Ser.). (ENG & SPA., Illus.). 32p. (J). (gr. -1-3). pap. 9.99 (978-1-5324-0621-8(5)) Xist Publishing.

Annabel Karmel's My First Cookbook. Annabel Karmel. Illus. by Alex Willmore. 2023. (ENG.). 64p. (J). (-3). 14.95 (978-1-78312-988-1(3)) Welbeck Publishing Group Ltd. GBR. Dist: Two Rivers Distribution.

Annabel on the Go / Annabel Siempre en Movimiento. Amy Mullen. Illus. by Amy Mullen. 2018. (Xist Kids Bilingual Spanish English Ser.). (ENG & SPA., Illus.). 32p. (J). (gr. -1-3). pap. 9.99 (978-1-5324-0086-5(1)) Xist Publishing.

Annabel on the Ground. Ann Myra. 2020. (ENG.). 30p. (J). (978-1-64575-329-2(8)); pap. (978-1-64575-328-5(X)) Austin Macauley Pubs. Ltd.

Annabel Princess Monkey. Jennifer Martin & Benjamin Anderson. 2018. (ENG.). 54p. (J). pap. 15.95 (978-1-64350-234-2(4)) Page Publishing Inc.

Annabel Siempre en Movimiento. Amy Mullen. Illus. by Amy Mullen. 2018. (Xist Kids Spanish Bks.). (SPA., Illus.). 32p. (J). (gr. -1-3). pap. 9.99 (978-1-5324-0108-4(6)) Xist Publishing.

Annabel y Gato. Amy Mullen. Illus. by Amy Mullen. 2018. (Xist Kids Spanish Bks.). (SPA., Illus.). 32p. (J). (gr. -1-3). pap. 9.99 (978-1-5324-0699-7(1)) Xist Publishing.

Annabell Unlocks the Case in London. Naomi Jean Williams. 2018. (ENG.). 62p. (J). pap. (978-1-387-71663-0(8)) Lulu Pr., Inc.

Annabella's Crown. Jeanne Dennis. Illus. by Jeanne Dennis. 2021. (ENG.). 40p. (J). 19.99 (978-1-64949-321-7(5)) Elk Lake Publishing, Inc.

Annabella's Crown. Jeanne Dennis. 2021. (ENG.). 40p. (J). pap. 11.99 (978-1-64949-322-4(3)) Elk Lake Publishing, Inc.

Annabelle & Aiden in the Story of Life. Joseph Becker. Illus. by Joseph Becker. 2016. (Illus.). 20p. pap. 9.95 (978-0-9978066-0-1(5)) Imaginarium Pr.

Annabelle & Aiden-Story of Life: The Story of Life. Joseph Raphael Becker. Ed. by Joseph Raphael Becker. 2016. (ENG., Illus.). (J). 15.95 (978-0-9978066-1-8(3)) Imaginarium Pr.

Annabelle & the Strawberry Faerie, & the Magic Comb: And the Magic Comb. P. J. Roscoe. Illus. by Jones Alan. 2016. (Adventures of Faerie Folk Ser.: 1). (ENG.). (J). (gr. k-6). pap. 9.99 (978-1-68160-189-2(3)) Crimson Cloak Publishing.

Annabelle & the Three Most Terrible Chores. Richard M. Williams. Illus. by Millicent Gogoi. 2021. (ENG.). 52p. (J). 19.99 (978-1-0880-0084-7(3)) Indy Pub.

Annabelle Dances. Gina Lambert. 2019. (ENG., Illus.). 40p. (J). (gr. k-6). 19.00 (978-1-7334206-4-8(9)) Photography in Pearls LLC.

Annabelle's Best Fall Ever. Rhonda Atkins Leonard. 2021. (ENG.). 46p. (J). 22.44 (978-1-304-60264-0(8)) Lulu Pr., Inc.

Annabelle's Best Spring Ever. Rhonda Atkins Leonard. 2021. (ENG.). 46p. (J). 22.44 (978-1-304-60273-2(7)) Lulu Pr., Inc.

Annabelle's Best Summer Ever. Rhonda Atkins Leonard. 2021. (ENG.). 46p. (J). 22.44 (978-1-304-60266-4(4)) Lulu Pr., Inc.

Annabelle's Best Winter Ever. Rhonda Atkins Leonard. 2021. (ENG.). 42p. (J). 22.44 (978-1-304-60268-8(0)) Lulu Pr., Inc.

Annabelle's Fairy Garden. Angela Hayden. 2020. (ENG.). 114p. (J). pap. (978-1-914078-19-4(5)) Publishing Push Ltd.

Annabelle's Great Adventures in the Arctic. Marie McDonald. Illus. by Lauren Johnson. 2020. (Annabelle's Great Adventures Ser.: Vol. 2). (ENG.). 32p. (J). pap. 9.99 (978-1-7351193-2-8(6)) Poppy Publishing Hse.

Annabelle's Great Adventures in the Ocean. Marie McDonald. Illus. by Lauren Johnson & Rebecca Defield. 2020. (Annabelle's Great Adventures Ser.: Vol. 3). (ENG.). 32p. (J). pap. 9.99 (978-1-7351193-4-2(2)) Poppy Publishing Hse.

Annabelle's Red Dress. Lani Lupul. Illus. by Allison Antonio. 2021. (Annabelle Ser.). (ENG.). 26p. (J). 17.00 (978-1-63821-606-3(1)); pap. 14.00 (978-1-63821-607-0(X)) Primedia eLaunch LLC.

Annabelle's Red Mittens. Lani Lupul. Illus. by Allison Antonio. 2021. (ENG.). 32p. (J). 17.00 (978-1-7779135-1-9(9)); pap. 14.00 (978-1-7779135-0-2(0)) Primedia eLaunch LLC.

Annabelle's Red Shoes. Lani Lupul. Illus. by Allison Antonio. 2020. (ENG.). 30p. (J). 17.00 (978-1-64945-694-6(8)); pap. 14.00 (978-1-64945-755-4(3)) Primedia eLaunch LLC.

Annabell's Talent Search. Colleen Rasco. 2017. (ENG., Illus.). (J). pap. 15.95 (978-1-5127-7034-6(5), WestBow Pr.) Author Solutions, LLC.

Annabeth's War. Jessica Greyson. 2022. (ENG.). 282p. (YA). 18.99 (978-0-9884614-6-8(3)) Ready Writer Pr.

Annaka, 1 vol. Andre Fenton. 2020. (ENG., Illus.). 288p. (YA). pap. 11.95 (978-1-77108-892-3(3), d9fcca00-f005-450a-a60f-60f279e4c6d2) Nimbus Publishing, Ltd. CAN. Dist: Baker & Taylor Publisher Services (BTPS).

Annala Memoirs of a Mermaid. Alanna Murphy. 2017. (ENG., Illus.). 220p. (YA). pap. (978-1-78324-082-1(2)) Wordzworth Publishing.

Annales des Sciences Naturelles, 1839, Vol. 12: Comprenant la Zoologie, la Botanique, l'Anatomie et la Physiologie Comparées des Deux Règnes, et l'Histoire des Corps Organisés Fossiles; Botanique (Classic Reprint) Adolphe Brongniart. 2018. (FRE., Illus.). 386p. (J). pap. 16.57 (978-0-656-26421-6(7)) Forgotten Bks.

Annales des Sciences Naturelles, 1856, Vol. 6: Comprenant la Zoologie, la Botanique, l'Anatomie et la Physiologie Comparee des Deux Regnes et l'Histoire des Corps Organises Fossiles; Botanique (Classic Reprint) Adolphe Brongniart. 2017. (FRE., Illus.). 388p. (J). pap. 16.57 (978-0-332-58433-1(X)) Forgotten Bks.

Annales des Sciences Naturelles, 1866, Vol. 6: Botanique, Comprenant l'Anatomie, la Physiologie et la Classification des Vegetaux Vivants et Fossiles (Classic Reprint) Adolphe Brongniart. 2017. (FRE., Illus.). (J). pap. 16.57 (978-0-243-91313-8(3)) Forgotten Bks.

Annaline, or Motive-Hunting: A Novel (Classic Reprint) Laetitia Matilda Hawkins. 2018. (ENG., Illus.). 350p. (J). 31.12 (978-0-483-78135-1(5)) Forgotten Bks.

Annalise. M. L. Ray. 2021. (ENG.). 118p. (YA). pap. 11.99 (978-1-393-37900-3(1)) Draft2Digital.

Annalise the Kid Detective. Annalise Bowers. 2021. (ENG.). 78p. (J). pap. 12.00 (978-1-944359-96-6(6), Brown Girls Publishing) INscribe Digital.

Annals of a Baby. John Habberton. 2017. (ENG.). 236p. (J). pap. (978-3-337-15747-0(5)) Creation Pubs.

Annals of a Baby: How It Was Named; How It Was Nursed; How It Was a Tyrant; & How Its Nose Got Out of Joint; Also, a Few Words about Its Aunties, Its Grandfathers, Grandmothers, & Other Important Relations (Classic Reprint) John Habberton. 2018. (ENG., Illus.). 238p. (J). 28.81 (978-0-484-51589-4(6)) Forgotten Bks.

Annals of a Baby: How It Was Named; How It Was Nursed; How It Was a Tyrant; & How Its Nose Got Out of Joint. Also Few Words about Its Aunties, Its Grandfathers, Grandmothers, & Other Important Relations. John Habberton. 2017. (ENG., Illus.). (J). pap. (978-0-649-20850-0(1)) Trieste Publishing Pty Ltd.

Annals of a Fishing Village: Drawn from the Notes of a Son of the Marshes (Classic Reprint) J. A. Owen. 2018. (ENG., Illus.). 298p. (J). 30.04 (978-0-365-35888-6(6)) Forgotten Bks.

Annals of a Quiet Neighborhood, Vol. 2 of 3 (Classic Reprint) George MacDonald. 2017. (ENG., Illus.). (J). 30.72 (978-0-265-47280-4(6)) Forgotten Bks.

Annals of a Quiet Neighbourhood (Classic Reprint) George MacDonald. 2017. (ENG., Illus.). 612p. (J). 36.52 (978-1-5282-8890-3(4)) Forgotten Bks.

Annals of a Quiet Neighbourhood, Vol. 1 of 3 (Classic Reprint) George MacDonald. 2018. (ENG., Illus.). 312p. (J). 30.37 (978-0-332-63975-8(4)) Forgotten Bks.

Annals of a Quiet Neighbourhood, Vol. 3 of 3 (Classic Reprint) George MacDonald. 2017. (ENG., Illus.). (J). 30.08 (978-0-331-90756-8(9)) Forgotten Bks.

Annals of a Sportsman (Classic Reprint) Ivan Sergeevich Turgenev. 2018. (ENG., Illus.). 336p. (J). 30.85 (978-0-483-06821-6(7)) Forgotten Bks.

Annals of a Sportsman (Classic Reprint) Ivan Turgenieff. 2017. (ENG., Illus.). (J). pap. 13.57 (978-1-334-92157-5(1)) Forgotten Bks.

Annals of an Eventful Life (Classic Reprint) George Webbe Dasent. 2018. (ENG., Illus.). 484p. (J). 33.92 (978-0-332-98484-1(2)) Forgotten Bks.

Annals of Ann (Classic Reprint) Kate Trimble Sharber. 2017. (ENG., Illus.). 290p. (J). 29.88 (978-0-484-44306-7(2)) Forgotten Bks.

Annals of Horsemanship. Henry William Bunbury. 2017. (ENG.). 152p. (J). pap. (978-3-337-41003-2(0)) Creation Pubs.

Annals of Horsemanship: Containing Accounts of Accidental Experiments, & Experimental Accidents (Classic Reprint) Henry William Bunbury. 2017. (ENG., Illus.). (J). 27.01 (978-0-260-10785-5(9)) Forgotten Bks.

Annals of Our Ancestors: One Hundred & Fifty Years of History in the Watkins Family (Classic Reprint) Julia Watkins Frost. (ENG., Illus.). (J). 2018. 418p. 32.52 (978-0-267-32451-4(0)); 2016. pap. 16.57 (978-1-333-51788-5(2)) Forgotten Bks.

Annals of the Famine in Ireland: In 1847, 1848, & 1849 (Classic Reprint) Asenath Nicholson. 2017. (ENG., Illus.). (J). 30.95 (978-1-5284-6419-2(2)) Forgotten Bks.

Annals of the Glen (Classic Reprint) Wilfrid J. Dorward. 2018. (ENG., Illus.). 188p. (J). 27.79 (978-0-332-53427-5(8)) Forgotten Bks.

Annals of the Horse-Shoe Club, 1902 (Classic Reprint) Finch Mason. 2018. (ENG., Illus.). 380p. (J). 31.73 (978-0-484-74607-6(3)) Forgotten Bks.

Annals of the Missouri Botanical Garden, 1915, Vol. 1 (Classic Reprint) Missouri Botanical Garden. 2017. (ENG., Illus.). (J). 34.87 (978-0-266-26018-9(7)) Forgotten Bks.

Annals of the Parish: Or, the Chronicle of Dalmailing During the Ministry of the REV. Micah Balwhidder. John Galt. 2017. (ENG., Illus.). (J). 23.95 (978-1-374-93092-6(X)); pap. 13.95 (978-1-374-93091-9(1)) Capital Communications, Inc.

Annals of the Poor (Classic Reprint) James S. Stallybrass. (ENG., Illus.). (J). 2018. 176p. 27.55 (978-0-484-43541-3(8)); 2017. pap. 9.97 (978-0-243-28127-5(7)) Forgotten Bks.

Annals of the Round Table: And Other Stories (Classic Reprint) Jennie M. Bingham. (ENG., Illus.). (J). 2018. 282p. 29.73 (978-0-267-31032-6(3)); 2016. pap. 13.57 (978-1-333-38784-6(9)) Forgotten Bks.

Annalynn the Canadian Spy: Big Brainwashing. Shawn P. B. Robinson. 2020. (Atcs Ser.: Vol. 3). (ENG., Illus.). (J). (gr. 3-6). 94p. (978-1-989296-29-5(7)); 92p. pap. (978-1-989296-22-6(X)) BrainSwell Publishing.

Annalynn the Canadian Spy: Books I-III. Shawn P. B. Robinson. 2021. (ENG.). 232p. (J). (978-1-989296-40-0(8)) BrainSwell Publishing.

Annalynn the Canadian Spy: Doughnut Disaster. Shawn P. B. Robinson. 2020. (Atcs Ser.: Vol. 2). (ENG., Illus.). (J). (gr. 3-6). 98p. (978-1-989296-28-8(9)); 96p. pap. (978-1-989296-23-3(8)) BrainSwell Publishing.

Annalynn the Canadian Spy: Moose Mayhem. Shawn P. B. Robinson. 2020. (Atcs Ser.: Vol. 4). (ENG., Illus.). (J). (gr. 3-6). 94p. (978-1-989296-30-1(0)); 92p. pap. (978-1-989296-24-0(6)) BrainSwell Publishing.

Annalynn the Canadian Spy: Sinister Sister. Shawn P. B. Robinson. 2020. (Atcs Ser.: Vol. 6). (ENG., Illus.). 90p. (J). (gr. 3-6). (978-1-989296-32-5(7)); pap. (978-1-989296-26-4(2)) BrainSwell Publishing.

Annalynn the Canadian Spy: Syrup Saboteur. Shawn P. B. Robinson. 2020. (Atcs Ser.: Vol. 5). (ENG., Illus.). (J). (gr. 3-6). 94p. (978-1-989296-31-8(9)); 92p. pap. (978-1-989296-25-7(4)) BrainSwell Publishing.

Annalynn the Canadian Spy: Terrible Tissues. Shawn P. B. Robinson. 2020. (Atcs Ser.: Vol. 1). (ENG., Illus.). (J). (gr. 3-6). 98p. (978-1-989296-27-1(0)); 92p. pap. (978-1-989296-21-9(1)) BrainSwell Publishing.

Annalynn the Canadian Spy Activity Book. Shawn P. B. Robinson. 2022. (Atcs Ser.). (ENG.). 116p. (J). pap. (978-1-989296-48-6(3)) BrainSwell Publishing.

Annan Water. Kate Thompson. 2021. (ENG.). 168p. (YA). pap. 9.99 (978-1-913544-06-5(0)) Between the Lines Publishing.

Annapolis First Classman (Classic Reprint) Edward Latimer Beach. 2018. (ENG., Illus.). 382p. (J). 31.80 (978-0-484-34882-9(5)) Forgotten Bks.

Annapolis Valley Bound. Joan Newcomb. Ed. by 4 Paws Games and Publishing. Illus. by Julie Bagnell Grant. 2017. (ENG.). (J). pap. (978-1-988345-51-2(0)) Caswell, Vickianne.

Anna's Ballet Costume. Cindy W. Hollingsworth. Ed. by Lynn Bemer Coble. Illus. by Jennifer Tipton Cappoen. 2018. (ENG.). 32p. (J). (gr. k-3). pap. 12.99 (978-1-946198-13-6(7)) Paws and Claws Publishing, LLC.

Anna's Blizzard, 1 vol. Alison Hart. Illus. by Paul Bachem. 2017. 176p. (J). (gr. 2-5). pap. 7.95 (978-1-68263-002-0(1)) Peachtree Publishing Co. Inc.

Anna's Christmas Wish. Put Me In The Story & J. D. Green. Illus. by Julia Seal. 2018. (Christmas Wish Ser.). (ENG.). 32p. (J). (gr. k-3). 6.99 **(978-1-4926-8507-4(0))** Sourcebooks, Inc.

Anna's Day of Gratitude. Gail Stevenson. 2017. (ENG., Illus.). (J). 19.95 (978-0-9936392-4-1(0)) eBooks2go Inc.

Anna's F-Plan. Sarah Wright. 2022. (ENG.). 446p. (YA). pap. (978-1-80378-008-5(8)) Cranthorpe Millner Pubs.

Anna's Kittens Find Homes. Stella Barton Day. 2017. (ENG., Illus.). (J). (gr. k-2). pap. 11.99 (978-1-946198-05-1(6)) Paws and Claws Publishing, LLC.

Anna's Kokeshi Dolls: A Children's Story Told in English & Japanese (with Free Audio Recording) Tracy Gallup. 2023. (Illus.). 32p. (J). (gr. -1-2). 16.99 (978-4-8053-1750-1(7)) Tuttle Publishing.

Anna's Million Dollar Cow. Mary Denk. 2017. (ENG., Illus.). (J). (gr. -1-3). pap. 9.95 (978-1-947825-38-3(0)) Yorkshire Publishing Group.

Anna's Not So Little World. Natasha Cotter. 2017. (ENG., Illus.). (J). pap. 19.95 (978-1-63508-693-5(0)) America Star Bks.

Anna's Prayer: The True Story of an Immigrant Girl. Karl Beckstrand. Illus. by Shari Griffiths. 2017. (Young American Immigrants Ser.: 1). (ENG.). 30p. (J). (gr. k-5). 22.95 (978-0-9853988-6-6(8)) Premio Publishing & Gozo Bks., LLC.

Anne: A Novel (Classic Reprint) Olga Hartley. 2018. (ENG., Illus.). 350p. (J). 31.12 (978-0-267-15227-8(2)) Forgotten Bks.

Anne: A Novel (Classic Reprint) Constance Fenimore Woolson. 2017. (ENG., Illus.). (J). 36.52 (978-1-5279-8924-5(0)) Forgotten Bks.

Anne: An Adaptation of Anne of Green Gables (Sort Of) Kathleen Gros. 2022. (ENG., Illus.). 304p. (J). (gr. 3-7). 22.99 (978-0-06-305766-1(2)); pap. 13.99 (978-0-06-305765-4(4)) HarperCollins Pubs. (Quill Tree Bks.).

Anne: An Imagining of the Life of Anne Frank. Marjorie Agosin. Tr. by Jacqueline Nanfito from SPA. Illus. by Francisca Yanez. 2017. (ENG.). 66p. (YA). (gr. 7-12). (978-1-910146-26-2(9)) Solis Pr.

Anne AF Grænum Gables: Anne of Green Gables, Icelandic Edition. Lucy Maud Montgomery. 2018. (ICE.). 264p. (YA). (gr. 7-12). pap. (978-85-292-6777-7(X), Classic Translations) Eonia Publishing.

Anne & Her Tower of Giraffes: The Adventurous Life of the First Giraffologist. Karlin Gray. Illus. by Apama Varma. 2022. (ENG.). 44p. (J). (gr. -1-3). 18.99 (978-1-5253-0495-8(X)) Kids Can Pr., Ltd. CAN. Dist: Hachette Bk. Group.

Anne & Other Tales (Classic Reprint) Johnny Ludlow. 2018. (ENG., Illus.). 318p. (J). 30.46 (978-0-267-24677-9(3)) Forgotten Bks.

Anne Arrives: Inspired by Anne of Green Gables. Kallie George. Illus. by Abigail Halpin. 2018. (Anne Chapter Book Ser.: 1). 72p. (J). (gr. 1-4). 12.99 (978-1-77049-930-0(X), Tundra Bks.) Tundra Bks. CAN. Dist: Penguin Random Hse. LLC.

Anne Boleyn (Classic Reprint) Reginald Drew. (ENG., Illus.). (J). 2017. 31.69 (978-0-331-88220-9(5)); 2016. pap. 16.57 (978-1-334-12701-4(8)) Forgotten Bks.

Anne Bonny: Pirate Queen of the Caribbean. Christina Leaf. Illus. by Tate Yotter. 2020. (Pirate Tales Ser.). (ENG.). 24p. (J). (gr. 3-8). pap. 8.99 (978-1-68103-839-1(0), 12928); lib. bdg. 29.95 (978-1-64487-300-7(1)) Bellwether Media. (Black Sheep).

Anne Burrell, 1 vol. Kathlyn Gay. 2016. (Celebrity Chefs Ser.). (ENG.). 128p. (gr. 6-6). 38.93 (978-0-7660-7757-7(8), b1cde9f3-0da6-4c01-ba2a-18ed47635429) Enslow Publishing, LLC.

Anne Frank. Diego Agrimbau. Tr. by Trusted Trusted Translations. 2017. (Graphic Lives Ser.). (ENG., Illus.). 80p. (J). (gr. 3-9). lib. bdg. 32.65 (978-1-5157-9161-4(0), 136603, Capstone Pr.) Capstone.

Anne Frank. Emma Bassier. 2019. (Amazing Young People Ser.). (ENG., Illus.). 32p. (J). (gr. 3-3). pap. 9.95 (978-1-64494-037-2(X), 164494037X) North Star Editions.

Anne Frank. Emma Bassier. 2019. (Amazing Young People Ser.). (ENG., Illus.). 32p. (J). (gr. 2-5). lib. bdg. 32.79 (978-1-5321-6364-7(9), 32043, DiscoverRoo) Pop!.

Anne Frank, 1 vol. Tim Cooke. 2018. (Meet the Greats Ser.). (ENG.). 48p. (gr. 5-5). lib. bdg. 34.93 (978-1-5382-2569-1(7), 2827dc04-8fba-4241-b372-a2a89ddfa91d) Stevens, Gareth Publishing LLLP.

Anne Frank, 1 vol. Anita Croy. 2019. (Writers Who Changed the World Ser.). (ENG.). 64p. (gr. 6-7). pap. 16.28 (978-1-5345-6578-4(7), 409dd7ec-d570-4515-8a0b-18571b1fc4a9); lib. bdg. 36.56 (978-1-5345-6579-1(5), 26c02ba6-000a-42e5-a61e-5332d1021172) Greenhaven Publishing LLC. (Lucent Pr.).

Anne Frank. Heather C. Hudak. 2021. (Groundbreaker Bios Ser.). (ENG., Illus.). 32p. (J). (gr. 2-5). lib. bdg. 34.21 (978-1-5321-9684-3(9), 38400, Kids Core) ABDO Publishing Co.

Anne Frank. Heather C. Hudak. 2022. (Groundbreaker Bios Ser.). (ENG.). 32p. (J). (gr. 2-3). pap. 9.95 (978-1-64494-668-8(8)) North Star Editions.

Anne Frank. Peggy J. Parks. 2016. (ENG.). 80p. (J). (gr. 5-12). 38.60 (978-1-60152-946-6(5)) ReferencePoint Pr., Inc.

Anne Frank. Maria Isabel Sanchez Vegara. Illus. by Sveta Dorosheva. 2018. (Little People, BIG DREAMS Ser.: 15). (ENG.). 32p. (J). (gr. -1-2). 15.99 **(978-1-78603-229-4(5)**, Frances Lincoln Children's Bks.) Quarto Publishing Group UK GBR. Dist: Hachette Bk. Group.

Anne Frank. Jennifer Strand. 2016. (Great Women Ser.). (ENG.). 24p. (J). (gr. -1-2). 49.94 (978-1-68079-388-8(8), 23009, Abdo Zoom-Launch) ABDO Publishing Co.

Anne Frank. Josephine Poole. Illus. by Angela Barrett. 2nd ed. 2020. 40p. (J). pap. 15.99 (978-0-09-940976-2(3), Red Fox) Random House Children's Books GBR. Dist: Independent Pubs. Group.

Anne Frank: A Kid's Book about Hope. Mary Nhin. Illus. by Yuliia Zolotova. 2021. (Mini Movers & Shakers Ser.: Vol. 6). (ENG.). 38p. (J). 19.99 (978-1-63731-055-7(2)) Grow Grit Pr.

Anne Frank: (Children's Biography Book, Kids Books, Age 5 10, Historical Women in the Holocaust) Inspired Inner Genius. 2021. (ENG.). 36p. (J). pap. 11.99 (978-1-6904-1238-0(0)) IIG Pub.

Anne Frank: Holocaust Diarist. Alexis Burling. 2016. (Essential Lives Set 10 Ser.). (ENG., Illus.). 112p. (J). (gr. 8-12). lib. bdg. 41.36 (978-1-68078-298-1(3), 21733, Essential Library) ABDO Publishing Co.

Anne Frank: Out of the Shadows. Anna Leigh. 2019. (Gateway Biographies Ser.). (ENG., Illus.). 48p. (J). (gr. 4-8). pap. 11.99 (978-1-5415-7430-4(3), 3a7a9a91-28e6-45fb-9612-4b2ef3276250); lib. bdg. 31.99 (978-1-5415-3917-4(6), f02874e9-0994-40c3-89af-58b4893e9fbe) Lerner Publishing Group. (Lerner Pubns.).

Anne Frank & Her Diary - Biography of Famous People Children's Biography Books. Baby Professor. 2017. (ENG., Illus.). 64p. (J). pap. 9.52 (978-1-5419-1267-0(5), Baby Professor (Education Kids)) Speedy Publishing LLC.

Anne Judge, Spinster, Vol. 1 of 3 (Classic Reprint) Frederick W. Robinson. 2018. (ENG., Illus.). 300p. (J). 30.08 (978-0-428-81856-2(0)) Forgotten Bks.

Anne of Avonlea. L. M. Montgomery. 2018. (ENG., Illus.). 250p. (J). (gr. 3-7). pap. (978-93-5297-101-5(9)) Alpha Editions.

Anne of Avonlea. L. M. Montgomery. 2018. (Anne of Green Gables: the Complete Collection: 2). (ENG.). 336p. (J). (gr. 6-12). 8.99 (978-1-78226-444-6(2), 5ab6e735-475a-4e0f-a18b-99628df1f473) Sweet Cherry Publishing GBR. Dist: Baker & Taylor Publisher Services (BTPS).

Anne of Avonlea. L. M. Montgomery. 2018. (ENG., Illus.). 276p. (YA). 24.99 (978-1-5287-0644-5(7), Classic Bks. Library) The Editorium, LLC.

Anne of Avonlea. Lucy Maud Montgomery. Ed. by Sheba Blake. 2020. (ENG.). 254p. (YA). (gr. 3-7). pap. 14.99 (978-1-222-29341-8(2)) Indy Pub.

Anne of Avonlea. Lucy Maud Montgomery. 2018. (ENG.). 206p. (J). 19.99 (978-1-5154-3233-3(5)) Wilder Pubns., Corp.

Anne of Avonlea. Lucy Maud Montgomery. 2020. (ENG.). 274p. (YA). (gr. 3-7). 17.99 (978-1-64798-484-7(X)) Wyatt North.

Anne of Avonlea. Lucy Maud Montgomery & Grandma's Treasures. 2019. (ENG.). 252p. (YA). (gr. 3-7). (978-1-7948-2437-9(5)) Lulu Pr., Inc.

Anne of Avonlea. Lucy Maud Montgomery & Grandma's Treasures. 2019. (ENG.). 252p. (YA). (gr. 3-7). pap. (978-1-7948-2462-1(6)) Lulu Pr., Inc.

Anne of Avonlea (Classic Reprint) L. M. Montgomery. 2017. (ENG., Illus.). (J). 31.94 (978-0-331-75880-1(6)); pap. 16.57 (978-0-243-40369-1(0)) Forgotten Bks.

Anne of Green Gables. L. M. Montgomery. Illus. by Susan Hellard. 2017. (Alma Junior Classics Ser.). (ENG.). 352p. (J). pap. 10.99 (978-1-84749-639-3(3), 351545) Alma Classics GBR. Dist: Bloomsbury Publishing Plc.

Anne of Green Gables. L. M. Montgomery. 2018. (ENG., Illus.). 284p. (J). (gr. 1-6). pap. (978-93-5297-100-8(0)) Alpha Editions.

Anne of Green Gables. L. M. Montgomery. 2016. (ENG., Illus.). (J). (gr. 1-6). 14.99 (978-1-60942-244-8(9)) International Alliance Pro-Publishing, LLC.

Anne of Green Gables. L. M. Montgomery. 2017. (ENG., Illus.). (J). (gr. 1-6). pap. 6.95 (978-1-68422-137-0(4)) Martino Fine Bks.

Anne of Green Gables. L. M. Montgomery. 2018. (Anne of Green Gables: the Complete Collection: 1). (ENG.). 384p. (J). (gr. 6-12). 8.99 (978-1-78226-443-9(4), d3e4d052-357b-463d-aa84-ba1fc1f097cc) Sweet Cherry Publishing GBR. Dist: Baker & Taylor Publisher Services (BTPS).

Anne of Green Gables. L. M. Montgomery. 2022. (ENG.). 300p. (J). (gr. 4-7). 23.50 **(978-1-64594-116-3(7))** Athanatos Publishing Group.

Anne of Green Gables. L. M. Montgomery. 2022. (ENG.). (J). (gr. 4-7). 226p. pap. **(978-1-387-90360-3(8))**; 154p. pap. **(978-1-387-90368-9(3))** Lulu Pr., Inc.

Anne of Green Gables. L. M. Montgomery. 2020. (Mint Editions — The Children's Library). (ENG.). (J). (gr. 3-7). 220p. 12.99 (978-1-5132-6347-2(1)); 258p. 18.99 (978-1-5132-1928-8(6)) West Margin Pr. (West Margin Pr.).

Anne Of Green Gables. L. M. Montgomery et al. 2017. (Anne of Green Gables Ser.). (ENG., Illus.). (J). (gr. 1-6). pap. 19.99 (978-1-948216-63-0(9)) TidalWave Productions.

Anne of Green Gables. Lucy Maud Montgomery. 2020. (ENG.). (J). (gr. 1-6). 238p. pap. (978-1-77426-028-9(X)); 194p. pap. (978-1-989201-91-6(1)) East India Publishing Co.

Anne of Green Gables. Lucy Maud Montgomery. 2020. (ENG.). 228p. (J). (gr. 1-6). pap. 19.99 (978-1-6781-2971-2(2)); pap. 19.99 (978-1-6781-1490-9(1)) Lulu Pr., Inc.

Anne of Green Gables. Lucy Maud Montgomery. 2022. (ENG.). 148p. (J). (gr. 1-6). 24.99 **(978-1-63823-331-2(4))**; pap. 14.99 **(978-1-63823-330-5(6))** Meirovich, Igal.

Anne of Green Gables. Lucy Maud Montgomery. 2018. (ENG., Illus.). 318p. (J). (gr. 1-6). 29.04 (978-1-7317-0656-0(1)); pap. 16.98 (978-1-7317-0657-7(X)); 15.08 (978-1-7317-0257-9(4)); pap. 8.30 (978-1-7317-0258-6(2)); 16.35 (978-1-61382-247-0(2)); pap. 7.99 (978-1-61382-249-4(9)) Simon & Brown.

Anne of Green Gables. Lucy Maud Montgomery. Illus. by Jim Tierney. 2023. (Children's Signature Classics Ser.). 360p. (J). (gr. 3). 17.99 (978-1-4549-4824-7(8), Union Square Pr.) Sterling Publishing Co., Inc.

Anne of Green Gables. Lucy Maud Montgomery. 2022. (Children's Signature Classics Ser.). 336p. (J). (gr. 3-7). pap. 9.99 (978-1-4549-4562-8(1), Union Square Pr.) Sterling Publishing Co., Inc.

Anne of Green Gables. Lucy Maud Montgomery. 2020. (ENG.). 274p. (J). (gr. 1-6). 17.99 (978-1-64798-483-0(1)) Wyatt North.

Anne of Green Gables. Lucy Maud Montgomery & Grandma's Treasures. 2019. (ENG.). 292p. (J). (gr. 1-6). pap. 19.97 (978-0-359-92743-2(2)); (978-0-359-92890-3(0)) Lulu Pr., Inc.

Anne of Green Gables. Lesley Sims. 2017. (Picture Bks.). (ENG.). 24p. (J). (gr. k). 9.99 (978-0-7945-3750-0(2), Usborne) EDC Publishing.

Anne of Green Gables: A Graphic Novel. Mariah Marsden. Ed. by Kendra Phipps & Erika Kuster. Illus. by Brenna Thummler. 2017. (ENG.). 232p. (J). pap. 12.99 (978-1-4494-7960-2(X)) Andrews McMeel Publishing.

Anne of Green Gables: A Graphic Novel. Mariah Marsden. Illus. by Brenna Thummler. 2017. (ENG.). (J). (gr. 2-6). 39.99 (978-1-4494-9454-4(4)) Andrews McMeel Publishing.

Anne of Green Gables: The Original Edition, Complete & Unabridged. L. M. Montgomery. 2018. (ENG., Illus.). 168p. (J). (gr. 4-7). pap. (978-1-387-76907-0(3)) Lulu Pr., Inc.

Anne of Green Gables: The Original Edition, Complete & Unabridged (Hardcover) L. M. Montgomery. 2018. (ENG., Illus.). 168p. (J). (gr. 4-7). (978-1-387-76901-8(4)) Lulu Pr., Inc.

Anne of Green Gables (100 Copy Collector's Edition) L. M. Montgomery. 2019. (ENG.). 244p. (J). (gr. k-6). (978-1-77226-836-2(4)) AD Classic.

Anne of Green Gables (100 Copy Limited Edition) L. M. Montgomery. 2019. (ENG.). 244p. (J). (gr. k-6). (978-1-77226-738-9(4), SF Classic) Engage Bks.

Anne of Green Gables (1000 Copy Limited Edition) L. M. Montgomery. 2016. (ENG., Illus.). (J). (gr. k-6). (978-1-77226-286-5(2)) AD Classic.

Anne of Green Gables, Amharic Edition. Lucy Maud Montgomery. 2018. (AMH., Illus.). 360p. (YA). (gr. 7-12). pap. (978-90-71335-84-6(4), Classic Translations) Eonia Publishing.

Anne of Green Gables, Arabic Edition. Lucy Maud Montgomery. 2018. (ARA., Illus.). 340p. (YA). (gr. 7-12). pap. (978-87-7830-098-0(3), Classic Translations) Eonia Publishing.

Anne of Green Gables (Armenian Edition) Lucy Maud Montgomery. 2018. (ARM., Illus.). 478p. (YA). (gr. 7-12). pap. (978-88-6204-779-1(7), Classic Translations) Eonia Publishing.

Anne of Green Gables, Azerbaijani Edition. Lucy Maud Montgomery. 2018. (AZE., Illus.). 322p. (YA). (gr. 7-12). pap. (978-89-11-15664-1(7), Classic Translations) Eonia Publishing.

Anne of Green Gables BabyLit(TM) LittleLit Tote, 1 vol. Gibbs Smith. 2017. (ENG.). (J). 15.00 (978-1-4236-4807-9(2)) Gibbs Smith, Publisher.

Anne of Green Gables (Classic Reprint) L. M. Montgomery. (ENG., Illus.). (J). 2017. 33.51 (978-0-331-71247-6(4)); 2016. pap. 16.57 (978-1-333-46687-9(0)) Forgotten Bks.

Anne of Green Gables Collection, 1 vol. L. M. Montgomery. 2020. (ENG.). (J). pap. 39.99 (978-1-78950-758-4(8), 869cf678-b817-487e-bb6a-1f78c8c0a0c7) Arcturus Publishing GBR. Dist: Baker & Taylor Publisher Services (BTPS).

Anne of Green Gables Collection: Six Complete & Unabridged Novels in One Volume: Anne of Green Gables, Anne of Avonlea, Anne of the Island, Anne's House of Dreams, Rainbow Valley & Rilla of Ingleside. Lucy Maud Montgomery. 2021. (ENG.). 1140p. (J). pap. (978-1-78943-298-5(7)) Benediction Classics.

Anne of Green Gables Collection - Volumes 1-3 (Anne of Green Gables, Anne of Avonlea & Anne of the Island) L. M. Montgomery. 2017. (ENG., Illus.). (YA). (gr. 7-12). pap. (978-1-4733-4481-5(6)) Freeman Pr.

Anne of Green Gables Collection - Volumes 1-3 (Anne of Green Gables, Anne of Avonlea & Anne of the Island) L. M. Montgomery. 2020. (ENG.). 680p. (J). (978-1-5287-7014-9(5)) Freeman Pr.

Anne of Green Gables Collection (100 Copy Collector's Edition) Anne of Green Gables, Anne of Avonlea, Anne of the Island, Anne's House of Dreams, Rainbow Valley, & Rilla of Ingleside. L. M. Montgomery. 2020. (ENG.). 1200p. (J). (978-1-77437-598-3(2)) AD Classic.

Anne of Green Gables Collection (Royal Collector's Edition) (Case Laminate Hardcover with Jacket) Anne of Green Gables, Anne of Avonlea, Anne of the Island, Anne's House of Dreams, Rainbow Valley, & Rilla of Ingleside. L. M. Montgomery. 2020. (ENG.). 1200p. (J). (978-1-77437-844-1(2)) AD Classic.

Anne of Green Gables (HarperCollins Children's Classics) L. M. Montgomery. 2022. (HarperCollins Children's Classics Ser.). (ENG.). 464p. (J). 7.99 (978-0-00-854275-7(9), HarperCollins Children's Bks.) HarperCollins Pubs. Ltd. GBR. Dist: HarperCollins Pubs.

Anne of Green Gables IR. L. M. Montgomery. 2019. (Illustrated Originals Ser.). (ENG.). 504ppp. (J). pap. 14.99 (978-0-7945-4437-9(1), Usborne) EDC Publishing.

Anne of Green Gables Novel Units Teacher Guide. Novel Units. 2019. (Avonlea Ser.: No. 1). (ENG.). (YA). (gr. 5-8). pap. 12.99 (978-1-56137-341-3(9), Novel Units, Inc.) Classroom Library Co.

Anne of Green Gables Omnibus. Eight Novels: Anne of Green Gables, Anne of Avonlea, Anne of the Island, Anne of Windy Poplars, Anne's House of Dreams, Anne of Ingleside, Rainbow Valley, Rilla of Ingleside. L. M. Montgomery. 2016. (ENG., Illus.). (J). (gr. 4-6). (978-1-78139-759-6(7)); pap. (978-1-78139-758-9(9)) Benediction Classics.

Anne of Green Gables Omnibus. Eight Novels: Anne of Green Gables, Anne of Avonlea, Anne of the Island, Anne of Windy Poplars, Anne's House of Dreams, Anne of Ingleside, Rainbow Valley, Rilla of Ingleside. L. M. Montgomery. 2019. (ENG.). 798p. (J). (gr. 4-6). pap. (978-1-78943-062-2(3)) Benediction Classics.

Anne of Green Gables [Painted Edition]. L. M. Montgomery. 2023. (Harper Muse Classics: Painted Editions Ser.). (ENG., Illus.). 384p. (J). 34.99 **(978-1-4003-3616-6(3))** HarperCollins Focus.

Anne of Green Gables (Royal Collector's Edition) (Case Laminate Hardcover with Jacket) L. M. Montgomery. 2020. (ENG.). 244p. (J). (978-1-77476-084-0(3)) AD Classic.

Anne of Green Gables Storybook: A BabyLit Storybook, 1 vol. Illus. by Annabel Tempest. 2018. (BabyLit Ser.). (ENG.). 28p. (J). (gr. -1-k). 12.99 (978-1-4236-5071-3(9)) Gibbs Smith, Publisher.

Anne of Green Gables Treasury: Deluxe 4-Book Hardcover Boxed Set. L. M. Montgomery. 2022. (ENG., Illus.). (J). 44.99 (978-1-3988-1940-5(9), 5d437b5f-c534-490b-9848-041f2064f977) Arcturus Publishing GBR. Dist: Baker & Taylor Publisher Services (BTPS).

Anne of Green Glabes + CD. Collective. 2017. (Green Apple Ser.). (ENG.). 80p. (YA). pap. 22.95 (978-88-530-1323-1(0), Black Cat) Grove/Atlantic, Inc.

Anne of Greenville. Mariko Tamaki. 304p. (YA). (gr. 9). 2023. pap. 11.99 **(978-1-368-08284-6(X))**; 2022. (ENG.). 18.99 (978-1-368-07840-5(0)) Disney Publishing Worldwide. (Melissa de la Cruz Studio).

Anne of Ingleside see Ana la de Ingleside

Anne of Ingleside. L. M. Montgomery. 2018. (Anne of Green Gables: the Complete Collection: 6). (ENG.). 384p. (J). (gr. 6-12). 8.99 (978-1-78226-448-4(5), 1839347b-0232-4342-bac8-933820cec3af) Sweet Cherry Publishing GBR. Dist: Baker & Taylor Publisher Services (BTPS).

Anne of Ingleside. L. M. Montgomery. 2018. (ENG., Illus.). 312p. (J). (gr. 4-6). 24.99 (978-1-5287-0645-2(5), Classic Bks. Library) The Editorium, LLC.

Anne of Ingleside. L. M. Montgomery. 2022. (ENG.). 234p. (J). (gr. 4-6). pap. **(978-1-387-90355-9(1))** Lulu Pr., Inc.

Anne of the Blossom Shop: Or: the Growing up of Anne Carter (Classic Reprint) Isla May Mullins. 2018. (ENG., Illus.). 326p. (J). 30.62 (978-0-483-55483-2(9)) Forgotten Bks.

Anne of the Island see Ana la de Isla

Anne of the Island. L. M. Montgomery. 2018. (ENG., Illus.). 240p. (J). (gr. 2-5). pap. (978-93-5297-102-2(7)) Alpha Editions.

Anne of the Island. L. M. Montgomery. 2017. (ENG., Illus.). (J). 25.95 (978-1-374-89884-4(8)); pap. 15.95 (978-1-374-89883-7(X)) Capital Communications, Inc.

Anne of the Island. L. M. Montgomery. 2018. (Anne of Green Gables: the Complete Collection: 3). (ENG.). 312p. (J). (gr. 6-12). 8.99 (978-1-78226-445-3(0), 6a902ad3-6883-4c7e-8532-21673815d7a9) Sweet Cherry Publishing GBR. Dist: Baker & Taylor Publisher Services (BTPS).

Anne of the Island. L. M. Montgomery. 2018. (ENG., Illus.). 258p. (YA). 24.99 (978-1-5287-0650-6(1), Classic Bks. Library) The Editorium, LLC.

Anne of the Island. Lucy Maud Montgomery & Grandma's Treasures. 2019. (ENG.). 248p. (J). (gr. 2-5). **(978-1-7948-2469-0(3))** Lulu Pr., Inc.

Anne of the Island (Classic Reprint) L. M. Montgomery. (ENG., Illus.). (J). 2017. 31.20 (978-0-331-75066-9(X)); 2016. pap. 13.97 (978-1-334-18114-6(4)) Forgotten Bks.

Anne of the People of (Classic Reprint) Mary Imlay Taylor. 2018. (ENG., Illus.). 356p. (J). 31.24 (978-0-483-44028-9(0)) Forgotten Bks.

Anne of West Philly: A Modern Graphic Retelling of Anne of Green Gables. Ivy Noelle Weir. Illus. by Myisha Haynes. 2022. (Classic Graphic Remix Ser.). (ENG.). 256p. (J). (gr. 3-7). 24.99 (978-0-316-45978-5(X)); pap. 12.99 (978-0-316-45977-8(1)) Little, Brown Bks. for Young Readers.

Anne of Windy Poplars see Ana la de Alamos Ventosos

Anne of Windy Poplars. L. M. Montgomery. 2018. (Anne of Green Gables: the Complete Collection: 4). (ENG.). 352p. (J). (gr. 6-12). 8.99 (978-1-78226-446-0(9), d8744cfd-82f5-4e66-a57e-c6198bdaeab7) Sweet Cherry Publishing GBR. Dist: Baker & Taylor Publisher Services (BTPS).

Anne of Windy Poplars. L. M. Montgomery. 2018. (ENG., Illus.). 258p. (YA). 24.99 (978-1-5287-0647-6(1), Classic Bks. Library) The Editorium, LLC.

Anne Severn & the Fieldings (Classic Reprint) May' Sinclair. 2018. (ENG., Illus.). 330p. (J). 30.72 (978-0-666-83556-7(X)) Forgotten Bks.

Anne Sullivan: Finds a Home the Courageous Kids Series. Wanda Kay Knight. 2020. (ENG.). 46p. (J). pap. 6.99 (978-1-64764-850-3(5)) Waldorf Publishing.

Annee Scientifique et Industrielle: Cinquante et Unieme Annee (1907) (Classic Reprint) Emile Gautier. 2016. (FRE., Illus.). (J). pap. 16.57 (978-1-334-65777-1(7)) Forgotten Bks.

Année Scientifique et Industrielle: Cinquante et Unième Année (1907) (Classic Reprint) Emile Gautier. 2018. (FRE., Illus.). 480p. (J). 33.82 (978-0-666-91664-8(0)) Forgotten Bks.

Année Scientifique et Industrielle, 1896, Vol. 4 (Classic Reprint) Emile Gautier. 2018. (FRE., Illus.). (J). 548p. 35.22 (978-0-366-11315-6(1)); 550p. pap. 19.57 (978-0-366-04331-6(5)) Forgotten Bks.

Annee Scientifique et Industrielle, 1899, Vol. 43 (Classic Reprint) Emile Gautier. 2017. (FRE., Illus.). (J). pap. 16.57 (978-0-243-24844-5(X)) Forgotten Bks.

Annee Scientifique et Industrielle, 1901, Vol. 45 (Classic Reprint) Emile Gautier. 2017. (FRE., Illus.). (J). 33.43 *(978-0-260-74279-7(1))* Forgotten Bks.

Anneke: A Little Dame of New Netherlands (Classic Reprint) Elizabeth Williams Champney. (ENG., Illus.). (J). 2018. 346p. 31.05 *(978-0-267-72692-9(9))*; 2016. pap. 13.57 *(978-1-333-66311-7(0))* Forgotten Bks.

Anneke & Hans: 30 Short Stories from North Holland. Susan Kramer. 2019. (ENG.). 146p. (J). pap. *(978-0-359-89688-2(X))* Lulu Pr., Inc.

Anneke & Hans - 30 Tales of Adventure & Virtue. Susan Kramer. 2018. (ENG., Illus.). 146p. (J). pap. 10.95 *(978-1-387-89052-1(2))* Lulu Pr., Inc.

AnneMarie's Make-Believe. Casey Wiegand. Illus. by Barbara Bonglini. 2023. (ENG.). 48p. (J). (gr. 2-4). 16.95 ***(978-1-955492-76-8(X)***, GT2768) Good & True Media.

Anne's Alphabet: Inspired by Anne of Green Gables. Illus. by Kelly Hill. 2019. (Anne of Green Gables Ser.). (ENG.). 28p. (J). (— 1). bds. 7.99 *(978-0-7352-6286-7(1)*, Tundra Bks.) Tundra Bks. CAN. Dist: Penguin Random Hse. LLC.

Anne's Bridge (Classic Reprint) Robert W. Chambers. (ENG., Illus.). (J). 2018. 174p. 27.51 *(978-0-483-89700-7(0))*; 2016. pap. 9.97 *(978-1-333-34436-8(8))* Forgotten Bks.

Annes (Classic Reprint) Marion Ames Taggart. 2017. (ENG., Illus.). (J). 286p. 29.80 *(978-0-484-73514-8(4))*; pap. 13.57 *(978-0-259-39841-7(1))* Forgotten Bks.

Anne's Colors: Inspired by Anne of Green Gables. Illus. by Kelly Hill. 2018. (Anne of Green Gables Ser.). 20p. (J). (— 1). bds. 7.99 *(978-0-7352-6284-3(5)*, Tundra Bks.) Tundra Bks. CAN. Dist: Penguin Random Hse. LLC.

Anne's Feelings: Inspired by Anne of Green Gables. Illus. by Kelly Hill. 2019. (Anne of Green Gables Ser.). (ENG.). 22p. (J). (— 1). bds. 7.99 *(978-0-7352-6287-4(X)*, Tundra Bks.) Tundra Bks. CAN. Dist: Penguin Random Hse. LLC.

Anne's House of Dreams see Ana y la Casa de Sus Suenos

Anne's House of Dreams. L. M. Montgomery. 2018. (Anne of Green Gables: the Complete Collection: 5). (ENG.). 312p. (J). (gr. 6-12). 8.99 *(978-1-78226-447-7(7)*, 188961c4-4c59-44ac-85e3-80e4bf53b4dd) Sweet Cherry Publishing GBR. Dist: Baker & Taylor Publisher Services (BTPS).

Anne's House of Dreams. L. M. Montgomery. 2018. (ENG., Illus.). 258p. (YA). 24.99 *(978-1-5287-0646-9(3)*, Classic Bks. Library) The Editorium, LLC.

Anne's House of Dreams: Annotated Edition. L. M. Montgomery. annot. ed. 2016. (ENG., Illus.). (J). (gr. 3-9). pap. *(978-1-77244-040-9(X))* Rock's Mills Pr.

Anne's House of Dreams (Classic Reprint) L. M. Montgomery. 2018. (ENG., Illus.). 356p. (J). 31.24 *(978-0-267-21135-7(X))* Forgotten Bks.

Anne's House of Dreams (unabridged 1917 Edition) L. M. Montgomery. 2022. (ENG.). 158p. (J). pap. 29.90 ***(978-1-4583-3860-0(6))*** Lulu Pr., Inc.

Anne's Kindred Spirits: Inspired by Anne of Green Gables. Kallie George. Illus. by Abigail Halpin. (Anne Chapter Book Ser.: 2). 64p. (J). (gr. 1-4). 2020. pap. 8.99 *(978-0-7352-6694-0(8))*; 2019. (ENG.). 12.99 *(978-1-77049-932-4(6))* Tundra Bks. CAN. (Tundra Bks.). Dist: Penguin Random Hse. LLC.

Anne's Numbers: Inspired by Anne of Green Gables. Illus. by Kelly Hill. 2018. (Anne of Green Gables Ser.). 22p. (J). (— 1). bds. 8.99 *(978-0-7352-6285-0(3)*, Tundra Bks.) Tundra Bks. CAN. Dist: Penguin Random Hse. LLC.

Anne's School Days: Inspired by Anne of Green Gables. Kallie George. Illus. by Abigail Halpin. (Anne Chapter Book Ser.: 3). (J). (gr. 1-4). 2022. 68p. pap. 8.99 *(978-0-7352-6734-3(0))*; 2021. 72p. 12.99 *(978-0-7352-6720-6(0))* Tundra Bks. CAN. (Tundra Bks.). Dist: Penguin Random Hse. LLC.

Anne's Terrible Good Nature: And Other Stories for Children (Classic Reprint) E. V. Lucas. 2018. (ENG., Illus.). 294p. (J). 30.02 *(978-0-484-29829-2(1))* Forgotten Bks.

Anne's Tragical Tea Party: Inspired by Anne of Green Gables. Kallie George. Illus. by Abigail Halpin. (Anne Chapter Book Ser.: 4). (J). (gr. 1-4). 2023. 68p. pap. 8.99 *(978-0-7352-6735-0(9))*; 2022. 72p. 12.99 *(978-0-7352-6722-0(7))* Tundra Bks. CAN. (Tundra Bks.). Dist: Penguin Random Hse. LLC.

Anne's Wedding: A Blossom Shop Romance (Classic Reprint) Isla May Mullins. 2018. (ENG., Illus.). 354p. (J). 31.20 *(978-0-267-19585-5(0))* Forgotten Bks.

Annesley Case (Classic Reprint) Andrew Lang. 2017. (ENG., Illus.). (J). pap. 16.57 *(978-0-243-50494-7(2))* Forgotten Bks.

Annesley Case (Classic Reprint) Andrew Lang. 2018. (ENG., Illus.). 402p. (J). 32.21 *(978-0-364-00811-9(3))* Forgotten Bks.

Annette & Bennett: A Novel (Classic Reprint) Gilbert Cannan. (ENG., Illus.). (J). 2018. 326p. 30.62 *(978-0-483-72230-9(8))*; 2016. pap. 13.57 *(978-1-333-54237-5(2))* Forgotten Bks.

Annette Feels Free: The True Story of Annette Kellerman, World-Class Swimmer, Fashion Pioneer, & Real-Life Mermaid. Katie Mazeika. Illus. by Katie Mazeika. 2022. (ENG., Illus.). 40p. (J). (-3). 18.99 *(978-1-6659-0343-1(0)*, Beach Lane Bks.) Beach Lane Bks.

Annexation. Marisa Chenery. 2016. (ENG.). 174p. (J). pap. *(978-1-988659-02-2(7))* Forever More Publishing.

Anni Dreams of Biryani. Namita Moolani Mehra. Illus. by Chaaya Prabhat. 2022. 40p. (J). (gr. -1-3). 17.99 *(978-1-5420-3041-0(2)*, 9781542030410, Two Lions) Amazon Publishing.

Annice Wynkoop, Artist: The Perseverance of a Country Girl (Classic Reprint) Adelaide L. Rouse. 2018. (ENG., Illus.). 324p. (J). 30.58 *(978-0-267-18766-9(1))* Forgotten Bks.

Annie Aardvark, Mathematician. Suzie Olsen. Illus. by Davina "Viv" Kinney. 2017. (ENG.). (J). pap. 9.99 *(978-0-9984337-0-7(5))* STEAM Publishing, LLC.

Annie Africa. Lee-Anne Davis. 2019. (ENG.). 38p. (J). 14.95 *(978-1-64307-466-5(0))* Amplify Publishing Group.

Annie & Helen. Deborah Hopkinson. Illus. by Raul ón. 2020. 48p. (J). (gr. -1-3). pap. 7.99 *(978-1-9848-5192-5(6)*, Dragonfly Bks.) Random Hse. Children's Bks.

Annie & Koos of the Bushveldt. Elizabeth Williams. Illus. by Virginia Gray. 2016. (ENG.). (J). (gr. 1-6). *(978-0-9945552-6-7(1))* Williams, Elizabeth.

Annie & Simon: Banana Muffins & Other Stories. Catharine O'Neill. Illus. by Catharine O'Neill. 2017. (ENG., Illus.). 64p. (J). (gr. k-3). 15.99 *(978-0-7636-7498-4(2))* Candlewick Pr.

Annie & Snowball Collector's Set 2 (Boxed Set) Annie & Snowball & the Magical House; Annie & Snowball & the Wintry Freeze; Annie & Snowball & the Book Bugs Club; Annie & Snowball & the Thankful Friends; Annie & Snowball & the Surprise Day; Annie & Snowball & the Grandmother Night. Cynthia Rylant. Illus. by Suçie Stevenson. ed. 2019. (Annie & Snowball Ser.). (ENG.). 240p. (J). (gr. k-2). pap. 17.99 *(978-1-5344-3810-1(6)*, Simon Spotlight) Simon Spotlight.

Annie & the Butterfly Fairies. Paula Wilkes. 2018. (ENG., Illus.). 50p. (J). (gr. 1-3). *(978-1-5289-2469-6(X))*; pap. *(978-1-5289-2470-2(3))* Austin Macauley Pubs. Ltd.

Annie Angel & Tiny Tina. Kadie Martin. Illus. by Hello Saris. 2022. (ENG.). 38p. (J). pap. ***(978-1-922850-86-7(1))*** Shawline Publishing Group.

Annie B. , Made for TV. Amy Dixon. 2018. (ENG., Illus.). 240p. (J). (gr. 3-7). 16.99 *(978-0-7624-6385-5(6)*, Running Pr. Kids) Running Pr.

Annie Deane: The Wayside Weed (Classic Reprint) A. F. Slade. (ENG., Illus.). (J). 2017. 31.69 *(978-0-265-42141-3(1))*; 2016. pap. 16.57 *(978-1-333-17315-9(6))* Forgotten Bks.

Annie Em's Red Shoes. Toni Kaye Tyler. 2018. (ENG.). 32p. (J). 14.99 *(978-1-945507-97-7(7))* Clovercroft Publishing.

Annie Goes... Camping. Annie Turnquest. 2020. (ENG.). 54p. (J). *(978-1-716-57961-5(9))* Lulu Pr., Inc.

Annie Laurie & Azalea (Classic Reprint) Elia W. Peattie. 2018. (ENG., Illus.). 312p. (J). 30.48 *(978-0-484-28138-6(0))* Forgotten Bks.

Annie Lumsden, the Girl from the Sea. David Almond. Illus. by Beatrice Alemagna. 2021. (ENG.). 64p. (J). (gr. 2-5). 16.99 *(978-1-5362-1674-5(7))* Candlewick Pr.

Annie Lynne & Jackie Lee: I Help You & You Help Me. Lynne Martin Urban. 2019. (ENG.). 36p. (J). pap. 16.20 *(978-1-4834-0728-9(4))* Lulu Pr., Inc.

Annie o' the Banks o' Dee (Classic Reprint) Gordon Stables. 2017. (ENG., Illus.). (J). 322p. 30.54 *(978-0-484-67376-1(9))*; pap. 13.57 *(978-0-259-36750-5(8))* Forgotten Bks.

Annie Oakley. Jill Foran. 2018. (J). *(978-1-4896-9568-0(0)*, AV2 by Weigl) Weigl Pubs., Inc.

Annie Oakley: Aiming at Dimes the Courageous Kids Series. Wanda Kay Knight. 2020. (ENG.). 46p. (J). pap. 6.99 *(978-1-64970-752-9(5))* Waldorf Publishing.

Annie Pooh, Princess Pup, Fireworks: How Annie Pooh, MarLee & Sangee, the Monkey Help Discover Fireworks. Steven E. Farkas. 2021. (ENG.). 44p. (J). 16.99 ***(978-1-957387-01-7(7))***; pap. 10.99 ***(978-1-957387-00-0(9))*** Mars Hill Ink.

Annie Pooh, Princess Pup, Monkey Shines: How Annie Pooh & MarLee Meet Sangee the Monkey. Steven E. Farkas. 2021. (ENG.). 46p. (J). pap. 12.99 ***(978-1-957387-05-5(X))*** Mars Hill Ink.

Annie Reilly or the Fortunes of an Irish Girl in New York. John McElgun. 2017. (ENG.). 256p. (J). pap. *(978-3-7447-0820-3(9))* Creation Pubs.

Annie Reilly, or the Fortunes of an Irish Girl in New York: A Tale Founded on Fact (Classic Reprint) John McElgun. 2017. (ENG., Illus.). (J). 29.22 *(978-0-260-35088-6(5))* Forgotten Bks.

Annie Rose & Her Invisible Unicorn. Fred Dickinson. 2020. (ENG., Illus.). 28p. (J). pap. 11.95 *(978-1-64670-399-9(5))* Covenant Bks.

Annie Spills Her Milk. Anne M Gorman. 2022. (ENG.). 18p. (J). 12.95 *(978-1-957943-40-4(8))*; pap. 6.95 *(978-1-957943-39-8(4))* Rushmore Pr. LLC.

Annie Spills Her Milk. Anne Gorman. 2016. (ENG., Illus.). (J). pap. 12.45 *(978-1-4808-3977-9(9))* Archway Publishing.

Annie Sullivan & the Trials of Helen Keller. Joseph Lambert. Illus. by Joseph Lambert. 2018. (Center for Cartoon Studies Presents Ser.). (ENG., Illus.). 96p. (J). (gr. 5-9). 17.99 *(978-1-368-02230-9(8))* Little, Brown Bks. for Young Readers.

Annie the Avalanche: A Rumbling & Rolling Adventure. Rana Boulos. 2022. (ENG.). 46p. (J). pap. ***(978-1-80352-132-9(5))*** Independent Publishing Network.

Annie the Jack Wagon. Julie Swigart. 2023. (ENG.). 29p. (J). ***(978-1-312-24950-9(1))*** Lulu Pr., Inc.

Annie the Star Student. Anne M Gorman. 2022. (ENG.). 18p. (J). 12.95 *(978-1-957943-37-4(8))*; pap. 6.95 *(978-1-957943-36-7(X))* Rushmore Pr. LLC.

Annie the Star Student. Anne M. Gorman. 2016. (ENG., Illus.). (J). pap. 12.45 *(978-1-4808-3568-9(4))* Archway Publishing.

Annie to the Rescue. Melanie Lopata. 2021. (ENG.). 36p. (J). pap. 7.99 *(978-1-0879-5802-6(4))* Lopata, Melanie ~ Author.

Annie's Big Change. Reagan J. Cunningham. 2020. (ENG.). 72p. (J). pap. 15.00 *(978-1-953507-27-3(1))* Brightlings.

Annie's Cat Is Sad. Heather Smith. Illus. by Karen Obuhanych. 2022. (ENG.). 32p. (J). 18.99 *(978-1-250-80684-0(4)*, 900244448) Feiwel & Friends.

Annie's Garden. Charlotte Rose Noble. 2021. (ENG.). 30p. (J). pap. *(978-0-2288-5557-6(8))* Tellwell Talent.

Annie's Jar of Patience: Feeling Impatient & Learning Patience. Sophia Day & Megan Johnson. Illus. by Stephanie Strouse. 2019. (Help Me Understand Ser.: 10). 72p. (J). (ENG.). 14.99 *(978-1-64370-756-3(6)*, 34fad2b1-7aa0-44af-b505-987861d77795); pap. 9.99 *(978-1-64370-757-0(4)*, f7e19fa2-8319-4f60-b6d9-d7b0aaf2064c) MVP Kids Media.

Annie's Protectors. Patricia Petronella Balinski. 2020. (ENG.). 38p. (J). pap. 12.49 *(978-1-63129-836-3(4))* Salem Author Services.

Annie's Rope. Coy S. Garton. Illus. by Margo Garton. 2023. (Heart to Rope Annie Ser.: 1). 24p. (J). pap. 19.99 ***(978-1-6678-9615-1(6))*** BookBaby.

Annie's Stories: Volume 1. Ana María Núñez. 2022. (ENG.). 128p. (J). pap. 20.00 ***(978-1-68574-224-9(6))*** ibukku, LLC.

Annihilation. Michelle Bryan. 2018. (New Bloods Ser.: Vol. 3). (ENG., Illus.). 318p. (YA). pap. *(978-0-9957397-9-6(X))* Aelurus Publishing.

Annika Loves Roller Coasters. Tracilyn George. 2023. (ENG.). 22p. (J). pap. 12.99 ***(978-1-77475-547-1(5))*** Draft2Digital.

Annikin 44-Copy Counter Display: Refill Only, No Display Included. Robert Munsch. Illus. by Michael Martchenko & Dusan Petricic. 2022. (Annikin Ser.). (ENG.). (gr. k-2). 109.56 ***(978-1-77321-392-7(X))*** Annick Pr., Ltd. CAN. Dist: Publishers Group West (PGW).

Annis Warleigh's Fortunes: A Novel (Classic Reprint) Holme Lee. 2018. (ENG., Illus.). 182p. (J). 27.65 *(978-0-483-89626-0(8))* Forgotten Bks.

Annis Warleigh's Fortunes, Vol. 1 of 3 (Classic Reprint) Holme Lee. 2018. (ENG., Illus.). 292p. (J). 29.92 *(978-0-483-39228-1(6))* Forgotten Bks.

Annis Warleigh's Fortunes, Vol. 2 of 3 (Classic Reprint) Holme Lee. 2018. (ENG., Illus.). 324p. (J). 30.58 *(978-0-483-54906-7(1))* Forgotten Bks.

Annis Warleigh's Fortunes, Vol. 3 of 3 (Classic Reprint) Holme Lee. 2018. (ENG., Illus.). 296p. (J). 30.00 *(978-0-483-93926-4(9))* Forgotten Bks.

Anniversary Dinner of the Clover Club, Thursday, Jan. 19th, 1888 (Classic Reprint) Clover Club Philadelphia. 2018. (ENG., Illus.). (J). 72p. 25.40 *(978-1-396-79217-5(1))*; 74p. pap. 9.57 *(978-1-396-64815-1(1))* Forgotten Bks.

Anno's Denmark. Mitsumasa Anno & Miki Kobayashi. 2018. (Illus.). (J). *(978-1-893103-75-7(7))* Beautiful Feet Bks.

Annotated & Illustrated Masekhet Sukka. Moshe Gross. 2017. (HEB., Illus.). 106p. 19.95 *(978-965-526-214-8(6)*, Maggid) Toby Pr. LLC, The.

Annotated Catalogue of Books Used in the Home Libraries & Reading Clubs Conducted by the Children's Department: A Subject Arrangement with Author & Title Index (Classic Reprint) Carnegie Library Of Pittsburgh. annot. ed. (ENG., Illus.). (J). 2018. 114p. 26.25 *(978-0-365-31297-0(5))*; 2016. pap. 9.57 *(978-1-334-11843-2(4))* Forgotten Bks.

Annotated English Translation of Urdu Roz-Marra, or Every-Day Urdu: The Text-Book for the Lower Standard Examination in Hindustani Examination (Classic Reprint) D. C. Phillott. annot. ed. 2018. (ENG., Illus.). 134p. (J). 26.68 *(978-0-267-51961-3(3))* Forgotten Bks.

Annotated Glossary to the AR-Rawzatu' Z-Zakiyyah: The Text-Book for the H. S. Examination in Arabic (Classic Reprint) Rizq Allah Azoo. annot. ed. 2016. (ENG., Illus.). (J). pap. 10.57 *(978-1-334-12374-0(8))* Forgotten Bks.

Annotated Glossary to the Ar-Rawzatu' Z-Zakiyyah: The Text-Book for the H. S. Examination in Arabic (Classic Reprint) Rizq Allah Azoo. annot. ed. 2018. (ENG., Illus.). 202p. (J). 28.08 *(978-0-484-14020-1(5))* Forgotten Bks.

Annotazioni Di Discorsi. Alexandra Donato. 2020. (ITA.). 60p. (YA). pap. *(978-1-716-71895-3(3))* Lulu Pr., Inc.

Annouchka: A Tale (Classic Reprint) Ivan Sergheievitch Turgenef. 2017. (ENG., Illus.). (J). 26.45 *(978-1-5279-7072-4(8))* Forgotten Bks.

Annoying Alliterations Anyone Can Attempt. Marilyn Dahl. 2022. (ENG.). 28p. (J). pap. 14.99 ***(978-1-0879-2680-3(7))*** Indy Pub.

Annual, 1909 (Classic Reprint) Greensboro High School. 2018. (ENG., Illus.). (J). 88p. 25.71 *(978-0-365-05780-2(0))*; 90p. pap. 9.57 *(978-0-656-32612-9(3))* Forgotten Bks.

Annual, 1911 (Classic Reprint) Shortridge High School. (ENG., Illus.). (J). 2018. 102p. 26.00 *(978-0-364-16401-3(8))*; 2017. pap. 9.57 *(978-0-259-88386-9(7))* Forgotten Bks.

Annual, 1915 (Classic Reprint) Angola High School. (ENG., Illus.). (J). 2017. 24.91 *(978-0-266-41778-1(7))*; 2016. pap. 9.57 *(978-1-333-65554-9(1))* Forgotten Bks.

Annual, 1915 (Classic Reprint) Rockford High School. (ENG., Illus.). (J). 2018. 230p. 28.66 *(978-0-484-38470-4(8))*; 2017. pap. 11.57 *(978-0-243-39073-1(4))* Forgotten Bks.

Annual, 1915 (Classic Reprint) Shortridge High School. 2017. (ENG., Illus.). (J). 26.70 *(978-0-260-43177-6(X))*; pap. 9.57 *(978-0-266-08338-2(2))* Forgotten Bks.

Annual, 1917 (Classic Reprint) Shortridge High School. (ENG., Illus.). (J). 2018. 116p. 26.31 *(978-0-484-14429-2(4))*; 2017. pap. 9.57 *(978-0-243-43803-7(6))* Forgotten Bks.

Annual, 1918 (Classic Reprint) Audrey Mosier. (ENG., Illus.). (J). 2018. 100p. 25.96 *(978-0-666-97657-4(0))*; 2017. pap. 9.57 *(978-0-259-81355-2(9))* Forgotten Bks.

Annual, 1920 (Classic Reprint) Shortridge High School. (ENG., Illus.). (J). 2018. 124p. 26.47 *(978-0-483-00082-7(5))*; 2016. pap. 9.57 *(978-1-333-39124-9(2))* Forgotten Bks.

Annual, 1920, Vol. 13: Published by the Students of Mansfield High School (Classic Reprint) Augustus Fox. 2018. (ENG., Illus.). 176p. (J). 27.55 *(978-0-267-29437-4(9))* Forgotten Bks.

Annual, 1921 (Classic Reprint) Lake View Hospital Training School. (ENG., Illus.). (J). 2018. 114p. 26.25 *(978-0-656-34848-0(8))*; 2017. pap. 9.57 *(978-0-243-44112-9(6))* Forgotten Bks.

Annual, 1921 (Classic Reprint) Shortridge High School. (ENG., Illus.). (J). 2018. 136p. 26.70 *(978-0-267-55333-4(1))*; 2016. pap. 9.57 *(978-1-333-17409-5(8))* Forgotten Bks.

Annual, 1922 (Classic Reprint) Shortridge High School Indianapolis. (ENG., Illus.). (J). 2018. 112p. 26.21 *(978-0-364-37672-0(4))*; 2017. pap. 9.57 *(978-0-259-38211-9(6))* Forgotten Bks.

Annual, 1922, Vol. 15 (Classic Reprint) Mansfield High School. (ENG., Illus.). (J). 2018. 178p. 27.59 *(978-0-365-46838-7(X))*; 2017. pap. 9.97 *(978-0-259-98067-4(6))* Forgotten Bks.

Annual, 1923-24: Victoria College (in Affiliation with U. B. C.), Victoria, B. C (Classic Reprint) Victoria College. (ENG., Illus.). (J). 2018. 66p. 25.28 *(978-0-483-51664-9(3))*; 2017. pap. 9.57 *(978-0-243-07865-3(X))* Forgotten Bks.

Annual, 1925-1926 (Classic Reprint) Provincial Normal School. (ENG., Illus.). (J). 2018. 64p. 25.22 *(978-0-364-02589-5(1))*; 2017. pap. 9.57 *(978-0-243-54120-1(1))* Forgotten Bks.

Annual of the Mansfield High School, 1914, Vol. 7 (Classic Reprint) Helen Bloor. (ENG., Illus.). (J). 2018. 134p. 26.66 *(978-0-364-38138-0(8))*; 2017. pap. 9.57 *(978-0-259-80634-9(X))* Forgotten Bks.

Annual of the Mary Baldwin Seminary (Classic Reprint) Unknown Author. 2018. (ENG., Illus.). 76p. (J). 25.46 *(978-0-267-48434-8(8))* Forgotten Bks.

Annual of the Mary Baldwin Seminary (Classic Reprint) Mary Baldwin College. 2018. (ENG., Illus.). (J). 62p. 25.20 *(978-0-483-79982-0(3))*; 60p. 25.15 *(978-0-267-24749-3(4))* Forgotten Bks.

Annual Report of the Bureau of American Ethnology: To the Secretary of the Smithsonian Institution, 1918-1919 (Classic Reprint) Unknown Author. 2018. (ENG., Illus.). 680p. (J). 37.92 *(978-0-483-78474-1(5))* Forgotten Bks.

Annualette 1844: A Christmas & New Year's Gift (Classic Reprint) T. Harrington Carter Firm. (ENG., Illus.). (J). 2018. 144p. 26.87 *(978-0-267-13571-4(8))*; 2017. pap. 9.57 *(978-0-259-41977-8(X))* Forgotten Bks.

Annuary, 1915, Vol. 1 (Classic Reprint) Walnut Grove High School. (ENG., Illus.). (J). 2018. 106p. 26.08 *(978-0-267-24822-3(9))*; 2017. pap. 9.57 *(978-0-259-94377-8(0))* Forgotten Bks.

Anny & Allie. Nicole Rubel. Illus. by Nicole Rubel. 2019. (Illus.). 38p. (J). (gr. 1-3). (ENG.). 29.95 *(978-1-64279-098-6(2))*; pap. 8.95 *(978-1-64279-096-2(6))* Morgan James Publishing.

año Alrededor Del Gran Roble. Gerda Muller. 2019. (SPA.). 44p. (J). (gr. 1-3). 24.99 *(978-84-120293-1-4(3)*, ING Edicions) Noguera, Ivette Garcia ESP. Dist: Lectorum Pubns., Inc.

año Nuevo Chino. Aaron Carr. 2017. (Las Grandes Fechas Patrias Estadounidenses Ser.). (SPA.). 24p. (J). lib. bdg. 22.99 *(978-1-5105-2404-0(5))* SmartBook Media, Inc.

Año Nuevo Chino. Lori Dittmer. 2021. (Semillas Del Saber Ser.). (SPA.). 24p. (J). (gr. -1-k). pap. 8.99 *(978-1-62832-973-5(4)*, 17903, Creative Paperbacks) Creative Co., The.

Año Nuevo Chino (Chinese New Year) Julie Murray. 2019. (Fiestas (Holidays) Ser.). (SPA.). 24p. (J). (gr. -1-2). lib. bdg. 31.36 *(978-1-5321-8724-7(6)*, 31296, Abdo Kids) ABDO Publishing Co.

Anointed. Helena Christos. 2017. (ENG., Illus.). (YA). (gr. 7-10). pap. *(978-1-925595-53-6(6))* MoshPit Publishing.

Anointed. Jason C. Joyner. 2021. (ENG.). 350p. (YA). pap. 14.99 *(978-1-953456-19-9(7))* Little Lamb Bks.

Anointed: Gifts of the Holy Spirit. Francis I, pseud. 2017. (ENG.). (J). 18.95 *(978-0-8198-0653-6(6))* Pauline Bks. & Media.

Anointed (Classic Reprint) Clyde Brion Davis. 2018. (ENG., Illus.). (J). 286p. 29.82 *(978-1-396-58865-5(5))*; 288p. pap. 13.57 *(978-1-391-68646-2(2))* Forgotten Bks.

Anole Invasion. Marta Magellan. Illus. by Mauro Magellan. 2018. (ENG.). 34p. (J). (gr. k-5). pap. 9.99 *(978-1-63233-186-1(1))* Eifrig Publishing.

Anomalies & Curiosities of Medicine: Being an Encyclopedic Collection of Rare & Extraordinary Cases, & of the Most Striking Instances of Abnormality in All Branches of Medicine & Surgery (Classic Reprint) George Milbry Gould. (ENG., Illus.). (J). 2018. 45.26 *(978-0-260-84173-5(0))*; 2016. pap. 27.15 *(978-1-334-52056-3(9))* Forgotten Bks.

Anónima. Wendy Mora. 2021. (SPA.). 136p. (YA). pap. 6.95 *(978-607-07-8328-9(X))* Editorial Planeta, S. A. ESP. Dist: Two Rivers Distribution.

Anonymous Diaries Left Behind (Boxed Set) Lucy in the Sky; Letting Ana Go; Calling Maggie May; Breaking Bailey. Anonymous. ed. 2019. (Anonymous Diaries). (ENG.). 1248p. (YA). (gr. 9). pap. 44.99 *(978-1-5344-4643-4(5)*, Simon Pulse) Simon Pulse.

Anonymouse. Vikki VanSickle. Illus. by Anna Pirolli. 2021. 40p. (J). (gr. -1-2). 18.99 *(978-0-7352-6394-9(9)*, Tundra Bks.) Tundra Bks. CAN. Dist: Penguin Random Hse. LLC.

Anonymouse: A Story about Pen Pals. Caroline Rose Kraft. Illus. by Megan E. Cangelose. 2019. (ENG.). 44p. (J). pap. 10.99 ***(978-0-578-42263-3(8))*** Southampton Publishing.

Another. Christian Robinson. Illus. by Christian Robinson. 2019. (ENG., Illus.). 56p. (J). (gr. -1-3). 17.99 *(978-1-5344-2167-7(X)*, Atheneum Bks. for Young Readers) Simon & Schuster Children's Publishing.

Another 101 Black Inventors & Their Inventions. Joy James. 2022. (ENG.). 226p. (J). pap. ***(978-1-80094-343-8(1))*** Terence, Michael Publishing.

Another Adventure for Princess Aurelia. B. Heather Mantler. 2020. (ENG.). 72p. (J). pap. *(978-1-927507-47-6(2))* Mantler Publishing.

Another Avatar. S. P. Somtow. 2020. (S. P. Somtow Novella Ser.: Vol. 1). (ENG.). 106p. (J). pap. 5.99 *(978-1-940999-62-3(6))* Diplodocus Pr.

Another Book of Verses for Children (Classic Reprint) Edward Verrall Lucas. 2018. (ENG., Illus.). 454p. (J). 33.26 *(978-0-484-66032-7(2))* Forgotten Bks.

Another Book/Story about Midnight the Rescued Little Kitty Cat. Lori Kallis Crawford. 2020. (Midnight the Rescued Little Kitty Cat Ser.: Vol. 2). (ENG., Illus.). 62p. (J). 26.95 *(978-1-64471-813-1(8))*; pap. 16.95 *(978-1-64471-812-4(X))* Covenant Bks.

Another Brother. Matthew Cordell. Illus. by Matthew Cordell. 2018. (ENG., Illus.). 40p. (J). pap. 8.99 *(978-1-250-20762-3(2)*, 900201653) Square Fish.

Another Budget, or Things Which I Saw in the East (Classic Reprint) Jane Anthony Eames. 2017. (ENG., Illus.). (J). 34.13 *(978-0-265-72779-9(0))*; pap. 16.57 *(978-1-5276-8791-2(0))* Forgotten Bks.

Another d for DeeDee. Bibi Belford. 2018. (ENG.). 208p. (J). (gr. 4-8). 15.99 *(978-1-5107-3726-6(X))*; pap. 8.99 *(978-1-5107-2406-8(0))* Skyhorse Publishing Co., Inc. (Sky Pony Pr.).

Another Dimension - Friend or Foe. Kathleen Bell. 2017. (ENG., Illus.). 142p. (J). pap. *(978-0-244-32654-8(1))* Lulu Pr., Inc.

Another Dimension - Journey into the Unknown/Friend or Foe. Kathleen Bell. 2018. (ENG., Illus.). 364p. (J). pap. *(978-0-244-66084-0(0))* Lulu Pr., Inc.

Another Dimension of Us. Mike Albo. 2023. 320p. (YA). (gr. 7). 18.99 *(978-0-593-22376-5(4)*, Penguin Workshop) Penguin Young Readers Group.

Another Dozen Stories. Ray Satyajit. 2021. (Puffin Classics Ser.). (ENG.). 256p. (J). (gr. 4-7). pap. 9.99 (978-0-14-344703-0(3), Puffin) Penguin Bks. India PVT, Ltd IND. Dist: Independent Pubs. Group.

Another Dreadful Fairy Book. Jon Etter. 2021. (Those Dreadful Fairy Bks.: 2). (ENG.). 352p. (J). (gr. 4-7). pap. 9.99 (978-1-948705-80-6(X)) Amberjack Publishing Co.

Another Five-Minute Recitations (Classic Reprint) A. B. Harley. (ENG., Illus.). (J). 2018. 266p. 29.38 (978-0-267-34407-9(4)); 2016. pap. 11.97 (978-1-333-67665-0(4)) Forgotten Bks.

Another Flock of Girls (Classic Reprint) Nora Perry. 2018. (ENG., Illus.). 220p. (J). 28.43 (978-0-483-72211-8(1)) Forgotten Bks.

Another Great Day: Patient, Patient. Pollie Marie. 2016. (ENG., Illus.). (J). pap. 7.95 (978-0-578-18749-5(3)) PollieMarieSolutions.

Another Juanita, & Other Stories (Classic Reprint) Josephine Woempner Clifford McCrackin. 2018. (ENG., Illus.). 304p. (J). 30.19 (978-0-484-50013-5(9)) Forgotten Bks.

Another Kind. Trevor Bream. 2021. (ENG., Illus.). 288p. (J). (gr. 5-7). 22.99 (978-0-06-304354-1(8), HarperAlley) HarperCollins Pubs.

Another Kind Graphic Novel. Trevor Bream. Illus. by Cait May. 2021. (ENG.). 288p. (J). (gr. 5-7). pap. 12.99 (978-0-06-304353-4(X), HarperAlley) HarperCollins Pubs.

Another Life. Callie Pascal. 2022. (ENG.). 172p. (YA). pap. 19.98 (978-1-4357-9187-9(8)) Lulu Pr., Inc.

Another Man's Shoes (Classic Reprint) Victor Bridges. 2017. (ENG., Illus.). (J). 30.72 (978-0-265-25487-5(6)) Forgotten Bks.

Another Miserable Love Song. Brooke Carter. 2nd ed. 2021. (Orca Soundings Ser.). (ENG.). 128p. (YA). (gr. 8-12). pap. 10.95 (978-1-4598-3309-8(0)) Orca Bk. Pubs. USA.

Another Night Before Christmas. Mark Simmons. 2022. (ENG., Illus.). 28p. (J). 25.95 (978-1-63985-231-4(X)); pap. 14.95 (978-1-63985-229-1(8)) Fulton Bks.

Another Path: The Soul Prophecies. Caitlin Lynagh. 2019. (ENG., Illus.). 410p. (YA). (gr. 9-12). pap. (978-1-9995965-2-1(8)) Outlet Publishing.

Another Place. Matthew Crow. 2017. (ENG.). 288p. (YA). 11.99 (978-1-4721-1420-4(5), Atom Books) Little, Brown Book Group Ltd. GBR. Dist: Hachette Bk. Group.

Another Quest for Celeste. Henry Cole. Illus. by Henry Cole. 2020. (Nest for Celeste Ser.: 2). (ENG., Illus.). 288p. (J). (gr. 3-7). pap. 7.99 (978-0-06-265813-5(1), Tegen, Katherine Bks) HarperCollins Pubs.

Another Round of Stories (Classic Reprint) Charles Dickens. 2018. (ENG., Illus.). 42p. (J). 24.78 (978-0-483-51267-2(2)) Forgotten Bks.

Another Squiggly Story. Andrew Larsen. Illus. by Mike Lowery. 2022. (ENG.). 32p. (J). (gr. -1-3). 18.99 (978-1-5253-0482-8(8)) Kids Can Pr., Ltd. CAN. Dist: Hachette Bk. Group.

Another Superhero Day. Shaniece Vassell. Illus. by Anastasia Cartovenco. 2020. (ENG.). 44p. (J). (978-1-5255-9248-5(3)); pap. (978-1-5255-9247-8(5)) FriesenPress.

Another Tale of Maximillian the Mouse. Mac Black. 2019. (ENG., Illus.). 100p. (J). pap. (978-1-912777-26-6(6)) U P Pubns.

Another Time Machine Tale. Aubrey Moore. 2022. (ENG.). 66p. (YA). pap. 12.95 (978-1-63885-397-8(5)) Covenant Bks.

Another Totally Appropriate Shirt Alphabet. Joe Lampe. l.t. ed. 2023. (Definitely Not Dirty Word Bks.). (ENG.). 32p. (J). pap. 9.99 (978-1-0881-5347-5(X)) Indy Pub.

Another Visa Story. Maeve Ere-Bestman. 2017. (ENG.). 150p. (J). pap. (978-978-37160-9-4(3)) Divine Printers and Publishers Nigeria Ltd.

Another Way Out. Liz Reagan. 2020. (ENG.). 98p. (J). pap. 10.00 (978-0-359-86971-8(8)) Lulu Pr., Inc.

Another Wicked Woman (Classic Reprint) G. A. Grant-Forbes. (ENG., Illus.). (J). 2018. 196p. 27.92 (978-0-484-09972-1(8)); 2016. pap. 10.57 (978-1-333-96560-0(5)) Forgotten Bks.

Another World. D. C. Gomez. 2019. (Another World Trilogy Ser.: Vol. 1). (ENG.). 160p. (J). pap. 8.95 (978-1-7333160-0-2(0)) Gomez Expeditions.

Another World. Christopher D. Kenny. 2017. (ENG.). 269p. pap. 13.95 (978-1-78629-627-6(6), 0502550f-eff6-4510-bc99-941dda446b06) Austin Macauley Pubs. Ltd. GBR. Dist: Baker & Taylor Publisher Services (BTPS).

Another Year with Denise & Ned Toodles (Classic Reprint) Gabrielle E. Jackson. (ENG., Illus.). (J). 2018. 306p. 30.21 (978-0-483-95552-3(3)); 2017. pap. 13.57 (978-0-243-33630-2(6)) Forgotten Bks.

Another's Crime: From the Diary of Inspector Byrnes (Classic Reprint) Julian Hawthorne. 2018. (ENG., Illus.). 270p. (J). 29.47 (978-0-483-63368-1(2)) Forgotten Bks.

Anouka Chronicles: The Hollow Boathouse. Philippa W. Joyner. 2018. (ENG., Illus.). 416p. (J). (gr. 10-12). pap. 19.99 (978-1-78719-750-3(6)) New Generation Publishing GBR. Dist: Independent Pubs. Group.

Anouka Chronicles: The Silver Chalice. Philippa W. Joyner. 2017. (ENG., Illus.). (YA). (gr. 10-12). (978-1-78719-302-4(0)); pap. (978-1-78719-301-7(2)) Authors OnLine, Ltd.

Anouska's Adventures. Jools A. Deacon. 2017. (ENG., Illus.). 16p. (J). pap. 13.95 (978-1-78612-891-1(8), 370dae0d-8b14-4453-9e04-6057fc715f5f) Austin Macauley Pubs. Ltd. GBR. Dist: Baker & Taylor Publisher Services (BTPS).

Anquilosaurio. Lori Dittmer. 2023. (SPA.). 24p. (J). (gr. -1-1). pap. 10.99 (978-1-68277-287-4(X), Creative Paperbacks) Creative Co., The.

Anquilosaurio. Grace Hansen. 2017. (Dinosaurios (Dinosaurs Set 2) Ser.).Tr. of Ankylosaurus. (SPA., Illus.). 24p. (J). (gr. -1-2). lib. bdg. 32.79 (978-1-5321-0649-1(1), 27240, Abdo Kids) ABDO Publishing Co.

ANS du Roy Richard le Second: Collect' Ensembl' Hors les Abridgments de Statham, Fitzherbert et Brooke (Classic Reprint) Richard Bellewe. 2018. (FRE., Illus.). (J). 364p. 31.42 (978-0-365-99649-1(1)); 366p. pap. 13.97 (978-0-365-94989-3(2)) Forgotten Bks.

Ansdale Hall: Or, Stand by Your Colors (Classic Reprint) Caroline J. Freeland. 2018. (ENG., Illus.). 228p. (J). 28.68 (978-0-484-23335-4(1)) Forgotten Bks.

Ansel Adams: The Spirit of Wild Places, Vol. 8. Eric Peter Nash. 2018. (American Artists Ser.). 144p. (J). (gr. 7). 35.93 (978-1-4222-4155-4(6)) Mason Crest.

Ansiedad 3. Celos: Cuando el Miedo a la Pérdida Acelera la Pérdida. Augusto Cury. 2020. (SPA.). 136p. pap. 14.50 (978-607-527-767-7(6)) Editorial Oceano de Mexico MEX. Dist: Independent Pubs. Group.

Ansiosos Por Nada (Edición para Lectores Jóvenes) Superando la Ansiedad y la Soledad. Max Lucado & Andrea Lucado. 2022. (SPA.). 192p. (J). pap. 13.99 (978-1-4002-3234-5(1)) Grupo Nelson.

Ansley's Big Bake Off, 1 vol. Kaitlyn Pitts et al. 2020. (Faithgirlz / the Daniels Sisters Ser.). (ENG., Illus.). 176p. (J). pap. 8.99 (978-0-310-76960-6(4)) Zonderkidz.

Ansleys Day at the Zoo. Lonnie Bargo. 2018. (ENG., Illus.). 18p. (J). (978-1-387-65428-4(4)) Lulu Pr., Inc.

Anson 100 (2020 Edition) Anson Primary School. 2020. (ENG.). 98p. (J). pap. 8.76 (978-0-244-86728-7(3)) Wright Bks.

Ansons in Asiatic Temples (Classic Reprint) Frank S. Dobbins. 2018. (ENG., Illus.). 296p. (J). 30.00 (978-0-484-60691-2(3)) Forgotten Bks.

Answer in Your Heart. Janev Tatar. 2019. (ENG., Illus.). 52p. (J). pap. (978-1-78830-391-0(1)) Olympia Publishers.

Answer Me Geometry! the Shape up Workbook - Math Books for 3rd Graders Children's Geometry Books. Baby Professor. 2017. (ENG., Illus.). 64p. (J). pap. 9.52 (978-1-5419-2813-8(X), Baby Professor (Education Kids)) Speedy Publishing LLC.

Answer of Adam (Classic Reprint) Henry Noble Maccracken. (ENG., Illus.). (J). 2018. 20p. 24.33 (978-0-666-75920-7(0)); 2017. pap. 7.97 (978-1-331-88553-5(1)) Forgotten Bks.

Answer to the Anonymous Author of a Familiar Epistle to Mrs. con. Phillips (Classic Reprint) Henry Dennis. 2016. (ENG., Illus.). (J). pap. 7.97 (978-1-334-14945-0(3)) Forgotten Bks.

Answerer (Classic Reprint) Grant Overton. 2017. (ENG., Illus.). (J). 31.80 (978-0-260-21302-0(0)) Forgotten Bks.

Answering Message, & Other Naval Stories (Classic Reprint) Rush M. Hoag. 2018. (ENG., Illus.). 112p. (J). 26.21 (978-0-483-65227-9(X)) Forgotten Bks.

Answering the Call: A Guide to Resilience for Caregivers of Persons with Dementia. 2021. (ENG.). 48p. (J). pap. 11.95 (978-1-63710-137-7(6)) Fulton Bks.

Answering the Cry for Freedom: Stories of African Americans & the American Revolution. Gretchen Woelfle. Illus. by R. Gregory Christie. 2016. (ENG.). 240p. (J). (gr. 4-7). 19.99 (978-1-62979-306-1(X), Calkins Creek) Highlights Pr., c/o Highlights for Children, Inc.

Answers. Penelope Dyan. Illus. by Penelope Dyan. l.t. ed. 2022. (ENG.). 34p. (J). pap. 12.60 (978-1-61477-616-1(4)) Bellissima Publishing, LLC.

Answers Book for Kids Vol 7: 22 Questions from Kids on Evolution & Millions of Years. Ken Ham & Bodie Hodge. 2017. (Answers Book for Kids Ser.: 7). (ENG., Illus.). 48p. (J). (gr. 4-6). 7.99 (978-1-68344-066-6(8), Master Books) New Leaf Publishing Group.

Answers Book for Kids Vol 8: 22 Questions from Kids on Satan & Angels. Ken Ham & Bodie Hodge. 2017. (Answers Book for Kids Ser.: 8). (ENG., Illus.). 48p. (J). (gr. 4-6). 7.99 (978-1-68344-067-3(6), Master Books) New Leaf Publishing Group.

Answers in the Pages. David Levithan. (ENG.). (J). (gr. 3-7). 2023. 192p. 8.99 (978-0-593-48471-5(1), Yearling); 2022. 176p. 17.99 (978-0-593-48468-5(1), Knopf Bks. for Young Readers); 2022. 176p. lib. bdg. 20.99 (978-0-593-48469-2(X), Knopf Bks. for Young Readers) Random Hse. Children's Bks.

Answers to Brut. Gillian Rubinstein. 2018. (ENG., Illus.). 130p. (J). pap. (978-1-925883-08-4(6)) Ligature.

Answers to the World's Greatest Questions, 1 vol. Bjorn Carey. 2017. (Popular Science Fact Book for Inquiring Minds Ser.). (ENG.). 224p. (YA). (gr. 8-8). lib. bdg. 49.50 (978-1-5026-3290-6(X), e4165398-d00f-41f0-bd2a-5ad106fa14ae) Cavendish Square Publishing LLC.

Ant. August Hoeft. 2022. (I See Insects Ser.). (ENG.). (J). 20p. pap. 12.99 (978-1-5324-4138-7(X)); 16p. (gr. -1-2). 24.99 (978-1-5324-3335-1(2)); 16p. (gr. -1-2). pap. 12.99 (978-1-5324-2827-2(8)) Xist Publishing.

Ant. David Miller. 2017. (Up Close & Scary Ser.). (Illus.). 32p. (gr. 2-5). 31.35 (978-1-911242-03-1(2)) Book Hse. GBR. Dist: Black Rabbit Bks.

Ant: A Periodical Paper Published in Glasgow During the Years 1826 & 1827 (Classic Reprint) Unknown Author. 2017. (ENG., Illus.). (J). 31.03 (978-0-266-72251-9(2)); pap. 13.57 (978-1-5276-7996-2(9)) Forgotten Bks.

Ant & Bee & the ABC (Ant & Bee) Angela Banner. 2020. (Ant & Bee Ser.). (ENG., Illus.). 112p. (J). 9.99 (978-1-4052-9837-7(5)) Farshore GBR. Dist: HarperCollins Pubs.

Ant & Bee & the Doctor (Ant & Bee) Angela Banner. 2020. (Ant & Bee Ser.). (ENG., Illus.). 112p. (J). 9.99 (978-1-4052-9838-4(3)) Farshore GBR. Dist: HarperCollins Pubs.

Ant & Bee & the Kind Dog (Ant & Bee) Angela Banner. 2020. (Ant & Bee Ser.). (ENG., Illus.). 112p. (J). 9.99 (978-1-4052-9836-0(7)) Farshore GBR. Dist: HarperCollins Pubs.

Ant & Bee & the Secret. Angela Banner. 2020. (ENG., Illus.). 84p. (J). 9.99 (978-1-4052-9840-7(5)) Farshore GBR. Dist: HarperCollins Pubs.

Ant & Bee (Ant & Bee) Angela Banner. 2020. (Ant & Bee Ser.). (ENG., Illus.). 112p. (Orig.). (J). 9.99 (978-1-4052-9835-3(9)) Farshore GBR. Dist: HarperCollins Pubs.

Ant & Bee Count 123 (Ant & Bee) Angela Banner. 2020. (Ant & Bee Ser.). (ENG., Illus.). 112p. (J). 9.99 (978-1-4052-9841-4(3)) Farshore GBR. Dist: HarperCollins Pubs.

Ant & Bee Go Shopping (Ant & Bee) Angela Banner. 2020. (Ant & Bee Ser.). (ENG., Illus.). 112p. (J). 9.99 (978-1-4052-9842-1(1)) Farshore GBR. Dist: HarperCollins Pubs.

Ant & Bee Time (Ant & Bee) Angela Banner. 2020. (Ant & Bee Ser.). (ENG., Illus.). 112p. (J). 9.99 (978-1-4052-9844-5(8)) Farshore GBR. Dist: HarperCollins Pubs.

Ant & His Desire to Fly. Volga Kott. 2022. (ENG.). 36p. (J). 24.99 (978-1-63944-766-4(0)) Palmetto Publishing.

Ant & the Boy: Children's Picture Book about Friendship & Bravery. Parick Mullins. 2022. (ENG.). 38p. (J). 15.99 (978-1-7391506-1-7(9)) Bk. Bunny Publishing.

Ant & the Boy: Children's Picture Book about Friendship & Bravery. Patrick Mullins. 2022. (ENG.). 36p. (J). pap. 9.99 (978-1-7391506-0-0(0)) Bk. Bunny Publishing.

Ant & the Butterfly. A. D. Ariel. 2016. (Spring Forward Ser.). (J). (gr. 1). (978-1-4900-2239-0(2)) Benchmark Education Co.

Ant & the Grasshopper. Mary Berendes. Illus. by Dawn Beacon. 2022. (Aesop's Fables: Timeless Moral Stories Ser.). (ENG.). 24p. (J). (gr. k-3). 32.79 (978-1-5038-5857-2(X), 215723) Child's World, Inc, The.

Ant & the Grasshopper. Blake Hoena. Illus. by Lisk Feng. 2018. (Classic Fables in Rhythm & Rhyme Ser.). (ENG.). 24p. (C). (gr. k-2). lib. bdg. 33.99 (978-1-68410-386-7(X), 140358) Cantata Learning.

Ant & the Grasshopper. Carl Sommer. Illus. by Ignacio Noé. 2016. (ENG.). 32p. (J). (gr. k-4). lib. bdg. 16.95 (978-1-57537-925-8(2), Another Sommer-Time Story) Advance Publishing, Inc.

Ant Builders. Drew Falchetta. 2017. (1B Bugs Ser.). (ENG., Illus.). 28p. (J). pap. 9.60 (978-1-63437-117-9(8)) American Reading Co.

Ant Called Tiny: How Long Is Eternity? Miles Phillip Lewis. 2021. (ENG., Illus.). 32p. (J). pap. 14.95 (978-1-63885-060-1(7)) Covenant Bks.

Ant Farmers. Wendy Byerly. Illus. by Katie Axt. 2016. (1B Bugs Ser.). (ENG.). 24p. (J). pap. 8.00 (978-1-61406-545-6(4)) American Reading Co.

Ant in a Book. Yimei Wang. Illus. by Cao Cao. 2020. (ENG.). 48p. (J). (gr. -1-1). 9.95 (978-1-4788-6933-7(X)) Newmark Learning LLC.

Ant-Man: Zombie Repellent. Chris 'Doc' Wyatt. Illus. by Khoi Pham & Chris Sotomayor. 2016. (Mighty Marvel Chapter Bks.). (ENG.). 128p. (J). (gr. 2-7). lib. bdg. 31.36 (978-1-61479-479-0(0), 21392) ABDO Publishing Co.

Ant-Man & the Wasp: My Mighty Marvel First Book. Marvel Entertainment. Illus. by Jack Kirby et al. 2023. (Mighty Marvel First Book Ser.). (ENG.). 24p. (J). (gr. -1-17). bds. 10.99 (978-1-4197-6665-7(1), 1800110, Abrams Appleseed) Abrams, Inc.

Ant-Man: This Is Ant-Man. Chris Wyatt. Illus. by Ron Lim & Rachelle Rosenberg. 2017. (World of Reading Level 1 Ser.). (ENG.). 32p. (J). (gr. -1-3). lib. bdg. 31.36 (978-1-5321-4048-8(7), 25419) Spotlight.

Ant Roy the Bug Boy. Dejah Moore. 2022. (ENG.). 106p. (J). pap. 19.99 (978-1-0879-5153-9(4)) Dunn, Stephen Daingerfield.

Ant Who Needed a Transplant. Bill Wall. Illus. by Dave Hill. 2023. (ENG.). 32p. (J). (978-1-0391-3462-1(9)); pap. (978-1-0391-3461-4(0)) FriesenPress.

Antagonists (Classic Reprint) E. Temple Thurston. (ENG., Illus.). (J). 2018. 318p. 30.46 (978-0-267-30998-6(8)); 2016. pap. 13.57 (978-1-333-38294-0(4)) Forgotten Bks.

Antarctic Animals (Set), 6 vols. Grace Hansen. 2021. (Antarctic Animals Ser.). (ENG.). 24p. (J). (gr. -1-2). lib. bdg. 196.74 (978-1-0982-0936-0(2), 38186, Abdo Kids) ABDO Publishing Co.

Antarctic Attack. Adrian C. Bott. Illus. by Andy Isaac. 2017. 137p. (J). (978-1-61067-704-2(8)) Kane Miller.

Antarctic Attack: Axel & Beast. Adrian C. Bott. Illus. by Andy Isaac. 2018. (ENG.). 144p. (J). pap. 5.99 (978-1-61067-634-2(3)) Kane Miller.

Antarctic Mystery. Jules Vern. abr. ed. 2020. (ENG.). 192p. (J). pap. 10.95 (978-1-63637-156-6(0)) Bibliotech Pr.

Antarctic Penguins: A Study of Their Social Habits (Classic Reprint) G. Murray Levick. 2017. (ENG., Illus.). (J). 29.32 (978-1-5285-6693-3(9)) Forgotten Bks.

Antarctic Shag. Grace Hansen. 2021. (Antarctic Animals Ser.). (ENG., Illus.). 24p. (J). (gr. -1-2). lib. bdg. 32.79 (978-1-0982-0938-4(9), 38190, Abdo Kids) ABDO Publishing Co.

Antarctic Tundra. Vicky Franchino. 2016. (Community Connections: Getting to Know Our Planet Ser.). (ENG., Illus.). 24p. (J). (gr. 2-5). 29.21 (978-1-63470-514-1(9), 207787) Cherry Lake Publishing.

Antarctic Wildlife. James Buckley. 2017. (Exploring the Polar Regions Today Ser.). (ENG., Illus.). 64p. (J). (gr. 7-12). 23.95 (978-1-4222-3864-6(4)) Mason Crest.

Antarctica. Roumanis Alexis. 2019. (World Languages Ser.). (ENG.). 24p. (J). (gr. 3-7). lib. bdg. 35.70 (978-1-4896-7225-4(7), AV2 by Weigl) Weigl Pubs., Inc.

Antarctica. Claire Vanden Branden. 2018. (Continents (Cody Koala) Ser.). (ENG., Illus.). 24p. (J). (gr. k-3). lib. bdg. 31.36 (978-1-5321-6170-4(0), 30123, Pop! Cody Koala) Pop!.

Antarctica. Contrib. by Tracy Vonder Brink. 2022. (Seven Continents of the World Ser.). (ENG.). 32p. (J). (gr. 3-5). lib. bdg. (978-1-0396-6051-9(7), 21636) Crabtree Publishing Co.

Antarctica. Tracy Vonder Brink. 2022. (Seven Continents of the World Ser.). (ENG., Illus.). 32p. (J). (gr. 3-5). pap. (978-1-0396-6246-9(3), 21637) Crabtree Publishing Co.

Antarctica. Mary Lindeen. 2018. (Continents of the World Ser.). (ENG.). 24p. (J). (gr. -1-2). lib. bdg. 32.79 (978-1-5038-2494-2(2), 212318) Child's World, Inc, The.

Antarctica. Emily Rose Oachs. 2016. (Discover the Continents Ser.). (ENG., Illus.). 24p. (J). (gr. k-3). pap. 7.99 (978-1-61891-255-8(0), 12039); lib. bdg. 26.95 (978-1-62617-324-8(9)) Bellwether Media. (Blastoff! Readers).

Antarctica. Alexis Roumanis. 2018. (Continents Ser.). (ENG.). 24p. (J). lib. bdg. 22.99 (978-1-5105-3899-3(2)) SmartBook Media, Inc.

Antarctica. Claire Vanden Branden. 2019. (Continents Ser.). (ENG., Illus.). 24p. (J). (gr. 1-1). pap. 8.95 (978-1-64185-541-9(X), 164185541X) North Star Editions.

Antarctica: A 4D Book. Christine Juarez. 2018. (Investigating Continents Ser.). (ENG., Illus.). 24p. (J). (gr. 1-3). lib. bdg. 27.99 (978-1-5435-2795-7(7), 138237, Capstone Pr.) Capstone.

Antarctica: A Continent of Wonder. Mario Cuesta Hernando. Illus. by Raquel Martin. 2021. (ENG.). 48p. (J). (gr. k-3). 19.95 (978-3-7913-7456-7(7)) Prestel Verlag GmbH & Co KG. DEU. Dist: Penguin Random Hse. LLC.

Antarctica: Polar Regions Book with Facts & Pictures for Children. Bold Kids. 2022. (ENG.). 42p. (J). pap. 14.99 (978-1-0717-0875-0(9)) FASTLANE LLC.

Antarctica: The Melting Continent. Karen Romano Young. Illus. by Angela Hsieh. 2022. (ENG.). 64p. (J). (gr. 5-8). 24.00 (978-1-913750-53-4(1)) What on Earth Books.

Antarctica (a True Book: the Seven Continents) (Library Edition) Karen Kellaher. 2019. (True Book (Relaunch) Ser.). (ENG., Illus.). 48p. (J). (gr. 3-5). lib. bdg. 31.00 (978-0-531-12805-3(9), Children's Pr.) Scholastic Library Publishing.

Antarctica & the Arctic: Facts, Figures, & Stories. Jim Gigliotti. 2017. (Exploring the Polar Regions Today Ser.: Vol. 8). (ENG., Illus.). 64p. (J). (gr. 7-12). 23.95 (978-1-4222-3865-3(2)) Mason Crest.

Antarctica for Kids: People, Places & Cultures - Children Explore the World Books. Baby Professor. 2016. (ENG., Illus.). 42p. (J). pap. 11.65 (978-1-68305-603-4(5)) Speedy Publishing LLC.

Antártica. Linda Aspen-Baxter. 2016. (Los Siete Continentes Ser.). (SPA.). 32p. (J). lib. bdg. 29.99 (978-1-5105-2464-4(9)) SmartBook Media, Inc.

Antártida. Alexis Roumanis. 2016. (Explorando Los Continentes Ser.). (SPA.). 24p. (J). pap. 31.41 (978-1-4896-4276-9(5)) Weigl Pubs., Inc.

Ante Bellum: Southern Life As It Was (Classic Reprint) Mary Louise Cook. (ENG., Illus.). (J). 2018. 328p. 30.66 (978-0-656-69555-3(2)); 2017. pap. 13.57 (978-0-259-19471-2(9)) Forgotten Bks.

Anteater Adventure. Kama Einhorn. 2019. (True Tales of Rescue Ser.). (ENG., Illus.). 144p. (J). (gr. 3-7). 14.99 (978-1-328-76704-2(3), 1680374, Clarion Bks.) HarperCollins Pubs.

Anteater That Would Not Burp. Tamera Riedle. 2017. (ENG., Illus.). 32p. (J). pap. (978-1-365-67688-8(9)) Lulu Pr., Inc.

Anteaters. Melissa Gish. 2018. (Living Wild Ser.). (ENG.). 48p. (J). (gr. 4-7). (978-1-60818-955-7(4), 19765, Creative Education) Creative Co., The.

Anteaters, Bats & Boas: The Amazon Rainforest from the Forest Floor to the Treetops. Roxie Munro. 2023. (Illus.). 32p. (J). (gr. 2-5). pap. 8.99 (978-0-8234-5426-6(6)) Holiday Hse., Inc.

Antebellum Awakening. Katie Cross. 2019. (Network Ser.: Vol. 2). (ENG.). 306p. (YA). pap. 19.99 (978-1-0878-1109-3(0)) Indy Pub.

Antediluvians 2: Multiple Targets. Abby N. Black. Illus. by Abby N. Black. 2019. (ENG., Illus.). 516p. (YA). (gr. 7-12). pap. 19.95 (978-0-9909737-4-4(3)) South Main Media by Mindwatering.

Antelope & Deer of America: A Comprehensive Treatise upon the Natural History, Including the Characteristics, Habits, Affinities, & Capacity for Domestication, of the Antilocapra & Cervidae of North America (Classic Reprint) John Dean Caton. 2017. (ENG., Illus.). (J). 32.64 (978-0-266-18102-6(3)) Forgotten Bks.

Antelope Jackrabbits. Patrick Perish. 2020. (Animals of the Desert Ser.). (ENG., Illus.). 24p. (J). (gr. k-3). lib. bdg. 26.95 (978-1-64487-219-2(6), Blastoff! Readers) Bellwether Media.

Antelopes. Kate Riggs. 2016. (Amazing Animals Ser.). (ENG., Illus.). 24p. (J). (gr. 1-3). pap. 9.99 (978-1-62832-214-9(4), 20431, Creative Paperbacks); 28.50 (978-1-60818-608-2(3), 20433, Creative Education) Creative Co., The.

Antelopes to Zebras: Glass Designs Coloring Book. Bobo's Adult Activity Books. 2016. (ENG., Illus.). (J). pap. 9.33 (978-1-68327-617-3(5)) Sunshine In My Soul Publishing.

Antepasados Para Ninos. Sandra García Dávila. 2018. (SPA.). 142p. (J). (gr. 4-8). pap. 6.95 (978-970-643-359-6(7)) Selector, S.A. de C.V. MEX. Dist: Spanish Pubs., LLC.

Antes de Diciembre / Before December. Joana Marcús. 2022. (Wattpad. Meses a Tu Lado Ser.: 1). (SPA.). 496p. (YA). (gr. 9). pap. 18.95 (978-607-38-1055-5(5), Montena) Penguin Random House Grupo Editorial ESP. Dist: Penguin Random Hse. LLC.

Antes de Ser Libres. Julia Alvarez. Tr. by Liliana Valenzuela from ENG. 2018.Tr. of Before We Were Free. (SPA.). 192p. (YA). (gr. 7). pap. 10.99 (978-0-525-57977-9(X), Ember) Random Hse. Children's Bks.

Anthem (the Sixties Trilogy #3) Deborah Wiles. 2019. (Sixties Trilogy Ser.: 3). (ENG., Illus.). 480p. (J). (gr. 4-7). 19.99 (978-0-545-10609-2(5), Scholastic Pr.) Scholastic, Inc.

Anthill & the Nest. Saa Maurice Sindondoeh Jumu. 2017. (ENG., Illus.). (J). pap. (978-9988-8743-6-0(7)) Sisters In Stitches Joined By The Cloth.

Anthill Forest. Christian Cortez Campos. 2021. (ENG.). 106p. (J). pap. (978-1-83934-196-0(3)) Olympia Publishers.

Anthills. Christopher Forest. 2018. (Animal Engineers Ser.). (ENG., Illus.). (J). (gr. 2-3). pap. 9.95 (978-1-63517-957-6(2), 1635179572); lib. bdg. 31.35 (978-1-63517-856-2(8), 1635178568) North Star Editions. (Focus Readers).

Anthills. Christopher Forest. 2018. (Illus.). 32p. (J). pap. (978-1-4896-9738-7(1), AV2 by Weigl) Weigl Pubs., Inc.

Anthologie du Festival Francophone des Hauts de France: De la Plus Belle Lettre d'amour et D'amitié 2020. Gaëlle-Bernadette Lavisse et al. 2020. (FRE.). 281p. (YA). pap. (978-1-716-82037-3(5)) Lulu Pr., Inc.

Anthologie Halloween. Ed. by Kelebek Verlag. 2017. (GER., Illus.). (YA). pap. (978-3-947083-05-3(X)) Schenk, Maria Kelebek Verlag.

Anthology Comics & Short Stories: #1. Andrew Heckmaster. 2022. (ENG.). 36p. pap. (978-1-4357-8530-4(4)) Lulu Pr., Inc.

Anthology of Amazing Women: Trailblazers Who Dared to Be Different. Sandra Lawrence. Illus. by Nathan Collins.

96

The check digit for ISBN-10 appears in parentheses after the full ISBN-13

2018. (ENG.). 128p. (J). (gr. 3-7). 17.99 *(978-1-4998-0690-8(5))* Little Bee Books Inc.

Anthology of Aquatic Life. Sam Hume. 2022. (DK Children's Anthologies Ser.). (ENG., Illus.). 224p. (J). (gr. 2). 21.99 *(978-0-7440-5982-3(8),* DK Children) Dorling Kindersley Publishing, Inc.

Anthology of English Prose: From Bede to R. L. Stevenson (Classic Reprint) S. L. Edwards. 2018. (ENG., Illus.). 426p. (J). 32.68 *(978-0-483-21507-8(4))* Forgotten Bks.

Anthology of Humorous Verse: From Robert Herrick to Owen Seaman (Classic Reprint) Helen Melville. 2017. (ENG., Illus.). (J). 29.24 *(978-0-265-56679-4(7))* Forgotten Bks.

Anthology of Intriguing Animals see Antología de Animales Extraordinarios (an Anthology of Intriguing Animals)

Anthology of Intriguing Animals. DK. 2018. (DK Children's Anthologies Ser.). (ENG., Illus.). 224p. (J). (gr. 2-4). 21.99 *(978-1-4654-7702-6(0),* DK Children) Dorling Kindersley Publishing, Inc.

Anthology of Russian Literature from the Earliest Period to the Present Time, Vol. 1 of 2 (Classic Reprint) Leo Wiener. 2018. (ENG., Illus.). 474p. (J). 33.67 *(978-0-364-30087-9(6))* Forgotten Bks.

Anthology of Russian Literature from the Earliest Period to the Present Time, Vol. 2 of 2 (Classic Reprint) Leo Wiener. 2017. (ENG., Illus.). (J). 34.62 *(978-1-5281-6273-9(0))* Forgotten Bks.

Anthology of Small Adventures. Peter Hull. 2017. (ENG., Illus.). (J). pap. *(978-1-911240-92-1(7))* Rowanvale Bks.

Anthony & Arabella: (Arabella: Latin, Meaning Answered Prayer) Anne-Marie Cadwallader. 2020. (ENG., Illus.). 50p. (J). 27.00 *(978-1-64530-080-9(3))* Dorrance Publishing Co., Inc.

Anthony & the Gargoyle, 1 vol. Jo Ellen Bogart. Illus. by Maja Kastelic. 2021. (ENG.). 48p. (J). (gr. 1-4). 19.99 *(978-1-77306-344-7(8))* Groundwood Bks. CAN. Dist: Publishers Group West (PGW).

Anthony Ant Finds His Groove. Wendy Pinches. 2022. (ENG.). 28p. (J). pap. ***(978-1-64979-637-0(4))*** Austin Macauley Pubs. Ltd.

Anthony Britten (Classic Reprint) H. C. Macilwaine. (ENG., Illus.). (J). 2018. 394p. 32.02 *(978-0-365-17516-2(1))*; 2017. pap. 16.57 *(978-1-5276-8073-9(8))* Forgotten Bks.

Anthony Davis. Greg Bates. 2019. (Illus.). 32p. (J). *(978-1-64185-434-4(0),* Focus Readers) North Star Editions.

Anthony Davis. Tom Glave. 2016. (Basketball's Greatest Stars Ser.). (ENG., Illus.). 32p. (J). (gr. 3-9). lib. bdg. 32.79 *(978-1-68078-544-9(3),* 23767, SportsZone) ABDO Publishing Co.

Anthony Davis: Basketball Star. Greg Bates. 2019. (Biggest Names in Sports Set 4 Ser.). (ENG., Illus.). 32p. (J). (gr. 3-5). pap. 9.95 *(978-1-64185-376-7(X),* 164185376X); lib. bdg. 31.35 *(978-1-64185-318-7(2),* 1641853182) North Star Editions. (Focus Readers).

Anthony Edwards. Bo Mitchell. 2023. (Sports Superstars Ser.). (ENG., Illus.). 32p. (J). lib. bdg. 31.35 ***(978-1-63738-554-8(4),*** Apex) North Star Editions.

Anthony Edwards. Contrib. by Bo Mitchell. 2023. (Sports Superstars Ser.). (ENG., Illus.). 32p. (J). pap. 9.95 ***(978-1-63738-608-8(7),*** Apex) North Star Editions.

Anthony Fairfax, Vol. 1 Of 3: A Novel (Classic Reprint) Margery Hollis. 2018. (ENG., Illus.). 316p. (J). 30.43 *(978-0-483-84256-4(7))* Forgotten Bks.

Anthony Fauci: Inmunólogo, Experto en COVID-19. Grace Hansen. 2022. (Biografías: Personas Que Han Hecho Historia Ser.). (SPA.). 24p. (J). (gr. -1-2). lib. bdg. 32.79 *(978-1-0982-6539-7(4),* 41023, Abdo Kids) ABDO Publishing Co.

Anthony Fauci: Immunologist & COVID-19 Leader. Grace Hansen. 2021. (History Maker Biographies (Abdo Kids Jumbo) Ser.). (ENG., Illus.). 24p. (J). (gr. -1-2). lib. bdg. 32.79 *(978-1-0982-0889-9(7),* 37875, Abdo Kids) ABDO Publishing Co.

Anthony Forgets the Word No. Eboni Anderson. Illus. by Cameron Wilson. 2022. (ENG.). 36p. (J). 17.99 ***(978-1-0879-4879-9(7))*** Indy Pub.

Anthony I Love You All Ways. Marianne Richmond. Illus. by Dubravka Kolanovic. 2023. (I Love You All Ways Ser.). (ENG.). 32p. (J). (gr. -1-3). 8.99 ***(978-1-7282-7332-7(3))*** Sourcebooks, Inc.

Anthony Million. Edwin Gilven. 2019. (ENG.). 17p. (J). *(978-1-7947-5599-4(3))* Lulu Pr., Inc.

Anthony on the North Pole Express. J. D. Green. 2019. (North Pole Express Ser.). (ENG.). 32p. (J). (gr. -1-3). 7.99 ***(978-1-7282-0305-8(8))*** Sourcebooks, Inc.

Anthony Overman (Classic Reprint) Miriam Michelson. 2018. (ENG., Illus.). 352p. (J). 31.18 *(978-0-428-77752-4(X))* Forgotten Bks.

Anthony Santa's Secret Elf. Put Me In The Story & Katherine Sully. Illus. by Julia Seal. 2018. (Santa's Secret Elf Ser.). (ENG.). 32p. (J). (gr. k-3). 5.99 *(978-1-4926-8118-2(0))* Sourcebooks, Inc.

Anthony the Absolute (Classic Reprint) Samuel Merwin. 2018. (ENG., Illus.). 370p. (J). 31.53 *(978-0-428-75128-9(8))* Forgotten Bks.

Anthony the Amazing Ant: A Tool to Teach about Exceptional Children. Timothy King. 2021. (ENG.). 28p. (J). pap. 15.00 *(978-1-312-90586-3(7))* Lulu Pr., Inc.

Anthony the Great the Great Gathering: Book 2 Part 2. S. K. Faulkner. 2023. (ENG.). 108p. (J). pap. 15.98 ***(978-1-312-58648-2(6))*** Lulu Pr., Inc.

Anthony 'Twas the Night Before Christmas. Illus. by Lisa Alderson. 2019. (Night Before Christmas Ser.). (ENG.). 32p. (J). (gr. -1-3). 7.99 ***(978-1-7282-0198-6(5))*** Sourcebooks, Inc.

Anthony's Adventures in Growing Up: (Series #1) I'm a Big Boy Now. Debra M. C-Harrington. Illus. by Barbara Jean Choulnard. 2020. (ENG.). 30p. (J). 23.00 *(978-1-64426-191-0(X))* Dorrance Publishing Co., Inc.

Anthony's Amazing Adventures & Incredible Discoveries in the Backyard. P. J. Holt. 2019. (ENG.). 36p. (J). pap. 13.95 *(978-1-64424-515-6(9))* Page Publishing Inc.

Anthony's Backyard Adventure: A Color-Your-Own Illustrations Book. Nc Stone. 2023. (ENG.). 30p. (J). 26.95 ***(978-1-312-96719-9(6))*** Lulu Pr., Inc.

Anthony's Christmas Wish. Put Me In The Story & J. D. Green. Illus. by Julia Seal. 2018. (Christmas Wish Ser.). (ENG.). 32p. (J). (gr. k-3). 6.99 ***(978-1-4926-8305-6(1))*** Sourcebooks, Inc.

Anthony's Zoo. Juan Berrio. 2020. (Wordless Graphic Novels Ser.). (ENG., Illus.). 40p. (J). (gr. k-2). lib. bdg. 22.65 *(978-1-5158-6145-4(7),* 142406, Picture Window Bks.) Capstone.

Anthropogenic Essentiality of Periodic Elements. Mithlesh Choudhary. 2021. (ENG.). 230p. (J). pap. 80.99 *(978-1-68487-958-8(2))* Notion Pr., Inc.

Anthropological Papers of the American Museum of Natural History: Tales of Yukaghir, Lamut, & Russianized Natives of Eastern Siberia (Classic Reprint) Waldemar Bogoras. 2017. (ENG., Illus.). (J). 27.13 *(978-0-331-64878-2(4))* Forgotten Bks.

Anthropological Report on Sierra Leone, 1916, Vol. 1 (Classic Reprint) Northcote Whitridge Thomas. 2017. (ENG., Illus.). (J). 29.01 *(978-0-260-19073-4(X))* Forgotten Bks.

Anthropological Report on Sierra Leone, Vol. 2: Timne-English Dictionary (Classic Reprint) Northcote W. Thomas. 2017. (ENG., Illus.). (J). 27.05 *(978-0-265-90712-2(8))* Forgotten Bks.

Anthropological Report on Sierra Leone, Vol. 3: Timne Grammar & Stories (Classic Reprint) Northcote Whitridge Thomas. (ENG., Illus.). (J). 2018. 124p. 26.47 *(978-0-365-47938-3(1))*; 2016. pap. 9.57 *(978-1-334-13699-3(8))* Forgotten Bks.

Anthropological Report on the EDO-Speaking Peoples of Nigeria (Classic Reprint) Northcote Whitridge Thomas. 2018. (ENG., Illus.). 268p. (J). 29.44 *(978-0-267-26956-3(0))* Forgotten Bks.

Anthropological Report on the Ibo-Speaking Peoples of Nigeria, 1913, Vol. 3 (Classic Reprint) Northcote Whitridge Thomas. 2018. (ENG., Illus.). 214p. (J). 28.33 *(978-0-365-47505-7(X))* Forgotten Bks.

Anthropological Report on the Ibo-Speaking Peoples of Nigeria, Vol. 2: English-Ibo & Ibo-English Dictionary (Classic Reprint) Northcote Whitridge Thomas. (ENG., Illus.). (J). 2018. 406p. 32.29 *(978-0-267-75916-3(9))*; 2016. pap. 16.57 *(978-1-334-14595-7(4))* Forgotten Bks.

Anthropological Report on the Ibo-Speaking Peoples of Nigeria, Vol. 5: Addenda to Ibo-English Dictionary (Classic Reprint) Northcote Whitridge Thomas. 2017. (ENG., Illus.). (J). 28.17 *(978-0-260-51366-3(0))* Forgotten Bks.

Anthropologie, Ou Etude des Organes, Fonctions, Maladies de l'Homme et de la Femme, Vol. 1: Comprenant l'Anatomie, la Physiologie, l'Hygiène, la Pathologie, la Thérapeutique et la Médecine légale (Classic Reprint) Antonin Bossu. 2018. (FRE., Illus.). (J). 688p. 38.09 *(978-0-366-17407-2(X))*; 690p. pap. 20.57 *(978-0-366-16839-2(8))* Forgotten Bks.

Anthropologists at Work, 1 vol. Therese Shea. 2017. (Scientists at Work Ser.). (ENG., Illus.). 32p. (J). (gr. 2-3). 26.06 *(978-1-68048-743-5(4),* 720c8a4b-65ca-4aa6-b518-a8f1bc379662); pap. 13.90 *(978-1-68048-741-1(8),* 7c4e9de0-0a5c-418c-977f-da5af5b7bb1a) Rosen Publishing Group, Inc., The. (Britannica Educational Publishing).

Anti-Babel & Other Such Doings (Classic Reprint) William Henry Bishop. 2018. (ENG., Illus.). 254p. (J). 29.16 *(978-0-483-02027-6(3))* Forgotten Bks.

Anti-Bias ABC's. Ryan Brazil. 2022. (ENG.). 58p. (J). 32.00 ***(978-1-0879-3453-2(2))*** Indy Pub.

Anti-Bias Learning: Social Justice in Action (Set), 6 vols. 2021. (21st Century Junior Library: Anti-Bias Learning: Social Justice in Action Ser.). (ENG., Illus.). 24p. (J). (gr. 2-5). 183.84 *(978-1-5341-9281-2(6),* 218894); pap., pap., pap. 76.71 *(978-1-5341-9299-7(9),* 218895) Cherry Lake Publishing.

Anti-Book. Raphael Simon. (Illus.). 320p. (J). (gr. 3-7). 2022. 8.99 *(978-0-525-55242-0(1))*; 2021. 17.99 *(978-0-525-55241-3(3))* Penguin Young Readers Group. (Dial Bks).

Anti-Boredom Activity Book. Editors of Silver Dolphin Books. 2019. (ENG.). 128p. (J). (gr. 1-3). pap. 12.99 *(978-1-68412-653-8(3),* Silver Dolphin Bks.) Printers Row Publishing Group.

Anti-Boredom Book of Brilliant Outdoor Things to Do: Games, Crafts, Puzzles, Jokes, Riddles, & Trivia for Hours of Fun. Andy Seed. Illus. by Scott Garrett. 2020. (Anti-Boredom Bks.). (ENG.). 168p. (J). pap. 7.99 *(978-1-5107-5483-6(0),* Sky Pony Pr.) Skyhorse Publishing Co., Inc.

Anti-Boredom Book of Brilliant Things to Do: Games, Crafts, Puzzles, Jokes, Riddles, & Trivia for Hours of Fun. Andy Seed. Illus. by Scott Garrett. 2020. (Anti-Boredom Bks.). (ENG.). 160p. (J). pap. 7.99 *(978-1-5107-5484-3(9),* Sky Pony Pr.) Skyhorse Publishing Co., Inc.

Anti-Boredom Christmas Book: Games, Crafts, Puzzles, Jokes, Riddles, & Carols for Hours of Family Fun. Andy Seed. Illus. by Scott Garrett. 2019. (Anti-Boredom Bks.). (ENG.). 168p. (J). pap. 7.99 *(978-1-5107-5470-6(9),* Sky Pony Pr.) Skyhorse Publishing Co., Inc.

Anti-Coningsby, Vol. 2 Of 2: Or, the New Generation Grown Old (Classic Reprint) Unknown Author. 2018. (ENG., Illus.). 266p. (J). 29.38 *(978-0-428-79542-9(0))* Forgotten Bks.

Anti-Gadget Activity Book 2nd Grade. Educando Kids. 2019. (ENG.). 42p. (J). pap. 8.55 *(978-1-64521-721-3(3),* Educando Kids) Editorial Imagen.

Anti-Injustice Squad: The Cacomistle Team. Kent Johnson Olsen. 2018. (ENG.). 104p. (YA). pap. 8.99 *(978-1-4808-5818-3(8))* Archway Publishing.

Anti Mobbing Guide: Psychoterror Ade! Theo Scribus. 2022. (GER.). 52p. (YA). pap. 10.70 ***(978-1-4716-7069-5(4))*** Lulu Pr., Inc.

Anti-Racism Starts with Me: Kids Coloring Book (Anti Racist Childrens Books) Kadeesha Bryant. 2020. (ENG., Illus.). 62p. (J). pap. *(978-1-913357-67-2(8))* Devela Publishing.

Anti-Racist Art Activities for Kids: 30+ Creative Projects That Celebrate Diversity & Inspire Change. 2023. (ENG., Illus.). 144p. (J). (gr. 2-5). pap. 22.99 ***(978-0-7603-8132-8(1),*** 421239, Quarry Bks.) Quarto Publishing Group USA.

Anti-Running Around Activity Book Age 4-5. Jupiter Kids. 2018. (ENG., Illus.). 106p. (J). pap. 12.55 *(978-1-5419-3476-4(8),* Jupiter Kids (Childrens & Kids Fiction)) Speedy Publishing LLC.

Anti-Slavery Crusade: A Chronicle of the Gathering Storm. Jesse Macy. 2019. (ENG.). 260p. (J). pap. 11.25 *(978-1-63391-766-8(5))* Westphalia Press.

Anti-Spelling Book: A New System of Teaching Children to Read Without Spelling; with an Introduction Addressed to Parents & Teachers (Classic Reprint) Unknown Author. (ENG., Illus.). (J). 2018. 150p. 26.99 *(978-0-267-76824-0(9))*; 2016. pap. 9.57 *(978-1-334-13735-8(8))* Forgotten Bks.

Anti-Stress Color by Numbers. David Woodroffe. 2019. (Arcturus Color by Numbers Collection: 6). (ENG.). 128p. (J). pap. 12.99 *(978-1-78950-573-3(9),* d040e3ab-642a-483b-bc51-21b216064006) Arcturus Publishing GBR. Dist: Baker & Taylor Publisher Services (BTPS).

Anti Stress Coloring Book (36 Intricate & Complex Abstract Coloring Pages) 36 Intricate & Complex Abstract Coloring Pages: This Book Has 36 Abstract Coloring Pages That Can Be Used to Color in, Frame, and/or Meditate over: This Book Can Be Photocopied, Printed & Downloaded As a PDF. James Manning & Christabelle Manning. 2019. (Anti Stress Coloring Book Ser.: Vol. 24). (ENG., Illus.). 74p. (YA). pap. *(978-1-83856-378-3(4))* Coloring Pages.

Anti Stress Coloring Book (Absolute Nonsense) This Book Has 36 Coloring Sheets That Can Be Used to Color in, Frame, and/or Meditate over: This Book Can Be Photocopied, Printed & Downloaded As a PDF. James Manning. 2019. (Anti Stress Coloring Book Ser.: Vol. 30). (ENG., Illus.). 74p. (YA). pap. *(978-1-83884-161-4(X))* Coloring Pages.

Anti Stress Coloring Book (All You Need Is Love) This Book Has 40 Coloring Sheets That Can Be Used to Color in, Frame, and/or Meditate over: This Book Can Be Photocopied, Printed & Downloaded As a PDF. James Manning & Christabelle Manning. 2019. (Anti Stress Coloring Book Ser.: Vol. 27). (ENG., Illus.). 82p. (YA). pap. *(978-1-83884-020-4(6))* Coloring Pages.

Anti Stress Coloring Book (Anti Stress) This Book Has 36 Coloring Sheets That Can Be Used to Color in, Frame, and/or Meditate over: This Book Can Be Photocopied, Printed & Downloaded As a PDF. James Manning. 2019. (Anti Stress Coloring Book Ser.: Vol. 32). (ENG., Illus.). 74p. (YA). pap. *(978-1-83884-279-6(9))* Coloring Pages.

Anti Stress Coloring Book (Art Therapy) This Book Has 40 Art Therapy Coloring Sheets That Can Be Used to Color in, Frame, and/or Meditate over: This Book Can Be Photocopied, Printed & Downloaded As a PDF. James Manning. 2019. (Anti Stress Coloring Book Ser.: Vol. 26). (ENG., Illus.). 82p. (YA). pap. *(978-1-83856-133-8(1))* Coloring Pages.

Anti Stress Coloring Book (Fashion) This Book Has 36 Coloring Sheets That Can Be Used to Color in, Frame, and/or Meditate over: This Book Can Be Photocopied, Printed & Downloaded As a PDF. James Manning & Christabelle Manning. 2019. (Anti Stress Coloring Book Ser.: Vol. 36). (ENG., Illus.). 74p. (YA). pap. *(978-1-83884-228-4(4))* Coloring Pages.

Anti Stress Coloring Book (Nonsense Alphabet) This Book Has 36 Coloring Sheets That Can Be Used to Color in, Frame, and/or Meditate over: This Book Can Be Photocopied, Printed & Downloaded As a PDF. James Manning. 2019. (Anti Stress Coloring Book Ser.: Vol. 29). (ENG., Illus.). 74p. (YA). pap. *(978-1-83884-103-4(2))* Coloring Pages.

Anti Stress Coloring Book (Therapeutic Coloring) This Book Has 40 Inspiring & Motivational Suggestions That Can Be Used to Color in, Frame, and/or Meditate over: This Book Can Be Photocopied or Downloaded As a PDF. James Manning. 2019. (Anti Stress Coloring Book Ser.: Vol. 13). (ENG., Illus.). 82p. (YA). pap. *(978-1-83856-895-5(6))* Coloring Pages.

Anti Stress Coloring Book (Winter Coloring Pages) Winter Coloring Pages: This Book Has 30 Winter Coloring Pages That Can Be Used to Color in, Frame, and/or Meditate over: This Book Can Be Photocopied, Printed & Downloaded As a PDF. James Manning & Christabelle Manning. 2019. (Anti Stress Coloring Book Ser.: Vol. 25). (ENG., Illus.). 62p. (YA). pap. *(978-1-83856-224-3(9))* Coloring Pages.

Anti Stress Coloring (Mysterious Mechanical Creatures) Advanced Coloring (Colouring) Books with 40 Coloring Pages: Mysterious Mechanical Creatures (Colouring (Coloring) Books) James Manning. 2019. (Anti Stress Coloring Ser.: Vol. 11). (ENG., Illus.). 82p. (YA). pap. *(978-1-83856-609-8(0))* Coloring Pages.

Antibiotics, 1 vol. Jonathan Adams. 2017. (Great Discoveries in Science Ser.). (ENG., Illus.). 128p. (YA). (gr. 9-9). 47.36 *(978-1-5026-2873-2(2),* 08dc9e32-7289-4f18-bac9-5204c659efdd) Cavendish Square Publishing LLC.

Antibiotics, 1 vol. Vic Kovacs. 2016. (Miracles of Medicine Ser.). (ENG.). 48p. (J). (gr. 6-6). pap. 15.05 *(978-1-4824-6163-3(3),* 3a8f7e9d-9508-4e05-8f79-91e0f012d826) Stevens, Gareth Publishing LLLP.

Antibiotics (a True Book: Greatest Discoveries & Discoverers) (Library Edition) Tamra B. Orr. 2016. (True Book (Relaunch) Ser.). (ENG., Illus.). 48p. (J). (gr. 3-5). lib. bdg. 31.00 *(978-0-531-21860-0(0),* Children's Pr.) Scholastic Library Publishing.

Antibodies & More: Immune System Coloring Book. Smarter Activity Books for Kids. 2016. (ENG., Illus.). (J). pap. 9.22 *(978-1-68374-414-6(4))* Examined Solutions PTE. Ltd.

Antic Circle. Christopher Surratt. 2018. (ENG., Illus.). 60p. (YA). pap. 11.95 *(978-1-64082-692-2(0))* Page Publishing Inc.

Anticristo, el. para Jovenes. Federico Nietzsche. 2018. (SPA.). 96p. (YA). pap. 6.95 *(978-970-643-937-6(4))* Selector, S.A. de C.V. MEX. Dist: Spanish Pubs., LLC.

Antics of Lacy & Penny: Our Family. Arlene Belmont. 2018. (ENG., Illus.). 52p. (J). 20.95 *(978-1-64300-598-0(7))*; pap. 11.95 *(978-1-64003-797-7(7))* Covenant Bks.

Antics of Mrs Paws. Christine Gregory. 2018. (ENG., Illus.). 50p. (J). *(978-1-78848-690-3(0))*; pap. *(978-1-78848-689-7(7))* Austin Macauley Pubs. Ltd.

Antics on the Allotment. John Davies. 2018. (ENG., Illus.). 66p. (J). (gr. k-6). pap. *(978-1-911569-29-9(5))* Rowanvale Bks.

Antidepressants, 13 vols., Set. Incl. Antidepressants & Advertising: Marketing Happiness. David Hunter. 112p. (J). 24.95 *(978-1-4222-0095-7(7))*; Antidepressants & Psychology: Talk Therapy vs. Medication. Heather Docalavich. 104p. (YA). lib. bdg. 24.95 *(978-1-4222-0096-4(5))*; Antidepressants & Social Anxiety: A Pill for Shyness? Joyce Libal. 112p. (YA). lib. bdg. 24.95 *(978-1-4222-0098-8(1))*; Antidepressants & Suicide: When Treatment Kills. Joyce Libal. 112p. (YA). lib. bdg. 24.95 *(978-1-4222-0099-5(X))*; Antidepressants & the Critics: Cure-Alls or Unnatural Poisons? Jean Ford. 112p. (YA). lib. bdg. 24.95 *(978-1-4222-0100-8(7))*; Antidepressants & the Pharmaceutical Companies: Corporate Responsibilities. David Hunter. 112p. (YA). lib. bdg. 24.95 *(978-1-4222-0101-5(5))*; Development of Antidepressants: The Chemistry of Depression. Maryalice Walker. 112p. (J). lib. bdg. 24.95 *(978-1-4222-0102-2(3))*; Future of Antidepressants: The New Wave of Research. Heather Docalavich. 104p. (YA). lib. bdg. 24.95 *(978-1-4222-0103-9(1))*; Natural Alternatives to Antidepressants: St. John's Wort, Kava Kava, & Others. Kenneth McIntosh. 104p. (YA). lib. bdg. 24.95 *(978-1-4222-0105-3(8))*; Prozac: North American Culture & the Wonder Drug. Joan Esherick. 120p. (YA). lib. bdg. 24.95 *(978-1-4222-0106-0(6))*; Psychostimulants as Antidepressants: Worth the Risk? Craig Russell. 112p. (YA). lib. bdg. 24.95 *(978-1-4222-0107-7(4))*; (Illus.). (gr. 7-18). 2008. 2007. 324.35 *(978-1-4222-0094-0(9))* Mason Crest.

Antidote. Shelley Sackier. 2019. (ENG.). 368p. (YA). (gr. 8). 17.99 *(978-0-06-245347-1(5),* HarperTeen) HarperCollins Pubs.

Antidote to the Miseries of Human Life, in the History of the Widow Placid, & Her Daughter Rachel (Classic Reprint) James Beresford. 2017. (ENG., Illus.). (J). 27.26 *(978-0-266-35199-3(9))*; pap. 9.97 *(978-0-243-43670-5(X))* Forgotten Bks.

Antígona. Luc Ferry. 2021. (SPA.). 58p. (YA). pap. 16.99 *(978-958-30-6170-7(0))* Panamericana Editorial COL. Dist: Lectorum Pubns., Inc.

Antigone. Sophocles. Tr. by E. H. Plumptre. 2021. (ENG.). 46p. (YA). pap. 5.99 *(978-1-4209-7601-4(X))* Digireads.com Publishing.

Antigone. Sophocles. (ENG.). 64p. (YA). 2021. pap. *(978-1-77426-138-5(3))*; 2020. pap. *(978-1-77426-127-9(8))* East India Publishing Co.

Antigone Novel Units Student Packet. Novel Units. 2019. (ENG.). (YA). pap. 13.99 *(978-1-56137-745-9(7),* NU7457SP, Novel Units, Inc.) Classroom Library Co.

Antigua & Barbuda the Island Children's People & Places Book. Bold Kids. 2022. (ENG.). 42p. (J). pap. 14.99 ***(978-1-0717-1906-0(8))*** FASTLANE LLC.

Antigua Grecia. Renzo Barsotti. 2019. (SPA.). 40p. (J). 13.99 *(978-84-9786-682-8(7))* Edimat Libros, S. A. ESP. Dist: Lectorum Pubns., Inc.

Antiguo Egipto. Renzo Barsotti. 2019. (SPA.). 40p. (J). 13.99 *(978-84-9786-681-1(9))* Edimat Libros, S. A. ESP. Dist: Lectorum Pubns., Inc.

Anti/Hero. Kate Karyus Quinn & Demitria Lunetta. Illus. by Maca Gil. 2020. 160p. (J). (gr. 3-7). pap. 9.99 *(978-1-4012-9325-3(5))* DC Comics.

Antimatter. Virginia Loh-Hagan. 2020. (Out of This World Ser.). (ENG., Illus.). 32p. (J). (gr. 4-8). lib. bdg. 32.07 *(978-1-5341-6923-4(7),* 215579, 45th Parallel Press) Cherry Lake Publishing.

Antimatter Explained, 1 vol. Richard Gaughan. 2018. (Mysteries of Space Ser.). (ENG.). 80p. (gr. 7-7). 38.93 *(978-1-9785-0453-0(5),* b23c6896-570c-44cb-afdb-5c426251a5fd) Enslow Publishing, LLC.

Anting-Anting Stories: And Other Strange Tales of the Filipinos (Classic Reprint) Sargent Kayme. 2018. (ENG., Illus.). (J). 248p. 29.03 *(978-1-396-72449-7(4))*; 250p. pap. 11.57 *(978-1-396-06561-3(X))*; 252p. 29.09 *(978-0-365-36206-7(9))* Forgotten Bks.

Antinous: A Romance of Ancient Rome (Classic Reprint) George Taylor. 2017. (ENG., Illus.). (J). 31.30 *(978-0-260-80375-7(8))*; pap. 13.97 *(978-0-243-90532-4(7))* Forgotten Bks.

Antipathy, or the Confessions of a Cat-Hater, Vol. 2 of 3 (Classic Reprint) John Ainslie. 2018. (ENG., Illus.). 286p. (J). 29.82 *(978-0-483-63061-1(6))* Forgotten Bks.

Antipathy, or the Confessions of a Cat-Hater, Vol. 3 of 3 (Classic Reprint) John Ainslie. 2018. (ENG., Illus.). 322p. (J). 30.56 *(978-0-483-47327-0(8))* Forgotten Bks.

Antipathy, Vol. 1 Of 3: Or the Confessions of a Cat-Hater (Classic Reprint) John Ainslie. 2019. (ENG., Illus.). 314p. (J). 30.39 *(978-0-483-23536-6(9))* Forgotten Bks.

Antipodes. Michele Bacon. 2018. (ENG.). 384p. (YA). (gr. 8-12). 17.99 *(978-1-5107-2361-0(7),* Sky Pony Pr.) Skyhorse Publishing Co., Inc.

Antipodes, or the New Existence, Vol. 2 Of 3: A Tale of Real Life (Classic Reprint) Clergyman Clergyman. 2018. (ENG., Illus.). 294p. (J). 29.96 *(978-0-332-83327-9(5))* Forgotten Bks.

Antiquary, Vol. 1 (Classic Reprint) Walter Scott. 2017. (ENG., Illus.). (J). 28.97 *(978-0-332-00631-4(X))*; pap. 11.57 *(978-0-332-00626-0(3))* Forgotten Bks.

Antique Roman. Syd Neben. 2021. (ENG.). 198p. (YA). *(978-1-0391-2304-5(X))*; pap. *(978-1-0391-2303-8(1))* FriesenPress.

A

Antique Story (Théâtre Pour Enfants) Texte À Jouer Pour les 8 À 12 ANS. Keven Girard. 2017. (FRE., Illus.). 102p. (J). pap. *(978-2-924809-06-8(1))* Toge théâtre éditeur.

Antiracist Baby Board Book. Ibram X. Kendi. Illus. by Ashley Lukashevsky. 2020. 24p. (J). (— 1). bds. 8.99 *(978-0-593-11041-6(2),* Kokila) Penguin Young Readers Group.

Antiracist Baby Picture Book. Ibram X. Kendi. Illus. by Ashley Lukashevsky. 2020. (ENG.). 32p. (J). (— 1). 8.99 *(978-0-593-11050-8(1),* Kokila) Penguin Young Readers Group.

Antiracist Kid: A Book about Identity, Justice, & Activism. Contrib. by Tiffany Jewel. 2023. (ENG., Illus.). 128p. (J). (gr. 3-7). pap. 9.99 ***(978-0-06-331267-8(0),*** Versify) HarperCollins Pubs.

Antiracist Kid: A Book about Identity, Justice, & Activism. Tiffany Jewell. Illus. by Nicole Miles. 2022. (ENG.). 128p. (J). (gr. 3-7). 14.99 *(978-0-358-62939-9(X),* 1817445, Versify) HarperCollins Pubs.

Antiracist Kitchen: 21 Stories (and Recipes) Ed. by Nadia L. Hohn. Illus. by Roza Nozari. 2023. (ENG.). 160p. (J). (gr. 4-7). 29.95 ***(978-1-4598-3343-2(0))*** Orca Bk. Pubs. USA.

Antisocial. Jillian Blake. 2018. (ENG.). 256p. (YA). (gr. 9). pap. 9.99 *(978-1-101-93899-7(4),* Ember) Random Hse. Children's Bks.

Antlered Ship. Dashka Slater. Illus. by Terry Fan & Eric Fan. 2017. (ENG.). 48p. (J). (gr. -1-3). 17.99 *(978-1-4814-5160-4(X),* Beach Lane Bks.) Beach Lane Bks.

Antoine de Saint-Exupéry: Biografías para Montar. Daniel Balmaceda. Illus. by Pablo Bernasconi. 2023. (Puzzle Bks.). (SPA.). 64p. (J). (gr. 4-7). pap. 14.95 ***(978-987-637-755-3(8))*** Catapulta Pr.

Antoine's Tale: An Extraordinary Shelter Dog's Journey. Janet Curran. 2022. (ENG., Illus.). 40p. (J). 16.99 *(978-1-5248-7160-4(5))* Andrews McMeel Publishing.

Antoinette. Kelly DiPucchio. Illus. by Christian Robinson. 2017. (Gaston & Friends Ser.). (ENG.). 40p. (J). (gr. -1-3). 17.99 *(978-1-4814-5783-5(7))* Simon & Schuster Children's Publishing.

Antoinette & the Story of the Invisible Giraffes. Alison McGregor. Illus. by Saavi K. 2022. (ENG.). 28p. (J). *(978-1-0391-9999-6(2));* pap. *(978-1-0391-2990-0(0))* FriesenPress.

Antoinette & the Story of the Jellyfish Monster. Alison McGregor. Illus. by Arielle Shira. 2021. (ENG.). 20p. (J). pap. *(978-1-5255-8710-8(2))* FriesenPress.

Antoinette the Tree Frog. Illus. by Xavière Devos. 2021. (First Steps in ART Ser.: 1). (ENG.). 14p. (J). bds. 8.99 *(978-0-7643-6110-4(4),* 24680) Schiffer Publishing, Ltd.

Antolín y el Taquito de Sal. Rebeca Orozco. 2022. (SPA.). 168p. (J). pap. 15.95 *(978-607-07-5057-1(8))* Editorial Planeta, S. A. ESP. Dist: Two Rivers Distribution.

Antología de Animales Extraordinarios (an Anthology of Intriguing Animals) DK. 2019. (DK Children's Anthologies Ser.). Orig. Title: An Anthology of Intriguing Animals. (SPA.). 224p. (J). (gr. 2-5). 21.99 *(978-1-4654-8662-2(3),* DK Children) Dorling Kindersley Publishing, Inc.

Antología de Dinosaurios y Vida Prehistórica (Dinosaurs & Other Prehistoric Life) Anusuya Chinsamy-Turan. 2022. (DK Children's Anthologies Ser.). (SPA.). 224p. (J). (gr. 2). 21.99 *(978-0-7440-6439-1(2),* DK Children) Dorling Kindersley Publishing, Inc.

Antologia de Historias Extranas, Fantasticas, Terribles y Escalofriantes. L. F. Vargas. 2016. (SPA., Illus.). (J). pap. 18.00 *(978-1-312-92829-9(8))* Lulu Pr., Inc.

Anton el Proteston. Jane Landy. 2020. (SPA.). 40p. (J). (gr. -1-3). 16.95 *(978-84-9145-397-0(0),* Picarona Editorial) Ediciones Obelisco ESP. Dist: Spanish Pubs., LLC.

Anton the Fisherman (Classic Reprint) Franz Hoffmann. (ENG., Illus.). (J). 2018. 178p. 27.57 *(978-0-656-35748-2(7));* 2017. pap. 9.97 *(978-0-259-47960-4(8))* Forgotten Bks.

Anton the Viking & the King of Crumbly Castle. Lyn Halvorsen. Illus. by Jacqueline Tee. 2019. (ENG.). 22p. (J). pap. *(978-1-78623-513-8(7))* Grosvenor Hse. Publishing Ltd.

ANTONELA y la Estrella Del Amor. Azucena Ordonez Rodas. 2019. (SPA.). 64p. (J). pap. *(978-0-359-58039-2(4))* Lulu Pr., Inc.

Antonia, the Horse Whisperer: The Rosenburg Riding Stables, Volume 1. Elisabeth Zöller & Brigitte Kolloch. Tr. by Connie Stradling Morby. Illus. by Betina Gotzen-Beek. 2023. (ENG.). 96p. (J). (gr. 2-6). pap. 9.99 *(978-1-5107-7368-4(1),* Sky Pony Pr.) Skyhorse Publishing Co., Inc.

Antonina: The Fall of Rome. Wilkie Collins. 2017. (ENG., Illus.). (J). 29.95 *(978-1-374-92472-7(5));* pap. 19.95 *(978-1-374-92471-0(7))* Capital Communications, Inc.

Antonino's Impossible Dream. Tim McGlen. Illus. by Sophia Touliatou. 32p. (J). 2023. pap. 7.99 *(978-1-5064-8917-9(6));* 2019. (gr. -1-3). 17.99 *(978-1-5064-4933-3(6))* 1517 Media. (Beaming Books).

Antonio. Vincenzo Blaschi. 2018. (ENG., Illus.). 72p. (J). pap. *(978-0-244-73059-8(8))* Lulu Pr., Inc.

Antonio Brown. Jon M. Fishman. 2018. (Sports All-Stars (Lerner (tm) Sports) Ser.). (ENG., Illus.). 32p. (J). (gr. 2-5). 29.32 *(978-1-5415-2455-2(1),* a1905911-a714-4537-b02d-c5afccaa658a, Lerner Pubns.) Lerner Publishing Group.

Antonio Brown, Vol. 9. Joe L. Morgan. 2018. (Gridiron Greats: Pro Football's Best Players Ser.). 80p. (J). (gr. 7). lib. bdg. 33.27 *(978-1-4222-4069-4(X))* Mason Crest.

Antonio Brown: Football Star. Alex Monnig. 2018. (Biggest Names in Sports Set 2 Ser.). (ENG., Illus.). 32p. (J). (gr. 3-5). pap. 9.95 *(978-1-63517-556-1(9),* 1635175569); lib. bdg. 31.35 *(978-1-63517-484-7(8),* 1635174848) North Star Editions. (Focus Readers).

Antonio Brown: Superstar Wide Receiver. Dennis St. Sauver. 2019. (NFL Superstars Ser.). (ENG., Illus.). 32p. (J). (gr. 2-5). lib. bdg. 34.21 *(978-1-5321-1980-4(1),* 32439, Big Buddy Bks.) ABDO Publishing Co.

Antonio (Classic Reprint) Ernest Oldmeadow. (ENG., Illus.). (J). 2018. 534p. 34.91 *(978-0-483-67793-7(0));* 2017. pap. 19.57 *(978-0-243-28852-6(2))* Forgotten Bks.

Antonio y la Bibliotecaria. Claudine Paquet. 2016. (SPA.). 92p. (J). (gr. 3-5). pap. 14.99 *(978-958-30-5058-9(X))* Panamericana Editorial COL. Dist: Lectorum Pubns., Inc.

Antonio's Card: La Tarjeta de Antonio, 1 vol. Rigoberto González. Illus. by Cecilia Álvarez. 2016. (ENG.). 32p. (J). (gr. 2-5). pap. 11.95 *(978-0-89239-387-9(4),* leelowcbp, Children's Book Press) Lee & Low Bks., Inc.

Antonio's Card: la Tarjeta de Antonio. Rigoberto González. Illus. by Cecilia Álvarez. 2016. (SPA.). (J). lib. bdg. 20.75 *(978-1-6636-2836-7(X))* Perfection Learning Corp.

Antonov An-225 Mriya. Quinn M. Arnold. 2016. (Now That's Big! Ser.). (ENG., Illus.). 24p. (J). (gr. 1-3). *(978-1-60818-711-9(X),* 20635, Creative Education) Creative Co., The.

Antonton. Grigor Vitez. Tr. by Irena Stanic Rasin. Illus. by Tomislav Torjanac. 2020. (ENG.). 16p. (J). 21.99 ***(978-0-9971333-6-3(8))*** Perlina Pr.

Antony & Cleopatra: a Shakespeare Children's Story. William Shakespeare. 2021. (Sweet Cherry Easy Classics Ser.). (ENG., Illus.). 64p. (J). 6.95 *(978-1-78226-726-3(3),* 87ac055b-6459-4f0d-a63d-4041cabb39c8) Sweet Cherry Publishing GBR. Dist: Baker & Taylor Publisher Services (BTPS).

Antony & Cleopatra: Shakespeare Children's Stories. William Shakespeare. ed. 2021. (Sweet Cherry Easy Classics Ser.). (ENG., Illus.). 64p. (J). 5.99 *(978-1-78226-719-5(0),* ff447d4c-4c9f-4c88-9c1d-e8107cd0e481) Sweet Cherry Publishing GBR. Dist: Baker & Taylor Publisher Services (BTPS).

Antony Brade (Classic Reprint) Robert Lowell. 2018. (ENG., Illus.). 434p. (J). 32.85 *(978-0-332-53906-5(7))* Forgotten Bks.

Antony Gray, Gardener (Classic Reprint) Leslie Moore. 2018. (ENG., Illus.). 366p. (J). 31.45 *(978-0-483-92222-8(6))* Forgotten Bks.

Antony the Ant & His New Skill. Millie Coton. 2017. (ENG., Illus.). 38p. (J). pap. 14.30 *(978-0-244-04952-2(1))* Lulu Pr., Inc.

Antony the Deaf & Dumb Boy, Vol. 1 of 2 (Classic Reprint) Miss Masterman. (ENG., Illus.). (J). 2018. 352p. 31.16 *(978-0-666-42813-4(1));* 2017. pap. 13.57 *(978-0-259-51039-0(4))* Forgotten Bks.

Antony, Vol. 2 Of 2: The Deaf & Dumb Boy (Classic Reprint) Unknown Author. (ENG., Illus.). (J). 2018. 350p. 31.20 *(978-0-332-14656-0(1));* 2017. pap. 13.57 *(978-0-243-98707-8(2))* Forgotten Bks.

Ants see Las Hormigas: Set Of 6

Ants. Kenny Abdo. 2019. (Superhero Animals Ser.). (ENG., Illus.). 24p. (J). (gr. -1-2). lib. bdg. 31.36 *(978-1-5321-2947-6(5),* 33176, Abdo Zoom-Fly) ABDO Publishing Co.

Ants, 1 vol. Anika Abraham. 2018. (Creepy Crawlers Ser.). (ENG.). 24p. (J). (gr. 1-1). pap. 9.22 *(978-1-5026-4164-9(X),* fdfb1665-f31c-45f4-9950-f6fe4621e056) Cavendish Square Publishing LLC.

Ants. Lisa J. Amstutz. 2016. (Little Critters Ser.). (ENG., Illus.). 24p. (J). (gr. -1-2). lib. bdg. 22.65 *(978-1-5157-1936-6(7),* 132608, Pebble) Capstone.

Ants. Nessa Black. (Spot Creepy Crawlies Ser.). (ENG., Illus.). 16p. (J). (gr. -1-2). 2018. pap. 7.99 *(978-1-68152-223-4(3),* 14754); 2017. 17.95 *(978-1-68151-104-7(5),* 14635) Amicus.

Ants. Aaron Carr. 2017. (World Languages Ser.). (ENG.). 24p. (J). (gr. -1-3). lib. bdg. 35.70 *(978-1-4896-6551-5(X),* AV2 by Weigl) Weigl Pubs., Inc.

Ants. Katie Gillespie. 2017. (Illus.). 24p. (J). *(978-1-4896-4495-4(4))* Weigl Pubs., Inc.

Ants. Ashley Gish. 2018. (X-Books: Insects Ser.). (ENG.). 32p. (J). (gr. 3-5). pap. 9.99 *(978-1-62832-614-7(X),* 20003, Creative Paperbacks); *(978-1-60818-987-8(2),* 19995, Creative Education) Creative Co., The.

Ants. Josh Gregory. 2016. (Nature's Children Ser.). (ENG., Illus.). 48p. (J). pap. 6.95 *(978-0-531-21932-4(1),* Children's Pr.) Scholastic Library Publishing.

Ants. Martha London. 2020. (Underground Animals Ser.). (ENG., Illus.). 24p. (J). (gr. k-3). lib. bdg. 31.36 *(978-1-5321-6758-4(X),* 34677, Pop! Cody Koala) Pop!.

Ants. Patrick Perish. 2017. (Insects up Close Ser.). (ENG., Illus.). 24p. (J). (gr. k-3). lib. bdg. 26.95 *(978-1-62617-657-7(4),* Blastoff! Readers) Bellwether Media.

Ants. Kim Thompson. 2022. (Bugs in My Yard Ser.). (ENG.). 16p. (J). (gr. -1-1). pap. 7.95 *(978-1-63897-538-0(8),* 19398); lib. bdg. 25.27 *(978-1-63897-423-9(3),* 19397) Seahorse Publishing.

Ants. Susie Williams. Illus. by Hannah Tolson. 2020. 32p. (J). *(978-0-7787-7386-3(8))* Crabtree Publishing Co.

Ants: Animals That Change the World! (Engaging Readers, Level 2) Ashley Lee. Ed. by Alexis Roumanis. l.t. ed. 2021. (Animals Animals That Change the World! Ser.: Vol. 10). (ENG.). 32p. (J). pap. *(978-1-77437-752-9(7))* AD Classic.

Ants: Animals That Make a Difference! (Engaging Readers, Level 2) Ashley Lee. Ed. by Alexis Roumanis. l.t. ed. 2020. (Animals That Make a Difference! Ser.: Vol. 10). (ENG.). 32p. (J). *(978-1-77437-621-8(0));* pap. *(978-1-77437-622-5(9))* AD Classic.

Ants: Backyard Bugs & Creepy-Crawlies (Engaging Readers, Level Pre-1) Ava Podmorow. Ed. by Sarah Harvey. l.t. ed. 2022. (Backyard Bugs & Creepy-Crawlies Ser.: Vol. 1). (ENG., Illus.). 32p. (J). ***(978-1-77476-732-0(5));*** pap. ***(978-1-77476-733-7(3))*** AD Classic.

Ants: Insects Children's Book with Facts & Pictures. Bold Kids. 2022. (ENG.). 46p. (J). pap. 14.99 *(978-1-0717-0876-7(7))* FASTLANE LLC.

Ants: Secrets of Their Cooperative Colonies. Karen Latchana Kenney. 2019. (Amazing Animal Colonies Ser.). (ENG., Illus.). 32p. (J). (gr. 3-6). lib. bdg. 27.99 *(978-1-5435-5553-0(5),* 139394, Capstone Pr.) Capstone.

Ants (1 Hardcover/1 CD) Melissa Sweet. 2016. (National Geographic Readers: Pre-Reader Ser.). (ENG.). (J). *(978-1-4301-2115-2(7))* Live Oak Media.

Ants (1 Paperback/1 CD) Melissa Sweet. 2016. (National Geographic Readers: Pre-Reader Ser.). (ENG.). (J). pap. *(978-1-4301-2114-5(9))* Live Oak Media.

Ants & the Children of the Garden: Relating the Habits of the Black Harvester Ant & Giving Considerable Information about Ants in General (Classic Reprint) J. Dean Simkins. (ENG., Illus.). (J). 2018. 268p. 29.42 *(978-0-484-56954-5(6));* 2016. pap. 11.97 *(978-1-334-13213-1(5))* Forgotten Bks.

Ants & the Grasshopper - Amharic Children's Book. Kiazpora. 2018. (AMH., Illus.). 46p. (J). pap. 7.99 *(978-1-946057-36-5(3))* Kiazpora LLC.

Ants & the Grasshopper - Amharic Children's Book. Kiazpora. 2018. (AMH., Illus.). 46p. (J). 14.99 *(978-1-946057-38-9(X))* Kiazpora LLC.

Ants & the Grasshopper: a Lesson in Hard Work: A Lesson in Hard Work. Grace Hansen. 2021. (Lessons with Aesop's Fables Ser.). (ENG.). 32p. (J). (gr. 2-5). lib. bdg. 32.79 *(978-1-0982-4128-5(2),* 38792, DiscoverRoo) Pop!.

Ants & the Grasshopper, Narrated by the Fanciful but Truthful Grasshopper. Nancy Loewen. Illus. by Carles Arbat. 2018. (Other Side of the Fable Ser.). (ENG.). 24p. (J). (gr. -1-3). lib. bdg. 27.99 *(978-1-5158-2868-6(9),* 138406, Picture Window Bks.) Capstone.

Ants & the Grasshopper Retold. Eric Braun. (Aesop's Funny Fables Ser.). (ENG.). 24p. (J). 2021. (gr. 4-6). 29.95 *(978-1-62310-302-6(9),* 13020); 2020. (gr. 2-4). pap. 9.99 *(978-1-64466-398-1(8),* 13021) Black Rabbit Bks. (Hi Jinx).

Ants & the Grasshopper (Tigrinya) - Children's Book. Kiazpora. 2018. (TIR., Illus.). 46p. (J). pap. 7.99 *(978-1-946057-37-2(1));* 14.99 *(978-1-946057-39-6(8))* Kiazpora LLC.

Ants, Bees, & Wasps. John Lubbock. 2018. (ENG.). 490p. (J). pap. *(978-3-337-42639-2(5))* Creation Pubs.

Ant's Colony, 1 vol. Erika de Nijs. 2016. (Animal Builders Ser.). (ENG., Illus.). 24p. (gr. 1-1). pap. 9.22 *(978-1-5026-2075-0(8),* 8604f45e-e6d0-4a19-ba82-3bf521b8acf8) Cavendish Square Publishing LLC.

Ant's Diary: A Year in My Life. Tim Hayward et al. 2016. (Illus.). 32p. (J). (gr. 1-3). 9.99 *(978-1-86147-657-9(4),* Armadillo) Anness Publishing GBR. Dist: National Bk. Network.

Ants Don't Talk, Do They? John Sharer. Illus. by Jay Mazhar. 2020. (ENG.). 76p. (J). 18.95 *(978-0-9961142-1-9(1));* pap. 10.95 *(978-0-9961142-0-2(3))* Wompetias Pr.

Ants Don't Wear Pants! TOON Level 1. Kevin McCloskey. 2019. (Giggle & Learn Ser.). (Illus.). 40p. (J). (-k). 12.99 *(978-1-943145-45-4(8),* TOON Books) Astra Publishing Hse.

Ants Go Marching. Valerie Mendez. 2018. (ENG., Illus.). 26p. (J). 22.95 *(978-1-63575-999-0(4));* pap. 12.95 *(978-1-63575-997-6(8))* Christian Faith Publishing.

Ants Go Marching: a Count-And-Sing Book. Priscilla Burris. Illus. by Priscilla Burris. 2016. (ENG., Illus.). 16p. (J). (— 1). bds. 6.99 *(978-0-545-82504-7(0),* Cartwheel Bks.) Scholastic, Inc.

Ants Go Marching One by One: Read with Me. Frankie O-Connor. Illus. by Nicole Groot. 2017. (ENG.). 32p. (J). (gr. -1-3). *(978-1-4867-1277-9(0))* Flowerpot Children's Pr. Inc.

Ants in Space: Kweezy Capolza Tales (Book One) G. J. Griffiths. 2018. (ENG., Illus.). 84p. (J). pap. *(978-1-78710-881-3(3))* Austin Macauley Pubs. Ltd.

Ants in Your Pants. Jenny Lichty. 2021. (ENG.). 32p. (J). *(978-0-2288-5050-2(9));* pap. *(978-0-2288-5051-9(7))* Tellwell Talent.

Ants 'N' Uncles. Clay Rice. 2016. (ENG., Illus.). 32p. (J). (gr. -1-1). 16.95 *(978-1-942934-68-4(8),* 553468) Familius LLC.

Ant's Nest: A Huge Underground City. Miriam Aronin. 2016. (Spectacular Animal Towns Ser.). (ENG., Illus.). 32p. (J). (gr. 2-7). pap. 7.99 *(978-1-944998-58-5(6))* Bearport Publishing Co., Inc.

Ant's Palace. Jonathon McClellan. Illus. by Dan Peeler. 2022. (ENG.). 38p. (J). 32.00 *(978-1-946182-18-0(4));* pap. 24.00 *(978-1-946182-16-6(8))* Texas Bk. Pubs. Assn.

Ants Rule: The Long & Short of It. Bob Barner. 2019. (Illus.). 32p. (J). (gr. -1-3). pap. 7.99 *(978-0-8234-4174-7(1));* 2017. *(978-0-8234-3790-0(6))* Holiday Hse., Inc.

Ants up Close, 1 vol. Rachael Morlock. 2019. (Bugs up Close! Ser.). (ENG.). 24p. (gr. 1-2). pap. 9.25 *(978-1-7253-0774-2(X),* 980b5b49-e332-4030-9e9a-a9fc81bc83cf, PowerKids Pr.) Rosen Publishing Group, Inc., The.

Ants Who Couldn't Dance. Susan Rich Brooke. Illus. by Paul Nicholls. 2021. (ENG.). 32p. (J). 10.99 *(978-1-5037-5713-4(7),* 3785, Sunbird Books) Phoenix International Publications, Inc.

Ants Who Couldn't Dance. Susan Rich Brooke. Illus. by Paul Nicholls. 2022. (Sunbird Picture Bks.). (ENG.). 34p. (J). (gr. -1-3). pap. 9.75 ***(978-1-64996-749-7(7),*** 17136, Sequoia Kids Media) Sequoia Children's Bks.

Antsy Agatha. Jennifer M. Langston. Illus. by I. Cenizal. 2021. (ENG.). 40p. (J). pap. *(978-0-2288-4900-1(4))* Tellwell Talent.

Antwamazing Saves Colorville. Antoinette Hill. 2020. (ENG.). 22p. (J). *(978-1-6781-7171-1(9))* Lulu Pr., Inc.

Antwamazing Saves Townville: Antwamazing Salva Townville. Antoinette Rose. Ed. by Nicole Hill. 2021. (MUL.). 42p. (J). *(978-1-716-41121-2(1))* Lulu Pr., Inc.

Antwee & B. J. Help You Learn Your ABCs. Hadeed Rede Shafeek M Ed. 2020. (ENG.). 58p. (J). pap. 21.95 *(978-1-64801-737-7(1))* Newman Springs Publishing, Inc.

Antwerp to Gallipoli: A Year of War on Many Fronts, & Behind Them (Classic Reprint) Arthur Ruhl. (ENG., Illus.). (J). 2018. 382p. 31.80 *(978-0-267-20478-6(7));* 2017. pap. 16.57 *(978-0-282-52788-4(5))* Forgotten Bks.

Antwerp to Gallipoli: A Year of War on Many Fronys & Behind Them (Classic Reprint) Arthur Ruhl. 2018. (ENG., Illus.). 368p. (J). 31.49 *(978-0-267-82550-9(1))* Forgotten Bks.

Antxón el Zombi, Cachitos de Mi Vida. Cecilia Alonso. 2018. (SPA.). 144p. (J). (gr. 6-8). pap. 18.99 *(978-84-945196-7-3(0))* Ediciones DiQueSi ESP. Dist: Lectorum Pubns., Inc.

Anty-War Story. Tony Ross. Illus. by Tony Ross. 2018. (ENG., Illus.). 32p. (J). (gr. 2-5). 17.99 *(978-1-5415-3564-0(2),* 8a0db121-f6be-4a31-b46c-3a0ef10f60a0) Lerner Publishing Group.

Anubis. Virginia Loh-Hagan. 2019. (Gods & Goddesses of the Ancient World Ser.). (ENG., Illus.). 32p. (J). (gr. 4-8). pap. 14.21 *(978-1-5341-5059-1(5),* 213543); lib. bdg. 32.07 *(978-1-5341-4773-7(X),* 213542) Cherry Lake Publishing. (45th Parallel Press).

Anubis. Allan Morey. 2022. (Egyptian Mythology Ser.). (ENG., Illus.). 32p. (J). (gr. 2-5). lib. bdg. 34.22 *(978-1-5321-9865-6(5),* 39723, Kids Core) ABDO Publishing Co.

Anubis. Allan Morey. 2022. (Egyptian Mythology Ser.). (ENG., Illus.). 32p. (J). (gr. 3-3). pap. 9.95 *(978-1-64494-773-9(0))* North Star Editions.

Anubis Prince. Anthony McCloud. 2020. (ENG.). 442p. (YA). pap. 24.95 *(978-1-6624-1199-1(5))* Page Publishing Inc.

Anvil & Magnet Chapter Book: (Step 8) Sound Out Books (systematic Decodable) Help Developing Readers, Including Those with Dyslexia, Learn to Read with Phonics. Pamela Brookes. 2020. (Dog on a Log Chapter Books: Vol. 36). (ENG., Illus.). 84p. (J). (gr. 1-6). 15.99 *(978-1-64831-042-3(7),* DOG ON A LOG Bks.) Jojoba Pr.

Anvil of Chance (Classic Reprint) Gerald Chittenden. (ENG., Illus.). (J). 2018. 322p. 30.54 *(978-0-483-96117-3(5));* 2017. pap. 13.57 *(978-0-259-09455-5(2))* Forgotten Bks.

Anxieties & Fears in Daily Life. Hilary W. Poole. 2018. (Illus.). 48p. (J). *(978-1-4222-3722-9(2))* Mason Crest.

Anxiety, 8 vols. 2019. (Healthy Minds Ser.). (ENG.). 32p. (J). (gr. 4-5). lib. bdg. 111.72 *(978-1-7253-1505-1(X),* 75d28b8b-a208-439d-8844-ab052b34f413, PowerKids Pr.) Rosen Publishing Group, Inc., The.

Anxiety. Czeena Devera. Illus. by Jeff Bane. 2021. (My Early Library: My Many Emotions Ser.). (ENG.). 24p. (J). (gr. k-1). pap. 12.79 *(978-1-5341-8838-9(X),* 219087); lib. bdg. 30.64 *(978-1-5341-8698-9(0),* 219086) Cherry Lake Publishing.

Anxiety. Meg Gaertner. 2022. (Dealing with Challenges Ser.). (ENG., Illus.). 24p. (J). (gr. k-1). pap. 8.95 *(978-1-64619-508-4(6));* lib. bdg. 28.50 *(978-1-64619-481-0(0))* Little Blue Hse. (Little Blue Readers).

Anxiety: The Ultimate Teen Guide. Kate Frommer Clk. 2020. (It Happened to Me Ser.: 59). (Illus.). 192p. (J). (gr. -1-12). 51.00 *(978-1-5381-2196-2(4))* Rowman & Littlefield Publishers, Inc.

Anxiety: Understand Your Mind & Body (Engaging Readers, Level 3) Del Wilder. Ed. by Sarah Harvey. l.t. ed. 2023. (Understand Your Mind & Body Ser.: Vol. 2). (ENG., Illus.). 32p. (J). ***(978-1-77476-772-6(4));*** pap. ***(978-1-77476-773-3(2))*** AD Classic.

Anxiety ... I'm So Done with You: A Teen's Guide to Ditching Toxic Stress & Hardwiring Your Brain for Happiness. Jodi Aman. 2020. (Illus.). 240p. (J). (gr. 6-12). pap. 15.99 *(978-1-5107-5134-7(3))* Skyhorse Publishing Co., Inc.

Anxiety & Depression. Nancy Dickmann. 2023. (Fast Track: Living With Ser.). (ENG., Illus.). 24p. (J). (gr. 1-3). pap. 10.99 *(978-1-78121-809-9(9),* 23953) Black Rabbit Bks.

Anxiety & Depression Workbook for Teens: Simple CBT Skills to Help You Deal with Anxiety, Worry, & Sadness. Michael A. Tompkins. 2022. (ENG., Illus.). 192p. (YA). (gr. 6-12). pap. 18.95 *(978-1-68403-919-7(3),* 49197, Instant Help Books) New Harbinger Pubns.

Anxiety Bug. Elly Gilmore. 2023. (ENG.). 32p. (J). ***(978-1-0391-6898-5(1));*** pap. ***(978-1-0391-6897-8(3))*** FriesenPress.

Anxiety Workbook for Kids: Take Charge of Fears & Worries Using the Gift of Imagination. Robin Alter & Crystal Clarke. Illus. by Oliver Burns. 2016. (ENG.). 136p. (J). (gr. k-5). pap. 18.95 *(978-1-62625-477-0(X),* 34770) New Harbinger Pubns.

Anxiety Workbook for Teens: Activities to Help You Deal with Anxiety & Worry. Lisa M. Schab. 2nd ed. 2021. (ENG.). 232p. (YA). (gr. 6-12). pap. 17.95 *(978-1-68403-863-3(4),* 48633, Instant Help Books) New Harbinger Pubns.

Anxious: a Choose Your Own Attitude Book. Gail Hayes. Illus. by Helen Flook. 2023. (ENG.). (J). (gr. k-3). 36p. 14.99 *(978-1-4867-2700-1(X),* baf4ca2f-6d08-4b28-826a-cf1cc313ee52); 32p. pap. 8.99 *(978-1-4867-2701-8(8),* 8afd6937-95e2-4ae9-85df-96776ba2cf3a) Flowerpot Pr.

Anxious Abby & the Camp Trust Challenge: Bible Truths for Kids Who Worry. Alyssa Cathers. Illus. by Beth Snider. 2020. (ENG.). 42p. (J). pap. 11.95 *(978-0-9973741-2-4(8))* Walking in The Truth Pr.

Anxious Adam Braves the Test. Marne Ventura. Illus. by Leo Trinidad. 2016. (Worry Warriors Ser.). (ENG.). 96p. (J). (gr. 2-4). lib. bdg. 25.99 *(978-1-4965-3611-2(8),* 132817, Stone Arch Bks.) Capstone.

Anxious Alligator. Sandra Wilson. 2019. (Emotional Animal Alphabet Ser.: Vol. 1). (ENG.). 32p. (J). pap. *(978-1-988215-64-8(1))* words ... along the path.

Anxious Andy. Adam Ciccio. Illus. by Myriam Berenschot. 2021. (ENG.). 32p. (J). 17.95 *(978-1-60537-613-4(2))* Clavis Publishing.

Anxious Andy. Adam Ciccio. 2018. (ENG., Illus.). 28p. (J). pap. 17.99 *(978-1-4834-8573-7(0))* Lulu Pr., Inc.

Anxious Ellie. Danielle Marie Price. 2020. (ENG., Illus.). 24p. (J). (gr. k-3). 15.95 *(978-1-7347075-2-6(6));* pap. 9.95 *(978-1-7347075-3-3(4))* Warren Publishing, Inc.

Anxious for Nothing (Young Readers Edition) Living above Anxiety & Loneliness, 1 vol. Andrea Lucado. 2021. (ENG., Illus.). 192p. (J). pap. 15.99 *(978-1-4002-2954-3(5),* Tommy Nelson) Nelson, Thomas Inc.

Anxious Little Pishy. Brittany Joseph. Ed. by Jess Murillo. Illus. by Chris Joseph. 2018. (ENG.). 42p. (J). (gr. k-3). 19.99 *(978-0-9998328-1-3(6))* Mischief Productions.

Anxious Mark & the Christmas Present. Mark Davis. l.t. ed. 2020. (ENG.). 40p. (J). 21.95 *(978-1-0879-0855-7(8))* Indy Pub.

Anxious Mark Deals with the Loss of a Family Member. Mark Davis. 2022. (ENG.). 28p. (J). 21.95 *(978-1-0879-3925-4(9))* Indy Pub.

Anxious Mark Goes Hiking with Dad. Mark Davis. l.t. ed. 2021. (ENG.). 38p. (J). 21.95 *(978-1-0878-7879-9(9))* Indy Pub.

Anxious Thoughts Workbook for Teens: CBT Skills to Quiet the Unwanted Negative Thoughts That Cause Anxiety & Worry. David A. Clark. 2022. (ENG.). 152p. (YA). (gr. 6-12). pap. 16.95 *(978-1-68403-878-7(2)*, 48787, Instant Help Books) New Harbinger Pubns.

Any Body: A Comic Compendium of Important Facts & Feelings about Our Bodies. Katharina von der Gathen. Illus. by Anke Kuhl. 2023. (ENG.). 88p. (J). (gr. 5-8). pap. 16.99 *(978-1-77657-546-6(6)*, b40d84fd-04ee-4362-9b51-975b28d0953d) Gecko Pr. NZL. Dist: Lerner Publishing Group.

Any Boy but You. Julie Hammerle. 2017. (ENG., Illus.). (YA). pap. 14.99 *(978-1-68281-424-6(6))* Entangled Publishing, LLC.

Any-Day Entertainments: A Collection of Monologues, Dialogues, One-Act Sketches, & Novelty Recitations (Classic Reprint) Lettie C. Vanderveer. (ENG., Illus.). (J). 2018. 100p. 25.96 *(978-0-656-50080-2(8))*; 2017. pap. 9.57 *(978-0-259-51996-6(0))* Forgotten Bks.

Any Day Is Fun Day! Dot to Dot 1000. Jupiter Kids. 2016. (ENG., Illus.). 76p. (J). pap. 13.75 *(978-1-68305-427-6(X)*, Jupiter Kids (Childrens & Kids Fiction)) Speedy Publishing LLC.

Any Girl: A Play (Classic Reprint) Ella Lounsbury. 2018. (ENG., Illus.). 26p. (J). 24.43 *(978-0-484-25547-9(9))* Forgotten Bks.

Any Place but Here: A Novel. Sarah Van Name. 2021. 336p. (YA). (gr. 8-12). pap. 10.99 *(978-1-4926-7706-2(X))* Sourcebooks, Inc.

Any Room for Me?, 30 vols. Loek Koopmans. 2nd rev. ed. 2020. (Illus.). 24p. (J). 16.95 *(978-1-78250-660-7(8))* Floris Bks. GBR. Dist: Consortium Bk. Sales & Distribution.

Any Second. Kevin Emerson. 2018. (ENG.). 400p. (YA). (gr. 7). 17.99 *(978-0-553-53482-5(3)*, Crown Books For Young Readers) Random Hse. Children's Bks.

Any Sign of Life. Rae Carson. (ENG.). 384p. (YA). (gr. 8). 2022. pap. 11.99 *(978-0-06-269194-1(5))*; 2021. 17.99 *(978-0-06-269193-4(7))* HarperCollins Pubs. (Greenwillow Bks.).

Any Time, Any Place, Any Prayer: A True Story of How You Can Talk with God. Laura Wifler. Illus. by Catalina Echeverri. 2021. (Tales That Tell the Truth Ser.). (ENG.). 32p. (J). *(978-1-78498-660-5(7))* Good Bk. Co., The.

Any Time, Any Place, Any Prayer Board Book: We Can Talk with God. Laura Wifler. Illus. by Catalina Echeverri. 2022. (ENG.). (J). bds. *(978-1-78498-771-8(9))* Good Bk. Co., The.

Any Time, Any Place, Any Prayer Family Bible Devotional: 15 Days Exploring How We Can Talk with God. Contrib. by Katy Morgan & Catalina Echeverri. 2023. (ENG., Illus.). 80p. (J). pap. *(978-1-78498-920-0(7))* Good Bk. Co., The.

Any Way the Wind Blows. Rainbow Rowell. (YA). 2023. (Simon Snow Trilogy Ser.: 3). (ENG.). 592p. pap. 14.00 *(978-1-250-25435-1(3)*, 900218877); 2021. *(978-1-250-81761-7(7))*; 2021. (Simon Snow Trilogy Ser.: 3). (ENG., Illus.). 592p. 19.99 *(978-1-250-25433-7(7)*, 900218876) St. Martin's Pr. (Wednesday Bks.).

Any Way the Wind Blows (Spanish Edition) Rainbow Rowell. 2023. (Simon Snow Ser.: 3). (SPA.). 600p. (YA). (gr. 7). pap. 19.95 *(978-607-38-2764-5(4)*, Alfaguara) Penguin Random House Grupo Editorial ESP. Dist: Penguin Random Hse. LLC.

Anya & the Dragon. Sofiya Pasternack. (ENG.). 416p. (J). 2020. (gr. 5-7). pap. 7.99 *(978-0-358-37905-8(9)*, 1786354); 2019. (gr. 3-7). 16.99 *(978-0-358-00607-7(4)*, 1737004) HarperCollins Pubs. (Versify).

Anya & the Dragon F&g. Pasternack. 2019. (ENG.). (J). 16.99 *(978-0-358-44891-4(3)*, HarperCollins) HarperCollins Pubs.

Anya & the Nightingale. Sofiya Pasternack. 2022. (ENG.). 432p. (J). (gr. 3-7). pap. 7.99 *(978-0-358-66944-9(8)*, Versify) HarperCollins Pubs.

Anya Goes to India. Nikko M. Fungchung. Illus. by Fuuji Takashi. 2017. (Anya's World Adventures Ser.: Vol. 2). (ENG.). (J). (gr. k-4). pap. 9.99 *(978-0-9981497-5-2(6))* FungChung, Nikko M.

Anya Goes to India. Nikko M. Fungchung. 2017. (Anya's World Adventures Ser.: Vol. 2). (ENG., Illus.). (J). (gr. k-4). 17.99 *(978-0-9981497-4-5(8))* FungChung, Nikko M.

Anya Goes to Jamaica. Nikko M. Fungchung. Illus. by Fuuji Takashi. 2016. (Anya's World Adventures Ser.: Vol. 1). (ENG.). (J). (gr. k-4). pap. 9.99 *(978-0-9981497-3-8(X))*; 17.99 *(978-0-9981497-0-7(5))* FungChung, Nikko M.

Anya Va en Inde. Nikko M. Fungchung. Illus. by Fuuji Takashi. 2017. (Aventures d'Anya Autour du Monde Ser.: Vol. 2). (FRE.). 30p. (J). (gr. k-4). pap. 9.99 *(978-0-9981497-8-3(0))* FungChung, Nikko M.

Anya Va en Jamaique. Nikko M. Fungchung. Illus. by Fuuji Takashi. 2017. (Aventures d'Anya Autour du Monde Ser.: Vol. 1). (FRE.). 32p. (J). (gr. k-4). pap. 9.99 *(978-0-9981497-2-1(1))* FungChung, Nikko M.

Anyali & the Last Dragon. Charlene Gowen. 2020. (ENG.). 36p. (J). pap. 20.00 *(978-1-0878-9687-8(8))* Indy Pub.

Anya's Friends. Neil Jagger. 2017. (ENG., Illus.). (J). (gr. k-3). pap. *(978-1-78719-438-0(8))* Authors OnLine, Ltd.

Anya's Secret Society. Yevgenia Nayberg. Illus. by Yevgenia Nayberg. 2019. (Illus.). 32p. (J). (gr. -1-3). lib. bdg. 17.99 *(978-1-58089-830-0(0))* Charlesbridge Publishing, Inc.

Anybody Family on Sunday Morning: An One Act Play (Classic Reprint) Hester A. Hopkins. (ENG., Illus.). (J). 2018. 22p. 24.35 *(978-0-484-62794-8(5))*; 2016. pap. 7.97 *(978-1-334-11886-9(8))* Forgotten Bks.

Anybody Here Seen Frenchie? Leslie Connor. l.t. ed. 2023. (ENG.). (J). lib. bdg. 22.99 Cengage Gale.

Anybody Here Seen Frenchie? Leslie Connor. (ENG.). 336p. (J). (gr. 3). 2023. pap. 9.99 *(978-0-06-299937-5(0)*, HarperCollins); 2022. (Illus.). 19.99 *(978-0-06-299936-8(2)*, Tegen, Katherine Bks) HarperCollins Pubs.

#anybody's Daughter: The Young Adult Adaptation. Pamela Samuels Young. 2018. (ENG., Illus.). 300p. (J). pap. 14.99 *(978-0-9997331-2-7(5))* Goldman Hse. Publishing.

Anybody's Game: Kathryn Johnston, the First Girl to Play Little League Baseball. Heather Lang. Illus. by Cecilia Puglesi. (She Made History Ser.). (ENG.). 32p. (J). (gr. -1-3). 2022. pap. 7.99 *(978-0-8075-0386-7(X)*, 080750386X); 2018. 16.99 *(978-0-8075-0379-9(7)*, 807503797) Whitman, Albert & Co.

Anyhow Stories: Moral & Otherwise (Classic Reprint) W. K. Clifford. 2018. (ENG., Illus.). 216p. (J). 28.35 *(978-0-428-37797-7(1))* Forgotten Bks.

Anyla & the Culangbiz Kids: Introducing the Clb Kids. Ty Stennis et al. 2016. (ENG., Illus.). (J). (gr. 3-6). pap. 9.95 *(978-1-63535-591-8(5))* Independent Pub.

Anyone but Bear. Suzy Senior. 2022. (ENG.). (J). 13.95 *(978-1-954881-40-2(1))* Ascension Pr.

Anyone Can Be a Hero. Joyce Greco. 2021. (ENG., Illus.). 28p. (J). 24.95 *(978-1-0980-9624-3(X))* Christian Faith Publishing.

Anyone Can Be a Hero Book of Children's Stories. Selena Millman. 2018. (ENG., Illus.). 100p. (J). pap. *(978-1-387-58387-4(5))* Lulu Pr., Inc.

Anyone Can Be My Friend Celebrate the Wonderful Things That Make Us Different: Padded Board Book. IglooBooks. Illus. by Jana Curll. 2022. (ENG.). 24p. (J). (-k). bds. 8.99 *(978-1-80108-713-1(X))* Igloo Bks. GBR. Dist: Simon & Schuster, Inc.

Anyone Can Color Spirographs Coloring Book. Kreativ Entspannen. 2016. (ENG., Illus.). (J). pap. 9.20 *(978-1-68377-298-9(9))* Wilke, Traudl.

Anyone's Game (Cross Ups, Book 2) Book 2 of the Cross Ups Series. Sylv Chiang. Illus. by Connie Choi. 2018. (Cross Ups Ser.). (ENG.). 192p. (J). pap. 9.95 *(978-1-77321-046-9(7))* Annick Pr., Ltd. CAN. Dist: Publishers Group West (PGW).

Anything & Everything Color by Number 1st Grade. Educando Kids. 2019. (ENG.). 42p. (J). pap. 8.55 *(978-1-64521-661-2(6)*, Educando Kids) Editorial Imagen.

Anything Big Is Big! Coloring Books Big. Jupiter Kids. 2016. (ENG., Illus.). 106p. (J). pap. 12.55 *(978-1-68305-132-9(7)*, Jupiter Kids (Childrens & Kids Fiction)) Speedy Publishing LLC.

Anything but Okay. Sarah Darer Littman. 2019. (ENG.). 352p. (YA). (gr. 7-7). pap. 9.99 *(978-1-338-17758-9(3)*, Scholastic Paperbacks) Scholastic, Inc.

Anything but Ordinary. John Micklos Jr. et al. 2020. (Anything but Ordinary Ser.). (ENG.). 48p. (J). (gr. 3-5). 135.96 *(978-1-4966-8549-0(0)*, 200731, Capstone Pr.) Capstone.

Anything but Ordinary: The Beginning. Kayla M. Hebbon. 2018. (ENG., Illus.). 120p. (YA). (gr. 7-12). pap. 6.95 *(978-0-9987769-0-3(4))* Kay Kay Publishing, LLC.

Anything but Ordinary Addie: The True Story of Adelaide Herrmann, Queen of Magic. Mara Rockliff. Illus. by Iacopo Bruno. 2016. 48p. (J). (gr. 1-4). 17.99 *(978-0-7636-6841-9(9))* Candlewick Pr.

Anything Can Be. Ed. by Sathya Saran. 2021. (ENG.). 168p. (J). (gr. k-3). 24.95 *(978-0-670-09545-2(1))* Penguin Bks. India PVT, Ltd IND. Dist: Independent Pubs. Group.

Anything Can Happen (Classic Reprint) Mary Geisler Phillips. (ENG., Illus.). (J). 2018. 198p. 28.00 *(978-0-364-29734-6(4))*; 2017. pap. 10.57 *(978-0-259-86797-5(7))* Forgotten Bks.

Anything Is Possible! Diane C. Wander. 2019. (Triple Trouble Plus One Ser.: Vol. 4). (ENG., Illus.). 162p. (J). (gr. 2-6). pap. 9.99 *(978-0-9970558-7-0(1))* Bridges to Better Learning.

Anything Once (Classic Reprint) Douglas Grant. 2017. (ENG., Illus.). (J). 27.18 *(978-0-266-18879-7(6))* Forgotten Bks.

Anything That You Can Imagine: Creative Coloring Book. Jupiter Kids. 2016. (ENG., Illus.). 106p. (J). pap. 12.55 *(978-1-68305-133-6(5)*, Jupiter Kids (Childrens & Kids Fiction)) Speedy Publishing LLC.

Anything You Want. Geoff Herbach. 2016. 320p. (YA). (gr. 7-12). pap. 9.99 *(978-1-4022-9144-9(2)*, 9781402291449) Sourcebooks, Inc.

Anything's Possible: Anything Goes! The Sparkler Princess. Ed. by Scott Paramore. Illus. by Leslie Paramore. 2018. (Imagination Ser.: Vol. 1). (ENG.). 50p. (J). (gr. k-2). pap. 9.95 *(978-0-692-15585-1(6))* Heart-centered Productions.

Anything's Possible. Anything Goes! The Sparkler Princess. Ed. by Scott Paramore. Illus. by Leslie Paramore. 2017. (Imagination Ser.: Vol. 1). (ENG.). 50p. (J). (gr. k-2). 14.95 *(978-0-692-15583-7(X))* Heart-centered Productions.

Anytime Is Party Time for Eugene the Mouse: The Wisdom of a Creative Mouse. Lynn C. Skinner. Illus. by Ingrid Dohm. 2018. (ENG.). 34p. (J). (gr. k-6). pap. 11.99 *(978-0-9991679-8-4(7))* Skinner, Lynn C.

Anytime Yoga: Fun & Easy Exercises for Concentration & Calm. Ulrika Dezé. Illus. by Simon Kroug. 2019. 64p. (J). (gr. -1-2). 16.95 *(978-1-61180-439-3(6)*, Bala Kids) Shambhala Pubns., Inc.

Anywhere, Anytime Art: Colored Pencil: A Playful Guide to Drawing with Colored Pencil on the Go! Cara Hanley. 2018. (Anywhere, Anytime Art Ser.). (ENG., Illus.). 128p. pap. 16.95 *(978-1-63322-494-0(5)*, 301707, Walter Foster Jr) Quarto Publishing Group USA.

Anywhere, Anytime Art: Gouache: An Artist's Guide to Painting with Gouache on the Go! Agathe Singer. 2018. (Anywhere, Anytime Art Ser.). (ENG., Illus.). 128p. pap. 16.95 *(978-1-63322-496-4(1)*, 301343, Walter Foster Jr) Quarto Publishing Group USA.

Anywhere Artist. Nikki Slade Robinson. 2018. (ENG., Illus.). 40p. (J). (gr. -1-3). 18.99 *(978-1-328-70736-9(9)*, 1673035, Clarion Bks.) HarperCollins Pubs.

Anywhere Farm. Phyllis Root. Illus. by G. Brian Karas. (ENG.). 32p. (J). (-k). 2020. 8.99 *(978-1-5362-1055-2(2))*; 2017. 16.99 *(978-0-7636-7499-1(0))* Candlewick Pr.

Anywhere Farm. Phyllis Root. ed. 2021. (ENG., Illus.). 30p. (J). (gr. k-1). 19.46 *(978-1-64697-828-1(5))* Penworthy Co., LLC, The.

Anzac Muster (Classic Reprint) William Blocksidge. 2017. (ENG., Illus.). (J). 30.00 *(978-0-265-81938-8(5))* Forgotten Bks.

Anzac Ted. Belinda Landsberry. 2016. (ENG., Illus.). 32p. (J). (gr. -1-5). 17.99 *(978-1-921966-56-9(4)*, EK Bks.) Exisle Publishing Pty Ltd. AUS. Dist: Two Rivers Distribution.

Anzu & the Art of Friendship. Moni Ritchie Hadley. Illus. by Nathalia Takeyama. 2023. (ENG.). 32p. (J). (gr. -1-3). 18.99 *(978-0-8075-6135-5(5)*, 0807561355) Whitman, Albert & Co.

Anzu the Great Kaiju. Benson Shum. Illus. by Benson Shum. 2022. (Anzu the Great Kaiju Ser.: 1). (ENG., Illus.). 40p. (J). 18.99 *(978-1-250-77612-9(0)*, 900235055) Roaring Brook Pr.

Anzu the Great Listener. Benson Shum. Illus. by Benson Shum. 2023. (Anzu the Great Kaiju Ser.: 2). (ENG., Illus.). 40p. (J). 18.99 *(978-1-250-77613-6(9)*, 900235056) Roaring Brook Pr.

AP(r) Calculus AB & BC Crash Course 3rd Ed., For the 2021 Exam, Book + Online: Get a Higher Score in Less Time. Flavia Banu & Joan Rosebush. 3rd rev. ed. 2021. (Advanced Placement (AP) Crash Course Ser.). (ENG.). 256p. (gr. 11-12). pap. 14.95 *(978-0-7386-1273-7(1)*, 1273-1) Research & Education Assn.

AP Chemistry Premium, 2024: 6 Practice Tests + Comprehensive Review + Online Practice. Neil D. Jespersen & Pamela Kerrigan. 2023. (Barron's AP Ser.). (ENG.). 752p. (YA). (gr. 9-12). pap. 29.99 *(978-1-5062-8765-2(4)*, Barron's Educational Series, Inc.) Kaplan Publishing.

AP Computer Science a Premium, 2024: 6 Practice Tests + Comprehensive Review + Online Practice. Roselyn Teukolsky. 2023. (Barron's AP Ser.). (ENG.). 496p. (YA). (gr. 9-12). pap. 26.99 *(978-1-5062-8791-1(3)*, Barron's Educational Series, Inc.) Kaplan Publishing.

AP Computer Science Principles Premium, 2024: 6 Practice Tests + Comprehensive Review + Online Practice. Seth Reichelson. 2023. (Barron's AP Ser.). (ENG.). 504p. (YA). (gr. 10-12). pap. 29.99 *(978-1-5062-8775-1(1)*, Barron's Educational Series, Inc.) Kaplan Publishing.

AP(r) English Language & Composition Crash Course, For the 2021 Exam, 3rd Ed., Book + Online: Get a Higher Score in Less Time. Dawn Hogue. 2020. (Advanced Placement (AP) Crash Course Ser.). (ENG.). 352p. (YA). (gr. 10-12). pap. 14.95 *(978-0-7386-1272-0(3)*, 1272-3) Research & Education Assn.

AP English Language & Composition Premium, 2024: 8 Practice Tests + Comprehensive Review + Online Practice. George Ehrenhaft. 2023. (Barron's AP Ser.). (ENG.). 396p. (YA). (gr. 9-12). pap. 29.99 *(978-1-5062-8773-7(5)*, Barron's Educational Series, Inc.) Kaplan Publishing.

AP English Literature & Composition Premium, 2024: 8 Practice Tests + Comprehensive Review + Online Practice. George Ehrenhaft. 2023. (Barron's AP Ser.). (ENG.). 348p. (YA). (gr. 9-12). pap. 24.99 *(978-1-5062-8771-3(9)*, Barron's Educational Series, Inc.) Kaplan Publishing.

AP European History Premium, 2024: 5 Practice Tests + Comprehensive Review + Online Practice. Seth A. Roberts. 2023. (Barron's AP Ser.). (ENG.). 696p. (YA). (gr. 9-12). pap. 29.99 *(978-1-5062-8777-5(8)*, Barron's Educational Series, Inc.) Kaplan Publishing.

AP Human Geography Premium, 2024: 6 Practice Tests + Comprehensive Review + Online Practice. Meredith Marsh & Peter S. Alagona. 2023. (Barron's AP Ser.). (ENG.). 360p. (YA). (gr. 10-12). pap. 29.99 *(978-1-5062-8767-6(0)*, Barron's Educational Series, Inc.) Kaplan Publishing.

AP(r) Physics 1 Crash Course, 2nd Ed., For the 2021 Exam, Book + Online: Get a Higher Score in Less Time. Amy Johnson. 2nd rev. ed. 2020. (Advanced Placement (AP) Crash Course Ser.). (ENG.). 272p. (gr. 11-12). pap. 14.95 *(978-0-7386-1274-4(X)*, 1274-X) Research & Education Assn.

AP Physics C Premium, 2024: 4 Practice Tests + Comprehensive Review + Online Practice. Robert A. Pelcovits & Joshua Farkas. 2023. (Barron's AP Ser.). (ENG.). 600p. (YA). (gr. 9-12). pap. 24.99 *(978-1-5062-8795-9(6)*, Barron's Educational Series, Inc.) Kaplan Publishing.

AP Psychology Flashcards, Fifth Edition: up-To-Date Review: + Sorting Ring for Custom Study. Robert McEntarffer. 2023. (Barron's AP Ser.). (ENG.). 504p. (YA). (gr. 9-12). 29.99 *(978-1-5062-8799-7(9)*, Barron's Educational Series, Inc.) Kaplan Publishing.

AP Spanish Language & Culture Premium, 2024: 5 Practice Tests + Comprehensive Review + Online Practice. Daniel Paolicchi & Alice G. Springer. 2023. (Barron's AP Ser.). (ENG.). 496p. (YA). (gr. 9-12). pap. 29.99 *(978-1-5062-8633-4(X)*, Barron's Educational Series, Inc.) Kaplan Publishing.

AP Statistics Flashcards, Fourth Edition: up-To-Date Practice + Sorting Ring for Custom Study. Martin Sternstein. 2022. (Barron's AP Ser.). (ENG.). 513p. (YA). (gr. 9-12). 29.99 *(978-1-5062-6704-3(1)*, Barron's Educational Series, Inc.) Kaplan Publishing.

AP Statistics Premium, 2024: 9 Practice Tests + Comprehensive Review + Online Practice. Martin Sternstein. 2023. (Barron's AP Ser.). (ENG.). 648p. (YA). (gr. 9-12). pap. 29.99 *(978-1-5062-8814-7(6)*, Barron's Educational Series, Inc.) Kaplan Publishing.

AP U. S. History Premium, 2024: 5 Practice Tests + Comprehensive Review + Online Practice. Eugene V. Resnick. 2023. (Barron's AP Ser.). (ENG.). 568p. (YA). (gr. 9-12). pap. 29.99 *(978-1-5062-8808-6(1)*, Barron's Educational Series, Inc.) Kaplan Publishing.

Apache. F. A. Bird. 2021. (Native American Nations Ser.). (ENG., Illus.). 32p. (J). (gr. 3-6). lib. bdg. 32.79 *(978-1-5321-9715-4(2)*, 38442, Checkerboard Library) ABDO Publishing Co.

Apache. Thomas Kingsley Troupe. 2023. (Nations of North America Ser.). (ENG.). (J). (gr. 3-5). 32p. lib. bdg. 30.60 *(978-1-63897-989-0(8)*, 33357); (Illus.). pap. 9.95 Seahorse Publishing.

Apache Life-Way: The Economic, Social, & Religious Institutions of the Chiricahua Indians (Classic Reprint) Morris Edward Opler. 2017. (ENG., Illus.). (J). 34.87 *(978-0-331-59286-3(X))*; pap. 19.57 *(978-0-259-53070-1(0))* Forgotten Bks.

Apache Princess: A Tale of the Indian Frontier (Classic Reprint) Charles King. 2017. (ENG., Illus.). (J). 31.14 *(978-0-265-15630-8(0))* Forgotten Bks.

Apacheria: True Stories of Apache Culture 1860-1920. W. Michael Farmer. 2018. (Illus.). 216p. pap. 18.95 *(978-1-4930-3279-2(8)*, TwoDot) Globe Pequot Pr., The.

Apaches of New York (Classic Reprint) Alfred Henry Lewis. 2018. (ENG., Illus.). 276p. (J). 29.59 *(978-0-484-51026-4(6))* Forgotten Bks.

¡Apágalo! Turn It Off! Joshua Lawrence Patel Deutsch. Illus. by Afzal Khan. 2021. (SPA.). 40p. (J). 25.00 *(978-1-0879-8404-9(1))* Indy Pub.

Aparato Meteorológico: Leveled Reader Book 83 Level Q 6 Pack. Hmh Hmh. 2021. (SPA.). 40p. (J). pap. 74.40 *(978-0-358-08477-8(6))* Houghton Mifflin Harcourt Publishing Co.

Apartment 1986. Lisa Papademetriou. 2017. (ENG.). 272p. (J). (gr. 3-7). 16.99 *(978-0-06-237108-9(8)*, HarperCollins) HarperCollins Pubs.

Apartment 713. Kevin Sylvester. 2022. (ENG.). 256p. (J). (gr. 3-7). 17.99 *(978-1-4434-6094-1(X)*, HarperCollins) HarperCollins Pubs.

Apartment: a Century of Russian History. Alexandra Litvina. Tr. by Antonina W. Bouis. Illus. by Anna Desnitskaya. 2019. (ENG.). 64p. (J). (gr. 3-7). 25.99 *(978-1-4197-3403-8(2)*, 1249901, Abrams Bks. for Young Readers) Abrams, Inc.

Apartment Next Door (Classic Reprint) William Johnston. 2018. (ENG., Illus.). 322p. (J). 30.54 *(978-0-428-86214-5(4))* Forgotten Bks.

Apathetic Fruit Save the Princess. Josh Thrace. 2022. (ENG.). 34p. (J). pap. 9.99 *(978-1-956742-92-3(1))* Good River Print & Media.

apatosaure. Marysa Storm. 2021. (Dinosaures Ser.). (FRE.). 24p. (J). (gr. k-3). lib. bdg. *(978-1-77092-522-9(8)*, 13298, Bolt Jr.) Black Rabbit Bks.

Apatosaurio. Aaron Carr. 2019. (Dinosaurios Ser.). (SPA.). 24p. (J). (gr. k-2). lib. bdg. 28.55 *(978-1-7911-1437-4(7))* Weigl Pubs., Inc.

Apatosaurus. Aaron Carr. 2016. (J). *(978-1-5105-1911-4(4))* SmartBook Media, Inc.

Apatosaurus. Aaron Carr. (ENG.). 24p. (J). 2021. pap. 12.95 *(978-1-7911-3438-9(6))*; 2018. lib. bdg. 35.70 *(978-1-4896-6967-4(1)*, AV2 by Weigl) Weigl Pubs., Inc.

Apatosaurus. Julie Murray. 2022. (Dinosaurs Ser.). (ENG., Illus.). 24p. (J). (gr. k-4). lib. bdg. 31.36 *(978-1-0982-2827-9(8)*, 39933, Abdo Zoom-Dash) ABDO Publishing Co.

Apatosaurus. Rebecca Sabelko. Illus. by James Kuether. 2020. (World of Dinosaurs Ser.). (ENG.). 24p. (J). (gr. 3-7). pap. 8.99 *(978-1-68103-836-0(6)*, 12925); lib. bdg. 26.95 *(978-1-64487-291-8(9))* Bellwether Media.

Apatosaurus: A 4D Book. Tammy Gagne. 2018. (Dinosaurs Ser.). (ENG., Illus.). 24p. (J). (gr. -1-2). lib. bdg. 29.32 *(978-1-5157-9552-0(7)*, 136746, Capstone Pr.) Capstone.

Apatosaurus (Brontosaurus)! Fun Facts about the Apatosaurus - Dinosaurs for Children & Kids Edition - Children's Biological Science of Dinosaurs Books. Prodigy Wizard. 2016. (ENG., Illus.). (J). pap. 9.25 *(978-1-68323-983-3(0))* Twin Flame Productions.

Apatosaurus Would NOT Make a Good Spy. Heather Sadler. Illus. by Steph Calvert. 2018. (Dinosaur Daydreams Ser.). (ENG.). 24p. (J). (gr. -1-2). lib. bdg. 27.99 *(978-1-5158-2128-1(5)*, 136732, Picture Window Bks.) Capstone.

Apauk, Caller of Buffalo (Classic Reprint) James Willard Schultz. (ENG., Illus.). (J). 2019. 238p. 28.81 *(978-0-267-54540-7(1))*; 2016. pap. 11.57 *(978-1-333-46536-0(X))* Forgotten Bks.

ApBanCado. Naim Mustafa. Illus. by Milan Designs. 2020. (ENG.). 26p. (J). (gr. k-4). 19.95 *(978-1-0879-3353-5(6))* Indy Pub.

ApBanCado (Arabic Edition) Naim Mustafa. 2020. (ARA.). 26p. (J). (gr. k-4). 19.95 *(978-1-0879-3847-9(3))* Indy Pub.

ApBanCado (Paperback) Naim Mustafa. 2021. (ENG.). 26p. (J). pap. 12.95 *(978-1-0879-0226-5(6))* Indy Pub.

ApBanCado (Spanish Edition) Naim Mustafa. Illus. by Milan Designs. 2020. (SPA.). 26p. (J). 19.95 *(978-1-0879-3749-6(3))* Indy Pub.

Ape & Armadillo Take over the World: TOON Level 3. James Sturm. 2016. (Illus.). 40p. (J). (gr. 1-4). 12.95 *(978-1-943145-09-6(1)*, TOON Books) Astra Publishing Hse.

Ape Star. Frida Nilsson. Illus. by Frida Nilsson. 2022. (ENG., Illus.). 144p. (J). (gr. 2-5). 18.99 *(978-1-77657-421-6(4)*, a4a1e5ef-a2b0-4059-bc58-227635e2dcbc) Gecko Pr. NZL. Dist: Lerner Publishing Group.

Ape, the Idiot & Other People (Classic Reprint) W. C. Morrow. 2018. (ENG., Illus.). 294p. (J). 29.98 *(978-0-365-44490-9(1))* Forgotten Bks.

Ape with a Cape. Richard Turner. Illus. by Deborah Sheehy. 2020. 32p. (J). (gr. 1-2). 16.95 *(978-1-76036-134-1(8)*, 68a2f0f6-fe1d-4bc6-80b7-fe5838c04500) Starfish Bay Publishing Pty Ltd. AUS. Dist: Baker & Taylor Publisher Services (BTPS).

Apelles & His Contemporaries: A Novel (Classic Reprint) Unknown Author. 2018. (ENG., Illus.). 346p. (J). 31.03 *(978-0-483-66946-8(6))* Forgotten Bks.

Aperlele Tnyeme - Nana Dig. Margaret James. Illus. by Wendy Paterson. 2021. (AUS.). 24p. (J). pap. *(978-1-922621-99-3(4))* Library For All Limited.

Aperlele Tnyeme Alelhe Athetheke Kwene - Nana Digs in the Red Sand. Margaret James & Wendy Paterson. 2021. (AUS.). 32p. (J). pap. *(978-1-922647-00-9(4))* Library For All Limited.

Apes & Babies, 1 vol. Adelaide Redwood. 2017. (Animal Family Ser.). (ENG.). 24p. (gr. k-k). pap. 9.15 *(978-1-4824-6365-1(2)*, 904380b6-367c-4aed-b53f-34f0d46af857) Stevens, Gareth Publishing LLLP.

Apes & Monkeys. Anne O'Daly. 2023. (Animal Detectives Ser.). (ENG.). 24p. (J). (gr. 2-4). pap. 10.99 *(978-1-78121-556-2(1)*, 16406) Black Rabbit Bks.

Apes & Monkeys. Anne O'Daly. 2020. (Animal Detectives Ser.). (ENG.). 24p. (J). (gr. 2-4). 29.95 *(978-1-78121-446-6(8)*, 16400) Brown Bear Bks.

Apex Legends: Beginner's Guide. Josh Gregory. 2020. (21st Century Skills Innovation Library: Unofficial Guides). (ENG., Illus.). 32p. (J). (gr. 4-8). pap. 14.21 *(978-1-5341-6197-9(X)*, 214788); lib. bdg. 32.07 *(978-1-5341-5967-9(3)*, 214787) Cherry Lake Publishing.

Apex Legends: Characters. Josh Gregory. 2020. (21st Century Skills Innovation Library: Unofficial Guides). (ENG.,

A

Illus.). 32p. (J). (gr. 4-8). pap. 14.21 *(978-1-5341-6199-3(6)*, 214796); lib. bdg. 32.07 *(978-1-5341-5969-3(X)*, 214795) Cherry Lake Publishing.

Apex Legends: Combat. Josh Gregory. 2020. (21st Century Skills Innovation Library: Unofficial Guides). (ENG., Illus.). 32p. (J). (gr. 4-8). pap. 14.21 *(978-1-5341-6202-0(X)*, 214808); lib. bdg. 32.07 *(978-1-5341-5972-3(X)*, 214807) Cherry Lake Publishing.

Apex Legends: Equipment. Josh Gregory. 2020. (21st Century Skills Innovation Library: Unofficial Guides). (ENG., Illus.). 32p. (J). (gr. 4-8). pap. 14.21 *(978-1-5341-6200-6(3)*, 214800); lib. bdg. 32.07 *(978-1-5341-5970-9(3)*, 214799) Cherry Lake Publishing.

Apex Legends: Guide to Kings Canyon. Josh Gregory. 2020. (21st Century Skills Innovation Library: Unofficial Guides). (ENG., Illus.). 32p. (J). (gr. 4-8). pap. 14.21 *(978-1-5341-6204-4(6)*, 214816); lib. bdg. 32.07 *(978-1-5341-5974-7(6)*, 214815) Cherry Lake Publishing.

Apex Legends: Independent & Unofficial Ultimate Guide. BuzzPop. 2019. (ENG.). 96p. (J). (gr. 6). 9.99 *(978-1-4998-1090-5(3)*, BuzzPop) Little Bee Books Inc.

Apex Legends: Microtransactions. Josh Gregory. 2020. (21st Century Skills Innovation Library: Unofficial Guides). (ENG.). 32p. (J). (gr. 4-8). pap. 14.21 *(978-1-5341-6201-3(1)*, 214804); (Illus.). lib. bdg. 32.07 *(978-1-5341-5971-6(1)*, 214803) Cherry Lake Publishing.

Apex Legends: Teamwork. Josh Gregory. 2020. (21st Century Skills Innovation Library: Unofficial Guides). (ENG., Illus.). 32p. (J). (gr. 4-8). pap. 14.21 *(978-1-5341-6203-7(8)*, 214812); lib. bdg. 32.07 *(978-1-5341-5973-0(8)*, 214811) Cherry Lake Publishing.

Apex Predators: The World's Deadliest Hunters, Past & Present. Steve Jenkins. 2017. (ENG., Illus.). 32p. (J). (gr. -1-3). 17.99 *(978-0-544-67160-7(0)*, 1625796, Clarion Bks.) HarperCollins Pubs.

Apfel, Mein Freund: Ein Wunderschön Illustriertes Märchen. Brigitte Novalis. 2016. (GER., Illus.). 44p. (J). pap. 12.99 *(978-1-944870-17-1(2))* Novalis Pr.

Aphid. August Hoeft. 2022. (I See Insects Ser.). (ENG.). (J). 20p. pap. 12.99 ***(978-1-5324-4159-2(2))***; 16p. (gr. -1-2). 24.99 ***(978-1-5324-3336-8(0))***; 16p. (gr. -1-2). pap. 12.99 ***(978-1-5324-2828-9(6))*** Xist Publishing.

Aphids. Patric Perish. 2017. (Insects up Close Ser.). (ENG., Illus.). 24p. (J). (gr. k-3). lib. bdg. 26.95 *(978-1-62617-658-4(2)*, Black Sheep) Bellwether Media.

Aphorisms of Wisdom, or a Complete Collection of the Most Celebrated Proverbs, in the English, Scotch, French, Spanish, Italian & Other Languages: Ancient & Modern, Collected & Digested; to Which Is Added, Ramsay's Collection of Scottish Proverbs. Thomas Fuller. 2017. (ENG., Illus.). (J). 292p. 29.92 *(978-0-332-86913-1(X))*; pap. 13.57 *(978-0-259-55499-8(5))* Forgotten Bks.

Aphotic. D. R. Mattox. 2020. (ENG.). 228p. (J). pap. 15.95 *(978-1-7353023-5-5(X))* Warren Publishing, Inc.

Aphrodite. Kaitlin Bevis. 2016. (ENG., Illus.). (YA). (gr. 8-12). 23.95 *(978-1-61194-781-6(2)*, ImaJinn Bks.) BelleBks., Inc.

Aphrodite. Christine Ha. 2021. (Greek Gods & Goddesses Ser.). (ENG., Illus.). 32p. (J). (gr. 2-3). pap. 9.95 *(978-1-63738-046-8(1))*; lib. bdg. 31.35 *(978-1-63738-010-9(0))* North Star Editions. (Apex).

Aphrodite. Teri Temple. 2016. (J). *(978-1-4896-4631-6(0))* Weigl Pubs., Inc.

Aphrodite: A Romance of Ancient Hellas (Classic Reprint) Ernst Eckstein. 2017. (ENG., Illus.). (J). 30.17 *(978-1-5285-8297-1(7))* Forgotten Bks.

Aphrodite: Goddess of Love & Beauty. Teri Temple. Illus. by Robert Squier. 2019. (Greek Gods & Goddesses Ser.). (ENG.). 32p. (J). (gr. 3-6). lib. bdg. 35.64 *(978-1-5038-3251-0(1)*, 213019) Child's World, Inc, The.

Aphrodite: Greek Goddess of Love & Beauty. Tammy Gagne. Illus. by Alessandra Fusi. 2019. (Legendary Goddesses Ser.). (ENG.). 32p. (J). (gr. 3-9). pap. 7.95 *(978-1-5435-5914-9(X)*, 139884); lib. bdg. 28.65 *(978-1-5435-5451-9(2)*, 139291) Capstone.

Aphrodite & the Dragon's Emerald: A QUIX Book. Joan Holub & Suzanne Williams. Illus. by Yuyi Chen. 2023. (Little Goddess Girls Ser.: 11). (ENG.). 96p. (J). (gr. k-3). 17.99 ***(978-1-6659-0411-7(9))***; pap. 5.99 ***(978-1-6659-0410-0(0))*** Simon & Schuster Children's Publishing. (Aladdin).

Aphrodite & the Magical Box: A QUIX Book. Joan Holub & Suzanne Williams. Illus. by Yuyi Chen. 2021. (Little Goddess Girls Ser.: 7). (ENG.). 96p. (J). (gr. k-3). 17.99 *(978-1-5344-7966-1(X))*; pap. 5.99 *(978-1-5344-7965-4(1))* Simon & Schuster Children's Publishing. (Aladdin).

Aphrodite the Beauty Graphic Novel. Illus. by Glass House Glass House Graphics. 2022. (Goddess Girls Graphic Novel Ser.: 3). (ENG.). 192p. (J). (gr. 3-7). 19.99 *(978-1-5344-7393-5(9))*; pap. 10.99 *(978-1-5344-7392-8(0))* Simon & Schuster Children's Publishing. (Aladdin).

Aphrodite V Volume 1. Matt Hawkins & Bryan Hill. 2018. (ENG., Illus.). 128p. (YA). pap. 9.99 *(978-1-5343-0984-5(5)*, 706957a6-38ba-466d-9559-ab1df55fcd71) Image Comics.

Aphrodite Won a Beauty Contest! - Mythology Stories for Kids Children's Folk Tales & Myths. Baby Professor. 2017. (ENG., Illus.). 64p. (J). pap. 9.52 *(978-1-5419-1512-1(7)*, Baby Professor (Education Kids)) Speedy Publishing LLC.

Aphrodite's Dawn. R. B. Harkess. 2016. (ENG., Illus.). (YA). pap. *(978-0-9927861-1-3(8))* Metaphoric Media Ltd.

Apicultura, o Tratado de Las Abejas y Sus Labores: De Las Colmenas, Colmenar y Colmenero; de Los Enemigos de Las Abejas y de Las Enfermedades Que Estas Padecen (Classic Reprint) Ignacio Redondo. 2017. (SPA., Illus.). (J). pap. 10.57 *(978-1-332-69759-5(3))* Forgotten Bks.

Apiculture Par les Methodes Simples (Classic Reprint) Robert Hommell. 2017. (FRE., Illus.). (J). pap. 16.57 *(978-0-259-24635-0(2))* Forgotten Bks.

Apidae. Lisa Borne Graves. 2018. (ENG., Illus.). 204p. (J). pap. *(978-1-77339-849-5(0))* Evernight Publishing.

Apley Towers. Myra King. Illus. by Subrata Mahajan. 2016. (Apley Towers Ser.). (ENG.). (J). Bks. 1-3. *(978-1-78226-300-5(4))*; Bks. 4-6. *(978-1-78226-301-2(2))* Sweet Cherry Publishing.

¡Apocalipsis Vaca! / Zombie Diaries: Apocalypse Cow! Guy Edmonds & Matt Zeremes. Illus. by Jake A. Minton. 2023. (Diarios Zombi Ser.). (SPA.). 256p. (J). (gr. 3-7). pap. 12.95 ***(978-607-38-2699-0(0))*** Penguin Random House Grupo Editorial ESP. Dist: Penguin Random Hse. LLC.

Apocalypse: Diary of a Survivor. Matt J. Pike. Ed. by Lisa Chant. 2017. (Apocalypse (Paperback) Ser.: Vol. 1). (ENG., Illus.). 200p. (YA). (gr. 8-12). pap. 18.00 *(978-1-68419-171-0(8))* Primedia eLaunch LLC.

Apocalypse Bow Wow. James Proimos III, Jr. Illus. by James Proimos III, Jr. 2016. (ENG., Illus.). 224p. (J). pap. 8.99 *(978-1-68119-088-4(5)*, 900158426, Bloomsbury USA Childrens) Bloomsbury Publishing USA.

Apocalypse Club. Brian Koscienski & Chris Pisano. 2019. (ENG.). 280p. (YA). (gr. 8). pap. 12.95 *(978-1-7321391-5-2(6))* TreeHse. Publishing Group.

Apocalypse en Français Au Xiiie Siècle: Bibl. Nat. Fr. 403 (Classic Reprint) Léopold Delisle. 2018. (FRE., Illus.). 102p. (J). pap. 9.57 *(978-0-332-03506-2(9))* Forgotten Bks.

Apocalypse en Francais Au Xiiie Siecle (Bibl. Nat. Fr. 403) Introduction et Texte (Classic Reprint) Léopold Delisle. 2017. (FRE., Illus.). (J). pap. 16.57 *(978-0-243-86555-0(4))* Forgotten Bks.

Apocalypse en Français Au Xiiie Siècle (Bibl. Nat. Fr. 403) Introduction et Texte (Classic Reprint) Léopold Delisle. 2018. (FRE., Illus.). 466p. (J). 33.53 *(978-0-666-68639-8(4))* Forgotten Bks.

Apocalypse en Français Au Xiiie Siècle (Bibl. Nat. Fr. 403) (Classic Reprint) Léopold Delisle. 2018. (FRE., Illus.). (J). 462p. 33.45 *(978-1-391-98494-0(3))*; 464p. pap. 16.57 *(978-1-390-53723-9(4))* Forgotten Bks.

Apocalypse en Française Au Xiiie Siècle (Bibl. Nat. Fr. 403) Introduction et Texte (Classic Reprint) Léopold Delisle. 2018. (FRE., Illus.). 466p. (J). pap. 16.57 *(978-1-391-09724-4(6))* Forgotten Bks.

Apocalypse Fall. Tyler H. Jolley & Mary H. Geis. 2021. (Seasons of an Apocalypse Ser.: Vol. 2). (ENG.). 172p. (YA). pap. 9.99 *(978-1-7373296-1-9(1))* Jolley Chronicles.

Apocalypse NOPE!! Deidre Huesmann. 2021. (ENG.). 348p. (J). pap. *(978-0-3695-0352-7(X))* Evernight Publishing.

Apocalypse of Elena Mendoza. Shaun David Hutchinson. 2019. (ENG., Illus.). 464p. (YA). (gr. 9). pap. 12.99 *(978-1-4814-9855-5(X)*, Simon Pulse) Simon Pulse.

Apocalypse of Gods. Vaniliane Vaniliane. 2022. (FRE.). 121p. (YA). pap. ***(978-1-4716-7149-4(6))*** Lulu Pr., Inc.

Apocalypse Spring. Tyler H. Jolley & Holli Anderson. 2023. (ENG.). 208p. (YA). pap. 10.99 ***(978-1-958734-08-7(X))*** Jolley Chronicles.

Apocalypse Stoppers. Mimi Strom. 2021. (ENG.). 180p. (J). pap. 10.00 *(978-1-0879-8550-3(1))* Indy Pub.

Apocalypse Summer. Tyler H. Jolley & Mary H. Geis. 2021. (Seasons of an Apocalypse Ser.: Vol. 1). (ENG.). 178p. (YA). pap. 9.99 *(978-1-7331821-3-3(6))* Jolley Chronicles.

Apocalypse Taco. Nathan Hale. (ENG., Illus.). (YA). (gr. 3-7). 2020. 144p. pap. 9.99 *(978-1-4197-3913-2(1)*, 1256503); 2019. 128p. 14.99 *(978-1-4197-3373-4(7)*, 1256501) Abrams, Inc. (Amulet Bks.).

Apocalypse Was a Long Time Ago: The Holy Bible Rediscovered by Young People in a Future World. Cyril a Sansum. 2018. (ENG., Illus.). 320p. (J). pap. 12.40 *(978-0-244-72472-6(5))* Lulu Pr., Inc.

Apocalyptia. J. S. Frankel. 2020. (ENG.). 244p. (J). pap. *(978-1-4874-2647-7(X)*, Devine Destinies) eXtasy Bks.

Apodaca: Battle for Bowen. Rodger Beals. Illus. by Cam Beals. 2019. (ENG.). 84p. (J). (gr. 3-6). pap. ***(978-1-9990625-3-8(1))***; (gr. 4-6). *(978-1-9990625-4-5(X))* Beals, Cam.

Apokolips Invasion. Matthew K. Manning. Illus. by Dario Brizuela. 2018. (You Choose Stories: Superman Ser.). (ENG.). 112p. (J). (gr. 2-6). lib. bdg. 32.65 *(978-1-4965-5825-1(1)*, 136913, Stone Arch Bks.) Capstone.

Apollo. Christine Ha. 2021. (Greek Gods & Goddesses Ser.). (ENG., Illus.). 32p. (J). (gr. 2-3). pap. 9.95 *(978-1-63738-047-5(X))*; lib. bdg. 31.35 *(978-1-63738-011-6(9))* North Star Editions. (Apex).

Apollo. Teri Temple. 2016. (J). *(978-1-4896-4633-0(7))* Weigl Pubs., Inc.

Apollo: A Light in Shining Armor. Denise Heredia. Illus. by Yasmine Jordan. 2018. (ENG.). 52p. (J). (gr. k-4). pap. 10.99 *(978-0-692-10461-3(5))* Heredia, Denise.

Apollo: God of the Sun, Healing, Music, & Poetry. Teri Temple. Illus. by Robert Squier. 2019. (Greek Gods & Goddesses Ser.). (ENG.). 32p. (J). (gr. 3-6). lib. bdg. 35.64 *(978-1-5038-3252-7(X)*, 213020) Child's World, Inc, The.

Apollo: The Brilliant One. George O'Connor. 2016. (Olympians Ser.: 8). (ENG., Illus.). 80p. (J). pap. 12.99 *(978-1-62672-015-2(0)*, 900131515, First Second Bks.) Roaring Brook Pr.

Apollo 11: First Men on the Moon Coloring Book. Steven James Petruccio. 2019. (Dover Space Coloring Bks.). (ENG.). 32p. (J). (gr. 3-6). pap. 4.99 *(978-0-486-83494-8(8)*, 834948) Dover Pubns., Inc.

Apollo 11 & the First Men on the Moon, 1 vol. Eric Keppeler. 2018. (Real-Life Scientific Adventures Ser.). (ENG.). 32p. (gr. 4-5). 29.27 *(978-1-5081-6842-3(3)*, 75daa6bc-a2bd-4928-83f4-5a1c877e70f4, PowerKids Pr.) Rosen Publishing Group, Inc., The.

Apollo 11 Colouring. Jennifer Delaney. 2019. (ENG.). 66p. (J). pap. *(978-1-9997422-1-8(4))* Delaney, Jennifer.

Apollo 11 Launches a New Era. Thomas K. Adamson. 2018. (Events That Changed America Ser.). (ENG.). 32p. (J). (gr. 3-6). lib. bdg. 35.64 *(978-1-5038-2517-8(5)*, 212324, MOMENTUM) Child's World, Inc, The.

Apollo 11 Moon Landing: An Interactive Space Exploration Adventure. Thomas K. Adamson. 2016. (You Choose: Space Ser.). (ENG., Illus.). 112p. (J). (gr. 3-7). lib. bdg. 32.65 *(978-1-4914-8103-5(X)*, 130587, Capstone Pr.) Capstone.

Apollo 13: A Successful Failure. Laura B. Edge. 2020. (ENG., Illus.). 136p. (YA). (gr. 6-12). lib. bdg. 37.32 *(978-1-5415-5900-4(2)*, ac06a4cc-af4f-479a-91d1-7c354675f7e7, Twenty-First Century Bks.) Lerner Publishing Group.

Apollo 13: Mission to the Moon. Virginia Loh-Hagan. 2018. (True Survival Ser.). (ENG.). 32p. (J). (gr. 4-8). pap. 14.21 *(978-1-5341-0871-4(8)*, 210848); (Illus.). lib. bdg. 32.07 *(978-1-5341-0772-4(X)*, 210847) Cherry Lake Publishing. (45th Parallel Press).

Apollo 8: The Mission That Changed Everything. Martin W. Sandler. 2018. (ENG., Illus.). 176p. (J). (gr. 5). 24.99 *(978-0-7636-9489-0(4))* Candlewick Pr.

Apollo God of the Sun, Healing, Music, & Poetry. Teri Temple. 2019. (Gods & Goddesses of Ancient Rome Ser.). (ENG., Illus.). 32p. (J). (gr. 3-6). pap. 13.95 *(978-1-4896-9488-1(9))*; lib. bdg. 29.99 *(978-1-4896-9487-4(0))* Weigl Pubs., Inc.

Apollo Missions. Patti Richards. 2018. (Destination Space Ser.). (ENG., Illus.). 48p. (J). (gr. 5-6). pap. 11.95 *(978-1-63517-565-3(8)*, 1635175658); lib. bdg. 34.21 *(978-1-63517-493-9(7)*, 1635174937) North Star Editions. (Focus Readers).

Apollo Missions. Patti Richards. 2018. (Illus.). 48p. (J). pap. *(978-1-4896-9831-5(0)*, AV2 by Weigl) Weigl Pubs., Inc.

Apollo Missions for Kids: The People & Engineering Behind the Race to the Moon, with 21 Activities. Jerome Pohlen. 2019. (For Kids Ser.: 71). (Illus.). 160p. (J). (gr. 4). pap. 18.99 *(978-0-912777-17-7(6))* Chicago Review Pr., Inc.

Apollo, Vol. 2: A Collection of the Most Popular Songs, Recitations, Duets, Glees, Choruses, &C. &C.; Intermixed with Many Originals, & Some of the Most Favorite of Dibdin, Hudson, W. H. Freeman, &C (Classic Reprint) H. Arliss. (ENG., Illus.). (J). 2018. 368p. 31.49 *(978-0-483-32461-9(2))*; 2016. pap. 13.97 *(978-1-333-72330-9(X))* Forgotten Bks.

Apollo's Deadly Bow & Arrow - Greek Mythology for Kids Children's Greek & Roman Books. Baby Professor. 2017. (ENG., Illus.). (J). pap. 8.79 *(978-1-5419-1306-6(X)*, Baby Professor (Education Kids)) Speedy Publishing LLC.

Apollo's First Moon Landing: A Fly on the Wall History. Thomas Kingsley Troupe. Illus. by Jomike Tejido. 2018. (Fly on the Wall History Ser.). (ENG.). 32p. (J). (gr. 1-3). lib. bdg. 27.99 *(978-1-5158-1598-3(6)*, 136251, Picture Window Bks.) Capstone.

Apollo's Mystic Message!, 5. Stella Tarakson. ed. 2020. (Hopeless Heroes Ser.). (ENG.). 208p. (J). (gr. 4-5). 17.79 *(978-1-64697-124-4(8))* Penworthy Co., LLC, The.

Apolo Se Escapa: Leveled Reader Book 43 Level G 6 Pack. Hmh Hmh. 2021. (SPA.). 16p. (J). pap. 74.40 *(978-0-358-08262-0(5))* Houghton Mifflin Harcourt Publishing Co.

Apologetics for Teens - Did Jesus Rise from the Dead? Bethany Kaldas. l.t. ed. 2021. (ENG.). 80p. (YA). pap. *(978-0-6451394-3-3(2))* St Shenouda Pr.

Apologetics for Teens - the Problem of Evil. Bethany Kaldas. l.t. ed. 2022. (ENG.). 68p. (YA). pap. ***(978-0-6455543-1-1(6))*** St Shenouda Pr.

Apologize! Penelope Dyan. Illus. by Penelope Dyan. l.t. ed. 2019. (ENG., Illus.). 34p. (J). pap. 12.60 *(978-1-61477-388-7(2))* Bellissima Publishing, LLC.

Apology for the Conduct of the Gordons: Containing the Whole of Their Correspondence, Conversation, &C. with Mrs. Lee (Classic Reprint) Loudoun Harcourt Gordon. (ENG., Illus.). (J). 2018. 146p. 26.93 *(978-0-365-29965-3(0))*; 2017. pap. 9.57 *(978-0-259-58688-3(9))* Forgotten Bks.

Apology for the Life of George Anne Bellamy, Late of Covent-Garden Theatre, Vol. 4 Of 5: To Which Is Annexed, Her Original Letter to John Calcraft, Esq. , Advertised to Be Published in October 1767, but Which Was Violently Suppressed (Classic Reprint) George Anne Bellamy. 2018. (ENG., Illus.). 242p. (J). 28.91 *(978-0-267-00390-7(0))* Forgotten Bks.

Apology for the Life of George Anne Bellamy, Vol. 1 Of 5: Late of Covent Garden Theatre (Classic Reprint) George Anne Bellamy. 2018. (ENG., Illus.). 464p. (J). 33.47 *(978-0-483-69684-6(6))* Forgotten Bks.

Apology for the Life of Mr. Bampfylde-Moore Carew: Commonly Call'd the King of the Beggars (Classic Reprint) Robert Goadby. 2018. (ENG., Illus.). 386p. (J). 31.86 *(978-0-483-08755-2(6))* Forgotten Bks.

Apomia. Charolette a Saiz. 2017. (ENG., Illus.). 322p. (YA). pap. 18.95 *(978-1-64082-732-5(3))* Page Publishing Inc.

Apophthegms of the Ancients, Vol. 1 Of 2: Being an Historical Collection of the Most Celebrated, Elegant, Pithy & Prudential Sayings of All the Illustrious Personages of Antiquity (Classic Reprint) Desiderius Erasmus. 2018. (ENG., Illus.). 336p. (J). 30.89 *(978-0-428-34449-8(6))* Forgotten Bks.

Apophthegms of the Ancients, Vol. 1 of 2 (Classic Reprint) Desiderius Erasmus. 2018. (ENG., Illus.). 338p. (J). 30.89 *(978-0-428-48373-9(9))* Forgotten Bks.

Apophthegms of the Ancients, Vol. 2: Being an Historical Collection of the Most Celebrated, Elegant, Pithy & Prudential Sayings of All the Illustrious Personages of Antiquity (Classic Reprint) Desiderius Erasmus. 2017. (ENG., Illus.). (J). 312p. 30.35 *(978-0-484-73750-0(3))*; pap. 13.57 *(978-0-259-18336-5(9))* Forgotten Bks.

Aposimz 1, Vol. 1. Tsutomu Nihei. 2018. (Aposimz Ser.: 1). (Illus.). 180p. (YA). (gr. 8-12). pap. 12.95 *(978-1-947194-30-4(5)*, Vertical Comics) Vertical, Inc.

Apostle of the Sleeping Gods (Disgardium Book #2) LitRPG Series. Dan Sugralinov. 2019. (Disgardium Ser.: Vol. 2). (ENG.). 564p. (J). pap. *(978-80-7619-055-9(X))* Magic Dome Bks.

Apostle Paul: His Story; Book I of a Trilogy: a Change of Heart. Bev McKnight Cooper. 2021. (ENG.). 44p. (YA). 21.95 *(978-1-63630-654-4(3))*; pap. 11.95 *(978-1-63630-653-7(5))* Covenant Bks.

Apostles' Creed: For All God's Children. Ben Myers. Illus. by Natasha Kennedy. 2022. (FatCat Book Ser.). 48p. (J). 17.99 *(978-1-68359-574-8(2)*, 3ca34ee5-2bcd-415f-974a-6427ad99e426, Lexham Pr.) Faithlife Corp.

Apostles' Creed Coloring Book. Illus. by Natasha Kennedy. 2022. (FatCat Book Ser.). (ENG.). 20p. (J). 3.99 *(978-1-68359-625-7(0)*, 9534e643-95af-40c7-9424-6abf20cd3d08, Lexham Pr.) Faithlife Corp.

Apostles of the South East (Classic Reprint) Frank Thomas Bullen. (ENG., Illus.). (J). 2018. 358p. 31.28 *(978-0-483-13843-8(6))*; 2017. pap. 13.97 *(978-0-243-49590-0(0))* Forgotten Bks.

Apostles of the Southeast (Classic Reprint) Frank T. Bullen. 2017. (ENG., Illus.). (J). 31.53 *(978-0-331-02562-0(0))* Forgotten Bks.

Apostrophe. Contrib. by Mary Elizabeth Salzmann. 2023. (Punctuation Ser.). (ENG.). 24p. (J). (gr. -1-2). lib. bdg. 31.36 ***(978-1-0982-8268-4(X)***, 42254, Abdo Zoom-Launch) ABDO Publishing Co.

Apothecary: Green Cheesecake at Midnight. T. S. Cherry. 2017. (ENG., Illus.). (J). (gr. 4-6). pap. 5.50 *(978-1-947029-01-9(0))* Pop Academy of Music.

Apothéose du Dictionnaire de l'Académie, et Son Expulsion de la Région Céleste: Ouvrage Contenant Cinquante Remarques Critiques Sur Ce Dictionnaire (Classic Reprint) Chastein Chastein. 2018. (FRE., Illus.). 102p. (J). pap. 9.57 *(978-1-396-30761-4(3))* Forgotten Bks.

Apotheosis of Mr. Tyrawley (Classic Reprint) E. Livingston Prescott. 2018. (ENG., Illus.). 262p. (J). 29.30 *(978-0-428-96756-7(6))* Forgotten Bks.

App of the Living Dead (Gamer Squad 3) Kim Harrington. 2017. (Gamer Squad Ser.). 192p. (J). (gr. 3-7). pap. 6.95 *(978-1-4549-2614-6(7))* Sterling Publishing Co., Inc.

Appalachian Trail, 1 vol. Walter LaPlante. 2016. (Road Trip: Famous Routes Ser.). (ENG., Illus.). 24p. (J). (gr. 2-3). pap. 9.15 *(978-1-4824-4673-9(1)*, cd3f5bf9-cc89-47d9-a365-8b971e0f978c) Stevens, Gareth Publishing LLLP.

Appalachian Trail: Ready-To-Read Level 1. Marion Dane Bauer. Illus. by John Wallace. 2020. (Wonders of America Ser.). (ENG.). 32p. (J). (gr. -1-1). 17.99 *(978-1-5344-6459-9(X))*; pap. 4.99 *(978-1-5344-6458-2(1))* Simon Spotlight. (Simon Spotlight).

Appaloosa Horse Tales: Polka Dot & Spirit of Thunder. Steven H. Pataky. 2017. (ENG., Illus.). (J). (gr. 4-6). pap. 10.99 *(978-0-9861530-2-0(8))* Lovin Ovens, Inc.

Appaloosa Horses. Rachel Grack. 2020. (Saddle Up! Ser.). (ENG., Illus.). 24p. (J). (gr. k-3). lib. bdg. 26.95 *(978-1-64487-233-8(1)*, Blastoff! Readers) Bellwether Media.

Appaloosa Horses. Cari Meister. 2018. (Favorite Horse Breeds Ser.). (ENG.). 24p. (J). (gr. 1-3). pap. 10.99 *(978-1-68152-343-9(4)*, 15144); *(978-1-68151-423-9(0)*, 15136) Amicus.

Appaloosa Horses. Elizabeth Noll. 2018. (Horse Crazy Ser.). (ENG.). 32p. (gr. 2-7). 9.95 *(978-1-68072-707-4(9))*; (J). (gr. 4-6). pap. 9.99 *(978-1-64466-260-1(4)*, 12293); (Illus.). (J). (gr. 4-6). lib. bdg. *(978-1-68072-413-4(4)*, 12292) Black Rabbit Bks. (Bolt).

Apparitions, or the Mystery of Ghosts, Hobgoblins, & Haunted Houses, Developed: Being a Collection of Entertaining Stories, Founded on Fact, & Selected for the Purpose of Eradicating Those Fears, Which the Ignorant, the Weak, & the Superstitious, AR. Joseph Taylor. (ENG., Illus.). (J). 2018. 244p. 28.93 *(978-0-656-96982-1(2))*; 2017. pap. 11.57 *(978-0-259-42040-8(9))* Forgotten Bks.

Apparitions, or the Mystery of Ghosts, Hobgoblins, & Haunted Houses, Developed: Being a Collection of Entertaining Stories, Founded on Fact (Classic Reprint) Joseph Taylor. (ENG., Illus.). (J). 2018. 226p. 28.56 *(978-0-365-39579-9(X))*; 2017. pap. 10.97 *(978-0-259-57828-4(2))* Forgotten Bks.

Appeal to All That Doubt, or Disbelieve the Truths of the Gospel, Whether They Be Deists, Arians, Socinians, or Nominal Christians: In Which the True Grounds & Reasons of the Whole Christian Faith & Life Are Plainly & Fully Demonstrated. William Law. 2016. (ENG., Illus.). (J). pap. 13.57 *(978-1-333-85394-5(7))* Forgotten Bks.

Appeal to the Public on Behalf of Cameria: A Young Lady, Who Was Almost Ruined by the Barbarous Treatment of Her Own Mother (Classic Reprint) Unknown Author. 2018. (ENG., Illus.). 30p. (J). 24.52 *(978-0-267-09823-1(5))* Forgotten Bks.

Appeal to the Serpent, or Life in an Ancient Buddist City: A Story of Ceylon in the Fourth Century A. d (Classic Reprint) Samuel Langdon. (ENG., Illus.). (J). 2018. 336p. 30.83 *(978-0-484-82534-4(8))*; 2016. pap. 13.57 *(978-1-333-77623-7(3))* Forgotten Bks.

Appearance Anxiety: A Guide to Understanding Body Dysmorphic Disorder for Young People, Families & Professionals. The National and Specialist OCD, B. D. D. and Related Disorders Service. 2019. (Illus.). 88p. (J). 17.95 *(978-1-78592-456-9(7)*, 696667) Kingsley, Jessica Pubs. GBR. Dist: Hachette UK Distribution.

Appendix a (Classic Reprint) Hayden Carruth. (ENG., Illus.). (J). 2018. 308p. 30.25 *(978-0-484-61895-3(4))*; 2017. pap. 13.57 *(978-1-334-91664-9(0))* Forgotten Bks.

Appendix to Trilby: Translations & Notes (Classic Reprint) John G. Hawley. (ENG., Illus.). (J). 2018. 40p. 24.72 *(978-0-656-14897-4(7))*; 2017. pap. 7.97 *(978-0-259-35854-1(1))* Forgotten Bks.

Apple. Judy Dodge Cummings. 2018. (Tech Titans Ser.). (ENG., Illus.). 112p. (J). (gr. 6-12). lib. bdg. 41.36 *(978-1-5321-1686-5(1)*, 30624, Essential Library) ABDO Publishing Co.

Apple. Sara Green. 2023. (Behind the Brand Ser.). (ENG., Illus.). (J). (gr. 3-8). lib. bdg. 27.95 Bellwether Media.

Apple. Contrib. by Sara Green. 2023. (Behind the Brand Ser.). (ENG., Illus.). (J). (gr. 3-8). pap. 8.99 Bellwether Media.

Apple. John Perritano. 2017. (J). *(978-1-5105-2358-6(8))* SmartBook Media, Inc.

Apple: A Play (Classic Reprint) Jack Gelber. (ENG., Illus.). (J). 2018. 94p. 25.86 *(978-0-484-59071-6(5))*; 2017. pap. 9.57 *(978-0-259-80472-7(X))* Forgotten Bks.

Apple, a Cat & a Wish: A Story to Lift Spirits, Ignite Imaginations & to Help Children on Their Way. Emma Barrett Say. 2022. (ENG.). 68p. (J). pap. ***(978-1-80227-563-6(0))*** Publishing Push Ltd.

Apple & an Adventure. Martin Cendreda. 2017. (ENG., Illus.). 32p. (J). (gr. -1). 14.99 *(978-1-68415-064-9(7))* BOOM! Studios.

Apple & Annie, the Hamster Duo. Debbi Michiko Florence. Illus. by Melanie Demmer. 2019. (My Furry Foster Family Ser.). (ENG.). 72p. (J). (gr. k-2). pap. 7.95 *(978-1-5158-4561-4(3)*, 141149); lib. bdg. 23.99 *(978-1-5158-4473-0(0)*, 140574) Capstone. (Picture Window Bks.).

TITLE INDEX APRENDEMOS SOBRE TEXTURAS / LET'S LEARN

Apple & Grape: Sleepover at the Sourbahls, Vol. 2. Charles Chaz Douglas, III. 2022. (ENG.). 120p. (J). pap. *(978-1-387-39433-3(9))* Lulu Pr., Inc.
Apple & Grape: Welcome to Cardinal Valleys, Vol. 1. Charles Chaz Douglas, III. 2022. (ENG.). 116p. (J). pap. *(978-1-387-50918-8(7))* Lulu Pr., Inc.
Apple & Grape, Volume 1: Welcome to Cardinal Valleys. Charles Douglas. 2022. (ENG.). 118p. (J). pap. 30.99 *(978-1-387-80626-3(2))* Lulu Pr., Inc.
Apple & Grape, Volume 2: Sleepover at the Sourbahls. Charles Chaz Douglas, III. 2022. (ENG.). 122p. (J). pap. 14.99 *(978-1-387-51555-4(1))* Lulu Pr., Inc.
Apple Blossom Fairies. Lori Minneti. 2017. (ENG.). 56p. (J). pap. *(978-1-312-55712-3(5))* Lulu Pr., Inc.
Apple Blossoms & Other Stories: Compiled for Culture & Nature Studies As Outlined in the Course of Study for the Public Schools of Kansas (Classic Reprint) Edmund Stanley. 2017. (ENG., Illus.). (J). 28.39 *(978-0-266-70921-3(4))*; pap. 10.97 *(978-1-5276-6000-7(1))* Forgotten Bks.
Apple Cake, 15 vols. Nienke van Hichtum. Illus. by Marjan van Zeyl. 2021. Orig. Title: Het Appeltulbandje. 24p. (J). 17.95 *(978-1-78250-763-5(9))* Floris Bks. GBR. Dist: Consortium Bk. Sales & Distribution.
Apple Cake: a Gratitude. Dawn Casey. Illus. by Genevieve Godbout. 2019. (ENG.). 32p. (J). (gr. -1-k). *(978-1-78603-215-7(5))* Frances Lincoln Childrens Bks.
Apple Countdown. Joan Holub. ed. 2019. (Joan Holub's Countdown Pic Bks). (ENG.). 32p. (J). (gr. k-1). 19.89 *(978-0-87617-528-6(0))* Penworthy Co., LLC, The.
Apple Crumble. Catherine Montgomery. 2019. (ENG., Illus.). 36p. (YA). (gr. 7-12). pap. *(978-1-912021-20-8(X),* Nightingale Books) Pegasus Elliot Mackenzie Pubs.
Apple Crush: (a Graphic Novel) Lucy Knisley. 2022. (Peapod Farm Ser.: 2). (Illus.). 208p. (J). (gr. 3-7). 21.99 *(978-0-593-12538-0(X))*; pap. 13.99 *(978-1-9848-9687-2(3))*; (ENG.). lib. bdg. 23.99 *(978-1-9848-9688-9(1))* Penguin Random Hse. LLC.
Apple Culturist. Sereno Edwards Todd. 2017. (ENG.). 340p. (J). pap. *(978-3-337-39924-5(X))* Creation Pubs.
Apple for Harriet Tubman. Glennette Tilley Turner. Illus. by Susan Keeter. 2016. (ENG.). 24p. (J). (gr. -1-3). pap. 7.99 *(978-0-8075-0396-6(7),* 807503967) Whitman, Albert & Co.
Apple Garth Farm. Laura A. Canning. 2017. (ENG., Illus.). ix, 38p. (J). pap. *(978-1-78623-053-9(4))* Grosvenor Hse. Publishing Ltd.
Apple Growing. M. C. Burritt. 2017. (ENG., Illus.). (J). 22.95 *(978-1-374-87572-2(4))*; pap. 12.95 *(978-1-374-87571-5(6))* Capital Communications, Inc.
Apple Grumble. Huw Lewis Jones. Illus. by Ben Sanders. 2022. (ENG.). 32p. (J). (gr. -1-2). 16.95 *(978-0-500-65244-2(9),* 565244) Thames & Hudson.
Apple Harvest. Jenna Lee Gleisner. 2017. (Welcoming the Seasons Ser.). (ENG.). 24p. (J). (gr. -1-2). lib. bdg. 32.79 *(978-1-5038-1660-2(5),* 211496) Child's World, Inc, The.
Apple in the Woods. Tina M. Fournier. 2021. (ENG.). 30p. (J). pap. 12.99 *(978-1-7357256-6-6(8))* Isabella Media Inc.
Apple, My Friend: A Beautifully Illustrated Fairytale. Brigitte Novalis. 2016. (ENG., Illus.). 42p. (J). pap. 12.99 *(978-1-944870-15-7(6))* Novalis Pr.
Apple of Discord: A Novel (Classic Reprint) Henry C. Rowland. (ENG., Illus.). (J). 2018. 258p. 29.22 *(978-0-483-50876-7(4))*; 2017. pap. 11.57 *(978-0-243-10986-9(5))* Forgotten Bks.
Apple of Discord (Classic Reprint) Earle Ashley Walcott. 2018. (ENG., Illus.). 456p. (J). 33.32 *(978-0-483-04896-6(8))* Forgotten Bks.
Apple of My Pie: (a Graphic Novel) Mika Song. 2021. (Norma & Belly Ser.: 2). (ENG., Illus.). 128p. (J). (gr. -1-3). 12.99 *(978-1-9848-9585-1(0))* Penguin Random Hse. LLC.
Apple Picking Day! Candice Ransom. Illus. by Erika Meza. 2016. (Step into Reading Ser.). 32p. (J). (gr. -1-1). pap. 4.99 *(978-0-553-53858-8(6),* Random Hse. Bks. for Young Readers) Random Hse. Children's Bks.
Apple Pie & Other Nursery Tales: Forty-Eight Pages of Illustrations (Classic Reprint) Unknown Author. (ENG., Illus.). (J). 2018. 196p. 27.96 *(978-0-656-08822-5(2))*; 2016. pap. 10.57 *(978-1-334-16671-6(4))* Forgotten Bks.
Apple Pie for Dinner. Susan VanHecke. Illus. by Carol Baicker-McKee. 2021. (ENG.). 34p. (J). (gr. k-3). pap. 9.99 *(978-1-4778-1053-8(6),* 9781477810538, Two Lions) Amazon Publishing.
Apple Pie Promises: A Swirl Novel. Hillary Homzie. 2018. (Swirl Ser.: 5). (ENG.). 256p. (J). (gr. 3-7). 7.99 *(978-1-5107-3923-9(8))*; 16.99 *(978-1-5107-3922-2(X))* Skyhorse Publishing Co., Inc. (Sky Pony Pr.).
Apple Seed & Brier Thorn (Classic Reprint) Louise Stockton. 2017. (ENG., Illus.). (J). 26.91 *(978-0-266-73211-2(9))*; pap. 9.57 *(978-1-5276-9390-6(2))* Forgotten Bks.
Apple Seed to Juice. Bryan Langdo. 2023. (Beginning to End Ser.). (ENG., Illus.). (J). (gr. k-3). lib. bdg. 26.95 Bellwether Media.
Apple Seed to Juice. Contrib. by Bryan Langdo. 2023. (Beginning to End Ser.). (ENG., Illus.). (J). (gr. k-3). pap. 7.99 Bellwether Media.
Apple Seeds. Katie Peters. 2019. (Science All Around Me (Pull Ahead Readers — Nonfiction) Ser.). (ENG., Illus.). 16p. (J). (gr. -1-1). pap. 8.99 *(978-1-5415-7331-4(5),* bb2a800e-b0f8-43a9-b4cc-6ce11da1255a); lib. bdg. 27.99 *(978-1-5415-5849-6(9),* e4d96db5-103d-4ae5-8c13-a618fd24b837) Lerner Publishing Group. (Lerner Pubns.).
Apple Shnapple: Encouraging Kids to Eat Healthy Snacks. Agnes De Bezenac & Salem De Bezenac. Illus. by Agnes De Bezenac. 2017. (Eat Right Ser.: Vol. 1). (ENG., Illus.). (J). (gr. k-2). 11.49 *(978-1-63474-057-9(2),* Kidible) iCharacter.org.
Apple Story. Annika Plummer. 2018. (ENG., Illus.). 32p. (J). pap. 12.95 *(978-1-64416-379-5(9))* Christian Faith Publishing.
Apple Story. Annika G. Plummer. 2018. (ENG., Illus.). 32p. (J). 19.95 *(978-1-64140-193-7(1))* Christian Faith Publishing.
Apple Tart of Hope. Sarah Moore Fitzgerald. ed. 2018. (Penworthy Picks Middle School Ser.). (ENG.). 154p. (J). (gr. 5-7). 19.96 *(978-1-64310-289-4(3))* Penworthy Co., LLC, The.
Apple to Zebra: Dot to Dot Activity Book. Bobo's Children Activity Books. 2016. (ENG., Illus.). (J). pap. 7.99 *(978-1-68327-700-2(7))* Sunshine In My Soul Publishing.
Apple Tree. Jane Finch. Illus. by Jack Foster. 2018. (Chickens Laugh Out Loud Ser.: Vol. 2). (ENG.). 36p. (J). (gr. k-4). pap. 9.99 *(978-1-68160-620-0(8))* Crimson Cloak Publishing.
Apple Tree: You Can Learn a Lot from a Tree. Beth Costanzo. Illus. by Ekaterina Illina. 2020. (Adventures of Scuba Jack Ser.: Vol. 1). (ENG.). 34p. (J). (gr. k-5). 18.00 *(978-1-0879-1088-8(9))* Indy Pub.
Apple-Tree Girl: The Story of Little Miss. Moses, Who Led Herself into the Promised Land (Classic Reprint) George Weston. 2018. (ENG., Illus.). 172p. (J). 27.46 *(978-0-365-02757-7(X))* Forgotten Bks.
Apple-Tree Table: And Other Sketches (Classic Reprint) Herman. Melville. 2018. (ENG., Illus.). 338p. (J). 30.87 *(978-0-483-11210-0(0))* Forgotten Bks.
Apple Trees. Gail Saunders-Smith. rev. ed. 2016. (Plants: Life Cycles Ser.). (ENG.). 24p. (J). (gr. -1-2). pap. 6.29 *(978-1-5157-4232-6(6),* 133993) Capstone.
Apple Tree's Life Cycle. Mary R. Dunn. 2017. (Explore Life Cycles Ser.). (ENG., Illus.). 24p. (J). (gr. -1-2). lib. bdg. 27.32 *(978-1-5157-7055-8(9),* 135485, Capstone Pr.) Capstone.
Apple vs. Microsoft: The Battle of Big Tech. Kenny Abdo. 2022. (Versus Ser.). (ENG.). 24p. (J). (gr. 2-8). lib. bdg. 31.36 *(978-1-0982-2861-3(8),* 41099, Abdo Zoom-Fly) ABDO Publishing Co.
Apple vs. Pumpkin: The Battle for the Best Fall Treat Is On! Jeffrey Burton. Illus. by Lydia Jean. 2023. (ENG.). 22p. (J). (gr. -1). bds., bds. 7.99 *(978-1-6659-3632-3(0),* Little Simon) Little Simon.
Apple Woman of the Klickitat (Classic Reprint) Anna Van Rensselaer Morris. 2017. (ENG., Illus.). (J). 29.90 *(978-0-265-60973-6(9))*; pap. 13.57 *(978-0-282-97678-1(7))* Forgotten Bks.
Appleby Family Adventures: Colleen Reece Chapbooks Book 1. Colleen L. Reece. l.t. ed. 2017. (Colleen Reece Chapbook Ser.: Vol. 1). (ENG., Illus.). (J). (gr. k-5). pap. 9.95 *(978-1-61633-890-9(3))* Guardian Angel Publishing, Inc.
Appledore Farm, Vol. 1 of 3 (Classic Reprint) Katharine S. Macquoid. 2018. (ENG., Illus.). 226p. (J). 28.56 *(978-0-483-97092-2(1))* Forgotten Bks.
Appledore Farm, Vol. 2 of 3 (Classic Reprint) Katharine S. Macquoid. 2018. (ENG., Illus.). 206p. (J). 28.15 *(978-0-483-88688-9(2))* Forgotten Bks.
Appledore Farm, Vol. 3 of 3 (Classic Reprint) Katharine S. Macquoid. 2018. (ENG., Illus.). 204p. (J). 28.10 *(978-0-483-79380-4(9))* Forgotten Bks.
Applejack & Mayor Mare. Bobby Curnow. Illus. by Brenda Hickey et al. 2018. (My Little Pony: Friends Forever Ser.). (ENG.). 24p. (J). (gr. 1-8). lib. bdg. 31.36 *(978-1-5321-4234-5(X),* 28562, Graphic Novels) Spotlight.
Applejack & Rarity. Katie Cook. Illus. by Andy Price et al. 2016. (My Little Pony: Friends Forever Ser.). (ENG.). 24p. (J). (gr. 1-8). 31.36 *(978-1-61479-505-6(3),* 21411, Graphic Novels) Spotlight.
Apples, 1 vol. Cecelia H. Brannon. 2017. (All about Food Crops Ser.). (ENG.). 24p. (J). (gr. k-1). lib. bdg. 24.27 *(978-0-7660-8575-6(9),* 72e8700b-884b-449b-bfa8-fa2b76eccd0c) Enslow Publishing, LLC.
Apples. Gail Gibbons. 2020. (Illus.). 22p. (J). (— 1). bds. 7.99 *(978-0-8234-4752-7(9))* Holiday Hse., Inc.
Apples! Penelope Dyan. Illus. by Penelope Dyan. l.t. ed. 2022. (ENG.). 34p. (J). pap. 12.60 *(978-1-61477-605-5(9))* Bellissima Publishing, LLC.
Apples: Apple Board Book, Vol. 1. Karen Jean Matsko Hood. Ed. by Whispering Pine Press International. Illus. by Artistic Design Service Staff. 2016. (ENG.). 14p. (J). 12.99 *(978-1-59649-006-2(3))* Whispering Pine Pr. International, Inc.
Apples & Veggies Coloring Book. Creative Playbooks. 2016. (ENG., Illus.). (J). pap. 7.74 *(978-1-68323-847-8(8))* Twin Flame Productions.
Apples, Apples, Apples! Victoria Kann. Illus. by Victoria Kann. ed. 2016. (Pinkalicious Ser.). (ENG., Illus.). 24p. (J). (gr. -1-3). 14.75 *(978-0-606-39267-9(X))* Turtleback.
Apples for Sale! Leveled Reader Orange Level 15. Rg Rg. 2016. (PM Ser.). (ENG.). 16p. (J). (gr. 1-2). pap. 11.00 *(978-0-544-89154-8(6))* Rigby Education.
Apples (New & Updated Edition) Gail Gibbons. 2020. (Illus.). 32p. (J). (gr. -1-3). 18.99 *(978-0-8234-4724-4(3))* Holiday Hse., Inc.
Apples of Sodom: A Story of Mormon Life (Classic Reprint) Rosetta Luce Gilchrist. 2018. (ENG., Illus.). 326p. (J). 30.62 *(978-0-365-12582-2(2))* Forgotten Bks.
Apples, Pears, & Pirate Underwear: The Magnificent Muffin Adventures of Princess Beans & Sir Boogie Boog. Ronnie Fisher. Illus. by Rebecca Gibbs. 2017. (ENG.). 26p. (J). pap. *(978-0-473-42681-1(1))* Kingfisher Publishing.
Applesauce Day. Lisa J. Amstutz. Illus. by Talitha Shipman. 2023. (ENG.). 32p. (J). (gr. -1-3). pap. 9.99 *(978-0-8075-0390-4(8),* 0807503908) Whitman, Albert & Co.
Applesauce Weather. Helen Frost. Illus. by Amy June Bates. 2016. 112p. (J). (gr. 3-7). 14.99 *(978-0-7636-7576-9(8))* Candlewick Pr.
Applesauce Weather. Helen Frost. Illus. by Amy June Bates. 2018. 112p. (J). (gr. 3-7). pap. 6.99 *(978-1-5362-0361-5(0))* Candlewick Pr.
Appleton's Booklovers Magazine, Vol. 6: July-December, 1905 (Classic Reprint) Unknown Author. (ENG., Illus.). (J). 2018. 932p. 43.12 *(978-0-483-88777-0(3))*; 2017. pap. 25.46 *(978-0-259-09807-2(8))* Forgotten Bks.
Appleton's Booklovers Magazine, Vol. 7: January-June, 1906 (Classic Reprint) Unknown Author. (ENG., Illus.). (J). 2018. 940p. 43.28 *(978-0-483-14921-2(7))*; 2017. pap. 25.60 *(978-0-243-88976-1(3))* Forgotten Bks.
Appletons' Journal of Literature, Science & Art, Vol. 1: April 3, to August 14, 1869 (Classic Reprint) Unknown Author. (ENG., Illus.). (J). 2018. 738p. 39.12 *(978-0-365-26922-9(0))*; 2017. pap. 23.57 *(978-0-259-37425-1(3))* Forgotten Bks.
Appletons' Journal of Literature, Science, & Art, Vol. 14: From No. 328 to No. 353 Inclusive; July 3, to December 25, 1875 (Classic Reprint) Unknown Author. (ENG., Illus.). (J). 2018. 840p. 41.22 *(978-0-364-49426-4(3))*; 2017. pap. 23.57 *(978-0-259-30964-2(8))* Forgotten Bks.
Appletons' Journal of Literature, Science & Art, Vol. 4: July 9, 1870 (Classic Reprint) Unknown Author. (ENG., Illus.). (J). 2018. 38p. 24.68 *(978-0-483-63344-5(5))*; 2017. pap. 7.97 *(978-0-243-31447-8(7))* Forgotten Bks.
Appletons' Journal of Literature, Science, & Art, Vol. 8: From No. 171 to No. 196 Inclusive; July 6, to December 28, 1872 (Classic Reprint) D. Appleton And Company. 2017. (ENG., Illus.). (J). 28.68 *(978-0-265-61398-6(1))*; pap. 11.57 *(978-0-282-99333-7(9))* Forgotten Bks.
Appletons' Journal, Vol. 2: A Monthly Miscellany of Popular Literature; January-June, 1877 (Classic Reprint) Unknown Author. (ENG., Illus.). (J). 2018. 632p. 36.93 *(978-0-484-68391-3(8))*; 2017. pap. 19.57 *(978-1-334-92220-6(9))* Forgotten Bks.
Appletons' Journal, Vol. 3: A Monthly Miscellany of Popular Literature; July-December, 1877 (Classic Reprint) Unknown Author. 2017. (ENG., Illus.). (J). 37.22 *(978-0-265-73350-9(2))*; pap. 19.57 *(978-1-5276-9606-8(5))* Forgotten Bks.
Appleton's Magazine, Vol. 10: July-December, 1907 (Classic Reprint) Unknown Author. 2017. (ENG., Illus.). (J). 41.92 *(978-0-331-05864-2(2))*; pap. 24.26 *(978-1-5285-9447-9(9))* Forgotten Bks.
Appleton's Magazine, Vol. 11: January-June, 1908 (Classic Reprint) Unknown Author. (ENG., Illus.). (J). 2018. 862p. 41.70 *(978-0-484-79355-1(1))*; 2017. pap. 24.04 *(978-1-334-92216-9(0))* Forgotten Bks.
Appleton's Magazine, Vol. 9: January-June, 1907 (Classic Reprint) Unknown Author. (ENG., Illus.). (J). 2018. 812p. 40.64 *(978-0-484-48712-2(4))*; 2017. pap. 23.57 *(978-1-334-92407-1(4))* Forgotten Bks.
Appleton's Mathematical Series: A Primary Arithmetic. G. P. Quackenbos. 2017. (ENG., Illus.). (J). pap. *(978-0-649-45158-6(9))* Trieste Publishing Pty Ltd.
Appletons' Summer Book: For the Seaside, the Forest, the Camp, the Train, the Steamboat, the Arbor, & the Watering-Place (Classic Reprint) Unknown Author. 2018. (ENG., Illus.). 164p. (J). 27.28 *(978-0-364-74754-4(4))* Forgotten Bks.
Appletons Town & Country Library, Issue 211 (Classic Reprint) Unknown Author. 2018. (ENG., Illus.). 302p. (J). 30.15 *(978-0-483-11509-5(6))* Forgotten Bks.
Applewhites Coast to Coast. Stephanie S. Tolan & R. J. Tolan. 2017. (ENG.). 320p. (J). (gr. 3-7). 16.99 *(978-0-06-213320-5(9),* HarperCollins) HarperCollins Pubs.
Application of Radiography to Certain Test Welds: A Thesis (Classic Reprint) Robert Jerome Frick. 2018. (ENG., Illus.). (J). 30p. 24.52 *(978-1-390-02718-1(X))*; 32p. pap. 7.97 *(978-1-390-02715-0(5))* Forgotten Bks.
Application of Statistical Methods to the Problems of Psychophysics (Classic Reprint) Friedrich Maria Urban. (ENG., Illus.). (J). 2017. 28.89 *(978-0-331-70144-9(8))*; 2016. pap. 11.57 *(978-1-333-22976-4(3))* Forgotten Bks.
Applications for 3D Printing, 1 vol. Kristin Thiel. 2017. (Project Learning with 3D Printing Ser.). (ENG.). 128p. (YA). (gr. 9-9). pap. 22.16 *(978-1-5026-3422-1(8),* a96e4288-b7a7-4d10-80cf-5a2391aa1b90) Cavendish Square Publishing LLC.
Applied Geology. Samuel Gardner Williams. 2017. (ENG.). 412p. (J). pap. *(978-3-337-02522-9(6))* Creation Pubs.
Applied Geology: A Treatise on the Industrial Relations of Geological Structure (Classic Reprint) Samuel Gardner Williams. 2017. (ENG., Illus.). (J). 32.39 *(978-1-5281-4915-0(7))* Forgotten Bks.
Applied Mathematics, 12 vols. 2016. (Applied Mathematics Ser.). (ENG.). 128p. (gr. 9-9). lib. bdg. 284.16 *(978-1-5026-2003-3(0),* 6e8f867e-e3c5-4104-b299-8a73d04295aa, Cavendish Square) Cavendish Square Publishing LLC.
Applied Mathematics for Junior High Schools. Eugene Henry Barker. 2017. (ENG., Illus.). (J). pap. *(978-0-649-06023-8(7))* Trieste Publishing Pty Ltd.
Applied Mental Efficiency. Tasso VanCe Orr. 2017. (ENG., Illus.). (J). pap. *(978-0-649-06024-5(5))* Trieste Publishing Pty Ltd.
Applying Functions to Everyday Life, 1 vol. Erik Richardson. 2016. (Applied Mathematics Ser.). (ENG., Illus.). 128p. (J). (gr. 9-9). 47.36 *(978-1-5026-1967-9(9),* 62da3a89-8360-4ddc-b697-83f6ae8a2e32) Cavendish Square Publishing LLC.
Applying Geometry to Everyday Life, 1 vol. Erik Richardson. 2016. (Applied Mathematics Ser.). (ENG., Illus.). 128p. (J). (gr. 9-9). 47.36 *(978-1-5026-1971-6(7),* 475842ca-a9a9-4bc8-a1fa-80e962a9dbea) Cavendish Square Publishing LLC.
Appointed Times of the Lord. Kenneth Jenkerson. 2020. (ENG.). 132p. (J). pap. 11.30 *(978-1-716-44404-3(7))* Lulu Pr., Inc.
Appointment with Fear. Chad Lee Erway. 2019. (ENG., Illus.). 184p. (J). (gr. 2-7). pap. 9.99 *(978-1-7335610-1-3(3))* Parallel Vortex.
Appreciating All of the Continents Children's Modern History. Baby Professor. 2017. (ENG., Illus.). (J). pap. 7.89 *(978-1-5419-0191-9(6),* Baby Professor (Education Kids)) Speedy Publishing LLC.
Appreciating Diversity. Rita Santos. 2019. (Working for Social Justice Ser.). (ENG.). 32p. (gr. 3-4). 63.18 *(978-1-9785-0796-8(8))* Enslow Publishing, LLC.
Appreciating the Small Things in Life. Tara Sydnor. Illus. by Corbin Hillam. 2022. (ENG.). 18p. (J). pap. 20.99 *(978-1-6628-3874-3(3))* Salem Author Services.
Apprendre à Lire et à écrire des Mots Simples: Avec 100 Mots Courants ! Cahier d'exercices éducatif: 4-7 Ans. June & Lucy Kids. 2020. (FRE., Illus.). 106p. (J). pap. 6.99 *(978-1-64608-254-4(0))* June & Lucy.
Apprendre Avec des Modèles. Miranda Kelly. Tr. by Claire Savard. 2021. (Mes Premiers Livres de Science (My First Science Books) Ser.). (FRE.). 24p. (J). (gr. k-2). pap. *(978-1-4271-3686-2(6),* 13363) Crabtree Publishing Co.
Apprendre Avec des Modèles (Learning with Models) Miranda Kelly. Tr. by Claire Savard. 2021. (FRE.). 24p. (J). (gr. k-2). lib. bdg. *(978-1-4271-5066-0(4))* Crabtree Publishing Co.
Apprendre L'hébreu: Les Animaux. Pip Reid. 2020. (Cahier d'Activités Pour les Débutants Ser.: Vol. 2). (FRE.). 72p. (J). pap. *(978-1-989961-13-1(4))* Bible Pathway Adventures.
Apprendre l'hébreu l'alphabet Cahier D'activités. Pip Reid. 2020. (Cahier d'Activités Pour les Débutants Ser.: Vol. 1). (FRE.). 54p. (J). pap. *(978-1-988585-51-2(1))* Bible Pathway Adventures.
Apprentice: Tinay the Warrior Princess Series. Sonya Roy. Ed. by Kimberly Joyce Veloso. 2021. (ENG.). 428p. (J). pap. *(978-1-990067-11-2(5))* LoGreco, Bruno.
Apprentice Academy: Sorcerers: The Unofficial Guide to the Magical Arts. Hal Johnson. Illus. by Cathrin Peterslund. 2023. (Apprentice Academy Ser.). (ENG.). 160p. (J). 18.99 *(978-1-250-80835-6(9),* 900244946, Odd Dot) St. Martin's Pr.
Apprentice Lord of Darkness: A Graphic Novel. CED, Cedric Asna. 2022. (ENG.). 200p. (J). (gr. 3-7). 24.99 *(978-1-4998-1275-6(2))*; pap. 14.99 *(978-1-4998-1274-9(4))* Bonnier Publishing USA. (Yellow Jacket).
Apprentice Needed. Obert Skye. 2019. (Wizard for Hire Ser.: 2). (ENG., Illus.). 416p. (J). (gr. 5-9). 17.99 *(978-1-62972-529-1(3),* 5211782, Shadow Mountain) Shadow Mountain Publishing.
Apprentice to Truth (Classic Reprint) Helen Huntington. 2018. (ENG., Illus.). 418p. (J). 32.52 *(978-0-267-43443-5(X))* Forgotten Bks.
Apprentice Witch (Unabridged Edition), 7 vols. James Nicol. unabr. ed. 2017. (ENG.). 2p. (J). (gr. 3-7). audio compact disk 34.99 *(978-1-338-15972-1(0),* Chicken Hse., The) Scholastic, Inc.
Apprentice's Quest. Erin Hunter. ed. 2017. (Warriors — a Vision of Shadows Ser.: 1). (J). lib. bdg. 18.40 *(978-0-606-39643-1(8))* Turtleback.
Apprentices to Destiny (Classic Reprint) Lily A. Long. (ENG., Illus.). (J). 2018. 356p. 31.24 *(978-0-428-87693-7(5))*; 2016. pap. 13.97 *(978-1-334-09524-5(8))* Forgotten Bks.
Apprenticeships, Vol. 10. Laura D. Radley. 2018. (Careers in the Building Trades: a Growing Demand Ser.). 80p. (J). (gr. 7). lib. bdg. 33.27 *(978-1-4222-4111-0(4))* Mason Crest.
Apprentie: La Série Tinay la Princesse Guerrière. Sonya Roy. Ed. by Johanne Goyette. 2021. (FRE.). 416p. (J). pap. *(978-1-990067-13-6(1))* LoGreco, Bruno.
Approaches the Poor Scholar's Quest of a Mecca; a Novel in Three Volumes, Vol. 1 of 3 (Classic Reprint) Arthur Lynch. 2018. (ENG., Illus.). 368p. (J). 31.51 *(978-0-332-51131-3(6))* Forgotten Bks.
Approaches the Poor Scholar's Quest of a Mecca; a Novel in Three Volumes, Vol. 3 of 3 (Classic Reprint) Arthur Lynch. 2018. (ENG., Illus.). 236p. (J). 28.78 *(978-0-483-44067-8(1))* Forgotten Bks.
Approaches, the Poor Scholar's Quest of a Mecca, Vol. 2 Of 3: A Novel (Classic Reprint) Arthur Lynch. (ENG., Illus.). (J). 2018. 290p. 29.88 *(978-0-483-55048-3(5))*; 2016. pap. 13.57 *(978-1-333-18918-1(4))* Forgotten Bks.
Approaching Omega. Eric Brown. 2017. (ENG., Illus.). (YA). pap. *(978-1-84583-954-3(4))* Telos Publishing, Ltd.
Appropriate Behavior Counts: A Guide for Young Athletes. Jeremy Uhrich. Illus. by Cherish Springer. 2018. (ENG.). 60p. (J). pap. 15.00 *(978-0-692-18457-8(0))* Children's Bk. Publishing.
Appropriate Rhymes for Inappropriate Times. Simble Johney. 2021. (ENG.). 28p. (J). pap. 10.00 *(978-1-63640-275-8(5),* White Falcon Publishing) White Falcon Publishing.
Appropriation of the Railways by the State: A Popular Statement, with a Map (Classic Reprint) Arthur John Williams. 2017. (ENG., Illus.). 156p. (J). 27.13 *(978-0-484-66926-9(5))* Forgotten Bks.
Approved Selections for Supplementary Reading & Memorizing: In the Schools of New York, Philadelphia, Chicago, New Orleans, & Other Cities; First Year; Brought Together under One Cover & Arranged by Grades (Classic Reprint) Melvin Hix. (ENG., Illus.). (J). 2018. 84p. 25.59 *(978-0-332-86253-8(4))*; 2016. pap. 9.57 *(978-1-333-73268-4(6))* Forgotten Bks.
Approved Selections for Supplementary Reading & Memorizing: In the Schools of New York, Philadelphia, Chicago, New Orleans, & Other Cities; Second Year, Compiled & Arranged by Grades (Classic Reprint) Melvin Hix. (ENG., Illus.). (J). 2019. 102p. 26.00 *(978-0-365-21840-1(5))*; 2017. pap. 9.57 *(978-0-259-20610-1(5))* Forgotten Bks.
Apps & Beeks Become BFFs. Judith Abe-Byabusha. 2020. (ENG., Illus.). 30p. (J). pap. 13.95 *(978-1-64654-299-4(1))* Fulton Bks.
Appy: The Well-Traveled Apple. Maria Nolan. 2021. (ENG.). 32p. (J). 19.99 *(978-1-0879-0659-1(8))* Indy Pub.
Aprende a Dibujar Animales. Ed Emberley. 2016. (Actividades Ser.). (SPA.). 32p. (J). (gr. k-2). pap. 9.95 *(978-607-735-310-2(8))* Editorial Oceano de Mexico MEX. Dist: Independent Pubs. Group.
Aprende a Dibujar Flores: Dibujo Realista PASO a PASO para Niños. Esel Press. 2021. (SPA.). 80p. (J). 21.95 *(978-1-68470-994-6(6))*; pap. 11.75 *(978-1-68474-424-4(5))* Lulu Pr., Inc.
Aprende a Dibujar Personajes. Ed Emberley. 2016. (Actividades Ser.). (SPA.). 32p. (J). (gr. k-2). pap. 9.50 *(978-607-735-311-9(6))* Editorial Oceano de Mexico MEX. Dist: Independent Pubs. Group.
Aprende a Dibujar Unicornios para Niños: Un Libro de Dibujo Paso a Paso para niños con Lindos Diseños de Unicornios - Páginas de Cuadrícula para Dibujar Fantásticos Unicornios - para niños de 4-8 Años. Santiago Delanunez. 2021. (SPA.). 78p. (J). pap. 11.99 *(978-0-659-76790-5(2))* Perfection Learning Corp.
Aprende a Leer y Escribir: Palabras Sencillas: con 100 Palabras de Uso Frecuente: Libro Didáctico: 4-7 Años. June & Lucy Kids. 2020. (SPA.). 106p. (J). pap. 6.99 *(978-1-64608-257-5(5))* June & Lucy.
Aprendemos Sobre Texturas / Let's Learn Textures!, 12 vols. 2019. (Aprendemos Sobre Texturas / Let's Learn

A

For book reviews, descriptive annotations, tables of contents, cover images, author biographies & additional information, updated daily, subscribe to **www.booksinprint.com** 101

Textures! Ser.). (ENG & SPA.). 24p. (J). (gr. k-k). lib. bdg. 145.62 *(978-1-5382-5087-7(X),* b54d3192-4db0-416f-a431-d32225544142) Stevens, Gareth Publishing LLLP.

Aprendemos Sobre Texturas (Let's Learn Textures!), 12 vols. 2019. (Aprendemos Sobre Texturas (Let's Learn Textures!) Ser.). (SPA.). 24p. (J). (gr. k-k). lib. bdg. 145.62 *(978-1-5382-5086-0(1),* 3bc078f5-4c48-453d-a927-6103eff2096a) Stevens, Gareth Publishing LLLP.

Aprendendo Hebraico: O Alfabeto: Livro de Atividades para Iniciantes. Pip Reid. 2020. (Aprendendo Hebraico Ser.: Vol. 1). (POR.). 54p. (J). pap. *(978-1-988585-56-7(2))* Bible Pathway Adventures.

Aprender Sobre el Carbón, el Petróleo y el Gas Natural (Finding Out about Coal, Oil, & Natural Gas) Matt Doeden. 2022. (Searchlight Books (tm) en Español — ¿Qué Son Las Fuentes de Energía? (What Are Energy Sources?) Ser.). (SPA., Illus.). 40p. (J). (gr. 3-5). pap. 9.99 *(978-1-7284-7494-6(9),* b946fa85-6729-4128-9e1d-5b29dbde3f24); lib. bdg. 30.65 *(978-1-7284-7438-0(8),* 6f77a892-f457-46bd-ad07-da491b801910) Lerner Publishing Group. (Ediciones Lerner).

Aprender Sobre la Energía eólica (Finding Out about Wind Energy) Matt Doeden. 2022. (Searchlight Books (tm) en Español — ¿Qué Son Las Fuentes de Energía? (What Are Energy Sources?) Ser.). (SPA., Illus.). 40p. (J). (gr. 3-5). pap. 9.99 *(978-1-7284-7479-3(5),* 4d65f705-1f67-46b8-ae99-0a5a3a9b6985); lib. bdg. 30.65 *(978-1-7284-7435-9(3),* 96b81f5f-b469-49d6-8816-d3bab5d16714) Lerner Publishing Group. (Ediciones Lerner).

Aprender Sobre la Energía Geotérmica (Finding Out about Geothermal Energy) Matt Doeden. 2022. (Searchlight Books (tm) en Español — ¿Qué Son Las Fuentes de Energía? (What Are Energy Sources?) Ser.). (SPA., Illus.). 40p. (J). (gr. 3-5). pap. 9.99 *(978-1-7284-7489-2(2),* 4f91876c-9252-4c81-b8be-2569f0309cb0); lib. bdg. 30.65 *(978-1-7284-7437-3(X),* 284c1375-b8af-45c0-a823-484030e92fec) Lerner Publishing Group. (Ediciones Lerner).

Aprender Sobre la Energía Hidráulica (Finding Out about Hydropower) Matt Doeden. 2022. (Searchlight Books (tm) en Español — ¿Qué Son Las Fuentes de Energía? (What Are Energy Sources?) Ser.). (SPA., Illus.). 40p. (J). (gr. 3-5). pap. 9.99 *(978-1-7284-7499-1(X),* 7fadb4cd-2867-484d-8896-d3ae8cb49808); lib. bdg. 30.65 *(978-1-7284-7439-7(6),* 3f2c9426-4688-4b8c-a052-ee4002640a18) Lerner Publishing Group. (Ediciones Lerner).

Aprender Sobre la Energía Nuclear (Finding Out about Nuclear Energy) Matt Doeden. 2022. (Searchlight Books (tm) en Español — ¿Qué Son Las Fuentes de Energía? (What Are Energy Sources?) Ser.). (SPA., Illus.). 40p. (J). (gr. 3-5). pap. 9.99 *(978-1-7284-7474-8(4),* 53b87d9d-1f36-4db5-8ee1-71efb1765581); lib. bdg. 30.65 *(978-1-7284-7434-2(5),* c42cb905-abfa-40f8-bc32-7d27599a292d) Lerner Publishing Group. (Ediciones Lerner).

Aprender Sobre la Energía Solar (Finding Out about Solar Energy) Matt Doeden. 2022. (Searchlight Books (tm) en Español — ¿Qué Son Las Fuentes de Energía? (What Are Energy Sources?) Ser.). (SPA., Illus.). 40p. (J). (gr. 3-5). pap. 9.99 *(978-1-7284-7484-7(1),* 7b46ec07-3e20-41ae-8e79-6218c6576e52); lib. bdg. 30.65 *(978-1-7284-7436-6(1),* a7a8f433-43cc-4b81-9348-6598dbced724) Lerner Publishing Group. (Ediciones Lerner).

Aprendiendo a Celebrar a Otros. Terence Houston et al. 2019. (Las Aventuras de David y Joshua Ser.: Vol. 1). (SPA.). 26p. (J). pap. 14.95 *(978-1-947574-21-2(3))* TDR Brands Publishing.

Aprendiendo con Modelos. Miranda Kelly. Tr. by Pablo de la Vega. 2021. (Mis Primeros Libros de Ciencia (My First Science Books) Ser.). (SPA., Illus.). 24p. (J). (gr. k-2). pap. *(978-1-4271-3226-0(7),* 15036); lib. bdg. *(978-1-4271-3215-4(1),* 15019) Crabtree Publishing Co.

Aprendiendo de Los Errores. Terence Houston et al. 2019. (Las Aventuras de David y Joshua Ser.: Vol. 1). (SPA.). 26p. (J). pap. 14.95 *(978-1-947574-22-9(1))* TDR Brands Publishing.

Aprendiendo Hebreo: Animales Libro de Actividades. Pip Reid. 2020. (Aprendiendo Hebreo Ser.: Vol. 3). (SPA.). 72p. (J). pap. *(978-1-989961-10-0(X))* Bible Pathway Adventures.

Aprendiendo Hebreo: El Alfabeto Libro de Actividades. Pip Reid. 2020. (SPA.). 54p. (J). pap. *(978-1-988585-37-6(6))* Bible Pathway Adventures.

Aprendiendo Hebreo: En la Casa Libro de Actividades. Pip Reid. 2020. (Aprendiendo Hebreo Ser.: Vol. 3). (SPA.). 74p. (J). pap. *(978-1-989961-16-2(9))* Bible Pathway Adventures.

Aprendiendo Hebreo: Libro de Actividades para Principiantes. Pip Reid. 2020. (Aprendiendo Hebreo Ser.: Vol. 4). (SPA.). 84p. (J). pap. *(978-1-989961-32-2(0))* Bible Pathway Adventures.

Aprendiendo Hebreo ¡Vamos a Comer! Libro de Actividades para Principiantes. Pip Reid. 2020. (SPA.). 84p. (J). pap. *(978-1-988585-73-4(2))* Bible Pathway Adventures.

Aprendizaje Basado en Proyectos: Estudios Sociales (Project-Based Learning in Social Studies) Set, 12 vols. 2018. (Aprendizaje Basado en Proyectos: Estudios Sociales (Project-Based Learning in Social Studies) Ser.). (SPA.). 64p. (gr. 5-5). lib. bdg. 224.82 *(978-1-4994-4031-7(6),* db48f487-be27-4f5c-8c5b-5b479248fcda, Rosen Reference) Rosen Publishing Group, Inc., The.

Aprendizaje Basado en Proyectos: la Historia Estadounidense (Project Learning Through American History) (Set), 12 vols. 2018. (Aprendizaje Basado en Proyectos: la Historia Estadounidense (Project Learning Through American History) Ser.). (SPA.). 32p. (gr. 4-5). lib. bdg. 167.58 *(978-1-5383-3482-9(8),* ff5700c5-2dc8-4e18-9804-478b7b9e3ece, PowerKids Pr.) Rosen Publishing Group, Inc., The.

Aprendo de Abuelito / I Learn from My Grandpa, 1 vol. Lorraine Harrison. 2017. (Lo Que Aprendo / the Things I Learn Ser.). (ENG & SPA., Illus.). 24p. (J). (gr. 1-1). lib. bdg. 25.27 *(978-1-5081-6372-5(3),* 4eb232e8-24f6-4a41-9540-087d0062db65, PowerKids Pr.) Rosen Publishing Group, Inc., The.

Aprendo de Abuelito (I Learn from My Grandpa), 1 vol. Lorraine Harrison. 2017. (Lo Que Aprendo (the Things I Learn) Ser.). (SPA.). 24p. (J). (gr. 1-1). pap. 9.25 *(978-1-5383-2741-8(4),* 4a4fc6c1-b9f3-4e91-8f16-d56b711818f6); (Illus.). lib. bdg. 25.27 *(978-1-5081-6368-8(5),* b425999e-8590-47b8-a88c-0795a1252520) Rosen Publishing Group, Inc., The. (PowerKids Pr.).

Aprendo de Mi Tia / I Learn from My Aunt, 1 vol. Joseph Stanley. 2017. (Lo Que Aprendo / the Things I Learn Ser.). (ENG & SPA., Illus.). 24p. (J). (gr. 1-1). lib. bdg. 25.27 *(978-1-5081-6374-9(X),* 85d4a113-dcee-43b7-a0ed-d12754f54dfe, PowerKids Pr.) Rosen Publishing Group, Inc., The.

Aprendo de Mi Tia (I Learn from My Aunt), 1 vol. Joseph Stanley. 2017. (Lo Que Aprendo (the Things I Learn) Ser.). (SPA., Illus.). 24p. (J). (gr. 1-1). lib. bdg. 25.27 *(978-1-5081-6370-1(7),* 90495bac-7eb7-4b31-b53c-2365235b3f32, PowerKids Pr.) Rosen Publishing Group, Inc., The.

Aprendo de Mi Tía (I Learn from My Aunt), 1 vol. Joseph Stanley. 2017. (Lo Que Aprendo (the Things I Learn) Ser.). (SPA.). 24p. (J). (gr. 1-1). pap. 9.25 *(978-1-5383-2723-4(6),* 944b5b55-448b-4888-ac21-9b67a6ea06f3, PowerKids Pr.) Rosen Publishing Group, Inc., The.

Aprendo de Mi Tio / I Learn from My Uncle, 1 vol. Mary Austen. 2017. (Lo Que Aprendo / the Things I Learn Ser.). (ENG & SPA., Illus.). 24p. (J). (gr. 1-1). lib. bdg. 25.27 *(978-1-5081-6371-8(5),* 28a53fba-f5ef-4b69-a035-881298296cd8, PowerKids Pr.) Rosen Publishing Group, Inc., The.

Aprendo de Mi Tio (I Learn from My Uncle), 1 vol. Mary Austen. 2017. (Lo Que Aprendo (the Things I Learn) Ser.). (SPA., Illus.). 24p. (J). (gr. 1-1). lib. bdg. 25.27 *(978-1-5081-6367-1(7),* 45b92846-0727-47aa-bd58-7e988e6f579b, PowerKids Pr.) Rosen Publishing Group, Inc., The.

Aprendo de Mi Tío (I Learn from My Uncle), 1 vol. Mary Austen. 2017. (Lo Que Aprendo (the Things I Learn) Ser.). (SPA.). 24p. (J). (gr. 1-1). pap. 9.25 *(978-1-5383-2740-1(6),* 28756006-50a3-4635-a925-4f0c8aa436b3, PowerKids Pr.) Rosen Publishing Group, Inc., The.

Aprendo de Mis Primos / I Learn from My Cousins, 1 vol. Amy Rogers. 2017. (Lo Que Aprendo / the Things I Learn Ser.). (ENG & SPA., Illus.). 24p. (J). (gr. 1-1). lib. bdg. 25.27 *(978-1-5081-6373-2(1),* 15454984-d275-4f50-bb37-77bbc39865a8, PowerKids Pr.) Rosen Publishing Group, Inc., The.

Aprendo de MIS Primos (I Learn from My Cousins), 1 vol. Amy Rogers. 2017. (Lo Que Aprendo (the Things I Learn) Ser.). (SPA., Illus.). 24p. (J). (gr. 1-1). lib. bdg. 25.27 *(978-1-5081-6369-5(3),* 63f7ca6c-1772-4ff8-af24-30539e0031d8, PowerKids Pr.) Rosen Publishing Group, Inc., The.

Aprendo de Mis Primos (I Learn from My Cousins), 1 vol. Amy Rogers. 2017. (Lo Que Aprendo (the Things I Learn) Ser.). (SPA.). 24p. (J). (gr. 1-1). pap. 9.25 *(978-1-5383-2742-5(2),* 012fc28f-522b-451d-9a5e-8a4d44e46c10, PowerKids Pr.) Rosen Publishing Group, Inc., The.

Apricot Tree (Classic Reprint) Society For Promoting Christi Knowledge. 2019. (ENG., Illus.). 34p. (J). 24.60 *(978-0-365-11807-7(9))* Forgotten Bks.

April. Julie Murray. 2017. (Months Ser.). (ENG., Illus.). 24p. (J). (gr. -1-2). lib. bdg. 31.36 *(978-1-5321-0018-5(3),* 25118, Abdo Kids) ABDO Publishing Co.

April & Mae & the Book Club Cake: The Monday Book. Megan Dowd Lambert. Illus. by Briana Dengoue. 2023. (Every Day with April & Mae Ser.: 2). 48p. (J). (gr. k-3). pap. 4.99 ***(978-1-62354-411-9(4))*** Charlesbridge Publishing, Inc.

April & Mae & the Tea Party: The Sunday Book. Megan Dowd Lambert. Illus. by Briana Dengoue. 2023. (Every Day with April & Mae Ser.: 1). 48p. (J). (gr. k-3). pap. 4.99 ***(978-1-62354-410-2(6))*** Charlesbridge Publishing, Inc.

April Baby's Book of Tunes: With the Story of How They Came to Be Written (Classic Reprint) Kate Greenaway. 2017. (ENG., Illus.). (J). 26.29 *(978-0-266-52622-3(5))* Forgotten Bks.

April Fiendish. Linda Joy Singleton. Illus. by George Ermos. 2019. (Haunted Holidays Ser.). (ENG.). 48p. (J). (gr. 3-7). lib. bdg. 34.21 *(978-1-5321-3661-0(7),* 33768, Spellbound) Magic Wagon.

April Fool see Bromas de Primavera

April Fooled: An Original Fairy Tale Adventure. Patricia Srigley. 2020. (April-May June Ser.: Vol. 4). (ENG.). 288p. (J). pap. *(978-0-9810435-0-0(X))* Wingate Pr.

April Fools', Mr. Todd! Megan Mcdonald. Illus. by Erwin Madrid. ed. 2017. (Judy Moody & Friends Ser.: 8). (ENG.). (J). (gr. -1-1). lib. bdg. 14.75 *(978-0-606-39835-0(X))* Turtleback.

April Gets Adopted! The Story of April, & How She Finds Her Forever Home. All of April's Adventures Begin Here! Daniel Seif. Ed. by Diana Seif. 2016. (ENG., Illus.). (J). pap. 9.50 *(978-0-9983807-0-4(9))* Seif, Daniel J.

April Hopes (Classic Reprint) W. D. Howells. 2018. (ENG., Illus.). 498p. (J). 34.17 *(978-0-365-46218-7(7))* Forgotten Bks.

April in Paris. Lauri Anne Matisse. Illus. by Kathy Berry. 2020. (April in Paris Ser.: Vol. 1). (ENG.). 34p. (J). pap. 12.00 *(978-0-9630069-7-4(5))* Matisse Studios.

April Morning Novel Units Teacher Guide. Novel Units. 2019. (ENG.). (YA). pap. 12.99 *(978-1-56137-119-8(X),* Novel Units, Inc.) Classroom Library Co.

April Panhasard (Classic Reprint) Muriel Hine. 2018. (ENG., Illus.). 386p. (J). 31.86 *(978-0-483-92971-5(9))* Forgotten Bks.

April Princess (Classic Reprint) Anne Constance Smedley. (ENG., Illus.). (J). 2018. 342p. 30.95 *(978-0-666-78815-3(4));* 2017. pap. 13.57 *(978-0-259-26515-3(2))* Forgotten Bks.

April Showers Bring He-Pat-ic-as: Poetry, Short Stories, & Wise Words of Wisdom. Shirlye Helen Bachhuber. 2023. (ENG., Illus.). 122p. (YA). pap. 20.95 ***(978-1-68526-394-2(1))*** Covenant Bks.

April the Aussie Saves a Sea Turtle. Lynn Morgan. 2018. (ENG.). 38p. (J). 16.95 *(978-1-68401-844-4(7))* Amplify Publishing Group.

April the Engineer. David Swift. 2022. (ENG.). 22p. (J). pap. *(978-1-3984-2231-5(2))* Austin Macauley Pubs. Ltd.

Aprilly (Classic Reprint) Jane Abbott. (ENG., Illus.). (J). 2017. 30.06 *(978-0-331-58397-7(6));* 2016. pap. 13.57 *(978-1-333-26159-7(4))* Forgotten Bks.

April's Lady: A Novel (Classic Reprint) Margaret Wolfe Hungerford. 2017. (ENG., Illus.). (J). 30.54 *(978-0-265-74709-4(0));* pap. 13.57 *(978-1-5277-1527-1(2))* Forgotten Bks.

April's Lady, Vol. 1 Of 3: A Novel (Classic Reprint) Hungerford. (ENG., Illus.). (J). 2018. 286p. 29.80 *(978-0-484-68249-7(0));* 2016. pap. 13.57 *(978-1-333-49466-7(1))* Forgotten Bks.

April's Lady, Vol. 2 Of 3: A Novel (Classic Reprint) Hungerford. (ENG., Illus.). (J). 2018. 280p. 29.67 *(978-0-483-85928-9(1));* 2016. pap. 13.57 *(978-1-334-09173-5(0))* Forgotten Bks.

April's Lady, Vol. 3 Of 3: A Novel (Classic Reprint) Hungerford. (ENG., Illus.). (J). 2018. 282p. 29.71 *(978-0-483-83019-6(4));* 2016. pap. 13.57 *(978-1-333-37752-6(5))* Forgotten Bks.

April's Sowing (Classic Reprint) Gertrude Hall. 2018. (ENG., Illus.). 290p. (J). 29.90 *(978-0-428-78338-9(4))* Forgotten Bks.

Apron Annie in the Garden. Joellyn T. Cicciarelli. 2017. (Learn-To-Read Ser.). (ENG., Illus.). (J). pap. 3.49 *(978-1-68310-285-4(1))* Pacific Learning, Inc.

Apron Annie's Pies. Michelle Wagner Nechaev. 2017. (Learn-To-Read Ser.). (ENG., Illus.). (J). pap. 3.49 *(978-1-68310-289-2(4))* Pacific Learning, Inc.

Apron-Strings Story for All Mothers Who Have Daughters & for All Daughters Who Have Mothers (Classic Reprint) Eleanor Gates. 2018. (ENG., Illus.). 312p. (J). 30.41 *(978-0-332-41820-9(0))* Forgotten Bks.

Aptitude. Natalie Corbett Sampson. 2016. (ENG., Illus.). (YA). (gr. 9-12). pap. *(978-0-9879941-2-7(3))* Sampson, Natalie.

Apulée, Vol. 2 (Classic Reprint) M. V. Betolaud. 2018. (FRE., Illus.). 444p. (J). 33.05 *(978-0-483-17491-7(2))* Forgotten Bks.

¡Apúrate, Hipopótamo! Leveled Reader Book 27 Level B 6 Pack. Hmh Hmh. 2021. (SPA.). 16p. (J). pap. 74.40 *(978-0-358-08156-2(4))* Houghton Mifflin Harcourt Publishing Co.

Apusskidu: Songs for Children. A&C A&C Black. 2017. (ENG.). 98p. (J). pap. 29.95 *(978-1-4729-2991-4(8))* HarperCollins Pubs. Ltd. GBR. Dist: Independent Pubs. Group.

Apusskidu: Songs for Children (2016 Edition) Collins Music. 3rd ed. 2017. (ENG.). 96p. (J). pap. 39.95 *(978-1-4729-3269-3(2))* HarperCollins Pubs. Ltd. GBR. Dist: Independent Pubs. Group.

AQA GCSE 9-1 Biology Foundation Practice Papers: Ideal for the 2024 & 2025 Exams. Collins GCSE. 2019. (ENG.). 112p. pap. 10.95 *(978-0-00-832140-6(X))* HarperCollins Pubs. Ltd. GBR. Dist: Independent Pubs. Group.

AQA GCSE (9-1) Biology Grade 6-7 Booster Workbook. Mike Smith & Shaista Shirazi. 2019. (ENG.). 160p. (gr. 6-7). pap. 8.99 *(978-0-00-832254-0(6))* HarperCollins Pubs. Ltd. GBR. Dist: Independent Pubs. Group.

AQA GCSE 9-1 Biology Grade Booster (Grades 3-9): Ideal for Home Learning, 2021 Assessments & 2022 Exams (Collins GCSE Grade 9-1 Revision) Collins GCSE. 2018. (ENG.). 160p. (-8). 7.95 *(978-0-00-827681-2(1))* HarperCollins Pubs. Ltd. GBR. Dist: Independent Pubs. Group.

AQA GCSE 9-1 Biology Higher Practice Papers: Ideal for Home Learning, 2022 & 2023 Exams. Collins Collins GCSE. 2019. (ENG.). 104p. (gr. 8-11). pap. 10.95 *(978-0-00-832141-3(8))* HarperCollins Pubs. Ltd. GBR. Dist: Independent Pubs. Group.

AQA GCSE 9-1 Chemistry Foundation Practice Papers: Ideal for the 2024 & 2025 Exams. Collins GCSE. 2019. (ENG.). 112p. (gr. 8-11). pap. 10.95 *(978-0-00-832142-0(6))* HarperCollins Pubs. Ltd. GBR. Dist: Independent Pubs. Group.

AQA GCSE 9-1 Chemistry Higher Practice Papers: Ideal for the 2024 & 2025 Exams. Collins GCSE. 2019. (ENG.). 112p. (gr. 8-11). pap. 10.95 *(978-0-00-832143-7(4))* HarperCollins Pubs. Ltd. GBR. Dist: Independent Pubs. Group.

AQA GCSE 9-1 Combined Science Foundation Practice Papers: Ideal for the 2024 & 2025 Exams. Collins GCSE. 2019. (ENG.). 280p. (gr. 8-11). pap. 15.95 *(978-0-00-832146-8(9))* HarperCollins Pubs. Ltd. GBR. Dist: Independent Pubs. Group.

AQA GCSE 9-1 Combined Science Grade Booster (Grades 3-9): Ideal for Home Learning, 2021 Assessments & 2022 Exams (Collins GCSE Grade 9-1 Revision) Collins GCSE. 2018. (ENG.). 304p. (-8). 14.95 *(978-0-00-827684-3(6))* HarperCollins Pubs. Ltd. GBR. Dist: Independent Pubs. Group.

AQA GCSE 9-1 Combined Science Higher Practice Papers: Ideal for the 2024 & 2025 Exams. Collins GCSE. 2019. (ENG.). 264p. (gr. 8-11). pap. 15.95 *(978-0-00-832147-5(7))* HarperCollins Pubs. Ltd. GBR. Dist: Independent Pubs. Group.

AQA GCSE 9-1 English Language Exam Practice Workbook (Grade 5): Ideal for the 2024 & 2025 Exams (Collins GCSE Grade 9-1 Revision) Collins GCSE. 2018. (ENG.). 64p. (YA). (gr. 8-10). pap. 10.99 *(978-0-00-828096-3(7))* HarperCollins Pubs. Ltd. GBR. Dist: Independent Pubs. Group.

AQA GCSE 9-1 English Language Exam Practice Workbook (Grade 7): Ideal for the 2024 & 2025 Exams (Collins GCSE Grade 9-1 Revision) Collins GCSE. 2018. (ENG.). 64p. (YA). (gr. 8-10). pap. 10.99 *(978-0-00-828097-0(5))* HarperCollins Pubs. Ltd. GBR. Dist: Independent Pubs. Group.

AQA GCSE 9-1 Maths Foundation Practice Papers: Ideal for the 2024 & 2025 Exams. Collins GCSE. 2019. (ENG.). 112p. (gr. 8-11). pap. 10.95 *(978-0-00-832138-3(8))* HarperCollins Pubs. Ltd. GBR. Dist: Independent Pubs. Group.

AQA GCSE 9-1 Maths Higher Practice Papers: Ideal for the 2024 & 2025 Exams. Collins GCSE. 2019. (ENG.). 112p. (gr. 8-11). pap. 10.95 *(978-0-00-832139-0(6))* HarperCollins Pubs. Ltd. GBR. Dist: Independent Pubs. Group.

AQA GCSE 9-1 Physics Grade Booster (Grades 3-9): Ideal for Home Learning, 2021 Assessments & 2022 Exams (Collins GCSE Grade 9-1 Revision) Collins GCSE. 2018. (ENG.). 128p. (-8). 7.95 *(978-0-00-827683-6(8))* HarperCollins Pubs. Ltd. GBR. Dist: Independent Pubs. Group.

AQA GCSE 9-1 Physics Higher Practice Papers: Ideal for the 2024 & 2025 Exams. Collins GCSE. 2019. (ENG.). 120p. (gr. 8-11). pap. 10.95 *(978-0-00-832145-1(0))* HarperCollins Pubs. Ltd. GBR. Dist: Independent Pubs. Group.

AQA GCSE 9-1 Psychology All-In-One Complete Revision & Practice: Ideal for the 2024 & 2025 Exams. Collins GCSE et al. 2017. (ENG.). 232p. (YA). (gr. 9-11). pap. 16.99 *(978-0-00-822744-9(6))* HarperCollins Pubs. Ltd. GBR. Dist: Independent Pubs. Group.

Aquaman! (DC Super Friends) Frank Berrios. Illus. by Ethen Beavers. 2018. (Little Golden Book Ser.). (ENG.). 24p. (J). (-k). 4.99 *(978-0-525-58224-3(X),* Golden Bks.) Random Hse. Children's Bks.

Aquaman Is Fair. Christopher Harbo. Illus. by Otis Frampton. 2018. (DC Super Heroes Character Education Ser.). (ENG.). 24p. (J). (gr. k-2). pap. 4.95 *(978-1-62370-954-9(7),* 137172, Stone Arch Bks.) Capstone.

Aquamarine Surfboard. Kellye Abernathy. (ENG.). 2023. 260p. (YA). 24.99 ***(978-1-63988-885-6(3))***; 2022. 290p. (YA). pap. 11.99 *(978-1-63988-192-5(1));* 2021. 290p. (J). pap. 11.99 *(978-1-63988-124-6(7))* Primedia eLaunch LLC.

Aquanaut. Jill Heinerth. Illus. by Jaime Kim. 2021. (ENG.). 32p. (J). (gr. -1-2). pap. 18.99 *(978-0-7352-6363-5(9),* Tundra Bks.) Tundra Bks. CAN. Dist: Penguin Random Hse. LLC.

Aquanaut: a Graphic Novel. Dan Santat. Illus. by Dan Santat. 2022. (ENG., Illus.). 256p. (J). (gr. 3-7). 24.99 *(978-0-545-49760-2(4));* pap. 12.99 *(978-0-545-49761-9(2))* Scholastic, Inc. (Graphix).

Aquarian Dawn: A Novel. Ebele Chizea. 2022. 295p. (YA). (gr. 9). pap. 15.00 *(978-1-953103-25-3(1))* Three Rooms Pr.

Aquarium see Acuario

Aquarium. Cari Meister. Ed. by Jenny Fretland VanVoorst. 2016. (First Field Trips). (Illus.). 24p. (J). (gr. k-2). lib. bdg. 25.65 *(978-1-62031-292-6(1),* Bullfrog Bks.) Jump! Inc.

Aquarium. Cari Meister. 2016. (Illus.). 24p. (J). (gr. -1-2). pap. 7.99 *(978-1-62031-340-4(5))* Jump! Inc.

Aquarium. Julie Murray. 2019. (Field Trips Ser.). (ENG., Illus.). 24p. (J). (gr. -1-2). lib. bdg. 31.36 *(978-1-5321-8871-8(4),* 32910, Abdo Kids) ABDO Publishing Co.

Aquarium, Vol. 12. Lance Jepson. 2016. (Understanding & Caring for Your Pet Ser.: Vol. 12). (ENG., Illus.). 128p. (J). (gr. 5-8). 25.95 *(978-1-4222-3692-5(7))* Mason Crest.

Aquarium: (Aquarium Books for Kids, Picture Book about Marine Animals, Nature Books) Cynthia Alonso. 2018. (ENG., Illus.). 40p. (J). (gr. -1-k). 17.99 *(978-1-4521-6875-3(X))* Chronicle Bks. LLC.

Aquarium Fish. Andrew Cleave. 2019. (Pet Library). (Illus.). 72p. (J). (gr. 12). lib. bdg. 34.60 *(978-1-4222-4313-8(3))* Mason Crest.

Aquarius. Clever Publishing. Illus. by Alyona Achilova. 2021. (Clever Zodiac Signs Ser.: 11). (ENG.). 8p. (J). (gr. -1 — 1). bds. 8.99 *(978-1-951100-71-1(9))* Clever Media Group.

Aquarius: Book Eleven in the Zodiac Dozen Series. Oliver Bestul. 2023. (Zodiac Dozen Ser.: Vol. 11). (ENG.). 168p. (J). pap. 12.99 ***(978-1-64538-533-2(7))*** Orange Hat Publishing.

Aquatic Adventurers, Unite!, 2. Stephen Hillenburg. ed. 2018. (SpongeBob Comics Ser.). (ENG.). 106p. (J). (gr. 3-5). 20.96 *(978-1-64310-354-9(7))* Penworthy Co., LLC, The.

Aquatic Adventures: Biome Explorers. Laura Perdew. Illus. by Lex Cornell. 2022. (ENG.). 32p. (J). (gr. k-3). 19.95 *(978-1-64741-081-0(9),* b76812c8-8b46-4027-8823-68c136de6185); pap. 9.95 *(978-1-64741-084-1(3),* aac51ad6-1248-417a-9f11-ca495906ee71) Nomad Pr.

Aquatic Biomes - 6 Pack: Set of 6 Bridges Edition with Common Core Teacher Materials. Laura McDonald. 2016. (Prime Ser.). (YA). (gr. 6-8). 69.00 *(978-1-5125-8834-7(2))* Benchmark Education Co.

Aquatic Biomes - 6 Pack: Set of 6 with Common Core Teacher Materials. Laura McDonald. 2016. (Prime Ser.). (YA). (gr. 6-8). 69.00 *(978-1-5125-8816-3(4))* Benchmark Education Co.

Aquatica: A Beginner's Guide. Lance Balchin. 2nd ed. 2018. (Mechanica Ser.). (ENG.). 32p. (J). (gr. 3-7). 17.99 *(978-1-76040-414-7(4))* Bonnier Publishing GBR. Dist: Independent Pubs. Group.

Aqueduct Adventure. Emma Herbert & Lola Herbert. 2019. (ENG.). 36p. (J). pap. *(978-0-9932865-2-0(6))* LVL Travel Bks.

Aqueduct Adventure. Emma Kate Herbert & Lola Herbert. 2018. (Travels with Lola Mini-Memoirs Ser.: Vol. 1). (ENG., Illus.). (J). pap. *(978-0-9932865-1-3(8))* LVL Travel Bks.

Aquel último Verano. Susanna Herrero. 2022. (SPA.). 512p. (YA). (gr. 9-12). pap. 24.99 ***(978-607-8828-17-3(7))*** V&R Editoras.

Aquella Orilla Nuestra / That Shore of Ours. Elvira. Sastre. 2018. (SPA.). 176p. (YA). (gr. 8-12). pap. 12.95 *(978-607-31-6736-9(9),* Alfaguara) Penguin Random House Grupo Editorial ESP. Dist: Penguin Random Hse. LLC.

Aquí Era el paraíso / Here Was Paradise: Selección de Poemas de Humberto Ak'abal / Selected Poems of Humberto Ak'abal, 1 vol. Humberto Ak'abal. Ed. by Patricia Aldana. Tr. by Hugh Hazelton. Illus. by Amelia Lau Carling. 2021. (ENG.). 172p. (J). (gr. 4). 19.99 *(978-1-77306-495-6(9))* Groundwood Bks. CAN. Dist: Publishers Group West (PGW).

102

The check digit for ISBN-10 appears in parentheses after the full ISBN-13

A

Aquí No Hay Sed. Alberto Villarreal. 2022. (SPA.). 176p. (YA). pap. 13.95 *(978-607-07-8607-5(6))* Editorial Planeta, S. A. ESP. Dist: Two Rivers Distribution.

Aquí Veo. Verónica Uribe. 2017. (SPA.). 26p. (J). (gr. k-k). bds. 11.99 *(978-84-946699-8-9(2))* Ekare, Ediciones VEN. Dist: Lectorum Pubns., Inc.

Aquicorn Cove. K. O'Neill. 2022. (ENG., Illus.). 96p. (J). pap. 9.99 *(978-1-63715-016-0(4))* Oni Pr., Inc.

Aquicorn Cove. K. O'Neill. Illus. by K. O'Neill. 2018. (ENG., Illus.). 96p. (J). (gr. 4-6). 12.99 *(978-1-62010-529-0(2),* Lion Forge) Oni Pr., Inc.

Aquila & the Serpent. Paula Wichall. Illus. by Paula Wichall. 2021. (ENG.). 27p. (YA). *(978-1-008-97291-9(6))* Lulu Pr., Inc.

Aquilas et Priscilla ... mais où Est Donc l'apôtre Paul ? Francis WILLM. 2019. (FRE.). 214p. (YA). pap. ***(978-0-244-23828-5(6))*** Lulu Pr., Inc.

Aquilas et Priska Témoins Infatigables. Francis WILLM. 2020. (FRE.). 241p. (YA). pap. ***(978-1-716-43426-6(2))*** Lulu Pr., Inc.

Ara the Dream Innovator. Komal Singh. Illus. by Ipek Konak. 2021. (ENG.). 44p. (J). (gr. 1-4). 15.95 *(978-1-989603-59-8(9),* 900255235) Page Two Bks., Inc. CAN. Dist: Macmillan.

Arab Arab All Year Long! Cathy Camper. Illus. by Sawsan Chalabi. 2022. (ENG.). 40p. (J). (gr. -1-2). 18.99 *(978-1-5362-1395-9(0))* Candlewick Pr.

Arab-Israeli Conflict. Tom Firme. 2018. (ENG.). 130p. (J). pap. ***(978-0-7166-5072-0(X))*** World Bk.-Childcraft International.

Arab Nationalism & Zionism, 1 vol. Avery Elizabeth Hurt. 2017. (Interwar Years Ser.). (ENG.). 128p. (YA). (gr. 9-9). 47.36 *(978-1-5026-2720-9(5),* cd67c366-202b-4374-a021-510cf0b6d9eb) Cavendish Square Publishing LLC.

Arab Spring. Valerie Bodden. 2016. (Turning Points Ser.). (ENG., Illus.). 48p. (J). (gr. 4-7). pap. 12.00 *(978-1-62832-341-2(8),* 20799, Creative Paperbacks) Creative Co., The.

Arabella & Araminta (Classic Reprint) Gertrude Smith. 2017. (ENG., Illus.). (J). 26.29 *(978-0-265-47190-6(7))* Forgotten Bks.

Arabella's Purple Sparkly New Shoes. Nicole Carey & Ron Carey. Illus. by Nicole Carey. 2020. (ENG.). 68p. (J). pap. 14.00 *(978-1-7354788-6-9(5));* (Illus.). pap. 16.00 *(978-1-7331945-6-3(8));* 3rd ed. (Illus.). pap. 15.00 *(978-1-7331945-7-0(6))* Carey, Nicole.

Arabella's Tree. Maureen Larter. Illus. by Annie Gabriel. 2019. (ENG.). 26p. (J). (gr. k-1). pap. *(978-0-6484695-4-4(9))* Sweetfields Publishing.

Arabelle the Queen of Pirates: Arabelle & Kraken. M. Mammonek. 2020. (ENG.). 48p. (J). pap. *(978-1-5255-7021-6(8))* FriesenPress.

Arabesque. Amy Shomshak. 2023. (ENG.). 260p. (YA). pap. 14.99 ***(978-1-0880-8271-3(8))*** Indy Pub.

Arabian Days' Entertainments: Translated from the German (Classic Reprint) Herbert Pelham Curtis. (ENG., Illus.). (J). 2018. 498p. 34.17 *(978-0-484-23056-8(5));* 2016. pap. 16.57 *(978-1-333-18798-9(X))* Forgotten Bks.

Arabian Desert: Band 16/Sapphire (Collins Big Cat) Anita Ganeri. 2016. (Collins Big Cat Ser.). (ENG.). 56p. (J). (gr. 4-5). pap. 10.99 *(978-0-00-816397-6(9))* HarperCollins Pubs. Ltd. GBR. Dist: Independent Pubs. Group.

Arabian Horses. Carrie A. Braulick. 2018. (Horse Breeds Ser.). (ENG., Illus.). 32p. (J). (gr. 3-9). lib. bdg. 28.65 *(978-1-5435-0031-8(5),* 136985, Capstone Pr.) Capstone.

Arabian Horses. Rachel Grack. 2020. (Saddle Up! Ser.). (ENG., Illus.). 24p. (J). (gr. k-3). lib. bdg. 26.95 *(978-1-64487-234-5(X),* Blastoff! Readers) Bellwether Media.

Arabian Horses. Grace Hansen. 2019. (Horses (Abdo Kids Jumbo 2) Ser.). (ENG., Illus.). 24p. (J). (gr. -1-2). lib. bdg. 32.79 *(978-1-5321-8563-2(4),* 31464, Abdo Kids) ABDO Publishing Co.

Arabian Horses. Cari Meister. 2018. (Favorite Horse Breeds Ser.). (ENG.). 24p. (J). (gr. 1-4). *(978-1-68151-424-6(9),* 15137) Amicus.

Arabian Horses. Carl Meister. 2018. (Favorite Horse Breeds Ser.). (ENG.). 24p. (J). (gr. 1-3). pap. 10.99 *(978-1-68152-344-6(2),* 15145) Amicus.

Arabian Horses. Elizabeth Noll. 2018. (Horse Crazy Ser.). (ENG.). 32p. (J). (gr. 4-6). pap. 9.99 *(978-1-64466-261-8(2),* 12297); (Illus.). lib. bdg. *(978-1-68072-414-1(2),* 12296) Black Rabbit Bks. (Bolt).

Arabian Nights. Antoine Galland. Illus. by Charles Berger. 2022. (Classics Illustrated Ser.: 76). (ENG.). 48p. (J). pap. 9.95 *(978-1-911238-29-4(9))* Classic Comic Store, Ltd. GBR. Dist: Casemate Pubs. & Bk. Distributors, LLC.

Arabian Nights. Andrew Lang. 2023. (ENG.). 308p. (YA). pap. ***(978-1-312-81380-9(6))*** Lulu Pr., Inc.

Arabian Nights: Edited with an Introduction (Classic Reprint) William Henry Denham Rouse. (ENG., Illus.). (J). 2018. 180p. 27.61 *(978-0-267-78266-6(7));* 2016. pap. 13.57 *(978-1-334-24602-9(5))* Forgotten Bks.

Arabian Nights: Sixteen Stories from Sheherazade. Illus. by Sheila Moxley. 2nd ed. 2019. 160p. (J). (gr. -1-12). 16.00 *(978-1-86147-864-1(X),* Armadillo) Anness Publishing GBR. Dist: National Bk. Network.

Arabian Nights: Tales of Wonder & Magnificence. Padraic Colum. 2019. (ENG.). 304p. (J). (gr. 5-9). 18.99 *(978-1-5344-4558-1(7));* pap. 10.99 *(978-1-5344-4557-4(9))* Simon & Schuster Children's Publishing. (Aladdin).

Arabian Nights: Their Best-Known Tales. Kate Douglas Wiggin & Nora A. Smith. Illus. by Maxfield Parrish. 2019. (Scribner Classics Ser.). (ENG.). 384p. (J). (gr. 3-7). 29.99 *(978-1-5344-3018-1(0),* Atheneum Bks. for Young Readers) Simon & Schuster Children's Publishing.

Arabian Nights: Their Best-Known Tales. Kate Douglas Smith Wiggin & Nora Archibald Smith. 2018. 325p. (J). pap. *(978-1-5415-1475-1(0),* First Avenue Editions) Lerner Publishing Group.

Arabian Nights: Their Best-Known Tales (Classic Reprint) Kate Douglas Wiggin. 2017. (ENG., Illus.). (J). 32.13 *(978-0-266-37199-1(X))* Forgotten Bks.

Arabian Nights: With about One Hundred & Thirty Illustrations (Classic Reprint) W. Heath Robinson. 2017. (ENG., Illus.). (J). 468p. 33.57 *(978-0-484-42591-9(9));* pap. 16.57 *(978-0-282-53730-2(9))* Forgotten Bks.

Arabian Nights (Classic Reprint) Unknown Author. (ENG., Illus.). (J). 2018. 320p. 30.52 *(978-0-656-72714-8(4));* 2017. pap. 13.57 *(978-0-282-48465-1(5))* Forgotten Bks.

Arabian Nights (Classic Reprint) Lang Lang. 2017. (ENG., Illus.). (J). 33.10 *(978-0-266-17344-1(6))* Forgotten Bks.

Arabian Nights (Classic Reprint) Louis Rhead. 2017. (ENG., Illus.). (J). 33.14 *(978-0-266-29171-8(6))* Forgotten Bks.

Arabian Nights Entertainments. Andrew Lang. 2020. (ENG.). (J). 240p. 19.95 *(978-1-64799-565-2(5));* 238p. pap. 11.95 *(978-1-64799-564-5(7))* Bibliotech Pr.

Arabian Nights Entertainments: Consisting of a Collection of Stories, Told by the Sultaness of the Indies (Classic Reprint) Antoine Galland. 2017. (ENG., Illus.). (J). 26.25 *(978-0-266-16396-1(3))* Forgotten Bks.

Arabian Nights Entertainments: Consisting of One Thousand & One Stories, Told by the Sultaness of the Indies, to Divert the Sultan from the Execution of a Cruel Vow (Classic Reprint) Galland Galland. 2017. (ENG., Illus.). (J). 37.90 *(978-0-260-03404-5(5));* pap. 20.57 *(978-1-5278-7832-7(5))* Forgotten Bks.

Arabian Nights' Entertainments: Edited, with Notes & an Intruduction (Classic Reprint) Clifton Johnson. 2018. (ENG., Illus.). 282p. (J). 29.71 *(978-0-267-48245-0(0))* Forgotten Bks.

Arabian Nights' Entertainments: Embellished with Nearly One Hundred Engravings (Classic Reprint) James Conner. (ENG., Illus.). (J). 2017. 34.81 *(978-0-331-51997-6(6));* 2016. pap. 19.57 *(978-1-334-12777-9(8))* Forgotten Bks.

Arabian Nights' Entertainments: Stories from the Thousand & One Nights, Told for Young People (Classic Reprint) Martha A. L. Lane. (ENG., Illus.). (J). 2018. 378p. 31.69 *(978-0-365-29234-0(6));* 2017. pap. 16.57 *(978-0-259-44311-7(5))* Forgotten Bks.

Arabian Nights' Entertainments: With One Hundred & Fifty Original Illustrations (Classic Reprint) Unknown Author. (ENG., Illus.). (J). 2018. 834p. 41.10 *(978-0-666-01563-1(5));* 2017. pap. 23.57 *(978-0-259-55923-8(7))* Forgotten Bks.

Arabian Nights Entertainments, Carefully Revised & Occasionally Corrected from the Arabic, Vol. 3 Of 6: To Which Is Added, a Selection of New Tales (Classic Reprint) Jonathan Scott. (ENG., Illus.). (J). 2018. 456p. 33.30 *(978-0-483-60911-2(0));* 2017. pap. 16.57 *(978-0-243-27899-2(3))* Forgotten Bks.

Arabian Nights Entertainments, Carefully Revised, & Occasionally Corrected from the Arabic, Vol. 6 Of 6: To Which Is Added, a Selection of New Tales, Now First Translated from the Arabic Originals; Also, an Introduction & Notes, Illustrative of Th. Jonathan Scott. (ENG., Illus.). (J). 2018. 472p. 33.63 *(978-0-365-30569-9(3));* 2017. pap. 16.57 *(978-0-259-30877-5(3))* Forgotten Bks.

Arabian Nights' Entertainments (Classic Reprint) Unknown Author. (ENG., Illus.). (J). 2018. 450p. 33.18 *(978-0-332-36233-5(7));* 2018. 784p. 40.07 *(978-0-332-40039-6(5));* 2016. pap. 16.57 *(978-1-334-13458-6(8))* Forgotten Bks.

Arabian Nights' Entertainments (Classic Reprint) Edward Forster. (ENG., Illus.). (J). 2018. 836p. 41.14 *(978-0-483-96146-3(9));* 2017. pap. 23.57 *(978-0-259-58388-2(X))* Forgotten Bks.

Arabian Nights Entertainments (Classic Reprint) George Fyler Townsend. 2018. (ENG., Illus.). 670p. (J). 37.72 *(978-0-267-44378-9(1))* Forgotten Bks.

Arabian Nights Entertainments (Classic Reprint) Milo Winter. 2017. (ENG., Illus.). (J). 30.62 *(978-0-331-69419-2(0));* pap. 13.57 *(978-0-282-05881-4(8))* Forgotten Bks.

Arabian Nights' Entertainments, Vol. 1 Of 4: Consisting of One Thousand & One Stories (Classic Reprint) Unknown Author. 2018. (ENG., Illus.). 366p. (J). 31.45 *(978-0-267-53244-5(X))* Forgotten Bks.

Arabian Nights Entertainments, Vol. 1 Of 6: Carefully Revised, & Occasionally Corrected from the Arabic; to Which Is Added, a Selection of New Tales, Now First Translated from the Arabic Originals; Also, an Introduction & Notes, Illustrative of Th. Jonathan Scott. 2017. (ENG., Illus.). (J). 474p. 33.67 *(978-0-484-02045-9(5));* pap. 16.57 *(978-0-259-47833-1(4))* Forgotten Bks.

Arabian Nights Entertainments, Vol. 2 Of 6: Carefully Revised, & Occasionally Corrected from the Arabic; to Which Is Added, a Selection of New Tales, Now First Translated from the Arabic Originals (Classic Reprint) Jonathan Scott. (ENG., Illus.). (J). 2018. 464p. 33.47 *(978-0-365-26295-4(1));* 2017. pap. 16.57 *(978-0-259-31003-7(4))* Forgotten Bks.

Arabian Nights Entertainments, Vol. 3 Of 4: With an Introduction, Illustrative of the Religion, Manners, & Customer of the Mohammedans (Classic Reprint) Jonathan Scott. 2018. (ENG., Illus.). 346p. (J). 31.03 *(978-0-267-49579-5(X))* Forgotten Bks.

Arabian Nights Entertainments, Vol. 4 Of 6: Carefully Revised, & Occasionally Corrected from the Arabic; to Which Is Added, a Selection of New Tales, Also, an Introduction & Notes, Illustrative of the Religion, Manners & Customs, of the Mahummed. Jonathan Scott. 2017. (ENG., Illus.). (J). 412p. 32.39 *(978-0-332-31729-8(3));* pap. 16.57 *(978-0-259-42010-1(7))* Forgotten Bks.

Arabian Nights, Vol. 3 of 4 (Classic Reprint) Edward Forster. (ENG., Illus.). (J). 2018. 392p. 32.00 *(978-0-364-53254-6(8));* 2017. pap. 16.57 *(978-0-259-53408-2(0))* Forgotten Bks.

Arabian Tales, Vol. 2 (Classic Reprint) Denis Chavis. (ENG., Illus.). (J). 2017. 426p. 32.68 *(978-0-484-83738-5(9));* 2016. pap. 16.57 *(978-1-333-52477-7(3))* Forgotten Bks.

Arabian Tales, Vol. 3: Being a Continuation of the Arabian Nights Entertainments (Classic Reprint) Denis Chavis. 2018. (ENG., Illus.). 406p. (J). 32.29 *(978-0-267-25849-9(6))* Forgotten Bks.

Arabic Alphabet (Illustrated) Azhar Majothi. 2020. (ENG., Illus.). 66p. (J). pap. ***(978-1-9998719-3-2(6))*** Sahifah Pr.

Arabic English Dictionary on a New System, Vol. 2 Of 2: English Index (Classic Reprint) Anthony Salmone. 2016. (ENG., Illus.). (J). pap. 10.57 *(978-1-333-31098-1(6))* Forgotten Bks.

Arabic English Dictionary on a New System, Vol. 2 Of 2: English Index (Classic Reprint) Habib Anthony Salmone. 2017. (ENG., Illus.). 208p. (J). 28.21 *(978-0-484-16523-5(2))* Forgotten Bks.

Arabic-English Vocabulary: For the Use of English Students of Modern Egyptian Arabic (Classic Reprint) Donald Andreas Cameron. (ENG., Illus.). (J). 2018. 348p. 31.09 *(978-0-364-55011-3(2));* 2017. 340p. 30.93 *(978-0-332-13589-2(6));* 2017. pap. 13.57 *(978-0-282-62515-3(1))* Forgotten Bks.

Arabic-English Vocabulary of the Colloquial Arabic of Egypt: Containing the Vernacular Idioms & Expressions, Slang Phrases, etc., etc., Used by Native Egyptians (Classic Reprint) Socrates Spiro. (ENG., Illus.). (J). 2017. 37.78 *(978-0-331-79213-3(3));* 2016. pap. 20.57 *(978-1-334-16838-3(5))* Forgotten Bks.

Arabic Essential Dictionary: All the Words You Need, Every Day (Collins Essential) Collins Dictionaries. 2nd rev. ed. 2018. (Collins Essential Editions Ser.). (ENG.). 480p. 12.95 *(978-0-00-827068-1(6))* HarperCollins Pubs. Ltd. GBR. Dist: Independent Pubs. Group.

Arabic Gem Dictionary: the World's Favourite Mini Dictionaries (Collins Gem) Collins Dictionaries. 2nd rev. ed. 2019. (Collins Gem Ser.). (ENG.). 448p. pap. 9.99 *(978-0-00-827081-0(3))* HarperCollins Pubs. Ltd. GBR. Dist: Independent Pubs. Group.

Arabs in Tripoli (Classic Reprint) Alan Ostler. (ENG., Illus.). (J). 2018. 350p. 31.12 *(978-0-267-72165-8(X));* 2016. pap. 13.57 *(978-1-333-52379-4(3))* Forgotten Bks.

Arab's Pledge. Edward Ledwich Mitford. 2017. (ENG.). 210p. (J). pap. *(978-3-7447-4960-2(6))* Creation Pubs.

Arab's Pledge: A Tale of Marocco in 1830 (Classic Reprint) Edward Ledwich Mitford. 2018. (ENG., Illus.). 246p. (J). 28.99 *(978-0-267-45314-6(0))* Forgotten Bks.

Araby (Classic Reprint) Baroness Von Hutten. 2018. (ENG., Illus.). 220p. (J). 28.43 *(978-0-483-64497-7(8))* Forgotten Bks.

Arachne (Classic Reprint) Georg Ebers. 2017. (ENG., Illus.). (J). 44.46 *(978-0-265-74050-7(9));* pap. 26.80 *(978-1-5277-0526-5(9))* Forgotten Bks.

Arachne (Classic Reprint) George Ebers. 2018. (ENG., Illus.). 612p. (J). 36.52 *(978-0-483-33186-0(4))* Forgotten Bks.

Arachne's Golden Gloves!, 3. Stella Tarakson. ed. 2020. (Hopeless Heroes Ser.). (ENG.). 208p. (J). (gr. 4-5). 17.79 *(978-1-64697-125-1(6))* Penworthy Co., LLC, The.

Arachnid World, 6 vols., Set. Sandra Markle. Incl. Wolf Spiders: Mothers on Guard. (Illus.). 48p. (J). (gr. 4-8). 2011. lib. bdg. 29.32 *(978-0-7613-5040-8(3),* 472e4549-7d45-4153-9ea7-1567490c64b2, Lerner Pubns.); 2011. Set lib. bdg. 175.62 *(978-0-7613-5036-1(5))* Lerner Publishing Group.

Arachnids, 1 vol. Joanna Brundle. 2019. (Animal Classification Ser.). (ENG.). 32p. (gr. 3-4). pap. 11.50 *(978-1-5345-3055-3(X),* fb0ac5e6-4c3d-4e6c-916f-ec3e79591259); lib. bdg. 28.88 *(978-1-5345-3029-4(0),* d0d758ef-5e83-4a45-805d-170588fad7ac) Greenhaven Publishing LLC. (KidHaven Publishing).

Arain Ata Leagta AR an Reactuire, or Songs Ascribed to Raftery: Being the Fifth Chapter of the Songs of Connacht Now for the First Time Collected, Edited & Translated (Classic Reprint) Anthony Raftery. 2017. (ENG., Illus.). (J). 32.15 *(978-0-331-98734-8(1));* pap. 16.57 *(978-0-259-44062-8(0))* Forgotten Bks.

Arakawa under the Bridge 5. Hikaru Nakamura. 2019. (Arakawa under the Bridge Ser.: 5). (Illus.). 368p. (YA). (gr. 8-12). pap. 17.95 *(978-1-947194-24-3(0),* Vertical Comics) Vertical, Inc.

Aralan Chronicles: The Forgotten Diary. Emily Speirs. 2021. (ENG.). 154p. (J). pap. 16.95 *(978-1-63874-407-8(6))* Christian Faith Publishing.

Aralina: Und Die Schwellenwesen. Franziska Richards. 2019. (GER.). 498p. (J). *(978-3-7497-0334-0(5));* pap. *(978-3-7497-0333-3(7))* tredition Verlag.

Araminta & the Automobile (Classic Reprint) Charles Battell Loomis. 2017. (ENG., Illus.). (J). 26.17 *(978-0-265-56943-6(5));* pap. 9.57 *(978-0-282-83930-7(5))* Forgotten Bks.

Araminta (Classic Reprint) J. C. Snaith. 2018. (ENG., Illus.). 436p. (J). 32.91 *(978-0-267-44157-0(6))* Forgotten Bks.

Araminta (Classic Reprint) John Collis Snaith. (ENG., Illus.). (J). 2018. 392p. 32.00 *(978-0-332-20477-2(4));* 2017. pap. 16.57 *(978-0-243-52073-2(5))* Forgotten Bks.

Aran Islands: Parts I & II (Classic Reprint) John M. Synge. (ENG., Illus.). (J). 2018. 128p. 26.54 *(978-0-365-22600-0(9));* 2017. pap. 9.57 *(978-0-259-51049-9(1))* Forgotten Bks.

Aran Islands: Parts III & IV (Classic Reprint) John M. Synge. (ENG., Illus.). (J). 2018. 104p. 26.06 *(978-0-483-60403-2(8));* 2017. pap. 9.57 *(978-0-243-27559-5(5))* Forgotten Bks.

Aran Islands (Classic Reprint) John M. Synge. 2017. (ENG., Illus.). (J). 28.68 *(978-0-265-76963-8(9))* Forgotten Bks.

Arana - Night of the Hunter. Fiona Avery & Marvel Various. Illus. by Marvel Various & Roger Cruz. 2022. 216p. (gr. 5-9). pap. 13.99 *(978-1-302-94789-7(3),* Outreach/New Reader) Marvel Worldwide, Inc.

Araña & Spider-Man 2099: Dark Tomorrow. Alex Segura. 2023. (ENG.). 320p. (YA). (gr. 7). 17.99 *(978-1-368-07900-6(8))* Marvel Worldwide, Inc.

Arana: Here Comes the Spider-Girl. Fiona Kelly. 2020. (Illus.). 280p. (J). (gr. 5-9). pap. 12.99 ***(978-1-302-92646-5(2),*** Outreach/New Reader) Marvel Worldwide, Inc.

Arañita. Judy Kentor Schmauss. Illus. by Luis Filella. 2016. (Early Rising Readers Ser.). (SPA.). (J). (gr. -1). 6.67 *(978-1-4788-3676-6(8))* Newmark Learning LLC.

Arañita - 6 Pack. Judy Kentor Schmauss. 2016. (Early Rising Readers Ser.). (SPA.). (J). (gr. 1). 40.00 net. *(978-1-4788-4619-2(4))* Newmark Learning LLC.

Arapaima. Ellen Lawrence. 2016. (Apex Predators of the Amazon Rain Forest Ser.). (ENG., Illus.). 24p. (J). (gr. -1-3). 26.99 *(978-1-68402-033-1(6))* Bearport Publishing Co., Inc.

Araya Argues. Tracilyn George. 2023. (ENG.). 22p. (J). pap. 12.99 ***(978-1-77475-549-5(1))*** Draft2Digital.

Arbell: A Tale for Young People (Classic Reprint) Jane Winnard Hooper. (ENG., Illus.). (J). 2018. 336p. 30.83 *(978-0-483-01319-3(6));* 2016. pap. 13.57 *(978-1-334-12171-5(0))* Forgotten Bks.

Arbez the Friendly Zebra. Moreno Victoria Lerae. 2016. (ENG.). (J). 14.99 *(978-1-63177-764-6(5))* Amplify Publishing Group.

Arbiter. Jamie Foley. 2019. (Sentinel Trilogy Ser.: Vol. 2). (ENG., Illus.). 312p. (YA). (gr. 8-12). 26.99 *(978-0-9982078-6-5(1))* Fayette Pr.

Arbitrators: A Play in Three Acts (Classic Reprint) Henry A. Colt. 2018. (ENG., Illus.). 100p. (J). 25.96 *(978-0-332-83974-5(5))* Forgotten Bks.

Arbogast & Qurn: Les Mirages du Désert. L. L. L. David. Illus. by Myss CC. 2018. (Arbogast & Qurn Ser.: Vol. 2). (FRE.). 118p. (J). pap. *(978-2-490113-04-0(6))* Mademoiselle a trois ailes éditions.

Arbogast et Qurn: Les Abysses du Lac de Téméris. L. L. L. David. Illus. by Myss CC. 2018. (Arbogast et Qurn Ser.: Vol. 1). (FRE.). 100p. (J). pap. *(978-2-490113-02-6(X))* Mademoiselle a trois ailes éditions.

Árbol de la Linterna: Un Cuento de la Puerta Del Pavo Real. Wanda Kay Knight. 2021. (SPA.). 274p. (J). pap. 14.95 *(978-1-63684-854-9(0))* Waldorf Publishing.

Arbol de Libros. Paul Czajak. Illus. by Rashin Kheiriyeh. 2020. (SPA.). 32p. (J). (gr. k-4). pap. 9.99 *(978-1-64686-032-6(2))* Barefoot Bks., Inc.

árbol de Los Deseos. Katherine Applegate. 2018. (SPA.). 232p. (J). (gr. 5-7). pap. 8.99 *(978-607-8614-02-8(9))* V&R Editoras.

Arbol de Navidad Del Senor Viladomat. Robert Barry. 2018. (SPA.). 32p. (J). *(978-84-8470-568-0(4))* Corimbo, Editorial S.L.

árbol para Emmy. Mary Ann Rodman. Illus. by Tatjana Mai-Wyss. 2023. 32p. (J). (gr. -1-3). pap. 8.99 ***(978-1-68263-547-6(3))*** Peachtree Publishing Co. Inc.

Arbol Puede Crecer. Linda Koons. 2016. (Early Rising Readers Ser.). (SPA.). 16p. (J). (gr. 1). 6.67 *(978-1-4788-3748-0(9))* Newmark Learning LLC.

árbol Puede Crecer - 6 Pack. Linda Koons. 2016. (Early Rising Readers Ser.). (SPA.). (J). (gr. 1). 40.00 net. *(978-1-4788-4691-8(7))* Newmark Learning LLC.

árbol Que Arrulla y Otros Poemas. Gloria Cecilia Diaz. 2018. (SPA.). 64p. (J). 13.99 *(978-958-30-5511-9(5))* Panamericana Editorial COL. Dist: Lectorum Pubns., Inc.

Arbol Sabio Del Bosque. Monica Santibanez. 2022. (Cuentos con Rimas Ser.). (SPA.). 50p. (J). pap. 19.99 *(978-1-7377170-8-9(5))* Carnaval Editorial.

Árboles Del Bosque: Leveled Reader Book 56 Level o 6 Pack. Hmh Hmh. 2021. (SPA.). 16p. (J). pap. 74.40 *(978-0-358-08451-8(2))* Houghton Mifflin Harcourt Publishing Co.

Árboles Increíbles. Harold Morris. 2022. (Ciencias Del Patio Trasero (Backyard Science) Ser.). (SPA.). 24p. (J). (gr. k-2). pap. *(978-1-0396-4940-8(8),* 19577); lib. bdg. *(978-1-0396-4813-5(4),* 19576) Crabtree Publishing Co.

Árboles (Trees) Julie Murray. 2019. (Casas de Animales (Animal Homes) Ser.). (SPA.). 24p. (J). (gr. -1-2). lib. bdg. 31.36 *(978-1-0982-0064-0(0),* 33002, Abdo Kids) ABDO Publishing Co.

árboles (Trees) Julie Murray. 2020. (Casas de Animales Ser.). (SPA.). 24p. (J). (gr. k-k). pap. 8.95 *(978-1-64494-372-4(7),* 1644943727, Abdo Kids-Junior) ABDO Publishing Co.

Arbor Day Annual: May 14, 1909; Prepared for Use in Public Schools (Classic Reprint) Rhode Island Deparmtnet of Education. (ENG., Illus.). (J). 2018. 36p. 24.64 *(978-0-267-78619-0(0));* 2016. pap. 7.97 *(978-1-334-33136-7(7))* Forgotten Bks.

Arbor Day Coloring & Activity Book: Mazes, Coloring Pages, Word Search Puzzles. Big Blue World Books. 2019. (ENG., Illus.). 54p. (J). pap. 7.89 *(978-1-945887-69-7(9),* Big Blue World Bks.) Gumdrop Pr.

Arbor Day Manual: Arbor Day, May 14, 1912 (Classic Reprint) Montana Department of Publi Instruction. (ENG., Illus.). (J). 2018. 80p. 25.57 *(978-0-484-73535-3(7));* 2017. pap. 9.57 *(978-0-243-46968-0(3))* Forgotten Bks.

Arbor Day, Rhode Island: May 10, 1901 (Classic Reprint) Rhode Island Office Of Commis Education. 2018. (ENG., Illus.). 28p. (J). 24.47 *(978-0-267-28508-2(6))* Forgotten Bks.

Arbor Day, Rhode Island: May 14th, 1897 (Classic Reprint) Rhode Island Office Of Commis Education. 2018. (ENG., Illus.). 26p. (J). 24.43 *(978-0-484-24312-4(8))* Forgotten Bks.

Arbor Day Square, 1 vol. Kathryn O. Galbraith. Illus. by Cyd Moore. 2016. 32p. (J). (gr. -1-3). pap. 7.99 *(978-1-56145-922-3(4))* Peachtree Publishing Co. Inc.

Arbor Vitae, 1914 (Classic Reprint) Muncie Normal Institute. (ENG., Illus.). (J). 2018. 180p. 27.61 *(978-0-483-82066-1(0));* 2017. pap. 9.97 *(978-0-243-40560-2(X))* Forgotten Bks.

Arbor Vitae, 1915 (Classic Reprint) Muncie Normal Institute. (ENG., Illus.). (J). 2018. 158p. 27.18 *(978-0-483-75966-4(X));* 2017. pap. 9.57 *(978-0-243-39594-1(9))* Forgotten Bks.

Arborama: The Marvelous World of Trees. Lisa Voisard. Tr. by Jeffrey K. Butt. 2023. (Marvelous World Ser.). (ENG., Illus.). 208p. (J). 24.99 *(978-3-907293-90-4(8))* Helvetiq, RedCut Sarl CHE. Dist: Consortium Bk. Sales & Distribution.

arborescence de la Pierre Angulaire Prophétique des Abbayes. Marc MORREALE. 2023. (FRE.). 221p. (YA). pap. ***(978-1-4709-0956-7(1))*** Lulu Pr., Inc.

Arbres de 100 Raisons. A. D. Verrier. Ed. by Joanne Verrier & Georgina Claire. 2020. (Aventures de Merrigold et Mirabelle Ser.: Vol. 1). (FRE.). 56p. (J). pap. *(978-0-9958430-8-0(2))* Gauvin, Jacques.

Arbustus Family Adventure of the Scarlet Spotted Disease. Sophie M. Kay. 2019. (ENG.). 316p. (YA). (gr. 7-12). pap. *(978-1-78465-609-6(7),* Vanguard Press) Pegasus Elliot Mackenzie Pubs.

Arc. Nicholas Carratu. 2019. (ENG., Illus.). 166p. (YA). (gr. 7-12). pap. 16.95 *(978-1-68433-353-0(9))* Black Rose Writing.

Arc of a Scythe Collection (Boxed Set) Scythe; Thunderhead; the Toll; Gleanings. Neal Shusterman. ed. 2023. (Arc of a Scythe Ser.). (ENG.). 2032p. (YA). (gr. 7). 79.99 *(978-1-6659-3834-1(X))*, Simon & Schuster Bks. For Young Readers) Simon & Schuster Bks. For Young Readers.

Arc of a Scythe Paperback Trilogy (Boxed Set) Scythe; Thunderhead; the Toll. Neal Shusterman. ed. 2020. (Arc of a Scythe Ser.). (ENG.). 1616p. (YA). (gr. 7). pap. 39.99 *(978-1-5344-6154-3(X))*, Simon & Schuster Bks. For Young Readers) Simon & Schuster Bks. For Young Readers.

Arc of a Scythe Trilogy (Boxed Set) Scythe; Thunderhead; the Toll. Neal Shusterman. ed. 2019. (Arc of a Scythe Ser.). (ENG.). 1600p. (YA). (gr. 7). 58.99 *(978-1-5344-6153-6(1))*, Simon & Schuster Bks. For Young Readers) Simon & Schuster Bks. For Young Readers.

Arc (the Third Book of the Loop Trilogy) Ben Oliver. 2022. (Loop Ser.). (ENG.). 320p. (YA). (gr. 9). 18.99 *(978-1-338-58936-8(9))*, Chicken Hse., The) Scholastic, Inc.

Arca. Created by Tyndale House Publisher Staff. 2019. Orig. Title: The Ark. (SPA., Illus.). 112p. 14.99 *(978-1-4964-3665-8(2))*, 20_32400) Tyndale Hse. Pubs.

Arca de Noé: Padded Board Book. IglooBooks. 2021. (SPA.). 24p. (J). (-k). bds. 8.99 *(978-1-80108-640-0(0))* Igloo Bks. GBR. Dist: Simon & Schuster, Inc.

Arcade Absurdity. David Gorman. 2022. (Waldameer Mystery Files Ser.). (ENG.). 162p. (J). ***(978-1-0391-4807-9(7))***; pap. ***(978-1-0391-4806-2(9))*** FriesenPress.

Arcade & the Dazzling Truth Detector, 1 vol. Rashad Jennings. 2020. (Coin Slot Chronicles Ser.: 4). (ENG., Illus.). 272p. (J). 16.99 *(978-0-310-76744-2(X))* Zonderkidz.

Arcade & the Fiery Metal Tester, 1 vol. Rashad Jennings. 2020. (Coin Slot Chronicles Ser.: 3). (ENG., Illus.). 256p. (J). 16.99 *(978-0-310-76745-9(8))* Zonderkidz.

Arcade & the Golden Travel Guide, 1 vol. Rashad Jennings. 2019. (Coin Slot Chronicles Ser.: 2). (ENG., Illus.). 240p. (J). 16.99 *(978-0-310-76743-5(1))* Zonderkidz.

Arcade & the Triple T Token, 1 vol. Rashad Jennings. 2019. (Coin Slot Chronicles Ser.). (ENG., Illus.). 256p. (J). 16.99 *(978-0-310-76741-1(5))* Zonderkidz.

Arcade Gaming. Betsy Rathburn. 2021. (Ready, Set, Game! Ser.). (ENG., Illus.). 24p. (J). (gr. 3-7). pap. 7.99 *(978-1-64834-247-9(7))*, 20358); lib. bdg. 26.95 *(978-1-64487-454-7(7))* Bellwether Media.

Arcade or Bust! (the Loud House: Chapter Book) Amaris Glass. 2020. (Loud House Ser.: 2). (ENG.). 144p. (J). (gr. 2-5). pap. 6.99 *(978-1-338-68151-2(6))* Scholastic, Inc.

Arcade World Collection (Boxed Set) Dino Trouble; Zombie Invaders; Robot Battle. Nate Bitt. Illus. by Glass House Glass House Graphics. ed. 2022. (Arcade World Ser.). (ENG.). 432p. (J). (gr. k-4). pap. 29.99 *(978-1-6659-1628-8(1))*, Little Simon) Little Simon.

Arcadia. Odiri Ighamre. 2018. (ENG., Illus.). 52p. (J). *(978-1-912092-59-8(X))* Arkbound.

Arcadian Adventures with the Idle Rich (Classic Reprint) Stephen Leacock. 2017. (ENG., Illus.). (J). 30.81 *(978-0-265-16188-3(6))* Forgotten Bks.

Arcadian Calendar (Classic Reprint) Marcus Woodward. 2018. (ENG., Illus.). 192p. (J). 27.86 *(978-0-267-50570-8(1))* Forgotten Bks.

Arcadian Dragon: An Aesopian Novel Book I. Robert Long. 2017. (ENG.). 190p. (J). pap. ***(978-1-387-12936-2(8))*** Lulu Pr., Inc.

Arcadia's Ignoble Knight, Vol. 10: The War of Emergence Part III. Brandon Varnell. 2022. (Arcadia's Ignoble Knight Ser.: Vol. 10). (ENG.). 372p. (YA). pap. 15.00 ***(978-1-951904-66-1(4))*** Kitsune Inc.

Arcadia's Ignoble Knight, Vol. 5: Sorceré Investigation. Brandon Varnell & Dominique Goodall. 2019. (Arcadia's Ignoble Knight Ser.: Vol. 5). (ENG., Illus.). 274p. (YA). (gr. 7-12). pap. 14.00 *(978-0-9989942-3-9(5))* Kitsune Inc.

Arcadia's Ignoble Knight, Vol. 8: The War of Emergence Part I. Brandon Varnell. Illus. by Claparo Sans. 2022. (Arcadia's Ignoble Knight Ser.: Vol. 8). (ENG.). 268p. (YA). pap. 14.00 *(978-1-951904-57-9(5))* Kitsune Inc.

Arcadia's Ignoble Knight, Vol. 9: The War of Emergence Part II. Brandon Varnell. 2022. (Arcadia's Ignoble Knight Ser.: Vol. 9). (ENG.). 254p. (YA). pap. 14.00 ***(978-1-951904-62-3(1))*** Kitsune Inc.

Arcadia's Ignoble Knight, Volume 1: The Sorceress of Ashtown Part I. Brandon Varnell. 2017. (Arcadia's Knight Arcadia's Ignoble Knight Ser.: Vol. 1). (ENG., Illus.). (YA). (gr. 7-12). pap. 14.00 *(978-0-9978028-0-1(4))* Kitsune Inc.

Arcadia's Ignoble Knight, Volume 2: The Sorceress of Ash Town Part II. Brandon Varnell. 2017. (Arcadia's Ignoble Knight Ser.: Vol. 2). (ENG., Illus.). (YA). (gr. 7-12). pap. 14.00 *(978-0-9978028-1-8(2))* Kitsune Inc.

Arcadia's Ignoble Knight, Volume 3: The Sorceress' Knight's Tournament Part I. Brandon Varnell. Illus. by Claparo Sans. 2018. (Arcadia's Ignoble Knight Ser.: Vol. 3). (ENG.). 266p. (YA). (gr. 7-12). pap. 14.00 *(978-0-9978028-6-3(3))* Kitsune Inc.

Arcadia's Ignoble Knight, Volume 4:: the Sorceress' Knight's Tournament Part II. Brandon Varnell. Illus. by Claparo Sans. 2018. (Arcadia's Ignoble Knight Ser.: Vol. 4). (ENG.). 312p. (YA). (gr. 7-12). pap. 14.00 *(978-0-9978028-8-7(X))* Kitsune Inc.

Arcady: For Better for Worse (Classic Reprint) Augustus Jessopp. 2017. (ENG., Illus.). (J). 29.90 *(978-0-265-54245-3(6))* Forgotten Bks.

Arcane. Erzabet Bishop. 2021. (Curse Workers Ser.: Vol. 4). (ENG.). 280p. (YA). pap. *(978-1-77357-286-4(5))* Naughty Nights Pr.

Arcanosphere. Rocky L. Sharier. 2021. (ENG.). 468p. (YA). pap. 22.00 *(978-1-68235-311-0(7))* Strategic Book Publishing & Rights Agency (SBPRA).

Arce y Sauce Juntas. Lori Nichols. 2016. (SPA.). 40p. (J). (gr. -1-k). 15.95 *(978-84-16648-47-4(6))* Ediciones Obelisco ESP. Dist: Spanish Pubs., LLC.

Arch-Nemesis to All: A Fantastical Coloring Book. Bobo's Adult Activity Books. 2016. (ENG., Illus.). (J). pap. 9.33 *(978-1-68327-615-9(9))* Sunshine In My Soul Publishing.

Arch of Bone. Jane Yolen. Illus. by Ruth Sanderson. 2021. (ENG.). 216p. (J). (gr. 4-7). 17.95 *(978-1-61696-350-7(6))*, 8e7fe87c-7727-4703-8743-55ea5b945b3c) Tachyon Pubns.

Arch: Roman & Flat Arches. Andrew Hollins. 2022. (ENG.). 36p. pap. 9.99 *(978-1-911093-53-4(3))* Tarquin Pubns. GBR. Dist: Independent Pubs. Group.

Arch-Satirist (Classic Reprint) Frances De Wolfe Fenwick. 2018. (ENG., Illus.). 372p. (J). 31.59 *(978-0-484-69623-4(8))* Forgotten Bks.

Archaeologia Cornu-Britannica, or an Essay to Preserve the Ancient Cornish Language: Containing the Rudiments of That Dialect, in a Cornish Grammar & Cornish-English Vocabulary (Classic Reprint) William Pryce. (ENG., Illus.). (J). 2018. 266p. 29.38 *(978-0-365-17189-8(1))*; 2017. pap. 11.97 *(978-0-282-29299-7(3))* Forgotten Bks.

Archaeologia Cornu-Britannica; or, an Essay to Preserve the Ancient Cornith Language; Containing the Rudiments of That Dialect, in a Cornish Grammar & Cornish-English Vocabulary. William Pryce. 2017. (ENG., Illus.). (J). pap. *(978-0-649-06133-4(0))* Trieste Publishing Pty Ltd.

Archaeological Site Bucket List. Martha London. (Travel Bucket Lists Ser.). (ENG., Illus.). 48p. (J). (gr. 4-5). 2022. pap. 11.95 *(978-1-64494-731-9(5))*, Core Library); 2021. lib. bdg. 35.64 *(978-1-5321-9523-5(0))*, 38564) ABDO Publishing Co.

Archaeologists in Action. Megan Kopp. 2018. (Scientists in Action Ser.). (ENG., Illus.). 32p. (J). (gr. 5-5). *(978-0-7787-4645-4(3))*; pap. *(978-0-7787-4654-6(2))* Crabtree Publishing Co.

Archaeologists on a Dig. Sue Fliess. Illus. by Mia Powell. 2022. (Kid Scientist Ser.). (ENG.). 32p. (J). (gr. -1-3). 17.99 *(978-0-8075-4157-9(5))*, 807541575) Whitman, Albert & Co.

Archaeology. Rebecca Stark. 2016. (ENG., Illus.). 98p. (J). (gr. 5-5). pap. 14.95 *(978-1-56644-091-2(2))* Educational Impressions.

Archaeology: Cool Women Who Dig. Anita Yasuda. Illus. by Lena Chandhok. 2017. (Girls in Science Ser.). (ENG.). 112p. (J). (gr. 4-6). 19.95 *(978-1-61930-496-3(1))*, ac4fe005-7bfb-4ca8-8080-1880cc964809) Nomad Pr.

Archaeology for Kids - Africa - Top Archaeological Dig Sites & Discoveries Guide on Archaeological Artifacts 5th Grade Social Studies. Baby Professor. 2017. (ENG., Illus.). 64p. (J). pap. 9.52 *(978-1-5419-1666-1(2))*, Baby Professor (Education Kids)) Speedy Publishing LLC.

Archaeology for Kids - Asia - Top Archaeological Dig Sites & Discoveries Guide on Archaeological Artifacts 5th Grade Social Studies. Baby Professor. 2017. (ENG., Illus.). 64p. (J). pap. 9.52 *(978-1-5419-1667-8(0))*, Baby Professor (Education Kids)) Speedy Publishing LLC.

Archaeology for Kids - Australia - Top Archaeological Dig Sites & Discoveries Guide on Archaeological Artifacts 5th Grade Social Studies. Baby Professor. 2017. (ENG., Illus.). 64p. (J). pap. 9.52 *(978-1-5419-1670-8(0))*, Baby Professor (Education Kids)) Speedy Publishing LLC.

Archaeology for Kids - Europe - Top Archaeological Dig Sites & Discoveries Guide on Archaeological Artifacts 5th Grade Social Studies. Baby Professor. 2017. (ENG., Illus.). 64p. (J). pap. 9.52 *(978-1-5419-1669-2(7))*, Baby Professor (Education Kids)) Speedy Publishing LLC.

Archaeology for Kids - North America - Top Archaeological Dig Sites & Discoveries Guide on Archaeological Artifacts 5th Grade Social Studies. Baby Professor. 2017. (ENG., Illus.). 64p. (J). pap. 9.52 *(978-1-5419-1665-4(4))*, Baby Professor (Education Kids)) Speedy Publishing LLC.

Archaeopteryx. Rebecca E. Hirsch. 2018. (Finding Dinosaurs Ser.). (ENG., Illus.). 32p. (J). (gr. 3-5). pap. 9.95 *(978-1-63517-574-5(7))*, 1635175747); lib. bdg. 31.35 *(978-1-63517-502-8(X))*, 163517502X) North Star Editions. (Focus Readers).

Archaeopteryx. Julie Murray. 2019. (Dinosaurs (AZ) Ser.). (ENG., Illus.). 24p. (J). (gr. k-4). lib. bdg. 31.36 *(978-1-5321-2716-8(2))*, 31639, Abdo Zoom-Dash) ABDO Publishing Co.

Archaeopteryx. Rebecca Sabelko. Illus. by James Keuther. 2021. (World of Dinosaurs Ser.). (ENG.). 24p. (J). (gr. 3-7). pap. 8.99 *(978-1-64834-498-5(4))*, 21163) Bellwether Media.

Archaeopteryx & Other Flying Reptiles. Brown Bear Books. 2018. (Dinosaur Detectives Ser.). (ENG., Illus.). 24p. (J). (gr. 2-4). lib. bdg. *(978-1-78121-408-4(5))*, 16466) Brown Bear Bks.

Archag, the Little Armenian (Classic Reprint) Charles H. Schnapps. 2018. (ENG., Illus.). 298p. (J). 30.04 *(978-0-483-45252-7(1))* Forgotten Bks.

Archangels. James Meeks. 2017. (ENG., Illus.). 44p. (J). pap. *(978-1-387-32068-4(8))* Lulu Pr., Inc.

Archangels of Vinea. Roger Leloup. 2019. (Yoko Tsuno Ser.: 14). (Illus.). 48p. (J). (gr. 2-5). pap. 11.95 *(978-1-84918-438-0(0))* CineBook GBR. Dist: National Bk. Network.

Archdeacon (Classic Reprint) Lucy Bethia Walford. (ENG., Illus.). (J). 2018. 302p. 30.13 *(978-0-484-03676-4(9))*; 2016. pap. 13.57 *(978-1-333-21653-5(X))* Forgotten Bks.

Archdemon's Dilemma: How to Love Your Elf Bride: Volume 1: How to Love Your Elf Bride: Volume 1. Fuminori Teshima. Tr. by Hikoki. Illus. by COMTA. 2019. (Archdemon's Dilemma: How to Love Your Elf Bride (light Novel) Ser.: 1). 250p. pap. 14.99 *(978-1-7183-5700-6(1))* J-Novel Club.

Archdemon's Dilemma: How to Love Your Elf Bride: Volume 2: How to Love Your Elf Bride: Volume 2. Fuminori Teshima. Tr. by Hikoki. Illus. by COMTA. 2019. (Archdemon's Dilemma: How to Love Your Elf Bride (light Novel) Ser.: 2). 250p. pap. 14.99 *(978-1-7183-5701-3(X))* J-Novel Club.

Archelon. Kate Moening. Illus. by Mat Edwards. 2023. (Ancient Marine Life Ser.). (ENG.). (J). (gr. 3-7). pap. 8.99. lib. bdg. 26.95 Bellwether Media.

Archenemies. Marissa Meyer. 2018. (Renegades Ser.: 2). (ENG.). 496p. (YA). 19.99 *(978-1-250-07830-8(X))*, 900153576); 474p. (J). *(978-1-250-21418-8(1))* Feiwel & Friends.

Archenemies. Marissa Meyer. 2021. (Renegades Ser.: 2). (ENG.). 512p. (YA). pap. 12.99 *(978-1-250-07837-7(7))*, 900153626) Square Fish.

Archenemies. Marissa Meyer. 2018. (Renegades Ser.: Vol. 2). (ENG.). (YA). (gr. 7-12). pap. 11.99 *(978-1-250-31742-1(8))* St. Martin's Pr.

Archeologists & What They Do. Liesbet Slegers. 2020. (Profession Ser.: 11). (ENG., Illus.). 32p. (J). (gr. -1). 16.95 *(978-1-60537-534-2(9))* Clavis Publishing.

Archer & the Prophet (Classic Reprint) Edna A. Brown. (ENG., Illus.). (J). 2018. 398p. 32.11 *(978-0-666-98699-3(1))*; 2017. pap. 16.57 *(978-0-243-47244-4(7))* Forgotten Bks.

Archer at Dawn. Swati Teerdhala. (Tiger at Midnight Ser.: 2). (ENG.). (YA). (gr. 8). 2021. 480p. pap. 10.99 *(978-0-06-286925-8(6))*; 2020. (Illus.). 464p. 18.99 *(978-0-06-286924-1(8))* HarperCollins Pubs. (Tegen, Katherine Bks).

Archer: Book 4. Jenna Lynn. Illus. by Abigail Dela Cruz. 2018. (Robyn Hood Ser.). (ENG.). 48p. (J). (gr. 3-7). lib. bdg. 34.21 *(978-1-5321-3379-4(0))*, 31181, Spellbound) Magic Wagon.

Archer Otters. Michael Girgenti. Illus. by Laura Santana. 2020. (ENG.). 44p. (J). pap. 15.00 ***(978-1-0880-3155-1(2))*** Indy Pub.

Archer Otters: Megalodon Outbreak. Michael Girgenti & Santana. 2021. (ENG.). 44p. (J). pap. 15.00 ***(978-1-0878-9621-2(5))*** Indy Pub.

Archer with Columbus (Classic Reprint) Charles E. Brimblecom. 2017. (ENG., Illus.). 192p. (J). 27.88 *(978-0-484-72330-5(8))* Forgotten Bks.

Archer's Quest. Linda Sue Park. 2018. (ENG., Illus.). 176p. (J). (gr. 5-7). pap. 7.99 *(978-1-328-89575-2(0))*, 1699653, Clarion Bks.) HarperCollins Pubs.

Archery. Kieran Downs. 2020. (Let's Play Sports! Ser.). (ENG., Illus.). 24p. (J). (gr. k-3). lib. bdg. 26.95 *(978-1-64487-215-4(3))*, Blastoff! Readers) Bellwether Media.

Archery. Julie Murray. 2022. (Artistic Sports Ser.). (ENG., Illus.). 24p. (J). (gr. -1-2). lib. bdg. 32.79 *(978-1-0982-6419-2(3))*, 40937, Abdo Kids) ABDO Publishing Co.

Archery. Kelly Anne White. 2019. (Outdoor Adventures Ser.). (ENG.). 48p. (J). (gr. 3-9). lib. bdg. 34.21 *(978-1-5321-9045-2(X))*, 33600, SportsZone) ABDO Publishing Co.

Arches National Park. Martha London. 2020. (Engineered by Nature Ser.). (ENG., Illus.). 32p. (J). (gr. 2-5). lib. bdg. 34.21 *(978-1-5321-9283-8(5))*, 35029, Kids Core) ABDO Publishing Co.

Archibald Finch & the Curse of the Phoenix, Volume 2. Michel Guyon. 2023. (Archibald Finch Ser.: 2). (ENG.). 464p. (J). 24.99 *(978-1-5248-7136-9(2))* Andrews McMeel Publishing.

Archibald Finch & the Lost Witches. Michel Guyon. (Archibald Finch Ser.: 1). (ENG., Illus.). 352p. (J). 2021. 19.99 *(978-1-5248-6772-0(1))*; Volume 1. 2022. pap. 12.99 *(978-1-5248-7137-6(0))* Andrews McMeel Publishing.

Archibald Trotter. Bridget Upton. 2020. (ENG.). 50p. (J). pap. *(978-1-83875-000-8(2))*, Nightingale Books) Pegasus Elliot Mackenzie Pubs.

Archie 1000 Page Comics Acclaim. Archie Superstars. 2022. (Archie 1000 Page Digests Ser.: 26). (ENG., Illus.). 1000p. (J). (gr. 4-7). pap. 15.99 *(978-1-64576-891-3(0))* Archie Comic Pubns., Inc.

Archie 1000 Page Comics Glory. Archie Superstars. 2022. (Archie 1000 Page Digests Ser.: 25). (Illus.). 1000p. (J). (gr. 4-7). pap. 14.99 *(978-1-64576-909-5(7))* Archie Comic Pubns., Inc.

Archie 1000 Page Comics Prestige. Archie Superstars. 2023. (Archie 1000 Page Digests Ser.: 28). (Illus.). 1000p. (J). (gr. 4-7). pap. 15.99 ***(978-1-64576-861-6(9))*** Archie Comic Pubns., Inc.

Archie 1000 Page Comics Wonder. Archie Superstars. 2023. (Archie 1000 Page Digests Ser.: 27). (Illus.). 1000p. (J). (gr. 4-7). pap. 15.99 *(978-1-64576-875-3(9))* Archie Comic Pubns., Inc.

Archie 3000. Archie Superstars. 2019. (Archie Comics Presents Ser.). (Illus.). 224p. (J). (gr. 4-7). pap. 10.99 *(978-1-68255-841-6(X))* Archie Comic Pubns., Inc.

Archie: 80 Years of Christmas. Archie Superstars. 2021. (Archie Christmas Digests Ser.: 3). (Illus.). 256p. (J). (gr. 4-7). pap. 9.99 *(978-1-64576-927-9(5))* Archie Comic Pubns., Inc.

Archie & Friends - Endless Escapades. Archie Superstars. 2023. (Illus.). 120p. (J). (gr. 4-7). pap. 12.99 ***(978-1-64576-885-2(6))*** Archie Comic Pubns., Inc.

Archie & Friends Forever: Test. Archie Superstars. 2020. (ENG., Illus.). 1p. (J). (gr. 4-7). pap. 12.99 *(978-1-64576-942-2(9))* Archie Comic Pubns., Inc.

Archie & Me Vol. 1. Archie Superstars. 2018. (Archie Comics Presents Ser.). (Illus.). 224p. (J). (gr. 4-7). pap. 10.99 *(978-1-68255-873-7(8))* Archie Comic Pubns., Inc.

Archie & Me Vol. 2. Archie Superstars. 2019. (Archie Comics Presents Ser.). (ENG., Illus.). 224p. (J). (gr. 4-7). pap. 10.99 *(978-1-68255-829-4(0))* Archie Comic Pubns., Inc.

Archie & the Dark Door Mystery. Alexander Weir. 2019. (ENG., Illus.). 138p. (J). *(978-3-7482-7045-4(3))* tredition Verlag.

Archie & the Dark Door Mystery: The Dark Door Mystery. Alexander Weir. 2019. (Archie & the Enchanter Mysteries Ser.: Vol. 2). (ENG., Illus.). 138p. (J). pap. *(978-3-7482-7044-7(5))* tredition Verlag.

Archie & the Enchanter: The Discovery of Powerful Scottish Magic Through an Ancient Set of Bagpipes. Alexander Weir. 2019. (ENG., Illus.). 136p. (J). *(978-3-7482-2020-6(0))*; pap. *(978-3-7482-2019-0(7))* tredition Verlag.

Archie & the Lawlor Cat Hotel. Jane Lawlor. 2019. (ENG., Illus.). 168p. (J). pap. *(978-1-913136-54-3(X))* Clink Street Publishing.

Archie & the Paints. Lottie Loake. 2022. (ENG.). 32p. (J). pap. ***(978-1-912765-69-0(1))*** Blue Falcon Publishing.

Archie & the Song Snatcher. Hannah Willis. Illus. by Katie Chunge. 2021. (ENG.). 28p. (J). pap. *(978-1-83975-847-8(3))* Grosvenor Hse. Publishing Ltd.

Archie & the Stickysaurus. Steve Hefft. 2016. (ENG., Illus.). (J). pap. *(978-0-9935719-2-3(1))* Enheduanna Pr.

Archie at Riverdale High Vol. 1. Archie Superstars. 2018. (Archie at Riverdale High Ser.: 1). (Illus.). 224p. (J). (gr. 4-7). pap. 10.99 *(978-1-68255-897-3(5))* Archie Comic Pubns., Inc.

Archie at Riverdale High Vol. 2. Archie Superstars. 2019. (Archie at Riverdale High Ser.: 2). (Illus.). 224p. (J). (gr. 4-7). pap. 10.99 *(978-1-68255-819-5(3))* Archie Comic Pubns., Inc.

Archie at Riverdale High Vol. 3. Archie Superstars. 2021. (Archie Comics Presents Ser.: 3). (Illus.). 224p. (J). (gr. 4-7). pap. 10.99 *(978-1-64576-999-6(2))* Archie Comic Pubns., Inc.

Archie Decades: The 1960s. Archie Superstars. 2023. (Illus.). 224p. (J). (gr. 4-7). pap. 11.99 *(978-1-64576-879-1(1))* Archie Comic Pubns., Inc.

Archie Encyclopedia. Archie Superstars. 2022. (Illus.). 304p. (J). (gr. 4-7). pap. 19.99 *(978-1-64576-897-5(X))* Archie Comic Pubns., Inc.

Archie Giant Comics Adventure. Archie Superstars. 2021. (Archie Giant Comics Digests Ser.: 19). (Illus.). 480p. (J). (gr. 4-7). pap. 9.99 *(978-1-64576-925-5(9))* Archie Comic Pubns., Inc.

Archie Giant Comics Charm. Archie Superstars. 2023. (Archie Giant Comics Digests Ser.: 22). 480p. (J). (gr. 4-7). pap. 10.99 *(978-1-64576-883-8(X))* Archie Comic Pubns., Inc.

Archie Giant Comics Flash. Archie Superstars. 2022. (Archie Giant Comics Digests Ser.: 21). (Illus.). 480p. (J). (gr. 4-7). pap. 10.99 *(978-1-64576-901-9(1))* Archie Comic Pubns., Inc.

Archie Giant Comics Hop. Archie Superstars. 2019. (Archie Giant Comics Digests Ser.: 15). (ENG., Illus.). 416p. (J). (gr. 4-7). 9.99 *(978-1-68255-801-0(0))* Archie Comic Pubns., Inc.

Archie Giant Comics Splendor. Archie Superstars. 2022. (Archie Giant Comics Digests Ser.: 20). (ENG., Illus.). 416p. (J). (gr. 4-7). pap. 9.99 *(978-1-64576-915-6(1))* Archie Comic Pubns., Inc.

Archie Giant Comics Thrill. Archie Superstars. 2021. (Archie Giant Comics Digests Ser.: 18). (Illus.). 416p. (J). (gr. 4-7). pap. 9.99 *(978-1-64576-937-8(2))* Archie Comic Pubns., Inc.

Archie Greene & the Alchemists' Curse. D. D. Everest. 2017. (Archie Greene Ser.: 2). (ENG.). 352p. (J). (gr. 3-7). pap. 6.99 *(978-0-06-231215-0(4))*, HarperCollins) HarperCollins Pubs.

Archie Greene & the Magician's Secret. D. D. Everest. 2016. (Archie Greene Ser.: 1). (ENG.). 336p. (J). (gr. 3-7). pap. 6.99 *(978-0-06-231212-9(X))*, HarperCollins) HarperCollins Pubs.

Archie Greene & the Raven's Spell. D. D. Everest. Illus. by James De La Rue. 2017. (Archie Greene Ser.). (ENG.). 304p. (J). pap. 9.95 *(978-0-571-30964-1(X))*, Faber & Faber Children's Bks.) Faber & Faber, Inc.

Archie Mega Digest Pack. Archie Superstars. 2021. (ENG.). 768p. (J). (gr. 4-7). pap. 19.99 *(978-1-64576-928-6(3))* Archie Comic Pubns., Inc.

Archie: Modern Classics Magic. Archie Superstars. 2022. (Illus.). 256p. (J). (gr. 4-7). pap. 9.99 *(978-1-64576-907-1(0))* Archie Comic Pubns., Inc.

Archie: Modern Classics Mania. Archie Superstars. 2023. (Illus.). 256p. (J). (gr. 4-7). pap. 9.99 *(978-1-64576-881-4(3))* Archie Comic Pubns., Inc.

Archie: Modern Classics Vol. 1, Vol. 1. Archie Superstars. 2019. (Best of Archie Comics Ser.). (ENG., Illus.). 256p. (J). (gr. 4-7). pap. 9.99 *(978-1-68255-831-7(2))* Archie Comic Pubns., Inc.

Archie: Modern Classics Vol. 2. Archie Superstars. 2020. (ENG., Illus.). 256p. (J). (gr. 4-7). pap. 9.99 *(978-1-64576-967-5(4))* Archie Comic Pubns., Inc.

Archie: Modern Classics Vol. 3. Archie Superstars. 2021. (ENG., Illus.). 256p. (J). (gr. 4-7). pap. 9.99 *(978-1-64576-933-0(X))* Archie Comic Pubns., Inc.

Archie: No Ordinary Sloth. Heath McKenzie. 2020. (Archie Ser.: 1). (ENG.). 32p. (J). (gr. -1-k). pap. 9.99 *(978-1-76040-972-2(3))* Hardie Grant Children?s Publishing AUS. Dist: Independent Pubs. Group.

Archie Snufflekins Oliver Valentine Cupcake Tiberius Cat. Illus. by Katie Harnett. 2016. (ENG.). 32p. (J). (gr. -1-k). 16.95 *(978-1-909263-37-6(0))* Flying Eye Bks. GBR. Dist: Penguin Random Hse. LLC.

Archie Strikes Gold. Brandon Terrell. Illus. by Eva Morales. 2020. (Smithsonian Historical Fiction Ser.). (ENG.). 72p. (J). (gr. 3-5). pap. 5.95 *(978-1-4965-9872-1(5))*, 201168); lib. bdg. 25.32 *(978-1-4965-9864-6(4))*, 201140) Capstone. (Stone Arch Bks.).

Archie the Arty Sloth. Heath McKenzie. 2020. (Archie Ser.: 2). (ENG., Illus.). 32p. (J). (gr. -1-k). 9.99 *(978-1-76068-018-3(4))* Little Hare Bks. AUS. Dist: Independent Pubs. Group.

Archie the Bear - the Beach Adventure: A Beautifully Illustrated Picture Story Book for Kids about Beach Safety & Having Fun in the Sun! Rom Nelson. Illus. by Svetlana Leshukova. 2023. (Archie the Bear Ser.: Vol. 3). (ENG.). 34p. (J). ***(978-1-922664-55-6(3))***; pap. ***(978-1-922664-56-3(1))*** Life Graduate, The.

Archie the Bear Becomes a Big Brother: The Perfect Illustrated Story Book about Becoming a Big Brother for Kids. Rom Nelson. Illus. by Svetlana Leshukova. 2022. (Archie the Bear Ser.: Vol. 1). (ENG.). 32p. (J). ***(978-1-922664-48-8(0))***; pap. ***(978-1-922664-49-5(9))*** Life Graduate, The.

Archie the Bear Uses the Potty: Toilet Training for Toddlers Cute Step by Step Rhyming Storyline Including Beautiful Hand Drawn Illustrations. Rom Nelson. Illus. by Svetlana Leshukova. 2023. (Archie the Bear Ser.: Vol. 2). (ENG.). 32p. (J). ***(978-1-922664-51-8(0))***; pap. ***(978-1-922664-52-5(9))*** Life Graduate, The.

Archie the Inchworm That Wasn't. Carla Boyce. Illus. by Irene Stevenson. 2019. (ENG.). 24p. (J). *(978-1-5255-5850-4(1))*; pap. *(978-1-5255-5851-1(X))* FriesenPress.

Archie Wants a Pet. Carolyn Easton. 2022. (ENG.). 32p. (J). pap. *(978-0-6454050-0-2(0))* Meredian Pictures & Words.

104 The check digit for ISBN-10 appears in parentheses after the full ISBN-13

TITLE INDEX

ARCTIC

A

ARCHIE WANTS a PET - Library Edition. Carolyn Easton. 2022. (ENG.). 32p. (J). pap. **(978-0-6454050-3-3(5))** Meredian Pictures & Words.

Archie Wood-Knot's Wonder Web. Sonia Tuffee. 2020. (ENG., Illus.). 32p. (J). pap. (978-1-912765-21-8(7)) Blue Falcon Publishing.

Archie's Awful Apples: Making Alliteration Fun for All Types. Nicky Gaymer-Jones. 2020. (Alliteration Ser.: Vol. 4). (ENG.). 28p. (J). pap. 10.00 (978-1-7355013-2-1(8)) Southampton Publishing.

Archie's Bag of Treasures. Lucy Barnard. Illus. by Lucy Barnard. 2017. (Story Corner Ser.). (ENG., Illus.). 24p. (J). (gr. -1-k). lib. bdg. 19.99 (978-1-68297-192-5(9), 33cb5c5f-f996-4002-8495-481cec79bd98) QEB Publishing Inc.

Archie's Big Book Vol. 2: Fantasy. Archie Superstars. 2018. (ENG., Illus.). 304p. (J). (gr. 4-7). pap. 19.99 (978-1-68255-907-9(6)) Archie Comic Pubns., Inc.

Archie's Big Book Vol. 3: Rock 'n' Roll. Archie Superstars. 2018. (ENG., Illus.). 304p. (J). (gr. 4-7). pap. 19.99 (978-1-68255-909-3(2)) Archie Comic Pubns., Inc.

Archie's Big Book Vol. 4: Fairy Tales. Archie Superstars. 2018. (Archie's Big Book Ser.: 1). (Illus.). 304p. (J). (gr. 4-7). pap. 19.99 (978-1-68255-903-1(3)) Archie Comic Pubns., Inc.

Archie's Big Book Vol. 5: Action Adventure. Archie Superstars. 2019. (Archie's Big Book Ser.: 5). (ENG., Illus.). 304p. (J). (gr. 4-7). pap. 19.99 (978-1-68255-885-0(1)) Archie Comic Pubns., Inc.

Archie's Big Book Vol. 6: High School Yearbook. Archie Superstars. 2019. (Archie's Big Book Ser.: 6). (Illus.). 304p. (J). (gr. 4-7). pap. 19.99 (978-1-68255-853-9(3)) Archie Comic Pubns., Inc.

Archie's Big Book Vol. 7: Musical Genius. Archie Superstars. 2020. (Archie's Big Book Ser.: 7). (ENG., Illus.). 304p. (J). (gr. 4-7). pap. 19.99 (978-1-68255-811-9(8)) Archie Comic Pubns., Inc.

Archie's Coloring Book. Archie Superstars. 2017. (ENG., Illus.). 128p. (J). (gr. 4-7). pap. 9.99 (978-1-68255-934-5(3)) Archie Comic Pubns., Inc.

Archie's Explorers of the Unknown. Archie Superstars. 2020. (Archie Comics Presents Ser.). (ENG., Illus.). 168p. (J). (gr. 4-7). pap. 8.99 (978-1-64576-971-2(2)) Archie Comic Pubns., Inc.

Archie's Hat Party. Abbey Newton. 2022. (ENG.). 32p. (J). pap. (978-1-83875-077-0(0), Nightingale Books) Pegasus Elliot Mackenzie Pubs.

Archies in India. Archie Superstars. ed. 2023. (Illus.). 144p. (J). (gr. 4-7). pap. 14.99 (978-1-64576-872-2(4)) Archie Comic Pubns., Inc.

Archie's Laugh Comics. Archie Superstars. 2023. (Archie Comics Presents Ser.). (Illus.). 224p. (J). (gr. 4-7). pap. 11.99 (978-1-64576-905-7(4)) Archie Comic Pubns., Inc.

Archie's Mirror. Geoff Turner. 2017. (Land Beyond Ser.: Vol. 1). (ENG., Illus.). (J). pap. 11.95 (978-1-943419-55-5(8)) Prospective Pr.

Archies Old Desk (Classic Reprint) Sarah Doudney. 2018. (ENG., Illus.). 110p. (J). 26.17 (978-0-483-91933-4(0)) Forgotten Bks.

Archie's Pals 'n' Gals. Archie Superstars. 2022. (Illus.). 224p. (J). (gr. 4-7). pap. 10.99 (978-1-64576-930-9(5)) Archie Comic Pubns., Inc.

Archie's Superteens. Archie Superstars. 2019. (Illus.). 128p. (J). (gr. 4-7). pap. 12.99 (978-1-68255-817-1(7)) Archie Comic Pubns., Inc.

Archie's Travel Tales: To Paris. Daniela Kiszti & Golnaz Vakili. 2021. (Archie's Travel Tales Ser.). (ENG.). 40p. (J). (978-1-5255-5261-8(9)); pap. (978-1-5255-5262-5(7)) FriesenPress.

Archimedes: The Man Who Invented the Death Ray. Shoo Rayner. Illus. by Shoo Rayner. 2017. (ENG., Illus.). (J). (gr. 2-6). pap. (978-1-908944-35-1(8)) Rayner, Shoo.

Archimedes & His Numbers - Biography Books for Kids 9-12 Children's Biography Books. Baby Professor. 2017. (ENG., Illus.). (J). pap. 8.79 (978-1-5419-1307-3(8), Baby Professor (Education Kids)) Speedy Publishing LLC.

Archimedes & the Door of Science. Jeanne Bendick. 2018. (ENG., Illus.). 154p. (J). (gr. 5-6). pap. 9.95 (978-1-68422-259-9(1)) Martino Fine Bks.

Archimedes & the Door of Science. Jeanne Bendick. 2022. (ENG.). 152p. (J). (gr. 5-6). pap. 10.99 (978-1-948959-77-3(1)) Purple Hse. Pr.

ArchiSteampunk. Dominique Ehrhard. 2022. (ENG.). 16p. (J). pap. 24.99 (978-0-7643-6467-9(7), 24723) Schiffer Publishing, Ltd.

Architect. Jonathan Starrett. 2023. (Architect Ser.: 1). (ENG.). 240p. (J). 19.99 (978-1-4964-6660-0(8), 20_36938); pap. 12.99 (978-1-4964-6661-7(6), 20_36939) Tyndale Hse. Pubs.

Architect Assistants. Marzieh A. Ali. Illus. by Maxine Lee-Mackie. 2023. (Nadia & Nadir Ser.). (ENG.). 32p. (J). (gr. -1-3). lib. bdg. 32.79 **(978-1-0982-3783-7(8)**, 42548, Calico Chapter Bks) Magic Wagon.

Architect Fairy. Lisa Gordon. Illus. by Kate Solenova. 2016. (Fairy Village Ser.: Vol. 3). (ENG.). (J). 19.95 (978-0-9973594-1-1(2)) Magical Beginnings.

Architectural Acoustics: Or the Science of Sound Application Required in the Construction of Audience Rooms (Classic Reprint) Eugene Henri Kelly. 2017. (ENG., Illus.). (J). 26.25 (978-0-331-93172-3(9)) Forgotten Bks.

Architectural Styles You Can Identify - Architecture Reference & Specification Book Children's Architecture Books. Baby Professor. 2017. (ENG., Illus.). 64p. (J). pap. 9.52 (978-1-5419-1671-5(9), Baby Professor (Education Kids)) Speedy Publishing LLC.

Architecture. David Wilson. 2019. (World Art Tour Ser.). (Illus.). 96p. (J). (gr. 12). lib. bdg. 34.60 (978-1-4222-4284-1(6)) Mason Crest.

Architecture: Cool Women Who Design Structures. Elizabeth Schmermund. Illus. by Lena Chandhok. 2017. (Girls in Science Ser.). (ENG.). 112p. (J). (gr. 4-6). pap. 9.95 (978-1-61930-546-5(1), 756ebca6-e9db-471a-b0d6-a619f40947bb) Nomad Pr.

Architecture & Construction. Diane Lindsey Reeves. 2017. (Bright Futures Press: World of Work Ser.). (ENG., Illus.). 32p. (J). (gr. 4-7). lib. bdg. 32.07 (978-1-63472-623-8(5), 209526) Cherry Lake Publishing.

Architecture of Birds: With Engravings (Classic Reprint) James Rennie. 2017. (ENG., Illus.). 416p. (J). 32.48 (978-0-332-04332-6(0)) Forgotten Bks.

Architecture of the Heart. Tina Schneider. 2021. 40p. (J). (gr. 1-5). 17.95 (978-1-77229-053-0(X)) Simply Read Bks. CAN. Dist: Ingram Publisher Services.

Architecture Shown to the Children (Yesterday's Classics) Gladys Wynne. 2022. (ENG.). 166p. (YA). pap. 11.95 (978-1-63334-161-6(5)) Yesterday's Classics.

ArchiTek, 1 vol. Dominique Ehrhard. 2019. (ENG.). 128p. (J). (gr. -1-3). bds. 24.99 (978-0-7643-5827-2(8), 17458) Schiffer Publishing, Ltd.

Archive: Fall 1951 (Classic Reprint) George V. Grune. 2018. (ENG., Illus.). (J). 180p. 27.61 (978-1-396-74829-5(6)); 182p. pap. 9.97 (978-1-391-79595-9(4)) Forgotten Bks.

Archive: For the Month of October, 1933 (Classic Reprint) Duke University. 2018. (ENG., Illus.). (J). 286p. 29.80 (978-1-396-74392-4(8)); 288p. pap. 13.57 (978-1-391-77220-2(2)) Forgotten Bks.

Archive: October, 1952 (Classic Reprint) Duke University. 2018. (ENG., Illus.). (J). 136p. 26.70 (978-1-396-76163-8(2)); 138p. pap. 9.57 (978-1-391-82461-1(X)) Forgotten Bks.

Archive, 1929-1930, Vol. 42: A Monthly Literary Review, Published by the Students of Trinity College of Duke University, at Durham, North Carolina (Classic Reprint) Gerald M. Crona. 2018. (ENG., Illus.). (J). 268p. 29.42 (978-1-396-74195-1(X)); 270p. pap. 11.97 (978-1-391-78323-9(9)) Forgotten Bks.

Archive, 1930-1931, Vol. 43 (Classic Reprint) Gerald M. Crona. 2018. (ENG., Illus.). (J). 252p. 29.09 (978-1-396-33108-4(5)); 254p. pap. 11.57 (978-1-391-77125-0(7)) Forgotten Bks.

Archive, 1943-1944, Vol. 57: A Monthly Literary Magazine Published by the Students of Duke University, Durham, North Carolina (Classic Reprint) Joseph Dimona. 2018. (ENG., Illus.). (J). 224p. 28.54 (978-1-396-74548-5(3)); 226p. pap. 10.97 (978-1-391-77298-1(9)) Forgotten Bks.

Archive, 1944-1945, Vol. 58: A Monthly Magazine Published by the Students of Duke University, Durham, North Carolina (Classic Reprint) Mary Snow Ethridge. 2018. (ENG., Illus.). (J). 258p. 29.22 (978-1-396-74580-5(7)); 260p. pap. 11.57 (978-1-391-77355-1(1)) Forgotten Bks.

Archive, 1953-1954, Vol. 66 (Classic Reprint) Duke University Durham. 2018. (ENG., Illus.). (J). 132p. 26.62 (978-1-396-76150-8(0)); 134p. pap. 9.57 (978-1-391-82357-7(5)) Forgotten Bks.

Archive, 1961-1963: Volumes 74-75 (Classic Reprint) Jim Carpenter. 2018. (ENG., Illus.). (J). 468p. 33.55 (978-1-396-76333-5(3)); 470p. pap. 16.57 (978-1-391-82951-7(4)) Forgotten Bks.

Archive, Vol. 103: Fall 1990 (Classic Reprint) Duke University. 2018. (ENG., Illus.). 220p. (J). 28.43 (978-1-397-19129-8(5)) Forgotten Bks.

Archive, Vol. 105: Fall 1992 (Classic Reprint) Duke University. 2018. (ENG., Illus.). (J). 104p. 26.04 (978-1-397-19089-5(2)); 106p. pap. 9.57 (978-1-397-19074-1(4)) Forgotten Bks.

Archive, Vol. 110: Fall 1997 (Classic Reprint) Duke University. 2018. (ENG., Illus.). (J). 266p. 29.38 (978-1-397-18963-9(0)); 268p. pap. 11.97 (978-1-397-18944-8(4)) Forgotten Bks.

Archive, Vol. 112: Fall 1999 (Classic Reprint) Duke University. 2018. (ENG., Illus.). (J). 286p. 29.82 (978-1-397-18985-1(1)); 288p. pap. 13.57 (978-1-397-18969-1(X)) Forgotten Bks.

Archive, Vol. 39: October, 1926 (Classic Reprint) A. a Wilkinson. (ENG., Illus.). (J). 2018. 316p. 30.48 (978-0-484-53559-5(5)); 2017. pap. 13.57 (978-0-243-28467-2(5)) Forgotten Bks.

Archive, Vol. 40: October, 1927-May, 1928; a Monthly Literary Review Published by the Senior Class of Trinity College of Duke University, at Durham, North Carolina (Classic Reprint) Duke University. (ENG., Illus.). (J). 2018. 308p. 30.25 (978-0-656-00916-9(0)); 2017. pap. 13.57 (978-0-259-40775-1(5)) Forgotten Bks.

Archive, Vol. 48: October 1934 (Classic Reprint) Duke University. 2018. (ENG., Illus.). (J). 228p. 28.60 (978-1-396-57016-2(0)); 230p. pap. 10.97 (978-1-391-77115-1(X)) Forgotten Bks.

Archive, Vol. 49: October 1935 (Classic Reprint) Duke University. 2018. (ENG., Illus.). (J). 192p. 27.86 (978-1-396-39015-9(4)); 194p. pap. 10.57 (978-1-391-77117-5(6)) Forgotten Bks.

Archive, Vol. 50: October 1936 (Classic Reprint) Edward Post. (ENG., Illus.). (J). 2018. 210p. 28.25 (978-0-365-52729-9(7)); 2017. pap. 10.97 (978-0-282-24564-1(2)) Forgotten Bks.

Archive, Vol. 51: October, 1937 (Classic Reprint) Robert C. Wilson. 2017. (ENG., Illus.). (J). 28.19 (978-0-265-55490-6(X)); pap. 10.57 (978-0-282-80083-3(2)) Forgotten Bks.

Archive, Vol. 52: October, 1938 (Classic Reprint) Duke University. 2018. (ENG., Illus.). (J). 226p. 28.58 (978-1-391-77254-7(7)); 228p. pap. 10.97 (978-1-391-77234-9(2)) Forgotten Bks.

Archive, Vol. 53: October, 1939 (Classic Reprint) Duke University. 2018. (ENG., Illus.). (J). 226p. 28.58 (978-1-391-77302-5(0)); 228p. pap. 10.97 (978-1-391-77295-0(4)) Forgotten Bks.

Archive, Vol. 54: October, 1940 (Classic Reprint) Duke University. 2018. (ENG., Illus.). (J). 238p. 28.81 (978-1-391-77251-6(2)); 240p. pap. 11.57 (978-1-391-77241-7(5)) Forgotten Bks.

Archive, Vol. 55: October, 1941 (Classic Reprint) Duke University. 2018. (ENG., Illus.). (J). 208p. 28.19 (978-1-396-74549-2(1)); 210p. pap. 10.57 (978-1-391-77294-3(6)) Forgotten Bks.

Archive, Vol. 56: September, 1942 (Classic Reprint) Duke University. 2018. (ENG., Illus.). (J). 220p. 28.43 (978-1-396-74551-5(3)); 222p. pap. 10.97 (978-1-391-77242-4(3)) Forgotten Bks.

Archive, Vol. 59: September, 1945 (Classic Reprint) Kay Mayers. 2018. (ENG., Illus.). (J). 246p. 28.99 (978-1-396-74655-0(2)); 248p. pap. 11.57 (978-1-391-77370-4(5)) Forgotten Bks.

Archive, Vol. 60: September 1946 (Classic Reprint) Virginia Anne Gunn. 2018. (ENG., Illus.). (J). 286p. 29.82 (978-1-396-74666-6(8)); 288p. pap. 13.57 (978-1-391-80785-0(5)) Forgotten Bks.

Archive, Vol. 61: September 1947 (Classic Reprint) Joan Angevine. 2018. (ENG., Illus.). (J). 198p. 28.00 (978-1-396-74651-2(X)); 200p. pap. 10.57 (978-1-391-80799-7(5)) Forgotten Bks.

Archive, Vol. 62: A Literary Quarterly Published by the Students of Duke University, Durham, North Carolina; November, 1948 (Classic Reprint) R. D. Loomis. 2018. (ENG., Illus.). (J). 162p. 27.24 (978-1-396-74654-3(4)); 164p. pap. 9.97 (978-1-391-77374-2(8)) Forgotten Bks.

Archive, Vol. 63: A Literary Periodical Published by the Students of Duke University, Durham, North Carolina; October, 1949 (Classic Reprint) Richard Van Fossen. 2018. (ENG., Illus.). (J). 148p. 26.97 (978-1-396-74668-0(4)); 150p. pap. 9.57 (978-1-391-77505-0(8)) Forgotten Bks.

Archive, Vol. 64: October 1950 (Classic Reprint) Duke University. 2018. (ENG., Illus.). (J). 162p. 27.24 (978-1-396-74682-6(X)); 164p. pap. 9.97 (978-1-391-80793-5(6)) Forgotten Bks.

Archive, Vol. 68: October, 1955 (Classic Reprint) Duke University. 2018. (ENG., Illus.). (J). 134p. 26.66 (978-1-391-95679-4(6)); 136p. pap. 9.57 (978-1-391-82305-8(2)) Forgotten Bks.

Archive, Vol. 69: October, 1956 (Classic Reprint) Duke University. 2018. (ENG., Illus.). (J). 216p. 28.35 (978-1-396-76222-2(1)); 218p. pap. 10.97 (978-1-391-82489-5(X)) Forgotten Bks.

Archive, Vol. 73: October, 1960 (Classic Reprint) Fred Chappell. 2018. (ENG., Illus.). (J). 138p. 26.74 (978-1-391-82170-2(X)); 140p. pap. 9.57 (978-1-391-82154-2(8)) Forgotten Bks.

Archive, Vol. 75: November 1963 (Classic Reprint) Duke University. 2018. (ENG., Illus.). (J). 360p. 31.34 (978-1-396-76592-6(1)); 362p. pap. 13.97 (978-1-391-84368-1(1)) Forgotten Bks.

Archive, Vol. 78: November, 1965 (Classic Reprint) Jini Rambo. 2018. (ENG., Illus.). (J). 160p. 27.22 (978-1-396-76687-9(1)); 162p. pap. 9.57 (978-1-391-84543-2(9)) Forgotten Bks.

Archive, Vol. 79: A Literary Periodical Published by the Students of Duke University Durham, North Carolina; September, 1966 (Classic Reprint) R. Frederick Duagherty. 2018. (ENG., Illus.). (J). 280p. 29.67 (978-1-396-76694-7(4)); 282p. pap. 13.57 (978-1-391-84560-9(9)) Forgotten Bks.

Archive, Vol. 81: Winter 68-69 (Classic Reprint) Duke University. 2018. (ENG., Illus.). (J). 326p. 30.62 (978-1-396-76695-4(2)); 328p. pap. 13.57 (978-1-391-84553-1(6)) Forgotten Bks.

Archive, Vol. 83: A Literary Periodical Published by the Students of Duke University Durham, North Carolina; Autumn, 1970 (Classic Reprint) Harry Stokes. 2018. (ENG., Illus.). (J). 546p. 35.16 (978-1-396-10056-7(3)); 548p. pap. 19.57 (978-1-391-84478-7(5)) Forgotten Bks.

Archive, Vol. 87: Fall 1974 (Classic Reprint) John Allen Stevenson. 2018. (ENG., Illus.). (J). 366p. 31.45 (978-1-396-39216-0(5)); 368p. pap. 13.97 (978-1-391-84523-4(4)) Forgotten Bks.

Archive, Vol. 89: Fall 1976 (Classic Reprint) Michael K. Stanford. 2018. (ENG., Illus.). (J). 380p. 31.73 (978-1-396-35235-5(X)); 382p. pap. 16.57 (978-1-391-84524-1(2)) Forgotten Bks.

Archive, Vol. 95: Autumn 1982 (Classic Reprint) Lawrence McIntyre. 2018. (ENG., Illus.). (J). 448p. 33.14 (978-1-396-79070-6(5)); 450p. pap. 16.57 (978-1-396-75753-2(8)) Forgotten Bks.

Archive, Vol. 98: Fall 1985 (Classic Reprint) Mark D. Lazarus. 2018. (ENG., Illus.). (J). 444p. 33.07 (978-1-396-79072-0(1)); 446p. pap. 16.57 (978-1-396-75752-5(X)) Forgotten Bks.

Archko Volume: Archaeological Writings of the Sanhedrim. Tr. by McIntosh & Twyman. 2020. (ENG.). 208p. (J). pap. 25.00 (978-1-716-46621-2(0)) Lulu Pr., Inc.

Archon: Gift of Light. L. S. Quail. 2017. (ENG., Illus.). (YA). pap. 14.95 (978-1-63568-877-1(9)) Page Publishing Inc.

Archon, Vol. 1: April, 1907 (Classic Reprint) Arthur H. Cole. 2017. (ENG., Illus.). (J). 24.68 (978-0-265-73569-5(6)); pap. 7.97 (978-1-5276-9923-6(4)) Forgotten Bks.

Archon, Vol. 1: February, 1907 (Classic Reprint) Arthur H. Cole. 2017. (ENG., Illus.). (J). 38p. 24.68 (978-0-332-63791-4(3)); pap. 7.97 (978-0-259-52984-2(2)) Forgotten Bks.

Archon, Vol. 1: May, 1913 (Classic Reprint) Percival C. Marr. (ENG., Illus.). (J). 2018. 30p. 24.54 (978-0-364-53468-7(0)); 2017. pap. 7.97 (978-0-259-81914-1(X)) Forgotten Bks.

Archon, Vol. 1: November, 1906 (Classic Reprint) Arthur H. Cole. 2017. (ENG., Illus.). (J). pap. 7.97 (978-0-259-92051-9(7)) Forgotten Bks.

Archon, Vol. 1: Published Monthly in the Interests of the Students of Dummer Academy; January, 1907 (Classic Reprint) Arthur H. Cole. 2017. (ENG., Illus.). (J). 38p. 24.68 (978-0-484-22075-0(6)); pap. 7.97 (978-0-259-87897-1(9)) Forgotten Bks.

Archon, Vol. 2: December 1913 (Classic Reprint) Paul G. Derosay. 2017. (ENG., Illus.). (J). pap. 7.97 (978-0-282-54971-8(4)) Forgotten Bks.

Archon, Vol. 2: February, 1914 (Classic Reprint) Paul G. Derosay. 2017. (ENG., Illus.). (J). 24.49 (978-0-265-57867-4(1)); pap. 7.97 (978-0-282-90658-0(4)) Forgotten Bks.

Archon, Vol. 2: February-March, 1908 (Classic Reprint) Dummer Academy. 2017. (ENG., Illus.). (J). 32p. 24.56 (978-0-332-31873-8(7)); pap. 7.97 (978-0-259-48937-5(9)) Forgotten Bks.

Archon, Vol. 2: January, 1908 (Classic Reprint) Ledyard Blake. (ENG., Illus.). (J). 2018. 28p. 24.47 (978-0-364-16458-7(1)); 2017. pap. 7.97 (978-0-259-81894-6(1)) Forgotten Bks.

Archon, Vol. 2: January, 1914 (Classic Reprint) Dummer Academy. (ENG., Illus.). (J). 2018. 28p. 24.47 (978-0-364-22572-1(6)); 2017. pap. 7.97 (978-0-282-05618-6(1)) Forgotten Bks.

Archon, Vol. 2: June, 1914 (Classic Reprint) Dummer Academy. 2017. (ENG., Illus.). (J). pap. 7.97 (978-0-259-83980-4(9)) Forgotten Bks.

Archon, Vol. 2: Published Monthly in the Interests of the Students of Dummer Academy; April, 1914 (Classic Reprint) Paul G. Derosay. 2017. (ENG., Illus.). (J). pap. 7.97 (978-0-259-80824-4(5)) Forgotten Bks.

Archon, Vol. 2: Published Monthly in the Interests of the Students of Dummer Academy; March, 1914 (Classic Reprint) Paul G. Derosay. (ENG., Illus.). (J). 2018. 34p. 24.62 (978-0-666-67719-8(0)); 2017. pap. 7.97 (978-0-259-81874-8(7)) Forgotten Bks.

Archon, Vol. 3: April, 1915 (Classic Reprint) Arthur C. Havlin. 2017. (ENG., Illus.). (J). 24.47 (978-0-260-88042-0(6)) Forgotten Bks.

Archon, Vol. 3: January, 1909 (Classic Reprint) Dummer Academy. 2017. (ENG., Illus.). (J). 24.56 (978-0-266-56553-6(0)); pap. 7.97 (978-0-282-91981-8(3)) Forgotten Bks.

Archon, Vol. 3: January, 1915 (Classic Reprint) Arthur C. Havlin. 2017. (ENG., Illus.). (J). 24.45 (978-0-265-55561-3(2)); pap. 7.97 (978-0-282-95363-8(9)) Forgotten Bks.

Archon, Vol. 3: June, 1915 (Classic Reprint) Arthur C. Havlin. (ENG., Illus.). (J). 2018. 44p. 24.82 (978-0-483-94772-6(5)); 2017. pap. 7.97 (978-0-243-51780-0(7)) Forgotten Bks.

Archon, Vol. 3: November, 1908 (Classic Reprint) Charles L. Robson. 2017. (ENG., Illus.). (J). pap. 7.97 (978-0-260-97975-9(9)) Forgotten Bks.

Archon, Vol. 3: Published Monthly in the Interest of the Students of Drummer Academy; December 1908 (Classic Reprint) Charles L. Robson. 2017. (ENG., Illus.). (J). 24.60 (978-0-266-59288-4(0)); pap. 7.97 (978-0-282-89977-6(4)) Forgotten Bks.

Archon, Vol. 3: Published Monthly in the Interests of the Students of Drummer Academy; November 1914 (Classic Reprint) Arthur C. Havlin. 2017. (ENG., Illus.). (J). 24.45 (978-0-266-55561-2(6)); pap. 7.97 (978-0-282-95372-0(8)) Forgotten Bks.

Archon, Vol. 4: February, 1916 (Classic Reprint) T. Stewart Brush. 2017. (ENG., Illus.). (J). 24.41 (978-0-265-55678-8(3)); pap. 7.97 (978-0-282-97997-3(2)) Forgotten Bks.

Archon, Vol. 4: March, 1916 (Classic Reprint) T. Stewart Brush. 2017. (ENG., Illus.). (J). pap. 7.97 (978-1-5282-0776-8(9)) Forgotten Bks.

Archon, Vol. 7: June, 1918 (Classic Reprint) Douglas Brooks Francis. 2017. (ENG., Illus.). (J). 24.31 (978-0-266-57927-4(2)); pap. 7.97 (978-0-282-90547-7(2)) Forgotten Bks.

Archon, Vol. 8: January, 1920 (Classic Reprint) Elbert Dalton. 2017. (ENG., Illus.). (J). pap. 7.97 (978-0-282-83967-3(4)) Forgotten Bks.

Archon, Vol. 8: November, 1919 (Classic Reprint) Elbert Dalton. 2017. (ENG., Illus.). (J). 24.68 (978-0-266-55879-8(8)); pap. 7.97 (978-0-282-81690-2(9)) Forgotten Bks.

Archon, Vol. 8: Published Six Times During the School Year by the Students of Dummer Academy, South Byfield, Mass.; January, 1920 (Classic Reprint) Elbert Dalton. 2017. (ENG., Illus.). (J). 24.49 (978-0-265-58197-1(4)); pap. 7.97 (978-0-282-86553-5(5)) Forgotten Bks.

Archon, Vol. 9: January, 1921 (Classic Reprint) F. Webster Browne. 2017. (ENG., Illus.). (J). 24.56 (978-0-265-55580-4(9)); pap. 7.97 (978-0-282-95936-4(X)) Forgotten Bks.

Archon, Vol. 9: Published Five Times During the School Year by the Students of Dummer Academy, South Byfield, Mass.; December, 1920 (Classic Reprint) F. Webster Browne. 2018. (ENG., Illus.). 34p. (J). pap. 7.97 (978-1-391-61580-6(8)) Forgotten Bks.

Archon, Vol. 9: Published Five Times During the School Year by the Students of Dummer Academy, South Byfield, Mass.; June, 1921 (Classic Reprint) F. Webster Browne. 2017. (ENG., Illus.). (J). pap. 9.57 (978-1-5278-4045-4(X)) Forgotten Bks.

Archy Somerville: And Other Stories (Classic Reprint) H. C. Peck and Theo Bliss. (ENG., Illus.). (J). 2017. 25.96 (978-0-260-97309-2(2)); 2016. pap. 9.57 (978-1-333-44184-5(3)) Forgotten Bks.

Arci Darci Neighborhood Wars. Elizabeth Coleman. 2021. (ENG.). 72p. (J). pap. 7.99 (978-1-7377535-6-8(1)) lizbethBks.

Arcimboldo's Portraits. Claude Delafosse. 2023. (My First Discovery Paperbacks Ser.). (ENG., Illus.). 32p. (J). (gr. k-2). pap. 9.99 (978-1-85103-752-0(7)) Moonlight Publishing, Ltd. GBR. Dist: Independent Pubs. Group.

Arcimboldo's Portraits. Claude Delafosse. Tr. by Sarah Matthews. ed. 2018. (My First Discoveries Ser.). (ENG., Illus.). 38p. (J). (gr. k-2). spiral bd. 19.99 (978-1-85103-461-1(7), 1851034617) Moonlight Publishing, Ltd. GBR. Dist: Independent Pubs. Group.

Arcoiris. Maria Luisa Landman R. 2017. (SPA., Illus.). 56p. (J). pap. (978-1-365-78172-8(0)) Lulu Pr., Inc.

Arcoiris. Judy Kentor Schmauss. 2016. (Early Rising Readers Ser.). (SPA.). 16p. (J). (gr. 1). 6.67 (978-1-4788-4180-7(X)) Newmark Learning LLC.

Arcoiris - 6 Pack. Judy Kentor Schmauss. 2016. (Early Rising Readers Ser.). (SPA.). (J). (gr. 1). 40.00 net. (978-1-4788-4759-5(X)) Newmark Learning LLC.

Arcoíris (Rainbows) Grace Hansen. 2021. (Luces en el Firmamento (Sky Lights) Ser.). (SPA.). 24p. (J). (gr. -1-2). lib. bdg. 32.79 (978-1-0982-0449-5(2), 35388, Abdo Kids) ABDO Publishing Co.

Arctic. Susan Gray. Illus. by Jeff Bane. 2022. (My Early Library: My Guide to Earth's Habitats Ser.). (ENG.). 24p. (J). (gr. k-1). pap. 12.79 (978-1-6689-1054-2(3), 220999); lib. bdg. 30.64 (978-1-6689-0894-5(8), 220861) Cherry Lake Publishing.

Arctic: Or, the North Pole Expedition, in Three Acts (Classic Reprint) J. Franklin Warner. 2018. (ENG., Illus.). 34p. (J). 24.60 (978-0-666-83758-5(9)) Forgotten Bks.

Arctic Animal Life Cycles: Mammals: English Edition. Jordan Hoffman. Illus. by Athena Gubbe. 2022. (ENG.). 36p. (J). (gr. 2-2). pap. 12.95 *(978-1-77450-572-4(X))* Inhabit Education Bks. Inc. CAN. Dist: Consortium Bk. Sales & Distribution.

Arctic Animals at Risk (Set), 6 vols. 2018. (Arctic Animals at Risk Ser.). (ENG.). 32p. (J). (gr. 3-6). lib. bdg. 196.74 *(978-1-5321-1693-3(4)*, 30674, Checkerboard Library) ABDO Publishing Co.

Arctic Animals (Set), 6 vols. Grace Hansen. 2019. (Arctic Animals Ser.). (ENG.). 24p. (J). (gr. -1-2). lib. bdg. 196.74 *(978-1-5321-8884-8(6)*, 32936, Abdo Kids) ABDO Publishing Co.

Arctic Architects (Classic Reprint) Edwin Bateman Morris. 2018. (ENG., Illus.). 38p. (J). 24.68 *(978-0-267-17259-7(1))* Forgotten Bks.

Arctic Camel. Robert Long. 2021. (ENG., Illus.). 18p. (J). pap. 13.95 *(978-1-6624-5152-2(0))* Page Publishing Inc.

Arctic Circle: Leveled Reader Emerald Level 25. Rg Rg. 2019. (PM Ser.). (ENG.). 32p. (J). (gr. 3-4). pap. 11.00 *(978-0-544-89274-3(7))* Rigby Education.

Arctic Compass. Ryan Gannon. 2017. (ENG., Illus.). (J). pap. 10.95 *(978-0-9991760-0-9(5))* Gannon, Ryan.

Arctic Culture: The People of the Ice. Diane Bailey. 2017. (Exploring the Polar Regions Today Ser.: Vol. 8). (ENG., Illus.). 64p. (J). (gr. 7-12). 23.95 *(978-1-4222-3866-0(0))* Mason Crest.

Arctic Fairies of Oylara. Johnathan Fontenot. 2017. (ENG., Illus.). 28p. (J). 22.95 *(978-1-4808-5653-0(3))*; pap. 16.95 *(978-1-4808-5652-3(5))* Archway Publishing.

Arctic Food Chains. Rebecca Pettiford. 2016. (Who Eats What?). (Illus.). 24p. (J). (gr. 2-5). lib. bdg. *(978-1-62031-300-8(6)*, Pogo) Jump! Inc.

Arctic Fox. Grace Hansen. 2019. (Arctic Animals Ser.). (ENG., Illus.). 24p. (J). (gr. -1-2). lib. bdg. 32.79 *(978-1-5321-8885-5(4)*, 32938, Abdo Kids) ABDO Publishing Co.

Arctic Fox vs. Snowy Owl. Nathan Sommer. 2023. (Animal Battles Ser.). (ENG., Illus.). (J). (gr. 3-7). lib. bdg. 26.95 Bellwether Media.

Arctic Fox vs. Snowy Owl. Contrib. by Nathan Sommer. 2023. (Animal Battles Ser.). (ENG., Illus.). (J). (gr. 3-7). pap. 7.99 Bellwether Media.

Arctic Foxes. Jessie Alkire. 2018. (Arctic Animals at Risk Ser.). (ENG., Illus.). 32p. (J). (gr. 3-6). lib. bdg. 32.79 *(978-1-5321-1694-0(2)*, 30676, Checkerboard Library) ABDO Publishing Co.

Arctic Foxes. Megan Gendell. 2023. (Wild Animals Ser.). (ENG., Illus.). 32p. (J). (gr. 2-3). lib. bdg. 31.35 *(978-1-63738-441-1(6)*, Apex) North Star Editions.

Arctic Foxes. Contrib. by Megan Gendell. 2023. (Wild Animals Ser.). (ENG., Illus.). 32p. (J). (gr. 2-3). pap. 9.95 *(978-1-63738-468-8(8)*, Apex) North Star Editions.

Arctic Foxes. Rebecca Pettiford. 2019. (Animals of the Arctic Ser.). (ENG., Illus.). 24p. (J). (gr. k-3). lib. bdg. 26.95 *(978-1-62617-935-6(2)*, Blastoff! Readers) Bellwether Media.

Arctic Foxes. Leo Statts. 2016. (Polar Animals Ser.). (ENG.). 24p. (J). (gr. -1-2). 49.94 *(978-1-68079-353-6(5)*, 22974, Abdo Zoom-Launch) ABDO Publishing Co.

Arctic Foxes. Anastasia Suen. 2020. (Spot Arctic Animals Ser.). (ENG.). 16p. (J). (gr. -1-1). pap. 7.99 *(978-1-68152-523-5(2)*, 10722) Amicus.

Arctic Foxes Are Awesome. Jaclyn Jaycox. 2019. (Polar Animals Ser.). (ENG., Illus.). 32p. (J). (gr. -1-2). pap. 7.95 *(978-1-9771-0994-1(2)*, 140937); lib. bdg. 27.99 *(978-1-9771-0814-2(8)*, 140438) Capstone. (Pebble).

Arctic Foxes (Nature's Children) (Library Edition) Patricia Janes. 2019. (Nature's Children, Fourth Ser.). (ENG., Illus.). 48p. (J). (gr. 3-5). lib. bdg. 30.00 *(978-0-531-12713-1(3)*, Children's Pr.) Scholastic Library Publishing.

Arctic Foxes of the Tundra. Joyce Jeffries. 2017. (Animals of the Tundra Ser.). 24p. (J). (gr. 1-2). 49.50 *(978-1-5345-2217-6(4)*, KidHaven Publishing); (ENG.). pap. 9.25 *(978-1-5345-2227-5(1)*, 96c62756-dfc7-432d-a4e0-cb2cfd754db6); (ENG.). lib. bdg. 26.23 *(978-1-5345-2224-4(7)*, 09190c0c-ac05-4281-bfb4-db3bfc2b76fa) Greenhaven Publishing LLC.

Arctic Fox's Journey. Wendy Pfeffer. Illus. by Morgan Huff. 2019. (Let's-Read-And-Find-Out Science 1 Ser.). (ENG.). 40p. (J). (gr. -1-3). 17.99 *(978-0-06-249083-4(4))*; pap. 6.99 *(978-0-06-249082-7(6))* HarperCollins Pubs. (HarperCollins).

Arctic Hare. Grace Hansen. 2019. (Arctic Animals Ser.). (ENG., Illus.). 24p. (J). (gr. -1-2). lib. bdg. 32.79 *(978-1-5321-8889-3(7)*, 32940, Abdo Kids) ABDO Publishing Co.

Arctic Hares. Rebecca Pettiford. 2019. (Animals of the Arctic Ser.). (ENG., Illus.). 24p. (J). (gr. k-3). 26.95 *(978-1-62617-940-0(9)*, Blastoff! Readers) Bellwether Media.

Arctic Ice Loss. Abbe L. Starr. 2022. (Searchlight Books (tm) — Spotlight on Climate Change Ser.). (ENG., Illus.). 32p. (J). (gr. 3-5). pap. 9.99 *(978-1-7284-6389-6(0)*, 3a9a020f-9fff-4108-9273-415f0eb98d5b); lib. bdg. 30.65 *(978-1-7284-5792-5(0)*, e94e9a15-63d0-4bdd-a333-96477374d835) Lerner Publishing Group. (Lerner Pubns.).

Arctic Incident. Michael Moreci. ed. 2021. (Artemis Fowl Graphic Nvls Ser.). (ENG., Illus.). 127p. (J). (gr. 4-5). 24.46 *(978-1-64697-939-4(7))* Penworthy Co., LLC, The.

Arctic Incident, the-Artemis Fowl, Book 2. Eoin Colfer. 2018. (Artemis Fowl Ser.: 2). (ENG.). 352p. (J). (gr. 5-9). pap. 8.99 *(978-1-368-03693-1(7)*, Disney-Hyperion) Disney Publishing Worldwide.

Arctic Insects: Bilingual Inuktitut & English Edition. Inhabit Education Books. 2021. (Nunavummi Reading Ser.). (ENG., Illus.). (J). pap. ***(978-1-77450-023-1(X))*** Inhabit Education Bks. Inc. CAN. Dist: Consortium Bk. Sales & Distribution.

Arctic Ocean. Lauren Gordon. 2022. (Oceans of the World Ser.). (ENG.). 24p. (J). (gr. k-2). pap. 8.95 *(978-1-63897-565-6(5)*, 21447) Seahorse Publishing.

Arctic Ocean. Contrib. by Lauren Gordon. 2022. (Oceans of the World Ser.). (ENG.). 24p. (J). (gr. k-2). lib. bdg. 27.93 *(978-1-63897-450-5(0)*, 21446) Seahorse Publishing.

Arctic Ocean. Samantha Nugent. 2019. (Our Five Oceans Ser.). (ENG.). 32p. (J). lib. bdg. 29.99 *(978-1-5105-4368-3(6))* SmartBook Media, Inc.

Arctic Ocean. Samantha Nugent. 2016. (Illus.). 32p. (J). *(978-1-4896-4733-7(3))* Weigl Pubs., Inc.

Arctic Ocean. Emily Rose Oachs. 2016. (Discover the Oceans Ser.). (ENG., Illus.). 24p. (J). (gr. k-3). pap. 7.99 *(978-1-61891-261-9(5)*, 12045); lib. bdg. 26.95 *(978-1-62617-330-9(3))* Bellwether Media. (Blastoff! Readers).

Arctic Ocean. Juniata Rogers. 2018. (Oceans of the World Ser.). (ENG.). 24p. (J). (gr. -1-2). lib. bdg. 32.79 *(978-1-5038-2501-7(9)*, 212362) Child's World, Inc, The.

Arctic Origami, 1 vol. Joe Fullman. 2016. (Amazing Origami Ser.). (ENG.). 32p. (J). (gr. 2-3). pap. 11.50 *(978-1-4824-5920-3(5)*, 883f722a-e1d1-4cf6-bce8-329ce408db9e) Stevens, Gareth Publishing LLLP.

Arctic Plants: an Introduction to Edible & Medicinal Plants of the North: English Edition, 1 vol. Rebecca Hainnu. 2017. (Nunavummi Reading Ser.). (Illus.). 40p. (J). (gr. 3-3). 7.95 *(978-1-77266-566-6(5))* Inhabit Education Bks. Inc. CAN. Dist: Consortium Bk. Sales & Distribution.

Arctic Prairies: A Canoe-Journey of 2,000 Miles in Search of the Caribou; Being the Account of a Voyage to the Region North of Aylemer Lake. Ernest Thompson Seton. 2018. (ENG., Illus.). 200p. (J). pap. *(978-93-5297-147-3(7))* Alpha Editions.

Arctic Prairies: Being the Account of a Voyage to the Region North of Aylemer Lake. Ernest Thompson Seton. 2017. (ENG., Illus.). (J). 24.95 *(978-1-374-90156-8(3))*; pap. 14.95 *(978-1-374-90155-1(5))* Capital Communications, Inc.

Arctic Research Journal. Ellen Rodger. 2017. (Ecosystems Research Journal Ser.). (Illus.). 32p. (J). (gr. 4-5). *(978-0-7787-3468-0(4))*; (ENG., pap. *(978-0-7787-3493-2(5))* Crabtree Publishing Co.

Arctic Research Journal. Ellen Rodger. 2017. (Ecosystems Research Journal Ser.). (ENG.). 32p. (J). (gr. 3-6). 19.75 *(978-1-5311-8588-6(6))* Perfection Learning Corp.

Arctic Story: The Animals of the Frozen North. Jane Burnard. 2022. (ENG.). 32p. (J). 15.99 *(978-0-7534-7846-2(3)*, 900260121, Kingfisher) Roaring Brook Pr.

Arctic Stowaways (Classic Reprint) Dillon Wallace. (ENG., Illus.). (J). 2018. 364p. 31.40 *(978-0-666-31951-7(0))*; 2017. pap. 13.97 *(978-0-259-50029-2(1))* Forgotten Bks.

Arctic Structures: Bilingual Inuktitut & English Edition. Inhabit Education Books. 2021. (Nunavummi Reading Ser.). (ENG., Illus.). (J). pap. ***(978-1-77450-029-3(9))*** Inhabit Education Bks. Inc. CAN. Dist: Consortium Bk. Sales & Distribution.

Arctic Tern Migration. Susan H. Gray. 2020. (21st Century Junior Library: Marvelous Migrations Ser.). (ENG., Illus.). 24p. (J). (gr. 2-5). lib. bdg. 30.64 *(978-1-5341-6857-2(5)*, 215315) Cherry Lake Publishing.

Arctic Tern Migration. Grace Hansen. 2020. (Animal Migration Ser.). (ENG., Illus.). 24p. (J). (gr. -1-2). lib. bdg. 32.79 *(978-1-0982-0228-6(7)*, 34589, Abdo Kids) ABDO Publishing Co.

Arctic Tern Migration. Kari Schuetz. 2018. (Animals on the Move Ser.). (ENG., Illus.). 24p. (J). (gr. k-3). lib. bdg. 26.95 *(978-1-62617-813-7(5)*, Blastoff! Readers) Bellwether Media.

Arctic Tools: Bilingual Inuktitut & English Edition. Inhabit Education Books. 2021. (Nunavummi Reading Ser.). (ENG., Illus.). (J). pap. ***(978-1-77450-021-7(3))*** Inhabit Education Bks. Inc. CAN. Dist: Consortium Bk. Sales & Distribution.

Arctic Wildlife. Diane Bailey. 2017. (Illus.). 64p. (J). *(978-1-4222-3863-9(6))* Mason Crest.

Arctic Will. Joanne Sundell. 2016. (ENG.). 326p. (YA). 25.95 *(978-1-4328-3175-2(5)*, Five Star) Cengage Gale.

Arctic Wolves. Betsy Rathburn. 2020. (Animals of the Arctic Ser.). (ENG., Illus.). 24p. (J). (gr. k-3). lib. bdg. 26.95 *(978-1-64487-211-6(0)*, Blastoff! Readers) Bellwether Media.

Arctic Wolves of the Tundra. Nick Christopher. 2017. (Animals of the Tundra Ser.). 24p. (gr. 1-2). 49.50 *(978-1-5345-2215-2(8)*, KidHaven Publishing) Greenhaven Publishing LLC.

Arcus: The Colourful Tale of a Hedgehog. Deborah McDermott. 2020. (ENG.). 40p. (J). pap. *(978-1-913179-64-9(8))* UK Bk. Publishing.

Arden: A Novel, Vol. 1 of 2 (Classic Reprint) A. Mary F. Robinson. 2018. (ENG., Illus.). 264p. (J). 29.36 *(978-0-332-81769-9(5))* Forgotten Bks.

Arden Grey. Ray Stoeve. 2022. (ENG.). 288p. (YA). (gr. 7-17). 18.99 *(978-1-4197-4600-0(6)*, 1698101, Amulet Bks.) Abrams, Inc.

Arden Learns the Right Lesson. Ashley Burton Lockley. 2021. (ENG.). 42p. (J). pap. 10.99 *(978-1-7361688-8-2(6))* Journal Joy, LLC.

Arden Massiter (Classic Reprint) William Barry. 2018. (ENG., Illus.). 400p. (J). 32.15 *(978-0-483-21867-3(7))* Forgotten Bks.

Ardenmohr among the Hills: A Record of Scenery & Sports in the Highlands of Scotland (Classic Reprint) Samuel Abbott. 2018. (ENG., Illus.). 290p. (J). 29.88 *(978-0-656-94603-7(2))* Forgotten Bks.

Ardent American (Classic Reprint) Russell Codman. 2017. (ENG., Illus.). (J). 32.54 *(978-1-5281-8750-3(4))* Forgotten Bks.

Ardilla. Wendy Strobel Dieker. 2017. (Spot Backyard Animals Ser.). (SPA & ENG., Illus.). 16p. (J). (gr. k-3). 17.95 *(978-1-68151-277-8(7))* Amicus Learning.

Ardilla y el Muneco de Nieve. Julia Donaldson. 2021. (SPA.). 14p. (J). (gr. k-k). bds. 13.99 *(978-84-261-4717-2(8))* Juventud, Editorial ESP. Dist: Lectorum Pubns., Inc.

Ardis Claverden (Classic Reprint) Frank Richard Stockton. 2018. (ENG., Illus.). 554p. (J). 35.34 *(978-0-666-69000-5(6))* Forgotten Bks.

Ardnaree (Classic Reprint) Randal McDonnell. 2018. (ENG., Illus.). 240p. (J). 28.85 *(978-0-428-55397-5(4))* Forgotten Bks.

Are Aliens Real?, 1 vol. Portia Summers & Dana Meachen Rau. 2016. (I Want to Know Ser.). (ENG.). 32p. (gr. 3-3). pap. 11.52 *(978-0-7660-8228-1(8)*, c871c5d7-33e6-41ac-8b25-ac74293265bd) Enslow Publishing, LLC.

Are All Bacteria Dangerous? Biology Book for Kids Children's Biology Books. Baby Professor. 2017. (ENG., Illus.). (J). pap. 8.79 *(978-1-5419-1070-6(2)*, Baby Professor (Education Kids)) Speedy Publishing LLC.

Are Bananas Radioactive? Questions & Answers about Surprising Science. Anne Rooney & William Potter. Illus. by Luke Seguin-Magee. 2022. (ENG.). 128p. (J). pap. 6.99 *(978-1-3988-1997-9(2)*, 1b7613e2-a1d2-4fd1-bfb8-b77bedb02c4d) Arcturus Publishing GBR. Dist: Baker & Taylor Publisher Services (BTPS).

Are Bones Bendy? Biology for Kids Children's Biology Books. Baby Professor. 2017. (ENG., Illus.). (J). pap. 9.25 *(978-1-5419-0543-6(1)*, Baby Professor (Education Kids)) Speedy Publishing LLC.

Are Coconuts More Dangerous Than Sharks? Mind-Blowing Myths, Muddles & Misconceptions. Guy Campbell & Paul Moran. 2019. (Buster's Actually-Factually Bks.). (ENG.). 128p. (J). (gr. 3). pap. 16.99 *(978-1-78055-511-9(3))* O'Mara, Michael Bks., Ltd. GBR. Dist: Independent Pubs. Group.

Are Cops Only Shooting People Like Me? Stan Campbell. 2018. (ENG., Illus.). 24p. (J). (gr. k-5). 18.00 *(978-0-9990044-4-9(1))*; pap. 8.00 *(978-0-9990044-3-2(3))* coach speak & serve.

Are Dragons Real? Ginjer L. Clarke. 2021. (Penguin Young Readers, Level 4 Ser.). (Illus.). 48p. (J). (gr. 3-4). 15.99 *(978-0-593-09317-7(8))*; pap. 4.99 *(978-0-593-09316-0(X))* Penguin Young Readers Group. (Penguin Young Readers).

Are Dragons Real?, 1 vol. Portia Summers & Dana Meachen Rau. 2016. (I Want to Know Ser.). (ENG., Illus.). 32p. (gr. 3-3). pap. 11.52 *(978-0-7660-8232-8(6)*, 11ee67c0-4cf4-44be-80f3-44cf3d59cf54) Enslow Publishing, LLC.

Are Free African Americans Really Free? U. S. Economy in the Mid-1800s Grade 5 Economics. Baby Professor. 2022. (ENG.). 72p. (J). 31.99 ***(978-1-5419-8705-0(5))***; pap. 19.99 ***(978-1-5419-6051-0(3))*** Speedy Publishing LLC. (Baby Professor (Education Kids)).

Are Ghosts Real?, 1 vol. Heather Moore Niver. 2016. (I Want to Know Ser.). (ENG., Illus.). 32p. (gr. 3-3). pap. 11.52 *(978-0-7660-8236-6(9)*, 79374a7b-fb0c-4f28-a450-029d0859b0a8) Enslow Publishing, LLC.

Are Hot Air Balloons Hot? an Activity Book. Activity Book Zone for Kids. 2016. (ENG., Illus.). (J). pap. 7.55 *(978-1-68376-220-1(7))* Sabeels Publishing.

Are Indian Reservations Part of the Us? Us History Lessons 4th Grade Children's American History. Baby Professor. 2017. (ENG., Illus.). (J). pap. 9.55 *(978-1-5419-1180-2(6)*, Baby Professor (Education Kids)) Speedy Publishing LLC.

Are Llamas Ticklish? #1: And Other Silly Questions from Curious Kids. Jane Lindholm & Melody Bodette. Illus. by Neil Swaab. 2022. (But Why Ser.: 1). 144p. (J). (gr. 3-5). pap. 9.99 *(978-0-593-38434-3(2)*, Grosset & Dunlap) Penguin Young Readers Group.

Are Mermaids Real?, 1 vol. Portia Summers & Dana Meachen Rau. 2016. (I Want to Know Ser.). (ENG., Illus.). 32p. (gr. 3-3). pap. 11.52 *(978-0-7660-8240-3(7)*, af0389ad-4338-49f5-94fe-296558d17640) Enslow Publishing, LLC.

Are Mobile Devices Harmful. Susan Henneberg. 2016. (ENG.). 80p. (J). (gr. 5-12). lib. bdg. *(978-1-68282-096-4(3))* ReferencePoint Pr., Inc.

Are Monsters Real?, 1 vol. Portia Summers & Dana Meachen Rau. 2016. (I Want to Know Ser.). (ENG., Illus.). 32p. (gr. 3-3). pap. 11.52 *(978-0-7660-8244-1(X)*, 471e5aac-972d-4c53-a4d1-278e6813860f) Enslow Publishing, LLC.

Are Monsters Scary? Cameron Eittreim. 2022. (ENG.). 32p. (J). pap. ***(978-1-387-76022-0(X))*** Lulu Pr., Inc.

Are My Scissors Crooked? Patricia Holman. Illus. by Sean Miller. 2020. (ENG.). 28p. (J). pap. 9.99 *(978-1-64921-201-6(1))* Primedia eLaunch LLC.

Are Robots Aware They're Robots? World Book Answers Your Questions about Technology. Contrib. by World Book, Inc. Staff. 2019. (Illus.). 96p. (J). *(978-0-7166-3829-2(0))* World Bk., Inc.

Are School Uniforms Good for Students?, 1 vol. Katie Kawa. 2017. (Points of View Ser.). (ENG.). 24p. (gr. 3-3). pap. 9.25 *(978-1-5345-2340-1(5)*, 4e8a0b49-aa48-4c06-8408-93dc8c48e825); lib. bdg. 26.23 *(978-1-5345-2342-5(1)*, 0be83a28-cf39-4052-b0e5-96b0552fb663) Greenhaven Publishing LLC.

Are Sea Monsters Real? Ginjer L. Clarke. 2022. (Penguin Young Readers, Level 4 Ser.). (Illus.). 48p. (J). (gr. 3-4). 15.99 *(978-0-593-38394-0(X))*; pap. 5.99 *(978-0-593-38393-3(1))* Penguin Young Readers Group. (Penguin Young Readers).

Are Smartphones a Threat to Privacy? Carol Kim. 2020. (Smartphones & Society Ser.). (ENG.). 80p. (J). (gr. 6-12). 41.27 *(978-1-68282-939-4(1))* ReferencePoint Pr., Inc.

Are Smartphones Too Distracting? Samantha S. Bell. 2020. (Smartphones & Society Ser.). (ENG.). 80p. (YA). (gr. 6-12). 41.27 *(978-1-68282-941-7(3))* ReferencePoint Pr., Inc.

Are Students Given Too Much Homework?, 1 vol. Katie Kawa. 2018. (Points of View Ser.). (ENG.). 24p. (gr. 3-3). pap. 9.25 *(978-1-5345-2777-5(X)*, 7d701a44-e2d0-454c-85c4-d5412657f081, KidHaven Publishing) Greenhaven Publishing LLC.

Are the Inuit Ever Cold? Exploring the Alaskan Region 3rd Grade Social Studies Children's Geography & Cultures Books. Baby Professor. 2021. (ENG.). 72p. (J). 27.99 *(978-1-5419-8338-0(6))*; pap. 16.99 *(978-1-5419-7846-1(3))* Speedy Publishing LLC. (Baby Professor (Education Kids)).

Are There Cheeseburgers in Heaven? Stephanie L. Robinson. 2017. (ENG., Illus.). (J). (gr. -1-3). 22.95 *(978-1-4808-4860-3(3))*; pap. 16.95 *(978-1-4808-4862-7(X))* Archway Publishing.

Are There Dirt Bikes in Heaven? Tami Lawrence. 2018. (ENG., Illus.). 38p. (J). pap. 13.95 *(978-1-63575-739-2(8))* Christian Faith Publishing.

Are There Enough Apples to Share? Learn to Compare! Math Book for Kindergarten Children's Early Learning Books. Baby Professor. 2018. (ENG., Illus.). 64p. (J). pap. 12.99 *(978-1-5419-2701-8(X)*, Baby Professor (Education Kids)) Speedy Publishing LLC.

Are There Monsters under My Bed? World Book Answers Your Questions about Random Stuff. Contrib. by World Book, Inc. Staff. 2019. (Illus.). 96p. (J). *(978-0-7166-3831-5(2))* World Bk., Inc.

Are There Really Golden Cars on the Highways of Dubai? Travel Book for Kids Children's Travel Books. Baby Professor. 2017. (ENG., Illus.). 64p. (J). pap. 9.52 *(978-1-5419-1589-3(5)*, Baby Professor (Education Kids)) Speedy Publishing LLC.

Are There Stars Close to Earth? Astronomy for 9 Year Olds Children's Astronomy Books. Baby Professor. 2017. (ENG., Illus.). 64p. (J). pap. 9.52 *(978-1-5419-1643-2(3)*, Baby Professor (Education Kids)) Speedy Publishing LLC.

Are There Two Americas?, 1 vol. Ed. by Caleb Bissinger. 2017. (Current Controversies Ser.). (ENG.). 184p. (YA). (gr. 10-12). pap. 33.00 *(978-1-5345-0239-0(4)*, 5c03329c-6a12-4438-b616-933325f1a5bd); lib. bdg. 48.03 *(978-1-5345-0233-8(5)*, f0b687b6-aead-4858-b450-9d13a6881f88) Greenhaven Publishing LLC.

Are They Moving, or Are We? Children's Physics of Energy. Baby Professor. 2017. (ENG., Illus.). (J). pap. 7.89 *(978-1-5419-0253-4(X)*, Baby Professor (Education Kids)) Speedy Publishing LLC.

Are Unicorns Real? Ginjer L. Clarke. 2021. (Penguin Young Readers, Level 4 Ser.). 48p. (J). (gr. 3-4). 15.99 *(978-0-593-09314-6(3))*; pap. 4.99 *(978-0-593-09313-9(5))* Penguin Young Readers Group. (Penguin Young Readers).

Are Unicorns Real?, 1 vol. Portia Summers & Dana Meachen Rau. 2016. (I Want to Know Ser.). (ENG., Illus.). 32p. (gr. 3-3). pap. 11.52 *(978-0-7660-8248-9(2)*, a91c2f9e-44cf-49af-b51c-60bd984ace68) Enslow Publishing, LLC.

Are Video Games Harmful? Andrea C. Nakaya. 2016. (ENG.). 80p. (J). (gr. 5-12). *(978-1-68282-070-4(X))* ReferencePoint Pr., Inc.

Are Video Games Too Violent?, 1 vol. Nick Christopher. 2017. (Points of View Ser.). (ENG.). 24p. (J). (gr. 3-3). pap. 9.25 *(978-1-5345-2487-3(8)*, 368c8041-230d-434a-8e33-bfd22c62be91); lib. bdg. 26.23 *(978-1-5345-2425-5(8)*, 3216fd34-7db3-4049-9b8d-c7ac7c62cd20) Greenhaven Publishing LLC.

Are We Alone in the Universe? Theories about Intelligent Life on Other Planets, 1 vol. Tom Jackson. 2018. (Beyond the Theory: Science of the Future Ser.). (ENG.). 48p. (gr. 5-6). lib. bdg. 33.60 *(978-1-5382-2673-5(1)*, 299ad556-a2a5-4f44-b065-d2508950da44) Stevens, Gareth Publishing LLLP.

Are We Going to Miss Christmas? Dorothy J. Kozar. Illus. by Madelyn Graham. 2021. (ENG.). 42p. (J). 26.99 *(978-1-6628-3091-4(2))*; pap. 14.99 *(978-1-6628-3090-7(4))* Salem Author Services.

Are We Having Fun Yet? The Human Quest for a Good Time. Maria Birmingham. Illus. by Katy Dockrill. 2023. (Orca Timeline Ser.: 2). (ENG.). 80p. (J). (gr. 4-7). 29.95 *(978-1-4598-3094-3(6))* Orca Bk. Pubs. USA.

Are We Lost Yet?, 4. Will Henry. ed. 2022. (Wallace the Brave Ser.). (ENG.). 171p. (J). (gr. 3-7). 23.96 ***(978-1-68505-573-8(7))*** Penworthy Co., LLC, The.

Are We Lost Yet? Another Wallace the Brave Collection. Will Henry. 2022. (Wallace the Brave Ser.: 4). (ENG., Illus.). 176p. (J). pap. 11.99 *(978-1-5248-7472-8(8))* Andrews McMeel Publishing.

Are We Still Friends? Randall Goodgame. Illus. by Cory Jones. 2019. (Slugs & Bugs Ser.). (ENG.). 64p. (J). (gr. -1-3). 9.99 *(978-1-5359-3971-3(0)*, 005811095, B&H Kids) B&H Publishing Group.

Are We the Same? Children's Activity Book. Ithia Farah. 2020. (ENG.). 74p. (J). pap. *(978-0-6489748-8-8(X))* DoctorZed Publishing.

Are We There Yet? Dan Santat. 2016. (ENG., Illus.). 40p. (J). (gr. -1-3). 17.99 *(978-0-316-19999-5(0))* Little, Brown Bks. for Young Readers.

Are We There Yet? Mary Vigliante Szydlowski. 2019. (I'm Reading-Easy Readers Ser.: Vol. 2). (ENG.). 46p. (J). pap. 5.99 *(978-1-7328815-3-2(7))* Szydlowski, Mary Vigliante.

Are We There Yet? An Activity Book for Travel. Jupiter Kids. 2017. (ENG., Illus.). (J). pap. 9.05 *(978-1-5419-3254-8(4)*, Jupiter Kids (Childrens & Kids Fiction)) Speedy Publishing LLC.

Are We There Yet? How Humans Find Their Way. Maria Birmingham. Illus. by Drew Shannon. 2023. (Orca Timeline Ser.: 4). (ENG.). 64p. (J). (gr. 4-7). 29.95 ***(978-1-4598-3520-7(4))*** Orca Bk. Pubs. USA.

Are We There Yet? Trade Routes in Ancient Phoenicia Grade 5 Social Studies Children's Books on Ancient History. Baby Professor. 2022. (ENG.). 72p. (J). 31.99 ***(978-1-5419-8661-9(X))***; pap. 19.99 ***(978-1-5419-8150-8(2))*** Speedy Publishing LLC. (Baby Professor (Education Kids)).

Are We There yet? a Puzzling Maze Activity Book. Jupiter Kids. 2016. (ENG., Illus.). 108p. (J). pap. 12.55 *(978-1-68326-185-8(2)*, Jupiter Kids (Childrens & Kids Fiction)) Speedy Publishing LLC.

Are We There yet? Activity Book for Travels. Educando Kids. 2019. (ENG.). 42p. (J). pap. 8.55 *(978-1-64521-720-6(5)*, Educando Kids) Editorial Imagen.

Are We There yet? All about the Planet Jupiter! Space for Kids - Children's Aeronautics & Space Book. Baby Professor. 2017. (ENG., Illus.). (J). pap. 7.89 *(978-1-68326-924-3(1)*, Baby Professor (Education Kids)) Speedy Publishing LLC.

Are We There yet? All about the Planet Mercury! Space for Kids - Children's Aeronautics & Space Book. Baby Professor. 2017. (ENG., Illus.). (J). pap. 7.89 *(978-1-68326-928-1(4)*, Baby Professor (Education Kids)) Speedy Publishing LLC.

106

The check digit for ISBN-10 appears in parentheses after the full ISBN-13

Are We There yet? All about the Planet Neptune! Space for Kids - Children's Aeronautics & Space Book. Baby Professor. 2017. (ENG., Illus.). (J). pap. 7.89 *(978-1-68326-927-4(6)*, Baby Professor (Education Kids)) Speedy Publishing LLC.

Are We There yet? All about the Planet Saturn! Space for Kids - Children's Aeronautics & Space Book. Baby Professor. 2017. (ENG., Illus.). (J). pap. 7.89 *(978-1-68326-925-0(X)*, Baby Professor (Education Kids)) Speedy Publishing LLC.

Are We There yet? All about the Planet Uranus! Space for Kids - Children's Aeronautics & Space Book. Baby Professor. 2017. (ENG., Illus.). (J). pap. 7.89 *(978-1-68326-926-7(8)*, Baby Professor (Education Kids)) Speedy Publishing LLC.

Are We There yet? All about the Planet Venus! Space for Kids - Children's Aeronautics & Space Book. Baby Professor. 2017. (ENG., Illus.). (J). pap. 7.89 *(978-1-68326-929-8(2)*, Baby Professor (Education Kids)) Speedy Publishing LLC.

Are We There yet? Boredom Busting, Brain Boosting Activity Book for Kids. Bobo's Children Activity Books. 2016. (ENG., Illus.). (J). pap. 7.99 *(978-1-68327-379-0(6))* Sunshine In My Soul Publishing.

Are We There yet? Boredom Busting Fun Kids Activity Book. Bobo's Children Activity Books. 2016. (ENG., Illus.). (J). pap. 7.99 *(978-1-68327-378-3(8))* Sunshine In My Soul Publishing.

Are You A ... ? Cecilia Porter. 2021. (ENG.). 58p. (J). 16.99 *(978-1-0879-8611-1(7))* mcgraw, cecilia.

Are You a Beetle? Judy Allen. 2019. (Backyard Bks.). (ENG.). 32p. (J). pap. 7.99 *(978-0-7534-7491-4(3)*, 900197796, Kingfisher) Roaring Brook Pr.

Are You a Bird Like Me? Noel Foy & Nicholas Roberto. Illus. by Colleen Sgroi. 2022. (ENG.). 56p. (J). 24.99 ***(978-1-62502-061-1(9))***; pap. 14.99 *(978-1-62502-056-7(2))* Obert, Christopher Publishing.

Are You a Boy or Are You a Girl? Sarah Savage. Illus. by Fox Fisher. 2017. 32p. (J). 18.95 *(978-1-78592-267-1(X)*, 696461) Kingsley, Jessica Pubs. GBR. Dist: Hachette UK Distribution.

Are You a Bug in the Garden? Cecilia D. Porter. 2021. (ENG.). 40p. (J). 17.99 *(978-1-0880-1843-9(2))* mcgraw, cecilia.

Are You a Carnivorous Plant? Cecilia D. Porter. 2021. (ENG.). 38p. (J). 17.99 *(978-1-0879-9838-1(7))* mcgraw, cecilia.

Are You a Cat? Coll Muir. Illus. by Coll Muir. 2020. (ENG., Illus.). 32p. (J). (gr. -1-3). 17.99 *(978-0-06-286594-6(3)*, HarperCollins) HarperCollins Pubs.

Are You a Cheeseburger? Monica Arnaldo. 2021. (ENG., Illus.). 40p. (J). (gr. -1-3). 17.99 *(978-0-06-300394-1(5)*, Tegen, Katherine Bks) HarperCollins Pubs.

Are You a Cliff Dweller? Capstone Classroom & Tony Stead. 2017. (What's the Point? Reading & Writing Expository Text Ser.). (ENG., Illus.). 16p. (J). (gr. 1-1). pap. 6.95 *(978-1-4966-0756-0(2)*, 132391, Capstone Classroom) Capstone.

Are You a Creature in the Sea? Cecilia Porter. 2021. (ENG.). 52p. (J). 16.99 *(978-1-0879-8616-6(8))* mcgraw, cecilia.

Are You a Creature of the Night? Cecilia D. Porter. 2021. (ENG.). 38p. (J). 18.99 *(978-1-0880-0428-9(8))* mcgraw, cecilia.

Are You a Creature That Glows in the Dark. Cecilia D. Porter. 2021. (ENG.). 38p. (J). 17.99 *(978-1-0880-0793-8(7))* mcgraw, cecilia.

Are You a Good Egg? An Uplifting Story about Feelings, Moods & Self-Esteem. Peter Deuschle. Illus. by Peter Deuschle. 2019. (Good Egg World Ser.: Vol. 1). (ENG., Illus.). 44p. (J). (gr. k-5). 15.47 *(978-1-64570-571-0(4))* Primedia eLaunch LLC.

Are You a Good Friend?, 8 vols., Set. Joanne Mattern. Incl. Do You Help Others? lib. bdg. 24.67 *(978-0-8368-8273-5(3)*, 04d78a7a-b619-45b5-be22-d943a53113bf); Do You Listen? lib. bdg. 24.67 *(978-0-8368-8274-2(1)*, 9b837e4d-29b1-4ec0-a482-c4290dbc152a); Do You Share? lib. bdg. 24.67 *(978-0-8368-8275-9(X)*, 16e914e2-e6f0-48f4-802f-ce77ad677267); Do You Take Turns? lib. bdg. 24.67 *(978-0-8368-8276-6(8)*, 595a2333-e947-455e-8b2c-10cca8f02e99); (Illus.). (gr. k-2). (Are You a Good Friend? Ser.). (ENG.). 24p. 2007. Set lib. bdg. 98.68 *(978-0-8368-8272-8(5)*, a35b4c3b-394c-4552-9d4a-5e52f2968f96, Weekly Reader Leveled Readers) Stevens, Gareth Publishing LLLP.

Are You a Good Friend?/Buenos Amigos, 4 vols., Set. Joanne Mattern. Incl. Do You Listen? / ¿Escuchas? lib. bdg. 24.67 *(978-0-8368-8284-1(9)*, 93c1ca83-0b8e-4898-984f-a07e691a573f); Do You Share? / ¿Compartes? lib. bdg. 24.67 *(978-0-8368-8285-8(7)*, 5e80680d-0394-4469-84ba-58ae947e7241); (Illus.). (gr. k-2)., Weekly Reader Leveled Readers (Are You a Good Friend? / ¿Buenos Amigos? Ser.). (ENG & SPA.). 24p. 2007. Set lib. bdg. 49.34 *(978-0-8368-8282-7(2)*, c9296920-8a54-4b19-90a4-4230158d2d98) Stevens, Gareth Publishing LLLP.

Are You a Helper? Illus. by Tad Carpenter. 2022. (ENG.). 12p. (J). (gr. -1 — 1). 9.99 *(978-1-338-54709-2(7)*, Cartwheel Bks.) Scholastic, Inc.

Are You a Kung Fu Kid? Coloring Book Adventure. Activibooks For Kids. 2016. (ENG., Illus.). (J). pap. 9.20 *(978-1-68321-667-4(9))* Mimaxion.

Are You a Monkey? A Tale of Animal Charades. Marine Rivoal. Ed. by Maya Gartner. 2017. (ENG., Illus.). 40p. (gr. -1-k). 16.95 *(978-0-7148-7417-3(5))* Phaidon Pr., Inc.

Are You a Monster? Guilherme Karsten. 2023. (Your Scary Monster Friend Ser.: Vol. 1). (ENG., Illus.). 40p. (J). (gr. -1-k). ***(978-0-7112-8250-6(1))*** White Lion Publishing.

Are You a Pineapple? Kathryn A. Zolman. 2022. (ENG.). 38p. (J). 15.95 *(978-1-63755-145-5(2))* Amplify Publishing Group.

Are You a Scientist? Illus. by Tad Carpenter. 2021. (ENG.). 12p. (J). (gr. -1 — 1). bds. 9.99 *(978-1-338-54708-5(9)*, Cartwheel Bks.) Scholastic, Inc.

Are You a Super Egg? An Adventure of Mishaps, Mantras & Meditation. Peter Deuschle. Illus. by Peter Deuschle. I.t. ed. 2020. (Good Egg World Ser.: Vol. 2). (ENG., Illus.). 40p. (J). 15.47 *(978-1-63625-115-8(3))* Primedia eLaunch LLC.

Are You a Valoraptor? Christine Davies. 2022. (ENG.). 68p. (J). pap. *(978-1-83975-875-1(9))* Grosvenor Hse. Publishing Ltd.

Are You Afraid of Sharks? - Ko Maamaaka Te Bakoa? (Te Kiribati) Timon Etuare. Illus. by Romulo Reyes, III. 2022. (MIS.). 38p. (J). pap. ***(978-1-922918-59-8(8))*** Library For All Limited.

Are You Afraid of the Doctor? Paul M. Kramer. 2016. (ENG.). 32p. 15.95 *(978-0-9819745-3-8(8))* Aloha Wellness Pubs.

Are You Afraid of the Walking Dead? Zombie Coloring Books. Jupiter Kids. 2016. (ENG., Illus.). 106p. (YA). pap. 12.55 *(978-1-68305-135-0(1)*, Jupiter Kids (Childrens & Kids Fiction)) Speedy Publishing LLC.

Are You an Animal in the Forest ? Cecilia D. Porter. 2022. (ENG.). 34p. (J). 17.99 *(978-1-0880-2693-9(1))* mcgraw, cecilia.

Are You an EV? Discover All the Great Things EVs Can Do! Ideanomics Inc. 2022. (Illus.). 38p. (J). pap. 14.99 *(978-1-6678-6792-2(X))* BookBaby.

Are You As Strong As a Seed? Wendy Barrick Rhead. 2021. (ENG.). 36p. (J). *(978-1-0391-0784-7(2))*; pap. *(978-1-0391-0783-0(4))* FriesenPress.

Are You Aware? Ghylian Bell. 2020. (ENG.). 30p. (J). pap. 9.99 *(978-1-952263-99-6(9))* Bk. Writing Inc.

Are You Bored? Activities for Kids to Do Preschool Edition. Bobo's Children Activity Books. 2016. (ENG., Illus.). (J). pap. 7.99 *(978-1-68327-380-6(X))* Sunshine In My Soul Publishing.

Are You Coming Home? Book 2 of Where's My Daddy? Jamiyl Samuels & Tracy-Ann Samuels. 2022. (Where's My Daddy? Ser.: Vol. 2). (ENG.). 42p. (J). 19.95 *(978-0-578-37663-9(6))* WREaC Havoc Publishing.

Are You Coming Home? Book 2 of Where's My Daddy? Tracy-Ann Samuels & Jamiyl Samuels. 2022. (Where's My Daddy? Ser.: Vol. 2). (ENG.). 42p. (J). pap. 14.95 ***(978-1-7378108-3-4(2))*** WREaC Havoc Publishing.

Are You Eating Candy Without Me? Draga Jenny Malesevic. Illus. by Charlotte Bruijn. 2020. 32p. (J). (-k). 18.99 *(978-1-5247-9201-5(2)*, Penguin Workshop) Penguin Young Readers Group.

Are You Emused? Mae Q. Howell. Illus. by Kay Widdowson. 2020. (Pun with Animals Ser.). (ENG.). 14p. (J). (gr. k-2). bds. 8.99 *(978-1-4867-1812-2(4)*, 4bcaf134-0176-46ee-9c60-9e47729d55ec) Flowerpot Pr.

Are You Feeling Cold, Yuki? A Story to Help Build Interoception & Internal Body Awareness for Children with Special Needs, Including Those with ASD, PDA, SPD, ADHD & DCD. Kay Al-Ghani. Illus. by Haitham Al-Ghani. ed. 2021. 48p. (C). 19.95 *(978-1-78775-692-2(0)*, 781921) Kingsley, Jessica Pubs. GBR. Dist: Hachette UK Distribution.

Are You Fur Real?, Bk. 4. Lea Taddonio. Illus. by Michelle Lamoreaux. 2018. (Camp Nowhere Ser.). (ENG.). 48p. (J). (gr. 3-7). lib. bdg. 34.21 *(978-1-5321-3261-2(1)*, 28477, Spellbound) Magic Wagon.

Are You Gonna Wear That? Clothes Dot to Dot. Smarter Activity Books for Kids. 2016. (ENG., Illus.). (J). pap. 8.99 *(978-1-68374-186-2(2))* Examined Solutions PTE. Ltd.

Are You Listening. Tracey Day. 2016. (ENG., Illus.). (YA). (gr. 7-12). *(978-0-9942358-7-9(9))* Little Words Publishing.

Are You Listening? Tillie Walden. Illus. by Tillie Walden. 2019. (ENG., Illus.). 320p. (YA). 25.99 *(978-1-62672-773-1(2)*, 900172912); pap. 18.99 *(978-1-250-20756-2(8)*, 900201645) Roaring Brook Pr. (First Second Bks.).

Are You Listening, Jack? Ellen Garcia. Illus. by Julia Patton. 2023. (ENG.). 16p. (J). (gr. -1-1). pap. 5.25 *(978-1-4788-0472-7(6)*, b73054d2-c606-44d4-a508-01e2c83ea93a); pap. 33.00 *(978-1-4788-0509-0(9)*, 887a3926-c0ee-4cb6-a0eb-8d0bba95b07b) Newmark Learning LLC.

Are You Mad at Me? Tyler Feder & Cody Feder. Illus. by Tyler Feder. 2023. (Illus.). 40p. (J). (gr. k-3). 18.99 ***(978-0-593-61566-9(2)***, Rocky Pond Bks.) Penguin Young Readers Group.

Are You My Best Friend? Cardelle Szego. Illus. by Angela Gooliaff. 2022. (ENG.). 36p. (J). *(978-1-0391-2742-5(8))*; pap. *(978-1-0391-2741-8(X))* FriesenPress.

Are You My Bottom? Kate Temple & Jol Temple. Illus. by Ronojoy Ghosh. 2019. (ENG.). 32p. (J). (gr. -1-k). 16.99 *(978-1-76063-164-2(7))* Allen & Unwin AUS. Dist: Independent Pubs. Group.

Are You My Daddy? - Paperback. Sylvia M. Medina. Ed. by Krista Hill. Illus. by Morgan Spicer. 2019. (ENG.). 44p. (J). (gr. k-3). pap. 17.00 *(978-1-939871-67-1(0))* Green Kids Club, Inc.

Are You My Mommy? Yulia Simbirskaya & Clever Publishing. Illus. by Ekaterina Veselova. 2023. (Clever Lift-The-Flap Stories Ser.). (ENG.). 10p. (J). (gr. -1-1). bds. 10.99 *(978-1-956560-30-5(0))* Clever Media Group.

Are You My Monster? Amanda Noll. Illus. by Howard McWilliam. 2019. (I Need My Monster Ser.). 26p. (J). bds. 8.99 *(978-1-947277-32-8(4))* Flashlight Pr.

Are You My Mother? P. D. Eastman. ed. 2019. (Dr. Seuss Beginner Bks.). (ENG.). 64p. (J). (gr. k-1). 17.49 *(978-0-87617-601-6(5))* Penworthy Co., LLC, The.

Are You My Mother?/¿Eres Tú Mi Mamá? (Bilingual Edition) P. D. Eastman. 2016. (SPA., Illus.). 72p. (J). (gr. 1-4). 17.99 *(978-0-553-53990-5(6)*, Random Hse. Bks. for Young Readers) Random Hse. Children's Bks.

Are You My Motherboard? Chris Masullo. 2018. (ENG.). 32p. (J). 14.95 *(978-1-68401-519-1(7))* Amplify Publishing Group.

Are You My Planet? Lori Houran. Ed. by Cottage Door Press. Illus. by Edward Miller. 2021. (ENG.). 32p. (J). (gr. -1-2). 12.99 *(978-1-68052-955-5(2)*, 1005980) Cottage Door Pr.

Are You Okay? May Mokdad. 2023. (ENG.). 26p. (J). 19.99 ***(978-1-960142-61-0(5))***; pap. 13.99 ***(978-1-960142-60-3(7))*** Mindstir Media.

Are You Okay? Sports Injuries; Causes, Types & Treatment - Sports Book 4th Grade Children's Sports & Outdoors. Baby Professor. 2017. (ENG., Illus.). 64p. (J). pap. 9.52 *(978-1-5419-1279-3(9)*, Baby Professor (Education Kids)) Speedy Publishing LLC.

Are You Okay, Elliot Hart? Kate Martin. 2022. (ENG.). 268p. (YA). pap. 16.99 *(978-1-956183-90-0(6))* Creative James Media.

Are You Psychic? Facts, Trivia, & Quizzes. Elsie Olson. 2017. (Mind Games Ser.). (ENG., Illus.). 32p. (J). (gr. 2-5). lib. bdg. 27.99 *(978-1-5124-3416-3(7)*, 93d7aeaa-7275-4603-815b-daf3f519273f, Lerner Pubns.) Lerner Publishing Group.

Are You Ready? Putting on the Full Armor of God. Lynn L. Newell. 2017. (ENG., Illus.). (YA). (gr. 8-12). pap. *(978-1-4600-0866-9(9))* Essence Publishing.

Are You Ready to Adopt & Take Care of a Puppy? Coloring Book. Bobo's Children Activity Books. 2016. (ENG., Illus.). (J). pap. 9.33 *(978-1-68327-618-0(3))* Sunshine In My Soul Publishing.

Are You Ready to Hatch an Unusual Chicken? 2019. (ENG.). (J). 18.80 *(978-1-6636-1028-7(2))* Perfection Learning Corp.

Are You Ready to Hatch an Unusual Chicken? Kelly Jones. Illus. by Katie Kath. (ENG.). (J). (gr. 3-7). 2019. 336p. 9.99 *(978-1-5247-6594-1(5)*, Yearling); 2018. 320p. lib. bdg. 19.99 *(978-1-5247-6592-7(9)*, Knopf Bks. for Young Readers) Random Hse. Children's Bks.

Are You Ready to Help with the Motu Today? Caroline Evari. Illus. by Stefan Bogdasarov. 2021. (ENG.). 20p. (J). pap. *(978-1-922621-51-1(X))* Library For All Limited.

Are You Ready to Trick-Or-Treat? Krista Bennett. 2020. (ENG., Illus.). 28p. (J). (gr. k-3). 15.99 *(978-1-7347045-6-3(X))* Bennett, Krista.

Are You Sad, Little Bear? A Book about Learning to Say Goodbye. Rachel Rivett. Illus. by Tina Macnaughton. ed. 2020. (ENG.). 32p. (J). (gr. -1-k). 13.99 *(978-0-7459-7893-2(2)*, b8181eb8-3fa3-4561-a6f7-8ffbfdbed370, Lion Children's) Lion Hudson PLC GBR. Dist: Baker & Taylor Publisher Services (BTPS).

Are You Santa Claus? Sherrie Hammer. Illus. by Sue Lynn Cotton. 2022. (ENG.). 24p. (J). pap. 14.95 ***(978-1-61493-847-7(4))*** Peppertree Pr., The.

Are You Scared, Jacob? Claire Daniel. Illus. by Helen Poole. 2023. (ENG.). 16p. (J). (gr. -1-1). pap. 33.00 *(978-1-4788-0501-4(3)*, a0d520c0-17d2-4d4c-9b6c-9ad2960917b4) Newmark Learning LLC.

Are You Sleeping? Constanze V. Kitzing. Illus. by Constanze V. Kitzing. (ENG., Illus.). 32p. (J). (gr. -1-k). 2019. pap. 6.99 *(978-1-78285-402-9(9))*; 2018. 9.99 *(978-1-78285-395-4(2))* Barefoot Bks., Inc.

Are You Sleeping? Cate O Hara. 2020. (ENG.). 42p. (J). pap. *(978-1-78830-429-0(2))* Olympia Publishers.

Are You Sleepy? Kim Jones. 2023. (ENG.). 34p. (J). 23.99 ***(978-1-0881-8709-8(9))*** Indy Pub.

Are You Smart Enough? Hard Dot to Dot. Jupiter Kids. 2016. (ENG., Illus.). 76p. (J). pap. 13.75 *(978-1-68305-428-3(8)*, Jupiter Kids (Childrens & Kids Fiction)) Speedy Publishing LLC.

Are You Smarter Than a Shark? Learn How Sharks Survive in Their Watery World - 100+ Facts about Sharks! David George Gordon. Illus. by Josh Lynch. 2021. (ENG.). 48p. (J). (gr. 1-4). pap. 14.99 *(978-0-7603-7045-2(1)*, 334758) becker&mayer! books.

Are You Still Out There? Hidden Objects Activity Book. Jupiter Kids. 2016. (ENG., Illus.). 108p. (J). pap. 16.55 *(978-1-68326-186-5(0)*, Jupiter Kids (Childrens & Kids Fiction)) Speedy Publishing LLC.

Are You Superstitious? (Classic Reprint) Augusta Rita Moore. 2017. (ENG., Illus.). 30p. (J). 24.52 *(978-0-484-91374-4(3))* Forgotten Bks.

Are You Sure, Mother Bear? Amy Hest. Illus. by Lauren Tobia. 2016. (ENG.). 32p. (J). (-k). 15.99 *(978-0-7636-7207-2(6))* Candlewick Pr.

Are You the Babe of Bethlehem. Dona Haws. Illus. by Aubrie Moyer. 2018. (ENG.). 32p. (J). (gr. k-3). 14.99 *(978-1-4621-2273-8(6))* Cedar Fort, Inc./CFI Distribution.

Are You the Easter Bunny. Taralyn Wemke. 2022. (ENG.). 30p. (J). 22.00 ***(978-1-0880-2401-0(7))*** Indy Pub.

Are You the Pirate Captain? Gareth P. Jones. Illus. by Garry Parsons. 2016. (ENG.). 32p. (J). (gr. -1-3). 16.95 *(978-1-5124-0427-2(6)*, 2997a477-7620-4034-85ae-45644aa1f9e6); E-Book 27.99 *(978-1-5124-0446-3(2))* Lerner Publishing Group.

Are You There? Barbara Xavier. Illus. by Patricia And Robin DeWitt. 2022. (ENG.). 32p. (J). *(978-1-0391-2820-0(3))*; pap. *(978-1-0391-2819-4(X))* FriesenPress.

Are You There God? It's Me, Margaret. Judy Blume. ed. 2023. (ENG.). 176p. (J). (gr. 3-7). pap. 9.99 *(978-1-6659-2131-2(5)*, Atheneum Bks. for Young Readers) Simon & Schuster Children's Publishing.

Are You There God? It's Me, Margaret: Special Edition. Judy Blume. ed. 2020. (ENG.). 176p. (J). (gr. 3-7). pap. 11.99 *(978-1-5344-8242-5(3)*, Atheneum Bks. for Young Readers) Simon & Schuster Children's Publishing.

Are You There Little Bunny? Sam Taplin. 2018. (Little Peek Through Books* Ser.). (ENG.). 12p. (J). 9.99 *(978-0-7945-4269-6(7)*, Usborne) EDC Publishing.

Are You There Little Bunny? Sam Taplin. 2019. (JPN.). (J). *(978-4-265-85143-0(6))* Iwasaki Shoten.

Are You There Little Elephant? Sam Taplin. 2019. (JPN.). (J). (gr. -1-2). pap. *(978-4-265-85142-3(8))* Iwasaki Shoten.

Are You There Little Tiger? Sam Taplin. 2019. (Little Peek-Through Bks.). (ENG.). 12ppp. (J). 9.99 *(978-0-7945-4108-8(9)*, Usborne) EDC Publishing.

Are You There Little Unicorn? Sam Taplin. 2019. (Little Peek-Through Bks.). (ENG.). 12ppp. (J). 9.99 *(978-0-7945-4643-4(9)*, Usborne) EDC Publishing.

Are You Thinking What I'm Thinking? Heather Scott. 2020. (ENG., Illus.). 24p. (J). *(978-1-5255-4913-7(8))*; pap. *(978-1-5255-4914-4(6))* FriesenPress.

Are You Training Your Child to Be Happy? Lesson Material in Child Management (Classic Reprint) United States Children Bureau. 2017. (ENG., Illus.). (J). pap. 9.57 *(978-0-259-87613-7(5))* Forgotten Bks.

Are You Training Your Child to Be Happy? Lesson Material in Child Management (Classic Reprint) United States. Children'S Bureau. 2018. (ENG., Illus.). 70p. (J). 25.36 *(978-0-666-32495-5(6))* Forgotten Bks.

Are You up for the Challenge? Super Activity Book for Kids. Bobo's Children Activity Books. 2016. (ENG., Illus.). (J). pap. 7.99 *(978-1-68327-381-3(8))* Sunshine In My Soul Publishing.

Are You Watching? Vincent Ralph. 2021. (ENG.). 400p. (YA). (gr. 8-12). pap. 10.99 *(978-1-7282-3186-0(8))* Sourcebooks, Inc.

Are You Watching Me? Charles Edwin Mallory. 2020. (ENG., Illus.). 36p. (J). 24.95 *(978-1-64559-639-4(7))*; pap. 14.95 *(978-1-64559-638-7(9))* Covenant Bks.

Are You Wiggly? Tim Button. Illus. by Ana Larrañaga. 2023. (ENG.). 22p. (J). (gr. -1 — 1). bds. 12.95 ***(978-1-68555-563-4(2))*** Collective Bk. Studio, The.

Are You with Us or Against Us? Looking Back at the Reign of Terror - History 6th Grade Children's European History. Baby Professor. 2017. (ENG., Illus.). (J). pap. 8.79 *(978-1-5419-1378-3(7)*, Baby Professor (Education Kids)) Speedy Publishing LLC.

Are Your Emotions Like Mine? Chitwan Mittal & Chitwan Mittal. Illus. by Shruti Hemani. 2023. (ENG.). 28p. (J). 16.99 *(978-81-953886-0-8(4)*, Adidev Pr.) Mittal, Chitwan IND. Dist: Independent Pubs. Group.

Are Your Mother & Father Related? Capstone Classroom & Tony Stead. 2017. (What's the Point? Reading & Writing Expository Text Ser.). (ENG., Illus.). 16p. (J). (gr. k-k). pap. 6.95 *(978-1-4966-0760-7(0)*, 132395, Capstone Classroom) Capstone.

Are Your Stars Like My Stars? Leslie Helakoski. Illus. by Heidi Woodward Sheffield. 2020. 32p. (J). (gr. -1-2). 18.99 *(978-1-4549-3013-6(6))* Sterling Publishing Co., Inc.

Area 51. Kenny Abdo. (Guidebooks to the Unexplained Ser.). (ENG., Illus.). 24p. (J). (gr. 2-2). 2020. pap. 8.95 *(978-1-64494-286-4(0)*, 1644942860); 2019. lib. bdg. 31.36 *(978-1-5321-2933-9(5)*, 33148) ABDO Publishing Co. (Abdo Zoom-Fly).

Area 51. Kyla Steinkraus. 2017. (Strange but True Ser.). (ENG.). 32p. (gr. 2-7). 9.95 *(978-1-68072-477-6(0))*; (J). (gr. 4-6). pap. 9.99 *(978-1-64466-214-4(0)*, 11482); (Illus.). (J). (gr. 4-6). lib. bdg. *(978-1-68072-180-5(1)*, 10544) Black Rabbit Bks. (Bolt).

Area 51 Alien & UFO Mysteries. Carol Kim. 2022. (History's Mysteries Ser.). (ENG.). 32p. (J). 31.32 *(978-1-6639-5878-5(5)*, 226013); pap. 7.95 *(978-1-6663-2085-5(4)*, 225989) Capstone. (Capstone Pr.).

Area 51 Alien & UFO Mysteries. Aubrey Zalewski. 2019. (Aliens Ser.). (ENG., Illus.). 32p. (J). (gr. 4-6). 28.65 *(978-1-5435-7106-6(9)*, 140398) Capstone.

Area 51 & Other Top Secret Science. Mari Bolte. 2022. (21st Century Skills Library: Aliens among Us: the Evidence Ser.). (ENG., Illus.). 32p. (J). (gr. 4-8). pap. 14.21 *(978-1-6689-1143-3(4)*, 221088); lib. bdg. 32.07 *(978-1-6689-0983-6(9)*, 220950) Cherry Lake Publishing.

Area 51 Files. Julie Buxbaum. Illus. by Lavanya Naidu. 2022. (Area 51 Files Ser.: 1). (ENG.). 304p. (J). (gr. 3-7). 14.99 *(978-0-593-42946-4(X)*, Delacorte Pr.) Random Hse. Children's Bks.

Areli Es una Dreamer (Areli Is a Dreamer Spanish Edition) Una Historia Real Por Areli Morales, Beneficiaria de DACA. Areli Morales. Tr. by Polo Orozco. Illus. by Luisa Uribe. 2021. Orig. Title: Areli Is a Dreamer. 40p. (J). (gr. -1-3). 18.99 *(978-0-593-38008-6(8))*; (SPA.). lib. bdg. 20.99 *(978-0-593-38012-3(6))* Random Hse. Children's Bks.

Areli Is a Dreamer see Areli Es una Dreamer (Areli Is a Dreamer Spanish Edition): Una Historia Real Por Areli Morales, Beneficiaria de DACA

Areli Is a Dreamer: A True Story by Areli Morales, a DACA Recipient. Areli Morales. Illus. by Luisa Uribe. 2021. 40p. (J). (gr. -1-3). 18.99 *(978-1-9848-9399-4(8))* Random Hse. Children's Bks.

Arena Events (Set), 6 vols. 2018. (Arena Events Ser.). (ENG.). 24p. (J). (gr. 2-8). lib. bdg. 188.16 *(978-1-5321-2534-8(8)*, 30077, Abdo Zoom-Fly) ABDO Publishing Co.

Arena of Monsters. Michael Dahl. Illus. by Patricio Clarey. 2020. (Escape from Planet Alcatraz Ser.). (ENG.). 40p. (J). (gr. 3-6). pap. 5.95 *(978-1-4965-9301-6(4)*, 142313); lib. bdg. 24.65 *(978-1-4965-8671-1(9)*, 141423) Capstone. (Stone Arch Bks.).

Arena's Call: Book 4 of the Adventures on Brad. Wong Tao. 2020. (Adventures on Brad Ser.: Vol. 4). (ENG.). 318p. (YA). (gr. 7-11). pap. *(978-1-989458-79-2(3))* Tao Wong.

Aren't You the One Who... ? Frances A. Miller. 2016. (ENG.). 196p. (J). (gr. 6-13). pap. 11.99 *(978-1-5040-2039-8(1))* Open Road Integrated Media, Inc.

Areoke Children's Series 2. Yellowhead & Giggles. 2020. (ENG.). 108p. (J). 28.95 *(978-1-64701-946-4(X))* Page Publishing Inc.

Areoke Cub Blueberry Syrup: Areoke & the Pals. Yellowhead & Giggles. 2017. (ENG., Illus.). (J). (gr. k-2). 20.95 *(978-1-64082-477-5(4))* Page Publishing Inc.

Ares. Christine Ha. 2021. (Greek Gods & Goddesses Ser.). (ENG., Illus.). 32p. (J). (gr. 2-3). pap. 9.95 *(978-1-63738-048-2(8))*; lib. bdg. 31.35 *(978-1-63738-012-3(7))* North Star Editions. (Apex).

Ares. Virginia Loh-Hagan. 2017. (Gods & Goddesses of the Ancient World Ser.). (ENG., Illus.). 32p. (J). (gr. 4-8). 32.07 *(978-1-63472-134-9(9)*, 209108, 45th Parallel Press) Cherry Lake Publishing.

Ares. Teri Temple. 2016. (J). *(978-1-4896-4635-4(3))* Weigl Pubs., Inc.

Ares: God of War. Teri Temple. Illus. by Robert Squier. 2019. (Greek Gods & Goddesses Ser.). (ENG.). 32p. (J). (gr. 3-6). lib. bdg. 35.64 *(978-1-5038-3253-4(8)*, 213021) Child's World, Inc, The.

Ares' Underworld Army. Louise Simonson. Illus. by Luciano Vecchio. 2018. (Wonder Woman the Amazing Amazon Ser.). (ENG.). 88p. (J). (gr. 2-7). lib. bdg. 24.65 *(978-1-4965-6531-0(2)*, 138545, Stone Arch Bks.) Capstone.

Ares vs. Athena: Who Won the Battle? Mythology Books for Kids Children's Greek & Roman Books. Baby Professor. 2017. (ENG., Illus.). 64p. (J). pap. 9.52 *(978-1-5419-1626-5(3)*, Baby Professor (Education Kids)) Speedy Publishing LLC.

Aresta Amorum: Accuratissimis Benedicti Curtii Symphoriani Commentarijs Ad Utriusq; Iuris Rationem, Foremsiumque Actionum Usum, Quàm Acutissimè Accommodata (Classic Reprint) Martial D'Auvergne. 2018. (FRE., Illus.). 450p. (J). 33.18 *(978-0-484-54347-7(4))* Forgotten Bks.

Arestana: The Defense Quest. Shawn P. B. Robinson. (Arestana Ser.: Vol. 2). (ENG., Illus.). 270p. (J). (gr. 4-6). 2019. *(978-1-989296-10-3(6))*; 2018. pap. *(978-1-7751903-6-3(6))* BrainSwell Publishing.

Arestana: The Harry Quest. Shawn P. B. Robinson. 2019. (Arestana Ser.: Vol. 3). (ENG., Illus.). 292p. (J). (gr. 4-6). *(978-1-989296-11-0(4))* BrainSwell Publishing.

Arestana: The Key Quest. Shawn P. B. Robinson. (Arestana Ser.: Vol. 1). (ENG., Illus.). (J). 2019. 250p. (gr. 4-6). *(978-1-989296-09-7(2))*; 2018. 252p. pap. *(978-1-7751903-0-1(7))* BrainSwell Publishing.

Aretas, Vol. 1 Of 4: A Novel (Classic Reprint) Emma Parker. (ENG., Illus.). (J). 2018. 360p. 31.32 *(978-0-332-77331-5(0))*; 2016. pap. 13.97 *(978-1-333-68361-0(8))* Forgotten Bks.

Aretas, Vol. 2 Of 4: A Novel; in 4 Vol (Classic Reprint) Emma Parker. 2018. (ENG., Illus.). 382p. (J). 31.78 *(978-0-267-43206-6(2))* Forgotten Bks.

Aretas, Vol. 3 Of 4: A Novel (Classic Reprint) Emma Parker. 2018. (ENG., Illus.). 374p. (J). 31.61 *(978-0-483-62171-8(4))* Forgotten Bks.

Aretha Franklin. Tamika M. Murray. 2022. (Black Voices on Race Ser.). (ENG., Illus.). 32p. (J). (gr. 3-5). pap. 9.95 *(978-1-63739-315-4(6))*; lib. bdg. 31.35 *(978-1-63739-263-8(X))* North Star Editions. (Focus Readers).

Aretha Franklin. Jessica Rusick. 2021. (Checkerboard Biographies Ser.). (ENG., Illus.). 32p. (J). (gr. 3-6). lib. bdg. 32.79 *(978-1-5321-9598-3(2)*, 37410, Checkerboard Library) ABDO Publishing Co.

Aretha Franklin. Maria Isabel Sanchez Vegara. Illus. by Amy Blackwell. 2020. (Little People, Big Dreams Ser.: Vol. 44). (ENG.). 32p. (J). (gr. -1-2). ***(978-0-7112-4686-7(6))*** Frances Lincoln Childrens Bks.

Aretha Franklin: The Queen of Soul, 1 vol. Charlotte Etinde-Crompton & Samuel Willard Crompton. 2019. (Celebrating Black Artists Ser.). (ENG.). 104p. (gr. 7-7). 38.93 *(978-1-9785-0357-1(1)*, 6ead0d14-8960-4f46-b4ce-7e47f5dcc063) Enslow Publishing, LLC.

Aretha Franklin: Legendary Singer. Duchess Harris & Tammy Gagne. 2019. (Freedom's Promise Set 3 Ser.). (ENG., Illus.). 48p. (J). (gr. 4-8). lib. bdg. 35.64 *(978-1-5321-9077-3(8)*, 33664) ABDO Publishing Co.

Arethusa (Classic Reprint) F. Marion Crawford. 2017. (ENG., Illus.). (J). 32.39 *(978-1-5280-8057-6(2))* Forgotten Bks.

Arf: a Bowser & Birdie Novel. Spencer Quinn, pseud. 2017. (ENG.). 304p. (J). (gr. 3-7). pap. 8.99 *(978-0-545-64335-1(X)*, Scholastic Pr.) Scholastic, Inc.

Arf! Buzz! Cluck! A Rather Noisy Alphabet. Eric Seltzer. Illus. by David Creighton-Pester. 2018. (ENG.). 24p. (J). (gr. -1 — 1). bds. 7.99 *(978-1-5344-1297-2(2)*, Little Simon) Little Simon.

Arfy & the Stinky Smell. Troy Cummings. 2023. (Step into Reading Ser.). (Illus.). 32p. (J). (gr. -1-1). pap. 5.99 *(978-0-593-64370-9(4))*; (ENG., lib. bdg. 14.99 *(978-0-593-64371-6(2))* Random Hse. Children's Bks. (Random Hse. Bks. for Young Readers).

Argentina. Contrib. by Shannon Anderson. 2023. (Countries of the World Ser.). (ENG., Illus.). (J). (gr. k-3). lib. bdg. 26.95 Bellwether Media.

Argentina. Cynthia Kennedy Henzel. 2022. (Essential Library of Countries Ser.). (ENG.). 112p. (YA). (gr. 6-12). lib. bdg. 41.36 *(978-1-5321-9935-6(X)*, 40659, Essential Library) ABDO Publishing Co.

Argentina. Christina Leaf. 2019. (Country Profiles Ser.). (ENG., Illus.). 32p. (J). (gr. 3-8). lib. bdg. 27.95 *(978-1-64487-046-4(0)*, Blastoff! Discovery) Bellwether Media.

Argentina. Joyce L. Markovics. 2018. (Countries We Come From Ser.). (ENG., Illus.). 32p. (J). (gr. k-3). lib. bdg. 19.95 *(978-1-68402-689-0(X))* Bearport Publishing Co., Inc.

Argentina, 1 vol. Joanne Mattern. 2018. (Exploring World Cultures (First Edition) Ser.). (ENG.). 32p. (gr. 3-3). pap. 12.16 *(978-1-5026-4315-5(4)*, baeb42a6-8ee1-49fe-bdb4-741e9164d492) Cavendish Square Publishing LLC.

Argentina. R. L. Van. 2022. (Countries (BBB) Ser.). (ENG., Illus.). 32p. (J). (gr. 2-5). lib. bdg. 34.21 *(978-1-5321-9953-0(8)*, 40695, Big Buddy Bks.) ABDO Publishing Co.

Argentina a South American Country Children's People & Places Book. Bold Kids. 2022. (ENG.). 42p. (J). pap. 14.99 ***(978-1-0717-1907-7(6))*** FASTLANE LLC.

Argentina from a British Point of View: And Notes on Argentine Life (Classic Reprint) Campbell Patrick Ogilvie. 2018. (ENG., Illus.). 368p. (J). 31.51 *(978-0-332-81492-6(0))* Forgotten Bks.

Argentinosaurus. Rebecca Sabelko. Illus. by James Kuether. 2021. (World of Dinosaurs Ser.). (ENG.). 24p. (J). (gr. 3-7). pap. 8.99 *(978-1-64834-257-8(4)*, 20368); lib. bdg. 26.95 *(978-1-64487-468-4(7))* Bellwether Media.

Argento the Horse. Kelsey Lamb. 2017. (ENG., Illus.). 20p. (J). *(978-1-387-11294-4(5))* Lulu Pr., Inc.

Arggh! Where's That Pirate? Activity Book for First Grader. Educando Kids. 2019. (ENG.). 42p. (J). pap. 8.55 *(978-1-64521-777-0(9)*, Educando Kids) Editorial Imagen.

Argo, 1903, Vol. 3 (Classic Reprint) Florida State College. 2017. (ENG., Illus.). (J). 26.39 *(978-0-266-61232-2(6))*; pap. 9.57 *(978-0-282-98542-4(5))* Forgotten Bks.

Argo, 1904 (Classic Reprint) Westminster College. (ENG., Illus.). (J). 2018. 170p. 27.42 *(978-0-483-98372-4(1))*; 2017. pap. 9.97 *(978-0-243-41337-9(8))* Forgotten Bks.

Argon & Newton: A Realisation (Classic Reprint) W. Sedgwick. 2016. (ENG., Illus.). (J). pap. 13.57 *(978-1-334-25356-0(0))* Forgotten Bks.

Argonaut, 1878, Vol. 3 (Classic Reprint) Unknown Author. 2018. (ENG., Illus.). 472p. (J). 33.63 *(978-0-332-04267-1(7))* Forgotten Bks.

Argonaut, Vol. 2: January June, 1878 (Classic Reprint) Frank M. Pixley. (ENG., Illus.). (J). 2018. 422p. 32.60 *(978-0-483-30565-6(0))*; 2016. pap. 16.57 *(978-1-334-15851-3(7))* Forgotten Bks.

Argonaut, Vol. 4: Saturday, January 4, 1879 Saturday, June 28, 1879 (Classic Reprint) Frank M. Pixley. 2018. (ENG., Illus.). 420p. (J). 32.56 *(978-0-428-83911-6(8))* Forgotten Bks.

Argonaut, Vol. 5: July December, 1879 (Classic Reprint) Unknown Author. (ENG., Illus.). (J). 2018. 454p. 33.26 *(978-0-428-82130-2(8))*; 2016. pap. 16.57 *(978-1-334-14200-0(9))* Forgotten Bks.

Argonaut, Vol. 6: January, 1880 (Classic Reprint) Unknown Author. (ENG., Illus.). (J). 2018. 420p. 32.56 *(978-0-483-89794-6(9))*; 2016. pap. 16.57 *(978-1-333-21781-5(1))* Forgotten Bks.

Argonaut, Vol. 7: July 3, 1880 (Classic Reprint) Unknown Author. (ENG., Illus.). (J). 2018. 428p. 32.72 *(978-0-364-03544-3(7))*; 2016. pap. 16.57 *(978-1-334-14190-4(8))* Forgotten Bks.

Argonaut, Vol. 9 (Classic Reprint) Unknown Author. 2018. (ENG., Illus.). 484p. (J). 33.88 *(978-0-267-21093-0(0))* Forgotten Bks.

Argonauts (Classic Reprint) Eliza Orzeszko. 2017. (ENG., Illus.). (J). 30.10 *(978-0-266-20249-3(7))* Forgotten Bks.

Argonauts (Classic Reprint) Lillian E. Ross. 2018. (ENG., Illus.). 358p. (J). 31.40 *(978-0-428-38723-5(3))* Forgotten Bks.

Argos: The Story of Odysseus As Told by His Loyal Dog. Ralph Hardy. 2018. (ENG.). 400p. (J). (gr. 3-7). pap. 6.99 *(978-0-06-239679-2(X)*, HarperCollins) HarperCollins Pubs.

Argosy of Fables: A Representative Selection from the Fable Literature of Every Age & Land (Classic Reprint) Frederic Taber Cooper. 2016. (ENG., Illus.). (J). pap. 19.57 *(978-1-333-18317-2(8))* Forgotten Bks.

Argosy, Vol. 15: January to June, 1873 (Classic Reprint) Henry Wood. 2017. (ENG., Illus.). (J). 34.17 *(978-0-331-57862-1(X))*; pap. 16.57 *(978-0-243-95091-1(8))* Forgotten Bks.

Argosy, Vol. 17: January to June, 1874 (Classic Reprint) Henry Wood. (ENG., Illus.). (J). 2018. 494p. 34.09 *(978-0-484-39558-8(0))*; 2016. pap. 16.57 *(978-1-334-14734-0(5))* Forgotten Bks.

Argosy, Vol. 18: July to December, 1874 (Classic Reprint) Henry Wood. (ENG., Illus.). (J). 2018. 538p. 34.99 *(978-0-484-35241-3(5))*; 2016. pap. 19.57 *(978-1-334-14675-6(6))* Forgotten Bks.

Argosy, Vol. 19: January to June, 1875 (Classic Reprint) Henry Wood. 2017. (ENG., Illus.). (J). 34.17 *(978-0-265-51690-4(0))*; pap. 16.57 *(978-1-334-91544-4(X))* Forgotten Bks.

Argosy, Vol. 20: July to December, 1875 (Classic Reprint) Henry Wood. (ENG., Illus.). (J). 2018. 540p. 35.03 *(978-0-483-39767-5(9))*; 2016. pap. 19.57 *(978-1-334-12376-4(4))* Forgotten Bks.

Argosy, Vol. 21: January to June, 1876 (Classic Reprint) Henry Wood. (ENG., Illus.). (J). 2018. 506p. 34.33 *(978-0-483-54209-9(1))*; 2016. pap. 16.97 *(978-1-334-13948-2(2))* Forgotten Bks.

Argosy, Vol. 22: July to December, 1876 (Classic Reprint) Henry Wood. (ENG., Illus.). (J). 2018. 538p. 35.01 *(978-0-267-60116-5(6))*; 2016. pap. 19.57 *(978-1-334-13899-7(0))* Forgotten Bks.

Argosy, Vol. 23: January to June, 1877 (Classic Reprint) Henry Wood. 2018. (ENG., Illus.). 494p. (J). 34.09 *(978-0-483-35505-7(4))* Forgotten Bks.

Argosy, Vol. 24: July to December, 1877 (Classic Reprint) Henry Wood. (ENG., Illus.). (J). 2018. 540p. 35.03 *(978-0-484-61030-8(9))*; 2016. pap. 19.57 *(978-1-334-15036-4(2))* Forgotten Bks.

Argosy, Vol. 25: January to June, 1878 (Classic Reprint) Henry Wood. (ENG., Illus.). (J). 2018. 498p. 34.17 *(978-0-267-60218-6(9))*; 2016. pap. 16.57 *(978-1-333-18548-0(0))* Forgotten Bks.

Argosy, Vol. 26: December, 1897, to March, 1898 (Classic Reprint) Unknown Author. (ENG., Illus.). (J). 2018. 776p. 39.90 *(978-0-428-92839-1(0))*; 2017. pap. 23.57 *(978-0-243-56131-5(8))* Forgotten Bks.

Argosy, Vol. 26: July to December, 1878 (Classic Reprint) Henry Wood. (ENG., Illus.). (J). 2018. 542p. 35.10 *(978-0-332-88795-1(2))*; 2016. pap. 19.57 *(978-1-334-15115-6(6))* Forgotten Bks.

Argosy, Vol. 27: January to June, 1879 (Classic Reprint) Henry Wood. (ENG., Illus.). (J). 2018. 500p. 34.21 *(978-0-483-48408-5(3))*; 2016. pap. 16.57 *(978-1-334-14681-7(0))* Forgotten Bks.

Argosy, Vol. 28: July to December, 1879 (Classic Reprint) Henry Wood. (ENG., Illus.). (J). 2018. 548p. 35.20 *(978-0-483-37299-3(4))*; 2016. pap. 19.57 *(978-1-334-14575-9(X))* Forgotten Bks.

Argosy, Vol. 29: January to June, 1880 (Classic Reprint) Henry Wood. (ENG., Illus.). (J). 2018. 496p. 34.13 *(978-0-484-17240-0(9))*; 2016. pap. 16.57 *(978-1-334-11573-8(7))* Forgotten Bks.

Argosy, Vol. 30: July to December, 1880 (Classic Reprint) Henry Wood. (ENG., Illus.). (J). 2018. 540p. 35.05 *(978-0-484-65516-3(7))*; 2016. pap. 19.57 *(978-1-334-14787-6(6))* Forgotten Bks.

Argosy, Vol. 31: January to June, 1881 (Classic Reprint) Henry Wood. 2018. (ENG., Illus.). 494p. (J). 34.09 *(978-0-364-21868-6(1))* Forgotten Bks.

Argosy, Vol. 32: December 1899, to March 1900 (Classic Reprint) Frank Andrew Munsey. 2018. (ENG., Illus.). (J). 754p. 39.45 *(978-1-396-38795-1(1))*; 756p. pap. 23.57 *(978-1-390-89680-0(3))* Forgotten Bks.

Argosy, Vol. 32: July to December, 1881 (Classic Reprint) Henry Wood. (ENG., Illus.). (J). 2018. 540p. 35.03 *(978-0-483-76485-9(X))*; 2017. pap. 19.57 *(978-0-243-08248-3(7))* Forgotten Bks.

Argosy, Vol. 33: April to July, 1900 (Classic Reprint) Frank Andrew Munsey. (ENG., Illus.). (J). 2018. 752p. 39.43 *(978-0-483-02503-5(8))*; 2017. pap. 23.57 *(978-0-243-51990-3(7))* Forgotten Bks.

Argosy, Vol. 33 (Classic Reprint) Henry Wood. 2018. (ENG., Illus.). 494p. (J). 34.09 *(978-0-267-21563-8(0))* Forgotten Bks.

Argosy, Vol. 34: July to December, 1882 (Classic Reprint) Henry Wood. (ENG., Illus.). (J). 2018. 546p. 35.16 *(978-0-364-02012-8(1))*; 2017. pap. 19.57 *(978-0-243-51839-5(0))* Forgotten Bks.

Argosy, Vol. 35: January to June, 1883 (Classic Reprint) Henry Wood. 2018. (ENG., Illus.). 494p. (J). 34.09 *(978-0-483-96112-8(4))* Forgotten Bks.

Argosy, Vol. 36: July to December, 1883 (Classic Reprint) Henry Wood. (ENG., Illus.). (J). 2018. 564p. 35.53 *(978-0-483-12723-4(X))*; 2016. pap. 19.57 *(978-1-334-15180-4(6))* Forgotten Bks.

Argosy, Vol. 37: January to June, 1884 (Classic Reprint) Henry Wood. (ENG., Illus.). (J). 2018. 602p. 36.31 *(978-0-484-84388-1(5))*; 2016. pap. 19.57 *(978-1-334-14126-3(6))* Forgotten Bks.

Argosy, Vol. 38: July to December, 1884 (Classic Reprint) Henry Wood. (ENG., Illus.). (J). 2018. 558p. 35.41 *(978-0-484-33172-2(8))*; 2016. pap. 19.57 *(978-1-334-14647-3(0))* Forgotten Bks.

Argosy, Vol. 39 (Classic Reprint) Henry Wood. 2018. (ENG., Illus.). 584p. (J). 35.94 *(978-0-364-31635-1(7))* Forgotten Bks.

Argosy, Vol. 40: July to December, 1885 (Classic Reprint) Henry Wood. (ENG., Illus.). (J). 2018. 538p. 34.99 *(978-0-332-57075-4(4))*; 2016. pap. 19.57 *(978-1-334-14227-7(0))* Forgotten Bks.

Argosy, Vol. 41: January to June, 1886 (Classic Reprint) Henry Wood. 2018. (ENG., Illus.). 580p. (J). 35.86 *(978-0-484-79029-1(3))* Forgotten Bks.

Argosy, Vol. 42 (Classic Reprint) Henry Wood. 2017. (ENG., Illus.). (J). 35.12 *(978-0-331-82168-0(0))* Forgotten Bks.

Argosy, Vol. 43: January to June, 1887 (Classic Reprint) Charles W. Wood. (ENG., Illus.). (J). 2018. 608p. 36.44 *(978-0-428-90378-7(9))*; 2016. pap. 19.57 *(978-1-334-14478-3(8))* Forgotten Bks.

Argosy, Vol. 44 (Classic Reprint) Charles W. Wood. 2018. (ENG., Illus.). 574p. (J). 35.74 *(978-0-483-50841-5(1))* Forgotten Bks.

Argosy, Vol. 45: January to June, 1888 (Classic Reprint) Charles W. Wood. 2018. (ENG., Illus.). 602p. (J). 36.31 *(978-0-483-67595-7(4))* Forgotten Bks.

Argosy, Vol. 46: July to December, 1888 (Classic Reprint) Charles W. Wood. 2018. (ENG., Illus.). 562p. (J). 35.49 *(978-0-428-88593-9(4))* Forgotten Bks.

Argosy, Vol. 47: January to June, 1889 (Classic Reprint) Charles William Wood. (ENG., Illus.). (J). 2018. 634p. 36.97 *(978-0-666-91300-5(5))*; 2016. pap. 19.57 *(978-1-334-14125-6(8))* Forgotten Bks.

Argosy, Vol. 48: July to December, 1889 (Classic Reprint) Charles W. Wood. (ENG., Illus.). (J). 2018. 592p. 36.11 *(978-0-484-48685-9(3))*; 2016. pap. 19.57 *(978-1-334-14534-6(2))* Forgotten Bks.

Argosy, Vol. 49 (Classic Reprint) Henry Wood. 2018. (ENG., Illus.). 638p. (J). 37.08 *(978-0-428-79825-3(X))* Forgotten Bks.

Argosy, Vol. 5: December, 1867, to May, 1868 (Classic Reprint) Henry Wood. 2018. (ENG., Illus.). 498p. (J). 34.19 *(978-0-483-09347-8(5))* Forgotten Bks.

Argosy, Vol. 50: July to December, 1890 (Classic Reprint) Charles W. Wood. (ENG., Illus.). (J). 2018. 594p. 36.15 *(978-0-267-38419-8(X))*; 2016. pap. 19.57 *(978-1-334-15011-1(7))* Forgotten Bks.

Argosy, Vol. 51: January to June, 1891 (Classic Reprint) Charles W. Wood. (ENG., Illus.). (J). 2018. 632p. 36.93 *(978-0-267-60473-9(4))*; 2016. pap. 19.57 *(978-1-334-13392-3(1))* Forgotten Bks.

Argosy, Vol. 52: July to December, 1891 (Classic Reprint) Charles William Wood. (ENG., Illus.). (J). 2018. 584p. 35.94 *(978-0-483-52097-4(7))*; 2016. pap. 19.57 *(978-1-333-24765-2(6))* Forgotten Bks.

Argosy, Vol. 53: January to June, 1892 (Classic Reprint) Charles William Wood. (ENG., Illus.). (J). 2018. 632p. 36.97 *(978-0-332-14535-8(2))*; 2016. pap. 19.57 *(978-1-334-13365-7(4))* Forgotten Bks.

Argosy, Vol. 54 (Classic Reprint) Charles W. Wood. 2018. (ENG., Illus.). 588p. (J). 36.02 *(978-0-484-89846-1(9))* Forgotten Bks.

Argosy, Vol. 55: January to June, 1893 (Classic Reprint) Charles William Wood. (ENG., Illus.). (J). 2018. 584p. 35.94 *(978-0-267-38649-9(4))*; 2016. pap. 19.57 *(978-1-334-14515-5(6))* Forgotten Bks.

Argosy, Vol. 56: July to December, 1893 (Classic Reprint) Charles W. Wood. (ENG., Illus.). (J). 2018. 588p. 36.02 *(978-0-483-37382-2(6))*; 2016. pap. 19.57 *(978-1-334-13901-7(6))* Forgotten Bks.

Argosy, Vol. 57 (Classic Reprint) Charles W. Wood. 2018. (ENG., Illus.). 588p. (J). 36.02 *(978-0-332-16643-8(0))* Forgotten Bks.

Argosy, Vol. 58: July to December, 1894 (Classic Reprint) Charles W. Wood. (ENG., Illus.). (J). 2018. 594p. 36.15 *(978-0-332-29813-9(2))*; 2016. pap. 19.57 *(978-1-334-14175-1(4))* Forgotten Bks.

Arguenot, Vol. 10: April, 1930 (Classic Reprint) Robert G. Metters. (ENG., Illus.). (J). 2018. 78p. 25.51 *(978-0-483-03713-7(3))*; 2017. pap. 9.57 *(978-0-243-45824-0(X))* Forgotten Bks.

Arguenot, Vol. 10: November, 1929 (Classic Reprint) Robert G. Metters. (ENG., Illus.). (J). 2018. 70p. 25.34 *(978-0-365-17654-1(0))*; 2017. pap. 9.57 *(978-0-259-84787-8(9))* Forgotten Bks.

Arguenot, Vol. 11: Commencement Number, June 1931 (Classic Reprint) Joe Bingham. 2018. (ENG., Illus.). (J). 80p. 25.57 *(978-0-366-56972-4(4))*; 82p. pap. 9.57 *(978-0-366-51311-6(7))* Forgotten Bks.

Arguenot, Vol. 11: November, 1930 (Classic Reprint) Norwood High School. (ENG., Illus.). (J). 2018. 72p. 25.38 *(978-0-484-86676-7(1))*; 2017. pap. 9.57 *(978-0-243-44208-9(4))* Forgotten Bks.

Arguenot, Vol. 12: February, 1932 (Classic Reprint) Dorothy Acton. (ENG., Illus.). (J). 2018. 68p. 25.32 *(978-0-267-39821-8(2))*; 2016. pap. 9.57 *(978-1-334-12656-7(9))* Forgotten Bks.

Arguenot, Vol. 12: November, 1931 (Classic Reprint) Norwood High School. (ENG., Illus.). (J). 2018. 66p. 25.28 *(978-0-483-95777-0(1))*; 2017. pap. 9.57 *(978-0-243-44461-8(3))* Forgotten Bks.

Arguenot, Vol. 14: April, 1934 (Classic Reprint) Priscilla Allen. 2017. (ENG., Illus.). (J). 25.05 *(978-0-331-24638-4(4))*; pap. 9.57 *(978-0-266-07912-5(1))* Forgotten Bks.

Arguenot, Vol. 14: June, 1934 (Classic Reprint) Priscilla Allen. 2018. (ENG., Illus.). 90p. (J). 25.75 *(978-0-267-97108-4(7))* Forgotten Bks.

Arguenot, Vol. 15: April, 1935 (Classic Reprint) Norwood High School. (ENG., Illus.). (J). 2018. 76p. 25.46 *(978-0-666-94491-7(1))*; 2017. pap. 9.57 *(978-0-259-29199-2(4))* Forgotten Bks.

Arguenot, Vol. 2: March, 1922 (Classic Reprint) Edward Hanlon. (ENG., Illus.). (J). 2018. 50p. 24.95 *(978-0-666-32742-0(4))*; 2017. pap. 9.57 *(978-0-259-86083-9(2))* Forgotten Bks.

Arguenot, Vol. 3: April, 1923 (Classic Reprint) Barbara Barr. (ENG., Illus.). (J). 2018. 56p. 25.07 *(978-0-483-94212-7(X))*; 2017. pap. 9.57 *(978-0-243-44724-4(8))* Forgotten Bks.

Arguenot, Vol. 3: February, 1923 (Classic Reprint) Barbara Barr. 2017. (ENG., Illus.). (J). 68p. 25.30 *(978-0-332-69520-4(4))*; pap. 9.57 *(978-0-259-37433-6(4))* Forgotten Bks.

Arguenot, Vol. 3: June, 1923 (Classic Reprint) Barbara Barr. (ENG., Illus.). (J). 2018. 72p. 25.38 *(978-0-483-08836-8(6))*; 2017. pap. 9.57 *(978-0-243-38876-9(4))* Forgotten Bks.

Arguenot, Vol. 3: November, 1922 (Classic Reprint) Barbara Barr. 2017. (ENG., Illus.). (J). 30p. 24.54 *(978-0-332-36515-2(8))*; pap. 7.97 *(978-0-259-82889-1(0))* Forgotten Bks.

Arguenot, Vol. 4: February, 1924 (Classic Reprint) Barbara Howes. (ENG., Illus.). (J). 2018. 68p. 25.30 *(978-0-332-17521-8(9))*; 2017. pap. 9.57 *(978-1-334-93641-8(2))* Forgotten Bks.

Arguenot, Vol. 4: June, 1924 (Classic Reprint) Norwood High School. (ENG., Illus.). (J). 2018. 76p. 25.46 *(978-0-666-27761-9(3))*; 2017. pap. 9.57 *(978-0-259-17631-2(1))* Forgotten Bks.

Arguenot, Vol. 5: April 1925 (Classic Reprint) Myrtha S. Lindeberg. (ENG., Illus.). (J). 2018. 68p. 25.32 *(978-0-365-43409-2(4))*; 2017. pap. 9.57 *(978-0-282-33606-6(0))* Forgotten Bks.

Arguenot, Vol. 5: February, 1925 (Classic Reprint) Norwood High School. (ENG., Illus.). (J). 2018. 68p. 25.30 *(978-0-483-84271-7(0))*; 2017. pap. 9.57 *(978-0-243-50708-5(9))* Forgotten Bks.

Arguenot, Vol. 5: June, 1925 (Classic Reprint) Norwood High School. (ENG., Illus.). (J). 2018. 86p. 25.69 *(978-0-484-86710-8(5))*; 2017. pap. 9.57 *(978-0-243-45028-2(1))* Forgotten Bks.

Arguenot, Vol. 5: November, 1924 (Classic Reprint) Myrtha S. Lindeberg. (ENG., Illus.). (J). 2018. 80p. 25.55 *(978-0-428-78715-8(0))*; 2017. pap. 9.57 *(978-0-259-41900-6(1))* Forgotten Bks.

Arguenot, Vol. 6: February, 1926 (Classic Reprint) Kathleen Mahoney. (ENG., Illus.). (J). 2018. 84p. 25.63 *(978-0-267-87804-8(4))*; 2017. pap. 9.57 *(978-0-259-39165-4(4))* Forgotten Bks.

Arguenot, Vol. 6: November, 1926 (Classic Reprint) Norwood High School. (ENG., Illus.). (J). 2018. 78p. 25.51 *(978-0-332-16636-0(8))*; 2017. pap. 9.57 *(978-0-259-50932-5(9))* Forgotten Bks.

Arguenot, Vol. 7: April, 1926 (Classic Reprint) Norwood High School. (ENG., Illus.). (J). 2018. 88p. 25.73 *(978-0-365-48513-1(6))*; 2017. pap. 9.57 *(978-0-259-88465-1(0))* Forgotten Bks.

Arguenot, Vol. 7: April, 1927 (Classic Reprint) Norwood High School. (ENG., Illus.). (J). 2018. 90p. 25.75 *(978-0-332-79262-0(5))*; 2017. pap. 9.57 *(978-0-243-17208-5(7))* Forgotten Bks.

Arguenot, Vol. 7: February, 1927 (Classic Reprint) Norwood High School. (ENG., Illus.). (J). 2018. 84p. 25.63 *(978-0-364-81903-6(0))*; 2017. pap. 9.57 *(978-0-259-55677-0(7))* Forgotten Bks.

Arguenot, Vol. 7: June, 1926 (Classic Reprint) Kathleen Mahoney. 2017. (ENG., Illus.). (J). 88p. 25.71 *(978-0-484-37256-5(4))*; pap. 9.57 *(978-0-259-90249-2(7))* Forgotten Bks.

Arguenot, Vol. 8: April, 1928 (Classic Reprint) Norwood High School. 2018. (ENG., Illus.). (J). 82p. 25.59 *(978-0-366-56352-4(1))*; 84p. pap. 9.57 *(978-0-366-13861-6(8))* Forgotten Bks.

Arguenot, Vol. 8: November, 1927 (Classic Reprint) Kenneth Reardon. 2017. (ENG., Illus.). (J). 72p. 25.40 *(978-0-332-71207-9(9))*; pap. 9.57 *(978-0-259-85908-6(7))* Forgotten Bks.

Arguenot, Vol. 9: November 1928 (Classic Reprint) Doris Dexter. (ENG., Illus.). (J). 2018. 66p. 25.26 *(978-0-365-40985-4(5))*; 2017. pap. 9.57 *(978-0-282-33605-9(2))* Forgotten Bks.

Argument of Capt. W. H. Day in the Haywood-Skinner Trial: October Term, 1903, Wake Superior Court (Classic Reprint) W. H. Day. (ENG., Illus.). (J). 2018. 48p. 24.89 *(978-0-483-75096-8(4))*; 2016. pap. 7.97 *(978-1-333-14855-3(0))* Forgotten Bks.

Argus: Fall, 1980 (Classic Reprint) Nigel Nicholson. 2017. (ENG., Illus.). (J). 52p. 24.97 *(978-0-332-97798-0(6))*; pap. 9.57 *(978-0-259-55008-2(6))* Forgotten Bks.

Argus, 1984 (Classic Reprint) Northwestern State University. (ENG., Illus.). (J). 2018. 62p. 25.18 *(978-0-666-62355-3(4))*; 2017. pap. 9.57 *(978-0-259-89521-3(0))* Forgotten Bks.

Argus, 1985, Vol. 9 (Classic Reprint) Northwestern State University. (ENG., Illus.). (J). 2018. 46p. 24.87 *(978-0-483-54268-6(7))*; 2017. pap. 9.57 *(978-0-243-16439-4(4))* Forgotten Bks.

Argus, 1987 (Classic Reprint) Jack B. Bedell. 2017. (ENG., Illus.). (J). 25.69 *(978-0-331-75586-2(6))*; pap. 9.57 *(978-0-243-41864-0(7))* Forgotten Bks.

Argus, 1988 (Classic Reprint) Northwestern State University. (ENG., Illus.). (J). 2018. 120p. 26.37 *(978-0-483-58192-0(5))*; 2017. pap. 9.57 *(978-0-243-25510-8(1))* Forgotten Bks.

Argus, 1989 (Classic Reprint) Gynger L. Ingram. (ENG., Illus.). (J). 2018. 130p. 26.60 *(978-0-483-56870-9(8))*; 2017. pap. 9.57 *(978-0-243-20682-7(8))* Forgotten Bks.

Argus, 1990 (Classic Reprint) William Keith. (ENG., Illus.). (J). 2018. 106p. 26.08 *(978-0-483-70194-6(7))*; 2017. pap. 9.57 *(978-0-243-19760-6(8))* Forgotten Bks.

A

Argus, 1991 (Classic Reprint) Northwestern State University. (ENG., Illus.). (J). 2018. 88p. 25.73 (978-0-484-07725-5(2)); 2017. pap. 9.57 (978-0-243-28723-9(2)) Forgotten Bks.

Argus, 1992 (Classic Reprint) Madelyn Boudreaux. (ENG., Illus.). (J). 2018. 86p. 25.69 (978-0-365-05746-8(0)); 2017. pap. 9.57 (978-0-259-75351-3(3)) Forgotten Bks.

Argus, 1993 (Classic Reprint) Northwestern State University. 2017. (ENG., Illus.). (J). 116p. 26.29 (978-0-332-48814-1(4)); pap. 9.57 (978-0-259-41217-5(1)) Forgotten Bks.

Argus, 1994 (Classic Reprint) Northwestern State University. (ENG., Illus.). (J). 2018. 160p. 27.22 (978-0-483-44235-1(6)); 2017. pap. 9.57 (978-1-334-92006-6(0)) Forgotten Bks.

Argus, 1995 (Classic Reprint) Northwestern State University. (ENG., Illus.). (J). 2018. 150p. 26.99 (978-0-484-90749-1(2)); 2017. pap. 9.57 (978-0-243-23051-8(6)) Forgotten Bks.

Argus, 1996 (Classic Reprint) Northwestern State University. (ENG., Illus.). (J). 2018. 138p. 26.74 (978-0-484-38227-4(6)); 2017. pap. 9.57 (978-0-243-20931-6(2)) Forgotten Bks.

Argus, 1999 (Classic Reprint) Northwestern State University. (ENG., Illus.). (J). 2018. 196p. 27.94 (978-0-484-84207-5(2)); 2017. pap. 10.57 (978-0-243-27619-6(2)) Forgotten Bks.

Argus 2001: Literary & Art Magazine (Classic Reprint) Sabrina Key. (ENG., Illus.). (J). 2018. 132p. 26.80 (978-0-332-18092-2(1)); 2017. pap. 9.57 (978-0-243-43288-2(7)) Forgotten Bks.

Argus, 2002-2003 (Classic Reprint) Northwestern State University. (ENG., Illus.). (J). 2018. 138p. 26.76 (978-0-484-42721-0(0)); 2017. pap. 9.57 (978-0-243-32556-6(8)) Forgotten Bks.

Argus, 2002 (Classic Reprint) Shane Erath. (ENG., Illus.). (J). 2018. 66p. 25.26 (978-0-666-58438-0(9)); 2017. pap. 9.57 (978-0-259-42741-4(1)) Forgotten Bks.

Argus 2004: Art & Literary Magazine (Classic Reprint) Northwestern State University. (ENG., Illus.). (J). 2018. 136p. 26.72 (978-0-428-99362-7(1)); 2017. pap. 9.57 (978-1-334-90706-7(4)) Forgotten Bks.

Argus 2005: Art & Literary Magazine (Classic Reprint) Angelin L. Adams. (ENG., Illus.). (J). 2018. 146p. 26.95 (978-0-332-81529-9(3)); 2017. pap. 9.57 (978-0-243-25430-9(X)) Forgotten Bks.

Argus 2006: Student Literary Magazine; the Refrigerator Issue (Classic Reprint) Northwestern State University. (ENG., Illus.). (J). 2018. 124p. 26.45 (978-0-483-88133-4(3)); 2017. pap. 9.57 (978-0-243-38476-1(9)) Forgotten Bks.

Argus 2007: Art & Literary Magazine (Classic Reprint) Northwestern State University. 2017. (ENG., Illus.). (J). 124p. 26.45 (978-0-332-67235-9(7)); 126p. pap. 9.57 (978-0-243-16491-2(2)) Forgotten Bks.

Argus, 2008 (Classic Reprint) Northwestern State University. (ENG., Illus.). (J). 2018. 122p. 26.43 (978-0-483-60910-5(2)); 2017. pap. 9.57 (978-0-243-27889-3(6)) Forgotten Bks.

Argus, 2009 (Classic Reprint) Northwestern State University. (ENG., Illus.). (J). 2018. 102p. 26.00 (978-0-483-54784-1(0)); 2017. pap. 9.57 (978-0-243-17669-4(4)) Forgotten Bks.

Argus 2011: Northwestern State University's Annual Art & Literary Magazine (Classic Reprint) Northwestern State University. (ENG., Illus.). (J). 2018. 124p. 26.45 (978-0-484-47115-2(5)); 2017. pap. 9.57 (978-0-243-38121-0(2)) Forgotten Bks.

Argus, 2012 (Classic Reprint) Northwestern State University. (ENG., Illus.). (J). 2018. 126p. 26.50 (978-0-332-79292-7(7)); 2017. pap. 9.57 (978-0-243-20380-2(2)) Forgotten Bks.

Argus, '83, Vol. 7 (Classic Reprint) Susan Long Haga. (ENG., Illus.). (J). 2018. 66p. 25.26 (978-0-483-82462-1(3)); 2017. pap. 9.57 (978-0-243-44684-1(5)) Forgotten Bks.

Argus 98 (Classic Reprint) Northwestern State University. (ENG., Illus.). (J). 2018. 114p. 26.27 (978-0-483-75574-1(5)); 2017. pap. 9.57 (978-0-259-22607-9(6)) Forgotten Bks.

Argus Pheasant (Classic Reprint) John Charles Beecham. (ENG., Illus.). (J). 2018. 334p. 30.81 (978-0-483-71153-2(5)); 2016. pap. 13.57 (978-1-333-60406-6(8)) Forgotten Bks.

Argus, Vol. 11: Spring 1978 (Classic Reprint) Northwestern State University. (ENG., Illus.). (J). 2018. 52p. 25.32 (978-0-332-92423-6(8)); 2017. pap. 9.57 (978-0-243-25432-3(6)) Forgotten Bks.

Argus, Vol. 3: Fall, 1978 (Classic Reprint) Northwestern State University. (ENG., Illus.). (J). 2019. 58p. 25.11 (978-0-365-24484-4(8)); 2017. pap. 9.57 (978-0-259-45939-2(9)) Forgotten Bks.

Argus, Vol. 3: Spring 1979 (Classic Reprint) Cindy Jo Totten. 2017. (ENG., Illus.). (J). 25.28 (978-0-331-99800-9(9)); pap. 9.57 (978-0-259-87373-0(X)) Forgotten Bks.

Argus, Vol. 4: Fall 1979 (Classic Reprint) Cindy Totten. (ENG., Illus.). (J). 2018. 56p. 25.05 (978-0-484-40699-4(X)); 2017. pap. 9.57 (978-0-243-43194-6(5)) Forgotten Bks.

Argus, Vol. 5: Spring, 1981 (Classic Reprint) Nigel Nicholson. (ENG., Illus.). (J). 2018. 54p. 25.01 (978-0-483-54723-1(0)); 2017. pap. 9.57 (978-0-243-17451-5(9)) Forgotten Bks.

Argus, Vol. 6: Spring, 1982 (Classic Reprint) Jane Ambler Patterson. (ENG., Illus.). (J). 2018. 62p. 25.18 (978-0-483-55779-6(X)); 2017. pap. 9.57 (978-0-243-18847-5(1)) Forgotten Bks.

Argyle Fox. Marie Letourneau. 2017. (ENG., Illus.). 32p. (J). (gr. -1-3). 17.99 (978-1-939100-09-2(7)) Tanglewood Pr.

Ari 419: Below the Bommie. Joanne Wiess. Illus. by Gwenn Wiess. 2021. (ENG.). 32p. (J). pap. 14.95 (978-1-63844-834-1(5)) Christian Faith Publishing.

Ari & His Articles. Lubna Alsagoff. 2023. (Wonderful World of Words Ser.: 16). (ENG.). 28p. (J). (gr. 2-4). pap. 8.99 (978-981-5009-05-7(2)) Marshall Cavendish International (Asia) Private Ltd. SGP. Dist: Independent Pubs. Group.

Ari Bella's Ferret. Darrin D. Rogers. 2016. (ENG., Illus.). (J). pap. 10.00 (978-0-9895256-2-6(7)) 2DHse. Publishing.

Ari J. 's Firefly Rescue. Ain Heath Drew. Illus. by Shamar Knight-Justice. 2023. (Ari J. Adventures Ser.: Vol. 2). (ENG.). 36p. (J). 19.99 **(978-1-64538-534-9(5))**; pap. 14.99 **(978-1-64538-532-5(9))** Orange Hat Publishing.

Ari vs the World: Putting God First. Nichelle Kline. 2017. (ENG., Illus.). (J). (gr. -1-2). pap. 9.95 (978-1-946977-71-7(3)) Yorkshire Publishing Group.

Aria. Janet Rowe. 2022. (ENG., Illus.). 58p. (J). pap. 15.95 (978-1-63885-663-4(X)) Covenant Bks.

Aria Da Capo: A Play in One Act (Classic Reprint) Edna St. Vincent Millay. 2018. (ENG., Illus.). 60p. (J). 25.15 (978-0-364-44667-6(6)) Forgotten Bks.

Aria Finds Her Forever Family: A Min Pin Rescue Story. Barbara Light Lacy. 2021. (ENG.). 52p. (J). pap. 16.95 (978-1-7339277-2-7(7)) Golightly Publishing.

Aria I Love You All Ways. Marianne Richmond. Illus. by Dubravka Kolanovic. 2023. (I Love You All Ways Ser.). (ENG.). 32p. (J). (gr. -1-3). 8.99 **(978-1-7282-7333-4(1))** Sourcebooks, Inc.

Aria on the North Pole Express. J. D. Green. Illus. by Joanne Partis. 2022. (North Pole Express Bears Ser.). (ENG.). 32p. (J). (gr. -1-3). 7.99 **(978-1-7282-6911-5(3))** Sourcebooks, Inc.

Aria on the North Pole Express. J. D. Green. 2019. (North Pole Express Ser.). (ENG.). 32p. (J). (gr. -1-3). 7.99 **(978-1-7282-0306-5(6))** Sourcebooks, Inc.

Aria Santa's Secret Elf. Put Me In The Story & Katherine Sully. Illus. by Julia Seal. 2018. (Santa's Secret Elf Ser.). (ENG.). 32p. (J). (gr. k-3). 5.99 (978-1-4926-8119-9(9)) Sourcebooks, Inc.

ARIA the Graduate. Janet Rowe. 2023. (ENG.). 96p. (YA). pap. 18.95 **(978-1-68526-925-8(7))** Covenant Bks.

Aria: the Masterpiece, Volume 2. Illus. by Kozue Amano. 2019. (Aria: the Masterpiece Ser.: 2). 384p. (YA). (gr. 6). pap. 24.99 (978-1-4278-6001-9(7), c47a5f23-d3e9-49cc-9f72-65e29e3a2218) TOKYOPOP, Inc.

Aria: the Masterpiece, Volume 3. Illus. by Kozue Amano. 2019. (Aria: the Masterpiece Ser.: 3). 380p. (YA). (gr. 6). pap. 24.99 (978-1-4278-6002-6(5), 9bfc9b96-28cd-41a0-9080-299d2d9ea20e) TOKYOPOP, Inc.

Aria: the Masterpiece, Volume 4. Illus. by Kozue Amano. 2019. (Aria: the Masterpiece Ser.: 4). 356p. (YA). (gr. 6). pap. 24.99 (978-1-4278-6003-3(3), 67e31035-082f-42df-a726-78178003e6e8) TOKYOPOP, Inc.

Aria: the Masterpiece, Volume 5. Illus. by Kozue Amano. 2020. (Aria: the Masterpiece Ser.: 5). 358p. (YA). (gr. 6). pap. 24.99 (978-1-4278-6004-0(1), 23b9ba52-5ff6-426d-9121-5877e4d37f04) TOKYOPOP, Inc.

Aria 'Twas the Night Before Christmas. Illus. by Lisa Alderson. 2019. (Night Before Christmas Ser.). (ENG.). 32p. (J). (gr. -1-3). 7.99 **(978-1-7282-0199-3(3))** Sourcebooks, Inc.

Ariadne of Allan Water (Classic Reprint) Sidney McCall. 2018. (ENG., Illus.). 426p. (J). 32.68 (978-0-332-01988-8(8)) Forgotten Bks.

Ariadne, Vol. 1 Of 3: The Story of a Dream (Classic Reprint) Ouida Ouida. 2018. (ENG., Illus.). 322p. (J). 30.54 (978-0-483-19734-3(3)) Forgotten Bks.

Ariala. Taylor Biechy. l.t. ed. 2020. (ENG.). 278p. (YA). pap. 13.00 **(978-1-0879-6403-4(2))** Indy Pub.

Ariana & Whisper. 8. Julia Sykes. ed. 2021. (Unicorn Academy Ser.). (ENG., Illus.). 106p. (J). (gr. 2-3). 16.36 (978-1-64697-738-3(6)) Penworthy Co., LLC, The.

Ariana Gold. Joelle Wisler. 2016. (What's Your Dream? Ser.). (ENG., Illus.). 96p. (J). (gr. 4-6). lib. bdg. 25.99 (978-1-4965-3442-2(5), 132564, Stone Arch Bks.) Capstone.

Ariana Grande. Greg Bach. 2021. (Pop Music Stars Ser.: 5). (ENG.). 80p. (J). (gr. 7-12). 34.60 (978-1-4222-4481-4(4)) Mason Crest.

Ariana Grande. Jim Gigliotti. 2018. (Amazing Americans: Pop Music Stars Ser.). (ENG.). 24p. (J). (gr. -1-3). lib. bdg. 26.99 (978-1-68402-458-2(7)) Bearport Publishing Co., Inc.

Ariana Grande. Martha London. 2020. (Biggest Names in Music Ser.). (ENG., Illus.). 32p. (J). (gr. 3-5). pap. 9.95 (978-1-64493-643-6(7), 1644936437); lib. bdg. 31.35 (978-1-64493-634-4(8), 1644936348) North Star Editions. (Focus Readers).

Ariana Grande. Laura K. Murray. 2016. (J). (978-1-60818-669-3(5), Creative Education); (ENG.). 24p. (gr. 1-3). pap. (978-1-62832-265-1(9), 20781, Creative Paperbacks) Creative Co., The.

Ariana Grande: Music Superstar. Heather E. Schwartz. 2020. (Boss Lady Bios (Alternator Books (r)) Ser.). (ENG., Illus.). 32p. (J). (gr. 3-6). lib. bdg. 30.65 (978-1-5415-9706-8(0), 49c26ee2-b65e-48b3-994d-7b4e4071c05f, Lerner Pubns.) Lerner Publishing Group.

Ariana Grande: Pop Star, 1 vol. Rita Santos. 2018. (Junior Biographies Ser.). (ENG.). 24p. (gr. 3-4). 24.27 (978-0-7660-9723-0(4), a02c4f6d-5e94-4e73-af02-2ce1ea611755) Enslow Publishing, LLC.

Ariana Has a Funfair. Lubna Alsagoff. 2023. (Wonderful World of Words Ser.: 18). (ENG.). 28p. (J). (gr. 2-4). pap. 8.99 (978-981-5009-07-1(9)) Marshall Cavendish International (Asia) Private Ltd. SGP. Dist: Independent Pubs. Group.

Ariana Learns Shona: A Delightful Book That Introduces Young Readers to the Shona Language. Batsirai Madzonga & Debbie Madzonga. 2023. (ENG.). 32p. (J). **(978-1-4477-9238-3(6))** Lulu Pr., Inc.

Ariana Learns Shona: The Magical Dream. Batsirai Madzonga & Debbie Madzonga. 2023. (ENG.). 41p. (J). **(978-1-4467-7652-0(2))** Lulu Pr., Inc.

Ariana Learns Shona: Volume 2: a Shona Language & Cultural Adventure. Batsirai Madzonga & Debbie Madzonga. 2023. (ENG.). 40p. (J). **(978-1-4476-7027-8(2))** Lulu Pr., Inc.

Ariana's Christmas Wish. Put Me In The Story & J. D. Green. Illus. by Julia Seal. 2018. (Christmas Wish Ser.). (ENG.). 32p. (J). (gr. k-3). 6.99 **(978-1-4926-8508-1(9))** Sourcebooks, Inc.

Arianna Huffington: Media Mogul & Internet News Pioneer, 1 vol. Jeri Freedman. 2017. (Leading Women Ser.). (ENG.). 112p. (YA). (gr. 7-7). 41.64 (978-1-5026-3170-1(9), 4293edd9-4229-4cb7-b4aa-99af895cb828); pap. 20.99 (978-1-5026-3410-8(4), ad82ed50-e04a-4d2e-9f1c-b357faab5d2a) Cavendish Square Publishing LLC.

Aria's Caribbean Vacation. D. Preyor. 2020. (ENG.). 46p. (J). 18.99 (978-1-7359312-2-7(5)) Ink queens publishing.

Aria's Christmas Wish. Put Me In The Story & J. D. Green. Illus. by Julia Seal. 2018. (Christmas Wish Ser.). (ENG.). 32p. (J). (gr. k-3). 6.99 **(978-1-4926-8306-3(X))** Sourcebooks, Inc.

Ariba: An Old Tale about New Shoes. Masha Manapov. Illus. by Masha Manapov. 2019. (Illus.). 40p. (J). 17.95 (978-1-59270-300-5(3)) Enchanted Lion Bks., LLC.

Arica's Revenge: Return to Sementia. Angela Schmeling. 2022. (ENG.). 238p. (YA). pap. 12.99 **(978-1-0879-7162-9(4))** Indy Pub.

Arickaree Treasure: And Other Brief Tales of Adventurous Montanians (Classic Reprint) Albert Gallatin Clarke Jr. (ENG., Illus.). (J). 2018. 236p. 28.76 (978-0-365-37044-4(4)); 2017. pap. 11.57 (978-0-259-44315-5(8)) Forgotten Bks.

Arid Alarm. L. B. Carter. 2019. (Climatic Climacteric Ser.: Vol. 3). (ENG., Illus.). 360p. (J). pap. 14.99 (978-0-578-61977-4(6)) Laura Beth Carter.

Ariel: The Curious Cat of Christmas. Michael R. Martin. 2018. (ENG., Illus.). 42p. (J). 23.95 (978-1-64299-536-7(3)); pap. 14.95 (978-1-64079-370-5(4)) Christian Faith Publishing.

Ariel & the Big Baby: Rapunzel Finds a Friend. Amy Sky Koster. Illus. by Alan Batson et al. 2017. (J). (978-1-5379-1732-0(3)) Random Hse., Inc.

Ariel & the Big Baby / Rapunzel Finds a Friend. Amy Sky Koster & Ella Patrick. ed. 2017. (Disney Princess 8x8 Ser.). (Illus.). (J). lib. bdg. 16.00 (978-0-606-40249-1(7)) Turtleback.

Ariel & the Curse of the Sea Witches (Disney Princess) RH Disney. 2023. (Graphic Novel Ser.). (ENG.). 96p. (J). (gr. 3-7). 12.99 (978-0-7364-4379-1(7), RH/Disney) Random Hse. Children's Bks.

Ariel & the Paintbrush. CICI. 2021. (ENG.). 52p. (J). pap. (978-1-64969-740-0(6)) Tablo Publishing.

Ariel Is Fearless/Jasmine Is Helpful (Disney Princess) Liz Marsham & Suzanne Francis. Illus. by The Disney Storybook Art Team & Jeffrey Thomas. 2017. (Step into Reading Ser.). (ENG.). 48p. (J). (gr. -1-1). pap. 5.99 (978-0-7364-3802-5(5), RH/Disney) Random Hse. Children's Bks.

Arielle's Two Grand. Sarah Shabazz-Ugwumba. Ed. by Wag Publishing. Illus. by Aminah Shabazz. 2016. (ENG.). (J). pap. 10.50 (978-0-9886117-5-7(9)) Gulley, Wayne.

Ariel's Brave Kitten. Amy Sky Koster. ed. 2021. (Step into Reading Ser.). (ENG., Illus.). 24p. (J). (gr. k-1). 15.96 (978-1-64697-834-2(X)) Penworthy Co., LLC, The.

Ariel's Brave Kitten (Disney Princess: Palace Pets) RH Disney. Illus. by RH Disney. 2021. (Step into Reading Ser.). (ENG., Illus.). 24p. (J). (gr. -1-1). 14.99 (978-0-7364-9002-3(7)); 5.99 (978-0-7364-4179-7(4)) Random Hse. Children's Bks. (RH/Disney).

Ariel's Voice / la Voz de Ariel (English-Spanish) (Disney the Little Mermaid) (Level up! Readers) Tr. by Laura Collado Piriz. Illus. by Disney Storybook Art Team. 2020. (Disney Bilingual Ser.: 36). (ENG.). 32p. (J). (gr. k-3). pap. 3.99 (978-1-4998-0879-7(8)); 16.99 (978-1-4998-0880-3(1)) Little Bee Books Inc. (BuzzPop).

Aries. Clever Publishing. Illus. by Alyona Achilova. 2021. (Clever Zodiac Signs Ser.: 1). (ENG.). 8p. (J). (gr. -1 — 1). bds. 8.99 (978-1-951100-61-2(1)) Clever Media Group.

Aries: Book One in the Zodiac Dozen Series. Oliver Bestul. 2022. (ENG.). 176p. (J). pap. 12.99 (978-1-64538-374-1(1)) Orange Hat Publishing.

Arif Goes Shopping Pink a Band. Charlotte al-Qadi. Illus. by Rupert Van Wyk. ed. 2016. (Cambridge Reading Adventures Ser.). (ENG.). 16p. pap. 7.95 (978-1-316-60810-4(7)) Cambridge Univ. Pr.

Arikara Narrative of the Campaign Against the Hostile Dakotas, June, 1876 (Classic Reprint) State Historical Society Of Nort Dakota. (ENG., Illus.). (J). 2017. 30.62 (978-0-331-89286-4(3)); 2016. pap. 13.57 (978-1-334-15332-7(9)) Forgotten Bks.

Arike Ogunbowale. Erin Nicks. 2022. (WNBA Superstars Ser.). (ENG., Illus.). 32p. (J). (gr. 3-5). pap. 9.95 (978-1-63739-122-8(6)); lib. bdg. 31.35 (978-1-63739-068-9(8)) North Star Editions. (Focus Readers).

Aris & the Spaceship. Semisi Pule. 2019. (ENG.). 58p. (J). pap. (978-1-988511-57-3(7)); pap. (978-1-988511-60-3(7)) Rainbow Enterprises.

Arise: Leading by the Book. Keith Anderson. Ed. by Tonja McRady. 2023. (ENG.). 108p. (YA). pap. 12.00 **(978-1-952955-41-9(6))** Kaio Pubns., Inc.

Aristocats. Illus. by Mario Cortes & Didier Le Bornec. 2020. (Disney Classics Ser.). (ENG.). 48p. (J). (gr. 2-6). lib. bdg. 32.79 (978-1-5321-4532-2(2), 35181, Graphic Novels) Spotlight.

Aristocracy: A Novel (Classic Reprint) Unknown Author. 2018. (ENG., Illus.). 260p. (J). 29.26 (978-0-428-78697-7(9)) Forgotten Bks.

Aristocrat, Vol. 1 Of 2: An American Tale (Classic Reprint) Lloyd Wharton Bickley. 2018. (ENG., Illus.). 488p. (J). 33.96 (978-0-483-95650-6(3)) Forgotten Bks.

Aristocrats: Being the Impressions of the Lady Helen Pole During Her Sojourn in the Great North Woods As Spontaneously Recorded in Her Letters to Her Friend in North Britain the Countess of Edge & Ross (Classic Reprint) Gertrude Franklin Horn Atherton. (ENG., Illus.). (J). 2018. 310p. 30.31 (978-0-656-98501-2(1)); 2017. pap. 13.57 (978-0-243-09367-0(5)) Forgotten Bks.

Aristokia (Classic Reprint) A. Washington Pezet. 2018. (ENG., Illus.). 240p. (J). 28.85 (978-0-484-91361-4(1)) Forgotten Bks.

Aristokittens #1: Welcome to the Creature Café. Jennifer Castle. 2022. (Aristokittens Ser.: 1). (ENG., Illus.). 128p. (J). (gr. 1-3). 14.99 (978-1-368-06972-4(X)); pap. 5.99 (978-1-368-06576-4(7)) Disney Publishing Worldwide. (Disney Press Books).

Aristokittens #2: the Great Biscuit BakeOff. Jennifer Castle. 2022. (Aristokittens Ser.: 2). (ENG., Illus.). 128p. (J). (gr. 1-3). 14.99 (978-1-368-06973-1(8)); pap. 5.99 (978-1-368-06803-1(0)) Disney Publishing Worldwide. (Disney Press Books).

Aristokittens #3: the Fantastic Rabbit Race. Jennifer Castle. 2022. (Aristokittens Ser.: 3). (ENG.). 128p. (J). (gr. 1-3). 14.99 (978-1-368-06974-8(6)); pap. 5.99 (978-1-368-06804-8(9)) Disney Publishing Worldwide. (Disney Press Books).

Aristokittens #4: the Terrific Talent Show. Jennifer Castle. 2023. (Aristokittens Ser.). (ENG.). 128p. (J). (gr. 1-3). pap. 5.99 **(978-1-368-09370-5(1)**, Disney Press Books) Disney Publishing Worldwide.

Aristophanes at Oxford (Classic Reprint) L. S. Amery. 2018. (ENG., Illus.). 100p. (J). 25.96 (978-0-483-89666-6(7)) Forgotten Bks.

Aristóteles y Dante Se Sumergen en Las Aguas Del Mundo. Benjamin Alire. 2021. (SPA.). 472p. (YA). pap. 19.95 (978-607-07-8050-9(7)) Editorial Planeta, S. A. ESP. Dist: Two Rivers Distribution.

Aristotle & Dante Collection (Boxed Set) Aristotle & Dante Discover the Secrets of the Universe; Aristotle & Dante Dive into the Waters of the World. Benjamin Alire Sáenz. ed. (Aristotle & Dante Ser.). (ENG.). (YA). (gr. 7). 2023. 928p. pap. 29.99 **(978-1-6659-5731-1(X))**; 2021. 896p. 44.99 (978-1-6659-0062-1(8)) Simon & Schuster Bks. For Young Readers. (Simon & Schuster Bks. For Young Readers).

Aristotle & Dante Discover the Secrets of the Universe. Benjamin Alire Sáenz. ed. 2023. (Aristotle & Dante Ser.). (ENG.). 384p. (YA). (gr. 7). pap. 14.99 **(978-1-6659-5575-1(9)**, Simon & Schuster Bks. For Young Readers) Simon & Schuster Bks. For Young Readers.

Aristotle & Dante Discover the Secrets of the Universe: Tenth Anniversary Edition. Benjamin Alire Sáenz. ed. 2022. (Aristotle & Dante Ser.). (ENG.). 384p. (YA). (gr. 7). 24.99 (978-1-6659-2541-9(8), Simon & Schuster Bks. For Young Readers) Simon & Schuster Bks. For Young Readers.

Aristotle & Dante Dive into the Waters of the World. Benjamin Alire Sáenz. 2021. (Aristotle & Dante Ser.). (ENG., Illus.). 528p. (YA). (gr. 9). 19.99 (978-1-5344-9619-4(X), Simon & Schuster Bks. For Young Readers) Simon & Schuster Bks. For Young Readers.

Aristotle the Rebel. Rainey Leigh Seraphine. 2019. (ENG., Illus.). 104p. (J). (gr. 3-6). pap. (978-0-6485458-1-1(4)) Wizzenhill Publishing.

Aristotle the Water Bottle. Lamis Al-Asali. Illus. by Kamal Sharaf. 2022. (ENG.). 60p. (J). pap. **(978-1-922918-94-9(6))** Library For All Limited.

Aristotles, & Other Stories. Paul Wayne. 2022. (ENG.). (J). 283p. pap. **(978-1-4710-1392-8(8))**; 290p. pap. 15.40 **(978-1-4710-6874-4(9))** Lulu Pr., Inc.

Aristotle's Compleat Master-Piece, in Three Parts: Displaying the Secrets of Nature in the Generation of Man; Regularly Digested into Chapters & Sections, Rendering It Far More Useful & Easy Than Any yet Extant; to Which Is Added, a Treasure of Health. Aristotle Aristotle. 2017. (ENG., Illus.). (J). 26.91 (978-0-331-14946-3(X)); pap. 9.57 (978-0-260-12755-6(8)) Forgotten Bks.

Aristotle's Master-Piece, or the Secrets of Nature Displayed in the Generation of Man: Complete in Three Parts; to Which Is Added, a Treasure of Health, or the Family Physician (Classic Reprint) William Salmon. 2018. (ENG., Illus.). (J). 116p. 26.31 (978-1-396-57557-0(X)); 118p. pap. 9.57 (978-1-391-68351-5(X)) Forgotten Bks.

Aristotle's Nostril. Morris Gleitzman. 2016. 144p. (J). (gr. 1-3). 14.99 (978-0-14-330894-2(7)) Random Hse. Australia AUS. Dist: Independent Pubs. Group.

Arithmechicks Add Up: A Math Story. Ann Marie Stephens. Illus. by Jia Liu. 2019. (Arithmechicks Ser.). 32p. (J). (gr. -1-3). 17.99 (978-1-62979-807-3(X), Astra Young Readers) Astra Publishing Hse.

Arithmechicks Take Away: A Math Story. Ann Marie Stephens. Illus. by Jia Liu. 2020. (Arithmechicks Ser.). (ENG.). 32p. (J). (gr. -1-3). 17.99 (978-1-62979-808-0(8), Astra Young Readers) Astra Publishing Hse.

Arithmetic: As Taught in the Troy Episcopal Institute. W. F. Walker. 2017. (ENG., Illus.). (J). pap. (978-0-649-06228-7(0)) Trieste Publishing Pty Ltd.

Arithmetic: Rules & Reasons. John Hopwood Boardman. 2017. (ENG., Illus.). (J). pap. (978-0-649-50074-1(1)) Trieste Publishing Pty Ltd.

Arithmetic by Design. Russell F. Jacobs. Ed. by Erika Jacobs & Janette Smidt. 2017. (ENG.). 48p. (Orig.). (J). (gr. 5-9). pap., wbk. ed. 19.95 (978-0-918272-26-3(2), 163) Tessellations.

Arithmetic by Grades for Inductive Teaching, Drilling & Testing; Book Number Five. John T. Prince. 2017. (ENG., Illus.). (J). pap. (978-0-649-41708-7(9)) Trieste Publishing Pty Ltd.

Arithmetic by Grades for Inductive Teaching, Drilling & Testing, Book Number One. John T. Prince. 2017. (ENG., Illus.). (J). pap. (978-0-649-41921-0(9)) Trieste Publishing Pty Ltd.

Arithmetic by Grades for Inductive Teaching, Drilling & Testing. Book Number One. Numbers from 1 To 20. John T. Prince. 2017. (ENG., Illus.). (J). pap. (978-0-649-42109-1(4)) Trieste Publishing Pty Ltd.

Arithmetic by Grades for Inductive Teaching, Drilling & Testing. Book Number Seven. John T. Prince. 2017. (ENG., Illus.). (J). pap. (978-0-649-44663-6(1)) Trieste Publishing Pty Ltd.

Arithmetic by Grades, for Inductive Teaching, Drilling & Testing, Book Number Six. John T. Prince. 2017. (ENG., Illus.). (J). pap. (978-0-649-44641-4(0)) Trieste Publishing Pty Ltd.

Arithmetic by Grades for Inductive Teaching, Drilling & Testing. Book Number Three. John T. Prince. 2017. (ENG., Illus.). (J). pap. (978-0-649-44723-7(9)); pap. (978-0-649-44984-2(3)) Trieste Publishing Pty Ltd.

Arithmetic by Grades for Inductive Teaching, Drilling & Testing, Book Number Two. John T. Prince. 2017. (ENG., Illus.). (J). pap. *(978-0-649-52209-5(5))* Trieste Publishing Pty Ltd.

Arithmetic by Grades for Inductive Teaching, Drilling & Testing. Book Number Two. John Tilden Prince. 2017. (ENG., Illus.). (J). pap. *(978-0-649-45135-7(X))* Trieste Publishing Pty Ltd.

Arithmetic for Fun. Yakov Perelman. 2018. (ENG., Illus.). 150p. (YA). pap. *(978-2-917260-50-0(5))* Prodinnova.

Arithmetical Problems, Arranged for Drill & Review in Primary, Grammar, & High Schools. E. Wentworth. 2017. (ENG., Illus.). (J). pap. *(978-0-649-06227-0(2))* Trieste Publishing Pty Ltd.

Aritmetica Aritmetica: Resuelve el Problema de Cada Dibujo Coloreando Tus Respuestas. Martine Perry. 2016. (SPA.). 34p. (J). pap. 5.99 *(978-1-899618-98-9(8))* Tarquin Pubns. GBR. Dist: Independent Pubs. Group.

Aritmética Del Diablo / the Devil's Arithmetic. Jane Yolen. 2021. (SPA.). 192p. (J). (gr. 5-9). pap. 12.95 *(978-1-64473-263-2(7),* Alfaguara) Penguin Random House Grupo Editorial ESP. Dist: Penguin Random Hse. LLC.

Arizona. Rennay Craats. 2018. (Our American States Ser.). (ENG.). 48p. (J). lib. bdg. 22.99 *(978-1-5105-3486-5(5))* SmartBook Media, Inc.

Arizona. Kathleen Derzipilski et al. 2019. (J). pap. *(978-1-5026-5180-8(7))* Cavendish Square Publishing LLC.

Arizona. Karen Durrie & Rennay Craats. 2018. (Illus.). 24p. (J). *(978-1-4896-7405-0(5),* AV2 by Weigl) Weigl Pubs., Inc.

Arizona, 1 vol. John Hamilton. 2016. (United States of America Ser.). (ENG., Illus.). 48p. (J). (gr. 5-9). 34.21 *(978-1-68078-305-6(X),* 21595, Abdo & Daughters) ABDO Publishing Co.

Arizona. Audrey Harrison. 2022. (Core Library of US States Ser.). (ENG.). 48p. (J). (gr. 4-8). lib. bdg. 35.64 *(978-1-5321-9744-4(6),* 39579) ABDO Publishing Co.

Arizona. Ann Heinrichs. Illus. by Matt Kania. 2017. (U. S. A. Travel Guides). (ENG.). 40p. (J). (gr. 2-5). lib. bdg. 38.50 *(978-1-5038-1943-6(4),* 211580) Child's World, Inc, The.

Arizona. Sarah Tieck. 2019. (Explore the United States Ser.). (ENG., Illus.). 32p. (J). (gr. 2-5). lib. bdg. 34.21 *(978-1-5321-9106-0(5),* 33400, Big Buddy Bks.) ABDO Publishing Co.

Arizona: The Grand Canyon State. Rennay Craats. 2016. (J). *(978-1-5105-0653-4(5))* SmartBook Media, Inc.

Arizona: The Grand Canyon State. Rennay Craats. 2016. (J). *(978-1-4896-4821-1(6))* Weigl Pubs., Inc.

Arizona (a True Book: My United States) (Library Edition) Josh Gregory. 2018. (True Book (Relaunch) Ser.). (ENG., Illus.). 48p. (J). (gr. 3-5). 31.00 *(978-0-531-23555-3(6),* Children's Pr.) Scholastic Library Publishing.

Arizona Argonauts. H. Bedford Jones. 2020. (ENG.). 124p. (YA). pap. *(978-1-716-65112-0(3))* Lulu Pr., Inc.

Arizona Cardinals. Kenny Abdo. 2021. (NFL Teams Ser.). (ENG., Illus.). 32p. (J). (gr. 2-8). lib. bdg. 32.79 *(978-1-0982-2451-6(5),* 37136, Abdo Zoom-Fly) ABDO Publishing Co.

Arizona Cardinals. Josh Anderson. 2022. (Professional Football Teams Ser.). (ENG.). 32p. (J). (gr. 2-5). lib. bdg. 35.64 *(978-1-5038-5771-1(9),* 215745, Stride) Child's World, Inc, The.

Arizona Cardinals. Katie Gillespie. 2016. 24p. (J). *(978-1-4896-5478-6(X))* Weigl Pubs., Inc.

Arizona Cardinals. Katie Lajiness. 2016. (NFL's Greatest Teams Set 3 Ser.). (ENG.). 32p. (J). (gr. 2-5). lib. bdg. 34.21 *(978-1-68078-526-5(5),* 23615, Big Buddy Bks.) ABDO Publishing Co.

Arizona Cardinals. Todd Ryan. 2019. (Inside the NFL Ser.). (ENG.). 48p. (J). (gr. 3-6). lib. bdg. 34.21 *(978-1-5321-1836-4(8),* 32541, SportsZone) ABDO Publishing Co.

Arizona Cardinals. Contrib. by Janie Scheffer. 2023. (NFL Team Profiles Ser.). (ENG., Illus.). (J). (gr. 3-7). lib. bdg. 26.95 Bellwether Media.

Arizona Cardinals, 1 vol. Andres Ybarra. 2016. (NFL up Close Ser.). (ENG.). 32p. (J). (gr. 3-9). lib. bdg. 32.79 *(978-1-68078-206-6(1),* 22013, SportsZone) ABDO Publishing Co.

Arizona Cardinals. Jim Whiting. rev. ed. 2019. (NFL Today Ser.). (ENG.). 48p. (J). (gr. 4-7). pap. 12.00 *(978-1-62832-693-2(X),* 18989, Creative Paperbacks) Creative Co., The.

Arizona Cardinals All-Time Greats. Ted Coleman. 2022. (NFL All-Time Greats Set 2 Ser.). (ENG., Illus.). 24p. (J). (gr. 3-3). pap. 8.95 *(978-1-63494-436-6(4));* lib. bdg. 28.50 *(978-1-63494-419-9(4))* Pr. Room Editions LLC.

Arizona Cardinals Story. Thomas K. Adamson. 2016. (NFL Teams Ser.). (ENG., Illus.). 32p. (J). (gr. 3-7). lib. bdg. 26.95 *(978-1-62617-355-2(9),* Torque Bks.) Bellwether Media.

Arizona Coyotes. Contrib. by David J. Clarke. 2023. (NHL Teams Set 3 Ser.). (ENG., Illus.). 32p. (J). lib. bdg. 31.35 ***(978-1-63494-672-8(3))*** Pr. Room Editions LLC.

Arizona Coyotes. David J. Clarke. 2023. (NHL Teams Set 3 Ser.). (ENG., Illus.). 32p. (J). pap. 9.95 ***(978-1-63494-696-4(0))*** Pr. Room Editions LLC.

Arizona Diamondbacks. Patrick Donnelly. 2022. (Inside MLB Ser.). (ENG., Illus.). 48p. (J). (gr. 3-6). lib. bdg. 34.21 *(978-1-0982-9008-5(9),* 40773, SportsZone) ABDO Publishing Co.

Arizona Diamondbacks. Jim Whiting. (Creative Sports: Major League Baseball Ser.). (ENG.). 32p. (J). 2021. (gr. 4-7). *(978-1-64026-294-2(6),* 17734, Creative Education); 2020. (gr. 3-5). pap. 9.99 *(978-1-62832-826-4(6),* 17735, Creative Paperbacks) Creative Co., The.

Arizona Limited: Or Across the Continent Afoot (Classic Reprint) Michael G. Harman. 2018. (ENG., Illus.). 210p. (J). 28.25 *(978-0-365-13164-9(4))* Forgotten Bks.

Arizona Nights (Classic Reprint) Stewart Edward White. 2017. (ENG., Illus.). (J). 31.47 *(978-0-260-96525-7(1))* Forgotten Bks.

Arizona School Laws, Aprils 1 1905. 2017. (ENG., Illus.). (J). pap. *(978-0-649-36288-2(8))* Trieste Publishing Pty Ltd.

Arjun the Life-Story of an Indian Boy (Classic Reprint) Samuel Evans Stokes. 2018. (ENG., Illus.). 196p. (J). 27.96 *(978-0-332-46002-4(9))* Forgotten Bks.

Arjuna. Wonder House Books. 2023. (Tales from Indian Mythology Ser.). (HIN.). 16p. (J). (gr. 3-7). pap. 2.99 ***(978-93-5856-196-8(3))*** Prakash Bk. Depot IND. Dist: Independent Pubs. Group.

Ark. Elisabeth Sharp McKetta. 2023. (ENG.). 328p. (J). pap. 14.95 *(978-1-58988-179-2(6))* Dry, Paul Bks., Inc.

Ark Angel: an Alex Rider Graphic Novel. Anthony Horowitz & Antony Johnston. Illus. by Amrit Birdi. 2020. (Alex Rider Ser.). (ENG.). 176p. (J). (gr. 4-7). pap. 14.99 *(978-1-5362-0733-0(0))* Candlewick Pr.

Ark Full of Animals. Renita Boyle. 2021. (ENG.). (J). 11.95 *(978-1-950784-78-3(9))* Ascension Pr.

Ark Plan. Laura Martin. Illus. by Eric DesChamps. ed. 2017. (Edge of Extinction Ser.: 1). (ENG.). (J). (gr. 3-7). lib. bdg. 17.20 *(978-0-606-40046-6(X))* Turtleback.

Ark That Noah Built. Ruth Hearson. ed. 2022. (ENG., Illus.). 32p. (J). 13.99 *(978-0-7459-7952-6(1),* 69e0329c-80eb-4fc2-98f6-b7f6d59e8747, Lion Children's) Lion Hudson PLC GBR. Dist: Baker & Taylor Publisher Services (BTPS).

Arkansas. A. R. Carser. 2022. (Core Library of US States Ser.). (ENG., Illus.). 48p. (J). (gr. 4-8). lib. bdg. 35.64 *(978-1-5321-9745-1(4),* 39581) ABDO Publishing Co.

Arkansas. Karen Durrie & Bryan Pezzi. 2018. (Illus.). 24p. (J). *(978-1-4896-7407-4(1),* AV2 by Weigl) Weigl Pubs., Inc.

Arkansas, 1 vol. John Hamilton. 2016. (United States of America Ser.). (ENG., Illus.). 48p. (J). (gr. 5-9). 34.21 *(978-1-68078-306-3(8),* 21597, Abdo & Daughters) ABDO Publishing Co.

Arkansas. Ann Heinrichs. Illus. by Matt Kania. 2017. (U. S. A. Travel Guides). (ENG.). 40p. (J). (gr. 2-5). lib. bdg. 38.50 *(978-1-5038-1944-3(2),* 211581) Child's World, Inc, The.

Arkansas. Jason Kirchner. 2016. (States Ser.). (ENG., Illus.). 32p. (J). (gr. 3-6). lib. bdg. 27.99 *(978-1-5157-0390-7(6),* 132002, Capstone Pr.) Capstone.

Arkansas. Sarah Tieck. 2019. (Explore the United States Ser.). (ENG., Illus.). 32p. (J). (gr. 2-5). lib. bdg. 34.21 *(978-1-5321-9107-7(3),* 33402, Big Buddy Bks.) ABDO Publishing Co.

Arkansas: People, Places, & Things Children's Book with Facts & Pictures. Bold Kids. 2022. (ENG.). 46p. (J). pap. 14.99 *(978-1-0717-0879-8(1))* FASTLANE LLC.

Arkansas: The Natural State. Bryan Pezzi. 2016. (J). *(978-1-5105-0656-5(X))* SmartBook Media, Inc.

Arkansas: The Natural State. Bryan Pezzi. 2016. (J). *(978-1-4896-4824-2(0))* Weigl Pubs., Inc.

Arkansas (a True Book: My United States) (Library Edition) Martin Gitlin. 2018. (True Book (Relaunch) Ser.). (ENG., Illus.). 48p. (J). (gr. 3-5). 31.00 *(978-0-531-23556-0(4),* Children's Pr.) Scholastic Library Publishing.

Arkansas Planter. Opie Percival Read. 2017. (ENG., Illus.). (J). 24.95 *(978-1-374-97397-8(1));* pap. 14.95 *(978-1-374-97396-1(3))* Capital Communications, Inc.

Arkansas Planter (Classic Reprint) Opie Read. 2018. (ENG., Illus.). 316p. (J). 30.43 *(978-0-483-84213-7(3))* Forgotten Bks.

Arkansas Souvenirs (Classic Reprint) Oliver W. Jennings. 2017. (ENG., Illus.). (J). 25.86 *(978-0-331-59078-4(6))* Forgotten Bks.

Arkansas Traveler's Song Book (Classic Reprint) Unknown Author. 2017. (ENG., Illus.). (J). 25.48 *(978-0-331-41269-7(1))* Forgotten Bks.

Arkansas Traveller. Fennimore Harrison. 2017. (ENG.). 48p. (J). pap. *(978-3-337-29228-7(3))* Creation Pubs.

Arkansas Traveller: A New Eccentric Comedy, in Four Acts (Classic Reprint) Fennimore Harrison. (ENG., Illus.). (J). 2018. 48p. 24.91 *(978-0-332-21110-7(X));* 2016. pap. 9.57 *(978-1-334-13728-0(5))* Forgotten Bks.

Arkansas Traveller's Songster: Containing the Celebrated Story of the Arkansas Traveller, with the Music for Violin or Piano, & Also, an Extensive & Choice Collection of New & Popular Comic & Sentimental Songs (Classic Reprint) Unknown Author. (ENG., Illus.). (J). 2018. 94p. 25.84 *(978-0-484-42830-9(6));* 2017. pap. 9.57 *(978-0-243-39088-5(2))* Forgotten Bks.

Arkansaw Bear. Albert Bigelow Paine. 2017. (ENG., Illus.). (J). pap. *(978-3-337-02342-3(8))* Creation Pubs.

Arkansaw Bear: A Tale of Fanciful Adventure. Albert Bigelow Paine. 2018. (ENG., Illus.). 98p. (YA). (gr. 7-12). pap. *(978-93-5329-327-7(8))* Alpha Editions.

Arkansaw Bear: A Tale of Fanciful Adventure (Classic Reprint) Albert Bigelow Paine. 2017. (ENG., Illus.). (J). 26.33 *(978-0-260-05750-1(9))* Forgotten Bks.

Arkful of Animal Jokes — For Kids! Compiled by Compiled by Barbour Staff. 2020. (ENG.). 224p. (J). mass mkt. 4.99 *(978-1-64352-251-7(5),* Shiloh Kidz) Barbour Publishing, Inc.

ArkhaManiacs. Art Baltazar & Franco Aureliani. Illus. by Art Baltazar. 2020. (Illus.). 168p. (J). (gr. 3-7). pap. 9.99 *(978-1-4012-9827-2(3))* DC Comics.

Arkinsaw Cousins: A Story of the Ozarks (Classic Reprint) John Breckenridge Ellis. (ENG., Illus.). (J). 2018. 344p. 30.99 *(978-0-483-86569-3(9));* 2017. pap. 13.57 *(978-0-243-32982-3(2))* Forgotten Bks.

Arleen's Ark. Arleen Ruth Cohen. 2021. (ENG.). 136p. (J). pap. *(978-1-716-23571-9(5))* Lulu Pr., Inc.

Arlee's Dinosaur Diary. Arlee May Rodriguez. 2022. (ENG.). 102p. (J). pap. 17.50 *(978-1-4583-8727-1(5))* Lulu Pr., Inc.

Arlesienne (the Girl of Arles) (Classic Reprint) Alphonse Daudet. (ENG., Illus.). (J). 2018. 190p. 27.82 *(978-0-483-68823-0(1));* 2017. pap. 10.57 *(978-0-243-30164-5(2))* Forgotten Bks.

Arletis, Abuelo, & the Message in a Bottle. Lea Aschkenas. Illus. by Cornelius Van Wright & Ying-Hwa Hu. 2023. (ENG.). 48p. (J). ***(978-1-59572-969-9(0));*** ***(978-1-59572-970-5(4))*** Star Bright Bks., Inc.

Arletis, Abuelo y el Mensaje en la Botella. Lea Aschkenas. Illus. by Cornelius Van Wright & Ying-Hwa Hu. 2023. (SPA.). 48p. (J). ***(978-1-59572-971-2(2))*** Star Bright Bks., Inc.

Arlington National Cemetery, 1 vol. Barbara M. Linde. 2018. (Symbols of America Ser.). (ENG.). 24p. (J). (gr. 1-2). 24.27 *(978-1-5382-2897-5(1),* 9e7f9589-d527-472a-905a-3c6f7311413a) Stevens, Gareth Publishing LLLP.

Arlington National Cemetery & the Tomb of the Unknown Soldier, 1 vol. Jinnow Khalid. 2017. (Landmarks of Democracy: American Institutions Ser.). (ENG., Illus.). 24p. (J). (gr. 3-3). 25.27 *(978-1-5081-6095-3(3),* f5ada86b-a78d-4ffd-8370-03d6bb458796, PowerKids Pr.) Rosen Publishing Group, Inc., The.

Arliquiniana, Ou les Bons Mots, les Histoires Plaisantes et Agréables: Recueillies des Conversations d'Arlequin (Classic Reprint) Charles Cotolendi. 2018. (FRE., Illus.). (J). 334p. 30.79 *(978-1-396-71726-0(9));* 336p. pap. 13.57 *(978-1-396-13818-8(8))* Forgotten Bks.

Arlo & Pips: King of the Birds. Elise Gravel. 2020. (Arlo & Pips Ser.: 1). (ENG., Illus.). 64p. (J). (gr. 1-5). 12.99 *(978-0-06-298221-6(4));* pap. 7.99 *(978-0-06-298222-3(2))* HarperCollins Pubs. (HarperAlley).

Arlo & Pips #2: Join the Crow Crowd. Elise Gravel. 2021. (Arlo & Pips Ser.: 2). (ENG., Illus.). 64p. (J). (gr. 1-5). 12.99 *(978-0-06-239423-1(1));* pap. 7.99 *(978-0-06-305077-8(3))* HarperCollins Pubs. (HarperAlley).

Arlo & Pips #3: New Kids in the Flock. Elise Gravel. 2022. (Arlo & Pips Ser.: 3). (ENG., Illus.). 64p. (J). (gr. 1-5). 12.99 *(978-0-06-235125-8(7));* pap. 7.99 *(978-0-06-305079-2(X))* HarperCollins Pubs. (HarperAlley).

Arlo & the Great Big Cover-Up. Betsy Childs Howard. Illus. by Samara Hardy. 2020. (TGC Kids Ser.). (ENG.). 40p. 14.99 *(978-1-4335-6852-7(7))* Crossway.

Arlo Finch in the Kingdom of Shadows. John August. 2021. (Arlo Finch Ser.: 3). (ENG.). 320p. (J). pap. 8.99 *(978-1-250-76322-8(3),* 900174838) Square Fish.

Arlo Finch in the Lake of the Moon. John August. 2019. (Arlo Finch Ser.: 2). (ENG., Illus.). 384p. (J). 16.99 *(978-1-62672-816-5(X),* 900174832) Roaring Brook Pr.

Arlo Finch in the Lake of the Moon. John August. 2020. (Arlo Finch Ser.: 2). (ENG.). 400p. (J). pap. 16.99 *(978-1-250-23339-4(9),* 900174833) Square Fish.

Arlo Finch in the Valley of Fire. John August. 2019. (Arlo Finch Ser.: 1). (ENG.). 352p. (J). pap. 8.99 *(978-1-250-29425-8(8),* 900174830) Square Fish.

Arlo Helps a Friend. Emily Mains. 2023. (Adventures with Arlo & Friends Ser.: Vol. 1). (ENG.). 34p. (J). 35.99 ***(978-1-6628-7214-3(3));*** pap. 25.99 ***(978-1-6628-7213-6(5))*** Salem Author Services.

Arlo, Mrs. Ogg, & the Dinosaur Zoo. Alice Hemming. Illus. by Kathryn Durst. 2021. (ENG.). 144p. (J). (gr. 2-5). pap. 6.99 *(978-1-84886-469-6(8),* 119f7358-8cbb-4b72-b49a-943acf4b9c4f) Maverick Arts Publishing GBR. Dist: Lerner Publishing Group.

Arlo the Lion Who Couldn't Sleep. Catherine Rayner. 2020. (ENG., Illus.). 32p. (J). (gr. -1-k). 18.99 *(978-1-68263-222-2(9))* Peachtree Publishing Co. Inc.

Arm-Chair at the Inn (Classic Reprint) F Hopkinson Smith. 2018. (ENG., Illus.). 392p. (J). 31.98 *(978-0-483-45658-7(6))* Forgotten Bks.

Arm Chair Stories (Classic Reprint) Popular American Authors. 2017. (ENG., Illus.). 82p. (J). 25.59 *(978-0-484-14413-1(8))* Forgotten Bks.

Arm in Arm: A Collection of Connections, Endless Tales, Reiterations, & Other Echolalia. Remy Charlip. 2019. (ENG., Illus.). 40p. (J). (gr. -1-2). 19.95 *(978-1-68137-373-7(4),* NYR Children's Collection) New York Review of Bks., Inc., The.

Arm of the Lord (Classic Reprint) Comyns Carr. (ENG., Illus.). (J). 2018. 236p. 28.78 *(978-0-656-33864-1(4));* 2017. pap. 11.57 *(978-0-243-32822-2(2))* Forgotten Bks.

Arm Tale. Sean Campbell. Illus. by Andrea Armstrong. 2019. (Social Emotional Ser.: Vol. 2). (ENG.). 30p. (J). (gr. k-3). pap. *(978-1-7752572-3-3(1))* Education Backpack.

Arm Tale. Sean Campbell & Andrea Armstrong. 2019. (ENG., Illus.). 30p. (J). (gr. k-3). *(978-1-7752572-4-0(X))* Education Backpack.

Arm Wrestling Training Log & Diary: Arm Wrestling Training Journal & Book for Arm Wrestler & Coach - Arm Wrestling Notebook Tracker. Temperate Targon. 2021. (ENG.). 122p. (J). pap. 8.99 *(978-1-716-10352-0(5))* Lulu Pr., Inc.

Armadillo. Kate Riggs. 2018. (Planeta Animal Ser.). (SPA.). 24p. (J). (gr. 1-4). *(978-1-60818-933-5(3),* 19548, Creative Education) Creative Co., The.

Armadillo & Hare: Tales from the Forest. Jeremy Strong. Illus. by Rebecca Bagley. 2020. (ENG.). 160p. (J). (gr. 2-5). 16.99 *(978-1-338-54059-8(9))* Scholastic, Inc.

Armadillo Learns the Power of Kindness. Tassa Avara. 2018. (ENG., Illus.). 42p. (J). 27.95 *(978-1-64458-650-1(9));* pap. 17.95 *(978-1-64458-511-5(1))* Christian Faith Publishing.

Armadillo Tamarillo. Katie Katay. Illus. by Mary Em. 2019. (Fruit Tree Neighbourhood Ser.: Vol. 1). (ENG.). 134p. (J). (gr. 3-4). pap. *(978-0-473-43037-5(1))* Inko Junior.

Armadillos. Rose Davin. 2017. (Meet Desert Animals Ser.). (ENG., Illus.). 24p. (J). (gr. -1-2). lib. bdg. 27.32 *(978-1-5157-4602-7(X),* 134286, Capstone Pr.) Capstone.

Armadillos. Melissa Gish. (Living Wild Ser.). (ENG., Illus.). 48p. (J). (gr. 4-7). 2017. pap. 12.00 *(978-1-62832-299-6(3),* 20603, Creative Paperbacks); 2016. *(978-1-60818-703-4(9),* 20605, Creative Education) Creative Co., The.

Armadillos. Martha London. 2020. (Underground Animals Ser.). (ENG., Illus.). 24p. (J). (gr. k-3). lib. bdg. 31.36 *(978-1-5321-6759-1(8),* 34679, Pop! Cody Koala) Pop!.

Armadillos. Amy McDonald. 2021. (Animals in My Yard Ser.). (ENG., Illus.). 24p. (J). (gr. -1-2). lib. bdg. 25.95 *(978-1-64487-359-5(1),* Blastoff! Readers) Bellwether Media.

Armadillos. Julie Murray. (Animals with Armor Ser.). (ENG., Illus.). 24p. (J). 2022. (gr. 2-2). pap. 8.95 *(978-1-64494-653-4(X));* 2021. (gr. k-4). lib. bdg. 31.36 *(978-1-0982-2657-2(7),* 38620) ABDO Publishing Co. (Abdo Zoom-Dash).

Armadillos. Kate Riggs. 2018. (Amazing Animals Ser.). (ENG., Illus.). 24p. (J). (gr. 1-3). pap. 9.99 *(978-1-62832-543-0(8),* 19493, Creative Paperbacks); *(978-1-60818-877-2(9),* 19495, Creative Education) Creative Co., The.

Armadillos. Jill Sherman. 2018. (North American Animals Ser.). (ENG.). 24p. (J). (gr. 1-4). pap. 8.99 *(978-1-68152-333-0(7),* 15118); lib. bdg. *(978-1-68151-413-0(3),* 15110) Amicus.

Armadillos (Wild Life LOL!) (Library Edition) Scholastic. 2020. (Wild Life LOL! Ser.). (ENG., Illus.). 32p. (J). (gr. 1-3). lib. bdg. 25.00 *(978-0-531-12976-0(4),* Children's Pr.) Scholastic Library Publishing.

Armageddon: The World War in Literature (Classic Reprint) Eugene William Lohrke. 2018. (ENG., Illus.). (J). 848p. 41.41 *(978-1-396-27447-3(2));* 850p. pap. 23.97 *(978-1-391-84305-6(3))* Forgotten Bks.

Armageddon Twins. Jan-Andrew Henderson. 2022. (ENG.). 308p. (YA). pap. ***(978-0-6452722-7-7(2))*** Black Hart Entertainment.

Armario de Natalia, Segunda Edición. Yanet Pájaro. 2022. (SPA.). 26p. (J). pap. 13.95 ***(978-1-63765-325-8(5))*** Halo Publishing International.

Armas Militares. Julia Garstecki. 2017. (Tecnología Militar Ser.). (SPA., Illus.). 32p. (J). (gr. 4-6). lib. bdg. *(978-1-68072-584-1(X),* 10593, Bolt) Black Rabbit Bks.

Armchair Esquire (Classic Reprint) Arnold Gingrich. (ENG., Illus.). (J). 2018. 380p. 31.73 *(978-0-484-20860-4(8));* 2017. pap. 16.57 *(978-0-243-30238-3(X))* Forgotten Bks.

Armed And Dangerous, 12 vols., Set. Greg Roza. Incl. Chomp! The Great White Shark & Other Animals That Bite. (J). lib. bdg. 26.27 *(978-1-4488-2551-6(2),* 7ff2fe77-60b8-4140-8a4c-2ce8737ec66f); Phew! The Skunk & Other Stinky Animals. (YA). lib. bdg. 26.27 *(978-1-4488-2549-3(0),* dc52edcd-df80-4dd0-b922-de3c814d45a3); Poison! The Spitting Cobra & Other Venomous Animals. (YA). lib. bdg. 26.27 *(978-1-4488-2550-9(4),* 4835aa33-5722-41a3-8ce0-dae1e89c9262); Poke! The Sea Urchin & Other Animals with Spikes. (YA). lib. bdg. 26.27 *(978-1-4488-2552-3(0),* a814c749-d637-4782-afce-e5be66059ddc); Sting! The Scorpion & Other Animals That Sting. (J). 26.27 *(978-1-4488-2548-6(2),* 9e9b4535-819e-480c-a0ed-dd6cb5799b2c); Zap! The Electric Eel & Other Electric Animals. (YA). 26.27 *(978-1-4488-2547-9(4),* e02c8b4a-713f-46c5-9979-b80b1cb2df72); (gr. 2-3). (Armed & Dangerous Ser.). (ENG., Illus.). 24p. 2011. Set lib. bdg. 157.62 *(978-1-4488-2780-0(9),* 4f91787b-7106-48ea-aa65-1fbde0bef314, PowerKids Pr.) Rosen Publishing Group, Inc., The.

Armed Forces, Vol. 10. Daniel Lewis. 2018. (Careers in Demand for High School Graduates Ser.). 112p. (J). (gr. 7). 34.60 *(978-1-4222-4133-2(5))* Mason Crest.

Armenia Children's People & Places Book. Bold Kids. 2022. (ENG.). 42p. (J). pap. 14.99 ***(978-1-0717-1908-4(4))*** FASTLANE LLC.

Armenian Alphabet Workbook. Cascade Press. 2018. (ARM., Illus.). 80p. (J). (gr. k-2). pap. 14.99 *(978-1-948730-02-0(2))* Cascade Pr.

Armenian Folktales for Stage & Screen: A Movie Maker Play Anthology. Matthew Randolph et al. 2021. (ENG.). 86p. (J). pap. 15.99 *(978-1-716-14621-3(6))* Lulu Pr., Inc.

Armenian, or, the Ghost Seer, Vol. 1: A History Founded on Fact (Classic Reprint) F Schiller. (ENG., Illus.). (J). 2018. 230p. 28.66 *(978-0-332-97335-7(2));* 2017. pap. 11.57 *(978-1-5276-1663-9(0))* Forgotten Bks.

Armenian, or the Ghost Seer, Vol. 2: A History Founded on Fact (Classic Reprint) Friedrich. Schiller. 2018. (ENG., Illus.). 248p. (J). 29.03 *(978-0-483-79076-6(1))* Forgotten Bks.

Armenian, or the Ghost Seer, Vol. 3: A History Founded on Fact (Classic Reprint) Friedrich. Schiller. (ENG., Illus.). (J). 2018. 260p. 29.28 *(978-0-483-77648-7(3));* 2017. pap. 11.97 *(978-0-243-55158-3(4))* Forgotten Bks.

Armenian, or the Ghost Seer, Vol. 4: A History Founded on Fact (Classic Reprint) Friedrich. Schiller. 2017. (ENG., Illus.). (J). 29.26 *(978-0-266-66336-2(2));* pap. 11.97 *(978-1-5276-3594-4(5))* Forgotten Bks.

Armenians, Vol. 1 Of 3: A Tale of Constantinople (Classic Reprint) Charles Mac Farlane. 2018. (ENG., Illus.). 340p. (J). 30.91 *(978-0-267-53256-8(3))* Forgotten Bks.

Armenians, Vol. 2 Of 3: A Tale of Constantinople (Classic Reprint) Charles Mac Farlane. 2018. (ENG., Illus.). 336p. (J). 30.83 *(978-0-483-36140-9(2))* Forgotten Bks.

Armes des Dinosaures. Alan Walker. Tr. by Annie Evearts. 2021. (Faits Pour Survivre (Built to Survive) Ser.). (FRE., Illus.). 24p. (J). (gr. k-2). pap. *(978-1-0396-0816-0(7),* 12611) Crabtree Publishing Co.

Armfields' Animal Book (Classic Reprint) Constance Smedley Armfield. 2018. (ENG., Illus.). 114p. (J). 26.25 *(978-0-267-27880-0(2))* Forgotten Bks.

Armies for the Afterlife Children's Military & War History Books. Baby Professor. 2017. (ENG., Illus.). (J). pap. 7.89 *(978-1-5419-0227-5(0),* Baby Professor (Education Kids)) Speedy Publishing LLC.

Armies of Herobrine: An Unofficial Overworld Adventure, Book Five. Danica Davidson. 2016. (Unofficial Overworld Adventure Ser.). (ENG.). 112p. (J). (gr. 1-7). pap. 7.99 *(978-1-5107-1620-9(3),* Sky Pony Pr.) Skyhorse Publishing Co., Inc.

Armies of the Coalition. Drew Birkmyre. 2023. (ENG.). 74p. (YA). pap. 29.00 ***(978-1-4476-1347-3(3))*** Lulu Pr., Inc.

Armin of the West (Classic Reprint) John Trevena. 2018. (ENG., Illus.). 358p. (J). 31.30 *(978-0-332-94099-1(3))* Forgotten Bks.

Arminell: A Social Romance (Classic Reprint) S. Baring-Gould. (ENG., Illus.). (J). 2018. 304p. 30.19 *(978-0-483-19969-9(9));* 2018. 314p. 30.37 *(978-0-483-25933-1(0));* 2017. 35.61 *(978-1-5283-6730-1(8))* Forgotten Bks.

Arminell, Vol. 2 Of 3: A Social Romance (Classic Reprint) S. Baring-Gould. 2018. (ENG., Illus.). 310p. (J). 30.31 *(978-0-267-17320-4(2))* Forgotten Bks.

Armiño (Ermine) Grace Hansen. 2021. (Animales Del Ártico (Arctic Animals) Ser.). (SPA.). 24p. (J). (gr. -1-2). lib. bdg. 32.79 *(978-1-0982-0426-6(3),* 35342, Abdo Kids) ABDO Publishing Co.

Armistice. Ruth Starke. Illus. by David Kennett. 2019. 48p. 17.99 *(978-1-921504-91-4(9),* Working Title Pr.) HarperCollins Pubs. Australia AUS. Dist: HarperCollins Pubs.

Armor & Animals. Liz Yohlin Baill. 2021. (ENG., Illus.). 40p. (J). 16.95 *(978-1-61689-955-4(7))* Princeton Architectural Pr.

Armor Division. Cameron Alexander. Illus. by Rhett Pennell. 2018. (Dark Corps Ser.: Vol. 7). (ENG.). 172p. (J). (gr. 3-6). pap. 7.99 *(978-1-7321056-6-9(9))*, Bickering Owls Publishing) Maracle, Derek.

Armor of God. Carol Koch. 2020. (ENG., Illus.). 80p. (J). pap. 25.00 ***(978-1-0878-7176-9(X))*** Indy Pub.

Armor of God Coloring Book - E4860: Coloring Activity Books - General - Ages 2-4. Created by Warner Press. 2022. (ENG.). 16p. (J). pap. 2.49 *(978-1-68434-324-9(0))* Warner Pr., Inc.

Armor Up: Exoskeletons, Scales, & Shells, 1 vol. Emma Carlson Berne & Susan K. Mitchell. 2019. (Animal Defense! Ser.). (ENG.). 48p. (J). (gr. 3-4). 29.60 *(978-1-9785-0714-2(3),* 0c460cba-1b27-489c-8939-9860c134f8a6) Enslow Publishing, LLC.

Armor5. David Kenny. 2020. (ENG.). 28p. (J). pap. 10.99 *(978-1-0878-9112-5(4))* Indy Pub.

Armored Animals. Cari Meister. Ed. by Jenny Fretland VanVoorst. 2016. (Back off! Animal Defenses). (Illus.). 24p. (J). (gr. 2-5). lib. bdg. *(978-1-62031-308-4(1),* Pogo) Jump! Inc.

Armored Ankylosaurus. Dreaming Tortoise. Illus. by Dreaming Tortoise. 2017. (When Dinosaurs Ruled the Earth Ser.). (ENG., Illus.). 32p. (J). (gr. k-3). lib. bdg. 27.99 *(978-1-925235-20-2(3),* 2895d2a4-2e6a-415e-b66d-4686d23fa86d, Big and SMALL) ChoiceMaker Pty. Ltd., The AUS. Dist: Lerner Publishing Group.

Armored Armadillo to Zippy Zebra: An Alliterative Anthology of Animals. Carol Robinson Baker. Illus. by Izzy Bean. 2018. (ENG.). 62p. (J). (gr. k-6). 24.99 *(978-0-692-07967-6(X))*; (gr. 1-6). pap. 14.95 *(978-0-692-07947-8(5))* Baker, Carol Robinson.

Armored Dinos. Josh Anderson. 2023. (Dino Discovery Ser.). (ENG.). 24p. (J). (gr. k-3). lib. bdg. 32.79 *(978-1-5038-6521-1(5),* 216418, Wonder Books(r)) Child's World, Inc, The.

Armored Dinosaurs *see* Dinosaurios Acorazados

Armored Dinosaurs: Stegosaurs & Ankylosaurs, 1 vol. Clare Hibbert. 2018. (Dino Explorers Ser.). (ENG.). 32p. (gr. 3-3). lib. bdg. 26.93 *(978-0-7660-9986-9(5),* d344d6bd-098d-478b-9ed8-527f38f536fb) Enslow Publishing, LLC.

Armored Dinosaurs: Ranking Their Speed, Strength, & Smarts. Mark Weakland. 2019. (Dinosaurs by Design Ser.). (ENG.). 32p. (J). (gr. 4-6). pap. 9.99 *(978-1-64466-026-3(1),* 12693); (Illus.). lib. bdg. *(978-1-68072-821-7(0),* 12692) Black Rabbit Bks. (Bolt).

Armored Reptiles. S. L. Hamilton. 2017. (Xtreme Dinosaurs Ser.). (ENG., Illus.). 32p. (J). (gr. 3-9). lib. bdg. 32.79 *(978-1-5321-1292-8(0),* 27500, Abdo & Daughters) ABDO Publishing Co.

Armored Vehicles. Kate Riggs. 2016. (Seedlings Ser.). (ENG., Illus.). 24p. (J). (gr. -1-k). 28.50 *(978-1-60818-659-4(8),* 20517, Creative Education) Creative Co., The.

Armorel of Lyonesse. Walter Besant. 2017. (ENG.). (J). 346p. pap. *(978-3-337-34758-1(4))*; 308p. pap. *(978-3-337-34759-8(2))*; 342p. pap. *(978-3-337-34760-4(6))*; 352p. pap. *(978-3-337-00711-9(2))* Creation Pubs.

Armorel of Lyonesse: A Romance of to-Day (Classic Reprint) Walter Besant. 2018. (ENG., Illus.). 440p. (J). 32.97 *(978-0-428-61343-3(8))* Forgotten Bks.

Armorel of Lyonese a Romance of to-Day, Vol. 1 of 3 (Classic Reprint) Walter Besant. 2018. (ENG., Illus.). 344p. (J). 31.05 *(978-0-428-31018-9(4))* Forgotten Bks.

Armorel of Lyonesse, Vol. 2 Of 3: A Romance of to-Day (Classic Reprint) Walter Besant. 2018. (ENG., Illus.). 308p. (J). 30.35 *(978-0-484-63441-0(0))* Forgotten Bks.

Armorel of Lyonesse, Vol. 3 Of 3: A Romance of to-Day (Classic Reprint) Walter Besant. 2018. (ENG., Illus.). 342p. (J). 30.95 *(978-0-332-14449-8(6))* Forgotten Bks.

Armory Journal, 1877-8, Vol. 1 (Classic Reprint) J. W. Madison. (ENG., Illus.). (J). 2018. 44p. 24.82 *(978-0-483-62950-9(2))*; 2017. pap. 7.97 *(978-0-243-30306-9(8))* Forgotten Bks.

Armourer's Daughter, or the Border Riders, Vol. 1 Of 3: A Novel (Classic Reprint) Emma Robinson. 2018. (ENG., Illus.). 340p. (J). 30.91 *(978-0-267-16189-8(1))* Forgotten Bks.

Armourer's Prentices (Classic Reprint) Charlotte M. Yonge. 2018. (ENG., Illus.). 364p. (J). 31.42 *(978-0-483-82322-8(8))* Forgotten Bks.

Armourer's Prentices, Vol. 1 of 2 (Classic Reprint) Charlotte M. Yonge. 2018. (ENG., Illus.). 294p. (J). 29.96 *(978-0-332-18474-6(9))* Forgotten Bks.

Arms & the Man: A Pleasant Play (Classic Reprint) George Bernard Shaw. 2017. (ENG., Illus.). (J). 25.73 *(978-0-265-34770-6(X))* Forgotten Bks.

Arms Race: Will Anyone Win the Weapons Race?, 1 vol. Anita Croy. 2019. (What's Your Viewpoint? Ser.). (ENG.). 48p. (gr. 6-6). pap. 15.05 *(978-1-5345-6572-2(8),* 783c46ab-1085-40a9-bf1a-3f6034430ce8); lib. bdg. 35.23 *(978-1-5345-6573-9(6),* 61613a9f-f8ee-4a03-a119-6e845d6cfaa2) Greenhaven Publishing LLC. (Lucent Pr.).

Arms Race & Nuclear Proliferation, 1 vol. Ed. by Martin Gitlin. 2017. (Viewpoints on Modern World History Ser.). (ENG.). 176p. (YA). (gr. 10-12). 49.43 *(978-1-5345-0137-9(1),* a7b1bb22-4c5b-40ab-b868-ad10b8556b42) Greenhaven Publishing LLC.

Arms Sales, Treaties, & Violations, 1 vol. Ed. by Rita Santos. 2018. (Global Viewpoints Ser.). (ENG.). 200p. (J). (gr. 10-12). lib. bdg. 47.83 *(978-1-5345-0349-6(8),* 3e2c6b35-df55-4226-8f0e-1c0e2b791a8c, Greenhaven Publishing) Greenhaven Publishing LLC.

Armstrong: The Adventurous Journey of a Mouse to the Moon. Torben Kuhlmann. Illus. by Torben Kuhlmann. 2016. (Mouse Adventures Ser.). (ENG., Illus.). 128p. (J). (gr. 2-6). 19.95 *(978-0-7358-4262-5(0))* North-South Bks., Inc.

Armstrong & Charlie. Steven B. Frank. (J). (gr. 5-7). 2018. 320p. pap. 7.99 *(978-1-328-94166-4(3),* 1705033); 2017. 304p. 16.99 *(978-0-544-82608-3(6),* 1644260) HarperCollins Pubs. (Clarion Bks.).

Armstrong & Charlie. Steven B. Frank. ed. 2018. lib. bdg. 18.40 *(978-0-606-41000-7(7))* Turtleback.

Armstrong Special Edition: The Adventurous Journey of a Mouse to the Moon. Torben Kuhlmann. 2019. (Mouse Adventures Ser.). (ENG.). 128p. (J). (gr. 2-6). 19.95 *(978-0-7358-4378-3(3))* North-South Bks., Inc.

Army. Bernard Conaghan. 2022. (Serving with Honor Ser.). (ENG.). 32p. (J). (gr. 3-9). pap. *(978-1-0396-6227-8(7),* 21601); lib. bdg. *(978-1-0396-6032-8(0),* 21600) Crabtree Publishing Co. (Crabtree Branches).

Army. John Townsend. 2016. (Action Force: World War II Ser.). 32p. (gr. 3-7). 31.35 *(978-1-59920-982-1(9),* Smart Apple Media) Black Rabbit Bks.

Army & Navy Football. K. C. Kelley. 2021. (College Football Teams Ser.). (ENG.). 24p. (J). (gr. 3-6). lib. bdg. 32.79 *(978-1-5038-5034-7(X),* 214882) Child's World, Inc, The.

Army Boys & Girls (Classic Reprint) Mary Greene Bonesteel. 2018. (ENG., Illus.). 260p. (J). 29.26 *(978-0-484-62068-0(1))* Forgotten Bks.

Army Boys in France, or from Training Camp to Trenches (Classic Reprint) Homer Randall. (ENG., Illus.). (J). 2018. 258p. 29.22 *(978-0-483-94626-2(5))*; 2016. pap. 11.97 *(978-1-334-16092-9(9))* Forgotten Bks.

Army Boys in the French Trenches: Or Hand to Hand Fighting with the Enemy (Classic Reprint) Homer Randall. (ENG., Illus.). (J). 2018. 222p. 28.50 *(978-0-332-17932-2(X))*; 2017. pap. 10.97 *(978-0-259-27696-8(0))* Forgotten Bks.

Army Boys on the Firing Line: Or, Holding Back the German Drive. Homer Randall. 2017. (ENG., Illus.). (J). pap. 13.95 *(978-1-374-86417-7(X))* Capital Communications, Inc.

Army Coloring Book for Kids! a Variety of Unique Army Coloring Pages for Children. Bold Illustrations. 2022. (ENG.). 82p. (J). pap. 14.99 *(978-1-0717-0667-1(5),* Bold Illustrations) FASTLANE LLC.

Army Goose Melodies (Classic Reprint) Florence Kellogg Krebs. 2017. (ENG., Illus.). (J). 25.09 *(978-0-260-12103-5(7))*; pap. 9.57 *(978-1-5285-0150-7(0))* Forgotten Bks.

Army Lessons in English: Book I-VI (Classic Reprint) Camp Upton. 2018. (ENG., Illus.). (J). 142p. 26.85 *(978-1-396-62853-5(3))*; 144p. pap. 9.57 *(978-1-391-87407-4(2))* Forgotten Bks.

Army Lessons in English: Military Stories (Classic Reprint) Camp Upton. 2018. (ENG., Illus.). 28p. (J). 24.47 *(978-0-267-45833-2(9))* Forgotten Bks.

Army Letters from an Officer's Wife 1871-1888 (Classic Reprint) Frances M.A. Roe. 2018. (ENG., Illus.). 402p. (J). 32.21 *(978-0-656-78766-1(X))* Forgotten Bks.

Army Life of Frank Edwards, Confederate Veteran: Army of Northern Virginia, 1861-1865 (Classic Reprint) Frank Edwards. (ENG., Illus.). (J). 2018. 118p. 26.33 *(978-0-267-73232-6(5))*; 2016. pap. 9.57 *(978-1-334-16739-3(7))* Forgotten Bks.

Army Mule & Other War Sketches. Henry A. Castle. 2017. (ENG., Illus.). (J). pap. *(978-0-649-07643-7(5))* Trieste Publishing Pty Ltd.

Army Mule & Other War Sketches (Classic Reprint) Henry A. Castle. 2018. (ENG., Illus.). 290p. (J). 29.88 *(978-0-267-43737-5(4))* Forgotten Bks.

Army Mule (Classic Reprint) Charles Miner Thompson. (ENG., Illus.). (J). 2018. 222p. 28.48 *(978-0-666-39830-7(5))*; 2017. pap. 10.97 *(978-0-259-21284-3(9))* Forgotten Bks.

Army of the Lord - el Ejército Del Señor: A Children's Prayer Manual - Manual de Oración para Niños. Minister Rosalind Riggs. 2022. (ENG., Illus.). 62p. (J). 29.95 *(978-1-68570-999-0(0))*; pap. 18.95 *(978-1-63961-368-7(4))* Christian Faith Publishing.

Army Portia (Classic Reprint) Charles King. (ENG., Illus.). (J). 2018. 254p. 29.18 *(978-0-484-00841-9(2))*; 2016. pap. 11.57 *(978-1-333-56953-2(X))* Forgotten Bks.

Army Rangers. Julia Garstecki. 2018. (Elite Warriors Ser.). (ENG.). 32p. (gr. 2-7). 9.95 *(978-1-68072-720-3(6))*; (J). (gr. 4-6). pap. 9.99 *(978-1-64466-273-1(6),* 12345) Black Rabbit Bks. (Bolt).

Army Rangers. Jim Whiting. 2018. (U. S. Special Forces Ser.). (ENG.). 48p. (J). (gr. 3-6). *(978-1-60818-983-0(X),* 19983, Creative Education) Creative Co., The.

Army Rising: Book 2, Divine Legacy Series. C. J. Peterson. 2018. (Devine Legacy Ser.: Vol. 2). (ENG., Illus.). 350p. (YA). (gr. 7-12). pap. 17.95 *(978-1-63492-970-7(5))* Booklocker.com, Inc.

Army School of Nursing, Class Of 1926: Army Medical Center, Walter Reed General Hospital, Washington, D. C (Classic Reprint) Army School of Nursing. 2017. (ENG., Illus.). (J). 26.78 *(978-0-331-06244-1(5))*; pap. 9.57 *(978-1-5284-9472-4(5))* Forgotten Bks.

Army Society. John Strange Winter. 2017. (ENG.). 304p. (J). pap. *(978-3-337-05881-4(7))* Creation Pubs.

Army Society: Life in a Garrison Town; a Discursive Story (Classic Reprint) John Strange Winter. (ENG., Illus.). (J). 2017. 30.15 *(978-0-331-68258-8(3))*; 2016. pap. 13.57 *(978-1-333-57365-2(0))* Forgotten Bks.

Army Wife (Classic Reprint) Charles King. 2018. (ENG., Illus.). 358p. (J). 31.28 *(978-0-364-22796-1(6))* Forgotten Bks.

Army with Banners: A Divine Comedy of This Very Day, in Five Acts, Scene Individable, Setting Forth the Story of a Morning in the Early Millennium (Classic Reprint) Charles Rann Kennedy. 2018. (ENG., Illus.). 160p. (J). 27.22 *(978-0-666-01610-2(0))* Forgotten Bks.

Army Without Banners (Classic Reprint) John Beames. (ENG., Illus.). (J). 2018. 288p. 29.84 *(978-0-484-71149-4(0))*; 2017. pap. 13.57 *(978-0-243-38266-8(9))* Forgotten Bks.

Army Woman in the Philippines: Extracts from Letters of an Army Officer's Wife, Describing Her Personal Experiences in the Philippine Islands (Classic Reprint) Caroline Saxe Shunk. 2017. (ENG., Illus.). (J). 29.36 *(978-0-331-73426-3(5))* Forgotten Bks.

Arncliffe Puzzle (Classic Reprint) Gordon Holmes. 2018. (ENG., Illus.). 332p. (J). 30.74 *(978-0-484-09125-1(5))* Forgotten Bks.

Arne: A Sketch of Norwegian Country Life (Classic Reprint) Bjornstjerne Bjornson. 2018. (ENG., Illus.). 206p. (J). 28.15 *(978-0-364-05742-1(4))* Forgotten Bks.

Arne & the Fisher Lassie (Classic Reprint) Bjornstjerne Bjornson. 2017. (ENG., Illus.). (J). 30.91 *(978-0-265-86374-9(0))* Forgotten Bks.

Arne, Early Tales & Sketches: Translated from the Norse (Classic Reprint) Rasmus B. Anderson. 2017. (ENG., Illus.). (J). 30.04 *(978-0-266-18181-1(3))* Forgotten Bks.

Arnie. Erin Porter. 2021. (ENG.). 36p. (J). 24.99 *(978-1-6629-0371-7(5))* Gatekeeper Pr.

Arnie, Go to Bed! Marcus Pfister. 2018. (CHI.). (J). *(978-986-440-255-7(2))* Viking International Co., Ltd.

Arnie the Doughnut. Laurie Keller. ed. 2016. (Adventures of Arnie the Doughnut Ser.: 1). (J). lib. bdg. 19.65 *(978-0-606-38549-7(5))* Turtleback.

Arno & His Horse. Jane Godwin. Illus. by Felicita Sala. 2021. (ENG.). 32p. (J). (gr. k-3). 16.99 *(978-1-950354-46-7(6))* Scribe Pubns. AUS. Dist: Consortium Bk. Sales & Distribution.

Arno & the MiniMachine. Seymour Chwast. Illus. by Seymour Chwast. 2019. (Illus.). 32p. (J). (gr. -1-3). 17.95 *(978-1-60980-879-2(7),* Triangle Square) Seven Stories Pr.

Arnold Learns about Common Myths. Tracilyn George. 2023. (ENG.). 38p. (J). pap. 14.99 ***(978-1-77475-553-2(X))*** Draft2Digital.

Arnold Lee, or Rich Children & Poor Children (Classic Reprint) Catherine Douglas Bell. (ENG., Illus.). (J). 2018. 204p. 28.10 *(978-0-365-35919-7(X))*; 2017. pap. 10.57 *(978-0-282-54045-6(8))* Forgotten Bks.

Arnold Lobel Wrote Great Stories. Kevin Martin. 2017. (Text Connections Guided Close Reading Ser.). (J). (gr. 1). *(978-1-4900-1800-3(X))* Benchmark Education Co.

Arnold of Winkelried, the Hero of Sempach: Translated from the German (Classic Reprint) Gustav Hocker. (ENG., Illus.). (J). 2018. 150p. 26.99 *(978-0-267-71528-2(5))*; 2016. pap. 9.57 *(978-1-333-36885-2(2))* Forgotten Bks.

Arnold Primer. Sarah Louise Arnold. 2017. (ENG., Illus.). (J). pap. *(978-0-649-48362-4(6))* Trieste Publishing Pty Ltd.

Arnold Primer (Classic Reprint) Sarah Louise Arnold. 2017. (ENG., Illus.). (J). 26.58 *(978-0-265-73428-5(2))*; pap. 9.57 *(978-1-5276-9737-9(1))* Forgotten Bks.

Arnold Robur, Vol. 1 Of 3: A Novel (Classic Reprint) Martin Combe. 2018. (ENG., Illus.). 318p. (J). 30.46 *(978-0-428-76722-8(2))* Forgotten Bks.

Arnold Robur, Vol. 2 Of 3: A Novel (Classic Reprint) Martin Combe. 2018. (ENG., Illus.). 308p. (J). 30.25 *(978-0-428-87640-1(4))* Forgotten Bks.

Arnold Robur, Vol. 3 Of 3: A Novel (Classic Reprint) Martin Combe. 2018. (ENG., Illus.). 308p. (J). 30.25 *(978-0-483-06089-0(5))* Forgotten Bks.

Arnold the Brave. Gundi Herget & Ann Garlid. Illus. by Nikolai Renger. 2018. (ENG.). 32p. (J). 16.99 *(978-1-4413-2650-8(2),* 9de439e7-7f69-4835-bb80-46c50697dede) Peter Pauper Pr. Inc.

Arnold the Super-Ish Hero. Heather Tekavec. Illus. by Guillaume Perreault. 2021. (ENG.). 32p. (J). (gr. -1-2). 17.99 *(978-1-5253-0309-8(0))* Kids Can Pr., Ltd. CAN. Dist: Hachette Bk. Group.

Arnold Trevor Cirrus. Mango Wodzak. 2020. (ENG.). 38p. (J). pap. *(978-0-244-21443-2(3))* Lulu Pr., Inc.

Arnoul, the Englishman (Classic Reprint) Francis Aveling. 2018. (ENG., Illus.). 434p. (J). 32.87 *(978-0-483-49967-6(6))* Forgotten Bks.

Aroha's Way: A Children's Guide Through Emotions. Craig Phillips. Illus. by Craig Phillips. 2019. (ENG., Illus.). 36p. (J). (gr. k-6). pap. ***(978-0-473-47512-3(X))*** Wildling Books Ltd.

Aron Ralston: Trapped in the Desert. Virginia Loh-Hagan. 2018. (True Survival Ser.). (ENG.). 32p. (J). (gr. 4-8). pap. 14.21 *(978-1-5341-0872-1(6),* 210852); (Illus.). lib. bdg. 32.07 *(978-1-5341-0773-1(8),* 210851) Cherry Lake Publishing. (45th Parallel Press).

Around a Spring: Translated from the French of Gustave Droz (Classic Reprint) M. S. MS. 2018. (ENG., Illus.). 326p. (J). 30.62 *(978-0-483-20666-3(0))* Forgotten Bks.

Around America to Win the Vote: Two Suffragists, a Kitten, & 10,000 Miles. Mara Rockliff. Illus. by Hadley Hooper. 2019. (ENG.). 40p. (J). (gr. k-3). 8.99 *(978-1-5362-0836-8(1))* Candlewick Pr.

Around an Old Homestead: A Book of Memories (Classic Reprint) Paul Griswold Huston. 2017. (ENG., Illus.). 368p. (J). 31.51 *(978-0-484-53497-0(1))* Forgotten Bks.

Around & about Old England (Classic Reprint) Clara L. Mateaux. (ENG., Illus.). (J). 2018. 264p. 29.34 *(978-0-483-29673-2(2))*; 2016. pap. 11.97 *(978-1-333-47091-3(6))* Forgotten Bks.

Around Antarctica: Exploring the Frozen South. Tania Medvedeva & Maria Vyshinskaya. 2023. (ENG., Illus.). 72p. (gr. 3-6). 27.95 *(978-0-500-65313-5(5),* 565313) Thames & Hudson.

Around Curiosity's Edge: Hidden Meridians. J. P. Hostetler. 2021. (ENG.). 366p. (YA). pap. 21.95 *(978-1-68433-695-1(3))*; (Around Curiosity's Edge Ser.: Vol. 1). 26.95 ***(978-1-68513-132-6(8))*** Black Rose Writing.

Around Curiosity's Edge: Raging Waters. J. P. Hostetler. 2022. (Around Curiosity's Edge Ser.: Vol. 2). (ENG.). 230p. (YA). pap. 19.95 *(978-1-68513-025-1(9))*; 24.95 ***(978-1-68513-131-9(X))*** Black Rose Writing.

Around London. Illus. by Laura Re. 2023. (Young Explorers Ser.). (ENG.). 48p. (J). (gr. 1). 14.99 ***(978-88-544-1865-3(X))*** White Star Publishers ITA. Dist: Sterling Publishing Co., Inc.

Around New York: Young Explorers. Illus. by Laura Re. 2023. (Young Explorers Ser.). (ENG.). 48p. (J). (gr. 1). 14.99 ***(978-88-544-1994-0(X))*** White Star Publishers ITA. Dist: Sterling Publishing Co., Inc.

Around Old Chester (Classic Reprint) Margaret Wade Campbell Deland. 2017. (ENG., Illus.). (J). 32.31 *(978-1-5281-8403-8(3))* Forgotten Bks.

Around Paris. Illus. by Laura Re. 2023. (Young Explorers Ser.). (ENG.). 48p. (J). (gr. 1). 14.99 ***(978-88-544-1866-0(8))*** White Star Publishers ITA. Dist: Sterling Publishing Co., Inc.

Around the Bend. Dov Citron & Dee Riley. 2018. (ENG., Illus.). 46p. (J). pap. *(978-0-244-42623-1(6))* Lulu Pr., Inc.

Around the Camp-Fire (Classic Reprint) Charles G. D. Roberts. 2018. (ENG., Illus.). 394p. (J). 31.96 *(978-0-332-83624-9(X))* Forgotten Bks.

Around the Clock in Europe: A Travel-Sequence (Classic Reprint) Charles Fish Howell. 2017. (ENG., Illus.). 402p. (J). 32.19 *(978-0-484-62097-0(5))* Forgotten Bks.

Around the Clock with the Rounder. Lewis Allen. 2017. (ENG., Illus.). (J). pap. *(978-0-649-32064-6(6))* Trieste Publishing Pty Ltd.

Around the Clock with the Rounder: Dissected into Twenty-Four Timely Segments along One Day's Journey on Father Time's Primrose Path That Goes Round & Round (Classic Reprint) Lewis Allen. (ENG., Illus.). (J). 2018. 60p. 25.13 *(978-0-332-87372-5(2))*; 2017. pap. 9.57 *(978-0-259-91047-3(3))* Forgotten Bks.

Around the Corner Man. Makaila Petrova & Nik Petrov. Illus. by Katharina Shapiro. 2022. (ENG.). 22p. (J). pap. *(978-1-3984-1792-2(0))* Austin Macauley Pubs. Ltd.

Around the Fire (Classic Reprint) Hanford Montrose Burr. 2018. (ENG., Illus.). 252p. (J). 29.11 *(978-0-484-43208-5(7))* Forgotten Bks.

Around the Globe Mazes Expedition Mazes 6-8 Edition. Creative Playbooks. 2016. (ENG., Illus.). (J). pap. 10.81 *(978-1-68323-046-5(9))* Twin Flame Productions.

Around the Golden Deep: A Romance of the Sierras (Classic Reprint) A. P. Reeder. 2017. (ENG., Illus.). (J). 34.21 *(978-1-5284-5185-7(6))* Forgotten Bks.

Around the House: Rhymes. Edward Willett. 2017. (ENG., Illus.). (J). pap. *(978-0-649-19296-0(6))* Trieste Publishing Pty Ltd.

Around the House: Rhymes (Classic Reprint) Edward Willett. (ENG., Illus.). (J). 2018. 50p. 24.93 *(978-0-364-41457-6(X))*; 2017. pap. 9.57 *(978-0-259-99952-2(0))* Forgotten Bks.

Around the Kremlin: Or Pictures of Life in Moscow (Classic Reprint) G. T. Lowth. 2017. (ENG., Illus.). (J). 31.57 *(978-0-260-76649-6(6))* Forgotten Bks.

Around the Moon. Jules Verne. 2023. (ENG.). 240p. (YA). pap. 10.99 ***(978-1-0881-4466-4(7))*** Indy Pub.

Around the Orkney Peat-Fires: Being Sketches of Notable Orcadians, Smuggling Anecdotes, Stories of the Press-Gang & Witch & Other Stories (Classic Reprint) W.R. Mackintosh. 2017. (ENG., Illus.). (J). 370p. 31.55 *(978-0-332-57574-2(8))*; pap. 13.97 *(978-0-282-63890-0(3))* Forgotten Bks.

Around the Pan with Uncle Hank (Classic Reprint) Thomas Fleming. 2017. (ENG., Illus.). (J). 29.47 *(978-0-331-17526-4(6))* Forgotten Bks.

Around the Passover Table. Tracy Newman. Illus. by Adriana Santos. 2019. (ENG.). 32p. (J). (gr. -1-3). 17.99 *(978-0-8075-0446-8(7),* 807504467) Whitman, Albert & Co.

Around the Roman Campagna (Classic Reprint) George E. Thompson. 2018. (ENG., Illus.). 192p. (J). 27.86 *(978-0-267-63316-6(5))* Forgotten Bks.

Around the Sun & over the Moon. Ann Harrell. Illus. by Linda Heijnekamp. 2021. (ENG.). 32p. (J). 17.95 *(978-1-60537-614-1(0))* Clavis Publishing.

Around the Table That Grandad Built. Melanie Heuiser Hill. Illus. by Jaime Kim. 2019. (ENG.). 32p. (J). (gr. -1-2). 17.99 *(978-0-7636-9784-6(2))* Candlewick Pr.

Around the Tea-Table (Classic Reprint) Thomas De Witt Talmage. 2017. (ENG., Illus.). (J). 34.33 *(978-0-266-19716-4(7))* Forgotten Bks.

Around the Willow Tree: Book VI. Ann Drews. 2019. (Willow Tree Ser.: Vol. 6). (ENG., Illus.). 28p. (J). pap. 13.99 *(978-1-950454-95-2(9))* Pen It Pubns.

Around the Wizarding World Activity Book (Harry Potter: Foil Wonders) Jasper Meadowsweet. Illus. by Violet Tobacco. 2022. (ENG.). 40p. (J). (gr. 1-3). 12.99 *(978-1-338-82304-2(3))* Scholastic, Inc.

Around the World. Michelle St Claire. 2022. (ENG.). 50p. (J). pap. 9.50 *(978-1-945891-52-6(1))* May 3rd Bks., Inc.

Around the World: A Book to Help Kids Overcome Anxiety & Stressful Situations. Jayneen Sanders. Illus. by Cherie Zamazing. 2021. (Celebrating the Importance of Racial Equality & Diversity Ser.). (ENG.). 22p. (J). *(978-1-76116-020-2(6))* UpLoad Publishing Pty, Ltd.

Around the World: A Can-You-Find-It Book. Sarah L. Schuette. 2020. (Can You Find It? Ser.). (ENG., Illus.). 32p. (J). (gr. -1-2). pap. 8.95 *(978-1-9771-1831-8(3),* 142201); lib. bdg. 31.32 *(978-1-9771-1441-9(5),* 141600) Capstone. (Pebble).

Around the World 100 Days: A Maze Activity Book for Young Travelers. Jupiter Kids. 2017. (ENG., Illus.). (J). pap. 9.05 *(978-1-5419-3279-1(X),* Jupiter Kids (Childrens & Kids Fiction)) Speedy Publishing LLC.

Around the World! a Maze Activity Book. Jupiter Kids. 2016. (ENG., Illus.). 108p. (J). pap. 16.55 *(978-1-68326-187-2(9),* Jupiter Kids (Childrens & Kids Fiction)) Speedy Publishing LLC.

Around the World Activity Book: Fun Facts, Puzzles, Maps, Mazes. Anna Brett. Illus. by Eilidh Muldoon. 2021. (ENG.). 176p. (J). pap. 16.99 *(978-1-83940-746-8(8),* 933ab421-d00d-492d-ba48-23ce45419e60) Arcturus Publishing GBR. Dist: Baker & Taylor Publisher Services (BTPS).

Around the World Activity Book 1 Grade. Educando Kids. 2019. (ENG.). 42p. (J). pap. 8.55 *(978-1-64521-761-9(2),* Educando Kids) Editorial Imagen.

Around the World Celebrations Connect the Dots Workbook. Educando Kids. 2019. (ENG.). 42p. (J). pap. 8.55 *(978-1-64521-688-9(8),* Educando Kids) Editorial Imagen.

Around the World in 20 Minutes from Africa to Hawaii to China Coloring for Kids No Mess. Educando Kids. 2019. (ENG.). 42p. (J). pap. 6.99 *(978-1-64521-139-6(8),* Educando Kids) Editorial Imagen.

Around the World in 50 Ways Cande, Camel, or Cable Car... You Choose!, 1 vol. Planet Lonely. 2018. (ENG., Illus.). 164p. (J). pap. ***(978-1-78657-755-9(0))*** Lonely Planet Global Ltd.

Around the World in 80 Activities: Mazes, Puzzles, Fun Facts, & More! Ivy Finnegan. Illus. by Emma Trithart. 2023. (ENG.). 96p. (J). pap. 9.99 *(978-1-3988-2575-8(1),* fb626531-ce3e-4ef3-b5a4-5078a80c199d) Arcturus

Publishing GBR. Dist: Baker & Taylor Publisher Services (BTPS).

Around the World in 80 Days. Jules Vern. 2019. (ENG.). 86p. (J). (gr. 3-7). pap. 15.95 *(978-0-88145-820-6(1))* Broadway Play Publishing Inc.

Around the World in 80 Days. Jules Vern. 2017. (ENG., Illus.). (J). (gr. -1-1). 24.95 *(978-1-374-83142-1(5))*; pap. 14.95 *(978-1-374-83141-4(7))* Capital Communications, Inc.

Around the World in 80 Days. Jules Vern. 2019. (ENG.). 156p. (J). (gr. 3-7). pap. *(978-1-989201-86-2(5))* East India Publishing Co.

Around the World in 80 Days. Jules Vern. 2018. (VIE.). (J). (gr. 3-7). pap. *(978-604-77-4585-2(7))* Thegioi Publishing Hse.

Around the World in 80 Days. Jules Vern. 2018. (ENG., Illus.). 152p. (J). 19.99 *(978-1-5154-3363-7(3))* Wilder Pubns., Corp.

Around the World in 80 Days. Jules Verne. 2022. (ENG.). 266p. (YA). pap. 26.94 *(978-1-4583-4161-7(5))* Lulu Pr., Inc.

Around the World in 80 Days. Jules Verne. 2022. (ENG.). 204p. (J). (gr. 2-4). pap. 9.95 *(978-1-4341-0490-8(7)*, Waking Lion Press) The Editorium, LLC.

Around the World in 80 Days: A BabyLit(TM) Transportation Primer, 1 vol. Jennifer Adams. Illus. by Alison Oliver. 2018. (BabyLit Ser.). 22p. (J). (— 1). bds. 9.99 *(978-1-4236-4746-1(7))* Gibbs Smith, Publisher.

Around the World in 80 Days - the 1874 Play (hardback) Jules Vern & Adolphe D'Ennery. annot. ed. 2020. (ENG., Illus.). 186p. (J). (gr. 2-4). 35.00 *(978-1-62933-550-6(9))* BearManor Media.

Around the World in 80 Days (100 Copy Collector's Edition) Jules Vern. 2019. (ENG.). 180p. (J). (gr. 3-7). *(978-1-77226-837-9(2))* AD Classic.

Around the World in 80 Days (100 Copy Limited Edition) Jules Vern. 2019. (ENG.). 180p. (J). (gr. 3-7). *(978-1-77226-720-4(1))*; (Illus.). *(978-1-77226-567-5(5))* Engage Bks. (SF Classic).

Around the World in 80 Days Hot Air Balloons Coloring Book. Bobo's Children Activity Books. 2016. (ENG., Illus.). (J). pap. 9.33 *(978-1-68327-514-5(4))* Sunshine In My Soul Publishing.

Around the World in 80 Days (Royal Collector's Edition) (Case Laminate Hardcover with Jacket) Jules Vern. 2020. (ENG.). 180p. (J). (gr. 2-4). *(978-1-77476-088-8(6))* AD Classic.

Around the World in 80 Festivals. Nancy Dickmann. Illus. by Lucy Banaji. 2022. (ENG.). 72p. (J). (gr. 2-5). 17.95 *(978-1-80338-041-4(1))* Welbeck Publishing Group Ltd. GBR. Dist: Two Rivers Distribution.

Around the World in 80 Maps. Clare Hibbert. 2017. (ENG., Illus.). 96p. (J). (gr. 3-7). 19.95 *(978-0-2281-0010-2(0)*, c549c60a-0fa0-4376-ab54-404881f6a49c) Firefly Bks., Ltd.

Around the World in 80 Mazes: Fantastic Mazes, Fun Facts, & More! Susie Rae. Illus. by Emma Trithart. 2022. (ENG.). 96p. (J). pap. 9.99 *(978-1-3988-1511-7(X)*, 8ff77e94-fad9-47c0-9009-11781556f04d) Arcturus Publishing GBR. Dist: Baker & Taylor Publisher Services (BTPS).

Around the World in 80 Minutes Coloring Book. Kreativ Entspannen. 2016. (ENG., Illus.). (J). pap. 9.20 *(978-1-68377-533-1(3))* Whlke, Traudl.

Around the World in 80 Musical Instruments. Nancy Dickmann. Illus. by Sue Downing. 2022. (Around the World Ser.: 2). (ENG.). 64p. (J). (gr. 2-5). 17.95 *(978-1-913519-91-9(0))* Welbeck Publishing Group Ltd. GBR. Dist: Two Rivers Distribution.

Around the World in 80 Puzzles. Aleksandra Artymoska. Illus. by Aleksandra Artymoska. 2018. (ENG., Illus.). 96p. (J). (gr. 2-4). 19.99 *(978-1-5362-0308-0(4)*, Big Picture Press) Candlewick Pr.

Around the World in 80 Puzzles: Cool Activities, Fun Facts, & More! Susie Rae. Illus. by Emma Trithart. 2022. (ENG.). 96p. (J). pap. 9.99 *(978-1-3988-1512-4(8)*, 62fc2933-c713-4c3c-a523-634c4fc77779) Arcturus Publishing GBR. Dist: Baker & Taylor Publisher Services (BTPS).

Around the World in 80 Tales. Saviour Pirotta. (ENG.). 176p. (J). 2023. pap. 18.99 ***(978-0-7534-7985-8(0)***, 900293800); 2018. 30.00 *(978-0-7534-7508-9(1)*, 900203014) Roaring Brook Pr. (Kingfisher).

Around the World in a Bathtub: Bathing All over the Globe. Wade Bradford. Illus. by Micha Archer. 2017. 32p. (J). (gr. -1-2). lib. bdg. 16.99 *(978-1-58089-544-6(1))* Charlesbridge Publishing, Inc.

Around the World in Eighty Days. Jules Vern. 2020.Tr. of Tour du Monde en Quatre-Vingts Jours. (ENG.). 204p. (J). (gr. 4-6). 17.95 *(978-1-63637-145-0(0))* Bibliotech Pr.

Around the World in Eighty Days. Jules Vern. 2017.Tr. of Tour du Monde en Quatre-Vingts Jours. (ENG.). 444p. (J). (gr. 4-6). pap. *(978-3-7447-2453-1(0))* Creation Pubs.

Around the World in Eighty Days. Jules Vern. 2018.Tr. of Tour du Monde en Quatre-Vingts Jours. (ENG., Illus.). 170p. (YA). *(978-3-7326-2372-3(6))* Klassik Literatur. ein Imprint der Salzwasser Verlag GmbH.

Around the World in Eighty Days. Jules Vern. 2020.Tr. of Tour du Monde en Quatre-Vingts Jours. (ENG.). 188p. (J). (gr. 4-6). pap. 19.99 *(978-1-6781-2833-3(3))* Lulu Pr., Inc.

Around the World in Eighty Days. Jules Vern. 2018.Tr. of Tour du Monde en Quatre-Vingts Jours. (ENG., Illus.). 338p. (J). (gr. 4-6). 15.43 *(978-1-7317-0397-2(X))*; 29.64 *(978-1-7317-0712-3(6))*; pap. 17.58 *(978-1-7317-0713-0(4))*; pap. 8.64 *(978-1-7317-0398-9(8))* Simon & Brown.

Around the World in Eighty Days. Jules Verne. Illus. by Francesca. Rossi. 2021.Tr. of Tour du Monde en Quatre-Vingts Jours. (ENG.). 96p. (J). (gr. 1). 8.95 *(978-88-544-1829-5(3))* White Star Publishers ITA. Dist: Sterling Publishing Co., Inc.

Around the World in Eighty Days. Jules Verne. Tr. by George Makepeace Towle. 2021. (ENG.). 144p. (J). (gr. 4-6). pap. 7.99 *(978-1-4209-7616-8(8))* Digireads.com Publishing.

Around the World in Eighty Days. Jules Verne. 2022.Tr. of Tour du Monde en Quatre-Vingts Jours. (ENG.). 157p. (J). (gr. 4-6). pap. ***(978-1-387-90341-2(1))*** Lulu Pr., Inc.

Around the World in Jokes, Riddles, & Games. Marguerite Rodger. 2016. (ENG., Illus.). 32p. (J). *(978-0-7787-2388-2(7))* Crabtree Publishing Co.

Around the World in Ninety Days: A Book of Travel (Classic Reprint) Frederick Carleton Chamberlin. 2018. (ENG., Illus.). 414p. (J). 32.46 *(978-0-331-93573-8(2))* Forgotten Bks.

Around the World, in Ten Days (Classic Reprint) Chelsea Curtis Fraser. 2018. (ENG., Illus.). 336p. (J). 30.83 *(978-0-483-78805-3(8))* Forgotten Bks.

Around the World Mazes. Sam Smith. 2018. (Maze Bks.). (ENG.). 64p. pap. 9.99 *(978-0-7945-4215-3(8)*, Usborne) EDC Publishing.

Around the World on a Bicycle. Janet Wilkinson. 2016. (ENG., Illus.). 126p. (J). 23.95 *(978-1-78554-974-8(X)*, 4b53ae6d-f2da-42dd-b70a-56070f5d0a8c) Austin Macauley Pubs. Ltd. GBR. Dist: Baker & Taylor Publisher Services (BTPS).

Around the World Right Now. Gina Cascone & Bryony Williams Sheppard. Illus. by Olivia Beckman. 2017. (ENG.). 32p. (J). (gr. k-3). 16.99 *(978-1-58536-976-8(4)*, 204230) Sleeping Bear Pr.

Around the World (Set Of 8) Meg Gaertner. 2020. (Around the World Ser.). (ENG., Illus.). 192p. (J). (gr. k-1). pap. 71.60 *(978-1-64619-215-1(X)*, 164619215X); lib. bdg. 228.00 *(978-1-64619-181-9(1)*, 1646191811) Little Blue Hse. (Little Blue Readers).

Around the World Stories (Classic Reprint) Olive Risley Seward. 2017. (ENG., Illus.). (J). 31.22 *(978-0-331-37180-2(4))*; pap. 13.57 *(978-0-282-14430-2(7))* Forgotten Bks.

Around the World to Persia: Letters Written While on the Journey As a Member of the American-Persian Relief Commission in 1918 (Classic Reprint) Kate Jackson. 2018. (ENG., Illus.). 84p. (J). 25.63 *(978-0-364-29618-9(6))* Forgotten Bks.

Around the World, Vol. 1: Geographical Reader; Primary (Classic Reprint) Stella W. Carroll. (ENG., Illus.). (J). 2018. 170p. 27.40 *(978-0-364-01972-6(7))*; 2017. pap. 9.97 *(978-0-259-40391-3(1))* Forgotten Bks.

Around the World, Vol. 2: Geographical Series; for Third & Fourth Grades (Classic Reprint) Stella W. Carroll. (ENG., Illus.). (J). 2018. 228p. 28.60 *(978-0-365-27475-9(5))*; 2016. pap. 10.97 *(978-1-334-17008-9(8))* Forgotten Bks.

Around the World with Ant & Bee (Ant & Bee) Angela Banner. 2020. (Ant & Bee Ser.). (ENG., Illus.). 112p. (J). 9.99 *(978-1-4052-9845-2(6))* Farshore GBR. Dist: HarperCollins Pubs.

Around the World with Jack & Janet: A Study of Missions (Classic Reprint) Norma Rose Waterbury. (ENG., Illus.). (J). 2018. 28.27 *(978-0-260-32007-0(2))*; 2016. pap. 10.97 *(978-1-333-32863-4(X))* Forgotten Bks.

Around the World with Jordy the Jaguar. Meryl Day. 2018. (ENG., Illus.). 36p. (J). pap. 13.95 *(978-1-64214-912-8(8))* Page Publishing Inc.

Around the World with Josiah Allen's Wife (Classic Reprint) Marietta Holley. 2017. (ENG., Illus.). (J). 34.25 *(978-1-5279-6539-3(2))* Forgotten Bks.

Around the World with Peppa. Scholastic Publishing. 2019. (Scholastic Readers Ser.). (SPA.). 32p. (J). (gr. k-1). 13.89 *(978-0-87617-740-2(2))* Penworthy Co., LLC, The.

Around the World with Peppa (Peppa Pig: Scholastic Reader, Level 1) Scholastic. Illus. by EOne. 2018. (Scholastic Reader, Level 1 Ser.). (ENG.). 32p. (J). (gr. -1-k). pap. 4.99 *(978-1-338-32773-1(9))* Scholastic, Inc.

Around the World with Sam the Robot: Explore, See & Learn about Different Countries. Illus. by Emily Botta. 2022. (ENG.). 48p. (J). pap. 13.99 *(978-1-78982-905-1(4))* Oak Tree Publishing.

Around the World with the Airheads. Robin Van Blue. 2019. (ENG.). 30p. (J). 24.95 *(978-1-64462-988-8(7))* Page Publishing Inc.

Around the World with the Children: An Introduction to Geography (Classic Reprint) Frank G. Carpenter. 2017. (ENG., Illus.). (J). 26.95 *(978-0-331-91293-7(7))* Forgotten Bks.

Around the World with the Travelling Angels. Helen Harris. Illus. by Jacek Limanowka. 2019. (ENG.). 48p. (J). pap. *(978-1-922355-52-2(6))* Tablo Publishing.

Around the World Without a Cent (Classic Reprint) Henry M. Spickler. (ENG., Illus.). (J). 2017. 28.29 *(978-0-260-58818-0(0))*; 2016. pap. 10.97 *(978-1-333-57587-8(4))* Forgotten Bks.

Around the Year in Rhymes for the Jewish Child (Classic Reprint) Jessie Ethel Sampter. (ENG., Illus.). (J). 2018. 96p. 25.90 *(978-0-267-30032-7(8))*; 2017. pap. 9.57 *(978-0-259-18285-6(0))* Forgotten Bks.

Around the Year with Our Class: Class of 1911 (Classic Reprint) Farmville State Female Normal School. 2018. (ENG., Illus.). 124p. (J). 26.45 *(978-0-267-32015-8(9))* Forgotten Bks.

Around the Yule Log (Classic Reprint) Willis Boyd Allen. (ENG., Illus.). (J). 2018. 182p. 27.67 *(978-0-484-69400-1(6))*; 2016. pap. 10.57 *(978-1-334-11754-1(3))* Forgotten Bks.

Around Town. Margot Channing. Illus. by Jean Claude. 2018. (First Words & Pictures Ser.). (ENG.). 14p. (J). (gr. -1 — 1). bds. 9.99 *(978-1-68152-410-8(4)*, 14942) Amicus.

Around Water. Susan Kesselring. 2018. *(978-1-4896-9955-8(4)*, AV2 by Weigl) Weigl Pubs., Inc.

Arpi in Wonderland. Lewis Carroll, pseud. 2017. (ENG., Illus.). (J). pap. *(978-1-77335-026-4(9))* Magdalene Pr.

ARQUEOPTÉRIX: LA PRIMERA AVE. Jamie West. 2018. (SPA.). 32p. (J). (gr. 4-7). pap. 14.50 *(978-607-527-120-0(1))* Editorial Oceano de Mexico MEX. Dist: Independent Pubs. Group.

Arrabbiata: Edited for School Use with Material for Prose Composition (Classic Reprint) Paul Heyse. 2018. (ENG., Illus.). 100p. (J). 25.96 *(978-0-666-49129-9(1))* Forgotten Bks.

Arrabbiata: Novelle; Edited with Biographical Sketch, Notes, Exercises, & Vocabulary (Classic Reprint) Paul Heyse. 2018. (ENG., Illus.). (J). 130p. 26.60 *(978-1-396-09126-1(2))*; 132p. pap. 9.57 *(978-1-390-42793-6(5))* Forgotten Bks.

Arrabbiata: With Notes, Vocabulary, & Material for Conversation & Composition Exercises (Classic Reprint) Paul Heyse. 2018. (ENG., Illus.). (J). 96p. 25.90 *(978-1-396-17044-7(8))*; 98p. pap. 9.57 *(978-1-390-37669-2(9))* Forgotten Bks.

Arrabiata: And Other Tales (Classic Reprint) Paul Heyse. (ENG., Illus.). (J). 2018. 598p. 36.23 *(978-0-483-38282-4(5))*; 2018. 282p. 29.71 *(978-0-483-45250-3(5))*; 2017. pap. 19.57 *(978-1-332-74865-5(1))* Forgotten Bks.

Arrah Neil: Or Times of Old (Classic Reprint) G. P. R. James. 2017. (ENG., Illus.). (J). 31.86 *(978-1-5283-8061-4(4))* Forgotten Bks.

Arrah Neil, or Times of Old, Vol. 2 of 3 (Classic Reprint) G. P. R. James. 2016. (ENG., Illus.). (J). pap. 13.57 *(978-1-334-13178-3(3))* Forgotten Bks.

Arrah Neil, or Times of Old, Vol. 2 of 3 (Classic Reprint) George Payne Rainsford James. 2018. (ENG., Illus.). 340p. (J). 30.91 *(978-0-483-37807-0(0))* Forgotten Bks.

Arranged Marriage (Classic Reprint) Dorothea Gerard. (ENG., Illus.). (J). 2018. 320p. 30.50 *(978-0-483-55976-9(8))*; 2017. pap. 13.57 *(978-1-334-92648-8(4))* Forgotten Bks.

Arrangement of Planets Discover Intriguing Facts Children's Science Book. Bold Kids. 2022. (ENG.). 42p. (J). pap. 14.99 ***(978-1-0717-1768-4(5))*** FASTLANE LLC.

Arrangement of the Families of Mammals. Theodore Gill. 2019. (ENG.). 112p. (J). pap. *(978-3-337-86496-5(1))* Creation Pubs.

Arrant Rover (Classic Reprint) Berta Ruck. 2017. (ENG., Illus.). (J). pap. 16.57 *(978-0-282-55114-8(X))* Forgotten Bks.

Arrasa con Todo / Wrecking Ball. Jeff Kinney. 2022. (Diario Del Wimpy Kid Ser.: 14). (SPA.). 224p. (J). (gr. 3-7). 15.95 *(978-1-64473-517-6(2))* Penguin Random House Grupo Editorial ESP. Dist: Penguin Random Hse. LLC.

Array of Kids' Activities Coloring & Matching Puzzle Book. Bobo's Children Activity Books. 2016. (ENG., Illus.). (J). pap. 7.99 *(978-1-68327-377-6(X))* Sunshine In My Soul Publishing.

Arrecife de Las Sirenas. Rosie Banks. 2017. (Secret Kingdom Ser.). (SPA.). 128p. (YA). (gr. 2-4). pap. 12.50 *(978-607-527-107-1(4))* Editorial Oceano de Mexico MEX. Dist: Independent Pubs. Group.

Arrianna, the Littlest Angel. Manya McLoyd. 2018. (ENG., Illus.). 42p. (J). 23.95 *(978-1-64003-479-2(X))*; pap. 14.95 *(978-1-64003-478-5(1))* Covenant Bks.

Arrian's Key. Jamie Boltman. 2019. (ENG.). 210p. (YA). pap. 17.95 *(978-1-64584-436-5(6))* Page Publishing Inc.

Arrian's Lion. A. J. Cullen. 2021. (ENG.). 276p. (YA). 21.00 *(978-1-0879-4869-0(X))* Indy Pub.

Arriba. Jaclyn Nunez. Illus. by Joanna Czernichowska. 2016. (Early Rising Readers Ser.). (SPA.). (J). (gr. -1). 6.67 *(978-1-4788-3656-8(3))* Newmark Learning LLC.

Arriba - 6 Pack. Jaclyn Nunez. 2016. (Early Rising Readers Ser.). (SPA.). (J). (gr. 1). 40.00 net. *(978-1-4788-4599-7(6))* Newmark Learning LLC.

Arriba de un Árbol. Laurie Friedman. Illus. by Rea Zhai. 2022. (Sunshine Picture Bks.).Tr. of Up a Tree. (SPA.). 32p. (J). (gr. 2-4). pap. *(978-1-0396-5030-5(9)*, 21749); lib. bdg. *(978-1-0396-4903-3(3)*, 21748) Crabtree Publishing Co. (Sunshine Picture Books).

Arriba Equipo! Mary Lindeen. 2016. (Early Rising Readers Ser.). (SPA.). 16p. (J). (gr. 1). 6.67 *(978-1-4788-3731-2(4))* Newmark Learning LLC.

¡Arriba Equipo! - 6 Pack. Mary Lindeen. 2016. (Early Rising Readers Ser.). (SPA.). (J). (gr. 1). 40.00 net. *(978-1-4788-4674-1(7))* Newmark Learning LLC.

Arriba up, Abajo Down: At the Boardwalk. Karl Beckstrand. 2018. (ENG., Illus.). 28p. (J). 25.55 *(978-1-7320696-7-1(0))* Premio Publishing & Gozo Bks., LLC.

Arriba y Abajo. Amy Culliford. 2022. (Direcciones en Mi Mundo (Directions in My World) Ser.). (SPA.). 16p. (J). (gr. -1-1). pap. *(978-1-0396-4913-2(0)*, 19733); lib. bdg. *(978-1-0396-4786-2(3)*, 19732) Crabtree Publishing Co.

Arrival #1. Corey Oaneill. 2016. (ENG., Illus.). (J). pap. 12.99 *(978-1-68076-694-3(5)*, Epic Pr.) ABDO Publishing Co.

Arrival of Iris Tallulah. Laura Lander. 2017. (ENG., Illus.). (J). (gr. k-3). 24.95 *(978-1-63492-723-9(0))* Booklocker.com, Inc.

Arrival of Jessica BunnyDuck. Harry Bird. Illus. by Roy Bugden. 2022. (ENG.). 30p. (J). *(978-1-5289-5529-4(3))*; pap. *(978-1-3984-6277-9(2))* Austin Macauley Pubs. Ltd.

Arrival of Jimpson, & Other Stories, for Boys about Boys (Classic Reprint) Ralph Henry Barbour. 2018. (ENG., Illus.). 288p. (J). 29.84 *(978-0-483-26162-4(9))* Forgotten Bks.

Arrival of Kitty: A Farce in Three Acts (Classic Reprint) Norman Lee Swartout. 2018. (ENG., Illus.). (J). 192p. 27.86 *(978-0-483-66519-4(3))*; 186p. 27.73 *(978-0-364-35794-1(0))* Forgotten Bks.

Arrival of Reuben (Classic Reprint) Willis N. Bugbee. 2018. (ENG., Illus.). 22p. (J). 24.37 *(978-0-267-50571-5(X))* Forgotten Bks.

Arrival of Someday. Jen Malone. 2020. (ENG.). 368p. (YA). (gr. 8). pap. 10.99 *(978-0-06-279539-7(2)*, HarperTeen) HarperCollins Pubs.

Arrival of Tavish the Tractor. Anne K. Stewart. 2019. (ENG., Illus.). 26p. (J). pap. *(978-1-913136-50-5(7))* Clink Street Publishing.

Arrival of the Drakons. Francis Gerard. 2023. (ENG.). 348p. (YA). pap. ***(978-1-912895-11-3(0))*** Totem Productions.

Arrival (the Invasion Chronicles-Book Two) A Science Fiction Thriller. Morgan Rice. 2018. (Invasion Chronicles Ser.: Vol. 2). (ENG.). 164p. (YA). (gr. 7-12). 17.99 *(978-1-64029-444-8(9))*; (Illus.). pap. 12.99 *(978-1-64029-497-4(X))* Morgan Rice Bks.

Arrivederci, Crocodile: Or See You Later, Alligator. Fred Marcellino. Illus. by Fred Marcellino & Eric Puybaret. 2019. (ENG.). 40p. (J). (gr. -1-3). 17.99 *(978-1-5344-0401-4(5)*, Atheneum Bks. for Young Readers) Simon & Schuster Children's Publishing.

Arrivederci Ragazzi! Adolescenza e Pandemia. Roberto. Sbrana. 2021. (ITA.). 89p. (J). pap. *(978-1-6671-6648-3(4))* Lulu Pr., Inc.

Arrojado a Los Leones: Daniel y Los Leones. Pip Reid. 2020. (Defensores de la Fe Ser.: Vol. 11). (SPA.). 38p. (J). pap. *(978-1-989961-15-5(0))* Bible Pathway Adventures.

Arrow. Samantha M. Clark. (ENG., Illus.). 400p. (J). (gr. 3-7). 2022. pap. 8.99 *(978-1-5344-6598-5(7))*; 2021. 17.99 *(978-1-5344-6597-8(9))* Simon & Schuster/Paula Wiseman Bks. (Simon & Schuster/Paula Wiseman Bks.).

Arrow, 1924, Vol. 4 (Classic Reprint) Woman's College of Due West. 2017. (ENG., Illus.). (J). 27.01 *(978-0-260-37142-3(4))*; pap. 9.57 *(978-0-266-10139-0(9))* Forgotten Bks.

Arrow, 1945, Vol. 25 (Classic Reprint) Pennsylvania College for Women. (ENG., Illus.). (J). 2018. 398p. 32.11 *(978-0-364-02101-9(2))*; 2017. pap. 16.57 *(978-0-243-52003-9(4))* Forgotten Bks.

Arrow-Maker: A Drama in Three Acts (Classic Reprint) Mary Austin. 2018. (ENG., Illus.). 146p. (J). 26.91 *(978-0-484-15380-5(3))* Forgotten Bks.

Arrow-Maker's Daughter: A Camp Fire Play; Adapted from Longfellow's Poem of Hiawatha (Classic Reprint) Grace E. Smith. (ENG., Illus.). (J). 2018. 28p. 24.47 *(978-0-267-31321-1(7))*; 2016. pap. 7.97 *(978-1-333-42386-5(1))* Forgotten Bks.

Arrow of Gold: A Story Between Two Notes. Joseph Conrad. 2017. (ENG., Illus.). (J). 26.95 *(978-1-374-82776-9(2))*; pap. 16.95 *(978-1-374-82775-2(4))* Capital Communications, Inc.

Arrow of Gold: A Story Between Two Notes (Classic Reprint) Joseph Conrad. (ENG., Illus.). (J). 2018. 360p. 31.32 *(978-0-483-63028-4(4))*; 2017. pap. 13.97 *(978-0-243-30920-7(1))* Forgotten Bks.

Arrow of Lightning, 1 vol. Joseph Bruchac. 2017. (Killer of Enemies Ser.: 3). (ENG.). 400p. (YA). (gr. 7-12). 19.95 *(978-1-62014-330-8(5)*, leelowtu, Tu Bks.) Lee & Low Bks., Inc.

Arrow Rune. Dean Whitlock. 2019. (ENG.). 302p. (YA). pap. 14.95 *(978-0-578-59915-1(5))* Boatman Pr., LLC.

Arrow, Vol. 19: October 1939-May 1942 (Classic Reprint) Betty Eastwood. 2017. (ENG., Illus.). (J). 380p. 31.73 *(978-0-484-19622-2(7))*; pap. 16.57 *(978-0-259-51145-8(5))* Forgotten Bks.

Arrow, Vol. 22: October 14, 1942 (Classic Reprint) Ann McClymonds. (ENG., Illus.). (J). 2018. 342p. 30.95 *(978-0-484-75619-8(2))*; 2017. pap. 13.57 *(978-0-243-41473-4(0))* Forgotten Bks.

Arrowhead. Charles Garcia. 2016. (ENG.). 72p. (J). pap. ***(978-1-365-21807-1(4))*** Lulu Pr., Inc.

Arrowheads, Inc. Sammy Powell. Illus. by Buddy Finethy. 2019. (Fox Tree Chronicles Ser.: Vol. 3). (ENG.). 92p. (J). (gr. 1-6). pap. 6.99 *(978-1-946637-04-8(1))* Brent Darnell International.

Arrowheads, Spears, & Buffalo Jumps: Prehistoric Hunter-Gatherers of the Great Plains. Lauri Travis. 2019. (Illus.). 88p. (J). pap. 15.00 *(978-0-87842-692-8(2))* Mountain Pr. Publishing Co., Inc.

Arrowheart. Rebecca Sky. 2020. (Love Curse Ser.: 1). (ENG.). 352p. (YA). (gr. 7-17). pap. 10.99 *(978-1-4449-4005-3(8))* Hachette Children's Group GBR. Dist: Hachette Bk. Group.

Arrows. Penelope Dyan. Illus. by Penelope Dyan. l.t. ed. 2022. (ENG.). 34p. (J). pap. 12.60 *(978-1-61477-600-0(8))* Bellissima Publishing, LLC.

Arrows & Angels. Kristin D. Van Risseghem. 2017. (ENG., Illus.). (YA). (gr. 7-12). 18.99 *(978-1-943207-57-2(7))* Kasian Publishing.

Arrows, Bones & Stones: The Shadow of a Child Soldier. Donna White. 2017. (ENG., Illus.). (J). pap. *(978-0-9952805-1-9(7))* White, Donna.

Arrows of the Almighty (Classic Reprint) Owen Johnson. 2018. (ENG., Illus.). 420p. (J). 32.56 *(978-0-483-96891-2(9))* Forgotten Bks.

Arroyo de la Granja: Leveled Reader Book 59 Level H 6 Pack. Hmh Hmh. 2021. (SPA.). 16p. (J). pap. 74.40 *(978-0-358-08276-7(5))* Houghton Mifflin Harcourt Publishing Co.

Arroz con Leche / Rice Pudding: Un Poema para Cocinar / a Cooking Poem, 1 vol. Jorge Argueta. Tr. by Elisa Amado. Illus. by Fernando Vilela. 2016. (Bilingual Cooking Poems Ser.). (SPA.). 32p. (J). (gr. -1-2). 8.95 *(978-1-55498-887-7(X))* Groundwood Bks. CAN. Dist: Publishers Group West (PGW).

Arrr, Mustache Baby! Bridget Heos. Illus. by Joy Ang. 2019. (Mustache Baby Ser.). (ENG.). 40p. (J). (gr. -1-3). 17.99 *(978-1-328-50652-8(5)*, 1718797, Clarion Bks.) HarperCollins Pubs.

Arruga en el Tiempo (Novela Gráfica) / a Wrinkle in Time: the Graphic Novel. Madeleine L'Engle. Illus. by Hope Larson. 2020. (SPA.). 384p. (YA). (gr. 8-12). pap. 16.95 *(978-1-64473-176-5(2))* Penguin Random House Grupo Editorial ESP. Dist: Penguin Random Hse. LLC.

Arsareth: A Tale of the Luray Caverns (Classic Reprint) B. C. Warren. 2018. (ENG., Illus.). 278p. (J). 29.65 *(978-0-483-25614-9(5))* Forgotten Bks.

Arsenal Cannon: Jan. , 1921 (Classic Reprint) Unknown Author. (ENG., Illus.). (J). 2018. 48p. 24.89 *(978-0-666-97066-4(1))*; 2017. pap. 9.57 *(978-0-243-44837-1(6))* Forgotten Bks.

Arsenal Cannon: January, 1920 (Classic Reprint) Arsenal Technical Schools. (ENG., Illus.). (J). 2018. 48p. 24.91 *(978-0-365-49295-5(7))*; 2017. pap. 9.57 *(978-0-259-85751-8(3))* Forgotten Bks.

Arsenal Cannon: January 1922 (Classic Reprint) Arsenal Technical Schools. 2018. (ENG., Illus.). (J). 40p. 24.74 *(978-1-391-99052-1(8))*; 42p. pap. 7.97 *(978-1-391-99037-8(4))* Forgotten Bks.

Arsenal Cannon: January, 1924 (Classic Reprint) Arsenal Technical High School. (ENG., Illus.). (J). 2018. 40p. 24.74 *(978-0-656-14467-9(X))*; 2017. pap. 7.97 *(978-0-282-37046-6(3))* Forgotten Bks.

Arsenal Cannon: January, 1926 (Classic Reprint) Arsenal Technical Schools. (ENG., Illus.). (J). 2018. 50p. 24.95 *(978-0-666-06148-5(3))*; 2017. pap. 9.57 *(978-0-259-83709-1(1))* Forgotten Bks.

Arsenal Cannon: January, 1929 (Classic Reprint) Arsenal Technical Schools. (ENG., Illus.). (J). 2018. 46p. 24.87 *(978-0-656-02794-1(0))*; 2017. pap. 9.57 *(978-0-259-93333-5(3))* Forgotten Bks.

Arsenal Cannon: June, 1918 (Classic Reprint) Arsenal Technical Schools. 2017. (ENG., Illus.). (J). 54p. 25.01

(978-0-484-54758-1(5)); pap. 9.57 *(978-0-259-87909-1(6))* Forgotten Bks.

Arsenal Cannon: June, 1919 (Classic Reprint) Arsenal Technical Schools. 2017. (ENG., Illus.). (J). pap. 9.57 *(978-1-5277-2087-9(X))* Forgotten Bks.

Arsenal Cannon: June, 1920 (Classic Reprint) Arsenal Technical High School. 2017. (ENG., Illus.). 60p. (J). 25.13 *(978-0-332-89654-0(4))* Forgotten Bks.

Arsenal Cannon: June, 1925 (Classic Reprint) Arsenal Technical High School. (ENG., Illus.). (J). 2018. 74p. 25.44 *(978-0-484-52725-5(8))*; 2017. pap. 9.57 *(978-0-259-92171-4(8))* Forgotten Bks.

Arsenal Cannon: June, 1927 (Classic Reprint) Arsenal Technical Schools. (ENG., Illus.). (J). 2018. 70p. 25.36 *(978-0-428-53400-4(7))*; 2017. pap. 9.57 *(978-0-259-80864-0(4))* Forgotten Bks.

Arsenal Cannon: June 1928 (Classic Reprint) Arsenal Technical Schools. (ENG., Illus.). (J). 2018. 74p. 25.42 *(978-0-267-48320-4(1))*; 2017. pap. 9.57 *(978-0-282-54101-9(2))* Forgotten Bks.

Arsenal Cannon: June, 1935 (Classic Reprint) Arsenal Technical School. (ENG., Illus.). (J). 2018. 60p. 25.15 *(978-0-364-24592-7(1))*; 2017. pap. 9.57 *(978-0-259-94597-0(8))* Forgotten Bks.

Arsenal Cannon: June, 1940 (Classic Reprint) Arsenal Technical Schools. (ENG., Illus.). (J). 2018. 56p. 25.07 *(978-0-483-48872-4(0))*; 2017. pap. 9.57 *(978-0-259-88952-6(0))* Forgotten Bks.

Arsenal Cannon: Pirate Number, January 1925 (Classic Reprint) Unknown Author. (ENG., Illus.). (J). 2018. 56p. 25.07 *(978-0-365-35961-6(0))*; 2017. pap. 9.57 *(978-0-259-86449-3(8))* Forgotten Bks.

Arsenal Cannon: Powder Magazine; January, 1918 (Classic Reprint) Arsenal Technical Schools. (ENG., Illus.). (J). 2018. 36p. 24.64 *(978-0-666-65109-9(4))*; 2017. pap. 7.97 *(978-0-259-91850-9(4))* Forgotten Bks.

Arsenal Cannon, 1942, Vol. 59 (Classic Reprint) Arsenal Technical Schools. (ENG., Illus.). (J). 2018. 98p. 25.94 *(978-0-484-19807-3(6))*; 2017. pap. 9.57 *(978-0-259-88281-7(X))* Forgotten Bks.

Arsenal Cannon, Vol. 20: January, 1923 (Classic Reprint) Arsenal Technical High School. 2017. (ENG., Illus.). (J). 24.85 *(978-0-331-49104-3(4))*; pap. 7.97 *(978-0-260-89160-0(6))* Forgotten Bks.

Arsenal Cannon, Vol. 23: June, 1924 (Classic Reprint) Indianapolis Arsenal Technical Schools. 2017. (ENG., Illus.). (J). pap. 9.57 *(978-0-259-92477-7(6))* Forgotten Bks.

Arsenal Cannon, Vol. 3: June, 1914 (Classic Reprint) Arsenal Technical High School. 2017. (ENG., Illus.). (J). 26p. 24.43 *(978-0-332-72497-3(2))*; 28p. pap. 7.97 *(978-0-332-46450-3(4))* Forgotten Bks.

Arsenal Cannon, Vol. 30: January 1928 (Classic Reprint) Unknown Author. 2017. (ENG., Illus.). (J). 24.97 *(978-0-266-56455-3(0))*; pap. 9.57 *(978-0-282-82737-3(4))* Forgotten Bks.

Arsenal Cannon, Vol. 34: January 1930 (Classic Reprint) Arsenal Technical High School. (ENG., Illus.). (J). 2018. 54p. 25.01 *(978-0-364-83367-4(X))*; 2017. pap. 9.57 *(978-0-282-29825-8(8))* Forgotten Bks.

Arsenal Cannon, Vol. 35: June, 1930 (Classic Reprint) Arsenal Technical Schools. (ENG., Illus.). (J). 2018. 54p. 25.01 *(978-0-267-42130-5(3))*; 2017. pap. 9.57 *(978-0-259-94276-4(6))* Forgotten Bks.

Arsenal Cannon, Vol. 36: January, 1931 (Classic Reprint) Herman Champlin. (ENG., Illus.). (J). 2018. 54p. 25.03 *(978-0-656-01972-4(7))*; 2017. pap. 9.57 *(978-0-259-83761-9(X))* Forgotten Bks.

Arsenal Cannon, Vol. 37: June 1931 (Classic Reprint) Arsenal Technical Schools. 2017. (ENG., Illus.). (J). 25.44 *(978-0-260-67347-3(1))*; pap. 9.57 *(978-0-265-00556-9(6))* Forgotten Bks.

Arsenal Cannon, Vol. 38: January, 1932 (Classic Reprint) Francis S. Nipp. (ENG., Illus.). (J). 2018. 52p. 24.97 *(978-0-365-23965-9(8))*; 2017. pap. 9.57 *(978-0-259-84015-2(7))* Forgotten Bks.

Arsenal Cannon, Vol. 39: Semi-Annual Magazine; June, 1932 (Classic Reprint) Arsenal Technical Schools. (ENG., Illus.). (J). 2018. 66p. 25.28 *(978-0-364-71929-9(X))*; 2017. pap. 9.57 *(978-0-259-94967-1(1))* Forgotten Bks.

Arsenal Cannon, Vol. 41: June, 1933 (Classic Reprint) Arsenal Technical Schools. (ENG., Illus.). (J). 2018. 58p. 25.11 *(978-0-483-84084-3(X))*; 2017. pap. 9.57 *(978-0-243-47568-1(3))* Forgotten Bks.

Arsenal Cannon, Vol. 43: June, 1934 (Classic Reprint) Unknown Author. (ENG., Illus.). (J). 2018. 58p. 25.11 *(978-0-332-98172-7(X))*; 2017. pap. 9.57 *(978-0-259-89456-8(7))* Forgotten Bks.

Arsenal Cannon, Vol. 47: June, 1936 (Classic Reprint) Arsenal Technical Schools. 2017. (ENG., Illus.). (J). 54p. 25.03 *(978-0-484-85796-3(7))*; pap. 9.57 *(978-0-259-94488-1(2))* Forgotten Bks.

Arsenal Cannon, Vol. 51: June, 1938 (Classic Reprint) Arsenal Technical Schools. (ENG., Illus.). (J). 2018. 56p. 25.07 *(978-0-365-40234-3(6))*; 2017. pap. 9.57 *(978-0-259-91220-0(4))* Forgotten Bks.

Arsenal Cannon, Vol. 54: January, 1940 (Classic Reprint) Arsenal Technical Schools. (ENG., Illus.). (J). 2019. 48p. 24.89 *(978-0-365-17021-1(6))*; 2017. pap. 9.57 *(978-0-259-81971-4(9))* Forgotten Bks.

Arsenal Cannon, Vol. 57: June, 1941 (Classic Reprint) Arsenal Technical Schools. 2017. (ENG., Illus.). (J). 26.06 *(978-0-260-62365-2(2))*; pap. 9.57 *(978-0-266-02100-1(X))* Forgotten Bks.

Arsenal Cannon, Vol. 8: January 22, 1917 (Classic Reprint) Edward Hartlauf. (ENG., Illus.). (J). 2018. 36p. 24.64 *(978-0-364-29620-2(8))*; 2017. pap. 7.97 *(978-0-259-84756-4(9))* Forgotten Bks.

Arsenal Cannon, Vol. 9: June 8, 1917 (Classic Reprint) Technical High School. (ENG., Illus.). (J). 2018. 68p. 25.30 *(978-0-267-40715-6(7))*; 2016. pap. 9.57 *(978-1-334-11617-9(2))* Forgotten Bks.

Arsenal F. C. Mark Stewart. 2017. (First Touch Soccer Ser.). (ENG., Illus.). 24p. (J). (gr. k-3). 23.93 *(978-1-59953-856-3(3))* Norwood Hse. Pr.

Arsenal FC. Jon Marthaler. 2017. (Europe's Best Soccer Clubs Ser.). (ENG., Illus.). 48p. (J). (gr. 3-6). lib. bdg. 34.21 *(978-1-5321-1130-3(4)*, 25836, SportsZone) ABDO Publishing Co.

Arshaluis: The Promise of a New Day (Classic Reprint) Jane Dransfield. 2018. (ENG., Illus.). 36p. (J). 24.64 *(978-0-364-02488-1(7))* Forgotten Bks.

Art. Contrib. by World Book, Inc. Staff. 2019. (J). *(978-0-7166-3762-2(6))* World Bk., Inc.

Art & Craft for Preschool (Cut & Paste Emoji Eggs - Volume 2) This Book Has 20 Full Colour Puzzle Worksheets. This Book Comes with 6 Downloadable PDF Books. Nicola Ridgeway & James Manning. 2020. (ENG., Illus.). 46p. (J). (gr. k-2). pap. *(978-1-80027-127-2(1))* CBT Bks.

Art & Craft Ideas for Kids (Cut & Paste Emoji Eggs) This Book Has 20 Full Colour Puzzle Worksheets. This Book Comes with 6 Downloadable PDF Books. Nicola Ridgeway & James Manning. 2020. (Art & Craft Ideas for Kids Ser.: Vol. 21). (ENG., Illus.). 46p. (J). (gr. k-3). pap. *(978-1-80027-126-5(3))* CBT Bks.

Art & Craft Ideas for the Classroom (a Special Christmas Advent Calendar with 25 Advent Houses - All You Need to Celebrate Advent) An Alternative Special Christmas Advent Calendar: Celebrate the Days of Advent Using 25 Fillable DIY Decorated Paper Houses. James Manning & Christabelle Manning. 2019. (Art & Craft Ideas for the Classroom Ser.: Vol. 38). (ENG., Illus.). 52p. (J). (gr. k-6). pap. *(978-1-83894-267-0(X))* West Suffolk CBT Service Ltd., The.

Art & Culture. Logan Avery. 2018. (Mathematics in the Real World Ser.). (ENG., Illus.). 20p. (J). (gr. k-1). 8.99 *(978-1-4258-5629-8(2))* Teacher Created Materials, Inc.

Art & Culture. Dona Herweck Rice. 2018. (Mathematics in the Real World Ser.). (ENG., Illus.). 24p. (J). (gr. 1-2). pap. 9.99 *(978-1-4258-5694-6(2))* Teacher Created Materials, Inc.

Art & Culture: Abstract Art: Lines, Rays, & Angles (Grade 4) Saskia Lacey. 2017. (Mathematics in the Real World Ser.). (ENG., Illus.). 32p. (gr. 4-5). pap. 11.99 *(978-1-4258-5563-5(6))* Teacher Created Materials, Inc.

Art & Culture: American Indian Artifacts: 2-D Shapes (Grade 4) Katie McKissick. 2017. (Mathematics in the Real World Ser.). (ENG., Illus.). 32p. (gr. 4-5). pap. 11.99 *(978-1-4258-5564-2(4))* Teacher Created Materials, Inc.

Art & Culture: Dancing Around the World: Comparing Groups (Kindergarten) Linda Claire. 2018. (Mathematics in the Real World Ser.). (ENG., Illus.). 20p. (J). (gr. k-1). 8.99 *(978-1-4258-5614-4(4))* Teacher Created Materials, Inc.

Art & Culture: Desserts Around the World: Comparing Fractions (Grade 3) Monika Davies. 2017. (Mathematics in the Real World Ser.). (ENG., Illus.). 32p. (J). (gr. 3-4). pap. 11.99 *(978-1-4807-5804-9(3))* Teacher Created Materials, Inc.

Art & Culture: Día de Los Muertos: Factors & Multiples (Grade 4) Elise Wallace. rev. ed. 2017. (Mathematics in the Real World Ser.). (ENG., Illus.). 32p. (J). (gr. 4-5). pap. 11.99 *(978-1-4258-5551-2(2))* Teacher Created Materials, Inc.

Art & Culture: Diwali: Addition & Subtraction (Grade 1) Joseph Otterman. 2018. (Mathematics in the Real World Ser.). (ENG., Illus.). 24p. (J). (gr. 1-2). pap. 9.99 *(978-1-4258-5683-0(7))* Teacher Created Materials, Inc.

Art & Culture: Exploring Mexican Artifacts: Measurement (Grade 5) Elisa Jordan. 2018. (Mathematics in the Real World Ser.). (ENG., Illus.). 32p. (J). (gr. 4-8). pap. 11.99 *(978-1-4258-5811-7(2))* Teacher Created Materials, Inc.

Art & Culture: Exploring the British Museum: Classify, Sort, & Draw Shapes (Grade 2) Monika Davies. 2018. (Mathematics in the Real World Ser.). (ENG., Illus.). 32p. (J). (gr. 2-3). pap. 10.99 *(978-1-4258-5757-8(4))* Teacher Created Materials, Inc.

Art & Culture: Exploring the Louvre: Shapes (Grade 3) Marc Pioch. 2017. (Mathematics in the Real World Ser.). (ENG., Illus.). 32p. (J). (gr. 3-4). pap. 11.99 *(978-1-4807-5813-1(2))* Teacher Created Materials, Inc.

Art & Culture: Hanukkah. Joseph Otterman. 2018. (Mathematics in the Real World Ser.). (ENG., Illus.). 24p. (J). (gr. 1-2). pap. 9.99 *(978-1-4258-5679-3(9))* Teacher Created Materials, Inc.

Art & Culture: Hawaiian Paniolo: Expressions (Grade 5) Nicole Sipe. 2018. (Mathematics in the Real World Ser.). (ENG., Illus.). 32p. (J). (gr. 4-8). pap. 11.99 *(978-1-4258-5808-7(2))* Teacher Created Materials, Inc.

Art & Culture: Mardi Gras: Subtraction (Grade 2) Jennifer Prior. rev. ed. 2018. (Mathematics in the Real World Ser.). (ENG., Illus.). 32p. (J). (gr. 2-3). pap. 10.99 *(978-1-4258-5748-6(5))* Teacher Created Materials, Inc.

Art & Culture: Patterns of the Past: Partitioning Shapes (Grade 2) Lisa Willman. 2018. (Mathematics in the Real World Ser.). (ENG., Illus.). 32p. (J). (gr. 2-3). pap. 10.99 *(978-1-4258-5759-2(0))* Teacher Created Materials, Inc.

Art & Culture: The Stories of Constellations: Shapes (Grade 3) Saskia Lacey. 2017. (Mathematics in the Real World Ser.). (ENG., Illus.). 32p. (J). (gr. 3-4). pap. 11.99 *(978-1-4807-5812-4(4))* Teacher Created Materials, Inc.

Art & Entertainment in Ancient Africa - Ancient History Books for Kids Grade 4 Children's Ancient History. Baby Professor. 2017. (ENG., Illus.). (J). pap. 8.79 *(978-1-5419-1404-9(X)*, Baby Professor (Education Kids)) Speedy Publishing LLC.

Art & How It Works: An Introduction to Art for Children. Ann Kay. 2018. (How It Works). (ENG., Illus.). 96p. (J). (gr. 2-4). 17.99 *(978-1-4654-6802-4(1)*, DK Children) Dorling Kindersley Publishing, Inc.

Art & Joy: Best Friends Forever. Danielle Krysa. 2023. (ENG., Illus.). 40p. (J). (gr. k-4). 16.95 *(978-3-7913-7537-3(7))* Prestel Verlag GmbH & Co KG. DEU. Dist: Penguin Random Hse. LLC.

Art & Life of Hilma Af Klint. Ylva Hillström & Karin Eklund. 2023. (ENG., Illus.). 64p. (J). (gr. 3-5). 19.95 *(978-0-500-65317-3(8)*, 565317) Thames & Hudson.

Art & Literature of the Middle Ages - Art History Lessons Children's Arts, Music & Photography Books. Baby Professor. 2017. (ENG., Illus.). (J). pap. 8.79 *(978-1-5419-3864-9(X)*, Baby Professor (Education Kids)) Speedy Publishing LLC.

Art & Nature under an Italian Sky (Classic Reprint) Margaret Juliana Maria Dunbar. 2017. (ENG., Illus.). 328p. (J). 30.66 *(978-0-484-34506-4(0))* Forgotten Bks.

Art & Science. Dual Arithmetic; a New Art, Part the Second. Oliver Byrne. 2017. (ENG., Illus.). (J). pap. *(978-0-649-56579-5(7))* Trieste Publishing Pty Ltd.

Art & Science of Skateboarding. Monika Davies. rev. ed. 2018. (Smithsonian: Informational Text Ser.). (ENG., Illus.). 32p. (J). (gr. 4-8). pap. 11.99 *(978-1-4938-6717-2(2))* Teacher Created Materials, Inc.

Art Attack (the College Collection Set 1 - for Reluctant Readers), 6, 6. Georgina Jonas. 2016. (College Collection). (ENG., Illus.). 128p. (YA). pap. 6.95 *(978-1-78583-106-5(2))* Crown Hse. Publishing LLC.

Art Book for Kids 9-12. My First Animal Coloring & Activity Book Dinosaur & Other Fierce Creatures. One Giant Activity Book Kids. Hours of Step-By-Step Drawing & Coloring Exercises. Jupiter Kids. 2017. (ENG., Illus.). 200p. (J). pap. 12.26 *(978-1-5419-4771-9(1)*, Jupiter Kids (Childrens & Kids Fiction)) Speedy Publishing LLC.

Art Books for Children: Diego Rivera see Libros de Arte para Ninos: Diego Rivera

Art Boss: (Young Adult Fiction, Aspiring Artist Story, Novel for Teens) Kayla Cagan. 2018. (ENG., Illus.). 344p. (YA). (gr. 7-12). 17.99 *(978-1-4521-6037-5(6))* Chronicle Bks. LLC.

Art Break! Connect the Dots & Coloring Books for Teens Bundle, 2 vols. Speedy Publishing Books. 2019. (ENG.). 212p. (J). pap. 19.99 *(978-1-5419-7258-2(9))* Speedy Publishing LLC.

Art Brings Friends Together. Kasandra Coleman. 2022. (ENG.). 30p. (J). pap. ***(978-1-989346-92-1(8))*** Stilwell, Dawn Elaine.

Art Coloring Book. Annette Roeder. 2018. (Coloring Bks.). (ENG.). 128p. (J). (gr. -1-3). pap. 12.95 *(978-3-7913-7362-1(5))* Prestel Verlag GmbH & Co KG. DEU. Dist: Penguin Random Hse. LLC.

Art Coloring Books (Mysterious Mechanical Creatures) Advanced Coloring (Colouring) Books with 40 Coloring Pages: Mysterious Mechanical Creatures (Colouring (Coloring) Books) James Manning. 2019. (Art Coloring Bks.: Vol. 11). (ENG., Illus.). 82p. (YA). pap. *(978-1-83856-593-0(0))* Coloring Pages.

Art Criticism & Romance, Vol. 1 of 2 (Classic Reprint) Henry Merritt. 2018. (ENG., Illus.). 350p. (J). 31.12 *(978-0-656-67390-2(7))* Forgotten Bks.

Art Criticism & Romance, Vol. 2 of 2 (Classic Reprint) Henry Merritt. (ENG., Illus.). (J). 2018. 410p. 32.35 *(978-0-365-13503-6(8))*; 2017. pap. 16.57 *(978-0-282-99801-1(2))* Forgotten Bks.

Art, Culture, & Sports. Jon Richards & Ed Simkins. 2016. (Mapographica Ser.). (ENG., Illus.). 32p. (J). (gr. 3-6). *(978-0-7787-2655-5(X))* Crabtree Publishing Co.

Art de Respirer Sous l'Eau et le Moyen d'Entretenir Pendant un Tems Sic Considerable la Flamme. De Hautefeuille-J. 2016. (Sciences Ser.). (FRE., Illus.). (J). pap. *(978-2-01-957890-9(5))* Hachette Groupe Livre.

Art des Emblemes (Classic Reprint) Claude-Francois Menestrier. 2018. (FRE., Illus.). (J). 208p. 28.19 *(978-1-391-62735-9(0))*; 210p. pap. 10.57 *(978-1-390-51210-6(X))* Forgotten Bks.

Art des Emblèmes (Classic Reprint) Claude-Francois Menestrier. 2018. (FRE., Illus.). (J). 194p. 27.90 *(978-1-396-66694-0(X))*; 196p. pap. 10.57 *(978-1-391-30847-0(6))* Forgotten Bks.

Art Detective: Art Themed Hidden Picture Book. Jupiter Kids. 2016. (ENG., Illus.). 108p. (J). pap. 16.55 *(978-1-68326-188-9(7)*, Jupiter Kids (Childrens & Kids Fiction)) Speedy Publishing LLC.

Art Drawing Pad (Because of Love) A Blank Sketchbook with 100 Pages Suitable for Sketching, Drawing, & Art. This Blank Sketchbook May Make a Loving Gift. James Manning. 2019. (Art Drawing Pad Ser.: Vol. 2). (ENG.). 100p. (YA). pap. *(978-1-83884-079-2(6))* Coloring Pages.

Art du Mariage: Poeme Latin (Classic Reprint) Jacob Cats. 2017. (FRE., Illus.). (J). pap. 9.57 *(978-0-282-92824-7(3))* Forgotten Bks.

Art du Mariage: Poème Latin (Classic Reprint) Jacob Cats. 2018. (FRE., Illus.). 124p. (J). 26.60 *(978-0-484-70443-4(5))* Forgotten Bks.

Art Family: Inspiring Children to Be Creative. Sue Trusler. 2022. (ENG.). 46p. (J). pap. ***(978-1-78963-341-2(9)***, Choir Pr., The) Action Publishing Technology Ltd.

Art for Fall, 1 vol. Rita Storey. 2017. (Outdoor Art Room Ser.). (ENG.). 32p. (J). (gr. 3-3). 30.27 *(978-1-5081-9417-0(3)*, 651088bd-8009-49eb-8bc5-66c46b756a19); pap. 12.75 *(978-1-5081-9466-8(1)*, d60a4488-2c59-4a09-b034-5a8e87a275b7) Rosen Publishing Group, Inc., The. (Windmill Bks.).

Art for Kids: Advanced Drawing: Become the Artist Only You Can Be. Kathryn Temple. 2022. (Art for Kids Ser.: 5). (Illus.). 128p. (J). (gr. 3). 17.99 *(978-1-4549-4560-4(5))*; pap. 12.99 *(978-1-4549-3696-1(7))* Sterling Publishing Co., Inc. (Union Square Pr.).

Art for Spring, 1 vol. Rita Storey. 2017. (Outdoor Art Room Ser.). (ENG.). 32p. (J). (gr. 3-3). 30.27 *(978-1-5081-9418-7(1)*, f962148f-c8b8-49ae-9649-2882f144e7c2); pap. 12.75 *(978-1-5081-9467-5(X)*, b7100f3f-cf69-4017-b649-58cd4698db96) Rosen Publishing Group, Inc., The. (Windmill Bks.).

Art for Summer, 1 vol. Rita Storey. 2017. (Outdoor Art Room Ser.). (ENG., Illus.). 32p. (J). (gr. 3-3). 30.27 *(978-1-5081-9419-4(X)*, 5136f20a-dabe-4745-a646-f0d2d05b91d0); pap. 12.75 *(978-1-5081-9468-2(8)*, 44a1c5fc-9be3-4cee-bcc7-8370fb11441f) Rosen Publishing Group, Inc., The. (Windmill Bks.).

Art for the Heart: A Fill-In Journal for Wellness Through Art. Xavier Leopold. 2022. (ENG.). 112p. (J). (gr. 3-7). pap. 12.95 *(978-1-78312-797-9(X))* Welbeck Publishing Group Ltd. GBR. Dist: Two Rivers Distribution.

Art for Winter, 1 vol. Rita Storey. 2017. (Outdoor Art Room Ser.). (ENG., Illus.). 32p. (J). (gr. 3-3). 30.27 *(978-1-5081-9420-0(3)*, c3e94546-1edd-4c9f-adcf-52f749c6b00f); pap. 12.75 *(978-1-5081-9469-9(6)*, 23ba28d5-87eb-4584-beb9-1a125b7f5688) Rosen Publishing Group, Inc., The. (Windmill Bks.).

Art Gallery: A Lift-The-Fact Book. Five Mile. 2020. (Lift-The-Fact Bks.). (ENG.). 10p. (J). (gr. -1-k). bds. 16.99 *(978-1-76068-459-4(7))* Bonnier Publishing GBR. Dist: Independent Pubs. Group.

Art Garden: Sowing the Seeds of Creativity. Penny Harrison & Penny Harrison. Illus. by Penelope Pratley. 2018. (ENG.). 32p. (J). (gr. k-2). 17.99 *(978-1-925335-59-0(3)*, 317691, EK Bks.) Exisle Publishing Pty Ltd. AUS. Dist: Hachette UK Distribution.

Art in Animals: a Numbers & Words Treasury. Bronwyn Bancroft. 2022. (ENG.). 112p. (J). (— 1). 24.99 *(978-1-76050-938-5(8))* Little Hare Bks. AUS. Dist: Independent Pubs. Group.

Art in Country: A Treasury for Children. Bronwyn Bancroft. 2021. (ENG.). 112p. (J). (gr. -1-k). 22.99 *(978-1-76050-730-5(X))* Little Hare Bks. AUS. Dist: Independent Pubs. Group.

Art in Different Places. Robin Johnson. 2017. (Learning about Our Global Community Ser.). (Illus.). (J). (gr. 2-2). 24p. *(978-0-7787-3654-7(7))*; 32p. pap. *(978-0-7787-3663-9(6))* Crabtree Publishing Co.

Art in Nature, & Science Anticipated (Classic Reprint) Charles Williams. 2018. (ENG., Illus.). (J). 338p. 30.87 *(978-1-397-20352-6(8))*; 340p. pap. 13.57 *(978-1-397-20311-3(0))* Forgotten Bks.

Art Inside. Odessa Arriola. 2018. (ENG., Illus.). 44p. (J). pap. 18.99 *(978-1-4834-8575-1(7))* Lulu Pr., Inc.

Art Is Alive at Lakewood School. Beverly Banfield & Students Lakewood School. 2017. (ENG., Illus.). (J). pap. *(978-0-9951611-3-9(5))* Copper Tree Publishing.

Art Is Everywhere: A Book about Andy Warhol. Jeff Mack. Illus. by Jeff Mack. 2021. (ENG., Illus.). 48p. (J). 19.99 *(978-1-250-77715-7(1)*, 900235047, Holt, Henry & Co. Bks. For Young Readers) Holt, Henry & Co.

Art Is Life: The Life of Artist Keith Haring. Tami Lewis Brown. Illus. by Keith Negley. 2020. (ENG.). 48p. (J). 19.99 *(978-0-374-30424-9(6)*, 900158881, Farrar, Straus & Giroux (BYR)) Farrar, Straus & Giroux.

Art Is My Friend: A Book of Poems by Ivy Skye. Ivyanna Skye Foster. 2021. (ENG.). 31p. *(978-1-387-11652-2(5))* Lulu Pr., Inc.

Art-Ivity for Little Artists Activity Book 3 Years Old & Above. Educando Kids. 2019. (ENG.). 42p. (J). pap. 8.55 *(978-1-64521-764-0(7)*, Educando Kids) Editorial Imagen.

Art Journal: Old Testament. Amber Beck. 2023. (ENG.). 132p. (YA). pap. ***(978-1-365-66177-8(6))*** Lulu Pr., Inc.

Art Koala Chases His Dream. Heather MacDonald. Illus. by Heather MacDonald. 2019. (ENG., Illus.). 44p. (J). *(978-0-6487023-0-6(8))* Macdonald, Heather.

Art Lab for Kids: Express Yourself: 52 Creative Adventures to Find Your Voice Through Drawing, Painting, Mixed Media, & Sculpture, Volume 19. Susan Schwake. 2018. (Lab for Kids Ser.: 19). (ENG., Illus.). 144p. (J). (gr. -1-5). pap. 24.99 *(978-1-63159-592-9(X)*, 305221, Quarry Bks.) Quarto Publishing Group USA.

Art Lesson: A Shavuot Story. Allison Marks & Wayne Marks. Illus. by Annie Wilkinson. ed. 2017. (ENG.). 32p. (J). (gr. -1-2). E-Book 27.99 *(978-1-5124-2720-2(9)*, 9781512427202, Kar-Ben Publishing) Lerner Publishing Group.

Art-Literature Readers: A Primer (Classic Reprint) Eulalie Osgood Grover. (ENG., Illus.). (J). 2018. 120p. 26.37 *(978-0-365-35935-7(1))*; 2017. 25.63 *(978-0-331-80758-5(0))*; 2017. pap. 9.57 *(978-0-259-83429-8(7))* Forgotten Bks.

Art-Literature Readers, Vol. 1 (Classic Reprint) Eulalie Osgood Grover. 2017. (ENG., Illus.). (J). 26.41 *(978-0-331-73027-2(8))*; pap. 9.57 *(978-0-259-75086-4(7))* Forgotten Bks.

Art-Literature Readers, Vol. 2: Book Two (Classic Reprint) Frances Elizabeth Chutter. 2017. (ENG., Illus.). 168p. (J). 27.38 *(978-0-484-41425-8(9))* Forgotten Bks.

Art-Literature Readers, Vol. 3 (Classic Reprint) Frances Elizabeth Chutter. 2018. (ENG., Illus.). 230p. (J). 28.64 *(978-0-666-68713-5(7))* Forgotten Bks.

Art-Literature Readers, Vol. 4: Book Four (Classic Reprint) Frances Elizabeth Chutter. 2018. (ENG., Illus.). 264p. (J). 29.34 *(978-0-483-47226-6(3))* Forgotten Bks.

Art Making with MoMA: 20 Activities for Kids Inspired by Artists. Elizabeth Margulies & Cari Frisch. 2018. (ENG., Illus.). 128p. (J). (gr. 3-7). pap. 24.95 *(978-1-63345-037-0(6)*, 1316703) Museum of Modern Art.

Art Masterclass with Gustav Klimt. Lucy Brownridge. Illus. by Hanna Konola. 2019. (Art Masterclass Ser.). (ENG.). 32p. (J). (gr. k-2). pap. ***(978-1-78603-799-2(8)***, Wide Eyed Editions) Quarto Publishing Group UK.

Art Museum. Cari Meister. Ed. by Jenny Fretland VanVoorst. 2016. (First Field Trips). (Illus.). 24p. (J). (gr. k-2). lib. bdg. 25.65 *(978-1-62031-293-3(X)*, Bullfrog Bks.) Jump! Inc.

Art Museum. Julie Murray. 2019. (Field Trips Ser.). (ENG.). 24p. (J). (gr. -1-2). lib. bdg. 31.36 *(978-1-5321-8872-5(2)*, 32912, Abdo Kids) ABDO Publishing Co.

Art N War. Jabari Edwards. 2021. (ENG.). 128p. (YA). pap. 13.99 *(978-1-0879-5443-1(6))* Indy Pub.

Art of Amusing. Frank Bellew. 2017. (ENG.). 330p. (J). pap. *(978-3-7446-5293-3(9))* Creation Pubs.

Art of Amusing: Being a Collection of Graceful Arts, Merry Games, Odd Tricks, Curious Puzzles, & New Charades; Together with Suggestions for Private Theatricals, Tableaux, & All Sorts of Parlor & Family Amusements (Classic Reprint) Frank Bellew. 2018. (ENG., Illus.). 336p. (J). 30.83 *(978-0-365-49872-8(6))* Forgotten Bks.

Art of Animals: A Children's Coloring Book. Smarter Activity Books for Kids. 2016. (ENG., Illus.). (J). pap. 9.22 *(978-1-68374-415-3(2))* Examined Solutions PTE. Ltd.

Art of Animation. Craig E. Blohm & Hal Marcovitz. 2019. (Art Scene Ser.). (ENG.). 80p. (YA). (gr. 6-12). 41.27 *(978-1-68282-577-8(9))* ReferencePoint Pr., Inc.

Art of Anime & Manga. Tom Streissguth. 2019. (Art Scene Ser.). (ENG.). 80p. (YA). (gr. 6-12). 41.27 *(978-1-68282-579-2(5))* ReferencePoint Pr., Inc.

Art of Architecture, 1 vol. Tanya Dellaccio. 2017. (Eye on Art Ser.). (ENG.). 112p. (gr. 7-7). 41.03 *(978-1-5345-6095-6(5)*, 2b553150-4a0a-4ef0-bdd4-000dc10a9f4b, Lucent Pr.) Greenhaven Publishing LLC.

Art of Being Normal: A Novel. Lisa Williamson. 2018. (ENG.). 352p. (YA). pap. 11.99 (978-1-250-14427-0(2), 900180627) Square Fish.

Art of Boiling Water. Bruce Grundy. Illus. by Kevin Lindeberg. 2020. (ENG.). 46p. (J). (978-1-5289-8867-4(1)); pap. (978-1-5289-8866-7(3)) Austin Macauley Pubs. Ltd.

Art of Careful Experimentation: Long-Term Investigations the Scientific Method Grade 4 Children's Science Education Books. Baby Professor. 2020. (ENG.). 72p. (J). 24.99 (978-1-5419-7948-2(6)); pap. 14.99 (978-1-5419-7808-9(0)) Speedy Publishing LLC. (Baby Professor (Education Kids)).

Art of Children's Conversation. Keith Lamb & Louise Howland. ed. 2016. (Illus.). 100p. 14.99 (978-0-9803455-3-7(7)) TAOC AUS. Dist: Consortium Bk. Sales & Distribution.

Art of Coloring: Detailed Patterns & Designs Coloring Book: Relaxing Coloring Books for Adults. Activibooks. 2016. (ENG., Illus.). (J). pap. 9.20 (978-1-68321-031-3(X)) Mimaxion.

Art of Coloring: Mickey & Minnie: 100 Images to Inspire Creativity. Disney Books. 2017. (Art of Coloring Ser.). (Illus.). 24p. pap. 15.99 (978-1-4847-8973-5(3)) Disney Publishing Worldwide.

Art of Coloring: Tim Burton's the Nightmare Before Christmas: 100 Images to Inspire Creativity. Disney Books. 2017. (Art of Coloring Ser.). (Illus.). 48p. pap. 15.99 (978-1-4847-8974-2(1)) Disney Publishing Worldwide.

Art of Comics. Stuart A. Kallen. 2019. (Art Scene Ser.). (ENG.). 80p. (YA). (gr. 6-12). 41.27 (978-1-68282-581-5(7)) ReferencePoint Pr., Inc.

Art of Conversation. Charles Godfrey Leland. 2019. (ENG.). 244p. (J). pap. (978-3-337-81137-2(X)) Creation Pubs.

Art of Conversation: With Directions for Self Education (Classic Reprint) Charles G. Leland. (ENG., Illus.). (J). 2018. 244p. 28.93 (978-0-364-37382-8(2)); 2016. pap. 11.57 (978-1-333-25823-8(2)) Forgotten Bks.

Art of Cookery, in Imitation of Horace's Art of Poetry: With Some Letters to Dr. Lister, & Others; Occasion'd Principally by the Title of a Book Publish'd by the Doctor, Being the Works of Apicius Coelius, Concerning the Soups & Sauces of the Anti. William King. 2017. (ENG., Illus.). (J). 172p. 27.44 (978-0-332-69363-7(5)); pap. 9.97 (978-0-259-20713-9(6)) Forgotten Bks.

Art of Dancing Explained by Reading & Figures: Whereby the Manner of Performing the Steps Is Made Easy by a New & Familiar Method (Classic Reprint) Kellom Tomlinson. 2017. (ENG., Illus.). (J). 29.20 (978-0-331-67634-1(6)); pap. 11.57 (978-0-282-11380-3(0)) Forgotten Bks.

Art of Disappearing (Classic Reprint) John Talbot Smith. (ENG., Illus.). (J). 2019. 386p. 31.88 (978-0-365-14900-2(4)); 2017. pap. 16.57 (978-0-243-25625-9(6)) Forgotten Bks.

Art of Drawing Manga: Action & Movement: Action & Movement. Max Marlborough. Illus. by David Antram. ed. 2020. (Art of Drawing Ser.). (ENG.). 64p. (J). (gr. 4). pap. 9.95 (978-1-912904-82-2(9)) Book Hse. GBR. Dist: Sterling Publishing Co., Inc.

Art of Drawing Manga: Monsters & Pets: Monsters & Pets. Max Marlborough. ed. 2019. (Art of Drawing Ser.). (ENG., Illus.). 64p. (J). (gr. 4). pap. 9.95 (978-1-912537-59-4(1)) Book Hse. GBR. Dist: Sterling Publishing Co., Inc.

Art of Dumpster Diving. Jennifer Anne Moses. 2020. (YA). (ENG.). 26.99 (978-1-68442-463-4(1)); 224p. pap. 14.99 (978-1-68442-462-7(3)) Turner Publishing Co.

Art of Escaping. Erin Callahan. 2018. (ENG.). 324p. (YA). (gr. 7). pap. 12.99 (978-1-944995-65-2(X)) Amberjack Publishing Co.

Art of Expression (Classic Reprint) Grace a Burt. 2018. (ENG., Illus.). 288p. (J). 29.84 (978-0-428-76167-7(4)) Forgotten Bks.

Art of Facts. Edmond Harty. 2022. (ENG.). 212p. (YA). pap. (978-0-2288-7421-8(1)) Tellwell Talent.

Art of Feeling. Laura Tims. 2017. (ENG.). 336p. (YA). (gr. 8). 17.99 (978-0-06-231735-3(0), HarperTeen) HarperCollins Pubs.

Art of French Kissing. Brianna R. Shrum. 2018. (ENG.). 256p. (YA). (gr. 8-12). pap. 8.99 (978-1-5107-3205-6(5), Sky Pony Pr.) Skyhorse Publishing Co., Inc.

Art of Friendship (Disney the Never Girls: Graphic Novel #2) RH Disney. Illus. by Disney Storybook Disney Storybook Art Team. 2023. (Never Girls Ser.). (ENG.). 72p. (J). (gr. 1-4). 12.99 (978-0-7364-4396-8(7)); lib. bdg. 15.99 (978-0-7364-9039-9(6)) Random Hse. Children's Bks. (RH/Disney).

Art of Getting Noticed #1: A Graphic Novel. Chelsea M. Campbell. Illus. by Laura Knetzger. 2023. (Bigfoot & Nessie Ser.: 1). (ENG.). 64p. (J). (gr. 1-4). 12.99 (978-0-593-38572-2(1), Penguin Workshop) Penguin Young Readers Group.

Art of Good Manners, or Children's Etiquette (Classic Reprint) S. D. Power. (ENG., Illus.). (J). 2018. 154p. 27.09 (978-0-332-15922-5(1)); 2017. pap. 9.57 (978-0-243-32929-8(6)) Forgotten Bks.

Art of Graffiti. Hal Marcovitz. 2019. (Art Scene Ser.). (ENG.). 80p. (J). (gr. 6-12). 41.27 (978-1-68282-583-9(3)) ReferencePoint Pr., Inc.

Art of Graphic Communication. W. L. Kitts. 2019. (Art Scene Ser.). (ENG.). 80p. (J). (gr. 6-12). 41.27 (978-1-68282-585-3(X)) ReferencePoint Pr., Inc.

Art of Holding On. Beth Ann Burgoon. 2020. (ENG.). 422p. (YA). (gr. 10-12). pap. 14.99 (978-1-0878-5989-7(1)) Indy Pub.

Art of Home-Making: In City & Country in Mansion & Cottage (Classic Reprint) Margaret E. Sangster. 2017. (ENG., Illus.). (J). 33.63 (978-1-5284-7426-9(0)) Forgotten Bks.

Art of Insanity. Christine Webb. 352p. (YA). (gr. 9). 2023. pap. 12.99 (978-1-68263-624-4(0)); 2022. 18.99 (978-1-68263-457-8(4)) Peachtree Publishing Co. Inc.

Art of Jim Starlin: A Life in Words & Pictures. Jim Starlin. Ed. by Joe Pruett & Mike Marts. 2018. (ENG., Illus.). 328p. (YA). 49.99 (978-1-935002-57-4(0), 4e2c3b50-0afd-499d-a186-e99900516954) AfterShock Comics.

Art of Ju-Jutsu: The Legacy of Minoru Mochizuki's 'YOSEIKAN' Edgar Kruyning. 2022. (ENG.). 415p. pap. (978-1-4710-0140-6(7)) Lulu Pr., Inc.

Art of Learning: Fundamentals for Infants & Toddlers. Matthew Stokes. 2021. (ENG.). 36p. (J). pap. 10.99 (978-1-6628-2945-1(0)) Salem Author Services.

Art of Losing. Lizzy Mason. (YA). 2020. (ENG.). 1p. (gr. 9). pap. 10.99 (978-1-64129-126-2(5), Soho Teen); 2019. 336p. (978-1-64129-104-0(4)) Soho Pr., Inc.

Art of Maddog David Camescasse. David Camescasse. Illus. by David Camescasse. 2022. (FRE.). 48p. (YA). pap. (978-1-4710-5562-1(0)) Lulu Pr., Inc.

Art of Magic: A Novel. Hannah Voskuil. 2022. (ENG.). 328p. (J). (gr. 4-7). 17.99 (978-1-7284-1567-3(5), 2cf6ec4a-0d88-4694-82cd-3c9426436b02, Carolrhoda Bks.) Lerner Publishing Group.

Art of Make Believe. Philip Mazeikas. 2020. (ENG.). 120p. (YA). pap. 20.00 (978-1-0878-9561-1(8)) Indy Pub.

Art of Making New Mateys. Johanna Gohmann. Illus. by Addy Rivera. 2022. (Pirate Kids Set 2 Ser.). (ENG.). 32p. (J). (gr. 2-2). pap. 9.95 (978-1-64494-473-8(1), Calico Kid) ABDO Publishing Co.

Art of Not Breathing. Sarah Alexander. 2017. (ENG.). 288p. (YA). (gr. 9). pap. 9.99 (978-0-544-93687-4(6), 1658695, Clarion Bks.) HarperCollins Pubs.

Art of Pattern Mandala: Beautiful Adult Coloring Book Featuring Beautiful Mandalas Designed to Soothe the Soul. Elli Steele. 2021. (ENG.). 62p. (YA). pap. 8.85 (978-1-008-98708-1(5)) Lulu Pr., Inc.

Art of Pleasing (Classic Reprint) George Roy. 2018. (ENG., Illus.). 48p. (J). 24.91 (978-0-483-53942-6(2)) Forgotten Bks.

Art of Poetry: The Poetical Treatises of Horace, Vida, & Boileau (Classic Reprint) Albert Stanburrough Cook. 2018. (ENG., Illus.). 368p. (J). 31.51 (978-0-365-32406-5(X)) Forgotten Bks.

Art of Protest: Creating, Discovering, & Activating Art for Your Revolution. De Nichols. 2021. (ENG.). 80p. (J). (gr. 5). 19.99 (978-1-5362-2325-5(5), Big Picture Press) Candlewick Pr.

Art of Rewilding: The Return of Yellowstone's Wolves. Nadja Belhadj. Illus. by Marc Majewski. 2023. (ENG.). 44p. (J). (gr. k-4). 20.99 (978-1-990252-19-8(2)) Milky Way Picture Bks. CAN. Dist: Abrams, Inc.

Art of Running Away. Sabrina Kleckner. 2021. (ENG.). 240p. (YA). (gr. 3-9). pap. 9.99 (978-1-63163-577-9(8), Jolly Fish Pr.) North Star Editions.

Art of Saving the World. Corinne Duyvis. 2020. (ENG.). 400p. (YA). (gr. 7-17). 18.99 (978-1-4197-3687-2(6), 1269001, Amulet Bks.) Abrams, Inc.

Art of Selling Lemons. John Myrianthousis. 2017. (ENG., Illus.). 386p. (J). 21.95 (978-1-78693-597-7(X), 8f92edb2-2d64-4129-a405-05a3702f7338) Austin Macauley Pubs. Ltd. GBR. Dist: Baker & Taylor Publisher Services (BTPS).

Art of Sermon Illustration (Classic Reprint) H. Jeffs. 2017. (ENG., Illus.). (J). 29.26 (978-0-266-42876-3(2)) Forgotten Bks.

Art of Shadow Puppets. Dona Herweck Rice. rev. ed. 2019. (Smithsonian: Informational Text Ser.). (ENG., Illus.). 24p. (J). (gr. 1-2). pap. 8.99 (978-1-4938-6652-6(4)) Teacher Created Materials, Inc.

Art of Starving. Sam J. Miller. (ENG.). (YA). (gr. 8). 2019. 400p. pap. 10.99 (978-0-06-245672-4(5)); 2017. 384p. 18.99 (978-0-06-245671-7(7)) HarperCollins Pubs. (HarperTeen).

Art of Story-Telling with Nearly Half a Hundred Stories (Classic Reprint) Julia Darrow Cowles. 2018. (ENG., Illus.). 282p. (J). 29.73 (978-0-332-17564-5(2)) Forgotten Bks.

Art of Story-Writing. the Writer's Library. J. Berg Esenwein. 2017. (ENG., Illus.). (J). pap. (978-0-649-06350-5(3)) Trieste Publishing Pty Ltd.

Art of Tattoo. Hal Marcovitz. 2019. (Art Scene Ser.). (ENG.). 80p. (J). (gr. 6-12). 41.27 (978-1-68282-587-7(6)) ReferencePoint Pr., Inc.

Art of the Ancient Egyptians - Art History Book Children's Art Books. Baby Professor. 2017. (ENG., Illus.). (J). pap. 8.79 (978-1-5419-3857-1(7), Baby Professor (Education Kids)) Speedy Publishing LLC.

Art of the Catapult: Build Greek Ballistae, Roman Onagers, English Trebuchets, & More Ancient Artillery. William Gurstelle. 2nd ed. 2018. (ENG., Illus.). 192p. (J). (gr. 5). pap. 16.99 (978-0-912777-33-7(8)) Chicago Review Pr., Inc.

Art of the Possible: An Everyday Guide to Politics. Edward Keenan. Illus. by Julie McLaughlin. 2020. (ENG.). 64p. (J). (gr. 5-8). pap. 10.95 (978-1-77147-413-9(0)) Owlkids Bks. Inc. CAN. Dist: Publishers Group West (PGW).

Art of the Second Growth; or, American Sylviculture. Carl Alwin Schenck. 2017. (ENG., Illus.). (J). pap. (978-1-76057-155-9(5)) Trieste Publishing Pty Ltd.

Art of the Story-Teller (Classic Reprint) Marie L. Shedlock. 2017. (ENG., Illus.). (J). 29.34 (978-0-331-66789-9(4)) Forgotten Bks.

Art of the Swap. Kristine Asselin & Jen Malone. (ENG., Illus.). 352p. (J). (gr. 3-7). 2019. pap. 8.99 (978-1-4814-7872-4(9)); 2018. 17.99 (978-1-4814-7871-7(0)) Simon & Schuster Children's Publishing. (Aladdin).

Art of Thinking. T. Sharper Knowlson. 2017. (ENG., Illus.). (J). pap. (978-0-649-45378-8(6)) Trieste Publishing Pty Ltd.

Art of Time. Quinn Jamison. (ENG.). 440p. (YA). 2023. 24.99 (978-1-63988-928-0(0)); 2022. pap. 18.99 (978-1-63988-560-2(9)) Primedia eLaunch LLC.

Art of War. Genesis Gobin. 2017. (ENG., Illus.). (J). pap. 20.00 (978-1-387-06784-8(2)) Lulu Pr., Inc.

Art Out of the Box: Creativity Games for Artists of All Ages (Fun, Creativity Drawing Game for the Whole Family!) Nicky Hoberman. Illus. by Hiromi Suzuki. 2019. (ENG.). 80p. (J). (gr. 1-7). 19.99 (978-1-78627-487-8(6), King, Laurence Publishing) Orion Publishing Group, Ltd. GBR. Dist: Hachette Bk. Group.

Art Pad (Because of Love) A Blank Sketchbook with 100 Pages Suitable for Sketching, Drawing, & Art. This Blank Sketchbook May Make a Loving Gift. James Manning. 2019. (Art Pad Ser.: Vol. 2). (ENG.). 100p. (YA). pap. (978-1-83884-075-4(3)) Coloring Pages.

Art Play. Illus. by Marion Deuchars. 2016. (ENG.). 224p. (J). (gr. 2-6). pap. 19.99 (978-1-78067-877-1(0), King, Laurence Publishing) Orion Publishing Group, Ltd. GBR. Dist: Hachette Bk. Group.

Art Profiles for Kids, 6 vols., Set. Incl. Canaletto. Earle Rice, Jr. (J). lib. bdg. 29.95 (978-1-58415-561-4(2)); Claude Monet. Jim Whiting. (YA). lib. bdg. 29.95 (978-1-58415-563-8(9)); Michelangelo. Jim Whiting. (YA). lib. bdg. 29.95 (978-1-58415-562-1(0)); Paul Cezanne. Kathleen Tracy. (YA). lib. bdg. 29.95 (978-1-58415-565-2(5)); Pierre-Auguste Renoir. Barbara A. Somervill. (YA). lib. bdg. 29.95 (978-1-58415-566-9(3)); Vincent Van Gogh. Jim Whiting. (YA). lib. bdg. 29.95 (978-1-58415-564-5(7)); 48p. (gr. 4-7). (Art Profiles for Kids Ser.). (Illus.). 2007. 179.70 (978-1-58415-567-6(1)) Mitchell Lane Pubs.

Art Puzzles for Kids: Chinese Ceramics: Create Six Masterpieces & Learn Their Secrets. Dong Hu & Yijin Wert. 2019. (Illus.). 14p. (gr. -1-3). 14.95 (978-1-60220-460-7(8)) SCPG Publishing Corp.

Art Queen. Marci Peschke. Illus. by Tuesday Mourning. 2018. (Kylie Jean Ser.). (ENG.). 112p. (J). (gr. 1-3). lib. bdg. 22.65 (978-1-5158-2927-0(8), 138470, Picture Window Bks.) Capstone.

Art Rambles in the Highlands & Islands of Scotland (Classic Reprint) John T. Reid. 2017. (ENG., Illus.). (J). 29.67 (978-0-331-27056-3(0)); pap. 13.57 (978-0-259-86016-7(6)) Forgotten Bks.

Art, Religion & Life in Mesopotamia - Ancient History Illustrated Children's Ancient History. Baby Professor. 2017. (ENG., Illus.). (J). pap. 9.55 (978-1-5419-1459-9(7), Baby Professor (Education Kids)) Speedy Publishing LLC.

Art Room: Drawing & Painting with Emily Carr, 1 vol. Susan Vande Griek. Illus. by Pascal Milelli. 2019. (ENG.). 24p. (J). (gr. k-2). 9.95 (978-1-77306-239-6(5)) Groundwood Bks. CAN. Dist: Publishers Group West (PGW).

Art Saguaros. Karen Melnychuck & Sofia Melnychuck. Ed. by Karen Melnychuck. Illus. by Sofia Melnychuck. 2016. (ENG., Illus.). 24p. (J). pap. 12.99 (978-0-9859171-5-9(6), PinkPowerful Bks.) PinkPowerful LLC.

Art Seen. P. J. Gray. 2018. (Monarch Jungle Ser.). (ENG.). 76p. (YA). (gr. 9-12). pap. 10.95 (978-1-68021-481-9(0)) Saddleback Educational Publishing, Inc.

Art Show. Virginia Loh-Hagan. 2016. (D. I. Y. Make It Happen Ser.). (ENG., Illus.). 32p. (J). (gr. 4-8). 32.07 (978-1-63470-494-6(0), 207707) Cherry Lake Publishing.

Art Show Attacks!: a Branches Book (Eerie Elementary #9), Vol. 9. Jack Chabert. Illus. by Matt Loveridge. 2018. (Eerie Elementary Ser.: 9). (ENG.). 96p. (J). (gr. 1-3). pap. 5.99 (978-1-338-18197-5(1)) Scholastic, Inc.

Art Show Attacks!: a Branches Book (Eerie Elementary #9) (Library Edition), Vol. 9. Jack Chabert. Illus. by Matt Loveridge. 2018. (Eerie Elementary Ser.: 9). (ENG.). 96p. (J). (gr. 1-3). lib. bdg. 24.99 (978-1-338-18198-2(X)) Scholastic, Inc.

Art Sketchbook (Because of Love) A Blank Sketchbook with 100 Pages Suitable for Sketching, Drawing, & Art. This Blank Sketchbook May Make a Loving Gift. James Manning. 2019. (Art Sketchbook Ser.: Vol. 2). (ENG.). 100p. (YA). pap. (978-1-83884-058-7(3)); pap. (978-1-83884-073-0(7)) Coloring Pages.

Art Skills. Fiona Watt. Illus. by Antonia Miller. 2023. (Art Ideas Ser.). (ENG.). 96p. (J). pap. 12.99 (978-1-80531-994-8(9)) Usborne Publishing, Ltd. GBR. Dist: HarperCollins Pubs.

Art Sleuth in Action! Connect the Dots Activity Book. Smarter Activity Books for Kids. 2016. (ENG., Illus.). (J). pap. 8.99 (978-1-68374-187-9(0)) Examined Solutions PTE. Ltd.

Art (Small Great Gestures) Incredible Art, Inspirational People. Francisco Llorca. Illus. by Isabel Albertos. 2021. (Small Great Gestures Ser.: 1). (ENG.). 34p. (J). 12.95 (978-0-7490-2792-6(4), 2713) Allison & Busby, Ltd. GBR. Dist: Baker & Taylor Publisher Services (BTPS).

Art Smart, Science Detective: The Case of the Sliding Spaceship. Melinda Long & Monica Wyrick. 2018. (Young Palmetto Bks.). (ENG., Illus.). 64p. pap. 12.99 (978-1-61117-935-4(1), P599510) Univ. of South Carolina Pr.

Art Smith's Story 1915: The Autobiography of the Boy Aviator Which Appeared As a Serial in the Bulletin (Classic Reprint) Art Smith. 2018. (ENG., Illus.). 98p. (J). 25.94 (978-0-364-83706-1(3)) Forgotten Bks.

Art Sparks: Draw, Paint, Make, & Get Creative with 53 Amazing Projects! Marion Abrams & Hilary Emerson Lay. 2019. (ENG., Illus.). 176p. (J). (gr. 1-17). pap. 16.95 (978-1-63586-118-1(7), 626118) Storey Publishing, LLC.

Art Starts with a Line: A Creative & Interactive Guide to the Art of Line Drawing. 2018. (Art Starts Ser.). (ENG., Illus.). 128p. pap. 19.99 (978-1-63322-481-0(3), 302030, Walter Foster Jr) Quarto Publishing Group USA.

Art-Student in Munich (Classic Reprint) Anna Mary Howitt. 2017. (ENG., Illus.). 500p. (J). 34.23 (978-0-332-77651-4(4)) Forgotten Bks.

Art-Student in Munich, Vol. 1 of 2 (Classic Reprint) Anna Mary Howitt-Watts. 2018. (ENG., Illus.). 274p. (J). 29.57 (978-0-483-90515-3(1)) Forgotten Bks.

Art-Student in Munich, Vol. 2 of 2 (Classic Reprint) Howitt-Watts. 2018. (ENG., Illus.). 268p. (J). 29.42 (978-0-483-92253-2(6)) Forgotten Bks.

Art Styles by Decade Coloring Book. Activbooks. 2016. (ENG., Illus.). (J). pap. 9.20 (978-1-68321-924-8(4)) Mimaxion.

Art Therapy Coloring Book. Illus. by Andrea Sargent. 2022. (ENG.). 128p. (J). pap. 12.99 (978-1-3988-1856-9(9), 86073086-75e6-4664-a01b-233250fbf8fc) Arcturus Publishing GBR. Dist: Baker & Taylor Publisher Services (BTPS).

Art This Way. Tamara Shopsin Jason Fulford. 2019. (ENG., Illus.). 28p. (gr. -1 — 1). bds. 19.95 (978-0-7148-7721-1(2)) Phaidon Pr., Inc.

Art Thou the Man? (Classic Reprint) Guy Berton. 2018. (ENG., Illus.). 308p. (J). 30.25 (978-0-483-25723-8(0)) Forgotten Bks.

Art Through the Ages. Frédéric Furon & Mady Virgona. Illus. by Fabien Laurent. 2018. (Seek & Find Ser.). (ENG.). 26p. (J). 12.99 (978-1-4413-2799-4(1), 1a60bf31-6e89-4b64-b942-69cad06fd393) Peter Pauper Pr. Inc.

Art Through the Ages Coloring Book. Activibooks For Kids. 2016. (ENG., Illus.). (J). pap. 9.20 (978-1-68321-926-2(0)) Mimaxion.

Art to Color. 2017. (Art Patterns to Color Ser.). (ENG.). (J). pap. 6.99 (978-0-7945-3963-4(7), Usborne) EDC Publishing.

Art with Everyday Things, 1 vol. Susie Brooks. 2017. (Let's Make Art Ser.). (ENG.). 32p. (J). (gr. 2-3). 29.27 (978-1-5383-2219-2(6), 63e2420c-6492-4d6a-a87d-05715405500f); pap. 12.75 (978-1-5383-2314-4(1), 48e7489a-2ed1-4157-ae6c-f7bf8a83cb57) Rosen Publishing Group, Inc., The. (PowerKids Pr.).

Art with Heart. Rachele Alpine. Illus. by Addy Rivera Sonda. 2021. (Invincible Girls Club Ser.: 2). (ENG.). 160p. (J). (gr. 2-5). 17.99 (978-1-5344-7533-5(8)); pap. 6.99 (978-1-5344-7532-8(X)) Simon & Schuster Children's Publishing. (Aladdin).

Art with Your Hands & Feet, 1 vol. Susie Brooks. 2017. (Let's Make Art Ser.). (ENG.). 32p. (J). (gr. 2-3). 29.27 (978-1-5383-2221-5(8), a3872202-7bb9-43cd-a84b-bc41b7d048f5); pap. 12.75 (978-1-5383-2316-8(8), 0fbeafbb-459c-41c4-8331-9f48671d28a9) Rosen Publishing Group, Inc., The. (PowerKids Pr.).

Art Year by Year: A Visual History, from Cave Paintings to Street Art. DK. 2022. (DK Children's Year by Year Ser.). (ENG.). 192p. (J). (gr. 4-7). 24.99 (978-0-7440-6012-6(5), DK Children) Dorling Kindersley Publishing, Inc.

Artak & the Forgotten Mark. Christian Walker. 2017. (ENG., Illus.). (YA). pap. 16.95 (978-1-5069-0499-3(8)) First Edition Design Publishing.

Artcident! Riba Kalb. Illus. by Golnar Sepahi. 2023. (ENG.). 56p. (J). (978-1-0391-6272-3(X)); pap. (978-1-0391-6271-6(1)) FriesenPress.

Arte Baasura-Playa. Marzieh A. Ali. Illus. by Lala Stellune. 2023. (Nadia & Nadir (Spanish Version) Ser.). (SPA.). 32p. (J). (gr. -1-3). lib. bdg. 32.79 (978-1-0982-3745-5(5), 42801, Calico Chapter Bks) Magic Wagon.

Arte de la Arquitectura: Leveled Reader Card Book 32 Level T 6 Pack. Hmh Hmh. 2021. (SPA.). (J). pap. 74.40 (978-0-358-08601-7(9)) Houghton Mifflin Harcourt Publishing Co.

Arte de la Guerra. Sun Tzu. 2019. (SPA.). 96p. (YA). (gr. 8-12). pap. 6.95 (978-607-453-591-4(4)) Selector, S.A. de C.V. MEX. Dist: Spanish Pubs., LLC.

Arte of English Poesie: June 1589 (Classic Reprint) George Puttenham. 2018. (ENG., Illus.). (J). 292p. 29.92 (978-1-391-27648-9(5)); 294p. pap. 13.57 (978-1-391-00534-8(1)) Forgotten Bks.

Arte y Cultura: Comparación de Grupos. Linda Claire. rev. ed. 2019. (Mathematics in the Real World Ser.). (SPA., Illus.). 20p. (J). (gr. k-1). 8.99 (978-1-4258-2821-9(3)) Teacher Created Materials, Inc.

Arte y Cultura: Figuras. Logan Avery. rev. ed. 2019. (Mathematics in the Real World Ser.). (SPA., Illus.). 20p. (J). (gr. k-1). 8.99 (978-1-4258-2836-3(1)) Teacher Created Materials, Inc.

Arte y Cultura: Mardi Gras: Resta. Jennifer Overend Prior. rev. ed. 2018. (Mathematics in the Real World Ser.). (SPA., Illus.). 32p. (J). (gr. 2-3). pap. 10.99 (978-1-4258-2865-3(5)) Teacher Created Materials, Inc.

Artemesia. Aj Naseem. 2022. (ENG.). (YA). 110p. pap. 7.84 (978-1-4583-2623-2(3)); 124p. pap. 8.46 (978-1-4583-7278-9(2)) Lulu Pr., Inc.

Artemis. Heather C. Hudak. 2021. (Greek Mythology Ser.). (ENG., Illus.). 32p. (J). (gr. 2-5). lib. bdg. 34.21 (978-1-5321-9674-4(1), 38380, Kids Core) ABDO Publishing Co.

Artemis. Virginia Loh-Hagan. 2017. (Gods & Goddesses of the Ancient World Ser.). (ENG., Illus.). 32p. (J). (gr. 4-8). 32.07 (978-1-63472-136-3(5), 209116, 45th Parallel Press) Cherry Lake Publishing.

Artemis. Teri Temple. 2016. (J). (978-1-4896-4637-8(X)) Weigl Pubs., Inc.

Artemis: Goddess of Hunting & Protector of Animals. Teri Temple. Illus. by Robert Squier. 2019. (Greek Gods & Goddesses Ser.). (ENG.). 32p. (J). (gr. 3-6). lib. bdg. 35.64 (978-1-5038-3254-1(6), 213022) Child's World, Inc, The.

Artemis: Wild Goddess of the Hunt. George O'Connor. 2017. (Olympians Ser.: 9). (ENG., Illus.). 80p. (J). 21.99 (978-1-62672-521-8(7), 900160412, First Second Bks.) Roaring Brook Pr.

Artemis & the Awesome Animals: A QUIX Book. Joan Holub & Suzanne Williams. Illus. by Yuyi Chen. 2020. (Little Goddess Girls Ser.: 4). (ENG.). 96p. (J). (gr. k-3). 17.99 (978-1-5344-3115-7(2)); pap. 5.99 (978-1-5344-3114-0(4)) Simon & Schuster Children's Publishing. (Aladdin).

Artemis & the Night Sky Kittens: An Uplifting Children's Story about Love, Death & a Kitten's Enduring Friendship. Farnaz Zirakbash. 2021. (ENG., Illus.). 42p. (J). (978-1-922565-33-4(4)); pap. (978-1-922565-05-1(9)) Vivid Publishing.

Artemis & the Wishing Kitten: A QUIX Book. Joan Holub & Suzanne Williams. Illus. by Yuyi Chen. 2021. (Little Goddess Girls Ser.: 8). (ENG.). 96p. (J). (gr. k-3). 17.99 (978-1-5344-7969-2(4)); pap. 5.99 (978-1-5344-7968-5(6)) Simon & Schuster Children's Publishing. (Aladdin).

Artemis Fowl. Matthew K. Manning. ed. 2020. (Disney 8x8 Ser.). (ENG.). 22p. (J). (gr. k-1). 15.49 (978-1-64697-268-5(6)) Penworthy Co., LLC, The.

Artemis Fowl 3-Book Paperback Boxed Set-Artemis Fowl, Books 1-3. Eoin Colfer. 2019. (Artemis Fowl Ser.). (ENG.). 1056p. (J). (gr. 5-9). 26.97 (978-1-368-04236-9(8), Disney-Hyperion) Disney Publishing Worldwide.

Artemis Fowl: a Fowl Adventure. Disney Books. ed. 2020. (ENG.). 24p. (J). (gr. 1-3). pap. 5.99 (978-1-368-05242-9(8), Disney Press Books) Disney Publishing Worldwide.

Artemis Fowl-Artemis Fowl, Book 1. Eoin Colfer. 2018. (Artemis Fowl Ser.: 1). (ENG.). 320p. (J). (gr. 5-9). pap. 8.99 (978-1-368-03698-6(8), Disney-Hyperion) Disney Publishing Worldwide.

Artemis Fowl: el Mundo Subterráneo / Artemis Fowl. Eoin Colfer. 2020. (Artemis Fowl Ser.: 1). (SPA.). 384p. (J). (gr. 5-9). pap. 12.95 (978-1-64473-066-9(9), Montena) Penguin

Random House Grupo Editorial ESP. Dist: Penguin Random Hse. LLC.

Artemis Fowl: Guide to the World of Fairies. Andrew Donkin. ed. 2020. (ENG.). 192p. (J). (gr. 3-7). 16.99 *(978-1-368-04077-8(2),* Disney Press Books) Disney Publishing Worldwide.

Artemis Fowl the Graphic Novel. Michael Moreci. ed. 2020. (ENG.). 127p. (J). (gr. 4-5). 22.96 *(978-1-64697-134-3(5))* Penworthy Co., LLC, The.

Artemis Fowl (Volume 1 Of 3) Eoin Colfer. 2018. (CHI.). (J). (gr. 5-8). pap. *(978-986-96396-5-1(8))* DaskoviK, Izdatel'sko-torgovaja korporacija.

Artemis Sparke & the Sound Seekers Brigade. Kimberly Behre Kenna. 2023. 152p. (J). (gr. 4-7). pap. 9.95 *(978-1-64603-313-3(2),* Fitzroy Bks.) Regal Hse. Publishing, LLC.

Artemis the Brave Graphic Novel. Illus. by Glass House Glass House Graphics. 2023. (Goddess Girls Graphic Novel Ser.: 4). (ENG.). 192p. (J). (gr. 3-7). 20.99 *(978-1-5344-7396-6(3));* pap. 11.99 *(978-1-5344-7395-9(5))* Simon & Schuster Children's Publishing. (Aladdin).

Artemis the Hero. Joan Holub & Suzanne Williams. 2022. (Goddess Girls Ser.: 28). (ENG.). 256p. (J). (gr. 3-7). 18.99 *(978-1-5344-5746-1(1));* pap. 7.99 *(978-1-5344-5745-4(3))* Simon & Schuster Children's Publishing. (Aladdin).

Artemisia, 1903 (Classic Reprint) Bernard Francis O'Hara. (ENG., Illus.). (J). 2018. 220p. 28.43 *(978-0-267-14170-8(X));* 2017. pap. 10.97 *(978-0-259-95109-4(9))* Forgotten Bks.

Artemisia, 1981, Vol. 78 (Classic Reprint) University of Nevada-Reno. 2017. (ENG., Illus.). (J). 30.46 *(978-0-260-35094-7(X));* pap. 13.57 *(978-0-265-10477-4(7))* Forgotten Bks.

Artemisia Magazine, Vol. 101: Fall 2006 (Classic Reprint) University Of Nevada. (ENG., Illus.). (J). 2018. 30p. 24.54 *(978-0-483-00213-5(5));* 2017. pap. 7.97 *(978-0-259-82190-8(X))* Forgotten Bks.

Artemisia, Vol. 102: Spring, 2008 (Classic Reprint) University of Nevada Reno. (ENG., Illus.). (J). 2018. 70p. 25.34 *(978-0-666-98687-0(8));* 2017. pap. 9.57 *(978-0-243-47232-1(3))* Forgotten Bks.

Artemus Ward: His Book, with Many Comic Illustrations (Classic Reprint) Artemus Ward, pseud. (ENG., Illus.). (J). 2019. 274p. 29.55 *(978-0-365-30532-3(4));* 2016. pap. 11.97 *(978-1-334-11738-1(1))* Forgotten Bks.

Artemus Ward, His Book. Artemus Ward, pseud. 2017. (ENG., Illus.). (J). pap. *(978-0-649-06301-7(5));* pap. *(978-0-649-12128-1(7))* Trieste Publishing Pty Ltd.

Artemus Ward, His Book (Classic Reprint) Artemus Ward, pseud. 2018. (ENG., Illus.). 300p. (J). 30.10 *(978-0-666-13370-0(0))* Forgotten Bks.

Artemus Ward, His Travels: Part I., Miscellaneous; Part II. , among the Mormons (Classic Reprint) Artemus Ward, pseud. (ENG., Illus.). (J). 2018. 26.10 *(978-0-331-97336-5(7));* 2017. pap. 9.57 *(978-0-243-26871-9(8))* Forgotten Bks.

Artemus Ward (His Travels) among the Mormons, Vol. 1 (Classic Reprint) Artemus Ward, pseud. 2017. (ENG., Illus.). (J). 29.26 *(978-0-266-90891-3(8))* Forgotten Bks.

Artemus Ward, His Travels, Part I. - Miscellaneous, Part II. - among the Mormons. Artemus Ward, pseud. 2017. (ENG., Illus.). (J). pap. *(978-0-649-14672-7(7))* Trieste Publishing Pty Ltd.

Artemus Ward in London: And Other Papers (Classic Reprint) J. H. Howard. 2017. (ENG., Illus.). (J). 29.05 *(978-0-265-17480-7(5))* Forgotten Bks.

Artemus Ward, Vol. 1: His Travels (Classic Reprint) Artemus Ward, pseud. 2017. (ENG., Illus.). (J). 29.34 *(978-1-5283-6699-1(9))* Forgotten Bks.

Artful. Peter David & Nicole D'Andria. 2017. (ENG., Illus.). 192p. (J). pap. 14.99 *(978-1-63229-242-1(4),* 1a0a0a77-dbe5-494b-97e4-d271717da572) Action Lab Entertainment.

Artful Animal Alphabet. Mary Montague Sikes. 2017. (ENG., Illus.). (J). 25.99 *(978-1-938436-25-3(3))* Aakenbaaken & Kent.

Artful Animals. Jane Yates. 2023. (Crafts in a Snap! Ser.). (ENG.). 24p. (J). (gr. 2-5). lib. bdg. 19.95 Bearport Publishing Co., Inc.

Artful Anticks. Oliver Herford. 2017. (ENG., Illus.). (J). pap. *(978-0-649-45190-6(2))* Trieste Publishing Pty Ltd.

Artful Anticks (Classic Reprint) Oliver Herford. 2018. (ENG., Illus.). 112p. (J). 26.21 *(978-0-666-81252-0(7))* Forgotten Bks.

Artful Evil. C. G Harris. 2021. (Rax Ser.). (ENG.). 280p. (gr. 7-12). 9.95 *(978-1-7333341-7-4(3))* Hot Chocolate Pr.

Arthashastra (PB) Tom Trautmann. 2016. (ENG., Illus.). 208p. (YA). pap. *(978-0-14-343291-3(5))* Penguin Bks. India PVT, Ltd.

Arthi's Bomma. Mamta Nainy. Illus. by Shruti Prabhu. 2023. (ENG.). 34p. (J). 19.99 ***(978-1-949528-74-9(X));*** pap. 11.99 ***(978-1-949528-73-2(1))*** Yali Publishing LLC.

Arthritis Is a Part of Me, Not All of Me. Jenni Rose. 2021. (ENG., Illus.). 42p. (J). pap. 15.95 *(978-1-6624-1717-7(9))* Page Publishing Inc.

Arthropods Are Needed: A Coloring Book. Michael Reed. 2023. (ENG.). 39p. (J). pap. ***(978-1-387-39405-0(3))*** Lulu Pr., Inc.

Arthur. Carolyn Nelson. 2017. (ENG., Illus.). (J). pap. *(978-0-9944802-2-4(9))* Ranger Red.

Arthur. M. L. Ray. 2021. (ENG.). 180p. (YA). pap. 14.99 *(978-1-393-15636-9(3))* Draft2Digital.

Arthur & the Beanstalk. Tanene Gandol. 2021. (ENG.). 28p. (J). pap. 5.99 ***(978-1-949735-89-5(3))*** Ideopage Pr. Solutions.

Arthur & the Golden Rope: Brownstone's Mythical Collection 1. Joe Todd-Stanton. 2020. (Brownstone's Mythical Collection: 1). (ENG., Illus.). 56p. (J). (gr. k-4). pap. 10.99 *(978-1-912497-48-5(4))* Flying Eye Bks. GBR. Dist: Penguin Random Hse. LLC.

Arthur & the Tiger. Sophie Beer. 2020. (ENG.). 32p. (J). (gr. k-2). 18.99 *(978-0-14-379183-6(4),* Puffin) Penguin Random Hse. AUS. Dist: Independent Pubs. Group.

Arthur & the Water Troll. Jonathan Hunter. 2022. (ENG.). 44p. (J). pap. ***(978-1-80227-238-3(0))*** Publishing Push Ltd.

Arthur Ashe. Jennifer Strand. 2016. (Trailblazing Athletes Ser.). (ENG.). 24p. (J). (gr. -1-2). 49.94 *(978-1-68079-416-8(7),* 23037, Abdo Zoom-Launch) ABDO Publishing Co.

Arthur Atkins: Extracts from the Letters with Notes on Painting & Landscape; Written During the Period of His Work As a Painter in the Last Two Years of His Life; 1896 1898 (Classic Reprint) Arthur Atkins. (ENG., Illus.). (J). 2018. 104p. 26.04 *(978-0-428-37062-6(4));* 2016. pap. 9.57 *(978-1-334-23535-1(X))* Forgotten Bks.

Arthur Bonnicastle, an American Novel (Classic Reprint) Josiah Gilbert Holland. 2017. (ENG., Illus.). 440p. (J). 32.99 *(978-0-332-63562-0(7))* Forgotten Bks.

Arthur Brown: The Young Captain (Classic Reprint) Elijah Kellogg. 2017. (ENG., Illus.). 310p. (J). 30.31 *(978-0-332-77126-7(1))* Forgotten Bks.

Arthur Butterworth Presents Gertrude Hieffler in the Lure of the Locket. Vanessa MacKinnon. 2018. (ENG., Illus.). 260p. (J). (gr. 4-6). pap. *(978-0-9950452-2-4(4))* Wayward Fortune Pr.

Arthur Butterworth Presents Gertrude Hieffler in the Ogre's Demise. Vanessa MacKinnon. 2017. (ENG., Illus.). (J). (gr. 4-6). pap. *(978-0-9950452-1-7(6))* Wayward Fortune Pr.

Arthur Coningsby, Vol. 1 of 3 (Classic Reprint) John Sterling. 2018. (ENG., Illus.). 328p. (J). 30.66 *(978-0-483-13645-8(X))* Forgotten Bks.

Arthur Conway, Vol. 1 Of 3: Or Scenes in the Tropics (Classic Reprint) Edward Augustus Milman. 2017. (ENG., Illus.). (J). 30.17 *(978-1-5284-6559-5(8))* Forgotten Bks.

Arthur Conway, Vol. 2 Of 3: Or, Scenes in the Tropics (Classic Reprint) Milman Milman. 2018. (ENG., Illus.). 330p. (J). 30.70 *(978-0-365-07715-2(1))* Forgotten Bks.

Arthur Conway, Vol. 3 Of 3: Or Scenes in the Tropics (Classic Reprint) Edward Augustus Milman. 2017. (ENG., Illus.). (J). 30.58 *(978-0-265-18414-1(2))* Forgotten Bks.

Arthur Ellerslie: Or, the Brave Boy (Classic Reprint) Francis Forrester. 2018. (ENG., Illus.). 66p. (J). 25.26 *(978-0-484-19549-2(2))* Forgotten Bks.

Arthur Garber the Harbor Barber. Joe Frank. 2019. (ENG., Illus.). 32p. (J). (gr. k-2). 16.95 *(978-0-2281-0200-7(6),* 76e294e2-ecac-453f-bc39-36718b440ff4); pap. 6.95 *(978-0-2281-0208-3(1),* bec39295-a57a-4d23-83f8-b40543141cc3) Firefly Bks., Ltd.

Arthur Goes to the Moon! Elisa Azogui-Burlac & Dominique Gotangco Boyer. 2018. (ENG., Illus.). 22p. (J). *(978-0-244-07760-0(6))* Lulu Pr., Inc.

Arthur Good & the Kingdom of Souls. Carl B. Harrison. 2018. (ENG., Illus.). 180p. (J). pap. *(978-0-244-67228-7(8))* Lulu Pr., Inc.

Arthur in Shadow & Sunshine (Classic Reprint) Kate Cope Webb. 2018. (ENG., Illus.). 54p. (J). 25.01 *(978-0-483-69804-8(0))* Forgotten Bks.

Arthur in Venice. Caroline Ferrero Menut. Illus. by Nicole Devals. 2019. (ENG.). 48p. (J). pap. *(978-1-913162-09-2(5))* Grace Note Pubns.

Arthur Merton: A Romance (Classic Reprint) David D. Porter. 2018. (ENG., Illus.). 342p. (J). 30.95 *(978-0-483-79605-8(0))* Forgotten Bks.

Arthur Mervyn; or Memoirs of the Year 1793 (Classic Reprint) Charles Brockden Brown. 2017. (ENG., Illus.). 362p. (J). 31.38 *(978-0-331-74402-6(3))* Forgotten Bks.

Arthur Mervyn, or Memoirs of the Year 1793 (Classic Reprint) Charles Brockden Brown. (ENG., Illus.). (J). 2018. 452p. 33.22 *(978-0-365-27126-0(8));* 2016. pap. 16.57 *(978-1-334-13002-1(7))* Forgotten Bks.

Arthur Mervyn; or, Memoirs of the Year 1793, Vol. I. Charles Brockden Brown. 2017. (ENG., Illus.). (J). pap. *(978-0-649-25509-2(7))* Trieste Publishing Pty Ltd.

Arthur Mervyn or Memoirs of the Year 1793, Vol. I, Being Volume II of Charles Brockden Brown's Novels. Charles Brockden Brown. 2017. (ENG., Illus.). (J). pap. *(978-0-649-31186-6(8))* Trieste Publishing Pty Ltd.

Arthur Mervyn, Vol. 1: Or Memoirs of the Year 1793 (Classic Reprint) Charles Brockden Brown. 2017. (ENG., Illus.). 206p. (J). 28.43 *(978-0-332-20507-6(X))* Forgotten Bks.

Arthur Mervyn, Vol. 1 Of 3: A Tale (Classic Reprint) Charles Brockden Brown. (ENG., Illus.). (J). 2018. 328p. 30.66 *(978-0-483-29249-9(4));* 2016. pap. 13.57 *(978-1-333-38974-1(4))* Forgotten Bks.

Arthur Mervyn, Vol. 2: Or Memoirs of the Year 1793 (Classic Reprint) Charles Brockden Brown. 2018. (ENG., Illus.). 236p. (J). 28.76 *(978-0-483-98347-2(0))* Forgotten Bks.

Arthur Mervyn, Vol. 2 Of 3: A Tale in Three Volumes (Classic Reprint) C. B. Brown. 2018. (ENG., Illus.). 308p. (J). 30.27 *(978-0-484-79993-5(2))* Forgotten Bks.

Arthur Mervyn, Vol. 3 Of 3: A Tale (Classic Reprint) C. B. Brown. 2018. (ENG., Illus.). 326p. (J). 30.62 *(978-0-428-75346-7(9))* Forgotten Bks.

Arthur Montague or an Only Son at Sea, Vol. 2 of 3 (Classic Reprint) Unknown Author. 2018. (ENG., Illus.). 314p. (J). 30.39 *(978-0-483-58649-9(8))* Forgotten Bks.

Arthur Montague, or an Only Son at Sea, Vol. 3 of 3 (Classic Reprint) A. Flag Officer. 2018. (ENG., Illus.). 334p. (J). 30.81 *(978-0-483-86573-0(7))* Forgotten Bks.

Arthur Montague, Vol. 1 Of 3: Or an Only Son at Sea (Classic Reprint) Unknown Author. 2018. (ENG., Illus.). 318p. (J). 30.46 *(978-0-484-32562-2(0))* Forgotten Bks.

Arthur Ness & the Secret of Waterwhistle: The Complete Edition. Wilf Morgan. 2017. (Arlon Chronicles Ser.). (ENG.). 490p. (J). pap. *(978-1-9997590-5-6(2))* 88Tales Pr.

Arthur Ness & the Secret of Waterwhistle Part 1. Wilf Morgan. 2017. (Arlon Chronicles Ser.: Vol. 1). (ENG.). 234p. (J). pap. *(978-1-9997590-3-2(6))* 88Tales Pr.

Arthur Ness & the Secret of Waterwhistle, Part 2. Wilf Morgan. 2017. (Arlon Chronicles Ser.: Vol. 2). (ENG.). 272p. (J). pap. *(978-1-9997590-4-9(4))* 88Tales Pr.

Arthur O'Leary: His Wanderings & Ponderings in Many Lands (Classic Reprint) Charles Lever. 2017. (ENG., Illus.). (J). 32.72 *(978-1-5283-5197-3(5))* Forgotten Bks.

Arthur o'Leary, His Wanderings & Ponderings in Many Lands, Vol. 3 of 3 (Classic Reprint) Charles James Lever. (ENG., Illus.). (J). 2018. 340p. 30.91 *(978-0-483-45963-2(1));* 2016. pap. 13.57 *(978-1-333-33505-2(9))* Forgotten Bks.

Arthur o'Leary, Vol. 1 Of 3: His Wanderings & Ponderings in Many Lands (Classic Reprint) Charles James Lever. 2018. (ENG., Illus.). 310p. (J). 30.29 *(978-0-428-94585-5(6))* Forgotten Bks.

Arthur o'Leary, Vol. 2 Of 3: His Wanderings & Ponderings in Many Lands (Classic Reprint) Harry Lorrequer. 2017. (ENG., Illus.). 330p. (J). 30.70 *(978-0-484-25810-4(9))* Forgotten Bks.

Arthur, or, a Knight of Our Own Day. Mary Neville. 2017. (ENG.). (J). 292p. pap. *(978-3-337-29199-0(6));* 304p. pap. *(978-3-337-29200-3(3))* Creation Pubs.

Arthur, or a Knight of Our Own Day, Vol. 1 of 2 (Classic Reprint) Mary Neville. 2018. (ENG., Illus.). 290p. (J). 29.88 *(978-0-483-83363-0(0))* Forgotten Bks.

Arthur Part Vivre Sur la Lune ! Elisa Azogui-Burlac & Dominique Gotangco Boyer. 2018. (FRE., Illus.). 22p. (J). *(978-0-244-37180-7(6))* Lulu Pr., Inc.

Arthur Ramsbottom & the Dinkle Donkle. Ted Smith et al. 2020. (ENG.). 33p. (J). pap. *(978-1-716-75704-4(5))* Lulu Pr., Inc.

Arthur Sonten: A Comedy in Three Acts (Classic Reprint) Robin Ernest Dunbar. (ENG., Illus.). (J). 2018. 108p. 26.12 *(978-0-365-45323-9(4));* 2016. pap. 9.57 *(978-1-333-88151-1(7))* Forgotten Bks.

Arthur St. Clair of Old Fort Recovery (Classic Reprint) S. A. D. Whipple. (ENG., Illus.). (J). 2018. 226p. 28.58 *(978-0-364-10169-8(5));* 2017. pap. 10.97 *(978-0-282-50788-6(4))* Forgotten Bks.

Arthur, the Always King. Kevin Crossley-Holland. Illus. by Chris Riddell. 2023. (ENG.). 240p. (J). (gr. 5). 29.99 *(978-1-5362-1265-5(2))* Candlewick Pr.

Arthur the Tree. Kathie Diamond. 2017. (ENG., Illus.). (J). pap. 12.95 *(978-1-4796-0820-1(3))* TEACH Services, Inc.

Arthur, Vol. 2 Of 2: Or, a Knight of Our Own Day (Classic Reprint) Mary Neville. 2018. (ENG., Illus.). 302p. (J). 30.13 *(978-0-483-99135-4(X))* Forgotten Bks.

Arthur Who Wrote Sherlock. Linda Bailey. Illus. by Isabelle Follath. 2022. (Who Wrote Classics Ser.). (ENG.). 56p. (J). (gr. k-4). 18.99 *(978-0-7352-6925-5(4),* Tundra Bks.) Tundra Bks. CAN. Dist: Penguin Random Hse. LLC.

Arthur Zar's Amazing Zebras. Amy Lucas-Peroceski. 2017. (ENG., Illus.). 40p. (J). pap. 13.95 *(978-1-64140-269-9(5))* Christian Faith Publishing.

Arthur's Eyes Novel Units Teacher Guide. Novel Units. 2019. (ENG.). (J). pap. 12.99 *(978-1-58130-879-2(5),* Novel Units, Inc.) Classroom Library Co.

Arthur's Heart Mix-Up. Marc Brown. ed. 2019. (Arthur 8x8 Bks). (ENG.). 24p. (J). (gr. k-1). 14.49 *(978-1-64310-897-1(2))* Penworthy Co., LLC, The.

Arthur's Home Magazine, 1880, Vol. 48 (Classic Reprint) T. S. Arthur. (ENG., Illus.). (J). 2018. 670p. 37.72 *(978-0-332-90733-8(3));* 2017. pap. 20.57 *(978-0-259-01049-4(9))* Forgotten Bks.

Arthur's Jelly Beans. Marc Brown. 2019. (Arthur 8x8 Bks). (ENG.). 24p. (J). (gr. k-1). 14.49 *(978-1-64310-992-3(8))* Penworthy Co., LLC, The.

Arthur's Ladies' Magazine of Elegant Literature & the Fine Arts, Vol. 3: January to July, 1845 (Classic Reprint) Timothy Shay Arthur. 2018. (ENG., Illus.). (J). 876p. 41.96 *(978-1-391-20794-0(7));* 878p. pap. 24.31 *(978-1-390-96133-1(8))* Forgotten Bks.

Arthur's Lady's Home Magazine, Vol. 37: January to June, 1871 (Classic Reprint) Timothy Shay Arthur. (ENG., Illus.). (J). 2018. 720p. 38.75 *(978-0-666-51975-7(7));* 2017. pap. 23.57 *(978-0-259-22844-8(3))* Forgotten Bks.

Arthur's off to School. Marc Brown. ed. 2019. (Arthur 8x8 Bks). (ENG.). 24p. (J). (gr. k-1). 14.49 *(978-0-87617-575-0(2))* Penworthy Co., LLC, The.

Arthur's off to School. Marc Brown. Illus. by Marc Brown. 2019. (ENG., Illus.). 24p. (J). (gr. -1-k). pap. 4.99 *(978-1-338-27761-6(8),* Cartwheel Bks.) Scholastic, Inc.

Articles of Confederation, 1 vol. Heather Moore Niver. 2016. (Documents of American Democracy Ser.). (ENG., Illus.). 32p. (J). (gr. 5-5). pap. 11.00 *(978-1-4994-2069-2(2),* 12884a58-d3dc-411d-add9-4f9e0cf4e1ec, PowerKids Pr.) Rosen Publishing Group, Inc., The.

Articulo 5. Kristen Simmons. 2018. 408p. (YA). 15.99 *(978-958-30-5149-4(7))* Panamericana Editorial COL. Dist: Lectorum Pubns., Inc.

Artie. George Ade. 2017. (ENG.). 238p. (J). pap. *(978-3-337-40028-6(0))* Creation Pubs.

Artie: A Story of the Streets & Town (Classic Reprint) George Ade. 2017. (ENG., Illus.). (J). 28.93 *(978-0-260-79130-6(X))* Forgotten Bks.

Artie Conan Doyle & the Gravediggers' Club, 50 vols. Robert J. Harris. 2017. (Artie Conan Doyle Mysteries Ser.: 1). 192p. (J). 9.95 *(978-1-78250-353-8(6),* Kelpies) Floris Bks. GBR. Dist: Consortium Bk. Sales & Distribution.

Artie Conan Doyle & the Scarlet Phantom, 28 vols. Robert J. Harris. 2020. (Artie Conan Doyle Mysteries Ser.). (Illus.). 192p. (J). 9.95 *(978-1-78250-608-9(X),* Kelpies) Floris Bks. GBR. Dist: Consortium Bk. Sales & Distribution.

Artie Conan Doyle & the Vanishing Dragon, 30 vols. Robert J. Harris. 2018. (Artie Conan Doyle Mysteries Ser.: 2). (Illus.). 192p. (J). 9.95 *(978-1-78250-483-2(4),* Kelpies) Floris Bks. GBR. Dist: Consortium Bk. Sales & Distribution.

Artie Farty & the Magical Pants. Felicity Williams. 2021. (ENG.). 30p. (J). pap. ***(978-1-80227-350-2(6))*** Publishing Push Ltd.

Artie Loves to Race. Christian a Koehler. 2022. (ENG.). 20p. (J). pap. 12.99 ***(978-1-0879-5399-1(5))*** Indy Pub.

Artie the Caterpillar Plays Hide-And-Seek. Gina Barnes. 2021. (ENG., Illus.). 20p. (J). pap. 12.95 *(978-1-64701-837-5(4))* Page Publishing Inc.

Artifact Hunters. Janet Fox. 2020. 384p. (J). (gr. 5). 17.99 *(978-0-451-47869-6(X),* Viking Books for Young Readers) Penguin Young Readers Group.

Artifacts Throughout American History, 1 vol. Barbara Linde. 2019. (Journey to the Past: Investigating Primary Sources Ser.). (ENG.). 32p. (gr. 4-5). pap. 11.50 *(978-1-5382-4030-4(0),* 099dc8a7-78c0-4c4d-be48-beb852b7f25f) Stevens, Gareth Publishing LLLP.

Artifice. Sharon Cameron. 2023. (ENG.). 416p. (YA). (gr. 7). 19.99 ***(978-1-338-81395-1(1),*** Scholastic Pr.) Scholastic, Inc.

Artificial Eyes. Barbara Sheen. 2016. (Tech Bytes Ser.). (ENG., Illus.). 48p. (J). (gr. 4-6). lib. bdg. 26.60 *(978-1-59953-761-0(3))* Norwood Hse. Pr.

Artificial Intelligence. Dave Bond. 2017. (Stem: Shaping the Future Ser.: Vol. 4). (ENG., Illus.). 80p. (J). 24.95 *(978-1-4222-3711-3(7))* Mason Crest.

Artificial Intelligence. Dave Bond. 2019. (Stem & the Future Ser.). (ENG.). 48p. (J). lib. bdg. 29.99 *(978-1-5105-4488-8(7))* SmartBook Media, Inc.

Artificial Intelligence. Josh Gregory. 2017. (21st Century Skills Innovation Library: Emerging Tech Ser.). (ENG., Illus.). 32p. (J). (gr. 4-8). lib. bdg. 32.07 *(978-1-63472-702-0(9),* 210134) Cherry Lake Publishing.

Artificial Intelligence. Josh Gregory. 2018. (Emerging Technology Ser.). (ENG.). 32p. (J). (gr. 4-8). lib. bdg. 22.99 *(978-1-5105-3927-3(1))* SmartBook Media, Inc.

Artificial Intelligence. Julie Murray. 2020. (High Technology Ser.). (ENG., Illus.). 24p. (J). (gr. k-4). lib. bdg. 31.36 *(978-1-0982-2115-7(X),* 34477, Abdo Zoom-Dash) ABDO Publishing Co.

Artificial Intelligence. Betsy Rathburn. 2020. (Cutting Edge Technology Ser.). (ENG., Illus.). 24p. (J). (gr. 3-7). lib. bdg. 26.95 *(978-1-64487-284-0(6))* Bellwether Media.

Artificial Intelligence: Can Computers Take Over? Rebecca Felix. 2018. (Science Fact or Science Fiction? Ser.). (ENG., Illus.). 32p. (J). (gr. 3-6). lib. bdg. 32.79 *(978-1-5321-1538-7(5),* 28930, Checkerboard Library) ABDO Publishing Co.

Artificial Intelligence: Clever Computers & Smart Machines, 1 vol. Joe Greek. 2017. (Digital & Information Literacy Ser.). (ENG.). 48p. (J). (gr. 6-6). pap. 12.75 *(978-1-4994-3895-6(8),* 8bb39851-60bd-4c6b-9b65-ac7fa7284937, Rosen Reference) Rosen Publishing Group, Inc., The.

Artificial Intelligence: Thinking Machines & Smart Robots with Science Activities for Kids. Angie Smibert. 2018. (Build It Yourself Ser.). (ENG., Illus.). 128p. (J). (gr. 4-10). 22.95 *(978-1-61930-673-8(5),* 7fe2afa8-3322-4b51-b3ce-6f305648a54e) Nomad Pr.

Artificial Intelligence & Me (Special Edition) The 5 Big Ideas That Every Kid Should Know. Readyai. 2020. (ENG.). 146p. (J). 39.99 *(978-1-0879-2979-8(2))* Indy Pub.

Artificial Intelligence & Other Computer Tech. Contrib. by Incentive Publications by World Book (Firm) Staff. 2019. (Illus.). 48p. (J). *(978-0-7166-2437-0(0))* World Bk., Inc.

Artificial Intelligence & the Technological Singularity, 1 vol. Ed. by Anne C. Cunningham. 2016. (Opposing Viewpoints Ser.). (ENG.). 192p. (YA). (gr. 10-12). pap. 34.80 *(978-1-5345-0029-7(4),* 9ebe5976-9a5e-4090-95d4-0c1cb0852f4c); lib. bdg. 50.43 *(978-1-5345-0027-3(8),* 3eee7da3-2bd3-4c69-852b-5861787d042b) Greenhaven Publishing LLC. (Greenhaven Publishing).

Artificial Intelligence & You, 1 vol. Corona Brezina. 2019. (Promise & Perils of Technology Ser.). (ENG., Illus.). 64p. (J). (gr. 7-7). pap. 13.95 *(978-1-5081-8818-6(1),* df3c6c58-fb9d-4d86-9cce-caa36c458816) Rosen Publishing Group, Inc., The.

Artificial Intelligence Ethics & Debates. Tracy Abell. 2020. (Artificial Intelligence Ser.). (ENG., Illus.). 48p. (J). (gr. 5-6). pap. 11.95 *(978-1-64493-152-3(4),* 1644931524); lib. bdg. 34.21 *(978-1-64493-073-1(0),* 1644930730) North Star Editions. (Focus Readers).

Artificial Intelligence for Babies & Toddlers (Tinker Toddlers) Dhoot. 2019. (ENG., Illus.). 26p. (J). 13.99 *(978-1-7325080-2-6(X));* (Tinker Toddlers Ser.: Vol. 2). pap. 9.99 *(978-1-7325080-7-1(0))* GenBeam LLC. (Tinker Toddlers).

Artificial Intelligence in the Real World. George Anthony Kulz. 2020. (Artificial Intelligence Ser.). (ENG., Illus.). 48p. (J). (gr. 5-6). pap. 11.95 *(978-1-64493-153-0(2),* 1644931532); lib. bdg. 34.21 *(978-1-64493-074-8(9),* 1644930749) North Star Editions. (Focus Readers).

Artificial Intelligence IR. 2017. (Discovery Adventures Ser.). (ENG.). (J). pap. 8.99 *(978-0-7945-3731-9(6),* Usborne) EDC Publishing.

Artificial Intelligence Scientists. Andrew Morkes. 2019. (Cool Careers in Science Ser.). 96p. (J). (gr. 12). lib. bdg. 34.60 *(978-1-4222-4294-0(3))* Mason Crest.

Artificial Intelligence (Set Of 4) Compiled by North Star North Star Editions. 2020. (Artificial Intelligence Ser.). (ENG.). 192p. (J). (gr. 5-6). pap. 47.80 *(978-1-64493-151-6(6),* 1644931516); lib. bdg. 136.84 *(978-1-64493-072-4(2),* 1644930722) North Star Editions. (Focus Readers).

Artificial Intelligence Weekly: Coloring Book for Futurists. Activity Book Zone. 2016. (ENG., Illus.). (J). pap. 9.20 *(978-1-68376-310-9(6))* Sabeels Publishing.

Artificial Joints. Marne Ventura. 2019. (Engineering the Human Body Ser.). (ENG., Illus.). 32p. (J). (gr. 3-5). pap. 9.95 *(978-1-64185-830-4(3),* 1641858303); lib. bdg. 31.35 *(978-1-64185-761-1(7),* 1641857617) North Star Editions. (Focus Readers).

Artificial Limbs, 1 vol. Kira Freed. 2016. (Miracles of Medicine Ser.). (ENG.). 48p. (J). (gr. 6-6). pap. 15.05 *(978-1-4824-6096-4(3),* ea42faab-ab2b-4677-bff5-a5f0cb227540) Stevens, Gareth Publishing LLLP.

Artificial Mother: A Marital Fantasy (Classic Reprint) G. H. P. 2018. (ENG., Illus.). 54p. (J). 25.03 *(978-0-428-59712-2(2))* Forgotten Bks.

Artificial Organs. Tammy Gagne. 2019. (Engineering the Human Body Ser.). (ENG.). 32p. (J). (gr. 3-5). 31.35 *(978-1-64185-762-8(5),* 1641857625, Focus Readers) North Star Editions.

Artillería de Mr. Smith. Damián Montes. 2017. (Exit Ser.). (SPA.). 200p. (YA). (gr. 7). pap. 13.95 *(978-84-8343-406-2(7),* Bambu, Editorial) Combel Editorial, S.A. ESP. Dist: Independent Pubs. Group.

Artingale Castle, Vol. 1 of 3 (Classic Reprint) Thomas Adolphus Trollope. 2018. (ENG., Illus.). 328p. (J). 30.66 *(978-0-483-89459-4(1))* Forgotten Bks.

Artingale Castle, Vol. 2 of 3 (Classic Reprint) Thomas Adolphus Trollope. 2018. (ENG., Illus.). 310p. (J). 30.31 *(978-0-332-86119-7(8))* Forgotten Bks.

A

Artingale Castle, Vol. 3 (Classic Reprint) T. Adolphus Trollope. 2018. (ENG., Illus.). 320p. (J). 30.50 (978-0-267-20760-2(3)) Forgotten Bks.

Artist. Hilarie Staton. 2018. (So You Wanna Be Ser.). (ENG., Illus.). 32p. (gr. 4-8). lib. bdg. 32.79 (978-1-64156-468-7(7), 9781641564687) Rourke Educational Media.

Artist. Stephanie Turnbull. 2016. (How to Be ... Ser.). (ENG.). 24p. (J). (gr. 2-5). 28.50 (978-1-62588-365-0(X), 17301) Black Rabbit Bks.

Artist. Ed Vere. 2023. (ENG., Illus.). 32p. (J). (gr. -1-2). 18.99 (978-0-525-58087-4(5)); lib. bdg. 21.99 (978-0-525-58088-1(3)) Random Hse. Children's Bks. (Doubleday Bks. for Young Readers).

Artist Activity Book for Kids-Learn to Write Letters & Number. Deeasy Gopublish. 2021. (ENG.). 124p. (J). pap. 11.00 (978-0-242-08731-1(0)) Indy Pub.

Artist & Craftsman (Classic Reprint) R. H. Chermside. (ENG., Illus.). (J). 2019. 472p. 33.63 (978-0-365-25078-4(3)); 2017. pap. 16.57 (978-0-259-30417-3(4)) Forgotten Bks.

Artist & Me. Shane Peacock. Illus. by Sophie Casson. 2016. (ENG.). 40p. (J). (gr. k-4). 16.95 (978-1-77147-138-1(7), Owlkids) Owlkids Bks. Inc. CAN. Dist: Publishers Group West (PGW).

Artist Behind the Wall. Jeffrey Turner. Illus. by Jeffrey Turner. 2022. (ENG., Illus.). 36p. (J). 16.95 (978-1-943978-58-8(1), 8c98afc8-8c2d-4ee1-b978-efb26c7e82e8, Persnickety Pr.) WunderMill, Inc.

Artist in Egypt (Classic Reprint) Walter Tyndale. 2017. (ENG., Illus.). (J). 32.19 (978-0-265-37670-6(X)) Forgotten Bks.

Artist in Me: A Creative Journal. Nakkia Sly. 2021. (ENG.). 34p. (J). pap. 20.00 (978-1-0983-8209-4(9)) BookBaby.

Artist in the Himalayas, Vol. 10 (Classic Reprint) Arthur David McCormick. 2018. (ENG., Illus.). 320p. (J). 30.50 (978-0-428-91617-6(1)) Forgotten Bks.

Artist in Training: Connect the Dots to Make Your First Pictures. Activity Book Zone for Kids. 2016. (ENG., Illus.). (J). pap. 9.20 (978-1-68376-076-4(X)) Sabeels Publishing.

Artist Sketchpad (Because of Love) A Blank Sketchbook with 100 Pages Suitable for Sketching, Drawing, & Art. This Blank Sketchbook May Make a Loving Gift. James Manning. 2019. (Artist Sketchpad Ser.: Vol. 2). (ENG.). 100p. (YA). pap. (978-1-83884-078-5(8)) Coloring Pages.

Artista Quien Te Creó. Evie Moses. 2022. (SPA.). 26p. (J). pap. 13.99 (978-1-7348957-5-9(6)) Moses, Yvonne.

Artistic Advancements of the Renaissance Children's Renaissance History. Baby Professor. 2017. (ENG., Illus.). (J). pap. 7.89 (978-1-5419-0513-9(X), Baby Professor (Education Kids)) Speedy Publishing LLC.

Artistic Amazement: How to Draw Activity Book. Jupiter Kids. 2016. (ENG., Illus.). 106p. (J). pap. 12.55 (978-1-68326-189-6(5), Jupiter Kids (Childrens & Kids Fiction)) Speedy Publishing LLC.

Artistic Fun with Colors: Paint with Water Books. Jupiter Kids. 2016. (ENG., Illus.). 106p. (J). pap. 12.55 (978-1-68305-136-7(X), Jupiter Kids (Childrens & Kids Fiction)) Speedy Publishing LLC.

Artistic Paisley Patterns: A Stress Relief Coloring Book - Paisley Coloring for Artists. Activibooks. 2016. (ENG., Illus.). (J). pap. 9.20 (978-1-68321-101-3(4)) Mimaxion.

Artistic Sports (Set), 6 vols. 2022. (Artistic Sports Ser.). (ENG.). 24p. (J). (gr. -1-2). lib. bdg. 196.74 (978-1-0982-6418-5(5), 40935, Abdo Kids) ABDO Publishing Co.

Artists: Inspiring Stories of Their Lives & Works. DK. 2022. (DK Explorers Ser.). (ENG., Illus.). 144p. (J). (gr. 2-4). 21.99 (978-0-7440-5667-9(5), DK Children) Dorling Kindersley Publishing, Inc.

Artists: My First Artists. Maria Isabel Sanchez Vegara. 2021. (Little People, BIG DREAMS Ser.). (ENG., Illus.). 20p. (J). (gr. -1 — 1). bds. 9.99 (978-0-7112-6414-4(7), Frances Lincoln Children's Bks.) Quarto Publishing Group UK GBR. Dist: Hachette Bk. Group.

Artists & Their Art Coloring Book. Bobo's Adult Activity Books. 2016. (ENG., Illus.). (J). pap. 9.33 (978-1-68327-619-7(1)) Sunshine In My Soul Publishing.

Artist's Bride, or the Pawnbroker's Heir (Classic Reprint) Emerson Bennett. (ENG., Illus.). (J). 2018. 422p. 32.60 (978-0-666-41963-7(9)); 2017. pap. 16.57 (978-0-259-20993-5(7)) Forgotten Bks.

Artist's Creed & Other Tales ... A Collection of Short Stories Penned by Young Teenage Writers. Giis Tenors. 2018. (ENG.). 72p. (YA). pap. 26.82 (978-1-5437-4797-3(3)) Partridge Pub.

Artist's Delight! Hidden Picture Book. Jupiter Kids. 2017. (ENG., Illus.). (J). pap. 9.20 (978-1-68326-190-2(9), Jupiter Kids (Childrens & Kids Fiction)) Speedy Publishing LLC.

Artist's Dog: A Shadow the Black Lab Tale. Jt Therrien. 2016. (ENG.). 58p. (J). pap. (978-0-921473-28-2(1)) Fine Form Pr.

Artist's Education: Activity Book Book. Bobo's Children Activity Books. 2016. (ENG., Illus.). (J). pap. 9.33 (978-1-68327-298-4(6)) Sunshine In My Soul Publishing.

Artist's Guide: How to Draw Activity Book. Smarter Activity Books for Kids. 2016. (ENG., Illus.). (J). pap. 9.22 (978-1-68374-288-3(5)) Examined Solutions PTE. Ltd.

Artist's Hand in Style: Artist Book. Jupiter Kids. 2016. (ENG., Illus.). 106p. (YA). pap. 12.55 (978-1-68305-335-4(4), Jupiter Kids (Childrens & Kids Fiction)) Speedy Publishing LLC.

Artist's Letters from Japan (Classic Reprint) John La Farge. 2018. (ENG., Illus.). 312p. (J). 30.35 (978-0-666-96936-1(1)) Forgotten Bks.

Artist's Night Before Christmas, 1 vol. Illus. by Joan Waites. 2017. (Night Before Christmas Ser.). (ENG.). 32p. (J). (gr. -1-3). 16.99 (978-1-4556-2205-4(2), Pelican Publishing) Arcadia Publishing.

Artists of the Harlem Renaissance, 16 vols. 2016. (Artists of the Harlem Renaissance Ser.). (ENG.). 128p. (YA). (gr. 9-9). lib. bdg. 378.88 (978-1-5026-1092-8(2), d76a74ff-02d0-4091-a008-ca1fa397d494, Cavendish Square) Cavendish Square Publishing LLC.

Artist's Palette: Ranger Larry & el Camino's Coloring Adventure. Mike Foley & Elmira Samatova-Foley. 2017. (Ranger Larry & el Camino's Coloring Adventure Ser.). (ENG., Illus.). (J). pap. 8.95 (978-0-692-98064-4(4)) Wild About Coloring.

Artist's Proof, Vol. 1 of 3 (Classic Reprint) Alfred Austin. 2018. (ENG., Illus.). 324p. (J). 30.60 (978-0-483-24602-7(6)) Forgotten Bks.

Artist's Proof, Vol. 2 of 3 (Classic Reprint) Alfred Austin. (ENG., Illus.). (J). 2018. 324p. 30.58 (978-0-267-32241-1(0)); 2016. pap. 13.57 (978-1-333-49948-8(5)) Forgotten Bks.

Artists Use Tools. Robin Johnson. 2019. (Full STEAM Ahead! - Arts in Action Ser.). (Illus.). 24p. (J). (gr. 1-1). (978-0-7787-6209-6(2)); pap. (978-0-7787-6268-3(8)) Crabtree Publishing Co.

Artist's Wonderland Colored Masterpiece Coloring for 9 Year Old. Educando Kids. 2019. (ENG.). 42p. (J). pap. 6.99 (978-1-64521-105-1(3), Educando Kids) Editorial Imagen.

Artivist. Nikkolas Smith. 2023. (ENG.). 40p. (J). (gr. -1-3). 18.99 (978-0-593-61965-0(X), Kokila) Penguin Young Readers Group.

Artivist 6c Pre-Pack W/ L-Card. Nikkolas Smith. 2023. (J). (gr. -1-3). 113.94 (978-0-593-72026-4(1), Kokila) Penguin Young Readers Group.

Artless Tales, Vol. 1 of 3 (Classic Reprint) Ives Hurry. (ENG., Illus.). (J). 2018. 252p. 29.09 (978-0-483-90482-8(1)); 2016. pap. 11.57 (978-1-333-29737-4(8)) Forgotten Bks.

Artless Tales, Vol. 2 of 3 (Classic Reprint) Ives Hurry. 2018. (ENG., Illus.). 206p. (J). 28.15 (978-0-483-97875-1(2)) Forgotten Bks.

Artless Tales, Vol. 3 of 3 (Classic Reprint) Ives Mitchell Hurry. 2018. (ENG., Illus.). 202p. (J). 28.06 (978-0-484-75271-8(5)) Forgotten Bks.

Arts: A Creative Future. Andy Morkes. 2019. (Careers with Earning Potential Ser.). (Illus.). 80p. (J). (gr. 12). lib. bdg. 34.60 (978-1-4222-4320-6(6)) Mason Crest.

Arts: a Visual Encyclopedia. DK. 2017. (DK Children's Visual Encyclopedias Ser.). (ENG., Illus.). 304p. (J). (gr. 3-7). 29.99 (978-1-4654-6290-9(2)); pap. 19.99 (978-1-4654-6178-0(7)) Dorling Kindersley Publishing, Inc. (DK Children).

Arts & Communication. Diane Lindsey Reeves. 2017. (Bright Futures Press: World of Work Ser.). (ENG., Illus.). 32p. (J). (gr. 4-7). lib. bdg. 32.07 (978-1-5341-0170-8(5), 210150) Cherry Lake Publishing.

Arts & Crafts for Kids (Cut & Paste Buildings - Volume 2) This Book Has 20 Full Colour Worksheets. This Book Comes with 6 Downloadable Kindergarten PDF Workbooks. Nicola Ridgeway & James Manning. 2020. (Arts & Crafts for Kids Ser.: Vol. 17). (ENG., Illus.). 46p. (J). (gr. 1-4). pap. (978-1-80027-121-0(2)) CBT Bks.

Arts & Crafts Mini Bundle (Set), 2 vols. 2020. (ENG.). (J). (gr. 4-6). pap. 14.27 (978-1-5341-9661-2(7), 219800) Cherry Lake Publishing.

Arts & Crafts Projects of the American Southwest. Nancy Krenz & Patricia Byrnes. 2016. (Illus.). 150p. (YA). pap. (978-1-63293-113-9(3), Blackbirch Pr., Inc.) Sunstone Pr.

Arts & Literature of Cuba. Contrib. by John Ziff. 2017. (Exploring Cuba Ser.: Vol. 6). (ENG., Illus.). 80p. (J). (gr. 7-12). 24.95 (978-1-4222-3809-7(1)) Mason Crest.

Arts & Thefts. Allison K. Hymas. 2018. (Max Ser.). (ENG., Illus.). 352p. (J). (gr. 4-8). pap. 7.99 (978-1-4814-6345-4(4), Aladdin) Simon & Schuster Children's Publishing.

Artsy & Cute Animals Coloring Book. Smarter Activity Books for Kids. 2016. (ENG., Illus.). (J). pap. 9.22 (978-1-68374-416-0(0)) Examined Solutions PTE. Ltd.

Artsy Cats Board Book. Mudpuppy. Illus. by Angie Rozelaar. 2019. (ENG.). 28p. (J). (gr. -1-k). bds. 12.99 (978-0-7353-6106-5(1), Mudpuppy) Galison.

Artsy Exotic Animals to Color Coloring Book. Activibooks. 2016. (ENG., Illus.). (J). pap. 9.20 (978-1-68321-668-1(7)) Mimaxion.

Artsy-Fartsy. Karla Oceanak. Illus. by Kendra Spanjer. 2016. (Aldo Zelnick Comic Novel Ser.: 1). (ENG.). 160p. (J). (gr. 1-8). pap. 8.95 (978-1-934649-65-7(1)) Bailiwick Pr.

Artsy Mistake Mystery: The Great Mistake Mysteries. Sylvia McNicoll. 2017. (Great Mistake Mysteries Ser.: 2). (ENG.). 208p. (J). pap. 8.99 (978-1-4597-3880-5(2)) Dundurn Pr. CAN. Dist: Publishers Group West (PGW).

Arturo. Hannah Beech. 2020. (Illus.). 32p. (J). (gr. 1-2). 16.95 (978-1-76036-087-0(2), da4371fc-4e8b-40a4-ba1c-57ff5447fa83) Starfish Bay Publishing Pty Ltd. AUS. Dist: Baker & Taylor Publisher Services (BTPS).

Arturo & the Bienvenido Feast, 1 vol. Anne Broyles. Tr. by Maru Cortes from SPA. Illus. by K. E. Lewis. 2017. (ENG & SPA.). 32p. (J). (gr. -1-3). 16.99 (978-1-4556-2283-2(4), Pelican Publishing) Arcadia Publishing.

Artwork of the Impressionists Coloring Book. Activibooks. 2016. (ENG., Illus.). (J). pap. 9.20 (978-1-68321-188-4(X)) Mimaxion.

Arty à la Ferme: Arty on the Farm. Mandie Davis. Ed. by Badger Davis. Illus. by Agatha O'Neill. 2017. (Arty the Cat Ser.: Vol. 1). (FRE.). 78p. (J). pap. (978-0-9954653-6-7(3)) Davis, Mandie.

Arty Afternoons. Alice Innes. 2017. (ENG., Illus.). iv, 46p. (YA). pap. (978-1-78623-976-1(0)) Grosvenor Hse. Publishing Ltd.

Arty et les Insectes: Arty & the Insects. Mandie Davis. Ed. by Badger Davis. Illus. by Agatha O'Neill. 2019. (Arty the Cat Ser.: Vol. 3). (FRE.). 70p. (J). pap. (978-1-9164839-4-1(1)) Davis, Mandie.

Arty et les Insectes - Insect Workbook: Bilingual English / French. Mandie Davis. Ed. by Badger Davis. Illus. by Agatha O'Neill. 2019. (ENG.). 34p. (J). pap. (978-1-9164839-5-8(X)) Davis, Mandie.

Arty Mouse Colouring. Susie Linn. 2016. (Arty Mouse Ser.). (ENG.). (J). pap. (978-1-78445-540-8(7)) Top That! Publishing PLC.

Arty Mouse Copying. Susie Linn. 2016. (Arty Mouse Ser.). (ENG.). (J). pap. (978-1-78445-541-5(5)) Top That! Publishing PLC.

Arty Mouse Cutting. Susie Linn. 2016. (Arty Mouse Ser.). (ENG.). (J). pap. (978-1-78445-539-2(3)) Top That! Publishing PLC.

Arty Mouse Tracing. Joshua George. 2016. (Arty Mouse Ser.). (ENG.). (J). pap. (978-1-78445-542-2(3)) Top That! Publishing PLC.

Arty Mouse Wipe Clean Numbers. Mandy Stanley. Illus. by Mandy Stanley. 2017. (Arty Mouse Wipe Clean Board Bks.). (ENG., Illus.). 24p. (J). (gr. -1-1). bds. 8.99 (978-1-78700-253-1(5)) Top That! Publishing PLC GBR. Dist: Independent Pubs. Group.

Arty Mouse Wipe Clean Words. Mandy Stanley. Illus. by Mandy Stanley. 2017. (Arty Mouse Wipe Clean Board Bks.). (ENG., Illus.). 24p. (J). (gr. -1-1). bds. 8.99 (978-1-78700-254-8(3)) Top That! Publishing PLC GBR. Dist: Independent Pubs. Group.

Arty Numbers: Early Learning Through Art. Mandy Stanley. 2017. (Arty Mouse Wipe Clean with Pen Ser.). (ENG., Illus.). 24p. (J). (gr. -1-2). pap. 7.99 (978-1-78445-865-2(1)) Top That! Publishing PLC GBR. Dist: Independent Pubs. Group.

Arty Saves His City. Angie L. Wiggins & Cheryl D. Keaton-Griffin. Illus. by Brandon J. Wiggins. 2022. (ENG.). 36p. (J). pap. 14.99 (978-0-9786898-1-0(X)) Abundant Living Artwork.

Arty Words: Early Learning Through Art. Illus. by Mandy Stanley. 2016. (Arty Mouse Wipe Clean with Pen Ser.). (ENG.). 24p. (J). (gr. -1-2). pap. 7.99 (978-1-78445-858-4(9)) Top That! Publishing PLC GBR. Dist: Independent Pubs. Group.

Arty World: Early Learning Through Art. Mandy Stanley. 2017. (Arty Mouse Sticker Doodles Ser.). (ENG., Illus.). 24p. (J). (gr. -1-2). pap. 6.99 (978-1-78445-857-7(0)) Top That! Publishing PLC GBR. Dist: Independent Pubs. Group.

Aru Shah & the City of Gold: A Pandava Novel Book 4. Roshani Chokshi. l.t. ed. 2021. (Pandava Novel Ser.: 4). (ENG.). lib. bdg. 22.99 (978-1-4328-8689-9(4)) Thorndike Pr.

Aru Shah & the End of Time, 1. Roshani Chokshi. 2019. (Pandava Ser.). (ENG.). 376p. (gr. 4-6). 24.94 (978-1-5364-5430-7(3), Riordan, Rick) Disney Pr.

Aru Shah & the End of Time. Roshani Chokshi. ed. 2022. (Pandava Ser.). (ENG.). 126p. (J). (gr. 4-5). 24.46 (978-1-68505-435-9(8)) Penworthy Co., LLC, The.

Aru Shah & the End of Time. Roshani Chokshi. 2019. (Pandava Ser.: Vol. 1). (ENG.). 384p. lib. bdg. 19.80 (978-1-6636-2563-2(8)) Perfection Learning Corp.

Aru Shah & the Nectar of Immortality. Roshani Chokshi. l.t. ed. 2022. (Pandava Ser.: 5). (ENG.). lib. bdg. 22.99 (978-1-4328-9739-0(X)) Cengage Gale.

Aru Shah & the Song of Death, 2. Roshani Chokshi. 2020. (Pandava Ser.). (ENG.). 400p. (gr. 4-6). 22.44 (978-1-5364-6224-1(1), Riordan, Rick) Disney Pr.

Aru Shah & the Tree of Wishes, 3. Roshani Chokshi. 2021. (Pandava Ser.). (ENG.). 416p. (gr. 4-6). 22.44 (978-1-5364-6778-9(2), Riordan, Rick) Disney Pr.

Arundel (Classic Reprint) E. F. Benson. 2018. (ENG., Illus.). 386p. (J). 31.88 (978-0-365-16064-9(4)) Forgotten Bks.

Arundel (Classic Reprint) Edward Frédéric Benson. (ENG., Illus.). (J). 2018. 396p. 32.08 (978-0-364-01394-6(X)); 2017. pap. 16.57 (978-0-243-51191-4(4)) Forgotten Bks.

Arundel Motto: A Novel (Classic Reprint) Mary Cecil Hay. (ENG., Illus.). (J). 2018. 384p. 31.82 (978-0-364-70244-4(3)); 2017. pap. 16.57 (978-0-259-21181-5(8)) Forgotten Bks.

Arundel, Vol. 1 of 2 (Classic Reprint) Richard Cumberland. (ENG., Illus.). (J). 2018. 308p. 30.25 (978-0-484-90444-5(2)); 2017. pap. 13.57 (978-1-334-94200-6(5)) Forgotten Bks.

Arundel, Vol. 1 Of 3: A Tale of the French Revolution (Classic Reprint) Francis Vincent. (ENG., Illus.). (J). 2018. 340p. 30.91 (978-0-483-72674-1(5)); 2016. pap. 13.57 (978-1-333-35639-2(0)) Forgotten Bks.

Arundel, Vol. 2 of 2 (Classic Reprint) Richard Cumberland. (ENG., Illus.). (J). 2018. 298p. 30.04 (978-0-332-30708-4(5)); 2017. pap. 13.57 (978-0-243-56475-0(9)) Forgotten Bks.

Arya. Burton Laine. 2020. (ENG.). 46p. (J). pap. 12.49 (978-1-63221-573-4(X)) Salem Author Services.

Ary's Trees. Deborah Kerbel. Illus. by Sophia Choi. 2023. (ENG.). 32p. (J). (gr. k-3). 23.95 (978-1-55455-409-6(8), 60a14264-d964-4dfa-a4b3-10af946350a7) Fitzhenry & Whiteside, Ltd. CAN. Dist: Firefly Bks., Ltd.

Arzt Im Dschungel. Volker Schowald. 2019. (GER.). 126p. (J). pap. (978-3-7407-6229-2(2)) VICOO International Pr.

Arzte: Kinder Malbuch. Bold Illustrations. 2017. (GER., Illus.). (J). pap. 8.35 (978-1-64193-160-1(4), Bold Illustrations) FASTLANE LLC.

Arzte Buro 1: Kinder Malbuch. Bold Illustrations. 2017. (GER., Illus.). (J). pap. 8.35 (978-1-64193-181-6(7), Bold Illustrations) FASTLANE LLC.

Arzte Buro 2: Kinder Malbuch. Bold Illustrations. 2017. (GER., Illus.). (J). pap. 8.35 (978-1-64193-182-3(5), Bold Illustrations) FASTLANE LLC.

As a Boy, 1 vol. Plan International. 2016. (Plan International Canada Bks.: 4). (ENG., Illus.). 24p. (J). (gr. 1-3). 18.95 (978-1-77260-016-2(4)) Second Story Pr. CAN. Dist: Orca Bk. Pubs. USA.

As a Falling Star (Classic Reprint) Eleanor Gaylord Phelps. 2018. (ENG., Illus.). 66p. (J). 25.28 (978-0-483-98644-2(5)) Forgotten Bks.

As a Little Child, Who I Am: As a Little Girl - As a Little Boy. Lenny Yokiel. 2019. (ENG., Illus.). 38p. (J). pap. 13.95 (978-1-64471-165-1(6)) Covenant Bks.

As a Soldier Would: An Army Novel (Classic Reprint) A. P. U. S. A. (ENG., Illus.). (J). 2018. 198p. 27.98 (978-0-484-19834-9(3)); 2017. pap. 10.57 (978-0-259-00136-2(8)) Forgotten Bks.

As a Watch in the Night: A Drama of Waking & Dream in Five Acts (Classic Reprint) Campbell Praed. 2018. (ENG., Illus.). 512p. (J). 34.46 (978-0-332-62809-7(4)) Forgotten Bks.

As a Woman Thinketh: A Comedy of the Period; in Three Acts (Classic Reprint) Edith F. A. U. Painton. 2018. (ENG., Illus.). 102p. (J). 26.02 (978-0-267-17727-1(5)) Forgotten Bks.

As Angels Often Say. Vicky Shaw. Illus. by Grace Metcalfe. 2020. (ENG.). 40p. (J). pap. (978-1-913071-83-7(9)) 2QT, Ltd. (Publishing).

As Aventuras Da Alana: A Alana e As Tartarugas Marinhas. Preciosa Fancony-Babatope. 2020. (POR.). 46p. (J). pap. 10.00 (978-1-7331922-0-0(4)) Southampton Publishing.

As Aventuras Do Gastão Em Singapura. Ingrid Seabra et al. 2022. (POR.). 152p. (J). 42.99 (978-1-954145-28-3(4)) Nonsuch Media Pte. Ltd.

As Aventuras Do Gastão Na Coreia Do Sul. Pedro Seabra et al. 2022. (As Aventuras Do Gastão Ser.: Vol. 3). (POR.). 110p. (J). 34.99 (978-1-954145-21-4(7)) Nonsuch Media Pte. Ltd.

As Aventuras Do Gastão Na Coreia Do Sul 2a Edição. Ingrid Seabra et al. 2022. (POR.). 142p. (J). 44.99 (978-1-954145-69-6(1)) Nonsuch Media Pte. Ltd.

As Aventuras Do Gastão No Dubai. Pedro Seabra et al. 2022. (As Aventuras Do Gastão Ser.: Vol. 4). (POR.). 78p. (J). 34.99 (978-1-954145-24-5(1)) Nonsuch Media Pte. Ltd.

As Aventuras Do Gastão No Japão 2a Edição. Ingrid Seabra et al. 2nd ed. 2022. (Aventuras Do Gastão Ser.: Vol. 2). (POR.). 184p. (J). 46.99 (978-1-954145-72-6(1)) Nonsuch Media Pte. Ltd.

As Aventuras Do Gastão No Sri Lanka. Ingrid Seabra et al. 2023. (As Aventuras Do Gastão Ser.: Vol. 6). (POR.). 164p. (J). pap. 34.99 (978-1-954145-83-2(7)) Nonsuch Media Pte. Ltd.

As Beautiful As It Seems. Diana Hawk. 2022. 312p. (YA). pap. 17.95 (978-1-6678-7185-1(4)) BookBaby.

As Brave As a Lion. Erika Meza. Illus. by Erika Meza. 2023. (ENG.). 32p. (J). (gr. -1-2). 18.99 (978-1-5362-2508-2(8)) Candlewick Pr.

As Brave As You. Jason Reynolds. l.t. ed. 2018. (ENG.). 404p. (J). lib. bdg. 22.99 (978-1-4328-4931-3(X)) Cengage Gale.

As Brave As You. Jason Reynolds. (ENG.). 432p. (J). (gr. 5). 2017. pap. 8.99 (978-1-4814-1591-0(3), Atheneum Bks. for Young Readers); 2016. (Illus.). 19.99 (978-1-4814-1590-3(5), Atheneum/Caitlyn Dlouhy Books) Simon & Schuster Children's Publishing.

As Brave As You. Jason Reynolds. ed. 2017. (J). lib. bdg. 18.40 (978-0-606-39930-2(5)) Turtleback.

As Bs CS Oh My! Elchanan Ogorek. Illus. by Elchanan Ogorek. 2016. (ENG., Illus.). (J). 13.00 (978-0-692-76640-8(5)) Ogorek, Elchanan.

As Children of Ireland. Richard MC Sweeney. 2016. (ENG., Illus.). 194p. (J). (978-1-365-44468-5(6)) Lulu Pr., Inc.

As Chronicled by His Right-Hand Man Billy Campbell (Classic Reprint) Hugh Pendexter. (ENG., Illus.). (J). 2018. 338p. 30.89 (978-0-483-51510-9(8)); 2017. pap. 13.57 (978-0-243-95297-7(X)) Forgotten Bks.

As Colorful As a Rainbow: Rainbow Coloring Book. Jupiter Kids. 2016. (ENG., Illus.). 106p. (J). pap. 12.55 (978-1-68305-137-4(8), Jupiter Kids (Childrens & Kids Fiction)) Speedy Publishing LLC.

As de Corazones Negros. Faridah Àbíké-Íyímídé. 2023. (SPA.). 448p. (YA). pap. 23.95 (978-607-07-9690-6(X)) Editorial Planeta, S. A. ESP. Dist: Two Rivers Distribution.

As Far As Birds Can Fly. Linda Oatman High. 2020. (ENG.). 102p. (J). (gr. 2-6). 26.95 (978-1-64663-236-7(2)); pap. 13.95 (978-1-64663-234-3(6)) Koehler Bks.

As Far As the Eye Can See. Julie Hodgson. 2018. (ENG., Illus.). 50p. (J). pap. (978-91-88045-98-0(6)) Chave AB.

As Far As the Eye Can See. an Indian Tale. Julie Hodgson. 2016. (ENG., Illus.). (J). pap. (978-91-88045-06-5(4)) Chave AB.

As Far As the Stars. Virginia Macgregor. 2019. (ENG.). 448p. (J). (gr. 7). 9.99 (978-0-00-827450-4(9), HQ) HarperCollins Pubs. Ltd. GBR. Dist: HarperCollins Pubs.

As Far As You'll Take Me. Phil Stamper. (ENG.). (YA). 2022. 336p. pap. 10.99 (978-1-5476-0864-5(1), 900250870); 2021. 320p. 17.99 (978-1-5476-0017-5(9), 900195007) Bloomsbury Publishing USA. (Bloomsbury Young Adult).

As Fast As Her: Dream Big, Break Barriers, Achieve Success. Kendall Coyne & Estelle Laure. 2022. (ENG.). 240p. (YA). 24.99 (978-0-310-77113-5(7)) Zonderkidz.

As Fast As Words Could Fly, 1 vol. Pamela Tuck. Illus. by Eric Velasquez. 2018. (ENG.). 40p. (J). (gr. 2-7). 11.95 (978-1-62014-859-4(5), leelowbooks) Lee & Low Bks., Inc.

As Glenn As Can Be. Sarah Ellis. Illus. by Nancy Vo. 2022. 40p. (J). (gr. -1-1). 19.99 (978-1-77306-468-0(1)) Groundwood Bks. CAN. Dist: Publishers Group West (PGW).

As God Made Her: A Story of a Fair Californian (Classic Reprint) Sarah Murray Thrasher. (ENG., Illus.). (J). 2018. 318p. 30.48 (978-0-483-05962-7(5)); 2017. pap. 13.57 (978-1-333-34747-5(2)) Forgotten Bks.

As Good As a Comedy, or the Tennesseean's Story (Classic Reprint) William Gilmore Simms. (ENG., Illus.). (J). 2018. 264p. 29.34 (978-0-483-59905-5(0)); 2016. pap. 11.97 (978-1-334-12507-2(4)) Forgotten Bks.

As Good As Dead: The Finale to a Good Girl's Guide to Murder. Holly Jackson. (Good Girl's Guide to Murder Ser.: 3). (ENG., Illus.). (YA). (gr. 9). 2023. 480p. pap. 12.99 (978-0-593-37988-2(8), Ember); 2021. 464p. 18.99 (978-0-593-37985-1(3), Delacorte Pr.) Random Hse. Children's Bks.

As Having Nothing (Classic Reprint) Hester Caldwell Oakley. 2017. (ENG., Illus.). (J). 31.16 (978-0-265-19511-6(X)) Forgotten Bks.

As He Comes up the Stair (Classic Reprint) Unknown Author. 2018. (ENG., Illus.). 188p. (J). 27.79 (978-0-365-31811-8(6)) Forgotten Bks.

As I Descended. Robin Talley. 2020. (ENG.). 400p. (YA). (gr. 9). pap. 10.99 (978-0-06-240924-9(7), HarperTeen) HarperCollins Pubs.

As I Enfold You in Petals. Richard Van Camp. Illus. by Scott B. Henderson. 2023. (Spirit of Denendeh Ser.: 2). (ENG.). 72p. (YA). (gr. 8-12). pap. 21.95 (978-1-77492-041-1(7), HighWater Pr.) Portage & Main Pr. CAN. Dist: Orca Bk. Pubs. USA.

As I Get Older, I Must Not Forget. Jonathan Brown. 2022. (ENG., Illus.). 32p. (J). pap. 14.95 (978-1-63874-462-7(9)) Christian Faith Publishing.

As I Have Gone Alone in There: The Reluctant Maverick. Glen Coughlan. (ENG.). 346p. (YA). 2022. (978-1-4717-6463-9(X)); 2021. pap. (978-1-4716-8879-9(8)); 2021. pap. (978-1-4717-8557-3(2)) Lulu Pr., Inc.

A

As I Love. Coleen Everglades Lewis. Illus. by Bijan Samaddar. 2020. (ENG.). 32p. (J). (gr. k-3). 15.99 *(978-1-7345570-3-9(6))* Spoonbill, Patty Bks.

As I Remember (Classic Reprint) Winifred J. Randall. (ENG., Illus.). (J). 2018. 52p. 24.97 *(978-0-365-36179-4(8))*; 2017. pap. 9.57 *(978-0-282-44042-8(9))* Forgotten Bks.

As I Saw It (Classic Reprint) Harvey Argyle. 2017. (ENG., Illus.). (J). 30.50 *(978-0-260-28579-9(X))* Forgotten Bks.

As I Think. Crystal Staley & Keisha Barnes. Illus. by Dakotah Aiyanna. 2022. (ENG.). 32p. (J). *(978-0-2288-6783-8(5))*; pap. *(978-0-578-85520-2(8))* Tellwell Talent.

As If... As If... Wenjun Qin. Illus. by Xun Liu. 2018. 36p. (J). (gr. 2-3). 16.95 *(978-1-76036-061-0(9))*, b712a42a-10b0-4706-bfb6-ff146ff1cc79) Starfish Bay Publishing Pty Ltd. AUS. Dist: Baker & Taylor Publisher Services (BTPS).

As If on Cue. Marisa Kanter. 2021. (ENG.). 400p. (YA). (gr. 7). 19.99 *(978-1-5344-4580-2(3))*, Simon & Schuster Bks. For Young Readers) Simon & Schuster Bks. For Young Readers.

As in a Looking Glass (Classic Reprint) Francis Charles Philips. (ENG., Illus.). (J). 2018. 328p. 30.68 *(978-0-365-35648-6(4))*; 2017. pap. 13.57 *(978-0-259-19091-2(8))* Forgotten Bks.

As in a Mirror (Classic Reprint) G. R. Alden. 2018. (ENG., Illus.). (J). 372p. 31.57 *(978-1-397-20927-6(5))*; 374p. pap. 13.97 *(978-1-397-20926-9(7))* Forgotten Bks.

As Incríveis Aventuras Do Café Através Do Mundo. Cambraia F. Fernandes. 2023. 34p. (J). 25.00 ***(978-1-6678-8096-9(9))*** BookBaby.

As It Is (Classic Reprint) William Russell Smith. 2018. (ENG., Illus.). 264p. (J). 29.36 *(978-0-483-72008-4(9))* Forgotten Bks.

As It Lies! Jan Fields. Illus. by Dave Shephard. 2017. (Ghost Detectors Ser.: 22). (ENG.). 80p. (J). (gr. 2-5). lib. bdg. 35.64 *(978-1-5321-3154-7(2))*, 27051, Calico Chapter Bks.) ABDO Publishing Co.

As It Looked to Him: Intimate Letters on the War (Classic Reprint) Emmet Nicholson Britton. (ENG., Illus.). (J). 2018. 140p. 26.80 *(978-0-332-51506-9(0))*; 2016. pap. 9.57 *(978-1-333-61684-7(8))* Forgotten Bks.

As It May Happen: A Story of American Life & Character (Classic Reprint) Robert S. Davis. 2018. (ENG., Illus.). 422p. (J). 32.60 *(978-0-267-31380-8(2))* Forgotten Bks.

As It Was Written: A Jewish Musician's Story (Classic Reprint) Sidney Harland. 2017. (ENG., Illus.). (J). 30.46 *(978-0-260-01927-1(5))* Forgotten Bks.

As It Was Written: A Jewish Musician's Story (Classic Reprint) Sidney Luska. 2018. (ENG., Illus.). 258p. (J). 29.24 *(978-0-332-16972-9(3))* Forgotten Bks.

As Large As Life: The Scale of Creatures Great & Small, Short & Tall. Jonny Marx. Illus. by Sandhya Prabhat. 2021. (ENG.). 64p. (J). (gr. 2). 24.99 *(978-1-944530-34-1(7))*, 360 Degrees) Tiger Tales.

As Long As She Lived, Vol. 1 of 3 (Classic Reprint) Frederick William Robinson. (ENG., Illus.). (J). 2018. 326p. 30.62 *(978-0-428-90374-9(6))*; 2016. pap. 13.57 *(978-1-334-09167-4(6))* Forgotten Bks.

As Long As She Lived, Vol. 2 of 3 (Classic Reprint) F. W. Robinson. (ENG., Illus.). (J). 2018. 302p. 30.13 *(978-0-428-90364-0(9))*; 2016. pap. 13.57 *(978-1-333-72986-8(3))* Forgotten Bks.

As Long As She Lived, Vol. 3 of 3 (Classic Reprint) F. W. Robinson. 2018. (ENG., Illus.). 310p. (J). 30.29 *(978-0-483-07755-3(0))* Forgotten Bks.

As Long As We Can Smile. Joseph M. Perks. Illus. by Carlos Ojeda. 2018. (ENG.). 34p. (J). pap. *(978-1-5272-2002-7(8))* Perks, Joseph.

As Long As We're Together. Brianna Peppins. 2023. (ENG.). 256p. (YA). (gr. 7). 19.99 *(978-1-338-81407-1(9))*, Scholastic Pr.) Scholastic, Inc.

As Many Nows As I Can Get. Shana Youngdahl. 2019. 432p. (YA). (gr. 9). 17.99 *(978-0-525-55385-4(1))*, Dial Bks) Penguin Young Readers Group.

As Meninas Da Floresta: Um Jornal, Uma Jornada. Sissel Waage. Tr. by Ana Elisa Igel. Illus. by Ivana Josipovic. 2022. (POR.). 82p. (YA). 24.99 *(978-1-6781-0728-4(X))* Lulu Pr., Inc.

As Meninas Da Floresta: Um Jornal, Uma Jornada (softcover) Sissel Waage & Ivana Josipovic. Tr. by Ana Elisa Igel. 2022. (POR.). 82p. (YA). pap. 10.99 *(978-1-7948-3666-2(7))* Lulu Pr., Inc.

As Meninas Da Floresta, Com o Mundo, Sempre. Sissel Waage. Tr. by Ana Elisa Igel. Illus. by Ana-Maria Cosma. 2022. (POR.). 42p. (J). *(978-1-4583-9357-9(7))* Lulu Pr., Inc.

As Meninas Da Floresta, Com o Mundo, Sempre (capa Comum) Sissel Waage. Tr. by Ana Elisa Igel. Illus. by Ana-Maria Cosma. 2022. (POR.). 42p. (J). pap. *(978-1-4583-9346-3(1))* Lulu Pr., Inc.

As My Daddy Does. Hannah Fallon. 2021. (ENG.). 30p. (J). pap. 12.95 *(978-1-63630-799-2(X))* Covenant Bks.

As Night Falls: Creatures That Go Wild after Dark. Donna Jo Napoli. Illus. by Felicita Sala. 2023. (ENG.). 40p. (J). (gr. -1-3). 18.99 *(978-0-593-37429-0(0))*; lib. bdg. 21.99 *(978-0-593-37430-6(4))* Random Hse. Children's Bks.

As Old As Time: A Twisted Tale. Liz Braswell. (Twisted Tale Ser.). (ENG.). (YA). (gr. 7-12). 2018. 512p. pap. 10.99 *(978-1-4847-0731-9(1))*; 2016. 496p. 17.99 *(978-1-4847-0728-9(1))* Disney Publishing Worldwide. (Disney-Hyperion).

As Old As Time: A Twisted Tale. Liz Braswell. ed. 2018. (YA). lib. bdg. 20.85 *(978-0-606-39964-7(X))* Turtleback.

As Others See Us: Being the Diary of a Canadian Debutante (Classic Reprint) Goosequill Goosequill. (ENG., Illus.). (J). 2018. 310p. 30.29 *(978-0-483-09626-4(1))*; 2017. pap. 13.57 *(978-1-334-93135-2(6))* Forgotten Bks.

As Others See Us (Classic Reprint) Marmaduke Pickthall. 2018. (ENG., Illus.). 292p. (J). 29.92 *(978-0-483-40771-8(2))* Forgotten Bks.

As Quiet As a Mouse. Karen Owen. Illus. by Evgenia Golubeva. 2019. (Early Bird Readers — Purple (Early Bird Stories (tm)) Ser.). (ENG.). 32p. (J). (gr. k-3). 30.65 *(978-1-5415-4224-2(X))*, b86f0cb2-2d79-445c-8403-245c1b6207f6); pap. 9.99 *(978-1-5415-7421-2(4))*, 7ab98954-7f51-43e1-8346-0c7f37861472) Lerner Publishing Group. (Lerner Pubns.).

As Red As Blood. Salla Simukka. Tr. by Owen Frederick Witesman. 2019. (As Red As Blood Ser.: 1). (ENG.). 272p. (YA). (gr. 9). pap. 9.99 *(978-1-5247-1344-7(9))*, Ember) Random Hse. Children's Bks.

As Seen by Me (Classic Reprint) Lilian Bell. 2017. (ENG., Illus.). (J). 30.54 *(978-1-5282-8490-5(9))* Forgotten Bks.

As Seen on Safari: Africa's Majestic Creatures Coloring Book. Activibooks For Kids. 2016. (ENG., Illus.). (J). pap. 9.20 *(978-1-68321-753-4(5))* Mimaxion.

As She Ascends. Jodi Meadows. (Fallen Isles Ser.: 2). (ENG.). (YA). (gr. 8). 2019. 576p. pap. 10.99 *(978-0-06-246944-1(4))*; 2018. 560p. 17.99 *(978-0-06-246943-4(6))* HarperCollins Pubs. (Tegen, Katherine Bks).

As She Fades: A Novel. Abbi Glines. 2019. (ENG.). 272p. (YA). pap. 12.99 *(978-1-250-29467-8(3))*, 900177590) Square Fish.

As Silver Is to the Moon. R. a Watt. 2019. (ENG.). 312p. (YA). (gr. 7-12). pap. *(978-1-9990009-0-5(0))* TER Publishing.

As Sketches (Classic Reprint) J. MacKinnon. 2017. (ENG., Illus.). (J). 200p. 28.04 *(978-0-332-61849-4(8))*; pap. 10.57 *(978-0-259-51038-3(6))* Forgotten Bks.

As Strong As the River. Sarah Noble. 2021. (ENG., Illus.). 32p. (J). (gr. -1-2). 16.95 *(978-1-83874-017-7(1))* Flying Eye Bks. GBR. Dist: Penguin Random Hse. LLC.

As the Falcon Flies. Franklin Dixon. 2022. (Hardy Boys Adventures Ser.: 24). (ENG.). 144p. (J). (gr. 3-7). 17.99 *(978-1-5344-8326-2(8))*, Aladdin) Simon & Schuster Children's Publishing.

As the Falcon Flies. Franklin W. Dixon. 2022. (Hardy Boys Adventures Ser.: 24). (ENG.). 144p. (J). (gr. 3-7). pap. 6.99 *(978-1-5344-8325-5(X))*, Aladdin) Simon & Schuster Children's Publishing.

As the Goose Flies (Classic Reprint) Katharine Pyle. 2018. (ENG., Illus.). 198p. (J). 28.00 *(978-0-483-56650-7(0))* Forgotten Bks.

As the Hague Ordains: Journal of a Russian Prisoner's Wife in Japan (Classic Reprint) Eliza R. Scidmore. 2017. (ENG., Illus.). (J). 31.71 *(978-1-5283-8965-5(4))* Forgotten Bks.

As the Hart Panteth (Classic Reprint) Hallie Erminie Rives. 2018. (ENG., Illus.). 236p. (J). 28.78 *(978-0-332-83276-0(7))* Forgotten Bks.

As the Light Led (Classic Reprint) James Newton Baskett. 2018. (ENG., Illus.). 404p. (J). 32.23 *(978-0-483-48792-5(9))* Forgotten Bks.

As the Shadow Rises. Katy Rose Pool. 2021. (Age of Darkness Ser.: 2). (ENG.). 512p. (YA). pap. 11.99 *(978-1-250-80268-2(7))*, 900203658) Square Fish.

As the Shepherd of All. Sarah S. P. Liebing. 2017. (ENG., Illus.). 26p. (J). pap. 12.95 *(978-1-64003-038-1(7))* Covenant Bks.

As the Sparks Fly Upward (Classic Reprint) Cyrus Townsend Brady. 2018. (ENG., Illus.). 402p. (J). 32.21 *(978-0-483-50170-6(0))* Forgotten Bks.

As the Sun Rises, Morning in Mazatlán. Carolyn Watson-Dubisch. 2021. (ENG.). 31p. (J). *(978-1-6780-8154-6(X))* Lulu Pr., Inc.

As the Twig Is Bent: A Rural School Drama (Classic Reprint) Estelle Cook. 2018. (ENG., Illus.). 40p. (J). 24.74 *(978-0-484-89434-0(X))* Forgotten Bks.

As the Twig Is Bent: A Story for Mothers & Teachers (Classic Reprint) Susan Chenery. 2017. (ENG., Illus.). (J). 27.49 *(978-0-331-83547-2(9))* Forgotten Bks.

As They Looked to the Children (Classic Reprint) Francis Parsons. (ENG., Illus.). (J). 2018. 96p. 25.88 *(978-0-483-93964-6(1))*; 2017. pap. 9.57 *(978-0-243-38712-0(1))* Forgotten Bks.

As Time Went By. José Sanabria & José Sanabria. 2016. (ENG., Illus.). 48p. (J). (gr. -1-2). 18.95 *(978-0-7358-4248-9(5))* North-South Bks., Inc.

As Tricky As Can Be! Mazes & Other Activities for Kids. Jupiter Kids. 2017. (ENG., Illus.). (J). pap. 9.05 *(978-1-5419-3251-7(X))*, Jupiter Kids (Childrens & Kids Fiction)) Speedy Publishing LLC.

As-Tu Vu Gusto? Yannick Charette. Illus. by Monique Legault. 2019. (Voleur de Bas Ser.: Vol. 2). (FRE.). 24p. (J). pap. *(978-0-2288-0905-0(3))*; ***(978-0-2288-0906-7(1))*** Tellwell Talent.

As-Tu Vu le Voleur de Bas? Yannick Charette. 2017. (FRE., Illus.). 24p. (J). ***(978-1-77302-947-4(9))***; pap. ***(978-1-77302-946-7(0))*** Tellwell Talent.

As Warm As the Sun. Kate McMullan. Illus. by Jim McMullan. 2019. (ENG.). 32p. (J). (gr. -1-2). 18.99 *(978-0-8234-4327-7(2))*, Neal Porter Bks) Holiday Hse., Inc.

As We Forgive Them. William Le Queux. 2021. (Mint Editions — Crime, Thrillers & Detective Work Ser.). (ENG.). 180p. 14.99 *(978-1-5132-0810-7(1))*, West Margin Pr.) West Margin Pr.

As We Forgive Them (Classic Reprint) William Le Queux. (ENG., Illus.). (J). 2018. 322p. 30.56 *(978-0-483-95239-3(7))*; 2016. pap. 13.57 *(978-1-333-39812-5(3))* Forgotten Bks.

As We Saw It In '90. Grace Carew Sheldon. 2017. (ENG., Illus.). (J). pap. *(978-0-649-09070-9(5))* Trieste Publishing Pty Ltd.

As We Saw It in '90 (Classic Reprint) Grace Carew Sheldon. 2018. (ENG., Illus.). 266p. (J). 29.38 *(978-0-267-47401-1(6))* Forgotten Bks.

As We Went Marching on a Story of the War (Classic Reprint) George Washington Hosmer. 2017. (ENG., Illus.). 326p. (J). 30.62 *(978-0-332-39582-1(0))* Forgotten Bks.

As We Were Journeying: The Hawaiian Islands, Japan, China, Siam, Java & India, As Seen from a Girl's Point of View (Classic Reprint) Grace E. Greenlee. (ENG., Illus.). (J). 2017. 320p. 30.50 *(978-0-484-71459-4(7))*; 2016. pap. 13.57 *(978-1-333-21842-3(7))* Forgotten Bks.

As White As Snow. Salla Simukka & Owen Witesman. 2017. (YA). pap. *(978-1-5247-1348-5(1))* Bantam Doubleday Dell Large Print Group, Inc.

As Ye Have Sown (Classic Reprint) Dolf Wyllarde. 2018. (ENG., Illus.). 370p. (J). 31.55 *(978-0-483-22352-3(2))* Forgotten Bks.

As You Grow I Want You to Know: Wisdom Nuggets, Vol 1: Self. Adrian. 2023. (ENG.). 40p. (J). 21.99 ***(978-1-68489-182-5(5))*** Primedia eLaunch LLC.

As You Like It. William Shakespeare. 2017. (ENG.). 74p. (YA). (gr. 7-12). pap. *(978-3-337-10413-9(4))* Creation Pubs.

As You Like It. William Shakespeare. 2018. (ENG., Illus.). 306p. (YA). (gr. 7-12). 28.66 *(978-1-7317-0815-1(7))*; 14.88 *(978-1-7317-0335-4(X))*; pap. 16.60 *(978-1-7317-0816-8(5))*; pap. 8.09 *(978-1-7317-0336-1(8))* Simon & Brown.

As You Like It. William Shakespeare. 2018. (ENG., Illus.). 142p. (J). pap. 12.99 *(978-1-5287-0514-1(9))*, Classic Bks. Library) The Editorium, LLC.

As You Like It. William Shakespeare. 2020. (ENG.). 96p. (YA). (gr. 7-12). pap. 16.99 *(978-1-6781-4627-6(7))* Lulu Pr., Inc.

As You Like It. William Shakespeare. 2021. (ENG.). 98p. (YA). pap. 6.99 *(978-1-4209-7581-9(1))* Digireads.com Publishing.

As You Like It. William Shakespeare. 2022. (ENG.). 96p. (YA). pap. ***(978-1-387-90329-0(2))*** Lulu Pr., Inc.

As You Like It. William Shakespeare & Will Hicok Low. 2017. (ENG.). 172p. (YA). (gr. 7-12). pap. *(978-3-337-10411-5(8))* Creation Pubs.

As You Like It: a Shakespeare Children's Story. Illus. by Macaw Books. adapted abr. ed. 2020. (Sweet Cherry Easy Classics Ser.). (ENG.). 64p. (J). 5.99 *(978-1-78226-662-4(3))*, 9cc00f12-1812-4eb5-a0fd-225ac0444ba8); 8.99 *(978-1-78226-669-3(0))*, 20fe2321-7fa5-4f49-87f2-61d86f905a2a) Sweet Cherry Publishing GBR. Dist: Baker & Taylor Publisher Services (BTPS).

As You See It. J. L. Garvin. 2017. (ENG., Illus.). (J). pap. *(978-0-649-14074-9(5))* Trieste Publishing Pty Ltd.

As You See It (Classic Reprint) J. L. Garvin. 2018. (ENG., Illus.). 218p. (J). 28.39 *(978-0-332-52299-9(7))* Forgotten Bks.

As You Walk on By. Julian Winters. 2023. 336p. (YA). (gr. 7). 18.99 *(978-0-593-20650-8(9))*, Viking Books for Young Readers) Penguin Young Readers Group.

As You Were, Bill (Classic Reprint) Edward Streeter. 2018. (ENG., Illus.). 164p. (J). 27.28 *(978-0-483-28323-7(1))* Forgotten Bks.

As You Wish. Chelsea Sedoti. 2018. (YA). (gr. 7-12). (ENG.). 448p. pap. 10.99 *(978-1-4926-6806-0(0))*; 432p. 17.99 *(978-1-4926-4231-2(2))* Sourcebooks, Inc.

Asa Holmes: At the Cross-Roads. Annie Fellows Johnston. 2018. (ENG., Illus.). 82p. (YA). (gr. 7-12). pap. *(978-93-5329-271-3(9))* Alpha Editions.

Asa Holmes, or at the Cross-Roads (Classic Reprint) Annie Fellows Johnston. (ENG., Illus.). (J). 2018. 224p. 28.54 *(978-0-484-43239-9(7))*; 2016. pap. 10.97 *(978-1-334-11734-3(9))* Forgotten Bks.

AS/a-Level English Literature Workbook: King Lear. Richard Vardy. 2018. (ENG.). 80p. (gr. 11-12). pap. 9.50 *(978-1-5104-3493-6(3))* Hodder Education Group GBR. Dist: Ingram Publisher Services.

AS/a-Level English Literature Workbook: Skirrid Hill. Helen Mars. 2018. (ENG.). 96p. (gr. 11-12). pap. 9.50 *(978-1-5104-3496-7(8))* Hodder Education Group GBR. Dist: Ingram Publisher Services.

AS/a-Level English Literature Workbook: the Duchess of Malfi. Anne Crow. 2018. (ENG.). 96p. (gr. 11-12). pap. 9.50 *(978-1-5104-3497-4(6))* Hodder Education Group GBR. Dist: Ingram Publisher Services.

Asante's Gullah Journey. S. A. Gibson. 2017. (ENG., Illus.). (J). 26.50 *(978-1-387-06894-4(6))* Lulu Pr., Inc.

Asaph: An Historical Novel (Classic Reprint) Alice Kingsbury Cooley. 2018. (ENG., Illus.). 242p. (J). 28.89 *(978-0-483-31363-7(7))* Forgotten Bks.

Asbein: From the Life of a Virtuoso (Classic Reprint) Ossip Schubin. 2018. (ENG., Illus.). 350p. (J). 31.14 *(978-0-484-56508-0(7))* Forgotten Bks.

Asbury Twins (Classic Reprint) Sophie May. (ENG., Illus.). (J). 2018. 404p. 32.23 *(978-0-483-03841-7(5))*; 2016. pap. 16.57 *(978-1-333-73315-5(1))* Forgotten Bks.

Ascendance of a Bookworm: Part 1 Volume 1, Vol. 1, Pt. 1. Miya Kazuki. Tr. by Quof. Illus. by You Shiina. 2019. (Ascendance of a Bookworm (light Novel) Ser.: 1). 325p. pap. 14.99 *(978-1-7183-5600-9(5))* J-Novel Club.

Ascendance of a Bookworm: Part 1 Volume 2: Part 1 Volume 2. Miya Kazuki. Tr. by Quof. Illus. by You Shiina. 2019. (Ascendance of a Bookworm (light Novel) Ser.: 2). 325p. pap. 14.99 *(978-1-7183-5601-6(3))* J-Novel Club.

Ascendance of Evil (Kalki Chronicles Book 3) Kalki Chronicles: Book 3. Abhinav. 2022. (ENG.). 336p. (YA). pap. 12.95 *(978-0-14-345463-2(3))*, Penguin Enterprise) Penguin Bks. India PVT, Ltd IND. Dist: Independent Pubs. Group.

Ascendances Davidiques des Rois de France. Marquis De La Franquerie. 2022. (FRE.). 115p. (J). ***(978-1-4716-3174-0(5))*** Lulu Pr., Inc.

Ascended. S. Young. 2021. (War of the Covens Ser.: Vol. 3). (ENG.). 322p. (YA). pap. *(978-1-8383017-9-8(8))* Young, Samantha.

Ascended Alpha - il Primo Re. Alessia Shiori Elisei. 2020. (ITA.). 348p. (J). pap. 15.16 *(978-0-244-54978-7(8))* Lulu Pr., Inc.

Ascendent. A. Crowley. 2017. (ENG., Illus.). (YA). (gr. 9-12). pap. 14.95 *(978-1-63263-967-7(X))*, Abuzz Press) Booklocker.com, Inc.

Ascender. Tracey L. Pacelli. 2020. (ENG.). 234p. (J). 25.99 *(978-1-61950-667-1(X))*; (Ascender Ser.: Vol. 1). pap. 17.99 *(978-1-61950-608-4(4))* Gypsy Shadow Publishing Co.

Ascender Volume 1. Jeff Lemire. 2019. (ENG., Illus.). 136p. (YA). pap. 9.99 *(978-1-5343-1348-6(4))*, fb895850-b07f-47c0-b58c-d0313ac8d908) Image Comics.

Ascension. Michelle Bryan. 2017. (New Bloods Ser.: Vol. 1). (ENG., Illus.). (YA). pap. *(978-0-9957397-1-0(4))* Aelurus Publishing.

Ascension. David A. Combs. 2020. (Witches of Pioneer Vale Ser.: Vol. 1). (ENG.). 250p. (YA). pap. 12.99 *(978-1-7350034-0-5(9))* Combs, David.

Ascension. C. J. M. Naylor. 2020. (Timekeeper's Daughter Trilogy Ser.: Vol. 3). (ENG.). 250p. (YA). 30.00 *(978-1-0878-7735-8(0))* Naylor, Christopher.

Ascensor Jones - Encuentro con Los Hermanos Wright. Dan Soderberg & Greyson Soderberg. 2020. (SPA.). 28p. (YA). pap. 12.95 *(978-1-64467-933-3(7))* Waldorf Publishing.

Ascensor Mágico: Elevator Magic (Spanish Edition) Stuart J. Murphy. Illus. by G. Brian Karas. 2020. (MathStart 2 Ser.). (SPA.). 40p. (J). (gr. -1-3). pap. 6.99 *(978-0-06-298330-5(X))*, HarperCollins) HarperCollins Pubs.

Ascent. Roland Smith. (Peak Marcello Adventure Ser.: 3). (ENG.). (YA). (gr. 7). 2020. 256p. pap. 9.99 *(978-0-358-04064-4(7))*, 1740948); 2018. 240p. 17.99 *(978-0-544-86759-8(9))*, 1648549) HarperCollins Pubs. (Clarion Bks.).

Ascent (the Invasion Chronicles-Book Three) A Science Fiction Thriller. Morgan Rice. 2018. (Invasion Chronicles Ser.: Vol. 3). (ENG.). 156p. (YA). (gr. 7-12). 18.99 *(978-1-64029-493-6(7))*; pap. 13.99 *(978-1-64029-492-9(9))* Morgan Rice Bks.

Ascent to the Summit of Mont Blanc, on the 22nd & 23rd of August 1837: Not Published (Classic Reprint) Henry Martin Atkins. 2018. (ENG., Illus.). 68p. (J). 25.32 *(978-0-656-64123-9(1))* Forgotten Bks.

Aschenbroedel (Classic Reprint) Kate Carrington. 2017. (ENG., Illus.). (J). 30.97 *(978-0-332-01275-9(1))*; pap. 13.57 *(978-0-259-20271-4(1))* Forgotten Bks.

Aschenputtel see **Cinderella: A Grimm's Fairy Tale**

Ascher & His Yellow Galoshes at the Seashore: A Lesson in Kindness. Diane Smith Pico. 2021. (ENG.). 18p. (J). *(978-0-2288-6774-6(6))*; pap. *(978-0-2288-6290-1(6))* Tellwell Talent.

Ascolta il Soffio Del Vento. Patrizia Emilitri. Ed. by Edizioni Il Vento Antico. 2018. (Vietato Agli Adulti Ser.: Vol. 5). (ITA.). 68p. (J). pap. *(978-88-94806-59-5(6))* Edizioni Il Vento Antico.

Ascutney Street: A Neighborhood Story (Classic Reprint) A. D. T. Whitney. 2017. (ENG., Illus.). (J). 30.17 *(978-1-5282-8094-5(6))* Forgotten Bks.

ASD Feel Better Book: A Visual Guide to Help Brain & Body for Children on the Autism Spectrum. Joel Shaul. 2017. (Illus.). 88p. (C). 27.95 *(978-1-78592-762-1(0))*, 696542) Kingsley, Jessica Pubs. GBR. Dist: Hachette UK Distribution.

ASD Independence Workbook: Transition Skills for Teens & Young Adults with Autism. Francis Tabone. 2018. (ENG.). 192p. (YA). (gr. 8-12). pap. 24.95 *(978-1-68403-064-4(1))*, 40644) New Harbinger Pubns.

Asesinato para Principiantes / a Good Girl's Guide to Murder (Spanish Edition) Holly Jackson. 2022. (SPA.). 432p. (YA). pap. 15.95 *(978-607-07-9132-1(0))* Editorial Planeta, S. A. ESP. Dist: Two Rivers Distribution.

Ash. Malinda Lo. 10th ed. 2019. (ENG.). 304p. (YA). (gr. 8-17). pap. 10.99 *(978-0-316-53131-3(6))* Little, Brown Bks. for Young Readers.

Ash & Bramble. Sarah Prineas. 2016. (ENG.). 480p. (YA). (gr. 8). pap. 9.99 *(978-0-06-233795-5(5))*, HarperTeen) HarperCollins Pubs.

Ash & Pikachu: Alola Region/Team Rocket: Alola Region (Pokémon) Rachel Chlebowski. Illus. by Random House. 2017. (Pictureback(R) Ser.). (ENG.). 32p. (J). (gr. -1-2). pap. 5.99 *(978-1-5247-7008-2(6))*, Random Hse. Bks. for Young Readers) Random Hse. Children's Bks.

Ash & Pikachu: Pokémon Heroes. Kenny Abdo. 2020. (Video Game Heroes Ser.). (ENG., Illus.). 24p. (J). (gr. 2-2). pap. 8.95 *(978-1-64494-417-2(0))*; lib. bdg. 31.36 *(978-1-0982-2143-0(5))*, 34533) ABDO Publishing Co. (Abdo Zoom-Fly).

Ash & Pikachu's Adventures (Pokémon) (Media Tie-In) Stefania Lepera. ed. 2023. (ENG.). 208p. (J). (gr. 2-5). pap. 9.99 *(978-1-338-87141-8(2))* Scholastic, Inc.

Ash & Quill. Rachel Caine, pseud. 2018. (Great Library: 3). (ENG.). 368p. (YA). (gr. 9). pap. 9.99 *(978-0-451-47315-8(9))*, Berkley) Penguin Publishing Group.

Ash & Smoke. Dionnara Dawson. 2020. (Melorian Academy Ser.: Vol. 3). (ENG.). 260p. (YA). pap. *(978-0-6486804-5-1(2))* Dawson, Dionnara.

Ash House. Angharad Walker. 2021. (ENG., Illus.). (J). 336p. (gr. 3-7). 17.99 *(978-1-338-63631-4(6))*; 368p. pap. ***(978-1-912626-97-7(7))*** Scholastic, Inc. (Chicken Hse., The).

Ash Ketchum, Pokémon Detective / I Choose You! (Pokémon Super Special Flip Book: Johto Region / Kanto Region) Tracey West. 2021. (ENG., Illus.). 192p. (J). (gr. 2-5). pap. 7.99 *(978-1-338-74656-3(1))* Scholastic, Inc.

Ash Ketchum, Pokémon Detective (Pokémon Classic Chapter Book #10) Tracey West. 2018. (Pokémon Chapter Bks.: 10). (ENG.). 96p. (J). (gr. 2-5). pap. 4.99 *(978-1-338-28403-4(7))* Scholastic, Inc.

Ash Moonlight. Dewalt Du Plessis. 2023. (ENG.). 560p. (YA). ***(978-0-2288-8662-4(7))***; pap. ***(978-0-2288-8661-7(9))*** Tellwell Talent.

Ash Princess. Laura Sebastian. 2018. (Illus.). 437p. (YA). *(978-0-525-57826-0(9))*, Delacorte Pr) Random House Publishing Group.

Ash Princess. Laura Sebastian. (Ash Princess Ser.: 1). (ENG.). (YA). (gr. 7). 2019. 464p. pap. 11.99 *(978-1-5247-6709-9(3))*, Ember); 2018. (Illus.). 448p. 18.99 *(978-1-5247-6706-8(9))*, Delacorte Pr.); 2018. (Illus.). 448p. lib. bdg. 21.99 *(978-1-5247-6707-5(7))*, Delacorte Pr.) Random Hse. Children's Bks.

Ash the Claustrophobic Mole. John Brookes. Ed. by E. Rachael Hardcastle. Illus. by Ashley Evans. 2023. (ENG.). 32p. (J). pap. 5.99 ***(978-1-7399188-4-2(3))***, Curious Cat Bks.) Legacy Bound.

Asha & Baz Meet Elizabeth Friedman. Caroline Fernandez. Illus. by Dharmali Patel. 2023. (Asha & Baz Ser.: 3). (ENG.). 112p. (J). (gr. 1-3). pap. 7.99 ***(978-1-988761-83-1(2))*** Common Deer Pr. CAN. Dist: National Bk. Network.

Asha & Baz Meet Hedy Lamarr. Caroline Fernandez. Illus. by Dharmali Patel. 2023. (Asha & Baz Ser.: 2). 108p. (J). (gr. 1-3). pap. 7.99 *(978-1-988761-78-7(6))* Common Deer Pr. CAN. Dist: National Bk. Network.

Asha & Baz Meet Mary Sherman Morgan. Caroline Fernandez. Illus. by Dharmali Patel. 2022. (Asha & Baz

Ser.: 1). 106p. (J). (gr. k-3). pap. 7.99 *(978-1-988761-67-1(0))* Common Deer Pr. CAN. Dist: National Bk. Network.

Asha & the Spirit Bird. Jasbinder Bilan. 2020. (ENG.). 336p. (J). (gr. 3-7). 18.99 *(978-1-338-57105-9(2)*, Chicken Hse., The) Scholastic, Inc.

Ashel's Christmas. Karen G. Aukema. 2016. (ENG., Illus.). (J). pap. 16.95 *(978-1-5127-6387-4(X)*, WestBow Pr.) Author Solutions, LLC.

Ashel's Spring. Karen George Aukema. 2020. (Florida Cowboy Ser.: Vol. 2). (ENG.). 80p. (J). pap. 7.95 *(978-0-9992832-3-3(5))* Aukema, Karen George.

Ashen. Katherine Bogle. 2017. (Chronicles of Warshard Ser.: Vol. 3). (ENG.). 250p. (YA). (gr. 7-12). pap. ***(978-1-988902-16-6(9))*** Patchwork Pr.

Ashenborn. Matthew W. Fenn. 2019. (Ashenborn Ser.: Vol. 1). (ENG.). 362p. (YA). (gr. 7-12). pap. 16.95 *(978-1-7339945-5-2(6))* Warren Publishing, Inc.

Asher I Love You All Ways. Marianne Richmond. Illus. by Dubravka Kolanovic. 2023. (I Love You All Ways Ser.). (ENG.). 32p. (J). (gr. -1-3). 8.99 ***(978-1-7282-7334-1(X))*** Sourcebooks, Inc.

Asher's Adventures, First Day of Kindergarten. Stefanie Cargin. 2020. (ENG.). 38p. (J). pap. 24.99 *(978-1-63129-541-6(1))* Salem Author Services.

Asher's Gifts. Em McDermott. 2018. (ENG., Illus.). 348p. (YA). pap. 14.95 *(978-1-7322526-0-8(2))* Embolden Bks.

Ashes. Laurie Halse Anderson. (Seeds of America Trilogy Ser.: Bk. 3). (ENG., Illus.). (J). (gr. 5). 2017. 320p. pap. 8.99 *(978-1-4169-6147-5(X))*; 2016. 304p. 19.99 *(978-1-4169-6146-8(1)*, Atheneum/Caitlyn Dlouhy Books) Simon & Schuster Children's Publishing.

Ashes. Laurie Halse Anderson. l.t. ed. 2017. (Seeds of America Ser.: 3). (ENG.). 410p. 22.99 *(978-1-4104-9607-2(4))* Cengage Gale.

Ashes: Book III of the Feud Trilogy. Kyle Prue. 2020. (Feud Trilogy Ser.: Vol. 3). (ENG., Illus.). 298p. (YA). 22.99 *(978-0-9994449-7-9(2))*; pap. 13.95 *(978-0-9994449-6-2(4))* Cartwright Publishing.

Ashes: Book Two of the Scorching Trilogy. Libbi Duncan. 2018. (ENG., Illus.). 196p. (YA). (gr. 7-12). pap. 17.95 *(978-1-68433-070-6(X))* Black Rose Writing.

Ashes in the Snow (Movie Tie-In) Ruta Sepetys. ed. 2018. (ENG.). 384p. (YA). (gr. 7). pap. 11.99 *(978-1-9848-3674-8(9)*, Penguin Books) Penguin Young Readers Group.

Ashes of Achievement (Classic Reprint) Frank A. Russell. 2018. (ENG., Illus.). 346p. (J). 30.99 *(978-0-484-03482-1(0))* Forgotten Bks.

Ashes of Empire a Romance (Classic Reprint) Robert W. Chambers. 2018. (ENG., Illus.). 358p. (J). 31.28 *(978-0-364-14460-2(2))* Forgotten Bks.

Ashes of Incense: A Novel (Classic Reprint) Ruth Cranston. 2018. (ENG., Illus.). 322p. (J). 30.56 *(978-0-484-83531-2(9))* Forgotten Bks.

Ashes of My Heart (Classic Reprint) Edith Blinn. (ENG., Illus.). (J). 2018. 428p. 32.72 *(978-0-666-34392-5(6))*; 2016. pap. 16.57 *(978-1-334-14161-4(4))* Forgotten Bks.

Ashes of Roses (Classic Reprint) Louise Knight Wheatley. (ENG., Illus.). (J). 2017. 28.31 *(978-0-266-71778-2(0))*; 2016. pap. 10.97 *(978-1-334-15693-9(X))* Forgotten Bks.

Ashes Settle: The Windmill Series: Book 3. Gary a Osborn. 2021. (ENG.). 160p. (YA). pap. 15.95 *(978-1-63692-640-7(1))* Newman Springs Publishing, Inc.

Ashes to Ashes: A Cremation Prelude (Classic Reprint) Hugh Reginald Haweis. (ENG., Illus.). (J). 2018. 274p. 29.57 *(978-0-483-66876-8(1))*; 2017. pap. 11.97 *(978-1-334-91503-1(2))* Forgotten Bks.

Ashes to Ashes (Classic Reprint) Isabel Ostrander. 2018. (ENG., Illus.). 340p. (J). 30.93 *(978-0-267-17139-2(0))* Forgotten Bks.

Ashes to Asheville. Sarah Dooley. 2017. 256p. (J). (gr. 5). 16.99 *(978-0-399-16504-7(5)*, G.P. Putnam's Sons Books for Young Readers) Penguin Young Readers Group.

Ashfall Legacy. Pittacus Lore. 2022. (ENG.). 448p. (YA). (gr. 8). pap. 11.99 *(978-0-06-284537-5(3)*, HarperCollins) HarperCollins Pubs.

Ashfall Prophecy. Pittacus Lore. (ENG.). 384p. (YA). (gr. 8). 2023. pap. 15.99 ***(978-0-06-284540-5(3))***; 2022. 18.99 *(978-0-06-284539-9(X))* HarperCollins Pubs. (HarperCollins).

Ashiqui - Volume 1 [English Edition]: Volume 1. Riri-Sensei. Illus. by María de Los Angeles Alessandra. 2022. (ENG.). 284p. (YA). pap. 17.98 ***(978-1-387-76034-3(3))*** Lulu Pr., Inc.

Ashiqui - Volumen 1 [Edición en Español]: Primera Edicion en Español Volumen 1. Riri-Sensei. Tr. by María de Los Angeles Alessandra. Illus. by María de Los Angeles Alessandra. 2022. (SPA.). 304p. (YA). pap. 19.98 ***(978-1-387-75988-0(4))*** Lulu Pr., Inc.

Ashira's World: The Queen of Heaven Returns. Alicia Nunn. Ed. by Ben Clement. Illus. by Elie Ahishakiye. 2020. (ENG.). 252p. (YA). (gr. 9-12). pap. 19.99 ***(978-1-0878-5311-6(7))*** Indy Pub.

Ashleigh: A Tale, Founded on Fact (Classic Reprint) Susannah Fish. 2017. (ENG., Illus.). (J). 26.83 *(978-0-331-76510-6(1))*; pap. 9.57 *(978-0-243-43535-7(5))* Forgotten Bks.

Ashleton Grove. Tyler McGuire. 2018. (ENG., Illus.). 84p. (J). pap. 7.99 *(978-1-387-91171-4(6))* Lulu Pr., Inc.

Ashleton Grove. Tyler McGuire & Reames. 2020. (ENG.). 114p. (J). pap. *(978-1-716-83071-6(0))* Lulu Pr., Inc.

Ashleton Grove:: Senior Year. Tyler McGuire. Ed. by Reames. 2020. (ENG.). 168p. (YA). pap. *(978-1-716-81444-0(8))* Lulu Pr., Inc.

Ashley: A Broken Plank in Reason. Matt Zieammermann. 2019. (ENG.). 216p. (YA). 30.95 *(978-1-64544-891-4(6))*; pap. 16.95 *(978-1-64544-042-0(7))* Page Publishing Inc.

Ashley, & Other Stories (Classic Reprint) Henry Wood. 2017. (ENG., Illus.). 444p. (J). 33.07 *(978-0-332-80029-5(6))* Forgotten Bks.

Ashley... Princess of the Wind. Sira Vargas. 2017. (ENG., Illus.). (YA). pap. 19.95 *(978-1-68229-841-1(8))* America Star Bks.

Ashley Small & Ashlee Tall. Michele Jakubowski. 2017. (Ashley Small & Ashlee Tall Ser.). (ENG., Illus.). 64p. (J). (gr. 1-3). pap., pap., pap. 19.80 *(978-1-5158-0022-4(9)*, 24642, Picture Window Bks.) Capstone.

Ashley's Bathtime Adventures. Rose Marie Boutcher. 2018. (ENG., Illus.). 30p. (J). pap. *(978-0-2288-0373-7(X))* Tellwell Talent.

Ashley's Sparrow. Kaylee Ison. 2019. (ENG.). 330p. (J). pap. 11.62 *(978-0-244-46676-3(9))* Lulu Pr., Inc.

Ashley's Test. Evan Jacobs. 2017. (Walden Lane Ser.). (ENG.). 68p. (J). (gr. 4-7). pap. 9.75 *(978-1-68021-369-0(5))* Saddleback Educational Publishing, Inc.

Ashlords. Scott Reintgen. 2021. (Ashlords Ser.: 1). (ENG.). 384p. (YA). (gr. 7). pap. 9.99 *(978-0-593-11920-4(7)*, Ember) Random Hse. Children's Bks.

Ashlyn & Sabine. Ashlyn Bowden. Illus. by Elijah Ickes. 2020. (Ashlyn & Sabine Ser.: 1). (ENG.). 32p. (J). 24.00 *(978-1-0983-3642-4(9))* BookBaby.

Ashlynn Rose & the Paper Doll Gang: Mystery at Camp Willow Creek. Darrell Stephens & Tamara Stephens. 2019. (ENG.). 110p. (J). pap. 12.95 *(978-1-64515-408-2(4))* Christian Faith Publishing.

Ashmeads: Or, Scenes in Northern Europe (Classic Reprint) E. P. 2018. (ENG., Illus.). 280p. (J). 29.73 *(978-0-332-79089-3(4))* Forgotten Bks.

Ashrej: Path of Hope. David Raivitch. 2020. (ENG., Illus.). 120p. (YA). pap. 23.99 *(978-1-64268-130-7(X))* WSB Publishing, Inc.

Ash's Outdoors Discoveries. Iris Partlan & Nicolás Curotto. 2019. (ENG.). 24p. (gr. k-3). pap. 9.99 *(978-1-60785-532-3(1))* Michigan Publishing.

Ash's Quest: the Essential Guidebook (Pokémon) Ash's Quest from Kanto to Alola. Simcha Whitehill. 2019. (ENG., Illus.). 192p. (J). (gr. 2-5). 14.99 *(978-1-338-31517-2(X))* Scholastic, Inc.

Ashton's Dancing Dreams, 1 vol. Kaitlyn Pitts et al. 2020. (Faithgirlz / the Daniels Sisters Ser.: 2). (ENG.). 176p. (J). pap. 8.99 *(978-0-310-76961-3(2))* Zonderkidz.

Asi Vamos. 2016. (Early Rising Readers Ser.). (SPA.). 16p. (J). (gr. 1). 6.67 *(978-1-4788-3733-6(0))* Newmark Learning LLC.

Así Vamos - 6 Pack. 2016. (Early Rising Readers Ser.). (SPA.). (J). (gr. 1). 40.00 net. *(978-1-4788-4676-5(3))* Newmark Learning LLC.

Asia. Roumanis Alexis. 2019. (World Languages Ser.). (ENG.). 24p. (J). (gr. 3-7). lib. bdg. 35.70 *(978-1-4896-7231-5(1)*, AV2 by Weigl) Weigl Pubs., Inc.

Asia. Claire Vanden Branden. 2018. (Continents (Cody Koala) Ser.). (ENG., Illus.). 24p. (J). (gr. k-3). lib. bdg. 31.36 *(978-1-5321-6171-1(9)*, 30125, Pop! Cody Koala) Pop!.

Asia. Tracy Vonder Brink. 2022. (Seven Continents of the World Ser.). (ENG.). 32p. (J). (gr. 3-5). lib. bdg. *(978-1-0396-6052-6(5)*, 21642); (Illus.). pap. *(978-1-0396-6247-6(1)*, 21643) Crabtree Publishing Co.

Asia. Alicia Klepeis. 2018. (Earth's Continents Ser.). (ENG., Illus.). 32p. (gr. 3-6). lib. bdg. 32.79 *(978-1-64156-406-9(7)*, 9781641564069) Rourke Educational Media.

Asia. Mary Lindeen. 2018. (Continents of the World Ser.). (ENG.). 24p. (J). (gr. -1-2). lib. bdg. 32.79 *(978-1-5038-2495-9(0)*, 212319) Child's World, Inc, The.

Asia. Martha London. 2021. (World Studies). (ENG., Illus.). 48p. (J). (gr. 5-6). pap. 11.95 *(978-1-64493-473-9(6))*; lib. bdg. 34.21 *(978-1-64493-397-8(7)*, 1644933977) North Star Editions. (Focus Readers).

Asia. Emily Rose Oachs. 2016. (Discover the Continents Ser.). (ENG., Illus.). 24p. (J). (gr. k-3). pap. 7.99 *(978-1-61891-256-5(9)*, 12040); lib. bdg. 26.95 *(978-1-62617-325-5(7))* Bellwether Media. (Blastoff! Readers).

Asia. Alexis Roumanis. 2018. (Continents Ser.). (ENG.). 24p. (J). lib. bdg. 22.99 *(978-1-5105-3901-3(8))* SmartBook Media, Inc.

Asia. Claire Vanden Branden. 2019. (Continents Ser.). (ENG., Illus.). 24p. (J). (gr. 1-1). pap. 8.95 *(978-1-64185-542-6(8)*, 1641855428) North Star Editions.

Asia. Heather DiLorenzo Williams & Warren Rylands. 2019. (Illus.). 24p. (J). *(978-1-4896-8323-6(2)*, AV2 by Weigl) Weigl Pubs., Inc.

Asia: A 4D Book. Christine Juarez. 2018. (Investigating Continents Ser.). (ENG., Illus.). 24p. (J). (gr. 1-3). lib. bdg. 27.99 *(978-1-5435-2796-4(5)*, 138238, Capstone Pr.) Capstone.

Asia: Explore the World Children's Book with Facts & Pictures. Bold Kids. 2022. (ENG.). 38p. (J). pap. 14.99 *(978-1-0717-0880-4(5))* FASTLANE LLC.

Asia: Continent of Contrasts: Leveled Reader Card Book 8 Level U. Hmh Hmh. 2019. (ENG.). (J). pap. 14.13 *(978-0-358-16201-8(7))* Houghton Mifflin Harcourt Publishing Co.

Asia: Continent of Contrasts: Leveled Reader Card Book 8 Level U 6 Pack. Hmh Hmh. 2021. (J). (ENG.). pap. 69.33 *(978-0-358-18942-8(X))*; (SPA.). pap. 74.40 *(978-0-358-27337-0(4))* Houghton Mifflin Harcourt Publishing Co.

Asia Flags Coloring Book. Cristie Publishing. 2020. (ENG.). 44p. (J). pap. 9.50 *(978-1-716-31288-5(4))* Lulu Pr., Inc.

Asia for Kids: People, Places & Cultures - Children Explore the World Books. Baby Professor. 2016. (ENG., Illus.). 42p. (J). pap. 11.65 *(978-1-68305-604-1(3)*, Baby Professor (Education Kids)) Speedy Publishing LLC.

Asian Animals (Set), 6 vols. Grace Hansen. 2020. (Asian Animals (AK) Ser.). (ENG.). 24p. (J). (gr. -1-2). lib. bdg. 196.74 *(978-1-0982-0591-1(X)*, 36369, Abdo Kids) ABDO Publishing Co.

Asian Carp. Barbara Ciletti. 2016. (Invasive Species Takeover Ser.). (ENG.). 32p. (J). (gr. 4-6). pap. 9.99 *(978-1-64466-143-7(8)*, 10274); (Illus.). 31.35 *(978-1-68072-013-6(9)*, 10273) Black Rabbit Bks. (Bolt).

Asian Carp. Barbara Ciletti. 2018. (Invasive Species Takeover Ser.). (ENG., Illus.). 32p. (gr. 2-7). pap. 9.95 *(978-1-68072-277-2(8))* RiverStream Publishing.

Asian Children's Favorite Stories: Folktales from China, Japan, Korea, India, the Philippines & Other Asian Lands. David Conger et al. Illus. by Patrick Yee. 2019. (Favorite Children's Stories Ser.). 64p. (J). (gr. k-8). 14.99 *(978-0-8048-5023-0(2))* Tuttle Publishing.

Asian Countries' National Flags Coloring Book. Activibooks For Kids. 2016. (ENG., Illus.). (J). pap. 9.20 *(978-1-68321-669-8(5))* Mimaxion.

Asian Flags of the World Coloring Book for Children (6x9 Coloring Book / Activity Book) Sheba Blake. 2021. (ENG.). 48p. (J). pap. 9.99 *(978-1-222-28967-1(9))* Indy Pub.

Asian Flags of the World Coloring Book for Children (8. 5x8. 5 Coloring Book / Activity Book) Sheba Blake. 2021. (ENG.). 48p. (J). pap. 12.99 *(978-1-222-29158-2(4))* Indy Pub.

Asian Flags of the World Coloring Book for Children (8x10 Coloring Book / Activity Book) Sheba Blake. 2021. (ENG.). 48p. (J). pap. 14.99 *(978-1-222-28968-8(7))* Indy Pub.

Asian Giant Hornet. Grace Hansen. 2021. (Incredible Insects Ser.). (ENG., Illus.). 24p. (J). (gr. -1-2). lib. bdg. 32.79 *(978-1-0982-0734-2(3)*, 37887, Abdo Kids); (gr. 1-1). pap. 8.95 *(978-1-64494-554-4(1)*, Abdo Kids-Jumbo) ABDO Publishing Co.

Asian Kites: Asian Arts & Crafts for Creative Kids. Wayne Hosking. 2017. (Asian Arts & Crafts for Creative Kids Ser.). (ENG., Illus.). 64p. (J). 9.95 *(978-0-8048-4869-5(6))* Tuttle Publishing.

Asian Kites for Kids: Make & Fly Your Own Asian Kites - Easy Step-By-Step Instructions for 15 Colorful Kites. Wayne Hosking. 2022. (ENG., Illus.). 48p. (J). (gr. 2-6). 5.99 *(978-0-8048-5539-6(0))* Tuttle Publishing.

Asino: Canti Dodici (Classic Reprint) Lorenzo Borsini. 2018. (ITA., Illus.). (J). 442p. 33.03 *(978-0-483-35586-6(0))*; 444p. pap. 16.57 *(978-0-483-34525-6(3))* Forgotten Bks.

Asistente Legal. Kelli Hicks. 2022. (Las Mejores Carreras Profesionales (Top Trade Careers) Ser.). (SPA.). 32p. (J). (gr. 3-9). pap. *(978-1-0396-5024-4(4)*, 20213); lib. bdg. *(978-1-0396-4897-5(5)*, 20212) Crabtree Publishing Co. (Crabtree Branches).

Ask a Scientist: Professor Robert Winston Answers More Than 100 Big Questions from Kids Around. Robert Winston. 2023. (ENG.). 136p. (J). (gr. 1-4). 16.99 *(978-0-7440-7942-5(X)*, DK Children) Dorling Kindersley Publishing, Inc.

Ask Annabel. Trisha Greenbush. 2017. (ENG., Illus.). 20p. (J). pap. 20.99 *(978-1-329-08324-0(5))* Lulu Pr., Inc.

Ask Emma (Ask Emma Book 1) Sheryl Berk & Carrie Berk. (Ask Emma Ser.). (ENG.). 192p. (J). (gr. 3-7). 2019. pap. 7.99 *(978-1-4998-0865-0(8))*; 2018. 16.99 *(978-1-4998-0647-2(7))* Bonnier Publishing USA. (Yellow Jacket).

Ask First, Monkey! A Playful Introduction to Consent & Boundaries. Juliet Clare Bell. Illus. by Abigail Tompkins. ed. 2020. 40p. (J). 18.95 *(978-1-78775-410-2(3)*, 736907) Kingsley, Jessica Pubs. GBR. Dist: Hachette UK Distribution.

Ask How Know How: Paper Is Made. Irina Eliav & Bella Benjamin. 2018. (ENG.). 26p. (J). 21.95 *(978-1-64462-711-2(6))*; pap. 12.95 *(978-1-64298-024-0(2))* Page Publishing Inc.

Ask Mamma, or the Richest Commoner in England (Classic Reprint) Robert Smith Surtees. 2017. (ENG., Illus.). (J). 33.22 *(978-0-260-57242-4(X))* Forgotten Bks.

Ask Me about Animals: Lift the Flaps & Find the Answers! Illus. by Jan Lewis. 2016. 14p. (J). (gr. -1-12). 10.99 *(978-1-86147-774-3(0)*, Armadillo) Anness Publishing GBR. Dist: National Bk. Network.

Ask Me about Colours: Lift the Flaps & Find the Answers! Illus. by Jan Lewis. 2016. 14p. (J). (gr. -1-12). 10.99 *(978-1-86147-775-0(9)*, Armadillo) Anness Publishing GBR. Dist: National Bk. Network.

Ask Me Anything. Molly E. Lee. 2019. (ENG.). 320p. (YA). pap. 9.99 *(978-1-64063-658-3(7)*, 900207651) Entangled Publishing, LLC.

Ask Me, Ask Me, Ask Me: Random Questions for Awesome Conversations. Patrick Potter. 2017. (ENG., Illus.). 128p. (YA). pap. 9.95 *(978-1-908211-52-1(0))* Pro-Actif Communications GBR. Dist: Ingram Publisher Services.

Ask Me How I Got Here. Christine Heppermann. 2016. (ENG.). 240p. (YA). (gr. 9). 17.99 *(978-0-06-238795-0(2)*, Greenwillow Bks.) HarperCollins Pubs.

Ask Me, I'm Mr. What. Lucsea. 2022. (ENG.). 32p. (J). 24.95 ***(978-1-63881-740-6(5))*** Newman Springs Publishing, Inc.

Ask Me, I'm Mr. Who. Lucsea. 2021. (ENG.). 34p. (J). 14.95 *(978-1-64801-002-6(4))* Newman Springs Publishing, Inc.

Ask Mummy or Daddy. Carl Vort. Illus. by Lana Waterkeyn. 2019. (ENG.). 100p. (J). pap. *(978-1-78623-517-6(X))* Grosvenor Hse. Publishing Ltd.

Ask, Seek & Knock. Tiffiney Rogers-McDaniel. 2020. (Mrs. Christian's Daycare Ser.). (ENG.). 34p. (J). pap. 14.99 *(978-1-7354173-0-1(0))* Tiffiney R. McDaniel.

Ask Someone Grumpy to Read You This Book. Matt Roemisch. Ed. by Jennifer Mansker. 2020. (ENG.). 32p. (J). (gr. k-5). pap. 7.99 *(978-0-578-67710-1(5))* Roemisch, Matt Graphic Design.

Ask the Astronaut: A Galaxy of Astonishing Answers to Your Questions on Spaceflight. Tom Jones. 2016. (Illus.). 224p. (gr. 5-12). pap. 12.95 *(978-1-58834-537-0(8)*, Smithsonian Bks.) Smithsonian Institution Scholarly Pr.

Ask the Constitution, 12 vols. 2019. (Ask the Constitution Ser.). (ENG.). 48p. (J). (gr. 5-5). lib. bdg. 177.60 *(978-1-9785-0707-4(0)*, 393ce83b-f5e0-4fb2-8799-e8102a67358c) Enslow Publishing, LLC.

Ask the Dark. Henry Turner. 2016. (ENG.). 256p. (YA). (gr. 9). pap. 9.99 *(978-0-544-81353-3(7)*, 1641941, Clarion Bks.) HarperCollins Pubs.

Ask Your Belly Button. Vanita McCullough. Illus. by Bryony Dick. 2022. (ENG.). 26p. (J). pap. *(978-1-915522-03-0(X))* Conscious Dreams Publishing.

Askaros Kassis, the Copt: A Romance of Modern Egypt (Classic Reprint) Edwin De Leon. 2017. (ENG., Illus.). (J). 33.63 *(978-0-331-34855-2(1))* Forgotten Bks.

Asking Father: True Stories of Answers to Prayer Written Especially for Children. Edwin F. Harvey et al. 2019. (ENG., Illus.). 130p. (J). (gr. 2-6). pap. 7.95 *(978-1-932774-72-6(6))* Christian, Harvey Pubs. Inc.

Asking for Trouble. Sarah Prineas. 2022. (ENG.). 288p. (J). (gr. 3-7). 17.99 *(978-0-593-20430-6(1)*, Viking Books for Young Readers) Penguin Young Readers Group.

Asking Questions & Finding Solutions. Riley Flynn. 2016. (Science & Engineering Practices Ser.). (ENG., Illus.). 24p. (J). (gr. -1-2). lib. bdg. 27.32 *(978-1-5157-0947-3(7)*, 132267, Capstone Pr.) Capstone.

Askja, Iceland's Largest Volcano: With a Description of the Great Lava Desert in the Interior (Classic Reprint) William George Lock. 2017. (ENG., Illus.). (J). 26.97 *(978-0-265-71328-0(5))* Forgotten Bks.

Asleep & Awake (Classic Reprint) Raymond Russell. 2017. (ENG., Illus.). (J). 28.15 *(978-0-265-26147-7(3))* Forgotten Bks.

Aslyn's Unicorn. John Stuart Buckland. 2018. (ENG., Illus.). 200p. (YA). pap. 23.95 *(978-1-64140-947-6(9))* Christian Faith Publishing.

Asma Doesn't Celebrate Christmas. Donald Morgan. 2017. (ENG., Illus.). 40p. (J). pap. 14.95 *(978-1-78710-838-7(4)*, 0678aa86-f376-484a-8b76-a7cf83c2216d) Austin Macauley Pubs. Ltd. GBR. Dist: Baker & Taylor Publisher Services (BTPS).

Asmodeus, or Legends of New York: Being a Complete Expose of the Mysteries, Vices & Doings, As Exhibited by the Fashionable Circles of New York (Classic Reprint) Harrison Gray Buchanan. 2017. (ENG., Illus.). (J). 100p. 25.96 *(978-0-332-05571-8(X))*; pap. 9.57 *(978-0-259-20048-2(4))* Forgotten Bks.

Asmodeus, or the Devil in London, Vol. 1 Of 3: A Sketch (Classic Reprint) Charles Sedley. (ENG., Illus.). (J). 2018. 212p. 28.27 *(978-0-365-40147-6(1))*; 2017. pap. 10.97 *(978-0-259-78870-6(8))* Forgotten Bks.

Asne d'or, Ou les Métamorphoses de Luce Apulée, Philosophe Platonique: Illustré de Commentaires Apposez Au Bout de Chasque Livre, Qui Facilitent l'Intention de l'Auteur (Classic Reprint) Apulee Apulee. 2018. (FRE., Illus.). (J). 1068p. 45.94 *(978-1-396-27665-1(3))*; 1070p. pap. 28.29 *(978-1-390-26564-4(1))* Forgotten Bks.

Asombrosa línea de Montaje: Trabajar Al Mismo Tiempo, 1 vol. Theresa Morlock. 2017. (Computación Científica en el Mundo Real (Computer Science for the Real World) Ser.). (SPA.). 24p. (J). (gr. 4-5). pap. *(978-1-5383-5836-8(0)*, 6961cd7d-f695-4b07-8331-aa790666f7d0, Rosen Classroom) Rosen Publishing Group, Inc., The.

Asombrosa línea de Montaje: Trabajar Al Mismo Tiempo (the Amazing Assembly Line: Working at the Same Time), 1 vol. Theresa Morlock. 2017. (Niños Digitales: Superdotados con Pensamiento Computacional (Computer Kids: Powered by Computational Thinking) Ser.). (SPA.). 24p. (J). (gr. 4-5). 25.27 *(978-1-5383-2910-8(7)*, 17001687-4742-43b4-b7fc-8033fd6eea3c, PowerKids Pr.) Rosen Publishing Group, Inc., The.

Asombrosos y Adorables Animales Bebés / Amazing, Adorable Animal Babies (Spanish Edition) Rose Nestling. Ed. by Parragon Books. Illus. by Corrine Caro. ed. 2022. (SPA.). 10p. (J). (gr. -1-5). bds. 14.99 *(978-1-64638-662-8(0)*, 1008560-SLA, Parragon Books) Cottage Door Pr.

Aspasia, Vol. 1: A Romance (Classic Reprint) Robert Hamerling. 2017. (ENG., Illus.). (J). 31.36 *(978-0-331-65652-7(3))*; pap. 13.97 *(978-1-5276-5512-6(1))* Forgotten Bks.

Aspasia, Vol. 1 Of 2: A Romance of Art & Love in Ancient Hellas (Classic Reprint) Robert Hamerling. 2018. (ENG., Illus.). 702p. (J). 38.40 *(978-0-484-50104-0(6))* Forgotten Bks.

Aspasia, Vol. 2 Of 2: A Romance of Art & Love in Ancient Hellas (Classic Reprint) Robert Hamerling. 2017. (ENG., Illus.). (J). 31.24 *(978-1-5280-7402-5(5))*; pap. 13.57 *(978-1-5276-6935-2(1))* Forgotten Bks.

Aspect of Winter. Tom Early, pseud. 2nd ed. 2016. (ENG., Illus.). (YA). 27.99 *(978-1-63477-936-4(3)*, Harmony Ink Pr.) Dreamspinner Pr.

Aspect Prime Core Rulebook. Heather Gunn. 2020. (ENG.). 198p. (YA). *(978-1-291-35728-8(9))* Lulu Pr., Inc.

Aspects, Bright & Fair: Book One of the Cordelian Chronicles. Waugh Wright. 2017. (Cordelian Chronicles Ser.: Vol. 1). (ENG., Illus.). (YA). (gr. 7-12). pap. 9.99 *(978-0-9989586-0-6(3))* Waugh Wright.

Aspects of Modern Study: Being University Extension Addresses. Lord Playfair. 2017. (ENG., Illus.). (J). pap. *(978-0-649-06509-7(3))* Trieste Publishing Pty Ltd.

Aspen & the Blue Dress. Kaprice Nicholson. 2017. (ENG., Illus.). 44p. (J). (gr. k-4). pap. 14.99 *(978-1-68419-789-7(9))* I AM Publishing.

Aspen Court: A Story of Our Own Time (Classic Reprint) Shirley Brooks. 2017. (ENG., Illus.). (J). 506p. 34.35 *(978-0-332-32022-9(7))*; 29.82 *(978-0-265-71130-9(4))*; pap. 13.57 *(978-1-5276-6412-8(0))*; pap. 16.97 *(978-0-259-54827-0(8))* Forgotten Bks.

Aspen Mascots Volume 1. Vince Hernandez. Ed. by Frank Mastromauro & Gabe Carrasco. 2019. (ENG., Illus.). 112p. (J). pap. 9.99 *(978-1-941511-60-2(0)*, e1b0dca5-0e7c-4e53-96e5-ceca25da0924) Aspen MLT, Inc.

Aspen Universe: Revelations Volume 1. Joshua Hale Fialkov & J. T. Krul. Ed. by Vince Hernandez & Gabe Carrasco. 2017. (ENG., Illus.). 152p. (YA). pap. 14.99 *(978-1-941511-25-1(2)*, e653bc2b-cf54-4bac-9912-660f19c9083f) Aspen MLT, Inc.

Aspendale (Classic Reprint) Harriet Waters Preston. 2017. (ENG., Illus.). (J). 28.52 *(978-0-331-06859-7(1))*; pap. 10.97 *(978-1-5279-9542-0(9))* Forgotten Bks.

Aspen's Magical Mermaid Necklace. Melissa Ahonen. Illus. by Daria Shamolina. 2022. (ENG.). 32p. (J). pap. 10.99 ***(978-1-7377121-3-8(X))*** Melissa Ahonen LLC.

Aspen's Magical Mermaid Necklace. Melissa Ahonen & Daria Shamolina. 2022. (ENG.). 32p. (J). 16.99 ***(978-1-7377121-4-5(8))*** Melissa Ahonen LLC.

Aspenwold (Classic Reprint) Unknown Author. (ENG., Illus.). (J). 2018. 426p. 32.68 *(978-0-483-12435-6(4))*; 2017. pap. 16.57 *(978-1-334-96261-5(8))* Forgotten Bks.

Asperkid's (Secret) Book of Social Rules, 10th Anniversary Edition: The Handbook of (Not-So-Obvious) Neurotypical Social Guidelines for Autistic Teens. Jennifer Cook. 10th ed. 2022. (Illus.). 288p. (C). pap. 19.95 *(978-1-78775-837-7(0)*, 806590) Kingsley, Jessica Pubs. GBR. Dist: Hachette UK Distribution.

118

The check digit for ISBN-10 appears in parentheses after the full ISBN-13

TITLE INDEX ASTON MARTIN DB9

Aspern Papers. Henry James. 2020. (ENG.). (J). 128p. 17.95 *(978-1-61895-805-1(4))*; 126p. pap. 9.95 *(978-1-61895-804-4(6))* Bibliotech Pr.
Aspern Papers: The Turn of the Screw the Liar the Two Faces (Classic Reprint) Henry James. 2017. (ENG., Illus.). 406p. (J). 32.27 *(978-0-266-56139-2(X))* Forgotten Bks.
Aspern Papers Louisa Pallant the Modern Warning (Classic Reprint) Henry James. 2018. (ENG., Illus.). 302p. (J). 30.13 *(978-0-483-92379-9(6))* Forgotten Bks.
Asphalt Campus, 1963 (Classic Reprint) Geoffrey Wagner. (ENG., Illus.). (J). 2018. 338p. 30.87 *(978-0-428-98271-3(9))*; 2017. pap. 13.57 *(978-1-334-93745-3(1))* Forgotten Bks.
Asphodel: A Novel (Classic Reprint) M. E. Braddon. 2018. (ENG., Illus.). 388p. (J). 31.90 *(978-0-483-99498-0(7))* Forgotten Bks.
Asphodel (Classic Reprint) Annie Fields. (ENG., Illus.). (J). 2018. 228p. 28.60 *(978-0-666-09419-3(5))*; 2017. pap. 10.97 *(978-0-282-54016-6(4))* Forgotten Bks.
Asphodel, Vol. 1: A Novel (Classic Reprint) M. E. Braddon. 2018. (ENG., Illus.). 324p. (J). 30.58 *(978-0-483-40803-6(4))* Forgotten Bks.
Asphodel, Vol. 2: A Novel (Classic Reprint) M. E. Braddon. 2018. (ENG., Illus.). 348p. (J). 31.07 *(978-0-483-69852-9(0))* Forgotten Bks.
Asphodel, Vol. 3: A Novel (Classic Reprint) M. E. Braddon. 2018. (ENG., Illus.). 354p. (J). 31.20 *(978-0-483-19862-3(5))* Forgotten Bks.
Aspiration: An Autobiography of Girlhood (Classic Reprint) Manners. (ENG., Illus.). (J). 2018. 366p. 31.45 *(978-0-267-00347-1(1))*; 2017. pap. 13.97 *(978-0-243-95700-2(9))* Forgotten Bks.
Aspirations: An Alphabet Coloring Book of Women in the Workforce. Kayla M. Worley. 2020. (ENG., Illus.). 60p. (J). (gr. k-6). pap. 9.99 *(978-0-578-63097-7(4))* Worley, Kayla.
Aspirations (Classic Reprint) Helen Hays. 2018. (ENG., Illus.). 338p. (J). 30.89 *(978-0-483-84557-2(4))* Forgotten Bks.
Aspiring to Anything Kids Activity Book. Bobo's Children Activity Books. 2016. (ENG., Illus.). (J). pap. 7.99 *(978-1-68327-382-0(6))* Sunshine In My Soul Publishing.
Assalam-O-Alaikum, Pakistan. Leah Kaminski. 2019. (Countries of the World Ser.). (ENG.). 48p. (J). (gr. 4-8). pap. 17.07 *(978-1-5341-5096-6(X)*, 213691); (Illus.). lib. bdg. 39.21 *(978-1-5341-4810-9(8)*, 213690) Cherry Lake Publishing.
Assassin. Jacob Crawford. 2021. (ENG.). 384p. (YA). 27.77 *(978-0-9996106-6-4(X))* Ravenhart Pr.
Assassin. E. V. Jacob et al. 2021. (ENG.). 384p. (J). pap. 13.99 *(978-0-9996106-5-7(1))* Ravenhart Pr.
Assassin Bug vs. Ogre-Faced Spider: When Cunning Hunters Collide. Alicia Z. Klepeis. 2016. (Bug Wars Ser.). (ENG., Illus.). 32p. (J). (gr. 3-9). lib. bdg. 28.65 *(978-1-4914-8065-6(3)*, 130569, Capstone Pr.) Capstone.
Assassin Bugs Kill!, 1 vol. Kristen Rajczak Nelson. 2017. (Insects: Six-Legged Nightmares Ser.). (ENG.). 24p. (J). (gr. 2-3). pap. 9.15 *(978-1-5382-1247-9(1)*, 82bed657-2de1-4484-999b-593ca885718a) Stevens, Gareth Publishing LLLP.
Assassin Game. Kirsty McKay. 2023. (ENG.). 384p. (YA). (gr. 6-12). pap. 11.99 *(978-1-7282-6861-3(3))* Sourcebooks, Inc.
Assassin Hunter: A Novella. Drew Briney. 2018. (ENG., Illus.). 84p. (J). pap. 5.49 *(978-1-61463-906-0(X))* Perspicacious Publishing.
Assassin of Oz. Nicky Peacock. 2018. (ENG., Illus.). 230p. (J). pap. *(978-1-77339-546-3(7))* Evernight Publishing.
Assassin of Shadows. S. Shilson. 2017. (ENG., Illus.). 228p. (J). pap. *(978-1-365-94273-0(2))* Lulu Pr., Inc.
Assassin of Truths. Brenda Drake. 2018. (Library Jumpers Ser.: 3). (ENG.). 300p. (YA). 17.99 *(978-1-63375-738-7(2)*, 9781633757387) Entangled Publishing, LLC.
Assassin Rising. Ryan Carriere. 2020. (ENG.). 76p. (YA). pap. 5.99 *(978-1-393-97454-3(6))* Draft2Digital.
Assassinat du Pont-Rouge. Charles Barbara. 2017. (FRE., Illus.). (J). 22.95 *(978-1-374-91406-3(1))*; pap. 12.95 *(978-1-374-91405-6(3))* Capital Communications, Inc.
Assassination! The Brick Chronicle Presents Attempts on the Lives of Twelve US Presidents. Brendan Powell Smith. 2016. (ENG., Illus.). 272p. pap. 19.99 *(978-1-5107-0544-9(9))* Skyhorse Publishing Co., Inc.
Assassination of Brangwain Spurge. M. T. Anderson & Eugene Yelchin. Illus. by Eugene Yelchin. 2020. (ENG., Illus.). 544p. (J). (gr. 5-9). pap. 14.99 *(978-1-5362-1309-6(8))* Candlewick Pr.
Assassination of Brangwain Spurge. Matthew Anderson & Eugene Yelchin. Illus. by Eugene Yelchin. 2018. (ENG., Illus.). 544p. (J). (gr. 5-9). 24.99 *(978-0-7636-9822-5(9))* Candlewick Pr.
Assassination of Honest Abe - Biography for Kids 6-8 Children's Biography Books. Baby Professor. 2017. (ENG., Illus.). (J). pap. 9.55 *(978-1-5419-1419-3(8)*, Baby Professor (Education Kids)) Speedy Publishing LLC.
Assassination of John F. Kennedy. Valerie Bodden. 2016. (Turning Points Ser.). (ENG.). 48p. (J). (gr. 4-7). pap. 12.00 *(978-1-62832-342-9(6)*, 20802, Creative Paperbacks); (Illus.). *(978-1-60818-746-1(2)*, 20804, Creative Education) Creative Co., The.
Assassination of John F. Kennedy. Sue Bradford Edwards. 2019. (American Crime Stories Ser.). (ENG., Illus.). 112p. (J). (gr. 6-12). lib. bdg. 41.36 *(978-1-5321-9008-7(5)*, 33336, Essential Library) ABDO Publishing Co.
Assassination of Martin Luther King Jr. Valerie Bodden. 2016. (Turning Points Ser.). (ENG., Illus.). 48p. (J). (gr. 4-7). *(978-1-60818-747-8(0)*, 20807, Creative Education); pap. 12.00 *(978-1-62832-343-6(4)*, 20805, Creative Paperbacks) Creative Co., The.
Assassins' America: Four Killers, Four Murdered Presidents, & the Country They Left Behind. Jessica Gunderson & Joseph Tougas. ed. 2018. (ENG.). 208p. (J). (gr. 4-9). pap., pap., pap. 9.95 *(978-1-62370-981-5(4)*, 137226, Capstone Young Readers) Capstone.
Assassin's Creed: A Walk Through History (1189-1868): A Visual Guide. Rick Barba. 2016. (Illus.). 128p. (J). *(978-1-5182-3673-0(1))* Scholastic, Inc.
Assassin's Creed Last Descendants: Locus. Ian Edginton. Illus. by Caspar Wijngaard & Triona Farrell. 2017. (Assassin's Creed Ser.). 112p. (J). (gr. 7). pap. 16.99 *(978-1-78276-313-0(9))* Titan Bks. Ltd. GBR. Dist: Penguin Random Hse. LLC.
Assassin's Curse. Kevin Sands. 2017. (Blackthorn Key Ser.: 3). (ENG., Illus.). 544p. (J). (gr. 5-9). 19.99 *(978-1-5344-0523-3(2)*, Aladdin) Simon & Schuster Children's Publishing.
Assassin's Curse. Kevin Sands. 2018. (Blackthorn Key Ser.: 3). (ENG., Illus.). 560p. (J). (gr. 5-9). pap. 9.99 *(978-1-5344-0524-0(0)*, Simon & Schuster/Paula Wiseman Bks.) Simon & Schuster/Paula Wiseman Bks.
Assassin's Daughter. Jameson C. Smith. 2017. (Inheritance Proclamation Ser.: Vol. 1). (ENG.). 306p. (YA). pap. 11.99 *(978-1-393-89800-9(9))* Draft2Digital.
Assassin's Guide to Love & Treason. Virginia Boecker. 2018. (ENG.). 320p. (YA). E-Book *(978-0-316-32731-2(X))* Little Brown & Co.
Assassin's Guide to Love & Treason. Virginia Boecker. 2019. (ENG.). 384p. (YA). (gr. 7-17). pap. 10.99 *(978-0-316-32729-9(8))* Little, Brown Bks. for Young Readers.
Assassin's Heart. Sarah Ahiers. 2016. (ENG.). 432p. (YA). (gr. 9). 17.99 *(978-0-06-236378-7(6)*, HarperTeen) HarperCollins Pubs.
Assassins in the Cathedral: Introducing Festo Kivengere. Dave Jackson & Neta Jackson. 2016. (ENG., Illus.). (J). pap. 7.99 *(978-1-939445-29-2(9))* Castle Rock Creative, Inc.
Assault. Brian Falkner. 2018. (Recon Team Angel Ser.: 1). (ENG., Illus.). 284p. (YA). (gr. 7). pap. 15.00 *(978-0-6482879-3-3(9)*, Red Button Pr.) Lulu Pr., Inc.
Assault Weapons. David Wilson. 2021. (Gun Country Ser.). (ENG.). (YA). (gr. 7-12). 34.60 *(978-1-4222-4458-6(X))* Mason Crest.
Assembled Alphabet, or Acceptance of a's Invitation: Concluding with a Glee for Three Voices; Being a Sequel to the Invited Alphabet (Classic Reprint) R. Ransom. 2018. (ENG., Illus.). 92p. (J). 25.79 *(978-0-267-52633-8(4))* Forgotten Bks.
Assembling the Avengers #1. Jim Zub. 2017. (Avengers K Ser.). (ENG.). 24p. (J). (gr. 2-8). lib. bdg. 31.36 *(978-1-5321-4147-8(5)*, 27020, Marvel Age) Spotlight.
Assembling the Avengers #2. Jim Zub. 2017. (Avengers K Ser.). (ENG.). 24p. (J). (gr. 2-8). lib. bdg. 31.36 *(978-1-5321-4148-5(3)*, 27021, Marvel Age) Spotlight.
Assembling the Avengers #3. Jim Zub. 2017. (Avengers K Ser.). (ENG.). 24p. (J). (gr. 2-8). lib. bdg. 31.36 *(978-1-5321-4149-2(1)*, 27022, Marvel Age) Spotlight.
Assembling the Avengers #4. Jim Zub. 2017. (Avengers K Ser.). (ENG.). 24p. (J). (gr. 2-8). lib. bdg. 31.36 *(978-1-5321-4150-8(5)*, 27023, Marvel Age) Spotlight.
Assembling the Avengers #5. Jim Zub. 2017. (Avengers K Ser.). (ENG.). 24p. (J). (gr. 2-8). lib. bdg. 31.36 *(978-1-5321-4151-5(3)*, 27024, Marvel Age) Spotlight.
Assembling the Avengers #6. Jim Zub. 2017. (Avengers K Ser.). (ENG.). 24p. (J). (gr. 2-8). lib. bdg. 31.36 *(978-1-5321-4152-2(1)*, 27025, Marvel Age) Spotlight.
Assembling the Avengers #7. Jim Zub. 2017. (Avengers K Ser.). (ENG.). 24p. (J). (gr. 2-8). lib. bdg. 31.36 *(978-1-5321-4153-9(X)*, 27026, Marvel Age) Spotlight.
Assembly-Man: Written in the Year 1647 (Classic Reprint) John Birkenhead. 2018. (ENG., Illus.). 28p. (J). 24.47 *(978-0-483-63955-3(9))* Forgotten Bks.
Assembly of Birds: An Instructive Fable, for Little Boys & Girls, to Which Is Added an Amusing Dialogue; Adorned with Pictures (Classic Reprint) Unknown Author. 2018. (ENG., Illus.). 24p. (J). 24.39 *(978-0-267-52675-8(X))* Forgotten Bks.
Assessment Guide & Test Taking Strategies Se Grade 3: Intermediate. Hmh Hmh. 2018. (ENG.). 280p. (J). pap. 14.60 *(978-1-328-94380-4(1))* Houghton Mifflin Harcourt Publishing Co.
Assessment Guide & Test Taking Strategies Se Grade 4. Hmh Hmh. 2018. (ENG.). 288p. (J). pap. 14.60 *(978-1-328-94381-1(X))* Houghton Mifflin Harcourt Publishing Co.
Assessment Guide & Test Taking Strategies Se Grade 5. Hmh Hmh. 2018. (ENG.). 288p. (J). pap. 14.60 *(978-1-328-94382-8(8))* Houghton Mifflin Harcourt Publishing Co.
Assessment Readiness & Practice Test Student Edition Grade 1. Hmh Hmh. 2018. (ENG.). 96p. (J). pap. 8.53 *(978-1-328-51913-9(9))* Houghton Mifflin Harcourt Publishing Co.
Assessment Readiness & Practice Test Student Edition Grade 2. Hmh Hmh. 2018. (ENG.). 104p. (J). pap. 8.53 *(978-1-328-51915-3(5))* Houghton Mifflin Harcourt Publishing Co.
Assessment Readiness & Practice Test Student Edition Grade 3. Hmh Hmh. 2018. (ENG.). 112p. (J). pap. 8.53 *(978-1-328-51917-7(1))* Houghton Mifflin Harcourt Publishing Co.
Assessment Readiness & Practice Test Student Edition Grade 4. Hmh Hmh. 2018. (ENG.). 120p. (J). pap. 8.53 *(978-1-328-51918-4(X))* Houghton Mifflin Harcourt Publishing Co.
Assessment Readiness & Practice Test Student Edition Grade 5. Hmh Hmh. 2018. (ENG.). 120p. (J). pap. 8.53 *(978-1-328-51919-1(8))* Houghton Mifflin Harcourt Publishing Co.
Assessment Readiness & Practice Test Student Edition Grade 6. Hmh Hmh. 2018. (ENG.). 136p. (J). pap. 8.53 *(978-1-328-61778-1(5))* Houghton Mifflin Harcourt Publishing Co.
Assessment Readiness & Practice Test Student Edition Grade K. Hmh Hmh. 2018. (ENG.). 96p. (J). pap. 8.53 *(978-1-328-51912-2(0))* Houghton Mifflin Harcourt Publishing Co.
Assigned. Katrina Cope. 2022. (Thor's Dragon Rider Ser.: Vol. 7). (ENG., Illus.). 206p. (YA). pap. *(978-0-6450874-8-2(3))* Cosy Burrow Bks.
Assignment. Melissa A. Craven. 2020. (ENG.). 136p. (YA). 16.99 *(978-1-970052-14-5(7))* United Bks. Publishing.
Assignment. Danial a Suits. 2016. (ENG., Illus.). (YA). (gr. 7-12). pap. 12.99 *(978-0-692-95150-7(4))* Suits, Danial.
Assignment. Liza Wiemer. 2021. 336p. (YA). (gr. 7). pap. 12.99 *(978-0-593-12319-5(0)*, Ember) Random Hse. Children's Bks.
Assignments, Tiements of Harper the Helper. Faith Amelia. 2017. (ENG., Illus.). (J). pap. 17.99 *(978-1-4834-6498-5(9))* Lulu Pr., Inc.
Associate Hermits (Classic Reprint) Frank R. Stockton. 2018. (ENG., Illus.). 288p. (J). 29.84 *(978-0-332-56491-3(6))* Forgotten Bks.
Assommoir (the Prelude to Nana) A Realistic Novel (Classic Reprint) Emile Zola. 2018. (ENG., Illus.). 482p. (J). 33.86 *(978-0-483-40896-8(4))* Forgotten Bks.
Assorbimento Selettivo Dell'atmosfera Terrestre Sulla Luce Degli Astri: Nuovi Procedimenti per lo Studio Dell'assorbimento Atmosferico con Applicazione Alle Osservazioni Astrofotometriche Istitute Da Muller e Kempf Negli Osservatori Di Catania e Dell'e. Azeglio Bemporad. 2017. (ITA., Illus.). (J). 108p. 26.14 *(978-0-484-08075-0(X))*; pap. 9.57 *(978-0-243-91496-8(2))* Forgotten Bks.
Assortment of Stories (Special Blue Cover Edition) Lillian Carter. 2020. (ENG.). 72p. (J). 25.00 *(978-1-7948-4760-6(X))* Lulu Pr., Inc.
Assyrian & Neo-Assyrian Empire Children's Middle Eastern History Books. Baby Professor. 2017. (ENG., Illus.). (J). pap. 7.89 *(978-1-5419-0470-5(2)*, Baby Professor (Education Kids)) Speedy Publishing LLC.
Assyrian Empire's Three Attempts to Rule the World: Ancient History of the World Children's Ancient History. Baby Professor. 2017. (ENG., Illus.). (J). pap. 9.55 *(978-1-5419-1464-3(3)*, Baby Professor (Education Kids)) Speedy Publishing LLC.
ASTB-E Secrets Study Guide: ASTB-E Test Review for the Aviation Selection Test Battery. Ed. by Astb Exam Secrets Test Prep. 2016. (ENG.). (J). pap. 40.99 *(978-1-5167-0045-5(7))* Mometrix Media LLC.
Aster & the Mixed-Up Magic: (a Graphic Novel) Thom Pico. Illus. by Karensac. 2021. (Aster Ser.). 256p. (J). (gr. 3-7). pap. 12.99 *(978-0-593-11887-0(1))*; (ENG.). lib. bdg. 23.99 *(978-0-593-11888-7(X))* Penguin Random Hse. LLC.
Asterisk War, Vol. 1 (light Novel) Encounter with a Fiery Princess. Yuu Miyazaki. 2016. (Asterisk War Ser.: 1). (ENG., Illus.). 192p. (YA). (gr. 8-17). pap. 14.00 *(978-0-316-31527-2(3)*, Yen Pr.) Yen Pr. LLC.
Asterisk War, Vol. 1 (manga), Volume 1. Yuu Miyazaki. 2016. (Asterisk War Manga Ser.: 1). (ENG., Illus.). 164p. (gr. 8-17). pap. 13.00 *(978-0-316-31528-9(1))* Yen Pr. LLC.
Asterisk War, Vol. 2 (light Novel) Awakening of Silver Beauty, Vol. 2. Yuu Miyazaki. 2016. (Asterisk War Ser.: 2). (ENG., Illus.). 176p. (YA). (gr. 8-17). pap. 14.00 *(978-0-316-39858-9(6)*, Yen Pr.) Yen Pr. LLC.
Asterix #38: The Chieftain's Daughter. Jean-Yves Ferri. Illus. by Didier Conrad. 2020. (Asterix Ser.: 38). (ENG.). 48p. (J). 9.99 *(978-1-5458-0569-5(5)*, 900225756, Papercutz) Mad Cave Studios.
Asterix #39: Asterix & the Griffin. Jean-Yves Ferri. Illus. by Didier Conrad. 2021. (Asterix Ser.: 39). (ENG.). 48p. (J). 9.99 *(978-1-5458-0884-9(8)*, 900255657, Papercutz) Mad Cave Studios.
Asterix Omnibus #1: Collects Asterix the Gaul, Asterix & the Golden Sickle, & Asterix & the Goths. René. Goscinny & Albert Uderzo. 2020. (Asterix Ser.: 1). (ENG., Illus.). 152p. (J). 22.99 *(978-1-5458-0565-7(2)*, 900225739); pap. 14.99 *(978-1-5458-0566-4(0)*, 900225740) Mad Cave Studios. (Papercutz).
Asterix Omnibus #2: Collects Asterix the Gladiator, Asterix & the Banquet, & Asterix & Cleopatra. René. Goscinny & Albert Uderzo. 2020. (Asterix Ser.: 2). (ENG., Illus.). 152p. (J). 22.99 *(978-1-5458-0567-1(9)*, 900225742); pap. 14.99 *(978-1-5458-0568-8(7)*, 900225743) Mad Cave Studios. (Papercutz).
Asterix Omnibus #3: Collects Asterix & the Big Fight, Asterix in Britain, & Asterix & the Normans. René. Goscinny & Albert Uderzo. 2020. (Asterix Ser.: 3). (ENG., Illus.). 152p. (J). 22.99 *(978-1-5458-0570-1(9)*, 900225761); pap. 14.99 *(978-1-5458-0571-8(7)*, 900225762) Mad Cave Studios. (Papercutz).
Asterix Omnibus #4: Collects Asterix the Legionary, Asterix & the Chieftain's Shield, & Asterix & the Olympic Games. René. Goscinny & Albert Uderzo. 2021. (Asterix Ser.: 4). (ENG.). 152p. (J). 22.99 *(978-1-5458-0628-9(4)*, 900232823); pap. 14.99 *(978-1-5458-0629-6(2)*, 900232824) Mad Cave Studios. (Papercutz).
Asterix Omnibus #5: Collecting Asterix & the Cauldron, Asterix in Spain, & Asterix & the Roman Agent. René Goscinny & Albert Uderzo. 2022. (Asterix Ser.: 5). (ENG.). 152p. (J). 22.99 *(978-1-5458-0693-7(4)*, 900235411); pap. 14.99 *(978-1-5458-0694-4(2)*, 900235412) Mad Cave Studios. (Papercutz).
Asterix Omnibus #6: Collecting Asterix in Switzerland, the Mansions of the Gods, & Asterix & the Laurel Wreath. René Goscinny & Albert Uderzo. 2022. (Asterix Ser.: 6). (ENG.). 152p. (J). 22.99 *(978-1-5458-0702-6(7)*, 900235856); pap. 14.99 *(978-1-5458-0703-3(5)*, 900235857) Mad Cave Studios. (Papercutz).
Asterix Omnibus #7. Albert Uderzo & René Goscinny. 2022. (Asterix Ser.: 7). (ENG.). 152p. (J). 22.99 *(978-1-5458-0727-9(2)*, 900240054); pap. 14.99 *(978-1-5458-0728-6(0)*, 900240055) Mad Cave Studios. (Papercutz).
Asterix Omnibus #8: Collecting Asterix & the Great Crossing, Obelix & Co, Asterix in Belgium. Albert Uderzo & René Goscinny. 2022. (Asterix Ser.: 8). (ENG.). 152p. (J). pap. 14.99 *(978-1-5458-0874-0(0)*, 900249416, Papercutz) Mad Cave Studios.
Asterix Omnibus #8: Collecting Asterix & the Great Crossing, Obelix & Co, Asterix in Belgium. Albert Uderzo et al. 2022. (Asterix Ser.: 8). (ENG.). 152p. (J). 22.99 *(978-1-5458-0873-3(2)*, 900249415, Papercutz) Mad Cave Studios.
Asterix Omnibus Vol. 10: Collecting Asterix & the Magic Carpet, Asterix & the Secret Weapon, & Asterix & Obelix All at Sea, Vol. 10. René. Goscinny & Albert Uderzo. 2023. (Asterix Ser.: 10). (ENG.). 152p. (J). 22.99 *(978-1-5458-0966-2(6)*, 900259361); pap. 14.99 *(978-1-5458-0965-5(8)*, 900259362) Mad Cave Studios. (Papercutz).
Asterix Omnibus Vol. 9, Vol. 9. René. Goscinny & Albert Uderzo. 2023. (Asterix Ser.: 9). (ENG.). 152p. (J). 22.99 *(978-1-5458-1054-5(0)*, 900281973); pap. 14.99 *(978-1-5458-1053-8(2)*, 900281974) Mad Cave Studios. (Papercutz).
Asterix the Star & Trebonius the Tribune. Christine Anghie. 2021. (ENG., Illus.). 58p. (J). pap. 15.95 *(978-1-0980-7624-5(9))* Christian Faith Publishing.

A

Asteroid. Czeena Devera. Illus. by Jeff Bane. 2022. (My Early Library: My Guide to the Solar System Ser.). (ENG.). 24p. (J). (gr. k-1). pap. 12.79 *(978-1-6689-0013-0(0)*, 220104); lib. bdg. 30.64 *(978-1-5341-9899-9(7)*, 219960) Cherry Lake Publishing.
Asteroid Apocalypse: The Greatest War in Science. Rajeev Raghuram. 2021. (ENG.). 72p. (J). pap. *(978-1-0391-0741-0(9))*; *(978-1-0391-0742-7(7))* FriesenPress.
Asteroid Belt. Contrib. by Yvette LaPierre. 2022. (Our Solar System Ser.). (ENG.). 64p. (J). (gr. 6-12). 43.93 *(978-1-6782-0402-0(1)*, BrightPoint Pr.) ReferencePoint Pr., Inc.
Asteroid Belt. Betsy Rathburn. 2022. (Journey into Space Ser.). (ENG., Illus.). 24p. (J). (gr. k-3). pap. 7.99 *(978-1-64834-837-2(8)*, 21691, Blastoff! Readers) Bellwether Media.
Asteroid Excursion. Steve Foxe. Illus. by Gary Boller. 2020. (Mr. Kazarian, Alien Librarian Ser.). (ENG.). 64p. (J). (gr. 3-5). lib. bdg. 21.99 *(978-1-4965-8368-0(X)*, 140652, Stone Arch Bks.) Capstone.
Asteroid Impact. Lisa Owings. 2019. (It's the End of the World! Ser.). (ENG., Illus.). 24p. (J). (gr. 3-7). lib. bdg. 26.95 *(978-1-64487-079-2(7)*, Torque Bks.) Bellwether Media.
Asteroid, Meteor, Comet Discover Intriguing Facts Children's Science Book. Bold Kids. 2022. (ENG.). 42p. (J). pap. 14.99 *(978-1-0717-1769-1(3))* FASTLANE LLC.
Asteroides y Meteoritos. Grace Hansen. 2017. (Nuestra Galaxia (Our Galaxy) Ser.).Tr. of Asteroids & Meteoroids. (SPA.). 24p. (J). (gr. -1-2). lib. bdg. 32.79 *(978-1-5321-0662-0(9)*, 27253, Abdo Kids) ABDO Publishing Co.
Asteroids see Asteroides (Asteroids)
Asteroids. Betsy Rathburn. 2018. (Space Science Ser.). (ENG., Illus.). 24p. (J). (gr. 3-7). lib. bdg. 26.95 *(978-1-62617-857-1(7)*, Torque Bks.) Bellwether Media.
Asteroids. Marne Ventura. 2022. (Space Ser.). (ENG., Illus.). 32p. (J). (gr. 2-3). pap. 9.95 *(978-1-63739-296-6(6))*; lib. bdg. 31.35 *(978-1-63739-244-7(3))* North Star Editions. (Focus Readers).
Asteroids & Comets, 1 vol. Lisa Regan. 2020. (Fact Frenzy: Space Ser.). (ENG., Illus.). 32p. (J). (gr. 4-4). pap. 11.00 *(978-1-7253-2028-4(2)*, c27a91b2-cb1b-4242-bf2a-10138485b8af, PowerKids Pr.) Rosen Publishing Group, Inc., The.
Asteroids & Meteoroids see Asteroides y Meteoritos
Asteroids & Meteoroids. Grace Hansen. 2017. (Our Galaxy Ser.). (ENG., Illus.). 24p. (J). (gr. -1-2). lib. bdg. 32.79 *(978-1-5321-0049-9(3)*, 25172, Abdo Kids) ABDO Publishing Co.
Asteroids, Comets, & Meteoroids. Lauren Kukla. 2016. (Exploring Our Universe Ser.). (ENG., Illus.). 32p. (J). (gr. 3-6). lib. bdg. 32.79 *(978-1-68078-403-9(X)*, 23665, Checkerboard Library) ABDO Publishing Co.
Asteroids, Comets, & Meteors. Mary-Jane Wilkins. 2017. (Fast Track: Our Solar System Ser.). 24p. (J). (gr. k-3). 28.50 *(978-1-78121-368-1(2))* Brown Bear Bks.
Asteroids, Comets & Meteors Children's Science & Nature. Baby Professor. 2017. (ENG., Illus.). (J). pap. 7.89 *(978-1-5419-0333-3(1)*, Baby Professor (Education Kids)) Speedy Publishing LLC.
Asteroids Discover Intriguing Facts Children's Science Book. Bold Kids. 2022. (ENG.). 42p. (J). pap. 14.99 *(978-1-0717-1770-7(7))* FASTLANE LLC.
Asteroids, Meteorites, & Comets. Arnold Ringstad. 2021. (Blast off to Space Ser.). (ENG.). 24p. (J). (gr. 1-4). lib. bdg. 32.79 *(978-1-5038-4478-0(1)*, 214245) Child's World, Inc, The.
Asteroids, Meteors, & Comets, 1 vol. Nancy Dickmann. 2018. (Space Facts & Figures Ser.). (ENG.). 32p. (gr. 2-3). 28.93 *(978-1-5081-9506-1(4)*, 7ffa8c75-86fc-4766-850b-dceb7f44ec8b, Windmill Bks.) Rosen Publishing Group, Inc., The.
Asteroids, Meteors, Meteorites, & Comets, 1 vol. Nicholas Faulkner & Erik Gregersen. 2018. (Universe & Our Place in It Ser.). (ENG., Illus.). 128p. (J). (gr. 10-10). pap. 20.95 *(978-1-68048-873-9(2)*, 67187ff7-81d9-4d3a-ac23-a13cb74a1a7d, Britannica Educational Publishing) Rosen Publishing Group, Inc., The.
Asthma. Nancy Dickmann. 2023. (Fast Track: Living With Ser.). (ENG., Illus.). 24p. (J). (gr. 1-3). pap. 10.99 *(978-1-78121-810-5(2)*, 23954) Black Rabbit Bks.
Asthma. Mona Kerby. 2018. (ENG., Illus.). 96p. (J). pap. 7.99 *(978-0-9993790-2-8(X))* MK Pubs.
Asthma: Understand Your Mind & Body (Engaging Readers, Level 3) Sarah Harvey. Ed. by Alexis Roumanis. l.t. ed. 2023. (Understand Your Mind & Body Ser.: Vol. 6). (ENG., Illus.). 32p. (J). *(978-1-77476-871-6(2))*; pap. *(978-1-77476-872-3(0))* AD Classic.
Asthma Colouring & Workbook for Parents & Kids 3 Years - 5 Years. Kenje & Gracie. 2019. (ENG.). 18p. (J). pap. 12.49 *(978-1-5456-5859-8(5))* Salem Author Services.
Asthma, Cystic Fibrosis, & Other Respiratory Disorders. Carole Hawkins. 2017. (Illus.). 128p. (J). *(978-1-4222-3750-2(8))* Mason Crest.
Asthma Fast Facts for Parents & Kids 6 Years to 11 Years. Gracie and Kenje. 2019. (ENG.). 22p. (J). pap. 12.49 *(978-1-5456-5824-6(2))* Salem Author Services.
Aston Martin DB9. Julie Murray. 2017. (Car Stars (Dash!) Ser.). (ENG., Illus.). 24p. (J). (gr. k-4). lib. bdg. 31.36 *(978-1-5321-2078-7(8)*, 26761, Abdo Zoom-Dash) ABDO Publishing Co.
Aston Martin DB9. Emily Rose Oachs. 2017. (Car Crazy Ser.). (ENG., Illus.). 24p. (J). (gr. 3-7). lib. bdg. 26.95 *(978-1-62617-575-4(6)*, Torque Bks.) Bellwether Media.
Aston Martin DB9. Amy C. Rea. 2019. (Ultimate Supercars Ser.). (ENG., Illus.). 32p. (J). (gr. 3-3). pap. 9.95

(978-1-64494-231-4(3), 1644942313) Bigfoot Bks. GBR. Dist: North Star Editions.
Aston-Royal, Vol. 1 of 3 (Classic Reprint) Eliza Tabor. (ENG., Illus.). (J). 2018. 314p. 30.39 (978-0-483-41484-6(0)); 2016. pap. 13.57 (978-1-334-11912-5(0)) Forgotten Bks.
Aston-Royal, Vol. 2 of 3 (Classic Reprint) Eliza Stephenson. 2018. (ENG., Illus.). 302p. (J). 30.19 (978-0-484-12590-1(7)) Forgotten Bks.
Aston-Royal, Vol. 3 of 3 (Classic Reprint) Unknown Author. 2018. (ENG., Illus.). (J). 30.87 (978-0-331-98329-6(X)) Forgotten Bks.
Astonisher Vol. 2: All the Nightmares. Alex de Campi. Illus. by Al Barrionuevo & Pop Mhan. 2018. (ENG.). 144p. pap. 14.99 (978-1-941302-80-4(7), de975e51-91a8-4354-be54-053b8fdb98ce, Lion Forge) Oni Pr., Inc.
Astonishing & Extinct Professions: 89 Jobs You Will Never Do. Markus Rottmann. Tr. by Ashley Curtis. Illus. by Michael Meister. 2023. 88p. (J). 24.99 (978-3-907293-93-5(2)) Helvetiq, RedCut Sarl CHE. Dist: Consortium Bk. Sales & Distribution.
Astonishing Animals. Kristin Marciniak. 2018. (Unbelievable Ser.). (ENG., Illus.). 32p. (J). (gr. 3-6). 32.80 (978-1-63235-417-4(9), 13765, 12-Story Library) Bookstaves, LLC.
Astonishing Atoms & Matter Mayhem. Colin Stuart. ed. 2018. (STEM Quest Ser.). lib. bdg. 22.10 (978-0-606-41259-9(X)) Turtleback.
Astonishing Color of After. Emily X. R. Pan. 2019. (ENG.). 480p. (YA). (gr. 7-17). pap. 11.99 (978-0-316-46401-7(5)) Little, Brown Bks. for Young Readers.
Astonishing History of Troy Town (Classic Reprint) Q. Q. 2018. (ENG., Illus.). 334p. (J). 30.79 (978-0-483-76964-9(9)) Forgotten Bks.
Astonishing Life of Octavian Nothing, Traitor to the Nation, Volume I: The Pox Party. Matthew Anderson. l.t. ed. 2020. (ENG.). pap. 15.99 (978-1-4328-7401-8(2)) Thorndike Pr.
Astonishing Maybe. Shaunta Grimes. 2020. (ENG.). 256p. (J). pap. 20.99 (978-1-250-23363-9(1), 900192879) Square Fish.
Astonishing Robot Competitions. John R. Baker. 2017. (Cool Competitions Ser.). (ENG., Illus.). 32p. (J). (gr. 3-9). lib. bdg. 27.32 (978-1-5157-7352-8(3), 135690, Capstone Pr.) Capstone.
Astonishingly Good Stories: Twenty Short Stories from the Bestselling Author of Friday Barnes. R. A. Spratt. 2023. 240p. (J). (gr. 2). 19.99 **(978-0-14-377926-1(5)**, Puffin) Penguin Random Hse. AUS. Dist: Independent Pubs. Group.
Astounding Activities for Minecrafters: Puzzles & Games for Endless Fun. Sky Pony Press. Illus. by Jen Funk Weber. 2019. (Activities for Minecrafters Ser.). (ENG.). 96p. (J). (gr. 1-5). pap. 11.99 (978-1-5107-4102-7(X), Sky Pony Pr.) Skyhorse Publishing Co., Inc.
Astounding Addition. Amy Culliford. Illus. by Shane Crampton. 2022. (Math Wiz Ser.). (ENG.). 16p. (J). (gr. -1-3). pap. (978-1-0396-6272-8(2), 20639); lib. bdg. (978-1-0396-6077-9(0), 20638) Crabtree Publishing Co. (Crabtree Blossoms).
Astounding Adventures of Bumley Mcgrumm. Jeffrey Gibbs. 2020. (ENG.). 110p. (J). pap. (978-1-78830-724-6(0)) Olympia Publishers.
Astounding Broccoli Boy. Frank Cottrell Boyce. 2017. (ENG.). 400p. (J). (gr. 3-7). pap. 9.99 (978-0-06-240019-2(3), Walden Pond Pr.) HarperCollins Pubs.
Astounding Structures. Kristin Marciniak. 2018. (Unbelievable Ser.). (ENG., Illus.). 32p. (J). (gr. 3-6). 32.80 (978-1-63235-418-1(7), 13766, 12-Story Library) Bookstaves, LLC.
Astounding Wolf-Man Complete Collection. Robert Kirkman. 2017. (ENG., Illus.). 656p. (YA). 54.99 (978-1-5343-0364-5(2), 766503fc-1cb6-4c25-897a-f00d0fbf543d) Image Comics.
Astoundingly True Adventures of Daydreamer Dev. Ken Spillman. 2021. (ENG.). 152p. (J). (gr. 1-3). pap. 9.99 (978-0-14-345176-1(6), Puffin) Penguin Bks. India PVT, Ltd IND. Dist: Independent Pubs. Group.
Astra Academy - Gem's First Day at School. Saff Da Great. 2022. (ENG.). 40p. (J). pap. 15.99 **(978-1-0880-8112-9(6))** Indy Pub.
Astra the Lonely Airplane. Julie Whitney. Illus. by Michelle Simpson. 2022. (ENG.). 44p. (J). (gr. k-3). 24.95 (978-1-953021-41-0(7)); pap. 14.95 (978-1-953021-42-7(5)) Brandylane Pubs., Inc. (Belle Isle Bks.).
Astrakahn's Army: a Leafy Tom Adventure. Robin Buckallew. 2023. (ENG.). 206p. (YA). pap. **(978-1-365-13550-7(0))** Lulu Pr., Inc.
Astra's Mixed-Up Mission, 8. Shana Muldoon Zappa et al. 2016. (Star Darlings Ser.). (ENG.). 176p. (J). (gr. 3-6). 21.19 (978-1-4844-8084-7(8)) Disney Pr.
Astray in the Selvas, or the Wild Experiences of Frank Reade, Jr. , in South America (Classic Reprint) Luis Senarens. 2018. (ENG., Illus.). (J). 40p. 24.74 (978-1-396-67976-6(6)); 42p. pap. 7.97 (978-1-391-92663-6(3)) Forgotten Bks.
Astrid & Apollo. V. T. Bidania. Illus. by Dara Lashia Lee et al. 2023. (Astrid & Apollo Ser.). (ENG.). 64p. (J). 383.84 **(978-1-4846-7531-1(2)**, 251706); pap., pap., pap. 111.36 **(978-1-4846-7532-8(0)**, 251707) Capstone. (Picture Window Bks.).
Astrid & Apollo & the Fishing Flop. V. T. Bidania. Illus. by Dara Lashia Lee. 2020. (Astrid & Apollo Ser.). (ENG.). 64p. (J). (gr. k-2). pap. 6.95 (978-1-5158-6127-0(9), 193756); lib. bdg. 23.32 (978-1-5158-6123-2(6), 142399) Capstone. (Picture Window Bks.).
Astrid & Apollo & the Happy New Year. V. T. Bidania. Illus. by Dara Lashia Lee. 2020. (Astrid & Apollo Ser.). (ENG.). 64p. (J). (gr. k-2). pap. 6.95 (978-1-5158-6129-4(5), 193758); lib. bdg. 23.32 (978-1-5158-6125-6(2), 142401) Capstone. (Picture Window Bks.).
Astrid & Apollo & the Soccer Celebration. V. T. Bidania. Illus. by Dara Lashia Lee. 2020. (Astrid & Apollo Ser.). (ENG.). 64p. (J). (gr. k-2). pap. 6.95 (978-1-5158-6133-1(3), 193762); lib. bdg. 23.32 (978-1-5158-6124-9(4), 142400) Capstone. (Picture Window Bks.).
Astrid & Apollo & the Starry Campout. V. T. Bidania. Illus. by Dara Lashia Lee. 2020. (Astrid & Apollo Ser.). (ENG.). 64p. (J). (gr. k-2). pap. 6.95 (978-1-5158-6131-7(7), 193760); lib. bdg. 23.99 (978-1-5158-6122-5(8), 142398) Capstone. (Picture Window Bks.).
Astrid & the Sky Calf. Rosie Faragher. Illus. by Rosie Faragher. 2019. (Child's Play Library). (Illus.). 32p. (J). (978-1-78628-354-2(9)); pap. (978-1-78628-353-5(0)) Child's Play International Ltd.
Astrid Lindgren (Little People, Big Dreams) Maria Isabel Sanchez Vegara. ed. 2020. (Little People, BIG DREAMS Ser.: 35). (ENG., Illus.). 32p. (J). (gr. k-4). 14.99 (978-1-78603-762-6(9), 308397, Frances Lincoln Children's Bks.) Quarto Publishing Group UK GBR. Dist: Hachette UK Distribution.
Astrid the Unstoppable. Maria Parr. (ENG.). 320p. (J). (gr. 2-5). 2020. pap. 8.99 (978-1-5362-1322-5(5)); 2018. (Illus.). 16.99 (978-1-5362-0017-1(4)) Candlewick Pr.
Astrid's Big Day. Elyse Hunt. Illus. by Kim Griffin. 2022. (ENG.). 32p. (J). pap. **(978-1-922850-87-4(X))** Shawline Publishing Group.
Astro Girl. Ken Wilson-Max. Illus. by Ken Wilson-Max. (ENG.). 32p. (J). (gr. -1-3). 2021. 8.99 (978-1-5362-2195-4(3)); 2019. (Illus.). 17.99 (978-1-5362-0946-4(5)) Candlewick Pr.
Astro Kittens: Cosmic Machines. Dominic Walliman. Illus. by Ben Newman. 2019. (ENG.). 20p. (J). (— 1). bds. 8.99 (978-1-912497-28-7(X)) Flying Eye Bks. GBR. Dist: Penguin Random Hse. LLC.
Astro Kittens: into the Unknown. Dominic Walliman. Illus. by Ben Newman. 2019. (ENG.). 20p. (J). (— 1). bds. 8.99 (978-1-912497-27-0(1)) Flying Eye Bks. GBR. Dist: Penguin Random Hse. LLC.
Astro Mouse & Light Bulb #1: Vs Astro Chicken. Fermin Solis. 2021. (Astro Mouse & Light Bulb Ser.: 1). (ENG., Illus.). 112p. (J). 14.99 (978-1-5458-0637-1(3), 900233427); pap. 9.99 (978-1-5458-0638-8(1), 900233428) Mad Cave Studios. (Papercutz).
Astro Mouse & Light Bulb #2. Fermin Solis. 2021. (Astro Mouse & Light Bulb Ser.: 2). (ENG., Illus.). 112p. (J). 14.99 (978-1-5458-0725-5(6), 900240052); pap. 9.99 (978-1-5458-0726-2(4), 900240053) Mad Cave Studios. (Papercutz).
Astro Mouse & Light Bulb #3: Return to Beyond the Unknown. Fermin Solis. 2023. (Astro Mouse & Light Bulb Ser.: 3). (ENG., Illus.). 72p. (J). 14.99 (978-1-5458-1021-7(4), 900278809, Papercutz) Mad Cave Studios.
Astro Mouse & Light Bulb Vol. 3: Return to Beyond the Unknown, Vol. 3. Fermin Solis. 2023. (Astro Mouse & Light Bulb Ser.: 3). (ENG., Illus.). 72p. (J). pap. 9.99 (978-1-5458-1022-4(2), 900278810, Papercutz) Mad Cave Studios.
Astro Mouse & Light Bulb vs. Astro-Chicken, 1. Fermin Solis. ed. 2022. (Astro Mouse & Light Bulb Ser.). (ENG.). 109p. (J). (gr. 2-3). 20.46 **(978-1-68505-385-7(8))** Penworthy Co., LLC, The.
Astro Mouse & Light Bulb vs. the Troublesome Four, 2. Fermin Solis. ed. 2022. (Astro Mouse & Light Bulb Ser.). (ENG.). 111p. (J). (gr. 2-3). 20.46 **(978-1-68505-384-0(X))** Penworthy Co., LLC, The.
Astro Pea, 1 vol. Amalia Hoffman. 2019. (ENG., Illus.). 24p. (J). bds. 9.99 (978-0-7643-5698-8(4), 16090) Schiffer Publishing, Ltd.
Astro the Alien Learns about Friendship, 28 vols. Emily Sohn. Illus. by Carlos Aón. 2019. (Beginning-To-Read Ser.). (ENG.). 32p. (J). (gr. 1-2). pap. 13.26 (978-1-68404-446-7(4)) Norwood Hse. Pr.
Astro the Alien Learns about Honesty, 28 vols. Emily Sohn. Illus. by Carlos Aón. 2019. (Beginning-To-Read Ser.). (ENG.). 32p. (J). (gr. 1-2). pap. 13.26 (978-1-68404-444-3(8)) Norwood Hse. Pr.
Astro the Alien Learns about Patience, 28 vols. Emily Sohn. Illus. by Carlos Aón. 2019. (Beginning-To-Read Ser.). (ENG.). 32p. (J). (gr. 1-2). pap. 13.26 (978-1-68404-447-4(2)) Norwood Hse. Pr.
Astro the Alien Learns about Sharing, 28 vols. Emily Sohn. Illus. by Carlos Aón. 2019. (Beginning-To-Read Ser.). (ENG.). 32p. (J). (gr. 1-2). pap. 13.26 (978-1-68404-442-9(1)) Norwood Hse. Pr.
Astro the Alien Learns about T-Rex. Emily Sohn. Illus. by Carlos Aón. 2021. (Beginning-To-Read Ser.). (ENG.). 32p. (J). (gr. 1-2). pap. 13.26 (978-1-68404-612-6(2)) Norwood Hse. Pr.
Astro the Alien Learns about T-Rex. Emily Sohn. Illus. by Carlos Aón. 2020. (Beginning-To-Read: Astro the Alien Learns about Extinct Animals Ser.). (ENG.). 32p. (J). (gr. 1-2). 22.60 (978-1-68450-844-0(4)) Norwood Hse. Pr.
Astro the Alien Learns about Teamwork, 28 vols. Emily Sohn. Illus. by Carlos Aón. 2019. (BeginningtoRead Ser.). (ENG.). 32p. (J). (gr. 1-2). 22.60 (978-1-68450-930-0(0)) Norwood Hse. Pr.
Astro the Alien Learns about the Dodo. Emily Sohn. Illus. by Carlos Aón. 2021. (Beginning-To-Read Ser.). (ENG.). 32p. (J). (gr. 1-2). pap. 13.26 (978-1-68404-608-9(4)) Norwood Hse. Pr.
Astro the Alien Learns about the Dodo. Emily Sohn. Illus. by Carlos Aón. 2020. (Beginning-To-Read: Astro the Alien Learns about Extinct Animals Ser.). (ENG.). 32p. (J). (gr. 1-2). 22.60 (978-1-68450-848-8(7)) Norwood Hse. Pr.
Astro the Alien Learns about the Golden Toad. Emily Sohn. Illus. by Carlos Aón. 2021. (Beginning-To-Read Ser.). (ENG.). 32p. (J). (gr. 1-2). pap. 13.26 (978-1-68404-609-6(2)) Norwood Hse. Pr.
Astro the Alien Learns about the Golden Toad. Emily Sohn. Illus. by Carlos Aón. 2020. (Beginning-To-Read: Astro the Alien Learns about Extinct Animals Ser.). (ENG.). 32p. (J). (gr. 1-2). 22.60 (978-1-68450-847-1(9)) Norwood Hse. Pr.
Astro the Alien Learns about the Passenger Pigeon. Emily Sohn. Illus. by Carlos Aón. 2021. (Beginning-To-Read Ser.). (ENG.). 32p. (J). (gr. 1-2). pap. 13.26 (978-1-68404-607-2(6)) Norwood Hse. Pr.
Astro the Alien Learns about the Passenger Pigeon. Emily Sohn. Illus. by Carlos Aón. 2020. (Beginning-To-Read: Astro the Alien Learns about Extinct Animals Ser.). (ENG.). 32p. (J). (gr. 1-2). 22.60 (978-1-68450-849-5(5)) Norwood Hse. Pr.
Astro the Alien Learns about the Tasmanian Tiger. Emily Sohn. Illus. by Carlos Aón. 2021. (Beginning-To-Read Ser.). (ENG.). 32p. (J). (gr. 1-2). pap. 13.26 (978-1-68404-610-2(6)) Norwood Hse. Pr.
Astro the Alien Learns about the Tasmanian Tiger. Emily Sohn. Illus. by Carlos Aón. 2020. (Beginning-To-Read: Astro the Alien Learns about Extinct Animals Ser.). (ENG.). 32p. (J). (gr. 1-2). 22.60 (978-1-68450-846-4(0)) Norwood Hse. Pr.
Astro the Alien Learns about the Woolly Mammoth. Emily Sohn. Illus. by Carlos Aón. 2021. (Beginning-To-Read Ser.). (ENG.). 32p. (J). (gr. 1-2). pap. 13.26 (978-1-68404-611-9(4)) Norwood Hse. Pr.
Astro the Alien Learns about the Woolly Mammoth. Emily Sohn. Illus. by Carlos Aón. 2020. (Beginning-To-Read: Astro the Alien Learns about Extinct Animals Ser.). (ENG.). 32p. (J). (gr. 1-2). 22.60 (978-1-68450-845-7(2)) Norwood Hse. Pr.
Astro the Alien Learns How to Calm Down, 28 vols. Emily Sohn. Illus. by Carlos Aón. 2019. (Beginning-To-Read Ser.). (ENG.). 32p. (J). (gr. 1-2). pap. 13.26 (978-1-68404-445-0(6)) Norwood Hse. Pr.
Astro the Alien Visits Desert Animals. Emily Sohn. 2018. (BeginningtoRead Ser.). (ENG., Illus.). 32p. (J). (gr. 1-2). 22.60 (978-1-59953-920-1(9)) Norwood Hse. Pr.
Astro the Alien Visits Farm Animals. Emily Sohn. 2018. (BeginningtoRead Ser.). (ENG., Illus.). 32p. (J). (gr. 1-2). 22.60 (978-1-59953-918-8(7)) Norwood Hse. Pr.
Astro the Alien Visits Forest Animals. Emily Sohn. 2018. (BeginningtoRead Ser.). (ENG., Illus.). 32p. (J). (gr. 1-2). 22.60 (978-1-59953-919-5(5)) Norwood Hse. Pr.
Astro the Alien Visits Ocean Animals. Emily Sohn. 2018. (BeginningtoRead Ser.). (ENG., Illus.). 32p. (J). (gr. 1-2). 22.60 (978-1-59953-916-4(0)) Norwood Hse. Pr.
Astro the Alien Visits Polar Animals. Emily Sohn. 2018. (BeginningtoRead Ser.). (ENG., Illus.). 32p. (J). (gr. 1-2). 22.60 (978-1-59953-915-7(2)) Norwood Hse. Pr.
Astro the Alien Visits Pond Animals. Emily Sohn. 2018. (BeginningtoRead Ser.). (ENG., Illus.). 32p. (J). (gr. 1-2). 22.60 (978-1-59953-917-1(9)) Norwood Hse. Pr.
Astro-Theology; or, the Religion of Astronomy: Four Lectures, in Reference to the Controversy on the Plurality of Worlds, As Lately Sustained Between Sir David Brewster & an Essayist (Classic Reprint) Edward Higginson. 2017. (ENG., Illus.). (J). 26.37 (978-0-266-84099-2(X)) Forgotten Bks.
Astro-Theology; or, the Religion of Astronomy, Four Lectures, in Reference to the Controversy on the Plurality of Worlds. Edward Higginson. 2017. (ENG., Illus.). (J). pap. (978-0-649-02905-1(4)) Trieste Publishing Pty Ltd.
Astrobia: A Sonny & Breanne Mystery. James C. Paavola. 2020. (Sonny & Breanne Mystery Ser.: Vol. 3). (ENG.). 316p. (YA). pap. 12.95 (978-0-9964571-8-7(6)) J&M Pubs.
Astrocita: Wonderful Stories/Historias Maravillosas. Martha Castilleja. Illus. by Mariana Avellaneda & Vania Torres. 2021. (ENG.). 102p. (J). (978-0-2288-4904-9(7)); pap. (978-0-2288-4903-2(9)) Tellwell Talent.
Astrologer's Daughter, Vol. 3 Of 3: An Historical Novel (Classic Reprint) Rose Ellen Hendriks. (ENG., Illus.). (J). 2018. 452p. 33.24 (978-0-483-63347-6(X)); 2017. pap. 16.57 (978-0-243-31480-5(9)) Forgotten Bks.
Astrological Signs: Facts, Trivia, & Quizzes. Elsie Olson. 2017. (Mind Games Ser.). (ENG., Illus.). 32p. (J). (gr. 2-5). 27.99 (978-1-5124-3415-6(9), ff517262-d200-40bf-bf4b-2f9eec02d973, Lerner Pubns.) Lerner Publishing Group.
Astrologjia Moderne: Zbuloni çfarë është Shkruar Në Qiell Për Ju. Nikolas Herceku. 2022. (ALB.). 438p. (J). pap. 35.31 (978-1-4583-2987-5(9)) Lulu Pr., Inc.
Astrology. Megan Atwood. 2019. (Psychic Arts Ser.). (ENG., Illus.). 48p. (J). (gr. 4-8). lib. bdg. 31.99 (978-0-7565-6104-8(3), 139302, Compass Point Bks.) Capstone.
Astrology & Religion among the Greeks & Romans. Franz Cumont. 2017. (ENG., Illus.). (J). 22.95 (978-1-374-87392-6(6)); pap. 12.95 (978-1-374-87391-9(8)) Capital Communications, Inc.
Astrology & Religion, among the Greeks, & Romans (Classic Reprint) Franz Cumont. 2017. (ENG., Illus.). (J). 28.97 (978-0-265-44219-7(2)) Forgotten Bks.
Astronaut. Amy Rechner. 2019. (Cool Careers Ser.). (ENG., Illus.). 24p. (J). (gr. 3-7). lib. bdg. 26.95 (978-1-64487-060-0(6), Torque Bks.) Bellwether Media.
Astronaut Academy: Re-Entry. Dave Roman. 2021. (Astronaut Academy Ser.: 2). (ENG., Illus.). 192p. (J). pap. 12.99 (978-1-250-22593-1(0), 900208664, First Second Bks.) Roaring Brook Pr.
Astronaut Academy: Splashdown. Dave Roman. 2021. (Astronaut Academy Ser.: 3). (ENG., Illus.). 192p. (J). pap. 12.99 (978-1-250-21686-1(9), 900206827, First Second Bks.) Roaring Brook Pr.
Astronaut Academy: Zero Gravity. Dave Roman. 2021. (Astronaut Academy Ser.: 1). (ENG., Illus.). 192p. (J). pap. 12.99 (978-1-250-22589-4(2), 900208659, First Second Bks.) Roaring Brook Pr.
Astronaut Al Travels to the Moon. Alfred Worden. Illus. by Michelle Rouch. 2021. (ENG.). 32p. (J). 22.95 (978-1-947305-27-4(1), 61570c0f-f609-45a5-b59c-76832aa1aa31) BookPress Publishing.
Astronaut & Physicist Sally Ride. Margaret J. Goldstein. 2018. (STEM Trailblazer Bios Ser.). (ENG., Illus.). 32p. (J). (gr. 2-5). 26.65 (978-1-5415-0009-9(1), 0a678350-1fa6-471a-80d7-c4b325e81ef4, Lerner Pubns.) Lerner Publishing Group.
Astronaut Annie. Suzanne Slade. Illus. by Nicole Tadgell. (ENG.). 36p. (J). (gr. k-3). 2020. pap. 9.95 (978-0-88448-574-2(9), 884574); 2018. 17.95 (978-0-88448-523-0(4), 884523) Tilbury Hse. Pubs.
Astronaut-Aquanaut: How Space Science & Sea Science Interact. Jennifer Swanson. 2018. (Illus.). 96p. (J). (gr. 3-7). 18.99 (978-1-4263-2867-1(2), National Geographic Kids) Disney Publishing Worldwide.
Astronaut Does a Moon Walk Dance! Coloring & Activity Book for Kids. Speedy Kids. 2017. (ENG., Illus.). (J). pap. 9.20 (978-1-5419-0975-5(5)) Speedy Publishing LLC.
Astronaut Ellen Ochoa. Heather E. Schwartz. 2017. (STEM Trailblazer Bios Ser.). (ENG., Illus.). 32p. (J). (gr. 2-5). 26.65 (978-1-5124-3449-1(3), 77dea24e-dc77-43ae-9c9e-868ef497e527, Lerner Pubns.); pap. 8.99 (978-1-5124-5627-1(6), 25ca4de8-6c4c-4b2e-809e-81b0ec07cf29) Lerner Publishing Group.
Astronaut in Training. Catherine Ard. Illus. by Sarah Lawrence. 2018. (ENG.). 48p. (J). pap. 8.99 (978-0-7534-7442-6(5), 900192222, Kingfisher) Roaring Brook Pr.
Astronaut in Training. Kathryn Clay. 2017. (Little Astronauts Ser.). (ENG., Illus.). 32p. (J). (gr. -1-2). lib. bdg. 28.65 (978-1-5157-3660-8(1), 133645, Capstone Pr.) Capstone.
Astronaut Kids. Jo Ann Jeffries & Lukas Kaiolohia Bob. Illus. by David Faber Rosenberg. 2021. (ENG.). 112p. (J). pap. 14.95 (978-1-949711-44-8(7)) Bluewater Pubns.
Astronaut Lamby. Jude Lennon. Illus. by Holly Bushnell. 2022. (ENG.). 26p. (J). pap. **(978-1-915083-01-2(X))** Little Lamb Publishing.
Astronaut Maker: How One Mysterious Engineer Ran Human Spaceflight for a Generation. Michael Cassutt. 2018. (ENG., Illus.). 480p. 30.00 (978-1-61373-700-2(9)) Chicago Review Pr., Inc.
Astronaut Who Painted the Moon: the True Story of Alan Bean. Dean Robbins. Illus. by Sean Rubin. 2019. (ENG.). 40p. (J). (gr. -1-3). 17.99 (978-1-338-25953-7(9), Orchard Bks.) Scholastic, Inc.
Astronauta. Heather Kissock. 2016. (Viaje Al Espacio Ser.). (SPA.). 24p. (J). lib. bdg. 22.99 (978-1-5105-2474-3(6)) SmartBook Media, Inc.
Astronauta y Física Sally Ride (Astronaut & Physicist Sally Ride) Margaret J. Goldstein. 2022. (Biografías de Pioneros STEM (STEM Trailblazer Bios) Ser.). (SPA., Illus.). 32p. (J). (gr. 2-5). pap. 8.99 (978-1-7284-7509-7(0), 8c30eedc-2b78-44fe-8896-25718885bdea); lib. bdg. 26.65 (978-1-7284-7441-0(8), 14ea350e-6b50-4f78-a67a-722eb43e3ce9) Lerner Publishing Group. (Ediciones Lerner).
Astronauts. Illus. by Christiane Engel. 2018. (First Explorers Ser.). (ENG.). 10p. (J). (— 1). bds. 9.95 (978-1-4549-2940-6(5)) Sterling Publishing Co., Inc.
Astronauts: A Space Discovery Guide. Margaret J. Goldstein. 2017. (Space Discovery Guides). (ENG., Illus.). 48p. (J). (gr. 4-6). 31.99 (978-1-5124-2588-8(5), f66640b4-d476-4f07-bf0d-2992b97f5148); E-Book 47.99 (978-1-5124-3801-7(4), 9781512438017); E-Book 4.99 (978-1-5124-3800-0(6), 9781512438000) Lerner Publishing Group. (Lerner Pubns.).
Astronauts: With Stem Projects for Kids. Alicia Klepeis. Illus. by Hui Li. 2019. (Gutsy Girls Ser.). (ENG.). 112p. (J). (gr. 3-5). 19.95 (978-1-61930-778-0(2), 0f380389-2197-451c-95dc-4973006c7b2b) Nomad Pr.
Astronauts: Women on the Final Frontier. Jim Ottaviani. Illus. by Maris Wicks. 2020. (ENG.). (J). 256p. pap. 19.99 (978-1-62672-877-6(1), 900176311); 176p. pap. 12.99 (978-1-250-76003-6(8), 900226992) Roaring Brook Pr. (First Second Bks.).
Astronauts & Cosmonauts. John Hamilton. 2018. (Space Race Ser.). (ENG., Illus.). 48p. (J). (gr. 5-9). lib. bdg. 34.21 (978-1-5321-1829-6(5), 30534, Abdo & Daughters) ABDO Publishing Co.
Astronauts & Space, 1 vol. Tamara Hartson. 2020. (Super Explorers Ser.). (ENG., Illus.). 64p. (J). pap. 6.99 (978-1-897278-93-2(4), ca4a8529-9a8e-40c9-8392-cf3931309710) Blue Bike Bks. CAN. Dist: Lone Pine Publishing USA.
Astronauts Believe in Themselves! Believing in Yourself, 1 vol. Naomi Wells. 2019. (Social & Emotional Learning for the Real World Ser.). (ENG.). 12p. (gr. 1-2). pap. (978-1-7253-5494-4(2), 1e665e3d-ca5a-4742-8804-a8ed2939012d, Rosen Classroom) Rosen Publishing Group, Inc., The.
Astronaut's Guide to Leaving the Planet: Everything You Need to Know, from Training to Re-Entry. Terry Virts. 2023. (ENG., Illus.). 176p. (J). (gr. 5-17). pap. 14.99 (978-1-5235-1456-4(6), 101456) Workman Publishing Co., Inc.
Astronaut's Life. Martha E. H. Rustad. 2018. (Astronaut's Life Ser.). (ENG.). 24p. (J). (gr. -1-2). 117.28 (978-1-5157-9889-7(5), 27455, Capstone Pr.) Capstone.
Astronauts on the Space Station. Sue Fliess. Illus. by Mia Powell. 2022. (Kid Scientist Ser.). (ENG.). 32p. (J). (gr. -1-3). 17.99 (978-0-8075-4153-1(2), 0807541532) Whitman, Albert & Co.
Astronauts: Space Survival. David Jefferis. 2019. (Moon Flight Atlas Ser.). (Illus.). 32p. (J). (gr. 5-5). (978-0-7787-5411-4(1)); pap. (978-0-7787-5420-6(0)) Crabtree Publishing Co.
Astronauts Training in Houston Coloring Book. Activibooks For Kids. 2016. (ENG., Illus.). (J). pap. 9.20 (978-1-68321-670-4(9)) Mimaxion.
Astronauts Zoom! An Astronaut Alphabet, 1 vol. Deborah Rose. 2021. (ENG., Illus.). 36p. (J). 16.95 (978-1-943978-50-2(6), eab41dd3-95c6-4b55-a084-7845df3bdfd1, Persnickety Pr.) WunderMill, Inc.
Astronomer Who Questioned Everything: The Story of Maria Mitchell. Laura Alary. Illus. by Ellen Rooney. 2022. (ENG.). 36p. (J). (gr. -1-3). 18.99 (978-1-5253-0348-7(1)) Kids Can Pr., Ltd. CAN. Dist: Hachette Bk. Group.
Astronomers & What They Do. Liesbet Slegers. 2022. (Professions Ser.: 16). (ENG., Illus.). 40p. (J). 16.95 (978-1-60537-741-4(4)) Clavis Publishing.
Astronomers at Work, 1 vol. Laura Loria. 2017. (Scientists at Work Ser.). (ENG., Illus.). 32p. (J). (gr. 2-3). pap. 13.90 (978-1-68048-745-9(0), 4c010a46-c49b-433f-92d0-3e1f17b21618, Britannica Educational Publishing) Rosen Publishing Group, Inc., The.
Astronomers in Action. Anne Rooney. 2018. (Scientists in Action Ser.). (ENG., Illus.). 32p. (J). (gr. 5-5). (978-0-7787-4646-1(1)); pap. (978-0-7787-4655-3(0)) Crabtree Publishing Co.

Astronomer's Wife: The Biography of Angeline Hall. Angelo Hall. 2017. (ENG., Illus.). (J). pap. *(978-0-649-52713-7(5))* Trieste Publishing Pty Ltd.

Astronomer's Wife: The Biography of Angeline Hall (Classic Reprint) Angelo Hall. 2017. (ENG., Illus.). (J). 26.87 *(978-0-266-94482-9(5))* Forgotten Bks.

Astronomical & Meteorological Observations Made at the Radcliffe Observatory, Oxford, in the Year 1864, Vol. 24 (Classic Reprint) Oxford Radcliffe Observatory. 2017. (ENG., Illus.). (J). 30.66 *(978-0-331-42110-1(0))* Forgotten Bks.

Astronomical Diary, or Almanack, for the Year of Christian Era 1782: Being the Second Year after Bissextile or Leap Year, & the Sixth Year of the Independence of America; Calculated for the Meridian of Boston, in America, Latitude 42 Degrees, 25 Min. Nathanael Low. 2018. (ENG., Illus.). (J). 28p. 24.47 *(978-1-396-38346-5(8))*; 30p. pap. 7.97 *(978-1-390-99040-9(0))* Forgotten Bks.

Astronomical Discovery. Herbert Hall Turner. 2017. (ENG., Illus.). (J). pap. *(978-0-649-22531-6(7))* Trieste Publishing Pty Ltd.

Astronomical Myths: Based on Flammarion's History of the Heavens (Classic Reprint) John Frederick Blake. (ENG., Illus.). (J). 2018. 456p. 33.32 *(978-0-656-09109-6(6))*; 2016. pap. 16.57 *(978-1-334-03428-2(1))* Forgotten Bks.

Astronomy. Jane Dunne. 2019. (Women in Stem Ser.). (ENG.). 24p. (J). lib. bdg. 22.99 *(978-1-5105-4422-2(4))* SmartBook Media, Inc.

Astronomy: Space Children's Book with Facts & Pictures. Bold Kids. 2022. (ENG.). 46p. (J). pap. 14.99 *(978-1-0717-0881-1(3))* FASTLANE LLC.

Astronomy & Space: Science Made Easy. Wonder House Books. 2023. (Science Essentials Ser.). (ENG.). 24p. (J). (gr. 3-7). 6.99 ***(978-93-5440-990-5(3))*** Prakash Bk. Depot IND. Dist: Independent Pubs. Group.

Astronomy by Observation: An Elementary Text-Book for High-Schools & Academies (Classic Reprint) Eliza A. Bowen. 2017. (ENG., Illus.). (J). 26.25 *(978-0-266-76238-6(7))* Forgotten Bks.

Astronomy for Beginners: A Young Stargazers Guide to the Universe - Children Explore Outer Space Books. Baby Professor. 2016. (ENG., Illus.). 42p. (J). pap. 11.65 *(978-1-68305-605-8(1)*, Baby Professor (Education Kids)) Speedy Publishing LLC.

Astronomy for Kids: Planets, Stars & Constellations - Intergalactic Kids Book Edition. Baby Professor. 2016. (ENG., Illus.). 42p. (J). pap. 11.65 *(978-1-68305-606-5(X)*, Baby Professor (Education Kids)) Speedy Publishing LLC.

Astronomy for Kids Earth, Space & Planets Quiz Book for Kids Children's Questions & Answer Game Books. Dot Edu. 2017. (ENG., Illus.). 64p. (J). pap. 9.52 *(978-1-5419-1683-8(2)*, Dot EDU (Educational & Textbooks)) Speedy Publishing LLC.

Astronomy Lab: Explore Space with Art & Activities: Explore Space with Art & Activities. Contrib. by Elsie Olson. 2023. (STEAM Lab Ser.). (ENG.). 32p. (J). (gr. 3-6). lib. bdg. 34.21 ***(978-1-0982-9158-7(1)***, 41870, Checkerboard Library) ABDO Publishing Co.

Astronomy Law Theorem Terminology. Futamase Toshifumi. 2018. (KOR., Illus.). (J). pap. *(978-89-5588-355-8(2))* Green BK. Publishing Co.

Astronomy Now!, 4 vols., Set. Incl. Look at Pluto & Other Dwarf Planets. Anna Kaspar. (YA). lib. bdg. 26.27 *(978-1-4042-3824-4(7)*, 1cf8028f-d4c3-4751-9b44-778c3cd11f24); Look at Uranus. Suzanne Slade. (J). lib. bdg. 26.27 *(978-1-4042-3831-2(X)*, 1e40ce88-fc15-4ea2-8cb8-7770358167c5); (Illus.). 24p. (gr. 2-3). (Astronomy Now! Ser.). (ENG.). 2007. Set lib. bdg. 52.54 *(978-1-4042-3863-3(8)*, c5609b92-a82e-44b5-aa90-6c5e73d73a96) Rosen Publishing Group, Inc., The.

Astronomy Observer's Notebook: Student Edition. Mike Montgomery. 2021. (ENG.). 54p. pap. ***(978-1-716-19897-7(6))*** Lulu Pr., Inc.

Astronomy You Can Nibble. Megan Borgert-Spaniol. 2018. (Super Simple Science You Can Snack On Ser.). (ENG., Illus.). 32p. (J). (gr. k-4). lib. bdg. 34.21 *(978-1-5321-1722-0(1)*, 30732, Super SandCastle) ABDO Publishing Co.

AstroNuts Mission One: the Plant Planet. Jon Scieszka. Illus. by Steven Weinberg. 2019. (AstroNuts Ser.). (ENG.). 220p. (J). (gr. 3-7). 14.99 *(978-1-4521-7119-7(X))* Chronicle Bks. LLC.

Astrophotography. John Hamilton. 2018. (Digital Photography Ser.). (ENG., Illus.). 48p. (J). (gr. 5-9). lib. bdg. 34.21 *(978-1-5321-1585-1(7)*, 28746, Abdo & Daughters) ABDO Publishing Co.

Astrophysics for Babies. Chris Ferrie & Julia Kregenow. 2018. (Baby University Ser.: 0). (Illus.). 24p. (J). (gr. -1-k). bds. 9.99 *(978-1-4926-7113-8(4))* Sourcebooks, Inc.

Astrophysics for Young People in a Hurry. Neil deGrasse Tyson & Gregory Mone. 2019. (ENG., Illus.). (J). (gr. 3-7). 192p. 17.95 *(978-1-324-00328-1(6)*, 340328); 176p. pap. 11.95 *(978-0-393-35650-2(7)*, 35650) Norton, W. W. & Co., Inc. (Norton Young Readers).

Astrotwins — Project Rescue. Mark Kelly. 2016. (Astrotwins Ser.). (ENG., Illus.). 256p. (J). (gr. 3-7). 16.99 *(978-1-4814-2458-5(0)*, Simon & Schuster/Paula Wiseman Bks.) Simon & Schuster/Paula Wiseman Bks.

astucieux Répounchou: Collection Contes du Cantou. Anne Mouilleron. Illus. by Anne Mouilleron. 2021. (FRE.). 32p. (J). ***(978-1-329-19458-8(6))*** Lulu Pr., Inc.

Astute Animals from a to Z with Assonance & Alliteration. Jaclyn Howell. 2019. (ENG., Illus.). 64p. (J). (gr. 3-6). 19.95 *(978-0-578-47762-6(9))* Jaclyn Howell.

Asuka: The Karate Girl: Asuka & Origami Giraffe. Ed. by Lloyd Peace. Tr. by Kiemi Shibata. 2022. (ENG.). 58p. (J). pap. 6.00 *(978-1-7377083-0-8(2)*, Babel Pr. U.S.A.) Babel Corp.

Asuntos Personales: Saga Ciudad Oculta I. Héctor Prieto de la Calle. 2021. (Ciudad Oculta Ser.: Vol. 1). (SPA.). 176p. (J). pap. 7.69 *(978-1-716-41887-7(9))* Wright Bks.

Asustado see Asustado (Scared) Bilingual

Asustado (Scared) Bilingual. Amy Culliford. 2022. (Mis Emociones (My Emotions) Bilingual Ser.). Tr. of Asustado. (SPA.). 16p. (J). (gr. -1-1). pap. *(978-1-0396-2454-2(5)*, 20707) Crabtree Publishing Co.

ASVAB Secrets Study Guide: ASVAB Test Review for the Armed Services Vocational Aptitude Battery. Ed. by ASVAB Exam Secrets Test Prep. 2018. (ENG.). 502p. (J). 57.99 *(978-1-5167-1348-6(6))* Mometrix Media LLC.

Asylum: Refugees of Mars. A. L. Collins. Illus. by Tomislav Tikulin. 2018. (Redworld Ser.). (ENG.). 128p. (J). (gr. 3-8). lib. bdg. 25.99 *(978-1-4965-5886-2(3)*, 137024, Stone Arch Bks.) Capstone.

Asylum Novellas: The Scarlets, the Bone Artists, & the Warden. Madeleine Roux. 2016. (Asylum Novella Ser.). (ENG., Illus.). 352p. (YA). (gr. 9). pap. 10.99 *(978-0-06-242446-4(7)*, HarperCollins) HarperCollins Pubs.

Asylyr Super-Sheroes. Ruth Frierson. 2022. (ENG.). 62p. (J). 19.99 ***(978-1-7370053-8-4(7))*** TheCo.YouKeep.net.

At a Dollar a Year: Ripples on the Edge of the Maelstrom. Robert L. Raymond. 2017. (ENG., Illus.). (J). pap. *(978-0-649-38327-6(3))* Trieste Publishing Pty Ltd.

At a Dollar a Year: Ripples on the Edge of the Maelstrom (Classic Reprint) Robert L. Raymond. 2018. (ENG., Illus.). 248p. (J). 29.03 *(978-0-483-40773-2(9))* Forgotten Bks.

At a French Chateau (Classic Reprint) Miriam Irene Kimball. 2017. (ENG., Illus.). (J). 27.42 *(978-0-260-18909-7(X))* Forgotten Bks.

At a Glance: A Short Story. Piper Haak. 2022. (ENG.). 37p. (YA). pap. ***(978-1-387-82738-1(3))*** Lulu Pr., Inc.

At a Party. Alyssa Krekelberg. 2020. (Learning Sight Words Ser.). (ENG.). 24p. (J). (gr. -1-2). lib. bdg. 32.79 *(978-1-5038-3559-7(6)*, 213420) Child's World, Inc, The.

At a Time Like This in Scuppernong Valley. Gloria M. Prather & Deloria D. Bass. 2018. (ENG., Illus.). 112p. (YA). pap. 12.95 *(978-1-64114-984-6(1))* Christian Faith Publishing.

At Aboukir & Acre: A Story of Napoleon's Invasion of Egypt. George Henty. 2017. (ENG., Illus.). (J). 26.95 *(978-1-374-86670-6(9))*; pap. 16.95 *(978-1-374-86669-0(5))* Capital Communications, Inc.

At Anchor: A Story of Our Civil War (Classic Reprint) American American. 2017. (ENG., Illus.). (J). 30.43 *(978-1-5283-6393-8(0))* Forgotten Bks.

At & Peppermint, the Fat Cat. Therese Mullings. 2022. (ENG.). 22p. (J). pap. ***(978-0-2288-6244-4(2))*** Tellwell Talent.

At Bay (Classic Reprint) Alexander. 2018. (ENG., Illus.). 196p. (J). 27.96 *(978-0-267-23463-9(5))* Forgotten Bks.

At Christmas Time (Classic Reprint) Charles W. Wendte. 2018. (ENG., Illus.). 138p. (J). 26.76 *(978-0-267-26449-0(6))* Forgotten Bks.

At Close Range (Classic Reprint) Francis Hopkinson Smith. 2017. (ENG., Illus.). 230p. (J). 28.66 *(978-0-484-55500-5(6))* Forgotten Bks.

At Daddy's Hands: Courage Knows No Age. Jacob Paul Patchen. 2019. (ENG., Illus.). 152p. (YA). (gr. 9-12). pap. 16.95 *(978-1-68433-344-8(X))* Black Rose Writing.

At Daybreak: A Novel (Classic Reprint) Annie Lydia McPhail Kimball. (ENG., Illus.). (J). 2018. 320p. 30.50 *(978-0-364-96399-9(9))*; 2017. pap. 13.57 *(978-0-282-33607-3(9))* Forgotten Bks.

At Eternity's Shore & Other Tales (Classic Reprint) Richard Murry. 2018. (ENG., Illus.). (J). 198p. 27.98 *(978-1-391-23244-7(5))*; 200p. pap. 10.57 *(978-1-390-96538-8(6))* Forgotten Bks.

At Fame's Gateway: The Romance of a Pianiste (Classic Reprint) Jennie Irene Mix. (ENG., Illus.). (J). 2018. 304p. 30.17 *(978-0-484-71637-6(9))*; 2016. pap. 13.57 *(978-1-334-13845-4(1))* Forgotten Bks.

At Fault, Vol. 1 Of 3: A Novel (Classic Reprint) Hawley Smart. 2018. (ENG., Illus.). 286p. (J). 29.82 *(978-0-484-24045-1(5))* Forgotten Bks.

At First Light: 40 Prayers & Quotations from the Baha'i Writings. Created by Chelsea Lee Smith. 2018. (ENG., Illus.). 28p. (J). pap. *(978-0-9876433-1-5(2))* Enable Me To Grow.

At Friggas Feet V1: Sasha the Rabbit & the Tale of the Sun & Moon. Larisa C. Hunter. 2017. (ENG., Illus.). (J). pap. 15.00 *(978-0-9864972-7-8(4)*, SAGA Pr.) Smocking Arts Guild of America.

At Gettysburg: Or What a Girl Saw & Heard of the Battle (Classic Reprint) Tillie Pierce Alleman. 2018. (ENG., Illus.). 132p. (J). 26.62 *(978-0-267-45292-7(6))* Forgotten Bks.

At Good Old Siwash (Classic Reprint) George Fitch. 2017. (ENG., Illus.). (J). 31.38 *(978-0-265-22179-2(X))* Forgotten Bks.

At Harmony Junction: A Comedy Character Sketch for a Singing Quartette (Classic Reprint) Frederick G. Johnson. (ENG., Illus.). (J). 2018. 20p. 24.31 *(978-0-656-20360-4(9))*; 2016. pap. 7.97 *(978-1-333-50106-8(4))* Forgotten Bks.

At Her Mercy, Vol. 1 Of 3: A Novel (Classic Reprint) Mercy Mercy. 2018. (ENG., Illus.). 296p. (J). 30.02 *(978-0-483-89550-8(4))* Forgotten Bks.

At Her Mercy, Vol. 2 Of 3: A Novel (Classic Reprint) Mercy Mercy. 2018. (ENG., Illus.). 282p. (J). 29.71 *(978-0-267-15173-8(X))* Forgotten Bks.

At Her Mercy, Vol. 3 Of 3: A Novel (Classic Reprint) Mercy Mercy. 2018. (ENG., Illus.). 326p. (J). 30.64 *(978-0-483-38017-2(2))* Forgotten Bks.

At His Country's Call: A Tale of the Great War (Classic Reprint) Albert Lee. 2018. (ENG., Illus.). 300p. (J). 30.08 *(978-0-484-53955-5(8))* Forgotten Bks.

At His Gates: A Novel (Classic Reprint) Margaret Oliphant. (ENG., Illus.). (J). 2018. 700p. 38.33 *(978-0-483-98143-0(5))*; 2017. pap. 20.97 *(978-0-243-21598-0(3))* Forgotten Bks.

At His Gates: A Novel (Classic Reprint) Oliphant Oliphant. 2018. (ENG., Illus.). 474p. (J). 33.69 *(978-0-365-41345-5(3))* Forgotten Bks.

At His Gates, Vol. 1 Of 3: A Novel (Classic Reprint) Margaret Oliphant. 2017. (ENG., Illus.). (J). 30.33 *(978-0-331-69289-1(9))* Forgotten Bks.

At His Gates, Vol. 1 Of 3: A Novel (Classic Reprint) Margaret O. W. Oliphant. 2016. (ENG., Illus.). (J). pap. 13.57 *(978-1-333-76949-9(0))* Forgotten Bks.

At His Gates, Vol. 2 Of 3: A Novel (Classic Reprint) Margaret Oliphant. 2017. (ENG., Illus.). (J). 29.71 *(978-0-331-85031-4(1))* Forgotten Bks.

At His Gates, Vol. 2 Of 3: A Novel (Classic Reprint) Margaret O. W. Oliphant. 2016. (ENG., Illus.). (J). pap. 13.57 *(978-1-333-22044-0(8))* Forgotten Bks.

At His Gates, Vol. 3 Of 3: A Novel (Classic Reprint) Margaret O. W. Oliphant. 2017. (ENG., Illus.). (J). 29.94 *(978-0-331-82025-6(0))* Forgotten Bks.

At Home see En Casa

At Home. Illus. by Agnese Baruzzi. 2022. (Baby's First Library). (ENG.). 20p. (J). (— 1). bds. 8.99 *(978-88-544-1882-0(X))* White Star Publishers ITA. Dist: Sterling Publishing Co., Inc.

At Home. Spencer Brinker. 2019. (I Spy Ser.). (ENG., Illus.). 16p. (J). (gr. -1-1). 6.99 *(978-1-64280-393-8(6))* Bearport Publishing Co., Inc.

At Home. Margot Channing. Illus. by Jean Claude. 2018. (First Words & Pictures Ser.). (ENG.). 14p. (J). (gr. -1 — 1). bds. 9.99 *(978-1-68152-411-5(2)*, 14943) Amicus.

At Home. Clever Publishing. Illus. by Berangere Staron. 2019. (My First Words Ser.). (ENG.). 192p. (J). (gr. -1 — 1). pap. 7.99 *(978-1-948418-63-8(0))* Clever Media Group.

At Home among the Squirrels. Nancy E. Luse. 2021. (ENG.). 24p. (J). pap. 10.00 *(978-1-63684-481-7(2))* Primedia eLaunch LLC.

At Home & Abroad: A Sketch-Book of Life, Scenery & Men (Classic Reprint) Bayard Taylor. (ENG., Illus.). (J). 2018. 528p. 34.81 *(978-0-483-26936-1(0))*; 2018. 1024p. 45.04 *(978-0-483-44474-4(X))*; 2016. pap. 27.38 *(978-1-334-76687-9(8))* Forgotten Bks.

At Home & Abroad: A Sketch-Book of Life, Scenery, & Men (Classic Reprint) Bayard Taylor. (ENG., Illus.). (J). 2018. 520p. 34.64 *(978-0-364-35889-4(0))*; 2016. pap. 19.57 *(978-1-333-54063-0(9))* Forgotten Bks.

At Home & Abroad: Or, How to Behave (Classic Reprint) Manners. 2017. (ENG., Illus.). 168p. (J). 27.38 *(978-0-484-73941-2(7))* Forgotten Bks.

At Home & in War: 1853-1881; Reminiscences & Anecdotes (Classic Reprint) Alexander Verestchagin. 2018. (ENG., Illus.). 640p. (J). 37.12 *(978-0-267-82751-0(2))* Forgotten Bks.

At Home (Classic Reprint) John G. Sowerby. (ENG., Illus.). (J). 2018. 38p. 24.68 *(978-0-267-40354-7(2))*; 2016. pap. 7.97 *(978-1-334-11952-1(X))* Forgotten Bks.

At Home in Fiji (Classic Reprint) C. F. Gordon Cumming. 2018. (ENG., Illus.). 392p. (J). 31.98 *(978-0-365-19225-1(2))* Forgotten Bks.

At Home in the Big Back Yard: The Messy Situation. Karla Harney Thompson. 2018. (ENG., Illus.). 48p. (J). (At Home in the Big Back Yard Ser.: Vol. 2). 22.99 *(978-1-949609-67-7(7))*; pap. 14.99 *(978-1-949609-52-3(9))* Pen It Pubns.

At Home in the Spider's Web Coloring Book. Kreative Kids. 2016. (ENG., Illus.). (J). pap. 9.20 *(978-1-68377-299-6(7))* Whlke, Traudl.

at-Home Learning Reward Book for Kids: 48 Motivational Rewards, Each with a Coloring Activity! Sourcebooks. 2020. 96p. (J). (gr. k-3). pap. 9.99 *(978-1-7282-4137-1(5))* Sourcebooks, Inc.

At Home (Mi Casa), 6 bks., Set. Sharon Gordon. Incl. Mi Casa en el Desierto / at Home in the Desert. lib. bdg. 25.50 *(978-0-7614-2453-6(9)*, b39e1ed0-7e36-4b94-8f09-ac39af38a975); Mi Casa en el Rancho / at Home on the Ranch. lib. bdg. 25.50 *(978-0-7614-2458-1(X)*, bc03f33-0068-4c53-8116-10df5a511839); Mi Casa en la Ciudad / at Home in the City. lib. bdg. 25.50 *(978-0-7614-2452-9(0)*, f481798f-2f99-435c-839e-9385e41cab00); Mi Casa en la Granja / at Home on the Farm. lib. bdg. 25.50 *(978-0-7614-2454-3(7)*, 7f886fa0-4a85-406b-b5b2-ef7dde3c4d6d); Mi Casa en la Montana / at Home on the Mountain. lib. bdg. 25.50 *(978-0-7614-2455-0(5)*, dcbe2edd-904f-4295-9f45-4e86dfe0ed75); Mi Casa Junto Al Mar / at Home by the Ocean. lib. bdg. 25.50 *(978-0-7614-2456-7(3)*, 8adb9cd5-03ba-4bd0-ba32-d3cafebd86af); (Illus.). 32p. (gr. k-2). 2008. (Bookworms — Bilingual Editions: at Home/Mi Casa Ser.). (ENG & SPA.). 2006. lib. bdg. *(978-0-7614-2451-2(2)*, Cavendish Square) Cavendish Square Publishing LLC.

At Home with Animals. Marco Fuentes. Ed. by Rebecca; Fuentes Grudzina. 2016. (Spring Forward Ser.). (ENG.). (J). (gr. 2). 6.84 net. *(978-1-4900-6023-1(5))* Benchmark Education Co.

At Home with the Hakkas in South China (Classic Reprint) Sherman A. Nagel. 2017. (ENG., Illus.). (J). 74p. 25.42 *(978-0-332-85669-8(0))*; pap. 9.57 *(978-0-282-37635-2(6))* Forgotten Bks.

At Home with Wild Nature (Classic Reprint) Richard Kearton. (ENG., Illus.). (J). 2018. 244p. 28.95 *(978-0-267-89225-9(X))*; 2016. pap. 11.57 *(978-1-333-54414-0(6))* Forgotten Bks.

At Issue (Fall 2018), 12 vols. 2018. (At Issue Ser.). (ENG.). (YA). (gr. 10-12). lib. bdg. 246.18 *(978-1-5345-0367-0(6)*, c69f3838-67cd-4ccc-88f9-edb6d90733d3) Greenhaven Publishing LLC.

At Issue (Fall 2019) annot. ed. 2019. (At Issue Ser.). (ENG.). 128p. (YA). pap. 166.80 *(978-1-5345-0583-4(0))*; (gr. 10-12). lib. bdg. 246.18 *(978-1-5345-0578-0(4)*, 0cb68286-cdee-4f26-a077-fdffbb2b4702) Greenhaven Publishing LLC.

At Issue (Set) annot. ed. 2017. (At Issue (Paperback) Ser.). (ENG.). (J). pap. 111.20 *(978-1-5345-0001-3(4))* Greenhaven Publishing LLC.

At Issue (Spring 2017), 8 vols. annot. ed. 2016. (At Issue Ser.). (ENG.). 128p. (J). (gr. 10-12). lib. bdg. 164.12 *(978-1-5345-0000-6(6)*, 9510c88d-bd95-4c65-b24b-8c5fe4cb5b79) Greenhaven Publishing LLC.

At Issue (Spring 2018), 12 vols. 2017. (At Issue Ser.). (ENG.). 104p. (YA). (gr. 10-12). lib. bdg. 246.18 *(978-1-5345-0248-2(3)*, 17ff6763-2a0c-421b-8289-d03d9d832695) Greenhaven Publishing LLC.

At Issue (Spring 2020), 12 vols. 2019. (At Issue Ser.). (ENG.). 128p. (YA). (gr. 10-12). lib. bdg. 246.18 *(978-1-5345-0670-1(5)*, f1bff3b3-e94c-4d58-af4d-98d02a018aea) Greenhaven Publishing LLC.

At Large: A Novel (Classic Reprint) E. W. Hornung. 2017. (ENG., Illus.). (J). 31.82 *(978-0-260-26475-6(X))* Forgotten Bks.

At Large in Germany (Classic Reprint) Robert Bolwell. 2018. (ENG., Illus.). 98p. (J). 25.94 *(978-0-267-44848-7(1))* Forgotten Bks.

At Last: A Novel (Classic Reprint) Marion Harland. (ENG., Illus.). (J). 2018. 362p. 31.36 *(978-0-484-57095-4(1))*; 2016. pap. 13.97 *(978-1-333-43436-6(7))* Forgotten Bks.

At Last, Vol. 2 Of 2: A Christmas in the West Indies (Classic Reprint) Charles Kingsley. 2018. (ENG., Illus.). 360p. (J). 31.32 *(978-0-483-36479-0(7))* Forgotten Bks.

At Least I Can Dream. Lo Clark. 2020. (ENG.). 319p. (YA). pap. *(978-1-716-58025-3(0))* Lulu Pr., Inc.

At Love's Extremes (Classic Reprint) Maurice Thompson. 2018. (ENG., Illus.). 276p. (J). 29.59 *(978-0-365-17133-1(6))* Forgotten Bks.

At Market Value: A Novel (Classic Reprint) Grant Allen. 2018. (ENG., Illus.). 370p. (J). 31.53 *(978-0-483-68064-7(8))* Forgotten Bks.

At Midnight: 15 Beloved Fairy Tales Reimagined. Ed. by Dahlia Adler. 2022. (ENG.). 464p. (YA). 19.99 *(978-1-250-80602-4(X)*, 900244129) Flatiron Bks.

At Miss. Penhallow's: Boarding House Scenes (Classic Reprint) Hannah Lincoln Talbot. (ENG., Illus.). (J). 2018. 40p. 24.74 *(978-0-484-53065-1(8))*; 2016. pap. 7.97 *(978-1-333-51868-4(4))* Forgotten Bks.

At Moseti's Bidding: A Tale of the Goaleka War (Classic Reprint) Telkin Kerr. 2018. (ENG., Illus.). 184p. (J). 27.71 *(978-0-483-25879-2(2))* Forgotten Bks.

At My Door. Deb Fitzpatrick. 2016. 128p. (J). (gr. 2-4). 9.95 *(978-1-925162-70-7(2))* Fremantle Pr. AUS. Dist: Independent Pubs. Group.

At My House. Travis Wilson & Chelsea Wilson. 2022. (ENG., Illus.). 30p. (J). pap. 14.95 *(978-1-63961-199-7(1))* Christian Faith Publishing.

At Night. Margaret Peot. 2021. (Illus.). 32p. (J). (gr. -1-4). 16.95 *(978-1-4930-6184-6(4))* Muddy Boots Pr.

At Night - Iha Kalan. Mayra Walsh. Illus. by Sasha Zelenkevich. 2021. (TET.). 24p. (J). pap. *(978-1-922591-91-3(2))* Library For All Limited.

At Odds: A Novel (Classic Reprint) Jemima Montgomery Tautphoeus. 2018. (ENG., Illus.). 476p. (J). 33.71 *(978-0-364-66312-7(X))* Forgotten Bks.

At Odds, Vol. 1 Of 2: A Novel (Classic Reprint) Jemima Von Tautphoeus. 2019. (ENG., Illus.). 360p. (J). 31.32 *(978-0-365-19338-8(0))* Forgotten Bks.

At One-Thirty: A Mystery (Classic Reprint) Isabel Ostrander. 2018. (ENG., Illus.). 326p. (J). 30.62 *(978-0-365-37400-8(8))* Forgotten Bks.

At Psalms School/en la Escuela de Los Salmos: Learning the Multiple Elements of Christian Worship/Aprendiendo Los Múltiples Elementos de la Adoración Cristiana. María Eugenia Cornou & John D. Witvliet. Illus. by Joel Schoon-Tanis. 2019. (ENG & SPA.). 40p. (J). (gr. k-2). 18.95 *(978-1-62277-372-5(1))* G I A Pubns., Inc.

At Random: Essays & Stories (Classic Reprint) Louis Frederic Austin. 2017. (ENG., Illus.). (J). 29.59 *(978-0-266-17087-7(0))* Forgotten Bks.

At School. Spencer Brinker. 2019. (I Spy Ser.). (ENG., Illus.). 16p. (J). (gr. -1-1). 6.99 *(978-1-64280-392-1(8))* Bearport Publishing Co., Inc.

At School. Susan Kesselring. 2018. (J). *(978-1-4896-9963-3(5)*, AV2 by Weigl) Weigl Pubs., Inc.

At School. Illus. by Jan Lewis. 2017. 14p. (J). (gr. -1-12). 11.99 *(978-1-86147-726-2(0)*, Armadillo) Anness Publishing GBR. Dist: National Bk. Network.

At School at Home, or Scenes in Early Life: A Tale for Young Ladies (Classic Reprint) Unknown Author. 2018. (ENG., Illus.). 112p. (J). 26.21 *(978-0-428-46685-5(0))* Forgotten Bks.

At School in the Promised Land: Or, the Story of a Little Immigrant (Classic Reprint) Mary Antin. 2017. (ENG., Illus.). (J). 26.25 *(978-1-5285-8050-2(8))*; pap. 9.57 *(978-0-243-16710-4(5))* Forgotten Bks.

At Seven When I Go to Bed: Bed in Summertime. Robert Louis Stevenson & Ngj Schlieve. 2017. (It's a Classic, Baby Ser.). (ENG., Illus.). 26p. (J). 16.95 *(978-1-947032-16-3(X))*; pap. 11.95 *(978-1-947032-15-6(1))* Pemberley Publishing.

At Sight of Gold (Classic Reprint) Cynthia Lombardi. 2017. (ENG., Illus.). (J). 31.14 *(978-0-266-71974-8(0))*; pap. 13.57 *(978-1-5276-7598-8(X))* Forgotten Bks.

At Somerton: Cinders & Sapphires. Leila Rasheed. 2021. (At Somerton Ser.: 1). 24p. (YA). (gr. 7). pap. 10.99 ***(978-1-368-07805-4(2)***, Disney-Hyperion) Disney Publishing Worldwide.

At Somerton: Diamonds & Deceit-At Somerton. Leila Rasheed. 2022. (At Somerton Ser.: 2). 48p. (YA). (gr. 7-12). pap. 10.99 *(978-1-368-08032-3(4)*, Disney-Hyperion) Disney Publishing Worldwide.

At Somerton: Emeralds & Ashes. Leila Rasheed. 2022. (At Somerton Ser.: 3). 48p. (YA). (gr. 7-12). pap. 10.99 *(978-1-368-08034-7(0)*, Disney-Hyperion) Disney Publishing Worldwide.

At Sunwich Port (Classic Reprint) W. W. Jacobs. 2018. (ENG., Illus.). 352p. (J). 31.16 *(978-0-364-06900-4(7))* Forgotten Bks.

At Suvla Bay (Classic Reprint) John Hargrave. 2018. (ENG., Illus.). 222p. (J). 28.48 *(978-0-267-46018-2(X))* Forgotten Bks.

At the Actors' Boarding House: And Other Stories (Classic Reprint) Helen Green. 2018. (ENG., Illus.). 388p. (J). 31.90 *(978-0-332-99910-4(6))* Forgotten Bks.

At the Age of Eve (Classic Reprint) Kate Trimble Sharber. (ENG., Illus.). (J). 2018. 368p. 31.49 *(978-0-483-66817-1(6))*; 2016. pap. 13.97 *(978-1-334-18217-4(5))* Forgotten Bks.

At the Apple Orchard. Christina Earley. 2023. (Words in My World Ser.). (ENG.). 12p. (J). (gr. -1-2). pap. ***(978-1-0396-9684-6(8)***, 33601) Crabtree Publishing Co.

At the Apple Orchard. Katie Peters. 2023. (Let's Look at Fall (Pull Ahead Readers — Nonfiction) Ser.). (ENG., Illus.). 16p. (J). (gr. -1-1). pap. 8.99 Lerner Publishing Group.

At the Aquarium with Dear Dragon, 10 vols. Marla Conn. 2019. (Dear Dragon Developing Readers Ser.). (ENG., Illus.). 24p. (J). (gr. k-k). 23.94 *(978-1-68450-997-3(1))* Norwood Hse. Pr.

At the Back of the North Wind. Elizabeth Lewis & George MacDonald. 2018. (ENG., Illus.). 84p. (YA). (gr. 7-12). pap. *(978-93-5329-293-5(X))* Alpha Editions.

At the Back of the North Wind. George MacDonald. 2020. (ENG.). 262p. (J). 15.95 *(978-1-64594-072-2(1))* Athanatos Publishing Group.

At the Back of the North Wind. George MacDonald. 2019. (ENG.). (J). 210p. 19.95 *(978-1-61895-446-6(6))*; 208p. pap. 11.95 *(978-1-61895-445-9(8))* Bibliotech Pr.

At the Back of the North Wind. George MacDonald. 2017. (ENG., Illus.). (J). 25.95 *(978-1-374-94783-2(0))* Capital Communications, Inc.

At the Back of the North Wind. George MacDonald. 2021. (ENG.). 222p. (J). pap. 8.90 *(978-1-60942-604-0(5))* Information Age Publishing, Inc.

At the Back of the North Wind. George MacDonald. 2016. (ENG., Illus.). 308p. (J). *(978-1-365-20561-3(4))* Lulu Pr., Inc.

At the Back of the North Wind. George MacDonald. 2018. (ENG., Illus.). 220p. (J). 24.99 *(978-1-5154-3562-4(8))* Wilder Pubns., Corp.

At the Back of the North Wind: A Modern Version of George MacDonald's Classic. George MacDonald. Ed. by Sheila Stewart. 2020. (ENG.). 318p. (YA). pap. 19.95 *(978-1-62524-828-2(8))* Harding Hse. Publishing Sebice Inc.

At the Back of the North Wind (Classic Reprint) George Mac Donald. 2017. (ENG., Illus.). (J). 31.86 *(978-0-265-73593-0(9))* Forgotten Bks.

At the Back of the North Wind (Illustrated) Children's Classic Fantasy Novel. George MacDonald. 2019. (ENG.). 162p. (J). pap. *(978-80-273-3162-8(5))* E-Artnow.

At the Bank with Dear Dragon, 10 vols. Marla Conn. Illus. by David Schimmell. 2019. (Dear Dragon Developing Readers Ser.). (ENG.). 24p. (J). (gr. k-k). pap. 11.94 *(978-1-68404-309-5(3))* Norwood Hse. Pr.

At the Bar, Vol. 1 Of 2: A Tale (Classic Reprint) Charles Allston Collins. 2018. (ENG., Illus.). 314p. (J). 30.39 *(978-0-483-66604-7(1))* Forgotten Bks.

At the Barn: An Idyll in Three Acts (Classic Reprint) Anthony P. Wharton. 2018. (ENG., Illus.). 94p. (J). 25.84 *(978-0-365-24138-6(5))* Forgotten Bks.

At the Battle of Antietam: An Interactive Battlefield Adventure. Matt Doeden. 2018. (You Choose: American Battles Ser.). (ENG., Illus.). 112p. (J). (gr. 3-7). lib. bdg. 32.65 *(978-1-5435-0288-6(1))*, 137158, Capstone Pr.) Capstone.

At the Battle of Bull Run: An Interactive Battlefield Adventure. Eric Braun. 2018. (You Choose: American Battles Ser.). (ENG., Illus.). 112p. (J). (gr. 3-7). pap. 6.95 *(978-1-5435-0295-4(4))*, 137164); lib. bdg. 32.65 *(978-1-5435-0291-6(1))*, 137160) Capstone. (Capstone Pr.).

At the Battle of the Ironclads: An Interactive Battlefield Adventure. Matt Doeden. 2018. (You Choose: American Battles Ser.). (ENG., Illus.). 112p. (J). (gr. 3-7). pap. 6.95 *(978-1-5435-0294-7(6))*, 137163); lib. bdg. 32.65 *(978-1-5435-0290-9(3))*, 137159) Capstone. (Capstone Pr.).

At the Battle of Yorktown: An Interactive Battlefield Adventure. Eric Braun. 2018. (You Choose: American Battles Ser.). (ENG., Illus.). 112p. (J). (gr. 3-7). pap. 6.95 *(978-1-5435-0293-0(8))*, 137162); lib. bdg. 32.65 *(978-1-5435-0289-3(X))*, 137157) Capstone. (Capstone Pr.).

At the Beach. Spencer Brinker. 2019. (I Spy Ser.). (ENG., Illus.). 16p. (J). (gr. -1-1). 6.99 *(978-1-64280-397-6(9))* Bearport Publishing Co., Inc.

At the Beach. Christina Earley. 2023. (Words in My World Ser.). (ENG.). 12p. (J). (gr. -1-2). pap. ***(978-1-0396-9689-1(9)***, 33604) Crabtree Publishing Co.

At the Beach. Kenny Rettore. Illus. by Francesca Ferri. 2018. 8p. (J). (gr. -1 — 1). 6.99 *(978-1-4380-7862-5(5))* Sourcebooks, Inc.

At the Beach. Trace Taylor & Gina Zorzi. 2017. (1-3Y in My World Ser.). (ENG., Illus.). 20p. (J). (gr. k-1). pap. 9.60 *(978-1-59301-261-8(6))* American Reading Co.

At the Beach. Shira Evans. ed. 2018. (National Geographic Readers Ser.). (ENG.). 23p. (J). (gr. -1-1). 13.89 *(978-1-64310-375-4(X))* Penworthy Co., LLC, The.

At the Beach. Anne Rockwell. Illus. by Harlow Rockwell. ed. 2016. (ENG.). 24p. (J). (gr. -1-3). lib. bdg. 17.20 *(978-0-606-39423-9(0))* Turtleback.

At the Beach Coloring Fun - Coloring Books 5 Year Old Edition. Creative Playbooks. 2016. (ENG., Illus.). (J). pap. 7.74 *(978-1-68323-023-6(X))* Twin Flame Productions.

At the Bridge Weebee Book 17. R. M. Price-Mohr. 2021. (ENG.). 34p. (J). pap. *(978-1-913946-46-3(0))* Crossbridge Bks.

At the Bridge Weebee Book 17a. R. M. Price-Mohr. 2021. (ENG.). 34p. (J). pap. *(978-1-913946-55-5(X))* Crossbridge Bks.

At the Butterfly House (Classic Reprint) Edna A. Brown. (ENG., Illus.). (J). 2018. 380p. 31.73 *(978-0-483-94216-5(2))*; 2017. pap. 16.57 *(978-0-243-44813-5(9))* Forgotten Bks.

At the Cabin: In the Woods by the Lake up North. Cheryl Weibye Wilke. Illus. by Rebecca Stouffer. 2017. (J). pap. *(978-0-9835189-7-6(1))* Raven Productions, Inc.

At the Carnival! Hunter Reid. Illus. by Stephanie Hinton. 2017. (Fluorescent Pop! Ser.). (ENG.). 14p. (J). (gr. -1-k). bds. 5.99 *(978-1-4998-0242-9(0))* Little Bee Books Inc.

At the Carnival with Dear Dragon, 10 vols. Marla Conn. Illus. by David Schimmell. 2019. (Dear Dragon Developing Readers Ser.). (ENG.). 24p. (J). (gr. k-k). pap. 11.94 *(978-1-68404-311-8(5))* Norwood Hse. Pr.

At the Casa Napoleon (Classic Reprint) Thomas A. Janvier. 2018. (ENG., Illus.). 262p. (J). 29.30 *(978-0-483-46318-9(3))* Forgotten Bks.

At the Circus! Coloring Books 6-10 Edition. Creative Playbooks. 2016. (ENG., Illus.). (J). pap. 7.74 *(978-1-68323-095-3(7))* Twin Flame Productions.

At the Clinic - N Te Kiriiniki (Te Kiribati) Eileen Rhonna Marita. Illus. by Clarice Masajo. 2022. (MIS.). 26p. (J). pap. ***(978-1-922918-18-5(0))*** Library For All Limited.

At the Construction Site (Set), 8 vols. Julia Jaske. 2021. (At the Construction Site Ser.). (ENG., Illus.). 16p. (J). (gr. -1-2). pap., pap., pap. 90.86 *(978-1-5341-9275-1(1))*, 218871, Cherry Blossom Press) Cherry Lake Publishing.

At the Councillor's, or a Nameless History: Translated from the German (Classic Reprint) Eugenie Marlitt. (ENG., Illus.). (J). 2018. 358p. 31.30 *(978-0-483-88535-6(5))*; 2016. pap. 13.97 *(978-1-333-26879-4(3))* Forgotten Bks.

At the Court of the Amir: A Narrative (Classic Reprint) John Alfred Gray. 2018. (ENG., Illus.). 554p. (J). 35.34 *(978-0-365-39805-9(5))* Forgotten Bks.

At the Court of the Maharaja: A Story of Adventure (Classic Reprint) Louis Tracy. 2017. (ENG., Illus.). (J). 30.27 *(978-0-265-71092-0(8))*; pap. 13.57 *(978-1-5276-6297-1(7))* Forgotten Bks.

At the Crop Farm, 1 vol. George Pendergast. 2016. (Fun on the Farm Ser.). (ENG.). 24p. (J). (gr. k-k). pap. 9.15 *(978-1-4824-5512-0(9)*, e773d569-b4af-4c72-8077-fb955262b97e) Stevens, Gareth Publishing LLLP.

At the Cross-Roads (Classic Reprint) F. F. Montresor. 2017. (ENG., Illus.). 418p. (J). 32.52 *(978-0-332-90958-5(1))* Forgotten Bks.

At the Crossing (Classic Reprint) Ann Hawkes Hutton. (ENG., Illus.). (J). 2018. 178p. 27.53 *(978-0-332-07656-0(3))*; 2016. pap. 9.97 *(978-1-333-56750-7(2))* Forgotten Bks.

At the Crossing with Denis Mcshane (Classic Reprint) William Allen Knight. 2018. (ENG., Illus.). 78p. (J). 25.51 *(978-0-484-00206-6(6))* Forgotten Bks.

At the Crossroads (Classic Reprint) Harriet T. Comstock. 2018. (ENG., Illus.). 290p. (J). 29.90 *(978-0-483-46574-9(7))* Forgotten Bks.

At the Dairy Farm. George Pendergast. 2017. (Fun on the Farm Ser.). (ENG.). 24p. (J). (gr. -1-1). 18.95 *(978-1-5311-8644-9(0))* Perfection Learning Corp.

At the Dairy Farm, 1 vol. George Pendergast. 2016. (Fun on the Farm Ser.). (ENG.). 24p. (J). (gr. k-k). pap. 9.15 *(978-1-4824-5516-8(1)*, f7678aa7-9058-433c-aaf3-953aeebf7d95) Stevens, Gareth Publishing LLLP.

At the Dentist. Christina Earley. 2023. (Words in My World Ser.). (ENG.). 12p. (J). (gr. -1-2). pap. ***(978-1-0396-9686-0(4)***, 33607) Crabtree Publishing Co.

At the Dentist with Dear Dragon, 10 vols. Marla Conn. Illus. by David Schimmell. 2019. (Dear Dragon Developing Readers Ser.). (ENG.). 24p. (J). (gr. k-k). pap. 11.94 *(978-1-68404-312-5(3))* Norwood Hse. Pr.

At the Depot: A Character Play, in One Act (Classic Reprint) Anne M. Palmer. 2018. (ENG., Illus.). 22p. (J). 24.35 *(978-0-267-50572-2(8))* Forgotten Bks.

At the Doctor's Office. Spencer Brinker. 2019. (I Spy Ser.). (ENG., Illus.). 16p. (J). (gr. -1-1). 6.99 *(978-1-64280-396-9(0))* Bearport Publishing Co., Inc.

At the Door of the Gate (Classic Reprint) Forrest Reid. 2017. (ENG., Illus.). (J). 30.87 *(978-0-266-47802-7(6))* Forgotten Bks.

At the Drop of a Cat. Elise Fontenaille. Tr. by Karin Snelson. Illus. by Violeta Lopiz. 2023. 36p. (J). (gr. k-3). 18.95 *(978-1-59270-382-1(8))* Enchanted Lion Bks., LLC.

At the Edge. Emmanuel Wallace. 2022. (ENG.). 120p. (J). pap. 12.99 ***(978-1-312-43140-9(7))*** Lulu Pr., Inc.

At the Edge of the Universe. Shaun David Hutchinson. (ENG.). (YA). (gr. 9). 2018. 512p. pap. 13.99 *(978-1-4814-4967-0(2))*; 2017. (Illus.). 496p. 17.99 *(978-1-4814-4966-3(4))* Simon Pulse. (Simon Pulse).

At the Edge of the Universe. Shaun David Hutchinson. ed. 2018. lib. bdg. 23.30 *(978-0-606-40833-2(9))* Turtleback.

At the Edge of the World, 1 vol. Kari Jones. 2016. (ENG.). 256p. (YA). (gr. 8-12). pap. 14.95 *(978-1-4598-1062-4(7))* Orca Bk. Pubs. USA.

At the Eleventh Hour (Classic Reprint) David Lyall. (ENG., Illus.). (J). 2018. 246p. 28.97 *(978-0-332-15134-2(4))*; 2016. pap. 11.57 *(978-1-334-14527-8(X))* Forgotten Bks.

At the Emperor's Wish: A Tale of the New Japan (Classic Reprint) Oscar King Davis. 2017. (ENG., Illus.). (J). 27.49 *(978-1-5283-7989-2(6))* Forgotten Bks.

At the End of Everything. Marieke Nijkamp. 2022. (Illus.). 400p. (YA). (gr. 8-12). 18.99 *(978-1-4926-7315-6(3))* Sourcebooks, Inc.

At the End of the Trail: A Story of the New Jersey Indians (Classic Reprint) Minnie May Monks. 2017. (ENG., Illus.). (J). 24.56 *(978-0-266-92080-9(2))* Forgotten Bks.

At the Fair. Ladybird Books Staff. 2018. (Read It Yourself with Ladybird Ser.). 32p. (J). (-1). 4.99 *(978-0-241-31249-0(3))* Penguin Bks., Ltd. GBR. Dist: Independent Pubs. Group.

At the Farm. Czeena Devera. 2019. (I Can See Ser.). (ENG.). 16p. (J). (gr. -1-2). pap. 11.36 *(978-1-5341-3915-2(X))*, 212495, Cherry Blossom Press) Cherry Lake Publishing.

At the Farm. Christina Earley. 2023. (Words in My World Ser.). (ENG.). 12p. (J). (gr. -1-2). pap. ***(978-1-0396-9688-4(0)***, 33610) Crabtree Publishing Co.

At the Farm with Bobby. Ruth Wielockx. 2019. (Bobby Ser.). (ENG., Illus.). 16p. (J). 17.95 *(978-1-60537-482-6(2))* Clavis Publishing.

At the Firehouse (a Tinyville Town Book) Brian Biggs. 2019. (ENG., Illus.). 22p. (J). (gr. -1 — 1). bds. 9.99 *(978-1-4197-3151-8(3))*, 1119901, Abrams Appleseed) Abrams, Inc.

At the Firehouse with Dear Dragon, 10 vols. Marla Conn. Illus. by David Schimmell. 2019. (Dear Dragon Developing Readers Ser.). (ENG.). 24p. (J). (gr. k-k). pap. 11.94 *(978-1-68404-313-2(1))* Norwood Hse. Pr.

At the First Corner, & Other Stories (Classic Reprint) H. B. Marriott Watson. 2018. (ENG., Illus.). 248p. (J). 29.01 *(978-0-484-25306-2(9))* Forgotten Bks.

At the First Corner, & Other Stories (Classic Reprint) Henry Brereton Marriott Watson. 2018. (ENG., Illus.). 248p. (J). 29.01 *(978-0-267-29749-8(1))* Forgotten Bks.

At the Fish Hut. Cecilia Minden. 2018. (What I Eat Ser.). (ENG.). 16p. (J). (gr. -1-2). pap. 11.36 *(978-1-5341-2867-5(0))*, 211522, Cherry Blossom Press) Cherry Lake Publishing.

At the Foot of the Rainbow (Classic Reprint) Gene Stratton-Porter. 2017. (ENG., Illus.). (J). 29.42 *(978-0-331-94598-0(3))* Forgotten Bks.

At the Foot of the Rockies: Stories of Mountain & Plain or Boy Life on the Old Ranche (Classic Reprint) George H. De La Vergne. 2018. (ENG., Illus.). 212p. (J). 28.29 *(978-0-365-45083-2(9))* Forgotten Bks.

At the Foot of the Rockies (Classic Reprint) Carter Goodloe. (ENG., Illus.). (J). 2018. 314p. 30.39 *(978-0-483-46738-5(3))*; 2016. pap. 13.57 *(978-1-333-35765-8(6))* Forgotten Bks.

At the Foot of the Sand Hills. Henry S. Spalding S J. 2020. (ENG., Illus.). 174p. (J). pap. 12.95 *(978-1-936639-53-3(X))* St. Augustine Academy Pr.

At the Front (Classic Reprint) Alec Johnston. (ENG., Illus.). (J). 2018. 150p. 26.99 *(978-0-332-42075-2(2))*; 2016. pap. 9.57 *(978-1-333-65506-8(1))* Forgotten Bks.

At the Front in a Flivver (Classic Reprint) William Yorke Stevenson. 2017. (ENG., Illus.). (J). 30.62 *(978-0-265-77531-8(0))* Forgotten Bks.

At the Gate of Samaria. William John Locke. 2017. (ENG.). 356p. (J). pap. *(978-3-337-03207-4(9))* Creation Pubs.

At the Gate of Samaria: A Novel (Classic Reprint) William John Locke. 2017. (ENG., Illus.). (J). 31.24 *(978-1-5284-5362-2(X))* Forgotten Bks.

At the Grass Roots: Comprising the Christmas of 1883, & Other Vagrant Sketches (Classic Reprint) Jay Elmer House. (ENG., Illus.). (J). 2018. 154p. 27.07 *(978-0-483-59019-9(3))*; 2016. pap. 9.57 *(978-1-333-63663-0(6))* Forgotten Bks.

At the Green Goose (Classic Reprint) D. B. W. Lewis. 2017. (ENG., Illus.). (J). 27.09 *(978-0-260-92073-7(8))* Forgotten Bks.

At the Haiku Zoo. Bernice Seward. Illus. by Bernice Seward. 2017. (ENG., Illus.). (J). (gr. k-3). pap. 9.99 *(978-0-9995378-0-0(6))* Seward, Bernice.

At the Hair Salon: Over & over Again, 1 vol. Seth Matthas. 2017. (Computer Science for the Real World Ser.). (ENG.). 12p. (gr. 1-2). pap. *(978-1-5383-5168-0(4)*, 33b97434-daf9-434f-8030-ee582e715297, Rosen Classroom) Rosen Publishing Group, Inc., The.

At the Heels of History Collection (Boxed Set) Filigree's Midnight Ride; Bo-Bo's Cave of Gold; Minsha's Night on Ellis Island. Pam Berkman & Dorothy Hearst. Illus. by Claire Powell. ed. 2020. (At the Heels of History Ser.). (ENG.). 592p. (J). (gr. 1-4). pap. 22.99 *(978-1-5344-7909-8(0))*, McElderry, Margaret K. Bks.) McElderry, Margaret K. Bks.

At the Height of the Moon: A Book of Bedtime Poetry & Art. Ed. by Annette Roeder et al. 2021. (ENG., Illus.). 160p. (J). (gr. k-4). 24.95 *(978-3-7913-7480-2(X))* Prestel Verlag GmbH & Co KG. DEU. Dist: Penguin Random Hse. LLC.

At the Horse Farm, 1 vol. Bruce Esseltine. 2016. (Fun on the Farm Ser.). (ENG.). 24p. (J). (gr. k-k). pap. 9.15 *(978-1-4824-5524-3(2)*, ad000461-c156-4b98-8bb1-31550378958c) Stevens, Gareth Publishing LLLP.

At the Hospital: Shine-A-light. Carron Brown. Illus. by Ipek Konak. 2018. (ENG.). 36p. (J). 12.99 *(978-1-61067-664-9(5))* Kane Miller.

At the Hospital with Dear Dragon, 10 vols. Marla Conn. 2019. (Dear Dragon Developing Readers Ser.). (ENG., Illus.). 24p. (J). (gr. k-k). 23.94 *(978-1-68450-991-1(2))* Norwood Hse. Pr.

At the Lake. Geoff Laughton. 2016. (ENG., Illus.). (J). 24.99 *(978-1-63477-937-1(1))*, Harmony Ink Pr.) Dreamspinner Pr.

At the Library. Spencer Brinker. 2019. (I Spy Ser.). (ENG., Illus.). 16p. (J). (gr. -1-1). 6.99 *(978-1-64280-395-2(2))* Bearport Publishing Co., Inc.

At the Library with Dear Dragon, 10 vols. Marla Conn. Illus. by David Schimmell. 2019. (Dear Dragon Developing Readers Ser.). (ENG.). 24p. (J). (gr. k-k). pap. 11.94 *(978-1-68404-315-6(8))* Norwood Hse. Pr.

At the Little Brown House. Ruth Alberta Brown. 2017. (ENG., Illus.). (J). 24.95 *(978-1-374-98681-7(X))*; pap. 14.95 *(978-1-374-98680-0(1))* Capital Communications, Inc.

At the Market. Spencer Brinker. 2019. (I Spy Ser.). (ENG., Illus.). 16p. (J). (gr. -1-1). 6.99 *(978-1-64280-398-3(7))* Bearport Publishing Co., Inc.

At the Market. Kym Simoncini. 2021. (ENG.). 26p. (J). pap. *(978-1-922621-32-0(3))* Library For All Limited.

At the Market - N Te Mwaakete (Te Kiribati) Kym Simoncini. Illus. by Stefan Bogdasarov. 2023. (ENG.). 26p. (J). pap. ***(978-1-922849-07-6(3))*** Library For All Limited.

At the Market. Cambridge Reading Adventures. Pink B Band. Alison Hawes. Illus. by LeyHonor Robert. ed. 2016. (Cambridge Reading Adventures Ser.). (ENG.). 16p. pap. 7.95 *(978-1-107-54993-7(0))* Cambridge Univ. Pr.

At the Market with Dear Dragon, 10 vols. Marla Conn. Illus. by David Schimmell. 2019. (Dear Dragon Developing Readers Ser.). (ENG.). 24p. (J). (gr. k-k). pap. 11.94 *(978-1-68404-316-3(6))* Norwood Hse. Pr.

At the Marsh in the Meadow. Jeanie Mebane. Illus. by Gérald Guerlais. 2016. (ENG.). 32p. (J). (gr. 1-3). 17.99 *(978-1-58536-958-4(6))*, 204028) Sleeping Bear Pr.

At the Mercy of Tiberius a Novel (Classic Reprint) Augusta Evans Wilson. 2017. (ENG., Illus.). (J). 36.73 *(978-0-260-58987-3(X))* Forgotten Bks.

At the Mercy of Turkish Brigands (Classic Reprint) D. c. Eby. 2018. (ENG., Illus.). 288p. (J). 29.86 *(978-0-365-19318-0(6))* Forgotten Bks.

At the Mikado's Court: The Adventures of Three American Boys in American Japan (Classic Reprint) Henry Harrison Lewis. 2018. (ENG., Illus.). 300p. (J). 30.08 *(978-0-267-45642-0(5))* Forgotten Bks.

At the Moment of Victory, Vol. 1 of 3 (Classic Reprint) C. L. Pirkis. (ENG., Illus.). (J). 2018. 264p. 29.36 *(978-0-428-24408-8(4))*; 2016. pap. 11.97 *(978-1-333-65376-7(X))* Forgotten Bks.

At the Moment of Victory, Vol. 2 of 3 (Classic Reprint) C. L. Pirkis. (ENG., Illus.). (J). 2018. 238p. 28.85 *(978-0-484-15345-4(5))*; 2016. pap. 11.57 *(978-1-333-39095-2(5))* Forgotten Bks.

At the Moment of Victory, Vol. 3 of 3 (Classic Reprint) Catherine Louisa Pirkis. (ENG., Illus.). (J). 2018. 270p. 29.47 *(978-0-332-93080-0(7))*; 2016. pap. 11.97 *(978-1-333-28755-9(0))* Forgotten Bks.

At the Moorings (Classic Reprint) Rosa Nouchette Carey. 2018. (ENG., Illus.). 492p. (J). 34.04 *(978-0-428-68212-5(X))* Forgotten Bks.

At the Moovies. Jana Gatien. 2017. (ENG., Illus.). 32p. (J). *(978-1-5255-1381-7(8))*; pap. *(978-1-5255-1382-4(6))* FriesenPress.

At the Mountain's Base. Traci Sorell. Illus. by Weshoyot Alvitre. 2019. 32p. (J). (gr. -1-3). 18.99 *(978-0-7352-3060-6(9))*, Kokila) Penguin Young Readers Group.

At the Mountains of Madness. H. P. Lovecraft. 2020. (ENG.). 104p. (YA). 23.51 *(978-1-716-45004-4(7))*; pap. 8.99 *(978-1-716-45009-9(8))* Lulu Pr., Inc.

At the Museum: Practicing the YOO Sound, 1 vol. Dylan Karsten. 2016. (Rosen Phonics Readers Ser.). (ENG.). 12p. (J). (gr. -1-2). pap. *(978-1-5081-3238-7(0)*, 5703a5c6-a20d-44a7-8b2f-e43f72e43931, Rosen Classroom) Rosen Publishing Group, Inc., The.

At the Museum with Wandering Eyes. Ann T. Bugg. 2016. (ENG., Illus.). (J). pap. 8.99 *(978-1-365-28313-0(5))* Lulu Pr., Inc.

At the Open Door (Classic Reprint) Louise Robinson. 2018. (ENG., Illus.). 172p. (J). 27.46 *(978-0-267-41297-6(5))* Forgotten Bks.

At the Orchard, 1 vol. Bruce Esseltine. 2016. (Fun on the Farm Ser.). (ENG.). 24p. (J). (gr. k-k). pap. 9.15 *(978-1-4824-5528-1(5)*, eacdc321-2f7e-49e9-b465-7002b6b82590) Stevens, Gareth Publishing LLLP.

At the Park. Keith Baker. 2016. (Mr. & Mrs. Green Ser.). (ENG., Illus.). 32p. (J). (gr. 1-4). pap. 4.99 *(978-0-544-55556-3(2))*, 1610462, Clarion Bks.) HarperCollins Pubs.

At the Park. Spencer Brinker. 2019. (I Spy Ser.). (ENG., Illus.). 16p. (J). (gr. -1-1). 6.99 *(978-1-64280-394-5(4))* Bearport Publishing Co., Inc.

At the Park. Czeena Devera. 2019. (I Can See Ser.). (ENG.). 16p. (J). (gr. -1-2). pap. 11.36 *(978-1-5341-3916-9(8))*, 212498, Cherry Blossom Press) Cherry Lake Publishing.

At the Park. Christina Earley. 2023. (Words in My World Ser.). (ENG.). 12p. (J). (gr. -1-2). pap. ***(978-1-0396-9685-3(6)***, 33616) Crabtree Publishing Co.

At the Park. Sally Anne Garland. Illus. by Sally Anne Garland. 2022. (ENG., Illus.). 14p. (J). (gr. -1 — 1). bds. 8.99 *(978-1-913639-94-5(0)*, b94cbe5e-87b4-460d-bc54-caa42a60bc13, Catch a Star) New Frontier Publishing AUS. Dist: Lerner Publishing Group.

At the Park. Dani Moon. 2023. (Baby Boom Bks.: Vol. 1). (ENG.). 20p. (J). ***(978-0-2288-3299-7(3))***; pap. ***(978-0-2288-3298-0(5))*** Tellwell Talent.

At the Playground: English Edition. Louise Flaherty. Illus. by Amiel Sandland. 2020. (Nunavummi Reading Ser.). (ENG.). 12p. (J). pap. 7.95 *(978-1-77450-056-9(6))* Inhabit Education Bks. Inc. CAN. Dist: Consortium Bk. Sales & Distribution.

At the Playground Coloring Books 4 Year Old Edition. Creative Playbooks. 2016. (ENG., Illus.). (J). pap. 7.74 *(978-1-68323-022-9(1))* Twin Flame Productions.

At the Point of the Sword: A Story for Boys. Herbert Hayens. 2017. (ENG., Illus.). (J). 26.95 *(978-1-374-87012-3(9))*; pap. 16.95 *(978-1-374-87011-6(0))* Capital Communications, Inc.

At the Poles, 1 vol. Louise Spilsbury & Richard Spilsbury. 2016. (Science on Patrol Ser.). (ENG.). 48p. (J). (gr. 4-5). pap. 15.05 *(978-1-4824-5968-5(X)*, 5ed11f59-1ecf-4119-9aef-1588a08fa4b9) Stevens, Gareth Publishing LLLP.

At the Police Station with Dear Dragon, 10 vols. Marla Conn. 2019. (Dear Dragon Developing Readers Ser.). (ENG., Illus.). 24p. (J). (gr. k-k). 23.94 *(978-1-68450-988-1(2))* Norwood Hse. Pr.

At the Pond *see* **L'étang**

At the Pond. David Elliott. Illus. by Amy Schimler-Safford. 2022. (ENG.). 40p. (J). (gr. -1-2). 18.99 *(978-1-5362-0598-5(2))* Candlewick Pr.

At the Pond. Taylor Farley. 2021. (In My Community Ser.). (ENG., Illus.). 24p. (J). (gr. -1-1). pap. *(978-1-4271-2963-5(0))*, 11174); lib. bdg. *(978-1-4271-2953-6(3))*, 11163) Crabtree Publishing Co.

At the Pond, 1 vol. Geraldo Valério. 2020. (ENG., Illus.). 48p. (J). (gr. -1-2). 19.95 *(978-1-77306-232-7(8))* Groundwood Bks. CAN. Dist: Publishers Group West (PGW).

At the Pond with Dear Dragon, 10 vols. Marla Conn. 2019. (Dear Dragon Developing Readers Ser.). (ENG., Illus.). 24p. (J). (gr. k-k). 23.94 *(978-1-68450-982-9(3))* Norwood Hse. Pr.

At the Premiere. JoAnn S. Dawson. 2017. (ENG., Illus.). (J). pap. 9.99 *(978-1-4566-2851-2(8))* eBookit.com.

At the Pumpkin Patch. Katie Peters. 2023. (Let's Look at Fall (Pull Ahead Readers — Nonfiction) Ser.). (ENG., Illus.). 16p. (J). (gr. -1-1). pap. 8.99 Lerner Publishing Group.

At the Recycling Center: Sharing & Reusing, 1 vol. Miriam Phillips. 2017. (Computer Science for the Real World Ser.). (ENG.). 16p. (gr. 2-3). pap. *(978-1-5383-5245-8(1)*, b9aa0cad-bc7a-4f9c-9e58-f2be10a6ed28, Rosen Classroom) Rosen Publishing Group, Inc., The.

At the Reef. Christina Earley. 2023. (Blue Marlin Readers Ser.). (ENG.). (J). (gr. 2-6). 16p. lib. bdg. 25.27 ***(978-1-63897-995-1(2)***, 32761); (Illus.). pap. 8.95 Seahorse Publishing.

At the Relton Arms (Classic Reprint) Evelyn Sharp. 2018. (ENG., Illus.). 224p. (J). 28.54 *(978-0-483-66087-8(6))* Forgotten Bks.

At the Rising of the Moon: Irish Stories & Studies (Classic Reprint) Frank Mathew. (ENG., Illus.). (J). 2018. 254p. 29.14 *(978-0-365-34606-7(3))*; 2017. pap. 11.57 *(978-1-5276-3904-1(5))* Forgotten Bks.

At the Rodeo! Cowboy Coloring Book. Bold Illustrations. 2018. (ENG., Illus.). 84p. (J). pap. 6.92 *(978-1-64193-989-8(3))*, Bold Illustrations) FASTLANE LLC.

At the Scene. Valerie Bodden. 2017. (Odysseys in Crime Scene Science Ser.). (ENG., Illus.). 80p. (J). (gr. 7-10). *(978-1-60818-679-2(2))*, 20300, Creative Education) Creative Co., The.

122

The check digit for ISBN-10 appears in parentheses after the full ISBN-13

At the School. Christina Earley. 2023. (Words in My World Ser.). (ENG.). 12p. (J). (gr. -1-2). pap. *(978-1-0396-9687-7(2)*, 33619) Crabtree Publishing Co.

At the Seashore: My Nature Sticker Activity Book (Ages 5 & up, with 120 Stickers, 24 Activities & 1 Quiz) My Nature Sticker Activity Book. Olivia Cosneau. 2016. (ENG., Illus.). 24p. (J). (gr. k-3). 9.99 *(978-1-61689-461-0(X))* Princeton Architectural Pr.

At the Sheep Farm, 1 vol. Bruce Esseltine. 2016. (Fun on the Farm Ser.). (ENG.). 24p. (J). (gr. k-k). pap. 9.15 *(978-1-4824-5532-8(3)*, 5eaf2958-03c6-4afa-a8a7-914832214036) Stevens, Gareth Publishing LLLP.

At the Shore. Carole Doughty. Illus. by Liz Bobzin. l.t. ed. 2019. (My Family & Me Ser.: Vol. 3). (ENG.). 20p. (J). (gr. k-6). pap. 11.99 *(978-1-63073-282-0(6))* Faithful Life Pubs.

At the Sign of the Burning Bush (Classic Reprint) M. Little. (ENG., Illus.). (J). 2018. 356p. 31.24 *(978-0-332-57978-8(6))*; 2017. pap. 13.97 *(978-1-5276-3872-3(3))* Forgotten Bks.

At the Sign of the Dollar (Classic Reprint) Wallace Irwin. (ENG., Illus.). (J). 2017. 162p. 27.26 *(978-0-332-09648-3(3))*; 2016. pap. 9.97 *(978-1-333-34589-1(5))* Forgotten Bks.

At the Sign of the Fox: A Romance (Classic Reprint) Barbara Barbara. 2017. (ENG., Illus.). (J). 31.92 *(978-1-5282-7278-0(1))* Forgotten Bks.

At the Sign of the Guillotine (Classic Reprint) Harold Spender. 2017. (ENG., Illus.). (J). 298p. 30.06 *(978-0-332-03831-5(9))*; pap. 13.57 *(978-1-5276-0548-0(5))* Forgotten Bks.

At the Sign of the Jack o' Lantern (Classic Reprint) Myrtle Reed. 2017. (ENG., Illus.). (J). 31.45 *(978-0-265-21538-8(2))* Forgotten Bks.

At the Sign of the Oldest House: A Modern Romance (Classic Reprint) Juliet Wilbor Tompkins. 2018. (ENG., Illus.). 262p. (J). 29.30 *(978-0-484-02143-2(5))* Forgotten Bks.

At the Sign of the Oldest House; a Modern Romance. Juliet Wilbor Tompkins. 2017. (ENG., Illus.). (J). pap. *(978-0-649-06843-2(2))* Trieste Publishing Pty Ltd.

At the Sign of the Silver Crescent (Classic Reprint) Helen Choate Prince. 2017. (ENG., Illus.). (J). 388p. 31.92 *(978-0-484-11723-4(8))*; pap. 16.57 *(978-0-259-40999-1(5))* Forgotten Bks.

At the Sign of the Three Birches (Classic Reprint) Amy Brooks. 2018. (ENG., Illus.). 426p. (J). 32.68 *(978-0-484-16712-3(X))* Forgotten Bks.

At the Speed of Lies. Cindy L. Otis. 2023. (ENG.). 368p. (YA). (gr. 7). 19.99 *(978-1-338-80676-2(9)*, Scholastic Pr.) Scholastic, Inc.

At the Squire's in Old Salem (Classic Reprint) Mary Saltonstall Parker. 2018. (ENG., Illus.). 26p. (J). 24.45 *(978-0-267-29064-2(0))* Forgotten Bks.

At the Stables, Horses Coloring Images - Adult Coloring Books Horses Edition. Creative Playbooks. 2016. (ENG., Illus.). (J). pap. 7.74 *(978-1-68323-103-5(1))* Twin Flame Productions.

At the Stroke of Midnight: A Fairies Coloring Book. Activibooks For Kids. 2016. (ENG., Illus.). (J). pap. 9.20 *(978-1-68321-671-1(7))* Mimaxion.

At the Supermarket, 1 vol. Pam Holden. 2017. (ENG., Illus.). 17p. (J). pap. *(978-1-77654-216-1(9)*, Red Rocket Readers) Flying Start Bks.

At the Time Appointed (Classic Reprint) A. Maynard Barbour. 2018. (ENG., Illus.). 388p. (J). 31.90 *(978-0-332-12785-9(0))* Forgotten Bks.

At the Top of Their Game, 16 vols. 2017. (At the Top of Their Game Ser.). (ENG.). 112p. (gr. 9-9). lib. bdg. 356.00 *(978-1-5026-2682-0(9)*, fabdb4c9-cb6d-49d9-99e6-11666db5e6f0, Cavendish Square) Cavendish Square Publishing LLC.

At the Top of Their Game (Group 2), 12 vols. 2019. (At the Top of Their Game Ser.). (ENG.). 112p. (YA). (gr. 9-9). lib. bdg. 267.00 *(978-1-5026-5293-5(5)*, 3d418f00-8e05-4474-9b07-2aaf86e6abce) Cavendish Square Publishing LLC.

At the Top of Their Game (Groups 1 - 2), 28 vols. 2019. (At the Top of Their Game Ser.). (ENG.). (YA). (gr. 9-9). lib. bdg. 623.00 *(978-1-5026-5297-3(8)*, de71a59c-1a7f-480f-a99c-37348ad9ba69) Cavendish Square Publishing LLC.

At the Welcome Tree. D. B. (Dee) Shelnutt, Jr. Illus. by Hillary M. Ramos. 2021. (ENG.). 34p. (J). pap. 25.99 *(978-1-6628-1502-7(6))* Salem Author Services.

At the Whale? Practicing the WH Sound, 1 vol. Timea Thompson. 2016. (Rosen Phonics Readers Ser.). (ENG.). 12p. (J). (gr. -1-2). pap. *(978-1-5081-3230-1(5)*, 0c1dd546-71a2-451d-a483-3642e1c38782, Rosen Classroom) Rosen Publishing Group, Inc., The.

At the Wheel, 8 vols. 2016. (At the Wheel Ser.). (ENG.). 00024p. (J). (gr. 1-1). 101.08 *(978-1-4994-2624-3(0)*, 79b2533b-03dc-4834-98b9-e0557c0546c3, PowerKids Pr.) Rosen Publishing Group, Inc., The.

At the World's Mercy (Classic Reprint) Florence Warden. 2018. (ENG., Illus.). 188p. (J). 27.77 *(978-0-428-76321-3(9))* Forgotten Bks.

At the Zoo. Spencer Brinker. 2019. (I Spy Ser.). (ENG., Illus.). 16p. (J). (gr. -1-1). 6.99 *(978-1-64280-391-4(X))* Bearport Publishing Co., Inc.

At the Zoo. Czeena Devera. 2019. (I Can See Ser.). (ENG.). 16p. (J). (gr. -1-2). pap. 11.36 *(978-1-5341-3914-5(1)*, 212492, Cherry Blossom Press) Cherry Lake Publishing.

At the Zoo. Christina Earley. 2023. (Words in My World Ser.). (ENG.). 12p. (J). (gr. -1-2). pap. *(978-1-0396-9690-7(2)*, 33625) Crabtree Publishing Co.

At the Zoo. New Holland Publishers. 2023. (Cloth Ser.). (ENG.). 8p. (J). (— 1). 9.99 *(978-1-76079-531-3(3))* New Holland Pubs. Pty, Ltd. AUS. Dist: Independent Pubs. Group.

At the Zoo. New Holland Publishers & New Holland Publishers. 2023. (ENG.). 6p. (J). (— 1). 0.95 *(978-1-76079-556-6(9))* New Holland Pubs. Pty, Ltd. AUS. Dist: Independent Pubs. Group.

At the Zoo Book & Jigsaw Puzzle. Kirsteen Robson. 2019. (Book & Jigsaw Box Sets Ser.). (ENG.). 24 page book + p. (J). 14.99 *(978-0-7945-4426-3(6)*, Usborne) EDC Publishing.

At the Zoo-Oo-oo. Stacy Gabel. 2023. 36p. (J). (gr. -1-k). pap. 13.95 BookBaby.

At the Zoo with Dear Dragon, 10 vols. Marla Conn. Illus. by David Schimmell. 2019. (Dear Dragon Developing Readers Ser.). (ENG.). 24p. (J). (gr. k-k). pap. 11.94 *(978-1-68404-318-7(2))* Norwood Hse. Pr.

At Their Best (Classic Reprint) Lucy Gertrude Moberly. (ENG., Illus.). (J). 2018. 20p. 24.31 *(978-0-267-61206-2(0))*; 2016. pap. 7.97 *(978-1-334-12106-7(0))* Forgotten Bks.

At Water's Edge: An Epic Fantasy. S. McPherson. 2018. (Last Elentrice Ser.: Vol. 1). (ENG., Illus.). 440p. (YA). pap. *(978-0-9933605-4-1(8))* McPherson, S Bks.

At Wellesley: Legenda for 1896 (Classic Reprint) Wellesley College. 2018. (ENG., Illus.). 248p. (J). 29.03 *(978-0-483-21635-8(6))* Forgotten Bks.

At Work. John Allan. 2022. (What Machines Do Ser.). (ENG., Illus.). 24p. (J). (gr. k-2). lib. bdg. 27.99 *(978-1-914087-52-3(6)*, aaaf70e0-db5e-4dd8-8fea-2ca45cce0d1b, Hungry Tomato (r)) Lerner Publishing Group.

At Work in the Wrangells: a Photographic History, 1895-1966: A Photographic History, 1895-1966. Katherine J. Ringsmuth. Ed. by National Park Service (U.S.). 2018. (ENG.). 237p. (gr. 9). pap. 39.00 *(978-0-16-094169-6(5))* National Park Service Div. of Pubns.

At You-All's House: A Missouri Nature Story (Classic Reprint) James Newton Baskett. 2018. (ENG., Illus.). 364p. (J). 31.40 *(978-0-483-10514-0(7))* Forgotten Bks.

Atacama Desert Research Journal. Sonya Newland. 2018. (Ecosystems Research Journal Ser.). (Illus.). 32p. (J). (gr. 4-5). *(978-0-7787-4670-6(4))* Crabtree Publishing Co.

Atae (Classic Reprint) Edward Greey. 2018. (ENG., Illus.). 30p. (J). 24.52 *(978-0-483-11126-4(0))* Forgotten Bks.

Atajo Más Largo: Leveled Reader Book 7 Level o 6 Pack. Hmh Hmh. 2021. (SPA.). 40p. (J). pap. 74.40 *(978-0-358-08490-7(3))* Houghton Mifflin Harcourt Publishing Co.

Atalanta, 1 vol. Joanne Mattern. 2019. (Women of Mythology: Goddesses, Warriors, & Hunters Ser.). (ENG.). 32p. (gr. 2-2). pap. 9.22 *(978-1-5026-5148-8(3)*, 4800be4b-8685-4f30-aeba-1f5053a67539) Cavendish Square Publishing LLC.

Atalanta in the South: A Romance (Classic Reprint) Maud Howe. 2018. (ENG., Illus.). 358p. (J). 31.30 *(978-0-331-97217-7(4))* Forgotten Bks.

Atalanta, la de los Pies Ligeros. Agustín Cereales Laforet et al. (Sendero de los Mitos Coleccion). (SPA., Illus.). 32p. (YA). 14.95 *(978-84-207-5657-8(1)*, ANY571) Grupo Anaya, S.A. ESP. Dist: Continental Bk. Co., Inc.

Atalanta: The Fastest Runner in the World see Atalanta: La Corredora Mas Veloz del Mundo

Atalanta, Vol. 3: October 1889 to September 1890 (Classic Reprint) L. T. Meade. (ENG., Illus.). (J). 2018. 778p. 39.96 *(978-0-428-90769-3(5))*; 2016. pap. 23.57 *(978-1-334-60472-0(X))* Forgotten Bks.

Ataque de Los Murciélagos. Michael Dahl. Tr. by Aparicio Publishing Aparicio Publishing LLC. Illus. by Martin Blanco. 2019. (Biblioteca Maldita Ser.). (SPA.). 40p. (J). (gr. 4-8). lib. bdg. 24.65 *(978-1-4965-8538-7(0)*, 141287, Stone Arch Bks.) Capstone.

Ataque Del Hombre Mosca de 15 Metros (Attack of the 50-Foot Fly Guy) Tedd Arnold. Illus. by Tedd Arnold. 2020. (Hombre Mosca Ser.).Tr. of Attack of the 50-Foot Fly Guy. (SPA., Illus.). 32p. (J). (gr. -1-1). pap. 4.99 *(978-1-338-67003-5(4)*, Scholastic en Espanol) Scholastic, Inc.

Ataque Del Inmenso Caracol Zombi: Leveled Reader Book 89 Level W 6 Pack. Hmh Hmh. 2021. (SPA.). 48p. (J). pap. 74.40 *(978-0-358-08653-6(1))* Houghton Mifflin Harcourt Publishing Co.

Ataque Del Papiro. Michael Dahl. Tr. by Aparicio Publishing Aparicio Publishing LLC. Illus. by Bradford Kendall. 2019. (Biblioteca Maldita Ser.). (SPA.). 40p. (J). (gr. 4-8). lib. bdg. 24.65 *(978-1-4965-8533-2(X)*, 141282, Stone Arch Bks.) Capstone.

Atascado en Mi - Stuck on Me: Español & English. Molly O'Connor. 2021. (SPA.). 66p. (J). pap. 15.00 *(978-1-64883-076-1(5)*, ExamWise) Total Recall Learning, Inc.

Atch... oops! Nicky Gilbody. 2019. (ENG., Illus.). 32p. (J). (gr. k-5). pap. *(978-1-912765-20-1(9))* Blue Falcon Publishing.

Atenea XXI: Abril 2023. Jordi Izquierdo Berbel et al. 2023. (SPA.). 58p. (J). pap. ***(978-1-4477-8132-5(5))*** Lulu Pr., Inc.

Atentamente. Cesar Ibanez. 2019. (SPA.). 34p. (J). pap. 10.59 *(978-0-244-53680-0(5))* Lulu Pr., Inc.

Athabasca, 1 vol. Harry Kleinhuis. 2021. (ENG.). 312p. (YA). (gr. 9-12). pap. 14.95 *(978-0-88995-634-6(0)*, 3bf4fcb0-68fd-4862-ac87-65440d51dce0) Red Deer Pr. CAN. Dist: Firefly Bks., Ltd.

Athalie (Classic Reprint) Robert W. Chambers. 2018. (ENG., Illus.). 470p. (J). 33.61 *(978-0-364-60574-5(X))* Forgotten Bks.

Atheism for Kids. Jessica Thorpe. Illus. by Teal Barnes. 2016. (ENG.). 28p. (J). (gr. 3-6). pap. *(978-1-911560-00-5(X))* No Lines Publishing.

Athelings, or the Three Gifts (Classic Reprint) Margaret Oliphant. 2017. (ENG., Illus.). (J). 27.98 *(978-0-266-71461-3(7))*; pap. 10.57 *(978-1-5276-6927-7(0))* Forgotten Bks.

Athelings, or the Three Gifts, Vol. 1 of 3 (Classic Reprint) Margaret Oliphant. 2018. (ENG., Illus.). 286p. (J). 29.82 *(978-0-483-99896-4(6))* Forgotten Bks.

Athelings, or the Three Gifts, Vol. 1 of 3 (Classic Reprint) Margaret O. W. Oliphant. 2016. (ENG., Illus.). (J). pap. 13.57 *(978-1-333-34262-3(4))* Forgotten Bks.

Athelings, or the Three Gifts, Vol. 2 of 3 (Classic Reprint) Margaret Oliphant. 2018. (ENG., Illus.). 266p. (J). 29.40 *(978-0-267-24036-4(8))* Forgotten Bks.

Athelings; or, the Three Gifts, Vol. III. Margaret Oliphant. 2017. (ENG., Illus.). (J). pap. *(978-0-649-28688-1(X))* Trieste Publishing Pty Ltd.

Athena. Eric Braun. 2017. (Gods of Legend Ser.). (ENG.). 32p. (gr. 2-7). 9.95 *(978-1-68072-445-5(2))*; (J). (gr. 4-6). pap. 9.99 *(978-1-64466-176-5(4)*, 11400); (Illus.). (J). (gr. 4-6). lib. bdg. *(978-1-68072-136-2(4)*, 10456) Black Rabbit Bks. (Bolt).

Athena. Christine Ha. 2021. (Greek Gods & Goddesses Ser.). (ENG., Illus.). 32p. (J). (gr. 2-3). pap. 9.95 *(978-1-63738-049-9(6))*; lib. bdg. 31.35 *(978-1-63738-013-0(5))* North Star Editions. (Apex).

Athena. Virginia Loh-Hagan. 2017. (Gods & Goddesses of the Ancient World Ser.). (ENG., Illus.). 32p. (J). (gr. 4-8). 32.07 *(978-1-63472-135-6(7)*, 209112, 45th Parallel Press) Cherry Lake Publishing.

Athena. Whitney Sanderson. 2021. (Greek Mythology Ser.). (ENG., Illus.). 32p. (J). (gr. 2-5). lib. bdg. 34.21 *(978-1-5321-9675-1(X)*, 38382, Kids Core) ABDO Publishing Co.

Athena. Teri Temple. 2016. (J). *(978-1-4896-4639-2(6))* Weigl Pubs., Inc.

Athena: Goddess of Wisdom & War. Imogen Greenberg. Illus. by Isabel Greenberg. 2021. (Tales of Great Goddesses Ser.). (ENG.). 96p. (YA). (gr. 3-7). 14.99 *(978-1-4197-4859-2(9)*, 1708201, Amulet Bks.) Abrams, Inc.

Athena: Goddess of Wisdom, War, & Crafts. Teri Temple. Illus. by Robert Squier. 2019. (Greek Gods & Goddesses Ser.). (ENG.). 32p. (J). (gr. 3-6). lib. bdg. 35.64 *(978-1-5038-3255-8(4)*, 213023) Child's World, Inc, The.

Athena: Greek Goddess of Wisdom & War. Heather E. Schwartz. Illus. by Alessandra Fusi. 2019. (Legendary Goddesses Ser.). (ENG.). 32p. (J). (gr. 3-9). pap. 7.95 *(978-1-5435-5915-6(8)*, 139885); lib. bdg. 28.65 *(978-1-5435-5452-6(0)*, 139292) Capstone.

Athena: The Goddess with the Gray Eyes - Mythology & Folklore Children's Greek & Roman Books. Baby Professor. 2017. (ENG., Illus.). 64p. (J). pap. 9.52 *(978-1-5419-1620-3(4)*, Baby Professor (Education Kids)) Speedy Publishing LLC.

Athena & the Island Enchantress: A QUIX Book. Joan Holub & Suzanne Williams. Illus. by Yuyi Chen. 2020. (Little Goddess Girls Ser.: 5). (ENG.). 96p. (J). (gr. k-3). 17.99 *(978-1-5344-7959-3(7))*; pap. 5.99 *(978-1-5344-7958-6(9))* Simon & Schuster Children's Publishing. (Aladdin).

Athena & the Magic Land, 1. Joan Holub et al. ed. 2020. (Aladdin Quix Ser.). (ENG.). 88p. (J). (gr. 2-3). 15.49 *(978-1-64697-051-3(9))* Penworthy Co., LLC, The.

Athena & the Magic Land: A QUIX Book. Joan Holub & Suzanne Williams. Illus. by Yuyi Chen. 2019. (Little Goddess Girls Ser.: 1). (ENG.). 96p. (J). (gr. k-3). pap. 5.99 *(978-1-5344-3105-8(5)*, Simon & Schuster/Paula Wiseman Bks.) Simon & Schuster/Paula Wiseman Bks.

Athena & the Mermaid's Pearl: A QUIX Book. Joan Holub & Suzanne Williams. Illus. by Yuyi Chen. 2022. (Little Goddess Girls Ser.: 9). (ENG.). 96p. (J). (gr. k-3). 17.99 *(978-1-6659-0405-6(4))*; pap. 5.99 *(978-1-6659-0404-9(6))* Simon & Schuster Children's Publishing. (Aladdin).

Athena Protocol. Shamim Sarif. (ENG.). (YA). (gr. 9). 2020. 320p. pap. 10.99 *(978-0-06-284961-8(1))*; 2019. 304p. 17.99 *(978-0-06-284960-1(3))* HarperCollins Pubs. (HarperTeen).

Athena the Ballerina. Jennifer Ortiz Correa. Ed. by Luis Ortiz. Illus. by Judith Gosse. 2021. (ENG.). 32p. (J). pap. 12.99 *(978-1-0983-9396-0(1))* BookBaby.

Athena the Brain Graphic Novel. Illus. by Glass House Glass House Graphics. 2022. (Goddess Girls Graphic Novel Ser.: 1). (ENG.). 192p. (J). (gr. 3-7). 19.99 *(978-1-5344-7387-4(4))*; pap. 10.99 *(978-1-5344-7386-7(6))* Simon & Schuster Children's Publishing. (Aladdin).

Athenaeum & California Critic, Vol. 1: For the Cultivation of the Memorable & the Beautiful; March 20, 1858 (Classic Reprint) Cora Anna Weekes. 2018. (ENG., Illus.). 38p. (J). 24.68 *(978-0-483-41723-6(8))* Forgotten Bks.

Atheneum. Trevor Newland. 2021. 72p. (J). (gr. 1). 18.95 *(978-1-77229-062-2(9))* Simply Read Bks. CAN. Dist: Ingram Publisher Services.

Atheneum or Spirit of the English Magazines, 1822, Vol. 10 (Classic Reprint) Unknown Author. 2018. (ENG., Illus.). 494p. (J). 34.11 *(978-0-483-46673-9(5))* Forgotten Bks.

Atheneum, or Spirit of the English Magazines, Vol. 1: April to October, 1824 (Classic Reprint) Unknown Author. (ENG., Illus.). (J). 2018. 516p. 34.56 *(978-0-483-00466-5(9))*; 2016. pap. 16.97 *(978-1-334-14767-8(1))* Forgotten Bks.

Atheneum, or Spirit of the English Magazines, Vol. 11: April to October, 1822 (Classic Reprint) Unknown Author. (ENG., Illus.). (J). 2018. 494p. 34.11 *(978-0-483-30780-3(7))*; 2016. pap. 16.97 *(978-1-334-14814-9(7))* Forgotten Bks.

Atheneum, or Spirit of the English Magazines, Vol. 12: October, 1822, to April, 1823 (Classic Reprint) Unknown Author. (ENG., Illus.). (J). 2018. 488p. 33.96 *(978-0-483-30513-7(8))*; 2016. pap. 16.57 *(978-1-334-15907-7(6))* Forgotten Bks.

Atheneum, or Spirit of the English Magazines, Vol. 13: April to October, 1823 (Classic Reprint) Unknown Author. (ENG., Illus.). (J). 2018. 498p. 34.19 *(978-0-428-75091-6(5))*; 2016. pap. 16.57 *(978-1-334-14454-7(0))* Forgotten Bks.

Atheneum, or Spirit of the English Magazines, Vol. 14: October, 1823, to April, 1824 (Classic Reprint) Unknown Author. (ENG., Illus.). (J). 2018. 462p. 33.45 *(978-0-332-38573-0(6))*; 2016. pap. 16.57 *(978-1-334-15438-6(4))* Forgotten Bks.

Atheneum, or Spirit of the English Magazines, Vol. 2: April to October, 1829 (Classic Reprint) Unknown Author. (ENG., Illus.). (J). 2018. 500p. 34.21 *(978-0-428-94214-8(8))*; 2016. pap. 16.97 *(978-1-334-14113-3(4))* Forgotten Bks.

Atheneum, or Spirit of the English Magazines, Vol. 3: April to October, 1825 (Classic Reprint) Unknown Author. (ENG., Illus.). (J). 2018. 504p. 34.31 *(978-0-484-04636-7(5))*; 2016. pap. 16.97 *(978-1-334-14672-5(1))* Forgotten Bks.

Atheneum, or Spirit of the English Magazines, Vol. 4: April to October, 1830 (Classic Reprint) Unknown Author. (ENG., Illus.). (J). 2018. 630p. 36.93 *(978-0-483-12997-9(6))*; 2016. pap. 19.57 *(978-1-334-15871-1(1))* Forgotten Bks.

Atheneum, or Spirit of the English Magazines, Vol. 6: October 1, 1819 March 1, 1820 (Classic Reprint) Unknown Author. (ENG., Illus.). (J). 2018. 446p. 33.12 *(978-0-428-82469-3(2))*; 2016. pap. 16.57 *(978-1-334-14984-9(4))* Forgotten Bks.

Atheneum, or Spirit of the English Magazines, Vol. 7: Comprehending Original Communications, on All Subjects, Moral Stories, Memoirs & Remains of Eminent Persons, Miscellaneous Anecdotes, Original Letters, Curious Fragments, Intelligence in Literatu. Unknown Author. (ENG., Illus.). (J). 2018. 498p. 34.13 *(978-0-332-98674-6(8))*; 2016. pap. 16.57 *(978-1-334-12422-8(1))* Forgotten Bks.

Atheneum, or Spirit of the English Magazines, Vol. 9: April to October, 1828 (Classic Reprint) John Cotton. (ENG., Illus.). (J). 2018. 448p. 33.14 *(978-0-483-41765-6(3))*; 2016. pap. 16.57 *(978-1-334-11565-3(6))* Forgotten Bks.

Atheneum, Vol. 2: Or Spirit of the English Literature & Fashion; October, 1831 to April, 1832 (Classic Reprint) Unknown Author. 2018. (ENG., Illus.). 602p. (J). 36.31 *(978-0-666-56416-0(7))* Forgotten Bks.

Atheneum, Vol. 2: Or, Spirit of the English Magazines; Oct; 1824, to April, 1825 (Classic Reprint) Unknown Author. 2018. (ENG., Illus.). 494p. (J). 34.11 *(978-0-428-92230-6(9))* Forgotten Bks.

Atheneum, Vol. 8: Or, Spirit of the English Magazines, October to April, 1827-8 (Classic Reprint) Unknown Author. 2018. (ENG., Illus.). 494p. (J). 34.11 *(978-0-483-26086-3(X))* Forgotten Bks.

Athenian, Vol. 2: May 1909 (Classic Reprint) New Bern High School. 2017. (ENG., Illus.). (J). 24.45 *(978-0-266-72269-4(5))*; pap. 7.97 *(978-1-5276-8031-9(2))* Forgotten Bks.

Athenian, Vol. 8: May, 1915 (Classic Reprint) New Bern High School. (ENG., Illus.). (J). 2018. 50p. 24.93 *(978-0-484-62564-7(0))*; 2017. pap. 9.57 *(978-0-243-44301-7(3))* Forgotten Bks.

Atherstone Priory (Classic Reprint) L. N. Comyn. 2018. (ENG., Illus.). 398p. (J). 32.06 *(978-0-484-22786-5(6))* Forgotten Bks.

Atherton: And Other Tales (Classic Reprint) Mary Russell Mitford. 2017. (ENG., Illus.). (J). 32.85 *(978-0-265-73281-6(6))*; pap. 16.57 *(978-1-5276-9488-0(7))* Forgotten Bks.

Atherton, a Tale of the Last Century, Vol. 3 of 3 (Classic Reprint) William Pitt Scargill. (ENG., Illus.). (J). 2018. 286p. 29.80 *(978-0-666-61285-4(4))*; 2017. pap. 13.57 *(978-0-259-30918-5(4))* Forgotten Bks.

Atherton, & Other Tales, Vol. 1 of 3 (Classic Reprint) Mary Russell Mitford. 2017. (ENG., Illus.). (J). 30.91 *(978-0-266-81756-7(4))* Forgotten Bks.

Atherton, Vol. 2 Of 3: And Other Tales (Classic Reprint) Mary Russell Mitford. 2018. (ENG., Illus.). 328p. (J). 30.66 *(978-0-365-16578-1(6))* Forgotten Bks.

Atherton, Vol. 3 Of 3: And Other Tales (Classic Reprint) Mary Russell Mitford. 2018. (ENG., Illus.). 328p. (J). 30.66 *(978-0-365-49098-2(9))* Forgotten Bks.

Athlete Activism, 1 vol. Ed. by Gary Wiener. 2019. (At Issue Ser.). (ENG.). 128p. (gr. 10-12). pap. 28.80 *(978-1-5345-0634-3(9)*, fe688cc2-136b-4596-8ffb-22851c2fba48) Greenhaven Publishing LLC.

Athlete Unleashed: A Holistic Approach to Unleashing Your Best Inner Athlete. Aaron Robinet. 2020. (ENG.). 190p. (YA). pap. 16.95 *(978-1-64654-698-5(9))* Fulton Bks.

Athletes Against War: Muhammad Ali, Bill Walton, Carlos Delgado, & More. Elliott Smith. 2022. (Sports Illustrated Kids: Activist Athletes Ser.). (ENG.). 32p. (J). 31.32 *(978-1-6639-6592-9(7)*, 227887); pap. 7.95 *(978-1-6663-2120-3(6)*, 227833) Capstone. (Capstone Pr.).

Athlete's Conquest: The Romance of an Athlete (Classic Reprint) Bernarr Macfadden. 2017. (ENG., Illus.). (J). 30.00 *(978-0-266-52012-2(X))*; pap. 13.57 *(978-0-243-32607-5(6))* Forgotten Bks.

Athletes, Ethics, & Morality, 1 vol. Ed. by Martin Gitlin. 2018. (Opposing Viewpoints Ser.). (ENG.). 200p. (gr. 10-12). lib. bdg. 50.43 *(978-1-5345-0410-3(9)*, 7bf1750b-46ca-4ad1-8582-0fce3b60918c, Greenhaven Publishing) Greenhaven Publishing LLC.

Athletes for Gender Equity: Billie Jean King, the U. S. Women's Soccer Team, & More. Jaclyn Jaycox. 2022. (Sports Illustrated Kids: Activist Athletes Ser.). (ENG.). 32p. (J). 31.32 *(978-1-6639-6595-0(1)*, 227885); pap. 7.95 *(978-1-6663-2127-2(3)*, 227831) Capstone. (Capstone Pr.).

Athletes for Racial Equity: Jackie Robinson, Arthur Ashe, & More. Dani Borden & Sibylla Nash. 2022. (Sports Illustrated Kids: Activist Athletes Ser.). (ENG.). 32p. (J). 31.32 *(978-1-6639-6600-1(1)*, 227882); pap. 7.95 *(978-1-6663-2134-0(6)*, 227824) Capstone. (Capstone Pr.).

Athletes for Social Justice: Colin Kaepernick, Lebron James, & More. Dolores Andral. 2022. (Sports Illustrated Kids: Activist Athletes Ser.). (ENG.). 32p. (J). 31.32 *(978-1-6639-6598-1(6)*, 222566); pap. 7.95 *(978-1-6663-2141-8(9)*, 222560) Capstone. (Capstone Pr.).

Athletic Esports: The Competitive Gaming World of Basketball, Football, Soccer, & More! Daniel Montgomery Cole Mauleón. 2019. (Wide World of Esports Ser.). (ENG., Illus.). 32p. (J). (gr. 3-9). pap. 7.95 *(978-1-5435-7451-7(3)*, 140891); lib. bdg. 30.65 *(978-1-5435-7352-7(5)*, 140634) Capstone.

Athletic Trainers. Jennifer Hunsaker. 2017. (Careers in Healthcare Ser.: Vol. 13). (ENG., Illus.). 64p. (YA). (gr. 7-12). 23.95 *(978-1-4222-3795-3(8))* Mason Crest.

Athletics: Band 04/Blue, Bd. 4. Andy Seed. 2018. (Collins Big Cat Phonics Ser.). (ENG., Illus.). 16p. (J). pap. 7.99 *(978-0-00-825163-5(0))* HarperCollins Pubs. Ltd. GBR. Dist: Independent Pubs. Group.

Ati Corazon de Cristal. Various Authors. 2017. (SPA.). 59p. (J). 8.95 *(978-607-748-060-0(6))* Ediciones Urano S. A. ESP. Dist: Spanish Pubs., LLC.

Ati el Guardian de Los Suenos. Elena Laguarda. 2017. (SPA.). 64p. (J). *(978-607-748-097-6(5))* Ediciones Urano S. A.

Ati Guarda un Secreto. Various Authors. 2019. (SPA.). 128p. (J). (gr. -1-3). 12.95 *(978-607-748-143-0(2)*, Uranito) Ediciones Urano de México MEX. Dist: Spanish Pubs., LLC.

Atkinson's Casket, or Gems of Literature, Wit & Sentiment, 1833 (Classic Reprint) Samuel Coate Atkinson. (ENG., Illus.). (J). 2018. 646p. 37.30 *(978-0-428-49478-0(1))*; 2017. pap. 19.57 *(978-0-243-96537-3(0))* Forgotten Bks.

Atlanta: The Big Peach. Kathleen Kopp. rev. ed. 2016. (Social Studies: Informational Text Ser.). (ENG.). 32p. (gr. 2-4). pap. 10.99 *(978-1-4938-2551-6(8))* Teacher Created Materials, Inc.

Atlanta Braves. Contrib. by Patrick Donnelly. 2022. (Inside MLB Ser.). (ENG., Illus.). 48p. (J). (gr. 3-6). lib. bdg. 34.21 *(978-1-0982-9009-2(7)*, 40775, SportsZone) ABDO Publishing Co.

Atlanta Braves. Michael E. Goodman. 2020. (Creative Sports: Veterans Ser.). (ENG.). 32p. (J). (gr. 3-5). pap. 11.99 *(978-1-62832-827-1(4)*, 17739, Creative Paperbacks) Creative Co., The.

Atlanta Braves. K. C. Kelley. 2019. (Major League Baseball Teams Ser.). (ENG.). 32p. (J). (gr. 2-5). lib. bdg. 35.64 *(978-1-5038-2815-5(8)*, 212622) Child's World, Inc, The.

Atlanta Braves. K. C. Kelley. 2016. (Illus.). 32p. (J). *(978-1-4896-5932-3(3)*, AV2 by Weigl) Weigl Pubs., Inc.

Atlanta Braves. Caroline Wesley. 2018. (MLB's Greatest Teams Ser.). (ENG., Illus.). 32p. (J). (gr. 2-5). lib. bdg. 34.21 *(978-1-5321-1806-7(6)*, 30658, Big Buddy Bks.) ABDO Publishing Co.

Atlanta Braves All-Time Greats. Brendan Flynn. 2021. (MLB All-Time Greats Ser.). (ENG., Illus.). 24p. (J). (gr. 3-3). pap. 8.95 *(978-1-63494-307-9(4))*; lib. bdg. 28.50 *(978-1-63494-289-8(2))* Pr. Room Editions LLC.

Atlanta Falcons. Kenny Abdo. 2021. (NFL Teams Ser.). (ENG., Illus.). 32p. (J). (gr. 2-8). lib. bdg. 32.79 *(978-1-0982-2452-3(3)*, 37138, Abdo Zoom-Fly) ABDO Publishing Co.

Atlanta Falcons. Contrib. by Thomas K. Adamson. 2023. (NFL Team Profiles Ser.). (ENG., Illus.). (J). (gr. 3-7). lib. bdg. 26.95 Bellwether Media.

Atlanta Falcons. Josh Anderson. 2022. (Professional Football Teams Ser.). (ENG.). 32p. (J). (gr. 2-5). lib. bdg. 35.64 *(978-1-5038-5789-6(1)*, 215763, Stride) Child's World, Inc, The.

Atlanta Falcons. Robert Cooper. 2019. (Inside the NFL Ser.). (ENG.). 48p. (J). (gr. 3-6). lib. bdg. 34.21 *(978-1-5321-1837-1(6)*, 32543, SportsZone) ABDO Publishing Co.

Atlanta Falcons, 1 vol. Phil Ervin. 2016. (NFL up Close Ser.). (ENG., Illus.). 32p. (J). (gr. 3-9). lib. bdg. 32.79 *(978-1-68078-207-3(X)*, 22015, SportsZone) ABDO Publishing Co.

Atlanta Falcons. Katie Lajiness. 2016. (NFL's Greatest Teams Set 3 Ser.). (ENG., Illus.). 32p. (J). (gr. 2-5). lib. bdg. 34.21 *(978-1-68078-527-2(3)*, 23617, Big Buddy Bks.) ABDO Publishing Co.

Atlanta Falcons. Jim Whiting. 2019. (NFL Today Ser.). (ENG.). 48p. (J). (gr. 3-6). *(978-1-64026-131-0(1)*, 18996, Creative Education) Creative Co., The.

Atlanta Falcons. Jim Whiting. rev. ed. 2019. (NFL Today Ser.). (ENG.). 48p. (J). (gr. 4-7). pap. 12.00 *(978-1-62832-694-9(8)*, 18993, Creative Paperbacks) Creative Co., The.

Atlanta Falcons All-Time Greats. Ted Coleman. 2022. (NFL All-Time Greats Set 2 Ser.). (ENG., Illus.). 24p. (J). (gr. 3-3). pap. 8.95 *(978-1-63494-437-3(2))*; lib. bdg. 28.50 *(978-1-63494-420-5(8))* Pr. Room Editions LLC.

Atlanta Falcons Story. Larry Mack. 2016. (NFL Teams Ser.). (ENG., Illus.). 32p. (J). (gr. 3-7). lib. bdg. 26.95 *(978-1-62617-356-9(7)*, Torque Bks.) Bellwether Media.

Atlanta Hawks. Jim Gigliotti. 2019. (Insider's Guide to Pro Basketball Ser.). (ENG.). 32p. (J). (gr. 1-4). lib. bdg. 35.64 *(978-1-5038-2455-3(1)*, 212272) Child's World, Inc, The.

Atlanta Hawks. Michael E. Goodman. 2018. (NBA Champions Ser.). (ENG.). 24p. (J). (gr. 1-4). *(978-1-64026-013-9(7)*, 19797, Creative Education); pap. 8.99 *(978-1-62832-568-3(2)*, 19815, Creative Paperbacks) Creative Co., The.

Atlanta Hawks. Anthony K. Hewson. 2022. (Inside the NBA (2023) Ser.). (ENG., Illus.). 48p. (J). (gr. 3-6). lib. bdg. 34.22 *(978-1-5321-9818-2(3)*, 39741, SportsZone) ABDO Publishing Co.

Atlanta Hawks. Jim Whiting. 2017. (NBA: a History of Hoops Ser.). (ENG., Illus.). 48p. (J). (gr. 4-7). *(978-1-60818-835-2(3)*, 20210, Creative Education) Creative Co., The.

Atlanta Hawks All-Time Greats. Ted Coleman. 2023. (NBA All-Time Greats Set 2 Ser.). (ENG., Illus.). 24p. (J). (gr. 3-3). pap. 8.95 *(978-1-63494-617-9(0))*; lib. bdg. 28.50 *(978-1-63494-599-8(9))* Pr. Room Editions LLC.

Atlanta United FC. Anthony K. Hewson. 2021. (Inside MLS Ser.). (ENG., Illus.). 48p. (J). (gr. 3-6). lib. bdg. 34.21 *(978-1-5321-9253-1(3)*, 35115, SportsZone) ABDO Publishing Co.

Atlanta United FC. Anthony K. Hewson. 2021. (Inside MLS Ser.). (ENG., Illus.). 48p. (J). (gr. 4-4). pap. 11.95 *(978-1-64494-561-2(4)*, SportsZone) ABDO Publishing Co.

Atlantean Focus. T. Rowe. 2018. (ENG., Illus.). 404p. (YA). pap. 21.95 *(978-1-64349-563-7(1))* Christian Faith Publishing.

Atlantic Animal ABC, 1 vol. Angela Doak. 2017. (ENG., Illus.). 28p. (J). (gr. -1 — 1). bds. 14.95 *(978-1-77108-463-5(4)*, 073c40be-85a2-45d0-bb96-c0ae48c13cec) Nimbus Publishing, Ltd. CAN. Dist: Baker & Taylor Publisher Services (BTPS).

Atlantic Book of Modern Plays: Edited with Introduction, Comment, & Annotated Bibliography (Classic Reprint) Sterling Leonard. annot. ed. 2017. (ENG., Illus.). (J). 30.97 *(978-1-5280-6646-4(4))* Forgotten Bks.

Atlantic Classics (Classic Reprint) Unknown Author. (ENG., Illus.). (J). 2018. 324p. 30.58 *(978-0-483-38359-3(7))*; 2016. pap. 13.57 *(978-1-334-02267-8(4))* Forgotten Bks.

Atlantic Club-Book, Vol. 1 Of 2: Being Sketches in Prose & Verse (Classic Reprint) Unknown Author. 2018. (ENG., Illus.). 312p. (J). 30.33 *(978-0-483-20174-3(X))* Forgotten Bks.

Atlantic Club-Book, Vol. 2 Of 2: Being Sketches in Prose & Verse (Classic Reprint) 2018. (ENG., Illus.). 324p. (J). 30.60 *(978-0-484-31298-1(7))* Forgotten Bks.

Atlantic Coast Fishes You Can Color!: Coloring Book & Guide. Howard Reisman. Illus. by Shirley Baty. 2022. 40p. (J). (gr. 3-6). pap. 8.95 *(978-1-4930-6593-6(9))* Muddy Boots Pr.

Atlantic Division (Set), 5 vols. 2019. (Insider's Guide to Pro Basketball Ser.). (ENG.). (J). (gr. 1-4). lib. bdg. 178.20 *(978-1-5038-4027-0(1)*, 213617) Child's World, Inc, The.

Atlantic Hotel, Morehead City, N. C: Open from June First to October (Classic Reprint) Morehead City Atlantic Hotel. 2017. (ENG., Illus.). (J). 24.89 *(978-0-260-01132-9(0))* Forgotten Bks.

Atlantic Island. Fredric Shernoff. 2019. (Atlantic Island Trilogy Ser.: Vol. 1). (ENG.). 378p. (J). pap. 12.99 ***(978-1-0878-5572-1(1))*** Indy Pub.

Atlantic Monthly: A Magazine of Literature, Science, Art, & Politics; January-June, 1917 (Classic Reprint) (ENG., Illus.). (J). 2018. 870p. 41.86 *(978-0-428-57295-2(2))*; 2017. pap. 24.20 *(978-1-334-91158-3(4))* Forgotten Bks.

Atlantic Monthly: January, 1919 (Classic Reprint) Unknown Author. (ENG., Illus.). (J). 2018. 876p. 41.98 *(978-0-656-33478-0(9))*; 2017. pap. 24.24 *(978-1-334-90210-9(0))* Forgotten Bks.

Atlantic Monthly: July, 1918 (Classic Reprint) Unknown Author. (ENG., Illus.). (J). 2018. 868p. 41.80 *(978-0-484-69565-7(7))*; 2016. pap. 24.14 *(978-1-334-11608-7(3))* Forgotten Bks.

Atlantic Monthly, 1857-58, Vol. 1: A Magazine of Literature, Art, & Politics (Classic Reprint) Unknown Author. (ENG., Illus.). (J). 2018. 906p. 42.58 *(978-0-483-07777-5(1))*; 2017. pap. 24.90 *(978-1-334-90375-5(1))* Forgotten Bks.

Atlantic Monthly, 1858, Vol. 2: A Magazine of Literature, Art, & Politics (Classic Reprint) Unknown Author. (ENG., Illus.). (J). 2018. 910p. 42.69 *(978-0-428-82978-0(3))*; 2017. pap. 25.03 *(978-1-334-91358-7(7))* Forgotten Bks.

Atlantic Monthly, 1861, Vol. 7: A Magazine of Literature, Art, & Politics (Classic Reprint) Unknown Author. (ENG., Illus.). (J). 2018. 774p. 39.88 *(978-0-483-44294-8(1))*; 2016. pap. 23.57 *(978-1-334-13385-5(9))* Forgotten Bks.

Atlantic Monthly, 1862, Vol. 9: A Magazine of Literature, Art & Politics (Classic Reprint) Unknown Author. (ENG., Illus.). (J). 2018. 804p. 40.48 *(978-0-332-97194-0(5))*; 2017. pap. 23.57 *(978-0-243-92262-8(0))* Forgotten Bks.

Atlantic Monthly, 1867, Vol. 19: A Magazine of Literature, Science, Art, & Politics (Classic Reprint) Unknown Author. 2018. (ENG., Illus.). 774p. (J). 39.88 *(978-0-483-56733-7(7))* Forgotten Bks.

Atlantic Monthly, 1868, Vol. 22: A Magazine of Literature, Science, Art, & Politics (Classic Reprint) Caroline Wells Healey Dall. 2017. (ENG., Illus.). (J). 39.92 *(978-0-266-87889-6(X))* Forgotten Bks.

Atlantic Monthly, 1881, Vol. 48: A Magazine of Literature, Science, Art, & Politics (Classic Reprint) Unknown Author. (ENG., Illus.). (J). 2018. 868p. 41.90 *(978-0-483-70286-8(2))*; 2016. pap. 24.14 *(978-1-334-78665-5(8))* Forgotten Bks.

Atlantic Monthly, 1883, Vol. 51: A Magazine of Literature, Science, Art, & Politics (Classic Reprint) Unknown Author. 2017. (ENG., Illus.). (J). 872p. 41.90 *(978-0-484-86934-8(5))*; pap. 24.24 *(978-0-259-17579-7(X))* Forgotten Bks.

Atlantic Monthly, 1883, Vol. 52: A Magazine of Literature, Science, Art, & Politics (Classic Reprint) Unknown Author. 2017. (ENG., Illus.). (J). 41.80 *(978-0-265-52086-4(X))*; pap. 24.14 *(978-0-243-49882-6(9))* Forgotten Bks.

Atlantic Monthly, 1884, Vol. 54: A Magazine of Literature, Science, Art, & Politics (Classic Reprint) Unknown Author. (ENG., Illus.). (J). 2018. 876p. 41.96 *(978-0-483-43610-7(0))*; 2017. pap. 24.31 *(978-0-243-45066-4(4))* Forgotten Bks.

Atlantic Monthly, 1887, Vol. 59: A Magazine of Literature, Science, Art, & Politics (Classic Reprint) Unknown Author. 2017. (ENG., Illus.). (J). pap. 24.24 *(978-1-334-91756-1(6))* Forgotten Bks.

Atlantic Monthly, 1887, Vol. 60: A Magazine of Literature, Science, Art, & Politics (Classic Reprint) Unknown Author. 2018. (ENG., Illus.). 868p. (J). 41.80 *(978-0-484-61606-5(4))* Forgotten Bks.

Atlantic Monthly, 1888, Vol. 61: A Magazine of Literature, Science, Art, & Politics (Classic Reprint) Unknown Author. (ENG., Illus.). (J). 2018. 870p. 41.94 *(978-0-484-90409-4(4))*; 2017. pap. 24.18 *(978-1-334-90299-4(2))* Forgotten Bks.

Atlantic Monthly, 1888, Vol. 62: A Magazine of Literature, Science, Art, & Politics (Classic Reprint) Unknown Author. (ENG., Illus.). (J). 2018. 868p. 41.80 *(978-0-484-79416-9(7))*; 2017. pap. 24.14 *(978-1-334-90641-1(6))* Forgotten Bks.

Atlantic Monthly, 1894, Vol. 73: A Magazine of Literature, Science, Art, & Politics (Classic Reprint) Unknown Author. 2017. (ENG., Illus.). (J). 868p. 41.80 *(978-0-484-84732-2(5))*; pap. 24.14 *(978-0-259-17577-3(3))* Forgotten Bks.

Atlantic Monthly, 1894, Vol. 74: A Magazine of Literature, Science, Art, & Politics (Classic Reprint) Unknown Author. (ENG., Illus.). (J). 2018. 872p. 41.90 *(978-0-484-05101-9(6))*; 2017. pap. 24.24 *(978-1-334-91456-0(7))* Forgotten Bks.

Atlantic Monthly, 1895, Vol. 76: A Magazine of Literature, Science, Art, & Politics (Classic Reprint) Unknown Author. (ENG., Illus.). (J). 2018. 870p. 41.86 *(978-0-483-55531-0(2))*; 2017. pap. 24.20 *(978-1-334-90523-0(1))* Forgotten Bks.

Atlantic Monthly, 1896, Vol. 77: A Magazine of Literature, Science, Art, & Politics (Classic Reprint) Unknown Author. (ENG., Illus.). (J). 2018. 872p. 41.90 *(978-0-332-89836-0(9))*; 2017. pap. 24.24 *(978-1-334-91430-0(3))* Forgotten Bks.

Atlantic Monthly, 1896, Vol. 78: A Magazine of Literature, Science, Art, & Politics (Classic Reprint) Unknown Author. (ENG., Illus.). (J). 2018. 878p. 42.03 *(978-0-332-46096-3(7))*; 2017. pap. 24.22 *(978-1-334-91183-5(5))* Forgotten Bks.

Atlantic Monthly, 1898, Vol. 81: A Magazine of Literature, Science, Art, & Politics (Classic Reprint) Unknown Author. (ENG., Illus.). (J). 2018. 874p. 41.92 *(978-0-484-66258-1(9))*; 2017. pap. 24.26 *(978-1-334-90717-3(X))* Forgotten Bks.

Atlantic Monthly, 1898, Vol. 82: A Magazine of Literature, Science, Art, & Politics (Classic Reprint) Unknown Author. 2017. (ENG., Illus.). (J). pap. 24.26 *(978-1-334-91133-0(9))* Forgotten Bks.

Atlantic Monthly, 1900, Vol. 86: A Magazine of Literature, Science, Art, & Politics (Classic Reprint) Unknown Author. 2017. (ENG., Illus.). (J). 42.09 *(978-0-266-51802-0(8))*; pap. 24.43 *(978-1-334-98607-9(X))* Forgotten Bks.

Atlantic Monthly, 1901, Vol. 87: A Magazine of Literature, Science, & Politics (Classic Reprint) Unknown Author. (ENG., Illus.). (J). 2018. 894p. 42.34 *(978-0-656-33479-7(7))*; 2017. pap. 24.68 *(978-1-334-90132-4(5))* Forgotten Bks.

Atlantic Monthly, 1901, Vol. 88: A Magazine of Literature, Science, Art, & Politics (Classic Reprint) Unknown Author. (ENG., Illus.). (J). 2018. 886p. 42.17 *(978-0-483-45564-1(4))*; 2017. pap. 24.51 *(978-1-334-90196-6(1))* Forgotten Bks.

Atlantic Monthly, 1905, Vol. 96: A Magazine of Literature, Science, Art, & Politics (Classic Reprint) Unknown Author. (ENG., Illus.). (J). 2018. 876p. 41.98 *(978-0-428-98029-0(5))*; 2017. pap. 24.33 *(978-0-243-39359-6(8))* Forgotten Bks.

Atlantic Monthly, 1911, Vol. 107: A Magazine of Literature, Science, Art, & Politics (Classic Reprint) Unknown Author. 2017. (ENG., Illus.). (J). 41.86 *(978-0-265-51710-9(9))*; pap. 24.20 *(978-1-334-91192-7(4))* Forgotten Bks.

Atlantic Monthly, 1911, Vol. 108: A Magazine of Literature, Science, Art, & Politics (Classic Reprint) Unknown Author. (ENG., Illus.). (J). 2018. 870p. 41.86 *(978-0-483-73309-1(1))*; 2017. pap. 24.20 *(978-1-334-90195-9(3))* Forgotten Bks.

Atlantic Monthly, 1912, Vol. 109: A Magazine of Literature, Science, Art, & Politics (Classic Reprint) Unknown Author. 2017. (ENG., Illus.). (J). pap. 24.20 *(978-1-334-91265-8(3))* Forgotten Bks.

Atlantic Monthly, 1912, Vol. 110: A Magazine of Literature, Science, Art, & Politics (Classic Reprint) Unknown Author. (ENG., Illus.). (J). 2017. 41.80 *(978-0-266-51624-8(6))*; 2016. pap. 24.14 *(978-1-334-76209-3(0))* Forgotten Bks.

Atlantic Monthly, 1918, Vol. 121 (Classic Reprint) Unknown Author. 2017. (ENG., Illus.). (J). 43.08 *(978-0-265-66799-6(2))*; pap. 25.42 *(978-1-5276-4043-6(4))* Forgotten Bks.

Atlantic Monthly, Vol. 11: A Magazine of Literature, Art, & Politics (Classic Reprint) Unknown Author. 2018. (ENG., Illus.). 798p. (J). 40.38 *(978-0-483-34738-0(8))* Forgotten Bks.

Atlantic Monthly, Vol. 121: A Magazine of Literature, Science, Art, & Politics; January-June, 1918 (Classic Reprint) Unknown Author. 2017. (ENG., Illus.). (J). 42.07 *(978-0-331-85088-8(5))*; pap. 24.41 *(978-1-334-91137-8(1))* Forgotten Bks.

Atlantic Monthly, Vol. 125: January, 1920 (Classic Reprint) Unknown Author. (ENG., Illus.). (J). 2018. 872p. 41.90 *(978-0-483-46487-2(2))*; 2017. pap. 24.24 *(978-1-334-89892-1(8))* Forgotten Bks.

Atlantic Monthly, Vol. 126: July-December, 1920 (Classic Reprint) Unknown Author. (ENG., Illus.). (J). 2018. 872p. 41.88 *(978-0-483-45435-4(4))*; 2017. pap. 24.14 *(978-1-334-90386-1(7))* Forgotten Bks.

Atlantic Monthly, Vol. 13: A Magazine of Literature, Art, & Politics (Classic Reprint) Unknown Author. 2018. (ENG., Illus.). 790p. (J). 40.21 *(978-0-484-39584-7(X))* Forgotten Bks.

Atlantic Monthly, Vol. 15: A Magazine of Literature, Art, & Politics (Classic Reprint) Unknown Author. (ENG., Illus.). (J). 2018. 774p. 39.88 *(978-0-332-84142-7(1))*; 2016. pap. 23.57 *(978-1-334-65178-6(7))* Forgotten Bks.

Atlantic Monthly, Vol. 16: A Magazine of Literature, Science, Art, & Politics; July, 1865 (Classic Reprint) Unknown Author. (ENG., Illus.). (J). 2018. 774p. 39.88 *(978-0-483-89609-3(8))*; 2016. pap. 23.57 *(978-1-333-17866-6(2))* Forgotten Bks.

Atlantic Monthly, Vol. 16: A Magazine of Literature, Science, Art, & Politics; October, 1865 (Classic Reprint) Caroline Wells Healey Dall. (ENG., Illus.). (J). 2018. 140p. 26.78 *(978-0-483-36661-9(7))*; 2016. pap. 9.57 *(978-1-333-40127-6(2))* Forgotten Bks.

Atlantic Monthly, Vol. 16: A Magazine of Literature, Science, Art, & Politics; September, 1865 (Classic Reprint) Caroline Dall. (ENG., Illus.). (J). 2018. 142p. 26.83 *(978-0-483-41295-8(3))*; 2016. pap. 9.57 *(978-1-334-12122-7(2))* Forgotten Bks.

Atlantic Monthly, Vol. 17: A Magazine of Literature, Science, Art, & Politics (Classic Reprint) John Davis Batchelder Collection. 2018. (ENG., Illus.). 790p. (J). 40.21 *(978-0-483-58546-1(7))* Forgotten Bks.

Atlantic Monthly, Vol. 18: November, 1866 (Classic Reprint) Caroline Wells Healey Dall. (ENG., Illus.). (J). 2018. 144p. 26.87 *(978-0-483-07020-2(3))*; 2016. pap. 9.57 *(978-1-334-13558-3(4))* Forgotten Bks.

Atlantic Monthly, Vol. 18 (Classic Reprint) John Davis Batchelder Collection. 2017. (ENG., Illus.). (J). 40.05 *(978-0-331-14994-4(X))* Forgotten Bks.

Atlantic Monthly, Vol. 20: A Magazine of Literature, Science, Art, & Politics; July December, 1867 (Classic Reprint) Unknown Author. (ENG., Illus.). (J). 2018. 774p. 39.88 *(978-0-483-33678-0(5))*; 2016. pap. 23.57 *(978-1-334-14238-3(6))* Forgotten Bks.

Atlantic Monthly, Vol. 21: A Magazine of Literature, Science, Art, & Politics (Classic Reprint) Unknown Author. 2018. (ENG., Illus.). 774p. (J). 39.88 *(978-0-483-71449-6(6))* Forgotten Bks.

Atlantic Monthly, Vol. 25: A Magazine of Literature, Science, Art, & Politics (Classic Reprint) Unknown Author. 2018. (ENG., Illus.). 774p. (J). 39.88 *(978-0-483-80225-4(5))* Forgotten Bks.

Atlantic Monthly, Vol. 26: A Magazine of Literature, Science, Art & Politics; July, 1870 (Classic Reprint) Unknown Author. (ENG., Illus.). (J). 2018. 29.11 *(978-0-332-00889-9(4))*; 2016. pap. 11.57 *(978-1-334-12358-0(6))* Forgotten Bks.

Atlantic Monthly, Vol. 27: A Magazine of Literature, Science, Art, & Politics (Classic Reprint) Unknown Author. (ENG., Illus.). (J). 2018. 790p. 40.21 *(978-0-428-95004-0(3))*; 2016. pap. 23.57 *(978-1-334-14618-3(7))* Forgotten Bks.

Atlantic Monthly, Vol. 28: A Magazine of Literature, Science, Art, & Politics (Classic Reprint) Unknown Author. 2018. (ENG., Illus.). 782p. (J). 40.05 *(978-0-484-09934-9(5))* Forgotten Bks.

Atlantic Monthly, Vol. 3: A Magazine of Literature, Art, & Politics; January, 1859 (Classic Reprint) John Davis Batchelder Collection. (ENG., Illus.). (J). 2018. 788p. 40.15 *(978-0-483-37072-2(X))*; 2016. pap. 23.57 *(978-1-334-15888-9(6))* Forgotten Bks.

Atlantic Monthly, Vol. 30: A Magazine of Literature, Science, Art, & Politics (Classic Reprint) Unknown Author. (ENG., Illus.). (J). 2018. 774p. 39.88 *(978-0-428-88615-8(9))*; 2016. pap. 23.57 *(978-1-334-14306-9(4))* Forgotten Bks.

Atlantic Monthly, Vol. 33: A Magazine of Literature, Science, Art, & Politics (Classic Reprint) Unknown Author. 2018. (ENG., Illus.). 774p. (J). 39.88 *(978-0-267-21542-3(8))* Forgotten Bks.

Atlantic Monthly, Vol. 39: A Magazine If Literature, Science, Arts, & Politics (Classic Reprint) Unknown Author. 2018. (ENG., Illus.). 776p. (J). 39.90 *(978-0-483-12844-6(9))* Forgotten Bks.

Atlantic Monthly, Vol. 4: A Magazine of Literature, Art, & Politics; July, 1859 (Classic Reprint) Unknown Author. (ENG., Illus.). (J). 2018. 786p. 40.13 *(978-0-483-81114-0(9))*; 2016. pap. 23.57 *(978-1-333-24596-2(3))* Forgotten Bks.

Atlantic Monthly, Vol. 5: A Magazine of Literature, Art, & Politics (Classic Reprint) Unknown Author. 2018. (ENG., Illus.). 776p. (J). 39.90 *(978-0-484-32047-4(5))* Forgotten Bks.

Atlantic Monthly, Vol. 55: A Magazine of Literature, Science, Art, & Politics; January, 1885 (Classic Reprint) Unknown Author. (ENG., Illus.). (J). 2018. 868p. 41.80 *(978-0-365-28275-4(8))*; 2017. pap. 24.14 *(978-1-334-91481-2(8))* Forgotten Bks.

Atlantic Monthly, Vol. 56: A Magazine of Literature, Science, Art, & Politics (Classic Reprint) Unknown Author. (ENG., Illus.). (J). 2018. 724p. 38.83 *(978-0-483-89899-8(6))*; 2016. pap. 23.57 *(978-1-334-14972-6(0))* Forgotten Bks.

Atlantic Monthly, Vol. 57: A Magazine of Literature, Science, Art, & Politics; January June, 1886 (Classic Reprint) Unknown Author. (ENG., Illus.). (J). 2018. 868p. 41.80 *(978-0-483-37955-8(7))*; 2016. pap. 24.14 *(978-1-334-12749-6(2))* Forgotten Bks.

Atlantic Monthly, Vol. 58: A Magazine of Literature, Science, Art, & Politics; July-December, 1886 (Classic Reprint) Unknown Author. (ENG., Illus.). (J). 2018. 896p. 42.38 *(978-0-483-63515-9(4))*; 2017. pap. 24.72 *(978-1-334-90413-4(8))* Forgotten Bks.

Atlantic Monthly, Vol. 6: A Magazine of Literature, Art, & Politics (Classic Reprint) Unknown Author. 2018. (ENG., Illus.). 774p. (J). 39.88 *(978-0-483-06941-1(8))* Forgotten Bks.

Atlantic Monthly, Vol. 78: Devoted to Literature, Science, Art, & Politics; September, 1896 (Classic Reprint) Unknown Author. 2017. (ENG., Illus.). (J). 27.03 *(978-0-331-16009-3(9))*; pap. 9.57 *(978-0-266-00390-8(7))* Forgotten Bks.

Atlantic Mystery. Kimberly Arcos. 2020. (ENG.). 60p. (J). pap. 12.95 *(978-1-6624-0833-5(1))* Page Publishing Inc.

Atlantic Narratives: Modern Short Stories (Classic Reprint) Charles Swain Thomas. (ENG., Illus.). (J). 2018. 376p. 31.65 *(978-0-483-46205-2(5))*; 2017. 32.19 *(978-1-5281-8308-6(8))* Forgotten Bks.

Atlantic Ocean. Lauren Gordon. 2022. (Oceans of the World Ser.). (ENG.). 24p. (J). (gr. k-2). pap. 8.95 *(978-1-63897-562-5(0)*, 21451) Seahorse Publishing.

Atlantic Ocean. Contrib. by Lauren Gordon. 2022. (Oceans of the World Ser.). (ENG.). 24p. (J). (gr. k-2). lib. bdg. 27.93 *(978-1-63897-447-5(0)*, 21450) Seahorse Publishing.

Atlantic Ocean. Joy Gregory. 2019. (Our Five Oceans Ser.). (ENG.). 32p. (J). lib. bdg. 29.99 *(978-1-5105-4371-3(6))* SmartBook Media, Inc.

Atlantic Ocean. Joy Gregory. 2016. (Illus.). 32p. (J). *(978-1-4896-4735-1(X))* Weigl Pubs., Inc.

Atlantic Ocean. Emily Rose Oachs. 2016. (Discover the Oceans Ser.). (ENG., Illus.). 24p. (J). (gr. k-3). pap. 7.99 *(978-1-61891-262-6(3)*, 12046); lib. bdg. 26.95 *(978-1-62617-331-6(1))* Bellwether Media. (Blastoff! Readers).

Atlantic Ocean. Juniata Rogers. 2018. (Oceans of the World Ser.). (ENG.). 24p. (J). (gr. -1-2). lib. bdg. 32.79 *(978-1-5038-2502-4(7)*, 212363) Child's World, Inc, The.

Atlantic Primary Arithmetic; Simple Numbers. G. L. Demarest. 2017. (ENG., Illus.). (J). pap. *(978-0-649-70505-4(X))* Trieste Publishing Pty Ltd.

Atlantic Prose & Poetry: For Junior High Schools & Upper Grammar Grades (Classic Reprint) Charles Swain Thomas. 2018. (ENG., Illus.). 414p. (J). 32.44 *(978-0-483-38237-4(X))* Forgotten Bks.

Atlantic Puffins. Megan Borgert-Spaniol. 2018. (Arctic Animals at Risk Ser.). (ENG., Illus.). 32p. (J). (gr. 3-6). lib. bdg. 32.79 *(978-1-5321-1695-7(0)*, 30678, Checkerboard Library) ABDO Publishing Co.

Atlantic Tales: A Collection of Stories from the Atlantic Monthly (Classic Reprint) Edward Everett Hale. 2018. (ENG., Illus.). 486p. (J). 33.94 *(978-0-428-36951-4(0))* Forgotten Bks.

Atlantic Tales, or Pictures of Youth (Classic Reprint) Eliza Leslie. (ENG., Illus.). (J). 2018. 318p. 30.46 *(978-0-364-46218-8(3))*; 2017. pap. 13.57 *(978-0-259-31398-4(X))* Forgotten Bks.

Atlantida (l'Atlantide) (Classic Reprint) Pierre Benoit. 2017. (ENG., Illus.). 316p. (J). 30.41 *(978-1-5282-8788-3(6))* Forgotten Bks.

Atlantis. Meg Gaertner. 2022. (Unexplained Ser.). (ENG., Illus.). 32p. (J). (gr. 2-3). pap. 9.95 *(978-1-63738-195-3(6))*;

124

The check digit for ISBN-10 appears in parentheses after the full ISBN-13

lib. bdg. 31.35 *(978-1-63738-159-5(X))* North Star Editions. (Apex).

Atlantis. Paige V. Polinsky. 2019. (Investigating the Unexplained Ser.). (ENG., Illus.). 32p. (J). (gr. 3-8). lib. bdg. 27.95 *(978-1-64487-038-9(X)*, Blastoff! Discovery) Bellwether Media.

Atlantis. Kyla Steinkraus. 2017. (Strange ... but True? Ser.). (ENG.). 32p. (J). (gr. 4-6). pap. 9.99 *(978-1-64466-215-1(9)*, 11484); (Illus.). lib. bdg. *(978-1-68072-181-2(X)*, 10546) Black Rabbit Bks. (Bolt).

Atlantis: A Novel (Classic Reprint) Gerhart Hauptmann. 2018. (ENG., Illus.). 420p. (J). 32.58 *(978-0-483-67905-4(4))* Forgotten Bks.

Atlantis, an Empire Lost & Found. Neil McDonald & Thomas Sheridan. 2022. (ENG.). 151p. (J). pap. *(978-1-4717-0953-1(1))* Lulu Pr., Inc.

Atlantis & Other Lost Worlds, 1 vol. Robert Snedden. 2016. (Mystery Hunters Ser.). (ENG.). 48p. (J). (gr. 5-5). pap. 15.05 *(978-1-4824-5996-8(5)*, 4dd0c278-d5f1-4944-b2ea-02c0787944d1) Stevens, Gareth Publishing LLLP.

Atlantis Bloodline. C. A. Gray. 2020. (ENG.). 354p. (J). pap. *(978-1-6781-6894-0(7))* Lulu Pr., Inc.

Atlantis Complete Collection (Boxed Set) Escape from Atlantis; Return to Atlantis; Secrets of Atlantis. Kate O'Hearn. ed. 2023. (Atlantis Ser.). (ENG.). 1440p. (J). (gr. 3-7). 56.99 ***(978-1-6659-2985-1(5)***, Aladdin) Simon & Schuster Children's Publishing.

Atlantis Complex, the-Artemis Fowl, Book 7. Eoin Colfer. 2019. (Artemis Fowl Ser.: 7). (ENG.). 432p. (J). (gr. 5-9). pap. 8.99 *(978-1-368-03694-8(5)*, Disney-Hyperion) Disney Publishing Worldwide.

Atlantis Lost. T. A. Barron. 2020. (Atlantis Saga Ser.: 3). (ENG.). 224p. (J). (gr. 5). 8.99 *(978-0-14-751186-7(0)*, Puffin Books) Penguin Young Readers Group.

Atlantis on the Tides of Destiny. Jennifer McKeithen. 2019. (ENG.). 234p. (YA). pap. 12.99 *(978-1-393-60978-0(3))* Draft2Digital.

Atlantis Queens. M. S. Kaminsky. 2019. (Mermaid Curse Ser.: Vol. 3). (ENG.). 376p. (J). pap. *(978-1-988759-06-7(4)*, Boerum Hill) Organik Media, Inc.

Atlantis Quest. Gloria Craw. 2016. (Atlantis Rising Ser.: 2). (ENG.). 356p. (YA). 16.99 *(978-1-63375-283-2(6)*, 9781633752832) Entangled Publishing, LLC.

Atlantis Rise. Nina Ryan. 2022. (ENG.). 184p. (YA). pap. *(978-1-3984-4594-9(0))* Austin Macauley Pubs. Ltd.

Atlantis: the Accidental Invasion (Atlantis Book #1) Gregory Mone. 2021. (Atlantis Ser.). (ENG., Illus.). 304p. (YA). (gr. 3-7). 17.99 *(978-1-4197-3853-1(4)*, 1290901, Amulet Bks.) Abrams, Inc.

Atlantis: the Brink of War (Atlantis Book #2) Gregory Mone. 2022. (Atlantis Ser.). (ENG.). 304p. (YA). (gr. 3-7). 17.99 *(978-1-4197-3855-5(0)*, 1291001, Amulet Bks.) Abrams, Inc.

Atlantis: the Lost Empire. Greg Ehrbar. Illus. by Claudio Sciarrone. 2021. (Disney & Pixar Movies Ser.). (ENG.). 48p. (J). (gr. 2-6). lib. bdg. 32.79 *(978-1-5321-4805-7(4)*, 37016, Graphic Novels) Spotlight.

Atlantis Twins. M. S. Kaminsky. 2017. (Mermaid Curse Ser.: Vol. 1). (ENG., Illus.). (YA). (gr. 9-12). pap. *(978-1-988759-04-3(8)*, Boerum Hill) Organik Media, Inc.

Atlantis United: Sports Academy Book 1. Gerard Siggins. ed. 2019. (Sports Academy Ser.). (ENG.). 256p. 13.99 *(978-1-78849-095-5(9))* O'Brien Pr., Ltd., The IRL. Dist: Casemate Pubs. & Bk. Distributors, LLC.

Atlas & Text-Book of Human Anatomy, Vol. 1: Bones, Ligaments, Joints, & Muscles (Classic Reprint) Johannes Sobotta. 2016. (ENG., Illus.). (J). pap. 16.97 *(978-1-334-41509-8(9))* Forgotten Bks.

Atlas & Text-Book of Human Anatomy, Vol. 2: The Viscera, Including the Heart (Classic Reprint) Johannes Sobotta. (ENG., Illus.). (J). 2017. 31.16 *(978-0-266-50178-7(8))*; 2016. pap. 13.97 *(978-1-334-52144-7(1))*; 2016. pap. 9.57 *(978-1-333-93909-0(4))* Forgotten Bks.

Atlas & Text-Book of Human Anatomy, Vol. 3: Vascular System, Lymphatic System, Nervous System & Sense Organs (Classic Reprint) Johannes Sobotta. 2017. (ENG., Illus.). (J). pap. 16.97 *(978-1-5283-2109-9(X))* Forgotten Bks.

Atlas de Curiosidades (Where on Earth?) El Planeta Tierra Como Nunca lo Habías Visto. DK. 2022. (DK Where on Earth? Atlases Ser.). (SPA.). 192p. (J). (gr. 4-7). 21.99 *(978-0-7440-5961-8(5)*, DK Children) Dorling Kindersley Publishing, Inc.

Atlas de la Emergencia Climática (Climate Emergency Atlas) Qué Ocurre y Cómo Combatirla. Dan Hooke. 2021. (DK Where on Earth? Atlases Ser.). (SPA.). 96p. (J). (gr. 4-7). 19.99 *(978-0-7440-4026-5(4)*, DK Children) Dorling Kindersley Publishing, Inc.

Atlas Del Mundo Animal (Animal Atlas) La Vida Salvaje en Mapas. DK. 2021. (DK Where on Earth? Atlases Ser.). (SPA.). 160p. (J). (gr. 4-7). 21.99 *(978-0-7440-4870-4(2)*, DK Children) Dorling Kindersley Publishing, Inc.

Atlas der Descriptiven Anatomie des Menschen, Vol. 1: Knochen, Gelenke, Bänder, Muskeln (Classic Reprint) Carl Heitzmann. 2018. (GER., Illus.). (J). 300p. 30.10 *(978-1-391-51882-4(9))*; 302p. pap. 13.57 *(978-1-390-64316-9(6))* Forgotten Bks.

Atlas Designed to Accompany the American School Geography: Comprising the Following Maps: Map of the World, North America, United States, Eastern & Middle States, Map of South America, Europe, Asia, Africa (Classic Reprint) Barnum Field. 2017. (ENG., Illus.). (J). 24.43 *(978-0-331-97881-0(4))* Forgotten Bks.

Atlas for Kids - United States of America Famous Sights to See - Adventures for Kids - Children's Education & Reference Books. Bobo's Little Brainiac Books. 2016. (ENG., Illus.). (J). pap. 7.99 *(978-1-68327-798-9(8))* Sunshine In My Soul Publishing.

Atlas Illustré. Andrew Brooks. 2022. Orig. Title: Children's Illustrated Atlas. (FRE., Illus.). 128p. (J). (gr. 4-7). 24.95 *(978-2-7644-4090-2(1))* Quebec Amerique CAN. Dist: Orca Bk. Pubs. USA.

Atlas Ilustrado Del Mundo. 2019. 96p. (J). (gr. 3-5). pap. 15.99 *(978-84-9786-849-5(8))* Edimat Libros, S. A. ESP. Dist: Lectorum Pubns., Inc.

Atlas Janivaran Baray NU Javanan. Mihdi Chubinih. Tr. by Murtaza Mumayyaz. 2017. (PER.). 64p. (J). *(978-600-251-273-4(X))* Qadyani.

Atlas Moth. Grace Hansen. 2021. (Incredible Insects Ser.). (ENG., Illus.). 24p. (J). (gr. -1-2). lib. bdg. 32.79 *(978-1-0982-0735-9(1)*, 37889, Abdo Kids); (gr. 1-1). pap. 8.95 *(978-1-64494-555-1(X)*, Abdo Kids-Jumbo) ABDO Publishing Co.

Atlas Obscura Explorer's Guide for the World's Most Adventurous Kid. Dylan Thuras & Rosemary Mosco. Illus. by Joy Ang. 2022. (Atlas Obscura Ser.). (ENG.). 112p. (J). (gr. 3-7). pap. 14.99 *(978-1-5235-1614-8(3)*, 101614) Workman Publishing Co., Inc.

Atlas of Alliterative Animal Adventures. Sharon Morris. 2022. (ENG., Illus.). 60p. (J). pap. ***(978-1-83934-555-5(1))*** Olympia Publishers.

Atlas of Amazing Birds: (fun, Colorful Watercolor Paintings of Birds from Around the World with Unusual Facts, Ages 5-10, Perfect Gift for Young Birders & Naturalists) Matt Sewell. 2019. (ENG., Illus.). 160p. (J). (gr. k-5). 19.95 *(978-1-61689-857-1(7))* Princeton Architectural Pr.

Atlas of Animal Adventures: Natural Wonders, Exciting Experiences & Fun Festivities. Emily Hawkins & Rachel Williams. Illus. by Lucy Letherland. 2016. (Atlas Of Ser.). (ENG.). 96p. (J). 30.00 *(978-1-84780-792-2(5)*, Wide Eyed Editions) Quarto Publishing Group UK GBR. Dist: Littlehampton Bk Services, Ltd.

Atlas of Dinosaur Adventures: Step into a Prehistoric World. Emily Hawkins. Illus. by Lucy Letherland. 2017. (Atlas Of Ser.). (ENG.). 96p. (J). (gr. 1-4). 35.00 *(978-1-78603-035-1(7)*, Wide Eyed Editions) Quarto Publishing Group UK GBR. Dist: Hachette Bk. Group.

Atlas of Dogs. Stepanka Sekaninova. Illus. by Marcel Kralik & Marcel Kralik. 2021. (Atlases of Animal Companions Ser.). 104p. (J). 16.95 *(978-80-00-05935-8(5))* Albatros, Nakladatelstvi pro deti mladez, a.s. CZE. Dist: Consortium Bk. Sales & Distribution.

Atlas of Endangered Animals. Radek Maly. Illus. by Pavel Dvorsky & Pavla Dvorska. 2022. (Large Encyclopedias Ser.). 88p. (J). 24.99 *(978-80-00-06127-6(9))* Albatros, Nakladatelstvi pro deti mladez, a.s. CZE. Dist: Consortium Bk. Sales & Distribution.

Atlas of Extinct Animals. Radek Maly. Illus. by Pavel Dvorsky & Jiri Grbavcic. 2022. (Large Encyclopedias Ser.). 88p. (J). 24.99 *(978-80-00-06126-9(0))* Albatros, Nakladatelstvi pro deti mladez, a.s. CZE. Dist: Consortium Bk. Sales & Distribution.

Atlas of Great Journeys: The Story of Discovery in Amazing Maps. Philip Steele. Illus. by Christian Gralingen. 2020. (ENG.). 48p. (J). (-7). 24.95 *(978-1-78312-602-6(7))* Welbeck Publishing Group Ltd. GBR. Dist: Two Rivers Distribution.

Atlas of Imaginary Places. Mia Cassany. Illus. by Ana de Lima. (ENG.). 40p. (J). (gr. -1-3). 2021. pap. 9.95 *(978-3-7913-7500-7(8))*; 2018. 19.95 *(978-3-7913-7347-8(1))* Prestel Verlag GmbH & Co KG. DEU. Dist: Penguin Random Hse. LLC.

Atlas of Legendary Places: From Atlantis to the Milky Way. Volker Mehnert. Illus. by Claudia Lieb. 2023. (ENG.). 40p. (J). (gr. 3-7). 24.99 ***(978-3-7913-7556-4(3))*** Prestel Verlag GmbH & Co KG. DEU. Dist: Penguin Random Hse. LLC.

Atlas of Lost Kingdoms: Discover Mythical Lands, Lost Cities & Vanished Islands. Emily Hawkins. Illus. by Lauren Mark Baldo. 2022. (Lost Atlases Ser.). (ENG.). 96p. (J). (gr. 2-7). ***(978-0-7112-6282-9(9)***, Wide Eyed Editions) Quarto Publishing Group UK.

Atlas of Miniature Adventures: A Pocket-Sized Collection of Small-scale Wonders - Because Bigger Isn't Always Better. Emily Hawkins. Illus. by Lucy Letherland. 2016. (Atlas Of Ser.). (ENG.). 64p. (J). 9.99 *(978-1-84780-909-4(X)*, Wide Eyed Editions) Quarto Publishing Group UK GBR. Dist: Littlehampton Bk Services, Ltd.

Atlas of Monsters: Mythical Creatures from Around the World. Sandra Lawrence. Illus. by Stuart Hill. 2019. (ENG.). 64p. (J). (gr. 2-7). 19.99 *(978-0-7624-9484-2(0)*, Running Pr. Kids) Running Pr.

Atlas of Ocean Adventures: Plunge into the Depths of the Ocean & Discover Wonderful Sea Creatures, Incredible Habitats, & Unmissable Underwater Events. Emily Hawkins. Illus. by Lucy Letherland. 2019. (Atlas Of Ser.). (ENG.). 96p. (J). (gr. 2-7). ***(978-0-7112-4531-0(2)***, Wide Eyed Editions) Quarto Publishing Group UK.

Atlas of Practical Elementary Biology. George Bond Howes. 2017. (ENG.). 178p. (J). pap. *(978-3-337-27665-2(2))* Creation Pubs.

Atlas of Women Explorers. Riccardo Francaviglia. Illus. by Margherita Sgarlata. 2020. (ENG.). 96p. (J). (gr. 3). 16.95 *(978-88-544-1667-3(3))* White Star Publishers ITA. Dist: Sterling Publishing Co., Inc.

Atlas the Rabbit. Ebru Caparti. Illus. by Yalcinkaya Miray. 2019. (ENG.). 40p. (J). (gr. k-2). 17.99 *(978-0-578-47635-3(5))* Caparti, Ebru.

Atletismo. M. K. Osborne. 2020. (Deportes Olímpicos de Verano Ser.). (SPA.). 32p. (J). (gr. 2-5). lib. bdg. *(978-1-68151-899-2(6)*, 10703) Amicus.

Atmosphere: Discover Pictures & Facts about the Atmosphere for Kids! a Children's Science Book. Bold Kids. 2021. (ENG.). 32p. (J). pap. 11.99 *(978-1-0717-0805-7(8))* FASTLANE LLC.

Atmosphere: Earth Science Children's Book with Facts & Pictures. Bold Kids. 2022. (ENG.). 46p. (J). pap. 14.99 *(978-1-0717-0882-8(1))* FASTLANE LLC.

Atmosphere - 6 Pack: Set of 6 Bridges Edition with Common Core Teacher Materials. Zareth MacPherson Artinian. 2016. (Prime Ser.). (YA). (gr. 6-8). 69.00 *(978-1-5125-8846-0(6))* Benchmark Education Co.

Atmosphere - 6 Pack: Set of 6 with Common Core Teacher Materials. Zareth MacPherson Artinian. 2016. (Prime Ser.). (YA). (gr. 6-8). 69.00 *(978-1-5125-8828-6(8))* Benchmark Education Co.

Atnas: Santa's Sister in the South Pole. Kimberly K. Horg. 2016. (ENG., Illus.). (J). pap. 13.99 *(978-1-4834-4520-5(8))* Lulu Pr., Inc.

Ato Z, What Can You Show Me? - Connect the Dots Activity Book. Bobo's Children Activity Books. 2016. (ENG., Illus.). (J). pap. 7.99 *(978-1-68327-279-3(X))* Sunshine In My Soul Publishing.

Ato Z, What Do You See? Connect the Dots Activity Book. Bobo's Children Activity Books. 2016. (ENG., Illus.). (J). pap. 7.99 *(978-1-68327-280-9(3))* Sunshine In My Soul Publishing.

Atolls of the Sun (Classic Reprint) Frederick O'Brien. 2017. (ENG., Illus.). (J). 35.82 *(978-0-266-55612-1(4))* Forgotten Bks.

Atom & Molecules - Science Book Grade 4 Children's Chemistry Books. Baby Professor. 2017. (ENG., Illus.). (J). pap. 8.79 *(978-1-5419-1086-7(9)*, Baby Professor (Education Kids)) Speedy Publishing LLC.

Atom & the Universe. Kory James. 2021. (ENG.). 24p. (J). 24.99 ***(978-1-0879-8979-2(5))*** Indy Pub.

Atoma & the Blockchain. Gerard O'Neill. 2019. (ENG.). 352p. (YA). pap. 18.85 *(978-1-393-63268-9(8))* Draft2Digital.

Atomic Age - Science Book Grade 6 Children's How Things Work Books. Baby Professor. 2017. (ENG., Illus.). 64p. (J). pap. 9.52 *(978-1-5419-1529-9(1)*, Baby Professor (Education Kids)) Speedy Publishing LLC.

Atomic Bomb Perspectives (Set), 4 vols. Martha London et al. 2021. (Atomic Bomb Perspectives Ser.). (ENG.). 48p. (J). (gr. 4-8). lib. bdg. 142.56 *(978-1-5321-9265-4(7)*, 34919) ABDO Publishing Co.

Atomic Bomb Survivor Stories. Martha London. 2021. (Atomic Bomb Perspectives Ser.). (ENG., Illus.). 48p. (J). (gr. 4-8). lib. bdg. 35.64 *(978-1-5321-9266-1(5)*, 34921) ABDO Publishing Co.

Atomic Soldiers. Celine Rose Mariotti. 2019. (ENG., Illus.). 156p. (YA). pap. 8.95 *(978-1-951384-11-3(3))* Alban Lake Publishing.

Atomic Soldiers. Celine Rose Mariotti. 2022. (ENG.). 126p. (YA). pap. 11.00 ***(978-1-0880-5528-1(1))*** Indy Pub.

Atomic Women: The Untold Stories of the Scientists Who Helped Create the Nuclear Bomb. Roseanne Montillo. 2021. (ENG., Illus.). 272p. (J). (gr. 7-17). pap. 11.99 *(978-0-316-48960-7(3))* Little, Brown Bks. for Young Readers.

Atoms. John Devolle. Illus. by John Devolle. 2022. (Big Science for Little Minds Ser.). (ENG., Illus.). 32p. (J). (-k). 16.95 *(978-1-78269-343-7(2)*, Pushkin Children's Bks.) Steerforth Pr.

Atoms, 1 vol. Kennon O'Mara. 2018. (Look at Chemistry Ser.). (ENG.). 32p. (gr. 2-2). 28.27 *(978-1-5382-3010-7(0)*, 95c89f16-b4e2-4df8-a627-213698e1fc25) Stevens, Gareth Publishing LLLP.

Atoms: It Matters, 1 vol. Barbara M. Linde. 2019. (Spotlight on Physical Science Ser.). (ENG.). 32p. (gr. 4-6). pap. 11.60 *(978-1-7253-1289-0(1)*, b0a7ecc8-7d74-433f-9ec3-6af95059bddb, PowerKids Pr.) Rosen Publishing Group, Inc., The.

Atoms & Electrons! Finding Them with Electron Microscopes for Kids - Children's Electron Microscopes & Microscopy Books. Baby Iq Builder Books. 2016. (ENG., Illus.). (J). pap. 8.99 *(978-1-68374-708-6(9))* Examined Solutions PTE. Ltd.

Atoms & Molecules. Daniel R. Faust. 2023. (Intro to Chemistry: Need to Know Ser.). (ENG.). 32p. (J). (gr. 5-7). lib. bdg. 28.50 Bearport Publishing Co., Inc.

Atoms & Molecules. Cassie Meyer. 2023. (Building Blocks of Chemistry Ser.). (ENG.). 42p. (J). pap. ***(978-0-7166-4849-9(0))*** World Bk.-Childcraft International.

Atoms, Molecules & Quantum Mechanics for Kids. Baby Professor. 2017. (ENG., Illus.). (YA). pap. 9.25 *(978-1-5419-0158-2(4)*, Baby Professor (Education Kids)) Speedy Publishing LLC.

Atoms of Empire (Classic Reprint) Charles John Cutcliffe Hyne. 2018. (ENG., Illus.). 292p. (J). 29.92 *(978-0-483-78338-6(2))* Forgotten Bks.

Atonement of Jesus Christ Is for Me. Sierra Wilson. Illus. by Corey Egbert. (ENG.). 32p. (J). 2021. pap. 12.99 *(978-1-4621-4073-2(4))*; 2018. 14.99 *(978-1-4621-2194-6(2))* Cedar Fort, Inc./CFI Distribution.

Atonement of Leam Dundas (Classic Reprint) Elizabeth Lynn Linton. 2018. (ENG., Illus.). (J). 264p. 29.34 *(978-1-391-20491-8(3))*; 266p. pap. 11.97 *(978-1-390-96029-7(3))* Forgotten Bks.

Atracciones Acuáticas (Water Rides) Grace Hansen. 2018. (En el Parque de Atracciones (Amusement Park Rides) Ser.). (SPA.). 24p. (J). (gr. -1-2). lib. bdg. 32.79 *(978-1-5321-8385-0(2)*, 29963, Abdo Kids) ABDO Publishing Co.

Atracciones Interactivas (Interactive Rides) Grace Hansen. 2018. (En el Parque de Atracciones (Amusement Park Rides) Ser.). (SPA.). 24p. (J). (gr. -1-2). lib. bdg. 32.79 *(978-1-5321-8383-6(6)*, 29959, Abdo Kids) ABDO Publishing Co.

Atrapada en el Espacio: Leveled Reader Book 55 Level U 6 Pack. Hmh Hmh. 2021. (SPA.). 56p. (J). pap. 74.40 *(978-0-358-08623-9(X))* Houghton Mifflin Harcourt Publishing Co.

Atrapado en una Jaula de Furia. Various Authors. 2019. (SPA.). 48p. (J). (gr. -1-3). pap. 6.95 *(978-93-86412-47-8(0)*, Uranito) Ediciones Urano de México MEX. Dist: Spanish Pubs., LLC.

Atrapados en la Escuela: Cuentos Mexicanos Contemporaneos. José Luis Morales & Beatriz Escalante. 2018. (SPA., Illus.). 144p. (YA). (gr. 10-12). pap. 10.95 *(978-607-453-349-1(0))* Selector, S.A. de C.V. MEX. Dist: Spanish Pubs., LLC.

Atrapando Mariposas: Catching Butterflies. Yovana Chardón. 2020. (ENG., Illus.). 26p. (J). pap. 12.95 *(978-1-0980-6351-1(1))* Christian Faith Publishing.

Atrocities in Action. Kevin P. Winn & Kelisa Wing. 2021. (21st Century Skills Library: Racial Justice in America: Histories Ser.). (ENG., Illus.). 32p. (J). (gr. 5-8). pap. 14.21 *(978-1-5341-8889-1(4)*, 219267); lib. bdg. 32.07 *(978-1-5341-8749-8(9)*, 219266) Cherry Lake Publishing. (45th Parallel Press).

Attache, or Sam Slick in England (Classic Reprint) Thomas Haliburton. 2017. (ENG., Illus.). (J). 32.33 *(978-1-5282-7887-4(9))* Forgotten Bks.

Attache, or Sam Slick in England, Vol. 1 of 2 (Classic Reprint) Thomas Haliburton. 2017. (ENG., Illus.). (J). pap. 13.57 *(978-0-259-26641-9(8))* Forgotten Bks.

Attaché, or Sam Slick in England, Vol. 1 of 2 (Classic Reprint) Thomas Haliburton. 2018. (ENG., Illus.). 292p. (J). 29.94 *(978-0-365-10865-8(0))* Forgotten Bks.

Attache, or Sam Slick in England, Vol. 2 of 2 (Classic Reprint) Thomas Haliburton. (ENG., Illus.). (J). 2018. 300p. 30.08 *(978-0-365-29823-6(9))*; 2017. pap. 13.57 *(978-0-259-26701-0(5))* Forgotten Bks.

Attache, Vol. 1 Of 2: Or Sam Slick in England (Classic Reprint) Thomas Haliburton. (ENG., Illus.). (J). 2018. 582p. 35.92 *(978-0-332-13798-8(8))*; 2017. pap. 19.57 *(978-0-259-02823-9(1))* Forgotten Bks.

Attaché, Vol. 1 Of 2: Or Sam Slick in England (Classic Reprint) Thomas Haliburton. 2018. (ENG., Illus.). 298p. (J). 30.06 *(978-0-365-33330-2(1))* Forgotten Bks.

Attache, Vol. 2 Of 2: Or, Sam Slick in England (Classic Reprint) Thomas Haliburton. 2017. (ENG., Illus.). (J). 31.07 *(978-1-5283-6544-4(5))* Forgotten Bks.

Attack. Olivia a Taylor. 2016. (ENG., Illus.). 34p. (J). pap. *(978-1-387-33655-5(X))* Lulu Pr., Inc.

Attack at Shark Bay: A Riwaka Gang Adventure. Denis Shuker. 2018. (Riwaka Gang Ser.: Vol. 1). (ENG., Illus.). 180p. (J). pap. 10.99 *(978-0-473-44038-1(5))* Joyful Pubs.

Attack Baby. Thomas and Oliver Paulsen. 2018. (ENG., Illus.). 46p. (J). pap. *(978-1-77370-437-1(0))* Tellwell Talent.

Attack from Tilted Towers: An Unofficial Novel for Fans of Fortnite. Devin Hunter. 2019. (Trapped in Battle Royale Ser.). 112p. (J). (gr. 1-5). pap. 7.99 *(978-1-5107-4350-2(2)*, Sky Pony Pr.) Skyhorse Publishing Co., Inc.

Attack My Anxiety! Amornrat Sachdev. Illus. by Jenna Cumbers. 2016. (ENG.). (J). (gr. k-6). pap. *(978-1-928034-15-5(2))* ED-ucation Publishing.

Attack of the 50-Foot Fluffy. Mike Boldt. Illus. by Mike Boldt. 2018. (ENG., Illus.). 32p. (J). (gr. -1-3). 18.99 *(978-1-4814-4887-1(0)*, McElderry, Margaret K. Bks.) McElderry, Margaret K. Bks.

Attack of the 50-Foot Fly Guy see Ataque Del Hombre Mosca de 15 Metros (Attack of the 50-Foot Fly Guy)

Attack of the 50-Foot Fly Guy! (Fly Guy #19) Tedd Arnold. Illus. by Tedd Arnold. 2019. (Fly Guy Ser.: 19). (ENG., Illus.). 32p. (J). (gr. -1-3). 6.99 *(978-1-338-56626-0(1)*, Cartwheel Bks.) Scholastic, Inc.

Attack of the 50 Foot Wallflower. Christian McKay Heidicker. Illus. by Sam Bosma. (ENG.). 320p. (YA). (gr. 9). 2019. pap. 11.99 *(978-1-4814-9914-9(9))*; 2018. 18.99 *(978-1-4814-9913-2(0))* Simon & Schuster Bks. For Young Readers. (Simon & Schuster Bks. For Young Readers).

Attack of the Angry Legend; Stranger in the Shadows; Planet of Joy. Charles Mills. 2016. (J). *(978-0-8163-6158-8(4))* Pacific Pr. Publishing Assn.

Attack of the Asian Carp, 1 vol. Santana Hunt. 2016. (Animal Invaders: Destroying Native Habitats Ser.). (ENG., Illus.). 24p. (J). (gr. 2-3). pap. 9.15 *(978-1-4824-5655-4(9)*, ff715153-f45c-48f3-8396-f6268285ff6f) Stevens, Gareth Publishing LLLP.

Attack of the Bayport Beast. Franklin W. Dixon. 2017. (Hardy Boys Adventures Ser.: 14). (ENG., Illus.). 112p. (J). (gr. 3-7). pap. 7.99 *(978-1-4814-6834-3(0)*, Simon & Schuster/Paula Wiseman Bks.) Simon & Schuster/Paula Wiseman Bks.

Attack of the Black Rectangles. A. S. King. 2022. (ENG.). 272p. (J). (gr. 4-7). 18.99 *(978-1-338-68052-2(8)*, Scholastic Pr.) Scholastic, Inc.

Attack of the Bullfrogs, 1 vol. Therese M. Shea. 2016. (Animal Invaders: Destroying Native Habitats Ser.). (ENG.). 24p. (J). (gr. 2-3). pap. 9.15 *(978-1-4824-5657-8(5)*, ac86d48f-2feb-4c6e-aab3-c4007d34b01d) Stevens, Gareth Publishing LLLP.

Attack of the Burmese Pythons, 1 vol. Matt Jankowski. 2016. (Animal Invaders: Destroying Native Habitats Ser.). (ENG., Illus.). 24p. (J). (gr. 2-3). pap. 9.15 *(978-1-4824-5659-2(1)*, 1cc01fa5-3575-469f-96e8-7c2ff64a4d1b) Stevens, Gareth Publishing LLLP.

Attack of the Butt-Bombs! John Sazaklis. Illus. by Shane Clester. 2023. (Snot-Bots Ser.). (ENG.). 40p. (J). 23.99 *(978-1-6663-4905-4(4)*, 238855); pap. 6.99 *(978-1-6663-4906-1(2)*, 238837) Capstone. (Stone Arch Bks.).

Attack of the Clones. Elizabeth Dowsett. ed. 2018. (DK Readers Ser.). (ENG.). 32p. (J). (gr. -1-1). 13.89 *(978-1-64310-707-3(0))* Penworthy Co., LLC, The.

Attack of the Cute. Jaclyn Jaycox. Illus. by Marilisa Cotroneo. 2019. (Boo Bks.). (ENG.). 32p. (J). (gr. k-2). lib. bdg. 21.32 *(978-1-5158-4483-9(8)*, 140579, Picture Window Bks.) Capstone.

Attack of the Cutest Kitties Alive! Coloring Book. Jupiter Kids. 2016. (ENG., Illus.). 106p. (J). pap. 12.55 *(978-1-68326-281-7(6)*, Jupiter Kids (Childrens & Kids Fiction)) Speedy Publishing LLC.

Attack of the Deadly Diapers. Megan Atwood. Illus. by Ethen Beavers. 2020. (Michael Dahl Presents: Side-Splitting Stories Ser.). (ENG.). 72p. (J). (gr. 3-6). pap. 5.95 *(978-1-4965-9209-5(3)*, 142237); lib. bdg. 25.32 *(978-1-4965-8705-3(7)*, 141439) Capstone. (Stone Arch Bks.).

Attack of the Dragons. Gerónimo Stilton & Emily Clement. Illus. by Giuseppe Facciotto & Alessandro Costa. 2016. 115p. (J). *(978-0-605-93525-9(4))* Scholastic, Inc.

Attack of the Dragons (Geronimo Stilton Micekings #1), 1 vol. Geronimo Stilton. 2016. (Geronimo Stilton Micekings Ser.: 1). (ENG., Illus.). 128p. (J). (gr. 2-5). pap. 6.99 *(978-0-545-87238-6(3)*, ed8d17cb-263f-4dae-9a4a-0151fde04bd9, Scholastic Paperbacks) Scholastic, Inc.

Attack of the Drones. Michael Dahl. Illus. by Patricio Clarey. 2019. (Escape from Planet Alcatraz Ser.). (ENG.). 40p. (J). (gr. 3-6). lib. bdg. 24.65 *(978-1-4965-8315-4(9)*, 140490, Stone Arch Bks.) Capstone.

Attack of the Drowned: An Unofficial Minecrafters Novel. Maggie Marks. 2019. (Aquatic Adventures in the Overworld Ser.: 2). (ENG.). 112p. (J). (gr. 2-8). pap. 7.99 *(978-1-5107-4728-9(1)*, Sky Pony Pr.) Skyhorse Publishing Co., Inc.

A

Attack of the Ender Dragon: An Unofficial Minetrapped Adventure, #6. Winter Morgan. 2016. (Unofficial Minetrapped Adventure Ser.: 6). (ENG.). 112p. (J). (gr. 1-7). pap. 7.99 *(978-1-5107-0602-6(X)*, Sky Pony Pr.) Skyhorse Publishing Co., Inc.

Attack of the Giant Groundhogs: Book 14. Baron Specter. Illus. by Scott Brown. 2021. (Graveyard Diaries). (ENG.). 112p. (J). (gr. 2-5). lib. bdg. 38.50 *(978-1-0982-3032-6(9)*, 37681, Calico Chapter Bks.) ABDO Publishing Co.

Attack of the Goblin Army: Tales of a Terrarian Warrior, Book One. Winter Morgan. 2016. (ENG.). 112p. (J). (gr. 1-7). pap. 7.99 *(978-1-5107-1682-7(3)*, Sky Pony Pr.) Skyhorse Publishing Co., Inc.

Attack of the Heebie Chibis. Julie Sakai et al. ed. 2022. (Usagi Yojimbo Ser.). (ENG.). 113p. (J). (gr. 4-5). 26.46 ***(978-1-68505-183-9(9))*** Penworthy Co., LLC, The.

Attack of the Jack. R. L. Stine. ed. 2017. (Goosebumps SlappyWorld Ser.: 2). lib. bdg. 17.20 *(978-0-606-40169-2(5))* Turtleback.

Attack of the Jack (Goosebumps SlappyWorld #2) R. L. Stine. 2017. (Goosebumps SlappyWorld Ser.: 2). (ENG.). 160p. (J). (gr. 3-7). pap. 7.99 *(978-1-338-06836-8(9)*, Scholastic Paperbacks) Scholastic, Inc.

Attack of the Jack-O'-Lanterns (Classic Goosebumps #36) R. L. Stine. 2018. (Classic Goosebumps Ser.: 36). (ENG.). 144p. (J). (gr. 3-7). pap. 7.99 *(978-1-338-31868-5(3)*, Scholastic Paperbacks) Scholastic, Inc.

Attack of the Killer Bees, 1 vol. Emily Mahoney. 2016. (Animal Invaders: Destroying Native Habitats Ser.). (ENG., Illus.). 24p. (J). (gr. 2-3). pap. 9.15 *(978-1-4824-5660-8(5)*, daaa1456-8354-4c12-a2a2-20d954014c03) Stevens, Gareth Publishing LLLP.

Attack of the Killer Bunnies: An Unofficial Graphic Novel for Minecrafters. Megan Miller. 2023. (Glitch Force Ser.: 1). (Illus.). 192p. (J). (gr. 1-6). pap. 14.99 *(978-1-5107-7249-6(9)*, Sky Pony Pr.) Skyhorse Publishing Co., Inc.

Attack of the Killer Komodos. Summer Rachel Short. (Maggie & Nate Mystery Ser.). (ENG.). (J). (gr. 3-7). 2022. 256p. pap. 8.99 *(978-1-5344-6869-6(2))*; 2021. 240p. 17.99 *(978-1-5344-6868-9(4))* Simon & Schuster Bks. For Young Readers. (Simon & Schuster Bks. For Young Readers).

Attack of the Kraken (the Yeti Files #3) Kevin Sherry. Illus. by Kevin Sherry. 2016. (Yeti Files Ser.: 3). (ENG., Illus.). 128p. (J). (gr. 2-5). 11.99 *(978-0-545-85781-9(3)*, Scholastic Pr.) Scholastic, Inc.

Attack of the Legion of Doom! J. E. Bright. 2016. (LEGO DC Super Heroes Ser.). (ENG., Illus.). 64p. (J). (gr. 2-5). pap. 4.99 *(978-0-545-86799-3(1))* Scholastic, Inc.

Attack of the Not-So-Virtual Monsters (Gamer Squad 1) Gamer Squad #1. Kim Harrington. 2017. (Gamer Squad Ser.). 208p. (J). (gr. 3-7). pap. 6.95 *(978-1-4549-2612-2(0))* Sterling Publishing Co., Inc.

Attack of the Paper Bats: 10th Anniversary Edition. Michael Dahl. Illus. by Martin Blanco. 10th ed. 2017. (Library of Doom Ser.). (ENG.). 48p. (J). (gr. 4-8). pap. 6.25 *(978-1-4965-5537-3(6)*, 136561); lib. bdg. 23.99 *(978-1-4965-5531-1(7)*, 136555) Capstone. (Stone Arch Bks.).

Attack of the Plants. AnnMarie Anderson. ed. 2019. (Branches Early Ch Bks). (ENG., Illus.). 96p. (J). (gr. 2-4). 15.96 *(978-1-64310-823-0(9))* Penworthy Co., LLC, The.

Attack of the Plants (the Magic School Bus Rides Again #5) AnnMarie Anderson. 2018. (Magic School Bus Rides Again Ser.: 5). (ENG., Illus.). 96p. (J). (gr. 1-3). pap. 5.99 *(978-1-338-29079-0(7))* Scholastic, Inc.

Attack of the Proto-Dragons: Dragons of Romania Book 5. Dan Peeler & Charlie Rose. 2019. (Dragons of Romaina Ser.: Vol. 5). (ENG., Illus.). 212p. (J). (gr. 3-6). pap. 16.00 ***(978-1-946182-87-6(7))***; (gr. 4-6). 24.00 ***(978-1-946182-88-3(5))*** Texas Bk. Pubs. Assn.

Attack of the Robot Librarians. Sam Copeland & Jenny Pearson. 2023. (Tuchus & Topps Investigate Ser.: 2). (Illus.). 368p. (J). (gr. 3-7). 15.99 ***(978-0-241-52705-4(8)***, Puffin) Penguin Bks., Ltd. GBR. Dist: Independent Pubs. Group.

Attack of the Shadow-Crafters: The Birth of Herobrine Book Two: a Gameknight999 Adventure: an Unofficial Minecrafters Adventure. Mark Cheverton. 2016. (Gameknight999 Ser.). 264p. (J). (gr. 3-3). pap. 9.99 *(978-1-5107-0995-9(9)*, Sky Pony Pr.) Skyhorse Publishing Co., Inc.

Attack of the Shadow Smashers: #3. Troy Cummings. Illus. by Troy Cummings. 2018. (Notebook of Doom Ser.). (ENG., Illus.). 96p. (J). (gr. 2-5). lib. bdg. 31.36 *(978-1-5321-4274-1(9)*, 31091, Chapter Bks.) Spotlight.

Attack of the Stink Bugs, 1 vol. Michael Rajczak. 2016. (Animal Invaders: Destroying Native Habitats Ser.). (ENG., Illus.). 24p. (J). (gr. 2-3). pap. 9.15 *(978-1-4824-5674-5(5)*, 051a4de6-aba0-45d4-b559-87a6eb2f6419) Stevens, Gareth Publishing LLLP.

Attack of the Stuff. Jim Benton. 2020. (ENG., Illus.). 112p. (J). 14.99 *(978-1-5458-0498-8(2)*, 900219994); pap. 9.99 *(978-1-5458-0499-5(0)*, 900219995) Mad Cave Studios. (Papercutz).

Attack of the Thunder Lizards! Super Dinosaur Coloring Book. Smarter Activity Books for Kids. 2016. (ENG., Illus.). (J). pap. 9.22 *(978-1-68374-417-7(9))* Examined Solutions PTE. Ltd.

Attack of the Toy Eating Veggie Monsters. Brad Mulley. Illus. by Peter Fasolino. 2017. (ENG.). 30p. (J). pap. 9.99 *(978-0-9996420-0-9(6))* Mulley, Bradley.

Attack of the Underwear Dragon. Scott Rothman. Illus. by Pete Oswald. 40p. (J). (gr. -1-2). 2022. pap. 8.99 *(978-0-593-56933-7(4)*, Dragonfly Bks.); 2020. 18.99 *(978-0-593-11989-1(4))* Random Hse. Children's Bks.

Attack of the Woolly Jumper. Mark Lowery. 2017. (Roman Garstang Disaster Ser.). (ENG., Illus.). 224p. (J). (gr. 4-7). pap. 8.99 *(978-1-84812-582-7(8))* Bonnier Publishing GBR. Dist: Independent Pubs. Group.

Attack of the Yellow Smart Sack. Culliver Crantz & Robert Walcott. 2020. (Frightvision Ser.: Vol. 6). (ENG.). 148p. (J). pap. 9.97 *(978-1-952910-11-1(0))* Write 211 LLC.

Attack of the Zebra Mussels, 1 vol. Michael Rajczak. 2016. (Animal Invaders: Destroying Native Habitats Ser.). (ENG., Illus.). 24p. (J). (gr. 2-3). pap. 9.15 *(978-1-4824-5683-7(4)*, 71d7c15d-32b2-4f3e-96d8-20d09dcfc2f9) Stevens, Gareth Publishing LLLP.

Attack of the Zombie Mermaids: A 4D Book. Michael Anthony Steele. Illus. by Pauline Reeves. 2018. (Nearly Fearless Monkey Pirates Ser.). (ENG.). 48p. (J). (gr. k-2). lib. bdg. 23.99 *(978-1-5158-2677-4(5)*, 137832, Picture Window Bks.) Capstone.

Attack of the Zombie Zing (Project Z #3) Tommy Greenwald. 2019. (Project Z Ser.: 3). (ENG.). 256p. (J). (gr. 3-7). pap. 7.99 *(978-1-338-30600-2(6)*, Scholastic Paperbacks) Scholastic, Inc.

Attack of the ZomBots! Russ Bolts. Illus. by Jay Cooper. 2021. (Bots Ser.: 11). (ENG.). 128p. (J). (gr. k-4). 17.99 *(978-1-5344-9842-6(7))*; pap. 5.99 *(978-1-5344-9841-9(9))* Little Simon. (Little Simon).

Attack on Circuit City (Statistics) Catherine Casey. Illus. by Cory Godbey. 2017. (Mission Math Ser.). (ENG.). 48p. (J). (gr. 2-4). lib. bdg. 31.99 *(978-1-68297-190-1(2)*, 28f07e9f-1bc6-4021-884f-b5b49dee79e7) QEB Publishing Inc.

Attack on Minecrafters Academy. Winter Morgan. ed. 2017. (Unofficial Minecrafters Academy Ser.: 4). lib. bdg. 18.40 *(978-0-606-40309-2(4))* Turtleback.

Attack on Minecrafters Academy: The Unofficial Minecrafters Academy Series, Book Four. Winter Morgan. 2017. (Unofficial Minecrafters Academy Seri Ser.). (ENG.). 112p. (J). (gr. 1-7). pap. 7.99 *(978-1-5107-1815-9(X)*, Sky Pony Pr.) Skyhorse Publishing Co., Inc.

Attack on Pearl Harbor. Valerie Bodden. 2018. (Disasters for All Time Ser.). (ENG.). 48p. (J). (gr. 4-7). pap. 12.00 *(978-1-62832-546-1(1)*, 19723, Creative Paperbacks) Creative Co., The.

Attack on Pearl Harbor: An Interactive History Adventure. Allison Lassieur. rev. ed. 2016. (You Choose: History Ser.). (ENG., Illus.). 112p. (J). (gr. 3-7). pap. 6.95 *(978-1-5157-4260-9(1)*, 134013, Capstone Pr.) Capstone.

Attack on the Mill: An Other Sketches of War (Classic Reprint) Emile Zola. (ENG., Illus.). (J). 2018. 206p. 28.10 *(978-0-484-54681-2(3))*; 2017. pap. 10.57 *(978-0-243-26012-6(1))* Forgotten Bks.

Attack on Titan: Garrison Girl: A Novel. Rachel Aaron. 2018. (Illus.). 240p. (J). pap. 12.99 *(978-1-68369-061-0(3))* Quirk Bks.

Attack Vehicles at Sea: Ships, Submarines, & Patrol Boats. Craig Boutland. 2019. (Military Machines in the War on Terrorism Ser.). (ENG., Illus.). 32p. (J). (gr. 3-9). lib. bdg. 28.65 *(978-1-5435-7381-7(9)*, 140670) Capstone.

Attack Vehicles in the Air: Fighters & Bombers. Craig Boutland. 2019. (Military Machines in the War on Terrorism Ser.). (ENG., Illus.). 32p. (J). (gr. 3-9). lib. bdg. 28.65 *(978-1-5435-7379-4(7)*, 140668) Capstone.

Attack Vehicles on Land: Tanks & Armored Fighting Vehicles. Craig Boutland. 2019. (Military Machines in the War on Terrorism Ser.). (ENG., Illus.). 32p. (J). (gr. 3-9). lib. bdg. 28.65 *(978-1-5435-7380-0(0)*, 140669) Capstone.

Attacked, 1 vol. Loretta Schorr. unabr. ed. 2019. (Astonishing Headlines Ser.). (ENG.). 92p. (gr. 5-12). 8.95 *(978-1-61651-918-6(5))* Perfection Learning Corp.

Attacked at Sea: A True World War II Story of a Family's Fight for Survival. Michael J. Tougias & Alison O'Leary. 2020. (True Rescue Ser.). (ENG., Illus.). 224p. (J). 19.99 *(978-1-250-12806-5(4)*, 900175639, Holt, Henry & Co. Bks. For Young Readers) Holt, Henry & Co.

Attacking Germs with Science. Elsie Olson. 2020. (Germ Invaders Ser.). (ENG.). 32p. (J). (gr. 2-5). lib. bdg. 34.21 *(978-1-5321-9420-7(X)*, 36595, Big Buddy Bks.) ABDO Publishing Co.

Attaque du Monstre Gluant. Jo Verbauwhede. 2018. (FRE.). 102p. (J). pap. *(978-2-37830-024-1(7))* Joël, Verbauwhede.

Attaque du Monstre Gluant - Version Dys. Jo Verbauwhede. 2018. (FRE.). 106p. (J). pap. *(978-2-37830-025-8(5))* Joël, Verbauwhede.

Attending MINECON. Josh Gregory. 2019. (21st Century Skills Innovation Library: Unofficial Guides Junior Ser.). (ENG., Illus.). 24p. (J). (gr. 2-4). pap. 12.79 *(978-1-5341-3983-1(4)*, 212761); lib. bdg. 30.64 *(978-1-5341-4327-2(0)*, 212760) Cherry Lake Publishing.

Attention! A Series of Essays on Mindfulness & Being Present to Things As They Are. Henry Daum. 2021. (ENG.). 92p. (YA). pap. 10.00 *(978-1-312-93175-6(2))* Lulu Pr., Inc.

Attention Curious Kids: Random & Interesting Facts. Jonny Katz. 2023. (ENG.). 154p. (J). pap. 13.95 ***(978-1-961776-14-2(6))*** Old Town Publishing.

Attention Deficit: How Technology Has Hijacked Our Ability to Concentrate. Stuart A. Kallen. 2022. (ENG., Illus.). 64p. (J). (gr. 6-12). 43.93 *(978-1-6782-0454-9(4))* ReferencePoint Pr., Inc.

Attention Hijacked: Using Mindfulness to Reclaim Your Brain from Tech. Erica B. Marcus. 2022. (ENG., Illus.). 200p. (YA). (gr. 8-12). pap. 19.99 *(978-1-7284-1719-6(8)*, cb46b3fc-7315-41f0-bf72-4beefdf511e1, Zest Bks.) Lerner Publishing Group.

Attiana's Journey. Vanessa Marshall Jones. 2018. (ENG., Illus.). 52p. (J). (gr. k-4). pap. 13.73 ***(978-1-64440-683-0(7))*** Primedia eLaunch LLC.

Attic: Are You Sure You Want to Enter? Mavis Sybil. 2021. (ENG.). 54p. (J). pap. 5.99 *(978-1-0878-7105-9(0))* Indy Pub.

Attic. Are You Sure You Want to Enter? Book 2. Mavis Sybil. 2021. (ENG.). 54p. (J). pap. 7.99 *(978-1-0878-5993-4(X))* Indy Pub.

Attic Philosopher: Un Philosophe Sous les Toits (Classic Reprint) Emile Souvestre. 2018. (ENG., Illus.). 322p. (J). 30.58 *(978-0-483-05097-6(0))* Forgotten Bks.

Attic Philosopher in Paris: Or, a Peep at the World from a Garre; Being the Journal of a Happy Man (Classic Reprint) Emile Souvestre. 2017. (ENG., Illus.). (J). 28.10 *(978-0-265-17764-8(2))* Forgotten Bks.

Attic Philosopher in Paris, or a Peep at the World from a Garret: Being the Journal of a Happy Man (Classic Reprint) Emile Souvestre. 2018. (ENG., Illus.). (J). 318p. 30.46 *(978-1-397-18573-0(2))*; 320p. pap. 13.57 *(978-1-397-18550-1(3))* Forgotten Bks.

Attic Philosopher in Paris, or a Peep at the World from a Garret: The Journal of a Happy Man (Classic Reprint) Emile Souvestre. 2018. (ENG., Illus.). 328p. (J). 30.66 *(978-0-483-72772-4(5))* Forgotten Bks.

Atticus Caticus. Sarah Maizes. Illus. by Kara Kramer. 2021. (ENG.). 40p. (J). (gr. -1-2). 17.99 *(978-1-5362-0840-5(X))* Candlewick Pr.

Atticus Claw Breaks the Law. Jennifer Gray. Illus. by Mark Ecob. 2016. (Atticus Claw Ser.). (ENG.). 224p. (gr. 1-4). pap. 7.95 *(978-0-571-28449-8(3))* Faber & Faber, Inc.

Atticus Claw Hears a Roar. Jennifer Gray. Illus. by Mark Ecob. 2017. (Atticus Claw Ser.). (ENG.). 256p. pap. 8.95 *(978-0-571-32178-0(X))* Faber & Faber, Inc.

Atticus Claw Learns to Draw. Jennifer Gray. Illus. by Mark Ecob. 2016. (Atticus Claw Ser.). (ENG.). 224p. (gr. 1-4). 7.95 *(978-0-571-30533-9(4))* Faber & Faber, Inc.

Atticus Claw Lends a Paw. Jennifer Gray. Illus. by Mark Ecob. 2018. (Atticus Claw Ser.). (ENG.). 224p. (J). 8.95 *(978-0-571-28447-4(7))* Faber & Faber, Inc.

Atticus Claw on the Misty Moor. Jennifer Gray. Illus. by Mark Ecob. 2017. (Atticus Claw Ser.). (ENG.). 256p. (gr. 1-4). 7.95 *(978-0-571-31710-3(3))* Faber & Faber, Inc.

Atticus Everheart, Fifth Grade Tutor & Monster Hunter? C. L. Colyer. 2022. (ENG.). 278p. (J). pap. 16.99 ***(978-1-5092-4611-3(8))*** Wild Rose Pr., Inc., The.

Atticus's Secret. Jenny Henwood. Illus. by Sarah-Leigh Wills. 2017. (Rainbow Riding School Ser.: Vol. 1). (ENG.). 40p. (J). pap. *(978-1-912488-00-1(0))* Rainbow Riding Schl. Ltd., The.

Attila the Hun: Enemy of Ancient Rome, 1 vol. Arthur K. Britton. 2016. (History's Most Murderous Villains Ser.). (ENG., Illus.). 32p. (J). (gr. 4-5). pap. 11.50 *(978-1-4824-4780-4(0)*, 3b20f210-ed14-4162-806a-a3d68fa5fe53) Stevens, Gareth Publishing LLLP.

Attila the Hun Was Killed by a Nosebleed: And Other Facts about History, 1 vol. Jan Payne & Steven Wilder. 2016. (True or False? Ser.). (ENG., Illus.). 48p. (gr. 3-3). pap. 12.70 *(978-0-7660-7724-9(1)*, d4980a98-daa6-4bb6-96e9-59f7fbc34048) Enslow Publishing, LLC.

Attitude. Diane Lindsey Reeves & Connie Hansen. Illus. by Ruth Bennett. 2020. (Bright Futures Press: Soft Skills Sleuths: Investigating Life Skills Success Ser.). (ENG.). 32p. (J). (gr. 4-7). lib. bdg. 32.07 *(978-1-5341-6977-7(6)*, 215795) Cherry Lake Publishing.

Attitude & Impressions on Behaviors in Society. I. L. Griffin. 2018. (ENG., Illus.). 104p. (YA). pap. 11.49 *(978-1-5456-2942-0(0))* Salem Author Services.

Attitude of Gratitude. Dian Layton. Illus. by Jd Hornbacher. 2020. (ENG.). 42p. (J). (gr. 1-4). 24.99 *(978-0-7684-5501-4(4))* Destiny Image Pubs.

Attorney General. Contrib. by Stephanie Gaston. 2023. (Job of a Civic Leader Ser.). (ENG.). (J). (gr. k-2). lib. bdg. 27.93 ***(978-1-63897-966-1(9)***, 33489) Seahorse Publishing.

Attorney General. Stephanie Gaston. 2023. (Job of a Civic Leader Ser.). (ENG., Illus.). (J). (gr. k-2). pap. 8.95 Seahorse Publishing.

Attracting Wild Fowl (Classic Reprint) Jack Miner. (ENG., Illus.). (J). 2018. 24p. 24.39 *(978-0-332-16915-6(4))*; 2017. pap. 7.97 *(978-0-259-83656-8(7))* Forgotten Bks.

Attraction (Classic Reprint) Louise Mack. (ENG., Illus.). (J). 2018. 31.98 *(978-0-332-01952-9(7))*; 2016. pap. 16.57 *(978-1-333-73274-5(0))* Forgotten Bks.

Attraction of the Compass or the Blonde Eskimo: A Romance of the North Based upon Facts of a Personal Experience (Classic Reprint) H. L. Dodge. 2017. (ENG., Illus.). (J). 28.99 *(978-0-260-22012-7(4))* Forgotten Bks.

Attractive Story of Magnetism with Max Axiom Super Scientist: 4D an Augmented Reading Science Experience. Andrea Gianopoulos. Illus. by Cynthia Martin. 2018. (Graphic Science 4D Ser.). (ENG.). 32p. (J). (gr. 3-9). pap. 7.95 *(978-1-5435-2961-6(5)*, 138561); lib. bdg. 36.65 *(978-1-5435-2950-0(X)*, 138539) Capstone. (Capstone Pr.).

Attractive Truths in Lesson & Story (Classic Reprint) A. M. Scudder. 2018. (ENG., Illus.). 354p. (J). 31.22 *(978-0-267-18507-8(3))* Forgotten Bks.

Attributes of God: As They May Be Contemplated by the Christian for Edification, Peace, & Consolation; Selected from Charnock, Goodwin, Bates, & Wisheart (Classic Reprint) W. Wilson. (ENG., Illus.). (J). 2017. 32.04 *(978-0-260-76366-2(7))*; 2016. pap. 16.57 *(978-1-333-32403-2(0))* Forgotten Bks.

Attrition. Makayla Bryant. 2020. (Attrition Ser.: Vol. 1). (ENG.). 432p. (YA). (gr. 7-12). pap. 16.99 *(978-0-578-67667-8(2))* Bryant, Makayla.

Attu Island. Eliana Michelle. 2020. (ENG.). 472p. (YA). pap. 22.00 *(978-1-716-34472-5(7))* Lulu Pr., Inc.

Attucks! Oscar Robertson & the Basketball Team That Awakened a City. Phillip Hoose. 2018. (ENG., Illus.). 224p. (YA). 21.99 *(978-0-374-30612-0(5)*, 900174295, Farrar, Straus & Giroux (BYR)) Farrar, Straus & Giroux.

Attucks! Oscar Robertson & the Basketball Team That Awakened a City. Phillip Hoose. 2022. (ENG., Illus.). 224p. (YA). pap. 14.99 *(978-1-250-78070-6(5)*, 900174296) Square Fish.

ATVs. Kenny Abdo. 2017. (Off Road Vehicles Ser.). (ENG.). 24p. (J). (gr. 2-8). lib. bdg. 31.36 *(978-1-5321-2099-2(0)*, 26782, Abdo Zoom-Fly) ABDO Publishing Co.

ATVs. Nancy Dickmann. 2020. (Wild about Wheels Ser.). (ENG., Illus.). 24p. (J). (gr. k-2). lib. bdg. 29.99 *(978-1-9771-2482-1(8)*, 200493, Pebble) Capstone.

ATVs. Martha London. 2019. (Start Your Engines! Ser.). (ENG., Illus.). 32p. (J). (gr. 3-3). pap. 9.95 *(978-1-64494-210-9(0)*, 1644942100) Bigfoot Bks. GBR. Dist: North Star Editions.

ATVs. Mandy R. Marx. 2018. (Horsepower Ser.). (ENG., Illus.). 32p. (J). (gr. 3-9). pap. 7.95 *(978-1-5435-2475-8(3)*, 137983); lib. bdg. 27.32 *(978-1-5435-2467-3(2)*, 137975) Capstone. (Capstone Pr.).

ATVs. Lindsay Shaffer. 2018. (Full Throttle Ser.). (ENG., Illus.). 24p. (J). (gr. 3-7). lib. bdg. 26.95 *(978-1-62617-870-0(4)*, Epic Bks.) Bellwether Media.

Atwater the Elephant. Trudy McNair. 2016. (ENG., Illus.). (J). (gr. k-5). 17.99 *(978-0-9976408-0-9(4))* McNair Publishing.

Atypical Neurotypicals. Dylan Dailor. 2018. (ENG., Illus.). 50p. (J). (gr. 2-6). pap. 9.99 *(978-0-692-14740-5(3))* Dailor, Dylan.

Au-Delà de L'Intermonde. Aline Ste-Marie. 2018. (FRE., Illus.). 136p. (J). pap. *(978-2-9815802-7-6(2))* Ste-Marie, Aline.

Au-Delà, il y a Encore des Possibilités: Ne Compte Plus Uniquement Sur Toi ! Georgina Valmé. 2020. (FRE.). 124p. (YA). *(978-1-716-34320-9(8))* Lulu Pr., Inc.

Au Printemps de Notre Vie. Ikuko Ikeda. 2016. (FRE., Illus.). 50p. (J). pap. *(978-3-7375-8919-2(4))* Toppelreiter, Michael J.

Aubrey Around the World. Adelaide Weiden. 2017. (ENG.). 32p. (J). pap. ***(978-1-365-86646-3(7))*** Lulu Pr., Inc.

Aubrey, Evan, & the Hurricane. Jennifer Bauer. 2018. (ENG., Illus.). 36p. (J). 22.95 *(978-1-64096-136-4(4))*; pap. 12.95 *(978-1-64096-132-6(1))* Newman Springs Publishing, Inc.

Aubrey, Evan & the School Safety Drill. Jennifer Bauer. 2020. (ENG., Illus.). 28p. (J). 22.95 *(978-1-64531-211-6(9))*; pap. 12.95 *(978-1-64096-862-2(8))* Newman Springs Publishing, Inc.

Aubrey on the North Pole Express. J. D. Green. Illus. by Joanne Partis. 2022. (North Pole Express Bears Ser.). (ENG.). 32p. (J). (gr. -1-3). 7.99 ***(978-1-7282-6912-2(1))*** Sourcebooks, Inc.

Aubrey on the North Pole Express. J. D. Green. 2019. (North Pole Express Ser.). (ENG.). 32p. (J). (gr. -1-3). 7.99 ***(978-1-7282-0307-2(4))*** Sourcebooks, Inc.

Aubrey Santa's Secret Elf. Put Me In The Story & Katherine Sully. Illus. by Julia Seal. 2018. (Santa's Secret Elf Ser.). (ENG.). 32p. (J). (gr. k-3). 5.99 *(978-1-4926-8120-5(2))* Sourcebooks, Inc.

Aubrey the Race Horse. Debby Joel-Taiwo. 2018. (ENG.). 26p. (J). (gr. -1-3). 17.99 *(978-0-9996188-6-8(5))* Joel-Taiwo, Olubusola.

Aubrey 'Twas the Night Before Christmas. Illus. by Lisa Alderson. 2019. (Night Before Christmas Ser.). (ENG.). 32p. (J). (gr. -1-3). 7.99 ***(978-1-7282-0200-6(0))*** Sourcebooks, Inc.

Aubrey, Vol. 1 of 3 (Classic Reprint) Unknown Author. 2018. (ENG., Illus.). 356p. (J). 31.24 *(978-0-484-08487-1(9))* Forgotten Bks.

Aubrey, Vol. 2: A Novel (Classic Reprint) Robert Charles Dallas. 2018. (ENG., Illus.). (J). 276p. 29.59 *(978-1-396-72674-3(8))*; 278p. pap. 11.97 *(978-1-396-05339-9(5))*; 276p. 29.59 *(978-0-267-41825-1(6))* Forgotten Bks.

Aubrey, Vol. 2 of 3 (Classic Reprint) Anne Marsh-Caldwell. 2018. (ENG., Illus.). 324p. (J). 30.58 *(978-0-484-21623-4(6))* Forgotten Bks.

Aubrey, Vol. 3: A Novel (Classic Reprint) R. C. Dallas. 2017. (ENG., Illus.). (J). 30.37 *(978-0-265-71353-2(6))*; pap. 13.57 *(978-1-5276-6779-2(0))* Forgotten Bks.

Aubrey, Vol. 3: A Novel (Classic Reprint) Robert Charles Dallas. 2018. (ENG., Illus.). 314p. (J). 30.37 *(978-0-267-41986-9(4))* Forgotten Bks.

Aubrey, Vol. 3 of 3 (Classic Reprint) Anne Marsh-Caldwell. 2017. (ENG., Illus.). (J). 31.12 *(978-0-266-19926-7(7))* Forgotten Bks.

Aubrey, Vol. 4: A Novel (Classic Reprint) R. C. Dallas. (ENG., Illus.). (J). 2018. 400p. 32.15 *(978-0-483-94259-2(6))*; 2016. pap. 16.57 *(978-1-334-14994-8(1))* Forgotten Bks.

Aubrey, Vol. 4: A Novel (Classic Reprint) Robert Charles Dallas. (ENG., Illus.). (J). 2018. 402p. 32.19 *(978-0-365-47918-5(7))*; 2017. pap. 16.57 *(978-0-259-41937-2(0))* Forgotten Bks.

Aubrey's Christmas Wish. Put Me In The Story & J. D. Green. Illus. by Julia Seal. 2018. (Christmas Wish Ser.). (ENG.). 32p. (J). (gr. k-3). 6.99 ***(978-1-4926-8307-0(8))*** Sourcebooks, Inc.

Aubrii's Farmhouse Adventure. Tiffany Bird & Aubrii Acharjee. 2023. (ENG.). 27p. (J). ***(978-1-312-56505-0(5))*** Lulu Pr., Inc.

Auburn & Freckles (Classic Reprint) Marie L. Marsh. (ENG., Illus.). (J). 2018. 158p. 27.16 *(978-0-656-79226-9(4))*; 2017. pap. 9.57 *(978-1-5276-3160-1(5))* Forgotten Bks.

Auburn Tigers. Craig Ellenport. 2021. (College Football Teams Ser.). (ENG.). 24p. (J). (gr. 3-6). lib. bdg. 32.79 *(978-1-5038-5041-5(2)*, 214889) Child's World, Inc, The.

Auburn Tigers. Tony Hunter. 2020. (Inside College Football Ser.). (ENG., Illus.). 48p. (J). (gr. 4-4). pap. 11.95 *(978-1-64494-465-3(0))*; lib. bdg. 34.21 *(978-1-5321-9241-8(X)*, 35091) ABDO Publishing Co. (SportsZone).

Aucaman Learns to Love Himself: Learning Self-Love. Amari Smith. 2023. (ENG.). 22p. (J). 24.99 ***(978-1-0881-1473-5(3))*** Indy Pub.

Aucassin & Nicolete (Classic Reprint) Harold Child. 2018. (ENG., Illus.). 196p. (J). 27.96 *(978-0-483-51953-4(7))* Forgotten Bks.

Aucassin & Nicolette: An Old-French Song-Tale (Classic Reprint) M. S. Henry. 2018. (ENG., Illus.). 92p. (J). 25.81 *(978-0-267-15228-5(0))* Forgotten Bks.

Aucassin & Nicolette: Translated from the Old French (Classic Reprint) Francis William Bourdillon. 2016. (ENG., Illus.). (J). pap. 9.57 *(978-1-333-65351-4(4))* Forgotten Bks.

Auch Gluckskinder Brauchen Schutzengel. Konstanze Hollbach. 2017. (GER., Illus.). (J). *(978-3-95840-433-5(2))* Novum Verlag in der Verlags- und Medienhaus WSB GmbH.

Auction Block: A Novel of New York Life (Classic Reprint) Rex Beach. 2017. (ENG., Illus.). (J). 33.49 *(978-1-5279-7922-2(9))* Forgotten Bks.

Auction Catalogue of Choice Foreign & American Gold, All Series of American Silver & Copper, Rare Medals, Foreign Crowns, Ancient Greek, Roman Gold, Patterns & Bargain Lots, Many Fascinating Items If You Take the Time to Dig Them Out: To Be Sold Feb. Walter F. Webb. 2018. (ENG., Illus.). (J). 42p. 24.78 *(978-1-396-69840-8(X))*; 44p. pap. 7.97 *(978-1-396-15027-2(7))* Forgotten Bks.

Auction Catalogue of Choice Foreign & United States Gold, Extensive Series of Dollars to Cents in Uncirculated & Brilliant Proof, Rare Crowns & Other Choice Material Mostly Contributed by My Friends: To Be Sold Saturday, June 10 1944. Walter F. Webb. 2018. (ENG., Illus.). (J). 32p. 24.56 *(978-1-396-69855-2(8))*; 34p. pap. 7.97 *(978-1-396-18403-1(1))* Forgotten Bks.

Auction Catalogue of Choice Foreign & United States Gold, Foreign Crowns & Hundreds of Proof Coins from Cents to Dollars, Ancient Greek Silver, Commemorative Half Dollars, Medals & Many Other Fascinating Items: To Be Sold December 4 1943. Walter F. Webb. 2018. (ENG., Illus.). 52p. (J). pap. 9.57 *(978-1-396-15026-5(9))* Forgotten Bks.

Auction Catalogue of Foreign & United States Gold, Hundreds of Minor Coins in Uncirculated & Proof, Foreign Crowns, Choice Medals & Many Other Fine Lots for Your Collection: To Be Sold Saturday, October 7th, 1944 (Classic Reprint) Walter F. Webb. 2018. (ENG., Illus.). (J). 36p. 24.64 *(978-1-396-69853-8(1))*; 38p. pap. 7.97 *(978-1-396-15033-3(1))* Forgotten Bks.

Auction Sale of 45 Head of Pure-Bred & Grade Holsteins: Lot 12, Concession 9, Dereham; Friday, February 16, 1917, at One o'Clock (Classic Reprint) Unknown Author. 2018. (ENG., Illus.). 22p. (J). 24.35 *(978-0-656-27658-5(4))* Forgotten Bks.

Auction Sale of Rare Coins: On October 25th, 1943 (Classic Reprint) A. French. 2018. (ENG., Illus.). (J). 24p. 24.41 *(978-1-396-35045-0(4))*; 26p. pap. 7.97 *(978-1-390-94481-5(6))* Forgotten Bks.

Auction Sale of Rare Coins & Stamps on April 21st, 1941 (Classic Reprint) A. French. 2017. (ENG., Illus.). (J). 24.37 *(978-0-331-46101-5(3))*; pap. 7.97 *(978-0-265-73692-0(7))* Forgotten Bks.

Auction Sale of Rare Coins & Stamps on September 29th, 1941 (Classic Reprint) A. French. 2017. (ENG., Illus.). (J). 24.54 *(978-0-331-46098-8(X))*; pap. 7.97 *(978-0-265-73790-3(7))* Forgotten Bks.

Auction Sale of Rare Coins, on April 27th, 1942 (Classic Reprint) A. French. 2017. (ENG., Illus.). (J). 24.37 *(978-0-331-46137-4(4))*; pap. 7.97 *(978-0-266-75559-3(3))* Forgotten Bks.

Auction Sale of Rare Coins on November 2nd, 1942 (Classic Reprint) A. French. 2018. (ENG., Illus.). (J). 26p. 24.45 *(978-0-366-65668-4(6))*; 28p. pap. 7.97 *(978-0-366-65653-0(8))* Forgotten Bks.

Audacious Aviators: True Stories of Adventurers' Thrilling Flights. Jen Green. 2023. (Ultimate Adventurers Ser.). (ENG.). 48p. (J). pap. 9.95 ***(978-1-4109-9996-2(3)***, 267458, Raintree) Capstone.

Audacious Me: Dream Out Loud. Gwen Gates. 2022. (ENG.). 34p. (J). pap. *(978-1-4357-8926-5(1))* Lulu Pr., Inc.

Audacious Middle School Years: (the Coco Series) Sheryl Tillis. 2022. (Coco Ser.: Vol. 4). (ENG.). 118p. (YA). 21.99 ***(978-1-6628-5675-4(X))***; pap. 13.49 ***(978-1-6628-5674-7(1))*** Salem Author Services.

Audacious People Unite: A Coloring Book. Gwen Gates. 2022. (ENG.). 61p. (J). pap. ***(978-1-387-95058-4(4))*** Lulu Pr., Inc.

Audacious You: Dream Out Loud: a Coloring Book. Gwen Gates. 2022. (ENG.). 50p. (J). pap. 9.30 *(978-1-4357-8921-0(0))* Lulu Pr., Inc.

Audacity Jones Steals the Show (Audacity Jones #2) Kirby Larson. 2018. (Audacity Jones Ser.: 2). (ENG.). 192p. (J). (gr. 3-7). pap. 6.99 *(978-0-545-84066-8(X))* Scholastic, Inc.

Audacity Jones Steals the Show (Audacity Jones #2) Kirby Larson. ed. 2018. lib. bdg. 17.20 *(978-0-606-41131-8(3))* Turtleback.

Audacity Jones to the Rescue. Kirby Larson. 2016. (Audacity Jones Ser.: 1). (ENG.). 224p. (J). (gr. 3-7). pap. 6.99 *(978-0-545-84060-6(0)*, Scholastic Pr.) Scholastic, Inc.

Audacity Jones to the Rescue. Kirby Larson. ed. 2016. (Audacity Jones Ser.: 1). lib. bdg. 17.20 *(978-0-606-39708-7(6))* Turtleback.

Audi & the Whale. Sharon Farritor Raimondo. 2017. (ENG., Illus.). (J). pap. 12.95 *(978-1-68197-604-4(8))* Christian Faith Publishing.

Audi R8. Megan Cooley Peterson. (Coches épicos Ser.). (SPA.). 32p. (J). (gr. 4-6). 2021. lib. bdg. *(978-1-62310-506-8(4)*, 13196); 2020. pap. 9.99 *(978-1-64466-460-5(7)*, 13197) Black Rabbit Bks. (Bolt).

Audi R8. Megan Cooley Peterson. 2021. (Voitures Hors du Commun Ser.). (FRE.). 32p. (J). (gr. 4-6). lib. bdg. *(978-1-77092-508-3(2)*, 13294, Bolt) Black Rabbit Bks.

Audi R8 Spyder. Nathan Sommer. 2019. (Car Crazy Ser.). (ENG., Illus.). 24p. (J). (gr. 3-7). lib. bdg. 26.95 *(978-1-64487-008-2(8)*, Torque Bks.) Bellwether Media.

Audition. Maddie Ziegler. 2017. (Maddie Ziegler Ser.: 1). (ENG., Illus.). 256p. (J). (gr. 4-8). 16.99 *(978-1-4814-8636-1(5)*, Aladdin) Simon & Schuster Children's Publishing.

Audition. Maddie Ziegler. 2018. (Maddie Ziegler Ser.: 1). (ENG.). 272p. (J). (gr. 4-8). pap. 7.99 *(978-1-4814-8637-8(3)*, Simon & Schuster/Paula Wiseman Bks.) Simon & Schuster/Paula Wiseman Bks.

Audrey & Apollo 11. Rebecca Rissman. Illus. by Jacqui Davis. 2020. (Smithsonian Historical Fiction Ser.). (ENG.). 72p. (J). (gr. 3-5). pap. 5.95 *(978-1-4965-9870-7(9)*, 201166); lib. bdg. 25.32 *(978-1-4965-9862-2(8)*, 201138) Capstone. (Stone Arch Bks.).

Audrey (Classic Reprint) Mary Johnston. (ENG., Illus.). (J). 2018. 454p. 33.26 *(978-0-483-60967-9(6))*; 2017. pap. 16.57 *(978-0-243-28041-4(6))* Forgotten Bks.

Audrey (cow) Dan Bar-el. 2016. (Illus.). 240p. (J). (gr. 2-4). pap. 9.99 *(978-1-77049-603-3(3)*, Tundra Bks.) Tundra Bks. CAN. Dist: Penguin Random Hse. LLC.

Audrey Craven (Classic Reprint) May Sinclair. (ENG., Illus.). (J). 2018. 334p. 30.79 *(978-0-364-46412-0(7))*; 2017. pap. 13.57 *(978-1-5276-3094-9(3))* Forgotten Bks.

Audrey Hepburn, Volume 7. Maria Isabel Sanchez Vegara. Illus. by Amaia Arrazola. 2017. (Little People, BIG DREAMS Ser.: 7). (ENG.). 32p. (J). (gr. -1-2). 15.99 *(978-1-78603-053-5(5)*, Frances Lincoln Children's Bks.) Quarto Publishing Group UK GBR. Dist: Hachette Bk. Group.

Audrey Hepburn: Biografías para Montar. Daniel Balmaceda. Illus. by Pablo Bernasconi. 2023. (Puzzle Bks.). (SPA.). 76p. (J). (gr. 4-7). pap. 14.95 ***(978-987-637-757-7(4))*** Catapulta Pr.

Audrey I & Audrey W: Best Friends-Ish: Book 1. Carter Higgins. Illus. by Jennifer K. Mann. 2021. (ENG.). 184p. (J). (gr. 1-4). 14.99 *(978-1-4521-8394-7(5))* Chronicle Bks. LLC.

Audrey I & Audrey W: True Creative Talents: Book 2. Carter Higgins. Illus. by Jennifer K. Mann. 2022. (ENG.). 176p. (J). (gr. 1-4). 14.99 *(978-1-4521-8395-4(3))* Chronicle Bks. LLC.

Audrey on the North Pole Express. J. D. Green. 2019. (North Pole Express Ser.). (ENG.). 32p. (J). (gr. -1-3). 7.99 ***(978-1-7282-0308-9(2))*** Sourcebooks, Inc.

Audrey 'Twas the Night Before Christmas. Illus. by Lisa Alderson. 2019. (Night Before Christmas Ser.). (ENG.). 32p. (J). (gr. -1-3). 7.99 ***(978-1-7282-0201-3(9))*** Sourcebooks, Inc.

Audrey under the Big Top: A Hartford Circus Fire Survival Story. Jessica Gunderson. Illus. by Wendy Tan Shiau Wei. 2022. (Girls Survive Ser.). (ENG.). 112p. (J). 25.99 *(978-1-6639-9055-6(7)*, 229623); pap. 7.95 *(978-1-6663-3062-5(0)*, 229617) Capstone. (Stone Arch Bks.).

Audrey with Illustrations by F. C. Yohn (Classic Reprint) Mary Johnston. 2018. (ENG., Illus.). 448p. (J). 33.14 *(978-0-656-80682-9(6))* Forgotten Bks.

Audrey's Christmas Wish. Put Me In The Story & J. D. Green. Illus. by Julia Seal. 2018. (Christmas Wish Ser.). (ENG.). 32p. (J). (gr. k-3). 6.99 ***(978-1-4926-8509-8(7))*** Sourcebooks, Inc.

Audubon & His Journals, Vol. 1 of 2 (Classic Reprint) Maria R. Audubon. 2018. (ENG., Illus.). 588p. (J). 36.02 *(978-0-656-07230-9(X))* Forgotten Bks.

Audubon Birding Adventures for Kids: Activities & Ideas for Watching, Feeding, & Housing Our Feathered Friends. Elissa Ruth Wolfson et al. 2020. (ENG., Illus.). 96p. (J). (gr. 2-6). pap. 19.99 *(978-0-7603-6608-0(X)*, 306843, Cool Springs Pr.) Quarto Publishing Group USA.

Audubon Magazine, Vol. 1: Published in the Interests of the Audubon Society for the Protection of Birds; February, 1887, to January, 1888 (Classic Reprint) National Audubon Society. 2018. (ENG., Illus.). 694p. (J). 38.21 *(978-0-484-14741-5(2))* Forgotten Bks.

Audubon Magazine, Vol. 2: Published in the Interests of the Audubon Society for the Protection of Birds, February, February 1888, to January, 1889 (Classic Reprint) Unknown Author. 2018. (ENG., Illus.). 322p. (J). 30.54 *(978-0-484-42852-1(7))* Forgotten Bks.

Audubon's Adventures, or Life in the Woods (Classic Reprint) B. K. Peirce. (ENG., Illus.). (J). 2018. 258p. 29.22 *(978-0-267-32101-8(5))*; 2016. pap. 11.57 *(978-1-333-49119-2(0))* Forgotten Bks.

Auf der Bibliotheque Nationale Zu Paris Befindliche Manuscript der Canterbury Tales: Inaugural-Dissertation Zur Erlangung der Doctorwurde der Philosophischen Fakultat in Kiel (Classic Reprint) Johannes Halfmann. 2018. (ENG., Illus.). (J). 25.24 *(978-0-331-70487-7(0))*; pap. 9.57 *(978-0-331-70481-5(1))* Forgotten Bks.

Auf Wiedersehen, 1907-1908 (Classic Reprint) Statesville Female College. (ENG., Illus.). (J). 2018. 92p. 25.81 *(978-0-666-46529-0(0))*; 2017. pap. 9.57 *(978-0-259-92910-9(7))* Forgotten Bks.

Auf Wiedersehen, 1910 (Classic Reprint) Statesville Female College. 2017. (ENG., Illus.). (J). 25.86 *(978-0-260-53375-3(0))*; pap. 9.57 *(978-0-266-04995-1(8))* Forgotten Bks.

Auf Wiedersehen, 1911-1912, Vol. 4: A Record of the Year Nineteen Hundred & Twelve (Classic Reprint) Statesville College. (ENG., Illus.). (J). 2018. 122p. 26.41 *(978-0-666-36414-2(1))*; 2017. pap. 9.57 *(978-0-259-98733-8(6))* Forgotten Bks.

Auferstandene König: Tod und Auferstehung des Messias. Pip Reid. 2020. (Verteidiger des Glaubens Ser.: Vol. 13). (GER.). 40p. (J). pap. *(978-1-989961-40-7(1))* Bible Pathway Adventures.

Aufgefunden: Schriftstücke und Briefe. Anke-Christiane öhlich. 2021. (GER.). 116p. (J). pap. 19.05 *(978-1-008-99437-9(5))* Lulu Pr., Inc.

Auger the Logger. Bucka Buckner. 2022. (ENG.). 28p. (J). 24.99 *(978-1-6678-2140-5(7))* BookBaby.

Auggie Gets Glasses. Letitia M. Pipes. Illus. by Christy Pliler. 2022. (ENG.). 30p. (J). 23.00 *(978-1-64702-276-1(2))* Dorrance Publishing Co., Inc.

Auggie the Dragon Who Lives on Gramma Sue's Roof. Professor Sue-C. 2019. (ENG.). 46p. (J). 24.95 *(978-1-68456-601-3(0))* Page Publishing Inc.

Auggie's Special Day. Morgan Carretto. 2022. (ENG., Illus.). 30p. (J). 24.95 *(978-1-63860-766-3(4))*; pap. 14.95 *(978-1-63860-764-9(8))* Fulton Bks.

Auggie's Stinky Feet. Donna Nelson. 2019. (ENG., Illus.). 32p. (J). pap. 12.95 *(978-1-64299-887-0(7))* Christian Faith Publishing.

Augmented Reality. Victor Appleton. 2021. (Tom Swift Inventors' Academy Ser.: 6). (ENG.). 160p. (J). (gr. 3-7). 17.99 *(978-1-5344-6890-0(0))*; pap. 6.99 *(978-1-5344-6889-4(7))* Simon & Schuster Children's Publishing. (Aladdin).

Augmented Reality. Brett S. Martin. 2017. (Tech Bytes Ser.). (ENG.). 48p. (J). (gr. 4-6). pap. 14.60 *(978-1-68404-117-6(1))*; lib. bdg. 26.60 *(978-1-59953-886-0(5))* Norwood Hse. Pr.

August. Julie Murray. 2017. (Months Ser.). (ENG., Illus.). 24p. (J). (gr. -1-2). lib. bdg. 31.36 *(978-1-5321-0022-2(1)*, 25126, Abdo Kids) ABDO Publishing Co.

August & Everything After. Jennifer Doktorski. 2018. 320p. (YA). (gr. 8-12). pap. 10.99 *(978-1-4926-5715-6(8))* Sourcebooks, Inc.

August Day Away. Travis Jantzer. 2018. (ENG., Illus.). 24p. (J). *(978-1-387-62171-2(8))* Lulu Pr., Inc.

August First (Classic Reprint) Mary Raymond Shipman Andrews. (ENG., Illus.). (J). 2018. 184p. 27.75 *(978-0-484-71792-2(8))*; 2016. pap. 10.57 *(978-1-333-30607-6(5))* Forgotten Bks.

August House Book of Scary Stories: Spooky Tales for Telling Out Loud. Liz Parkhurst. 2016. (ENG., Illus.). 144p. (J). (gr. 5-9). pap. 9.95 *(978-1-941460-41-2(0))* August Hse. Pubs., Inc.

August Isle. Ali Standish. (ENG.). (J). (gr. 3-7). 2020. 384p. pap. 7.99 *(978-0-06-243342-8(3))*; 2019. 368p. 16.99 *(978-0-06-243341-1(5))* HarperCollins Pubs. (HarperCollins).

August Nights. Candace Hardy. Illus. by Candace J. Hardy. l.t. ed. 2017. (ENG.). (J). (gr. 3-5). pap. 10.95 *(978-1-61633-896-1(2))* Guardian Angel Publishing, Inc.

August or Forever. Ona Gritz. 2023. 108p. (J). (gr. 4-7). pap. 8.95 *(978-1-64603-307-2(8)*, Fitzroy Bks.) Regal Hse. Publishing, LLC.

August Stars (Classic Reprint) Nikolai Gribachov. 2018. (ENG., Illus.). 80p. (J). 25.57 *(978-0-483-45712-6(4))* Forgotten Bks.

August the Tiger. Marieke van Ditshuizen. Illus. by Marieke van Ditshuizen. 2022. (ENG., Illus.). 32p. (J). pap. 8.95 *(978-1-62371-947-0(X)*, Crocodile Bks.) Interlink Publishing Group, Inc.

August Wilson's Pittsburgh Cycle: Critical Perspectives on the Plays, 1 vol. Ed. by Sandra G. Shannon. 2016. (ENG., Illus.). 220p. pap. 29.95 *(978-0-7864-7800-2(4)*, 28eaa780-66f0-4ed2-b83d-5ef6128d77af) McFarland & Co., Inc. Pubs.

Augusta Savage: Sculptor of the Harlem Renaissance, 1 vol. Charlotte Etinde-Crompton & Samuel Willard Crompton. 2019. (Celebrating Black Artists Ser.). (ENG.). 104p. (gr. 7-7). 38.93 *(978-1-9785-0361-8(X)*, aec30130-812d-454f-944c-ee1713e42444) Enslow Publishing, LLC.

Augusta Savage: The Shape of a Sculptor's Life. Marilyn Nelson. 2022. (ENG., Illus.). 128p. (YA). (gr. 9-12). 18.99 *(978-0-316-29802-5(6))* Little, Brown Bks. for Young Readers.

Augusta Seminary Annual: May, 1891 (Classic Reprint) Mary Baldwin College. 2018. (ENG., Illus.). 62p. (J). 25.20 *(978-0-484-89813-3(2))* Forgotten Bks.

Augusta Seminary Annual: Staunton, Virginia, May, 1894 (Classic Reprint) Mary Baldwin College. 2018. (ENG., Illus.). 74p. (J). 25.44 *(978-0-483-91186-4(0))* Forgotten Bks.

Augusta Seminary Annual 1892 (Classic Reprint) Mary Baldwin College. 2018. (ENG., Illus.). 106p. (J). 26.10 *(978-0-483-89765-6(5))* Forgotten Bks.

Augusta Seminary Annual (Classic Reprint) Mary Baldwin College. 2018. (ENG., Illus.). 76p. (J). 25.46 *(978-0-484-03758-7(7))* Forgotten Bks.

Augusta Seminary Annual, Vol. 3: May, 1893 (Classic Reprint) Mary Baldwin College. 2018. (ENG., Illus.). 78p. (J). 25.53 *(978-0-267-23579-7(8))* Forgotten Bks.

Auguste Comte & Positivism. John Stuart Mill. 2017. (ENG., Illus.). 164p. (J). pap. *(978-93-86874-18-4(0))* Alpha Editions.

Auguste Comte & Positivism: Exhibited in the Life of Hai Ebn Yokdhan. John Stuart Mill. 2017. (ENG., Illus.). (J). 22.95 *(978-1-374-81908-5(5))*; pap. 12.95 *(978-1-374-81907-8(7))* Capital Communications, Inc.

Augustus, 1 vol. Margaux Baum & Fiona Forsyth. 2016. (Leaders of the Ancient World Ser.). (ENG., Illus.). 112p. (J). (gr. 6-6). 38.80 *(978-1-5081-7242-0(0)*, 12038024-1931-4939-b82f-b3acfbb5e4b5) Rosen Publishing Group, Inc., The.

Augustus: The First Roman Emperor - Biography for Kids Children's Biography Books. Baby Professor. 2017. (ENG., Illus.). (J). pap. 8.79 *(978-1-5419-1334-9(5)*, Baby Professor (Education Kids)) Speedy Publishing LLC.

Aujourd'hui Je Serai un Chauffeur d'Autobus! Amy Culliford. Illus. by John Joseph. 2021. (Qu'est-Ce Que Je Peux être? (What Can I Bee?) Ser.).Tr. of Today I'll Bee a Bus Driver!. (FRE.). 16p. (J). (gr. -1-3). pap. *(978-1-0396-0284-7(3)*, 13585) Crabtree Publishing Co.

Auld Acquaintance (Classic Reprint) Richard Harris. 2018. (ENG., Illus.). 348p. (J). 31.07 *(978-0-267-18740-9(8))* Forgotten Bks.

Auld Drainie & Brownie: A Reminiscence of 60 Years Ago. William Gairdner. 2017. (ENG., Illus.). (J). pap. *(978-0-649-41113-9(7))* Trieste Publishing Pty Ltd.

Auld Drainie & Brownie: A Reminiscence of 60 Years Ago (Classic Reprint) William Gairdner. 2018. (ENG., Illus.). 92p. (J). 25.81 *(978-0-267-68266-9(2))* Forgotten Bks.

Auld Licht Idylls (Classic Reprint) James Matthew Barrie. 2016. (ENG., Illus.). (J). pap. 11.57 *(978-1-333-21112-7(0))* Forgotten Bks.

Auld Licht Idyls (Classic Reprint) James Matthew Barrie. (ENG., Illus.). (J). 2018. 246p. 28.99 *(978-0-364-24617-7(0))*; 2018. 324p. 30.58 *(978-0-483-47133-7(X))*; 2017. pap. 11.57 *(978-0-259-84795-3(X))* Forgotten Bks.

Auld Licht Manse, & Other Sketches (Classic Reprint) James Matthew Barrie. (ENG., Illus.). (J). 2018. 260p. 29.28 *(978-0-332-84932-4(5))*; 2016. pap. 11.97 *(978-1-332-75950-7(5))* Forgotten Bks.

Auld Meetin'-Hoose Green (Classic Reprint) Archibald M'Ilroy. 2018. (ENG., Illus.). 274p. (J). 29.57 *(978-0-267-26025-6(3))* Forgotten Bks.

Auld Robin Gray. Malcolm Stuart Taylor & Anne Lindsay Barnard. 2017. (ENG., Illus.). 62p. (J). pap. *(978-3-337-34320-0(1))* Creation Pubs.

Auld Robin Gray: Am Emotional Drama, in Five Acts (Classic Reprint) Malcolm Stuart Taylor. (ENG., Illus.). (J). 2018. 62p. 25.18 *(978-0-267-30999-3(6))*; 2016. pap. 9.57 *(978-1-333-38293-3(6))* Forgotten Bks.

Auma's Long Run. Eucabeth Odhiambo. 2020. 304p. (J). (gr. 3-7). pap. 10.99 *(978-0-8234-4565-3(6))* Holiday Hse., Inc.

Aung San Suu Kyi: Burmese Politician & Activist for Democracy. Alexis Burling. 2017. (Spotlight on Civic Courage: Heroes of Conscience Ser.). (Illus.). 48p. (J). (gr. 10-15). 70.50 *(978-1-5383-8070-3(6))*; (ENG., (gr. 6-6). pap. 12.75 *(978-1-5383-8069-7(2)*, cb40811d-4c35-4bd2-89fc-9cdcb0093b89) Rosen Publishing Group, Inc., The.

Aung San Suu Kyi: Peaceful Resistance to the Burmese Military Junta, 1 vol. Patrice Sherman. 2017. (Peaceful Protesters Ser.). (ENG.). 112p. (YA). (gr. 9-9). 44.50 *(978-1-5026-3110-7(5)*, 14935aae-2a56-4bed-ab2b-1a6377bfad34); pap. 20.99 *(978-1-5026-3398-9(1)*, 4a2f2457-bd6e-42b2-bafd-7a67db2018fd) Cavendish Square Publishing LLC.

Aunney, I Got to Find God! Debra M. Kelley. 2018. (ENG., Illus.). 24p. (J). pap. 12.95 *(978-1-64114-884-9(5))* Christian Faith Publishing.

Aunney, I Need Band-Aids! Debra M. Kelley. 2018. (ENG., Illus.). 24p. (J). pap. 12.95 *(978-1-64191-371-3(1))* Christian Faith Publishing.

Aunt Abby's Neighbors (Classic Reprint) Annie Trumbull Slosson. 2018. (ENG., Illus.). 176p. (J). 27.55 *(978-0-428-62720-1(X))* Forgotten Bks.

Aunt Amity's Silver Wedding: And Other Stories (Classic Reprint) Ruth McEnery Stuart. 2018. (ENG., Illus.). 242p. (J). 28.89 *(978-0-666-94764-2(3))* Forgotten Bks.

Aunt Amy, or How Minnie Brown Learned to Be a Sunbeam (Classic Reprint) Francis Forrester. (ENG., Illus.). (J). 2018. 66p. 25.26 *(978-0-267-36777-1(5))*; 2016. pap. 9.57 *(978-1-334-16293-0(X))* Forgotten Bks.

Aunt Charlotte's Stories of Bible History (Classic Reprint) Charlotte Mary Yonge. (ENG., Illus.). (J). 2018. 424p. 32.64 *(978-0-483-55744-4(7))*; 2016. pap. 13.57 *(978-1-334-14743-2(4))* Forgotten Bks.

Aunt Charlotte's Stories of Greek History for the Little Ones. Charlotte Mary Yonge. 2017. (ENG.). 356p. (J). pap. *(978-3-7447-5053-0(1))* Creation Pubs.

Aunt Cindy's Garden. Cindy Maze. 2021. 32p. (J). 23.00 *(978-1-0983-4687-4(4))* BookBaby.

Aunt Connie's Favorite Animals at the Zoo. Connie Collins. 2020. (ENG.). 30p. (J). (gr. -1-3). pap. 13.95 *(978-1-64462-014-4(6))* Page Publishing Inc.

Aunt Connie's Favorite Animals on the Farm. Connie Collins. 2019. (ENG.). 30p. (J). (gr. -1-3). pap. 12.95 *(978-1-64350-624-1(2))* Page Publishing Inc.

Aunt Connie's Favorite Fascinating Animals. Connie Collins. 2020. (ENG.). 30p. (J). pap. 13.95 *(978-1-64424-455-5(1))* Page Publishing Inc.

Aunt Diana (Classic Reprint) Rosa Nouchette Carey. (ENG., Illus.). (J). 2018. 278p. 29.63 *(978-0-267-00045-6(6))*; 2016. pap. 13.57 *(978-1-334-24601-2(7))* Forgotten Bks.

Aunt Dice: The Story of a Faithful Slave (Classic Reprint) Nina Hill Robinson. 2017. (ENG., Illus.). (J). 26.99 *(978-0-266-92235-3(X))* Forgotten Bks.

Aunt Dinah's Quilting Party (Classic Reprint) Bettine K. Phillips. 2018. (ENG., Illus.). 36p. (J). 24.64 *(978-0-267-45779-3(0))* Forgotten Bks.

Aunt Dorothy: An Old Virginia Plantation Story (Classic Reprint) Margaret J. Preston. 2018. (ENG., Illus.). 102p. (J). 26.00 *(978-0-484-19153-1(5))* Forgotten Bks.

Aunt Emma (Classic Reprint) Unknown Author. 2018. (ENG., Illus.). (J). 28.10 *(978-0-266-96041-6(3))* Forgotten Bks.

Aunt Fanny's Star. Brigitte Weineger. Illus. by Feridun Oral. 2017. 36p. (J). (gr. -1-k). 18.99 *(978-988-8341-30-6(8)*, Minedition) Penguin Young Readers Group.

Aunt Fanny's Story Book, for Little Boys & Girls (Classic Reprint) Aunt Fanny. 2018. (ENG., Illus.). 162p. (J). 27.24 *(978-0-267-44744-2(2))* Forgotten Bks.

Aunt Friendly's Gift (Classic Reprint) Sarah S. Baker. 2018. (ENG., Illus.). 270p. (J). 29.47 *(978-0-332-42964-9(4))* Forgotten Bks.

Aunt Gabby & the Magical Calendar. Luke Patterson. 2021. (ENG.). 48p. (J). pap. ***(978-1-83934-180-9(7))*** Olympia Publishers.

Aunt Hannah & Martha & John (Classic Reprint) Pansy Pansy. 2018. (ENG., Illus.). 452p. (J). 33.24 *(978-0-332-13739-1(2))* Forgotten Bks.

Aunt Hannah & Seth (Classic Reprint) James Otis. 2018. (ENG., Illus.). 114p. (J). 26.27 *(978-0-483-94402-2(5))* Forgotten Bks.

Aunt Hannah's Bread Book (Classic Reprint) Charles Austin Bates. 2018. (ENG., Illus.). (J). 36p. 24.66 *(978-1-396-56044-6(0))*; 38p. pap. 7.97 *(978-1-391-58430-0(9))* Forgotten Bks.

Aunt Hepsy's Foundling: A Novel (Classic Reprint) Leith Adams. 2017. (ENG., Illus.). (J). 31.22 *(978-0-331-88894-2(7))* Forgotten Bks.

Aunt Hester's Dilemma: A Farce in Two Acts (Classic Reprint) Edith H. Waldo. (ENG., Illus.). (J). 2018. 20p. 24.31 *(978-0-484-08711-7(8))*; 2016. pap. 7.97 *(978-1-333-35489-3(4))* Forgotten Bks.

Aunt Huldah: Proprietor of the Wagon-Tire House & Genial Philosopher of the Cattle Country (Classic Reprint) Grace MacGowan Cooke. (ENG., Illus.). (J). 2018. 342p. 30.97 *(978-0-484-23146-6(4))*; 2017. pap. 13.57 *(978-0-259-30115-8(9))* Forgotten Bks.

Aunt Ima Mazing. Michele McCarthy. Illus. by Kerri-Jean Malmsten. 2022. (ENG.). 42p. pap. 11.94 *(978-1-64949-520-4(X))* Elk Lake Publishing, Inc.

Aunt Jane (Classic Reprint) Jennette Lee. (ENG., Illus.). (J). 2018. 336p. 30.83 *(978-0-484-08607-3(3))*; 2017. pap. 13.57 *(978-0-243-33130-7(4))* Forgotten Bks.

Aunt Jane of Kentucky (Classic Reprint) Eliza Calvert Hall. 2017. (ENG., Illus.). (J). 29.98 *(978-0-266-30168-4(1))* Forgotten Bks.

Aunt Jane's Hero. Elizabeth Prentiss. 2017. (ENG.). 300p. (J). (gr. -1). pap. *(978-3-337-19549-6(0))* Creation Pubs.

Aunt Jane's Hero (Classic Reprint) E. Prentiss. 2018. (ENG., Illus.). 298p. (J). 30.06 *(978-0-267-21280-4(1))* Forgotten Bks.

Aunt Jane's Nieces Abroad. Edith Van Dyne. 2017. (ENG., Illus.). (J). pap. 13.95 *(978-1-374-81521-6(7))* Capital Communications, Inc.

Aunt Jane's Nieces, & Uncle John (Classic Reprint) Edith Van Dyne. 2018. (ENG., Illus.). 290p. (J). 29.88 *(978-0-428-89461-0(5))* Forgotten Bks.

Aunt Jane's Nieces at Millville. Edith Van Dyne. 2017. (ENG., Illus.). (J). pap. 13.95 *(978-1-374-89145-6(2))* Capital Communications, Inc.

Aunt Jane's Nieces at Work. Edith Van Dyne. 2017. (ENG., Illus.). (J). 23.95 *(978-1-374-94773-3(3))*; pap. 13.95 *(978-1-374-94772-6(5))* Capital Communications, Inc.

Aunt Jane's Nieces at Work (Classic Reprint) L. Frank Baum. (ENG., Illus.). (J). 2018. 328p. 30.66 *(978-0-267-36497-8(0))*; 2016. pap. 13.57 *(978-1-334-16488-0(6))* Forgotten Bks.

Aunt Jane's Nieces (Classic Reprint) Edith Van Dyne. (ENG., Illus.). (J). 2018. 30.76 *(978-0-331-98204-6(8))*; 2016. pap. 13.57 *(978-1-333-77026-6(X))* Forgotten Bks.

Aunt Jane's Nieces in Society (Classic Reprint) Edith Van Dyne. (ENG., Illus.). (J). 2018. 266p. 29.44 *(978-0-332-42335-7(2))*; 2017. pap. 11.97 *(978-0-243-97318-7(7))* Forgotten Bks.

A

Aunt Jane's Nieces in the Red Cross. Edith Van Dyne. 2017. (ENG., Illus.). (J). 22.95 *(978-1-374-81524-7(1))* Capital Communications, Inc.
Aunt Jane's Nieces in the Red Cross. Edith Van Dyne. 2018. (ENG.). 294p. (J). pap. 12.25 *(978-1-63391-657-9(X))* Westphalia Press.
Aunt Jane's Nieces in the Red Cross (Classic Reprint) Edith Van Dyne. 2017. (ENG., Illus.). (J). pap. 11.97 *(978-0-259-38492-2(5))* Forgotten Bks.
Aunt Jane's Nieces on Vacation. Edith Van Dyne. 2017. (ENG., Illus.). (J). pap. 13.95 *(978-1-374-83427-9(0))* Capital Communications, Inc.
Aunt Jane's Nieces Out West. Edith Van Dyne. 2017. (ENG., Illus.). (J). 23.95 *(978-1-374-89202-6(5))*; pap. 13.95 *(978-1-374-89201-9(7))* Capital Communications, Inc.
Aunt Jane's Stories for Children (Classic Reprint) Jane Crewdson. (ENG., Illus.). (J). 2018. 30p. 24.52 *(978-0-666-75983-2(9))*; 2016. pap. 7.97 *(978-1-334-16810-9(5))* Forgotten Bks.
Aunt Janet's Legacy to Her Nieces: Recollections of Humble Life in Yarrow in the Beginning of the Century (Classic Reprint) Janet Bathgate. 2017. (ENG., Illus.). (J). 28.43 *(978-0-331-81436-1(6))* Forgotten Bks.
Aunt Jimmy's Will (Classic Reprint) Mabel Osgood Wright. 2018. (ENG., Illus.). 300p. (J). 30.10 *(978-0-483-40997-2(9))* Forgotten Bks.
Aunt Jo's Scrap-Bag: An Old-Fashioned Thanksgiving, etc (Classic Reprint) Louisa Alcott. 2017. (ENG., Illus.). (J). 29.05 *(978-0-265-95382-2(0))* Forgotten Bks.
Aunt Jo's Scrap-Bag: Cupid & Chow-Chow, etc (Classic Reprint) Louisa Alcott. 2017. (ENG., Illus.). (J). 28.54 *(978-0-265-37557-0(6))* Forgotten Bks.
Aunt Jo's Scrap-Bag: Jimmy's Cruise in the Pinafore etc.; Volume V. Louisa Alcott. 2017. (ENG., Illus.). (J). 22.95 *(978-1-374-86678-2(4))*; pap. 12.95 *(978-1-374-86677-5(6))* Capital Communications, Inc.
Aunt Jo's Scrap-Bag: Jimmy's Cruise in the Pinafore, etc (Classic Reprint) Louisa Alcott. 2017. (ENG., Illus.). (J). 28.72 *(978-0-331-18706-9(X))* Forgotten Bks.
Aunt Jo's Scrap-Bag (Classic Reprint) Louisa Alcott. 2017. (ENG., Illus.). (J). 29.82 *(978-0-331-61812-9(5))* Forgotten Bks.
Aunt Jo's Scrap-Bag, Vol. 4: My Girls, etc (Classic Reprint) Louisa Alcott. 2017. (ENG., Illus.). (J). 28.76 *(978-0-331-15158-9(8))* Forgotten Bks.
Aunt Kitty's Tales (Classic Reprint) Maria J. McIntosh. 2017. (ENG., Illus.). 292p. (J). 29.94 *(978-0-484-01904-0(X))* Forgotten Bks.
Aunt Lanta's Magic Spells. Leah Fricano. 2017. (ENG., Illus.). 44p. (J). (gr. k-4). 16.99 *(978-0-9993390-0-8(1))* Rageldar Pr.
Aunt Liefy (Classic Reprint) Annie Trumbull Slosson. 2018. (ENG., Illus.). 56p. (J). 25.07 *(978-0-365-12608-9(X))* Forgotten Bks.
Aunt Lilly's Laundromat. Melanie Hope Greenberg. 2018. (ENG., Illus.). 28p. (J). (gr. k-3). pap. 10.99 *(978-0-692-11664-7(8))* Greenberg, Melanie Hope.
Aunt Lilly's Laundromat. Melanie Hope Greenberg. Illus. by Melanie Hope Greenberg. 2016. (ENG., Illus.). (J). (gr. k-3). pap. 9.99 *(978-1-68186-681-9(1)*, StarWalk Kids Media) Isabella Products, Inc.
Aunt 'liza's Hero & Other Stories. Annie Fellows Johnston & W. L. Taylor. 2018. (ENG., Illus.). 62p. (YA). (gr. 7-12). pap. *(978-93-5329-272-0(7))* Alpha Editions.
Aunt 'Liza's Hero, & Other Stories (Classic Reprint) Annie Fellows Johnston. (ENG., Illus.). (J). 2018. 148p. 26.99 *(978-0-484-45233-5(9))*; 2016. pap. 9.57 *(978-1-333-23350-1(7))* Forgotten Bks.
Aunt Louisa's Bible Picture Book: Comprising the Story of David, Proverbs of Solomon, Wonders of Providence with Full-Page Illustrations from Original Designs (Classic Reprint) Unknown Author. 2018. (ENG., Illus.). 82p. (J). 25.59 *(978-0-483-32390-2(X))* Forgotten Bks.
Aunt Louise Comes to Visit. Katie Spivey Brewster. 2017. (ENG., Illus.). (J). (gr. k-2). 24.99 *(978-1-941927-78-6(5))*; pap. 11.49 *(978-1-941927-77-9(7))* J2B Publishing LLC.
Aunt Lucy's Cabin (Classic Reprint) June Kankakee. 2017. (ENG., Illus.). 116p. (J). 26.31 *(978-0-484-46404-8(3))* Forgotten Bks.
Aunt Madge's Story (Classic Reprint) Sophie May. 2018. (ENG., Illus.). 224p. (J). 28.52 *(978-0-484-88095-4(0))* Forgotten Bks.
Aunt Maggie's Will: A Comedy in Three Acts (Classic Reprint) Elizabeth Gale. (ENG., Illus.). (J). 2018. 30p. 24.54 *(978-0-267-00036-4(7))*; 2016. pap. 7.97 *(978-1-334-11973-6(2))* Forgotten Bks.
Aunt Martha's Corner Cupboard. Mary Kirby. 2017. (ENG., Illus.). (J). pap. *(978-0-649-47081-5(8))* Trieste Publishing Pty Ltd.
Aunt Martha's Corner Cupboard: Or Stories about Coffee, Tea, Sugar, Rice, etc (Classic Reprint) Mary Kirby. (ENG., Illus.). (J). 2018. 116p. 26.29 *(978-0-365-40674-7(0))*; 2017. pap. 9.57 *(978-0-259-47733-4(8))* Forgotten Bks.
Aunt Mary's Illustrated Reading Book: With More Than Three Hundred Illustrations (Classic Reprint) Unknown Author. (ENG., Illus.). (J). 2018. 98p. 25.92 *(978-0-364-52819-8(2))*; 2016. pap. 9.57 *(978-1-334-11661-2(X))* Forgotten Bks.
Aunt Mary's New Stories for Young People (Classic Reprint) Sarah Josepha Buell Hale. (ENG., Illus.). (J). 2017. 26.91 *(978-1-5284-8764-1(8))*; 2016. pap. 9.57 *(978-1-334-64345-3(8))* Forgotten Bks.
Aunt Mary's Tales: For the Entertainment & Improvement of Little Boys (Classic Reprint) Hughs. 2017. (ENG., Illus.). 184p. (J). 27.69 *(978-0-484-20692-1(3))* Forgotten Bks.
Aunt Mary's Tales, for the Entertainment & Improvement of Little Girls: Addressed to Her Nieces (Classic Reprint) Mary Hughs. 2018. (ENG., Illus.). 182p. (J). 27.65 *(978-0-267-30109-6(X))* Forgotten Bks.
Aunt May's Bird Talks (Classic Reprint) F. M. Poyntz. 2017. (ENG., Illus.). (J). 188p. 27.77 *(978-0-332-21188-6(6))*; pap. 10.57 *(978-0-259-47823-2(7))* Forgotten Bks.
Aunt Melanie & the Family Secret. Brenda Dee. 2020. (ENG.). 286p. (YA). 28.95 *(978-1-64670-577-1(7))*; pap. 18.95 *(978-1-64670-055-4(4))* Covenant Bks.
Aunt Mittie: Goes to Church. Melinda Marie Moore-Johnson. Illus. by Nicole Mangum. 2019. (Aunt Mittie Ser.). (ENG.). 26p. (J). (gr. 1-3). pap. 9.99 *(978-1-7336754-9-9(3))* Liberation's Publishing.
Aunt Nancy's Three Rules for Life: Read, Exercise, & Be Nice. Nancy K. Roberson. Illus. by Danilo Cerovic. 2021. (ENG.). 38p. (J). pap. 16.99 *(978-1-6629-0815-6(6))*; 21.99 *(978-1-6629-0814-9(8))* Gatekeeper Pr.
Aunt Olive in Bohemia (Classic Reprint) Leslie Moore. 2017. (ENG., Illus.). 322p. (J). 30.54 *(978-0-332-79985-8(9))* Forgotten Bks.
Aunt Pajama & the Babysitters. Joanna Clark. 2020. (Aunt Pajama Children's Bks.: 5). 24p. (J). pap. 8.99 *(978-1-0983-2223-6(1))* BookBaby.
Aunt Patty's Mirror: A Collection of Pieces in Prose & Rhyme, for the Silver Lake Stories. Lorentz Lermont. 2017. (ENG., Illus.). (J). pap. *(978-0-649-51077-1(1))* Trieste Publishing Pty Ltd.
Aunt Patty's Mirror: A Collection of Pieces in Prose & Rhyme, for the Silver Lake Stories; with Illustrations (Classic Reprint) Lorentz Lermont. 2018. (ENG., Illus.). 168p. (J). 27.38 *(978-0-483-53463-6(3))* Forgotten Bks.
Aunt Patty's Scrap-Bag (Classic Reprint) Caroline Lee Hentz. 2017. (ENG., Illus.). (J). 30.46 *(978-0-266-54537-8(8))*; pap. 13.57 *(978-0-282-76710-5(X))* Forgotten Bks.
Aunt Pearl, 1 vol. Monica Kulling. Illus. by Irene Luxbacher. 2019. (ENG.). 32p. (J). (gr. k-2). 18.95 *(978-1-77306-153-5(4))* Groundwood Bks. CAN. Dist: Publishers Group West (PGW).
Aunt Phillis's Cabin: Or Southern Life As It Is (Classic Reprint) Mary H. Eastman. 2017. (ENG., Illus.). (J). 30.04 *(978-0-265-41965-6(4))* Forgotten Bks.
Aunt Polly Shedd's Brigade, & Other Stories (Classic Reprint) Unknown Author. 2018. (ENG., Illus.). 60p. (J). 25.15 *(978-0-267-50276-9(1))* Forgotten Bks.
Aunt Rita - an Alzheimer's Story for Young Children. K. J. Cronan & Casey Cronan. 2022. (ENG.). 30p. (J). pap. *(978-1-83875-333-7(8)*, Nightingale Books) Pegasus Elliot Mackenzie Pubs.
Aunt Ruth: The Queen of English & Her Reign of Error. Joel F. Schnoor. 2017. (ENG., Illus.). (YA). pap. 18.99 *(978-0-9845541-7-1(3))* Gennesaret Pr.
Aunt Ruth Grammar Drills for Excellence I: A Workbook Companion to I Laid an Egg on Aunt Ruth's Head. Joel F. Schnoor. 2018. (ENG., Illus.). 76p. (YA). (gr. 7-12). pap. 9.95 *(978-0-9845541-8-8(1))* Gennesaret Pr.
Aunt Ruth Grammar Drills for Excellence I Answer Key: A Workbook Companion to I Laid an Egg on Aunt Ruth's Head. Joel F. Schnoor. 2018. (ENG., Illus.). 76p. (YA). (gr. 7-12). pap. 9.95 *(978-0-9845541-9-5(X))* Gennesaret Pr.
Aunt Ruth Grammar Drills for Excellence II: A Workbook Companion to Aunt Ruth: the Queen of English & Her Reign of Error. Joel F. Schnoor. 2018. (ENG., Illus.). 76p. (YA). (gr. 7-12). pap. 9.95 *(978-0-9997343-0-8(X))* Gennesaret Pr.
Aunt Ruth Grammar Drills for Excellence II Answer Key: A Workbook Companion to Aunt Ruth: the Queen of English & Her Reign of Error. Joel F. Schnoor. 2018. (ENG., Illus.). 76p. (YA). (gr. 7-12). pap. 9.95 *(978-0-9997343-1-5(8))* Gennesaret Pr.
Aunt Sally. James F. Park. 2017. (ENG.). 38p. (J). pap. ***(978-0-244-94104-8(1))*** Lulu Pr., Inc.
Aunt Sally: The Cross the Way to Freedom (Classic Reprint) American Reform Tract And Book Society. 2018. (ENG., Illus.). 228p. (J). 28.62 *(978-0-365-31895-8(7))* Forgotten Bks.
Aunt Sally & the Garden Critters. Elena C. Ventura. 2020. (ENG.). 20p. (J). pap. *(978-0-6450048-0-9(4))* Ventura, Elena.
Aunt Sarah: A Mother of New England (Classic Reprint) Agnes Louise Pratt. (ENG., Illus.). (J). 2018. 316p. 30.43 *(978-0-656-64330-1(7))*; 2017. pap. 13.57 *(978-1-5276-5963-6(1))* Forgotten Bks.
Aunt Sarah the War: A Tale of Transformations (Classic Reprint) Wilfrid Meynell. 2017. (ENG., Illus.). 104p. (J). 26.04 *(978-0-484-45308-0(4))* Forgotten Bks.
Aunt Serena (Classic Reprint) Blanche Willis Howard. 2018. (ENG., Illus.). 382p. (J). 31.78 *(978-0-484-49306-2(X))* Forgotten Bks.
Aunt Sophronia at College (Classic Reprint) Willis N. Bugbee. 2018. (ENG., Illus.). 24p. (J). 24.39 *(978-0-267-45803-5(7))* Forgotten Bks.
Aunt Susan's Own Story of Her Life: With Additional Incidents, Her Favorite Hymns & Quaint Sayings. William U. Cake. 2017. (ENG., Illus.). (J). pap. *(978-0-649-35307-1(2))* Trieste Publishing Pty Ltd.
Aunt Susan's Own Story of Her Life: With Additional Incidents, Her Favorite Hymns & Quaint Sayings (Classic Reprint) William U. Cake. 2018. (ENG., Illus.). 78p. (J). 25.51 *(978-0-483-80640-5(4))* Forgotten Bks.
Aunt Wars. Kerin Harvey. 2020. (ENG., Illus.). 20p. (J). pap. 12.95 *(978-1-0980-3234-0(9))* Christian Faith Publishing.
Auntie & Me. Rosie Birdsong. Ed. by Cottage Door Press. Illus. by Ariel Landy. 2022. (ENG.). 22p. (J). (gr. -1 — 1). bds. 9.99 *(978-1-64638-652-9(3)*, 1008460) Cottage Door Pr.
Auntie & Me: A Karen Katz Lift-The-Flap Book. Karen Katz. Illus. by Karen Katz. 2018. (ENG., Illus.). 14p. (J). (gr. -1-k). bds. 8.99 *(978-1-5344-2923-9(9)*, Little Simon) Little Simon.
Auntie Bea Joyful's Christmas Gift. Mary Becker. 2022. (ENG.). 52p. (J). 22.99 ***(978-1-6653-0536-5(3))***; pap. 12.99 ***(978-1-6653-0535-8(5))*** BookLogix.
Auntie Diva's School of Charm: Forever Friends. Danielle Forsgren. 2022. (ENG.). 130p. (J). pap. 12.95 *(978-1-957807-81-2(4))* Waterside Pr.
Auntie Evie Has Wheels. Evelyn Meyer. Illus. by Tim Heritage. 2021. (ENG.). 26p. (J). pap. 19.95 *(978-1-0983-4899-1(0))* BookBaby.
Auntie Lea Babysits... a Zoo! Victoria Shearham. 2021. (ENG.). 26p. (J). pap. *(978-0-9880665-0-2(5))* LoGreco, Bruno.
Auntie Love. Maricela Cornejo. 2021. 24p. (J). pap. 11.99 *(978-1-0983-6325-3(6))* BookBaby.
Auntie Loves You! Helen Foster James. Illus. by Petra Brown. 2018. (ENG.). 32p. (J). (gr. -1-1). 15.99 *(978-1-5341-1011-3(9)*, 204589) Sleeping Bear Pr.
Auntie Luce's Talking Paintings, 1 vol. Francie Latour. Illus. by Ken Daley. 2018. (ENG.). 36p. (J). (gr. k-3). 19.99 *(978-1-77306-041-5(4))* Groundwood Bks. CAN. Dist: Publishers Group West (PGW).
Auntie No-No. Lisa Rothman-Levin. 2017. (ENG., Illus.). 32p. (J). pap. *(978-1-365-84868-1(X))* Lulu Pr., Inc.
Auntie Opal Children's Stories: Book 2. Auntie Opal. 2018. (ENG., Illus.). 40p. (J). 13.95 *(978-0-9992620-4-7(1))* CreateBk..org.
Auntie Uncle: Drag Queen Hero. Ellie Royce. Illus. by Hannah Chambers. 2020. (ENG.). 32p. (J). (gr. -1-2). 18.99 *(978-1-57687-935-1(6)*, powerHouse Bks.) powerHse. Bks.
Auntie Yang's Great Soybean Picnic, 1 vol. Ginnie Lo. Illus. by Beth Lo. 2017. (ENG.). 32p. (J). (gr. 1-5). pap. 11.95 *(978-1-62014-793-1(9)*, leelowbooks) Lee & Low Bks., Inc.
Auntie's Closet. S. R. Gionfriddo. 2019. (ENG.). 22p. (J). pap. 12.95 *(978-1-64492-880-6(9))* Christian Faith Publishing.
Auntie's Love. Dana Jean. Illus. by Julie Wells. 2020. (ENG.). 34p. (J). 18.99 *(978-1-64538-259-1(1))*; pap. 12.99 *(978-1-64538-258-4(3))* Orange Hat Publishing.
Auntie's Rez Surprise. Heather O'Watch. Illus. by Ellie Arscott. 2023. (ENG.). 24p. (J). (gr. 1-3). 21.95 ***(978-1-77260-344-6(9))*** Second Story Pr. CAN. Dist: Orca Bk. Pubs. USA.
Auntie's Summer Camp. Zhong Xuan Zheng. 2019. (CHI.). (YA). pap. *(978-986-450-262-2(X))* Chiu Ko Publishing Co., Ltd.
Aunts & Uncles. Rebecca Rissman. rev. ed. 2021. (Families Ser.). (ENG.). 24p. (J). pap. 6.29 *(978-1-4846-6829-0(4)*, 239600, Heinemann) Capstone.
Aunt's Tale. Reyna M Corona & T. J. Hewitt. 2022. (ENG., Illus.). 118p. (YA). pap. 24.95 *(978-1-6624-7391-3(5))* Page Publishing Inc.
Aunty Jane Knits up a Storm. Steve Wolfson. Illus. by Charity Russell. 2022. (ENG.). 36p. (J). ***(978-1-0391-4411-8(X))*** FriesenPress.
Aunty's House. Romicha Cooper. 2021. (ENG.). 26p. (J). 25.99 *(978-1-6629-0872-9(5))*; pap. 21.99 *(978-1-6629-0873-6(3))* Gatekeeper Pr.
Aura Solitaria: The Lonely Buzzard. Armando Miguélez Martínez & Óscar Somoza Urquídez. 2023. (Colibrí Bks.). (SPA.). 34p. (J). pap. 9.99 ***(978-1-959040-06-4(5))*** BibliotecaLatinx.
Aura the Snow Woman. Barb Chrysler. 2017. (ENG., Illus.). (J). (gr. k-6). pap. *(978-1-988324-08-1(4))* Nanshe Publishing.
Auralina: Book Four of the Elemental Diaries. Andrea B. Lamoureux. 2019. (Elemental Diaries: Vol. 4). (ENG.). 244p. (J). pap. *(978-1-989462-04-1(9))* Lamoureux, Andrea B.
Aurand's Collection of Pennsylvania German Stories & Poems (Classic Reprint) A. Monroe Aurand. (ENG., Illus.). (J). 2018. 132p. 26.64 *(978-0-666-12491-3(4))*; 2016. pap. 9.57 *(978-1-333-69237-7(4))* Forgotten Bks.
Aurea Mediocritas: A Book of Short Stories. Gaston D. Cox. 2019. (ENG.). 318p. (YA). pap. 20.95 *(978-1-64214-168-9(2))* Page Publishing Inc.
Aureate Spectacles. Eliott McKay. 2016. (ENG., Illus.). (YA). pap. *(978-3-947234-23-3(6))* Inkitt GmbH.
Aurelia Curse (Dragon Rider #3) Cornelia Funke. 2022. (Dragon Rider Ser.). (ENG., Illus.). 416p. (J). (gr. 3-7). 18.99 *(978-1-338-21555-7(8)*, Chicken Hse., The) Scholastic, Inc.
Aureola, or the Black Sheep: A Story of German Social Life (Classic Reprint) Adelheid Shelton-MacKenzie. (ENG., Illus.). (J). 2018. 260p. 29.28 *(978-0-484-67559-8(1))*; 2016. pap. 11.97 *(978-1-334-13625-2(4))* Forgotten Bks.
Aureus, or the Life & Opinions of a Sovereign (Classic Reprint) Peregrine Oakley. (ENG., Illus.). (J). 2018. 446p. 33.10 *(978-0-483-43889-7(8))*; 2016. pap. 16.57 *(978-1-334-16845-1(8))* Forgotten Bks.
Aurifodina; or, Adventures in the Gold Region. Cantell A. Bigly. 2017. (ENG., Illus.). (J). pap. *(978-0-649-44381-9(0))* Trieste Publishing Pty Ltd.
Aurifodina, or Adventures in the Gold Region (Classic Reprint) Cantell A. Bigly. (ENG., Illus.). (J). 2017. 26.10 *(978-0-331-55700-8(2))*; 2016. pap. 9.57 *(978-1-334-13951-2(2))* Forgotten Bks.
Auriol or the Elixir of Life (Classic Reprint) William Harrison Ainsworth. 2018. (ENG., Illus.). 288p. (J). 29.84 *(978-0-483-69186-5(0))* Forgotten Bks.
Aurona, 1 vol. B. B. Prescott. 2019. (ENG.). 400p. (YA). pap. 28.99 *(978-0-310-10370-7(3))* Elm Hill.
Aurora. Orelli Holliday-Garcia. 2022. 48p. (J). pap. 6.99 *(978-1-6678-2844-2(4))* BookBaby.
Aurora. Daria Sinevich. 2021. (ENG., Illus.). 30p. (J). 23.00 *(978-1-64804-302-4(X))* Dorrance Publishing Co., Inc.
Aurora: The Supernatural Universe: Book I. Jolene Kremers. 2022. (ENG.). 382p. (YA). pap. 23.95 *(978-1-6624-5450-9(3))* Page Publishing Inc.
Aurora: Trinity Academy Trilogy Book 1. Danielle Grubb. 2018. (Trinity Academy Trilogy Ser.: Vol. 1). (ENG., Illus.). 260p. (YA). pap. 17.95 *(978-1-64416-163-0(X))* Christian Faith Publishing.
Aurora, 1899, Vol. 3 (Classic Reprint) Agnes Scott Institute. (ENG., Illus.). (J). 2018. 288p. 29.84 *(978-0-484-90316-5(0))*; 2016. pap. 13.57 *(978-1-333-52286-5(X))* Forgotten Bks.
Aurora, 1922 (Classic Reprint) Dorothy Ogborn. (ENG., Illus.). (J). 2019. 274p. 29.57 *(978-0-365-22016-9(7))*; 2017. pap. 11.97 *(978-0-259-80800-8(8))* Forgotten Bks.
Aurora Bearialis. Dragon Common Room. Ed. by Rachel Fulton Brown. Illus. by HandDrawn Bear. 2021. (ENG.). 78p. (J). 24.99 *(978-0-578-32162-2(9))* Rachel Lee Fulton Brown.
Aurora Boreal (Northern Lights) Grace Hansen. 2021. (Luces en el Firmamento (Sky Lights) Ser.). (SPA.). 24p. (J). (gr. -1-2). lib. bdg. 32.79 *(978-1-0982-0448-8(4)*, 35386, Abdo Kids) ABDO Publishing Co.
Aurora Borealis. Alfred Angot. 2019. (ENG.). 310p. (J). pap. *(978-3-337-73305-6(0))* Creation Pubs.
Aurora Borealis: Or Flashes of Wit; Calculated to Drown Dull Care & Eradicate the Blue Devils (Classic Reprint) David Claypoole Johnston. 2017. (ENG., Illus.). 242p. (J). 28.89 *(978-0-484-87161-7(7))* Forgotten Bks.
Aurora Burning. Amie Kaufman & Jay Kristoff. (Aurora Cycle Ser.: 2). (ENG.). 512p. (YA). (gr. 7). 2021. pap. 12.99 *(978-1-5247-2095-7(X)*, Ember); 2020. 18.99 *(978-1-5247-2092-6(5)*, Knopf Bks. for Young Readers); 2020. lib. bdg. 21.99 *(978-1-5247-2093-3(3)*, Knopf Bks. for Young Readers) Random Hse. Children's Bks.
Aurora Floyd: A Novel (Classic Reprint) Mary Elizabeth Braddon. (ENG., Illus.). (J). 2018. 328p. 30.68 *(978-0-365-31307-6(9))*; 2017. pap. 13.57 *(978-0-259-19721-8(1))* Forgotten Bks.
Aurora Floyd, Vol. 1 of 2 (Classic Reprint) Mary Elizabeth Braddon. (ENG., Illus.). (J). 2018. 676p. 37.84 *(978-0-483-43339-7(X))*; 2016. pap. 20.57 *(978-1-334-16326-5(X))* Forgotten Bks.
Aurora Floyd, Vol. 1 of 3 (Classic Reprint) M. E. Braddon. 2018. (ENG., Illus.). 316p. (J). 30.41 *(978-0-267-22638-2(1))* Forgotten Bks.
Aurora Floyd, Vol. 2 of 3 (Classic Reprint) M. E. Braddon. 2018. (ENG., Illus.). 336p. (J). 30.87 *(978-0-332-95069-3(7))* Forgotten Bks.
Aurora Floyd, Vol. 3 of 3 (Classic Reprint) M. E. Braddon. 2018. (ENG., Illus.). 334p. (J). 30.79 *(978-0-483-82925-1(0))* Forgotten Bks.
Aurora I Love You All Ways. Marianne Richmond. Illus. by Dubravka Kolanovic. 2023. (I Love You All Ways Ser.). (ENG.). 32p. (J). (gr. -1-3). 8.99 ***(978-1-7282-7335-8(8))*** Sourcebooks, Inc.
Aurora la Cujini: A Realistic Sketch in Seville (Classic Reprint) R. B. Cunninghame Graham. 2017. (ENG., Illus.). 24p. (J). 24.41 *(978-0-484-41050-2(4))* Forgotten Bks.
Aurora of Poverty Hill (Classic Reprint) Esmee Walton. 2017. (ENG., Illus.). (J). 30.70 *(978-0-266-68211-0(1))*; pap. 13.57 *(978-1-5276-5560-7(1))* Forgotten Bks.
Aurora Plays the Part, 6. Tessa Roehl. 2019. (Disney Chapter Ser.). (ENG.). 126p. (J). (gr. 2-3). 17.89 *(978-1-64310-990-9(1))* Penworthy Co., LLC, The.
Aurora Rising. Amie Kaufman & Jay Kristoff. (Aurora Cycle Ser.: 1). (ENG., Illus.). (YA). (gr. 7). 2020. 496p. pap. 12.99 *(978-1-5247-2099-5(2)*, Ember); 2019. 480p. 19.99 *(978-1-5247-2096-4(8)*, Knopf Bks. for Young Readers); 2019. 480p. lib. bdg. 21.99 *(978-1-5247-2097-1(6)*, Knopf Bks. for Young Readers) Random Hse. Children's Bks.
Aurora the Magnificent (Classic Reprint) Gertrude Hall. 2018. (ENG., Illus.). 464p. (J). 33.47 *(978-0-483-14974-8(8))* Forgotten Bks.
Aurora, Vol. 2: A Family Magazine; August, 1887 (Classic Reprint) Unknown Author. (ENG., Illus.). (J). 2018. 116p. 26.29 *(978-0-483-53695-1(4))*; 2016. pap. 9.57 *(978-1-333-45273-5(X))* Forgotten Bks.
Aurora, Vol. 8: June 1917 (Classic Reprint) Anderson Union High School. 2017. (ENG., Illus.). (J). 26.27 *(978-0-266-74300-2(5))*; pap. 9.57 *(978-1-5277-0995-9(7))* Forgotten Bks.
Auroral Flame: Book One of the Aurora Chronicles. Ralph Buttner. 2021. (ENG.). 369p. (YA). pap. ***(978-1-7948-4761-3(8))*** Lulu Pr., Inc.
Auroraphone. Cyrus Cole. 2017. (ENG.). 256p. (J). pap. *(978-3-337-34776-5(2))* Creation Pubs.
Auroraphone: A Romance (Classic Reprint) Cyrus Cole. (ENG., Illus.). (J). 2017. 29.11 *(978-0-331-78466-4(1))*; 2016. pap. 11.57 *(978-1-334-16048-6(1))* Forgotten Bks.
Aurora's End. Amie Kaufman & Jay Kristoff. (Aurora Cycle Ser.: 3). (ENG.). 512p. (YA). (gr. 7). 2022. pap. 11.99 *(978-1-5247-2091-9(7)*, Ember); 2021. 18.99 *(978-1-5247-2088-9(7)*, Knopf Bks. for Young Readers); 2021. lib. bdg. 21.99 *(978-1-5247-2089-6(5)*, Knopf Bks. for Young Readers) Random Hse. Children's Bks.
Aurora's Greatest Discovery. Manya Fabiniak. Illus. by Manya Fabiniak. (ENG., Illus.). 2020. 148p. (YA). (gr. 7-12). pap. 24.95 *(978-1-7340139-8-6(2))*; 2017. (J). 29.95 *(978-0-9977996-2-0(5))* Primedia eLaunch LLC.
Aurora's Orchid. Vicky Weber. Illus. by Viktoria Skakandi. 2019. (ENG.). (J). 34p. 17.99 *(978-1-7342129-2-1(6))*; 36p. (gr. 3-5). pap. 12.99 *(978-1-7342129-3-8(4))* Trunk Up Bks.
Aurora's Story. Courtney Carbone. 2019. (Disney 8x8 Ser.). (ENG.). 24p. (J). (gr. k-1). 15.96 *(978-0-87617-647-4(3))* Penworthy Co., LLC, The.
Aurungzebe, or a Tale of Alraschid, Vol. 1 of 2 (Classic Reprint) John Ainslie. (ENG., Illus.). (J). 2018. 368p. 31.53 *(978-0-428-99419-8(9))*; 2016. pap. 13.97 *(978-1-333-32138-3(4))* Forgotten Bks.
Aus Schloss und Hutte: Erzahlungen Fur Kinder Von 8 Bis 12 Jahren (Classic Reprint) Ottilie Wildermuth. 2017. (GER., Illus.). (J). pap. 13.57 *(978-0-259-99922-5(9))* Forgotten Bks.
Ausfuhrliches Theoretisch-Praktisches Lehrbuch der Englischen Sprache, Vol. 2 of 2 (Classic Reprint) G. F. Burckhardt. (ENG., Illus.). (J). 2018. 356p. 31.24 *(978-0-331-97613-7(7))*; 2017. pap. 13.57 *(978-0-243-38806-6(3))* Forgotten Bks.
Ausmalbuch Mandalas Für Kinder: Erstaunliches Malbuch Für Mädchen, Jungen und Anfänger Mit Mandala-Mustern Zur Entspannung. Loralie Barbeau. 2021. (GER.). 102p. (YA). pap. 11.69 *(978-0-9574560-5-1(0)*, deCordova Sculpture Park and Museum) Yale Univ. Pr.
Ausmalen Von Buchseiten Für Kinder (Malbücher Für 4-Jährige) - Feen: Dieses Buch Bietet 40 Seiten in Farbe. Dieses Buch Soll Kleinen Kindern Helfen, Die Kontrolle über Den Stift Zu Entwickeln und Ihre Feinmotorik Zu Trainieren. Nicola Ridgeway & James Manning. 2020. (GER.). 84p. (J). pap. *(978-1-80027-340-5(1))* CBT Bks.
Auspicious Japan (2nd English Edition) Ari Ide. 2021. (ENG.). 30p. (YA). pap. 9.49 *(978-1-0879-1515-9(5))* Indy Pub.
Auspicious Japan (2nd Japanese Edition) Ari Ide. 2021. (JPN.). 30p. (YA). pap. 9.49 *(978-1-0878-9572-7(3))* Indy Pub.
Aussie Creature Mazes for Bright Kids: 8-12 Yrs. Tat Puzzles. Ed. by Margaret Gregory. 2022. (ENG.). 110p. (J). pap. ***(978-1-922695-41-3(6))*** Tried and Trusted Indie Publishing.
Aussie Fires Alive. Mary-Anne Byrnes. 2020. (ENG.). 18p. (J). pap. *(978-0-2288-3033-7(8))* Tellwell Talent.
Aussie Kid Adventures. Lisa Hart. 2019. (ENG.). 52p. (J). pap. *(978-1-78830-213-5(3))* Olympia Publishers.
Aussie Kids: Meet Dooley on the Farm. Sally Odgers. Illus. by Christina Booth. 2021. (Aussie Kids Ser.). 64p. (J). (gr.

128 The check digit for ISBN-10 appears in parentheses after the full ISBN-13

k-2). 12.99 *(978-1-76089-368-2(4),* Puffin) Penguin Random Hse. AUS. Dist: Independent Pubs. Group.

Aussie Kids: Meet Eve in the Outback. Raewyn Caisley. Illus. by Karen Blair. 2020. (Aussie Kids Ser.). 64p. (J). (gr. 1-3). 12.99 *(978-1-76089-410-8(9),* Puffin) Penguin Random Hse. AUS. Dist: Independent Pubs. Group.

Aussie Kids: Meet Katie at the Beach. Rebecca Johnson. 2020. (Aussie Kids Ser.). (Illus.). 64p. (J). (gr. 1-3). 12.99 *(978-1-76089-367-5(6),* Puffin) Penguin Random Hse. AUS. Dist: Independent Pubs. Group.

Aussie Kids: Meet Matilda at the Festival. Jacqueline de Rose-Ahern. Illus. by Tania McCartney. 2021. (Aussie Kids Ser.). 64p. (J). (gr. k-2). 12.99 *(978-1-76089-451-1(6),* Puffin) Penguin Random Hse. AUS. Dist: Independent Pubs. Group.

Aussie Kids: Meet Mia by the Jetty. Janeen Brian. Illus. by Danny Snell. 2020. (Aussie Kids Ser.). 64p. (J). (gr. k-2). 12.99 *(978-1-76089-366-8(8),* Puffin) Penguin Random Hse. AUS. Dist: Independent Pubs. Group.

Aussie Kids: Meet Sam at the Mangrove Creek. Paul Seden. Illus. by Brenton Mckenna. 2020. (Aussie Kids Ser.). 64p. (J). (gr. k-2). 12.99 *(978-1-76089-412-2(5),* Puffin) Penguin Random Hse. AUS. Dist: Independent Pubs. Group.

Aussie Kids: Meet Taj at the Lighthouse. Maxine Beneba Clarke. Illus. by Nicki Greenberg. 2020. (Aussie Kids Ser.). 64p. (J). (gr. 1-3). 12.99 *(978-1-76089-452-8(4),* Puffin) Penguin Random Hse. AUS. Dist: Independent Pubs. Group.

Aussie Kids: Meet Zoe & Zac at the Zoo. Belinda Murrell. Illus. by David Hardy. 2020. (Aussie Kids Ser.). 64p. (J). (gr. 1-3). 12.99 *(978-1-76089-365-1(X),* Puffin) Penguin Random Hse. AUS. Dist: Independent Pubs. Group.

Aussie's Adventures. Sophia Miller. Illus. by Heath. 2nd rev. ed. 2016. (ENG.). (J). (gr. -1-4). 9.99 *(978-1-945033-07-0(X),* Atlas Publishing) Atlas Publishing LLC.

Austin. Sam Moussavi. 2016. (Texas Fridays Ser.). (ENG.). 208p. (YA). (gr. 6-12). 32.84 *(978-1-68076-491-8(8),* 24671, Epic Escape) EPIC Pr.

Austin & Charlie Adventures Across America. Linda Parker & Katie Langdon. Illus. by Dot Liles. 2018. (ENG.). 38p. (J). (gr. k-6). pap. 14.50 *(978-1-946539-16-8(3))* Strategic Book Publishing & Rights Agency (SBPRA).

Austin Dabney. Nita McFarlin. 2018. (ENG., Illus.). 34p. (J). 22.95 *(978-1-64349-517-0(8));* pap. 13.95 *(978-1-64258-620-6(X))* Christian Faith Publishing.

Austin Elliot (Classic Reprint) Henry Kingsley. 2017. (ENG., Illus.). (J). 31.26 *(978-0-265-52130-4(0));* 32.52 *(978-1-5280-7853-5(5));* pap. 13.97 *(978-0-243-88586-2(5))* Forgotten Bks.

Austin Elliot, Vol. 1 (Classic Reprint) Henry Kingsley. 2018. (ENG., Illus.). 308p. (J). 30.25 *(978-0-332-56663-4(3))* Forgotten Bks.

Austin Friars (Classic Reprint) J. H. Riddell. (ENG., Illus.). (J). 2017. 32.35 *(978-0-265-59795-8(1));* 2016. pap. 16.57 *(978-1-334-25328-7(5))* Forgotten Bks.

Austin Friars, Vol. 1 Of 3: A Novel (Classic Reprint) J. H. Riddell. 2018. (ENG., Illus.). 314p. (J). 30.37 *(978-0-483-71822-7(X))* Forgotten Bks.

Austin Friars, Vol. 2 Of 3: A Novel (Classic Reprint) J. H. Riddell. 2018. (ENG., Illus.). 318p. (J). 30.46 *(978-0-365-25543-7(2))* Forgotten Bks.

Austin Hall: Or, after Dinner Conversations Between a Father & His Children, on Subjects of Amusement & Instruction (Classic Reprint) Unknown Author. 2018. (ENG., Illus.). 256p. (J). 29.18 *(978-0-484-80373-1(5))* Forgotten Bks.

Austin Hall, or after Dinner Conversations, Between a Father & His Children, on Subjects of Amusement & Instruction (Classic Reprint) Unknown Author. 2018. (ENG., Illus.). 220p. (J). 28.43 *(978-0-484-13566-5(X))* Forgotten Bks.

Austin Plays Fair: A Team Dungy Story about Football. Tony Dungy & Lauren Dungy. 2018. (Team Dungy Ser.). (ENG., Illus.). 32p. (J). (gr. 1-4). 16.99 *(978-0-7369-7324-3(9),* 6973243) Harvest Hse. Pubs.

Austin's Allergies. Erin Mandras. 2019. (ENG., Illus.). 38p. (J). (gr. -1-3). 14.95 *(978-1-64307-147-3(5))* Amplify Publishing Group.

Austin's Goes to a Birthday Party. Erin Mandras. 2021. (ENG.). 38p. (J). 14.95 *(978-1-64543-286-9(6))* Amplify Publishing Group.

Austin's Unlikely Pet. Michelle F. Bradley. 2021. (ENG.). 34p. (J). 22.99 *(978-1-7372689-1-8(4))* Michelle F. Bradley.

Auston Matthews. Julia Sillett. 2018. (Superstars! Ser.). (ENG., Illus.). 32p. (J). (gr. 4-4). *(978-0-7787-4829-8(4));* pap. *(978-0-7787-4844-1(8))* Crabtree Publishing Co.

Auston Matthews: Hockey Dynamo. Shane Frederick. 2020. (Stars of Sports Ser.). (ENG., Illus.). 32p. (J). (gr. 3-5). lib. bdg. 31.32 *(978-1-5435-9172-9(8),* 141561) Capstone.

Auston Matthews: Hockey Star. Todd Kortemeier. 2019. (Biggest Names in Sports Set 4 Ser.). (ENG., Illus.). 32p. (J). (gr. 3-5). pap. 9.95 *(978-1-64185-377-4(8),* 1641853778); lib. bdg. 31.35 *(978-1-64185-319-4(0),* 1641853190) North Star Editions. (Focus Readers).

Auston Matthews: Hockey Superstar. Ryan Williamson. 2019. (PrimeTime: Hockey Superstars Ser.). (ENG.). 32p. (J). (gr. 3-4). pap. 9.95 *(978-1-63494-111-2(X),* 163494111X); (Illus.). lib. bdg. 31.35 *(978-1-63494-102-0(0),* 1634941020) Pr. Room Editions LLC.

Auston the Magical Egg. Stephanie Macri & Vince Macri. Illus. by Nicholas Mueller. 2021. (ENG.). 28p. (J). *(978-1-5255-9446-5(X));* pap. *(978-1-5255-9445-8(1))* FriesenPress.

Auston the Sidecar Dog Saves Christmas. Wayne Sumbler. 2022. (ENG.). 26p. (J). pap. *(978-1-0358-0370-5(4))* Austin Macauley Pubs. Ltd.

Austral Edition of the Selected Works of Marcus Clarke: Together with a Biography & Monograph of the Deceased Author (Classic Reprint) Marcus Clarke. 2018. (ENG., Illus.). (J). 552p. 35.30 *(978-0-365-07914-9(6));* 554p. pap. 19.57 *(978-0-364-30441-9(3))* Forgotten Bks.

Australia. Roumanis Alexis. 2019. (World Languages Ser.). (ENG.). 24p. (J). (gr. 3-7). lib. bdg. 35.70 *(978-1-4896-7238-4(9),* AV2 by Weigl) Weigl Pubs., Inc.

Australia. Claire Vanden Branden. 2018. (Continents (Cody Koala) Ser.). (ENG., Illus.). 24p. (J). (gr. k-3). lib. bdg. 31.36 *(978-1-5321-6172-8(7),* 30127, Pop! Cody Koala) Pop!.

Australia. Tracy Vonder Brink. 2022. (Explorando Países (Exploring Countries) Ser.). (J). (SPA.). 24p. (gr. k-2). pap. *(978-1-0396-4933-0(5),* 19874); (SPA.). 24p. (gr. k-2). lib. bdg. *(978-1-0396-4806-7(1),* 19873); (ENG.). 32p. (gr. 3-5). lib. bdg. *(978-1-0396-6053-3(3),* 21648); (ENG., Illus.). 32p. (gr. 3-5). pap. *(978-1-0396-6248-3(X),* 21649); (ENG.). 24p. (gr. k-2). lib. bdg. *(978-1-0396-4456-4(2),* 16258, Crabtree Seedlings); (ENG., Illus.). 24p. (gr. k-2). pap. *(978-1-0396-4647-6(6),* 17200, Crabtree Seedlings) Crabtree Publishing Co.

Australia. Rachel Anne Cantor. 2017. (Countries We Come From Ser.). (ENG., Illus.). 32p. (J). (gr. k-3). 19.95 *(978-1-68402-252-6(5))* Bearport Publishing Co., Inc.

Australia, 1 vol. Steffi Cavell-Clarke. 2017. (World Adventures Ser.). (ENG.). 24p. (J). (gr. 1-2). pap. 9.25 *(978-1-5345-2405-7(3),* 96af53bf-785c-46ea-bfd3-83bf43c74e79); lib. bdg. 26.23 *(978-1-5345-2406-4(1),* a4eadd09-b0e0-4e62-8476-76e55a94054d) Greenhaven Publishing LLC.

Australia. Pete Cromer. 2020. (ENG.). 40p. (J). (gr. -1-4). 18.99 *(978-1-922385-58-1(1))* Bonnier Publishing GBR. Dist: Independent Pubs. Group.

Australia. Sue Bradford Edwards. 2022. (Essential Library of Countries Ser.). (ENG., Illus.). 112p. (YA). (gr. 6-12). lib. bdg. 41.36 *(978-1-5321-9936-3(8),* 40661, Essential Library) ABDO Publishing Co.

Australia. Marty Gitlin. 2017. (Country Profiles Ser.). (ENG., Illus.). 32p. (J). (gr. 3-8). lib. bdg. 27.95 *(978-1-62617-675-1(2),* Blastoff! Discovery) Bellwether Media.

Australia, 1 vol. Alicia Z. Klepeis. 2017. (Exploring World Cultures (First Edition) Ser.). (ENG.). 32p. (gr. 3-3). pap. 12.16 *(978-1-5026-3011-7(7),* b9770cd8-b365-4679-8b1c-3a35777c9f80) Cavendish Square Publishing LLC.

Australia. Mary Lindeen. 2018. (Continents of the World Ser.). (ENG.). 24p. (J). (gr. -1-2). lib. bdg. 32.79 *(978-1-5038-2496-6(9),* 212320) Child's World, Inc, The.

Australia. Emily Rose Oachs. 2016. (Discover the Continents Ser.). (ENG., Illus.). 24p. (J). (gr. k-3). pap. 7.99 *(978-1-61891-257-2(7),* 12041); lib. bdg. 26.95 *(978-1-62617-326-2(5))* Bellwether Media. (Blastoff! Readers).

Australia. Alexis Roumanis. 2018. (Continents Ser.). (ENG.). 24p. (J). lib. bdg. 22.99 *(978-1-5105-3897-9(6))* SmartBook Media, Inc.

Australia, 1 vol. Shalini Vallepur. 2020. (Welcome to My World Ser.). (ENG., Illus.). 32p. (J). (gr. 2-4). 21.99 *(978-1-78637-785-2(3))* BookLife Publishing Ltd. GBR. Dist: Independent Pubs. Group.

Australia. R. L. Van. 2022. (Countries (BBB) Ser.). (ENG., Illus.). 32p. (J). (gr. 2-5). lib. bdg. 34.21 *(978-1-5321-9954-7(6),* 40697, Big Buddy Bks.) ABDO Publishing Co.

Australia. Claire Vanden Branden. 2019. (Continents Ser.). (ENG., Illus.). 24p. (J). (gr. 1-1). pap. 8.95 *(978-1-64185-543-3(6),* 1641855436) North Star Editions.

Australia. Heather DiLorenzo Williams & Warren Rylands. 2019. (Illus.). 24p. (J). *(978-1-4896-8333-5(X),* AV2 by Weigl) Weigl Pubs., Inc.

Australia. Xavier W. Niz. rev. ed. 2016. (Seven Continents Ser.). (ENG.). 24p. (J). (gr. 2-4). pap. 7.45 *(978-1-5157-5852-5(4),* 134817, Capstone Pr.) Capstone.

Australia: A 4D Book. Christine Juarez. 2018. (Investigating Continents Ser.). (ENG., Illus.). 24p. (J). (gr. 1-3). lib. bdg. 27.99 *(978-1-5435-2797-1(3),* 138239, Capstone Pr.) Capstone.

Australia: Explore the World Children's Book with Facts & Pictures. Bold Kids. 2022. (ENG.). 46p. (J). pap. 14.99 *(978-1-0717-0883-5(X))* FASTLANE LLC.

Australia & Oceania: The Smallest Continent, Unique Animal Life - Geography for Kids Children's Explore the World Books. Baby Professor. 2017. (ENG., Illus.). (J). pap. 8.79 *(978-1-5419-3830-4(5),* Baby Professor (Education Kids)) Speedy Publishing LLC.

Australia & Oceania (a True Book: the Seven Continents) (Library Edition) Barbara A. Somervill. 2019. (True Book (Relaunch) Ser.). (ENG., Illus.). 48p. (J). (gr. 3-5). lib. bdg. 31.00 *(978-0-531-12807-7(5),* Children's Pr.) Scholastic Library Publishing.

Australia Birds: A Folding Pocket Guide to Familiar Species. James Kavanagh & Waterford Press Staff. Illus. by Raymond Leung. 2016. (Wildlife & Nature Identification Ser.). 12p. 7.95 *(978-1-58355-036-6(4))* Waterford Pr., Inc.

Australia for Kids: People, Places & Cultures - Children Explore the World Books. Baby Professor. 2016. (ENG., Illus.). 42p. (J). pap. 11.65 *(978-1-68305-607-2(8),* Baby Professor (Education Kids)) Speedy Publishing LLC.

Australia Jumbo Colouring Book. The The Wiggles. 2023. (Wiggles Ser.). (ENG.). 48p. (J). (gr. -1-4). pap. 6.99 ***(978-1-922677-68-6(X))*** Bonnier Publishing GBR. Dist: Independent Pubs. Group.

Australia: on the Beach. Illus. by Kasey Rainbow. 2022. (ENG.). 14p. (J). (— 1). bds. 14.99 ***(978-1-922857-16-3(5))*** Bonnier Publishing GBR. Dist: Independent Pubs. Group.

Australia Revenged (Classic Reprint) Boomerang Boomerang. 2017. (ENG., Illus.). (J). 32.37 *(978-1-5280-6247-3(7))* Forgotten Bks.

Australia Survival Guide. George Ivanoff. 2020. 176p. (J). (gr. 2-4). 24.99 *(978-0-14-379657-2(7),* Puffin) Penguin Random Hse. AUS. Dist: Independent Pubs. Group.

Australia to Z. Armin Greder. 2016. (ENG.). 32p. (J). (gr. 7-11). 22.99 *(978-1-76011-318-6(2))* Allen & Unwin AUS. Dist: Independent Pubs. Group.

Australia: under the Sea. Kasey Rainbow. 2022. (ENG.). 14p. (J). (gr. -1-k). bds. 14.99 ***(978-1-922857-19-4(X))*** Bonnier Publishing GBR. Dist: Independent Pubs. Group.

Australian Aboriginals. Fatima Al Zarouni. 2016. (ENG., Illus.). 38p. (J). pap. *(978-1-365-37615-3(X))* Lulu Pr., Inc.

Australian Animal Atlas. Leonard Cronin. Illus. by Marion Westmacott. 2018. (ENG.). 48p. (J). (gr. 1-7). 22.99 *(978-1-76029-414-4(4))* Allen & Unwin AUS. Dist: Independent Pubs. Group.

Australian Animal Walkabout. Karen Weaver. 2017. (ENG., Illus.). (J). pap. *(978-0-6481284-3-4(1))* Karen Mc Dermott.

Australian Animal Walkabout. Karen Weaver. Illus. by Jeanette Lees. 2017. (ENG.). (J). *(978-0-6480432-2-5(3))* Karen Mc Dermott.

Australian Animals. Armadillo Publishing. 2018. (Illus.). 24p. (J). (gr. -1-12). bds. 6.99 *(978-1-86147-703-3(1),* Armadillo) Anness Publishing GBR. Dist: National Bk. Network.

Australian Animals. J. Owen. Illus. by Meg Turner. 2022. (ENG.). 26p. (J). pap. *(978-1-922795-69-4(0))* Library For All Limited.

Australian Animals. Sara Louise Kras. rev. ed. 2018. (Australian Animals Ser.). (ENG.). 24p. (J). (gr. -1-2). 117.28 *(978-1-9771-0016-0(3),* 28222, Capstone Pr.) Capstone.

Australian Animals: Colour & Learn. New Holland Publishers. 2022. (Colour & Learn Ser.). (ENG.). 24p. (J). (gr. 2-4). pap. 10.99 *(978-1-76079-432-3(5))* New Holland Pubs. Pty. Ltd. AUS. Dist: Independent Pubs. Group.

Australian Animals (Set), 6 vols. 2019. (Australian Animals (AK) Ser.). (ENG.). 24p. (J). (gr. -1-2). lib. bdg. 196.74 *(978-1-5321-8541-0(3),* 31420, Abdo Kids) ABDO Publishing Co.

Australian Baby Animals. Frané Lessac. Illus. by Frané Lessac. 2021. (ENG., Illus.). 32p. (J). (— 1). 16.99 *(978-1-5362-1527-4(9))* Candlewick Pr.

Australian Birds. Matt Chun. 2020. (ENG., Illus.). 36p. (J). (gr. -1-1). 22.95 *(978-1-76050-200-3(6))* Little Hare Bks. AUS. Dist: Independent Pubs. Group.

Australian Birds: An Introduction to Familiar Species. James Kavanagh & Waterford Press Staff. Illus. by Raymond Leung. 2016. (Wildlife & Nature Identification Ser.). (ENG.). 12p. 7.95 *(978-1-58355-037-3(2))* Waterford Pr., Inc.

Australian Birds Colour & Learn. New Holland Publishers. 2022. (Colour & Learn Ser.). (ENG.). 24p. (J). (gr. 2-4). pap. 10.99 *(978-1-76079-426-2(0))* New Holland Pubs. Pty. Ltd. AUS. Dist: Independent Pubs. Group.

Australian Butterflies Color & Learn. New Holland Publishers. 2023. (Colour & Learn Ser.). (ENG.). 24p. (J). (gr. 2-4). pap. 10.99 ***(978-1-76079-465-1(1))*** New Holland Pubs. Pty. Ltd. AUS. Dist: Independent Pubs. Group.

Australian Capers: Or Christopher Cockle's Colonial Experience (Classic Reprint) Old Boomerang. 2018. (ENG., Illus.). 468p. (J). 33.55 *(978-0-267-45313-9(2))* Forgotten Bks.

Australian Cattle Dogs, 1 vol. Paige V. Polinsky. 2016. (Dogs Ser.). (ENG., Illus.). 24p. (J). (gr. 3-6). 31.36 *(978-1-68078-174-8(X),* 21897, Checkerboard Library) ABDO Publishing Co.

Australian Cattle Dogs. Lindsay Shaffer. 2019. (Awesome Dogs Ser.). (ENG., Illus.). 24p. (J). (gr. k-3). lib. bdg. 26.95 *(978-1-62617-905-9(0),* Blastoff! Readers) Bellwether Media.

Australian Fairy Tales (Classic Reprint) Atha Westbury. 2018. (ENG., Illus.). (J). 31.51 *(978-0-260-09615-9(6))* Forgotten Bks.

Australian Gossip & Story (Classic Reprint) R. McMillan. 2018. (ENG., Illus.). 182p. (J). 27.67 *(978-0-332-34296-2(4))* Forgotten Bks.

Australian Heroine (Classic Reprint) Campbell Praed. 2018. (ENG., Illus.). 268p. (J). 29.44 *(978-0-332-97531-3(2))* Forgotten Bks.

Australian Heroine, Vol. 2 of 3 (Classic Reprint) R. Murray Prior. 2018. (ENG., Illus.). 282p. (J). 29.71 *(978-0-267-18789-8(0))* Forgotten Bks.

Australian Legendary Tales: Folklore of the Noongahburrahs As Told to the Picaninnies (Classic Reprint) K. Langloh Parker. 2017. (ENG., Illus.). (J). 27.28 *(978-0-331-61297-4(6))* Forgotten Bks.

Australian Legendary Tales Folklore of the Noongahburrahs As Told to the Piccaninnies. K. Langloh Parker. 2018. (ENG., Illus.). 108p. (YA). (gr. 7-12). pap. *(978-93-5297-020-9(9))* Alpha Editions.

Australian Life: Black & White (Classic Reprint) Campbell Praed. 2018. (ENG., Illus.). 316p. (J). 30.41 *(978-0-267-46802-7(4))* Forgotten Bks.

Australian Life (Classic Reprint) Francis Adams. 2019. (ENG., Illus.). 254p. (J). 29.14 *(978-0-365-24637-4(9))* Forgotten Bks.

Australian Mammals. Matt Chun. 2021. (ENG., Illus.). 36p. (J). (gr. -1-k). 19.99 *(978-1-76050-675-9(3))* Little Hare Bks. AUS. Dist: Independent Pubs. Group.

Australian Reptiles-Color & Learn: Colour & Learn. New Holland Publishers. 2023. (Colour & Learn Ser.). (ENG.). 24p. (J). (gr. 2-4). pap. 10.99 ***(978-1-76079-464-4(3))*** New Holland Pubs. Pty. Ltd. AUS. Dist: Independent Pubs. Group.

Australian Rip Van Winkle: And Other Pieces; Being a Sketch-Book after the Style of Washington Irving (Classic Reprint) William Hay. 2018. (ENG., Illus.). 206p. (J). 28.17 *(978-0-484-34231-5(2))* Forgotten Bks.

Australian Rip Van Winkle, & Other Pieces; Being a Sketch-Book after the Style of Washington Irving. William Hay. 2017. (ENG., Illus.). (J). pap. *(978-0-649-11192-3(3))* Trieste Publishing Pty Ltd.

Australian Sea Life. Matt Chun. 2020. (ENG.). 36p. (J). (gr. -1-k). 22.99 *(978-1-76050-469-4(6))* Little Hare Bks. AUS. Dist: Independent Pubs. Group.

Australian Shepherds. Domini Brown. 2016. (Awesome Dogs Ser.). (ENG., Illus.). 24p. (J). (gr. k-3). 26.95 *(978-1-62617-391-0(5),* Blastoff! Readers) Bellwether Media.

Australian Shepherds. Grace Hansen. 2021. (Dogs (Abdo Kids Jumbo) Ser.). (ENG., Illus.). 24p. (J). (gr. -1-2). lib. bdg. 32.79 *(978-1-0982-0599-7(5),* 37845, Abdo Kids) ABDO Publishing Co.

Australian Shooting Sketches: And Other Stories (Classic Reprint) E. A. Henty. 2018. (ENG., Illus.). 324p. (J). 30.58 *(978-0-483-47782-7(6))* Forgotten Bks.

Australian Stories Retold & Sketches of Country Life. William Henry Suttor. 2017. (ENG.). 194p. (J). pap. *(978-3-7447-5081-3(7))* Creation Pubs.

Australian Stories Retold & Sketches of Country Life (Classic Reprint) William Henry Suttor. (ENG., Illus.). (J). 2018. 196p. 27.94 *(978-0-267-30633-6(4));* 2016. pap. 10.57 *(978-1-333-22476-9(1))* Forgotten Bks.

Australian Tales: By the Late Marcus Clarke, with a Biography (Classic Reprint) Hamilton MacKinnon. 2017. (ENG., Illus.). (J). 27.24 *(978-0-260-61269-4(3))* Forgotten Bks.

Australian Tales, & Sketches from Real Life (Classic Reprint) Old Boomerang. 2018. (ENG., Illus.). 478p. (J). 33.78 *(978-0-484-00900-3(1))* Forgotten Bks.

Australian Turtles: Their Care in Captivity. C. Egan. 6th ed. 2016. (ENG., Illus.). 64p. (J). *(978-0-6452129-1-4(1))* Quillpen Pty. Ltd.

Australian Wanderers, or the Adventures of Captain Spencer, His Horse & Do (Classic Reprint) R. Lee. (ENG., Illus.). (J). 2018. 494p. 34.11 *(978-0-666-94400-9(8));* 2016. pap. 16.97 *(978-1-333-77651-0(9))* Forgotten Bks.

Australian Wildlife: Create Your World. New Holland Publishers. 2023. (Create Your World Ser.). (ENG.). 104p. (J). (gr. k-2). pap. 12.99 ***(978-1-76079-429-3(5))*** New Holland Pubs. Pty. Ltd. AUS. Dist: Independent Pubs. Group.

Australian Wooing (Classic Reprint) Sophie Osmond. 2018. (ENG., Illus.). 390p. (J). 31.94 *(978-0-483-36211-6(5))* Forgotten Bks.

Australiana: Or, My Early Life (Classic Reprint) Richmond Henty. 2017. (ENG., Illus.). (J). 29.32 *(978-0-260-01866-3(X))* Forgotten Bks.

Australia's Endangered Animals. Luisa Adam. Illus. by Natalie Parker. 2021. (ENG.). 32p. (J). (gr. 2-4). 19.99 *(978-0-6486918-8-4(8),* Brolly Bks.) Borghesi & Adam Pubs. Pty Ltd AUS. Dist: Independent Pubs. Group.

Australia's Great Barrier Reef Coloring Book. Bobo's Children Activity Books. 2016. (ENG., Illus.). (J). pap. 9.33 *(978-1-68327-515-2(2))* Sunshine In My Soul Publishing.

Australia's Pink Lakes. Patricia Hutchison. 2020. (Nature's Mysteries Ser.). (ENG., Illus.). 32p. (J). (gr. 2-5). lib. bdg. 32.79 *(978-1-5321-6916-8(7),* 36453, DiscoverRoo) Pop!.

Austria. Rachel Anne Cantor. 2017. (Countries We Come From Ser.). (ENG., Illus.). 32p. (J). (gr. k-3). lib. bdg. 19.95 *(978-1-68402-250-2(9))* Bearport Publishing Co., Inc.

Austria, 1 vol. Sean Sheehan & Debbie Nevins. 3rd rev. ed. 2016. (Cultures of the World (Third Edition)(r) Ser.). (ENG., Illus.). 144p. (gr. 5-5). 48.79 *(978-1-5026-1841-2(9),* 35296405-8d37-429c-be7f-f49dc703c563) Cavendish Square Publishing LLC.

Austria, Vol. 16. Dominic J. Ainsley. 2018. (European Countries Today Ser.). (Illus.). 96p. (J). (gr. 7). 34.60 *(978-1-4222-3978-0(0))* Mason Crest.

Austria a European Country Children's People & Places Book. Bold Kids. 2022. (ENG.). 42p. (J). pap. 14.99 ***(978-1-0717-1909-1(2))*** FASTLANE LLC.

Austrian Army in Lego(r) Woody64 Minifigcustomsin3d. 2017. (ENG., Illus.). (J). *(978-3-7345-8755-9(7));* pap. *(978-3-7345-8754-2(9))* tredition Verlag.

Auszuge Aus Den Franzosischen Classikern, Vol. 1: Zur Allgemeinen Schulencyclopadie Gehorig; la Fontaine und Boileau (Classic Reprint) Ernst Christian Trapp. 2016. (FRE., Illus.). (J). pap. 16.57 *(978-1-333-19983-8(X))* Forgotten Bks.

Auszüge Aus Den Französischen Classikern, Vol. 1: Zur Allgemeinen Schulencyclopädie Gehörig; la Fontaine und Boileau (Classic Reprint) Ernst Christian Trapp. 2018. (FRE., Illus.). 402p. (J). 32.21 *(978-0-666-49036-0(8))* Forgotten Bks.

Aut Caesar Aut Nihil, Vol. 1 of 3 (Classic Reprint) M. Von Bothmer. 2018. (ENG., Illus.). 316p. (J). 30.43 *(978-0-267-24035-7(X))* Forgotten Bks.

Aut Diabolus Aut Nihil: And Other Tales (Classic Reprint) X. L. 2018. (ENG., Illus.). 352p. (J). 31.16 *(978-0-365-40522-1(1))* Forgotten Bks.

Auteurs Grecs: Expliqués d'Après une Méthode Novelle (Classic Reprint) Esope Esope. 2018. (FRE., Illus.). 88p. (J). 25.71 *(978-0-666-10082-5(9))* Forgotten Bks.

Auteurs Latins Expliques d'Apres une Methode Nouvelle Par Deux Traductions Francaises: L'une Litterale et Juxtalineaire Presentant le Mot a Mot Francais en Regard des Mots Latins Correspondants, l'Autre Correcte et Precedee du Texte Latin; Societe De Professeurs Et Latinistes. (FRE., Illus.). (J). 2018. 248p. 29.01 *(978-0-428-36563-9(9));* 2017. pap. 11.57 *(978-0-259-01877-3(5))* Forgotten Bks.

Authentic Account of the Chinese Commission, Which Was Sent to Report on the Great Exhibition: Wherein the Opinion of China Is Shown As Not Corresponding at All with Our Own (Classic Reprint) Sutherland Edwards. (ENG., Illus.). (J). 2018. 52p. 24.97 *(978-0-365-03827-6(X));* 2017. pap. 9.57 *(978-0-259-79629-9(8))* Forgotten Bks.

Authentic Anecdotes, of Henrietta Keneritz, Alias, Baroness de Menckwitz: Otherwise Miss. Price Lady Douglas Mrs. Douglas Mrs. Wray Mrs. Hughes, &C. &C. &C (Classic Reprint) Henrietta Keneritz. (ENG., Illus.). (J). 2018. 94p. 25.84 *(978-0-267-41071-2(9));* 2016. pap. 9.57 *(978-1-334-25815-2(5))* Forgotten Bks.

Authentic, Candid, & Circumstantial Narrative of the Astonishing Transactions at Stockwell (Classic Reprint) Mary Golding. (ENG., Illus.). (J). 2018. 26p. 24.45 *(978-0-365-24869-9(X));* 2017. pap. 7.97 *(978-0-282-62317-3(5))* Forgotten Bks.

Authentic Love - Bible Study for Girls: Christ, Culture, & the Pursuit of Purity. Amy-Jo Girardier. 2017. (ENG.). (YA). (gr. 7-12). pap. 12.99 *(978-1-4300-6461-9(7))* Lifeway Christian Resources.

Authentic Medieval Festival Clothing Coloring Book. Bobo's Adult Activity Books. 2016. (ENG., Illus.). (J). pap. 9.33 *(978-1-68327-620-3(5))* Sunshine In My Soul Publishing.

Authentic Memoirs of the Little Man & the Little Maid: With Some Interesting Particulars of Their Lives; Illustrated with Engravings (Classic Reprint) Unknown Author. 2018. (ENG., Illus.). 34p. (J). 24.60 *(978-0-656-17235-1(5))* Forgotten Bks.

Authentic Memoirs of the Little Man & the Little Maid: With Some Interesting Particulars of Their Lives; Never Before Published (Classic Reprint) Unknown Author. 2018. (ENG., Illus.). 48p. (J). 24.89 *(978-0-656-53614-6(4))* Forgotten Bks.

A

Authentic Native American Dream Catchers Coloring Book. Activibooks. 2016. (ENG., Illus.). (J). pap. 9.20 (978-1-68321-672-8(5)) Mimaxion.

Authentic Self-Love: A Path to Healing the Self & Relationships. Sepideh Irvani. 2017. (ENG.). 212p. (YA). pap. 19.95 (978-1-62023-489-1(0), ead02888-7d35-4469-aad5-31c57b82b920) Atlantic Publishing Group, Inc.

Authentics. Abdi Nazemian. (ENG.). (YA). (gr. 8). 2021. 304p. pap. 10.99 (978-0-06-248667-7(5)); 2017. 288p. 17.99 (978-0-06-248646-2(2)) HarperCollins Pubs. (Balzer & Bray).

Authentir, Vol. 41: June, 1923 (Classic Reprint) Stoneham High School. (ENG., Illus.). (J). 2018. 38p. 24.70 (978-0-364-74605-9(X)); 2017. pap. 7.97 (978-0-259-85467-8(0)) Forgotten Bks.

Author in Wonderland (Classic Reprint) Keble Howard. (ENG., Illus.). (J). 2018. 266p. 29.40 (978-0-483-40562-2(0)); 2016. pap. 11.97 (978-1-333-63020-1(4)) Forgotten Bks.

Author Journal: Author Companion. Demetra Gerontakis. 2021. (ENG.). 100p. (YA). pap. 15.00 (978-1-291-27335-9(2)) Lulu Pr., Inc.

Author, Ms. Pumpkin's Wildest Imagination Comes True. Kae McCreary-Lee. 2017. (ENG., Illus.). (J). pap. 16.95 (978-1-5127-8305-6(6), WestBow Pr.) Author Solutions, LLC.

Author of Beltraffio. Henry James. 2020. (ENG.). 86p. (J). 34.99 (978-1-6627-1893-9(4)); pap. 23.99 (978-1-6627-1892-2(6)) Queenior LLC.

Author of Beltraffio: Pandora, Georgina's Reasons, the Path of Duty, Four Meetings (Classic Reprint) Henry James. 2017. (ENG., Illus.). (J). 31.53 (978-0-266-20491-6(0)) Forgotten Bks.

Author of Beltraffio, the Middle Years Greille Fane: And Other Tales (Classic Reprint) Henry James. 2017. (ENG., Illus.). (J). 32.17 (978-0-265-17951-2(3)) Forgotten Bks.

Authoress of the Odyssey: Where & When She Wrote, Who She Was, the Use She Made of the Iliad, & How the Poem Grew under Her Hands (Classic Reprint) Samuel Butler. 2017. (ENG., Illus.). (J). 30.41 (978-0-265-81422-2(7)) Forgotten Bks.

Authorised Happiness Vol. 2. Jean Van Hamme. 2020. (Authorised Happiness Ser.: 2). (Illus.). 56p. (J). (gr. -1-12). pap. 13.95 (978-1-84918-448-9(8)) CineBook GBR. Dist: National Bk. Network.

Authority: For He Taught Them As One Having Authority, & Not As the Scribes. Re. Matthew 7:2. ray d. brown. 2018. (ENG.). 278p. (YA). pap. 17.99 (978-1-4624-1232-7(7), Inspiring Voices) Author Solutions, LLC.

Authority: The Function of Authority in Life & Its Relation to Legalism in Ethics & Religion. A. V. C. P. Huizinga. 2017. (ENG., Illus.). (J). pap. (978-0-649-06891-3(2)) Trieste Publishing Pty Ltd.

Author's Apprentice: A Narrative Writing Toolkit. Julieann Wallace. 2018. (ENG., Illus.). 32p. (J). pap. (978-0-6484244-0-6(5)) Lilly Pilly Publishing.

Author's Apprentice: A Narrative Writing Toolkit for Teachers: Teacher Guide & Worksheets for Students Aged 7-9 Years. Julieann Wallace. 2019. (ENG., Illus.). 64p. (J). pap. (978-0-6484244-6-8(4)) Lilly Pilly Publishing.

Author's Apprentice: A Narrative Writing Toolkit for Writers: 7-9 Years. Julieann Wallace. 2019. (ENG., Illus.). 34p. (J). pap. (978-0-6484244-7-5(2)) Lilly Pilly Publishing.

Author's Apprentice: A Narrative Writing Toolkit: Teacher Guide & Worksheets. Julieann Wallace. 2018. (ENG., Illus.). 60p. (J). pap. (978-0-6484244-1-3(3)) Lilly Pilly Publishing.

Author's Choice: 40 Stories (Classic Reprint) MacKinlay Kantor. (ENG., Illus.). (J). 2018. 534p. 34.93 (978-0-484-71089-3(3)); 2017. pap. 19.57 (978-0-243-31267-2(9)) Forgotten Bks.

Authors Digest: The World's Great Stories in Brief, Prepared by a Staff of Literary Experts, with the Assistance of Many Living Novelists (Classic Reprint) Rossiter Johnson. (ENG., Illus.). (J). 2017. 34.58 (978-0-265-41725-6(2)); 2017. 33.16 (978-1-5284-5392-9(1)); 2016. pap. 16.97 (978-1-333-64827-5(8)) Forgotten Bks.

Authors Digest, Vol. 1: The World's Great Stories in Brief, Prepared by a Staff of Literary Experts, with the Assistance of Many Living Novelists (Classic Reprint) Rossiter Johnson. (ENG., Illus.). (J). 2017. 482p. 33.84 (978-0-332-87150-9(9)); 2016. pap. 16.57 (978-1-333-42300-1(4)) Forgotten Bks.

Authors Digest, Vol. 11 (Classic Reprint) Rossiter Johnson. 2018. (ENG., Illus.). 448p. (J). 33.16 (978-0-483-38234-3(5)) Forgotten Bks.

Authors Digest, Vol. 12: The World's Great Stories in Brief; Fanny Lewald to Louisa Muhlbach (Classic Reprint) Rossiter Johnson. 2018. (ENG., Illus.). 460p. (J). 33.45 (978-0-428-87032-4(5)) Forgotten Bks.

Authors Digest, Vol. 13: The World's Great Stories in Brief (Classic Reprint) Rossiter Johnson. (ENG., Illus.). (J). 2018. 486p. 33.94 (978-0-483-57084-9(2)); 2016. pap. 16.57 (978-1-333-78251-1(9)) Forgotten Bks.

Authors Digest, Vol. 14: Christian Reid to Walter Scott (Classic Reprint) Rossiter Johnson. 2018. (ENG., Illus.). 464p. (J). 33.47 (978-0-483-45461-3(3)) Forgotten Bks.

Author's Digest, Vol. 16: The World's Great Stories in Brief (Classic Reprint) Rossiter Johnson. (ENG., Illus.). (J). 2018. 534p. 34.93 (978-0-483-57218-8(7)); 2016. pap. 19.57 (978-1-334-54526-9(X)) Forgotten Bks.

Author's Digest, Vol. 17: The World's Great Stories in Brief (Classic Reprint) Rossiter Johnson. (ENG., Illus.). (J). 2018. 448p. 33.16 (978-0-483-21551-1(1)); 2016. pap. 16.57 (978-1-333-14905-5(0)) Forgotten Bks.

Authors Digest, Vol. 4: Edward Bulwer-Lytton to Jules Claretie (Classic Reprint) Rossiter Johnson. 2017. (ENG., Illus.). (J). 33.38 (978-0-266-38294-2(0)) Forgotten Bks.

Authors Digest, Vol. 7: The World's Great Stories in Brief; Charles Dickens to Alexander Dumas (Pere) (Classic Reprint) Rossiter Johnson. 2018. (ENG., Illus.). 460p. (J). 33.38 (978-0-483-70648-4(5)) Forgotten Bks.

Authors Digest, Vol. 8: The World's Great Stories in Brief; Alexandre Dumas (Pere) to Jessie Fothergill (Classic Reprint) Rossiter Johnson. 2018. (ENG., Illus.). 456p. (J). 33.32 (978-0-483-87490-9(6)) Forgotten Bks.

Authors Digest, Vol. 9: De la Motte Fouque to Arthur Sherburne Hardy (Classic Reprint) Rossiter Johnson. (ENG., Illus.). (J). 2018. 444p. 33.07 (978-0-483-57838-8(X)); 2016. pap. 16.57 (978-1-334-13117-2(1)) Forgotten Bks.

Author's Odyssey. Chris Colfer. 2016. (Land of Stories Ser.: 5). (ENG.). 496p. (J). (gr. 3-7). pap. 11.99 (978-0-316-27214-8(0)) Little, Brown Bks. for Young Readers.

Authors' Readings: Compiled & Illustrated Throughout with Pen & Ink Drawings (Classic Reprint) James Whitcomb Riley. 2018. (ENG., Illus.). 232p. (J). 28.70 (978-0-267-25798-0(8)) Forgotten Bks.

Authorship: A Tale (Classic Reprint) John Neal. (ENG., Illus.). (J). 2018. 274p. 29.57 (978-0-364-39765-7(9)); 2017. pap. 11.97 (978-0-259-40807-9(7)) Forgotten Bks.

Autism, 1 vol. Richard Spilsbury. 2018. (Genetic Diseases & Gene Therapies Ser.). (ENG., Illus.). 48p. (J). (gr. 5-5). 33.47 (978-1-5081-8265-8(5), fcb17b0b-eef9-4ced-8525-c2c99c198b8d, Rosen Central) Rosen Publishing Group, Inc., The.

Autism: Understand Your Mind & Body (Engaging Readers, Level 3) Aj Knight. Ed. by Sarah Harvey & Alexis Roumanis. I.t. ed. 2023. (Understand Your Mind & Body Ser.: Vol. 3). (ENG., Illus.). 32p. (J). **(978-1-77476-776-4(7))**; pap. **(978-1-77476-777-1(5))** AD Classic.

Autism & Other Developmental Disabilities. Rebecca Sherman. 2017. (Illus.). 128p. (J). (978-1-4222-3751-9(6)) Mason Crest.

Autism & You: Learning in Styles. Diana Friedlander & Karen Burke. 2018. (ENG., Illus.). 277p. (gr. 1-12). pap. 11.95 (978-1-941765-45-6(9), P569156) Future Horizons, Inc.

Autism Describes Me Alphabet. Ezra Monte Harper. 2022. (ENG.). 66p. (J). pap. 12.99 **(978-1-0878-7655-9(9))** Indy Pub.

Autism Detective: Investigating What Autism Means to You. Elaine Brownless. ed. 2021. (Illus.). 48p. (J). 18.95 (978-1-78775-304-4(2), 722027) Kingsley, Jessica Pubs. GBR. Dist: Hachette UK Distribution.

Autism-Friendly Guide to Periods. Robyn Steward. 2019. (Illus.). 96p. 18.95 (978-1-78592-324-1(2), 696457) Kingsley, Jessica Pubs. GBR. Dist: Hachette UK Distribution.

Autism Spectrum Disorder, 1 vol. Sarah Goldy-Brown. 2017. (Diseases & Disorders Ser.). (ENG.). 104p. (gr. 7-7). lib. bdg. 41.53 (978-1-5345-6121-2(8), c44366af-d6f7-4115-bd06-8f0eea0ee182, Lucent Pr.) Greenhaven Publishing LLC.

Autistic Puppy. Darlene White Antie. 2017. (ENG., Illus.). (J). pap. 11.95 (978-1-64028-839-3(2)) Christian Faith Publishing.

Auto-Biography: A Tale of Truth-And Ruth (Classic Reprint) Edward Peple. 2018. (ENG., Illus.). 160p. (J). 27.22 (978-0-267-43908-9(3)) Forgotten Bks.

Auto-Biography of Charles Reeves: Discordian New Testament. Charles Reeves. 2023. (ENG.). 61p. (YA). pap. **(978-1-365-39739-4(4))** Lulu Pr., Inc.

Auto-Biography of Sam Simple: Giving an Account of the Administration of the Affairs of the Simple Family from the Year 1829 to 1837, by His Aunt Deborah Crabstick, Together with a History of Some New & Important Experiments in Government Never Before T. George T. Wilburn. 2018. (ENG., Illus.). 32p. (J). 24.56 (978-0-267-42607-2(0)) Forgotten Bks.

Auto e Camion e Veicoli Da Costruzione Libro Da Colorare: Per Bambini Di 6-8, 9-12 Anni. Young Dreamers Press. Illus. by Anastasiia Saikova. 2020. (Album Da Colorare per Bambini Ser.: Vol. 6). (ITA.). 64p. (J). (gr. 1-6). pap. (978-1-989790-34-2(8)) EnemyOne.

Auto Mechanics. Cecilia Minden & Mary Minden-Zins. 2022. (Community Helpers Ser.). (ENG.). 24p. (J). (gr. k-3). lib. bdg. 32.79 (978-1-5038-5825-1(1), 215691, Wonder Books(r)) Child's World, Inc, The.

Auto Racing, Vol. 13. Andrew Luke. 2016. (Inside the World of Sports Ser.: Vol. 13). (ENG., Illus.). 80p. (J). (gr. 7-12). 24.95 (978-1-4222-3456-3(8)) Mason Crest.

Auto Racing Super Stats. Jeff Savage. 2017. (Pro Sports Stats (Alternator Books (r)) Ser.). (ENG., Illus.). 32p. (J). (gr. 3-6). 29.32 (978-1-5124-3412-5(4), 06591c6c-e745-440a-9a62-7333283328cc, Lerner Pubns.) Lerner Publishing Group.

Auto Racing's G. O. A. T. Dale Earnhardt, Jimmie Johnson, & More. Joe Levit. 2019. (Sports' Greatest of All Time (Lerner (tm) Sports) Ser.). (ENG., Illus.). 32p. (J). (gr. 2-5). 30.65 (978-1-5415-5603-4(8), 0e1330c7-dfd4-4309-83b7-b766f9ce0935); pap. 9.99 (978-1-5415-7440-3(0), 2d3a5117-2933-4e12-b0a1-b97c1d416e41) Lerner Publishing Group. (Lerner Pubns.).

Auto Technician. Ellen Labrecque. 2016. (21st Century Skills Library: Cool Vocational Careers Ser.). (ENG., Illus.). 32p. (J). (gr. 4-7). 32.07 (978-1-63471-058-9(4), 208312) Cherry Lake Publishing.

Autobiographia: Or the Story of a Life (Classic Reprint) Whitman. 2017. (ENG., Illus.). (J). pap. 10.57 (978-0-243-08449-4(8)) Forgotten Bks.

Autobiographia: Or the Story of a Life (Classic Reprint) Walt. Whitman. 2017. (ENG., Illus.). 222p. (J). 28.48 (978-0-332-94063-2(2)) Forgotten Bks.

Autobiographic Reminiscences (Classic Reprint) John Simpson Kidd. 2017. (ENG., Illus.). (J). 102p. 26.00 (978-0-484-44403-3(4)); pap. 9.57 (978-0-282-22465-3(3)) Forgotten Bks.

Autobiographies of Bugs & Rodents: Feb. 1, 1927 (Classic Reprint) U. S. Dep of Agriculture Radio Service. 2017. (ENG., Illus.). (J). 24.62 (978-0-266-79221-5(9)); pap. 7.97 (978-1-5277-7128-4(8)) Forgotten Bks.

Autobiographies of Infamous Bugs & Rodents (Classic Reprint) United States Department Of Agriculture. 2017. (ENG., Illus.). (J). 24.66 (978-0-266-58092-8(0)); pap. 7.97 (978-0-282-86332-6(X)) Forgotten Bks.

Autobiography & Correspondence of Mrs. Delany, Vol. 1 of 2 (Classic Reprint) Delany. 2017. (ENG., Illus.). (J). 33.82 (978-0-266-63172-9(X)) Forgotten Bks.

Autobiography & Letters of Mrs. M. O. W. Oliphant. Margaret Oliphant & Annie Louisa Walker. 2017. (ENG.). 384p. (J). pap. (978-3-7446-8800-0(3)) Creation Pubs.

Autobiography & Letters of Mrs. M. O. W. Oliphant (Classic Reprint) Margaret Oliphant. 2018. (ENG., Illus.). 44p. (J). 24.80 (978-0-483-28994-9(9)) Forgotten Bks.

Autobiography & Letters of Mrs. M. O. W. Oliphant (Classic Reprint) Margaret O. W. Oliphant. 2016. (ENG., Illus.). (J). pap. 7.97 (978-1-333-30932-9(5)) Forgotten Bks.

Autobiography by Jesus of Nazareth. Olive G. Pettis. 2017. (ENG., Illus.). (J). pap. (978-0-649-13270-6(X)) Trieste Publishing Pty Ltd.

Autobiography by Jesus of Nazareth: Being His Historical Life Given by Himself Through the Inspiration of the Scribe (Classic Reprint) Olive G. Pettis. (ENG., Illus.). (J). 2017. 28.70 (978-0-266-57361-6(4)); 2016. pap. 11.57 (978-1-333-51269-9(4)) Forgotten Bks.

Autobiography (Classic Reprint) Elizabeth Butler. (ENG., Illus.). (J). 2018. 378p. 31.71 (978-0-484-18314-7(1)); 2016. pap. 16.57 (978-1-333-55966-3(6)) Forgotten Bks.

Autobiography of a Baby (Classic Reprint) Thomas Lindsley Bradford. (ENG., Illus.). (J). 2018. 114p. 26.27 (978-0-365-28514-4(5)); 2017. pap. 9.57 (978-0-259-20563-0(X)) Forgotten Bks.

Autobiography of a Female Slave (Classic Reprint) Martha Griffith Browne. 2017. (ENG., Illus.). (J). 32.44 (978-0-266-51992-8(X)); pap. 16.57 (978-0-243-29702-3(5)) Forgotten Bks.

Autobiography of a Happy Woman (Classic Reprint) Unknown Author. (ENG., Illus.). (J). 2017. 34.27 (978-0-265-42056-0(3)); 2016. pap. 16.57 (978-1-333-71412-3(2)) Forgotten Bks.

Autobiography of a New England Farm-House. Nathan Henry Chamberlain. 2017. (ENG.). 378p. (J). pap. (978-3-337-00974-8(3)) Creation Pubs.

Autobiography of a New England Farm-House: A Book (Classic Reprint) Nathan Henry Chamberlain. 2018. (ENG., Illus.). 370p. (J). 31.57 (978-0-484-73632-9(9)) Forgotten Bks.

Autobiography of a Newspaper Girl (Classic Reprint) Elizabeth L. Banks. 2017. (ENG., Illus.). (J). 31.65 (978-0-260-75621-3(0)) Forgotten Bks.

Autobiography of a Pocket-Handkerchief (Classic Reprint) James Fenimore Cooper. 2018. (ENG., Illus.). 264p. (J). 29.36 (978-0-483-54645-5(3)) Forgotten Bks.

Autobiography of a Professional Beauty (Classic Reprint) Elizabeth Phipps Train. (ENG., Illus.). (J). 2018. 248p. 29.01 (978-0-484-40624-6(8)); 2017. pap. 11.57 (978-0-243-40296-0(1)) Forgotten Bks.

Autobiography of a Quack: And Other Stories (Classic Reprint) S. Weir Mitchell. 2018. (ENG., Illus.). 334p. (J). 30.81 (978-0-365-41991-4(5)) Forgotten Bks.

Autobiography of a Quack: And the Case of George Dedlow (Classic Reprint) S. Weir Mitchell. 2018. (ENG., Illus.). 164p. (J). 27.30 (978-0-364-73579-4(1)) Forgotten Bks.

Autobiography of a Revolutionary Soldier (Classic Reprint) James Potter Collins. 2018. (ENG., Illus.). (J). 184p. 27.69 (978-1-396-70960-9(6)); 186p. pap. 10.57 (978-1-396-12963-6(4)) Forgotten Bks.

Autobiography of a Stage Coachman, Vol. 2 of 2 (Classic Reprint) Thomas Cross. 2016. (ENG., Illus.). (J). pap. 13.57 (978-1-334-11075-7(1)) Forgotten Bks.

Autobiography of a Stage-Coachman, Vol. 2 of 3 (Classic Reprint) Thomas Cross. (ENG., Illus.). (J). 2017. 30.62 (978-0-266-48282-6(1)); 2016. pap. 13.57 (978-1-333-17374-6(1)) Forgotten Bks.

Autobiography of a Super-Tramp (Classic Reprint) W. H. Davies. 2016. (ENG., Illus.). (J). 19.57 (978-1-334-99733-4(0)) Forgotten Bks.

Autobiography of a Tame Coyote (Classic Reprint) Madge Morris Wagner. 2018. (ENG., Illus.). 34p. (J). 24.70 (978-0-483-24016-2(8)) Forgotten Bks.

Autobiography of a Thief, & Other Histories: The Wandering Heir (Classic Reprint) Charles Reade. 2018. (ENG., Illus.). 360p. (J). 31.34 (978-0-267-19180-2(4)) Forgotten Bks.

Autobiography of a Thief (Classic Reprint) Hutchins Hapgood. 2018. (ENG., Illus.). 354p. (J). 31.20 (978-0-484-67028-9(X)) Forgotten Bks.

Autobiography of a Tomboy (Classic Reprint) Jeannette I. Gilder. 2017. (ENG., Illus.). (J). 31.40 (978-0-331-78729-0(6)) Forgotten Bks.

Autobiography of a Winnebago Indian (Classic Reprint) Sam Blowsnake. 2017. (ENG., Illus.). (J). 25.90 (978-0-266-53846-2(0)) Forgotten Bks.

Autobiography of a Winnebago Indian (Classic Reprint) Paul Radin. 2016. (ENG., Illus.). (J). pap. 9.57 (978-1-333-55157-5(6)) Forgotten Bks.

Autobiography of a Woman Alone (Classic Reprint) D. Appleton And Company. 2018. (ENG., Illus.). 398p. (J). 32.11 (978-0-483-19818-0(8)) Forgotten Bks.

Autobiography of an Elderly Woman (Classic Reprint) Mary Heaton Vorse. 2017. (ENG., Illus.). (J). 29.75 (978-0-260-21132-3(X)) Forgotten Bks.

Autobiography of an English Gamekeeper. John Wilkins et al. 2017. (ENG.). 456p. (J). pap. (978-3-337-07427-2(8)) Creation Pubs.

Autobiography of an English Gamekeeper (John Wilkins of Stanstead, Essex) (Classic Reprint) John Wilkins. 2017. (ENG., Illus.). 464p. (J). 33.49 (978-0-265-61816-5(9)) Forgotten Bks.

Autobiography of an Ex-Colored Man. James Weldon Johnson. 2017. (ENG., Illus.). (J). 22.95 (978-1-374-84016-4(5)) Capital Communications, Inc.

Autobiography of an Ex-Colored Man (100 Copy Collector's Edition) James Weldon Johnson. 2020. (ENG.). 120p. (J). (978-1-77437-264-7(9)) AD Classic.

Autobiography of an Ex-Colored Man (Classic Reprint) James Weldon Johnson. 2017. (ENG., Illus.). (J). 28.37 (978-1-5281-9046-6(7)) Forgotten Bks.

Autobiography of an Indian Princess (Classic Reprint) Sunity Devee. 2017. (ENG., Illus.). (J). 29.73 (978-0-331-43447-7(4)) Forgotten Bks.

Autobiography of an Old Sport: Being the Record of a Career Famous for Adventure & Vicissitude, & in Which the Jester Won More Tricks Than the Gamester (Classic Reprint) Harry P. Dodge. (ENG., Illus.). (J). 2018. 124p. 26.47 (978-0-483-36166-9(6)); 2017. pap. 9.57 (978-0-259-58384-4(7)) Forgotten Bks.

Autobiography of Benvenuto Cellini. Benvenuto. Cellini. 2017. (ENG., Illus.). (J). 32.95 (978-1-374-93936-3(6)); pap. 23.95 (978-1-374-93935-6(8)) Capital Communications, Inc.

Autobiography of Benvenuto Cellini: With Introduction & Note (Classic Reprint) Benvenuto. Cellini. 2017. (ENG., Illus.). (J). 32.11 (978-0-331-82317-2(9)) Forgotten Bks.

Autobiography of Buffalo Bill (Colonel W. F. Cody) (Classic Reprint) Buffalo Bill. 2018. (ENG., Illus.). 344p. (J). 30.99 (978-0-365-15206-4(4)) Forgotten Bks.

Autobiography of Catherine Joss: Born in Philadelphia, Pa., October 7, 1820; Daughter of Christian Smith, Who Moved His Family to Payne Tp., Holmes Co., O., in May, 1829, & Laid Out & Established the Village of Weinsberg (Classic Reprint) Catherine Joss. 2017. (ENG., Illus.). (J). 33.59 (978-0-265-96198-8(X)) Forgotten Bks.

Autobiography of Catherine Joss: Born in Philadelphia, Pa., October 7, 1829; Daughter of Christian Smith, Who Moved His Family to Payne Tp., Holmes Co., O., in May, 1829, & Laid Out & Established Village of Weinsberg (Classic Reprint) Catherine Joss. 2016. (ENG., Illus.). (J). pap. 16.57 (978-1-334-25170-2(3)) Forgotten Bks.

Autobiography of David Crockett (Classic Reprint) David Crockett. 2017. (ENG., Illus.). (J). 31.09 (978-0-331-30243-1(8)) Forgotten Bks.

Autobiography of David Russell, Boston Boy & True American: An Account of His Travels, Romantic Adventures, & Hair-Breadth Escapes, by Sea & Land, in Peace & War, at Home & Abroad, from the Age of Sixteen Years to Sixty-Seven (Classic Reprint) David Russell. 2017. (ENG., Illus.). (J). 31.78 (978-0-266-71524-5(9)); pap. 16.57 (978-1-5276-7045-7(7)) Forgotten Bks.

Autobiography of Flora M'Donald, Vol. 1 Of 2: Being the Home Life of a Heroine (Classic Reprint) Flora MacDonald. (ENG., Illus.). (J). 2018. 230p. 28.66 (978-0-267-74169-4(3)); 2016. pap. 11.57 (978-1-334-15926-8(2)) Forgotten Bks.

Autobiography of Flora M'Donald, Vol. 2 Of 2: Being the Home Life of a Heroine (Classic Reprint) Flora MacDonald. (ENG., Illus.). (J). 2017. 28.19 (978-0-331-52284-6(5)); 2016. pap. 10.57 (978-1-334-14430-1(3)) Forgotten Bks.

Autobiography of Frank Tarbeaux As Told to Donald Henderson Clarke (Classic Reprint) Frank Tarbeaux. 2017. (ENG., Illus.). (J). 30.19 (978-1-5284-6099-6(5)); pap. 13.57 (978-0-243-38283-5(9)) Forgotten Bks.

Autobiography of Jack Ketch (Classic Reprint) Charles Whitehead. 2017. (ENG., Illus.). (J). 30.04 (978-0-331-61719-1(6)); pap. 16.57 (978-0-243-89593-9(3)) Forgotten Bks.

Autobiography of John Macoun, Canadian Explorer & Naturalist, Assistant Director & Naturalist to the Geological Survey of Canada, 1831-1920 (Classic Reprint) John Macoun. (ENG., Illus.). (J). 2018. 332p. 30.76 (978-0-267-82423-6(8)); 2016. pap. 13.57 (978-1-333-79260-2(3)) Forgotten Bks.

Autobiography of Joseph Jefferson (Classic Reprint) Joseph Jefferson. 2018. (ENG., Illus.). 674p. (J). 37.82 (978-0-666-63398-9(3)) Forgotten Bks.

Autobiography of Ma Ka Tai Me She Kia Kiak: Or, Black Hawk. Black Hawk. 2017. (ENG., Illus.). (J). 23.95 (978-1-374-94757-3(1)); pap. 13.95 (978-1-374-94756-6(3)) Capital Communications, Inc.

Autobiography of Maria Vernon Graham Havergal 1888: With Journals & Letters (Classic Reprint) Maria V. G. Havergal. 2018. (ENG., Illus.). 344p. (J). 30.99 (978-0-332-84541-8(9)) Forgotten Bks.

Autobiography of Matthew Scott, Jumbo's Keeper. Matthew Scott. 2017. (ENG.). 100p. (J). pap. (978-3-337-12105-1(5)) Creation Pubs.

Autobiography of Matthew Scott, Jumbo's Keeper: Formerly of the Zoological Society's Gardens, London, & Receiver of Sir Edwin Landseer Medal in 1866; Also Jumbo's Biography, by the Same Author (Classic Reprint) Matthew Scott. 2017. (ENG., Illus.). (J). 104p. 26.04 (978-0-484-02117-3(6)); pap. 9.57 (978-0-259-51209-7(5)) Forgotten Bks.

Autobiography of Methuselah (Classic Reprint) John Kendrick Bangs. (ENG., Illus.). (J). 2018. 222p. 28.50 (978-0-483-51925-1(1)); 2016. pap. 10.97 (978-1-333-42368-1(3)) Forgotten Bks.

Autobiography of Munshi Abdullah (Classic Reprint) Munshi Abdullah. 2017. (ENG., Illus.). (J). 27.20 (978-0-266-52714-5(0)); pap. 9.57 (978-0-282-66353-7(3)) Forgotten Bks.

Autobiography of Petite Bunkum, the Showman: Showing His Birth, Education, & Bringing up; His Astonishing Adventures by Sea & Land; His Connection with Tom Thumb, Judy Heath, the Woolly Horse, the Fudge Mermaid, & the Swedish Nightingale. Petite Bunkum. (ENG., Illus.). (J). 2018. 74p. 25.42 (978-0-666-97220-0(6)); 2016. pap. 9.57 (978-1-334-11629-2(6)) Forgotten Bks.

Autobiography of Roosevelt's Adversary (Classic Reprint) James Fullerton. 2017. (ENG., Illus.). (J). 27.75 (978-0-331-16245-5(8)) Forgotten Bks.

Autobiography of Thomas Platter, a Schoolmaster of the Sixteenth Century (Classic Reprint) Thomas Platter. 2017. (ENG., Illus.). (J). 124p. 26.45 (978-0-331-15404-7(8)); 126p. pap. 9.57 (978-0-260-12214-8(9)) Forgotten Bks.

Autobiography of Thomas Wright: Of Birkenshaw, in the County of York, 1736-1797 (Classic Reprint) Thomas Wright. 2018. (ENG., Illus.). 442p. (J). 33.03 (978-0-484-69263-2(1)) Forgotten Bks.

Autobiography. Sketch of Life & Labors of Miss Catherine S. Lawrence. Catherine S. Lawrence. 2017. (ENG.). 252p. (J). pap. (978-3-337-12550-9(6)) Creation Pubs.

Autobiography Sketch of Life & Labors of Miss. Catherine S. Lawrence (Classic Reprint) Catherine S. Lawrence. 2018. (ENG., Illus.). 252p. (J). 29.09 (978-0-364-84460-1(4)) Forgotten Bks.

Autobiography. Sketch of Life & Labors of Miss Catherine S. Lawrence, Who in Early Life Distinguished Herself As a Bitter Opponent of Slavery & Intemperance. Catherine S. Lawrence. 2017. (ENG., Illus.). (J). pap. *(978-0-649-05038-3(X))* Trieste Publishing Pty Ltd.

Autobiography, Vol. 27 Of 255: A Collection of the Most Instructive & Amusing Lives Ever Published, Written by the Parties Themselves, with Brief Introductions, & Compendious Sequels, Carrying on the Narrative to the Death of Each Writer. Unknown Author. 2018. (ENG., Illus.). 266p. (J). 29.40 *(978-0-267-19428-5(5))* Forgotten Bks.

Autobiography, Vol. 28: A Collection of the Most Instructive & Amusing Lives Ever Published, Written by the Parties Themselves; with Brief Introductions, & Compendious Sequels, Carrying on the Narrative to the Death of Each Writer; Vidocq. Unknown Author. 2018. (ENG., Illus.). 294p. (J). 29.96 *(978-0-483-81489-9(X))* Forgotten Bks.

Autobiography, Vol. 5: A Collection of the Most Instructive & Amusing Lives Ever Published (Classic Reprint) Robert Drury. 2018. (ENG., Illus.). 334p. (J). 30.79 *(978-0-364-50602-8(4))* Forgotten Bks.

Autoboyography. Christina Lauren. 2017. (ENG., Illus.). 416p. (YA). (gr. 9). 19.99 *(978-1-4814-8168-7(1)*, Simon & Schuster Bks. For Young Readers) Simon & Schuster Bks. For Young Readers.

Autobús Caído Del Cielo. Bob Graham. 2016. (SPA.). 40p. (J). (gr. k-2). 20.99 *(978-84-939877-2-5(7))* Editorial Flamboyant ESP. Dist: Lectorum Pubns., Inc.

Autobús de la Energía para Niños: Una Historia Sobre Ser Positivos y Superar Desafíos. Jon Gordon. Illus. by Korey Scott. 2022. (Jon Gordon Ser.). (SPA.). 48p. (J). (gr. k-4). 20.00 *(978-1-119-90914-9(7))* Wiley, John & Sons, Inc.

autobus infernalThe Ride Home. Gail Anderson-Dargatz. Tr. by Rachel Martinez from ENG. 2023. (Orca Currents en Français Ser.). Orig. Title: The Ride Home. (FRE.). 128p. (J). (gr. 4-7). pap. 10.95 *(978-1-4598-3575-7(1))* Orca Bk. Pubs. USA.

Autobuses: Descomponer Numeros Del 11 Al 19. Logan Avery. rev. ed. 2019. (Mathematics in the Real World Ser.). (SPA., Illus.). 20p. (J). (gr. k-1). 8.99 *(978-1-4258-2833-2(7))* Teacher Created Materials, Inc.

Autocontrol (Self-Control) Julie Murray. 2020. (Nuestra Personalidad (Character Education) Ser.). (SPA.). 24p. (J). (gr. -1-2). lib. bdg. 31.36 *(978-1-0982-0408-2(5)*, 35306, Abdo Kids) ABDO Publishing Co.

Autocrat of the Breakfast Table: Every Man His Own Boswell (Classic Reprint) Oliver Wendell Holmes, Sr. 2018. (ENG., Illus.). 346p. (J). 31.05 *(978-0-364-46333-8(3))* Forgotten Bks.

Autocrat of the Breakfast-Table: Every Man His Own Boswell (Classic Reprint) Oliver Wendell Holmes, Sr. 2017. (ENG., Illus.). (J). 30.79 *(978-0-265-74904-3(2))*; pap. 13.57 *(978-1-5277-1700-8(3))* Forgotten Bks.

Autocrat of the Breakfast Table, Vol. 2 (Classic Reprint) Oliver Wendell Holmes, Sr. 2017. (ENG., Illus.). (J). 29.84 *(978-0-265-57839-1(6))* Forgotten Bks.

Autocrat of the Breakfast Table, Vol. I. Oliver Wendell Holmes, Sr. 2017. (ENG., Illus.). (J). pap. *(978-0-649-14411-2(2))* Trieste Publishing Pty Ltd.

Autocrat of the Nursery (Classic Reprint) L. T. Meade. (ENG., Illus.). (J). 2018. 190p. 27.82 *(978-0-267-31080-7(3))*; 2016. pap. 10.57 *(978-1-333-39226-0(5))* Forgotten Bks.

Autocrats: A Novel (Classic Reprint) Charles Keeler Lush. 2018. (ENG., Illus.). 354p. (J). 31.20 *(978-0-483-59659-7(0))* Forgotten Bks.

Autofocus. Lauren Gibaldi. 2016. (ENG.). 352p. (YA). (gr. 9). 17.99 *(978-0-06-230223-6(X)*, HarperTeen) HarperCollins Pubs.

Autograph Letter: A Comedy in Three Acts (Classic Reprint) Esther Brown Tiffany. 2018. (ENG., Illus.). 50p. (J). 24.93 *(978-0-364-22516-5(5))* Forgotten Bks.

Autographs & Memoirs of the Telegraph (Classic Reprint) Jeff W. Hayes. 2019. (ENG., Illus.). 240p. (J). 28.85 *(978-0-267-26721-7(5))* Forgotten Bks.

Automation Line! Industrial Robot Coloring Book. Jupiter Kids. 2018. (ENG., Illus.). 106p. (J). pap. 12.55 *(978-1-68326-625-9(0)*, Jupiter Kids (Childrens & Kids Fiction)) Speedy Publishing LLC.

Automation of Labor, 1 vol. Ed. by Rachel Bozek. 2019. (Opposing Viewpoints Ser.). (ENG.). 200p. (gr. 10-12). pap. 34.80 *(978-1-5345-0507-0(5)*, 4f2ed896-9ebc-47fd-b565-4ee5e25cbcac) Greenhaven Publishing LLC.

automne. Mari Schuh. 2019. (Spot les Saisons Ser.). (FRE.). 16p. (J). (gr. -1-2). *(978-1-77092-441-3(8)*, 14536) Amicus.

Automobile. Julie Murray. 2022. (Best Inventions Ser.). (ENG.). 24p. (J). (gr. k-4). lib. bdg. 31.36 *(978-1-0982-8016-1(4)*, 41067, Abdo Zoom-Dash) ABDO Publishing Co.

Automobile. Emily Rose Oachs. 2019. (Inventions That Changed the World Ser.). (ENG., Illus.). 32p. (J). (gr. 3-8). pap. 8.99 *(978-1-61891-509-2(6)*, 12159, Blastoff! Discovery) Bellwether Media.

Automobile Construction & Repair: A Practical Guide to the Design, Construction, & Repair of Automobile Mechanisms (Classic Reprint) Morris Albert Hall. 2017. (ENG., Illus.). (J). pap. 23.57 *(978-0-282-31791-1(0))* Forgotten Bks.

Automobile Girls at Chicago: Or, Winning Out Against Heavy Odds. Laura Dent Crane. 2019. (ENG., Illus.). 140p. (YA). (gr. 7-12). pap. *(978-93-5329-433-5(9))* Alpha Editions.

Automobile Girls in the Berkshires: The Ghost of Lost Man's Trail. Laura Dent Crane. 2018. (ENG., Illus.). 168p. (YA). (gr. 7-12). pap. *(978-93-86874-75-7(X))* Alpha Editions.

Automobile Mechanics on the Job. Laura Lane. 2020. (Exploring Trade Jobs Ser.). (ENG.). 32p. (J). (gr. 3-6). lib. bdg. 35.64 *(978-1-5038-3556-6(1)*, 213377, MOMENTUM) Child's World, Inc, The.

Automobiles: From Henry Ford to Elon Musk. Kelly Doudna. 2018. (STEM Stories Ser.). (ENG., Illus.). 32p. (J). (gr. 3-6). lib. bdg. 32.79 *(978-1-5321-1544-8(X)*, 28942, Checkerboard Library) ABDO Publishing Co.

Automobiles from Then to Now. Rachel Grack. 2019. (Sequence Developments in Technology Ser.). (ENG.). 32p. (J). (gr. 2-5). lib. bdg. *(978-1-68151-682-0(9)*, 10814) Amicus.

Autonomous Vehicles. Kate Riggs. 2020. (Odysseys in Technology Ser.). (ENG.). 80p. (J). (gr. 7-10). *(978-1-64026-235-5(0)*, 18241, Creative Education) Creative Co., The.

Autonomous Vehicles. Jim Whiting. 2020. (Odysseys Ser.). (ENG.). 80p. (J). (gr. 7-10). pap. 15.99 *(978-1-62832-798-4(7)*, 18242, Creative Paperbacks) Creative Co., The.

Autopista Sanguijuela. Juan. Villoro. 2018. (la Orilla Del Viento Ser.). (SPA.). 192p. (J). pap. 8.99 *(978-607-16-5889-0(6))* Fondo de Cultura Economica USA.

Autos de Serie. Matt Doeden. 2019. (Todo Motor Ser.). (SPA., Illus.). 32p. (J). (gr. 3-9). lib. bdg. 27.32 *(978-1-5435-8257-4(5)*, 141267) Capstone.

Autos Deportivos. Matt Doeden. 2019. (Todo Motor Ser.).Tr. of Sports Cars. (SPA., Illus.). 32p. (J). (gr. 3-9). lib. bdg. 27.32 *(978-1-5435-8258-1(3)*, 141268) Capstone.

Autos Indy. Carrie A. Braulick. Tr. by Aparicio Publishing Aparicio Publishing LLC. 2019. (Todo Motor Ser.).Tr. of Indy Cars. (SPA., Illus.). 32p. (J). (gr. 3-9). lib. bdg. 27.32 *(978-1-5435-8259-8(1)*, 141269) Capstone.

Autos Lowrider. Matt Doeden. 2019. (Todo Motor Ser.). (SPA., Illus.). 32p. (J). (gr. 3-9). lib. bdg. 27.32 *(978-1-5435-8261-1(3)*, 141271) Capstone.

Autos Todoterreno. Mandy R. Marx. Tr. by Aparicio Publishing Aparicio Publishing LLC from ENG. 2019. (Todo Motor Ser.). (SPA., Illus.). 32p. (J). (gr. 3-9). lib. bdg. 27.32 *(978-1-5435-8260-4(5)*, 141270) Capstone.

Autre Chemin Pour la Ville: The Other Way into Town. Mandie Davis. Ed. by Badger Davis. Illus. by Pete Williamson. 2017. (Pete Williamson Ser.: Vol. 2). (FRE.). 78p. (J). pap. *(978-0-9954653-7-4(1))* Davis, Mandie.

Autre Stable. Jacky Burton. 2017. (FRE., Illus.). (J). pap. 24.95 *(978-1-68290-981-2(6))* America Star Bks.

autruche. Kate Riggs. 2018. (Planète Animaux Ser.). (FRE., Illus.). 24p. (J). *(978-1-77092-394-2(2)*, 19683) Creative Co., The.

Autumn: From the Journal of Henry David Thoreau (Classic Reprint) Henry D. Thoreau. 2017. (ENG., Illus.). (J). 33.94 *(978-0-265-20143-5(8))* Forgotten Bks.

Autumn Adventures. Peter Crussell. 2019. (Tales from the Enchanted Forest Ser.: Vol. 4). (ENG.). 212p. (J). pap. *(978-1-9999096-4-2(X))* Crussell, P. C.

Autumn Adventures. Frank English. 2016. (ENG., Illus.). (J). (gr. 1-3). pap. *(978-1-912014-61-3(0))* 2QT, Ltd. (Publishing).

Autumn Awakens. M. J. Padgett. 2020. (ENG.). 318p. (YA). pap. 14.99 *(978-1-393-51355-1(7))* Draft2Digital.

Autumn Babies. Kathryn O. Galbraith. Illus. by Adela Pons. 2018. (Babies in the Park Ser.). 20p. (J). (gr. -1 — 1). bds. 6.99 *(978-1-68263-066-2(8))* Peachtree Publishing Co. Inc.

Autumn Calf. Jill Haukos. Illus. by Joyce Mihran Turley. 2016. 32p. (J). (gr. 3-7). 15.95 *(978-1-63076-237-7(7))* Taylor Trade Publishing.

Autumn (Classic Reprint) Muriel Hine. 2017. (ENG., Illus.). (J). 350p. 31.12 *(978-0-332-20427-7(8))*; pap. 13.57 *(978-0-259-22996-4(2))* Forgotten Bks.

Autumn (Classic Reprint) Robert Nathan. 2017. (ENG., Illus.). (J). 28.19 *(978-0-266-19685-3(3))* Forgotten Bks.

Autumn Coloring Book for Kids. Cristie Dozaz. 2020. (ENG.). 66p. (J). pap. 10.00 *(978-1-716-42329-1(5))* Lulu Pr., Inc.

Autumn Coloring Book for Young Adults & Teens (6x9 Coloring Book / Activity Book) Sheba Blake. 2020. (ENG.). 34p. (YA). pap. 9.99 *(978-1-222-28399-0(9))* Indy Pub.

Autumn Coloring Book for Young Adults & Teens (8. 5x8. 5 Coloring Book / Activity Book) Sheba Blake. 2020. (ENG.). 34p. (YA). pap. 12.99 *(978-1-222-28753-0(6))* Indy Pub.

Autumn Coloring Book for Young Adults & Teens (8x10 Coloring Book / Activity Book) Sheba Blake. 2020. (ENG.). 34p. (YA). pap. 14.99 *(978-1-222-28400-3(6))* Indy Pub.

Autumn Door. Celeste Inman. 2018. (ENG., Illus.). 40p. (J). pap. 16.95 *(978-1-9736-1205-6(4)*, WestBow Pr.) Author Solutions, LLC.

Autumn Drawings. Kelli Huffman. 2019. (ENG.). 60p. (YA). pap. 8.99 *(978-1-4808-7817-4(0))* Archway Publishing.

Autumn Fall. Sylva Fae. 2021. (ENG.). 46p. (J). pap. 14.99 *(978-1-989022-33-7(2))* Hatchling Pr.

Autumn Festival. Caroline Steele. 2021. (ENG.). 26p. (J). 22.95 *(978-1-63814-172-3(X))*; pap. 12.95 *(978-1-63814-164-8(9))* Covenant Bks.

Autumn Hours, & Fireside Reading (Classic Reprint) C. M. Kirkland. (ENG., Illus.). (J). 2017. 30.60 *(978-0-266-50988-2(6))*; 2016. pap. 13.57 *(978-1-334-26511-2(9))* Forgotten Bks.

Autumn Impressions of the Gironde (Classic Reprint) I. Giberne Sieveking. 2018. (ENG., Illus.). 194p. (J). 27.94 *(978-0-483-63643-9(6))* Forgotten Bks.

Autumn in Silesia, Austria-Proper, & the Ober Enns (Classic Reprint) Unknown Author. (ENG., Illus.). (J). 2018. 402p. 32.21 *(978-0-483-39883-2(7))*; 2016. pap. 16.57 *(978-1-334-12262-0(8))* Forgotten Bks.

Autumn Leaves: Original Pieces in Prose & Verse (Classic Reprint) Anne Wales Abbot. 2017. (ENG., Illus.). (J). 28.27 *(978-1-5285-6320-8(4))* Forgotten Bks.

Autumn Leaves (Classic Reprint) Mory Berman. 2018. (ENG., Illus.). 64p. (J). 25.24 *(978-0-267-15752-5(5))* Forgotten Bks.

Autumn Leaves (Classic Reprint) Christie Crust. (ENG., Illus.). (J). 2018. 184p. 27.69 *(978-0-483-62877-9(8))*; 2016. pap. 10.57 *(978-1-333-46763-0(X))* Forgotten Bks.

Autumn Leaves Fall. Amber Hendricks. Illus. by Gavin Scott. 2022. (Little Nature Explorers Ser.). 20p. (J). (gr. -1-1). bds. 9.99 *(978-1-68152-659-1(X)*, 22366) Amicus.

Autumn Lee's Fantabulous Flying Pants. Rachel a Shannon. 2020. (ENG., Illus.). 32p. (J). 16.99 *(978-1-0878-7492-0(0))* Indy Pub.

Autumn Loiterers (Classic Reprint) Charles Hanson Towne. 2018. (ENG., Illus.). 146p. (J). 26.93 *(978-0-483-84317-2(2))* Forgotten Bks.

Autumn Manoeuvres, Vol. 1 of 3 (Classic Reprint) M. Moore. (ENG., Illus.). (J). 2018. 308p. 30.27 *(978-0-483-02236-2(5))*; 2016. pap. 13.57 *(978-1-333-47367-9(2))* Forgotten Bks.

Autumn Manoeuvres, Vol. 2 of 3 (Classic Reprint) M. Moore. 2018. (ENG., Illus.). 300p. (J). 30.08 *(978-0-483-74631-2(2))* Forgotten Bks.

Autumn Manoeuvres, Vol. 3 of 3 (Classic Reprint) M. Moore. 2018. (ENG., Illus.). 302p. (J). 30.13 *(978-0-483-90349-4(3))* Forgotten Bks.

Autumn of Andie. John V. Madormo. 2020. (ENG.). 278p. (YA). pap. 16.99 *(978-1-5092-3266-6(4))* Wild Rose Pr., Inc., The.

Autumn Peltier, Water Warrior. Carole Lindstrom. Illus. by Bridget George. 2023. (ENG.). 40p. (J). 18.99 *(978-1-250-79527-4(3)*, 900239288) Roaring Brook Pr.

Autumn Season of Nature Poems for Catholic Children. Compiled by Janet P. McKenzie. 2020. (Nature Poems for Catholic Children Ser.). (ENG., Illus.). 184p. (J). pap. 19.95 *(978-1-934185-56-8(6))* Biblio Resource Pubns., Inc.

Autumn Song. Jennifer Burns. 2021. (ENG.). 30p. (J). pap. 12.95 *(978-1-954614-68-0(3))*; 18.95 *(978-1-954614-67-3(5))* Warren Publishing, Inc.

Autumn Song: A Day in the Life of a Kid. Anetta Kotowicz. Illus. by Nina Ezhik. 2019. (Day in the Life of a Kid Ser.: Vol. 1). (ENG.). 32p. (J). pap. 11.98 *(978-1-7321862-8-6(6))* ArtsKindred.

Autumn Sowing (Classic Reprint) E. F. Benson. 2017. (ENG., Illus.). (J). 31.12 *(978-0-331-88180-6(2))* Forgotten Bks.

Autumnal Leaves. Francis George Heath. 2017. (ENG.). 390p. (J). pap. *(978-3-337-36591-2(4))* Creation Pubs.

Autumnal Leaves: Tales & Sketches in Prose & Rhyme (Classic Reprint) Lydia Maria Child. (ENG., Illus.). (J). 2018. 366p. 31.47 *(978-0-484-68618-1(6))*; 2016. pap. 13.97 *(978-1-333-58647-8(7))* Forgotten Bks.

Autumn's Christmas Wish. Put Me In The Story & J. D. Green. Illus. by Julia Seal. 2018. (Christmas Wish Ser.). (ENG.). 32p. (J). (gr. k-3). 6.99 *(978-1-4926-8510-4(0))* Sourcebooks, Inc.

Autumn's Kiss. Bella Thorne. 2016. (Autumn Falls Ser.: 2). (ENG.). 256p. (YA). (gr. 7). pap. 9.99 *(978-0-385-74436-2(6)*, Ember) Random Hse. Children's Bks.

Autumn's Wish. Bella Thorne. 2017. (Autumn Falls Ser.: 3). (ENG.). 320p. (YA). (gr. 7). pap. 10.99 *(978-0-385-74438-6(2)*, Ember) Random Hse. Children's Bks.

Autumntime in the Forest. Edward Alan Kurtz. Illus. by Stock Adobe. 2018. (ENG.). 60p. (J). (gr. k-2). pap. *(978-1-910370-86-5(X))* Stergiou Ltd.

Auvergne & Its People (Classic Reprint) Frances M. Gostling. 2017. (ENG., Illus.). (J). 32.70 *(978-0-331-89553-7(6))* Forgotten Bks.

Aux Pieds des Pyrenees. Carolin Thywissen. 2017. (GER., Illus.). (J). pap. *(978-3-96051-763-4(7))* tao.de GmbH.

Aux Urgences. Christina Earley. Tr. by Annie Evearts. 2021. (Choses Qui Vont (Things That Go) Ser.). (FRE., Illus.). 16p. (J). (gr. -1-1). pap. *(978-1-0396-0702-6(0)*, 12862) Crabtree Publishing Co.

Ava: A Year of Adventure in the Life of an American Avocet. Mandy Kern. Illus. by Onalee Nicklin. 2021. (ENG.). 34p. (J). pap. 13.99 *(978-1-7362232-4-6(0))*; 22.49 *(978-1-7362232-3-9(2))* Meadowlark.

Ava: First Day of Gymnastics. Peter Marino. 2020. (ENG.). 44p. (J). pap. 18.52 *(978-1-716-38263-5(7))* Lulu Pr., Inc.

Ava & Banjo's Ultrasound Adventure! Orianne Pearlman. 2020. (ENG.). 32p. (J). pap. 9.75 ***(978-1-7334499-1-5(4))*** Southampton Publishing.

Ava & Blue: A Story of Friendship. R. J. Zielonka. Illus. by Elizabeth Jenney. 2021. (ENG.). 20p. (J). pap. 11.99 ***(978-1-0879-9206-8(0))*** Indy Pub.

Ava & Carol Detective Agency: Books 1-3 (Book Bundle 1) Thomas Lockhaven & Emily Chase. Ed. by David Aretha. (Ava & Carol Detective Agency Ser.: Vol. 1). (ENG., Illus.). 396p. (J). (gr. 3-6). 2019. 27.99 *(978-1-947744-28-8(3))*; 2018. pap. 17.99 *(978-1-947744-19-6(4))* Twisted Key Publishing, LLC.

Ava & Carol Detective Agency: Books 1-3 (Book Bundle 1) 2022 Cover Version. Thomas Lockhaven & Emily Chase. Ed. by David Aretha. l.t. ed. 2022. (Ava & Carol Detective Agency Ser.: Vol. 1). (ENG., Illus.). 400p. (J). pap. 17.99 ***(978-1-63911-047-6(X))*** Twisted Key Publishing, LLC.

Ava & Carol Detective Agency: Books 4-6 (Book Bundle 2) Thomas Lockhaven & Emily Chase. Ed. by David Aretha. 2019. (Ava & Carol Detective Agency Ser.: Vol. 2). (ENG., Illus.). 382p. (J). (gr. 3-6). 27.99 *(978-1-947744-36-3(4))*; pap. 17.99 *(978-1-947744-38-7(0))* Twisted Key Publishing, LLC.

Ava & Carol Detective Agency: Books 4-6 (Book Bundle 2) 2023 Cover Version. Thomas Lockhaven & Emily Chase. Ed. by Grace Lockhaven. l.t. ed. 2023. (Ava & Carol Detective Agency Ser.: Vol. 2). (ENG., Illus.). 402p. (J). pap. 17.97 ***(978-1-63911-062-9(3))*** Twisted Key Publishing, LLC.

Ava & Carol Detective Agency: Books 7-9 (Ava & Carol Detective Agency Series Book 3) Thomas Lockhaven. Ed. by Grace Lockhaven & David Aretha. 2020. (Ava & Carol Detective Agency Ser.: Vol. 3). (ENG., Illus.). 384p. (J). (gr. 3-6). 27.99 *(978-1-947744-85-1(2))*; pap. 17.99 *(978-1-947744-84-4(4))* Twisted Key Publishing, LLC.

Ava & Carol Detective Agency: Dognapped. Thomas Lockhaven & Emily Chase. Ed. by David Aretha. 2019. (Ava & Carol Detective Agency Ser.: Vol. 4). (ENG., Illus.). (J). (gr. 2-6). 98p. 19.97 *(978-1-947744-26-4(7))*; 100p. pap. 9.99 *(978-1-947744-25-7(9))* Twisted Key Publishing, LLC.

Ava & Carol Detective Agency: Dognapped (2022 Cover Design) Thomas Lockhaven & Emily Chase. Ed. by David Aretha. l.t. ed. 2022. (Ava & Carol Detective Agency Ser.: Vol. 4). (ENG., Illus.). 128p. (J). pap. 9.97 ***(978-1-63911-036-0(4))*** Twisted Key Publishing, LLC.

Ava & Carol Detective Agency: Rainforest Animal Guide. Thomas Lockhaven. Ed. by Grace Lockhaven. l.t. ed. 2020. (Ava & Carol Detective Agency Ser.). (ENG.). 70p. (J). 19.99 *(978-1-947744-55-4(0))*; pap. 9.99 *(978-1-947744-54-7(2))* Twisted Key Publishing, LLC.

Ava & Carol Detective Agency: The Christmas Thief. Thomas Lockhaven. Ed. by David Aretha & Andrea Vanryken. 2020. (Ava & Carol Detective Agency Ser.: Vol. 9). (ENG.). 114p. (J). (gr. 3-6). 19.97 *(978-1-947744-82-0(8))* Twisted Key Publishing, LLC.

Ava & Carol Detective Agency: The Christmas Thief. Thomas Lockhaven. Ed. by Andrea Vanryken & David Aretha. 2020. (Ava & Carol Detective Agency Ser.: Vol. 9). (ENG.). 114p. (J). (gr. 3-6). pap. 9.99 *(978-1-947744-81-3(X))* Twisted Key Publishing, LLC.

Ava & Carol Detective Agency: The Crown Jewels Mystery. Thomas Lockhaven. Ed. by David Aretha & Grace Lockhaven. 2019. (Ava & Carol Detective Agency Ser.: Vol. 6). (ENG.). 126p. (J). (gr. 2-6). 19.97 *(978-1-947744-33-2(X))*; pap. 9.99 *(978-1-947744-35-6(6))* Twisted Key Publishing, LLC.

Ava & Carol Detective Agency: The Crown Jewels Mystery (2023 Cover Version) Thomas Lockhaven. Ed. by Grace Lockhaven. l.t. ed. 2023. (Ava & Carol Detective Agency Ser.: Vol. 6). (ENG., Illus.). 144p. (J). pap. 9.97 ***(978-1-63911-060-5(7))*** Twisted Key Publishing, LLC.

Ava & Carol Detective Agency: The Curse of the Red Devil. Thomas Lockhaven. Ed. by David Aretha & Grace Lockhaven. 2020. (Ava & Carol Detective Agency Ser.: Vol. 7). (ENG.). 152p. (J). (gr. 3-6). 19.97 *(978-1-947744-52-3(6))* Twisted Key Publishing, LLC.

Ava & Carol Detective Agency: The Curse of the Red Devil (2023 Cover Version) Thomas Lockhaven. Ed. by Grace Lockhaven. l.t. ed. 2023. (Ava & Carol Detective Agency Ser.: Vol. 7). (ENG., Illus.). 182p. (J). pap. 9.97 ***(978-1-63911-064-3(X))*** Twisted Key Publishing, LLC.

Ava & Carol Detective Agency: The Eye of God. Thomas Lockhaven. Ed. by David Aretha & Grace Lockhaven. 2019. (Ava & Carol Detective Agency Ser.: Vol. 5). (ENG.). 180p. (J). (gr. 2-6). 19.97 *(978-1-947744-32-5(1))*; pap. 9.99 *(978-1-947744-30-1(5))* Twisted Key Publishing, LLC.

Ava & Carol Detective Agency: The Eye of God (2023 Cover Version) Thomas Lockhaven. Ed. by Grace Lockhaven & David Aretha. l.t. ed. 2023. (Ava & Carol Detective Agency Ser.: Vol. 5). (ENG., Illus.). 204p. (J). pap. 9.97 ***(978-1-63911-055-1(0))*** Twisted Key Publishing, LLC.

Ava & Carol Detective Agency: The Haunted Mansion. Thomas Lockhaven & Emily Chase. Ed. by David Aretha. (Ava & Carol Detective Agency Ser.: Vol. 3). (ENG.). 130p. (J). 2019. (gr. 4-6). 19.97 *(978-1-947744-24-0(0))*; 2018. (gr. 4-6). pap. 9.99 *(978-1-947744-15-8(1))*; 2022. (Illus.). (gr. 3-6). pap. 9.97 ***(978-1-63911-038-4(0))*** Twisted Key Publishing, LLC.

Ava & Carol Detective Agency: The Mystery of Solomon's Ring. Thomas Lockhaven. Ed. by Jeannette Larson & David Aretha. (Ava & Carol Detective Agency Ser.: Vol. 2). (ENG., Illus.). 180p. (J). (gr. 2-6). 2019. 19.97 *(978-1-947744-23-3(2))*; 2018. pap. 9.99 *(978-1-947744-17-2(8))* Twisted Key Publishing, LLC.

Ava & Carol Detective Agency: The Mystery of Solomon's Ring. Thomas Lockhaven. Ed. by Grace Lockhaven & David Aretha. l.t. ed. 2022. (Ava & Carol Detective Agency Ser.: Vol. 2). (ENG., Illus.). 176p. (J). (gr. 3-6). pap. 9.99 *(978-1-63911-040-7(2))* Twisted Key Publishing, LLC.

Ava & Carol Detective Agency: The Mystery of the Egyptian Pyramid. Thomas Lockhaven. Ed. by Grace Lockhaven. l.t. ed. 2023. (Ava & Carol Detective Agency Ser.: Vol. 10). (ENG., Illus.). 170p. (J). pap. 9.97 ***(978-1-63911-049-0(6))***; 19.97 ***(978-1-63911-048-3(8))*** Twisted Key Publishing, LLC.

Ava & Carol Detective Agency: The Mystery of the Pharaoh's Diamonds. Thomas Lockhaven et al. 2018. (Ava & Carol Detective Agency Ser.: Vol. 1). (ENG., Illus.). 152p. (J). (gr. 2-6). 19.97 *(978-1-947744-14-1(3))*; pap. 11.97 *(978-1-947744-12-7(7))* Twisted Key Publishing, LLC.

Ava & Carol Detective Agency: The Mystery of the Pharaoh's Diamonds. Thomas Lockhaven & Emily Chase. Ed. by Grace Lockhaven. l.t. ed. 2022. (Ava & Carol Detective Agency Ser.: Vol. 1). (ENG., Illus.). 152p. (J). (gr. 3-6). pap. 9.99 *(978-1-63911-042-1(9))* Twisted Key Publishing, LLC.

Ava & Carol Detective Agency: The Witch's Secret. Thomas Lockhaven. Ed. by David Aretha & Andrea Vanryken. 2020. (Ava & Carol Detective Agency Ser.: Vol. 8). (ENG.). 168p. (J). (gr. 3-6). 19.97 *(978-1-947744-65-3(8))*; pap. 9.99 *(978-1-947744-64-6(X))* Twisted Key Publishing, LLC.

Ava & Marcus Adventures: Present CAPTAIN J. D. Miles Family Farewell. Derrick Smith. 2020. (ENG.). 50p. (J). pap. 15.00 *(978-1-7351788-7-5(X))* InspiredByVanessa.

Ava & Salome: Welcome to Cali! Patricia L. Woodard. 2016. (ENG., Illus.). (J). 25.95 *(978-1-4808-4118-5(8))* Archway Publishing.

Ava & Star, 3. Julie Sykes. ed. 2019. (Unicorn Academy Ser.). (ENG.). 104p. (J). (gr. 2-3). 16.36 *(978-1-64697-078-0(0))* Penworthy Co., LLC, The.

Ava & the Big Ouch: A Book about Feeling Better. Lucy Bell. Illus. by Michael Garton. 2018. (Frolic First Faith Ser.). 32p. (J). (gr. -1-3). 12.99 *(978-1-5064-2504-7(6)*, Sparkhouse Family) 1517 Media.

Ava & the Magic Blanket. Xavia Johnson. Illus. by Ricky Clegg. 2020. (ENG.). 25p. (J). pap. ***(978-1-716-98001-5(1))*** Lulu Pr., Inc.

Ava & the Mermaid. Stella Green. Illus. by Paul Jeaurond. 2016. (ENG.). (J). pap. *(978-0-9937118-0-0(4))* Green, Stella Mary.

Ava & the Rainbow (Who Stayed) Ged Adamson. 2018. (ENG., Illus.). 40p. (J). (gr. -1-3). 18.99 *(978-0-06-267080-9(8)*, HarperCollins) HarperCollins Pubs.

Ava & the Skimpy Picnic: A Book about Sharing. Elias Carr. Illus. by Michael Garton. 2016. (Frolic First Faith Ser.). 32p. (J). (gr. -1-k). 12.99 *(978-1-5064-1051-7(0)*, Sparkhouse Family) 1517 Media.

Ava Antibody Explains Your Body & Vaccines. Andrea Cudd Alemanni. 2020. (ENG.). 42p. (J). 17.99 *(978-1-7334210-0-3(9))* Wisdom Hse. Bks.

Ava Beach Detective. J. C. Burdine. 2017. (Ava Bks.: Vol. 2). (ENG., Illus.). (J). (gr. -1-3). pap. 15.99 *(978-1-64008-051-5(1))* JC Burdine.

Ava Beach Detective. Jc Burdine. 2017. (Ava Bks.: Vol. 2). (ENG., Illus.). (J). (gr. -1-3). 29.99 *(978-1-64008-050-8(3))* JC Burdine.

Ava Duvernay. Joyce Markovics & Alrick A. Brown. 2023. (Groundbreakers: Black Moviemakers Ser.). (ENG., Illus.).

A

24p. (J). (gr. 3-6). pap. 12.79 *(978-1-6689-2078-7(6),* 222056); lib. bdg. 30.64 *(978-1-6689-1976-7(1),* 221954) Cherry Lake Publishing.

Ava Duvernay: Movie Director. Kate Moening. 2020. (Women Leading the Way Ser.). (ENG., Illus.). 24p. (J). (gr. k-3). pap. 7.99 *(978-1-68103-831-5(5),* 12920); lib. bdg. 26.95 *(978-1-64487-207-9(2))* Bellwether Media. (Blastoff! Readers).

Ava Goes to Kindergarten. Alicia R. Coleman-Clark. 2017. (ENG., Illus.). (J). pap. 16.00 *(978-0-692-86622-1(1))* Proficient Support.

Ava Goes to the Beach with Friends - Spanish Translation. Alicia Coleman-Clark & Ava J. Clark. Tr. by Lizett Contreras Pelayo. 2018. (SPA., Illus.). 32p. (J). pap. 15.00 *(978-0-692-19292-4(1))* Proficient Support.

Ava Goes to the Dentist - Spanish Translation. Alicia Coleman-Clark & Ava J. Clark. Tr. by Lizett Contreras Pelayo. 2018. (Ava Goes Ser.: Vol. 5). (SPA., Illus.). 36p. (J). pap. 15.00 *(978-0-692-17245-2(9))* Proficient Support.

Ava Goes to the Zoo- Spanish Translation. Alicia Coleman-Clark & Ava Clark. Tr. by Lizett Contreras Pelayo. 2018. (Ava Goes Ser.: Vol. 7). (SPA., Illus.). 28p. (J). pap. 15.00 *(978-0-578-41773-8(1))* Proficient Support.

Ava Has BIG Dreams. Shaquita C. Fairley. 2020. (ENG.). 44p. (J). pap. 10.00 *(978-1-5136-6581-8(2))* Circle of Courage Pubns.

Ava I Love You All Ways. Marianne Richmond. Illus. by Dubravka Kolanovic. 2023. (I Love You All Ways Ser.). (ENG.). 32p. (J). (gr. -1-3). 8.99 ***(978-1-7282-7336-5(6))*** Sourcebooks, Inc.

Ava Loves Rescuing Animals: A Fact-Filled Nature Adventure Bursting with Animals! Jess French. Illus. by Duncan Beedie. 2023. (Nature Heroes Ser.). (ENG.). 48p. (J). (gr. -1-2). 18.99 ***(978-0-7112-6773-2(1),*** Happy Yak) Quarto Publishing Group UK GBR. Dist: Hachette Bk. Group.

Ava on the North Pole Express. J. D. Green. Illus. by Joanne Partis. 2022. (North Pole Express Bears Ser.). (ENG.). 32p. (J). (gr. -1-3). 7.99 ***(978-1-7282-6913-9(X))*** Sourcebooks, Inc.

Ava on the North Pole Express. J. D. Green. 2019. (North Pole Express Ser.). (ENG.). 32p. (J). (gr. -1-3). 7.99 ***(978-1-7282-0309-6(0))*** Sourcebooks, Inc.

Ava Santa's Secret Elf. Put Me In The Story & Katherine Sully. Illus. by Julia Seal. 2018. (Santa's Secret Elf Ser.). (ENG.). 32p. (J). (gr. k-3). 5.99 *(978-1-4926-8122-9(9))* Sourcebooks, Inc.

Ava-Sophie Eden: The Sapphire of Truth. Paula Dawn Martin. 2020. (ENG.). 584p. (J). pap. *(978-1-83975-040-3(5))* Grosvenor Hse. Publishing Ltd.

Ava the Ant Takes Charge. Michelle Wanasundera. Illus. by Vasyl Stepanov. 2023. (ENG.). 34p. (J). pap. ***(978-1-922991-52-2(X))*** Library For All Limited.

Ava the Aviator: The Adventure Begins. Diane Meszaros. 2019. (ENG.). 34p. (J). 21.95 *(978-1-68456-886-4(2));* pap. 13.95 *(978-1-64701-138-3(8))* Page Publishing Inc.

Ava the Aviator -The Adventure Continues. Diane Meszaros. 2020. (ENG., Illus.). 34p. (J). 19.95 *(978-1-64701-140-6(X))* Page Publishing Inc.

Ava the Brava. Allie Ekblad. 2018. (ENG., Illus.). 12p. (J). pap. 12.99 *(978-1-4834-8159-3(X))* Lulu Pr., Inc.

Ava the Monster Slayer: Cousin Power. Lisa Maggiore. Illus. by Ross Felten. 2019. (Ava the Monster Slayer Ser.: 2). (ENG.). 44p. (J). (gr. -1-1). 16.99 *(978-1-5107-4810-1(5),* Sky Pony Pr.) Skyhorse Publishing Co., Inc.

Ava 'Twas the Night Before Christmas. Illus. by Lisa Alderson. 2019. (Night Before Christmas Ser.). (ENG.). 32p. (J). (gr. -1-3). 7.99 ***(978-1-7282-0202-0(7))*** Sourcebooks, Inc.

Ava y Carol Agencia de Detectives: El Misterio de Los Diamantes Del Faraón. Thomas Lockhaven & Emily Chase. Ed. by David Aretha. l.t. ed. 2021. (SPA.). 178p. (J). pap. 11.99 *(978-1-63911-019-3(4))* Twisted Key Publishing, LLC.

Ava y Carol Agencia de Detectives: El Misterio de Los Diamantes Del Faraón (Ava & Carol: Detective Agency: the Mystery of the Pharaoh's Diamonds) Thomas Lockhaven & Emily Chase. Ed. by David Aretha. l.t. ed. 2021. (SPA.). 178p. (J). 19.97 *(978-1-63911-020-9(8))* Twisted Key Publishing, LLC.

Ava y Carol Agencia de Detectives: El Misterio Del Anillo de Salomón. Thomas Lockhaven. Ed. by Grace Lockhaven & David Aretha. l.t. ed. 2021. (SPA.). 202p. (J). 19.97 *(978-1-63911-023-0(2))* Twisted Key Publishing, LLC.

Ava y Carol Agencia de Detectives: El Misterio Del Anillo de Salomón (Ava & Carol Detective Agency: the Mystery of Solomon's Ring) Thomas Lockhaven. Ed. by Grace Lockhaven & David Aretha. l.t. ed. 2021. (SPA.). 202p. (J). pap. 11.99 *(978-1-63911-022-3(4))* Twisted Key Publishing, LLC.

Ava y Carol Agencia de Detectives: La Mansión Embrujada (Ava & Carol Detective Agency: the Haunted Mansion) Thomas Lockhaven. Ed. by Grace Lockhaven & David Aretha. l.t. ed. 2021. (SPA.). 144p. (J). 19.97 *(978-1-63911-026-1(7));* pap. 11.99 *(978-1-63911-025-4(9))* Twisted Key Publishing, LLC.

Ava y Carol Agencia de Detectives Libros 1-3: Ava & Carol Detective Agency Series: Books 1-3: Book Bundle 1. Thomas Lockhaven & Emily Chase. Ed. by Grace Lockhaven. l.t. ed. 2021. (SPA.). 476p. (J). 27.99 *(978-1-63911-031-5(3));* pap. 19.97 *(978-1-63911-030-8(5))* Twisted Key Publishing, LLC.

Ava y el Picnic Raquitico. Elias Carr. Illus. by Michael Garton. 2016. (SPA.). (J). *(978-1-5064-2095-0(8))* 1517 Media.

Avabel & the Kingdom of Elytha. Alexander Prezioso & Bree Ann Prezioso. (ENG.). 101p. (J). 2021. *(978-1-7948-7168-7(3));* 2020. pap. *(978-1-716-71946-2(1))* Lulu Pr., Inc.

Avah Grace & the Super-Duper X Skateboard. Sinthi N. Neal S. 2019. (ENG., Illus.). 38p. (J). *(978-0-2288-0917-3(7));* pap. *(978-0-2288-0916-6(9))* Tellwell Talent.

Avalanche. Melinda Braun. 2016. (ENG., Illus.). 272p. (YA). (gr. 9). 17.99 *(978-1-4814-3822-3(0),* Simon Pulse) Simon Pulse.

Avalanche. Brianna Cerkiewicz. 2019. (Monarch Jungle Ser.). (ENG.). 92p. (YA). (gr. 9-12). pap. 10.95 *(978-1-68021-483-3(7))* Saddleback Educational Publishing, Inc.

Avalanche. Denise Jaden. 2016. (ENG., Illus.). (YA). (gr. 7-12). pap. 16.99 *(978-1-61603-066-7(6))* Leap Bks.

Avalanche! Terry Lynn Johnson. Illus. by Jani Orban. 2018. (Survivor Diaries). (ENG.). 112p. (J). (gr. 1-5). pap. 6.99 *(978-1-328-51906-1(6),* 1720632); 9.99 *(978-0-544-97039-7(X),* 1662544) HarperCollins Pubs. (Clarion Bks.).

Avalanche! Terry Lynn Johnson. ed. 2021. (Survivor Diaries). (ENG., Illus.). 104p. (J). (gr. 2-3). 16.96 *(978-1-64697-822-9(6))* Penworthy Co., LLC, The.

Avalanche: A Mystery Story (Classic Reprint) Gertrude Atherton. 2017. (ENG., Illus.). (J). 28.87 *(978-1-5283-7178-0(X))* Forgotten Bks.

Avalanche Dog Heroes: Piper & Friends Learn to Search the Snow. Elizabeth Rusch. 2018. (Illus.). 48p. (J). (gr. 2-5). 18.99 *(978-1-63217-173-3(2),* Little Bigfoot) Sasquatch Bks.

Avalanche (Hindi Edition) Shixi SHEN. 2021. (Modern Stories from China for Adolescent Ser.). (ENG.). 262p. (J). pap. 19.95 *(978-1-927670-95-8(0))* Royal Collins Publishing Group Inc. CAN. Dist: Independent Pubs. Group.

Avalanches. Rebecca Pettiford. 2020. (Natural Disasters Ser.). (ENG.). 24p. (J). (gr. k-3). lib. bdg. 26.95 *(978-1-64487-149-2(1),* Blastoff! Readers) Bellwether Media.

Avalanches & Landslides. K. S. Mitchell. 2022. (Severe Weather Ser.). (ENG., Illus.). 32p. (J). (gr. 2-3). pap. 9.95 *(978-1-63738-335-3(5));* lib. bdg. 31.35 *(978-1-63738-299-8(5))* North Star Editions. (Apex).

Avalé Par un Poisson: Les Aventures de Jonas. Pip Reid. 2020. (Défenseurs de la Foi Ser.: Vol. 2). (FRE., Illus.). 42p. (J). pap. *(978-1-989961-18-6(5))* Bible Pathway Adventures.

Avalon: Princess. S. R. Ahuja. 2018. (ENG.). 178p. (J). *(978-1-387-73428-3(8))* Lulu Pr., Inc.

Avalon in the Amazon. Tracilyn George. 2020. (ENG.). 22p. (J). pap. 11.00 *(978-1-7774435-3-5(9))* Lulu Pr., Inc.

Avalon in the Amazon. Tracilyn George. Illus. by Aria Jones. 2020. (ENG.). 24p. (J). pap. 17.14 *(978-1-716-75275-9(2))* Lulu Pr., Inc.

Avalon in the Amazon. Tracilyn George. 2019. (ENG.). 28p. (J). pap. 12.30 *(978-1-7947-7349-3(5))* Lulu Pr., Inc.

¡avancemos! Student Edition Level 1 2018. Houghton Mifflin Harcourt. 2017. (¡avancemos! Ser.). (ENG.). 608p. (J). (gr. 9-12). 73.85 *(978-0-544-84194-9(8))* Houghton Mifflin Harcourt Publishing Co.

¡avancemos! Student Edition Level 1a 2018. Houghton Mifflin Harcourt. 2017. (¡avancemos! Ser.). (ENG.). 400p. (J). (gr. 6-8). 63.15 *(978-0-544-84065-2(8))* Houghton Mifflin Harcourt Publishing Co.

¡avancemos! Student Edition Level 1b 2018. Houghton Mifflin Harcourt. 2017. (¡avancemos! Ser.). (ENG.). 416p. (J). (gr. 6-8). 63.15 *(978-0-544-84193-2(X))* Houghton Mifflin Harcourt Publishing Co.

¡avancemos! Student Edition Level 2 2018. Houghton Mifflin Harcourt. 2017. (¡avancemos! Ser.). (ENG.). 656p. (J). (gr. 9-12). 73.85 *(978-0-544-84195-6(6))* Houghton Mifflin Harcourt Publishing Co.

¡avancemos! Student Edition Level 3 2018. Houghton Mifflin Harcourt. 2017. (¡avancemos! Ser.). (ENG.). 720p. (J). (gr. 9-12). 73.85 *(978-0-544-84196-3(4))* Houghton Mifflin Harcourt Publishing Co.

¡avancemos! Student Edition Level 4 2018. Houghton Mifflin Harcourt. 2017. (¡avancemos! Ser.). (ENG.). 544p. (J). (gr. 9-12). 73.85 *(978-0-544-84197-0(2))* Houghton Mifflin Harcourt Publishing Co.

Avani & the Pea Plant. Shruthi Rao. Illus. by Debasmita Dasgupta. 2022. (ENG.). 30p. (J). pap. ***(978-1-922932-36-5(1))*** Library For All Limited.

Avania Is Heard. Jane Alver. Illus. by Fabian Florez Mosquera. 2021. (ENG.). 24p. (J). pap. *(978-1-922591-18-0(1))* Library For All Limited.

Avania Is Heard - Avania Nia Lian. Jane Alver & Fabian Florez Mosquera. 2021. (TET.). 24p. (J). pap. *(978-1-922550-82-8(5))* Library For All Limited.

Avant-Guards Vol. 1. Carly Usdin. Illus. by Noah Hayes. 2019. (Avant-Guards Ser.). (ENG.). 112p. (YA). pap. 14.99 *(978-1-68415-367-1(0))* BOOM! Studios.

Avant-Guards Vol. 2. Carly Usdin. Illus. by Noah Hayes. 2020. (Avant-Guards Ser.: 2). (ENG.). 112p. (YA). pap. 14.99 *(978-1-68415-568-2(1))* BOOM! Studios.

Avaro: Comedia en Cinco Actos (Classic Reprint) Moliere. 2018. (SPA., Illus.). (J). (gr. 2-13). 124p. 26.45 *(978-1-396-00335-6(5));* 126p. pap. 9.57 *(978-1-390-51880-1(9));* 84p. 25.65 *(978-1-391-44210-5(5));* 86p. pap. 9.57 *(978-1-390-28901-5(X))* Forgotten Bks.

Avaro: Comedia en Cinco Actos y en Prosa (Classic Reprint) Molière. 2018. (SPA., Illus.). 90p. (J). (gr. 2-13). 25.77 *(978-0-364-78017-6(7))* Forgotten Bks.

Avaruuden Värit: Lapsen Johdanto Värien Luonnollisessa Maailmassa. David E. McAdams. 2023. (Värit Luonnonmaailmassa Ser.). (FIN.). 34p. (J). pap. 19.95 ***(978-1-63270-426-9(9))*** Life is a Story Problem LLC.

AVA's ADVENTURE in FRANCE. Ava Dockins. Illus. by Kintu Ahmed & Ilham. 2023. (ENG.). 22p. (J). pap. 10.99 ***(978-1-0880-9379-5(5))*** Indy Pub.

AVA's ADVENTURES in FRANCE. Ava Dockins. Illus. by Kintu Ahmed & Ilham. 2023. (ENG.). 22p. (J). 15.99 ***(978-1-0880-9387-0(6))*** Indy Pub.

Ava's Bad Day. Elisient Maeve Vernon. 2017. (ENG., Illus.). 26p. (J). (gr. -1-3). pap. 9.99 *(978-1-950034-63-5(1))* Yorkshire Publishing Group.

Ava's Bench. Tim Ackley. 2020. (ENG.). 44p. (J). 25.95 *(978-1-64654-527-8(3));* pap. 15.95 *(978-1-64654-525-4(7))* Fulton Bks.

Ava's Christmas Wish. Put Me In The Story & J. D. Green. Illus. by Julia Seal. 2018. (Christmas Wish Ser.). (ENG.). 32p. (J). (gr. k-3). 6.99 ***(978-1-4926-8308-7(6))*** Sourcebooks, Inc.

Ava's Homemade Hanukkah. Geraldine Woberg. Illus. by Julia Seal. 2022. (ENG.). 32p. (J). (gr. -1-3). 17.99 *(978-0-8075-0495-6(5),* 0807504955) Whitman, Albert & Co.

Ava's Poppy. Marcus Pfister. 2020. (ENG.). 32p. (J). (gr. -1-2). pap. 8.95 *(978-0-7358-4411-7(9))* North-South Bks., Inc.

Ava's World. Tokie Smith. 2022. (ENG.). 26p. (J). 14.99 *(978-1-63616-092-4(1))* Opportune Independent Publishing Co.

Avatar: Or the Double Transformation (Classic Reprint) Theophile Gautier. (ENG., Illus.). (J). 2017. 28.50 *(978-0-260-24880-0(0));* 2016. pap. 10.97 *(978-1-334-14629-9(2))* Forgotten Bks.

Avatar Last Air Bender: Anng. Maggie Lugo. 2022. (ENG.). 120p. (J). *(978-1-6781-7871-0(3))* Lulu Pr., Inc.

Avatar, the Last Airbender: The Legacy of Yangchen(Chronicles of the Avatar Book 4) F. C. Yee. 2023. (Chronicles of the Avatar Ser.: 4). (ENG.). 336p. (YA). (gr. 8-17). 19.99 ***(978-1-4197-5679-5(6),*** 1746201, Amulet Bks.) Abrams, Inc.

Avatar: the Last Airbender Chibis Volume 1 — Aang's Unfreezing Day, Vol. 1. Kelly Leigh Miller. Illus. by Diana Sim et al. 2023. (Avatar: the Last Airbender Ser.). (ENG.). 48p. (J). (gr. 3-7). 8.99 *(978-1-5067-2661-8(5),* Dark Horse Books) Dark Horse Comics.

Avatar, the Last Airbender: the Dawn of Yangchen (Chronicles of the Avatar Book 3), Volume 3. F. C. Yee. 2022. (Chronicles of the Avatar Ser.: 3). (ENG.). 336p. (YA). (gr. 8-17). 19.99 *(978-1-4197-5677-1(X),* 1746101) Abrams, Inc.

Avatar, the Last Airbender: the Dawn of Yangchen (Chronicles of the Avatar Book 3) Exclusive Edition 12-Copy Solid Floor Display. F. C. Yee. 2022. (ENG.). (J). (gr. -1-17). 239.88 *(978-1-4197-6469-1(1))* Abrams, Inc.

Avatar, the Last Airbender: the Rise of Kyoshi (Chronicles of the Avatar Book 1) F. C. Yee. 2019. (Chronicles of the Avatar Ser.). (ENG., Illus.). 448p. (YA). (gr. 8-17). 18.99 *(978-1-4197-3504-2(7),* 1268301) Abrams, Inc.

Avatar, the Last Airbender: the Shadow of Kyoshi (Chronicles of the Avatar Book 2) F. C. Yee. 2020. (Chronicles of the Avatar Ser.). (ENG.). 352p. (YA). (gr. 8-17). 18.99 *(978-1-4197-3505-9(5),* 1268401) Abrams, Inc.

Avatar: the Last Airbender: Volume 1 (Avatar: the Last Airbender) Random House. 2021. (Screen Comix Ser.). (ENG., Illus.). 320p. (J). (gr. 3-7). pap. 14.99 *(978-0-593-37731-4(1),* Random Hse. Bks. for Young Readers) Random Hse. Children's Bks.

Avatar: the Last Airbender: Volume 2 (Avatar: the Last Airbender) Random House. 2021. (Screen Comix Ser.). (ENG., Illus.). 320p. (J). (gr. 3-7). pap. 14.99 *(978-0-593-38080-2(0),* Random Hse. Bks. for Young Readers) Random Hse. Children's Bks.

Avati: Discovering Arctic Ecology. Mia Pelletier. Illus. by Sara Otterstätter. 2021. 44p. (J). (gr. 4-8). 12.95 *(978-1-77227-294-9(9))* Inhabit Media Inc. CAN. Dist: Consortium Bk. Sales & Distribution.

Ave (Classic Reprint) George Moore. 2017. (ENG., Illus.). (J). 31.59 *(978-0-265-18413-4(4))* Forgotten Bks.

Ave Maria, Vol. 15: A Catholic Family Magazine Devoted to the Honor of the Blessed Virgin, with Some Illustrations; January-June, 1922 (Classic Reprint) Unknown Author. 2017. (ENG., Illus.). (J). 40.89 *(978-0-260-42997-1(X))* Forgotten Bks.

Ave Maria, Vol. 16: A Catholic Family Magazine Devoted to the Honor of the Blessed Virgin; July-December, 1922 (Classic Reprint) Unknown Author. (ENG., Illus.). (J). 2018. 888p. 42.21 *(978-0-365-52413-7(1));* 2017. pap. 24.55 *(978-0-259-51796-2(8))* Forgotten Bks.

Ave Maria, Vol. 23: Magazine Devoted to the Honor of the Blessed Virgin; July, 1886 (Classic Reprint) Unknown Author. (ENG., Illus.). (J). 2018. 634p. 36.97 *(978-0-483-83325-8(8));* 2016. pap. 19.57 *(978-1-334-15889-6(4))* Forgotten Bks.

Ave Maria, Vol. 31: July 5, 1890 (Classic Reprint) Unknown Author. (ENG., Illus.). (J). 2018. 632p. 36.93 *(978-0-267-61704-3(6));* 2016. pap. 19.57 *(978-1-334-11553-0(2))* Forgotten Bks.

Ave Maria, Vol. 36: A Catholic Family Magazine Devoted to the Honor of the Blessed Virgin; January-July, 1893 (Classic Reprint) Unknown Author. (ENG., Illus.). (J). 2018. 722p. 38.79 *(978-0-332-07319-4(X));* 2017. pap. 23.57 *(978-0-243-08781-5(0))* Forgotten Bks.

Ave Maria, Vol. 40: A Catholic Family Magazine Devoted to the Honour of the Blessed Virgin; January-July, 1895 (Classic Reprint) Congregation of the Holy Cross. (ENG., Illus.). (J). 2018. 750p. 39.37 *(978-0-483-85029-3(2));* 2016. pap. 23.57 *(978-1-334-14932-0(1))* Forgotten Bks.

Ave Maria, Vol. 41: A Catholic Family Magazine Devoted to the Honor of the Blessed Virgin; July December, 1895 (Classic Reprint) Congregation of the Holy Cross. (ENG., Illus.). (J). 2018. 750p. 39.37 *(978-0-267-40006-5(3));* 2016. pap. 23.57 *(978-1-334-12389-4(6))* Forgotten Bks.

Ave Maria, Vol. 42: A Catholic Family Magazine Devoted to the Honor of the Blessed Virgin; January July, 1896 (Classic Reprint) Unknown Author. (ENG., Illus.). (J). 2018. 750p. 39.39 *(978-0-483-82610-6(3));* 2016. pap. 23.57 *(978-1-334-14504-9(0))* Forgotten Bks.

Ave Maria, Vol. 43: A Catholic Family Magazine; July-December, 1896 (Classic Reprint) Congregation Of Holy Cross. (ENG., Illus.). (J). 2018. 854p. 41.53 *(978-0-364-39099-3(9));* 2017. pap. 23.97 *(978-0-243-30929-0(5))* Forgotten Bks.

Ave Maria, Vol. 46: A Catholic Family Magazine Devoted to the Honor of the Blessed Virgin; January-July, 1898 (Classic Reprint) Unknown Author. (ENG., Illus.). (J). 2018. 856p. 41.55 *(978-0-365-44167-0(8));* 2017. pap. 23.97 *(978-0-243-33594-7(6))* Forgotten Bks.

Ave Maria, Vol. 65: A Catholic Family Magazine Devoted to the Honor of the Blessed Virgin; July-December, 1907 (Classic Reprint) Unknown Author. (ENG., Illus.). (J). 2018. 856p. 41.55 *(978-0-483-62456-6(X));* 2017. pap. 23.97 *(978-0-243-29437-4(9))* Forgotten Bks.

Ave Maria, Vol. 74: January 6, 1912 (Classic Reprint) D. E. Hudson. (ENG., Illus.). (J). 2018. 842p. 41.26 *(978-0-483-82002-9(4));* 2017. pap. 23.97 *(978-0-243-38251-4(0))* Forgotten Bks.

Ave Maria, Vol. 75: A Catholic Family Magazine Devoted to the Honor of the Blessed Virgin; July-December, 1912 (Classic Reprint) Unknown Author. (ENG., Illus.). (J). 2018. 856p. 41.55 *(978-0-365-31971-9(6));* 2017. pap. 23.97 *(978-0-243-33577-0(6))* Forgotten Bks.

Ave Maria, Vol. 79: July 4, 1914 (Classic Reprint) Unknown Author. (ENG., Illus.). (J). 2018. 834p. 41.10 *(978-0-484-47320-0(4));* 2017. pap. 23.57 *(978-0-243-47510-0(1))* Forgotten Bks.

Ave Maria, Vol. 9: July 5, 1873-December 27, 1873 (Classic Reprint) Unknown Author. 2018. (ENG., Illus.). 416p. (J). 32.48 *(978-0-666-98096-0(9))* Forgotten Bks.

Avec des Infos Sur des Lieux Touristiques Célèbres see Petit Prince Autour du Monde

Avec Nos Coeurs Oranges. Phyllis Webstad. Illus. by Emily Kewageshig. 2022. (FRE.). 24p. (J). pap. 10.99 *(978-1-77854-004-2(X))* Medicine Wheel Pr.

Aveline Jones 2. el Hechizo de Hazel Browne. Phil Hickes. 2023. (SPA.). 248p. (YA). pap. 21.95 ***(978-607-07-9400-1(1))*** Editorial Planeta, S. A. ESP. Dist: Two Rivers Distribution.

Aven Green Baking Machine. Dusti Bowling. Illus. by Gina Perry. 2022. (Aven Green Ser.: 2). 128p. (J). (gr. 1-3). pap. 6.99 *(978-1-4549-4181-1(2))* Sterling Publishing Co., Inc.

Aven Green Baking Machine. Dusti Bowling & Dusti Bowling. Illus. by Gina Perry. 2021. (Aven Green Ser.: 2). 128p. (J). (gr. 1-3). 12.95 *(978-1-4549-4220-7(7))* Sterling Publishing Co., Inc.

Aven Green Music Machine. Dusti Bowling. Illus. by Gina Perry. (Aven Green Ser.: 3). 128p. (J). (gr. 1-3). 2023. pap. 5.99 *(978-1-4549-4182-8(0),* Union Square Pr.); 2022. 12.99 *(978-1-4549-4222-1(3))* Sterling Publishing Co., Inc.

Aven Green Sleuthing Machine. Dusti Bowling. Illus. by Gina Perry. 2021. (Aven Green Ser.: 1). 128p. (J). (gr. 1-3). 12.95 *(978-1-4549-4221-4(5))* Sterling Publishing Co., Inc.

Aven Green Soccer Machine. Dusti Bowling. Illus. by Gina Perry. 2023. (Aven Green Ser.: 4). 112p. (J). (gr. 1-3). (ENG.). 12.99 *(978-1-4549-4223-8(1));* pap. 5.99 *(978-1-4549-4183-5(9))* Sterling Publishing Co., Inc. (Union Square Pr.).

Aven on Earth. Kay Summers & Amanda Summers. 2019. (ENG.). 152p. (J). pap. 12.99 *(978-1-7321638-4-3(7))* Son of Thunder Pubns.

Avènement de L'Ombre. Aurelie Ml Swan. 2018. (h Ser.: Vol. 2). (FRE.). 262p. (J). pap. *(978-2-9564539-0-1(4))* Bekalle-Akwe (Henri Junior).

Avenged. E. E. Cooper. 2016. (Vanished Ser.: 2). (ENG.). 352p. (YA). (gr. 9). 17.99 *(978-0-06-229392-3(3),* Tegen, Katherine Bks) HarperCollins Pubs.

Avenged. Amy Tintera. (Ruined Ser.: 2). (ENG.). (YA). (gr. 8). 2018. 432p. pap. 9.99 *(978-0-06-239664-8(1));* 2017. 416p. 17.99 *(978-0-06-239663-1(3))* HarperCollins Pubs. (HarperTeen).

Avenger. Ali Barnett Kennedy. 2021. (ENG.). 122p. (YA). pap. 12.99 *(978-1-393-88581-8(0))* Draft2Digital.

Avenger (Classic Reprint) Samuel Gordon. 2017. (ENG., Illus.). (J). 31.96 *(978-1-5282-8089-1(X));* pap. 16.57 *(978-1-334-84460-7(7))* Forgotten Bks.

Avengers, 1 vol., Set. Paul Tobin. Illus. by Jacopo Camagni. Incl. Which Wish? (ENG., Illus.). 24p. (J). (gr. 2-6). 2010. 31.36 *(978-1-59961-769-5(2),* 31, Marvel Age); (Avengers Ser.: 4). (ENG., Illus.). 24p. 2010. Set lib. bdg. 31.36 *(978-1-59961-765-7(X),* 27, Marvel Age) Spotlight.

Avengers: Happy Holidays! Thomas Macri. ed. 2016. (Marvel 8x8s Ser.). (J). lib. bdg. 16.00 *(978-0-606-39176-4(2))* Turtleback.

Avengers: Ms. Marvel's Fists of Fury. Calliope Glass. Illus. by Caravan Studios. 2018. (Mighty Marvel Chapter Bks.). (ENG.). 128p. (J). (gr. 2-7). lib. bdg. 31.36 *(978-1-5321-4213-0(7),* 28550, Chapter Bks.) Spotlight.

Avengers: The New Team. Chris Wyatt. Illus. by Andrea Di Vito & Rachelle Rosenberg. 2017. (World of Reading Level 1 Ser.). (ENG.). 32p. (J). (gr. -1-3). lib. bdg. 31.36 *(978-1-5321-4049-5(5),* 25420) Spotlight.

Avengers - the Gathering Omnibus. Bob Harras. Illus. by Steve Epting. 2021. 1152p. (gr. 4-17). 125.00 *(978-1-302-92649-6(7),* Marvel Universe) Marvel Worldwide, Inc.

AVENGERS + X MEN Volume 1: Superheroes Action Figures. Robby Bobby. Ed. by Kathrin Dreusicke. 2022. (ENG.). 102p. (YA). pap. 24.99 ***(978-1-4709-3827-7(8))*** Lulu Pr., Inc.

AVENGERS + X MEN Volume 2: Superheroes Action Figures. Robby Bobby. Ed. by Kathrin Dreusicke. 2023. (ENG.). 106p. (YA). pap. 24.99 ***(978-1-4709-1619-0(3))*** Lulu Pr., Inc.

AVENGERS + X MEN Volume 3: Superheroes Action Figures. Robby Bobby. Ed. by Kathrin Dreusicke. 2023. (ENG.). 104p. (YA). pap. 24.99 ***(978-1-4709-1570-4(7))*** Lulu Pr., Inc.

AVENGERS + X MEN Volume 4: Superheroes Action Figures. Robby Bobby. Ed. by Kathrin Dreusicke. 2023. (ENG.). 104p. (YA). pap. 24.99 ***(978-1-4709-1348-9(8))*** Lulu Pr., Inc.

AVENGERS + X MEN Volume 5: Superheroes Action Figures. Robby Bobby. Ed. by Kathrin Dreusicke. 2023. (ENG.). 106p. (YA). pap. 24.99 ***(978-1-4709-1213-0(9))*** Lulu Pr., Inc.

AVENGERS + X MEN Volume 6: Superheroes Action Figures. Robby Bobby. Ed. by Kathrin Dreusicke. 2023. (ENG.). 104p. (YA). pap. 24.99 ***(978-1-4709-0613-9(9))*** Lulu Pr., Inc.

Avengers Academy: The Complete Collection, Vol. 2. Christos Gage & Jim McCann. Illus. by Sean Chen & Tom Raney. 2018. 384p. (gr. 8-17). pap. 34.99 *(978-1-302-90945-1(2),* Marvel Universe) Marvel Worldwide, Inc.

Avengers Arena: The Complete Collection. Dennis Hopeless & Christos Gage. Illus. by Kev Walker & Alessandro Vitti. 2018. 408p. (gr. 8-17). pap. 39.99 ***(978-1-302-91185-0(6),*** Marvel Universe) Marvel Worldwide, Inc.

Avengers (Classic Reprint) Headon Hill. (ENG., Illus.). (J). 2018. 320p. 30.50 *(978-0-364-28980-8(5));* 2017. pap. 13.57 *(978-1-5276-3093-2(5))* Forgotten Bks.

Avengers K, 6 vols., Set. Jim Zub. Illus. by Woo Bin Choi et al. 2016. (Avengers K Ser.). (ENG.). 28p. (J). (gr. 2-8). lib. bdg. 188.16 *(978-1-61479-567-4(3),* 24348, Marvel Age) Spotlight.

Avengers K Set 2 (Set), 6 vols. 2017. (Avengers K Set 2 Ser.). (ENG.). 28p. (J). (gr. 2-8). lib. bdg. 188.16 *(978-1-5321-4000-6(2),* 25467, Marvel Age) Spotlight.
Avengers K Set 3 (Set), 7 vols. 2017. (Avengers K Ser.). (ENG.). 24p. (J). (gr. 2-8). lib. bdg. 219.52 *(978-1-5321-4146-1(7),* 27019, Marvel Age) Spotlight.
Avengers Mech Strike: Heroes to the Core. Marvel Press Marvel Press Book Group. 2021. (ENG.). 24p. (J). (gr. -1-k). pap. 4.99 *(978-1-368-07574-9(6))* Marvel Worldwide, Inc.
Avengers: My Mighty Marvel First Book. Marvel Entertainment & Marvel Entertainment. Illus. by George Pérez. 2023. (Mighty Marvel First Book Ser.). (ENG.). 28p. (J). (gr. -1-17). bds., bds. 12.99 ***(978-1-4197-5460-9(2),*** 1733310, Abrams Appleseed) Abrams, Inc.
Avengers: Ultron Revolution (Set), 4 vols. Abdo Staff. Illus. by Marvel Animation Studios. 2019. (Avengers: Ultron Revolution Ser.). (ENG.). 24p. (J). (gr. 2-6). lib. bdg. 125.44 *(978-1-5321-4345-8(1),* 31865, Marvel Age) Spotlight.
Avengers vs. Ultron #1. Jim Zub. Illus. by Woo Bin Choi et al. 2016. (Avengers K Ser.). (ENG.). 28p. (J). (gr. 2-8). lib. bdg. 31.36 *(978-1-61479-568-1(1),* 24349, Marvel Age) Spotlight.
Avengers vs. Ultron #2. Jim Zub. Illus. by Woo Bin Choi et al. 2016. (Avengers K Ser.). (ENG.). 28p. (J). (gr. 2-8). lib. bdg. 31.36 *(978-1-61479-569-8(X),* 24350, Marvel Age) Spotlight.
Avengers vs. Ultron #3. Jim Zub. Illus. by Woo Bin Choi et al. 2016. (Avengers K Ser.). (ENG.). 28p. (J). (gr. 2-8). lib. bdg. 31.36 *(978-1-61479-570-4(3),* 24351, Marvel Age) Spotlight.
Avengers vs. Ultron #4. Jim Zub. Illus. by Woo Bin Choi et al. 2016. (Avengers K Ser.). (ENG.). 28p. (J). (gr. 2-8). lib. bdg. 31.36 *(978-1-61479-571-1(1),* 24352, Marvel Age) Spotlight.
Avengers vs. Ultron #5. Jim Zub. Illus. by Woo Bin Choi et al. 2016. (Avengers K Ser.). (ENG.). 28p. (J). (gr. 2-8). lib. bdg. 31.36 *(978-1-61479-572-8(X),* 24353, Marvel Age) Spotlight.
Avengers vs. Ultron #6. Jim Zub. Illus. by Woo Bin Choi et al. 2016. (Avengers K Ser.). (ENG.). 28p. (J). (gr. 2-8). lib. bdg. 31.36 *(978-1-61479-573-5(8),* 24354, Marvel Age) Spotlight.
Avenging. Holly Kelly. 2021. (ENG.). 310p. (YA). pap. 11.95 *(978-1-63422-461-1(2))* Clean Teen Publishing.
Avenging the Owl. Melissa Hart. (ENG.). 224p. (J). (gr. 5-8). 2018. pap. 9.99 *(978-1-5107-2628-4(4));* 2016. 15.99 *(978-1-63450-147-7(0))* Skyhorse Publishing Co., Inc. (Sky Pony Pr.).
Aventura de Algodon de Azucar. Tara Giri. 2022. (SPA.). 32p. (J). 12.99 ***(978-1-0880-3569-6(8))*** Indy Pub.
Aventura de Algodon de Azucar: The Adventure of Cotton Candy. Tara Giri. 2017. (ENG., Illus.). 28p. (J). 21.99 *(978-1-948304-10-8(4));* pap. 10.99 *(978-1-948304-11-5(2))* PageTurner: Pr. & Media.
Aventura de Luca en Florencia: Leveled Reader Book 42 Level T 6 Pack. Hmh Hmh. 2021. (SPA.). 32p. (J). pap. 74.40 *(978-0-358-08610-9(8))* Houghton Mifflin Harcourt Publishing Co.
Aventura Del Copo de Nieve. Emarie. Tr. by Jessy Alvarado. Illus. by Jack Foster. 2021. (SPA.). 26p. (J). pap. 9.99 ***(978-0-9856481-3-8(9))*** MerryHeartInk.
Aventura en la Biblioteca. Kasmir Huseinovic. 2017. (SPA.). 76p. (J). (gr. 3-5). pap. 15.99 *(978-958-30-5019-0(9))* Panamericana Editorial COL. Dist: Lectorum Pubns., Inc.
Aventura Más Grande (the Greatest Adventure) Tony Piedra. Illus. by Tony Piedra. 2019. (SPA., Illus.). 40p. (J). (gr. -1-3). pap. 5.99 *(978-1-338-56598-0(2),* Scholastic en Espanol) Scholastic, Inc.
Aventura Safari (ABC Safari in Portuguese) Tr. by Adriana Sacciotto & Tatiana Wiedemann. 2019. (POR., Illus.). 32p. (J). (gr. -1-1). pap. 11.95 *(978-1-64351-397-3(4))* Arbordale Publishing.
Aventuras Al Aire Libre(Outdoor Book, the Usborne) Emil Bone & Alice James. 2019. (Outdoor Bks.). (SPA.). 64p. (J). 9.99 *(978-0-7945-4575-8(0),* Usborne) EDC Publishing.
Aventuras de Kandi, Las. Kandi y el Zorro. Raynelda Calderon. 2019. (SPA.). 24p. (YA). 17.95 *(978-84-9145-203-4(6),* Picarona Editorial) Ediciones Obelisco ESP. Dist: Spanish Pubs., LLC.
Aventuras de Otoño. Julie Murray. 2023. (Las Estaciones: ¡Llega el Otoño! Ser.). (SPA.). 24p. (J). (gr. -1-2). lib. bdg. 31.36 ***(978-1-0982-6751-3(6),*** 42723, Abdo Kids) ABDO Publishing Co.
Aventuras de Super Chikis. Vol 1. Luz Andrea Diaz. I.t. ed. 2020. (Aventuras de Super Chikis Ser.). (SPA.). 54p. (J). pap. 9.95 *(978-0-9995299-3-5(5))* Azul Publishing.
Aventuras de Viaje: Figuras Bidimensionales. Dona Rice. rev. ed. 2019. (Mathematics in the Real World Ser.). (SPA.). 20p. (J). (gr. k-1). 8.99 *(978-1-4258-2834-9(5))* Teacher Created Materials, Inc.
Aventuras de Viaje: Suma Hasta 100. Dona Herweck Rice. rev. ed. 2018. (Mathematics in the Real World Ser.). (SPA., Illus.). 32p. (J). (gr. 2-3). pap. 10.99 *(978-1-4258-2864-6(7))* Teacher Created Materials, Inc.
Aventuras en 5 Minutos de la Biblia Aventura, 1 vol. Zondervan Staff. Illus. by Jim Madsen. 2019. (Adventure Bible Ser.). (SPA.). 182p. (J). 12.99 *(978-0-8297-6973-9(0))* Vida Pubs.
Aventuras en el Parque. Mies Van Hout. 2017. (Especiales de a la Orilla Del Viento Ser.). (SPA.). (J). 13.99 *(978-607-16-4749-8(5))* Fondo de Cultura Economica USA.
Aventuras Fantásticas para niñas Soñadoras / Adventure Stories for Daring Girls. Samantha Newman. Illus. by Khoa Le. 2023. (SPA.). 128p. (J). (gr. -1-3). 12.95 ***(978-987-797-048-7(1))*** El Gato de Hojalata ARG. Dist: Penguin Random Hse. LLC.
Aventuras Por el Mundo para niñas Valientes / Fairy Tales for Fearless Girls. Illus. by Khoa Le. 2023. (Grandes Aventuras, Grandes Heroínas Ser.). (SPA.). 128p. (J). (gr. 3-7). 12.95 ***(978-987-797-049-4(X))*** El Gato de Hojalata ARG. Dist: Penguin Random Hse. LLC.
Aventure Dans la Foret. Anna Corot. 2017. (FRE., Illus.). 18p. (J). *(978-1-326-92337-2(4))* Lulu Pr., Inc.
Aventure D'Elly: Sauvons le Corail ! Linda Nissen Samuels. Illus. by Linda Nissen Samuels. 2018. (FRE., Illus.). 32p. (J). pap. *(978-0-9954790-4-3(6))* PatoPr.
Aventure d'Elly Au Bord de la Mer. Linda Nissen Samuels. Illus. by Linda Nissen Samuels. 2016. (FRE., Illus.). (J). pap. *(978-0-9954790-2-9(X))* PatoPr.
Aventure étrange. Massinissa Amrane. 2022. (FRE.). 124p. (J). pap. ***(978-1-387-49181-0(4))*** Lulu Pr., Inc.
Aventure Magique: Kris et Kate Construisent un Bateau. Ruth Finnegan. Tr. by Gwendolyne Thio. Illus. by Rachel Backshall. 2019. (FRE.). 30p. (J). (gr. k-3). pap. *(978-1-911221-90-6(6))* Balestier Pr.
Aventures Avec Peanut. Sheri Schmitt. 2017. (FRE., Illus.). (J). pap. 19.95 *(978-1-68290-096-3(7))* America Star Bks.
Aventures de Bamboula T1: La Première BD en France Contre le Racisme. Mat. 2022. (FRE.). 61p. (YA). pap. ***(978-1-4716-1647-1(9))*** Lulu Pr., Inc.
Aventures de Chi-Chi la Girafe. James Griffiths. 2017. (FRE., Illus.). 62p. (J). pap. *(978-0-244-95786-5(X))* Lulu Pr., Inc.
Aventures de Coralie la Coccinelle: Le Voyage Dans L'espace. Céleste Kurcz. 2021. (ENG.). 40p. (J). *(978-1-0391-0919-3(5));* pap. *(978-1-0391-0918-6(7))* FriesenPress.
Aventures de Couki et Broni: Le Grand Départ. Cindy Valt. Illus. by Alexandra Gagne. 2018. (FRE.). 28p. (J). pap. *(978-2-9557516-1-9(8))* Cindy, Valt.
Aventures de la Ferme de Mme Patsy: Un Cadeau! Est un Cadeau! Est un Cadeau! Teri Cook. 2017. (FRE., Illus.). (J). pap. 19.95 *(978-1-68290-983-6(2))* America Star Bks.
Aventures de Nos Explorateurs a Travers le Monde. Gros-J. 2016. (Histoire Ser.). (FRE., Illus.). (J). pap. *(978-2-01-957842-8(5))* Hachette Groupe Livre.
Aventures de Robinson Crusoe (Classic Reprint) Daniel Dafoe. 2018. (FRE., Illus.). 448p. (J). pap. 16.57 *(978-0-428-09340-2(X))* Forgotten Bks.
Aventures de Telemaque (Classic Reprint) Francois De Salignac De Mothe-Fenelon. 2017. (FRE., Illus.). (J). pap. 16.57 *(978-1-5284-3643-4(1))* Forgotten Bks.
Aventures de Télémaque, Fils d'Ulisse, Vol. 2 (Classic Reprint) Francois De Salignac De Mothe-Fenelon. 2018. (ITA., Illus.). (J). 504p. 34.31 *(978-1-391-31315-3(1));* 506p. pap. 16.97 *(978-1-390-55630-8(1))* Forgotten Bks.
Aventures de Télémaque, Fils d'Ulysse (Classic Reprint) Francois De Salignac De Mothe-Fenelon. 2018. (FRE., Illus.). (J). 436p. 32.89 *(978-0-366-23382-3(3));* 438p. pap. 16.57 *(978-0-366-23378-6(5))* Forgotten Bks.
Aventures de Telemaque, Fils d'Ulysse, Vol. 2 (Classic Reprint) Francois De Salignac De Mothe-Fenelon. (FRE., Illus.). (J). 2017. 31.55 *(978-0-331-61555-5(X));* 2017. pap. 16.57 *(978-0-282-56835-1(2));* 2016. pap. 13.97 *(978-1-334-69072-3(3))* Forgotten Bks.
Aventures de Telemaque, Vol. 1: Publiee Avec une Recension Complete des Manuscrits Authentiques, une Introduction et des Notes (Classic Reprint) Francois De Salignac De Mothe-Fenelon. 2017. (FRE., Illus.). (J). 34.62 *(978-0-331-74671-6(9));* pap. 16.97 *(978-0-243-01101-8(6))* Forgotten Bks.
Aventures de Telemaque, Vol. 1 (Classic Reprint) Francois De Salignac De Mothe-Fenelon. 2017. (FRE., Illus.). (J). 28.68 *(978-0-266-44737-5(6));* pap. 11.57 *(978-0-259-97862-6(0))* Forgotten Bks.
Aventures de Télémaque, Vol. 1 (Classic Reprint) Francois De Salignac De Mothe-Fenelon. 2018. (FRE., Illus.). (J). 440p. 32.97 *(978-1-391-82066-8(5));* 442p. pap. 16.57 *(978-1-390-71973-4(1))* Forgotten Bks.
Aventures de Télémaque, Vol. 2 (Classic Reprint) Francois De Salignac De Mothe-Fenelon. 2018. (FRE., Illus.). (J). 432p. 32.81 *(978-1-396-80932-3(5));* 434p. pap. 16.57 *(978-1-396-80767-1(5))* Forgotten Bks.
Aventures de Ti-Tony Autour du Monde. Nadine Faustin-Parker. 2020. 120p. (J). pap. 29.99 *(978-1-0983-2718-7(7))* BookBaby.
Aventures de Toutou et Toula Perdu. John H. Gray. Illus. by Aria Jones. 2019. (Tyhe Aventures de Toutou et Toula Ser.). (FRE.). 30p. (J). pap. *(978-0-9952387-7-0(4))* Gray, John H.
Aventures des Ramoneurs. Yannick Charette. Illus. by Monique Legault. 2020. (FRE.). 34p. (J). *(978-0-2288-3446-5(5));* pap. *(978-0-2288-3445-8(7))* Tellwell Talent.
Aventures du Commandant Ours et de l'équipage de la Marie Grâce. Robyn [P G. Rob] Handtschoewercker. 2022. (FRE., Illus.). 32p. (J). pap. ***(978-0-473-63860-3(6))*** Trinity Publishing.
Aventures d'une Famille Coranique. N. Dhanji et al. 2019. (FRE., Illus.). 82p. (J). (gr. -1-1). pap. *(978-1-908110-62-6(7))* Sunlight Pubns.
Aventures d'une Paire de Lunettes en Voyage. Michelle Smallman. Illus. by Julian Gonzalez. 2018. (FRE.). 20p. (J). (gr. k-6). pap. *(978-1-7753422-1-2(2))* Smallman, Michelle.
Aventures d'une Superheroine du Begaiement: 1. L'Interromptite. Kim Block. Tr. by Genevieve Lamoureux. Illus. by Cheryl Cameron. 2017. (Aventures d'une Superheroine du Begaiement Ser.: Vol. 1). (FRE.). 20p. (J). (gr. k-5). pap. *(978-1-7750071-1-1(1))* Tellwell Talent.
Aventures Merveilleuses Mais Authentiques du Capitaine Corcaran, Vol. 1 (Classic Reprint) Alfred Assollant. 2018. (FRE., Illus.). (YA). (gr. 7-12). 662p. 37.55 *(978-0-265-32639-8(7));* 664p. pap. 19.97 *(978-0-266-08136-4(3))* Forgotten Bks.
Aventures Secrètes d'un Canard Sauvage. Jordina Holland. Illus. by Nicholas Mueller. 2021. (ENG.). 42p. (J). *(978-1-0391-1204-9(8));* pap. *(978-1-0391-1203-2(X))* FriesenPress.
Aventures Toutu et Toula: Noel. John H. Gray. Tr. by Francine Thibert. Illus. by Aria Jones. 2019. (Toutu et Toula Ser.: Vol. 2). (FRE.). 36p. (J). (gr. k-1). pap. *(978-0-9952387-9-4(0))* Gray, John H.
Aventuriers de L'Astuce. Emmanuel D'Affry. 2016. (FRE., Illus.). 81p. (J). pap. *(978-1-326-82828-8(2))* Lulu Pr., Inc.
Aventurile Unei Familii de Bufnite. Marcela Istrati. 2020. (RUM.). 34p. (J). pap. 10.04 *(978-1-6781-8795-8(X))* Lulu Pr., Inc.
Avenue X. Roger Kristian Jones. 2017. (ENG., Illus.). 284p. (J). pap. *(978-1-365-65148-9(7))* Lulu Pr., Inc.
Average Boy's above-Average Year. Bob Smiley. 2022. (ENG., Illus.). 176p. (J). pap. 12.99 *(978-1-64607-058-9(5),* 20_36807) Focus on the Family Publishing.
Average Boy's Vacation (Classic Reprint) Mary S. Deering. 2018. (ENG., Illus.). 176p. (J). 27.53 *(978-0-483-89788-5(4))* Forgotten Bks.
Average Jose. Ken Flynn. 2017. (ENG., Illus.). (YA). *(978-1-5255-1163-9(7));* pap. *(978-1-5255-1164-6(5))* FriesenPress.
Average Man (Classic Reprint) Robert Grant. 2018. (ENG., Illus.). 308p. (J). 30.21 *(978-0-484-45488-9(9))* Forgotten Bks.
Average Man (Classic Reprint) Oliver Perry Parker. 2018. (ENG., Illus.). 42p. (J). 24.78 *(978-0-483-87821-1(9))* Forgotten Bks.
Average Woman: A Common Story; Reffey; Captain My Captain (Classic Reprint) Wolcott Balestier. 2017. (ENG., Illus.). (J). 28.66 *(978-1-5283-6731-8(5))* Forgotten Bks.
Average Woman (Classic Reprint) William Henry Williamson. 2017. (ENG., Illus.). (J). 32.95 *(978-0-265-19651-9(5))* Forgotten Bks.
Avergonzado de Mi Graznido. Amy Culliford. Illus. by John Joseph. 2022. (Fénix y Ganso (Phoenix & Goose) Ser.). (SPA.). 16p. (J). (gr. -1-3). pap. *(978-1-0396-4970-5(X),* 19952); lib. bdg. *(978-1-0396-4843-2(6),* 19951) Crabtree Publishing Co. (Crabtree Blossoms).
Avery Acts. Tracilyn George. 2023. (ENG.). 22p. (J). pap. 12.99 ***(978-1-77475-561-7(0))*** Draft2Digital.
Avery & the Cupcake Palooza. Dee Medrano. 2016. (ENG., Illus.). (J). pap. 8.99 *(978-1-365-29735-9(7))* Lulu Pr., Inc.
Avery Glibun: Or, Between Two Fires; a Romance (Classic Reprint) Orpheus C. Kerr. 2018. (ENG., Illus.). 302p. (J). 30.15 *(978-0-483-31105-3(7))* Forgotten Bks.
Avery I Love You All Ways. Marianne Richmond. Illus. by Dubravka Kolanovic. 2023. (I Love You All Ways Ser.). (ENG.). 32p. (J). (gr. -1-3). 8.99 ***(978-1-7282-7337-2(4))*** Sourcebooks, Inc.
Avery on the North Pole Express. J. D. Green. Illus. by Joanne Partis. 2022. (North Pole Express Bears Ser.). (ENG.). 32p. (J). (gr. -1-3). 7.99 ***(978-1-7282-6914-6(8))*** Sourcebooks, Inc.
Avery on the North Pole Express. J. D. Green. 2019. (North Pole Express Ser.). (ENG.). 32p. (J). (gr. -1-3). 7.99 ***(978-1-7282-0310-2(4))*** Sourcebooks, Inc.
Avery Santa's Secret Elf. Put Me In The Story & Katherine Sully. Illus. by Julia Seal. 2018. (Santa's Secret Elf Ser.). (ENG.). 32p. (J). (gr. k-3). 5.99 *(978-1-4926-8123-6(7))* Sourcebooks, Inc.
Avery Sleeps More Readily: A Whispered Good Night Fairy Book. Renee Frances. Ed. by Mary Curk. Illus. by Romaine Tacey. 2018. (Good Night Fairy Book Ser.: Vol. 3). (ENG.). 24p. (J). (gr. k-6). pap. *(978-0-9950247-3-1(1));* (gr. 1-6). *(978-0-9950247-4-8(X))* Stuff, Somnus.
Avery 'Twas the Night Before Christmas. Illus. by Lisa Alderson. 2019. (Night Before Christmas Ser.). (ENG.). 32p. (J). (gr. -1-3). 7.99 ***(978-1-7282-0203-7(5))*** Sourcebooks, Inc.
Avery's Christmas Wish. Put Me In The Story & J. D. Green. Illus. by Julia Seal. 2018. (Christmas Wish Ser.). (ENG.). 32p. (J). (gr. k-3). 6.99 ***(978-1-4926-8309-4(4))*** Sourcebooks, Inc.
Avery's Dream Jesus Is Alive. Pearl Robinson. 2020. (ENG.). 66p. (J). 23.99 *(978-1-0879-0607-2(5))* Indy Pub.
Avery's Next Adventure: Ballman Saves Planet Chicken. Avery Ford. Illus. by Temara Leshaun. 2023. (Avery's Ballman Adventures Ser.: Vol. 1). (ENG.). 54p. (J). pap. 19.98 ***(978-0-578-27883-4(9))*** LeShaun, Temara.
Avery's Pumpkin. Kerrie Hollihan. Illus. by Gayle Cobb. 2023. (ENG.). 124p. (J). pap. 9.99 ***(978-1-955791-61-8(9))*** Braughler Bks. LLC.
Aves. Lucía M. Sánchez & Jayson Fleischer. 2016. (2G Animales Ser.). (SPA., Illus.). 36p. (J). pap. 8.00 *(978-1-64337-607-5(2))* American Reading Co.
Aves (Birds) Julie Murray. 2016. (¡Me Gustan Los Animales! (I Like Animals!) Ser.). (SPA.). 24p. (J). (gr. -1-2). lib. bdg. 31.36 *(978-1-62402-630-0(3),* 24764, Abdo Kids) ABDO Publishing Co.
Aves de Presa. Xist Publishing. Tr. by Victor Santana. 2017. (Xist Kids Spanish Bks.). (SPA., Illus.). 28p. (J). (gr. -1-3). pap. 9.99 *(978-1-5324-0373-6(9))* Xist Publishing.
Aves Estatales (State Birds) (Set), 6 vols. 2022. (Aves Estatales (State Birds) Ser.). (ENG.). 24p. (J). (gr. -1-2). lib. bdg. 188.16 *(978-1-0982-6327-0(8),* 39455, Abdo Kids) ABDO Publishing Co.
Aves Hermosas. Harold Morris. 2022. (Ciencias Del Patio Trasero (Backyard Science) Ser.). (SPA.). 24p. (J). (gr. k-2). pap. *(978-1-0396-4939-2(4),* 19582); lib. bdg. *(978-1-0396-4812-8(6),* 19581) Crabtree Publishing Co.
Aves Libro de Colorear para Niños: Libro de Colorear para niños y niñas a Partir de 4 años, una Colección única de Páginas para Colorear, un Libro para Colorear de Pájaros Que Los niños Disfrutarán. R. R. Fratica. 2021. (SPA.). 80p. (J). pap. 9.00 *(978-1-008-99819-3(2))* Lulu Pr., Inc.
Aves Que No Vuelan: Leveled Reader Book 46 Level I 6 Pack. Hmh Hmh. 2021. (SPA.). 16p. (J). pap. 74.40 *(978-0-358-08356-6(7))* Houghton Mifflin Harcourt Publishing Co.
Aves: un Libro de Comparaciones y Contrastes. Aszya Summers. Tr. by Alejandra de la Torre & Javier Camacho Miranda from ENG. 2023. (Libro de Comparaciones y Contrastes Ser.).Tr. of Birds: a Compare & Contrast Book. (SPA., Illus.). 32p. (J). (gr. k-3). 11.95 ***(978-1-63817-264-2(1))*** Arbordale Publishing.
Aves y Otros Animales de Pablo Picasso (Birds & Other Animals with Pablo Picasso) (Spanish Edition) Pablo Picasso. 2017. (SPA.). 30p. (J). (gr. -1-1). bds. 12.95 *(978-0-7148-7435-7(3))* Phaidon Pr., Inc.
Avestruces (Ostriches) Grace Hansen. 2016. (Especies Extraordinarias (Super Species) Ser.). (SPA.). 24p. (J). (gr. -1-2). lib. bdg. 32.79 *(978-1-62402-697-3(4),* 24898, Abdo Kids) ABDO Publishing Co.
Avestruz. Kate Riggs. 2018. (Planeta Animal Ser.). (SPA.). 24p. (J). (gr. 1-4). *(978-1-60818-936-6(8),* 19550, Creative Education) Creative Co., The.
Avi & the Snowy Day. Claudia Carlson. Illus. by C. B. Decker. 2017. (ENG.). 32p. (J). 9.95 *(978-1-68115-528-9(1),* 6363aae9-476f-492a-a905-b7d889214a40) Behrman Hse., Inc.
Avi to the Rescue. Claudia Carlson. Illus. by C. B. Decker. 2016. (ENG.). 32p. (J). pap. 9.95 *(978-1-68115-512-8(5),* 1454631d-d406-41ce-8105-6bb363db65a6) Behrman Hse., Inc.
Avianna & Rupert the Space Bear. Avianna Kabiito. 2017. (ENG., Illus.). 36p. (J). pap. *(978-0-244-90816-4(8))* Lulu Pr., Inc.
Aviary on Queen Street. Stuart Purcell. 2019. (ENG.). 174p. (J). pap. *(978-0-9935137-5-6(1))* Pocket Watch Publishing.
Aviation: Cool Women Who Fly. Carmella Van Vleet. Illus. by Lena Chandhok. 2016. (Girls in Science Ser.). (ENG.). 112p. (J). (gr. 3-7). 19.95 *(978-1-61930-436-9(8),* 445d4c81-a610-4b4b-a4e6-655792a8b2bc) Nomad Pr.

A

Aviation Engines: Design, Construction, Operation, & Repair (Classic Reprint) Victor Wilfred Page. (ENG., Illus.). (J). 2019. 588p. 36.04 *(978-0-365-20954-6(6));* 2016. pap. 19.57 *(978-1-333-66292-9(0))* Forgotten Bks.
Aviator's Wife (Classic Reprint) Adelaide Ovington. (ENG., Illus.). (J). 2018. 216p. 28.35 *(978-0-267-59877-9(7));* 2016. pap. 10.97 *(978-1-334-14403-5(6))* Forgotten Bks.
Avicenna: The Father of Modern Medicine. Nazila Fathi. 2020. (ENG., Illus.). 32p. (J). 24.99 *(978-1-7346078-3-3(1))* Susa Inc.
Avid Little Reader Stories II. Mary L. Martin. 2017. (ENG., Illus.). (J). pap. 10.99 *(978-1-4984-9515-8(X))* Salem Author Services.
Avillion & Other Tales, Vol. 1 of 3 (Classic Reprint) Dinah Maria Mulock Craik. 2018. (ENG., Illus.). 372p. (J). 31.57 *(978-0-332-35739-3(2))* Forgotten Bks.
Avillion & Other Tales, Vol. 3 of 3 (Classic Reprint) Dinah Maria Mulock Craik. 2017. (ENG., Illus.). (J). 31.32 *(978-0-265-95585-7(8))* Forgotten Bks.
Avión de Akeem: Fragmentar el Problema, 1 vol. Ava Beasley. 2017. (Computación Científica en el Mundo Real (Computer Science for the Real World) Ser.). (SPA.). 16p. (J). (gr. 2-3). pap. *(978-1-5383-5585-5(X),* 97461d67-7faa-4e2a-9000-b166cab788b3, Rosen Classroom) Rosen Publishing Group, Inc., The.
Avión Libro para Colorear: Libro para Colorear de Aviones Perfecto para niños y niñas, Grandes Regalos de Aviones para Los niños y Los niños Pequeños Que les Encanta Jugar con Los Aviones y Disfrutar con Los Amigos. Amelia Yardley. 2021. (SPA.). 82p. (J). pap. *(978-1-008-94135-9(2))* Lulu.com.
Avion Livre de Coloriage: Livre de Coloriage Sur les Avions Pour les Enfants, Garçons et Filles, un Cadeau Idéal Pour les Enfants et les Jeunes Qui Aiment Jouer Avec les Avions et S'amuser Avec Leurs Amis. Amelia Yardley. 2021. (FRE.). 82p. (J). pap. *(978-1-008-94104-5(2))* Lulu.com.
Avion My Uncle Flew. Cyrus Fisher. Illus. by Richard Floethe. 2018. xi, 262p. (J). pap. *(978-1-948959-00-1(3))* Purple Hse. Pr.
Avioncito. May Clerici & Iván Kerner. 2023. (SPA.). 26p. (J). (gr. k-2). bds. 15.95 ***(978-987-637-784-3(1))*** Catapulta Pr.
Aviones: 101 Cosas Que Deberias Saber Sobre Los (Planes: 101 Facts) Editor. 2017. (101 Facts (Spanish Editions) Ser.). (ENG.). 48p. (J). pap. *(978-1-60745-784-8(9))* Lake Press.
Aviones: Leveled Reader Book 65 Level P 6 Pack. Hmh Hmh. 2021. (SPA.). 24p. (J). pap. 74.40 *(978-0-358-08459-4(8))* Houghton Mifflin Harcourt Publishing Co.
Aviones: Xist Kids Spanish Books. Xist Publishing. 2017. (Xist Kids Spanish Bks.). (SPA., Illus.). 28p. (J). (gr. -1-3). pap. 9.99 *(978-1-5324-0106-0(X))* Xist Publishing.
Aviones de Caza (Military Fighter Aircraft) Grace Hansen. 2017. (Vehículos y Aeronaves Militares (Military Aircraft & Vehicles) Ser.). (SPA.). 24p. (J). (gr. -1-2). lib. bdg. 32.79 *(978-1-5321-0211-0(9),* 25248, Abdo Kids) ABDO Publishing Co.
Aviones de Papel: Componer Numeros Del 1 Al 10. Logan Avery. rev. ed. 2019. (Mathematics in the Real World Ser.). (SPA., Illus.). 20p. (J). (gr. k-1). 8.99 *(978-1-4258-2830-1(2))* Teacher Created Materials, Inc.
Aviones Libro de Colorear para Niños: Gran Colección de Aviones Divertidos para Colorear. 50 Páginas con Dibujos para Pintar para niños y niñas de 4-8 6-9 años. Libro de Colorear con Actividades para Preescolares. Ideas de Regalo para Chicos y Chicas a Lo. Happy Books For All. 2021. (SPA.). 86p. (J). pap. *(978-1-008-92393-5(1))* Lulu.com.
Avions Livre de Coloriage Pour les Enfants: Grande Collection de Pages À Colorier d'avions Pour Garçons et Filles. Livre de Coloriage d'avions Pour les Enfants de 4-8, 6-9 Ans. Grand Cadeau d'avion Pour les Enfants. Grand Livre d'activités Sur L'aviation. Happy Books For All. 2021. (FRE., Illus.). 86p. (J). pap. *(978-1-008-91872-6(5))* Lulu.com.
Avis Au Tiers-État de la Province d'Anjou (Classic Reprint) Anjou France. 2018. (FRE., Illus.). (J). 24p. 24.39 *(978-0-365-69925-5(X));* 26p. pap. 7.97 *(978-0-365-69921-7(7))* Forgotten Bks.
Avis Benson: Or, Mine & Thine; with Other Sketches (Classic Reprint) E. Prentiss. 2018. (ENG., Illus.). 260p. (J). 29.28 *(978-0-267-23080-8(X))* Forgotten Bks.
Avi's Special Day. Sarah Gobin-Darrell. 2021. (ENG.). 36p. (J). pap. 12.50 *(978-1-387-27993-7(9))* Lulu Pr., Inc.
Avispón Gigante Japonés: Leveled Reader Book 73 Level M 6 Pack. Hmh Hmh. 2020. (SPA.). 16p. (J). pap. 74.40 *(978-0-358-08381-8(8))* Houghton Mifflin Harcourt Publishing Co.
Avocado Asks. Momoko Abe. 2021. (ENG., Illus.). 32p. (J). (gr. -1-2). 18.99 *(978-0-593-17793-8(2),* Doubleday Bks. for Young Readers) Random Hse. Children's Bks.
Avocado Baby. John Burningham. 2021. (Illus.). 28p. (J). (gr. k-2). bds. 14.99 *(978-0-85755-215-0(5),* Jonathan Cape) Penguin Random Hse. GBR. Dist: Independent Pubs. Group.
Avocado Bliss. Gerardo Delgadillo & Candace Robinson. 2020. (ENG.). 280p. (J). pap. *(978-0-3695-0154-7(3))* Evernight Publishing.
Avocado Die Schildkröte: Die Einzig Wahre (Avocado the Turtle - German Edition) Kiara Shankar & Vinay Shankar. 2021. (GER.). 44p. (J). pap. 12.99 *(978-1-950263-41-7(X))* VIKI Publishing.

Avocado la Tartaruga: L'unico e Solo (Avocado the Turtle - Italian Edition) Kiara Shankar & Vinay Shankar. 2021. (ITA.). 44p. (J). pap. 12.99 *(978-1-950263-47-9(9))* VIKI Publishing.

Avocado la Tortue: La Seule et l'Unique (Avocado the Turtle - French Edition) Kiara Shankar & Vinay Shankar. 2021. (FRE.). 44p. (J). pap. 12.99 *(978-1-950263-39-4(8))* VIKI Publishing.

Avocado la Tortuga: La única y Auténtica (Avocado the Turtle - Spanish Edition) Kiara Shankar & Vinay Shankar. 2021. (SPA.). 44p. (J). pap. 12.99 *(978-1-950263-37-0(1))* VIKI Publishing.

Avocado Stickers. Ellen Scott. 2018. (Dover Little Activity Books Stickers Ser.). (ENG.). 8p. (J). (gr. k). pap. 1.99 *(978-0-486-82506-9(X)*, 82506X) Dover Pubns., Inc.

Avocado the Turtle: The One & Only. Kiara Shankar & Vinay Shankar. 2020. (ENG.). 44p. (J). 19.99 *(978-1-950263-35-6(5))*; pap. 12.99 *(978-1-950263-34-9(7))* VIKI Publishing.

Avocado's Surprise Birthday Party! Kiara Shankar & Vinay Shankar. l.t. ed. 2023. (Avocado the Turtle Ser.: Vol. 2). (ENG.). 40p. (J). 19.99 ***(978-1-950263-95-0(9))***; pap. 13.99 ***(978-1-950263-94-3(0))*** VIKI Publishing.

Avocados Überraschungsfeier! (Avocado's Surprise Birthday Party - German Edition) Kiara Shankar & Vinay Shankar. l.t. ed. 2023. (Avocado Die Schildkröte Ser.: Vol. 2). (GER.). 40p. (J). pap. 14.99 ***(978-1-950263-98-1(3))*** VIKI Publishing.

Avoid Dance. Louise Potash. 2021. (ENG.). 24p. (J). 15.99 *(978-1-6629-1044-9(4))*; pap. 12.99 *(978-1-6629-1264-1(1))* Gatekeeper Pr.

Avoid Living in a Virus Pandemic! Anne Rooney. Illus. by David Antram. 2021. (Danger Zone Ser.). (ENG.). 40p. (J). (gr. 4). pap. 8.95 *(978-1-913971-19-9(8))* Book Hse. GBR. Dist: Sterling Publishing Co., Inc.

Avoiding Bullies? Skills to Outsmart & Stop Them, 1 vol. Louise Spilsbury. 2018. (Life Skills Ser.). (ENG.). 48p. (gr. 5-5). lib. bdg. 30.93 *(978-0-7660-9968-5(7)*, e4ff5feb-416e-4747-b779-41a752e2a3de) Enslow Publishing, LLC.

Avoiding Clickbait, 1 vol. Kristin Thiel. 2018. (News Literacy Ser.). (ENG.). 64p. (J). (gr. 5-5). pap. 16.28 *(978-1-5026-4020-8(1)*, d8d63f7d-5fe9-40e3-941b-7012bf75dacf) Cavendish Square Publishing LLC.

Avoiding Dangerous Downloads, 1 vol. Karen McMichael. 2017. (Keep Yourself Safe on the Internet Ser.). (ENG.). 24p. (J). (gr. 1-2). 25.27 *(978-1-5383-2499-8(7)*, 0a5973ef-2b57-4e63-bbe2-2f5b2b0a6469, PowerKids Pr.) Rosen Publishing Group, Inc., The.

Avon's Harvest (Classic Reprint) Edwin Arlington Robinson. 2018. (ENG., Illus.). 72p. (J). 25.44 *(978-0-484-38453-7(8))* Forgotten Bks.

Avulias Taskurapu: Finnish Edition of the Caring Crab. Tuula Pere. Illus. by Roksolana Panchyshyn. 2018. (Colin the Crab Ser.: Vol. 1). (FIN.). 54p. (J). (gr. k-4). pap. *(978-952-7107-49-2(0))* Wickwick oy.

Avventure con Peanut (Italian) Sheri Schmitt. 2017. (ITA., Illus.). (J). pap. 19.95 *(978-1-68290-185-4(8))* America Star Bks.

Avventure Della Piccola Olga. la Casa Delle Formiche. Francesco Pistillo. 2016. (ITA.). 32p. (J). pap. ***(978-1-326-89761-1(6))*** Lulu Pr., Inc.

Avventure Di Amy. Marilisa Menegatti. 2020. (ITA.). 62p. (J). 22.00 *(978-1-716-33988-2(X))* Lulu Pr., Inc.

Avventure Di Pinocchio see Adventures of Pinocchio

Avventure di Pinocchio see Pinocchio

Avventure Di Pinocchio see Adventures of Pinocchio

Avventure di Pinocchio see Pinocchio

Avventure Di Pinocchio see Adventures of Pinocchio

Avviamento All'arte Dello Scrivere: O Prime Esercitazioni Di Comporre in Italiano per I Giovaneti (Classic Reprint) Basilio Puoti. 2018. (ITA., Illus.). 304p. (J). 30.17 *(978-0-666-97760-1(7))* Forgotten Bks.

Aw-Aw-Tam Indian Nights: Being the Myths & Legends of the Pimas of Arizona. J. William Lloyd. 2017. (ENG., Illus.). (J). pap. *(978-1-76057-200-6(4))* Trieste Publishing Pty Ltd.

Aw-Aw-Tam Indian Nights: Being the Myths & Legends of the Pimas of Arizona (Classic Reprint) J. William Lloyd. 2018. (ENG., Illus.). 260p. (J). 29.26 *(978-0-666-31374-4(1))* Forgotten Bks.

Aw Yeah Comics Vol 3 Make Wat for Awesom, Vol. 3. A. Baltzar. 2016. (Aw Yeah Comics Ser.: 3). (Illus.). 144p. (J). (gr. 3-7). pap. 12.99 *(978-1-5067-0045-8(4)*, Dark Horse Books) Dark Horse Comics.

Awa 'mpara a Contà. Enrico Giusti. Tr. by Tina E. Gianni de Stefani. Illus. by Simone Frasca. 2021. (ITA.). 46p. (J). pap. *(978-0-9541723-3-6(7))* Adverbage, Ltd.

Awa Teaches Numbers: Young Awa Teaches Numbers to Her Village. Enrico Giusti. Tr. by 101translations. Illus. by Simone Frasca. 2019. (In the World of Numbers Ser.: Vol. 1). (ENG.). 46p. (J). pap. *(978-0-9541723-6-7(1))* Adverbage, Ltd.

Awake. Mags DeRoma. Illus. by Mags DeRoma. 2021. (ENG., Illus.). 40p. (J). 18.99 *(978-1-250-75319-9(8)*, 900225277) Roaring Brook Pr.

Awake. James M. McCracken. 2017. (ENG., Illus.). (YA). pap. 15.00 *(978-0-9667853-2-6(0))* JK Pr.

Awake All Night! Cameron Pendergraft. Ed. by Lynn Berner Coble. Illus. by Jennifer Tipton Cappoen. 2022. (ENG.). 42p. (J). pap. 14.99 *(978-1-946198-30-3(7))* Paws and Claws Publishing, LLC.

Awake, Asleep. Kyle Lukoff. Illus. by Nadia Alam. 2023. (ENG.). 32p. (J). (gr. -1-k). 18.99 *(978-1-338-77621-8(5)*, Orchard Bks.) Scholastic, Inc.

Awake at Night Nocturnal Animals Coloring Book for Kids. Educando Kids. 2019. (ENG.). 42p. (J). pap. 6.99 *(978-1-64521-036-8(7)*, Educando Kids) Editorial Imagen.

Awaken. Michelle Bryan. 2017. (New Bloods Ser.: Vol. 1). (ENG., Illus.). (YA). pap. *(978-0-9956325-9-2(6))* Aelurus Publishing.

Awaken. Molly Jauregui. 2017. (Fated Ser.: Vol. 1). (ENG., Illus.). (YA). (gr. 7-12). pap. 13.99 *(978-1-68160-398-8(5))* Crimson Cloak Publishing.

Awaken. Molly Jauregui. 2019. (ENG.). 318p. (YA). (gr. 7-12). pap. 14.99 *(978-0-578-46346-9(6))* Hill, Molly.

Awaken. Georgina Kane. 2017. (ENG., Illus.). 370p. (YA). (gr. 7-12). pap. 14.99 *(978-0-9993880-0-6(2))* Fierce Girl Publishing Hse.

Awaken: A Chakra & Meditation Book to Evolve & Elevate from Within. Kelly Potter. 2021. (ENG.). 22p. (YA). pap. 12.95 *(978-1-63692-922-4(2))* Newman Springs Publishing, Inc.

Awaken the Damned. Monique Russ. 2019. (ENG.). 346p. (J). pap. 16.76 *(978-1-7328064-2-9(X))* 2018.

Awaken Vol. 1. Koti Saavedra. 2022. (Awaken Ser.: 1). (Illus.). 252p. (YA). (gr. 8-12). pap. 17.99 *(978-1-63858-406-3(0))* Seven Seas Entertainment, LLC.

Awakened. Billie Kowalewski. 2019. (ENG.). 380p. (YA). (gr. 7-12). pap. 15.99 *(978-0-578-48323-8(8))* Kowalewski, Billie.

Awakened. Sara Santana. 2016. (Awakened Ser.: Vol. 1). (ENG., Illus.). (YA). (gr. 7-12). pap. *(978-0-9956365-1-4(6))* Oftomes Publishing.

Awakened: Book One of the Ethereal Series. Julian Cheek. 2018. (ENG., Illus.). 306p. (YA). pap. *(978-1-912562-19-0(7))* Clink Street Publishing.

Awakened Are the Starry-Eyed. Christine Doré Miller. 2021. (Starry-Eyed Ser.: Vol. 2). (ENG.). 180p. (J). pap. *(978-0-3695-0358-9(9))* Evernight Publishing.

Awakened Dreams. C. J. Hambye. 2020. (Astronimacy Ser.). (ENG., Illus.). 122p. (YA). pap. 8.49 ***(978-1-0878-6876-9(9))*** Indy Pub.

Awakening. John Galsworthy. 2017. (ENG., Illus.). (J). pap. 16.95 *(978-1-374-93527-3(1))* Capital Communications, Inc.

Awakening. John Galsworthy. 2017. (ENG., Illus.). (J). pap. *(978-0-649-01864-2(8))* Trieste Publishing Pty Ltd.

Awakening. Cody Gunby. 2018. (ENG., Illus.). 226p. (YA). pap. 16.95 *(978-1-64214-963-0(2))* Page Publishing Inc.

Awakening. Cody Gunby. 2018. (ENG., Illus.). 226p. (YA). (gr. 9-10). 26.95 *(978-1-64424-059-5(9))* Page Publishing Inc.

Awakening. Bella Ho. 2023. (Project X Ser.: Vol. 2). (ENG.). 212p. (J). pap. 11.99 ***(978-1-393-60069-5(7))*** Draft2Digital.

Awakening: A Rigelian Adventure. Marya Brunson. 2017. (ENG., Illus.). 344p. (J). pap. 14.95 *(978-0-9801414-4-3(3))* Lotus Blossom Bks.

Awakening: A Study (Classic Reprint) Maud Diver. 2017. (ENG., Illus.). (J). 33.51 *(978-1-5283-7549-8(1))* Forgotten Bks.

Awakening: A Tankborn Novel #2, 1 vol. Karen Sandler. 2019. (Tankborn Ser.: 2). (ENG.). 400p. (YA). (gr. 7-12). pap. 16.95 *(978-1-64379-092-3(7)*, leelowtu, Tu Bks.) Lee & Low Bks., Inc.

Awakening: Illustrated by R. H. Sauter (Classic Reprint) John Galsworthy. 2018. (ENG., Illus.). 62p. (J). 25.20 *(978-0-365-12110-7(X))* Forgotten Bks.

Awakening: The Summer Omega Series, Book 1. Jk Cooper. Ed. by September C. Fawkes. 2018. (Summer Omega Ser.: Vol. 1). (ENG., Illus.). 352p. (YA). (gr. 9-12). 27.99 *(978-0-9996797-5-9(X))*; pap. 14.99 *(978-0-9996797-0-8(8))* Altar of Influence.

Awakening (Classic Reprint) Anna Gaskill Cartrette. 2018. (ENG., Illus.). 172p. (J). 27.46 *(978-0-428-53017-4(6))* Forgotten Bks.

Awakening (Classic Reprint) Kate Chopin. 2017. (ENG., Illus.). (J). 30.37 *(978-0-331-58763-0(7))* Forgotten Bks.

Awakening Dusk. R. Weidner. 2022. (Wings of Change Ser.). (ENG.). 630p. (YA). pap. 19.99 ***(978-1-0880-5430-7(7))*** Indy Pub.

Awakening of David Rose: A Young Adult Fantasy Adventure. Daryl Rothman & Kirstin Anna Andrews. Ed. by Lane Diamond. 2nd ed. 2019. (David Rose Ser.: Vol. 1). (ENG.). 296p. (YA). (gr. 7-12). pap. 16.95 *(978-1-62253-568-2(5))* Evolved Publishing.

Awakening of Malcolm X: A Novel. Ilyasah Shabazz & Tiffany D. Jackson. 2023. (ENG.). 336p. (YA). pap. 11.99 *(978-1-250-82113-3(4)*, 900210723) Square Fish.

Awakening of Mary Fenwick: A Novel (Classic Reprint) Beatrice Whitby. 2018. (ENG., Illus.). 354p. (J). 31.20 *(978-0-483-69311-1(1))* Forgotten Bks.

Awakening of Poccalito: A Tale of Telegraph Hill, & Other Tales (Classic Reprint) Eugenia Kellogg. (ENG., Illus.). (J). 2018. 138p. 26.76 *(978-0-483-46801-6(0))*; 2016. pap. 9.57 *(978-1-333-50920-0(0))* Forgotten Bks.

Awakening of Spring. Frank Wedekind. 2018. (ENG., Illus.). 86p. (J). 12.99 *(978-1-5154-3002-5(2))* Wilder Pubns., Corp.

Awakening of Spring: A Tragedy of Childhood (Classic Reprint) Frank Wedekind. 2017. (ENG., Illus.). (J). 27.36 *(978-1-5283-6833-9(9))* Forgotten Bks.

Awakening of the Duchess (Classic Reprint) Frances Charles. 2018. (ENG., Illus.). 244p. (J). 28.95 *(978-0-484-28418-9(5))* Forgotten Bks.

Awakening of Zojas (Classic Reprint) Miriam Michelson. (ENG., Illus.). (J). 2018. 290p. 29.88 *(978-0-364-53222-5(X))*; 2017. pap. 13.57 *(978-0-243-28466-5(7))* Forgotten Bks.

Awakening Shadows. Sydney Hawthorn. (ENG.). 282p. (YA). 2021. 23.00 *(978-1-7349004-2-2(3))*; 2020. (Navarre Chronicles Ser.: Vol. 1). pap. 15.99 *(978-1-7349004-0-8(7))* Lilac Daggers Pr. LLC.

Awakening Storm, 1. Jaimal Yogis. ed. 2022. (City of Dragons Ser.). (ENG., Illus.). 232p. (J). (gr. 4-5). 26.46 ***(978-1-68505-194-5(4))*** Penworthy Co., LLC, The.

Awakening Storm: a Graphic Novel (City of Dragons #1) Jaimal Yogis. Illus. by Vivian Truong. 2021. (ENG.). 240p. (J). (gr. 3-7). 24.99 *(978-1-338-66043-2(8))*; pap. 12.99 *(978-1-338-66042-5(X))* Scholastic, Inc. (Graphix).

Awakening; the Foggin's Quest Book 1. Christine Grange. 2018. (ENG., Illus.). 200p. (J). pap. *(978-1-910565-19-3(9))* Britain's Next Bestseller.

Awakening the Stricken. Matthew E. Nordin. 2019. (Shadows of Eleanor Ser.: Vol. 2). (ENG.). 232p. (J). pap. 9.99 *(978-0-578-61523-3(1))* Matthew E Nordin.

Awakening the Trinity. Brittany Elise. 2018. (ENG., Illus.). 268p. (YA). (gr. 7-12). pap. 19.95 *(978-1-68433-126-0(9))* Black Rose Writing.

Away, 1 vol. Emil Sher. Illus. by Qin Leng. 2017. (ENG.). 32p. (J). (gr. k-2). 18.95 *(978-1-55498-483-1(1))* Groundwood Bks. CAN. Dist: Publishers Group West (PGW).

Away from Group Chat & into Real Chit-Chat Shared Diary Notebook with Friends. Planners & Notebooks Inspira Journals. 2019. (ENG.). 200p. (J). pap. 12.55 *(978-1-64521-301-7(3)*, Inspira) Editorial Imagen.

Away from Home. J. R. Hazen. Illus. by Nithini Wathsala. 2023. (ENG.). 22p. (J). pap. 20.99 ***(978-1-6628-7109-2(0))*** Salem Author Services.

Away Go the Boats. Margaret Hillert. Illus. by Kathie Kelleher. 2016. (Beginning-To-Read Ser.). (ENG.). 32p. (J). (gr. k-2). pap. 13.26 *(978-1-60357-933-9(8))* Norwood Hse. Pr.

Away Go the Boats. Margaret Hillert. Illus. by Kathie Kelleher. 2016. (BeginningtoRead Ser.). (ENG.). 32p. (J). (gr. 1-2). 22.60 *(978-1-59953-792-4(3))* Norwood Hse. Pr.

Away in a Manger. Holly Berry-Byrd. Ed. by Cottage Door Press. Illus. by Daniela Sosa. ed. 2020. (ENG.). 12p. (J). (gr. -1-k). bds. 10.99 *(978-1-68052-988-3(9)*, 1006150) Cottage Door Pr.

Away in a Manger (Bible Bbs) Scholastic. 2018. (ENG., Illus.). 32p. (J). (gr. -1-k). 5.99 *(978-1-338-21748-3(8)*, Little Shepherd) Scholastic, Inc.

Away in My Airplane. Margaret Wise Brown. Illus. by Henry Fisher. 2019. (Margaret Wise Brown Classics Ser.). (ENG.). 32p. (J). (gr. -1-k). 12.99 *(978-1-68412-753-5(X)*, Silver Dolphin Bks.) Printers Row Publishing Group.

Away Running, 1 vol. David Wright & Luc Bouchard. 2016. (ENG.). 312p. (YA). (gr. 8-12). pap. 14.95 *(978-1-4598-1046-4(5))* Orca Bk. Pubs. USA.

Away We Go. Emil Ostrovski. 2016. (ENG.). 272p. (YA). (gr. 9). 17.99 *(978-0-06-223855-9(8)*, Greenwillow Bks.) HarperCollins Pubs.

Away We Go! Atlanta ABCs. Greta Ytterbo & Alex Douglass Robinson. Illus. by Mason McNay. 2021. (Away We Go! Ser.: 1). (ENG.). 36p. (J). pap. 20.00 *(978-1-0983-8870-6(4))* BookBaby.

Away with the Fairies. Sabine Muir. 2020. (ENG.). 238p. (J). pap. *(978-1-83945-486-8(5))* FeedARead.com.

Away with Wastefulness: Short Stories on Becoming Frugal & Overcoming Wastefulness. Sophia Day & Kayla Pearson. Illus. by Timmy Zowada. 2019. (Help Me Become Ser.: 7). (ENG.). 72p. (J). 14.99 *(978-1-64255-191-4(0)*, 5b31d1c7-8411-4f4c-9b14-fcea362556cf) MVP Kids Media.

Away with Words. Linda Folsom. 2022. (ENG.). 196p. (YA). 33.95 ***(978-1-6657-3176-8(1))***; pap. 17.95 ***(978-1-6657-2798-3(5))*** Archway Publishing.

Away with Words: The Daring Story of Isabella Bird. Lori Mortensen. Illus. by Kristy Caldwell. 36p. (J). (gr. 1-4). 2022. 8.99 *(978-1-68263-393-9(4))*; 2019. 17.95 *(978-1-68263-005-1(6))* Peachtree Publishing Co. Inc.

Away with Words! Wise & Witty Poems for Language Lovers. Mary Ann Hoberman. Illus. by Perry Hoberman. 2022. (ENG.). 64p. (J). (gr. 1-17). 18.99 *(978-0-316-16765-9(7))* Little, Brown Bks. for Young Readers.

Awe-Some Days: Poems about the Jewish Holidays. Marilyn Singer. Illus. by Dana Wulfekotte. 2022. 32p. (J). (gr. k-3). 18.99 *(978-0-593-32469-1(2)*, Dial Bks) Penguin Young Readers Group.

Awesome! Craig Shuttlewood. Illus. by Craig Shuttlewood. 2018. (ENG., Illus.). 32p. (J). (gr. k-2). 15.95 *(978-1-68446-013-7(1)*, 138906, Capstone Editions) Capstone.

Awesome - Awesome Possum Book. Eric Desio. 2021. (ENG., Illus.). 32p. (J). 19.95 *(978-1-952637-30-8(9))* Be You Bks.

Awesome 8 Epic. Julie Beer et al. ed. 2019. (National Geographic Kids Awesome 8 Ser.). (ENG.). 111p. (J). (gr. 4-5). 24.96 *(978-0-87617-489-0(6))* Penworthy Co., LLC, The.

Awesome Accidents: 19 Discoveries That Changed the World. Soledad Romero Mariño. Illus. by Montse Galbany. 2022. (ENG.). 48p. (J). (gr. 1-3). 17.95 *(978-1-914519-20-8(5))* Welbeck Publishing Group Ltd. GBR. Dist: Two Rivers Distribution.

Awesome Achievers in Science: Super & Strange Facts about 12 Almost Famous History Makers. Alan Katz. Illus. by Chris Judge. 2019. (Awesome Achievers Ser.: 2). (ENG.). 112p. (J). (gr. 3-7). pap. 11.99 *(978-0-7624-6338-1(4)*, Running Pr. Kids) Running Pr.

Awesome Achievers in Technology: Super & Strange Facts about 12 Almost Famous History Makers. Alan Katz. Illus. by Chris Judge. 2019. (Awesome Achievers Ser.). (ENG.). 112p. (J). (gr. 3-7). pap. 11.99 *(978-0-7624-6336-7(8)*, Running Pr. Kids) Running Pr.

Awesome Action & Brain Boosting Fun! Awesome Kids Activity Book. Bobo's Children Activity Books. 2016. (ENG., Illus.). (J). pap. 7.99 *(978-1-68327-383-7(4))* Sunshine In My Soul Publishing.

Awesome Action! Super Activity Book for Kids. Bobo's Children Activity Books. 2016. (ENG., Illus.). (J). pap. 7.99 *(978-1-68327-384-4(2))* Sunshine In My Soul Publishing.

Awesome Activities Write, Wipe, & Learn. Kidsbooks. 2021. (ENG.). (J). spiral bd. 12.99 *(978-1-62885-462-6(6))* Kidsbooks, LLC.

Awesome Activity Book for Kids Tracing & Handwriting Practice. Bobo's Children Activity Books. 2016. (ENG., Illus.). (J). pap. 7.99 *(978-1-68327-385-1(0))* Sunshine In My Soul Publishing.

Awesome Adventures of Doodle & Weeze: Dogs That Do Jobs. Amy White. 2017. (ENG., Illus.). (J). pap. 14.95 *(978-0-9992365-0-5(4))* Dogs Doing Jobs, LLC.

Awesome Adventures of Poppy & Amelia. Maddy Harrisis & Misha Herwin. 2020. (ENG.). 214p. (J). pap. *(978-1-9164373-9-5(7))* Penkhull Pr.

Awesome Adventures with Cadie the Rescue Dog. Natalie K. McCurry & Cadie McCurry. Illus. by Chris Schwink. 2022. (Adventures with Cadie the Rescue Dog Ser.: 1). 44p. (J). pap. 11.99 *(978-1-6678-3553-2(X))* BookBaby.

Awesome Allosaurus Adventure: James Bone Graphic Novel #1. 2021. (ENG.). 24p. (J). pap. 4.99 *(978-0-635-13577-3(9))* Gallopade International.

Awesome Alphabet Animal's Party. Joyce Carr Stedelbauer. 2018. (ENG., Illus.). 42p. (J). pap. 12.99 *(978-1-945990-12-0(0))* High Tide Pubns.

Awesome Alphabet Animal's Party. Joyce Carr Stedelbauer. Illus. by Clay's 2001 Second Grade Class. 2018. (ENG.). 42p. (J). (gr. k-4). pap. 12.99 *(978-1-945990-53-3(8))* High Tide Pubns.

Awesome Ambulances. Tony Mitton. Illus. by Ant Parker. 2018. (Amazing Machines Ser.). (ENG.). 24p. (J). pap. 6.99 *(978-0-7534-7458-7(1)*, 900191870, Kingfisher) Roaring Brook Pr.

Awesome Amphibians. Betsy Rathburn. 2022. (Amazing Animal Classes Ser.). (ENG., Illus.). 24p. (J). (gr. k-3). pap. 7.99 *(978-1-64834-831-0(9)*, 21685, Blastoff! Readers) Bellwether Media.

Awesome & Extreme Seek & Find for Girls Activity Book. Jupiter Kids. 2016. (ENG., Illus.). 108p. (J). pap. 16.55 *(978-1-68326-192-6(5)*, Jupiter Kids (Childrens & Kids Fiction)) Speedy Publishing LLC.

Awesome Animal Powers (Set), 8 vols. 2018. (Awesome Animal Powers Ser.). (ENG.). 32p. (J). (gr. 2-5). lib. bdg. 273.76 *(978-1-5321-1495-3(8)*, 28844, Big Buddy Bks.) ABDO Publishing Co.

Awesome Animal Stories for Kids. Aleesah Darlison & James Hart. 2016. (Illus.). 192p. (J). (gr. 1-4). pap. 9.99 *(978-0-85798-968-0(5))* Random Hse. Australia AUS. Dist: Independent Pubs. Group.

Awesome Animal Tails, 1 vol. Edison Booth. 2017. (Animals in My World Ser.). (ENG.). 24p. (gr. 1-2). pap. 9.25 *(978-1-5383-2144-7(0)*, 2b626a0b-657e-4335-a489-f9e6aeb1b399, PowerKids Pr.) Rosen Publishing Group, Inc., The.

Awesome Animal Tales. Edison Booth. 2017. (J). *(978-1-5081-5921-6(1)*, PowerKids Pr.) Rosen Publishing Group, Inc., The.

Awesome Animals Adults Coloring Book: A Beautiful Adult Coloring Book Stress Relieving Animal Designs. Elli Steele. 2021. (ENG.). 146p. (YA). pap. 11.98 *(978-1-716-25926-5(6))* Lulu Pr., Inc.

Awesome Animals & Amazing Adventure Tales: Christian Bed Time Stories. Tina Jensen. 2021. (ENG.). 134p. (J). pap. *(978-1-393-58056-0(4))* Lulu.com.

Awesome Animals & Amazing Adventure Tales: Christian Bed Time Stories. Tina Teresa Jensen. 2021. (ENG.). 134p. (J). pap. *(978-1-64830-367-8(6))* Lulu.com.

Awesome Animals & the Places They Live. Hannah Lippard. 2019. (Do You Know About? Ser.). (ENG.). 48p. (J). (gr. 3-5). 9.99 *(978-1-4867-1653-1(9)*, 6b1f9958-c84e-43de-b10b-130fa6d4878c) Flowerpot Pr.

Awesome Animals-Big Ideas Learning Box-Explore the Amazing Animal Kingdom: Kit Includes Poster; Jigsaw; Game Cards & Much More! IglooBooks. Illus. by Natàlia Juan Abelló. 2023. (ENG.). 24p. (J). (gr. k). pap. 24.99 ***(978-1-83771-692-0(7))*** Igloo Bks. GBR. Dist: Simon & Schuster, Inc.

Awesome Animals Coloring Book. Maggie Swanson. 2016. (Dover Animal Coloring Bks.). (ENG.). 32p. (J). (gr. k-2). pap. 4.99 *(978-0-486-80496-5(8)*, 804968) Dover Pubns., Inc.

Awesome Animals Coloring Book: For Kids Ages 3-12 Coloring Books for Kids Awesome Animals (Kids Coloring Activity Books) POPACOLOR. 2021. (ENG.). 60p. (J). pap. ***(978-1-4467-5517-4(7))*** Lulu Pr., Inc.

Awesome Animals Paint with Water. Courtney Acampora. 2021. (Creativity Corner Ser.). (ENG.). 64p. (J). (gr. -1-k). spiral bd. 12.99 *(978-1-64517-757-9(2)*, Silver Dolphin Bks.) Printers Row Publishing Group.

Awesome Antics of Ana-Laya: No Use Crying over Spilt Glue. Kimberly Reich & Valentina Esposito. 2018. (ENG., Illus.). 34p. (J). pap. *(978-1-387-84190-5(4))* Lulu Pr., Inc.

Awesome Arms: Octopus. Felicia Macheske. 2016. (Guess What Ser.). (ENG., Illus.). 24p. (J). (gr. k-2). 30.64 *(978-1-63470-718-3(4)*, 207583) Cherry Lake Publishing.

Awesome Asian Americans: 20 People Who Made America Amazing. Phil Amara & Oliver Chin. Illus. by Juan Calle. 2020. (ENG.). 132p. (J). (gr. k-8). pap. 17.95 *(978-1-59702-150-0(4))* Immedium.

Awesome Audrey's Kooky Christmas: The Christmas Grannie Who Out-Did Santa. Tredel Lambert & Jessica Lambert. 2022. (ENG.). 94p. (J). pap. ***(978-0-9808886-8-3(9))*** Platinum Rouge.

Awesome Australian Animals. Chris Humfreys. 2022. (ENG.). 128p. (J). (gr. 2-4). 14.99 *(978-1-925546-70-5(5))* New Holland Pubs. Pty. Ltd. AUS. Dist: Independent Pubs. Group.

Awesome Autistic Go-To Guide: A Practical Handbook for Autistic Teens & Tweens. Yenn Purkis & Tanya Masterman. 2020. (Illus.). 112p. (J). 17.95 *(978-1-78775-316-7(6)*, 735732) Kingsley, Jessica Pubs. GBR. Dist: Hachette UK Distribution.

Awesome Autistic Guide for Trans Teens. Yenn Purkis & Sam Rose. Illus. by Glynn Masterman. 2022. 112p. (J). 18.95 *(978-1-83997-076-4(6)*, 830494) Kingsley, Jessica Pubs. GBR. Dist: Hachette UK Distribution.

Awesome Aviation Art: Airplane Coloring Book. Jupiter Kids. 2016. (ENG., Illus.). 106p. (J). pap. 12.55 *(978-1-68326-282-4(4)*, Jupiter Kids (Childrens & Kids Fiction)) Speedy Publishing LLC.

Awesome Bird Hullabaloo. Nancy Tobin. 2016. (ENG., Illus.). (J). pap. 11.95 *(978-0-9961317-3-5(6))* Thalian Bks.

Awesome Bird Puzzles for Kids: Secret Codes, Mazes, Fabulous Facts, & More! Vicki Whiting. Illus. by Jeff Schinkel. 2022. (ENG.). 80p. (J). pap. 5.99 *(978-1-64124-245-5(0)*, 2455) Fox Chapel Publishing Co., Inc.

Awesome Birds, 6 vols., Set. 2017. (Awesome Birds Ser.). (ENG., Illus.). 24p. (J). (gr. -1-2). lib. bdg. 188.16 *(978-1-5321-2056-5(7)*, 26739, Abdo Zoom-Launch) ABDO Publishing Co.

Awesome! Box Set: a Is for Awesome!, 3 2 1 Awesome!, & Colors of Awesome! Eva Chen. Illus. by Derek Desierto. 2022. (ENG.). (J). 29.97 *(978-1-250-84875-8(X)*, 900257697) Feiwel & Friends.

Awesome Christmas Activities & Papercrafts for Kids: Puzzles, Games, Coloring, Greeting Cards, Paper Ornaments, Recipes, & More! Sky Pony Press. Tr. by Grace McQuillan. 2020. (ENG.). 256p. (J). (gr. k-4). 12.99 *(978-1-5107-5906-0(9)*, Sky Pony Pr.) Skyhorse Publishing Co., Inc.

Awesome Coloring Book of Bible Comics. Sandy Silverthorne. 2017. (ENG., Illus.). 80p. (J). (gr. 2-6). pap. 10.99 *(978-0-7369-7103-4(3)*, 6971034) Harvest Hse. Pubs.

134

The check digit for ISBN-10 appears in parentheses after the full ISBN-13

TITLE INDEX

AXIS, 1923, VOL. 1

A

Awesome Colouring Book. Jessie Eckel. 2022. (ENG.). 64p. (J). (gr. k). pap. 9.99 *(978-1-78055-762-5(0)*, Buster Bks.) O'Mara, Michael Bks., Ltd. GBR. Dist: Independent Pubs. Group.

Awesome Craft Stick Science. Tammy Enz. 2016. (Recycled Science Ser.). (ENG., Illus.). 32p. (J). (gr. 3-9). lib. bdg. 28.65 *(978-1-5157-0861-2(6)*, 132164, Capstone Pr.) Capstone.

Awesome Deadly Animals. Joshua George. Illus. by Matt O'Neil. 2021. (Elevate Ser.). (ENG.). 20p. (J). 10.99 *(978-1-78958-882-8(0))* Top That! Publishing PLC GBR. Dist: Independent Pubs. Group.

Awesome Dinosaur Activities: Mazes, Hidden Pictures, Spot the Differences, Secret Codes & More! Diana Zourelias. 2023. (Dover Kids Activity Books: Dinosaurs Ser.). (ENG.). 64p. (J). (gr. k-3). pap. 5.99 *(978-0-486-85031-3(5)*, 850315) Dover Pubns., Inc.

Awesome, Disgusting, Unusual Facts about Animals. Eric Braun. 2018. (Our Gross, Awesome World Ser.). (ENG.). 24p. (J). (gr. 4-6). pap. 8.99 *(978-1-64466-304-2(X)*, 12511); (Illus.). lib. bdg. 28.50 *(978-1-68072-609-1(9)*, 12510) Black Rabbit Bks. (Hi Jinx).

Awesome, Disgusting, Unusual Facts about Everything Stinky, Squishy, & Slimy. Eric Braun. 24p. (J). 2019. (Illus.). pap. *(978-1-68072-752-4(4))*; 2018. (ENG.). (gr. 4-6). pap. 8.99 *(978-1-64466-305-9(8)*, 12515, Hi Jinx); 2018. (ENG., Illus.). (gr. 4-6). lib. bdg. 28.50 *(978-1-68072-610-7(2)*, 12514, Hi Jinx) Black Rabbit Bks.

Awesome, Disgusting, Unusual Facts about School. Eric Braun. 2018. (Our Gross, Awesome World Ser.). (ENG.). 24p. (J). (gr. 4-6). pap. 8.99 *(978-1-64466-307-3(4)*, 12523); (Illus.). lib. bdg. 28.50 *(978-1-68072-612-1(9)*, 12522) Black Rabbit Bks. (Hi Jinx).

Awesome, Disgusting, Unusual Facts about Space. Eric Braun. 2018. (Our Gross, Awesome World Ser.). (ENG.). 24p. (J). (gr. 4-6). pap. 8.99 *(978-1-64466-308-0(2)*, 12527); (Illus.). lib. bdg. 28.50 *(978-1-68072-613-8(7)*, 12526) Black Rabbit Bks. (Hi Jinx).

Awesome, Disgusting, Unusual Facts about Sports. Eric Braun. 2018. (Our Gross, Awesome World Ser.). (ENG.). 24p. (J). (gr. 4-6). pap. 8.99 *(978-1-64466-309-7(0)*, 12531); (Illus.). lib. bdg. 28.50 *(978-1-68072-614-5(5)*, 12530) Black Rabbit Bks. (Hi Jinx).

Awesome, Disgusting, Unusual Facts about the Human Body. Eric Braun. 24p. (J). 2019. (Illus.). pap. *(978-1-68072-753-1(2))*; 2018. (ENG.). (gr. 4-6). pap. 8.99 *(978-1-64466-306-6(6)*, 12519, Hi Jinx); 2018. (ENG., Illus.). (gr. 4-6). lib. bdg. 28.50 *(978-1-68072-611-4(0)*, 12518, Hi Jinx) Black Rabbit Bks.

Awesome Dog 5000, 1. Justin Dean. ed. 2021. (Awesome Dog 5000 Ch Bks). (ENG., Illus.). 190p. (J). (gr. 4-5). 18.46 *(978-1-68505-096-2(4))* Penworthy Co., LLC, The.

Awesome Dog 5000 (Book 1) Justin Dean. (Awesome Dog 5000 Ser.: 1). 208p. (J). (gr. 3-7). 2021. (Illus.). 6.99 *(978-0-525-64484-2(9)*, Yearling); 2019. (ENG.). lib. bdg. 16.99 *(978-0-525-64483-5(0)*, Random Hse. Bks. for Young Readers); 2019. (Illus.). 13.99 *(978-0-525-64481-1(4)*, Random Hse. Bks. for Young Readers) Random Hse. Children's Bks.

Awesome Dog 5000 vs. Mayor Bossypants (Book 2) Justin Dean. (Awesome Dog 5000 Ser.: 2). (Illus.). (J). (gr. 3-7). 2021. 240p. 6.99 *(978-0-525-64488-0(1)*, Yearling); 2020. (ENG., 224p. lib. bdg. 16.99 *(978-0-525-64487-3(3)*, Random Hse. Bks. for Young Readers) Random Hse. Children's Bks.

Awesome Dog vs Mayor Bossypants, 2. Justin Dean. ed. 2021. (Awesome Dog 5000 Ch Bks). (ENG., Illus.). 216p. (J). (gr. 4-5). 18.46 *(978-1-68505-097-9(2))* Penworthy Co., LLC, The.

Awesome Dogs Set. Various Authors. 2022. (ENG.). 24p. (J). (gr. k-3). 1293.60 *(978-1-64487-798-2(8)*, Blastoff! Readers) Bellwether Media.

Awesome Doodles to Color, Coloring Book. Smarter Activity Books. 2016. (ENG., Illus.). (J). pap. 9.22 *(978-1-68374-501-3(9))* Examined Solutions PTE. Ltd.

Awesome Dot to Dot, Mazes & Other Puzzles Activity Book - Activities for Kids. Activibooks For Kids. 2016. (ENG., Illus.). (J). pap. 9.25 *(978-1-68321-051-1(4))* Mimaxion.

Awesome Edible Kids Crafts: 75 Super-Fun All-Natural Projects for Kids to Make & Eat. Arena Blake. 2019. (ENG., Illus.). 176p. (J). pap. 21.99 *(978-1-62414-750-0(X)*, 900201204) Page Street Publishing Co.

Awesome Engineering. Sally Spray. (Awesome Engineering Ser.). (ENG.). 32p. (J). 2022. pap., pap., pap. 32.40 *(978-1-6690-6073-4(X)*, 257624); 2018. (gr. 3-6). 179.94 *(978-1-5435-1358-5(1)*, 27954) Capstone. (Capstone Pr.)

Awesome Engineering Activities for Kids: 100+ Exciting (Awesome Mazes Puzzles Sudokus Coloring Activities for Kids) Marvelous Marc. 2021. (ENG.). 108p. (J). pap. 11.99 *(978-1-6780-4617-0(5))* Lulu Pr., Inc.

Awesome Engineering Bridges. Sally Spray. 2018. (Awesome Engineering Ser.). (ENG., Illus.). 32p. (J). (gr. 3-6). lib. bdg. 27.99 *(978-1-5435-1334-9(4)*, 137764, Capstone Pr.) Capstone.

Awesome Engineering Skyscrapers. Sally Spray. 2018. (Awesome Engineering Ser.). (ENG.). 32p. (J). (gr. 3-6). lib. bdg. 27.99 *(978-1-5435-1333-2(6)*, 137763, Capstone Pr.) Capstone.

Awesome Engineering Spacecraft. Sally Spray. 2018. (Awesome Engineering Ser.). (ENG., Illus.). 32p. (J). (gr. 3-6). lib. bdg. 27.99 *(978-1-5435-1337-0(9)*, 137768, Capstone Pr.) Capstone.

Awesome Engineering Trains, Planes, & Ships. Sally Spray. 2018. (Awesome Engineering Ser.). (ENG., Illus.). 32p. (J). (gr. 3-6). pap. 8.10 *(978-1-5435-1342-4(5)*, 137773); lib. bdg. 27.99 *(978-1-5435-1336-3(0)*, 137767) Capstone. (Capstone Pr.).

Awesome Engineering Tunnels. Sally Spray. 2018. (Awesome Engineering Ser.). (ENG., Illus.). 32p. (J). (gr. 3-6). lib. bdg. 27.99 *(978-1-5435-1338-7(7)*, 137769, Capstone Pr.) Capstone.

Awesome Evolutions! (Pokémon) C. J. Nestor. Illus. by Random House. 2019. (Pictureback(R) Ser.). (ENG.). 24p. (J). (gr. -1-2). 5.99 *(978-1-9848-4830-7(5)*, Random Hse. Bks. for Young Readers) Random Hse. Children's Bks.

Awesome Experiments with Living Things. Thomas Canavan. Illus. by Adam Linley. 2017. (Mind-Blowing Science Experiments Ser.). 32p. (gr. 4-5). pap. 63.00 *(978-1-5382-0728-4(1))* Stevens, Gareth Publishing LLLP.

Awesome Fierce Dinosaurs. Joshua George. Illus. by Matt O'Neil. 2021. (Elevate Ser.). (ENG.). 20p. (J). 10.99 *(978-1-78958-883-5(9))* Top That! Publishing PLC GBR. Dist: Independent Pubs. Group.

Awesome Forces of Nature, 1 vol., Set. 2nd ed. Louise Spilsbury & Richard Spilsbury. Incl. Shattering Earthquakes. 2nd ed. (ENG., Illus.). 32p. (J). (gr. 3-6). 2010. pap. 8.29 *(978-1-4329-3791-1(X)*, 102926, Heinemann); (Awesome Forces of Nature Ser.). (ENG.). 32p. 2010. pap., pap., pap. 47.94 *(978-1-4329-3794-2(4)*, 13967, Heinemann) Capstone.

Awesome Funny Fill-Ins for Kids: Super Fun Word Games! Vicki Whiting. Illus. by Jeff Schinkel. 2022. (ENG.). 80p. (J). pap. 5.99 *(978-1-64124-238-7(8)*, 2387) Fox Chapel Publishing Co., Inc.

Awesome Gratitude Journal: Write in 5 Good Things a Day for Happiness 365 Days a Year. Gratitude Journal for Kids. (Cute Llama & Cactus Custom Diary) Janice Walker. 2018. (ENG.). 100p. (J). pap. *(978-1-911492-90-0(X))* Rose, Erin Publishing.

Awesome Guide. Dorling Kindersley Publishing Staff. 2017. (ENG., Illus.). 96p. (J). *(978-0-241-28039-3(7))* Dorling Kindersley Publishing, Inc.

Awesome Hamster Crafts, 1 vol. Jane Yates. 2018. (Get Crafty with Pets! Ser.). (ENG.). 32p. (J). (gr. 3-4). lib. bdg. 28.27 *(978-1-5382-2630-8(8)*, 3609a146-35a5-4344-a58a-7898861ab4fc) Stevens, Gareth Publishing LLLP.

Awesome Heroes. Rosie Peet. ed. 2019. (DK Readers Ser.). (ENG.). 47p. (J). (gr. k-1). 14.49 *(978-1-64310-850-6(6))* Penworthy Co., LLC, The.

Awesome Inside + Out. Margot L. Denommé. Illus. by David Maresky et al. 2019. (ENG.). (J). (gr. k-6). 26p. *(978-0-9920340-2-3(7))*; 28p. pap. *(978-0-9920340-3-0(5))* Denomme, Margot Lynn.

Awesome Jokes That Every 5 Year Old Should Know! Mat Waugh. Illus. by Yurko Rymar. 2018. (Awesome Jokes Ser.: Vol. 1). (ENG.). 68p. (J). (gr. k-1). pap. *(978-1-9999147-1-4(6))* Big Red Button Bks.

Awesome Jokes That Every 6 Year Old Should Know! Mat Waugh. Illus. by Yurko Rymar. 2018. (Awesome Jokes Ser.: Vol. 2). (ENG.). 70p. (J). (gr. 1-2). pap. *(978-1-9999147-2-1(4))* Big Red Button Bks.

Awesome Jokes That Every 7 Year Old Should Know! Mat Waugh. Illus. by Indrek Silver Einberg. 2018. (Awesome Jokes Ser.: Vol. 3). (ENG.). 104p. (J). (gr. 2-3). pap. *(978-1-9999147-3-8(2))* Big Red Button Bks.

Awesome Jokes That Every 8 Year Old Should Know! Mat Waugh. Illus. by Indrek Silver Einberg. 2018. (Awesome Jokes Ser.: Vol. 4). (ENG.). 104p. (J). (gr. 3-4). pap. *(978-1-9999147-4-5(0))* Big Red Button Bks.

Awesome Jokes That Every 9 Year Old Should Know! Mat Waugh. Illus. by Evgeniya Averina. 2018. (Awesome Jokes Ser.: Vol. 5). (ENG.). 108p. (J). (gr. 3-5). pap. *(978-1-9999147-5-2(9))* Big Red Button Bks.

Awesome Kid's Puzzles - Look & Find Toddler Books Edition. Creative Playbooks. 2016. (ENG., Illus.). (J). pap. 10.81 *(978-1-68323-141-7(4))* Twin Flame Productions.

Awesome LEGO Creations with Bricks You Already Have. Sarah Dees. 2016. (ENG., Illus.). 192p. (J). pap. 19.99 *(978-1-62414-281-9(8)*, 900164740) Page Street Publishing Co.

Awesome Lives of Tommy Twicer: Part Two. Steve Juke. 2022. (ENG.). 372p. (YA). pap. *(978-1-3984-0246-1(X))* Austin Macauley Pubs. Ltd.

Awesome Man: The Mystery Intruder. Michael Chabon. Illus. by Jake Parker. 2020. (ENG.). 40p. (J). (gr. -1-3). 18.99 *(978-0-06-287509-9(4)*, Quill Tree Bks.) HarperCollins Pubs.

Awesome Maths & English Age 3-5: Ideal for Use at Home. National Geographic Kids. 2020. (ENG.). 128p. (J). (gr. -1-k). pap. 16.95 *(978-0-00-838879-9(2))* HarperCollins Pubs. Ltd. GBR. Dist: Independent Pubs. Group.

Awesome Maths & English Age 5-7: Ideal for Use at Home. National Geographic Kids. 2020. (ENG., Illus.). 128p. (J). (gr. k-2). pap. 16.95 *(978-0-00-838880-5(6))* HarperCollins Pubs. Ltd. GBR. Dist: Independent Pubs. Group.

Awesome Maths & English Age 7-9: Ideal for Use at Home. National Geographic Kids. 2020. (ENG.). 128p. (J). (gr. 2-4). pap. 16.95 *(978-0-00-838881-2(4))* HarperCollins Pubs. Ltd. GBR. Dist: Independent Pubs. Group.

Awesome Maths & English Age 9-11: Ideal for Use at Home. National Geographic Kids. 2020. (ENG.). 128p. (J). (gr. 4-6). pap. 16.95 *(978-0-00-838882-9(2))* HarperCollins Pubs. Ltd. GBR. Dist: Independent Pubs. Group.

Awesome Mega Animals. Joshua George. Illus. by Matt O'Neil. 2021. (Elevate Ser.). (ENG.). 20p. (J). 10.99 *(978-1-78958-886-6(3))* Top That! Publishing PLC GBR. Dist: Independent Pubs. Group.

Awesome Minds: The Creators of the Iphone(r). Marne Ventura. Illus. by Drew Feynman. 2017. (Awesome Minds Ser.). 56p. (J). (gr. 1-5). 14.99 *(978-1-938093-77-7(1)*, 809377) Duo Pr. LLC.

Awesome Minds: the Inventors of LEGO(R) Toys: An Entertaining History about the Creation of LEGO Toys. Educational & Entertaining. Erin Hagar. 2016. (Awesome Minds Ser.). (Illus.). 48p. (J). (gr. 1-7). 14.99 *(978-1-938093-53-1(4)*, 809353) Duo Pr. LLC.

Awesome Minds: Video Game Creators: An Entertaining History about the Creation of Video Games. Educational & Entertaining. Alejandro Arbona. Illus. by Chelsea O'Mara Holeman. 2018. 156p. (J). (gr. 3-7). 14.95 *(978-1-947458-22-2(1)*, 805822) Duo Pr. LLC.

Awesome Minecraft Activity Book: Whimsical Art for Kids. M. C. Steve. 2017. (ENG., Illus.). (J). (gr. 1-5). pap. 9.99 *(978-1-946525-48-2(0))*; 13.28 *(978-1-946525-42-0(1))* Kids Activity Publishing.

Awesome Minecraft Activity Book: Whimsical Art for Kids (an Unofficial Minecraft Activity Book) M. C. Steve & Kids Coloring. 2017. (ENG., Illus.). (J). pap. 5.39 *(978-1-946525-43-7(X))* Kids Activity Publishing.

Awesome NFL Records: 12 Hard-To-Reach Marks. Matt Tustison. 2016. (NFL at a Glance Ser.). (ENG., Illus.). 32p. (J). (gr. 3-6). 32.80 *(978-1-63235-156-2(0)*, 11953, 12-Story Library) Bookstaves, LLC.

Awesome Not Autism! Sharon Stevens. 2022. (ENG.). 32p. (J). pap. *(978-1-0880-4386-8(0))* Stevens, Sharon.

Awesome Opals, 1 vol. Joyce Jeffries. 2017. (Glittering World of Gems Ser.). (ENG.). 24p. (gr. 2-3). pap. 9.25 *(978-1-5345-2310-4(3)*, 1eb95dcd-f51f-4db0-b5fa-19578d7bc6cc); lib. bdg. 26.23 *(978-1-5345-2314-2(6)*, 743cadbe-b3b3-406f-a62a-138ca3d48558) Greenhaven Publishing LLC.

Awesome Orange Birthday, 1. Mitali Banerjee Ruths. ed. 2023. (Branches Early Ch Bks). (ENG.). 71p. (J). (gr. 1-4). 16.96 *(978-1-68505-873-9(6))* Penworthy Co., LLC, The.

Awesome Paper Doll Cut Outs Activity Book - Activities Books for Kids. Activibooks For Kids. 2016. (ENG., Illus.). (J). pap. 9.25 *(978-1-68321-052-8(2))* Mimaxion.

Awesome Phonics: Level 1. Christopher Hintsala. 2019. (ENG., Illus.). 52p. (J). (gr. k-6). pap. 9.99 *(978-1-0878-5779-4(1))* Indy Pub.

Awesome Phonics: Level 2. Christopher Hintsala. 2020. (ENG., Illus.). 88p. (J). (gr. k-6). pap. 11.99 ***(978-1-0878-0717-1(4))*** Indy Pub.

Awesome Possum-Bilities! Virginia More. 2019. (ENG.). 46p. (J). 25.95 *(978-1-0980-1803-0(6))*; pap. 15.95 *(978-1-0980-1801-6(X))* Christian Faith Publishing.

Awesome Possum Powers: Altruism. Shannon Beers. 2019. (ENG.). 48p. (J). 29.95 *(978-1-64349-272-8(1))*; pap. 19.95 *(978-1-0980-1124-6(4))* Christian Faith Publishing.

Awesome Riddles for Awesome Kids. Myles O'Smiles. 2021. (ENG.). 90p. (J). pap. *(978-1-990291-05-0(8))* Crimson Hill Bks.

Awesome Riddles for Awesome Kids: Trick Questions, Riddles & Brain Teasers for Kids Age 8-12. Myles O'Smiles. Illus. by Camilo Berneri. 2018. (ENG.). 90p. (J). (gr. 4-6). *(978-1-988650-66-1(6))* Crimson Hill Bks.

Awesome Riddles for Awesome Kids: Trick Questions, Riddles & Brain Teasers for Kids Age 8-12. Myles O'Smiles. Illus. by Camilo Luis Berneri. 2018. (ENG.). 90p. (J). (gr. 4-6). pap. *(978-1-988650-65-4(8))* Crimson Hill Bks.

Awesome Road Trip Activity Book: Mazes, Puzzles, Coloring, & More! Daria Ermilova & Clever Publishing. Illus. by Olga Koval. 2023. (Activity Book Ser.). (ENG.). 32p. (J). (gr. -1-3). pap. 5.99 *(978-1-956560-26-8(2))* Clever Media Group.

Awesome Science Puzzles. Created by Highlights. 2023. (Highlights Hidden Pictures Ser.). 144p. (J). (gr. 1-4). pap. 9.95 *(978-1-64472-941-0(5)*, Highlights) Highlights Pr., c/o Highlights for Children, Inc.

Awesome Sketchbooks (Because of Love) A Blank Sketchbook with 100 Pages Suitable for Sketching, Drawing, & Art. This Blank Sketchbook May Make a Loving Gift. James Manning. 2019. (Awesome Sketchbooks Ser.: Vol. 2). (ENG.). 100p. (YA). pap. *(978-1-83884-071-6(0))* Coloring Pages.

Awesome STEM Science Experiments: More Than 50 Practical STEM Projects for the Whole Family. Racehorse for Young Readers. 2018. (ENG.). 128p. (J). (gr. 2-7). pap. 14.99 *(978-1-63158-327-8(1)*, Racehorse Publishing) Skyhorse Publishing Co., Inc.

Awesome Super Fantastic Forever Party Art & Activity Book: Coloring, Puzzles, Mazes & More. Joni Eareckson Tada. Illus. by Catalina Echeverri. 2022. (ENG.). (J). *(978-1-78498-763-3(8))* Good Bk. Co., The.

Awesome Super Fantastic Forever Party Board Book: Heaven with Jesus Is Amazing! Joni Eareckson Tada. Illus. by Catalina Echeverri. 2022. (ENG.). (J). bds. *(978-1-78498-787-9(5))* Good Bk. Co., The.

Awesome Super Fantastic Forever Party Storybook: A True Story about Heaven, Jesus, & the Best Invitation of All. Joni Eareckson Tada. Illus. by Catalina Echeverri. 2022. (ENG.). 32p. (J). *(978-1-78498-753-4(0))* Good Bk. Co., The.

Awesome Surf Spots: A Surfer's Coloring Book. John Lasonio. 2022. (Awesome Surf Spots Ser.: 1). 24p. (YA). pap. 10.00 *(978-1-6678-6421-1(1))* BookBaby.

Awesome Team vs CoronaVera. Anna Svetchnikov. 2020. (ENG.). 32p. (J). 30.54 *(978-1-716-46371-6(8))* Lulu Pr., Inc.

Awesome, Terrible Day: Flip over for Another Story! Anastasiya Galkina & Clever Publishing. Illus. by Ekaterina Ladatko. 2022. (2-In-1 Stories Ser.). (ENG.). 32p. (J). (gr. -1-2). 12.99 *(978-1-954738-10-2(2)*, 355916) Clever Media Group.

Awesome Things I Love. Vincent Kelly. 2020. (ENG., Illus.). 20p. (J). 23.95 *(978-1-64559-348-5(7))* Covenant Bks.

Awesome Trivia for Kids: Strange & Interesting Fun Facts about the World, Presidents, Science, Animals, Dinosaurs & Space. Michelle L. Fischer. 2019. (ENG., Illus.). 102p. (J). pap. 14.99 *(978-1-64615-476-0(2))* Bluesource & Friends.

Awesome Undersea Activities for Kids: An Ocean of Puzzles, Mazes, Brain Teasers, & More! Vicki Whiting. Illus. by Jeff Schinkel. 2023. (ENG.). 80p. (J). pap. 5.99 *(978-1-64124-266-0(3)*, 2660) Fox Chapel Publishing Co., Inc.

Awesome Video Game Competitions. Lori Polydoros. 2017. (Cool Competitions Ser.). (ENG., Illus.). 32p. (J). (gr. 3-9). lib. bdg. 27.32 *(978-1-5157-7353-5(1)*, 135691, Capstone Pr.) Capstone.

Awesome Weird Animals. Joshua George. Illus. by Matt O'Neil. 2021. (Elevate Ser.). (ENG.). 20p. (J). 10.99 *(978-1-78958-884-2(7))* Top That! Publishing PLC GBR. Dist: Independent Pubs. Group.

Awesome Wild Animals Coloring Book for Kids: All Ages, Toddlers, Preschoolers & Elementary School. Jasmine Taylor. 2021. (ENG.). 63p. (J). pap. *(978-1-7947-9878-6(1))* Lulu Pr., Inc.

Awesome Women Activity Book. Lisa Regan. Illus. by Louise Wright. 2020. (ENG.). 48p. (J). pap. 6.99 *(978-1-83857-629-5(0)*, 5d76c7ae-5170-45e1-82d4-86f6d684c09c) Arcturus Publishing GBR. Dist: Baker & Taylor Publisher Services (BTPS).

Awesome Women Series: Leaders: Authenticity. Priscilla and Shawn. Illus. by Kristen Kiong. 2021. 20p. (J). (gr. -1-k). bds. 45.00 *(978-981-4893-88-6(9))* Marshall Cavendish International (Asia) Private Ltd. SGP. Dist: Independent Pubs. Group.

Awesome Women Series: Leaders: Boldness. Priscilla and Shawn. Illus. by Kristen Kiong. 2021. 20p. (J). (gr. -1-k). bds. 45.00 *(978-981-4893-92-3(7))* Marshall Cavendish International (Asia) Private Ltd. SGP. Dist: Independent Pubs. Group.

Awesome Word Search Activity Book for Minecrafters: 100+ Puzzles for Hours of Fun — an Unofficial Activity Book for Minecrafters. 2021. (Activities for Minecrafters Ser.). 108p. (J). (gr. 1-5). pap. 12.99 *(978-1-5107-6765-2(7)*, Sky Pony Pr.) Skyhorse Publishing Co., Inc.

Awesome Yojimbo's Training Coloring Book. Bobo's Adult Activity Books. 2016. (ENG., Illus.). (J). pap. 9.33 *(978-1-68327-494-0(6))* Sunshine In My Soul Publishing.

Awesomely Austen - Illustrated & Retold: Jane Austen's Mansfield Park. Ayisha Malik. Illus. by Eglantine Ceulemans. 2022. (Awesomely Austen - Illustrated & Retold Ser.). (ENG.). 240p. (J). (gr. 3-17). 13.99 *(978-1-4449-6267-3(1))* Hachette Children's Group GBR. Dist: Hachette Bk. Group.

Awesomely Austen - Illustrated & Retold: Jane Austen's Sense & Sensibility. Joanna Nadin. Illus. by Eglantine Ceulemans. 2022. (Awesomely Austen - Illustrated & Retold Ser.). (ENG.). 240p. (J). (gr. 3-17). 13.99 *(978-1-4449-6268-0(X))* Hachette Children's Group GBR. Dist: Hachette Bk. Group.

Awful Lot of Ocelots. Marnie Stone. 2021. (ENG.). 30p. (J). 23.95 *(978-1-64468-441-2(1))*; pap. 13.95 *(978-1-64468-440-5(3))* Covenant Bks.

Awful Truth about Forgetting. L. Jagi Lamplighter. 2020. (Books of Unexpected Enlightenment Ser.: Vol. 4). (ENG.). 456p. (YA). (gr. 7-12). 29.99 *(978-1-922376-06-0(X))*; pap. 14.99 *(978-1-922376-05-3(1))* Silver Empire.

Awjin Knows Universe Facts. Tracilyn George. 2023. (ENG.). 26p. (J). pap. 12.99 ***(978-1-77475-815-1(6))*** Draft2Digital.

Awkward Age: A Novel (Classic Reprint) Henry James. 2018. (ENG., Illus.). 516p. (J). 34.54 *(978-0-365-30966-6(4))* Forgotten Bks.

Awkward Age (Classic Reprint) Henry James. (ENG., Illus.). (J). 2018. 574p. 35.76 *(978-0-267-53133-2(8))*; 2017. pap. 19.57 *(978-0-259-23897-3(X))* Forgotten Bks.

Awkward Autumn of Lily Mclean, 20 vols., Bk. 2. Lindsay Littleson. 2017. 192p. (J). 9.95 *(978-1-78250-354-5(4)*, Kelpies) Floris Bks. GBR. Dist: Consortium Bk. Sales & Distribution.

Awkward Stuff. Lisi Harrison. 2022. (Girl Stuff Ser.: 3). (ENG.). 272p. (J). (gr. 3-7). pap. 8.99 *(978-1-9848-1504-0(0)*, G.P. Putnam's Sons Books for Young Readers) Penguin Young Readers Group.

Awkward the Duck & His Musical Adventure. Charlene D. Rainey-Bell. 2019. (ENG., Illus.). 52p. (J). (gr. k-2). pap. 15.99 *(978-0-578-47375-8(5))* Misfit Publishing.

Awkward to Awesome: My Guide to Being Confident, Dealing with Hate & Getting Through Puberty! Mia Fizz. 2019. (ENG., Illus.). 232p. (J). (gr. 3-6). pap. *(978-1-9163004-0-8(5))* Fizz, Mia.

Awol. Maria Lesage. 2022. (ENG., Illus.). 224p. (J). (gr. 4-7). pap. 19.95 *(978-1-4598-2839-1(9))* Orca Bk. Pubs. USA.

Awra Doro'Na Q'ebero - the Rooster & the Fox - Amharic Children's Book. Kiazpora Publication. 2021. (AMH.). 48p. (J). 14.99 *(978-1-946057-73-0(8))* Kiazpora LLC.

Awra Doro'Na Q'uebero - the Rooster & the Fox - Amharic Children's Book. Kiazpora Publication. 2021. (AMH.). 48p. (J). pap. 9.99 *(978-1-946057-74-7(6))* Kiazpora LLC.

Axdorian Fairy Tales. John V Alexandrov. 2019. (ENG.). 106p. (J). pap. 9.99 *(978-0-359-95598-5(3))* Lulu Pr., Inc.

Axe of Sundering. M. L. Forman. 2018. (Adventurers Wanted Ser.: 5). (ENG.). 432p. (J). (gr. 5). pap. 8.99 *(978-1-62972-459-1(9)*, 5206085, Shadow Mountain) Deseret Bk. Co.

Axel la Camioneta: un Camino Rocoso: Axel the Truck: Rocky Road (Spanish Edition) J. D. Riley. Tr. by Isabel C. Mendoza. Illus. by Brandon Dorman. 2020. (My First I Can Read Ser.). (SPA.). 32p. (J). (gr. -1-3). 16.99 *(978-0-06-298041-0(6))*; pap. 4.99 *(978-0-06-298040-3(8))* HarperCollins Pubs. (Greenwillow Bks.).

Axel la Camioneta: una Carrera en la Playa: Axel the Truck: Beach Race (Spanish Edition) J. D. Riley. Tr. by Isabel C. Mendoza. Illus. by Brandon Dorman. 2020. (My First I Can Read Ser.). (SPA.). 32p. (J). (gr. -1-3). 16.99 *(978-0-06-298029-8(7))*; pap. 4.99 *(978-0-06-298028-1(9))* HarperCollins Pubs. (Greenwillow Bks.).

Axel Learns to Love Himself: Learning Self-Love. Amari Smith. 2022. (ENG.). 20p. (J). 24.99 ***(978-1-0880-8188-4(6))*** Indy Pub.

Axel the Truck: Speed Track. J. D. Riley. Illus. by Brandon Dorman. 2018. (My First I Can Read Ser.). (ENG.). 24p. (J). (gr. -1-3). pap. 5.99 *(978-0-06-269278-8(X)*, Greenwillow Bks.) HarperCollins Pubs.

Axel the Truck: Speed Track. J. D. Riley. ed. 2019. (I Can Read Ser.). (ENG., Illus.). 24p. (J). (gr. k-1). 14.59 *(978-1-64310-912-1(X))* Penworthy Co., LLC, The.

Axel the Truck: Field Trip. J. D. Riley. Illus. by Brandon Dorman. 2019. (My First I Can Read Ser.). (ENG.). 24p. (J). (gr. -1-3). 16.99 *(978-0-06-269281-8(X))*; pap. 5.99 *(978-0-06-269280-1(1))* HarperCollins Pubs. (Greenwillow Bks.).

Axel the Truck: Speed Track. J. D. Riley. Illus. by Brandon Dorman. 2018. (My First I Can Read Ser.). (ENG.). 24p. (J). (gr. -1-3). 16.99 *(978-0-06-269279-5(8)*, Greenwillow Bks.) HarperCollins Pubs.

Axel's First Day. Jodie Parachini. Illus. by John Joven. 2022. (Digby & the Construction Crew Ser.). (ENG.). 32p. (J). (gr. -1-3). 17.99 *(978-0-8075-1589-1(2)*, 0807515892) Whitman, Albert & Co.

Axes for Hunting & Warfare Coloring Book. Bobo's Children Activity Books. 2016. (ENG., Illus.). (J). pap. 9.33 *(978-1-68327-621-0(3))* Sunshine In My Soul Publishing.

Axis, 1923, Vol. 1: North Adams Normal School (Classic Reprint) Ruth I. Clarke. (ENG., Illus.). (J). 2018. 48p. 24.89

(978-0-666-98996-3(6)); 2017. pap. 9.57 *(978-0-243-48068-5(7))* Forgotten Bks.

Axis, Vol. 1: North Adams Normal School; June, 1922 (Classic Reprint) Ruth I. Clarke. (ENG., Illus.). (J). 2018. 34p. 24.60 *(978-0-365-18889-6(1))*; 2017. pap. 7.97 *(978-0-259-40010-3(6))* Forgotten Bks.

Axle & Rodney: A Story of Restoring Friendship. Mike Whone. 2021. (ENG.). 48p. (J). pap. *(978-1-5255-8158-8(9))*; *(978-1-5255-8157-1(0))* FriesenPress.

Axolotl! Fun Facts about the World's Coolest Salamander - an Info-Picturebook for Kids. Susan Mason. Photos by Stan Shebs & Timothy Hsu. 2016. (ENG., Illus.). 36p. (J). pap. *(978-0-9955707-0-2(1))* Bubble Publishing.

Axolotl! (Spanish) Datos Curiosos Sobre la Salamanda Mas Genial Del Mundo: Libro Informativo Ilustrado para Ninos. Susan Mason. 2017. (SPA., Illus.). (J). pap. *(978-0-9955707-2-6(8))* Bubble Publishing.

Axolotls. Emma Bassier. (Weird & Wonderful Animals Ser.). (ENG., Illus.). 32p. (J). 2020. (gr. 3-3). pap. 9.95 *(978-1-64494-332-8(8)*, 1644943328); 2019. (gr. 2-5). lib. bdg. 32.79 *(978-1-5321-6602-0(8)*, 33306, DiscoverRoo) Pop!.

Axolotls. Rachel Grack. 2023. (Animals at Risk Ser.). (ENG., Illus.). (J). (gr. k-3). lib. bdg. 26.95 Bellwether Media.

Axolotls. Karen Latchana Kenney. (Weird & Unusual Animals Ser.). (ENG., Illus.). 24p. (J). (gr. 1-4). 2018. pap. 8.99 *(978-1-68152-185-5(7)*, 16097); 2017. 20.95 *(978-1-68151-154-2(1)*, 14697) Amicus.

Axolotls: Day to ZZZ. Stephanie Campisi. Illus. by Susanna Covelli. 2022. (ENG.). 20p. (J). (gr. -1 — 1). bds. 9.99 *(978-1-64170-644-5(9)*, 550644) Familius LLC.

¡Ay! Leveled Reader Book 26 Level P 6 Pack. Hmh Hmh. 2021. (SPA.). 32p. (J). pap. 74.40 *(978-0-358-08508-9(X))* Houghton Mifflin Harcourt Publishing Co.

Ay, Ay, Ay, la Cebra. Édouard Manceau. 2017. 20p. (J). bds. 8.99 *(978-84-17002-15-2(4))* Plataforma Editorial SL ESP. Dist: Lectorum Pubns., Inc.

Ay, Tiririn/Hey Diddle Diddle. Tr. by Yanitzia Canetti. Illus. by Annie Kubler & Sarah Dellow. 2021. (Baby Rhyme Time (Spanish/English) Ser.). (ENG.). 12p. (J). bds. *(978-1-78628-571-3(1))* Child's Play International Ltd.

Aya & Her Magic Wand. Helen Senbanjo. 2018. (ENG., Illus.). 8p. (J). *(978-0-244-65595-2(2))* Lulu Pr., Inc.

Aya, God's Masterpiece. Swetlana Carter. Illus. by Jasmine Carter. 2021. (ENG.). 48p. (J). 18.99 ***(978-1-951744-59-5(4))***; pap. 7.99 ***(978-1-951744-60-1(8))*** Telemachus Pr., LLC.

Aya Man Buzurg Shudaham. Maryam Mastiri. Illus. by Mahdiyah Safayiniya. 2017. (PER.). 23p. (J). *(978-964-337-842-4(X))* Ketab-e Neyestan.

Ayah & Lady: An Indian Story (Classic Reprint) Sherwood. 2018. (ENG., Illus.). 112p. (J). 26.21 *(978-0-483-34205-7(X))* Forgotten Bks.

Ayah Bdeir. Katlin Sarantou. Illus. by Jeff Bane. 2019. (My Early Library: My Itty-Bitty Bio Ser.). (ENG.). 24p. (J). (gr. k-1). pap. 12.79 *(978-1-5341-4984-7(8)*, 213243); lib. bdg. 30.64 *(978-1-5341-4698-3(9)*, 213242) Cherry Lake Publishing.

Ayala's Angel, Vol. 1 of 3 (Classic Reprint) Anthony Trollope. 2018. (ENG., Illus.). 290p. (J). 29.88 *(978-0-364-63434-9(0))* Forgotten Bks.

Ayala's Angel, Vol. 2 of 3 (Classic Reprint) Anthony Trollope. (ENG., Illus.). (J). 2018. 280p. 29.67 *(978-0-267-49562-7(5))*; 2017. pap. 13.57 *(978-1-331-83153-2(9))* Forgotten Bks.

Ayala's Angel, Vol. 3 of 3 (Classic Reprint) Anthony Trollope. 2018. (ENG., Illus.). 286p. (J). 29.82 *(978-0-267-21255-2(0))* Forgotten Bks.

Ayame-San. James Murdoch. 2017. (ENG.). 326p. (J). pap. *(978-3-7446-7409-6(6))* Creation Pubs.

Ayame-San: A Japanese Romance of the 23rd Year of Meiji (1890) (Classic Reprint) James Murdoch. 2017. (ENG., Illus.). (J). 30.58 *(978-1-5285-7392-4(7))* Forgotten Bks.

Ayana Goes to L'École. Ainsley D. Miller. Illus. by Je Corbett. 2021. (ENG.). 24p. (J). *(978-1-0391-0970-4(5))*; pap. *(978-1-0391-0969-8(1))* FriesenPress.

Aydenland. Lilly Harold. 2018. (ENG., Illus.). 56p. (J). 25.95 *(978-1-64214-830-5(X))*; pap. 15.95 *(978-1-64214-748-3(6))* Page Publishing Inc.

Ayden's Choice. Sam Felix. Illus. by Erika Edblom. 2016. (ENG.). (J). pap. *(978-3-9524716-0-9(7))* Felixideas GmbH.

Aydin the Alien: Aydin & Zak Meet Granny Pat. Antonio Moccia. Illus. by Carly Jones. 2016. (ENG.). (J). pap. *(978-1-911113-89-8(5))* Spiderwize.

Aye-Aye. Dawn Bluemel Oldfield. 2018. (Even Weirder & Cuter Ser.). (ENG.). 24p. (J). (gr. -1-3). 17.95 *(978-1-68402-468-1(4))* Bearport Publishing Co., Inc.

Aye Aye & Euricoty Go to Space: Vol VII. Ana Isabel Ordonez. 2017. (ENG., Illus.). 28p. (J). pap. 15.00 *(978-0-9969173-9-1(X))* RFPublishing.

Aye-Ayes. Quinn M. Arnold. 2019. (Creatures of the Night Ser.). (ENG.). 24p. (J). (gr. 1-4). *(978-1-64026-116-7(8)*, 18933, Creative Education); pap. 8.99 *(978-1-62832-679-6(4)*, 18934, Creative Paperbacks) Creative Co., The.

Aye-Ayes. Emma Bassier. (Weird & Wonderful Animals Ser.). (ENG., Illus.). 32p. (J). 2020. (gr. 3-3). pap. 9.95 *(978-1-64494-333-5(6)*, 1644943336); 2019. (gr. 2-5). lib. bdg. 32.79 *(978-1-5321-6603-7(6)*, 33308, DiscoverRoo) Pop!.

Aye-Ayes. Julie Murray. 2017. (Nocturnal Animals (Abdo Kids Junior) Ser.). (ENG., Illus.). 24p. (J). (gr. -1-2). lib. bdg. 31.36 *(978-1-5321-0404-6(9)*, 26530, Abdo Kids) ABDO Publishing Co.

Aye-Ayes (Aye-Ayes) Julie Murray. 2018. (Animales Nocturnos (Nocturnal Animals) Ser.). (SPA.). 24p. (J). (gr. -1-2). lib. bdg. 31.36 *(978-1-5321-8015-6(2)*, 28245, Abdo Kids) ABDO Publishing Co.

Ayeisha Mcferran: Great Irish Sports Stars. David Caren. 2022. (Great Irish Sports Stars Ser.: 6). (ENG.). 192p. (J). pap. 13.99 *(978-1-78849-281-2(1))* O'Brien Pr., Ltd., The IRL. Dist: Casemate Pubs. & Bk. Distributors, LLC.

Ayes & Nays. Penelope Dyan. Illus. by Penelope Dyan. l.t. ed. 2018. (ENG., Illus.). 34p. (J). (gr. k-4). pap. 12.60 *(978-1-61477-358-0(0))* Bellissima Publishing, LLC.

Ayesha It's Not a Dump! Mary G. Desmond. 2022. (ENG.). 24p. (J). *(978-1-0391-2982-5(X))*; pap. *(978-1-0391-2981-8(1))* FriesenPress.

Ayesha of the Bosphorus: A Romance of Constantinople (Classic Reprint) Stanwood Cobb. (ENG., Illus.). (J). 2018. 166p. 27.34 *(978-0-656-08217-9(8))*; 2017. pap. 9.97 *(978-1-5276-3847-1(2))* Forgotten Bks.

Aylwin (Classic Reprint) Theodore Watts-Dunton. 2017. (ENG., Illus.). (J). 35.24 *(978-1-5284-8728-3(1))* Forgotten Bks.

Aymeri de Narbonne, Chanson de Geste, Publie d'Apres les Manuscrits de Londres et de Paris, Vol. 2: Texte, Glossaire et Tables (Classic Reprint) Louis Demaison. 2017. (FRE., Illus.). (J). 302p. 30.13 *(978-0-332-47212-6(4))*; pap. 13.57 *(978-0-282-60808-8(7))* Forgotten Bks.

Aymeri de Narbonne, Chanson de Geste, Vol. 1: Publiee d'Apres les Manuscrits de Londres et de Paris; Introduction (Classic Reprint) Louis Demaison. 2017. (FRE., Illus.). (J). 31.03 *(978-0-266-30988-8(7))*; pap. 13.97 *(978-0-282-95251-8(9))* Forgotten Bks.

Ayo to the Rescue. Stephanie Watel. 2022. (ENG.). 42p. (J). pap. ***(978-1-922827-41-8(X))*** Library For All Limited.

Ayobami & the Names of the Animals. Pilar López Ávila. Illus. by Mar Azabal. 2018. (ENG.). 30p. (J). (gr. k-3). 16.95 *(978-84-16733-42-2(2))* Cuento de Luz SL ESP. Dist: Publishers Group West (PGW).

Ayobami en Die Name Van Die Diere (Ayobami & the Names of the Animals) Pilar Lopez Avila. Illus. by Mar Azabal. 2021. (AFR.). 30p. (J). 9.95 *(978-84-18302-28-2(3))* Cuento de Luz SL ESP. Dist: Publishers Group West (PGW).

Ayo's Awesome Adventures in Beijing: Capital of China. 2018. (J). *(978-0-7166-3637-3(9))* World Bk., Inc.

Ayo's Awesome Adventures in Beijing: Capital of China. Kim O'Connor. 2018. (ENG.). 50p. (J). pap. ***(978-0-7166-4830-7(X))*** World Bk.-Childcraft International.

Ayo's Awesome Adventures in Buenos Aires: City of Fair Winds. 2018. (J). *(978-0-7166-3638-0(7))* World Bk., Inc.

Ayo's Awesome Adventures in Buenos Aires: City of Fair Winds. Kim O'Connor. 2018. (ENG.). 50p. (J). pap. ***(978-0-7166-4831-4(8))*** World Bk.-Childcraft International.

Ayo's Awesome Adventures in Cape Town: Mother City. 2018. (J). *(978-0-7166-3639-7(5))* World Bk., Inc.

Ayo's Awesome Adventures in Chicago: The Windy City. 2018. (J). *(978-0-7166-3640-3(9))* World Bk., Inc.

Ayo's Awesome Adventures in London: City on the Thames. 2018. (J). *(978-0-7166-3641-0(7))* World Bk., Inc.

Ayo's Awesome Adventures in London: City on the Thames. Kim O'Connor. 2018. (ENG.). 50p. (J). pap. ***(978-0-7166-4834-5(2))*** World Bk.-Childcraft International.

Ayo's Awesome Adventures in New York City: The Big Apple. 2018. (J). *(978-0-7166-3642-7(5))* World Bk., Inc.

Ayo's Awesome Adventures in Rabat: Capital of Morocco. 2018. (J). *(978-0-7166-3643-4(3))* World Bk., Inc.

Ayo's Awesome Adventures in St. Petersburg: City of Bridges. 2018. (J). *(978-0-7166-3644-1(1))* World Bk., Inc.

Ayo's Awesome Adventures in Sydney: Harbor City. 2018. (J). *(978-0-7166-3645-8(X))* World Bk., Inc.

Ayo's Awesome Adventures in Vancouver: Gateway to the Pacific. 2018. (J). *(978-0-7166-3646-5(8))* World Bk., Inc.

Ayrshire Legatees, or the Pringle Family (Classic Reprint) John Galt. (ENG., Illus.). (J). 2018. 322p. 30.54 *(978-0-365-43076-6(5))*; 2017. 30.27 *(978-0-266-73239-6(9))*; 2017. pap. 13.57 *(978-1-5276-9442-2(9))* Forgotten Bks.

Ayrton Senna. Maria Isabel Sanchez Vegara. Illus. by Alex G. Griffiths. 2020. (Little People, BIG DREAMS Ser.: 50). (ENG.). 32p. (J). (gr. -1-2). 15.99 ***(978-0-7112-4672-0(6)***, Frances Lincoln Children's Bks.) Quarto Publishing Group UK GBR. Dist: Hachette Bk. Group.

Ayuda a América a Sanar: Una Historia de Esperanza para la Juventud. Peggy A. Rothbaum LLC. l.t. ed. 2022. (Help America Heal: a Story of Hope for Young People Ser.: Vol. 2). (SPA.). 40p. (J). 24.00 *(978-0-9883592-3-9(5))* Beloved World LLC.

Ayuda para Querido Dragón. Margaret Hillert. Illus. by Jack Pullan. 2017. (BeginningtoRead Ser.). Orig. Title: Help for Dear Dragon. (ENG & SPA.). 32p. (J). (-2). 22.60 *(978-1-59953-832-7(6))*; pap. 11.94 *(978-1-68404-018-6(3))* Norwood Hse. Pr.

Ayudantes de Animales: Leveled Reader Book 42 Level K 6 Pack. Hmh Hmh. 2020. (SPA.). 16p. (J). pap. 74.40 *(978-0-358-08353-5(2))* Houghton Mifflin Harcourt Publishing Co.

Ayudantes Del Huracán. Marzieh A. Ali. Illus. by Lala Stellune. 2023. (Nadia & Nadir (Spanish Version) Ser.). (SPA.). 32p. (J). (gr. -1-3). lib. bdg. 32.79 ***(978-1-0982-3747-9(1)***, 42807, Calico Chapter Bks) Magic Wagon.

Ayudantes en Covid-19: Una Explicación Objetiva pero Optimista de la Pandemia de Coronavirus. Beth Bacon. Tr. by Norma Kaminsky. Illus. by Kary Lee. 2020. 40p. (J). 24.00 *(978-1-949467-63-5(5))*; (SPA.). pap. 10.95 *(978-1-949467-64-2(3))* Carolina Wren Pr. (Blair).

Ayudar una Planta. Katrina Streza & Ariana Vargas. Illus. by Brenda Ponnay. 2023. (Little Lectores Ser.: Vol. 30). (SPA.). 20p. (J). 24.99 ***(978-1-5324-4433-3(8))***; pap. 12.99 ***(978-1-5324-4432-6(X))*** Xist Publishing.

Ayudemos Al Planeta a Ponerse Bien: Vacunas Contra la COVID. Beth Bacon. Illus. by Kary Lee. 2022.Tr. of Helping Our World Get Well: COVID Vaccines. (SPA.). 32p. (J). 10.95 *(978-1-949467-76-5(7))*, Blair) Carolina Wren Pr.

Ayumi Girl of the Borneo Forest. Nik Forster. 2022. (ENG.). 172p. (YA). pap. 15.00 ***(978-0-6455564-1-4(6))*** Primedia eLaunch LLC.

AZ Elveszett Hercegno. Agnes Ficsor. 2016. (HUN., Illus.). (J). pap. *(978-3-7103-2546-5(3))* united p.c. Verlag.

Azahar: Extracts from a Journal in Spain in 1881-82 (Classic Reprint) E. C. Hope-Edwardes. (ENG., Illus.). (J). 2018. 324p. 30.58 *(978-0-365-47942-0(X))*; 2017. pap. 13.57 *(978-0-259-39722-9(9))* Forgotten Bks.

Azalea: The Story of a Girl in the Blue Ridge Mountains (Classic Reprint) Elia W. Peattie. 2018. (ENG., Illus.). 294p. (J). 29.98 *(978-0-483-12690-9(X))* Forgotten Bks.

Azalea's Silver Web (Classic Reprint) Elia W. Peattie. 2018. (ENG., Illus.). 298p. (J). 30.04 *(978-0-484-02854-7(5))* Forgotten Bks.

Azar on Fire. Olivia Abtahi. 2022. 368p. (YA). (gr. 7). 18.99 *(978-0-593-10945-8(7)*, Nancy Paulsen Books) Penguin Young Readers Group.

Azaria: A True History. Maree Coote. Illus. by Maree Coote. 2020. (ENG.). 44p. (J). (gr. 2-4). 22.99 *(978-0-6485684-0-7(7))* Melbournestyle Bks. AUS. Dist: Independent Pubs. Group.

Azarian: An Episode (Classic Reprint) Harriet Elizabeth Prescott. 2018. (ENG., Illus.). 276p. (J). 29.61 *(978-0-364-62104-2(4))* Forgotten Bks.

Azazel. Joann Simmons. 2018. (Tales from the Sheep Pen Ser.: Vol. 1). (ENG.). 28p. (J). 22.95 *(978-1-64416-850-9(2))*; pap. 12.95 *(978-1-64492-029-9(8))* Christian Faith Publishing.

Azee Saves the Alphabet. Arlene Stell. 2017. (ENG., Illus.). 62p. (J). pap. 24.00 *(978-1-4834-7095-5(4))* Lulu Pr., Inc.

Azelda & the Secret of the Christmas Moon. Roman Karp. 2021. (ENG.). 88p. (J). pap. 9.95 *(978-1-0983-8658-0(2))* BookBaby.

Azerbaijan a Variety of Facts Children's People & Places Book. Bold Kids. 2022. (ENG.). 42p. (J). pap. 14.99 ***(978-1-0717-1910-7(6))*** FASTLANE LLC.

Azmina the Gold Glitter Dragon, 1. Maddy Mara. ed. 2021. (Dragon Girls Ser.). (ENG., Illus.). 133p. (J). (gr. 2-3). 15.96 *(978-1-68505-052-8(2))* Penworthy Co., LLC, The.

Azmina the Gold Glitter Dragon (Dragon Girls #1) Maddy Mara. 2021. (Dragon Girls Ser.). (ENG.). 144p. (J). (gr. 2-5). pap. 5.99 *(978-1-338-68063-8(3)*, Scholastic Paperbacks) Scholastic, Inc.

Azora's Adventure. Jaylie Jolley. 2023. (ENG.). 50p. (J). pap. 15.00 ***(978-1-953507-87-7(5))*** Brightlings.

Aztec Civilization. Tracy Vonder Brink. 2019. (Civilizations of the World Ser.). (ENG., Illus.). 32p. (J). (gr. 3-5). pap. 9.95 *(978-1-64185-826-7(5)*, 1641858265, Focus Readers) North Star Editions.

Aztec Empire. Lori Dittmer. 2019. (Ancient Times Ser.). (ENG.). 24p. (J). (gr. 1-4). pap. 9.99 *(978-1-62832-674-1(3)*, 18914, Creative Paperbacks); lib. bdg. *(978-1-64026-111-2(7)*, 18913) Creative Co., The.

Aztec Government & Society - History Books Best Sellers Children's History Books. Baby Professor. 2017. (ENG., Illus.). (J). pap. 9.55 *(978-1-5419-1207-6(1)*, Baby Professor (Education Kids)) Speedy Publishing LLC.

Aztec-Hunters (Classic Reprint) Francis William Rolt -Wheeler. 2018. (ENG., Illus.). 402p. (J). 32.21 *(978-0-267-26908-2(0))* Forgotten Bks.

Aztec Technology & Art - History 4th Grade Children's History Books. Baby Professor. 2017. (ENG., Illus.). (J). pap. 9.55 *(978-1-5419-1209-0(8)*, Baby Professor (Education Kids)) Speedy Publishing LLC.

Aztecs. Elizabeth Andrews. 2022. (Ancient Civilizations Ser.). (ENG.). 32p. (J). (gr. 2-5). lib. bdg. 32.79 *(978-1-0982-4327-2(7)*, 41229, DiscoverRoo) Pop!.

Aztecs, 1 vol. David West. 2016. (Discovering Ancient Civilizations Ser.). (ENG.). 32p. (J). (gr. 3-3). pap. 11.50 *(978-1-4824-5055-2(0)*, b86ea20e-f3bf-4f94-81d2-9b4385cd7153) Stevens, Gareth Publishing LLLP.

Aztecs. Blaine Wiseman & Heather Kissock. 2016. (Illus.). 32p. (J). *(978-1-5105-1094-4(X))* SmartBook Media, Inc.

Aztecs, Vol. 5. Mason Crest Publishers Staff. 2019. (Untold History of Ancient Civilizations Ser.). (Illus.). 64p. (J). (gr. 8). lib. bdg. 31.93 *(978-1-4222-3518-8(1))* Mason Crest.

Aztecs: History Children's Book with Facts & Pictures. Bold Kids. 2022. (ENG.). 38p. (J). pap. 14.99 *(978-1-0717-0884-2(8))* FASTLANE LLC.

Aztecs: Ruthless Warriors & Bloody Sacrifice. Contrib. by Sarah Eason & Louise Spilsbury. 2023. (Deadly History Ser.). (ENG., Illus.). 48p. (J). (gr. 5-8). pap. 10.99 ***(978-1-915761-28-6(X)***, 9aaadfa3-8fb1-4858-be86-340ef1df86e4) Cheriton Children's Bks. GBR. Dist: Lerner Publishing Group.

Aztecs: Ruthless Warriors & Bloody Sacrifice. Louise Spilsbury & Sarah Eason. 2023. (Deadly History Ser.). (ENG., Illus.). 48p. (J). (gr. 5-8). lib. bdg. 31.99 ***(978-1-915153-68-5(9)***, c373126e-36d1-403d-88ac-c609fadf9a53) Cheriton Children's Bks. GBR. Dist: Lerner Publishing Group.

Aztecs a Variety of Facts Children's History Book. Bold Kids. 2022. (ENG.). 42p. (J). pap. 14.99 ***(978-1-0717-1743-1(X))*** FASTLANE LLC.

Aztecs, Incas & Mayans - Similarities & Differences - Ancient Civilization Book - Fourth Grade Social Studies - Children's Geography & Cultures Books. Baby Professor. 2019. (ENG.). 78p. (J). pap. 15.23 *(978-1-5419-4985-0(4))*; 25.22 *(978-1-5419-7473-9(5))* Speedy Publishing LLC. (Baby Professor (Education Kids)).

Aztecs, Incas, & Mayans for Children Ancient Civilizations for Kids 4th Grade Children's Ancient History. Baby Professor. 2017. (ENG., Illus.). 64p. (J). pap. 9.52 *(978-1-5419-1745-3(6)*, Baby Professor (Education Kids)) Speedy Publishing LLC.

Aztecs' Many Gods - History Books Best Sellers Children's History Books. Baby Professor. 2017. (ENG., Illus.). (J). pap. 9.55 *(978-1-5419-1208-3(X)*, Baby Professor (Education Kids)) Speedy Publishing LLC.

Aztecs vs. Spartans. Virginia Loh-Hagan. 2019. (Battle Royale: Lethal Warriors Ser.). (ENG., Illus.). 32p. (J). (gr. 4-8). pap. 14.21 *(978-1-5341-5054-6(4)*, 213523); lib. bdg. 32.07 *(978-1-5341-4768-3(3)*, 213522) Cherry Lake Publishing. (45th Parallel Press).

Aztectopia. Pedro Larez. 2017. (ENG., Illus.). (YA). (gr. 8-12). pap. 10.00 *(978-0-9985390-3-4(1))* Jade Publishing.

Azul. Amy Culliford. Tr. by Pablo de la Vega. 2021. (Mi Color Favorito (My Favorite Color) Ser.). (SPA., Illus.). 16p. (J). (gr. -1-1). pap. *(978-1-4271-3291-8(7)*, 14839) Crabtree Publishing Co.

Azul. para Jovenes. Ruben Dario. 2018. (SPA.). 96p. (YA). pap. 6.95 *(978-970-643-889-8(0))* Selector, S.A. de C.V. MEX. Dist: Spanish Pubs., LLC.

Azul y Otros Colores con Henri Matisse (Blue & Other Colors with Henri Matisse) (Spanish Edition) Henri Matisse. 2016. (SPA.). 30p. (J). (gr. -1-1). bds. 12.95 *(978-0-7148-7187-5(7))* Phaidon Pr., Inc.

Azulillo Oriental (Eastern Bluebirds) Julie Murray. 2022. (Aves Estatales (State Birds) Ser.). (SPA.). 24p. (J). (gr. -1-2). lib. bdg. 31.36 *(978-1-0982-6330-0(8)*, 39461, Abdo Kids) ABDO Publishing Co.

Azure House: The People. Lisa J. Becker. 2018. (ENG., Illus.). 62p. (J). pap. 19.99 *(978-0-9990012-5-7(6)*, Fig Factor Media LLC) Fig Factor Media Publishing.

Azure Island. Lindamarie Ketter. Illus. by Yousra Zekrifa. 2021. (ENG.). 30p. (J). pap. 9.99 *(978-1-68524-807-9(1))* Primedia eLaunch LLC.

Azure Rose a Novel (Classic Reprint) Reginald Wright Kauffman. 2018. (ENG., Illus.). 324p. (J). 30.58 *(978-0-483-33915-6(6))* Forgotten Bks.

a'zyon Warrior. Trudy Adams. 2020. (ENG.). 328p. (YA). 28.99 *(978-1-64960-242-8(1))* Emerald Hse. Group, Inc.

Azzy's Moving Adventure. Donna Boone. Illus. by Amy-Lynn Dorsch. 2022. (ENG.). 46p. (J). pap. *(978-1-77354-122-8(6))* PageMaster Publication Services, Inc.

B

B. Xist Publishing. 2019. (Discover the Alphabet Ser.). (ENG.). 20p. (J). (gr. -1-1). pap. 24.99 *(978-1-5324-1354-4(8))* Xist Publishing.

B. Xist Publishing & Xist Publishing. 2019. (Discover the Alphabet Ser.). (ENG.). 22p. (J). (gr. -1-1). 22.99 *(978-1-5324-1300-1(9))* Xist Publishing.

B. -H. -S. VIM, 1919 (Classic Reprint) Berne High School. 2017. (ENG., Illus.). (J). pap. 9.57 *(978-0-259-82822-8(X))* Forgotten Bks.

B-1B Lancer. Megan Cooley Peterson. 2018. (Air Power Ser.). (ENG.). 32p. (J). (gr. 4-6). pap. 9.99 *(978-1-64466-228-1(0)*, 12171); (Illus.). lib. bdg. *(978-1-68072-381-6(2)*, 12170) Black Rabbit Bks. (Bolt).

B-1b Lancer. Megan Cooley Peterson. 2018. (Air Power Ser.). (ENG.). 32p. (J). (gr. 2-7). 9.95 *(978-1-68072-675-6(7)*, Bolt) Black Rabbit Bks.

B-2 Spirit. Megan Cooley Peterson. 2018. (Air Power Ser.). (ENG.). 32p. (J). (gr. 2-7). 9.95 *(978-1-68072-676-3(5))*; (J). (gr. 4-6). pap. 9.99 *(978-1-64466-229-8(9)*, 12175); (Illus.). (J). (gr. 4-6). lib. bdg. *(978-1-68072-382-3(0)*, 12174) Black Rabbit Bks. (Bolt).

B. A. L. D. Lillie's First Day of School. Tijuana Collier & Khaila Ramey-Collier. 2017. (ENG.). (J). 14.95 *(978-1-68401-287-9(2))* Amplify Publishing Group.

B, Book, & Me. Sagwa Kim. Tr. by Sunhee Jeong. 2020. (ENG.). 160p. (YA). pap. 16.95 *(978-1-931883-96-2(3))* Two Lines Pr.

B. C. 1887: A Ramble in British Columbia (Classic Reprint) J.A. Lees. 2018. (ENG., Illus.). 436p. (J). 32.89 *(978-0-364-92189-0(7))* Forgotten Bks.

B C... God. Kathryn Tassinari Claywell. 2022. (ENG., Illus.). 26p. (J). pap. 12.95 *(978-1-63885-431-9(9))* Covenant Bks.

B. H. Macc's Friendly Adventures Storybook. B. H. Macc. 2018. (ENG., Illus.). 88p. (J). pap. *(978-0-359-22018-2(5))* Lulu Pr., Inc.

B. H. Macc's Friendly Adventures Storybook Volume 2 the Great Rescue. B. H. Macc. 2019. (ENG.). 56p. (J). pap. *(978-0-359-35974-5(4))* Lulu Pr., Inc.

B. H. Maccs Friendly Adventures Storybook Volume 3 Surprise! B. H. Macc. 2019. (ENG.). 72p. (J). pap. *(978-0-359-38458-7(7))* Lulu Pr., Inc.

B-I-n-g-o. Lucy Bell. Illus. by Sharon Lane Holm. 2017. (ENG.). 20p. (J). (gr. -1-1). bds. *(978-1-4867-1249-6(5))* Flowerpot Children's Pr. Inc.

B. I. T. C. H. Louis Justin. 2020. (ENG.). 494p. (YA). pap. *(978-0-2288-3483-0(X))* Tellwell Talent.

B Inspired. Brandon Warren. 2019. (ENG.). 186p. (J). pap. 12.99 ***(978-1-7339943-0-9(0))*** B The Inspired.

B Is for Baby. Atinuke. Illus. by Angela Brooksbank. (ENG.). (J). (gr. -1-2). 2021. 28p. bds. 7.99 *(978-1-5362-1794-0(8))*; 2019. 40p. 17.99 *(978-1-5362-0166-6(9))* Candlewick Pr.

B Is for Bagel. Rachel Teichman. Photos by Rebecca Wright. 2022. (ABCD-Eats Ser.). (ENG., Illus.). 40p. (J). (-3). 15.95 *(978-1-951412-47-0(8))* Collective Bk. Studio, The.

B Is for Baker Street - My First Sherlock Holmes Book. Richard Ryan. Illus. by Sophia Asbury. 2021. (ENG.). 40p. (J). pap. *(978-1-78705-639-8(2))* MX Publishing, Ltd.

B Is for Baker Street - My First Sherlock Holmes Coloring Book. Richard Ryan. Illus. by Sophia Asbury. 2021. (ENG.). 40p. (J). pap. *(978-1-78705-857-6(3))* MX Publishing, Ltd.

B Is for Baller: The Ultimate Basketball Alphabet. James Littlejohn. Illus. by Matthew Shipley. 2018. (ABC to MVP Ser.: 1). 32p. (J). (gr. -1-k). 17.95 *(978-1-62937-588-5(8))* Triumph Bks.

B Is for Ballet: a Dance Alphabet (American Ballet Theatre) John Robert Allman. Illus. by Rachael Dean. 2020. (American Ballet Theatre Ser.). 48p. (J). (gr. -1-2). 18.99 *(978-0-593-18094-5(1))*; (ENG.). lib. bdg. 21.99 *(978-0-593-18095-2(X))* Random Hse. Children's Bks. (Doubleday Bks. for Young Readers).

B Is for Banana. Nick Rebman. 2021. (Alphabet Fun Ser.). (ENG., Illus.). 24p. (J). (gr. k-1). pap. 8.95 *(978-1-64619-393-6(8))*; lib. bdg. 28.50 *(978-1-64619-366-0(0))* Little Blue Hse. (Little Blue Readers).

B Is for Bananas. Carrie Tillotson. Illus. by Estrela Lourenço. 2023. 32p. (J). (gr. -1-3). 18.99 *(978-0-593-52806-8(9))* Flamingo Bks.

B Is for Basketball: The Basics of Basketball for Beginners. Bryan Boyd. 2020. (ENG.). 32p. (J). 18.97 *(978-1-7339390-5-8(9))* Melissa Boyd.

B Is for Baylee. Kay Bates. 2021. (ENG.). 218p. (J). 16.99 *(978-1-0879-1734-4(4))* Indy Pub.

B Is for Baylee. Kay M. Bates. 2021. (ENG.). 218p. (J). pap. 8.99 *(978-1-0878-8434-9(9))* Indy Pub.

B Is for Beacon: A Great Lakes Lighthouse Alphabet. Helen L. Wilbur. Illus. by Renée Graef. 2016. (ENG.). 32p.

136
The check digit for ISBN-10 appears in parentheses after the full ISBN-13

(J). (gr. 1-4). 18.99 *(978-1-58536-916-4(0)*, 204025) Sleeping Bear Pr.

B Is for Bedtime! (Sesame Street) Naomi Kleinberg. Illus. by Tom Brannon. 2017. (ENG.). 12p. (J). (— 1). bds. 8.99 *(978-0-399-55812-2(8)*, Random Hse. Bks. for Young Readers) Random Hse. Children's Bks.

B Is for Bellies: A Celebration of Every Body! Renni Dyball. Illus. by Mia Saine. 2023. (ENG.). 32p. (J). (gr. -1-3). 19.99 ***(978-0-358-68365-0(3)***, Clarion Bks.) HarperCollins Pubs.

B Is for Benjamin: Now I Know My ABCs & 123s Coloring & Activity Book with Writing & Spelling Exercises (Age 2-6) 128 Pages. Crawford House Learning Books. 2020. (ENG.). 130p. (J). pap. *(978-1-989828-51-9(5))* Crawford Hse.

B Is for Bible. Little Bee Books. 2021. (ENG.). 28p. (J). (gr. -1-k). bds. 7.99 *(978-1-4998-1146-9(2))* Little Bee Books Inc.

B Is for Bilingual. Leila Diaz. 2019. (ENG.). 64p. (J). 19.95 *(978-1-68401-978-6(8))* Amplify Publishing Group.

B Is for Boo: A Halloween Alphabet, 1 vol. Illus. by Greg Paprocki. 2017. (BabyLit Ser.). (ENG.). 32p. (J). (— 1). bds. 12.99 *(978-1-4236-4780-5(7))* Gibbs Smith, Publisher.

B Is for Braelyn: Now I Know My ABCs & 123s Coloring & Activity Book with Writing & Spelling Exercises (Age 2-6) 128 Pages. Crawford House Learning Books. 2020. (ENG.). 130p. (J). pap. *(978-1-989828-76-2(0))* Crawford Hse.

B Is for Breast Cancer. Simon Howell & Anita Howell. Illus. by Sue Roche. 2018. (Meet Lucy & Jack & Friends Ser.: Vol. 4). (ENG.). 46p. (J). pap. *(978-1-9993136-0-9(7))* Meet Lucy & Jack Publishing.

B Is for Breathe: The ABCs of Coping with Fussy & Frustrating Feelings. Melissa Munro Boyd. 2019. (ENG., Illus.). 32p. (J). (gr. k-5). pap. 12.99 *(978-1-7339390-0-3(8))* Melissa Boyd.

B Is for Breathe: The ABCs of Coping with Fussy & Frustrating Feelings. Boyd Munro Melissa. 2019. (ENG., Illus.). 32p. (J). (gr. k-5). 17.99 *(978-1-7339390-1-0(6))* Melissa Boyd.

B Is for Brielle: Now I Know My ABCs & 123s Coloring & Activity Book with Writing & Spelling Exercises (Age 2-6) 128 Pages. Crawford House Learning Books. 2020. (ENG.). 130p. (J). pap. *(978-1-989828-14-4(0))* Crawford Hse.

B Is for Brinlee: Now I Know My ABCs & 123s Coloring & Activity Book with Writing & Spelling Exercises (Age 2-6) 128 Pages. Crawford House Learning Books. 2020. (ENG.). 130p. (J). pap. *(978-1-989828-71-7(X))* Crawford Hse.

B Is for Broadway: Onstage & Backstage from a to Z. John Robert Allman. Illus. by Peter Emmerich. 2022. 48p. (J). (gr. -1-2). 18.99 *(978-0-593-30563-8(9))*, Doubleday Bks. for Young Readers) Random Hse. Children's Bks.

B Is for Brownies: An ABC Baking Book. Caroline Wright. Illus. by Alison Oliver. 2022. (Little Bakers Ser.: 3). (ENG.). 22p. (J). (gr. -1 — 1). bds. 9.99 *(978-0-06-307185-8(1)*, HarperFestival) HarperCollins Pubs.

B Is for Bulldozer Lap Board Book: A Construction ABC. June Sobel. Illus. by Melissa Iwai. 2018. (ENG.). 32p. (J). (— 1). bds. 12.99 *(978-1-328-77052-3(4)*, 1681071, Clarion Bks.) HarperCollins Pubs.

B Is for Bus - Beginning Sounds for Preschool - Reading Book for Kids Children's Reading & Writing Books. Baby Professor. 2017. (ENG., Illus.). (J). pap. 9.55 *(978-1-5419-2857-2(1)*, Baby Professor (Education Kids)) Speedy Publishing LLC.

B on Your Thumb: 60 Poems to Boost Reading & Spelling. Colette Hiller. Illus. by Tor Freeman. ed. 2020. (ENG.). 80p. (J). (gr. -1-3). 19.99 ***(978-0-7112-5460-2(5)***, Frances Lincoln Children's Bks.) Quarto Publishing Group UK GBR. Dist: Hachette Bk. Group.

B Team Win. Roy Noble. Illus. by Karl Davies. 2021. (ENG.). 40p. (J). (— 1). pap. 11.99 ***(978-1-913733-49-0(1))*** Graffeg Limited GBR. Dist: Independent Pubs. Group.

B to Bee! - Letter Sounds Matching Game. Baby Professor. 2017. (ENG., Illus.). (J). pap. 7.89 *(978-1-68368-033-8(2)*, Baby Professor (Education Kids)) Speedy Publishing LLC.

B. U. R. P. Strikes Back. Wendy Mass & Michael Brawer. ed. 2017. (Space Taxi Ser.: 5). (J). lib. bdg. 16.00 *(978-0-606-40226-2(8))* Turtleback.

B3 the Adult Eagle. Karen a Brooks. Illus. by Jp Roberts. 2019. (ENG.). 64p. (J). *(978-1-5255-5303-5(8))*; pap. *(978-1-5255-5304-2(6))* FriesenPress.

B3 the Juvenile Eagle. Karen a Brooks. Illus. by Jp Roberts. 2016. (ENG.). (J). *(978-1-4602-8844-3(0))*; pap. *(978-1-4602-8843-6(2))* FriesenPress.

B3 the Subadult Eagle. Karen a Brooks. Illus. by Jp Roberts. 2017. (ENG.). (J). *(978-1-5255-1243-8(9))*; pap. *(978-1-5255-1244-5(7))* FriesenPress.

Ba-Bao Porridge That Fell from the Sky! Aili Mou. 2022. (Taste of China Ser.). (ENG.). 36p. (J). (gr. k-2). pap. 8.95 *(978-1-4878-0988-1(3))* Royal Collins Publishing Group Inc. CAN. Dist: Independent Pubs. Group.

Ba-Chan the Ninja Grandma: An Adventure with Little Kunoichi the Ninja Girl. Sanae Ishida. 2018. (Little Kunoichi the Ninja Girl Ser.). (Illus.). 32p. (J). (gr. k-4). 16.99 *(978-1-63217-118-4(X)*, Little Bigfoot) Sasquatch Bks.

Baa, Baa, Black Sheep. Jane Cabrera. 2016. (Jane Cabrera's Story Time Ser.). (ENG., Illus.). 24p. (J). (gr. -1-k). bds. 7.99 *(978-0-8234-3631-6(4))* Holiday Hse., Inc.

Baa, Baa, Black Sheep. Melissa Everett. Illus. by Imodraj. 2017. (ENG.). 24p. (J). (gr. -1-3). *(978-1-4867-1259-5(2))* Flowerpot Children's Pr. Inc.

Baa Baa Black Sheep Have You Any Wool? Clare Rose. 2022. (ENG.). 34p. (J). pap. *(978-1-3984-1797-7(1))* Austin Macauley Pubs. Ltd.

Baa-Baa! Magnetic Counting. Nat Lambert. 2018. (Play & Learn Ser.). (ENG.). 10p. (J). (gr. -1-1). 7.99 *(978-1-78700-384-2(1))* Top That! Publishing PLC GBR. Dist: Independent Pubs. Group.

Baa Baa Smart Sheep. Mark Sommerset. Illus. by Rowan Sommerset. 2016. (ENG.). 32p. (J). (gr. k-3). 14.00 *(978-0-7636-8066-4(4))* Candlewick Pr.

Baa, Baa Tap Sheep. Kenda Henthorn. Illus. by Lauren Gallegos. 2022. (ENG.). 32p. (J). (gr. -1-k). 17.99 *(978-1-5341-1156-1(5)*, 205223) Sleeping Bear Pr.

Baa! Moo! What Will We Do? A. H. Benjamin. Illus. by Jane Chapman. 2021. (Let's Read Together Ser.). (ENG.). 32p. (J). (gr. -1-2). pap. 8.99 *(978-1-68010-349-6(0))* Tiger Tales.

Baa! Oink! Moo! God Made the Animals, 1 vol. David Walker. 2017. (ENG., Illus.). 26p. (J). bds. 9.99 *(978-0-310-75227-1(2))* Zonderkidz.

Baaad Sheep. Dosh Archer. Illus. by Dosh Archer. 2016. (Urgency Emergency! Ser.). (ENG., Illus.). 48p. (J). (gr. k-2). 12.99 *(978-0-8075-8349-4(9)*, 807583499) Whitman, Albert & Co.

Baabwaa & Wooliam: A Tale of Literacy, Dental Hygiene, & Friendship. David Elliott. Illus. by Melissa Sweet. 2021. (ENG.). 40p. (J). (gr. -1-3). 7.99 *(978-0-7636-9937-6(3))* Candlewick Pr.

Baani Da Pari'vaar. Sarbdeep Johal. 2017. (PAN., Illus.). 24p. (J). (gr. -1-3). pap. 9.99 *(978-1-77302-931-3(2))* Draft2Digital.

Bab: A Sub-Deb (Classic Reprint) Mary Roberts Rinehart. 2017. (ENG., Illus.). (J). 31.24 *(978-0-265-20842-7(4))* Forgotten Bks.

Bab Ballads: Much Sound & Little Sense (Classic Reprint) W. S. Gilbert. 2018. (ENG., Illus.). 198p. (J). 27.98 *(978-0-332-37455-0(6))* Forgotten Bks.

Bab Ballads: With Which Are Included Songs of a Savoyard (Classic Reprint) W. S. Gilbert. (ENG., Illus.). (J). 2018. 578p. 35.82 *(978-0-666-89772-5(7))*; 2016. pap. 19.57 *(978-1-334-14813-2(9))* Forgotten Bks.

Bab Ballads & Savoy Songs (Classic Reprint) W. H. Gilbert. 2018. (ENG., Illus.). 208p. (J). 28.21 *(978-0-483-82524-6(7))* Forgotten Bks.

Bab (Classic Reprint) S. Gilbert. 2017. (ENG., Illus.). 318p. (J). 30.48 *(978-0-484-22973-9(7))* Forgotten Bks.

Baba Stefka & the Magic Chook. Lesa Melnyczuk & Veronica Rooke. 2021. (ENG.). 32p. (J). *(978-0-6452689-3-5(3))* Karen Mc Dermott.

Baba, What Does My Name Mean? A Journey to Palestine. Rifk Ebeid. Illus. by Lamaa Jawhari. 2020. (ENG.). 32p. (J). *(978-1-922381-01-9(2))*; pap. *(978-1-922381-00-2(4))* Tablo Publishing.

Baba Yaga the Witch & Other Legendary Creatures of Russia, 1 vol. Craig Boutland. 2018. (Cryptozoologist's Guide to Curious Creatures Ser.). (ENG.). 32p. (gr. 4-5). lib. bdg. 28.27 *(978-1-5382-2702-2(9)*, 81b01afd-65c0-47c0-b7f9-df587580db37) Stevens, Gareth Publishing LLLP.

Baba Yaga's Assistant. Marika McCoola. Illus. by Emily Carroll. 2020. (ENG.). 136p. (J). (gr. 5-9). pap. 9.99 *(978-1-5362-1310-2(1))* Candlewick Pr.

Babajoon's Treasure. Farnaz Esnaashari. Illus. by Nabi H. Ali. 2023. (ENG.). 40p. (J). (gr. -1-3). 18.99 *(978-1-6659-0188-8(8)*, Simon & Schuster Bks. For Young Readers) Simon & Schuster Bks. For Young Readers.

Babak the Beetle. Fred Paranuzzi. Illus. by Andree Prigent. 2016. (ENG.). 32p. (J). 17.95 *(978-0-7358-4251-9(5))* North-South Bks., Inc.

Babalina Brix & the Lost Fairy Wand. Richard McCarthy. 2020. (ENG.). 20p. (J). pap. *(978-1-5289-2822-9(9))* Austin Macauley Pubs. Ltd.

Babar in Famiglia. Laurent de Brunhoff. pap. 12.95 *(978-88-04-46271-2(X))* Mondadori ITA. Dist: Distribooks, Inc.

Babar in the Jungle see Babar dans l'Ile aux Oiseaux

Babar Raconte Zephir Fait le Singe. Laurent de Brunhoff. (Babar Ser.). (FRE., Illus.). 48p. (J). (gr. -1-3). 19.95 *(978-0-7859-8814-4(9))* French & European Pubns., Inc.

Babar the King see Roi Babar

Babar the King. Jean. De Brunhoff. Tr. by Albatross Publishers. 2018.Tr. of Roi Babar. (ENG., Illus.). 46p. (J). pap. 6.95 *(978-1-946963-11-6(9))* Albatross Pubs.

Babaroo the Alien Limits Screen Time. Kate Melton. 2021. (ENG.). 32p. (J). 16.99 *(978-1-7342530-5-4(3))* Calaida Ecaterina.

Babar's Guide to Paris. Laurent de Brunhoff. 2017. (ENG., Illus.). 48p. (J). (gr. k-2). 19.95 *(978-1-4197-2289-9(1)*, 1153501, Abrams Bks. for Young Readers) Abrams, Inc.

Babas & the Dream Star. Alessandro Poljak. 2021. (ENG.). 30p. (J). *(978-1-0391-1216-2(1))*; pap. *(978-1-0391-1215-5(3))* FriesenPress.

Baba's Gift: A Persian Father's Love of Family. Ariana Shaheen Ariana Shaheen Amini & Christina Maheen Christina Maheen Amini. Illus. by Elaheh Taherian. 2023. 32p. (J). (gr. -1-3). 18.99 *(978-1-63217-323-2(9)*, Little Bigfoot) Sasquatch Bks.

Babbit Can Hop: Book 16. William Ricketts. Illus. by Dean Maynard. 2023. (Tas & Friends Ser.). (ENG.). 20p. (J). (gr. -1-k). pap. 7.99 ***(978-1-76127-016-1(8)***, 26d1e084-bc8d-42cd-81a0-0c8bbe9589e8) Knowledge Bks. & Software AUS. Dist: Lerner Publishing Group.

Babbit Is a Rabbit: Book 85. William Ricketts. Illus. by Dean Maynard. 2023. (Tas & Friends Ser.). (ENG.). 20p. (J). (gr. -1-k). pap. 7.99 ***(978-1-76127-105-2(9)***, 7406d9d9-739d-41f4-9d46-00a688997bcf) Knowledge Bks. & Software AUS. Dist: Lerner Publishing Group.

Babbitt (Classic Reprint) Sinclair Lewis. 2017. (ENG., Illus.). (J). 32.85 *(978-0-266-70246-7(5))* Forgotten Bks.

Babble! And How Punctuation Saved It. Caroline Adderson. Illus. by Roman Muradov. 2022. 72p. (J). (gr. 2-5). 14.99 *(978-0-7352-6583-7(6))*, Tundra Bks.) Tundra Bks. CAN. Dist: Penguin Random Hse. LLC.

Babble Bot. Bennett Dixon. Illus. by Josh Lewis. 2019. (ENG.). 28p. (J). (gr. k-2). 21.99 *(978-1-7341151-0-9(6))*; 14.99 ***(978-1-7341151-1-6(4))*** Bennett Media & Marketing.

Babbling Babies! Baby's First Words, Early Learning Skills - Baby & Toddler First Word Books. Baby Professor. 2017. (ENG., Illus.). (J). pap. 7.89 *(978-1-68326-709-6(5)*, Baby Professor (Education Kids)) Speedy Publishing LLC.

Babbling Beth the Story Chef: And the Berry Awesome Recipe. Lauren Freckles. Illus. by Anne Zimanski. 2019. (Babbling Beth the Story Chef Ser.: Vol. 2). (ENG.). 34p. (J). (gr. k-3). 24.99 *(978-0-9972386-0-0(7))* Franklin, Lauren.

Babbling Beth the Story Chef: Superhero Recipe. Lauren Freckles. Illus. by Anne Zimanski. 2017. (Babbling Beth the Story Chef Ser.). (ENG.). (J). (gr. k-3). 21.99 *(978-0-9972386-2-4(3))*; pap. 17.99 *(978-0-9972386-1-7(5))* Franklin, Lauren.

Babe, B. a: Being the Uneventful History of a Young Gentleman at Cambridge University (Classic Reprint) Edward F. Benson. 2018. (ENG., Illus.). 352p. (J). 31.18 *(978-0-483-59460-9(1))* Forgotten Bks.

Babe Didrikson Zaharias. Jennifer Strand. 2016. (Trailblazing Athletes Ser.). (ENG.). 24p. (J). (gr. -1-2). 49.94 *(978-1-68079-417-5(5)*, 23038, Abdo Zoom-Launch) ABDO Publishing Co.

Babe Didrikson Zaharias: Multisport Superstar. Joe Levit. 2020. (Epic Sports Bios (Lerner (tm) Sports) Ser.). (ENG., Illus.). 32p. (J). (gr. 2-5). 30.65 *(978-1-5415-9745-7(1)*, 26f00417-b35c-4c98-b358-bebb5fbcf12f); pap. 9.99 *(978-1-7284-1338-9(9)*, ae0dd883-d71b-4725-9688-9c2ecc40270e) Lerner Publishing Group. (Lerner Pubns.).

Babe, el Perro Bailarina. Erin Mindes. Illus. by Lindsey Furr. 2022. (SPA.). 32p. (J). pap. 10.99 *(978-1-952209-98-7(6))* Lawley Enterprises.

Babe Murphy (Classic Reprint) Patience Stapleton. (ENG., Illus.). (J). 2018. 288p. 29.84 *(978-0-483-41381-8(X))*; 2016. pap. 13.57 *(978-1-334-12059-6(5))* Forgotten Bks.

Babe Ruth: Super Slugger. Joe Levit. 2020. (Epic Sports Bios (Lerner (tm) Sports) Ser.). (ENG., Illus.). 32p. (J). (gr. 2-5). 30.65 *(978-1-5415-9747-1(8)*, 356f1bee-8a7f-4e68-a799-9c2fcf7f2802); pap. 9.99 *(978-1-7284-1339-6(7)*, 828c0149-0390-4600-b23e-13a8557c31db) Lerner Publishing Group. (Lerner Pubns.).

Babees' Book: Medieval Manners for the Young (Classic Reprint) Frederick James Furnivall. (ENG., Illus.). (J). 2018. 20p. 24.31 *(978-0-267-55187-3(8))*; 2016. pap. 7.97 *(978-1-333-24255-8(7))* Forgotten Bks.

Babee's Room. ed. 2018. (Penguin Young Readers Ser.). (ENG.). 32p. (J). (gr. -1-1). 7.00 *(978-1-64310-389-1(X))* Penworthy Co., LLC, The.

Babel. Marc Lumer. Illus. by Marc Lumer. 2016. (ENG., Illus.). 32p. (J). 17.95 *(978-1-68115-514-2(1)*, 62b0a0ec-c786-4050-ac56-f7a025ade6ac) Behrman Hse., Inc.

Babel (Classic Reprint) John Cournos. 2017. (ENG., Illus.). (J). 32.79 *(978-1-5283-5298-7(X))* Forgotten Bks.

Babel (Classic Reprint) Hugh MacNair Kahler. 2018. (ENG., Illus.). 380p. (J). 31.73 *(978-0-332-41349-5(7))* Forgotten Bks.

Babes in the Basket: Or, Daph & Her Charge (Classic Reprint) Unknown Author. 2018. (ENG., Illus.). 224p. (J). 28.52 *(978-0-483-72634-5(6))* Forgotten Bks.

Babes in the Bush (Classic Reprint) Rolf Boldrewood. 2018. (ENG., Illus.). 448p. (J). 33.14 *(978-0-365-10220-5(2))* Forgotten Bks.

Babes in the Wood: A Romance of the Jungles (Classic Reprint) Bithia Mary Croker. 2018. (ENG., Illus.). (J). 324p. 30.58 *(978-0-366-52848-6(3))*; 326p. pap. 13.57 *(978-0-365-85579-8(0))* Forgotten Bks.

Babes in the Wood, in Verse: An Affecting Tale (Classic Reprint) Unknown Author. 2018. (ENG., Illus.). 22p. (J). 24.37 *(978-0-483-14135-3(6))* Forgotten Bks.

Babes in Toyland (Disney Classic) Barbara Shook Hazen. Illus. by Walt Disney Studio & Carol Marshall. 2018. (Little Golden Book Ser.). (ENG.). 24p. (J). (-k). 4.99 *(978-0-7364-3879-7(3)*, Golden/Disney) Random Hse. Children's Bks.

Babette: A Novel (Classic Reprint) F. Berkeley Smith. (ENG., Illus.). (J). 2017. 30.74 *(978-0-265-98891-6(8))*; 2016. pap. 13.57 *(978-1-334-38094-5(5))* Forgotten Bks.

Babie: A Comedy in Three Acts. Emile de Najac. 2017. (ENG., Illus.). (J). pap. *(978-0-649-33419-3(1))* Trieste Publishing Pty Ltd.

Babie: A Comedy in Three Acts (Classic Reprint) Emile de Najac. 2018. (ENG., Illus.). 74p. (J). 25.42 *(978-0-484-71336-8(1))* Forgotten Bks.

Babies. Kippy Dalton. Ed. by Rebecca; Dalton Grudzina. 2016. (Spring Forward Ser.). (ENG.). (J). (gr. 1). 7.02 net. *(978-1-4900-6017-0(0))* Benchmark Education Co.

Babies: Libro Da Colorare per Bambini. Bold Illustrations. 2017. (ITA., Illus.). (J). pap. 8.35 *(978-1-64193-129-8(9)*, Bold Illustrations) FASTLANE LLC.

Babies & Bunnies Book. John Schindel. 2023. (ENG., Illus.). 28p. (J). (gr. -1 — 1). bds. 8.99 *(978-0-06-323923-4(X)*, Clarion Bks.) HarperCollins Pubs.

Babies & Kitties Book. John Schindel & Molly Woodward. 2020. (ENG., Illus.). 26p. (J). (— 1). bds. 7.99 *(978-0-358-16405-0(2)*, 1758076, Clarion Bks.) HarperCollins Pubs.

Babies Around the World: A Board Book about Diversity That Takes Tots on a Fun Trip Around the World from Morning to Night. Puck. Illus. by Violet Lemay. 2017. (Babies Around the World Ser.). 20p. (J). (gr. -1 — 1). bds. 7.95 *(978-1-938093-87-6(9)*, 809387) Duo Pr. LLC.

Babies Around the World Eating. duopress labs & Puck. Illus. by April Hartmann. 2023. (Babies Around the World Ser.). 20p. (J). (— 1). bds. 8.99 ***(978-1-7282-7947-3(X))*** Duo Pr. LLC.

Babies at the Zoo (Set), 10 vols. 2020. (21st Century Basic Skills Library: Level 3: Babies at the Zoo Ser.). (ENG., Illus.). 24p. (J). (gr. k-3). 306.40 *(978-1-5341-6324-9(7)*, 214320); pap., pap., pap. 127.86 *(978-1-5341-6344-7(1)*, 214321) Cherry Lake Publishing.

Babies Can Sleep Anywhere. Lisa Wheeler. Illus. by Carolina Búzio. 2019. (ENG.). 22p. (J). (gr. -1 — 1). bds. 7.99 *(978-1-4197-3492-2(X)*, 1166810, Abrams Appleseed) Abrams, Inc.

Babies Can Sleep Anywhere. Lisa Wheeler. Illus. by Carolina Buzio. 2017. (ENG.). 32p. (J). (gr. -1-k). 14.95 *(978-1-4197-2536-4(X)*, 1166801, Abrams Appleseed) Abrams, Inc.

Babies Come from Airports. Erin Dealey. Illus. by Luciana Navarro Powell. 2018. (ENG.). 32p. (J). 12.99 *(978-1-61067-557-4(6))* Kane Miller.

Babies Don't Eat Pizza. M. B Tyler. 2023. (ENG.). 24p. (J). 22.95 ***(978-1-6657-3759-3(X))***; pap. 10.95 ***(978-1-6657-3760-9(3))*** Archway Publishing.

Babies First Aesop's Fables: A Newborn Black & White Book: 22 Short Verses, the Ants & the Grasshopper, the Fox & the Crane, the Boy Who Cried Wolf, & More. Ashley Lee. Ed. by A. r. Roumanis. l.t. ed. 2020. (ENG., Illus.). 48p. (J). pap. *(978-1-77437-365-1(3))* AD Classic.

Babies Have All the Fun. Jen E. Lis. Illus. by Nicolle N. Loza. 2018. (ENG.). 38p. (J). pap. 11.99 *(978-1-7325487-0-1(6))* Scholarly Hour.

Babies in the Forest. Ginger Swift. Ed. by Cottage Door Press. Illus. by Olivia Chin Mueller. 2017. (ENG.). 12p. (J). (gr. -1 — 1). bds. 7.99 *(978-1-68052-188-7(8)*, 1001860) Cottage Door Pr.

Babies in the Ocean. Ginger Swift. Ed. by Cottage Door Press. Illus. by Abigail Dela Cruz. 2020. (ENG.). 12p. (J). (gr. -1 — 1). bds. 7.99 *(978-1-68052-979-1(X)*, 1006070) Cottage Door Pr.

Babies in the Snow. Ginger Swift. Ed. by Cottage Door Press. Illus. by Ariel Silverstein. 2017. (ENG.). 12p. (J). (gr. -1 — 1). bds. 7.99 *(978-1-68052-228-0(0)*, 1002140) Cottage Door Pr.

Babies Laugh at Everything: A Press-The-page Sound Book with Mirror. Caspar Addyman. Illus. by Ania Simeone. 2023. (Babies Laugh Ser.). (ENG.). 10p. (J). bds. 14.99 ***(978-1-0350-1629-7(X)***, 900292680, Campbell Bks.) Pan Macmillan GBR. Dist: Macmillan.

Babies Like You Book Set Kaplan. 2020. (ENG.). 48p. (J). pap. 41.45 *(978-0-358-53993-3(5)*, Clarion Bks.) HarperCollins Pubs.

Babies Love Amistad / Babies Love Friendship (Spanish Edition) Rose Nestling. Ed. by Cottage Door Press. Illus. by Giorgia Broseghini. ed. 2022. (Babies Love Ser.). (SPA.). 12p. (J). (gr. -1 — 1). bds. 7.99 *(978-1-64638-666-6(3)*, 1007250-SLA) Cottage Door Pr.

Babies Love Animales / Babies Love Animals (Spanish Edition) Rose Nestling. Ed. by Cottage Door Press. Illus. by Martina Hogan. 2019. (Babies Love Ser.). (SPA.). 12p. (J). (gr. -1 — 1). bds. 7.99 *(978-1-68052-618-9(9)*, 1000110-SLA) Cottage Door Pr.

Babies Love Animals. Susanne König. 2022. (Illus.). 18p. (J). (— 1). bds. 6.99 *(978-0-593-40345-7(2)*, Philomel Bks.) Penguin Young Readers Group.

Babies Love Bondad / Babies Love Kindness (Spanish Edition) Rose Nestling. Ed. by Cottage Door Press. Illus. by Angela Li. ed. 2022. (Babies Love Ser.). (SPA.). 12p. (J). (gr. -1 — 1). bds. 7.99 *(978-1-64638-667-3(1)*, 1007200-SLA) Cottage Door Pr.

Babies Love Christmas. Holly Berry Byrd. Ed. by Cottage Door Press. Illus. by Stacy Peterson. 2016. (Babies Love Ser.). (ENG.). 12p. (J). (gr. -1 — 1). bds. 7.99 *(978-1-68052-116-0(0)*, 1001091) Cottage Door Pr.

Babies Love Colores / Babies Love Colors (Spanish Edition) Michelle Rhodes-Conway. Ed. by Cottage Door Press. Illus. by Fhiona Galloway. 2019. (Babies Love Ser.). (SPA.). 12p. (J). (gr. -1 — 1). bds. 7.99 *(978-1-68052-841-1(6)*, 1002960-SLA) Cottage Door Pr.

Babies Love Colors. Michelle Rhodes-Conway. Ed. by Cottage Door Press. Illus. by Fhiona Galloway. 2018. (Babies Love Ser.). (ENG.). 12p. (J). (gr. -1 — 1). bds. 7.99 *(978-1-68052-320-1(1)*, 1002961) Cottage Door Pr.

Babies Love Daddy. Ed. by Cottage Door Press. Illus. by Agnes Saccani. 2023. (Babies Love Ser.). (ENG.). 12p. (J). (gr. -1 — 1). bds. 7.99 *(978-1-64638-803-5(8)*, 1009040) Cottage Door Pr.

Babies Love Easter. R. I. Redd. Ed. by Cottage Door Press. 2017. (Babies Love Ser.). (ENG., Illus.). 12p. (J). (gr. -1 — 1). bds. 7.99 *(978-1-68052-286-0(8)*, 1002710) Cottage Door Pr.

Babies Love Formas / Babies Love Shapes (Spanish Edition) Rose Nestling. Ed. by Cottage Door Press. 2021. (Babies Love Ser.). (SPA.). 12p. (J). (gr. -1 — 1). bds. 7.99 *(978-1-64638-063-3(0)*, 1006300-SLA) Cottage Door Pr.

Babies Love Friendship. Ginger Swift. Ed. by Cottage Door Press. Illus. by Giorgia Broseghini. 2021. (Babies Love Ser.). (ENG.). 12p. (J). (gr. -1 — 1). bds. 7.99 *(978-1-64638-298-9(6)*, 1007250) Cottage Door Pr.

Babies Love Gatitos / Babies Love Kittens (Spanish Edition) Rose Nestling. Ed. by Cottage Door Press. Illus. by Jessica Gibson. ed. 2022. (Babies Love Ser.). (SPA.). 12p. (J). (gr. -1 — 1). bds. 7.99 *(978-1-64638-483-9(0)*, 1005050-SLA) Cottage Door Pr.

Babies Love Grandma. Ed. by Cottage Door Press. Illus. by Roxanne Rainville. 2023. (Babies Love Ser.). (ENG.). 12p. (J). (gr. -1 — 1). bds. 7.99 *(978-1-64638-802-8(X)*, 1009030) Cottage Door Pr.

Babies Love Halloween. Rosa Von Feder. Ed. by Cottage Door Press. Illus. by Stacy Peterson. 2016. (Babies Love Ser.). (ENG.). 12p. (J). (gr. -1 — 1). bds. 7.99 *(978-1-68052-115-3(2)*, 1001081) Cottage Door Pr.

Babies Love Hugs. Ed. by Cottage Door Press. 2020. (Babies Love Ser.). (ENG.). 12p. (J). (gr. -1 — 1). bds. 7.99 *(978-1-64638-090-9(8)*, 1006490) Cottage Door Pr.

Babies Love Kindness. Ginger Swift. Ed. by Cottage Door Press. Illus. by Angela Li. 2021. (Babies Love Ser.). (ENG.). 12p. (J). (gr. -1 — 1). bds. 7.99 *(978-1-64638-293-4(5)*, 1007200) Cottage Door Pr.

Babies Love Kittens. Rose Nestling. Ed. by Cottage Door Press. Illus. by Jessica Gibson. 2020. (Babies Love Ser.). (ENG.). 12p. (J). (gr. -1 — 1). bds. 7.99 *(978-1-68052-782-7(7)*, 1005050) Cottage Door Pr.

Babies Love Learning. Rose Nestling & Michelle Rhodes-Conway. Ed. by Cottage Door Press. 2018. (Babies Love Ser.). (ENG., Illus.). 48p. (J). (gr. -1-k). bds. 24.99 *(978-1-68052-339-3(2)*, 9001190) Cottage Door Pr.

Babies Love Nature. Susanne König. 2022. (Illus.). 18p. (J). (— 1). bds. 6.99 *(978-0-593-40348-8(7)*, Philomel Bks.) Penguin Young Readers Group.

Babies Love Numbers. Rose Nestling. Ed. by Cottage Door Press. Illus. by Anna Clark. 2019. (Babies Love Ser.). (ENG.). 12p. (J). (gr. -1 — 1). bds. 7.99 *(978-1-68052-780-3(0)*, 1005031) Cottage Door Pr.

Babies Love Números / Babies Love Numbers (Spanish Edition) Rose Nestling. Ed. by Cottage Door Press. Illus. by Anna & Daniel Clark. 2020. (Babies Love Ser.). (SPA.). 12p. (J). (gr. -1 — 1). bds. 7.99 *(978-1-68052-842-8(4)*, 1005030-SLA) Cottage Door Pr.

Babies Love Opuestos / Babies Love Opposites (Spanish Edition) Rose Nestling. Ed. by Cottage Door Press. Illus. by Martina Hogan. 2019. (Babies Love Ser.). (SPA.). 12p. (J). (gr. -1 — 1). bds. 7.99 *(978-1-68052-620-2(0)*, 1000290-SLA) Cottage Door Pr.

B

Babies Love Outer Space. Susanne König. 2022. (Illus.). 18p. (J). (— 1). bds. 6.99 *(978-0-593-40351-8(7)*, Philomel Bks.) Penguin Young Readers Group.

Babies Love Perritos / Babies Love Puppies (Spanish Edition) Rose Nestling. Ed. by Cottage Door Press. Illus. by Jessica Gibson. ed. 2022. (Babies Love Ser.). (SPA.). 12p. (J). (gr. -1 — 1). bds. 7.99 *(978-1-64638-482-2(2)*, 1005040-SLA) Cottage Door Pr.

Babies Love Primeras Palabras / Babies Love First Words (Spanish Edition) Rose Nestling. Ed. by Cottage Door Press. Illus. by Martina Hogan. 2019. (Babies Love Ser.). (SPA.). 12p. (J). (gr. -1 — 1). bds. 7.99 *(978-1-68052-617-2(0)*, 1000100-SLA) Cottage Door Pr.

Babies Love Puppies. Rose Nestling. Ed. by Cottage Door Press. Illus. by Jessica Gibson. 2020. (Babies Love Ser.). (ENG.). 12p. (J). (gr. -1 — 1). bds. 7.99 *(978-1-68052-781-0(9)*, 1005040) Cottage Door Pr.

Babies Love Shapes. Rose Nestling. Ed. by Cottage Door Press. Illus. by Anna & Daniel Clark. 2020. (Babies Love Ser.). (ENG.). 12p. (J). (gr. -1 — 1). bds. 7.99 *(978-1-64638-069-5(X)*, 1006301) Cottage Door Pr.

Babies Love Valentines. Holly Berry Byrd. Ed. by Cottage Door Press. Illus. by Martina Hogan. 2016. (Babies Love Ser.). (ENG.). 12p. (J). (gr. -1 — 1). bds. 7.99 *(978-1-68052-149-8(7)*, 1001430) Cottage Door Pr.

Babies Love Vehículos / Babies Love Things That Go (Spanish Edition) Rose Nestling. Ed. by Cottage Door Press. Illus. by Martina Hogan. 2019. (Babies Love Ser.). (SPA.). 12p. (J). (gr. -1 — 1). bds. 7.99 *(978-1-68052-619-6(7)*, 1000120-SLA) Cottage Door Pr.

Babies Nurse. Phoebe Fox. Illus. by Jim Fox. 2018. (ENG.). 32p. (J). (gr. -1-2). 14.95 *(978-1-930775-61-9(X))*; pap. 9.95 *(978-1-930775-71-8(7))* Platypus Media, L.L.C.

Babies Nurse: Así Se Alimentan los Bebés. Phoebe Fox. Tr. by Karen Rivera Geating. Illus. by Jim Fox. 2018. (ENG.). 32p. (J). (gr. -1-2). 14.95 *(978-1-930775-73-2(3))* Platypus Media, L.L.C.

Babies Nurse / Así Se Alimentan los Bebés. Phoebe Fox. Tr. by Karen Rivera Geating. Illus. by Jim Fox. 2018. (ENG.). 32p. (J). (gr. -1-2). pap. 9.95 *(978-1-930775-72-5(5))* Platypus Media, L.L.C.

Babies of the Great Bear Rainforest, 1 vol. Ian McAllister. 2019. (ENG., Illus.). 24p. (J). (gr. -1 — 1). bds. 9.95 *(978-1-4598-2166-8(1))* Orca Bk. Pubs. USA.

Babies of the Winter: Bear Cub Coloring Book. Activibooks For Kids. 2016. (ENG., Illus.). (J). pap. 9.20 *(978-1-68321-754-1(3))* Mimaxion.

Babies on the Farm. Ginger Swift. Ed. by Cottage Door Press. Illus. by Chie Y. Boyd. 2016. (ENG.). 12p. (J). (gr. -1 — 1). bds. 7.99 *(978-1-68052-150-4(0)*, 1001440) Cottage Door Pr.

Babies Playing, Babies Napping Coloring Book 3 Year Old. Educando Kids. 2019. (ENG.). 42p. (J). pap. 6.99 *(978-1-64521-157-0(6)*, Educando Kids) Editorial Imagen.

Babies Simple First Words. Chika Ifeanyi Ede. 2017. (ENG., Illus.). 120p. (J). pap. *(978-1-365-65264-6(5))* Lulu Pr., Inc.

Babing & Whiskey: Journey to the Enchanted Valley. Evelyn Chapman Castillo. 2021. (ENG.). 52p. (J). 28.49 *(978-1-6628-2702-0(4))*; pap. 16.49 *(978-1-6628-2701-3(6))* Salem Author Services.

Babiole: The Pretty Milliner (Classic Reprint) Fortune Du Boisgobey. 2018. (ENG., Illus.). 134p. (J). 26.66 *(978-0-483-89483-9(4))* Forgotten Bks.

Babka, Boulou, & Blintzes: Jewish Chocolate Recipes from Around the World. Compiled by Michael Leventhal. 2021. (ENG., Illus.). 144p. 34.95 *(978-1-78438-699-3(5))* Greenhill Bks. GBR. Dist: Casemate Pubs. & Bk. Distributors, LLC.

Babler, Vol. 1: Containing a Careful Selection from Those Entertaining & Interesting Essays, Which Have Given the Public So Much Satisfaction under That Title During a Course of Four Years, in Owen's Weekly Chronicle (Classic Reprint) Hugh Kelly. 2017. (ENG., Illus.). (J). 30.17 *(978-0-260-87972-1(X))*; pap. 13.57 *(978-1-5283-4089-2(2))* Forgotten Bks.

Baboe Dalima: Or the Opium Fiend (Classic Reprint) Theophile Hubert Perelaer. (ENG., Illus.). (J). 2017. 35.16 *(978-0-331-59564-2(8))*; 2016. pap. 19.57 *(978-1-334-12244-6(X))* Forgotten Bks.

Baboo Jabberjee B. a (Classic Reprint) F. Anstey, pseud. 2018. (ENG., Illus.). 306p. (J). 30.21 *(978-0-365-02730-0(8))* Forgotten Bks.

Baboon. Dawn Bluemel Oldfield. 2016. (J). lib. bdg. *(978-1-62724-823-5(4))* Bearport Publishing Co., Inc.

Baboon. John Willis. 2016. (J). *(978-1-4896-5369-7(4))* Weigl Pubs., Inc.

Baboon on My Back. J. G. Lee. 2020. (ENG., Illus.). 30p. (J). pap. 12.95 *(978-1-64471-066-1(8))* Covenant Bks.

Baboon on the Moon. Emilie Dufresne. Illus. by Richard Bayley. 2023. (Level 4 - Blue Set Ser.). (ENG.). 32p. (J). (gr. 1-3). lib. bdg. 19.95 Bearport Publishing Co., Inc.

Baboon Troop. Julie Murray. 2018. (Animal Groups (Abdo Kids Junior) Ser.). (ENG., Illus.). 24p. (J). (gr. -1-2). lib. bdg. 31.36 *(978-1-5321-0779-5(X)*, 28119, Abdo Kids) ABDO Publishing Co.

Baboons. Leo Statts. 2019. (Forest Animals Ser.). (ENG., Illus.). 24p. (J). (gr. -1-2). lib. bdg. 31.36 *(978-1-5321-2905-6(X)*, 33092, Abdo Zoom-Launch) ABDO Publishing Co.

Baboons! an Animal Encyclopedia for Kids (Monkey Kingdom) - Children's Biological Science of Apes & Monkeys Books. Prodigy Wizard. 2016. (ENG., Illus.). (J). pap. 9.25 *(978-1-68323-964-2(4))* Twin Flame Productions.

Babouscka a Russian Christmas Story, & Other Stories (Classic Reprint) Unknown Author. 2018. (ENG., Illus.). 86p. (J). 25.67 *(978-0-364-51663-8(1))* Forgotten Bks.

Babrii Fabulae Aesopeae: Accedunt Fabularum Dactylicarum et Lambicarum Reliquiae (Classic Reprint) Babrius Babrius. 2017. (LAT., Illus.). (J). pap. 19.57 *(978-0-282-07857-7(6))* Forgotten Bks.

Babrii Fabulae Aesopeae: E Codice Manuscripto Partem Secundam, Nunc Primum (Classic Reprint) Babrius Babrius. 2017. (LAT., Illus.). (J). 25.61 *(978-0-260-74946-8(X))* Forgotten Bks.

Babs The 'Bot: (Step 2) Sound Out Books (systematic Decodable) Help Developing Readers, Including Those with Dyslexia, Learn to Read with Phonics. Pamela Brookes. 2020. (Dog on a Log Let's Go! Books: Vol. 9). (ENG., Illus.). 34p. (J). 14.99 *(978-1-64831-059-1(1)*, DOG ON A LOG Bks.) Jojoba Pr.

Babs the 'Bot Chapter Book: (Step 2) Sound Out Books (systematic Decodable) Help Developing Readers, Including Those with Dyslexia, Learn to Read with Phonics. Pamela Brookes. 2020. (Dog on a Log Chapter Books: Vol. 9). (ENG., Illus.). 40p. (J). 14.99 *(978-1-64831-016-4(8)*, DOG ON A LOG Bks.) Jojoba Pr.

Babs the Impossible (Classic Reprint) Sarah Grand. 2018. (ENG., Illus.). 518p. (J). 34.58 *(978-0-483-56506-7(7))* Forgotten Bks.

Babu's Bindi. Alexander Friedman. Illus. by Devika Joglekar. 2020. (ENG.). 38p. (J). 18.99 *(978-0-578-63567-5(4))* Asymmetry LLC.

Babu's Panda Family: A Story, Information, & Activities. Christina J. Gallagher. 2018. (ENG., Illus.). 56p. (J). pap. 23.99 *(978-1-4834-8273-6(1))* Lulu Pr., Inc.

Babushka: A Christmas Tale. Dawn Casey. Illus. by Amanda Hall. 2016. (ENG.). 32p. (J). (gr. -1-3). 16.99 *(978-1-68099-188-8(4)*, Good Bks.) Skyhorse Publishing Co., Inc.

#baby. Michael Joosten. 2020. (Illus.). 24p. (J). (— 1). bds. 6.99 *(978-1-9848-9375-8(0)*, Doubleday Bks. for Young Readers) Random Hse. Children's Bks.

Baby 101: Anatomy for Babies. Jonathan Litton. Illus. by Thomas Elliott. 2018. (Baby 101 Ser.). (ENG.). 22p. (J). (— 1). bds. 8.99 *(978-0-525-64877-2(1)*, Doubleday Bks. for Young Readers) Random Hse. Children's Bks.

Baby 101: Botany for Babies. Jonathan Litton. Illus. by Thomas Elliott. 2018. (Baby 101 Ser.). (ENG.). 22p. (J). (— 1). bds. 8.99 *(978-0-525-64878-9(X)*, Doubleday Bks. for Young Readers) Random Hse. Children's Bks.

Baby 101: Zoology for Babies. Jonathan Litton. Illus. by Thomas Elliott. 2018. (Baby 101 Ser.). (ENG.). 22p. (J). (— 1). bds. 8.99 *(978-0-525-64879-6(8)*, Doubleday Bks. for Young Readers) Random Hse. Children's Bks.

Baby Abe: A Lullaby for Lincoln. Ann Chandonnet. Ed. by Sandra Kleven. 2022. (ENG.). 78p. (J). pap. 20.00 *(978-1-0880-1170-6(5))* Indy Pub.

Baby Alligator. Aubrey Lang. Photos by Wayne Lynch. 2022. (Nature Babies Ser.). (ENG., Illus.). 36p. (J). (gr. k-3). pap. 7.95 *(978-1-55455-586-4(8)*, c40ab320-010a-400d-9103-37dbb065732f) Fitzhenry & Whiteside, Ltd. CAN. Dist: Firefly Bks., Ltd.

Baby Alpaca's Adventure. Ann Rivera. Illus. by Liz Brizzi. 2020. 48p. (J). 25.00 *(978-1-0983-1855-0(2))*; pap. 15.00 *(978-1-0983-0697-7(X))* BookBaby.

Baby & Emilou Make Two: A Book about Accepting Change & the Infinite Power of Love. Sarah Carlson. 2023. (Adventures with Emilou Ser.: Vol. 1). (ENG.). 44p. (J). *(978-0-2288-8987-8(1))*; pap. *(978-0-2288-8986-1(3))* Tellwell Talent.

Baby & Me. Christianne Jones. Illus. by Fuuji Takashi. 2023. (My Family & Me Ser.). (ENG.). 20p. bds. 7.99 *(978-1-68446-681-8(4)*, 248839, Capstone Editions) Capstone.

Baby & Me a Mommy & Me Keepsake. Sean Lawhorn. 2018. (ENG., Illus.). 22p. (J). pap. 11.95 *(978-1-68197-410-1(X))* Christian Faith Publishing.

Baby & Solo. Lisabeth Posthuma. 2021. (ENG.). 416p. (YA). (gr. 9). 19.99 *(978-1-5362-1303-4(9))* Candlewick Pr.

Baby & the Bunny. Terri Dill. 2018. (ENG., Illus.). 20p. (J). 22.95 *(978-1-64214-575-5(0))*; pap. 13.95 *(978-1-64298-378-4(0))* Page Publishing Inc.

Baby & the Purposeful Firefly. Rico Lamoureux. 2019. (ENG., Illus.). 24p. (J). (gr. k-4). pap. 7.50 *(978-0-578-21409-2(1))* TheFlashFictionPonder.com.

Baby & the Seed. Leland "Bud" Beamer. Illus. by Kirk Charlton. 2021. (ENG.). 64p. (J). 21.99 *(978-1-956373-48-6(9))*; pap. 16.99 *(978-1-956373-47-9(0))* Ideopage Pr. Solutions.

Baby & Toddler Farm Animal Fun - Alphabet Book. Baby Iq Builder Books. 2016. (ENG., Illus.). (J). pap. 8.99 *(978-1-68374-751-2(8))* Examined Solutions PTE. Ltd.

Baby Angel. Lucia Lipari. 2020. (ENG.). 52p. (J). pap. 17.99 *(978-1-7341194-4-2(6))* Mindstir Media.

Baby Animal Book. Jennifer Cossins. 2019. (ENG.). 64p. (J). (gr. -1-1). 16.99 *(978-0-7344-1815-9(9)*, Lothian Children's Bks.) Hachette Australia AUS. Dist: Hachette Bk. Group.

Baby Animal Hidden Pictures Puffy Sticker Playscenes. Created by Highlights. 2022. (Highlights Puffy Sticker Playscenes Ser.). 48p. (J). (-k). pap. 8.99 *(978-1-64472-670-9(X)*, Highlights) Highlights Pr., c/o Highlights for Children, Inc.

Baby Animal Zoo (Classic Reprint) William Lewis Nida. (ENG., Illus.). (J). 2018. 256p. 29.18 *(978-0-666-45969-5(X))*; 2017. pap. 11.57 *(978-0-259-50542-6(0))* Forgotten Bks.

Baby Animals. Clever Publishing. Illus. by Zhenya Radosteva. 2022. (50 Fun Flaps! Ser.). (ENG.). 20p. (J). (gr. -1 — 1). bds. 11.99 *(978-1-954738-43-0(9))* Clever Media Group.

Baby Animals. Ed. by Joseph Gardner. 2020. (Steam Beginnings Ser.). (ENG.). 14p. (J). bds. 4.99 *(978-1-941609-54-5(6))* Gardner Media LLC.

Baby Animals. Publications International Ltd. Staff. 2019. (Early Learning Ser.). (ENG., Illus.). 16p. (J). (gr. -1-k). bds. 15.98 *(978-1-64030-945-6(4)*, 6104600, Little Grasshopper Bks.) Publications International, Ltd.

Baby Animals, Vol. 12. Paul Sterry. 2018. (Animals in the Wild Ser.). (Illus.). 72p. (J). (gr. 7). 33.27 *(978-1-4222-4165-3(3))* Mason Crest.

Baby Animals: A Coloring Book with Incredibly Cute & Lovable Baby Animals Coloring Pages for Kids. Nikolas Norbert. 2021. (ENG.). 90p. (J). pap. *(978-0-224-16641-6(7)*, Square Peg) Penguin Random Hse.

Baby Animals: Amazing Baby Animals Coloring Book for Kids Ages+4, Activity Workbook for Toddlers & Kindergarten, Girls & Boys. Ariadne Rushford. 2021. (ENG.). 62p. (J). pap. *(978-1-305-41828-8(X))* Green Submarine Ltd.

Baby Animals: Baby Pets; Farm Babies; Forest Babies; Wild Animals, 4 vols. Tiger Tales. Illus. by Artful Doodlers. 2020. (My First Home Learning Ser.). (ENG.). 128p. (J). (gr. -1-2). pap. 12.99 *(978-1-68010-496-7(9))* Tiger Tales.

Baby Animals: Fold & Play. SK & IK. 2020. (Origanimo Ser.: 3). (ENG.). 32p. (J). (gr. -1-3). pap. 9.99 *(978-0-7643-6057-2(4)*, 23667) Schiffer Publishing, Ltd.

Baby Animals - Maan Aika a Uareereke (Te Kiribati) Cherrell Shelley-Robinson. Illus. by Jovan Carl Segura. 2023. (ENG.). 32p. (J). pap. *(978-1-922849-37-3(5))* Library For All Limited.

Baby Animals: a Spotting Game (My Bath Book) (My Bath Book) Illus. by Jonathan Miller & Annie Sechao. 2018. 6p. (J). (— 1). 5.99 *(978-2-924786-75-8(4)*, CrackBoom! Bks.) Chouette Publishing CAN. Dist: Publishers Group West (PGW).

Baby Animals & Their Friends-Baby & Toddler Color Books. Baby Iq Builder Books. 2016. (ENG., Illus.). (J). pap. 8.99 *(978-1-68374-752-9(6))* Examined Solutions PTE. Ltd.

Baby Animals & Their Homes. Martha E. H. Rustad. 2017. (Baby Animals & Their Homes Ser.). (ENG.). 24p. (J). (gr. -1-2). 98.60 *(978-1-5157-3849-7(3)*, 25501, Pebble) Capstone.

Baby Animals Are Born, 1 vol. Delores Soltaire. 2016. (We Love Spring! Ser.). (ENG., Illus.). 24p. (J). (gr. k-k). pap. 9.15 *(978-1-4824-5468-0(8)*, 7ecd3201-1d1a-4f15-8035-6be2afd6e80f) Stevens, Gareth Publishing LLLP.

Baby Animals (Be an Expert!) Rebecca Silverstein. 2022. (Be an Expert! Ser.). (ENG.). 24p. (J). (gr. -1-k). 25.00 *(978-1-338-79784-8(0))*; pap. 5.99 *(978-1-338-79785-5(9))* Scholastic Library Publishing. (Children's Pr.).

Baby Animals (Classic Reprint) Georgia M. McNally. 2018. (ENG., Illus.). 286p. (J). 29.80 *(978-0-483-19477-9(8))* Forgotten Bks.

Baby Animals Coloring Book. A. Green. 2020. (ENG.). 100p. (J). pap. 7.50 *(978-1-716-28652-0(2))* Lulu Pr., Inc.

Baby Animals Coloring Book: Amazing Animals Coloring Book, Stress Relieving & Relaxation Coloring Book with Beautiful Illustrations of Animals & Their Babies. Shirley L. Maguire. 2020. (ENG., Illus.). 62p. (YA). pap. 7.99 *(978-1-716-37747-1(1))* Lulu Pr., Inc.

Baby Animals Coloring Book: Cute Animals Coloring Book - Adorable Animals Coloring Pages for Kids -25 Incredibly Cute & Lovable Baby Animals. Welove Coloringbooks. 2020. (ENG.). 106p. (J). pap. 9.99 *(978-1-716-32910-4(8))* Lulu Pr., Inc.

Baby Animals Coloring Book: Dressed to Impress. e. j. Navarre. 2023. (ENG.). 104p. (J). pap. 6.99 *(978-1-960925-15-2(6))* Kes & Kyd Publishing.

Baby Animals Coloring Book for Kids. Raz McOvoo. 2021. (ENG.). 100p. (J). pap. 11.45 *(978-1-006-88152-7(2))* Lulu Pr., Inc.

Baby Animals Coloring Book for Kids. Matt Rios. 2021. (ENG., Illus.). 110p. (J). pap. 8.85 *(978-1-716-23246-6(5))* Lulu Pr., Inc.

Baby Animals Coloring Book for Kids: Easy & Fun Coloring Pages of Animals, Creative Activity Book, Great Gift Idea. O. Claude. 2021. (ENG.). 82p. (J). pap. 8.99 *(978-1-188-56322-8(X))* Jones & Bartlett Learning, LLC.

Baby Animals Day & Night. Phyllis Limbacher Tildes. Illus. by Phyllis Limbacher Tildes. 2016. (Illus.). 12p. (J). (— 1). bds. 6.95 *(978-1-58089-609-2(X))* Charlesbridge Publishing, Inc.

Baby Animals Eating. Suzi Eszterhas. (Baby Animals Ser.: 3). (ENG., Illus.). 24p. (J). (gr. -1-4). 2022. 9.95 *(978-1-77147-576-1(5))*; 2018. 14.95 *(978-1-77147-317-0(7))* Owlkids Bks. Inc. CAN. Dist: Publishers Group West (PGW).

Baby Animals First Box Set: 123, ABC, Colors. Alexandra Claire. 2022. (Baby Animals First Ser.). (ENG.). 66p. (J). (— 1). pap. 19.99 *(978-1-68555-021-9(5))* Collective Bk. Studio, The.

Baby Animals First Colors Book. Alexandra Claire. 2022. (Baby Animals First Ser.: 3). (ENG., Illus.). 24p. (J). (— 1). bds. 9.95 *(978-1-951412-48-7(6))* Collective Bk. Studio, The.

Baby Animals First Opposites Book. Alexandra Claire. 2022. (Baby Animals First Ser.). (ENG.). 20p. (J). (gr. -1-k). bds. 9.95 *(978-1-951412-76-0(1))* Collective Bk. Studio, The.

Baby Animals First Shapes Book. Alexandra Claire. 2022. (Baby Animals First Ser.). (ENG., Illus.). 20p. (J). (— 1). bds. 9.95 *(978-1-68555-014-1(2))* Collective Bk. Studio, The.

Baby Animals First Sounds Book. Alexandra Claire. 2023. (Baby Animals First Ser.). (ENG., Illus.). 20p. (J). (gr. -1 — 1). bds. 9.95 *(978-1-951412-91-3(5))* Collective Bk. Studio, The.

Baby Animals in Burrows. Martha E. H. Rustad. 2017. (Baby Animals & Their Homes Ser.). (ENG., Illus.). 24p. (J). (gr. -1-2). lib. bdg. 22.65 *(978-1-5157-3831-2(0)*, 133724, Pebble) Capstone.

Baby Animals in Dens. Martha E. H. Rustad. 2017. (Baby Animals & Their Homes Ser.). (ENG., Illus.). 24p. (J). (gr. -1-2). lib. bdg. 22.65 *(978-1-5157-3830-5(2)*, 133723, Pebble) Capstone.

Baby Animals in Nests. Martha E. H. Rustad. 2017. (Baby Animals & Their Homes Ser.). (ENG., Illus.). 24p. (J). (gr. -1-2). lib. bdg. 22.65 *(978-1-5157-3832-9(9)*, 133725, Pebble) Capstone.

Baby Animals in Pouches. Martha E. H. Rustad. 2017. (Baby Animals & Their Homes Ser.). (ENG., Illus.). 24p. (J). (gr. -1-2). lib. bdg. 22.65 *(978-1-5157-3829-9(9)*, 133722, Pebble) Capstone.

Baby Animals Moving. Suzi Eszterhas. (Baby Animals Ser.: 2). (ENG., Illus.). 24p. (J). (gr. -1-4). 2022. 9.95 *(978-1-77147-575-4(7))*; 2018. 14.95 *(978-1-77147-299-9(5))* Owlkids Bks. Inc. CAN. Dist: Publishers Group West (PGW).

Baby Animals of the Ocean Coloring Book. Kreative Kids. 2016. (ENG., Illus.). (J). pap. 9.20 *(978-1-68377-300-9(4))* Whike, Traudl.

Baby Animals Playing. Suzi Eszterhas. (Baby Animals Ser.: 1). (ENG., Illus.). 24p. (J). (gr. -1-2). 2022. 9.95 *(978-1-77147-574-7(9))*; 2017. 14.95 *(978-1-77147-297-5(X))* Owlkids Bks. Inc. CAN. Dist: Publishers Group West (PGW).

Baby Animals Ring Flash Cards. Mudpuppy. 2023. (ENG.). (J). (gr. -1 — 1). 14.99 *(978-0-7353-7911-4(4))* Mudpuppy Pr.

Baby Animals Seek & Find. Sequoia Children's Publishing. 2019. (ENG.). 10p. (J). bds. *(978-1-64269-078-1(3)*, 3997, Sequoia Publishing & Media LLC) Phoenix International Publications, Inc.

Baby Animals (Set), 6 vols. 2017. (Baby Animals (Abdo Kids Junior) Ser.). (ENG.). 24p. (J). (gr. -1-2). lib. bdg. 188.16 *(978-1-5321-0000-0(0)*, 25074, Abdo Kids) ABDO Publishing Co.

Baby Animals Set 2 (Set), 6 vols. Julie Murray. 2018. (Baby Animals (Abdo Kids Junior) Ser.). (ENG.). 24p. (J). (gr. -1-2). lib. bdg. 188.16 *(978-1-5321-8162-7(0)*, 29881, Abdo Kids) ABDO Publishing Co.

Baby Animals Stories. Ginger Swift. Ed. by Cottage Door Press. Illus. by Chie Y. Boyd. 2021. (ENG.). 72p. (J). (gr. -1 — 1). 24.99 *(978-1-64638-174-6(2)*, 1006760) Cottage Door Pr.

Baby Animals Take a Bath. Marsha Diane Arnold. Illus. by Phyllis Limbacher Tildes. 2017. 10p. (J). (— 1). bds. 6.99 *(978-1-58089-538-5(7))* Charlesbridge Publishing, Inc.

Baby Animals Take a Nap. Marsha Diane Arnold. Illus. by Phyllis Limbacher Tildes. 2017. 10p. (J). (— 1). bds. 6.99 *(978-1-58089-539-2(5))* Charlesbridge Publishing, Inc.

Baby Animals with Their Families. Suzi Eszterhas. (Baby Animals Ser.: 4). (ENG., Illus.). 24p. (J). (gr. -1-2). 2022. 9.95 *(978-1-77147-577-8(3))*; 2019. 14.95 *(978-1-77147-322-4(3))* Owlkids Bks. Inc. CAN. Dist: Publishers Group West (PGW).

Baby Aretha: A Book about Girl Power. Illus. by Pintachan. 2022. (Baby Rocker Ser.). (ENG.). 24p. (J). (gr. -1 — 1). bds. 9.99 *(978-0-7624-7912-2(4)*, Running Pr. Kids) Running Pr.

Baby Astrology: Dear Little Aquarius. Roxy Marj. 2019. (Baby Astrology Ser.). (Illus.). 26p. (J). (— 1). bds. 7.99 *(978-1-9848-9527-1(3)*, Doubleday Bks. for Young Readers) Random Hse. Children's Bks.

Baby Astrology: Dear Little Aries. Roxy Marj. 2019. (Baby Astrology Ser.). (Illus.). 26p. (J). (— 1). bds. 7.99 *(978-1-9848-9531-8(1)*, Doubleday Bks. for Young Readers) Random Hse. Children's Bks.

Baby Astrology: Dear Little Cancer. Roxy Marj. 2020. (Baby Astrology Ser.). (Illus.). 26p. (J). (— 1). bds. 7.99 *(978-1-9848-9537-0(0)*, Doubleday Bks. for Young Readers) Random Hse. Children's Bks.

Baby Astrology: Dear Little Capricorn. Roxy Marj. 2020. (Baby Astrology Ser.). (Illus.). 26p. (J). (— 1). bds. 7.99 *(978-1-9848-9549-3(4)*, Doubleday Bks. for Young Readers) Random Hse. Children's Bks.

Baby Astrology: Dear Little Gemini. Roxy Marj. 2020. (Baby Astrology Ser.). (Illus.). 26p. (J). (— 1). bds. 7.99 *(978-1-9848-9535-6(4)*, Doubleday Bks. for Young Readers) Random Hse. Children's Bks.

Baby Astrology: Dear Little Leo. Roxy Marj. 2020. (Baby Astrology Ser.). (Illus.). 26p. (J). (— 1). bds. 7.99 *(978-1-9848-9539-4(7)*, Doubleday Bks. for Young Readers) Random Hse. Children's Bks.

Baby Astrology: Dear Little Libra. Roxy Marj. 2020. (Baby Astrology Ser.). (Illus.). 26p. (J). (— 1). bds. 7.99 *(978-1-9848-9543-1(5)*, Doubleday Bks. for Young Readers) Random Hse. Children's Bks.

Baby Astrology: Dear Little Pisces. Roxy Marj. 2019. (Baby Astrology Ser.). (Illus.). 26p. (J). (— 1). bds. 7.99 *(978-1-9848-9529-5(X)*, Doubleday Bks. for Young Readers) Random Hse. Children's Bks.

Baby Astrology: Dear Little Sagittarius. Roxy Marj. 2020. (Baby Astrology Ser.). (Illus.). 26p. (J). (— 1). bds. 7.99 *(978-1-9848-9547-9(8)*, Doubleday Bks. for Young Readers) Random Hse. Children's Bks.

Baby Astrology: Dear Little Taurus. Roxy Marj. 2019. (Baby Astrology Ser.). (Illus.). 26p. (J). (— 1). bds. 7.99 *(978-1-9848-9533-2(8)*, Doubleday Bks. for Young Readers) Random Hse. Children's Bks.

Baby Astrology: Dear Little Virgo. Roxy Marj. 2020. (Baby Astrology Ser.). (Illus.). 26p. (J). (— 1). bds. 7.99 *(978-1-9848-9541-7(9)*, Doubleday Bks. for Young Readers) Random Hse. Children's Bks.

Baby Astronaut. Laura Gehl. Illus. by Daniel Wiseman. 2019. (Baby Scientist Ser.: 2). (ENG.). 22p. (J). (gr. -1 — 1). bds. 8.99 *(978-0-06-284134-6(3)*, HarperFestival) HarperCollins Pubs.

Baby Badger. Hannah Shaw. Illus. by Bev Johnson. 2023. (Adventures in Fosterland Ser.). (ENG.). 176p. (J). (gr. 1-4). 17.99 *(978-1-6659-2556-3(6))*; pap. 6.99 *(978-1-6659-2555-6(8))* Simon & Schuster Children's Publishing. (Aladdin).

Baby Ballers: Michael Jordan. Bernadette Baillie. Illus. by Neely Daggett. 2021. (Baby Ballers Ser.). (ENG.). 20p. (J). (— 1). bds., bds. 7.99 *(978-1-64517-782-1(3)*, Silver Dolphin Bks.) Printers Row Publishing Group.

Baby Ballers: Tom Brady. Bernadette Baillie. Illus. by Neely Daggett. 2022. (Baby Ballers Ser.). (ENG.). 20p. (J). (— 1). bds. 7.99 *(978-1-6672-0098-9(4)*, Silver Dolphin Bks.) Printers Row Publishing Group.

Baby Ballers: Venus & Serena Williams. Bernadette Baillie. Illus. by Marta Garatea. 2023. (Baby Ballers Ser.). (ENG.). 20p. (J). (— 1). bds., bds. 7.99 *(978-1-6672-0241-9(3)*, Silver Dolphin Bks.) Printers Row Publishing Group.

Baby Bandage & His First Aid Family: Healing Little Hurts & Booboos. Laurie Zelinger. 2023. (ENG.). 28p. (J). 29.95 *(978-1-61599-731-2(8))*; pap. 17.95 *(978-1-61599-730-5(X))* Loving Healing Pr., Inc.

Baby Banking! - Counting Money Workbook: Children's Money & Saving Reference. Professor Gusto. 2016. (ENG., Illus.). (J). pap. 10.81 *(978-1-68321-270-6(3))* Mimaxion.

Baby Barnyard Animals, 1 vol. Ed. by Heritage House Press. 2016. (Kids' Own Nature Book Ser.). (ENG., Illus.). 48p. (J). (gr. -1-k). pap. 6.95 *(978-1-77203-145-4(3))* Heritage Hse. CAN. Dist: Orca Bk. Pubs. USA.

Baby Basics: COLORS Cloth Book. Created by Marion Billet. 2023. (TW Baby Basics Ser.). (ENG.). 8p. (J). (gr. -1 — 1). 22.99 Editions Tourbillon FRA. Dist: Hachette Bk. Group.

Baby Basics: My Cuddly Bunny a Soft Cloth Book for Baby. Illus. by Lucie Brunelliere. 2023. (ENG.). 8p. (J). (gr.

138

The check digit for ISBN-10 appears in parentheses after the full ISBN-13

-1 — 1). 16.99 ***(978-2-408-04505-0(3))*** Éditions Tourbillon FRA. Dist: Hachette Bk. Group.

Baby Bean Hates Lunch. Sue Bosworth. 2017. (ENG., Illus.). 24p. (J). pap. *(978-1-78623-091-1(7))* Grosvenor Hse. Publishing Ltd.

Baby Bear, Baby Bear, What Do You See? / Oso Bebé, Oso Bebé, ¿qué Ves Ahí? (Bilingual Board Book - English / Spanish) Bill Martin, Jr. Illus. by Eric Carle. ed. 2020. (Brown Bear & Friends Ser.: 1). (ENG.). 13p. (J). bds. 9.99 *(978-1-250-76607-6(9)*, 900232403, Holt, Henry & Co. Bks. For Young Readers) Holt, Henry & Co.

Baby Bear, Baby Bear, Where Are You? 2016. (ENG., Illus.). (J). 15.99 *(978-0-692-78147-0(1))* Boland, Janie M.

Baby Bear Board Book. Kadir Nelson. Illus. by Kadir Nelson. 2019. (ENG., Illus.). 36p. (J). (gr. -1 — 1). bds. 7.99 *(978-0-06-293157-3(1)*, Balzer & Bray) HarperCollins Pubs.

Baby Bear: Finger Puppet Book: (Finger Puppet Book for Toddlers & Babies, Baby Books for First Year, Animal Finger Puppets) Chronicle Books. Illus. by Yu-Hsuan Huang. 2016. (Baby Animal Finger Puppets Ser.: 1). (ENG.). 12p. (J). (gr. -1 — 1). 7.99 *(978-1-4521-4235-7(1))* Chronicle Bks. LLC.

Baby Bear Goes Fishing: Leveled Reader Yellow Fiction Level 7 Grade 1. Hmh Hmh. 2019. (Rigby PM Ser.). (ENG.). 16p. (J). (gr. 1). pap. 11.00 *(978-0-358-12161-9(2))* Houghton Mifflin Harcourt Publishing Co.

Baby Bears. K. C. Kelley. 2018. (Spot Baby Animals Ser.). (ENG., Illus.). 16p. (J). (gr. -1-2). pap. 7.99 *(978-1-68152-250-0(0)*, 14842) Amicus.

Baby Bears. Kate Riggs. 2019. (Starting Out Ser.). (ENG.). 24p. (J). (gr. k-2). pap. 8.99 *(978-1-62832-661-1(1)*, 18844, Creative Paperbacks); (gr. -1-k). *(978-1-64026-073-3(0)*, 18843) Creative Co., The.

Baby Bear's Adoption, 1 vol. Jennifer Keats Curtis. Illus. by Veronica V. Jones. 2018. (ENG & SPA.). 32p. (J). (gr. k-3). 17.95 *(978-1-60718-726-4(4)*, 9781607187264) Arbordale Publishing.

Baby Bear's Book of Tiny Tales. David McPhail. 2018. (ENG., Illus.). 56p. (J). (gr. -1-3). 17.99 *(978-0-316-38750-7(9))* Little, Brown Bks. for Young Readers.

Baby Bear's Busy Day with Brown Bear & Friends (World of Eric Carle) Eric Carle & Odd Dot. Illus. by Eric Carle. 2023. (World of Eric Carle Ser.). (ENG., Illus.). 10p. (J). bds. 12.99 ***(978-1-250-87567-9(6)***, 900280941, Odd Dot) St. Martin's Pr.

Baby Bear's Not Hibernating. Lynn Plourde. Illus. by Teri Weidner. 2016. 40p. (J). (gr. -1-12). 19.95 *(978-1-60893-622-9(8))* Down East Bks.

Baby Bear's Present: Leveled Reader Blue Fiction Level 10 Grade 1. Hmh Hmh. 2019. (Rigby PM Ser.). (ENG.). 16p. (J). (gr. 1). pap. 11.00 *(978-0-358-00078-5(5))* Houghton Mifflin Harcourt Publishing Co.

Baby Bear's Spaghetti Misadventure. Linda Karimo. Ed. by Pedro Odubayo Thompson. Illus. by Garry Vaux. 2020. (ENG.). 46p. (J). pap. 9.95 *(978-1-7348876-0-0(5))* Odubayo Thompson, Linda.

Baby Bear's Spaghetti Misadventure: Very Short Misadventure Stories for Kids & Bears, K-1. Linda Karimo. Ed. by Pedro Odubayo Thompson. 2021. (ENG.). 46p. (J). pap. 9.95 *(978-1-7363400-8-0(5))* Odubayo Thompson, Linda.

Baby Bear's Thank You Prayer. Hannah Rebmann. Illus. by Gail Yerrill. 2023. (Tender Moments Ser.). (ENG.). 20p. (J). bds. 9.99 ***(978-1-63854-225-4(2))*** Kidsbooks, LLC.

Baby Beast. Chris Judge. Illus. by Chris Judge. 2019. (ENG., Illus.). 32p. (J). (gr. -1-3). 17.99 *(978-1-5415-5512-9(0)*, 21e15890-2df1-45cc-b677-bb69be6c2532) Lerner Publishing Group.

Baby Beastie the Monster Kitchen & the Magic Secret. A. D. Beastie. (ENG., Illus.). 34p. (J). 2021. 24.95 *(978-1-6624-4260-5(2))*; 2020. pap. 16.99 *(978-1-64584-706-9(3))* Page Publishing Inc.

Baby Bee, Where Are You? (Paperback) David Villanueva Jr. 2018. (ENG., Illus.). 40p. (J). pap. 17.99 *(978-1-387-60526-2(7))* Lulu Pr., Inc.

Baby Bellaphante: The Last Baby Mammoth. F. M. Barrera. Illus. by F. M. Barrera. 2023. (ENG.). 28p. (J). 16.95 ***(978-1-7363306-6-1(7))*** Talisman Pr.

Baby Beth Finds Hope. Mariliz Ischi. 2022. (ENG.). 190p. (YA). pap. 17.95 *(978-1-68570-458-2(1))* Christian Faith Publishing.

Baby Bible Coloring Book for Children (6x9 Coloring Book / Activity Book) Sheba Blake. 2021. (ENG.). 28p. (J). pap. 9.99 *(978-1-222-31137-2(2))* Indy Pub.

Baby Bible Coloring Book for Children (8x10 Coloring Book / Activity Book) Sheba Blake. 2021. (ENG.). 28p. (J). pap. 14.99 *(978-1-222-31138-9(0))* Indy Pub.

Baby Binky's Mysterious Powers. Niquanna S. Mangham. 2022. (ENG.). 26p. (J). pap. 11.99 ***(978-1-0880-5505-2(2))*** Indy Pub.

Baby Bird. Chloe Daniels. Illus. by Mohanta. 2022. (ENG.). 26p. (J). pap. *(978-1-922827-14-2(2))* Library For All Limited.

Baby Birds & Their Moms: Crayon Coloring Book. Jupiter Kids. 2016. (ENG., Illus.). 106p. (J). pap. 12.55 *(978-1-68305-141-1(6)*, Jupiter Kids (Childrens & Kids Fiction)) Speedy Publishing LLC.

Baby Birds Coloring Book & Journal Coloring Book. Smarter Activity Books for Kids. 2016. (ENG., Illus.). (J). pap. 9.22 *(978-1-68374-502-0(7))* Examined Solutions PTE. Ltd.

Baby Birds to Design & Color Coloring Book. Activity Book Zone for Kids. 2016. (ENG., Illus.). (J). pap. 9.20 *(978-1-68376-408-3(0))* Sabeels Publishing.

Baby Blue. Samoana Douglas. 2019. (ENG.). 24p. (J). pap. 10.60 *(978-1-7948-0440-1(4))* Lulu Pr., Inc.

Baby Boo Boo's. James Robert Jay. 2020. (ENG.). 40p. (J). pap. 12.60 *(978-1-951932-35-0(8))* Legaia Bks. USA.

Baby Book of Colors: Coloring Books for Toddler. Jupiter Kids. 2016. (ENG., Illus.). 106p. (J). pap. 12.55 *(978-1-68305-142-8(4)*, Jupiter Kids (Childrens & Kids Fiction)) Speedy Publishing LLC.

Baby Boomers. Ted Moss. 2021. (ENG.). 75p. (YA). pap. *(978-1-716-50540-9(2))* Lulu Pr., Inc.

Baby Born, 1 vol. Anastasia Suen. Illus. by Chih-Wei Chang. 2019. Orig. Title: Recien Nacido. (ENG.). 24p. (J). (gr. -1-1). pap. 9.95 *(978-1-64379-094-7(3)*, leelowbooks) Lee & Low Bks., Inc.

Baby Botanist. Laura Gehl. Illus. by Daniel Wiseman. 2019. (Baby Scientist Ser.: 3). (ENG.). 22p. (J). (gr. -1 — 1). bds. 8.99 *(978-0-06-284132-2(7)*, HarperFestival) HarperCollins Pubs.

Baby Boy, You Are a Star! Andrea Pinkney. Illus. by Brian Pinkney. 2023. (Bright Brown Baby Ser.). (ENG.). 16p. (J). (— 1). bds. 8.99 *(978-1-338-67242-8(8)*, Cartwheel Bks.) Scholastic, Inc.

Baby Brain Games Activity Book Preschool. Educando Kids. 2019. (ENG.). 42p. (J). pap. 8.55 *(978-1-64521-723-7(X)*, Educando Kids) Editorial Imagen.

Baby Brother, 1 vol. Elliot Paderewski. 2016. (Rosen REAL Readers: STEM & STEAM Collection). (ENG.). 12p. (gr. 1-2). pap. 6.33 *(978-1-5081-2655-3(0)*, 73c1a7d6-8fa0-4131-add2-72ade7f46a87, Rosen Classroom) Rosen Publishing Group, Inc., The.

Baby B's. Therese Fisher. 2020. (First Reader Ser.: Vol. 1). (ENG., Illus.). 26p. (J). pap. *(978-0-9951405-1-6(0))* Kingfisher Publishing.

Baby Bug. Wednesday Kirwan. Illus. by Wednesday Kirwan. 2022. (ENG., Illus.). 30p. (J). (— 1). bds., bds. 8.99 *(978-1-5344-9360-5(3)*, Little Simon) Little Simon.

Baby Bugs' Best Time. Katelyn Spurlock. 2017. (ENG., Illus.). (J). pap. 10.95 *(978-0-9983858-0-8(8))* Everlasting Publishing.

Baby Builder. Anne Bouromane. 2017. (ENG., Illus.). 32p. (J). pap. *(978-1-387-40038-6(X))* Lulu Pr., Inc.

Baby Builders. Elissa Haden Guest. Illus. by Hiroe Nakata. 2020. (ENG.). 32p. (J). (-k). 17.99 *(978-0-525-55270-3(7)*, Dial Bks) Penguin Young Readers Group.

Baby Bullet: The Bubble of Destiny (Classic Reprint) Lloyd Osbourne. (ENG., Illus.). (J). 2018. 310p. 30.29 *(978-0-483-57039-9(7))*; 2016. pap. 13.57 *(978-1-334-68693-1(9))* Forgotten Bks.

Baby Bunny. Margaret Hillert. Illus. by Denny Bond. 2016. (Beginning-To-Read Ser.). (ENG.). 32p. (J). (gr. k-2). pap. 13.26 *(978-1-60357-934-6(6))* Norwood Hse. Pr.

Baby Bunny. Margaret Hillert. 2016. (BeginningtoRead Ser.). (ENG., Illus.). 32p. (J). (gr. k-2). 22.60 *(978-1-59953-793-1(1))* Norwood Hse. Pr.

Baby Bunny. Sequoia Children's Publishing. 2020. (ENG.). 10p. (J). bds. 5.99 *(978-1-64269-174-0(7)*, 4029, Sequoia Publishing & Media LLC) Phoenix International Publications, Inc.

Baby Bunny: Finger Puppet Book. Chronicle Books. Illus. by Yu-Hsuan Huang. 2017. (Baby Animal Finger Puppets Ser.: 5). (ENG.). 12p. (J). 7.99 *(978-1-4521-5609-5(3))* Chronicle Bks. LLC.

Baby Bush Animals. Anna Hart. Illus. by Rhys Kitson. 2020. (ENG.). 10p. (J). bds. 6.99 *(978-1-5037-5603-8(3)*, 3734, PI Kids) Phoenix International Publications, Inc.

Baby Business Toddler Coloring Book 1. Bold Illustrations. 2017. (ENG., Illus.). (J). pap. 8.35 *(978-1-64193-031-4(4)*, Bold Illustrations) FASTLANE LLC.

Baby Business Toddler Coloring Book 2. Bold Illustrations. 2017. (ENG., Illus.). (J). pap. 8.35 *(978-1-64193-032-1(2)*, Bold Illustrations) FASTLANE LLC.

Baby Caillou, Bathtime. Illus. by Pierre Brignaud. ed. 2016. (ENG.). 6p. (J). (— 1). 6.99 *(978-2-89718-225-0(3))* Caillouet, Gerry.

Baby Caillou: Christmas Hide-And-Seek: A Lift-The-Flap Book. Illus. by Kary. 2018. (Baby Caillou Ser.). (ENG.). 10p. (J). bds. 7.99 *(978-2-89718-492-6(2))* Caillouet, Gerry.

Baby Cakes. Theo Heras. Illus. by Renné Benoit. 2017. (Toddler Skill Builders Ser.: 2). (ENG.). 24p. (J). (gr. -1-k). 13.95 *(978-1-77278-030-7(8))* Pajama Pr. CAN. Dist: Publishers Group West (PGW).

Baby Camels. Megan Borgert-Spaniol. 2016. (Super Cute! Ser.). (ENG., Illus.). 24p. (J). (gr. k-3). 26.95 *(978-1-62617-387-3(7)*, Blastoff! Readers) Bellwether Media.

Baby Can Do: Peekaboo Baby: With a Fun Mirror Surprise. Roger Priddy. Ed. by Natalie Munday. 2019. (Baby Can Do Ser.). (ENG., Illus.). 10p. (J). bds. 7.99 *(978-0-312-52786-0(1)*, 900194693) St. Martin's Pr.

Baby Cartoon Animals Coloring Book. Jim Stevens. 2016. (ENG.). 58p. (J). pap. 13.99 *(978-1-68411-130-5(7)*, 0e79e905-99c2-441d-b6f6-43021711c3c7) Revival Waves of Glory.

Baby Cheetahs. Kate Riggs. (Starting Out Ser.). (ENG.). 16p. (J). (gr. -1-k). 2021. *(978-1-64026-346-8(2)*, 17950, Creative Education); 2020. pap. 7.99 *(978-1-62832-878-3(9)*, 17951, Creative Paperbacks) Creative Co., The.

Baby Chick: An Easter Story. Lois Lund. 2022. (ENG.). 30p. (J). pap. 9.99 ***(978-1-0880-3671-6(6))*** Indy Pub.

Baby Chickens. Megan Borgert-Spaniol. 2016. (Super Cute! Ser.). (ENG., Illus.). 24p. (J). (gr. k-3). 26.95 *(978-1-62617-388-0(5)*, Blastoff! Readers) Bellwether Media.

Baby Chickens. Martha London. 2020. (Baby Farm Animals Ser.). (ENG., Illus.). 24p. (J). (gr. k-3). lib. bdg. 31.36 *(978-1-5321-6742-3(3)*, 34645, Pop! Cody Koala) Pop!.

Baby Chickens. Elizabeth Neuenfeldt. 2023. (Too Cute! Ser.). (ENG., Illus.). (J). (gr. -1-2). pap. 7.99. lib. bdg. 25.95 Bellwether Media.

Baby Chickens. Nick Rebman. 2022. (Baby Farm Animals Ser.). (ENG., Illus.). 24p. (J). (gr. -1-1). pap. 8.95 *(978-1-64619-499-5(3))*; lib. bdg. 28.50 *(978-1-64619-472-8(1))* Little Blue Hse. (Little Blue Readers).

Baby Chicks Are Singing/Los Pollitos Dicen: Sing along in English & Spanish!/Vamos a Cantar Junto en Ingles y Espanol! Ashley Wolff. Illus. by Ashley Wolff. ed. 2020. (SPA., Illus.). 22p. (J). (gr. -1 — 1). bds. 7.99 *(978-0-316-49434-2(8))* Little, Brown Bks. for Young Readers.

Baby Chipmunk: Finger Puppet Book. Chronicle Books. Illus. by Yu-Hsuan Huang. 2017. (Baby Animal Finger Puppets Ser.: 8). (ENG.). 12p. (J). (gr. -1 — 1). bds. 7.99 *(978-1-4521-5612-5(3))* Chronicle Bks. LLC.

Baby Clothes & Toys Coloring Books Toddlers Edition. Creative Playbooks. 2016. (ENG., Illus.). (J). pap. 7.74 *(978-1-68323-014-4(0))* Twin Flame Productions.

Baby Clown. Kara LaReau. Illus. by Matthew Cordell. 2020. (ENG.). 32p. (J). (gr. -1-2). 16.99 *(978-0-7636-9743-3(5))* Candlewick Pr.

Baby Code! Sandra Horning. Illus. by Melissa Crowton. 2018. (Girls Who Code Ser.). 14p. (J). (— 1). bds. 7.99 *(978-0-399-54257-2(4)*, Penguin Workshop) Penguin Young Readers Group.

Baby Comes Home! Adapted by Maggie Testa. 2023. (CoComelon Ser.). (ENG.). 24p. (J). (gr. -1-k). pap. 4.99 ***(978-1-6659-4235-5(5)***, Simon Spotlight) Simon Spotlight.

Baby Cow & Other Children's Poems. Jenna Feitelberg. Illus. by Maddy Moore. 2021. (ENG.). 52p. (J). 24.95 *(978-1-954819-14-6(5))*; 19.99 *(978-1-954819-21-4(8))* Briley & Baxter Publications.

Baby Cows. Martha London. 2020. (Baby Farm Animals Ser.). (ENG., Illus.). 24p. (J). (gr. k-3). lib. bdg. 31.36 *(978-1-5321-6743-0(1)*, 34647, Pop! Cody Koala) Pop!.

Baby Cows. Nick Rebman. 2022. (Baby Farm Animals Ser.). (ENG., Illus.). 24p. (J). (gr. -1-1). pap. 8.95 *(978-1-64619-500-8(0))*; lib. bdg. 28.50 *(978-1-64619-473-5(X))* Little Blue Hse. (Little Blue Readers).

Baby Day. Jane Godwin & Davina Bell. Illus. by Freya Blackwood. 2019. (ENG.). 40p. (J). (gr. -1-3). 17.99 *(978-1-4814-7034-6(5))* Simon & Schuster Children's Publishing.

Baby Days: A New Selection of Songs, Stories, & Pictures for Very Little Folks (Classic Reprint) Unknown Author. 2018. (ENG., Illus.). 210p. (J). 28.23 *(978-0-267-48619-9(7))* Forgotten Bks.

Baby Deer Rescue (Animal Adventure Club 1), 50 vols. Michelle Sloan. Illus. by Hannah George. 2019. (Animal Adventure Club Ser.). 104p. (J). 6.95 *(978-1-78250-556-3(3)*, Kelpies) Floris Bks. GBR. Dist: Consortium Bk. Sales & Distribution.

Baby Diddles: How the Three-Legged, One-Eared Cat Learned to Do It All. Amber Lane. 2016. (ENG., Illus.). (J). pap. 15.47 *(978-1-4828-6408-3(8))* Partridge Pub.

Baby Dinosaur Coloring Book: Adorable Baby Dinosaur Fantastic Dinosaur Coloring Book for Boys, Girls, Toddlers, Preschoolers, Kids 3-8, 8-12 Ages. Lenard Vinci Press. 2020. (ENG.). 102p. (J). pap. 9.99 *(978-1-716-34726-9(2))* Lulu Pr., Inc.

Baby Dinosaur Mazes Activity Book for Children (6x9 Puzzle Book / Activity Book) Sheba Blake. 2020. (ENG.). 46p. (J). pap. 9.99 *(978-1-222-28586-4(X))* Indy Pub.

Baby Dinosaur Mazes Activity Book for Children (8. 5x8. 5 Puzzle Book / Activity Book) Sheba Blake. 2020. (ENG.). 46p. (J). pap. 12.99 *(978-1-222-28804-9(4))* Indy Pub.

Baby Dinosaur Mazes Activity Book for Children (8x10 Puzzle Book / Activity Book) Sheba Blake. 2020. (ENG.). 46p. (J). pap. 14.99 *(978-1-222-28587-1(8))* Indy Pub.

Baby Dinosaur on the Farm: Follow Baby Dinosaur & His Search for Farmyard Fun! DK. 2022. (Baby Dinosaur Ser.). (ENG.). 18p. (J). (— 1). bds. 7.99 *(978-0-7440-5405-7(2)*, DK Children) Dorling Kindersley Publishing, Inc.

Baby Dinosaur under the Sea: Follow Baby Stegosaurus on Her First Swimming Adventure! DK. 2023. (Baby Dinosaur Ser.). (ENG.). 18p. (J). (— 1). bds. 7.99 *(978-0-7440-8046-9(0)*, DK Children) Dorling Kindersley Publishing, Inc.

Baby Dinosaurs Coloring Book. Norhamd Books. 2023. (ENG.). 62p. (J). pap. ***(978-1-4477-1481-1(4))*** Lulu Pr., Inc.

Baby Doctor & Baby Nurse! Kids Coloring Book 2. Bold Illustrations. 2017. (ENG., Illus.). (J). pap. 8.35 *(978-1-64193-013-0(6)*, Bold Illustrations) FASTLANE LLC.

Baby Doctor & Baby Nurse! Toddler Coloring Book Ages 1-3 Book 1. Bold Illustrations. 2017. (ENG., Illus.). (J). pap. 8.35 *(978-1-64193-012-3(8)*, Bold Illustrations) FASTLANE LLC.

Baby Doctor's Guide to Anatomy & Physiology: Science for Kids Series - Children's Anatomy & Physiology Books. Baby Professor. 2017. (ENG., Illus.). (J). pap. 7.89 *(978-1-68305-742-0(2)*, Baby Professor (Education Kids)) Speedy Publishing LLC.

Baby Doll. Hollie Overton. 2018. (ENG., Illus.). 400p. mass mkt. 7.99 *(978-0-316-52710-1(6))* Orbit.

Baby Doll from Santy Claus. Vivian Zabel. Illus. by Diane Brown. 2017. (ENG.). (J). (gr. k-3). 21.99 *(978-1-940310-71-8(7))*; pap. 17.99 *(978-1-940310-72-5(5))* 4RV Pub.

Baby Dolphin: Animal Adventures. Sarah Toast. Illus. by Gary Torrisi. 2020. (ENG.). 16p. (J). 2.99 *(978-1-64269-233-4(6)*, 4052, Sequoia Publishing & Media LLC) Phoenix International Publications, Inc.

Baby Dolphins. Kate Riggs. 2020. (Starting Out Ser.). (ENG.). 16p. (J). (gr. -1-1). pap. 7.99 *(978-1-62832-808-0(8)*, 18300, Creative Paperbacks); *(978-1-64026-245-4(8)*, 18299, Creative Education) Creative Co., The.

Baby Drag Queen. C. A. Tanaka. 2023. (Orca Soundings Ser.). (ENG.). 144p. (YA). (gr. 8-12). pap. 10.95 *(978-1-4598-3532-0(8))* Orca Bk. Pubs. USA.

Baby Dragon: Finger Puppet Book: (Finger Puppet Book for Toddlers & Babies, Baby Books for First Year, Animal Finger Puppets) Chronicle Books. Illus. by Victoria Ying. 2018. (Baby Animal Finger Puppets Ser.: 14). (ENG.). 12p. (J). (gr. -1 — 1). 7.99 *(978-1-4521-7077-0(0))* Chronicle Bks. LLC.

Baby Dragons Coloring Book for Kids: Enchanting Fantasy Coloring Book, a Coloring Book for Kids!, Girls & Boys, Perfect Coloring Book, Fun & Original Paperback. H. Elliott. 2021. (ENG.). 36p. (J). pap. 8.99 *(978-1-716-21007-5(0))* Lulu Pr., Inc.

Baby Dream. Sunny Scribens. 16p. (J). 2019. (ENG., Illus.). (gr. -1-k). bds. 7.99 *(978-1-78285-729-7(X))*; 2022. (TGL.). (— 1). bds. 7.99 ***(978-1-64686-640-3(1))***; 2022. (NEP.). (— 1). bds. 7.99 ***(978-1-64686-638-0(X))***; 2022. (BEN.). (— 1). bds. 7.99 ***(978-1-64686-635-9(5))***; 2022. (POR.). (— 1). bds. 7.99 ***(978-1-64686-639-7(8))***; 2022. (FRE.). (— 1). bds. 7.99 ***(978-1-64686-636-6(3))***; 2022. (HIN.). (— 1). bds. 7.99 ***(978-1-64686-637-3(1))***; 2021. (BUR.). (— 1). bds. 7.99 ***(978-1-64686-679-3(7))***; 2021. (PRS.). (— 1). bds. 7.99 ***(978-1-64686-680-9(0))***; 2021. (PUS.). (— 1). bds. 7.99 ***(978-1-64686-681-6(9))***; 2021. (RUS.). (— 1). bds. 7.99 ***(978-1-64686-682-3(7))***; 2021. (KOR.). (— 1). bds. 7.99 ***(978-1-64686-365-5(8))***; 2021. (CHI.). (— 1). bds. 7.99 ***(978-1-64686-364-8(X))***; 2019. (VIE.). (— 1). bds. 7.99 ***(978-1-64686-108-8(6))***; 2019. (SOM.). (— 1). bds. 7.99 ***(978-1-64686-106-4(X))***; 2019. (HAT.). (— 1). bds. 7.99 ***(978-1-64686-107-1(8))***; 2019. (HMN.). (— 1). bds. 7.99 ***(978-1-64686-105-7(1))***; 2019. (KAR.). (— 1). bds. 7.99 ***(978-1-64686-109-5(4))***; 2019. (ARA.). (— 1). bds. 7.99 ***(978-1-64686-104-0(3))***; 2019. (SPA.). (— 1). bds. 7.99 ***(978-1-78285-796-9(6))*** Barefoot Bks., Inc.

Baby Dream / Soñando con Bebé. Sunny Scribens. 2019. (ENG., Illus.). 16p. (J). (gr. -1-k). bds. 7.99 *(978-1-78285-737-2(0))* Barefoot Bks., Inc.

Baby Duck & Friends: Roller Rattle Book. IglooBooks. Illus. by Belinda Strong. 2020. (ENG.). 12p. (J). (-k). 7.99 *(978-1-83903-725-2(3))* Igloo Bks. GBR. Dist: Simon & Schuster, Inc.

Baby Duck: Finger Puppet Book. Chronicle Books. Illus. by Yu-Hsuan Huang. 2018. (Baby Animal Finger Puppets Ser.: 9). (ENG.). 12p. (J). (gr. -1 — 1). 7.99 *(978-1-4521-6373-4(1))* Chronicle Bks. LLC.

Baby Ducks. Nick Rebman. 2022. (Baby Farm Animals Ser.). (ENG., Illus.). 24p. (J). (gr. -1-1). pap. 8.95 *(978-1-64619-501-5(9))*; lib. bdg. 28.50 *(978-1-64619-474-2(8))* Little Blue Hse. (Little Blue Readers).

Baby Eagle & the Chicks: The Similarity Between Tom & the Baby Eagle. Fyne Ogonor. 2019. (ENG., Illus.). 66p. (J). (gr. 1-6). 27.99 *(978-1-7321995-4-5(X))* Ogonor, Fyne.

Baby Eagle & the Chicks: The Similarity Between Tom & the Baby Eagle. Fyne C. Ogonor. 2020. (ENG.). 68p. (J). pap. 17.00 *(978-1-7321995-5-2(8))* Southampton Publishing.

Baby Einstein: 8-Book Set. Erin Rose Wage. 2019. (My First Smart Pad Ser.). (ENG.). 192p. (J). *(978-1-5037-4987-0(8)*, 0fa31a6d-86bc-4755-892d-15f0c9f2b47f, PI Kids) Phoenix International Publications, Inc.

Baby Einstein: Pop! Goes the Zebra. Erin Rose Wage. Photos by Shutterstock. 2019. (Play-A-Sound Ser.). (ENG., Illus.). 20p. (J). bds. *(978-1-5037-4657-2(7)*, 5935a215-7d11-487c-abc2-939c543a2fda, PI Kids) Phoenix International Publications, Inc.

Baby Einstein: 100 First Words Sticker Book. PI Kids. 2021. (ENG.). 48p. (J). 9.99 *(978-1-5037-5886-5(9)*, 4591, PI Kids) Phoenix International Publications, Inc.

Baby Einstein: 12 Board Books. PI Kids. 2020. (ENG.). 120p. (J). bds., bds., bds. 16.99 *(978-1-5037-5186-6(4)*, 4545, PI Kids) Phoenix International Publications, Inc.

Baby Einstein: 8-Book Library & Keyboard Composer Sound Book Set. PI Kids. 2020. (ENG.). 24p. (J). 41.99 *(978-1-5037-5299-3(2)*, 3581, PI Kids) Phoenix International Publications, Inc.

Baby Einstein: Amazing Animals! Sound Book. PI Kids. 2020. (ENG.). 20p. (J). bds. 18.99 *(978-1-5037-5282-5(8)*, 3573, PI Kids) Phoenix International Publications, Inc.

Baby Einstein: Bedtime for Baby Animals Book & 5-Sound Flashlight Set. Susan Rich Brooke. 2018. (ENG.). 10p. (J). bds. 16.99 *(978-1-5037-3467-8(6)*, 2836, PI Kids) Phoenix International Publications, Inc.

Baby Einstein: Color & Carry. PI Kids. 2020. (ENG.). 50p. (J). 7.99 *(978-1-5037-5499-7(5)*, 3683, PI Kids) Phoenix International Publications, Inc.

Baby Einstein: Color Splash! PI Kids. 2021. (ENG.). 48p. (J). 7.99 *(978-1-5037-5498-0(7)*, 3682, PI Kids) Phoenix International Publications, Inc.

Baby Einstein, Deluxe Read & Play Gift Set. Brian Houlihan. 2017. (ENG.). 86p. (J). *(978-1-4508-9063-2(6)*, 82a0a552-095c-484e-923f-8d298f373903, PI Kids) Phoenix International Publications, Inc.

Baby Einstein: Discover with Me 2-Sided Easel for Kids & Caregivers Sound Book. PI Kids. 2021. (ENG.). 20p. (J). bds. 23.99 *(978-1-5037-5302-0(6)*, 3582, PI Kids) Phoenix International Publications, Inc.

Baby Einstein: First Look & Find. PI Kids. 2020. (ENG.). 16p. (J). bds. 10.99 *(978-1-5037-5469-0(3)*, 3660, PI Kids) Phoenix International Publications, Inc.

Baby Einstein: First Look & Find. Emily Skwish & Veronica Wagner. 2020. (ENG.). 16p. (J). bds. 12.99 *(978-1-5037-5279-5(8)*, 3570, PI Kids) Phoenix International Publications, Inc.

Baby Einstein: First Look & Find Book & Blocks. Emily Skwish. 2019. (ENG.). 16p. (J). bds. 19.99 *(978-1-5037-4776-0(X)*, 3370, PI Kids) Phoenix International Publications, Inc.

Baby Einstein: First Look & Find Book & Giant Puzzle. Emily Skwish & Veronica Wagner. 2019. (ENG.). 16p. (J). bds. 24.99 *(978-1-5037-4634-3(8)*, 3292, PI Kids) Phoenix International Publications, Inc.

Baby Einstein: Here We Go! Sound Book. PI Kids. 2019. (ENG.). 20p. (J). bds. 18.99 *(978-1-5037-4794-4(8)*, 3379, PI Kids) Phoenix International Publications, Inc.

Baby Einstein: Let's Look! First Look & Find Gift Set Book & Turtle Plush. PI Kids. 2021. (ENG.). 16p. (J). bds. 23.99 *(978-1-5037-5614-4(9)*, 3736, PI Kids) Phoenix International Publications, Inc.

Baby Einstein: Let's Ride a Train! a STEM Gear Sound Book. PI Kids. 2022. (ENG.). 14p. (J). bds. 15.99 *(978-1-5037-5931-2(8)*, 3856, PIL Kids) Phoenix International Publications, Inc.

Baby Einstein: Little First Look & Find. PI Kids. 2020. (ENG., Illus.). 24p. (J). bds. 5.99 *(978-1-5037-5280-1(1)*, 3571, PI Kids) Phoenix International Publications, Inc.

Baby Einstein: Little First Look & Find 4 Books. PI Kids. 2021. (ENG.). 72p. (J). bds., bds., bds. 21.99 *(978-1-5037-5288-7(7)*, 4556, PI Kids) Phoenix International Publications, Inc.

Baby Einstein: Look & See with Me! Lift-A-Flap Look & Find. PI Kids. 2020. (ENG., Illus.). 14p. (J). bds. 10.99 *(978-1-5037-5257-3(7)*, 3563, PI Kids) Phoenix International Publications, Inc.

Baby Einstein: Me Reader Jr 8 Board Books & Electronic Reader Sound Book Set. Narrated by Leslie Gray Robbins. 2020. (ENG.). 80p. (J). bds., bds., bds. 34.99 *(978-1-5037-5258-0(5)*, 3564, PI Kids) Phoenix International Publications, Inc.

Baby Einstein: Music All Day Long Sound Book. PI Kids. 2020. (ENG.). 12p. (J). bds. 15.99 *(978-1-5037-5287-0(9)*, 3575, PI Kids) Phoenix International Publications, Inc.

Baby Einstein: Music Player Storybook. Adapted by Delaney Foerster. 2023. (Music Player Storybook Ser.). (ENG.). 28p. (J). (gr. -1-k). 21.99 *(978-0-7944-5122-6(5))* Studio Fun International.

Baby Einstein: My First Shapes Peekaboo Tabs. PI Kids. 2023. (ENG.). 16p. (J). bds. 9.99 *(978-1-5037-6849-9(X),* 11486, PIL Kids) Phoenix International Publications, Inc.

Baby Einstein: My First Smart Pad Library 8-Book Set & Interactive Activity Pad Sound Book Set. PI Kids. 2021. (ENG.). 192p. (J). 39.99 *(978-1-5037-5304-4(2),* 3584, PI Kids) Phoenix International Publications, Inc.

Baby Einstein: near & Far Take-A-Look Book. PI Kids. 2021. (ENG.). 20p. (J). bds. 10.99 *(978-1-5037-5850-6(8),* 3818, PI Kids) Phoenix International Publications, Inc.

Baby Einstein: Rainbow Bath! Bath Book. PI Kids. 2019. (ENG., Illus.). 6p. (J). 6.99 *(978-1-5037-5134-7(1),* 3474, PI Kids) Phoenix International Publications, Inc.

Baby Einstein: Rainbow Farm! Cuddle Book. PI Kids. 2021. (ENG.). 6p. (J). 12.99 *(978-1-5037-5564-2(9),* 3716, PI Kids) Phoenix International Publications, Inc.

Baby Einstein: Rainbow of Color! Finger Paint Activity Book. PI Kids. 2020. (ENG.). 40p. (J). 8.99 *(978-1-5037-5506-2(1),* 3690, PI Kids) Phoenix International Publications, Inc.

Baby Einstein: Shake & Splash! Rattle Bath Book. PI Kids. 2021. (ENG.). 6p. (J). 8.99 *(978-1-5037-5568-0(1),* 3719, PI Kids) Phoenix International Publications, Inc.

Baby Einstein: Splish! Splash! Bath! Bath Book. PI Kids. 2019. (ENG., Illus.). 6p. (J). 6.99 *(978-1-5037-5133-0(3),* 3473, PI Kids) Phoenix International Publications, Inc.

Baby Einstein: the More We Sing Together! Sound Book. Emily Skwish. (ENG.). 14p. (J). 2020. bds. 15.99 *(978-1-5037-5281-8(X),* 3572); 2017. bds. 15.99 *(978-1-5037-3502-6(8),* 2851) Phoenix International Publications, Inc. (PI Kids).

Baby Einstein: World of Color. PI Kids. 2020. (ENG.). 32p. (J). 7.99 *(978-1-5037-5504-8(5),* 3688, PI Kids) Phoenix International Publications, Inc.

Baby Einstein: Write & Erase Hands-On Activity Book. PI Kids. 2021. (ENG.). 20p. (J). bds. 11.99 *(978-1-5037-5883-4(4),* 3838, PI Kids) Phoenix International Publications, Inc.

Baby Elephant: Finger Puppet Book: (Finger Puppet Book for Toddlers & Babies, Baby Books for First Year, Animal Finger Puppets) Chronicle Books. Illus. by Yu-Hsuan Huang. 2016. (Baby Animal Finger Puppets Ser.: 3). (ENG.). 12p. (J). (gr. -1 — 1). 7.99 *(978-1-4521-4237-1(8))* Chronicle Bks. LLC.

Baby Elephant Joins the Herd. Musum Natural History America. 2019. (First Discoveries Ser.). (ENG., Illus.). 32p. (J). (gr. -1-4). 16.95 *(978-1-4549-3212-3(0))* Sterling Publishing Co., Inc.

Baby Elephants. K. C. Kelley. 2018. (Spot Baby Animals Ser.). (ENG.). 16p. (J). (gr. -1-2). pap. 7.99 *(978-1-68152-252-4(7),* 14843); lib. bdg. *(978-1-68151-318-8(8),* 14835) Amicus.

Baby Elephants. Contrib. by Betsy Rathburn. 2023. (Too Cute! Ser.). (ENG., Illus.). (J). (gr. -1-2). lib. bdg. 25.95 Bellwether Media.

Baby Elephants. Kate Riggs. 2019. (Starting Out Ser.). (ENG.). 24p. (J). (gr. k-2). pap. 8.99 *(978-1-62832-662-8(X),* 18848, Creative Paperbacks); (gr. -1-k). *(978-1-64026-074-0(9),* 18847) Creative Co., The.

Baby Elephants. Justin Eric Russell. 2020. (J). pap. *(978-1-62310-062-9(3))* Black Rabbit Bks.

Baby Elephant's Journey: A True-To-Life Story from the Natural World. IglooBooks. Illus. by Jenny Palmer-Fettig. 2023. (ENG.). 24p. (J). (gr. k). bds., bds. 9.99 *(978-1-83771-679-1(X))* Igloo Bks. GBR. Dist: Simon & Schuster, Inc.

Baby Elvis: A Book about Opposites. Running Press. Illus. by Pintachan. 2020. (Baby Rocker Ser.). (ENG.). 24p. (J). (gr. -1 — 1). bds. 9.99 *(978-0-7624-6978-9(1),* Running Pr. Kids) Running Pr.

Baby Faces. DK. 2016. (Baby Sparkle Ser.). (ENG., Illus.). 14p. (J). (— 1). bds. 5.99 *(978-1-4654-4466-0(1),* 1403588, DK Children) Dorling Kindersley Publishing, Inc.

Baby Faces. Little Grasshopper Books et al. 2022. (ENG.). 24p. (J). (— 1). bds. 7.98 *(978-1-64558-630-2(8),* 6125800, Little Grasshopper Bks.) Publications International, Ltd.

Baby Faces Bedtime. HarperCollins Publishers Ltd. Staff. 2021. (ENG.). 16p. (J). (gr. -1-k). bds. 6.99 *(978-1-4434-6398-0(1),* HarperCollins) HarperCollins Pubs.

Baby Faces Feelings. HarperCollins Publishers Ltd. Staff. 2021. (ENG.). 16p. (J). (gr. -1-k). bds. 6.99 *(978-1-4434-6397-3(3),* HarperCollins) HarperCollins Pubs.

Baby Faces: Little Bear, Where Are You? Illus. by Ekaterina Trukhan. 2023. (Baby Faces Ser.: 1). (ENG.). 10p. (J). (gr. -1 — 1). bds. 9.99 Nosy Crow Inc.

Baby Faces: Little Dog, Where Are You? Illus. by Ekaterina Trukhan. 2023. (Baby Faces Ser.: 2). (ENG.). 10p. (J). (gr. -1 — 1). bds. 9.99 Nosy Crow Inc.

Baby Fairy Story. Kristen Cady. Illus. by Mosa Tanksley. 2019. (ENG.). 32p. (J). pap. 14.99 *(978-1-7337974-2-9(4))* Cady, Kristen Bks.

Baby Farm Animals. Garth Williams. 2016. (Illus.). 26p. (J). (gr. -1-k). bds. 7.99 *(978-0-553-53632-4(X),* Golden Bks.) Random Hse. Children's Bks.

Baby Farm Animals Coloring & Activity Book. Editors of Silver Dolphin Books. 2020. (Coloring Fun Ser.). (ENG.). 80p. (J). (gr. -1-k). pap. 2.99 *(978-1-64517-249-9(X),* Silver Dolphin Bks.) Printers Row Publishing Group.

Baby Farm Animals (Set), 8 vols. Martha London. 2020. (Baby Farm Animals Ser.). (ENG.). 24p. (J). (gr. k-3). lib. bdg. 250.88 *(978-1-5321-6741-6(5),* 34643, Pop! Cody Koala) Pop!.

Baby Farm Animals (Set Of 8) Nick Rebman. 2022. (Baby Farm Animals Ser.). (ENG., Illus.). 192p. (J). (gr. -1-1). pap. 71.60 *(978-1-64619-498-8(5));* lib. bdg. 228.00 *(978-1-64619-471-1(3))* Little Blue Hse. (Little Blue Readers).

Baby Feminists. Libby Babbott-Klein. Illus. by Jessica Walker. 2018. 26p. (J). (— 1). bds. 9.99 *(978-0-451-48010-1(4),* Viking Books for Young Readers) Penguin Young Readers Group.

Baby Feminists Too. Libby Babbott-Klein. 2019. (Illus.). 26p. (J). (— 1). bds. 9.99 *(978-0-451-48013-2(9),* Viking Books for Young Readers) Penguin Young Readers Group.

Baby Firebird. Paula Harrison. Illus. by Sophy Williams. 2017. (Secret Rescuers Ser.: 3). (ENG.). 128p. (J). (gr. 2-5). pap. 6.99 *(978-1-4814-7613-3(0),* Aladdin) Simon & Schuster Children's Publishing.

Baby' First Book: Alphabet: High-Contrast Black & White Baby Book. Selena Dale. 2017. (ENG.). 72p. (J). pap. 7.99 *(978-1-393-27794-1(2))* Draft2Digital.

Baby' First Book: Animals: High-Contrast Black & White Baby Book. Selena Dale. 2017. (ENG.). 72p. (J). pap. 9.99 *(978-1-393-73585-4(1))* Draft2Digital.

Baby First Words Book: Children's Reading & Writing Education Books. Bobo's Little Brainiac Books. 2016. (ENG., Illus.). (J). pap. 7.99 *(978-1-68327-142-0(4))* Sunshine In My Soul Publishing.

Baby Fish: Finger Puppet Book. Chronicle Books. Illus. by Yu-Hsuan Huang. 2017. (Baby Animal Finger Puppets Ser.: 6). (ENG.). 12p. (J). 7.99 *(978-1-4521-5610-1(7))* Chronicle Bks. LLC.

Baby Flamingos. Kate Riggs. (Starting Out Ser.). (ENG.). 16p. (J). (gr. -1-k). 2021. *(978-1-64026-347-5(0),* 17954, Creative Education); 2020. pap. 7.99 *(978-1-62832-879-0(7),* 17955, Creative Paperbacks) Creative Co., The.

Baby Flamingos at the Zoo. Cecelia H. Brannon. 2016. (All about Baby Zoo Animals Ser.). 24p. (J). (gr. k-1). pap. 56.10 *(978-0-7660-7525-2(7))* Enslow Publishing, LLC.

Baby Flo: Florence Mills Lights up the Stage, 1 vol. Alan Schroeder. Illus. by Cornelius Van Wright & Ying-Hwa Hu. 2019. (ENG.). 40p. (J). (gr. 1-6). pap. 11.95 *(978-1-64379-086-2(2),* leelowbooks) Lee & Low Bks., Inc.

Baby Food. Stefanie Paige Wieder. 2019. (ENG., Illus.). 16p. (J). (gr. -1-k). bds. 7.99 *(978-1-78285-730-3(3))* Barefoot Bks., Inc.

Baby Food. Stefanie Paige Wieder. ed. 2019. (Baby's Day Ser.). (SPA.). 16p. (J). (— 1). bds. 7.99 *(978-1-78285-798-3(2))* Barefoot Bks., Inc.

Baby Food / Comiendo con Bebé. Stefanie Paige Wieder. 2019. (ENG.). 16p. (J). (gr. -1-k). bds. 7.99 *(978-1-78285-738-9(9))* Barefoot Bks., Inc.

Baby for Sports Fun! Kindergarten Coloring Book. Bold Illustrations. 2017. (ENG., Illus.). (J). pap. 8.35 *(978-1-64193-030-7(6),* Bold Illustrations) FASTLANE LLC.

Baby Fox: Finger Puppet Book. Chronicle Books. Illus. by Yu-Hsuan Huang. 2020. (Little Finger Puppet Ser.: 22). (ENG.). 12p. (J). (gr. -1 — 1). 7.99 *(978-1-4521-8173-8(X))* Chronicle Bks. LLC.

Baby Foxes. Deanna Caswell. 2020. (J). pap. *(978-1-62310-063-6(1))* Black Rabbit Bks.

Baby Foxes. Kate Riggs. 2020. (Starting Out Ser.). (ENG.). 16p. (J). (gr. -1-1). pap. 7.99 *(978-1-62832-809-7(6),* 18304, Creative Paperbacks); *(978-1-64026-246-1(6),* 18303, Creative Education) Creative Co., The.

Baby Frog Named Fred. L. J Mendias. 2017. (ENG., Illus.). (J). (gr. k-2). 13.95 *(978-0-692-94394-6(3))* MENDIAS, LJ.

Baby Frog's Big Bounce. Uncle J. 2017. (ENG., Illus.). 32p. (J). pap. *(978-1-387-28900-4(4))* Lulu Pr., Inc.

Baby Gardenia & Her Magic Glasses, bk. 1. Zelda Picasso. Illus. by Annette M. Piskel. 2019. (Baby Gardenia Ser.: 1). (ENG.). 34p. (J). (gr. 1-2). 19.95 *(978-0-9980332-0-4(0))* Ampdzine.

Baby Gardenia & Her Magic Stone, bks. , bk. 2. Zelda Picasso. Illus. by Annette M. Piskel. 2022. (Baby Gardenia Ser.: 1). (ENG.). 34p. (J). (gr. 1-2). 19.95 *(978-0-9980332-2-8(7))* Ampdzine.

Baby Geek. Mark Mazzenga. Illus. by Korwin Briggs. 2019. (ENG.). 20p. (J). (gr. -1 — 1). bds. 10.99 *(978-1-941367-63-6(1))* Downtown Bookworks.

Baby Gift Bible: Blue. Zonderkidz. 2019. (ENG.). 1088p. (J). lthr. 29.99 *(978-0-310-76426-7(2))* Zonderkidz.

Baby Gift Bible: Pink. Zonderkidz. 2019. (ENG.). 1088p. (J). lthr. 29.99 *(978-0-310-76423-6(8))* Zonderkidz.

Baby Giraffe: Finger Puppet Book. Chronicle Books. Illus. by Yu-Hsuan Huang. 2017. (Baby Animal Finger Puppets Ser.: 7). (ENG.). 12p. (J). (gr. -1 — 1). 7.99 *(978-1-4521-5611-8(5))* Chronicle Bks. LLC.

Baby Giraffes. Deanna Caswell. 2018. (Adorable Animals Ser.). (ENG.). 32p. (J). (gr. 4-6). pap. 9.99 *(978-1-64466-240-3(X),* 12215); (Illus.). lib. bdg. *(978-1-68072-393-9(6),* 12214) Black Rabbit Bks. (Bolt).

Baby Giraffes. K. C. Kelley. 2018. (Spot Baby Animals Ser.). (ENG.). 16p. (J). (gr. -1-2). pap. 7.99 *(978-1-68152-253-1(5),* 14844) Amicus.

Baby Giraffes. Kate Riggs. 2020. (Starting Out Ser.). (ENG.). 16p. (J). (gr. -1-1). pap. 7.99 *(978-1-62832-810-3(X),* 18308, Creative Paperbacks); *(978-1-64026-247-8(4),* 18307, Creative Education) Creative Co., The.

Baby Girl. Don Nori. Illus. by Jd Hornbacher. 2020. (ENG.). 24p. (J). pap. 8.99 *(978-0-7684-5771-1(8))* Destiny Image Pubs.

Baby Girl. Donald Nori, Jr. 2020. (ENG.). 24p. (J). 12.99 *(978-0-7684-5773-5(4))* Destiny Image Pubs.

Baby Girl Baptismal & Dedication Keepsake. Gabrielle Charros. 2018. (ENG., Illus.). 38p. (J). 22.95 *(978-1-64114-950-1(7))* Christian Faith Publishing.

Baby Goat: Finger Puppet Book: (Best Baby Book for Newborns, Board Book with Plush Animal) Chronicle Books. Illus. by Yu-Hsuan Huang. 2020. (Baby Animal Finger Puppets Ser.: 19). (ENG.). 12p. (J). (gr. -1 — 1). 7.99 *(978-1-4521-8171-4(3))* Chronicle Bks. LLC.

Baby Goat Yoga. Stephen Breen. Illus. by Hiruni Kariyawasam. 2021. (ENG.). 28p. (J). 16.99 *(978-1-0879-8328-8(2));* pap. 16.99 *(978-1-0879-8151-2(4))* Indy Pub.

Baby Goats. Rachael Barnes. 2023. (Too Cute! Ser.). (ENG., Illus.). (J). (gr. -1-2). pap. 7.99. lib. bdg. 25.95 Bellwether Media.

Baby Goats. Martha London. 2020. (Baby Farm Animals Ser.). (ENG., Illus.). 24p. (J). (gr. k-3). lib. bdg. 31.36 *(978-1-5321-6744-7(X),* 34649, Pop! Cody Koala) Pop!.

Baby Goats. Nick Rebman. 2022. (Baby Farm Animals Ser.). (ENG., Illus.). 24p. (J). (gr. -1-1). pap. 8.95 *(978-1-64619-502-2(7));* lib. bdg. 28.50 *(978-1-64619-475-9(6))* Little Blue Hse. (Little Blue Readers).

Baby Goes Home: A Journey Through the NICU, Home. Lianne Totty. 2021. (ENG.). 28p. (J). 29.99 *(978-1-6628-0457-1(1));* pap. 19.99 *(978-1-6628-0456-4(3))* Salem Author Services.

Baby Goes to Market. Atinuke. Illus. by Angela Brooksbank. (ENG.). (J). 2019. 26p. (-k). bds. 8.99 *(978-1-5362-0552-7(4));* 2017. 32p. (gr. -1-2). 17.99 *(978-0-7636-9570-5(X),* 40028171753) Candlewick Pr.

Baby Gorillas. Julie Murray. 2018. (Baby Animals (Abdo Kids Junior) Ser.). (ENG., Illus.). 24p. (J). (gr. -1-2). lib. bdg. 31.36 *(978-1-5321-8163-4(9),* 29883, Abdo Kids) ABDO Publishing Co.

Baby Gorillas. Kate Riggs. 2020. (Starting Out Ser.). (ENG.). 16p. (J). (gr. -1-1). pap. 7.99 *(978-1-62832-811-0(8),* 18312, Creative Paperbacks); *(978-1-64026-248-5(2),* 18311, Creative Education) Creative Co., The.

Baby Gorillas. Justin Eric Russell. 2020. (J). pap. *(978-1-62310-064-3(X))* Black Rabbit Bks.

Baby Grand (Classic Reprint) John Luther Long. (ENG., Illus.). (J). 2018. 208p. 28.21 *(978-0-484-10464-7(0));* 2017. pap. 10.57 *(978-0-259-20692-7(X))* Forgotten Bks.

Baby Gummie Has the Blues Baby Gummie Can't Find Her Shoe. Taaj Marjanee. 2020. (ENG.). 34p. (J). pap. 11.99 *(978-1-64970-185-5(3))* Primedia eLaunch LLC.

Baby Happy Baby Sad/Bebè Feliz Bebè Triste. Leslie Patricelli. Illus. by Leslie Patricelli. ed. 2018. (Leslie Patricelli Board Bks.). (Illus.). 24p. (J). (— 1). bds. 8.99 *(978-1-5362-0348-6(3))* Candlewick Pr.

Baby Harp Seals. Christine Thomas Alderman. 2018. (Adorable Animals Ser.). (ENG.). 32p. (J). (gr. 4-6). pap. 9.99 *(978-1-64466-241-0(8),* 12219); (Illus.). lib. bdg. *(978-1-68072-394-6(4),* 12218) Black Rabbit Bks. (Bolt).

Baby Heart: Remembering Who I Am. Kim Kolze. 2021. (ENG., Illus.). 32p. (J). 23.95 *(978-1-63874-741-3(5));* pap. 14.95 *(978-1-63874-739-0(3))* Christian Faith Publishing.

Baby Hedgehog: Finger Puppet Book. Chronicle Books. Illus. by Yu-Hsuan Huang. 2018. (Baby Animal Finger Puppets Ser.: 12). (ENG.). 12p. (J). (gr. -1 — 1). 7.99 *(978-1-4521-6376-5(6))* Chronicle Bks. LLC.

Baby Hedgehogs. Deanna Caswell. 2018. (Adorable Animals Ser.). (ENG.). 32p. (J). (gr. 4-6). pap. 9.99 *(978-1-64466-242-7(6),* 12223); (Illus.). lib. bdg. *(978-1-68072-395-3(2),* 12222) Black Rabbit Bks. (Bolt).

Baby Hedgehogs. Elizabeth Neuenfeldt. 2023. (Too Cute! Ser.). (ENG., Illus.). (J). (gr. -1-2). pap. 7.99. lib. bdg. 25.95 Bellwether Media.

Baby Hippo: Leveled Reader Book 61 Level d 6 Pack Grade K. Hmh Hmh. 2021. (SPA.). 16p. (J). pap. 74.40 *(978-0-358-08109-8(2))* Houghton Mifflin Harcourt Publishing Co.

Baby Hippo: Leveled Reader Yellow Fiction Level 6 Grade 1. Hmh Hmh. 2019. (Rigby PM Ser.). (ENG.). 16p. (J). (gr. 1). pap. 11.00 *(978-0-358-12149-7(3))* Houghton Mifflin Harcourt Publishing Co.

Baby Hippo: Finger Puppet Book. Illus. by Yu-Hsuan Huang. 2022. (ENG.). 12p. (J). (gr. -1 — 1). 7.99 *(978-1-7972-1287-6(7))* Chronicle Bks. LLC.

Baby Hippomus Discovers Her Strength. Abigail Puzzler. Illus. by Leysan Sovetnikova. 2021. (#1 Ser.: Vol. 1). (ENG.). 38p. (J). 35.99 *(978-1-6628-2674-0(5));* pap. 25.99 *(978-1-6628-2416-6(5))* Salem Author Services.

Baby Hippomus Hears the Christmas Story. Abigail Puzzler. Illus. by Leysan Sovetnikova. 2020. (ENG.). 34p. (J). 17.99 *(978-1-63649-075-5(1))* Primedia eLaunch LLC.

Baby Hippomus Hears the Christmas Story. Abigail Puzzler. Illus. by Leysan Sovetnikova. 2021. (2 Ser.: Vol. 2). (ENG.). 38p. (J). 35.99 *(978-1-6628-2673-3(7));* pap. 25.99 *(978-1-6628-2419-7(X))* Salem Author Services.

Baby Hippopotamuses. Kate Riggs. (Starting Out Ser.). (ENG.). 16p. (J). (gr. -1-k). 2021. *(978-1-64026-348-2(9),* 17958, Creative Education); 2020. pap. 7.99 *(978-1-62832-880-6(0),* 17959, Creative Paperbacks) Creative Co., The.

Baby Hippos. Rachael Barnes. 2023. (Too Cute! Ser.). (ENG., Illus.). (J). (gr. -1-2). pap. 7.99. lib. bdg. 25.95 Bellwether Media.

Baby Hippos. Deanna Caswell. 2018. (Adorable Animals Ser.). (ENG.). 32p. (J). (gr. 4-6). pap. 9.99 *(978-1-64466-243-4(4),* 12227); (Illus.). lib. bdg. *(978-1-68072-396-0(0),* 12226) Black Rabbit Bks. (Bolt).

Baby Hippos. K. C. Kelley. 2018. (Spot Baby Animals Ser.). (ENG.). 16p. (J). (gr. -1-2). pap. 7.99 *(978-1-68152-256-2(X),* 14845) Amicus.

Baby Horses. Martha London. 2020. (Baby Farm Animals Ser.). (ENG., Illus.). 24p. (J). (gr. k-3). lib. bdg. 31.36 *(978-1-5321-6745-4(8),* 34651, Pop! Cody Koala) Pop!.

Baby Horses. Nick Rebman. 2022. (Baby Farm Animals Ser.). (ENG., Illus.). 24p. (J). (gr. -1-1). pap. 8.95 *(978-1-64619-503-9(5));* lib. bdg. 28.50 *(978-1-64619-476-6(4))* Little Blue Hse. (Little Blue Readers).

Baby in the Window: For All Parents Who Had Babies During the Global Pandemic. Jen Guyuron. Illus. by Tanya Matiikiv. 2021. (ENG.). 52p. (J). 29.99 *(978-1-6629-0603-9(X));* pap. 19.99 *(978-1-6629-1077-7(0))* Gatekeeper Pr.

Baby in There! Marcelline Perry D Min. 2017. (ENG., Illus.). (J). pap. 16.95 *(978-1-9736-0565-2(1),* WestBow Pr.) Author Solutions, LLC.

Baby in There! Marcelline Perry. 2018. (ENG., Illus.). 40p. (J). (gr. -1-1). 19.95 *(978-1-9736-1190-5(2),* WestBow Pr.) Author Solutions, LLC.

Baby Instagram. Sonya Hastings. 2022. (ENG.). 38p. (J). 24.00 *(978-1-63867-068-1(4))* Dorrance Publishing Co., Inc.

Baby Is Crying. Rachelle Sadler. Illus. by Rosendo Pabalinas. 2019. (ENG.). 26p. (J). pap. *(978-1-925932-19-5(2))* Library For All Limited.

Baby Is Crying - e Tang Te Teei (Te Kiribati) Rachelle Sadler. Illus. by Rosendo Pabalinas. 2023. (ENG.). 26p. (J). pap. *(978-1-922844-56-9(X))* Library For All Limited.

Baby, It Is Cold Outside! Wintertime Clothing Coloring Book. Bobo's Children Activity Books. 2016. (ENG., Illus.). (J). pap. 9.33 *(978-1-68327-624-1(8))* Sunshine In My Soul Publishing.

Baby J. Tracy Harris Gilbert. 2020. (ENG.). 34p. (J). pap. 8.95 *(978-1-0983-1858-1(7))* BookBaby.

Baby Jake's Birthday: Learn 9 Ways to Spell the Long a Sound. Karen Sandelin. Illus. by Lavinia Letheby. 2018. (ENG.). 38p. (J). pap. *(978-0-6483102-4-2(8))* Clever Speller Pty, Limited.

Baby Jane's Mission (Classic Reprint) Reginald Parnell. 2018. (ENG., Illus.). 164p. (J). 27.28 *(978-0-332-24539-3(X))* Forgotten Bks.

Baby Janis: A Book about Nouns. Running Press. Illus. by Pintachan. 2021. (Baby Rocker Ser.). (ENG.). 24p. (J). (gr. -1 — 1). bds. 9.99 *(978-0-7624-7353-3(3),* Running Pr. Kids) Running Pr.

Baby Jesus. Lois Rock. Illus. by Alex Ayliffe. ed. 2020. (ENG.). 16p. (J). (gr. -1). pap. 21.99 *(978-0-7459-7881-9(9),* eb65d339-e512-4e30-8957-8658f91143be, Lion Children's) Lion Hudson PLC GBR. Dist: Baker & Taylor Publisher Services (BTPS).

Baby Jesus ... Messiah! Janice D. Green. Illus. by Violet V. Vandor. 2021. (Honeycomb Adventures Book Ser.: Vol. 5). (ENG.). 36p. (J). pap. 10.95 *(978-0-9820886-2-3(0))* Honeycomb Adventures Pr., LLC.

Baby Jesus ... Messiah! Color Your Own Pictures. Janice D. Green. Illus. by Violet V. Vandor. 2020. (ENG.). 36p. (J). pap. 7.95 *(978-0-9836808-9-5(2))* Honeycomb Adventures Pr., LLC.

Baby Jesus Is Born Coloring Book: Coloring & Activity Book (Ages 2-4) Created by Warner Press. 2023. (ENG.). 16p. (J). pap. 4.01 *(978-1-68434-462-8(X))* Warner Pr., Inc.

Baby Jesus Loves Ewe: A Christmas Story. Julianne Weinmann. 2021. (ENG.). 28p. (J). *(978-1-387-60713-6(8))* Lulu Pr., Inc.

Baby Kangaroo: Animal Adventures. Jennifer Boudart. Illus. by Linda Holt Ayriss. 2020. (ENG.). 16p. (J). 2.99 *(978-1-64269-234-1(4),* 4053, Sequoia Publishing & Media LLC) Phoenix International Publications, Inc.

Baby Kangaroos. Megan Borgert-Spaniol. 2016. (Super Cute! Ser.). (ENG., Illus.). 24p. (J). (gr. k-3). 26.95 *(978-1-62617-389-7(3),* Blastoff! Readers) Bellwether Media.

Baby Kangaroos. Contrib. by Betsy Rathburn. 2023. (Too Cute! Ser.). (ENG., Illus.). (J). (gr. -1-2). lib. bdg. 25.95 Bellwether Media.

Baby Kangaroos. Kate Riggs. 2020. (Starting Out Ser.). 16p. (J). (gr. -1-1). pap. 7.99 *(978-1-62832-812-7(6),* 18316, Creative Paperbacks); (ENG.). *(978-1-64026-249-2(0),* 18315, Creative Education) Creative Co., The.

Baby King - Arch Books. Illus. by Joseph Qui. 2017. (ENG.). (J). pap. 2.99 *(978-0-7586-5736-7(6))* Concordia Publishing Hse.

Baby Kitten: Finger Puppet Book: (Board Book with Plush Baby Cat, Best Baby Book for Newborns) Chronicle Books. Illus. by Yu-Hsuan Huang. 2020. (Baby Animal Finger Puppets Ser.: 20). (ENG.). 12p. (J). (gr. -1 — 1). 7.99 *(978-1-4521-8172-1(1))* Chronicle Bks. LLC.

Baby Koala: Finger Puppet Book. Chronicle Books. Illus. by Yu-Hsuan Huang. 2018. (Baby Animal Finger Puppets Ser.: 10). (ENG.). 12p. (J). (gr. -1 — 1). bds. 7.99 *(978-1-4521-6374-1(X))* Chronicle Bks. LLC.

Baby Koalas. Deanna Caswell. 2018. (Adorable Animals Ser.). (ENG.). 32p. (J). (gr. 4-6). pap. 9.99 *(978-1-64466-244-1(2),* 12231); lib. bdg. *(978-1-68072-397-7(9),* 12230) Black Rabbit Bks. (Bolt).

Baby Koalas. Kate Riggs. 2019. (Starting Out Ser.). (ENG.). 24p. (J). (gr. k-2). pap. 8.99 *(978-1-62832-663-5(8),* 18852, Creative Paperbacks) Creative Co., The.

Baby Lamb Is Hungry: Leveled Reader Red Fiction Level 4 Grade 1. Hmh Hmh. 2019. (Rigby PM Ser.). (ENG.). 16p. (J). (gr. 1). pap. 11.00 *(978-0-358-12127-5(2))* Houghton Mifflin Harcourt Publishing Co.

Baby Lamb's First Drink: Leveled Reader Red Fiction Level 4 Grade 1. Hmh Hmh. 2019. (Rigby PM Ser.). (ENG.). 16p. (J). (gr. 1). pap. 11.00 *(978-0-358-12128-2(0))* Houghton Mifflin Harcourt Publishing Co.

Baby Learns with Me Colors. Binu Jose. 2018. (ENG., Illus.). 28p. (J). pap. 9.19 *(978-1-948347-01-3(6))* Megtree Organics.

Baby Learns with Me Numbers. Binu Jose. 2018. (ENG., Illus.). 28p. (J). pap. 9.19 *(978-1-948347-03-7(2))* Megtree Organics.

Baby Learns with Me Shapes. Binu Jose. 2018. (ENG., Illus.). 28p. (J). pap. 9.19 *(978-1-948347-02-0(4))* Megtree Organics.

Baby Lemurs. Kate Riggs. (Starting Out Ser.). (ENG.). 16p. (J). (gr. -1-k). 2021. *(978-1-64026-349-9(7),* 17962, Creative Education); 2020. pap. 7.99 *(978-1-62832-881-3(9),* 17963, Creative Paperbacks) Creative Co., The.

Baby Like You. Catherine Thimmesh. 2019. (ENG., Illus.). 48p. (J). (— 1). 14.99 *(978-1-328-55312-6(4),* 1724785, Clarion Bks.) HarperCollins Pubs.

Baby Lion: Finger Puppet Book. Illus. by Yu-Hsuan Huang. 2022. (ENG.). 12p. (J). (gr. -1 — 1). 7.99 *(978-1-7972-1286-9(9))* Chronicle Bks. LLC.

Baby Lions. K. C. Kelley. 2018. (Spot Baby Animals Ser.). (ENG.). 16p. (J). (gr. -1-2). pap. 7.99 *(978-1-68152-254-8(3),* 14846) Amicus.

Baby Lions. Kate Riggs. 2019. (Starting Out Ser.). (ENG.). 24p. (J). (gr. k-2). pap. 8.99 *(978-1-62832-664-2(6),* 18856, Creative Paperbacks); (gr. -1-k). *(978-1-64026-076-4(5),* 18855) Creative Co., The.

Baby Llama: Finger Puppet Book. Chronicle Books. Illus. by Yu-Hsuan Huang. 2019. (Baby Animal Finger Puppets Ser.: 17). (ENG.). 12p. (J). (gr. -1 — 1). bds. 7.99 *(978-1-4521-7081-7(9))* Chronicle Bks. LLC.

Baby Llamas. Martha London. 2020. (Baby Farm Animals Ser.). (ENG., Illus.). 24p. (J). (gr. k-3). lib. bdg. 31.36 *(978-1-5321-6746-1(6),* 34653, Pop! Cody Koala) Pop!.

Baby Llamas. Nick Rebman. 2022. (Baby Farm Animals Ser.). (ENG., Illus.). 24p. (J). (gr. -1-1). pap. 8.95 *(978-1-64619-504-6(3));* lib. bdg. 28.50 *(978-1-64619-477-3(2))* Little Blue Hse. (Little Blue Readers).

Baby Loon. Aubrey Lang. Photos by Wayne Lynch. 2022. (Nature Babies Ser.). (ENG., Illus.). 36p. (J). (gr. k-3). pap. 7.95 *(978-1-55455-587-1(6),* fa4c661a-2c8e-43aa-b15f-b7ae8283e8ad) Fitzhenry & Whiteside, Ltd. CAN. Dist: Firefly Bks., Ltd.

Baby Love. Angela DiTerlizzi. Illus. by Brooke Boynton-Hughes. 2018. (Classic Board Bks.). (ENG.). 36p.

140

The check digit for ISBN-10 appears in parentheses after the full ISBN-13

(J). (gr. -1 — 1). bds. 7.99 (978-1-5344-2035-9(5), Little Simon) Little Simon.

Baby Love. Sandra Magsamen. Illus. by Sandra Magsamen. 2019. (ENG., Illus.). 10p. (J). (gr. -1 — 1). bds. 8.99 (978-1-338-24320-8(9), Cartwheel Bks.) Scholastic, Inc.

Baby Lovers Coloring Book. Jasmine Taylor. 2019. (ENG.). 46p. (J). pap. (978-0-359-51733-6(1)) Lulu Pr., Inc.

Baby Loves: A First Book of Favorites. Abrams Appleseed. 2019. (ENG., Illus.). 14p. (J). (gr. -1 — 1). bds. 7.99 (978-1-4197-3736-7(8), 1278410, Abrams Appleseed) Abrams, Inc.

Baby Loves Aerospace Engineering! Ruth Spiro. Illus. by Irene Chan. 2016. (Baby Loves Science Ser.: 1). 20p. (J). (— 1). bds. 8.99 (978-1-58089-541-5(7)) Charlesbridge Publishing, Inc.

Baby Loves Books Box Set. Abrams Appleseed. 2022. (ENG., Illus.). 42p. (J). 23.99 (978-1-4197-6607-7(4), 58, Abrams Appleseed) Abrams, Inc.

Baby Loves Calm: An ABC of Mindfulness, Vol. 1. Jennifer Eckford. Illus. by Anna Katharina Jansen. ed. 2020. (Baby Loves Ser.: 1). (ENG.). 30p. (J). (gr. -1 — 1). bds. 12.99 (978-0-7112-5315-5(3), 334938, Frances Lincoln Children's Bks.) Quarto Publishing Group UK GBR. Dist: Hachette UK Distribution.

Baby Loves Coding! Ruth Spiro. Illus. by Irene Chan. 2018. (Baby Loves Science Ser.: 6). 22p. (J). (— 1). bds. 8.99 (978-1-58089-884-3(X)) Charlesbridge Publishing, Inc.

Baby Loves Earth: An ABC of Our Planet, Vol. 2. Jennifer Eckford. Illus. by Teresa Bellón. ed. 2020. (Baby Loves Ser.: 2). (ENG.). 30p. (J). (gr. -1 — 1). bds. 12.99 (978-0-7112-5319-3(6), 334929, Frances Lincoln Children's Bks.) Quarto Publishing Group UK GBR. Dist: Hachette UK Distribution.

Baby Loves Gravity! Ruth Spiro. Illus. by Irene Chan. 2018. (Baby Loves Science Ser.: 5). 22p. (J). (— 1). bds. 8.99 (978-1-58089-836-2(X)) Charlesbridge Publishing, Inc.

Baby Loves Green Energy! Ruth Spiro. Illus. by Irene Chan. 2018. (Baby Loves Science Ser.: 7). 20p. (J). (— 1). bds. 8.99 (978-1-58089-926-0(9)) Charlesbridge Publishing, Inc.

Baby Loves Political Science: Democracy! Ruth Spiro. Illus. by Greg Paprocki. 2020. (Baby Loves Science Ser.). 20p. (J). (— 1). bds. 8.99 (978-1-62354-227-6(8)) Charlesbridge Publishing, Inc.

Baby Loves Quantum Physics! Ruth Spiro. Illus. by Irene Chan. 2017. (Baby Loves Science Ser.: 4). 22p. (J). (— 1). bds. 8.99 (978-1-58089-769-3(X)) Charlesbridge Publishing, Inc.

Baby Loves Quarks! Ruth Spiro. Illus. by Irene Chan. 2016. (Baby Loves Science Ser.: 2). 20p. (J). (— 1). bds. 8.99 (978-1-58089-540-8(9)) Charlesbridge Publishing, Inc.

Baby Loves Science Board Boxed Set, 4 vols. Ruth Spiro. Illus. by Irene Chan. 2018. (Baby Loves Science Ser.). (ENG.). 88p. (J). (— 1). bds. 35.99 (978-1-63289-035-1(6)) Charlesbridge Publishing, Inc.

Baby Loves Scientists. Ruth Spiro. Illus. by Irene Chan. (J). (— 1). 2021. 22p. bds. 8.99 (978-1-62354-247-4(2)); 2019. 24p. 12.99 (978-1-62354-149-1(2)) Charlesbridge Publishing, Inc.

Baby Loves Structural Engineering! Ruth Spiro. Illus. by Irene Chan. 2018. (Baby Loves Science Ser.: 8). 20p. (J). (— 1). bds. 8.99 (978-1-58089-927-7(7)) Charlesbridge Publishing, Inc.

Baby Loves the Five Senses Boxed Set, 5 vols. Ruth Spiro. Illus. by Irene Chan. 2020. (Baby Loves Science Ser.). 110p. (J). (— 1). bds. 44.95 (978-1-63289-058-0(5)) Charlesbridge Publishing, Inc.

Baby Loves the Five Senses: Hearing! Ruth Spiro. Illus. by Irene Chan. 2019. (Baby Loves Science Ser.). 20p. (J). (— 1). bds. 8.99 (978-1-62354-102-6(6)) Charlesbridge Publishing, Inc.

Baby Loves the Five Senses: Sight! Ruth Spiro. Illus. by Irene Chan. 2019. (Baby Loves Science Ser.). 20p. (J). (— 1). bds. 8.99 (978-1-62354-103-3(4)) Charlesbridge Publishing, Inc.

Baby Loves the Five Senses: Smell! Ruth Spiro. Illus. by Irene Chan. 2020. (Baby Loves Science Ser.). 20p. (J). (— 1). bds. 8.99 (978-1-62354-153-8(0)) Charlesbridge Publishing, Inc.

Baby Loves the Five Senses: Taste! Ruth Spiro. Illus. by Irene Chan. 2020. (Baby Loves Science Ser.). 20p. (J). (— 1). bds. 8.99 (978-1-62354-154-5(9)) Charlesbridge Publishing, Inc.

Baby Loves the Rainbow Coloring Book. Jupiter Kids. 2017. (ENG., Illus.). (J). pap. 9.20 (978-1-68326-228-2(X), Jupiter Kids (Childrens & Kids Fiction)) Speedy Publishing LLC.

Baby Loves Thermodynamics! Ruth Spiro. Illus. by Irene Chan. 2017. (Baby Loves Science Ser.: 3). 22p. (J). (— 1). bds. 8.99 (978-1-58089-768-6(1)) Charlesbridge Publishing, Inc.

Baby Loves to Party! Rock! & Boogie! (Boxed Set) Baby Loves to Party!; Baby Loves to Rock!; Baby Loves to Boogie! Wednesday Kirwan. Illus. by Wednesday Kirwan. ed. 2018. (ENG., Illus.). 88p. (J). (gr. -1 — 1). bds. 17.99 (978-1-5344-3675-6(8), Little Simon) Little Simon.

Baby Loves Vegan: An ABC of Plant Food, Volume 3. Jennifer Eckford. Illus. by Molly Egan. ed. 2021. (Baby Loves Ser.: 3). (ENG.). 30p. (J). (gr. -1 — 1). bds. 12.99 (978-0-7112-5323-0(4), 334942, Frances Lincoln Children's Bks.) Quarto Publishing Group UK GBR. Dist: Hachette UK Distribution.

Baby Loves Yoga: An ABC of First Poses, Vol. 4. Isabel Serna & Jennifer Eckford. ed. 2021. (Baby Loves Ser.: 4). (ENG., Illus.). 30p. (J). (gr. -1 — 1). bds. 12.99 (978-0-7112-5327-8(7), 334933, Frances Lincoln Children's Bks.) Quarto Publishing Group UK GBR. Dist: Hachette UK Distribution.

Baby Mammals, Reptiles & Insects Coloring Book. Bobo's Children Activity Books. 2016. (ENG., Illus.). (J). pap. 9.33 (978-1-68327-622-7(1)) Sunshine In My Soul Publishing.

Baby, MD: Neurology in the Park. Julia Grant. 2023. (ENG.). 12p. (J). bds. 12.95 (**978-1-64543-530-3(X)**, Mascot Kids) Amplify Publishing Group.

Baby Medical School: Bacteria & Antibiotics. Cara Florance & Jon Florance. 2020. (Baby University Ser.: 0). 24p. (J). (gr. -1-k). bds. 9.99 (978-1-4926-9398-7(7)) Sourcebooks, Inc.

Baby Medical School: My Doctor's Visit. Cara Florance & Jon Florance. 2019. (Baby University Ser.: 0). (Illus.). 24p. (J). (gr. -1-k). bds. 9.99 (978-1-4926-9399-4(5)) Sourcebooks, Inc.

Baby Medical School: Vaccines. Cara Florance & Jon Florance. 2020. (Baby University Ser.: 0). 24p. (J). (gr. -1-k). bds. 9.99 (978-1-4926-9400-7(2)) Sourcebooks, Inc.

Baby Meerkats. Kate Riggs. (Starting Out Ser.). (ENG.). 16p. (J). (gr. -1-k). 2021. (978-1-64026-350-5(0), 17966, Creative Education); 2020. pap. 7.99 (978-1-62832-882-0(7), 17967, Creative Paperbacks) Creative Co., The.

Baby Mercy. Isaac Woolsey. 2020. (ENG.). 72p. (J). pap. 15.97 (978-1-7948-7978-2(1)) Lulu Pr., Inc.

Baby Mine (Classic Reprint) Margaret Mayo. (ENG., Illus.). (J). 2017. 29.40 (978-0-266-39885-1(5)); 2016. pap. 11.97 (978-1-333-31169-8(9)) Forgotten Bks.

Baby Monkey, Private Eye. Brian Selznick. 2018. (CHI.). (J). (gr. -1-3). (978-957-08-5160-1(0)) Linking Publishing Co., Ltd.

Baby Monkey, Private Eye. Brian Selznick & David Serlin. Illus. by Brian Selznick. 2018. (ENG., Illus.). 192p. (J). (gr. -1-3). 16.99 (978-1-338-18061-9(4), Scholastic Pr.) Scholastic, Inc.

Baby Monkeys. Kate Riggs. 2019. (Starting Out Ser.). (ENG.). 24p. (J). (gr. k-2). pap. 8.99 (978-1-62832-665-9(4), 18860, Creative Paperbacks); (gr. -1-k). (978-1-64026-077-1(3), 18859) Creative Co., The.

Baby Montessori Boxed Set. Chiara Piroddi. Illus. by Agnese Baruzzi. 2020. (ENG.). (J). 35.99 (978-1-5248-6271-8(1)) Andrews McMeel Publishing.

Baby Moose on the Loose. Cj Halsey & Christa Scheck. 2020. (ENG.). 34p. (J). pap. 15.01 (978-1-716-72687-3(5)) Lulu Pr., Inc.

Baby Moses: The Brick Bible for Kids. Brendan Powell Smith. 2016. (Brick Bible for Kids Ser.). (ENG., Illus.). 32p. (J). (gr. -1-k). 12.99 (978-1-5107-1266-9(6), Sky Pony Pr.) Skyhorse Publishing Co., Inc.

Baby Moses (2-4) Warner Press. 2018. (ENG.). 16p. (J). pap. 2.39 (978-1-68434-042-2(X)) Warner Pr., Inc.

Baby Moses in a Basket. Caryn Yacowitz. Illus. by Julie Downing. 2021. (ENG.). 32p. (J). (gr. -1-2). 17.99 (978-1-5362-0609-8(1)) Candlewick Pr.

Baby Mouse with Rosebud & Sugarlump. Christie Jones Ray. 2017. (ENG., Illus.). (J). (gr. k-1). 18.95 (978-0-9961393-4-2(6)) Rose Water Cottage Pr.

Baby Narwhal: Finger Puppet Book. Illus. by Yu-Hsuan Huang. 2021. (Baby Animal Finger Puppets Ser.: 23). (ENG.). 12p. (J). (gr. -1 — 1). 7.99 (978-1-7972-0565-6(X)) Chronicle Bks. LLC.

Baby Narwhal Unicorn of the Sea Coloring Book for Kids: Awesome Baby Narwhal Illustrations to Color. Great Gift for Girls & Boys of All Ages, Little Kids, Preschool, Kindergarten & Elementary. Jasmine Taylor. 2021. (ENG.). 65p. (J). pap. (**978-1-7947-9616-4(9)**) Lulu Pr., Inc.

Baby Nightcaps (Classic Reprint) Unknown Author. 2018. (ENG., Illus.). 154p. (J). 27.07 (978-0-484-73787-6(2)) Forgotten Bks.

Baby Oceanographer. Laura Gehl. Illus. by Daniel Wiseman. 2019. (Baby Scientist Ser.: 1). (ENG.). 22p. (J). (gr. -1 — 1). bds. 8.99 (978-0-06-284133-9(5), HarperFestival) HarperCollins Pubs.

Baby Octopus: Finger Puppet Book. Illus. by Yu-Hsuan Huang. 2022. (ENG.). 12p. (J). (gr. -1 — 1). 7.99 (978-1-7972-1285-2(0)) Chronicle Bks. LLC.

Baby of the Frontier (Classic Reprint) Cyrus Townsend Brady. 2018. (ENG., Illus.). 304p. (J). 30.17 (978-0-267-64926-6(6)) Forgotten Bks.

Baby of Wisherton. Amanda Hamm. 2020. (Wisherton Ser.: Vol. 4). (ENG.). 164p. (J). pap. 7.89 (978-1-943598-13-7(4)) Before Someday Publishing.

Baby on Board: Car. Sebastien Braun. Illus. by Sebastien Braun. 2023. (Baby on Board Ser.). (ENG.). 8p. (J). (— 1). bds. 9.99 (**978-1-5362-3258-5(0)**, Templar) Candlewick Pr.

Baby on Board: Train. Sebastien Braun. Illus. by Sebastien Braun. 2023. (Baby on Board Ser.). (ENG.). 8p. (J). (— 1). bds. 9.99 (**978-1-5362-3259-2(9)**, Templar) Candlewick Pr.

Baby Orangutans. K. C. Kelley. 2018. (Spot Baby Animals Ser.). (ENG.). 16p. (J). (gr. -1-2). pap. 7.99 (978-1-68152-255-5(1), 14847) Amicus.

Baby Orangutans. Kate Riggs. (Starting Out Ser.). (ENG.). 16p. (J). (gr. -1-k). 2021. (978-1-64026-351-2(9), 17970, Creative Education); 2020. pap. 7.99 (978-1-62832-883-7(5), 17971, Creative Paperbacks) Creative Co., The.

Baby Orca. Mary Batten. Illus. by Chris Rallis. 2016. 32p. (J). (-k). bds. 5.99 (978-0-448-48839-4(6), Grosset & Dunlap) Penguin Young Readers Group.

Baby Orca: Finger Puppet Book (Puppet Book for Babies, Baby Play Book, Interactive Baby Book) Chronicle Books. Illus. by Yu-Hsuan Huang. 2019. (Baby Animal Finger Puppets Ser.: 16). (ENG.). 12p. (J). (gr. -1 — 1). 7.99 (978-1-4521-7079-4(7)) Chronicle Bks. LLC.

Baby Otter: Finger Puppet Book. Illus. by Yu-Hsuan Huang. 2021. (Baby Animal Finger Puppets Ser.: 24). (ENG.). 12p. (J). (gr. -1 — 1). 7.99 (978-1-7972-0566-3(8)) Chronicle Bks. LLC.

Baby Otter Rescue (Animal Adventure Club 2), 50 vols. Michelle Sloan. Illus. by Hannah George. 2019. (Animal Adventure Club Ser.). 104p. (J). 6.95 (978-1-78250-592-1(X)) Floris Bks. GBR. Dist: Consortium Bk. Sales & Distribution.

Baby Otters. Kate Riggs. (Starting Out Ser.). (ENG.). 16p. (J). (gr. -1-k). 2021. (978-1-64026-352-9(7), 17974, Creative Education); 2020. pap. 7.99 (978-1-62832-884-4(3), 17975, Creative Paperbacks) Creative Co., The.

Baby Owl Makes Friends. Rona Hobson. 2020. (ENG.). 56p. (J). pap. 26.82 (978-1-5437-5953-2(X)) Partridge Pub.

Baby Owls. Deanna Caswell. 2018. (Adorable Animals Ser.). (ENG.). 32p. (J). (gr. 4-6). pap. 9.99 (978-1-64466-245-8(0), 12235); lib. bdg. (978-1-68072-398-4(7), 12234) Black Rabbit Bks. (Bolt).

Baby Owls: Leveled Reader Red Fiction Level 4 Grade 1. Hmh Hmh. 2019. (Rigby PM Ser.). (ENG.). 16p. (J). (gr. 1). pap. 11.00 (978-0-358-12132-9(9)) Houghton Mifflin Harcourt Publishing Co.

Baby Owls! a Raptors Coloring Book. Jupiter Kids. 2016. (ENG., Illus.). 106p. (J). pap. 12.55 (978-1-68326-229-9(8), Jupiter Kids (Childrens & Kids Fiction)) Speedy Publishing LLC.

Baby Paleontologist. Laura Gehl. Illus. by Daniel Wiseman. 2020. (Baby Scientist Ser.: 4). (ENG.). 22p. (J). (gr. -1 — 1). bds. 8.99 (978-0-06-284135-3(1), HarperFestival) HarperCollins Pubs.

Baby Panda: Animal Adventures. Sarah Toast. Illus. by Debbie Pinkney. 2020. (ENG.). 16p. (J). 2.99 (978-1-64269-238-9(7), 4057, Sequoia Publishing & Media LLC) Phoenix International Publications, Inc.

Baby Panda Goes Wild! David Salomon. 2019. (Step into Reading Ser.). (Illus.). 48p. (J). (gr. k-3). pap. 4.99 (978-0-525-57916-8(8), Random Hse. Bks. for Young Readers) Random Hse. Children's Bks.

Baby Panda Is Born. Jay Dale. 2017. (Engage Literacy Silver - Extension A Ser.). (ENG.). 24p. (J). pap. 36.94 (978-1-5157-3520-5(6), 25392, Capstone Pr.) Capstone.

Baby Panda Is Born. Jay Dale & Kay Scott. Illus. by Natalie Ali. 2017. (Engage Literacy Silver - Extension A Ser.). (ENG.). 24p. (J). pap. 7.99 (978-1-5157-3514-4(1), 133499, Capstone Pr.) Capstone.

Baby Pandas. Deanna Caswell. 2018. (Adorable Animals Ser.). (ENG.). 32p. (J). (gr. 4-6). pap. 9.99 (978-1-64466-246-5(9), 12239); lib. bdg. (978-1-68072-399-1(5), 12238) Black Rabbit Bks. (Bolt).

Baby Pandas. Kate Riggs. 2020. (Starting Out Ser.). 16p. (J). (gr. -1-1). pap. 7.99 (978-1-62832-813-4(4), 18320, Creative Paperbacks); (ENG.). (978-1-64026-250-8(4), 18319, Creative Education) Creative Co., The.

Baby Pandas & Bears Coloring Book. Kreative Kids. 2016. (ENG., Illus.). (J). pap. 9.20 (978-1-68377-534-8(1)) Whlke, Traudl.

Baby Parade. Rebecca O'Connell. Illus. by Susie Poole. ed. 2017. (ENG.). 24p. (J). (gr. -1 — 1). bds. 7.99 (978-0-8075-0515-1(3), 807505153) Whitman, Albert & Co.

Baby Party. Rebecca O'Connell. Illus. by Susie Poole. 2017. (ENG.). 24p. (J). (gr. -1 — 1). bds. 7.99 (978-0-8075-0514-4(5), 807505145) Whitman, Albert & Co.

Baby Peekaboo! Tiger Tales. Illus. by Genine Delahaye. 2019. (You're My Baby Ser.). (ENG.). 12p. (J). (gr. 2 — 1). bds. 9.99 (978-1-68010-594-0(9)) Tiger Tales.

Baby Peggy's Own Story Book: With Six Illustrations in Color (Classic Reprint) Unknown Author. 2017. (ENG., Illus.). (J). 28.12 (978-0-331-66847-6(5)); pap. 10.57 (978-0-243-08212-4(6)) Forgotten Bks.

Baby Penguin: Animal Adventures. Jennifer Boudart. Illus. by Lori Nelson Field. 2020. (ENG.). 16p. (J). 2.99 (978-1-64269-236-5(0), 4055, Sequoia Publishing & Media LLC) Phoenix International Publications, Inc.

Baby Penguin: Finger Puppet Book. Chronicle Books. Illus. by Yu-Hsuan Huang. 2018. (Baby Animal Finger Puppets Ser.: 11). (ENG.). 12p. (J). (gr. -1 — 1). 7.99 (978-1-4521-6375-8(8)) Chronicle Bks. LLC.

Baby Penguins. Deanna Caswell. 2020. (J). pap. (978-1-62310-065-0(8)) Black Rabbit Bks.

Baby Penguins. Kate Riggs. 2019. (Starting Out Ser.). (ENG.). 24p. (J). (gr. k-2). pap. 8.99 (978-1-62832-666-6(2), 18864, Creative Paperbacks); (gr. -1-k). (978-1-64026-078-8(1), 18863) Creative Co., The.

Baby Penguin's First Waddles. Ben Richmond. 2018. (First Discoveries Ser.). (Illus.). 32p. (J). (gr. -1-4). 16.95 (978-1-4549-2701-3(1)) Sterling Publishing Co., Inc.

Baby Piglet: Finger Puppet Book (Pig Puppet Book, Piggy Book for Babies, Tiny Finger Puppet Books) Chronicle Books. Illus. by Yu-Hsuan Huang. 2019. (Baby Animal Finger Puppets Ser.: 15). (ENG.). 12p. (J). (gr. -1 — 1). 7.99 (978-1-4521-7078-7(9)) Chronicle Bks. LLC.

Baby Pigs. Martha London. 2020. (Baby Farm Animals Ser.). (ENG., Illus.). 24p. (J). (gr. k-3). lib. bdg. 31.36 (978-1-5321-6747-8(4), 34655, Pop! Cody Koala) Pop!.

Baby Pigs. Elizabeth Neuenfeldt. 2023. (Too Cute! Ser.). (ENG., Illus.). (J). (gr. -1-2). pap. 7.99. lib. bdg. 25.95 Bellwether Media.

Baby Pigs. Nick Rebman. 2022. (Baby Farm Animals Ser.). (ENG., Illus.). 24p. (J). (gr. -1-1). pap. 8.95 (978-1-64619-505-3(1)); lib. bdg. 28.50 (978-1-64619-478-0(0)) Little Blue Hse. (Little Blue Readers).

Baby Play. Skye Silver. 2019. (ENG., Illus.). 16p. (J). (gr. -1-k). bds. 7.99 (978-1-78285-728-0(1)) Barefoot Bks., Inc.

Baby Play. Skye Silver. ed. 2019. (Baby's Day Ser.). (SPA.). 16p. (J). (— 1). bds. 7.99 (**978-1-78285-794-5(X)**) Barefoot Bks., Inc.

Baby Play / Jugando con Bebé. Skye Silver. 2019. (ENG., Illus.). 16p. (J). (gr. -1-k). bds. 7.99 (978-1-78285-736-5(2)) Barefoot Bks., Inc.

Baby Plays Chess: Trace the Moves with Your Finger. Little Bee Books. Illus. by Glo Wan. 2022. (ENG.). 16p. (J). (gr. -1-k). bds. 8.99 (978-1-4998-1318-0(X)) Little Bee Books Inc.

Baby Polar Bears. Deanna Caswell. 2020. (J). pap. (978-1-62310-066-7(6)) Black Rabbit Bks.

Baby Polar Bears. Kate Riggs. (Starting Out Ser.). (ENG.). 16p. (J). (gr. -1-k). 2021. (978-1-64026-353-6(5), 17978, Creative Education); 2020. pap. 7.99 (978-1-62832-885-1(1), 17979, Creative Paperbacks) Creative Co., The.

Baby Present. Rachel Neumann. Photos by Ericka McConnell. 2016. (Illus.). 22p. (J). (gr. -1 — 1). bds. 9.95 (978-1-941529-24-9(0), Plum Blossom Bks.) Parallax Pr.

Baby Prinz. Franquin. 2021. (Marsupilami Ser.: 5). (Illus.). 48p. (J). (gr. -1-12). pap. 11.95 (978-1-84918-542-4(5)) CineBook GBR. Dist: National Bk. Network.

Baby Puppy: Finger Puppet Book. Illus. by Yu-Hsuan Huang. 2022. (ENG.). 12p. (J). (gr. -1 — 1). 7.99 (978-1-7972-1284-5(2)) Chronicle Bks. LLC.

Baby Puppy, Mommy Dog: Interactive Lift-The-Flap Book. Igloo Igloo Books. 2019. (ENG.). 10p. (J). (gr. -1-1). bds. 12.99 (978-1-4998-8147-9(9)) Igloo Bks. GBR. Dist: Simon & Schuster, Inc.

Baby Raccoon: Finger Puppet Book. Chronicle Books. Illus. by Yu-Hsuan Huang. 2020. (Baby Animal Finger Puppets Ser.: 21). (ENG.). 12p. (J). (gr. -1 — 1). 7.99 (978-1-4521-7080-0(0)) Chronicle Bks. LLC.

Baby Raccoons. Megan Borgert-Spaniol. 2017. (Super Cute! Ser.). (ENG., Illus.). 24p. (J). (gr. k-3). lib. bdg. 26.95 (978-1-62617-545-7(4), Blastoff! Readers) Bellwether Media.

Baby Raccoons Compete on Sundays. Beth Ann Perrone. 2023. (ENG.). 30p. (J). 24.99 (**978-1-0880-6998-1(3)**) Indy Pub.

Baby Raccoons Ice Skate on Wednesdays. Beth Ann Perrone. 2022. (ENG.). 26p. (J). 19.99 (**978-1-0879-8117-8(4)**) Indy Pub.

Baby Red Pandas. Kate Riggs. (Starting Out Ser.). (ENG.). 16p. (J). (gr. -1-k). 2021. (978-1-64026-354-3(3), 17982, Creative Education); 2020. pap. 7.99 (978-1-62832-886-8(X), 17983, Creative Paperbacks) Creative Co., The.

Baby Red Squirrel Rescue (Animal Adventure Club 3), 28 vols. Michelle Sloan. Illus. by Hannah George. 2020. (Animal Adventure Club Ser.). 128p. (J). (gr. 1-5). pap. 8.95 (978-1-78250-666-9(7)) Floris Bks. GBR. Dist: Consortium Bk. Sales & Distribution.

Baby Reindeer: Finger Puppet Book: (Finger Puppet Book for Toddlers & Babies, Baby Books for First Year, Animal Finger Puppets) Chronicle Books. Illus. by Yu-Hsuan Huang. 2016. (Baby Animal Finger Puppets Ser.: 4). (ENG.). 12p. (J). (gr. -1 — 1). 7.99 (978-1-4521-4661-4(6)) Chronicle Bks. LLC.

Baby Rhinos. Rachael Barnes. 2023. (Too Cute! Ser.). (ENG., Illus.). (J). (gr. -1-2). pap. 7.99. lib. bdg. 25.95 Bellwether Media.

Baby Rhinos. Megan Borgert-Spaniol. 2017. (Super Cute! Ser.). (ENG., Illus.). 24p. (J). (gr. k-3). lib. bdg. 26.95 (978-1-62617-546-4(2), Blastoff! Readers) Bellwether Media.

Baby Rhymes: A Newborn Black & White Book: 22 Short Verses, Humpty Dumpty, Jack & Jill, Little Miss Muffet, This Little Piggy, Rub-A-dub-dub, & More (Engage Early Readers: Children's Learning Books) Dayna Martin. Ed. by A. r. Roumanis. l.t. ed. (ENG., Illus.). 48p. (J). 2021. (978-1-77226-624-5(8)); 2019. pap. (978-1-77226-692-4(2)) AD Classic.

Baby Rose Goes: St. Barths. Candice Harley Sabo. Illus. by Rose Harley Sabo & Anna Kuznetsova. 2022. (Baby Rose Goes Ser.: 1). 36p. (J). 32.00 (978-1-6678-4127-4(0)) BookBaby.

Baby R's Finger Family Adventure. Nurain M. Zulkepli. 2020. (ENG.). 38p. (J). pap. 19.91 (978-1-5437-6096-5(1)) Partridge Pub.

Baby Rube's Opposites (a Rube Goldberg Book) Jennifer George. Illus. by Vin Vogel. 2023. (Rube Goldberg Book Ser.). (ENG.). 24p. (J). (gr. -1-17). bds., bds. 16.99 (978-1-4197-5949-9(3), 1762610, Abrams Appleseed) Abrams, Inc.

Baby Rue. Charlotte Moon Clark. 2017. (ENG.). 324p. (J). pap. (978-3-337-17635-8(6)) Creation Pubs.

Baby Rue: Her Adventures & Misadventures, Her Friends & Her Enemies (Classic Reprint) Charlotte Moon Clark. 2017. (ENG., Illus.). (J). 30.76 (978-0-265-94785-2(5)) Forgotten Bks.

Baby Santa a Mirror Book. Emily Skwish. Illus. by Anita Schmidt. 2019. (ENG.). 12p. (J). bds. 7.99 (978-1-5037-4641-1(0), 3296, PI Kids) Phoenix International Publications, Inc.

Baby Says. Des. by Flowerpot Press. 2022. (ENG.). 20p. (J). bds. 7.99 (978-1-4867-2409-3(4), 4b2144e2-9685-44cb-a3d4-68956d657841) Flowerpot Pr.

Baby Says. John Steptoe. Illus. by John Steptoe. 2018. (ENG., Illus.). 32p. (J). (gr. -1-4). 17.99 (978-0-688-07423-4(5), HarperCollins) HarperCollins Pubs.

Baby Says Board Book. John Steptoe. Illus. by John Steptoe. 2018. (ENG., Illus.). 26p. (J). (gr. -1-4). bds. 7.99 (978-0-06-284753-9(8), HarperFestival) HarperCollins Pubs.

Baby Sea Lions. Kate Riggs. (Starting Out Ser.). (ENG.). 16p. (J). (gr. -1-k). 2021. (978-1-64026-355-0(1), 17986, Creative Education); 2020. pap. 7.99 (978-1-62832-887-5(8), 17987, Creative Paperbacks) Creative Co., The.

Baby Seals. Kate Riggs. 2020. (Starting Out Ser.). 16p. (J). (gr. -1-1). pap. 7.99 (978-1-62832-814-1(2), 18324, Creative Paperbacks); (ENG.). (978-1-64026-251-5(2), 18323, Creative Education) Creative Co., The.

Baby Seals at the Zoo. Cecelia H. Brannon. 2016. (All about Baby Zoo Animals Ser.). 24p. (J). (gr. k-1). pap. 56.10 (978-0-7660-7520-7(6), Enslow Publishing) Enslow Publishing, LLC.

Baby Seals Part 6. J. W. Bloomfield. 2018. (ENG., Illus.). 370p. (YA). pap. 24.95 (978-1-9736-4649-5(8), WestBow Pr.) Author Solutions, LLC.

Baby Seals Part 7. J. W. Bloomfield. 2019. (ENG.). 354p. (YA). pap. 24.95 (978-1-9736-5947-1(6), WestBow Pr.) Author Solutions, LLC.

Baby Sees Colors: A Totally Mesmerizing High-Contrast Book for Babies. Illus. by Akio Kashiwara. 2018. (Baby Sees! Ser.). (ENG.). 24p. (J). (gr. -1 — 1). bds. 9.99 (978-4-05-621040-8(3)) Gakken Plus Co., Ltd. JPN. Dist: Simon & Schuster, Inc.

Baby Sees First Colors: Black, White & Red: A Totally Mesmerizing High-Contrast Book for Babies. Illus. by Akio Kashiwara. 2019. (Baby Sees! Ser.). (ENG.). 24p. (J). bds. 9.99 (978-4-05-621054-5(3)) Gakken Plus Co., Ltd. JPN. Dist: Simon & Schuster, Inc.

Baby Sees Shapes: Circles: A Totally Mesmerizing High-Contrast Book for Babies. Illus. by Akio Kashiwara. 2020. (Baby Sees! Ser.). (ENG.). 24p. (J). bds. 9.99 (978-4-05-621068-2(3)) Gakken Plus Co., Ltd. JPN. Dist: Simon & Schuster, Inc.

Baby Shark! Golden Books. Illus. by Mike Jackson. 2019. (Little Golden Book Ser.). 24p. (J). (-k). 4.99 (978-0-593-12509-0(6), Golden Bks.) Random Hse. Children's Bks.

Baby Shark! Illus. by Stevie Lewis. 2020. (ENG.). 24p. (J). bds. 8.99 (978-1-250-26318-6(2), 900221681, Holt, Henry & Co. Bks. For Young Readers) Holt, Henry & Co.

Baby Shark. Brick Puffinton. Ed. by Cottage Door Press. Illus. by Carlo Beranek. 2019. (ENG.). 12p. (J). (gr. -1 — 1). bds. 7.99 (978-1-68052-711-7(8), 1004440) Cottage Door Pr.

Baby Shark: Doo Doo Doo Doo Doo Doo. Illus. by John John Bajet. 2021. (Baby Shark Ser.). (ENG.). 24p. (J). (gr. -1 — 1). bds. 7.99 (978-1-338-71283-4(7), Cartwheel Bks.) Scholastic, Inc.

B

Baby Shark / Bebé Tiburón (Bilingual) (Bilingual Edition) Doo Doo Doo Doo Doo Doo / Duu Duu Duu Duu Duu Duu. Illus. by John John Bajet. ed. 2019. (Baby Shark Ser.). (SPA.). 24p. (J). (gr. -1-k). pap. 6.99 *(978-1-338-60112-1(1)*, Scholastic en Espanol) Scholastic, Inc.

Baby Shark: 5-Minute Stories. Pinkfong. Illus. by Pinkfong. 2021. (Baby Shark Ser.). (ENG., Illus.). 192p. (J). (gr. -1-3). 14.99 *(978-0-06-313581-9(7)*, HarperCollins) HarperCollins Pubs.

Baby Shark 8 X 8 Color & Read along Storybook with Stickers. Des. by Bendon. 2020. (ENG.). (J). 3.00 ***(978-1-6902-1467-0(8))*** Bendon, Inc.

Baby Shark: a Fin-Tastic Reading Collection 5-Book Box Set: Baby Shark & the Balloons, Baby Shark & the Magic Wand, the Shark Tooth Fairy, Little Fish Lost, the Shark Family Bakery. Pinkfong. Illus. by Pinkfong. 2022. (My First I Can Read Ser.). (ENG., Illus.). 160p. (J). (gr. -1-3). pap. 19.99 *(978-0-06-315912-9(0)*, HarperCollins) HarperCollins Pubs.

Baby Shark: a Jaw-Some Christmas Coloring & Sticker Book. Pinkfong. 2020. (Baby Shark Ser.). (ENG.). 64p. (J). (gr. -1-k). 7.99 *(978-1-4998-1096-7(2)*, BuzzPop) Little Bee Books Inc.

Baby Shark: an Egg-Cellent Easter Puffy Sticker & Activity Book. Pinkfong. 2021. (Baby Shark Ser.). (ENG.). 24p. (J). (gr. -1-3). pap. 10.99 *(978-1-4998-1176-6(4)*, BuzzPop) Little Bee Books Inc.

Baby Shark & the Balloons. Pinkfong. 2019. (I Can Read Ser.). (ENG.). 30p. (J). (gr. k-1). 14.96 *(978-0-87617-613-9(9))* Penworthy Co., LLC, The.

Baby Shark & the Magic Wand. Pinkfong. ed. 2020. (I Can Read Ser.). (ENG., Illus.). 32p. (J). (gr. k-1). 14.96 *(978-1-64697-181-7(7))* Penworthy Co., LLC, The.

Baby Shark: Baby Shark & the Balloons. Pinkfong. 2019. (My First I Can Read Ser.). (ENG.). 32p. (J). (gr. -1-3). pap. 4.99 *(978-0-06-296584-4(0)*, HarperCollins) HarperCollins Pubs.

Baby Shark: Baby Shark & the Family Orchestra. Pinkfong. 2020. (Baby Shark Ser.). (ENG., Illus.). 24p. (J). (gr. -1 — 1). bds. 7.99 *(978-0-06-296592-9(1)*, HarperFestival) HarperCollins Pubs.

Baby Shark: Baby Shark & the Magic Wand. Pinkfong. 2020. (My First I Can Read Ser.). (ENG., Illus.). 32p. (J). (gr. -1-3). pap. 4.99 *(978-0-06-296590-5(5)*, HarperCollins) HarperCollins Pubs.

Baby Shark: Chomp! (Crunchy Board Books) Pinkfong. 2020. (Baby Shark Ser.). (ENG.). 12p. (J). (gr. -1-1). bds. 9.99 *(978-1-4998-1074-5(1)*, BuzzPop) Little Bee Books Inc.

Baby Shark Coloring & Activity Book with Jumbo Twist-Up Crayons. Des. by Bendon. 2020. (ENG.). (J). pap. 5.00 ***(978-1-6902-1145-7(8))*** Bendon, Inc.

Baby Shark Coloring Book for Kids Ages 4-10: With 50+ A4 Coloring Pages for Boys & Girls. 2022. (ENG.). 51p. (J). pap. *(978-1-4717-6026-6(X))* Lulu Pr., Inc.

Baby Shark: Doo-Doo-Doo-Doo-Doo-Doo! Pinkfong. 2021. (Baby Shark Ser.). (ENG., Illus.). 12p. (J). (gr. -1 — 1). bds. 10.99 *(978-0-06-304499-9(4)*, HarperFestival) HarperCollins Pubs.

Baby Shark: Doo Doo Doo Doo Doo Doo (a Baby Shark Book) Illus. by John John Bajet. 2018. (Baby Shark Ser.). (ENG.). 24p. (J). (gr. -1-k). pap. 6.99 *(978-1-338-55605-6(3)*, Cartwheel Bks.) Scholastic, Inc.

Baby Shark: Doo Doo Doodling Fun (Pencil Toppers) Pinkfong. 2020. (Baby Shark Ser.). (ENG.). 64p. (J). (gr. -1). 9.99 *(978-1-4998-1127-8(6)*, BuzzPop) Little Bee Books Inc.

Baby Shark: Explore the Ocean: Touch, Feel, & See. Pinkfong. Illus. by Dave Aikins. 2023. (Baby Shark Ser.). (ENG.). 14p. (J). (-k). bds., bds. 14.99 ***(978-1-4998-1508-5(5)***, BuzzPop) Little Bee Books Inc.

Baby Shark: Good Night, Baby Shark! Pinkfong. Illus. by Pinkfong. 2022. (Baby Shark Ser.). (ENG., Illus.). 24p. (J). (gr. -1 — 1). bds. 7.99 *(978-0-06-315796-5(9)*, HarperFestival) HarperCollins Pubs.

Baby Shark: Happy Halloween! Includes 10 Flaps to Lift! Pinkfong. 2021. (Baby Shark Ser.). (ENG.). 24p. (J). (gr. -1-3). 6.99 *(978-0-06-304290-2(8)*, HarperFestival) HarperCollins Pubs.

Baby Shark: Happy Mommy's Day. Pinkfong. 2023. (I Can Read Level 1 Ser.). (ENG.). 32p. (J). (gr. -1-3). pap. 4.99 *(978-0-06-315897-9(3)*, HarperCollins) HarperCollins Pubs.

Baby Shark: Happy Valentine's Day! Pinkfong. 2020. (Baby Shark Ser.). (ENG.). 24p. (J). (gr. -1-3). pap. 6.99 *(978-0-06-304286-5(X)*, HarperFestival) HarperCollins Pubs.

Baby Shark Jumbo Coloring & Activity Book. Des. by Bendon. 2020. (ENG.). (J). pap. 1.00 ***(978-1-6902-1582-0(8))*** Bendon, Inc.

Baby Shark: Little Fish Lost. Pinkfong. Illus. by Pinkfong. 2021. (My First I Can Read Ser.). (ENG., Illus.). 32p. (J). (gr. -1-3). pap. 4.99 *(978-0-06-304092-2(1)*, HarperCollins) HarperCollins Pubs.

Baby Shark: Luck of the Claw. Pinkfong. 2023. (I Can Read Comics Level 1 Ser.). (ENG.). 32p. (J). (gr. -1-3). pap. 5.99 *(978-0-06-315896-2(5)*, HarperAlley) HarperCollins Pubs.

Baby Shark: Meet Baby Shark. Pinkfong. 2019. (Baby Shark Ser.). (ENG., Illus.). 18p. (J). (gr. -1 — 1). bds. 8.99 *(978-0-06-296589-9(1)*, HarperFestival) HarperCollins Pubs.

Baby Shark: Merry Christmas, Baby Shark! A Christmas Holiday Book for Kids. Pinkfong. 2019. (Baby Shark Ser.). (ENG.). 24p. (J). (gr. -1-3). 6.99 *(978-0-06-296587-5(5)*, HarperFestival) HarperCollins Pubs.

Baby Shark: My First 100 Words. Pinkfong. 2022. (Baby Shark Ser.). (ENG.). 24p. (J). (gr. -1-k). bds. 10.99 *(978-1-4998-1378-4(3)*, BuzzPop) Little Bee Books Inc.

Baby Shark: My First Big Book of Coloring. Pinkfong. 2019. (Baby Shark Ser.). (ENG.). 192p. (J). (gr. -1-k). 9.99 *(978-1-4998-1073-8(3)*, BuzzPop) Little Bee Books Inc.

Baby Shark: My First Big Book of Halloween. Pinkfong. Illus. by Jason Fruchter. 2021. (Baby Shark Ser.). (ENG.). 192p. (J). (gr. -1-k). 9.99 *(978-1-4998-1191-9(8)*, BuzzPop) Little Bee Books Inc.

Baby Shark: Puffy Sticker & Activity Book. Pinkfong. 2020. (Baby Shark Ser.). (ENG.). 24p. (J). (gr. -1-3). pap. 10.99 *(978-1-4998-1083-7(0)*, BuzzPop) Little Bee Books Inc.

Baby Shark Superhero-A Fin-Tastic Tale about the Power of Friendship: Padded Board Book. IglooBooks. Illus. by Hannah McCaffery. 2021. (ENG.). 24p. (J). (-k). bds. 8.99 *(978-1-80108-627-1(3))* Igloo Bks. GBR. Dist: Simon & Schuster, Inc.

Baby Shark: the Big Sea Seek & Find. Pinkfong. 2021. (Baby Shark Ser.). (ENG.). 32p. (J). (gr. -1-k). pap. 7.99 *(978-1-4998-1228-2(0)*, BuzzPop) Little Bee Books Inc.

Baby Shark: the Shark Tooth Fairy. Pinkfong. 2020. (My First I Can Read Ser.). (ENG., Illus.). 32p. (J). (gr. -1-3). pap. 4.99 *(978-0-06-304284-1(3)*, HarperCollins) HarperCollins Pubs.

Baby Shark: Time for School! Pinkfong. 2021. (Baby Shark Ser.). (ENG.). 24p. (J). (gr. -1-3). 10.99 *(978-0-06-304288-9(6)*, HarperCollins) HarperCollins Pubs.

Baby Shark: Ultimate Sticker & Activity Book. Pinkfong. 2019. (Baby Shark Ser.). (ENG.). 64p. (J). (gr. -1). pap. 12.99 *(978-1-4998-1072-1(5)*, BuzzPop) Little Bee Books Inc.

Baby Shark: Wash Your Hands! Pinkfong. Illus. by Pinkfong. 2020. (Baby Shark Ser.). (ENG., Illus.). 24p. (J). (gr. -1-3). pap. 4.99 *(978-0-06-305577-3(5)*, HarperCollins) HarperCollins Pubs.

Baby Sharks Are Real: Story Notebook: Spark Creativity for Boys & Girls. a Fun Baby Shark Adventure.: Story Notebook Series: Write Your First Book. Books with Soul. 2019. (Story Notebook Series: Write Your First Book Ser.: Vol. 2). (ENG., Illus.). 72p. (J). (gr. 2-6). 24.95 *(978-1-949325-62-1(8))* Bks. With Soul.

Baby Shark's Big Show: Baby Shark Plays Barnacle Ball. Grace Baranowski. Illus. by MJ Illustrations. 2023. (Board Books with Cloth Tabs Ser.). (ENG.). 10p. (J). (gr. -1-k). bds., bds. 12.99 *(978-0-7944-5024-3(5)*, Studio Fun International) Printers Row Publishing Group.

Baby Shark's Big Show: Baby Shark's Fin-Credible Family. Grace Baranowski. 2023. (Googly Eyes Ser.). (ENG.). 12p. (J). (gr. -1-k). bds., bds. 8.99 ***(978-0-7944-5025-0(3)***, Studio Fun International) Printers Row Publishing Group.

Baby Shark's Big Show!: Fish Friends Forever. Pinkfong. 2021. (Baby Shark's Big Show! Ser.). (ENG.). 24p. (J). (gr. -1-3). pap. 4.99 *(978-0-06-315887-0(6)*, HarperCollins) HarperCollins Pubs.

Baby Shark's Big Show!: Hide & Hunt. Pinkfong. 2022. (I Can Read Comics Level 1 Ser.). (ENG.). 32p. (J). (gr. -1-3). pap. 4.99 *(978-0-06-315889-4(2)*, HarperCollins) HarperCollins Pubs.

Baby Shark's Big Show!: Meet the Shark Family & Friends. Pinkfong. 2021. (I Can Read Level 1 Ser.). (ENG., Illus.). 32p. (J). (gr. -1-3). pap. 4.99 *(978-0-06-315885-6(X)*, HarperCollins) HarperCollins Pubs.

Baby Shark's Big Show!: My First 123s Sticker Book: Activities & Big, Reusable Stickers for Kids Ages 3 To 5. Pinkfong. Illus. by Marcela Cespedes-Alicea. 2022. (Baby Sharks Big Show! Ser.). (ENG.). 24p. (J). (gr. -1-k). 9.99 *(978-1-4998-1249-7(3)*, BuzzPop) Little Bee Books Inc.

Baby Shark's Big Show!: My First ABCs Sticker Book: Activities & Big, Reusable Stickers for Kids Ages 3 To 5. Pinkfong. Illus. by Jason Fruchter. 2022. (Baby Sharks Big Show! Ser.). (ENG.). 24p. (J). (gr. -1-k). 9.99 *(978-1-4998-1248-0(5)*, BuzzPop) Little Bee Books Inc.

Baby Shark's Big Show!: My First Colors Sticker Book: Activities & Big, Reusable Stickers for Kids Ages 3 To 5. Pinkfong. Illus. by Marcela Cespedes-Alicea. 2023. (Baby Sharks Big Show! Ser.). (ENG.). 24p. (J). (gr. -1-k). 9.99 *(978-1-4998-1400-2(3)*, BuzzPop) Little Bee Books Inc.

Baby Shark's Big Show!: the Bunny Slug. Pinkfong. 2022. (I Can Read Comics Level 1 Ser.). (ENG., Illus.). 32p. (J). (gr. -1-3). pap. 4.99 *(978-0-06-315893-1(0)*, HarperCollins) HarperCollins Pubs.

Baby Shark's Big Show: the Search for Toothy! Grace Baranowski. 2022. (Snappy Book Ser.). (ENG.). 10p. (J). (gr. -1-k). bds. 8.99 *(978-0-7944-4980-3(8)*, Studio Fun International) Printers Row Publishing Group.

Baby Shark's Big Show!: Yup Day. Pinkfong. 2022. (I Can Read Level 1 Ser.). (ENG.). 32p. (J). (gr. -1-3). pap. 4.99 *(978-0-06-315891-7(4)*, HarperCollins) HarperCollins Pubs.

Baby Sharks LOVE Pop Music! Amber Lily. Illus. by Carrie Hennon. 2019. (Lift the Flap Storymaker Ser.). (ENG.). 10p. (J). (gr. -1-k). bds. 7.99 *(978-1-78958-238-3(5))* Top That! Publishing PLC GBR. Dist: Independent Pubs. Group.

Baby Shart ... Poo Poo Poo Poo Poo: A Story about a Shark Who Farts. Humor Heals Us. 2021. (ENG.). 38p. (J). 19.99 *(978-1-63731-294-0(6))* Grow Grit Pr.

Baby Sheep. Martha London. 2020. (Baby Farm Animals Ser.). (ENG., Illus.). 24p. (J). (gr. k-3). lib. bdg. 31.36 *(978-1-5321-6748-5(2)*, 34657, Pop! Cody Koala) Pop!.

Baby Sheep. Contrib. by Betsy Rathburn. 2023. (Too Cute! Ser.). (ENG., Illus.). (J). (gr. -1-2). lib. bdg. 25.95 Bellwether Media.

Baby Sheep. Nick Rebman. 2022. (Baby Farm Animals Ser.). (ENG., Illus.). 24p. (J). (gr. -1-1). pap. 8.95 *(978-1-64619-506-0(X))*; lib. bdg. 28.50 *(978-1-64619-479-7(9))* Little Blue Hse. (Little Blue Readers).

Baby Shower. Lisa Wheeler. Illus. by Charlie Alder. 2022. 32p. (J). (— 1). 17.99 *(978-0-593-32463-9(3)*, Dial Bks) Penguin Young Readers Group.

Baby Shower Mad Libs: World's Greatest Word Game. Molly Reisner & Dorien Davies. 2020. (Mad Libs Ser.). 48p. (J). (gr. 3-7). pap. 4.99 *(978-0-593-09588-1(X)*, Mad Libs) Penguin Young Readers Group.

Baby Signs: All Done! Kate Lockwood. Illus. by Srimalle Bassani. 2021. (ENG.). 16p. (J). (— 1). bds. 6.99 *(978-1-64517-449-3(2)*, Silver Dolphin Bks.) Printers Row Publishing Group.

Baby-Sitters Club, 1 vol., Bks. 1-4. Ann M. Martin & Raina Telgemeier. Illus. by Raina Telgemeier. 2016. (Baby-Sitters Club Graphix Ser.). (ENG., Illus.). 672p. (J). (gr. 3-7). 43.96 *(978-1-338-11898-8(6)*, Graphix) Scholastic, Inc.

Baby-Sitters Club Retro Set, 5 vols., Vol. 1. Ann M. Martin. 2018. (Baby-Sitters Club Ser.). (ENG.). 1056p. (J). (gr. 3-7). 41.94 *(978-1-338-31148-8(4))* Scholastic, Inc.

Baby-Sitters Club Retro Set: the Friendship Collection. Ann M. Martin. 2021. (Baby-Sitters Club Ser.). (ENG.). 944p. (J). (gr. 3-7). 41.94 *(978-1-338-78784-9(5))* Scholastic, Inc.

Baby-Sitters Club: the Official Coloring Book. Illus. by Fran Brylewska. 2023. (ENG.). 96p. (J). (gr. 1-3). pap. 15.99 *(978-1-338-89241-3(X))* Scholastic, Inc.

Baby-Sitters Little Sister #1: Karen's Witch see Hermanita de Las niñeras #1: la Bruja de Karen (Karen's Witch)

Baby-Sitters Little Sister Graphic Novels #1-4: a Graphix Collection (Adapted Edition), 1 vol., Vol. 1. Ann M. Martin. Illus. by Katy Farina. adapted ed. 2021. (Baby-Sitters Little Sister Graphix Ser.). (ENG.). 560p. (J). (gr. 2-5). pap., pap., pap. 43.96 *(978-1-338-79092-4(7)*, Graphix) Scholastic, Inc.

Baby-Sitters on Board! (the Baby-Sitters Club: Super Special #1) Ann M. Martin. 2022. (Baby-Sitters Club Super Special Ser.). (ENG.). 240p. (J). (gr. 3-7). pap. 8.99 *(978-1-338-81466-8(4)*, Scholastic Paperbacks) Scholastic, Inc.

Baby-Sitters' Summer Vacation! (the Baby-Sitters Club: Super Special #2), Vol. 2. Ann M. Martin. 2023. (Baby-Sitters Club Super Special Ser.). (ENG.). 256p. (J). (gr. 3-7). pap. 8.99 *(978-1-338-81468-2(0))* Scholastic, Inc.

Baby-Sitting Is a Dangerous Job. Willo Davis Roberts. 2016. (ENG., Illus.). 224p. (J). (gr. 3-7). pap. 7.99 *(978-1-4814-3704-2(6)*, Aladdin) Simon & Schuster Children's Publishing.

Baby-Sitting Is a Dangerous Job. Willo Davis Roberts. 2016. (ENG., Illus.). 224p. (J). (gr. 3-7). 17.99 *(978-1-4814-3705-9(4)*, Simon & Schuster/Paula Wiseman Bks.) Simon & Schuster/Paula Wiseman Bks.

Baby Sitting My Grandma. Elizabeth R. Clay. 2020. (ENG.). 36p. (J). 22.99 *(978-1-63129-091-6(6))*; pap. 12.49 *(978-1-63129-090-9(8))* Salem Author Services.

Baby Skunks. Megan Borgert-Spaniol. 2017. (Super Cute! Ser.). (ENG., Illus.). 24p. (J). (gr. k-3). lib. bdg. 26.95 *(978-1-62617-547-1(0)*, Blastoff! Readers) Bellwether Media.

Baby Skunks. Deanna Caswell. 2020. (J). pap. *(978-1-62310-067-4(4))* Black Rabbit Bks.

Baby, Sleepy Baby. Atinuke. Illus. by Angela Brooksbank. (ENG.). (J). (— 1). 2023. 28p. bds. 9.99 *(978-1-5362-2990-5(3))*; 2021. 32p. 16.99 *(978-1-5362-1986-9(X))* Candlewick Pr.

Baby Sloth: Finger Puppet Book: (Finger Puppet Book for Toddlers & Babies, Baby Books for First Year, Animal Finger Puppets) Chronicle Books. Illus. by Yu-Hsuan Huang. 2019. (Baby Animal Finger Puppets Ser.: 18). (ENG.). 12p. (J). (gr. -1 — 1). bds. 7.99 *(978-1-4521-8029-8(6))* Chronicle Bks. LLC.

Baby Squashy Face. Becky Carlyle. 2018. (ENG.). 38p. (J). 14.95 *(978-1-68401-780-5(7))* Amplify Publishing Group.

Baby Squeaks. Anne Hunter. 2022. (Baby Animals Ser.). (Illus.). 40p. (J). (gr. -1-2). 17.99 *(978-0-7352-6909-5(2)*, Tundra Bks.) Tundra Bks. CAN. Dist: Penguin Random Hse. LLC.

Baby Squirrels. Justin Eric Russell. 2019. (Adorable Animals Ser.). (ENG., Illus.). 32p. (J). (gr. 4-6). pap. 9.99 *(978-1-64466-006-5(7)*, 12613, Bolt) Black Rabbit Bks.

Baby Stegosaurus. Julie Abery. Illus. by Gavin Scott. 2023. (ENG.). 20p. (J). (gr. -1-k). bds. 9.99 ***(978-1-68152-892-2(4))*** Amicus.

Baby Step Logic - Sudoku for Kids. Senor Sudoku. 2019. (ENG.). 78p. (J). pap. 10.99 *(978-1-64521-461-8(3))* Editorial Imagen.

Baby Step Math & Language Activity Book 18 Months. Educando Kids. 2019. (ENG.). 42p. (J). pap. 8.55 *(978-1-64521-740-4(X)*, Educando Kids) Editorial Imagen.

Baby Steps Animal ABC Coloring Book for Toddler. Educando Kids. 2019. (ENG.). 42p. (J). pap. 6.99 *(978-1-64521-010-8(3)*, Educando Kids) Editorial Imagen.

Baby Sudoku for Kids Age 6. Senor Sudoku. 2019. (ENG.). 78p. (J). pap. 10.99 *(978-1-64521-557-8(1))* Editorial Imagen.

Baby Suzie Is a Scamp. George Broderick, Jr. Ed. by George Broderick, Jr. 2022. (ENG.). 34p. (J). 19.95 ***(978-1-929515-57-8(X)***, Solovisions) Comic Library International.

Baby T. Rex. Julie Abery. Illus. by Gavin Scott. 2023. (ENG.). 20p. (J). (gr. -1-k). bds. 9.99 ***(978-1-68152-890-8(8))*** Amicus.

Baby Talk. Stella Blackstone. ed. (Baby's Day Ser.). 16p. (J). (— 1). 2022. (HIN.). bds. 7.99 ***(978-1-64686-642-7(8))***; 2022. (TGL.). bds. 7.99 ***(978-1-64686-644-1(4))***; 2021. (PRS.). bds. 7.99 ***(978-1-64686-677-9(0))***; 2021. (AMH.). bds. 7.99 ***(978-1-64686-531-4(6))***; 2021. (POR.). bds. 7.99 ***(978-1-64686-532-1(4))***; 2021. (RUS.). bds. 7.99 ***(978-1-64686-533-8(2))***; 2021. (BEN.). bds. 7.99 ***(978-1-64686-676-2(2))***; 2021. (PUS.). bds. 7.99 ***(978-1-64686-678-6(9))***; 2021. (ARA.). bds. 7.99 ***(978-1-64686-457-7(3))***; 2021. (VIE.). bds. 7.99 ***(978-1-64686-465-2(4))***; 2021. (HMN.). bds. 7.99 ***(978-1-64686-461-4(1))***; 2021. (FRE.). bds. 7.99 ***(978-1-64686-460-7(3))***; 2021. (HAT.). bds. 7.99 ***(978-1-64686-459-1(X))***; 2021. (CHI.). bds. 7.99 ***(978-1-64686-463-8(8))***; 2021. (KAR.). bds. 7.99 ***(978-1-64686-458-4(1))***; 2021. (SOM.). bds. 7.99 ***(978-1-64686-464-5(6))***; 2021. (KOR.). bds. 7.99 ***(978-1-64686-462-1(X))***; 2018. (SPA.). bds. 7.99 ***(978-1-78285-607-8(2))*** Barefoot Bks., Inc.

Baby Talk / Hablando con Bebé. Stella Blackstone. 2017. (ENG.). 16p. (J). (gr. -1-k). bds. 7.99 *(978-1-78285-350-3(2))* Barefoot Bks., Inc.

Baby Talks Too! Sign Language for Toddlers - Sign Language Book for Kids Children's Foreign Language Books. Baby Professor. 2018. (ENG., Illus.). 64p. (J). pap. 12.99 *(978-1-5419-2952-4(7)*, Baby Professor (Education Kids)) Speedy Publishing LLC.

Baby Thunder. Jennifer Victor-Larsen & Katy Korby. 2018. (ENG., Illus.). 26p. (J). (gr. k-6). 19.95 *(978-1-61244-691-2(4))* Halo Publishing International.

Baby Tiger: Finger Puppet Book: (Finger Puppet Book for Toddlers & Babies, Baby Books for First Year, Animal Finger Puppets) Chronicle Books. Illus. by Yu-Hsuan Huang. 2016. (Baby Animal Finger Puppets Ser.: 2). (ENG.). 12p. (J). (gr. -1 — 1). 7.99 *(978-1-4521-4236-4(X))* Chronicle Bks. LLC.

Baby Tigers. K. C. Kelley. 2018. (Spot Baby Animals Ser.). (ENG.). 16p. (J). (gr. -1-2). pap. 7.99 *(978-1-68152-257-9(8)*, 14848) Amicus.

Baby Tigers. Contrib. by Betsy Rathburn. 2023. (Too Cute! Ser.). (ENG., Illus.). (J). (gr. -1-2). lib. bdg. 25.95 Bellwether Media.

Baby Tigers. Kate Riggs. 2020. (Starting Out Ser.). 16p. (J). (gr. -1-1). pap. 7.99 *(978-1-62832-815-8(0)*, 18328, Creative Paperbacks); (ENG.). *(978-1-64026-252-2(0)*, 18327, Creative Education) Creative Co., The.

Baby Tigers. Barbara Shafer. 2018. (Adorable Animals Ser.). (ENG.). 32p. (J). (gr. 4-6). pap. 9.99 *(978-1-64466-247-2(7)*, 12243); (Illus.). lib. bdg. *(978-1-68072-400-4(2)*, 12242) Black Rabbit Bks. (Bolt).

Baby Tiger's Book of Shapes. Regina Johnson. 2023. (ENG.). 16p. (J). bds. 17.95 *(978-1-64543-559-4(8)*, Mascot Kids) Amplify Publishing Group.

Baby to Big. Rajiv Fernandez. 2017. (ENG., Illus.). 32p. (J). (— 1). 6.99 *(978-1-57687-826-2(0)*, powerHouse Bks.) powerHse. Bks.

Baby to Brooklyn. Rajiv Fernandez. 2017. (ENG., Illus.). 32p. (J). (— 1). bds. 6.99 *(978-1-57687-785-2(X)*, powerHouse Bks.) powerHse. Bks.

Baby Toilers (Classic Reprint) Olive Christian Malvery. (ENG., Illus.). (J). 2018. 250p. 29.05 *(978-0-483-14412-5(6))*; 2016. pap. 11.57 *(978-1-334-12303-0(9))* Forgotten Bks.

Baby Tom Is on the Driveway. Jennifer Scott Mitchell. Illus. by Leah Srejber. 2021. (Sidewalk Children Ser.: 1). (ENG.). (gr. -1-4). pap. *(978-0-9875050-8-8(4)*, Baby Tom Series) Wild Orange Publishing.

Baby Tooth Gets a Cavity (Hardcover) Lauren Kelley. 2018. (Baby Tooth Dental Bks.: Vol. 3). (ENG., Illus.). 28p. (J). 15.99 *(978-1-7326422-6-3(5))* Bks. With Purpose LLC.

Baby Tooth Gets a Cavity (Softcover) Lauren Kelley. 2018. (Baby Tooth Dental Bks.: Vol. 3). (ENG., Illus.). 28p. (J). pap. 8.99 *(978-1-7326422-7-0(3))* Bks. With Purpose LLC.

Baby Tooth Meets the Tooth Fairy (Hardcover) Lauren Kelley. 2018. (Baby Tooth Dental Bks.: Vol. 4). (ENG., Illus.). 32p. (J). 15.99 *(978-1-7326422-4-9(9))* Bks. With Purpose LLC.

Baby Tooth Meets the Tooth Fairy (Softcover) Lauren Kelley. 2018. (Baby Tooth Dental Bks.: Vol. 4). (ENG., Illus.). 32p. (J). pap. 8.99 *(978-1-7326422-5-6(7))* Bks. With Purpose LLC.

Baby Touch & Feel: Baby Animals. Roger Priddy. 2023. (Baby Touch & Feel Ser.). (ENG., Illus.). 12p. (J). bds. 8.99 *(978-1-68449-270-1(X)*, 900265904) St. Martin's Pr.

Baby Touch & Feel: Baby Dinosaur. DK. 2018. (Baby Touch & Feel Ser.). (ENG., Illus.). 14p. (J). (— 1). bds. 5.99 *(978-1-4654-6841-3(2)*, DK Children) Dorling Kindersley Publishing, Inc.

Baby Touch & Feel: Bible Animals. DK. 2018. (Baby Touch & Feel Ser.). (ENG., Illus.). 14p. (J). (— 1). bds. 5.99 *(978-1-4654-8015-6(3)*, DK Children) Dorling Kindersley Publishing, Inc.

Baby Touch & Feel: Colors. DK. 2016. (Baby Touch & Feel Ser.). (ENG., Illus.). 14p. (J). (— 1). bds. 7.99 *(978-1-4654-5470-6(5)*, DK Children) Dorling Kindersley Publishing, Inc.

Baby Touch & Feel: First Words. DK. 2016. (Baby Touch & Feel Ser.). (ENG., Illus.). 14p. (J). (— 1). bds. 7.99 *(978-1-4654-5471-3(3)*, DK Children) Dorling Kindersley Publishing, Inc.

Baby Touch & Feel Flamingo. DK. 2020. (Baby Touch & Feel Ser.). (ENG.). 14p. (J). (— 1). bds. 7.99 *(978-1-4654-9486-3(3)*, DK Children) Dorling Kindersley Publishing, Inc.

Baby Touch & Feel: Halloween. DK. 2017. (Baby Touch & Feel Ser.). (ENG., Illus.). 14p. (J). (— 1). bds. 7.99 *(978-1-4654-6235-0(X)*, DK Children) Dorling Kindersley Publishing, Inc.

Baby Touch & Feel I Love You. DK. 2016. (Baby Touch & Feel Ser.). (ENG., Illus.). 14p. (J). (— 1). bds. 7.99 *(978-1-4654-5763-9(1)*, DK Children) Dorling Kindersley Publishing, Inc.

Baby Touch & Feel: Kittens. DK. 2017. (Baby Touch & Feel Ser.). (ENG., Illus.). 14p. (J). (— 1). bds. 7.99 *(978-1-4654-5622-9(8)*, DK Children) Dorling Kindersley Publishing, Inc.

Baby Touch & Feel Llama. DK. 2021. (Baby Touch & Feel Ser.). (ENG.). 14p. (J). (— 1). bds. 5.99 *(978-0-7440-3699-2(2)*, DK Children) Dorling Kindersley Publishing, Inc.

Baby Touch & Feel Mermaid. DK. 2020. (Baby Touch & Feel Ser.). (ENG., Illus.). 14p. (J). (— 1). bds. 7.99 *(978-1-4654-9088-9(4)*, DK Children) Dorling Kindersley Publishing, Inc.

Baby Touch & Feel Merry Christmas. DK. 2018. (Baby Touch & Feel Ser.). (ENG., Illus.). 14p. (J). (— 1). bds. 7.99 *(978-1-4654-7282-3(7)*, DK Children) Dorling Kindersley Publishing, Inc.

Baby Touch & Feel Panda. DK. 2021. (Baby Touch & Feel Ser.). (ENG., Illus.). 14p. (J). (— 1). bds. 7.99 *(978-0-7440-2647-4(4)*, DK Children) Dorling Kindersley Publishing, Inc.

Baby Touch & Feel: Zoo Babies. Roger Priddy. 2023. (Baby Touch & Feel Ser.). (ENG., Illus.). 12p. (J). bds. 8.99 *(978-1-68449-298-5(X)*, 900281161) St. Martin's Pr.

Baby Touch Your Nose. DK. 2016. (Baby Sparkle Ser.). (ENG., Illus.). 14p. (J). (— 1). bds. 6.99 *(978-1-4654-5071-5(8)*, DK Children) Dorling Kindersley Publishing, Inc.

Baby Trolls Get a Bad Rap: A Suteki Creative Spanish & English Bilingual Book. Justine Avery. Illus. by Daria Yudina. 2021. (SPA.). 44p. (J). 19.95 *(978-1-63882-170-0(4))*; pap. 11.95 *(978-1-63882-169-4(0))* Suteki Creative.

Baby Turkeys. Martha London. 2020. (Baby Farm Animals Ser.). (ENG., Illus.). 24p. (J). (gr. k-3). lib. bdg. 31.36 *(978-1-5321-6749-2(0)*, 34659, Pop! Cody Koala) Pop!.

Baby Turtles. Megan Borgert-Spaniol. 2016. (Super Cute! Ser.). (ENG., Illus.). 24p. (J). (gr. k-3). 26.95 *(978-1-62617-390-3(7)*, Blastoff! Readers) Bellwether Media.

TITLE INDEX BABY'S HERE!

Baby Turtle's Tale. Elle J. McGuinness & Romi Caron. 2020. (ENG.). 12p. (J). bds. 9.99 *(978-1-5248-6115-5(4))* Andrews McMeel Publishing.

Baby Unicorn: Finger Puppet Book: (Unicorn Puppet Book, Unicorn Book for Babies, Tiny Finger Puppet Books) Chronicle Books. Illus. by Victoria Ying. 2018. (Baby Animal Finger Puppets Ser.: 13). (ENG.). 12p. (J). (gr. -1 — 1). 7.99 *(978-1-4521-7076-3(2))* Chronicle Bks. LLC.

Baby University ABC's Board Book Set: Four Alphabet Board Books for Toddlers. Chris Ferrie. 2018. (Baby University Board Book Sets Ser.). (ENG.). (J). bds. 39.96 *(978-1-4926-8440-4(6))* Sourcebooks, Inc.

Baby up, Baby Down: A First Book of Opposites. Abrams Appleseed. 2020. (ENG.). 14p. (J). (gr. -1 — 1). bds. 7.99 *(978-1-4197-4091-6(1)*, 1278510, Abrams Appleseed) Abrams, Inc.

Baby Wallosaurus. Barbara Swift Guidotti. Illus. by Barbara Swift Guidotti. 2018. (Wallaboos Ser.: Vol. 11). (ENG., Illus.). 32p. (J). 14.99 *(978-0-9997045-1-6(6))* Sagaponack Bks.

Baby Wallosaurus. Barbara Swift Guidotti. 2018. (Wallaboos Ser.: Vol. 11). (ENG., Illus.). 32p. (J). pap. 9.99 *(978-0-9997045-0-9(8))* Sagaponack Bks.

Baby Was. Lena Elsa. 2022. (ENG.). 34p. (J). 35.00 *(978-1-6781-7319-7(3))* Lulu Pr., Inc.

Baby Went to Heaven. Lianne Totty. 2021. (ENG.). 30p. (J). 29.99 *(978-1-6628-0455-7(5))*; pap. 19.99 *(978-1-6628-0454-0(7))* Salem Author Services.

Baby Whales. Kate Riggs. (Starting Out Ser.). (ENG.). 16p. (J). (gr. -1-k). 2021. *(978-1-64026-356-7(X)*, 17990, Creative Education); 2020. pap. 7.99 *(978-1-62832-888-2(6)*, 17991, Creative Paperbacks) Creative Co., The.

Baby Whales at the Zoo, 1 vol. Cecelia H. Brannon. 2016. (All about Baby Zoo Animals Ser.). (ENG.). 24p. (gr. k-1). 24.27 *(978-0-7660-7563-4(X)*, 697d132b-f6a3-4b73-95d9-a25e2f958fc9) Enslow Publishing, LLC.

Baby Who Started a Revolution. Phil Renzoni. Ed. by Anna Maria Parise. Photos by Mark Renzoni. 2016. (ENG., Illus.). (J). pap. *(978-1-4602-9360-7(6))* FriesenPress.

Baby Wolves. K. C. Kelley. 2018. (Spot Baby Animals Ser.). (ENG.). 16p. (J). (gr. -1-2). pap. 7.99 *(978-1-68152-251-7(9)*, 14849) Amicus.

Baby World: Stories, Rhymes & Pictures for Little Folks, Compiled from St. Nicholas (Classic Reprint) Mary Mapes Dodge. (ENG., Illus.). (J). 2018. 320p. 30.52 *(978-0-483-66934-5(2))*; 2017. pap. 13.57 *(978-0-259-49427-0(5))* Forgotten Bks.

Baby Wren & the Great Gift, 1 vol. Sally Lloyd-Jones. Illus. by Jen Corace. 2016. (ENG.). 32p. (J). 16.99 *(978-0-310-73389-8(8))* Zonderkidz.

Baby Yeti: Finger Puppet Book. Illus. by Victoria Ying. 2021. (ENG.). 12p. (J). (gr. -1 — 1). 7.99 *(978-1-7972-0568-7(4))* Chronicle Bks. LLC.

Baby Young, Gifted, & Black: With a Mirror! Jamia Wilson. Illus. by Andrea Pippins. 2021. (See Yourself in Their Stories Ser.). (ENG.). 20p. (J). (gr. -1 — 1). bds. 9.99 *(978-0-7112-6141-9(5)*, 341126, Wide Eyed Editions) Quarto Publishing Group UK GBR. Dist: Hachette UK Distribution.

Baby, You're Magic! Natalie Marshall. 2023. (Slide & Smile Ser.). 10p. (J). (-k). bds. 10.99 *(978-1-7282-7315-0(3))* Sourcebooks, Inc.

Baby Zebras. Megan Borgert-Spaniol. 2017. (Super Cute! Ser.). (ENG., Illus.). 24p. (J). (gr. k-3). lib. bdg. 26.95 *(978-1-62617-548-8(9)*, Blastoff! Readers) Bellwether Media.

Baby Zebras. Deanna Caswell. 2020. (J). pap. *(978-1-62310-069-8(0))* Black Rabbit Bks.

Baby Zebras. Kate Riggs. (Starting Out Ser.). (ENG.). 16p. (J). (gr. -1-k). 2021. *(978-1-64026-357-4(8)*, 17994, Creative Education); 2020. pap. 7.99 *(978-1-62832-889-9(4)*, 17995, Creative Paperbacks) Creative Co., The.

Baby Zoo Animals. New Holland Publishers. 2023. (ENG.). 12p. (J). (— 1). bds. 9.99 ***(978-1-76079-550-4(X))*** New Holland Pubs. Pty, Ltd. AUS. Dist: Independent Pubs. Group.

Babycito to the Rescue Babycito Al Rescate. Story by Jimmy Sanchez Art by Sanchez. 2018. (ENG., Illus.). 32p. (J). 29.99 *(978-1-5456-3220-8(0))*; pap. 19.99 *(978-1-5456-1854-7(2))* Salem Author Services.

Babydoll Sheep, 1 vol. Alix Wood. 2016. (Mini Animals Ser.). (ENG., Illus.). 32p. (J). (gr. 2-3). pap. 11.00 *(978-1-4994-8149-5(7)*, 6ae1c96f-e028-40db-a067-041360be22f5, Windmill Bks.) Rosen Publishing Group, Inc., The.

Babyland (Classic Reprint) Charles Stuart Pratt. (ENG., Illus.). (J). 2018. 106p. 26.08 *(978-0-365-07452-6(7))*; 2017. pap. 9.57 *(978-0-259-55188-1(0))* Forgotten Bks.

Babyland, Vol. 8: January 1884 (Classic Reprint) Charles Stuart Pratt. 2017. (ENG., Illus.). (J). 26.14 *(978-0-266-55394-6(X))*; pap. 9.57 *(978-0-282-82027-5(2))* Forgotten Bks.

Babylife: a Special Edition of Parentlife. Lifeway Kids. 2020. (ENG.). 48p. (J). pap. 3.99 *(978-1-0877-2209-2(8))* Lifeway Christian Resources.

Babylink: Animal Opposites. Marcos Farina. 2022. (Babylink Ser.). (ENG., Illus.). 16p. (J). bds. 11.95 *(978-1-62371-850-3(3)*, Crocodile Bks.) Interlink Publishing Group, Inc.

Babylink: Colors in the Garden. Marcos Farina. 2022. (Babylink Ser.). (ENG., Illus.). 16p. (J). bds. 11.95 *(978-1-62371-849-7(X)*, Crocodile Bks.) Interlink Publishing Group, Inc.

Babylink: If Mama Sings. Laura Wittner. Illus. by Maricel Clark. 2023. (Babylink Ser.). (ENG.). 16p. (J). bds. 11.95 ***(978-1-62371-744-5(2)***, Crocodile Bks.) Interlink Publishing Group, Inc.

Babylink: Luna & the Moon. Laura Wittner. Illus. by Pum Pum. 2023. (Babylink Ser.). (ENG.). 16p. (J). bds. 11.95 *(978-1-62371-761-2(2)*, Crocodile Bks.) Interlink Publishing Group, Inc.

Babylon Electrified: The History of an Expedition Undertaken to Restore Ancient Babylon by the Power of Electricity & How It Resulted (Classic Reprint) A. Bleunard. 2018. (ENG., Illus.). 330p. (J). 30.70 *(978-0-332-94114-1(0))* Forgotten Bks.

Babylon Twins. M. F. Gibson. 2021. (Babylon Twins Ser.: 1). 372p. (YA). pap. 15.95 *(978-1-954854-11-6(0))* Girl Friday Bks.

Babylonian Empire Children's Middle Eastern History Books. Baby Professor. 2017. (ENG., Illus.). (J). pap. 7.89 *(978-1-5419-0404-0(4)*, Baby Professor (Education Kids)) Speedy Publishing LLC.

Babymoon. Hayley Barrett. Illus. by Juana Martinez-Neal. 2019. (ENG.). 32p. (J). (-k). 16.99 *(978-0-7636-8852-3(5))* Candlewick Pr.

Babymouse #20: Babymouse Goes for the Gold. Jennifer L. Holm & Matthew Holm. Illus. by Jennifer L. Holm & Matthew Holm. 2016. (Babymouse Ser.: 20). (ENG., Illus.). 96p. (J). (gr. 2-5). pap. 6.99 *(978-0-307-93163-4(3))* Penguin Random Hse. LLC.

Babymousetastic Boxed Set! Books 1-3 (a Graphic Novel Boxed Set), 3 vols. Jennifer L. Holm & Matthew Holm. 2018. (Babymouse Ser.). (ENG., Illus.). 288p. (J). (gr. 2-5). pap., pap., pap. 20.97 *(978-1-9848-4946-5(8)*, Random Hse. Bks. for Young Readers) Random Hse. Children's Bks.

Babys: Kinder Malbuch. Bold Illustrations. 2017. (GER., Illus.). (J). pap. 8.35 *(978-1-64193-166-3(3)*, Bold Illustrations) FASTLANE LLC.

Baby's Babble! Baby's First Sight Words. - Baby & Toddler First Word Books. Baby Professor. 2017. (ENG., Illus.). (J). pap. 7.89 *(978-1-68326-713-3(3)*, Baby Professor (Education Kids)) Speedy Publishing LLC.

Baby's Baedeker: An International Guide-Book for the Young of All Ages; Peculiarly Adapted to the Wants of 1st 2nd Childhood (Classic Reprint) D. Streamer. 2018. (ENG., Illus.). 80p. (J). 25.55 *(978-0-428-92089-0(6))* Forgotten Bks.

Baby's Bedtime see Felices Suenos!

Baby's Big Busy Book. Karen Katz. Illus. by Karen Katz. 2017. (ENG., Illus.). 12p. (J). (gr. -1 — 1). bds. 14.99 *(978-1-4814-8830-3(9)*, Little Simon) Little Simon.

Baby's Black & White Contrast Book: High-Contrast Art for Visual Stimulation at Tummy Time. Tabitha Paige. 2023. (Illus.). 14p. (J). (— 1). 14.95 ***(978-1-941325-97-1(1)***, Paige Tate & Co.) Blue Star Pr.

Baby's Blessings. Lesléa Newman. Illus. by Hiroe Nakata. 2019. (ENG.). 12p. (J). (gr. -1 — 1). bds. 5.99 *(978-1-5415-2214-5(1)*, 040e002c-9875-486d-a397-f12d98022137, Kar-Ben Publishing) Lerner Publishing Group.

Baby's Bouquet: A Fresh Bunch of Old Rhymes & Tunes (Classic Reprint) Walter Crane. (ENG., Illus.). (J). 2017. 25.03 *(978-0-265-79628-3(8))*; 2017. pap. 9.57 *(978-1-5278-5281-5(4))*; 2016. pap. 9.57 *(978-1-333-52848-5(5))* Forgotten Bks.

Baby's Bouquèt: A Fresh Bunch of Old Rhymes & Tunes (Classic Reprint) Walter Crane. 2018. (ENG., Illus.). 50p. (J). 25.05 *(978-0-484-27001-4(X))* Forgotten Bks.

Baby's Busy Day: 3 Book Gift Set - All Day Fun - Board Book, Bath Book, Cloth Book. Happy Yak. Illus. by Carole Aufranc. 2022. (ENG.). 20p. (gr. -1). ***(978-0-7112-6748-0(0))*** White Lion Publishing.

Baby's Carry along Bible: An Easter & Springtime Book for Kids. Sally Lloyd-Jones. Illus. by Claudine Gevry. 2020. (ENG.). 24p. (J). (gr. -1 — 1). bds. 12.99 *(978-0-06-296123-5(3)*, HarperFestival) HarperCollins Pubs.

Baby's Day Set, 1 vol., Set. Skye Silver et al. 2019. (ENG.). 64p. (J). (gr. -1-k). bds. 27.99 *(978-1-78285-772-3(9))* Barefoot Bks., Inc.

Baby's Favorite Farm Animals-Baby & Toddler Color Books. Baby Iq Builder Books. 2016. (ENG., Illus.). (J). pap. 8.99 *(978-1-68374-753-6(4))* Examined Solutions PTE. Ltd.

Baby's Favorite Things. Des. by Stephanie Meyers. 2017. (Baby Firsts Ser.). (ENG.). 20p. (J). (gr. -1 — 1). bds. 6.99 *(978-1-4867-1306-6(8)*, b66843c9-2390-4b4c-821a-e414b7c711e8) Flowerpot Pr.

Baby's Favorite Things/ Cosas Favoritas Del Bebe' Editor. 2018. (Baby Firsts Bilingual Editions Ser.). (ENG.). 16p. (J). bds. *(978-1-4867-1411-7(0))* Lake Press.

Baby's Feelings. Des. by Stephanie Meyers. 2017. (Baby Firsts Ser.). (ENG.). 20p. (J). (gr. -1-1). bds. 6.99 *(978-1-4867-1206-9(1)*, d7eba8cb-464d-42a9-b1fb-9bba188fff24) Flowerpot Pr.

Baby's First 123. DK. 2018. (Baby's First Board Bks.). (ENG., Illus.). 14p. (J). (— 1). bds. 6.99 *(978-1-4654-6645-7(2)*, DK Children) Dorling Kindersley Publishing, Inc.

Baby's First 123. Dorling Kindersley Publishing Staff. 2018. (ENG., Illus.). 14p. (J). bds. *(978-0-241-30180-7(7))* Dorling Kindersley Publishing, Inc.

Baby's First ABC Coloring Book for Children - Create Your Own Doodle Cover (8x10 Hardcover Personalized Coloring Book / Activity Book) Sheba Blake. 2021. (ENG.). 58p. (J). 24.99 ***(978-1-222-34310-6(X))*** Indy Pub.

Baby's First ABCs. Pirotta. 2017. (Illus.). (J). bds. 7.98 *(978-1-946000-04-0(3))* Starry Forest Bks., Inc.

Baby's First Animals. Pirotta. 2017. (J). bds. 7.98 *(978-1-946000-05-7(1))* Starry Forest Bks., Inc.

Baby's First Baby Animals. Dorling Kindersley Publishing Staff. 2018. (Illus.). 14p. (J). bds. *(978-0-241-30179-1(3))* Dorling Kindersley Publishing, Inc.

Baby's First Bank Heist. Jim Whalley. Illus. by Stephen Collins. 2019. (ENG.). 32p. (J). 17.99 *(978-1-5476-0062-5(4)*, 900196647, Bloomsbury Children's Bks.) Bloomsbury Publishing USA.

Baby's First Bedtime: With Sturdy Flaps. Danielle McLean. Illus. by Craig Shuttlewood. 2022. (ENG.). 10p. (J). (— 1). bds. 8.99 *(978-1-6643-5021-2(7))* Tiger Tales.

Baby's First Bedtime Songs. Ed. by Parragon Books. Illus. by Julie Cosette. 2021. (ENG.). 14p. (J). (gr. -1-1). bds. 12.99 *(978-1-64638-124-1(6)*, 1006660, Parragon Books) Cottage Door Pr.

Baby's First Bible & Book of Prayers Gift Set, 1 vol. Melody Carlson. Illus. by Trish Tenud. 2020. (ENG.). 192p. (J). 16.99 *(978-0-310-76889-0(6))* Zonderkidz.

Baby's First Bible CarryAlong: A CarryAlong Treasury. Illus. by Colin and Moira MacLean. ed. 2016. (Carry along Treasury Ser.: 1). (ENG.). 20p. (J). (gr. -1 — 1). bds. 14.99 *(978-0-7944-3835-7(0)*, Studio Fun International) Printers Row Publishing Group.

Baby's First Bible Stories. Rachel Elliot. Ed. by Cottage Door Press. Illus. by Caroline Williams. 2018. (ENG.). 26p. (J). (gr. -1-1). bds. 9.99 *(978-1-68052-423-9(2)*, 2000220) Cottage Door Pr.

Baby's First Book: Birds: High-Contrast Black & White Baby Book. Selena Dale. 2017. (ENG.). 70p. (J). pap. 7.99 *(978-1-393-53486-0(4))* Draft2Digital.

Baby's First Book: Bugs: High-Contrast Black & White Baby Book. Selena Dale. 2017. (ENG.). 72p. (J). pap. 7.99 *(978-1-393-95463-7(4))* Draft2Digital.

Baby's First Book: In the Sea: High-Contrast Black & White Baby Book. Selena Dale. 2017. (ENG.). 74p. (J). pap. 7.99 *(978-1-393-21830-2(X))* Draft2Digital.

Baby's First Book of Banned Books. Mudpuppy. 2023. (ENG.). 26p. (J). (gr. -1-k). bds. 9.99 ***(978-0-7353-8016-5(3))*** Mudpuppy Pr.

Baby's First Book of Birds & Colors. Phyllis Limbacher Tildes. Illus. by Phyllis Limbacher Tildes. 2017. (Illus.). 18p. (J). (— 1). bds. 8.99 *(978-1-58089-742-6(8))* Charlesbridge Publishing, Inc.

Baby's First Book of Blessings, 1 vol. Melody Carlson. 2020. (ENG.). 96p. (J). 9.99 *(978-0-310-73077-4(5))* Zonderkidz.

Baby's First Books (Boxed Set of 4 Books) Four Adorable Books in One Box: Bath Book, Cloth Book, Stroller Book, Board Book. Marine Guion. Illus. by Karina Dupuis et al. 2022. (Boxed Sets Ser.). 22p. (J). (— 1). 19.99 *(978-2-89802-311-8(6)*, CrackBoom! Bks.) Chouette Publishing CAN. Dist: Publishers Group West (PGW).

Baby's First Bunny, 1 vol. Tiger Tales. Illus. by Sarah Ward. 2016. (To Baby with Love Ser.). (ENG.). 10p. (J). (gr. -1 — 1). bds. 14.99 *(978-1-58925-213-4(6))* Tiger Tales.

Baby's First Chinese New Year. DK. 2018. (Baby's First Holidays Ser.). (Illus.). 14p. (J). (— 1). bds. 6.99 *(978-1-4654-8401-7(9)*, DK Children) Dorling Kindersley Publishing, Inc.

Baby's First Christmas. Minnie Birdsong. Ed. by Cottage Door Press. Illus. by Mei Stoyva. 2019. (ENG.). 8p. (J). (gr. -1 — 1). bds. 7.99 *(978-1-68052-491-8(7)*, 1003660) Cottage Door Pr.

Baby's First Christmas. DK. 2018. (Baby's First Holidays Ser.). (ENG., Illus.). 14p. (J). (— 1). bds. 6.99 *(978-1-4654-6867-3(6)*, DK Children) Dorling Kindersley Publishing, Inc.

Baby's First Cloth Book: Park. Illus. by Lisa Jones & Edward Underwood. 2018. (ENG.). 8p. (J). (— 1). 18.00 *(978-0-7636-9910-9(1))* Candlewick Pr.

Baby's First Colors. DK. 2018. (Baby's First Board Bks.). (ENG., Illus.). 14p. (J). (— 1). bds. 6.99 *(978-1-4654-6366-1(6)*, DK Children) Dorling Kindersley Publishing, Inc.

Baby's First Colouring Book. David Hall. 2016. (ENG., Illus.). 122p. (J). pap. *(978-1-326-86523-8(4))* Lulu Pr., Inc.

Baby's First Diwali. DK. 2019. (Baby's First Holidays Ser.). (ENG.). 14p. (J). (— 1). bds. 6.99 *(978-1-4654-8539-7(2)*, DK Children) Dorling Kindersley Publishing, Inc.

Baby's First Eames: From Art Deco to Zaha Hadid. Julie Merberg. Illus. by Aki. 2018. (ENG.). 24p. (J). (gr. -1 — 1). bds. 11.99 *(978-1-941367-39-1(9))* Downtown Bookworks.

Baby's First Easter. DK. 2021. (Baby's First Holidays Ser.). (ENG.). 14p. (J). (— 1). bds. 6.99 *(978-0-7440-2658-0(X)*, DK Children) Dorling Kindersley Publishing, Inc.

Baby's First Easter. Lori C. Froeb. Illus. by Moira MacLean. 2019. (First Bible Collection). (ENG.). 10p. (J). (gr. -1 — 1). 9.99 *(978-0-7944-4118-0(1)*, Studio Fun International) Printers Row Publishing Group.

Baby's First Farm: With Sturdy Flaps. Danielle McLean. Illus. by Craig Shuttlewood. 2021. (ENG.). 10p. (J). (— 1). bds. 8.99 *(978-1-68010-659-6(7))* Tiger Tales.

Baby's First Halloween. Rosa Von Feder. Ed. by Cottage Door Press. Illus. by Mei Stoyva. 2019. (ENG.). 16p. (J). (gr. -1 — 1). bds. 7.99 *(978-1-68052-312-6(0)*, 1002870) Cottage Door Pr.

Baby's First Halloween: Written & Illustrated by Jim Allen Jackson. Jim Allen Jackson. 2021. (ENG.). (J). 34p. ***(978-1-716-08246-7(3))***; 36p. pap. ***(978-1-68474-449-7(0))*** Lulu Pr., Inc.

Baby's First Hanukkah. D. K. DK Children. 2020. (Baby's First Holidays Ser.). (ENG.). 14p. (J). (— 1). bds. 6.99 *(978-1-4654-9972-1(5)*, DK Children) Dorling Kindersley Publishing, Inc.

Baby's First Holi. DK. 2022. (Baby's First Holidays Ser.). (ENG.). 14p. (J). (— 1). bds. 6.99 *(978-0-7440-5002-8(2)*, DK Children) Dorling Kindersley Publishing, Inc.

Baby's First Kind Words: A Board Book. Hsinping Pan. 2020. (ENG., Illus.). 20p. (J). (gr. -1 — 1). bds. 6.95 *(978-1-63586-250-8(7)*, 626250) Storey Publishing, LLC.

Baby's First Kind Words 5-Copy Prepack. Hsinping Pan. 2022. (ENG.). bds. 34.75 *(978-1-63586-370-3(8))* Storey Publishing, LLC.

Baby's First Library - ABC. YoYo Books YoYo Books. 2021. (ENG.). 24p. (J). (gr. -1). bds. 9.99 *(978-94-6422-082-7(1))* YoYo Bks. BEL. Dist: Simon & Schuster, Inc.

Baby's First Library - Animals. YoYo Books YoYo Books. 2021. (ENG.). 24p. (J). (gr. -1). bds. 9.99 *(978-94-6422-080-3(5))* YoYo Bks. BEL. Dist: Simon & Schuster, Inc.

Baby's First Library - Numbers. YoYo Books YoYo Books. 2021. (ENG.). 24p. (J). (gr. -1). bds. 9.99 *(978-94-6422-083-4(X))* YoYo Bks. BEL. Dist: Simon & Schuster, Inc.

Baby's First Library - Words. YoYo Books YoYo Books. 2021. (ENG.). 24p. (J). (gr. -1). bds. 9.99 *(978-94-6422-081-0(3))* YoYo Bks. BEL. Dist: Simon & Schuster, Inc.

Baby's First Look & Find Book - Look & Find Books for Toddlers Edition. Creative Playbooks. 2016. (ENG., Illus.). (J). pap. 10.81 *(978-1-68323-140-0(6))* Twin Flame Productions.

Baby's First Nativity. Little Bee Books. Illus. by Nomar Perez. 2019. (ENG.). 16p. (J). (— 1). bds. 6.99 *(978-1-4998-0959-6(X))* Little Bee Books Inc.

Baby's First Numbers. Swati Rajoria. 2017. (ENG.). (J). *(978-93-86090-00-3(7))* Aadarsh Pvt, Ltd .

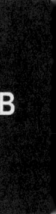

Baby's First Ramadan. DK. 2021. (Baby's First Holidays Ser.). (ENG., Illus.). 14p. (J). (— 1). bds. 6.99 *(978-0-7440-2659-7(8)*, DK Children) Dorling Kindersley Publishing, Inc.

Baby's First Real Estate Book. Andrew Dorazio. 2022. (ENG.). 38p. (J). 16.95 *(978-1-63755-165-3(7))* Amplify Publishing Group.

Baby's First Sea Creatures. Pirotta. 2017. (Illus.). (J). bds. 7.98 *(978-1-946000-07-1(8))* Starry Forest Bks., Inc.

Baby's First St. Patrick's Day. DK. 2020. (Baby's First Holidays Ser.). (ENG., Illus.). 14p. (J). (— 1). bds. 6.99 *(978-1-4654-8966-1(5)*, DK Children) Dorling Kindersley Publishing, Inc.

Baby's First Thanksgiving. DK. 2017. (Baby's First Holidays Ser.). (ENG., Illus.). 14p. (J). (— 1). bds. 6.99 *(978-1-4654-6349-4(6)*, DK Children) Dorling Kindersley Publishing, Inc.

Baby's First United States. DK. 2020. (Baby's First Board Bks.). (ENG., Illus.). 14p. (J). (— 1). bds. 5.99 *(978-1-4654-9848-9(6)*, DK Children) Dorling Kindersley Publishing, Inc.

Baby's First Words. Barefoot Books. Illus. by Christiane Engel. 2019. (ENG.). 24p. (J). (gr. -1-k). bds. 7.99 ***(978-1-78285-872-0(5))*** Barefoot Bks., Inc.

Baby's First Words. Stella Blackstone & Sunny Scribens. Illus. by Christiane Engel. 2017. (ENG.). 30p. (J). (gr. -1-k). bds. 14.99 *(978-1-78285-321-3(9))* Barefoot Bks., Inc.

Baby's First Words. Dorling Kindersley Publishing Staff. 2018. (Illus.). 14p. (J). bds. *(978-0-241-30177-7(7))* Dorling Kindersley Publishing, Inc.

Baby's First Words. Little Grasshopper Books et al. Illus. by Denise Holmes. 2022. (ENG.). 24p. (J). (— 1). bds. 7.98 *(978-1-64558-631-9(6)*, 6125900, Little Grasshopper Bks.) Publications International, Ltd.

Baby's First Words. Swati Rajoria. 2017. (ENG.). (J). *(978-93-86090-01-0(5))* Aadarsh Pvt, Ltd .

Baby's First Words: Word Search Activity Book Baby. Jupiter Kids. 2016. (ENG., Illus.). 76p. (J). pap. 13.75 *(978-1-68305-385-9(0)*, Jupiter Kids (Childrens & Kids Fiction)) Speedy Publishing LLC.

Baby's First Words - Mis Primeras Palabras. Barefoot Books. Illus. by Christiane Engel. ed. 2019. (SPA.). 24p. (J). (gr. -1-k). bds. 7.99 ***(978-1-78285-878-2(4))*** Barefoot Bks., Inc.

Baby's First Words / Mis Primeras Palabras. Barefoot Books. Illus. by Christiane Engel. 2019. (ENG.). 24p. (J). (gr. -1-k). bds. 7.99 *(978-1-78285-873-7(3))* Barefoot Bks., Inc.

Baby's First Words: Animals. Bloomsbury USA. 2016. (ENG., Illus.). 10p. (J). bds. 5.99 *(978-1-61963-994-2(7)*, 9781619639942, Bloomsbury Activity Bks.) Bloomsbury Publishing USA.

Baby's First Words: Birthday Party. Text by Carine Laforest & Robin Bright. 2023. (Baby's First Words Ser.). (Illus.). 10p. (J). bds. 5.99 *(978-2-89802-485-6(6)*, CrackBoom! Bks.) Chouette Publishing CAN. Dist: Publishers Group West (PGW).

Baby's First Words: Christmas. Text by Carine Laforest & Robin Bright. 2022. (Baby's First Words Ser.). (Illus.). 10p. (J). bds. 5.99 *(978-2-89802-462-7(7)*, CrackBoom! Bks.) Chouette Publishing CAN. Dist: Publishers Group West (PGW).

Baby's First Words: Easter. Text by Carine Laforest & Robin Bright. 2023. (Baby's First Words Ser.). (ENG., Illus.). 10p. (J). bds. 5.99 *(978-2-89802-460-3(0)*, CrackBoom! Bks.) Chouette Publishing CAN. Dist: Publishers Group West (PGW).

Baby's First Words English. Editor. 2017. (English/Spa Cloth Bks.). (ENG.). 8p. (J). *(978-1-60745-913-2(2))* Lake Press.

Baby's First Words: Farm. Bloomsbury USA. 2016. (ENG., Illus.). 10p. (J). (— 1). bds. 5.99 *(978-1-61963-825-9(8)*, 9781619638259, Bloomsbury Activity Bks.) Bloomsbury Publishing USA.

Baby's First Words: Halloween. Text by Carine Laforest & Robin Bright. 2023. (Baby's First Words Ser.). (Illus.). 10p. (J). bds. 5.99 *(978-2-89802-483-2(X)*, CrackBoom! Bks.) Chouette Publishing CAN. Dist: Publishers Group West (PGW).

Baby's First Year. PI Kids. 2020. (ENG.). 12p. (J). 23.99 *(978-1-5037-4573-5(2)*, 3245, PI Kids) Phoenix International Publications, Inc.

Baby's First Zodiac. Kerry Pieri. Illus. by Maria Mola. 2023. 28p. (J). (gr. -1-k). bds. 8.99 *(978-1-7282-5802-7(2))* Sourcebooks, Inc.

Baby's Firsts. Nancy Raines Day. Illus. by Michael Emberley. (J). (— 1). 2022. 24p. bds. 7.99 *(978-1-62354-246-7(4))*; 2018. 32p. lib. bdg. 14.99 *(978-1-58089-774-7(6))* Charlesbridge Publishing, Inc.

Baby's Gift: Goodnight Moon & the Runaway Bunny, 2 vols. Margaret Wise Brown. Illus. by Clement Hurd. 2022. (ENG.). 70p. (J). (gr. -1 — 1). pap. 15.99 *(978-0-694-01638-9(1)*, HarperFestival) HarperCollins Pubs.

Baby's Grandmother (Classic Reprint) L. B. Walford. 2018. (ENG., Illus.). 458p. (J). 33.36 *(978-0-483-77207-6(0))* Forgotten Bks.

Baby's Grandmother, Vol. 1 of 3 (Classic Reprint) Lucy Bethia Walford. (ENG., Illus.). (J). 2018. 292p. 29.92 *(978-0-428-81574-5(X))*; 2016. pap. 13.57 *(978-1-333-42325-4(X))* Forgotten Bks.

Baby's Grandmother, Vol. 2 of 3 (Classic Reprint) L. B. Walford. 2018. (ENG., Illus.). 280p. (J). 29.69 *(978-0-267-24534-5(3))* Forgotten Bks.

Baby's Grandmother, Vol. 3 of 3 (Classic Reprint) L. B. Walford. (ENG., Illus.). (J). 2018. 286p. 29.82 *(978-0-267-59327-9(9))*; 2016. pap. 13.57 *(978-1-334-15283-2(7))* Forgotten Bks.

Baby's Guide to Surviving Dad. Benjamin Bird. Illus. by Tiago Americo. 2016. (Baby Survival Guides). (ENG.). 24p. (J). (gr. -1-1). 6.95 *(978-1-62370-610-4(6)*, 130713, Capstone Young Readers) Capstone.

Baby's Guide to Surviving Mom. Benjamin Bird. Illus. by Tiago Americo. 2016. (Baby Survival Guides). (ENG.). 24p. (J). (gr. -1-1). 6.95 *(978-1-62370-611-1(4)*, 130714, Capstone Young Readers) Capstone.

Baby's Here! Jessica Young. Illus. by Genevieve Godbout. 2022. (ENG.). 26p. (J). (gr. -1 — 1). bds. 7.99

(978-0-358-43858-8(6), 1793262, Clarion Bks.) HarperCollins Pubs.

Baby's Labyrinth: Mysterious Maze. Bobby Holley. 2022. (ENG., Illus.). 46p. (J). pap. 16.95 *(978-1-63961-486-8(9))* Christian Faith Publishing.

Baby's Little Bible, 1 vol. Sarah Toulmin. Illus. by Kristina Stephenson. 2020. 160p. (J). 9.99 *(978-0-8254-4662-7(7))*; 9.99 *(978-0-8254-4661-0(9))* Kregel Pubns.

Baby's Moccasins. Kay Baptista. 2019. (ENG., Illus.). 72p. (J). (gr. 4-7). pap. 13.95 *(978-1-64096-576-8(9))* Newman Springs Publishing, Inc.

Baby's Opera: A Book of Old Rhymes, with New Dresses (Classic Reprint) Walter Crane. 2017. (ENG., Illus.). (J). 50p. 24.93 *(978-0-332-71326-7(1))*; pap. 9.57 *(978-0-259-92541-5(1))* Forgotten Bks.

Baby's Opera: A Book of Old Rhymes with New Dresses (Classic Reprint) Walter Crane. 2018. (ENG., Illus.). (J). 56p. 25.07 *(978-1-391-83902-8(1))*; 58p. pap. 9.57 *(978-1-391-83892-2(0))* Forgotten Bks.

Baby's Own Aesop: Being the Fables Condensed in Rhyme, with Portable Morals Pictorially Pointed (Classic Reprint) Walter Crane. (ENG., Illus.). (J). 2017. 24.99 *(978-0-331-11062-3(8))*; 2016. pap. 9.57 *(978-1-334-32486-4(7))* Forgotten Bks.

Baby's Quiet Time Music Book. Sam Taplin. 2019. (Press-A-Sound Bks.). (ENG.). 10ppp. (J). 19.99 *(978-0-7945-4485-0(1)*, Usborne) EDC Publishing.

Baby's Ten Little Toes Coloring Book. Creative Playbooks. 2016. (ENG., Illus.). (J). pap. 7.74 *(978-1-68323-640-5(8))* Twin Flame Productions.

Baby's Tummy Time. Nareen Rose. 2021. (ENG.). 28p. (J). 22.95 *(978-1-9822-6392-8(X))*; pap. 13.95 *(978-1-9822-6390-4(3))* Author Solutions, LLC. (Balboa Pr.).

Baby's Very First Bus Book. 2017. (Baby's Very First Bus Book Ser.). (ENG.). (J). bds. 8.99 *(978-0-7945-3997-9(1)*, Usborne) EDC Publishing.

Baby's Very First Fire Truck. Illus. by Stella Baggot. 2019. (Baby's Very First Rolling Bks.). (ENG.). 8ppp. (J). 8.99 *(978-0-7945-4730-1(3)*, Usborne) EDC Publishing.

Baby's Very First Noisy Book Jungle. Fiona Watt. 2017. (Picture Bks.). (ENG.). 10p. (J). 15.99 *(978-0-7945-3986-3(6)*, Usborne) EDC Publishing.

Baby's Very First Noisy Christmas. Illus. by Stella Baggott. ed. 2019. (Baby's Very First Noisy Bks.). (ENG.). 10ppp. (J). pap. 15.99 *(978-0-7945-3128-7(8)*, Usborne) EDC Publishing.

Baby's Very First Noisy Nursery Rhymes. Fiona Watt. Illus. by Stella Baggott. 2023. (Baby's Very First Bks.). (ENG.). 10p. (J). bds. 16.99 ***(978-1-80531-721-0(0))*** Usborne Publishing, Ltd. GBR. Dist: HarperCollins Pubs.

Baby's Very First Play Book Garden Words. Illus. by Stella Baggott. 2019. (Baby's Very First Board Bks.). (ENG.). 10ppp. (J). 11.99 *(978-0-7945-4425-6(8)*, Usborne) EDC Publishing.

Baby's Very First Slide & See Christmas. Illus. by Stella Baggott. 2017. (Baby's Very First Slide & See Board Bks.). (ENG.). 10p. (J). 14.99 *(978-0-7945-4134-7(8)*, Usborne) EDC Publishing.

Baby's Very First Slide & See Dinosaurs. 2017. (Baby's Very First Slide & See BDs Ser.). (ENG.). (J). bds. 14.99 *(978-0-7945-3924-5(6)*, Usborne) EDC Publishing.

Baby's Very First Slide & See Zoo. 2017. (Baby's Very First Slide & See BDs Ser.). (ENG.). (J). bds. 14.99 *(978-0-7945-3878-1(9)*, Usborne) EDC Publishing.

Baby's Very First Tractor Book. Illus. by Stella Baggott. 2018. (Baby's Very First Rolling Bks.). (ENG.). 8p. (J). 8.99 *(978-0-7945-4198-9(4)*, Usborne) EDC Publishing.

Baby's Very First Truck Book. Illus. by Stella Baggott. 2019. (Baby's Very First Rolling Bks.). (ENG.). 8ppp. (J). 8.99 *(978-0-7945-4462-1(2)*, Usborne) EDC Publishing.

Babysitter Chronicles. Melinda Metz & Jessica Gunderson. 2016. (Babysitter Chronicles Ser.). (ENG.). 160p. (J). (gr. 4-7). 111.96 *(978-1-4965-2768-4(2)*, 24495, Stone Arch Bks.) Capstone.

Babysitter from Another Planet. Stephen Savage. 2019. (Illus.). 32p. (J). (gr. -1-3). 17.99 *(978-0-8234-4147-1(4)*, Neal Porter Bks) Holiday Hse., Inc.

Babysitters Coven. Kate M. Williams. (Babysitters Coven Ser.: 1). (ENG.). 368p. (YA). (gr. 7). 2020. pap. 10.99 *(978-0-525-70740-0(9)*, Ember); 2019. 18.99 *(978-0-525-70737-0(9)*, Delacorte Pr.) Random Hse. Children's Bks.

Babysitter's Guide to Keeping the Kids Entertained. Abby Colich. 2017. (Go-To Guides). (ENG., Illus.). 32p. (J). (gr. 3-9). lib. bdg. 28.65 *(978-1-5157-3664-6(4)*, 133649, Capstone Pr.) Capstone.

Babysitter's Guide to Monster Hunting #1. Joe Ballarini. Illus. by Vivienne To. (Babysitter's Guide to Monsters Ser.: 1). (ENG.). 352p. (J). (gr. 3-7). 2019. pap. 9.99 *(978-0-06-243784-6(4))*; 2017. 13.99 *(978-0-06-243783-9(6))* HarperCollins Pubs. (Tegen, Katherine Bks).

Babysitter's Guide to Monster Hunting #2: Beasts & Geeks. Joe Ballarini. Illus. by Vivienne To. (Babysitter's Guide to Monsters Ser.: 2). (ENG.). 320p. (J). (gr. 3-7). 2020. pap. 7.99 *(978-0-06-243788-4(7))*; 2018. 13.99 *(978-0-06-243787-7(9))* HarperCollins Pubs. (Tegen, Katherine Bks).

Babysitter's Guide to Monster Hunting #3: Mission to Monster Island. Joe Ballarini. (Babysitter's Guide to Monsters Ser.: 3). (ENG.). 320p. (J). (gr. 3-7). 2021. pap. 7.99 *(978-0-06-243791-4(7))*; 2019. (Illus.). 13.99 *(978-0-06-243790-7(9))* HarperCollins Pubs. (Tegen, Katherine Bks).

Babysitting Mode. Sarah Hernandez. ed. 2018. (Incredibles 8x8 Bks). (ENG.). (J). (gr. -1-k). 14.89 *(978-1-64310-249-8(4))* Penworthy Co., LLC, The.

Babysitting Nightmares: the Phantom Hour. Kat Shepherd. Illus. by Rayanne Vieira. 2019. (Babysitting Nightmares Ser.: 2). (ENG.). 224p. (J). 14.99 *(978-1-250-15699-0(8)*, 900185128) Imprint IND. Dist: Macmillan.

Babysitting Nightmares: the Shadow Hand. Kat Shepherd. Illus. by Rayanne Vieira. 2018. (Babysitting Nightmares Ser.: 1). (ENG.). 208p. (J). 13.99 *(978-1-250-15696-9(3)*, 900185121) Imprint IND. Dist: Macmillan.

Babysitting Nightmares: the Vampire Doll. Kat Shepherd. 2020. (Babysitting Nightmares Ser.: 4). (ENG., Illus.). 224p. (J). 14.99 *(978-1-250-15703-4(X)*, 900185134) Imprint IND. Dist: Macmillan.

Babysitting Your Maw-Maw. Melissa Dugas. 2022. (ENG.). 30p. (J). pap. 14.95 *(978-1-63985-565-0(3))* Fulton Bks.

Bacca & the Skeleton King: An Unofficial Minecrafter's Adventure. JeromeASF. 2016. (ENG.). 224p. (J). (gr. 3-3). 22.99 *(978-1-5107-3422-7(8))*; pap. 9.99 *(978-1-5107-0902-7(9))* Skyhorse Publishing Co., Inc. (Sky Pony Pr.).

Baccalaureate Sermons. Andrew P. Peabody. 2017. (ENG., Illus.). (J). pap. *(978-0-649-07052-7(6))* Trieste Publishing Pty Ltd.

Baccano!, Vol. 17 (light Novel) 1711 Whitesmile. Ryohgo Narita. 2021. (Baccano! Ser.: 17). (ENG., Illus.). 248p. (YA). (gr. 8-17). 20.00 *(978-1-9753-2190-1(1)*, Yen Pr.) Yen Pr. LLC.

Baccarat: A Novel (Classic Reprint) Frank Danby. 2018. (ENG., Illus.). 336p. (J). 30.83 *(978-0-483-92346-1(X))* Forgotten Bks.

Bach to the Rescue!!! How a Rich Dude Who Couldn't Sleep Inspired the Greatest Music Ever. Tom Angleberger. Illus. by Chris Eliopolous. 2019. (ENG.). 40p. (J). (gr. -1-3). 17.99 *(978-1-4197-3164-8(5)*, 1194301, Abrams Bks. for Young Readers) Abrams, Inc.

Bachchon Ki Lokpriy Kahaniyan. Editorial Board. rev. ed. 2016. (ENG., Illus.). 136p. pap. *(978-93-5057-626-7(0))* V&S Pubs.

Bachchon Ki Manoranjak Kahaniyan. Editorial Board. rev. ed. 2016. (ENG., Illus.). 160p. pap. *(978-93-5057-627-4(9))* V&S Pubs.

Bachelor & the Baby (Classic Reprint) Margaret Cameron. 2018. (ENG., Illus.). 60p. (J). 25.13 *(978-0-483-62175-6(7))* Forgotten Bks.

Bachelor Betty (Classic Reprint) Winifred James. 2017. (ENG., Illus.). (J). 29.61 *(978-0-266-67662-1(6))*; pap. 11.97 *(978-1-5276-4739-8(0))* Forgotten Bks.

Bachelor Buttons (Classic Reprint) Frank Chaffee. 2018. (ENG., Illus.). 140p. (J). 26.80 *(978-0-666-39508-5(X))* Forgotten Bks.

Bachelor Girl in Burma (Classic Reprint) G. E. Mitton. (ENG., Illus.). (J). 2018. 386p. 31.86 *(978-0-364-88589-5(0))*; 2017. pap. 16.57 *(978-1-5276-0152-9(8))* Forgotten Bks.

Bachelor in Arcady (Classic Reprint) Halliwell Sutcliffe. 2018. (ENG., Illus.). 332p. (J). 30.74 *(978-0-483-58070-1(8))* Forgotten Bks.

Bachelor in Japan (Classic Reprint) Eric Erskine Wood. 2017. (ENG., Illus.). (J). 25.98 *(978-0-260-15872-7(0))* Forgotten Bks.

Bachelor in Search of a Wife: And Roger Marcham's Ward (Classic Reprint) Annie S. Swan. 2018. (ENG., Illus.). (J). 216p. 28.37 *(978-1-397-21049-4(4))*; 218p. pap. 10.97 *(978-1-397-21048-7(6))* Forgotten Bks.

Bachelor Maid (Classic Reprint) Burton Harrison. 2018. (ENG., Illus.). (J). 28.60 *(978-0-265-17445-6(7))* Forgotten Bks.

Bachelor of the Albany (Classic Reprint) M. W. Savage. (ENG., Illus.). (J). 2018. 244p. 28.93 *(978-0-484-65807-2(7))*; 2016. pap. 11.57 *(978-1-334-14685-5(3))* Forgotten Bks.

Bachelor, Vol. 1 Of 3: A Novel (Classic Reprint) Thomas George Moore. (ENG., Illus.). (J). 2018. 192p. 27.86 *(978-0-483-68935-0(1))*; 2016. pap. 10.57 *(978-1-334-15347-1(7))* Forgotten Bks.

Bachelors & a Bachelor's Confessions (Classic Reprint) Washington. Irving. (ENG., Illus.). (J). 2018. 40p. 24.74 *(978-0-483-11970-3(9))*; 2017. pap. 7.97 *(978-0-259-92219-3(6))* Forgotten Bks.

Bachelor's Bedroom: Or Two in the Morning, a Comic Scene (Classic Reprint) Charles James Mathews. 2018. (ENG., Illus.). 24p. (J). 24.39 *(978-0-267-45778-6(2))* Forgotten Bks.

Bachelor's Bridal (Classic Reprint) H. Lovett Cameron. (ENG., Illus.). (J). 2018. 208p. 28.19 *(978-0-484-60618-9(2))*; 2017. pap. 10.57 *(978-0-259-06188-5(3))* Forgotten Bks.

Bachelors' Buttons: The Candid Confessions of a Shy Bachelor (Classic Reprint) Edward Burke. (ENG., Illus.). (J). 2018. 420p. 32.58 *(978-0-484-40923-0(9))*; 2016. pap. 16.57 *(978-1-334-13920-8(2))* Forgotten Bks.

Bachelor's Christmas: And the Matrimonial Tontine Benefit Association (Classic Reprint) Robert Grant. 2018. (ENG., Illus.). 84p. (J). 25.65 *(978-0-267-21062-6(0))* Forgotten Bks.

Bachelor's Christmas, & Other Stories. Robert Grant. (ENG.). 364p. (J). 2017. pap. *(978-3-337-26188-7(4))*; 2016. pap. *(978-3-7433-2826-6(7))* Creation Pubs.

Bachelor's Christmas, & Other Stories (Classic Reprint) Robert Grant. 2018. (ENG., Illus.). 364p. (J). 31.42 *(978-0-483-61752-0(0))* Forgotten Bks.

Bachelors Club (Classic Reprint) I. Zangwill. 2018. (ENG., Illus.). 354p. (J). 31.20 *(978-0-267-45355-9(8))* Forgotten Bks.

Bachelor's Comedy (Classic Reprint) J. E. Buckrose. (ENG., Illus.). (J). 2018. 318p. 30.48 *(978-0-484-69196-3(1))*; 2017. pap. 13.57 *(978-0-243-50633-0(3))* Forgotten Bks.

Bachelor's Talks: Married Life & Things Adjacent (Classic Reprint) William Aikman. 2017. (ENG., Illus.). (J). 29.80 *(978-0-265-45145-8(0))* Forgotten Bks.

Bachleshof. Hildegard Lehnert. 2017. (GER., Illus.). (J). *(978-3-7439-0252-7(4))*; pap. *(978-3-7439-0251-0(6))* tredition Verlag.

Bachon Ki Pehli Nazmein. Alif Say Urdu. 2017. (URD.). 20p. (J). pap. ***(978-1-77302-562-9(7))*** Tellwell Talent.

Bachon Ki Pehli Nazmein. Created by Alif Say Urdu. 2017. (URD., Illus.). 24p. (J). ***(978-1-77302-868-2(5))*** Tellwell Talent.

Bach's Goldberg Variations. Anna Harwell Celenza. Illus. by JoAnn E. Kitchel. 2016. (Once upon a Masterpiece Ser.: 3). 32p. (J). (gr. 1-4). lib. bdg. 16.95 *(978-1-58089-529-3(8))* Charlesbridge Publishing, Inc.

Bacia la Pioggia. Cherry Publishing & Roberta Tomarchio. 2022. (ITA.). 270p. (J). pap. 14.22 *(978-1-80116-270-8(0))* Cherry Publishing.

Back see Regreso

Back. Zi Qing Zhu. 2019. (CHI., Illus.). (J). *(978-7-5596-3394-1(3))* Jinghua Publishing House.

Back. Norah McClintock. 2nd ed. 2020. (Orca Soundings Ser.). (ENG.). 104p. (YA). (gr. 8-12). pap. 10.95 *(978-1-4598-2744-8(9))* Orca Bk. Pubs. USA.

Back 4 More! Mark Gunning. Illus. by Ivan Zamyslov. 2021. (ENG.). (J). 118p. pap. *(978-1-9992007-4-9(8))*; (I Told You So! Ser.: Vol. 4). 120p. ***(978-1-9992007-5-6(6))*** Itchygooney Bks.

Back Burn. Carl Bowen. Illus. by Marc Lee. 2016. (Firestormers Ser.). (ENG.). 112p. (J). (gr. 4-8). lib. bdg. 27.32 *(978-1-4965-3305-0(4)*, 132446, Stone Arch Bks.) Capstone.

Back from Hell (Classic Reprint) Samuel Cranston Benson. 2018. (ENG., Illus.). 282p. (J). 29.71 *(978-0-332-49061-8(0))* Forgotten Bks.

Back from near Extinction (Set), 8 vols. 2016. (Back from near Extinction Ser.). (ENG.). 48p. (J). (gr. 4-8). lib. bdg. 285.12 *(978-1-68078-461-9(7)*, 23859) ABDO Publishing Co.

Back from the Brink: Saving Animals from Extinction. Nancy Castaldo. 2022. (ENG., Illus.). 176p. (J). (gr. 5-7). pap. 7.99 *(978-0-358-74323-1(0)*, Clarion Bks.) HarperCollins Pubs.

Back from the Brink: Saving Animals from Extinction. Nancy F. Castaldo. 2018. (ENG., Illus.). 176p. (J). (gr. 5-7). 17.99 *(978-0-544-95343-7(6)*, 1660625, Clarion Bks.) HarperCollins Pubs.

Back Home. Shaista Kaba Fatehali. Illus. by Michelle Simpson. 2019. (ENG.). 36p. (J). (gr. k-3). 22.95 *(978-1-947860-44-5(5))* Brandylane Pubs., Inc.

Back Home. Dan L. Walker. 2021. (Secondhand Summer Ser.). (ENG.). 198p. (YA). (gr. 9-9). pap. 13.99 *(978-1-5132-6269-7(6)*, Alaska Northwest Bks.) West Margin Pr.

Back Home: Being the Narrative of Judge Priest & His People (Classic Reprint) Irvin S. Cobb. 2017. (ENG., Illus.). (J). 31.86 *(978-1-5280-8192-4(7))* Forgotten Bks.

Back Home (Classic Reprint) Eugene Wood. 2018. (ENG., Illus.). 332p. (J). 30.74 *(978-0-483-32428-2(0))* Forgotten Bks.

Back in Action! Scholastic. ed. 2020. (Scholastic Readers Ser.). (ENG.). 31p. (J). (gr. 2-3). 13.89 *(978-1-64697-182-4(5))* Penworthy Co., LLC, The.

Back in Blue Moon. Danielle Pettibone. 2019. (ENG.). 176p. (J). pap. 14.95 *(978-1-5069-0839-7(X))*; (YA). pap. 14.95 *(978-1-5069-0824-3(1))* First Edition Design Publishing.

Back in My Day. Nan Austin. Illus. by Nan Austin. 2019. (ENG., Illus.). 26p. (J). pap. 9.49 *(978-0-9600409-2-6(7))* Austin, Nanette.

Back in My Day... . Diane Fendrock - McFarlane. 2022. (ENG.), 30p. (J). pap. 14.95 ***(978-1-63985-504-9(1))*** Fulton Bks.

Back in My Day: Evelyn's 1920's. Lauren Waite & Emily Bruce. (ENG.). 24p. (J). 2022. *(978-1-0391-2190-4(X))*; 2021. pap. *(978-1-0391-2189-8(6))* FriesenPress.

Back in the Day. Clive Felice. Illus. by Steve Bynoe. 2020. (ENG.). 28p. (J). pap. *(978-0-9936655-8-5(6))* Boeboe Creative Inc.

Back in the Ring: Ready-To-Read Level 2. Illus. by Patrick Spaziante. (Rumble Movie Ser.). (ENG.). 32p. (J). (gr. k-2). 2022. pap. 4.99 *(978-1-5344-7658-5(X))*; 2021. 17.99 *(978-1-5344-7659-2(8))* Simon Spotlight. (Simon Spotlight).

Back in the Saddle. Catherine Hapka, pseud. 2016. (Marguerite Henry's Ponies of Chincoteague Ser.: 7). (ENG., Illus.). 192p. (J). (gr. 3-7). pap. 7.99 *(978-1-4814-5993-8(7)*, Aladdin) Simon & Schuster Children's Publishing.

Back in the Saddle. Catherine Hapka, pseud. 2016. (Marguerite Henry's Ponies of Chincoteague Ser.: 7). (ENG., Illus.). 192p. (J). (gr. 3-7). 17.99 *(978-1-4814-5994-5(5)*, Simon & Schuster/Paula Wiseman Bks.) Simon & Schuster/Paula Wiseman Bks.

Back in Time. 2017. (Back in Time Ser.). 48p. (gr. 5-6). pap. 70.20 *(978-0-7660-9030-9(2))*; (ENG.). lib. bdg. 177.60 *(978-0-7660-9029-3(9)*, 7d9389ff-5132-468c-8263-55cd03a083ef) Enslow Publishing, LLC.

Back in Time: Ancient History for Children: Greek Philosophy & Philosophers - Children's Ancient History Books. Left Brain Kids. 2016. (ENG., Illus.). (J). pap. 7.51 *(978-1-68376-590-5(7))* Sabeels Publishing.

Back in Time: Ancient History for Kids: Greek Alphabet & Roman Numerals! - Children's Ancient History Books. Left Brain Kids. 2016. (ENG., Illus.). (J). pap. 7.51 *(978-1-68376-591-2(5))* Sabeels Publishing.

Back-Log Philosophies (Classic Reprint) Lawrence W. Harris. (ENG., Illus.). (J). 2018. 60p. 25.15 *(978-0-332-02901-6(8))*; 2017. pap. 9.57 *(978-0-259-55527-8(4))* Forgotten Bks.

Back o' the Moon: And Other Stories (Classic Reprint) Oliver Onions. 2017. (ENG., Illus.). (J). 31.28 *(978-0-265-96449-1(0))* Forgotten Bks.

Back of the Front in France: Letters from Amy Owen Bradley, Motor Driver of the American Fund for French Wounded (Classic Reprint) Amy Owen Bradley. 2017. (ENG., Illus.). (J). 28.31 *(978-0-265-21506-7(4))* Forgotten Bks.

Back of the Net (Set), 6 vols. 2022. (Back of the Net Ser.). (ENG.). 112p. (J). (gr. 4-9). lib. bdg. 231.00 *(978-1-0982-3333-4(6)*, 41179, Claw) ABDO Publishing Co.

Back on the Map. Lisa Ann Scott. 2017. (ENG.). 320p. (J). (gr. 2-7). 15.99 *(978-1-5107-1353-6(0)*, Sky Pony Pr.) Skyhorse Publishing Co., Inc.

Back on Track. Kyle Jackson. Illus. by Simon Rumble. 2018. (Mac's Sports Report). (ENG.). 128p. (J). (gr. 3-4). pap. 7.99 *(978-1-63163-224-2(8)*, 1631632248); lib. bdg. 27.13 *(978-1-63163-223-5(X)*, 163163223X) North Star Editions. (Jolly Fish Pr.).

Back on Track, 1 vol. George Kenneth Marshall. 2019. (ENG.). 432p. (YA). 31.99 *(978-1-59555-773-5(3))*; pap. 22.99 *(978-1-59555-770-4(9))* Elm Hill.

Back on Track! Christy Webster. ed. 2021. (Step into Reading Ser.). (ENG., Illus.). 24p. (J). (gr. 2-3). 15.96 *(978-1-68505-007-8(7))* Penworthy Co., LLC, The.

BACK on TRACKmarks. Matt Peterson et al. 2020. (ENG.). 196p. (YA). pap. 12.99 *(978-1-716-95028-5(7))* Lulu Pr., Inc.

Back Pocket: Tools for Teens Struggling with Their Mental Health. Shaney Andler. 2022. (ENG.). 84p. (YA). pap. 10.95 ***(978-1-6629-2837-6(8))*** Gatekeeper Pr.

Back Pocket Insights on How to Do Life. Lauren Burnett. 2019. (ENG., Illus.). 154p. (YA). pap. 9.99 *(978-0-9988319-9-2(9))* Inner Quality Publishing.

Back Roads, Country Toads. Devin Scillian. Illus. by Tim Bowers. 2019. (ENG.). 32p. (J). (gr. k-2). 16.99 *(978-1-5341-1039-7(9)*, 204758) Sleeping Bear Pr.

Back Seat Blues (FSTK ONLY) Marilyn Pitt. 2016. (1b Fstk Ser.). (ENG.). 16p. (J). pap. 8.00 *(978-1-63437-659-4(5))* American Reading Co.

Back to Arcady (Classic Reprint) Frank Waller Allen. 2018. (ENG., Illus.). 176p. (J). 27.55 *(978-0-267-19934-1(1))* Forgotten Bks.

Back to Basics. Margaret Gurevich. Illus. by Brooke Hagel. 2016. (Chloe by Design Ser.). (ENG.). 96p. (J). (gr. 5-8). lib. bdg. 25.32 *(978-1-4965-3261-9(9)*, 132429, Stone Arch Bks.) Capstone.

Back to Blighty (Classic Reprint) A. J. Dawson. 2018. (ENG., Illus.). 256p. (J). 29.18 *(978-0-365-51984-3(7))* Forgotten Bks.

Back to Dog-Gone School. Amy Schmidt. Illus. by Ron Schmidt. 2016. (Step into Reading Ser.). (ENG.). 32p. (J). (gr. -1-1). 5.99 *(978-1-101-93511-8(1)*, Random Hse. Bks. for Young Readers) Random Hse. Children's Bks.

Back to Doubloons: #6. Johanna Gohmann. Illus. by Chloe Dijon. 2021. (Trapped in Pirate Park Ser.). (ENG.). 48p. (J). (gr. 3-7). lib. bdg. 34.21 *(978-1-0982-3176-7(7)*, 38760, Spellbound) Magic Wagon.

Back to God's Country & Other Stories (Classic Reprint) James Oliver Curwood. 2018. (ENG., Illus.). 296p. (J). 29.96 *(978-0-428-36950-7(2))* Forgotten Bks.

Back to Life: World History As You've Never Seen It Before. DK. 2022. (DK Back to Life History Ser.). (ENG., Illus.). 144p. (J). (gr. 4-7). 24.99 *(978-0-7440-5039-4(1)*, DK Children) Dorling Kindersley Publishing, Inc.

Back to Life Wonders of the World. DK. 2023. (DK Back to Life History Ser.). (ENG.). 160p. (J). (gr. 4-7). 24.99 *(978-0-7440-6985-3(8)*, DK Children) Dorling Kindersley Publishing, Inc.

Back to London. I. Tascon. 2021. (ENG.). 102p. (J). pap. 15.00 *(978-1-953507-47-1(6))* Brightlings.

Back to Nature. Rachele Alpine. Illus. by Addy Rivera Sonda. 2021. (Invincible Girls Club Ser.: 3). (ENG.). 160p. (J). (gr. 2-5). 17.99 *(978-1-5344-7539-7(7))*; pap. 6.99 *(978-1-5344-7538-0(9))* Simon & Schuster Children's Publishing. (Aladdin).

Back to Nature (Classic Reprint) Newton Newkirk. 2017. (ENG., Illus.). (J). 27.53 *(978-0-260-41117-4(5))* Forgotten Bks.

Back to Pass: A Choose Your Path Football Book. Lisa M. Bolt Simons. 2017. (Choose to Win Ser.). (ENG.). 160p. (J). (gr. 3-8). pap. 8.95 *(978-1-940647-27-2(4))* Lake 7 Creative, LLC.

Back to Penwellard. Claire Collard. 2017. (ENG., Illus.). 160p. (J). (gr. 3-6). pap. *(978-1-78222-559-1(5))* Paragon Publishing, Rothersthorpe.

Back to School. Sophie Geister-Jones. 2020. (Fall Is Here Ser.). (ENG., Illus.). 16p. (J). (gr. k-1). pap. 7.95 *(978-1-64493-405-0(1)*, 1644934051); lib. bdg. 25.64 *(978-1-64493-329-9(2)*, 1644933292) North Star Editions. (Focus Readers).

Back to School! Jenna Lee Gleisner. 2017. (Welcoming the Seasons Ser.). (ENG.). 24p. (J). (gr. -1-2). lib. bdg. 32.79 *(978-1-5038-1666-4(4)*, 211497) Child's World, Inc, The.

Back to School. Cori Nevruz. 2018. (ENG., Illus.). 20p. (J). 25.90 *(978-0-692-15523-3(6))* Nevruz, Cori.

Back to School. Xist Publishing Staff. 2017. (Xist Kids Bilingual Spanish English Ser.). (ENG & SPA., Illus.). 28p. (J). (gr. -1-3). pap. 9.99 *(978-1-5324-0092-6(6))* Xist Publishing.

Back to School. Wes Adams. ed. 2019. (Pout-Pout Fish 8x8 Bks). (ENG.). 24p. (J). (gr. k-1). 14.96 *(978-0-87617-545-3(0))* Penworthy Co., LLC, The.

Back to School. Maya Ajmera et al. ed. 2020. (Global Fund for Children Ser.). (ENG.). 32p. (J). (gr. k-1). 19.89 *(978-0-87617-278-0(8))* Penworthy Co., LLC, The.

Back to School: A Global Journey. Maya Ajmera & John D. Ivanko. 2019. (Illus.). 32p. (J). (gr. -1-3). lib. bdg. 17.99 *(978-1-58089-837-9(8))* Charlesbridge Publishing, Inc.

Back to School Activity Book. Cristie Publishing. 2021. (ENG.). 48p. (J). pap. 9.99 *(978-1-716-26797-0(8))* Lulu Pr., Inc.

Back-To-School at Home! Nadia Edoh. 2021. (Mawuli & Kunale Ser.: Vol. 1). (ENG.). 24p. (J). 20.00 *(978-1-6629-0689-3(7))*; pap. 10.00 *(978-1-6629-0690-9(0))* Gatekeeper Pr.

Back-To-School Projects for a Lazy Crafternoon. Stella Fields. 2016. (Lazy Crafternoon Ser.). (ENG., Illus.). 32p. (J). (gr. 3-9). lib. bdg. 28.65 *(978-1-5157-1438-5(1)*, 132443, Capstone Pr.) Capstone.

Back to School Snail - a New Year. M. A. Morse. 2022. (ENG.). 32p. (J). 19.99 ***(978-1-0880-5035-4(2))*** Indy Pub.

Back to School with the Berenstain Bears. Stan Berenstain & Jan Berenstain. 2019. (Illus.). 64p. (J). (gr. -1-1). pap. 6.99 *(978-1-9848-4768-3(6)*, Random Hse. Bks. for Young Readers) Random Hse. Children's Bks.

Back to School with the Berenstain Bears. Stan Berenstain et al. ed. 2019. (Berenstain Bears 8x8 Bks). (ENG.). 64p. (J). (gr. k-1). 15.96 *(978-0-87617-560-6(4))* Penworthy Co., LLC, The.

Back to School Word Puzzles: Word Games for Kids. Jupiter Kids. 2017. (ENG., Illus.). (J). pap. 9.05 *(978-1-5419-3283-8(8)*, Jupiter Kids (Childrens & Kids Fiction)) Speedy Publishing LLC.

Back to School Word Search Puzzles 2: A Fun Way to Sharpen Your Knowledge. Challenge Yourself with Exciting Word Searches & Uncover Hidden Subjects 2. Nashe Publishers. 2023. (ENG.). 104p. (YA). pap. ***(978-1-4477-3956-2(6))*** Lulu Pr., Inc.

Back to School Word Search Puzzles 3: A Fun Way to Sharpen Your Knowledge . Challenge Yourself with Exciting Word Searches & Uncover Hidden Subjects.

144

The check digit for ISBN-10 appears in parentheses after the full ISBN-13

Nashe Publishers. 2023. (ENG.). 84p. (YA). pap. ***(978-1-4477-3496-3(3))*** Lulu Pr., Inc.
Back to the Bible, Popular Bible Characters & Stories Adult Coloring Books Religious Edition. Activity Attic Books. 2016. (ENG., Illus.). (J). pap. 7.74 *(978-1-68323-012-0(4))* Twin Flame Productions.
Back to the Future. Kim Smith. 2018. (Illus.). 44p. (J). *(978-1-68369-044-3(3))* Quirk Bks.
Back to the Future: The Classic Illustrated Storybook. Illus. by Kim Smith. 2018. (Pop Classics Ser.: 4). 40p. (J). (gr. -1-3). 18.99 *(978-1-68369-023-8(0))* Quirk Bks.
Back to the Future (Funko Pop!) Arie Kaplan. Illus. by Meg Dunn. 2023. (Little Golden Book Ser.). 24p. (J). (-k). 5.99 *(978-0-593-57045-6(6)*, Golden Bks.) Random Hse. Children's Bks.
Back to the Past. Evan Jacobs. 2018. (Amazing Adventures of Abby Mcquade Ser.). (ENG.). 84p. (J). (gr. 4-7). pap. 10.95 *(978-1-68021-470-3(5))* Saddleback Educational Publishing, Inc.
Back to the Time of the Dinosaurs Coloring Books 4 Years Old. Educando Kids. 2019. (ENG.). 42p. (J). pap. 6.99 *(978-1-64521-042-9(1)*, Educando Kids) Editorial Imagen.
Back to the Vara. John Kerry. 2018. (Vara Volumes Ser.: Vol. 2). (ENG., Illus.). 384p. (YA). (gr. 7-12). pap. *(978-0-9572389-2-3(4))* EATEOM Publishing, Ltd.
Back to the Woods: The Story of a Fall from Grace (Classic Reprint) Hugh McHugh. 2017. (ENG., Illus.). (J). 26.72 *(978-1-5283-7151-3(8))* Forgotten Bks.
Back to Wisherton. Amanda Hamm. 2017. (ENG., Illus.). (J). pap. 7.89 *(978-1-943598-05-2(3))* Before Someday Publishing.
Back to Work. Daniel Seitz. 2021. (ENG.). 438p. (J). pap. 24.95 *(978-1-6624-2906-4(1))* Page Publishing Inc.
Back to You. K. Anthony Wilson. 2019. (Loved by You Ser.: Vol. 1). (ENG.). 172p. (J). pap. 9.99 *(978-1-7330161-0-0(4))* Hom, Jonathan.
Back to Zero. Joy. 2020. (ENG.). 28p. (J). 26.99 *(978-1-970133-89-9(9))*; pap. 15.99 *(978-1-970133-87-5(2))* EduMatch.
Back-Up Plan. Bill Yu. Illus. by Eduardo and Sebastian Garcia. 2021. (Get in the Game Set 2 Ser.). (ENG.). 32p. (J). (gr. 3-3). pap. 9.95 *(978-1-64494-478-3(2)*, Graphic Planet) ABDO Publishing Co.
Back-Up Plan. Bill Yu. Illus. by Eduardo Garcia & Sebastian Garcia. 2020. (Get in the Game Ser.). (ENG.). 24p. (J). (gr. 3-8). lib. bdg. 32.79 *(978-1-5321-3829-4(6)*, 35268, Graphic Planet - Fiction) Magic Wagon.
Back Yard of Clara the Clutz. Ann Ulrich Miller. 2016. (ENG., Illus.). 48p. (J). pap. 7.95 *(978-0-944851-50-0(9))* Earth Star Pubns.
Backahast. Geoff Hill. 2017. (Gunnhild Lashtongue Ser.: Vol. 2). (ENG., Illus.). (YA). pap. *(978-1-912192-06-9(3))* Mirador Publishing.
Backbiters. Debra Leea Glasheen. 2017. (ENG., Illus.). (J). pap. 16.95 *(978-1-940233-44-4(5))* Montag Pr.
Backblock Ballads & Later Verses (Classic Reprint) C. J. Dennis. 2018. (ENG., Illus.). (J). 27.34 *(978-0-260-23018-8(9))* Forgotten Bks.
Backcountry. Jenny Goebel. 2023. (ENG.). 224p. (J). (gr. 3-7). pap. 8.99 ***(978-1-338-85788-7(6)***, Scholastic Pr.) Scholastic, Inc.
Backcourt Battle: An Up2U Character Education Adventure. Rich Wallace. Illus. by Chris King. 2017. (Up2U Adventures Set 3 Ser.). (ENG.). 80p. (J). (gr. 2-5). lib. bdg. 35.64 *(978-1-5321-3028-1(7)*, 25504, Calico Chapter Bks.) ABDO Publishing Co.
Backfield Blow. Jake Maddox & Jake Maddox. Illus. by Jesus Aburto. 2021. (Jake Maddox Sports Stories Ser.). (ENG.). 72p. (J). 25.99 *(978-1-6639-1127-8(4)*, 212824); pap. 5.95 *(978-1-6639-2186-4(5)*, 212818) Capstone. (Stone Arch Bks.).
Backfield Boys: A Football Mystery in Black & White. John Feinstein. 2018. (ENG.). 384p. (YA). pap. 12.99 *(978-1-250-18064-3(3)*, 900172809) Square Fish.
Backfire. Vanessa Acton. 2017. (Day of Disaster Ser.). (ENG.). 112p. (YA). (gr. 6-12). 26.65 *(978-1-5124-2775-2(6)*, 65f1861b-fdfc-4ecb-ac4a-beb3f6360b27); E-Book 6.99 *(978-1-5124-3504-7(X)*, 9781512435047); E-Book 39.99 *(978-1-5124-3503-0(1)*, 9781512435030) Lerner Publishing Group. (Darby Creek).
Backfire: A Comedy-Drama in Three Acts (Classic Reprint) Eugene G. Hafer. 2018. (ENG., Illus.). 98p. (J). 25.92 *(978-0-483-93418-4(6))* Forgotten Bks.
Backhoe Loaders. Julie Murray. 2018. (Construction Machines (Dash!) Ser.). (ENG., Illus.). 24p. (J). (gr. k-4). lib. bdg. 31.36 *(978-1-5321-2512-6(7)*, 30033, Abdo Zoom-Dash) ABDO Publishing Co.
Backhoes. Quinn M. Arnold. 2018. (Amazing Machines Ser.). (ENG., Illus.). 24p. (J). (gr. 1-4). *(978-1-60818-885-7(X)*, 19498, Creative Education); pap. 8.99 *(978-1-62832-501-0(1)*, 19496, Creative Paperbacks) Creative Co., The.
Backhoes. Chris Bowman. 2017. (Mighty Machines in Action Ser.). (ENG., Illus.). 24p. (J). (gr. k-3). lib. bdg. 26.95 *(978-1-62617-600-3(0)*, Blastoff! Readers) Bellwether Media.
Backhoes, 2 vols. Kathryn Clay. 2016. (Construction Vehicles at Work Ser.). (ENG.). (J). (gr. k-1). 53.32 *(978-1-5157-5582-1(7))*; (Illus.). 24p. (gr. -1-2). lib. bdg. 22.65 *(978-1-5157-2527-5(8)*, 132898, Capstone Pr.) Capstone.
Backhoes. Amy McDonald. 2021. (Machines with Power! Ser.). (ENG., Illus.). 24p. (J). (gr. -1-2). lib. bdg. 25.95 *(978-1-64487-367-0(2)*, Blastoff! Readers) Bellwether Media.
Backhoe's Day. Betsy Rathburn. 2022. (Machines at Work Ser.). (ENG., Illus.). 24p. (J). (gr. k-3). pap. 7.99 *(978-1-64834-844-0(0)*, 21698, Blastoff! Readers) Bellwether Media.
Backhoes Dig! Beth Bence Reinke. 2017. (Bumba Books (r) — Construction Zone Ser.). (ENG., Illus.). 24p. (J). (gr. -1-1). pap. 8.99 *(978-1-5124-5539-7(3)*, 12927f11-38bb-4604-a9de-47dc64719052); lib. bdg. 26.65 *(978-1-5124-3355-5(1)*, 4434ec26-8165-447d-89f2-d37dac26ac87, Lerner Pubns.) Lerner Publishing Group.
Backlog Studies (Classic Reprint) Charles Dudley Warner. 2018. (ENG., Illus.). 312p. (J). 30.33 *(978-0-656-69937-7(X))* Forgotten Bks.
Backpack. Lindsay C. Barry & Klaudia Bezak. 2020. (ENG.). 32p. (J). (gr. k-2). pap. 14.99 *(978-1-7337777-7-3(6))* Santa Fe Writers Project.
Backpack Activity Book: Puzzles to Make Your Journey Fly By. John Bigwood & Joseph Wilkins. 2020. (Buster Backpack Bks.: 3). (ENG.). 96p. (J). (gr. 2-4). pap. 9.99 *(978-1-78055-605-5(5)*, Buster Bks.) O'Mara, Michael Bks., Ltd. GBR. Dist: Independent Pubs. Group.
Backpack Blues: Ignite the Fire Within. Melody Dean Dimick. 2018. (Adirondacks Ser.). (ENG., Illus.). 170p. (YA). (gr. 9-12). pap. 12.95 *(978-1-943789-83-2(5))* Taylor and Seale Publishing.
Backpack Explorer: Beach Walk. Editors of Storey Publishing. Illus. by Oana Befort. 2019. (Backpack Explorer Ser.). (ENG.). 48p. (J). (gr. -1-3). 12.95 *(978-1-61212-902-0(1)*, 622902) Storey Publishing, LLC.
BACKPACK EXPLORER: BEACH WALK 5CC-PPK. Editors of Storey Publishing. 2019. (ENG.). 64.75 *(978-1-63586-204-1(3))* Storey Publishing, LLC.
Backpack Explorer: Bird Watch: What Will You Find? Editors of Storey Publishing. Illus. by Oana Befort. 2020. (Backpack Explorer Ser.). (ENG.). 48p. (J). (gr. -1-3). 12.95 *(978-1-63586-251-5(5)*, 626251) Storey Publishing, LLC.
BACKPACK EXPLORER: BIRD WATCH 5CC-PPK. Editors of Storey Publishing. Illus. by Oana Befort. 2022. (ENG.). 64.75 *(978-1-63586-300-0(7))* Storey Publishing, LLC.
Backpack Explorer: Bug Hunt: What Will You Find? Editors of Storey Publishing. Illus. by Oana Befort. 2021. (Backpack Explorer Ser.). (ENG.). 48p. (J). (gr. -1-3). 12.95 *(978-1-63586-313-0(9)*, 626313) Storey Publishing, LLC.
BACKPACK EXPLORER: BUG HUNT 5CC-PPK. Editors of Storey Publishing. Illus. by Oana Befort. 2022. (ENG.). 64.75 *(978-1-63586-366-6(X))* Storey Publishing, LLC.
Backpack Explorer: Discovering Trees: What Will You Find? Editors of Storey Publishing. Illus. by Oana Befort. 2021. (Backpack Explorer Ser.). (ENG.). 48p. (J). (gr. -1-17). 12.95 *(978-1-63586-346-8(5)*, 626346) Storey Publishing, LLC.
BACKPACK EXPLORER: DISCOVERING TREES 5CC-PPK. Editors of Storey Publishing. 2022. (ENG.). 64.75 *(978-1-63586-415-1(1))* Storey Publishing, LLC.
Backpack Explorer: on the Nature Trail: What Will You Find? Editors of Storey Publishing. ed. 2018. (Backpack Explorer Ser.). (ENG., Illus.). 48p. (J). (gr. -1-3). 12.95 *(978-1-63586-197-6(7)*, 626197) Storey Publishing, LLC.
Backpack Explorer: Rock Hunt: What Will You Find? Editors of Storey Publishing. Illus. by Oana Befort. 2023. (Backpack Explorer Ser.). (ENG.). 48p. (J). (gr. -1-3). 12.99 *(978-1-63586-553-0(0)*, 626553) Storey Publishing, LLC.
Backpack Explorer: Rock Hunt 5-Copy Counter Display. Editors of Storey Publishing. 2023. (ENG.). 64.95 ***(978-1-63586-659-9(6))*** Storey Publishing, LLC.
Backpacking Hacks: Camping Tips for Outdoor Adventures, 2 vols. Raymond Bean. 2020. (Outdoor Adventure Guides). (ENG.). (J). 53.32 *(978-1-4966-7405-0(7))*; (Illus.). 48p. (gr. 3-5). pap. 8.95 *(978-1-4966-6616-1(X)*, 142324); (Illus.). 48p. (gr. 3-5). lib. bdg. 33.99 *(978-1-5435-9031-9(4)*, 141376) Capstone.
Backpacks! Julianne Moore. ed. 2018. (Step into Reading Ser.). (ENG.). 32p. (J). (gr. -1-1). 7.00 *(978-1-64310-627-4(9))* Penworthy Co., LLC, The.
Backpacks & Blue Roses: Before the Bully. Kendrick Sims. 2020. (ENG., Illus.). 236p. (J). pap. 31.95 *(978-1-6624-0102-2(7))* Page Publishing Inc.
Backpacks with Feet. Charlotte Duncan-Wagner. 2017. (ENG., Illus.). (J). pap. 18.95 *(978-1-4834-6734-4(1))* Lulu Pr., Inc.
Backsheesh: A Woman's Wanderings (Classic Reprint) William Beckman. 2018. (ENG., Illus.). 292p. (J). 29.92 *(978-0-332-82054-5(8))* Forgotten Bks.
Backsliders (Classic Reprint) William Lindsey. 2018. (ENG., Illus.). 372p. (J). 31.59 *(978-0-483-68500-0(3))* Forgotten Bks.
Backstage. Angie Ocampo. 2022. (SPA.). 422p. (YA). pap. 21.95 *(978-607-07-8629-7(7))* Editorial Planeta, S. A. ESP. Dist: Two Rivers Distribution.
Backstage. I. Tascon. 2022. (ENG.). 94p. (J). pap. 15.00 *(978-1-953507-83-9(2))* Brightlings.
Backstage Cat. Tireo. Illus. by Jenni Desmond. 2022. (ENG.). 38p. (J). pap. 12.99 ***(978-1-60905-660-5(4))*** Blue Apple Bks.
Backstagers & the Final Blackout (Backstagers #3) Andy Mientus. Illus. by Rian Sygh & BOOM! Studios. 2021. (Backstagers Ser.). (ENG.). 224p. (YA). (gr. 5-9). pap. 8.99 *(978-1-4197-4354-2(6)*, 1685203, Amulet Bks.) Abrams, Inc.
Backstagers & the Ghost Light (Backstagers #1) Andy Mientus. Illus. by Rian Sygh & BOOM! Studios. 2020. (Backstagers Ser.). (ENG.). 224p. (YA). (gr. 5-9). pap. 8.99 *(978-1-4197-3694-0(9)*, 1220803, Amulet Bks.) Abrams, Inc.
Backstagers & the Ghost Light (Backstagers #1) Andy Mientus. Illus. by Rian Sygh. 2018. (Backstagers Ser.). (ENG.). 208p. (J). (gr. 5-9). 14.99 *(978-1-4197-3120-4(3)*, 1220801, Amulet Bks.) Abrams, Inc.
Backstagers & the Theater of the Ancients (Backstagers #2) Andy Mientus. Illus. by Rian Sygh & BOOM! Studios. 2020. (Backstagers Ser.). (ENG.). 208p. (J). (gr. 5-9). pap. 8.99 *(978-1-4197-4270-5(1)*, 1262503, Amulet Bks.) Abrams, Inc.
Backstagers & the Theater of the Ancients (Backstagers #2) Andy Mientus. Illus. by Rian Sygh & BOOM! Studios. 2019. (Backstagers Ser.). (ENG.). 192p. (YA). (gr. 5-9). 14.99 *(978-1-4197-3365-9(6)*, 1262501, Amulet Bks.) Abrams, Inc.
Backstagers Vol. 3. James Tynion IV & Sam Johns. Illus. by Rian Sygh et al. 2019. (Backstagers Ser.). (ENG.). 96p. (YA). (gr. 8-12). pap. 14.99 *(978-1-68415-332-9(8))* BOOM! Studios.
Backup Bunny. Abigail Rayner. Illus. by Greg Stones. 2018. (ENG.). 32p. (J). (gr. -1-3). 17.95 *(978-0-7358-4282-3(5))* North-South Bks., Inc.
Backup the Trash Truck Coloring Book. Activity Book Zone for Kids. 2016. (ENG., Illus.). (J). pap. 9.20 *(978-1-68376-409-0(9))* Sabeels Publishing.
Backups: A Summer of Stardom. Alex de Campi. Illus. by Lara Kane. 2021. (ENG.). 224p. (YA). 25.99 *(978-1-250-15394-4(8)*, 900184247); pap. 17.99 *(978-1-250-21259-7(6)*, 900184248) Imprint IND. Dist: Macmillan.
Backward Day. Brianna Lee Rivera. 2021. (ENG., Illus.). 20p. (J). pap. 12.95 *(978-1-0980-9252-8(X))* Christian Faith Publishing.
Backward Glance: The Story of John Ridley, a Pioneer (Classic Reprint) Annie E. Ridley. (ENG., Illus.). (J). 2018. 474p. 33.69 *(978-0-666-68981-8(4))*; 2017. pap. 16.57 *(978-0-243-99015-3(4))* Forgotten Bks.
Backward Kitty. Trista Shaye. 2020. (Big the Barn Cat Ser.: Vol. 1). (ENG.). 158p. (J). 17.00 *(978-1-0878-9742-4(4))* Indy Pub.
Backward Season. Lauren Myracle. (Wishing Day Ser.: 3). (ENG.). 304p. (J). (gr. 3-7). 2019. pap. 6.99 *(978-0-06-234213-3(4))*; 2018. 16.99 *(978-0-06-234212-6(6))* HarperCollins Pubs. (Tegen, Katherine Bks).
Backwards Bunny: Written & Illustrated by Jim Allen Jackson. Jim Allen Jackson. 2021. (ENG.). 56p. (J). pap. ***(978-1-6671-4706-2(4))*** Lulu Pr., Inc.
Backwards Day. S. Bear Bergman. Illus. by K. D. Diamond. 2019. (ENG.). 28p. (J). (gr. 1-3). 15.95 *(978-1-9991562-3-7(4))* Flamingo Rampant! CAN. Dist: Orca Bk. Pubs. USA.
Backwash of War, the Human Wreckage of the Battlefield, As Witnessed by an American Hospital Nurse (Classic Reprint) Ellen N. La Motte. 2017. (ENG., Illus.). (J). 28.19 *(978-0-266-53287-3(X))* Forgotten Bks.
Backwater. Judith Z. K. Crow. 2018. (ENG.). 144p. (YA). pap. *(978-0-9957860-5-9(4))* Crowvus.
Backwater (Classic Reprint) Dorothy M. Richardson. 2018. (ENG., Illus.). 312p. (J). 30.35 *(978-0-364-74524-3(X))* Forgotten Bks.
Backways. Justin Jordan. Ed. by Mike Marts. 2018. (ENG., Illus.). 120p. (YA). pap. 14.99 *(978-1-935002-61-1(9)*, 644692e4-b6ea-4913-9589-553af961e759) AfterShock Comics.
Backwoods Christmas: A Homely Sketch of How Christmas Was Kept in Old Ontario (Classic Reprint) Augustus Bridle. (ENG., Illus.). (J). 2018. 24p. 24.39 *(978-0-365-13062-8(1))*; 2017. pap. 7.97 *(978-0-259-44731-3(5))* Forgotten Bks.
Backwoods' Life (Classic Reprint) W. F. Munro. (ENG., Illus.). (J). 2018. 88p. 25.73 *(978-0-484-84188-7(2))*; 2018. 82p. 25.59 *(978-0-365-38120-4(9))*; 2017. pap. 9.57 *(978-0-282-55079-0(8))*; 2017. pap. 9.57 *(978-0-282-12132-7(3))* Forgotten Bks.
Backwoods of Canada: Being Letters from the Wife of an Emigrant Officer (Classic Reprint) Catharine Parr Traill. 2017. (ENG., Illus.). (J). 31.30 *(978-0-331-22555-6(7))* Forgotten Bks.
Backwoods of Canada (Classic Reprint) Cunningham Geikie. 2018. (ENG., Illus.). 422p. (J). 32.60 *(978-0-364-88345-7(6))* Forgotten Bks.
Backwoods Rabbit. R. J. Betway. 2020. (ENG.). 190p. (YA). pap. 10.99 *(978-1-393-19481-1(8))* Draft2Digital.
Backwoodsman, or Life on the Indian Frontier (Classic Reprint) Lascelles Wraxall. (ENG., Illus.). (J). 2018. 466p. 33.53 *(978-0-365-31186-7(3))*; 2017. pap. 16.57 *(978-0-282-60621-3(1))* Forgotten Bks.
Backwoodsmen (Classic Reprint) Charles G. D. Roberts. 2018. (ENG., Illus.). 298p. (J). 30.06 *(978-0-483-83644-0(3))* Forgotten Bks.
Backyard: The Adventures of Gidget & Tigress, Sister Cats. Faye Peacock Wilson. Illus. by Rabia Igbal. 2023. 24p. (J). pap. 10.99 ***(978-1-6678-7162-2(5))*** BookBaby.
Backyard Adventure. Kimberly Tatuem. 2019. (ENG., Illus.). 20p. (J). pap. 12.99 *(978-1-950034-44-4(5))* Yorkshire Publishing Group.
Backyard Adventure: Get Messy, Get Wet, Build Cool Things, & Have Tons of Wild Fun! 51 Free-Play Activities. Amanda Thomsen. 2019. (ENG., Illus.). 160p. (J). (gr. 1-5). pap. 16.95 *(978-1-61212-920-4(X)*, 622920) Storey Publishing, LLC.
Backyard Adventures of Anna & Andy Hummingbird: Book 1 Of 10. Linda Young. 2018. (ENG., Illus.). 44p. (J). pap. 11.99 *(978-1-64376-122-0(6))* PageTurner: Pr. & Media.
Backyard Adventures of Dutchess & Domino. Cathy Henry. Illus. by Reginald Henry. 2017. (ENG.). 26p. (J). pap. 12.95 *(978-1-64003-136-4(7))* Covenant Bks.
Backyard Adventures of Mason & Mazey: A Teaching Book. Susan Fierro. 2021. (ENG.). 34p. (J). 24.95 *(978-1-64468-732-1(1))* Covenant Bks.
Backyard Animals. Paul A. Kobasa. 2018. (J). *(978-0-7166-3568-0(2))* World Bk., Inc.
Backyard Animals, 21 vols., Set. Incl. Alligators. Heather C. Hudak. (gr. 4-7). 2008. lib. bdg. 24.45 *(978-1-60596-001-2(2))*; Bats. Annalise Bekkering. (gr. 3-5). 2009. lib. bdg. 24.45 *(978-1-60596-076-0(4))*; Bears. Heather C. Hudak. (gr. 4-7). 2008. lib. bdg. 24.45 *(978-1-60596-000-5(4))*; Bees. Heather C. Hudak. (gr. 4-7). 2008. lib. bdg. 24.45 *(978-1-60596-003-6(9))*; Butterflies. Jennifer Hurtig. (gr. -1-3). 2007. lib. bdg. 24.45 *(978-1-59036-683-7(2))*; Coyotes. Christine Webster. (gr. -1-3). 2007. lib. bdg. 24.45 *(978-1-59036-673-8(5))*; Deer. Christine Webster. (gr. -1-3). 2007. lib. bdg. 24.45 *(978-1-59036-675-2(1))*; Eagles. Heather C. Hudak. (gr. 4-7). 2008. lib. bdg. 24.45 *(978-1-60596-002-9(0))*; Hummingbirds. Heather C. Hudak. (gr. 4-7). 2008. lib. bdg. 24.45 *(978-1-60596-004-3(7))*; Mice. Leia Tait. (gr. 3-5). 2009. lib. bdg. 24.45 *(978-1-60596-080-7(2))*; Mosquitoes. Christine Webster. (gr. 3-5). 2009. lib. bdg. 24.45 *(978-1-60596-086-9(1))*; Opossums. Christine Webster. (gr. -1-3). 2007. lib. bdg. 24.45 *(978-1-59036-677-6(8))*; Porcupines. Christine Webster. (gr. 3-5). 2009. lib. bdg. 24.45 *(978-1-60596-078-4(0))*; Rabbits. Annalise Bekkering. (gr. -1-3). 2007. lib. bdg. 24.45 *(978-1-59036-679-0(4))*; Raccoons. Jennifer Hurtig. (gr. -1-3). 2007. lib. bdg. 24.45 *(978-1-59036-669-1(7))*; Ravens. Christine Webster. (gr. 3-5). 2009. lib. bdg. 24.45 *(978-1-60596-082-1(9))*; Salamanders. Nick Winnick. (gr. 3-5). 2009. lib. bdg. 24.45 *(978-1-60596-084-5(5))*; Skunks. Annalise Bekkering. (gr. -1-3). 2007. lib. bdg. 24.45 *(978-1-59036-685-1(9))*; Sparrows. Christine Webster. (gr. -1-3). 2007. lib. bdg. 24.45 *(978-1-59036-681-3(6))*; Squirrels. Lauren Diemer. (gr. 2-4). 2007. lib. bdg. 24.45 *(978-1-59036-671-4(9))*; Wolves. Heather C. Hudak. (gr. 4-7). 2008. lib. bdg. 24.45 *(978-1-60596-005-0(5))*; 24p. (J). (Illus.). 2010. Set lib. bdg. 513.45 *(978-1-59036-779-7(0))* Weigl Pubs., Inc.
Backyard Animals, 6 vols., Set. Incl. Beavers. Blaine Wiseman. pap. 11.95 *(978-1-60596-878-0(1))*; Bison. Tatiana Tomljanovic. pap. 11.95 *(978-1-60596-956-5(7))*; Cougars. Tatiana Tomljanovic. pap. 11.95 *(978-1-60596-950-3(8))*; Lynxes. Blaine Wiseman. pap. 11.95 *(978-1-60596-944-2(3))*; Moose. Nick Winnick. pap. 11.95 *(978-1-60596-947-3(8))*; Owls. Nick Winnick. pap. 11.95 *(978-1-60596-953-4(2))*; (Illus.). 24p. (J). (gr. 2-4). 2010. 2010. pap. *(978-1-61690-217-9(5))* Weigl Pubs., Inc.
Backyard Astronomy Experiments, 1 vol. Alix Wood. 2018. (Backyard Scientist Ser.). (ENG.). 32p. (gr. 3-3). 27.93 *(978-1-5383-3725-7(8)*, 6e7873ae-d710-4ccb-8262-56783f8ef442, PowerKids Pr.) Rosen Publishing Group, Inc., The.
Backyard Bears: Conservation, Habitat Changes, & the Rise of Urban Wildlife. Amy Cherrix. (Scientists in the Field Ser.). (ENG., Illus.). 80p. (J). (gr. 5-7). 2022. pap. 10.99 *(978-0-358-74324-8(9))*; 2018. 18.99 *(978-1-328-85868-9(5)*, 1694347) HarperCollins Pubs. (Clarion Bks.).
Backyard Biology: Discover the Life Cycles & Adaptations Outside Your Door with Hands-On Science Activities. Donna Latham. Illus. by Michelle Simpson. 2020. (Build It Yourself Ser.). 128p. (J). (gr. 4-7). (ENG.). 22.95 *(978-1-61930-892-3(4)*, bd7130fb-8be7-4568-98bc-b647f66eb1fe); pap. 17.95 *(978-1-61930-895-4(9)*, dc1624e0-bab9-445c-9177-d90c3f378db3) Nomad Pr.
Backyard Biology Experiments, 1 vol. Alix Wood. 2018. (Backyard Scientist Ser.). (ENG.). 32p. (gr. 3-3). 27.93 *(978-1-5383-3729-5(0)*, 48f7d7f6-637b-45b2-b137-4df9e50f6705, PowerKids Pr.) Rosen Publishing Group, Inc., The.
Backyard Biomes. 2016. (Backyard Biomes Ser.). 00024p. (J). pap. 48.90 *(978-1-4824-5840-4(3))* Stevens, Gareth Publishing LLLP.
Backyard Bird Watchers: Set 2. 2017. (Backyard Bird Watchers Ser.). 32p. (gr. 2-3). pap. 63.00 *(978-1-5382-0223-4(9))*; (ENG.). lib. bdg. 161.58 *(978-1-5382-0221-0(2)*, e4e2516a-11bf-4e20-83b8-8d3e3fdbf862) Stevens, Gareth Publishing LLLP.
Backyard Bird Watcher's Coloring Book. Activity Book Zone for Kids. 2016. (ENG., Illus.). (J). pap. 9.20 *(978-1-68376-395-6(5))* Sabeels Publishing.
Backyard Bird Watchers: Sets 1 - 2. 2017. (Backyard Bird Watchers Ser.). (ENG.). (J). pap. 138.00 *(978-1-5382-0226-5(3))*; (gr. 2-3). lib. bdg. 323.16 *(978-1-5382-0224-1(7)*, d95d8747-9c3c-4faf-99e5-8af658a10ed2) Stevens, Gareth Publishing LLLP.
Backyard Birding for Kids. Erika Zambello. ed. 2022. (Simple Introduction to Science Ser.). (ENG.). 136p. (J). (gr. 2-3). 23.46 ***(978-1-68505-482-3(X))*** Penworthy Co., LLC, The.
Backyard Birding for Kids: An Introduction to Ornithology. Erika Zambello. 2022. (Simple Introductions to Science Ser.). (Illus.). 136p. (J). (gr. 1-7). pap. 12.95 *(978-1-64755-223-7(0)*, Adventure Pubns.) AdventureKEEN.
Backyard Birds. Lisa J. Amstutz. 2022. (Backyard Birds Ser.). (ENG.). 24p. (J). 153.93 *(978-1-6690-3601-2(4)*, 253347, Capstone Pr.) Capstone.
Backyard Birds. Helen Milroy. 2020. (Illus.). 32p. (J). (gr. k-2). 14.95 *(978-1-925816-56-3(7))* Fremantle Pr. AUS. Dist: Independent Pubs. Group.
Backyard Birds: An Introduction. Robert Bateman. 2018. (ENG., Illus.). 48p. (J). (gr. 3-7). pap. 9.95 *(978-0-2281-0155-0(7)*, e150c40f-9681-46fa-8a6f-9802c44d0ef8) Firefly Bks., Ltd.
Backyard Birds of the West. Genevieve Einstein. 2021. (KidsWorld Ser.). (ENG., Illus.). 96p. (J). pap. 9.99 *(978-1-988183-28-2(6)*, 4039ae56-a5b4-42eb-a67c-ad3e7020bc9d) KidsWorld Bks. CAN. Dist: Lone Pine Publishing USA.
Backyard Botany Experiments, 1 vol. Alix Wood. 2018. (Backyard Scientist Ser.). (ENG.). 32p. (gr. 3-3). 27.93 *(978-1-5383-3733-2(9)*, 96e6dbef-3c4b-4ec2-b9eb-918e16731b84, PowerKids Pr.) Rosen Publishing Group, Inc., The.
Backyard Bug Coloring Book for Kids: Nature Insects Collection for Children. Henrietta Munoz. 2021. (ENG.). 64p. (J). pap. 13.99 ***(978-1-892501-38-7(4))*** Adamson, Bruce Campbell.
Backyard Bugs. Helen Milroy. 2021. (Illus.). 32p. (J). 14.95 *(978-1-76099-028-2(0))* Fremantle Pr. AUS. Dist: Independent Pubs. Group.
Backyard Camp-Out. Jerdine Nolen. ed. 2018. (Green Light Readers Ser.). (ENG.). 48p. (J). (gr. 1-3). 13.89 *(978-1-64310-406-5(3))* Penworthy Co., LLC, The.
Backyard Chemistry Experiments, 1 vol. Alix Wood. 2018. (Backyard Scientist Ser.). (ENG.). 32p. (gr. 3-3). 27.93 *(978-1-5383-3737-0(1)*, b15df0ab-aede-49b9-b22d-ae468b784dd7, PowerKids Pr.) Rosen Publishing Group, Inc., The.
Backyard Detective: Know Your Animal Tracks Children's Science & Nature. Baby Iq Builder Books. 2016. (ENG., Illus.). (J). pap. 8.99 *(978-1-68374-754-3(2))* Examined Solutions PTE. Ltd.
Backyard Fairies. Phoebe Wahl. 2018. (Illus.). 32p. (J). (gr. -1-2). 18.99 *(978-1-5247-1527-4(1)*, Knopf Bks. for Young Readers) Random Hse. Children's Bks.
Backyard Meteorology Experiments, 1 vol. Alix Wood. 2018. (Backyard Scientist Ser.). (ENG.). 32p. (gr. 3-3). 27.93 *(978-1-5383-3741-7(X)*, eac72318-29f9-4bae-b7e0-4df7e70cd940, PowerKids Pr.) Rosen Publishing Group, Inc., The.

B

Backyard Mystery. Marzieh A. Ali. Illus. by Maxine Lee-Mackie. 2023. (Nadia & Nadir Ser.). (ENG.). 32p. (J). (gr. -1-3). lib. bdg. 32.79 *(978-1-0982-3784-4(6)*, 42551, Calico Chapter Bks) Magic Wagon.
Backyard Pet: Ready-To-Read Level 2. Doreen Cronin. Illus. by Stephen Gilpin. 2022. (Chicken Squad Ser.). (ENG.). 32p. (J). (gr. k-2). 17.99 *(978-1-6659-0617-3(0))*; pap. 4.99 *(978-1-6659-0616-6(2))* Simon Spotlight. (Simon Spotlight).
Backyard Physics Experiments, 1 vol. Alix Wood. 2018. (Backyard Scientist Ser.). (ENG.). 32p. (gr. 3-3). 27.93 *(978-1-5383-3745-5(2)*, a9b24d08-1b5b-4d14-92ab-cfc86bf95b7a, PowerKids Pr.) Rosen Publishing Group, Inc., The.
Backyard Scientist (Set), 12 vols. 2018. (Backyard Scientist Ser.). (ENG.). 32p. (gr. 3-3). lib. bdg. 167.58 *(978-1-5383-3920-6(X)*, cdc455dd-c38a-4198-a4c9-29f4e23e089c, PowerKids Pr.) Rosen Publishing Group, Inc., The.
Backyard Wildlife Level 1: Early Emergent, 4 vols., Set. Incl. Beavers. Emily K. Green. (Illus.). lib. bdg. 22.00 *(978-0-531-20136-7(8))*; Opossums. Emily Green. lib. bdg. 22.00 *(978-0-531-20137-4(6))*; Porcupines. Emily Green. lib. bdg. 22.00 *(978-0-531-20488-7(X))*; Wolves. Emily Green. lib. bdg. 22.00 *(978-0-531-20489-4(8))*; 24p. (J). (gr. k-1). 2011. Set lib. bdg. 88.00 *(978-0-531-23925-4(X)*, Children's Pr.) Scholastic Library Publishing.
Bacon Artist: Savory Bacon Recipes. Marne Ventura. 2017. (Kids Can Cook! Ser.). (ENG., Illus.). 32p. (J). (gr. 3-9). lib. bdg. 28.65 *(978-1-5157-3814-5(0)*, 133717, Capstone Pr.) Capstone.
Bacon Fell on the Floor: And Other Six Word Stories. Brendan D. Lynch & Lynchsters. 2018. (ENG., Illus.). 174p. (J). (gr. 3-6). pap. 9.99 *(978-0-9825243-5-0(8))* 1776 Pr.
Bacon Goes Boo. Olivia Johnson. Illus. by Evelio Puente. 2019. (ENG.). 40p. (J). *(978-1-5255-4579-5(5))*; pap. *(978-1-5255-4580-1(9))* FriesenPress.
Bacon Pie. Candace Robinson & Gerardo Delgadillo. 2018. (ENG., Illus.). 294p. (J). pap. *(978-1-77339-642-2(0))* Evernight Publishing.
Bacon Stickers. Victoria Maderna. 2016. (Dover Little Activity Books Stickers Ser.). (ENG.). 8p. (J). (gr. k-3). 1.99 *(978-0-486-80443-9(7)*, 804437) Dover Pubns., Inc.
Bacon's Big Smooching Adventure. Olivia Johnson. 2018. (ENG., Illus.). 36p. (J). *(978-1-5255-2462-2(3))*; pap. *(978-1-5255-2463-9(1))* FriesenPress.
Bacteria, 1 vol. Lesli J. Favor & Margaux Baum. 2016. (Germs: Disease-Causing Organisms Ser.). (ENG.). 48p. (J). (gr. 5-5). pap. 12.75 *(978-1-4777-8836-3(0)*, 4598ef50-51a5-4ef3-9e25-6f225da5f3d3, Rosen Reference) Rosen Publishing Group, Inc., The.
Bacteria Book: The Big World of Really Tiny Microbes. Steve Mould. 2018. (Science Book Ser.). (ENG., Illus.). 72p. (J). (gr. 2-4). 15.99 *(978-1-4654-7028-7(X)*, DK Children) Dorling Kindersley Publishing, Inc.
Bad Apple. Huw Lewis Jones & Ben Sanders. 2021. (ENG., Illus.). 32p. (J). (gr. -1-2). 16.95 *(978-0-500-65243-5(0)*, 565243) Thames & Hudson.
Bad Ass: Journal Your Amazing Life (Journal / Notebook / Diary) New Seasons & Publications International Ltd. Staff. 2018. (ENG.). 160p. (YA). spiral bd. 7.99 *(978-1-64030-477-2(0)*, 5782300, New Seasons) Publications International, Ltd.
Bad at Love. Gabriela Martins. 2022. 240p. (YA). (gr. 7). pap. 9.99 *(978-0-593-48344-2(8)*, Underlined) Random Hse. Children's Bks.
Bad Baby Chronicles: Book 1 the Fairy Tale Caper. Shery Strouble. 2017. (Bad Baby Chronicles Ser.: Vol. 1). (ENG., Illus.). (J). (gr. 2-5). 25.00 *(978-0-692-87855-2(6))* Enlightened Learners Publishing.
Bad Bananas: A Story Cookbook for Kids. Karl Beckstrand. Illus. by Jeff Faerber. 2017. (ENG.). (J). 23.95 *(978-0-9776065-4-2(6))* Premio Publishing & Gozo Bks., LLC.
Bad Batch: Hunted! (Star Wars) RH Disney. 2022. (Screen Comix Ser.). (ENG., Illus.). 80p. (J). (gr. 1-4). pap. 7.99 *(978-0-7364-4214-5(6)*, Random Hse. Bks. for Young Readers) Random Hse. Children's Bks.
Bad Behavior Blues. Nick Baker. 2018. (ENG.). 38p. (J). 14.95 *(978-1-68401-507-8(3))* Amplify Publishing Group.
Bad Bella: A Christmas Holiday Book for Kids. Ali Standish. (ENG.). (J). (gr. 3-7). 2020. 192p. pap. 7.99 *(978-0-06-289326-0(2))*; 2019. (Illus.). 176p. 16.99 *(978-0-06-289325-3(4))* HarperCollins Pubs. (HarperCollins).
Bad Best Friend. Rachel Vail. 2020. (ENG.). 320p. (J). (gr. 5). 17.99 *(978-0-451-47945-7(9)*, Viking Books for Young Readers) Penguin Young Readers Group.
Bad Birthday Surprise. H. M. Arvind. 2016. (ENG., Illus.). 107p. (J). pap. *(978-1-78697-417-4(7))* FeedARead.com.
Bad Blood. Jennifer Lynn Barnes. 2016. (Naturals Ser.: 4). (ENG.). 384p. (YA). (gr. 7-12). 36.99 *(978-1-4847-5732-1(7))* Hyperion Bks. for Children.
Bad Blood. Demitria Lunetta. 2017. 272p. (YA). (gr. 7). 17.99 *(978-1-101-93805-8(6)*, Delacorte Pr.) Random Hse. Children's Bks.
Bad Blood. Jennifer Lynn Barnes. ed. 2023. (Naturals Ser.: 4). (ENG.). 528p. (YA). (gr. 7-17). pap. 11.99 ***(978-0-316-54086-5(2))*** Little, Brown Bks. for Young Readers.
Bad Blood: an AFK Book (Hello Neighbor #4), Vol. 4. Carly Anne West. 2019. (Hello Neighbor Ser.: 4). (ENG., Illus.). 240p. (J). (gr. 5-5). pap. 7.99 *(978-1-338-59428-7(1))* Scholastic, Inc.
Bad Boy: A Memoir. Walter Dean Myers. 2020. (ENG.). 240p. (YA). (gr. 8-18). reprint ed. pap. 15.99 *(978-0-06-447288-3(4)*, Amistad) HarperCollins Pubs.
Bad Boy & the Tomboy. Nicole Nwosu. 2016. (ENG., Illus.). 932p. (YA). pap. *(978-1-77302-205-5(9))* Tellwell Talent.
Bad Boy & the Tomboy. Nicole Nwosu. 2020. (ENG.). 360p. (YA). pap. 10.99 *(978-1-989365-33-5(7)*, 900225397) Wattpad Bks. CAN. Dist: Macmillan.
Bad Boy at Home, & His Experiences in Trying to Become an Editor: The Funniest Book of the Age (Classic Reprint) Walter T. Gray. (ENG., Illus.). (J). 2018. 160p. 27.20 *(978-0-267-74425-1(0))*; 2016. pap. 9.57 *(978-1-334-15809-4(6))* Forgotten Bks.
Bad Boy Bargain. Kendra C. Highley. 2016. (ENG., Illus.). (YA). pap. 16.99 *(978-1-68281-335-5(5))* Entangled Publishing, LLC.
Bad Boys First Reader (Classic Reprint) Frank Bellew. 2018. (ENG., Illus.). (J). 54p. 25.03 *(978-1-391-15513-5(0))*; 56p. pap. 9.57 *(978-1-390-91841-0(6))* Forgotten Bks.
Bad Boys of Fashion: Style Rebels & Renegades Through the Ages. Jennifer Croll. Illus. by Aneta Pacholska. 2019. (ENG.). 184p. (J). (gr. 6). pap. 14.95 *(978-1-77321-242-5(7))* Annick Pr., Ltd. CAN. Dist: Publishers Group West (PGW).
Bad Boys of the Reef. Brian Ardel. 2018. (ENG., Illus.). 36p. (J). *(978-4-902837-42-1(0))*; pap. *(978-4-902837-41-4(2))* Aoishima Kenkyusha.
Bad Brows. Jason Carter Eaton. Illus. by Mike Petrik. 2020. (ENG.). 40p. (J). (gr. -1-2). 16.99 *(978-1-4197-2537-1(8)*, 1158401, Abrams Bks. for Young Readers) Abrams, Inc.
Bad Bunny. Jonathan Bentley. 2023. (ENG.). 24p. (J). (gr. -1-1). pap. 7.99 *(978-1-338-89759-3(4)*, Scholastic Pr.) Scholastic, Inc.
Bad Buster: Being Bad Is Not Just for the Dogs! Sofie Laguna. Illus. by Leigh Hobbs. 2019. (Puffin Nibbles Ser.). 80p. (J). (gr. 2-4). pap. 9.99 *(978-0-14-330033-5(4)*, Puffin) Penguin Random Hse. AUS. Dist: Independent Pubs. Group.
Bad Case (Classic Reprint) Ora Allen Newlin. 2018. (ENG., Illus.). 60p. (J). 25.15 *(978-0-267-27066-8(6))* Forgotten Bks.
Bad Case of Hiccups. Shannon Penney. 2019. (Scholastic Readers Ser.). (ENG.). 32p. (J). (gr. k-1). 13.89 *(978-0-87617-668-9(6))* Penworthy Co., LLC, The.
Bad Cat! Nicola O'Byrne. Illus. by Nicola O'Byrne. 2021. (ENG., Illus.). 32p. (J). (-k). 17.99 *(978-1-5362-1728-5(X))* Candlewick Pr.
Bad Chair, 1 vol. Dasha Tolstikova. 2020. (ENG., Illus.). 40p. (J). (gr. -1-2). 18.95 *(978-1-77306-246-4(8))* Groundwood Bks. CAN. Dist: Publishers Group West (PGW).
Bad Child's Book of Beasts (Classic Reprint) Hilaire Belloc. (ENG., Illus.). (J). 2017. 24.99 *(978-0-266-72805-4(7))*; 2016. pap. 9.57 *(978-1-334-13942-0(3))* Forgotten Bks.
Bad Connection. D. S. Weissman. 2016. (ENG., Illus.). (J). pap. 12.99 *(978-1-68076-688-2(0)*, Epic Pr.) ABDO Publishing Co.
Bad Dad. David Walliams. Illus. by Tony Ross. 2019. (ENG.). 448p. (J). (gr. 3-7). 16.99 *(978-0-06-256110-7(3)*, HarperCollins) HarperCollins Pubs.
Bad Dad. David Walliams. Illus. by Tony Ross. 2017. (ENG.). 448p. (J). *(978-0-00-816466-9(5))* HarperCollins Pubs. Ltd.
Bad Dad. David Walliams. Illus. by Tony Ross. 2020. (ENG.). 464p. (J). (gr. 3-7). pap. 10.99 *(978-0-06-256109-1(X)*, HarperCollins) HarperCollins Pubs.
Bad Day. Aylett Olive. 2018. (ENG., Illus.). 28p. (J). pap. 11.82 *(978-1-387-75684-1(2))* Lulu Pr., Inc.
Bad Day. Frann Preston-Gannon. Illus. by Frann Preston-Gannon. 2022. (ENG.). 40p. (J). (gr. -1-2). 18.99 *(978-1-5362-2378-1(6)*, Templar) Candlewick Pr.
Bad Day Activity Book. David C. Staves Jr. 2019. (ENG.). 44p. (J). pap. 5.55 *(978-0-9600739-6-2(5))* Staves Creations.
Bad Day at Pirate School. Johanna Gohmann. Illus. by Jessika von Innerebner. 2017. (Pirate Kids Ser.). (ENG.). 32p. (J). (gr. -1-3). lib. bdg. 32.79 *(978-1-5321-3038-0(4)*, 27040, Calico Chapter Bks) Magic Wagon.
Bad Day on the Farm (Classic Reprint) M. F. Bentley. 2018. (ENG., Illus.). (J). 68p. 25.32 *(978-0-366-57042-3(0))*; 70p. pap. 9.57 *(978-0-366-56092-9(1))* Forgotten Bks.
Bad Days in Battle. Don Nardo. 2017. (Whoops! a History of Bad Days Ser.). (ENG., Illus.). 48p. (J). (gr. 5-8). lib. bdg. 35.99 *(978-1-4109-8562-0(8)*, 134312, Raintree) Capstone.
Bad Days in Sports. Jon Marthaler. 2017. (Whoops! a History of Bad Days Ser.). (ENG., Illus.). 48p. (J). (gr. 5-8). lib. bdg. 35.99 *(978-1-4109-8564-4(4)*, 134314, Raintree) Capstone.
Bad Debts: A Drama in One Act (Classic Reprint) Margaret Cassie Searle. 2018. (ENG., Illus.). 42p. (J). 24.76 *(978-0-483-89558-4(X))* Forgotten Bks.
Bad Decisions Playlist. Michael Rubens. 2017. (ENG.). 304p. (YA). (gr. 9). pap. 9.99 *(978-1-328-74208-7(3)*, 1677324, Clarion Bks.) HarperCollins Pubs.
Bad Dog? Tracy Blom. Illus. by Kevin Coffey. 2018. (ENG.). 24p. (J). pap. 9.99 *(978-0-9906871-6-0(3))* Blom Pubns.
Bad Dog. Mike Boldt. 2019. (ENG., Illus.). 40p. (J). (gr. -1-2). 18.99 *(978-1-9848-4797-3(X)*, Doubleday Bks. for Young Readers) Random Hse. Children's Bks.
Bad Dog. David McPhail. ed. 2018. (I Like to Read Ser.). (ENG.). 26p. (J). (gr. -1-1). 10.00 *(978-1-64310-628-1(7))* Penworthy Co., LLC, The.
Bad Dog & No, Nell, No! Elizabeth Dale. Illus. by Julia Seal. 2019. (Early Bird Readers — Pink (Early Bird Stories (tm)) Ser.). (ENG.). 32p. (J). (gr. -1-2). pap. 9.99 *(978-1-5415-4619-6(9)*, ebbc5649-3428-4764-8d26-d14ecf3b7e00) Lerner Publishing Group.
Bad Dog, Macy! Wenjun Qin. Illus. by Yinzhi Qin. 2018. 36p. (J). (gr. k-5). 16.95 *(978-1-76036-060-3(0)*, eb09c980-beca-469d-bae1-84e7329dc653) Starfish Bay Publishing Pty Ltd. AUS. Dist: Baker & Taylor Publisher Services (BTPS).
Bad Drawer. Seth Fishman. Illus. by Seth Fishman et al. 2022. 40p. (J). (gr. k-3). 18.99 *(978-0-593-38578-4(0)*, Penguin Workshop) Penguin Young Readers Group.
Bad Dreams. Bethany McAlpine. 2020. (ENG.). 32p. (J). *(978-1-78878-693-5(9))*; pap. *(978-1-78878-692-8(0))* Austin Macauley Pubs. Ltd.
Bad Easter Bunny. Isabel Atherton. Illus. by Stéphanie Röhr. 2023. 32p. (J). (gr. -1-1). pap. 12.99 *(978-1-5107-7367-7(3)*, Sky Pony Pr.) Skyhorse Publishing Co., Inc.
Bad Fairy. Elaine Kaye. 2020. (Bad Fairy Adventures Ser.: Vol. 1). (ENG.). 70p. (J). pap. 9.99 *(978-1-5092-3205-5(2))* Wild Rose Pr., Inc., The.
Bad Fairy Strikes Again. Elaine Kaye. 2021. (Bad Fairy Adventure Ser.: Vol. 2). (ENG.). 62p. (J). pap. 10.99 *(978-1-5092-3606-0(6))* Wild Rose Pr., Inc., The.
Bad Family: And Other Stories (Classic Reprint) Fenwick. 2018. (ENG., Illus.). 164p. (J). 27.30 *(978-0-483-97874-4(4))* Forgotten Bks.
Bad Girl Recipe: The Good Girl Recipe. Bluephenix Bluephoenix. 2022. (ENG.). 100p. (YA). pap. ***(978-1-4717-1998-1(7))*** Lulu Pr., Inc.
Bad Girls Never Say Die. Jennifer Mathieu. 2021. (ENG.). 304p. (YA). 18.99 *(978-1-250-23258-8(9)*, 900209878) Roaring Brook Pr.
Bad Girls Never Say Die. Jennifer Mathieu. 2023. (ENG.). 320p. (YA). pap. 12.99 *(978-1-250-89428-1(X)*, 900209879) Square Fish.
Bad Girls of Fashion: Style Rebels from Cleopatra to Lady Gaga. Jennifer Croll. Illus. by Ada Buchholc. 2016. (ENG.). 208p. (J). pap. 14.95 *(978-1-55451-785-5(0))* Annick Pr., Ltd. CAN. Dist: Publishers Group West (PGW).
Bad Girls with Perfect Faces. Lynn Weingarten. (ENG.). (YA). (gr. 9). 2018. 320p. pap. 11.99 *(978-1-4814-1861-4(0))*; 2017. 304p. 17.99 *(978-1-4814-1860-7(2))* Simon Pulse. (Simon Pulse).
Bad Guy. Hannah Barnaby. Illus. by Mike Yamada. 2017. (ENG.). 32p. (J). (gr. -1-3). 17.99 *(978-1-4814-6010-1(2)*, Simon & Schuster Bks. For Young Readers) Simon & Schuster Bks. For Young Readers.
Bad Guy Is a Two-Word Word. Illus. by Marcus Emerson. 2017. 149p. (J). *(978-1-5490-0441-4(7))* Roaring Brook Pr.
Bad Guy Is a Two-Word Word. Marcus Emerson. ed. 2017. (Recess Warriors Ser.: 2). (J). lib. bdg. 24.50 *(978-0-606-40592-8(5))* Turtleback.
Bad Guys see Tipos Malos
Bad Guys. Aaron Blabey. 2019. (CHI.). (J). (gr. 2-5). pap. *(978-957-13-7658-5(2))* China Times Publishing Co.
Bad Guys, 1. Aaron Blabey. ed. 2021. (Bad Guys Ser.). (ENG., Illus.). 138p. (J). (gr. 2-3). 16.99 *(978-1-64697-864-9(1))* Penworthy Co., LLC, The.
Bad Guys. Aaron Blabey. ed. (Bad Guys Ser.: 4). 2017. (Illus.). 139p. (J). lib. bdg. 16.00 *(978-0-606-40550-8(X))*; 2016. lib. bdg. 16.00 *(978-0-606-40039-8(7))* Turtleback.
Bad Guys 3. Aaron Blabey. 2019. (CHI.). (J). pap. *(978-957-13-7905-0(0))* China Times Publishing Co.
Bad Guys Box Set: Books 1-5, 1 vol. Aaron Blabey. Illus. by Aaron Blabey. 2018. (Bad Guys Ser.). (ENG., Illus.). 1440p. (J). (gr. 2-5). pap., pap., pap. 29.95 *(978-1-338-26722-8(1)*, Scholastic Paperbacks) Scholastic, Inc.
Bad Guys Even Badder Box Set (the Bad Guys #6-10), 1 vol. Aaron Blabey. 2021. (Bad Guys Ser.). (ENG.). 784p. (J). (gr. 2-5). pap., pap., pap. 29.95 *(978-1-338-78598-2(2)*, Scholastic Paperbacks) Scholastic, Inc.
Bad Guys in Alien vs Bad Guys, 6. Aaron Blabey. ed. 2021. (Bad Guys Ser.). (ENG., Illus.). 137p. (J). (gr. 2-3). 16.99 *(978-1-64697-867-0(6))* Penworthy Co., LLC, The.
Bad Guys in Alien vs Bad Guys (the Bad Guys #6), 1 vol. Aaron Blabey. 2018. (Bad Guys Ser.: 6). (ENG., Illus.). 144p. (J). (gr. 2-5). pap. 5.99 *(978-1-338-18959-9(X)*, Scholastic Paperbacks) Scholastic, Inc.
Bad Guys in Attack of the Zittens, 4. Aaron Blabey. ed. 2021. (Bad Guys Ser.). (ENG., Illus.). 139p. (J). (gr. 2-3). 16.99 *(978-1-64697-865-6(X))* Penworthy Co., LLC, The.
Bad Guys in Attack of the Zittens. Illus. by Aaron Blabey. 2017. 139p. (J). *(978-1-5379-5580-3(2))* Scholastic, Inc.
Bad Guys in Attack of the Zittens (the Bad Guys #4), 1 vol. Aaron Blabey. Illus. by Aaron Blabey. 2017. (Bad Guys Ser.: 4). (ENG., Illus.). 144p. (J). (gr. 2-5). pap. 5.99 *(978-1-338-08753-6(3)*, Scholastic Paperbacks) Scholastic, Inc.
Bad Guys in Cut to the Chase, 13. Aaron Blabey. ed. 2021. (Bad Guys Ser.). (ENG., Illus.). 187p. (J). (gr. 2-3). 16.99 *(978-1-64697-936-3(2))* Penworthy Co., LLC, The.
Bad Guys in Cut to the Chase (the Bad Guys #13), 1 vol. Aaron Blabey. 2021. (Bad Guys Ser.: 13). (ENG.). 192p. (J). (gr. 2-5). pap. 6.99 *(978-1-338-32952-0(9)*, Scholastic Paperbacks) Scholastic, Inc.
Bad Guys in Dawn of the Underlord, 11. Aaron Blabey. ed. 2021. (Bad Guys Ser.). (ENG., Illus.). 185p. (J). (gr. 2-3). 16.49 *(978-1-64697-647-8(9))* Penworthy Co., LLC, The.
Bad Guys in Dawn of the Underlord (the Bad Guys #11), 1 vol., 11. Aaron Blabey. 2020. (Bad Guys Ser.: 11). (ENG., Illus.). 192p. (J). (gr. 2-5). pap. 6.99 *(978-1-338-32948-3(0)*, Scholastic Paperbacks) Scholastic, Inc.
Bad Guys in Do-You-Think-He-Saurus?!, 7. Aaron Blabey. ed. 2021. (Bad Guys Ser.). (ENG., Illus.). 170p. (J). (gr. 2-3). 16.99 *(978-1-64697-868-7(4))* Penworthy Co., LLC, The.
Bad Guys in Do-You-Think-He-Saurus?!: Special Edition (the Bad Guys #7), 1 vol. Aaron Blabey. 2018. (Bad Guys Ser.: 7). (ENG., Illus.). 176p. (J). (gr. 2-5). 6.99 *(978-1-338-18961-2(1)*, Scholastic Paperbacks) Scholastic, Inc.
Bad Guys in Intergalactic Gas. Aaron Blabey. 2019. (Tipos Malos, Los Ser.: 5). (SPA.). 144p. (J). (gr. 2-5). pap. 5.99 *(978-1-338-60274-6(8)*, Scholastic en Espanol) Scholastic, Inc.
Bad Guys in Intergalactic Gas, 5. Illus. by Aaron Blabey. 2017. (Bad Guys Ser.). (ENG.). 144p. (J). (gr. 1-4). 18.69 *(978-1-5364-2908-4(2))* Scholastic, Inc.
Bad Guys in Intergalactic Gas, 5. Aaron Blabey. ed. 2021. (Bad Guys Ser.). (ENG., Illus.). 137p. (J). (gr. 2-3). 16.99 *(978-1-64697-869-4(2))* Penworthy Co., LLC, The.
Bad Guys in Intergalactic Gas (the Bad Guys #5), 1 vol. Aaron Blabey. 2017. (Bad Guys Ser.: 5). (ENG., Illus.). 144p. (J). (gr. 2-5). pap. 5.99 *(978-1-338-18957-5(3)*, Scholastic Paperbacks) Scholastic, Inc.
Bad Guys in Let the Games Begin! (the Bad Guys #17) Aaron Blabey. 2023. (Bad Guys Ser.). (ENG.). 192p. (J). (gr. 2-5). pap. 6.99 *(978-1-338-89271-0(1)*, Scholastic Paperbacks) Scholastic, Inc.
Bad Guys in Look Who's Talking (the Bad Guys #18), Vol. 18. Aaron Blabey. 2023. (Bad Guys Ser.). (ENG.). 192p. (J). (gr. 2-5). pap. 6.99 ***(978-1-338-89273-4(8)***, Scholastic Paperbacks) Scholastic, Inc.
Bad Guys in Mission Unpluckable, 2. Aaron Blabey. ed. 2021. (Bad Guys Ser.). (ENG., Illus.). 138p. (J). (gr. 2-3). 16.99 *(978-1-64697-863-2(3))* Penworthy Co., LLC, The.
Bad Guys in Mission Unpluckable (the Bad Guys #2), 1 vol. Aaron Blabey. Illus. by Aaron Blabey. 2017. (Bad Guys Ser.: 2). (ENG., Illus.). 144p. (J). (gr. 2-5). pap. 5.99 *(978-0-545-91241-9(5)*, Scholastic Pr.) Scholastic, Inc.
Bad Guys in Open Wide & Say Arrrgh!, 15. Aaron Blabey. ed. 2022. (Bad Guys Ser.). (ENG.). 185p. (J). (gr. 2-5). 16.96 ***(978-1-68505-559-2(1))*** Penworthy Co., LLC, The.
Bad Guys in Open Wide & Say Arrrgh! (the Bad Guys #15), 1 vol. Aaron Blabey. 2022. (Bad Guys Ser.). (ENG.). 192p. (J). (gr. 2-5). pap. 6.99 *(978-1-338-81318-0(8)*, Scholastic Paperbacks) Scholastic, Inc.
Bad Guys in Superbad, 8. Aaron Blabey. ed. 2019. (Bad Guys Ser.). (ENG.). 137p. (J). (gr. 2-3). 15.96 *(978-0-87617-973-4(1))* Penworthy Co., LLC, The.
Bad Guys in Superbad (the Bad Guys #8), 1 vol. Aaron Blabey. 2018. (Bad Guys Ser.: 8). (ENG., Illus.). 144p. (J). (gr. 2-5). pap. 5.99 *(978-1-338-18963-6(8)*, Scholastic Paperbacks) Scholastic, Inc.
Bad Guys in Superbad, the (Spanish Edition) Aaron Blabey. 2022. (Tipos Malos, Los Ser.). (SPA.). 144p. (J). (gr. 2-5). pap. 5.99 *(978-1-338-79822-7(7)*, Scholastic en Espanol) Scholastic, Inc.
Bad Guys in the Baddest Day Ever, 10. Aaron Blabey. ed. 2021. (Bad Guys Ser.). (ENG., Illus.). 163p. (J). (gr. 2-3). 16.49 *(978-1-64697-646-1(0))* Penworthy Co., LLC, The.
Bad Guys in the Baddest Day Ever (the Bad Guys #10), 1 vol. Aaron Blabey. 2019. (Bad Guys Ser.: 10). (ENG., Illus.). 176p. (J). (gr. 2-5). pap. 5.99 *(978-1-338-30584-5(0)*, Scholastic Paperbacks) Scholastic, Inc.
Bad Guys in the Big Bad Wolf, 9. Aaron Blabey. ed. 2021. (Bad Guys Ser.). (ENG., Illus.). 139p. (J). (gr. 2-3). 16.49 *(978-1-64697-648-5(7))* Penworthy Co., LLC, The.
Bad Guys in the Big Bad Wolf (SP TK) Aaron Blabey. 2022. (Tipos Malos, Los Ser.). (SPA.). 144p. (J). (gr. 2-5). pap. 5.99 *(978-1-338-84918-9(2)*, Scholastic en Espanol) Scholastic, Inc.
Bad Guys in the Big Bad Wolf (the Bad Guys #9), 1 vol. Aaron Blabey. 2019. (Bad Guys Ser.: 9). (ENG.). 144p. (J). (gr. 2-5). pap. 5.99 *(978-1-338-30581-4(6)*, Scholastic Paperbacks) Scholastic, Inc.
Bad Guys in the Furball Strikes Back (the Bad Guys #3), 1 vol. Aaron Blabey. Illus. by Aaron Blabey. 2017. (Bad Guys Ser.: 3). (ENG., Illus.). 144p. (J). (gr. 2-5). pap. 5.99 *(978-1-338-08749-9(5)*, Scholastic Paperbacks) Scholastic, Inc.
Bad Guys in the One?!, 12. Aaron Blabey. ed. 2021. (Bad Guys Ser.). (ENG., Illus.). 187p. (J). (gr. 2-3). 16.49 *(978-1-64697-649-2(5))* Penworthy Co., LLC, The.
Bad Guys in the One?! (the Bad Guys #12), 1 vol., 12. Aaron Blabey. 2020. (Bad Guys Ser.: 12). (ENG., Illus.). 192p. (J). (gr. 2-5). 6.99 *(978-1-338-32950-6(2)*, Scholastic Paperbacks) Scholastic, Inc.
Bad Guys in the Others?!, 16. Aaron Blabey. ed. 2023. (Bad Guys Ser.). (ENG., Illus.). 185p. (J). (gr. 2-5). 17.46 ***(978-1-68505-761-9(6))*** Penworthy Co., LLC, The.
Bad Guys in the Others?! (the Bad Guys #16) Aaron Blabey. 2022. (Bad Guys Ser.). (ENG., Illus.). 192p. (J). (gr. 2-5). pap. 6.99 *(978-1-338-82053-9(2)*, Scholastic Paperbacks) Scholastic, Inc.
Bad Guys in They're Bee-Hind You!, 14. Aaron Blabey. ed. 2022. (Bad Guys Ser.). (ENG., Illus.). 185p. (J). (gr. 2-3). 17.49 ***(978-1-68505-188-4(X))*** Penworthy Co., LLC, The.
Bad Guys in They're Bee-Hind You! (the Bad Guys #14), 1 vol. Aaron Blabey. 2021. (Bad Guys Ser.: 14). (ENG., Illus.). 192p. (J). (gr. 2-5). pap. 6.99 *(978-1-338-32954-4(5)*, Scholastic Paperbacks) Scholastic, Inc.
Bad Guys Movie Novelization. Kate Howard. 2022. (ENG.). 160p. (J). (gr. 2-5). pap. 6.99 *(978-1-338-74569-6(7))* Scholastic, Inc.
Bad Guys Movie Novelization. Kate Howard. ed. 2022. (Bad Guys Ser.). (ENG.). 154p. (J). (gr. 2-3). 17.46 ***(978-1-68505-408-3(0))*** Penworthy Co., LLC, The.
Bad Guys Movie: the Biggest, Baddest Fill-In Book Ever! Terrance Crawford. 2022. (ENG.). 64p. (J). (gr. 2-5). pap. 5.99 *(978-1-338-74570-2(0))* Scholastic, Inc.
Bad Guys (the Bad Guys #1), 1 vol. Aaron Blabey. Illus. by Aaron Blabey. 2016. (Bad Guys Ser.: 1). (ENG., Illus.). 144p. (J). (gr. 2-5). pap. 5.99 *(978-0-545-91240-2(7)*, Scholastic Pr.) Scholastic, Inc.
Bad Guys the Furball Strikes Back, 3. Aaron Blabey. ed. 2021. (Bad Guys Ser.). (ENG., Illus.). 138p. (J). (gr. 2-3). 16.99 *(978-1-64697-866-3(8))* Penworthy Co., LLC, The.
Bad Habit Beasts. Anthony J. Zaza. 2022. (ENG.). 29p. (J). ***(978-1-387-72000-2(7))*** Lulu Pr., Inc.
Bad Habits: Zhou's Instructive Stories. Sahar Rastegar. 2022. (Zhou's Instructive Stories Ser.: Vol. 2). (ENG.). 34p. (J). pap. ***(978-1-990760-59-4(7))*** KidsOcado.
Bad Habits of Good Society (Classic Reprint) George Augustus Baker. 2017. (ENG., Illus.). (J). 174p. 27.51 *(978-0-484-86132-8(8))*; pap. 9.97 *(978-0-282-96950-9(0))* Forgotten Bks.
Bad Hair Day. Jim Benton. Illus. by Jim Benton. 2019. (Franny K. Stein, Mad Scientist Ser.: 8). (ENG., Illus.). 112p. (J). (gr. 1-5). 15.99 *(978-1-5344-1337-5(5)*, Simon & Schuster Bks. For Young Readers) Simon & Schuster Bks. For Young Readers.
Bad Hair Day. Jasmyne Simpkins. Illus. by Cooper Delamain. 2021. (ENG.). 52p. (J). 20.99 *(978-1-63944-211-9(1))*; pap. 12.99 *(978-1-63732-625-1(4))* Climbing Angel Publishing.
Bad Hair Days. J. M. Forster. 2017. (ENG., Illus.). 198p. (J). (gr. 5-6). pap. *(978-0-9930709-2-1(2))* Scribblepad Pr.
Bad Hair Days. Dagmar (van Der Meer) Howe. 2023. (ENG.). 34p. (J). pap. 15.95 ***(978-1-68498-830-3(6))*** Newman Springs Publishing, Inc.
Bad Hare Day: A Shubin Cousins Adventure. Masha Shubin. Illus. by Trinity Shubin. 2018. (ENG.). 204p. (J). pap. 9.95 *(978-1-939689-01-6(5))* Anno Domini.
Bad Joke & a Metaphor. Keiara Scranton. 2019. (ENG.). 122p. (YA). pap. 13.95 *(978-1-68456-933-5(8))* Page Publishing Inc.
Bad Kid. Sarah Lariviere. 2016. (ENG., Illus.). 304p. (J). (gr. 3-7). 17.99 *(978-1-4814-3581-9(7)*, Simon & Schuster Bks. For Young Readers) Simon & Schuster Bks. For Young Readers.
Bad Kitty 3-In-1 Bindup. Nick Bruel. 2022. (ENG.). 464p. (J). pap. 14.99 *(978-1-250-86481-9(X))* Square Fish.
Bad Kitty Camp Daze. Nick Bruel. ed. 2019. (Bad Kitty! Ch Bks). (ENG.). 160p. (J). (gr. 2-3). 16.36 *(978-0-87617-952-9(9))* Penworthy Co., LLC, The.
Bad Kitty Camp Daze. Nick Bruel. 2018. (Bad Kitty Ser.). (ENG., Illus.). 176p. (J). pap. 6.99 *(978-1-250-29409-8(6)*, 900176837) Square Fish.
Bad Kitty Camp Daze (classic Black-And-white Edition) Nick Bruel. 2018. (Bad Kitty Ser.). (ENG., Illus.). 160p. (J).

146
The check digit for ISBN-10 appears in parentheses after the full ISBN-13

13.99 *(978-1-62672-885-1(2),* 900176836) Roaring Brook Pr.

Bad Kitty Does Not Like Snow. Nick Bruel. ed. 2016. (Bad Kitty Picture Bks.). (ENG.). 24p. (J). (gr. -1-k). 14.75 *(978-0-606-39296-9(3))* Turtleback.

Bad Kitty Does Not Like Snow: Includes Stickers. Nick Bruel. 2016. (Bad Kitty Ser.). (ENG., Illus.). 24p. (J). pap. 5.99 *(978-1-62672-581-2(0),* 900162178) Roaring Brook Pr.

Bad Kitty Does Not Like Thanksgiving. Nick Bruel. 2019. (Bad Kitty 8x8 Ser.). (ENG., Illus.). 24p. (J). (gr. k-1). 14.89 *(978-0-87617-633-7(3))* Penworthy Co., LLC, The.

Bad Kitty Does Not Like Thanksgiving. Nick Bruel. Illus. by Nick Bruel. 2019. (Bad Kitty Ser.). (ENG., Illus.). 24p. (J). 5.99 *(978-1-250-19842-6(9),* 900194593) Roaring Brook Pr.

Bad Kitty Does Not Like Valentine's Day. Nick Bruel. 2022. (Bad Kitty Ser.). (ENG., Illus.). 24p. (J). 9.99 *(978-1-250-74995-6(6),* 900224568) Roaring Brook Pr.

Bad Kitty Does Not Like Video Games. Nick Bruel. ed. 2016. (Bad Kitty Picture Bks.). (ENG.). 24p. (J). (gr. -1-k). 14.75 *(978-0-606-39297-6(1))* Turtleback.

Bad Kitty Does Not Like Video Games: Includes Stickers. Nick Bruel. 2016. (Bad Kitty Ser.). (ENG., Illus.). 24p. (J). pap. 5.99 *(978-1-62672-582-9(9),* 900162179) Roaring Brook Pr.

Bad Kitty Drawn to Trouble. Nick Bruel. 2022. (Bad Kitty Ser.). (ENG., Illus.). 144p. (J). 13.99 *(978-1-250-78239-7(2),* 900236511) Roaring Brook Pr.

Bad Kitty for President. Nick Bruel. 2022. (Bad Kitty Ser.). (ENG., Illus.). 144p. (J). 13.99 *(978-1-250-78237-3(6),* 900236509) Roaring Brook Pr.

Bad Kitty Gets a Bath. Nick Bruel. Illus. by Nick Bruel. 2020. (Bad Kitty Ser.). (ENG., Illus.). 128p. (J). 13.99 *(978-1-250-76533-8(1),* 900232242) Roaring Brook Pr.

Bad Kitty Gets a Phone (Graphic Novel) Nick Bruel. Illus. by Nick Bruel. 2021. (Bad Kitty Ser.). (ENG., Illus.). 144p. (J). 13.99 *(978-1-250-74996-3(4),* 900224569) Roaring Brook Pr.

Bad Kitty Goes to the Vet. Nick Bruel. ed. 2017. (Bad Kitty Chapter Bks.). (J). lib. bdg. 17.20 *(978-0-606-39582-3(2))* Turtleback.

Bad Kitty Goes to the Vet (classic Black-And-white Edition) Nick Bruel. Illus. by Nick Bruel. 2016. (Bad Kitty Ser.). (ENG., Illus.). 144p. (J). 15.99 *(978-1-59643-977-1(7),* 900177754) Roaring Brook Pr.

Bad Kitty Joins the Team. Nick Bruel. ed. 2021. (Bad Kitty! Ch Bks). (ENG., Illus.). 143p. (J). (gr. 2-3). 16.96 *(978-1-64697-633-1(9))* Penworthy Co., LLC, The.

Bad Kitty Joins the Team. Nick Bruel. 2020. (Bad Kitty Ser.). (ENG., Illus.). 144p. (J). 13.99 *(978-1-250-20807-1(6),* 900201804) Roaring Brook Pr.

Bad Kitty Joins the Team. Nick Bruel. 2020. (Bad Kitty Ser.). (ENG., Illus.). 144p. (J). pap. 6.99 *(978-1-250-76270-2(7),* 900201805) Square Fish.

Bad Kitty: Kitten Trouble. Nick Bruel. Illus. by Nick Bruel. 2018. (Bad Kitty Ser.). (ENG., Illus.). 160p. (J). 13.99 *(978-1-250-18208-1(5),* 900190504) Roaring Brook Pr.

Bad Kitty: Kitten Trouble. Nick Bruel. Illus. by Nick Bruel. 2019. (Bad Kitty Ser.). (ENG., Illus.). 176p. (J). pap. 7.99 *(978-1-250-23328-8(3),* 900190505) Square Fish.

Bad Kitty Meets the Baby (full-Color Edition) Nick Bruel. Illus. by Nick Bruel. 2022. (Bad Kitty Ser.). (ENG., Illus.). 144p. (J). 13.99 *(978-1-250-78236-6(8),* 900236508) Roaring Brook Pr.

Bad Kitty Scaredy-Cat. Nick Bruel. 2016. (Bad Kitty Ser.). (ENG., Illus.). 32p. (J). 18.99 *(978-1-59643-978-8(5),* 900177755) Roaring Brook Pr.

Bad Kitty School Daze. Nick Bruel. 2022. (Bad Kitty Ser.). (ENG., Illus.). 160p. (J). 13.99 *(978-1-250-78238-0(4),* 900236510) Roaring Brook Pr.

Bad Kitty: Searching for Santa. Nick Bruel. Illus. by Nick Bruel. 2019. (Bad Kitty Ser.). (ENG., Illus.). 24p. (J). 9.99 *(978-1-250-19843-3(7),* 900194594) Roaring Brook Pr.

Bad Kitty: Supercat (Graphic Novel) Nick Bruel. Illus. by Nick Bruel. 2022. (Bad Kitty Ser.). (ENG., Illus.). 176p. (J). 13.99 *(978-1-250-74998-7(0),* 900224572) Roaring Brook Pr.

Bad Kitty Takes the Test. Nick Bruel. 2018. (Bad Kitty Ser.). (ENG., Illus.). 160p. (J). pap. 6.99 *(978-1-250-14354-9(3),* 900180527) Square Fish.

Bad Kitty Takes the Test (classic Black-And-white Edition) Nick Bruel. 2017. (Bad Kitty Ser.). (ENG., Illus.). 144p. (J). 15.99 *(978-1-62672-589-8(6),* 900162364) Roaring Brook Pr.

Bad Kitty vs the Babysitter. Nick Bruel. Illus. by Nick Bruel. 2021. (Bad Kitty Ser.). (ENG., Illus.). 176p. (J). pap. 6.99 *(978-1-250-83584-0(4),* 900254429) Square Fish.

Bad Kitty's Very Bad Boxed Set (#1) Bad Kitty Gets a Bath, Happy Birthday, Bad Kitty, Bad Kitty vs the Babysitter - with Free Poster! Nick Bruel. 2021. (Bad Kitty Ser.: 1). (ENG.). (J). 20.97 *(978-1-250-83724-0(3),* 900254710) Square Fish.

Bad Latitude: A Jack Rackham Adventure. David Ebright. 2nd ed. 2019. (Jack Rackham Adventures Ser.: Vol. 1). (ENG., Illus.). 236p. (YA). (gr. 7-12). pap. 12.95 *(978-1-7322277-5-0(6))* Ebright, David.

Bad Luck. Pseudonymous Bosch. 2017. (Bad Bks.: 2). (ENG., Illus.). 304p. (J). (gr. 3-7). pap. 8.99 *(978-0-316-32044-3(7))* Little, Brown Bks. for Young Readers.

Bad Luck. Pseudonymous Bosch. ed. 2017. (Bad Bks.: 2). (J). lib. bdg. 18.40 *(978-0-606-39475-8(3))* Turtleback.

Bad Luck Day. Holly Anna. Illus. by Genevieve Santos. 2019. (Daisy Dreamer Ser.: 11). (ENG.). 128p. (J). (gr. k-4). 17.99 *(978-1-5344-4265-8(0));* pap. 6.99 *(978-1-5344-4264-1(2))* Little Simon. (Little Simon).

Bad Luck Felix. Calvin Denson. 2018. (ENG., Illus.). 30p. (J). 19.95 *(978-1-948282-96-3(8));* pap. 12.99 *(978-1-948282-63-5(1))* Yorkshire Publishing Group.

Bad Luck Max: In the First Day of School. Darryl Nunnally. 2019. (ENG., Illus.). 38p. (J). pap. 15.95 *(978-1-64531-324-3(7))* Newman Springs Publishing, Inc.

Bad Luck Penny. Lisa J. Seaton. 2021. (ENG., Illus.). 34p. (J). 21.95 *(978-1-0980-9667-0(3))* Christian Faith Publishing.

Bad Luck, Vol. 1 Of 3: A Novel (Classic Reprint) Albany De Grenier Fonblanque, Jr. 2018. (ENG., Illus.). 268p. (J). 29.44 *(978-0-332-14745-1(2))* Forgotten Bks.

Bad Luck, Vol. 2 Of 3: A Novel (Classic Reprint) Albany De Grenier Fonblanque, Jr. 2018. (ENG., Illus.). 240p. (J). 28.87 *(978-0-428-53667-1(0))* Forgotten Bks.

Bad Luck, Vol. 3 Of 3: A Novel (Classic Reprint) Albany De Grenier Fonblanque, Jr. 2018. (ENG., Illus.). 240p. (J). 28.85 *(978-0-483-83054-7(2))* Forgotten Bks.

Bad Machinery Vol. 1: The Case of the Team Spirit, Pocket Edition. John Allison. 2017. (Bad Machinery Ser.: 1). (ENG., Illus.). 136p. pap. 9.99 *(978-1-62010-387-6(7),* 9781620103876, Lion Forge) Oni Pr., Inc.

Bad Machinery Vol. 10: The Case of the Severed Alliance. John Allison. 2021. (Bad Machinery Ser.: 10). (ENG., Illus.). 128p. (YA). pap. 12.99 *(978-1-62010-847-5(X))* Oni Pr., Inc.

Bad Machinery Vol. 2 Vol. 2: The Case of the Good Boy, Pocket Edition. John Allison. 2017. (Bad Machinery Ser.: 2). (ENG., Illus.). 144p. pap. 12.99 *(978-1-62010-421-7(0),* 9781620104217, Lion Forge) Oni Pr., Inc.

Bad Machinery Vol. 3 Vol. 3: The Case of the Simple Soul, Pocket Edition. John Allison. 2017. (Bad Machinery Ser.: 3). (ENG., Illus.). 136p. pap. 12.99 *(978-1-62010-443-9(1),* 9781620104439, Lion Forge) Oni Pr., Inc.

Bad Machinery Vol. 4 Vol. 4: The Case of the Lonely One, Pocket Edition. John Allison. Illus. by John Allison. 2018. (Bad Machinery Ser.: 4). (ENG., Illus.). 136p. pap. 12.99 *(978-1-62010-457-6(1),* 9781620104576, Lion Forge) Oni Pr., Inc.

Bad Machinery Vol. 7: The Case of the Forked Road. John Allison. 2017. (Bad Machinery Ser.: 7). (ENG., Illus.). 128p. (YA). pap. 14.99 *(978-1-62010-390-6(7),* 9781620103906, Lion Forge) Oni Pr., Inc.

Bad Machinery Vol. 7: The Case of the Forked Road, Pocket Edition. John Allison. 2019. (Bad Machinery Ser.: 7). (ENG., Illus.). 128p. (YA). pap. 12.99 *(978-1-62010-562-7(4),* Lion Forge) Oni Pr., Inc.

Bad Machinery Vol. 8: The Case of the Modern Men. John Allison. 2019. (Bad Machinery Ser.: 8). (ENG., Illus.). 136p. (YA). (gr. 4-7). pap. 12.99 *(978-1-62010-437-8(7),* Lion Forge) Oni Pr., Inc.

Bad Machinery Vol. 9: The Case of the Missing Piece. John Allison. Illus. by John Allison. 2020. (Bad Machinery Ser.: 9). (ENG., Illus.). 128p. (YA). (gr. 8). pap. 12.99 *(978-1-62010-668-6(X),* Lion Forge) Oni Pr., Inc.

Bad Man: A Novel (Classic Reprint) Charles Hanson Towne. 2018. (ENG., Illus.). 298p. (J). 30.04 *(978-0-267-17917-6(0))* Forgotten Bks.

Bad Man's Sweetheart (Classic Reprint) Edmund Ernest Sheppard. (ENG., Illus.). (J). 2018. 212p. 28.27 *(978-0-364-99592-1(0));* 2017. pap. 10.97 *(978-0-259-20148-9(0))* Forgotten Bks.

Bad Mermaids Make Waves. Sibéal Pounder. Illus. by Jason Cockcroft. 2018. (Bad Mermaids Ser.). (ENG.). 256p. (J). 13.99 *(978-1-68119-792-0(8),* 900187211, Bloomsbury Children's Bks.) Bloomsbury Publishing USA.

Bad Mix-Up: Dialog for 5 Males (Classic Reprint) E. J. Freund. (ENG., Illus.). (J). 2018. 22p. 24.37 *(978-0-267-54787-6(0));* 2016. pap. 7.97 *(978-1-333-50930-9(8))* Forgotten Bks.

Bad Mood. Moritz Petz. Illus. by Amélie Jackowski. 2021. (ENG.). 32p. (J). (gr. -1-3). 17.95 *(978-0-7358-4464-3(X))* North-South Bks., Inc.

Bad Mood & the Stick. Lemony Snicket, pseud. Illus. by Matthew Forsythe. 2017. (ENG.). 48p. (J). (gr. -1-3). 17.99 *(978-0-316-39278-5(2))* Little, Brown Bks. for Young Readers.

Bad Mood & the Stick. Lemony Snicket, pseud. 2019. (CHI.). (J). (gr. -1-3). *(978-7-5321-7182-8(5))* Shanghai Literature & Art Publishing Hse.

Bad Moooove!, 3. Nancy Krulik. ed. 2020. (Princess Pulverizer Ser.). (ENG.). 134p. (J). (gr. 2-3). 17.49 *(978-1-64697-032-2(2))* Penworthy Co., LLC, The.

Bad Moooove! #3. Nancy Krulik. Illus. by Ben Balistreri. 2018. (Princess Pulverizer Ser.: 3). 144p. (J). (gr. 1-3). 6.99 *(978-0-515-15837-3(2),* Penguin Workshop) Penguin Young Readers Group.

Bad News. Pseudonymous Bosch. 2018. (Bad Bks.: 3). (ENG., Illus.). 352p. (J). (gr. 3-7). pap. 8.99 *(978-0-316-32045-0(5))* Little, Brown Bks. for Young Readers.

Bad News. Pseudonymous Bosch. ed. 2018. (Bad Bks.: 3). (J). lib. bdg. 18.40 *(978-0-606-40633-8(6))* Turtleback.

Bad News Belinda. Stewart Martin Johnson. 2017. (ENG., Illus.). 35p. (J). pap. 14.95 *(978-1-78554-651-8(1),* ec331a16-035b-4526-9403-0650f1f6da1e) Austin Macauley Pubs. Ltd. GBR. Dist: Baker & Taylor Publisher Services (BTPS).

Bad Night for Bullies. Gary Ghislain. (Goolz Next Door Ser.). (ENG.). 240p. (J). (gr. 3-7). 2020. pap. 9.99 *(978-1-68437-375-8(1));* 2018. 17.95 *(978-1-62979-677-2(8))* Astra Publishing Hse. (Astra Young Readers).

Bad Ones. Kelly Martin. 2022. (ENG.). 162p. (J). pap. 17.99 *(978-1-955060-05-9(3))* Monster Ivy Publishing.

Bad Panda: World Book Day 2023 Author. Swapna Haddow. Illus. by Sheena Dempsey. 2021. (ENG.). 160p. (J). 8.95 *(978-0-571-35241-8(3))* Faber & Faber, Inc.

Bad Princess: True Tales from Behind the Tiara. Kris Waldherr. Illus. by Kris Waldherr. 2018. (ENG., Illus.). 128p. (J). (gr. 4-7). 12.99 *(978-1-338-04798-1(1),* Scholastic Nonfiction) Scholastic, Inc.

Bad Rex! Robert Rosen. Illus. by Chiara Fiorentino. 2017. (Play Time Ser.). (ENG.). 24p. (gr. -1-2). pap. 9.95 *(978-1-68342-782-7(3),* 9781683427827) Rourke Educational Media.

Bad Romance. Heather Demetrios. 2018. (ENG.). 384p. (YA). pap. 16.99 *(978-1-250-15877-2(X),* 900159573) Square Fish.

Bad Romance: Part I. Ellington Baddox. 2018. (Bad Romance Ser.: Vol. 1). (ENG.). 380p. (YA). 24.00 *(978-1-64255-404-5(9))* Primedia eLaunch LLC.

Bad Romance Part II. Ellington Baddox. Ed. by BeJai Crume. 2021. (ENG.). 494p. (YA). 22.00 *(978-1-63795-656-4(8))* Primedia eLaunch LLC.

Bad Seed. Jory John. Illus. by Pete Oswald. 2017. (Food Group Ser.). (ENG.). 40p. (J). (gr. -1-3). 19.99 *(978-0-06-246776-8(X),* HarperCollins) HarperCollins Pubs.

Bad Seed Goes to the Library. Jory John. Illus. by Pete Oswald. 2022. (I Can Read Level 1 Ser.). (ENG.). 32p. (J). (gr. -1-3). 17.99 *(978-0-06-295456-5(3));* pap. 4.99 *(978-0-06-295455-8(5))* HarperCollins Pubs. (HarperCollins).

Bad Seed Goes to the Library. Jory John. ed. 2022. (I Can Read Ser.). (ENG.). 32p. (J). (gr. k-1). 16.46 ***(978-1-68505-476-2(5))*** Penworthy Co., LLC, The.

Bad Seed Presents: the Good, the Bad, & the Spooky: Over 150 Spooky Stickers Inside. a Halloween Book for Kids. Jory John. Illus. by Pete Oswald. 2021. (Food Group Ser.). (ENG.). 32p. (J). (gr. -1-3). 12.99 *(978-0-06-295454-1(7),* HarperCollins) HarperCollins Pubs.

Bad Sister. Charise Mericle Harper. ed. 2022. (ENG.). 230p. (J). (gr. 4-5). 23.46 ***(978-1-68505-382-6(3))*** Penworthy Co., LLC, The.

Bad Sister. Charise Mericle Harper. Illus. by Rory Lucey. 2021. (ENG.). 240p. (J). 19.99 *(978-1-250-21906-0(X),* 900207299); pap. 12.99 *(978-1-250-21905-3(1),* 900207300) Roaring Brook Pr. (First Second Bks.).

Bad Spell for the Worst Witch: #3. Jill Murphy. Illus. by Jill Murphy. 2022. (Worst Witch Ser.). (ENG., Illus.). 128p. (J). (gr. 2-5). lib. bdg. 32.79 *(978-1-0982-5160-4(1),* 40107, Chapter Bks.) Spotlight.

Bad Things, Good People, & God: A Guide for Teens. Bryan Bliss. 2022. (ENG.). 160p. (YA). pap. 17.95 *(978-1-64065-482-2(8),* Morehouse Publishing) Church Publishing, Inc.

Bad Things Happen Here. Rebecca Barrow. 2022. (ENG.). 352p. (YA). (gr. 9). 19.99 *(978-1-5344-9743-6(9),* McElderry, Margaret K. Bks.) McElderry, Margaret K. Bks.

Bad Witch Burning. Jessica Lewis. 2023. 368p. (YA). (gr. 9). pap. 11.99 *(978-0-593-17741-9(X),* Ember) Random Hse. Children's Bks.

Badass Babes of Horror. Megan Brock. 2022. (ENG.). 41p. (YA). pap. ***(978-1-387-29920-1(4))*** Lulu Pr., Inc.

Baddeck, & That Sort of Thing. Charles Dudley Warner. 2017. (ENG.). 196p. (J). pap. *(978-3-337-40346-1(8))* Creation Pubs.

Baddeck, & That Sort of Thing (Classic Reprint) Charles Dudley Warner. 2019. (ENG., Illus.). 194p. (J). 27.92 *(978-0-365-18481-2(0))* Forgotten Bks.

Baddington Peerage, Vol. 1 Of 3: Who Won, & Who Wore It, a Story of the Best & the Worst Society (Classic Reprint) George Augustus Sala. 2018. (ENG., Illus.). 334p. (J). 30.79 *(978-0-483-14834-5(2))* Forgotten Bks.

Baddington Peerage, Vol. 2 Of 3: Who Won, & Who Wore It, a Story of the Best & the Worst Society (Classic Reprint) George Augustus Sala. 2018. (ENG., Illus.). 314p. (J). 30.37 *(978-0-484-22866-4(8))* Forgotten Bks.

Baddington Peerage, Vol. 3 Of 3: Who Won, & Who Wore It; a Story of the Best & the Worst Society (Classic Reprint) George Augustus Sala. 2018. (ENG., Illus.). 270p. (J). 29.47 *(978-0-484-64284-2(7))* Forgotten Bks.

Baden-Powell: Chief Scout of the World. John Gelinas Jr. 2019. (ENG.). 84p. (J). pap. 10.00 *(978-1-68470-083-7(3))* Lulu Pr., Inc.

Baden-Powell of Mafeking (Classic Reprint) J. S. Fletcher. 2017. (ENG., Illus.). (J). 26.58 *(978-0-266-54874-4(1))* Forgotten Bks.

Badge of Infamy & the Sky Is Falling. Lester Del Rey. 2017. (ENG., Illus.). (J). 24.95 *(978-1-374-98289-5(X));* pap. 14.95 *(978-1-374-98288-8(1))* Capital Communications, Inc.

Badger: A Monograph (Classic Reprint) Alfred E. Pease. 2018. (ENG., Illus.). 130p. (J). 26.58 *(978-0-267-68711-4(7))* Forgotten Bks.

Badger & the Big Adventure. Suzanne Chiew. Illus. by Caroline Pedler. 2019. (ENG.). 32p. (J). (gr. -1-2). 17.99 *(978-1-68010-149-2(8))* Tiger Tales.

Badger Goes A-Gardening. Sarah Keyes & Hannah Keyes. 2017. (ENG., Illus.). 48p. (J). pap. *(978-1-365-81417-4(3))* Lulu Pr., Inc.

Badger Goes Berry Picking. Sarah Keyes & Hannah Keyes. 2016. (ENG., Illus.). 46p. (J). pap. *(978-1-365-35655-1(8))* Lulu Pr., Inc.

Badger Is Bored. Moritz Petz. Illus. by Amélie Jackowski. 2022. (ENG.). 32p. (J). (gr. -1-3). 17.95 *(978-0-7358-4479-7(8))* North-South Bks., Inc.

Badger Tales: The Teacup Fliers. Meghan Tibbits. 2018. (ENG., Illus.). 40p. (J). *(978-0-2288-0140-5(0));* pap. *(978-0-2288-0141-2(9))* Tellwell Talent.

Badgers. Julie Murray. 2017. (Nocturnal Animals (Abdo Kids Junior) Ser.). (ENG., Illus.). 24p. (J). (gr. -1-2). lib. bdg. 31.36 *(978-1-5321-0405-3(7),* 26531, Abdo Kids) ABDO Publishing Co.

Badger's Bodhran. Sarah Keyes & Hannah Keyes. 2018. (ENG., Illus.). 44p. (J). pap. *(978-1-387-64109-3(3))* Lulu Pr., Inc.

Badger's Journey. Cecilia Heikkilä. (ENG., Illus.). 32p. (J). 2021. pap. 9.95 *(978-1-62371-959-3(3));* 2020. 18.95 *(978-1-62371-951-7(8))* Interlink Publishing Group, Inc. (Crocodile Bks.).

Badger's Perfect Garden. Marsha Diane Arnold. Illus. by Ramona Kaulitzki. 2019. (ENG.). 32p. (J). (gr. k-3). 16.99 *(978-1-5341-1000-7(3),* 204647) Sleeping Bear Pr.

Badger's Tale: Eric Ashby Edition: from the Nature's Heroes Series. Geoff Francis. Ed. by Jacky Francis Walker. 2019. (ENG., Illus.). 32p. (YA). pap. *(978-1-907729-18-8(6))* Bonobo TV.

Badger's Tale - Naturewatch Foundation Edition: From the Nature's Heroes Series. Geoff Francis. Ed. by Jacky Francis Walker. 2019. (ENG., Illus.). 56p. (YA). pap. *(978-1-907729-37-9(2))* Bonobo TV.

Badir & the Beaver, 1 vol. Shannon Stewart. Illus. by Sabrina Gendron. 2019. (Orca Echoes Ser.). (ENG.). 104p. (J). (gr. 1-3). pap. 7.95 *(978-1-4598-1727-2(3))* Orca Bk. Pubs. USA.

Badlands. Lori Dittmer. 2019. (National Park Explorers Ser.). (ENG.). 24p. (J). (gr. 1-3). *(978-1-64026-065-8(X),* 18807); pap. 8.99 *(978-1-62832-653-6(0),* 18808, Creative Paperbacks) Creative Co., The.

Badlands & Broncho Trails (Classic Reprint) Lewis F. Crawford. 2018. (ENG., Illus.). 124p. (J). 26.45 *(978-0-666-14524-6(5))* Forgotten Bks.

Badlands National Park. Grace Hansen. 2018. (National Parks (Abdo Kids Jumbo) Ser.). (ENG., Illus.). 24p. (J). (gr. -1-2). lib. bdg. 32.79 *(978-1-5321-8206-8(6),* 29871, Abdo Kids) ABDO Publishing Co.

Badly Drawn Beth: Happy Bethday! Book 3. Knife & Packer. 2018. (Badly Drawn Beth Ser.). (ENG.). 240p. (J). (gr. 3-7). pap. 9.99 *(978-1-4083-3778-3(9),* Orchard Bks.) Hachette Children's Group GBR. Dist: Hachette Bk. Group.

Badly Drawn Beth: the Show Must Go On! Book 2. Knife & Packer. 2018. (Badly Drawn Beth Ser.). (ENG., Illus.). 224p. (J). (gr. 3-7). pap. 9.99 *(978-1-4083-3777-6(0),* Orchard Bks.) Hachette Children's Group GBR. Dist: Hachette Bk. Group.

Badminton Magazine, December 1898: Some Experiences of an Irish R. M (Classic Reprint) E. OE Somerville. 2018. (ENG., Illus.). 26p. (J). 24.43 *(978-0-484-89112-7(X))* Forgotten Bks.

Badminton Magazine, July 1899: Some Experiences of an Irish R. M.; No; X., the House of Fahy (Classic Reprint) Edith Oe Somerville. 2018. (ENG., Illus.). 24p. (J). 24.41 *(978-0-484-49675-9(1))* Forgotten Bks.

Badminton Magazine, October 1898: Some Experiences of an Irish R. M.; No; I Great-Uncle Mccarthy (Classic Reprint) E. OE Somerville. 2018. (ENG., Illus.). 26p. (J). 24.45 *(978-0-267-68643-8(9))* Forgotten Bks.

Baeoh & the Bully. Taekwon Lee & Jeffrey Nodelman. Illus. by Ethen Beavers. 2018. (Team Taekwondo Ser.: 2). 96p. (J). (gr. 1-4). pap. 9.99 *(978-1-62336-945-3(2),* 9781623369453, Rodale Kids) Random Hse. Children's Bks.

Baffin the Bear. Felicia Law. 2020. (ENG.). 34p. (J). pap. 8.99 *(978-1-63760-991-0(4))* Primedia eLaunch LLC.

Baffled Schemes: A Novel (Classic Reprint) Unknown Author. 2018. (ENG., Illus.). 500p. (J). 34.21 *(978-0-484-80165-2(1))* Forgotten Bks.

Baffling Bathing Customs, 1 vol. Anita Croy. 2018. (Bizarre History of Beauty Ser.). (ENG.). 48p. (gr. 5-6). lib. bdg. 33.60 *(978-1-5382-2691-9(X),* 7c28e186-d61d-4aba-a61b-7fd2840e82de) Stevens, Gareth Publishing LLLP.

Baffling Buildings! Hermione Redshaw. 2023. (Wacky World Of... Ser.). (ENG.). 24p. (J). (gr. 2-5). lib. bdg. 19.95 Bearport Publishing Co., Inc.

Bag. D. J. Cattrell. 2017. (ENG., Illus.). 347p. (J). pap. *(978-1-907552-97-7(9),* Nightingale Books) Pegasus Elliot Mackenzie Pubs.

Bag. Emma Spelman. Illus. by Rosendo Pabalinas Jr. 2019. (ENG.). 20p. (J). pap. *(978-1-925932-02-7(8))* Library For All Limited.

Bag & Baggage (Classic Reprint) Bernard Capes. 2018. (ENG., Illus.). 354p. (J). 31.20 *(978-0-365-14436-6(3))* Forgotten Bks.

Bag of Saffron (Classic Reprint) Bettina Von Hutten. 2017. (ENG., Illus.). (J). 33.53 *(978-0-266-18072-2(8))* Forgotten Bks.

Bagdad on the Subway (Classic Reprint) Stephen Leacock. (ENG., Illus.). (J). 2018. 26p. 24.43 *(978-0-332-86215-6(1));* 2017. pap. 7.97 *(978-0-243-48859-9(9))* Forgotten Bks.

Bagel Girl Anthology: Holiday Villain / Bigfoot Mystery. Sophie J. Blakeman. 2022. (Adventures of Bagel Girl Ser.). (ENG.). 46p. (J). pap. 11.99 ***(978-1-0879-6649-6(3))*** Indy Pub.

Bagel King. Andrew Larsen. Illus. by Sandy Nichols. 2018. (ENG.). 32p. (J). (gr. -1-2). 16.99 *(978-1-77138-574-9(X))* Kids Can Pr., Ltd. CAN. Dist: Hachette Bk. Group.

Baggs Sets Off: The Adventures of Baggs. Janet Silvano Shirley. Illus. by Tim Shirley. 2022. 38p. (J). (gr. -1-k). 27.95 BookBaby.

Bagh o Bahar: Or the Garden & the Spring; Being the Adventures of King Azad Bakht & the Four Darweshes; Literally Translated from the URD of MR Amman, of Dihl with Copious Explanatory Notes, & an Introductory Preface (Classic Reprint) Edward B. Eastwick. 2018. (ENG., Illus.). 272p. (J). 29.51 *(978-0-666-06013-6(4))* Forgotten Bks.

Baghdad: an Urban History Through the Lens of Literature. Iman Al-Attar. 2018. (Built Environment City Studies). (ENG., Illus.). 134p. (C). 69.95 *(978-1-138-62544-0(2),* K390626) Routledge.

Bagirah, Sit! Dana McCall. 2022. (ENG.). 58p. (J). pap. 7.99 *(978-1-7372458-3-4(3))* Legacy of Negasi.

Bagpipers (Classic Reprint) George Sand. (ENG., Illus.). (J). 2017. 32.39 *(978-0-265-67672-1(X));* 2016. pap. 16.57 *(978-1-333-57398-0(7))* Forgotten Bks.

Bagpipes. Ruth Daly. 2020. (J). *(978-1-7911-1632-3(9),* AV2 by Weigl) Weigl Pubs., Inc.

Bagpipes, Beasties & Bogles, 30 vols. Tim Archbold. 2023. (Picture Kelpies Ser.). (Illus.). 32p. (J). pap. 12.95 *(978-0-86315-911-4(7),* Kelpies) Floris Bks. GBR. Dist: Consortium Bk. Sales & Distribution.

BAGS (or a Story Thereof) Pat McHale. Illus. by Gavin Fullerton. 2019. (ENG.). 96p. (J). pap. 12.99 *(978-1-68415-409-8(X))* BOOM! Studios.

Bagsby's Daughter (Classic Reprint) Marie Van Vorst. (ENG., Illus.). (J). 2018. 374p. 31.61 *(978-0-267-53416-6(7));* 2017. pap. 13.97 *(978-0-282-55543-6(9))* Forgotten Bks.

Bagthorpe Saga: Absolute Zero (Collins Modern Classics) Helen Cresswell. 2018. (Collins Modern Classics Ser.). (ENG.). 208p. (J). 6.99 *(978-0-00-826199-3(7),* HarperCollins Children's Bks.) HarperCollins Pubs. Ltd. GBR. Dist: HarperCollins Pubs.

Bagthorpe Saga: Ordinary Jack (Collins Modern Classics) Helen Cresswell. 2018. (Collins Modern Classics Ser.). (ENG.). 272p. (J). 6.99 *(978-0-00-826146-7(6),* HarperCollins Children's Bks.) HarperCollins Pubs. Ltd. GBR. Dist: HarperCollins Pubs.

Bagtrott's Adventures: The Academy. Christian Bolden. 2021. (ENG.). 134p. (J). pap. ***(978-1-7947-0962-1(2))*** Lulu Pr., Inc.

Baguette Bear & the Sac Surprise - French & English for Kids. Alison McRobbie. 2017. (French & English for Kids Ser.). (ENG., Illus.). 44p. (J). pap. *(978-1-9997998-1-6(X))* Leading Languages.

B

Baguette Bear Learns the Colours: French & English for Kids. Alison McRobbie. 2017. (French & English for Kids Ser.: Vol. 2). (FRE., Illus.). (J). pap. *(978-1-9997998-2-3(8))* Leading Languages.

Bah! Humbug! Michael Rosen. Illus. by Tony Ross. 2018. (ENG.). 192p. (J). (gr. 3-7). 15.99 *(978-1-5362-0479-7(X))* Candlewick Pr.

¡Bah! No Pongan Esa Cara / Urgh! Don't Make That Face. Antonio Malpica & Alejandro MAGALLANES. 2020.Tr. of Urgh! Don't Make that Face. (SPA.). 144p. (J). (gr. 4-7). pap. 12.95 *(978-607-31-8291-1(0),* Alfaguara) Penguin Random House Grupo Editorial ESP. Dist: Penguin Random Hse. LLC.

Bahá'í Prayers for Children. Illus. by Elaheh Mottahedeh Bos. 2018. (ENG.). 15p. (J). (gr. -1-k). bds. 9.95 *(978-1-61851-123-2(8))* Baha'i Publishing.

Bahá'í Readings for Children: Selections from the Words of Bahá'u'lláh And 'Abdu'l-Bahá. Illus. by Elaheh Mottahedeh Bos. 2018. (ENG.). 15p. (J). (gr. -1-k). bds. 9.95 *(978-1-61851-124-9(6))* Baha'i Publishing.

Bahama Songs & Stories: A Contribution to Folk-Lore (Classic Reprint) Charles Lincoln Edwards. 2017. (ENG., Illus.). (J). 26.80 *(978-0-266-20201-1(2))* Forgotten Bks.

Bahar-Danush, or Garden of Knowledge, Vol. 2 Of 3: An Oriental Romance, Translated from the Persic (Classic Reprint) Einaiut Oollah. 2017. (ENG., Illus.). (J). 30.70 *(978-0-266-73209-9(7))*; pap. 13.57 *(978-1-5276-9381-4(3))* Forgotten Bks.

Bahar-Danush, or Garden of Knowledge, Vol. 3 Of 3: An Oriental Romance, Translated from the Persic (Classic Reprint) Einaiut Oollah. 2017. (ENG., Illus.). 300p. (J). 30.10 *(978-0-484-03919-2(9))* Forgotten Bks.

Bahrain, 1 vol. Robert Cooper et al. 3rd ed. 2019. (Cultures of the World (Third Edition)(r) Ser.). (ENG.). 144p. (gr. 5-5). 48.79 *(978-1-5026-5074-0(6),* c6ec26fd-f05f-49b4-b851-1bc5f669fc24) Cavendish Square Publishing LLC.

Bahrain a Middle-Eastern Country Children's People & Places Book. Bold Kids. 2022. (ENG.). 42p. (J). pap. 14.99 ***(978-1-0717-1911-4(4))*** FASTLANE LLC.

Bail Jumper (Classic Reprint) Robert J. C. Stead. 2017. (ENG., Illus.). (J). 31.12 *(978-0-331-84464-1(8))*; pap. 13.57 *(978-0-243-27774-2(1))* Forgotten Bks.

¡Baila, Baila, Baila! Ethan Long. 2020. (¡Me Gusta Leer! Ser.). (Illus.). 32p. (J). (gr. -1-3). pap. 8.99 *(978-0-8234-4686-5(7))* Holiday Hse., Inc.

Baila Como una Hoja. A. J. Irving. Illus. by Claudia Navarro. 2020. (SPA.). 32p. (J). (gr. k-4). 9.99 *(978-1-64686-059-3(4))* Barefoot Bks., Inc.

Baila Por Ti. Israel S. Gonzalez & Alicia Ruiz. 2020. (SPA.). 52p. (J). pap. *(978-1-6780-4069-7(X))* Lulu Pr., Inc.

¿Baila Usted? / Do You Dance? María Del Sol Peralta. Illus. by Paula Bossio. 2022. (SPA.). 64p. (J). (gr. -1-3). pap. 18.95 *(978-958-5118-89-8(0),* Alfaguara) Penguin Random House Grupo Editorial ESP. Dist: Penguin Random Hse. LLC.

Bailando en el Carnaval (Dancing at Carnival) Christine Platt. 2020. (Ana & Andrew (Spanish) Ser.). (SPA.). 32p. (J). (gr. 2-2). pap. 9.95 *(978-1-64494-363-2(8),* 1644943638, Calico Kid) ABDO Publishing Co.

Bailando en el Carnaval (Dancing at Carnival) Christine Platt. Illus. by Sharon Sordo. 2019. (Ana & Andrew (Spanish Version) Ser.). (SPA.). 32p. (J). (gr. -1-3). lib. bdg. 32.79 *(978-1-5321-3756-3(7),* 33778, Calico Chapter Bks) Magic Wagon.

Bailarina. Pedro Rojas Pedregosa. 2018. (SPA., Illus.). 88p. (J). pap. *(978-84-9993-845-5(0))* Wanceulen, Editorial.

Bailarinas Enlodadas. Hollee R. Freeman. Tr. by Louisa Cruz-Acosta. Illus. by Hayley Moore. 2020. (SPA.). 24p. (J). pap. 15.00 *(978-1-64921-310-5(7))* Primedia eLaunch LLC.

Baile de Las Abejas (the Dance of the Bees) Fran Nuno. Illus. by Zuzanna Celej. 2021. (SPA.). 32p. (J). (gr. k-3). 16.95 *(978-84-18302-24-4(0))* Cuento de Luz SL ESP. Dist: Publishers Group West (PGW).

Baile de Octavo y Otros Recuerdos / the Eighth Grade Dance & Other Memories. Ada De Jesús. 2019. (ENG & SPA., Illus.). 64p. (J). (gr. 6-9). pap. 9.95 *(978-1-55885-885-5(7))* Arte Publico Pr.

Bailey. Susan Hughes. 2016. (Puppy Pals Ser.: 1). (ENG.). 112p. (J). (gr. 2-5). pap. 5.99 *(978-1-4926-3394-5(1),* 9781492633945, Sourcebooks Jabberwocky) Sourcebooks, Inc.

Bailey & Blanket. Emily House. Illus. by Emily House. 2022. (ENG., Illus.). 32p. (J). 17.95 *(978-1-7376032-2-1(5))* Blue Dot Pubns. LLC.

Bailey Becomes a Therapy Dog. Lorna A. Rivera. Illus. by Amanda L. Matthews. 2019. (ENG.). 26p. (J). (gr. k-4). 19.99 *(978-0-578-51929-6(1))* Lorna A Rivera.

Bailey Big-Ears: An Interactive Tale. Cheryl Kaye Tardif. Illus. by Mitchy Richard. 2022. (ENG.). 36p. (J). pap. *(978-1-77223-406-0(0))* Imajin Bks.

Bailey Bookworm: Reading Buddies. Rose Anne Pescod. Illus. by Crystal Driedger. 2021. (ENG.). 38p. (J). pap. *(978-0-2288-5461-6(X))* Tellwell Talent.

Bailey Buckets. David Roth. Illus. by Wes Tyrell. 2021. (Sports Friends Ser.). (ENG.). 32p. (J). (gr. k-4). pap. *(978-1-4271-5745-4(6),* 12125); lib. bdg. *(978-1-4271-5738-6(3),* 12121) Crabtree Publishing Co. (Crabtree Classics).

Bailey Family Goes to the Beach: Book 1. Laura Martin. 2022. (Hide-And-Seek Scriptures Ser.). (ENG., Illus.). 46p. (J). pap. 16.95 *(978-1-0980-9184-2(1))* Christian Faith Publishing.

Bailey Speaks! Book One: Sounds & Gestures. Mary Mayo Balfour Calvert. Illus. by Sharon Lockwood. l.t. ed. 2022. (Bailey Speaks! Ser.: Vol. 1). (ENG.). 30p. (J). 19.99 ***(978-1-0880-3082-0(3))***; pap. 11.99 ***(978-1-0878-8211-6(7))*** Indy Pub.

Bailey the Bat & the Tangled Moose see Charlie la Chauve-Souris et l'orignal Mal Pris

Bailey the Bat & the Tangled Moose. Grant Lawrence. Illus. by Noémie Gionet Landry. 2021. (ENG.). 48p. (J). (gr. 1-3). 19.95 *(978-1-4598-2729-5(5))* Orca Bk. Pubs. USA.

Bailey the Believer. Shun Patton. 2019. (ENG., Illus.). 36p. (J). 15.50 *(978-0-692-09452-5(0))* Patton, Lashunda.

Bailey the Berryville Bear. Ronit Bailey. 2023. (ENG.). 40p. (J). 35.00 ***(978-1-68537-432-7(8))*** Dorrance Publishing Co., Inc.

Bailey the Bunny. Lily Small. ed. 2020. (Fairy Animals Ser.). (ENG.). 108p. (J). (gr. 2-3). 15.49 *(978-1-64697-140-4(X))* Penworthy Co., LLC, The.

Bailey the Bunny: Fairy Animals of Misty Wood. Lily Small. 2018. (Fairy Animals of Misty Wood Ser.: 12). (ENG., Illus.). 144p. (J). pap. 6.99 *(978-1-250-12704-4(1),* 900175310, Holt, Henry & Co. Bks. For Young Readers) Holt, Henry & Co.

Bailey the Golden Reformer. Bailey First Dog. 2020. (ENG.). 32p. (J). pap. 12.99 *(978-1-64945-692-2(1))* Primedia eLaunch LLC.

Bailey the Siamese Cat & the Nasty Mean Dragon. James Seligman. 2020. (ENG.). 32p. (J). pap. 3.82 *(978-0-244-56391-2(8))* Lulu Pr., Inc.

Bailey to the Rescue! Kira DeWitt & Marla Williams. 2018. (ENG.). 32p. (J). pap. 14.99 ***(978-1-948390-31-6(0))*** Pen It Pubns.

Bailey Twins & the Rest of the Family (Classic Reprint) Anna C. Chamberlain. (ENG., Illus.). (J). 2018. 276p. 29.59 *(978-0-483-60271-7(2))*; 2017. pap. 11.97 *(978-0-243-33121-5(5))* Forgotten Bks.

Bailey's Adventures in Alaska. Bailey Beavers. 2023. 28p. (J). (-5). 21.99 BookBaby.

Bailey's First Pair of Glasses. Melisa Philogene. 2019. (ENG.). 36p. (J). pap. *(978-0-359-71409-4(9))* Lulu Pr., Inc.

Bailey's Road. B. G. Simpson. 2018. (ENG., Illus.). 348p. (J). pap. *(978-0-359-17696-0(8))* Lulu Pr., Inc.

Bailey's Story: A Puppy Tale. W. Bruce Cameron. (Puppy Tale Ser.). (ENG., Illus.). 208p. (J). 2019. pap. 7.99 *(978-0-7653-8841-4(3),* 900162680); 2016. (gr. 3-7). 16.99 *(978-0-7653-8840-7(5),* 900162679) Doherty, Tom Assocs., LLC. (Starscape).

Bailiff of Tewkesbury (Classic Reprint) Charles Edward Davis Phelps. 2018. (ENG., Illus.). 210p. (J). 28.23 *(978-0-483-92568-7(3))* Forgotten Bks.

Bailiff's Maid: A Romance from the German of E. Marlitt (Classic Reprint) A. L. Wister. 2017. (ENG., Illus.). (J). 29.88 *(978-0-260-99104-1(X))* Forgotten Bks.

¡Bailo!/Dance! ¡Soy Sorprendente!/Amazing Me! Carol Thompson. Tr. by Teresa Mlawer. Illus. by Carol Thompson. ed. 2019. (Spanish/English Bilingual Editions Ser.). (ENG., Illus.). 12p. (J). (gr. k-k). bds. *(978-1-78628-299-6(2))* Child's Play International Ltd.

Bairnsfather: A Few Fragments from His Life, Collected by a Friend; with Some Critical Chapters (Classic Reprint) Vivian Carter. 2017. (ENG., Illus.). 124p. (J). 26.45 *(978-0-332-86354-2(9))* Forgotten Bks.

Bairnsfather Case: As Tried Before Mr. Justice Busby (Classic Reprint) Bruce Bairnsfather. (ENG., Illus.). (J). 2018. 288p. 29.86 *(978-0-484-72978-9(0))*; 2016. pap. 13.57 *(978-1-333-89758-1(8))* Forgotten Bks.

Bait & Switch. M. C. Lee. 2017. (Center Ser.: Vol. 5). (ENG., Illus.). (YA). (gr. 7-12). 26.99 *(978-1-64080-335-0(1))*; 266p. pap. 16.99 *(978-1-63533-423-4(3))* Dreamspinner Pr. (Harmony Ink Pr.).

Bait of Death: In a World Swamped with Terrifying Dark Secrets.... there Are Many Ways in, but No Way Out. Guy Patrick Angono Allogho. Ed. by Kay Solo. 2019. (ENG.). 392p. (YA). (gr. 7-12). 18.00 *(978-0-578-61343-7(3))*; pap. 10.00 *(978-0-578-53031-4(7))* Ingramspark.

Baiting the Trap, Vol. 1 Of 3: A Novel (Classic Reprint) Jean Middlemass. 2018. (ENG., Illus.). 282p. (J). 29.71 *(978-0-483-96207-1(4))* Forgotten Bks.

Baiting the Trap, Vol. 2 Of 3: A Novel (Classic Reprint) Jean Middlemass. 2018. (ENG., Illus.). 278p. (J). 29.63 *(978-0-483-98533-9(3))* Forgotten Bks.

Baiting the Trap, Vol. 3 of 3 (Classic Reprint) Jean Middlemas. 2018. (ENG., Illus.). 276p. (J). 29.61 *(978-0-332-06761-2(0))* Forgotten Bks.

Baja de Esa Nube! Germán Machado. 2018. (SPA.). 32p. (J). (-2). 18.99 *(978-84-948110-5-0(3))* Ekare, Ediciones VEN. Dist: Lectorum Pubns., Inc.

Bajo el Agua. Marisa Reichardt. 2019. (SPA.). 272p. (YA). (gr. 7). pap. 19.99 *(978-987-609-694-2(X))* Editorial de Nuevo Extremo S.A. ARG. Dist: Independent Pubs. Group.

Bajo el Arcoiris. Manuel Tristante. 2016. (SPA., Illus.). (J). pap. *(978-84-945965-6-8(X))* Editorial Leibros.

Bajo la Misma Estrella / the Fault in Our Stars. John Green. 2019. (SPA.). 304p. (YA). (gr. 7). pap. 14.95 *(978-1-64473-003-4(0),* Debolsillo) Penguin Random House Grupo Editorial ESP. Dist: Penguin Random Hse. LLC.

Bajo Las Estrellas. Jenn Bennett. 2019. (SPA.). 416p. (YA). pap. 16.99 *(978-987-747-458-9(1))* V&R Editoras.

Bajo Las Piedras. Arianna Squilloni. Illus. by Laia Domènech. 2021. (SPA.). 64p. (J). (gr. 2-4). pap. 20.00 *(978-84-17440-67-1(4))* Akiara Bks. ESP. Dist: Independent Pubs. Group.

Bajo Tus Pies (under Your Feet) Suelo, Arena y Todo lo Que Hay Bajo Tierra. DK. 2021. (Underground & All Around Ser.). (SPA., Illus.). 64p. (J). (gr. k-3). 14.99 *(978-0-7440-4024-1(8),* DK Children) Dorling Kindersley Publishing, Inc.

Bajos y Altos. Queta Fernandez. Illus. by Kimberly J. Diaz. 2016. (Early Rising Readers Ser.). (SPA.). (J). (gr. -1). 6.67 *(978-1-4788-3668-1(7))* Newmark Learning LLC.

Bajos y Altos - 6 Pack. Queta Fernandez. 2016. (Early Rising Readers Ser.). (SPA.). (J). (gr. 1). 40.00 net. *(978-1-4788-4611-6(9))* Newmark Learning LLC.

Bakary Anaenda Safari. Fye Network. 2023. (SWA.). 34p. (J). pap. 17.99 ***(978-1-0881-1834-4(8))*** Indy Pub.

Bake a Cake: (Step 5) Sound Out Books (systematic Decodable) Help Developing Readers, Including Those with Dyslexia, Learn to Read with Phonics. Pamela Brookes. 2020. (Dog on a Log Let's Go! Books: Vol. 21). (ENG., Illus.). 36p. (J). 14.99 *(978-1-64831-072-0(9),* DOG ON A LOG Bks.) Jojoba Pr.

Bake a Cake Chapter Book: (Step 5) Sound Out Books (systematic Decodable) Help Developing Readers, Including Those with Dyslexia, Learn to Read with Phonics. Pamela Brookes. 2020. (Dog on a Log Chapter Books: Vol. 21). (ENG., Illus.). 54p. (J). 14.99 *(978-1-64831-027-0(3),* DOG ON A LOG Bks.) Jojoba Pr.

Bake a Cake with Charlie Dog. Sue Pavey. Illus. by Phil Murrills. 2021. (ENG.). 44p. (J). pap. *(978-1-80031-056-8(0))* Authors OnLine, Ltd.

Bake a Rainbow Cake! Amirah Kassem. 2020. (ENG., Illus.). 10p. (J). (gr. -1 — 1). bds. 16.99 *(978-1-4197-3746-6(5),* 1280310, Abrams Appleseed) Abrams, Inc.

Bake It: More Than 150 Recipes for Kids from Simple Cookies to Creative Cakes! DK. 2019. (ENG., Illus.). 304p. (J). (gr. 5-9). 24.99 *(978-1-4654-8614-1(3),* DK Children) Dorling Kindersley Publishing, Inc.

Bake, Make, & Learn to Cook Fun & Healthy Recipes for Young Cooks. David Atherton. Illus. by Rachel Stubbs. 2021. (Bake, Make & Learn to Cook Ser.). (ENG.). 88p. (J). (gr. k-4). 17.99 *(978-1-5362-1936-4(3))* Candlewick Pr.

Bake, Make, & Learn to Cook Vegetarian: Healthy & Green Recipes for Young Cooks. David Atherton. Illus. by Alice Bowsher. 2022. (ENG.). 80p. (J). (gr. k-4). 17.99 *(978-1-5362-2843-4(5))* Candlewick Pr.

Bake-Off. Delphine Davis. Illus. by Adele K. Thomas. 2021. (Mermaid Holidays Ser.: 3). 128p. (J). (gr. 1-4). 9.99 *(978-0-14-379648-0(8),* Puffin) Penguin Random Hse. AUS. Dist: Independent Pubs. Group.

Bake Sale. Ali Bovis. Illus. by Ada Abigael Aco. 2022. (Leela's Sweet Treats Ser.). (ENG.). 32p. (J). (gr. -1-3). lib. bdg. 32.79 *(978-1-0982-3579-6(7),* 41139, Calico Chapter Bks) Magic Wagon.

Bake Sale. Virginia Loh-Hagan. 2016. (D. I. Y. Make It Happen Ser.). (ENG., Illus.). 32p. (J). (gr. 4-8). 32.07 *(978-1-63471-101-2(7),* 208515, 45th Parallel Press) Cherry Lake Publishing.

Baked Head: And Other Tales (Classic Reprint) Unknown Author. 2018. (ENG., Illus.). 310p. (J). 30.31 *(978-0-483-20818-6(3))* Forgotten Bks.

Baked Potatoes. Fay Robinson. 2016. (Spring Forward Ser.). (J). (gr. 2). *(978-1-4900-9420-5(2))* Benchmark Education Co.

Baked with Love. Sarah-Lou Tomlin. Illus. by Shiela Alejandro. 2017. (ENG.). 22p. (J). *(978-1-912009-57-2(9),* Compass Publishing) Book Refinery Ltd, The.

Bakehouse: A Gossips' Comedy (in One Act) (Classic Reprint) John Oswald Francis. (ENG., Illus.). (J). 2019. 42p. 24.78 *(978-0-365-22672-7(6))*; 2017. pap. 7.97 *(978-0-259-83613-1(3))* Forgotten Bks.

Baker & Taylor: & the Mystery of the Library Cats. Candy Rodó. Illus. by Weaverbird Interactive. 2022. 1. (ENG.). 32p. (J). 19.99 *(978-1-223-18376-3(9),* 23ed651b-b535-4b3b-ad5c-03606246ea02); pap. 10.99 *(978-1-223-18377-0(7),* b02c3712-e226-456e-ad3b-fad516b4c84d) Baker & Taylor, CATS. (Paw Prints).

Baker & Taylor: & the Mystery of the Library Cats (Library Edition) Candy Rodó. Illus. by Weaverbird Interactive. 2022. 1. (ENG.). 32p. (J). lib. bdg. 20.99 *(978-1-5182-6308-8(9),* d37ea2ef-2344-4fc7-882e-257762183774, Paw Prints) Baker & Taylor, CATS.

Baker by the Sea. Paula White. Illus. by Paula White. 2022. (ENG., Illus.). 40p. (J). (gr. -1-2). 18.99 *(978-1-5362-2389-7(1),* Templar) Candlewick Pr.

Baker in the Making: A Boy Named Jack - Book Seven. Quay Roads. 2018. (ENG., Illus.). 48p. (J). pap. 10.99 *(978-0-9987153-7-7(9))* A Boy Named Jack.

Baker Mayfield. Jon M. Fishman. 2020. (Sports All-Stars (Lerner (tm) Sports) Ser.). (ENG., Illus.). 32p. (J). (gr. 2-5). pap. 9.99 *(978-1-7284-1400-3(8),* 2745bf02-5bf4-4683-a226-44d4ac235a52); lib. bdg. 29.32 *(978-1-5415-9748-8(6),* d7c48818-8f60-4fb4-95a4-84d1026c2e01) Lerner Publishing Group. (Lerner Pubns.).

Baker Mayfield: Football Superstar. Ted Coleman. 2019. (PrimeTime Ser.). (ENG.). 32p. (J). (gr. 3-4). pap. 9.95 *(978-1-63494-138-9(1),* 1634941381); lib. bdg. 31.35 *(978-1-63494-137-2(3),* 1634941373) Pr. Room Editions LLC.

Baker y Taylor: y el Misterio de Los Gatos de la Biblioteca (and the Mystery of the Library Cats) Candy Rodó. Illus. by Weaverbird Interactive. 2022. 1. (SPA.). 32p. (J). lib. bdg. 20.99 *(978-1-5182-6309-5(7),* cab375aa-1b92-4886-9a49-97e763991f53, Paw Prints) Baker & Taylor, CATS.

Baker y Taylor: y el Misterio de Los Gatos de la Biblioteca (the Mystery of the Library Cats) Candy Rodó. Illus. by Weaverbird Interactive. 2022. 1. (SPA.). 32p. (J). 19.99 *(978-1-223-18379-4(3),* 98127dbd-4739-4ae3-b196-e246893eb5a9); pap. 10.99 *(978-1-223-18380-0(7),* e7857a50-4345-46c3-867a-8b1ec469ba1f) Baker & Taylor, CATS. (Paw Prints).

Bakers. Rebecca Sabelko. 2020. (Community Helpers Ser.). (ENG., Illus.). 24p. (J). (gr. k-3). pap. 7.99 *(978-1-61891-785-0(4),* 12570, Blastoff! Readers) Bellwether Media.

Bakers & What They Do. Liesbet Slegers. 2020. (Profession Ser.: 12). (ENG., Illus.). 32p. (J). (gr. -1). 16.95 *(978-1-60537-576-2(4))* Clavis Publishing.

Baker's Dozen: A Saint Nicholas Tale. Aaron Shepard. Illus. by Wendy Edelson. 2016. (ENG.). (J). (gr. k-6). pap. 10.00 *(978-1-62035-503-9(5),* Skyhook Pr.) Shepard Pubns.

Baker's Dozen: A Saint Nicholas Tale, with Bonus Cookie Recipe & Pattern for St. Nicholas Christmas Cookies (25th Anniversary Edition) Aaron Shepard. Illus. by Wendy Edelson. 2018. (ENG.). 40p. (J). (gr. k-6). 24.00 *(978-1-62035-572-5(8))*; pap. 12.00 *(978-1-62035-571-8(X))* Shepard Pubns. (Skyhook Pr.).

Baker's Dozen: A Saint Nicholas Tale, with Bonus Cookie Recipe & Pattern for St. Nicholas Christmas Cookies (Special Edition) Aaron Shepard. Illus. by Wendy Edelson. 2018. (ENG.). 40p. (J). (gr. k-6). 24.00 *(978-1-62035-579-4(5))*; pap. 12.00 *(978-1-62035-578-7(7))* Shepard Pubns. (Skyhook Pr.).

Baker's Dozen: A Saint Nicholas Tale, with Bonus Cookie Recipe for St. Nicholas Christmas Cookies. Aaron Shepard. 2017. (ENG., Illus.). (J). (gr. k-4). 20.00 *(978-1-62035-552-7(3),* Skyhook Pr.) Shepard Pubns.

Baker's Dozen: Fiddleheads & Other Poems for Children. Doug Rawlings. Illus. by Xochitl Pope & Iona Pope. 2021. (ENG.). 52p. (J). *(978-1-387-54474-5(8))* Lulu Pr., Inc.

Baker's Dozen: Original Humorous Dialogues (Classic Reprint) George M. Baker. 2017. (ENG., Illus.). (J). 146p. 26.91 *(978-0-332-89177-4(1))*; pap. 9.57 *(978-0-259-80894-7(6))* Forgotten Bks.

Baker's Edition of Plays: Brass Buttons (Classic Reprint) Walter H. Baker. 2018. (ENG., Illus.). 48p. (J). 24.89 *(978-0-483-81228-4(5))* Forgotten Bks.

Baker's Guide to Robber Pie. Caitlin Sangster. 2022. (ENG., Illus.). 336p. (J). 16.99 *(978-1-250-79331-7(9),* 900238768) Feiwel & Friends.

Baker's Legacy: Sequel to the Baker's Daughter. Douglas Cornelius. Ed. by Deirdre Lockhart. 2022. (Baker's Ser.: Vol. 2). (ENG.). 168p. (YA). pap. 11.89 *(978-1-6629-2168-1(3))* Gatekeeper Pr.

Bakers on Board. Sheryl Berk & Carrie Berk. 2016. (Cupcake Club Ser.: 9). 128p. (J). (gr. 3-7). pap. 7.99 *(978-1-4926-2085-3(8),* 9781492620853) Sourcebooks, Inc.

Bakersville Dozen. Kristina McBride. 2017. (ENG.). 320p. (J). (gr. 8-8). 17.99 *(978-1-5107-0805-1(7),* Sky Pony Pr.) Skyhorse Publishing Co., Inc.

Bakey-Wakey, Little Baby! Marylaine Louise Lagran Viernes. Illus. by Sara Bonducan Salamat. l.t. ed. 2022. (ENG.). 26p. (J). pap. 14.99 ***(978-1-0880-6055-1(2))*** Indy Pub.

Bakey-Wakey, Little Baby! (Hardcover) Marylaine Louise L. Viernes. Illus. by Sara B. Salamat. l.t. ed. 2022. (ENG.). 26p. (J). 24.99 ***(978-1-0879-1738-2(7))*** Indy Pub.

Bakey-Wakey, Little Baby! (Hardcover Version) Marylaine Louise L. Viernes. Illus. by Sara B. Salamat. l.t. ed. 2023. (ENG.). 26p. (J). 24.99 ***(978-1-0880-7908-9(3))*** Indy Pub.

Baking Apples. Margo Gates. Illus. by Jeff Crowther. 2020. (Plant Life Cycles (Pull Ahead Readers — Fiction) Ser.). (ENG.). 16p. (J). (gr. -1-1). 27.99 *(978-1-5415-9026-7(0),* c752c82b-6352-4d33-893b-873f19da49eb, Lerner Pubns.) Lerner Publishing Group.

Baking Bread. Cambridge Reading Adventures. Green Band. Lynne Rickards. ed. 2016. (Cambridge Reading Adventures Ser.). (ENG., Illus.). 17p. pap. 7.95 *(978-1-316-50327-0(5))* Cambridge Univ. Pr.

Baking Class: 50 Fun Recipes Kids Will Love to Bake! Deanna F. Cook. 2017. (Cooking Class Ser.). (ENG., Illus.). 144p. (J). (gr. 3-7). spiral bd. 18.95 *(978-1-61212-855-9(6),* 622855) Storey Publishing, LLC.

Baking Day! Natalie Shaw. ed. 2021. (Ready-To-Read Ser.). (ENG., Illus.). 32p. (J). (gr. k-1). 15.46 *(978-1-68505-060-3(3))* Penworthy Co., LLC, The.

Baking Day! Ready-To-Read Pre-Level 1. Illus. by Jason Fruchter. 2021. (Daniel Tiger's Neighborhood Ser.). (ENG.). 32p. (J). (gr. -1-k). 17.99 *(978-1-5344-9508-1(8))*; pap. 4.99 *(978-1-5344-9507-4(X))* Simon Spotlight. (Simon Spotlight).

Baking with Blue! (Blue's Clues & You) Cynthia Cherish Malaran. Illus. by Dave Aikins. 2022. (Pictureback(R) Ser.). (ENG.). 24p. (J). (gr. -1-2). 5.99 *(978-0-593-48293-3(X),* Random Hse. Bks. for Young Readers) Random Hse. Children's Bks.

Baking with Dad. Aurora Cacciapuoti. Illus. by Aurora Cacciapuoti. 2017. (Child's Play Library). (Illus.). 32p. (J). pap. *(978-1-84643-754-0(7))* Child's Play International Ltd.

Baking with Daddy. Kathryn Smith. Illus. by Seb Braun. 2021. (ENG.). 12p. (J). (-k). bds. 9.99 *(978-1-6643-5004-5(7))* Tiger Tales.

Baking with Mi Abuelita. Julissa Mora. 2023. (Step into Reading Ser.). 32p. (J). (gr. -1-1). pap. 5.99 ***(978-0-593-65196-4(0))***; (ENG.). lib. bdg. 14.99 ***(978-0-593-65197-1(9))*** Random Hse. Children's Bks. (Random Hse. Bks. for Young Readers).

Bal Masque! (Classic Reprint) Chicard Chicard. 2018. (ENG., Illus.). 250p. (J). 29.05 *(978-0-483-32279-0(2))* Forgotten Bks.

Balaam & His Master, & Other Sketches & Stories. Joel Chandler Harris. 2017. (ENG.). 296p. (J). pap. *(978-3-7447-4742-4(5))* Creation Pubs.

Balaam & His Master, & Other Sketches & Stories (Classic Reprint) Joel Chandler Harris. 2018. (ENG., Illus.). 300p. (J). 30.10 *(978-0-365-42755-1(1))* Forgotten Bks.

Balaam's Donkey Activity Book. Pip Reid. 2020. (ENG., Illus.). 100p. (J). pap. *(978-1-989961-03-2(7))* Bible Pathway Adventures.

Balada de Pájaros Cantores y Serpientes / the Ballad of Songbirds & Snakes. Suzanne Collins. 2022. (Juegos Del Hambre Ser.: 4). (SPA.). 400p. (YA). (gr. 9). pap. 19.95 *(978-607-38-0787-6(2))* Penguin Random House Grupo Editorial ESP. Dist: Penguin Random Hse. LLC.

Balance. Cameron Thomas. 2022. (ENG.). 150p. (YA). pap. 15.95 *(978-1-63985-440-0(1))* Fulton Bks.

Balance: A Novel of Today (Classic Reprint) William Dana Orcutt. 2017. (ENG., Illus.). (J). 31.34 *(978-1-5280-6819-2(X))* Forgotten Bks.

Balance a Novel (Classic Reprint) Francis R. Bellamy. 2017. (ENG., Illus.). (J). 31.53 *(978-1-5283-6755-4(3))* Forgotten Bks.

Balance & Calmness: Journal for Boys. Ulysses Valor. 2023. (ENG.). 200p. (YA). pap. ***(978-1-329-47304-1(3))*** Lulu Pr., Inc.

Balance & Motion. Emily Sohn & Joseph K. Brennan. 2019. (IScience Ser.). (ENG., Illus.). 24p. (J). (gr. k-2). 23.94 *(978-1-68450-972-0(6))* Norwood Hse. Pr.

Balance Beam: Tips, Rules, & Legendary Stars. Heather E. Schwartz. 2016. (Gymnastics Ser.). (ENG., Illus.). 32p. (J). (gr. 3-9). lib. bdg. 28.65 *(978-1-5157-2222-9(8),* 132752, Capstone Pr.) Capstone.

Balance Beam Boss. Jake Maddox. Illus. by Katie Wood. 2019. (Jake Maddox Girl Sports Stories Ser.). (ENG.). 72p. (J). (gr. 3-6). 25.32 *(978-1-4965-8325-3(6),* 140496); pap. 5.95 *(978-1-4965-8451-9(1),* 140976) Capstone. (Stone Arch Bks.).

Balance Broken. Hilary Thompson. 2016. (Starbright Ser.: Vol. 2). (ENG., Illus.). (YA). (gr. 7-12). pap. *(978-0-9956792-1-4(5))* Oftomes Publishing.

Balance Keepers, Book 3: the Traitor of Belltroll. Lindsay Cummings. 2016. (Balance Keepers Ser.: 3). (ENG., Illus.). 384p. (J). (gr. 3-7). 16.99 *(978-0-06-227524-0(0),* Tegen, Katherine Bks) HarperCollins Pubs.

Balance Magnetique Avec des Reflexions Sur une Balance Inventee. De Hautefeuille-J. 2016. (Sciences Ser.). (FRE., Illus.). (J). pap. *(978-2-01-957891-6(3))* Hachette Groupe Livre.

148

The check digit for ISBN-10 appears in parentheses after the full ISBN-13

Balance of Comfort, or the Old Maid & Married Woman, Vol. 1 Of 3: A Novel (Classic Reprint) Ross. (ENG., Illus.). (J). 2018. 254p. 29.14 (978-0-267-31340-2(3)); 2016. pap. 11.57 (978-1-333-43466-3(9)) Forgotten Bks.

Balance of Comfort, or the Old Maid & Married Woman, Vol. 2 Of 3: A Novel (Classic Reprint) Ross. (ENG., Illus.). (J). 2018. 268p. 29.42 (978-0-666-00911-1(2)); 2017. pap. 11.97 (978-0-259-29450-4(0)) Forgotten Bks.

Balance of Comfort, or the Old Maid & Married Woman, Vol. 3 Of 3: A Novel (Classic Reprint) Ross. 2017. (ENG., Illus.). (J). 29.67 (978-0-331-09767-2(2)); pap. 13.57 (978-0-260-23193-2(2)) Forgotten Bks.

Balance of Destiny (Classic Reprint) Martha Jane Garvin. (ENG., Illus.). (J). 2018. 306p. 30.21 (978-0-483-51292-4(3)); 2017. pap. 13.57 (978-0-243-20586-8(4)) Forgotten Bks.

Balance of Power: A Novel (Classic Reprint) Arthur Goodrich. 2017. (ENG., Illus.). (J). 33.16 (978-0-331-81272-5(X)); pap. 16.57 (978-0-243-48640-3(5)) Forgotten Bks.

Balance of Power: A Novel (Classic Reprint) Arthur Frederick Goodrich. 2017. (ENG., Illus.). (J). 33.12 (978-1-5284-7261-6(6)) Forgotten Bks.

Balance the Birds. Susie Ghahremani. 2018. (ENG., Illus.). 32p. (J). (gr. -1-k). 15.99 (978-1-4197-2876-1(8), 1150401) Abrams, Inc.

Balancing Act. Brigitte Henry Cooper. Illus. by Tim Heitz. 2017. (Game Face Ser.). (ENG.). 112p. (J). (gr. 2-5). lib. bdg. 38.50 (978-1-5321-3043-4(0), 27045, Calico Chapter Bks.) ABDO Publishing Co.

Balancing Act Dynamic Nature & Her Ecosystems Ecology for Kids Science Kids 3rd Grade Children's Environment Books. Baby Professor. 2020. (ENG.). 72p. (J). 24.99 (978-1-5419-8005-1(0)); pap. 14.99 (978-1-5419-4920-1(X)) Speedy Publishing LLC. (Baby Professor (Education Kids)).

Balancing the Promise of Greater Creations. Earnest J. Lewis. 2020. (ENG.). 62p. (J). 14.99 (978-1-6662-0084-3(0)) Barnes & Noble Pr.

Balans Vinden in Jezelf: Voor Meer Rust & Overzicht in Je Leven. Edgar Kruyning. 2022. (DUT.). 250p. (J). pap. (978-1-4717-1739-0(9)) Lulu Pr., Inc.

Balboa Park with Ranger Kim. Pam Crooks. Illus. by Joy Raab. 2018. (ENG.). 38p. (J). (gr. k-3). pap. 14.95 (978-0-9706219-9-3(X)) Ridgway Park Publishing.

Balcony. Melissa Castrillon. Illus. by Melissa Castrillon. 2019. (ENG., Illus.). 48p. (J). (gr. -1-3). 18.99 (978-1-5344-0588-2(7), Simon & Schuster/Paula Wiseman Bks.) Simon & Schuster/Paula Wiseman Bks.

Balcony on the Moon: Coming of Age in Palestine. Ibtisam Barakat. 2018. (ENG.). 256p. (YA). pap. 11.99 (978-1-250-14429-4(9), 900180629) Square Fish.

Balcony on the Moon: Coming of Age in Palestine. Ibtisam Barakat. ed. 2018. (YA). lib. bdg. 20.85 (978-0-606-41085-4(6)) Turtleback.

Balcony Stories (Classic Reprint) Grace King. 2017. (ENG., Illus.). (J). 29.20 (978-0-266-17995-5(9)) Forgotten Bks.

Bald Eagle. Brittany Cesky. 2018. (US Symbols Ser.). (ENG., Illus.). 24p. (J). (gr. 1-1). pap. 8.95 (978-1-63517-833-3(9), 1635178339) North Star Editions.

Bald Eagle. Brittany Cesky. 2018. (US Symbols Ser.). (ENG., Illus.). 24p. (J). (gr. k-3). lib. bdg. 31.36 (978-1-5321-6045-5(3), 28722, Pop! Cody Koala) Pop!.

Bald Eagle. Christina Earley. 2022. (Symbols of America Ser.). (ENG.). 24p. (J). (gr. k-2). pap. (978-1-0396-6176-9(9), 21827); lib. bdg. (978-1-0396-5981-0(0), 21826) Crabtree Publishing Co.

Bald Eagle. Julie Murray. 2019. (US Symbols (AK) Ser.). (ENG., Illus.). 24p. (J). (gr. -1-2). lib. bdg. 31.36 (978-1-5321-8535-9(9), 31408, Abdo Kids) ABDO Publishing Co.

Bald Eagle. Mari Schuh. 2018. (Symbols of American Freedom Ser.). (ENG., Illus.). 24p. (J). (gr. k-3). pap. 7.99 (978-1-61891-469-9(3), 12122); lib. bdg. 26.95 (978-1-62617-883-0(6)) Bellwether Media. (Blastoff! Readers).

Bald Eagle. Anita Yasuda. 2016. (Back from near Extinction Ser.). (ENG., Illus.). 48p. (J). (gr. 4-8). lib. bdg. 35.64 (978-1-68078-464-0(1), 23865) ABDO Publishing Co.

Bald Eagle: (Age 6 & Above) Tj Rob. 2017. (Super Predators Ser.). (ENG., Illus.). (J). pap. (978-1-988695-59-4(7)) TJ Rob.

Bald Eagle: All about the American Symbol. Tamra B. Orr. 2020. (Smithsonian Little Explorer: Little Historian American Symbols Ser.). (ENG., Illus.). 32p. (J). (gr. 1-3). lib. bdg. 31.32 (978-1-9771-2587-3(5), 201128, Pebble) Capstone.

Bald Eagles. Rachel Grack. 2018. (North American Animals Ser.). (ENG.). 24p. (J). (gr. 1-4). pap. 8.99 (978-1-68152-334-7(5), 15119); lib. bdg. (978-1-68151-414-7(1), 15111) Amicus.

Bald Eagles. Heather Kissock. 2016. (Illus.). 24p. (J). (978-1-4896-5387-1(2)) Weigl Pubs., Inc.

Bald Eagles. Tyler Omoth. 2017. (Animals of North America Ser.). (ENG., Illus.). 32p. (J). (gr. 2-3). lib. bdg. 31.35 (978-1-63517-031-3(1), 1635170311, Focus Readers) North Star Editions.

Bald Eagles. Mari Schuh. 2016. (My First Animal Library). (Illus.). 24p. (J). (gr. k-2). lib. bdg. 25.65 (978-1-62031-287-2(5), Bullfrog Bks.) Jump! Inc.

Bald Eagles: Prey-Snatching Birds. Laura Hamilton Waxman. 2016. (Comparing Animal Traits Ser.). (ENG., Illus.). 32p. (J). (gr. 2-4). 26.65 (978-1-4677-9507-4(0), b698403f-243f-416b-ab1b-2bcc344d5d37, Lerner Pubns.) Lerner Publishing Group.

Bald Eagles of Money Bayou: An Almost True Story. Valerie Seyforth Clayton. 2019. (ENG., Illus.). 32p. (J). (gr. 1-5). 19.99 (978-0-578-63630-6(1)); pap. 12.99 (978-0-578-60466-4(3)) Valerie Seyforth Clayton.

Bald Eagles (Wild Life LOL!) Scholastic. 2019. (Wild Life LOL! Ser.). (ENG., Illus.). 32p. (J). (gr. 1-3). pap. 5.95 (978-0-531-23486-0(X), Children's Pr.) Scholastic Library Publishing.

Bald Knobbers: A Romantic & Historical Novel (Classic Reprint) Clyde Edwin Tuck. (ENG., Illus.). (J). 2018. 336p. 30.85 (978-0-483-30972-2(9)); 2016. pap. 13.57 (978-1-334-12578-2(3)) Forgotten Bks.

Bald Princess Dazzles the Queen. Rachel Rose Gray & Tricia O'Neill Politte. 2020. (ENG., Illus.). 68p. (J). 17.95 (978-1-61244-868-8(2)); pap. 11.95 (978-1-61244-867-1(4)) Halo Publishing International.

Bald Princess Defeats the Darkness. Rachel Rose Gray & Tricia O'Neill Politte. 2021. (ENG.). 60p. (J). 17.95 (978-1-63765-004-2(3)); pap. 11.95 (978-1-63765-003-5(5)) Halo Publishing International.

Bald Princess Discovers Her Superpower. Rachel Rose Gray & Tricia O'Neill Politte. 2019. (ENG., Illus.). 48p. (J). (gr. k-4). 15.95 (978-1-61244-736-0(8)); pap. 9.95 (978-1-61244-735-3(X)) Halo Publishing International.

Balderdash! John Newbery & the Boisterous Birth of Children's Books (Nonfiction Books for Kids, Early Elementary History Books) Michelle Markel. Illus. by Nancy Carpenter. 2017. (ENG.). 44p. (J). 17.99 (978-0-8118-7922-4(4)) Chronicle Bks. LLC.

Balderscourt, or Holiday Tales (Classic Reprint) Henry Cadwallader Adams. (ENG., Illus.). (J). 2018. 420p. 32.56 (978-0-364-01262-8(5)); 2017. pap. 16.57 (978-0-259-50274-6(X)) Forgotten Bks.

Baldine, & Other Tales (Classic Reprint) Karl Erdmann Edler. (ENG., Illus.). (J). 2018. 308p. 30.25 (978-0-484-23435-1(8)); 2016. pap. 13.57 (978-1-333-72726-0(7)) Forgotten Bks.

Baldoon (Classic Reprint) Leroy Hooker. 2018. (ENG., Illus.). 282p. (J). 29.73 (978-0-267-17135-4(8)) Forgotten Bks.

Baldoon Mystery: Wierd & Startling (Classic Reprint) Neil T. McDonald. (ENG., Illus.). (J). 2018. 64p. 25.22 (978-0-331-56859-2(4)); 2017. pap. 9.57 (978-0-259-42736-0(5)) Forgotten Bks.

Baldosas Amarillas en Guerra/ Yellow Brick War. Danielle Paige. Tr. by María Angulo Fernández. 2017. (Dorothy Must Die Ser.). (SPA.). 306p. (YA). (gr. 9-12). 18.95 (978-84-16700-52-3(4)) Penguin Random House Grupo Editorial ESP. Dist: Penguin Random Hse. LLC.

Baldur. Virginia Loh-Hagan. 2018. (Gods & Goddesses of the Ancient World Ser.). (ENG., Illus.). 32p. (J). (gr. 4-8). lib. bdg. 32.07 (978-1-5341-2943-6(X), 211816, 45th Parallel Press) Cherry Lake Publishing.

Baldwin Primer (Classic Reprint) May Kirk. (ENG., Illus.). (J). 2018. 132p. 26.62 (978-0-365-45274-4(2)); 2017. pap. 9.57 (978-0-259-50843-4(8)) Forgotten Bks.

Baldwin Speller (Classic Reprint) Sylvester R. Shear. 2017. (ENG., Illus.). (J). 136p. 26.70 (978-0-484-56831-9(0)); pap. 9.57 (978-0-259-77965-0(2)) Forgotten Bks.

Baldwin's: The Mary Baldwin Seminary, 1900-1901 (Classic Reprint) Mary Baldwin College. (ENG., Illus.). (J). 2018. 118p. 26.35 (978-0-483-98366-3(7)); 2016. pap. 9.57 (978-1-334-16569-6(6)) Forgotten Bks.

Baldwin's Big Adventure. Annie Auerbach. 2022. (ENG., Illus.). 32p. (J). 16.99 (978-1-948206-36-5(6), Dynamite Entertainment) Dynamic Forces, Inc.

Baldwinsville Homicide: Verbatim Report of the Trial of Owen Linsday, for the Murder of Francis A. Colvin; Containing the Testimony in Full, Opening & Closing Speeches of Counsel, Charge to the Jury, &C. , Printed from the Minutes of the Official Rep. Owen Linsday. (ENG., Illus.). (J). 2018. 282p. 29.71 (978-0-332-79698-7(1)); 2017. pap. 13.57 (978-0-243-47365-6(6)) Forgotten Bks.

Baldy Gets Back on Track. Mary Iverson. 2016. (ENG., Illus.). (J). pap. 12.95 (978-1-63525-437-2(X)) Christian Faith Publishing.

Baldy of Nome. Esther Birdsall Darling. 2017. (ENG., Illus.). (J). pap. 13.95 (978-1-374-90667-9(0)) Capital Communications, Inc.

Baldy of Nome: An Immortal of the Trail (Classic Reprint) Esther Birdsall Darling. (ENG., Illus.). (J). 2018. 86p. 25.69 (978-0-365-20071-0(9)); 2016. pap. 9.57 (978-1-333-54247-4(X)) Forgotten Bks.

Baldy's Point (Classic Reprint) J. H. Walworth. (ENG., Illus.). (J). 2018. 284p. 29.75 (978-0-483-42530-9(3)); 2016. pap. 13.57 (978-1-334-27672-9(2)) Forgotten Bks.

Bale: From the Playground to the Pitch. Matt Oldfield. 2018. (Ultimate Football Heroes Ser.). (ENG., Illus.). 176p. (J). (gr. 2-7). pap. 11.99 (978-1-78606-801-9(X)) Blake, John Publishing, Ltd. GBR. Dist: Independent Pubs. Group.

Baled Hay: A Drier Book Than Walt Whitman's Leaves o' Grass (Classic Reprint) Bill Nye. 2016. (ENG., Illus.). (J). pap. 13.57 (978-1-332-71232-8(0)) Forgotten Bks.

Baled Hay: A Drier Book Than Walt Whitman's Leaves o' Grass (Classic Reprint) Bill Nye. 2018. (ENG., Illus.). 328p. (J). 30.66 (978-0-483-33385-7(9)) Forgotten Bks.

Baleine Boréale. Joanasie Karpik. Illus. by Sho Uehara. 2022. (Animaux Illustrés Ser.: 6). Orig. Title: Animals Illustrated: Bowhead Whale. (FRE.). 32p. (J). (gr. 1-3). 14.95 (978-2-7644-4567-9(9)) Quebec Amerique CAN. Dist: Orca Bk. Pubs. USA.

Baler. Samantha Bell. 2016. (21st Century Basic Skills Library: Welcome to the Farm Ser.). (ENG., Illus.). 24p. (J). (gr. k-3). 26.35 (978-1-63471-037-4(1), 208228) Cherry Lake Publishing.

Balers. Lori Dittmer. 2018. (Seedlings Ser.). (ENG., Illus.). 24p. (J). (gr. -1-1). pap. 7.99 (978-1-62832-523-2(2), 19499, Creative Paperbacks); (978-1-60818-907-6(4), 19501, Creative Education) Creative Co., The.

Balers Go to Work. Emma Carlson-Berne. 2018. (Farm Machines at Work Ser.). (ENG., Illus.). 24p. (J). (gr. k-3). 26.65 (978-1-5415-2602-0(3), eab76d0d-9da2-4dea-b33e-99d6518406cf, Lerner Pubns.) Lerner Publishing Group.

Bali - Enchanting Island. Jan Deichmohle. 2020. (ENG.). 64p. (YA). pap. 12.00 (978-1-716-59975-0(X)) Lulu Pr., Inc.

Bali Farm Adventures. Vichitraa. 2020. (ENG.). 42p. (J). pap. (978-1-78830-343-9(1)) Olympia Publishers.

Balinese. Betsy Rathburn. 2017. (Cool Cats Ser.). (ENG., Illus.). 24p. (J). (gr. k-3). lib. bdg. 26.95 (978-1-62617-626-3(4), Blastoff! Readers) Bellwether Media.

Balin's Chronicles: A Long Road to Knighthood. Shane Franca. 2017. (ENG., Illus.). 85p. (J). (gr. 2-6). pap. (978-1-912026-09-8(0)) Melrose Bks.

Balisong. Jennifer Adam. 2021. (ENG.). 52p. pap. 15.95 (978-1-914228-37-7(5)) Salamander Street Ltd. GBR. Dist: Consortium Bk. Sales & Distribution.

Balkan Freebooter: Being the True Exploits of the Serbian Outlaw & Comitaj Petko Moritch, Told by Him to the Author & Set into English (Classic Reprint) Jan Gordon. 2018. (ENG., Illus.). 342p. (J). 30.95 (978-0-483-46399-8(X)) Forgotten Bks.

Balkan Prince (Classic Reprint) Charles G. D. Roberts. 2017. (ENG., Illus.). (J). 29.22 (978-0-260-05629-0(4)) Forgotten Bks.

Balkans from Within (Classic Reprint) Reginald Wyon. (ENG., Illus.). (J). 2018. 648p. 37.28 (978-0-364-39304-8(1)); 2018. 576p. 35.80 (978-0-666-82661-9(7)); 2017. pap. 19.57 (978-0-282-19815-2(6)) Forgotten Bks.

Ball & Balloon. Rob Sanders. Illus. by Helen Yoon. 2019. (ENG.). 40p. (J). (gr. -1-3). 17.99 (978-1-5344-2562-0(4), McElderry, Margaret K. Bks.) McElderry, Margaret K. Bks.

Ball & the Cross (Classic Reprint) G. K. Chesterton. 2017. (ENG., Illus.). (J). 32.41 (978-0-260-41080-1(2)) Forgotten Bks.

Ball Book. Margaret Hillert. Illus. by Paige Billin-Fry. 2016. (BeginningtoRead Ser.). (ENG.). 32p. (J). (gr. k-2). 22.60 (978-1-59953-794-8(X)) Norwood Hse. Pr.

Ball Book. Margaret Hillert. Illus. by Paige Billin-Frye. 2016. (Beginning-To-Read Ser.). (ENG.). 32p. (J). (gr. k-2). pap. 13.26 (978-1-60357-935-3(4)) Norwood Hse. Pr.

Ball Book: Footballs, Meatballs, Eyeballs & More Balls! Joshua David Stein. 2019. (ENG., Illus.). 48p. (gr. -1-k). 16.95 (978-1-83866-012-3(7)) Phaidon Pr., Inc.

Ball Caps & Khakis. Jo Ramsey. 2016. (ENG., Illus.). (YA). 24.99 (978-1-63477-938-8(X), Harmony Ink Pr.) Dreamspinner Pr.

Ball Gowns & Party Fashions Coloring Book. Bobo's Adult Activity Books. 2016. (ENG., Illus.). (J). pap. 9.33 (978-1-68327-625-8(6)) Sunshine In My Soul Publishing.

Ball Has an Adventure. Christian Bode. 2021. (ENG.). 30p. (J). 19.99 (978-1-7367095-3-5(4)); pap. 12.99 (978-1-7367095-4-2(2)) Sewell, Kelley.

Ball of Fire (Classic Reprint) George R. Chester. 2018. (ENG., Illus.). 392p. (J). 31.98 (978-0-656-17227-6(4)) Forgotten Bks.

Ball of Snow: To Which Is Added Sultanetta (Classic Reprint) Alexandre Dumas. 2017. (ENG., Illus.). (J). 31.51 (978-1-5280-8631-8(7)) Forgotten Bks.

Ball-Of-Tallow, & Short Stories (Classic Reprint) Guy De Maupassant. (ENG., Illus.). (J). 2018. 320p. 30.50 (978-0-666-10379-6(8)); 2017. pap. 13.57 (978-1-5276-5322-1(6)) Forgotten Bks.

Ball of Wisdom. Zephram Tino. Illus. by Crystal Musseau. 2021. (ENG.). 124p. (J). (978-0-2288-2707-8(8)); pap. (978-0-2288-2705-4(1)) Tellwell Talent.

Ball of Yarn (Classic Reprint) Robert Rudd Whiting. (ENG., Illus.). (J). 2018. 98p. 25.94 (978-0-365-25226-9(3)); 2017. pap. 9.57 (978-0-282-17968-7(2)) Forgotten Bks.

Ball of Yarn, or Queer, Quaint & Quizzical Stories, Unraveled: With Nearly 200 Comic Engravings of Freaks, Follies & Foibles of Queer Folks (Classic Reprint) Elton Elton. (ENG., Illus.). (J). 2018. 80p. 25.55 (978-0-484-66842-2(0)); 2017. pap. 9.57 (978-0-243-40709-5(2)) Forgotten Bks.

Ball That Wouldn't Bounce. Joyce Novicky Martinez. Illus. by Joyce Novicky Martinez. 2018. (ENG., Illus.). 28p. (J). (gr. k-3). pap. 10.00 (978-0-9817244-8-5(5)) Dyeing Arts.

Ballad of a Broken Nose. Arne Svingen. Tr. by Kari Dickson. 2016. (ENG., Illus.). 224p. (J). (gr. 5). 16.99 (978-1-4814-1542-2(5), McElderry, Margaret K. Bks.) McElderry, Margaret K. Bks.

Ballad of a Whip Cream Bird. Sierra White. 2018. (ENG., Illus.). 20p. (J). pap. 12.99 (978-1-387-60973-4(4)) Lulu Pr., Inc.

Ballad of Aidy & Leftie. Sj Whitby. 2022. (ENG.). 416p. (YA). pap. (978-1-9911629-3-9(6)) SJ Whitby.

Ballad of Beau Brocade. Austin Dobson. 2017. (ENG.). (J). 160p. pap. (978-3-7447-9904-1(2)); (Illus.). pap. (978-3-7447-1339-9(3)) Creation Pubs.

Ballad of Beau Brocade: And Other Poems of the Xviiith Century (Classic Reprint) Austin Dobson. (ENG., Illus.). (J). 2018. 160p. 27.22 (978-0-332-10140-8(1)); 2018. 152p. 27.03 (978-0-484-42249-9(9)); 2016. pap. 9.57 (978-1-334-13189-9(9)) Forgotten Bks.

Ballad of Billie Bean. Ian Lewis. 2022. (Illus.). 118p. (J). (gr. 4-7). pap. 15.95 (978-1-64603-209-9(8), Fitzroy Bks.) Regal Hse. Publishing, LLC.

Ballad of Cowboy Justin. Leah Westbrook. 2017. (ENG., Illus.). (J). (gr. -1-3). pap. 12.95 (978-1-64028-290-2(4)) Christian Faith Publishing.

Ballad of Freddy One-Fin. Simon Collins. 2019. (ENG.). 40p. (J). (978-1-5289-2849-6(0)); pap. (978-1-5289-2848-9(2)) Austin Macauley Pubs. Ltd.

Ballad of Jimmy & Rose: The Story of an Empath & a Jerk! Dominic Bercier. Illus. by Dominic Bercier. l.t. ed. 2020. (Jimmy & Rose Ser.: Vol. 1). (ENG.). 30p. (YA). (978-1-7753134-7-2(6)) Mirror Comics Studios.

Ballad of Lucy Whipple. Karen Cushman. 2019. (ENG.). 208p. (J). (gr. 5-7). pap. 7.99 (978-1-328-63113-8(3), 1734959, Clarion Bks.) HarperCollins Pubs.

Ballad of Magdala. Sarit Gani. 2016. (ENG.). (J). pap. (978-965-7607-43-5(4)) Intelecty Ltd.

Ballad of Never After. Stephanie Garber. 2022. (Once upon a Broken Heart Ser.: 2). (ENG., Illus.). 416p. (YA). 19.99 (978-1-250-26842-6(7), 900222635) Flatiron Bks.

Ballad of Never After. Stephanie Garber. 2022. 403p. (YA). (978-1-250-87953-0(1)) St. Martin's Pr.

Ballad of Sandy Mcnab. Colin MacKenzie. 2016. (ENG., Illus.). 26p. (J). 25.95 (978-1-78612-786-0(5), 18898f08-66a1-46ae-8a74-260561b35934) Austin Macauley Pubs. Ltd. GBR. Dist: Baker & Taylor Publisher Services (BTPS).

Ballad of Songbirds & Snakes (a Hunger Games Novel), 1 vol. Suzanne Collins. (Hunger Games Ser.). (ENG.). 528p. (YA). (gr. 7). 2023. pap. 16.99 **(978-1-339-01657-3(5))**; 2020. 27.99 (978-1-338-63517-1(4)) Scholastic, Inc. (Scholastic Pr.).

Ballad of Songbirds & Snakes (a Hunger Games Novel): Movie Tie-In Edition, 1 vol. Suzanne Collins. 2023. (Hunger Games Ser.). (ENG.). 528p. (YA). (gr. 7). pap. 16.99 **(978-1-339-01658-0(3)**, Scholastic Pr.) Scholastic, Inc.

Ballad of Songbirds & Snakes (a Hunger Games Novel) (Unabridged Edition), 2 vols. Suzanne Collins. unabr. ed. 2020. Orig. Title: Untitled Panem Novel (Audio): a Hunger Games Novel. (ENG.). (YA). (gr. 7-7). audio compact disk 44.99 (978-1-338-63519-5(0)) Scholastic, Inc.

Ballad of Songbirds & Snakes Blank Writing Journal (Hunger Games), 1 vol. Scholastic. 2020. (ENG.). 192p. (YA). (gr. 7-7). 14.99 (978-1-338-68007-2(2), Scholastic Pr.) Scholastic, Inc.

Ballad of Tangle Street (Classic Reprint) Peggy Bacon. (ENG., Illus.). (J). 2018. 34p. 24.62 (978-0-483-07422-4(5)); 2016. pap. 7.97 (978-1-334-12526-3(0)) Forgotten Bks.

Ballad of the Bad Tiger. Conrad Lindes. 2022. (ENG.). 36p. (J). pap. 11.99 **(978-1-6629-2956-4(0))**; 21.00 **(978-1-6629-2955-7(2))** Gatekeeper Pr.

Ballad of the Beanstalk. Amy McNulty. 2017. (ENG., Illus.). (J). pap. (978-1-927940-85-3(0)) Patchwork Pr.

Ballad of the Beanstalk. Amy McNulty. 2021. (ENG.). 258p. (YA). (gr. 8-12). pap. 12.99 (978-1-952667-39-8(9)) Snowy Wings Publishing.

Ballad of the Bees. Timothy Stuetz. 2017. (ENG., Illus.). (J). pap. 16.95 (978-1-5043-7156-8(9), Balboa Pr.) Author Solutions, LLC.

Ballad of Titha Mae: A Fantasy in Twelve Parts. Jon B. Dalvy. Illus. by Jon B. Dalvy. 2018. (Titha Mae Ser.: Vol. 1). (ENG., Illus.). (J). (gr. 4-6). 304p. 28.99 (978-0-692-06188-6(6)); 2nd ed. 346p. pap. 16.99 (978-0-692-06506-8(7)) Nechalec Pr.

Ballad of Tommy Mcgavin. D. B. Wright. Ed. by Brian Fuchs. 2022. (ENG.). 142p. (J). pap. 14.99 (978-1-955814-67-6(8)) Scissortail Pr.

Ballad of Tubs Marshfield. Cara Hoffman. 2021. (ENG.). 224p. (J). (gr. 3-7). pap. 7.99 (978-0-06-286548-9(X), HarperCollins) HarperCollins Pubs.

Ballad of Yaya Book 2: Prisoners. Jean-Marie Omont. 2020. (ENG., Illus.). 96p. (J). pap. 9.99 (978-1-942367-65-9(1), bdf3535e-4f14-4edc-b3ab-0e3b540bb780) Magnetic Pr.

Ballad of Yaya Book 4: The Island. Patrick Marty et al. Ed. by Mike Kennedy. 2020. (ENG., Illus.). 96p. (J). pap. 9.99 (978-1-942367-67-3(8), f25c3503-1107-4f77-b749-691f70d54b71) Magnetic Pr.

Ballad of Yaya Book 5: The Promise. Patrick Marty et al. Ed. by Mike Kennedy. 2020. (ENG., Illus.). 96p. (J). pap. 9.99 (978-1-942367-68-0(6), a8738d67-6313-48a7-bbfa-4f167fad1d2b) Magnetic Pr.

Ballad of Yaya Book 6: Lost. Patrick Marty et al. Ed. by Mike Kennedy. 2020. (ENG., Illus.). 96p. (J). pap. 9.99 (978-1-942367-69-7(4), 590740ab-cab8-4ce3-9d92-be47c6f513e4) Magnetic Pr.

Ballad of Yaya Book 7: The Trap. Patrick Marty et al. Ed. by Mike Kennedy. 2020. (ENG., Illus.). 96p. (J). pap. 9.99 (978-1-951719-00-5(X), 4a16613b-5e13-48e8-be58-51fcc8b80719) Magnetic Pr.

Ballad of Yaya Book 8: The Return. Patrick Marty et al. Ed. by Mike Kennedy. 2020. (ENG., Illus.). 96p. (J). pap. 9.99 (978-1-951719-01-2(8), 5d2ed1b3-c229-41f7-9024-9c4dd8ec9f24) Magnetic Pr.

Ballad of Yaya Book 9: Sonota. Patrick Marty et al. Ed. by Mike Kennedy. 2020. (ENG., Illus.). 96p. (J). pap. 9.99 (978-1-951719-02-9(6), d140a883-997d-4991-8ede-d29847883871) Magnetic Pr.

Ballad of Yaya Book Three: The Circus. Patrick Marty et al. 2020. (ENG., Illus.). 96p. (J). pap. 9.99 (978-1-942367-66-6(X), 9d1223f5-ba88-4c1b-8145-7ae1b579f96a) Magnetic Pr.

Ballad of Yaya Vol. 1. Jean-Marie Omont & Charlotte Girard. 2020. (ENG., Illus.). 96p. (J). pap. 9.99 (978-1-942367-64-2(3), 27f7e257-bef0-4814-a2f3-290045cbace1) Magnetic Pr.

Ballad Stories (Classic Reprint) Mary MacLeod. 2018. (ENG., Illus.). 428p. (J). 32.74 (978-0-483-76692-1(5)) Forgotten Bks.

Ballade de Jimmy et Rose: L'histoire d'une Empathe et d'un Crétin! Dominic Bercier. Illus. by Dominic Bercier. l.t. ed. 2020. (Jimmy et Rose Ser.: Vol. 1). (FRE.). 30p. (YA). (978-1-7753134-8-9(4)) Mirror Comics Studios.

Ballads, a Legend of the Rhine, Etc. William Makepeace Thackeray. 2017. (ENG.). 370p. (J). pap. (978-3-7447-6670-8(5)) Creation Pubs.

Ballads a Legend of the Rhine, etc (Classic Reprint) William Makepeace Thackeray. 2017. (ENG., Illus.). (J). 31.49 (978-1-5282-7666-5(3)) Forgotten Bks.

Ballads & Bedtime Stories. Michael Dustin Youree. 2021. (ENG.). 144p. (YA). 24.95 (978-1-938505-54-6(9)) Lionheart Group Publishing.

Ballads & Contributions to 'Punch', 1842-1850 (Classic Reprint) William Makepeace Thackeray. (ENG., Illus.). (J). 2018. 520p. 34.62 (978-0-267-33770-5(1)); 2016. pap. 19.57 (978-1-333-61979-4(0)) Forgotten Bks.

Ballads & Legends: And Other Tales in Verse (Classic Reprint) Charles F. Ellerman. 2018. (ENG., Illus.). 314p. (J). 30.39 (978-0-484-62855-6(0)) Forgotten Bks.

Ballads & Lyrics. Henry Cabot Lodge. 2017. (ENG.). 448p. (J). pap. (978-3-7447-7496-3(1)) Creation Pubs.

Ballads & Songs. John Davidson. 2017. (ENG., Illus.). (J). pap. (978-0-649-53641-2(X)) Trieste Publishing Pty Ltd.

Ballads & Songs of Yorkshire: Transcribed from Private Manuscripts, Rare Broadsides, & Scarce Publications; with Notes & a Glossary (Classic Reprint) C. J. Davidson Ingledew. 2017. (ENG., Illus.). (J). 30.91 (978-0-266-23448-7(8)) Forgotten Bks.

Ballads & Tales (Classic Reprint) William Makepeace Thackeray. (ENG., Illus.). (J). 2018. 424p. 32.66 (978-0-365-24900-9(9)); 2018. 530p. 34.83 (978-0-484-85932-5(3)); 2017. pap. 19.57 (978-0-259-06094-9(1)) Forgotten Bks.

Ballads, and, the Rose & the Ring (Classic Reprint) William Makepeace Thackeray. 2017. (ENG., Illus.). (J). 33.47 (978-0-331-81282-4(7)); pap. 16.57 (978-0-243-89104-7(0)) Forgotten Bks.

Ballads for Little Folk (Classic Reprint) Alice Cary. 2018. (ENG., Illus.). 202p. (J). 28.08 (978-0-483-91158-1(5)) Forgotten Bks.

Ballads in Black: A Series of Original Shadow Pantomimes; with Forty-Eight Full-Page Silhouette Illustrations & Full Directions for Producing Shadow Pictures with Novel Effects (Classic Reprint) Frank

Eugene Chase. (ENG., Illus.). (J). 2017. 27.07 *(978-0-331-77400-9(3))*; 2016. pap. 9.57 *(978-1-334-14372-4(2))* Forgotten Bks.

Ballads of a Book-Worm: Being a Rhythmic Record of Thoughts, Fancies Adventures a-Collecting (Classic Reprint) Irving Browne. 2018. (ENG., Illus.). 132p. (J). 26.64 *(978-0-483-67489-9(3))* Forgotten Bks.

Ballads of an Old Soldier (Classic Reprint) John Walsh. 2017. (ENG., Illus.). (J). pap. 7.97 *(978-0-243-50771-9(2))* Forgotten Bks.

Ballads of an Old Soldier (Classic Reprint) John Walsh. 2018. (ENG., Illus.). 26p. (J). 24.45 *(978-0-364-00991-8(8))* Forgotten Bks.

Ballads of Books. Brander Matthews. 2017. (ENG.). 184p. (J). pap. *(978-3-7447-6945-7(3))* Creation Pubs.

Ballads of Books. Brander Matthews. 2017. (ENG., Illus.). (J). pap. *(978-0-649-48655-7(2))* Trieste Publishing Pty Ltd.

Ballads of the Boer War: Selected from the Haversack, of Sergeant J. Smith (Classic Reprint) Coldstreamer Coldstreamer. 2018. (ENG., Illus.). 92p. (J). 25.81 *(978-0-332-87479-1(6))* Forgotten Bks.

Ballads of the Farm & Home (Classic Reprint) Henry H. Johnson. (ENG., Illus.). (J). 2018. 304p. 30.19 *(978-0-332-45177-0(1))*; 2016. pap. 13.57 *(978-1-334-13072-4(8))* Forgotten Bks.

Ballantyne: A Novel (Classic Reprint) Helen Campbell. 2018. (ENG., Illus.). 378p. (J). 31.71 *(978-0-483-33971-2(7))* Forgotten Bks.

Ballast: A Novel (Classic Reprint) Myra Swan. (ENG., Illus.). (J). 2018. 364p. 31.42 *(978-0-267-40219-9(8))*; 2016. pap. 13.97 *(978-1-334-12120-3(6))* Forgotten Bks.

Ballena Roja Que Se Trago una Danta Blanca. Gloria Salazar. 2017. 40p. (J). pap. 13.99 *(978-958-30-5436-5(4))* Panamericana Editorial COL. Dist: Lectorum Pubns., Inc.

Ballenas. Grace Hansen. 2017. (Vida en el Océano Ser.). (SPA.). 24p. (J). (gr. -1-2). pap. 7.95 *(978-1-4966-1271-7(X)*, 135011, Capstone Classroom) Capstone.

Ballenas Azules. Mari Schuh. Tr. by Aparicio Publishing Aparicio Publishing LLC. 2020. (Animals en Espanol Ser.).Tr. of Blue Whales. (SPA., Illus.). 32p. (J). (gr. 1-3). lib. bdg. 31.32 *(978-1-9771-2548-4(4)*, 200625, Pebble) Capstone.

Ballenas Azules (Blue Whales) Grace Hansen. 2016. (Especies Extraordinarias (Super Species) Ser.). (SPA.). 24p. (J). (gr. -1-2). lib. bdg. 32.79 *(978-1-62402-692-8(3)*, 24888, Abdo Kids) ABDO Publishing Co.

Ballenas Bebés. Kate Riggs. 2021. (Principio de Los Ser.). (SPA.). 16p. (J). (gr. -1-k). pap. 7.99 *(978-1-62832-995-7(5)*, 18039, Creative Paperbacks) Creative Co., The.

Ballenas (Whales), 1 vol. Grace Hansen. 2016. (Vida en el Océano (Ocean Life) Ser.). (SPA., Illus.). 24p. (J). (gr. -1-2). lib. bdg. 32.79 *(978-1-68080-750-9(1)*, 22662, Abdo Kids) ABDO Publishing Co.

Baller Ina. Liz Casal. 2023. 40p. (J). (gr. -1-2). 18.99 ***(978-0-593-56709-8(9))***; (ENG.). lib. bdg. 21.99 ***(978-0-593-56710-4(2))*** Random Hse. Children's Bks. (Knopf Bks. for Young Readers).

Ballerina. Catherine Follestad. 2019. (ENG.). 124p. (J). pap. 10.95 *(978-1-0980-0375-3(6))* Christian Faith Publishing.

Ballerina Coloring Book for Girls: Includes 30 Beautiful Artistic Illustrations Featuring Ballerina & Ballet Dancers. Great Gift, All Ages, Girls, Little Kids, Preschool, Kindergarten & Elementary. Jasmine Taylor. 2021. (ENG.). 65p. (J). pap. ***(978-1-7947-9809-0(9))*** Lulu Pr., Inc.

Ballerina Coloring Book for Kids! Discover These Fun & Enjoyable Ballerina Coloring Pages. Bold Illustrations. 2022. (ENG.). 82p. (J). pap. 15.99 ***(978-1-0717-0707-4(8)***, Bold Illustrations) FASTLANE LLC.

Ballerina Coloring Pages (Coloring Pages for Kids) This Book Has 40 Ballerina Coloring Pages for Children Four & over. Comes with 6 Bonus PDF Coloring Books. Nicola Ridgeway & James Manning. 2020. (Ballerina Coloring Pages Ser.: Vol. 4). (ENG., Illus.). 84p. (J). pap. *(978-1-80027-211-8(1))* CBT Bks.

Ballerina Princess. Ann-Marie Zoë Coore. Illus. by Davia A. Morris. 2022. 52p. (J). 32.95 *(978-1-6678-5375-8(9))* BookBaby.

Ballerino. Anne Schneider. 2020. (ENG., Illus.). 32p. (J). (gr. k). 17.95 *(978-1-60537-584-7(5))* Clavis Publishing.

Ballet. Trudy Becker. 2023. (Dance Ser.). (ENG., Illus.). 24p. (J). pap. 8.95 ***(978-1-64619-856-6(5))***; lib. bdg. 28.50 ***(978-1-64619-827-6(1))*** Little Blue Hse.

Ballet. Wendy Hinote Lanier. 2017. (Shall We Dance? Ser.). (ENG., Illus.). 32p. (J). (gr. 2-3). pap. 9.95 *(978-1-63517-336-9(1)*, 1635173361); lib. bdg. 31.35 *(978-1-63517-271-3(3)*, 1635172713) North Star Editions. (Focus Readers).

Ballet Backflip. Meredith Costain. Illus. by Danielle McDonald. 2017. (ENG.). 144p. (J). pap. 5.99 *(978-1-61067-521-5(5))* Kane Miller.

Ballet Book: The Young Performer's Guide to Classical Dance. Deborah Bowes et al. Photos by Kiran West & Kiran West. 2nd rev. ed. 2018. (ENG., Illus.). 144p. (J). (gr. 3-9). pap. 19.95 *(978-0-2281-0066-9(6)*, da2bf647-3e54-42e8-b709-51f23de46039) Firefly Bks., Ltd.

Ballet Breakdown. Margaret Gurevich. Illus. by Claire Almon. 2018. (Academy of Dance Ser.). (ENG.). 72p. (J). (gr. 3-6). lib. bdg. 25.32 *(978-1-4965-6206-7(2)*, 137815, Stone Arch Bks.) Capstone.

Ballet Bruce: Level 1. Ryan T. Higgins. 2022. (World of Reading Ser.). (Illus.). (J). (gr. -1-1). 20p. 14.99 ***(978-1-368-05960-2(0))***; 32p. pap. 4.99 ***(978-1-368-08098-9(7))*** Disney Publishing Worldwide. (Disney-Hyperion).

Ballet Bunnies #1: the New Class. Swapna Reddy. Illus. by Binny Talib. 2021. (Ballet Bunnies Ser.: 1). (ENG.). 96p. (J). (gr. 1-4). 6.99 *(978-0-593-30492-1(6))*; lib. bdg. 12.99 *(978-0-593-30493-8(4))* Random Hse. Children's Bks. (Random Hse. Bks. for Young Readers).

Ballet Bunnies #2: Let's Dance. Swapna Reddy. Illus. by Binny Talib. 2021. (Ballet Bunnies Ser.: 2). (ENG.). 96p. (J). (gr. 1-4). 6.99 *(978-0-593-30495-2(0))*; lib. bdg. 12.99 *(978-0-593-30496-9(9))* Random Hse. Children's Bks. (Random Hse. Bks. for Young Readers).

Ballet Bunnies #3: Ballerina Birthday. Swapna Reddy. Illus. by Binny Talib. 2021. (Ballet Bunnies Ser.: 3). (ENG.). 96p. (J). (gr. 1-4). 6.99 *(978-0-593-30569-0(8))*; lib. bdg. 12.99 *(978-0-593-30570-6(1))* Random Hse. Children's Bks. (Random Hse. Bks. for Young Readers).

Ballet Bunnies #4: the Lost Slipper. Swapna Reddy. Illus. by Binny Talib. 2021. (Ballet Bunnies Ser.: 4). (ENG.). 96p. (J). (gr. 1-4). 6.99 *(978-0-593-30572-0(8))*; lib. bdg. 12.99 *(978-0-593-30573-7(6))* Random Hse. Children's Bks. (Random Hse. Bks. for Young Readers).

Ballet Bunnies #5: the Big Audition. Swapna Reddy. Illus. by Binny Talib. 2022. (Ballet Bunnies Ser.: 5). (ENG.). 96p. (J). (gr. 1-4). 6.99 *(978-0-593-30575-1(2))*; lib. bdg. 12.99 *(978-0-593-30576-8(0))* Random Hse. Children's Bks. (Random Hse. Bks. for Young Readers).

Ballet Bunnies #6: Trixie Is Missing. Swapna Reddy. Illus. by Binny Talib. 2022. (Ballet Bunnies Ser.: 6). (ENG.). 96p. (J). (gr. 1-4). 6.99 *(978-0-593-30578-2(7))*; lib. bdg. 12.99 *(978-0-593-30579-9(5))* Random Hse. Children's Bks. (Random Hse. Bks. for Young Readers).

Ballet Cat What's Your Favorite Favorite? Bob Shea. Illus. by Bob Shea. 2017. (Ballet Cat Ser.: 3). (ENG., Illus.). 56p. (J). (gr. -1-4). 9.99 *(978-1-4847-7809-8(X))* Little, Brown Bks. for Young Readers.

Ballet Dancer & on Guard (Classic Reprint) Matilde Serao. 2017. (ENG., Illus.). (J). 29.59 *(978-0-266-20285-1(3))* Forgotten Bks.

Ballet de Las Pequeñas Estrellas. Taylor Farley. Tr. by Pablo de la Vega. 2021. (Pequeñas Estrellas (Little Stars) Ser.). (SPA., Illus.). 24p. (J). (gr. k-2). pap. *(978-1-4271-3174-4(0)*, 15140); lib. bdg. *(978-1-4271-3156-0(2)*, 15121) Crabtree Publishing Co.

Ballet Dress. Ann Stalcup. 2022. (ENG.). 32p. (J). *(978-1-63829-522-8(0))*; pap. *(978-1-64979-606-6(4))* Austin Macauley Pubs. Ltd.

Ballet Is for Everyone. Rachel Garnet. Illus. by Nifty Illustration. 2021. (ENG.). 30p. (J). 25.00 *(978-0-578-86744-1(3))* Rachel Garnet.

Ballet Kitty. Bernette Ford. Illus. by Sam Williams. 2023. (ENG.). 32p. (J). (gr. -1-1). 14.99 *(978-1-914912-55-9(1))* Boxer Bks., Ltd. GBR. Dist: Sterling Publishing Co., Inc.

Ballet Lesson (Peppa Pig) Elizabeth Schaefer. 2018. (ENG.). 24p. (J). (gr. -1-k). pap. 4.99 *(978-1-338-32779-3(8))* Scholastic, Inc.

Ballet Lessons. Elizabeth Schaefer. 2019. (Peppa Pig 8x8 Bks). (SPA.). 24p. (J). (gr. k-1). 13.89 *(978-0-87617-735-8(6))* Penworthy Co., LLC, The.

Ballet Lessons for Su. Brenda Ponnay. Illus. by Brenda Ponnay. 2022. (We Can Readers Ser.). (ENG.). (J). 22p. pap. 12.99 ***(978-1-5324-4130-1(4))***; 16p. (gr. -1-1). 24.99 ***(978-1-5324-3527-0(4))***; 16p. (gr. -1-1). pap. 12.99 ***(978-1-5324-3011-4(6))*** Xist Publishing.

Ballet of the Nations: A Present-Day Morality (Classic Reprint) Vernon Lee. 2017. (ENG., Illus.). (J). 24.56 *(978-0-265-25737-1(9))* Forgotten Bks.

Ballet Pointe Shoes. Gisela Pereira. 2021. (ENG.). 62p. (J). pap. *(978-1-9999470-3-3(7))* Gisela Productions.

Ballet School Sticker Book. Margot Channing & Ela Smietanka. ed. 2018. (Scribblers Fun Activity Ser.). (ENG., Illus.). 32p. (J). (gr. k-2). pap. 6.99 *(978-1-912233-16-8(9)*, Scribblers) Book Hse. GBR. Dist: Sterling Publishing Co., Inc.

Ballet Shoes. Noel Streatfeild. 2018. (Shoe Bks.). (ENG.). 304p. (J). (gr. 3-7). 17.99 *(978-0-525-57861-1(7))*; lib. bdg. 19.99 *(978-0-525-57862-8(5))* Random Hse. Children's Bks. (Random Hse. Bks. for Young Readers).

Ballet Shoes (Classic Reprint) Noel Streatfeild. 2017. (ENG., Illus.). (J). 30.83 *(978-0-331-14473-4(5))*; pap. 13.57 *(978-0-259-38353-6(8))* Forgotten Bks.

Ballet Slippers. Melony Bates. Illus. by Amy Sunluvr. 2016. (ENG.). (J). pap. 7.99 *(978-1-945595-01-1(9))* Blue Cove Publishing.

Ballet Slippers. Cindy Jin. 2018. (ENG., Illus.). 16p. (J). (gr. -1). bds. 7.99 *(978-1-5344-2216-2(1)*, Little Simon) Little Simon.

Ballet Star: A Little Girl with a Big Dream... Nicola Baxter & Gill Cooper. 2017. (Illus.). 14p. (J). (gr. -1-12). bds. 9.99 *(978-1-86147-853-5(4)*, Armadillo) Anness Publishing GBR. Dist: National Bk. Network.

Balletball. Erin Dionne. Illus. by Gillian Flint. 2020. 32p. (J). (gr. -1-3). lib. bdg. 16.99 *(978-1-58089-939-0(0))* Charlesbridge Publishing, Inc.

Ballewiena. Rebecca Bender. 2022. (Illus.). 32p. (J). (gr. k-2). 18.95 *(978-1-77278-137-3(1))* Pajama Pr. CAN. Dist: Publishers Group West (PGW).

Ballingtons: A Novel (Classic Reprint) Frances Squire. 2017. (ENG., Illus.). (J). 33.43 *(978-1-5280-5166-8(1))* Forgotten Bks.

Ballistics. Amy Kortuem. 2018. (Crime Solvers Ser.). (ENG., Illus.). 32p. (J). (gr. 3-9). lib. bdg. 27.32 *(978-1-5435-2989-0(5)*, 138593, Capstone Pr.) Capstone.

Ballon-Clown. Zito Camillo. 2022. (FRE.). 26p. (J). pap. 9.99 *(978-1-0880-1914-6(5))* Indy Pub.

Ballon Est Condamne. Christopher Eyton. Tr. by Patricia Daigneault. Illus. by A. M. Mundt. 2017. (FRE.). (J). pap. *(978-0-9938273-2-7(2))* Syniad Hse.

Ballons, Dirigeables et Aeroplanes (Classic Reprint) Alphonse Berget. 2017. (FRE., Illus.). (J). 28.99 *(978-0-266-47140-0(4))*; pap. 11.57 *(978-0-259-34144-4(4))* Forgotten Bks.

Ballons et les Voyages Aeriens (Classic Reprint) Fulgence Marion. 2017. (FRE., Illus.). (J). 30.43 *(978-0-265-70615-2(7))*; pap. 13.57 *(978-0-259-51252-3(4))* Forgotten Bks.

Balloon - Te Katibu (Te Kiribati) Charity Russell. Illus. by Jovan Carl Segura. 2023. (ENG.). 26p. (J). pap. ***(978-1-922844-80-4(2))*** Library For All Limited.

Balloon Alphabet & Numbers Coloring Book for Kids. Deeasy Books. 2021. (ENG.). 78p. (J). pap. 8.00 *(978-1-716-19950-9(6))* Indy Pub.

Balloon Art Books: Birds. Masayoshi Matsumoto. 2021. (Balloon Art Bks.). (ENG.). 20p. (J). (gr. -1-1). bds. 7.99 *(978-1-4867-2116-0(8)*, 32244cca-a49a-4c3d-b07a-9367c36e89b3) Flowerpot Pr.

Balloon Art Books: Bugs. Masayoshi Matsumoto. 2021. (Balloon Art Bks.). (ENG.). 20p. (J). (gr. -1-1). bds. 7.99 *(978-1-4867-2115-3(X)*, 99f48766-033d-4790-9e58-398824663d0a) Flowerpot Pr.

Balloon Book. Cecilia Minden. Illus. by Sam Loman. 2022. (Little Blossom Stories Ser.). (ENG.). 16p. (J). (gr. -1-2). pap. 11.36 *(978-1-6689-0870-9(0)*, 220837, Cherry Blossom Press) Cherry Lake Publishing.

Balloon Breath. Amanda Given. Illus. by Hrytskova Polina. 2018. (ENG.). 24p. (J). (gr. k-3). 16.95 *(978-1-7326062-0-3(X))* Govinda Yoga Play.

Balloon Fairy. Michelle Saputo & Antonietta Giuliano. Illus. by Alice Larsson. 2023. (ENG.). 28p. (J). pap. 10.99 ***(978-1-0880-8481-6(8))*** Indy Pub.

Balloon Lip Gal. April Mangum. 2019. (ENG., Illus.). 28p. (J). pap. 15.00 *(978-0-9985790-2-3(5))* Therapy Art Theater LLC.

Balloon Race - Te Kauaia N Te Katibu (Te Kiribati) Caroline Evari. Illus. by Bojana Simic. 2023. (ENG.). 22p. (J). pap. ***(978-1-922849-17-5(0))*** Library For All Limited.

Balloon Stickers: Christmas Activity Book. Make Believe Ideas. Illus. by Stuart Lynch. 2019. (ENG.). 32p. (J). (gr. -1-7). pap. 5.99 *(978-1-78843-933-6(3))* Make Believe Ideas GBR. Dist: Scholastic, Inc.

Balloon Stickers Mermaids Activity Book. Alexandra Robinson & Bethany Downing. Illus. by Jess Moorhouse. 2022. (ENG.). 66p. (J). (gr. -1-k). 9.99 *(978-1-80058-989-6(1))* Make Believe Ideas GBR. Dist: Scholastic, Inc.

Balloon That Saved Christmas. Leslie Dalton, Jr. 2022. (ENG.). 34p. (J). pap. 9.99 *(978-1-956803-73-0(4))* GoldTouch Pr.

Balloon to Brazil. Richard Markin. 2017. (ENG., Illus.). (J). 17.42 *(978-1-4834-6954-6(9))*; pap. 9.62 *(978-1-4834-6953-9(0))* Lulu Pr., Inc.

Balloon to the Moon. MacKenzie Fairmaid-Shevloff. 2021. (ENG.). 34p. (J). *(978-0-2288-5707-5(4))*; pap. *(978-0-2288-5706-8(6))* Tellwell Talent.

Balloon Travels of Robert Merry & His Young Friends: Over Various Countries in Europe (Classic Reprint) Samuel G. Goodrich. 2018. (ENG., Illus.). 328p. (J). 30.66 *(978-0-267-96897-8(3))* Forgotten Bks.

Balloons (Classic Reprint) Elizabeth Bibesco. 2017. (ENG., Illus.). (J). 27.44 *(978-1-5285-6334-5(4))* Forgotten Bks.

Balloons for Papa: A Story of Hope & Empathy. Elizabeth Gilbert Bedia. Illus. by Erika Meza. 2021. (ENG.). 32p. (J). (gr. -1-3). 17.99 *(978-0-06-308113-0(X)*, HarperCollins) HarperCollins Pubs.

Balloons in the Park. Mary Theresa Nelson. 2021. (ENG., Illus.). 38p. (J). pap. 14.95 *(978-1-64654-861-3(2))* Fulton Bks.

Ballou's Monthly Magazine, Vol. 28: July, 1868 (Classic Reprint) Unknown Author. (ENG., Illus.). (J). 2018. 102p. 26.00 *(978-0-483-02203-4(9))*; 2016. pap. 9.57 *(978-1-334-12575-1(9))* Forgotten Bks.

Ballou's Pictorial, 1856, Vol. 11: Drawing-Room Companion (Classic Reprint) Maturin Murray Ballou. (ENG., Illus.). (J). 2018. 840p. 41.26 *(978-0-332-13082-8(7))*; 2017. pap. 23.57 *(978-1-334-91287-0(4))* Forgotten Bks.

Ballou's Pictorial Drawing-Room Companion, 1857, Vol. 13 (Classic Reprint) Maturin Murray Ballou. (ENG., Illus.). (J). 2018. 840p. 41.26 *(978-0-428-35723-8(7))*; 2017. pap. 23.57 *(978-0-243-23980-1(7))* Forgotten Bks.

Ballou's Pictorial Drawing-Room Companion, Vol. 9: July 7, 1855 (Classic Reprint) Maturin Murray Ballou. (ENG., Illus.). (J). 2018. 848p. 41.41 *(978-0-483-57959-0(9))*; 2017. pap. 23.97 *(978-0-243-23974-0(2))* Forgotten Bks.

Ballou's Pictorial, Vol. 15: July 3, 1858 (Classic Reprint) Maturin Murray Ballou. 2018. (ENG., Illus.). (J). 836p. 41.14 *(978-1-396-70948-7(7))*; 838p. pap. 23.57 *(978-1-391-96625-0(2))* Forgotten Bks.

Ballou's Pictorial, Vol. 17: July December, 1859 (Classic Reprint) Maturin Murray Ballou. (ENG., Illus.). (J). 2018. 630p. 36.89 *(978-0-483-29955-9(3))*; 2016. pap. 19.57 *(978-1-333-58512-9(8))* Forgotten Bks.

Ballpark Cookbook - The American League: Recipes Inspired by Baseball Stadium Foods. Katrina Jorgensen & Blake Hoena. 2016. (Ballpark Cookbooks Ser.). (ENG., Illus.). 64p. (J). (gr. 3-9). lib. bdg. 32.65 *(978-1-4914-8232-2(X)*, 130695, Capstone Pr.) Capstone.

Ballpark Cookbook - The National League: Recipes Inspired by Baseball Stadium Foods. Katrina Jorgensen & Blake Hoena. 2016. (Ballpark Cookbooks Ser.). (ENG., Illus.). 64p. (J). (gr. 3-9). lib. bdg. 32.65 *(978-1-4914-8233-9(8)*, 130696, Capstone Pr.) Capstone.

Ballpark Eats: Recipes Inspired by America's Baseball Stadiums. Katrina Jorgensen. ed. 2016. (Sports Illustrated Kids Ser.). (ENG., Illus.). 144p. (J). (gr. 3-9). pap., pap. 15.95 *(978-1-62370-647-0(5)*, 131415, Capstone Young Readers) Capstone.

Ballpark Mysteries #12: the Rangers Rustlers. David A. Kelly. Illus. by Mark Meyers. 2016. (Ballpark Mysteries Ser.: 12). (ENG.). 112p. (J). (gr. 1-4). pap. 5.99 *(978-0-385-37881-9(5)*, Random Hse. Bks. for Young Readers) Random Hse. Children's Bks.

Ballpark Mysteries #13: the Capital Catch. David A. Kelly. Illus. by Mark Meyers. 2017. (Ballpark Mysteries Ser.: 13). (ENG.). 112p. (J). (gr. 1-4). 5.99 *(978-0-399-55189-5(1)*, Random Hse. Bks. for Young Readers) Random Hse. Children's Bks.

Ballpark Mysteries #14: the Cardinals Caper. David A. Kelly. Illus. by Mark Meyers. 2018. (Ballpark Mysteries Ser.: 14). (ENG.). 112p. (J). (gr. 1-4). 5.99 *(978-1-5247-6751-8(4)*, Random Hse. Bks. for Young Readers) Random Hse. Children's Bks.

Ballpark Mysteries #15: the Baltimore Bandit. David A. Kelly. Illus. by Mark Meyers. 2019. (Ballpark Mysteries Ser.: 15). (ENG.). 112p. (J). (gr. 1-4). 12.99 *(978-1-5247-6755-6(7))*; pap. 6.99 *(978-1-5247-6754-9(9))* Random Hse. Children's Bks. (Random Hse. Bks. for Young Readers).

Ballpark Mysteries #16: the Colorado Curveball. David A. Kelly. Illus. by Mark Meyers. 2020. (Ballpark Mysteries Ser.: 16). (ENG.). 112p. (J). (gr. 1-4). lib. bdg. 12.99 *(978-0-525-57899-4(4)*, Random Hse. Bks. for Young Readers) Random Hse. Children's Bks.

Ballpark Mysteries #17: the Triple Play Twins. David A. Kelly. Illus. by Mark Meyers. 2021. (Ballpark Mysteries Ser.: 17). (ENG.). 112p. (J). (gr. 1-4). 5.99 *(978-0-593-12624-0(6))*; lib. bdg. 12.99 *(978-0-593-12625-7(4))* Random Hse. Children's Bks. (Random Hse. Bks. for Young Readers).

Ballpark Mysteries Super Special #1: the World Series Curse. David A. Kelly. Illus. by Mark Meyers. 2016. (Ballpark Mysteries Ser.: 1). (ENG.). 144p. (J). (gr. 1-4). 6.99 *(978-0-385-37884-0(X)*, Random Hse. Bks. for Young Readers) Random Hse. Children's Bks.

Ballpark Mysteries Super Special #2: Christmas in Cooperstown. David A. Kelly. Illus. by Mark Meyers. 2017. (Ballpark Mysteries Ser.: 2). (ENG.). 144p. (J). (gr. 1-4). 5.99 *(978-0-399-55192-5(1)*, Random Hse. Bks. for Young Readers) Random Hse. Children's Bks.

Ballpark Mysteries Super Special #3: Subway Series Surprise. David A. Kelly. Illus. by Mark Meyers. 2018. (Ballpark Mysteries Ser.: 3). (ENG.). 128p. (J). (gr. 1-4). 5.99 *(978-0-525-57892-5(7)*, Random Hse. Bks. for Young Readers) Random Hse. Children's Bks.

Ballpark Mysteries Super Special #4: The World Series Kids. David A. Kelly. Illus. by Mark Meyers. 2019. (Ballpark Mysteries Ser.: 4). (ENG.). 128p. (J). (gr. 1-4). pap. 5.99 *(978-0-525-57895-6(1)*, Random Hse. Bks. for Young Readers) Random Hse. Children's Bks.

Ballroom Dance. Wendy Hinote Lanier. 2017. (Shall We Dance? Ser.). (ENG., Illus.). 32p. (J). (gr. 2-3). pap. 9.95 *(978-1-63517-337-6(X)*, 163517337X); lib. bdg. 31.35 *(978-1-63517-272-0(1)*, 1635172721) North Star Editions. (Focus Readers).

Ballroom Repentance (Classic Reprint) Annie Edwardes. (ENG., Illus.). (J). 2018. 474p. 33.67 *(978-0-332-87942-0(9))*; 2017. pap. 16.57 *(978-0-259-10145-1(1))* Forgotten Bks.

Ballroom Repentance, Vol. 1 of 2 (Classic Reprint) Annie Edwardes. 2018. (ENG., Illus.). 354p. (J). 31.20 *(978-0-483-87466-4(3))* Forgotten Bks.

Ballroom Repentange (Classic Reprint) Unknown Author. 2018. (ENG., Illus.). 352p. (J). 31.18 *(978-0-267-20439-7(6))* Forgotten Bks.

Ballroom Riot. Vanessa C. Hawkins & Tara Woodworth. 2021. (ENG.). 350p. (YA). pap. *(978-0-2286-1811-9(8))* Books We Love Publishing Partners.

Ball's Game. Stefan Mathis. (ENG.). (J). 2021. 86p. 12.99 *(978-1-64640-958-7(2))*; 2017. (Illus.). pap. 5.00 *(978-0-692-89659-4(7))* Mathis, Stefan.

Ballygullion (Classic Reprint) Lynn Doyle. 2017. (ENG., Illus.). (J). 28.93 *(978-0-265-74001-9(0))* Forgotten Bks.

Balm of Gilead for Healing a Diseased Land: With the Glory of the Ministration of the Spirit; & a Scripture Prophecy of the Increase of Christ's Kingdom & the Destruction of Antichrist (Classic Reprint) John Willison. (ENG., Illus.). (J). 2017. 29.26 *(978-0-331-89925-2(6))*; 2016. pap. 11.97 *(978-1-333-71213-6(8))* Forgotten Bks.

Baloncesto. M. K. Osborne. 2020. (Deportes Olímpicos de Verano Ser.). (SPA.). 32p. (J). (gr. 2-5). lib. bdg. *(978-1-68151-895-4(3)*, 10705) Amicus.

Baloncesto. Thomas Kingsley Troupe. 2022. (Los Mejores Deportes de la Escuela Secundaria (Top High School Sports) Ser.). (SPA.). 32p. (J). (gr. 3-9). pap. *(978-1-0396-5016-9(3)*, 20519); lib. bdg. *(978-1-0396-4889-0(4)*, 20518) Crabtree Publishing Co. (Crabtree Branches).

Baloncesto: Grandes Momentos, Récords y Datos (Spanish Version) Teddy Borth. 2016. (Grandes Deportes (Great Sports) Ser.). (SPA., Illus.). 24p. (J). (gr. -1-2). lib. bdg. 32.79 *(978-1-68080-732-5(3)*, 22626, Abdo Kids) ABDO Publishing Co.

Baloncesto (Basketball) Julie Murray. 2018. (Deportes: Guía Práctica (Sports How To) Ser.). (SPA.). 24p. (J). (gr. -1-2). lib. bdg. 31.36 *(978-1-5321-8023-1(3)*, 28261, Abdo Kids) ABDO Publishing Co.

Baloney & Friends. Greg Pizzoli. 2021. (Baloney & Friends Ser.: 1). (ENG., Illus.). 96p. (J). (gr. 1-4). pap. 7.99 *(978-0-7595-5469-6(2))* Little, Brown Bks. for Young Readers.

Baloney & Friends: Dream Big! Greg Pizzoli. (Baloney & Friends Ser.: 3). (ENG., Illus.). 96p. (J). (gr. 1-4). 2023. pap. 7.99 *(978-0-316-38977-8(3))*; 2022. 12.99 *(978-0-316-21855-9(3))* Little, Brown Bks. for Young Readers.

Baloney & Friends: Going Up! Greg Pizzoli. (Baloney & Friends Ser.: 2). (ENG., Illus.). 96p. (J). (gr. 1-4). 2022. pap. 8.99 *(978-0-316-33765-6(X))*; 2021. 12.99 *(978-0-7595-5480-1(3))* Little, Brown Bks. for Young Readers.

Balotelli - the Untold Story. Michael Part. 2017. (ENG., Illus.). (J). pap. 9.99 *(978-1-938591-27-3(5))* Sole Bks.

Balsam Boughs: Being Adirondack & Other Stories (Classic Reprint) Archibald Campbell Knowles. (ENG., Illus.). (J). 2018. 224p. 28.52 *(978-0-483-37554-3(3))*; 2016. pap. 10.97 *(978-1-334-13599-6(1))* Forgotten Bks.

Balsam Groves of the Grandfather Mountain: A Tale of the Western North Carolina Mountains, Together with Information Relating to the Section & Its Hotels, Also a Table Showing the Height of Important Mountains, etc (Classic Reprint) Shepherd M. Dugger. 2017. (ENG., Illus.). (J). 28.37 *(978-1-5282-8565-0(4))* Forgotten Bks.

Balsam Groves of the Grandfather Mountain: A Tale of the Western North Carolina Mountains, Together with Information Relating to the Section & Its Hotels, Also a Vocabulary of Indian Names & a List of Altitudes of Important Mountains, Etc. Shepherd M. Dugger. (ENG., Illus.). (J). 2018. 334p. 30.79 *(978-0-267-30210-9(X))*; 2016. pap. 13.57 *(978-1-333-21095-3(7))* Forgotten Bks.

Balthasar (Classic Reprint) Anatole France. (Illus.). (J). 2018. (FRE.). 30.19 *(978-0-260-24703-2(0))*; 2017. (ENG., 28.97 *(978-0-266-19765-2(5))* Forgotten Bks.

Balthazar Bunny & the Quest for Slicey, Slicey, Cut, Cut. Brandon Russom. 2020. (ENG.). 84p. (J). (gr. 2-5). pap. *(978-1-78830-430-6(6))* Olympia Publishers.

Baltimore Orioles. Steph Giedd. 2022. (Inside MLB Ser.). (ENG., Illus.). 48p. (J). (gr. 3-6). lib. bdg. 34.21 *(978-1-0982-9010-8(0)*, 40777, SportsZone) ABDO Publishing Co.

Baltimore Orioles. K. C. Kelley. 2019. (Major League Baseball Teams Ser.). (ENG.). 32p. (J). (gr. 2-5). lib. bdg.

TITLE INDEX
BANG

35.64 *(978-1-5038-2816-2(6),* 212623) Child's World, Inc, The.

Baltimore Orioles. Jim Whiting. (Creative Sports: Major League Baseball Ser.). (ENG.). 32p. (J). 2021. (gr. 4-7). *(978-1-64026-296-6(2),* 17742, Creative Education); 2020. (gr. 3-5). pap. 9.99 *(978-1-62832-828-8(2),* 17743, Creative Paperbacks) Creative Co., The.

Baltimore Ravens. Kenny Abdo. 2021. (NFL Teams Ser.). (ENG., Illus.). 32p. (J). (gr. 2-8). lib. bdg. 32.79 *(978-1-0982-2453-0(1),* 37140, Abdo Zoom-Fly) ABDO Publishing Co.

Baltimore Ravens. Contrib. by Thomas K. Adamson. 2023. (NFL Team Profiles Ser.). (ENG., Illus.). (J). (gr. 3-7). lib. bdg. 26.95 Bellwether Media.

Baltimore Ravens. Josh Anderson. 2022. (Professional Football Teams Ser.). (ENG.). 32p. (J). (gr. 2-5). lib. bdg. 35.64 *(978-1-5038-5772-8(7),* 215746, Stride) Child's World, Inc, The.

Baltimore Ravens. Steven M. Karras. 2018. (Illus.). 24p. (J). *(978-1-4896-5483-0(6),* AV2 by Weigl) Weigl Pubs., Inc.

Baltimore Ravens. Katie Lajiness. 2016. (NFL's Greatest Teams Set 3 Ser.). (ENG.). 32p. (J). (gr. 2-5). lib. bdg. 34.21 *(978-1-68078-528-9(1),* 23619, Big Buddy Bks.) ABDO Publishing Co.

Baltimore Ravens. William Meier. 2019. (Inside the NFL Ser.). (ENG.). 48p. (J). (gr. 3-6). lib. bdg. 34.21 *(978-1-5321-1838-8(4),* 32545, SportsZone) ABDO Publishing Co.

Baltimore Ravens, 1 vol. Bo Smolka. 2016. (NFL up Close Ser.). (ENG., Illus.). 32p. (J). (gr. 3-9). lib. bdg. 32.79 *(978-1-68078-208-0(8),* 22017, SportsZone) ABDO Publishing Co.

Baltimore Ravens. Jim Whiting. rev. ed. 2019. (NFL Today Ser.). (ENG.). 48p. (J). (gr. 4-7). pap. 12.00 *(978-1-62832-695-6(6),* 18997, Creative Paperbacks) Creative Co., The.

Baltimore Ravens All-Time Greats. Ted Coleman. 2021. (NFL All-Time Greats Ser.). (ENG., Illus.). 24p. (J). (gr. 3-3). pap. 8.95 *(978-1-63494-369-7(4));* lib. bdg. 28.50 *(978-1-63494-352-9(X))* Pr. Room Editions LLC.

Baltimore Ravens Story. Allan Morey. 2016. (NFL Teams Ser.). (ENG., Illus.). 32p. (J). (gr. 3-7). lib. bdg. 26.95 *(978-1-62617-357-6(5),* Torque Bks.) Bellwether Media.

Balto, 1. Emma Carlson Berne. ed. 2023. (Animals to the Rescue! Ser.). (ENG.). 91p. (J). (gr. 2-5). 16.96 ***(978-1-68505-759-6(4))*** Penworthy Co., LLC, The.

Balto (Animals to the Rescue #1) Emma Carlson Berne. Illus. by Francesca Rosa. 2022. (ENG.). 96p. (J). (gr. 2-5). pap. 5.99 *(978-1-338-68142-0(7),* Scholastic Pr.) Scholastic, Inc.

Balto of the Blue Dawn. Mary Pope Osborne. Illus. by Sal Murdocca. (Magic Tree House (R) Merlin Mission Ser.: 26). 128p. (J). (gr. 2-5). 2017. 6.99 *(978-0-553-51088-1(6));* 2016. 13.99 *(978-0-553-51085-0(1))* Random Hse. Children's Bks. (Random Hse. Bks. for Young Readers).

Bam & the Batwheels! (DC Batman: Batwheels) Random House. Illus. by Random House. 2023. (Step into Reading Ser.). (ENG., Illus.). 24p. (J). (gr. -1-2). 5.99 *(978-0-593-57053-1(7),* Random Hse. Bks. for Young Readers) Random Hse. Children's Bks.

Bam Bam & a Bun Go to an Adventure. Uwabami. 2018. (CHI.). (J). *(978-986-479-536-9(8))* Commonwealth Publishing Co., Ltd.

Bam Bam Clock (Classic Reprint) Joseph Patrick McEvoy. (ENG., Illus.). (J). 2018. 42p. 24.76 *(978-0-332-89222-1(0));* 2017. pap. 7.97 *(978-0-259-81700-0(7))* Forgotten Bks.

Bam, Bang, Boom! Heat, Light, Fuel & Chemical Combustion - Chemistry for Kids - Children's Chemistry Books. Pfiffikus. 2016. (ENG., Illus.). (J). pap. 10.81 *(978-1-68377-613-0(5))* Whlke, Traudl.

Bam Boom! Guido Van Genechten. 2019. (Clavis Music Ser.). (ENG., Illus.). 16p. (J). 17.95 *(978-1-60537-479-6(2))* Clavis Publishing.

Bam Wildfire: A Character Sketch (Classic Reprint) Helen Mathers. 2017. (ENG., Illus.). (J). 33.51 *(978-0-265-68299-9(1));* pap. 16.57 *(978-1-5276-5583-6(0))* Forgotten Bks.

Bambam & the Little Princes: A Mostly True Story. little anthony. 2020. (ENG.). 36p. (J). 25.95 *(978-1-4808-9110-4(X));* pap. 16.95 *(978-1-4808-9111-1(8))* Archway Publishing.

Bambi. Régis Maine. Illus. by Mario Cortes. 2020. (Disney Classics Ser.). (ENG.). 48p. (J). (gr. 2-6). lib. bdg. 32.79 *(978-1-5321-4535-3(7),* 35182, Graphic Novels) Spotlight.

Bambi. Felix Salten. 2019. (Clydesdale Classics Ser.). 218p. (J). (-5). pap. 5.99 *(978-1-949846-05-8(9))* Clydesdale Pr., LLC.

Bambi. Studio Fun International Editors. ed. 2021. (Disney 8x8 Ser.). (ENG., Illus.). 32p. (J). (gr. k-1). 14.96 *(978-1-64697-580-8(4))* Penworthy Co., LLC, The.

Bambi: A Life in the Woods. Felix Salten. Tr. by Hannah Correll. Illus. by Cindy Thornton. 2021. 88p. (J). (-6). 12.99 *(978-1-63158-642-2(4),* Racehorse Publishing) Skyhorse Publishing Co., Inc.

Bambi Boy. Joanna Knight. 2019. (ENG.). 86p. (J). pap. *(978-1-78830-189-3(7))* Olympia Publishers.

Bambi (Classic Reprint) Marjorie Benton Cooke. (ENG., Illus.). (J). 2018. 412p. 32.39 *(978-0-267-00161-3(4));* 2018. 390p. 31.96 *(978-0-267-12188-5(1));* 2017. pap. 16.57 *(978-0-259-82988-1(9));* 2017. pap. 16.57 *(978-0-243-50358-2(X))* Forgotten Bks.

Bambino & Mr. Twain. P. I. Maltbie. Illus. by Daniel Miyares. 2019. 32p. (J). (gr. k-3). pap. 7.99 *(978-1-58089-273-5(6))* Charlesbridge Publishing, Inc.

Bambino Che Non Voleva Parlare. Stefania Contardi. 2016. (ITA., Illus.). 34p. (J). pap. *(978-0-244-90777-8(3))* Lulu Pr., Inc.

Bambi's Story: Bambi; Bambi's Children. Felix Salten. Ed. by R. Sudgen Tilley. Tr. by Barthold Fles. Illus. by Richard Cowdrey. 2023. (Bambi's Classic Animal Tales Ser.). (ENG.). 640p. (J). (gr. 3-7). pap. 10.99 ***(978-1-6659-3571-5(5),*** Aladdin) Simon & Schuster Children's Publishing.

Bamboo & Me: Exploring Bamboos Many Uses in Daily Life; a Story Told in English & Chinese. Bin Xu. Illus. by Yahuan Yuan. ed. 2018. (ENG.). 42p. (gr. -1-3). 16.95 *(978-1-60220-454-6(3))* SCPG Publishing Corp.

Bamboo for Me, Bamboo for You! Fran Manushkin. Illus. by Purificacion Hernandez. 2017. (ENG.). 32p. (J). (gr. -1-3). 17.99 *(978-1-4814-5063-8(8),* Aladdin) Simon & Schuster Children's Publishing.

Bamboo Forest Research Journal. Heather C. Hudak. 2018. (Ecosystems Research Journal Ser.). (Illus.). 32p. (J). (gr. 4-5). *(978-0-7787-4669-0(0))* Crabtree Publishing Co.

Bamboo Kingdom #1: Creatures of the Flood. Erin Hunter. 2022. (Bamboo Kingdom Ser.: 1). (ENG.). 272p. (J). (gr. 3-7). pap. 9.99 *(978-0-06-302194-5(3),* HarperCollins) HarperCollins Pubs.

Bamboo Kingdom #2: River of Secrets. Erin Hunter. (Bamboo Kingdom Ser.: 2). (ENG.). (J). (gr. 3-7). 2023. 272p. pap. 9.99 *(978-0-06-302199-0(4));* 2022. (Illus.). 256p. 16.99 *(978-0-06-302198-3(6))* HarperCollins Pubs. (HarperCollins).

Bamboo Kingdom #3: Journey to the Dragon Mountain. Erin Hunter. 2023. (Bamboo Kingdom Ser.: 3). (ENG., Illus.). 288p. (J). (gr. 3-7). 18.99 *(978-0-06-302204-1(4),* HarperCollins) HarperCollins Pubs.

Bambú. Marta Busquets. 2020. (SPA.). 28p. (J). (gr. k-2). 24.99 *(978-84-122014-5-1(0),* ING Edicions) Noguera, Ivette Garcia ESP. Dist: Lectorum Pubns., Inc.

Bamford's Passages, Vol. 1 Of 2: In the Life of a Radicaland Early Days (Classic Reprint) Henry Dunckley. 2018. (ENG., Illus.). 266p. (J). 29.40 *(978-0-483-32469-5(8))* Forgotten Bks.

Bampa's Bedtime Stories. Bampa. 2019. (ENG.). 30p. (J). *(978-1-5289-1453-6(8));* pap. *(978-1-5289-1452-9(X))* Austin Macauley Pubs. Ltd.

Ban Breaking Promises: Short Stories on Becoming Dependable & Overcoming Breaking Promises. Sophia Day & Kayla Pearson. Illus. by Timmy Zowada. 2019. (Help Me Become Ser.: 12). 76p. (J). pap. 9.99 *(978-1-64370-749-5(3),* a9add8fd-606e-49d8-a2d0-1512e726bf15) MVP Kids Media.

Ban of Maplethorpe, Vol. 1: With a Memoir of the Author (Classic Reprint) Edward Heneage Dering. (ENG., Illus.). (J). 2018. 270p. 29.47 *(978-0-428-79740-9(7));* 2016. pap. 11.97 *(978-1-333-15506-3(9))* Forgotten Bks.

Ban This Book. Alan Gratz. ed. 2018. (J). lib. bdg. 18.40 *(978-0-606-41088-5(0))* Turtleback.

Ban This Book: A Novel. Alan Gratz. (ENG.). 256p. (J). 2018. pap. 8.99 *(978-0-7653-8558-1(9),* 900158094); 2017. 17.99 *(978-0-7653-8556-7(2),* 900158093) Doherty, Tom Assocs., LLC. (Starscape).

Bana-Phrionnsa a' Phoca Phàipeir, 1 vol. Robert Munsch. Tr. by Mòrag Anna Nicnèill. Illus. by Michael Martchenko. 2020. (GLA.). 32p. (J). pap. *(978-1-988747-54-5(6))* Bradan Pr.

Banana. Zoey Abbott. 2023. (Illus.). 40p. (J). (gr. -1-2). 18.99 *(978-0-7352-7141-8(0),* Tundra Bks.) Tundra Bks. CAN. Dist: Penguin Random Hse. LLC.

Banana - Te Bwanaanaa. Teraeai Tetamne. Illus. by Romulo Reyes, III. 2023. (ENG.). 26p. (J). pap. ***(978-1-922895-59-2(8))*** Library For All Limited.

Banana Chan, Volume 1. Alan Holman. 2021. (ENG.). 251p. (YA). *(978-1-6780-6596-6(X))* Lulu Pr., Inc.

Banana Farm. David Lane. Illus. by Caleb McBee. 2021. (ENG.). 40p. (J). 20.99 *(978-1-7342675-6-3(9))* Bear's Place Publishing.

Banana Fox & the Book-Eating Robot, 2. James Kochalka. ed. 2022. (Banana Fox Ser.). (ENG.). 74p. (J). (gr. 2-3). 24.46 ***(978-1-68505-189-1(8))*** Penworthy Co., LLC, The.

Banana Fox & the Book-Eating Robot: a Graphix Chapters Book (Banana Fox #2) James Kochalka. Illus. by James Kochalka. 2021. (Banana Fox Ser.: 2). (ENG., Illus.). 80p. (J). (gr. 1-3). 22.99 *(978-1-338-66052-4(7));* pap. 7.99 *(978-1-338-66051-7(9))* Scholastic, Inc. (Graphix).

Banana Fox & the Gummy Monster Mess, 3. James Kochalka. ed. 2022. (Banana Fox Ser.). (ENG.). 74p. (J). (gr. 1-4). 23.96 ***(978-1-68505-560-8(5))*** Penworthy Co., LLC, The.

Banana Fox & the Gummy Monster Mess: a Graphix Chapters Book (Banana Fox #3) James Kochalka. Illus. by James Kochalka. 2022. (Banana Fox Ser.). (ENG., Illus.). 80p. (J). (gr. 1-3). 22.99 *(978-1-338-66055-5(1));* pap. 7.99 *(978-1-338-66054-8(3))* Scholastic, Inc. (Graphix).

Banana Fox & the Secret Sour Society: a Graphix Chapters Book (Banana Fox #1) James Kochalka. 2021. (Banana Fox Ser.: 1). (ENG., Illus.). 80p. (J). (gr. 1-3). 22.99 *(978-1-338-66049-4(7));* pap. 7.99 *(978-1-338-66048-7(9))* Scholastic, Inc. (Graphix).

Banana Fox & the the Secret Sour Society, 1. James Kochalka. ed. 2022. (Banana Fox Ser.). (ENG.). 74p. (J). (gr. 2-3). 24.46 ***(978-1-68505-190-7(1))*** Penworthy Co., LLC, The.

Banana I Am & Always Will Be: As Decided by You & Decided by Me. Kaye Bennett Dotson. 2023. (ENG.). 32p. (J). pap. 13.95 ***(978-1-6657-4075-3(2))*** Archway Publishing.

Banana Is a Banana. Justine Clarke & Josh Pyke. Illus. by Heath McKenzie. 2019. 24p. (J). (— 1). 19.99 *(978-1-76089-166-4(5),* Puffin) Penguin Random Hse. AUS. Dist: Independent Pubs. Group.

Banana Leaf. Cedella Nongebatu. Illus. by John Maynard Balinggao. 2021. (ENG.). 26p. (J). pap. *(978-1-922750-16-7(6))* Library For All Limited.

Banana-Leaf Ball. Katie Smith Milway. Illus. by Shane W. Evans. 2022. (ENG.). 34p. (J). pap. *(978-1-5253-1074-4(7))* Kids Can Pr., Ltd.

Banana-Leaf Ball: How Play Can Change the World. Katie Smith Milway. Illus. by Katie Smith Milway. 2017. (CitizenKid Ser.). (ENG., Illus.). 32p. (J). (gr. 3-7). 18.99 *(978-1-77138-331-8(3))* Kids Can Pr., Ltd. CAN. Dist: Hachette Bk. Group.

Banana-Nana-Nana. Jolli Publishing. l.t. ed. 2022. (ENG.). 28p. (J). 19.95 *(978-1-0880-2352-5(5))* Indy Pub.

Banana Pants! (Miranda & Maude #2) Emma Wunsch. Illus. by Jessika von Innerebner. 2019. (ENG.). 144p. (J). (gr. 2-5). 12.99 *(978-1-4197-3180-8(7),* 1247401, Amulet Bks.) Abrams, Inc.

Banana Phone Is Ringing! Adapted by Maggie Testa. 2021. (Chico Bon Bon: Monkey with a Tool Belt Ser.). (ENG.). 12p. (J). (gr. -1-k). bds. 6.99 *(978-1-5344-9719-1(6),* Simon Spotlight) Simon Spotlight.

Banana Splits. Coco Simon. 2019. (Sprinkle Sundays Ser.: 8). (ENG.). 160p. (J). (gr. 3-7). 17.99 *(978-1-5344-5213-8(3));* pap. 6.99 *(978-1-5344-5212-1(5))* Simon Spotlight. (Simon Spotlight).

Banana Tree. Melis Bursin. Illus. by Nicole DeBarber. 2021. (ENG.). 21p. (J). ***(978-1-716-06840-9(1))*** Lulu Pr., Inc.

Banana Tree. Marc Allen Hyatt. 2021. (ENG.). 28p. (J). pap. *(978-1-83975-823-2(6))* Grosvenor Hse. Publishing Ltd.

Banana Zorro y la Sociedad Superagria Secreta (Banana Fox & the Secret Sour Society) James Kochalka. 2022. (Banana Fox Ser.). (SPA.). 80p. (J). (gr. 2-5). pap. 7.99 *(978-1-338-83083-5(X),* Scholastic en Espanol) Scholastic, Inc.

Bananabeeyumio. Laura Sheldon. 2018. (ENG., Illus.). 184p. (J). pap. 10.50 *(978-1-78562-281-6(1))* Gomer Pr. GBR. Dist: Casemate Pubs. & Bk. Distributors, LLC.

Bananas, 1 vol. Cecelia H. Brannon. 2017. (All about Food Crops Ser.). (ENG.). 24p. (gr. k-1). lib. bdg. 24.27 *(978-0-7660-8577-0(5),* c2845187-a096-44e8-8329-f7d1aab7d3f1) Enslow Publishing, LLC.

Bananas for You! (a Hello!Lucky Book) Hello!Lucky & Sabrina Moyle. Illus. by Eunice Moyle. 2021. (Hello!Lucky Book Ser.). (ENG.). 24p. (J). (gr. -1 — 1). bds., bds. 7.99 *(978-1-4197-5107-3(7),* 1717610) Abrams, Inc.

Bananas in Your Ears. Kari Yunt. 2021. (ENG.). 30p. (J). *(978-0-2288-3268-3(3));* pap. *(978-0-2288-3267-6(5))* Tellwell Talent.

Banbury Cross: And Other Nursery Rhymes (Classic Reprint) Grace Little Rhys. (ENG., Illus.). (J). 2018. 96p. 25.90 *(978-0-666-51040-2(7));* 2017. pap. 9.57 *(978-0-282-58742-0(X))* Forgotten Bks.

Banco. Piper Whelan. 2018. (Los Lugares de Mi Comunidad Ser.). (SPA.). 24p. (J). lib. bdg. 23.99 *(978-1-5105-3364-6(8))* SmartBook Media, Inc.

Banco Azul. Albert Asensio. 2016. (SPA.). 36p. (J). (gr. 1-3). 22.99 *(978-84-941596-9-5(0))* Babulinka Libros ESP. Dist: Lectorum Pubns., Inc.

Bancroft's: Fourth Reader (Classic Reprint) John Swett. 2018. (ENG., Illus.). 278p. (J). 29.63 *(978-0-332-88115-7(6))* Forgotten Bks.

Bancroft's: Third Reader (Classic Reprint) Chas H. Allen. 2017. (ENG., Illus.). (J). 29.05 *(978-0-331-95993-2(3));* pap. 11.57 *(978-0-282-99173-9(5))* Forgotten Bks.

Bancroft's Reader (Classic Reprint) Chas H. Allen. (ENG., Illus.). (J). 2018. 106p. 26.08 *(978-0-365-26083-7(5));* 2017. pap. 9.57 *(978-0-259-93364-9(3))* Forgotten Bks.

Bancroft's Second Reader (Classic Reprint) Charles H. Allen. 2016. (ENG., Illus.). (J). pap. 9.97 *(978-1-333-75449-5(3))* Forgotten Bks.

Band. Tyler Gieseke. 2022. (Explore Music Ser.). (ENG.). 32p. (J). (gr. 2-5). lib. bdg. 32.79 *(978-1-0982-4331-9(5),* 41237, DiscoverRoo) Pop!.

Band. Virginia Loh-Hagan. 2016. (D. I. Y. Make It Happen Ser.). (ENG., Illus.). 32p. (J). (gr. 4-8). 32.07 *(978-1-63470-498-4(3),* 207723) Cherry Lake Publishing.

Band Geeks & Riptides. Monica Duddington. 2017. (ENG., Illus.). (YA). pap. 12.99 *(978-1-68291-540-0(9))* Soul Mate Publishing.

Band Goes Overseas. Margaret Bennett-Hall. 2018. (Fun in the Music Room Ser.: Vol. 3). (ENG., Illus.). 28p. (J). pap. *(978-0-6483761-2-5(5))* iLearn Music Pty Ltd.

Band Nerds: Poetry from the 13th Chair Trombone Player. D. J. Corchin. Illus. by Dan Dougherty. 2020. (Band Nerds Ser.). 144p. (YA). (gr. 7-12). pap. 12.99 *(978-1-7282-1982-0(5))* Sourcebooks, Inc.

Band Nerds Awards: Nominations from the 13th Chair. D. J. Corchin. Illus. by Dan Dougherty. 2020. (Band Nerds Ser.). 112p. (YA). (gr. 7-12). pap. 12.99 *(978-1-7282-1979-0(5))* Sourcebooks, Inc.

Band Nerds Confessions: Quotes from the 13th Chair Trombone Player. D. J. Corchin. Illus. by Dan Dougherty. 2020. (Band Nerds Ser.). 192p. (YA). (gr. 7-12). pap. 12.99 *(978-1-7282-1985-1(X))* Sourcebooks, Inc.

Band of Brothers (Classic Reprint) Charles Turley. (ENG., Illus.). (J). 2018. 484p. 33.88 *(978-0-483-57446-5(5));* 2016. pap. 16.57 *(978-1-333-50143-3(9))* Forgotten Bks.

Band of Merry Kids, 1 vol. David Skuy. 2019. (ENG.). 196p. (J). (gr. 4-7). pap. 13.95 *(978-1-77086-533-4(0),* Dancing Cat Bks.) Cormorant Bks. Inc. CAN. Dist: Orca Bk. Pubs. USA.

Band: Tales from the Hidden Valley: Tales from the Hidden Valley Book Three. Carles Porta. 2019. (ENG., Illus.). 48p. (J). (gr. k-k). 17.95 *(978-1-911171-67-6(4))* Flying Eye Bks. GBR. Dist: Penguin Random Hse. LLC.

Band Teacher's Assistant, or Complete & Progressive Band Instructor: Comprising the Rudiments of Music, & Many Valuable Hints on Band Topics, with Charts Showing Compass of All Instruments (Classic Reprint) Arthur A. Clappe. (ENG., Illus.). (J). 2018. 114p. 26.25 *(978-0-364-32596-4(8));* 2016. pap. 9.57 *(978-1-334-44140-0(5))* Forgotten Bks.

Band Together. Chloe Douglass. 2020. (ENG., Illus.). 32p. (J). *(978-1-4338-3241-3(0))* American Psychological Assn.

Band Together. Shannon Watters et al. ed. 2016. (Lumberjanes (Graphic Novels) Ser.: 5). lib. bdg. 26.95 *(978-0-606-39484-0(2))* Turtleback.

Band-Wagon: A Political Novel of Middle-America (Classic Reprint) Franklin Fowler Ellsworth. (ENG., Illus.). (J). 2018. 390p. 31.96 *(978-0-666-92991-4(2));* 2017. pap. 16.57 *(978-0-282-03506-8(0))* Forgotten Bks.

Banda Del Automovil Gris, la. para Jovenes. Teresa De Las Casas. 2018. (SPA.). 96p. (YA). pap. 6.95 *(978-970-643-700-6(2))* Selector, S.A. de C.V. MEX. Dist: Spanish Pubs., LLC.

Bandada de Guacamayos. Julie Murray. 2018. (Grupos de Animales (Animal Groups) Ser.).Tr. of Macaw Flock. (SPA.). 24p. (J). (gr. -1-2). lib. bdg. 31.36 *(978-1-5321-8362-1(3),* 29917, Abdo Kids) ABDO Publishing Co.

Bandage for a Bullet Wound: A Chicago's Survival Guide. Cohort #12. Ed. by DeLisa New Williams. Illus. by Joshua Jackson. 2020. (ENG.). 146p. (YA). pap. 15.99 *(978-1-0879-1182-3(6))* Indy Pub.

Bandbox (Classic Reprint) Louis Joseph Vance. 2018. (ENG., Illus.). 344p. (J). 30.99 *(978-0-483-34885-1(6))* Forgotten Bks.

Bande Dessinee Islam et Culture - Tome 1: T'es Qui Pour Me Juger Toi ? mickael froment. 2021. (FRE.). 46p. (YA). pap. ***(978-1-716-25941-8(X))*** Lulu Pr., Inc.

Banded Together. Sheena Pennie. 2019. (ENG.). 234p. (YA). *(978-1-5255-5580-0(4));* pap. *(978-1-5255-5581-7(2))* FriesenPress.

Bandera. Mary Lindeen. 2016. (Early Rising Readers Ser.). (SPA.). (J). (gr. -1). 6.67 *(978-1-4788-3690-2(3))* Newmark Learning LLC.

Bandera - 6 Pack. Mary Lindeen. 2016. (Early Rising Readers Ser.). (SPA.). (J). (gr. 1). 40.00 net. *(978-1-4788-4633-8(X))* Newmark Learning LLC.

Bandera de Los Estados Unidos (US Flag) Julie Murray. (Simbolos de Los Estados Unidos Ser.). (SPA.). 24p. (J). 2020. (gr. k-k). pap. 8.95 *(978-1-64494-380-9(8),* 1644943808, Abdo Kids-Junior); 2019. (gr. -1-2). lib. bdg. 31.36 *(978-1-0982-0079-4(9),* 33032, Abdo Kids) ABDO Publishing Co.

Bandette Volume 2: Stealers, Keepers! Paul Tobin. Illus. by Colleen Coover. 2021. 136p. (YA). (gr. 7-9). pap. 14.99 *(978-1-5067-1924-5(4),* Dark Horse Books) Dark Horse Comics.

Bandette Volume 3: the House of the Green Mask. Paul Tobin. Illus. by Colleen Coover. 2021. 136p. (YA). (gr. 7-9). pap. 14.99 *(978-1-5067-1925-2(2),* Dark Horse Books) Dark Horse Comics.

Bandette Volume 4: the Six Finger Secret. Paul Tobin. Illus. by Colleen Coover. 2021. 144p. (YA). (gr. 7-9). 17.99 *(978-1-5067-1926-9(0),* Dark Horse Books) Dark Horse Comics.

B

Bandicoot Island. Christian Bandicoot. Illus. by Daniela Frongia. 2020. (ENG.). 44p. (J). pap. *(978-1-9162718-7-6(1))* Exmoor News.

Bandido Del Chupón. Brent Suter. Tr. by Veronica Davis-Quiroz. Illus. by Jayden Ellsworth. 2022. (SPA.). 30p. (J). 20.00 *(978-1-64538-419-9(5))* Orange Hat Publishing.

Banding Together: Leveled Reader Ruby Level 28. Rg Rg. 2019. (PM Ser.). (ENG.). 48p. (J). (gr. 4). pap. 11.00 *(978-0-544-89303-0(4))* Rigby Education.

Bandit Becomes Emperor. Steve Kang. 2022. (ENG.). 40p. (J). pap. 14.00 *(978-1-5243-1691-4(1))* Lantia LLC.

Bandit Eats Grass. Brenda Ponnay. Illus. by Brenda Ponnay. 2022. (We Can Readers Ser.). (ENG.). (J). 22p. pap. 12.99 ***(978-1-5324-4131-8(2));*** 16p. (gr. -1-1). 24.99 ***(978-1-5324-3528-7(2));*** 16p. (gr. -1-1). pap. 12.99 ***(978-1-5324-3012-1(4))*** Xist Publishing.

Bandit Laferue: Dawg Bark & Human Interpreter. Karen Dochterman. 2020. (ENG.). 40p. (J). 24.95 *(978-1-64628-689-8(8))* Page Publishing Inc.

Bandit Naps. Brenda Ponnay. Illus. by Brenda Ponnay. 2022. (We Can Readers Ser.). (ENG.). (J). 22p. pap. 12.99 ***(978-1-5324-4126-4(6));*** 16p. (gr. -1-1). 24.99 ***(978-1-5324-3529-4(0));*** 16p. (gr. -1-1). pap. 12.99 ***(978-1-5324-3007-7(8))*** Xist Publishing.

Bandit Plays. Brenda Ponnay. Illus. by Brenda Ponnay. 2022. (We Can Readers Ser.). (ENG.). (J). 20p. pap. 12.99 ***(978-1-5324-4116-5(9));*** 12p. (gr. -1-1). pap. 7.99 ***(978-1-5324-3020-6(5));*** 16p. (gr. -1-1). 24.99 ***(978-1-5324-3530-0(4))*** Xist Publishing.

Bandit's Adventures: Bandit Gets a New Home. Bruce Maddox. 2019. (Bandit's Adventures Ser.: Vol. 1). (ENG., Illus.). 30p. (J). (gr. -1-3). pap. 12.95 *(978-1-64531-182-9(1))* Newman Springs Publishing, Inc.

Bandits, Dirt Bikes & Trash, Vol. 6. Robert Muchamore. 2023. (Robin Hood Ser.: 6). (ENG., Illus.). 288p. (YA). (gr. 7). pap. 11.99 ***(978-1-4714-1282-0(2))*** Hot Key Bks. GBR. Dist: Independent Pubs. Group.

Bandit's Garden: Observing but Not Disturbing. Lynn C. Skinner. 2017. (ENG., Illus.). (J). pap. 13.95 *(978-1-5127-9043-6(5),* WestBow Pr.) Author Solutions, LLC.

Bandit's Tale: The Muddled Misadventures. Deborah Hopkinson. ed. 2018. lib. bdg. 18.40 *(978-0-606-40940-7(8))* Turtleback.

Bandit's Tale: the Muddled Misadventures of a Pickpocket. Deborah Hopkinson. 2018. 304p. (J). (gr. 3-7). 8.99 *(978-0-385-75502-3(3),* Yearling) Random Hse. Children's Bks.

Bandobast & Khabar: Reminiscences of India (Classic Reprint) Cuthbert Larking. (ENG., Illus.). (J). 2017. 31.45 *(978-0-260-12209-4(2));* 2016. pap. 13.97 *(978-1-334-13273-5(9))* Forgotten Bks.

Bandon Abroad: The Missing Lemurs. Al Morin. 2021. (ENG.). 186p. (J). pap. 9.99 *(978-1-913717-27-8(5),* Heinemann) Capstone.

Bandoola: the Great Elephant Rescue. William Grill. 2022. (ENG., Illus.). 88p. (J). (gr. 3-7). 19.99 *(978-1-83874-023-8(6))* Flying Eye Bks. GBR. Dist: Penguin Random Hse. LLC.

Bands That Rock!, 18 vols. 2018. (Bands That Rock! Ser.). (ENG.). 112p. (YA). (gr. 7-7). lib. bdg. 350.37 *(978-1-9785-0574-2(4),* 2cde0a52-2525-437d-8bcc-2b2c66e34ca6) Enslow Publishing, LLC.

Bane Drain. Brandon T. Snider. Illus. by Dario Brizuela & Omar Lozano. 2020. (Amazing Adventures of Batman! Ser.). (ENG.). 32p. (J). (gr. k-2). pap. 5.95 *(978-1-5158-5884-3(7),* 142140); lib. bdg. 25.32 *(978-1-5158-4825-7(6),* 141607) Capstone. (Picture Window Bks.).

Bane of All Heroes Coloring Book. Activity Attic Books. 2016. (ENG., Illus.). (J). pap. 7.74 *(978-1-68323-322-0(0))* Twin Flame Productions.

Bane's Eyes. Corinna Turner. 2016. (I Am Margaret Ser.: Vol. 4). (ENG., Illus.). 416p. (YA). (gr. 9-12). pap. *(978-1-910806-12-8(9))* Zephyr Publishing.

Banewind. M. B. Chapman. (ENG.). 268p. (YA). 2023. 29.99 ***(978-1-61153-512-9(3));*** 2020. pap. 14.99 *(978-1-61153-394-1(5))* Light Messages Publishing. (Torchflame Bks.).

Banff National Park Area. Dona Herweck Rice. 2019. (Mathematics in the Real World Ser.). (ENG., Illus.). 32p. (gr. 5-8). pap. 11.99 *(978-1-4258-5889-6(9))* Teacher Created Materials, Inc.

Bang. Barry Lyga. 2018. (ENG.). 304p. (YA). (gr. 7-17). pap. 16.99 *(978-0-316-31551-7(6))* Little, Brown Bks. for Young Readers.

Bang! Sharon Flake. rev. ed. 2018. (ENG.). 320p. (J). (gr. 5-9). pap. 10.99 *(978-1-368-01940-8(4))* Little, Brown Bks. for Young Readers.

Bang! Bang! Boom! & New Shoes. Shalini Vallepur & Emilie Dufresne. Illus. by Maia Batumashvili. 2023. (Level 0 - Lilac Set Ser.). (ENG.). 32p. (J). (gr. k-1). lib. bdg. 19.95 Bearport Publishing Co., Inc.

BanG Dream! Girls Band Party! Roselia Stage, Volume 1. pepperco. 2020. (BanG Dream! Girls Band Party! Roselia Stage Ser.: 1). (Illus.). 192p. (gr. 8-1). pap. 12.99 *(978-1-4278-6360-7(1),* bc506a07-189a-4a88-a68f-3b8e348313fb) TOKYOPOP, Inc.

BanG Dream! Girls Band Party! Roselia Stage, Volume 2. pepperco. 2021. (BanG Dream! Girls Band Party! Roselia Stage Ser.: 2). (Illus.). 208p. (gr. 8-1). pap. 12.99 *(978-1-4278-6665-3(1),* 3f1540bb-d262-4a84-93ec-d9307c984c28) TOKYOPOP, Inc.

Bang! Thump! Scrape! John S. Milligan. 2022. (ENG.). 48p. (J). *(978-1-0391-2580-3(8))*; pap. *(978-1-0391-2579-7(4))* FriesenPress.

Banger the Sausage Dog - Lost in London. David McMullan. Ed. by Linda Habib. Illus. by Paul Jamiol. 2019. (ENG.). 40p. (J). pap. 14.95 *(978-1-64237-752-1(X))* Gatekeeper Pr.

Bangerz. Ariana Burgan. 2016. (ENG., Illus.). (J). pap. 27.97 *(978-1-365-30204-6(0))* Lulu Pr., Inc.

Bangerz 2: Worst Behavior. Ariana Burgan. 2017. (ENG., Illus.). (J). pap. 36.99 *(978-1-365-38567-4(1))* Lulu Pr., Inc.

Bangerz 3: On the Run. Ariana Burgan. 2017. (ENG., Illus.). (J). pap. 32.99 *(978-1-365-93626-5(0))* Lulu Pr., Inc.

Bangkok: City of Angels (My Globetrotter Book): Global Adventures... in the Palm of Your Hands! Marisha Wojciechowska. 2019. (ENG., Illus.). 28p. (J). pap. *(978-1-9992159-2-7(3))* Wojciechowska, Maria.

Bangladesh. Heather Adamson. 2016. (Exploring Countries Ser.). (ENG., Illus.). 32p. (J). (gr. 3-7). lib. bdg. 27.95 *(978-1-62617-343-9(5),* Blastoff! Readers) Bellwether Media.

Bangladesh, 1 vol. Debbie Nevins & Mariam Whyte. 2018. (Cultures of the World (Third Edition)(r) Ser.). (ENG.). 144p. (J). (gr. 5-5). lib. bdg. 48.79 *(978-1-5026-3634-8(4),* 4da7b3bc-dd1a-4001-9f91-004ad488b7be) Cavendish Square Publishing LLC.

Bangladesh. Sweetie Peason. 2018. (Countries We Come From Ser.). (ENG.). 32p. (J). (gr. k-3). lib. bdg. 19.95 *(978-1-68402-474-2(9))* Bearport Publishing Co., Inc.

Bangladesh a Variety of Facts Children's People & Places Book. Bold Kids. 2022. (ENG.). 42p. (J). pap. 14.99 ***(978-1-0717-1912-1(2))*** FASTLANE LLC.

Bangladesh (Enchantment of the World) (Library Edition) Tamra B. Orr. 2018. (Enchantment of the World. Second Ser.). (ENG., Illus.). 144p. (J). (gr. 5-9). lib. bdg. 40.00 *(978-0-531-13050-6(9),* Children's Pr.) Scholastic Library Publishing.

Banhado Em Sangue! Elias Zapple. Tr. by Karla Marques Vollkopf. Illus. by Reimarie Cabalu. 2020. (NICU - o Vampirinho Ser.: Vol. 3). (POR.). 70p. (J). pap. *(978-1-912704-76-7(5))* Heads or Tales Pr.

Banished. Betsy Schow. 2018. (Storymakers Ser.: 3). (ENG.). 336p. (YA). (gr. 6-12). pap. 10.99 *(978-1-4926-3602-1(9))* Sourcebooks, Inc.

Banished: A Swabian Historical Tale (Classic Reprint) James Morier. (ENG., Illus.). (J). 2018. 348p. 31.07 *(978-0-364-31450-0(8))*; 2017. pap. 13.57 *(978-0-259-00063-1(9))* Forgotten Bks.

Banished Soul Lost Soul. J. L. Wenning. 2023. (ENG.). 224p. (YA). pap. 12.99 ***(978-1-0881-7740-2(9))*** Independent Pub.

Banished World. Jessie Pyne. (Dreamwing Trilogy Ser.: Vol. 1). (ENG.). 338p. (YA). (gr. 7-12). 2020. pap. *(978-0-2286-1154-7(7))*; 2019. pap. ***(978-0-2286-1153-0(9))*** Books We Love Publishing Partners.

Banishing Nightmares Dream Catcher Coloring Book. Jupiter Kids. 2017. (ENG., Illus.). (J). pap. 9.20 *(978-1-68326-626-6(9),* Jupiter Kids (Childrens & Kids Fiction)) Speedy Publishing LLC.

Banishment of Jessop Blythe: A Novel (Classic Reprint) Joseph Hatton. (ENG., Illus.). (J). 2018. 316p. 30.43 *(978-0-364-22062-7(7))*; 2017. pap. 13.57 *(978-1-5276-5388-7(9))* Forgotten Bks.

Banji Versus the Village: Book One: Yam-Yam Encounter. Bankole E. Lasekan. 2017. (ENG., Illus.). 28p. (J). pap. 9.95 *(978-0-9985159-2-2(2))* Pixel Coast Publishing.

Banji Versus the Village - Book One: Yam-Yam Encounter. Bankole E. Lasekan. 2017. (ENG., Illus.). (J). (gr. k-3). pap. 14.95 *(978-0-9985159-0-8(6))* Booklocker.com, Inc.

Banjo. Graham Salisbury. 2019. (ENG.). 224p. (J). (gr. 5). 16.99 *(978-0-375-84264-1(0),* Lamb, Wendy Bks.) Random Hse. Children's Bks.

Banjo: A Story Without a Plot (Classic Reprint) Claude McKay. 2018. (ENG., Illus.). (J). 336p. 30.85 *(978-0-332-62827-1(2))*; 338p. pap. 13.57 *(978-0-243-31261-0(X))* Forgotten Bks.

Banjo & Ruby Red. Libby Gleeson. Illus. by Freya Blackwood. 2018. (ENG.). 30p. (J). (gr. -1-k). bds. 11.99 *(978-1-76012-965-1(8))* Little Hare Bks. AUS. Dist: Independent Pubs. Group.

Banjo Joe & Mo. Julia Gonsalves. 2023. (ENG.). 38p. (J). 18.95 ***(978-1-64543-250-0(X),*** Mascot Kids) Amplify Publishing Group.

Banjo the Gorilla & the Chameleon Who Lost Her Colors. Ashlee Fulmer. 2022. (ENG.). 38p. (J). 18.95 *(978-1-63755-037-3(5),* Mascot Kids) Amplify Publishing Group.

Banjo the Gorilla & the Giraffe with the Crinkled Neck. Ashlee Fulmer. 2023. (ENG.). 38p. (J). 18.95 ***(978-1-63755-038-0(3),*** Mascot Kids) Amplify Publishing Group.

Banjora: The Bat That Couldn't Fly. Doug E. Rivers. 2020. (ENG., Illus.). 104p. (J). pap. *(978-1-78623-639-5(7))* Grosvenor Hse. Publishing Ltd.

Banjos. Ruth Daly. 2019. (J). *(978-1-7911-1628-6(0),* AV2 by Weigl) Weigl Pubs., Inc.

Banjo's Day at Work. Beth Shawcross. Illus. by Csongor Veres. 2021. (ENG.). 30p. (J). pap. *(978-1-3999-0160-4(5))* Lane, Betty.

Bank. Megan Cuthbert & Jared Siemens. 2016. (Illus.). 24p. (J). *(978-1-5105-1879-7(7))* SmartBook Media, Inc.

Bank. Piper Whelan. 2020. (Visiting My Community Ser.). (ENG.). 24p. (J). lib. bdg. 22.99 *(978-1-5105-5436-8(X))* SmartBook Media, Inc.

Bank Shot. Valerie Pankratz Froese. 2022. (Lorimer Sports Stories Ser.). (ENG.). 120p. (J). (gr. 4-8). pap. 9.95 *(978-1-4594-1639-0(2),* 6b040251-5c1a-4631-af8a-6c7ca2677749) James Lorimer & Co. Ltd., Pubs. CAN. Dist: Lerner Publishing Group.

Banker & the Bear: The Story of a Corner in Lard (Classic Reprint) Henry Kitchell Webster. 2018. (ENG., Illus.). 364p. (J). 31.40 *(978-0-365-36288-3(3))* Forgotten Bks.

Banker of Bankersville: A Novel (Classic Reprint) Maurice Thompson. (ENG., Illus.). (J). 2018. 326p. 30.64 *(978-0-483-08678-4(9))*; 2016. pap. 13.57 *(978-1-333-36301-7(X))* Forgotten Bks.

Banker's Wife, or Court & City: A Novel (Classic Reprint) Gore. 2018. (ENG., Illus.). 420p. (J). 32.56 *(978-0-483-97927-7(9))* Forgotten Bks.

Banking. Heather C. Hudak. 2017. (J). *(978-1-5105-1939-8(4))* SmartBook Media, Inc.

Banking. Joanne Mattern. 2018. (J). *(978-1-5105-3556-5(X))* SmartBook Media, Inc.

Banking House of George P. Bissell Dealers in Safe Eight per Cent: Bonds, Government Securities, & First-Class Investments (Classic Reprint) John Townsend Trowbridge. 2018. (ENG., Illus.). 110p. (J). 26.19 *(978-0-267-41933-3(3))* Forgotten Bks.

Bankrupt Heart, Vol. 1 of 3 (Classic Reprint) Florence Marryat. 2018. (ENG., Illus.). 248p. (J). 29.01 *(978-0-483-65565-2(1))* Forgotten Bks.

Bankrupt Stories (Classic Reprint) Charles Frederick Briggs. 2017. (ENG., Illus.). (J). pap. 16.57 *(978-0-259-54120-2(6))* Forgotten Bks.

Banks. Jennifer Colby. Illus. by Jeff Bane. 2018. (My Early Library: My Guide to Money Ser.). (ENG.). 24p. (J). (gr. k-1). lib. bdg. 30.64 *(978-1-5341-2902-3(2),* 211652) Cherry Lake Publishing.

Banks. Margaret Hall. rev. ed. 2016. (Earning, Saving, Spending Ser.). (ENG.). 32p. (J). (gr. 1-3). pap. 7.99 *(978-1-4846-3641-1(4),* 134034, Heinemann) Capstone.

Banks of the Boro: A Chronicle of the County of Wexford (Classic Reprint) Patrick Kennedy. 2018. (ENG., Illus.). 386p. (J). 31.88 *(978-0-331-96850-7(9))* Forgotten Bks.

Banksy: Ou le Plaisir de Taguer en Poèmes le Best of du Street Art. Eric MELOT. 2020. (FRE.). 63p. (YA). pap. ***(978-1-716-27499-2(0))*** Lulu Pr., Inc.

Banksy Graffitied Walls & Wasn't Sorry. Fausto Gilberti. 2021. (ENG., Illus.). 48p. (J). (gr. -1-2). 17.95 *(978-1-83866-260-8(X))* Phaidon Pr., Inc.

Banned Book Club. Kim Hyun Sook & Ryan Estrada. Illus. by Hyung-Ju Ko. 2020. 192p. (YA). pap. 15.00 *(978-1-945820-42-7(X))* Iron Circus Comics.

Banned Books, 1 vol. Ed. by Marcia Amidon Lusted. 2017. (At Issue Ser.). (ENG.). 88p. (J). (gr. 10-12). pap. 28.80 *(978-1-5345-0071-6(5),* bd4b3bc0-536b-40e2-8ac5-f2c3af05f8ba); lib. bdg. 41.03 *(978-1-5345-0075-4(8),* 671c1187-1a68-4b28-8989-a67cfa76391a) Greenhaven Publishing LLC.

Banned Books: The Controversy over What Students Read. Meryl Loonin. 2023. (ENG.). 64p. (J). (gr. 6-12). 43.93 ***(978-1-6782-0474-7(9))*** ReferencePoint Pr., Inc.

Banner Bearers: Tales of the Suffrage Campaigns (Classic Reprint) Oreola Williams Haskell. 2017. (ENG., Illus.). (J). 31.36 *(978-0-331-86180-8(1))* Forgotten Bks.

Banner Boy Scouts: The Struggle for Leadership. George A. Warren. 2018. (ENG., Illus.). 204p. (YA). (gr. 7-12). pap. *(978-93-5329-084-9(8))* Alpha Editions.

Banner Boy Scouts Afloat: The Secret of Cedar Island. George A. Warren. 2018. (ENG., Illus.). 198p. (YA). (gr. 7-12). pap. *(978-93-86874-77-1(6))* Alpha Editions.

Banner Boy Scouts in the Air. George A. Warren. 2018. (ENG., Illus.). 160p. (YA). (gr. 7-12). pap. *(978-93-5329-086-3(4))* Alpha Editions.

Banner Boy Scouts Mystery. George A. Warren. 2018. (ENG., Illus.). 176p. (YA). (gr. 7-12). pap. *(978-93-86874-76-4(8))* Alpha Editions.

Banner Boy Scouts on a Tour. George A. Warren. 2017. (ENG., Illus.). 256p. (J). pap. *(978-93-86874-78-8(4))* Alpha Editions.

Banner Boy Scouts on a Tour: The Mystery of Rattlesnake Mountain. George A. Warren. 2017. (ENG., Illus.). (J). 24.95 *(978-1-374-92936-4(0))*; pap. 14.95 *(978-1-374-92935-7(2))* Capital Communications, Inc.

Banner Boy Scouts Snowbound: A Tour on Skates & Iceboats. George A. Warren. 2018. (ENG., Illus.). 174p. (YA). (gr. 7-12). pap. *(978-93-5329-085-6(6))* Alpha Editions.

Banner in the Sky Novel Units Teacher Guide. Novel Units. 2019. (ENG.). (J). pap. 12.99 *(978-1-56137-481-6(4),* Novel Units, Inc.) Classroom Library Co.

Banner of Blue (Classic Reprint) S. R. Crockett. 2017. (ENG., Illus.). (J). 32.70 *(978-1-5279-8956-6(9))* Forgotten Bks.

Banner the Super Dog. Koyote. 2017. (ENG., Illus.). 52p. (J). pap. 20.00 *(978-1-365-81477-8(7))* Lulu Pr., Inc.

Bannertail. Ernest Thompson Seton & Grandma's Treasures. 2020. (ENG.). 134p. (J). (gr. 7-12). pap. ***(978-1-716-68491-3(9))*** Lulu Pr., Inc.

Bannertail. Ernest Thompson Seton & Grandma's Treasures. 2022. (ENG.). 134p. (J). ***(978-1-387-65339-3(3))*** Lulu Pr., Inc.

Bannertail: The Story of a Graysquirrel. Ernest Thompson Seton. 2018. (ENG., Illus.). 100p. (YA). (gr. 7-12). pap. *(978-93-5329-359-8(6))* Alpha Editions.

Bannertail - the Story of a Gray Squirrel. Ernest Thompson Seton. 2018. (ENG., Illus.). 118p. (J). pap. *(978-1-5287-0270-6(0))* Freeman Pr.

Bannock Boy Asks, What Is Metis? Alexandria Anthony & Timothy Anthony. 2019. (ENG.). 38p. (J). pap. *(978-0-359-48007-4(1))* Lulu Pr., Inc.

Bannock Boy Faces a Bully. Alexandria Anthony & Timothy Anthony. 2019. (ENG.). 40p. (J). pap. *(978-0-359-72974-6(6))* Lulu Pr., Inc.

Bannock Boy Learns Michif. Alexandria Anthony. 2019. (ENG.). 32p. (J). pap. *(978-0-359-55500-0(4))* Lulu Pr., Inc.

Baño. Linda Koons. Illus. by Lydia Mba Blázquez. 2016. (Early Rising Readers Ser.). (SPA.). (J). (gr. -1). 6.67 *(978-1-4788-3703-9(9))* Newmark Learning LLC.

Baño. Xist Publishing. 2017. (Xist Kids Spanish Bks.). (SPA., Illus.). 28p. (J). (gr. -1-3). pap. 9.99 *(978-1-5324-0115-2(9))* Xist Publishing.

Baño - 6 Pack. Linda Koons. 2016. (Early Rising Readers Ser.). (SPA.). (J). (gr. 1). 40.00 net. *(978-1-4788-4646-8(1))* Newmark Learning LLC.

Baño/ Bathroom. Xist Publishing Staff. 2017. (Xist Kids Bilingual Spanish English Ser.). (ENG & SPA., Illus.). 28p. (J). (gr. -1-3). pap. 9.99 *(978-1-5324-0093-3(4))* Xist Publishing.

Bano de Bosque (Bathing in the Forest) Marc Ayats. Illus. by Nivola Uya. 2020. (SPA.). 28p. (J). (gr. k-3). 16.95 *(978-84-16733-57-6(0))* Cuento de Luz SL ESP. Dist: Publishers Group West (PGW).

Baño de Chamo: Leveled Reader Book 23 Level e 6 Pack. Hmh Hmh. 2021. (SPA.). 16p. (J). pap. 74.40 *(978-0-358-08243-9(9))* Houghton Mifflin Harcourt Publishing Co.

Banque. Alicia Rodriguez. Tr. by Annie Evearts. 2021. (Je découvre Ma Communauté (I Spy in My Community) Ser.). (FRE., Illus.). 16p. (J). (gr. -1-1). pap. *(978-1-0396-0497-1(8),* 12697) Crabtree Publishing Co.

Banquet of Jests & Merry Tales (Classic Reprint) Archibald Armstrong. 2017. (ENG., Illus.). (J). 32.60 *(978-0-265-54230-9(8))* Forgotten Bks.

Banquet of Wit (Classic Reprint) James Gray. (ENG., Illus.). (J). 2018. 264p. 29.34 *(978-0-484-38446-9(5))*; 2017. pap. 11.57 *(978-0-243-40056-0(X))* Forgotten Bks.

Banshee & Nightshade. Sabbath Oshel Willowtree. Ed. by Susie L. Oshel. 2019. (ENG.). 270p. (YA). *(978-1-5255-5841-2(2))*; pap. *(978-1-5255-5842-9(0))* FriesenPress.

Banshee (Classic Reprint) Elliot O'Donnell. 2018. (ENG., Illus.). 260p. (J). 29.28 *(978-0-483-83356-2(8))* Forgotten Bks.

Banyan, 1918 (Classic Reprint) Brigham Young University. (ENG., Illus.). (J). 2018. 168p. 27.38 *(978-0-484-17823-5(7))*; 2016. pap. 9.97 *(978-1-334-16299-2(9))* Forgotten Bks.

Banyan Tree Club: And Now Yoga - Dream Believe Achieve. Martha M. Goguen. Illus. by Louise Sumner. 2022. (Dream Believe Achieve Ser.: Vol. 7). (ENG.). 36p. (J). pap. ***(978-1-990335-11-2(X))*** Agio Publishing Hse.

Banyan Trees Strangle Their Host!, 1 vol. Janey Levy. 2019. (World's Weirdest Plants Ser.). (ENG.). 24p. (gr. 2-3). pap. 9.15 *(978-1-5382-4630-6(9),* 14bc1603-7743-4e47-9ba3-e2a7fac629f8) Stevens, Gareth Publishing LLLP.

Baobab Kids- Grandparents Day: Salonge & the Talking Tree. Schertevear Q. Watkins. Illus. by Baobab Publishing. 2020. (Baobab Kids Ser.: Vol. 1). (ENG.). 34p. (J). pap. 12.99 *(978-1-947045-25-5(3))* Baobab Publishing.

Baobab Tree: Giant of the African Bush. Letitia Degraft Okyere. 2022. (ENG.). 34p. (J). 19.99 *(978-1-956776-07-2(9))* Letitia de Graft-Johnson.

Baptism: For Kids & Parents. Steve Greenwood & Jacob Riggs. 2021. (ENG.). 31p. (J). pap. 4.99 ***(978-1-61484-124-1(1))*** Randall Hse. Pubns.

Baptism in the Creek. Joice Christine Bailey Lewis. 2021. (ENG.). 34p. (J). pap. 11.99 *(978-1-956696-82-0(2))* Rushmore Pr. LLC.

Baptism Is a Promise (a Choose-The-Light Book) Katy Watkins. 2018. (ENG.). (J). 14.99 *(978-1-4621-2184-7(5))* Cedar Fort, Inc./CFI Distribution.

Baptism on the Bayou: Story of Bo Bob & Skipper. Robert Tyler. 2018. (ENG., Illus.). 20p. (J). pap. 11.95 *(978-1-64349-135-6(0))* Christian Faith Publishing.

Baptism on the Bayou: Story of Bo Bob & Skipper. Robert D. Tyler. 2017. (ENG., Illus.). (J). 21.95 *(978-1-63575-506-0(9))* Christian Faith Publishing.

Baptism Promises. Carol A. Wehrheim. Illus. by Roz Fulcher. 2018. (ENG.). 18p. (J). bds. 10.00 *(978-1-947888-03-6(X),* Flyaway Bks.) Westminster John Knox Pr.

Baptist Lake (Classic Reprint) John Davidson. 2017. (ENG., Illus.). 366p. (J). 31.45 *(978-1-5281-8785-5(7))* Forgotten Bks.

Baptistery, or the Way of Eternal Life (Classic Reprint) Isaac Williams. 2016. (ENG., Illus.). (J). pap. 16.57 *(978-1-333-22241-3(6))* Forgotten Bks.

Baptized in the Water: Becoming a Member of God's Family. Glenys Nellist. Illus. by Anna Kazimi. 2022. (ENG.). 32p. (J). 17.99 *(978-0-310-73413-0(4))* Zonderkidz.

Bar-20: Being a Record of Certain Happenings That Occurred in the Otherwise Peaceful Lives of One Hopalong Cassidy & His Companions on the Range (Classic Reprint) Clarence Edward Mulford. 2017. (ENG., Illus.). (J). 32.19 *(978-0-260-72263-8(4))* Forgotten Bks.

Bar-20 Days (Classic Reprint) Clarence Edward Mulford. 2017. (ENG., Illus.). (J). 32.62 *(978-0-331-83559-5(2))*; pap. 16.57 *(978-0-331-83551-9(7))* Forgotten Bks.

Bar-20 Three (Classic Reprint) Clarence E. Mulford. 2017. (ENG., Illus.). (J). 31.57 *(978-0-266-50890-8(1))* Forgotten Bks.

Bar B Boys: Or the Young Cow-Punchers (Classic Reprint) Edwin L. Sabin. 2018. (ENG., Illus.). 404p. (J). 32.23 *(978-0-267-27888-6(8))* Forgotten Bks.

Bar Graphs. Sherra G. Edgar. 2018. (Making & Using Graphs Ser.). (ENG.). 24p. (J). (gr. k-3). lib. bdg. 22.99 *(978-1-5105-3614-2(0))* SmartBook Media, Inc.

Bar Graphs. Crystal Sikkens. 2016. (Get Graphing! Building Data Literacy Skills Ser.). (ENG., Illus.). 24p. (J). (gr. 1-3). *(978-0-7787-2624-1(X))* Crabtree Publishing Co.

Bar Harbor (Classic Reprint) F. Marion Crawford. (ENG., Illus.). (J). 2018. 74p. 25.42 *(978-0-267-54581-0(9))*; 2016. pap. 9.57 *(978-1-333-47559-8(4))* Forgotten Bks.

Bar Harbor Days (Classic Reprint) Burton Harrison. 2017. (ENG., Illus.). (J). 28.48 *(978-0-260-14922-0(5))* Forgotten Bks.

Bär Malbuch Für Kinder: Kinder Malbuch und Aktivitätsbuch Für Mädchen und Jungen Im Alter Von 4-8 Jahren. Deeasy B. 2021. (GER.). 90p. (J). pap. 9.00 *(978-1-008-93876-2(9))* Chronicle Bks. LLC.

Bär Malbuch Für Kinder Alter 4-8: Wunderschönes Bärenbuch Für Jugendliche, Jungen und Kinder, Tolles Wildtier-Malbuch Für Kinder und Kleinkinder, Die Gerne Mit Niedlichen Bären Spielen und Spaß Haben. Amelia Yardley. 2021. (GER.). 44p. (J). pap. *(978-1-008-93485-6(2))* Lulu.com.

Bar Mitzvah Boys. Myron Uhlberg. Illus. by Carolyn Arcabascio. 2019. (ENG.). 32p. (J). (gr. -1-3). 16.99 *(978-0-8075-0570-0(6),* 807505706) Whitman, Albert & Co.

Bar-Sinister: A Social Study (Classic Reprint) Jeannette H. Walworth. 2018. (ENG., Illus.). 368p. (J). 31.49 *(978-0-483-40860-9(3))* Forgotten Bks.

Bar Sinister (Classic Reprint) Richard Harding Davis. 2018. (ENG., Illus.). 132p. (J). 26.62 *(978-0-331-64033-5(3))* Forgotten Bks.

Barabbas the Bandit & the Three Sillies. Chip Colquhoun. Illus. by Ellie Bentley & Mario Coelho. 2023. (Chip Colquhoun & Korky Paul's Fables & Fairy Tales Ser.: Vol. 9). (ENG.). 64p. (J). pap. ***(978-1-915703-09-5(3))*** Snail Tales.

Barack Obama. Jenny Benjamin. 2019. (Influential People Ser.). (ENG., Illus.). 32p. (J). (gr. 4-6). pap. 7.95 *(978-1-5435-6040-4(7),* 140086); lib. bdg. 28.65 *(978-1-5435-5795-4(3),* 139751) Capstone.

Barack Obama. Tamara L. Britton. (United States Presidents Ser.). (ENG., Illus.). (J). 2020. 48p. (gr. 3-6). lib. bdg. 35.64 *(978-1-5321-9367-5(X),* 34891, Checkerboard Library); 2016. 40p. (gr. 2-5). lib. bdg. 35.64 *(978-1-68078-111-3(1),* 21839, Big Buddy Bks.) ABDO Publishing Co.

Barack Obama, 1 vol. Tim Cooke. 2018. (Meet the Greats Ser.). (ENG.). 48p. (gr. 5-5). lib. bdg. 34.93 *(978-1-5382-2572-1(7),* 32de5d34-63e6-413d-9b69-938769585584) Stevens, Gareth Publishing LLLP.

Barack Obama. Katlin Sarantou. Illus. by Jeff Bane. 2021. (My Early Library: My Itty-Bitty Bio Ser.). (ENG.). 24p. (J). (gr. k-1). pap. 12.79 *(978-1-5341-8830-3(4),* 219055); lib. bdg. 30.64 *(978-1-5341-8690-3(5),* 219054) Cherry Lake Publishing.

Barack Obama, 1 vol. Joan Stoltman. 2018. (Little Biographies of Big People Ser.). (ENG.). 24p. (gr. 1-2). 24.27 *(978-1-5382-1828-0(3),* b0e73cd7-4e09-465f-9319-78ac635335da) Stevens, Gareth Publishing LLLP.

Barack Obama. Jennifer Strand. 2016. (Legendary Leaders Ser.). (ENG.). 24p. (J). (gr. -1-2). 49.94 *(978-1-68079-403-8(5),* 23024, Abdo Zoom-Launch) ABDO Publishing Co.

Barack Obama. Stephen White-Thomson. 2021. (Black History Biographies Ser.). (ENG., Illus.). 24p. (J). (gr. 2-5). pap. *(978-1-4271-2795-2(6),* 10334); lib. bdg. *(978-1-4271-2789-1(1),* 10327) Crabtree Publishing Co. (Crabtree Classics).

Barack Obama. Michael Burgan. rev. ed. 2016. (Front-Page Lives Ser.). (ENG.). 112p. (J). (gr. 6-9). pap. 11.99 *(978-1-4846-3813-2(1),* 134676, Heinemann) Capstone.

Barack Obama: A Kid's Book about Becoming the First Black President of the United States. Mary Nhin. Illus. by Yuliia Zolotova. 2022. (Mini Movers & Shakers Ser.: Vol. 22). (ENG.). 40p. (J). 19.99 *(978-1-63731-355-8(1))* Grow Grit Pr.

Barack Obama: A Life of Leadership, 1 vol. Rachael Morlock. annot. ed. 2019. (People in the News Ser.). (ENG.). 104p. (gr. 7-7). pap. 20.99 *(978-1-5345-6840-2(9),* 1dbae1b7-6a06-489e-8227-e56a3ac990bb); lib. bdg. 41.03 *(978-1-5345-6841-9(7),* ca00a648-b9d2-4f3f-ae82-795d317aa70f) Greenhaven Publishing LLC. (Lucent Pr.).

Barack Obama: America's First African-American President - Biography of Presidents Children's Biography Books. Baby Professor. 2017. (ENG., Illus.). 64p. (J). pap. 9.52 *(978-1-5419-1576-3(3),* Baby Professor (Education Kids)) Speedy Publishing LLC.

Barack Obama: First African-American President. Jody Jensen Shaffer. 2021. (Black American Journey Ser.). (ENG.). 32p. (J). (gr. 4-7). lib. bdg. 35.64 *(978-1-5038-5377-5(2),* 215266) Child's World, Inc, The.

Barack Obama: Groundbreaking President. Jodie Shepherd. 2016. (Rookie Biographies(tm) Ser.). (ENG., Illus.). 32p. (J). lib. bdg. 25.00 *(978-0-531-21681-1(0),* Children's Pr.) Scholastic Library Publishing.

Barack Obama: Our 44th President. Catherine Nichols. 2020. (United States Presidents Ser.). (ENG.). 48p. (J). (gr. 3-6). lib. bdg. 41.36 *(978-1-5038-4435-3(8),* 214212) Child's World, Inc, The.

Barack Obama: a Little Golden Book Biography. Frank Berrios. Illus. by Kristin Sorra. 2022. (Little Golden Book Ser.). 24p. (J). (gr. -1-3). 5.99 *(978-0-593-47936-0(X),* Golden Bks.) Random Hse. Children's Bks.

Barack Obama Is Elected President. Duchess Harris Jd. 2018. (Perspectives on American Progress Ser.). (ENG., Illus.). 48p. (J). (gr. 4-8). lib. bdg. 35.64 *(978-1-5321-1487-8(7),* 29106) ABDO Publishing Co.

Barack Obama's Inaugural Address. Tamra Orr. 2020. (21st Century Skills Library: Front Seat of History: Famous Speeches Ser.). (ENG., Illus.). 32p. (J). (gr. 4-7). lib. bdg. 32.07 *(978-1-5341-6883-1(4),* 215419) Cherry Lake Publishing.

Barack's First Great Feat: A Little Arabian Horse Caught in the Middle of the Israeli-Palestinian Conflict. David Mikosz. 2017. (ENG., Illus.). (J). pap. 9.95 *(978-0-9966602-1-1(6))* Horseyolo.

Barakah Beats. Maleeha Siddiqui. (ENG.). (J). 2022. 304p. (gr. 3-7). pap. 7.99 *(978-1-338-70208-8(4))*; 2021. 288p. (gr. 3-7). 17.99 *(978-1-338-70206-4(8),* Scholastic Pr.); 2021. 288p. pap. ***(978-0-7023-1102-4(2),*** Scholastic Pr.) Scholastic, Inc.

Barb & the Battle for Bailiwick. Dan Abdo et al. Illus. by Dan Abdo & Jason Patterson. 2023. (Barb the Last Berzerker Ser.: 3). (ENG.). 272p. (J). (gr. 3-7). 13.99 ***(978-1-6659-1445-1(9)),*** Simon & Schuster Bks. For Young Readers) Simon & Schuster Bks. For Young Readers.

TITLE INDEX BAREFOOT TIME (CLASSIC REPRINT)

Barb & the Ghost Blade. Dan Abdo et al. Illus. by Dan Abdo & Jason Patterson. 2022. (Barb the Last Berzerker Ser.: 2). (ENG.). 256p. (J). (gr. 3-7). 13.99 *(978-1-5344-8574-7(0),* Simon & Schuster Bks. For Young Readers) Simon & Schuster Bks. For Young Readers.

Barb the Last Berzerker. Dan Abdo et al. Illus. by Dan Abdo & Jason Patterson. 2021. (Barb the Last Berzerker Ser.: 1). (ENG.). 256p. (J). (gr. 3-7). 13.99 *(978-1-5344-8571-6(6),* Simon & Schuster Bks. For Young Readers) Simon & Schuster Bks. For Young Readers.

Barb the Last Berzerker Collection (Boxed Set) Barb the Last Berzerker; Barb & the Ghost Blade; Barb & the Battle for Bailiwick. Dan Abdo et al. Illus. by Dan Abdo & Jason Patterson. ed. 2023. (Barb the Last Berzerker Ser.). (ENG.). 784p. (J). (gr. 3-7). 41.99 ***(978-1-6659-3780-1(7),*** Simon & Schuster Bks. For Young Readers) Simon & Schuster Bks. For Young Readers.

Barba Azul. Charles Perrault. 2016. (SPA., Illus.). 80p. (J). pap. *(978-607-453-393-4(8))* Selector, S.A. de C.V.

Barbadoes Girl: A Tale for Young People. Hofland. 2017. (ENG., Illus.). (J). 22.95 *(978-1-374-91294-6(8));* pap. 12.95 *(978-1-374-91293-9(X))* Capital Communications, Inc.

Barbadoes Girl (Classic Reprint) Hofland. 2018. (ENG., Illus.). 188p. (J). 27.77 *(978-0-364-09602-4(0))* Forgotten Bks.

Barbados, 1 vol. Bethany Bryan et al. 2019. (Cultures of the World (Third Edition)(r) Ser.). (ENG.). 144p. (gr. 5-5). 48.79 *(978-1-5026-4730-6(3),* b34cb140-c53c-4dfb-9b98-269864d90c9e) Cavendish Square Publishing LLC.

Barbados 2050: A Climate Change Short Story. Khalid Grant. 2020. (ENG.). 54p. (J). pap. 11.00 *(978-1-990085-09-3(1))* Independent Pub.

Barbados a Variety of Facts Children's People & Places Book. Bold Kids. 2022. (ENG.). 42p. (J). pap. 14.99 ***(978-1-0717-1913-8(0))*** FASTLANE LLC.

Barbara: Lady's Maid & Peeress (Classic Reprint) Alexander. 2018. (ENG., Illus.). 352p. (J). 31.16 *(978-0-656-81935-5(9))* Forgotten Bks.

Barbara, a Woman of the West (Classic Reprint) John Harvey Whitson. (ENG., Illus.). (J). 2018. 340p. 30.91 *(978-0-483-59855-3(0));* 2016. pap. 13.57 *(978-1-333-46218-5(2))* Forgotten Bks.

Barbara Anderson Poems. Bárbara Anderson. 2016. (ENG., Illus.). 32p. (J). pap. *(978-1-365-09797-3(8))* Lulu Pr., Inc.

Barbara Andersons Poems Book II. Bárbara Anderson. 2017. (ENG., Illus.). 34p. (J). pap. *(978-1-365-70708-7(3))* Lulu Pr., Inc.

Barbara Andersons Poems Book III. Bárbara Anderson. 2017. (ENG., Illus.). 32p. (J). pap. *(978-1-365-75626-9(2))* Lulu Pr., Inc.

Barbara Bellamy: A Public School Girl (Classic Reprint) May Baldwin. 2018. (ENG., Illus.). 334p. (J). 30.85 *(978-0-332-27261-0(3))* Forgotten Bks.

Barbara Blomberg: Drama en Cuatro Actos en Verso. Patricio De La Escosura. 2017. (SPA., Illus.). (J). 21.95 *(978-1-374-92378-2(8));* pap. 10.95 *(978-1-374-92377-5(X))* Capital Communications, Inc.

Barbara Bush. Jennifer Strand. 2018. (First Ladies (Launch!) Ser.). (ENG., Illus.). 24p. (J). (gr. -1-2). lib. bdg. 31.36 *(978-1-5321-2282-8(9),* 28331, Abdo Zoom-Launch) ABDO Publishing Co.

Barbara de Faveri: Le Mie Poesie. Barbara De Faveri. 2023. (ITA.). 55p. (YA). pap. ***(978-1-4477-8784-6(6))*** Lulu Pr., Inc.

Barbara Dering. Amelie Rives. (ENG.). (J). 2017. 236p. pap. *(978-3-337-03876-2(X));* 2017. 208p. pap. *(978-3-337-03877-9(8));* 2016. 290p. pap. *(978-3-7433-6755-5(6))* Creation Pubs.

Barbara Dering: A Sequel to the Quick or the Dead? (Classic Reprint) Amelie Rives. 2017. (ENG., Illus.). (J). 29.88 *(978-0-265-19924-4(7))* Forgotten Bks.

Barbara Dering, Vol. 1 of 2 (Classic Reprint) Amelie Rives. 2018. (ENG., Illus.). 236p. (J). 28.76 *(978-0-483-54330-0(6))* Forgotten Bks.

Barbara Frietchie the Frederick Girl: A Play in Four Acts (Classic Reprint) Clyde Fitch. 2018. (ENG., Illus.). 152p. (J). 27.03 *(978-0-364-65926-7(2))* Forgotten Bks.

Barbara Goes to Oxford (Classic Reprint) Barbara Burke. 2018. (ENG., Illus.). 378p. (J). 31.71 *(978-0-364-51758-1(1))* Forgotten Bks.

Barbara Gwynne (Life) (Classic Reprint) W. B. Trites. 2018. (ENG., Illus.). 302p. (J). 30.13 *(978-0-267-09737-1(9))* Forgotten Bks.

Barbara Halliday: A Story of the Hill Country of Victoria (Classic Reprint) Marion Miller Knowles. 2018. (ENG., Illus.). 324p. (J). 30.58 *(978-0-364-47622-2(2))* Forgotten Bks.

Barbara Heathcote's Trial: A Novel (Classic Reprint) Rosa Nouchette Carey. (ENG., Illus.). (J). 2018. 548p. 35.22 *(978-0-483-94011-6(9));* 2016. pap. 19.57 *(978-1-333-90114-1(3))* Forgotten Bks.

Barbara Howard, or the Belle of Allensville a Tale (Classic Reprint) Unknown Author. (ENG., Illus.). (J). 2018. 118p. 26.41 *(978-0-484-62146-5(7));* 2017. pap. 9.57 *(978-0-259-02229-9(2))* Forgotten Bks.

Barbara in Brittany. E. A. Gillie. 2017. (ENG., Illus.). (J). 23.95 *(978-1-374-87380-3(2));* pap. 13.95 *(978-1-374-87379-7(9))* Capital Communications, Inc.

Barbara Jordan: Civil Rights Leader. Connor Stratton. 2021. (Important Women Ser.). (ENG., Illus.). 32p. (J). (gr. 2-3). pap. 9.95 *(978-1-64493-725-9(5));* lib. bdg. 31.35 *(978-1-64493-689-4(5))* North Star Editions. (Focus Readers).

Barbara Jordan: Politician & Civil Rights Leader. Duchess Harris & Deirdre R. J. Head. 2018. (Freedom's Promise Ser.). (ENG., Illus.). 48p. (J). (gr. 4-8). lib. bdg. 35.64 *(978-1-5321-1766-4(3),* 30820) ABDO Publishing Co.

Barbara Ladd (Classic Reprint) Charles George Douglas Roberts. 2017. (ENG., Illus.). (J). 32.23 *(978-1-5283-6612-0(3))* Forgotten Bks.

Barbara Lynn a Tale of the Dales & Fells (Classic Reprint) Emily Jenkinson. 2018. (ENG., Illus.). 324p. (J). 30.58 *(978-0-332-88449-3(X))* Forgotten Bks.

Barbara Markham; or the Profligate Requited, Vol. 1: A Novel (Classic Reprint) Unknown Author. 2018. (ENG., Illus.). 376p. (J). 31.65 *(978-0-483-59434-0(2))* Forgotten Bks.

Barbara Mcclintock: Cytogeneticist & Discoverer of Mobile Genetic Elements, 1 vol. Cathleen Small. 2016. (Women in Science Ser.). (ENG., Illus.). 128p. (J). (gr. 9-9). lib. bdg. 47.36 *(978-1-5026-2311-9(0),* 9a9e424b-2bc1-4eff-83ce-6de7ab66b444) Cavendish Square Publishing LLC.

Barbara of the Snows (Classic Reprint) Harry Irving Greene. 2018. (ENG., Illus.). 376p. (J). 31.65 *(978-0-267-17154-5(4))* Forgotten Bks.

Barbara Philpot, Vol. 1 Of 3: A Study of Manners & Morals; 1727 to 1737 (Classic Reprint) Lewis Wingfield. (ENG., Illus.). (J). 2018. 320p. 30.50 *(978-0-332-59645-7(1));* 2016. pap. 13.57 *(978-1-334-23755-3(7))* Forgotten Bks.

Barbara Philpot, Vol. 2 Of 3: A Study of Manners & Morals, 1727 to 1737 (Classic Reprint) Lewis Wingfield. 2018. (ENG., Illus.). 322p. (J). 30.56 *(978-0-483-94227-1(8))* Forgotten Bks.

Barbara Philpot, Vol. 3 Of 3: A Study of Manners & Morals; (1727 to 1737) (Classic Reprint) Lewis Wingfield. 2018. (ENG., Illus.). 312p. (J). 30.33 *(978-0-483-78567-0(9))* Forgotten Bks.

Barbara Rose Johns Jump-Starts the Civil Rights Movement. Rachel Hamby. 2018. (J). *(978-1-64185-354-5(9),* Focus Readers) North Star Editions.

Barbara the Bunny & the International Lovie Network. Jennifer Lavelle. 2022. (ENG.). 38p. (J). 15.95 *(978-1-64543-928-8(3))* Amplify Publishing Group.

Barbara the Great: A Play for Boys (Classic Reprint) Julia M. Martin. (ENG., Illus.). (J). 2018. 20p. 24.31 *(978-0-267-94513-9(2));* 2016. pap. 7.97 *(978-1-334-13527-9(4))* Forgotten Bks.

Barbara West (Classic Reprint) Keighley Snowden. (ENG., Illus.). (J). 2018. 382p. 31.78 *(978-0-484-76262-5(1));* 2016. pap. 16.57 *(978-1-334-11512-7(5))* Forgotten Bks.

Barbara's Brothers (Classic Reprint) Evelyn Everett Green. (ENG., Illus.). (J). 2018. 462p. 33.45 *(978-0-267-35370-5(7));* 2016. pap. 16.57 *(978-1-333-77262-8(9))* Forgotten Bks.

Barbara's Heritage: Or Young Americans among the Old Italian Masters (Classic Reprint) Deristhe Levinte Hoyt. (ENG., Illus.). (J). 2017. 31.61 *(978-0-331-61839-6(7));* 2016. pap. 13.97 *(978-1-333-73278-3(3))* Forgotten Bks.

Barbara's History. Amelia Ann Blanford Edwards. 2017. (ENG.). (J). 328p. pap. *(978-3-337-06668-0(2));* 192p. pap. *(978-3-337-03316-3(4))* Creation Pubs.

Barbara's History: A Novel (Classic Reprint) Amelia Ann Blanford Edwards. 2017. (ENG., Illus.). 188p. (J). 27.79 *(978-0-332-42718-8(8))* Forgotten Bks.

Barbara's History: A Novel (Classic Reprint) Amelia B. Edwards. 2017. (ENG., Illus.). (J). 27.79 *(978-0-331-10055-6(X));* pap. 10.57 *(978-0-243-32866-6(4))* Forgotten Bks.

Barbara's History, Vol. 1 of 3 (Classic Reprint) Amelia B. Edwards. 2018. (ENG., Illus.). 322p. (J). 30.56 *(978-0-428-96990-5(9))* Forgotten Bks.

Barbara's History, Vol. 2 of 3 (Classic Reprint) Amelia B. Edwards. 2018. (ENG., Illus.). 324p. (J). 30.60 *(978-0-267-23461-5(9))* Forgotten Bks.

Barbara's History, Vol. 3 of 3 (Classic Reprint) Amelia Ann Blanford Edwards. 2018. (ENG., Illus.). 326p. (J). 30.62 *(978-0-364-00492-0(4))* Forgotten Bks.

Barbara's Marriages: A Novel (Classic Reprint) Maude Radford Warren. 2018. (ENG., Illus.). 360p. (J). 31.34 *(978-0-483-73518-7(3))* Forgotten Bks.

Barbara's Philippine Journey (Classic Reprint) Frances Williston Burks. (ENG., Illus.). (J). 2017. 210p. 28.23 *(978-0-332-89184-2(4));* 2016. pap. 10.57 *(978-1-334-13319-0(0))* Forgotten Bks.

Barbara's Vagaries (Classic Reprint) Mary Langdon Tidball. 2018. (ENG., Illus.). 190p. (J). 27.82 *(978-0-483-23371-3(4))* Forgotten Bks.

Barbara's World: A Mom's Labor of Love. Susan Mingins Bibas. Illus. by Barbara Bibas Montero. 2019. (ENG.). 28p. (J). pap. 12.95 *(978-0-578-60331-5(4))* Barbara Bibas Montero.

Barbard College Library: From the Francis Parkmen, Memorial Fund, for Canadian History, Established in 1908 (Classic Reprint) Unknown Author. (ENG., Illus.). (J). 2018. 270p. 29.49 *(978-0-483-55942-4(3));* 2017. pap. 11.97 *(978-0-259-41508-4(1))* Forgotten Bks.

Barbarian Backlash: Dragon Wars - Book 14. Craig Halloran. 2020. (Dragon Wars Ser.: Vol. 14). (ENG.). 282p. (YA). 19.99 *(978-1-946218-93-3(6))* Two-Ten Bk. Pr., Inc.

Barbarians (Classic Reprint) Robert W. Chambers. 2017. (ENG., Illus.). (J). 31.65 *(978-1-5284-7367-5(1));* 32.04 *(978-0-331-65623-7(X));* pap. 16.57 *(978-0-243-29092-5(6))* Forgotten Bks.

Barbarossa, & Other Tales (Classic Reprint) Paul Heyse. (ENG., Illus.). (J). 2017. 30.48 *(978-0-260-89313-0(7));* 2016. pap. 13.57 *(978-1-334-14427-1(3))* Forgotten Bks.

Barbary Coast: Sketches of French North Africa. Albert Edwards. 2018. (ENG.). 392p. (J). pap. 15.50 *(978-1-63391-660-9(X))* Westphalia Press.

Barbary Coast: Sketches of French North Africa (Classic Reprint) Albert Edwards. 2018. (ENG., Illus.). 396p. (J). 32.06 *(978-0-483-34079-4(0))* Forgotten Bks.

Barbary Pirates. C. S. Forester. 2021. (ENG.). 70p. (YA). (gr. 7-10). pap. *(978-1-77323-778-7(0))* Rehak, David.

Barbary Sheep: A Novel (Classic Reprint) Robert Smythe Hichens. 2018. (ENG., Illus.). 282p. (J). 29.71 *(978-0-267-41719-3(5))* Forgotten Bks.

Barbed Wire & Other Poems (Classic Reprint) Edwin Ford Piper. 2018. (ENG., Illus.). 138p. (J). 26.76 *(978-0-483-50571-1(4))* Forgotten Bks.

Barbed Wire Baseball. Marissa Moss. ed. 2016. (J). lib. bdg. 20.80 *(978-0-606-38199-4(6))* Turtleback.

Barbee the Bee Visits Sr. Lyn's Beehives. Alysa Armstrong. 2017. (ENG., Illus.). 32p. (J). pap. *(978-1-365-82813-3(1))* Lulu Pr., Inc.

Barben's Magic Quest: Book One the Magic Begins. Elaine J. Ouston. 2018. (Barben's Magic Quest Ser.: Vol. 1). (ENG., Illus.). 150p. (J). pap. *(978-0-6481647-8-4(0))* Morris Publishing Australia.

Barber Zong. Susan Giles Walton. Illus. by Kat Johnson. 2021. (ENG.). 36p. (J). pap. 10.59 *(978-1-6678-0820-8(6))* BookBaby.

Barbers, 1 vol. Christine Honders. 2019. (Helpers in Our Community Ser.). (ENG.). 24p. (J). (gr. 1-2). pap. 9.25 *(978-1-7253-0806-0(1),* d9537449-28e4-456d-8a66-2693e2a5d962, PowerKids Pr.) Rosen Publishing Group, Inc., The.

Barber's Chair: And the Hedgehog Letters (Classic Reprint) Douglas William Jerrold. 2018. (ENG., Illus.). 402p. (J). 32.19 *(978-0-483-00155-8(4))* Forgotten Bks.

Barber's Cutting Edge, 1 vol. Gwendolyn Battle-Lavert. Illus. by Raymond Holbert. 2022. (ENG.). 32p. (J). (gr. -1-3). pap. 10.95 *(978-0-89239-196-7(0),* leelowcbp) Lee & Low Bks., Inc.

Barbie. Grace Hansen. 2022. (Toy Mania! Ser.). (ENG.). 24p. (J). (gr. -1-2). lib. bdg. 32.79 *(978-1-0982-6426-0(6),* 40951, Abdo Kids) ABDO Publishing Co.

Barbie: Let's Plant a Garden! Kristen L. Depken. ed. 2018. (Barbie Step into Reading Level 1 Ser.). lib. bdg. 14.75 *(978-0-606-40926-1(2))* Turtleback.

Barbie: Big City Big Dreams: Charm Bracelet Included! Marilyn Easton. 2022. (ENG.). 24p. (J). (gr. 1-3). 12.99 *(978-0-7944-4883-7(6),* Studio Fun International) Printers Row Publishing Group.

Barbie: Big City Big Dreams: New Friends, True Friends. Devra Newberger Speregen. 2022. (Puffy Stickers Ser.). (ENG.). 32p. (J). (gr. k-3). pap. 10.99 *(978-0-7944-4990-2(5),* Studio Fun International) Printers Row Publishing Group.

Barbie: Cinderella (Barbie) Golden Books. Illus. by Golden Books. 2022. (Little Golden Book Ser.). (ENG., Illus.). 16p. (J). (-k). 5.99 *(978-0-593-48385-5(5),* Golden Bks.) Random Hse. Children's Bks.

Barbie Collector's Guide. Marilyn Easton. 2022. (ENG.). 96p. (J). (gr. 1-3). pap. 8.99 *(978-0-7944-4718-2(X),* Studio Fun International) Printers Row Publishing Group.

Barbie Color & Trace / Trace & Learn. Des. by Bendon. 2020. (ENG.). (J). pap. 4.99 ***(978-1-6902-1001-6(X))*** Bendon, Inc.

Barbie Cooks! a Healthy Cookbook. Mattel. 2022. (ENG.). 128p. (J). 21.99 *(978-1-68188-833-0(5))* Weldon Owen, Inc.

Barbie Dream Big Activity Book. Mattel. 2023. (Barbie Ser.). (ENG.). 80p. (J). (gr. k-4). pap. 10.99 *(978-1-4998-1331-9(7),* BuzzPop) Little Bee Books Inc.

Barbie Dreamhouse Seek-And-Find Adventure: 100% Officially Licensed by Mattel, Sticker & Activity Book for Kids Ages 4 To 8. Mattel. 2022. (Barbie Ser.). (ENG.). 32p. (J). (gr. -1-3). pap. 8.99 *(978-1-4998-1372-2(4),* BuzzPop) Little Bee Books Inc.

Barbie Dress-Up Ultimate Sticker Collection. DK. 2023. (Barbie Sticker Bks.). (ENG.). 72p. (J). (gr. k-4). pap. 12.99 *(978-0-7440-8278-4(1),* DK Children) Dorling Kindersley Publishing, Inc.

Barbie It Takes Two: Dress up Dream Team. Maggie Fischer. 2023. (Magnetic Play Set Ser.). (ENG.). 32p. (J). (gr. -1-k). pap. 16.99 ***(978-0-7944-5096-0(2),*** Studio Fun International) Printers Row Publishing Group.

Barbie: It Takes Two: Friends Forever: Book with 2 Necklaces! Grace Baranowski. 2022. (ENG.). 20p. (J). (gr. 1-3). 12.99 *(978-0-7944-4989-6(1),* Studio Fun International) Printers Row Publishing Group.

Barbie Let's Plant a Garden! Kristen L. Depken. 2018. (Illus.). 24p. (J). *(978-1-5444-0240-6(6))* Random Hse., Inc.

Barbie Look & Find. Kathy Broderick. ed. 2018. (Look & Find Ser.). (ENG.). 19p. (J). (gr. -1-1). 22.36 *(978-1-64310-558-1(2))* Penworthy Co., LLC, The.

Barbie Mad Libs: World's Greatest Word Game. Stacy Wasserman. 2021. (Mad Libs Ser.). (ENG.). 48p. (J). (gr. 3-7). pap. 5.99 *(978-0-593-22659-9(3),* Mad Libs) Penguin Young Readers Group.

Barbie: Mermaid Power: Book with Mermaid Tail Necklace. Adapted by Grace Baranowski. 2023. (Book with Necklace Ser.). (ENG.). 24p. (J). (gr. 1-3). 14.99 ***(978-0-7944-5104-2(7))*** Studio Fun International.

Barbie Mermaid Power Little Golden Book (Barbie) Golden Books. 2022. (Little Golden Book Ser.). (ENG.). 24p. (J). (-k). 5.99 *(978-0-593-64472-0(7),* Golden Bks.) Random Hse. Children's Bks.

Barbie: My Book of Puppies (Barbie) Golden Books. 2017. (Little Golden Book Ser.). (ENG., Illus.). 24p. (J). (-k). 5.99 *(978-1-5247-1508-3(5),* Golden Bks.) Random Hse. Children's Bks.

Barbie: Ruth Handler: Ruth Handler. Lee Slater. 2021. (Toy Stories Ser.). (ENG., Illus.). 32p. (J). (gr. 2-5). lib. bdg. 34.21 *(978-1-5321-9707-9(1),* 38548, Big Buddy Bks.) ABDO Publishing Co.

Barbie: Super Sticker Book: Through the Decades. Marilyn Easton. 2021. (1001 Stickers Ser.). (ENG.). 72p. (J). (gr. 1-3). 12.99 *(978-0-7944-4719-9(8),* Studio Fun International) Printers Row Publishing Group.

Barbie Swan Lake (Barbie) Golden Books. Illus. by Golden Books. 2022. (Little Golden Book Ser.). (ENG., Illus.). 16p. (J). (-k). 5.99 *(978-0-593-43150-4(2),* Golden Bks.) Random Hse. Children's Bks.

Barbie: the Nutcracker. Golden Books. Illus. by Golden Books. 2021. (Little Golden Book Ser.). (ENG., Illus.). 16p. (J). (gr. k-k). 5.99 *(978-0-307-99512-4(7),* Golden Bks.) Random Hse. Children's Bks.

Barbie Welcome to the Big City! 100% Officially Licensed by Mattel, Sticker & Activity Book for Kids Ages 4 To 8. Mattel. 2023. (Barbie Ser.). (ENG.). 32p. (J). (gr. -1-3). pap. 8.99 ***(978-1-4998-1470-5(4),*** BuzzPop) Little Bee Books Inc.

Barbie's Forgiveness Lesson: A Princess Jelisa Story. Linda Chatelain. 2018. (ENG.). 32p. (J). pap. 9.13 *(978-1-938669-22-4(3))* Chatelain, Linda.

Barchen Much und das Marchenbuch. Michael Schirmer. 2017. (GER., Illus.). (J). pap. *(978-3-7103-3181-7(1))* united p.c. Verlag.

Barchester Towers. Anthony Trollope. 2017. (ENG., Illus.). (J). 30.95 *(978-1-374-92476-5(8));* pap. 21.95 *(978-1-374-92475-8(X))* Capital Communications, Inc.

Barchester Towers (Classic Reprint) Anthony Trollope. 2017. (ENG., Illus.). (J). 36.87 *(978-0-260-91495-8(9));* 39.32 *(978-0-331-83753-7(6));* pap. 23.57 *(978-0-259-20428-2(5))* Forgotten Bks.

Barchester Towers, Vol. 1 (Classic Reprint) Anthony Trollope. 2018. (ENG., Illus.). 362p. (J). 31.38 *(978-0-484-40743-4(0))* Forgotten Bks.

Barchester Towers, Vol. 2 (Classic Reprint) Anthony Trollope. 2017. (ENG., Illus.). (J). 31.88 *(978-0-331-82094-2(3))* Forgotten Bks.

Barclay & Berk Builders: A Parable. Beverley Rayner. Illus. by James Hensman. 2021. (ENG.). 36p. (J). pap. *(978-1-988928-55-5(9))* BayRidge Bks.

Barclays of Boston (Classic Reprint) Harrison Gray Otis. 2018. (ENG., Illus.). 426p. (J). 32.70 *(978-0-483-74720-3(3))* Forgotten Bks.

Barco Amarillo. Margaret Hillert. Illus. by Roberta Baird. 2021. (Beginning-To-Read Ser.). (SPA.). 32p. (J). (gr. k-2). pap. 13.26 *(978-1-68404-527-3(4))* Norwood Hse. Pr.

Barco Amarillo. Margaret Hillert. Illus. by Roberta Baird. 2020. (Beginning-To-Read: Spanish Easy Stories Ser.). (SPA.). 32p. (J). (-2). 22.60 *(978-1-68450-887-7(8))* Norwood Hse. Pr.

Barco Da Carreira DOS Tolos: Obra Critica, Moral, e Divertida; Folheto I., Janeiro (Classic Reprint) José Daniel Rodrigues da Costa. 2017. (POR., Illus.). (J). 356p. 31.26 *(978-0-332-67368-4(5));* 358p. pap. 13.97 *(978-0-332-35387-6(7))* Forgotten Bks.

Barco Da Carreira DOS Tolos, Vol. 1: Obra Critica, Moral, e Divertida; Janeiro (Classic Reprint) José Daniel Rodrigues da Costa. 2018. (POR., Illus.). (J). 388p. 31.90 *(978-0-428-57809-1(8));* 390p. pap. 16.57 *(978-0-428-10369-9(3))* Forgotten Bks.

Barco Pirata de Samantha Catt. Marc Caballer Galcera. 2018. (SPA., Illus.). 140p. (J). pap. 10.23 *(978-0-244-74505-9(6))* Lulu Pr., Inc.

Barco Tesoro de Santa Isabel: Leveled Reader Book 88 Level T 6 Pack. Hmh Hmh. 2021. (SPA.). 48p. (J). pap. 74.40 *(978-0-358-08566-9(7))* Houghton Mifflin Harcourt Publishing Co.

Barcos y Puertos: 101 Cosas Que Deberías Saber Sobre Los (Boats & Ports: 101 Facts) Editor. 2017. (101 Facts (Spanish Editions) Ser.). (ENG.). 48p. (J). pap. *(978-1-60745-866-1(7))* Lake Press.

Barden, Snake, Ali & Willi Go Walkabout. Carolynne J. Wilson. 2017. (ENG., Illus.). (J). pap. 14.31 *(978-1-4834-6996-6(4))* Lulu Pr., Inc.

Bare Bones Beneath the Floorboards: A Booger & Beans Mystery. Ali LaVecchia. 2022. (Booger & Beans Mystery Ser.: 10). 210p. (J). pap. 13.99 *(978-1-6678-4844-0(5))* BookBaby.

Bare Naked Book. Kathy Stinson. Illus. by Melissa Cho. 36p. (J). (gr. -1-k). 2023. 9.99 *(978-1-77321-473-3(X));* 2021. 17.95 *(978-1-77321-472-6(1))* Annick Pr., Ltd. CAN. Dist: Publishers Group West (PGW).

Baree, Son of Kazan. James Oliver Curwood. 2018. (ENG., Illus.). 160p. (J). 19.99 *(978-1-5154-2953-1(9))* Wilder Pubns., Corp.

Baree Son of Kazan (Classic Reprint) James Oliver Curwood. 2017. (ENG., Illus.). (J). 30.87 *(978-0-331-55243-0(4))* Forgotten Bks.

Barefoot Adventure. Jennifer Riddall. 2021. (ENG.). 42p. (J). 20.20 *(978-1-008-96528-7(6));* pap. 10.50 *(978-1-008-96811-0(0))* Lulu Pr., Inc.

Barefoot Boarders - Book 1. Barbara Woodbury. 2022. (ENG.). 36p. (J). *(978-1-64750-366-6(3));* pap. *(978-1-64750-367-3(1))* Austin Macauley Pubs. Ltd.

Barefoot Book of Classic Poems. Illus. by Jackie Morris. 2018. (ENG.). 128p. (J). (gr. 3-7). 19.99 *(978-1-78285-427-2(4))* Barefoot Bks., Inc.

Barefoot Books Amazing Places. Miralda Colombo. Illus. by Beatrice Cerocchi. 2020. (ENG.). 64p. (J). (gr. 3-7). 19.99 *(978-1-64686-067-8(5))* Barefoot Bks., Inc.

Barefoot Books Children of the World. Tessa Strickland & Kate DePalma. Illus. by David Dean. (ENG.). 64p. (J). (gr. k-5). 2018. pap. 16.99 *(978-1-78285-332-9(4));* 2016. 19.99 *(978-1-78285-296-4(4))* Barefoot Bks., Inc.

Barefoot Books Incredible Animals. Dunia Rahwan. Illus. by Paola Formica. 2020. (ENG.). 64p. (J). (gr. 3-7). 19.99 *(978-1-64686-066-1(7))* Barefoot Bks., Inc.

Barefoot Books Solar System. Anne Jankéliowitch. Illus. by Annabelle Buxton. 2019. (ENG.). 52p. (J). (gr. 3-7). 19.99 *(978-1-78285-823-2(7))* Barefoot Bks., Inc.

Barefoot Books Water. Christy Mihaly. Illus. by Mariona Cabassa. 2021. (ENG.). 64p. (J). (gr. 1-5). 19.99 *(978-1-64686-280-1(5))* Barefoot Bks., Inc.

Barefoot Books World Atlas Sticker Book. Nick Crane. Illus. by David Dean. 2019. (Barefoot Sticker Bks.). (ENG.). 32p. (J). (gr. k-5). pap. 12.99 ***(978-1-78285-830-0(X))*** Barefoot Bks., Inc.

Barefoot Doll. Don McCain. Illus. by Brenda Ragsdale. 2021. (ENG.). 32p. (J). 21.99 *(978-1-951300-30-2(0))* Liberation's Publishing.

Barefoot Dreams of Petra Luna. Alda P. Dobbs. (Barefoot Dreams of Petra Luna Ser.). (ENG.). 288p. (J). (gr. 4-8). 2022. pap. 7.99 *(978-1-7282-5166-0(4));* 2021. 17.99 *(978-1-7282-3465-6(4))* Sourcebooks, Inc.

Barefoot Helen & the Giants, 1 vol. Andy Jones. Illus. by Katie Brosnan. 2021. (ENG.). 70p. (J). (gr. 4-7). pap. 12.95 *(978-1-927917-29-9(8))* Running the Goat, Bks. & Broadsides CAN. Dist: Orca Bk. Pubs. USA.

Barefoot in Athens (Classic Reprint) Maxwell Anderson. 2017. (ENG., Illus.). (J). 120p. 26.39 *(978-0-331-83114-6(7));* pap. 9.57 *(978-0-243-27762-9(8))* Forgotten Bks.

Barefoot King: A Story about Feeling Frustrated. Andrew Jordan Nance. Illus. by Olivia Holden. 2020. 32p. (J). (gr. -1-3). 16.95 *(978-1-61180-748-6(4),* Bala Kids) Shambhala Pubns., Inc.

Barefoot Memories. Taylor Bennett. 2020. (Tradewind Ser.: 4). (ENG.). 308p. (YA). pap. 12.99 *(978-1-943959-79-2(X))* Mountain Brook Ink.

Barefoot Monster. Rory Foresman. 2021. (ENG.). 40p. (J). pap. 14.95 *(978-1-63630-200-3(9))* Covenant Bks.

Barefoot Shana with No Shoes. Martha McKown. 2016. (ENG., Illus.). (J). pap. 11.95 *(978-1-68197-898-7(9))* Christian Faith Publishing.

Barefoot Time (Classic Reprint) Adelbert Farrington Caldwell. 2018. (ENG., Illus.). 60p. (J). 25.15 *(978-0-656-80051-3(8))* Forgotten Bks.

B

For book reviews, descriptive annotations, tables of contents, cover images, author biographies & additional information, updated daily, subscribe to **www.booksinprint.com** 153

Barefooted Maiden: A Tale (Classic Reprint) Berthold Auerbach. 2018. (ENG., Illus.). 290p. (J). 29.88 *(978-0-483-71765-7(7))* Forgotten Bks.

Barely Floating. Lilliam Rivera. 2023. (ENG.). 240p. (J). (gr. 4-7). 17.99 *(978-0-593-32312-0(2)*, Kokila) Penguin Young Readers Group.

Barely Missing Everything. Matt Mendez. (ENG.). 320p. (YA). (gr. 9). 2020. pap. 11.99 *(978-1-5344-0446-5(5))*; 2019. (Illus.). 18.99 *(978-1-5344-0445-8(7))* Simon & Schuster Children's Publishing.

Barent Creighton: A Romance (Classic Reprint) Cameron Shafer. 2017. (ENG., Illus.). (J). 30.81 *(978-0-266-68096-3(8))*; pap. 13.57 *(978-1-5276-5141-8(X))* Forgotten Bks.

Barf & Poop. Holly Duhig. 2020. (Animals Eat What? Ser.). (ENG., Illus.). 24p. (J). (gr. 1-4). pap. 8.99 *(978-1-5415-8702-1(2)*, 633e7bc2-8cdc-44a9-af27-769d2e6c4e6a); lib. bdg. 26.65 *(978-1-5415-7934-7(8)*, c7f58334-af3d-4a8a-95e3-59ca46d3a296) Lerner Publishing Group. (Lerner Pubns.).

Barf Blast. Susan Berran. 2019. (Yucky, Disgustingly Gross, Icky Short Stories Ser.: 2). (ENG.). 136p. (J). (gr. 1-4). pap. 7.99 *(978-1-63158-335-3(2)*, Racehorse Publishing) Skyhorse Publishing Co., Inc.

Bargain Bride. Evelyn Sibley Lampman. 2022. (ENG.). 156p. (J). pap. 15.99 *(978-1-948959-71-1(2))* Purple Hse. Pr.

Bargain Day: A Twenty-Minute Comedy Sketch (Classic Reprint) Mary H. Flanner. (ENG., Illus.). (J). 2019. 28p. 24.47 *(978-0-267-40250-2(3))*; 2016. pap. 7.97 *(978-1-334-12074-9(9))* Forgotten Bks.

Bargain True (Classic Reprint) Nalbro Bartley. 2018. (ENG., Illus.). 326p. (J). 30.62 *(978-0-483-38345-6(7))* Forgotten Bks.

Barham of Beltana (Classic Reprint) William Edward Norris. 2018. (ENG., Illus.). 366p. (J). 31.45 *(978-0-483-68955-8(6))* Forgotten Bks.

Baritone Ukulele Chords for Kids... & Big Kids Too! Nancy Eriksson. 2017. (Fretted Friends Beginners Ser.: Vol. 10). (ENG., Illus.). (J). pap. *(978-1-912087-92-1(8))* Cabot Bks.

Bark! - Kaukau! (Te Kiribati) Jeremy John. Illus. by Jhunny Moralde. 2023. (ENG.). 30p. (J). pap. ***(978-1-922835-64-2(1))*** Library For All Limited.

Bark! Bark! Goes Anxious Mark. Mark Davis. I.t. ed. 2020. (Anxious Mark Ser.: Vol. 1). (ENG.). 34p. (J). 22.95 *(978-1-0879-1508-1(2))* Indy Pub.

Bark Covered House, or Back in the Woods Again (Classic Reprint) William Nowlin. 2017. (ENG., Illus.). (J). 396p. 32.08 *(978-0-484-45522-0(2))*; pap. 16.57 *(978-0-259-31117-1(0))* Forgotten Bks.

Bark in the Dark. Kelly a Nott. Illus. by Jeanne Ee. 2019. (ENG.). 40p. (J). 19.99 *(978-0-578-41938-1(6))* Living Breathing Story Pubns.

Bark Life. Anna Shekhdar. 2018. (ENG.). 34p. (J). pap. *(978-0-244-14196-7(7))* Lulu Pr., Inc.

Bark Once for a Cheeseburger. Lucia Arno-Bernsen. 2017. (ENG., Illus.). (J). (gr. -1-3). 16.95 *(978-1-63177-637-3(1))* Amplify Publishing Group.

Bark Park! Trudy Krisher. Illus. by Brooke Boynton-Hughes. 2018. (ENG.). 40p. (J). (-3). 17.99 *(978-1-4814-3075-3(0)*, Beach Lane Bks.) Beach Lane Bks.

Bark Park (Bark Park Book 1) Brandi Dougherty. Illus. by Paige Pooler. 2020. (Bark Park Ser.). (ENG.). 96p. (J). 12.99 *(978-1-5248-6042-4(5))*; pap. 6.99 *(978-1-5248-5824-7(2))* Andrews McMeel Publishing.

Bark Scorpions. Patrick Perish. 2019. (Animals of the Desert Ser.). (ENG., Illus.). 24p. (J). (gr. k-3). lib. bdg. 26.95 *(978-1-62617-919-6(0)*, Blastoff! Readers) Bellwether Media.

Bark, Woof & Fetch! Dogs Coloring Book. Jupiter Kids. 2017. (ENG., Illus.). (J). pap. 9.20 *(978-1-68326-627-3(7)*, Jupiter Kids (Childrens & Kids Fiction)) Speedy Publishing LLC.

Barker Cane Land: Healing a Child's Divorce Grief. Jeanne M. Colombo. Illus. by Michael DeLuca. 2022. (ENG.). 32p. (YA). 26.99 *(978-1-64719-902-9(6))* Booklocker.com, Inc.

Barker (Classic Reprint) Charles Kassell Harris. 2018. (ENG., Illus.). 22p. (J). 24.37 *(978-0-483-90529-0(1))* Forgotten Bks.

Barker's: A Chronicle (Classic Reprint) E. H. Lacon Watson. (ENG., Illus.). (J). 2018. 352p. 31.18 *(978-0-365-48378-6(8))*; 2017. pap. 13.57 *(978-1-5276-4372-7(7))* Forgotten Bks.

Barker's Luck, & Other Stories. Bret Harte. 2017. (ENG.). 276p. (J). pap. *(978-3-7447-4846-9(4))* Creation Pubs.

Barker's Luck, & Other Stories (Classic Reprint) Bret Harte. 2018. (ENG., Illus.). 282p. (J). 29.71 *(978-0-483-58907-0(1))* Forgotten Bks.

Barker's Luck etc (Classic Reprint) Bret Harte. 2018. (ENG., Illus.). 490p. (J). 34.02 *(978-0-483-62283-8(4))* Forgotten Bks.

Barkeshire Lady's Garland (Classic Reprint) Unknown Author. 2018. (ENG., Illus.). 38p. (J). 24.70 *(978-0-656-39390-9(4))* Forgotten Bks.

Barking Bella. Carol Kim. Illus. by Courtney Godbey. 2020. (Doggie Daycare Set 2 Ser.). (ENG.). 48p. (J). (gr. 1-3). pap. 6.99 *(978-1-63163-457-4(7)*, 1631634577); lib. bdg. 24.27 *(978-1-63163-456-7(9)*, 1631634569) North Star Editions. (Jolly Fish Pr.).

Barking for Bagels. Michael Rosen. Illus. by Tony Ross. 2017. (ENG.). 96p. (J). (gr. 2-4). pap. 10.99 *(978-1-78344-505-9(X))* Andersen Pr. GBR. Dist: Independent Pubs. Group.

Barking Owl. Graham Smith. 2018. (ENG.). 26p. (J). pap. *(978-0-6482806-5-1(9))* My Literary Adventure.

Barking up the Wrong Tree: An Adult Activity Book of Hidden Pictures. Speedy Publishing LLC. 2016. (ENG., Illus.). 108p. (J). pap. 12.55 *(978-1-68326-193-3(3))* Speedy Publishing LLC.

Barkley. Ellen Miles. ed. 2023. (Puppy Place Ser.). (ENG.). 96p. (J). (gr. 2-5). 16.96 ***(978-1-68505-875-3(2))*** Penworthy Co., LLC, The.

Barkley & Silvia. Richard Faith. 2019. (ENG.). 44p. (J). *(978-1-7947-0514-2(7))* Lulu Pr., Inc.

Barkley the Bear Belongs: Overcoming an Orphan Heart. Reba Russell. Illus. by Phillip Ortiz. 2017. (ENG.). 42p. (J). (gr. k-3). 18.99 *(978-0-9974913-4-0(5))*; (Adventures of Kingdom Forest Ser.: Vol. 2). pap. 12.99 *(978-0-9974913-2-6(9))* Kingdom Door Publishing LLC.

Barkley (the Puppy Place #66) Ellen Miles. 2023. (Puppy Place Ser.). (ENG.). 96p. (J). (gr. 2-5). pap. 5.99 *(978-1-338-84733-8(3)*, Scholastic Paperbacks) Scholastic, Inc.

Barkly Mansion & the Weirdest Guest: Barkly Mansion #1. Melissa Keil. Illus. by Adele Thomas. 2021. (Barkly Mansion Ser.). (ENG.). 224p. (J). (gr. k-2). pap. 13.99 ***(978-1-76050-797-8(0))*** Hardie Grant Children?s Publishing AUS. Dist: Independent Pubs. Group.

Barkly Mansion & the Wildest Week: Barkly Mansion #2, Volume 2. Melissa Keil. Illus. by Adele K. Thomas. 2022. (Barkly Mansion Ser.). (ENG.). 224p. (J). (gr. k-2). pap. 13.99 ***(978-1-76050-805-0(5))*** Hardie Grant Children?s Publishing AUS. Dist: Independent Pubs. Group.

Barks & Beeps: a Peek & Pull Book. Clarion Clarion Books. Illus. by Zoe Waring. 2020. (ENG.). 10p. (J). (— 1). pap. 8.99 *(978-0-358-15657-4(2)*, 1757565, Clarion Bks.) HarperCollins Pubs.

Barkus: Book 1. Patricia MacLachlan. Illus. by Marc Boutavant. (Barkus Ser.: 1). (ENG.). 56p. (J). (gr. 1-4). 2018. pap. 6.99 *(978-1-4521-7262-0(5))*; 2017. 14.99 *(978-1-4521-1182-7(0))* Chronicle Bks. LLC.

Barkus Dog Dreams: Book 2. Patricia MacLachlan. Illus. by Marc Boutavant. 2020. (Barkus Ser.: 2). (ENG.). 56p. (J). (gr. 1-4). pap. 6.99 *(978-1-4521-8080-9(6))* Chronicle Bks. LLC.

Barkus Dog Dreams: Book 2. Patricia MacLachlan. Illus. by Marc Boutavant. 2018. (Barkus Ser.: 2). (ENG.). 52p. (J). (gr. 1-4). 14.99 *(978-1-4521-1676-1(8))* Chronicle Bks. LLC.

Barlasch of the Guard (Classic Reprint) Henry Seton Merriman. 2017. (ENG., Illus.). (J). 31.32 *(978-0-331-82338-7(1))* Forgotten Bks.

Barley: Memories of a Trail Dog. Lance M. Huff. 2023. (ENG.). 52p. (J). pap. 5.60 ***(978-1-954368-90-3(9))*** Diamond Media Pr.

Barley Loaves (Classic Reprint) Emily Hartley. 2018. (ENG., Illus.). 346p. (J). 31.05 *(978-0-483-75401-0(3))* Forgotten Bks.

Barley the Bear Stories. Sarah Fiander Harrison. 2020. (ENG.). 82p. (J). pap. *(978-1-912021-25-3(0)*, Nightingale Books) Pegasus Elliot Mackenzie Pubs.

Barlow, Lost in the Everglades. William Ericksen & Lanny Scholes-Ericksen. 2019. (ENG.). 38p. (J). 14.95 *(978-1-68401-899-4(4))* Amplify Publishing Group.

Barmah Brumbies. Soraya Nicholas. 2019. (Starlight Stables Ser.: 6). 192p. (J). (gr. 2-4). 9.99 *(978-0-14-378743-3(8))* Random Hse. Australia AUS. Dist: Independent Pubs. Group.

Barmy Blogs: Bonkers Boffins, Inventors & Other Eccentric Eggheads. Paul Mason. 2017. (Barmy Blogs Ser.). (ENG., Illus.). 96p. (J). (gr. 4-6). pap. 7.99 *(978-0-7502-8391-5(2)*, Wayland) Hachette Children's Group GBR. Dist: Hachette Bk. Group.

Barn. Leah H. Rogers. Illus. by Barry Root. 2021. (ENG.). 32p. (J). (-k). 17.99 *(978-1-5362-0906-8(6))* Candlewick Pr.

Barn Boot Blues. Catherine Friend. 2023. 144p. (J). (gr. 4-6). pap. 9.99 ***(978-1-4778-1076-7(5)***, 9781477810767, Two Lions) Amazon Publishing.

Barn Cat Buttons: Meets Princess Kylie. Ann Edall-Robson. Ed. by Tracy Cartwright. Illus. by Karon Argue. 2019. (Barn Cat Buttons Ser.: Vol. 1). (ENG.). 40p. (J). (gr. 3-6). pap. *(978-1-989248-05-8(5))* 1449511 Alberta Ltd.

Barn Door at Christmas. Larry Long. Illus. by Brittany Long Olsen. 2022. (ENG.). 40p. (J). ***(978-1-387-49338-8(8))*** Lulu Pr., Inc.

Barn Doors & Byways (Classic Reprint) Walter Prichard Eaton. (ENG., Illus.). (J). 2018. 348p. 31.07 *(978-0-666-94766-6(X))*; 2017. pap. 13.57 *(978-0-259-48628-2(0))* Forgotten Bks.

Barn in a Box. John Townsend. Illus. by Yauhen Paleski. ed. 2021. (ENG.). 90p. (J). (— 1). bds. 14.95 *(978-1-913337-97-1(9)*, Scribblers) Book Hse. GBR. Dist: Sterling Publishing Co., Inc.

Barn Mouse, Farm House. Kirsten a Smith. Illus. by Ann T. Elliott. 2018. (ENG.). 34p. (J). pap. 12.99 *(978-0-692-18507-0(0))* Elliott, Ann T.

Barn Novel Units Student Packet. Novel Units. 2019. (ENG.). (J). pap. 13.99 *(978-1-58130-556-2(7)*, NU5567SP, Novel Units, Inc.) Classroom Library Co.

Barn Novel Units Teacher Guide. Novel Units. 2019. (ENG.). (J). pap. 12.99 *(978-1-58130-555-5(9)*, Novel Units, Inc.) Classroom Library Co.

Barn Owl. Kathryn Camisa. 2016. (Weird but Cute Ser.). (ENG., Illus.). 24p. (J). (gr. -1-3). 26.99 *(978-1-943553-27-3(0))* Bearport Publishing Co., Inc.

Barn Owls. Elizabeth Andrews. 2022. (Twilight Animals Ser.). (ENG., Illus.). 24p. (J). (gr. k-3). lib. bdg. 31.36 *(978-1-0982-4205-3(X)*, 39999, Pop! Cody Koala) Pop!.

Barn Owls. Quinn M. Arnold. 2019. (Creatures of the Night Ser.). (ENG.). 24p. (J). (gr. 1-4). *(978-1-64026-117-4(6)*, 18937, Creative Education); pap. 8.99 *(978-1-62832-680-2(8)*, 18938, Creative Paperbacks) Creative Co., The.

Barn Owls. Contrib. by Elizabeth Neuenfeldt. 2023. (Who's Hoo? Owls! Ser.). (ENG., Illus.). (J). (gr. k-3). lib. bdg. 26.95 Bellwether Media.

Barn Quilt: A Christmas Story. Patti Michels. Illus. by Nate Myers. 2019. (ENG.). 26p. (J). 22.99 *(978-1-68314-983-5(1))*; pap. 12.99 *(978-1-68314-982-8(3))* Redemption Pr.

Barn Stormers: Being the Tragical Side of a Comedy (Classic Reprint) Harcourt Williamson. (ENG., Illus.). (J). 2018. 326p. 30.58 *(978-0-332-02087-7(8))*; 2017. pap. 13.57 *(978-0-243-59820-5(3))* Forgotten Bks.

Barn-Yard Rhymes: Showing What Opinions the Turkey, the Cock, the Goose, & the Duck Entertain of Allopathia, Homopathia, Electro-Galvanism, & the Animalcule Doctrines (Classic Reprint) Unknown Author. 2018. (ENG., Illus.). (J). 80p. 25.57 *(978-1-396-41939-3(X))*; 82p. pap. 9.57 *(978-1-390-96991-7(6))* Forgotten Bks.

Barnabas: The Busy-Body (Classic Reprint) D. P. Kidder. 2018. (ENG., Illus.). 68p. (J). 25.30 *(978-0-267-26953-2(6))* Forgotten Bks.

Barnabas & Bird Run Away from the Circus. Jeri Baird. Illus. by Tanya Hales. 2018. (Barnabas Ser.: Vol. 1). (ENG.). 214p. (J). (gr. 2-6). pap. 11.99 *(978-0-692-07599-9(2))* Baird, Jeri.

Barnabas & his Great Mission for Christ see Bernabe y su Gran Mision por Cristo

Barnabas Bopwright Saves the City. J. Marshall Freeman. 2022. (ENG.). 304p. (YA). (gr. 9-17). pap. 15.95 *(978-1-63679-152-4(2))* Bold Strokes Bks.

Barnabas Learns a Lesson: A Puppy Finds It Is Better to Obey. Janice Williams. 2017. (ENG., Illus.). (J). pap. 15.95 *(978-1-5127-8441-1(9)*, WestBow Pr.) Author Solutions, LLC.

Barnabas the Bad-Mannered Bulldog. Chris Gray. Illus. by Cindy Gray. 2018. (ENG.). 32p. (J). pap. 12.99 *(978-1-7323227-1-4(6))* Three Wise Dogs Pr.

Barnabee & Me. M. V. Sower. 2022. (ENG., Illus.). 28p. (J). pap. 14.95 *(978-1-0980-8805-7(0))* Christian Faith Publishing.

Barnabetta (Erstwhile Susan) (Classic Reprint) Helen R. Martin. 2018. (ENG., Illus.). 348p. (J). 31.07 *(978-0-267-24033-3(3))* Forgotten Bks.

Barnabus Project. Terry Fan et al. 2020. (ENG., Illus.). 72p. (J). (gr. k-4). 18.99 *(978-0-7352-6326-0(4)*, Tundra Bks.) Tundra Bks. CAN. Dist: Penguin Random Hse. LLC.

Barnaby. Andrea Curtis. Illus. by Kass Reich. 2021. (ENG.). 32p. (J). (gr. k-5). 17.95 *(978-1-77147-370-5(3))* Owlkids Bks. Inc. CAN. Dist: Publishers Group West (PGW).

Barnaby Bell's Hot Air Balloon. Dandi Palmer. 2017. (ENG., Illus.). (J). pap. *(978-1-906442-66-8(5))* Dodo Bks.

Barnaby Is Not Afraid of Anything. Gilles Bizouerne. Illus. by Béatrice Rodriguez. 2022. (ENG.). 32p. (J). (gr. -1-2). 18.99 *(978-1-64896-166-3(5))* Princeton Architectural Pr.

Barnaby Lee (Classic Reprint) John Bennett. 2017. (ENG., Illus.). (J). 32.48 *(978-0-260-35129-6(6))* Forgotten Bks.

Barnaby Never Forgets. Pierre Collet-Derby. Illus. by Pierre Collet-Derby. 2017. (Illus.). 32p. (J). (gr. k-3). 16.99 *(978-0-7636-8853-0(3))* Candlewick Pr.

Barnaby Rudge: A Tale of the Riots of Eighty (Classic Reprint) Charles Dickens. (ENG., Illus.). (J). 2018. 622p. 36.73 *(978-0-483-52384-5(4))*; 2017. 35.98 *(978-0-266-27471-1(4))* Forgotten Bks.

Barnaby Rudge: A Tale of the Riots of 'Eighty (Classic Reprint) Charles Dickens. (ENG., Illus.). (J). 2017. 36.11 *(978-0-266-74495-5(8))*; 2016. pap. 19.57 *(978-1-334-12790-8(5))* Forgotten Bks.

Barnaby Rudge; Master Humphrey's Clock, & the Mystery of Edwin Drood, Vol. 2 of 2 (Classic Reprint) Charles Dickens. 2017. (ENG., Illus.). (J). 37.24 *(978-0-266-40002-8(7))* Forgotten Bks.

Barnaby Rudge; Master Humphrey's Clock; the Mystery of Edwin Drood, Vol. 2 of 2 (Classic Reprint) Charles Dickens. 2016. (ENG., Illus.). (J). pap. 19.97 *(978-1-333-32279-3(8))* Forgotten Bks.

Barnaby Rudge, Vol. 1 Of 2: A Tale of the Riots of 'Eighty (Classic Reprint) Charles Dickens. 2017. (ENG., Illus.). (J). 33.24 *(978-1-5282-7716-7(3))* Forgotten Bks.

Barnaby Rudge, Vol. 1 of 2 (Classic Reprint) Charles Dickens. 2017. (ENG., Illus.). (J). 34.77 *(978-0-266-38148-8(0))* Forgotten Bks.

Barnaby Rudge, Vol. 2 (Classic Reprint) Charles Dickens. 2017. (ENG., Illus.). (J). 30.52 *(978-0-265-37512-9(6))* Forgotten Bks.

Barnaby Rudge, Vol. 2 Of 2: A Tale of the Riots of 'Eighty (Classic Reprint) Charles Dickens. 2017. (ENG., Illus.). (J). 36.99 *(978-1-5280-6292-3(2))* Forgotten Bks.

Barnaby Rudge, Vol. 2 Of 2: In Two Volumes Including Hard Times with Illustrations (Classic Reprint) Charles Dickens. 2017. (ENG., Illus.). (J). 36.02 *(978-0-265-92673-4(4))* Forgotten Bks.

Barnaby's Bridal (Classic Reprint) Samuel Robert Keightley. (ENG., Illus.). (J). 2018. 290p. 29.84 *(978-0-428-27092-6(1))*; 2017. pap. 13.57 *(978-0-259-01839-1(2))* Forgotten Bks.

Barnabys in America, or Adventures of the Widow Wedded (Classic Reprint) Frances Milton Trollope. (ENG., Illus.). (J). 2018. 366p. 31.45 *(978-0-332-82152-8(8))*; 2017. pap. 13.97 *(978-0-259-20225-7(8))* Forgotten Bks.

Barnabys in America, Vol. 1 Of 3: Or Adventures of the Widow Wedded (Classic Reprint) Frances Milton Trollope. 2018. (ENG., Illus.). 334p. (J). 30.81 *(978-0-267-21602-4(5))* Forgotten Bks.

Barnabys in America, Vol. 2 Of 3: Or, Adventures of the Widow Wedded (Classic Reprint) Trollope. 2018. (ENG., Illus.). 322p. (J). 30.54 *(978-0-483-91723-1(0))* Forgotten Bks.

Barnacle Brown: The Story of the Turtle & the Hound. Jordan Crisp. 2023. (ENG., Illus.). 24p. (J). (gr. k-3). 19.99 ***(978-1-4556-2751-6(8)***, Pelican Publishing) Arcadia Publishing.

Barnacle Is Bored. Jonathan Fenske. Illus. by Jonathan Fenske. 2016. (ENG., Illus.). 40p. (J). (gr. -1-k). 16.99 *(978-0-545-86504-3(2))* Scholastic, Inc.

Barnacles, Vol. 1 (Classic Reprint) J. MacDougall Hay. (ENG., Illus.). (J). 2018. 368p. 31.49 *(978-0-483-36597-1(1))*; 2016. pap. 13.97 *(978-1-333-28382-7(2))* Forgotten Bks.

Barnard Language Reader. Marion D. Paine. 2017. (ENG., Illus.). (J). pap. *(978-0-649-49840-6(2))* Trieste Publishing Pty Ltd.

Barnavaux (Classic Reprint) Pierre Mille. 2017. (ENG., Illus.). (J). 30.04 *(978-1-5285-7587-4(3))* Forgotten Bks.

Barnes Family: A Smile on Every Page (Classic Reprint) Florence S. Craig. 2018. (ENG., Illus.). 76p. (J). 25.48 *(978-0-365-36983-7(7))* Forgotten Bks.

Barnes' First Year Book: A Silhouette Reader (Classic Reprint) Amy Kahn. 2017. (ENG., Illus.). (J). pap. 9.57 *(978-0-259-58622-7(6))* Forgotten Bks.

Barnes' First Year Book: A Silhouette Reader. Illustrated by Mary Tucker Merrill. Amy Kahn. 2017. (ENG., Illus.). (J). pap. *(978-0-649-46810-2(4))* Trieste Publishing Pty Ltd.

Barnes Kid's Adventures: Did We Scare the Bear? Earlene Bradshaw. 2018. (ENG., Illus.). 68p. (J). pap. 11.95 *(978-1-64191-168-9(9))* Christian Faith Publishing.

Barnes's New National Reader: New National Third Reader (Classic Reprint) S. Proctor Thayer. 2017. (ENG., Illus.). (J). 29.09 *(978-0-260-24352-2(3))* Forgotten Bks.

Barney. Ellen Miles. ed. 2021. (Puppy Place Ser.). (ENG., Illus.). 89p. (J). (gr. 2-3). 16.36 *(978-1-64697-570-9(7))* Penworthy Co., LLC, The.

Barney & Mr. Thomas. Mimi Strom. 2020. (Barney & Mr. Thomas Ser.: Vol. 1). (ENG.). 204p. (J). pap. 8.99 *(978-1-0878-9233-7(3))* Indy Pub.

Barney & the Runaway. Max Elliot Anderson. 2021. (ENG.). 122p. (J). (gr. 2-3). pap. 5.99 *(978-1-64949-351-4(7))* Elk Lake Publishing, Inc.

Barney Bear Gets Dressed. Rozanne Williams. 2017. (Learn-To-Read Ser.). (ENG., Illus.). (J). pap. 3.49 *(978-1-68310-222-9(3))* Pacific Learning, Inc.

Barney Bear, World Traveler. Trisha Callella. 2017. (Learn-To-Read Ser.). (ENG., Illus.). (J). (gr. -1-2). pap. 3.49 *(978-1-68310-237-3(1))* Pacific Learning, Inc.

Barney Big Ears: Learns a Lesson about Friendship. Mary Koeberl Rechenberg. 2018. (ENG., Illus.). 50p. (J). pap. 11.95 *(978-1-7328384-1-3(0))* Farmer Valley Publishing.

Barney Bookhousen Is a Bully. Charlotte Hale. 2017. (ENG., Illus.). (J). pap. 12.95 *(978-1-64028-725-9(6))* Christian Faith Publishing.

Barney Goes to the Horse Show. Vicki Reinke. 2016. (ENG., Illus.). (J). pap. 9.99 *(978-1-4984-8718-4(1))* Salem Author Services.

Barney Goose: A Wild Atlantic Way Adventure. Carol Ann Treacy. Illus. by Carol Ann Treacy. 2020. (ENG., Illus.). 32p. (J). 18.99 *(978-1-78849-142-6(4))* O'Brien Pr., Ltd., The IRL. Dist: Casemate Pubs. & Bk. Distributors, LLC.

Barney Loves Blizzards. Tracilyn George. 2023. (ENG.). 22p. (J). pap. 12.99 ***(978-1-77475-565-5(3))*** Draft2Digital.

Barney, Mr. Thomas, & the Alligator Creature. Mimi Strom. 2020. (Barney & Mr. Thomas Ser.: Vol. 2). (ENG.). 160p. (J). pap. 8.99 *(978-1-0879-2647-6(5))* Indy Pub.

Barney the Banana. Len Gurd. Illus. by Luke McDonnell. 2018. (ENG.). 120p. (YA). ***(978-1-9998745-1-3(X))*** Mr Plumtree Pubns.

Barney the Barncat. Karen Wimberly. 2022. (ENG., Illus.). 18p. (J). pap. 13.95 *(978-1-6624-4809-6(0))* Page Publishing Inc.

Barney the Bulldog Goes to School. Peter J. Gray. 2020. (ENG.). 24p. (J). *(978-1-922439-65-9(7))*; pap. *(978-1-922439-56-7(8))* Tablo Publishing.

Barney (the Puppy Place #57) Ellen Miles. 2020. (Puppy Place Ser.: 57). (ENG.). 96p. (J). (gr. 2-5). pap. 5.99 *(978-1-338-57218-6(0)*, Scholastic Pr.) Scholastic, Inc.

Barney's Birthday Cake. Hinamuyuweta Ellis. Illus. by Jhunny Moralde. 2021. (ENG.). 38p. (J). pap. *(978-1-922621-18-4(8))* Library For All Limited.

Barney's Birthday Cake - Barney Ma Ana Keeke (Te Kiribati) Hinamuyuweta Ellis. Ed. by Jhunny Moralde. 2023. (ENG.). 38p. (J). pap. ***(978-1-922844-88-0(8))*** Library For All Limited.

Barney's Great Escape. Maryann Dittus. 2022. (ENG., Illus.). 30p. (J). 24.95 *(978-1-63985-995-5(0))* Fulton Bks.

Barnibee, la Abejita Asombrosa. J. Rodney Short. Illus. by Nick Inglish. 2018. (SPA.). 28p. (J). (gr. 1-6). pap. 9.95 *(978-1-7320129-3-6(8))* JRSK Bks.

Barns to Bars: Buildings with One Purpose Coloring Book. Smarter Activity Books for Kids. 2016. (ENG., Illus.). (J). pap. 9.22 *(978-1-68374-503-7(5))* Examined Solutions PTE. Ltd.

Barnstabella. Penelope H. Hope. Illus. by Jacqueline S. Estes. 2022. (ENG.). 24p. (J). pap. 14.95 ***(978-1-947589-66-7(0))*** Waldenhouse Pubs., Inc.

Barnstormers: An Account of the Barnstorming of the Barnstormers of the Barnville (Classic Reprint) Max Aley. 2018. (ENG., Illus.). 312p. (J). 30.35 *(978-0-267-44795-4(7))* Forgotten Bks.

Barnstormer's Companion: Being a Little Book of Ballads Designed for Recitation (Classic Reprint) Michael Fleming Carey. 2018. (ENG., Illus.). 68p. (J). 25.30 *(978-0-483-73124-0(2))* Forgotten Bks.

Barnyard ABC's - Learning Your Alphabet with the Animals - Children's Early Learning Books. Baby Iq Builder Books. 2016. (ENG., Illus.). (J). pap. 8.99 *(978-1-68374-755-0(0))* Examined Solutions PTE. Ltd.

Barnyard Animals see Animales de la Granja

Barnyard Animals Box Set: My First Board Book Library. Thomas Nelson. Illus. by Nataliia Tymoshenko. 2022. (ENG.). 36p. (J). (gr. -1 — 1). bds. 24.95 *(978-1-64643-325-4(4)*, Applesauce Pr.) Cider Mill Pr. Bk. Pubs., LLC.

Barnyard Ballads for Children: Fifteen Songs with Piano Accompaniment (Classic Reprint) Anice Terhune. (ENG., Illus.). (J). 2018. 42p. 24.78 *(978-0-656-23978-8(6))*; 2016. pap. 7.97 *(978-1-333-52335-0(1))* Forgotten Bks.

Barnyard Bath! Sandra Boynton. Illus. by Sandra Boynton. 2022. (ENG., Illus.). 10p. (J). (gr. -1 — 1). 9.99 *(978-1-6659-2499-3(3))* Simon & Schuster Children's Publishing.

Barnyard Boogie! Tim McCanna. Illus. by Allison Black. 2017. (ENG.). 24p. (J). (gr. -1-k). 12.95 *(978-1-4197-2346-9(4)*, 1163801, Abrams Appleseed) Abrams, Inc.

Barnyard Bubbe's Hanukkah. Joni Klein-Higger & Barbara Sharf. Illus. by Monica Gutierrez. 2019. (ENG.). 12p. (J). (gr. -1 — 1). bds. 5.99 *(978-1-5415-2215-2(X)*, 0c59ea87-c478-4b53-94a9-8a9390be19ee, Kar-Ben Publishing) Lerner Publishing Group.

Barnyard Buddies. Cam Higgins. Illus. by Ariel Landy. 2022. (Good Dog Ser.: 7). (ENG.). 128p. (J). (gr. k-4). 17.99 *(978-1-6659-0589-3(1))*; pap. 6.99 *(978-1-6659-0588-6(3))* Little Simon. (Little Simon).

Barnyard Buddies: Critters of the Farm Coloring Book. Kreative Kids. 2016. (ENG., Illus.). (J). pap. 9.20 *(978-1-68377-301-6(2))* Whike, Traudl.

Barnyard Buddies Meet a Newcomer. Julie Penshorn. Illus. by Jeanine Jonee. 2020. (ENG.). 34p. (J). pap. 9.99 *(978-0-9988691-9-3(8))* Growing Communities for Peace.

Barnyard Buddies Meet a Newcomer. Julie D. Penshorn. Illus. by Jeanine-Jonee. 2020. (ENG.). 34p. (J). (gr. k-3). 19.95 *(978-0-9988691-7-9(1))* Growing Communities for Peace.

Barnyard Bunch. Raycy Edwin. (Part Two Ser.). (ENG., Illus.). 30p. (J). 2021. pap. 13.95 *(978-1-64952-676-2(8))*; 2020. pap. 13.95 *(978-1-64654-905-4(8))* Fulton Bks.

154

The check digit for ISBN-10 appears in parentheses after the full ISBN-13

TITLE INDEX

BASEBALL

Barnyard Dance! Sandra Boynton. Illus. by Sandra Boynton. 2022. (Boynton on Board Ser.). (ENG., Illus.). 24p. (J). (gr. -1-k). bds. 7.99 *(978-1-6659-2495-5(0))* Simon & Schuster Children's Publishing.

Barnyard Dance. Annette Carkhuff. Illus. by Florencia Musso. 2020. (ENG.). 42p. (J). pap. 14.95 *(978-1-64468-555-6(8))* Covenant Bks.

Barnyard Dance! Oversized Lap Board Book. Sandra Boynton. Illus. by Sandra Boynton. 2023. (Boynton on Board Ser.). (ENG., Illus.). 24p. (J). (gr. -1-k). bds., bds. 12.99 ***(978-1-6659-2507-5(8))*** Simon & Schuster Children's Publishing.

Barnyard Experience. Melina J. Bauman. Illus. by Sean Winburn. 2019. (ENG.). 26p. (J). 22.95 *(978-1-4808-7989-8(4))*; pap. 16.95 *(978-1-4808-7991-1(6))* Archway Publishing.

Barnyard Fun. Maureen Wright. Illus. by Paul Rátz de Tagyos. 2023. (ENG.). 25p. (J). (gr. -1-2). pap. 9.99 ***(978-1-6625-1358-9(5)***, Two Lions) Amazon Publishing.

Barnyard Math with Farmer Fred. Sandi Hill. 2017. (Learn-To-Read Ser.). (ENG., Illus.). (J). pap. 3.49 *(978-1-68310-284-7(3))* Pacific Learning, Inc.

Barnyard Rumble. Terry Miller Shannon. 2016. (Spring Forward Ser.). (J). (gr. 2). *(978-1-4900-9475-5(X))* Benchmark Education Co.

Barnyard Sticker Book: Includes 250 Stickers & 4 Scenes. Illus. by Christina Wald. 2022. (ENG.). 12p. (J). (gr. -1-3). pap. 7.99 *(978-1-63586-494-6(1)*, 626494) Storey Publishing, LLC.

Barnyard Sticker Puzzles. Created by Highlights. 2017. (Highlights Sticker Hidden Pictures Ser.). (ENG.). 96p. (J). (gr. -1-k). pap. 9.95 *(978-1-62979-778-6(2)*, Highlights) Highlights Pr., c/o Highlights for Children, Inc.

Barnyard Tea Party. Cathy Robbins. Ed. by Lynn Berner Coble. Illus. by Jennifer Cappoen. 2021. (ENG.). 44p. (J). pap. 14.99 *(978-1-946198-28-0(5))* Paws and Claws Publishing, LLC.

Barnyard Zoo. Elaine Kaloper Montgomery Matheson. 2023. (ENG.). 32p. (J). ***(978-0-2288-6564-3(6))***; pap. ***(978-0-2288-6563-6(8))*** Tellwell Talent.

Barnyards, Barefeet & Bluejeans. Jr Allen a Mills. 2018. (ENG., Illus.). 254p. (YA). pap. 20.00 *(978-1-60571-431-8(3)*, Shires Press) Northshire Pr.

Barometers & Hygrometers: When Should I Use Them? Air Pressure & Humidity Grade 5 Children's Books on Weather. Baby Professor. 2022. (ENG.). 72p. (J). 31.99 ***(978-1-5419-8692-3(X))***; pap. 19.99 ***(978-1-5419-8118-8(9))*** Speedy Publishing LLC. (Baby Professor (Education Kids)).

Barometric Gradient & Wind Force: Report to the Director of the Meteorological Office on the Calculation of Wind Velocity from Pressure Distribution & on the Variation of Meteorological Elements with Altitude (Classic Reprint) Ernest Gold. 2017. (ENG., Illus.). (J). 25.42 *(978-0-266-65445-2(2))*; pap. 9.57 *(978-1-5276-0922-8(7))* Forgotten Bks.

Baron. Frances Mae Bussard. Illus. by Frances Mae Bussard. 2020. (Coastal Dune Lake Critters Ser.: Vol. 3). (ENG., Illus.). 34p. (J). (gr. k-5). pap. 14.95 *(978-0-578-65018-0(5))* Bussard, Frances.

Baron Montez of Panama & Paris. Archibald Clavering Gunter. 2017. (ENG.). 272p. (J). pap. *(978-3-337-02913-5(2))* Creation Pubs.

Baron Montez of Panama & Paris: A Novel (Classic Reprint) Archibald Clavering Gunter. 2018. (ENG., Illus.). 274p. (J). 29.55 *(978-0-364-99326-2(X))* Forgotten Bks.

Baron Montez of Panama & Paris, a Novel. Archibald Clavering Gunter. 2017. (ENG., Illus.). (J). pap. *(978-0-649-07142-5(5))* Trieste Publishing Pty Ltd.

Baron of Bubble! Lawrence Ripp. 2022. (ENG.). 40p. (J). pap. 14.95 *(978-1-63710-470-5(7))* Fulton Bks.

Baron Trump's Marvellous Underground Journey. Ingersoll Lockwood. Ed. by Tony Darnell. 2018. (ENG., Illus.). 138p. (J). 12.89 *(978-1-68092-227-1(0))*; pap. 6.39 *(978-1-68092-226-4(2))* 12th Media Services.

Baron Trump's Marvellous Underground Journey. Ingersoll Lockwood. 2017. (ENG.). 264p. (J). pap. *(978-3-337-31121-6(0))* Creation Pubs.

Baron Trump's Marvellous Underground Journey. Ingersoll Lockwood. (ENG.). (J). 2019. 168p. *(978-0-359-40542-8(8))*; 2019. 168p. pap. *(978-0-359-40380-6(8))*; 2018. 120p. pap. *(978-0-359-21630-7(7))*; 2018. (Illus.). 214p. pap. *(978-0-359-18949-6(0))* Lulu Pr., Inc.

Baron Trump's Marvellous Underground Journey. Ingersoll Lockwood. 2020. (ENG.). 212p. (J). 17.99 *(978-1-64798-468-7(8))* Wyatt North.

Baron Trump's Marvellous Underground Journey: A Facsimile of the Original 1893 Edition. Ingersoll Lockwood. Illus. by Charles Howard Johnson. 2020. (ENG.). 260p. (J). 17.95 *(978-1-64594-046-3(2))* Athanatos Publishing Group.

Baron Trump's Marvellous Underground Journey: Illustrated Facsimile of 1892 Edition. Ingersoll Lockwood. Illus. by Charles Howard Johnson. 2019. (ENG.). 254p. (J). pap. 6.95 *(978-1-68422-343-5(1))* Martino Fine Bks.

Barone Trump: Il Meraviglioso Viaggio Sotterraneo. Arkay Di Trst. 2021. (ITA.). 199p. (YA). pap. *(978-1-716-28792-3(8))* Lulu Pr., Inc.

Baronet: A Novel (Classic Reprint) Julia Corner. 2018. (ENG., Illus.). (J). 346p. 31.03 *(978-0-365-36939-4(X))*; 348p. pap. 13.57 *(978-0-365-36922-6(5))* Forgotten Bks.

Baronet in Corduroy (Classic Reprint) Albert Lee. (ENG., Illus.). (J). 2018. 386p. 31.88 *(978-0-428-75153-1(9))*; 2017. pap. 16.57 *(978-0-243-89892-3(4))* Forgotten Bks.

Baronet Rag-Picker: A Story of Love & Adventure (Classic Reprint) Charles S. Coom. (ENG., Illus.). (J). 2018. 306p. 30.23 *(978-0-267-34963-0(7))*; 2016. pap. 13.57 *(978-1-333-72969-1(3))* Forgotten Bks.

Baron's Book Hunt, 1 vol. Lamar Coldwell. 2016. (Rosen REAL Readers: Social Studies Nonfiction / Fiction: Myself, My Community, My World Ser.). (ENG.). 8p. (gr. k-1). pap. 5.46 *(978-1-5081-2476-4(0)*, d20cda05-84be-43ad-8be6-33d71f1396c4, Rosen Classroom) Rosen Publishing Group, Inc., The.

Baron's Sons: A Romance of the Hungarian Revolution of 1848 (Classic Reprint) Maurus Jokai. 2017. (ENG., Illus.). (J). 31.55 *(978-0-265-43862-6(4))* Forgotten Bks.

Baroque Art - Art History Book for Children Children's Arts, Music & Photography Books. Baby Professor. 2017. (ENG., Illus.). (J). pap. 8.79 *(978-1-5419-3867-0(4)*, Baby Professor (Education Kids)) Speedy Publishing LLC.

Barouche Driver & His Wife, Vol. 1 Of 2: A Tale for Haut Ton; Containing a Curious Biography of Living Characters, with Notes Explanatory (Classic Reprint) Charles Sedley. (ENG., Illus.). (J). 2018. 598p. 36.23 *(978-0-267-00281-8(5))*; 2018. 194p. 27.90 *(978-0-267-45842-4(8))*; 2017. pap. 19.57 *(978-0-259-09389-3(0))* Forgotten Bks.

Barouche Driver & His Wife, Vol. 2 Of 2: A Tale for Haut Ton, Containing a Curious Biography of Living Characters, with Notes Explanatory (Classic Reprint) Charles Sedley. (ENG., Illus.). (J). 2018. 196p. 27.94 *(978-0-483-75957-2(0))*; 2016. pap. 10.57 *(978-1-334-12066-4(8))* Forgotten Bks.

barquero de almas. Claire McFALL. 2020. (SPA.). 320p. (YA). (gr. 9-12). 16.95 *(978-84-92918-74-4(8)*, Puck) Ediciones Urano S. A. ESP. Dist: Spanish Pubs., LLC.

Barra the Squirrel. Noreen A. Hickey. 2022. (ENG.). 32p. (J). pap. *(978-1-3984-5287-9(4))* Austin Macauley Pubs. Ltd.

Barrack-Room Ballads & Departmental Ditties (Classic Reprint) Rudyard Kipling. 2017. (ENG., Illus.). (J). 25.46 *(978-0-331-81385-2(8))*; pap. 9.57 *(978-0-282-29643-8(3))* Forgotten Bks.

Barracuda vs. Moray Eel. Kieran Downs & Kieran Downs. 2022. (Animal Battles Ser.). (ENG., Illus.). 24p. (J). (gr. 3-7). pap. 7.99 *(978-1-64834-686-6(3)*, 21398) Bellwether Media.

Barramundi Fishing Story Arlaminga. Margaret James et al. 2021. (ENG.). 32p. (J). pap. *(978-1-922591-78-4(5))* Library For All Limited.

Barramundi Fishing Story, Arlaminga: Reading Tracks. Margaret James. Illus. by Anne McMaster & Tiwi College Students. 2018. (Reading Tracks Ser.: Vol. 16). (ENG.). 36p. (YA). (gr. 7-12). *(978-1-925855-32-6(5)*, Reading Tracks) Honey Ant Readers.

Barrel Mystery (Classic Reprint) William J. Flynn. 2017. (ENG., Illus.). (J). 29.61 *(978-0-266-78790-7(8))* Forgotten Bks.

Barrel Racing, 1 vol. Hal Garrison. 2017. (Daredevil Sports Ser.). (ENG.). 32p. (J). (gr. 1-2). pap. 11.50 *(978-1-5382-1101-4(7)*, e7f24783-da68-453b-9322-f9c50cc7bc10) Stevens, Gareth Publishing LLLP.

Barrels That RAN Ashore. John Leneghan. 2019. (ENG.). 46p. (J). pap. ***(978-1-78876-841-2(8))*** FeedARead.com.

Barren Grounds: The Misewa Saga, Book One. David A. Robertson. (Misewa Saga Ser.: 1). 256p. (J). (gr. 5). 2021. pap. 9.99 *(978-0-7352-6612-4(3))*; 2020. (Illus.). 17.99 *(978-0-7352-6610-0(7))* PRH Canada Young Readers CAN. (Puffin Canada). Dist: Penguin Random Hse. LLC.

Barren Honour: A Novel (Classic Reprint) George Alfred Lawrence. (ENG., Illus.). (J). 2018. 602p. 36.31 *(978-0-483-19547-9(2))*; 2016. pap. 19.57 *(978-1-334-15449-2(X))* Forgotten Bks.

Barretone, Vol. 1: December, 1929 (Classic Reprint) Gladys Abbott. 2017. (ENG., Illus.). (J). 30p. 24.52 *(978-0-332-18820-1(5))*; pap. 7.97 *(978-0-259-50368-2(1))* Forgotten Bks.

Barrier: A Novel (Classic Reprint) Rex Beach. (ENG., Illus.). (J). 2018. 314p. 30.39 *(978-0-484-88970-4(2))*; 2017. 330p. 30.72 *(978-0-484-23679-9(2))*; 2017. pap. 13.57 *(978-0-243-53436-4(1))* Forgotten Bks.

Barrier: The Other Horizons Trilogy - Book Two. Mary Victoria Johnson. 2018. (ENG., Illus.). 216p. (J). (gr. -1-12). pap. 12.95 *(978-1-78535-428-1(0)*, Lodestone Bks.) Hunt, John Publishing Ltd. GBR. Dist: National Bk. Network.

Barrier-Breaker Bios, 12 vols. 2019. (Barrier-Breaker Bios Ser.). (ENG.). 32p. (J). (gr. 2-2). lib. bdg. 181.26 *(978-1-5026-5300-0(1)*, 40c8f4d7-c857-4043-80f9-d937e1d1dc80) Cavendish Square Publishing LLC.

Barrier (Classic Reprint) Allen French. 2018. (ENG., Illus.). 328p. (J). 30.66 *(978-0-483-25854-9(7))* Forgotten Bks.

Barrier Island Chronicles: Stories Told to Me by an Immortal. Buddy Worrell. 2019. (ENG.). 128p. (YA). pap. 11.99 *(978-1-4582-2244-2(6)*, Abbott Pr.) Author Solutions, LLC.

Barriers Burned Away (Classic Reprint) E. P. Roe. 2017. (ENG., Illus.). (J). 30.60 *(978-1-5284-8335-3(9))* Forgotten Bks.

Barriers (Classic Reprint) Evelyn Byng. 2018. (ENG., Illus.). (J). 374p. 31.61 *(978-1-396-83166-9(5))*; 376p. pap. 13.97 *(978-1-396-83157-7(6))* Forgotten Bks.

Barring Out, and, Eton Montem, Vol. 6: The Parent's Assistant, or Stories for Children (Classic Reprint) Maria Edgeworth. 2016. (ENG., Illus.). (J). pap. 10.97 *(978-1-334-16497-2(5))* Forgotten Bks.

Barring Out, and, Eton Montem, Vol. 6: The Parent's Assistant, or Stories for Children (Classic Reprint) Maria Edgeworth. 2018. (ENG., Illus.). 212p. (J). 28.27 *(978-0-483-97215-5(0))* Forgotten Bks.

Barrington: Tales of the Trains (Classic Reprint) Charles Lever. 2017. (ENG., Illus.). 644p. (J). 37.18 *(978-0-332-90899-1(2))* Forgotten Bks.

Barrington, Vol. 1 Of 2: To Which Is Added, Tales of the Trains (Classic Reprint) Charles Lever. (ENG., Illus.). (J). 2018. 346p. 31.03 *(978-0-483-51080-7(7))*; 2016. pap. 16.57 *(978-1-334-30569-6(2))* Forgotten Bks.

Barrington, Vol. 2 Of 2: To Which Is Added, Tales of the Trains (Classic Reprint) Charles Lever. (ENG., Illus.). (J). 2018. 364p. 31.40 *(978-0-666-55609-7(1))*; 2016. pap. 13.97 *(978-1-334-20743-3(7))* Forgotten Bks.

Barrington's Fate (Classic Reprint) Alfred William Hunt. 2018. (ENG., Illus.). (J). 32.52 *(978-0-483-76891-8(X))* Forgotten Bks.

Barrio Remembered. Victor López. 2021. (ENG.). 102p. (J). pap. 15.95 *(978-1-6624-5808-8(8))* Page Publishing Inc.

Barron's ACT Study Guide Premium, 2023: 6 Practice Tests + Comprehensive Review + Online Practice. Brian Stewart. 2023. (Barron's Test Prep Ser.). (ENG.). 876p. (YA). (gr. 10-12). pap. 36.99 *(978-1-5062-8726-3(3)*, Barron's Educational Series, Inc.) Kaplan Publishing.

Barrows. A. J. Love. 2019. (ENG.). 38p. (J). pap. *(978-0-244-78802-5(2))* Lulu Pr., Inc.

Barry & 4 Part 2's. Alun Davies. 2020. (ENG.). 116p. (YA). pap. *(978-1-9997855-3-6(3))* Valley Boy Ltd.

Barry & the Chronicles. Alun Davies. 2018. (ENG., Illus.). 198p. (YA). (gr. 8-12). pap. *(978-1-9997855-0-5(9))* Valley Boy Ltd.

Barry Blue. Ky. Illus. by Nivya Kuriakose. 2020. (ENG.). 32p. (J). 25.99 *(978-0-578-72831-5(1))*; pap. 12.99 *(978-0-578-74923-5(8))* BookBaby.

Barry Blue & the Blueberry Trail. Bella Corner. Illus. by Bella Corner. 2019. (ENG., Illus.). 26p. (J). 18.00 *(978-0-9990090-6-2(0))* Hilliard Pr.

Barry Byclops, Private Eye. James F. Park. 2019. (ENG.). 82p. (J). pap. ***(978-0-244-16309-9(X))*** Lulu Pr., Inc.

Barry Loser: Action Hero! Jim Smith. 2023. (Barry Loser Ser.). (ENG., Illus.). 256p. (J). 5.99 *(978-0-00-849724-8(9))* Farshore GBR. Dist: HarperCollins Pubs.

Barry Loser: Double Trouble!, Book 3. Jim Smith. 2023. (Barry Loser Ser.). (ENG., Illus.). 256p. (J). 10.99 ***(978-0-00-861013-5(4))*** Farshore GBR. Dist: HarperCollins Pubs.

Barry Loser: Total Winner. Jim Smith. 2022. (Barry Loser Ser.). (ENG., Illus.). 240p. (J). 5.99 *(978-0-00-849721-7(4))* Farshore GBR. Dist: HarperCollins Pubs.

Barry Loser Hates Half Term (Barry Loser) Jim Smith. 2016. (Barry Loser Ser.: 7). (ENG., Illus.). 256p. (J). (gr. 2-6). pap. 5.99 *(978-1-4052-6914-8(6))* Farshore GBR. Dist: HarperCollins Pubs.

Barry Loser Is the Best at Football NOT! (Barry Loser) Jim Smith. 2018. (Barry Loser Ser.: 10). (ENG., Illus.). 240p. (J). (gr. 2-4). pap. 5.99 *(978-1-4052-8714-2(4))* Farshore GBR. Dist: HarperCollins Pubs.

Barry Squires, Full Tilt. Heather Smith. (ENG.). 232p. (YA). (gr. 7). 2022. pap. 10.99 *(978-0-7352-6748-0(0))*; 2020. 17.99 *(978-0-7352-6746-6(4))* PRH Canada Young Readers CAN. (Penguin Teen). Dist: Penguin Random Hse. LLC.

Barry the Beanbug. Sandra Keirle. 2022. (ENG.). 30p. (J). pap. ***(978-1-3984-5125-4(8))*** Austin Macauley Pubs. Ltd.

Barry the Caterpillar Goes to School. Carolyn Markland. Ed. by Anelda L. Attaway. Illus. by Leroy Grayson. 2023. (ENG.). 38p. (J). pap. 19.99 ***(978-1-954425-72-9(4))*** Jazzy Kitty Pubns.

Barry the Christmas Bat. Michael S. Katz. 2022. (ENG.). (J). 36p. 19.95 ***(978-1-932045-40-6(6))***; 34p. pap. 9.95 ***(978-1-932045-42-0(2))*** Strider Nolan Publishing, Inc.

Barry the Wheelbarrow. Ed Larue. 2019. (ENG.). 24p. (J). pap. 9.99 *(978-1-68456-655-6(X))* Page Publishing Inc.

Barrys (Classic Reprint) Shan F. Bullock. (ENG., Illus.). (J). 2018. 432p. 32.81 *(978-0-666-69899-5(6))*; 2017. pap. 16.57 *(978-0-259-21214-0(8))* Forgotten Bks.

Barsakh. Simon Stranger. 2022. (Clásicos Ser.). (SPA.). 160p. (YA). (gr. 7). pap. 6.95 *(978-607-8469-20-8(7))* Nostra Ediciones MEX. Dist: Independent Pubs. Group.

Bart: Sometimes the Biggest Bullies Are in Our Own Minds. George Blaisdell. Illus. by Kevin Ormsby. 2022. (ENG.). 90p. (YA). pap. 9.99 ***(978-1-942720-10-2(6))*** Blaisdell, George W.

Bart Likes to Bark, 1 vol. Nathalie Butler. 2017. (Learning with Stories Ser.). (ENG.). 24p. (gr. 1-1). pap. 9.25 *(978-1-5081-6241-4(7)*, 010645b9-36cd-411d-9d5b-90c3deff60ee, PowerKids Pr.) Rosen Publishing Group, Inc., The.

Bart Ridgeley. A. G. (Albert Gallatin) Riddle. 2017. (ENG.). 380p. (J). pap. *(978-3-7446-6613-8(1))* Creation Pubs.

Bart Ridgeley: A Story of Northern Ohio (Classic Reprint) A. G. Riddle. 2017. (ENG., Illus.). (J). 31.69 *(978-1-5282-7704-4(X))* Forgotten Bks.

Bart the Dog. Suzanne O'Dwyer. 2020. (ENG.). 106p. (J). pap. *(978-1-876697-23-5(7))* Zeus Pubns.

Bartali's Bicycle: The True Story of Gino Bartali, Italy's Secret Hero. Megan Hoyt. Illus. by Iacopo Bruno. 2021. (ENG.). 40p. (J). (gr. -1-3). 19.99 *(978-0-06-290811-7(1)*, Quill Tree Bks.) HarperCollins Pubs.

Bartered Honour, Vol. 1 Of 3: A Novel (Classic Reprint) Robert Harborough Sherard. 2018. (ENG., Illus.). 310p. (J). 30.31 *(978-0-483-94597-5(8))* Forgotten Bks.

Bartered Honour, Vol. 2 Of 3: A Novel (Classic Reprint) Robert Harborough Sherard. (ENG., Illus.). (J). 2018. 256p. 29.20 *(978-0-484-61768-0(0))*; 2016. pap. 11.57 *(978-1-333-50652-0(X))* Forgotten Bks.

Bartholomew. Elizabeth Kempers. Illus. by Seager Patsy. 2019. (ENG.). 32p. (J). (gr. k-6). pap. *(978-0-6485076-0-4(2))* Sweetfields Publishing.

Bartholomew: Squire of the Subway. Carol Lester. Illus. by Kristen Polson. 2019. (ENG.). 42p. (J). 24.99 *(978-1-68314-986-6(6))*; pap. 15.99 *(978-1-68314-907-1(6))* Redemption Pr.

Bartholomew & the Great Quake: San Francisco 1906. Dotty Schenk. 2022. (ENG.). 76p. (J). pap. 15.00 ***(978-1-949290-97-4(2))*** Bedazzled Ink Publishing Co.

Bartholomew de Las Casas: His Life, Apostolate, & Writings. Francis Augustus Macnutt. 2017. (ENG., Illus.). (J). 27.95 *(978-1-374-98121-8(4))*; pap. 17.95 *(978-1-374-98120-1(6))* Capital Communications, Inc.

Bartholomew Drake: & Life on the Lake. Rose English. 2022. (Calvin the Swan Ser.: Vol. 2). (ENG.). 70p. (J). pap. ***(978-1-9162826-6-7(0))*** Gillan Bks.

Bartholomew's Wish. Nathan Coffey. Illus. by Renee Davis. 2018. (ENG.). 32p. (J). pap. *(978-1-5255-2143-0(8))*; *(978-1-5255-2142-3(X))* FriesenPress.

Bartholomule's Blessing. Sandra J. Taylor. Illus. by Jim Edwards. 2018. (ENG.). 28p. (J). pap. 12.95 *(978-1-64003-546-1(X))* Covenant Bks.

Bartleby, the Scrivener. Herman. Melville. 2020. (ENG.). 50p. (YA). *(978-1-77441-322-7(1))* Westland, Brian.

Bartleby, the Scrivener: A Story of Wall Street. Herman. Melville. 2018. (ENG., Illus.). 38p. (YA). (gr. 9-13). pap. *(978-1-387-77146-2(9))* Lulu Pr., Inc.

Bartleby, the Scrivener: A Story of Wall Street (Hardcover) Herman. Melville. 2018. (ENG., Illus.). 38p. (YA). (gr. 9-13). *(978-1-387-77145-5(0))* Lulu Pr., Inc.

Bartlett. James Janson. 2021. (ENG.). 134p. (YA). pap. 12.95 *(978-1-6629-1265-8(X))* Gatekeeper Pr.

Bartley, Freshman Pitcher (Classic Reprint) William Heyliger. 2017. (ENG., Illus.). (J). 29.11 *(978-0-331-82510-7(4))* Forgotten Bks.

Bartolo: A Veces Los Matones Mas Grandes Que Enfrentamos Estan en Nuestras Mentes. George Blaisdell. Illus. by Kevin Ormsby. 2022. (SPA.). 90p. (YA). pap. 9.99 ***(978-1-942720-11-9(4))*** Blaisdell, George W.

Bartolomé y el Glúpiti (Bartholomew & the Oobleck Spanish Edition) Seuss. 2020. (Classic Seuss Ser.). (SPA.). 56p. (J). (gr. k-3). 16.99 *(978-1-9848-3138-5(0))*; lib. bdg. 19.99 *(978-0-593-17770-9(3))* Random Hse. Children's Bks. (Random Hse. Bks. for Young Readers).

Bartolomeu Dias: First European Sailor to Reach the Indian Ocean, 1 vol. Jennifer Swanson. 2017. (Spotlight on Explorers & Colonization Ser.). (ENG., Illus.). 48p. (J). (gr. 6-6). pap. 12.75 *(978-1-5081-7495-0(4)*, 947106b7-19a0-4eb8-98e2-ecd0153286db, Rosen Young Adult) Rosen Publishing Group, Inc., The.

Barton Experiment (Classic Reprint) John Habberton. 2017. (ENG., Illus.). 212p. (J). 28.27 *(978-0-332-34458-4(4))* Forgotten Bks.

Barton Street Kids: Meet the Ellies. Shalonda Reese. 2019. (ENG.). 38p. (J). 24.95 *(978-1-64515-308-5(8))*; pap. 14.95 *(978-1-64515-306-1(1))* Christian Faith Publishing.

Barton the Bat's Pumpkin Patch. Donna Beserra. Illus. by Melody Trone. 2016. (Creative Creatures Ser.: Vol. 2). (ENG.). (J). (gr. k-6). pap. 15.00 *(978-0-9982826-2-6(6))* Artistic Creations Bk. Publishing.

Barton's Comic Recitations & Humorous Dialogues: Containing a Variety of Comic Recitations in Prose & Poetry, Amusing Dialogues, Burlesque Scenes, Eccentric Orations & Stump Speeches, Humorous Interludes, & Laughable Farces; Designed for School Co. Jerome Barton. (ENG., Illus.). (J). 2018. 388p. 31.94 *(978-0-484-55963-8(X))*; 2017. pap. 16.57 *(978-0-243-43484-8(7))* Forgotten Bks.

Barton's Comic Recitations & Humorous Dialogues: Designed for School Commencements & Amateur Theatricals (Classic Reprint) Jerome Barton. 2018. (ENG., Illus.). 206p. (J). 28.15 *(978-0-267-45092-3(3))* Forgotten Bks.

Bart's Birthday: Includes Bart's Balloon. Levi Pickron. 2019. (ENG.). 26p. (J). *(978-0-359-42087-2(7))* Lulu Pr., Inc.

Barty Barton - the Bear That Was Loved Too Much. Sue Wickstead. 2020. (ENG.). 40p. (J). pap. *(978-1-9163923-1-1(8))* Wickstead, Sue.

Barty Crusoe & His Man Saturday (Classic Reprint) Frances Burnett. (ENG., Illus.). (J). 2018. 260p. 29.28 *(978-0-267-78683-1(2))*; 2016. pap. 11.97 *(978-1-334-33854-0(X))* Forgotten Bks.

Barty's Star (Classic Reprint) Norman Gale. (ENG., Illus.). (J). 2018. 124p. 26.45 *(978-0-483-57817-3(7))*; 2016. pap. 9.57 *(978-1-333-98611-7(4))* Forgotten Bks.

Barubonsan No Odekake. Kazuhiko Toyota. 2016. (CHI.). 40p. (J). *(978-986-479-000-5(5))* Commonwealth Publishing Co., Ltd.

Baruch's Magical Bedtime, 1 vol. Rivke Gerstenblit. Illus. by Chani Judowitz. 2016. (ENG.). 32p. (J). *(978-1-4226-1672-7(X))* Mesorah Pubns., Ltd.

Baryonyx: My Dinosaur Friend. Dejana Enbashi. Illus. by Charlie Hacker. 2019. (ENG.). 36p. (J). pap. 14.99 *(978-1-64550-316-3(X))* BookPatch LLC, The.

BASCOM Clarke the Story of a Southern Refugee (Classic Reprint) Charles Elbert Whelan. 2017. (ENG., Illus.). (J). 28.93 *(978-1-5279-7334-3(4))* Forgotten Bks.

Base Camp Las Vegas: 101 Hikes in the Southwest. Deborah Wall. 2nd ed. 2017. (Base Camp Ser.: 1). (ENG., Illus.). 384p. (gr. 10-6). pap. 24.95 *(978-0-9972369-4-1(9))* Imbrifex Bks.

BASE Jumping, 1 vol. Hal Garrison. 2017. (Daredevil Sports Ser.). (ENG.). 32p. (J). (gr. 1-2). pap. 11.50 *(978-1-5382-1105-2(X)*, bebfb9ef-2c7a-4314-8e62-057e0f825307) Stevens, Gareth Publishing LLLP.

Base Status: Online. E. Engberts. 2018. (Base Status Ser.: Vol. 1). (ENG.). 420p. (YA). pap. *(978-90-825832-8-1(3))* 5 Times Chaos.

Baseball. Thomas K. Adamson. 2019. (Let's Play Sports! Ser.). (ENG., Illus.). 24p. (J). (gr. k-3). lib. bdg. 26.95 *(978-1-62617-997-4(2)*, Blastoff! Readers) Bellwether Media.

Baseball. Valerie Bodden. 2016. (Making the Play Ser.). (ENG.). 24p. (J). (gr. 1-4). lib. bdg. 9.99 *(978-1-60818-653-2(9)*, 20480, Creative Education) Creative Co., The.

Baseball. Lori Dittmer. 2020. (Amazing Sports Ser.). (ENG.). 24p. (J). (gr. 1-3). pap. 9.99 *(978-1-62832-774-8(X)*, 18146, Creative Paperbacks) Creative Co., The.

Baseball. Contrib. by Kieran Downs. 2023. (Sports Fun! Ser.). (ENG., Illus.). (J). (gr. -1-2). lib. bdg. 25.95 Bellwether Media.

Baseball. Contrib. by Brendan Flynn. 2022. (Xtreme Moments in Sports Ser.). (ENG., Illus.). 48p. (J). (gr. 3-9). lib. bdg. 34.21 *(978-1-5321-9927-1(9)*, 40643, Abdo & Daughters) ABDO Publishing Co.

Baseball. Brendan Flynn. 2019. (Kids' Sports Ser.). (ENG., Illus.). 24p. (J). (gr. k-3). lib. bdg. 31.36 *(978-1-5321-6544-3(7)*, 33190, Pop! Cody Koala) Pop!.

Baseball. Ashley Gish. 2020. (Amazing Sports Ser.). (ENG.). 24p. (J). (gr. 1-4). *(978-1-64026-211-9(3)*, 18145, Creative Education) Creative Co., The.

Baseball. Julie Murray. 2017. (Sports How To Ser.). (ENG., Illus.). 24p. (J). (gr. -1-2). lib. bdg. 31.36 *(978-1-5321-0411-4(1)*, 26537, Abdo Kids) ABDO Publishing Co.

Baseball. Dennis Pernu. 2020. (In Focus: Sports Ser.). (ENG., Illus.). 32p. (J). (gr. 2-5). lib. bdg. 29.32 *(978-0-7112-4799-4(4)*, cb007404-155a-4a3e-8d41-9300d9f3702a) QEB Publishing Inc.

Baseball. Nick Rebman. 2018. (Sports Ser.). (ENG., Illus.). 16p. (J). (gr. k-1). pap. 7.95 *(978-1-64185-017-9(5)*, 1641850175); lib. bdg. 25.64 *(978-1-63517-915-6(7)*, 1635179157) North Star Editions. (Focus Readers).

B

Baseball. Mari Schuh. (Spot Ser.). (ENG.). 16p. (J). (gr. -1-1). 2018. pap. 7.99 *(978-1-68152-204-3(7),* 14735); 2017. 17.95 *(978-1-68151-085-9(5),* 14616) Amicus.

Baseball, 1 vol. Cathleen Small. 2018. (Mind vs Muscle: the Psychology of Sports Ser.). (ENG.). 48p. (gr. 5-6). pap. 15.05 *(978-1-5382-2537-0(9),* 96858c42-61f0-4f51-82cf-1889d396de7b) Stevens, Gareth Publishing LLLP.

Baseball! Ginger Swift. Ed. by Cottage Door Press. Illus. by Kathrin Fehrl. 2021. (ENG.). 12p. (J). (gr. -1 — 1). bds. 7.99 *(978-1-64638-193-7(9),* 1006950) Cottage Door Pr.

Baseball. Heather DiLorenzo Williams & Warren Rylands. 2019. (Illus.). 24p. (J). *(978-1-4896-8028-0(4),* AV2 by Weigl) Weigl Pubs., Inc.

Baseball: A Nonfiction Companion to Magic Tree House #29: a Big Day for Baseball. Mary Pope Osborne & Natalie Pope Boyce. Illus. by Carlo Molinari. 2017. (Magic Tree House (R) Fact Tracker Ser.: 37). 128p. (J). (gr. 2-5). 6.99 *(978-1-101-93642-9(8));* (ENG.). lib. bdg. 12.99 *(978-1-101-93643-6(6))* Random Hse. Children's Bks. (Random Hse. Bks. for Young Readers).

Baseball: An Introduction to Being a Good Sport. Aaron Derr. Illus. by Scott Angle. 2017. (Start Smart (tm) — Sports Ser.). (ENG.). 32p. (J). (gr. k-3). lib. bdg. 26.65 *(978-1-63440-129-6(8),* be3c694f-6584-44d9-b328-9d829da3e975) Red Chair Pr.

Baseball: Arabic-English Bilingual Edition. Karen Durrie. 2016. (Let's Play Ser.). (ARA & ENG.). (J). (gr. k-2). 29.99 *(978-1-61913-911-4(1))* Weigl Pubs., Inc.

Baseball: Science at the Ballpark, 1 vol. Ryan Nagelhout. 2017. (Science Behind Sports Ser.). (ENG.). 104p. (gr. 7-7). lib. bdg. 41.03 *(978-1-5345-6106-9(4),* 66cadef1-6a93-4b64-9b42-43774aa58158, Lucent Pr.) Greenhaven Publishing LLC.

Baseball: Statistical Questions & Measures. Marissa Hernandez. 2019. (Mathematics in the Real World Ser.). (ENG., Illus.). 32p. (gr. 5-8). pap. 11.99 *(978-1-4258-5893-3(7))* Teacher Created Materials, Inc.

Baseball: Who Does What? Ryan Nagelhout. 2017. (Sports: What's Your Position? Ser.). 32p. (J). (gr. 3-4). pap. 63.00 *(978-1-5382-0410-8(X))* Stevens, Gareth Publishing LLLP.

Baseball - Te Kirikiti (Te Kiribati) Amani Uduman. Illus. by John Robert Azuelo. 2022. (MIS.). 24p. (J). pap. ***(978-1-922918-71-0(7))*** Library For All Limited.

Baseball - Then to Wow! Sports Illustrated for Kids Editors. 2016. (Sports Illustrated Kids Then to WOW! Ser.). (ENG., Illus.). 80p. (J). (gr. 1-9). 19.99 *(978-1-61893-142-9(3))* Sports Illustrated For Kids.

Baseball & Softball. Contrib. by Brendan Flynn. 2023. (Early Sports Encyclopedias Ser.). (ENG.). 128p. (J). (gr. -1-4). lib. bdg. 47.07 ***(978-1-0982-9125-9(5),*** 42071, Early Encyclopedias) ABDO Publishing Co.

Baseball & Softball: Success on the Diamond. Peter Douglas. 2017. (Preparing for Game Day Ser.: Vol. 10). (ENG., Illus.). 79p. (J). (gr. 7-12). 24.95 *(978-1-4222-3913-1(6))* Mason Crest.

Baseball at the Zoo. Patrick Fox. 2021. (ENG., Illus.). 22p. (J). 22.95 *(978-1-63814-351-2(X));* pap. 12.95 *(978-1-63814-350-5(1))* Covenant Bks.

Baseball Baby. Diane Adams. Illus. by Charlene Chua. 2021. (Sports Baby Book Ser.). 22p. (J). (— 1). bds. 7.99 *(978-0-593-20243-2(0),* Viking Books for Young Readers) Penguin Young Readers Group.

Baseball Baby. Laura Gehl. Illus. by Reggie Brown. 2021. (ENG.). 20p. (J). (gr. -1 — 1). bds. 7.99 *(978-1-5344-6520-6(0),* Little Simon) Little Simon.

Baseball Bats for Christmas. Michael Kusugak. Illus. by Vladyana Krykorka. 2017. (ENG.). 24p. (J). (gr. 1-3). 9.95 *(978-1-55451-928-6(4))* Annick Pr., Ltd. CAN. Dist: Publishers Group West (PGW).

Baseball Bella & Ballerina Emma. Angele Lavergne. Illus. by Breanna Warms. 2018. (ENG.). 36p. (J). pap. *(978-1-5255-2204-8(3))* FriesenPress.

Baseball Blowup. Jake Maddox. Illus. by Eva Morales. 2023. (Jake Maddox Sports Stories Ser.). (ENG.). 72p. (J). 25.99 *(978-1-6690-0727-2(8),* 245011); pap. 6.99 *(978-1-6690-0723-4(5),* 245007) Capstone. (Stone Arch Bks.).

Baseball Blues, 5. A. I. Newton. 2019. (Alien Next Door Ch Bks). (ENG.). 93p. (J). (gr. 2-3). 15.59 *(978-0-87617-271-1(0))* Penworthy Co., LLC, The.

Baseball Buzz. C. C. Joven. Illus. by Ed Shems. 2017. (Sports Illustrated Kids Starting Line Readers Ser.). (ENG.). 32p. (J). (gr. -1-1). pap. 3.95 *(978-1-4965-4259-5(2),* 133943); lib. bdg. 22.65 *(978-1-4965-4252-6(5),* 133931) Capstone. (Stone Arch Bks.).

Baseball Calling. Jennese Alicia Torres. 2019. (ENG.). 64p. (J). pap. 9.99 *(978-1-393-69850-0(6))* Draft2Digital.

Baseball Card Adventures 12-Book Box Set: All 12 Paperbacks in the Bestselling Baseball Card Adventures Series! Dan Gutman. 2020. (Baseball Card Adventures Ser.). (ENG.). 2176p. (J). (gr. 3-7). pap. 113.88 *(978-0-06-298024-3(6),* HarperCollins) HarperCollins Pubs.

Baseball Card Adventures 3-Book Box Set: Honus & Me, Jackie & Me, Babe & Me. Dan Gutman. 2020. (Baseball Card Adventures Ser.). (ENG.). 480p. (J). (gr. 3-7). pap. 20.97 *(978-0-06-297958-2(2),* HarperCollins) HarperCollins Pubs.

Baseball Cat. Michelle Johnson. 2022. (ENG., Illus.). 32p. (J). 23.95 *(978-1-0980-8382-3(2));* pap. 13.95 *(978-1-0980-8381-6(4))* Christian Faith Publishing.

Baseball: Catcher. Christina Earley. 2023. (Sports Positions Ser.). (ENG.). 24p. (J). (gr. 3-6). pap. 8.95 ***(978-1-63897-759-9(3),*** 33454); lib. bdg. 27.93 ***(978-1-63897-758-2(5),*** 33453) Seahorse Publishing.

Baseball Coloring Book! a Variety of Unique Baseball Coloring Pages for Children. Bold Illustrations. 2022. (ENG.). 82p. (J). pap. 14.99 *(978-1-0717-0648-0(9),* Bold Illustrations) FASTLANE LLC.

Baseball Facts & Fun Activity Book. Tony J. Tallarico, Jr. 2017. (Dover Kids Activity Bks.). (ENG.). 48p. (J). (gr. 1-4). pap. 4.99 *(978-0-486-81442-1(4),* 814424) Dover Pubns., Inc.

Baseball Fanbook: Everything You Need to Know to Become a Hardball Know-It-All. Gary Gramling & The Editors of Sports Illustrated Kids. 2018. (ENG., Illus.). 192p. (J). (gr. 3-17). 19.99 *(978-1-68330-069-4(6))* Sports Illustrated For Kids.

Baseball Fear. Rhonda Sickles. 2022. (ENG.). 30p. (J). pap. ***(978-1-3984-2860-7(4))*** Austin Macauley Pubs. Ltd.

Baseball for Kids Coloring Book (over 70 Pages) Blue Digital Media Group. 2020. (ENG.). 74p. (J). pap. 18.99 ***(978-1-952524-61-5(X))*** Smith Show Media Group.

Baseball Fun. Tyler Omoth. 2020. (Sports Fun Ser.). (ENG., Illus.). 24p. (J). (gr. k-2). lib. bdg. 29.99 *(978-1-9771-2472-2(0),* 200484, Pebble) Capstone.

Baseball Genius. Tim Green & Derek Jeter. ed. 2018. lib. bdg. 18.40 *(978-0-606-40847-9(9))* Turtleback.

Baseball Genius: Baseball Genius 1. Tim Green & Derek Jeter. 2018. (Jeter Publishing Ser.). (ENG.). 352p. (J). (gr. 3-7). pap. 8.99 *(978-1-4814-6865-7(0),* Aladdin) Simon & Schuster Children's Publishing.

Baseball Genius: Baseball Genius 1. Tim Green & Derek Jeter. 2017. (Jeter Publishing Ser.). (ENG., Illus.). 352p. (J). (gr. 3-7). 17.99 *(978-1-4814-6864-0(2),* Simon & Schuster/Paula Wiseman Bks.) Simon & Schuster/Paula Wiseman Bks.

Baseball Genius Home Run Collection (Boxed Set) Baseball Genius; Double Play; Grand Slam. Tim Green & Derek Jeter. ed. (Jeter Publishing Ser.). (ENG.). 1024p. (J). (gr. 3-7). 2022. pap. 25.99 *(978-1-6659-1555-7(2));* 2021. 52.99 *(978-1-5344-4630-4(3))* Simon & Schuster Children's Publishing. (Aladdin).

Baseball GOATs: The Greatest Athletes of All Time. Bruce Berglund. 2022. (Sports Illustrated Kids: GOATs Ser.). (ENG.). 32p. (J). 31.32 *(978-1-6639-7547-8(7),* 228909); pap. 7.95 *(978-1-6663-2148-7(6),* 228891) Capstone. (Capstone Pr.).

Baseball History for Kids: America at Bat from 1900 to Today, with 19 Activities. Richard Panchyk. 2016. (For Kids Ser.: 53). (ENG., Illus.). 160p. (J). (gr. 4). pap. 16.95 *(978-1-61374-779-7(9))* Chicago Review Pr., Inc.

Baseball Hour. Carol Nevius. Illus. by Bill Thomson. 2020. (ENG.). 34p. (J). (gr. k-3). pap. 9.99 *(978-1-4778-1042-2(0),* 9781477810422, Two Lions) Amazon Publishing.

Baseball Is a Numbers Game: A Fan's Guide to Stats. Eric Braun. 2018. (Know the Stats Ser.). (ENG., Illus.). 32p. (J). (gr. 3-9). lib. bdg. 28.65 *(978-1-5435-0609-9(7),* 137393, Capstone Pr.) Capstone.

Baseball Joe Around the World: Or Pitching on a Grand Tour (Classic Reprint) Lester Chadwick. 2018. (ENG., Illus.). 268p. (J). 29.42 *(978-0-428-86891-8(6))* Forgotten Bks.

Baseball Joe in the World Series: Or Pitching for the Championship (Classic Reprint) Lester Chadwick. 2017. (ENG., Illus.). (J). 29.47 *(978-0-331-49174-6(5))* Forgotten Bks.

Baseball Joe on the Giants: Or Making Good As a Ball Twirler in the Metropolis (Classic Reprint) Lester Chadwick. 2017. (ENG., Illus.). (J). 29.38 *(978-0-260-31219-8(3))* Forgotten Bks.

Baseball Joe on the School Nine: Or Pitching for the Blue Banner (Classic Reprint) Lester Chadwick. 2018. (ENG., Illus.). 272p. (J). 29.51 *(978-0-364-62823-2(5))* Forgotten Bks.

Baseball Player. Amy Rechner. 2019. (Cool Careers Ser.). (ENG., Illus.). 24p. (J). (gr. 3-7). lib. bdg. 26.95 *(978-1-64487-061-7(4),* Torque Bks.) Bellwether Media.

Baseball Records. Chros McDougall. 2020. (Sports Records Ser.). (ENG., Illus.). 32p. (J). (gr. 2-3). pap. 9.95 *(978-1-64493-435-7(3),* 1644934353); lib. bdg. 31.35 *(978-1-64493-359-6(4),* 1644933594) North Star Editions. (Focus Readers).

Baseball Records. Allan Morey & Blake Hoena. 2018. (Incredible Sports Records Ser.). (ENG., Illus.). 32p. (J). (gr. 3-8). pap. 8.99 *(978-1-61891-311-1(5),* 12106, Blastoff! Discovery) Bellwether Media.

Baseball Records. Mark Weakland. 2021. (All-Time Sports Records Ser.). (ENG.). 32p. (J). (gr. 4-6). *(978-1-62310-238-8(3),* 13140, Bolt) Black Rabbit Bks.

Baseball Records Smashed! Bruce Berglund. 2023. (Sports Illustrated Kids: Record Smashers Ser.). (ENG.). 32p. (J). pap. 7.99 ***(978-1-6690-7151-8(0),*** 252989, Capstone Pr.) Capstone.

Baseball Saved Us, 1 vol. Ken Mochizuki. Illus. by Dom Lee. 2018. (ENG.). 32p. (J). (gr. k-3). pap. 10.95 *(978-1-880000-19-9(9),* leelowbooks) Lee & Low Bks., Inc.

Baseball Season Ticket: The Ultimate Fan Guide. Doug Williams. 2018. (Season Ticket Ser.). (ENG., Illus.). 112p. (J). (gr. 3-9). pap. 9.99 *(978-1-63494-034-4(2),* 1634940342) Pr. Room Editions LLC.

Baseball Smarts. 2017. (Baseball Smarts Ser.). (ENG.). 32p. (J). 240.00 *(978-1-4994-3278-7(X),* PowerKids Pr.) Rosen Publishing Group, Inc., The.

Baseball: Stats, Facts, & Figures, 1 vol. Kate Mikoley. 2017. (Do Math with Sports Stats! Ser.). (ENG.). 32p. (J). (gr. 3-4). pap. 11.50 *(978-1-5382-1125-0(4),* 587ef37d-2444-4c1e-8e8a-21d4518536c0) Stevens, Gareth Publishing LLLP.

Baseball Superstar Aaron Judge. Jon M. Fishman. 2019. (Bumba Books (r) — Sports Superstars Ser.). (ENG., Illus.). 24p. (J). (gr. -1-1). pap. 8.99 *(978-1-5415-4575-5(3),* 31659593-1870-4325-9308-af59333d00f0); lib. bdg. 26.65 *(978-1-5415-3851-1(X),* 4c9ee7ef-0b4c-48ac-a14c-8e7afc630967, Lerner Pubns.) Lerner Publishing Group.

Baseball Superstars 2019: Top Players, Record Breakers, Facts & Stats. Carlton Kids. 2019. (Y Ser.). (ENG.). 48p. (J). (gr. 1-3). pap. 8.95 *(978-1-78312-407-7(5))* Carlton Kids GBR. Dist: Two Rivers Distribution.

Baseball Time. Cecilia Smith. 2021. (Entry Level Readers Ser.). (ENG.). (J). 20p. 12.99 ***(978-1-5324-3875-2(3));*** 20p. pap. 12.99 ***(978-1-5324-4174-5(6));*** 8p. pap. 5.99 *(978-1-5324-2765-7(4))* Xist Publishing.

Baseball Underdog Stories. Marty Gitlin. 2018. (Underdog Sports Stories Ser.). (ENG., Illus.). 48p. (J). (gr. 5-8). lib. bdg. 34.21 *(978-1-5321-1759-6(0),* 30806, SportsZone) ABDO Publishing Co.

Baseball: Who Does What?, 1 vol. Ryan Nagelhout. 2017. (Sports: What's Your Position? Ser.). (ENG.). 32p. (J). (gr. 3-4). pap. 11.50 *(978-1-5382-0409-2(6),* debe7083-58fd-4d96-9e99-2ef175fe3c3b) Stevens, Gareth Publishing LLLP.

Baseballs, 1 vol. Derek Miller. 2019. (Making of Everyday Things Ser.). (ENG.). 24p. (gr. 1-1). pap. 9.22 *(978-1-5026-4682-8(X),* e9653bdc-fec9-42f2-9ebe-064c298c25a6) Cavendish Square Publishing LLC.

Baseball's Best & Worst: A Guide to the Game's Good, Bad, & Ugly. Drew Lyon. 2018. (Best & Worst of Sports Ser.). (ENG.). 32p. (J). (gr. 3-9). lib. bdg. 28.65 *(978-1-5435-0613-6(5),* 137397, Capstone Pr.) Capstone.

Baseball's G. O. A. T. Babe Ruth, Mike Trout, & More. Jon M. Fishman. 2019. (Sports' Greatest of All Time (Lerner (tm) Sports) Ser.). (ENG., Illus.). 32p. (J). (gr. 2-5). 30.65 *(978-1-5415-5598-3(8),* af2f42c3-47d5-4419-b837-a71b2c247ab2); pap. 9.99 *(978-1-5415-7441-0(9),* 7e9ebbff-4155-4a8f-afe4-f3607f7e7e41) Lerner Publishing Group. (Lerner Pubns.).

Baseball's Greatest Hitters: From Ty Cobb to Miguel Cabrera. S. A. Kramer. 2016. (Step into Reading Ser.). (Illus.). 48p. (J). (gr. 2-4). 5.99 *(978-0-553-53910-3(8),* Random Hse. Bks. for Young Readers) Random Hse. Children's Bks.

Baseball's Greatest Walk-Offs & Other Crunch-Time Heroics. Matt Chandler. 2020. (Sports Illustrated Kids Crunch Time Ser.). (ENG., Illus.). 48p. (J). (gr. 3-6). pap. 8.95 *(978-1-4966-8736-4(1),* 201400); lib. bdg. 31.99 *(978-1-4966-8730-2(2),* 201394) Capstone. (Capstone Pr.).

Baseball's Leading Lady: Effa Manley & the Rise & Fall of the Negro Leagues. Andrea Williams. 2023. (ENG., Illus.). 336p. (J). pap. 12.99 *(978-1-250-86654-7(5),* 900223967) Square Fish.

Baseball's New Wave: The Young Superstars Taking over the Game. Jace Frederick. 2019. (Rising Stars Ser.). (ENG., Illus.). 128p. (J). (gr. 3-9). pap. 9.99 *(978-1-63494-052-8(0),* 1634940520) Pr. Room Editions LLC.

Baseball's Record Breakers. Hans Hetrick. 2017. (Record Breakers Ser.). (ENG., Illus.). 32p. (J). (gr. 3-9). pap. 8.95 *(978-1-5157-3764-3(0),* 133697); lib. bdg. 27.99 *(978-1-5157-3760-5(8),* 133693) Capstone. (Capstone Pr.).

Baseball's Sluggers. Megan Cooley Peterson. 2016. (Rank It! Ser.). (ENG.). 32p. (J). (gr. 4-6). 31.35 *(978-1-68072-058-7(9),* 23025); pap. 9.99 *(978-1-64466-130-7(6),* 10225) Black Rabbit Bks. (Bolt).

Based on a True Love Story: A Short Story about Love & Hope. Andre Ozim. 2022. (ENG.). 60p. (J). 20.99 ***(978-1-0880-8017-7(0))*** Indy Pub.

Bases Loaded! a Baseball Coloring Book. Bobo's Children Activity Books. 2016. (ENG., Illus.). (J). pap. 9.33 *(978-1-68327-626-5(4))* Sunshine In My Soul Publishing.

Bash! Vol. 1 (Graphic Novel) Vol. 1. Rudy Gobert. Illus. by Vince Serrano. 2023. 128p. (YA). (gr. 5-12). pap. 17.99 *(978-1-78773-988-8(0))* Titan Bks. Ltd. GBR. Dist: Penguin Random Hse. LLC.

Basher Basics: Space Exploration. Simon Basher. Illus. by Simon Basher. 2019. (Basher Basics Ser.). (ENG., Illus.). 64p. (J). 12.99 *(978-0-7534-7507-2(3),* 900201812); pap. 8.99 *(978-0-7534-7506-5(5),* 900201771) Roaring Brook Pr. (Kingfisher).

Basher Civics: Democracy Rules! Shannon Weber. Illus. by Simon Basher. 2020. (ENG.). 96p. (J). 14.99 *(978-0-7534-7627-7(4),* 900226417); pap. 9.99 *(978-0-7534-7626-0(6),* 900226418) Roaring Brook Pr. (Kingfisher).

Basher Games: Chess: We've Got All the Best Moves! Tom Jackson. Illus. by Simon Basher. 2022. (ENG.). 64p. (J). 12.99 *(978-0-7534-7876-9(5),* 900277885); pap. 7.99 *(978-0-7534-7877-6(3),* 900277886) Roaring Brook Pr. (Kingfisher).

Basher History: Legendary Creatures: Unleash the Beasts! Mary Budzik. Illus. by Simon Basher. 2021. (ENG.). 128p. (J). 14.99 *(978-0-7534-7753-3(X),* 900239179); pap. 9.99 *(978-0-7534-7754-0(8),* 900239180) Roaring Brook Pr. (Kingfisher).

Basher History: National Parks: Where the Wild Things Are! Joe Yogerst. Illus. by Simon Basher. 2022. (ENG.). 128p. (J). 14.99 *(978-0-7534-7843-1(9),* 900255190, Kingfisher) Roaring Brook Pr.

Basher History: US Presidents: Oval Office All-Stars. Dan Green & Edward Widmer. Illus. by Simon Basher. 2021. (Basher History Ser.). (ENG.). 128p. (J). 14.99 *(978-0-7534-7660-4(6),* 900233880); pap. 9.99 *(978-0-7534-7661-1(4),* 900233881) Roaring Brook Pr. (Kingfisher).

Basher Money: How to Save, Spend, & Manage Your Moola! Jacob Field. Illus. by Simon Basher. 2021. (Basher Ser.). (ENG.). 96p. (J). 14.99 *(978-0-7534-7684-0(3),* 900233944); pap. 8.99 *(978-0-7534-7685-7(1),* 900233945) Roaring Brook Pr. (Kingfisher).

Basher Myths & Legends: Oh My! Gods & Goddesses. Simon Basher & Mary Budzik. 2021. (Basher History Ser.). (ENG., Illus.). 128p. (J). pap. 9.99 *(978-0-7534-7762-5(9),* 900240506, Kingfisher) Roaring Brook Pr.

Basher Science: an a to Z of Science. Tom Jackson. Illus. by Simon Basher. (Basher Science Ser.). (ENG.). 192p. (J). 2021. pap. 12.99 *(978-0-7534-7421-1(2),* 900187205); 2019. 19.99 *(978-0-7534-7420-4(4),* 900187204) Roaring Brook Pr. (Kingfisher).

Basher Science: Engineering: The Riveting World of Buildings & Machines. Simon Basher & Tom Jackson. 2017. (Basher Science Ser.). (ENG.). 128p. (J). pap. 9.99 *(978-0-7534-7311-5(9),* 900170080, Kingfisher) Roaring Brook Pr.

Basher Science Mini: Artificial Intelligence: When Computers Get Smart! Tom Jackson. Illus. by Simon Basher. 2022. (Basher Science Mini Ser.). (ENG.). 64p. (J). 12.99 *(978-0-7534-7819-6(6),* 900251850); pap. 7.99 *(978-0-7534-7820-2(X),* 900251851) Roaring Brook Pr. (Kingfisher).

Basher Science Mini: Extreme Weather: It's Really Wild! Tom Jackson. Illus. by Simon Basher. 2023. (Basher Science Mini Ser.). (ENG.). 64p. (J). 12.99 *(978-0-7534-7888-2(9),* 900278015, Kingfisher) Roaring Brook Pr.

Basher Science Mini: Forensics. Illus. by Simon Basher. 2023. (Basher Science Mini Ser.). (ENG.). 64p. (J). pap. 8.99 *(978-0-7534-7886-8(2),* 900277981, Kingfisher) Roaring Brook Pr.

Basher Science Mini: Green Technology: The Ultimate Cleanup Act! Tom Jackson. Illus. by Simon Basher. 2022. (Basher Science Mini Ser.). (ENG.). 64p. (J). 12.99 *(978-0-7534-7814-1(5),* 900251812); pap. 7.99 *(978-0-7534-7815-8(3),* 900251813) Roaring Brook Pr. (Kingfisher).

Basher Science Mini: Pandemic. Tom Jackson. 2021. (Basher Science Mini Ser.). (ENG.). 64p. (J). 12.99 *(978-0-7534-7786-1(6),* 900245535); pap. 7.99 *(978-0-7534-7787-8(4),* 900245536) Roaring Brook Pr. (Kingfisher).

Basher STEM Junior: Engineering. Jonathan O'Callaghan. Illus. by Simon Basher. 2020. (Basher Ser.). (ENG.). 96p. (J). 14.99 *(978-0-7534-7560-7(X),* 900214742); pap. 8.99 *(978-0-7534-7556-0(1),* 900211741) Roaring Brook Pr. (Kingfisher).

Basher STEM Junior: Math. Jonathan O'Callaghan. Illus. by Simon Basher. 2020. (ENG.). 96p. (J). 14.99 *(978-0-7534-7561-4(8),* 900214718); pap. 8.99 *(978-0-7534-7557-7(X),* 900211742) Roaring Brook Pr. (Kingfisher).

Basher STEM Junior: Science. Jonathan O'Callaghan. Illus. by Simon Basher. 2020. (Basher Ser.). (ENG.). 96p. (J). 14.99 *(978-0-7534-7558-4(8),* 900214719); pap. 8.99 *(978-0-7534-7554-6(5),* 900211739) Roaring Brook Pr. (Kingfisher).

Basher STEM Junior: Technology. Jonathan O'Callaghan. Illus. by Simon Basher. 2020. (Basher Ser.). (ENG.). 96p. (J). 14.99 *(978-0-7534-7559-1(6),* 900214716); pap. 8.99 *(978-0-7534-7555-3(3),* 900211740) Roaring Brook Pr. (Kingfisher).

Bashful Bow (Classic Reprint) John B. Terns. (ENG., Illus.). (J). 2018. 114p. 26.21 *(978-0-484-42267-3(7));* 2016. pap. 9.57 *(978-1-334-12521-8(X))* Forgotten Bks.

Bashful Earthquake: And Other Fables & Verses (Classic Reprint) Oliver Herford. (ENG., Illus.). (J). 2017. 146p. 26.91 *(978-0-332-78773-2(7));* 2016. pap. 9.57 *(978-1-333-48834-5(3))* Forgotten Bks.

Basho's Haiku Journeys. Freeman Ng. Illus. by Cassandra Rockwood Ghanem. 2021. 40p. (J). (gr. 4). pap. 16.95 *(978-1-61172-069-3(9))* Stone Bridge Pr.

Basic Biology Series: Fish. Heron Books. 2022. (ENG.). 62p. (J). pap. ***(978-0-89739-281-5(7),*** Heron Bks.) Quercus.

Basic Concepts Workbook Prek - Ages 4 To 5. Bobo's Little Brainiac Books. 2016. (ENG., Illus.). (J). pap. 7.99 *(978-1-68327-818-4(6))* Sunshine In My Soul Publishing.

Basic Geography & Weather Glossary. Heron Books. 2023. (ENG.). 66p. (J). pap. ***(978-0-89739-293-8(0),*** Heron Bks.) Quercus.

Basic Handwriting Paper for Children Aged 3 To 6: 100 Basic Handwriting Practice Sheets for Children Aged 3 to 6: This Book Contains Suitable Handwriting Paper for Children Who Would Like to Practice Their Writing. James Manning. 2018. (Basic Handwriting Paper for Children Aged 3 To 6 Ser.: Vol. 2). (ENG., Illus.). 104p. (J). (gr. k-1). pap. *(978-1-78917-400-7(7))* West Suffolk CBT Service Ltd., The.

Basic Handwriting Practice Paper for Children Aged 4 to 6 (Book with Extra Wide Lines) 100 Basic Handwriting Practice Sheets for Children Aged 3 to 6: This Book Contains Suitable Handwriting Paper for Children Who Would Like to Practice Their Writing. James Manning. 2018. (Basic Handwriting Practice Paper for Children Aged Ser.: Vol. 2). (ENG., Illus.). 108p. (J). (gr. k-3). pap. *(978-1-78917-586-8(0))* Sketchbook, Sketch Pad, Art Bk., Drawing Paper, and Writing Paper Publishing Co., The.

Basic Handwriting Worksheets for Children Aged 4 to 6 (Write & Draw Paper) 100 Basic Handwriting Practice Sheets for Children Aged 3 to 6: This Book Contains Suitable Handwriting Paper for Children Who Would Like to Practice Their Handwriting & Draw. James Manning. 2018. (Basic Handwriting Worksheets for Children Aged 4 T Ser.: Vol. 2). (ENG., Illus.). 108p. (J). (gr. k-2). pap. *(978-1-78917-767-1(7))* Sketchbook, Sketch Pad, Art Bk., Drawing Paper, and Writing Paper Publishing Co., The.

Basic Java Programming for Kids & Beginners (Revised Edition) 2022. (ENG.). 90p. (YA). pap. 13.99 ***(978-1-956742-70-1(0))*** Good River Print & Media.

Basic Kindergarten Lined Paper for Children Aged 3 to 6 (Extra Wide Lines) 100 Basic Handwriting Practice Sheets for Children Aged 3 to 6: This Book Contains Suitable Handwriting Paper for Children Who Would Like to Practice Their Writing. Bernard Patrick. 2018. (Basic Kindergarten Lined Paper for Children Ser.: Vol. 2). (ENG., Illus.). 108p. (J). (gr. k-2). pap. *(978-1-78917-567-7(4))* West Suffolk CBT Service Ltd., The.

Basic Kindergarten Lined Paper for Kids Aged 3 to 6 (Tracing Letter) Over 100 Basic Handwriting Practice Sheets for Children Aged 3 to 6: This Book Contains Suitable Handwriting Paper for Children Who Would Like to Practice Their Handwriting by Tracing Letters. James Manning. 2018. (Basic Kindergarten Lined Paper for Kids Aged 3 To Ser.: Vol. 2). (ENG., Illus.). 110p. (J). (gr. k-2). pap. *(978-1-78917-768-8(5))* Sketchbook, Sketch Pad, Art Bk., Drawing Paper, and Writing Paper Publishing Co., The.

Basic Kindergarten Lined Paper for Kids Aged 3 to 6 (Tracing Letters) Over 100 Basic Handwriting Practice Sheets for Children Aged 3 to 6: This Book Contains Suitable Handwriting Paper for Children Who Would Like to Practice Their Handwriting by Tracing Letters. James Manning. 2018. (Basic Kindergarten Lined Paper for Kids Aged 3 To Ser.: Vol. 3). (ENG., Illus.). 110p. (J). (gr. k-2). pap. *(978-1-78917-574-5(7))* Sketchbook, Sketch Pad, Art Bk., Drawing Paper, and Writing Paper Publishing Co., The.

Basic Leveled Reader Take & Teach Lessons Set Level A. Hmh Hmh. 2021. (ENG.). (J). pap. 44.00 *(978-0-358-57850-5(7))* Houghton Mifflin Harcourt Publishing Co.

Basic Leveled Reader Take & Teach Lessons Set Level B. Hmh Hmh. 2021. (ENG.). (J). pap. 44.00

156 The check digit for ISBN-10 appears in parentheses after the full ISBN-13

(978-0-358-57851-2(5)) Houghton Mifflin Harcourt Publishing Co.

Basic Math Facts for Learning - Multiplication & Division for Kids. Baby Iq Builder Books. 2016. (ENG., Illus.). (J). pap. 8.99 (978-1-68374-756-7(9)) Examined Solutions PTE. Ltd.

Basic Practising Skills in English: With Worksheets & Exercises. Kundisai Mudita. 2018. (ENG., Illus.). 42p. (J). (gr. k-6). pap. 8.95 (978-1-946540-98-0(6)) Strategic Book Publishing & Rights Agency (SBPRA).

Basic Practising Skills in English with Worksheets & Exercises 2. Kundisai Mudita. 2018. (ENG., Illus.). 64p. (J). (gr. k-6). pap. 9.95 (978-1-948858-45-8(2)) Strategic Book Publishing & Rights Agency (SBPRA).

Basic Primary Journal Composition Book for Boys. Journals and Notebooks. 2019. (ENG.). 120p. (J). pap. 12.99 (978-1-5419-6628-4(7), @ Journals & NoteBks.) Speedy Publishing LLC.

Basic Probability: What Every Math Student Should Know. Henk Tijms. 2019. (ENG., Illus.). 132p. (YA). (gr. 8-12). (978-981-12-0235-3(4)); pap. (978-981-12-0376-3(8)) World Scientific Publishing Co. Pte Ltd.

Basic Reading & English for Ages 3 - 100. Ava Hutchinson. 2018. (ENG., Illus.). 44p. (J). pap. (978-1-78623-184-0(0)) Grosvenor Hse. Publishing Ltd.

Basic Skills for Every Kind of Fishing. Elizabeth Dee. 2021. (Guides to Fishing Ser.). (ENG.). (YA). (gr. 7-12). 34.60 (978-1-4222-4493-7(8)) Mason Crest.

Basic Student Resource Package with 1 Year Digital 2015. Hmh Hmh. 2019. (ENG.). (YA). pap. 115.00 (978-0-358-16491-3(5)) Houghton Mifflin Harcourt Publishing Co.

Basic Sudoku for Kids Age 6. Senor Sudoku. 2019. (ENG.). 78p. (J). pap. 7.99 (978-1-64521-575-2(X)) Editorial Imagen.

Basic Table Manners for Children. Cheryl Parkinson & Joelle Valbrun-Bailey. 2020. (ENG., Illus.). 30p. (J). 24.95 (978-1-63498-919-0(8)); pap. 14.95 (978-1-63498-918-3(X)) Bookstand Publishing.

Basic Training: A Manual for Teens. Randy Simmons. 2017. (ENG., Illus.). (YA). pap. 9.99 (978-0-89225-668-6(0)) Gospel Advocate Co.

Basic Training: Call of Doodle. Donald Lemke. Illus. by Bob Lentz. 2018. (Basic Training Ser.). (ENG.). 30p. (J). (gr. -1 — 1). bds. 7.99 (978-1-68446-008-3(5), 138937, Picture Window Bks.) Capstone.

Basic Wicca for Kids: Revised Editon. Devon Baker. 2020. (ENG.). 68p. (J). pap. **(978-1-716-88183-1(8))** Lulu Pr., Inc.

Basic Writing Practice Sheets for Children Aged 3 to 6 (Book with Extra Wide Lines) 100 Basic Handwriting Practice Sheets for Children Aged 3 to 6: This Book Contains Suitable Handwriting Paper for Children Who Would Like to Practice Their Writing. James Manning. 2018. (Basic Writing Practice Sheets for Children Aged 3 Ser.: Vol. 2). (ENG., Illus.). 108p. (J). (gr. k-2). pap. (978-1-78917-587-5(9)) Sketchbook, Sketch Pad, Art Bk., Drawing Paper, and Writing Paper Publishing Co., The.

Basics for Kids: A How to Draw Activity Book. Jupiter Kids. 2016. (ENG., Illus.). 106p. (J). pap. 12.55 (978-1-68326-194-0(1), Jupiter Kids (Childrens & Kids Fiction)) Speedy Publishing LLC.

Basics in Hand-Drawn Art for Kids Activity Book. Activity Book Zone for Kids. 2016. (ENG., Illus.). (J). pap. 9.20 (978-1-68376-044-3(1)) Sabeels Publishing.

Basics of Cell Life with Max Axiom, Super Scientist: 4D an Augmented Reading Science Experience. Amber J. Keyser. Illus. by Cynthia Martin. 2019. (Graphic Science 4D Ser.). (ENG.). 32p. (J). (gr. 3-9). pap. 7.95 (978-1-5435-6030-5(X), 140077); lib. bdg. 36.65 (978-1-5435-5875-3(5), 139800) Capstone.

Basics of Drawing! a Kid's Activity Book. Activity Book Zone for Kids. 2016. (ENG., Illus.). (J). pap. 9.20 (978-1-68376-045-0(X)) Sabeels Publishing.

Basics of Game Design. Heather E. Schwartz. 2019. (Video Game Revolution Ser.). (ENG., Illus.). 32p. (J). (gr. 3-9). lib. bdg. 28.65 (978-1-5435-7151-6(4), 140418) Capstone.

Basil: A Story of Modern Life, Vol. 3 of 3 (Classic Reprint) Wilkie Collins. 2017. (ENG., Illus.). (J). 30.23 (978-0-260-28313-9(4)) Forgotten Bks.

Basil a Novel (Classic Reprint) Wilkie Collins. 2017. (ENG., Illus.). (J). 35.92 (978-0-331-04326-6(2)) Forgotten Bks.

Basil & Oregano. Melissa Capriglione. 2023. (Illus.). 232p. (YA). (gr. 7). pap. 19.99 (978-1-5067-2870-4(7), Dark Horse Books) Dark Horse Comics.

Basil & the Big Cheese Cook-Off. Cathy Hapka, pseud. Illus. by David Mottram. 2018. (Great Mouse Detective Ser.: 6). (ENG.). 96p. (J). (gr. 1-4). 16.99 (978-1-5344-1860-8(1)); pap. 5.99 (978-1-5344-1859-2(8)) Simon & Schuster Children's Publishing. (Aladdin).

Basil & the Cave of Cats. Eve Titus. Illus. by Paul Galdone. 2016. (Great Mouse Detective Ser.: 2). (ENG.). 112p. (J). (gr. 1-4). pap. 6.99 (978-1-4814-6404-8(3), Aladdin) Simon & Schuster Children's Publishing.

Basil & the Lost Colony. Eve Titus. Illus. by Paul Galdone. 2017. (Great Mouse Detective Ser.: 5). (ENG.). 96p. (J). (gr. 1-4). pap. 6.99 (978-1-4814-6413-0(2), Aladdin) Simon & Schuster Children's Publishing.

Basil & the Royal Dare. Cathy Hapka, pseud. Illus. by David Mottram. 2019. (Great Mouse Detective Ser.: 7). (ENG.). 96p. (J). (gr. 1-4). 16.99 (978-1-5344-1863-9(6)); pap. 5.99 (978-1-5344-1862-2(8)) Simon & Schuster Children's Publishing. (Aladdin).

Basil Everman (Classic Reprint) Elsie Singmaster. 2018. (ENG., Illus.). 318p. (J). 30.48 (978-0-332-50509-1(X)) Forgotten Bks.

Basil Godfrey's Caprice, Vol. 1 of 3 (Classic Reprint) Holme Lee. 2018. (ENG., Illus.). 316p. (J). 30.41 (978-0-483-95611-7(2)) Forgotten Bks.

Basil Godfrey's Caprice, Vol. 2 of 3 (Classic Reprint) Holme Lee. (ENG., Illus.). (J). 2018. 354p. 31.20 (978-0-483-06808-7(X)); 2016. pap. 13.57 (978-1-333-48905-2(6)) Forgotten Bks.

Basil Godfrey's Caprice, Vol. 3 (Classic Reprint) Holme Lee. 2018. (ENG., Illus.). 364p. (J). 31.40 (978-0-428-82697-0(0)) Forgotten Bks.

Basil in Mexico. Eve Titus. Illus. by Paul Galdone. 2016. (Great Mouse Detective Ser.: 3). (ENG.). 112p. (J). (gr. 1-4). pap. 6.99 (978-1-4814-6407-9(8), Aladdin) Simon & Schuster Children's Publishing.

Basil in Mexico. Eve Titus. Illus. by Paul Galdone. 2016. (Great Mouse Detective Ser.: 3). (ENG.). 112p. (J). (gr. 1-4). 16.99 (978-1-4814-6408-6(6), Simon & Schuster/Paula Wiseman Bks.) Simon & Schuster/Paula Wiseman Bks.

Basil Lyndhurst (Classic Reprint) Rosa Nouchette Carey. (ENG., Illus.). (J). 2018. 504p. 34.29 (978-0-267-95602-9(9)); 2017. pap. 16.97 (978-0-243-42160-2(5)) Forgotten Bks.

Basil of Baker Street, 1 vol. 2016. (Your Reading Path Ser.: 1). (Illus.). 112p. (J). (gr. 4-4). pap. (978-1-4814-6401-7(9), c557f760-fd35-4d9b-81b4-60e49570d332, Rosen Classroom) Rosen Publishing Group, Inc., The.

Basil of Baker Street. Eve Titus. Illus. by Paul Galdone. 2016. (Great Mouse Detective Ser.: 1). (ENG.). 112p. (J). (gr. 1-4). 16.99 (978-1-4814-6402-4(7), Aladdin) Simon & Schuster Children's Publishing.

Basil, Saffron & the Food Group Friends. Jacqueline Gibbs. 2023. (ENG.). 58p. (J). pap. **(978-1-3984-3314-4(4))** Austin Macauley Pubs. Ltd.

Basil the Bear Cub. Janey Louise Jones. Illus. by Jennie Poh. 2016. (Superfairies Ser.). (ENG.). 56p. (J). (gr. k-3). lib. bdg. 23.99 (978-1-4795-8641-7(2), 130455, Picture Window Bks.) Capstone.

Basil, the Schoolboy: Or, the Heir of Arundel (Classic Reprint) Edward Monro. 2018. (ENG., Illus.). 346p. (J). 31.03 (978-0-332-47371-0(6)) Forgotten Bks.

Basil, Vol. 2 Of 3: A Story of Modern Life (Classic Reprint) W. Wilkie Collins. 2017. (ENG., Illus.). (J). 30.31 (978-0-331-62360-4(9)) Forgotten Bks.

Basil, Vol. 2 Of 3: A Story of Modern Life (Classic Reprint) Wilkie Collins. 2016. (ENG., Illus.). (J). pap. 13.57 (978-1-333-32663-0(7)) Forgotten Bks.

Basil's Big Day. Silas Alexander. 2019. (ENG., Illus.). 40p. (J). pap. 16.95 (978-1-64096-654-3(4)) Newman Springs Publishing, Inc.

Basil's Big Day Out. Alex Daunt. Illus. by Alex Daunt. 2021. (ENG.). 50p. (J). (978-0-2288-6535-3(2)); pap. (978-0-2288-6253-6(1)) Tellwell Talent.

Basil's Unkie Herb. Mary Shaw. 2020. (Unkie Herb Ser.: Vol. 1). (ENG.). 52p. (J). (978-0-2288-2130-4(4)); pap. (978-0-2288-2129-8(0)) Tellwell Talent.

Basis Kit I see Basic Kit - Preschool

Basis of Practical Teaching: A Book in Pedagogy. Elmer Burritt Bryan. 2017. (ENG., Illus.). (J). pap. (978-0-649-52217-0(6)) Trieste Publishing Pty Ltd.

Basket Babies & the Ballad of the Little Half-Chick. Chip Colquhoun. Illus. by Dave Hingley & Mario Coelho. 2022. (Chip Colquhoun & Korky Paul's Fables & Fairy Tales Ser.: Vol. 11). (ENG.). 78p. (J). pap. **(978-1-915703-11-8(5))** Snail Tales.

Basket Ball. Illus. by Kadir Nelson. 2019. (J). (978-1-4847-7181-5(8)) Disney Publishing Worldwide.

Basket Ball & Indoor Baseball for Women (Classic Reprint) Helen Frost. 2018. (ENG., Illus.). 220p. (J). 28.43 (978-0-666-43572-9(3)) Forgotten Bks.

Basket Makers, Vol. 1 of 2 (Classic Reprint) Hewlett. 2018. (ENG., Illus.). 20p. (J). 24.31 (978-0-267-67683-5(2)) Forgotten Bks.

Basket of Chips: A Varied Assortment of Poems & Sketches (Classic Reprint) Joseph Bert Smiley. (ENG., Illus.). (J). 2018. 142p. 26.85 (978-0-332-99519-9(4)); 2016. pap. 9.57 (978-1-334-11939-2(2)) Forgotten Bks.

Basket of Chips (Classic Reprint) John Brougham. 2018. (ENG., Illus.). 414p. (J). 32.44 (978-0-267-74879-2(5)) Forgotten Bks.

Basket of Flowers: Illustrated Edition. Christoph Von Schmid. 2022. (ENG.). 116p. (J). pap. 6.99 **(978-1-61104-607-6(6))** Cedar Lake Pubns.

Basket of Flowers; or Piety & Truth Triumphant: A Tale for the Young (Classic Reprint) Christoph Von Schmid. 2017. (ENG., Illus.). (J). 26.95 (978-0-266-22417-4(2)) Forgotten Bks.

Basket of Moonlight. Aili Mou. 2022. (Interesting Chinese Myths Ser.). (ENG.). 40p. (J). (gr. k-2). pap. 8.95 (978-1-4878-0956-0(5)) Royal Collins Publishing Group Inc. CAN. Dist: Independent Pubs. Group.

Basket, or the Journal of the Basket Fraternity or Lovers of Indian, 1903 (Classic Reprint) Calif Basket Fraternity Pasadena. 2018. (ENG., Illus.). 76p. (J). 25.46 (978-0-267-68187-7(9)) Forgotten Bks.

Basket Woman: A Book of Fanciful Tales for Children. Mary Austin. 2017. (ENG., Illus.). (J). pap. (978-0-649-16107-2(6)) Trieste Publishing Pty Ltd.

Basket Woman: A Book of Fanciful Tales for Children (Classic Reprint) Mary Austin. 2018. (ENG., Illus.). 232p. (J). 28.68 (978-0-364-63186-7(4)) Forgotten Bks.

Basket Woman: A Book of Fanciful Tales for Children, Pp. 1-219. Mary Austin. 2017. (ENG., Illus.). (J). pap. (978-0-649-07171-5(9)) Trieste Publishing Pty Ltd.

Basket-Woman; the White Pigeon; the Orphans; Waste Not, Want Not; Forgive & Forget: Being the Fifth Volume of the Parent's Assistant, or Stories for Children (Classic Reprint) Maria Edgeworth. 2016. (ENG., Illus.). (J). pap. 11.57 (978-1-334-16068-4(6)) Forgotten Bks.

Basket-Woman; the White Pigeon; the Orphans; Waste Not, Want Not; Forgive & Forget: Being the Fifth Volume of the Parent's Assistant, or Stories for Children (Classic Reprint) Maria Edgeworth. 2018. (ENG., Illus.). 234p. (J). 28.72 (978-0-484-39977-7(2)) Forgotten Bks.

Basketball. Thomas K. Adamson. 2019. (Let's Play Sports! Ser.). (ENG., Illus.). 24p. (J). (gr. k-3). lib. bdg. 26.95 (978-1-62617-998-1(0), Blastoff! Readers) Bellwether Media.

Basketball. Valerie Bodden. 2016. (Making the Play Ser.). (ENG.). 24p. (J). (gr. 1-4). lib. bdg. 9.99 (978-1-60818-654-9(7), 20483, Creative Education) Creative Co., The.

Basketball. Katie Chanez. 2019. (Kids' Sports Ser.). (ENG.). 24p. (J). (gr. k-3). lib. bdg. 31.36 (978-1-5321-6545-0(5), 33192, Pop! Cody Koala) Pop!.

Basketball. Lori Dittmer. 2020. (Amazing Sports Ser.). (ENG.). 24p. (J). (gr. 1-3). pap. 9.99 (978-1-62832-775-5(8), 18150, Creative Paperbacks) Creative Co., The.

Basketball, 1 vol. Emilie Dufresne. 2019. (Play Like a Girl Ser.). (ENG.). 32p. (J). (gr. 3-4). pap. 11.50 (978-1-5345-3098-0(3), 6383769b-7851-4023-96df-2def06359922); lib. bdg. 28.88 (978-1-5345-3007-2(X), e1cac35e-e827-48f4-b0db-79385d88f512) Greenhaven Publishing LLC. (KidHaven Publishing).

Basketball. Ashley Gish. 2020. (Amazing Sports Ser.). (ENG.). 24p. (J). (gr. 1-4). (978-1-64026-212-6(1), 18149, Creative Education) Creative Co., The.

Basketball. Contrib. by Will Graves. 2023. (Early Sports Encyclopedias Ser.). (ENG.). 128p. (J). (gr. -1-4). lib. bdg. 47.07 **(978-1-0982-9126-6(3),** 42074, Early Encyclopedias) ABDO Publishing Co.

Basketball. Christina Leaf. 2023. (Sports Fun! Ser.). (ENG., Illus.). (J). (gr. -1-2). lib. bdg. 25.95 Bellwether Media.

Basketball. Contrib. by Alex Monnig. 2022. (Xtreme Moments in Sports Ser.). (ENG., Illus.). 48p. (J). (gr. 3-9). lib. bdg. 34.21 (978-1-5321-9928-8(7), 40645, Abdo & Daughters) ABDO Publishing Co.

Basketball. Julie Murray. 2017. (Sports How To Ser.). (ENG., Illus.). 24p. (J). (gr. -1-2). lib. bdg. 31.36 (978-1-5321-0412-1(X), 26538, Abdo Kids) ABDO Publishing Co.

Basketball. M. K. Osborne. 2020. (Summer Olympic Sports Ser.). (ENG.). 32p. (J). (gr. 2-5). 32.80 (978-1-68151-821-3(X), 10695) Amicus.

Basketball. Dennis Pernu. 2020. (In Focus: Sports Ser.). (ENG., Illus.). 32p. (J). (gr. 2-5). lib. bdg. 29.32 (978-0-7112-4797-0(8), 7a98620b-a529-4fff-b54a-e2bb3c55c8ca) QEB Publishing Inc.

Basketball. Nick Rebman. 2018. (Sports Ser.). (ENG., Illus.). 16p. (J). (gr. k-1). pap. 7.95 (978-1-64185-018-6(3), 1641850183); lib. bdg. 25.64 (978-1-63517-916-3(5), 1635179165) North Star Editions. (Focus Readers).

Basketball. Mari Schuh. 2018. (Spot Ser.). (ENG., Illus.). 16p. (J). (gr. -1-1). pap. 7.99 (978-1-68152-203-6(9), 14734) Amicus.

Basketball. Mari C. Schuh. 2017. (Spot Sports Ser.). (ENG., Illus.). 16p. (J). (gr. k-3). 17.95 (978-1-68151-084-2(7)) Amicus Learning.

Basketball, 1 vol. Cathleen Small. 2018. (Mind vs Muscle: the Psychology of Sports Ser.). (ENG.). 48p. (J). (gr. 5-6). pap. 15.05 (978-1-5382-2536-3(0), 8ba742b6-1ef2-4947-b232-5ac9dd0c2441) Stevens, Gareth Publishing LLLP.

Basketball. Kim Thompson. 2022. (My First Team Ser.). (ENG.). 16p. (J). (gr. -1-1). pap. 7.95 (978-1-63897-535-9(3), 20843); lib. bdg. 25.27 (978-1-63897-420-8(9), 20842) Seahorse Publishing.

Basketball, 1 vol. Thomas Kingsley Troupe. 2022. (Top High School Sports Ser.). (ENG.). 32p. (J). (gr. 3-9). pap. (978-1-0396-4730-5(8), 17335); lib. bdg. (978-1-0396-4603-2(4), 16329) Crabtree Publishing Co. (Crabtree Branches).

Basketball. M. K. Osborne. 2nd ed. 2020. (Summer Olympic Sports Ser.). (ENG., Illus.). 32p. (J). (gr. 2-4). pap. 9.99 (978-1-68152-549-5(6), 10748) Amicus.

Basketball. Felice Arena. Illus. by Tom Jellett. 5th ed. 2017. (Sporty Kids Ser.). 80p. (J). (gr. 1-3). 12.99 (978-0-14-330889-8(0)) Random Hse. Australia AUS. Dist: Independent Pubs. Group.

Basketball: A Guide for Players & Fans. Heather Williams. 2019. (Sports Zone Ser.). (ENG., Illus.). 32p. (J). (gr. 3-6). pap. 7.95 (978-1-5435-7455-5(6), 140895); lib. bdg. 27.99 (978-1-5435-7356-5(8), 140638) Capstone.

Basketball: Science on the Court, 1 vol. Emily Mahoney. 2017. (Science Behind Sports Ser.). (ENG.). 112p. (gr. 7-7). lib. bdg. 41.03 (978-1-5345-6108-3(0), 71dd2f55-e651-4749-8373-3a849bf42ba1, Lucent Pr.) Greenhaven Publishing LLC.

Basketball: Strategy on the Hardwood. Peter Douglas. 2017. (Preparing for Game Day Ser.: Vol. 10). (ENG., Illus.). 79p. (J). (gr. 7-12). 24.95 (978-1-4222-3914-8(4)) Mason Crest.

Basketball Activity & Workbook for Kids. Deeasy Books. 2021. (ENG.). 122p. (J). pap. 10.00 **(978-1-716-20872-0(6))** Indy Pub.

Basketball Belles: How Stanford, Cal, & One Scrappy Player Put Womens Hoops on the Map. Sue Macy. Illus. by Matt Collins. 2019. 32p. (J). (gr. 1-4). pap. 7.99 (978-0-8234-4175-4(X)) Holiday Hse., Inc.

Basketball Bliss: A Coloring Book. Bobo's Children Activity Books. 2016. (ENG., Illus.). (J). pap. 9.33 (978-1-68327-517-6(9)) Sunshine In My Soul Publishing.

Basketball Break. C. C. Joven. Illus. by Álex López. 2017. (Sports Illustrated Kids Starting Line Readers Ser.). (ENG.). 32p. (J). (gr. -1-1). lib. bdg. 22.65 (978-1-4965-4253-3(3), 133932, Stone Arch Bks.) Capstone.

Basketball Breakdown. Jake Maddox. 2016. (Jake Maddox JV Girls Ser.). (ENG., Illus.). 96p. (J). (gr. 4-8). pap. 5.95 (978-1-4965-3676-1(2), 132927); lib. bdg. 26.65 (978-1-4965-3166-7(3), 133202) Capstone. (Stone Arch Bks.).

Basketball Buddies. Elliott Smith. Illus. by Katie Kear. 2020. (Kids' Sports Stories Ser.). (ENG.). 32p. (J). (gr. k-2). pap. 5.95 (978-1-5158-7283-2(1), 201308); lib. bdg. 21.32 (978-1-5158-7094-4(4), 199189) Capstone. (Picture Window Bks.).

Basketball Camp Champ. Jake Maddox. Illus. by Berenice Muñiz. 2020. (Jake Maddox Graphic Novels Ser.). (ENG.). 72p. (J). (gr. 3-8). pap. 6.95 (978-1-4965-8454-0(6), 140979); lib. bdg. 27.99 (978-1-4965-8375-8(2), 140674) Capstone. (Stone Arch Bks.).

Basketball Camp Go-Getter. Dionna L. Mann. Illus. by Amanda Erb. 2022. (Kids' Sports Stories Ser.). (ENG.). 32p. (J). 22.65 (978-1-6663-3900-0(8), 236967); pap. 5.95 (978-1-6663-3901-7(6), 236952) Capstone. (Picture Window Bks.).

Basketball Coloring Book. Tony R. Smith. 2020. (ENG.). 52p. (J). pap. 10.99 **(978-1-952524-34-9(2))** Smith Show Media Group.

Basketball Coloring Book for Kids! Discover a Variety of Unique Basketball Coloring Pages for Children. Bold Illustrations. 2022. (ENG.). 82p. (J). pap. 14.99 (978-1-0717-0702-9(7), Bold Illustrations) FASTLANE LLC.

Basketball Dreams. Chris Paul. Illus. by Courtney Lovett. 2023. (ENG.). 32p. (J). 18.99 (978-1-250-81003-8(5), 900245423) Roaring Brook Pr.

Basketball Dreams: A Sports Coloring Book. Smarter Activity Books for Kids. 2016. (ENG., Illus.). (J). pap. 9.22 (978-1-68374-504-4(3)) Examined Solutions PTE. Ltd.

Basketball for Fun & Fitness, 1 vol. Jeff Mapua. 2019. (Sports for Fun & Fitness Ser.). (ENG.). 32p. (J). (gr. 3-3). pap. 11.53 (978-1-9785-1329-7(1), cf17b5ca-9f14-4a8e-97ee-0df840d370a9) Enslow Publishing, LLC.

Basketball Fun. Tyler Omoth. 2020. (Sports Fun Ser.). (ENG., Illus.). 24p. (J). (gr. k-2). lib. bdg. 29.99 (978-1-9771-2474-6(7), 200486, Pebble) Capstone.

Basketball Game. Anne Depue. 2016. (Spring Forward Ser.). (J). (gr. k). (978-1-4900-3709-7(8)) Benchmark Education Co.

Basketball Game. Hart Snider. Illus. by Sean Covernton. 2022. (National Film Board of Canada Ser.). (ENG.). 87p. (J). (gr. 6-8). 19.95 (978-0-2281-0391-2(6), f649a62d-8c4a-4eb2-bc3b-7b4b8686c067) Firefly Bks., Ltd.

Basketball GOATs: The Greatest Athletes of All Time. Bruce Berglund. 2022. (Sports Illustrated Kids: GOATs Ser.). (ENG.). 32p. (J). 31.32 (978-1-6639-7633-8(3), 214988); pap. 7.95 (978-1-6663-2155-5(9), 214982) Capstone. (Capstone Pr.).

Basketball Hero Is Born: The Hero Book Series. Jerald LeVon Hoover. 2022. (ENG.). 34p. (J). pap. **(978-1-387-56299-2(1))** Lulu Pr., Inc.

Basketball Is a Numbers Game: A Fan's Guide to Stats. Eric Braun. 2018. (Know the Stats Ser.). (ENG., Illus.). 32p. (J). (gr. 3-9). lib. bdg. 28.65 (978-1-5435-0608-2(9), 137392, Capstone Pr.) Capstone.

Basketball Journey. Sanaa Pinnock. 2021. (ENG.). 24p. (J). pap. 12.99 (978-1-0879-5817-0(2)) Indy Pub.

Basketball Notebook: Perfect the Kid Who Luvs Basketball! Created 4 The Kid. 2022. (ENG.). 50p. (YA). pap. **(978-1-387-42781-9(4))** Lulu Pr., Inc.

Basketball Playbook: Complete Basketball Court Diagrams to Draw Game Plays, Drills, & Scouting & Creating a Playbook (Coach Playbook Essentials) Fiona Ortega. 2023. (ENG.). 102p. (J). pap. 13.00 **(978-1-312-45725-6(2))** Lulu Pr., Inc.

Basketball Playbook: The Ultimate Basketball Play Designer Journal with Blank Court Diagrams to Draw Game Plays, Drills, & Scouting & Creating a Playbook. Fiona Ortega. 2023. (ENG.). 102p. (J). pap. 13.99 **(978-1-312-45927-4(1))** Lulu Pr., Inc.

Basketball Records. Thomas K. Adamson. 2018. (Incredible Sports Records Ser.). (ENG., Illus.). 24p. (J). (gr. 3-8). pap. 8.99 (978-1-61891-312-8(3), 12107, Blastoff! Discovery) Bellwether Media.

Basketball Records. Chrös McDougall. 2020. (Sports Records Ser.). (ENG., Illus.). 32p. (J). (gr. 2-3). pap. 9.95 (978-1-64493-436-4(1), 1644934361); lib. bdg. 31.35 (978-1-64493-360-2(8), 1644933608) North Star Editions. (Focus Readers).

Basketball Records Smashed! Brendan Flynn. 2023. (Sports Illustrated Kids: Record Smashers Ser.). (ENG.). 32p. (J). pap. 7.99 **(978-1-6690-7153-2(7),** 252990, Capstone Pr.) Capstone.

Basketball Scenes to Color: A Coloring Book. Jupiter Kids. 2016. (ENG., Illus.). 106p. (J). pap. 12.55 (978-1-68326-230-5(1), Jupiter Kids (Childrens & Kids Fiction)) Speedy Publishing LLC.

Basketball Science. Nicki Clausen & Jeff Grace. 2017. (Got Game Ser.). (ENG., Illus.). 32p. (J). (gr. 2-7). 9.95 (978-1-68072-493-6(2), Bolt) Black Rabbit Bks.

Basketball Science. Nicki Clausen Grace & Jeff Grace. 2017. (Got Game Ser.). (ENG.). 32p. (J). (gr. 4-6). pap. 9.99 (978-1-64466-184-0(5), 11416); (Illus.). lib. bdg. (978-1-68072-144-7(5), 10472) Black Rabbit Bks. (Bolt).

Basketball Season Ticket: The Ultimate Fan Guide. Thomas Neumann. 2018. (Season Ticket Ser.). (ENG.). 112p. (J). (gr. 3-9). pap. 9.99 (978-1-63494-035-1(0), 1634940350) Pr. Room Editions LLC.

Basketball Smarts, 10 vols. 2016. (Basketball Smarts Ser.). 32p. (gr. 3-3). (ENG.). 139.65 (978-1-4994-2249-8(0), 9f78d706-1041-4222-bc87-48f414ef08f9); pap. 50.00 (978-1-4994-2470-6(1)) Rosen Publishing Group, Inc., The. (PowerKids Pr.).

Basketball Stars. Adam Elliott Segal & Adam Elliott Segal. 2017. (ENG., Illus.). 64p. (J). (gr. 4-7). 19.95 (978-1-77085-827-5(X), 4d5a977e-a73b-45bb-9927-ad1fb50b93fa); pap. 6.95 (978-1-77085-772-8(9), f0ee451a-8e87-41b0-b35f-de2b0513e7da) Firefly Bks., Ltd.

Basketball Stats & the Stories Behind Them: What Every Fan Needs to Know. Eric Braun. 2016. (Sports Stats & Stories Ser.). (ENG., Illus.). 48p. (J). (gr. 4-6). lib. bdg. 32.65 (978-1-4914-8216-2(8), 130678, Capstone Pr.) Capstone.

Basketball: Stats, Facts, & Figures, 1 vol. Kate Mikoley. 2017. (Do Math with Sports Stats! Ser.). (ENG.). 32p. (J). (gr. 3-4). pap. 11.50 (978-1-5382-1129-8(7), 85609528-00f4-46c8-9fb3-d75c8698bfe1); lib. bdg. 28.27 (978-1-5382-1131-1(9), 1bace44b-644e-45a5-99de-da4b0188086d) Stevens, Gareth Publishing LLLP.

Basketball Super Stats. Jeff Savage. 2017. (Pro Sports Stats (Alternator Books (r)) Ser.). (ENG., Illus.). 32p. (J). (gr. 3-6). 29.32 (978-1-5124-3410-1(8), 137c91d6-7e1b-4b54-97cc-b07adf87db07, Lerner Pubns.) Lerner Publishing Group.

Basketball Superstar Kevin Durant. Jon M. Fishman. 2019. (Bumba Books (r) — Sports Superstars Ser.). (ENG., Illus.). 24p. (J). (gr. -1-1). 26.65 (978-1-5415-5736-9(0), 57924ba1-152a-41a4-864d-7b0768b5665f); pap. 8.99 (978-1-5415-7361-1(7), f309cb75-7cdb-4a62-8a73-d0b53cb84d05) Lerner Publishing Group. (Lerner Pubns.).

Basketball Superstar Lebron James. Jon M. Fishman. 2019. (Bumba Books (r) — Sports Superstars Ser.). (ENG.,

B

Illus.). 24p. (J). (gr. -1-1). 26.65 (978-1-5415-5737-6(9), d7a85851-33b6-44a6-8449-ea06c001372c); pap. 8.99 (978-1-5415-7362-8(5), 5271e50e-acff-4275-8305-ae1df6fc2ac9) Lerner Publishing Group. (Lerner Pubns.).

Basketball Superstar Stephen Curry. Jon M. Fishman. 2019. (Bumba Books (r) — Sports Superstars Ser.). (ENG., Illus.). 24p. (J). (gr. -1-1). lib. bdg. 26.65 (978-1-5415-3848-1(X), 0998a876-e434-4d17-8454-a610e3ed3fe4, Lerner Pubns.) Lerner Publishing Group.

Basketball Superstars. Nicki Clausen & Jeff Grace. 2017. (Got Game Ser.). (ENG.). 32p. (gr. 2-7). 9.95 (978-1-68072-491-2(6), Bolt) Black Rabbit Bks.

Basketball Superstars. Nicki Clausen Grace & Jeff Grace. 2017. (Got Game Ser.). (ENG.). 32p. (J). (gr. 4-6). pap. 9.99 (978-1-64466-182-6(9), 11412); (Illus.). lib. bdg. (978-1-68072-142-3(9), 10468) Black Rabbit Bks. (Bolt).

Basketball Teams by the Numbers. Nicki Clausen & Jeff Grace. 2017. (Got Game Ser.). (ENG.). 32p. (gr. 2-7). 9.95 (978-1-68072-492-9(4), Bolt) Black Rabbit Bks.

Basketball Teams by the Numbers. Nicki Clausen Grace & Jeff Grace. 2017. (Got Game Ser.). (ENG.). 32p. (J). (gr. 4-6). pap. 9.99 (978-1-64466-183-3(7), 11414); (Illus.). lib. bdg. (978-1-68072-143-0(7), 10470) Black Rabbit Bks. (Bolt).

Basketball Time. Cecilia Smith. 2022. (Entry Level Readers Ser.). (ENG.). (J). 20p. pap. 12.99 **(978-1-5324-4162-2(2))**; 16p. (gr. -1-2). 24.99 **(978-1-5324-3876-9(1))**; 16p. (gr. -1-2). pap. 12.99 **(978-1-5324-2767-1(0))** Xist Publishing.

Basketball Tournament. Virginia Loh-Hagan. 2016. (D. I. Y. Make It Happen Ser.). (ENG., Illus.). 32p. (J). (gr. 4-8). 32.07 (978-1-63470-495-3(9), 207711) Cherry Lake Publishing.

Basketball Town. Scott Rothman. Illus. by Darnell Johnson. 2023. (ENG.). 40p. (J). (gr. -1-3). 17.99 **(978-1-5362-1977-7(0))** Candlewick Pr.

Basketball: Who Does What?, 1 vol. Ryan Nagelhout. 2017. (Sports: What's Your Position? Ser.). (ENG.). 32p. (gr. 3-4). lib. bdg. 28.27 (978-1-5382-0422-1(3), e01b9065-3793-4546-8aab-d838a47ef24a) Stevens, Gareth Publishing LLLP.

Basketball Wish. Donna Christie. Illus. by Theresa Richarz. 2021. (ENG.). 60p. (J). (978-1-0391-0817-2(2)); pap. (978-1-0391-0816-5(4)) FriesenPress.

Basketball with Jimmy. Elsie Guerrero. I.t. ed. 2021. (ENG.). 40p. (J). 21.99 (978-1-0880-1714-2(2)) Elsie Publishing Co.

Basketballogy. Kevin Sylvester. 2017. (ENG., Illus.). 92p. (J). (gr. 4-7). 16.95 (978-1-55451-932-3(2)); pap. 9.95 (978-1-55451-931-6(4)) Annick Pr., Ltd. CAN. Dist: Publishers Group West (PGW).

Basketball's Best & Worst: A Guide to the Game's Good, Bad, & Ugly. Sean McCollum. 2018. (Best & Worst of Sports Ser.). (ENG., Illus.). 32p. (J). (gr. 3-9). lib. bdg. 28.65 (978-1-5435-0612-9(7), 137396, Capstone Pr.) Capstone.

Basketball's G. O. A. T. Michael Jordan, Lebron James, & More. Joe Levit. 2019. (Sports' Greatest of All Time (Lerner (tm) Sports) Ser.). (ENG., Illus.). 32p. (J). (gr. 2-5). 30.65 (978-1-5415-5601-0(1), 858e399f-82ce-47e7-ad5f-55dff6a4d544); pap. 9.99 (978-1-5415-7442-7(7), b99418ab-db9c-4b09-8bc9-3a47589aa35d) Lerner Publishing Group. (Lerner Pubns.).

Basketball's Great Players. Megan Cooley Peterson. 2016. (Rank It! Ser.). (ENG.). 32p. (J). (gr. 4-6). pap. 9.99 (978-1-64466-131-4(4), 10228); (Illus.). 31.35 (978-1-68072-059-4(7), 10224) Black Rabbit Bks. (Bolt).

Basketball's Greatest Buzzer-Beaters & Other Crunch-Time Heroics. Thom Storden. 2020. (Sports Illustrated Kids Crunch Time Ser.). (ENG., Illus.). 48p. (J). (gr. 3-6). pap. 8.95 (978-1-4966-8734-0(5), 201398); lib. bdg. 31.99 (978-1-4966-8729-6(9), 201393) Capstone. (Capstone Pr.).

Basketball's Greatest Stars (Set), 6 vols. 2016. (Basketball's Greatest Stars Ser.). (ENG.). 32p. (J). (gr. 3-9). lib. bdg. 196.74 (978-1-68078-542-5(7), 23763, SportsZone) ABDO Publishing Co.

Basketball's MVPs, 12 vols., Set. Dan Osier. Incl. Dirk Nowitzki. lib. bdg. 26.27 (978-1-4488-2524-0(5), 9aef8bd6-941f-4e92-9248-f01bab0c3991); Kevin Garnett. lib. bdg. 26.27 (978-1-4488-2526-4(1), 4b198290-6e57-45e5-80d7-869513ac8ef5); Kobe Bryant. lib. bdg. 26.27 (978-1-4488-2523-3(7), 2870bf5a-e981-410b-9d93-df098b4e64ac); LeBron James. 26.27 (978-1-4488-2522-6(9), 44baf44b-f3ce-47f0-973d-0348d10e3b65); Steve Nash. lib. bdg. 26.27 (978-1-4488-2525-7(3), 35234ef1-31a2-44b2-a617-be6954947f5b); Tim Duncan. lib. bdg. 26.27 (978-1-4488-2527-1(X), de356c03-5abb-454d-a359-6198357ea623); (J). (gr. 1-2). (Basketball's MVPs Ser.). (ENG., Illus.). 24p. 2011. Set lib. bdg. 157.62 (978-1-4488-2906-4(2), a302f202-37f8-43b6-8347-72400339e038, PowerKids Pr.) Rosen Publishing Group, Inc., The.

Basketball's New Wave: The Young Superstars Taking over the Game. Brian Mahoney. 2019. (Rising Stars Set 2 Ser.). (ENG.). 128p. (J). (gr. 3-9). pap. 9.99 (978-1-63494-087-0(3), 1634940873) Pr. Room Editions LLC.

Basketball's Record Breakers. Shane Frederick. 2017. (Record Breakers Ser.). (ENG., Illus.). 32p. (J). (gr. 3-9). lib. bdg. 27.99 (978-1-5157-3759-9(4), 133692, Capstone Pr.) Capstone.

Basketbrawl Study Session: Book 2. Vinay Sharma & Jason M. Burns. Illus. by Dustin Evans. 2023. (Krish & the Robot Kicks Ser.). (ENG.). 32p. (J). (gr. 2-4). lib. bdg. 30.65 **(978-1-62920-758-2(6),** 39e761ad-6e6d-4e78-8fd0-5f32983eab20) Full Tilt Pr. NZL. Dist: Lerner Publishing Group.

Basketful of All Sorts of Eggs (Classic Reprint) Anne S. Walkins. (ENG., Illus.). (J). 2018. 28p. 24.49 (978-0-484-34408-1(0)); 2016. pap. 7.97 (978-1-333-24911-3(X)) Forgotten Bks.

Basking Shark. Jennifer Boothroyd. 2022. (Shark Shock! Ser.). (ENG., Illus.). 24p. (J). (gr. 2-5). lib. bdg. 26.99 (978-1-63691-528-9(0), 18641) Bearport Publishing Co., Inc.

Basking Sharks. Julie Murray. 2019. (Sharks Ser.). (ENG., Illus.). 24p. (J). (gr. k-4). lib. bdg. 31.36 (978-1-5321-2919-3(X), 33120, Abdo Zoom-Dash) ABDO Publishing Co.

Basking Sharks. Rebecca Pettiford. 2021. (Shark Frenzy Ser.). (ENG., Illus.). 24p. (J). (gr. k-3). lib. bdg. 26.95 (978-1-64487-437-0(7), Blastoff! Readers) Bellwether Media.

Basking Sharks. Laura Hamilton Waxman. 2016. (Sharks Ser.). (ENG., Illus.). 32p. (J). (gr. 2-5). pap. 9.99 (978-1-68152-087-2(7), 15732); lib. bdg. 20.95 (978-1-60753-974-2(8), 15724) Amicus.

Basque Dragon. Adam Gidwitz & Jesse Casey. Illus. by Hatem Aly. (Unicorn Rescue Society Ser.: 2). (J). (gr. 2-5). 2019. 208p. 7.99 (978-0-7352-3175-7(3), Puffin Books); 2018. 176p. 14.99 (978-0-7352-3173-3(7), Dutton Books for Young Readers) Penguin Young Readers Group.

Basque Dragon. Adam Gidwitz et al. ed. 2020. (Unicorn Rescue Society Ser.). (ENG.). 194p. (J). (gr. 4-5). 18.96 (978-1-64697-155-8(8)) Penworthy Co., LLC, The.

Basque Legends, Vol. 4: Collected, Chiefly in the Labourd (Classic Reprint) Wentworth Webster Julien Vinson. 2017. (ENG., Illus.). (J). 30.04 (978-0-265-17783-9(9)) Forgotten Bks.

Básquetbol. Lucía M. Sánchez & Joi Washington. 2017. (1-3A Deportes Ser.). (SPA.). 16p. (J). pap. 9.60 (978-1-64053-124-6(6), ARC Pr. Bks.) American Reading Co.

Bass Guitar. Matilda James. 2021. (Discover Musical Instruments Ser.). (ENG.). 20p. (J). (gr. k-3). 9.99 (978-1-5324-1657-6(1)); pap. 9.99 (978-1-5324-1656-9(3)) Xist Publishing.

Basset: A Village Chronical (Classic Reprint) S. G. Tallentyre. 2017. (ENG., Illus.). (J). 30.25 (978-0-265-18867-5(9)) Forgotten Bks.

Basset Hounds. Susan Heinrichs Gray. 2016. (J). (978-1-4896-4579-1(9)) Weigl Pubs., Inc.

Basset Hounds. Paige V. Polinsky. 2018. (Awesome Dogs Ser.). (ENG., Illus.). 24p. (J). (gr. k-3). lib. bdg. 26.95 (978-1-62617-738-3(4), Blastoff! Readers) Bellwether Media.

Bassey Boys. Michelle St Claire. 2021. (HAT.). 92p. (J). pap. 16.99 (978-1-945891-87-8(4)) May 3rd Bks., Inc.

Bastard Boys of Montezuma. Jaromy Henry. 2019. (ENG.). 264p. (J). pap. **(978-0-359-36062-8(9))** Lulu Pr., Inc.

Basteln Für Kleine Mädchen: 20 Vollfarbige Vorlagen Für Zu Hause. James Manning. 2019. (Basteln Für Kleine Mädchen Ser.: Vol. 7). (GER., Illus.). 42p. (J). (gr. 2-6). pap. (978-1-83900-829-0(6)) West Suffolk CBT Service Ltd., The.

Bastien & the Rogue Musketeers. Philippe Cantin. 2018. (Musketeers of Orleandia Ser.: Vol. 1). (ENG., Illus.). 228p. (J). pap. 8.95 (978-0-6484184-0-5(5)) Horn, Jonathan.

Bastien & the Sceptre of Roland. Philippe Cantin. 2019. (Musketeers of Orleandia Ser.: Vol. 2). (ENG.). 214p. (J). pap. (978-0-6484184-9-8(9)) arima publishing.

Bastille vs. the Evil Librarians. Brandon Sanderson & Janci Patterson. Illus. by Hayley Lazo. (Alcatraz Versus the Evil Librarians Ser.: 6). (ENG.). 272p. (J). 2023. pap. 9.99 **(978-1-250-81109-7(0),** 900245692); 2022. 17.99 (978-1-250-81106-6(6), 900245691) Doherty, Tom Assocs., LLC. (Starscape).

Bastonnais: Tale of the American Invasion of Canada in 1775-76 (Classic Reprint) John Lesperance. 2018. (ENG., Illus.). (J). 360p. 31.34 (978-1-391-20397-3(6)); 362p. pap. 13.97 (978-1-390-96051-8(X)) Forgotten Bks.

Bat. Melissa Gish. (Spotlight on Nature Ser.). (ENG.). 32p. (J). (gr. 4-7). 2021. (978-1-64026-337-6(3), 18623, Creative Education); 2020. pap. 9.99 (978-1-62832-869-1(X), 18624, Creative Paperbacks) Creative Co., The.

Bat. Elise Gravel. (Disgusting Critters Ser.). (ENG.). 32p. (J). (gr. 1-4). 2021. pap. 6.99 (978-0-7352-6650-6(6)); 2020. 10.99 (978-0-7352-6648-3(4)) Tundra Bks. CAN. (Tundra Bks.). Dist: Penguin Random Hse. LLC.

Bat: An Idyl of New York (Classic Reprint) Edward Marshall. 2017. (ENG., Illus.). (J). 29.92 (978-0-265-66320-2(2)); pap. 13.57 (978-1-5276-3562-3(7)) Forgotten Bks.

Bat & Sloth Hang Around (Bat & Sloth: Time to Read, Level 2) Leslie Kimmelman. Illus. by Seb Braun. 2020. (Time to Read Ser.). (ENG.). 32p. (J). (gr. k-2). pap. 4.99 (978-0-8075-0580-9(3), 0807505803); 12.99 (978-0-8075-0585-4(4), 807505854) Whitman, Albert & Co.

Bat & Sloth Lost & Found (Bat & Sloth: Time to Read, Level 2) Leslie Kimmelman. Illus. by Seb Braun. 2020. (Time to Read Ser.). (ENG.). 32p. (J). (gr. k-2). pap. 3.99 (978-0-8075-0579-3(X), 080750579X); 12.99 (978-0-8075-0586-1(2), 807505862) Whitman, Albert & Co.

Bat & Sloth Set #1 (Bat & Sloth: Time to Read, Level 2) Leslie Kimmelman. Illus. by Seb Braun. 2021. (Time to Read Ser.). (ENG.). 128p. (J). (gr. k-2). pap., pap., pap. 14.99 (978-0-8075-0566-3(8), 807505668) Whitman, Albert & Co.

Bat & Sloth Solve a Mystery (Bat & Sloth: Time to Read, Level 2) Leslie Kimmelman. Illus. by Seb Braun. 2021. (Time to Read Ser.). 32p. (J). (gr. k-2). pap. 3.99 (978-0-8075-0567-0(6), 807505676) Whitman, Albert & Co.

Bat & Sloth Solve a Mystery (Bat & Sloth: Time to Read, Level 2) Leslie Kimmelman. Illus. by Seb Braun. 2021. (Time to Read Ser.). (ENG.). 32p. (J). (gr. k-2). 12.99 (978-0-8075-0582-3(X), 080750582X) Whitman, Albert & Co.

Bat & Sloth Throw a Party (Bat & Sloth: Time to Read, Level 2) Leslie Kimmelman. Illus. by Seb Braun. 2021. (Time to Read Ser.). 32p. (J). (gr. k-2). pap. 3.99 (978-0-8075-0573-1(0), 807505730) Whitman, Albert & Co.

Bat & Sloth Throw a Party (Bat & Sloth: Time to Read, Level 2) Leslie Kimmelman. Illus. by Seb Braun. 2021. (Time to Read Ser.). (ENG.). 32p. (J). (gr. k-2). 12.99 (978-0-8075-0581-6(1), 807505811) Whitman, Albert & Co.

Bat & the End of Everything. Elana K. Arnold. Illus. by Charles Santoso. (Bat Ser.: 3). (ENG.). 192p. (J). (gr. 1-5). 2020. pap. 6.99 (978-0-06-279845-9(6)); 2019. 16.99 (978-0-06-279844-2(8)) HarperCollins Pubs. (Walden Pond Pr.).

Bat & the Waiting Game. Elana K. Arnold. Illus. by Charles Santoso. (Bat Ser.: 2). (ENG.). (J). (gr. 1-5). 2019. 208p. pap. 9.99 (978-0-06-244586-5(3)); 2018. 192p. 16.99 (978-0-06-244585-8(5)) HarperCollins Pubs. (Walden Pond Pr.).

Bat Blues. Alyssa Holmes. 2021. 24p. (J). pap. 10.00 (978-0-578-61541-7(X)) BookBaby.

Bat Book. DK. 2020. (Illus.). 48p. (J). (978-0-241-41069-1(X)) Dorling Kindersley Publishing, Inc.

Bat Book. Charlotte Milner. Illus. by Charlotte Milner. 2020. (Conservation for Kids Ser.). (ENG., Illus.). 48p. (J). (gr. k-3). 15.99 (978-1-4654-9049-0(3), DK Children) Dorling Kindersley Publishing, Inc.

Bat-Boy Tim Says Boo! Sally Rippin. ed. 2022. (School of Monsters Ser.). (ENG.). 33p. (J). (gr. k-1). 19.46 **(978-1-68505-429-8(3))** Penworthy Co., LLC, The.

Bat Cave. Jonathan Walker. Ed. by Lisa Zahn. Illus. by Rosaria Costa. 2019. (ENG.). 38p. (J). (gr. 2-4). (978-1-9997606-4-9(6)); pap. (978-1-9997606-5-6(4)) Chirpy Stories.

Bat Citizens: Defending the Ninjas of the Night. Rob Laidlaw. (Illus.). (J). 2020. 52p. (gr. 4-7). pap. 15.95 (978-1-77278-108-3(8)); 2018. (ENG., 48p. (gr. 3-7). 21.95 (978-1-77278-039-0(1)) Pajama Pr. CAN. Dist: Publishers Group West (PGW).

Bat Colony's Search for a New Home. Mary Ellen Klukow. Illus. by Albert Pinilla. 2019. (Animal Habitats at Risk Ser.). (ENG.). 24p. (J). (gr. 1-3). pap. 9.99 (978-1-68152-486-3(4), 11072) Amicus.

Bat Count: a Citizen Science Story, 1 vol. Anna Forrester. Illus. by Susan Detwiler. 2017. (ENG.). 32p. (J). (gr. k-3). 17.95 (978-1-62855-894-4(6)) Arbordale Publishing.

Bat Does That. Lynne Cossman. 2018. (ENG.). 28p. (J). pap. 14.52 (978-0-359-12585-2(9)) Lulu Pr., Inc.

Bat in the Barn: Practicing the B Sound, 1 vol. Whitney Walker. 2016. (Rosen Phonics Readers Ser.). (ENG., Illus.). 8p. (J). (gr. -1-2). pap. (978-1-5081-3075-8(2), 385f63d7-74ed-48e5-8e9c-ff88db4aa892, Rosen Classroom) Rosen Publishing Group, Inc., The.

Bat Masterson & the Peace League. Beth Roose. 2022. (ENG.). 224p. (YA). 19.99 (978-1-0878-7580-4(3)) Primedia eLaunch LLC.

Bat Migration. Carolyn Bennett Fraiser. 2023. (Animal Migrations Ser.). (ENG., Illus.). 32p. (J). pap. 9.95 **(978-1-63739-661-2(9),** Focus Readers) North Star Editions.

Bat Migration. Contrib. by Carolyn Bennett Fraiser. 2023. (Animal Migrations Ser.). (ENG., Illus.). 32p. (J). lib. bdg. 31.35 **(978-1-63739-604-9(X),** Focus Readers) North Star Editions.

Bat, Not a Witch: A Leafy Tom Adventure. Robin Buckallew. 2022. (ENG.). 210p. (YA). pap. **(978-1-387-60033-5(8))** Lulu Pr., Inc.

Bat Wing. Sax Rohmer, pseud. 2018. (ENG., Illus.). 290p. (J). pap. (978-93-5329-093-1(7)) Alpha Editions.

Bat Wing Bowles (Classic Reprint) Dane Coolidge. 2017. (ENG., Illus.). (J). 330p. 30.70 (978-0-484-12941-1(4)); pap. 13.57 (978-0-259-47834-8(2)) Forgotten Bks.

Bata Viajera. Allyson Collins. 2022. (SPA.). 20p. (J). 24.99 **(978-1-0880-6965-3(7))** Indy Pub.

Bataille Fantastique des Roys Rodilardus et Croacus: Traduction du Latin (Classic Reprint) Elisius Calentius. 2018. (FRE., Illus.). (J). 134p. 26.68 (978-1-391-70195-0(X)); 136p. pap. 9.57 (978-1-391-09175-4(2)) Forgotten Bks.

Batalla de Los Escarabajos. M. G. Leonard. 2019. (SPA.). 392p. (J). (gr. 4-7). pap. 19.95 (978-607-527-692-2(0)) Editorial Oceano de Mexico MEX. Dist: Independent Pubs. Group.

Batalla de Tirra. Lee Bacon. 2017. (SPA.). 384p. (J). (gr. 4-6). pap. 11.99 (978-987-747-320-9(8)) V&R Editoras.

Batallas de Aquiles, Las. Francisco Trujillo. 2018. (SPA.). 120p. (YA). pap. 6.95 (978-607-453-023-0(8)) Selector, S.A. de C.V. MEX. Dist: Spanish Pubs., LLC.

Batallas de la Guerra Civil. Daniel Rosen. 2017. (Vitales Ser.). (SPA.). (YA). (gr. 6-8). pap. 10.99 (978-1-5021-6879-5(0)) Benchmark Education Co.

Batallas de la Guerra Civil - 6 Pack: Set of 6 Common Core Edition. Daniel Rosen. 2017. (Vitales Ser.). (SPA.). (YA). (gr. 6-8). 75.00 (978-1-5021-7101-6(5)) Benchmark Education Co.

Batbot! (DC Batman) David Croatto. Illus. by Dan Schoening. 2021. (Little Golden Book Ser.). (ENG.). 24p. (J). (-k). 5.99 (978-0-593-38041-3(X), Golden Bks.) Random Hse. Children's Bks.

Batcat, Bk. 1. Meggie Ramm. 2023. (Batcat Ser.: 1). (ENG., Illus.). 96p. (J). (gr. 1-4). 13.99 (978-1-4197-5657-3(5), 1744301, Amulet Bks.) Abrams, Inc.

Batch Made in Heaven: a Wish Novel. Suzanne Nelson. 2021. (ENG.). 272p. (J). (gr. 3-7). pap. 7.99 (978-1-338-64050-2(X)) Scholastic, Inc.

Bate Bate, ¡disparate! Mad Libs: ¡el Mejor Juego de Palabras Del Mundo! Yanitzia Canetti. Ed. by Adriana Dominguez. 2022. (Mad Libs en Español Ser.). 48p. (J). (gr. 3-7). pap. 4.99 (978-0-593-51915-8(9), Mad Libs) Penguin Young Readers Group.

Bateau de Reve. Veronique Barbotin. 2016. (FRE., Illus.). (J). pap. (978-2-917822-47-0(3)) Pgcom Editions.

Bateau MagiqueThe Magic Boat, 1 vol. Kit Pearson & Katherine Farris. Tr. by Rachel Martinez from ENG. Illus. by Gabrielle Grimard. 2019. Orig. Title: The Magic Boat. (FRE.). 32p. (J). (gr. -1-k). 19.95 (978-1-4598-2324-2(9)) Orca Bk. Pubs. USA.

Batgirl: An Origin Story. Laurie S. Sutton. 2020. (DC Super Heroes Origins Ser.). (ENG., Illus.). 48p. (J). (gr. k-2). pap. 4.95 (978-1-5158-7806-3(6), 203222); lib. bdg. 23.99 (978-1-5158-7802-5(3), 203218) Capstone. (Stone Arch Bks.).

Batgirl: New Hero of the Night (Backstories) Matthew Manning. ed. 2017. (Backstories Ser.). lib. bdg. 16.00 (978-0-606-39731-5(0)) Turtleback.

Batgirl at Super Hero High (DC Super Hero Girls) Lisa Yee. 2017. (ENG., Illus.). 240p. (J). (gr. 3-7). 13.99 (978-1-101-94065-5(4), Random Hse. Bks. for Young Readers) Random Hse. Children's Bks.

Batgirl Classic: on the Case! Liz Marsham. Illus. by Lee Ferguson. 2018. (I Can Read Level 2 Ser.). 32p. (J). (gr. -1-3). pap. 4.99 (978-0-06-236095-3(7)) HarperCollins Pubs.

Batgirl on the Case! Liz Marsham. ed. 2018. (Justice League Classic: I Can Read! Ser.). (Illus.). 30p. (J). lib. bdg. 13.55 (978-0-606-41049-6(X)) Turtleback.

Bath: Book 73. William Ricketts. Illus. by Dean Maynard. 2023. (Tas & Friends Ser.). (ENG.). 20p. (J). (gr. -1-k). pap. 7.99 **(978-1-76127-073-4(7),** 68063876-0833-425e-8c24-6fe0f87162c2) Knowledge Bks. & Software AUS. Dist: Lerner Publishing Group.

Bath! Bath! Bath! Douglas Florian. Illus. by Christiane Engel. 2018. (Baby Steps Ser.). (ENG.). 18p. (J). (gr. -1 — 1). bds. 7.99 (978-1-4998-0485-0(7)) Little Bee Books Inc.

Bath Comedy (Classic Reprint) Agnes Castle. 2017. (ENG., Illus.). (J). 28.64 (978-0-331-20463-6(0)) Forgotten Bks.

Bath for Bandit. Brenda Ponnay. Illus. by Brenda Ponnay. 2022. (We Can Readers Ser.). (ENG.). (J). 20p. pap. 12.99 **(978-1-5324-4128-8(2))**; 16p. (gr. -1-1). 24.99 **(978-1-5324-3526-3(6))**; 16p. (gr. -1-1). pap. 12.99 **(978-1-5324-3009-1(4))** Xist Publishing.

Bath in an English Tub (Classic Reprint) Charles Battell Loomis. 2018. (ENG., Illus.). 162p. (J). 27.24 (978-0-483-38326-5(0)) Forgotten Bks.

Bath Keepers, or Paris in Those Days, Vol. 1 (Classic Reprint) Paul de Kock. 2017. (ENG., Illus.). (J). 31.78 (978-0-265-41335-7(4)) Forgotten Bks.

Bath Keepers, or Paris in Those Days, Vol. 2 (Classic Reprint) Paul de Kock. 2018. (ENG., Illus.). 418p. (J). 32.52 (978-0-483-91825-2(3)) Forgotten Bks.

Bath Monster. Colin Boyd. Illus. by Tony Ross. 2016. (ENG.). 32p. (J). (gr. -1-3). 17.99 (978-1-5124-0426-5(8), 3ef4f4ac-9d75-45b3-80f9-9db52df2b281) Lerner Publishing Group.

Bath Time! Sandra Boynton. Illus. by Sandra Boynton. 2023. (ENG., Illus.). 10p. (J). (gr. -1 — 1). 9.99 **(978-1-6659-2520-4(5))** Simon & Schuster Children's Publishing.

Bath Time. Susan Hughes. 2017. (Time To Ser.). (ENG., Illus.). 14p. (J). (gr. -1). bds. 7.99 (978-1-55451-947-7(0)) Annick Pr., Ltd. CAN. Dist: Publishers Group West (PGW).

Bath Time. New Holland Publishers & New Holland Publishers. 2023. (ENG.). 6p. (J). (— 1). 9.99 **(978-1-76079-560-3(7))** New Holland Pubs. Pty. Ltd. AUS. Dist: Independent Pubs. Group.

Bath Time! Eric Walters. Illus. by Christine Battuz. 2020. (ENG.). 20p. (J). (gr. -1 — 1). bds. 10.95 (978-1-4598-2130-9(0)) Orca Bk. Pubs. USA.

Bath Time: From the Adventures of Bilberry Buckley Bartle Bear. Marie Serena. 2022. (ENG., Illus.). 28p. (J). pap. 12.95 **(978-1-0980-9811-7(0))** Christian Faith Publishing.

Bath Time & Bedtime (Iggy Iguanodon: Time to Read, Level 2) Maryann Macdonald. Illus. by Jo Fernihough. 2020. (Time to Read Ser.). (ENG.). 48p. (J). (gr. k-2). 12.99 (978-0-8075-3641-4(5), 0807536415) Whitman, Albert & Co.

Bath Time for Johnny. Karen Lee. 2021. (ENG.). 20p. (J). pap. 12.49 (978-1-6628-1297-2(3)) Salem Author Services.

Bath Time for Pepper. Nicole Otto. Illus. by Brittany Shaffer. 2020. (ENG.). 22p. (J). 22.95 (978-1-64468-765-9(8)); pap. 12.95 (978-1-64468-764-2(X)) Covenant Bks.

Bath Time Maine. Adam Gamble & Mark Jasper. Illus. by Suwin Chan. 2021. (Good Night Our World Ser.). 8p. (J). (— 1). 7.95 (978-1-60219-970-5(1)) Good Night Bks.

Bath Time Mermaids. Adam Gamble & Mark Jasper. Illus. by Suwin Chan. 2021. (Good Night Our World Ser.). 8p. (J). (— 1). 7.95 (978-1-60219-879-1(9)) Good Night Bks.

Bath Time Physics. Jill Esbaum & WonderLab Group. 2023. (Big Science for Tiny Tots Ser.). (ENG.). 24p. (J). (— 1). bds. 8.99 (978-1-5362-2965-3(2), MIT Kids Press) Candlewick Pr.

Bath Time Sharks. Adam Gamble & Mark Jasper. Illus. by Harvey Stevenson & Harvey Stevenson. 2021. (Good Night Our World Ser.). 8p. (J). (— 1). 7.95 (978-1-60219-878-4(0)) Good Night Bks.

Bath Time with Aquaman. Sarah Parvis. 2019. (DC Super Heroes Ser.). (ENG.). 8p. (J). 9.99 (978-1-941367-59-9(3)) Downtown Bookworks.

Bath, Vol. 1 Of 3: A Satirical Novel, with Portraits (Classic Reprint) Thomas Brown. 2016. (ENG., Illus.). (J). pap. 11.57 (978-1-333-50508-0(6)) Forgotten Bks.

Bath, Vol. 1 Of 3: A Satirical Novel, with Portraits (Classic Reprint) Thomas Brown. 2018. (ENG., Illus.). 230p. (J). 28.64 (978-0-267-32310-4(7)) Forgotten Bks.

Bath, Vol. 2 Of 3: A Satirical Novel, with Portraits (Classic Reprint) Thomas Brown. 2018. (ENG., Illus.). 234p. (J). 28.72 (978-0-484-68662-4(3)) Forgotten Bks.

Bathe the Cat. Alice B. McGinty. Illus. by David Roberts. 2022. (ENG.). 48p. (J). (gr. -1-k). 17.99 (978-1-4521-4270-8(X)) Chronicle Bks. LLC.

Bathing in the Forest. Marc Ayats. Illus. by Nivola Uya. 2020. 28p. (J). (gr. k-3). 16.95 (978-84-16733-58-3(9)) Cuento de Luz SL ESP. Dist: Publishers Group West (PGW).

Bathing Kitty & Other Mischievious Poems. Leonard Lewis. 2019. (ENG.). 112p. (J). 14.95 (978-1-64307-232-6(3)) Amplify Publishing Group.

Bathroom Boogie. Clare Foges. Illus. by Al Murphy. 2018. (ENG.). 32p. (J). 16.95 (978-0-571-34045-3(8), Faber & Faber Children's Bks.) Faber & Faber, Inc.

Bathsheba's Letters to Her Cousin Deborah, 1831-1861 (Classic Reprint) Mary J. Taber. 2017. (ENG., Illus.). (J). 29.16 (978-0-265-71550-5(4)); pap. 11.57 (978-1-5276-7084-6(8)) Forgotten Bks.

Bathtime: A Pull-The-Tab Book. Alice Le Henand. Illus. by Thierry Bedouet. 2019. (Pull & Play Ser.: 5). (ENG.). 14p. (J). (gr. -1 — 1). bds. 12.99 (978-2-408-01282-3(1)) Éditions Tourbillon FRA. Dist: Hachette Bk. Group.

Bathtime: A Teach Your Toddler Tab Book. Anna Award. 2017. (ENG., Illus.). 8p. (J). bds. 8.00 (978-1-909763-25-8(X)) Award Pubns. Ltd. GBR. Dist: Parkwest Pubns., Inc.

Bathtime & Bedtime. Liesbet Slegers. 2022. (ENG., Illus.). 24p. (J). bds. 9.95 (978-1-60537-750-6(3)) Clavis Publishing.

Bathtime Dance. Candace Smith. 2018. (ENG., Illus.). 20p. (J). 15.95 (978-1-943258-75-8(9)) Warren Publishing, Inc.

Bathtime for Baby Shark (Together Time Books) Illus. by John John Bajet. 2021. (ENG.). 8p. (J). (gr. -1 — 1). 14.99 (978-1-338-74003-5(2), Cartwheel Bks.) Scholastic, Inc.

158

The check digit for ISBN-10 appears in parentheses after the full ISBN-13

Bathtime for Finny. Nina Friedberg. Illus. by Linda Capello. 2023. (Finny Bks.: 2). 24p. (J). pap. 9.00 *(978-1-6678-6154-8(9))* BookBaby.

Bathtime for Mr. Badger. Sarah Keyes & Hannah Keyes. 2017. (ENG., Illus.). 44p. (J). pap. *(978-1-365-74772-4(7))* Lulu Pr., Inc.

Bathtime in Budapest. Matthew Pointon. 2018. (ENG., Illus.). 40p. (J). pap. *(978-0-244-06233-0(1))* Lulu Pr., Inc.

Bathtime, Little Piglet: Pull the Ribbons to Explore the Story. Happy Yak. Illus. by Michelle Carlslund. 2022. (Ribbon Pull Tabs Ser.). (ENG.). 12p. (J). (gr. -1 — 1). bds. 12.99 ***(978-0-7112-7499-0(1)***, Happy Yak) Quarto Publishing Group UK GBR. Dist: Hachette Bk. Group.

Bathtime Mathtime. Danica McKellar. Illus. by Alicia Padrón. 2018. (McKellar Math Ser.). 20p. (J). (-k). bds. 8.99 *(978-1-101-93394-7(1)*, Crown Books For Young Readers) Random Hse. Children's Bks.

Bathtime Mathtime: Shapes. Danica McKellar. Illus. by Alicia Padrón. 2019. (McKellar Math Ser.). 20p. (J). (— 1). bds. 8.99 *(978-1-101-93396-1(8)*, Crown Books For Young Readers) Random Hse. Children's Bks.

Bathtime with Ducky Duckling. Lucy Cousins. Illus. by Lucy Cousins. 2020. (ENG., Illus.). 8p. (J). (— 1). 7.99 *(978-1-5362-0965-5(1))* Candlewick Pr.

Bathtime with Rai. Marcus Smith. 2020. (ENG.). 36p. (J). 19.99 *(978-1-953156-09-9(6))* 13th & Joan.

Bathysphere Boys: The Depth-Defying Diving of Messrs. Beebe & Barton, 1 vol. Ted Enik. Illus. by G. F. Newland. 2019. (Unhinged History Ser.: 2). (ENG.). 48p. (J). (gr. -1-3). 16.99 *(978-0-7643-5793-0(X)*, 8964) Schiffer Publishing, Ltd.

Batina & Mrs. Fox. Charlotte L. Fox. Illus. by Andi Kleinman. 2022. (ENG.). 52p. (J). pap. 14.99 ***(978-0-9861530-7-5(9))*** Lovin Ovens, Inc.

Batman. Michael Dahl. Illus. by Dan Schoening. 2019. (Batman Ser.). (ENG.). 56p. (J). (gr. 3-6). 355.16 *(978-1-4965-8668-1(9)*, 29757); pap., pap., pap. 27.80 *(978-1-4965-8669-8(7)*, 29761) Capstone. (Stone Arch Bks.).

Batman. David Lewman. ed. 2022. (Step into Reading Ser.). (ENG.). 24p. (J). (gr. 2-3). 16.96 ***(978-1-68505-352-9(1))*** Penworthy Co., LLC, The.

Batman: Adventures of the Dark Knight. Billy Wrecks. ed. 2016. (DK Adventures Ser.). (Illus.). 95p. lib. bdg. 16.00 *(978-0-606-38229-8(1))* Turtleback.

Batman: Overdrive. Shea Fontana. ed. 2020. (DC Books for Young Readers Ser.). (ENG., Illus.). 136p. (J). (gr. 4-5). 21.96 *(978-1-64697-348-4(8))* Penworthy Co., LLC, The.

Batman / Teenage Mutant Ninja Turtles Adventures. Matthew K. Manning. Illus. by Jon Sommariva. 2018. (Batman / Teenage Mutant Ninja Turtles Adventures Ser.). (ENG.). 32p. (J). (gr. 2-6). 143.94 *(978-1-4965-7388-9(9)*, 28659, Stone Arch Bks.) Capstone.

Batman 5-Minute Stories (DC Batman) DC Comics. Illus. by Random House. 2019. (ENG.). 160p. (J). (gr. -1-2). 14.99 *(978-0-593-12352-2(2)*, Random Hse. Bks. for Young Readers) Random Hse. Children's Bks.

Batman Adventures: Cat Got Your Tongue? 2021. (Illus.). 144p. (J). (gr. 3-7). pap. 9.99 *(978-1-77951-080-8(2))* DC Comics.

Batman Adventures: Nightwing Rising. Hillary Bader. Illus. by Bo Hampton. 2020. 176p. (J). (gr. 3-7). pap. 9.99 *(978-1-77950-722-8(4))* DC Comics.

Batman Adventures: Riddle Me This! Scott Peterson. Illus. by Tim Levins. 2021. 136p. (J). (gr. 3-7). pap. 9.99 *(978-1-77950-936-9(7))* DC Comics.

Batman Adventures: Robin, the Boy Wonder. 2021. (Illus.). 160p. (J). (gr. 2-5). pap. 9.99 *(978-1-77950-723-5(2))* DC Comics.

Batman & Robin & Howard. Jeffrey Brown. Illus. by Jeffrey Brown. 2021. (Illus.). 160p. (J). (gr. 3-7). pap. 9.99 *(978-1-4012-9768-8(4))* DC Comics.

Batman & Robin Crime Scene Investigations. Steve Korté. Illus. by Dario Brizuela. 2017. (Batman & Robin Crime Scene Investigations Ser.). (ENG.). 32p. (J). (gr. 4-8). 122.60 *(978-1-5157-6909-5(7)*, 26598, Stone Arch Bks.) Capstone.

Batman & Robin's Training Day. R. J. Cregg. ed. 2017. (Batman 8X8 Storybooks Ser.). lib. bdg. 13.55 *(978-0-606-40217-0(9))* Turtleback.

Batman & Scooby-Doo Mysteries Vol. 1. Sholly Fisch & Ivan Cohen. Illus. by Randy Elliott & Dario Brizuela. 2021. 128p. (J). (gr. 3-7). pap. 12.99 *(978-1-77951-307-6(0))* DC Comics.

Batman & Scooby-Doo Mysteries Vol. 2. Sholly Fisch & Ivan Cohen. Illus. by Randy Elliott et al. 2022. 128p. (J). (gr. 3-7). pap. 12.99 *(978-1-77951-428-8(X))* DC Comics.

Batman & the Beanstalk. Sarah Hines Stephens. Illus. by Agnes Garbowska. 2021. (DC Super Hero Fairy Tales Ser.). (ENG.). 72p. (J). 27.32 *(978-1-6639-1051-6(0)*, 212404); pap. 6.95 *(978-1-6639-2122-2(9)*, 212386) Capstone. (Stone Arch Bks.).

Batman & the Missing Punch Line. Michael Anthony Steele. Illus. by Gregg Schigiel. 2020. (DC Super Hero Adventures Ser.). (ENG.). 72p. (J). (gr. 3-5). pap. 6.95 *(978-1-4965-9962-9(4)*, 201654); lib. bdg. 26.65 *(978-1-4965-9788-5(5)*, 200582) Capstone. (Stone Arch Bks.).

Batman & the Ultimate Riddle. Michael Anthony Steele. Illus. by Leonel Castellani. 2020. (DC Super Hero Adventures Ser.). (ENG.). 72p. (J). (gr. 3-5). pap. 6.95 *(978-1-4965-9199-9(2)*, 142227); lib. bdg. 26.65 *(978-1-4965-8721-3(9)*, 141591) Capstone. (Stone Arch Bks.).

Batman Arkham: Scarecrow. Bill Finger & Don Cameron. ed. 2016. lib. bdg. 33.05 *(978-0-606-38632-6(7))* Turtleback.

Batman Arkham Poison Ivy. Dc Comics Editors. ed. 2016. lib. bdg. 33.05 *(978-0-606-39204-4(1))* Turtleback.

Batman Character Encyclopedia. Matthew K. Manning. 2016. (ENG., Illus.). 208p. (J). (gr. 4-7). 16.99 *(978-1-4654-4498-1(X)*, DK Children) Dorling Kindersley Publishing, Inc.

Batman Classic: Coin Toss. Jake Black. Illus. by Andie Tong. 2016. 24p. (J). (gr. -1-3). pap. 3.99 *(978-0-06-234491-5(9)*, HarperFestival) HarperCollins Pubs.

Batman Classic: I Am Batman. Delphine Finnegan. Illus. by Andie Tong. 2016. (I Can Read Level 2 Ser.). 32p. (J). (gr. -1-3). pap. 3.99 *(978-0-06-236087-8(6))* HarperCollins Pubs.

Batman Classic: Poison Ivy's Scare Fair. Donald Lemke. Illus. by Andie Tong. 2017. 24p. (J). (gr. -1-3). pap. 3.99 *(978-0-06-236077-9(9)*, HarperFestival) HarperCollins Pubs.

Batman Has a Plan. Tina Gallo. ed. 2018. (Justice League Classic: I Can Read! Ser.). lib. bdg. 13.55 *(978-0-606-41420-3(7))* Turtleback.

Batman Is Fast! Maggie Testa. ed. 2018. (Ready-To-Read Ser.). (ENG.). 32p. (J). (gr. -1-1). 13.89 *(978-1-64310-394-5(6))* Penworthy Co., LLC, The.

Batman Is Kind. Cala Spinner. ed. 2018. (Batman 8X8 Storybooks Ser.). lib. bdg. 13.55 *(978-0-606-40858-5(4))* Turtleback.

Batman Is Loyal. Christopher Harbo. Illus. by Gregg Schigiel. 2019. (DC Super Heroes Character Education Ser.). (ENG.). 24p. (J). (gr. k-2). lib. bdg. 27.32 *(978-1-5158-4019-0(0)*, 139806, Stone Arch Bks.) Capstone.

Batman Is Trustworthy. Christopher Harbo. Illus. by Otis Frampton. 2018. (DC Super Heroes Character Education Ser.). (ENG.). 24p. (J). (gr. k-2). pap. 4.95 *(978-1-62370-958-7(X)*, 137176, Stone Arch Bks.) Capstone.

Batman: Li'l Gotham: Calendar Daze. Dustin Nguyen & Derek Fridolfs. Illus. by Dustin Nguyen. 2021. (Illus.). 144p. (J). (gr. 3-7). pap. 9.99 *(978-1-77951-341-0(0))* DC Comics.

Batman Mad Libs. Brandon T. Snider. 2022. (Mad Libs Ser.). (ENG.). 48p. (J). (gr. 3-7). pap. 4.99 *(978-0-593-52273-8(7)*, Mad Libs) Penguin Young Readers Group.

Batman: Nightwalker. Marie Lu. 2018. (DC Icons Ser.). (ENG.). 288p. (YA). (gr. 7). pap. *(978-0-525-57856-7(0))* Penguin Random Hse.

Batman: Nightwalker. Marie Lu. 2019. (DC Icons Ser.). (ENG.). 320p. (YA). (gr. 7). pap. 12.99 *(978-0-399-54980-9(3)*, Ember) Random Hse. Children's Bks.

Batman: Nightwalker (Spanish Edition) Marie Lu. 2018. (Dc Icons Ser.: 2). (SPA.). 336p. (YA). (gr. 8-12). pap. 16.95 *(978-1-947783-71-3(8)*, Montena) Penguin Random House Grupo Editorial ESP. Dist: Penguin Random Hse. LLC.

Batman: Nightwalker (the Graphic Novel) Marie Lu. Illus. by Chris Wildgoose. 2019. 208p. (YA). (gr. 7-9). pap. 16.99 *(978-1-4012-8004-8(8)*, DC Ink) DC Comics.

Batman Official Activity Book (the Batman Movie) Includes Codes, Maze, Puzzles, & Stickers! Random House. Illus. by Random House. 2022. (ENG., Illus.). 48p. (J). (gr. 3-7). pap. 7.99 *(978-0-593-31048-9(9)*, Random Hse. Bks. for Young Readers) Random Hse. Children's Bks.

Batman Strikes Back. R. J. Cregg. Illus. by Patrick Spaziante. ed. 2016. (Batman Unlimited Ser.). (ENG.). 24p. (J). (gr. -1-2). 13.55 *(978-0-606-39249-5(1))* Turtleback.

Batman Tales of the Batcave. Michael Dahl. Illus. by Luciano Vecchio. 2020. (Batman Tales of the Batcave Ser.). (ENG.). 40p. (J). pap., pap., pap. 43.75 *(978-1-6639-5210-3(8)*, 226018, Stone Arch Bks.) Capstone.

Batman Tangles with Terror. Matthew K. Manning. Illus. by Ethen Beavers. 2017. (DC Super Hero Stories Ser.). (ENG.). 56p. (J). (gr. 1-3). lib. bdg. 25.32 *(978-1-4965-4632-6(6)*, 134874, Stone Arch Bks.) Capstone.

Batman (the Batman Movie) David Lewman. Illus. by Random House. 2022. (Step into Reading Ser.). (ENG.). 32p. (J). (gr. -1-2). 14.99 *(978-0-593-31046-5(2))*; 5.99 *(978-0-593-31045-8(4))* Random Hse. Children's Bks. (Random Hse. Bks. for Young Readers).

Batman: the Brave & the Bold. J. Torres. Illus. by Terry Beatty et al. 2021. (Batman: the Brave & the Bold Ser.). (ENG.). 32p. (J). 95.96 *(978-1-6663-9076-6(3)*, 244180, Stone Arch Bks.) Capstone.

Batman Unlimited: Heroes of Gotham City. J. E. Bright. Illus. by Patrick Spaziante. ed. 2016. (Simon & Schuster Ready-To-Read Level 2 Ser.). (ENG.). 32p. (J). (gr. k-2). lib. bdg. 13.55 *(978-0-606-39245-7(9))* Turtleback.

Batman's Amazing Tales! (LEGO Batman) Random House. Illus. by Random House. 2023. (Step into Reading Ser.). (ENG., Illus.). 160p. (J). (gr. k-3). pap. 8.99 ***(978-0-593-43201-3(0)***, Random Hse. Bks. for Young Readers) Random Hse. Children's Bks.

Batman's Guide to Being Cool. Howard Dewin & Howie Dewin. Illus. by Scholastic, Inc. Staff. 2016. (LEGO Batman Movie Ser.). (ENG.). 128p. (J). (gr. 2-5). 9.99 *(978-1-338-11210-8(4))* Scholastic, Inc.

Batman's Hansel & Gretel Test. Sarah Hines Stephens. Illus. by Agnes Garbowska. 2022. (DC Super Hero Fairy Tales Ser.). (ENG.). 72p. (J). 27.32 *(978-1-6639-5906-5(4)*, 221399); pap. 6.95 *(978-1-6663-2835-6(9)*, 221393) Capstone. (Stone Arch Bks.).

Batman's Most Wanted. Michael Anthony Steele. Illus. by Sara Foresti. 2023. (Harley Quinn's Madcap Capers Ser.). (ENG.). 72p. (J). 27.32 *(978-1-6690-1391-4(X)*, 245804); pap. 6.95 *(978-1-6690-1578-9(5)*, 245799) Capstone. (Stone Arch Bks.).

Batman's Mystery Casebook. Sholly Fisch & Sholly Fisch. Illus. by Christopher Uminga & Christopher Uminga. 2022. 144p. (J). (gr. 3-7). pap. 9.99 *(978-1-77950-586-6(8))* DC Comics.

Batman's Mystery Casebook. Sholly Fisch. ed. 2023. (ENG.). 134p. (J). (gr. 3-7). 23.46 ***(978-1-68505-749-7(7))*** Penworthy Co., LLC, The.

Batman's World. Nicole Reynolds. ed. 2022. (DK Readers Ser.). (ENG.). 48p. (J). (gr. 2-3). 15.96 ***(978-1-68505-173-0(1))*** Penworthy Co., LLC, The.

Batman/Teenage Mutant Ninja Turtles Adventures. Matthew K. Manning. Illus. by Jon Sommariva. 2017. 144p. (J). (gr. 4-7). pap. 19.99 *(978-1-63140-909-7(3))* Idea & Design Works, LLC.

Batneezer: The Creature from My Closet. Obert Skye. Illus. by Obert Skye. 2018. (Creature from My Closet Ser.: 6). (ENG., Illus.). 224p. (J). pap. 12.99 *(978-1-250-17722-3(7)*, 900189673) Square Fish.

Baton Twirling. Julie Murray. 2022. (Artistic Sports Ser.). (ENG.). 24p. (J). (gr. -1-2). lib. bdg. 32.79 *(978-1-0982-6420-8(7)*, 40939, Abdo Kids) ABDO Publishing Co.

Batouala (Classic Reprint) Rene Maran. (ENG., Illus.). (J). 2017. 28.25 *(978-0-265-17513-2(5))*; 2016. pap. 10.97 *(978-1-334-22698-4(9))* Forgotten Bks.

Batpig: Go Pig or Go Home. Rob Harrell. Illus. by Rob Harrell. 2023. (Batpig Book Ser.: 3). (ENG., Illus.). 240p. (J). (gr. 2). 14.99 *(978-0-593-53194-5(9)*, Dial Bks) Penguin Young Readers Group.

Batpig: Too Pig to Fail. Rob Harrell. Illus. by Rob Harrell. 2022. (Batpig Book Ser.: 2). (ENG., Illus.). 248p. (J). (gr. 2). 14.99 *(978-0-593-35420-9(6)*, Dial Bks) Penguin Young Readers Group.

Batpig: When Pigs Fly. Rob Harrell. Illus. by Rob Harrell. 2021. (Batpig Book Ser.: 1). (ENG., Illus.). 240p. (J). (gr. 2). 14.99 *(978-0-593-35415-5(X)*, Dial Bks) Penguin Young Readers Group.

Batrachomyachie d'Homère (Classic Reprint) Homer Homer. 2018. (FRE., Illus.). (J). 262p. 29.32 *(978-1-391-71095-2(9))*; 264p. pap. 11.97 *(978-1-390-81357-9(6))* Forgotten Bks.

Bats. Kenny Abdo. 2019. (Superhero Animals Ser.). (ENG., Illus.). 24p. (J). (gr. 2-8). lib. bdg. 31.36 *(978-1-5321-2948-3(3)*, 33178, Abdo Zoom-Fly) ABDO Publishing Co.

Bats. Emma Bassier. 2019. (Pollinators Ser.). (ENG., Illus.). 32p. (J). (gr. 2-5). lib. bdg. 32.79 *(978-1-5321-6592-4(7)*, 33286, DiscoverRoo) Pop!.

Bats. Valerie Bodden. 2020. (Amazing Animals Ser.). (ENG.). 24p. (J). (gr. 1-4). *(978-1-64026-204-1(0)*, 18087, Creative Education) Creative Co., The.

Bats. Wendy Strobel Dieker. (Spot Ser.). (ENG.). 16p. (J). (gr. -1-1). 2018. pap. 9.99 *(978-1-68152-215-9(2)*, 14746); 2017. (Illus.). 17.95 *(978-1-68151-090-3(1)*, 14627) Amicus.

Bats! Ethan a Hahn. 2019. (ENG.). 34p. (J). pap. *(978-0-359-38886-8(8))* Lulu Pr., Inc.

Bats. Martha London. 2020. (Neighborhood Safari Ser.). (ENG., Illus.). 24p. (J). (gr. 1-2). pap. 8.95 *(978-1-64493-426-5(4)*, 1644934264); lib. bdg. 28.50 *(978-1-64493-350-3(0)*, 1644933500) North Star Editions. (Focus Readers).

Bats. Amy McDonald. 2021. (Animals in My Yard Ser.). (ENG., Illus.). 24p. (J). (gr. -1-2). lib. bdg. 25.95 *(978-1-64487-360-1(5)*, Blastoff! Readers) Bellwether Media.

Bats. Julie Murray. 2019. (Animal Kingdom Ser.). (ENG., Illus.). 32p. (J). (gr. 2-5). lib. bdg. 34.21 *(978-1-5321-1614-8(4)*, 32339, Big Buddy Bks.) ABDO Publishing Co.

Bats. Ruth Owen. 2021. (Tell Me More! Science Ser.). (ENG., Illus.). 24p. (J). (gr. 2-5). pap. 9.99 *(978-1-78856-172-3(4)*, f0dac3db-6237-4613-a027-ac4951f57cff); lib. bdg. 29.32 *(978-1-78856-171-6(6)*, fe1f626b-aea4-449d-b85a-2db974778d43) Ruby Tuesday Books Limited GBR. Dist: Lerner Publishing Group.

Bats. Gail Terp. 2017. (Wild Animal Kingdom Ser.). (ENG.). (J). (gr. 4-7). pap. 9.95 *(978-1-68072-484-4(3))*; 32p. pap. 9.99 *(978-1-64466-221-2(3)*, 11495); (Illus.). 32p. lib. bdg. *(978-1-68072-187-4(9)*, 10557) Black Rabbit Bks. (Bolt).

Bats. Valerie Bodden. 2nd ed. 2020. (Amazing Animals Ser.). 24p. (J). (gr. 1-3). pap. 9.99 *(978-1-62832-767-0(7)*, 18088, Creative Paperbacks) Creative Co., The.

Bats: Animals That Make a Difference! (Engaging Readers, Level 1) Ashley Lee. Ed. by Alexis Roumanis. 2021. (Animals That Make a Difference! Ser.: Vol. 1). (ENG., Illus.). 32p. (J). *(978-1-77437-672-0(5))*; pap. *(978-1-77437-673-7(3))* AD Classic.

Bats / les Chauves-Souris: Bilingual (English / French) (Anglais / Français) Animals That Make a Difference! (Engaging Readers, Level 1) Ashley Lee. Ed. by Alexis Roumanis. l.t. ed. 2021. (Animals That Make a Difference! Bilingual (English / French) (Anglais / Français) Ser.: Vol. 1). (ENG., Illus.). 32p. (J). *(978-1-77476-404-6(0))*; pap. *(978-1-77476-403-9(2))* AD Classic.

Bats / Murciélagos: Bilingual (English / Spanish) (Inglés / Español) Animals That Make a Difference! (Engaging Readers, Level 1) Ashley Lee. Ed. by Alexis Roumanis. l.t. ed. 2021. (Animals That Make a Difference! Bilingual (English / Spanish) (Inglés / Español) Ser.: Vol. 1). (ENG., Illus.). 32p. (J). *(978-1-77476-386-5(9))*; pap. *(978-1-77476-385-8(0))* AD Classic.

Bats! an Illustrated Fact Book. Heather Wylie Knappe. 2023. (ENG., Illus.). 34p. (J). pap. 10.99 ***(978-1-312-78209-9(9))*** Lulu Pr., Inc.

Bats at the Ballgame. Brian Lies. ed. 2018. lib. bdg. 18.40 *(978-0-606-41004-5(X))* Turtleback.

Bats in Trouble, 1 vol. Pamela McDowell. Illus. by Kasia Charko. 2017. (Orca Echoes Ser.). (ENG.). 96p. (J). (gr. 1-3). pap. 6.95 *(978-1-4598-1403-5(7))* Orca Bk. Pubs. USA.

Bats (New & Updated Edition) Gail Gibbons. 2019. (Illus.). 32p. (J). (gr. -1-3). 18.99 *(978-0-8234-4354-3(X))*; pap. 8.99 *(978-0-8234-4355-0(8))* Holiday Hse., Inc.

Bats! the Only Flying Mammals Bats for Kids Children's Mammal Books. Baby Professor. 2017. (ENG., Illus.). 64p. (J). pap. 9.52 *(978-1-5419-1717-0(0)*, Baby Professor (Education Kids)) Speedy Publishing LLC.

Bats What Friends Are For. Renée Treml. Illus. by Renée Treml. 2022. (Super Adventures of Ollie & Bea Ser.). (ENG.). 64p. (J). 23.99 *(978-1-6663-1487-8(0)*, 220253); pap. 7.99 *(978-1-6663-3105-9(8)*, 220235) Capstone. (Picture Window Bks.).

Batter Royale. Leisl Adams. 2022. (ENG., Illus.). 240p. (YA). (gr. 7-17). 24.99 *(978-1-4197-5075-5(5)*, 1716701); pap. 17.99 *(978-1-4197-5076-2(3)*, 1716703) Abrams, Inc.

Batter up! a Baseball Coloring Book. Bobo's Children Activity Books. 2016. (ENG., Illus.). (J). pap. 9.33 *(978-1-68327-627-2(2))* Sunshine In My Soul Publishing.

Batter up Baseball see Turno al Bate en el Béisbol

Batter up, Charlie Brown! Peanuts Graphic Novels. Charles M. Schulz. Illus. by Robert Pope. 2023. (Peanuts Ser.). (ENG.). 160p. (J). (gr. 3-7). 20.99 ***(978-1-6659-3353-7(4))***; pap. 11.99 ***(978-1-6659-3352-0(6))*** Simon Spotlight. (Simon Spotlight).

Batter up (Classic Reprint) Hawley Williams. 2018. (ENG., Illus.). 328p. (J). 30.81 *(978-0-484-71048-0(6))* Forgotten Bks.

Batter up Mazes - Mazes Sports Edition. Creative Playbooks. 2016. (ENG., Illus.). (J). pap. 7.74 *(978-1-68323-133-2(3))* Twin Flame Productions.

Battered Not Broken. Charity West. 2016. (ENG., Illus.). (J). pap. *(978-1-77339-026-0(0))* Evernight Publishing.

Battersea Dogs & Cats Home: I Want a Cat. Ben Hubbard. Illus. by Jason Chapman. ed. 2018. (Battersea Dogs & Cats Home Ser.). (ENG.). 32p. (J). (gr. k-2). pap. 9.99 *(978-1-4451-5070-3(0))*; 16.99 *(978-1-4451-5068-0(9))* Hachette Children's Group GBR. (Franklin Watts). Dist: Hachette Bk. Group.

Battersea Dogs & Cats Home: I Want a Dog. Ben Hubbard. Illus. by Jason Chapman. ed. 2018. (Battersea Dogs & Cats Home Ser.). (ENG.). 32p. (J). (gr. k-2). pap. 9.99 *(978-1-4451-5067-3(0)*, Franklin Watts) Hachette Children's Group GBR. Dist: Hachette Bk. Group.

Battersea Dogs & Cats Home: I Want a Dog. Ben Hubbard. ed. 2017. (Battersea Dogs & Cats Home Ser.). (ENG., Illus.). 32p. (J). (gr. k-2). 16.99 *(978-1-4451-5065-9(4)*, Franklin Watts) Hachette Children's Group GBR. Dist: Hachette Bk. Group.

Battersea Series of Standard Reading Books for Boys, Vol. 4 (Classic Reprint) Evan Daniel. (ENG., Illus.). (J). 2018. 256p. 29.18 *(978-0-483-51778-3(X))*; 2016. pap. 11.97 *(978-1-333-96615-7(6))* Forgotten Bks.

Battery Action! The Story of the 43rd Battery C. F. a (Classic Reprint) Hugh R. Kay. (ENG., Illus.). (J). 2017. 30.56 *(978-0-266-48813-2(7))*; 2016. pap. 13.57 *(978-1-334-12872-1(3))* Forgotten Bks.

Battery & the Boiler, or Adventures in the Laying of Submarine Electric Cables (Classic Reprint) R. M. Ballantyne. 2018. (ENG., Illus.). (J). 33.05 *(978-0-260-34254-6(8))* Forgotten Bks.

Battery B Thru the Fires of France: Being a Very Human & Intimate Sketch of a Few Men Who Served Stem a Tiny Eddy in One of the Greatest of Cataclysms the World War (Classic Reprint) Ernest Stone. 2017. (ENG., Illus.). (J). 28.97 *(978-0-331-89182-9(4))* Forgotten Bks.

Battery Ballads: Battery e, 145th Field Artillery (1st Utah), Camp Kearny, Cal (Classic Reprint) Wallace Blaine Kelly. 2018. (ENG., Illus.). 76p. (J). 25.48 *(978-0-484-52797-2(5))* Forgotten Bks.

Battery Bob, or Crest & Plain at Fredericksburg (Classic Reprint) Anthony P. Morris. (ENG., Illus.). (J). 2018. 28p. 24.47 *(978-0-267-56308-1(6))*; 2016. pap. 7.97 *(978-1-333-74293-5(2))* Forgotten Bks.

Battery Flashes (Classic Reprint) Wagger Wagger. 2017. (ENG., Illus.). (J). 27.94 *(978-0-260-12393-0(5))* Forgotten Bks.

Batting Order. Mike Lupica. (ENG.). (J). (gr. 3-7). 2020. 320p. pap. 8.99 *(978-1-5344-2156-1(4))*; 2019. (Illus.). 304p. 19.99 *(978-1-5344-2155-4(6))* Simon & Schuster Bks. For Young Readers. (Simon & Schuster Bks. For Young Readers).

Battle. Karuna Riazi. (ENG.). (J). (gr. 3-7). 2020. 320p. pap. 8.99 *(978-1-5344-2873-7(9))*; 2019. (Illus.). 304p. 17.99 *(978-1-5344-2872-0(0))* Simon & Schuster Bks. For Young Readers. (Salaam Reads).

Battle: A Play of Modern New York Life (Classic Reprint) Cleveland Moffett. (ENG., Illus.). (J). 2018. 64p. 25.22 *(978-0-332-57722-7(8))*; 2017. pap. 9.57 *(978-0-243-40328-8(3))* Forgotten Bks.

Battle: The Wizard & the Warrior Book Three. Vivienne Lee Fraser. 2019. (Wizard & the Warrior Ser.: Vol. 3). (ENG., Illus.). 344p. (YA). pap. *(978-0-6482181-5-9(5))* Fraser, Vivienne Lee.

Battle & a Boy (Classic Reprint) Blanche Willis Howard. 2018. (ENG., Illus.). 290p. (J). 29.88 *(978-0-483-77841-2(9))* Forgotten Bks.

Battle at Fort Anchor. Patrick Whelan. 2023. (ENG.). 370p. pap. ***(978-1-3984-3233-8(4))*** Austin Macauley Pubs. Ltd.

Battle at Gettysburg, 1 vol. Ed. by Joanne Randolph. 2018. (Civil War & Reconstruction: Rebellion & Rebuilding Ser.). (ENG.). 32p. (gr. 4-5). 27.93 *(978-1-5383-4081-3(X)*, 8987a4e7-4942-4419-b100-e3ddee7cb49c, PowerKids Pr.) Rosen Publishing Group, Inc., The.

Battle Between the Red Rose & the White Rose: The Road to Royalty History 5th Grade Chidren's European History. Baby Professor. 2017. (ENG., Illus.). (J). pap. 8.79 *(978-1-5419-1383-7(3)*, Baby Professor (Education Kids)) Speedy Publishing LLC.

Battle Blood Volume: 3. Ryan a Leonard. 2021. (ENG.). 82p. (YA). pap. 9.99 *(978-1-7948-1981-8(9))* Lulu Pr., Inc.

Battle Born. Caitlin Ricci. 2017. (Robbie & Sam Ser.). (ENG., Illus.). (YA). (gr. 7-12). 25.99 *(978-1-64080-341-1(6))*; 180p. pap. 14.99 *(978-1-63533-367-1(9))* Dreamspinner Pr. (Harmony Ink Pr.).

Battle Chasers Anthology. Joe Madureira & Munier Sharrieff. 2019. (ENG., Illus.). 312p. (YA). pap. 24.99 *(978-1-5343-1522-8(5)*, af4670ab-612a-4e3f-b9bf-df49e60dc4d1) Image Comics.

Battle (Classic Reprint) Cleveland Moffett. (ENG., Illus.). (J). 2018. 314p. 30.39 *(978-0-484-06833-8(4))*; 2016. pap. 13.57 *(978-1-334-34263-9(6))* Forgotten Bks.

Battle Cry. Casslynn Potter. 2021. (ENG., Illus.). 126p. (YA). pap. 15.95 *(978-1-6624-3163-0(5))* Page Publishing Inc.

Battle Cry (Classic Reprint) Charles Neville Buck. 2018. (ENG., Illus.). 370p. (J). 31.53 *(978-0-483-89769-4(8))* Forgotten Bks.

Battle Extravagonzo #1. Paul Tobin. Illus. by Tim Lattie. 2019. (Plants vs. Zombies Ser.). (ENG.). 28p. (J). (gr. 3-7). lib. bdg. 31.36 *(978-1-5321-4380-9(X)*, 32883, Graphic Novels) Spotlight.

Battle Extravagonzo #2. Paul Tobin. Illus. by Tim Lattie. 2019. (Plants vs. Zombies Ser.). (ENG.). 28p. (J). (gr. 3-7). lib. bdg. 31.36 *(978-1-5321-4381-6(8)*, 32884, Graphic Novels) Spotlight.

Battle Extravagonzo #3. Paul Tobin. Illus. by Tim Lattie. 2019. (Plants vs. Zombies Ser.). (ENG.). 28p. (J). (gr. 3-7). lib. bdg. 31.36 *(978-1-5321-4382-3(6)*, 32885, Graphic Novels) Spotlight.

Battle-Field of Life (Classic Reprint) Agnes Giberne. 2018. (ENG., Illus.). 354p. (J). 31.22 *(978-0-428-73471-8(5))* Forgotten Bks.

Battle-Fields of Our Fathers (Classic Reprint) Virginia F. Townsend. 2018. (ENG., Illus.). 376p. (J). 31.65 *(978-0-267-12071-0(0))* Forgotten Bks.

B

Battle for Acchora. Andrew Kooman. 2018. (Ten Silver Coins Ser.: Vol. 2). (ENG., Illus.). 314p. (J). pap. *(978-1-7750580-5-2(0))* Fair Winds Creative Co.
Battle for Amphibopolis. Doug Tennapel. ed. 2017. (Nnewts Ser.: 3). lib. bdg. 22.10 *(978-0-606-40194-4(6))* Turtleback.
Battle for Amphibopolis: a Graphic Novel (Nnewts #3), Vol. 3. Doug TenNapel. 2017. (Nnewts Ser.: 3). (ENG., Illus.). 224p. (J). (gr. 3-7). pap. 12.99 *(978-0-545-67670-0(3))*, Graphix) Scholastic, Inc.
Battle for Angel Island Part 1. Ian Flynn. Illus. by Tracy Yardley & Matt Herms. 2023. (Sonic the Hedgehog Ser.). (ENG.). 24p. (J). (gr. 4-8). lib. bdg. 31.36 ***(978-1-0982-5290-8(X)***, 42691, Graphic Novels) Spotlight.
Battle for Angel Island Part 2. Ian Flynn. Illus. by Tracy Yardley et al. 2023. (Sonic the Hedgehog Ser.). (ENG.). 24p. (J). (gr. 4-8). lib. bdg. 31.36 ***(978-1-0982-5291-5(8)***, 42692, Graphic Novels) Spotlight.
Battle for Angel Island Part 3. Ian Flynn. Illus. by Tracy Yardley et al. 2023. (Sonic the Hedgehog Ser.). (ENG.). 24p. (J). (gr. 4-8). lib. bdg. 31.36 ***(978-1-0982-5292-2(6)***, 42693, Graphic Novels) Spotlight.
Battle for Angel Island Part 4. Ian Flynn. Illus. by Tracy Yardley et al. 2023. (Sonic the Hedgehog Ser.). (ENG.). 24p. (J). (gr. 4-8). lib. bdg. 31.36 ***(978-1-0982-5293-9(4)***, 42694, Graphic Novels) Spotlight.
Battle for Crystal Castle (Geronimo Stilton & the Kingdom of Fantasy #13) Geronimo Stilton. 2020. (Geronimo Stilton & the Kingdom of Fantasy Ser.: 13). (ENG., Illus.). 320p. (J). (gr. 2-5). 16.99 *(978-1-338-65501-8(9)*, Scholastic Paperbacks) Scholastic, Inc.
Battle for Galitarn. Chrie Whitley. 2019. (ENG.). 74p. (YA). pap. 12.95 *(978-1-64584-683-3(0))* Page Publishing Inc.
Battle for Gooseberry Hill. Keith F. Broad. 2016. (ENG., Illus.). (J). pap. *(978-0-9949551-1-1(1))* Whimsey River Productions, Inc.
Battle for Imperia (Dragon Games #3) Maddy Mara. 2023. (Dragon Games Ser.). (ENG.). 144p. (J). (gr. 2-5). pap. 5.99 *(978-1-338-85196-0(9)*, Scholastic Paperbacks) Scholastic, Inc.
Battle for Innocence. Stacy A. Padula. 2nd ed. 2020. (Montgomery Lake High Ser.: Vol. 3). (ENG.). 144p. (YA). pap. 11.50 *(978-1-7350168-7-0(X))*; (Illus.). 19.95 *(978-1-7331536-8-3(3))* Briley & Baxter Publications.
Battle for Jericho. Gene Gant & Jeff Erno. 2016. (ENG., Illus.). (J). 24.99 *(978-1-63477-961-6(4)*, Harmony Ink Pr.) Dreamspinner Pr.
Battle for Loot Lake: An Unofficial Novel for Fortnite Fans. Devin Hunter. 2018. (Trapped in Battle Royale Ser.). (ENG.). 112p. (J). (gr. 1-5). pap. 7.99 *(978-1-5107-4264-2(6)*, Sky Pony Pr.) Skyhorse Publishing Co., Inc.
Battle for Nyika. Karang'ae Chege. 2022. (ENG.). 68p. (YA). pap. 15.99 ***(978-1-0880-3524-5(8))*** Indy Pub.
Battle for Perodia: a Branches Book (the Last Firehawk #6) Katrina Charman. Illus. by Jeremy Norton & Judit Tondora. 2019. (Last Firehawk Ser.: 6). (ENG.). 96p. (J). (gr. 1-3). pap. 5.99 *(978-1-338-30714-6(2))* Scholastic, Inc.
Battle for Perodia: a Branches Book (the Last Firehawk #6) (Library Edition), Vol. 6. Katrina Charman. Illus. by Judit Tondora & Jeremy Norton. 2019. (Last Firehawk Ser.: 6). (ENG.). 96p. (J). (gr. 1-3). lib. bdg. 24.99 *(978-1-338-30715-3(0))* Scholastic, Inc.
Battle for Roar. Jenny McLachlan. Illus. by Ben Mantle. (ENG.). 336p. (J). (gr. 3-7). 2023. pap. 9.99 *(978-0-06-324915-8(4))*; 2022. (Land of Roar Ser.: 3). 16.99 *(978-0-06-324914-1(6))* HarperCollins Pubs. (HarperCollins).
Battle for Starlight. George Mann. ed. 2022. (Star Wars 8x8 Ser.). (ENG.). 24p. (J). (gr. k-1). 16.46 ***(978-1-68505-340-6(8))*** Penworthy Co., LLC, The.
Battle for the Castle. Elizabeth Winthrop. 2019. 224p. (J). (gr. 3-7). 18.99 *(978-0-8234-4425-0(2))* Holiday Hse., Inc.
Battle for the Dragon's Temple: An Unofficial Graphic Novel for Minecrafters, #4. Cara J. Stevens. 2017. (Unofficial Graphic Novel for Minecrafters Ser.). (Illus.). 192p. (J). (gr. 2-7). pap. 11.99 *(978-1-5107-1798-5(6)*, Sky Pony Pr.) Skyhorse Publishing Co., Inc.
Battle for the Knotty List, 1 vol. Micahel G. Lewis. Illus. by Stan Jaskiel. 2016. (ENG.). 32p. (J). (gr. k-8). 16.99 *(978-1-4556-2133-0(1)*, Pelican Publishing) Arcadia Publishing.
Battle for the Universe. Kaz Fukuda. 2018. (ENG.). 36p. (J). pap. ***(978-1-387-67990-4(2))*** Lulu Pr., Inc.
Battle for the Zephyr Badge (Pokémon Classic Chapter Book #13) Jennifer Johnson & Jennifer L. Johnson. 2018. (Pokémon Chapter Bks.: 20). (ENG.). 96p. (J). (gr. 2-5). pap. 4.99 *(978-1-338-28406-5(1))* Scholastic, Inc.
Battle for Wakanda. Brandon T. Snider. ed. 2018. (Marvel Chapter Ser.). (ENG.). 119p. (J). (gr. 1-3). 16.96 *(978-1-64310-564-2(7))* Penworthy Co., LLC, The.
Battle for WondLa. Tony DiTerlizzi. Illus. by Tony DiTerlizzi. 2023. (Search for WondLa Ser.: 3). (ENG., Illus.). (J). (gr. 5). 496p. 22.99 *(978-1-6659-2861-8(1))*; 512p. pap. 13.99 *(978-1-6659-2862-5(X))* Simon & Schuster Bks. For Young Readers. (Simon & Schuster Bks. For Young Readers).
Battle-Ground (Classic Reprint) Ellen Glasgow. 2017. (ENG., Illus.). (J). 34.83 *(978-1-5280-8490-1(X))* Forgotten Bks.
Battle Hymn of the Republic, 1 vol. Kristen Susienka. 2019. (America's Songs Ser.). (ENG.). 32p. (gr. 3-3). pap. 11.58 *(978-1-5026-4873-0(3)*, 2e14174e-c1cd-4cb2-9b6f-d79c91a0c5cb) Cavendish Square Publishing LLC.
Battle in the Overworld: The Unofficial Minecrafters Academy Series, Book Three. Winter Morgan. 2016. (Unofficial Minecrafters Academy Seri Ser.). (ENG.). 112p. (J). (gr. 1-7). pap. 7.99 *(978-1-5107-0596-8(1)*, Sky Pony Pr.) Skyhorse Publishing Co., Inc.
Battle Invisible: And Other Stories (Classic Reprint) Eleanor Caroline Reed. 2018. (ENG., Illus.). 342p. (J). 30.95 *(978-0-364-69060-4(7))* Forgotten Bks.
Battle Is the Lord's- David & Goliath. Tanya Washington. 2019. (ENG.). 38p. (J). pap. *(978-0-359-34849-7(1))* Lulu Pr., Inc.
Battle of Antietam, 1 vol. Tom Streissguth. 2016. (Essential Library of the Civil War Ser.). (ENG., Illus.). 112p. (J). (gr. 8-12). lib. bdg. 41.36 *(978-1-68078-272-1(X)*, 21699, Essential Library) ABDO Publishing Co.
Battle of Bayport: #6. Franklin Dixon. 2021. (Hardy Boys Adventures Ser.). (ENG.). 160p. (J). (gr. 3-7). lib. bdg. 31.36 *(978-1-0982-5006-5(0)*, 36984, Chapter Bks.) Spotlight.
Battle of Britain - History 4th Grade Book Children's European History. Baby Professor. 2017. (ENG., Illus.). 64p. (J). pap. 9.52 *(978-1-5419-1248-9(9)*, Baby Professor (Education Kids)) Speedy Publishing LLC.
Battle of Bug World. Karen Tyrrell. 2017. (Song Bird Ser.: Vol. 2). (ENG., Illus.). (J). (gr. 2-6). pap. *(978-0-9943021-8-2(5))* Digital Future Press.
Battle of Bull Run: Civil War's First Major Battle History of American Wars Grade 5 Children's Military Books. Baby Professor. 2022. (ENG.). 72p. (J). 31.99 ***(978-1-5419-8675-6(X))***; pap. 19.99 ***(978-1-5419-6064-0(5))*** Speedy Publishing LLC. (Baby Professor (Education Kids)).
Battle of Bunker Hill: An Interactive History Adventure. Michael Burgan. rev. ed. 2016. (You Choose: History Ser.). (ENG., Illus.). 112p. (J). (gr. 3-7). pap. 6.95 *(978-1-5157-3387-4(5)*, 133374); lib. bdg. 32.65 *(978-1-5157-3384-3(X)*, 133371) Capstone. (Capstone Pr.).
Battle of Elm And 11th. Tanner Frankfort. 2018. (ENG., Illus.). 48p. (J). (gr. -1-3). *(978-1-78848-058-1(9))*; pap. *(978-1-78848-057-4(0))* Austin Macauley Pubs. Ltd.
Battle of Gettysburg, 1 vol. Tom Streissguth. 2016. (Essential Library of the Civil War Ser.). (ENG.). 112p. (J). (gr. 8-12). lib. bdg. 41.36 *(978-1-68078-273-8(8)*, 21701, Essential Library) ABDO Publishing Co.
Battle of Gettysburg: Bloodiest Battle of the Civil War. Clara MacCarald. 2017. (Major Battles in US History Ser.). (ENG., Illus.). 32p. (J). (gr. 3-5). lib. bdg. 31.35 *(978-1-63517-018-4(4)*, 1635170184, Focus Readers) North Star Editions.
Battle of Gettysburg the Turning Point in the Civil War. Jonathan Sutherland. 2017. (Civil War Ser.: Vol. 5). (ENG., Illus.). 79p. (J). (gr. 7-12). 24.95 *(978-1-4222-3884-4(9))* Mason Crest.
Battle of Hackham Heath. John Flanagan. 2017. (Ranger's Apprentice: the Early Years Ser.: 2). (ENG.). 368p. (J). (gr. 5). 8.99 *(978-0-14-242733-0(0)*, Puffin Books) Penguin Young Readers Group.
Battle of Hogwarts & the Magic Used to Defend It. Daphne Pendergrass & Cala Spinner. 2020. (ENG.). 52p. (J). (gr. 2). 14.99 *(978-1-338-60652-2(2))* Scholastic, Inc.
Battle of Imaginary Friends - Home. Maurice Lecours. Illus. by Angela Yuan. 2021. (ENG.). 56p. (J). pap. 20.95 *(978-1-9822-9087-0(0)*, Balboa Pr.) Author Solutions, LLC.
Battle of Inchon: Turning Point of the Korean War. Clara MacCarald. 2017. (Major Battles in US History Ser.). (ENG., Illus.). 32p. (J). (gr. 3-5). lib. bdg. 31.35 *(978-1-63517-019-1(2)*, 1635170192, Focus Readers) North Star Editions.
Battle of Iron Gulch. R. G. Thomas. 2017. (Town of Superstition Ser.: Vol. 3). (ENG., Illus.). (YA). 25.99 *(978-1-64080-321-3(1)*, Harmony Ink Pr.) Dreamspinner Pr.
Battle of Iwo Jima: Turning the Tide of War in the Pacific. Steven Otfinoski. 2019. (Tangled History Ser.). (ENG., Illus.). 112p. (J). (gr. 3-9). pap. 6.95 *(978-1-5435-7558-3(7)*, 141090); lib. bdg. 32.65 *(978-1-5435-7258-2(8)*, 140594) Capstone.
Battle of Junk Mountain. Lauren Abbey Greenberg. 2018. (ENG.). 224p. (J). (gr. 3-7). 16.99 *(978-0-7624-6295-7(7)*, Running Pr. Kids) Running Pr.
Battle of Kings Mountain 1780: With Fire & Sword (Classic Reprint) Wilma Dykeman. 2017. (ENG., Illus.). (YA). (gr. 6). 25.79 *(978-0-331-56517-1(X))*; pap. 9.57 *(978-0-282-44649-9(4))* Forgotten Bks.
Battle of Life: And the Haunted Man (Classic Reprint) Charles Dickens. 2018. (ENG., Illus.). 410p. (J). 32.35 *(978-0-666-84489-7(5))* Forgotten Bks.
Battle of Life, and, the Haunted Man (Classic Reprint) Charles Dickens. (ENG., Illus.). (J). 2018. 316p. 30.41 *(978-0-483-84105-5(6))*; 2017. pap. 13.57 *(978-0-243-85992-4(9))* Forgotten Bks.
Battle of Life (Classic Reprint) Charles Dickens. 2018. (ENG., Illus.). 188p. (J). 27.77 *(978-0-365-30901-7(X))* Forgotten Bks.
Battle of Little Bighorn: Legendary Battle of the Great Sioux War. Katy Duffield. 2017. (Major Battles in US History Ser.). (ENG., Illus.). 32p. (J). (gr. 3-5). pap. 9.95 *(978-1-63517-076-4(1)*, 1635170761, Focus Readers) North Star Editions.
Battle of Midway: Turning the Tide of World War II. Wil Mara. 2017. (Major Battles in US History Ser.). (ENG., Illus.). 32p. (J). (gr. 3-5). pap. 9.95 *(978-1-63517-077-1(X)*, 163517077X, Focus Readers) North Star Editions.
Battle of New York: A Story for All Young People (Classic Reprint) William O. Stoddard. 2017. (ENG., Illus.). (J). 29.75 *(978-0-331-02227-8(3))* Forgotten Bks.
Battle of Roaring-Bull: A Black & Copper-Colored Massacre (Classic Reprint) Jeff Branen. 2018. (ENG., Illus.). 26p. (J). 24.43 *(978-0-428-56863-4(7))* Forgotten Bks.
Battle of San Juan Hill: Famous Battle of the Spanish-American War. Bonnie Hinman. 2017. (Major Battles in US History Ser.). (ENG., Illus.). 32p. (J). (gr. 3-5). lib. bdg. 31.35 *(978-1-63517-022-1(2)*, 1635170222, Focus Readers) North Star Editions.
Battle of the Alamo. Lynn Peppas. 2017. (Uncovering the Past: Analyzing Primary Sources Ser.). (Illus.). 48p. (J). (gr. 5-6). *(978-0-7787-3940-1(6))* Crabtree Publishing Co.
Battle of the Alamo: An Interactive History Adventure. Amie Jane Leavitt. rev. ed. 2016. (You Choose: History Ser.). (ENG., Illus.). 112p. (J). (gr. 3-7). pap. 6.95 *(978-1-5157-4257-9(1)*, 134011, Capstone Pr.) Capstone.
Battle of the Alamo: Texans under Siege. Steven Otfinoski. 2019. (Tangled History Ser.). (ENG., Illus.). 112p. (J). (gr. 3-9). pap. 6.95 *(978-1-5435-4202-8(6)*, 139116) Capstone.
Battle of the Alamo Ignites Independence. Amy C. Rea. 2018. (Events That Changed America Ser.). (ENG.). 32p. (J). (gr. 3-6). lib. bdg. 35.64 *(978-1-5038-2519-2(1)*, 212327, MOMENTUM) Child's World, Inc, The.
Battle of the Bands. Ed. by Lauren Gibaldi & Eric Smith. 2021. (ENG., Illus.). 320p. (YA). (gr. 9). 18.99 *(978-1-5362-1433-8(7))* Candlewick Pr.
Battle of the Bands. Felix Gumpaw. Illus. by Glass House Glass House Graphics. 2022. (Pup Detectives Ser.: 8). (ENG.). 144p. (J). (gr. k-4). 19.99 *(978-1-6659-1223-5(5))*; pap. 9.99 *(978-1-6659-1222-8(7))* Little Simon. (Little Simon).
Battle of the Bears: Life in the North Land (Classic Reprint) Egerton Ryerson Young. (ENG., Illus.). (J). 2018. 360p. 31.34 *(978-0-332-80357-9(0))*; 2016. pap. 13.97 *(978-1-334-14942-9(9))* Forgotten Bks.
Battle of the Beast. Jack Meggitt-Phillips. Illus. by Isabelle Follath. 2023. (Beast & the Bethany Ser.: 3). (ENG.). 272p. (J). (gr. 4-8). 17.99 *(978-1-6659-0382-0(1)*, Aladdin) Simon & Schuster Children's Publishing.
Battle of the Blanket Forts: A QUIX Book. Dee Romito. Illus. by Marta Kissi. 2021. (Fort Builders Inc Ser.: 3). (ENG.). 96p. (J). (gr. k-3). 17.99 *(978-1-5344-5245-9(1))*; pap. 5.99 *(978-1-5344-5244-2(3))* Simon & Schuster Children's Publishing. (Aladdin).
Battle of the Blighty Bling. Ruth Quayle. Illus. by Eric Heyman. 2018. (ENG.). 224p. (J). (gr. 3). pap. 14.99 *(978-1-78344-692-6(7))* Andersen Pr. GBR. Dist: Independent Pubs. Group.
Battle of the Bluebells. Willow George. 2020. (ENG.). 126p. (J). pap. 12.50 *(978-1-716-67946-9(X))* Lulu Pr., Inc.
Battle of the Books. Melanie Ellsworth. Illus. by James Rey Sanchez. 2022. (ENG.). 32p. (J). (gr. -1-3). 17.99 *(978-1-4998-1272-5(8))* Little Bee Books Inc.
Battle of the Boss-Monster. Troy Cummings. Illus. by Troy Cummings. 2017. (Notebook of Doom Ser.: 13). (ENG.). 96p. (J). (gr. 1-3). lib. bdg. 15.99 *(978-1-338-03457-8(X))* Scholastic, Inc.
Battle of the Boss-Monster. Troy Cummings. ed. 2018. (Notebook of Doom — Branches Ser.: 14). lib. bdg. 14.75 *(978-0-606-41147-9(X))* Turtleback.
Battle of the Boss-Monster: a Branches Book (the Notebook of Doom #13) Troy Cummings. Illus. by Troy Cummings. 2017. (Notebook of Doom Ser.: 13). (ENG., Illus.). 96p. (J). (gr. 1-3). pap. 5.99 *(978-1-338-03456-1(1))* Scholastic, Inc.
Battle of the Bots. Steve Korté. Illus. by Mike Kunkel. 2022. (Amazing Adventures of the DC Super-Pets Ser.). (ENG.). 32p. (J). 22.65 *(978-1-6663-4447-9(8)*, 238397); pap. 5.95 *(978-1-6663-4451-6(6)*, 238382) Capstone. (Picture Window Bks.).
Battle of the Bots. Eric Luper. 2018. (Key Hunters Ser.: 7). (ENG., Illus.). 128p. (J). (gr. 2-5). pap. 4.99 *(978-1-338-21233-4(8)*, Scholastic Paperbacks) Scholastic, Inc.
Battle of the Bots. C. J. Richards. ed. 2017. (Robots Rule Ser.: 3). (ENG.). (J). (gr. 2-5). lib. bdg. 17.20 *(978-0-606-39811-4(2))* Turtleback.
Battle of the Bulge: Nazi Germany's Final Attack on the Western Front. Michael Burgan. 2019. (Tangled History Ser.). (ENG., Illus.). 112p. (J). (gr. 3-9). pap. 6.95 *(978-1-5435-7559-0(5)*, 141091); lib. bdg. 32.65 *(978-1-5435-7259-9(6)*, 140595) Capstone.
Battle of the Bulls! Second Battle of Bull Run Mcclellan vs. Lee Grade 5 Social Studies Children's American Civil War Era History. Baby Professor. 2022. (ENG.). 72p. (J). 31.99 ***(978-1-5419-8680-0(6)***, Baby Professor (Education Kids)) Speedy Publishing LLC.
Battle of the Butts: The Science Behind Animal Behinds. Jocelyn Rish. Illus. by David Creighton-Pester. 2021. (ENG.). 48p. (J). (gr. -1-3). 17.99 *(978-0-7624-9777-5(7)*, Running Pr. Kids) Running Pr.
Battle of the Dance. Makenna Baca. 2023. (ENG.). 34p. (J). pap. 15.95 ***(978-1-5243-1842-0(6))*** Lantia LLC.
Battle of the Dinosaurs: An Antiwar Children's Fable. George Poppel. Illus. by Scott Bennett. 2016. (Pandamonium Bks.). (ENG.). (J). (gr. k-4). pap. 12.95 *(978-0-9973316-4-6(X))* Inprint Bks.
Battle of the Dragon (the Chronicles of Dragon, Series 2, Book 3) Craig Halloran. 2016. (ENG., Illus.). 234p. (J). pap. 9.99 *(978-1-941208-38-0(X))* Two-Ten Bk. Pr., Inc.
Battle of the Giant. Jax Ward. 2022. (Xand & the Knights of Honor Ser.: 2). (ENG.). 84p. (J). pap. 9.99 *(978-1-6678-1255-7(6))* BookBaby.
Battle of the Heroes. Kate Forsyth. 2016. (Illus.). 188p. (J). pap. 5.99 *(978-1-61067-418-8(9))* Kane Miller.
Battle of the Labyrinth. Robert Venditti. ed. 2019. (Percy Jackson & the Olympians Ser.). (ENG.). 125p. (J). (gr. 4-5). 23.96 *(978-1-64697-067-4(5))* Penworthy Co., LLC, The.
Battle of the Pirate Bands: A 4D Book. Michael Anthony Steele. Illus. by Pauline Reeves. 2018. (Nearly Fearless Monkey Pirates Ser.). (ENG.). 48p. (J). (gr. k-2). pap. 7.95 *(978-1-5158-2687-3(2)*, 137838); lib. bdg. 23.99 *(978-1-5158-2679-8(1)*, 137834) Capstone. (Picture Window Bks.).
Battle of the Power Ring. Donald Lemke. ed. 2016. (Justice League Classic: I Can Read! Ser.). (J). lib. bdg. 13.55 *(978-0-606-38159-8(7))* Turtleback.
Battle of the Reds & the Greys. Terry Sewell. 2016. (ENG.). 35p. (J). 18.95 *(978-1-78554-293-0(1)*, 95627445-e322-4991-86da-b05ba1bad8b8); pap. 8.95 *(978-1-78554-292-3(3)*, bee83326-e770-42bd-b36e-a908c9166bcc) Austin Macauley Pubs. Ltd. GBR. Dist: Baker & Taylor Publisher Services (BTPS).
Battle of the Snake. Karen Cossey. 2nd ed. 2022. (Adventures of Crimson & the Guardian Ser.: Vol. 1). (ENG.). 166p. (J). pap. ***(978-1-9911661-4-2(1))*** Rare Design Ltd.
Battle of the Strong: A Romance of Two Kingdoms (Classic Reprint) Gilbert Parker. 2017. (ENG., Illus.). (J). 34.02 *(978-1-5284-7298-2(5))* Forgotten Bks.
Battle of the Super-Pets. Steve Korté. Illus. by Mike Kunkel. 2023. (Amazing Adventures of the DC Super-Pets Ser.). (ENG.). 32p. (J). 22.65 *(978-1-4846-7217-4(8)*, 247377); pap. 6.99 *(978-1-4846-7213-6(5)*, 247365) Capstone. (Picture Window Bks.).
Battle of the Weak, or Gossips Green (Classic Reprint) Henry Dudeney. 2018. (ENG., Illus.). 360p. (J). 31.32 *(978-0-332-86114-2(7))* Forgotten Bks.
Battle of Waterloo, & Other Stories, Vol. 17 (Classic Reprint) Alexander Lange Kielland. 2017. (ENG., Illus.). (J). 28.64 *(978-1-5285-7668-0(3))* Forgotten Bks.
Battle on the Moon (Marvel Avengers) John Sazaklis. Illus. by Penelope R. Gaylord. 2019. (Little Golden Book Ser.). (ENG.). 24p. (J). (-k). 4.99 *(978-1-9848-4786-7(4)*, Golden Bks.) Random Hse. Children's Bks.
Battle Robot Coloring Book: (Ages 4-8) Easy Coloring Books for Kids! Engage Books. 2020. (ENG.). 66p. (J). pap. *(978-1-77476-008-6(8))* AD Classic.
Battle Royal: A Western Drama in an Eastern Land (Classic Reprint) Willem de Veer. (ENG., Illus.). (J). 2018. 348p. 31.07 *(978-0-484-20885-7(3))*; 2017. pap. 13.57 *(978-0-243-29947-8(8))* Forgotten Bks.
Battle Royale: An Unofficial Fortnite Adventure. Mathias Lavorel. 2019. (ENG.). (J). 168p. pap. 9.99 *(978-1-5248-5150-7(7))*; (Illus.). 170p. (gr. 5-6). 20.99 *(978-1-5248-5577-2(4))* Andrews McMeel Publishing.
Battle Royale: Lethal Warriors (Set), 16 vols. 2020. (Battle Royale: Lethal Warriors Ser.). (ENG., Illus.). 32p. (J). (gr. 4-8). 513.12 *(978-1-5341-6331-7(X)*, 214348); pap., pap., pap. 227.43 *(978-1-5341-6351-5(4)*, 214349) Cherry Lake Publishing. (45th Parallel Press).
Battle Royale (the Selwood Boys, #1) Tony Wilson et al. 2018. (Selwood Boys Ser.: 01). 160p. 5.99 *(978-0-7333-3545-7(4))* ABC Bks. AUS. Dist: HarperCollins Pubs.
Battle Scars: The American Civil War, Part Two. John Wilson. 2016. (Fields of Conflict Ser.). (ENG.). 192p. (YA). (gr. 8-12). pap. 12.95 *(978-1-77203-093-8(7)*, Wandering Fox) Heritage Hse. CAN. Dist: Orca Bk. Pubs. USA.
Battle Storm: An Unofficial Novel of Fortnite. Cara J. Stevens. 2018. (Battle Royale: Secrets of the Island Ser.). (ENG.). 112p. (J). (gr. 1-5). pap. 7.99 *(978-1-5107-4433-2(9)*, Sky Pony Pr.) Skyhorse Publishing Co., Inc.
Battle to the End of Days: A Legends of Zyanthia Novella. Chantelle Griffin. 2019. (Legends of Zyanthia Ser.: Vol. 1). (ENG.). (YA). (gr. 7-12). 90p. *(978-0-6487305-2-1(2))*; 124p. pap. *(978-0-6487305-3-8(0))* Griffin, Chantelle.
Battle with the Ultra Beast. Simcha Whitehill. 2019. (Pokemon Graphic Adventures Ser.). (ENG.). 123p. (J). (gr. 2-3). 17.96 *(978-0-87617-932-1(4))* Penworthy Co., LLC, The.
Battle with the Ultra Beast (Pokémon: Graphic Collection) Simcha Whitehill. 2019. (ENG.). 128p. (J). (gr. 1-3). pap. 7.99 *(978-1-338-53873-1(X))* Scholastic, Inc.
Battle with the Ultra Beast (Pokémon: Graphic Collection) (Library Edition) Simcha Whitehill. 2019. (ENG.). 128p. (J). (gr. 2-5). lib. bdg. 22.99 *(978-1-338-62712-1(0))* Scholastic, Inc.
Battle with the Wither: An Unofficial Overworld Adventure, Book Six. Danica Davidson. 2016. (Unofficial Overworld Adventure Ser.). (ENG.). 112p. (J). (gr. 1-7). pap. 7.99 *(978-1-5107-1621-6(1)*, Sky Pony Pr.) Skyhorse Publishing Co., Inc.
Battle Worth Fighting: And Other Stories (Classic Reprint) Soc for Promoting Christian Knowledge. (ENG., Illus.). (J). 2018. 218p. 28.39 *(978-0-656-34682-0(5))*; 2017. pap. 10.97 *(978-0-243-43096-3(5))* Forgotten Bks.
Battle Zone: The Inspiring Truth Behind Popular Combat Video Games. Thomas Kingsley Troupe. 2018. (Video Games vs. Reality Ser.). (ENG., Illus.). 32p. (J). (gr. 3-9). lib. bdg. 28.65 *(978-1-5435-2570-0(9)*, 138052, Capstone Pr.) Capstone.
BattleBots: the Official Guide. M. E. L. MAXWELL. 2022. (ENG.). 128p. (J). (gr. 2-5). pap. 9.99 *(978-1-338-82202-1(0))* Scholastic, Inc.
Battlefield, 1914 (Classic Reprint) University of Mary Washington. (ENG., Illus.). (J). 2018. 168p. 27.36 *(978-0-484-87577-6(9))*; 2016. pap. 9.97 *(978-1-333-39334-2(2))* Forgotten Bks.
Battlefield, 1915-1916 (Classic Reprint) University of Mary Washington. (ENG., Illus.). (J). 2017. 27.20 *(978-0-332-02127-0(0))*; 2016. pap. 9.57 *(978-1-333-76419-7(7))* Forgotten Bks.
Battlefield, 1915 (Classic Reprint) University of Mary Washington. (ENG., Illus.). (J). 2018. 188p. 27.79 *(978-0-267-55307-5(2))*; 2016. pap. 10.57 *(978-1-333-59570-8(0))* Forgotten Bks.
Battlefield 1921: State Normal School for Women (Classic Reprint) University of Mary Washington. (ENG., Illus.). (J). 2018. 186p. 27.75 *(978-0-267-41110-8(3))*; 2016. pap. 10.57 *(978-1-334-27153-3(4))* Forgotten Bks.
Battlefield, 1922 (Classic Reprint) University of Mary Washington. (ENG., Illus.). (J). 2018. 150p. 27.01 *(978-0-484-83515-2(7))*; 2017. pap. 9.57 *(978-0-259-97310-2(6))* Forgotten Bks.
Battlefield 1924: Yearbook of the State Teachers College (Classic Reprint) State Teachers College. 2017. (ENG., Illus.). (J). 28.15 *(978-0-260-41889-0(7))*; pap. 10.57 *(978-0-265-08637-7(X))* Forgotten Bks.
Battlefield, 1925 (Classic Reprint) Fredericksburg State Teachers College. 2017. (ENG., Illus.). (J). 28.70 *(978-0-260-43115-8(X))*; pap. 11.57 *(978-0-266-08363-4(3))* Forgotten Bks.
Battlefield, 1926 (Classic Reprint) State Teachers College. (ENG., Illus.). (J). 2018. 282p. 29.71 *(978-0-428-33373-7(7))*; 2017. pap. 13.57 *(978-0-259-96515-2(4))* Forgotten Bks.
Battlefield, 1927 (Classic Reprint) University of Mary Washington. (ENG., Illus.). (J). 2018. 242p. 28.91 *(978-0-267-25571-9(3))*; 2017. pap. 11.57 *(978-0-259-95211-4(7))* Forgotten Bks.
Battlefield, 1928 (Classic Reprint) Fredericksburg State Teachers College. 2017. (ENG., Illus.). (J). 29.11 *(978-0-260-39306-7(1))*; pap. 11.57 *(978-0-266-09358-9(2))* Forgotten Bks.
Battlefield Ghosts (True Hauntings #2) Dinah Williams. 2021. (ENG., Illus.). 112p. (J). (gr. 3-7). pap. 5.99 *(978-1-338-35586-4(4)*, Scholastic Nonfiction) Scholastic, Inc.
Battlefield in Seven Chapters: With the Biographical Memoirs of the Illustrious Graduates of 1917 (Classic Reprint) State Normal School in Freden Virginia. 2018. (ENG., Illus.). 158p. (J). 27.16 *(978-0-484-16870-0(3))* Forgotten Bks.
Battlefield of the Mind for Kids. Joyce Meyer. rev. ed. 2018. (ENG., Illus.). 192p. (J). (gr. 3-7). pap. 15.99 *(978-1-5460-3321-9(1)*, Faithwords) FaithWords.

160 The check digit for ISBN-10 appears in parentheses after the full ISBN-13

Battlefield of the Mind for Teens: Winning the Battle in Your Mind. Joyce Meyer. rev. ed. 2018. (ENG.). 176p. (YA). (gr. 8-17). pap. 15.99 *(978-1-5460-3325-7(4),* Faithwords) FaithWords.

Battleground: Dragon Wars - Book 7: Dragon Wars - Book 7. Craig Halloran. 2020. (ENG.). 272p. (YA). 19.99 *(978-1-946218-79-7(0))* Two-Ten Bk. Pr., Inc.

Battleground Adventures: The Stories of Dwellers on the Scenes of Conflict in Some of the Most Notable Battles of the Civil War (Classic Reprint) Clifton Johnson. (ENG., Illus.). (J). 2018. 468p. 33.55 *(978-0-267-34436-9(8));* 2016. pap. 16.57 *(978-1-333-67704-6(9))* Forgotten Bks.

Battlemage. Taran Matharu. 2017. 390p. (YA). *(978-1-250-15426-2(X))* Feiwel & Friends.

Battlemage. Taran Matharu. ed. 2018. (Summoner Ser.: 3). (YA). lib. bdg. 22.10 *(978-0-606-41115-8(1))* Turtleback.

Battlemage: Summoner, Book Three. Taran Matharu. 2018. (Summoner Trilogy Ser.: 3). (ENG.). 384p. (YA). pap. 11.99 *(978-1-250-15863-5(X),* 900185524) Square Fish.

Battlemages Don't Clean Their Teeth. Matt Adcock. Illus. by Liz Noble & India Noble. 2023. (My First Cyberpunk Ser.: Vol. 1). (ENG.). 26p. (J). pap. ***(978-1-7396309-1-1(2))*** Burton Mayers Bks.

Battlepug: War on Christmas. Mike Norton. 2020. (ENG., Illus.). 128p. (YA). pap. 16.99 *(978-1-5343-1502-0(0),* b89ad7d9-3938-4b85-a94a-ec2efbb458b9) Image Comics.

Battles Bivouacs: A French Soldier's Note-Book (Classic Reprint) Jacques Roujon. 2018. (ENG., Illus.). 264p. (J). 29.36 *(978-0-267-66929-5(1))* Forgotten Bks.

Battles of Lexington & Concord: Start of the American Revolution. Wil Mara. 2017. (Major Battles in US History Ser.). (ENG., Illus.). 32p. (J). (gr. 3-5). lib. bdg. 31.35 *(978-1-63517-023-8(0),* 1635170230, Focus Readers) North Star Editions.

Battles of Lexington & Concord U. S. Revolutionary Period Grade 4 Children's Military Books. Baby Professor. 2020. (ENG.). 78p. (J). 25.99 *(978-1-5419-8012-9(3));* pap. 14.99 *(978-1-5419-5973-6(6))* Speedy Publishing LLC. (Baby Professor (Education Kids)).

Battles of Rome - Ancient History Sourcebook Children's Ancient History. Baby Professor. 2017. (ENG., Illus.). (J). pap. 8.79 *(978-1-5419-1319-6(1),* Baby Professor (Education Kids)) Speedy Publishing LLC.

Battles of the Civil War - 6 Pack: Set of 6 Bridges Edition with Common Core Teacher Materials. Daniel Rosen. 2016. (Prime Ser.). (YA). (gr. 6-8). 69.00 *(978-1-5125-8870-5(9))* Benchmark Education Co.

Battles of the Civil War - 6 Pack: Set of 6 with Common Core Teacher Materials. Daniel Rosen. 2016. (Prime Ser.). (YA). (gr. 6-8). 69.00 *(978-1-5125-8852-1(0))* Benchmark Education Co.

Battles of World War I. John Hamilton. 2017. (World War I Ser.). (ENG., Illus.). 48p. (J). (gr. 5-9). lib. bdg. 34.21 *(978-1-5321-1286-7(6),* 27494, Abdo & Daughters) ABDO Publishing Co.

Battleship Island: The Deserted Island. Lisa Owings. 2017. (Abandoned Places Ser.). (ENG., Illus.). 24p. (J). (gr. 3-7). lib. bdg. 26.95 *(978-1-62617-693-5(0),* Torque Bks.) Bellwether Media.

Battleship Rescue. Taylor Zajonc. Illus. by Geraldine Rodriguez. 2018. (Adventures of Samuel Oliver Ser.). (ENG.). 48p. (J). (gr. 3-7). lib. bdg. 34.21 *(978-1-5321-3372-5(3),* 31167, Spellbound) Magic Wagon.

Battleships. Kate Riggs. 2016. (Seedlings Ser.). (ENG., Illus.). 24p. (J). (gr. k-2). pap. 8.99 *(978-1-62832-245-3(4),* 20519, Creative Paperbacks); (gr. -1-k). 28.50 *(978-1-60818-660-0(1),* 20521, Creative Education) Creative Co., The.

Battlesong. Lian Tanner. ed. 2018. (Icebreaker Ser.: 3). (J). lib. bdg. 18.40 *(978-0-606-41095-3(3))* Turtleback.

Battlesong: Book Three in the Icebreaker Trilogy. Lian Tanner. 2018. (Icebreaker Trilogy Ser.: 3). (ENG.). 304p. (J). pap. 15.99 *(978-1-250-15871-0(0),* 900185527) Square Fish.

Battlestar Galactica vs Battlestar Galactica TP. Peter David. 2018. (ENG., Illus.). 176p. pap. 19.99 *(978-1-5241-0720-8(4),* cfa63f62-8ed8-4535-aaba-e81adfd2834a, Dynamite Entertainment) Dynamic Forces, Inc.

Battling Against Drug-Resistant Bacteria. Tammy Gagne. 2017. (Science Frontiers Ser.). (ENG., Illus.). 32p. (J). (gr. 3-6). 32.80 *(978-1-63235-373-3(3),* 11867); pap. 9.95 *(978-1-63235-390-0(3),* 11875) Bookstaves, LLC. (12-Story Library).

Battling COVID-19 (Set), 6 vols. 2020. (Battling COVID-19 Ser.). (ENG.). 32p. (J). (gr. 3-6). lib. bdg. 196.74 *(978-1-5321-9426-9(9),* 36607, Checkerboard Library) ABDO Publishing Co.

Battling Ear, Nose, & Throat Infections. Elsie Olson. 2020. (Germ Invaders Ser.). (ENG., Illus.). 32p. (J). (gr. 2-5). lib. bdg. 34.21 *(978-1-5321-9421-4(8),* 36597, Big Buddy Bks.) ABDO Publishing Co.

Battling for Atlanta (Classic Reprint) Byron A. Dunn. 2018. (ENG., Illus.). 408p. (J). 32.31 *(978-0-267-51649-0(5))* Forgotten Bks.

Battling for Gold, or Stirring Incidents of Goldfields Life in West Australia (Classic Reprint) John Marshall. (ENG., Illus.). (J). 2018. 212p. 28.27 *(978-0-267-84646-7(0));* 2017. pap. 10.97 *(978-0-282-20364-1(8))* Forgotten Bks.

Battling in Pokémon GO. Josh Gregory. 2021. (21st Century Skills Innovation Library: Unofficial Guides Junior Ser.). (ENG., Illus.). 24p. (J). (gr. 2-5). lib. bdg. 30.64 *(978-1-5341-8335-3(3),* 218492) Cherry Lake Publishing.

Battling Robots. Luke Colins. 2020. (World of Robots Ser.). (ENG.). 24p. (J). (gr. k-3). lib. bdg. *(978-1-62310-163-3(8),* 14422, Bolt Jr.) Black Rabbit Bks.

Battling Robots. Thomas Kingsley Troupe. 2017. (Mighty Bots Ser.). (ENG.). 32p. (gr. 2-7). 9.95 *(978-1-68072-460-8(6),* Bolt) Black Rabbit Bks.

Battling Robots. Thomas Kingsley Troupe. 2017. (Mighty Bots Ser.). (ENG.). 32p. (J). (gr. 4-6). pap. 9.99 *(978-1-64466-197-0(7),* 11442); (Illus.). lib. bdg. *(978-1-68072-157-7(7),* 10498) Black Rabbit Bks. (Bolt).

Battling Terrorism in the United States, 1 vol. Caroline Kennon. 2017. (American History Ser.). (ENG.). 104p. (gr. 7-7). lib. bdg. 41.03 *(978-1-5345-6141-0(2),* c5c41274-cf46-4769-9de2-9c472e50c79c, Lucent Pr.) Greenhaven Publishing LLC.

Battling the Demon of Sloth. Bonnie Bulla. 2018. (ENG., Illus.). 302p. (YA). pap. 15.95 *(978-1-68102-300-7(8))* Next Century Publishing Co.

Battling Wildlife Poachers: The Fight to Save Elephants, Rhinos, Lions, Tigers, & More. Diane Bailey. 2017. (Illus.). 64p. (J). *(978-1-4222-3874-5(1))* Mason Crest.

Battling with the World (Classic Reprint) A. L. O. E. 2018. (ENG., Illus.). 176p. (J). 27.55 *(978-0-267-25665-5(5))* Forgotten Bks.

Batty Birds: #5. Heather Macht. Illus. by Alice Brereton. 2022. (Woodlot Monster Mysteries Ser.). (ENG.). 48p. (J). (gr. 3-7). lib. bdg. 34.21 *(978-1-0982-3597-0(5),* 41175, Spellbound) Magic Wagon.

Batu & the Search for the Golden Cup. Zira Nauryzbai & Lilya Kalaus. Tr. by Shelley Fairweather-Vega. 2023. 318p. (J). (gr. 3-7). 17.99 *(978-1-6625-0702-1(X),* 9781662507021); pap. 9.99 *(978-1-6625-0701-4(1),* 9781662507014) Amazon Publishing. (AmazonCrossing).

Batwheels Save the Day! (DC Batman: Batwheels) Random House. Illus. by Random House. 2023. (ENG., Illus.). 22p. (J). (— 1). bds. 7.99 ***(978-0-593-70441-7(X),*** Random Hse. Bks. for Young Readers) Random Hse. Children's Bks.

Batwoman Team-Up Trouble. Laurie S. Sutton. Illus. by Emma Kubert. 2023. (Harley Quinn's Madcap Capers Ser.). (ENG.). 72p. (J). 27.32 *(978-1-6690-1390-7(1),* 245827); pap. 6.95 *(978-1-6690-1573-4(4),* 245812) Capstone. (Stone Arch Bks.).

Bau Malbuch Für Kinder: Perfektes Konstruktions Lernbuch Für Kinder, Jungen und Mädchen, Tolles Konstruktions Aktivitätsbuch Für Kinder und Kleinkinder Zum Genießen Mit Freunden. Amelia Yardley. 2021. (GER.). 82p. (J). pap. *(978-1-008-91741-5(9))* Lulu.com.

Bau und Entwickelungsgeschichte der Makrosporen Von ISOëtes und Selaginella und Ihre Bedeutung Fur Die Kenntniss des Wachsthums Pflanzlicher Zellmembranen: Inaugural-Dissertation der Mathematischen und Naturwissenschaftlichen Facultät der Kaiser-Wilhelm. Hans Fitting. 2018. (GER., Illus.). 68p. (J). pap. 9.57 *(978-0-267-91013-7(4))* Forgotten Bks.

Bauble: A Novel Frontispiece (Classic Reprint) Yard And Company Moffat. 2018. (ENG., Illus.). 352p. (J). 31.16 *(978-0-483-74794-4(7))* Forgotten Bks.

Baubles. Carolyn Wells. 2017. (ENG., Illus.). (J). pap. *(978-0-649-46856-0(2))* Trieste Publishing Pty Ltd.

Bauhaus Ballet: (Beautiful, Illustrated Pop-Up Ballet Book for Bauhaus Ballet Lovers & Children) Gabby Dawnay. Illus. by Lesley Barnes. 2019. (ENG.). 14p. (J). (gr. -1-2). 24.99 *(978-1-78627-489-2(2),* King, Laurence Publishing) Orion Publishing Group, Ltd. GBR. Dist: Hachette Bk. Group.

Bawbee Jock (Classic Reprint) Amy McLaren. 2017. (ENG., Illus.). (J). 32.15 *(978-0-331-27690-9(9))* Forgotten Bks.

Bawdy Mcpea's Circus of Fleas. Kirsty Holmes. Illus. by Rosie Groom. 2023. (Level 9 - Gold Set Ser.). (ENG.). 32p. (J). (gr. 2-4). lib. bdg. 19.95 Bearport Publishing Co., Inc.

Bawk-Ness Monster. Natalie Riess & Sara Goetter. 2023. (Cryptid Kids Ser.: 1). (ENG., Illus.). 224p. (J). 22.99 *(978-1-250-83467-6(8),* 900254080); pap. 14.99 *(978-1-250-83466-9(X),* 900254081) Roaring Brook Pr. (First Second Bks.).

Bawlerout (Classic Reprint) Forrest Halsey. 2018. (ENG., Illus.). 224p. (J). 28.52 *(978-0-428-97966-9(1))* Forgotten Bks.

Baxter & Danny Stand up to Bullying. James M. Foley. Illus. by Shirley Ng-Benitez. 2018. 32p. (J). *(978-1-4338-2818-8(9))* American Psychological Assn.

Baxter & the Blueberry Bush. Lenie Lucci. 2020. (ENG.). 20p. (J). pap. *(978-0-2288-1441-2(3))* Tellwell Talent.

Baxter Bunny's Special Pie. Maureen Julie McGrath. 2023. (ENG.). 20p. (J). pap. 13.00 ***(978-1-68235-750-7(3),*** Strategic Bk. Publishing) Strategic Book Publishing & Rights Agency (SBPRA).

Baxter Family Children Complete Collection (Boxed Set) Best Family Ever; Finding Home; Never Grow up; Adventure Awaits; Being Baxters. Karen Kingsbury & Tyler Russell. ed. 2023. (Baxter Family Children Story Ser.). (ENG.). 1504p. (J). (gr. 3-7). 89.99 ***(978-1-6659-4341-3(6),*** Simon & Schuster/Paula Wiseman Bks.) Simon & Schuster/Paula Wiseman Bks.

Baxter Family Children Paperback Collection (Boxed Set) Best Family Ever; Finding Home; Never Grow Up. Karen Kingsbury & Tyler Russell. ed. 2022. (Baxter Family Children Story Ser.). (ENG.). 960p. (J). (gr. 3-7). pap. 23.99 *(978-1-6659-1366-9(5),* Simon & Schuster/Paula Wiseman Bks.) Simon & Schuster/Paula Wiseman Bks.

Baxter Goes to Imagination Land. Jennifer Hart. 2018. (Baxter Bks.: Vol. 2). (ENG., Illus.). 38p. (J). (gr. k-2). 15.99 *(978-1-5323-3750-5(7))* Baxter The Dog Bks.

Baxter Is Missing. Rebecca Elliott. ed. 2017. (Owl Diaries — Branches Ser.: 6). lib. bdg. 14.75 *(978-0-606-40189-0(X))* Turtleback.

Baxter Is Missing: #6. Rebecca Elliott. Illus. by Rebecca Elliott. 2022. (Owl Diaries). (ENG., Illus.). 80p. (J). (gr. k-2). lib. bdg. 31.36 *(978-1-0982-5228-1(4),* 41307, Chapter Bks.) Spotlight.

Baxter Is Missing: a Branches Book (Owl Diaries #6) Rebecca Elliott. Illus. by Rebecca Elliott. 2017. (Owl Diaries: 6). (ENG., Illus.). 80p. (J). (gr. k-2). pap. 6.99 *(978-1-338-04284-9(X))* Scholastic, Inc.

Baxter Is Missing: a Branches Book (Owl Diaries #6) (Library Edition) Rebecca Elliott. Illus. by Rebecca Elliott. 2017. (Owl Diaries: 6). (ENG., Illus.). 80p. (J). (gr. k-2). lib. bdg. 15.99 *(978-1-338-04285-6(8))* Scholastic, Inc.

Baxter Meets His Monster: Adventures with Baxter the Dog - Book 2. Jennifer Hart. Illus. by Jennifer Hart. 2020. (Baxter the Dog Ser.: Vol. 2). (ENG., Illus.). 46p. (J). (gr. k-2). 22.99 ***(978-1-7321588-7-0(8));*** pap. 12.99 ***(978-1-7321588-6-3(X))*** Baxter The Dog Bks.

Baxter Returns to Imagination Land: Coloring & Activity Book. Jennifer Hart. Illus. by Jennifer Hart. 2018. (ENG., Illus.). 50p. (J). pap. 6.99 *(978-1-7321588-0-1(0))* Baxter The Dog Bks.

Baxter the Bully: Books by Bree. BriAnna Reshae. 2019. (ENG.). 34p. (J). pap. 10.50 *(978-0-578-22068-0(7))* Bks. by Bree.

Baxter Turns down His Buzz: A Story for Little Kids about ADHD. James M. Foley. Illus. by Shirley Ng-Benitez. 2016. 32p. (J). 15.95 *(978-1-4338-2268-1(7),* Magination Pr.) American Psychological Assn.

Baxter's Big Adventure. Tracy L. Floyd. 2018. (ENG., Illus.). 30p. (J). pap. 12.95 *(978-1-64003-653-6(9))* Covenant Bks.

Baxter's Second Innings: Specially Reported for the School Team (Classic Reprint) Henry Drummond. 2017. (ENG., Illus.). 60p. (J). 25.13 *(978-0-332-92205-8(7))* Forgotten Bks.

Bay & Padie Book: Kiddie Songs (Classic Reprint) Furnley Maurice. 2018. (ENG., Illus.). 38p. (J). 24.70 *(978-0-267-68718-3(4))* Forgotten Bks.

Bay Hollow Trilogy - Set 1. Ronald Wing. Illus. by Ann Johnson. 2020. (ENG.). 459p. (YA). pap. *(978-1-6671-5768-9(X))* Lulu Pr., Inc.

Bay Hollow Trilogy - Set 2: Books 4 - 6. Ronald Wing. Illus. by Anne Johnson. 2020. (ENG.). 529p. (YA). pap. *(978-1-716-37655-9(6))* Lulu Pr., Inc.

Bay Hollow Trilogy - Set 3. Ronald Wing. 2020. (ENG.). 414p. (YA). pap. *(978-1-716-33658-4(9))* Lulu Pr., Inc.

Bay of Pigs & the Cuban Missile Crisis, 1 vol. Bethany Bryan. 2017. (Cold War Chronicles Ser.). (ENG., Illus.). 112p. (YA). (gr. 9-9). 44.50 *(978-1-5026-2863-3(5),* 2b20ac64-18b7-43ad-ba6a-e2f2cf6dff21) Cavendish Square Publishing LLC.

Bay-Path: A Tale of New England Colonial Life (Classic Reprint) J. G. Holland. 2018. (ENG., Illus.). 422p. (J). 32.60 *(978-0-483-66482-1(0))* Forgotten Bks.

Bay Ronald, Vol. 1 of 3 (Classic Reprint) May Crommelin. (ENG., Illus.). (J). 2018. 316p. 30.43 *(978-0-483-60698-2(7));* 2016. pap. 13.57 *(978-1-333-40256-3(2))* Forgotten Bks.

Bay Ronald, Vol. 2 of 3 (Classic Reprint) May Crommelin. 2018. (ENG., Illus.). 328p. (J). 30.68 *(978-0-483-83227-5(8))* Forgotten Bks.

Bay Ronald, Vol. 3 of 3 (Classic Reprint) May Crommelin. (ENG., Illus.). (J). 2018. 334p. 30.79 *(978-0-332-09048-1(5));* 2016. pap. 13.57 *(978-1-333-29243-0(0))* Forgotten Bks.

Bayani & the Nine Daughters of the Moon. Travis McIntire. Illus. by Grant Perkins. 2020. (Bayani Ser.). (ENG.). 72p. (J). pap. 14.99 *(978-1-63529-842-0(3))* Caliber Comics.

Bayard from Bengal: Being Some Account of the Magnificent & Spanking Career of Chunder Bindabun Bhosh, Esq., B. A., Cambridge (Classic Reprint) Hurry Bungsho Jabberjee. 2017. (ENG., Illus.). (J). 27.59 *(978-0-260-79192-4(X))* Forgotten Bks.

Bayesian Probability for Babies. Chris Ferrie. 2019. (Illus.). 24p. (J). (gr. -1-k). bds. 9.99 *(978-1-4926-8079-6(6))* Sourcebooks, Inc.

Bayley, 1 vol. Benjamin Proudfit. 2018. (Superstars of Wrestling Ser.). (ENG.). 32p. (J). (gr. 1-2). 28.27 *(978-1-5382-2091-7(1),* aa77b5d0-c469-4b24-ba36-6e6631ae97c5) Stevens, Gareth Publishing LLLP.

Baylor's Guide to Dreadful Dreams. Robert Imfeld. (ENG., Illus.). 320p. (J). (gr. 5-9). 2018. pap. 7.99 *(978-1-4814-6640-0(2));* 2017. 16.99 *(978-1-4814-6639-4(9))* Simon & Schuster Children's Publishing. (Aladdin).

Baylor's Song. Michael Wesley Smither. Illus. by Michael McFarland. 2020. (ENG.). 30p. (J). (gr. k-4). pap. 14.95 *(978-1-68433-515-2(9))* Black Rose Writing.

Bayocor's Adventures, Mystery Manor. Su Gerheim. Illus. by Jason Fowler. 2022. (ENG.). 96p. (J). pap. 14.95 *(978-1-61493-799-9(0))* Peppertree Pr., The.

Bayocor's Adventures, Snowball. Su Gerheim. Illus. by Jason Fowler. 2022. (ENG.). 76p. (J). pap. 13.95 ***(978-1-61493-844-6(X))*** Peppertree Pr., The.

Bayou Ballet. Alexis Braud. 2022. (ENG., Illus.). 32p. (J). 19.99 *(978-1-4556-2662-5(7),* Pelican Publishing) Arcadia Publishing.

Bayou Bogeyman Presents Hoodoo & Voodoo 2nd Edition. Ed. by Laura Roach Dragon. 2020. (ENG.). 216p. (J). pap. 9.95 *(978-1-4556-2557-4(4),* Pelican Publishing) Arcadia Publishing.

Bayou Folk (Classic Reprint) Kate Chopin. 2018. (ENG., Illus.). 324p. (J). 30.58 *(978-0-365-42051-4(4))* Forgotten Bks.

Bayou Home: The Adventure of Swampmaster Bejeaux, 1 vol. Nancy Backus. Illus. by Nancy Backus. 2019. (ENG., Illus.). 108p. (gr. 3-7). 19.99 *(978-0-578-17393-1(X),* Pelican Publishing) Arcadia Publishing.

Bayou Reckoning. Apryl Baker. 2020. (Crane Diaries: Vol. 7). (ENG.). 374p. (J). pap. 15.99 *(978-1-64034-892-9(1))* Limitless Publishing, LLC.

Bayou Says Good Night. Cora Lancon. 2023. (ENG.). 32p. (J). pap. 10.00 ***(978-1-0880-8240-9(8))*** Indy Pub.

Bayou Song. Margaret Gibson Simon. Illus. by Anna Cantrell. Photos by Henry Cancienne. 2018. (J). *(978-1-946160-23-2(7))* Univ. of Louisiana at Lafayette Pr.

Bayou Triste: A Story of Louisiana (Classic Reprint) Josephine Hamilton Nicholls. 2018. (ENG., Illus.). 250p. (J). 29.05 *(978-0-364-99471-9(1))* Forgotten Bks.

Bayous, 1 vol. Arthur Best. 2017. (Our World of Water Ser.). (ENG.). 24p. (gr. 1-1). pap. 9.22 *(978-1-5026-3086-5(9),* 18cf39f4-7a83-4222-a58f-c227bb8d75a7) Cavendish Square Publishing LLC.

Bayside Bunch Breathing Is Believing. Robinson. Illus. by Mike Motz. 2020. (Bayside Bunch Ser.). (ENG.). 46p. (J). pap. 14.99 *(978-1-7352457-4-4(7))* lasirenaBks.01@yahoo.com.

Bayside Bunch Breathing Is Believing. Unseld Robinson. 2020. (ENG.). 46p. (J). pap. 14.99 *(978-1-7352457-9-9(8))* lasirenaBks.01@yahoo.com.

Bayside Bunch Go See the Principal! Robinson. 2020. (ENG.). 54p. (J). pap. 12.99 *(978-1-7352457-2-0(0))* lasirenaBks.01@yahoo.com.

Bayside Bunch Meets the New Girl. Robinson. Illus. by Mike Motz. 2021. (ENG.). 50p. (J). pap. 14.99 *(978-1-7352457-8-2(X))* lasirenaBks.01@yahoo.com.

Bayside Bunch Quarantined in Queens. Robinson. Illus. by Mike Motz. 2020. (ENG.). 50p. (J). pap. 12.99 *(978-1-7352457-0-6(4))* lasirenaBks.01@yahoo.com.

Baz & Benz. Heidi McKinnon. Illus. by Heidi McKinnon. 2020. (ENG., Illus.). 40p. (J). (gr. -1-3). 17.99 *(978-1-5344-6802-3(1),* Simon & Schuster Bks. For Young Readers) Simon & Schuster Bks. For Young Readers.

Bazaar Daily (Classic Reprint) Arlo Bates. 2018. (ENG., Illus.). 84p. (J). 25.63 *(978-0-483-22345-5(X))* Forgotten Bks.

Bazi Ba Angusht Ha. Mustafá Rahmandust. Illus. by Haila Ladan. 2017. (PER.). (J). *(978-600-01-0559-4(2))* Kanun-e Parvaresh Fekr-ye Kudakan Va Nujavanan.

Bb. Bela Davis. 2016. (Alphabet Ser.). (ENG., Illus.). 24p. (J). (gr. -1-2). lib. bdg. 31.36 *(978-1-68080-878-0(8),* 23231, Abdo Kids) ABDO Publishing Co.

BB & Betty. Leann Webb. 2018. (ENG., Illus.). 24p. (J). pap. 12.95 *(978-1-64003-865-3(5))* Covenant Bks.

BB & Olivia Save the Day! Save the Butterflies. Jim Tschritter. 2021. (ENG.). 64p. (J). pap. *(978-0-2288-5430-2(X))* Tellwell Talent.

BB & the Big Tree. Bryan F. Gremillion. 2017. (ENG.). 32p. (J). pap. *(978-1-716-32043-9(7))* Lulu Pr., Inc.

BB & the Dancing Candy. Bryan F. Gremillion. Illus. by Bryan F. Gremillion. 2016. (ENG.). 32p. (J). pap. *(978-1-6781-4537-8(8))* Lulu Pr., Inc.

BB & the Dancing Candy. Bryan F. Gremillion. 2016. (ENG., Illus.). (J). pap. 29.50 *(978-1-365-37745-7(8))* Lulu Pr., Inc.

BB & the Feu Follet. Bryan F. Gremillion. (ENG.). (J). 2019. 32p. pap. 9.89 ***(978-1-68471-656-2(X));*** 2017. (Illus.). pap. 29.50 *(978-1-387-02500-8(7))* Lulu Pr., Inc.

BB & the Green Witch. Bryan F. Gremillion. (ENG.). (J). 2019. 32p. pap. 9.89 ***(978-1-68471-071-3(5));*** 2016. (Illus.). pap. 26.50 *(978-1-365-31432-2(4))* Lulu Pr., Inc.

BB & the Little Boat. Bryan F. Gremillion. 2017. (ENG., Illus.). (J). pap. 28.51 *(978-1-365-52566-7(X))* Lulu Pr., Inc.

BB & the Tataille. Bryan F. Gremillion. 2016. (ENG., (J). Illus.). pap. 21.00 *(978-1-365-14414-1(3));* 33p. pap. *(978-1-6781-4088-5(0))* Lulu Pr., Inc.

BB & the Tiny Fox. Bryan F. Gremillion. 2017. (ENG., Illus.). (J). pap. 27.49 *(978-1-365-75569-9(X))* Lulu Pr., Inc.

BB Go Christmas Caroling. Mike Berenstain. ed. 2020. (Berenstain Bears 8x8 Bks). (ENG., Illus.). 24p. (J). (gr. k-1). 14.36 *(978-1-64697-497-9(2))* Penworthy Co., LLC, The.

Bb (Spanish Language) Maria Puchol. 2017. (Abecedario (the Alphabet Ser.).Tr. of Bb. (SPA.). 24p. (J). (gr. -1-2). lib. bdg. 31.36 *(978-1-5321-0301-8(8),* 27176, Abdo Kids) ABDO Publishing Co.

BB Visit Big Bear City. Mike Berenstain. ed. 2020. (Berenstain Bears 8x8 Bks). (ENG., Illus.). 24p. (J). (gr. k-1). 13.89 *(978-1-64697-495-5(6))* Penworthy Co., LLC, The.

B'bbeb. J. N. MacNeill. 2016. (ENG., Illus.). 204p. (J). pap. ***(978-0-9575397-1-6(1))*** Lyburn Products.

BBC Earth: Animal Colors - Ladybird Readers Level 1. Ladybird. 2019. (Illus.). 48p. (gr. k). pap. 9.99 *(978-0-241-35792-7(6),* Ladybird) Penguin Bks., Ltd. GBR. Dist: Independent Pubs. Group.

BBC Earth: Animal Colors Activity Book - Ladybird Readers Level 1. Ladybird. 2019. (Ladybird Readers Ser.). (ENG.). 16p. (J). (gr. k-2). pap. 5.99 *(978-0-241-35793-4(4),* Ladybird) Penguin Bks., Ltd. GBR. Dist: Independent Pubs. Group.

BBC Earth: Baby Animals - Ladybird Readers Level 1, Vol. 1. Ladybird. 2017. (Ladybird Readers Ser.). (Illus.). 48p. (J). (gr. k-2). pap. 8.99 *(978-0-241-29745-2(1))* Penguin Bks., Ltd. GBR. Dist: Independent Pubs. Group.

BBC Earth: Baby Animals Activity Book: Level 1. Ladybird. 2017. (Ladybird Readers Ser.). (ENG.). 16p. (J). (gr. k-2). pap. 4.99 *(978-0-241-29740-7(0))* Penguin Bks., Ltd. GBR. Dist: Independent Pubs. Group.

BBC Earth: Big & Small - Ladybird Readers Level 2. Ladybird. 2019. (Ladybird Readers Ser.). (Illus.). 48p. (J). (gr. k-2). pap. 9.99 *(978-0-241-35818-4(3),* Ladybird) Penguin Bks., Ltd. GBR. Dist: Independent Pubs. Group.

BBC Earth: Dangerous Journeys - Ladybird Readers Level 4, Vol. 4. Ladybird. 2017. (Ladybird Readers Ser.). (Illus.). 64p. (J). (gr. k-2). pap. 8.99 *(978-0-241-29891-6(1))* Penguin Bks., Ltd. GBR. Dist: Independent Pubs. Group.

BBC Earth: Dangerous Journeys Activity Book: Level 4. Ladybird. 2017. (Ladybird Readers Ser.). (ENG.). 16p. (J). (gr. k-2). 4.99 *(978-0-241-29872-5(5))* Penguin Bks., Ltd. GBR. Dist: Independent Pubs. Group.

BBC Earth: Deserts - Ladybird Readers Level 1. Ladybird. 2018. (Ladybird Readers Ser.). (Illus.). 48p. (J). (gr. k-2). pap. 8.99 *(978-0-241-31608-5(1))* Penguin Bks., Ltd. GBR. Dist: Independent Pubs. Group.

BBC Earth: Forests - Ladybird Readers Level 4. Ladybird. 2018. (Ladybird Readers Ser.). 64p. (J). (gr. k-2). pap. 8.99 *(978-0-241-31958-1(7))* Penguin Bks., Ltd. GBR. Dist: Independent Pubs. Group.

BBC Earth: Forests Activity Book - Ladybird Readers Level 4. Ladybird. 2018. (Ladybird Readers Ser.). (ENG.). 16p. (J). (gr. k-2). pap. 5.99 *(978-0-241-31973-4(0))* Penguin Bks., Ltd. GBR. Dist: Independent Pubs. Group.

BBC Earth: Hungry Animals - Ladybird Readers Level 2, Vol. 2. Ladybird. 2017. (Ladybird Readers Ser.). (Illus.). 48p. (J). (gr. k-2). pap. 8.99 *(978-0-241-29844-2(X))* Penguin Bks., Ltd. GBR. Dist: Independent Pubs. Group.

BBC Earth: Hungry Animals Activity Book: Level 2. Ladybird. 2017. (Ladybird Readers Ser.). (ENG.). 16p. (J). (gr. k-2). pap. 5.99 *(978-0-241-29807-7(5))* Penguin Bks., Ltd. GBR. Dist: Independent Pubs. Group.

BBC Earth: Mountains - Ladybird Readers Level 2. Ladybird. 2018. (Ladybird Readers Ser.). (Illus.). 48p. (J). (gr. k-2). pap. 8.99 *(978-0-241-31948-2(X))* Penguin Bks., Ltd. GBR. Dist: Independent Pubs. Group.

BBC Earth: Where Animals Live - Ladybird Readers Level 3. Ladybird. 2017. (Ladybird Readers Ser.). (Illus.). 64p. (J). (gr. k-2). pap. 8.99 *(978-0-241-29868-8(7))* Penguin Bks., Ltd. GBR. Dist: Independent Pubs. Group.

BBC Earth: Where Animals Live Activity Book: Level 3. Ladybird. 2017. (Ladybird Readers Ser.). (ENG.). 16p. (J). (gr. k-2). pap. 4.99 *(978-0-241-29858-9(X))* Penguin Bks., Ltd. GBR. Dist: Independent Pubs. Group.

BC Island Animal Dream. Elizabeth Eakin. 2023. (ENG.). 60p. (J). ***(978-1-0391-7108-4(7));*** pap. ***(978-1-0391-7107-7(9))*** FriesenPress.

B

Be. Paola Deocampo. Illus. by Makayla Santos. 2022. (ENG.). 50p. (J). 25.80 *(978-1-6678-3058-2(9))* BookBaby.

Be. Jill Salomon. 2016. (ENG., Illus.). (J). pap. 13.95 *(978-1-4808-3768-3(7))* Archway Publishing.

Be: Be Unique. Be Courageous. Be Kind. Michelle Tate. Illus. by Anna Lindgren. 2019. (ENG.). 26p. (J). (gr. k-6). pap. 12.99 ***(978-1-0878-0462-0(0))*** Indy Pub.

Be a Ballerina! Katharine Holabird. Illus. by Helen Craig. 2022. (Angelina Ballerina Ser.). (ENG.). 32p. (J). (gr. -1-1). pap. 7.99 *(978-1-6659-2069-8(6)*, Simon Spotlight) Simon Spotlight.

Be a Better Babysitter. Annie Buckley. 2016. (Illus.). 32p. (J). *(978-1-4896-4773-3(2))* Weigl Pubs., Inc.

Be a Better Writer: For School, for Fun, for Anyone Ages 10-15. Steve Peha & Margot Lester. 2nd ed. 2016. (ENG., Illus.). 351p. (YA). pap. 19.95 *(978-0-9972831-0-5(6))* Teaching That Makes Sense.

Be a Bridge. Irene Latham & Charles Waters. Illus. by Nabila Adani. 2022. (ENG.). 32p. (J). (gr. -1-3). 19.99 *(978-1-7284-2338-8(4)*, 3f24fb71-2531-4d13-9f37-3b8f78500747, Carolrhoda Bks.) Lerner Publishing Group.

Be a Camouflage Detective: Looking for Critters That Are Hidden, Concealed, or Covered, 1 vol. Peggy Kochanoff. 2021. (Be a Nature Detective Ser.). (ENG., Illus.). 56p. (J). pap. 12.95 *(978-1-77471-000-5(5)*, 4745cde5-80e4-4aa6-8f55-c629a76517d2) Nimbus Publishing, Ltd. CAN. Dist: Baker & Taylor Publisher Services (BTPS).

Be a Carpenter. Wil Mara. 2019. (21st Century Skills Library: Guide to the Trades Ser.). (ENG., Illus.). 32p. (J). (gr. 4-7). pap. 14.21 *(978-1-5341-5108-6(7)*, 213739); lib. bdg. 32.07 *(978-1-5341-4822-2(1)*, 213738) Cherry Lake Publishing.

Be a Citizen Scientist!, 1 vol. Michael Rajczak. 2018. (Be the Change! Shaping Your Community Ser.). (ENG.). 32p. (gr. 3-4). 28.27 *(978-1-5382-1995-9(6)*, de0228db-7fe4-428e-a2e1-5b301b7f16f1) Stevens, Gareth Publishing LLLP.

Be a City Nature Detective: Solving the Mysteries of How Plants & Animals Survive in the Urban Jungle, 1 vol. Peggy Kochanoff. 2018. (Be a Nature Detective Ser.). (ENG., Illus.). 56p. (J). (gr. 1-3). pap. 14.95 *(978-1-77108-572-4(X)*, 3a4ae7f0-44fa-4d06-a3d6-cf305e5aaeb4) Nimbus Publishing, Ltd. CAN. Dist: Baker & Taylor Publisher Services (BTPS).

Be a Computer Scientist, 1 vol. Jonathan E. Bard. 2018. (Be a Scientist! Ser.). (ENG.). 32p. (gr. 3-4). 28.27 *(978-1-5382-2995-8(1)*, 07c492ec-2aff-4b4d-88ab-f61569912f08) Stevens, Gareth Publishing LLLP.

Be a Conservationist!, 1 vol. Matt Jankowski. 2018. (Be the Change! Shaping Your Community Ser.). (ENG.). 32p. (gr. 3-4). 28.27 *(978-1-5382-2003-0(2)*, d832120d-c6f0-4674-aac2-6797b2312317) Stevens, Gareth Publishing LLLP.

Be a Construction Equipment Operator. Wil Mara. 2019. (21st Century Skills Library: Guide to the Trades Ser.). (ENG.). 32p. (J). (gr. 4-7). pap. 14.21 *(978-1-5341-5107-9(9)*, 213735); (Illus.). lib. bdg. 32.07 *(978-1-5341-4821-5(3)*, 213734) Cherry Lake Publishing.

Be a Construction Manager. Wil Mara. 2019. (21st Century Skills Library: Guide to the Trades Ser.). (ENG., Illus.). 32p. (J). (gr. 4-7). pap. 14.21 *(978-1-5341-5110-9(9)*, 213747); lib. bdg. 32.07 *(978-1-5341-4824-6(8)*, 213746) Cherry Lake Publishing.

Be a Copycat of Jesus. Lynn Czerwinski. Illus. by Shamari G. Shellie. 2018. (ENG.). 22p. (J). pap. 11.95 *(978-1-64349-246-9(2))* Christian Faith Publishing.

Be a Diary Detective. Kelly Spence & Kylie Burns. 2017. (Be a Document Detective Ser.). (ENG., Illus.). 24p. (J). (gr. 2-2). *(978-0-7787-3053-8(0))* Crabtree Publishing Co.

Be a Director of Photography: Make Every Shot Count, 1 vol. Alix Wood. 2017. (Moviemakers' Film Club Ser.). (ENG.). 32p. (J). (gr. 4-5). 27.93 *(978-1-5383-2274-1(9)*, 7a14555c-3ccd-4887-8fb8-f15170b1b4bd); pap. 11.00 *(978-1-5383-2370-0(2)*, 7360409f-d6b8-4089-a129-8677f5698c5a) Rosen Publishing Group, Inc., The. (PowerKids Pr.).

Be a Film Director: Direct with Confidence, 1 vol. Alix Wood. 2017. (Moviemakers' Film Club Ser.). (ENG.). 32p. (J). (gr. 4-5). 27.93 *(978-1-5383-2276-5(5)*, 91651b21-56ef-4adc-9008-088d9d57a53b); pap. 11.00 *(978-1-5383-2372-4(9)*, 953fd88c-4eb5-43df-9cf2-e9dd39ab045d) Rosen Publishing Group, Inc., The. (PowerKids Pr.).

Be a Film Editor: Polish the Performance, 1 vol. Alix Wood. 2017. (Moviemakers' Film Club Ser.). (ENG.). 32p. (J). (gr. 4-5). pap. 11.00 *(978-1-5383-2374-8(5)*, 71a23be7-2120-47e2-852b-dbc768452316); lib. bdg. 27.93 *(978-1-5081-6266-7(2)*, 80eb03a7-021a-4360-8885-dce0d31b7016) Rosen Publishing Group, Inc., The. (PowerKids Pr.).

Be a Force on the Field: Skills, Drills, & Plays. Rachel Stuckey. 2016. (ENG., Illus.). 32p. (J). *(978-0-7787-2291-5(0))* Crabtree Publishing Co.

Be a Friend. Kenneth Hardeman. 2021. (Ant Hills Ser.). (ENG.). 50p. (J). pap. 16.95 *(978-1-64670-163-6(1))* Covenant Bks.

Be a Friend. Salina Yoon. 2016. (ENG., Illus.). 40p. (J). 18.99 *(978-1-61963-951-5(3)*, 900152892, Bloomsbury USA Childrens) Bloomsbury Publishing USA.

Be a Geneticist, 1 vol. Zelda Salt. 2018. (Be a Scientist! Ser.). (ENG.). 32p. (gr. 3-4). 28.27 *(978-1-5382-2996-5(X)*, 4ccd5d4a-0f4f-48f2-94dd-6d4e49e67b65) Stevens, Gareth Publishing LLLP.

Be a Good Ancestor. Leona Prince & Gabrielle Prince. Illus. by Carla Joseph. 2022. (ENG.). 32p. (J). (gr. -1-k). 21.95 *(978-1-4598-3140-7(3)*, 1459831403) Orca Bk. Pubs. USA.

Be a Good Citizen. Emma Carlson Berne. 2023. (How Awesome Can You Be? Ser.). (ENG.). 24p. (J). (gr. k-1). lib. bdg. 26.99 Bearport Publishing Co., Inc.

Be a Good Citizen. Sierra Harimann. Illus. by Núria Aparicio. 2016. 32p. (J). *(978-1-338-03336-6(0))* Scholastic, Inc.

Be a Good Dragon. Kurt Cyrus. Illus. by Kurt Cyrus. 2018. (ENG., Illus.). 32p. (J). (gr. k-3). 16.99 *(978-1-58536-383-4(9)*, 204395) Sleeping Bear Pr.

Be a Good Sport, Charlie Brown! Charles M. Schulz. Illus. by Vicki Scott. 2019. (Peanuts Ser.). (ENG.). 32p. (J). (gr. -1-2). pap. 4.99 *(978-1-5344-3028-0(8)*, Simon Spotlight) Simon Spotlight.

Be a Good Sport, Charlie Brown! Jason Cooper. ed. 2019. (Peanuts 8x8 Bks). (ENG., Illus.). 32p. (J). (gr. k-1). 13.89 *(978-1-64310-937-4(5))* Penworthy Co., LLC, The.

Be a Good Sport, Diggory Doo! A Story about Good Sportsmanship & How to Handle Winning & Losing. Steve Herman. 2021. (My Dragon Bks.: Vol. 47). (ENG.). 54p. (J). 18.95 *(978-1-64916-111-6(5))*; pap. 12.95 *(978-1-64916-110-9(7))* Digital Golden Solutions LLC.

Be a Helper. Pete Jenkins. 2018. (Discovery Days Ser.). (ENG., Illus.). 16p. (gr. -1-2). lib. bdg. 28.50 *(978-1-64156-178-5(5)*, 9781641561785) Rourke Educational Media.

Be a Hero. Uzoma R. Ezekwudo. Illus. by Milena Matic. 2021. (ENG.). 32p. (J). 24.99 *(978-1-7360126-2-8(2))* Naturenurturemade.

Be a Hero! Adapted by May Nakamura. 2019. (PJ Masks Ser.). (ENG., Illus.). 32p. (J). (gr. -1-1). pap. 7.99 *(978-1-5344-5262-6(1)*, Simon Spotlight) Simon Spotlight.

Be a Hero: Cover Your Mouth When Yawning, Sneezing & Coughing. Uzoma Ezekwudo. 2021. (ENG.). 32p. (J). pap. 12.99 *(978-1-7360126-3-5(0))* Naturenurturemade.

Be a HVAC Technician. Wil Mara. 2019. (21st Century Skills Library: Guide to the Trades Ser.). (ENG.). 32p. (J). (gr. 4-7). pap. 14.21 *(978-1-5341-5106-2(0)*, 213731) Cherry Lake Publishing.

Be a King: Dr. Martin Luther King Jr. 's Dream & You. Carole Boston Weatherford. Illus. by James E. Ransome. (ENG.). 40p. (J). 2022. pap. 9.99 *(978-1-5476-0897-3(8)*, 900251507, Bloomsbury Children's Bks.); 2018. 17.99 *(978-0-8027-2368-0(3)*, 900079719, Bloomsbury USA Childrens) Bloomsbury Publishing USA.

Be a Leader! a Maze Activity Book. Smarter Activity Books. 2016. (ENG., Illus.). (J). pap. 8.99 *(978-1-68374-188-6(9))* Examined Solutions PTE. Ltd.

Be a Marine Biologist, 1 vol. Zelda Salt. 2018. (Be a Scientist! Ser.). (ENG.). 32p. (gr. 3-4). 28.27 *(978-1-5382-2997-2(8)*, 5454289c-cc80-402e-a458-7b0b33492e7d) Stevens, Gareth Publishing LLLP.

Be a Mask Hero: Dinosaurs. Connie Isaacs. Illus. by Bethany Carr. 2021. (Be a Mask Hero Ser.). (ENG.). 24p. (J). (gr. -1-k). pap. 8.99 *(978-1-64517-835-4(8)*, Silver Dolphin Bks.) Printers Row Publishing Group.

Be a Mask Hero: Unicorns. Connie Isaacs. Illus. by Bethany Carr. 2021. (Be a Mask Hero Ser.). (ENG.). 24p. (J). (gr. -1-k). pap. 8.99 *(978-1-64517-834-7(X)*, Silver Dolphin Bks.) Printers Row Publishing Group.

Be a Masked Superhero. Porscha Davis & Charles Davis. Illus. by Skylar Keller. 2021. (Petites Trois Ser.: 1). 24p. (J). pap. 10.86 *(978-1-0983-6025-2(7))* BookBaby.

Be a Mason. Wil Mara. 2019. (21st Century Skills Library: Guide to the Trades Ser.). (ENG., Illus.). 32p. (J). (gr. 4-7). pap. 14.21 *(978-1-5341-5109-3(5)*, 213743); lib. bdg. 32.07 *(978-1-5341-4823-9(X)*, 213742) Cherry Lake Publishing.

Be a Mentor!, 1 vol. Kate Mikoley. 2018. (Be the Change! Shaping Your Community Ser.). (ENG.). 32p. (gr. 3-4). 28.27 *(978-1-5382-2007-8(5)*, 8c994a49-40ca-437e-b942-3a4c9c2915b6) Stevens, Gareth Publishing LLLP.

Be a Microbiologist, 1 vol. Zelda Salt. 2018. (Be a Scientist! Ser.). (ENG.). 32p. (gr. 3-4). 28.27 *(978-1-5382-2998-9(6)*, ea9c305a-b697-49e4-9819-dace66b7239f) Stevens, Gareth Publishing LLLP.

Be a Night Detective: Solving the Mysteries of Twilight, Dusk, & Nightfall, 1 vol. Peggy Kochanoff. 2017. (Be a Nature Detective Ser.). (ENG., Illus.). 56p. (J). (gr. 1-3). pap. 14.95 *(978-1-77108-464-2(2)*, 07ce4bca-bf65-4861-ba4a-7b0455a42c90) Nimbus Publishing, Ltd. CAN. Dist: Baker & Taylor Publisher Services (BTPS).

Be a Photograph Detective. Kelly Spence & Linda Barghoorn. 2017. (Be a Document Detective Ser.). (ENG., Illus.). 24p. (J). (gr. 2-2). *(978-0-7787-3066-8(2))* Crabtree Publishing Co.

Be a Plumber. Wil Mara. 2019. (21st Century Skills Library: Guide to the Trades Ser.). (ENG., Illus.). 32p. (J). (gr. 4-7). pap. 14.21 *(978-1-5341-5105-5(2)*, 213727); lib. bdg. 32.07 *(978-1-5341-4819-2(1)*, 213726) Cherry Lake Publishing.

Be a Pond Detective: Solving the Mysteries of Lakes, Swamps, & Pools, 1 vol. Peggy Kochanoff. 2016. (Be a Nature Detective Ser.). (ENG., Illus.). 40p. (J). (gr. 1-3). pap. 14.95 *(978-1-77108-394-2(8)*, ecb27076-3f28-4591-a8a1-b58d0c43027e) Nimbus Publishing, Ltd. CAN. Dist: Baker & Taylor Publisher Services (BTPS).

Be a Scientist!: Sets 1 - 2. 2018. (Be a Scientist! Ser.). (ENG.). (J). pap. 138.00 *(978-1-5382-3407-5(6))*; (gr. 3-4). lib. bdg. 339.24 *(978-1-5382-3002-2(X)*, 286037e8-34cd-4547-a27e-38797b789500) Stevens, Gareth Publishing LLLP.

Be a Screenwriter: Turn Your Idea into a Script, 1 vol. Alix Wood. 2017. (Moviemakers' Film Club Ser.). (ENG.). 32p. (J). (gr. 4-5). 27.93 *(978-1-5383-2280-2(3)*, 56d06c19-0ce4-4014-b0b5-a975821f5591); pap. 11.00 *(978-1-5383-2378-6(8)*, e5f821ca-9537-4694-9465-ae368b600b4d) Rosen Publishing Group, Inc., The. (PowerKids Pr.).

Be a Smile Maker. Beth Roberts. Illus. by Kate Furman. 2021. (ENG.). 38p. (YA). 24.99 *(978-1-0983-5010-9(3))* BookBaby.

Be a Sound Designer: Creating a Mood, 1 vol. Alix Wood. 2017. (Moviemakers' Film Club Ser.). (ENG.). 32p. (J). (gr. 4-5). pap. 11.00 *(978-1-5383-2380-9(X)*, 936a7438-ce98-4f28-b9f0-b22286acf547); lib. bdg. 27.93 *(978-1-5081-6257-5(3)*, 75061fa9-e530-4949-b7dd-abbf826062a3) Rosen Publishing Group, Inc., The. (PowerKids Pr.).

Be a Space Scientist!, 12 vols. 2017. (Be a Space Scientist! Ser.). (ENG.). (J). (gr. 5-5). lib. bdg. 191.58 *(978-1-5081-6263-6(8)*, 57e8e602-518d-4f5c-8189-a0948105350a, PowerKids Pr.) Rosen Publishing Group, Inc., The.

Be a Speech Detective. Kelly Spence & Linda Barghoorn. 2017. (Be a Document Detective Ser.). (ENG., Illus.). 24p. (J). (gr. 2-2). *(978-0-7787-3079-8(4))* Crabtree Publishing Co.

Be a Stand Out Employee in a Complex Job Market: A Personal Development Guide for Young Adults. Charles E. Cabler & Corey J. Behel. 2022. (ENG.). 124p. (YA). pap. 8.99 ***(978-1-6629-2925-0(0))*** Gatekeeper Pr.

Be a Star! Malique Washington. 2017. (ENG.). 36p. (J). pap. 20.50 *(978-0-9992482-0-1(0))* Washington Bks.

Be a Star, Wonder Woman! Michael Dahl. Illus. by Omar Lozano. (DC Super Heroes Ser.). (ENG.). (J). (gr. -1-2). 2018. 30p. bds. 7.99 *(978-1-68436-222-6(9)*, 138938); 2017. 32p. lib. bdg. 23.99 *(978-1-5158-1402-3(5)*, 135195); 2017. 32p. 15.95 *(978-1-62370-875-7(3)*, 135196) Capstone. (Stone Arch Bks.).

Be a Super Awesome Artist: 20 Art Challenges Inspired by the Masters. Henry Carroll. 2020. (ENG., Illus.). 64p. (J). 14.99 *(978-1-78627-761-9(1)*, King, Laurence Publishing) Orion Publishing Group, Ltd. GBR. Dist: Hachette Bk. Group.

Be a Super Awesome Photographer. Henry Carroll. 2019. (ENG., Illus.). 64p. (J). (gr. 2-6). 14.99 *(978-1-78627-420-5(5)*, King, Laurence Publishing) Orion Publishing Group, Ltd. GBR. Dist: Hachette Bk. Group.

Be a Superhero: Caring Charlotte & Helpful Henry. Katie Prellwitz. 2022. (ENG.). 38p. (J). 18.95 *(978-1-63755-273-5(4)*, Mascot Kids) Amplify Publishing Group.

Be a Weather Detective: Solving the Mysteries of Cycles, Seasons, & Elements, 1 vol. Peggy Kochanoff. 2019. (Be a Nature Detective Ser.). (ENG.). 56p. (J). pap. 10.95 *(978-1-77108-796-4(X)*, b11ed24e-0405-461c-b152-1f3cfb51cb5b) Nimbus Publishing, Ltd. CAN. Dist: Baker & Taylor Publisher Services (BTPS).

Be a Young Entrepreneur. Adam Sutherland. Illus. by Mike Gordon. 2022. (ENG.). 64p. (J). (gr. 4-6). pap. 13.99 *(978-0-7502-9835-3(9)*, Wayland) Hachette Children's Group GBR. Dist: Hachette Bk. Group.

Be a Zookeeper. John Allan. 2019. (Math Adventures (Step 1) Ser.). (ENG., Illus.). 32p. (J). (gr. 1-3). lib. bdg. 29.32 *(978-1-912108-25-1(9)*, 65f34c20-4ce3-4e9f-8a56-8a426e62e5a4, Hungry Tomato (r)) Lerner Publishing Group.

Be Active. Mari Schuh. 2020. (Health & My Body Ser.). (ENG., Illus.). 32p. (J). (gr. 1-3). pap. 7.95 *(978-1-9771-2684-9(7)*, 201719); lib. bdg. 31.32 *(978-1-9771-2384-8(8)*, 200394) Capstone. (Pebble).

Be Amable No Mean. Camille Boyd. 2019. (SPA., Illus.). 32p. (J). (gr. 1-6). pap. 12.99 *(978-1-942871-66-8(X))* Hope of Vision Publishing.

Be Amazing. Desmond Napoles. Illus. by Dylan Glynn. 2020. (ENG.). 40p. (J). 18.99 *(978-0-374-31258-9(3)*, 900201262, Farrar, Straus & Giroux (BYR)) Farrar, Straus & Giroux.

Be an Active Citizen at Your School. Helen Mason. 2016. (Citizenship in Action Ser.). (ENG., Illus.). 24p. (J). (gr. 1-3). *(978-0-7787-2600-5(2))*; pap. *(978-0-7787-2606-7(1))* Crabtree Publishing Co.

Be an Active Citizen at Your School. Helen Mason. 2016. (Citizenship in Action Ser.). (ENG.). 24p. (J). (gr. 1-3). 18.75 *(978-1-5311-8587-9(8))* Perfection Learning Corp.

Be an Active Citizen in Your Community. Helen Mason. 2016. (Citizenship in Action Ser.). (ENG., Illus.). 24p. (J). (gr. 1-3). *(978-0-7787-2601-2(0))* Crabtree Publishing Co.

Be an Active Citizen in Your Community. Helen Mason. 2016. (Citizenship in Action Ser.). (ENG.). 24p. (J). (gr. 1-3). 18.75 *(978-1-5311-8586-2(X))* Perfection Learning Corp.

Be an Activist! Jill Keppeler. 2018. (Be the Change! Shaping Your Community Ser.). 32p. (gr. 3-4). 63.00 *(978-1-5382-2014-6(8))*; (ENG.). 28.27 *(978-1-5382-2011-5(3)*, 6889ca4c-159e-4870-973e-c6dee4dc560e); (ENG.). pap. 11.50 *(978-1-5382-2013-9(X)*, 977fb29c-8209-411a-a30f-72f27877c1fe) Stevens, Gareth Publishing LLLP.

Be an Actor: Bring the Script to Life, 1 vol. Alix Wood. 2017. (Moviemakers' Film Club Ser.). (ENG.). 32p. (J). (gr. 4-5). 27.93 *(978-1-5383-2278-9(1)*, daba2a0a-eca2-45b8-ab79-8bb2d7d2c920); pap. 11.00 *(978-1-5383-2376-2(1)*, 1fb10c84-68c5-4c5d-8d9e-68e34984c900) Rosen Publishing Group, Inc., The. (PowerKids Pr.).

Be an Aerospace Engineer, 1 vol. Zelda Salt. 2018. (Be a Scientist! Ser.). (ENG.). 32p. (gr. 3-4). 28.27 *(978-1-5382-2999-6(4)*, b795b7c3-7669-4aad-9ead-7493ed077fe2) Stevens, Gareth Publishing LLLP.

Be an Anthropologist, 1 vol. Jill Keppeler. 2018. (Be a Scientist! Ser.). (ENG.). 32p. (gr. 3-4). 28.27 *(978-1-5382-3000-8(3)*, 45f3bc96-d835-46a4-b031-37365d35e21f) Stevens, Gareth Publishing LLLP.

Be an Artifact Detective. Kelly Spence & Kylie Burns. 2017. (Be a Document Detective Ser.). (ENG., Illus.). 24p. (J). (gr. 2-2). *(978-0-7787-3039-2(5))* Crabtree Publishing Co.

Be an Artist! a Dot to Dot Activity Book. Smarter Activity Books for Kids. 2016. (ENG., Illus.). (J). pap. 8.99 *(978-1-68374-189-3(7))* Examined Solutions PTE. Ltd.

Be an Effective Communicator (Set), 12 vols. 2021. (Be an Effective Communicator Ser.). (ENG.). 80p. (YA). (gr. 7-7). lib. bdg. 224.82 *(978-1-4994-7054-3(1)*, da0bc845-83e0-4c9a-9330-d38525b591bd) Rosen Publishing Group, Inc., The.

Be an Electrician. Wil Mara. 2019. (21st Century Skills Library: Guide to the Trades Ser.). (ENG., Illus.). 32p. (J). (gr. 4-7). pap. 14.21 *(978-1-5341-5111-6(7)*, 213751); lib. bdg. 32.07 *(978-1-5341-4825-3(6)*, 213750) Cherry Lake Publishing.

Be an Elevator Mechanic. Wil Mara. 2019. (21st Century Skills Library: Guide to the Trades Ser.). (ENG., Illus.). 32p. (J). (gr. 4-7). pap. 14.21 *(978-1-5341-5112-3(5)*, 213755); lib. bdg. 32.07 *(978-1-5341-4826-0(4)*, 213754) Cherry Lake Publishing.

Be an HVAC Technician. Wil Mara. 2019. (21st Century Skills Library: Guide to the Trades Ser.). (ENG., Illus.). 32p. (J). (gr. 4-7). lib. bdg. 32.07 *(978-1-5341-4820-8(5)*, 213730) Cherry Lake Publishing.

Be an Irish Explorer: Discover, Doodle, Design, & Draw Your Way Around Ireland. Bex Shelford. 2019. (ENG., Illus.). 64p. (J). pap. 17.00 *(978-0-7171-8348-7(3))* Gill Bks. IRL. Dist: Casemate Pubs. & Bk. Distributors, LLC.

Be Appreciated Like an Apprentice: Draw Your Way to Fame Book. Jupiter Kids. 2016. (ENG., Illus.). 106p. (J). pap. 12.55 *(978-1-68326-195-7(X)*, Jupiter Kids (Childrens & Kids Fiction)) Speedy Publishing LLC.

Be-Attitude of a Great Child. Mary Mburu. 2020. (ENG.). 100p. (J). pap. *(978-1-716-86960-0(9))* Lulu Pr., Inc.

Be Aware!: a Hero's Guide to Being Smart & Staying Safe. Elsie Olson. 2019. (Be Your Best You Ser.). (ENG., Illus.). 24p. (J). (gr. k-4). lib. bdg. 32.79 *(978-1-5321-1964-4(X)*, 32513, Super SandCastle) ABDO Publishing Co.

Be Aware of Stranger Danger, 1 vol. Nancy Greenwood. 2017. (Keep Yourself Safe on the Internet Ser.). (ENG.). 24p. (J). (gr. 1-2). 25.27 *(978-1-5383-2501-8(2)*, 9bef71f9-866f-4ece-afc2-2ffd47feb1f5); pap. 9.25 *(978-1-5383-2573-5(X)*, c624b8b5-5f8a-40a3-9823-750fe428b5b4) Rosen Publishing Group, Inc., The. (PowerKids Pr.).

Be Bold!: a Hero's Guide to Being Brave. Elsie Olson. 2019. (Be Your Best You Ser.). (ENG., Illus.). 24p. (J). (gr. k-4). lib. bdg. 32.79 *(978-1-5321-1965-1(8)*, 32515, Super SandCastle) ABDO Publishing Co.

Be Bold, Baby: J. K. Rowling. Alison Oliver. Illus. by Alison Oliver. 2019. (Be Bold, Baby Ser.). (ENG., Illus.). 20p. (J). (— 1). bds. 9.99 *(978-1-328-51993-1(7)*, 1720847, Clarion Bks.) HarperCollins Pubs.

Be Bold, Baby: Michelle Obama. Alison Oliver. Illus. by Alison Oliver. 2018. (Be Bold, Baby Ser.). (ENG., Illus.). 20p. (J). (— 1). bds. 9.99 *(978-1-328-51989-4(9)*, 1720769, Clarion Bks.) HarperCollins Pubs.

Be Bold, Baby: Oprah. Alison Oliver. Illus. by Alison Oliver. 2018. (Be Bold, Baby Ser.). (ENG., Illus.). 20p. (J). (— 1). bds. 9.99 *(978-1-328-51990-0(2)*, 1720771, Clarion Bks.) HarperCollins Pubs.

Be Bold, Baby: Sonia Sotomayor. Alison Oliver. Illus. by Alison Oliver. 2019. (Be Bold, Baby Ser.). (ENG., Illus.). 20p. (J). (— 1). bds. 9.99 *(978-1-328-51995-5(3)*, 1720851, Clarion Bks.) HarperCollins Pubs.

Be Bold, Be Beautiful, Be You Motivational Coloring Book. Margie Shaw. 2019. (ENG.). 38p. (J). pap. *(978-0-359-58745-2(3))* Lulu Pr., Inc.

Be Boy Buzz. bell hooks. Illus. by Chris Raschka. 2016. (ENG.). 32p. (J). (gr. -1 — 1). bds. 8.99 *(978-1-4847-8840-0(0))* Little, Brown Bks. for Young Readers.

Be Brave! Wiley Blevins. 2021. (What a Job (LOOK! Books (tm)) Ser.). (ENG., Illus.). 24p. (J). (gr. k-2). pap. 8.99 *(978-1-63440-832-5(2)*, f1475371-e305-4ea0-9398-071cf35239a4); lib. bdg. 25.32 *(978-1-63440-828-8(4)*, fec3cdca-983c-4034-85cc-2d786d1141b1) Red Chair Pr.

Be Brave. Richelle Smallwood. 2020. (ENG.). 38p. (J). pap. 10.49 *(978-1-63129-750-2(3))* Salem Author Services.

Be Brave! Sunshine Wallace & Karrie Wallace. 2022. (ENG.). 66p. (J). pap. 19.99 ***(978-1-0879-4200-1(4))*** Indy Pub.

Be Brave & Bold: 10 Daring Men of God. Shirley Raye Redmond. 2022. (Brave Heroes & Bold Defenders Ser.). (ENG., Illus.). 20p. (J). (— 1). bds. 9.99 *(978-0-7369-8607-6(3)*, 6986076, Harvest Kids) Harvest Hse. Pubs.

Be Brave, Be Brave, Be Brave: A True Story of Fatherhood & Native American Heritage. F. Anthony Falcon. Illus. by Trisha Mason. 2019. (ENG.). 32p. (J). (gr. -1-2). 17.99 *(978-1-57687-914-6(3)*, powerHouse Bks.) powerHse. Bks.

Be Brave Like Aquaman! Laura Hitchcock. ed. 2019. (DC Comics 8x8 Bks). (ENG.). 32p. (J). (gr. k-1). 15.96 *(978-0-87617-572-9(8))* Penworthy Co., LLC, The.

Be Brave Like Aquaman! (DC Super Friends) Laura Hitchcock. Illus. by Jessika von Innerebner. 2019. (Pictureback(R) Ser.). (ENG.). 32p. (J). (gr. -1-2). pap. 5.99 *(978-1-9848-4831-4(3)*, Random Hse. Bks. for Young Readers) Random Hse. Children's Bks.

Be Brave Like Batman! (DC Super Friends) Laura Hitchcock. Illus. by Ethen Beavers. 2019. (ENG.). 40p. (J). (gr. -1-2). 9.99 *(978-1-5247-6915-4(0)*, Random Hse. Bks. for Young Readers) Random Hse. Children's Bks.

Be Brave Little One. Marianne Richmond. (J). (gr. -1-2). 2021. 32p. 7.99 *(978-1-7282-5013-7(7))*; 2020. (Illus.). 26p. bds. 8.99 *(978-1-7282-3060-3(8))*; 2017. (Illus.). 40p. 9.99 *(978-1-4926-5881-8(2))* Sourcebooks, Inc. (Sourcebooks Jabberwocky).

Be Brave, Sophia: Book 2 in the Lucy & Sophia Series. Starla K. Criser. Illus. by Sharon Revell. 2019. (Lucy & Sophia Ser.: Vol. 2). (ENG.). 42p. (J). (gr. k-3). pap. 12.99 *(978-0-578-48303-0(3))* Starla Enterprises, Inc.

Be Bully Free: A Hands-On Guide to How You Can Take Control. Catherine Thornton & Michael Panckridge. 2017. (Illus.). 160p. pap. 19.95 *(978-1-78592-282-4(3)*, 696509) Kingsley, Jessica Pubs. GBR. Dist: Hachette UK Distribution.

Be Calmer, Llama! Rosamund Lloyd. Illus. by Gareth Lucas. 2022. (ENG.). 12p. (J). (-k). bds. 12.99 *(978-1-6643-5047-2(0))* Tiger Tales.

Be Careful & Stay Safe / Tener Cuidado y Mantenerse Seguro. Cheri J. Meiners. Illus. by Meredith Johnson. 2022. (Learning to Get Along(r) Ser.). (ENG.). 48p. (J). (gr. -1 — 1). pap. 12.99 *(978-1-63198-482-2(9)*, 84822) Free Spirit Publishing Inc.

Be Careful Little Eyes: Helping Young Children Cope with Bad Pictures. Frank Shivers. Illus. by Lisa Sizemore. 2019. (ENG.). 34p. (J). (gr. 3-6). pap. 15.95 *(978-1-878127-41-9(1))* Shivers, Frank Evangelistic Assn.

Be Careful Little Eyes: Helping Young Children Cope with Bad Pictures. Frank R. Shivers. Illus. by Lisa Sizemore. 2019. (ENG.). 34p. (J). (gr. 3-6). 19.98 *(978-1-878127-38-9(1))* Shivers, Frank Evangelistic Assn.

Be Careful What You Wish For. Sylva Nnaekpe. 2022. (ENG.). 32p. (J). 22.96 *(978-1-955692-00-7(9))* SILSNORRA LLC.

Be Careful What You Wish For. Lynne North. 2017. (ENG., Illus.). (J). (gr. 2-6). pap. 12.75 *(978-1-68160-321-6(7))* Crimson Cloak Publishing.

Be Careful What You Wish For. Erika M. Szabo. l.t. ed. 2022. (ENG.). 48p. (J). pap. 12.95 *(978-1-0879-7226-8(4))* Indy Pub.

Be Careful What You Wish Fur, 4. Vera Strange. ed. 2021. (Disney Chills Ser.). (ENG., Illus.). 247p. (J). (gr. 4-5). 18.46 *(978-1-64697-991-2(5))* Penworthy Co., LLC, The.

Be Careful What You Wish Fur-Disney Chills, Book Four. Vera Strange. 2021. (Disney Chills Ser.: 4). (ENG.). 256p. (J). (gr. 3-7). pap. 6.99 ***(978-1-368-06541-2(4),*** Disney-Hyperion) Disney Publishing Worldwide.

Be Caring. Emma Carlson Berne. 2023. (How Awesome Can You Be? Ser.). (ENG.). 24p. (J). (gr. k-1). lib. bdg. 26.99 Bearport Publishing Co., Inc.

Be Curious (an Oh Joy! Book) Joy Cho. Illus. by Angie Stalker. 2020. (ENG.). 16p. (J). (gr. -1 — 1). bds. 9.99 *(978-1-338-35634-2(8),* Cartwheel Bks.) Scholastic, Inc.

Be Dazzled. Ryan La Sala. 2021. 336p. (YA). (gr. 8-12). 17.99 *(978-1-4926-8269-1(1))* Sourcebooks, Inc.

Be Different at Bigfoot Lake. Bobbi Cornett. Illus. by Amy Kleinhans. 2023. (ENG.). 22p. (J). 16.99 ***(978-1-64538-541-7(8))***; pap. 11.99 ***(978-1-64538-539-4(6))*** Orange Hat Publishing.

Be Empowered: How to Live above & Beyond Life's Drama. Rasheda Kamaria Williams. 2016. (ENG., Illus.). (J). pap. 8.95 *(978-0-9978800-0-7(7))* Empowered Flower Girl.

Be Everything You Can Be: Book 2. Karen Seader. Illus. by Valerie Lynn. 2018. (In Your Heart Lives a Rainbow Ser.: Vol. 2). (ENG.). 38p. (J). (gr. k-2). 18.95 *(978-0-9857824-4-3(7))* In Your Heart Lives a Rainbow.

Be Fabulous Like a Flamingo. Rosie Greening. 2020. (ENG., Illus.). 12p. (J). (gr. -1-7). bds. 10.99 *(978-1-78947-174-8(5))* Make Believe Ideas GBR. Dist: Scholastic, Inc.

Be Fair. Emma Carlson Berne. 2023. (How Awesome Can You Be? Ser.). (ENG.). 24p. (J). (gr. k-1). lib. bdg. 26.99 Bearport Publishing Co., Inc.

Be Gentle with Me. Nadine Turner Jordan. 2018. (ENG., Illus.). 22p. (J). 21.95 *(978-1-64424-846-1(8))*; pap. 12.95 *(978-1-64298-636-5(4))* Page Publishing Inc.

Be Glad Your Dad... (Is Not an Octopus!) Matthew Logelin & Sara Jensen. Illus. by Jared Chapman. 2016. (ENG.). 40p. (J). (gr. -1-3). 16.99 *(978-0-316-25438-0(X))* Little, Brown Bks. for Young Readers.

Be Gone, Fear. Breanna Robinson. 2017. (ENG., Illus.). (J). pap. 11.95 *(978-1-64028-294-0(7))* Christian Faith Publishing.

Be Good Be Real Be Crazy. Chelsey Philpot. 2016. (ENG.). 272p. (YA). (gr. 8). 17.99 *(978-0-06-229372-5(9),* HarperTeen) HarperCollins Pubs.

Be Happy! Susie Linn. Illus. by Alex Patrick. 2021. (Padded Board Bks.). (ENG.). 24p. (J). bds. 9.99 *(978-1-80105-123-1(2))* Top That! Publishing PLC GBR. Dist: Independent Pubs. Group.

Be Happy: Baby Book. Agnes De Bezenac. Illus. by Agnes De Bezenac. 2020. (ENG., Illus.). 34p. (J). pap. 7.00 *(978-1-63474-348-8(2))* iCharacter.org.

Be Happy: a Little Book of Mindfulness. Maddy Bard. Illus. by Emma Dodd. 2023. (ENG.). 24p. (J). (-k). 14.99 *(978-1-5362-2976-9(8),* Templar) Candlewick Pr.

Be Happy Be You: the Teenage Guide to Boost Happiness & Resilience. Penny Alexander et al. 2020. (ENG., Illus.). 192p. (J). (gr. 8). pap. 16.99 *(978-0-00-836756-5(6))* HarperCollins Pubs. Ltd. GBR. Dist: Independent Pubs. Group.

Be Happy to Be You. Diane Hull. Illus. by Jan Dolby. 2018. (ENG.). 32p. (J). (gr. k-6). pap. 13.99 *(978-1-387-59698-0(5))* Lulu Pr., Inc.

Be Happy to Be You. Diane Margaret Hull. Illus. by Jan Dolby. 2018. (ENG.). 32p. (J). (gr. k-6). 17.99 *(978-1-387-59700-0(0))* Lulu Pr., Inc.

Be Happy to Be You Dyslexic Font. Diane Hull. Illus. by Jan Dolby. 2018. (ENG.). 32p. (J). (gr. k-6). 17.99 *(978-1-387-59701-7(9))*; pap. 13.99 *(978-1-387-59699-7(3))* Lulu Pr., Inc.

Be. Here. Now. Jocelyn Soliz. 2020. (ENG., Illus.). 38p. (J). 18.99 *(978-1-7346844-9-0(6))* Soliz, Jocelyn.

Be Home in Time for Supper. Nicholas Bozza. 2020. (ENG., Illus.). 28p. (J). pap. 14.95 *(978-1-64952-342-6(4))* Fulton Bks.

Be Honest: Bold As a Lion. Ruby Lynn Peterson. 2021. (Bubbie & Buddy Book Ser.: Vol. 2). (ENG., Illus.). 46p. (J). pap. 11.95 *(978-1-7348163-4-1(1))* Popover Pr. LLC.

Be Honest! Bubbie & Buddy Series. Ruby Lynn Peterson. 2020. (Bubbie & Buddy Ser.: Vol. 2). (ENG.). 40p. (J). pap. 10.99 *(978-1-7348163-2-7(5))* Popover Pr. LLC.

Be Honest & Tell the Truth / Ser Honestos y Decir la Verdad. Cheri J. Meiners. Illus. by Meredith Johnson. 2022. (Learning to Get Along(r) Ser.). (ENG.). 48p. (J). (gr. -1-2). pap. 12.99 *(978-1-63198-822-6(0),* 88226) Free Spirit Publishing Inc.

Be Honest, Jess. Molly Smith. Illus. by Marc Monés. 2023. (ENG.). 16p. (J). (gr. -1-1). pap. 33.00 *(978-1-4788-0508-3(0),* 89fff792-b813-49f3-860e-7cd7e2d4f76c) Newmark Learning LLC.

Be in the Moment: a Mindfulness Activity Book (a Stillwater & Friends Book) (Media Tie-In), 1 vol. Scholastic. ed. 2022. (ENG.). 32p. (J). (gr. -1-3). pap. 7.99 *(978-1-338-82305-9(1))* Scholastic, Inc.

Be Inspired! Young Irish People Changing the World. Sarah Webb & Children's Books Ireland Children's Books Ireland. Illus. by Graham Corcoran. 2022. (ENG.). 64p. (J). 22.99 *(978-1-78849-328-4(1))* O'Brien Pr., Ltd., The IRL. Dist: Casemate Pubs. & Bk. Distributors, LLC.

Be Kind. Olivia Hartwell Collins. 2022. (ENG., Illus.). 30p. (J). 25.95 ***(978-1-68517-036-3(6))*** Christian Faith Publishing.

Be Kind. Pat Zietlow Miller. Illus. by Jen Hill. (Be Kind Ser.: 1). (ENG.). (J). 2023. 22p. bds. 8.99 ***(978-1-250-89845-6(5),*** 900289718); 2018. 32p. 18.99 *(978-1-62672-321-4(4),* 900152054) Roaring Brook Pr.

Be Kind: You Can Make the World a Happier Place! 125 Kind Things to Say & Do. Naomi Shulman. Illus. by Hsinping Pan. 2019. (ENG.). 80p. (J). (gr. k-17). 12.95 *(978-1-63586-154-9(3),* 626154) Storey Publishing, LLC.

Be Kind - Teen Devotional, Volume 3: 30 Devotions for Developing the Heart God Desires. Lifeway Students. 2021. (Lifeway Students Devotions Ser.). (ENG.). 80p. (YA). pap. 8.99 *(978-1-0877-4239-7(0))* Lifeway Christian Resources.

BE KIND 6CC-PPK. Naomi Shulman. Illus. by Hsinping Pan. 2022. (ENG.). 77.70 *(978-1-63586-198-3(5))* Storey Publishing, LLC.

Be Kind!: a Hero's Guide to Beating Bullying. Elsie Olson. 2019. (Be Your Best You Ser.). (ENG., Illus.). 24p. (J). (gr. k-4). lib. bdg. 32.79 *(978-1-5321-1966-8(6),* 32517, Super SandCastle) ABDO Publishing Co.

Be Kind, Be Brave, Be You! Charles M. Schulz & Elizabeth Dennis Barton. Illus. by Scott Jeralds. 2018. (Peanuts Ser.). (ENG.). 26p. (J). (gr. -1). bds. 7.99 *(978-1-5344-1251-4(4),* Simon Spotlight) Simon Spotlight.

Be Kind Bible Storybook. Janice Emmerson. 2023. (ENG.). 208p. (J). 22.99 *(978-1-4964-7872-6(X),* 20_44475) Tyndale Hse. Pubs.

Be Kind, Little One. Nikki Sawyer. Illus. by Macey Merendino. 2023. (ENG.). 20p. (J). pap. ***(978-1-0358-1325-4(4))*** Austin Macauley Pubs. Ltd.

Be Kind Little One Board Book Set. Mudpuppy. Illus. by Eloise Narrigan. 2021. (ENG.). 32p. (J). (gr. -1-k). 16.99 *(978-0-7353-6802-6(3))* Mudpuppy Pr.

Be Kind Mind Your Manners. Kimberly M. Anderson. Illus. by Helen L. Barrios & Mark Nunn. 2020. (ENG.). 32p. (J). 19.95 *(978-1-0878-8421-9(7))* Indy Pub.

Be Kind Not Mean. Camille Boyd. 2019. (ENG., Illus.). 32p. (J). (gr. 1-6). pap. 12.99 *(978-1-942871-65-1(1))* Hope of Vision Publishing.

Be Kind Shouted the Mime. Otter. Illus. by Jacob Satterfield. 2016. (ENG.). (J). 21.99 *(978-1-943529-66-7(3))*; pap. 10.99 *(978-1-943529-65-0(5))* Yawn's Bks. & More, Inc.

Be Kind to Bees, 1 vol. Rachel Walker. 2018. (ENG., Illus.). 21p. (J). pap. *(978-1-77654-251-2(7),* Red Rocket Readers) Flying Start Bks.

Be Kind to Every Kind. Maritza Oliver. 2018. (ENG.). 38p. (J). 14.95 *(978-1-68401-930-4(3))* Amplify Publishing Group.

Be Kind to Others: TJ Cat & the Superheroes Community Plan. Israelin Shockness. 2022. (Tj Cat & the Superhero Ser.: Vol. 4). (ENG.). 44p. (J). pap. ***(978-1-989480-11-3(X))*** Vanquest Publishing.

Be Kind to Your Mind: An Adventure in Mindfulness from A-Z. Lisa Abbott. Illus. by Sarah Fierle. 2019. (ENG.). 32p. (J). (gr. k-6). pap. 10.99 *(978-0-578-49757-0(3))* Abbott, Lisa.

Be Light Like a Bird. Monika Schröder & Monika Schröder. 2016. (ENG.). 240p. (J). (gr. 3-7). lib. bdg. 14.95 *(978-1-62370-749-1(8),* 132439, Capstone Young Readers) Capstone.

Be Like a Tree. Leanne Whiting. 2019. (ENG.). 36p. (J). *(978-1-5255-5171-0(X))*; (gr. -1-3). pap. *(978-1-5255-5172-7(8))* FriesenPress.

Be Like Socks! Casey Craiger. 2022. (ENG.). 30p. (J). 16.99 ***(978-1-0880-6855-7(3))*** Indy Pub.

Be Mindful & Stress Less: 50 Ways to Deal with Your (Crazy) Life. Gina Biegel. 2018. 216p. (YA). (gr. 8-12). pap. 16.95 *(978-1-61180-494-2(9))* Shambhala Pubns., Inc.

Be Mindful, Donald! A Mickey & Friends Story. Vickie Saxon. Illus. by Disney Storybook Artists. 2018. (Disney Learning Everyday Stories Ser.). (ENG.). 32p. (J). (gr. k-3). pap. 8.99 *(978-1-5415-3284-7(8),* Lerner Pubns.) Lerner Publishing Group.

Be Mindful, Donald! A Mickey & Friends Story. Vickie Saxon. Illus. by Disney Storybook Disney Storybook Artists. 2018. (Disney Learning Everyday Stories Ser.). (ENG.). 32p. (J). (gr. k-3). lib. bdg. 31.99 *(978-1-5415-3255-7(4),* Lerner Pubns.) Lerner Publishing Group.

Be Mine. Pamela Berry. 2017. (ENG., Illus.). (J). 23.95 *(978-1-63525-617-8(8))*; pap. 12.95 *(978-1-63575-356-1(2))* Christian Faith Publishing.

Be Mine, Porcupine. Hannah Eliot. Illus. by Kathryn Selbert. 2020. (ENG.). 18p. (J). (gr. -1). 9.99 *(978-1-5344-7579-3(6),* Little Simon) Little Simon.

Be More Chill: the Graphic Novel. Ned Vizzini. 2021. (ENG., Illus.). 144p. (YA). (gr. 7-12). 21.99 *(978-1-368-05786-8(1),* Disney-Hyperion) Disney Publishing Worldwide.

Be More Vegan: The Young Person's Guide to Going (a Bit More) Plant-Based! Niki Webster. 2021. (ENG.). 128p. (J). (gr. 7-9). 16.95 *(978-1-78312-661-3(2))* Welbeck Publishing Group Ltd. GBR. Dist: Two Rivers Distribution.

Be More You: Fun Mindfulness Activities & Tools You Can Use Every Day. Lexi Rees & Sasha Mullen. Illus. by Eve Kennedy. 2022. (Mindful Mentors Ser.: Vol. 2). (ENG.). 102p. (J). pap. *(978-1-913799-14-4(X))* Outset Publishing Ltd.

Be My Baby Forever. Amanda S. Sanchez. Illus. by Giselle Nukhova. 2022. (ENG.). 24p. (J). 16.99 ***(978-1-0880-3708-9(9))*** Indy Pub.

Be My Eyes. Nkem Denchukwu. Ed. by Chinelo Dike. Illus. by Taranggana. 2022. (ENG.). 70p. (J). pap. 12.99 *(978-1-952744-50-1(4))* Eleviv Publishing Group.

Be My Love. Kit Pearson. 2019. (ENG.). 224p. (J). (gr. 5-9). pap. 11.99 *(978-1-4434-4402-6(2),* Harper Trophy) HarperCollins Pubs.

Be My Neighbor? Illus. by Suzy Ultman. 2022. (ENG.). 16p. (J). (gr. -1 — 1). 15.99 *(978-1-4521-7712-0(0))* Chronicle Bks. LLC.

Be My Reindeer. Jeffrey Burton. Illus. by Anna Hurley. 2023. (ENG.). 14p. (J). (gr. -1). bds. 8.99 ***(978-1-6659-4330-7(0),*** Little Simon) Little Simon.

Be Not Far from Me. Mindy McGinnis. (ENG.). (YA). (gr. 8). 2021. 256p. pap. 11.99 *(978-0-06-256163-3(4))*; 2020. 240p. 18.99 *(978-0-06-256162-6(6))* HarperCollins Pubs. (Tegen, Katherine Bks).

Be Our Guest! Gray Malin. 2020. (ENG., Illus.). 24p. (J). (gr. -1-3). bds. 8.99 *(978-1-4197-4308-5(2),* 1206510, Abrams Appleseed) Abrams, Inc.

Be Our Guest! Not Your Ordinary Vacation. Gray Malin. 2018. (ENG., Illus.). 48p. (J). (gr. -1-3). 17.99 *(978-1-4197-2930-0(6),* 1206501, Abrams Bks. for Young Readers) Abrams, Inc.

Be Patient, Circe' Natalie McChlery. 2019. (ENG., Illus.). 24p. (J). pap. *(978-1-989161-54-8(5))* Hasmark Services Publishing.

Be Patient, Maddie. Molly Smith. Illus. by Julia Patton. 2023. (ENG.). 16p. (J). (gr. -1-1). pap. 33.00 *(978-1-4788-0512-0(9),* b94fcfea-b53a-4e38-a762-d5938b54893b) Newmark Learning LLC.

Be Patient with Me. Nadine Turner Jordan. 2019. (ENG.). 32p. (J). 24.95 *(978-1-64628-225-8(6))*; pap. 14.95 *(978-1-64628-222-7(1))* Page Publishing Inc.

Be Polite & Kind / Ser Respetuoso y Amable. Cheri J. Meiners. Illus. by Meredith Johnson. 2019. (Learning to Get Along(r) Ser.). (ENG.). 48p. (J). pap. 12.99 *(978-1-63198-443-3(8),* 84433) Free Spirit Publishing Inc.

Be Polite, Isabelle! Morgan Potoski. 2022. (ENG., Illus.). 34p. (J). 24.95 *(978-1-63985-381-6(2))*; pap. 14.95 *(978-1-63985-373-1(1))* Fulton Bks.

Be Positively Powerful: A Guide for Teens on Achieving Resilience & Empowerment. Nancy Willard. 2019. (ENG.). 102p. (J). pap. 9.95 *(978-0-9724236-6-3(4))* Embrace Civility LLC.

Be Prepared. Vera Brosgol. 2018. (ENG., Illus.). 256p. (J). 26.99 *(978-1-62672-444-0(X),* 900157563); pap. 14.99 *(978-1-62672-445-7(8),* 900157564) Roaring Brook Pr. (First Second Bks.).

Be Prepared. Vera Brosgol. ed. 2018. (Illus.). 244p. (J). lib. bdg. 24.50 *(978-0-606-41104-2(6))* Turtleback.

Be Prepared: Or the Boy Scouts in Florida (Classic Reprint) A. W. Dimock. 2018. (ENG., Illus.). 258p. (J). 29.24 *(978-0-267-67647-7(6))* Forgotten Bks.

Be Prepared! The Frankie MacDonald Guide to Life, the Weather, & Everything, 1 vol. Frankie MacDonald & Sal Sawler. 2018. (ENG.). 48p. (J). (gr. 4-7). pap. 16.95 *(978-1-77108-575-5(4),* c8e2e4ce-efcd-4142-8ebf-5423dc81a52b) Nimbus Publishing, Ltd. CAN. Dist: Baker & Taylor Publisher Services (BTPS).

Be Prepared! What Would You Do? A Guide Using the ABCs Through the Bible to Be Ready in Social Situations Before They Happen. Kim B. Braley. 2021. (ENG.). 36p. (J). pap. 12.95 *(978-1-0980-9686-1(X))* Christian Faith Publishing.

Be Proud You're Canadian. Corinne Isaacs-Frontiero. 2021. (ENG.). 44p. (J). *(978-1-0391-0676-5(5))*; pap. *(978-1-0391-0675-8(7))* FriesenPress.

Be Quiet! Ryan T. Higgins. 2017. 34p. (J). (-k). 17.99 ***(978-1-4847-3162-8(X),*** Disney-Hyperion) Disney Publishing Worldwide.

Be Quiet! Practicing the KW Sound, 1 vol. Ethan Lewis. 2016. (Rosen Phonics Readers Ser.). (ENG.). 12p. (J). (gr. -1-2). pap. *(978-1-5081-3304-9(2),* c29be1e8-8c08-4fe0-8965-ed433b91ed58, Rosen Classroom) Rosen Publishing Group, Inc., The.

Be Quiet Children & Other Stories see **¡Silencio, Niños! y Otros Cuentos**

Be Real, Macy Weaver. Lakita Wilson. 2022. (Illus.). 384p. (J). (gr. 3-7). 18.99 *(978-0-593-46572-1(5),* Viking Books for Young Readers) Penguin Young Readers Group.

Be Respectful. J. P. Press. 2023. (How Awesome Can You Be? Ser.). (ENG.). 24p. (J). (gr. k-1). lib. bdg. 26.99 Bearport Publishing Co., Inc.

Be Respectful!: a Hero's Guide to Being Courteous. Elsie Olson. 2019. (Be Your Best You Ser.). (ENG., Illus.). 24p. (J). (gr. k-4). lib. bdg. 32.79 *(978-1-5321-1967-5(4),* 32519, Super SandCastle) ABDO Publishing Co.

Be Responsible. Sloane Hughes. 2023. (How Awesome Can You Be? Ser.). (ENG.). 24p. (J). (gr. k-1). lib. bdg. 26.99 Bearport Publishing Co., Inc.

Be Safe! Penelope Dyan. Illus. by Penelope Dyan. l.t. ed. 2022. (ENG.). 34p. (J). pap. 12.60 *(978-1-61477-594-2(X))* Bellissima Publishing, LLC.

Be Safe with Fire. Susan Kesselring. 2018. (J). pap. *(978-1-4896-9976-3(7),* AV2 by Weigl) Weigl Pubs., Inc.

Be Sea. Elise Redmond. Illus. by Maria Flo. 2022. (ENG.). 42p. (J). 17.99 ***(978-1-6629-3298-4(7))*** Gatekeeper Pr.

Be Silly, Be Dilly, Be Doodle, Be Doe the Be Attitudes We Should Know! Jennifer Freudenburg. 2022. (ENG.). 32p. (J). pap. 12.95 *(978-1-63765-216-9(X))* Halo Publishing International.

Be Smart Online (Rookie Get Ready to Code) (Library Edition) Marcie Flinchum Atkins. 2019. (Rookie Get Ready to Code Ser.). (ENG., Illus.). 32p. (J). (gr. 1-2). lib. bdg. 25.00 *(978-0-531-13228-9(5),* Children's Pr.) Scholastic Library Publishing.

Be Sorosis March, 1910 (Classic Reprint) Pennsylvania College for Women. 2018. (ENG., Illus.). 194p. (J). 27.90 *(978-0-267-23499-8(6))* Forgotten Bks.

Be Still. Kathryn O'Brien. Illus. by Gillian Flint. 2016. (Sit for a Bit Ser.). (ENG.). 40p. (J). 14.99 *(978-1-4964-1116-7(1),* 4612791) Tyndale Hse. Pubs.

Be Still: A Bedtime Book of Faith. Liza Dora. 2017. (ENG., Illus.). (J). (gr. -1-2). 13.99 *(978-0-692-88259-7(6))* Liza Dora Bks.

Be Still: Practicing Meditation. Virginia Loh-Hagan. 2020. (Just Breathe Ser.). (ENG., Illus.). 32p. (J). (gr. 4-8). pap. 14.21 *(978-1-5341-6181-8(3),* 214724); lib. bdg. 32.07 *(978-1-5341-5951-8(7),* 214723) Cherry Lake Publishing. (45th Parallel Press).

Be Still & Know: A Month of Meditation. Deanna Atkinson. 2020. (ENG.). 96p. (YA). pap. 8.99 *(978-1-4624-1305-8(6),* Inspiring Voices) Author Solutions, LLC.

Be Still;Life. Ohara Hale. 2018. (ENG., Illus.). 48p. (J). (gr. -1). 17.95 *(978-1-59270-257-2(0))* Enchanted Lion Bks., LLC.

Be Strong. Pat Zietlow Miller. Illus. by Jen Hill. 2021. (Be Kind Ser.: 2). (ENG.). 32p. (J). 18.99 *(978-1-250-22111-7(0),* 900207694) Roaring Brook Pr.

Be Strong!: a Hero's Guide to Being Resilient. Elsie Olson. 2019. (Be Your Best You Ser.). (ENG., Illus.). 24p. (J). (gr. k-4). lib. bdg. 32.79 *(978-1-5321-1968-2(2),* 32521, Super SandCastle) ABDO Publishing Co.

Be Strong & Take Heart: 40 Days to a Hope-Filled Life, 1 vol. Zondervan Staff. 2019. (ENG.). 176p. (YA). 15.99 *(978-0-310-76739-8(3))* Zondervan.

Be Thankful Always! Rejoice Always, Pray Continually, Give Thanks in All Circumstances; for This Is God's Will for You in Christ Jesus. Linda Roller. Illus. by Piper Connor & Jason Valezquez. 2022. (ENG.). 24p. (J). pap. 20.99 *(978-1-6628-4000-5(4))* Salem Author Services.

Be Thankful Always: Rejoice Always, Pray Continually, Give Thanks in All Circumstances; for This Is God's Will for You in Christ Jesus. Linda Roller. Illus. by Piper Connor & Jason Valezquez. 2022. (ENG.). 24p. (J). 30.99 *(978-1-6628-4001-2(2))* Salem Author Services.

Be Thankful, Be Giving. Charles M. Schulz. Illus. by Scott Jeralds. 2020. (Peanuts Ser.). (ENG.). 14p. (J). (gr. -1-1). bds. 6.99 *(978-1-5344-6905-1(2),* Simon Spotlight) Simon Spotlight.

Be Thankful, Be Thankful (English-Portuguese Edition) Monica Septimio. 2017. (POR., Illus.). (J). (gr. k-6). pap. 14.95 *(978-1-61244-602-8(7))* Halo Publishing International.

Be Thankful, Pout-Pout Fish. Deborah Diesen. Illus. by Dan Hanna. 2019. (Pout-Pout Fish Mini Adventure Ser.: 10). (ENG.). 12p. (J). bds. 5.99 *(978-0-374-30913-8(2),* 900189661, Farrar, Straus & Giroux (BYR)) Farrar, Straus & Giroux.

Be the Best at Basketball. John Allan. 2021. (Be the Best At ... Ser.). (ENG., Illus.). 32p. (J). (gr. 3-6). lib. bdg. 30.65 *(978-1-913440-05-3(2),* 9333ece9-756e-4152-ad04-6b6759f1b934, Hungry Tomato (r)) Lerner Publishing Group.

Be the Best at Fishing. John Allan. 2022. (Be the Best At ... Ser.). (ENG., Illus.). 32p. (J). (gr. 3-6). lib. bdg. 30.65 *(978-1-914087-16-5(X),* 774b6de9-b0ff-45a5-a98b-91f31adb4af1, Hungry Tomato (r)) Lerner Publishing Group.

Be the Best at Golf. John Allan. 2022. (Be the Best At ... Ser.). (ENG., Illus.). 32p. (J). (gr. 3-6). lib. bdg. 30.65 *(978-1-914087-14-1(3),* f096cc2b-375a-49a8-a75f-ba626eec76c6, Hungry Tomato (r)) Lerner Publishing Group.

Be the Best at Gymnastics. John Allan. 2022. (Be the Best At ... Ser.). (ENG., Illus.). 32p. (J). (gr. 3-6). lib. bdg. 30.65 *(978-1-914087-15-8(1),* 07620be3-f539-4df9-9663-3b8e920ceb9e, Hungry Tomato (r)) Lerner Publishing Group.

Be the Best at Karate. John Allan. 2022. (Be the Best At ... Ser.). (ENG., Illus.). 32p. (J). (gr. 3-6). lib. bdg. 30.65 *(978-1-914087-17-2(8),* 85d9b227-cc23-44d0-a732-71777e60e4da, Hungry Tomato (r)) Lerner Publishing Group.

Be the Best at Soccer. John Allan. 2021. (Be the Best At ... Ser.). (ENG., Illus.). 32p. (J). (gr. 3-6). lib. bdg. 30.65 *(978-1-913440-03-9(6),* 5114273b-2c1d-41c1-b788-7075f49e11b6, Hungry Tomato (r)) Lerner Publishing Group.

Be the Best at Swimming. John Allan. 2021. (Be the Best At ... Ser.). (ENG., Illus.). 32p. (J). (gr. 3-6). lib. bdg. 30.65 *(978-1-913440-07-7(9),* 6f217241-6545-4d0c-bcb6-eb141666aee4, Hungry Tomato (r)) Lerner Publishing Group.

Be the Best at Tennis. John Allan. 2021. (Be the Best At ... Ser.). (ENG., Illus.). 32p. (J). (gr. 3-6). lib. bdg. 30.65 *(978-1-913440-09-1(5),* 42148a31-0f3c-4cb9-a678-e22ef6fccd9a, Hungry Tomato (r)) Lerner Publishing Group.

Be the Best Bee You Can Be. Alma Hogan & John Hogan. 2019. (ENG.). 36p. (J). *(978-1-5255-5734-7(3))*; pap. *(978-1-5255-5735-4(1))* FriesenPress.

Be the Boss of Your Stuff: The Kids' Guide to Decluttering & Creating Your Own Space. Allie Casazza. 2022. (ENG., Illus.). 160p. (J). 17.99 *(978-1-4002-2641-2(4),* Tommy Nelson) Nelson, Thomas Inc.

Be the Change: A Grandfather Gandhi Story. Arun Gandhi & Bethany Hegedus. Illus. by Evan Turk. 2016. (ENG.). 48p. (J). (gr. -1-3). 18.99 *(978-1-4814-4265-7(1))* Simon & Schuster Children's Publishing.

BE the CHANGE: A Lists & Ideas Journal to Help You Shine Your Light for Jesus. JoAnne Simmons. 2019. (ENG.). 192p. (J). spiral bd. 9.99 *(978-1-64352-107-7(1),* Shiloh Kidz) Barbour Publishing, Inc.

Be the Change, Make It Happen. Bernadette Russell. Illus. by Bernadette Russell. 2017. (ENG., Illus.). 96p. (J). pap. 14.99 *(978-1-61067-404-1(9))* Kane Miller.

Be the Change, Make It Happen. Bernadette Russell. ed. 2018. (ENG.). 94p. (J). (gr. 1-3). 24.96 *(978-1-64310-582-6(5))* Penworthy Co., LLC, The.

Be the Change! Political Participation in Your Community: Set, 12 vols. 2019. (Be the Change! Political Participation in Your Community Ser.). (ENG.). 64p. (YA). (gr. 7-7). lib. bdg. 216.78 *(978-1-7253-4174-6(3),* fca69280-a347-4503-b6aa-caca1a1179cb) Rosen Publishing Group, Inc., The.

Be the Change! Shaping Your Community, 12 vols. 2018. (Be the Change! Shaping Your Community Ser.). (ENG.). 32p. (gr. 3-4). lib. bdg. 169.62 *(978-1-5382-2178-5(0),* 7896a00a-785f-4f27-9762-fd0d2ff30c07) Stevens, Gareth Publishing LLLP.

Be the Dragon: 9 Keys to Unlocking Your Inner Magic: Roar with Confidence & Slay Your Fears with Quizzes, Quests, & More! Catherine J. Manning. Illus. by Melanie Demmer. 2021. (ENG.). 160p. (J). (gr. 3-7). pap. 14.95 *(978-1-5235-1141-9(9),* 101141) Workman Publishing Co., Inc.

Be the Girl. K. A. Tucker. 2019. (ENG., Illus.). 344p. (YA). pap. *(978-1-9990154-0-4(1))* Tucker, K.A.

Be the One: Six True Stories of Teens Overcoming Hardship with Hope. Byron Pitts. 2018. (ENG.). 128p. (YA). (gr. 7). pap. 10.99 *(978-1-4424-8383-5(0),* Simon & Schuster Bks. For Young Readers) Simon & Schuster Bks. For Young Readers.

Be the One! The Todd Beamer Story. Elaine Huber et al. 2020. (Flashcard Format 5010-Acs Ser.: Vol. 5010). (ENG.). 38p. (J). pap. 19.00 *(978-1-64104-129-4(3))* Bible Visuals International, Inc.

Be the Sparkle. Jamie Edelbrock. 2022. (ENG.). 38p. (J). 18.95 *(978-1-63755-115-8(0),* Mascot Kids) Amplify Publishing Group.

Be the Sparkle: A Devotional Journal for Girls. Compiled by Compiled by Barbour Staff. 2022. (ENG.). 192p. (J). im. lthr. 14.99 *(978-1-63609-276-8(4))* Barbour Publishing, Inc.

Be the Sparkle: Daily Devotions for Girls. Compiled by Compiled by Barbour Staff. 2019. (ENG.). 384p. (J). im. lthr.

16.99 *(978-1-64352-079-7(2)*, Barbour Bks.) Barbour Publishing, Inc.
Be Trustworthy. Sloane Hughes. 2023. (How Awesome Can You Be? Ser.). (ENG.). 24p. (J). (gr. k-1). lib. bdg. 26.99 Bearport Publishing Co., Inc.
Be Unstoppable: The Art of Never Giving Up, 1 vol. Bethany Hamilton. 2018. (ENG., Illus.). 128p. (YA). 16.99 *(978-0-310-76485-4(8))* Zondervan.
BE Verbs. Lubna Alsagoff is. 2023. (Wonderful World of Words Ser.: 20). (ENG.). 28p. (J). (gr. k-2). pap. 8.99 *(978-981-5009-09-5(5))* Marshall Cavendish International (Asia) Private Ltd. SGP. Dist: Independent Pubs. Group.
Be Water-Wise, Super Grover! Jennifer Boothroyd. 2020. (Go Green with Sesame Street (r) Ser.). (ENG., Illus.). 32p. (J). (gr. -1-2). 27.99 *(978-1-5415-7259-1(9)*, e0b191c0-9488-45e4-b222-f496e432a2f8, Lerner Pubns.) Lerner Publishing Group.
Be Wee with Bea 2: Learn Ways to Trust. Liz K. O'Neill. 2023. (ENG.). 126p. (YA). pap. 6.99 ***(978-1-958169-90-2(0))*** Inkstone Literary.
Be Weird, Be You. Brett Merrill. 2021. (ENG.). 38p. (J). 17.99 *(978-1-0879-5027-3(9))* Indy Pub.
Be Well!: a Hero's Guide to a Healthy Mind & Body. Elsie Olson. 2019. (Be Your Best You Ser.). (ENG., Illus.). 24p. (J). (gr. k-4). lib. bdg. 32.79 *(978-1-5321-1969-9(0)*, 32523, Super SandCastle) ABDO Publishing Co.
Be Who You Are. todd Parr. 2016. (ENG., Illus.). 32p. (J). (gr. -1-1). 18.99 *(978-0-316-26523-2(3))* Little, Brown Bks. for Young Readers.
Be Who You Are! Penelope D. Dyan. Illus. by Penelope Dyan. l.t. ed. 2019. (ENG.). 34p. (J). pap. 12.60 *(978-1-61477-436-5(6))* Bellissima Publishing, LLC.
Be Who You Want to Be, It's Fine by Me. Jeannine D. Grindemann. 2020. (ENG.). 30p. (J). 23.95 *(978-1-64801-567-0(0))*; pap. 13.95 *(978-1-64801-566-3(2))* Newman Springs Publishing, Inc.
Be Wild. Christina Gitta-Low. Illus. by I. Cenizal. 2022. (ENG.). 20p. (J). *(978-0-2288-7775-2(X))*; pap. *(978-0-2288-7774-5(1))* Tellwell Talent.
Be Wild: Amazing Animal Behaviors to Inspire Growing Humans. Leigh Crandall. Illus. by Angela Edmonds. 2023. (ENG.). 32p. (J). (gr. -1-3). 18.99 ***(978-0-8075-0628-8(1)***, 0807506281) Whitman, Albert & Co.
Be Wild, Little One. Olivia Hope. Illus. by Daniel Egneus. 2023. (ENG.). 32p. (J). 18.99 *(978-1-5476-1126-3(X)*, 900279235, Bloomsbury Children's Bks.) Bloomsbury Publishing USA.
Be with Me. Jessica Cunsolo. 2023. (ENG.). 352p. (YA). pap. 11.99 *(978-1-990259-70-8(7)*, 900280219) Wattpad Bks. CAN. Dist: Macmillan.
Be You! Natalye S. Hilliard. 2022. (ENG., Illus.). 36p. (J). 26.95 ***(978-1-68570-278-6(3))*** Christian Faith Publishing.
Be You! Peter H. Reynolds. Illus. by Peter H. Reynolds. 2020. (ENG., Illus.). 32p. (J). (gr. -1-3). 17.99 *(978-1-338-57231-5(8)*, Orchard Bks.) Scholastic, Inc.
Be You: What Do You Want to Be When You Grow Up? Eric Desio. 2020. (Be You Ser.: Vol. 1). (ENG., Illus.). 34p. (J). (gr. k-3). 14.95 *(978-1-952637-06-3(6))* Be You Bks.
Be You - What Do I Want to Be When I Grow up Kids Book: What Do I Want to Be When I Grow Up? Eric Desio. 2020. (Be You Ser.: Vol. 1). (ENG., Illus.). 34p. (J). (gr. k-3). pap. 9.95 *(978-1-952637-07-0(4))* Be You Bks.
Be You! (L. O. L. Surprise!) Random House. Illus. by Random House. 2023. (Step into Reading Ser.). (ENG., Illus.). 32p. (J). (gr. -1-2). pap. 5.99 *(978-0-593-57131-6(2)*, Random Hse. Bks. for Young Readers) Random Hse. Children's Bks.
Be You, Little Monster! Sandra Magsamen. Illus. by Sandra Magsamen. 2023. (Made with Love Ser.). (ENG.). 8p. (J). (gr. -1 — 1). 7.99 *(978-1-338-81614-3(4)*, Cartwheel Bks.) Scholastic, Inc.
Be You, Only Better: Real-Life Self-Care for Young Adults (and Everyone Else) Kristi Hugstad. 2021. (ENG., Illus.). 168p. (YA). (gr. 9-12). pap. 16.95 *(978-1-60868-738-1(4))* New World Library.
Be You Three: What Do You Want to Be When You Grow Up? Eric Desio. 2020. (Be You Ser.: Vol. 2). (ENG., Illus.). 30p. (J). 15.95 *(978-1-952637-34-6(1))* Be You Bks.
Be You Three - What Do I Want to Be When You Grow up Kids Book: What Do I Want to Be When I Grow Up? Eric Desio. 2020. (Be You Ser.: Vol. 2). (ENG., Illus.). 30p. (J). pap. 9.95 *(978-1-952637-31-5(7))* Be You Bks.
Be You Too: What Do You Want to Be When You Grow Up? Eric Desio. 2020. (Be You Ser.: Vol. 2). (ENG., Illus.). 34p. (J). (gr. k-3). pap. 9.95 *(978-1-952637-09-4(0))* Be You Bks.
Be You Too - What Do I Want to Be When I Grow up Kids Book: What Do I Want to Be When I Grow Up? Eric Desio. 2020. (Be You Ser.: Vol. 2). (ENG., Illus.). 34p. (J). (gr. k-3). 15.95 *(978-1-952637-08-7(2))* Be You Bks.
Be Your Best Bear! Life Lessons from the Berenstain Bears. Stan Berenstain & Jan Berenstain. 2018. (Illus.). 192p. (J). (gr. -1-2). 12.99 *(978-0-525-57767-6(X)*, Random Hse. Bks. for Young Readers) Random Hse. Children's Bks.
Be Your Best Self, 10 vols. 2017. (Be Your Best Self Ser.). (ENG.). 158p. (gr. 9-9). 231.35 *(978-1-4994-6658-4(7)*, 110e22be-c4fa-48a6-8b7a-38ee6738f01c, Rosen Young Adult) Rosen Publishing Group, Inc., The.
Be Your Best Self. Danielle Brown. ed. 2022. (ENG., Illus.). 120p. (J). 12.99 *(978-1-78708-123-9(0))* Button Bks. GBR. Dist: Publishers Group West (PGW).
Be Your Best You (Set), 6 vols. Elsie Olson. 2019. (Be Your Best You Ser.). (ENG.). 24p. (J). (gr. k-4). lib. bdg. 196.74 *(978-1-5321-1963-7(1)*, 32511, Super SandCastle) ABDO Publishing Co.
Be Your Own Best Friend FOREVER! Gary Robinson. 2021. (ENG., Illus.). 40p. (J). (gr. 4-7). 17.95 *(978-1-939053-34-3(X)*, 7th Generation) BPC.
Be Your Own Boss. Lalanya Abner. Illus. by Rio Sirah. 2016. (Imagine Beyond Boundaries Bks.: Vol. 1). (ENG.). (J). pap. 16.50 *(978-0-692-63132-4(1))* LMA Publishing.
Be Your Own Kind of Awesome! Coloring Book. Roz Fulcher. 2020. (Dover Kids Coloring Bks.). (ENG.). 32p. (J). (gr. 2-4). 3.99 *(978-0-486-83853-3(6)*, 838536) Dover Pubns., Inc.
Be Yourself. Michelle Owusu-Hemeng. 2021. (ENG.). 20p. (J). 20.00 *(978-1-0880-0165-3(3))* Indy Pub.
Be Yourself!: a Journal for Catholic Girls. Amy Brooks. 2019. (ENG.). 100p. (J). (gr. 4-7). 19.95 *(978-1-68192-497-7(8))* Our Sunday Visitor, Publishing Div.
Be Yourself. Be Unique. Savannah K. Mitchell. 2018. (ENG., Illus.). 30p. (J). (gr. 1-5). 21.95 *(978-1-7322689-0-6(8))* Mitchell Publishing.
Be Yourself, Little Hippo. Beth Hazell & Dominic Szasz. Illus. by Janki Sanghavi. 2022. 30p. (J). pap. 9.49 *(978-1-6678-6480-8(7))* BookBaby.
Be Z. O. E. 1-3 John Ages 5-7. Mary Beth Clare. 2019. (ENG., Illus.). 96p. (J). pap. 13.99 *(978-0-9988756-7-5(8))* Endurance Pr.
Be Z. O. E. 1-3 John Ages 8-10. Marybeth Clare. 2019. (ENG., Illus.). 102p. (J). pap. 13.99 *(978-0-9988756-8-2(6))* Endurance Pr.
Bea. Jo North. Illus. by Robert Hooper. 2022. (ENG.). 30p. (J). pap. *(978-1-80068-015-9(5))* Independent Publishing Network.
Bea & Honey: The Secret. Claudia Teetsel. Illus. by Judith Gosse. 2022. 34p. (J). pap. 14.00 *(978-1-6678-5513-4(1))* BookBaby.
Bea & Mr. Jones: 40th Anniversary Edition. Amy Schwartz. Illus. by Amy Schwartz. 40th ed. 2022. (Illus.). 40p. (J). (-k). 17.99 *(978-0-593-51999-8(X))* Penguin Young Readers Group.
Bea & the New Deal Horse. L. M. Elliott. 2023. (ENG.). 384p. (J). (gr. 5). 19.99 *(978-0-06-321900-7(X)*, Tegen, Katherine Bks) HarperCollins Pubs.
Bea by the Sea. Jo Byatt. Illus. by Jo Byatt. (Child's Play Library). (ENG., Illus.). 32p. (J). 2023. pap. ***(978-1-78628-622-2(X))***; 2021. *(978-1-78628-470-9(7))*; 2021. pap. *(978-1-78628-469-3(3))* Child's Play International Ltd.
Bea by the Sea 8x8 Edition. Jo Byatt. Illus. by Jo Byatt. 2021. (Child's Play Mini-Library). (ENG., Illus.). 32p. (J). pap. *(978-1-78628-633-8(5))* Child's Play International Ltd.
Bea en el Mar/Bea by the Sea 8x8 Edition. Jo Byatt. Illus. by Jo Byatt. 2021. (Child's Play Mini-Library). (ENG., Illus.). 32p. (J). pap. *(978-1-78628-634-5(3))* Child's Play International Ltd.
Bea Is for Blended. Lindsey Stoddard. (ENG.). (J). (gr. 3-7). 2022. 320p. pap. 7.99 *(978-0-06-287817-5(4))*; 2021. 304p. 16.99 *(978-0-06-287816-8(6))* HarperCollins Pubs. (HarperCollins).
Bea Wolf. Zach Weinersmith. Illus. by Boulet. 2023. (ENG.). 208p. (J). 19.99 *(978-1-250-77629-7(5)*, 900235096, First Second Bks.) Roaring Brook Pr.
Beaber Dams. Nancy Furstinger. 2018. (Illus.). 32p. (J). pap. *(978-1-4896-9742-4(X)*, AV2 by Weigl) Weigl Pubs., Inc.
Beach. Illus. by Cocoretto. 2019. (Making Tracks Ser.: 4). 12p. (J). bds. *(978-1-78628-295-8(X))* Child's Play International Ltd.
Beach. Julia Jaske. 2023. (Let's Have an Adventure Ser.). (ENG., Illus.). 16p. (J). (gr. -1-2). 11.36 *(978-1-6689-1907-1(9)*, 221885, Cherry Blossom Press) Cherry Lake Publishing.
Beach. Michael J. Morales. 2018. (ENG., Illus.). 26p. (J). pap. 11.95 *(978-1-64140-565-2(1))* Christian Faith Publishing.
Beach. Chez Picthall & Anna Award. 2017. (Illus.). 10p. (J). bds. 9.00 *(978-1-907604-75-1(8))* Award Pubns. Ltd. GBR. Dist: Parkwest Pubns., Inc.
Beach. Mark Springer. 2016. (ENG., Illus.). 48p. (J). pap. *(978-1-365-57322-4(2))* Lulu Pr., Inc.
Beach. Michelle St Claire. 2022. (ENG.). 50p. (J). pap. 9.50 *(978-1-945891-78-6(5))* May 3rd Bks., Inc.
Beach. Katrina Streza. Illus. by Brenda Ponnay. 2023. (Little Readers Ser.: Vol. 14). (ENG.). 20p. (J). 24.99 ***(978-1-5324-3501-0(0))***; pap. 12.99 ***(978-1-5324-3269-9(0))*** Xist Publishing.
Beach. Lisa Taylor. 2022. (ENG.). 20p. (J). pap. ***(978-1-3984-7277-8(8))*** Austin Macauley Pubs. Ltd.
Beach Adventure. Dawn Jean. 2021. (Adventures of Lexi & Bug Ser.). (ENG.). 24p. (J). 23.95 *(978-1-63630-769-5(8))*; pap. 13.95 *(978-1-64468-409-2(8))* Covenant Bks.
Beach at Night. Elena Ferrante. Tr. by Ann Goldstein. Illus. by Mara Cerri. 2016. (ENG.). 48p. 13.00 *(978-1-60945-370-1(0))* Europa Editions, Inc.
Beach Babes from Brazil Coloring Book. Activity Attic Books. 2016. (ENG., Illus.). (J). pap. 7.74 *(978-1-68323-641-2(6))* Twin Flame Productions.
Beach Baby, 1 vol. Laurie Elmquist. Illus. by Elly MacKay. 2016. (ENG.). 24p. (J). (gr. -1 — 1). bds. 10.95 *(978-1-4598-0954-3(8))* Orca Bk. Pubs. USA.
Beach Baby Bongo. Jennifer Wyse. Illus. by Emaan Chaudhray. 2021. (ENG.). 24p. (J). pap. 15.00 *(978-1-7363318-7-3(6))* CLC Publishing.
Beach Ball Blunder. G. Pa Rhymes. Illus. by Erica Leigh. 2021. (ENG.). 34p. (J). pap. 11.99 *(978-1-7348031-8-1(5))* G Pa Rhymes.
Beach Beings. Jean Illingworth & Jamie Illingworth. 2020. (ENG.). 216p. (J). pap. *(978-1-78465-773-4(5)*, Vanguard Press) Pegasus Elliot Mackenzie Pubs.
Beach Chicken. Dawn Clower. 2017. (Beach Chicken Ser.: Vol. 1). (ENG., Illus.). (J). pap. 12.99 *(978-0-692-88008-1(9))* hart Hse. publishing's.
Beach Coloring Book: Summer Time Coloring Book for Kids - Boys & Girls Vacation Beach Themed Coloring Pages for Kids Ages 4-8. Emil Rana O'Neil. l.t. ed. 2021. (ENG.). 82p. (J). pap. 11.99 ***(978-1-05-286885-5(1))*** Lulu Pr., Inc.
Beach Cottages Coloring Book: An Adult Coloring Book Features over 30 Pages of Giant Super Jumbo Large Designs of Beautiful Beach Cottages & Charming Vacation Houses for Stress Relief. Beatrice Harrison. 2020. (ENG.). 34p. (YA). pap. 7.86 *(978-1-716-75707-5(X))* Lulu Pr., Inc.
Beach Day. Deidre Noy. 2022. (ENG.). 22p. (J). ***(978-0-2288-7638-0(9))***; pap. ***(978-0-2288-7637-3(0))*** Tellwell Talent.
Beach Day! Hunter Reid. Illus. by Stephanie Hinton. 2016. (Fluorescent Pop! Ser.). (ENG.). 14p. (J). (gr. -1-k). bds. 5.99 *(978-1-4998-0219-1(6))* Little Bee Books Inc.
Beach Day. Candice Ransom. ed. 2020. (Step into Reading Ser.). (ENG., Illus.). 32p. (J). (gr. k-1). 14.96 *(978-1-64697-449-8(2))* Penworthy Co., LLC, The.
Beach Day Board Book. Karen Roosa. Illus. by Maggie Smith. 2018. (ENG.). 30p. (J). (— 1). bds. 7.99 *(978-1-328-91069-1(5)*, 1701441, Clarion Bks.) HarperCollins Pubs.
Beach Dilemma: The Beach Dilemma. Laura Wiltse Prior. Illus. by Marta Kissi. 2023. (Emma Just Medium Ser.). (ENG.). 72p. (J). (gr. 2-5). 14.99 ***(978-1-947159-60-0(7)***, f0ad3861-5842-4ed4-a88b-7a50f832d07b, One Elm Books) Red Chair Pr.
Beach Fleas & Other Tiny Sand Animals. Ellen Lawrence. 2018. (Day at the Beach: Animal Life on the Shore Ser.). (ENG.). 24p. (J). (gr. -1-3). 17.95 *(978-1-68402-449-0(8))* Bearport Publishing Co., Inc.
Beach for Albert. Eleanor May. 2018. (Mouse Math Ser.). (ENG.). 32p. (J). (gr. -1-1). lib. bdg. 34.28 *(978-1-4896-8285-7(6)*, AV2 by Weigl) Weigl Pubs., Inc.
Beach Friends. Ann Poole. 2016. (ENG., Illus.). (J). (gr. k-1). *(978-1-78719-211-9(3))*; pap. *(978-1-78719-210-2(5))* Authors OnLine, Ltd.
Beach Fun! Activity Book. Anne Schneeberger. 2023. (ENG.). 26p. (J). pap. ***(978-1-991024-63-3(0))*** Mika Design Ltd.
Beach Grass (Classic Reprint) Charles Wendell Townsend. 2018. (ENG., Illus.). 390p. (J). 31.96 *(978-0-484-18367-3(2))* Forgotten Bks.
Beach Haven: My First Dollhouse 3D Puzzle & Book. Sequoia Children's Publishing. 2019. (ENG.). 16p. (J). *(978-1-64269-054-5(6)*, 66e95389-84f6-4249-b07a-3e96e4d993e2, Sequoia Publishing & Media LLC) Sequoia Children's Bks.
Beach Kids. Jordan M. Beecan. 2020. (ENG.). 68p. (J). pap. 9.99 *(978-1-63129-395-5(8))* Salem Author Services.
Beach Life Coloring Book: An Adult Coloring Book Featuring over 30 Pages of Giant Super Jumbo Large Designs of Beautiful Beach Scenes, Ocean Landscapes, & Island Scenes for Fun & Relaxation. Beatrice Harrison. 2020. (ENG.). 34p. (YA). pap. 7.86 *(978-1-716-78721-8(1))* Lulu Pr., Inc.
Beach Nightmare. Steve Foxe. Illus. by Alan Brown. 2020. (Scary Graphics Ser.). (ENG.). 40p. (J). (gr. 3-5). lib. bdg. 25.32 *(978-1-4965-9796-0(6)*, 200590, Stone Arch Bks.) Capstone.
Beach of Falesa (Classic Reprint) Dylan Thomas. (ENG., Illus.). (J). 2018. 130p. 26.58 *(978-0-267-38287-3(1))*; 2017. pap. 9.57 *(978-0-282-57507-6(3))* Forgotten Bks.
Beach Rules. Duncan Ewald. 2019. (ENG.). 48p. (J). pap. *(978-0-359-46927-7(2))* Lulu Pr., Inc.
Beach Safety. Peter R. Chambers. 2021. (ENG.). 26p. (J). pap. 7.99 *(978-1-954614-33-8(0))* Warren Publishing, Inc.
Beach Sounds. Merrilee Lands. Illus. by Scott Wilson. 2022. (ENG.). 28p. (J). pap. ***(978-1-922932-54-9(X))*** Library For All Limited.
Beach-Trash Art. Marzieh A. Ali. Illus. by Lala Stellune. 2022. (Nadia & Nadir Ser.). (ENG.). 32p. (J). (gr. 2-2). pap. 9.95 *(978-1-64494-820-0(6)*, Calico Kid) ABDO Publishing Co.
Beach-Trash Art. Marzieh A. Ali. Illus. by Lala Stellune. 2022. (Nadia & Nadir Ser.). (ENG.). 32p. (J). (gr. -1-3). lib. bdg. 32.79 *(978-1-0982-3306-8(9)*, 39845, Calico Chapter Bks) Magic Wagon.
Beach Trip. Jacqueline Jules. Illus. by Kim Smith. 2016. (Sofia Martinez Ser.). (ENG.). 32p. (J). (gr. k-2). lib. bdg. 21.32 *(978-1-4795-8719-3(2)*, 131113, Picture Window Bks.) Capstone.
Beach Vacation (Koobville) Created by Kristin Winovich. 2020. (Koobville Ser.). (ENG., Illus.). 46p. (J). pap. 14.99 *(978-1-7334786-3-2(9))* Koobville.
Beached Keels (Classic Reprint) Henry Milner Rideout. 2018. (ENG., Illus.). 314p. (J). 30.37 *(978-0-483-78370-6(6))* Forgotten Bks.
Beachhead. David Anderson. 2018. (ENG., Illus.). 216p. (YA). (gr. 7-12). pap. *(978-1-77299-220-5(8))* Books We Love Publishing Partners.
Beachside Fun! Sea, Sun & Sand Coloring Book. Activity Book Zone for Kids. 2016. (ENG., Illus.). (J). pap. 9.20 *(978-1-68376-411-3(0))* Sabeels Publishing.
Beacon (Classic Reprint) Eden Phillpotts. (ENG., Illus.). (J). 2017. 31.82 *(978-0-265-34578-8(2))*; 2016. pap. 16.57 *(978-1-333-63977-8(5))* Forgotten Bks.
Beacon First Reader (color Edition) (Yesterday's Classics) James H. Fassett. 2022. (ENG.). 168p. (J). pap. 18.95 *(978-1-63334-174-6(7))* Yesterday's Classics.
Beacon Helps Santa. Jess Johnson. Illus. by Maggie Flavhan. 2021. (Beacon the Magical Dolphin Ser.: 2). 38p. (J). pap. 14.99 *(978-1-7359603-3-3(0))* BookBaby.
Beacon Introductory Second Reader Animal Folk Tales (Classic Reprint) James H. Fassett. 2019. (ENG., Illus.). 166p. (J). 27.32 *(978-0-365-11213-6(5))* Forgotten Bks.
Beacon of Ligjt. Mark W. Stracener. 2017. (ENG., Illus.). (YA). pap. 9.99 *(978-1-5456-1340-5(0))* Salem Author Services.
Beacon Primer (Classic Reprint) James H. Fassett. (ENG., Illus.). (J). 2018. 132p. 26.64 *(978-0-365-43559-4(7))*; 2017. pap. 9.57 *(978-0-259-83324-6(X))* Forgotten Bks.
Beacon Second Reader. James H. Fassett. 2017. (ENG., Illus.). (J). (gr. 3-7). pap. *(978-0-649-07199-9(9))* Trieste Publishing Pty Ltd.
Beacon Second Reader (Classic Reprint) James H. Fassett. 2017. (ENG., Illus.). (J). 28.04 *(978-0-265-21866-2(7))* Forgotten Bks.
Beacon the Magical Dolphin. Jess Johnson. Illus. by Maggie Flavhan. 2021. (Beacon the Magical Dolphin Ser.: 1). 38p. (J). pap. 14.99 *(978-1-7359603-0-2(6))* BookBaby.
Beacon the Magical Dolphin: The Big Clean Up. Jess Johnson. Illus. by Maggie Flavhan. 2022. (Beacon the Magical Dolphin Ser.: 3). 44p. (J). pap. 14.95 *(978-1-7359603-6-4(5))* BookBaby.
Beacon Third Reader (Classic Reprint) James H. Fassett. 2017. (ENG., Illus.). (J). 29.98 *(978-0-331-39087-2(6))* Forgotten Bks.
Beacon to Freedom: The Story of a Conductor on the Underground Railroad. Jenna Glatzer. Illus. by Ebony Glenn. 2017. (Encounter: Narrative Nonfiction Picture Bks.). (ENG.). 40p. (J). (gr. 1-5). lib. bdg. 29.32 *(978-1-5157-3496-3(X)*, 133465, Capstone Pr.) Capstone.
Bead It! Super Simple Crafts for Kids. Tamara JM Peterson & Ruthie Van Oosbree. 2022. (Creative Crafting Ser.). (ENG., Illus.). 32p. (J). (gr. k-4). lib. bdg. 34.21 *(978-1-5321-9985-1(6)*, 40759, Super SandCastle) ABDO Publishing Co.
Beadle's Monthly, Vol. 1: A Magazine of to-Day; January to June, 1866 (Classic Reprint) Unknown Author. (ENG., Illus.). (J). 2018. 576p. 35.78 *(978-0-483-09589-2(3))*; 2016. pap. 19.57 *(978-1-333-24823-9(7))* Forgotten Bks.
Beadle's Monthly, Vol. 2: A Magazine of to-Day; July to December, 1866 (Classic Reprint) Unknown Author. (ENG., Illus.). (J). 2018. 562p. 35.49 *(978-0-267-00486-7(9))*; 2017. pap. 19.57 *(978-0-243-99125-9(8))* Forgotten Bks.
Beadle's Monthly, Vol. 3: A Magazine of to-Day; January to June, 1867 (Classic Reprint) Unknown Author. (ENG., Illus.). (J). 2018. 580p. 35.86 *(978-0-365-06643-9(5))*; 2017. pap. 19.57 *(978-0-243-07583-6(9))* Forgotten Bks.
Beads of Courage(r) Oliver's Story. Rosanna Gartley. 2017. (ENG., Illus.). (YA). (gr. 7-12). pap. 11.95 *(978-1-59095-226-9(X)*, ExamWise) Total Recall Learning, Inc.
Beads of Tasmer (Classic Reprint) Amelia E. Barr. 2018. (ENG., Illus.). 412p. (J). 32.41 *(978-0-484-43992-3(8))* Forgotten Bks.
Beagle. Diana Porter. 2017. (Dog Lover's Guides: Vol. 18). (ENG., Illus.). 128p. (J). (gr. 3-7). 26.95 *(978-1-4222-3849-3(0))* Mason Crest.
Beagle Beagle Adventures: Savanna & Tybee Go Camping. Trina Stuller. 2021. (ENG., Illus.). 30p. (J). 25.95 *(978-1-63961-789-0(2))* Christian Faith Publishing.
Beagle Boys: Jake & Milo: Strange Noises in the Woods. Deborah McDonald. 2019. (ENG.). 36p. (J). pap. 12.49 *(978-1-5456-7948-7(7))* Salem Author Services.
Beagle Boys Jake & Milo's Road Trip. Deborah McDonald. 2020. (ENG.). 34p. (J). pap. 12.49 *(978-1-63221-238-2(2))* Salem Author Services.
Beagles. Beth Bence Reinke. 2018. (That's My Dog Ser.). (ENG., Illus.). 32p. (J). (gr. 2-3). pap. 9.95 *(978-1-63517-610-0(7)*, 1635176107); lib. bdg. 31.35 *(978-1-63517-538-7(0)*, 1635175380) North Star Editions. (Focus Readers).
Beagles. Sarah Frank. 2019. (Lightning Bolt Books (r) — Who's a Good Dog? Ser.). (ENG., Illus.). 24p. (J). (gr. 1-3). pap. 9.99 *(978-1-5415-7462-5(1)*, b65aae3e-743f-4131-a0ac-8880335c278a, Lerner Pubns.) Lerner Publishing Group.
Beagles, 1 vol. Grace Hansen. 2016. (Dogs (Abdo Kids Jumbo) Ser.). (ENG., Illus.). 24p. (J). (gr. -1-2). lib. bdg. 32.79 *(978-1-68080-514-7(2)*, 21308, Abdo Kids) ABDO Publishing Co.
Beagles. Margaret Mincks. 2017. (Doggie Data Ser.). (ENG.). 32p. (gr. 2-7). 9.95 *(978-1-68072-451-6(7))*; (J). (gr. 4-6). pap. 9.99 *(978-1-64466-188-8(8)*, 11424); (Illus.). (J). (gr. 4-6). lib. bdg. *(978-1-68072-148-5(8)*, 10480) Black Rabbit Bks. (Bolt).
Beagles. Kate Riggs. 2016. (Seedlings Ser.). (ENG.). 24p. (J). (gr. k-2). pap. 7.99 *(978-1-62832-246-0(2)*, 20523, Creative Paperbacks); (Illus.). (gr. -1-k). 28.50 *(978-1-60818-661-7(X)*, 20525, Creative Education) Creative Co., The.
Beagles. Martha E. H. Rustad. 2017. (Favorite Dog Breeds Ser.). (ENG., Illus.). 24p. (J). (gr. 1-4). 20.95 *(978-1-68151-124-5(X)*, 14667) Amicus.
Beagles. Martha E.H. Rustad. 2018. (Favorite Dog Breeds Ser.). (ENG., Illus.). 24p. (J). (gr. 1-4). pap. 10.99 *(978-1-68152-155-8(5)*, 14786) Amicus.
Beagles. Marysa Storm. 2022. (Our Favorite Dogs Ser.). (ENG.). 24p. (J). (gr. k-3). *(978-1-62310-466-5(1)*, 13552, Bolt Jr.) Black Rabbit Bks.
Beagles (Beagles) Grace Hansen. 2016. (Perros (Dogs Set 2) Ser.). (SPA.). 24p. (J). (gr. -1-2). lib. bdg. 32.79 *(978-1-62402-699-7(0)*, 24902, Abdo Kids) ABDO Publishing Co.
Beak & Ally #1: Unlikely Friends Graphic Novel. Norm Feuti. 2021. (Beak & Ally Ser.: 1). (ENG., Illus.). 64p. (J). (gr. 1-5). 12.99 *(978-0-06-302157-0(9)*, HarperAlley) HarperCollins Pubs.
Beak & Ally #1: Unlikely Friends. Norm Feuti. Illus. by Norm Feuti. 2022. (Beak & Ally Ser.: 1). (ENG., Illus.). 64p. (J). (gr. 1-5). pap. 8.99 *(978-0-06-302158-7(7)*, HarperAlley) HarperCollins Pubs.
Beak & Ally #2: Bedtime Jitters Graphic Novel. Norm Feuti. (Beak & Ally Ser.: 2). (ENG., Illus.). 64p. (J). (gr. 1-5). 2022. pap. 7.99 *(978-0-06-302161-7(7))*; 2021. 12.99 *(978-0-06-302160-0(9))* HarperCollins Pubs. (HarperAlley).
Beak & Ally #3: The Big Storm. Norm Feuti. 2022. (Beak & Ally Ser.: 3). (ENG., Illus.). 64p. (J). (gr. 1-5). 12.99 *(978-0-06-302163-1(3)*, HarperAlley) HarperCollins Pubs.
Beak & Ally #3: The Big Storm Graphic Novel. Norm Feuti. 2023. (Beak & Ally Ser.: 3). (ENG., Illus.). 64p. (J). (gr. 1-5). pap. 8.99 *(978-0-06-302164-8(1)*, HarperAlley) HarperCollins Pubs.
Beak & Ally #4: Snow Birds. Norm Feuti. 2023. (Beak & Ally Ser.: 4). (ENG., Illus.). 64p. (J). (gr. 1-5). 12.99 *(978-0-06-302167-9(6)*, HarperAlley) HarperCollins Pubs.
Beak Book. Robin Page. Illus. by Robin Page. 2021. (ENG., Illus.). 40p. (J). (gr. -1-3). 18.99 *(978-1-5344-6041-6(1)*, Beach Lane Bks.) Beach Lane Bks.
Beaked Battlers: Ornithopods, 1 vol. Clare Hibbert. 2018. (Dino Explorers Ser.). (ENG.). 32p. (gr. 3-3). lib. bdg. 26.93 *(978-0-7660-9989-0(X)*, 4cfb23dc-1a38-4b92-8a24-0e81be8fe5e4) Enslow Publishing, LLC.
Beakers, Bubbles & the Bible: Bible Lessons from the Science Lab. Tina Houser. 2019. (ENG.). 128p. (J). (gr. 2-7). pap. 15.99 *(978-1-68434-239-6(2))* Warner Pr., Inc.
Beaks. Curt Hart. (ENG.). (J). (gr. -1-1). 2023. 32p. pap. 6.99 *(978-1-4867-2647-9(X)*, 8ba78591-ca06-4bef-a76f-6fed2d3d614b); 2021. 20p. bds. 7.99 *(978-1-4867-2118-4(4)*, c3de394c-3b82-4c98-bb58-80fedbfb8953) Flowerpot Pr.
Beaks of Birds. Richard Konicek-Moran & Kathleen Konicek-Moran. 2019. (ENG., Illus.). 36p. (J). (gr. 2-4). pap. 13.99 *(978-1-68140-352-6(8))* National Science Teachers Assn.
BeakSpeak: The Coloring Book! Peggy Marceaux. Illus. by Mike Forshay. 2021. (Beakspeak Ser.). (ENG.). 106p. (J). pap. 10.00 *(978-1-941345-97-9(2))* Erin Go Bragh Publishing.

164 The check digit for ISBN-10 appears in parentheses after the full ISBN-13

TITLE INDEX BEAR IN A SQUARE

BeakSpeak 2: The Dancing Chickens. Peggy Marceaux. 2020. (Beakspeak Ser.: Vol. 2). (ENG.). 190p. (J). pap. 9.99 *(978-1-941345-62-7(X))* Erin Go Bragh Publishing.
BeakSpeak 3: Day of the Dead. Peggy Marceaux. Illus. by Mike Forshay. 2021. (ENG.). 300p. (J). pap. 12.99 *(978-1-941345-63-4(8))* Erin Go Bragh Publishing.
BeakSpeak 4: Fiesta Texas. Peggy Marceaux. Illus. by Mike Forshay. 2021. (Beakspeak Ser.: Vol. 4). (ENG.). 316p. (J). pap. 12.99 *(978-1-941345-82-5(4))* Erin Go Bragh Publishing.
BeakSpeak 5: Cajun French & Paris Connection. Peggy Marceaux. 2022. (Beakspeak Ser.: Vol. 5). (ENG.). 260p. (J). pap. 12.99 *(978-1-941345-85-6(9))* Erin Go Bragh Publishing.
Beaky & Squeaky. Dandi Palmer. 2017. (ENG., Illus.). (J). pap. *(978-1-906442-58-3(4))* Dodo Bks.
Beaky Barnes: Egg on the Loose: A Graphic Novel. David Ezra Stein. Illus. by David Ezra Stein. 2023. (ENG., Illus.). 128p. (J). (gr. 1-4). 18.99 *(978-0-593-09476-1(X)*, Penguin Workshop) Penguin Young Readers Group.
Bealby: A Holiday (Classic Reprint) H. G. Wells. 2017. (ENG., Illus.). (J). 31.75 *(978-1-5280-8565-6(5))* Forgotten Bks.
Beam Me up! the Astronaut Coloring Book. Bobo's Children Activity Books. 2016. (ENG., Illus.). (J). pap. 9.33 *(978-1-68327-628-9(0))* Sunshine In My Soul Publishing.
Beamer & the Peculiar Sound. Betty Ann Coach. 2022. (ENG.). 38p. (J). 17.99 ***(978-1-958729-82-3(5))*** Mindstir Media.
Bean & Bug - Protect & Respect. Kathleen Fernan. Illus. by Sara Aiello. 2018. (Bean & Bug Ser.: 1). 24p. (J). pap. 14.95 *(978-1-5439-2103-8(5))* BookBaby.
Bean Family Sprouts: Growing Stronger Through New Experiences. Lora Shahine. Illus. by Sari Jack. 2019. (ENG.). 28p. (J). pap. 11.99 *(978-0-9987146-6-0(6))* Shahine, Lora.
Bean 'n Me. Bryan Carrier. Illus. by Heather Carrier. 2021. (ENG.). 44p. (J). pap. 14.99 *(978-1-954868-77-9(4))* Pen It Pubns.
Bean Named Red. Dori Hernandez. 2019. (ENG.). 48p. (J). 18.95 *(978-1-64307-128-2(9))* Amplify Publishing Group.
Bean Soup. Margo Gates. Illus. by Lisa Hunt. 2020. (Plant Life Cycles (Pull Ahead Readers — Fiction) Ser.). (ENG.). 16p. (J). (gr. -1-1). pap. 8.99 *(978-1-7284-0306-9(5)*, 4001114f-c389-48ee-b7b8-3287f1c50247); lib. bdg. 27.99 *(978-1-5415-9030-4(9)*, 17a15c68-b084-4526-90c8-282f52dd76ef) Lerner Publishing Group. (Lerner Pubns.).
Bean Team. Tex Huntley. ed. 2019. (Step into Reading Ser.). (ENG.). 24p. (J). (gr. k-1). 14.96 *(978-0-87617-562-0(0))* Penworthy Co., LLC, The.
Bean Team at the Carnival. J. Brian Jackson. Illus. by Simon Goodway. 2023. (ENG.). 24p. (J). ***(978-1-3984-6547-3(X))***; pap. ***(978-1-3984-6546-6(1))*** Austin Macauley Pubs. Ltd.
Bean Team (Butterbean's Cafe) Tex Huntley. Illus. by Gabriella Matta & Francesco Legramandi. 2019. (Step into Reading Ser.). (ENG.). 24p. (J). (gr. -1-1). pap. 5.99 *(978-1-9848-9445-8(5)*, Random Hse. Bks. for Young Readers) Random Hse. Children's Bks.
Bean the Bucktoothed Vampire. Chase Salt Pickett. Illus. by Jenn Scott Pickett. 2022. (ENG.). 48p. (J). 21.95 ***(978-1-7360152-7-8(3))*** SME Publishing.
Bean the Stretchy Dragon: A Sally & Bean Adventure. Ari Stocrate. 2023. (ENG., Illus.). 96p. (J). 11.99 ***(978-1-5248-8101-6(5))*** Andrews McMeel Publishing.
Bean Trees Novel Units Student Packet. Novel Units. 2019. (ENG.). (YA). pap. 13.99 *(978-1-56137-891-3(7)*, NU8917SP, Novel Units, Inc.) Classroom Library Co.
Bean Trees Novel Units Teacher Guide. Novel Units. 2019. (ENG.). (YA). pap., tchr. ed. 12.99 *(978-1-56137-890-6(9)*, Novel Units, Inc.) Classroom Library Co.
Beanie & the Boys Meet in Dreamland. Jaclyn Pol. Illus. by Brian Vandevelde. 2022. (ENG.). 26p. (J). pap. *(978-1-990336-15-7(9))* Rusnak, Alanna.
Beano Book of Fun: 200+ Puzzles, Riddles & Giggles! (Beano Non-Fiction) Beano Studios & I. P. Daley. 2023. (Beano Non-Fiction Ser.). (ENG.). 192p. (J). 10.99 ***(978-0-00-851229-3(9))*** Farshore GBR. Dist: HarperCollins Pubs.
Beano Dennis & Gnasher: Attack of the Evil Veg (Beano Fiction) Beano Studios et al. 2022. (Beano Fiction Ser.). (ENG., Illus.). 224p. (J). 10.99 *(978-0-7555-0359-9(7))* Farshore GBR. Dist: HarperCollins Pubs.
Beano Dennis & Gnasher: Battle for Bash Street School (Beano Fiction) Beano Studios et al. Illus. by Nigel Parkinson. 2021. (Beano Fiction Ser.). (ENG.). 192p. (J). 10.99 *(978-0-7555-0323-0(6))* Farshore GBR. Dist: HarperCollins Pubs.
Beano Dennis & Gnasher: Little Menace's Great Escape (Beano Fiction) Beano Studios et al. Illus. by Nigel Parkinson. 2023. (Beano Fiction Ser.). (ENG.). 192p. (J). 10.99 *(978-0-00-853404-2(7))* Farshore GBR. Dist: HarperCollins Pubs.
Beano Dennis & Gnasher: Super Slime Spectacular (Beano Fiction) Beano Studios et al. Illus. by Parkinson. 2022. (Beano Fiction Ser.). (ENG.). 208p. (J). 10.99 *(978-0-7555-0361-2(9))* Farshore GBR. Dist: HarperCollins Pubs.
Beano Dennis & Gnasher: the Bogeyman of Bunkerton Castle (Beano Fiction) Beano Studios et al. Illus. by Parkinson. 2022. (Beano Fiction Ser.). (ENG.). 192p. (J). 10.99 *(978-0-00-851232-3(9))* Farshore GBR. Dist: HarperCollins Pubs.
Beano Ultimate Dennis & Gnasher Comic Collection (Beano Collection) Beano Studios & I. P. Daley. 2021. (Beano Collection). (ENG., Illus.). 160p. (J). 19.99 *(978-0-7555-0325-4(2))* Farshore GBR. Dist: HarperCollins Pubs.
Beans & Buttons: An One Act Comic Operetta (Classic Reprint) Alfred George Robyn. 2017. (ENG., Illus.). (J). pap. 9.57 *(978-0-259-97386-7(6))* Forgotten Bks.
Beans & Rice. Joshua Lawrence Patel Deutsch. Illus. by Vikas Upadhyay. 2022. (ENG.). 20p. (J). 22.00 *(978-1-0879-2698-8(X))* Indy Pub.
Beans Build a House, 1 vol. Laurie Friedman. Illus. by Barbara Szepesi Szucs. 2022. (Bean Bunch Ser.). (ENG.). 32p. (J). (gr. 2-4). lib. bdg. *(978-1-0396-4581-3(X)*, 16317, Leaves Chapter Books) Crabtree Publishing Co.
Beans Build a House, 1 vol. Laurie Friedman & Barbara Szepesi Szucs. 2022. (Bean Bunch Ser.). (ENG.). 32p. (J). (gr. 2-4). pap. *(978-1-0396-4708-4(1)*, 17323, Leaves Chapter Books) Crabtree Publishing Co.
Beans Bummer: Have You Tried Beans This Way? Agnes De Bezenac & Salem De Bezenac. Illus. by Agnes De Bezenac. 2017. (Eat Right Ser.: Vol. 5). (ENG., Illus.). (J). (gr. k-2). 11.49 *(978-1-63474-053-1(X)*, Kidible) iCharacter.org.
Beans Go Camping, 1 vol. Laurie Friedman. Illus. by Barbara Szepesi Szucs. 2022. (Bean Bunch Ser.). (ENG.). 32p. (J). (gr. 2-4). lib. bdg. *(978-1-0396-4585-1(2)*, 16318, Leaves Chapter Books) Crabtree Publishing Co.
Beans Go Camping, 1 vol. Laurie Friedman & Barbara Szepesi Szucs. 2022. (Bean Bunch Ser.). (ENG.). 32p. (J). (gr. 2-4). pap. *(978-1-0396-4712-1(X)*, 17324, Leaves Chapter Books) Crabtree Publishing Co.
Bean's Life. Nancy Dickmann. rev. ed. 2020. (Watch It Grow Ser.). (ENG.). 24p. (J). pap. 6.29 *(978-1-4846-6260-1(1)*, 221360, Heinemann) Capstone.
Bean's Life Cycle. Mary R. Dunn. 2017. (Explore Life Cycles Ser.). (ENG., Illus.). 24p. (J). (gr. -1-2). lib. bdg. 27.32 *(978-1-5157-7051-0(6)*, 135481, Capstone Pr.) Capstone.
Beans Plant a Garden, 1 vol. Laurie Friedman. Illus. by Barbara Szepesi Szucs. 2022. (Bean Bunch Ser.). (ENG.). 32p. (J). (gr. 2-4). lib. bdg. *(978-1-0396-4584-4(4)*, 16319, Leaves Chapter Books) Crabtree Publishing Co.
Beans Plant a Garden, 1 vol. Laurie Friedman & Barbara Szepesi Szucs. 2022. (Bean Bunch Ser.). (ENG.). 32p. (J). (gr. 2-4). pap. *(978-1-0396-4711-4(1)*, 17325, Leaves Chapter Books) Crabtree Publishing Co.
Beans Run a Race, 1 vol. Laurie Friedman. Illus. by Barbara Szepesi Szucs. 2022. (Bean Bunch Ser.). (ENG.). 32p. (J). (gr. 2-4). lib. bdg. *(978-1-0396-4582-0(8)*, 16320, Leaves Chapter Books) Crabtree Publishing Co.
Beans Run a Race, 1 vol. Laurie Friedman & Barbara Szepesi Szucs. 2022. (Bean Bunch Ser.). (ENG.). 32p. (J). (gr. 2-4). pap. *(978-1-0396-4709-1(X)*, 17326, Leaves Chapter Books) Crabtree Publishing Co.
Beans Take a Road Trip, 1 vol. Laurie Friedman. Illus. by Barbara Szepesi Szucs. 2022. (Bean Bunch Ser.). (ENG.). 32p. (J). (gr. 2-4). lib. bdg. *(978-1-0396-4586-8(0)*, 16321, Leaves Chapter Books) Crabtree Publishing Co.
Beans Take a Road Trip, 1 vol. Laurie Friedman & Barbara Szepesi Szucs. 2022. (Bean Bunch Ser.). (ENG.). 32p. (J). (gr. 2-4). pap. *(978-1-0396-4713-8(8)*, 17327, Leaves Chapter Books) Crabtree Publishing Co.
Beans to Chocolate. Sarah Ridley. 2018. (Where Food Comes From Ser.). (Illus.). 24p. (J). (gr. 3). *(978-0-7787-5118-2(X))* Crabtree Publishing Co.
Beans Watch a Scary Movie, 1 vol. Laurie Friedman. Illus. by Barbara Szepesi Szucs. 2022. (Bean Bunch Ser.). (ENG.). 32p. (J). (gr. 2-4). lib. bdg. *(978-1-0396-4583-7(6)*, 16322, Leaves Chapter Books) Crabtree Publishing Co.
Beans Watch a Scary Movie, 1 vol. Laurie Friedman & Barbara Szepesi Szucs. 2022. (Bean Bunch Ser.). (ENG.). 32p. (J). (gr. 2-4). pap. *(978-1-0396-4710-7(3)*, 17328, Leaves Chapter Books) Crabtree Publishing Co.
Beany, Gangleshanks, & the Tub (Classic Reprint) Edward Streeter. 2018. (ENG., Illus.). 360p. (J). 31.32 *(978-0-484-82738-6(3))* Forgotten Bks.
Bear. Nirav A. 2017. (ENG., Illus.). 12p. (J). pap. 7.99 *(978-1-387-36371-1(9))* Lulu Pr., Inc.
Bear. Martin Bailey. 2019. (BigThymeRhyme Ser.). (ENG., Illus.). 12p. (J). (— 1). bds. 9.99 *(978-0-9951093-6-0(2))* Black Chook Bks. NZL. Dist: Independent Pubs. Group.
Bear. Robbyne Butter. 2020. (ENG.). 56p. (J). pap. ***(978-0-244-86093-6(9))*** Lulu Pr., Inc.
Bear. August Hoeft. (I See Animals Ser.). (ENG.). (J). 2022. 20p. 24.99 ***(978-1-5324-3388-7(3))***; 2022. 20p. pap. 12.99 ***(978-1-5324-4191-2(6))***; 2020. 12p. pap. 5.99 *(978-1-5324-1469-5(2))* Xist Publishing.
Bear. Gretchen Lynch. 2022. (ENG.). 30p. (J). pap. 13.95 ***(978-1-68526-459-8(X))*** Covenant Bks.
Bear. James C. McElroy. 2018. (ENG., Illus.). 56p. (J). 23.95 *(978-1-64416-118-0(4))*; pap. 13.95 *(978-1-64299-169-7(4))* Christian Faith Publishing.
Bear. Ben Queen. Illus. by Joe Todd-Stanton. 2020. (ENG.). 160p. (J). 24.99 *(978-1-68415-531-6(2)*, Archaia Entertainment) BOOM! Studios.
Bear. Lora Rozler. Illus. by Daniela Vasquez. 2020. (ENG.). 54p. (J). pap. *(978-1-9990114-4-4(9))* Words on a Limb Pr.
Bear. Cynthia Rylant. Illus. by Preston McDaniels. (Lighthouse Family Ser.: 8). (ENG.). 48p. (J). (gr. 1-5). 2019. pap. 5.99 *(978-1-4814-6029-3(3))*; 2018. 17.99 *(978-1-4814-6028-6(5))* Beach Lane Bks. (Beach Lane Bks.).
Bear: A Shaggy Dog Story. Amy J. Taylor. 2021. (ENG.). 24p. (J). *(978-1-7948-2060-9(4))* Lulu Pr., Inc.
Bear, a Moose & a Princess. Bob Stein. Illus. by Viktoriia Kalinina. 2018. (ENG.). 24p. (J). pap. 12.95 *(978-1-64458-580-1(4))* Christian Faith Publishing.
Bear about Town / Ours en Ville. Stella Blackstone. Illus. by Debbie Harter. rev. ed. 2017. (Bear Ser.). (ENG.). 24p. (J). (gr. -1-1). pap. 8.99 *(978-1-78285-329-9(4))* Barefoot Bks., Inc.
Bear & Bird: the Picnic & Other Stories. Jarvis. Illus. by Jarvis. 2023. (Bear & Bird Ser.). (ENG.). 64p. (J). (gr. k-4). 15.99 *(978-1-5362-2832-8(X))* Candlewick Pr.
Bear & Chicken. Jannie Ho. 2017. (ENG., Illus.). 40p. (J). (gr. -1-3). 16.99 *(978-0-7624-6266-7(3)*, Running Pr. Kids) Running Pr.
Bear & Forbear: Or the History of Julia Marchmont (Classic Reprint) Woodland Woodland. 2018. (ENG., Illus.). 146p. (J). 26.93 *(978-0-484-04560-5(1))* Forgotten Bks.
Bear & Forbear: Or the Young Skipper of Lake Ucayga (Classic Reprint) Oliver Optic, pseud. 2017. (ENG., Illus.). 344p. (J). 31.01 *(978-0-332-94565-1(0))* Forgotten Bks.
Bear & Fred: A World War II Story. Iris Argaman. Tr. by Annette Appel. Illus. by Avi Ofer. 2020. 48p. (J). (gr. 1-4). 17.99 *(978-1-5420-1821-0(8)*, 9781542018210, AmazonCrossing) Amazon Publishing.
Bear & Friends: a House for Mouse. Jody Jensen Shaffer. Illus. by Clair Rossiter. 2021. (Highlights Puzzle Readers Ser.). 24p. (J). (gr. -1-2). 16.99 *(978-1-64472-342-5(5))*; pap. 4.99 *(978-1-64472-341-8(7))* Highlights Pr., c/o Highlights for Children, Inc. (Highlights).
Bear & Friends: a Scarf for Squirrel. Jody Jensen Shaffer. Illus. by Clair Rossiter. 2021. (Highlights Puzzle Readers Ser.). 24p. (J). (gr. -1-2). 16.99 *(978-1-64472-457-6(X))*; pap. 4.99 *(978-1-64472-456-9(1))* Highlights Pr., c/o Highlights for Children, Inc. (Highlights).
Bear & Friends: Fox Wants a Pet. Jody Jensen Shaffer. Illus. by Clair Rossiter. 2021. (Highlights Puzzle Readers Ser.). 24p. (J). (gr. -1-2). 16.99 *(978-1-64472-460-6(X))*; pap. 4.99 *(978-1-64472-459-0(6))* Highlights Pr., c/o Highlights for Children, Inc. (Highlights).
Bear & Friends: Pup Is Lost. Jody Jensen Shaffer. 2022. (Highlights Puzzle Readers Ser.). (Illus.). 24p. (J). (gr. -1-2). 16.99 *(978-1-64472-683-9(1))*; pap. 4.99 *(978-1-64472-682-2(3))* Highlights Pr., c/o Highlights for Children, Inc. (Highlights).
Bear & Friends: Wake up, Bear! Jody Jensen Shaffer. 2022. (Highlights Puzzle Readers Ser.). (Illus.). 24p. (J). (gr. -1-2). 16.99 *(978-1-64472-686-0(6))*; pap. 4.99 *(978-1-64472-685-3(8))* Highlights Pr., c/o Highlights for Children, Inc. (Highlights).
Bear & Friends: Where Is Bear? Jody Jensen Shaffer. Illus. by Clair Rossiter. 2021. (Highlights Puzzle Readers Ser.). 24p. (J). (gr. -1-2). 16.99 *(978-1-64472-339-5(5))*; pap. 4.99 *(978-1-64472-338-8(7))* Highlights Pr., c/o Highlights for Children, Inc. (Highlights).
Bear & Hare — Where's Bear? Emily Gravett. Illus. by Emily Gravett. 2016. (Bear & Hare Ser.). (ENG., Illus.). 32p. (J). (gr. -1-3). 16.99 *(978-1-4814-5615-9(6)*, Simon & Schuster Bks. For Young Readers) Simon & Schuster Bks. For Young Readers.
Bear & Hare Share! Emily Gravett. Illus. by Emily Gravett. 2016. (Bear & Hare Ser.). (ENG., Illus.). 32p. (J). (gr. -1-3). 16.99 *(978-1-4814-6217-4(2)*, Simon & Schuster Bks. For Young Readers) Simon & Schuster Bks. For Young Readers.
Bear & Mouse: Rise & Shine. Nicola Edwards. Illus. by Maria Neradova. 2021. (ENG.). 10p. (J). (-k). bds. 8.99 *(978-1-68010-680-0(5))* Tiger Tales.
Bear & the Duck. May Angeli. 2020. (ENG.). 32p. (J). *(978-0-8028-5555-8(5)*, Eerdmans Bks For Young Readers) Eerdmans, William B. Publishing Co.
Bear & the Fern. Jay Miletsky. Illus. by Mary Manning. 2018. (ENG.). 28p. (J). 17.95 *(978-0-692-15613-1(5))* New Paige Pr., LLC.
Bear & the Hug. Melissa Cannioto. 2022. (ENG.). 38p. (J). 16.95 *(978-1-63755-120-2(7))* Amplify Publishing Group.
Bear & the Piano. David Litchfield. Illus. by David Litchfield. 2016. (ENG., Illus.). 40p. (J). (gr. -1-3). 17.99 *(978-0-544-67454-7(5)*, 1626244, Clarion Bks.) HarperCollins Pubs.
Bear & the Star: A Winter & Holiday Book for Kids. Lola M. Schaefer. Illus. by Bethanne Andersen. 2019. (ENG.). 40p. (J). (gr. -1-3). 17.99 *(978-0-06-266037-4(3)*, Greenwillow Bks.) HarperCollins Pubs.
Bear & Winter. Ashley V. Torres. 2021. (ENG.). 18p. (J). pap. 14.99 *(978-1-6628-2610-8(9))* Salem Author Services.
Bear & Wolf. Daniel Salmieri. 2018. (Illus.). 48p. (J). (gr. -1-3). 17.95 *(978-1-59270-238-1(4))* Enchanted Lion Bks., LLC.
Bear at the Fair. Jon Rogers. 2019. (ENG.). 32p. (J). pap. *(978-1-5289-3330-8(3))* Austin Macauley Pubs. Ltd.
Bear at Work see L'Ours au Travail
Bear Ate Your Sandwich. Julia Sarcone-Roach. ed. 2021. (ENG., Illus.). 33p. (J). (gr. k-1). 19.96 *(978-1-64697-558-7(8))* Penworthy Co., LLC, The.
Bear-Bear & the Easter Bunny. D. C. Cook. 2020. (ENG., Illus.). 38p. (J). pap. 9.99 *(978-0-6484734-1-1(4))* Cook, David C.
Bear Bear Catches a Fairy. David C. Cook. 2019. (ENG., Illus.). 36p. (J). pap. 9.99 *(978-0-6484734-8-0(1))* Cook, David C.
Bear Bear Gets Left Behind. David C. Cook. 2019. (ENG., Illus.). 36p. (J). pap. 9.99 *(978-0-6484734-2-8(2))* Cook, David C.
Bear-Bear Travels to Cyberspace. D. C. Cook. 2019. (Bear Bear Ser.: Vol. 1). (ENG., Illus.). 38p. (J). pap. 9.99 *(978-0-6484734-0-4(6))* Cook, David C.
Bear-Bear's Christmas. D. C. Cook. 2019. (ENG., Illus.). 38p. (J). pap. 9.99 *(978-0-6484734-3-5(0))* Cook, David C.
Bear Bottom. Stuart Gibbs. (FunJungle Ser.). (ENG., Illus.). (J). (gr. 3-7). 2022. 336p. pap. 8.99 *(978-1-5344-7947-0(3))*; 2021. 320p. 17.99 *(978-1-5344-7946-3(5))* Simon & Schuster Bks. For Young Readers. (Simon & Schuster Bks. For Young Readers).
Bear Called Henry. Janie Burk. 2020. (ENG.). 40p. (J). 17.99 *(978-1-0878-8783-8(6))*; pap. 12.99 *(978-1-0878-8782-1(8))* Indy Pub.
Bear Called Paddington Novel Units Teacher Guide. Novel Units. 2019. (ENG.). (J). (gr. 3-4). pap., tchr. ed. 12.99 *(978-1-56137-188-4(2)*, Novel Units, Inc.) Classroom Library Co.
Bear Came along (Caldecott Honor Book) Richard T. Morris. Illus. by LeUyen Pham. 2019. (ENG.). 40p. (J). (gr. -1-3). 18.99 *(978-0-316-46447-5(3))* Little, Brown Bks. for Young Readers.
Bear Can't Sleep. Karma Wilson. Illus. by Jane Chapman. 2022. (Bear Bks.). (ENG.). 34p. (J). (-k). bds. 8.99 *(978-1-6659-1901-2(9)*, Little Simon) Little Simon.
Bear Can't Sleep. Karma Wilson. Illus. by Jane Chapman. 2018. (Bear Bks.). (ENG.). 40p. (J). (gr. -1-3). 18.99 *(978-1-4814-5973-0(2))*, McElderry, Margaret K. Bks.) McElderry, Margaret K. Bks.
Bear Cares for Nature: A Child's Guide to Understanding Our World - Includes 30 Interactive Stickers to Complete the Scenes! Elena Ulyeva & Clever Publishing. Illus. by Polina Alekseenko. 2022. (Sticker Storybook Ser.). (ENG.). 24p. (J). (gr. -1-1). pap. 6.99 *(978-1-954738-17-1(X)*, 355924) Clever Media Group.
Bear Coloring Book for Kids! a Unique Collection of Coloring Pages. Bold Illustrations. 2018. (ENG., Illus.). 88p. (J). (gr. k-3). pap. 11.99 *(978-1-64193-824-2(2)*, Bold Illustrations) FASTLANE LLC.
Bear Coloring Book for Kids Ages 4-8: Wonderful Bear Book for Teens, Boys & Kids, Great Wildlife Animal Coloring Book for Children & Toddlers Who Love to Play & Enjoy with Cute Bears. John Balogh. 2021. (ENG.). 44p. (J). pap. 12.99 *(978-1-915100-15-3(1)*, GoPublish) Visual Adjectives.
Bear Coloring Book for Kids Ages 4-8: Wonderful Bear Book for Teens, Boys & Kids, Great Wildlife Animal Coloring Book for Children & Toddlers Who Love to Play & Enjoy with Cute Bears. Amelia Yardley. 2021. (ENG.). 44p. (J). pap. *(978-1-008-93524-2(7))* Lulu.com.
Bear Company. Cameron Alexander. 2019. (Dark Corps Ser.: Vol. 1). (ENG.). 154p. (J). (gr. 2-6). 19.99 *(978-1-950594-10-8(6)*, Bickering Owls Publishing) Maracle, Derek.
Bear Country. Doreen Cronin. 2019. (Chicken Squad Ser.). (ENG.). 100p. (J). (gr. 2-3). 16.96 *(978-0-87617-673-3(2))* Penworthy Co., LLC, The.
Bear Country: Bearly a Misadventure. Doreen Cronin. Illus. by Stephen Gilpin. (Chicken Squad Ser.: 6). (ENG.). 112p. (J). (gr. 2-5). 2019. pap. 7.99 *(978-1-5344-0575-2(5))*; 2018. 12.99 *(978-1-5344-0574-5(7)*, Atheneum/Caitlyn Dlouhy Books) Simon & Schuster Children's Publishing.
Bear Country Fun Sticker & Activity Book, 1 vol. Jan & Mike Berenstain. 2016. (Berenstain Bears/Living Lights: a Faith Story Ser.). (ENG., Illus.). 32p. (J). pap. 6.99 *(978-0-310-75336-0(8))* Zonderkidz.
Bear Cub Chalet: Adventures of a Bear Cub in Yosemite Valley. Rahul Pandhe. Illus. by Alessia Trunfio. 2022. (ENG.). 56p. (J). 19.99 ***(978-1-6629-2294-7(9))***; pap. 12.99 ***(978-1-6629-2295-4(7))*** Gatekeeper Pr.
Bear Does Not Want to Sleep. Oksana Bula. 2018. (VIE.). (J). pap. *(978-604-58-7613-8(X))* Tong hop Tp. Ho Chi Minh.
Bear Don't You Dare! And Chloe. Sarah MacPhail. 2021. (ENG.). 28p. (J). *(978-1-5255-9995-8(X))*; pap. *(978-1-5255-9994-1(1))* FriesenPress.
Bear ENG - IT. Robbyne Butter. 2020. (ENG.). 56p. (J). pap. ***(978-0-244-26137-5(7))*** Lulu Pr., Inc.
Bear Essential Readers (Set), 36 vols. 2022. (Bear Essential Readers Ser.). (ENG.). (J). (gr. -1-2). lib. bdg. 1283.04 *(978-1-5038-6362-0(X)*, 216259, First Steps) Child's World, Inc, The.
Bear Family. Hubert Severe. 2022. (First Edition Ser.). (ENG.). 54p. (YA). pap. 10.99 ***(978-1-6628-5986-1(4))*** Salem Author Services.
Bear Family Diorama: Paper Toys Mini World. Agnes De Bezenac. Illus. by Agnes De Bezenac. 2017. (Tiny Thoughts Paper Toys Ser.: Vol. 1). (ENG., Illus.). (J). (gr. k-2). pap. 7.95 *(978-1-62387-732-3(6))* iCharacter.org.
Bear Far from Home. Susan Fletcher. Illus. by Rebecca Green. 2022. 40p. (J). (gr. -1-3). 18.99 *(978-0-593-18189-8(1))*; (ENG.). lib. bdg. 21.99 *(978-0-593-18190-4(5))* Random Hse. Children's Bks. (Schwartz & Wade Bks.).
Bear for Breakfast. Robert Munsch. Illus. by Jay Odjick & Jay Odjick. 2020. (ENG.). 32p. (J). (gr. -1-3). 19.99 *(978-1-4431-7054-3(2)*, North Winds Pr) Scholastic Canada, Ltd. CAN. Dist: Publishers Group West (PGW).
Bear for Breakfast. Robert Munsch. Illus. by Jay Odjick. 2020. (ENG.). 32p. (J). (gr. -1-3). pap. 7.99 *(978-1-4431-7055-0(0))* Scholastic Canada, Ltd. CAN. Dist: Publishers Group West (PGW).
Bear for Breakfast / Makwa Kidji Kijebà Wisiniyàn. Robert Munsch. Illus. by Jay Odjick. 2020. (ENG.). 32p. (J). (gr. -1-3). pap. 7.99 *(978-1-4431-7511-1(0))* Scholastic Canada, Ltd. CAN. Dist: Publishers Group West (PGW).
Bear Gets a Beating. Olchawska Magda. Illus. by Boba Agata. 2016. (About Little Boy Ser.: Vol. 3). (ENG.). (J). (gr. k-2). pap. *(978-83-946520-4-3(2))* Olchawska, Magdalena.
Bear Gets a Hat. Illus. by John Bianchi. 2017. (Bird, Bunny, & Bear Ser.). (ENG.). 12p. (J). pap. 9.60 *(978-1-61406-305-6(2))* American Reading Co.
Bear Goes Sugaring. Maxwell Eaton, III. 2022. (Illus.). 32p. (J). (gr. -1-3). pap. 8.99 *(978-0-8234-5114-2(3)*, Neal Porter Bks) Holiday Hse., Inc.
Bear Goes Sugaring. Maxwell Eaton & Maxwell Eaton, III. 2020. (Illus.). 32p. (J). (gr. -1-3). 18.99 *(978-0-8234-4448-9(1)*, Neal Porter Bks) Holiday Hse., Inc.
Bear Goes to the Donut Shop. Brigid Malloy. Illus. by Brigid Malloy. 2018. (ENG., Illus.). 40p. (J). (gr. k-3). 18.99 *(978-1-948365-69-7(3))* Orange Hat Publishing.
Bear Grylls Survival Camp. Ed. by Bear Grylls. 2019. (Illus.). 121p. (J). 12.99 *(978-1-61067-755-4(2))* Kane Miller.
Bear Has a Belly. Jane Whittingham. 2022. (Big, Little Concepts Ser.: 5). (Illus.). 24p. (J). (gr. -1-k). 17.95 *(978-1-77278-268-4(8))* Pajama Pr. CAN. Dist: Publishers Group West (PGW).
Bear House. Meaghan McIsaac. (Illus.). (J). (gr. 5-9). 2022. 272p. pap. 12.99 *(978-0-8234-5262-0(X))*; 2021. 368p. 17.99 *(978-0-8234-4660-5(3))* Holiday Hse., Inc.
Bear House: Scales & Stardust. Meaghan McIsaac. 2022. (Illus.). 368p. (J). (gr. 5-9). 18.99 *(978-0-8234-4661-2(1))* Holiday Hse., Inc.
Bear Hug. Susanna Isern. Illus. by Betania Zacarias. 2017. (ENG.). 36p. (J). (gr. -1-3). 14.95 *(978-84-946333-3-1(3))* NubeOcho Ediciones ESP. Dist: Consortium Bk. Sales & Distribution.
Bear Hug at Bedtime. Jana Novotny-Hunter. Illus. by Kay Widdowson. 2017. (Child's Play Library). 32p. (J). (ENG.). *(978-1-84643-987-2(6))*; pap. *(978-1-84643-988-9(4))* Child's Play International Ltd.
Bear Hugs. Libby Walden. Illus. by Vicky Riley. 2017. (ENG.). 18p. (J). (gr. -1-k). bds. 7.99 *(978-1-68010-519-3(1))* Tiger Tales.
Bear Hunting. Tyler Omoth. 2017. (Outdoors Ser.). (ENG., Illus.). 32p. (J). (gr. 3-5). pap. 9.95 *(978-1-63517-289-8(6)*, 1635172896); lib. bdg. 31.35 *(978-1-63517-224-9(1)*, 1635172241) North Star Editions. (Focus Readers).
Bear in a Blue Tuxedo. Nicholas Andrews. 2018. (ENG., Illus.). 56p. (J). pap. *(978-1-387-93839-1(8))* Lulu Pr., Inc.
Bear in a Square. Barefoot Books. Illus. by Debbie Harter. 2018. (ENG.). (J). (gr. -1-2). 19.99 *(978-1-78285-429-6(0))* Barefoot Bks., Inc.
Bear in a Square. Stella Blackstone. Illus. by Debbie Harter. ed. (Bear Ser.). 24p. (J). (gr. -1-1). 2022. (VIE.). pap. 7.99 ***(978-1-64686-661-8(4))***; 2022. (AMH.). pap. 7.99 ***(978-1-64686-652-6(5))***; 2022. (HMN.). pap. 7.99 ***(978-1-64686-657-1(6))***; 2022. (RUS.). pap. 7.99 ***(978-1-64686-659-5(2))***; 2022. (POR.). pap. 7.99

B

(978-1-64686-658-8(4)); 2022. (KAR.). bds. 7.99 *(978-1-64686-655-7(X))*; 2021. (SPA.). pap. 7.99 *(978-1-64686-473-7(5))*; 2021. (FRE.). pap. 7.99 *(978-1-64686-474-4(3))* Barefoot Bks., Inc.

Bear in a Square / Ours Dans un Carre. Stella Blackstone. Illus. by Debbie Harter. rev. ed. 2017. (Bear Ser.). (ENG.). 24p. (J). (gr. -1-1). pap. 8.99 *(978-1-78285-330-5(8))* Barefoot Bks., Inc.

Bear in Love. Sam Loman. 2020. (Bear Ser.: 1). (ENG., Illus.). 32p. (J). (gr. -1). 17.95 *(978-1-60537-521-2(7))*; 9.95 *(978-1-60537-522-9(5))* Clavis Publishing.

Bear in Mind. James Martin. 2023. (ENG.). 38p. (J). pap. 8.49 *(978-1-4475-9464-2(9))* Lulu Pr., Inc.

Bear in Sunshine / Ours Au Soleil. Stella Blackstone. Illus. by Debbie Harter. rev. ed. 2017. (Bear Ser.). 24p. (J). (gr. -1-1). pap. 8.99 *(978-1-78285-331-2(6))* Barefoot Bks., Inc.

Bear in the Blueberry. Linda Buckley. Illus. by Robin K. Robbins. 2022. (ENG.). 48p. (J). pap. 14.95 *(978-1-0880-5905-0(8))* Indy Pub.

Bear in the Family. Eric Walters. Illus. by Olga Barinova. 2022. (Orca Echoes Ser.). (ENG.). 96p. (J). (gr. 1-3). pap. 7.95 *(978-1-4598-3297-8(3))* Orca Bk. Pubs. USA.

Bear in the Stars. Alexis Snell. 2021. (Illus.). 48p. (J). (— 1). pap. 15.99 *(978-0-241-44192-3(7)*, Puffin) Penguin Bks., Ltd. GBR. Dist: Independent Pubs. Group.

Bear in War. Stephanie Innes & Harry Endrulat. Illus. by Brian Deines. 2019. (ENG.). 40p. (J). (gr. k-4). pap. 14.95 *(978-1-77278-086-4(3))* Pajama Pr. CAN. Dist: Publishers Group West (PGW).

Bear Is a Bear. Jonathan Stutzman. Illus. by Dan Santat. 2021. (ENG.). 48p. (J). (gr. -1-3). 18.99 *(978-0-06-288051-2(9)*, Balzer & Bray) HarperCollins Pubs.

Bear Is a Bear (except When He's Not) Karl Newson. Illus. by Anuska Allepuz. 2020. (ENG.). 32p. (J). (-k). 16.99 *(978-1-5362-1202-0(4))* Candlewick Pr.

Bear Is Awake! An Alphabet Story. Hannah E. Harrison. 2019. (Illus.). 32p. (J). (-k). 17.99 *(978-0-399-18666-0(2)*, Dial Bks) Penguin Young Readers Group.

Bear Is Never Alone. Marc Veerkamp. Tr. by Laura Watkinson. Illus. by Jeska Verstegen. 2023. 32p. (J). *(978-0-8028-5603-6(9)*, Eerdmans Bks For Young Readers) Eerdmans, William B. Publishing Co.

Bear Is Not Sleepy. Jelleke Rijken. Illus. by Mack van Gageldonk. 2020. (ENG.). 32p. (J). (gr. -1). 17.95 *(978-1-60537-566-3(7))* Clavis Publishing.

Bear Is Not Tired. Ciara Gavin. 2016. (Illus.). 32p. (J). (gr. -1-2). 16.99 *(978-0-385-75476-7(0)*, Knopf Bks. for Young Readers) Random Hse. Children's Bks.

Bear Island. Matthew Cordell. 2021. (ENG., Illus.). 48p. (J). 18.99 *(978-1-250-31716-2(9)*, 900199910) Feiwel & Friends.

Bear Island Treasure: A Kirby Adventure. J. Privette. 2021. (Kirby Adventure Ser.). (ENG.). 180p. (J). pap. 9.99 *(978-1-7364358-1-6(7))* Two Paddles Pr.

Bear King: A Narrative Confided to the Marines (Classic Reprint) James Greenwood Ernest Griset. 2018. (ENG., Illus.). 128p. (J). 26.54 *(978-0-267-44641-4(1))* Forgotten Bks.

Bear Knight. James R. Hannibal. 2023. (Lightraider Academy Ser.: 2). (ENG.). 400p. (YA). (gr. 8-12). 24.99 Oasis Audio.

Bear Learns to Play Alone. Ken Stauffer. Illus. by Emily O'Shea. 2021. (ENG.). 34p. (J). pap. 9.99 *(978-1-6629-1778-3(3))* Gatekeeper Pr.

Bear Learns to Share (Scholastic Reader, Level 1) A First Feelings Reader. Hilary Leung. Illus. by Hilary Leung. 2023. (Scholastic Reader, Level 1 Ser.). (ENG.). 32p. (J). (— 1). pap. 5.99 *(978-1-338-84930-1(1))* Scholastic, Inc.

Bear Likes Jam. Ciara Gavin. 2017. (Illus.). 32p. (J). (gr. -1-2). 16.99 *(978-0-399-55179-6(4)*, Knopf Bks. for Young Readers) Random Hse. Children's Bks.

Bear Looks for Santa Claus: A Tiny Tab Book. Illus. by Jannie Ho. 2022. (Tiny Tab Ser.). (ENG.). 8p. (J). (— 1). bds. 8.99 *(978-1-5362-2753-6(6))* Candlewick Pr.

Bear Loves Music. Pang Shuo. Illus. by Gan Yufang. 2021. (ENG.). 32p. (J). 17.95 *(978-1-60537-647-9(7))* Clavis Publishing.

Bear Make Den. Jane Godwin & Michael Wagner. Illus. by Andrew Joyner. 2017. (ENG.). 40p. (J). (gr. -1-3). 16.99 *(978-0-7636-9061-8(9))* Candlewick Pr.

Bear Meets Bear. Jacob Grant. 2020. (ENG., Illus.). 40p. (J). 17.99 *(978-1-5476-0424-1(7)*, 900221695, Bloomsbury Children's Bks.) Bloomsbury Publishing USA.

Bear Moves. Ben Bailey Smith. Illus. by Sav Akyuz. 2018. (ENG.). 40p. (J). (-k). 15.99 *(978-0-7636-9831-7(8)*, Candlewick Entertainment) Candlewick Pr.

Bear Must Go On. Dev Petty. Illus. by Brandon Todd. 2020. 40p. (J). (gr. -1-3). 17.99 *(978-1-9848-3747-9(8)*, Philomel Bks.) Penguin Young Readers Group.

Bear Named 399 & Friends. Dana Warnquist. 2017. (ENG., Illus.). 36p. (J). pap. *(978-1-365-41722-1(0))* Lulu Pr., Inc.

Bear Named B. Traci Johnson. 2018. (ENG., Illus.). 72p. (J). pap. *(978-1-387-57977-8(0))* Lulu Pr., Inc.

Bear Named Bjorn: Six Bear Stories. Delphine Perret. Illus. by Delphine Perret. 2020. (ENG., Illus.). 64p. (J). (gr. k-3). 17.99 *(978-1-77657-269-4(6)*, 48a616fa-ed7f-404a-82c2-a8c0a7aa8058) Gecko Pr. NZL. Dist: Lerner Publishing Group.

Bear Named Boo. Sherry Bair. 2016. (ENG., Illus.). (J). pap. 12.95 *(978-1-68348-923-8(3))* Page Publishing Inc.

Bear Needs Help. Sarah S. Brannen. Illus. by Sarah S. Brannen. 2019. (Illus.). 32p. (J). (gr. -1-2). 16.99 *(978-0-525-51650-7(6)*, Philomel Bks.) Penguin Young Readers Group.

Bear on a Bike / Ours à Vélo. Stella Blackstone. Illus. by Debbie Harter. 2017. (Bear Ser.). (ENG.). 32p. (J). (gr. -1-1). pap. 8.99 *(978-1-78285-328-2(6))* Barefoot Bks., Inc.

Bear on the Bike. Ken Olson. 2016. (ENG., Illus.). (J). 22.95 *(978-1-4808-3958-8(2))*; pap. 12.45 *(978-1-4808-3957-1(4))* Archway Publishing.

Bear on the Loose!, 2. Hilde Lysiak et al. ed. 2019. (Branches Early Ch Bks). (ENG.). 85p. (J). (gr. 2-3). 15.36 *(978-0-87617-979-6(0))* Penworthy Co., LLC, The.

Bear on the Loose!: a Branches Book (Hilde Cracks the Case #2) Hilde Lysiak & Matthew Lysiak. Illus. by Joanne Lew-Vriethoff. 2nd ed. 2017. (Hilde Cracks the Case Ser.: 2). (ENG.). 96p. (J). (gr. 1-3). pap. 6.99 *(978-1-338-14158-0(9))* Scholastic, Inc.

Bear on the Loose!: a Branches Book (Hilde Cracks the Case #2) (Library Edition) Hilde Lysiak & Matthew Lysiak. Illus. by Joanne Lew-Vriethoff. 2nd ed. 2017. (Hilde Cracks the Case Ser.: 2). (ENG.). 80p. (J). (gr. 1-3). lib. bdg. 15.99 *(978-1-338-14159-7(7))* Scholastic, Inc.

Bear Out There. Jacob Grant. 2019. (ENG., Illus.). 40p. (J). 17.99 *(978-1-68119-745-6(6)*, 900184203, Bloomsbury Children's Bks.) Bloomsbury Publishing USA.

Bear Outside. Jane Yolen. Illus. by Jen Corace. 2021. 32p. (J). (gr. -1-3). 18.99 *(978-0-8234-4613-1(1)*, Neal Porter Bks) Holiday Hse., Inc.

Bear Picks a Pumpkin, 1 vol. Illus. by Gill Guile. 2018. (ENG.). 24p. (J). bds. 8.99 *(978-0-310-76621-6(4))* Zonderkidz.

Bear Sat on My Porch Today: (Story Books for Kids, Childrens Books with Animals, Friendship Books, Inclusivity Book) Jane Yolen. Illus. by Rilla Alexander. 2018. (ENG.). 32p. (J). (gr. -1-k). 17.99 *(978-1-4521-0249-8(X))* Chronicle Bks. LLC.

Bear Says Thanks. Karma Wilson. Illus. by Jane Chapman. 2020. (Classic Board Bks.). (ENG.). 34p. (J). (gr. -1-k). bds. 7.99 *(978-1-5344-7418-5(8)*, Little Simon) Little Simon.

Bear Stories: Retold from St. Nicholas (Classic Reprint) M. H. Carter. 2018. (ENG., Illus.). 212p. (J). 28.29 *(978-0-267-49142-1(5))* Forgotten Bks.

Bear Style! Alexander Cox. Illus. by Edward Miller. 2022. (ENG.). 12p. (J). (— 1). bds. 9.99 *(978-1-80337-268-6(0))* Make Believe Ideas GBR. Dist: Scholastic, Inc.

Bear Takes a Trip see L'Ours Fait un Voyage

Bear That Came to Life-A Personalised Story Created by & for Children. Suman Jaswal. 2017. (ENG., Illus.). (J). pap. 13.24 *(978-0-244-63678-4(8))* Lulu Pr., Inc.

Bear That Came to Life-A Story Created by & for Children. Suman Jaswal. 2017. (ENG., Illus.). (J). pap. 11.88 *(978-0-244-03676-8(4))* Lulu Pr., Inc.

Bear That Nobody Wanted. Sally Ann Wright. 2022. (ENG.). (J). 13.95 *(978-1-954881-42-6(8))* Ascension Pr.

Bear That Wasn't see Oso Que No lo Era

Bear, the Piano, the Dog, & the Fiddle. David Litchfield. Illus. by David Litchfield. 2019. (ENG., Illus.). 40p. (J). (gr. -1-3). 17.99 *(978-1-328-59589-8(7)*, 1731276, Clarion Bks.) HarperCollins Pubs.

Bear, the Piano, the Dog, & the Fiddle. David Litchfield. 2018. (KOR.). (J). (gr. -1-3). *(978-89-7499-340-5(6))* Jaeneung Gyoyug Co., Ltd.

Bear, the Witch, & the Cauldron: A Tale of Misadventure. D. Vaughn. 2021. 24p. (J). pap. 5.99 *(978-1-6678-0927-4(X))* BookBaby.

Bear to Share. Jessica Alba. Illus. by Alicia Más. 2021. (ENG.). 32p. (J). (gr. -1-3). 18.99 *(978-0-06-295717-7(1)*, HarperCollins) HarperCollins Pubs.

Bear Town. P. J. Dell. 2016. (Spring Forward Ser.). (J). (gr. 2). *(978-1-4900-9459-5(8))* Benchmark Education Co.

Bear Wants to Sing. Cary Fagan. Illus. by Dena Seiferling. 2021. 48p. (J). (gr. -1-2). 17.99 *(978-0-7352-6803-6(7)*, Tundra Bks.) Tundra Bks. CAN. Dist: Penguin Random Hse. LLC.

Bear Was There. Sally Anne Garland. Illus. by Sally Anne Garland. 2020. (ENG., Illus.). 32p. (J). (gr. -1-1). 17.99 *(978-1-912858-83-5(5)*, 64ea2efb-fd72-475a-b071-3228a4977a12) New Frontier Publishing AUS. Dist: Lerner Publishing Group.

Bear Went over the Mountain. Jane Cabrera. (Jane Cabrera's Story Time Ser.). 32p. (J). (-k). 2023. pap. 8.99 *(978-0-8234-5465-5(7))*; 2020. (Illus.). 18.99 *(978-0-8234-4653-7(0))* Holiday Hse., Inc.

Bear Went over the Mountain. Michelle Dorenkamp. Illus. by Michelle Dorenkamp. 2023. (Classic Children's Songs Ser.). (ENG.). 16p. (J). (gr. -1-2). 29.93 *(978-1-5038-6549-5(5)*, 216448) Child's World, Inc, The.

Bear Went over the Mountain. Rozanne Williams. 2017. (Learn-To-Read Ser.). (ENG., Illus.). (J). pap. 3.49 *(978-1-68310-192-5(8))* Pacific Learning, Inc.

Bear Who Couldn't Sleep. Caroline Nastro. Illus. by Vanya Nastanlieva. (ENG.). 32p. (J). 2018. (gr. -1-2). pap. 9.95 *(978-0-7358-4333-2(3))*; 2016. 17.95 *(978-0-7358-4268-7(X))* North-South Bks., Inc.

Bear Who Didn't Dare. Susan Rich Brooke. Illus. by Jenny Palmer. 2022. (ENG.). 32p. (J). 10.99 *(978-1-5037-5712-7(9)*, 4581, Sunbird Books) Phoenix International Publications, Inc.

Bear Who Loved to Dance - O/P. M. Trzpil. 2016. (ENG., Illus.). 32p. (J). (gr. -1-1). pap. 8.99 *(978-1-78445-245-2(9))* Top That! Publishing PLC GBR. Dist: Independent Pubs. Group.

Bear Who Never Gave Up. Monika Filipina Trzpil. 2018. (Picture Bks.). (ENG.). 32p. (J). 16.99 *(978-1-78700-462-7(7))* Willow Tree Bks. GBR. Dist: Independent Pubs. Group.

Bear Who Taught Adam to Share. Linda Steele. 2018. (ENG., Illus.). 24p. (J). (gr. 1-2). pap. *(978-1-5289-2391-0(X))* Austin Macauley Pubs. Ltd.

Bear Who Taught Adam to Share. Linda Steele. 2018. (ENG., Illus.). 23p. (J). pap. 10.99 *(978-1-78710-217-0(3)*, b110a51d-9fa6-4c6d-a745-34c7ae9b4a97) Austin Macauley Pubs. Ltd. GBR. Dist: Baker & Taylor Publisher Services (BTPS).

Bear Who Used up All His Growls. Zizzi Bonah. Illus. by Gwen Hullah. 2017. (ENG.). 64p. (J). pap. *(978-0-9957479-8-2(9))* She & the Cat's Mother.

Bear Who Wanted to Be a Mouse. Dawn Olivaria. 2019. (ENG.). 50p. (J). pap. 16.95 *(978-1-64424-134-9(X))* Page Publishing Inc.

Bear Who Wasn't There. LeUyen Pham. 2016. (ENG., Illus.). 40p. (J). 19.99 *(978-1-59643-970-2(X)*, 900126977) Roaring Brook Pr.

Bear Who Wasn't There: And the Fabulous Forest. Oren Lavie. Illus. by Wolf Erlbruch. 2016. (ENG.). 48p. (J). (gr. -1-2). 17.95 *(978-1-61775-490-6(0)*, Black Sheep) Akashic Bks.

Bear with Big Feet. Sharad Patel et al. 2016. (ENG., Illus.). 8p. (J). *(978-1-365-62113-0(8))* Lulu Pr., Inc.

Bear with Me. Illus. by KERASCOET et al. 2023. 40p. (J). (gr. -1-2). 18.99 *(978-0-593-30767-0(4))*; (ENG.). lib. bdg. 21.99 *(978-0-593-30768-7(2))* Random Hse. Children's Bks.

Bear with Me. David Michael Slater. Illus. by Davilyn Lynch. 2022. (ENG.). 32p. (J). 17.95 *(978-1-60537-608-0(6))* Clavis Publishing.

Bear with No Hair. Craig As Nayler. Ed. by E. Rachael Hardcastle. 2023. (ENG.). 34p. (J). pap. 9.99 *(978-1-7394376-0-2(8)*, Curious Cat Bks.) Legacy Bound.

Bear with Pants. Adam C. Warren. 2017. (ENG., Illus.). (J). pap. 16.95 *(978-1-4834-6568-5(3))* Lulu Pr., Inc.

Bear-Worshippers of Yezo & the Island of Karafuto. Edward Greey. 2017. (ENG.). (J). 326p. pap. *(978-3-337-29092-4(2))*; 322p. pap. *(978-3-337-13497-6(1))* Creation Pubs.

Bear-Worshippers of Yezo & the Island of Karafuto Saghalin: Or the Adventures of the Jewett Family & Their Friend Oto Nambo (Classic Reprint) Edward Greey. 2018. (ENG., Illus.). 320p. (J). 30.50 *(978-0-483-50176-8(X))* Forgotten Bks.

Bear-Y Merry Christmas. Rahsaan Armand & Anita Armand. 2020. (ENG.). 28p. (J). pap. 13.95 *(978-1-9822-5890-0(X)*, Balboa Pr.) Author Solutions, LLC.

Bearded Dragons. Jaclyn Jaycox. 2020. (Animals Ser.). (ENG.). 32p. (J). (gr. 1-3). pap. 6.95 *(978-1-9771-2646-7(4)*, 201630); (Illus.). lib. bdg. 31.32 *(978-1-9771-2312-1(0)*, 199485) Capstone. (Pebble).

Bearded Dragons. Imogen Kingsley. 2019. (Lizards in the Wild Ser.). (ENG.). 24p. (J). (gr. 1-4). lib. bdg. *(978-1-68151-554-0(7)*, 14515) Amicus.

Bearded Dragons. Wil Mara. 2017. (Real-Life Dragons Ser.). (ENG., Illus.). 32p. (J). (gr. 3-9). pap. 7.95 *(978-1-5157-5074-1(4)*, 134619); lib. bdg. 28.65 *(978-1-5157-5070-3(1)*, 134615) Capstone. (Capstone Pr.).

Bearded Vultures. Lindsay Shaffer. 2019. (Animals of the Mountains Ser.). (ENG., Illus.). 24p. (J). (gr. k-3). lib. bdg. 26.95 *(978-1-64487-012-9(6)*, Blastoff! Readers) Bellwether Media.

Bearer of the Pearls. Terry P. Faust. 2017. (River Rangers Ser.: 1). (ENG.). 164p. (YA). pap. 11.95 *(978-1-68201-062-4(7))* North Star Pr. of St. Cloud.

Bearific(R) & the Dazzling Dolphins. Katelyn Lonas. 2021. (Bearific(r) Reading Ser.). (ENG.). 32p. (J). pap. 9.15 *(978-1-955013-05-5(5))* EW Trading Inc.

Bearific(R) & the Happy Honey Badgers. Katelyn Lonas. 2021. (Bearific(r) Reading Ser.). (ENG.). 28p. (J). pap. 9.15 *(978-1-955013-32-1(2))* EW Trading Inc.

Bearific's Bee Adventure. Katelyn Lonas. 2020. (Bearific(r) Picture Book Ser.: Vol. 4). (ENG.). 42p. (J). pap. 9.15 *(978-0-9985234-3-9(7))* EW Trading Inc.

Bearific's Ocean Adventure. Katelyn Lonas. 2019. (Bearific(r) Picture Book Ser.: Vol. 2). (ENG.). 28p. (J). pap. 9.15 *(978-0-9985234-1-5(0))* EW Trading Inc.

Bearific's(R) Cupcake Adventure. Katelyn Lonas. 2020. (Bearific(r) Picture Book Ser.: Vol. 6). (ENG.). 44p. (J). pap. 9.50 *(978-0-9985234-6-0(1))* EW Trading Inc.

Bearific's(R) Fashion Adventure. Katelyn Lonas. 2020. (Bearific(r) Picture Book Ser.: Vol. 7). (ENG.). 52p. (J). pap. 10.90 *(978-0-9985234-7-7(X))* EW Trading Inc.

Bearific's(R) Garden Adventure. Katelyn Lonas. 2020. (Bearific(r) Picture Book Ser.: Vol. 8). (ENG.). 50p. (J). pap. 10.55 *(978-0-9985234-9-1(6))* EW Trading Inc.

Bearing Arms & Tragedy: 2011 Tucson Shooting & Gun Control. Virginia Loh-Hagan. 2022. (Behind the Curtain Ser.). (ENG., Illus.). 32p. (J). (gr. 4-8). pap. 14.21 *(978-1-6689-0066-6(1)*, 220157); lib. bdg. 32.07 *(978-1-5341-9952-1(7)*, 220013) Cherry Lake Publishing. (45th Parallel Press).

Bearing with Emotions Book & Puzzle Set. Marva Dawkins. 2020. (J). pap. 95.00 *(978-0-9978038-0-8(0))* BookLogix.

Bearing Witness: Genocide & Ethnic Cleansing in the Modern World, 14 vols. 2016. (Bearing Witness: Genocide & Ethnic Cleansing Ser.). (ENG.). 64p. (gr. 6-6). 252.91 *(978-1-4777-8551-5(5)*, 724db673-3b57-4a76-84bf-eda1478b47cd, Rosen Young Adult) Rosen Publishing Group, Inc., The.

Bearing Witness: Genocide & Ethnic Cleansing: Set 2, 12 vols. 2017. (Bearing Witness: Genocide & Ethnic Cleansing Ser.). (ENG.). 64p. (J). (gr. 6-6). lib. bdg. 216.78 *(978-1-5081-7779-1(1)*, d0a69f61-6dbd-4e1f-9195-89a634159f37, Rosen Young Adult) Rosen Publishing Group, Inc., The.

Bearing Witness: Genocide & Ethnic Cleansing: Sets 1 - 2, 26 vols. 2017. (Bearing Witness: Genocide & Ethnic Cleansing Ser.). (ENG.). (YA). (gr. 6-6). lib. bdg. 469.69 *(978-1-5081-7778-4(3)*, 8e55a6c6-ec54-4621-84af-84a9a9a3730c) Rosen Publishing Group, Inc., The.

Bearn & the Pyrenees, Vol. 1 Of 2: A Legendary Tour to the Country of Henri Quatre (Classic Reprint) Louisa Stuart Costello. (ENG., Illus.). (J). 2018. 444p. 33.05 *(978-0-267-94317-3(2))*; 2016. pap. 16.57 *(978-1-334-13873-7(7))* Forgotten Bks.

Bearn & the Pyrenees, Vol. 2 Of 2: A Legendary Tour to the Country of Henri Quatre (Classic Reprint) Louisa Stuart Costello. 2018. (ENG., Illus.). 444p. (J). 33.01 *(978-0-428-98619-3(6))* Forgotten Bks.

Bearnard Writes a Book. Deborah Underwood. Illus. by Misa Saburi. 2022. (ENG.). 32p. (J). 18.99 *(978-1-250-26145-8(7)*, 900221362, Holt, Henry & Co. Bks. For Young Readers) Holt, Henry & Co.

Bearplane! Deborah Underwood. Illus. by Sam Wedelich. 2022. 32p. (J). (-k). 17.99 *(978-0-593-11226-7(1)*, Dial Bks) Penguin Young Readers Group.

Bears see Osos

Bears. Elizabeth Andrews. 2022. (Twilight Animals Ser.). (ENG., Illus.). 24p. (J). (gr. k-3). lib. bdg. 31.36 *(978-1-0982-4206-0(8)*, 40001, Pop! Cody Koala) Pop!.

Bears. Beth Costanzo. 2020. (ENG.). 24p. (J). pap. 11.20 *(978-1-7948-9432-7(2))* Lulu Pr., Inc.

Bears, 1 vol. Julie Murray. 2016. (I Like Animals! Ser.). (ENG., Illus.). 24p. (J). (gr. -1-2). lib. bdg. 31.36 *(978-1-68080-528-4(2)*, 21336, Abdo Kids) ABDO Publishing Co.

Bears, Vol. 12. Robert Elman. 2018. (Animals in the Wild Ser.). (Illus.). 72p. (J). (gr. 7). 33.27 *(978-1-4222-4166-0(1))* Mason Crest.

Bears: 51 Fascinating, Crazy & Weird Facts (Age 6 & Above) Tj Rob. 2016. (Amazing, Crazy & Weird Animal Facts Ser.). (ENG., Illus.). (J). pap. *(978-1-988695-36-5(8))* TJ Rob.

Bears: And Their Food Chains. Katherine Eason. 2023. (Food Chain Kings Ser.). (ENG., Illus.). 48p. (J). (gr. 5-8). lib. bdg. 31.99 *(978-1-915153-74-6(3)*, ef76a51d-82c0-46a7-b927-a20e238a4c9f) Cheriton Children's Bks. GBR. Dist: Lerner Publishing Group.

Bears: And Their Food Chains. Contrib. by Katherine Eason. 2023. (Food Chain Kings Ser.). (ENG., Illus.). 48p. (J). (gr. 5-8). pap. 10.99 *(978-1-915761-34-7(4)*, 32790875-eb23-4a51-adfe-3ba9e4d8c0d9) Cheriton Children's Bks. GBR. Dist: Lerner Publishing Group.

Bears (a Day in the Life) What Do Polar Bears, Giant Pandas, & Grizzly Bears Get up to All Day? Don Hardeman Jr. & Neon Squid. Illus. by Rebecca Mills. 2023. (Day in the Life Ser.). (ENG.). 48p. (J). 16.99 *(978-1-68449-310-4(2)*, 900281966, Neon Squid) St. Martin's Pr.

Bear's Adventure, 1 vol. Brian Wildsmith. Illus. by Brian Wildsmith. 2018. (ENG., Illus.). 32p. (J). 17.99 *(978-1-59572-805-0(8))* Star Bright Bks., Inc.

Bear's Adventure. Benedict Blathwayt. ed. 2016. (Illus.). 32p. (J). (gr. -1-k). pap. 9.99 *(978-1-78027-365-5(7)*, 1780273657, Birlinn) Birlinn, Ltd. GBR. Dist: Casemate Pubs. & Bk. Distributors, LLC.

Bears & Blossoms. Shirley Parenteau. Illus. by David Walker. 2018. (Bears on Chairs Ser.). (ENG.). 32p. (J). (-k). 15.99 *(978-0-7636-9755-6(9))* Candlewick Pr.

Bears & Boos. Shirley Parenteau. Illus. by David Walker. 2020. (Bears on Chairs Ser.). (ENG.). 32p. (J). (-k). 16.99 *(978-1-5362-0837-5(X))* Candlewick Pr.

Bears & Cubs, 1 vol. Polly LeChance. 2017. (Animal Family Ser.). (ENG.). 24p. (gr. k-k). pap. 9.15 *(978-1-4824-6369-9(5)*, f5739f13-5bc2-4fe7-895a-872140441116) Stevens, Gareth Publishing LLLP.

Bears & the Treasure. Catherine Kreslin. 2022. (ENG.). 40p. (J). pap. *(978-1-83875-608-6(6))* Vanguard Pr.

Bears Are Best! The Scoop about How We Sniff, Sneak, Snack, & Snooze! Joan Holub. Illus. by Laurie Keller. 2023. 48p. (J). (gr. -1-3). 18.99 *(978-0-525-64533-7(0))*; (ENG.). lib. bdg. 21.99 *(978-0-525-64534-4(9))* Random Hse. Children's Bks. (Crown Books For Young Readers).

Bears at the Beach. Shirley Parenteau. Illus. by David Walker. 2021. (Bears on Chairs Ser.). (ENG.). 32p. (J). (-k). 16.99 *(978-1-5362-0838-2(8))* Candlewick Pr.

Bears, Bears, Bears: For Kids. Wayne Lynch. 2023. (ENG., Illus.). 128p. (J). (gr. 5-9). pap. 19.95 *(978-1-55455-613-7(9)*, 3730a9c0-98c0-419e-bd07-7b4d9cd86c8e) Fitzhenry & Whiteside, Ltd. CAN. Dist: Firefly Bks., Ltd.

Bear's Big Breakfast. Lynn Rowe Reed. Illus. by Brett Helquist. 2016. (ENG.). 32p. (J). (gr. -1-3). 17.99 *(978-0-06-226455-8(9)*, Balzer & Bray) HarperCollins Pubs.

Bear's Big Day. Salina Yoon. (ENG., Illus.). (J). 2017. 32p. bds. 7.99 *(978-1-68119-436-3(8)*, 900172658); 2016. 40p. 14.99 *(978-0-8027-3832-5(X)*, 900141994) Bloomsbury Publishing USA. (Bloomsbury USA Childrens).

Bear's Big Day Sticker Book. Stella Blackstone. Illus. by Debbie Harter. 2022. (Barefoot Sticker Bks.). (ENG.). 24p. (J). (gr. -1-1). 12.99 *(978-1-64686-716-5(5))* Barefoot Bks., Inc.

Bear's Book. Claire Freedman. Illus. by Alison Friend. 2019. (ENG.). 34p. (J). (gr. -1-2). 16.99 *(978-1-5362-0571-8(0)*, Templar) Candlewick Pr.

Bear's Book of Emotions. Tyler Beckstrand. 2020. (ENG.). 28p. (J). 14.99 *(978-1-952209-15-4(3))* Lawley Enterprises.

Bear's Busy Family. Stella Blackstone. Illus. by Debbie Harter. ed. (Bear Ser.). 24p. (J). (gr. -1-1). 2021. (AMH.). pap. 7.99 *(978-1-64686-542-0(1))*; 2021. (POR.). pap. 7.99 *(978-1-64686-543-7(X))*; 2021. (RUS.). pap. 7.99 *(978-1-64686-541-3(3))*; 2021. (PRS.). pap. 7.99 *(978-1-64686-686-1(X))*; 2021. (BUR.). pap. 7.99 *(978-1-64686-540-6(5))*; 2021. (PUS.). pap. 7.99 *(978-1-64686-687-8(8))*; 2021. (KOR.). pap. 7.99 *(978-1-64686-477-5(8))*; 2021. (HAT.). pap. 7.99 *(978-1-64686-476-8(X))*; 2021. (SPA.). pap. 7.99 *(978-1-64686-475-1(1))*; 2021. (ARA.). pap. 7.99 *(978-1-64686-370-9(4))*; 2021. (CHI.). pap. 7.99 *(978-1-64686-373-0(9))*; 2021. (KAR.). pap. 7.99 *(978-1-64686-371-6(2))*; 2021. (VIE.). pap. 7.99 *(978-1-64686-369-3(0))*; 2021. (HMN.). pap. 7.99 *(978-1-64686-372-3(0))*; 2019. (SOM.). pap. 7.99 *(978-1-64686-121-7(3))* Barefoot Bks., Inc.

Bears Can't Play Soccer. Beth Thompson. Illus. by Roksana Oslizlo. 2019. (ENG.). 26p. (J). (gr. k-3). *(978-1-9164680-5-4(5))* Aireborough Pr.

Bears Can't Play Soccer. Beth Thompson. Illus. by Roksana Oslizlo. 2019. (ENG.). 26p. (J). pap. *(978-1-9164680-4-7(7))* Aireborough Pr.

Bears Coloring Book for Kids: Coloring Book for Kids, Teenagers Boys & Girls, Cute Bears Activity Book, Having Fun with High Quality Pictures. R. R. Fratica. 2021. (ENG., Illus.). 114p. (J). pap. 9.00 *(978-0-658-44089-2(6))* Lulu Pr., Inc.

Bear's Dancing Shoes. Seong Min Yoo. 2017. (ENG., Illus.). 38p. (J). pap. *(978-1-928094-36-4(8))* Owen, Douglas A.

Bear's Den, 1 vol. Arthur Best. 2018. (Animal Homes Ser.). (ENG.). 24p. (gr. 1-1). 27.36 *(978-1-5026-3646-1(8)*, 4f0a9320-a4f8-4c24-909c-7be16a7eb643) Cavendish Square Publishing LLC.

Bears Don't Eat Egg Sandwiches. Julie Fulton. Illus. by Rachel Suzanne. 2019. (ENG.). 32p. (J). (gr. -1-3). 17.99 *(978-1-84886-358-3(6)*, 8adac000-7189-42ae-b443-c5f53b601531) Maverick Arts Publishing GBR. Dist: Lerner Publishing Group.

Bears Don't Read! Emma Chichester Clark. Illus. by Emma Chichester Clark. 2016. (Illus.). 32p. (J). 12.99 *(978-1-61067-366-2(2))* Kane Miller.

Bears Don't Ski. Tiffany Mapel. Illus. by Miki Harder. 2018. (J). *(978-0-692-96831-4(8))* Rock Wren Pr.

Bears Don't Wear Shoes. Sharon Davey. Illus. by Sharon Davey. 2022. (ENG., Illus.). 32p. (J). (gr. -1-1). 17.99 *(978-1-913639-78-5(9)*, b0ef5ea9-1a02-4657-8722-410c8d312e29) New Frontier Publishing AUS. Dist: Lerner Publishing Group.

166 The check digit for ISBN-10 appears in parentheses after the full ISBN-13

Bears, Elephants, Seals & Other Chubby Animals Coloring Book. Jupiter Kids. 2017. (ENG., Illus.). (J). pap. 9.20 *(978-1-68326-628-0(5),* Jupiter Kids (Childrens & Kids Fiction)) Speedy Publishing LLC.

Bear's Garden. Marcie Colleen. Illus. by Alison Oliver. 2020. (ENG.). 40p. (J). 18.99 *(978-1-250-31481-9(X),* 900199580) Imprint IND. Dist: Macmillan.

Bear's Grand Day. Joey Murphy. 2019. (ENG., Illus.). 36p. (J). 25.00 ***(978-1-0878-5851-7(8))*** Indy Pub.

Bear's Icicles. Fay Robinson. 2016. (Spring Forward Ser.). (J). (gr. 2). *(978-1-4900-9419-9(9))* Benchmark Education Co.

Bears in a Band. Shirley Parenteau. Illus. by David M. Walker. 2016. (Bears on Chairs Ser.). (ENG.). 32p. (J). (-k). 15.99 *(978-0-7636-8147-0(4))* Candlewick Pr.

Bears in the Snow. Shirley Parenteau. Illus. by David M. Walker. 2017. (Bears on Chairs Ser.). (ENG.). 32p. (J). (— 1). bds. 6.99 *(978-0-7636-9521-7(1))* Candlewick Pr.

Bears in the Snow. Shirley Parenteau. Illus. by David Walker. 2016. (Bears on Chairs Ser.). 32p. (J). (-k). 15.99 *(978-0-7636-8148-7(2))* Candlewick Pr.

Bears in the Trees. Penelope Dyan. 2022. (ENG.). 98p. (YA). pap. 9.50 *(978-1-61477-601-7(6))* Bellissima Publishing, LLC.

Bears in the Woods. James F. Chappel. 2022. (ENG.). 38p. (J). pap. 7.99 ***(978-1-958169-52-0(8))*** Inkstone Literary.

Bear's Life, 1 vol. Ian McAllister & Nicholas Read. 2017. (My Great Bear Rainforest Ser.: 2). (ENG., Illus.). 32p. (J). (gr. 1-3). 19.95 *(978-1-4598-1270-3(0))* Orca Bk. Pubs. USA.

Bear's Little Book of Calm. Seb Davey. Illus. by Julia Seal. 2021. (Padded Board Bks.). (ENG.). 24p. (J). bds. 9.99 *(978-1-80105-124-8(0))* Top That! Publishing PLC GBR. Dist: Independent Pubs. Group.

Bears Make Dens. Elizabeth Raum. Illus. by Romina Martí. (Animal Builders Ser.). (ENG.). 24p. (J). (gr. 1-4). 2018. pap. 8.99 *(978-1-68152-152-7(0),* 14783); 2017. lib. bdg. 20.95 *(978-1-68151-171-9(1),* 14664) Amicus.

Bears Make the Best Math Buddies. Carmen Oliver. Illus. by Jean Claude. 2019. (ENG.). 32p. (J). (gr. k-2). lib. bdg. 17.95 *(978-1-68446-079-3(4),* 140866, Capstone Editions) Capstone.

Bears Make the Best Reading Buddies see No Hay Nada Más Chistoso Que Leer con un Oso

Bears Make the Best Reading Buddies. Carmen Oliver. Illus. by Jean Claude. 2016. (Fiction Picture Bks.). (ENG.). 32p. (J). (gr. -1-1). lib. bdg. 21.27 *(978-1-4795-9181-7(5),* 131444, Picture Window Bks.) Capstone.

Bears Make the Best Science Buddies. Carmen Oliver. Illus. by Jean Claude. 2020. (ENG.). 32p. (J). (gr. k-2). 17.99 *(978-1-68446-083-0(2),* 140868, Capstone Editions) Capstone.

Bears Make the Best Writing Buddies. Carmen Oliver. Illus. by Jean Claude. 2020. (ENG.). 32p. (J). (gr. k-2). 17.95 *(978-1-68446-081-6(6),* 140867, Capstone Editions) Capstone.

Bear's Merry Book of Hidden Things: Christmas Seek-And-Find. Gergely Dudas. 2017. (ENG., Illus.). 32p. (J). (gr. -1-3). 15.99 *(978-0-06-257078-9(1),* HarperCollins) HarperCollins Pubs.

Bears of Augustusburg: An Episode in Saxon History (Classic Reprint) Gustave Nieritz. 2018. (ENG., Illus.). 268p. (J). 29.44 *(978-0-365-39928-5(0))* Forgotten Bks.

Bears of Blue River: Illustrated. 2023. (ENG.). 142p. (J). pap. 5.99 ***(978-1-61104-712-7(9))*** Cedar Lake Pubns.

Bears of Blue River (Classic Reprint) 2018. (ENG., Illus.). (J). 30.46 *(978-0-260-23421-6(4))* Forgotten Bks.

Bears of Blue River (Yesterday's Classics) Illus. by A. B. Frost. 2022. (ENG.). 192p. (J). pap. 12.95 ***(978-1-59915-458-9(7))*** Yesterday's Classics.

Bears of Bopplestone - Book 1 with Tails. Frank Bristow. 2016. (ENG., Illus.). 182p. (J). pap. 16.95 *(978-1-78612-107-3(7),* 5f11609f-0016-4560-881a-d645941b887b) Austin Macauley Pubs. Ltd. GBR. Dist: Baker & Taylor Publisher Services (BTPS).

Bears of the World, 8 vols. 2016. (Bears of the World Ser.). 24p. (gr. 3-3). (ENG.). 101.08 *(978-1-5081-4899-9(6),* 51a81159-4bf5-422d-a923-3018f8623cab); pap. 33.00 *(978-1-5081-5249-1(7))* Rosen Publishing Group, Inc., The. (PowerKids Pr.).

Bears on Chairs: Book & Toy Gift Set, 1 vol. Shirley Parenteau. Illus. by David M. Walker. 2016. (Bears on Chairs Ser.). (ENG.). 32p. (J). (— 1). bds. 15.99 *(978-0-7636-8878-3(9))* Candlewick Pr.

Bears on Chairs/Osos en Sillas. Shirley Parenteau. Illus. by David Walker. 2018. (Bears on Chairs Ser.). 32p. (J). (— 1). pap. 7.99 *(978-0-7636-9965-9(9))* Candlewick Pr.

Bears on Duck Lane: Snuggle Bear's Big Idea. Ariel S. Murphy. Illus. by Ariel S. Murphy. 2020. (Bears on Duck Lane Ser.: Vol. 1). (ENG.). 32p. (J). 14.99 *(978-0-578-84846-4(5))* Murphy, Ariel.

Bear's Potty Time. Clever Publishing. 2021. (Clever Big Kids Ser.). (ENG.). 20p. (J). (gr. -1 — 1). bds. 9.99 *(978-1-951100-55-1(7))* Clever Media Group.

Bear's Scare. Jacob Grant. (ENG., Illus.). 40p. (J). 2019. bds. 7.99 *(978-1-68119-994-8(7),* 900194726); 2018. 17.99 *(978-1-68119-720-3(0),* 900182263) Bloomsbury Publishing USA. (Bloomsbury Children's Bks.).

Bear's School Day. Stella Blackstone. Illus. by Debbie Harter. ed. 2021. (Bear Ser.). (SPA.). 24p. (J). (gr. -1-1). pap. 7.99 ***(978-1-64686-689-2(4))*** Barefoot Bks., Inc.

Bears Shared. Kim Norman. Illus. by David Walker. 2023. (ENG.). 40p. (J). 18.99 *(978-0-374-38904-8(7),* 900249233, Farrar, Straus & Giroux (BYR)) Farrar, Straus & Giroux.

Bears Sleep at Last. Geneviève Billette. Tr. by Nadine Desrochers. 2020. (ENG.). 80p. pap. 18.95 *(978-1-77091-995-2(3))* Playwrights Canada Pr. CAN. Dist: Consortium Bk. Sales & Distribution.

Bear's Spooky Book of Hidden Things: Halloween Seek-And-Find. Gergely Dudas. Illus. by Gergely Dudas. 2018. (ENG., Illus.). 32p. (J). (gr. -1-3). pap. 8.99 *(978-0-06-257079-6(X),* HarperCollins) HarperCollins Pubs.

Bear's Springtime Book of Hidden Things: An Easter & Springtime Book for Kids. Gergely Dudás. Illus. by Gergely Dudás. 2019. (ENG., Illus.). 32p. (J). (gr. -1-3). pap. 8.99 *(978-0-06-257080-2(3),* HarperCollins) HarperCollins Pubs.

Bear's Winter Party, 1 vol. Deborah Hodge. Illus. by Lisa Cinar. 2016. (ENG.). 32p. (J). (gr. k-2). 16.95 *(978-1-55498-853-2(5))* Groundwood Bks. CAN. Dist: Publishers Group West (PGW).

Bears with Pudgy Faces Coloring Book. Activity Book Zone for Kids. 2016. (ENG., Illus.). (J). pap. 9.20 *(978-1-68376-412-0(9))* Sabeels Publishing.

Bearstone Novel Units Teacher Guide. Novel Units. 2019. (ENG.). (J). pap. 12.99 *(978-1-56137-725-1(2),* Novel Units, Inc.) Classroom Library Co.

Beary Rainy Day. Adam Ciccio. Illus. by Emilie Timmermans. 2021. (ENG.). 32p. (J). 17.95 *(978-1-60537-598-4(5))* Clavis Publishing.

Bea's Bees, 1 vol. Katherine Pryor. Illus. by Ellie Peterson. 2019. (ENG.). 40p. (J). 16.99 *(978-0-7643-5699-5(2),* 16287) Schiffer Publishing, Ltd.

Bea's Witch: A Ghostly Coming-Of-Age Story. Daniel Ingram-Brown. 2021. (ENG., Illus.). 168p. (J). (gr. -1-12). pap. 13.95 *(978-1-78904-681-6(5),* Lodestone Bks.) Hunt, John Publishing Ltd. GBR. Dist: National Bk. Network.

Beasley Squirrel Discovers That Kindness Matters. Katie Burgess. 2023. (ENG.). 34p. (J). 20.95 ***(978-1-960146-29-8(7));*** pap. 12.95 ***(978-1-960146-30-4(0))*** Warren Publishing, Inc.

Beasley Squirrel Discovers the Wild! Katie Burgess. 2021. (ENG.). 34p. (J). pap. 10.95 ***(978-1-954614-73-4(X));*** 18.95 *(978-1-954614-74-1(8))* Warren Publishing, Inc.

Beasley's Christmas Party (Classic Reprint) Booth Tarkington. 2017. (ENG., Illus.). 110p. (J). 26.17 *(978-0-332-93455-6(1))* Forgotten Bks.

Beast. Ally Condie & Brendan Reichs. (Darkdeep Ser.). (ENG.). (J). 2020. 352p. pap. 7.99 *(978-1-5476-0478-4(6),* 900225097); 2019. 336p. 16.99 *(978-1-5476-0203-2(1),* 900203288) Bloomsbury Publishing USA. (Bloomsbury Children's Bks.).

Beast. Megan Crewe. 2017. (ENG., Illus.). (YA). pap. 11.99 *(978-0-9952169-2-1(4))* Another World Pr.

Beast. Jude Perera. Illus. by Vasana Perera. 2016. (ENG.). (YA). (gr. 7-12). pap. *(978-0-9944015-4-0(X))* Aly's Bks.

Beast: Face-To-Face with the Florida Bigfoot. Watt Key. 2021. (ENG.). 224p. (J). pap. 13.99 *(978-0-374-31367-8(9),* 900219793) Square Fish.

Beast: a Tale of Love & Revenge. Lisa Jensen. (ENG.). 352p. (YA). (gr. 11). 2021. pap. 9.99 *(978-1-5362-1573-1(2));* 2018. 18.99 *(978-0-7636-8880-6(0))* Candlewick Pr.

Beast & Crown. Joel Ross. 2018. (ENG.). 384p. (J). (gr. 3-7). 16.99 *(978-0-06-248459-8(1),* HarperCollins) HarperCollins Pubs.

Beast & Crown #2: the Ice Witch. Joel Ross. 2018. (ENG.). 336p. (J). (gr. 3-7). 16.99 *(978-0-06-248462-8(1),* HarperCollins) HarperCollins Pubs.

Beast & the Bethany. Jack Meggitt-Phillips. Illus. by Isabelle Follath. (Beast & the Bethany Ser.: 1). (ENG.). (J). (gr. 4-8). 2021. 256p. pap. 7.99 *(978-1-5344-7890-9(6));* 2020. 240p. 18.99 *(978-1-5344-7889-3(2))* Simon & Schuster Children's Publishing. (Aladdin).

Beast & the Briar: Book One of the Seven Realms Saga. Robert Drew. Illus. by Antonia Bongiovi. 2020. (Seven Realms Saga Ser.: Vol. 1). (ENG.). 278p. (YA). pap. 12.00 *(978-1-7351009-0-6(0))* Davis II, Robert B.

Beast & the Princess Coloring Book: For Kids Ages 4 Years Old & Up. Beatrice Harrison. 2019. (ENG.). 34p. (J). pap. 4.99 *(978-1-7947-7940-2(X))* Lulu Pr., Inc.

Beast Awakens. Joseph Delaney. 2018. (Illus.). 320p. 16.99 *(978-0-241-32099-0(2),* Puffin) Penguin Bks., Ltd. GBR. Dist: Penguin Publishing Group.

Beast Beneath the Stairs: 10th Anniversary Edition. Michael Dahl. Illus. by Patricia Moffett. 10th ed. 2017. (Library of Doom Ser.). (ENG.). 48p. (J). (gr. 4-8). pap. 6.25 *(978-1-4965-5536-6(8),* 136560); lib. bdg. 23.99 *(978-1-4965-5530-4(9),* 136554) Capstone. (Stone Arch Bks.).

Beast Boy Bro-Down. Steve Korte. ed. 2016. (Teen Titans Go! Chapter Bks.). (J). lib. bdg. 16.00 *(978-0-606-38327-1(1))* Turtleback.

Beast C: From Alien to Zombie. Katie Turner. Ed. by Cottage Door Press. Illus. by George Ermos. 2020. (ENG.). 26p. (J). (gr. -1-1). 16.99 *(978-1-68052-925-8(0),* 1005670) Cottage Door Pr.

Beast Heart. Kyle Richardson. 2020. (Steambound Trilogy Ser.). (ENG.). 280p. (YA). (gr. 7). pap. 15.95 *(978-1-946154-35-4(0))* Meerkat Pr.

Beast in the Jungle (Classic Reprint) Henry James. 2017. (ENG., Illus.). (J). 25.77 *(978-0-331-83086-6(8))* Forgotten Bks.

Beast Is an Animal. Peternelle van Arsdale. (ENG.). 352p. (YA). (gr. 9). 2018. pap. 11.99 *(978-1-4814-8842-6(2));* 2017. (Illus.). 17.99 *(978-1-4814-8841-9(4))* McElderry, Margaret K. Bks. (McElderry, Margaret K. Bks.).

Beast of Bites. Coyote Peterson. 2020. (Brave Wilderness Ser.). (ENG., Illus.). 304p. (J). (gr. 3-7). 18.99 *(978-0-316-46110-8(5))* Little, Brown Bks. for Young Readers.

Beast of Blackmoor Bog. Kate Forsyth. 2016. (Illus.). 183p. (J). pap. 5.99 *(978-1-61067-416-4(2))* Kane Miller.

Beast of Buckingham Palace. David Walliams. (ENG.). (J). (gr. 3-7). 2023. 336p. pap. 10.99 *(978-0-06-284013-4(4));* 2022. (Illus.). 320p. 16.99 *(978-0-06-284012-7(6))* HarperCollins Pubs. (HarperCollins).

Beast of War. Christine Gardner. 2019. (ENG.). 172p. (J). pap. 12.95 *(978-0-359-57976-1(0))* Lulu Pr., Inc.

Beast Player. Nahoko Uehashi. Tr. by Cathy Hirano. 2019. (ENG., Illus.). 352p. (YA). 19.99 *(978-1-250-30746-0(5),* 900198010, Holt, Henry & Co. Bks. For Young Readers) Holt, Henry & Co.

Beast Player. Nahoko Uehashi. Tr. by Cathy Hirano. 2020. (ENG.). 368p. (YA). pap. 11.99 *(978-1-250-23326-4(7),* 900198011) Square Fish.

Beast Quest: 100: Korvax the Sea Dragon. Adam Blade. 2017. (Beast Quest Ser.). (ENG., Illus.). 144p. (J). (gr. 2-4). 7.99 *(978-1-4083-4313-5(4),* Orchard Bks.) Hachette Children's Group GBR. Dist: Hachette Bk. Group.

Beast Quest: 101: Vetrix the Poison Dragon. Adam Blade. 2017. (Beast Quest Ser.). (ENG., Illus.). 144p. (J). (gr. 2-4). 5.99 *(978-1-4083-4315-9(0),* Orchard Bks.) Hachette Children's Group GBR. Dist: Hachette Bk. Group.

Beast Quest: 102: Strytor the Skeleton Dragon. Adam Blade. 2017. (Beast Quest Ser.). (ENG., Illus.). 144p. (J). (gr. 2-4). 5.99 *(978-1-4083-4317-3(7),* Orchard Bks.) Hachette Children's Group GBR. Dist: Hachette Bk. Group.

Beast Quest: 81: Tikron the Jungle Master. Adam Blade. 2016. (Beast Quest Ser.). (ENG.). (J). (gr. 2-4). pap. 5.99 *(978-1-4083-2922-1(0),* Orchard Bks.) Hachette Children's Group GBR. Dist: Hachette Bk. Group.

Beast Quest: 83: Wardok the Sky Terror. Adam Blade. 2016. (Beast Quest Ser.). (ENG., Illus.). 144p. (J). (gr. 2-4). pap. 5.99 *(978-1-4083-3487-4(9),* Orchard Bks.) Hachette Children's Group GBR. Dist: Hachette Bk. Group.

Beast Quest: 84: Xerik the Bone Cruncher. Adam Blade. 2016. (Beast Quest Ser.). (ENG., Illus.). 144p. (J). (gr. 2-4). pap. 7.99 *(978-1-4083-3489-8(5),* Orchard Bks.) Hachette Children's Group GBR. Dist: Hachette Bk. Group.

Beast Quest: 85: Plexor the Raging Reptile. Adam Blade. 2016. (Beast Quest Ser.). (ENG., Illus.). 144p. (J). (gr. 2-4). pap. 5.99 *(978-1-4083-3491-1(7),* Orchard Bks.) Hachette Children's Group GBR. Dist: Hachette Bk. Group.

Beast Quest: 86: Quagos the Armoured Beetle. Adam Blade. 2016. (Beast Quest Ser.). (ENG., Illus.). 136p. (J). (gr. 2-4). pap. 5.99 *(978-1-4083-3493-5(3),* Orchard Bks.) Hachette Children's Group GBR. Dist: Hachette Bk. Group.

Beast Quest: 87: Styro the Snapping Brute. Adam Blade. 2016. (Beast Quest Ser.). (ENG., Illus.). 144p. (J). (gr. 2-17). pap. 7.99 *(978-1-4083-3986-2(2),* Orchard Bks.) Hachette Children's Group GBR. Dist: Hachette Bk. Group.

Beast Quest: 90: Kanis the Shadow Hound. Adam Blade. 2016. (Beast Quest Ser.). (ENG., Illus.). 144p. (J). (gr. 2-17). pap. 7.99 *(978-1-4083-3994-7(3),* Orchard Bks.) Hachette Children's Group GBR. Dist: Hachette Bk. Group.

Beast Quest: 91: Gryph the Feathered Fiend. Adam Blade. ed. 2016. (Beast Quest Ser.). (ENG., Illus.). 144p. (J). (gr. 2-17). pap. 7.99 *(978-1-4083-4076-9(3),* Orchard Bks.) Hachette Children's Group GBR. Dist: Hachette Bk. Group.

Beast Quest: 92: Thoron the Living Storm. Adam Blade. ed. 2016. (Beast Quest Ser.). (ENG., Illus.). 144p. (J). (gr. 2-17). pap. 6.99 *(978-1-4083-4080-6(1),* Orchard Bks.) Hachette Children's Group GBR. Dist: Hachette Bk. Group.

Beast Quest: 93: Okko the Sand Monster. Adam Blade. ed. 2016. (Beast Quest Ser.). (ENG., Illus.). 144p. (J). (gr. 2-17). pap. 7.99 *(978-1-4083-4082-0(8),* Orchard Bks.) Hachette Children's Group GBR. Dist: Hachette Bk. Group.

Beast Quest: 94: Saurex the Silent Creeper. Adam Blade. ed. 2016. (Beast Quest Ser.). (ENG., Illus.). 144p. (J). (gr. 2-17). pap. 5.99 *(978-1-4083-4084-4(4),* Orchard Bks.) Hachette Children's Group GBR. Dist: Hachette Bk. Group.

Beast Quest: 95: Krytor the Blood Bat. Adam Blade. 2016. (Beast Quest Ser.). (ENG., Illus.). 144p. (J). (gr. 2-4). pap. 5.99 *(978-1-4083-4086-8(0),* Orchard Bks.) Hachette Children's Group GBR. Dist: Hachette Bk. Group.

Beast Quest: 98: Karixa the Diamond Warrior. Adam Blade. 2016. (Beast Quest Ser.). (ENG., Illus.). 144p. (J). (gr. 2-4). pap. 5.99 *(978-1-4083-4309-8(6),* Orchard Bks.) Hachette Children's Group GBR. Dist: Hachette Bk. Group.

Beast Quest: a to Z of Beasts: New Edition over 150 Beasts. Adam Blade. 2020. (Beast Quest Ser.). (ENG., Illus.). 272p. (J). (gr. 2-4). 16.99 *(978-1-4083-6073-6(X),* Orchard Bks.) Hachette Children's Group GBR. Dist: Hachette Bk. Group.

Beast Quest: Akorta the All-Seeing Ape: Series 25 Book 1. Adam Blade. 2020. (Beast Quest Ser.). (ENG., Illus.). 144p. (J). (gr. 2-17). 7.99 *(978-1-4083-6137-5(X),* Orchard Bks.) Hachette Children's Group GBR. Dist: Hachette Bk. Group.

Beast Quest: Arkano the Stone Crawler: Special 25. Adam Blade. 2021. (Beast Quest Ser.). (ENG., Illus.). 192p. (J). (gr. 2-4). 9.99 *(978-1-4083-6135-1(3),* Orchard Bks.) Hachette Children's Group GBR. Dist: Hachette Bk. Group.

Beast Quest: Beast Quest Special 26. Adam Blade. 2021. (Beast Quest Ser.). (ENG., Illus.). 192p. (J). (gr. 2-17). 9.99 *(978-1-4083-6222-8(8),* Orchard Bks.) Hachette Children's Group GBR. Dist: Hachette Bk. Group.

Beast Quest: Devora the Death Fish: Series 27 Book 2. Adam Blade. 2022. (Beast Quest Ser.). (ENG., Illus.). 128p. (J). (gr. 2-4). 7.99 *(978-1-4083-6529-8(4),* Orchard Bks.) Hachette Children's Group GBR. Dist: Hachette Bk. Group.

Beast Quest: Diprox the Buzzing Terror: Series 25 Book 4. Adam Blade. 2021. (Beast Quest Ser.). (ENG., Illus.). 144p. (J). (gr. 2-17). 7.99 *(978-1-4083-6190-0(6),* Orchard Bks.) Hachette Children's Group GBR. Dist: Hachette Bk. Group.

Beast Quest: Early Reader Kragos & Kildor the Two-Headed Demon. Adam Blade. 2016. (Beast Quest Ser.). (ENG.). (J). (gr. 2-4). pap. 5.99 *(978-1-4083-3514-7(X),* Orchard Bks.) Hachette Children's Group GBR. Dist: Hachette Bk. Group.

Beast Quest: Early Reader Mortaxe the Skeleton Warrior. Adam Blade. 2016. (Beast Quest Ser.). (ENG., Illus.). 80p. (J). (gr. k-17). pap. 5.99 *(978-1-4083-4182-7(4),* Orchard Bks.) Hachette Children's Group GBR. Dist: Hachette Bk. Group.

Beast Quest: Early Reader Ravira, Ruler of the Underworld. Adam Blade. 2016. (Beast Quest Ser.). (ENG.). 80p. (J). (gr. k-2). pap. 5.99 *(978-1-4083-4184-1(0),* Orchard Bks.) Hachette Children's Group GBR. Dist: Hachette Bk. Group.

Beast Quest: Electro the Storm Bird: Series 24 Book 1. Adam Blade. 2019. (Beast Quest Ser.). (ENG., Illus.). 144p. (J). (gr. 2-4). 7.99 *(978-1-4083-5774-3(7),* Orchard Bks.) Hachette Children's Group GBR. Dist: Hachette Bk. Group.

Beast Quest: Fluger the Sightless Slitherer: Series 24 Book 2. Adam Blade. 2019. (Beast Quest Ser.). (ENG., Illus.). 144p. (J). (gr. 2-4). 6.99 *(978-1-4083-5777-4(1),* Orchard Bks.) Hachette Children's Group GBR. Dist: Hachette Bk. Group.

Beast Quest: Gargantua the Silent Assassin: Series 27 Book 4. Adam Blade. 2022. (Beast Quest Ser.). (ENG., Illus.). 128p. (J). (gr. 2-4). 7.99 *(978-1-4083-6534-2(0),* Orchard Bks.) Hachette Children's Group GBR. Dist: Hachette Bk. Group.

Beast Quest: Glaki, Spear of the Depths: Series 25 Book 3. Adam Blade. 2021. (Beast Quest Ser.). (ENG., Illus.). 144p. (J). (gr. 2-17). 7.99 *(978-1-4083-6188-7(4),* Orchard Bks.) Hachette Children's Group GBR. Dist: Hachette Bk. Group.

Beast Quest: Gorog the Fiery Fiend: Series 27 Book 1. Adam Blade. 2022. (Beast Quest Ser.). (ENG., Illus.). 128p. (J). (gr. 2-4). 7.99 *(978-1-4083-6526-7(X),* Orchard Bks.) Hachette Children's Group GBR. Dist: Hachette Bk. Group.

Beast Quest: Grymon the Biting Horror: Series 21 Book 1. Adam Blade. 2018. (Beast Quest Ser.). (ENG., Illus.). 144p. (J). (gr. 2-4). 5.99 *(978-1-4083-4327-2(4),* Orchard Bks.) Hachette Children's Group GBR. Dist: Hachette Bk. Group.

Beast Quest: Jurog, Hammer of the Jungle: Series 22 Book 3. Adam Blade. 2018. (Beast Quest Ser.). (ENG., Illus.). 144p. (J). (gr. 2-4). 5.99 *(978-1-4083-4339-5(8),* Orchard Bks.) Hachette Children's Group GBR. Dist: Hachette Bk. Group.

Beast Quest: Kaptiva the Shrieking Siren: Series 28 Book 3. Adam Blade. 2022. (Beast Quest Ser.). (ENG., Illus.). 128p. (J). (gr. 2-4). 9.99 *(978-1-4083-6540-3(5),* Orchard Bks.) Hachette Children's Group GBR. Dist: Hachette Bk. Group.

Beast Quest: Krokol the Father of Fear: Series 24 Book 4. Adam Blade. 2022. (Beast Quest Ser.). (ENG.). 144p. (J). (gr. 2-4). 7.99 *(978-1-4083-5781-1(X),* Orchard Bks.) Hachette Children's Group GBR. Dist: Hachette Bk. Group.

Beast Quest: Krotax the Tusked Destroyer: Series 23 Book 2. Adam Blade. 2019. (Beast Quest Ser.). (ENG., Illus.). 144p. (J). (gr. 2-17). 6.99 *(978-1-4083-4345-6(2),* Orchard Bks.) Hachette Children's Group GBR. Dist: Hachette Bk. Group.

Beast Quest: Kyron, Lord of Fire: Series 26 Book 4. Adam Blade. 2021. (Beast Quest Ser.). (ENG., Illus.). 144p. (J). (gr. 2-17). 7.99 *(978-1-4083-6220-4(1),* Orchard Bks.) Hachette Children's Group GBR. Dist: Hachette Bk. Group.

B

Beast Quest: Lamak the Swarming Menace: Series 22 Book 2. Adam Blade. 2018. (Beast Quest Ser.). (ENG., Illus.). 144p. (J). (gr. 2-4). 7.99 *(978-1-4083-4337-1(1),* Orchard Bks.) Hachette Children's Group GBR. Dist: Hachette Bk. Group.

Beast Quest: Lycaxa, Hunter of the Peaks: Series 25 Book 2. Adam Blade. 2020. (Beast Quest Ser.). (ENG., Illus.). 144p. (J). (gr. 2-17). 7.99 *(978-1-4083-6186-3(8),* Orchard Bks.) Hachette Children's Group GBR. Dist: Hachette Bk. Group.

Beast Quest: Lypida the Shadow Fiend: Series 21 Book 4. Adam Blade. 2018. (Beast Quest Ser.). (ENG., Illus.). 144p. (J). (gr. 2-4). 5.99 *(978-1-4083-4333-3(9),* Orchard Bks.) Hachette Children's Group GBR. Dist: Hachette Bk. Group.

Beast Quest: Magror, Ogre of the Swamps: Special 20. Adam Blade. 2017. (Beast Quest Ser.). (ENG., Illus.). 192p. (J). (gr. 1-6). pap. 5.99 *(978-1-4083-4301-2(0),* Orchard Bks.) Hachette Children's Group GBR. Dist: Hachette Bk. Group.

Beast Quest: Mallix the Silent Stalker: Series 26 Book 2. Adam Blade. 2021. (Beast Quest Ser.). (ENG., Illus.). 144p. (J). (gr. 2-17). 7.99 *(978-1-4083-6217-4(1),* Orchard Bks.) Hachette Children's Group GBR. Dist: Hachette Bk. Group.

Beast Quest: Master Your Destiny 3: the Pirate's Curse. Adam Blade. 2016. (Beast Quest Ser.). (ENG., Illus.). 144p. (J). (gr. 2-4). pap. 5.99 *(978-1-4083-1840-9(7),* Orchard Bks.) Hachette Children's Group GBR. Dist: Hachette Bk. Group.

Beast Quest: Menox the Sabre-Toothed Terror: Series 22 Book 1. Adam Blade. 2018. (Beast Quest Ser.). (ENG., Illus.). 144p. (J). (gr. 2-4). 7.99 *(978-1-4083-4336-4(3),* Orchard Bks.) Hachette Children's Group GBR. Dist: Hachette Bk. Group.

Beast Quest: Morax the Wrecking Menace: Series 24 Book 3. Adam Blade. 2021. (Beast Quest Ser.). (ENG.). 144p. (J). (gr. 2-4). 7.99 *(978-1-4083-5779-8(8),* Orchard Bks.) Hachette Children's Group GBR. Dist: Hachette Bk. Group.

Beast Quest: Nersepha the Cursed Siren: Series 22 Book 4. Adam Blade. 2018. (Beast Quest Ser.). (ENG., Illus.). 144p. (J). (gr. 2-4). 5.99 *(978-1-4083-4341-8(X),* Orchard Bks.) Hachette Children's Group GBR. Dist: Hachette Bk. Group.

Beast Quest: New Blood: Book 1: Book 1, Bk. 1. Adam Blade. 2019. (Beast Quest: New Blood Ser.). (ENG., Illus.). 192p. (J). (gr. 2-4). 6.99 *(978-1-4083-5785-9(2),* Orchard Bks.) Hachette Children's Group GBR. Dist: Hachette Bk. Group.

Beast Quest: New Blood: the Dark Wizard: Book 2, Bk. 2. Adam Blade. 2019. (Beast Quest: New Blood Ser.). (ENG., Illus.). 192p. (J). (gr. 2-4). 6.99 *(978-1-4083-5787-3(9),* Orchard Bks.) Hachette Children's Group GBR. Dist: Hachette Bk. Group.

Beast Quest: New Blood: the Lost Tomb. Adam Blade. 2021. (Beast Quest: New Blood Ser.). (ENG., Illus.). 192p. (J). (gr. 2-4). 9.99 *(978-1-4083-6141-2(8),* Orchard Bks.) Hachette Children's Group GBR. Dist: Hachette Bk. Group.

Beast Quest: New Blood: the Ultimate Battle. Adam Blade. 2022. (Beast Quest: New Blood Ser.). (ENG., Illus.). 192p. (J). (gr. 2-4). 9.99 *(978-1-4083-6184-9(1),* Orchard Bks.) Hachette Children's Group GBR. Dist: Hachette Bk. Group.

Beast Quest: Okira the Crusher: Series 20 Book 3. Adam Blade. 2017. (Beast Quest Ser.). (ENG., Illus.). 144p. (J). (gr. 1-6). 5.99 *(978-1-4083-4323-4(1),* Orchard Bks.) Hachette Children's Group GBR. Dist: Hachette Bk. Group.

Beast Quest: Ospira the Savage Sorceress: Special 22. Adam Blade. 2019. (Beast Quest Ser.). (ENG., Illus.). 192p. (J). (gr. 2-4). 5.99 *(978-1-4083-4305-0(3),* Orchard Bks.) Hachette Children's Group GBR. Dist: Hachette Bk. Group.

Beast Quest: Ossiron the Fleshless Killer: Series 28 Book 1. Adam Blade. 2022. (Beast Quest Ser.). (ENG., Illus.). 128p. (J). (gr. 2-4). 7.99 *(978-1-4083-6536-6(7),* Orchard Bks.) Hachette Children's Group GBR. Dist: Hachette Bk. Group.

Beast Quest: Quarg the Stone Dragon: Series 19 Book 1. Adam Blade. 2017. (Beast Quest Ser.). (ENG., Illus.). 144p. (J). (gr. 2-4). 7.99 *(978-1-4083-4311-1(8),* Orchard Bks.) Hachette Children's Group GBR. Dist: Hachette Bk. Group.

Beast Quest: Querzol the Swamp Monster: Series 23 Book 1. Adam Blade. 2019. (Beast Quest Ser.). (ENG., Illus.). 144p. (J). (gr. 2-17). 7.99 *(978-1-4083-4344-9(4),* Orchard Bks.) Hachette Children's Group GBR. Dist: Hachette Bk. Group.

Beast Quest: Raptex the Sky Hunter: Series 27 Book 3. Adam Blade. 2022. (Beast Quest Ser.). (ENG., Illus.). 128p. (J). (gr. 2-4). 7.99 *(978-1-4083-6532-8(4),* Orchard Bks.) Hachette Children's Group GBR. Dist: Hachette Bk. Group.

Beast Quest: Rykar the Fire Hound: Series 20 Book 4. Adam Blade. 2017. (Beast Quest Ser.). (ENG., Illus.). 144p. (J). (gr. 1-6). 5.99 *(978-1-4083-4325-8(8)*, Orchard Bks.) Hachette Children's Group GBR. Dist: Hachette Bk. Group.

Beast Quest: Scalamanx the Fiery Fury: Special 23. Adam Blade. 2019. (Beast Quest Ser.). (ENG., Illus.). 192p. (J). (gr. 3-7). pap. 6.99 *(978-1-4083-4307-4(X)*, Orchard Bks.) Hachette Children's Group GBR. Dist: Hachette Bk. Group.

Beast Quest: Silexa the Stone Cat: Series 26 Book 3. Adam Blade. 2021. (Beast Quest Ser.). (ENG., Illus.). 144p. (J). (gr. 2-17). 7.99 *(978-1-4083-6218-1(X)*, Orchard Bks.) Hachette Children's Group GBR. Dist: Hachette Bk. Group.

Beast Quest: Skalix the Snapping Horror: Series 20 Book 2. Adam Blade. 2017. (Beast Quest Ser.). (ENG., Illus.). 144p. (J). (gr. 1-6). 5.99 *(978-1-4083-4321-0(5)*, Orchard Bks.) Hachette Children's Group GBR. Dist: Hachette Bk. Group.

Beast Quest: Skrar the Night Scavenger: Series 21 Book 2. Adam Blade. 2018. (Beast Quest Ser.). (ENG., Illus.). 144p. (J). (gr. 2-4). 5.99 *(978-1-4083-4329-6(0)*, Orchard Bks.) Hachette Children's Group GBR. Dist: Hachette Bk. Group.

Beast Quest: Space Wars: Cosmic Spider Attack: Book 3. Adam Blade. 2023. (Beast Quest: Space Wars Ser.). (ENG., Illus.). 192p. (J). (gr. 2-4). 9.99 *(978-1-4083-6800-8(5)*, Orchard Bks.) Hachette Children's Group GBR. Dist: Hachette Bk. Group.

Beast Quest: Space Wars: Curse of the Robo-Dragon: Book 1. Adam Blade. 2023. (Beast Quest: Space Wars Ser.). (ENG., Illus.). 192p. (J). (gr. 2-4). 9.99 *(978-1-4083-5789-7(5)*, Orchard Bks.) Hachette Children's Group GBR. Dist: Hachette Bk. Group.

Beast Quest: Space Wars: Droid Dog Strike: Book 4. Adam Blade. 2023. (Beast Quest: Space Wars Ser.). (ENG., Illus.). 192p. (J). (gr. 2-4). 9.99 *(978-1-4083-6803-9(X)*, Orchard Bks.) Hachette Children's Group GBR. Dist: Hachette Bk. Group.

Beast Quest: Space Wars: Monster from the Void: Book 2. Adam Blade. 2022. (Beast Quest: Space Wars Ser.). (ENG., Illus.). 192p. (J). (gr. 2-4). 9.99 *(978-1-4083-5791-0(7)*, Orchard Bks.) Hachette Children's Group GBR. Dist: Hachette Bk. Group.

Beast Quest: Special 17: Tempra the Time Stealer. Adam Blade. 2016. (Beast Quest Ser.). (ENG., Illus.). 192p. (J). (gr. 2-4). pap. 5.99 *(978-1-4083-4078-3(X)*, Orchard Bks.) Hachette Children's Group GBR. Dist: Hachette Bk. Group.

Beast Quest: Special 18: Falkor the Coiled Terror. Adam Blade. 2017. (Beast Quest Ser.). (ENG., Illus.). 192p. (J). (gr. 2-4). pap. 5.99 *(978-1-4083-4297-8(9)*, Orchard Bks.) Hachette Children's Group GBR. Dist: Hachette Bk. Group.

Beast Quest: Special 19: Kyrax the Metal Warrior. Adam Blade. 2017. (Beast Quest Ser.). (ENG., Illus.). 192p. (J). (gr. 2-17). 5.99 *(978-1-4083-4299-2(5)*, Orchard Bks.) Hachette Children's Group GBR. Dist: Hachette Bk. Group.

Beast Quest: Styx the Lurking Terror: Series 28 Book 2. Adam Blade. 2022. (Beast Quest Ser.). (ENG., Illus.). 128p. (J). (gr. 2-4). 7.99 *(978-1-4083-6538-0(3)*, Orchard Bks.) Hachette Children's Group GBR. Dist: Hachette Bk. Group.

Beast Quest: Tarantix the Bone Spider: Series 21 Book 3. Adam Blade. 2018. (Beast Quest Ser.). (ENG., Illus.). 144p. (J). (gr. 2-4). 5.99 *(978-1-4083-4331-9(2)*, Orchard Bks.) Hachette Children's Group GBR. Dist: Hachette Bk. Group.

Beast Quest: Teknos the Ocean Crawler: Series 26 Book 1. Adam Blade. 2021. (Beast Quest Ser.). (ENG., Illus.). 144p. (J). (gr. 2-17). 7.99 *(978-1-4083-6214-3(7)*, Orchard Bks.) Hachette Children's Group GBR. Dist: Hachette Bk. Group.

Beast Quest: Torka the Sky Snatcher: Series 23 Book 3. Adam Blade. 2019. (Beast Quest Ser.). (ENG., Illus.). 144p. (J). (gr. 3-7). 6.99 *(978-1-4083-4347-0(9)*, Orchard Bks.) Hachette Children's Group GBR. Dist: Hachette Bk. Group.

Beast Quest: Ultimate Collection. Adam Blade. ed. 2016. (Beast Quest Ser.). (ENG., Illus.). 384p. (J). (gr. 2-4). 17.99 *(978-1-4083-4547-4(1)*, Orchard Bks.) Hachette Children's Group GBR. Dist: Hachette Bk. Group.

Beast Quest: Velakro the Lightning Bird: Series 28 Book 4. Adam Blade. 2023. (Beast Quest Ser.). (ENG., Illus.). 128p. (J). (gr. 2-4). 9.99 *(978-1-4083-6542-7(1)*, Orchard Bks.) Hachette Children's Group GBR. Dist: Hachette Bk. Group.

Beast Quest: Verak the Storm King: Special 21. Adam Blade. 2018. (Beast Quest Ser.). (ENG., Illus.). 192p. (J). (gr. 2-4). 5.99 *(978-1-4083-4303-6(7)*, Orchard Bks.) Hachette Children's Group GBR. Dist: Hachette Bk. Group.

Beast Quest: Xerkan the Shape Stealer: Series 23 Book 4. Adam Blade. 2019. (Beast Quest Ser.). (ENG., Illus.). 144p. (J). (gr. 3-7). 7.99 *(978-1-4083-4349-4(5)*, Orchard Bks.) Hachette Children's Group GBR. Dist: Hachette Bk. Group.

Beast Rider. Tony Johnston & María Elena Fontanot de Rhoads. 2019. (ENG., Illus.). 176p. (J). (gr. 7-17). 18.99 *(978-1-4197-3363-5(X)*, 1251301, Amulet Bks.) Abrams, Inc.

Beasthunter: A Monster Story. Katharina Gerlach. 2018. (ENG.). 190p. (J). pap. *(978-3-95681-112-8(7))* Kolata, Katharina. Independent Bookworm.

Beastiary (Sort Of) Ray Bussard. 2019. (ENG.). 205p. (J). pap. *(978-0-359-94300-5(4))* Lulu Pr., Inc.

Beasties: The Glorious Guide to Beasties. Katie S. McKenzie. 2018. (ENG., Illus.). 28p. (J). *(978-1-77370-972-7(0))*; pap. *(978-1-77370-971-0(2))* Tellwell Talent.

Beasties Love Booties. Susan Rich Brooke. Illus. by Simona Ceccarelli. (Sunbird Picture Bks.). (ENG.). (J). (gr. k-2). 2021. 34p. lib. bdg. 29.89 *(978-1-64996-009-2(3)*, 4099, Sequoia Publishing & Media LLC); 2020. 40p. 12.99 *(978-1-5037-5249-8(6)*, 3558, PI Kids) Phoenix International Publications, Inc.

Beasties Love Booties. Susan Rich Brooke. Illus. by Simona Ceccarelli. 2021. (Sunbird Easy Reader Picture Bks.). (ENG.). 40p. (J). (gr. -1-3). pap. 9.95 ***(978-1-64996-646-9(6)***, 17043, Sequoia Kids Media) Sequoia Children's Bks.

Beastly Armor: Military Defenses Inspired by Animals. Charles C. Hofer. 2020. (Beasts & the Battlefield Ser.). (ENG., Illus.). 32p. (J). (gr. 3-5). pap. 7.95 *(978-1-4966-6590-4(2)*, 142268); lib. bdg. 29.32 *(978-1-5435-9020-3(9)*, 141370) Capstone.

Beastly Biomes. Carly Allen-Fletcher. Illus. by Carly Allen-Fletcher. 2019. (ENG., Illus.). 36p. (J). (gr. 2-5). 17.99 *(978-1-939547-54-5(7)*, cf7dddfa-a58d-4a84-a16a-26ea84b2aade) Creston Bks.

Beastly Bionics: Rad Robots, Brilliant Biomimicry, & Incredible Inventions Inspired by Nature. Jennifer Swanson. 2020. (Illus.). 96p. (J). (gr. 3-7). pap. 14.99 *(978-1-4263-3673-7(X))*; (ENG., lib. bdg. 24.90 *(978-1-4263-3674-4(8))* Disney Publishing Worldwide. (National Geographic Kids).

Beastly Bones. William Ritter. ed. 2016. (Jackaby Ser.: 2). lib. bdg. 20.80 *(978-0-606-39017-0(0))* Turtleback.

Beastly Bones: A Jackaby Novel. William Ritter. ed. 2023. (Jackaby Ser.: 2). (ENG.). 320p. (YA). (gr. 8-17). pap. 11.99 ***(978-1-5235-2399-3(9))*** Algonquin Young Readers.

Beastly Books for the Brave, 12 vols. 2019. (Beastly Books for the Brave Ser.). (ENG.). 24p. (J). (gr. 2-3). lib. bdg. 145.62 *(978-1-5382-3399-3(1)*, 8a1b0a4f-4d57-442b-bcf1-94ac5688819e) Stevens, Gareth Publishing LLLP.

Beastly Borough - Rory, the Red-Furred Wanderer. Cyril Francois. 2023. (ENG.). 38p. (J). ***(978-1-4478-2578-4(0))*** Lulu Pr., Inc.

Beastly Brains: Exploring How Animals Think, Talk, & Feel. Nancy Castaldo. 2017. (ENG., Illus.). 160p. (J). (gr. 5-7). 16.99 *(978-0-544-63335-3(0)*, 1619690, Clarion Bks.) HarperCollins Pubs.

Beastly Bunch. Leisa Stewart-Sharpe. 2022. (Illus.). 32p. (J). (— 1). 14.99 ***(978-0-241-47686-4(0)***, Puffin) Penguin Bks., Ltd. GBR. Dist: Independent Pubs. Group.

Beastly Firepower: Military Weapons & Tactics Inspired by Animals. Lisa M. Bolt Simons. 2020. (Beasts & the Battlefield Ser.). (ENG., Illus.). 32p. (J). (gr. 3-5). pap. 7.95 *(978-1-4966-6592-8(9)*, 142270); lib. bdg. 29.32 *(978-1-5435-9022-7(5)*, 141373) Capstone.

Beastly Monsters: From Dragons to Griffins. Katie Marsico. 2017. (Monster Mania Ser.). (ENG., Illus.). 32p. (J). (gr. 2-5). 26.65 *(978-1-5124-2592-5(3)*, 52c08f80-7bb2-46c0-8387-f8390329a4e4); E-Book 4.99 *(978-1-5124-3818-5(9)*, 9781512438185); E-Book 39.99 *(978-1-5124-3819-2(7)*, 9781512438192) Lerner Publishing Group. (Lerner Pubns.).

Beastly Puzzles: A Brain-Boggling Animal Guessing Game. Rachel Poliquin. Illus. by Byron Eggenschwiler. 2019. (ENG.). 32p. (J). (gr. 2-5). 16.99 *(978-1-77138-913-6(3))* Kids Can Pr., Ltd. CAN. Dist: Hachette Bk. Group.

Beastly Robots & Drones: Military Technology Inspired by Animals. Lisa M. Bolt Simons. 2020. (Beasts & the Battlefield Ser.). (ENG., Illus.). 32p. (J). (gr. 3-5). pap. 7.95 *(978-1-4966-6591-1(0)*, 142269); lib. bdg. 29.32 *(978-1-5435-9021-0(7)*, 141372) Capstone.

Beastronauts. D. A. Jolley. Illus. by Alejandro Echavez. 2017. (ENG.). (J). (gr. k-6). 17.99 *(978-1-365-86195-6(3))*; pap. 13.99 *(978-1-365-86197-0(X))* Lulu Pr., Inc.

Beastronauts. D. A. Jolley. Illus. by Alejandro Echavez. ed. 2017. (ENG.). 32p. (J). (gr. k-6). 17.99 *(978-1-64372-017-3(1)*, Huskies Pub) MacLaren-Cochrane Publishing.

Beastronauts Dyslexic Edition: Dyslexic Font. D. A. Jolley. Illus. by Alejandro Echavez. ed. 2017. (ENG.). 34p. (J). (gr. k-6). 19.99 *(978-1-64372-229-0(8))*; pap. 15.99 *(978-1-64372-230-6(1))* MacLaren-Cochrane Publishing.

Beastronauts Dyslexic Font. Da Jolley. Illus. by Alejandro Echavez. 2017. (ENG.). 34p. (J). (gr. k-6). 21.99 *(978-1-365-86196-3(1))* Lulu Pr., Inc.

Beasts & Beauty: Dangerous Tales. Soman Chainani. Illus. by Julia Iredale. 2021. 320p. (J). *(978-0-06-314270-1(8))*; *(978-0-06-315939-6(2))* Harper & Row Ltd.

Beasts & Beauty: Dangerous Tales. Soman Chainani. Illus. by Julia Iredale. 2021. (ENG.). 336p. (J). (gr. 5). 17.99 *(978-0-06-265263-8(X)*, HarperCollins) HarperCollins Pubs.

Beasts & Behemoths (Dungeons & Dragons) A Young Adventurer's Guide. Jim Zub et al. 2020. (Dungeons & Dragons Young Adventurer's Guides). (Illus.). 112p. (J). (gr. 3-7). 12.99 *(978-1-9848-5878-8(5)*, Ten Speed Pr.) Potter/Ten Speed/Harmony/Rodale.

Beasts & Roses. Aariel Gallo. 2021. (ENG.). 140p. (YA). 21.99 *(978-1-0879-1387-2(X))* Indy Pub.

Beasts & Super-Beasts (Classic Reprint) H. H. Munro. 2018. (ENG., Illus.). 328p. (J). 30.68 *(978-0-483-89207-1(6))* Forgotten Bks.

Beasts & the Battlefield. Charles C. Hofer & Lisa M. Bolt Simons. 2020. (Beasts & the Battlefield Ser.). (ENG.). 32p. (J). (gr. 3-5). 125.28 *(978-1-5435-9024-1(1)*, 29764); pap., pap., pap. 31.80 *(978-1-4966-6673-4(9)*, 30096) Capstone.

Beasts at Law, or Zoologian Jurisprudence: A Poem, Satirical, Allegorical, & Moral; in Three Cantos (Classic Reprint) Samuel Woodworth. (ENG., Illus.). (J). 2018. 104p. 26.04 *(978-0-483-85819-0(6))*; 2016. pap. 9.57 *(978-1-333-66874-7(0))* Forgotten Bks.

Beast's Big Day. Rosie Amazing. Illus. by Andreea Balcan. 2023. (ENG.). 28p. (J). pap. ***(978-1-990292-34-7(8))*** Annelid Pr.

Beasts in Your Brain: Understanding & Living with Anxiety & Depression. Katherine Speller. 2023. (ENG., Illus.). 144p. (YA). (gr. 8-12). pap. 18.99 ***(978-1-7284-1720-2(1)***, 085e2780-75f4-4a27-ab61-cfeafc7a040d); lib. bdg. 38.65 ***(978-1-5415-9925-3(X)***, f671ebf5-3604-466b-8130-038f4eb17f8e) Lerner Publishing Group. (Zest Bks.).

Beasts Made of Night. Tochi Onyebuchi. (YA). (gr. 7). 2018. 320p. pap. 9.99 *(978-0-448-49391-6(8))*; 2017. 304p. 17.99 *(978-0-448-49390-9(X))* Penguin Young Readers Group. (Razorbill).

Beast's Magician. Eliza Prokopovits. 2023. (ENG.). 230p. (YA). pap. 11.99 ***(978-1-0882-1003-1(1))*** Indy Pub.

Beasts of Grimheart. Kieran Larwood. Illus. by David Wyatt. (Longburrow Ser.). (ENG.). 272p. (J). (gr. 5-7). 2020. pap. 7.99 *(978-0-358-20692-7(8)*, 1763861); 2019. 16.99 *(978-1-328-69602-1(2)*, 1671320) HarperCollins Pubs. (Clarion Bks.).

Beasts of Prey. Ayana Gray. (ENG.). (YA). (gr. 7). 2022. 528p. pap. 12.99 *(978-0-593-40570-3(6))*; 2021. 496p. 18.99 *(978-0-593-40568-0(4))* Penguin Young Readers Group. (G.P. Putnam's Sons Books for Young Readers).

Beasts of Ruin. Ayana Gray. (ENG.). 496p. (YA). (gr. 7). 2023. pap. 12.99 ***(978-0-593-40573-4(0))***; 2022. (Illus.). 18.99 *(978-0-593-40571-0(4))* Penguin Young Readers Group. (G.P. Putnam's Sons Books for Young Readers).

Beasts of Tarzan. Edgar Burroughs. 2020. (ENG.). 188p. (J). 15.00 *(978-1-64594-099-9(3))* Athanatos Publishing Group.

Beasts of Tarzan. Edgar Burroughs. 2021. (ENG.). 240p. (J). 35.95 *(978-1-64720-351-1(1))* Fiction Hse. Pr.

Beasts of the Field (Classic Reprint) William J. Long. 2018. (ENG., Illus.). 372p. (J). 31.59 *(978-0-364-56302-1(8))* Forgotten Bks.

Beasts on the Battlefield: Animals in Combat. Charles C. Hofer. 2020. (Beasts & the Battlefield Ser.). (ENG., Illus.). 32p. (J). (gr. 3-5). pap. 7.95 *(978-1-4966-6593-5(7)*, 142271); lib. bdg. 29.32 *(978-1-5435-9023-4(3)*, 141374) Capstone.

Beasts That Never Slumber. Aldara Thomas. 2022. (ENG.). 360p. (YA). 26.99 ***(978-1-7368005-2-2(3))***; pap. 17.99 ***(978-1-7368005-1-5(5))*** Thomas, Aldara.

Beat Bugs Guitar Book OP. I. Kids P. 2017. (Play-A-Song Ser.). (ENG.). 12p. (J). *(978-1-5037-2572-0(3)*, 4805c538-ef5f-438a-a022-1b2b03188d1d, PI Kids) Phoenix International Publications, Inc.

Beat It & Bite It! Daring & Divine Chocolaty Desserts. Heather Kim. 2018. (Sassy Sweets Ser.). (ENG., Illus.). 48p. (J). (gr. 4-8). lib. bdg. 32.65 *(978-1-5435-3022-3(2)*, 138611, Compass Point Bks.) Capstone.

Beat It (Classic Reprint) Hugh McHugh. 2017. (ENG., Illus.). (J). 26.66 *(978-0-265-25838-5(3))* Forgotten Bks.

Beat Surrender. Bob Stone. 2019. (Missing Beat Ser.: Vol. 2). (ENG.). 260p. (YA). pap. *(978-1-78645-286-3(3))* Beaten Track Publishing.

Beat the Awesome Squad: Interactive Game Book. IglooBooks. Illus. by Gareth Conway. 2021. (ENG.). 10p. (J). (gr. -1-1). bds. 10.99 *(978-1-80022-824-5(4))* Igloo Bks. GBR. Dist: Simon & Schuster, Inc.

Beat the Book. Tim Bugbird. 2016. (ENG.). 70p. (J). (gr. 1-5). 14.99 *(978-1-78598-074-9(2))* Make Believe Ideas GBR. Dist: Scholastic, Inc.

Beat the Fairy Squad: Interactive Game Book. IglooBooks. Illus. by Gareth Conway. 2021. (ENG.). 10p. (J). (gr. -1-1). bds. 10.99 *(978-1-80022-825-2(2))* Igloo Bks. GBR. Dist: Simon & Schuster, Inc.

Beat the Odds, No. 2. Megan Atwood. 2016. (Contest Ser.: 2). (ENG.). 104p. (YA). (gr. 6-12). lib. bdg. 27.99 *(978-1-4677-7507-6(X)*, 38d912b5-2276-4d6a-aa56-773654534b56, Darby Creek) Lerner Publishing Group.

Beat the Pet Squad: Interactive Game Book. IglooBooks. Illus. by Natasha Rimmington. 2022. (ENG.). 10p. (J). (gr. -1). 10.99 *(978-1-80108-671-4(0))* Igloo Bks. GBR. Dist: Simon & Schuster, Inc.

Beat the Speedy Squad: Interactive Game Book. IglooBooks. Illus. by Natasha Rimmington. 2022. (ENG.). 10p. (J). (gr. -1). bds. 10.99 *(978-1-80108-672-1(9))* Igloo Bks. GBR. Dist: Simon & Schuster, Inc.

Beat the Wheat! Easy & Delecious Wheat-Free Recipes for Kids with Allergies. Contrib. by Chef Luca Della Casa. 2016. (Allergy Aware Cookbooks Ser.). (ENG., Illus.). 32p. (J). (gr. 3-9). lib. bdg. 28.65 *(978-1-4914-8057-1(2)*, 130556, Capstone Pr.) Capstone.

Beata, Vol. 1 of 2 (Classic Reprint) T. Adolphus Trollope. 2018. (ENG., Illus.). 304p. (J). 30.19 *(978-0-484-21063-8(7))* Forgotten Bks.

Beata, Vol. 2 of 2 (Classic Reprint) T. Adolphus Trollope. 2018. (ENG., Illus.). 286p. (J). 29.82 *(978-0-484-14768-2(4))* Forgotten Bks.

Beatbox Brothers: Leveled Reader Book 46 Level R 6 Pack. Hmh Hmh. 2021. (SPA.). 48p. (J). pap. 74.40 *(978-0-358-08128-9(9))* Houghton Mifflin Harcourt Publishing Co.

Beatbox Brothers: Leveled Reader Ruby Level 27. Rg Rg. 2019. (PM Ser.). (ENG.). 48p. (J). (gr. 4). pap. 11.00 *(978-0-544-89291-0(7))* Rigby Education.

Beaten Path: A Novel (Classic Reprint) Richard Lawrence Makin. 2018. (ENG., Illus.). 556p. (J). 35.36 *(978-0-483-50394-6(0))* Forgotten Bks.

Beaten Paths: Or, a Woman's Vacation (Classic Reprint) Ella W. Thompson. 2018. (ENG., Illus.). 274p. (J). 29.55 *(978-0-483-40221-8(4))* Forgotten Bks.

Beaten Tracks: Or Pen & Pencil Sketches in Italy (Classic Reprint) Unknown Author. 2018. (ENG., Illus.). 398p. (J). 32.11 *(978-0-365-37504-3(7))* Forgotten Bks.

Beath Becomes Her. Matt J. Pike. Ed. by Lisa Chant. Illus. by Steve Grice. 2017. (Zombie Rizing Ser.: Vol. 5). (ENG.). 80p. (J). (gr. 3-6). pap. 10.00 *(978-1-64007-651-8(4))* Primedia eLaunch LLC.

Beath Defying. Matt J. Pike. Ed. by Lisa Chant. Illus. by Steve Grice. 2017. (Zombie Rizing Ser.: Vol. 6). (ENG.). 86p. (J). (gr. 3-6). pap. 10.00 *(978-1-64007-652-5(2))* Primedia eLaunch LLC.

Beatie's Journey. Beatrice Akua Abrekna Duncan. 2022. (ENG.). 36p. (J). pap. *(978-1-5289-9580-1(5))* Austin Macauley Pubs. Ltd.

Beating Back (Classic Reprint) Al Jennings. 2018. (ENG., Illus.). 380p. (J). 31.75 *(978-0-332-98818-4(X))* Forgotten Bks.

Beating Bullying as a Teen with a Disability, 1 vol. Lisa A. Crayton. 2019. (Equal Access: Fighting for Disability Protections Ser.). (ENG.). 64p. (gr. 5-5). pap. 13.95 *(978-1-5081-8333-4(3)*, 611488ec-a67c-494d-bcb1-c023eb829ee6) Rosen Publishing Group, Inc., The.

Beating Bullying at Home & in Your Community, 1 vol. Clara MacCarald. 2017. (LGBTQ+ Guide to Beating Bullying Ser.). (ENG.). 64p. (J). (gr. 6-6). 36.13 *(978-1-5081-7424-0(5)*, 303d01e3-5b6d-40f3-911f-81c960f49a62); pap. 13.95 *(978-1-5081-7422-6(9)*, 762cf711-baf3-4d3f-8ea1-04a39aaa1137) Rosen Publishing Group, Inc., The. (Rosen Young Adult).

Beating Em to It (Classic Reprint) Walter Alleyne Ireland. (ENG., Illus.). (J). 2018. 140p. 26.78 *(978-0-365-33225-1(9))*; 2017. pap. 9.57 *(978-0-259-41113-0(2))* Forgotten Bks.

Beating Heart Baby. Lio Min. 2022. (ENG.). 352p. (YA). 18.99 *(978-1-250-81909-3(1)*, 900250041) Flatiron Bks.

Beating the Air, Vol. 1 of 3 (Classic Reprint) Ulick Ralph Burke. 2018. (ENG., Illus.). (J). 280p. 29.67 *(978-0-366-56137-7(5))*; 282p. pap. 13.57 *(978-0-366-06788-6(5))* Forgotten Bks.

Beating the Math Triangle: Activity Book Middle School. Jupiter Kids. 2017. (ENG., Illus.). (J). pap. 9.05 *(978-1-5419-4066-6(0)*, Jupiter Kids (Childrens & Kids Fiction)) Speedy Publishing LLC.

Beating the Odds: The Greatest Upsets in Sports. Thomas Kingsley Troupe. 2023. (Sports Illustrated Kids Heroes & Heartbreakers Ser.). (ENG.). 32p. (J). 31.32 *(978-1-6690-1129-3(1)*, 248332); pap. 7.99 *(978-1-6690-1124-8(0)*, 248317) Capstone. (Capstone Pr.).

Beating Wings of Angels Coloring Book. Bobo's Children Activity Books. 2016. (ENG., Illus.). (J). pap. 9.33 *(978-1-68327-518-3(7))* Sunshine In My Soul Publishing.

Beatitudes Explained. Silvia Vecchini. Illus. by Antonio Vincenti. 2017. 64p. (J). pap. *(978-0-8198-1238-4(2))* Pauline Bks. & Media.

Beatles. Judy Dodge Cummings. 2021. (Classic Rock Bands Ser.). (ENG.). 112p. (J). (gr. 6-12). lib. bdg. 41.36 *(978-1-5321-9199-2(5)*, 34945, Essential Library) ABDO Publishing Co.

Beatles. Claire Sipi. Illus. by Leanne Goodall. 2023. (Genius Ser.). (ENG.). 40p. (J). (gr. 2). 9.99 ***(978-88-544-2010-6(7))*** White Star Publishers ITA. Dist: Sterling Publishing Co., Inc.

Beatles for Kidz. John Millea & Gary Millea. (ENG., Illus.). 34p. (J). (gr. -1-3). 2019. pap. 11.95 *(978-0-578-62165-4(7))*; 2017. 17.95 *(978-0-692-98653-0(7))* millea, john.

Beato Goes to Brazil. Sucheta Rawal. 2019. (ENG.). 38p. (J). 14.95 *(978-1-68401-943-4(5))* Amplify Publishing Group.

Beato Goes to Indonesia. Sucheta Rawal. 2017. (ENG.). (J). 14.95 *(978-1-63177-630-4(4))* Amplify Publishing Group.

Beato Goes to Israel. Rawal Sucheta. 2016. (ENG.). (J). 14.95 *(978-1-63177-628-1(2))* Amplify Publishing Group.

Beato Goes to Japan. Sucheta Rawal. 2018. (ENG.). (J). 14.95 *(978-1-68401-941-0(9))* Amplify Publishing Group.

Beatrice & Benedick: A Romance of the Crimea (Classic Reprint) Hawley Smart. 2017. (ENG., Illus.). (J). 30.64 *(978-1-5285-7025-1(1))*; pap. 13.57 *(978-0-259-40582-5(5))* Forgotten Bks.

Beatrice & Benedick, Vol. 1: A Romance of the Crimea (Classic Reprint) Hawley Smart. 2018. (ENG., Illus.). 260p. (J). 29.26 *(978-0-483-39094-2(1))* Forgotten Bks.

Beatrice & Benedick, Vol. 2 Of 2: A Romance of the Crimea (Classic Reprint) Hawley Smart. 2017. (ENG., Illus.). (J). 29.26 *(978-1-5280-7391-2(6))* Forgotten Bks.

Beatrice & Croc Harry. Lawrence Hill. 2022. (ENG.). 384p. (J). (gr. 4-8). 18.50 ***(978-1-4434-6336-2(1)***, HarperCollins) HarperCollins Pubs.

Beatrice & the London Bus Books (All in One Edition Vol. 1,2,3) Volume 1, 2, 3. Francesca Lombardo. 2023. (Beatrice & the London Bus Ser.: Vol. 4). (ENG.). 560p. (J). pap. ***(978-1-7392894-4-7(7))*** Daily Fairy Tales Ltd.

Beatrice at Bay. Carson McCandless & Bruce McCandless III. 2020. (Beatrice McIlvaine Adventure Ser.: Vol. 2). (ENG.). 128p. (J). pap. 7.99 *(978-0-9983351-2-4(6))* Ninth Planet Pr.

Beatrice Beecham's Cryptic Crypt: A Supernatural Adventure/Mystery Novel. Dave Jeffery. 2017. (ENG., Illus.). (YA). (gr. 7-12). pap. *(978-1-68418-752-2(4))* Crystal Lake Pubns.

Beatrice Beecham's Ship of Shadows: A Supernatural Adventure/Mystery Novel. Dave Jeffery. 2018. (ENG., Illus.). 412p. (YA). (gr. 7-12). pap. *(978-1-64467-532-8(3))* Crystal Lake Pubns.

Beatrice Bly's Rules for Spies 1: the Missing Hamster. Sue Fliess. Illus. by Beth Mills. (Beatrice Bly's Rules for Spies Ser.). 32p. (J). (gr. -1-2). 2023. pap. 8.99 ***(978-1-64595-029-5(8))***; 2021. 17.99 *(978-1-64595-028-8(X))* Pixel+Ink.

Beatrice Bly's Rules for Spies 2: Mystery Goo. Sue Fliess. Illus. by Beth Mills. 2022. (Beatrice Bly's Rules for Spies Ser.: 2). 32p. (J). (gr. -1-2). 17.99 *(978-1-64595-061-5(1))* Pixel+Ink.

Beatrice Boville: And Other Stories (Classic Reprint) Maria Louise Rame. 2017. (ENG., Illus.). (J). 32.48 *(978-0-265-38707-8(8))* Forgotten Bks.

Beatrice Bunson's Guide to Romeo & Juliet. Paula Marantz Cohen. 2016. (ENG.). 223p. (YA). (gr. 4-9). pap. 11.95 *(978-1-58988-105-1(2))* Dry, Paul Bks., Inc.

Beatrice Hallam. John Esten Cooke. 2017. (ENG.). 326p. (J). pap. *(978-3-337-00046-2(0))* Creation Pubs.

Beatrice Hallam: A Novel (Classic Reprint) John Esten Cooke. (ENG., Illus.). (J). 2018. 324p. 30.58 *(978-0-267-32848-2(6))*; 2016. pap. 13.57 *(978-1-333-55088-2(X))* Forgotten Bks.

Beatrice Likes the Dark. April Genevieve Tucholke. Illus. by Khoa Le. 2022. (ENG.). 32p. (J). (gr. -1-3). 18.99 *(978-1-64375-157-3(3)*, 74157) Algonquin Young Readers.

Beatrice Mcbumblebee. Brian C. Hutson. 2022. 28p. (J). pap. 13.99 *(978-1-6678-4011-6(8))* BookBaby.

Beatrice More & the Perfect Party, 1 vol. Alison Hughes. Illus. by Helen Flook. 2019. (Orca Echoes Ser.). (ENG.). 104p. (J). (gr. 1-3). pap. 6.95 *(978-1-4598-1709-8(5))* Orca Bk. Pubs. USA.

Beatrice of Denewood: A Sequel to the Lucky Sixpence (Classic Reprint) Emilie Benson Knipe. (ENG., Illus.). (J). 2018. 402p. 32.21 *(978-0-484-47797-0(8))*; 2017. pap. 16.57 *(978-0-282-98907-1(2))* Forgotten Bks.

Beatrice of Venice (Classic Reprint) Max Pemberton. (ENG., Illus.). (J). 2018. 478p. 33.76 *(978-0-666-27762-6(1))*; 2017. pap. 16.57 *(978-0-259-21271-3(7))* Forgotten Bks.

Beatrice, or the Goldsmith's Daughter (Classic Reprint) Joseph Holt Ingraham. (ENG., Illus.). (J). 2018. 86p. 25.71 *(978-0-484-58386-2(7))*; 2016. pap. 9.57 *(978-1-334-15381-5(7))* Forgotten Bks.

Beatrice the Hip-Hop Bee. Susan Kent Reed. 2017. (ENG., Illus.). (J). (gr. k-5). pap. 7.95 *(978-0-9986447-0-7(6))* la Orilla Farm.

Beatrice Was a Tree. Joyce Hesselberth. 2021. (ENG., Illus.). 40p. (J). (gr. -1-3). 17.99 *(978-0-06-274126-4(8)*, Greenwillow Bks.) HarperCollins Pubs.

168

The check digit for ISBN-10 appears in parentheses after the full ISBN-13

Beatrice Zinker, Upside down Thinker. Shelley Johannes. Illus. by Shelley Johannes. 2017. (Beatrice Zinker, Upside down Thinker Ser.: 1). (ENG., Illus.). 160p. (J). (gr. 2-5). 14.99 *(978-1-4847-6738-2(1))* Hyperion Bks. for Children.

Beatrice Zinker, Upside down Thinker. Shelley Johannes. Illus. by Shelley Johannes. 2018. (Beatrice Zinker, Upside down Thinker Ser.: 1). (ENG., Illus.). 160p. (J). (gr. 2-5). pap. 5.99 *(978-1-4847-6814-3(0))* Little, Brown Bks. for Young Readers.

Beatrice Zinker, Upside down Thinker. Shelley Johannes. ed. 2018. (Beatrice Zinker, Upside down Thinker Ser.: 1). (J). lib. bdg. 16.00 *(978-0-606-40960-5(2))* Turtleback.

Beatrix of Clare (Classic Reprint) John Reed Scott. (ENG., Illus.). (J). 2018. 380p. 31.73 *(978-0-364-12756-8(2))*; 2016. pap. 16.57 *(978-1-333-28043-7(2))* Forgotten Bks.

Beatrix Potter & the Unfortunate Tale of a Borrowed Guinea Pig. Deborah Hopkinson. Illus. by Charlotte Voake. 2016. (ENG.). 44p. (J). (gr. -1-3). 17.99 *(978-0-385-37325-8(2)*, Schwartz & Wade Bks.) Random Hse. Children's Bks.

Beatrix Potter, Scientist. Lindsay H. Metcalf. Illus. by Junyi Wu. 2020. (She Made History Ser.). (ENG.). 32p. (J). (gr. -1-3). 16.99 *(978-0-8075-5175-2(9)*, 807551759) Whitman, Albert & Co.

Beatrix Potter's Beloved Tales: Includes the Tale of Tom Kitten, the Tale of Jemima Puddle-Duck, the Tale of Mr. Jeremy Fisher, the Tailor of Gloucester, & the Tale of Squirrel Nutkin. Beatrix Potter. 2018. (ENG., Illus.). 104p. (J). (gr. -1-7). 12.99 *(978-1-63158-358-2(1)*, Racehorse Publishing) Skyhorse Publishing Co., Inc.

Beatrix Rohan: A Novel (Classic Reprint) Harriet Lewis. 2017. (ENG., Illus.). (J). 33.51 *(978-0-331-16881-5(2))*; pap. 16.57 *(978-0-265-00538-5(8))* Forgotten Bks.

Beatrix the Bunny: Helps Buddy Make Friends: a Story for Those Who Struggle to Socialize. Hilary Russell. Illus. by Karen Penzel. 2019. (Beatrix the Bunny Ser.: Vol. 2). (ENG.). 40p. (J). 13.95 *(978-0-578-51195-5(9))* Russell, Hilary.

Beatrix the Bunny: Learns to Be Focused & Kind. Hilary Russell. Illus. by Karen Penzel. 2019. (Beatrix the Bunny Ser.: Vol. 1). (ENG.). 38p. (J). 13.95 *(978-0-578-50353-0(0))* Russell, Hilary.

Beatrix the Floppy Ear Bunny. Dawn Harvey Kittle & Lois Gunn. 2020. (ENG.). 28p. (J). pap. 19.99 *(978-1-63050-808-1(X))* Salem Author Services.

Beatryce Prophecy. Kate DiCamillo. Illus. by Sophie Blackall. (ENG.). 256p. (J). (gr. 3-7). 2023. pap. 14.99 *(978-1-5362-2645-4(9))*; 2021. 19.99 *(978-1-5362-1361-4(6))* Candlewick Pr.

Beatryce Prophecy: Gift Edition. Kate DiCamillo. Illus. by Sophie Blackall. gif. ed. 2021. (ENG.). 256p. (J). (gr. 3-7). 50.00 *(978-1-5362-1867-1(7))* Candlewick Pr.

Beatumall. Gloria Campbell. 2018. (ENG., Illus.). 38p. (J). pap. 13.95 *(978-1-63525-719-9(0))* Christian Faith Publishing.

Beau: The Wish You Should Never Wish. Nick James. 2018. (ENG., Illus.). 52p. (J). pap. *(978-1-912694-46-4(8))* Spiderwize.

Beau & Bett: A Modern Retelling of Beauty & the Beast. Kathryn Berla. 2019. (ENG.). 256p. (YA). (gr. 9-12). pap. 12.99 *(978-1-948705-44-8(3))* Amberjack Publishing Co.

Beau Chateau: Poemes et Rondes (Classic Reprint) Emilia Cuchet-Albaret. 2017. (FRE., Illus.). (J). pap. 10.57 *(978-0-282-84715-9(4))* Forgotten Bks.

Beau Château: Poèmes et Rondes (Classic Reprint) Emilia Cuchet-Albaret. 2018. (FRE., Illus.). 194p. (J). 27.90 *(978-0-666-30995-2(7))* Forgotten Bks.

Beau-Philosopher, or the History of the Chevalier de Mainvillers: Translated from the French Original (Classic Reprint) Genu Soalhat De Mainvilliers. (ENG., Illus.). (J). 2018. 290p. 29.88 *(978-0-484-40939-1(5))*; 2017. pap. 13.57 *(978-0-243-94062-2(9))* Forgotten Bks.

Beau Rand (Classic Reprint) Charles Alden Seltzer. (ENG., Illus.). (J). 2018. 332p. 30.74 *(978-0-365-14717-6(6))*; 2017. pap. 13.57 *(978-0-259-48233-8(1))* Forgotten Bks.

Beau Wants to Know. Brian Sullivan. Illus. by Laura Watson. 2020. (ENG.). 34p. (J). pap. 12.99 *(978-1-64921-912-1(1))* Primedia eLaunch LLC.

Beauchamp, or the Error, Vol. 3 Of 3: A Novel (Classic Reprint) George Payne Rainsford James. (ENG., Illus.). (J). 2018. 330p. 30.70 *(978-0-484-78547-1(8))*; 2016. pap. 13.57 *(978-1-334-13659-7(9))* Forgotten Bks.

Beauchamp, Vol. 1 Of 3: Or, the Error (Classic Reprint) George Payne Rainsford James. 2018. (ENG., Illus.). 324p. (J). 30.58 *(978-0-483-41914-8(1))* Forgotten Bks.

Beauchamp, Vol. 2 Of 3: Or the Error a Novel (Classic Reprint) George Payne Rainsford James. 2018. (ENG., Illus.). 316p. (J). 30.43 *(978-0-483-95601-8(5))* Forgotten Bks.

Beauchamp's Career (Classic Reprint) George Meredith. 2018. (ENG., Illus.). 536p. (J). 34.97 *(978-0-666-85276-2(6))* Forgotten Bks.

Beauchamp's Career, Vol. 1 of 3 (Classic Reprint) George Meredith. 2018. (ENG., Illus.). 322p. (J). 30.54 *(978-0-483-76456-9(6))* Forgotten Bks.

Beauchamp's Career, Vol. 2 of 3 (Classic Reprint) George Meredith. 2018. (ENG., Illus.). 328p. (J). 30.66 *(978-0-483-47757-5(5))* Forgotten Bks.

Beauchamp's Career, Vol. 3 of 3 (Classic Reprint) George Meredith. 2018. (ENG., Illus.). 368p. (J). 31.51 *(978-0-428-83786-0(7))* Forgotten Bks.

Beauclercs, Father & Son, Vol. 1 Of 3: A Novel (Classic Reprint) Charles Clarke. (ENG., Illus.). (J). 2018. 292p. 29.92 *(978-0-332-52604-1(6))*; 2016. pap. 13.57 *(978-1-334-15424-9(4))* Forgotten Bks.

Beauclercs Father & Son, Vol. 2 Of 3: A Novel (Classic Reprint) Charles Clarke. 2018. (ENG., Illus.). 312p. (J). 30.33 *(978-0-484-83161-1(5))* Forgotten Bks.

Beauclercs, Vol. 3 Of 3: Father & Son; a Novel (Classic Reprint) Charles Clarke. 2018. (ENG., Illus.). 294p. (J). 29.96 *(978-0-483-54843-5(X))* Forgotten Bks.

Beaufort Chums (Classic Reprint) Edwin Legrand Sabin. 2018. (ENG., Illus.). 294p. (J). 29.98 *(978-0-656-04394-1(6))* Forgotten Bks.

Beaufort the Painted Pony. Candyce Miller. Illus. by Jocelyn Sandor Urban. 2020. (ENG.). 34p. (J). 19.99 *(978-1-64237-517-6(9))* Gatekeeper Pr.

Beauforts: A Story of the Alleghanies (Classic Reprint) Cora Berkley. (ENG., Illus.). (J). 2018. 174p. 27.49 *(978-0-365-16662-7(6))*; 2017. pap. 9.97 *(978-1-5276-8683-0(3))* Forgotten Bks.

Beaujeu (Classic Reprint) Henry Christopher Bailey. (ENG., Illus.). (J). 2018. 350p. 31.12 *(978-0-267-46957-4(8))*; 2017. pap. 13.57 *(978-1-5276-37315-5(X))* Forgotten Bks.

Beauregard in a Box. Jessica Lee Hutchings. Illus. by Srimalie Bassani. 2018. (ENG.). 32p. (J). (gr. 1-3). 16.99 *(978-1-4867-1384-4(X)*, 9b0a7bce-d4ec-455c-a663-d3a1a0c1c3b5) Flowerpot Pr.

Beauregard the Fighting Fish. Laurie A. Perkins. 2019. (ENG.). 42p. (J). pap. *(978-0-359-89222-8(1))* Lulu Pr., Inc.

Beau's Beary Scary Adventure. Tammy McCammon Tracy. 2020. (ENG.). 34p. (J). pap. 15.40 *(978-1-68471-570-1(9))* Lulu Pr., Inc.

Beau's Comedy (Classic Reprint) Beulah Marie Dix. (ENG., Illus.). (J). 2018. 330p. 30.72 *(978-0-365-45768-8(X))*; 2017. pap. 13.57 *(978-1-5276-8774-5(0))* Forgotten Bks.

Beau's Ride. Bobbicat. 2018. (ENG., Illus.). (J). (gr. k-3). 19.99 *(978-1-63363-253-0(9))* White Bird Pubns.

Beauté Durmiente. Andy Mangels. Illus. by Lelo Alves. 2022. (Cuentos de Hadas Fracturados (Fractured Fairy Tales) Ser.).Tr. of Sleeping Beaute¿. (SPA.). 32p. (J). (gr. 3-8). lib. bdg. 32.79 *(978-1-0982-3492-8(8)*, 39881, Graphic Planet - Fiction) Magic Wagon.

Beauties of All the Magazines Selected, for the Year 1762, Vol. 1: Including the Several Original Comic Pieces (Classic Reprint) George Alexander Stevens. 2017. (ENG., Illus.). (J). pap. 19.57 *(978-0-243-91691-7(4))* Forgotten Bks.

Beauties of All the Magazines Selected, for the Year 1763, Vol. 2: Including the Several Original Comic Pieces (Classic Reprint) George Alexander Stevens. (ENG., Illus.). (J). 2018. 580p. 35.86 *(978-0-656-26357-8(1))*; 2017. pap. 19.57 *(978-0-259-18735-6(6))* Forgotten Bks.

Beauties of British Prose (Classic Reprint) Sidney Melmoth. (ENG., Illus.). (J). 2018. 364p. 31.40 *(978-0-483-51666-3(X))*; 2017. pap. 13.97 *(978-0-243-07909-4(5))* Forgotten Bks.

Beauties of Sterne: Including All His Pathetic Tales, & Most Distinguished Observations on Life; Selected for the Heart of Sensibility (Classic Reprint) Laurence Sterne. 2018. (ENG., Illus.). 252p. (J). 29.09 *(978-0-428-73794-8(3))* Forgotten Bks.

Beauties of Sterne: Including All His Pathetic Tales, & Most Distinguished, Observations on Life, Selected for the Heart of Sensibility (Classic Reprint) Laurence Sterne. 2018. (ENG., Illus.). 244p. (J). 28.95 *(978-0-483-18596-8(5))* Forgotten Bks.

Beauties of Sterne: Including Many of His Letters & Sermons, All His Pathetic Tales, Humorous Descriptions, & Most Distinguished Observations of Life (Classic Reprint) Laurence Sterne. (ENG., Illus.). (J). 2018. 326p. 30.64 *(978-0-332-07435-1(8))*; 2017. pap. 13.57 *(978-0-243-24917-6(9))* Forgotten Bks.

Beauties of Sterne: Including Many of His Letters & Sermons, All His Pathetic Tales, Humorous Descriptions, & Most Distinguished Observations on Life (Classic Reprint) Laurence Sterne. 2018. (ENG., Illus.). (J). 356p. 31.26 *(978-0-364-41936-6(9))*; 370p. 31.55 *(978-0-483-00970-7(9))* Forgotten Bks.

Beauties of Sterne, Including All His Pathetic Tales, & Most Distinguished Observations on Life: Selected for the Heart of Sensibility (Classic Reprint) Laurence Sterne. 2017. (ENG., Illus.). (J). 268p. 29.42 *(978-0-332-35337-1(0))*; pap. 11.97 *(978-0-259-23191-2(6))* Forgotten Bks.

Beauties of Washington Irving (Classic Reprint) Washington. Irving. (ENG., Illus.). (J). 2018. 268p. 29.44 *(978-1-396-27356-8(5))*; 2017. 268p. pap. 11.97 *(978-1-396-05847-9(8))*; 2017. 29.51 *(978-0-265-19287-0(0))* Forgotten Bks.

Beautiful. Renée Ahdieh. (Beautiful Quartet Ser.: 1). (ENG.). (YA). (gr. 7). 2021. 480p. pap. 5.99 *(978-1-5247-3819-8(0)*, Penguin Books); 2021. 480p. pap. 12.99 *(978-0-593-46266-9(1)*, G.P. Putnam's Sons Books for Young Readers); 2019. 448p. 18.99 *(978-1-5247-3817-4(4)*, G.P. Putnam's Sons Books for Young Readers) Penguin Young Readers Group.

Beautiful. Lori Anne. 2021. (ENG., Illus.). 30p. (J). 21.95 *(978-1-63961-233-8(5))*; pap. 10.95 *(978-1-0980-9422-5(0))* Christian Faith Publishing.

Beautiful. Mendi Joi Carrington. 2019. (ENG.). 48p. (J). 25.95 *(978-1-0980-1373-8(5))*; pap. 15.95 *(978-1-64492-346-7(7))* Christian Faith Publishing.

Beautiful. Stacy McAnulty. Illus. by Joanne Lew-Vriethoff. 2016. (ENG.). 32p. (J). (gr. -1-1). 17.99 *(978-0-7624-5781-6(3)*, Running Pr. Kids) Running Pr.

Beautiful: A Girl's Trip Through the Looking Glass. Marie D'Abreo. Illus. by Marie D'Abreo. 2018. (ENG., Illus.). 134p. (J). (gr. 3-7). 18.99 *(978-0-9915285-1-6(4))* Far Out Pr.

Beautiful: Game of Crones. Marie D'Abreo. Illus. by Marie D'Abreo. 2019. (Beautiful Ser.: Vol. 3). (ENG., Illus.). 156p. (J). (gr. 3-6). 18.99 *(978-1-7333589-1-0(9))*; pap. 10.99 *(978-0-9915285-9-2(X))* Far Out Pr.

Beautiful: Living with the Frenemy. Marie D'Abreo. Illus. by Marie D'Abreo. 2018. (ENG., Illus.). 150p. (J). (gr. 3-7). 18.99 *(978-0-9915285-8-5(1))* Far Out Pr.

Beautiful: Living with the Frenemy. Marie D'Abreo. Illus. by Marie D'Abreo. 2018. (Beautiful Ser.: Vol. 2). (ENG., Illus.). 150p. (J). pap. 10.99 *(978-0-9915285-7-8(3))* Susso.

Beautiful: Un Voyage à Travers le Miroir. Tr. by Lingopro Solutions & Isabelle Goyer. Illus. by Marie D'Abreo. 2019. (Beautiful Ser.: Vol. 1). (FRE.). 134p. (J). (gr. 3-7). pap. 10.99 *(978-0-9915285-3-0(0))* Far Out Pr.

Beautiful Alien (Classic Reprint) Julia Magruder. 2018. (ENG., Illus.). 240p. (J). 28.85 *(978-0-483-71829-6(7))* Forgotten Bks.

Beautiful America Geography of the United States Book for Curious Girls Social Studies 5th Grade Children's Geography & Cultures Books. Baby Professor. 2021. (ENG.). 72p. (J). 27.99 *(978-1-5419-8496-7(X))*; pap. 16.99 *(978-1-5419-4996-6(X))* Speedy Publishing LLC. (Baby Professor (Education Kids)).

Beautiful And. Amber Stowe. 2018. (ENG., Illus.). 26p. (J). (gr. k-3). pap. 5.95 *(978-1-7324237-0-1(9))* Stowe, Amber.

Beautiful & Damned (Classic Reprint) F. Scott Fitzgerald. 2017. (ENG., Illus.). (J). 33.36 *(978-1-5281-5022-4(8))* Forgotten Bks.

Beautiful & Inspiring Doodles & Designs - Antistress Coloring Book. Activibooks. 2016. (ENG., Illus.). (J). pap. 9.20 *(978-1-68321-000-9(X))* Mimaxion.

Beautiful & Ugly State Flags Coloring Book. Bobo's Children Activity Books. 2016. (ENG., Illus.). (J). pap. 9.33 *(978-1-68327-629-6(9))* Sunshine In My Soul Publishing.

Beautiful Animal Designs - Coloring Books Relaxation Edition. Activity Attic Books. 2016. (ENG., Illus.). (J). pap. 7.74 *(978-1-68323-086-1(8))* Twin Flame Productions.

Beautiful Animals to Design & Color Coloring Book. Activity Book Zone for Kids. 2016. (ENG., Illus.). (J). pap. 9.20 *(978-1-68376-413-7(7))* Sabeels Publishing.

Beautiful Architecture Coloring Book of Buildings Structures Coloring for 9 Year Old. Educando Kids. 2019. (ENG.). 42p. (J). pap. 6.99 *(978-1-64521-127-3(4)*, Educando Kids) Editorial Imagen.

Beautiful Baby. Bob Hartman. Illus. by Ruth Hearson. ed. 2019. (Bob Hartman's Baby Board Bks.). (ENG.). 10p. (J). (— 1). bds. 9.99 *(978-0-7459-7789-8(8)*, f494ef82-c79f-4da6-8bc0-e29177c373ed, Lion Children's) Lion Hudson PLC GBR. Dist: Baker & Taylor Publisher Services (BTPS).

Beautiful Ballerinas. Heidi Adelman. 2016. (Illus.). 32p. (J). *(978-1-4896-4775-7(9))* Weigl Pubs., Inc.

Beautiful Baseball Bat. Patricia L. Vecchiarelli. 2021. (ENG.). 30p. (J). *(978-0-2288-3164-8(4))*; pap. *(978-0-2288-3163-1(6))* Tellwell Talent.

Beautiful-Being an Empowered Young Woman. Naomi Katz. 2016. (ENG., Illus.). 154p. (J). pap. 16.95 *(978-1-59687-441-1(4)*, ipicturebooks) ibooks, Inc.

Beautiful, Being an Empowered Young Woman (2nd Ed.) Naomi Katz. 2020. (ENG., Illus.). 294p. (J). pap. 27.95 *(978-1-59687-860-0(6)*, ipicturebooks) ibooks, Inc.

Beautiful Bertha (Classic Reprint) Louisa Caroline Tuthill. (ENG., Illus.). (J). 2018. 272p. 29.53 *(978-0-267-35547-1(5))*; 2016. pap. 11.97 *(978-1-334-17209-0(9))* Forgotten Bks.

Beautiful Biomes (Set), 6 vols. Elizabeth Andrews. 2021. (Beautiful Biomes Ser.). (ENG.). 24p. (J). (gr. k-3). lib. bdg. 188.16 *(978-1-0982-4099-8(5)*, 38762, Pop! Cody Koala) Pop!.

Beautiful Bird Without a Name, or a True Kentucky Girl (Classic Reprint) Belle Peterson. 2016. (ENG., Illus.). (J). pap. 13.57 *(978-1-333-70392-9(9))* Forgotten Bks.

Beautiful Birds, 12 vols. 2022. (Beautiful Birds Ser.). (ENG.). 24p. (J). (gr. k-k). lib. bdg. 145.62 *(978-1-5382-8140-6(6)*, 02afe4d6-0734-40b3-b48f-600cf07e30a3) Stevens, Gareth Publishing LLLP.

Beautiful Birds, 1 vol. Harold Morris. 2022. (Backyard Science Ser.). (ENG.). 24p. (J). (gr. k-2). pap. *(978-1-0396-4653-7(0)*, 17163); lib. bdg. *(978-1-0396-4462-5(7)*, 16221) Crabtree Publishing Co. (Crabtree Seedlings).

Beautiful Birds. Kristen Rajczak Nelson. 2022. (Beautiful Birds Ser.). (ENG.). 24p. (J). pap. 51.90 *(978-1-5382-8203-8(8))* Stevens, Gareth Publishing LLLP.

Beautiful Birds (Classic Reprint) Edmund Selous. 2018. (ENG., Illus.). 240p. (J). 28.85 *(978-0-332-91516-6(6))* Forgotten Bks.

Beautiful Birds Coloring Book: Simple Large Print Coloring Pages with 64 Birds & Flowers: Beautiful Hummingbirds, Owls, Eagles, Peacocks, Doves & More, Stress Relieving Designs for Good Vibes & Relaxation. Vanessa Smith. 2021. (ENG.). 68p. (J). pap. 9.99 *(978-1-63998-600-2(6))* Brumby Kids.

Beautiful Birds in Far-Off Lands. Mary Kirby & Elizabeth Kirby. 2017. (ENG.). 276p. (J). pap. *(978-3-337-41434-4(6))* Creation Pubs.

Beautiful Birds in Far-Off Lands: Their Haunts & Homes (Classic Reprint) Mary Kirby. 2017. (ENG., Illus.). (J). 29.77 *(978-0-331-97981-7(0))* Forgotten Bks.

Beautiful Birds of Planet Earth Coloring Book. Bobo's Adult Activity Books. 2016. (ENG., Illus.). (J). pap. 9.33 *(978-1-68327-606-7(X))* Sunshine In My Soul Publishing.

Beautiful Birds to Hang on Refrigerators Coloring Book. Activity Attic Books. 2016. (ENG., Illus.). (J). pap. 7.74 *(978-1-68323-728-0(5))* Twin Flame Productions.

Beautiful Black Boy. Lakeila Hamilton. 2020. (ENG.). 12p. (J). pap. 14.99 *(978-1-716-75530-9(1))* Lulu Pr., Inc.

Beautiful Blossoms Artistic Flower Coloring Book. Jupiter Kids. 2017. (ENG., Illus.). (J). pap. 9.20 *(978-1-68326-629-7(3)*, Jupiter Kids (Childrens & Kids Fiction)) Speedy Publishing LLC.

Beautiful Blue World. Suzanne LaFleur. 2017. (ENG., Illus.). 240p. (J). (gr. 3-7). pap. 8.99 *(978-0-307-98032-8(4)*, Yearling) Random Hse. Children's Bks.

Beautiful Book for Little Children. John L. Shorey. 2018. (ENG.). 136p. (J). pap. *(978-3-337-41693-5(4))* Creation Pubs.

Beautiful Book for Little Children (Classic Reprint) John Shorey. 2017. (ENG., Illus.). (J). 26.66 *(978-0-265-22350-5(4))* Forgotten Bks.

Beautiful Boy, It's Okay to Cry. Breyanna D. Chism. 2021. (ENG.). 26p. (J). pap. 12.99 *(978-1-948708-50-0(7))* HATCHBACK Publishing.

Beautiful Broken Girls. Kim Savage. 2018. (ENG.). 352p. (YA). pap. 14.99 *(978-1-250-14416-4(7)*, 900180623) Square Fish.

Beautiful Brown Boys. Kimberly Harville. 2023. 28p. (J). pap. 15.00 ***(978-1-7369859-1-5(4))*** BookBaby.

Beautiful Bugs. Melanie Bridges & Camilla de la Bedoyere. 2020. (In Focus: Bugs Ser.). (ENG., Illus.). 32p. (J). (gr. 2-5). lib. bdg. 29.32 *(978-0-7112-4806-9(0)*, 095339e4-272f-44ee-933f-7a92df31eb5f) QEB Publishing Inc.

Beautiful Butterflies: A 4D Book. Melissa Higgins. 2019. (Little Entomologist 4D Ser.). (ENG., Illus.). 32p. (J). (gr. -1-2). lib. bdg. 30.65 *(978-1-9771-0343-7(X)*, 139327) Capstone.

Beautiful Butterflies Coloring Book for Adults: Amazing Butterfly Colouring Book Pictures for Relaxation ... Coloring Book for Adults for Stress Relief. Elli Steele. 2021. (ENG.). 82p. (YA). pap. 9.29 *(978-1-008-99422-5(7))* Lulu Pr., Inc.

Beautiful Butterfly. Marcello Pennacchio. 2022. (ENG.). 34p. (J). pap. *(978-1-922727-34-3(2))* Linellen Pr.

Beautiful Butterfly Chefs: Easy to Make Recipes for Kids! Star Devyne Harris & Demi Sky Harris. 2019. (ENG., Illus.). 30p. (J). (gr. k-6). pap. 9.99 *(978-1-943284-54-2(7))* A2Z Bks. Publishing.

Beautiful Butterfly Patterns for a Peaceful Me Time Coloring Books 6-8. Educando Kids. 2019. (ENG.). 42p. (J). pap. 6.99 *(978-1-64521-058-0(8)*, Educando Kids) Editorial Imagen.

Beautiful Caribbean Rainbow Islands. Doreen Crick. 2018. (ENG., Illus.). 32p. (J). pap. *(978-0-2288-0498-7(1))* Tellwell Talent.

Beautiful Child of Mine. Kenya Neely. 2017. (ENG., Illus.). 24p. (J). pap. 12.95 *(978-1-64028-296-4(3))* Christian Faith Publishing.

Beautiful Coloring Book for Adults: Relaxing Coloring Pages for Adults & Kids with Flowers, Mandala & More Woderful Pages. Elli Steele. 2021. (ENG.). 92p. (YA). pap. 9.69 *(978-1-716-56547-2(2))* Lulu Pr., Inc.

Beautiful Coloring Book for Adults with Birds: Amazing Birds Coloring Book for Stress Relieving with Gorgeus Bird Designs. Elli Steele. 2021. (ENG.). 106p. (YA). pap. 10.29 *(978-1-716-23736-2(X))* Lulu Pr., Inc.

Beautiful Colt & Filly Coloring Book. Activity Book Zone for Kids. 2016. (ENG., Illus.). (J). pap. 9.20 *(978-1-68376-414-4(5))* Sabeels Publishing.

Beautiful Curly Me. Ona Zoe Oli. 2020. (ENG., Illus.). 26p. (J). 18.99 *(978-1-7345572-1-3(4))* Curly & Confident Publishing.

Beautiful Dance - Te Ruoia Ae Tamaaroa (Te Kiribati) Samson Leri. Illus. by Jay-R Pagud. 2023. (ENG.). 28p. (J). pap. ***(978-1-922844-73-6(X))*** Library For All Limited.

Beautiful Day. Latonya Savage. 2020. (ENG.). 32p. (J). pap. 19.99 *(978-1-63221-399-0(0))* Salem Author Services.

Beautiful Day in the Neighborhood: The Poetry of Mister Rogers. Fred Rogers. Illus. by Luke Flowers. 2019. (Mister Rogers Poetry Bks.: 1). 144p. (J). (gr. 1-3). 19.99 *(978-1-68369-113-6(X))* Quirk Bks.

Beautiful Designs I Can Make Color by Number Art Special. Educando Kids. 2019. (ENG.). 42p. (J). pap. 8.55 *(978-1-64521-675-9(6)*, Educando Kids) Editorial Imagen.

Beautiful Easter Coloring Book for Adults: Amazing Easter Coloring Book for Adults with Beautiful Eggs Design, Tangled Ornaments, & More! Elli Steele. 2021. (ENG.). 64p. (YA). pap. 9.29 *(978-1-008-99560-4(6))* Lulu Pr., Inc.

Beautiful Eggs. Alice Lindstrom. 2021. (ENG.). 20p. (J). (gr. -1-2). bds. 12.99 *(978-1-950354-43-6(1))* Scribe Pubns. AUS. Dist: Consortium Bk. Sales & Distribution.

Beautiful End (Classic Reprint) Constance Holme. 2018. (ENG., Illus.). 296p. (J). 30.02 *(978-0-666-88540-1(0))* Forgotten Bks.

Beautiful Enemy. Vanessa Garden. 2017. (ENG., Illus.). (J). pap. *(978-1-77339-296-7(4))* Evernight Publishing.

Beautiful Exotic Animals to Color Coloring Book. Kreativ Entspannen. 2016. (ENG., Illus.). (J). pap. 9.20 *(978-1-68377-302-3(0))* Whlke, Traudl.

Beautiful Flower Dot-To-Dot Book: 40 Drawings to Complete Yourself. Gareth Moore. 2018. (ENG.). 96p. pap. 12.99 *(978-1-4721-4047-0(8)*, Robinson) Little, Brown Book Group Ltd. GBR. Dist: Hachette Bk. Group.

Beautiful Flowers: And Other Selections (Classic Reprint) Unknown Author. 2018. (ENG., Illus.). 62p. (J). 25.20 *(978-0-267-26183-3(7))* Forgotten Bks.

Beautiful Flowers Coloring Book. Kimba Wiggins. 2022. (ENG.). 48p. (J). pap. ***(978-1-387-59415-3(X))*** Lulu Pr., Inc.

Beautiful Flowers Coloring Book for Children. Jose Valladares. 2021. (Volume 1 Ser.: Vol. 1). (ENG.). 102p. (J). pap. 11.89 *(978-0-578-86701-4(X))* CircleSquare Projections.

Beautiful Game: Survival. Jason Quinn. Illus. by Lalit Kumar Sharma. 2017. (Campfire Graphic Novels Ser.: 9). 160p. (J). (gr. 5). pap. 12.99 *(978-93-81182-11-6(6)*, Campfire) Steerforth Pr.

Beautiful Garden. David H. Eichen. 2019. (ENG.). 34p. (J). 24.95 *(978-1-64299-504-6(5))*; pap. 14.95 *(978-1-64299-502-2(9))* Christian Faith Publishing.

Beautiful Garden of Eden. Gary Bower. Illus. by Barbara Chotiner. 2017. (Faith That God Built Book Ser.). (ENG.). 32p. (J). 14.99 *(978-1-4964-1743-5(7)*, 20_28618, Tyndale Kids) Tyndale Hse. Pubs.

Beautiful Gate: And Other Tales (Classic Reprint) Caroline Chesebro'. (ENG., Illus.). (J). 2018. 248p. 29.01 *(978-0-656-01264-0(1))*; 2017. pap. 11.57 *(978-0-259-49766-0(5))* Forgotten Bks.

Beautiful Ghosts. David J. Rouzzo. 2020. (ENG.). 169p. (YA). pap. *(978-1-716-97052-8(0))* Lulu Pr., Inc.

Beautiful Girl. Ciara Ijames. Illus. by Anak Bulu. 2022. (ENG.). 20p. (J). pap. 9.99 *(978-1-0879-1087-1(0))* CI Publishing Group.

Beautiful Girl: Celebrating the Wonders of Your Body. Christiane Northrup & Kristina Tracy. 2020. (Illus.). 28p. (J). (gr. -1-3). 16.99 *(978-1-4019-6101-5(0))* Hay Hse., Inc.

Beautiful Girl Like You. Nikki Rogers. Illus. by Nikki Rogers. (ENG., Illus.). (J). (gr. k-5). 2020. 30p. *(978-0-6483562-5-7(6))*; 2021. 32p. pap. *(978-0-6487232-5-7(9))* Created To Be.

Beautiful Girlhood. Mabel Hale. 2020. (ENG.). 224p. (J). 12.99 *(978-1-64352-529-7(8)*, Barbour Bks.) Barbour Publishing, Inc.

Beautiful, Godly Expressions. Iesha Phelps. 2022. (ENG.). 62p. (YA). pap. 13.95 ***(978-1-63844-677-4(6))*** Christian Faith Publishing.

Beautiful Hair. Roshni Rountree. 2019. (ENG.). 38p. (J). 14.95 *(978-1-64307-135-0(1))* Amplify Publishing Group.

Beautiful Heart Coloring Book for Adults: Beautiful Heart Coloring Book for Stress Relief & Relaxation. Elli Steele. 2021. (ENG.). 106p. (YA). pap. 10.29 *(978-1-716-27243-1(2))* Lulu Pr., Inc.

Beautiful in Music. Eduard Hanslick. 2017. (ENG.). 180p. (J). pap. *(978-3-337-08554-4(7))* Creation Pubs.

Beautiful Jim, of the Blankshire Regiment. John Strange Winter. 2017. (ENG.). 320p. (J). pap. *(978-3-337-41230-2(0))* Creation Pubs.

Beautiful Jim, of the Blankshire Regiment (Classic Reprint) John Strange Winter. (ENG., Illus.). (J). 2018.

B

304p. 30.21 (978-0-483-13461-4(9)); 2017. pap. 13.57 (978-0-243-40528-2(6)) Forgotten Bks.

Beautiful Joe. Marshall Saunders. 2020. (ENG.). 380p. (J). pap. 9.95 (978-1-61104-694-6(7)) Cedar Lake Pubns.

Beautiful Joe. Marshall Saunders. 2017. (ENG.). 364p. (J). pap. (978-3-337-11980-5(8)) Creation Pubs.

Beautiful Joe. Marshall Saunders. 2023. (ENG.). 210p. (YA). pap. **(978-1-329-95311-6(8))** Lulu Pr., Inc.

Beautiful Joe: An Autobiography (Classic Reprint) Marshall Saunders. 2017. (ENG., Illus.). (J). 31.65 (978-1-5279-7541-5(X)) Forgotten Bks.

Beautiful Joe: An Autobiography of a Dog. Marshall Saunders. 2019. (ENG.). 238p. (J). 19.95 (978-1-61895-570-8(5)) Bibliotech Pr.

Beautiful Joe: An Autobiography of a Dog. Marshall Saunders. 2017. (ENG., Illus.). (J). 25.95 (978-1-374-89098-5(7)); pap. 15.95 (978-1-374-89097-8(9)) Capital Communications, Inc.

Beautiful Joe's Paradise, or the Island of Brotherly Love: A Sequel to 'Beautiful Joe' (Classic Reprint) Marshall Saunders. (ENG., Illus.). (J). 2017. 32.46 (978-1-5282-6429-7(0)); 2016. pap. 16.57 (978-1-334-15308-2(6)) Forgotten Bks.

Beautiful Journey. Michelle St Claire. 2021. (HAT.). 50p. (J). pap. 12.99 (978-1-945891-70-0(X)) May 3rd Bks., Inc.

Beautiful Journey: A Choice between Friendship & a Chance for Love. Gary Seeary. 2017. (YA). (978-0-6480028-0-2(2)) Seeary, Gary Bks.

Beautiful Just the Way I Ambaby & Toddler Size & Shape. Baby Iq Builder Books. 2016. (ENG., Illus.). (J). pap. 8.99 (978-1-68374-757-4(7)) Examined Solutions PTE. Ltd.

Beautiful... Just the Way You Are. Alan J. L. Gaines. 2020. (ENG.). 278p. (YA). (gr. 7-12). 55.00 (978-1-5136-5537-6(X)) Gaines, Alan.

Beautiful... Just the Way You Are. Alan J. L. Gaines. Illus. by Charity Neal. 2020. (ENG.). 278p. (YA). (gr. 7-12). pap. 25.00 (978-1-5136-5536-9(1)) Gaines, Alan.

Beautiful Lady (Classic Reprint) Booth Tarkington. 2018. (ENG., Illus.). 178p. (J). 27.59 (978-0-364-82603-4(7)) Forgotten Bks.

Beautiful Land of Nod. Ella Wheeler Wilcox. 2017. (ENG., Illus.). (J). pap. (978-0-649-02762-0(0)) Trieste Publishing Pty Ltd.

Beautiful Land of Nod (Classic Reprint) Ella Wheeler Wilcox. (ENG., Illus.). (J). 2018. 158p. 27.16 (978-0-483-78712-4(4)); 2017. pap. 9.57 (978-0-243-57481-0(9)) Forgotten Bks.

Beautiful Little Star. Sylva Nnaekpe. 2019. (ENG., Illus.). 30p. (J). (gr. k-4). 22.95 (978-1-951792-06-0(8)); pap. 11.95 (978-1-951792-05-3(X)) SILSNORRA LLC.

Beautiful Little Star Activity Book. Sylva Nnaekpe. 2019. (ENG., Illus.). 28p. (J). (gr. k-4). pap. 6.45 (978-1-951792-40-4(8)) SILSNORRA LLC.

Beautiful Little Star Notebook. Silsnorra LLC. 2020. (ENG.). 72p. (J). pap. 9.99 (978-1-951792-81-7(5)); pap. 9.99 (978-1-951792-78-7(5)) SILSNORRA LLC.

Beautiful Little Star Notebooks. Silsnorra LLC. 2020. (ENG.). 72p. (J). pap. 9.99 (978-1-951792-90-9(4)) SILSNORRA LLC.

Beautiful Little Star Ruled NoteBook. Publishing Silsnorra. 2019. (ENG., Illus.). 72p. (J). pap. 9.99 (978-1-951792-41-1(6)); 19.99 (978-1-951792-01-5(7)) SILSNORRA LLC.

Beautiful Little Star Ruled Notebook. Publishing Silsnorra. 2019. (ENG., Illus.). 72p. (J). (gr. k-4). pap. 9.99 (978-1-951792-00-8(9)) SILSNORRA LLC.

Beautiful Lost. Luanne Rice. (ENG.). 304p. (YA). (gr. 7-7). 2019. pap. 9.99 (978-1-338-31631-5(1)); 2017. 18.99 (978-1-338-11107-1(8)) Scholastic, Inc.

Beautiful Mamma: And Other Stories (Classic Reprint) Winifred Graham. (ENG., Illus.). (J). 2018. 262p. 29.30 (978-0-267-94731-7(3)); 2017. pap. 11.97 (978-0-259-20280-6(0)) Forgotten Bks.

Beautiful Mandalas & Patterns Adult Coloring Books Stress Relieving Patterns Edition. Activity Attic Books. 2016. (ENG., Illus.). (J). pap. 7.74 (978-1-68323-013-7(2)) Twin Flame Productions.

Beautiful Mandalas for Relaxation: Mandala Coloring Collection. Activibooks. 2016. (ENG., Illus.). (J). pap. 9.20 (978-1-68321-115-0(4)) Mimaxion.

Beautiful Me. Rachel Malone Saar. Illus. by Jack Golden. 2020. (ENG.). 28p. (J). pap. 10.99 (978-0-578-76410-8(5)) Brookstone Pr.

Beautiful Morning. Michelle Harrison & Johnnie Harrison. 2021. (ENG.). 22p. (J). 9.99 (978-1-7361861-2-1(4)); pap. 5.99 (978-1-7361861-0-7(8)) Honey Ink Publishing LLC.

Beautiful Mrs. Davenant: A Novel of Love & Mystery (Classic Reprint) Violet Tweedale. 2018. (ENG., Illus.). 324p. (J). 30.58 (978-0-483-69516-0(5)) Forgotten Bks.

Beautiful Mystery: What's up with Modesty? Heather Thieneman. 2020. (ENG., Illus.). 112p. (J). 16.99 (978-1-5271-0526-3(1), 3918d821-4881-43dc-aaf4-affc526f0b8c, CF4Kids) Christian Focus Pubns. GBR. Dist: Baker & Taylor Publisher Services (BTPS).

Beautiful Nature Color by Numbers. Duncan Smith. 2021. (Arcturus Color by Numbers Collection: 16). (ENG.). 128p. (J). pap. 12.99 (978-1-83940-737-6(9), 963d298b-2193-43d9-9fa7-993021320275) Arcturus Publishing GBR. Dist: Baker & Taylor Publisher Services (BTPS).

Beautiful Nightmare: The Pursuit of the American Dream. Lauren Britt Washington. 2022. (ENG.). 236p. (YA). pap. 17.95 **(978-1-6624-6956-5(X))** Page Publishing Inc.

Beautiful Notebooks. L. L. C. Silsnorra. 2019. (ENG.). 72p. (J). (gr. k-4). pap. 9.99 (978-1-951792-48-0(3)); pap. 10.60 (978-1-951792-50-3(5)); pap. 10.60 (978-1-951792-51-0(3)); pap. 10.60 (978-1-951792-52-7(1)); pap. 10.60 (978-1-951792-61-9(0)); pap. 10.62 (978-1-951792-59-6(9)); pap. 10.60 (978-1-951792-47-3(5)); pap. 10.60 (978-1-951792-55-8(6)); pap. 10.60 (978-1-951792-56-5(4)); pap. 10.60 (978-1-951792-57-2(2)); pap. 10.60 (978-1-951792-58-9(0)); pap. 10.60 (978-1-951792-60-2(2)) SILSNORRA LLC.

Beautiful Old Fairy. Cathy A. Norton. 2021. (ENG., Illus.). 42p. (J). 25.95 (978-1-63881-308-8(6)); pap. 15.95 (978-1-63692-334-5(8)) Newman Springs Publishing, Inc.

Beautiful One. Marilyn Zerance. 2021. (ENG., Illus.). 44p. (J). 26.95 (978-1-68517-886-4(3)) Christian Faith Publishing.

Beautiful Ones. Emily Hayse. 2021. (ENG.). 404p. (YA). pap. 17.99 (978-1-7332428-4-4(8)) Hayse, Emily.

Beautiful Page, or Child of Romance: Being the Interesting History of a Baronet's Daughter; Intended As an Instructive Lesson for Youth (Classic Reprint) Unknown Author. 2018. (ENG., Illus.). 158p. (J). 27.20 (978-0-484-81763-9(9)) Forgotten Bks.

Beautiful Queen of Leix, or the Self-Consumed: An Irish Tale; Mount Orient; a Tale (Classic Reprint) Gerald Griffin. 2018. (ENG., Illus.). 68p. (J). 25.32 (978-0-483-80841-6(5)) Forgotten Bks.

Beautiful Rebel: A Romance of Upper Canada in Eighteen Hundred & Twelve (Classic Reprint) Wilfred Campbell. 2018. (ENG., Illus.). 322p. (J). 30.56 (978-0-483-97379-4(3)) Forgotten Bks.

Beautiful Rose. Jessica Jean Garrison. 2019. (ENG., Illus.). 30p. (J). 19.99 (978-1-950034-80-2(1)) Yorkshire Publishing Group.

Beautiful Scars. E. S. Favero. 2018. (ENG., Illus.). 216p. (YA). pap. 16.95 (978-1-64258-162-1(3)) Christian Faith Publishing.

Beautiful Scenery at the Midwest & the Great Plains United States Geography Grade 5 Children's Geography & Cultures Books. Baby Professor. 2021. (ENG.). 72p. (J). 27.99 (978-1-5419-8498-1(6)); pap. 16.99 (978-1-5419-6077-0(7)) Speedy Publishing LLC. (Baby Professor (Education Kids)).

Beautiful Seashells for Relaxation Coloring Book. Jupiter Kids. 2016. (ENG., Illus.). 108p. (J). pap. 12.55 (978-1-68326-284-8(0), Jupiter Kids (Childrens & Kids Fiction)) Speedy Publishing LLC.

Beautiful Shades of Brown: The Art of Laura Wheeler Waring. Nancy Churnin. Illus. by Felicia Marshall. 2020. (ENG.). 36p. (J). (gr. 1-4). 18.99 (978-1-939547-65-1(2), 315dee66-20ac-4128-9c9a-4e52693bdfba) Creston Bks.

Beautiful Shapes: A Great Dot to Dot Activity Book. Smarter Activity Books for Kids. 2016. (ENG., Illus.). (J). pap. 9.22 (978-1-68374-190-9(0)) Examined Solutions PTE. Ltd.

Beautiful Signs: When Someone You Love Dies. Julie Donovan. Illus. by Kate Solenova. 2021. (ENG.). 42p. (J). 19.99 (978-1-946629-91-3(X)); pap. 12.99 (978-1-946629-88-3(X)) Performance Publishing Group.

Beautiful Sister. Beth P. Bolden. Illus. by Sonny Heston. 2021. (ENG.). 26p. (J). pap. 11.99 (978-1-7325964-1-2(7)) Southampton Publishing.

Beautiful Sketchbook (Because of Love) A Blank Sketchbook with 100 Pages Suitable for Sketching, Drawing, & Art. This Blank Sketchbook May Make a Loving Gift. James Manning. 2019. (Beautiful Sketchbook Ser.: Vol. 2). (ENG.). 100p. (YA). pap. (978-1-83884-070-9(2)) Coloring Pages.

Beautiful Something Else. Ash Van Otterloo. 2023. (ENG.). 288p. (J). (gr. 3-7). 17.99 (978-1-338-84322-4(2), Scholastic Pr.) Scholastic, Inc.

Beautiful Soul (Classic Reprint) Florence Marryat. 2017. (ENG., Illus.). (J). 29.77 (978-0-331-86379-6(0)); pap. 13.57 (978-0-259-17215-4(4)) Forgotten Bks.

Beautiful Spirograph's to Color Coloring Book. Bobo's Adult Activity Books. 2016. (ENG., Illus.). (J). pap. 9.33 (978-1-68327-519-0(5)) Sunshine In My Soul Publishing.

Beautiful Spring Day with Grandma. Ruth McNeil & Kelvin McNeil, Jr. Illus. by Olin Tri Djasfar. 2021. (Mcneil's Grandmother Ser.). (ENG.). 24p. (J). pap. 9.99 (978-1-934214-94-7(9)) OurRainbow Pr., LLC.

Beautiful Stories about Children (Classic Reprint) Charles Dickens. 2018. (ENG., Illus.). 322p. (J). 30.54 (978-0-483-34867-7(8)) Forgotten Bks.

Beautiful Stories from Shakespeare. E. Nesbit. 2017. (ENG., Illus.). (J). pap. 14.95 (978-1-374-81663-3(9)) Capital Communications, Inc.

Beautiful Stories from Shakespeare. E. Nesbit. 2017. (Classics with Ruskin Ser.: Vol. 4). (ENG., Illus.). 240p. (YA). (gr. 7-12). pap. (978-93-87164-36-9(5)) Speaking Tiger Publishing.

Beautiful Stories from Shakespeare. Edith. Nesbit. 2019. (ENG.). 122p. (J). pap. 6.99 (978-1-4209-6241-3(8)) Digireads.com Publishing.

Beautiful Stories from Shakespeare. Edith. Nesbit. 2018. (ENG., Illus.). 116p. (J). 14.99 (978-1-5154-3375-0(7)) Wilder Pubns., Corp.

Beautiful Stories from Shakespeare for Children. E. Nesbit. Illus. by Arthur Rackham. 2018. 192p. (J). (gr. 3-8). 14.99 (978-1-63158-274-5(7), Racehorse Publishing) Skyhorse Publishing Co., Inc.

Beautiful Story Within Me. Kelly Wilson Mize. Illus. by Mark Brayer. 2021. (ENG.). 36p. (J). 19.99 (978-1-64990-999-2(3)); pap. 14.99 (978-1-63837-485-5(6)) Palmetto Publishing.

Beautiful Struggle (Adapted for Young Adults) Ta-Nehisi Coates. (ENG.). 176p. (YA). (gr. 7). 2022. pap. 11.99 (978-1-9848-9405-2(6), Ember); 2021. (Illus.). 17.99 (978-1-9848-9402-1(1), Delacorte Pr.) Random Hse. Children's Bks.

Beautiful, the Crummy & the Brave. Davide Susanna. 2020. (ENG.). 132p. (J). (978-1-4602-9967-8(1)); pap. (978-1-4602-9968-5(X)) FriesenPress.

Beautiful Things in Life! Penelope Dyan. Illus. by Dyan. l.t. ed. 2021. (ENG.). 34p. (J). pap. 12.60 (978-1-61477-556-0(7)) Bellissima Publishing, LLC.

Beautiful Transformation of Bridget the Butterfly. Tiffany Bird-Acharjee et al. 2023. (ENG.). 28p. (J). **(978-1-312-35614-6(6))** Lulu Pr., Inc.

Beautiful Valentine's Day Coloring Book Adults: Beautiful Valentine's Day Adult Coloring Book: Stress Relieving. Elli Steele. 2021. (ENG.). 124p. (YA). pap. 10.95 (978-1-716-21587-2(0)) Lulu Pr., Inc.

Beautiful Victim of ELM City (Classic Reprint) Unknown Author. 2017. (ENG., Illus.). (J). 25.34 (978-0-266-16693-1(8)) Forgotten Bks.

Beautiful Wales (Classic Reprint) Edward Thomas. (ENG., Illus.). (J). 2017. 34.68 (978-0-331-76605-9(1)); 2016. pap. 19.57 (978-1-333-13288-0(3)) Forgotten Bks.

Beautiful Waters: Devoted to the Memphremagog Region in History, Legend, Anecdote, Folklore, Poetry, Drama (Classic Reprint) William Bryant Bullock. 2017. (ENG., Illus.). (J). 29.49 (978-0-331-37208-3(8)); pap. 11.97 (978-0-282-54810-0(6)) Forgotten Bks.

Beautiful White Devil (Classic Reprint) Guy Newell Boothby. 2018. (ENG., Illus.). 310p. (J). 30.29 (978-0-483-44118-7(X)) Forgotten Bks.

Beautiful Wild. Anna Godbersen. (ENG.). (YA). (gr. 9). 2021. 384p. pap. 10.99 (978-0-06-267986-4(4)); 2020. 368p. 18.99 (978-0-06-267985-7(6)) HarperCollins Pubs. (HarperTeen).

Beautiful Without Hair. Jamie Clark. 2022. (ENG., Illus.). 50p. (J). pap. 17.95 **(978-1-68517-866-6(9))** Christian Faith Publishing.

Beautiful Women Portraits Coloring Book: Amazing Coloring Book for Adult, Girls, for Women, Teen Girls, Older Girls, Tweens, Teenagers, Girls of All Ages & Adults. Elli Steele. 2021. (ENG.). 56p. (YA). pap. 9.29 (978-1-008-99918-3(0)) Lulu Pr., Inc.

Beautiful, Wonderful, Strong Little Me! Hannah Dias. Illus. by Dolly Georgieva-Gode. 2018. (ENG.). 34p. (J). (gr. k-5). pap. 9.99 (978-1-63233-169-4(1)) Elfrig Publishing.

Beautiful Woodland, Swish Swish Fish Fish: A Book about Being on the Spectrum in More Colourful Ways Than One. Cathi A G. Illus. by Robin DeWitt. 2021. (ENG.). 36p. (J). (978-1-5255-6565-6(6)); pap. (978-1-5255-6566-3(4)) FriesenPress.

Beautiful Works of God: A Poem, Scriptures, & Discussion about Celebrating God for His Creations. Adapted by The Children's Bible Project. 2022. (Devotional Poetry for Kids Ser.). (ENG.). 32p. (J). 26.00 **(978-1-7369361-9-1(0))**; pap. 15.00 **(978-1-7369361-8-4(2))** Children's Bible Project, The.

Beautiful World, Beautiful You. Erika Peterson. Illus. by Erika Peterson. 2021. (ENG.). 32p. (J). 17.99 **(978-1-0880-0437-1(7))** Indy Pub.

Beautiful World of River Dancing Coloring Book. Kreative Kids. 2016. (ENG., Illus.). (J). pap. 9.20 (978-1-68377-357-3(8)) Whike, Traudl.

Beautiful Wretch (Classic Reprint) William Black. 2018. (ENG., Illus.). 346p. (J). 31.05 (978-0-483-89368-9(4)) Forgotten Bks.

Beautiful Wretch; the Four Macnicols; the Pupil of Aurelius, Vol. 3 Of 3: Three Stories, in Three Volumes (Classic Reprint) William Black. 2018. (ENG., Illus.). 238p. (J). 28.81 (978-0-332-63829-4(4)) Forgotten Bks.

Beautiful Wretch, Vol. 1: The Four Macnicols, the Pupil of Aurelius, Three Stories (Classic Reprint) William Black. 2017. (ENG., Illus.). 254p. (J). 29.14 (978-0-332-53814-3(1)) Forgotten Bks.

Beautiful Wretch, Vol. 2 Of 3: The Four Macnicols, the Pupil of Aurelius, Three Stories (Classic Reprint) William Black. 2018. (ENG., Illus.). 254p. (J). 29.16 (978-0-483-66461-6(8)) Forgotten Bks.

Beautiful Years: A Tale of Childhood (Classic Reprint) Henry Williamson. 2017. (ENG., Illus.). (J). 29.44 (978-0-266-78034-2(2)) Forgotten Bks.

Beautiful You. Destiny Fowler. 2017. (ENG., Illus.). (J). (gr. k-2). pap. 15.00 (978-1-59755-432-9(4), Advantage BibleStudy) Advantage Bks.

Beautiful You, Beautiful Me. Tasha Spillett-Sumner. Illus. by Salini Perera. 2022. (ENG.). 32p. (J). (gr. 1). 18.95 (978-1-77147-452-8(1)) Owlkids Bks. Inc. CAN. Dist: Publishers Group West (PGW).

Beautifully BAD Wanda: A True Story of When Being Bad Is Good. Kathi G. Stogner. 2019. (ENG.). 248p. (YA). pap. 15.99 (978-1-5456-6147-5(2), Mill City Press, Inc) Salem Author Services.

Beautifully Biracial: A Young Adoptee's Journey to Love Herself. Becky Cortesi-Caruso. Illus. by Delaney Lovecchio. 2021. (ENG.). 40p. (J). pap. 12.99 (978-1-946932-16-7(7)) Marcinson Pr.

Beautifully Broken: From the Horizon Home Series, 1 vol. Samantha Baily. 2019. (ENG.). 156p. (YA). pap. 14.99 (978-1-4003-2488-0(2)) Elm Hill.

Beautifully Brown. Candice Tavares. 2021. (ENG.). 34p. (J). pap. 18.99 (978-1-6678-1133-8(9)) BookBaby.

Beautifully Dressed Disney Characters Coloring Book. Bobo's Children Activity Books. 2016. (ENG., Illus.). (J). pap. 9.33 (978-1-68327-630-2(2)) Sunshine In My Soul Publishing.

Beautifully Intricate Bird Feathers Coloring Book. Jupiter Kids. 2016. (ENG., Illus.). 106p. (J). pap. 12.55 (978-1-68326-285-5(9), Jupiter Kids (Childrens & Kids Fiction)) Speedy Publishing LLC.

Beautifully Made. Tiffiny D. James. 2021. (ENG., Illus.). 24p. (J). pap. 15.95 (978-1-63874-122-0(0)) Christian Faith Publishing.

Beautifully Me. Nabela Noor. Illus. by Nabi H. Ali. 2021. (ENG.). 40p. (J). (gr. -1-3). 17.99 (978-1-5344-8587-7(2), Simon & Schuster Bks. For Young Readers) Simon & Schuster Bks. For Young Readers.

Beauty: A Retelling of Beauty & the Beast. Robin McKinley. 2018. (ENG.). 320p. (J). (gr. 3-7). pap. 7.99 (978-0-06-280345-0(X), Greenwillow Bks.) HarperCollins Pubs.

Beauty & Bernice, 1 vol. Nancy Viau. Illus. by Timothy Young. 2018. (ENG.). 144p. (gr. 3-6). 12.99 (978-0-7643-5580-6(5), 9951) Schiffer Publishing, Ltd.

Beauty & Grace. Brittany Allen. 2017. (ENG., Illus.). (YA). pap. 12.95 (978-1-63575-171-0(3)) Christian Faith Publishing.

Beauty & Mary: Blair a Novel (Classic Reprint) Ethel M. Kelley. 2018. (ENG., Illus.). 290p. (J). 29.88 (978-0-483-97154-7(5)) Forgotten Bks.

Beauty & Nick: A Novel of the Stage & the Home the Artistic Temperament in Fateful Action (Classic Reprint) Philip Gibbs. 2018. (ENG., Illus.). (J). 32.11 (978-0-260-26262-2(5)) Forgotten Bks.

Beauty & Peace in Grace. Susan Leffler. 2016. (ENG., Illus.). (J). pap. 10.00 (978-0-9906244-5-5(5)) Leffler, Susan.

Beauty & the Barista. Andy Mangels. 2020. (Fractured Fairy Tales Ser.). (ENG., Illus.). 24p. (J). (gr. 3-8). lib. bdg. 32.79 (978-1-5321-3973-4(X), 36503, Graphic Planet - Fiction) Magic Wagon.

Beauty & the Beak: How Science, Technology, & a 3D-Printed Beak Rescued a Bald Eagle. Deborah Lee Rose & Jane Veltkamp. (ENG., Illus.). 48p. (J). 2019. 8.95 (978-1-943978-38-0(7), cdbd169f-e256-4494-86dd-7df1674592ca, Persnickety Pr.); 2017. 16.95 (978-1-943978-28-1(X), cc5c92b2-046b-42b5-a6f3-9f6675edab83) WunderMill, Inc.

Beauty & the Beast see Belle et la Bete

Beauty & the Beast. Anonymous. 2018. (ENG.). 26p. (J). pap. (978-93-5297-183-1(3)) Alpha Editions.

Beauty & the Beast, Yen Binh. 2017. (VIE., Illus.). (J). pap. (978-604-957-784-0(6)) Van hoc.

Beauty & the Beast. Campbell Books. Illus. by Dan Taylor. 2023. (First Stories Ser.). (ENG.). 10p. (J). bds. 8.99 **(978-1-0350-1612-9(5)**, 900292764, Campbell Bks.) Pan Macmillan GBR. Dist: Macmillan.

Beauty & the Beast. Eleanor Vere Boyle. 2017. (Calla Editions Ser.). (ENG.). 112p. 25.00 (978-1-60660-103-7(2), 601032) Dover Pubns., Inc.

Beauty & the Beast. Mahlon F. Craft. Illus. by Kinuko Y. Craft. 2016. (ENG.). 32p. (J). (gr. -1-3). 19.99 (978-0-06-053919-1(4), HarperCollins) HarperCollins Pubs.

Beauty & the Beast. Walter Crane. 2017. (ENG., Illus.). 44p. (J). pap. 11.98 (978-1-939652-82-9(0)) Lire Bks.

Beauty & the Beast. Kate Davies & Anna Award. 2017. (ENG., Illus.). 24p. (J). pap. 6.00 (978-1-84135-965-6(3)) Award Pubns. Ltd. GBR. Dist: Parkwest Pubns., Inc.

Beauty & the Beast. Gabrielle Suzanne Barbot De Villeneuve. 2017. (ENG., Illus.). 90p. (J). (978-1-365-79356-1(7)) Lulu Pr., Inc.

Beauty & the Beast. Jessica Gunderson. Illus. by Thais Damiao. 2020. (Discover Graphics: Fairy Tales Ser.). (ENG.). 32p. (J). (gr. k-2). pap. 6.95 (978-1-5158-7271-9(8), 201229); lib. bdg. 21.32 (978-1-5158-7117-0(7), 199338) Capstone. (Picture Window Bks.).

Beauty & the Beast. Melissa Lagonegro. 2017. (Illus.). 24p. (J). (978-1-5182-3646-4(4)) Random Hse., Inc.

Beauty & the Beast. An Leysen. 2017. (ENG., Illus.). 56p. (J). (gr. k-k). 19.95 (978-1-60537-251-8(X)) Clavis ROM. Dist: Publishers Group West (PGW).

Beauty & the Beast. Arthur Quiller-Couch. Illus. by Ángel Domínguez. 2017. (ENG.). 96p. (J). (gr. 2-7). 12.99 (978-1-63158-115-1(5), Racehorse Publishing) Skyhorse Publishing Co., Inc.

Beauty & the Beast. Illus. by Annabel Spenceley. 2017. 24p. (J). (gr. -1-12). pap. 7.99 (978-1-86147-817-7(8), Armadillo) Anness Publishing GBR. Dist: National Bk. Network.

Beauty & the Beast. Evan Spiliotopoulos et al. 2017. 275p. (J). (978-1-368-00765-8(1)) Disney Publishing Worldwide.

Beauty & the Beast. Bobbi Jg Weiss. Illus. by Colleen Doran. 2020. (Disney Princesses Ser.). (ENG.). 48p. (J). (gr. 2-6). lib. bdg. 32.79 (978-1-5321-4558-2(6), 35205, Graphic Novels) Spotlight.

Beauty & the Beast. Melissa Lagonegro. ed. 2017. (Disney Princess Step into Reading Ser.). lib. bdg. 14.75 (978-0-606-39855-8(4)) Turtleback.

Beauty & the Beast. Jeanne-Marie Leprince De Beaumont. abr. ed. 2019. (ENG., Illus.). 26p. (J). pap. 8.99 (978-0-7396-0464-9(3)) Inspired Studios Inc.

Beauty & the Beast: A Fairy Extravaganza, in Two Acts (Classic Reprint) J. R. Planche. 2017. (ENG., Illus.). (J). (gr. 3-7). 24.68 (978-1-5284-6882-4(1)) Forgotten Bks.

Beauty & the Beast: A Favorite Story in Rhythm & Rhyme. Jonathan Peale. Illus. by Christina Larkins. 2020. (Fairy Tale Tunes Ser.). (ENG.). 20p. (J). (gr. -1-3). bds. 7.99 (978-1-5158-6095-2(7), 142375) Cantata Learning.

Beauty & the Beast: A Play: a Play in Two Acts for Young Actors. Millie Hardy-Sims. 2021. (ENG.). 111p. pap. (978-1-312-30993-7(8)) Lulu Pr., Inc.

Beauty & the Beast: A Tale; for the Entertainment of Juvenile Readers; Ornamented with Elegant Engravings (Classic Reprint) Unknown Author. 2017. (ENG., Illus.). (J). 24.89 (978-0-266-24053-2(4)) Forgotten Bks.

Beauty & the Beast: A Traditional Family Pantomime. Brian Luff. 2021. (ENG.). 89p. (J). pap. (978-1-6780-8794-4(7)) Lulu Pr., Inc.

Beauty & the Beast: Abridged Fairy Tales for Children. Wonder House Books. 2018. (5 Minutes Fairy Tales Ser.). (ENG.). 16p. (J). (gr. -1-k). bds. 5.99 **(978-93-88144-47-6(3))** Prakash Bk. Depot IND. Dist: Independent Pubs. Group.

Beauty & the Beast: An Essay in Evolutionary Aesthetic (Classic Reprint) Stewart A. McDowall. (ENG., Illus.). (J). 2018. 102p. 26.02 (978-0-267-54587-2(8)); 2016. pap. 9.57 (978-1-333-47576-5(4)) Forgotten Bks.

Beauty & the Beast: An Illustrated Fairy Tale Classic. Brittany Fichter. Illus. by Rebecca E. Paavo. 2018. (Illustrated Fairy Tale Classics Ser.: Vol. 1). (ENG.). 40p. (J). 18.99 (978-1-949710-02-1(5)) Fichter, Brittany.

Beauty & the Beast: An Interactive Fairy Tale Adventure. Matt Doeden. Illus. by Sabrina Miramon. 2018. (You Choose: Fractured Fairy Tales Ser.). (ENG.). 112p. (J). (gr. 3-7). lib. bdg. 32.65 (978-1-5435-3007-0(9), 138604, Capstone Pr.) Capstone.

Beauty & the Beast: Blanch & Rosalinda (Classic Reprint) Unknown Author. 2017. (ENG., Illus.). (J). 24.76 (978-1-5284-6415-4(X)) Forgotten Bks.

Beauty & the Beast: Lost in a Book. Jennifer Donnelly. 2019. 48p. (J). (gr. 5-9). pap. 10.99 (978-1-368-05768-4(3), Disney Press Books) Disney Publishing Worldwide.

Beauty & the Beast: Picture Book, Containing Beauty & the Beast; the Frog Prince; the Hind in the Wood (Classic Reprint) Walter Crane. 2017. (ENG., Illus.). (J). 25.24 (978-1-5279-6112-8(5)) Forgotten Bks.

Beauty & the Beast: Picture Book Containing Beauty & the Beast; the Frog Prince; the Hind in the Wood; with the Original Coloured Designs (Classic Reprint) Walter Crane. 2016. (ENG., Illus.). (J). pap. 9.57 (978-1-333-51907-0(9)) Forgotten Bks.

Beauty & the Beast: Tales of Home (Classic Reprint) Bayard Taylor. 2017. (ENG., Illus.). (J). 31.03 (978-0-266-18058-6(2)) Forgotten Bks.

Beauty & the Beast: The Enchantment. Disney Book Group & Eric Geron. Illus. by Disney Book Group. 2017. (ENG.,

170

The check digit for ISBN-10 appears in parentheses after the full ISBN-13

Illus.). 24p. (J). (gr. -1-k). pap. 5.99 *(978-1-4847-8283-5(6))* Disney Pr.

Beauty & the Beast - Recorder Fun! Pack with Songbook & Instrument. Composed by Alan Menken et al. 2017. (ENG.). 24p. (J). pap. 9.99 *(978-1-4950-9550-4(9),* 00235594) Leonard, Hal Corp.

Beauty & the Beast: a Story about Trust (Tales to Grow By) Illus. by Alejandro O'Kif. 2020. (Tales to Grow By Ser.). (ENG.). 32p. (J). (gr. k-1). pap. 6.95 *(978-0-531-24621-4(3),* Children's Pr.) Scholastic Library Publishing.

Beauty & the Beast: a Story about Trust (Tales to Grow by) (Library Edition) Illus. by Alejandro O'Kif. 2020. (Tales to Grow By Ser.). (ENG.). 32p. (J). (gr. k-1). lib. bdg. 26.00 *(978-0-531-23187-6(9),* Children's Pr.) Scholastic Library Publishing.

Beauty & the Beast & Tales of Home. Bayard Taylor. 2017. (ENG., Illus.). (J). 24.95 *(978-1-374-94973-7(6));* pap. 14.95 *(978-1-374-94972-0(8))* Capital Communications, Inc.

Beauty & the Beast: Band 13/Topaz (Collins Big Cat) Michael Morpurgo. 2017. (Collins Big Cat Tales Ser.). (ENG., Illus.). 32p. (J). (gr. 2-3). pap. 10.99 *(978-0-00-817933-5(6))* HarperCollins Pubs. Ltd. GBR. Dist: Independent Pubs. Group.

Beauty & the Beast Big Golden Book (Disney Beauty & the Beast) Melissa Lagonegro. Illus. by RH Disney. 2017. (Big Golden Book Ser.). (ENG.). 48p. (J). (gr. -1-2). 9.99 *(978-0-7364-3575-8(1),* Golden/Disney) Random Hse. Children's Bks.

Beauty & the Beast (Classic Reprint) Unknown Author. 2017. (ENG., Illus.). (J). 24.33 *(978-0-265-58097-4(8));* pap. 7.97 *(978-0-282-86408-8(3))* Forgotten Bks.

Beauty & the Beast (Classic Reprint) Walter Crane. (ENG., Illus.). (J). 2017. 24.37 *(978-0-331-60643-0(7));* 2016. pap. 7.97 *(978-1-333-22970-2(4))* Forgotten Bks.

Beauty & the Beast (Classic Reprint) Charles Lamb. 2017. (ENG., Illus.). (J). 25.86 *(978-1-5281-4298-4(5))* Forgotten Bks.

Beauty & the Beast (Classic Reprint) Charles Perrault. (ENG., Illus.). (J). 2017. 24.45 *(978-1-5279-7374-9(3));* 2016. pap. 7.97 *(978-1-333-76713-6(7))* Forgotten Bks.

Beauty & the Beast (Classic Reprint) Miss Thackeray. 2018. (ENG., Illus.). (J). 108p. 26.12 *(978-0-428-19153-5(3));* 110p. pap. 9.57 *(978-0-428-18582-4(7))* Forgotten Bks.

Beauty & the Beast (Classic Reprint) Caroline Wasson Thomason. 2017. (ENG., Illus.). (J). 24.91 *(978-0-266-27701-9(2))* Forgotten Bks.

Beauty & the Beast Coloring Book for Children (6x9 Coloring Book / Activity Book) Sheba Blake. 2021. (ENG.). 26p. (J). pap. 9.99 *(978-1-222-29030-1(8))* Indy Pub.

Beauty & the Beast Coloring Book for Children (8. 5x8. 5 Coloring Book / Activity Book) Sheba Blake. 2021. (ENG.). 26p. (J). pap. 12.99 *(978-1-222-29187-2(8))* Indy Pub.

Beauty & the Beast Coloring Book for Children (8x10 Coloring Book / Activity Book) Sheba Blake. 2021. (ENG.). 26p. (J). pap. 14.99 *(978-1-222-29031-8(6))* Indy Pub.

Beauty & the Beast Deluxe Step into Reading (Disney Beauty & the Beast) Melissa Lagonegro. Illus. by RH Disney. 2017. (Step into Reading Ser.). (ENG.). 24p. (J). (gr. -1-1). pap. 5.99 *(978-0-7364-3594-9(8),* RH/Disney) Random Hse. Children's Bks.

Beauty & the Beast, Level 2: Something More. Disney Book Group & Eric Geron. Illus. by Disney Book Group. 2017. (World of Reading Ser.). (ENG., Illus.). 32p. (J). (gr. 1-3). pap. 4.99 *(978-1-4847-8284-2(4))* Disney Pr.

Beauty & the Beast Novelization. Disney Editors. ed. 2017. 275p. (J). lib. bdg. 19.65 *(978-0-606-40201-9(2))* Turtleback.

Beauty & the Beast (Plus Jake) An Untraditional Graphic Novel. Jasmine Walls. Illus. by Vincent Batignole. 2023. (I Fell into a Fairy Tale Ser.). (ENG.). 32p. (J). 25.32 *(978-1-6690-1501-7(7),* 245427); pap. 6.99 *(978-1-6690-1498-0(3),* 245412) Capstone. (Stone Arch Bks.).

Beauty & the Beast Stories Around the World see Bella y la Bestia: 3 Cuentros Predilectos de Alrededor Del Mundo

Beauty & the Beast Stories Around the World: 3 Beloved Tales. Cari Meister. Illus. by Colleen Madden et al. 2016. (Multicultural Fairy Tales Ser.). (ENG.). 32p. (J). (gr. k-2). pap. 6.95 *(978-1-5158-0414-7(3),* 132546, Picture Window Bks.) Capstone.

Beauty & the Beast, Vol. 1 Of 3: A Novel (Classic Reprint) Sarah Tytler. 2017. (ENG., Illus.). (J). 30.39 *(978-1-5283-6157-6(1))* Forgotten Bks.

Beauty & the Beast, Vol. 2 Of 3: A Novel (Classic Reprint) Sarah Tytler. 2017. (ENG., Illus.). (J). 30.83 *(978-1-5282-7959-8(X))* Forgotten Bks.

Beauty & the Beast, Vol. 3 Of 3: A Novel (Classic Reprint) Sarah Tytler. 2017. (ENG., Illus.). (J). 30.81 *(978-1-5279-7057-1(4))* Forgotten Bks.

Beauty & the Besharam. Lillie Vale. 2022. 400p. (YA). (gr. 7). 17.99 *(978-0-593-35087-4(1),* Viking Books for Young Readers) Penguin Young Readers Group.

Beauty & the Bolshevist (Classic Reprint) Alice Duer Miller. (ENG., Illus.). (J). 2018. 132p. 26.64 *(978-1-397-18511-2(2));* 2018. 134p. pap. 9.57 *(978-1-397-18497-9(3));* 2018. 136p. 26.70 *(978-0-483-44140-8(6));* 2016. pap. 9.57 *(978-1-334-16669-3(2))* Forgotten Bks.

Beauty & the Dreaded Sea Beast: A Graphic Novel. Louise Simonson. Illus. by Otis Frampton. 2019. (Far Out Fairy Tales Ser.). (ENG.). 40p. (J). (gr. 3-6). pap. 5.95 *(978-1-4965-8442-7(2),* 140967); lib. bdg. 25.32 *(978-1-4965-8393-2(0),* 140684) Capstone. (Stone Arch Bks.).

Beauty & the Freak. Jackie Bateman. 2022. (ENG.). 256p. (J). pap. *(978-0-3695-0634-4(0))* Evernight Publishing.

Beauty & the Vampire. Zoey Hunter. 2018. (ENG.). 240p. (J). pap. 13.99 *(978-0-9984868-5-7(X))* Dark Ink Media.

Beauty Beneath the Waves Coloring Book. Activibooks For Kids. 2016. (ENG., Illus.). (J). pap. 9.20 *(978-1-68321-755-8(1))* Mimaxion.

Beauty Blitz. Stephanie Turnbull. 2016. (Sleepover Secrets Ser.). 24p. (gr. 2-6). 28.50 *(978-1-62588-376-6(5),* Smart Apple Media) Black Rabbit Bks.

Beauty, Brains & Reaching Goals. D. Williams. 2021. (ENG.). 100p. (YA). pap. 15.50 *(978-1-300-58461-2(0))* Lulu Pr., Inc.

Beauty (Classic Reprint) Rupert Hughes. 2018. (ENG., Illus.). 428p. (J). 32.72 *(978-0-483-67751-7(5))* Forgotten Bks.

Beauty (Classic Reprint) Wilson Woodrow. 2018. (ENG., Illus.). 342p. (J). 30.95 *(978-0-483-51129-3(3))* Forgotten Bks.

Beauty for Ashes. Kaye Kirkland. 2017. (ENG., Illus.). (J). 32.99 *(978-1-4834-7489-2(5));* pap. 15.99 *(978-1-4834-7487-8(9))* Lulu Pr., Inc.

Beauty for Ashes: A Comedy of Caste (Classic Reprint) Desmond Coke. (ENG., Illus.). (J). 2019. 366p. 31.45 *(978-0-365-13037-6(0));* 2017. pap. 13.97 *(978-0-259-38315-4(5))* Forgotten Bks.

Beauty for Ashes (Classic Reprint) Albion Fellows Bacon. 2018. (ENG., Illus.). 436p. (J). 32.89 *(978-0-365-38967-5(6))* Forgotten Bks.

Beauty for Ashes (Classic Reprint) Joan Sutherland. (ENG., Illus.). (J). 2018. 384p. 31.84 *(978-0-364-10725-6(1));* 2017. pap. 16.57 *(978-0-259-19274-9(0))* Forgotten Bks.

Beauty from Ashes. Pamela Hart. 2022. (ENG.). 204p. (YA). 25.95 ***(978-1-0980-9647-2(9))***; pap. 15.95 ***(978-1-0980-9645-8(2))*** Christian Faith Publishing.

Beauty from Within. Leanna May. 2021. (ENG.). 186p. (YA). *(978-1-008-97231-5(2))* Lulu Pr., Inc.

Beauty Hacks. Rebecca Rissman & Mary Boone. 2017. (Beauty Hacks Ser.). (ENG., Illus.). 48p. (J). (gr. 4-8). 135.96 *(978-1-5157-6835-7(X),* 26589, Capstone Pr.) Capstone.

Beauty in Art Inspired by Nature. Mario Fontenla. 2021. (ENG.). 48p. (J). 35.00 *(978-1-6671-3974-6(6))* Lulu Pr., Inc.

Beauty in Mahogany. Janell Jones. 2017. (ENG., Illus.). (J). 9.95 *(978-0-692-87205-5(1))* Melanin Grace Publishing, LLC.

Beauty in Me. Elsie Guerrero. Illus. by Jerome Vernell. 2019. (ENG.). 28p. (J). (gr. 1-6). 19.99 *(978-1-7327573-7-0(2))* Elsie Publishing Co.

Beauty in Me. Elsie Guerrero. Illus. by Jerome Vernell Jr. 2017. (ENG.). (J). pap. 9.95 *(978-1-947825-83-3(6))* Yorkshire Publishing Group.

Beauty in the Breakdown. Tegan Anderson. 2022. (ENG.). 282p. (YA). 36.99 *(978-1-716-05792-2(2));* pap. 15.99 *(978-1-716-04213-3(5))* Lulu Pr., Inc.

Beauty Is Not Flawless. Tanya England. 2021. (ENG.). 200p. pap. *(978-1-6671-4501-3(0))* Lulu Pr., Inc.

Beauty Mark: A Verse Novel of Marilyn Monroe. Carole Boston Weatherford. 2020. (ENG.). 192p. (YA). (gr. 9). 19.99 *(978-1-5362-0629-6(6))* Candlewick Pr.

Beauty of Creation: The First Week. Brian Nyamagudza. 2019. (ENG., Illus.). 32p. (J). *(978-0-2288-2417-6(6));* pap. *(978-0-2288-1420-7(0))* Tellwell Talent.

Beauty of Darkness: The Remnant Chronicles, Book Three. Mary E. Pearson. 2017. (Remnant Chronicles Ser.: 3). (ENG.). 688p. (YA). pap. 14.99 *(978-1-250-11531-7(0),* 900157585) Square Fish.

Beauty of Horror Coloring Book: An Adult Horror Coloring Book Featuring over 30 Pages of Giant Super Jumbo Large Designs of Beautiful Horror Creatures for Stress Relief & Relaxation. Beatrice Harrison. 2020. (ENG.). 34p. (YA). pap. 7.86 *(978-1-716-52466-0(0))* Lulu Pr., Inc.

Beauty of Love in Those We Shame. Cheurlie Pierre-Russell. 2019. (ENG., Illus.). 52p. (J). (gr. 1-6). pap. 14.99 *(978-1-0878-0766-9(2))* J3Russell, LLC.

Beauty of Mistakes: A Tangled Story. Thea C. Feldman. 2019. (Disney Learning Everyday Stories Ser.). (ENG., Illus.). 32p. (J). (gr. k-3). lib. bdg. 31.99 *(978-1-5415-5487-0(6),* 9781541554870, Lerner Pubns.) Lerner Publishing Group.

Beauty of Mistakes: A Tangled Story. Thea C. Feldman. 2019. (Disney Learning Everyday Stories Ser.). (ENG., Illus.). 32p. (J). (gr. k-3). pap. 8.99 *(978-1-5415-7392-5(7),* 9781541573925, Lerner Pubns.) Lerner Publishing Group.

Beauty of My Skin. Cecily Cline Walton. Illus. by Alyssa Liles-Amponsah. 2019. (ENG.). 30p. (J). pap. 9.99 *(978-1-7324712-6-9(6))* 13th & Joan.

Beauty of the King: Jesus Displayed in the Riches of His Grace. Richard Newton. 2018. (ENG., Illus.). 252p. (YA). (gr. 7-12). pap. 22.00 *(978-1-59925-380-0(1))* Solid Ground Christian Bks.

Beauty of the Moment. Tanaz Bhathena. 2020. (ENG.). 400p. (YA). pap. 10.99 *(978-1-250-23383-7(6),* 900186335) Square Fish.

Beauty of Woman's Faith: A Tale of Southern Life (Classic Reprint) Unknown Author. (ENG., Illus.). (J). 2017. 30.54 *(978-0-266-40626-6(2));* 2016. pap. 13.57 *(978-1-333-44849-3(X))* Forgotten Bks.

Beauty Queen (Whatever After #7) Sarah Mlynowski. 2016. (Whatever After Ser.: 7). (ENG.). 176p. (J). (gr. 3-7). pap. 6.99 *(978-0-545-74657-1(4),* Scholastic Pr.) Scholastic, Inc.

Beauty Spot: And Other Stories (Classic Reprint) Alfred De Musset. (ENG., Illus.). (J). 2018. 302p. 30.17 *(978-0-332-78642-1(0));* 2016. pap. 13.57 *(978-1-334-12960-5(6))* Forgotten Bks.

Beauty Talbot, Vol. 1 of 3 (Classic Reprint) Percy Fitzgerald. (ENG., Illus.). (J). 2018. 922p. 42.91 *(978-0-666-98930-7(3));* 2017. pap. 25.25 *(978-0-243-47796-8(1))* Forgotten Bks.

Beauty That Remains. Ashley Woodfolk. 336p. (YA). (gr. 9). 2019. pap. 9.99 *(978-1-5247-1590-8(5),* Ember); 2018. (Illus.). 17.99 *(978-1-5247-1587-8(5),* Delacorte Pr.) Random Hse. Children's Bks.

Beauty Tips: Coloring Journal. Agnes De Bezenac & Salem De Bezenac. Illus. by Agnes De Bezenac. 2019. (ENG., Illus.). 198p. (J). (gr. 5-6). pap. 9.00 *(978-1-63474-297-9(4));* (Pretty Joys Ser.: Vol. 8). 16.00 *(978-1-63474-298-6(2))* iCharacter.org. (Kidible).

Beauty Trials-A Belles Novel. Dhonielle Clayton. 2023. (Belles Ser.: 3). (ENG.). 352p. (YA). (gr. 7-12). 18.99 *(978-1-368-04692-3(4),* Disney-Hyperion) Disney Publishing Worldwide.

Beauty's Curse. C. S. Johnson. 2020. (ENG.). 180p. (YA). 24.99 ***(978-1-943934-32-4(0))*** Dire Wolf Bks.

Beauty's Daughters (Classic Reprint) Margaret Wolfe. 2018. (ENG., Illus.). 386p. (J). 31.88 *(978-0-483-58056-5(2))* Forgotten Bks.

Beauty's Gift. C. S. Johnson. 2020. (ENG.). 216p. (YA). 19.99 *(978-1-943934-35-5(5))* Dire Wolf Bks.

Beauty's Kiss. C. S. Johnson. 2020. (ENG.). 224p. (YA). 19.99 *(978-1-943934-34-8(7))* Dire Wolf Bks.

Beauty's Quest. C. S. Johnson. 2020. (ENG.). 222p. (YA). 24.99 ***(978-1-943934-33-1(9))*** Dire Wolf Bks.

Beaux & the Dandies: Nash, Brummell, & d'Orsay with Their Courts (Classic Reprint) Clare Jerrold. (ENG., Illus.). (J). 2017. 398p. 32.11 *(978-0-332-93675-8(9));* 2016. pap. 16.57 *(978-1-334-13194-3(5))* Forgotten Bks.

Beauxregard the Dachshund Finds His Forever Home. Kathy Dix Haskins. 2021. (ENG.). 22p. (J). pap. 13.95 *(978-1-63692-174-7(4))* Newman Springs Publishing, Inc.

Beaver. August Hoeft. (I See Animals Ser.). (ENG.). (J). (gr. k-1). 2022. 20p. 24.99 ***(978-1-5324-3389-4(1))***; 2022. 20p. pap. 12.99 ***(978-1-5324-4192-9(4))***; 2020. 12p. pap. 5.99 *(978-1-5324-1470-1(6))* Xist Publishing.

Beaver. Jessica Rudolph. 2016. (J). lib. bdg. *(978-1-62724-822-8(6))* Bearport Publishing Co., Inc.

Beaver & Badger. Maribeth Boelts. 2016. (Spring Forward Ser.). (J). (gr. 2). *(978-1-4900-9422-9(9))* Benchmark Education Co.

Beaver & Otter Get along... Sort Of: A Story of Grit & Patience Between Neighbors. Sneed B. Collard, III. Illus. by Meg Sodano. 2021. 40p. (J). (gr. -1-5). 16.99 *(978-1-7282-3224-9(4),* Dawn Pubns.) Sourcebooks, Inc.

Beaver & the Muskrat. B. Smith. Illus. by Joseph Koensgen. 2017. (ENG.). (J). pap. *(978-1-4602-9924-1(8))* FriesenPress.

Beaver Bev. Megan Borgert-Spaniol. Illus. by Jeff Crowther. 2023. (Let's Look at Fall (Pull Ahead Readers — Fiction) Ser.). (ENG.). 16p. (J). (gr. -1-1). pap. 8.99 Lerner Publishing Group.

Beaver Bridge Park. Lynda Russell Gibson. 2017. (ENG., Illus.). (J). pap. 23.95 *(978-1-5127-7801-4(X),* WestBow Pr.) Author Solutions, LLC.

Beaver Colony see Colonia de Castores

Beaver Colony. Julie Murray. 2018. (Animal Groups (Abdo Kids Junior) Ser.). (ENG., Illus.). 24p. (J). (gr. -1-2). lib. bdg. 31.36 *(978-1-5321-0780-1(3),* 28121, Abdo Kids) ABDO Publishing Co.

Beaver Coloring Book: Coloring Books for Adults, Gifts for Animal Painting Lover, Beaver Mandala Coloring Pages, Activity Stress Relieving. Illus. by Paperland Online Store. 2021. (ENG.). 42p. (J). pap. *(978-1-304-66048-0(6))* Lulu Pr., Inc.

Beaver Dams. Nancy Furstinger. 2018. (Animal Engineers Ser.). (ENG., Illus.). 32p. (J). (gr. 2-3). pap. 9.95 *(978-1-63517-958-3(0),* 1635179580); lib. bdg. 31.35 *(978-1-63517-857-9(6),* 1635178576) North Star Editions. (Focus Readers).

Beaver Doesn't Open the Door. Pang Shuo. Illus. by Jiang Ziying. 2021. (ENG.). 32p. (J). 17.95 *(978-1-60537-648-6(5))* Clavis Publishing.

Beaver or Muskrat? Kirsten Chang. 2020. (Spotting Differences Ser.). (ENG.). 24p. (J). (gr. k-3). lib. bdg. 26.95 *(978-1-64487-197-3(1));* (Illus.). pap. 7.99 *(978-1-68103-821-6(8),* 12910) Bellwether Media. (Blastoff! Readers).

Beaver Summer. Kai West. 2020. (ENG.). 170p. (J). pap. 8.99 *(978-1-7348682-1-0(X))* Bonne Terre.

Beaver Tale. Gerald Wykes. 2016. (Great Lakes Books Ser.). (ENG., Illus.). 56p. 18.99 *(978-0-8143-4181-0(0),* P495805) Wayne State Univ. Pr.

Beaver the Gardener see Castor Jardinero

Beaver the Painter see Castor Pintor

Beaver the Tailor see Castor Sastre

Beaver Village. Don McCain. Illus. by Brenda Ragsdale. 2020. (ENG.). 30p. (J). pap. 12.99 ***(978-1-951300-72-2(6))*** Liberation's Publishing.

Beaver, Vol. 2: A Journal of Progress; January, 1922 (Classic Reprint) Hudson'S Bay Company. (ENG., Illus.). (J). 2018. 40p. 24.68 *(978-0-484-35283-3(0));* 2016. pap. 7.97 *(978-1-334-35841-8(9))* Forgotten Bks.

Beaver, Vol. 2: A Journal of Progress; July, 1922 (Classic Reprint) Hudson'S Bay Company. 2018. (ENG., Illus.). 48p. (J). 24.87 *(978-0-484-44886-4(2))* Forgotten Bks.

Beaver, Vol. 2: A Journal of Progress; June, 1922 (Classic Reprint) Unknown Author. 2017. (ENG., Illus.). (J). 24.95 *(978-0-260-47763-7(X))* Forgotten Bks.

Beaver, Vol. 2: A Journal of Progress; May, 1922 (Classic Reprint) Hudson'S Bay Company. (ENG., Illus.). (J). 2018. 48p. 24.89 *(978-0-267-96261-7(4));* 2016. pap. 9.57 *(978-1-334-54625-9(8))* Forgotten Bks.

Beaver, Vol. 2: A Journal of Progress; November, 1921 (Classic Reprint) Hudson'S Bay Company. (ENG., Illus.). (J). 2018. 56p. 25.05 *(978-0-666-83655-7(8));* 2016. pap. 9.57 *(978-1-333-24739-3(7))* Forgotten Bks.

Beaver, Vol. 2: September, 1922 (Classic Reprint) Hudson'S Bay Company. (ENG., Illus.). (J). 2018. 56p. 25.05 *(978-0-267-76817-2(6));* 2016. pap. 9.57 *(978-1-334-13727-3(7))* Forgotten Bks.

Beavers. Quinn M. Arnold. 2017. (Seedlings Ser.). (ENG.). 24p. (J). (gr. -1-k). pap. 8.99 *(978-1-62832-480-8(5),* 20331, Creative Paperbacks); (Illus.). *(978-1-60818-865-9(5),* 20330, Creative Education) Creative Co., The.

Beavers. Rachel Grack. 2019. (Animals of the Wetlands Ser.). (ENG., Illus.). 24p. (J). (gr. k-3). lib. bdg. 26.95 *(978-1-62617-986-8(7),* Blastoff! Readers) Bellwether Media.

Beavers. Heather Kissock. 2018. (J). *(978-1-4896-7985-7(5),* AV2 by Weigl) Weigl Pubs., Inc.

Beavers. Matt Lilley. 2019. (Pond Animals Ser.). (ENG., Illus.). 24p. (J). (gr. 1-1). pap. 8.95 *(978-1-64185-575-4(4),* 1641855754) North Star Editions.

Beavers. Matt Lilley. 2018. (Pond Animals Ser.). (ENG., Illus.). 24p. (J). (gr. k-3). lib. bdg. 31.36 *(978-1-5321-6204-6(9),* 30191, Pop! Cody Koala) Pop!.

Beavers. Rachel Poliquin. Illus. by Nicholas John Frith. (Superpower Field Guide Ser.). (ENG.). 96p. (J). (gr. 3-7). 2020. pap. 8.99 *(978-0-358-27257-1(2),* 1771928); 2018. 18.99 *(978-0-544-94987-4(0),* 1659964) HarperCollins Pubs. (Clarion Bks.).

Beavers. Leo Statts. 2019. (Forest Animals Ser.). (ENG., Illus.). 24p. (J). (gr. -1-2). lib. bdg. 31.36 *(978-1-5321-2906-3(8),* 33094, Abdo Zoom-Launch) ABDO Publishing Co.

Beavers: Animals That Change the World! (Engaging Readers, Level 2) Ashley Lee. Ed. by Alexis Roumanis. Lt. ed. 2021. (Animals That Change the World! Ser.: Vol. 11). (ENG.). 32p. (J). pap. *(978-1-77437-753-6(5))* AD Classic.

Beavers: Animals That Make a Difference! (Engaging Readers, Level 2) Ashley Lee. Ed. by Alexis Roumanis. Lt. ed. 2020. (Animals That Make a Difference! Ser.: Vol. 11). (ENG.). 32p. (J). *(978-1-77437-636-2(9));* pap. *(978-1-77437-637-9(7))* AD Classic.

Beavers: Construction Experts. Katie Lajiness. 2018. (Awesome Animal Powers Ser.). (ENG., Illus.). 32p. (J). (gr. 2-5). lib. bdg. 34.21 *(978-1-5321-1496-0(6),* 28846, Big Buddy Bks.) ABDO Publishing Co.

Beavers: Leveled Reader Card Book 61 Level P 6 Pack. Hmh Hmh. 2021. (SPA.). (J). pap. 74.40 *(978-0-358-08124-1(6))* Houghton Mifflin Harcourt Publishing Co.

Beavers: Radical Rodents & Ecosystem Engineers. Frances Backhouse. 2021. (Orca Wild Ser.: 6). (ENG., Illus.). 128p. (J). (gr. 4-7). 24.95 *(978-1-4598-2469-0(5))* Orca Bk. Pubs. USA.

Beavers & the Elephant: Stories in Natural History, for Children (Classic Reprint) Charlotte Wake. (ENG., Illus.). (J). 2018. 154p. 27.09 *(978-0-332-63520-0(1));* 2016. pap. 9.57 *(978-1-333-25309-7(5))* Forgotten Bks.

Beavers Away! Jennifer Lovett. 2016. (ENG., Illus.). (J). (gr. 3-7). 19.95 *(978-1-59298-679-8(X))* Beaver's Pond Pr., Inc.

Beavers Build Lodges. Elizabeth Raum. Illus. by Romina Martí. (Animal Builders Ser.). (ENG.). 24p. (J). (gr. 1-4). 2018. pap. 8.99 *(978-1-68152-149-7(0),* 14780); 2017. lib. bdg. 20.95 *(978-1-68151-168-9(1),* 14661) Amicus.

Beaver's Crazy Sleepover. Seong Min Yoo. 2019. (ENG.). 46p. (J). (gr. -1-3). pap. *(978-1-928094-51-7(1))* Owen, Douglas A.

Beaver's Lodge, 1 vol. Erika de Nijs. 2016. (Animal Builders Ser.). (ENG., Illus.). 24p. (J). (gr. 1-1). pap. 9.22 *(978-1-5026-2067-5(7),* fe9d7eac-ab5e-4e7c-8d9a-d88074227b1c) Cavendish Square Publishing LLC.

Beaver's Lodge. Adam Reingold. 2018. (Spectacular Animal Towns Ser.). (ENG.). 32p. (J). (gr. 2-7). 7.99 *(978-1-64280-085-2(6))* Bearport Publishing Co., Inc.

Beavers (Nature's Children) Moira Rose Donohue. 2018. (Nature's Children, Fourth Ser.). (ENG., Illus.). 48p. (J). (gr. 3-5). pap. 6.95 *(978-0-531-13756-7(2),* Children's Pr.) Scholastic Library Publishing.

Beavers: Wetland Architects. Megan Borgert-Spaniol. 2019. (Animal Eco Influencers Ser.). (ENG., Illus.). 24p. (J). (gr. k-4). lib. bdg. 32.79 *(978-1-5321-9185-5(5),* 33544, Super SandCastle) ABDO Publishing Co.

Beavers (Wild Life LOL!) Scholastic. 2019. (Wild Life LOL! Ser.). (ENG., Illus.). 32p. (J). (gr. 1-3). pap. 5.95 *(978-0-531-23487-7(8),* Children's Pr.) Scholastic Library Publishing.

Beaverton's Dilemma: A Leopold the Lawmux Adventure. James Skelley. 2017. (ENG., Illus.). (J). pap. 9.99 *(978-1-947847-00-2(7),* LawMux Pr.) Billie Holladay Skelley.

Bébé Aigle et les Poussins: La Ressemblance Entre Tom et le Bébé Aigle. Fyne C. Ogonor. 2020. (FRE.). 68p. (J). (gr. k-3). 22.99 *(978-1-951460-05-1(7))* Ogonor, Fyne.

Bebe & the Blue Macaw. C. C. Soltesz. 2016. (ENG., Illus.). (J). 25.95 *(978-1-4808-3582-5(X));* pap. 16.95 *(978-1-4808-3581-8(1))* Archway Publishing.

Bebé Antirracista. Ibram X. Kendi. Illus. by Ashley Lukashevsky. 2021. (SPA.). 24p. (J). (— 1). bds. 8.99 *(978-0-593-40780-6(6),* Kokila) Penguin Young Readers Group.

Bebe Béisbol. Diane Adams. Illus. by Charlene Chua. 2021. (Sports Baby Book Ser.). 22p. (J). (— 1). bds. 7.99 *(978-0-593-20515-0(4),* Viking Books for Young Readers) Penguin Young Readers Group.

Bebé de Pingüino. Lucía M. Sánchez & Michelle Lynch Series. 2017. (1V Vida Marina Ser.). (SPA.). 28p. (J). pap. 9.60 *(978-1-64053-123-9(8),* ARC Pr. Bks.) American Reading Co.

Bebé Descubre... Mi Biblioteca Baby's Very First Little Library (Baby's Very First Little Library) Illus. by Stella Baggott. 2019. (Baby's Very First Bks.). (SPA.). 10p. (J). 7.99 *(978-0-7945-4588-8(2),* Usborne) EDC Publishing.

Bébé Dinosaure: Adorable Bébé Dinosaure - Livre de Coloriage Fantastique de Dinosaures Pour Garçons, Filles, Tout-Petits, Enfants d'âge Préscolaire, Enfants 3-6, 6-8, 8-12 Ans. Lenard Vinci Press. 2020. (FRE.). 102p. (J). pap. 9.99 *(978-1-716-33213-5(3))* Lulu Pr., Inc.

Bebé Dinosaurio: Adorable Bebé Dinosaurio - Fantástico Libro de Colorear de Dinosaurios para niños, niñas, niños Pequeños, niños en Edad Preescolar, niños de 3 a 6, 8 Y 12. Lenard Vinci Press. 2020. (SPA.). 102p. (J). pap. 9.99 *(978-1-716-33133-6(1))* Lulu Pr., Inc.

Bebé Raro. Margaret Hillert. Illus. by Paula Wendland. 2018. (Beginning-To-Read Ser.).Tr. of Funny Baby. (SPA.). 32p. (J). (gr. k-2). pap. 13.26 *(978-1-68404-235-7(6))* Norwood Hse. Pr.

Bebé Raro. Margaret Hillert. Illus. by Jack Pullan & Paula Wendland. 2017. (BeginningtoRead Ser.).Tr. of Funny Baby. (ENG & SPA.). 32p. (J). (-2). 22.60 *(978-1-59953-844-0(X));* pap. 11.94 *(978-1-68404-043-8(4))* Norwood Hse. Pr.

Bebe Raro. Margaret Hillert et al. Illus. by Paula Zinngrabe Wendland. 2018. (BeginningtoRead Ser.). (SPA.). 32p. (J). (gr. -1-2). lib. bdg. 22.60 *(978-1-59953-951-5(9))* Norwood Hse. Pr.

Bebe, the Fairy of Light. Sharon Knotts Hass. Illus. by Sharon Knotts Hass. 2022. (ENG.). 36p. (J). 14.99 ***(978-1-952754-60-9(7))***; pap. 9.99 *(978-1-957618-12-8(4))* WorkBk. Pr.

Bébé Toca y Habla Animales(Baby's Very First Play Book Animals Words) Fiona Watt. 2019. (Baby's Very First Bks.). (SPA.). 10p. (J). 11.99 *(978-0-7945-4590-1(4),* Usborne) EDC Publishing.

B

Bebé Va Al Mercado. Atinuke. Illus. by Angela Brooksbank. 2023. (SPA.). 40p. (J). (gr. -1-2). 8.99 *(978-1-5362-3401-5(X))* Candlewick Pr.

Bebeaux & Pierre: The Adventure Begins. Beth Roper Stewart. 2019. (Bebeaux & Pierre Ser.). (ENG., Illus.). 32p. (J). 24.95 *(978-1-64670-797-3(4))*; pap. 13.95 *(978-1-64559-585-4(4))* Covenant Bks.

Bebés: (Babies) Xist Publishing. 2017. (Xist Kids Spanish Bks.). (SPA.). 28p. (J). (gr. -1-3). pap. 9.99 *(978-1-5324-0109-1(4))* Xist Publishing.

Bebes: Livre Coloriage Pour Enfants. Bold Illustrations. 2017. (FRE., Illus.). (J). pap. 8.35 *(978-1-64193-055-0(1),* Bold Illustrations) FASTLANE LLC.

Bebes/ Bebés. Xist Publishing Staff. 2017. (Xist Kids Bilingual Spanish English Ser.). (ENG & SPA., Illus.). 28p. (J). (gr. -1-3). pap. 9.99 *(978-1-5324-0087-2(X))* Xist Publishing.

Bebés de la Granja / Babies on the Farm (Spanish Edition) Ginger Swift. Ed. by Cottage Door Press. Illus. by Abigail Dela Cruz. ed. 2022. (SPA.). 12p. (J). (gr. -1 — 1). bds. 7.99 *(978-1-64638-552-2(7),* 1001440-SLA) Cottage Door Pr.

Bebés de Todo Tipo: Leveled Reader Book 33 Level B 6 Pack. Hmh Hmh. 2021. (SPA.). 16p. (J). pap. 74.40 *(978-0-358-08161-6(0))* Houghton Mifflin Harcourt Publishing Co.

Bebés en el Mar / Babies in the Ocean (Spanish Edition) Ginger Swift. Ed. by Cottage Door Press. Illus. by Abigail Dela Cruz. ed. 2022. (SPA.). 12p. (J). (gr. -1 — 1). bds. 7.99 *(978-1-64638-553-9(5),* 1006070-SLA) Cottage Door Pr.

Bec Can Say Garden Words: Book 52. William Ricketts. Illus. by Dean Maynard. 2023. (Tas & Friends Ser.). (ENG.). 20p. (J). (gr. -1-k). pap. 7.99 *(978-1-76127-052-9(4),* bc1c08ce-5d39-49d3-ac0c-e3432fc221a4) Knowledge Bks. & Software AUS. Dist: Lerner Publishing Group.

Bec Can Say Gem: Book 38. William Ricketts. Illus. by Dean Maynard. 2023. (Tas & Friends Ser.). (ENG.). 20p. (J). (gr. -1-k). pap. 7.99 *(978-1-76127-038-3(9),* 48ca4155-d848-4d9f-97d5-2f5d39704be7) Knowledge Bks. & Software AUS. Dist: Lerner Publishing Group.

Bec Can Stay: Book 29. William Ricketts. Illus. by Dean Maynard. 2023. (Tas & Friends Ser.). (ENG.). 20p. (J). (gr. -1-k). pap. 7.99 *(978-1-76127-029-1(X),* 58009042-8c14-4b5d-82e3-6f7fe793eaad) Knowledge Bks. & Software AUS. Dist: Lerner Publishing Group.

Bec Can Stop with Tas: Book 28. William Ricketts. Illus. by Dean Maynard. 2023. (Tas & Friends Ser.). (ENG.). 20p. (J). (gr. -1-k). pap. 7.99 *(978-1-76127-028-4(1),* abfab1e9-b93f-495a-9063-e6c5ab54240f) Knowledge Bks. & Software AUS. Dist: Lerner Publishing Group.

Bec Has No House: Book 30. William Ricketts. Illus. by Dean Maynard. 2023. (Tas & Friends Ser.). (ENG.). 20p. (J). (gr. -1-k). pap. 7.99 *(978-1-76127-030-7(3),* eddb6da2-2982-4435-b018-b581450f139f) Knowledge Bks. & Software AUS. Dist: Lerner Publishing Group.

Bec Is a Bird: Book 25. William Ricketts. Illus. by Dean Maynard. 2023. (Tas & Friends Ser.). (ENG.). 20p. (J). (gr. -1-k). pap. 7.99 *(978-1-76127-025-3(7),* b7918d2d-10e2-4548-bca9-cf53fdfbf584) Knowledge Bks. & Software AUS. Dist: Lerner Publishing Group.

Bec Is in the Garden: Book 33. William Ricketts. Illus. by Dean Maynard. 2023. (Tas & Friends Ser.). (ENG.). 20p. (J). (gr. -1-k). pap. 7.99 *(978-1-76127-033-8(8),* 050e850b-5ece-4593-a2ad-18dc250be9ff) Knowledge Bks. & Software AUS. Dist: Lerner Publishing Group.

Bec Is in the Shed: Book 88. William Ricketts. Illus. by Dean Maynard. 2023. (Tas & Friends Ser.). (ENG.). 20p. (J). (gr. -1-k). pap. 7.99 *(978-1-76127-108-3(3),* 5f2fb698-fa2b-43f4-8a01-ddf04fc3a18d) Knowledge Bks. & Software AUS. Dist: Lerner Publishing Group.

Bec Is Not with Gem: Book 99. William Ricketts. Illus. by Dean Maynard. 2023. (Tas & Friends Ser.). (ENG.). 20p. (J). (gr. -1-k). pap. 7.99 *(978-1-76127-119-9(9),* 562a530d-f433-4f07-9d82-8f011391e8ed) Knowledge Bks. & Software AUS. Dist: Lerner Publishing Group.

Bec Is with Brin: Book 100. William Ricketts. Illus. by Dean Maynard. 2023. (Tas & Friends Ser.). (ENG.). 20p. (J). (gr. -1-k). pap. 7.99 *(978-1-76127-120-5(2),* 665f98f1-6aa2-4108-98d8-87c56fc7b24a) Knowledge Bks. & Software AUS. Dist: Lerner Publishing Group.

Bec Likes the Shed: Book 31. William Ricketts. Illus. by Dean Maynard. 2023. (Tas & Friends Ser.). (ENG.). 20p. (J). (gr. -1-k). pap. 7.99 *(978-1-76127-031-4(1),* 99a275d1-e759-4976-87a6-dd8dea75dfb7) Knowledge Bks. & Software AUS. Dist: Lerner Publishing Group.

Becalmer. Nick Wilford. 2023. (ENG.). 240p. (YA). pap. 12.99 *(978-1-956183-64-1(7))* Creative James Media.

Because. Mo Willems. Illus. by Amber Ren. 2019. (ENG.). 40p. (J). (gr. -1-k). 17.99 *(978-1-368-01901-9(3),* Hyperion Books for Children) Disney Publishing Worldwide.

Because B Is for Bicycle, You See! Susan Digalis Askin. 2016. (ENG., Illus.). 32p. (J). pap. *(978-1-365-49805-3(0))* Lulu Pr., Inc.

Because Claudette. Tracey Baptiste. Illus. by Tonya Engel. 2022. 32p. (J). (gr. 1-3). 18.99 *(978-0-593-32640-4(7),* Dial Bks) Penguin Young Readers Group.

Because I Already Loved You. Andrée-Anne Cyr. Illus. by Bérengère Delaporte. 2023. Orig. Title: Je T'aimais Déjà. (ENG.). 32p. (J). (gr. -1-1). 19.99 *(978-1-77306-973-9(X))* Groundwood Bks. CAN. Dist: Publishers Group West (PGW).

Because I AM Intelligent: I Affirm My Way to Happiness. Amire Ben Salmi. Illus. by Lashai Ben Salmi. 2022. (Because I Am Intelligent - I Play Chess Ser.: Vol. 2). (ENG.). 104p. (J). pap. 15.99 *(978-1-913310-85-1(X))* I AM Publishing.

Because I Cleaned My Room. Matthew Cowan. Illus. by Francesca Da Sacco. 2019. (ENG.). 34p. (J). pap. *(978-0-473-50759-6(5))* HookMedia Co. Ltd.

Because I Love You. Takiyah Brown. Illus. by D'Auj Jones & Markell Carter. 2022. (ENG.). 24p. (J). pap. 12.95 *(978-1-63961-739-5(6))* Christian Faith Publishing.

Because I Love You So Much. Guido Van Genechten. 2022. (ENG., Illus.). 24p. (J). bds. 12.95 *(978-1-60537-747-6(3))* Clavis Publishing.

Because I Tried. Alba Medina. 2020. (ENG.). 36p. (J). 22.95 *(978-1-64670-793-5(1))* Covenant Bks.

Because I Was a Girl: True Stories for Girls of All Ages. Melissa de la Cruz. 2017. (ENG., Illus.). 256p. (YA). 18.99 *(978-1-250-15446-0(4),* 900184433, Holt, Henry & Co. Bks. For Young Readers) Holt, Henry & Co.

Because I'm New. Brad Sneed. Illus. by Brad Sneed. 2021. (ENG., Illus.). 32p. (J). (gr. k-2). 16.99 *(978-1-5341-1071-7(2),* 205014) Sleeping Bear Pr.

Because I'm Saved. Jim Baize. 2018. (ENG.). 40p. (YA). pap. 2.50 *(978-1-947828-04-9(5),* 9781947828049) 21st Century Pr.

Because My Daddy Would Want Me To. Gracey Justice. 2020. (ENG.). 31p. (J). pap. *(978-1-716-99168-4(4))* Lulu Pr., Inc.

Because of an Acorn: (Nature Autumn Books for Children, Picture Books about Acorn Trees) Lola M. Schaefer & Adam Schaefer. Illus. by Frann Preston-Gannon. 2016. (ENG.). 36p. (J). (gr. -1-k). 16.99 *(978-1-4521-1242-8(8))* Chronicle Bks. LLC.

Because of Conscience: Being a Novel Relating to the Adventures of Certain Huguenots in Old New York (Classic Reprint) Amy Ella Blanchard. 2018. (ENG., Illus.). 354p. (J). 31.22 *(978-0-267-44877-7(5))* Forgotten Bks.

Because of Jane (Classic Reprint) J. E. Buckrose. (ENG., Illus.). (J). 2018. 332p. 30.74 *(978-0-364-02421-8(6))*; 2017. pap. 13.57 *(978-0-243-52953-7(8))* Forgotten Bks.

Because of Power (Classic Reprint) Ella Stryker Mapes. 2018. (ENG., Illus.). 274p. (J). 29.57 *(978-0-483-84201-4(X))* Forgotten Bks.

Because of That Crow, 1 vol. Beverley Brenna. 2020. (ENG.). 160p. (J). (gr. 5-7). pap. 12.95 *(978-0-88995-615-5(4),* 1cf0f0c5-952b-402f-a809-095e476eb54a) Red Deer Pr. CAN. Dist: Firefly Bks., Ltd.

Because of the Rabbit (Scholastic Gold) Cynthia Lord. (ENG.). (J). (gr. 3-7). 2021. 208p. pap. 8.99 *(978-0-545-91426-0(4))*; 2019. 192p. 17.99 *(978-0-545-91424-6(8),* Scholastic Pr.) Scholastic, Inc.

Because of Thursday. Patricia Polacco. Illus. by Patricia Polacco. 2016. (ENG., Illus.). 40p. (J). (gr. -1-3). 18.99 *(978-1-4814-2140-9(9),* Simon & Schuster Bks. For Young Readers) Simon & Schuster Bks. For Young Readers.

Because of Walter, 6 Packs. (Action Packs Ser.). 104p. (gr. 3-5). 44.00 *(978-0-7635-8402-3(9))* Rigby Education.

Because of Winn-Dixie see Gracias a Winn-Dixie

Because of Winn-Dixie. Kate DiCamillo. 2021. (ENG.). 192p. (J). (gr. 4-7). pap. 8.99 *(978-1-5362-1435-2(3))* Candlewick Pr.

Because of Winn-Dixie. Kate Dicamillo. l.t. ed. 2019. (ENG.). 148p. (J). (gr. 4-7). pap. 12.99 *(978-1-4328-6406-4(8),* Large Print Pr.) Thorndike Pr.

Because of Winn-Dixie Anniversary Edition. Kate DiCamillo. 2020. (ENG.). 192p. (J). (gr. 4-7). 19.99 *(978-1-5362-1434-5(5))* Candlewick Pr.

Because of You. Carol Holland-O'Hern. 2017. (ENG., Illus.). 40p. pap. 16.95 *(978-1-5043-9024-8(5),* Balboa Pr.) Author Solutions, LLC.

Because of You. R. K. Sullivan. 2018. (ENG., Illus.). 32p. (J). pap. 7.95 *(978-1-64237-280-9(3))* Gatekeeper Pr.

Because of You, Dad. Deseret Book Company. Illus. by Kevin Keele. 2018. (J). 13.99 *(978-1-62972-561-1(7))* Deseret Bk. Co.

Because of You, John Lewis. Andrea Davis Pinkney. Illus. by Keith Henry Brown. 2022. (ENG.). 40p. (J). (gr. 2-5). 18.99 *(978-1-338-75908-2(6),* Scholastic Pr.) Scholastic, Inc.

Because of You, Mom. Illus. by Katherine Blackmore. 2019. (J). 13.99 *(978-1-62972-520-8(X))* Deseret Bk. Co.

Because We Need You. Sunny Rey. Illus. by McHank. 2021. (ENG.). 22p. (J). 14.95 *(978-1-0878-9165-1(5))* Indy Pub.

Because You Are. Park. 2022. (ENG.). 56p. (J). pap. 14.99 *(978-1-7363303-3-3(0))* Sugar Bean Publishing LLC.

Because You Are. Jael Richardson. Illus. by Nneka Myers. 2022. (ENG.). 32p. (J). (gr. k-2). 19.99 *(978-1-4434-6480-2(5),* HarperCollins) HarperCollins Pubs.

Because You Are Here. Yasmin Salleh. Illus. by Amanda Merrifield. 2021. (ENG.). 32p. (J). pap. *(978-1-64969-625-0(6))*; pap. *(978-1-64969-626-7(4))* Tablo Publishing.

Because You Love Me! Juliana Clarke. (ENG.). 26p. (J). 2023. 20.95 *(978-1-63765-369-2(7))*; 2022. pap. 13.95 *(978-1-63765-344-9(1))* Halo Publishing International.

Because You'll Never Meet Me. Leah Thomas. 2017. (ENG.). 368p. (YA). pap. 10.99 *(978-1-68119-021-1(4),* 900156134, Bloomsbury USA Childrens) Bloomsbury Publishing USA.

Because You'll Never Meet Me. Leah Thomas. ed. 2017. (YA). lib. bdg. 20.85 *(978-0-606-40347-4(7))* Turtleback.

Because Your Daddy Loves You Board Book. Andrew Clements. Illus. by R. W. Alley. 2021. (ENG.). 28p. (J). (— 1). bds. 8.99 *(978-0-358-45210-2(4),* 1795635, Clarion Bks.) HarperCollins Pubs.

Because You're Mine. Nancy Tillman. 2020. (ENG., Illus.). 32p. (J). 18.99 *(978-1-250-25613-3(5),* 900219068) Feiwel & Friends.

Becca at Sea, 1 vol. Deirdre Baker. 2018. (ENG.). 168p. (J). (gr. 4-7). pap. 8.95 *(978-0-88899-738-8(9))* Groundwood Bks. CAN. Dist: Publishers Group West (PGW).

Becca Lou the Cow That Couldn't Moo. Kenny Hess. Illus. by Vera S. 2021. (ENG.). 32p. (J). *(978-1-0391-1593-4(4))*; pap. *(978-1-0391-1592-7(6))* FriesenPress.

Becca's Bunch: B Is for Becca: An ABC Book. Jam Media. Illus. by Jam Media. 2020. (Becca's Bunch Ser.). (ENG., Illus.). 26p. (J). (-k). bds. 7.99 *(978-0-7636-9086-1(4),* Candlewick Entertainment) Candlewick Pr.

Becca's Bunch: Becca's Big Decision. Jam Media. Illus. by Jam Media. 2020. (Becca's Bunch Ser.). (ENG., Illus.). 32p. (J). (-k). 12.99 *(978-0-7636-9247-6(6),* Candlewick Entertainment) Candlewick Pr.

Beck. Mal Peet & Meg Rosoff. (ENG.). 272p. (YA). (gr. 11). 2019. pap. 8.99 *(978-1-5362-0642-5(3))*; 2017. 17.99 *(978-0-7636-7842-5(2))* Candlewick Pr.

Beck the Speck. Aliaha Brown. 2017. (ENG., Illus.). 26p. (J). pap. 12.95 *(978-1-64003-113-5(8))* Covenant Bks.

Becket List: A Blackberry Farm Story. Adele Griffin. Illus. by LeUyen Pham. 2019. (ENG.). 208p. (gr. 2-6). 16.95 *(978-1-61620-790-8(6),* 73790) Algonquin Young Readers.

Beckett's Monsters. Robin Conrad Sturm. Illus. by Laura Goodwin. 2019. (ENG.). 46p. (J). (gr. k-6). pap. 9.99 *(978-1-935355-30-4(9))* New Shelves Bks.

Beckham. Matt Oldfield & Tom Oldfield. 2018. (Football Heroes - International Editions Ser.). (ENG., Illus.). 176p. (J). (gr. 4-7). pap. 9.99 *(978-1-78606-921-4(0))* Blake, John Publishing, Ltd. GBR. Dist: Independent Pubs. Group.

Beckoning of the Wand: Sketches of a Lesser Known Ireland (Classic Reprint) Alice Dease. 2017. (ENG., Illus.). (J). 27.46 *(978-0-265-18071-6(6))* Forgotten Bks.

Beckoning Roads (Classic Reprint) Jeanne Judson. 2018. (ENG., Illus.). 276p. (J). 29.61 *(978-0-484-89066-3(2))* Forgotten Bks.

Beckoning Shadow. Katharyn Blair. (ENG.). (YA). (gr. 9). 2020. 496p. pap. 11.99 *(978-0-06-265762-6(3))*; 2019. 480p. 17.99 *(978-0-06-265761-9(5))* HarperCollins Pubs. (Tegen, Katherine Bks).

Beckonings from Little Hands: Eight Studies in Child-Life, with Designs & Drawings by the Author & with Process-Work Copies from Photographs (Classic Reprint) Patterson Du Bois. 2018. (ENG., Illus.). 184p. (J). 27.71 *(978-0-483-27471-6(2))* Forgotten Bks.

Beckside Boggle & Other Lake Country Stories (Classic Reprint) Alice Rea. (ENG., Illus.). (J). 2018. 318p. 30.46 *(978-0-483-52060-8(8))*; 2017. pap. 13.57 *(978-0-243-59745-1(2))* Forgotten Bks.

Beckside Lights (Classic Reprint) John Ackworth. (ENG., Illus.). (J). 2018. 416p. 32.50 *(978-0-483-42150-9(2))*; 2016. pap. 16.57 *(978-1-334-22815-5(9))* Forgotten Bks.

Becky & Kaias New Addition: A Tale of Penn State Childrens Hospital. Lindsay C. Barry. Illus. by Susan Szecsi. 2021. (ENG.). 40p. (J). (gr. 2-4). pap. 15.99 *(978-1-951631-11-6(0))* Santa Fe Writers Project.

Becky Burro. David Silva, Jr. 2021. (ENG., Illus.). 32p. (J). pap. 14.95 *(978-1-64654-688-6(1))* Fulton Bks.

Becky Meets Her Match: An Amish Christmas Romance. Linda Byler. 2016. 240p. 14.99 *(978-1-68099-178-9(7),* Good Bks.) Skyhorse Publishing Co., Inc.

Becky Sauerbrunn. David Seigerman. 2017. (Real Sports Content Network Presents Ser.). (ENG.). 128p. (J). (gr. 3-7). 17.99 *(978-1-4814-8217-2(3))*; (Illus.). pap. 7.99 *(978-1-4814-8216-5(5))* Simon & Schuster Children's Publishing. (Aladdin).

Becky's Boundaries. Anne Starkes & Dave Chrighton. 2020. (ENG.). 20p. (J). 12.95 *(978-0-9763815-7-0(5))* Independent Pub.

Becky's Braids. Susan Weiss. Illus. by Deborah Gross-Zuchman. 2017. (ENG.). 44p. (J). pap. 15.00 *(978-0-692-89939-7(1))* Abingdon Square Publishing, Ltd.

Become. Ali Cross. 2016. (Desolation Ser.: Vol. 1). (ENG., Illus.). (YA). (gr. 9-12). *(978-1-927847-15-2(X))* Novel Ninjutsu.

Become: Freyja Wolfe. Lisa Merrai. 2021. (Freyja Wolfe Ser.: 1). (ENG.). 268p. (YA). pap. 15.95 *(978-1-6678-0739-3(0))* BookBaby.

Become a Construction & Building Inspector. Elizabeth Hobbs Voss. 2023. (Skilled & Vocational Trades Ser.). (ENG.). 80p. (YA). (gr. 6-12). 43.93 *(978-1-6782-0682-6(2),* BrightPoint Pr.) ReferencePoint Pr., Inc.

Become a Covid-19 Superhero. Sheryl Crawford. 2020. (ENG.). 28p. (J). pap. 14.99 *(978-1-63684-236-3(4))* Primedia eLaunch LLC.

Become a Drone Pilot. Emma Huddleston. 2020. (Skilled & Vocational Trades Ser.). (ENG.). 80p. (J). (gr. 6-12). 43.93 *(978-1-6782-0008-4(5),* BrightPoint Pr.) ReferencePoint Pr., Inc.

Become a Graphic Designer. Tammy Gagne. 2020. (Skilled & Vocational Trades Ser.). (ENG.). 80p. (J). (gr. 6-12). 43.93 *(978-1-6782-0010-7(7),* BrightPoint Pr.) ReferencePoint Pr., Inc.

Become a Great Communicator at Work, 1 vol. Elissa Thompson & Ellen Kahaner. 2019. (Building Job Skills Ser.). (ENG.). 64p. (gr. 6-6). pap. 13.95 *(978-1-7253-4709-0(1),* 6ede68f5-ed79-48ee-a8bf-8eb5145f4d67) Rosen Publishing Group, Inc., The.

Become a Happier You: Mindful. Chloe Coaker. 2022. (ENG.). 36p. (J). pap. *(978-1-6781-5577-3(2))* Lulu Pr., Inc.

Become a Home Health Aide. Philip Wolny. 2023. (Skilled & Vocational Trades Ser.). (ENG.). 80p. (J). (gr. 6-12). 43.93 *(978-1-6782-0684-0(9),* BrightPoint Pr.) ReferencePoint Pr., Inc.

Become a Junior Entrepreneur. Vrunda Bansode. 2021. (ENG.). 176p. (J). (gr. 3-4). pap. 12.99 *(978-0-14-344597-5(9),* Puffin) Penguin Bks. India PVT, Ltd IND. Dist: Independent Pubs. Group.

Become a Ninja? Contrib. by World Book, Inc. Staff. 2018. (J). *(978-0-7166-2179-9(7))* World Bk., Inc.

Become a Plumber. Kate Conley. 2020. (Skilled & Vocational Trades Ser.). (ENG.). 80p. (J). (gr. 6-12). 43.93 *(978-1-6782-0014-5(X),* BrightPoint Pr.) ReferencePoint Pr., Inc.

Become a Police Officer. Carollyne Hutter. 2023. (Skilled & Vocational Trades Ser.). (ENG.). 80p. (J). (gr. 6-12). 43.93 *(978-1-6782-0688-8(1),* BrightPoint Pr.) ReferencePoint Pr., Inc.

Become a Real Estate Appraiser. Tammy Gagne. 2023. (Skilled & Vocational Trades Ser.). (ENG.). 80p. (J). (gr. 6-12). 43.93 *(978-1-6782-0690-1(3),* BrightPoint Pr.) ReferencePoint Pr., Inc.

Become a Web Developer. Sheryl Normandeau. 2022. (Skilled & Vocational Trades Ser.). (ENG., Illus.). 80p. (J). (gr. 6-12). 43.93 *(978-1-6782-0422-8(6),* BrightPoint Pr.) ReferencePoint Pr., Inc.

Become an Antiracist Changemaker: The Official Companion Journal of Me & White Supremacy Young Readers' Edition. Layla Saad. 2022.Tr. of Learn how you can fight racism & change the world today. (ENG.). 176p. (J). (gr. 5-12). pap. 14.99 *(978-1-7282-6893-4(1))* Sourcebooks, Inc.

Become an App Inventor: the Official Guide from MIT App Inventor: Your Guide to Designing, Building, & Sharing Apps. Karen Lang et al. 2022. (ENG.). 224p. (YA). (gr. 7). 22.99 *(978-1-5362-1914-2(2))*; pap. 12.99 *(978-1-5362-2408-5(1))* Candlewick Pr. (MITeen Press).

Become an Electrician. Kate Conley. 2020. (Skilled & Vocational Trades Ser.). (ENG.). 80p. (J). (gr. 6-12). 43.93 *(978-1-6782-0012-1(3),* BrightPoint Pr.) ReferencePoint Pr., Inc.

Become an IT Support Technician. Sheryl Normandeau. 2022. (Skilled & Vocational Trades Ser.). (ENG., Illus.). 80p. (J). (gr. 6-12). 43.93 *(978-1-6782-0418-1(8),* BrightPoint Pr.) ReferencePoint Pr., Inc.

Become Expert Animals in Australia-Sp. ed. 2016. (Illus.). 16p. (J). pap. *(978-1-305-64355-0(0),* National Geographic Learning) CENGAGE Learning.

Become Like a Child. Theresa Mary. 2022. (ENG.). 32p. (J). pap. 8.99 *(978-1-956998-96-2(9))* Bookwhip.

Become Like Captain Moroni. 2023. (ENG.). 144p. (YA). pap. 17.99 *(978-1-4621-4606-2(6))* Cedar Fort, Inc./CFI Distribution.

Becoming: A 365-Day Devotional for Students. Khian A. Lamey. 2019. (ENG.). 388p. (YA). 42.95 *(978-1-9736-4757-7(5))*; pap. 27.95 *(978-1-9736-4755-3(9))* Author Solutions, LLC. (WestBow Pr.).

Becoming #1. Heather Knox. 2018. (Vampire Wars Ser.). (ENG.). 190p. (YA). (gr. 5-12). 32.84 *(978-1-68076-904-3(9),* 28606, Epic Escape) EPIC Pr.

Becoming a Beetle. Grace Hansen. 2018. (Changing Animals Ser.). (ENG., Illus.). 24p. (J). (gr. -1-2). lib. bdg. 32.79 *(978-1-5321-0814-3(1),* 28189, Abdo Kids) ABDO Publishing Co.

Becoming a Big Brother. Himanshu J. Suthar. 2017. (Kidsperiences with Kayen Ser.: Vol. 1). (ENG., Illus.). (J). (gr. k-2). pap. 12.99 *(978-0-692-93327-5(1))* Golden Moon Design.

Becoming a Butterfly, 1 vol. Grace Hansen. 2016. (Changing Animals Ser.). (ENG., Illus.). 24p. (J). (gr. -1-2). lib. bdg. 32.79 *(978-1-68080-507-9(X),* 21294, Abdo Kids) ABDO Publishing Co.

Becoming a Butterfly. National Geographic Kids. 2023. (Little Kids First Board Book Ser.). 26p. (J). (gr. -1 — 1). bds. 7.99 *(978-1-4263-7412-8(7),* National Geographic Kids) Disney Publishing Worldwide.

Becoming a Data Engineer, 1 vol. Laura La Bella. 2017. (Tech Track: Building Your Career in IT Ser.). (ENG., Illus.). 80p. (J). (gr. 7-7). 37.47 *(978-1-5081-7550-6(0),* f9194bba-13ed-418e-b6aa-814483d5e223, Rosen Young Adult) Rosen Publishing Group, Inc., The.

Becoming a Database Administrator, 1 vol. Mary-Lane Kamberg. 2017. (Tech Track: Building Your Career in IT Ser.). (ENG., Illus.). 80p. (J). (gr. 7-7). 37.47 *(978-1-5081-7552-0(7),* 1cbf44e0-0e9a-410d-989b-3d4272e38caa, Rosen Young Adult) Rosen Publishing Group, Inc., The.

Becoming a Dragonfly, 1 vol. Grace Hansen. 2016. (Changing Animals Ser.). (ENG., Illus.). 24p. (J). (gr. -1-2). lib. bdg. 32.79 *(978-1-68080-508-6(8),* 21296, Abdo Kids) ABDO Publishing Co.

Becoming a Fab Junior Designer Children's Fashion Books. Baby Professor. 2017. (ENG., Illus.). (YA). pap. 7.89 *(978-1-5419-0228-2(9),* Baby Professor (Education Kids)) Speedy Publishing LLC.

Becoming a Fish. Grace Hansen. 2018. (Changing Animals Ser.). (ENG., Illus.). 24p. (J). (gr. -1-2). lib. bdg. 32.79 *(978-1-5321-0815-0(X),* 28191, Abdo Kids) ABDO Publishing Co.

Becoming a Fly see De Huevo a Mosca

Becoming a Fly. Grace Hansen. 2018. (Changing Animals Ser.). (ENG., Illus.). 24p. (J). (gr. -1-2). lib. bdg. 32.79 *(978-1-5321-0816-7(8),* 28193, Abdo Kids) ABDO Publishing Co.

Becoming a Frog, 1 vol. Grace Hansen. 2016. (Changing Animals Ser.). (ENG., Illus.). 24p. (J). (gr. -1-2). lib. bdg. 32.79 *(978-1-68080-509-3(6),* 21298, Abdo Kids) ABDO Publishing Co.

Becoming a Good Creature. Sy Montgomery. Illus. by Rebecca Green. (ENG.). (J). (gr. -1-3). 2023. 32p. pap. 11.99 *(978-0-06-331268-5(9))*; 2020. 40p. 17.99 *(978-0-358-25210-8(5),* 1770051) HarperCollins Pubs. (Clarion Bks.).

Becoming a Grasshopper, 1 vol. Grace Hansen. 2016. (Changing Animals Ser.). (ENG., Illus.). 24p. (J). (gr. -1-2). lib. bdg. 32.79 *(978-1-68080-510-9(X),* 21300, Abdo Kids) ABDO Publishing Co.

Becoming a Jellyfish, 1 vol. Grace Hansen. 2016. (Changing Animals Ser.). (ENG., Illus.). 24p. (J). (gr. -1-2). lib. bdg. 32.79 *(978-1-68080-511-6(8),* 21302, Abdo Kids) ABDO Publishing Co.

Becoming a Jungle Pilot: An Amazon Missionary Story. Ruth Scheltema. 2021. (ENG., Illus.). 62p. (J). pap. 17.95 *(978-1-63874-859-5(4))* Christian Faith Publishing.

Becoming a Member of a Robotics Club, 1 vol. Margaux Baum & Therese M. Shea. 2017. (Hands-On Robotics Ser.). (ENG.). 48p. (J). (gr. 5-5). pap. 12.75 *(978-1-4994-3876-5(1),* 2305fe97-6a20-417a-aa6b-3c330b489158) Rosen Publishing Group, Inc., The.

Becoming a Mosquito. Grace Hansen. 2018. (Changing Animals Ser.). (ENG., Illus.). 24p. (J). (gr. -1-2). lib. bdg. 32.79 *(978-1-5321-0817-4(6),* 28195, Abdo Kids) ABDO Publishing Co.

Becoming a Newt. Grace Hansen. 2018. (Changing Animals Ser.). (ENG., Illus.). 24p. (J). (gr. -1-2). lib. bdg. 32.79 *(978-1-5321-0818-1(4),* 28197, Abdo Kids) ABDO Publishing Co.

Becoming a Project Manager, 1 vol. Amie Jane Leavitt. 2017. (Tech Track: Building Your Career in IT Ser.). (ENG.). 80p. (J). (gr. 7-7). 37.47 *(978-1-5081-7560-5(8),* b87983d7-6503-4262-a500-99a26c3dda11, Rosen Young Adult) Rosen Publishing Group, Inc., The.

Becoming a Quality Assurance Engineer, 1 vol. Jason Porterfield. 2017. (Tech Track: Building Your Career in IT Ser.). (ENG., Illus.). 80p. (J). (gr. 7-7). 37.47 *(978-1-5081-7562-9(4),* 14428fbc-d59d-43be-ab92-8191e047175d, Rosen Young Adult) Rosen Publishing Group, Inc., The.

Becoming a Queen. Dan Clay. 2023. (ENG.). 416p. (YA). 19.99 *(978-1-250-84309-8(X),* 900256180) Roaring Brook Pr.

Becoming a Salamander, 1 vol. Grace Hansen. 2016. (Changing Animals Ser.). (ENG., Illus.). 24p. (J). (gr. -1-2). lib. bdg. 32.79 *(978-1-68080-512-3(6),* 21304, Abdo Kids) ABDO Publishing Co.

172

The check digit for ISBN-10 appears in parentheses after the full ISBN-13

Becoming a Software Engineer, 1 vol. Amie Jane Leavitt. 2017. (Tech Track: Building Your Career in IT Ser.). (ENG., Illus.). 80p. (J). (gr. 7-7). 37.47 *(978-1-5081-7554-4(3),* a5147794-2621-4c05-9921-85cc03e42871, Rosen Young Adult) Rosen Publishing Group, Inc., The.

Becoming a State Governor. Emily Jankowski Mahoney. 2016. (Who's Your Candidate? Choosing Government Leaders Ser.). (ENG.). 32p. (J). (gr. 3-6). 21.30 *(978-1-5311-8608-1(4))* Perfection Learning Corp.

Becoming a Storyteller: Story Starters That Fire up Imaginations & Help Develop Strong Narrative Writing Skills. Felicia Patterson. 2022. (ENG.). 166p. (J). pap. 9.00 ***(978-1-958189-12-2(X))*** Patterson, Felicia.

Becoming a Superhero. C. Ariane Durden. Illus. by DeVonn Armstrong. 2021. (ENG.). 54p. (J). 19.99 *(978-0-578-89627-4(3))* C. Ariane Durden.

Becoming a Systems Administrator, 1 vol. Mary-Lane Kamberg. 2017. (Tech Track: Building Your Career in IT Ser.). (ENG.). 80p. (J). (gr. 7-7). 37.47 *(978-1-5081-7556-8(X),* 56093a6c-782a-46dd-9901-f72903ed3fd5, Rosen Young Adult) Rosen Publishing Group, Inc., The.

Becoming a Systems Analyst, 1 vol. Laura La Bella. 2017. (Tech Track: Building Your Career in IT Ser.). (ENG., Illus.). 80p. (J). (gr. 7-7). 37.47 *(978-1-5081-7558-2(6),* ba724d54-9598-4656-b435-99dd09a3dcf6, Rosen Young Adult) Rosen Publishing Group, Inc., The.

Becoming a U. S. Citizen, 1 vol. Cathleen Small. 2017. (Crossing the Border Ser.). (ENG.). 64p. (J). (gr. 6-7). pap. 16.28 *(978-1-5345-6276-9(1),* f8a1d2a9-4763-4cee-9052-44617485dcfd); lib. bdg. 35.08 *(978-1-5345-6227-1(3),* 665609ca-0f79-412b-af74-db02c8ac4837) Greenhaven Publishing LLC. (Lucent Pr.).

Becoming a User Interface & User Experience Engineer, 1 vol. Kerry Hinton. 2017. (Tech Track: Building Your Career in IT Ser.). (ENG., Illus.). 80p. (J). (gr. 7-7). 37.47 *(978-1-5081-7564-3(0),* 03d97a6c-541e-472e-92da-b73bc1ff25d2, Rosen Young Adult) Rosen Publishing Group, Inc., The.

Becoming a Veterinarian. Gianira Candelario Acevedo. 2017. (Text Connections Guided Close Reading Ser.). (J). (gr. 1). *(978-1-4900-1813-3(1))* Benchmark Education Co.

Becoming a Zombie. Ruth Owen. 2018. (Zombie Zone Ser.). (ENG.). 24p. (J). (gr. 2-7). lib. bdg. 26.99 *(978-1-68402-441-4(2));* E-Book 18.95 *(978-1-68402-499-5(4))* Bearport Publishing Co., Inc.

Becoming: Adapted for Young Readers. Michelle Obama. 2021. (ENG., Illus.). 432p. (J). (gr. 5). 18.99 *(978-0-593-30374-0(1));* lib. bdg. 21.99 *(978-0-593-30375-7(X))* Random Hse. Children's Bks. (Delacorte Bks. for Young Readers).

Becoming an American Citizen, 1 vol. Clara MacCarald. 2016. (American Citizenship Ser.). (ENG., Illus.). 48p. (J). (gr. 4-8). lib. bdg. 35.64 *(978-1-68078-240-0(1),* 22081) ABDO Publishing Co.

Becoming an Astronaut. Zachary Chastain. 2016. (ENG., Illus.). (J). pap. 17.99 *(978-1-62524-408-6(8),* Village Earth Pr.) Harding Hse. Publishing Sebice Inc.

Becoming an Astronaut. Martha E. H. Rustad. 2018. (Astronaut's Life Ser.). (ENG., Illus.). 24p. (J). (gr. -1-2). lib. bdg. 27.32 *(978-1-5157-9819-4(4),* 136887, Capstone Pr.) Capstone.

Becoming an Eel. Grace Hansen. 2018. (Changing Animals Ser.). (ENG., Illus.). 24p. (J). (gr. -1-2). lib. bdg. 32.79 *(978-1-5321-0819-8(2),* 28199, Abdo Kids) ABDO Publishing Co.

Becoming Babe Ruth: Candlewick Biographies. Matt Tavares. Illus. by Matt Tavares. 2016. (Candlewick Biographies Ser.). (ENG., Illus.). 48p. (J). (gr. k-3). 14.99 *(978-0-7636-8767-0(7))* Candlewick Pr.

Becoming Bach. Tom Leonard. 2017. (ENG., Illus.). 40p. (J). 19.99 *(978-1-62672-286-6(2),* 900149167) Roaring Brook Pr.

Becoming Beatrix: The Life of Beatrix Potter & the World of Peter Rabbit. Amy M. O'Quinn. 176p. (J). (gr. 3-7). 2023. pap. 13.99 ***(978-0-913705-14-8(4))***; 2022. (Illus.). 18.99 *(978-1-64160-440-6(9))* Chicago Review Pr., Inc.

Becoming Beatriz. Tami Charles. 272p. (YA). (gr. 7). 2022. pap. 12.99 *(978-1-62354-182-8(4));* 2019. 17.99 *(978-1-58089-778-5(9))* Charlesbridge Publishing, Inc. (Charlesbridge Teen).

Becoming Ben Franklin: How a Candle-Maker's Son Helped Light the Flame of Liberty. Russell Freedman. 2021. 96p. (J). (gr. 5). pap. 14.99 *(978-0-8234-4945-3(9))* Holiday Hse., Inc.

Becoming Bionic. Zoe Blessing. 2023. (ENG.). 302p. (J). pap. 13.99 ***(978-0-9988614-6-3(4))*** Pennydragon Pr.

Becoming Bionic & Other Ways Science Is Making Us Super. Heather Camlot. Illus. by Victor Wong. 2023. (ENG.). 56p. (J). (gr. 6). 19.95 *(978-1-77147-461-0(0))* Owlkids Bks. Inc. CAN. Dist: Publishers Group West (PGW).

Becoming Birgit. Ashleigh Stevens. 2020. (ENG.). 322p. (J). pap. 13.99 *(978-1-386-44826-6(5))* Draft2Digital.

Becoming Bob: Allister of Turtle Mountain Series. Patricia E. Linson. 2019. (Allister of Turtle Mountain Ser.: Vol. 3). (ENG., Illus.). 248p. (YA). (gr. 7-12). pap. *(978-1-4866-1638-1(0))* Word Alive Pr.

Becoming Brianna. Terri Libenson. Illus. by Terri Libenson. 2020. (Emmie & Friends Ser.). (ENG., Illus.). 320p. (J). (gr. 3-7). 22.99 *(978-0-06-289454-0(4));* pap. 15.99 *(978-0-06-289453-3(6))* HarperCollins Pubs. (Balzer & Bray).

Becoming Brooklyn. Amanda Deich. 2021. (ENG.). (YA). 370p. 23.99 *(978-1-7361601-1-4(7));* 362p. pap. 11.99 *(978-1-7361601-2-1(5))* Park Bench Publishing.

Becoming Charley. Kelly DiPucchio. Illus. by Loveis Wise. 2023. 40p. (J). (gr. -1-2). 18.99 *(978-0-593-42904-4(4));* (ENG.). lib. bdg. 21.99 *(978-0-593-42905-1(2))* Random Hse. Children's Bks. (Knopf Bks. for Young Readers).

Becoming Emily: The Life of Emily Dickinson. Krystyna Poray Goddu. (Illus.). 176p. (J). 2022. (gr. 4-7). pap. 13.99 *(978-1-64160-597-7(9));* 2019. (ENG., (gr. 5-7). 17.99 *(978-0-89733-003-9(X))* Chicago Review Pr., Inc.

Becoming Friends: A Twiggy Story. T. J. Stone. 2021. (ENG., Illus.). 30p. (J). pap. 13.95 *(978-1-63860-086-2(4))* Fulton Bks.

Becoming Her: A 7-Day Affirmation Book for Girls. Tash Jasmine. Illus. by Mani Gmelin. 2021. (ENG.). 28p. (J). pap. 20.00 *(978-0-578-89959-6(0))* Southampton Publishing.

Becoming Hero. Jen Finelli. 2017. (ENG., Illus.). (YA). (gr. 10-12). pap. 15.00 *(978-0-9990022-3-3(8))* Becoming Hero.

Becoming Hero (with Comics Edition!) Jen Finelli. 2017. (ENG., Illus.). (YA). (gr. 10-12). pap. 40.00 *(978-0-9990022-4-7(4))* Becoming Hero.

Becoming Kareem: Growing up on & off the Court. Kareem Abdul-Jabbar & Raymond Obstfeld. (ENG., 304p. (J). 2018. Illus.). (gr. 5-17). pap. 9.99 *(978-0-316-55541-8(X));* 2017. E-Book *(978-0-316-47813-7(X));* 2017. (gr. 5-17). 18.99 *(978-0-316-55538-8(X))* Little, Brown Bks. for Young Readers.

Becoming Kid Quixote: A True Story of Belonging in America. Sarah Sierra & Stephen Haff. 2020. (ENG., Illus.). 224p. (J). (gr. 3-7). 17.99 *(978-0-06-294326-2(X),* HarperCollins) HarperCollins Pubs.

Becoming Madeleine: a Biography of the Author of a Wrinkle in Time by Her Granddaughters. Charlotte Jones Voiklis & Lena Roy. 2018. (ENG.). 176p. (J). 19.99 *(978-0-374-30764-6(4),* 900181417, Farrar, Straus & Giroux (BYR)) Farrar, Straus & Giroux.

Becoming. Mi Historia Adaptada para Jóvenes / Becoming: Adapted for Young Reader S. Michelle Obama. 2021. (SPA.). 488p. (J). (gr. 7). pap. 18.95 *(978-1-64473-417-9(6),* Montena) Penguin Random House Grupo Editorial ESP. Dist: Penguin Random Hse. LLC.

Becoming Muhammad Ali. James Patterson & Kwame Alexander. 2022. (ENG.). 320p. (gr. 4-7). 24.94 *(978-1-5364-7325-4(1),* Jimmy Patterson) Little Brown & Co.

Becoming Muhammad Ali. James Patterson & Kwame Alexander. Illus. by Dawud Anyabwile. (J). 2022. (ENG.). 320p. (gr. 3-7). pap. 8.99 *(978-0-316-49817-3(3));* 2020. 310p. *(978-0-7595-5468-9(4))* Little Brown & Co. (Jimmy Patterson).

Becoming Muhammad Ali. James Patterson & Kwame Alexander. Illus. by Dawud Anyabwile. 2020. 320p. (J). (ENG.). (gr. 3-7). 16.99 *(978-0-316-49816-6(5),* Jimmy Patterson); pap. *(978-0-316-70348-2(6),* Jimmy Patterson); (ENG.). (gr. 2-7). 65.00 *(978-1-5491-8633-2(7),* 9781549161384, Clarion Bks.) Little Brown & Co.

Becoming My Best Self: My Shero Attributes. Shamena Maharaj. 2019. (ENG.). 28p. (J). pap. *(978-0-2288-1190-9(2))* Tellwell Talent.

Becoming My Best Self: Through the Eyes in My Heart. Barbara W. Rogers. 2022. (ENG.). 128p. (J). pap. 17.99 *(978-1-6628-5090-5(5))* Salem Author Services.

Becoming of Ellicia Wayfield. Kemdi Ik. 2017. (Winged One Ser.: Vol. 1). (ENG., Illus.). (YA). pap. *(978-0-9690346-0-5(1))* Kay & Unruly Bks.

Becoming of Noah Shaw. Michelle Hodkin. (Shaw Confessions Ser.: 1). (ENG.). (YA). (gr. 9). 2018. 400p. pap. 12.99 *(978-1-4814-5644-9(X));* 2017. (Illus.). 384p. 18.99 *(978-1-4814-5643-2(1))* Simon & Schuster Bks. For Young Readers. (Simon & Schuster Bks. For Young Readers).

Becoming One: An Expository on Marriage, Family, & the Family of God. Pastor & Evangelist Yokana Mukisa. 2021. (ENG.). 590p. (YA). 46.99 *(978-1-6628-2508-8(0));* pap. 28.99 *(978-1-6628-2507-1(2))* Salem Author Services.

Becoming Prince Charming. Loren Bailey. 2018. (Suddenly Royal Ser.). (ENG., Illus.). 112p. (YA). (gr. 6-12). 26.65 *(978-1-5415-2570-2(1),* db07567d-4f85-40c4-82b7-cbee65cfe97a, Darby Creek) Lerner Publishing Group.

Becoming RBG: Ruth Bader Ginsburg's Journey to Justice. Debbie Levy. Illus. by Whitney Gardner. 2019. (ENG.). 208p. (J). (gr. 5). 19.99 *(978-1-5344-2456-2(3));* pap. 12.99 *(978-1-5344-2455-5(5))* Simon & Schuster Bks. For Young Readers. (Simon & Schuster Bks. For Young Readers).

Becoming Resilient Book Set Of 4. Gillian Hibbs et al. Illus. by Gillian Hibbs et al. 2020. (Social & Emotional Learning Sets Ser.). (ENG.). 144p. (J). pap., pap., pap. *(978-1-78628-538-6(X))* Child's Play International Ltd.

Becoming Shazam. Alexandra West. 2019. (I Can Read 88 Ser.). (ENG., Illus.). 29p. (J). (gr. 2-3). 14.96 *(978-1-64310-973-2(1))* Penworthy Co., LLC, The.

Becoming Successful (Harvesting Your Success) Gaddiel R. Ackah. 2021. (ENG.). 244p. (YA). pap. 18.95 *(978-1-6624-2538-7(4))* Page Publishing Inc.

Becoming THAT GIRL: Manifestation, Self Love Coloring & Activity Book for Black Girls & Women. Kimberly Taylor. 2023. (ENG.). 43p. (YA). pap. ***(978-1-312-80658-0(3))*** Lulu Pr., Inc.

Becoming the Next Great Generation: Taking Our Place As Confident & Capable Adults. Jonathan Catherman. 2020. (ENG., Illus.). 208p. (YA). pap. 18.00 *(978-0-8007-3656-9(7))* Revell.

Becoming the Plagiarist. B. T. Higgins. 2020. (Becoming the Plagiarist Ser.: Vol. 1). (ENG.). 312p. (YA). (gr. 7-12). pap. 15.99 *(978-1-0878-6980-3(3))* Indy Pub.

Becoming Truitt Skye: Book 1: the City on the Sea. Adrea L. Peters. 2020. (Becoming Truitt Skye Ser.: Vol. 1). (ENG.). 330p. (YA). *(978-0-6487280-2-3(1))* Karen Mc Dermott.

Becoming Truitt Skye: Book One: the City on the Sea. Adrea L. Peters. 2020. (Becoming Truitt Skye Ser.: Vol. 1). (ENG.). 330p. (YA). pap. *(978-0-6487280-8-5(0))* Karen Mc Dermott.

Becoming Truitt Skye: Cave of Souls. Adrea L. Peters. 2020. (ENG.). 376p. (YA). pap. *(978-0-6450155-8-4(X));* (Becoming Truitt Skye Ser.: Vol. 2). *(978-0-6450155-7-7(1))* Karen Mc Dermott.

Bed Bugs & Bad Hen. Robin Twiddy. Illus. by Amy Li. 2023. (Level 2 - Red Set Ser.). (ENG.). 32p. (J). (gr. k-2). lib. bdg. 19.95 Bearport Publishing Co., Inc.

Bed of Roses (Classic Reprint) Walter Lionel George. 2018. (ENG., Illus.). 392p. (J). 31.98 *(978-0-364-93690-0(8))* Forgotten Bks.

Bed of Stars. Jessica Love. Illus. by Jessica Love. 2023. (ENG.). 40p. (J). (gr. -1-3). 18.99 *(978-1-5362-1239-6(3))* Candlewick Pr.

Bed Time Meditation Stories for Kids: A Collection of 8 Imaginative Tales of Empathy, Education & Understanding to Help Kids Fall Asleep Fast. Jimmy School. 2021. (ENG.). 133p. (J). pap. *(978-1-365-20892-8(3))* Lulu Pr., Inc.

Bed Time Stories - the Adventures of Buster Bear. Thornton W Burgess. 2016. (ENG.). 62p. (J). pap. *(978-93-86019-15-8(9))* Alpha Editions.

Bed Time Stories - the Adventures of Danny Meadow Mouse. Thornton W Burgess. 2016. (ENG.). 72p. (J). pap. *(978-93-86019-16-5(7))* Alpha Editions.

Bed Time Stories - the Adventures of Grandfather Frog. Thornton W Burgess. 2016. (ENG.). 88p. (J). pap. *(978-93-86019-17-2(5))* Alpha Editions.

Bed Time Stories - the Adventures of Jerry Muskrat. Thornton W Burgess. 2016. (ENG.). 82p. (J). pap. *(978-93-86019-18-9(3))* Alpha Editions.

Bed Time Stories - the Adventures of Jimmy Skunk. Thornton W Burgess. 2016. (ENG.). 68p. (J). pap. *(978-93-86019-19-6(1))* Alpha Editions.

Bed Time Stories - the Adventures of Johnny Chuck. Thornton W Burgess. 2016. (ENG.). 82p. (J). pap. *(978-93-86019-20-2(5))* Alpha Editions.

Bed Time Stories - the Adventures of Old Mr. Toad. Thornton W Burgess. 2016. (ENG.). 38p. (J). pap. *(978-93-86019-33-2(7))* Alpha Editions.

Bed Time Stories - the Adventures of Poor Mrs. Quack. Thornton W Burgess. 2016. (ENG.). 56p. (J). pap. *(978-93-86019-34-9(5))* Alpha Editions.

Bed Time Stories - the Adventures of Prickly Porky. Thornton W Burgess. 2016. (ENG.). 60p. (J). pap. *(978-93-86019-35-6(3))* Alpha Editions.

Bed Time Stories - the Adventures of Reddy Fox. Thornton W Burgess. 2016. (ENG.). 54p. (J). pap. *(978-93-86019-36-3(1))* Alpha Editions.

Bed Time Story for My Dear Friend, Atheist Paul. Heshin Yun. 2018. (ENG.). 40p. (J). pap. 9.95 *(978-1-64373-196-4(3))* LPC.

Bed Time Storys. Scott Ja Fleming. 2019. (ENG.). 208p. (J). pap. *(978-0-244-47890-2(2))* Lulu Pr., Inc.

Bedazzled Bracelets with Emeralds Coloring Book. Activibooks. 2016. (ENG., Illus.). (J). pap. 9.20 *(978-1-68321-756-5(X))* Mimaxion.

Bedbugs. Margaret Mincks. 2016. (Awful, Disgusting Parasites Ser.). (ENG.). 32p. (J). (gr. 4-6). pap. 9.99 *(978-1-64466-136-9(5),* 10246); (Illus.). 31.35 *(978-1-68072-006-8(6),* 11393) Black Rabbit Bks. (Bolt).

Bedbug's Big Adventure: Road to the Ocean-Book Two: Road to the Ocean-Book Two. Ruth Welburn. 2020. (ENG.). 48p. (J). pap. *(978-0-9865322-2-1(3))* Welburn, Ruth.

Bedesman 4 (Classic Reprint) Mary Jessie Hammond Skrine. (ENG., Illus.). (J). 2018. 294p. 29.96 *(978-0-267-31402-7(7));* 2016. pap. 13.57 *(978-1-333-43547-9(9))* Forgotten Bks.

Bedhead Ted. Scott SanGiacomo. Illus. by Scott SanGiacomo. 2021. (ENG., Illus.). 224p. (J). (gr. 3-7). pap. 15.99 *(978-0-06-294130-5(5),* Quill Tree Bks.) HarperCollins Pubs.

Bedhead Ted. Scott Sangiacomo. ed. 2022. (ENG.). 207p. (J). (gr. 4-5). 23.46 ***(978-1-68505-377-2(7))*** Penworthy Co., LLC, The.

Bedhead Ted Graphic Novel. Scott SanGiacomo. 2021. (ENG., Illus.). 224p. (J). (gr. 3-7). 19.99 *(978-0-06-294132-9(1),* Quill Tree Bks.) HarperCollins Pubs.

Bedlam - Book 16: Dragon Wars - Book 16. Craig Halloran. 2020. (Dragon Wars Ser.: Vol. 16). (ENG.). 276p. (YA). 19.99 *(978-1-946218-98-8(7))* Two-Ten Bk. Pr., Inc.

Bedlam in Grandma Green's Garden. Kim Richman. 2019. (ENG.). 26p. (J). pap. 13.95 *(978-1-68456-958-8(3))* Page Publishing Inc.

Bedlam (Skulduggery Pleasant, Book 12) Derek Landy. 2019. (Skulduggery Pleasant Ser.: 12). (ENG.). 608p. (J). 7.99 *(978-0-00-830396-9(7),* HarperCollins Children's Bks.) HarperCollins Pubs. Ltd. GBR. Dist: HarperCollins Pubs.

Bedouin Love (Classic Reprint) Arthur Edward Pearse Brome Weigall. 2018. (ENG., Illus.). 324p. (J). 30.60 *(978-0-483-89110-4(X))* Forgotten Bks.

Bedouin Lover (Classic Reprint) William Allen Knight. (ENG., Illus.). (J). 2017. 62p. 25.18 *(978-0-332-34307-5(3));* 2016. pap. 9.57 *(978-1-333-96196-1(0))* Forgotten Bks.

Bedouin Tribes of the Euphrates, Vol. 1 of 2 (Classic Reprint) Anne Blunt. 2017. (ENG., Illus.). (J). 31.80 *(978-0-266-52811-1(2));* pap. 16.57 *(978-0-282-66899-0(3))* Forgotten Bks.

Bedouin Tribes of the Euphrates, Vol. 2 of 2 (Classic Reprint) Anne Blunt. 2018. (ENG., Illus.). 306p. (J). 30.21 *(978-0-484-54676-8(7))* Forgotten Bks.

Bedouins: Mary Garden, Debussy, Chopin & More. James Huneker. 2018. (ENG.). 296p. (J). pap. 12.25 *(978-1-63391-658-6(8))* Westphalia Press.

Bedouins: Mary Garden, Debussy, Chopin or the Circus, Botticelli, Poe, Brahmsody, Anatole France, Mirbeau, Caruso on Wheels, Calico Cats, the Artistic Temperament; Idols & Ambergris; with the Supreme Sin, Grindstones, a Masque of Music, & the Vision M. James Huneker. 2017. (ENG., Illus.). (J). 30.13 *(978-0-265-22206-5(0))* Forgotten Bks.

Bedroom Makeover. Stephanie Turnbull. 2016. (Sleepover Secrets Ser.). (ENG.). 24p. (J). (gr. 2-5). 28.50 *(978-1-62588-377-3(3),* 17390) Black Rabbit Bks.

Bedroom That Ran Away: Book 1. Anwen Keyes et al. 2016. (ENG., Illus.). (J). pap. *(978-1-910301-41-8(8))* AESOP Pubns.

Bedspread Army. Brooks Dumas. Illus. by Melissa Casteel. 2020. (ENG.). 26p. (J). 24.99 *(978-1-947773-92-9(5));* pap. 12.99 *(978-1-947773-91-2(7))* Yawn's Bks. & More, Inc.

Bedtime, 1 vol. Maci Dessen. 2016. (It's Time Ser.). (ENG.). 24p. (gr. 1-1). pap. 9.25 *(978-1-4994-2277-1(6),* 402fdf6a-17a0-481b-bfa2-af62d9bb44c6, PowerKids Pr.) Rosen Publishing Group, Inc., The.

Bedtime. W. Harry Kim & Clever Publishing. Illus. by Rachael McLean. 2019. (Animal Families Ser.). (ENG.). 20p. (J). (gr. -1 — 1). bds. 8.99 *(978-1-948418-69-0(X),* 331764) Clever Media Group.

Bedtime. Eileen O'Hely. Illus. by Ambet Gregorio. 2021. (ENG.). 24p. (J). pap. *(978-1-922647-26-9(8))* Library For All Limited.

Bedtime. Guido Van Genechten. 2019. (ENG., Illus.). 20p. (J). bds. 12.95 *(978-1-60537-450-5(4))* Clavis Publishing.

Bedtime 123, 1 vol. Eric Walters. Illus. by Josée Bisaillon. 2017. (ENG.). 26p. (J). (gr. -1 — 1). bds. 10.95 *(978-1-4598-1073-0(2))* Orca Bk. Pubs. USA.

Bedtime Ballet. Kallie George. Illus. by Shanda McCloskey. 2021. (ENG.). 32p. (J). (gr. -1-3). 17.99 *(978-0-7595-5470-2(6))* Little, Brown Bks. for Young Readers.

Bedtime Battle. M. R. Nelson. Illus. by Leila Zimenka. 2018. (ENG.). 32p. (J). (gr. -1-3). pap. 9.99 *(978-1-5324-0820-5(X))* Xist Publishing.

Bedtime Bear. Sara Conway. Illus. by Veronica Vasylenko. 2018. (Bedtime Board Bks.). (ENG.). 18p. (J). bds. 7.99 *(978-1-926444-53-6(1))* Rainstorm Pr.

Bedtime Bear. Patricia Hegarty. Illus. by Morgan Huff. 2019. (ENG.). 10p. (J). (gr. 2-k). bds. 7.99 *(978-1-68010-591-9(4))* Tiger Tales.

Bedtime Bear. Charles Stewart. 2023. (ENG.). 22p. (J). pap. 11.95 ***(978-1-6624-5511-7(9))*** Page Publishing Inc.

Bedtime Bear: A Lift-The-Flap Book. Ian Whybrow. Illus. by Axel Scheffler. 2016. (ENG.). 12p. (J). (gr. -1-2). pap. 9.99 *(978-1-5098-0695-9(4))* Pan Macmillan GBR. Dist: Independent Pubs. Group.

B

Bedtime Bible. Merce Segarra. Illus. by Rosa M. Curto. 2016. (ENG.). 96p. (J). 12.99 *(978-1-5064-1326-6(9),* Sparkhouse Family) 1517 Media.

Bedtime Blessings. Marianne Richmond. 2016. 40p. (J). 9.99 *(978-1-4926-4182-7(0),* 9781492641827, Sourcebooks Jabberwocky) Sourcebooks, Inc.

Bedtime Blessings & Prayers for Brave Boys: Read-Aloud Devotions. Compiled by Compiled by Barbour Staff & Glenn Hascall. 2022. (Brave Boys Ser.). (ENG.). 64p. (J). 14.99 *(978-1-63609-171-6(7))* Barbour Publishing, Inc.

Bedtime Blessings & Prayers for Courageous Girls: Read-Aloud Devotions. Compiled by Compiled by Barbour Staff & JoAnne Simmons. 2022. (Courageous Girls Ser.). (ENG., Illus.). 64p. (J). 14.99 *(978-1-63609-172-3(5))* Barbour Publishing, Inc.

Bedtime Bonnet. Nancy Redd. 2022. (Illus.). 26p. (J). (— 1). 8.99 *(978-0-593-37943-1(8),* Random Hse. Bks. for Young Readers) Random Hse. Children's Bks.

Bedtime Book, 1 vol. Illus. by Mary Engelbreit. 2018. (ENG.). 24p. (J). (gr. -1-3). bds. 9.99 *(978-0-310-76618-6(4))* Zonderkidz.

Bedtime Book, 1 vol. Mary Engelbreit. 2017. (ENG., Illus.). 32p. (J). 17.99 *(978-0-310-73329-4(4))* Zonderkidz.

Bedtime Book. S. Marendaz. ed. 2020. (ENG.). 24p. (J). (gr. k-1). 19.96 *(978-0-87617-719-8(4))* Penworthy Co., LLC, The.

Bedtime Book. Devin Wright. Illus. by Lizzie Masters. 2nd ed. 2018. (ENG.). 26p. (J). *(978-0-6399841-2-4(6));* pap. *(978-0-6399841-3-1(4))* Seraph Creative.

Bedtime Book of Animals. DK. 2022. (Bedtime Bks.). (ENG., Illus.). 144p. (J). (-k). 16.99 *(978-0-7440-5011-0(1),* DK Children) Dorling Kindersley Publishing, Inc.

Bedtime Book of Dinosaurs & Other Prehistoric Life: Meet More Than 100 Creatures from Long Ago. Dean Lomax. 2023. (Bedtime Bks.). (ENG.). 144p. (J). (-k). 16.99 *(978-0-7440-7001-9(5),* DK Children) Dorling Kindersley Publishing, Inc.

Bedtime Bunnies Padded Board Book. Wendy Watson. 2018. (ENG., Illus.). 26p. (J). (— 1). bds. 8.99 *(978-0-544-85958-6(8),* 1648585, Clarion Bks.) HarperCollins Pubs.

Bedtime Butterfly Kisses. Jennifer Sarah Tansley. 2018. (ENG., Illus.). 22p. (J). pap. *(978-0-2288-0085-9(4))* Tellwell Talent.

Bedtime Cat Story. Mary Wilks. 2021. (ENG., Illus.). 40p. (J). 25.95 *(978-1-0980-9117-0(5));* pap. 15.95 *(978-1-0980-9038-8(1))* Christian Faith Publishing.

Bedtime Collection: 20 Favorite Bible Stories & Prayers, 1 vol. Zonderkidz. 2018. (Beginner's Bible Ser.). (ENG., Illus.). 128p. (J). 13.99 *(978-0-310-76328-4(2))* Zonderkidz.

Bedtime Cuddles - Little Cat. YoYo YoYo Books. 2022. (ENG.). 10p. (J). bds. 9.99 *(978-94-6422-689-8(7))* YoYo Bks. BEL. Dist: Simon & Schuster, Inc.

Bedtime Cuddles - Little Dog. YoYo YoYo Books. 2022. (ENG.). 10p. (J). bds. 9.99 *(978-94-6422-690-4(0))* YoYo Bks. BEL. Dist: Simon & Schuster, Inc., The.

Bedtime Dance. Janelle Steuer. 2021. (ENG.). 28p. (J). 22.95 *(978-1-6657-0544-8(2));* pap. 13.95 *(978-1-6657-0546-2(9))* Archway Publishing.

Bedtime Dinosaur Stories for Kids. Christopher Knott-Craig. (ENG., Illus.). (J). 2018. 25.95 *(978-1-4808-5419-2(0));* 2017. pap. 20.95 *(978-1-4808-5418-5(2))* Archway Publishing.

Bedtime Favorites. Disney Books. 2020. (Storybook Collection). (ENG., Illus.). 304p. (J). (gr. -1-k). 17.99 *(978-1-368-04483-7(2),* Disney Press Books) Disney Publishing Worldwide.

Bedtime Favorites-3rd Edition. Disney Books. 2016. (Storybook Collection). (ENG., Illus.). 304p. (J). (gr. -1-k). 16.99 *(978-1-4847-3238-0(3),* Disney Press Books) Disney Publishing Worldwide.

Bedtime for Albie. Sophie Ambrose. Illus. by Sophie Ambrose. 2021. (ENG., Illus.). 32p. (J). (gr. -1-2). 16.99 *(978-1-5362-1118-4(4))* Candlewick Pr.

Bedtime for Baby Shark. Scholastic. ed. 2019. (Baby Shark Pic Bks). (ENG., Illus.). 24p. (J). (gr. k-1). 16.36 *(978-0-87617-576-7(0))* Penworthy Co., LLC, The.

Bedtime for Baby Shark / a la Cama, Bebé Tiburón (Bilingual) (Bilingual Edition) Doo Doo Doo Doo Doo Doo / Duu Duu Duu Duu Duu Duu. Illus. by John John Bajet. ed. 2020. (Baby Shark Ser.). (SPA.). 24p. (J). (gr. -1-k). pap. 6.99 *(978-1-338-63099-2(7),* Scholastic en Espanol) Scholastic, Inc.

Bedtime for Baby Sloth. Danielle McLean. ed. 2020. (ENG.). 20p. (J). (gr. k-1). 20.96 *(978-0-87617-276-6(1))* Penworthy Co., LLC, The.

Bedtime for Baby Sloth. Danielle McLean. Illus. by Sarah Ward. 2019. (ENG.). 22p. (J). (gr. 2-k). bds. 9.99 *(978-1-68010-600-8(7))* Tiger Tales.

Bedtime for Bad Kitty. Nick Bruel. Illus. by Nick Bruel. 2021. (Bad Kitty Ser.). (ENG., Illus.). 24p. (J). 9.99 *(978-1-250-74994-9(8)*, 900224503) Roaring Brook Pr.

Bedtime for Batman. Michael Dahl. Illus. by Ethen Beavers. (DC Super Heroes Ser.). (ENG.). (J). (gr. -1-2). 2017. 30p. bds. 7.99 *(978-1-62370-921-1(0)*, 136564, Stone Arch Bks.); 2016. 53.32 *(978-1-5158-1006-3(2)*, Picture Window Bks.); 2016. 32p. 15.95 *(978-1-62370-732-3(3)*, 132434, Stone Arch Bks.); 2016. 32p. lib. bdg. 23.99 *(978-1-5158-0652-3(9)*, 133239, Stone Arch Bks.) Capstone.

Bedtime for Beasties. Leslie Staub. Illus. by Jia Liu. 2019. 32p. (J). (gr. -1-3). 17.95 *(978-1-59078-930-8(X)*, Astra Young Readers) Astra Publishing Hse.

Bedtime for Bun Bun. Laura Fackler. 2022. (ENG.). 28p. (J). 15.99 ***(978-1-0879-7895-6(5))*** Indy Pub.

Bedtime for Cranky Crab. Cristina Ergunay. Illus. by Heather Gross. 2020. (ENG.). 24p. (J). (gr. -1 — 1). bds. 9.99 *(978-1-338-35796-7(4)*, Cartwheel Bks.) Scholastic, Inc.

Bedtime for Duckling: A Peek-Through Storybook. Amelia Hepworth. Illus. by Anna Doherty. 2022. (ENG.). 16p. (J). (-k). bds. 8.99 *(978-1-6643-5013-7(6))* Tiger Tales.

Bedtime for Eli. Toni Rolls. 2022. (ENG.). 30p. (J). ***(978-0-2288-7502-4(1))***; pap. ***(978-0-2288-7503-1(X))*** Tellwell Talent.

Bedtime for Hippo. Meagan Abram & Elise Abram. Illus. by Elise Abram. 2023. (ENG.). 36p. (J). pap. ***(978-1-988843-75-9(8))*** EMSA Publishing.

Bedtime for Jayden: Dyslexic Inclusive. T. L. Derby. Illus. by T. L. Derby. 2023. (ENG.). 30p. (J). pap. 15.99 *(978-1-64372-022-7(8))* MacLaren-Cochrane Publishing.

Bedtime for Jayden, Dyslexic Inclusive: Little Hands Collection 6.5 X 6.5. T. L. Derby. Illus. by T. L. Derby. 2023. (ENG., Illus.). 34p. (J). pap. 9.99 *(978-1-64372-247-4(6))* MacLaren-Cochrane Publishing.

Bedtime for Jordan. Yolanda Blalock. 2021. (ENG., Illus.). 28p. (J). 24.95 *(978-1-0980-8354-0(7))*; pap. 14.95 *(978-1-0980-8353-3(9))* Christian Faith Publishing.

Bedtime for Little Bears. David Bedford. Illus. by Caroline Pedler. 2018. (ENG.). 16p. (J). (— 1). bds. 9.99 *(978-1-5107-3620-7(4)*, Sky Pony Pr.) Skyhorse Publishing Co., Inc.

Bedtime for Little Bulldozer. Elise Broach. Illus. by Barry E. Jackson. 2019. (ENG.). 40p. (J). 17.99 *(978-1-250-10928-6(0)*, 900165515, Holt, Henry & Co. Bks. For Young Readers) Holt, Henry & Co.

Bedtime for Mr. Badger. Sarah Keyes & Hannah Keyes. 2016. (ENG., Illus.). 42p. (J). pap. *(978-1-365-31188-8(0))* Lulu Pr., Inc.

Bedtime for Peppa (Peppa Pig) Scholastic. Illus. by EOne. 2018. (ENG.). 24p. (J). (gr. -1-k). pap. 4.99 *(978-1-338-32774-8(7))* Scholastic, Inc.

Bedtime for Superheroes. Katherine Locke. Illus. by Rayanne Vieira. 2020. (ENG.). 32p. (J). (gr. -1-3). 17.99 *(978-0-7624-6973-4(0)*, Running Pr. Kids) Running Pr.

Bedtime for Sweet Creatures. Nikki Grimes. Illus. by Elizabeth Zunon. 2020. (ENG.). 32p. (J). (gr. -1-3). 17.99 *(978-1-4926-3832-2(3)*, Sourcebooks Jabberwocky) Sourcebooks, Inc.

Bedtime Full of Stories: 50 Folktales & Legends from Around the World. Angela McAllister. Illus. by Anna Shepeta. ed. 2021. (World Full Of... Ser.: 7). (ENG.). 128p. (J). (gr. k-3). 22.99 ***(978-0-7112-4954-7(7)***, Frances Lincoln Children's Bks.) Quarto Publishing Group UK GBR. Dist: Hachette Bk. Group.

Bedtime Hug. Patricia Hegarty. Illus. by Megan Higgins. 2020. (ENG.). 10p. (J). (-k). bds. 9.99 *(978-1-68010-641-1(4))* Tiger Tales.

Bedtime Hug for You! With Soft Arms for Real HUGS! Samantha Sweeney. Illus. by Dawn Machell. 2022. (ENG.). 10p. (J). (-k). bds. 9.99 *(978-1-6643-5033-5(0))* Tiger Tales.

Bedtime in Nunatsiavut. Raeann Brown. 2022. (ENG., Illus.). 40p. (J). 17.95 *(978-1-55152-887-8(8))* Arsenal Pulp Pr. CAN. Dist: Consortium Bk. Sales & Distribution.

Bedtime in the Jungle, 1 vol. John Butler. 2019. (ENG., Illus.). 32p. (J). (gr. -1-k). pap. 7.95 *(978-1-68263-145-4(1))* Peachtree Publishing Co. Inc.

Bedtime Inspirational Stories: Famous Black Leaders Stories from the World. Sandra Hamilton. 2020. (ENG.). 128p. (J). 26.99 *(978-1-80121-993-8(1))*; pap. 17.99 *(978-1-953732-39-2(9))* Jason, Michael.

Bedtime Inspirational Stories: Famous Black People Stories from the World. Sandra Hamilton. 2020. (ENG.). 120p. (J). 26.99 *(978-1-80121-992-1(3))*; pap. 17.99 *(978-1-953732-38-5(0))* Jason, Michael.

Bedtime Jitters, 2. Norm Feuti. ed. 2023. (Beak & Ally Ser.). (ENG.). 62p. (J). (gr. 1-4). 19.96 ***(978-1-68505-786-2(1))*** Penworthy Co., LLC, The.

Bedtime Journal. Devin Wright. Illus. by Lizzie Masters. 2019. (ENG.). 48p. (J). pap. *(978-0-620-83797-2(7))* Seraph Creative.

Bedtime, Little Bear: Pull the Ribbons to Explore the Story. Happy Yak. Illus. by Michelle Carlslund. 2022. (Ribbon Pull Tabs Ser.). (ENG.). 12p. (gr. -1 — 1). bds. 12.99 ***(978-0-7112-7739-7(7)***, Happy Yak) Quarto Publishing Group UK GBR. Dist: Hachette Bk. Group.

Bedtime, Little Mouse. Magali Mialaret. Illus. by Carmen Saldaña. 2022. (ENG.). 32p. (J). (gr. -1-k). pap. 9.99 *(978-1-78055-734-2(5)*, Buster Bks.) O'Mara, Michael Bks., Ltd. GBR. Dist: Independent Pubs. Group.

Bedtime Lullabies. 2018. (Tender Moments Ser.). (ENG., Illus.). 20p. (J). bds. 8.99 *(978-1-926444-46-8(9))* Rainstorm Pr.

Bedtime Meditation for Kids: Fables to Help Children & Toddlers Fall Asleep Fast & Have a Peaceful Sleeping. Mark Caltagirone. 2021. (ENG.). 76p. (YA). *(978-1-6671-0004-3(1))*; *(978-1-6671-0006-7(8))*; pap. *(978-1-6671-0008-1(4))*; pap. *(978-1-6671-0021-0(1))* Lulu.com.

Bedtime Meditation Stories for Kids: 3 Books in 1: a Collection of Short Good Night Tales with Great Morals & Positive Affirmations to Help Children Fall Asleep Fast & Have a Relaxing Night's Sleep. Mindfulness Fairy & Daisy Relaxing. 2020. (ENG.). 526p. (J). pap. 33.33 *(978-1-80112-256-6(3))* DM Publishing.

Bedtime Meditation Stories for Kids: A Collection of Short Tales with Positive Affirmations to Help Children & Toddlers Fall Asleep Fast in Bed & Have a Relaxing Night's Sleep with Beautiful Dreams. Mindfulness Fairy. 2020. (ENG.). 172p. (J). pap. 21.33 *(978-1-80112-258-0(X))* DM Publishing.

Bedtime Meditation Stories for Kids & Children 4. Astrid Moon. 2021. (ENG.). 46p. (J). ***(978-1-80325-830-0(6))*** Dora & Kiki Ltd.

Bedtime Nature Tails: Baby Spider. Zach. Illus. by William Zach. 2019. (Bedtime Nature Tails Ser.: Vol. 3). (ENG.). 36p. (J). 16.95 *(978-0-578-58877-3(3))* Mr Nick Productions.

Bedtime Nature Tails: Dumpy the Caterpillar. Zach. Illus. by William Zach. 2019. (Bedtime Nature Tails Ser.: Vol. 2). (ENG.). 36p. (J). 16.95 *(978-0-578-54782-4(1))* Mr Nick Productions.

Bedtime Nature Tails: Miss Pillbug. Nicholas Zach. Illus. by William Zach. 2020. (ENG.). 36p. (J). 16.95 *(978-0-578-74253-3(5))* Mr Nick Productions.

Bedtime Nature Tails: Mr. Millipede. Nicholas Zach. Illus. by William Zach. 2020. (ENG.). 36p. (J). 16.95 *(978-0-578-78692-6(3))* Mr Nick Productions.

Bedtime Nature Tails: Mr. Sowbug & Friends. Nicholas Zach. Illus. by William Zach. 2019. (Bedtime Nature Tails Ser.: Vol. 1). (ENG.). 36p. (J). 16.95 *(978-0-578-50645-6(9))* Mr Nick Productions.

Bedtime Nature Tails: Slimy Slug. Nicholas Zach. Illus. by William Zach. 2020. (ENG.). 36p. (J). 16.95 *(978-0-578-94373-2(5))* Mr Nick Productions.

Bedtime Nature Tails: Slithery the Snake. Nicholas Zach. Illus. by William Zach. 2020. (Bedtime Nature Tails Ser.: Vol. 4). (ENG.). 36p. (J). 16.95 *(978-0-578-63692-4(1))* Mr Nick Productions.

Bedtime Nature Tails: Squirmy Squid. Nicholas Zach. 2020. (ENG.). 36p. (J). 16.95 *(978-0-578-70320-6(3))* Mr Nick Productions.

Bedtime on Noah's Ark. Brock Eastman & Declan Eastman. Illus. by Lee Holland. 2020. (ENG.). 20p. (J). (— 1). bds. 9.99 *(978-0-7369-7954-2(9)*, 6979542) Harvest Hse. Pubs.

Bedtime on the Farm Red Band. Alex Eeles. Illus. by Davide Ortu. ed. 2016. (Cambridge Reading Adventures Ser.). (ENG.). 16p. pap. 7.95 *(978-1-316-50081-1(0))* Cambridge Univ. Pr.

Bedtime Prayers. Ed. by Rainstorm Publishing. Illus. by Stephen Whitlow. 2018. (Tender Moments Ser.). (ENG.). 20p. (J). bds. 8.99 *(978-1-926444-43-7(4))* Rainstorm Pr.

Bedtime Prayers. Ginger Swift. Ed. by Cottage Door Press. Illus. by Maria Mola. 2020. (Little Sunbeams Ser.). (ENG.). 10p. (J). (gr. -1-k). bds. 4.99 *(978-1-68052-814-5(9)*, 1005270) Cottage Door Pr.

Bedtime Prayers. Antonia Woodward. ed. 2021. (ENG., Illus.). 48p. (J). (gr. -1). 10.99 *(978-0-7459-7922-9(X)*, 326943cd-496d-40dc-966d-52c126eb1315, Lion Children's) Lion Hudson PLC GBR. Dist: Baker & Taylor Publisher Services (BTPS).

Bedtime Prayers: Padded Board Book. IglooBooks. 2023. (ENG.). 24p. (J). (-k). bds., bds. 9.99 *(978-1-80108-787-2(3))* Igloo Bks. GBR. Dist: Simon & Schuster, Inc.

Bedtime Prayers (Baby's First Bible Stories) Illus. by Virginia Allyn. 2021. (ENG.). 10p. (J). (gr. -1 — 1). bds. 7.99 *(978-1-338-72294-9(8)*, Little Shepherd) Scholastic, Inc.

Bedtime Prayers for Little Ones. Max Lucado & Denalyn Lucado. 2023. (ENG., Illus.). 20p. (J). bds. 9.99 *(978-1-4002-4255-9(X)*, Tommy Nelson) Nelson, Thomas Inc.

Bedtime Prayers for Protection: Praying God's Word for a Peaceful Sleep. Febornia Abifade. 2022. (ENG.). 54p. (J). ***(978-0-2288-7835-3(7))***; pap. ***(978-0-2288-7833-9(0))*** Tellwell Talent.

Bedtime Prayers with Jesus: Finding Rest in His Love. Susan Jones. Illus. by Estelle Corke. 2022. (Forest of Faith Bks.). 32p. (J). (gr. -1-2). 14.99 *(978-1-68099-836-8(6)*, Good Bks.) Skyhorse Publishing Co., Inc.

Bedtime Rhymes: Jack & the Beanstalk. Lynne Walter. 2022. (ENG., Illus.). 72p. (J). pap. 19.95 *(978-1-63692-719-0(X))* Newman Springs Publishing, Inc.

Bedtime Short Stories: Features Magical Fairy Tales Bedtime Stories for Children of All Ages (Volume:1) Beatrice Harrison. 2022. (ENG.). 48p. (J). pap. 12.92 *(978-1-387-79052-4(8))* Lulu Pr., Inc.

Bedtime Short Stories for Kids: A Collection of Meditation Tales to Help Children & Toddlers Go to Sleep Feeling Calm, Fall Asleep Fast & Have a Good Relaxing Night's Sleep with Beautiful Dreams. Mindfulness Fairy & Daisy Relaxing. 2020. (ENG.). 168p. (J). pap. 19.33 *(978-1-80113-162-9(7))* DM Publishing.

Bedtime Short Stories for Kids: Sleep Meditation Stories to Let Children & Toddlers Feel Calm with Aesop's Fables, Animals, & Unicorns. Irene Godbout. 2020. (ENG.). 94p. (J). pap. 10.99 *(978-1-953732-07-1(0))* Laposata, Michael.

Bedtime Snuggles. Patricia Reeder Eubank. 2021. (ENG., Illus.). 20p. (J). (gr. -1 — 1). bds. 7.99 *(978-1-5460-0070-9(4)*, Worthy Kids/Ideals) Worthy Publishing.

Bedtime Songs. Rose Nestling. Illus. by Sanja Rescek. 2016. (ENG.). 12p. (J). (gr. -1-2). bds. 19.99 *(978-1-68052-123-8(3)*, 1001160) Cottage Door Pr.

Bedtime Stories. Ed. by Cottage Door Press. 2021. (ENG.). 192p. (J). (gr. -1-3). 14.99 *(978-1-64638-023-7(1)*, 2004050, Parragon Books) Cottage Door Pr.

Bedtime Stories. Louise Ellen. 2020. (ENG., Illus.). 134p. (J). *(978-1-78878-514-3(2))*; pap. *(978-1-78878-513-6(4))* Austin Macauley Pubs. Ltd.

Bedtime Stories. Claire Hawcock & Jillian Harker. Ed. by Cottage Door Press. 2022. (ENG.). 330p. (J). (gr. -1-3). 39.99 *(978-1-64638-653-6(1)*, 1008470) Cottage Door Pr.

Bedtime Stories. William P. Selig. 2016. (ENG., Illus.). 184p. (J). pap. *(978-1-387-22960-4(5))* Lulu Pr., Inc.

Bedtime Stories: A Puffin Collection. Puffin Collection. 2023. (Illus.). 256p. (J). (gr. -1-k). 19.99 ***(978-1-76104-856-2(2)***, Puffin) Penguin Random Hse. AUS. Dist: Independent Pubs. Group.

Bedtime Stories: For Kids. Chris Winder. 2023. (ENG.). 72p. (J). pap. 19.99 ***(978-1-80434-325-8(0))*** Indy Pub.

Bedtime Stories: For Kids Vol 3; Fairy Tales in Colors. Chris Winder. 2023. (ENG.). 72p. (J). pap. 19.90 ***(978-1-80434-239-8(4))*** Indy Pub.

Bedtime Stories: Little Red Riding Hood & Puss in Boots. Charles Perrault. Illus. by Walter Crane. 2019. (ENG.). 36p. (J). *(978-1-910880-74-6(4))* Robin Bks. Ltd.

Bedtime Stories - the Sleeping Beauty & Cinderella. Charles Perrault. 2017. (ENG., Illus.). (J). *(978-1-910880-38-8(8))* Robin Bks. Ltd.

Bedtime Stories for Adults: Soothing Sleep Stories with Guided Meditation. Let Go of Stress & Relax. Hotel Room Fun & Other Stories! Albert Piaget. 2020. (ENG.). 148p. (J). pap. 20.97 *(978-1-80123-423-8(X))* Empire Bks.

Bedtime Stories for Adults: Soothing Sleep Stories with Guided Meditation. Let Go of Stress & Relax. Mrs Robinson & Other Stories! Albert Piaget. 2020. (ENG.). 130p. (J). pap. 20.97 *(978-1-80123-419-1(1))* Empire Bks.

Bedtime Stories for Dogs. Leigh Anne Jasheway. 2016. (ENG.). 96p. pap. 9.99 *(978-1-4494-7191-0(9))* Andrews McMeel Publishing.

Bedtime Stories for Kids: A Children's Picture Book That Tells Stories (Volume:3) Beatrice Harrison. 2022. (ENG.). 48p. (J). pap. 14.17 ***(978-1-387-75364-2(9))*** Lulu Pr., Inc.

Bedtime Stories for Kids: A Collection of Meditation Short Tales to Help Children Falling Asleep Fast. Develop the Fantasy & Positive Thought of Toddlers & Help Them Calm Their Anxiety Through Mindfulness (Vol 1 + Vol 2). Mindfulness Tales Program. 2020. (ENG.). 366p. (J). pap. *(978-1-80111-384-7(X))* Charlie Creative Lab.

Bedtime Stories for Kids: A Collection of Night Time Tales with Great Morals to Help Children & Toddlers Go to Sleep Feeling Calm, & Have a Good Relaxing Night's Sleep with Beautiful Dreams. Mindfulness Fairy & Daisy Relaxing. 2020. (ENG.). 184p. (J). pap. 19.33 *(978-1-80113-163-6(5))* DM Publishing.

Bedtime Stories for Kids: A Collection of Short Stories with Positive Affirmations to Help Children & Toddlers Fall Asleep Fast & Have a Beautiful Dreams. Carol Kelly. 2020. (ENG.). 92p. (J). pap. 7.99 *(978-1-953732-13-2(5))* Laposata, Michael.

Bedtime Stories for Kids: A Collection of Short Stories with Positive Affirmations to Help Kids Fall Asleep Fast in Bed & Have a Relaxing Night's Sleep with Beautiful Dreams. Jean Thomas. 2020. (ENG.). 104p. (J). pap. 8.99 *(978-1-953732-06-4(2))* Laposata, Michael.

Bedtime Stories for Kids: Short Stories for Kids with Santa Claus, Kitten, Owl, Frog, Turtle, & Sheep: Help Your Children Asleep & Feeling Calm. Darlene Penny. 2020. (ENG.). 98p. (J). pap. 12.99 *(978-1-953732-05-7(4))* Laposata, Michael.

Bedtime Stories for Kids: The Sleepy Magic Unicorn - Meditative Fantasy Stories for Toddlers & Children to Help Them Dreaming, Relax & Fall Asleep Soundly. Kay Rhodes. 2020. (ENG.). 138p. (J). pap. 14.99 *(978-1-393-39527-0(9))* Draft2Digital.

Bedtime Stories for Kids: Unforgettable Short Tales with Ralph & His Sweet Friends That Help Your Children Fall Asleep (it Includes Christmas Stories) Gordon Green. 2020. (Bedtime Stories for Kids Ser.: Vol. 1). (ENG.). 210p. (J). pap. ***(978-1-80120-700-3(3))*** Charlie Creative Lab.

Bedtime Stories for Kids - 2 Books in 1: 48 Lullabies & Meditation Stories to Sleep. Eliminate Anxieties & Fears, Imagine & Stimulate Their Creativity with Mindfulness of a Better Future. Walt Pixar. 2020. (ENG.). 472p. (J). pap. *(978-1-80111-481-3(1))* Charlie Creative Lab.

Bedtime Stories for Kids - Book 1: Tips & Tricks to Help Relax Children's Minds, Put Them to Sleep with Meditation Stories, & Eliminate Anxieties & Fears with the Mindfulness of a Better Tomorrow. Walt Pixar. 2020. (Kids Ser.: Vol. 1). (ENG., Illus.). 258p. (J). pap. *(978-1-80111-479-0(X))* Charlie Creative Lab.

Bedtime Stories for Kids - Book 2: Stimulate Exploration, Imagination & Creativity with Nature, Seasons, Unicorns, Dinosaurs, Aliens, Superheroes & Meditation Stories to Help Relax & Sleep Well. Walt Pixar. 2020. (Kids Ser.: Vol. 2). (ENG., Illus.). 224p. (J). pap. *(978-1-80111-480-6(3))* Charlie Creative Lab.

Bedtime Stories for Kids (4 Books In 1) Fun & Calming Tales for Your Children to Help Them Fall Asleep Fast! Albert Piaget. 2020. (ENG.). 646p. (J). 59.97 *(978-1-80120-235-0(4))*; pap. 44.97 *(978-1-80120-234-3(6))* Empire Bks.

Bedtime Stories for Kids Vol 4: The Fairy Tales in Colors. Chris Winder. 2023. (ENG.). 70p. (J). pap. 19.90 ***(978-1-80434-258-9(0))*** Indy Pub.

Bedtime Stories for People of All Ages. Ken Pietraniec. 2021. (ENG., Illus.). 94p. (J). 29.95 *(978-1-6624-2264-5(4))* Page Publishing Inc.

Bedtime Stories for the Child in You: A Memoir. Louise D. Jewell. 2020. (ENG.). 206p. (YA). pap. *(978-1-922439-52-9(5))* Tablo Publishing.

Bedtime Stories for Women of Destiny. Raeleigh Wilkinson. 2022. (ENG.). 104p. (J). 28.99 *(978-1-4621-4182-1(X))* Cedar Fort, Inc./CFI Distribution.

Bedtime Stories from Fern Hollow. John Patience. Illus. by John Patience. 2019. (Tales from Fern Hollow Ser.). (ENG., Illus.). 80p. (J). (gr. k-2). *(978-1-9162769-1-8(1))* Talewater Pr.

Bedtime Stories Treasury (Book & 6 Downloadable Apps!) Little Grasshopper Books. Ed. by Publications International Ltd. Staff. Illus. by Stacy Peterson. 2020. (Treasury Ser.). (ENG.). 160p. (J). (gr. -1-k). 10.98 *(978-1-64030-983-8(7)*, 6114900, Little Grasshopper Bks.) Publications International, Ltd.

Bedtime Story. Denise Gassner. Illus. by Travis North. 2022. (ENG.). 28p. (J). ***(978-1-0391-3318-1(5))***; pap. ***(978-1-0391-3317-4(7))*** FriesenPress.

Bedtime Story. Haley Seipel. 2022. (ENG., Illus.). 20p. (J). pap. 13.95 *(978-1-63961-265-9(3))* Christian Faith Publishing.

Bedtime Story Library: With 10 Storybooks. IglooBooks. 2021. (ENG.). 24p. (J). pap. 30.99 ***(978-1-80108-659-2(1))*** Igloo Bks. GBR. Dist: Simon & Schuster, Inc.

Bedtime Storybook Library. Disney Books. Illus. by Disney Storybook Art Team. 2017. (ENG.). 144p. (J). (gr. 1-3). 12.99 *(978-1-368-01067-2(9)*, Disney Press Books) Disney Publishing Worldwide.

Bedtime with Art. Sabrina Hahn. 2021. (Sabrina Hahn's Art & Concepts for Kids Ser.). (Illus.). 80p. (J). (gr. -1-1). bds. 19.99 *(978-1-5107-6274-9(4)*, Sky Pony Pr.) Skyhorse Publishing Co., Inc.

Bedtimeasnaurus. Mike Bayliss. Illus. by Egan Megan. 2017. (ENG.). 32p. (J). pap. *(978-1-9998572-0-2(8))* Bespoke Bk. Publishing.

Bedtimes Stories from the Ocean. Katie Fowler. 2021. (ENG., Illus.). 20p. (J). pap. 13.95 *(978-1-0980-7222-3(7))* Christian Faith Publishing.

Bedwin's New Team. Vyrene Skinner Wilson. 2022. (ENG., Illus.). 30p. (J). 24.95 ***(978-1-63985-500-1(9))***; pap. 14.95 ***(978-1-63860-758-6(3))*** Fulton Bks.

Bee. Becky Han. Illus. by Tindur Peturs. 2021. (ENG.). 28p. (J). (gr. 1-3). 16.95 *(978-1-77227-300-7(2))* Inhabit Media Inc. CAN. Dist: Consortium Bk. Sales & Distribution.

Bee. August Hoeft. 2022. (I See Insects Ser.). (ENG.). (J). 20p. pap. 12.99 ***(978-1-5324-4152-3(5))***; 16p. (gr. -1-2). 24.99 ***(978-1-5324-3337-5(9))***; 16p. (gr. -1-2). pap. 12.99 ***(978-1-5324-2829-6(4))*** Xist Publishing.

Bee. Kevin Ingram. 2017. (Up Close & Scary Ser.). (Illus.). 32p. (gr. 2-5). 31.35 *(978-1-911242-04-8(0))* Book Hse. GBR. Dist: Black Rabbit Bks.

Bee. Charlotte Voake. Illus. by Charlotte Voake. 2022. (ENG.). 40p. (J). (gr. -1-2). 18.99 *(978-1-5362-2045-2(0))* Candlewick Pr.

Bee. Karen Hartley. 2nd rev. ed. 2016. (Bug Bks.). (ENG.). 32p. (J). (gr. 1-3). pap. 8.29 *(978-1-4846-3872-9(7)*, 134813, Heinemann) Capstone.

Bee: Animal Life Cycles. TBD. 2021. (Animal Life Cycles Ser.). (ENG., Illus.). 24p. (J). (gr. k-3). lib. bdg. 26.95 *(978-1-64487-407-3(5)*, Blastoff! Readers) Bellwether Media.

Bee: The Princess of the Dwarfs (Classic Reprint) Anatole France. 2017. (ENG., Illus.). 168p. (J). 27.36 *(978-1-5280-8481-9(0))* Forgotten Bks.

Bee a Dreamer. Ryen Toft. Illus. by Vivian Yiwing. 2018. (ENG.). 32p. (J). pap. 9.95 *(978-0-9968906-0-1(2)*, Social Motion Publishing) Social Motion Publishing.

Bee a Dreamer. Ryen Toft. Illus. by Vivian Yiwing. 2019. (ENG.). 32p. (J). (gr. 2-5). 14.95 *(978-0-9968906-1-8(0)*, Social Motion Publishing) Social Motion Publishing.

Bee: a Peek-Through Board Book. Britta Teckentrup. 2023. (ENG.). 26p. (J). (— 1). bds. 9.99 *(978-0-593-64889-6(7)*, Doubleday Bks. for Young Readers) Random Hse. Children's Bks.

Bee: a Peek-Through Picture Book. Britta Teckentrup. 2017. (ENG., Illus.). 32p. (J). (gr. -1-2). 17.99 *(978-1-5247-1526-7(3)*, Doubleday Bks. for Young Readers) Random Hse. Children's Bks.

Bee & Flea & the Compost Caper. Anna Humphrey. Illus. by Mike Deas. 2022. (Bee & Flea Ser.: 1). (ENG.). 120p. (J). (gr. 3). 16.95 *(978-1-77147-420-7(3))* Owlkids Bks. Inc. CAN. Dist: Publishers Group West (PGW).

Bee & Flea & the Puddle Problem. Anna Humphrey. Illus. by Mike Deas. 2023. (Bee & Flea Ser.: 2). (ENG.). 128p. (J). (gr. 3). 16.95 *(978-1-77147-443-6(2))* Owlkids Bks. Inc. CAN. Dist: Publishers Group West (PGW).

Bee & Me. Alison Jay. Illus. by Alison Jay. 2017. (Old Barn Bks.). (ENG., Illus.). 32p. (J). (-k). 17.99 *(978-0-7636-9010-6(4))* Candlewick Pr.

Bee & Me. Illus. by Alison Jay. 2017. (J). *(978-0-605-97081-6(5))* Candlewick Pr.

Bee & the Tree. Elzana Liz Igli. 2018. (ENG., Illus.). 24p. (J). 21.95 *(978-1-64003-887-5(6))* Covenant Bks.

Bee Attitudes: Be a Giver. Dottie Arnold. 2016. (ENG., Illus.). 40p. (J). pap. *(978-1-329-76915-1(5))* Lulu Pr., Inc.

Bee Attitudes: Be Balanced. Dottie Arnold. 2018. (ENG.). 40p. (J). pap. ***(978-0-359-17347-1(0))*** Lulu Pr., Inc.

Bee Attitudes: Be Generous. Dottie Arnold. 2018. (ENG., Illus.). 40p. (J). pap. *(978-1-387-89486-4(2))* Lulu Pr., Inc.

Bee Bakshi & the Gingerbread Sisters. Emi Pinto. 2023. (ENG.). 304p. (J). (gr. 3-7). 19.99 ***(978-0-06-327572-0(4)***, HarperCollins) HarperCollins Pubs.

Bee Better (Learn, Grow, Beelieve & Lead!) Allen P. 2022. (ENG.). 20p. (J). pap. 13.95 *(978-1-63860-382-5(0))* Fulton Bks.

Bee-Bim Bop! Board Book. Linda Sue Park. Illus. by Ho Baek Lee. 2023. (ENG.). 26p. (J). (gr. -1 — 1). bds. 8.99 *(978-0-06-326802-9(7)*, Clarion Bks.) HarperCollins Pubs.

Bee Book. Charlotte Milner. 2018. (Conservation for Kids Ser.). (ENG., Illus.). 48p. (J). (gr. k-3). 15.99 *(978-1-4654-6553-5(7)*, DK Children) Dorling Kindersley Publishing, Inc.

Bee Book. ShaLee Skaggs. 2016. (ENG., Illus.). (J). pap. 10.95 *(978-1-68409-164-5(0))* Page Publishing Inc.

Bee Calm: The Buzz on Yoga. Frank J. Sileo. Illus. by Claire Keay. 2019. (ENG.). 32p. (J). *(978-1-4338-2957-4(6)*, Magination Pr.) American Psychological Assn.

Bee-Cause We Care: About Honey Bees. Laura Strauss. 2022. (ENG.). 28p. (J). pap. 12.99 *(978-1-7357256-8-0(4))* Isabella Media Inc.

Bee Fearless: Dream Like a Kid. Mikaila Ulmer. (ENG., Illus.). 240p. (J). (gr. 5). 2021. 8.99 *(978-1-9848-1510-1(5))*; 2020. 17.99 *(978-1-9848-1508-8(3))* Penguin Young Readers Group. (G.P. Putnam's Sons Books for Young Readers).

Bee, Flea, & Me. Cynthia Noles. Illus. by John E. Hume, Jr. 2019. (ENG.). 44p. (J). (gr. k-3). 24.95 *(978-1-7329687-0-7(5))* Janneck Bks.

Bee, Flea, & Me. Cynthia Noles & Jr John E. Hume. 2019. (ENG., Illus.). 48p. (J). (gr. k-3). pap. 14.95 *(978-1-7322236-9-1(6))* Janneck Bks.

Bee Giving. Yaakov Radonsky. 2019. (ENG., Illus.). 28p. (J). (gr. k-4). pap. 12.99 ***(978-1-64111-299-4(9))*** Palmetto Publishing.

Bee Happy! Stickers. Cathy Beylon. 2018. (Dover Sticker Bks.). (ENG.). 4p. (J). (gr. 1-4). 2.50 *(978-0-486-82463-5(2)*, 824632) Dover Pubns., Inc.

Bee Heartful: Spread Loving-Kindness. Frank J. Sileo. Illus. by Claire Keay. 2020. 32p. (J). *(978-1-4338-3157-7(0)*, Magination Pr.) American Psychological Assn.

Bee His: Becoming God's Worker Bee. Gem Lieser. 2021. (ENG.). 26p. (J). pap. 13.95 *(978-1-6642-1883-3(1)*, WestBow Pr.) Author Solutions, LLC.

174 The check digit for ISBN-10 appears in parentheses after the full ISBN-13

Bee Hive. Simon Adepetun. 2016. (ENG., Illus.). 179p. (J). pap. 11.95 *(978-1-78612-220-9(0),* cb5cbf58-03fc-43ae-b958-f585734d015f) Austin Macauley Pubs. Ltd. GBR. Dist: Baker & Taylor Publisher Services (BTPS).

Bee in the Night's Sky. Stacy Findley. 2016. (ENG., Illus.). (J). 15.95 *(978-1-943419-40-1(X))* Prospective Pr.

Bee Is Feeling... Michelle Wanasundera. Illus. by Tanya Zeinalova. (ENG.). 32p. (J). 2023. pap. ***(978-1-922991-68-3(6))***; 2022. pap. ***(978-1-922876-99-7(2))*** Library For All Limited.

Bee Is for Bernie. Sally Kurjan. Illus. by Shannara Harvey. 2019. (Bernie the One-Eyed Puppy Ser.: Vol. 3). (ENG.). 32p. (J). (gr. k-6). pap. 11.99 *(978-0-578-52747-5(2))* Kurjan, Sally.

Bee-Keepers' Review, Vol. 16: Published Monthly; January, 1903 (Classic Reprint) W. Z. Hutchinson. (ENG., Illus.). (J). 2018. 44p. 24.80 *(978-0-267-72099-6(8))*; 2017. pap. 7.97 *(978-0-282-61239-9(4))* Forgotten Bks.

Bee-Keepers' Review, Vol. 17: A Monthly Journal Devoted to the Interests of Honey Producers; Jan. 10, 1904 (Classic Reprint) W. Z. Hutchinson. 2017. (ENG., Illus.). (J). pap. 24.97 *(978-1-5277-1392-5(X))* Forgotten Bks.

Bee-Keepers' Review, Vol. 23: A Monthly Journal Devoted to the Interests of Honey Producers; January 1, 1910 (Classic Reprint) W. Z. Hutchinson. 2017. (ENG., Illus.). (J). 41.02 *(978-0-265-56749-4(1))*; pap. 23.57 *(978-0-282-83275-9(0))* Forgotten Bks.

Bee-Keeper's Text-Book with Alphabetical Index, Being a Complete Reference Book on All Practical Subjects Connected with the Culture of the Honey Bee in Both Common & Movable-Comb Hives: Giving Minute Directions for the Management of Bees in Every M. N. H. King. 2018. (ENG., Illus.). 148p. (J). 26.95 *(978-0-332-78998-9(5))* Forgotten Bks.

Bee-Keeping (Classic Reprint) John Cumming. 2018. (ENG., Illus.). 264p. (J). 29.38 *(978-0-484-31508-1(0))* Forgotten Bks.

Bee-Keeping for Sedentary Folk, or for Professional People: The Clergyman, the Lawyer, the Doctor, the Teacher & All Others Whose Duties in Life Render It Necessary for Them to Be Mostly Indoors but Who Feel the Need of Some Suitable Recreation in the O. T. Chalmers Potter. (ENG., Illus.). (J). 2017. 24.58 *(978-0-331-52202-0(0))*; 2016. pap. 7.97 *(978-1-333-44173-9(8))* Forgotten Bks.

Bee Kind. Laurie Kelly. Illus. by Paul Robitaille. 2022. (ENG.). 28p. (J). pap. *(978-1-0391-3398-3(3))*; *(978-1-0391-3399-0(1))* FriesenPress.

Bee-Leaf. Emma R. McNally. 2021. (ENG.). 28p. (J). pap. *(978-0-9930806-8-5(5))* R McNally, Emma.

Bee Like Me. Renee Carleson. Illus. by Kaitlin Lundy. 2020. (ENG.). 30p. (J). 18.99 *(978-1-950326-51-8(9))* Prudden, Suzy.

Bee-Master of Warrilow (Classic Reprint) Tickner Edwardes. (ENG., Illus.). (J). 2018. 244p. 28.95 *(978-0-267-90854-7(7))*; 2017. 25.67 *(978-0-260-32199-2(0))*; 2016. pap. 11.57 *(978-1-334-16372-2(3))* Forgotten Bks.

Bee Me: With a Good Attitude. Katrina Crilly. (ENG.). 28p. (J). 2023. ***(978-0-6454564-0-0(3))***; 2022. pap. ***(978-0-6454564-1-7(1))*** Karen Mc Dermott.

Bee Mine. Patricia Hegarty. Illus. by Bryony Clarkson. 2020. (ENG.). 14p. (J). (-k). bds. 8.99 *(978-1-68010-639-8(2))* Tiger Tales.

Bee My Friend-An un-BEE-lievably Sweet Story of an Unlikely Friendship: Padded Board Book. IglooBooks. Illus. by Mike Byrne. 2020. (ENG.). 24p. (J). (-k). bds. 8.99 *(978-1-83903-762-7(8))* Igloo Bks. GBR. Dist: Simon & Schuster, Inc.

Bee Named Billy. Jacqueline Edwards. Illus. by Lucia Benito Zambrana. 2023. (ENG.). 36p. (J). pap. ***(978-1-9997107-9-8(7))*** Sphinx Hse.

Bee Named Billy - Colouring Book. Jacqueline Edwards. Illus. by Lucia Benito Zambrana. 2023. (ENG.). 28p. (J). pap. ***(978-1-7393332-1-8(7))*** Sphinx Hse.

Bee or Wasp? Kirsten Chang. 2019. (Spotting Differences Ser.). (ENG., Illus.). 24p. (J). (gr. k-3). lib. bdg. 26.95 *(978-1-64487-031-0(2),* Blastoff! Readers) Bellwether Media.

Bee Paradise. Carolyn Clackdoyle. Illus. by Luminita Serbanescu. 2019. (ENG.). 28p. (J). *(978-0-2288-0641-7(0))*; pap. *(978-0-2288-0640-0(2))* Tellwell Talent.

Bee People. Margaret Warner Morley. 2017. (ENG.). 182p. (J). pap. *(978-3-337-14508-8(6))* Creation Pubs.

Bee People (Classic Reprint) Margaret Warner Morley. 2018. (ENG., Illus.). 184p. (J). 27.69 *(978-0-365-21223-2(7))* Forgotten Bks.

Bee Polisher. William B. Taylor. 2019. (ENG., Illus.). 80p. (YA). (gr. 7-12). pap. 9.99 *(978-1-910903-23-0(X))* AudioGO.

Bee Safe Crew. Shaundria Nunley. 2022. (ENG.). 20p. (J). pap. 15.99 *(978-1-0878-7631-3(1))* Shekinah Glory Publishing.

Bee Still: An Invitation to Meditation. Frank J. Sileo. Illus. by Claire Keay. 2018. 32p. (J). *(978-1-4338-2870-6(7),* Magination Pr.) American Psychological Assn.

Bee That Didn't Want to Listen. Dorcaly Fiallo. Illus. by Roman Jaquez. 2020. (ENG.). 38p. (J). 18.00 *(978-1-7347356-7-3(8))* Publify Consulting.

Bee the Change. James Preller. 2019. (Big Idea Gang Ser.). (ENG., Illus.). 96p. (J). (gr. 1-4). pap. 6.99 *(978-1-328-97339-9(5),* 1708133, Clarion Bks.) HarperCollins Pubs.

Bee to Honey. Sarah Ridley. 2018. (Where Food Comes From Ser.). (Illus.). 24p. (J). (gr. 3-3). *(978-0-7787-5119-9(8))* Crabtree Publishing Co.

Bee Who Couldn't Fly. Mignonne Gunasekara. Illus. by Kris Jones. 2023. (Level 9 - Gold Set Ser.). (ENG.). 32p. (J). (gr. 2-4). lib. bdg. 19.95 Bearport Publishing Co., Inc.

Bee Who Didn't Want to Be a Bee. Alli Rogers. 2022. (ENG.). 36p. (J). pap. *(978-1-3984-1591-1(X))* Austin Macauley Pubs. Ltd.

Bee-Wigged. Cece Bell. Illus. by Cece Bell. 2017. (ENG., Illus.). 40p. (J). (gr. -1-3). 7.99 *(978-0-7636-9312-1(X))* Candlewick Pr.

Bee with the Backward Stripes. Matt Skuta. 2018. (ENG.). 38p. (J). 16.95 *(978-1-68401-708-9(4))* Amplify Publishing Group.

Bee Without Wings. Amberlea Williams. 2023. (ENG., Illus.). 40p. (J). (gr. -1-3). 18.99 ***(978-1-7972-2250-9(3),*** Chronicle Bks.) Chronicle Bks. LLC.

Bee You. Jodilynn Mlotkiewicz. (ENG., Illus.). 38p. (J). 2018. 23.95 *(978-1-64349-502-6(X))*; 2017. pap. 13.95 *(978-1-63575-195-6(0))* Christian Faith Publishing.

Beecause I Love You. Sandra Magsamen. Illus. by Sandra Magsamen. 2017. (Made with Love Ser.). (ENG., Illus.). 14p. (J). (— 1). bds. 7.99 *(978-1-338-11090-6(X),* Cartwheel Bks.) Scholastic, Inc.

Beech the Beech Leaf. Marian Hawkins. 2021. (ENG.). 32p. (J). *(978-1-912765-34-8(9))* Blue Falcon Publishing.

Beechcroft at Rockstone (Classic Reprint) Charlotte M. Yonge. 2018. (ENG., Illus.). 340p. (J). 30.93 *(978-0-483-57590-5(9))* Forgotten Bks.

Beechcroft at Rockstone, Vol. 2 of 2 (Classic Reprint) Charlotte M. Yonge. 2018. (ENG., Illus.). 274p. (J). 29.55 *(978-0-483-38411-8(9))* Forgotten Bks.

Beechcroft, Vol. 1 Of 2: At Rockstone (Classic Reprint) Charlotte M. Yonge. 2018. (ENG., Illus.). 254p. (J). 29.16 *(978-0-267-25306-7(0))* Forgotten Bks.

Beecher As a Humorist: Selections from the Published Works of Henry Ward Beecher (Classic Reprint) Henry Ward Beecher. 2018. (ENG., Illus.). 224p. (J). 28.54 *(978-0-364-45158-8(0))* Forgotten Bks.

Beecher's Recitations & Readings: Humorous, Serious, Dramatic, Including Prose & Poetical Selections in Dutch, French, Yankee, Irish, Backwoods, Negro, & Other Dialects (Classic Reprint) Alvah C. Beecher. (ENG., Illus.). (J). 2018. 212p. 28.29 *(978-0-267-33377-6(3))*; 2016. pap. 10.97 *(978-1-333-58337-8(0))* Forgotten Bks.

Beechnut. Jacob Abbott. 2017. (ENG.). 226p. (J). pap. *(978-3-337-14428-9(4))* Creation Pubs.

Beechnut: A Franconia Story (Classic Reprint) Jacob Abbott. 2017. (ENG., Illus.). (J). 28.52 *(978-1-5280-7746-0(6))* Forgotten Bks.

Beechwood (Classic Reprint) Rebecca Ruter Springer. 2018. (ENG., Illus.). 290p. (J). 29.88 *(978-0-332-79240-8(4))* Forgotten Bks.

Beechwood Tragedy: A Tale of the Chickahominy (Classic Reprint) Mary Jane Haw. 2018. (ENG., Illus.). (J). 246p. 28.99 *(978-1-396-39892-6(9))*; 248p. pap. 11.57 *(978-1-390-90049-1(5))* Forgotten Bks.

Beechy, or the Lordship of Love (Classic Reprint) Bettina Von Hutten. 2018. (ENG., Illus.). 398p. (J). 32.13 *(978-0-267-23256-7(X))* Forgotten Bks.

Beef, Iron & Wine (Classic Reprint) Jack Lait. 2018. (ENG., Illus.). 326p. (J). 30.64 *(978-0-267-25366-1(4))* Forgotten Bks.

Beehive. Jorey Hurley. Illus. by Jorey Hurley. 2020. (ENG., Illus.). 40p. (J). (gr. -1-2). 18.99 *(978-1-4814-7003-2(5),* Simon & Schuster Bks. For Young Readers) Simon & Schuster Bks. For Young Readers.

Beehive Cafe: The Bee Charmers. Nichole Cole. 2020. (ENG.). 36p. (J). 17.00 *(978-1-0878-9730-1(0))* Indy Pub.

Beehives. Christopher Forest. 2018. (Animal Engineers Ser.). (ENG., Illus.). 32p. (J). (gr. 2-3). pap. 9.95 *(978-1-63517-959-0(9),* 1635179599); lib. bdg. 31.35 *(978-1-63517-858-6(4),* 1635178584) North Star Editions. (Focus Readers).

Beehives. Christopher Forest. 2018. (Illus.). 32p. (J). pap. *(978-1-4896-9746-2(2),* AV2 by Weigl) Weigl Pubs., Inc.

Beekeeper & the Turtle. Kathie Heimsoth. Illus. by Jackie Jenkins. 2019. (ENG.). 30p. (J). (gr. -1-3). pap. 12.49 *(978-1-5456-8098-8(1))* Salem Author Services.

Beekeeper & the Turtle. Kathie Heimsoth & Jackie Jenkins. 2019. (ENG., Illus.). 30p. (J). (gr. -1-3). 22.99 *(978-1-5456-8099-5(X))* Salem Author Services.

Beekeeper Mystery. Illus. by Anthony VanArsdale. 2021. (Boxcar Children Mysteries Ser.: 159). (ENG.). 128p. (J). (gr. 2-5). 12.99 *(978-0-8075-0823-7(3),* 807508233); 6.99 *(978-0-8075-0824-4(1),* 807508241) Random Hse. Children's Bks. (Random Hse. Bks. for Young Readers).

Beekeeper Mystery (the Boxcar Children: Time to Read, Level 2) Illus. by Liz Brizzi. 2023. (Boxcar Children Early Readers Ser.). (ENG.). 48p. (J). (gr. k-2). 12.99 *(978-0-8075-0623-3(0),* 0807506230, Random Hse. Bks. for Young Readers) Random Hse. Children's Bks.

Beekeepers: How Humans Changed the World of Bumble Bees (Scholastic Focus) Dana L. Church. 2021. (ENG., Illus.). 320p. (J). (gr. 3-7). 18.99 *(978-1-338-56554-6(0))* Scholastic, Inc.

Beemer's Buddies. Jane Hembree. 2018. (ENG., Illus.). 30p. (J). 22.95 *(978-1-64003-894-3(9))*; pap. 12.95 *(978-1-64300-035-0(7))* Covenant Bks.

Been There, Done That: Reading Animal Signs, 1 vol. Jen Funk Weber. Illus. by Andrea Gabriel. 2016. 39p. (J). (gr. k-1). (SPA.). pap. 11.95 *(978-1-62855-741-1(9),* f6f671b2-08d6-44d4-b97e-238d1d7afb41); (ENG.). 17.95 *(978-1-62855-727-5(3))* Arbordale Publishing.

Beep! Navigating Through ADHD. Garrett Ritchie et al. 2016. (Kids Helping Kids Through Bks.: Vol. 10). (ENG., Illus.). (YA). (gr. 7-12). pap. 9.99 *(978-1-61660-013-6(6))* Reflections Publishing Hse.

Beep & Bob 4 Books In 1! Too Much Space!; Party Crashers; Take Us to Your Sugar; Double Trouble. Jonathan Roth. Illus. by Jonathan Roth. 2019. (Beep & Bob Ser.). (ENG., Illus.). 432p. (J). (gr. 1-4). 14.99 *(978-1-5344-5394-4(6),* Aladdin) Simon & Schuster Children's Publishing.

Beep & Bob's Astro Adventures (Boxed Set) Too Much Space!; Party Crashers; Take Us to Your Sugar; Double Trouble. Jonathan Roth. Illus. by Jonathan Roth. ed. 2019. (Beep & Bob Ser.). (ENG., Illus.). 512p. (J). (gr. 1-4). pap. 23.99 *(978-1-5344-3102-7(0),* Aladdin) Simon & Schuster Children's Publishing.

Beep Beep: Gadget Coloring Book. Smarter Activity Books for Kids. 2016. (ENG., Illus.). (J). pap. 9.22 *(978-1-68374-505-1(1))* Examined Solutions PTE. Ltd.

Beep Beep / Piip Piip. Petr Horacek. Illus. by Petr Horacek. ed. 2019. (Illus.). 16p. (J). (-k). bds. 6.99 *(978-1-5362-0350-9(5))* Candlewick Pr.

Beep Beep Bubbie, 1 vol. Bonnie Sherr Klein. Illus. by Élisabeth Eudes-Pascal. 2021. (ENG.). 32p. (J). (gr. -1-k). 17.95 *(978-1-926890-23-4(X))* Tradewind Bks. CAN. Dist: Orca Bk. Pubs. USA.

Beep-Beep! Magnetic First Words. Nat Lambert. 2018. (Play & Learn Ser.). (ENG.). 10p. (J). (gr. -1-1). bds. 7.99 *(978-1-78700-385-9(X))* Top That! Publishing PLC GBR. Dist: Independent Pubs. Group.

Beep! Honk! Zoom! Ruby Byrd. Ed. by Cottage Door Press. Illus. by Stephanie Hinton. 2017. (ENG.). 16p. (J). (gr. -1-1). bds. 19.99 *(978-1-68052-185-6(3),* 1001831) Cottage Door Pr.

Beep, Whoosh, GO! Christie Hainsby. Illus. by Jayne Schofield. 2022. (ENG.). 12p. (J). bds. 9.99 *(978-1-80058-254-5(4))* Make Believe Ideas GBR. Dist: Scholastic, Inc.

Beeper's Obsession. Jasmine Pope. 2021. (ENG.). 36p. (J). pap. 11.99 *(978-1-942197-75-1(6))* Autism Asperger Publishing Co.

Beer Shop (Classic Reprint) Religious Tract Society. (ENG., Illus.). (J). 2018. 20p. 24.31 *(978-0-484-36397-6(2))*; 2017. pap. 7.97 *(978-0-243-46123-3(2))* Forgotten Bks.

Beertje Haby. Gloria Sofia. 2019. (DUT.). 38p. (J). pap. *(978-3-7103-3992-9(8))* united p.c. Verlag.

Bees. Emma Bassier. 2019. (Pollinators Ser.). (ENG., Illus.). 32p. (J). (gr. 2-5). lib. bdg. 32.79 *(978-1-5321-6593-1(5),* 33288, DiscoverRoo) Pop!.

Bees. Nessa Black. (Spot Creepy Crawlies Ser.). (ENG., Illus.). 16p. (J). (gr. -1-2). 2018. pap. 7.99 *(978-1-68152-224-1(1),* 14755); 2017. 17.95 *(978-1-68151-105-4(3),* 14636) Amicus.

Bees. Katie Gillespie. (World Languages Ser.). 24p. (J). 2019. (ENG.). (gr. 3-7). lib. bdg. 35.70 *(978-1-4896-6907-0(8))*; 2017. (Illus.). *(978-1-4896-4499-2(7))* Weigl Pubs., Inc. (AV2 by Weigl).

Bees. Laura Marsh. 2016. (Readers Ser.). (Illus.). 32p. (J). (gr. 1-3). pap. 5.99 *(978-1-4263-2281-5(X),* National Geographic Kids) Disney Publishing Worldwide.

Bees. Julie Murray. 2019. (Animal Kingdom Ser.). (ENG., Illus.). 32p. (J). (gr. 2-5). lib. bdg. 34.21 *(978-1-5321-1615-5(2),* 32341, Big Buddy Bks.) ABDO Publishing Co.

Bees. Leo Statts. 2017. (Backyard Animals (Launch!) Ser.). (ENG., Illus.). 24p. (J). (gr. -1-2). lib. bdg. 31.36 *(978-1-5321-2001-5(X),* 25266, Abdo Zoom-Launch) ABDO Publishing Co.

Bees. Kim Thompson. 2022. (Bugs in My Yard Ser.). (ENG.). 16p. (J). (gr. -1-1). pap. 7.95 *(978-1-63897-539-7(6),* 19402); lib. bdg. 25.27 *(978-1-63897-424-6(1),* 19401) Seahorse Publishing.

Bees: A Honeyed History. Piotr Socha. 2017. (ENG., Illus.). 80p. (J). (gr. 1-4). 25.99 *(978-1-4197-2615-6(3),* 1191501, Abrams Bks. for Young Readers) Abrams, Inc.

Bees: Animals That Make a Difference! (Engaging Readers, Level 1) Ashley Lee & Jared Siemens. Ed. by Alexis Roumanis. 2021. (Animals That Make a Difference! Ser.: Vol. 2). (ENG., Illus.). 32p. (J). *(978-1-77437-662-1(8))*; pap. *(978-1-77437-663-8(6))* AD Classic.

Bees: Cool Communicators. Katie Lajiness. 2018. (Awesome Animal Powers Ser.). (ENG., Illus.). 32p. (J). (gr. 2-5). lib. bdg. 34.21 *(978-1-5321-1497-7(4),* 28848, Big Buddy Bks.) ABDO Publishing Co.

Bees: Honeybees, Bumblebees, & More! Shirley Raines. 2023. (ENG.). 32p. (J). (gr. k-2). 12.99 *(978-1-4867-2703-2(4),* 40a6e1ad-ca98-4fb1-9aa5-31882ce5c38d); pap. 9.99 *(978-1-4867-2631-8(3),* f273acbd-6287-4122-8ec5-3d1e9d011187) Flowerpot Pr.

Bees: The Story of the B Triplets & Their Aunt (Classic Reprint) M. Ellen Thonger. (ENG., Illus.). (J). 2018. 322p. 30.54 *(978-0-364-70726-5(7))*; 2017. pap. 13.57 *(978-1-5276-8156-9(4))* Forgotten Bks.

Bees / Abejas: Bilingual (English / Spanish) (Inglés / Español) Animals That Make a Difference! (Engaging Readers, Level 1) Ashley Lee & Jared Siemens. Ed. by Alexis Roumanis. l.t. ed. 2021. (Animals That Make a Difference! Bilingual (English / Spanish) (Inglés / Español) Ser.: Vol. 2). (ENG., Illus.). 32p. (J). *(978-1-77476-388-9(5))*; pap. *(978-1-77476-387-2(7))* AD Classic.

Bees / les Abeilles: Bilingual (English / French) (Anglais / Français) Animals That Make a Difference! (Engaging Readers, Level 1) Ashley Lee & Jared Siemens. Ed. by Alexis Roumanis. l.t. ed. 2021. (Animals That Make a Difference! Bilingual (English / French) (Anglais / Français) Ser.: Vol. 2). (ENG., Illus.). 32p. (J). *(978-1-77476-406-0(7))*; pap. *(978-1-77476-405-3(9))* AD Classic.

Bees & Flowers. Kevin Cunningham. 2016. (21st Century Junior Library: Better Together Ser.). (ENG., Illus.). 24p. (J). (gr. 2-5). 29.21 *(978-1-63471-083-1(5),* 208411) Cherry Lake Publishing.

Bees & Other Pollinators, 1 vol. Wendy Pirk. 2018. (KidsWorld Ser.). (ENG., Illus.). 64p. (J). pap. 6.99 *(978-1-988183-38-1(3),* 9220c4e9-ceef-4fd4-a9f5-d7116c98c28d) KidsWorld Bks. CAN. Dist: Lone Pine Publishing USA.

Bees Are NEAT! Kelani B. Stam. Illus. by Steven Twigg. 2019. (ENG.). 22p. (J). *(978-1-77136-809-4(8))* Twigg, Steven.

Bees Are Our Friends. Toni D'Alia. Illus. by Alice Lindstrom. 2023. (Our Friends in the Garden Ser.). (ENG.). 24p. (J). (gr. -1-17). 18.99 ***(978-1-76121-048-8(3))*** Hardie Grant Bks. AUS. Dist: Hachette Bk. Group.

Bees, Bugs, & Butterflies: A Family Guide to Our Garden Heroes & Helpers. Ben Raskin. 2018. (Discover Together Guides). (ENG., Illus.). 48p. (J). (gr. -1-3). 16.95 *(978-1-61180-553-6(8),* Roost Books) Shambhala Pubns., Inc.

Bees Build Beehives. Elizabeth Raum. Illus. by Romina Martí. (Animal Builders Ser.). (ENG.). 24p. (J). (gr. 1-4). 2018. pap. 8.99 *(978-1-68152-150-3(4),* 14781); 2017. lib. bdg. 20.95 *(978-1-68151-169-6(X),* 14662) Amicus.

Bees Buzz. Lisa Schnell. 2018. (Plants, Animals, & People Ser.). (ENG., Illus.). 16p. (gr. -1-2). lib. bdg. 28.50 *(978-1-64156-157-0(2),* 9781641561570) Rourke Educational Media.

Bees (Classic Reprint) E. R. Root. (ENG., Illus.). (J). 2018. 20p. 24.31 *(978-0-332-20757-5(9))*; 2016. pap. 7.97 *(978-1-334-15231-3(4))* Forgotten Bks.

Bee's Difficult Search for Food. Mary Ellen Klukow. Illus. by Albert Pinilla. 2019. (Animal Habitats at Risk Ser.). (ENG.). 24p. (J). (gr. 1-3). pap. 10.99 *(978-1-68152-489-4(9),* 11075) Amicus.

Bee's Flower Children (Classic Reprint) Frances Bennett Callaway. (ENG., Illus.). (J). 2018. 294p. 29.96 *(978-0-365-38460-1(7))*; 2017. pap. 13.57 *(978-0-259-17213-0(8))* Forgotten Bks.

Bees in the City, 1 vol. Andrea Cheng. Illus. by Sarah McMenemy. 2017. (ENG.). 36p. (J). (gr. 2-6). 17.95 *(978-0-88448-520-9(X),* 884520) Tilbury Hse. Pubs.

Bees Knees Princess. Previn Hudetz. 2019. (ENG.). 32p. (J). *(978-0-359-94252-7(0))* Lulu Pr., Inc.

Bee's Lullaby. Lynne Young. Illus. by Karen J. Kennedy. 2017. (ENG.). (J). pap. 12.00 *(978-1-946989-04-8(5))* Full Court Pr.

Bee's Nest, 1 vol. Niles Worthington. 2016. (Animal Builders Ser.). (ENG., Illus.). 24p. (gr. 1-1). pap. 9.22 *(978-1-5026-2082-8(0),* 0a6be518-d6de-4a36-831a-5ee7bdb47742) Cavendish Square Publishing LLC.

Bees on the Roof. Robbie Shell. 2nd ed. 2018. (ENG.). 224p. (J). (gr. 4-7). pap. 12.95 *(978-1-943431-24-3(8))* Tumblehome Learning.

Bees That Made Cheese: A Story about Ambition. Joanna Botwood. Illus. by Rich Ward. 2020. (ENG.). 54p. (J). pap. 11.90 *(978-1-716-40332-3(4))* Lulu Pr., Inc.

Bees, Wasps & Ants (Classic Reprint) F. Martin Duncan. (ENG., Illus.). (J). 2018. 96p. 25.90 *(978-0-666-04221-7(7))*; 2017. pap. 9.57 *(978-0-282-65183-1(7))* Forgotten Bks.

Beeswing Makes Friends. James Bruner & Elizabeth Stevens. 2016. (ENG., Illus.). (J). 25.95 *(978-1-4808-3364-7(9))* Archway Publishing.

Beeswing Makes Friends. James Bruner et al. 2016. (ENG., Illus.). (J). pap. 16.95 *(978-1-4808-3363-0(0))* Archway Publishing.

Beet Juice Buddies. Blake Hoena. Illus. by Dave Bardin. 2018. (Monster Heroes Ser.). (ENG.). 32p. (J). (gr. k-2). lib. bdg. 21.32 *(978-1-4965-6416-0(2),* 138263, Stone Arch Bks.) Capstone.

Beethoven, 1 vol. Joan Stoltman. 2018. (Little Biographies of Big People Ser.). (ENG.). 24p. (gr. 1-2). 24.27 *(978-1-5382-2892-0(0),* 0a2d1189-612c-45e0-9e62-1e569aec63b7) Stevens, Gareth Publishing LLLP.

Beethoven's Heroic Symphony. Anna Harwell Celenza. Illus. by JoAnn E. Kitchel. 2016. (Once upon a Masterpiece Ser.: 4). 32p. (J). (gr. 1-4). lib. bdg. 16.95 *(978-1-58089-530-9(1))* Charlesbridge Publishing, Inc.

Beetle. August Hoeft. 2022. (I See Insects Ser.). (ENG.). (J). 20p. pap. 12.99 ***(978-1-5324-4150-9(9))***; 16p. (gr. -1-2). 24.99 ***(978-1-5324-3338-2(7))***; 16p. (gr. -1-2). pap. 12.99 ***(978-1-5324-2830-2(8))*** Xist Publishing.

Beetle & Boo. Caitlin Murray. 2020. 24p. (J). (— 1). 17.99 *(978-0-14-379656-5(9),* Puffin) Penguin Random Hse. AUS. Dist: Independent Pubs. Group.

Beetle & the Hollowbones. Aliza Layne. Illus. by Aliza Layne. 2020. (ENG., Illus.). 256p. (J). (gr. 3-7). 21.99 *(978-1-5344-4153-8(0))*; pap. 12.99 *(978-1-5344-4154-5(9))* Simon & Schuster Children's Publishing. (Atheneum Bks. for Young Readers).

Beetle, Barabus. Natascha Rosina Taylor. Illus. by Natascha Taylor. 2016. (ENG.). (J). pap. *(978-0-9566666-8-0(X))* nischnasch.

Beetle Boy. M. G. Leonard. ed. 2018. (Penworthy Picks Middle School Ser.). (ENG.). 270p. (J). (gr. 5-7). 16.96 *(978-1-64310-586-4(8))* Penworthy Co., LLC, The.

Beetle Boy. M. G. Leonard. ed. 2017. lib. bdg. 17.20 *(978-0-606-40151-7(2))* Turtleback.

Beetle Boy (Beetle Trilogy, Book 1), Bk. 1. M. G. Leonard. 2017. (Beetle Boy Ser.). (ENG., Illus.). 304p. (J). (gr. 3-7). pap. 6.99 *(978-0-545-85347-7(8),* Chicken Hse., The) Scholastic, Inc.

Beetle Habitats Around the World Coloring Book. Bobo's Children Activity Books. 2016. (ENG., Illus.). (J). pap. 9.33 *(978-1-68327-631-9(0))* Sunshine In My Soul Publishing.

Beetle Is Shy. Dianna Hutts Aston. Illus. by Sylvia Long. (Sylvia Long Ser.). (ENG.). 40p. (J). (gr. k-3). 2023. pap. 7.99 *(978-1-7972-1587-7(6))*; 2016. 16.99 *(978-1-4521-2712-5(3))* Chronicle Bks. LLC.

Beetle Life Cycle Stages Coloring Book. Activibooks For Kids. 2016. (ENG., Illus.). (J). pap. 9.20 *(978-1-68321-138-9(3))* Mimaxion.

Beetle Mania. Megan Litwin. Illus. by Shauna Lynn Panczyszyn. 2023. (Dirt & Bugsy Ser.). 32p. (J). (gr. 1-2). 15.99 *(978-0-593-51995-0(7))*; pap. 5.99 *(978-0-593-51994-3(9))* Penguin Young Readers Group. (Penguin Young Readers).

Beetles. Nessa Black. (Spot Creepy Crawlies Ser.). (ENG., Illus.). 16p. (J). (gr. -1-2). 2018. pap. 7.99 *(978-1-68152-225-8(X),* 14756); 2017. 17.95 *(978-1-68151-106-1(1),* 14637) Amicus.

Beetles. Ashley Gish. 2018. (X-Books: Insects Ser.). (ENG.). 32p. (J). (gr. 3-5). pap. 9.99 *(978-1-62832-615-4(8),* 20004, Creative Paperbacks); *(978-1-60818-988-5(0),* 19996, Creative Education) Creative Co., The.

Beetles. Martha London. 2019. (Pollinators Ser.). (ENG., Illus.). 32p. (J). (gr. 2-5). lib. bdg. 32.79 *(978-1-5321-6594-8(3),* 33290, DiscoverRoo) Pop!.

Beetles. Julie Murray. (Animals with Armor Ser.). (ENG., Illus.). 24p. (J). 2022. (gr. 2-2). pap. 8.95 *(978-1-64494-654-1(8))*; 2021. (gr. k-4). lib. bdg. 31.36 *(978-1-0982-2658-9(5),* 38622) ABDO Publishing Co. (Abdo Zoom-Dash).

Beetles: Backyard Bugs & Creepy-Crawlies (Engaging Readers, Level Pre-1) Victoria Hazlehurst. Ed. by Sarah Harvey. l.t. ed. 2022. (Backyard Bugs & Creepy-Crawlies Ser.: Vol. 2). (ENG., Illus.). 32p. (J). ***(978-1-77476-716-0(3))***; pap. ***(978-1-77476-717-7(1))*** AD Classic.

Beetles (Collins New Naturalist Library, Book 136) Richard Jones. 2018. (Collins New Naturalist Library: 136). (ENG.). 496p. 75.00 *(978-0-00-829657-5(X),* William Collins) HarperCollins Pubs. Ltd. GBR. Dist: HarperCollins Pubs.

Beetles for Breakfast: And Other Weird & Wonderful Ways to Save the Planet. Madeleine Finlay. Illus. by Jisu

B

Choi. 2021. (ENG.). 80p. (J). (gr. 2-6). 19.99 *(978-1-912497-50-8(6))* Flying Eye Bks. GBR. Dist: Penguin Random Hse. LLC.

Beeton's Dictionary of Natural History: A Comprehensive Cyclopaedia of the Animal Kingdom, Containing Upwards of Two Thousand Complete & Distinct Articles (Classic Reprint) Samuel Orchart Beeton. 2017. (ENG., Illus.). (J). 358p. 31.28 *(978-0-332-08139-7(7))*; pap. 13.97 *(978-0-282-56867-2(0))* Forgotten Bks.

Beetopia. Madison Webb. 2021. (ENG.). 24p. (J). pap. 14.95 *(978-1-0983-5447-3(8))* BookBaby.

Beetzen Manor: A Romance (Classic Reprint) W. Heimburg. (ENG., Illus.). (J). 2018. 338p. 30.87 *(978-0-483-67093-8(6))*; 2017. pap. 13.57 *(978-0-243-41151-1(0))* Forgotten Bks.

Beeutiful World. Danna J. Walters. Ed. by Amy Goffinet. Illus. by Hope Holt. 2022. (ENG.). 22p. (J). 22.06 *(978-0-578-38573-0(2))* walters, danna j. author.

Beezus & Ramona. Beverly Cleary. Illus. by Jacqueline Rogers. 2020. (Ramona Ser.: 1). (ENG.). 208p. (J). (gr. 3-7). 17.99 *(978-0-688-21076-2(7))*; pap. 7.99 *(978-0-380-70918-2(X))* HarperCollins Pubs. (HarperCollins).

Bếf. Amy Culliford. Tr. by Jean Pierre Gaston. 2021. (Zannimo Pak Yo (Farm Animal Friends) Ser.). (CRP., Illus.). 16p. (J). (gr. -1-1). pap. *(978-1-4271-3805-7(2)*, 10218) Crabtree Publishing Co.

Before. Will Hallewell. 2019. (Gazore Ser.: Vol. 1). (ENG., Illus.). 90p. (J). (gr. 4-6). pap. 7.99 *(978-1-970068-57-3(4))* Kingston Publishing Co.

Before. Angela Larkin & Catina Haverlock. 2018. (ENG.). 256p. (YA). pap. 17.99 *(978-1-4621-2205-9(1)*, Sweetwater Bks.) Cedar Fort, Inc./CFI Distribution.

Before. Molly McNamara Carter. Illus. by Denitsa Shopova. 2023. (ENG.). 200p. (J). 16.99 ***(978-1-958302-38-5(4))*** Lawley Enterprises.

Before. K. E. Payne. 2016. (ENG.). 240p. (J). (gr. 7). pap. 11.95 *(978-1-62639-677-7(9))* Bold Strokes Bks.

Before: The Smith & Miya Collection. Dan Matheson. 2016. (ENG., Illus.). (J). (gr. 3-6). pap. *(978-1-925590-11-1(9))* Vivid Publishing.

Before Abraham Lincoln Was President, 1 vol. Theresa Morlock. 2017. (Before They Were President Ser.). (ENG.). 24p. (J). (gr. 2-3). pap. 9.15 *(978-1-5382-1056-7(8)*, 8cbab250-9a8d-4368-9727-89120df16c3b) Stevens, Gareth Publishing LLLP.

Before Adam (Classic Reprint) Jack. London. 2018. (ENG., Illus.). 408p. (J). 32.31 *(978-0-364-42048-5(0))* Forgotten Bks.

Before & After. Jean Jullien. 2017. (ENG., Illus.). 40p. (gr. -1 — 1). bds. 16.95 *(978-0-7148-7408-1(6))* Phaidon Pr., Inc.

Before & after Emeline Broker. Madilon Mouton. 2016. (ENG., Illus.). 74p. (J). pap. *(978-1-365-59431-1(9))* Lulu Pr., Inc.

Before Andrew Jackson Was President, 1 vol. Michael Rajczak. 2017. (Before They Were President Ser.). (ENG.). 24p. (J). (gr. 2-3). pap. 9.15 *(978-1-5382-1060-4(6)*, b174df3e-496d-4bd7-8722-4404184e127b) Stevens, Gareth Publishing LLLP.

Before Barack Obama Was President, 1 vol. Julia McDonnell. 2018. (Before They Were President Ser.). (ENG.). 24p. (gr. 2-3). 24.27 *(978-1-5382-2909-5(9)*, 4cbd92b9-440c-41b5-8bd3-7af73085d418) Stevens, Gareth Publishing LLLP.

Before Books (Classic Reprint) Caroline Pratt. 2017. (ENG., Illus.). (J). 31.38 *(978-0-331-69926-5(5))*; pap. 13.97 *(978-0-259-31247-5(9))* Forgotten Bks.

Before Breakfast: A Play in One Act (Classic Reprint) Eugene G. O'Neill. 2017. (ENG., Illus.). (J). 24.33 *(978-0-331-46721-5(6))*; pap. 7.97 *(978-0-260-29400-5(4))* Forgotten Bks.

Before Cell Phones. Samantha S. Bell. 2020. (What Did We Do? Ser.). (ENG.). 32p. (J). (gr. 2-3). pap. 9.95 *(978-1-64493-120-2(6)*, 1644931206); lib. bdg. 31.35 *(978-1-64493-041-0(2)*, 1644930412) North Star Editions. (Focus Readers).

Before Colors: Where Pigments & Dyes Come From. Annette Bay Pimentel. Illus. by Madison Safer. 2023. (ENG.). 88p. (J). (gr. 3-7). 24.99 *(978-1-4197-5706-8(7)*, 1749101, Abrams Bks. for Young Readers) Abrams, Inc.

Before Computers. Shannon Berg. 2020. (What Did We Do? Ser.). (ENG., Illus.). 32p. (J). (gr. 2-3). pap. 9.95 *(978-1-64493-121-9(4)*, 1644931214); lib. bdg. 31.35 *(978-1-64493-042-7(0)*, 1644930420) North Star Editions. (Focus Readers).

Before Dawn (Vampire, Fallen-Book 1) Morgan Rice. 2016. (ENG., Illus.). 118p. (J). pap. 6.99 *(978-1-63291-611-2(8))* Morgan Rice Bks.

Before Donald Trump Was President, 1 vol. Ryan Nagelhout. 2017. (Before They Were President Ser.). (ENG.). 24p. (J). (gr. 2-3). pap. 9.15 *(978-1-5382-1064-2(9)*, 3e0a1dcc-caeb-4c75-a338-e2a712d99cd5); lib. bdg. 24.27 *(978-1-5382-1066-6(5)*, 7d4d45f5-1c41-432c-a773-1fda7f91527c) Stevens, Gareth Publishing LLLP.

Before Fedex, There Was the Pony Express - History Book 3rd Grade Children's History. Baby Professor. 2017. (ENG., Illus.). (J). pap. 9.55 *(978-1-5419-1458-2(9)*, Baby Professor (Education Kids)) Speedy Publishing LLC.

Before Franklin D. Roosevelt Was President, 1 vol. Michael Rajczak. 2018. (Before They Were President Ser.). (ENG.). 24p. (gr. 2-3). lib. bdg. 24.27 *(978-1-5382-2910-1(2)*, 82caad16-4ada-44e5-a486-f28154c27b4a) Stevens, Gareth Publishing LLLP.

Before George Washington Was President, 1 vol. Janey Levy. 2018. (Before They Were President Ser.). (ENG.). 24p. (gr. 2-3). lib. bdg. 24.27 *(978-1-5382-2912-5(9)*, 2e7aa5d5-9059-4ab8-9cc2-c0e16b0731d5) Stevens, Gareth Publishing LLLP.

Before Goodbye, 0 vols. Mimi Cross. 2016. (ENG.). 399p. (YA). (gr. 8-12). pap. 9.99 *(978-1-5039-4972-0(9)*, 9781503949720, Skyscape) Amazon Publishing.

Before Honour Is Humility: A Story for the Young (Classic Reprint) Unknown Author. (ENG., Illus.). (J). 2018. 20p. 24.33 *(978-0-267-36769-6(4))*; 2016. pap. 7.97 *(978-1-334-16267-1(0))* Forgotten Bks.

Before I Disappear. Danielle Stinson. 2020. (ENG.). 384p. (YA). pap. 10.99 *(978-1-250-25103-9(6)*, 900197055) Square Fish.

Before I Fall. Lauren Oliver. ed. 2016. (YA). lib. bdg. 22.10 *(978-0-606-23576-1(0))* Turtleback.

Before I Forget. Chuck Harp. 2019. (ENG., Illus.). 156p. (YA). (gr. 7-12). pap. 16.95 *(978-1-68433-327-1(X))* Black Rose Writing.

Before I Forget: The Autobiography of a Chevalier d'Industrie (Classic Reprint) Albert Chevalier. 2018. (ENG., Illus.). 392p. (J). 31.98 *(978-0-365-11624-0(6))* Forgotten Bks.

Before I Go to Sleep: Bible Stories, Poems, & Prayers for Children. Ann Pilling. Illus. by Kady MacDonald Denton. 2019. (ENG.). 96p. (J). 12.99 *(978-0-7534-7583-6(9)*, 900219441, Kingfisher) Roaring Brook Pr.

Before I Go to Sleep / Bago Ako Matulog: Babl Children's Books in Tagalog & English. Thomas Hood. l.t. ed. 2017. (ENG., Illus.). (J). 14.99 *(978-1-68304-272-3(7))* Babl Books, Incorporated.

Before I Go to Sleep / Traditional Chinese Edition: Babl Children's Books in Chinese & English. Thomas Hood. Illus. by Mary Jane Begin. l.t. ed. 2016. (ENG.). (J). 14.99 *(978-1-68304-192-4(5))* Babl Books, Incorporated.

Before I Go to Sleep / Truoc Gio Di Ngu: Babl Children's Books in Vietnamese & English. Thomas Hood. l.t. ed. 2017. (ENG., Illus.). (J). 14.99 *(978-1-68304-224-2(7))* Babl Books, Incorporated.

Before I Had the Words: On Being a Transgender Young Adult. Skylar Kergil. 2017. 272p. 22.99 *(978-1-5107-2306-1(4))* Skyhorse Publishing Co., Inc.

Before I Leave: A Picture Book. Jessixa Bagley. 2016. (ENG., Illus.). 40p. (J). 18.99 *(978-1-62672-040-4(1)*, 900132813) Roaring Brook Pr.

Before I Let Go. Marieke Nijkamp. 2019. 384p. (YA). (gr. 8-12). pap. 10.99 *(978-1-4926-6807-7(9))* Sourcebooks, Inc.

Before I Slip Away. Will McCloy. 2021. (ENG.). 274p. (YA). pap. *(978-1-68583-022-9(6))* Tablo Publishing.

Before I Wake Up... Britta Teckentrup. 2021. (ENG., Illus.). 56p. (J). (gr. -1-3). pap. 9.95 *(978-3-7913-7498-7(2))* Prestel Verlag GmbH & Co KG. DEU. Dist: Penguin Random Hse. LLC.

Before I Was Me. Frank Fraser. Illus. by Frank Fraser. 2018. (ENG., Illus.). (J). pap. 10.95 *(978-1-62282-606-3(X))* Sophia Institute Pr.

Before John Adams Was President, 1 vol. M. H. Seeley. 2017. (Before They Were President Ser.). (ENG.). 24p. (J). (gr. 2-3). pap. 9.15 *(978-1-5382-1067-3(3)*, 38a269f1-5c05-430a-a43d-63d1c0e88e10) Stevens, Gareth Publishing LLLP.

Before John F. Kennedy Was President, 1 vol. Katie Kawa. 2017. (Before They Were President Ser.). (ENG.). 24p. (J). (gr. 2-3). pap. 9.15 *(978-1-5382-1072-7(X)*, b9174323-4f41-4e85-b4bd-5757181b3fb4) Stevens, Gareth Publishing LLLP.

Before John Was a Jazz Giant: A Song of John Coltrane. Carole Boston Weatherford. Illus. by Sean Qualls. 2022. (ENG.). 32p. (J). pap. 8.99 *(978-1-250-82270-3(X)*, 900250857) Square Fish.

Before Margaret Met the Pope: A Conclave Story. Jon M. Sweeney. Illus. by Roy DeLeon. 2021. (Pope's Cat Ser.). (ENG.). 64p. (J). (gr. k-4). pap. 11.99 *(978-1-64060-502-2(9))* Paraclete Pr., Inc.

Before Midnight: A Cinderella Story. Cameron Dokey. 2021. (ENG.). 224p. (YA). (gr. 7). pap. 11.99 *(978-1-5344-8764-2(6)*, Simon & Schuster Bks. For Young Readers) Simon & Schuster Bks. For Young Readers.

Before Morning. Joyce Sidman. Illus. by Beth Krommes. 2016. (ENG.). 48p. (J). (gr. -1-3). 17.99 *(978-0-547-97917-5(7)*, 1523509, Clarion Bks.) HarperCollins Pubs.

Before Music: Where Instruments Come From. Annette Bay Pimentel. Illus. by Madison Safer. 2022. (ENG.). 88p. (J). (gr. 3-7). 24.99 *(978-1-4197-4555-3(7)*, 1695901, Abrams Bks. for Young Readers) Abrams, Inc.

Before Now. Norah Olson. 2017. (ENG.). 208p. (YA). (gr. 9). 17.99 *(978-0-06-234707-7(1)*, Tegen, Katherine Bks) HarperCollins Pubs.

Before, Now. Daniel Salmieri. Illus. by Daniel Salmieri. 2023. (Illus.). 48p. (J). (gr. -1-2). 19.99 *(978-0-593-46197-6(5)*, Rocky Pond Bks.) Penguin Young Readers Group.

Before Online Shopping. Susan E. Hamen. 2020. (What Did We Do? Ser.). (ENG.). 32p. (J). (gr. 2-3). pap. 9.95 *(978-1-64493-122-6(2)*, 1644931222); lib. bdg. 31.35 *(978-1-64493-043-4(9)*, 1644930439) North Star Editions. (Focus Readers).

Before People Had Noses. Dalan Andersen. 2021. (ENG.). 28p. (J). pap. 9.00 *(978-1-0878-8772-2(0))* Indy Pub.

Before Ronald Reagan Was President, 1 vol. Therese M. Shea. 2018. (Before They Were President Ser.). (ENG.). 24p. (gr. 2-3). lib. bdg. 24.27 *(978-1-5382-2911-8(0)*, dc9577f9-9282-4610-8848-188518851e6d) Stevens, Gareth Publishing LLLP.

Before She Hits the Roof. E. A. Young. 2020. (ENG.). 112p. (J). pap. 10.95 *(978-1-951985-30-1(3))* Virtualbookworm.com Publishing, Inc.

Before She Ignites. Jodi Meadows. (Fallen Isles Ser.: 1). (ENG.). 496p. (YA). (gr. 8). 2018. 10.99 *(978-0-06-246941-0(X))*; 2017. 17.99 *(978-0-06-246940-3(1))* HarperCollins Pubs. (Tegen, Katherine Bks).

Before She Ignites. Jodi Meadows. ed. 2018. (YA). lib. bdg. 20.85 *(978-0-606-41388-6(X))* Turtleback.

Before She Was Harriet. Lesa Cline-Ransome. Illus. by James E. Ransome. (ENG.). 32p. (J). (gr. -1-3). 2019. pap. 8.99 *(978-0-8234-4293-6(5))*; 2017. 18.99 *(978-0-8234-2047-6(7))* Holiday Hse., Inc.

Before Social Media. Susan E. Hamen. 2020. (What Did We Do? Ser.). (ENG., Illus.). 32p. (J). (gr. 2-3). pap. 9.95 *(978-1-64493-123-0(9)*, 1644931230); lib. bdg. 31.35 *(978-1-64493-044-1(7)*, 1644930447) North Star Editions. (Focus Readers).

Before Streaming Music. Samantha S. Bell. 2020. (What Did We Do? Ser.). (ENG., Illus.). 32p. (J). (gr. 2-3). pap. 9.95 *(978-1-64493-124-0(9)*, 1644931249); lib. bdg. 31.35 *(978-1-64493-045-8(5)*, 1644930455) North Star Editions. (Focus Readers).

Before Takeoff. Adi Alsaid. 2022. 336p. (YA). ***(978-0-593-56833-0(8))*** Knopf, Alfred A. Inc.

Before Takeoff. Adi Alsaid. 2022. 336p. (YA). (gr. 7). 18.99 *(978-0-593-37576-1(9)*, Knopf Bks. for Young Readers) Random Hse. Children's Bks.

Before Teddy Roosevelt Was President, 1 vol. Therese M. Shea. 2017. (Before They Were President Ser.). (ENG.). 24p. (J). (gr. 2-3). pap. 9.15 *(978-1-5382-1076-5(2)*, 53e6b187-3b7b-49f4-a3b2-937901cef493) Stevens, Gareth Publishing LLLP.

Before Television. Lisa J. Amstutz. 2020. (What Did We Do? Ser.). (ENG., Illus.). 32p. (J). (gr. 2-3). pap. 9.95 *(978-1-64493-125-7(7)*, 1644931257); lib. bdg. 31.35 *(978-1-64493-046-5(3)*, 1644930463) North Star Editions. (Focus Readers).

Before the Batman: an Original Movie Novel (the Batman Movie) Includes 8-Page Full-color Insert & Poster! Random House. 2022. (ENG.). 144p. (J). (gr. 3-7). 9.99 *(978-0-593-31043-4(8)*, Random Hse. Bks. for Young Readers) Random Hse. Children's Bks.

Before the Broken Star. Emily R. King. 2019. (Evermore Chronicles Ser.: 1). (ENG.). 300p. (J). (gr. 10-13). 16.99 *(978-1-5420-4378-6(6)*, 9781542043786); pap. 9.99 *(978-1-5420-4376-2(X)*, 9781542043762) Amazon Publishing. (Skyscape).

Before the Chair. Arlene Hill. 2019. (ENG.). 96p. (J). pap. 16.97 *(978-0-359-44684-1(1))* Lulu Pr., Inc.

Before the Crisis (Classic Reprint) Frederick Blount Mott. 2018. (ENG., Illus.). 308p. (J). 30.23 *(978-0-484-79814-3(6))* Forgotten Bks.

Before the Curtains Were Drawn Apart (Hindi Edition) Qianni Xie. 2021. (Modern Stories from China for Adolescent Ser.). (ENG.). 172p. (J). pap. 19.95 *(978-1-927670-80-4(2))* Royal Collins Publishing Group Inc. CAN. Dist: Independent Pubs. Group.

Before the Dawn: A Story of Paris & the Jacquerie (Classic Reprint) George Dulac. 2018. (ENG., Illus.). 316p. (J). 30.41 *(978-0-484-36004-3(3))* Forgotten Bks.

Before the Dawn: A Story of Russian Life (Classic Reprint) Lydia Lvovna Pimenoff Noble. 2018. (ENG., Illus.). 410p. (J). 32.37 *(978-0-267-22520-0(2))* Forgotten Bks.

Before the Dawn: A Story of the Fall of Richmond. Joseph A. Altsheler. 2020. (ENG.). (J). 298p. 21.95 *(978-1-61895-784-9(8))*; 296p. pap. 12.95 *(978-1-61895-783-2(X))* Bibliotech Pr.

Before the Dawn: A Story of the Fall of Richmond (Classic Reprint) Joseph A. Altsheler. 2018. (ENG., Illus.). 382p. (J). 31.78 *(978-0-483-89235-4(1))* Forgotten Bks.

Before the Dawn: an AFK Book (RWBY, Book 2), Vol. 2. E. C. Myers. 2020. (ENG.). 336p. (YA). (gr. 7-7). pap. 9.99 *(978-1-338-30575-3(1))* Scholastic, Inc.

Before the Dawn in Erin (Classic Reprint) D. C. Devine. (ENG., Illus.). (J). 2018. 326p. 30.64 *(978-0-483-95006-1(8))*; 2017. pap. 13.57 *(978-0-243-43082-6(5))* Forgotten Bks.

Before the Devil Breaks You. Libba Bray. 2017. (Diviners Ser.: 3). (ENG.). 560p. (YA). (gr. 10-17). 21.99 *(978-0-316-12606-9(3))* Little, Brown Bks. for Young Readers.

Before the Ever After. Jacqueline Woodson. (ENG.). 176p. (J). (gr. 5). 2022. pap. 8.99 *(978-0-399-54544-3(1))*; 2020. 17.99 *(978-0-399-54543-6(3))* Penguin Young Readers Group. (Nancy Paulsen Books).

Before the First Draft. David L. Harrison & Mary Jo Fresch. 2017. (ENG., Illus.). 128p. (gr. 3). pap. 18.99 *(978-1-338-15367-5(6)*, Scholastic Professional) Scholastic, Inc.

Before the Glass Broken. Flower Petals. 2020. (ENG.). 42p. (YA). 21.02 *(978-1-716-97950-7(1))* Lulu Pr., Inc.

Before the Gringo Came (Classic Reprint) Gertrude Franklin Horn Atherton. 2018. (ENG., Illus.). 426p. (J). 32.70 *(978-0-483-55580-8(0))* Forgotten Bks.

Before the Gringo Came (Rezanov & the Doomswoman) (Classic Reprint) Gertrude Franklin Horn Atherton. 2018. (ENG., Illus.). 382p. (J). 31.80 *(978-0-483-61936-4(1))* Forgotten Bks.

Before the Internet. Samantha S. Bell. 2020. (What Did We Do? Ser.). (ENG., Illus.). 32p. (J). (gr. 2-3). pap. 9.95 *(978-1-64493-126-4(5)*, 1644931265); lib. bdg. 31.35 *(978-1-64493-047-2(1)*, 1644930471) North Star Editions. (Focus Readers).

Before the Lights Go Out. Tasha D Lilley. 2018. (ENG., Illus.). 34p. (J). 22.95 *(978-1-64082-552-9(5))* Page Publishing Inc.

Before the New Moon Rises. Cathy Hird. 2019. (ENG.). 252p. (YA). (gr. 7-12). pap. 16.95 *(978-1-64370-013-7(8))* Waldorf Publishing.

Before the Origin. F. S. Bala. 2020. (ENG.). 172p. (YA). *(978-1-64969-283-2(8))*; pap. *(978-1-64969-284-9(6))* Tablo Publishing.

Before the Rainbow. Robin Bee Owens. 2016. (ENG., Illus.). (J). pap. 11.99 *(978-0-9979336-1-1(5))* Inknbeans Pr.

Before the Rummage Sale: An Entertainment in One Act (Classic Reprint) G. S. Shephard. (ENG., Illus.). (J). 2018. 36p. 24.66 *(978-0-483-01639-2(X))*; 2016. pap. 7.97 *(978-1-333-50309-3(1))* Forgotten Bks.

Before the Storm. Sarah Jules. Ed. by Michael J. Freiwald. 2019. (ENG., Illus.). 54p. (YA). (gr. 10-12). pap. *(978-1-9995321-0-9(4))* Jules, Sarah.

Before the Story 3 Book Bind-Up. Disney Books. 2021. (Disney Before the Story Ser.). (ENG.). 384p. (J). (gr. 1-3). pap. 9.99 *(978-1-368-07332-5(8)*, Disney Press Books) Disney Publishing Worldwide.

Before the Sun Wakes Up. Rachael Bindas. Illus. by Alyssa Minko. 2018. (ENG.). 20p. (J). 19.99 *(978-0-692-09217-0(X))* Minko, Alyssa.

Before the Veil. Stacie Ivey. 2017. (ENG., Illus.). (J). pap. 11.95 *(978-0-9981801-1-3(4))* Ivey Leaf Publishing.

Before the War, or the Return of Hugh Crawford (Classic Reprint) Eldee Keesing. (ENG., Illus.). (J). 2018. 322p. 30.54 *(978-0-483-92067-5(3))*; 2016. pap. 13.57 *(978-1-333-42206-6(7))* Forgotten Bks.

Before the Wind (Classic Reprint) Janet Laing. (ENG., Illus.). (J). 2018. 354p. 31.20 *(978-0-484-05608-3(5))*; 2017. pap. 13.57 *(978-0-243-92896-5(3))* Forgotten Bks.

Before the World Wakes. Estelle Laure. Illus. by Paola Zakimi. 2022. (ENG.). 40p. (J). (gr. -1-2). 17.99 *(978-1-5420-2883-7(3)*, 9781542028837, Two Lions) Amazon Publishing.

Before There Was a Before. Arthur Waskow et al. 2020. (ENG.). 88p. (J). pap. 9.95 *(978-1-953829-02-3(3))* Yehuda, Ben Pr.

Before There Were Bars: An Anthology of Stories, Poems, & Art. Ed. by Amy Friedman et al. 2016. (Pops the Club Anthologies Ser.: Vol. 3). (ENG., Illus.). (YA). (gr. 7-12). pap. 28.00 *(978-0-692-71348-8(4))* Popstheclub.com, Inc.

Before They Were Artists: Famous Illustrators As Kids. Elizabeth Haidle. Illus. by Elizabeth Haidle. 2021. (ENG., Illus.). 64p. (J). (gr. 3-7). 17.99 *(978-1-328-80154-8(3)*, 1686430, Clarion Bks.) HarperCollins Pubs.

Before They Were Authors: Famous Writers As Kids. Elizabeth Haidle. Illus. by Elizabeth Haidle. 2019. (ENG., Illus.). 64p. (J). (gr. 5). 16.99 *(978-1-328-80153-1(5)*, 1686429, Clarion Bks.) HarperCollins Pubs.

Before They Were President, 12 vols. 2017. (Before They Were President Ser.). (ENG.). 24p. (J). (gr. 2-3). lib. bdg. 145.62 *(978-1-5382-1279-0(X)*, 2d5e8dcd-e0f2-44c9-b996-89d402dcd621) Stevens, Gareth Publishing LLLP.

Before They Were President: Sets 1 - 2. 2018. (Before They Were President Ser.). (ENG.). (J). pap. 109.80 *(978-1-5382-3414-3(9))*; (gr. 2-3). lib. bdg. 291.24 *(978-1-5382-2960-6(9)*, 2e8f2428-deca-4a21-99ea-7b72f77cfd2b) Stevens, Gareth Publishing LLLP.

Before They Were Stars: How Messi, Alex Morgan, & Other Soccer Greats Rose to the Top. Illugi Jökulsson. 2019. (World Soccer Legends Ser.: 0). (ENG., Illus.). 64p. (J). (gr. 1-8). 14.95 *(978-0-7892-1327-3(3)*, 791327, Abbeville Kids) Abbeville Pr., Inc.

Before Thomas Jefferson Was President, 1 vol. Michael Rajczak. 2018. (Before They Were President Ser.). (ENG.). 24p. (gr. 2-3). lib. bdg. 24.27 *(978-1-5382-2913-2(7)*, 099a0c98-7425-4e15-86c0-b759e6216a9b) Stevens, Gareth Publishing LLLP.

Before Tomorrow. Pintip Dunn. 2016. (ENG., Illus.). (YA). pap. 12.99 *(978-1-68281-336-2(3))* Entangled Publishing, LLC.

Before Ulysses S. Grant Was President, 1 vol. Mark Harasymiw. 2018. (Before They Were President Ser.). (ENG.). 24p. (gr. 2-3). lib. bdg. 24.27 *(978-1-5382-2914-9(5)*, 6482cc46-acdc-411d-b1c5-bfdd5c37de70) Stevens, Gareth Publishing LLLP.

Before Video Games. Mike Downs. 2020. (What Did We Do? Ser.). (ENG., Illus.). 32p. (J). (gr. 2-3). pap. 9.95 *(978-1-64493-127-1(3)*, 1644931273); lib. bdg. 31.35 *(978-1-64493-048-9(X)*, 164493048X) North Star Editions. (Focus Readers).

Before We Disappear. Shaun David Hutchinson. 2021. (ENG., Illus.). 512p. (YA). (gr. 9). 17.99 *(978-0-06-302522-6(1)*, HarperTeen) HarperCollins Pubs.

Before We Eat: From Farm to Table Second Edition, 1 vol. Pat Brisson. Illus. by Mary Azarian. 2nd ed. 2018. (ENG.). 36p. (J). (gr. -1-3). 17.95 *(978-0-88448-652-7(4)*, 884652) Tilbury Hse. Pubs.

Before We Met. Laura Krauss Melmed. Illus. by Jing Jing Tsong. 2016. (ENG.). 32p. (J). (gr. -1-3). 17.99 *(978-1-4424-4156-9(9)*, Beach Lane Bks.) Beach Lane Bks.

Before We Stood Tall: From Small Seed to Mighty Tree. Jessica Kulekjian. Illus. by Madeline Kloepper. 2021. (ENG.). 32p. (J). (gr. -1-3). 17.99 *(978-1-5253-0324-1(4))* Kids Can Pr., Ltd. CAN. Dist: Hachette Bk. Group.

Before We Were Blue. E. J. Schwartz. 2021. (ENG.). 336p. (YA). (gr. 9-12). pap. 11.99 *(978-1-63583-069-9(9)*, Flux) North Star Editions.

Before We Were Free see **Antes de Ser Libres**

Before We Were Free Novel Units Student Packet. Novel Units. 2019. (ENG.). (J). pap. 13.99 *(978-1-58130-828-0(0)*, Novel Units, Inc.) Classroom Library Co.

Before We Were Free Novel Units Teacher Guide. Novel Units. 2019. (ENG.). (J). pap. 12.99 *(978-1-58130-827-3(2)*, Novel Units, Inc.) Classroom Library Co.

Before We Were Sorry. Kit Frick. 2022. (ENG., Illus.). 336p. (YA). (gr. 9). pap. 12.99 *(978-1-6659-2593-8(0)*, McElderry, Margaret K. Bks.) McElderry, Margaret K. Bks.

Before Whom I Stand. Irene Mngutyo. 2019. (ENG.). 72p. (J). pap. *(978-978-975-615-5(1))* National Library of Nigeria.

Before You. Rebecca Doughty. Illus. by Rebecca Doughty. 2016. (ENG., Illus.). 32p. (J). (gr. -1-3). 14.99 *(978-0-544-46317-2(X)*, 1600264, Clarion Bks.) HarperCollins Pubs.

Before You: A Book for a Stepdad & a Stepdaughter. Kassandra Martinez. Illus. by Lana Lee. 2022. 28p. (J). pap. 25.99 *(978-1-6678-5224-9(8))* BookBaby.

Before You: A Book for a Stepdad & a Stepson. Kassandra Martinez. Illus. by Lana Lee. 2022. 28p. (J). pap. 25.99 *(978-1-6678-5222-5(1))* BookBaby.

Before You: A Book for a Stepmom & a Stepson. Kassandra Martinez. Illus. by Lana Lee. 2022. 28p. (J). pap. 26.00 *(978-1-6678-3640-9(4))* BookBaby.

Before You: A Book for a Stepmom & Stepdaughter. Kassandra Martinez. Illus. by Lana Lee. 2022. 28p. (J). pap. 25.99 *(978-1-6678-3642-3(0))* BookBaby.

Before You Meet Your Future Husband: 30 Questions to Ask Yourself & 30 Heartfelt Prayers. Robin Jones Gunn & Tricia Goyer. 2023. 224p. (YA). (gr. 9). 17.00 *(978-0-593-44477-1(9)*, Multnomah Bks.) Crown Publishing Group, The.

Before You Sleep: A Bedtime Book of Gratitude. Annie Cronin Romano. Illus. by Ioana Hobai. 2018. (ENG.). 40p. (J). 17.99 *(978-1-62414-578-0(7)*, 900192299) Page Street Publishing Co.

Before You Were Born. Deborah Kerbel. Illus. by Suzanne Del Rizzo. 2019. (ENG.). 32p. (J). (gr. k-3). 17.95 *(978-1-77278-082-6(0))* Pajama Pr. CAN. Dist: Publishers Group West (PGW).

Before You Were You. David Shmidt Chapman & Jonathan Shmidt Chapman. Illus. by Diane Nelson. 2022. (ENG.). 32p. (J). (gr. -1-k). 23.95 *(978-1-953021-44-1(1))*; pap. 13.95 *(978-1-953021-45-8(X))* Brandylane Pubs., Inc.

176

The check digit for ISBN-10 appears in parentheses after the full ISBN-13

Before Your Birth Day. Teresa J. Krager. Illus. by Thalita Doi. 2020. (ENG.). 48p. (J). pap. 10.99 *(978-1-64949-011-7(9))* Elk Lake Publishing, Inc.

Before Your Birth Day. Teresa Joyelle Krager. Illus. by Thalita Doi. 2020. (ENG.). 48p. (J). 19.99 *(978-1-64949-012-4(7))* Elk Lake Publishing, Inc.

Beggar Boy, Vol. 1 Of 3: A Novel (Classic Reprint) Thomas Bellamy. 2017. (ENG., Illus.). (J). 30.87 *(978-0-266-67776-5(2))*; pap. 13.57 *(978-1-5276-4758-9(7))* Forgotten Bks.

Beggar My Neighbor, Vol. 3 Of 3: A Novel (Classic Reprint) E. D. Gerard. 2018. (ENG., Illus.). 266p. (J). 29.34 *(978-0-332-32038-0(3))* Forgotten Bks.

Beggar My Neighbour, Vol. 1 Of 3: A Novel (Classic Reprint) E. D. Gerard. 2018. (ENG., Illus.). 296p. (J). 30.02 *(978-0-483-40220-1(6))* Forgotten Bks.

Beggar My Neighbour, Vol. 2 Of 3: A Novel (Classic Reprint) E. D. Gerard. (ENG., Illus.). (J). 2018. 296p. 30.00 *(978-0-483-41663-5(0))*; 2016. pap. 13.57 *(978-1-334-17195-6(5))* Forgotten Bks.

Beggar of the Harem: Impudent Adventures in Old Bukhara. Leonid Solovyev. 2022. (ENG.). 190p. (YA). pap. ***(978-1-989788-88-2(2))*** Frizzle, Douglas R.

Beggar on Horseback, or a County Family (Classic Reprint) James Payn. (ENG., Illus.). (J). 2018. 128p. 26.54 *(978-0-364-67384-3(2))*; 2017. pap. 9.57 *(978-0-259-55115-7(5))* Forgotten Bks.

Beggars All: A Novel (Classic Reprint) Lily Dougall. (ENG., Illus.). (J). 2018. 474p. 33.67 *(978-0-484-48868-6(6))*; 2017. pap. 16.57 *(978-1-334-93388-2(X))* Forgotten Bks.

Beggar's Benison, or a Hero, Without a Name, but, with an Aim, Vol. 1 Of 2: A Clydesdale Story (Classic Reprint) George Mills. 2018. (ENG., Illus.). 314p. (J). 30.37 *(978-0-483-48902-8(6))* Forgotten Bks.

Beggars (Classic Reprint) W. H. Davies. 2018. (ENG., Illus.). 326p. (J). 30.60 *(978-0-484-76545-9(0))* Forgotten Bks.

Beggars' Gold (Classic Reprint) Ernest Poole. 2018. (ENG., Illus.). 242p. (J). 28.89 *(978-0-365-53457-0(9))* Forgotten Bks.

Beggars of the Sea: A Romance of Queen Elizabeth's Time (Classic Reprint) Leslie Cope Cornford. (ENG., Illus.). (J). 2018. 340p. 30.93 *(978-0-483-61339-3(8))*; 2017. pap. 13.57 *(978-0-259-09314-5(9))* Forgotten Bks.

Beggars on Horseback. Martin Ross. 2017. (ENG.). 196p. (J). pap. *(978-3-337-33152-8(1))*; pap. *(978-3-337-13228-6(6))* Creation Pubs.

Beggars on Horseback. Martin Ross & Edith Somerville. 2017. (ENG.). 196p. (J). pap. *(978-3-337-19011-8(1))* Creation Pubs.

Beggars on Horseback. Martin Ross & Edith None Somerville. 2017. (ENG.). 196p. (J). pap. *(978-3-337-32688-3(9))* Creation Pubs.

Beggars on Horseback: A Riding Tour in North Wales (Classic Reprint) Martin Ross. 2017. (ENG., Illus.). (J). 28.02 *(978-0-265-59909-9(1))* Forgotten Bks.

Beggars on Horseback (Classic Reprint) F. Tennyson Jesse. 2018. (ENG., Illus.). 288p. (J). 29.86 *(978-0-428-87877-1(6))* Forgotten Bks.

Beggar's Wallet: Containing Contributions in Prose, Verse & Pictorial Illustration, Gathered from Certain Workers in Art & Letters (Classic Reprint) Archibald Stodart Walker. 2018. (ENG., Illus.). 352p. (J). 31.18 *(978-0-428-93830-7(2))* Forgotten Bks.

Begin with a Bee. Liza Ketchum et al. Illus. by Claudia McGehee. 2021. 40p. (J). (gr. -1-4). 17.95 *(978-1-5179-0804-1(3))* Univ. of Minnesota Pr.

Beginagin Smart: Grandfather's Task. Denise Shepherd. 2017. (ENG., Illus.). (J). pap. 23.95 *(978-1-5043-8623-4(X))*, Balboa Pr.) Author Solutions, LLC.

Beginner (Classic Reprint) Rhoda Broughton. 2018. (ENG., Illus.). 410p. (J). 32.35 *(978-0-484-31073-4(9))* Forgotten Bks.

Beginner Color by Number Math for Kids. Educando Kids. 2019. (ENG.). 42p. (J). pap. 8.55 *(978-1-64521-678-0(0))*, Educando Kids) Editorial Imagen.

Beginner Drawing Books. Which Is Healthy for You & Me? Testing Kids' Food Choices One Line, Shape & Form at a Time. Bonus Color by Number Activities for Kids. Jupiter Kids. 2017. (ENG., Illus.). 200p. (J). pap. 12.26 *(978-1-5419-4814-3(9))*, Jupiter Kids (Childrens & Kids Fiction)) Speedy Publishing LLC.

Beginner Exercises for Improved Self-Confidence: Activity Book for Kindergarten. Jupiter Kids. 2017. (ENG., Illus.). (J). pap. 8.33 *(978-1-5419-3367-5(2))*, Jupiter Kids (Childrens & Kids Fiction)) Speedy Publishing LLC.

Beginner Method Series: Euphonium/Baritone Lesson Book 1 (Chinese) Sean Burdette. Tr. by Yee Kwan Wong. 2020. (CHI.). 46p. (J). (gr. 1-6). pap. 12.99 *(978-1-949670-13-4(9))*, Beginner Method Series) Songburd Music.

Beginner Method Series: Euphonium/Baritone Lesson Book 1 (Spanish) Sean Burdette. Tr. by Mark Fitzsimmons. 2019. (SPA.). 46p. (J). (gr. 1-6). pap. 12.99 *(978-1-949670-22-6(8))*, Beginner Method Series) Songburd Music.

Beginner Method Series: Euphonium/Baritone Lesson Book 2 (Spanish) Sean Burdette. Tr. by Mark Fitzsimmons. 2019. (SPA.). 46p. (J). (gr. 1-6). pap. 12.99 *(978-1-949670-23-3(6))*, Beginner Method Series) Songburd Music.

Beginner Method Series: Euphonium/Baritone Lesson Book 3 (Chinese) Sean Burdette. Tr. by Yee Kwan Wong. 2020. (CHI.). 46p. (J). (gr. 1-6). pap. 12.99 *(978-1-949670-15-8(5))*, Beginner Method Series) Songburd Music.

Beginner Method Series: Euphonium/Baritone Lesson Book 3 (Spanish) Sean Burdette. Tr. by Mark Fitzsimmons. 2019. (SPA.). 46p. (J). (gr. 1-6). pap. 12.99 *(978-1-949670-24-0(4))*, Beginner Method Series) Songburd Music.

Beginner Method Series: French Horn Lesson Book 1 (Chinese) Sean Burdette. Tr. by Yee Kwan Wong. 2018. (CHI.). 46p. (J). (gr. 1-6). pap. 12.99 *(978-1-949670-16-5(3))*, Beginner Method Series) Songburd Music.

Beginner Method Series: French Horn Lesson Book 1 (Spanish) Sean Burdette. Tr. by Mark Fitzsimmons. 2019. (SPA.). 46p. (J). (gr. 1-6). pap. 12.99 *(978-1-949670-25-7(2))*, Beginner Method Series) Songburd Music.

Beginner Method Series: French Horn Lesson Book 2 (Chinese) Sean Burdette. Tr. by Yee Kwan Wong. 2019. (CHI.). 46p. (J). (gr. 1-6). pap. 12.99 *(978-1-949670-17-2(1))*, Beginner Method Series) Songburd Music.

Beginner Method Series: French Horn Lesson Book 2 (Spanish) Sean Burdette. Tr. by Mark Fitzsimmons. 2020. (SPA.). 46p. (J). (gr. 1-6). pap. 12.99 *(978-1-949670-26-4(0))*, Beginner Method Series) Songburd Music.

Beginner Method Series: French Horn Lesson Book 3 (Chinese) Sean Burdette. Tr. by Yee Kwan Wong. 2018. (CHI.). 46p. (J). (gr. 1-6). pap. 12.99 *(978-1-949670-18-9(X))*, Beginner Method Series) Songburd Music.

Beginner Method Series: French Horn Lesson Book 3 (Spanish) Sean Burdette. Tr. by Mark Fitzsimmons. 2020. (SPA.). 46p. (J). (gr. 1-6). pap. 12.99 *(978-1-949670-27-1(9))*, Beginner Method Series) Songburd Music.

Beginner Method Series: Trombone Lesson Book 1 (Chinese) Sean Burdette. Tr. by Yee Kwan Wong. 2020. (CHI.). 46p. (J). (gr. 1-6). pap. 12.99 *(978-1-949670-10-3(4))*, Beginner Method Series) Songburd Music.

Beginner Method Series: Trombone Lesson Book 1 (Spanish) Sean Burdette. Tr. by Mark Fitzsimmons. 2019. (SPA.). 46p. (J). (gr. 1-6). pap. 12.99 *(978-1-949670-19-6(8))*, Beginner Method Series) Songburd Music.

Beginner Method Series: Trombone Lesson Book 2 (Chinese) Sean Burdette. Tr. by Yee Kwan Wong. 2019. (CHI.). 46p. (J). (gr. 1-6). pap. 12.99 *(978-1-949670-11-0(2))*, Beginner Method Series) Songburd Music.

Beginner Method Series: Trombone Lesson Book 2 (Spanish) Sean Burdette. Tr. by Mark Fitzsimmons. 2019. (SPA.). 46p. (J). (gr. 1-6). pap. 12.99 *(978-1-949670-20-2(1))*, Beginner Method Series) Songburd Music.

Beginner Method Series: Trombone Lesson Book 3 (Chinese) Sean Burdette. Tr. by Yee Kwan Wong. 2020. (CHI.). 46p. (J). (gr. 1-6). pap. 12.99 *(978-1-949670-12-7(0))*, Beginner Method Series) Songburd Music.

Beginner Method Series: Trombone Lesson Book 3 (Spanish) Sean Burdette. Tr. by Mark Fitzsimmons. 2019. (SPA.). 46p. (J). (gr. 1-6). pap. 12.99 *(978-1-949670-21-9(X))*, Beginner Method Series) Songburd Music.

Beginners Are Brave. Rachel Robertson. 2020. (ENG., Illus.). 32p. (J). (gr. 3-7). 17.95 *(978-1-60554-600-1(3))* Redleaf Pr.

Beginner's Arithmetic. D. C. Heath. 2017. (ENG., Illus.). (J). pap. *(978-0-649-28172-5(1))* Trieste Publishing Pty Ltd.

Beginner's Bible: God Makes the World, 1 vol. Zonderkidz. 2018. (I Can Read! / the Beginner's Bible Ser.). (ENG., Illus.). 32p. (J). pap. 5.99 *(978-0-310-76464-9(5))* Zonderkidz.

Beginner's Bible: My First Book of Prayers, 1 vol. Zonderkidz. 2017. (Beginner's Bible Ser.). (ENG., Illus.). 32p. (J). bds. 9.99 *(978-0-310-75537-1(9))* Zonderkidz.

Beginner's Bible: Queen Esther Saves Her People, 1 vol. Zonderkidz. 2018. (I Can Read! / the Beginner's Bible Ser.). (ENG., Illus.). 32p. (J). pap. 5.99 *(978-0-310-76478-6(5))* Zonderkidz.

Beginner's Bible: Timeless Children's Stories, 1 vol. 2016. (Beginner's Bible Ser.). (ENG.). 512p. (J). 22.99 *(978-0-310-75013-0(X))* Zonderkidz.

Beginner's Bible: Timeless Children's Stories. Illus. by Kelly Pulley. 2nd ed. 2017. (Beginner's Bible Ser.). (ENG.). 512p. (J). 16.99 *(978-1-78128-347-9(8))*, 3b56fe6f-9925-4aee-85a3-031f82b4963c, Candle Bks.) Lion Hudson PLC GBR. Dist: Baker & Taylor Publisher Services (BTPS).

Beginner's Bible 365 Devotions for Kids, 1 vol. Zonderkidz. 2017. (Beginner's Bible Ser.). (ENG., Illus.). 384p. (J). 16.99 *(978-0-310-76306-2(1))* Zonderkidz.

Beginner's Bible Activity Book, 1 vol. Zondervan. 2017. (Beginner's Bible Ser.). (ENG.). 64p. (J). pap. 5.99 *(978-0-310-75979-9(X))* Zonderkidz.

Beginner's Bible Amazing Miracles of the Bible Sticker & Activity Book. The Beginner's Bible. 2022. (Beginner's Bible Ser.). (ENG.). 16p. (J). pap. 8.99 *(978-0-310-14158-7(3))* Zonderkidz.

Beginner's Bible Carry-Along Treasury, 1 vol. Zonderkidz. 2017. (Beginner's Bible Ser.). (ENG.). 160p. (J). 12.99 *(978-0-310-76030-6(5))* Zonderkidz.

Beginner's Bible Coloring Book, 1 vol. Zonderkidz. 2017. (Beginner's Bible Ser.). (ENG.). 64p. (J). pap. 5.99 *(978-0-310-75955-3(2))* Zonderkidz.

Beginner's Bible Curriculum Kit: 30 Timeless Lessons for Preschoolers [Book with DVD], 1 vol. Zondervan. 2018. (ENG.). (J). 129.99 *(978-0-310-09855-3(6))* HarperChristian Resources.

Beginner's Bible Daniel & the Hungry Lions, 1 vol. Zonderkidz. 2017. (Beginner's Bible Ser.). (ENG., Illus.). 18p. (J). bds. 9.99 *(978-0-310-75989-8(7))* Zonderkidz.

Beginner's Bible David & the Giant, 1 vol. Zonderkidz. 2019. (I Can Read! / the Beginner's Bible Ser.). (ENG., Illus.). 32p. (J). pap. 4.99 *(978-0-310-76048-1(8))* Zonderkidz.

Beginner's Bible David & the Giant, 1 vol. Zondervan Staff. 2019. (I Can Read! / the Beginner's Bible Ser.). (ENG., Illus.). 32p. (J). 16.99 *(978-0-310-76818-0(7))* Zonderkidz.

Beginner's Bible First 100 Animal Words, 1 vol. Zondervan. 2021. (Beginner's Bible Ser.). (ENG., Illus.). 22p. (J). bds. 8.99 *(978-0-310-77063-3(7))* Zonderkidz.

Beginner's Bible First 100 Bible Words, 1 vol. Zonderkidz. 2019. (Beginner's Bible Ser.). (ENG.). 22p. (J). bds. 8.99 *(978-0-310-76685-8(0))* Zonderkidz.

Beginner's Bible for Little Ones, 1 vol. Zonderkidz. 2017. (Beginner's Bible Ser.). (ENG., Illus.). 32p. (J). bds. 9.99 *(978-0-310-75536-4(0))* Zonderkidz.

Beginner's Bible Jesus Is Born, 1 vol. Zondervan Staff. 2019. (I Can Read! / the Beginner's Bible Ser.). (ENG., Illus.). 32p. (J). 16.99 *(978-0-310-76927-9(2))*; pap. 4.99 *(978-0-310-76050-4(X))* Zonderkidz.

Beginner's Bible Jesus Saves the World, 1 vol. Zonderkidz. 2019. (I Can Read! / the Beginner's Bible Ser.). (ENG., Illus.). 32p. (J). pap. 4.99 *(978-0-310-76036-8(4))* Zonderkidz.

Beginner's Bible Jesus Saves the World, 1 vol. Zondervan Staff. 2019. (I Can Read! / the Beginner's Bible Ser.). (ENG., Illus.). 32p. (J). 16.99 *(978-0-310-76819-7(5))* Zonderkidz.

Beginner's Bible Jonah & the Giant Fish, 1 vol. Zonderkidz. 2019. (I Can Read! / the Beginner's Bible Ser.). (ENG., Illus.). 32p. (J). 16.99 *(978-0-310-74328-6(1))*; pap. 4.99 *(978-0-310-76044-3(5))* Zonderkidz.

Beginner's Bible Learn Your Numbers: A Wipe Away Book, 1 vol. Zondervan Staff. 2021. (Beginner's Bible Ser.). (ENG., Illus.). 24p. (J). bds. 9.99 *(978-0-310-77049-7(1))* Zonderkidz.

Beginner's Bible Let's Learn to Pray: Talk to God about Anything & Everything. The Beginner's Bible. 2023. (Beginner's Bible Ser.). (ENG., Illus.). 48p. (J). 14.99 *(978-0-310-14191-4(5))* Zonderkidz.

Beginner's Bible Little Lamb's Christmas: A Finger Puppet Board Book, 1 vol. Zondervan. 2020. (Beginner's Bible Ser.). (ENG.). 12p. (J). bds. 6.99 *(978-0-310-77058-9(0))* Zonderkidz.

Beginner's Bible My Animal Friends: A Point & Learn Tabbed Board Book, 1 vol. Zondervan. 2020. (Beginner's Bible Ser.). (ENG., Illus.). 16p. (J). bds. 8.99 *(978-0-310-77025-1(4))* Zonderkidz.

Beginner's Bible Preschool Math Workbook: Practice Numbers, Addition, Subtraction, Math Readiness, & More. The Beginner's Bible. 2022. (Beginner's Bible Ser.). (ENG., Illus.). 192p. (J). pap. 9.99 *(978-0-310-13895-2(7))* Zonderkidz.

Beginner's Bible Preschool Workbook: Early Learning Activities for Reading Readiness, Numbers, Handwriting, & More, 1 vol. Zondervan. 2021. (Beginner's Bible Ser.). (ENG.). 208p. (J). pap. 11.99 *(978-0-310-75167-0(5))* Zonderkidz.

Beginner's Bible Read Through the Bible: 8 Bible Stories for Beginning Readers. The Beginner's Bible. 2022. (Beginner's Bible Ser.). (ENG., Illus.). 264p. (J). 16.99 *(978-0-310-75280-6(9))* Zonderkidz.

Beginner's Bible Stories about Jesus, 1 vol. 2016. (Beginner's Bible Ser.). (ENG.). 22p. (J). bds. 9.99 *(978-0-310-75610-1(3))* Zonderkidz.

Beginner's Book in Religion (Classic Reprint) Edna Dean Baker. 2018. (ENG., Illus.). 292p. (J). 29.94 *(978-0-484-42432-5(7))* Forgotten Bks.

Beginners' Course in Bible Study: Issued by the American Section of the International Lesson Committee, for Pupils under Six Years of Age (Classic Reprint) International Sunday School L. Committee. 2018. (ENG., Illus.). 198p. (J). 28.00 *(978-0-484-64659-8(1))* Forgotten Bks.

Beginner's Dot to Dot Children's Activity Book. Activity Book Zone for Kids. 2016. (ENG., Illus.). (J). pap. 9.20 *(978-1-68376-046-7(8))* Sabeels Publishing.

Beginner's Fashion Design Studio: Easy Templates for Drawing Fashion Favorites. Christopher Hart & Christopher Hart. 2019. (Fashion Design Studio Ser.). (Illus.). 144p. pap. 16.95 *(978-1-64021-032-5(6))*, Hart, Chris Bks.) Sixth&Spring Bks.

Beginner's Guide to Being Human. Matt Forrest Esenwine. Illus. by André Ceolin. 2022. 32p. (J). 17.99 *(978-1-5064-8173-9(6))* 1517 Media.

Beginner's Guide to Curses, 22 vols. Lari Don. 2016. (Spellchasers Ser.: 1). 272p. (J). 9.95 *(978-1-78250-305-7(6))*, Kelpies) Floris Bks. GBR. Dist: Consortium Bk. Sales & Distribution.

Beginner's Guide to Drawing: How to Draw for Beginners. Smarter Activity Books for Kids. 2016. (ENG., Illus.). (J). pap. 9.22 *(978-1-68374-289-0(3))* Examined Solutions PTE. Ltd.

Beginner's Guide to Drawing Activity Book. Jupiter Kids. 2016. (ENG., Illus.). 106p. (J). pap. 12.55 *(978-1-68326-132-2(1))*, Jupiter Kids (Childrens & Kids Fiction)) Speedy Publishing LLC.

Beginner's Guide to Fantasy Drawing. Ed. by 3dtotal Publishing. 2020. (Beginner's Guide Ser.). (Illus.). 180p. (YA). pap. 20.99 *(978-1-909414-92-1(1))* 3DTotal.com GBR. Dist: Consortium Bk. Sales & Distribution.

Beginner's Guide to Goodbye, 1 vol. Melanie Mosher. 2020. (ENG.). 184p. (J). pap. 10.95 *(978-1-77108-846-6(X))*, cc0cff29-f1b4-44e4-a408-736760ceebf8) Nimbus Publishing, Ltd. CAN. Dist: Baker & Taylor Publisher Services (BTPS).

Beginners Guide to Norwegian. Amelia Hansen. 2020. (ENG.). 36p. (J). pap. 18.00 *(978-1-6781-8331-8(8))* Lulu Pr., Inc.

Beginner's Kids Maze Activity Book. Activity Book Zone for Kids. 2016. (ENG., Illus.). (J). pap. 7.55 *(978-1-68376-175-4(8))* Sabeels Publishing.

Beginner's Luck - Sudoku for Kids Age 8. Senor Sudoku. 2019. (ENG.). 78p. (J). pap. 10.99 *(978-1-64521-548-6(2))* Editorial Imagen.

Beginners' Primer (Classic Reprint) Unknown Author. 2018. (ENG., Illus.). 138p. (J). 26.74 *(978-0-267-84512-5(X))* Forgotten Bks.

Beginner's Primer (Classic Reprint) Alice Harding. (ENG., Illus.). (J). 2017. 25.42 *(978-0-266-44511-1(X))*; 2016. pap. 9.57 *(978-1-334-15221-4(7))* Forgotten Bks.

Beginner's Projects in Coding. Marc Scott. Illus. by Mick Marston. 2020. (ENG.). 64p. (J). 14.99 *(978-1-5476-0276-6(7))*, 900209457, Bloomsbury Children's Bks.) Bloomsbury Publishing USA.

Beginner's Reader, Vol. 3: Employing Natural Methods (Classic Reprint) Thomas T. Collard. (ENG., Illus.). (J). 2018. 170p. 27.40 *(978-0-267-39430-2(6))*; 2016. pap. 9.97 *(978-1-334-13398-5(0))* Forgotten Bks.

Beginners' Readers: No. I- III. Helen M. Cleveland. 2017. (ENG., Illus.). (J). pap. *(978-0-649-07235-4(9))* Trieste Publishing Pty Ltd.

Beginners' Readers: No. III (Classic Reprint) Helen M. Cleveland. (ENG., Illus.). (J). 2018. 70p. 25.36 *(978-0-666-68143-0(0))*; 2017. pap. 9.57 *(978-0-259-89925-9(9))* Forgotten Bks.

Beginners' Readers, Vol. 1 (Classic Reprint) Helen M. Cleveland. (ENG., Illus.). (J). 2018. 70p. 25.34 *(978-0-666-39853-6(4))*; 2018. 206p. 28.15 *(978-0-267-27558-8(7))*; 2017. pap. 9.57 *(978-0-259-89398-1(6))* Forgotten Bks.

Beginners' Readers, Vol. 2 (Classic Reprint) Helen M. Cleveland. (ENG., Illus.). (J). 2018. 70p. 25.36 *(978-0-364-71808-7(0))*; 2017. pap. 9.57 *(978-0-259-90355-0(8))* Forgotten Bks.

Beginner's Reading-Book (Classic Reprint) Eben H. Davis. 2018. (ENG., Illus.). 152p. (J). 27.03 *(978-0-267-50574-6(4))* Forgotten Bks.

Beginner's Russian Reader: With Conversational Exercises (Classic Reprint) Lila Pargment. 2017. (ENG., Illus.). (J). 28.45 *(978-0-266-86990-0(4))*; pap. 10.97 *(978-1-5278-8109-9(1))* Forgotten Bks.

Beginner's U. S. Atlas 2020, 3rd Edition. National Geographic Kids. 3rd ed. 2020. (Illus.). 128p. (J). (gr. 3-7). 18.99 *(978-1-4263-3824-3(4))*; pap. 13.99 *(978-1-4263-3825-0(2))*; (ENG., lib. bdg. 28.90 *(978-1-4263-3826-7(0))* Disney Publishing Worldwide. (National Geographic Kids).

Beginners Welcome. Cindy Baldwin. (ENG.). (J). (gr. 3-7). 2021. 352p. pap. 7.99 *(978-0-06-266590-4(1))*; 2020. 336p. 16.99 *(978-0-06-266589-8(8))* HarperCollins Pubs. (Quill Tree Bks.).

Beginner's World Atlas, 5th Edition. National Geographic. 2022. (Illus.). 64p. (J). (ENG.). (gr. 2-5). 27.90 *(978-1-4263-7335-0(X))*; 5th ed. (gr. 2-5). 17.99 *(978-1-4263-7242-1(6))*; 5th ed. (gr. 3-7). pap. 12.99 *(978-1-4263-7334-3(1))* Disney Publishing Worldwide. (National Geographic Kids).

Beginning. Josiah Krebs. 2021. (ENG., Illus.). 28p. (J). pap. 13.95 *(978-1-63874-433-7(5))* Christian Faith Publishing.

Beginning. Casey Little. 2020. (ENG.). 72p. (YA). pap. 12.95 *(978-1-0980-6277-4(9))* Christian Faith Publishing.

Beginning. B. B. Lynn. 2021. (Heavenly Hunter Ser.). (ENG.). 122p. (YA). 24.95 *(978-1-64952-906-0(6))*; pap. 14.95 *(978-1-64952-587-1(7))* Fulton Bks.

Beginning. Shelley Moore Thomas. Illus. by Melissa Castrillon. 2022. (ENG.). 40p. (J). (gr. -1-3). 18.99 *(978-1-5344-9443-5(X))*, Simon & Schuster/Paula Wiseman Bks.) Simon & Schuster/Paula Wiseman Bks.

Beginning: The Adventures of Angel & Bandit. Wendy Lou. 2021. (ENG., Illus.). 30p. (J). pap. 14.95 *(978-1-6624-6217-7(4))* Page Publishing Inc.

Beginning & End of the Great Depression - Us History Leading to Great Depression Children's American History Of 1900s. Baby Professor. 2017. (ENG., Illus.). 64p. (J). pap. 9.52 *(978-1-5419-1280-9(2))*, Baby Professor (Education Kids)) Speedy Publishing LLC.

Beginning Artist: Connect the Dots Activity Book. Smarter Activity Books for Kids. 2016. (ENG., Illus.). (J). pap. 8.99 *(978-1-68374-191-6(9))* Examined Solutions PTE. Ltd.

Beginning for Learning & Growing. Sunny Day. 2018. (ENG., Illus.). 84p. (J). pap. 18.95 *(978-1-64028-405-0(2))* Christian Faith Publishing.

Beginning French for Kids: A Guide a Children's Learn French Books. Baby Professor. 2017. (ENG., Illus.). (J). pap. 7.89 *(978-1-5419-0334-0(X))*, Baby Professor (Education Kids)) Speedy Publishing LLC.

Beginning French Lessons for Curious Kids a Children's Learn French Books. Baby Professor. 2017. (ENG., Illus.). (J). pap. 7.89 *(978-1-5419-0167-4(3))*, Baby Professor (Education Kids)) Speedy Publishing LLC.

Beginning in Unison. Catherine Downen. 2022. (ENG.). 468p. (YA). 23.00 *(978-1-0880-4134-5(5))* Indy Pub.

Beginning Java: A JDK 11 Programming Tutorial. Philip Conrod & Lou Tylee. 11th ed. 2019. (ENG., Illus.). 474p. (YA). pap. 74.95 *(978-1-951077-00-6(8))* Kidware Software, LLC.

Beginning of a Good Friendship. Cheryl Terrell. 2019. (ENG., Illus.). 18p. (J). pap. 9.99 *(978-1-64133-362-7(6))* MainSpringBks.

Beginning of Drawing Manga Activity Book. Activity Book Zone for Kids. 2016. (ENG., Illus.). (J). pap. 9.20 *(978-1-68376-047-4(6))* Sabeels Publishing.

Beginning of Lies: Book 1. Melinda Hindley. 2018. (ENG., Illus.). 126p. (J). (gr. k-6). pap. 26.95 *(978-1-4796-0982-6(X))*; (Lessons of Love Through Time Ser.: Vol. 1). 36.95 *(978-1-4796-0984-0(6))* TEACH Services, Inc.

Beginning of Mystic Girl. Antiunna Butchee. 2018. (ENG.). 42p. (J). pap. *(978-1-387-81319-3(6))* Lulu Pr., Inc.

Beginning of the Renaissance - History Book for Kids 9-12 Children's Renaissance Books. Baby Professor. 2017. (ENG., Illus.). (J). pap. 8.79 *(978-1-5419-1412-4(0))*, Baby Professor (Education Kids)) Speedy Publishing LLC.

Beginning of Time Plan for Your Life. Papa Heavenly & Erica L. McJimpsey. 2018. (ENG., Illus.). 72p. (J). (gr. 3-6). pap. 14.58 *(978-0-692-11085-0(2))* RUACH PUBLISHING Co.

Beginning of Wisdom (Classic Reprint) Stephen Vincent Benet. 2016. (ENG., Illus.). (J). pap. 13.97 *(978-1-333-77646-2(2))* Forgotten Bks.

Beginning of Wisdom (Classic Reprint) Stephen Vincent Benet. 2017. (ENG., Illus.). (J). 31.59 *(978-0-265-42296-0(5))* Forgotten Bks.

Beginning of You. Amy Rebeca Botts. Illus. by Daniela Cox. 2023. (ENG.). 34p. (J). 28.99 ***(978-1-6657-4358-7(1))***; pap. 14.99 ***(978-1-6657-4357-0(3))*** Archway Publishing.

Beginning Reading 1-2. School Zone Publishing Company Staff. deluxe ed. 2019. (ENG.). 64p. (J). (gr. 1-2). pap., wbk. ed. 4.49 *(978-1-58947-337-9(X))*, d680bc01-0363-4089-9210-f6a3413d6c46) School Zone Publishing Co.

Beginning Science, 6 vols., Set. Grace Hansen. 2018. (Beginning Science: Body Systems Ser.). (ENG.). 24p. (J). (gr. -1-2). lib. bdg. 196.74 *(978-1-5321-8183-2(3))*, 29839, Abdo Kids) ABDO Publishing Co.

Beginning Science: Ecology (Set), 6 vols. Grace Hansen. 2019. (Beginning Science: Ecology Ser.). (ENG.). 24p. (J).

(gr. -1-2). lib. bdg. 196.74 *(978-1-5321-8891-6(9)*, 32950, Abdo Kids) ABDO Publishing Co.

Beginning Science: Ecology (Set Of 6) Grace Hansen. 2020. (Beginning Science: Ecology Ser.). (ENG.). 144p. (J). (gr. 1-1). pap. 53.70 *(978-1-64494-264-2(X)*, 164494264X, Abdo Kids-Jumbo) ABDO Publishing Co.

Beginning Science: Gross Body Functions see Ciencia Básica: Las Funciones Físicas Del Cuerpo (Beginning Science: Gross Body Functions) (Set)

Beginning Science: Gross Body Functions (Set), 6 vols. Grace Hansen. 2020. (Beginning Science: Gross Body Functions Ser.). (ENG.). 24p. (J). (gr. -1-2). lib. bdg. 196.74 *(978-1-0982-0234-7(1)*, 34601, Abdo Kids) ABDO Publishing Co.

Beginning Science: Gross Body Functions (Set Of 6) Grace Hansen. 2021. (Beginning Science: Gross Body Functions Ser.). (ENG.). 144p. (J). (gr. 1-1). pap. 53.70 *(978-1-64494-381-6(6)*, Abdo Kids-Jumbo) ABDO Publishing Co.

Beginning Science (Set), 6 vols. 2018. (Beginning Science Ser.). (ENG.). 24p. (J). (gr. -1-2). lib. bdg. 196.74 *(978-1-5321-0806-8(0)*, 28173, Abdo Kids) ABDO Publishing Co.

Beginning Sounds. Barbara Gregorich. deluxe ed. 2018. (ENG., Illus.). 64p. (J). (gr. -1-k). pap., wbk. ed. 4.49 *(978-1-58947-349-2(3)*, b8f82b75-7eb6-44f2-98ba-5df16fa507bc) School Zone Publishing Co.

Beginning Sounds: Coloring Edition - Workbook for Preschool Children's Reading & Writing Books. Baby Professor. 2017. (ENG., Illus.). (J). pap. 9.55 *(978-1-5419-2607-3(2)*, Baby Professor (Education Kids)) Speedy Publishing LLC.

Beginning to End Set. Various Authors. 2022. (ENG.). 24p. (J). (gr. k-3). 269.50 *(978-1-64487-799-9(6)*, Blastoff! Readers) Bellwether Media.

Beginning to Guide Your Pencil: A Kid's Drawing Activity Book. Jupiter Kids. 2016. (ENG., Illus.). 106p. (J). pap. 12.55 *(978-1-68326-196-4(8)*, Jupiter Kids (Childrens & Kids Fiction)) Speedy Publishing LLC.

Beginning to Wonder: Kindergarten Activity Book. Jupiter Kids. 2016. (ENG., Illus.). 106p. (J). pap. 12.55 *(978-1-68326-197-1(6)*, Jupiter Kids (Childrens & Kids Fiction)) Speedy Publishing LLC.

Beginning Woods. Malcolm McNeill. 2018. (ENG.). 528p. (J). (gr. 5-5). 17.99 *(978-1-5107-2290-3(4)*, Sky Pony Pr.) Skyhorse Publishing Co., Inc.

Beginning Writing Workbook Prek-Grade 1 - Ages 4 To 7. Professor Gusto. 2016. (ENG., Illus.). (J). pap. 10.81 *(978-1-68321-082-5(4))* Mimaxion.

Beginnings: Alexei, Accidental Angel-Book 1. Morgan Bruce. 2016. (ENG., Illus.). (YA). (gr. 7-12). 34.50 *(978-1-68181-611-1(3))*; pap. 23.50 *(978-1-68181-610-4(5))* Strategic Book Publishing & Rights Agency (SBPRA).

Beginnings: The Legend of Ilia, 1 vol. Nicole Ashley Brown Segda. 2018. (ENG.). 228p. (YA). pap. 16.99 *(978-1-59554-595-4(6))* Elm Hill.

Beginnings: The Wizards & the Warrior Book One. Vivienne Lee Fraser. 2018. (Wizard & the Warrior Ser.: Vol. 1). (ENG., Illus.). 272p. (YA). pap. *(978-0-6482181-0-4(4))* Fraser, Vivienne Lee.

Beginnings in English: Oral & Written Language for Primary Schools (Classic Reprint) Frances Lilian Taylor. 2018. (ENG., Illus.). 132p. (J). 26.62 *(978-0-267-50279-0(6))* Forgotten Bks.

Beginnings in Industrial Education: And Other Educational Discussions. Paul H. Hanus. 2017. (ENG., Illus.). (J). pap. *(978-0-649-07240-8(5))*; pap. *(978-0-649-07241-5(3))* Trieste Publishing Pty Ltd.

Beginnings in Industrial Education: And Other Educational Discussions (Classic Reprint) Paul H. Hanus. 2018. (ENG., Illus.). 216p. (J). 28.35 *(978-0-365-43634-8(8))* Forgotten Bks.

Beginnings of an Artist: A Kid's Starting Activity Book. Activity Book Zone for Kids. 2016. (ENG., Illus.). (J). pap. 9.20 *(978-1-68376-048-1(4))* Sabeels Publishing.

Beginnings of the Labor Unions: History Book for Kids 9-12 Children's History. Baby Professor. 2017. (ENG., Illus.). 64p. (J). pap. 9.52 *(978-1-5419-1541-1(0)*, Baby Professor (Education Kids)) Speedy Publishing LLC.

Begone the Raggedy Witches (the Wild Magic Trilogy, Book One) Celine Kiernan. (Wild Magic Trilogy Ser.: 1). (ENG.). 288p. (J). (gr. 4-7). 2019. pap. 7.99 *(978-1-5362-0874-0(4))*; 2018. 15.99 *(978-0-7636-9996-3(9))* Candlewick Pr.

Beguiled. Cyla Panin. 2022. (ENG.). 384p. (YA). (gr. 9-17). 18.99 *(978-1-4197-5267-4(7)*, 1725201, Amulet Bks.) Abrams, Inc.

Begumbagh. George Manville Fenn. 2017. (ENG.). 228p. (J). pap. *(978-3-7447-5097-4(3))* Creation Pubs.

Begumbagh: A Tale of the Indian Mutiny, & Other Stories (Classic Reprint) George Manville Fenn. (ENG., Illus.). (J). 2018. 232p. 28.68 *(978-0-483-36837-8(7))*; 2016. pap. 11.57 *(978-1-333-67512-7(7))* Forgotten Bks.

Begumbagh a Tale of the Indian Mutiny, & Other Stories (Classic Reprint) George Manville Fenn. (ENG., Illus.). (J). 2018. 196p. 27.94 *(978-0-483-26216-4(1))*; 2016. pap. 10.57 *(978-1-334-44634-4(2))* Forgotten Bks.

Begum's Daughter (Classic Reprint) Edwin Lassetter Bynner. 2017. (ENG., Illus.). (J). 34.23 *(978-0-265-18095-2(3))* Forgotten Bks.

Behavior. Steve Goldsworthy. 2016. (Illus.). 24p. (J). *(978-1-5105-0915-3(1))* SmartBook Media, Inc.

Behavior Matters, 12 vols. 2016. (Behavior Matters Ser.). 32p. (ENG.). (gr. 2-3). 173.58 *(978-1-4994-8045-0(8)*, adbdd6ea-6a88-48a9-8a04-ea1539bc7b65); (gr. 3-2). pap. 60.00 *(978-1-5081-9267-1(7))* Rosen Publishing Group, Inc., The. (Windmill Bks.).

Behavior of Sound Waves - Physics Made Easy Grade 3 - Children's Physics Books. Baby Professor. 2019. (ENG.). 72p. (J). pap. 14.72 *(978-1-5419-5282-9(0))*; 24.71 *(978-1-5419-7482-1(4))* Speedy Publishing LLC. (Baby Professor (Education Kids)).

Behaviour Book: A Manual for Ladies (Classic Reprint) Miss Leslie. 2017. (ENG., Illus.). (J). 30.87 *(978-0-265-86615-3(4))* Forgotten Bks.

Beheld. Alex Flinn. 2018. (ENG.). 368p. (YA). (gr. 8). pap. 9.99 *(978-0-06-213456-1(6)*, HarperTeen) HarperCollins Pubs.

Behind a Brass Knocker: Some Grim Realities in Picture & Prose (Classic Reprint) Frederick Barnard. (ENG., Illus.). (J). 2018. 150p. 26.99 *(978-0-483-30571-7(5))*; 2016. pap. 9.57 *(978-1-334-15787-5(1))* Forgotten Bks.

Behind a Mask: Numa Roumestan (Classic Reprint) Alphonse Daudet. 2017. (ENG., Illus.). (J). 31.61 *(978-0-260-26395-7(8))* Forgotten Bks.

Behind an Eastern Veil: A Plain Tale, of Events Occurring in the Experience of a Lady, Who Had an Unique Opportunity of Observing, the Inner Life of Ladies of the Upper Class in Persia (Classic Reprint) C. I. Wills. 2018. (ENG., Illus.). 390p. (J). 31.96 *(978-0-483-95111-2(0))* Forgotten Bks.

Behind & in Front, 1 vol. Amy Culliford. 2022. (Directions in My World Ser.). (ENG., Illus.). 16p. (J). (gr. -1-1). pap. *(978-1-0396-4623-0(9)*, 17195); lib. bdg. *(978-1-0396-4432-8(5)*, 16253) Crabtree Publishing Co. (Crabtree Roots).

Behind Closed Doors. Miriam Halahmy. 2017. *(978-0-8234-3792-4(2))* Holiday Hse., Inc.

Behind Confederate Lines. John Dacey. 2022. (ENG., Illus.). 118p. (YA). pap. 14.95 *(978-1-68526-265-5(1))* Covenant Bks.

Behind Enemy Lines. Joyce Janes. 2016. (ENG., Illus.). (J). pap. 9.42 *(978-1-326-63242-7(6))* Lulu Pr., Inc.

Behind Enemy Lines. Jennifer A. Nielsen. 2016. (Infinity Ring Ser.: 6). lib. bdg. 17.20 *(978-0-606-38623-4(8))* Turtleback.

Behind Enemy Lines: The Escape of Robert Grimes with the Comet Line Matt Chandler. Illus. by Dante Ginevra. 2017. (Great Escapes of World War II Ser.). (ENG.). 32p. (J). (gr. 3-9). lib. bdg. 31.32 *(978-1-5157-3530-4(3)*, 133505, Capstone Pr.) Capstone.

Behind Gray Walls (Classic Reprint) Patrick C. Murphy. 2018. (ENG., Illus.). 84p. (J). 25.65 *(978-0-428-82903-2(1))* Forgotten Bks.

Behind Manhattan Gables: A Story of New Amsterdam 1663-1664 (Classic Reprint) Edward A. Rand. 2017. (ENG., Illus.). (J). 32.19 *(978-1-5281-7695-8(2))* Forgotten Bks.

Behind or in Front Of. Wiley Blevins. 2019. (Location Words Ser.). (ENG., Illus.). 24p. (J). (gr. -1-2). lib. bdg. 22.65 *(978-1-9771-0317-8(0)*, 139317, Pebble) Capstone.

Behind the Arras. Constance Maude Neville. 2017. (ENG.). 256p. (J). pap. *(978-3-337-02403-1(3))* Creation Pubs.

Behind the Arras: A Novel (Classic Reprint) Constance Maude Neville. 2017. (ENG., Illus.). 254p. (J). 29.16 *(978-0-332-63792-1(1))* Forgotten Bks.

Behind the Barn Door. Jane Sheffer. 2017. (ENG., Illus.). (J). pap. 12.99 *(978-0-9973189-4-4(5))* Growing Senses Pubns.

Behind the Bars: 31498 (Classic Reprint) Charles C. Moore. 2017. (ENG., Illus.). (J). 30.23 *(978-0-266-95130-8(9))* Forgotten Bks.

Behind the Beyond: And Other Contributions to Human Knowledge (Classic Reprint) Stephen Leacock. 2017. (ENG., Illus.). 234p. (J). 28.72 *(978-0-331-80701-1(7))* Forgotten Bks.

Behind the Blue Ridge. Frances Courtenay Baylor. 2016. (ENG.). 318p. (J). pap. *(978-3-7433-6766-1(1))* Creation Pubs.

Behind the Blue Ridge: A Homely Narrative (Classic Reprint) Frances Courtenay Baylor. 2018. (ENG., Illus.). 330p. (J). 30.72 *(978-0-656-50008-6(5))* Forgotten Bks.

Behind the Brand Nintendo. Contrib. by Paige . Polinsky. 2023. (Behind the Brand Ser.). (ENG., Illus.). (J). (gr. 3-8). lib. bdg. 27.95 Bellwether Media.

Behind the Brand Star Wars. Contrib. by Paige . Polinsky. 2023. (Behind the Brand Ser.). (ENG., Illus.). (J). (gr. 3-8). lib. bdg. 27.95 Bellwether Media.

Behind the Bungalow (Classic Reprint) Edward Hamilton Aitken. 2018. (ENG., Illus.). 204p. (J). 28.21 *(978-0-484-15464-2(8))* Forgotten Bks.

Behind the Counter: Handel und Wandel (Classic Reprint) F. w. Hacklander. 2017. (ENG., Illus.). (J). 31.63 *(978-0-265-22008-5(4))* Forgotten Bks.

Behind the Curtain: Or, Leelinau (Classic Reprint) Madeline Leslie. 2018. (ENG., Illus.). 346p. (J). 31.05 *(978-0-483-96526-3(X))* Forgotten Bks.

Behind the Curtain: The Tooth Fairy. Steven Stack. Illus. by Jayden Shambeau. 2023. (ENG.). 42p. (J). 17.99 ***(978-1-64538-469-4(1))***; pap. 12.99 ***(978-1-64538-470-0(5))*** Orange Hat Publishing.

Behind the Curtain (Set), 24 vols. Virginia Loh-Hagan. 2022. (Behind the Curtain Ser.). (ENG., Illus.). 32p. (J). (gr. 4-8). 769.68 *(978-1-5341-9857-9(1)*, 219946); pap., pap., pap. 341.14 *(978-1-5341-9999-6(3)*, 220062) Cherry Lake Publishing. (45th Parallel Press).

Behind the Ear. Valerie Baker. 2018. (Blue the Cat Ser.: Vol. 2). (ENG., Illus.). 56p. (J). (gr. k-3). pap. *(978-1-911589-74-7(1)*, Choir Pr., The) Action Publishing Technology Ltd.

Behind the Footlights (Classic Reprint) Alec Tweedie. 2018. (ENG., Illus.). 412p. (J). 32.39 *(978-0-483-46751-4(0))* Forgotten Bks.

Behind the Footlights, or the Stage As I Knew It (Classic Reprint) W. C. Day. 2018. (ENG., Illus.). 200p. (J). 28.04 *(978-0-656-52712-0(9))* Forgotten Bks.

Behind the Garden Wall (Classic Reprint) Robert Wallace. 2018. (ENG., Illus.). 80p. (J). 25.55 *(978-0-483-88693-3(9))* Forgotten Bks.

Behind the German Lines: A Narrative of the Everyday Life of an American Prisoner of War (Classic Reprint) Ralph E. Ellinwood. 2017. (ENG., Illus.). (J). 27.69 *(978-0-266-77135-7(1))* Forgotten Bks.

Behind the Label: Gloria & Willa. Lorna Schultz Nicholson. 2022. (One-2-One Ser.). (ENG.). 242p. (YA). (gr. 7-10). pap. 14.95 *(978-0-88995-647-6(2)*, 0ea16f74-e1a3-40a4-b18d-27f715c8acb1) Red Deer Pr. CAN. Dist: Firefly Bks., Ltd.

Behind the Line: A Story of College Life & Football. Ralph Henry Barbour. 2017. (ENG., Illus.). (J). 23.95 *(978-1-374-95133-4(1))*; pap. 13.95 *(978-1-374-95132-7(3))* Capital Communications, Inc.

Behind the Lines: A War Comedy in One Act (Classic Reprint) Helen Bagg. 2018. (ENG., Illus.). 44p. (J). 24.80 *(978-0-483-98082-2(X))* Forgotten Bks.

Behind the Mask. Jeff Gottesfeld. ed. 2016. (White Lightning Ser.). (J). lib. bdg. 19.60 *(978-0-606-40317-7(5))* Turtleback.

Behind the Mountains. Edwidge Danticat. 2022. (ENG.). 192p. (J). (gr. 3-7). pap. 7.99 *(978-1-338-74571-9(9)*, Scholastic Pr.) Scholastic, Inc.

Behind the Nightlight: Hibbertoo, & Other Animals (Classic Reprint) Liza Lehmann. (ENG., Illus.). (J). 2018. 72p. 25.38 *(978-0-267-38077-0(1))*; 2016. pap. 9.57 *(978-1-334-15507-9(0))* Forgotten Bks.

Behind the Robe. Linzeter Gaddy. 2022. (ENG.). 84p. (YA). 22.95 ***(978-1-63885-113-4(1))*** Covenant Bks.

Behind the Scenes: A Story of the Stage (Classic Reprint) Verity Victor. 2018. (ENG., Illus.). 290p. (J). 29.90 *(978-0-332-89173-6(9))* Forgotten Bks.

Behind the Scenes: Being the Confessions of a Strolling Player. Peter Paterson. 2017. (ENG., Illus.). (J). pap. *(978-0-649-07248-4(0))* Trieste Publishing Pty Ltd.

Behind the Scenes: Being the Confessions of a Strolling Player (Classic Reprint) Peter Paterson. (ENG., Illus.). (J). 2018. 172p. 27.44 *(978-0-365-18208-5(7))*; 2017. pap. 9.97 *(978-0-259-49765-3(7))* Forgotten Bks.

Behind the Scenes: Three Volumes in One (Classic Reprint) Rosina Bulwer Lytton. 2017. (ENG., Illus.). (J). 34.93 *(978-0-265-17446-3(5))* Forgotten Bks.

Behind the Scenes at a Symphony Coloring Book. Smarter Activity Books. 2016. (ENG., Illus.). (J). pap. 9.22 *(978-1-68374-418-4(7))* Examined Solutions PTE. Ltd.

Behind the Scenes at the Museum: Your All-Access Guide to the World's Amazing Museums. DK. 2020. (DK Behind the Scenes Ser.). (ENG., Illus.). 160p. (J). (gr. 4-7). 19.99 *(978-1-4654-9325-5(5)*, DK Children) Dorling Kindersley Publishing, Inc.

Behind the Scenes at the Space Stations: Your All Access Guide to the World's Most Amazing Space Station. DK. 2022. (DK Behind the Scenes Ser.). (ENG., Illus.). 160p. (J). (gr. 4-7). 19.99 *(978-0-7440-5610-5(1)*, DK Children) Dorling Kindersley Publishing, Inc.

Behind the Scenes at the Zoo: Your All-Access Guide to the World's Greatest Zoos & Aquariums. DK. 2021. (DK Behind the Scenes Ser.). (ENG., Illus.). 160p. (J). (gr. 5). 19.99 *(978-0-7440-2888-1(4)*, DK Children) Dorling Kindersley Publishing, Inc.

Behind the Scenes Basketball. James Monson. 2019. (Inside the Sport (Lerner (tm) Sports) Ser.). (ENG., Illus.). 32p. (J). (gr. 2-5). pap. 8.99 *(978-1-5415-7435-9(4)*, b5f265de-fe63-411d-bd3d-1b80c7473531); lib. bdg. 29.32 *(978-1-5415-5609-6(7)*, eb324d60-7a03-42da-a67d-e06b101587f7) Lerner Publishing Group. (Lerner Pubns.).

Behind the Scenes Biographies. Martha E. H. Rustad et al. 2023. (Behind the Scenes Biographies Ser.). (ENG.). 32p. (J). 501.12 ***(978-1-6690-4921-0(3)***, 255216); pap., pap., pap. 127.84 ***(978-1-6690-4922-7(1)***, 255217); 375.84 *(978-1-6690-0276-5(4)*, 247339); pap., pap., pap. 95.88 *(978-1-6690-4064-4(X)*, 254113) Capstone. (Capstone Pr.).

Behind the Scenes (Classic Reprint) Elizabeth Keckley. 2018. (ENG., Illus.). 380p. (J). 31.73 *(978-0-484-80125-6(2))* Forgotten Bks.

Behind-The-Scenes Fashion Careers. Susan Henneberg. 2017. (Behind the Glamour Ser.). (ENG., Illus.). 64p. (J). (gr. 4-8). lib. bdg. 31.99 *(978-1-5157-4897-7(9)*, 134482, Capstone Pr.) Capstone.

Behind the Scenes Football. James Monson. 2019. (Inside the Sport (Lerner (tm) Sports) Ser.). (ENG., Illus.). 32p. (J). (gr. 2-5). 29.32 *(978-1-5415-5605-8(4)*, caf6e762-2e55-4bf3-b855-6b4fd634c6ae, Lerner Pubns.) Lerner Publishing Group.

Behind the Scenes Gymnastics. Blythe Lawrence. 2019. (Inside the Sport (Lerner (tm) Sports) Ser.). (ENG., Illus.). 32p. (J). (gr. 2-5). pap. 8.99 *(978-1-5415-7437-3(0)*, 5fc229ea-15f6-43a0-bc1d-e25091fe243a); lib. bdg. 29.32 *(978-1-5415-5608-9(9)*, 8e4595d9-daac-46c1-a7e7-082c9dba1ab9) Lerner Publishing Group. (Lerner Pubns.).

Behind the Scenes Hockey. James Monson. 2019. (Inside the Sport (Lerner (tm) Sports) Ser.). (ENG., Illus.). 32p. (J). (gr. 2-5). pap. 8.99 *(978-1-5415-7438-0(9)*, 4eb1fa9a-4fcc-49cb-96fe-3522f867e2f5, Lerner Pubns.) Lerner Publishing Group.

Behind-The-Scenes Music Careers. Mary Boone. 2017. (Behind the Glamour Ser.). (ENG., Illus.). 64p. (J). (gr. 4-8). lib. bdg. 31.99 *(978-1-5157-4898-4(7)*, 134483, Capstone Pr.) Capstone.

Behind the Scenes of Pro Baseball. Catherine Ann Velasco. 2019. (Behind the Scenes with the Pros Ser.). (ENG., Illus.). 32p. (J). (gr. 3-9). lib. bdg. 28.65 *(978-1-5435-5427-4(X)*, 139282, Capstone Pr.) Capstone.

Behind the Scenes of Pro Basketball. Catherine Ann Velasco. 2019. (Behind the Scenes with the Pros Ser.). (ENG., Illus.). 32p. (J). (gr. 3-9). lib. bdg. 28.65 *(978-1-5435-5424-3(5)*, 139279, Capstone Pr.) Capstone.

Behind the Scenes of Pro Football. Rebecca Koehn. 2019. (Behind the Scenes with the Pros Ser.). (ENG., Illus.). 32p. (J). (gr. 3-9). lib. bdg. 28.65 *(978-1-5435-5425-0(3)*, 139280, Capstone Pr.) Capstone.

Behind the Scenes of Pro Hockey. Erin Nicks. 2019. (Behind the Scenes with the Pros Ser.). (ENG., Illus.). 32p. (J). (gr. 3-9). pap. 7.95 *(978-1-5435-5920-0(4)*, 139895, Capstone Pr.) Capstone.

Behind-The-Scenes Pro Sports Careers. Danielle S. Hammelef. 2017. (Behind the Glamour Ser.). (ENG., Illus.). 64p. (J). (gr. 4-8). lib. bdg. 31.99 *(978-1-5157-4896-0(0)*, 134480, Capstone Pr.) Capstone.

Behind the Scenes Soccer. Andy Greder. 2019. (Inside the Sport (Lerner (tm) Sports) Ser.). (ENG., Illus.). 32p. (J). (gr. 2-5). pap. 8.99 *(978-1-5415-7439-7(7)*, dec98802-8678-4bf4-a990-651130c1d1f1); lib. bdg. 29.32 *(978-1-5415-5607-2(0)*, f7e0361d-f484-4fe7-bd7e-38cbf03a556f) Lerner Publishing Group. (Lerner Pubns.).

Behind the Scenes with Burt: A Breaking Cat News Adventure, Volume 4. Georgia Dunn. 2022. (Breaking Cat News Ser.: 4). (ENG., Illus.). 192p. (J). pap. 11.99 *(978-1-5248-7127-7(3))* Andrews McMeel Publishing.

Behind the Scenes with Coders, 12 vols. 2017. (Behind the Scenes with Coders Ser.). 32p. (ENG.). (gr. 5-5). 167.58 *(978-1-4994-3494-1(4)*, e4abfd35-931a-4d2d-a088-402c1b74b597); (gr. 9-10). pap. 60.00 *(978-1-5081-5435-8(X))* Rosen Publishing Group, Inc., The. (PowerKids Pr.).

Behind the Screen. Israel Keats. 2018. (Mason Falls Mysteries Ser.). (ENG.). 104p. (YA). (gr. 6-12). pap. 7.99 *(978-1-5415-0115-7(2)*, eedc1df0-a0a3-4b02-be8a-d39f3b9a36f5); lib. bdg. 25.32 *(978-1-5415-0114-0(4)*, 62d3269f-d719-4e8f-8994-08e18fd459df) Lerner Publishing Group. (Darby Creek).

Behind the Seams: By a Nigger Woman Who Took in Work from Mrs. Lincoln & Mrs. Davis (Classic Reprint) Daniel Ottolengui. (ENG., Illus.). (J). 2018. 24p. 24.41 *(978-0-428-80489-3(6))*; 2017. pap. 7.97 *(978-0-259-79173-7(3))* Forgotten Bks.

Behind the Secret Garden Door. Sandie Leigh. 2019. (ENG., Illus.). 42p. (J). (gr. k-4). pap. 12.99 *(978-1-948604-58-1(2)*, Purple Butterfly Pr.) WritePublishSell.

Behind the Shadows. Ed. by Dylan Callens. 2020. (ENG.). 94p. (YA). pap. 9.99 *(978-1-988762-16-6(2))* Cosmic Teapot.

Behind the Shadows of Romeo: A William Shakespeare Biography Book for Kids Children's Biography Books. Baby Professor. 2017. (ENG., Illus.). 64p. (J). pap. 9.52 *(978-1-5419-1265-6(9)*, Baby Professor (Education Kids)) Speedy Publishing LLC.

Behind the Shoji (Classic Reprint) Evelyn Adam. 2018. (ENG., Illus.). 356p. (J). 31.24 *(978-0-267-25496-5(2))* Forgotten Bks.

Behind the Smile. Angel Deshotel. 2018. (ENG.). 142p. (J). pap. *(978-1-387-68640-7(2))* Lulu Pr., Inc.

Behind the Song. K. M. Walton et al. 2017. (ENG.). 376p. (YA). (gr. 8-12). pap. 14.99 *(978-1-4926-3881-0(1))* Sourcebooks, Inc.

Behind the Tales. Aurora Peppermint. 2017. (ENG., Illus.). (YA). (Knowledge Effect Ser.: 2). 180p. pap. 14.99 *(978-1-63533-710-5(0))*; (Knowledge Effect Ser.: Vol. 2). 25.99 *(978-1-64080-329-9(7))* Dreamspinner Pr. (Harmony Ink Pr.).

Behind the Vale. Kerrick L. Moore. 2021. (ENG.). 78p. (YA). pap. 12.95 *(978-1-64701-424-7(7))* Page Publishing Inc.

Behind the Veil. Amy Brailey. 2020. (Ideal Courtship Trilogy Ser.). (ENG.). 268p. (J). pap. 13.99 *(978-1-393-12009-4(1))* Draft2Digital.

Behind the Walls: Fifty Two Weeks & Counting. Ella Henderson. 2021. (ENG.). 170p. (YA). pap. 15.95 *(978-1-6624-1426-8(9))* Page Publishing Inc.

Behind the Wheel: Set 1, 8 vols. Incl. Dale Earnhardt Jr. NASCAR Driver. Greg Roza. lib. bdg. 34.47 *(978-1-4042-0979-4(4)*, 12fb4481-6c67-4a72-98ad-eeeff042938f); Jeff Gordon: NASCAR Driver. J. Poolos. lib. bdg. 34.47 *(978-1-4042-0980-0(8)*, e8d9e06a-3693-4582-8e11-c7bfd61ce499); Jimmie Johnson: NASCAR Driver. Emily Farmer. lib. bdg. 34.47 *(978-1-4042-0981-7(6)*, 3194b76f-4689-447a-97cb-81c39f318f63); Kurt Busch: NASCAR Driver. Jason Porterfield. lib. bdg. 34.47 *(978-1-4042-0982-4(4)*, 5dbb91b9-d83c-48ff-bdf0-c4af6cd5d9de); Tony Stewart: NASCAR Driver. Wayne A. Anderson. lib. bdg. 34.47 *(978-1-4042-0984-8(0)*, 33365667-6742-4c9d-87d5-d6900614fe43); (Illus.). 48p. (YA). (gr. 5-5). 2007. (Behind the Wheel Ser.). (ENG.). 2006. Set lib. bdg. 137.88 *(978-1-4042-0932-9(8)*, 8daf9843-c46f-4239-9ad3-f91e9c35f040) Rosen Publishing Group, Inc., The.

Behind the White Picket Fence: Detrás de la Valla Blanca. Robin Stacey. 2022. (ENG., Illus.). 20p. (J). pap. 13.95 ***(978-1-63985-716-6(4))*** Fulton Bks.

Behind Turkish Lattices, the Story of a Turkish Woman's Life (Classic Reprint) Hester Donaldson Jenkins. 2017. (ENG., Illus.). 240p. (J). 28.85 *(978-1-5284-7205-0(5))* Forgotten Bks.

Behold: The Birth of Jesus. Amber N. Backus. Illus. by Amber N. Backus. 2019. (Biblically Based Children's Stories Ser.: Vol. 1). (ENG., Illus.). 34p. (J). (gr. -1-3). 17.99 *(978-1-64669-704-5(9))* Primedia eLaunch LLC.

Behold Mary's Little Lamb. P. J. Tarr. 2020. (ENG., Illus.). 30p. (J). (gr. k-6). pap. 10.99 *(978-1-64088-405-2(X))* Trilogy Christian Publishing, Inc.

Behold Our Magical Garden: Poems Fresh from a School Garden. Allan Wolf. Illus. by Daniel Duncan. 2022. (ENG.). 48p. (J). (gr. 3-7). 18.99 *(978-1-5362-0455-1(2))* Candlewick Pr.

Behold the Bones. Natalie C. Parker. 2016. (Beware the Wild Ser.: 2). (ENG.). 368p. (YA). (gr. 8). 17.99 *(978-0-06-224155-9(9)*, HarperTeen) HarperCollins Pubs.

Behold the Octopus! Suzanne Slade. Illus. by Thomas Gonzalez. 2023. 32p. (J). (gr. -1-3). 18.99 *(978-1-68263-312-0(8))* Peachtree Publishing Co. Inc.

Behold This Dreamer! (Classic Reprint) Fulton Oursler. 2018. (ENG., Illus.). (J). 328p. 30.66 *(978-1-397-21034-0(6))*; 330p. pap. 13.57 *(978-1-397-21019-7(2))* Forgotten Bks.

Beholder. Anna Bright. (Beholder Ser.: 1). (ENG.). (YA). (gr. 9). 2020. 464p. pap. 10.99 *(978-0-06-284543-6(8))*; 2019. 448p. 17.99 *(978-0-06-284542-9(X))* HarperCollins Pubs. (HarperTeen).

Beholding As in a Glass: A Novel (Classic Reprint) Virginia D. Young. 2018. (ENG., Illus.). 290p. (J). 29.88 *(978-0-484-45174-1(X))* Forgotten Bks.

Behowl the Moon: An Ageless Story from Shakespeare's a Midsummer Night's Dream. Erin Nelson Parekh. Illus. by Mehrdokht Amini. 2017. 22p. (J). (gr. k-3). bds. 9.99 *(978-0-9984397-1-6(1)*, Drivel & Drool) Dramatic Ellipsis.

Bei Bei Goes Home: a Panda Story. Cheryl Bardoe. 2021. (ENG.). 48p. (J). (gr. 1-4). 17.99 *(978-1-5362-1763-6(8)*, Candlewick Entertainment) Candlewick Pr.

Beijing, Vol. 8. Mason Crest. 2016. (Major World Cities Ser.: Vol. 8). (ENG., Illus.). 48p. (J). (gr. 5-8). 20.95 *(978-1-4222-3539-3(4))* Mason Crest.

178 The check digit for ISBN-10 appears in parentheses after the full ISBN-13

Beijing by Dragon. Zakharova Irina. 2022. (ENG.). 232p. (J). (gr. k-2). pap. 14.95 *(978-1-4878-0948-5(4))* Royal Collins Publishing Group Inc. CAN. Dist: Independent Pubs. Group.

Beijing's Spring Festival. She Lao. 2019. (CHI., Illus.). (J). *(978-7-5596-3392-7(7))* Jinghua Publishing House.

Being 8: Asleep & Awake. Gilda A. Herrera. 2016. (ENG.). 284p. (J). pap. 12.95 *(978-1-0878-3144-2(X))* Alban Lake Publishing.

Being a Bad Sport. Joy Berry. 2018. (Help Me Be Good Ser.). (ENG.). 34p. (J). (gr. k-2). pap. 8.99 *(978-0-7396-0201-0(2))* Inspired Studios Inc.

Being a Bear. Álvaro Magalhães. Illus. by Cátia Vidinhas. 2019. (ENG.). 36p. (J). (gr. -1-k). 16.95 *(978-84-16566-89-1(5))* Ediciones La Fragatina ESP. Dist: Independent Pubs. Group.

Being a Bee. Jinny Johnson. ed. 2018. lib. bdg. 17.20 *(978-0-606-41242-1(5))* Turtleback.

Being a Black Man... It's Harder Than You Think. Toneal M. Jackson. 2022. (ENG.). 196p. (YA). pap. 20.22 ***(978-1-945145-91-9(9))*** APS Publishing.

Being a Blue Angel: Every Kid's Guide to the Blue Angels. Mark I. Sutherland & Amy C. Sutherland. 3rd ed. 2022. (ENG.). 38p. (J). pap. 12.99 *(978-1-949718-08-9(5))* Dunrobin Publishing.

Being a Boy (Classic Reprint) Charles Dudley Warner. 2018. (ENG., Illus.). 290p. (J). 29.88 *(978-0-483-09636-3(9))* Forgotten Bks.

Being a Cat: a Tail of Curiosity. Maria Gianferrari. Illus. by Pete Oswald. 2023. (ENG.). 40p. (J). (gr. -1-3). 19.99 *(978-0-06-306792-9(7)*, HarperCollins) HarperCollins Pubs.

Being a Dog: a Tail of Mindfulness. Maria Gianferrari. Illus. by Pete Oswald. 2022. (ENG.). 40p. (J). (gr. -1-3). 19.99 *(978-0-06-306791-2(9)*, HarperCollins) HarperCollins Pubs.

Being a Girl. Hayley Long. Illus. by Gemma Correll. 2016. (ENG.). 224p. (J). pap. 12.99 *(978-1-4494-7797-4(6))* Andrews McMeel Publishing.

Being a Good Friend Is Cool (My Book of Values) Sonia Mehta. 2017. (My Book of Values Ser.). (ENG.). 48p. (J). (gr. 2-4). pap. 8.99 *(978-0-14-344051-2(9)*, Puffin) Penguin Bks. India PVT, Ltd IND. Dist: Independent Pubs. Group.

Being a Good Teammate. Katie Peters. 2022. (Be a Good Sport (Pull Ahead Readers People Smarts — Nonfiction) Ser.). (ENG., Illus.). 16p. (J). (gr. -1-1). pap. 8.99 *(978-1-7284-4805-3(0)*, caabe6aa-a4b9-49ee-8c7a-6ebe41cae662, Lerner Pubns.) Lerner Publishing Group.

Being a Leader. Anne E. Johnson. 2020. (Strong, Healthy Girls Ser.). (ENG., Illus.). 112p. (J). (gr. 6-12). lib. bdg. 41.36 *(978-1-5321-9213-5(4)*, 34979, Essential Library) ABDO Publishing Co.

Being a Punch Line Is No Joke: A 4D Book. D. L. Green. Illus. by Leandra La Rosa. 2018. (Funny Girl Ser.). (ENG.). 112p. (J). (gr. 3-5). pap. 7.95 *(978-1-4965-6473-3(1)*, 138382); lib. bdg. 26.65 *(978-1-4965-6469-6(3)*, 138378) Capstone. (Stone Arch Bks.).

Being a Super Trans Ally! A Creative Workbook & Journal for Young People. Phoenix Schneider & Sherry Paris. 2020. 224p. (J). pap. 19.95 *(978-1-78775-198-9(8)*, 717527) Kingsley, Jessica Pubs. GBR. Dist: Hachette UK Distribution.

Being a Superhero. Liz Shmuilov & Kidkiddos Books. 2019. (Bedtime Stories Children's Books Collection). (ENG., Illus.). 34p. (J). (gr. k-3). *(978-1-5259-1297-9(6))*; pap. *(978-1-5259-1296-2(8))* Kidkiddos Bks.

Being a Superhero: English Hebrew Bilingual Book. Liz Shmuilov & Kidkiddos Books. 2019. (English Hebrew Bilingual Collection). (HEB., Illus.). 34p. (J). (gr. k-3). *(978-1-5259-1334-1(4))*; pap. *(978-1-5259-1333-4(6))* Kidkiddos Bks.

Being a Superhero: English Mandarin Bilingual Book (Chinese Simplified) Liz Shmuilov & Kidkiddos Books. 2019. (English Chinese Bilingual Ser.). (CHI., Illus.). 34p. (J). (gr. k-3). *(978-1-5259-1352-5(2))*; pap. *(978-1-5259-1351-8(4))* Kidkiddos Bks.

Being a Superhero: English Portuguese - Portugal Bilingual Book. Liz Shmuilov & Kidkiddos Books. 2019. (English Portuguese Portugal Bilingual Collection). (POR., Illus.). 34p. (J). (gr. k-3). *(978-1-5259-1419-5(7))*; pap. *(978-1-5259-1418-8(9))* Kidkiddos Bks.

Being a Superhero: English Russian Bilingual Book. Liz Shmuilov & Kidkiddos Books. 2019. (English Russian Bilingual Collection). (RUS., Illus.). 34p. (J). (gr. k-3). *(978-1-5259-1363-1(8))*; pap. *(978-1-5259-1362-4(X))* Kidkiddos Bks.

Being a Superhero: Russian Edition. Liz Shmuilov & Kidkiddos Books. 2019. (Russian Bedtime Collection). (RUS., Illus.). 34p. (J). (gr. k-3). *(978-1-5259-1365-5(4))*; pap. *(978-1-5259-1364-8(6))* Kidkiddos Bks.

Being a Superhero (Japanese Children's Book) Liz Shmuilov & Kidkiddos Books. 2019. (Japanese Bedtime Collection). (JPN., Illus.). 34p. (J). (gr. k-3). *(978-1-5259-1469-0(3))*; pap. *(978-1-5259-1468-3(5))* Kidkiddos Bks.

Being a Superhero -Korean Edition. Liz Shmuilov & Kidkiddos Books. 2019. (Korean Bedtime Collection). (KOR., Illus.). 34p. (J). (gr. k-3). *(978-1-5259-1532-1(0))*; pap. *(978-1-5259-1531-4(2))* Kidkiddos Bks.

Being a Superhero (Afrikaans Children's Book) Liz Shmuilov & Kidkiddos Books. l.t. ed. 2021. (AFR., Illus.). 34p. (J). *(978-1-5259-5833-5(X))*; pap. *(978-1-5259-5832-8(1))* Kidkiddos Bks.

Being a Superhero (Afrikaans English Bilingual Children's Book) Liz Shmuilov & Kidkiddos Books. l.t. ed. 2022. (Afrikaans English Bilingual Collection). (AFR., Illus.). 34p. (J). *(978-1-5259-5836-6(4))*; pap. *(978-1-5259-5835-9(6))* Kidkiddos Bks.

Being a Superhero (Albanian Children's Book) Liz Shmuilov & Kidkiddos Books. l.t. ed. 2021. (Albanian Bedtime Collection). (ALB., Illus.). 34p. (J). *(978-1-5259-5042-1(8))*; pap. *(978-1-5259-5041-4(X))* Kidkiddos Bks.

Being a Superhero (Albanian English Bilingual Book for Kids) Liz Shmuilov & Kidkiddos Books. l.t. ed. 2021. (Albanian English Bilingual Collection). (ALB., Illus.). 34p. (J). *(978-1-5259-5045-2(2))*; pap. *(978-1-5259-5044-5(4))* Kidkiddos Bks.

Being a Superhero (Bengali Book for Kids) Liz Shmuilov & Kidkiddos Books. l.t. ed. 2022. (Bengali Bedtime Collection). (BEN., Illus.). 34p. (J). *(978-1-5259-6262-2(0))*; pap. *(978-1-5259-6261-5(2))* Kidkiddos Bks.

Being a Superhero (Bengali English Bilingual Children's Book) Liz Shmuilov & Kidkiddos Books. l.t. ed. 2022. (Bengali English Bilingual Collection). (BEN., Illus.). 34p. (J). *(978-1-5259-6265-3(5))*; pap. *(978-1-5259-6264-6(7))* Kidkiddos Bks.

Being a Superhero (Bulgarian Edition) Liz Shmuilov & Kidkiddos Books. 2020. (Bulgarian Bedtime Collection). (BUL., Illus.). 34p. (J). (gr. k-3). *(978-1-5259-2249-7(1))*; pap. *(978-1-5259-2248-0(3))* Kidkiddos Bks.

Being a Superhero (Bulgarian English Bilingual Book) Liz Shmuilov & Kidkiddos Books. 2020. (Bulgarian English Bilingual Collection). (BUL., Illus.). 34p. (J). (gr. k-3). *(978-1-5259-2252-7(1))*; pap. *(978-1-5259-2251-0(3))* Kidkiddos Bks.

Being a Superhero (Chinese English Bilingual Book for Kids) Mandarin Simplified. Liz Shmuilov & Kidkiddos Books. l.t. ed. 2020. (Chinese English Bilingual Collection). (CHI., Illus.). 34p. (J). *(978-1-5259-4137-5(2))*; pap. *(978-1-5259-4136-8(4))* Kidkiddos Bks.

Being a Superhero (Croatian Children's Book) Liz Shmuilov & Kidkiddos Books. l.t. ed. 2021. (Croatian Bedtime Collection). (HRV., Illus.). 34p. (J). *(978-1-5259-4706-3(0))*; pap. *(978-1-5259-4705-6(2))* Kidkiddos Bks.

Being a Superhero (Croatian English Bilingual Children's Book) Liz Shmuilov & Kidkiddos Books. l.t. ed. 2021. (Croatian English Bilingual Collection). (HRV., Illus.). 34p. (J). *(978-1-5259-4709-4(5))*; pap. *(978-1-5259-4708-7(7))* Kidkiddos Bks.

Being a Superhero (Czech Children's Book) Liz Shmuilov & Kidkiddos Books. l.t. ed. 2021. (Czech Bedtime Collection). (CZE., Illus.). 34p. (J). *(978-1-5259-4827-5(X))*; pap. *(978-1-5259-4826-8(1))* Kidkiddos Bks.

Being a Superhero (Czech English Bilingual Book for Kids) Liz Shmuilov & Kidkiddos Books. l.t. ed. 2021. (Czech English Bilingual Collection). (CZE., Illus.). 34p. (J). *(978-1-5259-4830-5(X))*; pap. *(978-1-5259-4829-9(6))* Kidkiddos Bks.

Being a Superhero (Czech Ukrainian Bilingual Children's Book) Liz Shmuilov & Kidkiddos Books. l.t. ed. 2022. (Czech Ukrainian Bilingual Collection). (UKR., Illus.). 34p. (J). pap. *(978-1-5259-6453-4(4))* Kidkiddos Bks.

Being a Superhero (Danish Edition) Liz Shmuilov & Kidkiddos Books. 2019. (Danish Bedtime Collection). (DAN., Illus.). 34p. (J). (gr. k-3). *(978-1-5259-1498-0(7))*; pap. *(978-1-5259-1497-3(9))* Kidkiddos Bks.

Being a Superhero (Dutch English Bilingual Book for Kids) Liz Shmuilov & Kidkiddos Books. l.t. ed. 2021. (Dutch Englis Bilingual Collection). (DUT., Illus.). 34p. (J). *(978-1-5259-5146-6(7))*; pap. *(978-1-5259-5145-9(9))* Kidkiddos Bks.

Being a Superhero Een Superheld Zijn: English Dutch Bilingual Book. Liz Shmuilov & Kidkiddos Books. 2019. (Englis Dutch Bilingual Collection). (DUT., Illus.). 34p. (J). (gr. k-3). *(978-1-5259-1472-0(3))*; pap. *(978-1-5259-1471-3(5))* Kidkiddos Bks.

Being a Superhero ein Superheld Sein: English German Bilingual Book. Liz Shmuilov. 2019. (Englis German Bilingual Collection). (GER., Illus.). 34p. (J). (gr. k-3). *(978-1-5259-1524-6(X))* Kidkiddos Bks.

Being a Superhero ein Superheld Sein: English German Bilingual Book. Liz Shmuilov & Kidkiddos Books. 2019. (Englis German Bilingual Collection). (GER., Illus.). 34p. (J). (gr. k-3). pap. *(978-1-5259-1523-9(1))* Kidkiddos Bks.

Being a Superhero (English Afrikaans Bilingual Book for Kids) Liz Shmuilov & Kidkiddos Books. l.t. ed. 2021. (AFR., Illus.). 34p. (J). *(978-1-5259-5830-4(5))*; pap. *(978-1-5259-5829-8(1))* Kidkiddos Bks.

Being a Superhero (English Albanian Bilingual Book for Kids) Liz Shmuilov & Kidkiddos Books. l.t. ed. 2021. (English Albanian Bilingual Collection). (ALB., Illus.). 34p. (J). *(978-1-5259-5039-1(8))*; pap. *(978-1-5259-5038-4(X))* Kidkiddos Bks.

Being a Superhero (English Arabic Bilingual Book for Kids) Liz Shmuilov & Kidkiddos Books. l.t. ed. 2020. (English Arabic Bilingual Collection). (ARA., Illus.). 34p. (J). *(978-1-5259-3205-2(5))*; pap. *(978-1-5259-3204-5(7))* Kidkiddos Bks.

Being a Superhero (English Bengali Bilingual Children's Book) Liz Shmuilov & Kidkiddos Books. l.t. ed. 2022. (English Bengali Bilingual Collection). (BEN., Illus.). 34p. (J). *(978-1-5259-6259-2(0))*; pap. *(978-1-5259-6258-5(2))* Kidkiddos Bks.

Being a Superhero (English Bulgarian Bilingual Book) Liz Shmuilov & Kidkiddos Books. 2020. (English Bulgarian Bilingual Collection). (BUL., Illus.). 34p. (J). (gr. k-3). *(978-1-5259-2246-6(7))*; pap. *(978-1-5259-2245-9(9))* Kidkiddos Bks.

Being a Superhero (English Croatian Bilingual Book for Kids) Liz Shmuilov & Kidkiddos Books. l.t. ed. 2021. (English Croatian Bilingual Collection). (HRV., Illus.). 34p. (J). *(978-1-5259-4703-2(6))*; pap. *(978-1-5259-4702-5(8))* Kidkiddos Bks.

Being a Superhero (English Czech Bilingual Book for Kids) Liz Shmuilov & Kidkiddos Books. l.t. ed. 2021. (English Czech Bilingual Collection). (CZE., Illus.). 34p. (J). *(978-1-5259-4824-4(5))*; pap. *(978-1-5259-4823-7(7))* Kidkiddos Bks.

Being a Superhero (English Danish Bilingual Book) Liz Shmuilov & Kidkiddos Books. 2019. (Englis Danish Bilingual Collection). (DAN., Illus.). 34p. (J). (gr. k-3). *(978-1-5259-1495-9(2))*; pap. *(978-1-5259-1494-2(4))* Kidkiddos Bks.

Being a Superhero (English Farsi Bilingual Book - Persian) Liz Shmuilov & Kidkiddos Books. 2019. (English Farsi Bilingual Collection). (PER., Illus.). 34p. (J). (gr. k-3). *(978-1-5259-1969-5(5))*; pap. *(978-1-5259-1968-8(7))* Kidkiddos Bks.

Being a Superhero (English Greek Bilingual Book) Liz Shmuilov & Kidkiddos Books. 2020. (English Greek Bilingual Collection). (GRE., Illus.). 34p. (J). (gr. k-3). *(978-1-5259-1961-9(X))*; pap. *(978-1-5259-1960-2(1))* Kidkiddos Bks.

Being a Superhero (English Hindi Bilingual Book) Liz Shmuilov & Kidkiddos Books. 2020. (English Hindi Bilingual Collection). (HIN., Illus.). 34p. (J). (gr. k-3). *(978-1-5259-2174-2(6))*; pap. *(978-1-5259-2173-5(8))* Kidkiddos Bks.

Being a Superhero (English Hungarian Bilingual Book) Liz Shmuilov & Kidkiddos Books. 2020. (English Hungarian Bilingual Collection). (HUN., Illus.). 34p. (J). (gr. k-3). *(978-1-5259-2435-4(4))*; pap. *(978-1-5259-2434-7(6))* Kidkiddos Bks.

Being a Superhero (English Irish Bilingual Children's Book) Liz Shmuilov & Kidkiddos Books. l.t. ed. 2022. (English Irish Bilingual Collection). (GLE., Illus.). 34p. (J). *(978-1-5259-6172-4(1))*; pap. *(978-1-5259-6171-7(3))* Kidkiddos Bks.

Being a Superhero (English Japanese Bilingual Book) Liz Shmuilov & Kidkiddos Books. 2019. (Englis Japanese Bilingual Collection). (JPN., Illus.). 34p. (J). (gr. k-3). *(978-1-5259-1467-6(7))*; pap. *(978-1-5259-1466-9(9))* Kidkiddos Bks.

Being a Superhero (English Korean Bilingual Book) Liz Shmuilov & Kidkiddos Books. 2019. (Englis Korean Bilingual Collection). (KOR., Illus.). 34p. (J). (gr. k-3). *(978-1-5259-1530-7(4))*; pap. *(978-1-5259-1529-1(0))* Kidkiddos Bks.

Being a Superhero (English Macedonian Bilingual Children's Book) Liz Shmuilov & Kidkiddos Books. l.t. ed. 2023. (English Macedonian Bilingual Collection). (MAC., Illus.). 34p. (J). ***(978-1-5259-7114-3(X))***; pap. ***(978-1-5259-7113-6(1))*** Kidkiddos Bks.

Being a Superhero (English Malay Bilingual Book for Kids) Liz Shmuilov & Kidkiddos Books. 2020. (English Malay Bilingual Collection). (MAY., Illus.). 34p. (J). (gr. k-3). *(978-1-5259-2646-4(2))*; pap. *(978-1-5259-2645-7(4))* Kidkiddos Bks.

Being a Superhero (English Polish Bilingual Book for Children) Liz Shmuilov & Kidkiddos Books. 2020. (English Polish Bilingual Collection). (POL., Illus.). 34p. (J). (gr. k-3). *(978-1-5259-2680-8(2))*; pap. *(978-1-5259-2679-2(9))* Kidkiddos Bks.

Being a Superhero (English Portuguese Bilingual Book for Kids -Brazil) Brazilian Portuguese. Liz Shmuilov & Kidkiddos Books. l.t. ed. 2020. (English Portuguese Bilingual Collection - Brazil Ser.). (POR.). 34p. (J). *(978-1-5259-2897-0(X))*; pap. *(978-1-5259-2896-3(1))* Kidkiddos Bks.

Being a Superhero (English Punjabi Bilingual Book for Children -Gurmukhi) Liz Shmuilov & Kidkiddos Books. l.t. ed. 2020. (English Punjabi Bilingual Collection - India Ser.). (PAN.). 34p. (J). *(978-1-5259-2834-5(1))*; pap. *(978-1-5259-2833-8(3))* Kidkiddos Bks.

Being a Superhero (English Romanian Bilingual Book) Liz Shmuilov & Kidkiddos Books. 2020. (English Romanian Bilingual Collection). (RUM., Illus.). 34p. (J). (gr. k-3). *(978-1-5259-2386-9(2))*; pap. *(978-1-5259-2385-2(4))* Kidkiddos Bks.

Being a Superhero (English Serbian Bilingual Book) Serbian Children's Book - Latin Alphabet. Liz Shmuilov & Kidkiddos Books. 2020. (English Serbian Bilingual Collection - Latin Ser.). (SRP., Illus.). 34p. (J). (gr. k-3). *(978-1-5259-2628-0(4))*; pap. *(978-1-5259-2627-3(6))* Kidkiddos Bks.

Being a Superhero (English Swedish Bilingual Book) Liz Shmuilov & Kidkiddos Books. 2019. (Englis Swedish Bilingual Collection). (SWE., Illus.). 34p. (J). (gr. k-3). *(978-1-5259-1541-3(X))*; pap. *(978-1-5259-1540-6(1))* Kidkiddos Bks.

Being a Superhero (English Thai Children's Book) Liz Shmuilov & Kidkiddos Books. l.t. ed. 2021. (THA., Illus.). 34p. (J). *(978-1-5259-5857-1(7))*; pap. *(978-1-5259-5856-4(9))* Kidkiddos Bks.

Being a Superhero (English Turkish Bilingual Book for Children) Liz Shmuilov & Kidkiddos Books. 2020. (English Turkish Bilingual Collection). (TUR., Illus.). 34p. (J). (gr. k-3). *(978-1-5259-2671-6(3))*; pap. *(978-1-5259-2670-9(5))* Kidkiddos Bks.

Being a Superhero (English Ukrainian Bilingual Book for Children) Liz Shmuilov & Kidkiddos Books. 2020. (English Ukrainian Bilingual Collection). (UKR., Illus.). 34p. (J). *(978-1-5259-3232-8(2))*; pap. *(978-1-5259-3231-1(4))* Kidkiddos Bks.

Being a Superhero (English Urdu Bilingual Book) Liz Shmuilov & Kidkiddos Books. 2020. (English Urdu Bilingual Collection). (URD., Illus.). 34p. (J). (gr. k-3). *(978-1-5259-2156-8(8))*; pap. *(978-1-5259-2155-1(X))* Kidkiddos Bks.

Being a Superhero (English Vietnamese Bilingual Book) Liz Shmuilov & Kidkiddos Books. 2019. (English Vietnamese Bilingual Collection). (VIE., Illus.). 34p. (J). (gr. k-3). *(978-1-5259-1956-5(3))*; pap. *(978-1-5259-1955-8(5))* Kidkiddos Bks.

Being a Superhero (English Welsh Bilingual Children's Book) Liz Shmuilov & Kidkiddos Books. l.t. ed. 2022. (English Welsh Bilingual Collection). (WEL., Illus.). 34p. (J). *(978-1-5259-6568-5(9))*; pap. *(978-1-5259-6567-8(0))* Kidkiddos Bks.

Being a Superhero Essere un Supereroe: English Italian Bilingual Book. Liz Shmuilov & Kidkiddos Books. 2019. (English Italian Bilingual Collection). (ITA., Illus.). 34p. (J). (gr. k-3). *(978-1-5259-1408-9(1))*; pap. *(978-1-5259-1407-2(3))* Kidkiddos Bks.

Being a Superhero Être un Superhéros: English French Bilingual Book. Liz Shmuilov & Kidkiddos Books. 2019. (English French Bilingual Collection). (FRE., Illus.). 34p. (J). (gr. k-3). *(978-1-5259-1328-0(X))*; pap. *(978-1-5259-1327-3(1))* Kidkiddos Bks.

Being a Superhero (German English Bilingual Book for Kids) Liz Shmuilov & Kidkiddos Books. l.t. ed. 2020. (German English Bilingual Collection). (GER., Illus.). 34p. (J). *(978-1-5259-4239-6(5))*; pap. *(978-1-5259-4238-9(7))* Kidkiddos Bks.

Being a Superhero (Greek Edition) Liz Shmuilov & Kidkiddos Books. 2020. (Greek Bedtime Collection). (GRE., Illus.). 34p. (J). (gr. k-3). *(978-1-5259-1963-3(6))*; pap. *(978-1-5259-1962-6(8))* Kidkiddos Bks.

Being a Superhero (Greek English Bilingual Book) Liz Shmuilov & Kidkiddos Books. 2020. (Greek English Bilingual Collection). (GRE., Illus.). 34p. (J). (gr. k-3). *(978-1-5259-2405-7(2))*; pap. *(978-1-5259-2404-0(4))* Kidkiddos Bks.

Being a Superhero (Hindi Edition) Liz Shmuilov & Kidkiddos Books. 2020. (Hindi Bedtime Collection). (HIN., Illus.). 34p. (J). (gr. k-3). *(978-1-5259-2177-3(0))*; pap. *(978-1-5259-2176-6(2))* Kidkiddos Bks.

Being a Superhero (Hindi English Bilingual Book) Liz Shmuilov & Kidkiddos Books. 2020. (Hindi English Bilingual Collection). (HIN., Illus.). 34p. (J). (gr. k-3). *(978-1-5259-2180-3(0))*; pap. *(978-1-5259-2179-7(7))* Kidkiddos Bks.

Being a Superhero (Hungarian Edition) Liz Shmuilov & Kidkiddos Books. 2020. (Hungarian Bedtime Collection). (HUN., Illus.). 34p. (J). (gr. k-3). *(978-1-5259-2438-5(9))*; pap. *(978-1-5259-2437-8(0))* Kidkiddos Bks.

Being a Superhero (Hungarian English Bilingual Book) Liz Shmuilov & Kidkiddos Books. 2020. (Hungarian English Bilingual Collection). (HUN., Illus.). 34p. (J). (gr. k-3). *(978-1-5259-2441-5(9))*; pap. *(978-1-5259-2440-8(0))* Kidkiddos Bks.

Being a Superhero (Irish Book for Kids) Liz Shmuilov & Kidkiddos Books. l.t. ed. 2022. (Irish Bedtime Collection). (GLE., Illus.). 34p. (J). *(978-1-5259-6175-5(6))*; pap. *(978-1-5259-6174-8(8))* Kidkiddos Bks.

Being a Superhero (Irish English Bilingual Book for Kids) Liz Shmuilov & Kidkiddos Books. l.t. ed. 2022. (Irish English Bilingual Collection). (GLE., Illus.). 34p. (J). *(978-1-5259-6178-6(0))*; pap. *(978-1-5259-6177-9(2))* Kidkiddos Bks.

Being a Superhero (Japanese English Bilingual Book for Kids) Liz Shmuilov & Kidkiddos Books. l.t. ed. 2020. (Japanese English Bilingual Collection). (JPN., Illus.). 34p. (J). *(978-1-5259-4390-4(1))*; pap. *(978-1-5259-4389-8(8))* Kidkiddos Bks.

Being a Superhero (Korean English Bilingual Book for Kids) Kidkiddos Books & Liz Shmuilov. l.t. ed. 2021. (Korean Englis Bilingual Collection). (KOR., Illus.). 34p. (J). pap. *(978-1-5259-4903-6(9))* Kidkiddos Bks.

Being a Superhero (Korean English Bilingual Book for Kids) Liz Shmuilov & Kidkiddos Books. l.t. ed. 2021. (Korean Englis Bilingual Collection). (KOR., Illus.). 34p. (J). *(978-1-5259-4904-3(7))* Kidkiddos Bks.

Being a Superhero (Macedonian Book for Kids) Liz Shmuilov & Kidkiddos Books. l.t. ed. 2023. (Macedonian Bedtime Collection). (MAC., Illus.). 34p. (J). ***(978-1-5259-7117-4(4))***; pap. ***(978-1-5259-7116-7(6))*** Kidkiddos Bks.

Being a Superhero (Macedonian English Bilingual Book for Kids) Liz Shmuilov & Kidkiddos Books. l.t. ed. 2023. (Macedonian English Bilingual Collection). (MAC., Illus.). 34p. (J). ***(978-1-5259-7120-4(4))***; pap. ***(978-1-5259-7119-8(0))*** Kidkiddos Bks.

Being a Superhero (Malay Children's Book) Liz Shmuilov & Kidkiddos Books. 2020. (Malay Bedtime Collection). (MAY., Illus.). 34p. (J). (gr. k-3). *(978-1-5259-2649-5(7))*; pap. *(978-1-5259-2648-8(9))* Kidkiddos Bks.

Being a Superhero (Malay English Bilingual Book for Kids) Liz Shmuilov & Kidkiddos Books. 2020. (Malay English Bilingual Collection). (MAY., Illus.). 34p. (J). (gr. k-3). *(978-1-5259-2652-5(7))*; pap. *(978-1-5259-2651-8(9))* Kidkiddos Bks.

Being a Superhero (Mandarin - Chinese Simplified) Liz Shmuilov & Kidkiddos Books. 2019. (Chinese Bedtime Collection). (CHI., Illus.). 34p. (J). (gr. k-3). *(978-1-5259-1354-9(9))*; pap. *(978-1-5259-1353-2(0))* Kidkiddos Bks.

Being a Superhero Pagiging Superhero: English Tagalog Bilingual Book. Kidkiddos Books & Liz Shmuilov. 2019. (English Tagalog Bilingual Collection). (TGL., Illus.). 34p. (J). (gr. k-3). pap. *(978-1-5259-1949-7(0))* Kidkiddos Bks.

Being a Superhero Pagiging Superhero: English Tagalog Bilingual Book. Liz Shmuilov & Kidkiddos Books. 2019. (English Tagalog Bilingual Collection). (TGL., Illus.). 34p. (J). (gr. k-3). *(978-1-5259-1950-3(4))* Kidkiddos Bks.

Being a Superhero (Polish Book for Children) Liz Shmuilov & Kidkiddos Books. 2020. (Polish Bedtime Collection). (POL., Illus.). 34p. (J). (gr. k-3). *(978-1-5259-2683-9(7))*; pap. *(978-1-5259-2682-2(9))* Kidkiddos Bks.

Being a Superhero (Polish English Bilingual Book for Kids) Liz Shmuilov & Kidkiddos Books. 2020. (Polish English Bilingual Collection). (POL., Illus.). 34p. (J). *(978-1-5259-2686-0(1))*; pap. *(978-1-5259-2685-3(3))* Kidkiddos Bks.

Being a Superhero (Portuguese Book for Children -Brazil) Brazilian Portuguese. Liz Shmuilov & Kidkiddos Books. l.t. ed. 2020. (Portuguese Bedtime Collection -Brazil Ser.). (POR.). 34p. (J). *(978-1-5259-2900-7(3))*; pap. *(978-1-5259-2899-4(6))* Kidkiddos Bks.

Being a Superhero (Portuguese English Bilingual Book for Kids- Portugal) Liz Shmuilov & Kidkiddos Books. l.t. ed. 2021. (Portuguese English Bilingual Collection - Portugal Ser.). (POR., Illus.). 34p. (J). *(978-1-5259-5113-8(0))*; pap. *(978-1-5259-5112-1(2))* Kidkiddos Bks.

Being a Superhero (Portuguese English Bilingual Children's Book -Brazilian) Liz Shmuilov & Kidkiddos Books. l.t. ed. 2020. (Portuguese English Bilingual Collection- Brazil Ser.). (POR.). 34p. (J). *(978-1-5259-2903-8(8))*; pap. *(978-1-5259-2902-1(X))* Kidkiddos Bks.

Being a Superhero (Punjabi Book for Kids -India) Liz Shmuilov & Kidkiddos Books. l.t. ed. 2020. (Punjabi Bedtime Collection - India Ser.). (PAN.). 34p. (J). *(978-1-5259-2837-6(6))*; pap. *(978-1-5259-2836-9(8))* Kidkiddos Bks.

Being a Superhero (Punjabi English Bilingual Book for Kids -India) Punjabi Gurmukhi. Liz Shmuilov & Kidkiddos Books. l.t. ed. 2020. (Punjabi English Bilingual Collection). (PAN.). 34p. (J). *(978-1-5259-2840-6(6))*; pap. *(978-1-5259-2839-0(2))* Kidkiddos Bks.

Being a Superhero (Romanian Edition) Liz Shmuilov & Kidkiddos Books. 2020. (Romanian Bedtime Collection). (RUM., Illus.). 34p. (J). (gr. k-3). *(978-1-5259-2389-0(7))*; pap. *(978-1-5259-2388-3(9))* Kidkiddos Bks.

Being a Superhero (Romanian English Bilingual Book) Liz Shmuilov & Kidkiddos Books. 2020. (Romanian English

Bilingual Collection). (RUM., Illus.). 34p. (J). (gr. k-3). (978-1-5259-2392-0(7)); pap. (978-1-5259-2391-3(9)) Kidkiddos Bks.

Being a Superhero (Russian English Bilingual Book for Kids) Liz Shmuilov & Kidkiddos Books. l.t. ed. 2020. (Russian English Bilingual Collection). (RUS., Illus.). 34p. (J). (978-1-5259-4007-1(4)); pap. (978-1-5259-4006-4(6)) Kidkiddos Bks.

Being a Superhero Ser un Superhéroe: English Spanish Bilingual Book. Liz Shmuilov & Kidkiddos Books. 2019. (English Spanish Bilingual Collection). (SPA., Illus.). 34p. (J). (gr. k-3). (978-1-5259-1311-2(5)); pap. (978-1-5259-1310-5(7)) Kidkiddos Bks.

Being a Superhero (Serbian Children's Book - Latin Alphabet) Liz Shmuilov & Kidkiddos Books. 2020. (Serbian Bedtime Collection - Latin Ser.). (SRP., Illus.). 34p. (J). (gr. k-3). (978-1-5259-2631-0(4)); pap. (978-1-5259-2630-3(6)) Kidkiddos Bks.

Being a Superhero (Serbian English Bilingual Book - Latin Alphabet) Serbian Children's Book. Liz Shmuilov & Kidkiddos Books. 2020. (Serbian English Bilingual Collection - Latin Ser.). (SRP., Illus.). 34p. (J). (gr. k-3). (978-1-5259-2634-1(9)); pap. (978-1-5259-2633-4(0)) Kidkiddos Bks.

Being a Superhero (Swedish Edition) Liz Shmuilov & Kidkiddos Books. 2019. (Swedish Bedtime Collection). (SWE., Illus.). 34p. (J). (gr. k-3). (978-1-5259-1544-4(4)); pap. (978-1-5259-1543-7(6)) Kidkiddos Bks.

Being a Superhero (Swedish English Bilingual Book) Liz Shmuilov & Kidkiddos Books. 2019. (Swedish Englis Bilingual Collection). (SWE., Illus.). 34p. (J). (gr. k-3). (978-1-5259-1935-0(0)); pap. (978-1-5259-1934-3(2)) Kidkiddos Bks.

Being a Superhero (Tagalog English Bilingual Book for Kids) Filipino Children's Book. Liz Shmuilov & Kidkiddos Books. l.t. ed. 2021. (Tagalog English Bilingual Collection). (TGL., Illus.). 34p. (J). (978-1-5259-4766-7(4)); pap. (978-1-5259-4765-0(6)) Kidkiddos Bks.

Being a Superhero (Thai Book for Kids) Liz Shmuilov & Kidkiddos Books. 2021. (THA., Illus.). 34p. (J). (978-1-5259-5860-1(7)); pap. (978-1-5259-5859-5(3)) Kidkiddos Bks.

Being a Superhero (Thai English Bilingual Children's Book) Liz Shmuilov & Kidkiddos Books. l.t. ed. 2022. (Thai English Bilingual Collection). (THA., Illus.). 34p. (J). (978-1-5259-5863-2(1)); pap. (978-1-5259-5862-5(3)) Kidkiddos Bks.

Being a Superhero (Turkish Book for Kids) Liz Shmuilov & Kidkiddos Books. 2020. (Turkish Bedtime Collection). (TUR., Illus.). 34p. (J). (gr. k-3). (978-1-5259-2674-7(8)); pap. (978-1-5259-2673-0(X)) Kidkiddos Bks.

Being a Superhero (Turkish English Bilingual Book for Kids) Liz Shmuilov & Kidkiddos Books. 2020. (Turkish English Bilingual Collection). (TUR., Illus.). 34p. (J). (978-1-5259-2677-8(2)); pap. (978-1-5259-2676-1(4)) Kidkiddos Bks.

Being a Superhero (Ukrainian Book for Kids) Liz Shmuilov & Kidkiddos Books. l.t. ed. 2020. (Ukrainian Bedtime Collection). (UKR., Illus.). 34p. (J). (978-1-5259-3235-9(7)); pap. (978-1-5259-3234-2(9)) Kidkiddos Bks.

Being a Superhero (Ukrainian English Bilingual Book for Kids) Liz Shmuilov & Kidkiddos Books. l.t. ed. 2020. (Ukrainian English Bilingual Collection). (UKR., Illus.). 34p. (J). (978-1-5259-3238-0(1)); pap. (978-1-5259-3237-3(3)) Kidkiddos Bks.

Being a Superhero (Vietnamese Edition) Liz Shmuilov & Kidkiddos Books. 2020. (Vietnamese Bedtime Collection). (VIE., Illus.). 34p. (J). (gr. k-3). (978-1-5259-1958-9(X)); pap. (978-1-5259-1957-2(1)) Kidkiddos Bks.

Being a Superhero (Vietnamese English Bilingual Book) Liz Shmuilov & Kidkiddos Books. 2020. (Vietnamese English Bilingual Collection). (VIE., Illus.). 34p. (J). (gr. k-3). (978-1-5259-2010-3(3)); pap. (978-1-5259-2009-7(X)) Kidkiddos Bks.

Being a Superhero (Welsh Children's Book) Liz Shmuilov & Kidkiddos Books. l.t. ed. 2022. (Welsh Bedtime Collection). (WEL., Illus.). 34p. (J). **(978-1-5259-6571-5(9))**; pap. **(978-1-5259-6570-8(0))** Kidkiddos Bks.

Being a Superhero (Welsh English Bilingual Book for Kids) Liz Shmuilov & Kidkiddos Books. l.t. ed. 2022. (Welsh English Bilingual Collection). (WEL., Illus.). 34p. (J). **(978-1-5259-6574-6(3))**; pap. **(978-1-5259-6573-9(5))** Kidkiddos Bks.

Being a Team Player Online. Amber Lovett. Illus. by Rachael McLean. 2020. (Create & Share: Thinking Digitally Ser.). (ENG.). 24p. (J). (gr. 1-4). pap. 12.79 (978-1-5341-6144-3(9), 214576); lib. bdg. 30.64 (978-1-5341-5914-3(2), 214575) Cherry Lake Publishing.

Being a Teenager Rocks: An Introduction to the World of the 21st Century Teenager Vol 1. Gillian Dallas. 2023. (ENG.). 104p. (J). pap. 25.00 **(978-1-64775-582-9(4))** Vervante.

Being a Witch, & Other Things I Didn't Ask For. Sara Pascoe. Ed. by Alexander Lindsey. 2nd ed. 2017. (Historicalnovelsociety. Org/Reviews/Ratchet-The-Rel Ser.). (ENG., Illus.). 369p. (YA). (gr. 7-12). pap. (978-0-9935747-3-3(4)) Trindles & Green, Ltd.

Being Arcadia. Simon Chesterman. 2018. (Raising Arcadia Trilogy Ser.). 456p. (YA). (gr. 7). pap. 19.95 (978-981-4751-52-0(9)) Marshall Cavendish International (Asia) Private Ltd. SGP. Dist: Independent Pubs. Group.

Being Away from Your Parents. Joy Berry. 2018. (Let's Talk About Ser.). (ENG., Illus.). 34p. (J). (gr. k-2). pap. 8.99 (978-0-7396-0237-9(3)) Inspired Studios Inc.

Being Baxters. Karen Kingsbury & Tyler Russell. 2023. (Baxter Family Children Story Ser.). (ENG., Illus.). 304p. (J). (gr. 3-7). 17.99 (978-1-6659-0805-4(X), Simon & Schuster/Paula Wiseman Bks.) Simon & Schuster/Paula Wiseman Bks.

Being Benjamin. Sue Palavics. Illus. by Putut Putri. 2016. (Being Benjamin Ser.: Vol. 1). (ENG.). (J). (gr. k-3). 18.99 (978-0-692-78458-7(6)) Susan Palavics Publishing.

Being Black in America. Sue Bradford Edwards. 2021. (Understanding the Black Lives Matter Movement Ser.). (ENG.). 80p. (YA). (gr. 6-12). 43.93 (978-1-6782-0068-8(9), BrightPoint Pr.) ReferencePoint Pr., Inc.

Being Black in America. Myron Viser. 2021. (ENG., Illus.). 312p. (YA). pap. 33.95 (978-1-6624-4515-6(6)) Page Publishing Inc.

Being Bored Isnt Fun (Dealing with Feelings) Sonia Mehta. 2018. (Dealing with Feelings Ser.). (ENG., Illus.). 48p. (J). (gr. k-2). pap. 8.99 (978-0-14-344070-3(5), Puffin) Penguin Bks. India PVT, Ltd IND. Dist: Independent Pubs. Group.

Being Bossy. Joy Berry. 2018. (Help Me Be Good Ser.). (ENG.). 34p. (J). (gr. k-2). pap. 8.99 (978-0-7396-0204-1(7)) Inspired Studios Inc.

Being Brave. Cindy Jin. Illus. by Ashley Dugan. 2023. (ENG.). 32p. (J). (gr. -1-k). bds., bds. 7.99 **(978-1-6659-3339-1(9)**, Little Simon) Little Simon.

Being Bullied. Joy Berry. 2018. (Help Me Be Good Ser.). (ENG.). 34p. (J). (gr. k-2). pap. 8.99 (978-0-7396-0202-7(0)) Inspired Studios Inc.

Being Careless. Joy Berry. 2018. (Help Me Be Good Ser.). (ENG.). 34p. (J). (gr. k-2). pap. 8.99 (978-0-7396-0203-4(9)) Inspired Studios Inc.

Being Charles. Nan Guslander. Illus. by Nhoc Con Vong. 2021. (ENG.). 24p. (J). pap. 9.99 **(978-1-0879-6238-2(2))** Indy Pub.

Being Charley: Embracing Differences. Morghan Bosch & Karen Bosch. Illus. by Leyla Caralivanos. 2019. (ENG.). 54p. (J). (gr. -1-3). 25.95 (978-1-64559-670-7(2)); pap. 15.95 (978-1-64559-669-1(9)) Covenant Bks.

Being Clean Keeps Me Healthy - e Kamarurungai Kateimatooan Te Itiaki (Te Kiribati) Jo Seysener. Illus. by John Robert Azuelo. 2023. (ENG.). 22p. (J). pap. **(978-1-922844-89-7(6))** Library For All Limited.

Being Clem. Lesa Cline-Ransome. 2022. (Finding Langston Trilogy Ser.: 3). 256p. (J). (gr. 3-7). pap. 8.99 (978-0-8234-5241-5(7)) Holiday Hse., Inc.

Being Curious Can Be Tricky (Dealing with Feelings) Sonia Mehta. 2018. (Dealing with Feelings Ser.). (ENG., Illus.). 48p. (J). pap. 8.99 (978-0-14-344065-9(9), Puffin) Penguin Bks. India PVT, Ltd IND. Dist: Independent Pubs. Group.

Being Different Is Great! Alexis Stewart. Illus. by Kara Mercer. 2022. (ENG.). 42p. (J). pap. **(978-1-387-34988-3(0))** Lulu Pr., Inc.

Being Eight Is Great. Paul V. Picerni. 2017. (ENG., Illus.). (J). pap. 9.95 (978-1-947825-81-9(X)) Yorkshire Publishing Group.

Being Fair. Joy Berry. 2019. (ENG., Illus.). 34p. (J). pap. 8.99 (978-0-7396-0336-9(1)) Inspired Studios Inc.

Being Female in America (Set), 6 vols. 2017. (Being Female in America Ser.). (ENG.). 112p. (J). (gr. 6-12). lib. bdg. 248.16 (978-1-5321-1305-5(6), 27513, Essential Library) ABDO Publishing Co.

Being Fishkill. Ruth Lehrer. 2017. (ENG.). 320p. (YA). (gr. 9). 17.99 (978-0-7636-8442-6(2)) Candlewick Pr.

Being Five & Learning to Strive. Paul Picerni. 2018. (ENG.). 28p. (J). pap. 9.95 (978-1-949231-71-7(2)) Yorkshire Publishing Group.

Being Forgetful. Joy Berry. 2018. (Help Me Be Good Ser.). (ENG.). 34p. (J). pap. 8.99 (978-0-7396-0308-6(6)) Inspired Studios Inc.

Being Four Is Never a Bore. Paul V. Picerni. 2019. (ENG., Illus.). 28p. (J). pap. 8.99 (978-1-950034-05-5(4)) Yorkshire Publishing Group.

Being Frank. Donna Earnhardt. Illus. by Andrea Castellani. 2023. 32p. (J). (gr. k-2). pap. 7.99 **(978-1-947277-36-6(7))** Flashlight Pr.

Being Friends with Dragons. Katherine Locke. Illus. by Diane Ewen. 2022. (ENG.). 32p. (J). (gr. -1-3). 17.99 (978-0-7624-7324-3(X), Running Pr. Kids) Running Pr.

Being Frog. April Pulley Sayre. Illus. by April Pulley Sayre. 2020. (ENG., Illus.). 32p. (J). (gr. -1-3). 17.99 (978-1-5344-2881-2(X), Beach Lane Bks.) Beach Lane Bks.

Being Good. Joy Berry. 2019. (ENG., Illus.). 34p. (J). (gr. 1-7). pap. 8.99 (978-0-7396-0340-6(X)) Inspired Studios Inc.

Being Grace. Beverly A. Tate. Illus. by Raffi Antounian. 2020. (ENG.). 62p. (J). pap. 18.95 (978-1-59594-649-2(7), Wingspan Pr.) WingSpan Publishing.

Being Grace: Baba & the Great Trike Race. Beverly A. Tate. Illus. by Raffi Antounian. 2022. (ENG.). 42p. (J). 26.95 **(978-1-63683-503-7(1))**; pap. 16.95 **(978-1-63683-041-4(2))** WingSpan Publishing. (Wingspan Pr.).

Being Grace: Bunnies on a Trolley. Beverly A. Tate. Illus. by Angela Alvarenga. 2021. (ENG.). 44p. (J). 24.95 (978-1-63683-499-3(X), Wingspan Pr.) WingSpan Publishing.

Being Grace: Bunnies on a Trolley. Beverly A. Tate. Illus. by Angela Alvareng. 2021. (ENG.). 44p. (J). pap. 15.95 (978-1-63683-023-0(4), Wingspan Pr.) WingSpan Publishing.

Being Grateful Is Cool (My Book of Values) Sonia Mehta. 2017. (My Book of Values Ser.). (ENG.). 48p. (J). (gr. 2-4). pap. 8.99 (978-0-14-344055-0(1), Puffin) Penguin Bks. India PVT, Ltd IND. Dist: Independent Pubs. Group.

Being Grateful Rocks! C. Alva. Illus. by Alan Oronoz. (ENG.). (J). (gr. k-4). 2018. 38p. pap. (978-1-988071-84-8(4)); 2017. (978-1-988071-57-2(7)) Hasmark Services Publishing.

Being Greedy. Joy Berry. 2018. (Help Me Be Good Ser.). (ENG.). 34p. (J). (gr. -1-2). pap. 8.99 (978-0-7396-0309-3(4)) Inspired Studios Inc.

Being Green, 6 vols., Set. Incl. Build Green. Nick Winnick. pap. 12.95 (978-1-61690-089-2(X)); Eat Green. Anita Yasuda. pap. 12.95 (978-1-61690-092-2(X)); Green Ideas. Anita Yasuda. pap. 12.95 (978-1-61690-095-3(4)); Green Power. Nick Winnick. pap. 12.95 (978-1-61690-098-4(9)); Reduce Waste. Nick Winnick. pap. 12.95 (978-1-61690-101-1(2)); Travel Green. Steve Goldsworthy. pap. 12.95 (978-1-61690-086-1(5)); (Illus.). 32p. (J). (gr. 4-6). 2010. 2010. Set lib. bdg. 171.30 (978-1-61690-216-2(7)) Weigl Pubs., Inc.

Being Happy Is Fun (Dealing with Feelings) Sonia Mehta. 2018. (Dealing with Feelings Ser.). (ENG., Illus.). 48p. (J). (gr. k-2). pap. 8.99 (978-0-14-344068-0(3), Puffin) Penguin Bks. India PVT, Ltd IND. Dist: Independent Pubs. Group.

Being Healthy - Te Kamarurung (Te Kiribati) Amani Uduman. Illus. by Maria Luzina. 2023. (ENG.). 30p. (J). pap. **(978-1-922844-43-9(8))** Library For All Limited.

Being Helpful. Joy Berry. 2019. (ENG.). 34p. (J). (gr. -1-3). pap. 8.99 (978-0-7396-0470-0(8)) Inspired Studios Inc.

Being Homeless: Stories from Survivors. Sarah Eason & Karen Latchana Kenney. 2022. (It Happened to Me Ser.). (ENG., Illus.). 48p. (J). (gr. 6-9). pap. 10.99 (978-1-915153-06-7(9), 081f6870-16ab-48d5-b8ad-f4ed6860555a); lib. bdg. 31.99 (978-1-914383-11-3(7), b389972f-8631-4fb9-968f-09bec8850611) Cheriton Children's Bks. GBR. Dist: Lerner Publishing Group.

Being Honest: Good Manners & Character. Ali Gator. 2020. (Akhlaaq Building Ser.). (ENG., Illus.). 24p. (J). 6.95 (978-1-921772-60-3(3)) Ali Gator AUS. Dist: Consortium Bk. Sales & Distribution.

Being Honest Is Cool (My Book of Values) Sonia Mehta. 2017. (My Book of Values Ser.). (ENG.). 48p. (J). (gr. 2-4). pap. 8.99 (978-0-14-344050-5(0), Puffin) Penguin Bks. India PVT, Ltd IND. Dist: Independent Pubs. Group.

Being in a Gang: Stories from Survivors. Sarah Eason & Karen Latchana Kenney. 2022. (It Happened to Me Ser.). (ENG., Illus.). 48p. (J). (gr. 6-9). pap. 10.99 (978-1-915153-07-4(7), 9aa66344-d69a-48c4-af36-db112ce65993); lib. bdg. 31.99 (978-1-914383-09-0(5), cdd6f32d-414a-4177-b6f6-7bb89d40555a) Cheriton Children's Bks. GBR. Dist: Lerner Publishing Group.

Being in a Girls World. Annabella Christos. 2022. (ENG.). 180p. (YA). 30.51 (978-1-9822-8397-1(1)); pap. 18.24 (978-1-9822-8396-4(3)) Author Solutions, LLC. (Balboa Pr.).

Being in Government. Elizabeth Pagel-Hogan et al. 2019. (Being in Government Ser.). (ENG.). 32p. (J). (gr. 3-6). 119.96 (978-1-5435-7202-5(2), 29305); pap., pap., pap. 31.80 (978-1-5435-8212-3(5), 29473) Capstone.

Being in Mindfulness Coloring Designs - Anti-Stress Coloring Book. Activibooks. 2016. (ENG., Illus.). (J). pap. 9.20 (978-1-68321-001-6(8)) Mimaxion.

Being Jazz: My Life As a (Transgender) Teen. Jazz Jennings. 2017. (ENG.). 272p. (YA). (gr. 7). pap. 10.99 (978-0-399-55467-4(X), Ember) Random Hse. Children's Bks.

Being Kind at Home. Brienna Rossiter. 2021. (Spreading Kindness Ser.). (ENG., Illus.). 24p. (J). (gr. 1-2). pap. 8.95 (978-1-64493-714-3(X)); lib. bdg. 28.50 (978-1-64493-678-8(X)) North Star Editions. (Focus Readers).

Being Kind at School. Brienna Rossiter. 2021. (Spreading Kindness Ser.). (ENG., Illus.). 24p. (J). (gr. 1-2). pap. 8.95 (978-1-64493-715-0(8)); lib. bdg. 28.50 (978-1-64493-679-5(8)) North Star Editions. (Focus Readers).

Being Kind During a Pandemic. Brienna Rossiter. 2021. (Spreading Kindness Ser.). (ENG., Illus.). 24p. (J). (gr. 1-2). pap. 8.95 (978-1-64493-716-7(6)); lib. bdg. 28.50 (978-1-64493-680-1(1)) North Star Editions. (Focus Readers).

Being Kind Online. Brienna Rossiter. 2021. (Spreading Kindness Ser.). (ENG., Illus.). 24p. (J). (gr. 1-2). pap. 8.95 (978-1-64493-717-4(4)); lib. bdg. 28.50 (978-1-64493-681-8(X)) North Star Editions. (Focus Readers).

Being Kind to Animals. Mary Lindeen. 2020. (Beginning-To-Read: Read & Discover- S. E. L. Ser.). (ENG., Illus.). 32p. (J). (-2). 22.60 (978-1-68450-895-2(9)); pap. 13.26 (978-1-68404-515-0(0)) Norwood Hse. Pr.

Being Kind to Friends. Brienna Rossiter. 2021. (Spreading Kindness Ser.). (ENG., Illus.). 24p. (J). (gr. 1-2). pap. 8.95 (978-1-64493-718-1(2)); lib. bdg. 28.50 (978-1-64493-682-5(8)) North Star Editions. (Focus Readers).

Being Kind to Our Planet. Mary Lindeen. 2020. (Beginning-To-Read: Read & Discover- S. E. L. Ser.). (ENG., Illus.). 32p. (J). (-2). 22.60 (978-1-68450-894-5(0)); pap. 13.26 (978-1-68404-516-7(9)) Norwood Hse. Pr.

Being Kind to the World. Elanor Best. Illus. by Scott Barker. 2021. (ENG.). 96p. (J). pap. 9.99 (978-1-80058-198-2(X)) Make Believe Ideas GBR. Dist: Scholastic, Inc.

Being Kind to Yourself. Mary Lindeen. 2020. (Beginning-To-Read: Read & Discover- S. E. L. Ser.). (ENG., Illus.). 32p. (J). (-2). 22.60 (978-1-68450-893-8(2)); pap. 13.26 (978-1-68404-517-4(7)) Norwood Hse. Pr.

Being Lazy. Joy Berry. 2018. (Help Me Be Good Ser.). (ENG.). 34p. (J). pap. 8.99 (978-0-7396-0310-9(8)) Inspired Studios Inc.

Being Left-Handed Is Special: Cuddles the Little Red Fox Series. Carole Jaeggi. 2023. (Book 3 Ser.: Vol. 3). (ENG.). 62p. (J). 31.99 **(978-1-63950-173-1(8))** Writers Apex.

Being LGBTQ. Don Nardo. 2020. (LGBTQ Issues Ser.). (ENG.). 80p. (YA). (gr. 6-12). 41.27 (978-1-68282-913-4(8)) ReferencePoint Pr., Inc.

Being LGBTQ in America (Set), 6 vols. Duchess Harris et al. 2019. (Being LGBTQ in America Ser.). (ENG.). 112p. (J). (gr. 6-12). lib. bdg. 248.16 (978-1-5321-1902-6(X), 32269, Essential Library) ABDO Publishing Co.

Being Like Bella: (Frankie & Peaches: Tales of Total Kindness Book 4) Lisa S. French. Illus. by Srimalie Bassani. 2019. (Frankie & Peaches: Tales of Total Kindness Ser.: Vol. 4). (ENG.). 36p. (J). (gr. k-4). 17.95 (978-1-948751-02-5(X)); pap. 10.95 (978-1-948751-03-2(8)) Favorite World Pr. LLC.

Being Like Butterflies. Dona Herweck Rice. rev. ed. 2019. (Smithsonian: Informational Text Ser.). (ENG., Illus.). 24p. (J). (gr. 1-2). pap. 8.99 (978-1-4938-6654-0(0)) Teacher Created Materials, Inc.

Being Livi Starling. Karen Rosario Ingerslev. 2016. (Livi Starling Ser.: Vol. 2). (ENG., Illus.). 209p. (YA). (gr. 7-12). pap. (978-0-9934327-2-9(7)) Pure and Fire.

Being Lost at Sea. Samantha Bell. 2018. 24p. (J). (978-1-4896-9773-8(X), AV2 by Weigl) Weigl Pubs., Inc.

Being Manny. Charles E. Pickens. 2022. (Pugusaur Ser.: Vol. 3). (ENG., Illus.). 78p. (J). pap. 20.95 (978-1-63844-238-7(X)) Christian Faith Publishing.

Being Mary Bennet. J. C. Peterson. (ENG.). (YA). (gr. 8). 2023. 400p. pap. 11.99 (978-0-06-306014-2(0)); 2022. 384p. 17.99 (978-0-06-306013-5(2)) HarperCollins Pubs. (HarperTeen).

Being Me. Annalise Durilla. Illus. by Fariza Dzatalin Nurtsani. 2022. (ENG.). 26p. (J). pap. (978-1-922795-71-7(2)) Library For All Limited.

Being Me: Poems about Thoughts, Worries & Feelings. Matt Goodfellow et al. Illus. by Victoria Jane Wheeler. 2021. (ENG.). 96p. (J). (gr. 2-4). pap. 13.99 (978-1-913074-65-4(X)) Otter-Barry Bks. GBR. Dist: Independent Pubs. Group.

Being Me from a to Z. Lauren Kukla. Illus. by Aviel Basil. 2019. 32p. (J). (gr. -1-3). 17.99 (978-1-5064-5259-3(0), Beaming Books) 1517 Media.

Being Me Is the Best Thing to Be. Judy Erb. 2021. (ENG.). 28p. (J). (gr. k-2). pap. 18.00 (978-1-6678-0427-9(8)) BookBaby.

Being Mean. Joy Berry. 2018. (Help Me Be Good Ser.). (ENG.). 34p. (J). (gr. -1-2). pap. 8.99 (978-0-7396-0311-6(6)) Inspired Studios Inc.

Being Messy. Joy Berry. 2018. (Help Me Be Good Ser.). (ENG.). 34p. (J). (gr. k-2). pap. 8.99 (978-0-7396-0312-3(4)) Inspired Studios Inc.

Being Mindful. Hannah Morris. Ed. by Kit Duncan. Illus. by Yuffie Yuliana. 2017. (Contented Kids Ser.: Vol. 2). (ENG.). 28p. (J). pap. (978-1-912274-15-4(9)) ActiveMindCare Publishing.

Being Nice Is Magical. Margie Fudge. Illus. by Sade Robinson. 2018. (ENG.). 30p. (J). pap. 14.00 (978-1-9865-1113-1(8)) Peterson, Kristi.

Being Nice to Others: A Book about Rudeness. Carolyn Larsen. Illus. by Tim O'Connor. 2016. (Growing God's Kids Ser.). (ENG.). 32p. (J). pap. 5.99 (978-0-8010-0957-0(X)) Baker Bks.

Being Nine Seems Fine. Paul V. Picerni. 2017. (ENG., Illus.). (J). pap. 9.95 (978-1-947491-33-5(4)) Yorkshire Publishing Group.

Being One Seems Fun. Paul V. Picerni. 2020. (ENG., Illus.). 34p. (J). pap. 9.99 (978-1-952320-66-8(6)) Yorkshire Publishing Group.

Being Patient. Joy Berry. 2019. (ENG.). 34p. (J). pap. 8.99 (978-0-7396-0227-0(6)) Inspired Studios Inc.

Being Polite (Set), 8 vols. 2021. (Being Polite Ser.). (ENG., Illus.). 24p. (gr. 1-1). lib. bdg. 101.08 (978-1-5383-4627-3(3), 2f4fbaf5-f03b-49d0-925e-6b4146b2fff7, PowerKids Pr.) Rosen Publishing Group, Inc., The.

Being Poor in America. Duchess Harris Jd & Nel Yomtov. 2018. (Class in America Ser.). (ENG., Illus.). 112p. (J). (gr. 6-12). lib. bdg. 41.36 (978-1-5321-1404-5(4), 28790, Essential Library) ABDO Publishing Co.

Being Present. Katie Marsico. Illus. by Jeff Bane. 2019. (My Early Library: My Mindful Day Ser.). (ENG.). 24p. (J). (gr. k-1). pap. 12.79 (978-1-5341-4998-4(8), 213299); lib. bdg. 30.64 (978-1-5341-4712-6(8), 213298) Cherry Lake Publishing.

Being Responsible. Terri Fields. 2018. (I Wonder Ser.). (ENG., Illus.). 16p. (gr. -1-2). lib. bdg. 28.50 (978-1-64156-184-6(X), 9781641561846) Rourke Educational Media.

Being Roy. Julie Aitcheson. 2017. (ENG., Illus.). (YA). 25.99 (978-1-64080-328-2(9), Harmony Ink Pr.) Dreamspinner Pr.

Being Rude. Joy Berry. 2018. (Help Me Be Good Ser.). (ENG.). 34p. (J). (gr. k-2). pap. 8.99 (978-0-7396-0313-0(2)) Inspired Studios Inc.

Being Sad Isnt Any Fun (Dealing with Feelings) Sonia Mehta. 2018. (Dealing with Feelings Ser.). (ENG., Illus.). 48p. (J). (gr. k-2). pap. 8.99 (978-0-14-344069-7(1), Puffin) Penguin Bks. India PVT, Ltd IND. Dist: Independent Pubs. Group.

Being Selfish. Joy Berry. 2018. (Help Me Be Good Ser.). (ENG.). 34p. (J). (gr. k-2). pap. 8.99 (978-0-7396-0314-7(0)) Inspired Studios Inc.

Being Seven Is Not the Same As Being Eleven. Paul V. Picerni. 2018. (Birthday Poetry Book Ser.: Vol. 7). (ENG., Illus.). 28p. (J). pap. 9.95 (978-1-947825-82-6(8)) Yorkshire Publishing Group.

Being Shy. Joy Berry. 2019. (ENG.). 34p. (J). pap. 8.99 (978-0-7396-0472-4(4)) Inspired Studios Inc.

Being Silly Is Silly (Dealing with Feelings) Sonia Mehta. 2018. (Dealing with Feelings Ser.). (ENG., Illus.). 48p. (J). (gr. k-2). pap. 8.99 (978-0-14-344061-1(6), Puffin) Penguin Bks. India PVT, Ltd IND. Dist: Independent Pubs. Group.

Being Six & Blowing Out Candlesticks. Paul Picerni. 2018. (ENG., Illus.). 28p. (J). pap. 8.95 (978-1-948282-75-8(5)) Yorkshire Publishing Group.

Being Small (Isn't So Bad after All) Lori Orlinsky. 2019. (ENG.). 38p. (J). 14.95 (978-1-64307-127-5(0)) Amplify Publishing Group.

Being Social. Kirsten Chang & Kirsten Chang. 2022. (Healthy Life Ser.). (ENG., Illus.). 24p. (J). (gr. k-3). pap. 7.99 (978-1-64834-662-0(6), 21374, Blastoff! Readers) Bellwether Media.

Being Stressed. Hannah Morris. Ed. by Kit Duncan. Illus. by Yuffie Yuliana. 2017. (Contented Kids Ser.: Vol. 1). (ENG.). 38p. (J). pap. (978-1-912274-12-3(4)) ActiveMindCare Publishing.

Being Thankful with Gabrielle: A Book about Gratitude. Marie-Therese Miller. 2023. (Sesame Street (r) Character Guides). (ENG., Illus.). 24p. (J). (gr. -1-2). lib. bdg. 29.32 **(978-1-7284-8678-9(5)**, 83f94b6c-5a24-41d4-a356-8685c0c308d1, Lerner Pubns.) Lerner Publishing Group.

Being Thankful with Gabrielle: A Book about Gratitude. Marie-Therese Miller. 2023. (Sesame Street (r) Character Guides). (ENG., Illus.). 24p. (J). (gr. -1-2). pap. 8.99 Lerner Publishing Group.

Being the Boss. Vicky J. Wedel. 2023. (ENG.). 40p. (J). pap. 18.99 **(978-1-64645-694-9(7))** Redemption Pr.

Being the Governor. Maribeth Boelts. 2016. (Spring Forward Ser.). (J). (gr. 2). (978-1-4900-9458-8(X)) Benchmark Education Co.

Being Three Is the Best Age to Be. Paul V. Picerni. 2019. (ENG., Illus.). 28p. (J). pap. 9.99 (978-1-950034-27-7(5)) Yorkshire Publishing Group.

Being Toffee. Sarah Crossan. 2020. (ENG.). 416p. (YA). 17.99 (978-1-5476-0329-9(1), 900211331, Bloomsbury Young Adult) Bloomsbury Publishing USA.

Being Transgender, Vol. 10. Robert Rodi & Laura Ross. Ed. by Kevin Jennings. 2016. (Living Proud! Growing up

LGBTQ Ser.). (Illus.). 64p. (J). (gr. 7). 23.95 *(978-1-4222-3502-7(5))* Mason Crest.

Being Transgender in America. Duchess Harris & Kristin Marciniak. 2019. (Being LGBTQ in America Ser.). (ENG.). 112p. (J). (gr. 6-12). lib. bdg. 41.36 *(978-1-5321-1903-3(8)*, 32271, Essential Library) ABDO Publishing Co.

Being Two & Going to the Zoo. Paul V. Picerni. 2020. (ENG., Illus.). 30p. (J). pap. 9.99 *(978-1-950034-97-0(6))* Yorkshire Publishing Group.

Being Wasteful. Joy Berry. 2018. (Help Me Be Good Ser.). (ENG.). 34p. (J). (gr. k-2). pap. 8.99 *(978-0-7396-0315-4(9))* Inspired Studios Inc.

Being Woman: A Woman Named Ruth. Terry Merz Bryant. 2020. (ENG.). 54p. (J). 16.99 *(978-1-68314-750-3(2))*; pap. 10.99 *(978-1-68314-749-7(9))* Redemption Pr. (Reliant Publishing).

Being You. Alexs Pate. Illus. by Soud. (ENG.). 32p. 2023. pap. 9.99 *(978-1-68446-800-3(0)*, 255034); 2018. (J). (gr. -1-4). 17.95 *(978-1-68446-021-2(2)*, 139169) Capstone. (Capstone Editions).

Being You: A Journal. Elena Brower. 2021. (ENG., Illus.). 152p. (YA). pap. 16.99 *(978-1-68364-712-6(2)*, 900229401) Sounds True, Inc.

Being You: a First Conversation about Gender. Megan Madison & Jessica Ralli. Illus. by Anne/Andy Passchier. (First Conversations Ser.). (J). (-k). 2022. 40p. 14.99 *(978-0-593-52187-8(0))*; 2021. 38p. bds. 8.99 *(978-0-593-38264-6(1))* Penguin Young Readers Group.

Being Your Best at Baseball. Nel Yomtov. 2016. (True Book(tm), a — Sports & Entertainment Ser.). (ENG., Illus.). 48p. (J). lib. bdg. 31.00 *(978-0-531-23262-0(X)*, Children's Pr.) Scholastic Library Publishing.

Béisbol: Grandes Momentos, Récords y Datos (Spanish Version) Teddy Borth. 2016. (Grandes Deportes (Great Sports) Ser.). (SPA., Illus.). 24p. (J). (gr. -1-2). lib. bdg. 32.79 *(978-1-68080-731-8(5)*, 22624, Abdo Kids) ABDO Publishing Co.

Béisbol (Baseball) Julie Murray. 2018. (Deportes: Guía Práctica (Sports How To) Ser.). (SPA.). 24p. (J). (gr. -1-2). lib. bdg. 31.36 *(978-1-5321-8022-4(5)*, 28259, Abdo Kids) ABDO Publishing Co.

Béisbol de Las Pequeñas Estrellas. Taylor Farley. Tr. by Pablo de la Vega. 2021. (Pequeñas Estrellas (Little Stars) Ser.). (SPA., Illus.). 24p. (J). (gr. k-2). pap. *(978-1-4271-3175-1(9)*, 15141); lib. bdg. *(978-1-4271-3157-7(0)*, 15122) Crabtree Publishing Co.

Beisbol de Planeta see Planet Baseball, Dominican Republic Edition, Volume 1: Making the Play

Béisbol en Acción. Trace Taylor & Lucia M. Sanchez. 2017. (1G Deportes Ser.). (SPA.). 12p. (J). pap. 9.60 *(978-1-63437-907-6(1)*, ARC Pr. Bks.) American Reading Co.

Beisbol Nos Salvo/Baseball Saved Us (Spanish Edition) (Reissue), 1 vol. Ken Mochizuki. 2018. (Reissue Ser.). (SPA., Illus.). 32p. (J). (gr. k-3). pap. 10.95 *(978-1-880000-22-9(9)*, leelowbooks) Lee & Low Bks., Inc.

Beisbol!: Pioneros y Leyendas Del Beisbol Latino (Spanish Edition), 1 vol. Jonah Winter. 2017. (SPA., Illus.). 32p. (J). (gr. 1-6). pap. 10.95 *(978-1-58430-036-6(1)*, leelowbooks) Lee & Low Bks., Inc.

Beitrag Zur Bestimmung der Rechtlichen Verhältnisse des Wassers Für Staats-Und Landwirthschaft (Classic Reprint) Wilhelm Hirschfeld. 2018. (GER., Illus.). (J). 214p. 28.33 *(978-0-364-32902-3(5))*; 216p. pap. 10.97 *(978-0-267-92264-2(7))* Forgotten Bks.

Beitrag Zur Insekten-Fauna Von Zanzibar (Classic Reprint) Adolph Gerstaecker. 2018. (GER., Illus.). (J). 148p. 26.95 *(978-1-396-60616-8(5))*; 150p. pap. 9.57 *(978-1-391-47507-3(0))*; 152p. pap. 9.57 *(978-0-666-14176-7(2))* Forgotten Bks.

Beitrag Zur Kenntniss des Terrain a Chailles und Seiner Zweischaler in der Umgegend Von Pfirt Im Ober-Elsass: Inaugural-Dissertation der Mathematischen und Naturwissenschaftlichen Facultat der Kaiser-Wilhelms-Universitat Strassburg Zur Erlangung der Doc. Hans Albert Roeder. 2017. (GER., Illus.). (J). 29.05 *(978-0-266-29709-3(9))* Forgotten Bks.

Beiträge Zu Einer Nationalbiologie: Nebst Einer Kritik der Methodologischen Einwände und Einem Anhang Über Wissenschaftliches Kritikerwesen (Classic Reprint) Wilhelm Schallmayer. 2018. (GER., Illus.). 276p. (J). pap. 11.97 *(978-0-267-91700-6(7))* Forgotten Bks.

Beitrage Zur Geschichte des Maschinenbaues (Classic Reprint) Theodor Beck. 2018. (GER., Illus.). 594p. (J). 36.15 *(978-0-267-94794-2(1))* Forgotten Bks.

Beitrage Zur Überlieferung des Livre des Quatre Dames Von Alain Chartier: Inaugural-Dissertation (Classic Reprint) Ludwig Kussmann. 2018. (GER., Illus.). (J). 72p. 25.38 *(978-1-391-37577-9(7))*; 74p. pap. 9.57 *(978-1-390-76833-6(3))* Forgotten Bks.

Bekalu: From Ethiopia with Love. Laura Wigglesworth. Illus. by Yulia Somina. 2017. (ENG.). 26p. (J). (gr. k-2). 13.99 *(978-0-692-98820-6(3))* Retzler, Laura.

Bel-Ami One Evening, an Artifice & Other Stories (Classic Reprint) Guy De Maupassant. 2017. (ENG., Illus.). 420p. (J). 32.56 *(978-0-484-31922-5(1))* Forgotten Bks.

Bel & the Kittens. Richmond Warner. 2017. (ENG., Illus.). 99p. (J). pap. *(978-1-912183-23-4(4))* UK Bk. Publishing.

Bel Ria: Dog of War. Sheila Burnford. 2020. (ENG.). 224p. (J). (gr. 4-7). pap. 12.99 *(978-1-68137-447-5(1)*, NYRB Kids) New York Review of Bks., Inc., The.

Belarus, 1 vol. Patricia Levy et al. 2018. (Cultures of the World (Third Edition)(r) Ser.). (ENG.). 144p. (gr. 5-5). 48.79 *(978-1-5026-3622-5(0)*, 6b1f6019-b631-4a3b-849b-f6c1d8adacff) Cavendish Square Publishing LLC.

Bela's Nocturne. Edna Kovacs. 2019. (ENG., Illus.). 28p. (J). pap. 12.95 *(978-1-64531-166-9(X))* Newman Springs Publishing, Inc.

Belas Rift. Stephan Von Clinkerhoffen. 2019. (ENG., Illus.). 358p. (YA). (gr. 7-12). 22.95 *(978-1-64764-990-6(0))*; pap. 16.95 *(978-1-64316-609-4(3))* Waldorf Publishing.

Belated Revenge: From the Papers of Ipsico Poe (Classic Reprint) Robert Montgomery Bird. 2017. (ENG., Illus.). (J). 27.28 *(978-0-265-65609-9(5))*; pap. 9.97 *(978-1-5276-1333-1(X))* Forgotten Bks.

Belchamber (Classic Reprint) Howard Overing Sturgis. 2017. (ENG., Illus.). (J). 31.49 *(978-0-265-65200-8(6))*; pap. 13.97 *(978-0-282-99981-0(7))* Forgotten Bks.

Beleaguered City. Margaret Oliphant. 2023. (ENG.). 116p. (YA). pap. 15.99 ***(978-1-0880-9870-7(3))*** Indy Pub.

Belfast Monthly Magazine, Vol. 2: Containing Communications, Original & Selected, Biographical Sketches, Poetry, Useful Inventions, Detached Anecdotes, Review of New Publications, Foreign, Ancient, & Modern Literature, List of New Publications; Fr. Unknown Author. 2018. (ENG., Illus.). 500p. (J). 34.21 *(978-0-332-83090-2(X))* Forgotten Bks.

Belfast Monthly Magazine, Vol. 5: From July till December, 1910 (Classic Reprint) Unknown Author. (ENG., Illus.). (J). 2018. 498p. 34.17 *(978-0-483-76384-5(5))*; 2017. pap. 16.57 *(978-0-243-53551-4(1))* Forgotten Bks.

Belford Regis: Or, Sketches of a Country Town (Classic Reprint) Mary Russell Mitford. 2017. (ENG., Illus.). (J). 33.26 *(978-0-331-83423-9(5))* Forgotten Bks.

Belford Regis, Vol. 1 Of 2: Or Sketches of a Country Town (Classic Reprint) Mary Russell Mitford. (ENG., Illus.). (J). 2017. 28.08 *(978-0-266-47734-1(8))*; 2016. pap. 10.57 *(978-1-334-13833-1(8))* Forgotten Bks.

Belford Regis, Vol. 1 Of 3: Or Sketches of a Country Town (Classic Reprint) Mary Russell Mitford. 2018. (ENG., Illus.). 332p. (J). 30.74 *(978-0-267-26890-0(4))* Forgotten Bks.

Belford Regis, Vol. 2 Of 3: Or Sketches of a Country Town (Classic Reprint) Mary Russell Mitford. 2018. (ENG., Illus.). 326p. (J). 30.62 *(978-0-483-42720-4(9))* Forgotten Bks.

Belford's Monthly Magazine, 1878, Vol. 3: A Magazine of Literature & Art (Classic Reprint) Unknown Author. 2017. (ENG., Illus.). (J). 41.04 *(978-0-265-74106-1(8))*; pap. 23.57 *(978-1-5277-0672-9(9))* Forgotten Bks.

Belford's Monthly Magazine, Vol. 1: A Magazine of Literature & Art; December, 1876 (Classic Reprint) Unknown Author. (ENG., Illus.). (J). 2018. 896p. 42.38 *(978-0-484-64076-3(3))*; 2017. pap. 24.68 *(978-1-334-91387-7(0))* Forgotten Bks.

Belford's Monthly Magazine, Vol. 2: A Magazine of Literature & Art; June-November, 1877 (Classic Reprint) Unknown Author. (ENG., Illus.). (J). 2018. 788p. 40.15 *(978-0-483-85993-7(1))*; 2016. pap. 23.57 *(978-1-334-37539-2(9))* Forgotten Bks.

Belford's Monthly, Vol. 9: June, 1892-November, 1892 (Classic Reprint) Unknown Author. (ENG., Illus.). (J). 2018. 1026p. 45.06 *(978-0-483-88781-7(1))*; 2017. pap. 27.40 *(978-0-243-91688-7(4))* Forgotten Bks.

Belforest. Anne Manning. 2017. (ENG.). (J). 348p. pap. *(978-3-337-17460-6(4))*; 324p. pap. *(978-3-337-17459-0(0))* Creation Pubs.

Belforest a Tale of English Country Life, Vol. 2 of 2 (Classic Reprint) Anne Manning. 2018. (ENG., Illus.). 344p. (J). 30.99 *(978-0-484-59531-5(8))* Forgotten Bks.

Belforest, Vol. 1 Of 2: A Tale of English Country Life (Classic Reprint) Unknown Author. 2018. (ENG., Illus.). 662p. (J). 37.55 *(978-0-483-86676-8(8))* Forgotten Bks.

Belforest, Vol. 1 Of 2: Tale of English Country Life (Classic Reprint) Anne Manning. 2018. (ENG., Illus.). 324p. (J). 30.58 *(978-0-267-29903-4(6))* Forgotten Bks.

Belforts of Culben (Classic Reprint) Edmund Mitchell. 2018. (ENG., Illus.). 338p. (J). 30.89 *(978-0-364-34030-1(4))* Forgotten Bks.

Belfry (Classic Reprint) May' Sinclair. 2017. (ENG., Illus.). (J). 31.28 *(978-1-5280-7247-2(2))* Forgotten Bks.

Belgian Cookbook. Brian Luck. 2017. (ENG., Illus.). (J). 22.95 *(978-1-374-87322-3(5))*; pap. 12.95 *(978-1-374-87321-6(7))* Capital Communications, Inc.

Belgian Fairy Tales (Classic Reprint) William Elliot Griffis. (ENG., Illus.). (J). 2017. 29.42 *(978-0-331-51175-8(4))*; 2016. pap. 11.97 *(978-1-333-59734-4(7))* Forgotten Bks.

Belgian Horses. Rachel Grack. 2021. (Saddle Up! Ser.). (ENG.). 24p. (J). (gr. k-3). lib. bdg. 26.95 *(978-1-64487-429-5(6)*, Blastoff! Readers) Bellwether Media.

Belgian Twins. Lucy Fitch Perkins. 2018. (ENG., Illus.). 72p. (YA). (gr. 7-12). pap. *(978-93-5297-561-7(8))* Alpha Editions.

Belgian Twins (Classic Reprint) Lucy Fitch Perkins. 2018. (ENG., Illus.). 212p. (J). 28.27 *(978-0-666-44777-7(2))* Forgotten Bks.

Belgium. Dominic J. Ainsley. 2018. (J). *(978-1-4222-3977-3(2))* Mason Crest.

Belgium. Chris Bowman. 2020. (Country Profiles Ser.). (ENG., Illus.). 32p. (J). (gr. 3-8). lib. bdg. 27.95 *(978-1-64487-165-2(3)*, Blastoff! Discovery) Bellwether Media.

Belgium, 1 vol. Robert Pateman et al. 3rd rev. ed. 2016. (Cultures of the World (Third Edition)(r) Ser.). (ENG.). 144p. (gr. 5-5). lib. bdg. 48.79 *(978-1-5026-1835-1(4)*, f5d28ece-ec99-40de-a00a-fe70c9784456) Cavendish Square Publishing LLC.

Belgium & Western Germany In 1833: Including Visits to Baden-Baden, Wiesbaden, Cassel, Hanover, the Harz Mountains, &C. , &C (Classic Reprint) Frances Milton Trollope. 2017. (ENG., Illus.). (J). 258p. 29.22 *(978-0-332-20674-5(2))*; pap. 11.57 *(978-0-259-25006-7(6))* Forgotten Bks.

Belgium & Western Germany in 1833, Vol. 1 Of 2: Including Visits to Baden-Baden, Wiesbaden, Cassel, Hanover, the Harz Mountains, &C. &C (Classic Reprint) Trollope. 2018. (ENG., Illus.). 348p. (J). 31.07 *(978-0-332-15622-4(2))* Forgotten Bks.

Belgium & Western Germany in 1833, Vol. 2: Including Visits to Baden-Baden, Wiesbaden, Cassel, Hanover, the Harz Mountains, &C, &C (Classic Reprint) Trollope. 2018. (ENG., Illus.). 312p. (J). 30.35 *(978-0-483-64034-4(4))* Forgotten Bks.

Belgium, Vol. 1: A Personal Narrative (Classic Reprint) Brand Whitlock. 2018. (ENG., Illus.). 682p. (J). 37.98 *(978-0-364-05810-7(2))* Forgotten Bks.

Belgravia: A London Magazine; Vol. VIII. Third Series Vol. XXVIII. First Series; February 1876 (Classic Reprint) Mary Elizabeth Braddon. (ENG., Illus.). (J). 2018. 744p. 39.24 *(978-0-332-83170-1(1))*; 2016. pap. 23.57 *(978-1-334-14026-6(X))* Forgotten Bks.

Belgravia, 1875, Vol. 25: A London Magazine (Classic Reprint) M. E. Braddon. 2017. (ENG., Illus.). (J). 660p. 37.51 *(978-0-484-45467-4(6))*; pap. 19.97 *(978-0-259-26240-4(4))* Forgotten Bks.

Belgravia, 1875, Vol. 26: A London Magazine (Classic Reprint) Mary Elizabeth Braddon. (ENG., Illus.). (J). 2018. 594p. 36.17 *(978-0-365-05384-2(8))*; 2017. pap. 19.57 *(978-0-259-38314-7(7))* Forgotten Bks.

Belgravia, 1875, Vol. 27 (Classic Reprint) Mary Elizabeth Braddon. (ENG., Illus.). (J). 2018. 650p. 37.30 *(978-0-267-39681-8(3))*; 2016. pap. 19.97 *(978-1-334-13006-9(X))* Forgotten Bks.

Belgravia, a London Magazine, Vol. 17: June, 1872 (Classic Reprint) Mary Elizabeth Braddon. (ENG., Illus.). (J). 2018. 572p. 35.71 *(978-0-365-41392-9(5))*; 2017. pap. 19.57 *(978-0-259-45227-0(0))* Forgotten Bks.

Belgravia (Classic Reprint) Unknown Author. (ENG., Illus.). (J). 2018. 718p. 38.71 *(978-0-365-40540-5(X))*; 2017. pap. 23.57 *(978-1-5276-9406-4(2))* Forgotten Bks.

Belgravia, Vol. 1: A London Magazine; February, 1867 (Classic Reprint) Mary Elizabeth Braddon. (ENG., Illus.). (J). 2018. 526p. 34.75 *(978-0-483-97005-2(0))*; 2017. pap. 19.57 *(978-0-243-92730-2(4))* Forgotten Bks.

Belgravia, Vol. 1: A London Magazine; October, 1873 (Classic Reprint) Mary Elizabeth Braddon. (ENG., Illus.). (J). 2018. 570p. 35.78 *(978-0-332-69143-5(8))*; 2017. pap. 19.57 *(978-0-243-52105-0(7))* Forgotten Bks.

Belgravia, Vol. 101: A London Magazine, September to December, 1896 (Classic Reprint) Unknown Author. 2018. (ENG., Illus.). 452p. (J). 33.22 *(978-0-483-47825-1(3))* Forgotten Bks.

Belgravia, Vol. 15: A London Magazine; October, 1871 (Classic Reprint) M. E. Braddon. (ENG., Illus.). (J). 2018. 542p. 35.10 *(978-0-483-95826-5(3))*; 2017. pap. 19.57 *(978-0-243-88113-0(4))* Forgotten Bks.

Belgravia, Vol. 18: A London Magazine; October, 1872 (Classic Reprint) M. E. Braddon. (ENG., Illus.). (J). 2018. 604p. 36.35 *(978-0-365-29809-0(3))*; 2017. pap. 19.57 *(978-0-259-20561-6(3))* Forgotten Bks.

Belgravia, Vol. 19: A London Magazine; February, 1873 (Classic Reprint) Mary Elizabeth Braddon. (ENG., Illus.). (J). 2018. 750p. 39.39 *(978-0-656-70251-0(6))*; 2016. pap. 23.57 *(978-1-333-32588-6(6))* Forgotten Bks.

Belgravia, Vol. 20: A London Magazine; June, 1873 (Classic Reprint) Mary Elizabeth Braddon. (ENG., Illus.). (J). 2018. 568p. 35.63 *(978-0-483-77917-4(2))*; 2017. pap. 19.57 *(978-0-243-54250-5(X))* Forgotten Bks.

Belgravia, Vol. 22: A London Magazine; February, 1874 (Classic Reprint) Mary Elizabeth Braddon. (ENG., Illus.). (J). 2018. 692p. 38.17 *(978-0-483-88378-9(6))*; 2017. pap. 20.57 *(978-0-243-89895-4(9))* Forgotten Bks.

Belgravia, Vol. 27: A London Magazine; October 1875 (Classic Reprint) Mary Elizabeth Braddon. 2018. (ENG., Illus.). (J). 610p. 36.48 *(978-0-428-62547-4(9))*; 612p. pap. 19.57 *(978-0-428-15258-1(9))* Forgotten Bks.

Belgravia, Vol. 29 (Classic Reprint) M. E. Braddon. 2017. (ENG., Illus.). (J). 36.48 *(978-1-5280-8403-1(9))* Forgotten Bks.

Belgravia, Vol. 30: An Illustrated London Magazine; July to October, 1876 (Classic Reprint) Mary Elizabeth Braddon. (ENG., Illus.). (J). 2018. 590p. 36.09 *(978-0-656-33902-0(0))*; 2017. pap. 19.57 *(978-0-243-41843-5(4))* Forgotten Bks.

Belgravia, Vol. 31: An Illustrated London Magazine; November 1876 to February 1877 (Classic Reprint) Mary Elizabeth Braddon. (ENG., Illus.). (J). 2018. 728p. 38.91 *(978-0-483-20812-4(4))*; 2018. 546p. 35.16 *(978-0-484-82634-1(4))*; 2016. pap. 23.57 *(978-1-334-66805-0(1))*; 2016. pap. 19.57 *(978-1-333-28942-3(1))* Forgotten Bks.

Belgravia, Vol. 32 (Classic Reprint) Mary Elizabeth Braddon. 2017. (ENG., Illus.). (J). pap. 19.57 *(978-0-259-17204-8(9))* Forgotten Bks.

Belgravia, Vol. 33: An Illustrated London Magazine; July to October, 1877 (Classic Reprint) Unknown Author. (ENG., Illus.). (J). 2018. 546p. 35.16 *(978-0-364-10689-1(1))*; 2017. pap. 19.57 *(978-0-243-58904-3(2))* Forgotten Bks.

Belgravia, Vol. 34: An Illustrated London Magazine; November 1877 to February 1878 (Classic Reprint) Mary Elizabeth Braddon. 2017. (ENG., Illus.). (J). 35.10 *(978-0-266-74353-8(6))*; pap. 19.57 *(978-1-5277-1089-4(0))* Forgotten Bks.

Belgravia, Vol. 35: An Illustrated London Magazine; March to June 1878 (Classic Reprint) Mary Elizabeth Braddon. 2017. (ENG., Illus.). (J). 34.87 *(978-0-331-49968-1(1))*; pap. 19.57 *(978-0-331-24966-8(9))* Forgotten Bks.

Belgravia, Vol. 36: An Illustrated London Magazine; July to October, 1878 (Classic Reprint) Mary Elizabeth Braddon. (ENG., Illus.). (J). 2018. 530p. 34.83 *(978-0-483-60547-3(6))*; 2016. pap. 19.57 *(978-1-334-12843-1(X))* Forgotten Bks.

Belgravia, Vol. 37: November 1878 to February 1879 (Classic Reprint) Mary Elizabeth Braddon. (ENG., Illus.). (J). 2018. 530p. 34.83 *(978-0-332-13901-2(8))*; 2016. pap. 19.97 *(978-1-333-22025-9(1))* Forgotten Bks.

Belgravia, Vol. 38: An Illustrated London Magazine (Classic Reprint) M. E. Braddon. (ENG., Illus.). (J). 2018. 678p. 37.88 *(978-0-483-45932-8(1))*; 2016. pap. 19.57 *(978-1-334-71545-7(9))* Forgotten Bks.

Belgravia, Vol. 39: An Illustrated London Magazine; July to October, 1879 (Classic Reprint) Unknown Author. (ENG., Illus.). (J). 2018. 542p. 35.08 *(978-0-332-58256-6(6))*; 2017. pap. 19.57 *(978-0-243-92066-2(0))* Forgotten Bks.

Belgravia, Vol. 4: A London Magazine; February, 1868 (Classic Reprint) Mary Elizabeth Braddon. 2017. (ENG., Illus.). (J). 35.08 *(978-0-266-72555-8(4))*; pap. 19.57 *(978-1-5276-8529-1(2))* Forgotten Bks.

Belgravia, Vol. 40: An Illustrated London Magazine; November 1879 to February 1880 (Classic Reprint) Unknown Author. 2017. (ENG., Illus.). (J). 668p. 37.67 *(978-0-332-70284-1(7))*; 670p. pap. 20.57 *(978-0-332-37580-9(3))* Forgotten Bks.

Belgravia, Vol. 43: An Illustrated London Monthly; November, 1880 to February, 1881 (Classic Reprint) Unknown Author. (ENG., Illus.). (J). 2018. 736p. 39.08 *(978-0-483-21346-3(2))*; 2016. pap. 23.57 *(978-1-334-71421-4(5))* Forgotten Bks.

Belgravia, Vol. 45 (Classic Reprint) Unknown Author. (ENG., Illus.). (J). 2018. 710p. 38.56 *(978-0-365-52125-9(6))*; 2017. pap. 20.97 *(978-1-5276-7307-6(3))* Forgotten Bks.

Belgravia, Vol. 5: A London Magazine; June 1868 (Classic Reprint) Mary Elizabeth Braddon. 2018. (ENG., Illus.). (J). 648p. 37.28 *(978-0-366-51424-3(5))*; 650p. pap. 19.97 *(978-0-365-83623-0(0))* Forgotten Bks.

Belgravia, Vol. 50: March to June 1883 (Classic Reprint) Unknown Author. 2018. (ENG., Illus.). 560p. (J). 35.45 *(978-0-483-61240-2(5))* Forgotten Bks.

Belgravia, Vol. 56: An Illustrated London Magazine; March to June, 1885 (Classic Reprint) Unknown Author. (ENG., Illus.). (J). 2018. 556p. 35.36 *(978-0-267-00589-5(X))*; 2017. pap. 19.57 *(978-0-259-02048-6(6))* Forgotten Bks.

Belgravia, Vol. 6: A London Magazine; October, 1868 (Classic Reprint) Mary Elizabeth Braddon. (ENG., Illus.). (J). 2017. 37.26 *(978-0-331-86170-9(4))*; 2016. pap. 19.97 *(978-1-334-13476-0(6))* Forgotten Bks.

Belgravia, Vol. 64: An Illustrated London Magazine, November 1887 to February 1888 (Classic Reprint) Unknown Author. 2018. (ENG., Illus.). 692p. (J). 38.19 *(978-0-483-13647-2(6))* Forgotten Bks.

Belgravia, Vol. 73: A London Magazine; September to December & Belgravia Annual, 1890 (Classic Reprint) Unknown Author. (ENG., Illus.). (J). 2018. 482p. 33.84 *(978-0-666-47922-8(4))*; 2017. pap. 16.57 *(978-0-259-29207-4(9))* Forgotten Bks.

Belgravia, Vol. 74: January to April, 1891 (Classic Reprint) Mary Elizabeth Braddon. (ENG., Illus.). (J). 2018. 480p. 33.80 *(978-0-484-65800-3(X))*; 2016. pap. 16.57 *(978-1-334-13090-8(6))* Forgotten Bks.

Belgravia, Vol. 77: A London Magazine; January to April (Classic Reprint) Unknown Author. 2018. (ENG., Illus.). 480p. (J). 33.80 *(978-0-483-45110-0(X))* Forgotten Bks.

Belgravia, Vol. 8: A London Magazine; June 1869 (Classic Reprint) Mary Elizabeth Braddon. (ENG., Illus.). (J). 2018. 610p. 36.48 *(978-0-483-56082-6(0))*; 2016. pap. 19.57 *(978-1-333-18992-1(3))* Forgotten Bks.

Belgravia, Vol. 80: A London Magazine; January to April, 1893 (Classic Reprint) Unknown Author. (ENG., Illus.). (J). 2018. 482p. 33.84 *(978-0-365-45699-5(3))*; 2017. pap. 16.57 *(978-1-5276-9581-8(6))* Forgotten Bks.

Belgravia, Vol. 81: A London Magazine; May to August, 1893 (Classic Reprint) Unknown Author. (ENG., Illus.). (J). 2018. 470p. 33.59 *(978-0-267-61771-5(2))*; 2017. pap. 16.57 *(978-0-259-24372-4(8))* Forgotten Bks.

Belgravia, Vol. 82: A London Magazine; September to December, 1893 (Classic Reprint) Unknown Author. 2018. (ENG., Illus.). 478p. (J). 33.76 *(978-0-656-35428-3(3))* Forgotten Bks.

Belgravia, Vol. 88: A London Magazine; September to December, 1895 (Classic Reprint) Mary Elizabeth Braddon. (ENG., Illus.). (J). 2018. 586p. 35.98 *(978-0-365-26862-8(3))*; 2017. pap. 19.57 *(978-0-259-18684-7(8))* Forgotten Bks.

Belgravia, Vol. 89: A London Magazine; January to April, 1896 (Classic Reprint) Unknown Author. 2017. (ENG., Illus.). (J). 33.59 *(978-0-331-10241-3(2))*; pap. 16.57 *(978-1-5279-9790-5(1))* Forgotten Bks.

Belgravia, Vol. 96: A London Magazine; May to August 1898 (Classic Reprint) Mary Elizabeth Braddon. 2018. (ENG., Illus.). (J). 538p. 35.01 *(978-1-391-21301-9(7))*; 540p. pap. 19.57 *(978-1-390-96351-9(9))* Forgotten Bks.

Belgravia, Vol. 98: A London Magazine (Classic Reprint) Mary Elizabeth Braddon. 2018. (ENG., Illus.). 744p. (J). 39.24 *(978-0-484-78213-5(4))* Forgotten Bks.

Belhaven Tales Crow's Nest una & King David (Classic Reprint) Burton Harrison. 2017. (ENG., Illus.). (J). 28.81 *(978-0-260-27471-7(2))* Forgotten Bks.

Belief in Immortality & the Worship of the Dead: Volume I (the Belief among the Aborigines of Australia, the Torres Straits Islands, New Guinea & Melanesia) James George Frazer. 2018. (ENG., Illus.). 512p. (YA). (gr. 7-12). pap. *(978-93-5297-019-3(5))* Alpha Editions.

Beliefs & Ideas That Changed the World. Clare Hibbert. 2017. (Revolutions Ser.). (ENG., Illus.). 64p. (J). (gr. 3-6). 19.99 *(978-0-7123-5680-0(0))* British Library, The GBR. Dist: Independent Pubs. Group.

Belier: Conte (Classic Reprint) Anthony Hamilton. (FRE., Illus.). (J). 2018. 340p. 30.91 *(978-0-484-67285-6(1))*; 2017. pap. 13.57 *(978-0-282-02040-8(3))* Forgotten Bks.

Believarexic, 1 vol. J. J. Johnson. 2017. 464p. (YA). (gr. 9-11). pap. 9.95 *(978-1-68263-007-5(2))* Peachtree Publishing Co. Inc.

Believe: A Celebration of Mindfulness. Katie Wilson. 2022. (Celebration of Mindfulness Ser.). (ENG.). 20p. (J). bds. 8.99 *(978-1-4867-2266-2(0)*, 252198b1-c067-4bc1-a00b-7f8edf39dff0) Flowerpot Pr.

Believe: A Coloring Book of Positive Affirmations: Coloring Book. Chiquanda Tillie. Illus. by Chiquanda Tillie. 2018. (ENG., Illus.). 60p. (J). pap. 7.00 *(978-0-9990536-7-6(1))* Tickle Me Purple, LLC.

Believe: A Pop-Up Book of Possibilities. Robert Sabuda. Illus. by Robert Sabuda. 2019. (ENG., Illus.). 24p. (J). (gr. k-3). 27.99 *(978-0-7636-6397-1(2))* Candlewick Pr.

Believe... If You Want To. James Whittier. 2018. (ENG., Illus.). 38p. (J). 23.95 *(978-1-64416-555-3(4))*; pap. 13.95 *(978-1-64299-386-8(7))* Christian Faith Publishing.

Believe: Who I Am. Tamika Hicks-Smythe. 2023. (ENG.). 26p. (J). pap. 16.95 ***(978-1-63985-360-1(X))*** Fulton Bks.

Believe- a Book of Positive Affirmations. Chiquanda D. Tillie. 2018. (ENG., Illus.). 42p. (J). pap. 10.99 *(978-0-9990536-6-9(3))* Tickle Me Purple, LLC.

Believe & Watch Your Dreams Unfold. Empyrean Allure LLC. 2023. (ENG.). 140p. (J). pap. ***(978-1-329-22355-4(1))***; pap. ***(978-1-329-77776-7(X))***; pap. ***(978-1-329-83674-7(X))*** Lulu Pr., Inc.

Believe Big. Illus. by Livie Butler et al. 2019. (ENG.). 30p. (J). pap. 9.99 *(978-1-948927-72-7(1))* Butler, Kate Bks.

Believe Dreams Can Come True. Rob Easter. 2018. (ENG., Illus.). 76p. (J). pap. 18.00 *(978-1-9999773-0-6(0))* Easter, Robert C. Sr.

Believe in Fairies. Wayne Gerard Trotman & Sherrie Trotman. 2020. (ENG., Illus.). 32p. (J). *(978-1-9161848-6-2(3))* Red Moon Productions, Ltd.

Believe in You: Big Sister Stories & Advice on Living Your Best Life, 1 vol. Cimorelli Cimorelli Sisters. 2019. (ENG.). 192p. (YA). 18.99 *(978-1-4002-1302-3(9)*, Tommy Nelson) Nelson, Thomas Inc.

Believe in Your Elf! Lou Treleaven. Illus. by Brenda Figueroa. 2023. (Board Book Ser.). (ENG.). 24p. (J). (gr. -1-k). bds. 8.99 ***(978-1-80105-631-1(5))*** Top That! Publishing PLC GBR. Dist: Independent Pubs. Group.

Believe-In Your Inner Warrior. S. V. Davies. 2017. (Believe-In Ser.: Vol. 1). (ENG., Illus.). 34p. (J). pap. *(978-1-9997027-0-0(0))* Spiffing covers.

Believe in Your Own Fairytale, 1 vol. Thomas Nelson Publishing Staff & Kay-Marie Fletcher. 2019. (ENG.). 212p. (YA). 32.99 *(978-1-59555-943-2(4))*; pap. 15.99 *(978-1-59555-947-0(7))* Elm Hill.

Believe-In Your Special Gift. S. V. Davies. Ed. by Katharine Smith. Illus. by Catherine Clarke. 2018. (Believe-In Ser.: Vol. 3). (ENG.). 34p. (J). pap. *(978-1-9995963-7-8(4))* Spiffing covers.

Believe-In Your Wings of Change. S. V. Davies. Ed. by Katharine Smith. 2018. (Believe-In Yoga Bks.: Vol. 2). (ENG., Illus.). 60p. (J). pap. *(978-1-9995963-1-6(5))* Spiffing covers.

Believe in Yourself. Nicole Washington. 2021. (ENG.). 60p. (YA). pap. *(978-1-365-00194-9(6))* Lulu Pr., Inc.

Believe in Yourself. Susan Whittemore. Illus. by Jason Fowler. 2022. (ENG.). 20p. (J). 21.95 ***(978-1-61493-834-7(2))***; pap. 13.95 ***(978-1-61493-829-3(6))*** Peppertree Pr., The.

Believe in Yourself (Be You) Mindfulness Activities & Tools You Can Use Every Day. Lexi Rees & Sasha Mullen. Illus. by Eve Kennedy. 2021. (Mindful Mentors Ser.: Vol. 1). (ENG.). 98p. (J). pap. *(978-1-913799-06-9(9))* Outset Publishing Ltd.

Believe in Yourself: What We Learned from Arthur. Marc Brown. 2022. (ENG., Illus.). 128p. (J). (gr. -1-3). 15.99 *(978-0-7595-5456-6(0))* Little, Brown Bks. for Young Readers.

Believe Me. Tahereh Mafi. 2021. (ENG.). 224p. (YA). (gr. 9). pap. 15.99 *(978-0-06-322831-3(9)*, HarperCollins) HarperCollins Pubs.

Believe Me, Goldilocks Rocks! see Créeme, ¡Ricitos Es Genial!: El Cuento de Los Tres Osos Contado Por Bebé Oso

Believe Me, I Never Felt a Pea! The Story of the Princess & the Pea As Told by the Princess. Nancy Loewen. Illus. by Cristian Bernardini. 2016. (Other Side of the Story Ser.). (ENG.). 24p. (J). (gr. -1-3). lib. bdg. 27.99 *(978-1-4795-8622-6(6)*, 130444, Picture Window Bks.) Capstone.

Believe Me Now: If Not for the World, Let Us Work for the Sake of Our Own Humanity. Audrey Bitikofer. 2022. (ENG.). 136p. (YA). pap. 15.99 ***(978-1-0880-5239-6(8))*** Indy Pub.

Believe Me, Xantippe: A Comedy in Four Acts (Classic Reprint) Frederick Ballard. 2018. (ENG., Illus.). 152p. (J). 27.03 *(978-0-656-50709-2(8))* Forgotten Bks.

Believe That. The Great Freddy Velez. 2019. (ENG.). 104p. (YA). pap. 13.95 *(978-1-68456-238-1(4))* Page Publishing Inc.

Believe You Me (Classic Reprint) Nina Wilcox Putnam. 2018. (ENG., Illus.). 302p. (J). 30.04 *(978-0-428-35946-1(9))* Forgotten Bks.

Believers Who Don't Believe (Introduction to) the Christian Myth Buster Chronicles. Jedidiah Jones. 2017. (ENG., Illus.). 144p. (YA). pap. 13.49 *(978-1-5456-1890-5(9))* Salem Author Services.

Believing & Not Seeing. Olivia Genae. 2019. (ENG.). 26p. (J). 22.95 *(978-1-64140-324-5(1))* Christian Faith Publishing.

Believing in August. Lori McPhearson. 2020. (ENG.). 32p. (J). pap. 15.99 *(978-0-359-92479-0(4))* Lulu Pr., Inc.

Believing in Marvels. Sarah M. Bailey. 2021. (ENG.). 252p. (YA). pap. ***(978-0-473-57011-8(4))*** Betty and Ida Bks.

Believing in Me: A Child's Guide to Self-Confidence & Self-Esteem. Poppy O'Neill. 2019. (Child's Guide to Social & Emotional Learning Ser.: 2). (ENG.). 144p. (J). (gr. 2-6). pap. 9.99 *(978-1-5107-4747-0(8)*, Sky Pony Pr.) Skyhorse Publishing Co., Inc.

Believing Years (Classic Reprint) Edmund Lester Pearson. 2017. (ENG., Illus.). (J). 30.62 *(978-0-266-21510-3(6))* Forgotten Bks.

Belina Bloom, It's Time to Grow Up! Aubrey Rothman. Ed. by Johanna Flagal. 2021. (ENG.). 48p. (J). *(978-1-5255-9401-4(X))*; pap. *(978-1-5255-9400-7(1))* FriesenPress.

Belinda: A Novel (Classic Reprint) Rhoda Broughton. 2018. (ENG., Illus.). 492p. (J). 34.06 *(978-0-656-82608-7(8))* Forgotten Bks.

Belinda: An April Folly in Three Acts (Classic Reprint) Alan Alexander Milne. (ENG., Illus.). (J). 2018. 68p. 25.30 *(978-0-267-37159-4(4))*; 2016. pap. 9.57 *(978-1-334-15957-2(2))* Forgotten Bks.

Belinda: And Some Others (Classic Reprint) Unknown Author. 2018. (ENG., Illus.). 260p. (J). 29.26 *(978-0-483-52352-4(6))* Forgotten Bks.

Belinda, and, Griselda (Classic Reprint) Maria Edgeworth. 2016. (ENG., Illus.). (J). pap. 13.57 *(978-1-333-21078-6(7))* Forgotten Bks.

Belinda, and, Griselda (Classic Reprint) Maria Edgeworth. 2018. (ENG., Illus.). 336p. (J). 30.85 *(978-0-484-05843-8(6))* Forgotten Bks.

Belinda & the Bears & the New Chair (Early Reader) Kaye Umansky. 2016. (Early Reader Ser.). (ENG.). 80p. (J). (gr. k-2). pap. 6.99 ***(978-1-4440-1351-1(3)***, Orion Children's Bks.) Hachette Children's Group GBR. Dist: Hachette Bk. Group.

Belinda Brown. David McKee. 2020. (ENG., Illus.). 32p. (J). (-k). pap. 9.99 *(978-1-78344-759-6(1))* Andersen Pr. GBR. Dist: Independent Pubs. Group.

Belinda the Backward: A Romance of Modern Idealism (Classic Reprint) Salome Hocking. 2017. (ENG., Illus.). (J). 27.16 *(978-0-265-73732-3(X))*; pap. 9.57 *(978-1-5277-0132-8(8))* Forgotten Bks.

Belinda the Ball. Therese Fisher. 2019. (ENG., Illus.). 24p. (J). pap. *(978-0-473-46923-8(5))* Kingfisher Publishing.

Belinda the Beautiful, Blue Bumblebee. Brenda C. Pruitt. Illus. by Ian D. Thacker. 2021. (ENG.). 46p. (J). 22.99 *(978-1-6653-0235-7(6))* Sprout Printing.

Belinda, Vol. 2 of 3 (Classic Reprint) Maria Edgeworth. 2017. (ENG., Illus.). (J). pap. 13.57 *(978-0-259-37504-3(7))* Forgotten Bks.

Belinda, Vol. 2 of 3 (Classic Reprint) Maria Edgeworth. 2018. (ENG., Illus.). 352p. (J). 31.18 *(978-0-666-78685-2(2))* Forgotten Bks.

Belittled Women. Amanda Sellet. 2022. (ENG.). 384p. (YA). (gr. 9). 18.99 *(978-0-358-56735-6(1)*, Clarion Bks.) HarperCollins Pubs.

Belize, 1 vol. Leslie Jermyn et al. 3rd ed. 2020. (Cultures of the World (Third Edition)(r) Ser.). (ENG.). 144p. (J). (gr. 5-5). 48.79 *(978-1-5026-5573-8(X)*, 07fa0750-b370-491f-ae3f-aae395237dd1) Cavendish Square Publishing LLC.

Belize Learning about This Beautiful Country for Children. Bold Kids. 2022. (ENG.). 42p. (J). pap. 14.99 ***(978-1-0717-1916-9(5))*** FASTLANE LLC.

Belize Trash Monster. Sylvia M. Medina. 2020. (ENG., Illus.). 43p. (J). (gr. k-3). 21.50 *(978-1-939871-97-8(2))* Green Kids Club, Inc.

Belize Trash Monster - Paperback. Sylvia M. Medina & Dixie Bowen. Illus. by Joy Eagle. 2020. (ENG.). 43p. (J). (gr. k-3). pap. 11.50 *(978-1-939871-98-5(0))* Green Kids Club, Inc.

Bell Between Worlds. Ian Johnstone. ed. 2016. (Mirror Chronicles Ser.: 1). (J). lib. bdg. 20.85 *(978-0-606-38185-7(6))* Turtleback.

Bell Between Worlds (the Mirror Chronicles) Ian Johnstone. 2016. (Mirror Chronicles Ser.). (ENG.). 512p. (J). pap. 9.99 *(978-0-00-815428-8(7)*, HarperCollins Children's Bks.) HarperCollins Pubs. Ltd. GBR. Dist: HarperCollins Pubs.

Bell Haven Eleven (Classic Reprint) George Barton. 2017. (ENG., Illus.). (J). 30.00 *(978-0-260-69673-1(0))* Forgotten Bks.

Bell in the Bridge. Ted Kooser. Illus. by Barry Root. 2016. 32p. (J). (gr. 1-4). 16.99 *(978-0-7636-6481-7(2))* Candlewick Pr.

Bell in the Fog: And Other Stories (Classic Reprint) Gertrude Franklin Horn Atherton. 2018. (ENG., Illus.). 312p. (J). 30.35 *(978-0-666-81250-6(0))* Forgotten Bks.

Bell Martin: An American Story of Real Life (Classic Reprint) T. S. Arthur. 2018. (ENG., Illus.). 166p. (J). 27.32 *(978-0-483-84571-8(X))* Forgotten Bks.

Bell of St. Paul's (Classic Reprint) Walter Besant. (ENG., Illus.). (J). 2018. 372p. 31.57 *(978-0-364-57312-9(0))*; 2017. 30.89 *(978-0-265-72718-8(9))*; 2017. pap. 13.57 *(978-1-5276-8721-9(X))*; 2017. pap. 13.97 *(978-0-259-17182-9(4))* Forgotten Bks.

Bell of St. Paul's, Vol. 1 of 2 (Classic Reprint) Walter Besant. 2017. (ENG., Illus.). (J). 30.04 *(978-0-266-20651-4(4))* Forgotten Bks.

Bell of St. Paul's, Vol. 1 of 3 (Classic Reprint) Walter Besant. 2017. (ENG., Illus.). (J). 318p. 30.48 *(978-0-332-05805-4(0))*; pap. 13.57 *(978-0-259-30592-7(8))* Forgotten Bks.

Bell of St. Paul's, Vol. 3 of 3 (Classic Reprint) Walter Besant. (ENG., Illus.). (J). 2018. 312p. 30.35 *(978-0-483-39472-8(6))*; 2016. pap. 13.57 *(978-1-334-15425-6(2))* Forgotten Bks.

Bell Rang. James E. Ransome. Illus. by James E. Ransome. 2019. (ENG., Illus.). 40p. (J). (gr. -1-3). 17.99 *(978-1-4424-2113-4(4)*, Atheneum/Caitlyn Dlouhy Books) Simon & Schuster Children's Publishing.

Bell-Ringer: An Old-Time Village Tale (Classic Reprint) Clara Endicott Sears Genevieve C. Cowles. 2018. (ENG., Illus.). 318p. (J). 30.48 *(978-0-483-63057-4(8))* Forgotten Bks.

Bell Ringer of Angel's (Classic Reprint) Bret Harte. 2017. (ENG., Illus.). (J). 30.99 *(978-0-266-37997-3(4))* Forgotten Bks.

Bell-Ringer of Angel's, etc (Classic Reprint) Bret Harte. (ENG., Illus.). (J). 2018. 298p. 30.04 *(978-0-483-60921-1(8))*; 2017. pap. 13.57 *(978-0-243-27931-9(0))* Forgotten Bks.

Bell Smith Abroad (Classic Reprint) Louise Kirby Piatt. 2018. (ENG., Illus.). 336p. (J). 30.83 *(978-0-483-57324-6(8))* Forgotten Bks.

Bell Witch: An American Ghost Story. Megan Cooley Peterson. 2019. (Real-Life Ghost Stories Ser.). (ENG., Illus.). 32p. (J). (gr. 3-9). pap. 7.95 *(978-1-5435-7477-7(7)*, 140917); lib. bdg. 28.65 *(978-1-5435-7335-0(5)*, 140626) Capstone.

Bell Witch: Ghost of Tennessee, 1 vol. Matt Bougie. Illus. by Brian Garvey. 2016. (American Legends & Folktales Ser.). (ENG.). 32p. (J). (gr. 3-3). pap. 11.58 *(978-1-5026-2220-4(3)*, 6fc28983-60aa-4735-8f04-7f6462d914b4) Cavendish Square Publishing LLC.

Bell Witch Haunting. Blake Hoena. 2019. (Paranormal Mysteries Ser.). (ENG., Illus.). 24p. (J). (gr. 3-8). pap. 8.99 *(978-1-61891-730-0(7)*, 12332, Black Sheep) Bellwether Media.

Bella: Ballerina Pup. Sophie Giles & Anna Award. 2017. (ENG.). 16p. (J). 4.99 *(978-1-84135-948-9(3))* Award Pubns. Ltd. GBR. Dist: Parkwest Pubns., Inc.

Bella: Or, the Cradle of Liberty; a Story of Insane Asylums (Classic Reprint) Eugenia St John. 2017. (ENG., Illus.). (J). 31.22 *(978-0-260-70836-6(4))* Forgotten Bks.

Bella & Anton Enter the Dragon's Realm. Bridget Dumper. 2022. (ENG.). 94p. (J). pap. ***(978-1-3984-7634-9(X))*** Austin Macauley Pubs. Ltd.

Bella & Bentley's Bible Adventures. Angela Marie. 2021. (ENG., Illus.). 38p. (J). pap. 15.95 *(978-1-63844-978-2(3))* Christian Faith Publishing.

Bella & Burky Tales: A Far Away Friend. Nupur Sharma. 2020. (ENG.). 40p. (J). 39.88 *(978-1-5437-6254-9(9))*; pap. 25.01 *(978-1-5437-6253-2(0))* Partridge Pub.

Bella & Dash: The Forest. Cheryl Miles. 2018. (ENG., Illus.). 282p. (J). *(978-1-5255-0948-3(9))*; pap. *(978-1-5255-0949-0(7))* FriesenPress.

Bella & Hippo in Mystery of the Black Forest. Patricia Taylor. Illus. by Mark Oehlert. 2017. (ENG.). 82p. (J). (gr. 3-5). pap. 20.95 *(978-0-9985254-2-6(1))* Independent Pub.

Bella & Kaylee's Christmas Wish. Stacey Jayne. 2021. (ENG.). 90p. (J). pap. *(978-0-473-60798-2(0))* Broadbent, Stacey.

Bella & the Beautific Butterfly. Stacey Jayne. 2019. (Children of Zealandia Ser.: Vol. 1). (ENG., Illus.). 96p. (J). pap. *(978-0-473-47314-3(3))* Broadbent, Stacey.

Bella & the Blue Genie. Jonathan Gould. Ed. by Lane Diamond. Illus. by Richard Tran. 2018. (ENG.). 44p. (J). (gr. k-3). pap. 10.95 *(978-1-62253-088-5(8))* Evolved Publishing.

Bella & the Bully. Catherine Lowery. Illus. by Maggie Brown. 2018. (ENG.). 52p. (J). pap. 11.95 *(978-0-9909310-8-9(0))* UCAN Publishing, LLC.

Bella & the Christmas Spellapillar. Rosalba Petrie. 2021. (ENG.). 36p. (J). pap. *(978-1-83975-728-0(0))* Grosvenor Hse. Publishing Ltd.

Bella & the Queen's Ponies Colouring Book. Cherise Arthur. Illus. by Kathrynn Parris. 2022. (ENG.). 38p. (J). pap. 8.00 ***(978-1-0879-1527-2(9))*** Indy Pub.

Bella & the Tooth Fairy. Genna Rowbotham. 2018. (ENG., Illus.). 32p. (J). *(978-1-78823-229-6(1))*; pap. *(978-1-78823-228-9(3))* Austin Macauley Pubs. Ltd.

Bella & the Voyaging House. Meg McKinlay. 2021. 112p. (J). (gr. 4-7). 9.95 *(978-1-76099-069-5(8))* Fremantle Pr. AUS. Dist: Independent Pubs. Group.

Bella & the Wandering House. Meg McKinlay. 2016. 80p. (J). (gr. k-2). 11.99 *(978-1-925162-30-1(3))* Fremantle Pr. AUS. Dist: Independent Pubs. Group.

Bella Bella. Jonathan London. Illus. by Sean London. 2016. (Aaron's Wilderness Ser.: 2). (ENG.). 180p. (gr. 3-5). (J). pap. 12.99 *(978-0-88240-923-8(9))*; (YA). 23.99 *(978-1-943328-33-8(1))* West Margin Pr. (West Winds Pr.).

Bella Bella Brush. Tamara Tobias. Illus. by Isabel Klein. 2018. (ENG.). 34p. (J). (gr. k-2). *(978-0-692-13947-9(8))*; pap. *(978-0-692-13047-6(0))* Bella Bks.

Bella Boop's Curly Loops. Courtney James. 2018. (ENG., Illus.). 26p. (J). *(978-0-359-13317-8(7))* Lulu Pr., Inc.

Bella Broomstick #1: Magic Mistakes. Lou Kuenzler. 2018. (Bella Broomstick Ser.: 1). (ENG., Illus.). 208p. (J). (gr. 3-7). 7.99 *(978-1-5247-6780-8(8)*, Random Hse. Bks. for Young Readers) Random Hse. Children's Bks.

Bella Broomstick #2: School Spells. Lou Kuenzler. 2019. (Bella Broomstick Ser.: 2). (ENG., Illus.). 224p. (J). (gr. 3-7). pap. 7.99 *(978-1-5247-6783-9(2)*, Random Hse. Bks. for Young Readers) Random Hse. Children's Bks.

Bella Bunny. Nina Koch. 2018. (ENG.). 38p. (J). 14.95 *(978-1-68401-761-4(0))* Amplify Publishing Group.

Bella Camilla: Poemetto (Classic Reprint) Piero Da Sienna. (FRE., Illus.). (J). 2018. 192p. 27.88 *(978-0-332-92333-8(9))*; 2017. pap. 10.57 *(978-0-282-14876-8(0))* Forgotten Bks.

Bella (Classic Reprint) Edward Charles Booth. 2018. (ENG., Illus.). 376p. (J). 31.65 *(978-0-483-93248-7(5))* Forgotten Bks.

Bella-Demonia. Selina Dolaro. 2017. (ENG.). 114p. (J). pap. *(978-3-337-34256-2(6))* Creation Pubs.

Bella-Demonia: A Dramatic Story (Classic Reprint) Selina Dolaro. (ENG., Illus.). (J). 2018. 112p. 26.21 *(978-0-483-60700-2(2))*; 2016. pap. 9.57 *(978-1-333-69317-6(6))* Forgotten Bks.

Bella Devient la Princesse Girafe. Christine Warugaba. Illus. by Valerie Bouthyette. 2019. (FRE.). 28p. (J). pap. *(978-99977-774-6-1(8))* FURAHA Pubs. Ltd.

Bella Donna. Robert Smythe Hichens. 2017. (ENG., Illus.). (J). 30.95 *(978-1-374-82560-4(3))*; pap. 21.95 *(978-1-374-82559-8(X))* Capital Communications, Inc.

Bella Donna: A Novel (Classic Reprint) Robert Smythe Hichens. 2018. (ENG., Illus.). 554p. (J). 35.32 *(978-0-666-98490-6(5))* Forgotten Bks.

Bella Donna: Too Many Spells. Ruth Symes. Illus. by Marion Lindsay. 2016. (ENG.). 192p. (J). (gr. 1-5). pap. 7.99 *(978-1-63450-155-2(1)*, Sky Pony Pr.) Skyhorse Publishing Co., Inc.

Bella Durmiente: un Cuento Moderno: Leveled Reader Book 12 Level I 6 Pack. Hmh Hmh. 2021. (SPA.). 24p. (J). pap. 74.40 *(978-0-358-08409-9(1))* Houghton Mifflin Harcourt Publishing Co.

Bella Finds Her Purpose. Yolanda Giacona & Victoria Jurewicz. 2020. (ENG., Illus.). 26p. (J). pap. *(978-1-927865-79-8(4))* WTL International.

Bella Gets Dressed: The Bella Lucia Series, Book 2. Kristina Lucia Pezza. Illus. by Kristina Lucia Pezza. 2022. (Bella Lucia Ser.). (ENG.). 72p. (J). 29.99 ***(978-1-959959-05-2(0))***; pap. 19.99 ***(978-1-959959-04-5(2))*** Curiously Created Bks.

Bella Gets Rescued. Ellie Wakeman. 2017. (ENG.). 34p. (J). pap. 14.99 ***(978-1-64960-491-0(2))*** Emerald Hse. Group, Inc.

Bella Joins the Service. Julie Ellis Williams. Illus. by Penny Weber. 2022. (ENG.). 36p. (J). (gr. k-5). 24.95 ***(978-1-951565-19-0(3))***; pap. 14.95 ***(978-1-951565-20-6(7))*** Brandylane Pubs., Inc. (Belle Isle Bks.).

Bella Learns to Read: The Bella Lucia Series, Book 3. Kristina Lucia Pezza. Illus. by Kristina Lucia Pezza. 2022. (Bella Lucia Ser.). (ENG.). 54p. (J). 29.99 ***(978-1-959959-08-3(5))***; pap. 19.99 ***(978-1-959959-06-9(9))*** Curiously Created Bks.

Bella Loves Bugs: A Fact-Filled Nature Adventure Bursting with Bugs! Jess French. Illus. by Duncan Beedie. 2022. (Nature Heroes Ser.: 2). (ENG.). 48p. (J). (gr. -1-2). ***(978-0-7112-6562-2(3)***, Happy Yak) Quarto Publishing Group UK.

Bella Loves to Fly! Alessandro Bozzo. Illus. by Pranisha Shrestha. 2022. (ENG.). 36p. (J). *(978-1-0391-1540-8(3))*; pap. *(978-1-0391-1539-2(X))* FriesenPress.

Bella Luna's Epic Save: A Tale about Being Different & Brave. Alysse Leite-Rogers. 2021. (ENG.). 26p. (J). *(978-0-2288-3803-6(7))*; pap. *(978-0-2288-3802-9(9))* Tellwell Talent.

Bella Mae Mittens. Linda M. Parker. 2021. (ENG., Illus.). 20p. (J). 24.95 *(978-1-0980-9014-2(4))*; pap. 13.95 *(978-1-0980-9012-8(8))* Christian Faith Publishing.

Bella Magoo's Magic Shampoo. Sandra de Freitas. 2022. (ENG.). 30p. (J). ***(978-0-2288-7547-5(1))***; pap. ***(978-0-2288-7546-8(3))*** Tellwell Talent.

Bella Needs a Friend. Darlene Kuertz. Illus. by Jason Fowler. 2022. (ENG.). 32p. (J). pap. 11.95 *(978-1-61493-809-5(1))* Peppertree Pr., The.

Bella Noelle's: Affirmations. Kimberly Brown. 2020. (ENG.). 28p. (J). pap. 6.00 *(978-1-0879-1672-9(0))* Indy Pub.

Bella Salvaje / la Belle Sauvage. Philip Pullman. Tr. by Dolors Gallart. 2020. (Libro de la Oscuridad / the Book of Dust Ser.). (SPA.). 450p. (J). (gr. 9-12). 19.95 *(978-84-17305-79-6(3))* Penguin Random House Grupo Editorial ESP. Dist: Penguin Random Hse. LLC.

Bella Santini in the Land of Everlasting Change. Angela Legh. 2021. (ENG.). 206p. (J). pap. 16.95 *(978-1-954968-08-0(6))* Waterside Pr.

Bella Santini in the Troll War. Angela Legh. 2021. (ENG.). 222p. (J). pap. 16.95 *(978-1-956503-20-3(X))* Waterside Pr.

Bella Sophia a Mermaid's Tale. Maxine Carlson. Illus. by Drew McSherry. 2019. (ENG.). 46p. (J). (gr. 1-6). 24.99 ***(978-0-578-46430-5(6))*** Huckleberry Hill Adventure LLC.

Bella the Bear Believes in Herself: Believing in Yourself, 1 vol. Corina Jeffries. 2019. (Social & Emotional Learning for the Real World Ser.). (ENG.). 8p. (gr. k-1). pap. *(978-1-7253-5345-9(8)*, 0a41d6e3-0032-4010-8ffa-9acaa0aef2e9, Rosen Classroom) Rosen Publishing Group, Inc., The.

Bella the Caterpillar. Teresa Cano. Illus. by Dulcie Hillenberg. 2022. (ENG.). 34p. (J). 24.95 *(978-1-63961-429-5(X))* Christian Faith Publishing.

Bella the Mermaid. Yanet Platt. 2017. (ENG., Illus.). 50p. (J). pap. *(978-1-387-28655-3(2))* Lulu Pr., Inc.

Bella the Scientist Goes to Outer Space. Silvana Spence & Isabella Spence. 2022. (ENG.). 58p. (J). 20.99 *(978-1-63988-250-2(2))* Primedia eLaunch LLC.

Bella the Scientist Goes to Outer Space. Silvana Spence et al. 2022. (ENG.). 58p. (J). pap. 13.99 *(978-1-63988-218-2(9))* Primedia eLaunch LLC.

Bella, the Shepherd Dog of Bethlehem. Nicholas Gravino. 2019. (ENG.). 30p. (J). pap. 9.99 *(978-0-578-48415-0(3))* Gravino, Nicholas.

Bella, the Wildlife Ambassador: Charles, the Crowded Cougar. Katherine Lange Dolan. Illus. by Judith Oksner. 2019. (Bella, the Wildlife Ambassador Ser.: Vol. 2). (ENG.). 64p. (J). (gr. 4-6). 29.00 ***(978-1-7339586-0-8(6))*** Dolan, Katie Lange.

Bella, the Wildlife Ambassador: Charles, the Crowded Cougar. Katie Dolan. 2019. (Bella, the Wildlife Ambassador Ser.: Vol. 2). (ENG., Illus.). 64p. (J). (gr. 4-6). pap. 29.00 ***(978-1-7339586-1-5(4))*** Dolan, Katie Lange.

Bella the Wonder Dog: What Bella Can Do! Ann Carpenter. 2019. (ENG.). 34p. (J). pap. *(978-0-359-84572-9(X))* Lulu Pr., Inc.

Bella y el Barista (Beauty & the Barista) Andy Mangels. Illus. by Lelo Alves. 2022. (Cuentos de Hadas Fracturados (Fractured Fairy Tales) Ser.). (SPA.). 32p. (J). (gr. 3-8). lib. bdg. 32.79 *(978-1-0982-3488-1(X)*, 39873, Graphic Planet - Fiction) Magic Wagon.

Bella y la Bestia: 3 Cuentros Predilectos de Alrededor Del Mundo. Cari Meister. Tr. by Aparicio Publishing Aparicio Publishing LLC. Illus. by Colleen Madden et al. 2020. (Cuentos Multiculturales Ser.).Tr. of Beauty & the Beast Stories Around the World. (SPA.). 32p. (J). (gr. k-2). pap. 6.95 *(978-1-5158-6072-3(8)*, 142292); lib. bdg. 29.99 *(978-1-5158-5714-3(X)*, 142075) Capstone. (Picture Window Bks.).

Bella y la Bestia. el Libro Encantado. Disney Disney. 2019. (ENG & SPA.). 376p. (J). pap. 11.95 *(978-607-07-3941-5(8)*, Planeta Publishing) Planeta Publishing Corp.

Bella y la Bestia. un Cuento Sobre la Empatía / Beauty & the Beast. a Story about Empathy: Libros para niños en Español. Helen Anderton. Illus. by Stuart Lynch. 2020. (Cuentos con Valores Ser.: 1). (SPA.). 20p. (J). (gr. -1-2). bds. 10.95 *(978-1-64473-174-1(6)*, Beascoa) Penguin Random House Grupo Editorial ESP. Dist: Penguin Random Hse. LLC.

Bella Your Budgeting Buddy Story & Activity Book. T. R. Illus. by Selena Campbell. 2021. (ENG.). 36p. (J). pap. 20.00 *(978-1-0879-8238-0(3))* Indy Pub.

Belladonna. Adalyn Grace. 2022. 408p. (YA). ***(978-0-316-52660-9(6))*** Little Brown & Co.

Belladonna. Adalyn Grace. (Belladonna Ser.: 1). (ENG.). (YA). (gr. 9-17). 2023. 432p. pap. 11.99 ***(978-0-316-15362-1(1))***; 2022. 416p. 18.99 *(978-0-316-15823-7(2))* Little, Brown Bks. for Young Readers.

Bellamy Rising. A. E. Snow. 2018. (ENG., Illus.). 228p. (YA). pap. 11.99 *(978-1-68291-627-8(8))* Soul Mate Publishing.

Bella's 3-Day Adventure. Rose Bone. Illus. by Suzanne Horwitz. 2017. (ENG.). (J). pap. 10.95 *(978-1-946753-25-0(4))* Avant-garde Bks.

Bella's Adventure: A Personal Adventure Where Bella Finds Courage & Inspiration. Sandy Foreman. 2022. (ENG., Illus.). 38p. (J). 19.95 ***(978-1-6624-8388-2(0))*** Page Publishing Inc.

Bella's Big Day. Jessica Posthumus. Illus. by Terry Posthumus. 2023. (ENG.). 30p. (J). pap. ***(978-1-988928-90-6(7))*** BayRidge Bks.

Bella's Big Girl Bed: The Bella Lucia Series, Book 1. Kristina Lucia Pezza. Illus. by Kristina Lucia Pezza. 2022. (Bella Lucia Ser.). (ENG.). 60p. (J). 27.99 ***(978-1-959959-01-4(8))***; pap. 19.99 ***(978-1-959959-00-7(X))*** Curiously Created Bks.

Bella's Big Girl Bike: The Bella Lucia Series, Book 4. Kristina Lucia Pezza. Illus. by Kristina Lucia Pezza. 2022. (Bella Lucia Ser.). (ENG.). 62p. (J). 29.99 ***(978-1-959959-11-3(5))***; pap. 19.99 ***(978-1-959959-10-6(7))*** Curiously Created Bks.

Bella's Big Move. Tara Lea Stewart. 2022. (ENG.). 28p. (J). *(978-1-0391-0934-6(9))*; pap. *(978-1-0391-0933-9(0))* FriesenPress.

Bella's Blessings. Cheryl Burke. 2020. (ENG.). 56p. (J). pap. 13.49 *(978-1-63129-402-0(4))* Salem Author Services.

Bella's Blue-Book: The Story of an Ugly Woman (Classic Reprint) Marie Calm. 2018. (ENG., Illus.). 314p. (J). 30.39 *(978-0-483-70376-6(1))* Forgotten Bks.

Bella's Brigade for Hope. Isabella Iannuzzi. 2021. 36p. (J). pap. 17.95 *(978-1-6678-0826-0(5))* BookBaby.

182

The check digit for ISBN-10 appears in parentheses after the full ISBN-13

Bella's Bubbles & Butterflies. Wanda Kay Knight. 2019. (ENG., Illus.). 28p. (J). pap. 12.95 *(978-1-64467-922-7(1))* Waldorf Publishing.

Bella's Butterfly: Over & over Again, 1 vol. Dalton Blaine. 2017. (Computer Science for the Real World Ser.). (ENG.). 16p. (gr. 2-3). pap. *(978-1-5383-5218-2(4),* 88988b46-208e-4e97-87f1-a3b7dc53c499, Rosen Classroom) Rosen Publishing Group, Inc., The.

Bella's Garden. Shontel Hawkins. 2022. (ENG.). 26p. (J). pap. 13.95 *(978-1-64349-530-9(5))* Christian Faith Publishing.

Bellas Glam. Bernadette Fields. 2019. (ENG.). 38p. (J). pap. *(978-0-359-52810-3(4))* Lulu Pr., Inc.

Bella's Meadow Adventure. Hannah Jardine & Clever Publishing. Illus. by Zoe Waring. 2020. (Animal Adventures Ser.). (ENG.). 10p. (J). (gr. -1 — 1). bds. 7.99 *(978-1-949998-58-0(4))* Clever Media Group.

Bella's New Digs. Nick Dyrenfurth. Illus. by Andrew McIntosh. 2021. (ENG.). 38p. (J). pap. *(978-1-922449-61-0(X))* Connor Court Publishing Pty Ltd.

Bella's Story: A Puppy Tale. W. Bruce Cameron. (Puppy Tale Ser.). (ENG., Illus.). 224p. (J). 2023. pap. 8.99 *(978-1-250-21277-1(4),* 900203756); 2020. 16.99 *(978-1-250-21276-4(6),* 900203755) Doherty, Tom Assocs., LLC. (Starscape).

Bella's Wish. Lucie Cote Contente. Illus. by Randini Senevirathna. l.t. ed. 2022. (ENG.). 26p. (J). 16.00 *(978-0-578-39890-7(7))* Gluten & Gluten Free Cooking in Perfect Har.

Bellashelly. Ariel Rebec. 2016. (ENG., Illus.). (J). 25.95 *(978-1-4808-3764-5(4));* pap. 16.95 *(978-1-4808-3763-8(6))* Archway Publishing.

Bellaterra. Arlett Stauche. 2018. (GER., Illus.). 124p. (J). pap. *(978-3-9817493-6-6(7))* Drexler., Nicoline Edition Sternsaphir.

Belle: Or, the Promised Blessing (Classic Reprint) Unknown Author. 2018. (ENG., Illus.). 182p. (J). 27.65 *(978-0-332-82349-2(0))* Forgotten Bks.

Belle: The Charming Gift. Ellie O'Ryan. Illus. by Chun Liu & Elisabetta Melaranci. 2017. (Disney Princess Ser.). (ENG.). 96p. (J). (gr. 2-6). lib. bdg. 31.36 *(978-1-5321-4120-1(3),* 26993, Chapter Bks.) Spotlight.

Belle & Boo: Friends Make Everything Better. Mandy Sutcliffe. 2018. (Belle & Boo Ser.). (ENG.). 32p. (J). (gr. -1-k). 9.99 ***(978-1-4083-3130-9(6),*** Orchard Bks.) Hachette Children's Group GBR. Dist: Hachette Bk. Group.

Belle & Cayenne Visit the Great State of Montana. Ellen Weisberg & Ken Yoffe. 2020. (ENG.). 44p. (J). pap. 6.99 *(978-1-64764-881-7(5))* Waldorf Publishing.

Belle & Cayenne Visit the Great State of Washington. Ellen Weisberg & Ken Yoffe. 2020. (ENG.). 44p. (J). pap. 6.99 *(978-1-64764-911-1(0))* Waldorf Publishing.

Belle & Lilly: Or, the Golden Rule: a Story for Girls (Classic Reprint) Unknown Author. 2018. (ENG., Illus.). 186p. (J). 27.73 *(978-0-484-32246-1(X))* Forgotten Bks.

Belle Assemblee, or Court & Fashionable Magazine, Vol. 6: Containing Interesting & Original Literature, & Records of the Beau-Monde, Embellished with Finely Executed Portraits; from July to December, 1827 (Classic Reprint) Unknown Author. 2017. (ENG., Illus.). (J). pap. 16.57 *(978-0-259-93789-0(4))* Forgotten Bks.

Belle Assemblée, or Court & Fashionable Magazine, Vol. 6: Containing Interesting & Original Literature, & Records of the Beau-Monde, Embellished with Finely Executed Portraits; from July to December, 1827 (Classic Reprint) Unknown Author. 2018. (ENG., Illus.). 378p. (J). 31.69 *(978-0-365-49346-4(5))* Forgotten Bks.

Belle Assemblee, Vol. 5: Being Bell's Court & Fashionable Magazine, for January 1812 (Classic Reprint) Unknown Author. 2018. (ENG., Illus.). 388p. (J). 31.90 *(978-0-483-46088-1(5))* Forgotten Bks.

Belle Au Bois Dormant (Classic Reprint) Charles Perrault. 2017. (FRE., Illus.). (J). pap. 9.57 *(978-0-243-89990-6(4))* Forgotten Bks.

Belle Bestioles: Initiation à la Musique Classique. Ana Gerhard. Illus. by Mauricio Gómez Morin. 2020. (ENG.). 72p. (J). (gr. 2-4). 16.95 *(978-2-924774-57-1(8))* Secret Mountain CAN. Dist: Independent Pubs. Group.

Belle Brittan on a Tour: At Newport, & Here & There (Classic Reprint) Hiram Fuller. (ENG., Illus.). (J). 2017. 362p. 31.38 *(978-0-332-50144-4(2));* 2016. pap. 13.97 *(978-1-333-46075-4(9))* Forgotten Bks.

Belle (Classic Reprint) Evelyn Whitaker. 2018. (ENG., Illus.). 250p. (J). 29.09 *(978-0-332-62376-4(9))* Forgotten Bks.

Belle Islers: A Novel (Classic Reprint) Richard Brinsley Newman. (ENG., Illus.). (J). 2018. 448p. 33.16 *(978-0-364-78544-7(6));* 2017. pap. 16.57 *(978-0-243-50273-8(7))* Forgotten Bks.

Belle Marie, Vol. 1 Of 2: A Romance (Classic Reprint) Rosa Mackenzie Kettle. (ENG., Illus.). (J). 2018. 312p. 30.33 *(978-0-483-40688-9(0));* 2016. pap. 13.57 *(978-1-333-41802-1(7))* Forgotten Bks.

Belle Marie, Vol. 2 Of 2: A Romance (Classic Reprint) Rosa Mackenzie Kettle. (ENG., Illus.). (J). 2019. 324p. 30.58 *(978-0-483-97962-8(7));* 2016. pap. 13.57 *(978-1-333-47361-7(3))* Forgotten Bks.

Belle Marshall Locke's Original Monologues & Sketches. Belle Marshall Locke. 2017. (ENG., Illus.). (J). pap. *(978-0-649-39611-5(1))* Trieste Publishing Pty Ltd.

Belle Marshall Locke's Original Monologues & Sketches (Classic Reprint) Belle Marshall Locke. (ENG., Illus.). (J). 2018. 94p. 25.86 *(978-0-365-42807-7(8));* 2017. pap. 9.57 *(978-0-259-36129-9(1))* Forgotten Bks.

Belle Morte. Bella Higgin. (Belle Morte Ser.: 1). (ENG.). 336p. (YA). 2023. pap. 12.99 *(978-1-990259-68-5(5),* 900277909); 2022. 18.99 *(978-1-989365-89-2(2),* 900252200) Wattpad Bks. CAN. Dist: Macmillan.

Belle Nivernaise. Alphonse Daudet. 2017. (ENG.). 344p. (J). pap. *(978-3-337-41313-2(7))* Creation Pubs.

Belle-Nivernaise. Alphonse Daudet & James Boielle. 2017. (ENG.). 112p. (J). pap. *(978-3-337-23265-8(5))* Creation Pubs.

Belle-Nivernaise: From Selected Stories; Prepared for Class Use (Classic Reprint) Alphonse Daudet. (ENG., Illus.). (J). 2018. 148p. 26.95 *(978-0-365-05919-6(6));* 2017. pap. 9.57 *(978-0-259-87750-9(6))* Forgotten Bks.

Belle-Nivernaise: The Story of a River Barge & Its Crew (Classic Reprint) Alphonse Daudet. 2018. (ENG., Illus.). (J). 116p. 26.29 *(978-0-366-30215-4(9));* 118p. pap. 9.57 *(978-0-366-30160-7(8));* 118p. 26.33 *(978-0-656-77120-2(8))* Forgotten Bks.

Belle Nivernaise: The Story of an Old Boat & Her Crew (Classic Reprint) Alphonse Daudet. (ENG., Illus.). (J). 2018. 350p. 31.14 *(978-0-666-15888-8(6));* 2017. 174p. 27.51 *(978-0-331-80096-8(9));* 2016. pap. 9.97 *(978-1-333-36231-7(5))* Forgotten Bks.

Belle o Becket's Lane: An American Novel (Classic Reprint) John Beatty. (ENG., Illus.). (J). 2018. 340p. 30.91 *(978-0-365-40392-0(X));* 2017. pap. 13.57 *(978-0-259-02800-0(2))* Forgotten Bks.

Belle of Australia: Or Who Am I? (Classic Reprint) William H. Thomes. 2018. (ENG., Illus.). 330p. (J). 30.72 *(978-0-483-70568-5(3))* Forgotten Bks.

Belle of Bowling Green (Classic Reprint) Amelia E. Barr. (ENG., Illus.). (J). 2018. 380p. 31.73 *(978-0-364-01457-8(1));* 2018. 366p. 31.45 *(978-0-483-85700-1(9));* 2017. pap. 16.57 *(978-0-243-51419-9(0))* Forgotten Bks.

Belle of Cairo: A New & Original Musical Play (Classic Reprint) Cecil Raleigh. 2018. (ENG., Illus.). 100p. (J). 26.04 *(978-0-484-11469-1(7))* Forgotten Bks.

Belle of the Ball. Mari Costa. 2023. (ENG., Illus.). 320p. (YA). 24.99 *(978-1-250-78413-1(1),* 900236947); pap. 17.99 *(978-1-250-78412-4(3),* 900236948) Roaring Brook Pr. (First Second Bks.).

Belle of the Bluegrass Country: Studies in Black & White (Classic Reprint) Hannah Daviess Pittman. (ENG., Illus.). (J). 2018. 474p. 33.67 *(978-0-364-55583-5(1));* 2017. pap. 16.57 *(978-0-259-21103-7(6))* Forgotten Bks.

Belle of the Bowery (Classic Reprint) Osgood Bradbury. 2018. (ENG., Illus.). (J). 98p. 25.94 *(978-0-483-67601-5(2));* 100p. pap. 9.57 *(978-0-483-67562-9(8))* Forgotten Bks.

Belle of the Village, Vol. 1 of 3 (Classic Reprint) John Mills. 2018. (ENG., Illus.). 302p. (J). 30.15 *(978-0-483-87031-4(5))* Forgotten Bks.

Belle of the Village, Vol. 2 of 3 (Classic Reprint) John Mills. 2018. (ENG., Illus.). 302p. (J). 30.13 *(978-0-267-20902-6(9))* Forgotten Bks.

Belle of Washington: A True Story of the Affections (Classic Reprint) N. P. Lasselle. (ENG., Illus.). (J). 2018. 356p. 31.26 *(978-0-666-78086-7(2));* 2016. pap. 13.97 *(978-1-334-14014-3(6))* Forgotten Bks.

Belle Oiseaux: Livre de Coloriage d'oiseaux Incroyable Pour Soulager le Stress Avec de Magnifiques Motifs D'oiseaux. Rhea Stokes. 2021. (FRE.). 68p. (YA). pap. 9.85 *(978-1-4466-7224-2(7))* Lulu Pr., Inc.

Belle-Plante & Cornelius (Classic Reprint) Claude Tillier. 2018. (ENG., Illus.). 292p. (J). 29.88 *(978-0-332-15810-5(1))* Forgotten Bks.

Belle Powers' Locket (Classic Reprint) Joanna Hooe Mathews. (ENG., Illus.). (J). 2018. 244p. 28.93 *(978-0-365-28618-9(4));* 2017. pap. 11.57 *(978-0-259-51598-2(1))* Forgotten Bks.

Belle Prater's Boy Novel Units Student Packet. Novel Units. 2019. (ENG.). (YA). pap. 13.99 *(978-1-58130-558-6(3),* NU5583SP, Novel Units, Inc.) Classroom Library Co.

Belle Révolte. Linsey Miller. 2020. (Illus.). 384p. (YA). (gr. 8-12). 17.99 *(978-1-4926-7922-6(4))* Sourcebooks, Inc.

Belle Sauvage, or a Progress Through the Beau-Monde, Vol. 2 Of 2: A Novel (Classic Reprint) M. Lyttleton. 2018. (ENG., Illus.). 252p. (J). 29.09 *(978-0-267-39193-6(5))* Forgotten Bks.

Belle Sauvage, Vol. 1 Of 2: Or a Progress Through the Beau-Monde, a Novel (Classic Reprint) Lyttleton Lyttleton. 2018. (ENG., Illus.). 288p. (J). 29.71 *(978-0-484-49415-1(5))* Forgotten Bks.

Belle Scott: Or Liberty Overthrown! a Tale for the Crisis (Classic Reprint) John Jolliffe. 2017. (ENG., Illus.). (J). 32.68 *(978-1-5264-5386-8(7))* Forgotten Bks.

Belle, the Last Mule at Gee's Bend: A Civil Rights Story. Calvin Alexander Ramsey & Bettye Stroud. Illus. by John Holyfield. 2016. (ENG.). 32p. (J). (gr. k-3). 8.99 *(978-0-7636-8769-4(3))* Candlewick Pr.

Belle, the Last Mule at Gee's Bend: A Civil Right's Story. Calvin Alexander Ramsey & Bettye Stroud. ed. 2016. lib. bdg. 18.40 *(978-0-606-37938-0(X))* Turtleback.

Bellegarde. Jamie Lilac. 2023. (ENG.). 320p. (YA). (gr. 8). pap. 15.99 ***(978-0-06-323839-8(X),*** HarperTeen) HarperCollins Pubs.

Bellen Woodard: More Than Peach: Change the World, 1 vol. Bellen Woodard. Illus. by Lucia Types. 2023. (ENG.). 64p. (J). (gr. 4-7). 12.99 *(978-1-338-85164-9(0))* Scholastic, Inc.

Bellenger's One Hundred Choice Fables, Imitated from la Fontaine, for the Use of Children, & All Persons Beginning to Learn the French Language, with a Dictionary of the Words & Idiomatic Phrases Grammatically Explained: To Which Is Added a Key to The. William A. Bellenger. 2018. (ENG., Illus.). (J). 162p. 27.26 *(978-0-365-04866-4(6));* 164p. pap. 9.97 *(978-0-666-86837-4(9))* Forgotten Bks.

Bellerophon. Kathryn Sargeant. 2021. (ENG.). 105p. (YA). pap. ***(978-1-105-46168-2(8))*** Lulu Pr., Inc.

Belles. Dhonielle Clayton. (Belles Ser.). (ENG.). (YA). (gr. 7-12). 2023. 480p. pap. 11.99 *(978-1-368-07095-9(7));* 2019. 464p. pap. 10.99 *(978-1-4847-3251-9(0))* Disney Publishing Worldwide. (Disney-Hyperion).

Belle's Christmas Surprise. Carrie Joy Schafer Krause. 2020. (ENG.). 34p. (J). *(978-0-2288-3098-6(2));* pap. *(978-0-2288-3097-9(4))* Tellwell Talent.

Belle's Discovery. Disney Editors. ed. 2017. (Disney Princess Beginnings Ser.). lib. bdg. 17.20 *(978-0-606-39856-5(2))* Turtleback.

Belles Fleurs Livre de Coloriage: Livre de Coloriage de Fleurs Incroyable Pour Adultes, Filles et Adolescents, Art Créatif Avec 45 Motifs Floraux Inspirants. Rhea Stokes. 2021. (FRE.). 88p. (YA). pap. 10.69 *(978-1-008-92973-9(5))* Lulu Pr., Inc.

Belle's Friendship Invention / Tiana's Friendship Fix-Up. Disney Editors. ed. 2016. (Disney Princess 8x8 Ser.). lib. bdg. 16.00 *(978-0-606-39853-4(8))* Turtleback.

Belle's Journey: An Osprey Takes Flight. Rob Bierregaard. Illus. by Kate Garchinsky. 2018. 112p. (J). (gr. 2-5). 19.99 *(978-1-58089-792-1(4))* Charlesbridge Publishing, Inc.

Belles Lettres, 1935, Vol. 1: An Annual Anthology of Student Writing (Classic Reprint) Robert H. Rankin. (ENG., Illus.). (J). 2018. 352p. 31.16 *(978-0-428-79099-8(2));* 2017. pap. 13.57 *(978-1-334-90448-6(0))* Forgotten Bks.

Belles of Baseball: The All-American Girls Professional Baseball League. Nel Yomtov. 2017. (Hidden Heroes Ser.). (ENG., Illus.). 112p. (J). (gr. 6-12). lib. bdg. 41.36 *(978-1-68078-386-5(6),* 23537, Essential Library) ABDO Publishing Co.

Belle's Playful Puppy. Amy Sky Koster. ed. 2022. (Step into Reading Ser.). (ENG.). 24p. (J). (gr. k-1). 16.96 ***(978-1-68505-309-3(2))*** Penworthy Co., LLC, The.

Belle's Playful Puppy (Disney Princess: Palace Pets) RH Disney. Illus. by RH Disney. 2022. (Step into Reading Ser.). (ENG., Illus.). 24p. (J). (gr. -1-1). 5.99 *(978-0-7364-4258-9(8),* RH/Disney) Random Hse. Children's Bks.

Belle's Special Assignment. Sally Robinson. 2020. (ENG., Illus.). 56p. (YA). 25.95 *(978-1-64701-944-0(3))* Page Publishing Inc.

Belle's Story. Wanda Fowler. 2020. (ENG., Illus.). 26p. (J). pap. 13.95 *(978-1-64670-532-0(7))* Covenant Bks.

Belle's Story Collection (Disney Beauty & the Beast) RH Disney. Illus. by RH Disney. 2017. (Step into Reading Ser.). (ENG., Illus.). 160p. (J). (gr. -1-1). pap. 7.99 *(978-0-7364-3916-9(1),* RH/Disney) Random Hse. Children's Bks.

Belle's Tale. Illus. by Studio Studio Dice. 2017. (Disney Manga: Beauty & the Beast - Belle's Tale Ser.: 1). 176p. (J). (gr. 3-1). pap. 10.99 *(978-1-4278-5683-8(4),* c14dec26-40b1-48cd-a2c3-a14d6341f56b, TOKYOPOP Manga) TOKYOPOP, Inc.

Belleview: A Story of the South from 1860 to 1865 (Classic Reprint) John E. Davis. (ENG., Illus.). (J). 2018. 362p. 31.38 *(978-0-483-36912-2(8));* 2016. pap. 13.97 *(978-1-334-17593-0(4))* Forgotten Bks.

Belleview Times: A Novel. J. E. JAMES. 2023. (ENG.). 170p. (YA). pap. ***(978-1-312-39169-7(3))*** Lulu Pr., Inc.

Bellevue Sketches & Others (Classic Reprint) Helen Clark Balmer. (ENG., Illus.). (J). 2018. 80p. 25.55 *(978-0-483-05168-3(3));* 2017. pap. 9.57 *(978-0-259-46268-2(3))* Forgotten Bks.

Bellie Bear Bart the Little Dog with the Big Heart. Janice Preston. 2018. (ENG., Illus.). 38p. (J). pap. 13.95 *(978-1-64082-641-0(6))* Page Publishing Inc.

Bellies. Katrine Crow. (ENG.). (J). (gr. -1-1). 2023. 32p. pap. 6.99 *(978-1-4867-2645-5(3),* 980d0d24-d96c-4a4d-9293-96f85d3e9d6f); 2020. 20p. bds. 7.99 *(978-1-4867-1818-4(3),* c101060c-b2ab-4404-9626-a11366db97a3) Flowerpot Pr.

Belling the Cat. Mary Berendes. Illus. by Dawn Beacon. 2022. (Aesop's Fables: Timeless Moral Stories Ser.). (ENG.). 24p. (J). (gr. k-3). 32.79 *(978-1-5038-5862-6(6),* 215728) Child's World, Inc, The.

Bello the Cello. Dennis Mathew. Illus. by Samantha Kickingbird & Justin Stier. 2019. (ENG.). 36p. (J). (gr. k-4). pap. 12.00 *(978-1-64516-670-2(8));* 22.95 *(978-1-64440-055-5(3))* Primedia eLaunch LLC.

Bellos Pajaritos Cuaderno de Rayas. Patricia Arquioni. 2022. (SPA.). 100p. pap. *(978-1-387-99943-9(5))* Lulu Pr., Inc.

Bells: A Romantic Story (Classic Reprint) Erckmann-Chatrian Erckmann-Chatrian. 2018. (ENG., Illus.). 126p. (J). 26.52 *(978-0-332-89348-8(0))* Forgotten Bks.

Bells Across the Snow. Frances Ridley Havergal. 2017. (ENG., Illus.). (J). pap. *(978-0-649-16524-7(1))* Trieste Publishing Pty Ltd.

Bells (Classic Reprint) Edgar Poe. (ENG., Illus.). (J). 2018. 48p. 24.89 *(978-0-428-98676-6(5));* 2017. 24.91 *(978-0-266-26885-7(4));* 2016. pap. 9.57 *(978-1-333-24882-6(2))* Forgotten Bks.

Bell's Diary 3rd Grade. Julie Mayer. 2019. (ENG.). 144p. (J). pap. 36.95 *(978-1-64350-193-2(3))* Page Publishing Inc.

Bell's Knock Knock Birthday. George Parker. Illus. by Sam Orchard. 2017. (ENG.). 28p. (J). (gr. -1 — 1). 15.95 *(978-1-7750840-2-0(7))* Flamingo Rampant! CAN. Dist: Orca Bk. Pubs. USA.

Bell's Life Lesson. Nicole Tukahirwa. 2017. (ENG., Illus.). 28p. (J). *(978-1-387-21742-7(9))* Lulu Pr., Inc.

Bells of Elkton Goes Roller Skating. Victoria Grayson & Leroy Grayson. Illus. by Leroy Grayson. 2022. (ENG.). 44p. (J). pap. 14.99 ***(978-1-954425-60-6(0))*** Jazzy Kitty Pubns.

Bells of Freiburg: A Christmas Tale (Classic Reprint) Gottfried Bensel. (ENG., Illus.). (J). 2018. 136p. 26.70 *(978-0-484-53948-7(5));* 2017. pap. 9.57 *(978-0-243-56537-5(2))* Forgotten Bks.

Bells of Ninst & Tales. S. Tyson Gardner. 2022. (ENG.). 302p. (YA). ***(978-1-387-63137-7(3));*** pap. ***(978-1-387-78837-8(X))*** Lulu Pr., Inc.

Bells of San Juan (Classic Reprint) Jackson Gregory. 2018. (ENG., Illus.). 358p. (J). 31.30 *(978-0-483-07001-1(7))* Forgotten Bks.

Bells of St. John's (Classic Reprint) Grace S. Richmond. (ENG., Illus.). (J). 2018. 64p. 25.24 *(978-0-365-23656-6(X));* 2017. pap. 9.57 *(978-0-259-10105-5(2))* Forgotten Bks.

Bells of St. Stephen's (Classic Reprint) Marian Keith. 2018. (ENG., Illus.). 342p. (J). 30.97 *(978-0-267-47088-4(6))* Forgotten Bks.

Bells of the Blue Pagoda: The Strange Enchantment of a Chinese Doctor (Classic Reprint) Jean Carter Cochran. 2017. (ENG., Illus.). (J). 30.21 *(978-0-266-27673-9(3))* Forgotten Bks.

Bell's Policy. Kendra K. Ham. 2021. (Medical Adventures with Dr. Andrea Ser.). (ENG.). 38p. (J). 18.99 *(978-1-0879-7105-6(5))* Opportune Independent Publishing Co.

Belluna's Big Adventure in the Sky: A Dance-It-Out Creative Movement Story for Young Movers. Once Upon A Dance. Illus. by Stella Mongodi. 2021. (ENG.). 40p. (J). 24.99 *(978-1-955555-09-8(5));* pap. 9.99 *(978-1-955555-07-4(9))* Once Upon a Dance.

Belly Breathe. Leslie Kimmelman. Illus. by Lindsey Dale-Scott. 2018. (ENG.). 22p. (J). (gr. -1 — 1). bds. 8.99 *(978-0-8075-2167-0(1),* 807521671) Whitman, Albert & Co.

Belly Button Bandits. Phil Renzoni & Adam Vanderkoff. Ed. by Anna Maria Parise. 2020. (ENG.). 40p. (J). *(978-1-5255-9013-9(8));* pap. *(978-1-5255-9012-2(X))* FriesenPress.

Belly Button Book! Sandra Boynton. Illus. by Sandra Boynton. 2023. (Boynton on Board Ser.). (ENG., Illus.). 24p. (J). (gr. -1-k). bds., bds. 7.99 *(978-1-6659-2505-1(1))* Simon & Schuster Children's Publishing.

Belly Button Book! Oversized Lap Board Book. Sandra Boynton. Illus. by Sandra Boynton. 2023. (Boynton on Board Ser.). (ENG., Illus.). 24p. (J). (gr. -1-k). bds., bds. 12.99 ***(978-1-6659-2506-8(X))*** Simon & Schuster Children's Publishing.

Belly Button Express. Amy DeSpain. Illus. by Jocie Salveson. 2022. (ENG.). 40p. (J). 19.99 *(978-1-956357-41-7(6));* pap. 12.99 *(978-1-956357-46-2(7))* Lawley Enterprises.

Belly Laugh Beach Jokes for Pirates & Mermaids: 350 Hilarious Jokes! Sky Pony Sky Pony Press. 2020. 128p. (J). (-7). 9.99 *(978-1-5107-5863-6(1),* Sky Pony Pr.) Skyhorse Publishing Co., Inc.

Belly Laugh Brilliant Jokes for Smart Kids: 350 Genius Jokes! Sky Pony Sky Pony Press. 2020. 128p. (J). (-7). 9.99 *(978-1-5107-5490-4(3),* Sky Pony Pr.) Skyhorse Publishing Co., Inc.

Belly Laugh Fart Jokes for Kids: 350 Hilarious Fart Jokes. Sky Pony Press. Illus. by Alex Paterson. 2018. (ENG.). 128p. (J). (gr. k-7). 9.99 *(978-1-5107-3361-9(2),* Sky Pony Pr.) Skyhorse Publishing Co., Inc.

Belly Laugh Hilarious School's Out for Summer Jokes for Kids: 350 Hilarious Summer Jokes! Sky Pony Press. 2019. (ENG.). 128p. (J). (gr. k-7). 9.99 *(978-1-5107-4322-9(7),* Sky Pony Pr.) Skyhorse Publishing Co., Inc.

Belly Laugh Hysterical Schoolyard Riddles & Puns for Kids: 350 Hysterical Riddles & Puns! Sky Pony Press. 2019. (ENG., Illus.). 128p. (J). (gr. k-7). 9.99 *(978-1-5107-4323-6(5),* Sky Pony Pr.) Skyhorse Publishing Co., Inc.

Belly Laugh Riddles & Puns for Kids: 350 Hilarious Riddles & Puns. Sky Pony Editors. Illus. by Bethany Straker. 2016. (ENG.). 144p. (J). (gr. k). 9.99 *(978-1-5107-1198-3(8),* Sky Pony Pr.) Skyhorse Publishing Co., Inc.

Belly Laugh Totally Terrific Tongue Twisters for Kids: 350 Terribly Tangled Tongue Twisters! Sky Pony Press. 2020. (ENG., Illus.). 128p. (J). (-7). 9.99 *(978-1-5107-5489-8(X),* Sky Pony Pr.) Skyhorse Publishing Co., Inc.

Belly of the Beast. Joshua Williamson. 2017. (ENG., Illus.). 112p. (YA). pap. 12.99 *(978-1-5343-0218-1(2),* 0a41e31a-0dd2-4fb8-a0e9-50c5c0214c82) Image Comics.

Belly of the Beast (the Fabled Stables Book #3) Jonathan Auxier. Illus. by Olga Demidova. (Fabled Stables Ser.). (ENG.). 96p. (J). (gr. 1-4). 2023. pap. 7.99 *(978-1-4197-4275-0(2),* 1682103, Amulet Bks.); 2022. 12.99 *(978-1-4197-4274-3(4),* 1682101) Abrams, Inc.

Belly on the Water. Deangelo L. Jelks. Illus. by Wendy Reed. 2023. (ENG.). 34p. (J). pap. ***(978-1-312-61085-9(9))*** Lulu Pr., Inc.

Belly Up. Eva Darrows. 2019. (ENG.). 352p. (YA). 18.99 *(978-1-335-01235-7(4))* Harlequin Enterprises ULC CAN. Dist: HarperCollins Pubs.

Bellybutton Fuzz & Other Poems to Ponder. Ronnie Sellers. 2021. (ENG., Illus.). 64p. (J). 14.95 *(978-1-5319-1482-0(9))* Sellers Publishing, Inc.

Belmour, Vol. 1 Of 3: A Novel (Classic Reprint) Anne Seymour Conway. (ENG., Illus.). (J). 2018. 262p. 29.30 *(978-0-267-32004-2(3));* 2016. pap. 11.97 *(978-1-333-48542-9(5))* Forgotten Bks.

Belmour, Vol. 2 Of 3: A Novel (Classic Reprint) Anne Seymour Damer. (ENG., Illus.). (J). 2018. 30.29 *(978-0-332-00670-3(0));* 2016. pap. 13.57 *(978-1-334-12489-1(2))* Forgotten Bks.

Beloit Pageant from the Turtle Pageant: To the Flaming Wheel (Classic Reprint) Theodore Lyman Wright. 2018. (ENG., Illus.). 50p. (J). 24.93 *(978-0-484-65645-0(7))* Forgotten Bks.

Belonging Tree. Maryann Cocca-Leffler. Illus. by Kristine A. Lombardi. 2020. (ENG.). 40p. (J). 18.99 *(978-1-250-30513-8(6),* 900197497, Holt, Henry & Co. Bks. For Young Readers) Holt, Henry & Co.

Beloved. Skyliar Crawford. 2016. (ENG., Illus.). (J). pap. 17.94 *(978-1-329-81654-1(4))* Lulu Pr., Inc.

Beloved. Alison Rattle. 2016. (ENG.). 304p. (YA). (gr. 11). pap. 12.99 *(978-1-4714-0379-8(3))* Bonnier Publishing GBR. Dist: Independent Pubs. Group.

Beloved: 365 Devotions for Young Women, 1 vol. Zondervan Staff. 2018. (ENG.). 384p. (YA). 16.99 *(978-0-310-76277-5(4))* Zondervan.

Beloved Adventurer (Classic Reprint) Emmett Campbell Hall. 2018. (ENG., Illus.). 174p. (J). 27.51 *(978-0-267-17588-8(4))* Forgotten Bks.

Beloved; an Iowa Boy in the Jungles of Africa: Charles Warner Mccleary, His Life, Letters & Work (Classic Reprint) A. W. Halsey. (ENG., Illus.). (J). 2018. 334p. 30.79 *(978-0-267-47705-0(8));* 2016. pap. 13.57 *(978-1-334-49683-7(8))* Forgotten Bks.

Beloved Anime Worlds Brought to Life Coloring Book. Activibooks For Kids. 2016. (ENG., Illus.). (J). pap. 9.20 *(978-1-68321-161-7(8))* Mimaxion.

Beloved Captain; the Honor of the Brigade; an Englishman Prays (Classic Reprint) Donald Hankey. 2017. (ENG., Illus.). (J). 24.85 *(978-0-265-27777-5(9))* Forgotten Bks.

Beloved Night. Rachel Devenish Ford. 2020. (ENG.). 322p. (YA). pap. 15.99 *(978-0-578-78882-1(9))* Small Seed Pr.

Beloved Sinner (Classic Reprint) Rachel Swete MacNamara. (ENG., Illus.). (J). 2018. 360p. 31.32 *(978-0-483-79568-6(2));* 2016. pap. 13.97 *(978-1-334-29159-3(4))* Forgotten Bks.

Beloved Son (Classic Reprint) Fanny Kemble Johnson. 2018. (ENG., Illus.). 416p. (J). 32.50 *(978-0-483-27124-1(1))* Forgotten Bks.

B

Beloved Vagabond (Classic Reprint) William J. Locke. 2017. (ENG., Illus.). (J). 30.33 *(978-0-266-21496-0(7))* Forgotten Bks.

Beloved Wild. Melissa Ostrom. 2018. (ENG.). 320p. (YA). 29.99 *(978-1-250-13279-6(7),* 900177171) Feiwel & Friends.

Beloved Woman (Classic Reprint) Unknown Author. 2018. (ENG., Illus.). 368p. (J). 31.51 *(978-0-267-23745-6(6))* Forgotten Bks.

Beloved World of Sonia Sotomayor. Sonia Sotomayor. 352p. (J). (gr. 5). 2019. (ENG.). 10.99 *(978-1-5247-7117-1(1),* Yearling); 2018. (Illus.). 17.99 *(978-1-5247-7114-0(7),* Delacorte Bks. for Young Readers) Random Hse. Children's Bks.

Below: Broken Sky Chronicles, Book 1. Jason Chabot. 2016. (Broken Sky Chronicles Ser.: 1). (ENG.). 308p. (YA). 29.95 *(978-1-68162-602-4(0));* pap. 16.95 *(978-1-68162-601-7(2))* Turner Publishing Co.

Below & on Top (Classic Reprint) Edward Dyson. (ENG., Illus.). (J). 2018. 356p. 31.24 *(978-0-267-53945-1(2));* 2016. pap. 13.97 *(978-1-333-36736-7(8))* Forgotten Bks.

Below Bartle Frere. Christopher Cummings. 2023. (ENG.). 292p. (J). pap. ***(978-0-6456384-2-4(0))*** DoctorZed Publishing.

Below the High School: Printed As Manuscript, for the Use of the Students of the Illinois State Normal University (Classic Reprint) Charles Degarmo. (ENG., Illus.). (J). 2018. 66p. 25.26 *(978-0-267-70632-7(4));* 2017. pap. 9.57 *(978-0-259-48051-8(7))* Forgotten Bks.

Below the Sand. Laura B. Dubale. Illus. by Vikkireds. 2022. (ENG.). 32p. (J). pap. *(978-0-2288-7887-2(X))* Tellwell Talent.

Below the Surface. Allison Finley. 2023. (Orca Currents Ser.). (ENG.). 112p. (J). (gr. 4-7). pap. 10.95 *(978-1-4598-3453-8(4))* Orca Bk. Pubs. USA.

Below the Surface, Vol. 1 of 3 (Classic Reprint) Arthur Hallam Elton. 2018. (ENG., Illus.). 298p. (J). 30.04 *(978-0-483-77562-6(2))* Forgotten Bks.

Below the Surface, Vol. 2 Of 3: A Story of English Country Life (Classic Reprint) Arthur Hallam Elton. 2017. (ENG., Illus.). 300p. (J). 30.10 *(978-0-332-74945-7(2))* Forgotten Bks.

Below the Surface, Vol. 3 Of 3: A Story of English Country Life (Classic Reprint) Arthur Hallam Elton. 2017. (ENG., Illus.). (J). 30.97 *(978-0-265-17076-2(1))* Forgotten Bks.

Belshazzar Court: Or Village Life in New York City (Classic Reprint) Simeon Strunsky. 2018. (ENG., Illus.). 206p. (J). 28.15 *(978-0-428-69588-0(4))* Forgotten Bks.

Belshazzar Court; or, Village Life in New York City. Simeon Strunsky. 2017. (ENG., Illus.). (J). pap. *(978-0-649-26899-3(7))* Trieste Publishing Pty Ltd.

Belshazzar Court or Village Life in New York City (Classic Reprint) Simeon Strunsky. 2018. (ENG., Illus.). 322p. (J). 30.56 *(978-0-267-23248-2(9))* Forgotten Bks.

Belt of Truth. Theresa Linden. 2019. (Armor of God Ser.: Vol. 1). (ENG., Illus.). 116p. (J). pap. 5.99 *(978-0-9976747-8-1(4))* Silver Fire Publishing.

Belted Seas (Classic Reprint) Arthur Colton. 2018. (ENG., Illus.). 326p. (J). 30.62 *(978-0-267-47272-7(2))* Forgotten Bks.

Beluga Sturgeons. Grace Hansen. 2018. (Super Species Ser.). (ENG., Illus.). 24p. (J). (gr. -1-2). lib. bdg. 32.79 *(978-1-5321-0822-8(2),* 28205, Abdo Kids) ABDO Publishing Co.

Beluga Whale. Rachel Anne Cantor. 2016. (Weird but Cute Ser.). (ENG., Illus.). 24p. (J). (gr. -1-3). 26.99 *(978-1-62724-851-8(X))* Bearport Publishing Co., Inc.

Beluga Whale Learning Activity Booklet for Kids! Beth Costanzo. 2021. (ENG.). 26p. (J). pap. 6.99 *(978-1-0879-5708-1(7))* Adventures of Scuba Jack Pubs., The.

Beluga Whales, 1 vol. Kathy Furgang. 2019. (Life at the Poles Ser.). (ENG.). 24p. (J). (gr. 2-2). pap. 10.35 *(978-1-9785-1205-4(8),* 4c44ee71-a3d5-42dc-a9dc-e3f63b341b14) Enslow Publishing, LLC.

Beluga Whales. Elizabeth R. Johnson. 2016. (Sea Life Ser.). (ENG., Illus.). 24p. (J). (gr. -1-2). lib. bdg. 27.32 *(978-1-5157-2081-2(0),* 132683, Capstone Pr.) Capstone.

Beluga Whales. Angela Lim. 2021. (Giants of the Sea Ser.). (ENG., Illus.). 32p. (J). (gr. 2-3). pap. 9.95 *(978-1-63738-037-6(2));* lib. bdg. 31.35 *(978-1-63738-001-7(1))* North Star Editions. (Apex).

Beluga Whales. Julie Murray. 2019. (Animal Kingdom Ser.). (ENG.). 32p. (J). (gr. 2-5). lib. bdg. 34.21 *(978-1-5321-1616-2(0),* 32343, Big Buddy Bks.) ABDO Publishing Co.

Beluga Whales. Betsy Rathburn. 2020. (Animals of the Arctic Ser.). (ENG., Illus.). 24p. (J). (gr. k-3). lib. bdg. 26.95 *(978-1-64487-212-3(9),* Blastoff! Readers) Bellwether Media.

Beluga Whales. Leo Statts. 2016. (Polar Animals Ser.). (ENG.). 24p. (J). (gr. -1-2). 49.94 *(978-1-68079-354-3(3),* 22975, Abdo Zoom-Launch) ABDO Publishing Co.

Beluga Whales, Grizzly Tales, & More Alaska Kidsnacks: Fun Recipes for Cooking with Kids. Alice Bugni. Illus. by Erik Brooks. 2016. (Paws IV Ser.). 32p. (J). (gr. -1-2). pap. 10.99 *(978-1-57061-999-1(9),* Little Bigfoot) Sasquatch Bks.

Ben & Hana: Guardians of the Guineas. Tami Johnson. 2019. (ENG., Illus.). 34p. (J). 21.95 *(978-1-64300-962-9(1));* pap. 11.95 *(978-1-64300-961-2(3))* Covenant Bks.

Ben & Hana: In Saving Noname. Tami Johnson. 2020. (ENG., Illus.). 34p. (J). 19.95 *(978-1-64670-226-8(3));* pap. 12.95 *(978-1-64670-225-1(5))* Covenant Bks.

Ben & His Magic Car, a Bedtime Story. Debbie Brewer. 2020. (ENG.). 49p. (J). pap. *(978-1-716-49184-9(3))* Lulu Pr., Inc.

Ben & Marty: A Forest Day. Vicki Schofield. Illus. by Vicki Schofield. 2020. (Ben & Marty Ser.: Vol. 3). (ENG., Illus.). 36p. (J). pap. *(978-1-9990033-4-0(9))* Schofield, Vicki.

Ben & Marty: A Merry Marty Christmas. Vicki Schofield. 2020. (ENG., Illus.). 38p. (J). pap. *(978-1-9990033-6-4(5))* Schofield, Vicki.

Ben & Marty: A Rainy Day Parade. Vicki Schofield. Illus. by Vicki Schofield. I.t. ed. 2020. (ENG.). 36p. (J). pap. *(978-1-9990033-5-7(7))* Schofield, Vicki.

Ben & Marty: An Eggomatic Day. Vicki Schofield. Illus. by Vicki Schofield. 2020. (ENG., Illus.). 36p. (J). pap. *(978-1-9990033-7-1(3))* Schofield, Vicki.

Ben & Marty: Antivirus Heroes. Vicki Schofield. 2020. (ENG.). 34p. (J). pap. *(978-1-9990033-9-5(X))* Schofield, Vicki.

Ben & the Amazing Animal Adventure. Denise Ammeraal Furlong & Sarah Szamreta Tang. Illus. by Leslie Daly. 2023. (ENG.). 48p. (J). pap. 15.99 ***(978-1-959347-14-9(4))*** EduMatch.

Ben & the Dinosaur. Print on Demand. 2021. (ENG.). 22p. (J). pap. *(978-0-6398323-0-2(X))* Pro Christo Publications.

Ben & the Scaredy-Dog. Sarah Ellis. Illus. by Kim La Fave. 2018. (ENG.). 32p. (J). (gr. -1-1). 17.95 *(978-1-77278-044-4(8))* Pajama Pr. CAN. Dist: Publishers Group West (PGW).

Ben Beagle Plays. Donna F. Slaton. 2016. (Illus.). 32p. (J). (gr. -1-1). 18.99 *(978-1-937008-43-7(6))* Heart to Heart Publishing, Inc.

Ben Blair: The Story of a Plainsman (Classic Reprint) William Otis Lillibridge. 2017. (ENG., Illus.). (J). 31.20 *(978-1-5285-3383-6(6))* Forgotten Bks.

Ben Braver & the Incredible Exploding Kid. Marcus Emerson. Illus. by Marcus Emerson. 2020. (Ben Braver Ser.: 2). (ENG., Illus.). 352p. (J). pap. 8.99 *(978-1-250-23341-7(0),* 900180486) Square Fish.

Ben Braver & the Vortex of Doom. Marcus Emerson. Illus. by Marcus Emerson. 2021. (Ben Braver Ser.: 3). (ENG.). 320p. (J). pap. 7.99 *(978-1-250-76323-5(1),* 900180488) Square Fish.

Ben Can Run & Sam Is Fun. Robin Twiddy & Rod Barkman. Illus. by Drue Rintoul & Paula Ramos. 2023. (Level 1 - Pink Set Ser.). (ENG.). 32p. (J). (gr. k-1). lib. bdg. 19.95 Bearport Publishing Co., Inc.

Ben Comee: A Tale of Rogers's Rangers 1758-1759 (Classic Reprint) M. J. Canavan. 2018. (ENG., Illus.). 290p. (J). 29.90 *(978-0-484-42937-5(X))* Forgotten Bks.

Ben en Die Dinosourus. Print on Demand. 2021. (AFR.). 22p. (J). pap. *(978-0-6398323-1-9(8))* Pro Christo Publications.

Ben Franklin, 1 vol. Sarah Gilman. 2016. (Explore Colonial America Ser.). (ENG., Illus.). 48p. (gr. 4-5). 29.60 *(978-0-7660-7873-4(6),* 42aeadd0-ba2b-4e55-9437-cc525a643fff) Enslow Publishing, LLC.

Ben Franklin. Stephen Krensky. Illus. by Bobbie Houser. 2022. (Before They Were Famous Ser.). (ENG.). 32p. (J). (gr. 3-5). pap. *(978-1-0396-6252-0(8),* 19302); lib. bdg. *(978-1-0396-6057-1(6),* 19301) Crabtree Publishing Co.

Ben Franklin: Inventing America. Thomas Fleming. 2017. (Great Leaders & Events Ser.). (ENG., Illus.). 208p. (J). (gr. 4-8). lib. bdg. 35.99 *(978-1-942875-23-9(1),* ddb56499-e1ab-4552-9b39-62486bda3151, Voyageur Pr.) Quarto Publishing Group USA.

Ben Franklin: Leveled Reader Book 41 Level K 6 Pack. Hmh Hmh. 2021. (SPA.). 16p. (J). pap. 74.40 *(978-0-358-08352-8(4))* Houghton Mifflin Harcourt Publishing Co.

Ben Franklin Thinks Big. Sheila Keenan. Illus. by Gustavo Mazali. 2018. (I Can Read Level 2 Ser.). (ENG.). 32p. (J). (gr. -1-3). 16.99 *(978-0-06-243264-3(8));* pap. 4.99 *(978-0-06-243263-6(X))* HarperCollins Pubs. (HarperCollins).

Ben Franklin's in My Bathroom! Candace Fleming. Illus. by Mark Fearing. 2017. (History Pals Ser.). 272p. (J). (gr. 2-5). 13.99 *(978-1-101-93406-7(9),* Schwartz & Wade Bks.) Random Hse. Children's Bks.

Ben Help Mum Sell Easter Eggs - e Buoka Tinana Ben ni Kaboonakoi Bunimoa (Te Kiribati) Caroline Evari. Illus. by Jovan Carl Segura. 2023. (ENG.). 24p. (J). pap. ***(978-1-922844-57-6(8))*** Library For All Limited.

Ben Helps Mum Sell Easter Eggs. Caroline Evari. Illus. by Jovan Carl Segura. 2021. (ENG.). 24p. (J). pap. *(978-1-922621-49-8(8))* Library For All Limited.

Ben-Hur: A Tale of the Christ. Lew Wallace. 2021. (ENG.). 516p. (J). 24.99 *(978-1-5154-5323-9(5));* pap. 19.99 *(978-1-5154-5324-6(3))* Jorge Pinto Bks. (Illustrated Bks.).

Ben-Hur (Classic Reprint) Lew Wallace. (ENG., Illus.). (J). 2018. 24p. 24.41 *(978-1-396-59203-4(2));* 2018. 26p. pap. 7.97 *(978-1-391-59606-8(4));* 2017. 27.96 *(978-0-265-51599-0(8));* 2017. pap. 10.57 *(978-0-243-31211-5(3))* Forgotten Bks.

Ben-Hur, Vol. 1: A Tale of the Christ (Classic Reprint) Lew Wallace. 2018. (ENG., Illus.). (J). 468p. 33.55 *(978-0-366-55764-6(5));* 470p. pap. 16.57 *(978-0-366-06302-4(2))* Forgotten Bks.

Ben Is Gone Again: In Search of a Dog. Givincuddles Books. 2020. (ENG.). 32p. (J). *(978-1-5255-6964-7(3));* pap. *(978-1-5255-6965-4(1))* FriesenPress.

Ben Kutcher's: Illustrated Edition of a House of Pomegranates (Classic Reprint) Oscar. Wilde. 2018. (ENG., Illus.). 268p. (J). 29.42 *(978-0-364-20353-8(6))* Forgotten Bks.

Ben Learns to Be Kind: Sid the Kindest Kid. Anusjka R E. 2020. (ENG., Illus.). 34p. (J). pap. *(978-1-83853-985-6(9))* Independent Publishing Network.

Ben Makes a Mess: Practicing the Short E Sound, 1 vol. Fabio Schiavone. 2016. (Rosen Phonics Readers Ser.). (ENG., Illus.). 8p. (J). (gr. -1-2). pap. *(978-1-5081-3089-5(2),* 298a60e0-a30c-4e63-be00-ce92e89cabbe, Rosen Classroom) Rosen Publishing Group, Inc., The.

Ben of All Trades: the Most Inventive Boyhood of Benjamin Franklin. Michael J. Rosen. Illus. by Matt Tavares. 2020. (ENG.). 32p. (J). (gr. k-4). 16.99 *(978-1-5362-0121-5(9))* Candlewick Pr.

Ben of the Island. Terilyn Kett. Illus. by Katya Smith. 2018. (ENG.). 32p. (J). (gr. 2-4). pap. *(978-1-987852-15-8(X))* Wood Islands Prints.

Ben of the Island: The Iceboats & the Phantom Ship. Terilyn Kerr. Illus. by Nancy Perkins. 2020. (ENG.). 36p. (J). pap. *(978-1-987852-26-4(5))* Wood Islands Prints.

Ben Pepper. Margaret Sidney. 2021. (ENG.). 480p. (J). pap. 27.99 *(978-1-716-17939-6(4))* Lulu Pr., Inc.

Ben Says Goodbye. Sarah Ellis. Illus. by Kim La Fave. 2016. (ENG.). 32p. (J). (gr. -1-1). 16.95 *(978-1-927485-79-8(7))* Pajama Pr. CAN. Dist: Publishers Group West (PGW).

Ben the Banker. Benjamin A. Barnes & P. E. Barnes. 2019. (ENG.). 28p. (J). pap. 9.99 *(978-0-578-60814-3(6))* B&B Publishing.

Ben the Bear. Salim K. Luke. 2022. (ENG.). 40p. (J). 15.00 *(978-1-63640-489-9(8));* pap. 10.00 *(978-1-63640-485-1(5))* White Falcon Publishing. (White Falcon Publishing).

Ben the Beaver. Contrib. by World Book, Inc. Staff. 2017. (Illus.). 31p. (J). *(978-0-7166-3520-8(8))* World Bk., Inc.

Ben the Bumblebee: Meets the Prince. Ria Falkner. Illus. by Ria Falkner. 2022. (ENG.). 24p. (J). ***(978-0-2288-8516-0(7));*** pap. ***(978-0-2288-8515-3(9))*** Tellwell Talent.

Ben the Dragonborn. Dianne E. Astle. 2019. (Six Worlds Ser.: Vol. 1). (ENG.). 178p. (YA). pap. *(978-0-9921626-2-7(9))* Astle, Dianne.

Ben, the Luggage Boy: Or, among the Wharves (Classic Reprint) Horatio Alger. 2017. (ENG., Illus.). (J). 30.29 *(978-0-266-22167-8(X))* Forgotten Bks.

Ben the Pug (English-Spanish Edition) Valeria Fernanda Espinoza Alatorre. 2021. (ENG.). 24p. (J). pap. 12.95 *(978-1-63765-022-6(1))* Halo Publishing International.

Ben the Unpopular Mosquito. Cp Clark. 2023. (ENG., Illus.). 34p. (J). pap. 14.95 ***(978-1-68526-133-7(7))*** Covenant Bks.

Ben Thorpe (Classic Reprint) Arthur Crabb. 2018. (ENG., Illus.). 352p. (J). 31.16 *(978-0-483-79383-5(3))* Forgotten Bks.

Ben und Benito. Annett Ledong. 2020. (GER.). 70p. (J). pap. *(978-0-244-85709-7(1))* Lulu Pr., Inc.

Ben Warman (Classic Reprint) Charles Edwin Winter. (ENG., Illus.). (J). 2018. 342p. 30.97 *(978-0-656-87050-9(8));* 2017. pap. 13.57 *(978-0-282-62617-4(4))* Forgotten Bks.

Ben y & the Ghost in the Machine: The Kids under the Stairs. K. A. Holt. 2021. (ENG., Illus.). 432p. (J). (gr. 3-7). 17.99 *(978-1-4521-8321-3(X))* Chronicle Bks. LLC.

Ben Yokoyama & the Cookie of Doom. Matthew Swanson. Illus. by Robbi Behr. 2022. (Cookie Chronicles Ser.: 1). (ENG.). 304p. (J). (gr. 3-7). pap. 8.99 *(978-0-593-12683-7(1),* Yearling) Random Hse. Children's Bks.

Ben Yokoyama & the Cookie of Endless Waiting. Matthew Swanson. Illus. by Robbi Behr. 2022. (Cookie Chronicles Ser.: 2). (ENG.). 304p. (J). (gr. 3-7). pap. 8.99 *(978-0-593-12686-8(6),* Yearling) Random Hse. Children's Bks.

Ben Yokoyama & the Cookie of Perfection. Matthew Swanson. Illus. by Robbi Behr. 2023. (Cookie Chronicles Ser.: 3). 336p. (J). (gr. 3-7). pap. 7.99 *(978-0-593-12689-9(0),* Yearling) Random Hse. Children's Bks.

Ben Yokoyama & the Cookie Thief. Matthew Swanson. Illus. by Robbi Behr. 2023. (Cookie Chronicles Ser.: 4). 304p. (J). (gr. 3-7). pap. 8.99 ***(978-0-593-43299-0(1),*** Yearling) Random Hse. Children's Bks.

BenBee & the Teacher Griefer: The Kids under the Stairs. K. A. Holt. (ENG.). (J). 2023. 348p. (gr. 5-17). pap. 7.99 *(978-1-7972-1948-6(0));* 2020. (Illus.). 344p. (gr. 3-7). 17.99 *(978-1-4521-8251-3(5))* Chronicle Bks. LLC.

Bench. The Duchess of Sussex Meghan, The Duchess of Sussex. Illus. by Christian Robinson. 2021. (ENG.). 40p. (J). (gr. -1-2). 18.99 *(978-0-593-43451-2(X),* Random Hse. Bks. for Young Readers) Random Hse. Children's Bks.

Benched: Dealing with Sports Injuries, 12 vols. 2016. (Benched: Dealing with Sports Injuries Ser.). 24p. (ENG.). (gr. 2-3). lib. bdg. 145.62 *(978-1-4824-4593-0(X),* c3a89f5c-7b9d-451c-9d45-2aed87cd9b96); (gr. 3-2). pap. 48.90 *(978-1-4824-5311-9(8))* Stevens, Gareth Publishing LLLP.

Benchmark Advance Grades 4-6 Intervention Package: California Edition. C01. 2016. (Benchmark Advance Ser.). (J). (gr. 4-6). *(978-1-5021-9533-3(X))* Benchmark Education Co.

Benchmark Literacy 2016 Whole Group Set with Resources Grade 1. 2016. (Benchmark Literacy Ser.). (J). (gr. 1). 1600.00 *(978-1-5021-6698-2(4))* Benchmark Education Co.

Benchmark Rockets: Animals, 6 bks., Set. Incl. Bears. Martin Schwabacher & Terry Miller Shannon. 26.93 *(978-0-7614-3820-5(3),* a7a82ec2-1d80-4ad0-b751-9aba9e6ee9a6); Chimpanzees. Daniel A. Greenberg & Christina Wilsdon. lib. bdg. 26.93 *(978-0-7614-4341-4(X),* e84af02b-31a7-4e98-8eb4-7b21caaa502e); Elephants. Martin Schwabacher & Lori Mortensen. 26.93 *(978-0-7614-4343-8(6),* 17514b30-9081-4059-9f5d-eacea5b045d6); Lions. Susan Schafer & Susan Meredith. 26.93 *(978-0-7614-4344-5(4),* f79612ba-4a63-46db-9a3f-91adbe307213); Tigers. Susan Schafer & Fay Robinson. 26.93 *(978-0-7614-4345-2(2),* 0971603a-524b-4f71-a101-1964d8a8b5ea); Whales. Daniel A. Greenberg & Nina Hess. 26.93 *(978-0-7614-4346-9(0),* 3b845a97-a2e3-4682-bb4b-71cc4453fb81); 24p. (gr. 3-3). 2010. (Benchmark Rockets: Animals Ser.). 2009. Set lib. bdg. 145.29 *(978-0-7614-4338-4(X),* Cavendish Square) Cavendish Square Publishing LLC.

Benchmark Rockets: Drug Facts, 5 vols., Set. Incl. Alcohol. Ted Gottfried & Katherine Follett. 31.21 *(978-0-7614-4348-3(7),* 06e62dc1-ca9c-4361-9606-c41e7566eed4); Ecstasy. Suzanne LeVert & Jeff Hendricks. 31.21 *(978-0-7614-4349-0(5),* 6c4a27a8-931d-4444-91b4-575668ab296e); Inhalants. Francha Roffé Menhard & Laura Purdie Salas. (Illus.). 31.21 *(978-0-7614-4350-6(9),* 2f0e7a73-40a8-4df7-8aff-8bd25142f6e5); Marijuana. Ted Gottfried & Lisa Harkrader. 31.21 *(978-0-7614-4351-3(7),* 502d8204-c470-4086-8a97-f92c43d1c1aa); 32p. (gr. 5-5). 2010. (Benchmark Rockets: Drug Facts Ser.). 2009. Set lib. bdg. 142.50 *(978-0-7614-4347-6(9),* Cavendish Square) Cavendish Square Publishing LLC.

Benchmark Rockets: Food & You, 4 vols., Set. Incl. Body Fuel: A Guide to Good Nutrition. Donna Shryer & Stephen Dawson. 31.21 *(978-0-7614-4362-9(2),* 1ffd2eaa-c91a-42a8-abc2-b0f0e03257ea); Food As Foe: Nutrition & Eating Disorders. Lesli J. Favor & Kira Freed. 31.21 *(978-0-7614-4364-3(9),* b5b1c437-9cd4-40b9-80eb-3dd2154ecb05); Peak Performance: Sports Nutrition. Donna Shryer & Jodi Forschmiedt. 31.21 *(978-0-7614-4366-7(5),* ded32e69-994c-4789-a057-5cd5acf06a56); Weighing In: Nutrition & Weight Management. Lesli J. Favor & Elizabeth Massie. 31.21 *(978-0-7614-4367-4(3),* 8bcc9d94-97c1-4fc7-8954-1f45ff54c7a6); (gr. 5-5). 2010. (Benchmark Rockets: Food & You Ser.). 32p. 2009. Set lib. bdg. 114.00 *(978-0-7614-4361-2(4),* Cavendish Square) Cavendish Square Publishing LLC.

Benchwarmers. John Feinstein. 2019. (Benchwarmers Ser.: 1). (ENG.). 320p. (J). 16.99 *(978-0-374-31203-9(6),* 900198272, Farrar, Straus & Giroux (BYR)) Farrar, Straus & Giroux.

Benchwarmers. John Feinstein. 2020. (Benchwarmers Ser.: 1). (ENG.). 336p. (J). pap. 13.99 *(978-1-250-61877-1(0),* 900198273) Square Fish.

Bend but Don't Break, 1 vol. Charmaine Robertson. 2016. (Rosen REAL Readers: STEM & STEAM Collection). (ENG.). 12p. (gr. 1-2). pap. 6.33 *(978-1-5081-2667-6(4),* 961e6f27-9479-43f6-96ba-8f00f8badff9, Rosen Classroom) Rosen Publishing Group, Inc., The.

Bend in the Breeze. Valerie Sherrard. 2022. (ENG.). 248p. (J). (gr. 4-7). pap. 13.95 *(978-1-77086-647-8(7),* Dancing Cat Bks.) Cormorant Bks. Inc. CAN. Dist: Orca Bk. Pubs. USA.

Bend in the Road. Sara Biren. 2021. (ENG.). 336p. (YA). (gr. 9-17). 17.99 *(978-1-4197-4873-8(4),* 1709301, Amulet Bks.) Abrams, Inc.

Bend It! Tammy Enz. 2017. (Shaping Materials Ser.). (ENG., Illus.). 24p. (J). (gr. k-2). pap. 6.95 *(978-1-4846-4101-9(9),* 135862); lib. bdg. 25.99 *(978-1-4846-4097-5(7),* 135857) Capstone. (Heinemann).

Bend It!, 2 vols. Tammy Enz. 2017. (Shaping Materials Ser.). (ENG.). (J). (gr. k-2). *(978-1-4846-4193-4(0))* Heinemann Educational Bks.

Bend of the Road (Classic Reprint) Seumas MacManus. 2018. (ENG., Illus.). (J). 30.04 *(978-0-260-69643-4(9))* Forgotten Bks.

Bend the Rules, Ages 8-99: An Extraordinary Collection of Join-The-dot Puzzles That Will Absorb & Inform. For 8+ Trevor Boundford. 2018. (ENG.). 32p. (J). pap. 6.95 *(978-1-911093-72-5(X))* Tarquin Pubns. GBR. Dist: Independent Pubs. Group.

Bender Boys: Short Stories. Cher Swanson. 2020. (ENG., Illus.). 128p. (J). pap. 14.95 *(978-1-0980-1353-0(0))* Christian Faith Publishing.

Bender Primer (Classic Reprint) Ida C. Bender. 2017. (ENG., Illus.). (J). 130p. 26.60 *(978-0-332-78060-3(0));* pap. 9.57 *(978-0-259-45208-9(4))* Forgotten Bks.

Benderloch: Or Notes from the West Highlands (Classic Reprint) William Anderson Smith. 2017. (ENG., Illus.). (J). 31.71 *(978-0-265-45876-1(5))* Forgotten Bks.

Bending of a Twig (Classic Reprint) Desmond Coke. 2018. (ENG., Illus.). (J). 342p. 30.95 *(978-1-396-65750-4(9));* 344p. pap. 13.57 *(978-1-391-59076-9(7))* Forgotten Bks.

Bending of the Twig (Classic Reprint) Walter Russell. 2017. (ENG., Illus.). (J). 30.43 *(978-0-331-65633-6(7));* pap. 13.57 *(978-0-259-18666-3(X))* Forgotten Bks.

Bendish a Study in Prodigality (Classic Reprint) Maurice Hewlett. 2017. (ENG., Illus.). (J). 30.70 *(978-1-5280-5421-8(0))* Forgotten Bks.

Bendon Like Me, Like You Board Book. Created by Bendon Publishing. 2021. (ENG.). (J). 9.99 *(978-1-6902-0733-7(7))* Bendon, Inc.

Bendy Wendy & the (Almost) Invisible Genetic Syndrome: A Story of One Tween's Diagnosis of Ehlers-Danlos Syndrome / Joint Hypermobility. Brad T. Tinkle & Lauren Darr. 2017. (ENG., Illus.). (J). (gr. 3-7). pap. 14.95 *(978-1-943356-58-4(0))* Left Paw Pr.

Beneath a Hunter's Moon: A Western Story. Michael Zimmer. 2016. (ENG.). 408p. pap. 14.99 *(978-1-63450-438-6(0))* Skyhorse Publishing Co., Inc.

Beneath a Sinister Moon. D. A. Roach. 2018. (Demon Hunters Ser.: Vol. 3). (ENG., Illus.). 292p. (J). pap. 13.99 *(978-1-64034-478-5(0))* Limitless Publishing, LLC.

Beneath Breaking Waves. Juliet Vane. 2020. (ENG.). 304p. (YA). pap. 11.99 *(978-1-393-90914-9(0))* Draft2Digital.

Beneath Pearl Harbor: Young Reader Edition. Naomi S. Blinick. 2018. (ENG., Illus.). 82p. (J). (gr. k-6). pap. 11.99 *(978-1-947239-10-4(4))* Best Publishing Co.

Beneath the Banner: Being Narratives of Noble Lives & Brave Deeds. F. J. Cross. 2017. (ENG., Illus.). (J). 23.95 *(978-1-374-91166-6(6));* pap. 13.95 *(978-1-374-91165-9(8))* Capital Communications, Inc.

Beneath the Bed & Other Scary Stories. Max Brallier. ed. 2020. (Acorn Early Readers Ser.). (ENG.). 55p. (J). (gr. k-1). 14.96 *(978-1-64697-295-1(3))* Penworthy Co., LLC, The.

Beneath the Bed & Other Scary Stories: an Acorn Book (Mister Shivers #1), Vol. 1. Max Brallier. Illus. by Letizia Rubegni. 2019. (Mister Shivers Ser.: 1). (ENG.). 64p. (J). (gr. k-2). pap. 4.99 *(978-1-338-31853-1(5))* Scholastic, Inc.

Beneath the Bed & Other Scary Stories: an Acorn Book (Mister Shivers #1) (Library Edition), Vol. 1. Max Brallier. Illus. by Letizia Rubegni. 2019. (Mister Shivers Ser.: 1). (ENG.). 64p. (J). (gr. k-2). 23.99 *(978-1-338-31854-8(3))* Scholastic, Inc.

Beneath the Blocks. Winter Morgan. ed. 2018. (Unofficial Minecrafter Mysteries Ser.: 2). lib. bdg. 18.40 *(978-0-606-41297-1(2))* Turtleback.

Beneath the Blocks: An Unofficial Minecrafters Mysteries Series, Book Two. Winter Morgan. 2018. (Unofficial Minecraft Mysteries Ser.: 2). (ENG.). 112p. (J). (gr. 4-6). pap. 7.99 *(978-1-5107-3188-2(1),* Sky Pony Pr.) Skyhorse Publishing Co., Inc.

Beneath the Christmas Tree Coloring Book. Bobo's Children Activity Books. 2016. (ENG., Illus.). (J). pap. 9.33 *(978-1-68327-632-6(9))* Sunshine In My Soul Publishing.

Beneath the Citadel. Destiny Soria. (ENG.). 480p. (gr. 7-17). 2019. (YA). pap. 9.99 *(978-1-4197-3696-4(5),* 1202103); 2018. 17.99 *(978-1-4197-3146-4(7),* 1202101) Abrams, Inc. (Amulet Bks.).

Beneath the Crimson Circle. Farah Zaman. 2021. (Moon of Masarrah Ser.: Vol. 4). (ENG.). 258p. (J). pap. 12.99 *(978-1-945873-35-5(3))* Niyah Pr.

Beneath the Dome (Classic Reprint) Arnold Clark. (ENG., Illus.). (J). 2018. 364p. 31.42 *(978-0-483-26915-6(8))*; 2016. pap. 13.97 *(978-1-334-45614-5(3))* Forgotten Bks.

Beneath the Dragonwood Trees: In the Beginning. Margot Elaine Jones. Illus. by Margot Elain Jones. 2018. (ENG.). 88p. (J). (gr. 1-6). pap. 19.95 *(978-1-7328166-1-9(1))* Lord & Dooney Pr.

Beneath the Hill. Jane Louise Curry. 2016. (Abaloc Ser.: Vol. 1). (ENG.). 224p. (YA). pap. 9.99 *(978-1-62524-316-4(2)*, Candlewood Pr.) Harding Hse. Publishing Sebice Inc.

Beneath the Lighthouse. Julieanne Lynch. 2018. (Beneath the Lighthouse Ser.). (ENG., Illus.). 288p. (YA). (gr. 7-12). pap. 16.99 *(978-1-944109-18-9(8))* Vesuvian Bks.

Beneath the Scales. Aurora Peppermint. 2016. (ENG., Illus.). (J). 24.99 *(978-1-63477-940-1(1)*, Harmony Ink Pr.) Dreamspinner Pr.

Beneath the Shine. Sarah Fine. 2017. (ENG.). 304p. (YA). (gr. 10-13). pap. 9.99 *(978-1-4778-2327-9(1)*, 9781477823279, Skyscape) Amazon Publishing.

Beneath the Skin. Jennifer L. Armentrout. 2019. (Harbinger Ser.: 1). (ENG.). 512p. (YA). 18.99 *(978-1-335-21879-7(3))* Harlequin Enterprises ULC CAN. Dist: HarperCollins Pubs.

Beneath the Stone, an Historical Romance (Classic Reprint) Jonathan Kellogg. (ENG., Illus.). (J). 2018. 182p. 27.65 *(978-0-656-20627-8(6))*; 2017. pap. 10.57 *(978-0-259-52456-4(5))* Forgotten Bks.

Beneath the Sun. Melissa Stewart. Illus. by Constance R. Bergum. 2020. 32p. (J). (gr. -1-3). pap. 7.99 *(978-1-68263-159-1(1))* Peachtree Publishing Co. Inc.

Beneath the Surface - Finding What Makes up Stuff - a Microscopy Book for Kids - Children's Electron Microscopes & Microscopy Books. Bobo's Little Brainiac Books. 2016. (ENG., Illus.). (J). pap. 7.99 *(978-1-68327-809-2(7))* Sunshine In My Soul Publishing.

Beneath the Surface #2. Shannon Layne. 2018. (Beverly Hills Prep Ser.). (ENG.). 191p. (YA). (gr. 5-12). 31.42 *(978-1-68076-709-4(7)*, 28594, Epic Escape) EPIC Pr.

Beneath the Surface: a Race Against Time. Jason M. Burns. Illus. by Dustin Evans. 2022. (Malcolm's Martians: Exploring Mars Ser.). (ENG.). 32p. (J). (gr. 4-8). pap. 14.21 *(978-1-6689-0092-5(0)*, 220183); lib. bdg. 32.07 *(978-1-5341-9978-1(0)*, 220039) Cherry Lake Publishing. (Torch Graphic Press).

Beneath the Swirling Sky. Carolyn Leiloglou. Illus. by Vivienne To. 2023. (Restorationists Ser.: 1). (ENG.). 304p. (J). (gr. 3-7). pap. 9.99 ***(978-0-593-57954-1(2)***, WaterBrook Pr.) Crown Publishing Group, The.

Beneath the Trees. Cristy Burne. 2021. (Illus.). 104p. (J). 9.95 *(978-1-76099-041-1(8))* Fremantle Pr. AUS. Dist: Independent Pubs. Group.

Beneath the Waves. Lily Murray. Illus. by Helen Ahpornsiri. 2020. (ENG.). 64p. (J). (gr. 1-4). 22.00 *(978-1-5362-1040-8(4)*, Big Picture Press) Candlewick Pr.

Beneath the Waves: Celebrating the Ocean Through Pictures, Poems, & Stories. Stephanie Drimmer. 2021. (ENG., Illus.). 192p. (J). (gr. 3-7). 24.99 *(978-1-4263-3916-5(X)*, National Geographic Kids) Disney Publishing Worldwide.

Beneath the Waves: Celebrating the Ocean Through Pictures, Poems, & Stories. Stephanie Warren Drimmer. 2021. (ENG., Illus.). 192p. (J). (gr. 3-7). lib. bdg. 34.90 *(978-1-4263-3917-2(8)*, National Geographic Kids) Disney Publishing Worldwide.

Beneath the Wheels, Vol. 1 Of 3: A Romance (Classic Reprint) F. E. M. Notley. (ENG., Illus.). (J). 2018. 296p. 30.02 *(978-0-483-92578-6(0))*; 2016. pap. 13.57 *(978-1-333-25535-0(7))* Forgotten Bks.

Beneath the Wheels, Vol. 2 of 3 (Classic Reprint) F. E. M. Notley. 2018. (ENG., Illus.). 298p. (J). 30.04 *(978-0-484-10043-4(2))* Forgotten Bks.

Beneath the Wheels, Vol. 3 of 3 (Classic Reprint) F. E. M. Notley. 2018. (ENG., Illus.). 288p. (J). 29.84 *(978-0-483-72858-5(6))* Forgotten Bks.

Beneath the Wide Silk Sky. Emily Inouye Huey. 2022. (ENG.). 336p. (YA). (gr. 7). 19.99 *(978-1-338-78994-2(5)*, Scholastic Pr.) Scholastic, Inc.

Benedick in Arcady (Classic Reprint) Halliwell Sutcliffe. 2017. (ENG., Illus.). (J). 31.20 *(978-0-266-72437-7(X))*; pap. 13.57 *(978-1-5276-8351-8(6))* Forgotten Bks.

Benedict Arnold: Hero or Enemy Spy? Aaron Derr. Illus. by Scott R. Brooks. 2018. (Hidden History — Spies Ser.). (ENG.). 32p. (J). (gr. 2-5). pap. 8.99 *(978-1-63440-293-4(6)*, 2a403f3a-520f-4990-b238-6df35a52cbfe); lib. bdg. 26.65 *(978-1-63440-279-8(0)*, 6a2568e9-210c-4247-a276-ddbee47fd7b9) Red Chair Pr.

Benedict Arnold: The American Hero Who Became a Traitor American Revolution Grade 4 Biography Children's Biographies. Dissected Lives. 2020. (ENG.). 72p. (J). 24.99 *(978-1-5419-7688-7(6))*; pap. 14.99 *(978-1-5419-5077-1(1))* Speedy Publishing LLC. (Dissected Lives (Auto Biographies)).

Benedict Cumberbatch. Emma Huddleston. 2020. (Superhero Superstars Ser.). (ENG., Illus.). 32p. (J). (gr. 2-3). pap. 9.95 *(978-1-64493-443-2(4)*, 1644934434); lib. bdg. 31.35 *(978-1-64493-367-1(5)*, 1644933675) North Star Editions. (Focus Readers).

Benedict Kavanagh (Classic Reprint) George A. Birmingham. (ENG., Illus.). (J). 2018. 352p. 31.16 *(978-0-484-11768-5(8))*; 2017. pap. 13.57 *(978-0-243-88251-9(3))* Forgotten Bks.

Benedicts Abroad: Five Generations (1785-1923) Being Scattered Chapters from the History of the Cooper, Pomeroy, Woolson & Benedict Families; with Extracts from Their Letters & Journals, As Well As Articles & Poems by Constance Fenimore Woolson. Clare Benedict. 2018. (ENG., Illus.). (J). 700p. 38.35 *(978-1-396-77882-7(9))*; 702p. pap. 20.97 *(978-1-391-88758-6(1))* Forgotten Bks.

Benefactress (Classic Reprint) Elizabeth von Arnim. 2017. (ENG., Illus.). (J). 33.01 *(978-0-331-88287-2(6))* Forgotten Bks.

Benefactress, Vol. 1 of 2 (Classic Reprint) Elizabeth von Arnim. 2018. (ENG., Illus.). (J). 29.73 *(978-0-260-31815-2(9))* Forgotten Bks.

Benefactress, Vol. 2 of 2 (Classic Reprint) Elizabeth Elizabeth. (ENG., Illus.). (J). 2019. 292p. 29.92 *(978-0-365-17040-2(2))*; 2017. pap. 13.57 *(978-0-259-35988-3(2))* Forgotten Bks.

Beneficial Insects. Emma Huddleston. 2020. (Team Earth Ser.). (ENG., Illus.). 48p. (J). (gr. 4-5). pap. 11.95 *(978-1-64494-324-3(7)*, 1644943247, Core Library) ABDO Publishing Co.

Beneficial Insects: Bugs Helping Plants Survive. Emma Huddleston. 2019. (Team Earth Ser.). (ENG., Illus.). 48p. (J). (gr. 4-8). lib. bdg. 35.64 *(978-1-5321-9097-1(2)*, 33704) ABDO Publishing Co.

Benefit of the Doubt (Classic Reprint) Mary Clare Spenser. 2018. (ENG., Illus.). 378p. (J). 31.71 *(978-0-483-89672-7(1))* Forgotten Bks.

Benefits Forgot: A Story of Lincoln & Mother Love (Classic Reprint) Honore Willsie. 2017. (ENG., Illus.). (J). 25.75 *(978-0-266-85786-0(8))* Forgotten Bks.

Benefits Forgot (Classic Reprint) Wolcott Balestier. 2018. (ENG., Illus.). 470p. (J). 33.61 *(978-0-483-98853-8(7))* Forgotten Bks.

Benefits of Being an Octopus. Ann Braden. 2018. 256p. (J). (gr. 3-7). 16.99 *(978-1-5107-3748-8(0)*, Sky Pony Pr.) Skyhorse Publishing Co., Inc.

Benefits of Being an Octopus: A Novel. Ann Braden. 2021. 312p. (J). (gr. 3-7). pap. 9.99 *(978-1-5107-5767-7(8)*, Sky Pony Pr.) Skyhorse Publishing Co., Inc.

Benefits of Medical Marijuana: From Cancer to PTSD, Vol. 5. Leigh Clayborne. 2018. (Marijuana Today Ser.). 80p. (J). (gr. 7). lib. bdg. 33.27 *(978-1-4222-4108-0(4))* Mason Crest.

Benefits of Spaceflight & Space Exploration, 1 vol. Jason Porterfield. 2017. (From Earth to the Stars Ser.). (ENG., Illus.). 48p. (J). (gr. 6-7). pap. 15.05 *(978-1-68048-661-2(6)*, 07a1fc2e-e593-4f4c-8cc2-4edd2b8b4411, Britannica Educational Publishing) Rosen Publishing Group, Inc., The.

Benford Draws a Blank. Danielle Dufayet. Illus. by Katia Klein. 2023. (ENG.). 32p. (J). 17.99 *(978-1-68446-483-8(8)*, 233173, Capstone Editions) Capstone.

Bengal & the Tree Trunk. Dione Beaty. Ed. by Guy Wolek. Illus. by Dione Beaty. 2023. (Bengal the Cat Ser.: Vol. 2). (ENG.). 20p. (J). pap. 10.99 ***(978-1-6628-7805-3(2))*** Salem Author Services.

Bengal Cats. Grace Hansen. 2016. (Cats Set 2 Ser.). (ENG., Illus.). 24p. (J). (gr. -1-2). lib. bdg. 32.79 *(978-1-68080-919-0(9)*, 23313, Abdo Kids) ABDO Publishing Co.

Bengal Cuisine. Maya Ray Chaudhuri. 2018. (ENG., Illus.). 50p. (J). *(978-1-5289-2540-2(8))*; pap. *(978-1-5289-2538-9(6))* Austin Macauley Pubs. Ltd.

Bengal Tiger. Grace Hansen. 2020. (Asian Animals (AK) Ser.). (ENG., Illus.). 24p. (J). (gr. -1-2). lib. bdg. 32.79 *(978-1-0982-0592-8(8)*, 36371, Abdo Kids) ABDO Publishing Co.

Bengal Tigers. Nancy Dickmann. 2019. (Animals in Danger Ser.). (ENG.). 24p. (J). (gr. 2-4). lib. bdg. *(978-1-78121-440-4(9)*, 16558) Brown Bear Bks.

Bengalee, Vol. 2 Of 2: Or Sketches of Society in the East (Classic Reprint) Henry Barkley Henderson. 2018. (ENG., Illus.). 454p. (J). 33.26 *(978-0-483-26151-8(3))* Forgotten Bks.

Bengali & English Dictionary, for the Use of Schools: Revised & Improved (Classic Reprint) Gopee Kissen Mitter. (ENG., Illus.). (J). 2018. 306p. 30.21 *(978-0-483-11018-2(3))*; 2017. pap. 13.57 *(978-0-259-58379-0(0))* Forgotten Bks.

Bengali Schooldays (Classic Reprint) D. y Batley. (ENG., Illus.). (J). 2018. 64p. 25.22 *(978-0-428-87434-6(7))*; 2016. pap. 9.57 *(978-1-334-11636-0(9))* Forgotten Bks.

Benice: An Adventure of Love & Friendship. Metin Karayaka. Illus. by Rohan Daniel Eason. 2018. (ENG.). 216p. (J). (gr. 3-7). 24.99 *(978-0-9989640-5-8(0))* Yunka Publishing.

Beni's Tiny Tales: Around the Year in Jewish Holidays. Jane Breskin Zalben. 2023. (ENG.). 144p. (J). (gr. -1-3). 21.99 ***(978-0-316-33177-7(5))*** Little, Brown Bks. for Young Readers.

Beni's War. Tammar Stein. 2020. (ENG., Illus.). 280p. (J). (gr. 4-7). pap. 9.99 *(978-1-5415-7887-6(2)*, f14d6306-cdd4-44b1-b1a4-4b328f7408d3, Kar-Ben Publishing) Lerner Publishing Group.

Benita & the Night Creatures. Mariana Llanos. Illus. by Cocoretto. 2023. (ENG.). 32p. (J). (gr. -1-4). 17.99. pap. 9.99 Barefoot Bks., Inc.

Benita y Las Criaturas Nocturnas. Mariana Llanos. Illus. by Cocoretto. 2023. (SPA.). 32p. (J). (gr. -1-4). pap. 9.99 Barefoot Bks., Inc.

Benito Juárez Fights for Justice. Beatriz Gutierrez Hernandez. Illus. by Beatriz Gutierrez Hernandez. 2023. (ENG., Illus.). 40p. (J). 18.99 *(978-1-250-25777-2(8)*, 900219691, Holt, Henry & Co. Bks. For Young Readers) Holt, Henry & Co.

BenJa Boy. Avi Idhe. 2023. (ENG.). 26p. (J). pap. 14.95 ***(978-1-63885-580-4(3))*** Covenant Bks.

Benjamin Banneker. Katie Marsico. Illus. by Jeff Bane. 2018. (My Early Library: My Itty-Bitty Bio Ser.). (ENG.). 24p. (J). (gr. k-1). lib. bdg. 30.64 *(978-1-5341-2877-4(8)*, 211552) Cherry Lake Publishing.

Benjamin Banneker: Astronomer & Mathematician. Melissa Maupin. 2021. (Black American Journey Ser.). (ENG.). 32p. (J). (gr. 4-7). lib. bdg. 35.64 *(978-1-5038-5378-2(0)*, 215267) Child's World, Inc, The.

Benjamin Banneker: Self-Educated Scientist. Lisa M. Bolt Simons. 2018. (STEM Scientists & Inventors Ser.). (ENG.). 24p. (J). pap. 47.70 *(978-1-5435-0671-6(2)*, 27698); (Illus.). (gr. 1-3). pap. 7.95 *(978-1-5435-0651-8(8)*, 137415); (Illus.). (gr. 1-3). lib. bdg. 27.99 *(978-1-5435-0645-7(3)*, 137408) Capstone. (Capstone Pr.).

Benjamin Banneker: Self-Made Man. Jody Jensen Shaffer. rev. ed. 2016. (Social Studies: Informational Text Ser.). (ENG., Illus.). 32p. (gr. 4-8). pap. 11.99 *(978-1-4938-3082-4(1))* Teacher Created Materials, Inc.

Benjamin Bee & His Allergy. Kristie A. Zweig. Illus. by Kristie A. Zweig. 2022. (ENG.). 30p. (J). 17.99 *(978-0-578-28132-2(5))* Notto, Kristie.

Benjamin Birdie & the Tree Dwellers. Michael Dotsikas. Illus. by Morgan Spicer. 2019. (ENG.). 50p. (J). (gr. 1-2). pap. 14.99 *(978-1-61254-377-2(4))* Brown Books Publishing Group.

Benjamin Birdie's First Flight. Michael Dotsikas. Illus. by Morgan Spicer. 2019. (ENG.). 54p. (J). (gr. -1-3). pap. 14.99 *(978-1-61254-376-5(6))* Brown Books Publishing Group.

Benjamin Bumpkin & the Treasured Tree. Colin Bonnington. 2018. (ENG., Illus.). 90p. (J). (gr. 1-3). pap. *(978-1-9999394-2-7(5))* Bonnington, Colin.

Benjamín Busca el Tesoro: Leveled Reader Book 62 Level d 6 Pack. Hmh Hmh. 2021. (SPA.). 16p. (J). pap. 74.40 *(978-0-358-08189-0(0))* Houghton Mifflin Harcourt Publishing Co.

Benjamin d His Little Dinner (Classic Reprint) Unknown Author. (ENG., Illus.). (J). 2018. 120p. 26.47 *(978-0-484-49487-8(2))*; 2017. pap. 9.57 *(978-0-243-49792-8(X))* Forgotten Bks.

Benjamin Forrest & the Bay of Paper Dragons. Chris Ward. 2019. (Endinfinium Ser.: Vol. 2). (ENG.). 330p. (J). pap. 14.99 *(978-1-393-11870-1(4))* Draft2Digital.

Benjamin Franklin. Steve Goldsworthy. 2019. (Founding Fathers Ser.). (ENG.). 24p. (J). lib. bdg. 22.99 *(978-1-5105-4605-9(7))* SmartBook Media, Inc.

Benjamin Franklin. Emma E. Haldy. Illus. by Jeff Bane. 2016. (My Early Library: My Itty-Bitty Bio Ser.). (ENG.). 24p. (J). (gr. k-1). 30.64 *(978-1-63470-478-6(9)*, 207643) Cherry Lake Publishing.

Benjamin Franklin. Laura K. Murray. 2020. (Biographies Ser.). (ENG.). 32p. (J). (gr. 1-3). pap. 6.95 *(978-1-9771-2655-9(3)*, 201639); (Illus.). lib. bdg. 31.32 *(978-1-9771-2330-5(9)*, 199507) Capstone. (Pebble).

Benjamin Franklin. Ellis M. Reed. 2018. (Founding Fathers Ser.). (ENG.). 24p. (J). (gr. 1-1). pap. 8.95 *(978-1-63517-813-5(4)*, 1635178134) North Star Editions.

Benjamin Franklin. Ellis M. Reed. 2018. (Founding Fathers Ser.). (ENG., Illus.). 24p. (J). (gr. k-3). lib. bdg. 31.36 *(978-1-5321-6018-9(6)*, 28668, Pop! Cody Koala) Pop!.

Benjamin Franklin. Jennifer Strand. 2016. (Incredible Inventors Ser.). (ENG.). 24p. (J). (gr. -1-2). 49.94 *(978-1-68079-396-3(9)*, 23017, Abdo Zoom-Launch) ABDO Publishing Co.

Benjamin Franklin, Vol. 11. Bradley Sneddon. 2018. (Scientists & Their Discoveries Ser.). (Illus.). 96p. (J). (gr. 7). lib. bdg. 34.60 *(978-1-4222-4027-4(4))* Mason Crest.

Benjamin Franklin: A Nonfiction Companion to Magic Tree House #32: to the Future, Ben Franklin! Mary Pope Osborne & Natalie Pope Boyce. 2019. (Magic Tree House (R) Fact Tracker Ser.: 41). (Illus.). 128p. (J). (gr. 2-5). pap. 6.99 *(978-1-9848-9317-8(3)*, Random Hse. Bks. for Young Readers) Random Hse. Children's Bks.

Benjamin Franklin: Inventor & Founding Father, 1 vol. Kaitlyn Duling. 2019. (Great American Entrepreneurs Ser.). (ENG.). 128p. (gr. 9-9). pap. 22.16 *(978-1-5026-4536-4(X)*, 466b4ac5-f5a1-400d-bd8d-c6e4a33af683) Cavendish Square Publishing LLC.

Benjamin Franklin: Inventor & Founding Father. Kaitlyn Duling. 2018. (J). pap. *(978-1-5026-4023-9(6))* Musa Publishing.

Benjamin Franklin: The Man Behind the Lightning Rod. Nancy Dickmann. 2020. (Little Inventor Ser.). (ENG., Illus.). 32p. (J). (gr. 1-3). pap. 6.95 *(978-1-9771-1785-4(6)*, 142145); lib. bdg. 30.65 *(978-1-9771-1410-5(5)*, 141525) Capstone. (Pebble).

Benjamin Franklin (America's Early Years) Wendy Conklin. rev. ed. 2016. (Social Studies: Informational Text Ser.). (ENG., Illus.). 32p. (gr. 4-8). pap. 11.99 *(978-1-4938-3884-4(9))* Teacher Created Materials, Inc.

Benjamin Franklin & the Discovery of Electricity: Separating Fact from Fiction. Megan Cooley Peterson. 2023. (Fact vs. Fiction in U. S. History Ser.). (ENG.). 32p. (J). 31.32 *(978-1-6663-3953-6(9)*, 212888); pap. 7.95 *(978-1-6663-3954-3(7)*, 212882) Capstone. (Capstone Pr.).

Benjamin Franklin SP. Emma E. Haldy. Illus. by Jeff Bane. 2018. (My Early Library: Mi Mini Biografía (My Itty-Bitty Bio) Ser.). (SPA.). 24p. (J). (gr. k-1). lib. bdg. 30.64 *(978-1-5341-2994-8(4)*, 212024) Cherry Lake Publishing.

Benjamin Franklin: You've Got Mail. Adam Mansbach & Alan Zweibel. 2017. (Benjamin Franklin Ser.: 2). (ENG.). 224p. (J). (gr. 5-9). 12.99 *(978-1-4847-1305-1(2))* Hyperion Bks. for Children.

Benjamin Franklin's Wise Words: How to Work Smart, Play Well, & Make Real Friends. Benjamin Franklin. 2017. (Illus.). 128p. (J). (gr. 3-7). 16.99 *(978-1-4263-2699-8(8)*, National Geographic Kids) Disney Publishing Worldwide.

Benjamin Harrison. Megan M. Gunderson. (United States Presidents Ser.). (ENG., Illus.). (J). 2020. 48p. (gr. 3-6). lib. bdg. 35.64 *(978-1-5321-9353-8(X)*, 34863, Checkerboard Library); 2016. 40p. (gr. 2-5). 35.64 *(978-1-68078-097-0(2)*, 21811, Big Buddy Bks.) ABDO Publishing Co.

Benjamin Harrison: Our 23rd President. Sandra Francis. 2020. (United States Presidents Ser.). (ENG.). 48p. (J). (gr. 3-6). lib. bdg. 41.36 *(978-1-5038-4415-5(3)*, 214192) Child's World, Inc, The.

Benjamin I Love You All Ways. Marianne Richmond. Illus. by Dubravka Kolanovic. 2023. (I Love You All Ways Ser.). (ENG.). 32p. (J). (gr. -1-3). 8.99 ***(978-1-7282-7338-9(2))*** Sourcebooks, Inc.

Benjamin Lee, 2D: A Record Gathered from Letters, Note-Books, & Narratives of Friends (Classic Reprint) Mary Justice Chase. 2017. (ENG., Illus.). (J). 31.80 *(978-0-265-54216-3(2))* Forgotten Bks.

Benjamin Neary. E. R. Greenfield. 2019. (ENG.). 160p. (J). pap. 7.99 *(978-0-9994901-4-3(1))* Hide & Seek Ministries.

Benjamin on the North Pole Express. J. D. Green. Illus. by Joanne Partis. 2022. (North Pole Express Bears Ser.). (ENG.). 32p. (J). (gr. -1-3). 7.99 ***(978-1-7282-6915-3(6))*** Sourcebooks, Inc.

Benjamin on the North Pole Express. J. D. Green. 2019. (North Pole Express Ser.). (ENG.). 32p. (J). (gr. -1-3). 7.99 ***(978-1-7282-0311-9(2))*** Sourcebooks, Inc.

Benjamin Santa's Secret Elf. Put Me In The Story & Katherine Sully. Illus. by Julia Seal. 2018. (Santa's Secret Elf Ser.). (ENG.). 32p. (J). (gr. k-3). 5.99 *(978-1-4926-8124-3(5))* Sourcebooks, Inc.

Benjamin, the Man Who Missed the First Christmas. Bill Trawick. 2018. (ENG., Illus.). 30p. (J). pap. 12.95 *(978-1-64079-135-0(3))* Christian Faith Publishing.

Benjamin the Waggoner: A Ryghte Merrie & Conceitede Tale in Verse; a Fragment (Classic Reprint) John Hamilton Reynolds. (ENG., Illus.). (J). 2018. 96p. 25.90 *(978-0-484-37039-4(1))*; 2016. pap. 9.57 *(978-1-333-33520-5(2))* Forgotten Bks.

Benjamin 'Twas the Night Before Christmas. Illus. by Lisa Alderson. 2019. (Night Before Christmas Ser.). (ENG.). 32p. (J). (gr. -1-3). 7.99 ***(978-1-7282-0204-4(3))*** Sourcebooks, Inc.

Benjamin's Adventure: A Read Aloud Bedtime Story. P. D. R. Lindsay. Illus. by Sakshi Mangal. 2021. (ENG.). 26p. (J). pap. *(978-0-9951164-0-5(7))* Writers Choice.

Benjamin's Adventure: Building Self-Esteem in Children. Tlc. 2020. (ENG.). 90p. (J). (gr. -1-7). pap. 7.99 *(978-1-951313-23-4(2))* BLACK LACQUER Pr. & MARKETING INC.

Benjamin's Bayou: Backwoods Blessings Series Vol. I. Michelle Wheelington. Ed. by Lavana Jones Kindle. Illus. by Allison Kirksey. 2020. (Benjamin's Blessings Ser.: Vol. 1). (ENG.). 40p. (J). 14.99 *(978-1-0878-6024-4(5))* Indy Pub.

Benjamin's Bedtime Journey: A Story to Help Your Child Fall Asleep Quickly & Gently. Olivia Allinne-Ward. 2017. (ENG., Illus.). 17p. (J). pap. *(978-0-9955027-3-4(0))* Springtime Bks.

Benjamin's Big Question: Am I a Dog or a Person? Susan Reuben. 2022. (ENG., Illus.). 28p. (J). 21.95 ***(978-1-63985-485-1(1))***; pap. 11.95 ***(978-1-63985-483-7(5))*** Fulton Bks.

Benjamin's Birthday Present. Debra DiSilvestri Busold. 2020. (ENG.). 24p. (J). pap. 10.95 *(978-1-6642-0899-5(2)*, WestBow Pr.) Author Solutions, LLC.

Benjamin's Bossy Backpack. Latoya R. Thompson. 2020. (ENG.). 30p. (J). 23.95 *(978-1-64952-510-9(9))*; pap. 13.95 *(978-1-64654-500-1(1))* Fulton Bks.

Benjamin's Branch. Lynn Docherty. 2023. (ENG.). 24p. (J). ***(978-0-2288-8475-0(6))***; pap. ***(978-0-2288-8474-3(8))*** Tellwell Talent.

Benjamin's Christmas Wish. Put Me In The Story & J. D. Green. Illus. by Julia Seal. 2018. (Christmas Wish Ser.). (ENG.). 32p. (J). (gr. k-3). 6.99 ***(978-1-4926-8310-0(8))*** Sourcebooks, Inc.

Benjamin's Soft Bed. Tami Bemis Cole. 2022. (ENG., Illus.). 46p. (J). 27.95 ***(978-1-63985-570-4(X))***; pap. 16.95 ***(978-1-63985-568-1(8))*** Fulton Bks.

Benjamin's Thunderstorm. Melanie Florence. Illus. by Hawlii Pichette. 2023. (ENG.). 32p. (J). (gr. -1-2). 19.99 ***(978-1-5253-0320-3(1))*** Kids Can Pr., Ltd. CAN. Dist: Hachette Bk. Group.

Benji & the 24 Pound Banana Squash. Alan C. Fox. Illus. by Eefje Kuijl. 2017. (Benji Ser.). (ENG.). 32p. (J). (gr. -1 — 1). 17.95 *(978-1-60537-344-7(3))* Clavis Publishing.

Benji & the Giant Kite. Alan C. Fox. Illus. by Eefje Kuijl. 2018. (Benji Ser.). (ENG.). 32p. (J). 17.95 *(978-1-60537-403-1(2))* Clavis Publishing.

Benji Baloney Learns to Be Brave. Becca Carnahan. Illus. by Sarah Horan. 2022. (Belinda & Benji Baloney Ser.: Vol. 2). (ENG.). 36p. (J). 18.99 *(978-1-6629-1921-3(2))* Gatekeeper Pr.

Benji der Fuchs. Ed. by Be-To-Ce Publishing. 2017. (GER., Illus.). (J). pap. *(978-3-946819-05-9(2))* Obst, Hartmut. be-to-ce_publishing.

Benji Goes to a New School. Felicia Champagne. 2019. (ENG., Illus.). 28p. (J). pap. 12.99 *(978-1-951263-53-9(7))* Pen It Pubns.

Benji Mouse Would Like a House. Cecilia Minden. Illus. by Sam Loman. 2022. (Little Blossom Stories Ser.). (ENG.). 16p. (J). (gr. -1-2). pap. 11.36 *(978-1-6689-0865-5(4)*, 220832, Cherry Blossom Press) Cherry Lake Publishing.

Benji, the Bad Day & Me, 1 vol. Sally J. Pla. Illus. by Ken Min. 2018. (ENG.). 32p. (J). (gr. k-3). 19.95 *(978-1-62014-345-2(3)*, leelowbooks) Lee & Low Bks., Inc.

Benji's Allergies & Pets. Linda Bocian. 2019. (ENG.). 20p. (J). 20.95 *(978-1-64424-737-2(2))*; pap. 11.95 *(978-1-64424-736-5(4))* Page Publishing Inc.

Benji's Bunny. Sandy A. 2019. (ENG., Illus.). 32p. (J). pap. 12.95 *(978-1-64300-856-1(0))* Covenant Bks.

Benji's Doll. Luis Amavisca & Alicia Acosta. Illus. by Amelie Graux. 2021. (Egalité Ser.). (ENG.). 40p. (J). 16.99 *(978-84-18133-40-4(6))* NubeOcho Ediciones ESP. Dist: Consortium Bk. Sales & Distribution.

Benji's Garbage Trucks. Roberta Cocking & Benji Cocking. 2021. (ENG., Illus.). 24p. (J). pap. 15.95 *(978-1-6624-3658-1(0))* Page Publishing Inc.

Benji's Messy Room. Diane N. Quintana & Jonda S. Beattie. 2022. (ENG.). 74p. (J). pap. 15.95 *(978-1-7359684-3-8(9))* Release Repurpose Reorganize LLC.

Benji's Responsibility. Felicia Champagne. Illus. by Savannah Horton. 2020. (ENG.). 32p. (J). pap. 13.99 *(978-1-952894-41-1(7))* Pen It Pubns.

Benjy & the Belsnickel. Bonnie Swinehart. 2018. (ENG., Illus.). 208p. (J). (gr. 3-6). 17.99 *(978-1-946531-50-6(2))*; pap. 11.99 *(978-1-946531-22-3(7))* WhiteFire Publishing. (WhiteSpark Publishing).

Benjy & the Belsnickel Study Guide. Bonnie Swinehart. 2019. (ENG., Illus.). 52p. (J). (gr. 3-6). pap. 9.99 *(978-1-946531-81-0(2)*, WhiteSpark Publishing) WhiteFire Publishing.

Benjy & the Butterfly Air Show. Barrie Lawrence. 2022. (ENG.). 44p. (J). pap. *(978-1-3984-3252-9(0))* Austin Macauley Pubs. Ltd.

Benjy & the County Fair. Bonnie Swinehart. 2020. (Benjy Ser.: Vol. 2). (ENG.). 180p. (J). 17.99 *(978-1-946531-80-3(4))*; pap. 11.99 *(978-1-946531-78-0(2))* WhiteFire Publishing. (WhiteSpark Publishing).

Benjy & the Paper Route Mystery. Bonnie Swinehart. 2023. (ENG.). 188p. (J). 19.99 ***(978-1-946531-33-9(2))***; pap. 13.99 ***(978-1-946531-31-5(6))*** WhiteFire Publishing. (WhiteSpark Publishing).

Benk & the Ugly Princess. S. G. Byrd. 2021. (Montaland Ser.: Vol. 3). (ENG.). 216p. (J). pap. 9.99 *(978-1-61153-405-4(4)*, Torchflame Bks.) Light Messages Publishing.

Bennett Twins (Classic Reprint) Grace Marguerite Hurd. 2018. (ENG., Illus.). 300p. (J). 30.08 *(978-0-483-53270-0(3))* Forgotten Bks.

Bennie & the Forest of the King. Don Wadley. 2022. (ENG.). 112p. (J). 21.99 *(978-1-957262-45-1(1))*; pap. 15.99 *(978-1-957262-27-7(3))* Yorkshire Publishing Group.

Bennie the Bear - Friends of the Forest. Shelby Debraga. Illus. by Shelby Debraga. 2023. (ENG.). 26p. (J). 18.00 ***(978-1-0880-8457-1(5))*** Indy Pub.

Benny & Dude: Friends Forever. Nicole Sabella. 2019. (ENG.). 42p. (J). 23.95 *(978-1-64416-464-8(7))*; pap. 14.95 *(978-1-64416-462-4(0))* Christian Faith Publishing.

Benny & Kako Adventures BOOK 1. Dimitri Gilles. Illus. by Tuly Akter. 2023. (ENG.). 44p. (J). pap. 14.63 ***(978-1-312-50639-8(3))*** Lulu Pr., Inc.

Benny & Kako Adventures Book 3. Dimitri Gilles. Illus. by Tuly Akter. 2023. (ENG.). 44p. (J). pap. 15.78 ***(978-1-312-50118-8(9))*** Lulu Pr., Inc.

Benny & Kako Amazing Treehouse Adventure. Dimitri Gilles. 2023. (ENG.). 34p. (J). pap. 14.95 ***(978-1-6664-0327-5(X))*** Matos, Melissa.

Benny & Kako's First Camping Adventure. Dimitri Gilles. 2023. (ENG.). 56p. (J). pap. 14.99 ***(978-1-6664-0321-3(0))*** Matos, Melissa.

Benny & Kako's Visit to the Children's Hospital. Dimitri Gilles. 2023. (ENG.). 34p. (J). pap. 14.95 ***(978-1-6664-0325-1(3))*** Matos, Melissa.

Benny & Penny in How to Say Goodbye: TOON Level 2. Geoffrey Hayes. 2016. (Benny & Penny Ser.). (Illus.). 32p. (J). (gr. -1-3). 12.99 *(978-1-935179-99-3(3)*, TOON Books) Astra Publishing Hse.

Benny & Penny in Lights Out! TOON Level 2. Geoffrey Hayes. 2020. (Benny & Penny Ser.). (Illus.). 32p. (J). (gr. -1-3). pap. 7.99 *(978-1-943145-49-2(0)*, Toon Books) Astra Publishing Hse.

Benny & Penny in Lost & Found! TOON Level 2. Geoffrey Hayes. 2020. (Benny & Penny Ser.). (Illus.). 40p. (J). (gr. -1-3). pap. 6.99 *(978-1-943145-50-8(4)*, Toon Books) Astra Publishing Hse.

Benny & Teddy's Day Out. Glynn Leaney. 2023. (ENG.). 36p. (J). pap. ***(978-1-3984-8517-4(9))*** Austin Macauley Pubs. Ltd.

Benny & the Butterfly: A Story about Feeling Different. Karen Hutchins Pirnot & Garret Frey. 2019. (ENG., Illus.). 24p. (J). (gr. k-5). pap. 14.95 *(978-1-61493-635-0(8))* Peppertree Pr., The.

Benny & the Cats: BenTed Rescue Adventure Series Book III. Brenda J. Todd. Illus. by Patricia A. Christen. 2021. (ENG.). (J). 30p. 23.42 *(978-1-312-90599-3(9))*; 30p. 30.80 *(978-1-312-90625-9(1))*; 34p. pap. 9.08 *(978-1-312-90632-7(4))* Lulu Pr., Inc.

Benny & the Wolves: Conquering an Imaginary Fear. Matthew T. Veibell. 2023. 32p. (J). pap. 9.99 ***(978-1-6678-9860-5(4))*** BookBaby.

Benny at the Bop. Bev Beck. 2019. (ENG., Illus.). 24p. (J). (gr. k-3). pap. 12.99 *(978-1-59095-374-7(6)*, ExamWise) Total Recall Learning, Inc.

Benny Becomes & Architect. David Hughes. 2018. (ENG.). 38p. (J). 14.95 *(978-1-63177-657-1(6))* Amplify Publishing Group.

Benny Bee. Delsa K. Dislers. 2021. (ENG., Illus.). 20p. (J). 20.95 *(978-1-63710-800-0(1))*; pap. 12.95 *(978-1-64952-005-0(0))* Fulton Bks.

Benny Bunny Lost His Hop. Ladawna Dickerson. 2019. (ENG., Illus.). 58p. (J). 25.95 *(978-1-64096-487-7(8))*; (gr. -1-k). pap. 14.95 *(978-1-64096-087-9(2))* Newman Springs Publishing, Inc.

Benny Bunny's New Book. Deb Johnson. 2022. (ENG.). 44p. (J). ***(978-1-0391-4992-2(8))***; pap. ***(978-1-0391-4991-5(X))*** FriesenPress.

Benny Learns a Lesson. Cheryl Johnson. Illus. by Courtney Smith. 2021. (ENG.). 38p. (J). pap. 10.99 *(978-1-64949-139-8(5))* Elk Lake Publishing, Inc.

Benny Learns a Lesson. Cheryl Johnson. Illus. by Courtney Smith. 2021. (Benny Ser.: Vol. 2). (ENG.). 38p. (J). 19.99 *(978-1-64949-140-4(9))* Elk Lake Publishing, Inc.

Benny Learns to Swim. Judith Koppens. Illus. by Marja Meijer. 2020. (Sam & Benny Ser.: 2). (ENG.). 32p. (J). (gr. -1). 9.95 *(978-1-60537-516-8(0))*; 17.95 *(978-1-60537-497-0(0))* Clavis Publishing.

Benny Loves the Dark. Odilon Pedraza. 2021. (ENG., Illus.). 24p. (J). pap. 12.95 *(978-1-6624-3790-8(0))* Page Publishing Inc.

Benny Meets Teddy: BenTed Rescue Adventure Series Book II. Brenda Todd. Illus. by Patricia Christen. 2021. (ENG.). (J). 28p. *(978-1-4834-7210-2(8))*; 28p. *(978-1-4834-7258-4(2))*; 32p. pap. *(978-1-4834-7203-4(5))* Lulu Pr., Inc.

Benny on the Beach. Diego Arandojo. 2020. (Wordless Graphic Novels Ser.). (ENG., Illus.). 40p. (J). (gr. k-2). lib. bdg. 22.65 *(978-1-5158-6136-2(8)*, 142402, Picture Window Bks.) Capstone.

Benny Shark Goes to Friend School. Lynn Rowe Reed. Illus. by Rhode Montijo. 2017. (ENG.). 32p. (J). (gr. -1-2). 17.99 *(978-1-4778-2803-8(6)*, 9781477828038, Two Lions) Amazon Publishing.

Benny Story (Paperback) Brenda Todd. Illus. by Patricia Christen. 2020. (ENG.). 34p. (J). pap. 12.99 *(978-1-716-64667-6(7))* Lulu Pr., Inc.

Benny the Adverb. Coert Voorhees & Grammaropolis. 2019. (Meet the Parts of Speech Ser.: 4). (ENG., Illus.). 34p. (J). (gr. 1-6). 6.99 *(978-1-64442-010-2(4))* Six Foot Pr., LLC.

Benny the Balloon. Kate Avery. Illus. by Karl Woods. 2021. (ENG.). 26p. (J). pap. 20.99 *(978-1-6628-3134-8(X))* Salem Author Services.

Benny the Bananasaurus Rex. Sarabeth Holden. Illus. by Emma Pedersen. 2023. (ENG.). 28p. (J). (gr. -1 — 1). 17.95 *(978-1-77227-442-4(9))* Inhabit Media Inc. CAN. Dist: Consortium Bk. Sales & Distribution.

Benny the Beagle. Steven H. Pataky. Ed. by Charlotte L. Fox. 2016. (ENG., Illus.). (J). (gr. 2-6). pap. 9.99 *(978-0-9861530-1-3(X))* Lovin Ovens, Inc.

Benny the Bear. C. C. Carson. 2019. (ENG., Illus.). 20p. (J). 21.95 *(978-1-64559-823-7(3))*; pap. 11.95 *(978-1-64559-822-0(5))* Covenant Bks.

Benny the Bear Greets Baby T. C. C. Carson. 2022. (ENG., Illus.). 28p. (J). 24.95 *(978-1-63885-975-8(2))*; pap. 13.95 *(978-1-63885-973-4(6))* Covenant Bks.

Benny the Blue & the Absent Shoe. Diedre Osundwa. 2022. (ENG.). 24p. (J). 27.15 *(978-0-578-30820-3(7))* Diedre.

Benny, the Crow: A Tale of the Everglades. Ben Sutton. 2019. (ENG., Illus.). 26p. (J). pap. 13.95 *(978-1-68456-686-0(X))* Page Publishing Inc.

Benny, the Crow: A Tale of the Everglades. Ben Sutton & Sue Sutton. Illus. by Margaret Estes. 2019. (ENG.). 26p. (J). 22.95 *(978-1-68456-688-4(6))* Page Publishing Inc.

Benny, the Funny-Colored Sheep. David Horton. 2022. (ENG., Illus.). 34p. (J). pap. 15.95 *(978-1-63903-498-7(6))* Christian Faith Publishing.

Benny the Noisy Bunny. C. K. Hunt. 2021. (ENG., Illus.). 24p. (J). pap. 13.95 *(978-1-64952-842-1(6))* Fulton Bks.

Benny the Not So Busy Beaver. Robert Lawrence. 2021. (ENG., Illus.). 40p. (J). pap. 15.95 *(978-1-6624-5887-3(8))* Page Publishing Inc.

Benny Wants a Haircut. Judith Koppens. Illus. by Marja Meijers. 2020. (Sam & Benny Ser.: 3). (ENG.). 32p. (J). (gr. -1). 17.95 *(978-1-60537-575-5(6))* Clavis Publishing.

Benny's Blanket. C. D. White. Illus. by C. D. White & Jean Adamov. 2022. (ENG.). 40p. (J). 24.99 ***(978-1-7353083-1-9(5))*** Creative Creature Publishing.

Benny's Moving Buddy. Diana Glass. 2017. (ENG.). (J). (gr. -1-3). 14.95 *(978-1-63177-884-1(6))* Amplify Publishing Group.

Benny's New Bed. Amanda K. Goodhew. 2017. (ENG., Illus.). 28p. (J). pap. ***(978-1-77370-276-6(9))*** Tellwell Talent.

Benny's Quest for a Dragon. Simran Bedi. 2020. (ENG., Illus.). 38p. (J). *(978-1-5289-4972-9(2))*; pap. *(978-1-5289-4866-1(1))* Austin Macauley Pubs. Ltd.

Benny's Story: BenTed Rescue Adventure Children's Easy Reader Illustrated Book Series. Brenda Todd. Illus. by Patricia Christen. 2020. (ENG.). 30p. (J). pap. 15.95 *(978-1-716-87892-3(6))* Lulu Pr., Inc.

Benny's Story: BenTed Rescue Adventure Series Book I. Brenda Todd. Illus. by Patricia Christen. 2021. (ENG.). (J). 28p. *(978-1-6671-8905-5(0))*; 32p. pap. *(978-1-6671-5421-3(4))*; 28p. *(978-1-6671-9104-1(7))* Lulu Pr., Inc.

Benny's Story (Hardcover) Brenda Todd. Illus. by Patrica Christen. 2020. (ENG.). 30p. (J). 24.99 *(978-1-716-64670-6(7))* Lulu Pr., Inc.

Benny's Story (Hardcover) (Gift Version) BenTed Rescue Adventure Series. Brenda Todd. Illus. by Patricia Christen. 2020. (ENG.). 30p. (J). 29.99 *(978-1-716-56449-9(2))* Lulu Pr., Inc.

Benny's True Colors. Norene Paulson. Illus. by Anne Passchier. 2020. (ENG.). 40p. (J). 18.99 *(978-1-250-20771-5(1)*, 900201678) Imprint IND. Dist: Macmillan.

Benoit Castain (Classic Reprint) Marcel Prevost. 2018. (ENG., Illus.). 228p. (J). 28.62 *(978-0-483-34908-7(9))* Forgotten Bks.

Ben's Backyard. Pamela Rodreick. 2017. (ENG., Illus.). (J). *(978-1-5255-1470-8(9))*; pap. *(978-1-5255-1471-5(7))* FriesenPress.

Ben's Bag & Hal Is Big. Robin Twiddy. Illus. by Silvia Nencini. 2023. (Level 2 - Red Set Ser.). (ENG.). 32p. (J). (gr. k-2). lib. bdg. 19.95 Bearport Publishing Co., Inc.

Ben's Birdhouse: Step by Step, 1 vol. Mitchell Allen. 2017. (Computer Science for the Real World Ser.). (ENG.). 16p. (gr. 2-3). pap. *(978-1-5383-5206-9(0)*, 15df41d0-9233-434a-a3d8-34df79231213, Rosen Classroom) Rosen Publishing Group, Inc., The.

Ben's Boyhood: To Which Is Added, Trusted & Tried (Classic Reprint) C. e. Bowen. 2018. (ENG., Illus.). 194p. (J). 27.90 *(978-0-483-86208-1(8))* Forgotten Bks.

Ben's Color Book, 1 vol. Patricia Harris. 2017. (Teddy's Colorful World Ser.). (ENG.). 24p. (gr. 1-1). 25.27 *(978-1-5081-6168-4(2)*, e42143ef-7976-4c48-9ebd-6c08a5e7a92c, PowerKids Pr.) Rosen Publishing Group, Inc., The.

Ben's Dad: Leveled Reader Yellow Fiction Level 7 Grade 1. Hmh Hmh. 2019. (Rigby PM Ser.). (ENG.). 16p. (J). (gr. 1). pap. 11.00 *(978-0-358-12162-6(0))* Houghton Mifflin Harcourt Publishing Co.

Ben's Family. Elliot Riley. Illus. by Srimalie Bassani. 2017. (All Kinds of Families Ser.). (ENG.). 24p. (gr. -1-2). 28.50 *(978-1-68342-316-4(X)*, 9781683423164); pap. 9.95 *(978-1-68342-412-3(3)*, 9781683424123) Rourke Educational Media.

Ben's New Friends. Don Halstead. 2021. (ENG., Illus.). 30p. (J). pap. 14.95 *(978-1-6624-6193-4(3))* Page Publishing Inc.

Ben's New Hat! Paola Curley. 2017. (ENG., Illus.). (J). 12.95 *(978-1-68401-309-8(7))* Amplify Publishing Group.

Ben's Nugget, or a Boy's Search for Fortune: A Story of the Pacific Coast (Classic Reprint) Horatio Alger Jr. (ENG., Illus.). (J). 2018. 292p. 29.92 *(978-0-332-24656-7(6))*; 2016. pap. 13.57 *(978-1-334-32744-5(0))* Forgotten Bks.

Ben's Revolution: Benjamin Russell & the Battle of Bunker Hill. Nathaniel Philbrick. Illus. by Wendell Minor. 2017. 64p. (J). (gr. 2-4). 17.99 *(978-0-399-16674-7(2)*, Nancy Paulsen Books) Penguin Young Readers Group.

Ben's Room. Robert K. Cardwell. 2018. (ENG., Illus.). 50p. (J). (gr. k-6). pap. 11.90 *(978-1-7323433-8-2(1))* Cardwell, Robert K.

Ben's Rubbish Day. Naomi Webb. Illus. by Hannah Graham. 2020. (ENG.). 30p. (J). pap. *(978-1-78830-712-3(7))* Olympia Publishers.

Ben's Story: A Present-Day Hanukkah Miracle. Anne Marie Margaritondo. 2019. (ENG., Illus.). 34p. (J). pap. 13.95 *(978-1-64300-652-9(5))* Covenant Bks.

Ben's Teddy Bear: Leveled Reader Red Fiction Level 5 Grade 1. Hmh Hmh. 2019. (Rigby PM Ser.). (ENG.). 16p. (J). (gr. 1). pap. 11.00 *(978-0-358-12136-7(1))* Houghton Mifflin Harcourt Publishing Co.

Ben's Tooth: Leveled Reader Green Fiction Level 13 Grade 1-2. Hmh Hmh. 2019. (Rigby PM Ser.). (ENG.). 16p. (J). (gr. 1-2). pap. 11.00 *(978-0-358-12054-4(3))* Houghton Mifflin Harcourt Publishing Co.

Ben's Treasure Hunt: Leveled Reader Red Fiction Level 5 Grade 1. Hmh Hmh. 2019. (Rigby PM Ser.). (ENG.). 16p. (J). (gr. 1). pap. 11.00 *(978-0-358-12137-4(X))* Houghton Mifflin Harcourt Publishing Co.

Bensley: A Story of to-Day (Classic Reprint) Oliver Bell Bunce. (ENG., Illus.). (J). 2018. 226p. 28.56 *(978-0-428-77450-9(4))*; 2017. pap. 10.97 *(978-0-259-20221-9(5))* Forgotten Bks.

Benson & Cookie the Care Home Cat. Susan Dodd. Illus. by Abbie Bryson. 2022. (ENG.). 36p. (J). pap. *(978-1-83975-941-3(0))* Grosvenor Hse. Publishing Ltd.

Benson's Adventures in Michigan. Tracy Foster et al. 2016. (Illus.). 32p. (J). 17.95 *(978-0-9980066-0-4(2))* Britton & Case Prs.

Benson's Pals - Take a Bite Out of Bullying. Laci Stapp. 2017. (ENG., Illus.). (J). 21.95 *(978-1-64027-107-4(4))* Page Publishing Inc.

Benson's Seasonal Adventures in Michigan. Tracy Foster et al. 2016. 32p. (J). 17.95 *(978-0-9980066-1-1(0))* Britton & Case Prs.

Bent Heavens. Daniel Kraus. 2021. (ENG.). 304p. (YA). pap. 12.99 *(978-1-250-76356-3(8)*, 900183372) Square Fish.

Bent Not Broken: Madeline & Justin, 1 vol. Lorna Schultz Nicholson. 2017. (One-2-One Ser.: 3). (ENG.). 224p. (J). (gr. 6-10). pap. 12.95 *(978-1-988347-03-5(3)*, 15dd5bde-d900-4c54-84b3-ca1ac143ee44) Clockwise Pr. CAN. Dist: Firefly Bks., Ltd.

Bent Twig (Classic Reprint) Dorothy Canfield. (ENG., Illus.). (J). 2018. 488p. 33.96 *(978-0-428-94634-0(8))*; 2017. 33.96 *(978-0-266-96408-7(7))*; 2017. pap. 16.57 *(978-1-334-93848-1(2))* Forgotten Bks.

Bentley. Lisa M Clouser. Illus. by Amrit Tigga. 2016. (ENG.). (J). (gr. k-3). pap. 6.99 *(978-0-9977202-0-4(4))* Clouser, Lisa M.

Bentley. Ellen Miles. ed. 2019. (Puppy Place Ser.). (ENG.). 89p. (J). (gr. 2-3). 16.36 *(978-0-87617-598-9(1))* Penworthy Co., LLC, The.

Bentley & the Magic Sticks. Claire Eckard. Illus. by Anne York. 2021. (ENG.). 38p. (J). 20.99 *(978-1-6628-1039-8(3))*; pap. 11.99 *(978-1-6628-1038-1(5))* Salem Author Services.

Bentley Continental GT. Julie Murray. 2019. (Car Stars Ser.). (ENG., Illus.). 24p. (J). (gr. k-4). lib. bdg. 31.36 *(978-1-5321-2912-4(2)*, 33106, Abdo Zoom-Dash) ABDO Publishing Co.

Bentley Gets Lost. Kathryn L. Bryan. 2021. (ENG.). 28p. (J). *(978-0-2288-4341-2(3))*; pap. *(978-0-2288-4340-5(5))* Tellwell Talent.

Bentley Said Hic! Julie Wenzlick. Illus. by Jaime Buckley. 2021. (ENG.). 32p. (J). pap. 10.00 *(978-1-7351213-3-8(9))* Wordmeister Pr.

Bentley Said Hic. Julie J. Wenzlick. Illus. by Jaime Buckley. 2021. (ENG.). 32p. (J). 20.00 *(978-1-7351213-4-5(7))* Wordmeister Pr.

Bentley the Bat. Jim Allen Jackson. 2021. (ENG.). 33p. (J). pap. ***(978-1-6671-9056-3(3))*** Lulu Pr., Inc.

Bentley (the Puppy Place #53) Ellen Miles. 2019. (Puppy Place Ser.: 53). (ENG.). 96p. (J). (gr. 2-5). pap. 5.99 *(978-1-338-30302-5(3)*, Scholastic Paperbacks) Scholastic, Inc.

Bentley's Best Birthday EVER! Claire Eckard. Illus. by Anne York. 2021. (ENG.). 32p. (J). 20.99 *(978-1-6628-3866-8(2))*; pap. 11.99 *(978-1-6628-3251-2(6))* Salem Author Services.

Bentley's Day Out: a Day with Bentley the Therapy Dog. Dee Dee Davis. 2023. (ENG.). 38p. (J). 18.95 ***(978-1-63755-529-3(6)***, Mascot Kids) Amplify Publishing Group.

Bentley's Miscellany, 1837, Vol. 2 (Classic Reprint) Unknown Author. 2017. (ENG., Illus.). (J). 37.47 *(978-0-265-52104-5(1))*; pap. 20.57 *(978-0-243-54891-0(5))* Forgotten Bks.

Bentley's Miscellany, 1837, Vol. 2 (Classic Reprint) Charles Dickens. 2017. (ENG., Illus.). (J). 37.80 *(978-0-266-67080-3(6))*; pap. 20.57 *(978-1-5276-4195-2(3))* Forgotten Bks.

Bentley's Miscellany, 1838, Vol. 3 (Classic Reprint) Charles Dickens. 2017. (ENG., Illus.). (J). 37.47 *(978-0-265-45669-9(X))* Forgotten Bks.

Bentley's Miscellany, 1838, Vol. 4 (Classic Reprint) Charles Dickens. (ENG., Illus.). (J). 2017. 38.11 *(978-0-266-50468-9(X))*; 2016. pap. 20.57 *(978-1-334-11607-0(5))* Forgotten Bks.

Bentley's Miscellany, 1839, Vol. 5 (Classic Reprint) William Harrison Ainsworth. 2017. (ENG., Illus.). (J). 38.62 *(978-0-266-45541-7(7))* Forgotten Bks.

Bentley's Miscellany, 1839, Vol. 5 (Classic Reprint) Charles Dickens. 2017. (ENG., Illus.). (J). 38.48 *(978-0-266-71374-6(2))*; pap. 20.97 *(978-1-5276-6791-4(X))* Forgotten Bks.

Bentley's Miscellany, 1839, Vol. 6 (Classic Reprint) William Harrison Ainsworth. 2017. (ENG., Illus.). (J). 38.19 *(978-0-265-45603-3(7))* Forgotten Bks.

Bentley's Miscellany, 1840, Vol. 7 (Classic Reprint) William Harrison Ainsworth. 2017. (ENG., Illus.). (J). 38.33 *(978-0-266-46359-7(2))*; 38.33 *(978-0-266-52587-5(3))*; pap. 20.97 *(978-0-282-43742-8(8))* Forgotten Bks.

Bentley's Miscellany, 1840, Vol. 8 (Classic Reprint) William Harrison Ainsworth. 2017. (ENG., Illus.). (J). 37.84 *(978-0-265-65333-3(9))*; pap. 20.57 *(978-1-5276-0457-5(8))* Forgotten Bks.

Bentley's Miscellany, 1841, Vol. 10 (Classic Reprint) William Harrison Ainsworth. 2017. (ENG., Illus.). (J). 38.33 *(978-0-265-18101-0(1))* Forgotten Bks.

Bentley's Miscellany, 1841, Vol. 9 (Classic Reprint) William Harrison Ainsworth. (ENG., Illus.). (J). 2018. 698p. 38.31 *(978-0-666-20676-3(7))*; 2017. pap. 20.97 *(978-0-243-93090-6(9))* Forgotten Bks.

Bentley's Miscellany, 1842, Vol. 11 (Classic Reprint) Charles Dickens. (ENG., Illus.). (J). 2018. 720p. 38.75 *(978-0-267-78897-2(5))*; 2016. pap. 23.57 *(978-1-334-50242-2(0))* Forgotten Bks.

Bentley's Miscellany, 1842, Vol. 12 (Classic Reprint) Charles Dickens. (ENG., Illus.). (J). 2017. 38.46 *(978-0-265-43685-1(0))*; 2017. 38.33 *(978-0-266-71111-7(1))*; 2017. pap. 20.97 *(978-1-5276-6354-1(X))*; 2016. pap. 20.97 *(978-1-334-20884-3(0))* Forgotten Bks.

Bentley's Miscellany, 1843, Vol. 13 (Classic Reprint) William Harrison Ainsworth. 2017. (ENG., Illus.). (J). 37.63 *(978-0-265-46381-9(5))* Forgotten Bks.

Bentley's Miscellany, 1843, Vol. 13 (Classic Reprint) Charles Dickens. (ENG., Illus.). (J). 2018. 658p. 37.47 *(978-0-267-00661-8(6))*; 2017. pap. 19.97 *(978-0-259-06091-8(7))* Forgotten Bks.

Bentley's Miscellany, 1843, Vol. 14 (Classic Reprint) William Harrison Ainsworth. 2017. (ENG., Illus.). (J). 37.76 *(978-0-265-47267-5(9))* Forgotten Bks.

Bentley's Miscellany, 1844, Vol. 15 (Classic Reprint) Charles Dickens. (ENG., Illus.). (J). 2018. 676p. 37.84 *(978-0-656-11357-6(X))*; 2017. pap. 20.57 *(978-0-259-19873-4(0))* Forgotten Bks.

Bentley's Miscellany, 1844, Vol. 16 (Classic Reprint) William Harrison Ainsworth. 2017. (ENG., Illus.). (J). 37.65 *(978-1-5279-5306-2(8))* Forgotten Bks.

Bentley's Miscellany, 1844, Vol. 16 (Classic Reprint) Charles Dickens. 2017. (ENG., Illus.). (J). 37.63 *(978-0-260-44856-9(7))*; pap. 20.57 *(978-1-5280-1792-3(7))* Forgotten Bks.

Bentley's Miscellany, 1845, Vol. 17 (Classic Reprint) William Harrison Ainsworth. 2017. (ENG., Illus.). (J). 37.80 *(978-0-265-49395-3(1))* Forgotten Bks.

Bentley's Miscellany, 1845, Vol. 18 (Classic Reprint) Charles Dickens. 2017. (ENG., Illus.). (J). 670p. 37.72 *(978-0-265-67677-6(0))*; 672p. pap. 20.57 *(978-1-5276-4747-3(1))*; 37.63 *(978-0-266-71100-1(6))*; pap. 20.57 *(978-1-5276-6327-5(2))* Forgotten Bks.

Bentley's Miscellany, 1846, Vol. 19 (Classic Reprint) William Harrison Ainsworth. 2017. (ENG., Illus.). (J). 37.88 *(978-0-266-46626-0(5))* Forgotten Bks.

Bentley's Miscellany, 1846, Vol. 20 (Classic Reprint) William Harrison Ainsworth. 2017. (ENG., Illus.). (J). 37.92 *(978-0-265-45328-5(3))* Forgotten Bks.

Bentley's Miscellany, 1846, Vol. 20 (Classic Reprint) Charles Dickens. (ENG., Illus.). (J). 2018. 666p. 37.65 *(978-0-484-70638-4(1))*; 2016. pap. 20.57 *(978-1-333-14106-6(8))* Forgotten Bks.

Bentley's Miscellany, 1847, Vol. 21 (Classic Reprint) William Harrison Ainsworth. 2017. (ENG., Illus.). (J). 37.80 *(978-0-265-44879-3(4))*; 37.57 *(978-0-266-48709-8(2))* Forgotten Bks.

Bentley's Miscellany, 1847, Vol. 22 (Classic Reprint) Charles Dickens. (ENG., Illus.). (J). 2018. 668p. 37.67 *(978-0-428-82664-2(4))*; 2018. 664p. 37.61 *(978-0-484-01648-3(2))*; 2017. pap. 19.97 *(978-0-259-25003-6(1))* Forgotten Bks.

Bentley's Miscellany, 1848, Vol. 23 (Classic Reprint) William Harrison Ainsworth. 2017. (ENG., Illus.). (J). 37.74 *(978-0-265-49294-9(7))* Forgotten Bks.

Bentley's Miscellany, 1848, Vol. 23 (Classic Reprint) Charles Dickens. (ENG., Illus.). (J). 2018. 676p. 37.84 *(978-0-428-98848-7(2))*; 2017. pap. 20.57 *(978-0-243-59031-5(8))* Forgotten Bks.

Bentley's Miscellany, 1849, Vol. 25 (Classic Reprint) Charles Dickens. (ENG., Illus.). (J). 2018. 708p. 38.48 *(978-0-428-44214-9(5))*; 2018. 698p. 38.29 *(978-0-483-88366-6(2))*; 2017. pap. 20.97 *(978-0-243-89893-0(2))*; 2017. pap. 20.97 *(978-1-334-91923-7(2))* Forgotten Bks.

Bentley's Miscellany, 1849, Vol. 26 (Classic Reprint) Charles Dickens. (ENG., Illus.). (J). 2018. 672p. 37.76 *(978-0-484-82420-0(1))*; 2017. pap. 20.57 *(978-0-243-89331-7(0))* Forgotten Bks.

Bentley's Miscellany, 1850, Vol. 27 (Classic Reprint) Charles Dickens. (ENG., Illus.). (J). 2018. 668p. 37.69 *(978-0-267-00344-0(7))*; 2018. 676p. 37.84 *(978-0-483-37912-1(3))*; 2017. pap. 20.57 *(978-0-243-95701-9(7))*; 2016. pap. 20.57 *(978-1-334-12846-2(4))* Forgotten Bks.

Bentley's Miscellany, 1851, Vol. 30 (Classic Reprint) William Harrison Ainsworth. 2017. (ENG., Illus.). (J). 37.80 *(978-0-265-66278-6(8))*; pap. 20.57 *(978-1-5276-3541-8(4))* Forgotten Bks.

Bentley's Miscellany, 1851, Vol. 30 (Classic Reprint) Charles Dickens. 2017. (ENG., Illus.). (J). 37.67 *(978-0-265-73665-4(X))*; pap. 20.57 *(978-1-5277-0070-3(4))* Forgotten Bks.

Bentley's Miscellany, 1853, Vol. 34 (Classic Reprint) Charles Dickens. 2017. (ENG., Illus.). (J). 38.19 *(978-0-265-52211-0(0))* Forgotten Bks.

Bentley's Miscellany, 1854, Vol. 35 (Classic Reprint) William Harrison Ainsworth. 2017. (ENG., Illus.). (J). 37.47 *(978-0-266-48654-1(1))* Forgotten Bks.

Bentley's Miscellany, 1856, Vol. 39 (Classic Reprint) William Harrison Ainsworth. 2017. (ENG., Illus.). (J). 37.57 *(978-0-265-48971-0(7))* Forgotten Bks.

Bentley's Miscellany, 1856, Vol. 40 (Classic Reprint) William Harrison Ainsworth. 2017. (ENG., Illus.). (J). 37.53 *(978-0-266-52114-3(2))* Forgotten Bks.

Bentley's Miscellany, 1857, Vol. 41 (Classic Reprint) Charles Dickens. 2017. (ENG., Illus.). (J). 37.53 *(978-0-266-15956-8(7))* Forgotten Bks.

Bentley's Miscellany, 1857, Vol. 42 (Classic Reprint) Charles Dickens. 2017. (ENG., Illus.). (J). 37.49 *(978-0-265-52183-0(1))* Forgotten Bks.

Bentley's Miscellany, 1858, Vol. 43 (Classic Reprint) William Harrison Ainsworth. 2017. (ENG., Illus.). (J). 37.49 *(978-0-266-48614-5(2))* Forgotten Bks.

Bentley's Miscellany, 1859, Vol. 45 (Classic Reprint) William Harrison Ainsworth. 2017. (ENG., Illus.). (J). 37.51 *(978-0-266-52220-1(3))* Forgotten Bks.

Bentley's Miscellany, 1859, Vol. 46 (Classic Reprint) William Harrison Ainsworth. (ENG., Illus.). (J). 2018. 662p. 37.55 *(978-0-332-69258-6(2))*; 2017. pap. 19.97 *(978-0-259-01007-4(3))* Forgotten Bks.

Bentley's Miscellany, 1859, Vol. 46 (Classic Reprint) Albert Smith. 2017. (ENG., Illus.). (J). 37.59 *(978-0-266-52206-5(8))* Forgotten Bks.

Bentley's Miscellany, 1860, Vol. 48 (Classic Reprint) William Harrison Ainsworth. 2017. (ENG., Illus.). (J). 37.57 *(978-0-266-71551-1(6))*; pap. 19.97 *(978-1-5276-7089-1(9))* Forgotten Bks.

Bentley's Miscellany, 1861, Vol. 49 (Classic Reprint) Charles Dickens. 2018. (ENG., Illus.). (J). 692p. 38.17 *(978-0-366-56223-7(1))*; 694p. pap. 20.57 *(978-0-366-10261-7(3))* Forgotten Bks.

Bentleys Miscellany, 1862, Vol. 51 (Classic Reprint) Charles Dickens. (ENG., Illus.). (J). 2018. 676p. 37.86 *(978-0-483-88250-8(X))*; 2017. pap. 20.57 *(978-0-243-88199-4(1))* Forgotten Bks.

Bentley's Miscellany, 1862, Vol. 51 (Classic Reprint) Charles Dickens. (ENG., Illus.). (J). 2018. 678p. 37.90

186

The check digit for ISBN-10 appears in parentheses after the full ISBN-13

(978-0-267-87427-9(8)); 2017. pap. 20.57 *(978-0-259-23950-5(X))* Forgotten Bks.

Bentley's Miscellany, 1863, Vol. 54 (Classic Reprint) William Harrison Ainsworth. (ENG., Illus.). (J). 2018. 656p. 37.45 *(978-1-396-80275-1(4))*; 2018. 658p. pap. 19.97 *(978-1-396-80253-9(3))*; 2017. 37.57 *(978-0-265-71293-1(9))*; 2017. pap. 19.97 *(978-1-5276-6673-3(5))* Forgotten Bks.

Bentley's Miscellany, 1866, Vol. 59 (Classic Reprint) Charles Dickens. (ENG., Illus.). (J). 2018. 664p. 37.59 *(978-0-267-00325-9(0))*; 2017. pap. 19.97 *(978-0-243-95369-1(0))* Forgotten Bks.

Bentley's Miscellany (Classic Reprint) Charles Dickens. 2016. (ENG., Illus.). (J). pap. 20.57 *(978-1-333-30986-2(4))* Forgotten Bks.

Bentley's Miscellany, Vol. 1 (Classic Reprint) Charles Dickens. (ENG., Illus.). (J). 2018. 642p. 37.14 *(978-0-656-33683-8(8))*; 2017. pap. 19.57 *(978-0-243-25520-7(9))* Forgotten Bks.

Bentley's Miscellany, Vol. 13 (Classic Reprint) Charles Dickens. 2016. (ENG., Illus.). (J). pap. 20.57 *(978-1-334-14389-2(7))* Forgotten Bks.

Bentley's Miscellany, Vol. 14 (Classic Reprint) Charles Dickens. 2017. (ENG., Illus.). (J). pap. 20.57 *(978-0-243-25665-5(5))* Forgotten Bks.

Bentley's Miscellany, Vol. 15 (Classic Reprint) Charles Dickens. 2017. (ENG., Illus.). (J). 37.80 *(978-0-331-02310-7(5))*; pap. 20.57 *(978-1-5279-9149-1(0))* Forgotten Bks.

Bentley's Miscellany, Vol. 17 (Classic Reprint) Charles Dickens. (ENG., Illus.). (J). 2017. 37.63 *(978-0-266-39880-6(4))*; 2016. pap. 20.57 *(978-1-334-12416-7(7))* Forgotten Bks.

Bentley's Miscellany, Vol. 19 (Classic Reprint) Charles Dickens. (ENG., Illus.). (J). 2017. 37.32 *(978-0-331-46104-6(8))*; 2017. pap. 19.97 *(978-0-266-74537-2(7))*; 2016. pap. 20.57 *(978-1-334-14450-9(8))* Forgotten Bks.

Bentley's Miscellany, Vol. 20 (Classic Reprint) Charles Dickens. 2016. (ENG., Illus.). (J). pap. 20.57 *(978-1-334-14761-6(2))* Forgotten Bks.

Bentley's Miscellany, Vol. 21 (Classic Reprint) Charles Dickens. 2016. (ENG., Illus.). (J). pap. 19.97 *(978-1-334-12976-6(2))*; pap. 20.57 *(978-1-334-14964-1(X))* Forgotten Bks.

Bentley's Miscellany, Vol. 23 (Classic Reprint) Charles Dickens. 2016. (ENG., Illus.). (J). pap. 20.57 *(978-1-334-12491-4(4))* Forgotten Bks.

Bentley's Miscellany, Vol. 3 (Classic Reprint) Charles Dickens. 2016. (ENG., Illus.). (J). pap. 19.97 *(978-1-334-14640-4(3))* Forgotten Bks.

Bentley's Miscellany, Vol. 34 (Classic Reprint) Charles Dickens. 2017. (ENG., Illus.). (J). pap. 20.57 *(978-0-259-24488-2(0))* Forgotten Bks.

Bentley's Miscellany, Vol. 35 (Classic Reprint) Charles Dickens. 2016. (ENG., Illus.). (J). pap. 19.97 *(978-1-333-13618-5(8))* Forgotten Bks.

Bentley's Miscellany, Vol. 39 (Classic Reprint) Charles Dickens. 2016. (ENG., Illus.). (J). pap. 19.97 *(978-1-334-12780-9(8))* Forgotten Bks.

Bentley's Miscellany, Vol. 40 (Classic Reprint) Unknown Author. 2017. (ENG., Illus.). (J). pap. 19.97 *(978-0-243-58591-5(8))* Forgotten Bks.

Bentley's Miscellany, Vol. 41 (Classic Reprint) Unknown Author. 2017. (ENG., Illus.). (J). pap. 19.97 *(978-1-5276-3789-4(1))* Forgotten Bks.

Bentley's Miscellany, Vol. 42 (Classic Reprint) Charles Dickens. 2017. (ENG., Illus.). (J). pap. 19.97 *(978-0-259-18518-5(3))* Forgotten Bks.

Bentley's Miscellany, Vol. 43 (Classic Reprint) Charles Dickens. 2016. (ENG., Illus.). (J). pap. 19.97 *(978-1-334-13080-9(9))* Forgotten Bks.

Bentley's Miscellany, Vol. 45 (Classic Reprint) Charles Dickens. 2017. (ENG., Illus.). (J). pap. 19.97 *(978-0-259-29286-9(9))* Forgotten Bks.

Bentley's Miscellany, Vol. 46 (Classic Reprint) Charles Dickens. 2017. (ENG., Illus.). (J). pap. 19.97 *(978-0-259-23182-0(7))* Forgotten Bks.

Bentley's Miscellany, Vol. 5 (Classic Reprint) Charles Dickens. 2016. (ENG., Illus.). (J). pap. 20.97 *(978-1-334-14668-8(3))* Forgotten Bks.

Bentley's Miscellany, Vol. 6 (Classic Reprint) Charles Dickens. 2016. (ENG., Illus.). (J). pap. 20.57 *(978-1-334-14698-5(5))* Forgotten Bks.

Bentley's Miscellany, Vol. 7 (Classic Reprint) Charles Dickens. 2016. (ENG., Illus.). (J). pap. 20.97 *(978-1-334-14379-3(X))* Forgotten Bks.

Bentley's Miscellany, Vol. 8 (Classic Reprint) Charles Dickens. 2017. (ENG., Illus.). 676p. (J). 37.84 *(978-1-5281-8478-6(5))* Forgotten Bks.

Bentley's Miscellany, Vol. 9 (Classic Reprint) Charles Dickens. 2018. (ENG., Illus.). 696p. (J). 38.25 *(978-0-666-70062-9(1))* Forgotten Bks.

Bentley's Tux of Polka Dots: By Lindamarie Ketter. Lindamarie Ketter. 2021. (Horsey Craze Ser.: Vol. 1). (ENG.). 26p. (J). pap. 9.95 *(978-1-63901-770-6(4))* Primedia eLaunch LLC.

Bentley's Week. Nora Rose. 2017. (ENG., Illus.). (J). pap. 13.95 *(978-1-5043-9070-5(9))*, Balboa Pr.) Author Solutions, LLC.

Bently & Egg. William Joyce. Illus. by William Joyce. 2017. (World of William Joyce Ser.). (ENG., Illus.). 32p. (J). (gr. -1-3). 17.99 *(978-1-4814-8949-2(6))*, Atheneum/Caitlyn Dlouhy Books) Simon & Schuster Children's Publishing.

Benton Battle Field (Classic Reprint) Alfred Marion Prude. (ENG., Illus.). (J). 2018. 20p. 24.31 *(978-0-267-53503-3(1))*; 2016. pap. 7.97 *(978-1-333-27537-2(4))* Forgotten Bks.

Benton of the Royal Mounted: A Tale of the Royal Northwest Mounted Police (Classic Reprint) Ralph Selwood Kendall. 2017. (ENG., Illus.). (J). 30.79 *(978-0-331-65508-7(X))*; pap. 13.57 *(978-0-243-28538-9(8))* Forgotten Bks.

Benton Yancey. Morris Fenris. 2021. (ENG.). 122p. (J). pap. 12.99 *(978-1-393-78442-5(9))* Draft2Digital.

Benvolio's Heart. Anthony Zomparelli. 2018. (ENG.). 38p. (J). 14.95 *(978-1-68401-905-2(2))* Amplify Publishing Group.

Beowulf. John Lesslie Hall. 2017. (ENG., Illus.). (J). pap. *(978-3-7447-6369-1(2))* Creation Pubs.

Beowulf. John Lesslie Hall & J. Lesslie Hall. 2017. (ENG.). 136p. (J). pap. *(978-3-337-09071-5(0))* Creation Pubs.

Beowulf. Moriz Heyne. 2017. (ENG., Illus.). (J). pap. *(978-0-649-46701-3(9))* Trieste Publishing Pty Ltd.

Beowulf: An Epic Poem. A. Diedrich Wackerbarth. 2017. (ENG., Illus.). (J). pap. *(978-0-649-07287-3(1))* Trieste Publishing Pty Ltd.

Beowulf: An Epic Poem, Translated from the Anglo-Saxon into English Verse (Classic Reprint) A. Diedrich Wackerbarth. 2018. (ENG., Illus.). 212p. (J). 28.29 *(978-0-666-81582-8(8))* Forgotten Bks.

Beowulf: Angelsächsisches Heldengedicht (Classic Reprint) Moriz Heyne. 2018. (GER., Illus.). 138p. (J). 26.76 *(978-0-364-40755-4(7))* Forgotten Bks.

Beowulf: Guide Dog to the Blind (Classic Reprint) Ernest Blakeman Vesey. (ENG., Illus.). (J). 2018. 302p. 30.15 *(978-0-666-88498-5(6))*; 2017. pap. 13.57 *(978-0-282-49768-2(4))* Forgotten Bks.

Beowulf: Mit Ausfuhrlichem Glossar (Classic Reprint) Moriz Heyne. 2017. (GER., Illus.). (J). pap. 13.57 *(978-0-243-55946-6(1))* Forgotten Bks.

Beowulf, Dragon Slayer. Rosemary Sutcliff. 2017. (Puffin Book Ser.). (Illus.). 128p. (J). (gr. 4-6). pap. 12.99 *(978-0-14-136869-6(1))* Penguin Bks., Ltd. GBR. Dist: Independent Pubs. Group.

Beowulf Novel Units Student Packet. Novel Units. 2019. (ENG.). (YA). pap. 13.99 *(978-1-58130-800-6(0))*, Novel Units, Inc.) Classroom Library Co.

Beowulf Novel Units Teacher Guide. Novel Units. 2019. (ENG.). (YA). pap. 12.99 *(978-1-58130-801-3(9))*, Novel Units, Inc.) Classroom Library Co.

Beowulf's Popular Afterlife in Literature, Comic Books, & Film. Kathleen Forni. 2018. (ENG.). 220p. (C). 140.00 *(978-1-138-60983-9(8))*, K388991) Routledge.

Beppo: A Venetian Story (Classic Reprint) George Gordon Byron. 2018. (ENG., Illus.). (J). 60p. 25.15 *(978-1-396-76957-3(9))*; 62p. pap. 9.57 *(978-1-396-00829-0(2))* Forgotten Bks.

Bequeathed: A Novel (Classic Reprint) Beatrice Whitby. (ENG., Illus.). (J). 2018. 326p. 30.64 *(978-0-267-00695-3(0))*; 2017. pap. 13.57 *(978-0-259-06230-1(8))* Forgotten Bks.

Berani. Michelle Kadarusman. 2022. (ENG., Illus.). 224p. (J). (gr. 3-7). 18.95 *(978-1-77278-260-8(2))* Pajama Pr. CAN. Dist: Publishers Group West (PGW).

Bercharmis: An Unexpected Fairy's Tale. Jimmy W. Bishop. 2020. (ENG.). (J). 148p. 28.95 *(978-1-64468-534-1(5))*; 146p. pap. 15.95 *(978-1-64468-533-4(7))* Covenant Bks.

Berci Segit. Laczko Bea. 2019. (HUN.). 36p. (J). pap. *(978-3-7103-4253-0(8))* united p.c. Verlag.

Berenice: A Novel (Classic Reprint) E. M. Keplinger. (ENG., Illus.). (J). 2018. 408p. 32.33 *(978-0-483-51674-8(0))*; 2017. pap. 16.57 *(978-0-282-48814-7(6))* Forgotten Bks.

Berenice: A Novel (Classic Reprint) De Lesdernier. 2017. (ENG., Illus.). (J). 30.79 *(978-1-5282-3386-6(7))* Forgotten Bks.

Berenice (Classic Reprint) E. Phillips Oppenheim. 2017. (ENG., Illus.). (J). 29.63 *(978-1-5284-7877-9(0))* Forgotten Bks.

Berenstain Bears: The Very First Easter, Vol. 1. Jan Berenstain & Mike Berenstain. 2019. (Berenstain Bears/Living Lights: a Faith Story Ser.). (ENG., Illus.). 24p. (J). pap. 4.99 *(978-0-310-76218-8(9))* Zonderkidz.

Berenstain Bears 5-Minute Inspirational Stories: Read-Along Classics, 1 vol. Stan Berenstain et al. 2017. (Berenstain Bears/Living Lights: a Faith Story Ser.). (ENG.). 192p. (J). 12.99 *(978-0-310-76080-1(1))* Zonderkidz.

Berenstain Bears All God's Creatures. Mike Berenstain. 2016. (Berenstain Bears Ser.). (ENG., Illus.). 20p. (J). bds. 7.99 *(978-0-8249-1968-9(8))*, Ideals Pubns.) Worthy Publishing.

Berenstain Bears & the Christmas Angel, 1 vol. Mike Berenstain. 2016. (Berenstain Bears/Living Lights: a Faith Story Ser.). (ENG., Illus.). 24p. (J). pap. 4.99 *(978-0-310-74924-0(7))* Zonderkidz.

Berenstain Bears & the Ducklings. Stan Berenstain & Jan Berenstain. Illus. by Mike Berenstain. 2018. 30p. (J). *(978-1-5444-0097-6(7))*, BRO-adap20180125-161) Harper & Row Ltd.

Berenstain Bears & the Ducklings. Mike Berenstain. ed. 2018. (I Can Read Ser.). (ENG.). 30p. (J). (gr. -1-k). 13.89 *(978-1-64310-212-2(5))* Penworthy Co., LLC, The.

Berenstain Bears & the Ducklings: An Easter & Springtime Book for Kids. Mike Berenstain. Illus. by Mike Berenstain. 2018. (I Can Read Level 1 Ser.). (ENG., Illus.). 32p. (J). (gr. -1-3). 16.99 *(978-0-06-265456-4(X))*, BRO-adap20180125-161); pap. 4.99 *(978-0-06-265455-7(1))*, BRO-adap20180125-161) HarperCollins Pubs. (HarperCollins).

Berenstain Bears & the Easter Story for Little Ones. Mike Berenstain. 2022. (Berenstain Bears/Living Lights: a Faith Story Ser.). (ENG., Illus.). 14p. (J). bds. 6.99 *(978-0-310-13953-9(8))* Zonderkidz.

Berenstain Bears & the Ghost of the Theater. Mike Berenstain. Illus. by Mike Berenstain. 2020. (I Can Read Level 1 Ser.). (ENG., Illus.). 32p. (J). (gr. -1-3). 16.99 *(978-0-06-265475-5(6))*; pap. 4.99 *(978-0-06-265474-8(8))* HarperCollins Pubs. (HarperCollins).

Berenstain Bears & the Ghost of the Theater. Mike Berenstain. ed. 2020. (I Can Read Ser.). (ENG., Illus.). 30p. (J). (gr. k-1). 14.96 *(978-1-64697-333-0(X))* Penworthy Co., LLC, The.

Berenstain Bears & the Joy of Giving for Little Ones. Mike Berenstain. 2022. (Berenstain Bears/Living Lights: a Faith Story Ser.). (ENG., Illus.). 14p. (J). bds. 6.99 *(978-0-310-13951-5(1))* Zonderkidz.

Berenstain Bears & the Rowdy Crowd, 1 vol. Jan Berenstain et al. 2020. (Berenstain Bears/Living Lights: a Faith Story Ser.). (ENG., Illus.). 96p. (J). pap. 6.99 *(978-0-310-76806-7(3))* Zonderkidz.

Berenstain Bears Around the World. Mike Berenstain. 2016. (Illus.). 27p. (J). *(978-1-5182-1952-8(7))* Harper & Row Ltd.

Berenstain Bears Around the World. Mike Berenstain. Illus. by Mike Berenstain. 2016. (I Can Read Level 1 Ser.). (ENG., Illus.). 32p. (J). (gr. -1-3). pap. 4.99 *(978-0-06-235023-7(4))*, HarperCollins) HarperCollins Pubs.

Berenstain Bears Bears on Time: Solving the Lateness Problem!, 1 vol. Mike Berenstain. 2021. (Berenstain Bears/Living Lights: a Faith Story Ser.). (ENG.). 24p. (J). pap. 5.99 *(978-0-310-76456-4(4))* Zonderkidz.

Berenstain Bears' Bedtime Blessings, 1 vol. Mike Berenstain. 2017. (Berenstain Bears/Living Lights: a Faith Story Ser.). (ENG., Illus.). 24p. (J). pap. 3.99 *(978-0-310-74904-2(2))* Zonderkidz.

Berenstain Bears' Big Family Album. Mike Berenstain. Illus. by Mike Berenstain. 2019. (Berenstain Bears Ser.). (ENG., Illus.). 24p. (J). (gr. -1-3). pap. 3.99 *(978-0-06-265467-0(5))*, HarperFestival) HarperCollins Pubs.

Berenstain Bears' Big Family Album. Mike Berenstain. ed. 2019. (Berenstain Bears 8x8 Bks). (ENG.). 24p. (J). (gr. k-1). 13.89 *(978-0-87617-532-3(9))* Penworthy Co., LLC, The.

Berenstain Bears' Big Halloween Party: Includes Stickers, Cards, & a Spooky Poster! Mike Berenstain. Illus. by Mike Berenstain. 2021. (Berenstain Bears Ser.). (ENG., Illus.). 32p. (J). (gr. -1-3). 10.99 *(978-0-06-302437-3(3))*, HarperCollins) HarperCollins Pubs.

Berenstain Bears' Big Machines. Mike Berenstain. Illus. by Mike Berenstain. 2017. (I Can Read Level 1 Ser.). (ENG., Illus.). 32p. (J). (gr. -1-3). 16.99 *(978-0-06-235039-8(0))*; pap. 5.99 *(978-0-06-235038-1(2))* HarperCollins Pubs. (HarperCollins).

Berenstain Bears' Big Machines. Mike Berenstain. ed. 2018. (I Can Read Ser.). (ENG.). 21p. (J). (gr. -1-k). 13.89 *(978-1-64310-213-9(3))* Penworthy Co., LLC, The.

Berenstain Bears' Big School Project. Mike Berenstain. Illus. by Mike Berenstain. 2023. (Berenstain Bears Ser.). (ENG., Illus.). 24p. (J). (gr. -1-3). 5.99 *(978-0-06-302435-9(7))*, HarperFestival) HarperCollins Pubs.

Berenstain Bears' Big Track Meet. Mike Berenstain. Illus. by Mike Berenstain. 2020. (I Can Read Level 1 Ser.). (ENG., Illus.). 32p. (J). (gr. -1-3). 16.99 *(978-0-06-265472-4(1))*; pap. 4.99 *(978-0-06-265471-7(3))* HarperCollins Pubs. (HarperCollins).

Berenstain Bears Big Track Meet. Mike Berenstain. ed. 2020. (I Can Read Ser.). (ENG., Illus.). 32p. (J). (gr. k-1). 14.96 *(978-1-64697-334-7(8))* Penworthy Co., LLC, The.

Berenstain Bears Blast Off! Mike Berenstain. Illus. by Mike Berenstain. 2023. (I Can Read Level 1 Ser.). (ENG., Illus.). 32p. (J). (gr. -1-3). 16.99 *(978-0-06-302450-2(0))*; pap. 4.99 *(978-0-06-302449-6(7))* HarperCollins Pubs. (HarperCollins).

Berenstain Bears Bless Our Gramps & Gran, 1 vol. Mike Berenstain. 2017. (Berenstain Bears/Living Lights: a Faith Story Ser.). (ENG.). 24p. (J). pap. 3.99 *(978-0-310-74844-1(5))* Zonderkidz.

Berenstain Bears Bless Our Pets, 1 vol. Mike Berenstain. 2017. (Berenstain Bears/Living Lights: a Faith Story Ser.). (ENG., Illus.). 24p. (J). pap. 3.99 *(978-0-310-74882-3(8))* Zonderkidz.

Berenstain Bears Brother Bear & the Kind Cub, 1 vol. Stan Berenstain et al. 2017. (I Can Read! / Berenstain Bears / Living Lights: a Faith Story Ser.). (ENG., Illus.). 32p. (J). pap. 4.99 *(978-0-310-76023-8(2))* Zonderkidz.

Berenstain Bears Brother Bear Favorites [3 Books In 1], 1 vol. Jan Berenstain & Mike Berenstain. 2020. (Berenstain Bears/Living Lights: a Faith Story Ser.). (ENG.). 96p. (J). 9.99 *(978-0-310-76913-2(2))* Zonderkidz.

Berenstain Bears' Caring & Sharing Treasury, 1 vol. Jan Berenstain & Mike Berenstain. 2016. (Berenstain Bears/Living Lights: a Faith Story Ser.). (ENG.). 160p. (J). 12.99 *(978-0-310-75358-2(9))* Zonderkidz.

Berenstain Bears Christmas Fun Sticker & Activity Book, 1 vol. Jan Berenstain. Illus. by Mike Berenstain. 2016. (Berenstain Bears/Living Lights: a Faith Story Ser.). (ENG.). 32p. (J). pap. 6.99 *(978-0-310-75384-1(8))* Zonderkidz.

Berenstain Bears Do the Right Thing, 1 vol. Mike Berenstain. 2019. (Berenstain Bears/Living Lights: a Faith Story Ser.). (ENG., Illus.). 24p. (J). pap. 5.99 *(978-0-310-76362-8(2))* Zonderkidz.

Berenstain Bears Easter Blessings. Mike Berenstain. 2016. (Berenstain Bears Ser.). (ENG., Illus.). 20p. (J). bds. 7.99 *(978-0-8249-1967-2(X))*, Ideals Pubns.) Worthy Publishing.

Berenstain Bears Easter Classics. Stan Berenstain & Jan Berenstain. 2019. (Illus.). 64p. (J). (gr. -1-2). pap. 6.99 *(978-0-525-64756-0(2))*, Random Hse. Bks. for Young Readers) Random Hse. Children's Bks.

Berenstain Bears Easter Classics Spring 2023 6-Copy Clip Strip. Stan Berenstain. 2023. (J). (gr. -1-2). pap. 38.94 *(978-0-593-57538-3(5))*, Random Hse. Bks. for Young Readers) Random Hse. Children's Bks.

Berenstain Bears Easter Fun Sticker & Activity Book, 1 vol. Jan Berenstain. Illus. by Mike Berenstain. 2017. (Berenstain Bears/Living Lights: a Faith Story Ser.). (ENG.). 32p. (J). pap. 8.99 *(978-0-310-75381-0(3))* Zonderkidz.

Berenstain Bears' Easter Sunday, 1 vol. Mike Berenstain. 2016. (Berenstain Bears/Living Lights: a Faith Story Ser.). (ENG.). 24p. (J). pap. 3.99 *(978-0-310-74902-8(6))* Zonderkidz.

Berenstain Bears' Epic Dog Show, 1 vol. Jan Berenstain et al. 2019. (Berenstain Bears/Living Lights: a Faith Story Ser.). (ENG., Illus.). 96p. (J). pap. 6.99 *(978-0-310-76790-9(3))* Zonderkidz.

Berenstain Bears Fall Family Fun. Stan Berenstain & Jan Berenstain. 2019. (Illus.). 64p. (J). (gr. -1-1). pap. 6.99 *(978-1-9848-4766-9(X))*, Random Hse. Bks. for Young Readers) Random Hse. Children's Bks.

Berenstain Bears' Fall Family Fun. Stan Berenstain et al. ed. 2019. (Berenstain Bears 8x8 Bks). (ENG.). 64p. (J). (gr. k-1). 15.96 *(978-0-87617-561-3(2))* Penworthy Co., LLC, The.

Berenstain Bears Father's Day Blessings, 1 vol. Mike Berenstain. 2018. (Berenstain Bears/Living Lights: a Faith Story Ser.). (ENG., Illus.). 24p. (J). pap. 3.99 *(978-0-310-74923-3(9))* Zonderkidz.

Berenstain Bears Friendship Blessings Collection, 1 vol. Jan Berenstain & Mike Berenstain. 2017. (Berenstain Bears/Living Lights: a Faith Story Ser.). (ENG.). 160p. (J). 10.99 *(978-0-310-75338-4(4))* Zonderkidz.

Berenstain Bears Get Ready for Bed. Mike Berenstain. Illus. by Mike Berenstain. 2018. (Berenstain Bears Ser.). (ENG., Illus.). 16p. (J). (gr. -1-3). pap. 6.99 *(978-0-06-265465-6(9))*, HarperFestival) HarperCollins Pubs.

Berenstain Bears Get the Job Done, 1 vol. Jan Berenstain & Mike Berenstain. 2019. (I Can Read! / Berenstain Bears / Living Lights: a Faith Story Ser.). (ENG., Illus.). 32p. (J). pap. 4.99 *(978-0-310-76015-3(1))* Zonderkidz.

Berenstain Bears' Get the Job Done. Jan Berenstain et al. ed. 2019. (I Can Read Ser.). (ENG.). 32p. (J). (gr. k-1). 14.96 *(978-0-87617-542-2(6))* Penworthy Co., LLC, The.

Berenstain Bears Gifts of the Spirit Caring & Sharing Activity Book (Berenstain Bears) Mike Berenstain. 2022. (Berenstain Bears Gifts of the Spirit Ser.). 32p. (J). (gr. -1-2). pap. 7.99 *(978-0-593-48288-9(3))*, Random Hse. Bks. for Young Readers) Random Hse. Children's Bks.

Berenstain Bears Gifts of the Spirit Helpful Hands Activity Book (Berenstain Bears) Mike Berenstain. 2022. (Berenstain Bears Gifts of the Spirit Ser.). 32p. (J). (gr. -1-2). pap. 7.99 *(978-0-593-48289-6(1))*, Random Hse. Bks. for Young Readers) Random Hse. Children's Bks.

Berenstain Bears Gifts of the Spirit Joyful Celebration Activity Book (Berenstain Bears) Mike Berenstain. 2022. (Berenstain Bears Gifts of the Spirit Activity Bks.). 32p. (J). (gr. -1-2). pap. 7.99 *(978-0-593-48799-0(0))*, Random Hse. Bks. for Young Readers) Random Hse. Children's Bks.

Berenstain Bears Gifts of the Spirit Love & Sweetness Activity Book (Berenstain Bears) Mike Berenstain. 2022. (Berenstain Bears Gifts of the Spirit Activity Bks.). 32p. (J). (gr. -1-2). pap. 7.99 *(978-0-593-48798-3(2))*, Random Hse. Bks. for Young Readers) Random Hse. Children's Bks.

B

Berenstain Bears Go Christmas Caroling, 1 vol. Mike Berenstain. 2019. (Berenstain Bears/Living Lights: a Faith Story Ser.). (ENG., Illus.). 24p. (J). pap. 6.99 *(978-0-310-76363-5(0))* Zonderkidz.

Berenstain Bears God's Wonderful World, 1 vol. Jan Berenstain & Mike Berenstain. 2017. (Berenstain Bears/Living Lights: a Faith Story Ser.). (ENG.). 32p. (J). pap. 4.99 *(978-0-310-76201-0(4))* Zonderkidz.

Berenstain Bears' Holiday Cookbook: Cub-Friendly Cooking with an Adult, 1 vol. Illus. by Mike Berenstain. 2016. (Berenstain Bears/Living Lights: a Faith Story Ser.). (ENG.). 96p. (J). 12.99 *(978-0-310-75399-5(6))* Zonderkidz.

Berenstain Bears Hugs & Kisses Sticker & Activity Book, 1 vol. Jan Berenstain. Illus. by Mike Berenstain. 2016. (Berenstain Bears/Living Lights: a Faith Story Ser.). (ENG.). 32p. (J). pap. 8.99 *(978-0-310-75382-7(1))* Zonderkidz.

Berenstain Bears Just Grin & Bear It! Wisdom from Bear Country. Mike Berenstain. Illus. by Mike Berenstain. 2018. (Berenstain Bears Ser.). (ENG., Illus.). 96p. (J). (gr. -1-3). 9.99 *(978-0-06-274133-2(0))*, HarperCollins) HarperCollins Pubs.

Berenstain Bears Learn about Heaven, 1 vol. Mike Berenstain. 2021. (Berenstain Bears/Living Lights: a Faith Story Ser.). (ENG., Illus.). 24p. (J). pap. 4.99 *(978-0-310-76447-2(5))* Zonderkidz.

Berenstain Bears: Long, Long Ago. Mike Berenstain. Illus. by Mike Berenstain. 2018. (Berenstain Bears Ser.). (ENG., Illus.). 24p. (J). (gr. -1-3). pap. 3.99 *(978-0-06-265462-5(4))*, HarperFestival) HarperCollins Pubs.

Berenstain Bears Long, Long Ago. Mike Berenstain. ed. 2018. (Berenstain Bears 8x8 Bks). (ENG.). 24p. (J). (gr. -1-k). 13.89 *(978-1-64310-211-5(7))* Penworthy Co., LLC, The.

Berenstain Bears Love Is Kind, 1 vol. Mike Berenstain. 2020. (Berenstain Bears/Living Lights: a Faith Story Ser.). (ENG., Illus.). 24p. (J). pap. 4.99 *(978-0-310-76379-6(7))* Zonderkidz.

Berenstain Bears Love One Another. Mike Berenstain. 2016. (Berenstain Bears Ser.). (ENG., Illus.). 20p. (J). bds. 7.99 *(978-0-8249-1983-2(1))*, Ideals Pubns.) Worthy Publishing.

Berenstain Bears Meet Bigpaw: a Thanksgiving Story (Berenstain Bears) Mike Berenstain. 2022. (Illus.). 32p. (J). (gr. -1-2). 9.99 *(978-0-593-48282-7(4))*, Random Hse. Bks. for Young Readers) Random Hse. Children's Bks.

Berenstain Bears Meet Santa Bear (Deluxe Edition) Stan Berenstain & Jan Berenstain. 2016. (First Time Books(R) Ser.). (Illus.). 32p. (J). (gr. -1-2). pap. 6.99 *(978-0-399-55767-5(9))*, Random Hse. Bks. for Young Readers) Random Hse. Children's Bks.

Berenstain Bears: Meet the Berenstain Bears! Mike Berenstain. Illus. by Mike Berenstain. 2021. (Berenstain Bears Ser.). (ENG., Illus.). 18p. (J). (gr. -1 — 1). bds. 8.99 *(978-0-06-302441-0(1))*, HarperFestival) HarperCollins Pubs.

Berenstain Bears Meet the Easter Bunny. Mike Berenstain. ed. 2022. (I Can Read Ser.). (ENG.). 26p. (J). (gr. k-1). 15.96 ***(978-1-68505-231-7(2))*** Penworthy Co., LLC, The.

Berenstain Bears Meet the Easter Bunny: An Easter & Springtime Book for Kids. Mike Berenstain. Illus. by Mike Berenstain. 2022. (My First I Can Read Ser.). (ENG., Illus.). 32p. (J). (gr. -1-3). 16.99 *(978-0-06-302447-2(0))*; pap. 4.99 *(978-0-06-302446-5(2))* HarperCollins Pubs. (HarperCollins).

Berenstain Bears' Merry Christmas. Lyrics by Stan Berenstain et al. 2019. (Berenstain Bears 8x8 Bks). (ENG.). 64p. (J). (gr. k-1). 15.96 *(978-0-87617-761-7(5))* Penworthy Co., LLC, The.

Berenstain Bears' Merry Christmas (Berenstain Bears) Stan Berenstain. 2019. (Illus.). 64p. (J). (gr. -1-3). pap. 6.99 *(978-1-9848-9431-1(5))*, Random Hse. Bks. for Young Readers) Random Hse. Children's Bks.

Berenstain Bears Mother's Day Blessings, 1 vol. Mike Berenstain. 2016. (Berenstain Bears/Living Lights: a Faith Story Ser.). (ENG., Illus.). 24p. (J). pap. 3.99 *(978-0-310-74869-4(0))* Zonderkidz.

Berenstain Bears My Bedtime Book of Poems & Prayers, 1 vol. Stan Berenstain & Mike Berenstain. 2020. (Berenstain Bears/Living Lights: a Faith Story Ser.). (ENG.). 30p. (J). bds. 9.99 *(978-0-310-76922-4(1))* Zonderkidz.

Berenstain Bears' Nature Rescue, 1 vol. Jan Berenstain et al. 2020. (Berenstain Bears/Living Lights: a Faith Story Ser.). (ENG., Illus.). 112p. (J). pap. 6.99 *(978-0-310-76804-3(7))* Zonderkidz.

Berenstain Bears' New Pup. Jan Berenstain & Stan Berenstain. Illus. by Jan Berenstain. 2017. (I Can Read

Level 1 Ser.). (ENG., Illus.). 40p. (J). (gr. -1-3). 9.99 *(978-0-06-257272-1(5),* HarperCollins) HarperCollins Pubs.

Berenstain Bears' Numbers Book. Mike Berenstain. Illus. by Mike Berenstain. 2022. (Berenstain Bears Ser.). (ENG., Illus.). 24p. (J). (gr. -1 — 1). bds. 7.99 *(978-0-06-302442-7(X),* HarperFestival) HarperCollins Pubs.

Berenstain Bears Patience, Please, 1 vol. Mike Berenstain. 2019. (Berenstain Bears/Living Lights: a Faith Story Ser.). (ENG., Illus.). 24p. (J). pap. 6.99 *(978-0-310-76368-0(1))* Zonderkidz.

Berenstain Bears' Pet Rescue. Mike Berenstain. Illus. by Mike Berenstain. 2018. (Berenstain Bears Ser.). (ENG., Illus.). 24p. (J). (gr. -1-3). pap. 3.99 *(978-0-06-265464-9(0),* HarperFestival) HarperCollins Pubs.

Berenstain Bears' Pet Rescue. Mike Berenstain. ed. 2019. (Berenstain Bears 8x8 Bks). (ENG., Illus.). 24p. (J). (gr. k-1). 13.89 *(978-1-64310-903-9(0))* Penworthy Co., LLC, The.

Berenstain Bears Pirate Adventure. Mike Berenstain. Illus. by Mike Berenstain. 2016. (Berenstain Bears Ser.). (ENG., Illus.). 24p. (J). (gr. -1-3). pap. 4.99 *(978-0-06-235021-3(8),* HarperFestival) HarperCollins Pubs.

Berenstain Bears Play a Fair Game, 1 vol. Stan Berenstain et al. 2018. (I Can Read! / Berenstain Bears / Living Lights: a Faith Story Ser.). (ENG., Illus.). 32p. (J). pap. 4.99 *(978-0-310-76024-5(0))* Zonderkidz.

Berenstain Bears Play Football! Mike Berenstain. Illus. by Mike Berenstain. 2017. (I Can Read Level 1 Ser.). (ENG., Illus.). 32p. (J). (gr. -1-3). pap. 5.99 *(978-0-06-235033-6(1),* HarperCollins) HarperCollins Pubs.

Berenstain Bears Play Football! Mike Berenstain. ed. 2018. (I Can Read Ser.). (ENG.). 30p. (J). (gr. -1-1). 13.89 *(978-1-64310-399-0(7))* Penworthy Co., LLC, The.

Berenstain Bears Play Football! Mike Berenstain. ed. 2017. (Berenstain Bears — I Can Read Ser.). (J). lib. bdg. 13.55 *(978-0-606-40068-8(0))* Turtleback.

Berenstain Bears Respect Each Other, 1 vol. Jan Berenstain & Stan Berenstain. 2018. (I Can Read! / Berenstain Bears / Living Lights: a Faith Story Ser.). (ENG., Illus.). 32p. (J). pap. 4.99 *(978-0-310-76009-2(7))* Zonderkidz.

Berenstain Bears Respect Each Other. Stan Berenstain. ed. 2019. (I Can Read Ser.). (ENG., Illus.). 32p. (J). (gr. k-1). 14.59 *(978-1-64310-905-3(7))* Penworthy Co., LLC, The.

Berenstain Bears School Days Collection: 6 Books in 1, Includes Activities, Stickers, Recipes, & More! Mike Berenstain. 2022. (Berenstain Bears/Living Lights: a Faith Story Ser.). (ENG.). 192p. (J). bds. 17.99 *(978-0-310-75383-4(X))* Zonderkidz.

Berenstain Bears' School Talent Show. Mike Berenstain. Illus. by Mike Berenstain. 2020. (I Can Read Level 1 Ser.). (ENG., Illus.). 32p. (J). (gr. -1-3). 16.99 *(978-0-06-265480-9(2));* pap. 4.99 *(978-0-06-265479-3(9))* HarperCollins Pubs. (HarperCollins).

Berenstain Bears' School Talent Show. Mike Berenstain. ed. 2021. (I Can Read Ser.). (ENG., Illus.). 28p. (J). (gr. k-1). 14.96 *(978-1-64697-676-8(2))* Penworthy Co., LLC, The.

Berenstain Bears School Time Blessings, 1 vol. Mike Berenstain. 2016. (Berenstain Bears/Living Lights: a Faith Story Ser.). (ENG., Illus.). 24p. (J). pap. 3.99 *(978-0-310-74842-7(9))* Zonderkidz.

Berenstain Bears Share & Share Alike! Mike Berenstain. Illus. by Mike Berenstain. 2022. (I Can Read Level 1 Ser.). (ENG., Illus.). 32p. (J). (gr. -1-3). 16.99 *(978-0-06-302453-3(5));* pap. 4.99 *(978-0-06-302452-6(7))* HarperCollins Pubs. (HarperCollins).

Berenstain Bears Share & Share Alike! Mike Berenstain. ed. 2022. (I Can Read Ser.). (ENG.). 32p. (J). (gr. k-1). 15.96 ***(978-1-68505-450-2(1))*** Penworthy Co., LLC, The.

Berenstain Bears' Show-And-Tell. Mike Berenstain. Illus. by Mike Berenstain. 2017. (Berenstain Bears Ser.). (ENG., Illus.). 24p. (J). (gr. -1-3). pap. 3.99 *(978-0-06-235031-2(5),* HarperFestival) HarperCollins Pubs.

Berenstain Bears' Show-And-tell. Mike Berenstain. ed. 2017. (Berenstain Bears Ser.). (J). lib. bdg. 13.55 *(978-0-606-40060-2(5))* Turtleback.

Berenstain Bears Sister Bear & the Golden Rule, 1 vol. Stan Berenstain et al. 2017. (I Can Read! / Berenstain Bears / Living Lights: a Faith Story Ser.). (ENG., Illus.). 32p. (J). pap. 4.99 *(978-0-310-76018-4(6))* Zonderkidz.

Berenstain Bears Sister Bear Favorites [3 Books In 1], 1 vol. Jan Berenstain & Mike Berenstain. 2020. (Berenstain Bears/Living Lights: a Faith Story Ser.). (ENG.). 96p. (J). 9.99 *(978-0-310-76916-3(7))* Zonderkidz.

Berenstain Bears Spring Storybook Favorites: Includes 7 Stories Plus Stickers!: a Springtime Book for Kids. Jan & Mike Berenstain. Illus. by Mike Berenstain. 2019. (Berenstain Bears Ser.). (ENG.). 192p. (J). (gr. -1-3). 13.99 *(978-0-06-288310-0(0),* HarperCollins) HarperCollins Pubs.

Berenstain Bears' St. Patrick's Day. Mike Berenstain. Illus. by Mike Berenstain. 2021. (Berenstain Bears Ser.). (ENG., Illus.). 24p. (J). (gr. -1-3). pap. 4.99 *(978-0-06-302431-1(4),* HarperFestival) HarperCollins Pubs.

Berenstain Bears' St. Patrick's Day. Mike Berenstain. ed. 2021. (Berenstain Bears 8x8 Bks). (ENG., Illus.). 24p. (J). (gr. k-1). 13.89 *(978-1-64697-674-4(6))* Penworthy Co., LLC, The.

Berenstain Bears Stand up to Bullying, 1 vol. Mike Berenstain. 2018. (Berenstain Bears/Living Lights: a Faith Story Ser.). (ENG., Illus.). 24p. (J). pap. 3.99 *(978-0-310-76445-8(9))* Zonderkidz.

Berenstain Bears Storybook Favorites: Includes 6 Stories Plus Stickers! Mike Berenstain & Stan & Jan Berenstain. Illus. by Mike Berenstain. 2020. (Berenstain Bears Ser.). (ENG., Illus.). 192p. (J). (gr. -1-3). 13.99 *(978-0-06-293002-6(8),* HarperCollins) HarperCollins Pubs.

Berenstain Bears' Storytime Collection (the Berenstain Bears) Stan Berenstain & Jan Berenstain. 2020. 320p. (J). (gr. -1-2). 16.99 *(978-0-593-17732-7(0),* Random Hse. Bks. for Young Readers) Random Hse. Children's Bks.

Berenstain Bears Take-Along Storybook Set: Dinosaur Dig, Go Green, When I Grow up, under the Sea, the Tooth Fairy. Jan Berenstain & Mike Berenstain. Illus. by Mike Berenstain. 2016. (Berenstain Bears Ser.). (ENG., Illus.). 120p. (J). (gr. -1-3). pap. 11.99 *(978-0-06-241155-6(1),* HarperFestival) HarperCollins Pubs.

Berenstain Bears Take Off! Mike Berenstain. Illus. by Mike Berenstain. 2016. (I Can Read Level 1 Ser.). (ENG., Illus.). 32p. (J). (gr. -1-3). pap. 4.99 *(978-0-06-235018-3(8),* HarperCollins) HarperCollins Pubs.

Berenstain Bears Take Turns. Mike Berenstain. Illus. by Mike Berenstain. 2022. (Berenstain Bears Ser.). (ENG., Illus.). 24p. (J). (gr. -1-3). pap. 5.99 *(978-0-06-302433-5(0),* HarperFestival) HarperCollins Pubs.

Berenstain Bears Take Turns. Mike Berenstain. ed. 2022. (Berenstain Bears 8x8 Bks). (ENG.). 24p. (J). (gr. k-1). 15.96 ***(978-1-68505-342-0(4))*** Penworthy Co., LLC, The.

Berenstain Bears: That's So Rude! Mike Berenstain. Illus. by Mike Berenstain. 2019. (Berenstain Bears Ser.). (ENG., Illus.). 24p. (J). (gr. -1-3). pap. 3.99 *(978-0-06-265469-4(1),* HarperCollins) HarperCollins Pubs.

Berenstain Bears the Trouble with Tryouts, 1 vol. Jan & Mike Berenstain. 2019. (Berenstain Bears/Living Lights: a Faith Story Ser.). (ENG., Illus.). 96p. (J). pap. 6.99 *(978-0-310-76783-1(0))* Zonderkidz.

Berenstain Bears: the Wonderful Scents of Christmas: A Christmas Holiday Book for Kids. Mike Berenstain. Illus. by Mike Berenstain. 2022. (Berenstain Bears Ser.). (ENG., Illus.). 24p. (J). (gr. -1-3). 10.99 *(978-0-06-302439-7(X),* HarperCollins) HarperCollins Pubs.

Berenstain Bears: Too Much Noise! Mike Berenstain. Illus. by Mike Berenstain. 2021. (I Can Read Level 1 Ser.). (ENG., Illus.). 32p. (J). (gr. -1-3). 16.99 *(978-0-06-302444-1(6));* pap. 4.99 *(978-0-06-302443-4(8))* HarperCollins Pubs. (HarperCollins).

Berenstain Bears Trick or Treat (Deluxe Edition) Stan Berenstain. 2017. (First Time Books(R) Ser.). (ENG., Illus.). 32p. (J). (gr. -1-2). pap. 6.99 *(978-0-399-55773-6(3),* Random Hse. Bks. for Young Readers) Random Hse. Children's Bks.

Berenstain Bears Truth about Gossip. Jan Berenstain & Mike Berenstain. ed. 2018. (J). lib. bdg. 13.55 *(978-0-606-41525-5(4))* Turtleback.

Berenstain Bears Truth about Gossip, 1 vol. Jan Berenstain & Mike Berenstain. 2018. (Berenstain Bears/Living Lights; a Faith Story Ser.). (ENG., Illus.). 32p. (J). bds. 3.99 *(978-0-310-76575-2(7))* Zonderkidz.

Berenstain Bears under the Sea. Mike Berenstain. 2016. (Illus.). (J). *(978-1-5182-2637-3(X))* Baker & Taylor, CATS.

Berenstain Bears under the Sea. Mike Berenstain. Illus. by Mike Berenstain. 2016. (Berenstain Bears Ser.). (ENG., Illus.). 24p. (J). (gr. -1-3). pap. 4.99 *(978-0-06-235011-4(0),* HarperFestival) HarperCollins Pubs.

Berenstain Bears Values & Virtues Treasury: 8 Books In 1, 1 vol. Mike Berenstain. 2021. (Berenstain Bears/Living Lights: a Faith Story Ser.). (ENG., Illus.). 240p. (J). 19.99 *(978-0-310-73495-6(9))* Zonderkidz.

Berenstain Bears Very Beary Stories: 3 Books In 1, 1 vol. Jan Berenstain & Stan Berenstain. 2020. (Berenstain Bears/Living Lights: a Faith Story Ser.). (ENG.). 96p. (J). 9.99 *(978-0-310-76842-5(X))* Zonderkidz.

Berenstain Bears Visit Big Bear City. Mike Berenstain. Illus. by Mike Berenstain. 2020. (Berenstain Bears Ser.). (ENG., Illus.). 24p. (J). (gr. -1-3). pap. 4.99 *(978-0-06-265477-9(2),* HarperFestival) HarperCollins Pubs.

Berenstain Bears Visit Grizzlyland. Mike Berenstain. Illus. by Mike Berenstain. 2018. (Berenstain Bears Ser.). (ENG., Illus.). 24p. (J). (gr. -1-3). pap. 5.99 *(978-0-06-265463-2(2),* HarperFestival) HarperCollins Pubs.

Berenstain Bears Visit the Farm. Mike Berenstain. Illus. by Mike Berenstain. 2020. (Berenstain Bears Ser.). (ENG., Illus.). 16p. (J). (gr. -1-3). 6.99 *(978-0-06-265470-0(5),* HarperFestival) HarperCollins Pubs.

Berenstain Bears Visit the Firehouse. Mike Berenstain. Illus. by Mike Berenstain. 2016. (Berenstain Bears Ser.). (ENG., Illus.). 24p. (J). (gr. -1-3). pap. 4.99 *(978-0-06-235016-9(1),* HarperFestival) HarperCollins Pubs.

Berenstain Bears(r) Visit the Firehouse. Mike Berenstain et al. 2016. (Illus.). (J). *(978-1-5182-1125-6(9))* Baker & Taylor, CATS.

Berenstain Bears Visit the Firehouse. Mike Berenstain. ed. 2016. (Berenstain Bears Ser.). (J). lib. bdg. 13.55 *(978-0-606-38771-2(4))* Turtleback.

Berenstain Bears: We Love Baseball! Mike Berenstain. Illus. by Mike Berenstain. 2017. (I Can Read Level 1 Ser.). (ENG., Illus.). 32p. (J). (gr. -1-3). pap. 5.99 *(978-0-06-235028-2(5),* HarperCollins) HarperCollins Pubs.

Berenstain Bears: We Love Our Dad!/We Love Our Mom! A Father's Day Gift Book from Kids. Jan Berenstain & Mike Berenstain. Illus. by Jan Berenstain & Mike Berenstain. 2018. (Berenstain Bears Ser.). (ENG., Illus.). 48p. (J). (gr. -1-3). pap. 4.99 *(978-0-06-269718-9(8),* HarperFestival) HarperCollins Pubs.

Berenstain Bears: We Love Soccer! Mike Berenstain. Illus. by Mike Berenstain. 2016. (I Can Read Level 1 Ser.). (ENG., Illus.). 32p. (J). (gr. -1-3). pap. 4.99 *(978-0-06-235013-8(7),* HarperCollins) HarperCollins Pubs.

Berenstain Bears: We Love the Library. Mike Berenstain. Illus. by Mike Berenstain. 2017. (Berenstain Bears Ser.). (ENG., Illus.). 24p. (J). (gr. -1-3). pap. 3.99 *(978-0-06-235036-7(6),* HarperFestival) HarperCollins Pubs.

Berenstain Bears: Welcome to Bear Country. Mike Berenstain. Illus. by Mike Berenstain. 2017. (Berenstain Bears Ser.). (ENG., Illus.). 24p. (J). (gr. -1-3). pap. 3.99 *(978-0-06-235026-8(9),* HarperFestival) HarperCollins Pubs.

Bereshit / Genesis Activity Book: Torah Portions for Kids. Pip Reid. 2020. (ENG.). 118p. (J). (gr. 3-6). pap. *(978-1-988585-33-8(3))* Bible Pathway Adventures.

Berezka. Grigory Ter-Azaryan. 2016. (RUS.). 154p. (J). pap. ***(978-1-329-83964-9(1))*** Lulu Pr., Inc.

Bergen Worth (Classic Reprint) Wallace Lloyd. 2018. (ENG., Illus.). 286p. (J). 29.80 *(978-0-483-69524-5(6))* Forgotten Bks.

Beric the Briton: A Story of the Roman Invasion. G. A. Henty. 2020. (ENG.). (J). 260p. 19.95 *(978-1-64799-229-3(X));* 258p. pap. 11.95 *(978-1-64799-228-6(1))* Bibliotech Pr.

Beric the Briton: A Story of the Roman Invasion (Classic Reprint) G. A. Henty. 2018. (ENG., Illus.). 444p. (J). 33.05 *(978-0-483-52890-1(0))* Forgotten Bks.

Berkeley Heroine: And Others Stories (Classic Reprint) Boyd Boyd. 2018. (ENG., Illus.). 102p. (J). 26.00 *(978-0-483-82870-4(X))* Forgotten Bks.

Berkeley Is a Rocket Bear. Erin L. Sponaugle. 2022. (ENG.). 32p. (J). pap. 14.95 *(978-0-578-37316-4(5))* Next Chapter Pr.

Berkeley the Banker, or Bank Notes & Bullion, Vol. 1: A Tale for the Times (Classic Reprint) Harriet Martineau. 2018. (ENG., Illus.). 232p. (J). 28.68 *(978-0-332-08196-0(6))* Forgotten Bks.

Berkeley the Banker, or Bank Notes & Bullion, Vol. 2: A Tale for the Times (Classic Reprint) Harriet Martineau. 2017. (ENG., Illus.). 194p. (J). 27.92 *(978-0-332-85844-9(8))* Forgotten Bks.

Berkley the Guru Saves the Day! Tamer Kiykioglu. 2019. (ENG., Illus.). 64p. (J). (gr. -1-3). pap. 11.95 *(978-0-578-49227-8(X))* Kiykioglu, Tamer.

Berlin, Vol. 8. Mason Crest. 2016. (Major World Cities Ser.: Vol. 8). (ENG., Illus.). 48p. (J). (gr. 5-8). 20.95 *(978-1-4222-3540-9(8))* Mason Crest.

Berlin & Sans-Souci, or Frederick the Great & His Friends: An Historical Novel (Classic Reprint) L. Muhlbach. (ENG., Illus.). (J). 2018. 314p. 30.37 *(978-0-332-32404-3(4));* 2016. pap. 13.57 *(978-1-334-29297-2(3))* Forgotten Bks.

Berliners. Vesper Stamper. 2022. 448p. (YA). (gr. 7). 21.99 *(978-0-593-42836-8(6));* (ENG.). lib. bdg. 24.99 *(978-0-593-42837-5(4))* Random Hse. Children's Bks. (Knopf Bks. for Young Readers).

Berlitz English Flash Cards. Berlitz Publishing. 2nd ed. 2018. (Berlitz Flashcards Ser.). 50p. (J). 9.99 *(978-1-78004-482-8(8),* 3330, Berlitz Languages, Inc.) Berlitz Publishing.

Bermondsey Twin (Classic Reprint) F. J. Randall. 2017. (ENG., Illus.). (J). 354p. 31.20 *(978-0-332-78031-3(7));* pap. 13.57 *(978-0-259-27013-3(X))* Forgotten Bks.

Bermuda. an Idyl of the Summer Islands. Julia C. R. Dorr. 2016. (ENG., Illus.). (J). pap. *(978-3-7433-2013-0(4))* Creation Pubs.

Bermuda an Idyl of the Summer Islands (Classic Reprint) Julia C. R. Dorr. 2018. (ENG., Illus.). 156p. (J). 27.11 *(978-0-267-44202-7(5))* Forgotten Bks.

Bermuda Triangle. Meg Gaertner. 2022. (Unexplained Ser.). (ENG., Illus.). 32p. (J). (gr. 2-3). pap. 9.95 *(978-1-63738-196-0(4));* lib. bdg. 31.35 *(978-1-63738-160-1(3))* North Star Editions. (Apex).

Bermuda Triangle. Contrib. by Yvette LaPierre. 2023. (Are They Real? Ser.). (ENG.). 64p. (J). (gr. 6-12). 43.93 ***(978-1-6782-0622-2(9),*** BrightPoint Pr.) ReferencePoint Pr., Inc.

Bermuda Triangle. Virginia Loh-Hagan. 2017. (Urban Legends: Don't Read Alone! Ser.). (ENG., Illus.). 32p. (J). (gr. 4-8). lib. bdg. 32.07 *(978-1-63472-896-6(3),* 210010, 45th Parallel Press) Cherry Lake Publishing.

Bermuda Triangle. Elizabeth Noll. 2016. (Strange ... but True? Ser.). (ENG.). 32p. (J). (gr. 4-6). pap. 9.99 *(978-1-64466-157-4(8),* 10330); (Illus.). 31.35 *(978-1-68072-021-1(X),* 10329) Black Rabbit Bks. (Bolt).

Bermuda Triangle. Paige V. Polinsky. 2019. (Investigating the Unexplained Ser.). (ENG., Illus.). 32p. (J). (gr. 3-8). lib. bdg. 27.95 *(978-1-64487-039-6(8),* Blastoff! Discovery) Bellwether Media.

Bermuda Triangle. Marysa Storm. 2020. (Little Bit Spooky Ser.). (ENG.). 24p. (J). (gr. k-3). *(978-1-62310-178-7(6),* 14458, Bolt Jr.) Black Rabbit Bks.

Bermuda Triangle & Other Danger Zones, 1 vol. Sarah Levete. 2016. (Mystery Hunters Ser.). (ENG.). 48p. (J). (gr. 5-5). pap. 15.05 *(978-1-4824-6000-1(9),* 3c122276-1312-4524-96db-9143e92b5d1c) Stevens, Gareth Publishing LLLP.

Bermuda Triangle, Stonehenge, & Unexplained Places, 1 vol. Dave Kelly & Andrew Coddington. 2017. (Paranormal Investigations Ser.). (ENG.). 64p. (gr. 6-6). 35.93 *(978-1-5026-2843-5(0),* 6259e3f1-c705-4959-a995-7fe257b4b4f7) Cavendish Square Publishing LLC.

Bermuda's Flying Flowers Activity Book. Illus. by Anna Terceira. Photos by Ras Mykkal. 2016. (ENG.). (J). (gr. k-6). pap. *(978-0-947480-44-8(7))* Bermuda National Trust.

Berna Boyle: A Love Story of the County down (Classic Reprint) J. H. Riddell. (ENG., Illus.). (J). 2018. 448p. 33.16 *(978-0-332-80433-0(X));* 2016. pap. 16.57 *(978-1-334-23812-3(X))* Forgotten Bks.

Berna Boyle, Vol. 1 Of 3: A Love Story of the Country down (Classic Reprint) H. Riddell. 2018. (ENG., Illus.). 286p. (J). 29.82 *(978-0-666-99069-3(7))* Forgotten Bks.

Berna Boyle, Vol. 2 Of 3: A Love Story of the County down (Classic Reprint) J. H. Riddell. 2018. (ENG., Illus.). 288p. (J). 29.84 *(978-0-365-21844-9(8))* Forgotten Bks.

Berna Boyle, Vol. 3 Of 3: A Love Story of the County down (Classic Reprint) J. H. Riddell. 2017. (ENG., Illus.). (J). 29.73 *(978-0-266-73139-9(2))* Forgotten Bks.

Bernadette the Brave. Allison Starnes. 2016. (ENG., Illus.). (J). 18.95 *(978-0-9913761-2-4(9))* Book M Publishing.

Bernard Beagle Breaks In. Daniel Murphy. 2018. (Bernard Beagle Ser.: 2). (ENG., Illus.). 192p. (gr. 3-5). pap. *(978-0-9945675-2-9(9))* Murphy, Daniel.

Bernard Brook's Adventures: The Story of a Brave Boy's Trials (Classic Reprint) Horatio Alger. 2018. (ENG., Illus.). 324p. (J). 30.58 *(978-0-267-17645-8(7))* Forgotten Bks.

Bernard Jones Is Going Places: Book One. Teko Bernard. Illus. by Howard Russell. 2018. (ENG.). 108p. (J). (gr. 2-5). pap. 9.99 *(978-0-9860593-3-9(1))* Tabron Publishing.

Bernard Jones Is Going Places: Book One. Teko Bernard. Illus. by Russell Howard. 2018. (ENG.). 108p. (J). (gr. 2-5). pap. 9.99 *(978-0-9860593-4-6(X))* Tabron Publishing.

Bernard Language Reader (Classic Reprint) Marion D. Paine. 2018. (ENG., Illus.). 154p. (J). 27.09 *(978-0-267-27588-5(9))* Forgotten Bks.

Bernard Lile: An Historical Romance, Embracing the Periods of the Texas Revolution, & the Mexican War (Classic Reprint) Jeremiah Clemens. (ENG., Illus.). (J). 2017. 29.73 *(978-0-266-41323-3(4));* 2016. pap. 13.57 *(978-1-333-57716-2(8))* Forgotten Bks.

Bernard Makes a Splash! Lisa Stickley. 2020. (ENG., Illus.). 32p. (J). (gr. -1-17). 16.99 *(978-1-84976-660-9(6))* Tate Publishing, Ltd. GBR. Dist: Abrams, Inc.

Bernard Pepperlin. Cara Hoffman. Illus. by Olga Demidova. (ENG.). 224p. (J). (gr. 3-7). 2020. pap. 7.99 *(978-0-06-286545-8(5));* 2019. 16.99 *(978-0-06-286544-1(7))* HarperCollins Pubs. (HarperCollins).

Bernard the Bogeyman. Nick Baker. 2020. (ENG.). 64p. (J). pap. *(978-1-716-51167-7(4))* Lulu Pr., Inc.

Bernard, the Christmas Beagle. Deborah K. Wright. 2016. (ENG., Illus.). (J). pap. 18.99 *(978-1-4834-5986-8(1))* Lulu Pr., Inc.

Bernard the Sneezy Dragon. Christopher Strain. 2019. (ENG.). 38p. (J). 14.95 *(978-1-64307-344-6(3))* Amplify Publishing Group.

Bernard the Wombat of Ugly Gully. Judyth Gregory-Smith. 2017. (ENG., Illus.). 120p. (J). pap. *(978-0-9955027-2-7(2))* Springtime Bks.

Bernardine: A Comedy in Two Acts (Classic Reprint) Mary Chase. (ENG., Illus.). (J). 2018. 130p. 26.60 *(978-0-483-95823-4(9));* 2017. pap. 9.57 *(978-0-243-52138-8(3))* Forgotten Bks.

Bernardo de Gálvez: Spanish Revolutionary War Hero, 1 vol. Michelle McIlroy. 2019. (Our Voices: Spanish & Latino Figures of American History Ser.). (ENG.). 48p. (gr. 6-6). pap. 12.75 *(978-1-5081-8435-5(6),* 8ce6ceb5-a8cb-4b1b-b496-34d90bb3c113) Rosen Publishing Group, Inc., The.

Bernardo Laurette: Being the Story of Two Little People of the Alps (Classic Reprint) Marguerite Bouvet. 2018. (ENG., Illus.). 222p. (J). 28.50 *(978-0-483-65758-8(1))* Forgotten Bks.

Bernese Mountain Dog. Rebecca Sabelko. 2018. (Awesome Dogs Ser.). (ENG., Illus.). 24p. (J). (gr. k-3). lib. bdg. 26.95 *(978-1-62617-739-0(2),* Blastoff! Readers) Bellwether Media.

Bernese Mountain Dogs. Blake Hoena & Allan Morey. 2016. (Big Dogs Ser.). (ENG., Illus.). 24p. (J). (gr. -1-2). lib. bdg. 27.32 *(978-1-4914-7982-7(5),* 130479, Capstone Pr.) Capstone.

Berni Bakes a Cake. Susie Wunderli Clark. 2021. (ENG.). 36p. (J). 24.95 *(978-1-63860-238-5(7));* pap. 14.95 *(978-1-63710-143-8(0))* Fulton Bks.

Bernice & the Georgian Bay Gold. Jessica Outram. 2023. (ENG.). 190p. (J). (gr. 4-7). pap. 12.95 ***(978-1-77260-318-7(X))*** Second Story Pr. CAN. Dist: Orca Bk. Pubs. USA.

Bernice Buttman, Model Citizen. Niki Lenz. 2021. (ENG.). 240p. (J). (gr. 3-7). 8.99 *(978-1-5247-7043-3(4),* Yearling) Random Hse. Children's Bks.

Bernice Takes a Plunge. Ann Harth. 2020. (According to Bernice Ser.: Vol. 1). (ENG.). 110p. (J). pap. *(978-1-925652-91-8(2))* Odyssey Bks.

Bernice, the Farmer's Daughter (Classic Reprint) Caroline E. Kelly Davis. (ENG., Illus.). (J). 2018. 298p. 30.08 *(978-0-332-10053-1(7));* 2016. pap. 13.57 *(978-1-334-29351-1(1))* Forgotten Bks.

Bernicia (Classic Reprint) Amelia E. Barr. 2018. (ENG., Illus.). 318p. (J). 30.46 *(978-0-666-25527-3(X))* Forgotten Bks.

Bernie & Bobcat Go to Class. Wanda Kay Knight. 2020. (ENG.). 52p. (J). pap. 5.99 *(978-1-64970-748-2(7))* Waldorf Publishing.

Bernie & the Beast. Sally Kurjan. Illus. by Shannara Harvey. 2019. (Bernie the One-Eyed Puppy Ser.: Vol. 2). (ENG.). 40p. (J). (gr. k-6). pap. 11.99 *(978-0-578-44656-1(1))* Kurjan, Sally.

Bernie & the Lonely Rhino. Faith Karimi. Illus. by Christian Mafigiri. 2018. (ENG.). 32p. (J). 14.95 *(978-0-578-40480-6(X))* Bernie's Bks.

Bernie & the Lonely Rhino. Faith Karimi. Illus. by Christian Mafigiri. 2018. (ENG.). 32p. (J). pap. 11.95 *(978-0-692-19120-0(8))* Bernie's Bks.

Bernie & the Time Lords: A Young Adult Fantasy. Steve Lebel. 2019. (Universe Builders Ser.: 4). (ENG.). 384p. (YA). (gr. 7-12). pap. 16.95 *(978-1-944815-76-9(7))* Argon Pr.

Bernie, das Nilpferd. Stefanie Obermayer. 2017. (GER., Illus.). (J). *(978-3-95840-405-2(7))* Novum Verlag in der Verlags- und Medienhaus WSB GmbH.

Bernie the Bike Builder. Taj L. Mihelich. Illus. by Taj L. Mihelich. 2019. (ENG., Illus.). 40p. (J). (gr. 1-6). 25.00 *(978-0-578-50129-1(5));* pap. 17.50 *(978-0-578-51600-4(4))* Fairdale Bikes.

Bernie the One-Eyed Puppy. Sally Kurjan. Illus. by Shannara Harvey. 2018. (Bernie the One-Eyed Puppy Ser.: Vol. 1). (ENG.). 32p. (J). (gr. -1-1). pap. 11.99 *(978-0-692-13852-6(8))* Kurjan, Sally.

Bernie Wrightson: Art & Designs for the Gang of Seven Animation Studio. Bernie Wrightson. Ed. by Daniel Herman. 2017. (ENG., Illus.). 240p. (YA). 60.00 *(978-1-61345-136-6(9),* d9cd2370-52b0-4927-8c4c-66593c1afc6d) Hermes Pr.

Bernie's Christmas Conundrum. Sandra McDougal. Illus. by Frankye L. 2018. (ENG.). 24p. (J). (gr. k-1). pap. *(978-1-9996577-7-2(2))* Little Goblins' Bks.

Bernie's Destiny. Terry M. Barnard. Illus. by Andrea Fietta. 2022. (ENG.). 38p. (J). 16.99 *(978-1-6629-2327-2(9));* pap. 8.99 *(978-1-6629-2328-9(7))* Gatekeeper Pr.

Berns Mcgoo, Food Detective. Bain Manning. Illus. by Olga Ilarionova. 2021. (ENG.). 44p. (J). 19.66 *(978-1-6629-1830-8(5));* pap. 14.65 *(978-1-6629-1831-5(3))* Gatekeeper Pr.

Berrington — the Spider Who Wore Glasses [US Edition]. Ben Lawrence. Illus. by Amy Parle & Nicki Averill. unabr. ed. 2021. (ENG.). 64p. (J). (gr. 1-4). 16.99 *(978-1-913755-08-9(8))* TFM Publishing Ltd. GBR. Dist: Ingram Publisher Services.

Berris (Classic Reprint) Katharine Sarah Macquoid. (ENG., Illus.). (J). 2018. 286p. 29.80 *(978-0-365-31391-5(2));* 2017. pap. 13.57 *(978-0-259-41507-7(3))* Forgotten Bks.

Berry Bounty Banquet. Terrance Crawford. 2023. (Strawberry Shortcake Ser.). (ENG.). 32p. (J). (-k). 12.99 ***(978-0-593-66106-2(0),*** Penguin Young Readers Licenses) Penguin Young Readers Group.

188 The check digit for ISBN-10 appears in parentheses after the full ISBN-13

Berry Bunch. Sharon Baldwin. Illus. by Tia Madden. 2021. (ENG.). 72p. (J). pap. *(978-0-6450781-7-6(4))* Loose Parts Pr.

Berry Eventful Weekend. Theresa Edwards. 2022. (ENG., Illus.). 30p. (J). pap. 15.95 ***(978-1-63985-455-4(X))*** Fulton Bks.

Berry in the Big City. Jake Black. 2022. (Strawberry Shortcake Ser.). (ENG.). 24p. (J). (-k). pap. 5.99 *(978-0-593-52142-7(0)*, Penguin Young Readers Licenses) Penguin Young Readers Group.

Berry in the Big City: Sticker & Activity Book. Gabriella DeGennaro. Illus. by Ian McGinty. 2022. (Strawberry Shortcake Ser.). (ENG.). 16p. (J). (-k). pap. 7.99 *(978-0-593-52157-1(9)*, Penguin Young Readers Licenses) Penguin Young Readers Group.

Berry Itchy Day. WGBH Kids. ed. 2020. (I Can Read Ser.). (ENG., Illus.). 25p. (J). (gr. k-1). 14.96 *(978-1-64697-386-6(0))* Penworthy Co., LLC, The.

Berry Picking at Four Mile Bay: English Edition. Barbara Adjun. Illus. by Kagan McLeod. 2021. (Nunavummi Reading Ser.). (ENG.). 50p. (J). 20.95 *(978-1-77450-283-9(6))* Inhabit Education Bks. Inc. CAN. Dist: Consortium Bk. Sales & Distribution.

Berrybrook Middle School Box Set. Svetlana CHMAKOVA. 2019. (Berrybrook Middle School Ser.). (ENG., Illus.). 888p. (J). (gr. 5-17). pap. 40.00 *(978-1-9753-3280-8(6)*, Yen Pr.) Yen Pr. LLC.

Berserk. Demetrius Moore. 2018. (ENG., Illus.). 184p. (YA). pap. 15.95 *(978-1-64350-921-1(7))* Page Publishing Inc.

Berserker. Emmy Laybourne. 2018. (Berserker Ser.: 1). (ENG.). 352p. (YA). pap. 10.99 *(978-1-250-18076-6(7)*, 900190256) Square Fish.

Bert Lloyd's Boyhood: A Story from Nova Scotia (Classic Reprint) J. Macdonald Oxley. (ENG., Illus.). (J). 2018. 384p. 31.84 *(978-0-483-42370-1(X))*; 2017. pap. 16.57 *(978-0-243-28175-6(7))* Forgotten Bks.

Bert Matthews & the Power of a Wish. Rosie Sharp. Illus. by Bryson Henniger. 2022. (ENG.). 34p. (J). pap. ***(978-1-78222-963-6(9))*** Paragon Publishing, Rothersthorpe.

Bert the Boxer. Deb Tranter. 2023. 36p. (J). (-7). 23.98 BookBaby.

Bert the Brazen Bat. Mimi B. 2018. (ENG., Illus.). 38p. (J). (gr. 3-7). pap. 13.95 *(978-1-64298-911-3(8))* Page Publishing Inc.

Bert the Penguin's: I Know I've Seen That Cat Before. Uncle Serdna. 2018. (ENG., Illus.). 20p. (J). pap. 11.95 *(978-1-64300-610-9(X))* Covenant Bks.

Bert Wilson: Wireless Operator (Classic Reprint) J. W. Duffield. 2018. (ENG., Illus.). 228p. (J). 28.60 *(978-0-484-60775-9(8))* Forgotten Bks.

Bert Wilson at the Wheel (Classic Reprint) J. W. Duffield. (ENG., Illus.). (J). 2018. 248p. 29.03 *(978-0-483-80111-0(9))*; 2016. pap. 11.57 *(978-1-334-16723-2(0))* Forgotten Bks.

Berta Buenafé Está Triste. Magali Le Huche. 2018. (SPA.). 28p. (J). (gr. k-2). 21.99 *(978-84-947432-8-3(7))* Editorial Flamboyant ESP. Dist: Lectorum Pubns., Inc.

Berta Saves the River/Berta Salva el Río. Suzanne Llewellyn. Illus. by Luis Chávez. 2021. (ENG.). 46p. (J). pap. 14.99 *(978-0-578-76977-6(8))* Justice Tales Pr.

Berta Saves the River/Berta Salva el Río. Suzanne Llewellyn. Illus. by Luis Chavez. 2021. (ENG.). 46p. (J). 19.99 *(978-0-578-75627-1(7))* Justice Tales Pr.

Berta's Boxes. Dario Alvisi. Illus. by Amelie Graux. 2021. (ENG.). 40p. (J). 16.95 *(978-84-18133-19-0(8))* NubeOcho Ediciones ESP. Dist: Consortium Bk. Sales & Distribution.

Berth, 1 vol. Carol Bruneau. 2018. (ENG.). 376p. (J). pap. 22.95 *(978-1-77108-616-5(5)*, 8b9ccbba-5849-4de1-ba40-37863de4b5ef) Nimbus Publishing, Ltd. CAN. Dist: Baker & Taylor Publisher Services (BTPS).

Bertha Spankle. Hanna Eardley. 2022. (ENG.). 38p. (J). pap. ***(978-1-3984-3011-2(0))*** Austin Macauley Pubs. Ltd.

Bertha Takes a Drive: How the Benz Automobile Changed the World. Jan Adkins. Illus. by Jan Adkins. 2017. (Illus.). 32p. (J). (gr. k-3). lib. bdg. 17.99 *(978-1-58089-696-2(0))* Charlesbridge Publishing, Inc.

Bertha the Beauty: A Story of the Southern Revolution (Classic Reprint) Sarah Johnson Cogswell Whittlesey. 2018. (ENG., Illus.). 392p. (J). 31.98 *(978-0-267-42701-7(8))* Forgotten Bks.

Bertha, Vol. 1 Of 3: A Romance of the Dark Ages (Classic Reprint) William Bernard Maccabe. 2018. (ENG., Illus.). 370p. (J). 31.53 *(978-0-483-41242-2(2))* Forgotten Bks.

Bertha Weisser's Wish: A Christmas Story (Classic Reprint) Mary L. Bissell. 2017. (ENG., Illus.). (J). 142p. 26.85 *(978-0-332-54249-2(1))*; pap. 9.57 *(978-0-259-53119-7(7))* Forgotten Bks.

Bertha's Earl, Vol. 1 Of 3: A Novel (Classic Reprint) Lady Lindsay. 2018. (ENG., Illus.). 298p. (J). 30.04 *(978-0-428-60209-3(6))* Forgotten Bks.

Bertha's Earl, Vol. 2 Of 3: A Novel (Classic Reprint) Lindsay Lindsay. (ENG., Illus.). (J). 2018. 270p. 29.49 *(978-0-666-01694-2(1))*; 2017. pap. 11.97 *(978-0-259-26080-6(0))* Forgotten Bks.

Bertha's Earl, Vol. 3 Of 3: A Novel (Classic Reprint) Lady Lindsay. 2018. (ENG., Illus.). 276p. (J). 29.61 *(978-0-483-74711-1(4))* Forgotten Bks.

Bertha's Journal During a Visit to Her Uncle in England: Containing a Variety of Interesting & Instructive Information (Classic Reprint) Jane Haldimand Marcet. (ENG., Illus.). (J). 2018. 496p. 34.13 *(978-0-364-51371-2(3))*; 2017. pap. 16.57 *(978-0-259-06123-6(9))* Forgotten Bks.

Bertha's Visit to Her Uncle in England, Vol. 1 of 3 (Classic Reprint) Unknown Author. 2017. (ENG., Illus.). (J). 30.72 *(978-0-265-17713-6(8))* Forgotten Bks.

Bertha's Visit to Her Uncle in England, Vol. 2 of 3 (Classic Reprint) Jane Haldimand Marcet. (ENG., Illus.). (J). 2018. 298p. 30.04 *(978-0-483-90727-0(8))*; 2016. pap. 13.57 *(978-1-333-66650-7(0))* Forgotten Bks.

Bertha's Visit to Her Uncle in England, Vol. 3 of 3 (Classic Reprint) Marcet. 2018. (ENG., Illus.). 260p. (J). 29.28 *(978-0-483-27087-9(3))* Forgotten Bks.

Berthella's Animal Sounds. Bertha Jackson. 2018. (Berthella's Fun with Reading Ser.: Vol. 1). (ENG., Illus.). 18p. (J). pap. 10.95 *(978-1-64300-206-4(6))* Covenant Bks.

Bertie: The Bear Who Thinks He Is a Dog. Kay Bea. 2020. (ENG., Illus.). 158p. (J). 26.99 ***(978-1-7346030-7-1(0))*** Amberlot.

Bertie & the Carpenters: Or, the Way to Be Happy (Classic Reprint) Madeline Leslie. 2018. (ENG., Illus.). 166p. (J). 27.34 *(978-0-332-28875-8(7))* Forgotten Bks.

Bertie & the Gardeners: Or, the Way to Be Happy (Classic Reprint) Madeline Leslie. 2018. (ENG., Illus.). 172p. (J). 27.44 *(978-0-483-95311-6(3))* Forgotten Bks.

Bertie & the Troublesome Mice. Zaidoon a Al-Zubaidy. Illus. by Zaidoon a Al-Zubaidy. 2018. (ENG., Illus.). 22p. (J). (gr. k-2). *(978-1-63576-492-5(0))* Malaysian Press Institute.

Bertie at the World Wide Games. Wendy H. Jones. Illus. by Barry Diaper. 2021. (Bertie the Buffalo Ser.: 2). (ENG.). 24p. (J). (gr. 1-2). pap. 7.99 *(978-1-912863-77-8(4)*, a4379898-41d9-4729-8cc4-5018099925d6, Sarah Grace Publishing) Malcolm Down Publishing Ltd. GBR. Dist: Baker & Taylor Publisher Services (BTPS).

Bertie Learns to Fly. Adam Bieranowski. Illus. by Zeke Sons. 2023. (Bertie & Owl Ser.: Vol. 3). (ENG.). 28p. (J). 16.99 ***(978-1-958302-79-8(1))*** Lawley Enterprises.

Bertie Loves Summer. Adam Bieranowski. Illus. by Zeke Sons. 2022. (ENG.). 32p. (J). pap. 10.99 *(978-1-958302-52-1(X))*; (Bertie & Owl Ser.: Vol. 1). 17.99 *(978-1-956357-57-8(2))* Lawley Enterprises.

Bertie Makes a Friend. Adam Bieranowski. Illus. by Zeke Sons. 2023. (ENG.). 36p. (J). pap. 10.99 ***(978-1-958302-58-3(9))***; 17.99 ***(978-1-958302-56-9(2))*** Lawley Enterprises.

Bertie, or Life in the Old Field: A Humorous Novel (Classic Reprint) George Higby Throop. 2017. (ENG., Illus.). (J). 28.89 *(978-0-331-35580-2(9))*; pap. 11.57 *(978-0-259-19289-3(9))* Forgotten Bks.

Bertie Smells a Rat. Zaidoon Al-Zubaidy. 2019. (Bertie the Cat Ser.: Vol. 2). (ENG., Illus.). 32p. (J). (gr. k-3). 18.95 *(978-1-7323362-8-5(8))*; pap. 9.99 *(978-1-7336158-9-1(X))* Warren Publishing, Inc.

Bertie the Buffalo. Wendy H. Jones. Illus. by Barry Diaper. 2018. (ENG.). 32p. (J). (gr. -1-2). pap. 12.99 *(978-1-910786-52-9(7)*, e6f0cc29-6700-4d94-aa9e-cf1a760e6712, Sarah Grace Publishing) Malcolm Down Publishing Ltd. GBR. Dist: Baker & Taylor Publisher Services (BTPS).

Bertie the Buffalo Colouring Book. Wendy H. Jones. Illus. by Barry Diaper. 2020. (ENG.). 30p. (J). (gr. -1-1). pap. 7.99 *(978-1-912863-33-4(2)*, 5215684d-07ab-4c0c-a479-bba10e921750, Sarah Grace Publishing) Malcolm Down Publishing Ltd. GBR. Dist: Baker & Taylor Publisher Services (BTPS).

Bertie's & Freda's Adventures: In Search of the Sea. J. F. F. Barretto. 2020. (ENG.). 32p. (J). pap. *(978-1-78830-616-4(3))* Olympia Publishers.

Bertie's Bottom. Rachel Quarry. 2020. (Illus.). 32p. (J). (gr. 1-2). 15.95 *(978-1-76036-131-0(3)*, eb2cf8ec-7be2-48f2-a7c0-a749368c497b) Starfish Bay Publishing Pty Ltd. AUS. Dist: Baker & Taylor Publisher Services (BTPS).

Bertie's Home: Or the Way to Be Happy (Classic Reprint) Madeline Leslie. 2018. (ENG., Illus.). 166p. (J). 27.32 *(978-0-267-25664-8(7))* Forgotten Bks.

Bertolt. Jacques Goldstyn. Tr. by Claudia Zoe Bedrick. 2017. (Illus.). 80p. (J). (gr. -1-4). 15.95 *(978-1-59270-229-9(5))* Enchanted Lion Bks., LLC.

Bertram. Karla Burler. 2018. (ENG., Illus.). 42p. (J). pap. *(978-0-359-15917-8(6))* Lulu Pr., Inc.

Bertram & His Fabulous Animals. Paul Gilbert. Illus. by Minnie Rousseff & Barbara Maynard. 2016. 152p. (J). 24.95 *(978-0-7649-7539-4(0)*, POMEGRANATE KIDS) Pomegranate Communications, Inc.

Bertram & His Funny Animals. Paul T. Gilbert. Illus. by Minnie H. Rousseff. 2016. (ENG.). 140p. (J). 24.95 *(978-0-7649-7372-7(X)*, POMEGRANATE KIDS) Pomegranate Communications, Inc.

Bertram Cope's Year: A Novel (Classic Reprint) Henry Blake Fuller. 2018. (ENG., Illus.). 324p. (J). 30.58 *(978-0-332-53813-6(3))* Forgotten Bks.

Berty Dumbridge Week. Lee-Davies. 2019. (ENG., Illus.). 32p. (J). pap. *(978-1-78830-397-2(0))* Olympia Publishers.

Beryl Maggott & the Bewitching Challenge. Rosie Phillips. 2018. (ENG., Illus.). 286p. (J). pap. *(978-1-78876-457-5(9))* FeedARead.com.

Beryllia: A Crystal Story. Adam Williamson. Illus. by Michael Harland. 2022. (ENG.). 426p. (YA). *(978-1-0391-4318-0(0))*; pap. *(978-1-0391-4317-3(2))* FriesenPress.

Bes Is a Bear: Book 7. William Ricketts. Illus. by Dean Maynard. 2023. (Tas & Friends Ser.). (ENG.). 20p. (J). (gr. -1-k). pap. 7.99 ***(978-1-76127-007-9(X)***, 96e540bf-cc4d-4368-a71c-f1eadab3856e) Knowledge Bks. & Software AUS. Dist: Lerner Publishing Group.

Bes Is a Toy: Book 10. William Ricketts. Illus. by Dean Maynard. 2023. (Tas & Friends Ser.). (ENG.). 20p. (J). (gr. -1-k). pap. 7.99 ***(978-1-76127-010-9(9)***, bb2a326a-3879-4823-a27c-f46cde5a5341) Knowledge Bks. & Software AUS. Dist: Lerner Publishing Group.

Bes Is a Toy Bear: Book 83. William Ricketts. Illus. by Dean Maynard. 2023. (Tas & Friends Ser.). (ENG.). 20p. (J). (gr. -1-k). pap. 7.99 ***(978-1-76127-103-8(2)***, d27b4528-7170-4ff1-954d-bc93346ce55b) Knowledge Bks. & Software AUS. Dist: Lerner Publishing Group.

Besant de Dieu: Mit Einer Einleitung Über Den Dichter und Seine Sämmtlichen Werke (Classic Reprint) Guillaume Guillaume. 2018. (GER., Illus.). (J). 176p. 27.55 *(978-0-365-02199-5(7))*; 178p. pap. 9.97 *(978-0-365-02167-4(9))* Forgotten Bks.

Besant de Dieu (Classic Reprint) Guillaume Le Clerc De Normandie. 2018. (Illus.). (J). (GER.). 180p. 27.61 *(978-0-364-70229-1(X))*; (FRE.). 182p. 27.63 *(978-0-666-80737-3(X))*; (GER., 182p. pap. 9.97 *(978-0-666-74317-6(7))* Forgotten Bks.

Beside That Windmill. Illus. by Don L. Parks. 2022. (ENG.). 32p. (J). (-3). 19.95 *(978-1-68283-144-1(2)*, P726503) Texas Tech Univ. Pr.

Beside the Bamboo (Classic Reprint) John Macgowan. 2018. (ENG., Illus.). 242p. (J). 28.89 *(978-0-332-64272-7(0))* Forgotten Bks.

Beside the Bonnie Brier Bush (Classic Reprint) Ian MacLaren. 2017. (ENG., Illus.). (J). 30.56 *(978-0-265-70858-3(3))* Forgotten Bks.

Beside the Bowery (Classic Reprint) John Hopkins Denison. 2018. (ENG., Illus.). 324p. (J). 30.58 *(978-0-267-30130-0(8))* Forgotten Bks.

Beside the Red Mountain: Toils & Triumphs in a Chinese City (Classic Reprint) Kingston De Gruche. 2018. (ENG., Illus.). 200p. (J). 28.02 *(978-0-483-77788-0(9))* Forgotten Bks.

Beside the River, Vol. 2 Of 3: A Tale (Classic Reprint) Katharine S. Macquoid. (ENG., Illus.). (J). 2018. 314p. 30.37 *(978-0-267-38175-3(1))*; 2016. pap. 13.57 *(978-1-334-15419-5(8))* Forgotten Bks.

Beside the Seaside: Seaside Holidays Then & Now. Clare Hibbert. ed. 2018. (Beside the Seaside Ser.). (ENG., Illus.). 24p. (J). (gr. 1-3). pap. 12.99 *(978-1-4451-3758-2(5)*, Franklin Watts) Hachette Children's Group GBR. Dist: Hachette Bk. Group.

Beside the Seaside: Seaside Plants & Animals. Clare Hibbert. ed. 2016. (Beside the Seaside Ser.). (ENG., Illus.). 24p. (J). (gr. k-2). 16.99 *(978-1-4451-3766-7(6)*, Franklin Watts) Hachette Children's Group GBR. Dist: Hachette Bk. Group.

Besieged. Katrina Cope. 2020. (Valkyrie Academy Dragon Alliance Ser.: Vol. 9). (ENG., Illus.). 118p. (YA). pap. *(978-0-6486613-8-2(5))* Cosy Burrow Bks.

Besieged by the Boers: A Diary of Life & Events in Kimberley During the Siege (Classic Reprint) Evelyn Oliver Ashe. 2017. (ENG., Illus.). (J). 29.59 *(978-0-266-62157-7(0))* Forgotten Bks.

Beso de la Traición / the Traitor's Kiss. Erin Beaty. 2018. (Traitor's Trilogy Ser.). (SPA.). 432p. (YA). (gr. 8-12). pap. 16.95 *(978-607-31-6524-2(2)*, Alfaguara) Penguin Random House Grupo Editorial ESP. Dist: Penguin Random Hse. LLC.

Beso en la Oscuridad. Jo Watson. 2023. (SPA.). 360p. (J). pap. 20.95 ***(978-607-07-9995-2(X))*** Editorial Planeta, S. A. ESP. Dist: Two Rivers Distribution.

Besondere Freundschaft. Anna Hohl & Thomas Diemer. 2019. (GER.). 32p. (J). pap. *(978-3-7103-4039-0(X))* united p.c. Verlag.

Bess & Blue's Great Adventures. Adrian Derbyshire. 2021. (ENG.). 42p. (J). *(978-1-80369-155-8(7))*; pap. *(978-1-80369-154-1(9))* Authors OnLine, Ltd.

Bess at the Vet: Practicing the Short e Sound, 1 vol. Jamal Brown. 2016. (Rosen Phonics Readers Ser.). (ENG.). 8p. (J). (gr. -1-2). pap. *(978-1-5081-3270-7(4)*, fbc4d94a-0d5c-4163-bc2c-8d1b96081f37, Rosen Classroom) Rosen Publishing Group, Inc., The.

Bess of the Woods, Vol. 1 (Classic Reprint) Deeping. 2017. (ENG., Illus.). (J). 32.48 *(978-0-265-89286-2(4))* Forgotten Bks.

Besser: Kinder Malbuch. Bold Illustrations. 2017. (GER., Illus.). 82p. (J). pap. 8.35 *(978-1-64193-154-0(X)*, Bold Illustrations) FASTLANE LLC.

Bessie: A Novel (Classic Reprint) Julia Kavanagh. 2017. (ENG., Illus.). (J). 28.12 *(978-0-331-23115-1(8))*; pap. 10.57 *(978-0-265-04569-5(X))* Forgotten Bks.

Bessie: Life & Death. Jody Overend. 2018. (ENG., Illus.). 360p. (YA). *(978-1-5255-0788-5(5))*; pap. *(978-1-5255-0789-2(3))* FriesenPress.

Bessie among the Mountains (Classic Reprint) Joanna H. Mathews. 2018. (ENG., Illus.). 384p. (J). 31.82 *(978-0-483-90256-5(X))* Forgotten Bks.

Bessie & Her Friends (Classic Reprint) Joanna H. Mathews. (ENG., Illus.). (J). 2018. 382p. 31.80 *(978-0-666-97361-0(X))*; 2017. pap. 16.57 *(978-0-243-44739-8(6))* Forgotten Bks.

Bessie at School (Classic Reprint) Joanna Hooe Matthews. (ENG., Illus.). (J). 2018. 362p. 31.38 *(978-0-332-91468-8(2))*; 2016. pap. 13.97 *(978-1-333-40567-0(7))* Forgotten Bks.

Bessie at the Sea-Side (Classic Reprint) Joanna H. Mathews. (ENG., Illus.). (J). 2018. 374p. 31.65 *(978-0-483-09177-1(4))*; 2017. pap. 16.57 *(978-0-243-47533-9(0))* Forgotten Bks.

Bessie Bradford's Secret. Joanna H. Mathews. 2017. (ENG., Illus.). (J). pap. *(978-0-649-07306-1(1))* Trieste Publishing Pty Ltd.

Bessie Bradford's Secret (Classic Reprint) Joanna Hooe Mathews. 2018. (ENG., Illus.). 260p. (J). 29.26 *(978-0-483-74710-4(6))* Forgotten Bks.

Bessie Coleman. Sara Spiller. 2019. (My Early Library: My Itty-Bitty Bio Ser.). (ENG.). 24p. (J). (gr. k-1). pap. 12.79 *(978-1-5341-3922-0(2)*, 212517); (Illus.). lib. bdg. 30.64 *(978-1-5341-4266-4(5)*, 212516) Cherry Lake Publishing.

Bessie Coleman: Bold Pilot Who Gave Women Wings. Martha London. 2020. (Movers, Shakers, & History Makers Ser.). (ENG.). 48p. (J). (gr. 3-5). pap. 8.95 *(978-1-4966-8818-7(X)*, 201750); (Illus.). lib. bdg. 31.99 *(978-1-4966-8476-9(1)*, 200352) Capstone. (Capstone Pr.).

Bessie Coleman: First Female African American & Native American Pilot, 1 vol. Cathleen Small. 2017. (Fearless Female Soldiers, Explorers, & Aviators Ser.). (ENG.). 128p. (YA). (gr. 9-9). 47.36 *(978-1-5026-2753-7(1)*, 540b86e0-0bdf-4647-bf98-ddfa43a6d928) Cavendish Square Publishing LLC.

Bessie Gorden's Lesson, or the Poor Children in the Basement (Classic Reprint) Bessie Gorden. (ENG., Illus.). (J). 2017. 44p. 24.80 *(978-0-332-98552-7(0))*; 2016. pap. 7.97 *(978-1-333-54540-6(1))* Forgotten Bks.

Bessie in the City (Classic Reprint) Joanna H. Mathews. 2018. (ENG., Illus.). (J). 414p. 32.44 *(978-1-397-25388-0(6))*; 416p. pap. 16.57 *(978-1-397-25271-5(5))* Forgotten Bks.

Bessie in the City (Classic Reprint) Joanna H. Matthews. (ENG., Illus.). (J). 2018. 406p. 32.29 *(978-0-267-40658-6(4))*; 2016. pap. 16.57 *(978-1-334-11704-6(7))* Forgotten Bks.

Bessie Lang (Classic Reprint) Alice Corkran. (ENG., Illus.). (J). 2018. 318p. 30.46 *(978-0-483-53431-5(5))*; 2017. pap. 13.57 *(978-0-243-96276-1(2))* Forgotten Bks.

Bessie Melville, or Prayer Book Instructions Carried Out into Life: A Sequel to the Little Episcopalian (Classic Reprint) Mary Anne Cruse. (ENG., Illus.). (J). 2018. 364p. 31.40 *(978-0-483-68745-5(6))*; 2016. pap. 13.97 *(978-1-334-19014-8(3))* Forgotten Bks.

Bessie on Her Travels (Classic Reprint) Joanna Hooe Mathews. 2017. (ENG., Illus.). (J). 32.04 *(978-0-266-72815-3(4))*; pap. 16.57 *(978-1-5276-8832-2(1))* Forgotten Bks.

Bessie the Bossy Cow. Daniel Barch. 2018. (ENG., Illus.). 44p. (J). pap. 14.95 *(978-1-68197-484-2(3))* Christian Faith Publishing.

Bessie the Motorcycle Queen. Charles R. Smith Jr. Illus. by Charlot Kristensen. 2022. (ENG.). 40p. (J). (gr. 1-3). 18.99 *(978-1-338-75247-2(2)*, Orchard Bks.) Scholastic, Inc.

Bessie Wilmerton; or, Money, & What Came of It: A Novel (Classic Reprint) Margaret Westcott. (ENG., Illus.). (J). 2018. 388p. 31.90 *(978-0-483-25702-3(8))*; 2016. pap. 16.57 *(978-1-334-45380-9(2))* Forgotten Bks.

Bessy Ra, Vol. 1 Of 3: A Novel (Classic Reprint) Henry Wood. 2018. (ENG., Illus.). 340p. (J). 30.91 *(978-0-483-88930-9(X))* Forgotten Bks.

Bessy Rane. Henry Wood. 2017. (ENG.). 460p. (J). pap. *(978-3-337-04293-6(7))* Creation Pubs.

Bessy Rane: A Novel (Classic Reprint) Henry Wood. (ENG., Illus.). (J). 2018. 456p. 33.32 *(978-0-266-43171-8(2))*; 2016. pap. 16.57 *(978-1-334-16072-1(4))* Forgotten Bks.

Bessy Rane, Vol. 2 Of 3: A Novel (Classic Reprint) Henry Wood. 2018. (ENG., Illus.). 324p. (J). 30.60 *(978-0-365-05246-3(9))* Forgotten Bks.

Bessy Rane, Vol. 3 Of 3: A Novel (Classic Reprint) Henry Wood. 2017. (ENG., Illus.). (J). 30.70 *(978-0-260-38663-2(4))* Forgotten Bks.

Bessy Wells (Classic Reprint) Henry Wood. 2017. (ENG., Illus.). (J). 25.92 *(978-0-331-25939-1(7))* Forgotten Bks.

Best Activities for Kids to Do Coloring Book Edition. Bobo's Children Activity Books. 2016. (ENG., Illus.). (J). pap. 9.33 *(978-1-68327-727-9(9))* Sunshine In My Soul Publishing.

Best Activity Book for Kids Who Love Mazes. Activity Book Zone for Kids. 2016. (ENG., Illus.). (J). pap. 7.55 *(978-1-68376-176-1(6))* Sabeels Publishing.

Best Adult Coloring Books (36 Intricate & Complex Abstract Coloring Pages) 36 Intricate & Complex Abstract Coloring Pages: This Book Has 36 Abstract Coloring Pages That Can Be Used to Color in, Frame, and/or Meditate over: This Book Can Be Photocopied, Printed & Downloaded As a PDF. James Manning & Christabelle Manning. 2019. (Best Adult Coloring Bks.: Vol. 24). (ENG., Illus.). 74p. (YA). pap. *(978-1-83856-655-5(4))* West Suffolk CBT Service Ltd., The.

Best Adult Coloring Books (Absolute Nonsense) This Book Has 36 Coloring Sheets That Can Be Used to Color in, Frame, and/or Meditate over: This Book Can Be Photocopied, Printed & Downloaded As a PDF. James Manning. 2019. (Best Adult Coloring Bks.: Vol. 30). (ENG., Illus.). 74p. (YA). pap. *(978-1-83884-148-5(2))* Coloring Pages.

Best Adult Coloring Books (Anti Stress) This Book Has 36 Coloring Sheets That Can Be Used to Color in, Frame, and/or Meditate over: This Book Can Be Photocopied, Printed & Downloaded As a PDF. James Manning. 2019. (Best Adult Coloring Bks.: Vol. 32). (ENG., Illus.). 74p. (YA). pap. *(978-1-83884-265-9(9))* Coloring Pages.

Best Adult Coloring Books (Art Therapy) This Book Has 40 Art Therapy Coloring Sheets That Can Be Used to Color in, Frame, and/or Meditate over: This Book Can Be Photocopied, Printed & Downloaded As a PDF. James Manning & Coloring Pages. 2019. (Best Adult Coloring Bks.: Vol. 26). (ENG., Illus.). 82p. (YA). pap. *(978-1-83856-119-2(6))* Coloring Pages.

Best Adult Coloring Books (Fashion) This Book Has 36 Coloring Sheets That Can Be Used to Color in, Frame, and/or Meditate over: This Book Can Be Photocopied, Printed & Downloaded As a PDF. James Manning & Christabelle Manning. 2019. (Best Adult Coloring Bks.: Vol. 30). (ENG., Illus.). 74p. (YA). pap. *(978-1-83884-214-7(4))* Coloring Pages.

Best Adult Coloring Books (Nonsense Alphabet) This Book Has 36 Coloring Sheets That Can Be Used to Color in, Frame, and/or Meditate over: This Book Can Be Photocopied, Printed & Downloaded As a PDF. James Manning & Christabelle Manning. 2019. (Best Adult Coloring Bks.: Vol. 29). (ENG., Illus.). 74p. (YA). pap. *(978-1-83884-092-1(3))* Coloring Pages.

Best Adult Coloring Books (Winter Coloring Pages) Winter Coloring Pages: This Book Has 30 Winter Coloring Pages That Can Be Used to Color in, Frame, and/or Meditate over: This Book Can Be Photocopied, Printed & Downloaded As a PDF. James Manning & Christabelle Manning. 2019. (Best Adult Coloring Bks.: Vol. 25). (ENG., Illus.). 62p. (YA). pap. *(978-1-83856-209-0(5))* Coloring Pages.

Best American Humorous Short Stories (Classic Reprint) Alexander Jessup. 2017. (ENG., Illus.). (J). 30.00 *(978-0-260-50816-4(0))* Forgotten Bks.

Best American Short Stories (Classic Reprint) Unknown Author. 2018. (ENG., Illus.). 526p. (J). 34.75 *(978-0-483-75033-3(6))* Forgotten Bks.

Best American Tales: Chosen, with an Introduction (Classic Reprint) W. P. Trent. 2017. (ENG., Illus.). (J). 31.61 *(978-1-5283-5227-7(0))* Forgotten Bks.

Best & Biggest Fun Workbook for Minecrafters Grades 1 And 2: An Unofficial Learning Adventure for Minecrafters. Sky Pony Press. Illus. by Amanda Brack. 2019. 356p. (J). (gr. 1-2). pap. 15.99 *(978-1-5107-4496-7(7)*, Sky Pony Pr.) Skyhorse Publishing Co., Inc.

Best & Biggest Fun Workbook for Minecrafters Grades 3 And 4: An Unofficial Learning Adventure for Minecrafters. Sky Pony Press. Illus. by Amanda Brack. 2019. 356p. (J). (gr. 3-4). pap. 15.99 *(978-1-5107-4497-4(5)*, Sky Pony Pr.) Skyhorse Publishing Co., Inc.

B

Best & Buzzworthy 2017: World Records, Trending Topics, & Viral Moments. Cynthia O'Brien et al. 2016. (Illus.). 319p. (J). *(978-1-5182-3428-6(3))* Scholastic, Inc.

Best & Worst of Sports: A Guide to the Game's Good, Bad, & Ugly. Drew Lyon & Sean McCollum. 2018. (Best & Worst of Sports Ser.). (ENG.). 32p. (J). (gr. 3-9). 122.60 *(978-1-5435-0631-0(3),* 27682, Capstone Pr.) Capstone.

Best Animal in the Forest: Leveled Reader Purple Level 19. Rg Rg. 2016. (PM Ser.). (ENG.). 16p. (J). (gr. 2). pap. 11.00 *(978-0-544-89188-3(0))* Rigby Education.

Best at It. Maulik Pancholy. (ENG.). 336p. (J). (gr. 3-7). 2020. pap. 7.99 *(978-0-06-286642-4(7));* 2019. 17.99 *(978-0-06-286641-7(9))* HarperCollins Pubs. (Balzer & Bray).

Best Baby Birds to Color Coloring Book. Jupiter Kids. 2017. (ENG., Illus.). (J). pap. 9.20 *(978-1-68326-985-4(3),* Jupiter Kids (Childrens & Kids Fiction)) Speedy Publishing LLC.

Best Babysitters Ever. Caroline Cala. (Best Babysitters Ever Ser.). (ENG.). 272p. (J). (gr. 5-7). 2021. pap. 7.99 *(978-0-358-54765-5(2),* 1807383); 2019. 13.99 *(978-1-328-85089-8(7),* 1693422) HarperCollins Pubs. (Clarion Bks.).

Best Bad Day Ever. Marianna Coppo. 2023. (ENG., Illus.). 48p. (J). (gr. -1-1). ***(978-0-7112-8334-3(6))*** Frances Lincoln Childrens Bks.

Best Baker. Fran Manushkin. Illus. by Laura Zarrin. 2020. (Katie Woo's Neighborhood Ser.). (ENG.). 32p. (J). (gr. k-2). pap. 5.95 *(978-1-5158-5873-7(1),* 142129); lib. bdg. 21.32 *(978-1-5158-4813-4(2),* 141497) Capstone. (Picture Window Bks.).

Best Ball. Adapted by Ruth Homberg. 2017. (Illus.). 24p. (J). *(978-1-5182-3608-2(1))* Random Hse., Inc.

Best Ball (Disney Palace Pets: Whisker Haven Tales) Ruth Homberg. Illus. by RH Disney. 2017. (Step into Reading Ser.). (ENG.). 24p. (J). (gr. -1-1). pap. 4.99 *(978-0-7364-3596-3(4),* RH/Disney) Random Hse. Children's Bks.

Best Bear in All the World. Jeanne Willis et al. Illus. by Mark Burgess. 2016. (Winnie-The-Pooh Ser.). (ENG.). 128p. (J). (gr. 3-7). 21.99 *(978-0-399-18747-6(2),* Dutton Books for Young Readers) Penguin Young Readers Group.

Best Bed for Me. Gaia Cornwall. Illus. by Gaia Cornwall. 2022. (ENG.). 32p. (J). (gr. -1-2). 17.99 *(978-1-5362-0715-6(2))* Candlewick Pr.

Best, Big Activity & Coloring Book Edition. Bobo's Children Activity Books. 2016. (ENG., Illus.). (J). pap. 7.99 *(978-1-68327-734-7(1))* Sunshine In My Soul Publishing.

Best Big Sister Ever! Katharine Holabird. Illus. by Helen Craig. 2023. (Angelina Ballerina Ser.). (ENG.). 64p. (J). (gr. -1-3). 17.99 ***(978-1-6659-3594-4(4));*** pap. 5.99 ***(978-1-6659-3593-7(6))*** Simon Spotlight. (Simon Spotlight).

Best Birthday. Adapted by Lauren Forte. 2017. (Illus.). 32p. (J). *(978-1-5490-0104-8(3))* Little Brown & Co.

Best Birthday. Lauren Forte. ed. 2018. (Passport to Reading Ser.). (ENG.). 32p. (J). (gr. -1-1). 13.89 *(978-1-64310-713-4(5))* Penworthy Co., LLC, The.

Best Birthday. Mary Man-Kong. ed. 2018. (Step into Reading Ser.). (ENG.). 22p. (J). (gr. -1-1). 13.89 *(978-1-64310-302-0(4))* Penworthy Co., LLC, The.

Best Birthday Ever. Joanne Meier & Cecilia Minden. Illus. by Bob Ostrom. 2022. (Bear Essential Readers Ser.). (ENG.). 32p. (J). (gr. -1-2). lib. bdg. 35.64 *(978-1-5038-5928-9(2),* 215826, First Steps) Child's World, Inc, The.

Best Birthday Ever (Disney Frozen) Rico Green. Illus. by RH Disney. 2016. (Little Golden Book Ser.). (ENG.). 24p. (J). (-k). 4.99 *(978-0-7364-3619-9(7),* Golden/Disney) Random Hse. Children's Bks.

Best Birthday Present Ever! Billy's Airplane Surprise. Randy Villarreal. 2022. (ENG.). 98p. (J). pap. 11.00 *(978-1-68235-610-4(8))* Strategic Book Publishing & Rights Agency (SBPRA).

Best Book of Gymnastics. Christine Morley. 2020. (Best Book Of Ser.). (ENG.). 32p. (J). pap. 7.99 *(978-0-7534-7575-1(8),* 900219376, Kingfisher) Roaring Brook Pr.

Best Book of Martial Arts. Lauren Robertson. 2020. (Best Book Of Ser.). (ENG.). 32p. (J). pap. 7.99 *(978-0-7534-7650-5(9),* 900228305, Kingfisher) Roaring Brook Pr.

Best Books for 2 Year Olds (Add to Ten - Easy) 30 Full Color Preschool/Kindergarten Addition Worksheets That Can Assist with Understanding of Math. James Manning. 2019. (Best Books for 2 Year Olds Ser.: Vol. 20). (ENG., Illus.). 34p. (J). pap. *(978-1-83856-268-7(0))* Elige Cogniscere.

Best Books for 2 Year Olds (Trace & Color Worksheets to Develop Pen Control) 50 Preschool/Kindergarten Worksheets to Assist with the Development of Fine Motor Skills in Preschool Children. James Manning. 2019. (2 Ser.: Vol. 50). (ENG., Illus.). 56p. (J). pap. *(978-1-83856-871-9(9))* West Suffolk CBT Service Ltd., The.

Best Books for Preschoolers (Trace & Color Worksheets to Develop Pen Control) 50 Preschool/Kindergarten Worksheets to Assist with the Development of Fine Motor Skills in Preschool Children. James Manning. 2019. (2 Ser.: Vol. 50). (ENG., Illus.). 56p. (J). pap. *(978-1-83856-603-6(1))* West Suffolk CBT Service Ltd., The.

Best Books for Toddlers Aged 2 (Trace & Color Worksheets to Develop Pen Control) 50 Preschool/Kindergarten Worksheets to Assist with the Development of Fine Motor Skills in Preschool Children. James Manning. 2019. (2 Ser.: Vol. 50). (ENG., Illus.). 56p. (J). pap. *(978-1-83856-872-6(7))* West Suffolk CBT Service Ltd., The.

Best Books for Toddlers (Trace & Color Worksheets to Develop Pen Control) 50 Preschool/Kindergarten Worksheets to Assist with the Development of Fine Motor Skills in Preschool Children. James Manning. 2019. (2 Ser.: Vol. 50). (ENG., Illus.). 56p. (J). pap. *(978-1-83856-883-2(2))* West Suffolk CBT Service Ltd., The.

Best Boots & Battledress. Christopher White. 2016. (ENG.). 235p. (J). 24.95 *(978-1-78629-205-6(X),* 147768ac-205e-4d8f-89f5-191984404741) Austin Macauley Pubs. Ltd. GBR. Dist: Baker & Taylor Publisher Services (BTPS).

Best Boss Ever. Adapted by Trey King. 2017. (Illus.). 32p. (J). *(978-1-5182-4982-2(5))* Little Brown & Co.

Best British Short Stories of 1922 (Classic Reprint) Edward Joseph O'Brien. (ENG., Illus.). (J). 2017. 31.01 *(978-0-331-66603-8(0));* 2016. pap. 13.57 *(978-1-334-15307-5(8))* Forgotten Bks.

Best Bucket Filler Ever! God's Plan for Your Happiness. Carol McCloud. Illus. by Glenn Zimmer. 2021. 32p. (J). (gr. k-4). pap. 9.95 *(978-1-945369-19-3(1),* Bucket Fillosophy) Cardinal Rule Pr.

Best Buddies. Jennifer L. Bruno. 2021. (ENG., Illus.). 20p. (J). pap. 12.95 *(978-1-63692-176-1(0))* Newman Springs Publishing, Inc.

Best Buddies. Brenda Payne. 2022. (ENG.). 30p. (J). pap. 8.99 *(978-1-7782139-1-5(X))* Matos, Melissa.

Best Buddies. Lynn Plourde. Illus. by Arthur Lin. 2023. (ENG.). 20p. bds. 7.99 *(978-1-68446-686-3(5),* 248731, Capstone Editions) Capstone.

Best Buds Forever. Martha Maker. Illus. by Xindi Yan. 2020. (Craftily Ever After Ser.: 7). (ENG.). 128p. (J). (gr. k-4). 17.99 *(978-1-5344-6355-4(0));* pap. 6.99 *(978-1-5344-6354-7(2))* Little Simon. (Little Simon).

Best Cake: Leveled Reader Blue Fiction Level 10 Grade 1. Hmh Hmh. 2019. (Rigby PM Ser.). (ENG.). 16p. (J). (gr. 1). pap. 11.00 *(978-0-358-05023-0(5))* Houghton Mifflin Harcourt Publishing Co.

Best Cake Ever. Sam Garton. ed. 2022. (I Can Read Ser.). (ENG.). 32p. (J). (gr. k-1). 15.96 ***(978-1-68505-232-4(0))*** Penworthy Co., LLC, The.

Best Christmas Ever. Benjamin Mohr. 2021. (ENG.). 71p. (J). ***(978-1-365-67258-3(1))*** Lulu Pr., Inc.

Best Christmas Ever. Matt Nichols. 2022. (ENG.). 42p. (J). 26.95 *(978-1-0980-8555-1(8))* Christian Faith Publishing.

Best Christmas Ever! (Sesame Street) Andrea Posner-Sanchez. Illus. by Barry Goldberg. 2022. (ENG.). 26p. (J). (— 1). bds. 9.99 *(978-0-593-56679-4(3),* Random Hse. Bks. for Young Readers) Random Hse. Children's Bks.

Best Christmas Gift! Scott Emmons. ed. 2021. (Step into Reading Ser.). (ENG., Illus.). 23p. (J). (gr. 2-3). 16.46 *(978-1-68505-044-3(1))* Penworthy Co., LLC, The.

Best Christmas Gift Hidden Pictures: Coloring & Activity Book (Ages 8-10) Created by Warner Press. 2023. (ENG.). 16p. (J). pap. 4.01 ***(978-1-68434-464-2(6))*** Warner Pr., Inc.

Best Christmas Gift! (StoryBots) Scott Emmons. Illus. by Nikolas Ilic. 2021. (Step into Reading Ser.). 24p. (J). (gr. -1-1). 5.99 *(978-0-593-38049-9(5));* 14.99 *(978-0-593-38050-5(9))* Random Hse. Children's Bks. (Random Hse. Bks. for Young Readers).

Best Christmas Pageant Ever Novel Units Student Packet. Novel Units. 2019. (ENG.). (J). pap. 13.99 *(978-1-56137-701-5(5),* Novel Units, Inc.) Classroom Library Co.

Best Classic Cars: A Coloring Book. Activity Attic Books. 2016. (ENG., Illus.). (J). pap. 7.74 *(978-1-68323-199-8(6))* Twin Flame Productions.

Best Club. Fran Manushkin. Illus. by Tammie Lyon. 2016. (Katie Woo Ser.). (ENG.). 32p. (J). (gr. k-2). lib. bdg. 21.32 *(978-1-4795-9639-3(6),* 131858, Picture Window Bks.) Capstone.

Best College Short Stories, 1917-18 (Classic Reprint) Henry T. Schnittkind. (ENG., Illus.). (J). 2018. 474p. 33.67 *(978-0-483-62640-9(6));* 2016. pap. 16.57 *(978-1-333-32455-1(3))* Forgotten Bks.

Best Coloring Book of Ladies Coloring Book. Kreativ Entspannen. 2016. (ENG., Illus.). (J). pap. 9.20 *(978-1-68377-358-0(6))* Wilke, Traudl.

Best Coloring Books for Girls (Do What You Love) 36 Coloring Pages to Boost Confidence in Girls. James Manning. 2019. (ENG., Illus.). 74p. (J). pap. *(978-1-83856-468-1(3))* Coloring Pages.

Best Coloring Books for Girls (Do What You Love) Best Coloring Books for Girls (Do What You Love) James Manning. 2019. (ENG., Illus.). 74p. (J). pap. *(978-1-83856-466-7(7))* Coloring Pages.

Best Coloring Books for Girls (Fashion Coloring Book) 40 Fashion Coloring Pages. James Manning. 2019. (ENG., Illus.). 82p. (J). pap. *(978-1-83856-305-9(9))* Coloring Pages.

Best Coloring Books for Kids 4 - 8 (Do What You Love) 36 Coloring Pages to Boost Confidence in Girls. James Manning. 2019. (Best Coloring Books for Kids 4 - 8 Ser.: Vol. 1). (ENG., Illus.). 74p. (J). pap. *(978-1-83856-503-9(5))* Coloring Pages.

Best Coloring Books for Kids (Do What You Love) 36 Coloring Pages to Boost Confidence in Girls. James Manning. 2019. (Best Coloring Books for Kids Ser.: Vol. 1). (ENG., Illus.). 74p. (J). pap. *(978-1-83856-502-2(7))* Coloring Pages.

Best Coloring Books for Kids (Unicorn Coloring Book) A Unicorn Coloring (Colouring) Book with 30 Coloring Pages That Gradually Progress in Difficulty: This Book Can Be Downloaded As a PDF & Printed Out to Color Individual Pages. James Manning. 2019. (Best Coloring Books for Kids Ser.: Vol. 3). (ENG., Illus.). 62p. (J). pap. *(978-1-83856-635-7(X))* Coloring Pages.

Best Connecting the Dots for Kids Activity Book. Activity Book Zone for Kids. 2016. (ENG., Illus.). (J). pap. 9.20 *(978-1-68376-049-8(2))* Sabeels Publishing.

Best Craft Themed Activity Book for Kids. Activity Book Zone for Kids. 2016. (ENG., Illus.). (J). pap. 7.55 *(978-1-68376-050-4(6))* Sabeels Publishing.

Best Creature on the Reef. Kelli Hofmeister. 2021. (ENG.). 36p. (J). pap. *(978-1-83875-277-4(3),* Nightingale Books) Pegasus Elliot Mackenzie Pubs.

Best Dad in the World. Patricia Chapman. Illus. by Pat Chapman. 2016. 24p. (J). (-k). 14.99 *(978-1-927262-74-0(7))* Upstart Pr. NZL. Dist: Independent Pubs. Group.

Best Day Ever. Micah Brewster. 2019. (ENG.). 26p. (J). pap. 9.99 *(978-1-948747-54-7(5))* J2B Publishing LLC.

Best Day Ever! Marilyn Singer. Illus. by Leah Nixon. 2021. (ENG.). 32p. (J). (gr. -1-3). 17.99 *(978-1-328-98783-9(3),* 1710062, Clarion Bks.) HarperCollins Pubs.

Best Day Ever! (a Ricky Zoom Water Wonder Storybook) Illus. by EOne. 2020. (ENG.). 12p. (J). (gr. -1-k). bds. 10.99 *(978-1-338-69146-7(5))* Scholastic, Inc.

Best Day of the Week. Breana Garratt-Johnson. 2021. (ENG.). 24p. (J). pap. *(978-1-922550-55-2(8))* Library For All Limited.

Best Designs to Color: Bushy Tailed Animals, a Coloring Book. Smarter Activity Books. 2016. (ENG., Illus.). (J). pap. 9.22 *(978-1-68374-506-8(X))* Examined Solutions PTE. Ltd.

Best Designs to Color: Women's Fashion, a Coloring Book. Activity Attic. 2016. (ENG., Illus.). (J). pap. 7.74 *(978-1-68323-809-6(5))* Twin Flame Productions.

Best Discovery. Katie Nelson & Shelly Strand. 2020. (ENG.). 32p. (J). pap. 12.49 *(978-1-63050-741-1(5))* Salem Author Services.

Best Diwali Ever. Sonali Shah. Illus. by Chaaya Prabhat. 2023. (ENG.). 32p. (J). (gr. -1-1). pap. 7.99 ***(978-1-338-83783-4(4),*** Scholastic Pr.) Scholastic, Inc.

Best Dog. Sandy Dipierro. Illus. by Joseph Dunne. 2022. 30p. (J). pap. 10.95 *(978-1-6678-4800-6(3))* BookBaby.

Best Dogs Ever, 24 vols., Set. Elaine Landau. Incl. Beagles Are the Best! 2009. lib. bdg. 25.26 *(978-1-58013-559-7(5));* Bulldogs Are the Best! 2010. lib. bdg. 25.26 *(978-1-58013-566-5(8));* Golden Retrievers Are the Best! 2010. lib. bdg. 25.26 *(978-1-58013-562-7(5));* Labrador Retrievers Are the Best! 2009. lib. bdg. 25.26 *(978-1-58013-556-6(0));* Miniature Schnauzers Are the Best! 2010. lib. bdg. 25.26 *(978-1-58013-565-8(X));* Rottweilers Are the Best! (Illus.). 2010. lib. bdg. 25.26 *(978-0-7613-5059-0(4));* 32p. (gr. 2-4)., Lerner Pubns. (Best Dogs Ever Ser.). (ENG.). 2009. Set lib. bdg. 606.24 *(978-1-58013-555-9(2))* Lerner Publishing Group.

Best Doodle Monsters Coloring Book. Activity Attic Books. 2016. (ENG., Illus.). (J). pap. 7.74 *(978-1-68323-200-1(3))* Twin Flame Productions.

Best Doodles to Color, a Coloring Book. Activibooks For Kids. 2016. (ENG., Illus.). (J). pap. 9.20 *(978-1-68321-730-5(6))* Mimaxion.

Best Dot 2 Dot for Bad Weather Days Activity Book. Activibooks For Kids. 2016. (ENG., Illus.). (J). pap. 7.55 *(978-1-68321-480-9(3))* Mimaxion.

Best Dot 2 Dot for Kids Activity Book. Activity Book Zone for Kids. 2016. (ENG., Illus.). (J). pap. 9.20 *(978-1-68376-051-1(4))* Sabeels Publishing.

Best Dot 2 Dot for Rainy Days Activity Book Book. Activity Book Zone for Kids. 2016. (ENG., Illus.). (J). pap. 7.55 *(978-1-68376-077-1(8))* Sabeels Publishing.

Best Dot 2 Dot for Snowy Days Activity Book. Activity Book Zone for Kids. 2016. (ENG., Illus.). (J). pap. 7.55 *(978-1-68376-078-8(6))* Sabeels Publishing.

Best Dot to Dot for Snowy Days Activity Book. Activity Book Zone for Kids. 2016. (ENG., Illus.). (J). pap. 7.55 *(978-1-68376-079-5(4))* Sabeels Publishing.

Best Dot to Dot Games for Little Boys Activity Book. Creative Playbooks. 2016. (ENG., Illus.). (J). pap. 7.74 *(978-1-68323-429-6(4))* Twin Flame Productions.

Best Dot to Dot Games for Little Children Activity Book. Creative Playbooks. 2016. (ENG., Illus.). (J). pap. 7.74 *(978-1-68323-431-9(6))* Twin Flame Productions.

Best Dot to Dot Games for Little Girls Activity Book. Creative Playbooks. 2016. (ENG., Illus.). (J). pap. 7.74 *(978-1-68323-430-2(8))* Twin Flame Productions.

Best Drivers of Formula One. Contrib. by Corbu Stathes. 2023. (Focus on Formula One Ser.). (ENG.). 32p. (J). (gr. 3-9). lib. bdg. 32.79 ***(978-1-0982-9072-6(0),*** 41912, SportsZone) ABDO Publishing Co.

Best Enemies. Tomas Palacios. ed. 2019. (I Can Read Ser.). (ENG., Illus.). 32p. (J). (gr. k-1). 14.96 *(978-0-87617-535-4(3))* Penworthy Co., LLC, The.

Best Ever Bread Book: From Farm to Flour Mill, 20 Recipes from Around the World. Lizzie Munsey & Emily Munsey. 2021. (DK's Best Ever Cook Book Ser.). (ENG., Illus.). 64p. (J). (gr. k-4). 14.99 *(978-0-7440-4212-2(7),* DK Children) Dorling Kindersley Publishing, Inc.

Best Ever Cake Book. DK. 2022. (DK's Best Ever Cook Book Ser.). (ENG., Illus.). 64p. (J). (gr. k-4). 14.99 *(978-0-7440-5980-9(1),* DK Children) Dorling Kindersley Publishing, Inc.

Best Ever Jobs, 10 vols. 2022. (Best Ever Jobs Ser.). (ENG.). 48p. (J). (gr. 5-5). lib. bdg. 159.65 *(978-1-5383-8752-8(2),* 37aea028-10c6-407b-9df2-8b54f26241c7, PowerKids Pr.) Rosen Publishing Group, Inc., The.

Best-Ever Step-by-Step Kid's First Cookbook: Delicious Recipe Ideas for 5-12 Year Olds, from Lunch Boxes & Picnics to Quick & Easy Meals, Sweet Treats, Desserts, Drinks & Party Food. Nancy McDougall et al. 2017. (Illus.). 256p. (J). (gr. -1-12). pap. 11.99 *(978-0-85723-197-0(9),* Southwater) Anness Publishing GBR. Dist: National Bk. Network.

Best-Ever Step-by-Step Kid's First Gardening: Fantastic Gardening Ideas for 5-12 Year Olds, from Growing Fruit & Vegetables & Fun with Flowers to Wildlife Gardening & Outdoor Crafts. Jenny Hendy. 2017. (Illus.). 256p. (J). (gr. -1-12). pap. 11.99 *(978-1-78214-191-4(X),* Southwater) Anness Publishing GBR. Dist: National Bk. Network.

Best Ever Wordsearch for Kids. Ivy Finnegan. 2020. (ENG.). 160p. (J). pap. 5.99 *(978-1-83940-656-0(9),* 5151d1d2-55ee-4f3c-9b8b-9f6bf0cbb47e) Arcturus Publishing GBR. Dist: Baker & Taylor Publisher Services (BTPS).

Best Family Ever. Karen Kingsbury & Tyler Russell. 2019. (Baxter Family Children Story Ser.). (ENG., Illus.). 288p. (J). (gr. 3-7). 17.99 *(978-1-5344-1215-6(8),* Simon & Schuster Bks. For Young Readers) Simon & Schuster Bks. For Young Readers.

Best Family Ever. Karen Kingsbury & Tyler Russell. 2020. (Baxter Family Children Story Ser.). (ENG.). 320p. (J). (gr. 3-7). pap. 8.99 *(978-1-5344-1216-3(6),* Simon & Schuster/Paula Wiseman Bks.) Simon & Schuster/Paula Wiseman Bks.

Best Fancy Dress Hairstyles Coloring Book. Activibooks. 2016. (ENG., Illus.). (J). pap. 6.92 *(978-1-68321-162-4(6))* Mimaxion.

Best Female Gymnasts of All Time. Erin Nicks. 2020. (Gymnastics Zone Ser.). (ENG., Illus.). 32p. (J). (gr. 3-6). lib. bdg. 32.79 *(978-1-5321-9234-0(7),* 35077, SportsZone) ABDO Publishing Co.

Best Foot Forward. Leila Boukarim & Barbara Moxham. 2019. (ENG.). 32p. (J). (gr. k-3). pap. 17.99 *(978-981-4867-21-4(7))* Penguin Random House SEA Pte. Ltd. SGP. Dist: Independent Pubs. Group.

Best Foot Forward: And Other Stories (Classic Reprint) Francis J. Finn. 2017. (ENG., Illus.). (J). 29.30 *(978-0-265-42789-7(4))* Forgotten Bks.

Best Foot Forward: #2. Brian Daly. Illus. by Alex Lopez. 2022. (Caveman Dave Ser.). (ENG.). 112p. (J). (gr. 2-5). lib. bdg. 38.50 *(978-1-0982-3587-1(8),* 41155, Calico Chapter Bks.) ABDO Publishing Co.

Best Friend Bandit. Marty Kelley. Illus. by Marty Kelley. 2017. (Molly Mac Ser.). (ENG., Illus.). 56p. (J). (gr. k-2). lib. bdg. 22.65 *(978-1-5158-0836-7(X),* 134386, Picture Window Bks.) Capstone.

Best Friend for Bear. Sam Loman. Illus. by Sam Loman. 2021. (Bear Ser.: 3). (ENG., Illus.). 32p. (J). 17.95 *(978-1-60537-630-1(2))* Clavis Publishing.

Best Friend in the Whole World, 1 vol. Sandra Salsbury. 2021. 40p. (J). (gr. -1-3). 17.99 *(978-1-68263-250-5(4))* Peachtree Publishing Co. Inc.

Best Friend Next Door: a Wish Novel. Carolyn Mackler. 2017. (ENG.). 224p. (J). (gr. 3-7). pap. 6.99 *(978-0-545-70945-3(8),* Scholastic Paperbacks) Scholastic, Inc.

Best Friend Plan: A QUIX Book. Stephanie Calmenson & Joanna Cole. Illus. by James Burks. 2020. (Adventures of Allie & Amy Ser.: 1). (ENG.). 96p. (J). (gr. k-3). 16.99 *(978-1-5344-5251-0(6));* pap. 5.99 *(978-1-5344-5250-3(8))* Simon & Schuster Children's Publishing. (Aladdin).

Best Friends. Margery Cuyler. 2017. (Step into Reading Ser.). (ENG., Illus.). 32p. (J). (gr. -1-1). pap. 5.99 *(978-0-399-55369-1(X),* Random Hse. Bks. for Young Readers) Random Hse. Children's Bks.

Best Friends. Shannon Hale. Illus. by LeUyen Pham. 2019. (Friends Ser.: 2). (ENG.). 256p. (J). 22.99 *(978-1-250-31745-2(2),* 900199984); pap. 12.99 *(978-1-250-31746-9(0),* 900199985) Roaring Brook Pr. (First Second Bks.).

Best Friends. Sandi Hill. 2017. (Learn-To-Read Ser.). (ENG., Illus.). (J). (gr. -1-2). pap. 3.49 *(978-1-68310-301-1(7))* Pacific Learning, Inc.

Best Friends. Leanne Kolnick Jackson. 2018. (ENG., Illus.). 32p. (J). pap. 9.99 *(978-0-9996151-0-2(6))* Little Lollipop Pr.

Best Friends. Petrena Lawson. 2022. (ENG., Illus.). 28p. (J). pap. 14.95 *(978-1-68498-290-5(1))* Newman Springs Publishing, Inc.

Best Friends. Margery Cuyler. ed. 2018. (Step into Reading Ser.). (ENG.). 32p. (J). (gr. -1-1). 13.89 *(978-1-64310-661-8(9))* Penworthy Co., LLC, The.

Best Friends: A Young Squirrel Learns the Meaning of Friendship. Marylyn Diebold. 2018. (ENG.). 32p. (J). pap. *(978-1-6671-3845-9(6))* Lulu Pr., Inc.

Best Friends: The Story of Ginger & Polly. Jill Ballou. 2018. (ENG., Illus.). 30p. (J). pap. 9.95 *(978-0-9981468-2-9(X))* Bicycle Bell Bks.

Best Friends, Bikinis, & Other Summer Catastrophes. Kristi Wientge. 2022. (ENG.). 256p. (J). (gr. 3-7). 17.99 *(978-1-5344-8502-0(3),* Simon & Schuster Bks. For Young Readers) Simon & Schuster Bks. For Young Readers.

Best Friends, Busy Friends. Susan Rollings. Illus. by Nichola Cowdery. 2020. (Child's Play Library). 32p. (J). pap. *(978-1-78628-466-2(9));* pap. *(978-1-78628-465-5(0))* Child's Play International Ltd.

Best Friends, Busy Friends 8x8 Edition. Susan Rollings. Illus. by Nichola Cowdery. 2021. (Child's Play Mini-Library). (ENG.). 32p. (J). pap. *(978-1-78628-635-2(1))* Child's Play International Ltd.

Best Friends For-Never, 1 vol. J. M. Klein. 2021. (Totally Secret Diary of Dani D. Ser.). (ENG.). 64p. (J). (gr. 2-3). 23.25 *(978-1-5383-8202-8(4),* aa534c75-875a-4cc8-82d6-cbefaf39ca67); pap. 13.35 *(978-1-5383-8201-1(6),* 6ea3f306-8e5f-488f-a162-5bbdc09d3d2e) Enslow Publishing, LLC. (West 44 Bks.).

Best Friends for Never. Adrienne Maria Vrettos. 2016. (ENG.). 240p. (J). (gr. 3-7). 16.99 *(978-0-545-56149-5(3),* Scholastic Pr.) Scholastic, Inc.

Best Friends for Never. Colleen AF Venable. ed. 2022. (Katie the Catsitter Graphic Nvls Ser.). (ENG.). 208p. (J). (gr. 3-7). 25.96 ***(978-1-68505-539-4(7))*** Penworthy Co., LLC, The.

Best Friends Forever. Samantha Brooke. 2022. (Strawberry Shortcake Ser.). (ENG.). 24p. (J). (-k). pap. 5.99 *(978-0-593-38681-1(7),* Penguin Young Readers Licenses) Penguin Young Readers Group.

Best Friends Forever. Laura Fritz & Michael Good. Illus. by Amber Speigel. 2019. (ENG.). 32p. (J). pap. 10.99 *(978-1-947773-56-1(9))* Yawn's Bks. & More, Inc.

Best Friends Forever. William J. Smith. 2021. (ENG.). 523p. (J). pap. *(978-1-716-16358-6(7))* Lulu Pr., Inc.

Best Friends Forever. Nicoleta Zlate Florea. 2018. (ENG., Illus.). 66p. (J). *(978-1-77370-862-1(7));* pap. *(978-1-77370-861-4(9))* Tellwell Talent.

Best Friends Forever: Padded Board Book. Illus. by Xenia Pavlova. 2016. (ENG.). 26p. (J). (-k). bds. 8.99 *(978-1-78557-061-2(7))* Igloo Bks. GBR. Dist: Simon & Schuster, Inc.

Best Friends Forever: Volume 10. William J. Smith. 2021. (ENG.). 389p. (YA). pap. *(978-1-716-13659-7(8))* Lulu Pr., Inc.

Best Friends Forever: Volume 9. William J. Smith. 2021. (ENG.). 359p. (YA). pap. *(978-1-105-17467-4(0))* Lulu Pr., Inc.

Best Friends Forever! (Nella the Princess Knight) Golden Books. Illus. by Marcela Cespedes-Alicea. 2017. (ENG.). 48p. (J). (gr. -1-2). pap. 4.99 *(978-1-5247-1677-6(4),* Golden Bks.) Random Hse. Children's Bks.

Best Friends Furever (Love Puppies #1) Janay Brown-Wood. 2023. (Love Puppies Ser.). (ENG.). 128p. (J). (gr. 2-5). pap. 5.99 *(978-1-338-83408-6(8),* Scholastic Paperbacks) Scholastic, Inc.

Best Friends in the Universe. Tatjana Ol'mak. Illus. by Tatjana Ol'Mak. 2020. (ENG.). 32p. (J). pap. ***(978-1-716-84075-3(9))*** Lulu Pr., Inc.

Best Friends in the Universe. Stephanie Watson. Illus. by LeUyen Pham. 2018. (ENG.). 40p. (J). (gr. -1-3). 18.99 *(978-0-545-65988-8(4),* Orchard Bks.) Scholastic, Inc.

190 The check digit for ISBN-10 appears in parentheses after the full ISBN-13

Best Friends! (the Not So Little Princess) Wendy Finney & Tony Ross. 2019. (Not-So-Little Princess Colour Readers Ser.: 2). (ENG., Illus.). 64p. (J). (gr. k-2). 9.99 (978-1-78344-511-0(4)) Penguin Random Hse. AUS. Dist: Independent Pubs. Group.

Best Gift Ever. Cheryl Delamarter. 2017. (ENG., Illus.). (J). (gr. k-6). pap. 11.95 (978-0-9991794-0-6(3)) Silver Thread Publishing.

Best Gift Ever: A Letter from God at Christmas. Fyne C. Ogonor. 2021. (ENG.). 102p. (YA). pap. 15.99 (978-1-951460-37-2(5)) Ogonor, Fyne.

Best Gift Ever Given: A 25-Day Journey Through Advent from God's Good Gifts to God's Great Son. Ronnie Martin. 2019. (ENG., Illus.). 56p. (J). (gr. k-4). 19.99 (978-0-7369-7854-5(2), 6978545) Harvest Hse. Pubs.

Best Gift for Bear. Jennifer A. Bell. Illus. by Jennifer A. Bell. 2022. (ENG.). 40p. (J). (gr. -1-2). 17.99 (978-1-5420-2922-3(8), 9781542029223, Two Lions) Amazon Publishing.

Best Gifts of Christmas! Penelope Dyan. Illus. by Penelope Dyan. l.t. ed. 2021. (ENG.). 34p. (J). pap. 12.60 (978-1-61477-554-6(0)) Bellissima Publishing, LLC.

Best Halloween Masks Coloring Book. Activibooks For Kids. 2016. (ENG., Illus.). (J). pap. 9.20 (978-1-68321-163-1(4)) Mimaxion.

Best Hide & Seek Games Activity Book. Activity Book Zone. 2016. (ENG., Illus.). (J). pap. 7.55 (978-1-68376-052-8(2)) Sabeels Publishing.

Best Hugs Ever! Akilah Johnson. 2022. (ENG.). 26p. (J). pap. (978-1-83934-505-0(5)) Olympia Publishers.

Best I Can Be. Bert Robbins. 2022. (ENG.). 24p. (J). 16.99 (978-1-955070-31-7(8)); pap. 8.99 (978-1-955070-30-0(X)) Word Art Publishing.

Best Idea to Savage a Dying Relationship or Marriage (There Is Always a Way Out) Davis Eme. 2019. (ENG.). 122p. (YA). pap. 27.99 (978-1-393-43206-7(9)) Draft2Digital.

Best Idea Yet. Lauren Grant. Illus. by Veronika Hipolito. 2023. (ENG.). 28p. (J). (978-0-2288-7545-1(5)); pap. (978-0-2288-7544-4(7)) Tellwell Talent.

Best in Bouncy Toys Coloring Book. Bobo's Children Activity Books. 2016. (ENG., Illus.). (J). pap. 9.33 (978-1-68327-633-3(7)) Sunshine In My Soul Publishing.

Best in Fantasy Architecture Coloring Book. Activibooks. 2016. (ENG., Illus.). (J). pap. 9.20 (978-1-68321-167-9(7)) Mimaxion.

Best in Life (Classic Reprint) Muriel Hine. (ENG., Illus.). (J). 2018. 364p. 31.42 (978-0-364-66825-2(3)); 2017. pap. 16.57 (978-0-259-38249-2(3)) Forgotten Bks.

Best in Snow. April Pulley Sayre. 2016. (Weather Walks Ser.). (ENG., Illus.). 40p. (J). (gr. -1-3). 18.99 (978-1-4814-5916-7(3), Beach Lane Bks.) Beach Lane Bks.

Best in the World. Derek Anderson. Illus. by Derek Anderson. 2022. (Croc & Ally Ser.). (Illus.). 32p. (J). (gr. k-2). 9.99 (978-0-593-38762-7(7)); 4.99 (978-0-593-38761-0(9)) Penguin Young Readers Group. (Penguin Workshop).

Best in Toys Coloring Book for Kids - Coloring Books 4 Year Old Edition. Activibooks For Kids. 2016. (ENG., Illus.). (J). pap. 9.20 (978-1-68321-120-4(0)) Mimaxion.

Best Intentions, yet Still Causing Harm. Florence Koenderink. Ed. by Willow Editing. 2021. (ENG.). 172p. (YA). pap. (978-1-008-99601-4(7)) Lulu Pr., Inc.

Best Inventions (Set), 6 vols. 2022. (Best Inventions Ser.). (ENG.). 24p. (J). (gr. k-4). lib. bdg. 188.16 (978-1-0982-8014-7(8), 41063, Abdo Zoom-Dash) ABDO Publishing Co.

Best Job in the Whole World. Tracy Hill. 2017. (ENG., Illus.). 38p. (J). pap. (978-1-365-37976-5(0)) Lulu Pr., Inc.

Best Jolly Duo, Ever! Mary Nicholas. Illus. by Larisa Draaisma. 2023. (ENG.). 108p. (J). pap. 6.99 (978-1-0880-8277-5(7)) Crooked Tree Stories.

Best-Kept Secret. Emily Rodda. 2020. 128p. 7.99 (978-1-4607-5372-9(0), HarperCollins) HarperCollins Pubs.

Best Kept Secrets: From Invisible Walk-Ons to Life Champions. Charles Thomas Jr. 2019. (ENG.). 152p. (YA). 30.95 (978-1-9736-7201-2(4)); pap. 13.95 (978-1-9736-7199-2(9)) Author Solutions, LLC. (WestBow Pr.).

Best Kids' Christmas Jokes Ever! Created by Highlights. 2020. (Highlights Joke Bks.). (Illus.). 128p. (J). (gr. 1-4). pap. 5.99 (978-1-64472-120-9(1), Highlights) Highlights Pr., c/o Highlights for Children, Inc.

Best Kids' Halloween Jokes Ever! Created by Highlights. 2020. (Highlights Joke Bks.). (Illus.). 128p. (J). (gr. 1-4). pap. 5.99 (978-1-64472-119-3(8), Highlights) Highlights Pr., c/o Highlights for Children, Inc.

Best Kids' Hanukkah Jokes Ever! Created by Highlights. 2022. (Highlights Joke Bks.). (Illus.). 128p. (J). (gr. 1-4). pap. 5.99 (978-1-64472-843-7(5), Highlights) Highlights Pr., c/o Highlights for Children, Inc.

Best Kids' Jokes Ever! Volume 1, Vol. 1. Created by Highlights. 2018. (Highlights Joke Bks.). (ENG., Illus.). 128p. (J). (gr. 1-4). pap. 5.99 (978-1-68437-244-7(5), Highlights) Highlights Pr., c/o Highlights for Children, Inc.

Best Kids' Jokes Ever! Volume 2, Vol. 2. Created by Highlights. 2018. (Highlights Joke Bks.). (ENG., Illus.). 128p. (J). (gr. 1-4). pap. 5.99 (978-1-68437-243-0(7), Highlights) Highlights Pr., c/o Highlights for Children, Inc.

Best Kids' Knock-Knock Jokes Ever! Volume 1, Vol. 1. Created by Highlights. 2018. (Highlights Joke Bks.). (ENG., Illus.). 128p. (J). (gr. 1-4). pap. 5.99 (978-1-68437-245-4(3), Highlights) Highlights Pr., c/o Highlights for Children, Inc.

Best Kids' Knock-Knock Jokes Ever! Volume 2, Vol. 2. Created by Highlights. 2018. (Highlights Joke Bks.). (Illus.). 128p. (J). (gr. 1-4). pap. 5.99 (978-1-68437-246-1(1), Highlights) Highlights Pr., c/o Highlights for Children, Inc.

Best Kids' School Jokes Ever! Created by Highlights. 2022. (Highlights Joke Bks.). (Illus.). 128p. (J). (gr. 1-4). pap. 5.99 (978-1-64472-333-3(6), Highlights) Highlights Pr., c/o Highlights for Children, Inc.

Best Kind of Day. Kathleen Gwilliam. 2020. (ENG.). (J). pap. 16.99 (978-1-4621-3613-1(3), Horizon Pubs.) Cedar Fort, Inc./CFI Distribution.

Best Kind of Fairy. Talula Shimmerwing. (ENG.). (J). 2020. 38p. (978-0-9959360-2-7(1)); 2018. (Illus.). 40p. pap. (978-0-9959360-0-3(5)) In the Co. of Fairies.

Best Kind of Magic. Crystal Cestari. 2018. (Windy City Magic Ser.: 1). (ENG.). 352p. (J). (gr. 7-17). pap. 9.99 (978-1-4847-7570-7(8)) Hyperion Bks. for Children.

Best Kind of String. Janene a Dubbeld. Illus. by Kc Snider. l.t. ed. 2016. (ENG.). (J). pap. 9.95 (978-1-61633-775-9(3)) Guardian Angel Publishing, Inc.

Best Kung Fu Kid Coloring Book. Jupiter Kids. 2017. (ENG., Illus.). (J). pap. 9.20 (978-1-68326-986-1(1), Jupiter Kids (Childrens & Kids Fiction)) Speedy Publishing LLC.

Best Kwanzaa Ever: Crafts, Puzzles & Story of Kwanzaa. E. Townsend. 2020. (ENG.). 48p. (J). pap. 9.99 (978-1-0879-2204-1(6)) Indy Pub.

Best Laboratory Tools Coloring Book. Activity Attic Books. 2016. (ENG., Illus.). (J). pap. 7.74 (978-1-68323-201-8(1)) Twin Flame Productions.

Best Laid Plans. Cameron Lund. (Illus.). (YA). (gr. 9). 2021. 384p. pap. 10.99 (978-0-593-11493-3(0)); 2020. (ENG., 368p. 18.99 (978-0-593-11491-9(4)) Penguin Young Readers Group. (Razorbill).

Best-Laid Plans: A Maps & Chipper Adventure. David Gubbins. 2022. (ENG.). 158p. (YA). pap. 13.50 (978-1-68235-315-8(X)) Strategic Book Publishing & Rights Agency (SBPRA).

Best Learning How to Draw Activity Book for Kids. Activity Book Zone for Kids. 2016. (ENG., Illus.). (J). pap. 9.20 (978-1-68376-053-5(0)) Sabeels Publishing.

Best Liars in Riverview. Lin Thompson. 2023. (ENG.). 352p. (J). (gr. 3-7). pap. 8.99 (978-0-316-27689-4(8)) Little, Brown Bks. for Young Readers.

Best Lies. Sarah Lyu. (ENG.). 352p. (YA). (gr. 9). 2020. pap. 12.99 (978-1-4814-9884-5(3)); 2019. 18.99 (978-1-4814-9883-8(5)) Simon Pulse. (Simon Pulse).

Best Little Bullfrog in the Forest Orange Band. Ian Whybrow. Illus. by Natalie Smillie. ed. 2016. (Cambridge Reading Adventures Ser.). (ENG.). 16p. pap. 8.80 (978-1-107-56018-5(7)) Cambridge Univ. Pr.

Best Little Discombobulated Angel. Kathleen Kear. Illus. by Ann M. Mecham. 2016. (ENG.). (J). pap. 9.99 (978-1-4984-9333-8(5)) Salem Author Services.

Best-Loved Bible Songs. Rose Nestling. Ed. by Cottage Door Press. Illus. by Fabiana Faiallo. 2021. (Little Sunbeams Ser.). (ENG.). 12p. (J). (gr. -1-2). bds. 19.99 (978-1-64638-421-1(0), 1007730) Cottage Door Pr.

Best-Loved Bible Stories: A bible story library for the family. Ed. by Cottage Door Press. 2023. (Little Sunbeams Ser.). (ENG.). 256p. (J). (gr. -1-3). 28.99 (978-1-64638-766-3(X), 9004450) Cottage Door Pr.

Best-Loved Bible Stories (Little Sunbeams) Ed. by Cottage Door Press. Illus. by Tommy Doyle. 2023. (Little Sunbeams Ser.). (ENG.). 10p. (J). (gr. -1-1). bds. 14.99 (978-1-68052-819-0(X), 1005320) Cottage Door Pr.

Best-Loved Jewish Songs. Ed. by Cottage Door Press. 2021. (ENG.). 12p. (J). (gr. -1-2). bds. 19.99 (978-1-64638-349-8(4), 1007490) Cottage Door Pr.

Best Loved Poems & Ballads of James Whitcomb Riley (Classic Reprint) James Whitcomb Riley. 2017. (ENG., Illus.). (J). 32.41 (978-0-331-60770-3(0)); pap. 16.57 (978-0-243-39933-8(2)) Forgotten Bks.

Best-Loved Stories. Little Grasshopper Books & Publications International Ltd. Staff. 2019. (Read Hear & Play Ser.). (ENG., Illus.). 144p. (J). (gr. -1-1). 15.98 (978-1-64030-938-8(1), 6103900) Publications International, Ltd.

Best Luxury Cars 2016: A Coloring Book. Jupiter Kids. 2017. (ENG., Illus.). (J). pap. 9.20 (978-1-68326-987-8(X), Jupiter Kids (Childrens & Kids Fiction)) Speedy Publishing LLC.

Best Male Gymnasts of All Time. Blythe Lawrence. 2020. (Gymnastics Zone Ser.). (ENG.). 32p. (J). (gr. 3-6). lib. bdg. 32.79 (978-1-5321-9235-7(5), 35079, SportsZone) ABDO Publishing Co.

Best Man. Richard Peck. 2017. (ENG.). 256p. (J). (gr. 4-7). 8.99 (978-0-14-751579-7(3), Puffin Books) Penguin Young Readers Group.

Best Man (Classic Reprint) Harold Macgrath. 2018. (ENG., Illus.). 260p. (J). 29.26 (978-0-483-96876-9(5)) Forgotten Bks.

Best Matching Game Activities Ever! Activity Book Zone for Kids. 2016. (ENG., Illus.). (J). pap. 7.55 (978-1-68376-054-2(9)) Sabeels Publishing.

Best Mates on the Boat. Joanne Meier & Cecilia Minden. Illus. by Bob Ostrom. 2022. (Bear Essential Readers Ser.). (ENG.). 32p. (J). (gr. -1-2). lib. bdg. 35.64 (978-1-5038-5945-6(2), 215843, First Steps) Child's World, Inc, The.

Best Mazes! Kids Maze Activity Book. Activity Book Zone for Kids. 2016. (ENG., Illus.). (J). pap. 7.55 (978-1-68376-177-8(4)) Sabeels Publishing.

Best Mom. Penny Harrison. Illus. by Sharon Davey. 2021. (ENG.). 32p. (J). (gr. -1-2). 17.99 (978-1-913639-41-9(X), d749c72f-9d98-415f-b575-7e302ff16e40) New Frontier Publishing AUS. Dist: Lerner Publishing Group.

Best Moments in Formula One. Contrib. by Anthony K. Hewson. 2023. (Focus on Formula One Ser.). (ENG.). 32p. (J). (gr. 3-9). lib. bdg. 32.79 (978-1-0982-9073-3(9), 41915, SportsZone) ABDO Publishing Co.

Best Mommies & Daddies. Reina Ollivier & Karel Claes. Illus. by Steffie Padmos. 2021. (Super Animals Ser.: 2). (ENG.). 64p. (J). 19.95 (978-1-60537-627-1(2)) Clavis Publishing.

Best Mommy Ever. Richard Nelson. Illus. by A. Yustiadi. 2018. (ENG.). 40p. (J). (gr. k-2). (978-1-7752839-5-9(X)); pap. (978-1-7752839-3-5(3)) Nelson, Richard.

Best Mother. Cynthia Surrisi. Illus. by Diane Goode. 2018. (ENG.). 32p. (J). (gr. -1-2). 16.99 (978-1-4197-2534-0(3), 1144001, Abrams Bks. for Young Readers) Abrams, Inc.

Best Mouse Cookie Board Book. Laura Numeroff. Illus. by Felicia Bond. 2019. (If You Give... Ser.). (ENG.). 24p. (J). (gr. -1 — 1). bds. 7.99 (978-0-694-01270-1(X), HarperFestival) HarperCollins Pubs.

Best Mouse Cookie Padded Board Book. Laura Numeroff. Illus. by Felicia Bond. 2018. (If You Give... Ser.). (ENG.). 24p. (J). (gr. -1 — 1). bds. 10.99 (978-0-06-284483-5(0), HarperFestival) HarperCollins Pubs.

Best Mum in the World. Pat Chapman. Illus. by Cat Chapman. 2017. 32p. (J). (gr. -1-k). 14.99 (978-1-927262-80-1(1)) Upstart Pr. NZL. Dist: Independent Pubs. Group.

Best Native American Stories for Children. G. W. Mullins. Illus. by C. L. Hause. 2016. (Native American Storytelling Ser.: Vol. 1). (ENG.). (J). (gr. 2-6). 24.99 (978-1-68418-540-5(8)); pap. 14.99 (978-1-68418-532-0(7)) Primedia eLaunch LLC.

Best Neighborhood Ever. Fran Manushkin. Illus. by Laura Zarrin. ed. 2020. (Katie Woo's Neighborhood Ser.). (ENG.). 96p. (J). (gr. k-2). 5.95 (978-1-5158-6092-1(2), 142368, Picture Window Bks.) Capstone.

Best Nerds Forever. James Patterson & Chris Grabenstein. (ENG.). (J). (gr. 5-9). 2022. 272p. pap. 7.99 (978-0-316-50067-8(4)); 2021. (Illus.). 256p. 13.99 (978-0-316-50024-1(0)) Little Brown & Co. (Jimmy Patterson).

Best Nest see Mejor Nido

Best News Ever. Becky Olmstead. Illus. by Nina Heintz. 2019. (ENG.). 38p. (J). pap. 10.00 (978-0-578-43349-3(4)) Primedia eLaunch LLC.

Best News Ever: Your 100-Day Guide to the Gospel of Mark. Chris Morphew. 2019. (ENG.). 224p. (YA). pap. (978-1-78498-437-3(X)) Good Bk. Co., The.

Best News Ever/la Major Noticia en el Mundo (Spanish Edition) Becky Olmstead. 2019. (SPA., Illus.). 38p. (J). pap. 10.00 (978-1-7331864-0-7(9)) Primedia eLaunch LLC.

Best. Night. Ever: A Story Told from Seven Points of View. Rachele Alpine et al. (Mix Ser.). (ENG., Illus.). 352p. (J). (gr. 4-8). 2018. pap. 8.99 (978-1-4814-8661-3(6)); 2017. 18.99 (978-1-4814-8660-6(8)) Simon & Schuster Children's Publishing. (Aladdin).

Best Noisy Gift of All. Diane Orr. Illus. by Korey Woods. 2022. (ENG.). 60p. (J). pap. 14.99 (978-1-63984-088-5(5)) Pen It Pubns.

Best Nonsense Verses (Classic Reprint) Josephine Dodge Daskam. 2018. (ENG., Illus.). 64p. (J). 25.24 (978-0-267-82345-1(2)) Forgotten Bks.

Best Novels & Stories of Eugene Manlove Rhodes (Classic Reprint) Eugene Manlove Rhodes. 2017. (ENG., Illus.). (J). 35.80 (978-0-331-55558-5(1)); pap. 19.57 (978-0-243-39664-1(3)) Forgotten Bks.

Best of a Bad Fob: A Hearty Tale of the Sea (Classic Reprint) Norman Duncan. 2018. (ENG., Illus.). 222p. (J). 28.50 (978-0-656-84386-2(1)) Forgotten Bks.

Best of Alex Toth & John Buscema Roy Rogers Comics. Roy Rogers. Ed. by Daniel Herman. 2020. (ENG., Illus.). 272p. (YA). 60.00 (978-1-61345-172-4(5), 51741ccb-84e8-4931-a08b-0453e20ecb74) Hermes Pr.

Best of Archie Americana Vol. 1: Golden Age. Archie Superstars. 2017. (Best of Archie Comics Ser.). (ENG., Illus.). 416p. (J). (gr. 4-7). pap. 9.99 (978-1-68255-932-1(7)) Archie Comic Pubns., Inc.

Best of Archie Americana Vol. 2: Silver Age. Archie Superstars. 2018. (Best of Archie Comics Ser.: 2). (ENG., Illus.). 416p. (J). (gr. 4-7). pap. 9.99 (978-1-68255-911-6(4)) Archie Comic Pubns., Inc.

Best of Archie Americana Vol. 3: Bronze Age. Archie Superstars. 2018. (Best of Archie Comics Ser.: 3). (ENG., Illus.). 416p. (J). (gr. 4-7). pap. 9.99 (978-1-68255-855-3(X)) Archie Comic Pubns., Inc.

Best of Archie: Christmas Comics. Archie Superstars. 2020. (Archie Christmas Digests Ser.: 2). (Illus.). 256p. (J). (gr. 4-7). pap. 9.99 (978-1-64576-954-5(2)) Archie Comic Pubns., Inc.

Best of Archie Comics 3 Deluxe Edition. Archie Superstars. 2018. (Best of Archie Deluxe Ser.: 3). (Illus.). 416p. (J). (gr. 4-7). 19.99 (978-1-68255-867-6(3)) Archie Comic Pubns., Inc.

Best of Archie Comics: 80 Years, 80 Stories. Archie Superstars. 2021. (Best of Archie Comics Ser.). (ENG., Illus.). 704p. (J). (gr. 4-7). pap. 14.99 (978-1-64576-923-1(2)) Archie Comic Pubns., Inc.

Best of Archie Comics Book 4 Deluxe Edition. Archie Superstars. 2019. (Best of Archie Deluxe Ser.: 4). (ENG., Illus.). 416p. (J). (gr. 4-7). 19.99 (978-1-68255-787-7(1)) Archie Comic Pubns., Inc.

Best of Archie: Musical Madness. Archie Superstars. ed. 2023. (Best of Archie Comics Ser.). (Illus.). 256p. (J). (gr. 4-7). pap. 13.99 (978-1-64576-863-0(5)) Archie Comic Pubns., Inc.

Best of Betty & Veronica Comics 2, Bk. 2. Archie Superstars. 2018. (Best of Betty & Veronica Ser.: 2). (Illus.). 416p. (J). (gr. 4-7). pap. 9.99 (978-1-62738-941-9(5)) Archie Comic Pubns., Inc.

Best of Coloring: Doodle Monsters Coloring Book. Creative Playbooks. 2016. (ENG., Illus.). (J). pap. 7.74 (978-1-68323-323-7(9)) Twin Flame Productions.

Best of Friends. Beth Costanzo. 2022. (ENG.). 24p. (J). pap. 14.99 (978-1-0879-8154-3(9)) Adventures of Scuba Jack Pubs., The.

Best of Friends. N. J. Lindquist. 2016. (Circle of Friends Ser.: Vol. 1). (ENG., Illus.). (YA). pap. (978-1-927692-03-5(2)) That's Life! Communications.

Best of Gabby & Me. Isabella Harper. 2016. (ENG.). 18p. (J). (978-1-365-48915-0(9)) Lulu Pr., Inc.

Best of H. E. Bates (Classic Reprint) H. E. Bates. 2017. (ENG., Illus.). (J). 33.47 (978-0-331-43450-7(4)); pap. 16.57 (978-0-243-38980-3(9)) Forgotten Bks.

Best of Iggy. Annie Barrows. Illus. by Sam Ricks. (Iggy Ser.: 1). (J). (gr. 2-5). 2022. 160p. 7.99 (978-1-9848-1332-9(3)); 2020. 144p. 13.99 (978-1-9848-1330-5(7)) Penguin Young Readers Group. (G.P. Putnam's Sons Books for Young Readers).

Best of Iggy, 1. Annie Barrows. ed. 2023. (Iggy Ser.). (ENG.). 125p. (J). (gr. 2-5). 19.96 (978-1-68505-854-8(X)) Penworthy Co., LLC, The.

Best of John Buscema's Roy Rogers. Roy Rogers. 2023. (ENG., Illus.). 272p. (YA). 60.00 (978-1-61345-246-2(2)) Hermes Pr.

Best of Josie & the Pussycats. Archie Superstars. 2017. (Best of Archie Comics Ser.). (Illus.). 416p. (J). (gr. 4-7). pap. 9.99 (978-1-68255-930-7(0)) Archie Comic Pubns., Inc.

Best of Marvel Look & Find. Derek Harmening et al. ed. 2020. (Look & Find Ser.). (ENG.). 42p. (J). (gr. k-1). 22.36 (978-1-64697-136-7(1)) Penworthy Co., LLC, The.

Best of S. J. Perelman: With a Critical Introduction (Classic Reprint) S. J. Perelman. 2017. (ENG., Illus.). (J). 30.41 (978-0-265-20112-1(8)); pap. 13.57 (978-1-334-89960-7(6)) Forgotten Bks.

Best of Sewing Machine Fun for Kids: Ready, Set, Sew - 37 Projects & Activities. Lynda Milligan & Nancy Smith. 2nd ed. 2016. (ENG., Illus.). 128p. (J). (gr. 4-9). pap. 16.95 (978-1-61745-263-5(7), FunStitch Studio) C & T Publishing.

Best of Team Canada. Erin Nicks. 2018. (ENG., Illus.). 32p. (J). (978-1-63494-000-9(8)) Pr. Room Editions LLC.

Best of Tenali. Toonz Animation India Pvt. Ltd. 2020. (ENG.). 332p. (J). (gr. 3-5). pap. 16.99 (978-0-14-345064-1(6), Puffin) Penguin Bks. India PVT, Ltd IND. Dist: Independent Pubs. Group.

Best of the Calgary Flames. Tom Glave. 2018. (Illus.). 32p. (J). (978-1-63494-001-6(6), Press Box Bks.) Wheatmark, Inc.

Best of the Edmonton Oilers. Will Graves. 2018. (ENG., Illus.). 32p. (J). (978-1-63494-002-3(4)) Pr. Room Editions LLC.

Best of the Montreal Canadiens. Will Graves. 2018. (ENG., Illus.). 32p. (J). (978-1-63494-003-0(2)) Pr. Room Editions LLC.

Best of the Ottawa Senators. Erin Nicks. 2018. (ENG., Illus.). 32p. (J). (978-1-63494-004-7(0)) Pr. Room Editions LLC.

Best of the Toronto Maple Leafs. Todd Kortemeier. 2018. (ENG., Illus.). 32p. (J). (978-1-63494-005-4(9)) Pr. Room Editions LLC.

Best of the Vancouver Canucks. Will Graves. 2018. (ENG., Illus.). 32p. (J). (978-1-63494-006-1(7)) Pr. Room Editions LLC.

Best of the Winnipeg Jets. Patrick Donnelly. 2018. (ENG., Illus.). 32p. (J). (978-1-63494-007-8(5), Press Box Bks.) Wheatmark, Inc.

Best of the World's Classics, Restricted to Prose: Great Britain & Ireland II; Volume IV. Henry Cabot Lodge. 2017. (ENG., Illus.). (J). 24.95 (978-1-374-91902-0(0)) Capital Communications, Inc.

Best of the World's Classics; Restricted to Prose: Great Britain & Ireland III; Volume V. Henry Cabot Lodge. 2017. (ENG., Illus.). (J). 24.95 (978-1-374-93912-7(9)); pap. 14.95 (978-1-374-93911-0(0)) Capital Communications, Inc.

Best of the World's Classics, Restricted to Prose: Great Britain & Ireland IV; Volume VI. Henry Cabot Lodge. 2017. (ENG., Illus.). (J). 24.95 (978-1-374-98555-1(4)); pap. 14.95 (978-1-374-98554-4(6)) Capital Communications, Inc.

Best of the World's Classics; Restricted to Prose: Rome; Volume II. Henry Cabot Lodge. 2017. (ENG., Illus.). (J). 24.95 (978-1-374-93908-0(0)); pap. 14.95 (978-1-374-93907-3(2)) Capital Communications, Inc.

Best People (Classic Reprint) Anne Warwick. 2017. (ENG., Illus.). (J). 31.09 (978-0-266-66833-6(X)); pap. 13.57 (978-1-5276-4057-3(4)) Forgotten Bks.

Best Pet? Fran Manushkin. Illus. by Tammie Lyon. 2020. (Pedro Ser.). (ENG.). 32p. (J). (gr. k-2). pap. 5.95 (978-1-5158-7316-7(1), 201599); lib. bdg. 22.65 (978-1-5158-7082-1(0), 199057) Capstone. (Picture Window Bks.).

Best Photo: Leveled Reader Green Fiction Level 13 Grade 1-2. Hmh Hmh. 2019. (Rigby PM Ser.). (ENG.). 16p. (J). (gr. 1-2). pap. 11.00 (978-0-358-12061-2(6)) Houghton Mifflin Harcourt Publishing Co.

Best Place in the World. Petr Horacek. Illus. by Petr Horacek. 2021. (ENG., Illus.). 32p. (J). (gr. -1-2). 16.99 (978-1-5362-1285-3(7)) Candlewick Pr.

Best Player. Jaqueline Snowe. (ENG.). (YA). 2021. 304p. pap. (978-1-83943-756-4(1)); 2020. (Cleat Chasers Ser.: Vol. 3). 310p. pap. (978-1-83943-848-6(7)) Totally Entwinded Group.

Best Present. Brimoral Stories. 2020. (ENG.). 28p. (J). 13.99 (978-1-953581-01-3(3)); pap. 6.99 (978-1-953581-00-6(5)) BriMoral Stories.

Best Printable Books for Toddlers (Preschool Activity Books - Medium) 40 Black & White Kindergarten Activity Sheets Designed to Develop Visuo-Perceptual Skills in Preschool Children. James Manning & Christabelle Manning. 2019. (Best Printable Books for Toddlers Ser.: Vol. 16). (ENG., Illus.). 82p. (J). pap. (978-1-83878-753-0(4)) West Suffolk CBT Service Ltd., The.

Best Reading Buddies. Jane O'connor. ed. 2016. (Fancy Nancy - I Can Read! Ser.). (J). lib. bdg. 13.55 (978-0-606-39273-0(4)) Turtleback.

Best Recitations: Readings, Declamations & Plays; Original Compositions & Choice Selections of the Best Literature; Containing Also the Most Complete & Modern Rules for Voice & Physical Culture; for Home, School & All Public & Social Entertain. Richard Linthicum. (ENG., Illus.). (J). 2018. 468p. 33.57 (978-0-265-51677-5(3)); 2017. pap. 16.57 (978-1-334-84950-3(1)) Forgotten Bks.

Best Russian Short Stories (Classic Reprint) Thomas Seltzer. 2017. (ENG., Illus.). (J). 29.77 (978-0-331-74573-3(9)) Forgotten Bks.

Best School Year Yet. Megan Hoffman. 2022. (ENG.). 34p. (J). pap. 12.99 (978-1-954095-98-4(8)) Yorkshire Publishing Group.

Best Seat in First Grade. Katharine Kenah. Illus. by Abby Carter. 2020. (I Can Read Level 1 Ser.). (ENG.). 32p. (J). (gr. -1-3). 16.99 (978-0-06-268645-9(3)); pap. 5.99 (978-0-06-268644-2(5)) HarperCollins Pubs. (HarperCollins).

Best Seat in First Grade. Katharine Kenah. ed. 2020. (I Can Read Ser.). (ENG., Illus.). 25p. (J). (gr. k-1). 14.96 (978-1-64697-387-3(9)) Penworthy Co., LLC, The.

Best Seat in Kindergarten. Katharine Kenah. Illus. by Abby Carter. 2019. (My First I Can Read Ser.). (ENG.). 32p. (J). (gr. -1-3). 16.99 (978-0-06-268641-1(0)); pap. 5.99 (978-0-06-268640-4(2)) HarperCollins Pubs. (HarperCollins).

Best Seat in Kindergarten. Katharine Kenah. ed. 2019. (I Can Read Ser.). (ENG.). 30p. (J). (gr. k-1). 14.96 (978-0-87617-536-1(1)) Penworthy Co., LLC, The.

Best Seat in the House. Craig Labuskes. 2016. (ENG., Illus.). 180p. (J). pap. (978-1-365-41028-4(5)) Lulu Pr., Inc.

Best-Selling App, 1 vol. Adam Furgang. Illus. by Joel Gennari. 2020. (Power Coders Ser.). (ENG.). 32p. (J). (gr. 5-5). 27.93 (978-1-7253-0770-4(7),

3d20fc3a-d1ac-42ea-8690-39dcdf2185f5); pap. 11.60 *(978-1-7253-0768-1(5),* d47a94a0-1300-4480-aa60-d5dac8ab5a7f) Rosen Publishing Group, Inc., The. (PowerKids Pr.).

Best Sense for Safety. Carrie Rappaport et al. 2017. (Text Connections Guided Close Reading Ser.). (J). (gr. 1). *(978-1-4900-1828-7(X))* Benchmark Education Co.

Best Short Stories Of 1915: And the Yearbook of the American Short Story (Classic Reprint) Edward L. O'Brien. 2018. (ENG., Illus.). 402p. (J). 32.21 *(978-0-365-34498-8(2))* Forgotten Bks.

Best Short Stories Of 1916: And the Yearbook of the American Short Story (Classic Reprint) Edward J. O'Brien. 2017. (ENG., Illus.). (J). 34.00 *(978-0-331-67075-2(5))* Forgotten Bks.

Best Short Stories Of 1917: And the Yearbook of the American Short Story (Classic Reprint) Edward J. O'Brien. 2017. (ENG., Illus.). (J). 36.89 *(978-1-5279-7565-1(7))* Forgotten Bks.

Best Short Stories Of 1918: And the Yearbook of the American Short Story (Classic Reprint) Edward J. O'Brien. 2017. (ENG., Illus.). (J). 33.40 *(978-0-331-10627-5(2))* Forgotten Bks.

Best Short Stories Of 1919: And the Yearbook of the American Short Story (Classic Reprint) Edward Joseph O'Brien. (ENG., Illus.). (J). 2018. 436p. 32.91 *(978-0-364-16727-4(0))*; 2016. pap. 16.57 *(978-1-334-12699-4(2))* Forgotten Bks.

Best Short Stories of 1919, & the Yearbook of the American Short Story (Classic Reprint) Edward Joseph O'Brien. 2017. (ENG., Illus.). (J). 32.91 *(978-0-331-22127-5(6))*; pap. 16.57 *(978-0-243-21275-0(5))* Forgotten Bks.

Best Short Stories Of 1920: And the Yearbook of the American Short Story (Classic Reprint) Edward J. O'Brien. 2018. (ENG., Illus.). 524p. (J). 34.72 *(978-0-483-39274-8(X))* Forgotten Bks.

Best Short Stories of 1922 & the Yearbook of the American Short Story (Classic Reprint) Edward J. O'Brien. (ENG., Illus.). (J). 2018. 434p. 32.87 *(978-0-332-77155-7(5))*; 2017. pap. 16.57 *(978-0-243-38830-1(6))* Forgotten Bks.

Best Shot in the West: The Thrilling Adventures of Nat Love - the Legendary Black Cowboy! Frederick L. McKissack Jr. & Patricia C. McKissack. Illus. by Randy DuBurke. 2022. (ENG.). 136p. (YA). (gr. 7-17). pap. 9.99 *(978-1-7972-1251-7(6))* Chronicle Bks. LLC.

Best Sister Ever. R. J. Cregg. ed. 2017. (Olivia 8x8 Ser.). lib. bdg. 13.55 *(978-0-606-40213-2(6))* Turtleback.

Best Sisters! George Glass. ed. 2020. (Nella, Princess Knight 8x8 Bks). (ENG.). 24p. (J). (gr. k-1). 15.96 *(978-1-64697-183-1(3))* Penworthy Co., LLC, The.

Best Sisters Ever! 2016. (Illus.). (J). *(978-1-5182-2655-7(8))* Random Hse., Inc.

Best Sketch Pad (Because of Love) A Blank Sketchbook with 100 Pages Suitable for Sketching, Drawing, & Art. This Blank Sketchbook May Make a Loving Gift. James Manning. 2019. (Best Sketch Pad Ser.: Vol. 2). (ENG.). 100p. (YA). pap. *(978-1-83884-074-7(5))* Coloring Pages.

Best Slumber Party Ever (Karma's World) Kiara Valdez. 2023. (ENG.). 48p. (J). (gr. 1-3). pap. 8.99 *(978-1-338-84759-8(7))* Scholastic, Inc.

Best Sound in the World. Cindy Wume. 2020. (ENG., Illus.). 40p. (J). (gr. -1-1). ***(978-0-7112-5213-4(0))*** Frances Lincoln Childrens Bks.

Best Spanish Learning Games for Children Children's Learn Spanish Books. Baby Professor. 2017. (ENG., Illus.). (J). pap. 7.89 *(978-1-5419-0250-3(5))*, Baby Professor (Education Kids)) Speedy Publishing LLC.

Best Spirographs to Color Coloring Book. Activity Book Zone. 2016. (ENG., Illus.). (J). pap. 9.20 *(978-1-68376-282-9(7))* Sabeels Publishing.

Best Start Music Lessons: Song Book 1, for Flute, Fife, Recorder. Sarah Broughton Stalbow. 2019. (ENG., Illus.). 20p. (J). (gr. 1-3). pap. *(978-0-6484270-8-7(0))* Broughton Stalbow, Sarah.

Best Start Music Lessons: Song Book 2: for Recorder, Fife, Flute. Sarah Broughton Stalbow. 2019. (ENG., Illus.). 32p. (J). (gr. k-3). pap. *(978-0-6485764-3-3(4))* Broughton Stalbow, Sarah.

Best Start Music Lessons: Treble Clef Theory: for Instrumental Music Lessons. Sarah Broughton Stalbow. 2019. (ENG., Illus.). 48p. (J). (gr. k-3). pap. *(978-0-6484270-9-4(9))* Broughton Stalbow, Sarah.

Best Start Music Lessons Aural Games: A Resource Book of Games & Activities to Develop Aural Skills in Young Musicians. Sarah Broughton Stalbow. 2019. (ENG., Illus.). 40p. (J). (gr. k-3). pap. *(978-0-6485764-5-7(0))* Broughton Stalbow, Sarah.

Best Start Music Lessons Book 1 (Second Edition) Sarah Broughton Stalbow. 2nd ed. 2021. (ENG.). 48p. (J). pap. ***(978-0-6485764-2-6(6))*** Broughton Stalbow, Sarah.

Best Start Music Lessons Book 2: For Recorder, Fife, Flute. Sarah Broughton Stalbow. 2019. (ENG., Illus.). 48p. (J). (gr. k-3). pap. *(978-0-6484270-7-0(2))* Broughton Stalbow, Sarah.

Best Start Music Lessons Book 2: For Teachers. Sarah Broughton Stalbow. 2019. (ENG.). 48p. (J). (gr. k-3). pap. *(978-0-6485764-7-1(7))* Broughton Stalbow, Sarah.

Best Stories in the World (Classic Reprint) Thomas Lansing Masson. (ENG., Illus.). (J). 2017. 29.47 *(978-0-260-30594-7(4))*; 2017. 29.09 *(978-0-266-41351-6(X))*; 2016. pap. 11.57 *(978-1-333-58260-9(9))* Forgotten Bks.

Best Stories of Sarah Orne Jewett (Classic Reprint) Sarah Orne Jewett. 2017. (ENG., Illus.). (J). 37.22 *(978-0-331-81131-5(6))*; pap. 19.57 *(978-0-243-45957-5(2))* Forgotten Bks.

Best Stories to Tell to Children. Sara Cone Bryant. 2020. (ENG.). 148p. (J). pap. 13.50 *(978-1-716-74927-8(1))* Lulu Pr., Inc.

Best Stories to Tell to Children (Classic Reprint) Sara Cone Bryant. 2018. (ENG., Illus.). 210p. (J). 28.23 *(978-0-365-02392-0(2))* Forgotten Bks.

Best Summer Ever. Td Barrett. 2023. (ENG., Illus.). 32p. (J). 26.95 ***(978-1-63985-071-6(6))***; pap. 15.95 ***(978-1-63985-069-3(4))*** Fulton Bks.

Best Summer Guest. Tuula Pere. Ed. by Susan Korman. Illus. by Milena Radeva. 2018. (Jonty Ser.: Vol. 1). (ENG.). 44p. (J). (gr. k-4). pap. *(978-952-7107-69-0(5))* Wickwick oy.

Best Super Bowl Finishes. Paul Bowker. 2019. (Best of the Super Bowl Ser.). (ENG., Illus.). 32p. (J). (gr. 3-6). 32.80 *(978-1-63235-543-0(4)*, 13933, 12-Story Library) Bookstaves, LLC.

Best Super Bowl Records. Paul Bowker. 2019. (Best of the Super Bowl Ser.). (ENG., Illus.). 32p. (J). (gr. 3-6). lib. bdg. 32.80 *(978-1-63235-545-4(0)*, 13935, 12-Story Library) Bookstaves, LLC.

Best Tailor in Pinbauê. Eymard Toledo. 2017. (Illus.). 32p. (J). (gr. k-3). 18.95 *(978-1-60980-804-4(5)*, Triangle Square) Seven Stories Pr.

Best Teen Writers of North Dakota 2022. Ed. by Red River Valley Writ Monroe. 2022. (ENG.). 369p. (YA). pap. *(978-1-6781-6312-9(0))* Lulu Pr., Inc.

Best Teen Writing of North Dakota 2018. Kelly Sassi. 2018. (ENG., Illus.). 320p. (J). pap. *(978-1-387-58741-4(2))* Lulu Pr., Inc.

Best Thanksgiving Ever! - 6 Pack: Set of 6 with Teacher Materials Common Core Edition. Camila Robinson. 2017. (Text Connections Guided Close Reading Ser.). (J). (gr. k-1). 40.00 *(978-1-5021-5482-8(X))* Benchmark Education Co.

Best Things from American Literature (Classic Reprint) Irving Bacheller. (ENG., Illus.). (J). 2018. 426p. 32.68 *(978-0-483-29670-1(8))*; 2016. pap. 16.57 *(978-1-333-46929-0(2))* Forgotten Bks.

Best Things from Best Authors, Vol. 1: Comprising Numbers One, Two, & Three of Best Selections (Classic Reprint) Jacob W. Shoemaker. 2017. (ENG., Illus.). (J). 36.85 *(978-0-266-73019-4(1))* Forgotten Bks.

Best Things from Best Authors, Vol. 3 (Classic Reprint) Jacob W. Shoemaker. 2017. (ENG., Illus.). (J). 36.68 *(978-0-260-60933-5(1))*; pap. 19.57 *(978-0-259-28765-0(2))* Forgotten Bks.

Best Things from Best Authors, Vol. 4: Comprising Numbers Ten, Eleven & Twelve of Shoemaker's Best Selections (Classic Reprint) Unknown Author. 2018. (ENG., Illus.). 612p. (J). 36.52 *(978-0-365-34131-4(2))* Forgotten Bks.

Best Things from Best Authors, Vol. 6: Comprising Numbers Sixteen, Seventeen & Eighteen of Shoemaker's Best Selections (Classic Reprint) Unknown Author. 2017. (ENG., Illus.). (J). pap. 19.57 *(978-0-259-50119-0(0))* Forgotten Bks.

Best Things from Best Authors, Vol. 8 (Classic Reprint) Unknown Author. 2017. (ENG., Illus.). (J). 36.60 *(978-0-266-17343-4(8))*; pap. 19.57 *(978-1-5283-9589-2(1))* Forgotten Bks.

Best Things from Best Authors, Vol. 9: Comprising Numbers Twenty-Five, Twenty-Six, & Twenty-Seven of Shoemaker's Best Selections (Classic Reprint) Jacob W. Shoemaker. (ENG., Illus.). (J). 2018. 644p. 37.18 *(978-0-428-21446-3(0))*; 2017. pap. 19.57 *(978-0-243-57574-9(2))* Forgotten Bks.

Best Things to Do Ever! Activities for Kids to Do Coloring Book Edition. Bobo's Children Activity Books. 2016. (ENG., Illus.). (J). pap. 7.99 *(978-1-68327-728-6(7))* Sunshine In My Soul Publishing.

Best Things to Do When It Rains: Activities for Kids. Bobo's Children Activity Books. 2016. (ENG., Illus.). (J). pap. 7.99 *(978-1-68327-729-3(5))* Sunshine In My Soul Publishing.

Best Things to Do When It Rains Activity Book. Activity Book Zone for Kids. 2016. (ENG., Illus.). (J). pap. 7.55 *(978-1-68376-055-9(7))* Sabeels Publishing.

Best Things to Do When It Snows: Activities for Kids. Bobo's Children Activity Books. 2016. (ENG., Illus.). (J). pap. 7.99 *(978-1-68327-730-9(9))* Sunshine In My Soul Publishing.

Best Things to Do When It Snows, Activity Book. Activity Book Zone for Kids. 2016. (ENG., Illus.). (J). pap. 7.55 *(978-1-68376-056-6(5))* Sabeels Publishing.

Best Things to Do When You Can't Go Outside: Activities for Kids. Bobo's Children Activity Books. 2016. (ENG., Illus.). (J). pap. 7.99 *(978-1-68327-731-6(7))* Sunshine In My Soul Publishing.

Best Things to Draw: Activity & Activity Book. Activity Book Zone for Kids. 2016. (ENG., Illus.). (J). pap. 9.20 *(978-1-68376-057-3(3))* Sabeels Publishing.

Best Times Tables Book Ever: Wipe-Clean Workbook. IglooBooks. Illus. by Katie Abey. 2021. (Help with Homework Ser.). (ENG.). 24p. (J). (gr. k-4). 9.99 *(978-1-83903-646-0(X))* Igloo Bks. GBR. Dist: Simon & Schuster, Inc.

Best Treasure of All. Janet Osborne. 2021. (ENG.). 34p. (J). 25.95 *(978-1-0980-8481-3(0))*; pap. 15.95 *(978-1-0980-6543-0(3))* Christian Faith Publishing.

Best Tree House Ever. Laura Buller. 2019. (World of Reading Ser.). (ENG.). 32p. (J). (gr. k-1). 13.96 *(978-0-87617-902-4(2))* Penworthy Co., LLC, The.

Best Ultimate Item Finding Challenge Activity Book. Activity Book Zone for Kids. 2016. (ENG., Illus.). (J). pap. 7.55 *(978-1-68376-178-5(2))* Sabeels Publishing.

Best Unexpected Saturday. Titeta Foote. 2021. (ENG.). 28p. (J). pap. 9.99 *(978-1-63616-032-0(8))* Opportune Independent Publishing Co.

Best Vacation Ever. Jessica Cunsolo. 2023. (ENG.). 352p. (YA). pap. 11.99 *(978-1-990259-96-8(0)*, 900282871) Wattpad Bks. CAN. Dist: Macmillan.

Best Version of Alice. Merrill Davies. 2022. (ENG.). 136p. (YA). pap. 18.00 *(978-1-63528-183-5(0))* Good Faith Media.

Best Video Game Ever. Lauren Forte. ed. 2018. (Ready-To-Read Ser.). (ENG.). 32p. (J). (gr. -1-1). 13.89 *(978-1-64310-742-4(9))* Penworthy Co., LLC, The.

Best Video Game Ever. Adapted by Lauren Forte. 2017. (ENG., Illus.). 32p. (J). pap. *(978-1-5344-1926-1(8))*, Simon Spotlight) Simon Spotlight.

Best Way to Find It... Hidden Pictures to Find Activity Book for Adults. Activity Book Zone. 2016. (ENG., Illus.). (J). pap. 7.55 *(978-1-68376-058-0(1))* Sabeels Publishing.

Best Way to Get Your Way. Tanya Lloyd Kyi. Illus. by Chanelle Nibbelink. 2023. (ENG.). 56p. (J). (gr. 3-7). 18.99 *(978-1-5253-0548-1(4))* Kids Can Pr., Ltd. CAN. Dist: Hachette Bk. Group.

Best We Can Be. Angela Nixon. 2017. (ENG., Illus.). 26p. (J). (gr. k-2). pap. 9.99 *(978-1-942674-19-1(8))* Jenis Group, LLC.

Best We Could Do: An Illustrated Memoir. Thi Bui. 2018. (ENG., Illus.). 344p. (YA). (gr. 8-17). pap. 19.99 *(978-1-4197-1878-6(9)*, 1096203, Abrams ComicArts) Abrams, Inc.

Best Wishes. Mike Richardson & Paul Chadwick. 2017. (Illus.). 160p. (YA). (gr. 9). 19.99 *(978-1-5067-0374-9(7)*, Dark Horse Books) Dark Horse Comics.

Best Wishes (Best Wishes #1) Sarah Mlynowski. (Best Wishes Ser.). (ENG.). 192p. (J). (gr. 3-7). 2023. pap. 6.99 ***(978-1-338-62826-5(7))***; 2022. (Illus.). 15.99 *(978-1-338-62825-8(9))* Scholastic, Inc. (Scholastic Pr.).

Best Witches & Wizards. Yacoub Kamoona. 2019. (ENG.). 34p. (J). pap. *(978-0-244-76023-6(3))* Lulu Pr., Inc.

Best Women's Travel Writing, Volume 12: True Stories from Around the World. Ed. by Lavinia Spalding. 2020. (Best Women's Travel Writing Ser.). (ENG.). 328p. (YA). (gr. 10). pap. 19.99 *(978-1-60952-189-9(7))* Travelers' Tales/Solas House, Inc.

Best World Book Week Ever. Sarah Oliver. 2018. (ENG., Illus.). 34p. (J). (gr. k-2). pap. *(978-1-911569-43-5(0))* Rowanvale Bks.

Best Worst Dad Jokes: All the Puns, Quips, & Wisecracks You Need to Torment Your Kids. Sandy Silverthorne. 2022. (ENG.). 144p. (J). pap. 9.99 *(978-0-8007-4033-7(5))* Revell.

Best (Worst) School Year Ever Novel Units Student Packet. Novel Units. 2019. (ENG.). (J). pap., stu. ed. 13.99 *(978-1-58130-647-7(4)*, Novel Units, Inc.) Classroom Library Co.

Best (Worst) School Year Ever Novel Units Teacher Guide. Novel Units. 2019. (ENG.). (J). pap., tchr. ed. 12.99 *(978-1-58130-646-0(6)*, Novel Units, Inc.) Classroom Library Co.

Best Worst Summer. Elizabeth Eulberg. 2021. (ENG.). 240p. (J). 16.99 *(978-1-5476-0150-9(7)*, 900199964, Bloomsbury Children's Bks.) Bloomsbury Publishing USA.

Best Worst Thing. Kathleen Lane. 2018. (ENG.). 208p. (J). (gr. 3-7). pap. 12.99 *(978-0-316-25782-4(6))* Little, Brown Bks. for Young Readers.

Best Worst Thing. Kathleen Lane. ed. 2018. (J). lib. bdg. 17.20 *(978-0-606-40635-2(2))* Turtleback.

Best Would You Rather? Book: Hundreds of Funny, Silly, & Brain-Bending Question-And-Answer Games for Kids. Gary Panton. Illus. by Andrew Pinder. 2023. (ENG.). 128p. (J). (gr. 3-7). 6.99 ***(978-0-593-52374-2(1)***, Penguin Workshop) Penguin Young Readers Group.

Best You: Calm Down (Level 1) Dona Herweck Rice. 2018. (TIME for KIDS(r): Informational Text Ser.). (ENG., Illus.). 24p. (J). (gr. 1-2). pap. 8.99 *(978-1-4258-4959-7(8))* Teacher Created Materials, Inc.

Best You: Making Things Right (Level 2) Dona Herweck Rice. 2017. (TIME for KIDS(r): Informational Text Ser.). (ENG., Illus.). 28p. (J). (gr. 2-3). pap. 10.99 *(978-1-4258-4964-1(4))* Teacher Created Materials, Inc.

Best You: Win or Lose (Level K) Kristy Stark. 2018. (TIME for KIDS(r): Informational Text Ser.). (ENG., Illus.). 12p. (J). (gr. k-1). 7.99 *(978-1-4258-4951-1(2))* Teacher Created Materials, Inc.

Best You Can Be. Cori Brooke. Illus. by Sinead Hanley. 2023. (ENG.). 24p. (J). (gr. -1-4). 17.99 *(978-1-922677-34-1(5))* Bonnier Publishing GBR. Dist: Independent Pubs. Group.

Bestest Day Ever. Lisa Dunn. 2019. (ENG.). 30p. (J). 24.95 *(978-1-64584-168-5(5))*; pap. 14.95 *(978-1-64628-533-4(6))* Page Publishing Inc.

Bestest Joke Book (Rugrats) David Lewman. Illus. by Marcela Cespedes-Alicea. 2021. (ENG.). 128p. (J). (gr. k-4). 6.99 *(978-0-593-38201-1(3)*, Random Hse. Bks. for Young Readers) Random Hse. Children's Bks.

Bestia de Las Escaleras. Michael Dahl. Tr. by Aparicio Publishing Aparicio Publishing LLC. Illus. by Patricia Moffett. 2019. (Biblioteca Maldita Ser.). (SPA.). 40p. (J). (gr. 4-8). lib. bdg. 24.65 *(978-1-4965-8537-0(2)*, 141286, Stone Arch Bks.) Capstone.

Bestiaire: Das Thierbuch des Normannischen Dichters Guillaume le Clerc, Zum Ersten Male Vollstandig Nach Den Handschriften Von London, Paris und Berlin, Mit Einleitung und Glossar (Classic Reprint) Guillaume (Le Clerc. 2017. (GER., Illus.). (J). pap. 16.57 *(978-0-282-27683-6(1))* Forgotten Bks.

Bestiaire Sentimental: La Chauve-Souris (Classic Reprint) Charles Derennes. 2017. (FRE., Illus.). (J). pap. 11.57 *(978-0-259-45570-7(9))* Forgotten Bks.

Bestiario de Axlin / Axlin's Bestiary. Laura Gallego. 2018. (Guardianes de la Ciudadela Ser.). (SPA.). 480p. (YA). (gr. 8-12). pap. 17.95 *(978-1-949061-11-6(6)*, Montena) Penguin Random House Grupo Editorial ESP. Dist: Penguin Random Hse. LLC.

Bestiary. Ryan Woods. 2016. (ENG.). 331p. (YA). 23.95 *(978-1-78612-453-1(X)*, 0be88c00-488b-42da-8c00-2e78a3187661) Austin Macauley Pubs. Ltd. GBR. Dist: Baker & Taylor Publisher Services (BTPS).

Bestiary of Sundry Creatures. Neil Coates. Ed. by James Desborough. 2021. (ENG.). 149p. (YA). *(978-1-291-99885-6(3))* Lulu Pr., Inc.

Bestias de la Noche. Tochi Onyebuchi. 2019. (Bestias de la Noche Ser.: 1). (SPA.). 312p. (YA). (gr. 7). pap. 17.50 *(978-607-527-541-3(X))* Editorial Oceano de Mexico MEX. Dist: Independent Pubs. Group.

Besties. Stephen Breen. Illus. by Lekshmi Murali. 2022. (ENG.). 26p. (J). 14.00 *(978-1-0880-3251-0(6))*; pap. 9.99 *(978-1-0880-2772-1(5))* Indy Pub.

Besties. Kayla Miller et al. ed. 2022. (World of Click Ser.). (ENG.). 195p. (J). (gr. 4-5). 26.46 ***(978-1-68505-169-3(3))*** Penworthy Co., LLC, The.

Besties: Work It Out:the World of Click. Kayla Miller. 2021. (World of Click Ser.). (ENG., Illus.). 216p. (J). (gr. 3-7). pap. 12.99 *(978-0-358-56191-0(4)*, 1804366, HarperCollins) HarperCollins Pubs.

Besties: Find Their Groove. Kayla Miller & Jeffrey Canino. Illus. by Kristina Luu. 2022. (World of Click Ser.). (ENG.). 208p. (J). (gr. 3-7). 24.99 *(978-0-358-52116-7(5))*; pap. 13.99 *(978-0-358-56192-7(2))* HarperCollins Pubs. (Clarion Bks.).

Besties Make a Splash. Felice Arena. Illus. by Tom Jellett. 2021. (Besties Ser.). 80p. (J). (gr. k-1). 9.99 *(978-1-76089-096-4(0)*, Puffin) Penguin Random Hse. AUS. Dist: Independent Pubs. Group.

Besties Party On. Felice Arena. Illus. by Tom Jellett. 2021. (Besties Ser.). 80p. (J). (gr. k-1). 9.99 *(978-1-76089-099-5(5)*, Puffin) Penguin Random Hse. AUS. Dist: Independent Pubs. Group.

Besties Show & Smell. Felice Arena. Illus. by Tom Jellett. 2020. (Besties Ser.). 80p. (J). (gr. 1-3). 9.99 *(978-1-76089-098-8(7)*, Puffin) Penguin Random Hse. AUS. Dist: Independent Pubs. Group.

Besties to the Rescue. Felice Arena. Illus. by Tom Jellett. 2021. (Besties Ser.). 80p. (J). (gr. k-2). 9.99 *(978-1-76089-097-1(9)*, Puffin) Penguin Random Hse. AUS. Dist: Independent Pubs. Group.

Besties: Work It Out. Kayla Miller & Jeffrey Canino. Illus. by Kristina Luu. 2021. (World of Click Ser.). (ENG.). 216p. (J). (gr. 3-7). 24.99 *(978-0-358-52115-0(7)*, 1803984, Clarion Bks.) HarperCollins Pubs.

Bestoj en Nia Domo. Zdravka Metz. Illus. by Sarah Dorion. 2019. (Mas-Libro Ser.: Vol. 222). (EPO.). 66p. (J). pap. *(978-2-36960-174-6(4))* Unesko-Grupo Narbonia.

Bestselling Graphic Novels for Minecrafters (Box Set) Includes Quest for the Golden Apple (Book 1), Revenge of the Zombie Monks (Book 2), & the Ender Eye Prophecy (Book 3) Megan Miller & Cara J. Stevens. Illus. by David Norgren & Elias Norgren. 2021. (Unofficial Graphic Novel for Minecrafters Ser.). 576p. (J). (gr. 2-7). pap. 23.99 *(978-1-5107-6650-1(2)*, Sky Pony Pr.) Skyhorse Publishing Co., Inc.

Bet. Evan Jacobs. 2017. (Walden Lane Ser.). (ENG.). 64p. (J). (gr. 4-7). pap. 9.75 *(978-1-68021-367-6(9))* Saddleback Educational Publishing, Inc.

Bet: And Other Stories (Classic Reprint) Anton Chekov. 2017. (ENG., Illus.). (J). 29.14 *(978-0-331-79000-9(9))* Forgotten Bks.

Bet Between Us. Brandon L. Moore. 2018. (ENG., Illus.). 366p. (YA). (gr. 9-12). pap. 9.99 *(978-0-578-43796-5(1))* B. L. Moore.

Bet You Can't Guess What I Prayed for Today! Lisa Crawford. 2017. (ENG., Illus.). 36p. (J). pap. *(978-1-365-83856-9(0))* Lulu Pr., Inc.

Bet You Didn't Know: Fascinating, Far-Out, Fun-tastic Facts! National Geographic Kids. 2017. (Bet You Didn't Know Ser.). (Illus.). 192p. (J). (gr. 3-7). 19.99 *(978-1-4263-2837-4(0))*; (ENG., lib. bdg. 29.90 *(978-1-4263-2838-1(9))* Disney Publishing Worldwide. (National Geographic Kids).

Bet You Didn't Know! 2: Outrageous, Awesome, Out-Of-This-World Facts. National Geographic Kids. 2019. (Bet You Didn't Know Ser.: 2). (Illus.). 192p. (J). (gr. 3-7). 19.99 *(978-1-4263-3435-1(4))*; (ENG., lib. bdg. 29.90 *(978-1-4263-3436-8(2))* Disney Publishing Worldwide. (National Geographic Kids).

Beta, ISS Baar Boards Hai. Kovid Dashora. 2018. (ENG., Illus.). 120p. (J). pap. 8.99 *(978-1-64429-403-1(6))* Notion Pr., Inc.

Beta Testing. Cody Burke. Ed. by Natalie Taylor. 2022. (ENG.). 138p. (YA). ***(978-1-0391-4900-7(6))***; pap. ***(978-1-0391-4899-4(9))*** FriesenPress.

Betaball: How Silicon Valley & Science Built One of the Greatest Basketball Teams in History. Erik Malinowski. 2018. (ENG.). 416p. pap. 20.00 *(978-1-5011-5820-9(1))* Simon & Schuster, Inc.

Beth: Legacy of Love. Jeffery Young. 2020. (ENG.). 384p. (YA). pap. 22.95 *(978-1-64952-719-6(5))* Fulton Bks.

Beth Again. Julia Scott. 2021. (ENG.). 120p. (YA). pap. *(978-1-80031-346-0(2))* Authors OnLine, Ltd.

Beth Book (Classic Reprint) Sarah Grand. 2018. (ENG., Illus.). 580p. (J). 35.88 *(978-0-365-24416-5(3))* Forgotten Bks.

Beth Norvell: A Romance of the West (Classic Reprint) Randall Parrish. 2017. (ENG., Illus.). (J). 31.18 *(978-0-260-68978-8(5))* Forgotten Bks.

Bethanian, 1914 (Classic Reprint) Bethany College. (ENG., Illus.). (J). 2018. 148p. 26.95 *(978-0-267-60648-1(6))*; 2016. pap. 9.57 *(978-1-334-13095-3(7))* Forgotten Bks.

Bethany: A Story of the Old South (Classic Reprint) Thomas E. Watson. (ENG., Illus.). (J). 2018. 410p. 32.37 *(978-0-484-84883-1(6))*; 2017. pap. 16.57 *(978-1-5276-1617-2(7))* Forgotten Bks.

Bethany Hamilton (She Dared) Jenni L. Walsh. 2019. (ENG., Illus.). 128p. (J). (gr. 3-7). pap. 6.99 *(978-1-338-14902-9(4)*, Scholastic Nonfiction) Scholastic, Inc.

Bethany in Beulah Land see Bethany: Adventures of the Mighty Mustard Seed

Bethany Mota, 1 vol. Kathy Furgang. 2019. (Top YouTube Stars Ser.). (ENG.). 48p. (gr. 5-5). 33.47 *(978-1-7253-4619-2(2)*, 2ef430e5-c82b-4e26-8ed8-ec18670d1e0d, Rosen Reference) Rosen Publishing Group, Inc., The.

Bethany Rose & the Runaway Nose. Chris Bourne. 2016. (ENG., Illus.). (J). pap. *(978-1-910223-81-9(6))* UK Bk. Publishing.

Bethany Tries Ballet. Sue E. Tennant. Illus. by Elaine Beem Robinson. 2021. (ENG.). 24p. (J). pap. 10.99 *(978-1-7351475-3-6(2))* Tennant, Sue.

Bethany Tries Piano. Sue E. Tennant. Illus. by Elaine Beem Robinson. 2022. (ENG.). 30p. (J). pap. 11.99 ***(978-1-7351475-4-3(0))*** Tennant, Sue.

Bethany y la Bestia / the Beast & the Bethany. Jack Meggit-Phillips. Illus. by Isabelle Follath. 2022. (SPA.). 224p. (J). (gr. 4-7). pap. 13.95 *(978-607-38-0717-3(1)*, Alfaguara) Penguin Random House Grupo Editorial ESP. Dist: Penguin Random Hse. LLC.

Bethel Island: Gateway to Heaven. M. L. Blackburn. 2021. (ENG.). 166p. (YA). (gr. 7-12). 35.95 *(978-1-0980-7774-7(1))*; pap. 22.95 *(978-1-0980-7570-5(6))* Christian Faith Publishing.

Bethel Island: Saving Earth. M. L. Blackburn. 2019. (ENG.). 158p. (YA). (gr. 7-12). 33.95 *(978-1-64569-171-6(3))*; pap. 20.95 *(978-1-64492-698-7(9))* Christian Faith Publishing.

Bethlehem & Bethlehem School (Classic Reprint) Charlotte B. Mortimer. (ENG., Illus.). (J). 2018. 216p. 28.35

192 The check digit for ISBN-10 appears in parentheses after the full ISBN-13

(978-0-267-61967-2(7)); 2016. pap. 10.97 (978-1-334-24384-4(0)) Forgotten Bks.

Beth's Basketball Game. Cecilia Minden. 2018. (Little Blossom Stories Ser.). (ENG.). 16p. (J). (gr. -1-2). pap. 11.36 (978-1-5341-2862-0(X), 211507, Cherry Blossom Press) Cherry Lake Publishing.

Beto Wants the Prize - e Tangira Te Kanuanga Beto (Te Kiribati) Bea Becker & Lara Cain Gray. Illus. by Kimberly Pacheco. 2023. (ENG.). 36p. (J). pap. **(978-1-922844-58-3(6))** Library For All Limited.

Beto y el Bebé: Leveled Reader Book 48 Level C 6 Pack. Hmh Hmh. 2021. (SPA.). 16p. (J). pap. 74.40 (978-0-358-08177-7(7)) Houghton Mifflin Harcourt Publishing Co.

Betrayal. Melissa A. Craven. 2021. (ENG.). 488p. (YA). 24.99 (978-1-970052-16-9(3)) United Bks. Publishing.

Betrayal: A Middle Grade Viking Adventure. C. S. Woolley. 2022. (Children of Ribe Ser.: Vol. 17). (ENG.). 160p. (J). pap. **(978-1-9911708-1-1(5))** Mightier Than the Sword UK Pub.

Betrayal: A Novel (Classic Reprint) Walter Neale. (ENG., Illus.). (J). 2018. 502p. 34.25 (978-0-428-58264-7(8)); 2016. pap. 16.97 (978-1-333-57586-1(6)) Forgotten Bks.

Betrayal (a Daughter of Kings, Comic #1) Dragons of the Hundred Worlds. Robert Stanek, pseud. 3rd ed. 2020. (Daughter of Kings Ser.: Vol. 1). (ENG., Illus.). 24p. (YA). pap. 7.99 (978-1-57545-250-0(2), Reagent Pr. Bks. for Young Readers) RP Media.

Betrayal at Salty Springs: An Unofficial Novel for Fortnite Fans. Devin Hunter. 2018. (Trapped in Battle Royale Ser.). (ENG.). 112p. (J). (gr. 1-5). pap. 7.99 (978-1-5107-4344-1(8), Sky Pony Pr.) Skyhorse Publishing Co., Inc.

Betrayal (Classic Reprint) E. Phillips Oppenheim. 2018. (ENG., Illus.). 362p. (J). 31.36 (978-0-267-17219-1(2)) Forgotten Bks.

Betrayal in Breadfurd. Linnaea Wallsong. 2021. (ENG.). 46p. (J). pap. 15.00 (978-1-953507-68-6(9)) Brightlings.

Betrayal in the First Degree. Susy J. Cobwebs. 2021. (ENG.). 212p. (YA). pap. 17.95 (978-1-6624-3642-0(4)) Page Publishing Inc.

Betrayal of John Fordham (Classic Reprint) Benjamin Leopold Farjeon. (ENG., Illus.). (J). 2018. 344p. 30.99 (978-0-267-23414-1(7)); 2017. pap. 13.57 (978-0-259-43713-0(1)) Forgotten Bks.

Betrayal of the Band. Sarah Tipton. 2017. (ENG.). 330p. (YA). (gr. 7). pap. 15.95 (978-1-61116-961-4(5)) Pelican Ventures, LLC.

Betrayal of the King. Pip Reid. 2020. (Defenders of the Faith Ser.: Vol. 14). (ENG.). 42p. (J). pap. (978-0-473-39927-6(X)) Bible Pathway Adventures.

Betrayal on Volcano Island. Darko Krivec Carli. 2021. (ENG.). 124p. (YA). 21.00 (978-1-68235-491-9(1)) Strategic Book Publishing & Rights Agency (SBPRA).

Betrayed. Kiera Cass. (ENG.). (YA). (gr. 8). 2022. 320p. pap. 12.99 (978-0-06-229167-7(X)); 2021. (Illus.). 304p. 19.99 (978-0-06-229166-0(1)) HarperCollins Pubs. (HarperTeen).

Betrayed: the Heartbreaking True Story of a Struggle to Escape a Cruel Life Defined by Family Honor. Rosie Lewis. 2017. (ENG.). 304p. 9.99 (978-0-00-821976-5(1), HarperElement) HarperCollins Pubs. Ltd. GBR. Dist: HarperCollins Pubs.

Betrayed Trust: A Story of Our Own Times & Country; a Romance of the Middle West (Classic Reprint) Walter Tennant McClure. 2017. (ENG., Illus.). (J). 28.56 (978-0-265-54132-6(8)); pap. 10.97 (978-0-282-75362-7(1)) Forgotten Bks.

Betrothal of Elypholate: And Other Tales of the Pennsylvania Dutch (Classic Reprint) Helen Reimensnyder Martin. 2017. (ENG., Illus.). (J). 29.24 (978-0-265-21827-3(6)) Forgotten Bks.

Betrothal or the Blue Bird Chooses: A Fairy Play in Five Acts, Being a Sequel to the Blue Bird (Classic Reprint) Maurice Maeterlinck. 2017. (ENG., Illus.). (J). 27.90 (978-0-265-22146-4(3)) Forgotten Bks.

Betrothed. Kiera Cass. (ENG.). (YA). (gr. 8). 2021. 336p. pap. 12.99 (978-0-06-229164-6(5)); 2020. (Illus.). 320p. 19.99 (978-0-06-229163-9(7)) HarperCollins Pubs. (HarperTeen).

Betrothed Vol 1. Sean Lewis. Ed. by Mike Marts. 2019. (ENG., Illus.). 120p. (YA). pap. 14.99 (978-1-949028-11-9(9), c1b1939a-b44c-45b0-887b-76b851562b2b) AfterShock Comics.

Betsey Bobbett: A Drama, Scenes Drawn from the Book My Opinions & Betsey Bobbett's (Classic Reprint) Josiah Allen. 2018. (ENG., Illus.). 46p. (J). 24.85 (978-0-267-15851-5(3)) Forgotten Bks.

Betsey Jane Ward, (Better-Half to Artemus) Hur Book of Goaks, with a Hull Akkownt of the Coartship & Maridge to A4said Artemus, & Mister Ward's Cutting-Up with the Mormon Fare Secks (Classic Reprint) William Comstock. (ENG., Illus.). (J). 2018. 348p. 31.07 (978-0-364-17185-1(5)); 2016. pap. 13.57 (978-1-333-54235-1(6)) Forgotten Bks.

Betsey Stockton: The Girl with a Missionary Dream. Laura Wickham. 2021. (Do Great Things for God Ser.). (ENG., Illus.). 24p. (J). (978-1-78498-577-6(5)) Good Bk. Co., The.

Betsey's Boarders: A Farce in One Act (Classic Reprint) O. E. Young. 2017. (ENG., Illus.). (J). 24.31 (978-0-265-60859-3(7)); pap. 7.97 (978-0-282-97123-6(8)) Forgotten Bks.

Betsy Adventures in the American West. David Metzger. Illus. by Robert Fowler. 2023. (Betsy Trilogy Ser.). 64p. (J). (gr. -1-2). pap. 12.45 BookBaby.

Betsy Bee Wants to Be a Beautician. Majella Delaney. Illus. by Alice Power. 2017. (ENG.). (J). pap. (978-0-9931716-9-7(9)) Carrowmore.

Betsy Did It. Prevosti Patricia. Illus. by Malone Amber. 2017. (ENG.). 42p. (J). (gr. k-5). pap. 12.95 (978-0-9995258-0-7(8)) Gateway Hse. Publishing.

Betsy Lee: A Fo'c's'le Yarn (Classic Reprint) Thomas Edward Brown. 2018. (ENG., Illus.). 120p. (J). 26.37 (978-0-365-33204-6(6)) Forgotten Bks.

Betsy Ross. Jacqueline S. Cotton. 2019. (Illus.). 24p. (J). (978-1-4896-9554-3(0), AV2 by Weigl) Weigl Pubs., Inc.

Betsy Ross. Becky White. Illus. by Megan Lloyd. 2019. (I Like to Read Ser.). 32p. (J). (gr. -1-3). pap. 7.99 (978-0-8234-4523-3(2)) Holiday Hse., Inc.

Betsy Ross: A Romance of the Flag (Classic Reprint) Chauncey C. Hotchkiss. 2017. (ENG., Illus.). 396p. (J). 32.06 (978-0-484-68577-1(5)) Forgotten Bks.

Betsy Ross Didn't Create the American Flag: Exposing Myths about U. S. Symbols, 1 vol. Jill Keppeler. 2016. (Exposed! Myths about Early American History Ser.). (ENG., Illus.). 32p. (J). (gr. 2-3). pap. 11.50 (978-1-4824-5717-9(2), cf9181ec-aaf5-45d6-9da4-23975869c3a7) Stevens, Gareth Publishing LLLP.

Betsy the Butterfly: Adventures in Rio. Viola Trevino. 2023. (ENG.). 33p. (J). pap. **(978-1-312-96588-1(6))** Lulu Pr., Inc.

Betsy the Butterfly: Adventures in Rio - Activity Book. Viola Trevino. 2023. (ENG.). 32p. (J). pap. **(978-1-312-79392-7(9))** Lulu Pr., Inc.

Betsy the Diva Dog. Karen Kerge. Illus. by Dana Regan. 2022. (ENG.). 28p. (J). pap. 11.99 (978-1-6678-2294-5(2)) BookBaby.

Betsy the Rescue Dog. Marianne Spampinato. 2020. (ENG.). 44p. (J). 25.95 (978-1-64654-783-8(7)) Fulton Bks.

Betsy the Yellow Jeep. John Lentoni. 2017. (ENG., Illus.). 32p. (J). pap. (978-1-387-33693-7(2)) Lulu Pr., Inc.

Betsy's Little Star. Carolyn Haywood. 2017. (ENG., Illus.). (J). (gr. 1-5). pap. 9.57 (978-0-259-44132-8(5)) Forgotten Bks.

Betsy's Little Star. Carolyn Haywood. 2019. (ENG., Illus.). 60p. (J). (gr. 1-5). pap. (978-0-359-73256-2(9)) Lulu Pr., Inc.

Betsy's Little Star. Carolyn Haywood. 2018. (ENG., Illus.). 62p. (J). (gr. 1-5). pap. (978-1-78987-016-9(X)) Pantianos Classics.

Betsy's Little Star (Classic Reprint) Carolyn Haywood. 2017. (ENG., Illus.). (J). 27.22 (978-0-331-09694-1(3)) Forgotten Bks.

Betsy's Little Star (Hardcover) Carolyn Haywood. 2019. (ENG., Illus.). 60p. (J). (978-0-359-73257-9(7)) Lulu Pr., Inc.

Betta Coloring Book (Fish Coloring Book) Illus. by Paperland Online Store. 2021. (ENG.). 42p. (J). pap. (978-1-6780-6855-4(1)) Lulu Pr., Inc.

Better Alarm System. Peter Pasque. 2019. (21st Century Skills Innovation Library: Design a Better World Ser.). (ENG., Illus.). 32p. (J). (gr. 4-7). lib. bdg. 32.07 (978-1-5341-4324-1(6), 212748) Cherry Lake Publishing.

Better App. Heather Newman. 2019. (21st Century Skills Innovation Library: Design a Better World Ser.). (ENG., Illus.). 32p. (J). (gr. 4-7). pap. 14.21 (978-1-5341-3979-4(6), 212745); lib. bdg. 32.07 (978-1-5341-4323-4(8), 212744) Cherry Lake Publishing.

Better Backpack. Kristin Fontichiaro. 2019. (21st Century Skills Innovation Library: Design a Better World Ser.). (ENG., Illus.). 32p. (J). (gr. 4-7). pap. 14.21 (978-1-5341-3973-2(7), 212721); lib. bdg. 32.07 (978-1-5341-4317-3(3), 212720) Cherry Lake Publishing.

Better Best Birthday 3: US Edition. Lizzy Judge. 2021. (ENG.). 42p. (J). pap. (978-1-912936-10-6(0)) Armadillo's Pillow Ltd., The.

Better Best Birthday 4. Lizzy Judge. 2022. (ENG.). 42p. (J). pap. **(978-1-912936-12-0(7))** Armadillo's Pillow Ltd., The.

Better Betty. Cheurlie Pierre-Russell. 2019. (ENG., Illus.). 86p. (YA). (gr. 7-10). pap. 16.99 (978-1-0878-1597-8(5)) J3Russell, LLC.

Better Buckle Up. Suzie W. Illus. by Plainsightvfx. 2016. (ENG.). 36p. (J). (978-1-913422-05-9(4)) Beresford Publishing Hse.

Better Call Batman! J. E. Bright. ed. 2018. (Ready-To-Read Ser.). (ENG.). 32p. (J). (gr. -1-1). 13.89 (978-1-64310-761-5(5)) Penworthy Co., LLC, The.

Better Call Batman! J. E. Bright. ed. 2016. (Simon & Schuster Ready-To-Read Level 2 Ser.). lib. bdg. 13.55 (978-0-606-39753-7(1)) Turtleback.

Better Connected: How Girls Are Using Social Media for Good. Tanya Lloyd Kyi & Julia Kyi. Illus. by Vivian Rosas. 2022. (Orca Think Ser.: 5). (ENG.). 112p. (J). (gr. 3-7). 24.95 (978-1-4598-2857-5(7)) Orca Bk. Pubs. USA.

Better Day Coming: A Dream, a Journey, a New Beginning. Rose Maiolo Armen. Illus. by Valeria Leonova. 2018. (ENG.). 48p. (J). (gr. 1-6). 19.95 (978-0-692-06994-3(1)) Armen, Rose Maiolo.

Better Electronic Invention. Peter Pasque. 2019. (21st Century Skills Innovation Library: Design a Better World Ser.). (ENG.). 32p. (J). (gr. 4-7). pap. 14.21 (978-1-5341-3980-0(X), 212749) Cherry Lake Publishing.

Better English, Vol. 2 Of 3: For Speaking & Writing (Classic Reprint) Sarah Emma Simons. 2017. (ENG., Illus.). (J). 404p. 32.25 (978-0-332-41588-8(0)); pap. 16.57 (978-0-243-32964-9(4)) Forgotten Bks.

Better Grocery Cart. Jimmy McLaren. 2019. (21st Century Skills Innovation Library: Design a Better World Ser.). (ENG., Illus.). 32p. (J). (gr. 4-7). pap. 14.21 (978-1-5341-3975-6(3), 212729); lib. bdg. 32.07 (978-1-5341-4319-7(X), 212728) Cherry Lake Publishing.

Better Homes & Gardens New Junior Cook Book. Better Homes Better Homes and Gardens. 8th ed. 2018. (Better Homes & Gardens Cooking Ser.). (ENG.). 128p. (J). (gr. k-3). 17.99 (978-0-696-30301-2(9)) Time Inc. Bks.

Better Hoodie. Kristin Fontichiaro. 2019. (21st Century Skills Innovation Library: Design a Better World Ser.). (ENG.). 32p. (J). (gr. 4-7). pap. 14.21 (978-1-5341-3974-9(5), 212725); (Illus.). lib. bdg. 32.07 (978-1-5341-4318-0(1), 212724) Cherry Lake Publishing.

Better Library Checkout. Amber Lovett. 2019. (21st Century Skills Innovation Library: Design a Better World Ser.). (ENG., Illus.). 32p. (J). (gr. 4-7). pap. 14.21 (978-1-5341-3978-7(8), 212741); lib. bdg. 32.07 (978-1-5341-4322-7(X), 212740) Cherry Lake Publishing.

Better Locker. Adrienne Matteson. 2019. (21st Century Skills Innovation Library: Design a Better World Ser.). (ENG., Illus.). 32p. (J). (gr. 4-7). pap. 14.21 (978-1-5341-3976-3(1), 212733); lib. bdg. 32.07 (978-1-5341-4320-3(3), 212732) Cherry Lake Publishing.

Better Lunch Line. Ben Rearick. 2019. (21st Century Skills Innovation Library: Design a Better World Ser.). (ENG.). 32p. (J). (gr. 4-7). pap. 14.21 (978-1-5341-3977-0(X), 212737); (Illus.). lib. bdg. 32.07 (978-1-5341-4321-0(1), 212736) Cherry Lake Publishing.

Better off Undead. James Preller. 2018. (ENG.). 304p. (J). pap. 18.99 (978-1-250-17905-0(X), 900189919) Square Fish.

Better off Undead. James Preller. ed. 2018. (J). lib. bdg. 18.40 (978-0-606-41113-4(5)) Turtleback.

Better Place. Duane Murray. Illus. by Shawn Daley. 2021. 160p. (J). (gr. 4-7). pap. 19.99 (978-1-60309-495-5(4)) Top Shelf Productions.

Better Place: A Stretch2smart Book. Mary Jane Zakas. Illus. by Roberta Jean Owen. 2020. (ENG.). 66p. (J). 31.95 (978-1-4808-9058-9(8)); pap. 27.95 (978-1-4808-9057-2(X)) Archway Publishing.

Better Than a Bully: Carrot Top's Surprise. Tina Levine. Illus. by Ned Levine. 2020. (ENG.). 124p. (J). pap. 8.99 (978-1-7344611-0-7(1)) Ms.

Better Than a Bully: J. J. s Friendships & Secrets. Tina Levine. Illus. by Ned Levine. 2021. (Better Than a Bully Ser.: Vol. 2). (ENG.). 184p. (J). pap. 12.00 (978-1-7344611-1-4(X)) Ms.

Better Than Anything Christmas: Explore How Jesus Makes Christmas Better. Barbara Reaoch. 2020. (ENG., Illus.). 96p. (J). pap. (978-1-78498-530-1(9)) Good Bk. Co., The.

Better Than Best. Jim Waite. 2018. (ENG.). 38p. (J). 14.95 (978-1-68401-767-6(X)) Amplify Publishing Group.

Better Than Best: Be a Friend. Jim Waite. 2019. (ENG.). 38p. (J). 14.95 (978-1-64307-262-3(5)) Amplify Publishing Group.

Better Than Bikes. Katrina Streza. Illus. by Brenda Ponnay. 2023. (Little Readers Ser.: Vol. 32). (ENG.). 20p. (J). pap. 12.99 **(978-1-5324-4452-4(4))** Xist Publishing.

Better Than Captain Hook! the Treasure Island Hidden Picture Search Book. Jupiter Kids. 2018. (ENG., Illus.). 64p. (J). pap. 12.55 (978-1-5419-3626-3(4), Jupiter Kids (Childrens & Kids Fiction)) Speedy Publishing LLC.

Better Than Chocolate Chip!! Includes a Lasso (Yup), a Chocolate Puddle (Yum), Grumpy Bakers (Yuck), a Grandma (Yay!) & One More Reason to Read Because ... Bevy Madrick. 2018. (ENG.). 48p. (J). pap. (978-0-9940327-1-3(4)) Madrick, Bev.

Better Than Coffee. Shon Shree Lewis. 2018. (ENG., Illus.). 230p. (YA). pap. 16.95 (978-1-64424-272-8(9)) Page Publishing Inc.

Better Than Electronics! Super Fun Activity Book for Kids. Bobo's Children Activity Books. 2016. (ENG., Illus.). (J). pap. 7.99 (978-1-68327-387-5(7)) Sunshine In My Soul Publishing.

Better Than Men (Classic Reprint) Rush Christopher Hawkins. (ENG., Illus.). (J). 2018. 240p. 28.87 (978-0-666-26964-5(5)); 2017. pap. 11.57 (978-0-282-54396-9(1)) Forgotten Bks.

Better Than Resilient: A Journey Through Depression from a Child's Mind. Amy L. Graham. 2022. (ENG.). 40p. (J). pap. **(978-0-2288-7678-6(8))** Tellwell Talent.

Better Than the Best Plan. Lauren Morrill. 2021. (ENG.). 336p. (YA). pap. 10.99 (978-1-250-25074-2(9), 900174451) Square Fish.

Better Than the Movies. Lynn Painter. (ENG., (YA). (gr. 7). 2022. Illus.). 384p. pap. 12.99 (978-1-5344-6763-7(7)); 2021. 368p. 19.99 (978-1-5344-6762-0(9)) Simon & Schuster Bks. For Young Readers. (Simon & Schuster Bks. For Young Readers).

Better Than We Found It: Conversations to Help Save the World. Frederick Joseph & Porsche Joseph. 2022. (ENG.). 528p. (YA). (gr. 7). 19.99 (978-1-5362-2452-8(9)) Candlewick Pr.

Better Than Your Gadgets: Fun Childrens Activity Books Age 4-5 Bundle, 2 vols. Speedy Publishing Books. 2019. (ENG.). 212p. (J). pap. 19.99 (978-1-5419-7208-7(2)) Speedy Publishing LLC.

Better Together. Kallie George. Illus. by Stephanie Graegin. 2018. (Heartwood Hotel Ser.: 3). (ENG.). 176p. (J). (gr. 2-5). pap. 5.99 (978-1-4847-4640-0(6)) Little, Brown Bks. for Young Readers.

Better Together. L. M. Logan. Illus. by Shabamukama Osbert. 2018. (Adventures at Camp Pootie-Cho Ser.: Vol. 1). (ENG.). 28p. (J). pap. 10.95 (978-1-945408-33-5(2)) Village Tales Publishing.

Better Together! Amy Robach & Andrew Shue. Illus. by Lenny Wen. 2021. 40p. (J). (gr. -1-2). 17.99 (978-0-593-20569-3(3)) Flamingo Bks.

Better Together. Kallie George. ed. 2018. (Heartwood Hotel Ser.: 3). (J). lib. bdg. 16.00 (978-0-606-40965-0(3)) Turtleback.

Better Together: A Cherry & Friends Tale. Kathryn Lee-Bennett. 2020. (Cherry & Friends Ser.: Vol. 1). (ENG.). 22p. (J). 12.99 (978-0-578-82401-7(9)) Bennett, Kathryn.

Better Together: A Novel. Christine Riccio. (ENG., Illus.). 448p. (YA). 2023. pap. 13.00 (978-1-250-76008-1(9), 900226943); 2021. 18.99 (978-1-250-76006-7(2), 900226942) St. Martin's Pr. (Wednesday Bks.).

Better Together: Creating Community in an Uncertain World, 1 vol. Nikki Tate. 2018. (Orca Footprints Ser.: 13). (ENG., Illus.). 48p. (J). (gr. 4-7). 19.95 (978-1-4598-1300-7(6)) Orca Bk. Pubs. USA.

Better Together: The ABCs of Building Social Skills & Friendships. Melissa Boyd. 2021. (ENG.). 34p. (J). 19.99 (978-1-955170-04-8(5)) Melissa Boyd.

Better Together. Best Friends Coloring Book. Jupiter Kids. 2016. (ENG., Illus.). 108p. (J). pap. 12.55 (978-1-68326-287-9(5), Jupiter Kids (Childrens & Kids Fiction)) Speedy Publishing LLC.

Better Together, Cinderella. Ashley Franklin. Illus. by Ebony Glenn. 2021. (ENG.). 32p. (J). (gr. -1-3). 17.99 (978-0-06-302954-5(5), HarperCollins) HarperCollins Pubs.

Better Together (Disney/Pixar Elemental) Kathy McCullough. Illus. by Disney Storybook Disney Storybook Art Team. 2023. (Step into Reading Ser.). (ENG.). 24p. (J). (gr. -1-1). pap. 5.99 (978-0-7364-4373-9(8)); lib. bdg. 14.99 (978-0-7364-9038-2(8)) Random Hse. Children's Bks. (RH/Disney).

Better Together! (Shimmer & Shine) Rachel Chlebowski. Illus. by Marcela Cespedes-Alicea. 2017. (ENG.). 128p. (J). (gr. -1-2). pap. 9.99 (978-0-399-55793-4(8), Golden Bks.) Random Hse. Children's Bks.

Better Tree Fort. Jessica Scott Kerrin. Illus. by Qin Leng. 2018. (ENG.). 32p. E-Book (978-1-55498-864-8(0)) Groundwood Bks.

Better Tree Fort, 1 vol. Jessica Scott Kerrin. Illus. by Qin Leng. 2018. (ENG.). 32p. (J). (gr. -1-2). 17.95 (978-1-55498-863-1(2)) Groundwood Bks. CAN. Dist: Publishers Group West (PGW).

Better with Butter. Victoria Piontek. 2021. (ENG.). 320p. (J). (gr. 3-7). 18.99 (978-1-338-66219-1(8), Scholastic Pr.) Scholastic, Inc.

Better with You in It. Jamie Grant. Illus. by Chelsea Nelson. 2022. (ENG.). 56p. (J). **(978-1-0391-4903-8(0))**; pap. **(978-1-0391-4902-1(2))** FriesenPress.

Better Yarn: Being Some Chronicles of the Merrythought Club. Arthur Greening. 2017. (ENG., Illus.). (J). pap. (978-0-649-18374-6(6)) Trieste Publishing Pty Ltd.

Better Yarn: Being Some Chronicles of the Merrythought Club (Classic Reprint) Arthur Greening. (ENG., Illus.). (J). 2018. 240p. 28.85 (978-0-267-00050-0(2)); 2016. pap. 11.57 (978-1-334-29354-2(6)) Forgotten Bks.

Better You Than Me. Jessica Brody. 432p. (J). (gr. 5). 2020. 8.99 (978-1-5247-6974-1(6), Yearling); 2018. 16.99 (978-1-5247-6971-0(1), Delacorte Bks. for Young Readers) Random Hse. Children's Bks.

Betternot! & the Tale of Brat School: Teaching Morals & Manners in School. Gene del Vecchio. 2017. (Betternot Ser.). (ENG., Illus.). (J). (gr. k-3). 15.99 (978-0-692-93150-9(3)) BetterNot Enterprises.

Bettesworth Book: Talks with a Surrey Peasant (Classic Reprint) George Bourne. 2017. (ENG., Illus.). 360p. (J). 31.32 (978-0-331-56742-7(3)) Forgotten Bks.

Bettie Porter Boardwalk Committee (Classic Reprint) Louise Regina Baker. 2018. (ENG., Illus.). 366p. (J). 31.45 (978-0-267-29221-9(X)) Forgotten Bks.

Bettina Brown: A Little Child. Benjamin Johnson. 2017. (ENG., Illus.). (J). pap. (978-0-649-49402-6(4)) Trieste Publishing Pty Ltd.

Bettina Brown: A Little Child (Classic Reprint) Benjamin Johnson. (ENG., Illus.). (J). 2018. 116p. 26.31 (978-0-483-96143-2(4)); 2017. pap. 9.57 (978-0-259-26274-9(9)) Forgotten Bks.

Bettina (Classic Reprint) Eleanor Hoyt Brainerd. 2018. (ENG., Illus.). 234p. (J). 28.72 (978-0-483-78797-1(3)) Forgotten Bks.

Betty: A Last Century Love Story. Anna Vernon Dorsey. 2017. (ENG., Illus.). (J). pap. (978-0-649-07320-7(7)) Trieste Publishing Pty Ltd.

Betty: A Last Century Love Story (Classic Reprint) Anna Vernon Dorsey. 2018. (ENG., Illus.). 258p. (J). 29.22 (978-0-428-76537-8(8)) Forgotten Bks.

Betty Alden the First-Born Daughter of the Pilgrims (Classic Reprint) Jane G. Austin. 2018. (ENG., Illus.). 400p. (J). 32.15 (978-0-666-38347-1(2)) Forgotten Bks.

Betty & Barney Hill Alien Abduction. Chris Bowman. 2019. (Paranormal Mysteries Ser.). (ENG., Illus.). 24p. (J). (gr. 3-8). pap. 8.99 (978-1-61891-731-7(5), 12333, Black Sheep) Bellwether Media.

Betty & Barney Hill Alien Abduction. Chris Bowman. Illus. by D. Brady. 2019. (Paranormal Mysteries Ser.). (ENG.). 24p. (J). (gr. 3-8). lib. bdg. 29.95 (978-1-64487-093-8(2), Black Sheep) Bellwether Media.

Betty & Me Vol. 1. Archie Superstars. 2019. (Archie Comics Presents Ser.). (Illus.). 224p. (J). (gr. 4-7). pap. 10.99 (978-1-68255-889-8(4)) Archie Comic Pubns., Inc.

Betty & the Mysterious Visitor. Anne Twist. Illus. by Emily Sutton. 2023. (ENG.). 32p. (J). (gr. -1-2). 17.99 **(978-1-5362-3486-2(9))** Candlewick Pr.

Betty & Veronica: Beach Bash. Archie Superstars. 2022. (Illus.). 120p. (J). (gr. 4-7). pap. 12.99 (978-1-64576-917-0(8)) Archie Comic Pubns., Inc.

Betty & Veronica Decades: The 1960s. Archie Superstars. 2022. (Illus.). 224p. (J). (gr. 4-7). pap. 10.99 (978-1-64576-911-8(9)) Archie Comic Pubns., Inc.

Betty & Veronica: Friends Forever. Archie Superstars. 2019. (ENG., Illus.). 120p. (J). (gr. 4-7). pap. 12.99 (978-1-68255-821-8(5)) Archie Comic Pubns., Inc.

Betty & Veronica Spectacular Vol. 1. Archie Superstars. 2018. (B&V Spectacular Ser.: 1). (Illus.). 224p. (J). (gr. 4-7). pap. 10.99 (978-1-68255-905-5(X)) Archie Comic Pubns., Inc.

Betty & Veronica Spectacular Vol. 2, Vol. 2. Archie Superstars. 2019. (B&V Spectacular Ser.: 2). (ENG., Illus.). 224p. (J). (gr. 4-7). pap. 10.99 (978-1-68255-825-6(8)) Archie Comic Pubns., Inc.

Betty & Veronica Spectacular Vol. 3. Archie Superstars. 2021. (Archie Comics Presents Ser.: 3). (Illus.). 224p. (J). (gr. 4-7). pap. 10.99 (978-1-64576-981-1(X)) Archie Comic Pubns., Inc.

Betty & Veronica: the Bond of Friendship. Jamie Lee Rotante. Illus. by Brittney Williams. 2020. 144p. (YA). (gr. 7). pap. 14.99 (978-1-64576-985-9(2)) Archie Comic Pubns., Inc.

Betty & Veronica: What If. Archie Superstars. 2021. (Illus.). 120p. (J). (gr. 4-7). pap. 12.99 (978-1-64576-919-4(4)) Archie Comic Pubns., Inc.

Betty at Fort Blizzard (Classic Reprint) Molly Elliot Seawell. 2018. (ENG., Illus.). (J). 28.97 (978-0-331-98794-2(5)) Forgotten Bks.

Betty Barker, a Little Girl with a Big Heart (Classic Reprint) Janet Thomas Van Osdel. 2017. (ENG., Illus.). (J). 158p. 27.16 (978-0-332-99854-1(1)); pap. 9.57 (978-0-259-48908-5(5)) Forgotten Bks.

Betty Bee's Attitude: With Sherwood Spider & Benna Blue Jay. Jacquelyn S. Arnold. 2017. (ENG., Illus.). (J). pap. 16.95 (978-1-5127-7117-6(1), WestBow Pr.) Author Solutions, LLC.

Betty Before X. Ilyasah Shabazz & RenAe Watson. 2018. (ENG.). 256p. (J). pap. 8.99 (978-1-250-29418-0(5), 900173907) Square Fish.

Betty Before X. Ilyasah Shabazz & Renee Watson. 2018. (ENG.). 256p. (J). 17.99 (978-0-374-30610-6(9), 900173906, Farrar, Straus & Giroux (BYR)) Farrar, Straus & Giroux.

Betty Before X. Ilyasah Shabazz & Renée Watson. 2018. (ENG.). 256p. (J). E-Book (978-0-374-30611-3(7), 900173908, Farrar, Straus & Giroux (BYR)) Farrar, Straus & Giroux.

For book reviews, descriptive annotations, tables of contents, cover images, author biographies & additional information, updated daily, subscribe to **www.booksinprint.com**

Betty Boop. Roger Langridge. 2017. (ENG., Illus.). 96p. (J). pap. 15.99 *(978-1-5241-0318-7(7),* 2ff3a120-6d2a-4830-8177-d2d25485833b, Dynamite Entertainment) Dynamic Forces, Inc.
Betty Builds It. Julie Hampton. 2019. (ENG.). 32p. (J). (gr. k-3). 17.99 *(978-1-5132-6232-1(7),* West Margin Pr.) West Margin Pr.
Betty Crocker Fast from-Scratch Meals. Betty Crocker Editors. ed. 2016. lib. bdg. 33.05 *(978-0-606-38002-7(7))* Turtleback.
Betty Crocker's Good & Easy Cook Book. Betty Crocker. 2017. (ENG., Illus.). 264p. (gr. 9). pap. 9.99 *(978-1-5107-2413-6(3))* Skyhorse Publishing Co., Inc.
Betty Gordon at Boarding School or the Treasure of Indian Chasm (Classic Reprint) Alice B. Emerson. 2017. (ENG., Illus.). (J). 28.43 *(978-1-5282-7312-1(5))* Forgotten Bks.
Betty Gordon at Boarding School the Treasure of Indian Chasm. Alice Emerson. 2017. (ENG., Illus.). 182p. (J). pap. *(978-93-86874-79-5(2))* Alpha Editions.
Betty Gordon at Bramble Farm: The Mystery of a Nobody. Alice B. Emerson. 2018. (ENG., Illus.). 146p. (YA). (gr. 7-12). pap. *(978-93-5329-259-1(X))* Alpha Editions.
Betty Gordon at Mountain Camp: Or the Mystery of Ida Bellethorne (Classic Reprint) Alice B. Emerson. 2017. (ENG., Illus.). 220p. (J). 28.45 *(978-0-332-53378-0(6))* Forgotten Bks.
Betty Gordon at Mountain Camp: The Mystery of Ida Bellethorne. Alice B. Emerson. 2018. (ENG., Illus.). 140p. (YA). (gr. 7-12). pap. *(978-93-5329-260-7(3))* Alpha Editions.
Betty Gordon in the Land of Oil: Or the Farm That Was Worth a Fortune (Classic Reprint) Alice B. Emerson. 2018. (ENG., Illus.). 220p. (J). 28.48 *(978-0-428-33082-8(7))* Forgotten Bks.
Betty Gordon in Washington or Strange Adventures in a Great City (Classic Reprint) Alice B. Emerson. 2018. (ENG., Illus.). 226p. (J). 28.56 *(978-0-267-21170-8(8))* Forgotten Bks.
Betty Greene: Courage Has Wings. Irene Howat. rev. ed. 2017. (Trail Blazers Ser.). (ENG.). 176p. (J). pap. 8.99 *(978-1-5271-0008-4(1),* 554e2ed5-0b29-40ba-878b-56eb90d6b210, CF4Kids) Christian Focus Pubns. GBR. Dist: Baker & Taylor Publisher Services (BTPS).
Betty Greene: The Girl Who Longed to Fly. Laura Wickham. Illus. by Héloïse Mab. 2021. (Do Great Things for God Ser.). (ENG.). 24p. (J). *(978-1-78498-654-4(2))* Good Bk. Co., The.
Betty Grier (Classic Reprint) Joseph Laing Waugh. 2018. (ENG., Illus.). 268p. (J). 29.42 *(978-0-332-20215-0(1))* Forgotten Bks.
Betty Hen. Kay O'Connell. 2021. (ENG.). 66p. (J). pap. *(978-1-914225-33-8(3))* Orla Kelly Self Publishing Services.
Betty in Canada: A Geographical Reader (Classic Reprint) Etta Blaisdell McDonald. (ENG., Illus.). (J). 2018. 146p. 26.93 *(978-0-484-63118-1(7));* 2016. pap. 9.57 *(978-1-334-13707-5(2))* Forgotten Bks.
Betty Jane's Christmas Dream (Classic Reprint) Glenn H. Isenbarger. 2018. (ENG., Illus.). 28p. (J). 24.49 *(978-0-484-88682-6(7))* Forgotten Bks.
Betty Leicester: A Story for Girls. Sarah Orne Jewett. 2019. (ENG., Illus.). 150p. (YA). pap. *(978-93-5329-478-6(9))* Alpha Editions.
Betty Leicester: A Story for Girls (Classic Reprint) Sarah Orne Jewett. 2018. (ENG., Illus.). 292p. (J). 29.94 *(978-0-483-82778-3(9))* Forgotten Bks.
Betty Leicester: a Story for Girls. Sarah Orne Jewett. 2022. (Mint Editions — The Children's Library). (ENG.). 140p. (J). (gr. 3-6). 13.99 *(978-1-5131-3522-9(8),* West Margin Pr.) West Margin Pr.
Betty Liar (Berkeley Boys Books) Vaughn Berkeley. 2022. (Berkeley Boys Books - Set 10 Ser.). (ENG.). 32p. (J). pap. *(978-1-989612-91-0(1))* CM Berkeley Media Group.
Betty Likes Sea Animals - e Taatangiriil Manin Taari Betty (Te Kiribati) Stanley Oluwond. Illus. by Romulo Reyes, III. 2023. (ENG.). 28p. (J). pap. ***(978-1-922844-67-5(5))*** Library For All Limited.
Betty Likes Sea Animals (Tetun Edition) - Betty Gosta Balada Tasi Nian. Stanley Oluwond. Illus. by Romulo Reyes, III. 2020. (TET.). 28p. (J). pap. *(978-1-922331-51-9(1))* Library For All Limited.
Betty Marchand (Classic Reprint) Beatrice Barmby. (ENG., Illus.). (J). 2018. 322p. 30.54 *(978-0-267-85749-4(7));* 2017. pap. 13.57 *(978-0-259-53185-2(5))* Forgotten Bks.
Betty Moore's Journal (Classic Reprint) Mabel D. Carry. 2018. (ENG., Illus.). (J). 186p. 27.75 *(978-0-332-95997-9(X));* 188p. 27.79 *(978-0-483-70672-9(8))* Forgotten Bks.
Betty Musgrave (Classic Reprint) Mary Findlater. 2017. (ENG., Illus.). (J). 30.31 *(978-0-266-45249-2(3))* Forgotten Bks.
Betty Peach: A Tale of Colonial Days (Classic Reprint) Mary Devereux. (ENG., Illus.). (J). 2018. 148p. 26.95 *(978-0-364-22548-6(3));* 2017. pap. 9.57 *(978-0-282-02732-2(7))* Forgotten Bks.
Betty Pembroke (Classic Reprint) Elizabeth Hazlewood Hancock. 2018. (ENG., Illus.). 312p. (J). 30.35 *(978-0-332-09053-5(1))* Forgotten Bks.
Betty Spaghetti. Bernadette Dimatteo. 2021. (ENG.). 30p. (J). 25.95 *(978-1-68498-003-1(8));* pap. 12.95 *(978-1-63692-801-2(3))* Newman Springs Publishing, Inc.
Betty Stevenson, Y. M. C. A., Croix de Guerre Avec Palme: Sept. 3, 1896-May 30, 1918 (Classic Reprint) C. G. R. Stevenson. (ENG., Illus.). (J). 2018. 326p. 30.64 *(978-0-483-47143-6(7));* 2016. pap. 13.57 *(978-1-334-25550-2(4))* Forgotten Bks.
Betty the Bearded Dragon. Debbi Michiko Florence. Illus. by Melanie Demmer. 2019. (My Furry Foster Family Ser.). (ENG.). 72p. (J). (gr. k-2). pap. 7.95 *(978-1-5158-4559-1(1),* 141147); lib. bdg. 23.99 *(978-1-5158-4476-1(5),* 140576) Capstone. (Picture Window Bks.).
Betty the Bike. Barbara Allyn. 2018. (ENG.). 26p. (J). pap. *(978-0-9952514-4-1(4))* Barbara Allyn Hutchinson.
Betty the Little Dog & Friends. Jayne Stennett. 2020. (ENG., Illus.). 42p. (J). pap. *(978-1-913179-53-3(2))* UK Bk. Publishing.
Betty, the Scribe (Classic Reprint) Lilian Turner. (ENG., Illus.). (J). 2018. 334p. 30.79 *(978-0-666-99885-9(X));* 2017. pap. 13.57 *(978-0-243-49138-4(7))* Forgotten Bks.
Betty the Toolmaker! Supersmart Crow. Sarah Eason. Illus. by Diego Vaisberg. 2023. (Animal Masterminds Ser.). (ENG.). 24p. (J). (gr. 3-6). lib. bdg. 28.50 Bearport Publishing Co., Inc.
Betty Vivian: A Story of Haddo Court School (Classic Reprint) L. T. Meade. (ENG., Illus.). (J). 2018. 314p. 30.39 *(978-0-428-79790-4(3));* 2016. pap. 13.57 *(978-1-333-35286-8(7))* Forgotten Bks.
Betty Wales, B. a Story for Girls (Classic Reprint) Margaret Warde. 2018. (ENG., Illus.). 364p. (J). 31.42 *(978-0-428-37587-4(1))* Forgotten Bks.
Betty Wales Co: A Story for Girls (Classic Reprint) Margaret Warde. 2018. (ENG., Illus.). 378p. (J). 31.69 *(978-0-484-42602-2(8))* Forgotten Bks.
Betty Wales Decides: A Story for Girls (Classic Reprint) Margaret Warde. (ENG., Illus.). (J). 2017. 31.67 *(978-0-260-16984-6(6));* 2016. pap. 16.57 *(978-1-334-16212-1(3))* Forgotten Bks.
Betty Wales, Freshman: A Story for Girls (Classic Reprint) Margaret Warde. 2018. (ENG., Illus.). (J). 384p. 31.84 *(978-1-396-74359-7(6));* 386p. pap. 16.57 *(978-1-391-97611-2(8))* Forgotten Bks.
Betty Wales Girls & Mr. Kidd (Classic Reprint) Margaret Warde. 2018. (ENG., Illus.). 64p. (J). 25.24 *(978-0-267-65717-9(X))* Forgotten Bks.
Betty Wales, Junior: A Story for Girls (Classic Reprint) Margaret Warde. (ENG., Illus.). (J). 2018. 366p. 31.45 *(978-0-267-36384-1(2));* 2016. pap. 13.97 *(978-1-334-16721-8(4))* Forgotten Bks.
Betty Wales on the Campus (Classic Reprint) Margaret Warde. (ENG., Illus.). (J). 2018. 368p. 31.49 *(978-0-267-57420-9(7));* 2016. pap. 13.97 *(978-1-334-16865-9(2))* Forgotten Bks.
Betty Wales Senior. Margaret Warde. 2017. (ENG., Illus.). (J). 24.95 *(978-1-374-93370-5(8));* pap. 14.95 *(978-1-374-93369-9(4))* Capital Communications, Inc.
Betty Wales, Senior: A Story for Girls (Classic Reprint) Margaret Warde. 2018. (ENG., Illus.). 396p. (J). 32.06 *(978-0-267-18960-1(5))* Forgotten Bks.
Betty Wales, Sophomore (Classic Reprint) Margaret Warde. (ENG., Illus.). (J). 2018. 350p. 31.14 *(978-0-666-99878-1(7));* 2017. pap. 13.57 *(978-0-243-50212-7(5))* Forgotten Bks.
Betty White: Collector's Edition. Deborah Hopkinson. Illus. by Margeaux Lucas. 2022. (Big Little Golden Book Ser.). 24p. (J). (-k). 10.99 *(978-0-593-64768-4(8),* Golden Bks.) Random Hse. Children's Bks.
Betty Zane (Classic Reprint) Zane Grey. 2018. (ENG., Illus.). 302p. (J). 30.13 *(978-0-483-51032-6(7))* Forgotten Bks.
Betty's Ancestors: A Play in One Act (Classic Reprint) Erna M. Hunting. 2018. (ENG., Illus.). 44p. (J). 24.80 *(978-0-332-38959-2(6))* Forgotten Bks.
Betty's Bright Idea. Harriet Stowe. 2017. (ENG.). 128p. (J). pap. *(978-3-337-15161-4(2))* Creation Pubs.
Betty's Bright Idea: Also, Deacon Pitkin's Farm, & the First Christmas of New England (Classic Reprint) Harriet Stowe. 2018. (ENG., Illus.). 128p. (J). 26.56 *(978-0-483-78963-0(1))* Forgotten Bks.
Betty's Happy Year (Classic Reprint) Carolyn Wells. 2017. (ENG., Illus.). (J). 30.23 *(978-0-260-52499-7(9))* Forgotten Bks.
Betty's Heart. Brandie Bridges. 2017. (ENG., Illus.). 28p. (J). (gr. -1-3). pap. 12.95 *(978-1-64079-127-5(2))* Christian Faith Publishing.
Betty's Last Bet: A Farce-Comedy in Three Acts (Classic Reprint) Edith Ellis. 2019. (ENG., Illus.). 154p. (J). 27.09 *(978-0-267-26720-0(7))* Forgotten Bks.
Betty's Virginia Christmas (Classic Reprint) Molly Elliot Seawell. (ENG., Illus.). (J). 2018. 226p. 28.56 *(978-0-483-33281-2(X));* 2016. pap. 10.97 *(978-1-333-37769-4(X))* Forgotten Bks.
Between. David Hofmeyr. 2020. (ENG.). 400p. (YA). (gr. 7). 17.99 *(978-0-385-74475-1(7),* Delacorte Pr.) Random Hse. Children's Bks.
Between Before & After, 1 vol. Maureen Doyle McQuerry. 2019. (ENG., Illus.). 304p. (YA). pap. 9.99 *(978-0-310-76728-2(8));* 17.99 *(978-0-310-76738-1(5))* Blink.
Between Boer & Briton, or Two Boys' Adventures in South Africa (Classic Reprint) Edward Stratemeyer. (ENG., Illus.). (J). 2018. 380p. 31.73 *(978-0-267-38894-3(2));* 2016. pap. 16.57 *(978-1-334-14179-9(7))* Forgotten Bks.
Between Burning Worlds. Jessica Brody & Joanne Rendell. 2021. (System Divine Ser.: 2). (ENG., Illus.). 704p. (YA). (gr. 7). pap. 13.99 *(978-1-5344-1067-1(8),* Simon & Schuster Bks. For Young Readers) Simon & Schuster Bks. For Young Readers.
Between Burning Worlds. Jessica Brody & Joanne Rendell. 2020. (System Divine Ser.: 2). (ENG., Illus.). 688p. (YA). (gr. 7). 24.99 *(978-1-5344-1066-4(X),* Simon Pulse) Simon Pulse.
Between Dad & Me: A Father-Son Journal. Katie Clemons. 2019. 144p. (J). (gr. 3-8). pap. 14.99 *(978-1-4926-9364-2(2))* Sourcebooks, Inc.
Between Dusk & Dawn. Tai Le Grice. 2021. (ENG.). 332p. (YA). pap. *(978-1-912964-65-9(1))* Cranthorpe Millner Pubs.
Between Earth & Sky: And Other Strange Stories of Deliverance (Classic Reprint) Edward William Thomson. (ENG., Illus.). (J). 2018. 298p. 30.06 *(978-0-483-23313-3(7));* 2016. pap. 13.57 *(978-1-334-47161-2(4))* Forgotten Bks.
Between Ezra & the Key. Garet Krane. Ed. by Andrea Vargas. 2nd ed. 2021. (ENG.). 26p. (J). 14.99 *(978-1-0879-7729-4(0))* Krane, Garet.
Between Friends (Classic Reprint) Robert W. Chambers. 2018. (ENG., Illus.). 158p. (J). 27.18 *(978-0-483-66650-4(5))* Forgotten Bks.
Between Here & There. Annette Lorek. 2018. (ENG., Illus.). 64p. (J). *(978-0-2288-0312-6(8));* pap. *(978-0-2288-0311-9(X))* Tellwell Talent.
Between Love & Murder. Chris Bedell. 2020. (ENG., Illus.). 252p. (YA). (gr. 10-12). pap. 12.99 *(978-1-950502-22-6(8),* Willow River Pr.) Between the Lines Publishing.
Between Me & Thee (Classic Reprint) Louise Dudley Cracraft. (ENG., Illus.). (J). 2018. 228p. 28.62 *(978-0-428-98376-5(6));* 2017. pap. 10.97 *(978-0-259-38820-3(3))* Forgotten Bks.
Between Mom & Me: A Mother & Son Keepsake Journal. Katie Clemons. 2019. (ENG.). 144p. (J). (gr. 3-8). pap. 14.99 *(978-1-4926-9357-4(X))* Sourcebooks, Inc.
Between Monsters & Marvels. Alysa Wishingrad. 2023. (ENG.). 400p. (J). (gr. 3-7). 19.99 ***(978-0-06-324487-0(X),*** HarperCollins) HarperCollins Pubs.
Between Perfect & Real. Ray Stoeve. 2021. (ENG.). 304p. (YA). (gr. 7-17). 18.99 *(978-1-4197-4601-7(4),* 1698201) Abrams, Inc.
Between Shades of Gray: The Graphic Novel. Ruta Sepetys. Illus. by Dave Kopka. 2021. 160p. (YA). (gr. 7). 18.99 *(978-0-593-20416-0(6));* pap. 12.99 *(978-0-593-40485-0(8))* Penguin Young Readers Group. (Philomel Bks.).
Between Shots (Classic Reprint) P. L. Crosby. 2017. (ENG., Illus.). (J). 25.86 *(978-0-266-39360-3(8))* Forgotten Bks.
Between Sun & Sand: A Tale of an African Desert (Classic Reprint) William Charles Scully. 2018. (ENG., Illus.). 348p. (J). 31.07 *(978-0-267-15960-4(9))* Forgotten Bks.
Between Sunset & Dawn: A Play in Four Scenes (Classic Reprint) Hermon Ould. 2017. (ENG., Illus.). 110p. (J). 26.17 *(978-0-332-43275-5(0))* Forgotten Bks.
Between the Acts (Classic Reprint) Henry Woodd Nevinson. 2017. (ENG., Illus.). (J). 32.13 *(978-0-260-72297-3(9))* Forgotten Bks.
Between the Acts, Vol. 1 Of 3: A Novel (Classic Reprint) C. H. D. Stocker. 2017. (ENG., Illus.). (J). 30.25 *(978-0-331-91628-7(2))* Forgotten Bks.
Between the Acts, Vol. 2 Of 3: A Novel (Classic Reprint) C. H. D. Stocker. 2017. (ENG., Illus.). (J). 30.02 *(978-0-331-35356-3(3))* Forgotten Bks.
Between the Acts, Vol. 3 Of 3: A Novel (Classic Reprint) C. H. D. Stocker. 2017. (ENG., Illus.). (J). 30.50 *(978-0-331-37232-8(0))* Forgotten Bks.
Between the Bliss & Me. Lizzy Mason. 336p. (YA). (gr. 9). 2022. pap. 10.99 *(978-1-64129-385-3(3));* 2021. 18.99 *(978-1-64129-115-6(X))* Soho Pr., Inc. (Soho Teen).
Between the Cracks. Dannika Patterson. Illus. by Leda Gabelli. 2021. (ENG.). 38p. (J). pap. *(978-1-922550-29-3(9))* Library For All Limited.
Between the Dark & the Daylight. William Dean Howells. 2017. (ENG., Illus.). (J). pap. 13.95 *(978-1-374-94032-1(1))* Capital Communications, Inc.
Between the Dark & the Daylight: Romances (Classic Reprint) William Dean Howells. (ENG., Illus.). (J). 2017. 28.33 *(978-0-265-49332-8(3));* 2016. pap. 10.97 *(978-1-334-12461-7(2))* Forgotten Bks.
Between the Devil & the Deep Sea (Classic Reprint) Stella M. During. (ENG., Illus.). (J). 2018. 370p. 31.53 *(978-0-365-24814-9(2));* 2017. pap. 13.97 *(978-0-259-20718-4(7))* Forgotten Bks.
Between the Folds - the Agency: The Aranas Years. Terence A. McSweeney. 2023. (ENG.). 400p. (YA). 32.95 ***(978-1-958889-06-0(7));*** pap. 19.95 ***(978-1-958889-05-3(9))*** Booklocker.com, Inc.
Between the Gates (Classic Reprint) Benjamin F. Taylor. 2018. (ENG., Illus.). 414p. (J). 32.44 *(978-0-483-32227-1(X))* Forgotten Bks.
Between the Helicopters. Susan Singer McCrabb. 2020. (ENG.). 165p. (YA). pap. *(978-1-716-51970-3(5))* Lulu Pr., Inc.
Between the Larch-Woods & the Weir (Classic Reprint) Flora Klickmann. 2018. (ENG., Illus.). 314p. (J). 30.37 *(978-0-483-26997-2(2))* Forgotten Bks.
Between the Lies, 40 vols. Cathy MacPhail. 2017. 280p. (YA). 9.95 *(978-1-78250-352-1(8),* Kelpies) Floris Bks. GBR. Dist: Consortium Bk. Sales & Distribution.
Between the Lighthouse & You. Michelle Lee. 2022. (ENG.). 256p. (J). 16.99 *(978-0-374-31450-7(0),* 900234232, Farrar, Straus & Giroux (BYR)) Farrar, Straus & Giroux.
Between the Lines. Nikki Grimes. 2019. 224p. (YA). (gr. 7). pap. 10.99 *(978-0-525-51515-9(1),* Penguin Books) Penguin Young Readers Group.
Between the Lines. Lindsay Ward. Illus. by Lindsay Ward. 2021. (ENG.). 48p. (J). (gr. -1-3). 17.99 *(978-1-5420-2690-1(3),* 9781542026901, Two Lions) Amazon Publishing.
Between the Lines: A Story of the War (Classic Reprint) Charles King. 2017. (ENG., Illus.). (J). 30.91 *(978-0-265-15967-5(9))* Forgotten Bks.
Between the Lines: How Ernie Barnes Went from the Football Field to the Art Gallery. Sandra Neil Wallace. Illus. by Bryan Collier. 2018. (ENG.). 48p. (J). (gr. -1-3). 18.99 *(978-1-4814-4387-6(9),* Simon & Schuster Bks. For Young Readers) Simon & Schuster Bks. For Young Readers.
Between the Lines on the American Front: A Boy's Story of the Great European War (Classic Reprint) Franklin T. Ames. 2018. (ENG., Illus.). 338p. (J). 30.89 *(978-0-484-78750-5(0))* Forgotten Bks.
Between the Past & the Sea. German Van Diest. 2022. (ENG.). 220p. (YA). pap. ***(978-1-387-56082-0(4))*** Lulu Pr., Inc.
Between the Soup & the Savoury (Classic Reprint) Gertrude Jennings. (ENG., Illus.). (J). 2018. 36p. 24.66 *(978-0-267-54996-2(2));* 2016. pap. 7.97 *(978-1-333-54462-1(6))* Forgotten Bks.
Between the Stars. Chelsea Girard. 2021. (ENG.). 136p. (J). pap. *(978-1-78465-971-4(1),* Vanguard Press) Pegasus Elliot Mackenzie Pubs.
Between the Sun & the Rainbow. Eileen Schuh. 2019. (ENG.). 148p. (J). pap. *(978-1-9991793-0-4(7))* Kastle Harbour Publishing.
Between the Tides. W. S. Walker. 2017. (ENG.). 260p. (J). pap. *(978-3-337-09031-9(1));* pap. *(978-3-7447-6647-0(0))* Creation Pubs.
Between the Tides: Comprising Sketches, Tales & Poems, Including Hungry Land (Classic Reprint) W. S. Walker. 2018. (ENG., Illus.). 258p. (J). 29.22 *(978-0-365-34899-3(6))* Forgotten Bks.
Between the Trees. Ayn O'Reilly Walters. 2021. (ENG.). 306p. (J). pap. *(978-1-83975-828-7(7))* Grosvenor Hse. Publishing Ltd.
Between the Walls. Tuula Pere. Ed. by Susan Korman. Illus. by Andrea Alemanno. 2018. (ENG.). 40p. (J). (gr. k-4). *(978-952-7107-09-6(1));* pap. *(978-952-5878-85-1(6))* Wickwick oy.
Between the Walls & Empty Spaces: POEMS Christopher Okemwa. Christopher Okemwa. 2021. (ENG.). 58p. (YA). pap. *(978-1-312-97686-3(1))* Lulu Pr., Inc.
Between the Water & the Woods. Simone Snaith. Illus. by Sara Kipin. 320p. (YA). (gr. 7). 2020. pap. 9.99 *(978-0-8234-4669-8(7));* 2019. 18.99 *(978-0-8234-4020-7(6))* Holiday Hse., Inc.
Between the Whiffs: Being Short Stories, Anecdotes, Odd Sayings, Principally about Celebrities Literary, Theatrical, etc. , & about Savage Clubmen. Henry Herman. 2017. (ENG., Illus.). (J). pap. *(978-0-649-07323-8(1))* Trieste Publishing Pty Ltd.
Between the Whiffs: Being Short Stories, Anecdotes, Odd Sayings, Principally about Celebrities Literary, Theatrical, etc. , & about Savage Clubmen (Classic Reprint) Henry Herman. (ENG., Illus.). (J). 2018. 206p. 28.17 *(978-0-483-67258-1(0));* 2017. pap. 10.57 *(978-0-243-33154-3(1))* Forgotten Bks.
Between This One & the Next. Ginna Moran. 2018. (When Souls Collide Ser.: Vol. 1). (ENG., Illus.). 306p. (YA). pap. 9.99 *(978-1-942073-92-5(5))* Sunny Palms Pr.
Between Two Homes. Jane Fry. 2020. (ENG.). 30p. (J). pap. *(978-1-5289-5121-0(2))* Austin Macauley Pubs. Ltd.
Between Two Lives: A Drama of the Passing of the Old & the Coming of the New in Rural Life (Classic Reprint) Charles William Burkett. 2018. (ENG., Illus.). 62p. (J). 25.18 *(978-0-267-45703-8(0))* Forgotten Bks.
Between Two Loves (Classic Reprint) Amelia E. Barr. 2018. (ENG., Illus.). 314p. (J). 30.39 *(978-0-332-98668-5(3))* Forgotten Bks.
Between Two Oceans: Or Sketches of American Travel (Classic Reprint) Iza Duffus Hardy. 2018. (ENG., Illus.). 384p. (J). 31.82 *(978-0-483-90513-9(5))* Forgotten Bks.
Between Two Opinions: Or, the Question of the Hour (Classic Reprint) E. E. Flagg. 2018. (ENG., Illus.). 404p. (J). 32.23 *(978-0-656-75381-9(1))* Forgotten Bks.
Between Two Opinions (Classic Reprint) Mary E. Palgrave. 2018. (ENG., Illus.). 202p. (J). 28.06 *(978-0-332-78122-8(4))* Forgotten Bks.
Between Two Opinions, Vol. 1 of 3 (Classic Reprint) Algernon Gissing. 2018. (ENG., Illus.). 340p. (J). 30.91 *(978-0-483-89418-1(4))* Forgotten Bks.
Between Two Opinions, Vol. 2 of 3 (Classic Reprint) Algernon Gissing. 2018. (ENG., Illus.). 302p. (J). 30.15 *(978-0-483-75220-7(7))* Forgotten Bks.
Between Two Opinions, Vol. 3 of 3 (Classic Reprint) Algernon Gissing. 2018. (ENG., Illus.). 140p. (J). 30.41 *(978-0-428-56121-5(7))* Forgotten Bks.
Between Two Rebellions (Classic Reprint) Asenath Carver Coolidge. 2018. (ENG., Illus.). 226p. (J). 28.56 *(978-0-428-88715-5(5))* Forgotten Bks.
Between Two Skies. Joanne O'Sullivan. (ENG.). 272p. (gr. 7). 2019. (J). pap. 7.99 *(978-1-5362-0638-8(5));* 2017. (YA). 16.99 *(978-0-7636-9034-2(1))* Candlewick Pr.
Between Two Thieves (Classic Reprint) Richard Dehan. 2019. (ENG., Illus.). 696p. (J). 38.27 *(978-0-483-69312-8(X))* Forgotten Bks.
Between Us & Abuela: A Family Story from the Border. Mitali Perkins. Illus. by Sara Palacios. 2019. (ENG.). 40p. (J). 18.99 *(978-0-374-30373-0(8),* 900157191, Farrar, Straus & Giroux (BYR)) Farrar, Straus & Giroux.
Between Whiles (Classic Reprint) Helen Jackson. 2018. (ENG., Illus.). 306p. (J). 30.21 *(978-0-364-24393-0(7))* Forgotten Bks.
Between Worlds. Micky O'Brady. 2020. (Between Worlds Ser.: Vol. 1). (ENG.). 372p. (YA). pap. 14.99 *(978-1-948661-72-0(1))* Snowy Wings Publishing.
Between Worlds. Jennifer Ridge. 2017. (ENG., Illus.). (J). pap. 17.99 *(978-1-365-83907-8(9))* Lulu Pr., Inc.
Between Worlds: Books 1-3. Lori Wolf-Heffner. Ed. by Susan Fish. 2020. (Between Worlds Ser.). (ENG.). 554p. (YA). (gr. 7-12). pap. *(978-1-989465-11-0(0))* Head in the Ground Publishing.
Between Worlds 1: The Move. Lori Wolf-Heffner. Ed. by Susan Fish. 2nd ed. 2019. (Between Worlds Ser.: Vol. 1). (ENG., Illus.). 172p. (YA). (gr. 7-11). pap. *(978-0-9950906-6-8(1))* Head in the Ground Publishing.
Between Worlds 1: The Move (Large Print) Lori Wolf-Heffner. Ed. by Susan Fish. 2019. (Between Worlds Ser.: Vol. 1). (ENG.). 492p. (YA). (gr. 7-11). pap. *(978-0-9950906-8-2(8))* Head in the Ground Publishing.
Between Worlds 2: The Distance. Lori Wolf-Heffner. Ed. by Susan Fish. 2018. (ENG., Illus.). 174p. (YA). pap. *(978-0-9950906-4-4(5))* Head in the Ground Publishing.
Between Worlds 2: The Distance (Large Print) Lori Wolf-Heffner. Ed. by Susan Fish. 2019. (Between Worlds Ser.: Vol. 2). (ENG.). 564p. (YA). (gr. 7-11). pap. *(978-0-9950906-9-9(6))* Head in the Ground Publishing.
Between Worlds 3: The First Step. Lori Wolf-Heffner. Ed. by Susan Fish. 2019. (Between Worlds Ser.: Vol. 3). (ENG.). 180p. (YA). (gr. 7-11). pap. *(978-1-989465-00-4(5))* Head in the Ground Publishing.
Between Worlds 3: The First Step (Large Print) Lori Wolf-Heffner. Ed. by Susan Fish. 2019. (Between Worlds Ser.: Vol. 3). (ENG.). 552p. (YA). (gr. 7-11). pap. *(978-1-989465-02-8(1))* Head in the Ground Publishing.
Between Worlds 4: What Friends Do. Lori Wolf-Heffner. Ed. by Susan Fish. 2019. (Between Worlds Ser.: Vol. 4). (ENG.). 208p. (YA). (gr. 7-12). pap. *(978-1-989465-05-9(6))* Head in the Ground Publishing.
Between Worlds 4: What Friends Do (large Print) Lori Wolf-Heffner. Ed. by Susan Fish. 2019. (Between Worlds Ser.: Vol. 4). (ENG.). 646p. (YA). (gr. 7-12). pap. *(978-1-989465-07-3(2))* Head in the Ground Publishing.
Between Worlds 5: Hide & Seek. Lori Wolf-Heffner. Ed. by Susan Fish. 2019. (Between Worlds Ser.: Vol. 5). (ENG.). 234p. (YA). (gr. 7-12). pap. *(978-1-989465-08-0(0))* Head in the Ground Publishing.
Between Worlds 5: Hide & Seek (large Print) Lori Wolf-Heffner. Ed. by Susan Fish. 2019. (Between Worlds

194

The check digit for ISBN-10 appears in parentheses after the full ISBN-13

Ser.: Vol. 5). (ENG.). 636p. (YA). (gr. 7-12). pap. *(978-1-989465-10-3(2))* Head in the Ground Publishing.

Between Worlds 6: Missing Home. Lori Wolf-Heffner. Ed. by Susan Fish. 2020. (Between Worlds Ser.: Vol. 6). (ENG.). 236p. (YA). (gr. 7-12). pap. *(978-1-989465-12-7(9))* Head in the Ground Publishing.

Between Worlds 6: Missing Home (large Print) Lori Wolf-Heffner. Ed. by Susan Fish. 2020. (Between Worlds Ser.: Vol. 6). (ENG.). 652p. (YA). (gr. 7-12). pap. *(978-1-989465-14-1(5))* Head in the Ground Publishing.

Between Worlds 7. Lori Wolf-Heffner. Ed. by Susan Fish. 2020. (ENG.). 214p. (YA). pap. *(978-1-989465-15-8(3))* Head in the Ground Publishing.

Between Worlds 7: What Will Come (large Print) Lori Wolf-Heffner. Ed. by Susan Fish. l.t. ed. 2020. (Between Worlds Ser.: Vol. 7). (ENG.). 578p. (YA). pap. *(978-1-989465-17-2(X))* Head in the Ground Publishing.

Between Worlds 8: A Father's Journey. Lori Wolf-Heffner. Ed. by Susan Fish. 2021. (Between Worlds Ser.: Vol. 8). (ENG.). 246p. (YA). pap. *(978-1-989465-24-0(2))* Head in the Ground Publishing.

Between You & Me (Classic Reprint) Harry Lauder. (ENG., Illus.). (J). 2018. 322p. 30.54 *(978-1-397-20017-4(0))*; 2018. 324p. pap. 13.57 *(978-1-397-19907-2(5))*; 2018. 324p. 30.60 *(978-0-666-06245-1(5))*; 2017. pap. 13.57 *(978-0-259-84474-7(8))* Forgotten Bks.

Between You, Me, & the Honeybees. Amelia Diane Coombs. 2022. (ENG., Illus.). 384p. (YA). (gr. 9). pap. 12.99 *(978-1-5344-5301-2(6)*, Simon & Schuster Bks. For Young Readers) Simon & Schuster Bks. For Young Readers.

Betweeners: A Very Unsettling Adventure. Sir Rhymesalot. Illus. by David Geiser & David Geiser. 2022. 32p. (J). (gr. 4-6). 9.99 *(978-1-953652-55-3(7))* Imagine & Wonder.

Betwixt Two Lovers, Vol. 1 Of 2: A Novel (Classic Reprint) Rowan Hamilton. 2017. (ENG., Illus.). (J). 27.86 *(978-0-265-16077-0(4))* Forgotten Bks.

Betwixt Two Lovers, Vol. 2 Of 2: A Novel (Classic Reprint) Rowan Hamilton. (ENG., Illus.). (J). 2018. 198p. 27.98 *(978-0-483-98048-8(X))*; 2016. pap. 10.57 *(978-1-333-36103-7(3))* Forgotten Bks.

Beulah: A Novel (Classic Reprint) Augusta J. Evans. 2017. (ENG., Illus.). (J). 27.86 *(978-0-266-98695-9(1))* Forgotten Bks.

Beulah (Classic Reprint) Augusta Jane Evans. 2018. (ENG., Illus.). 518p. (J). 34.58 *(978-0-364-28076-8(X))* Forgotten Bks.

Beurk! le Livre Différent et Fascinant Sur le Corps Humain. Eric Braun. 2018. (Notre Monde: dégoûtant Mais Génial! Ser.). (FRE.). 24p. (J). (gr. 4-6). *(978-1-77092-449-9(3)*, 12584, Hi Jinx) Black Rabbit Bks.

Beurk! le Livre Différent et Fascinant Sur le Sport. Eric Braun. 2018. (Notre Monde: dégoûtant Mais Génial! Ser.). (FRE.). 24p. (J). (gr. 4-6). *(978-1-77092-452-9(3)*, 12587, Hi Jinx) Black Rabbit Bks.

Beurk! le Livre Différent et Fascinant Sur L'école. Eric Braun. 2018. (Notre Monde: dégoûtant Mais Génial! Ser.). (FRE.). 24p. (J). (gr. 4-6). *(978-1-77092-450-5(7)*, 12585, Hi Jinx) Black Rabbit Bks.

Beurk! le Livre Différent et Fascinant Sur les Animaux. Eric Braun. 2018. (Notre Monde: dégoûtant Mais Génial! Ser.). (FRE.). 24p. (J). (gr. 4-6). *(978-1-77092-453-6(1)*, 12582, Hi Jinx) Black Rabbit Bks.

Beurk! le Livre Différent et Fascinant Sur L'espace. Eric Braun. 2018. (Notre Monde: dégoûtant Mais Génial! Ser.). (FRE.). 24p. (J). (gr. 4-6). *(978-1-77092-451-2(5)*, 12586, Hi Jinx) Black Rabbit Bks.

Beurk! le Livre Différent et Fascinant Sur Tout Ce Qui Pue, Qui Est Mou et Gluant. Eric Braun. 2018. (Notre Monde: dégoûtant Mais Génial! Ser.). (FRE.). 24p. (J). (gr. 4-6). *(978-1-77092-454-3(X)*, 12583, Hi Jinx) Black Rabbit Bks.

Bevan: A Well-Loved Bear. Petra Brown. Illus. by Petra Brown. 2021. (ENG., Illus.). 32p. (gr. k-3). 16.99 *(978-1-5341-1110-3(7)*, 205106) Sleeping Bear Pr.

Beverlee Beaz the Brown Burmese. Regan W. H. Macaulay. Illus. by Alex Zgud. 2nd ed. 2019. (ENG.). 48p. (J). pap. *(978-1-987976-52-6(5))* Mirror World Publishing.

Beverley of Graustark (Classic Reprint) George Barr McCutcheon. (ENG., Illus.). (J). 2018. 382p. 31.80 *(978-0-484-10233-9(8))*; 2017. pap. 16.57 *(978-0-243-51558-5(8))* Forgotten Bks.

Beverley Star, 1944, Vol. 2 (Classic Reprint) Beverley Manor High School. 2018. (ENG., Illus.). (J). 70p. 25.34 *(978-1-396-67641-3(4))*; 72p. pap. 9.57 *(978-1-396-01323-2(7))* Forgotten Bks.

Beverleys: A Story of Calcutta. Mary Abbott. 2017. (ENG., Illus.). (J). pap. *(978-0-649-07324-5(X))* Trieste Publishing Pty Ltd.

Beverleys: A Story of Calcutta (Classic Reprint) Mary Abbott. (ENG., Illus.). (J). 2018. 274p. 29.55 *(978-0-332-09766-4(8))*; 2016. pap. 11.97 *(978-1-333-36536-3(5))* Forgotten Bks.

Beverly: Or, the White Mask, a Novel (Classic Reprint) Mansfield Tracy Walworth. 2018. (ENG., Illus.). 432p. (J). 32.81 *(978-0-428-92629-0(2))* Forgotten Bks.

Beverly Hills Prep (Set), 6 vols. 2018. (Beverly Hills Prep Ser.). (ENG.). (YA). (gr. 5-12). 197.04 *(978-1-68076-707-0(0)*, 28590, Epic Escape) EPIC Pr.

Beverly Meets the Dentist. Katina Beverly & Kredenna Beverly. 2022. (ENG., Illus.). 26p. (J). pap. 13.95 *(978-1-63710-444-6(8))* Fulton Bks.

Beverly of Graustark (Classic Reprint) George Barr McCutcheon. 2018. (ENG., Illus.). 378p. (J). 31.69 *(978-0-666-06246-8(3))* Forgotten Bks.

Beverly, Right Here. Kate DiCamillo. (ENG.). 256p. 2021. (J). (gr. 5). pap. 7.99 *(978-1-5362-1154-2(0))*; 2019. (J). (gr. 5). 16.99 *(978-0-7636-9464-7(9))*; 3. 2021. (gr. 3-6). 22.44 *(978-1-5364-6764-2(2))* Candlewick Pr.

Beverly, Right Here. Kate DiCamillo. 2019. (ENG.). 256p. lib. bdg. 18.80 *(978-1-6636-3120-6(4))* Perfection Learning Corp.

Beverly Sills: America's Own Opera Star. Mona Kerby. 2017. (ENG., Illus.). 64p. (J). pap. 7.99 *(978-0-9993790-4-2(6))* MK Pubs.

Bevin & the Great Pandemic. Mary Gonyer. Illus. by Korin Gonyer. 2020. 36p. (J). pap. 11.59 *(978-1-0983-3972-2(X))* BookBaby.

Bevis: The Story of a Boy, Vol. 1 of 3 (Classic Reprint) Richard Jefferies. 2018. (ENG., Illus.). 302p. (J). 30.13 *(978-0-267-63117-9(0))* Forgotten Bks.

Bevis: The Story of a Boy, Vol. 3 of 3 (Classic Reprint) Richard Jefferies. 2018. (ENG., Illus.). 304p. (J). 30.19 *(978-0-267-18376-0(3))* Forgotten Bks.

Bevis, Vol. 2 Of 3: The Story of a Boy (Classic Reprint) Richard Jefferies. (ENG., Illus.). (J). 2018. 306p. 30.23 *(978-0-484-51704-1(X))*; 2016. pap. 13.57 *(978-1-334-15443-0(0))* Forgotten Bks.

Beware! Bob Raczka. Illus. by Larry Day. 2019. 32p. (J). (gr. -1-2). lib. bdg. 15.99 *(978-1-58089-683-2(9))* Charlesbridge Publishing, Inc.

Beware! Be Scared! Lori Ries. Illus. by Ryan Law. 2021. (ENG.). 32p. (J). 16.99 *(978-1-952209-78-9(1))* Lawley Enterprises.

Beware! Be Scared! Lori Ries & Ryan Law. 2021. (ENG.). 32p. (J). pap. 10.99 *(978-1-952209-80-2(3))* Lawley Enterprises.

Beware Charlie Dryden. Carol Dean. 2017. (ENG.). 66p. (J). pap. ***(978-1-326-66575-3(8))*** Lulu.com.

Beware! Corkie the Yorkie Is a Sock Thief! Wayne Van Der Wal. 2021. (ENG.). 56p. (J). pap. 12.99 *(978-1-7327710-4-8(9))* Five Vines Pr.

Beware, Dawn! see Dawn y los Mensajes Aterradores

Beware! Killer Plants (Set), 6 vols. Joyce Markovics. 2021. (Beware! Killer Plants Ser.). (ENG., Illus.). 24p. (J). (gr. 3-6). 183.84 *(978-1-5341-9289-8(1)*, 218926); pap., pap., pap. 76.71 *(978-1-5341-9307-9(3)*, 218927) Cherry Lake Publishing.

Beware of Dog: Fun Poems & Pictures for School Kids. Jim Teeters. Ed. by Lana Hechtman Ayers. 2018. (ENG., Illus.). 76p. (J). pap. 10.99 *(978-1-937797-07-2(4))* World Enough Writers.

Beware of Dogbot! (Rugrats) Elle Stephens. Illus. by Erik Doescher. 2021. (Step into Reading Ser.). (ENG.). 32p. (J). (gr. k-4). 14.99 *(978-0-593-38226-4(9))*; 5.99 *(978-0-593-38225-7(0))* Random Hse. Children's Bks. (Random Hse. Bks. for Young Readers).

Beware of Joyous Construction Coloring! Coloring Book. Jupiter Kids. 2017. (ENG., Illus.). (J). pap. 9.20 *(978-1-68326-630-3(7)*, Jupiter Kids (Childrens & Kids Fiction)) Speedy Publishing LLC.

Beware of the Crocodile. Martin Jenkins. Illus. by Satoshi Kitamura. 2019. (ENG.). 32p. (J). (gr. k-3). 17.99 *(978-0-7636-7538-7(5))* Candlewick Pr.

Beware of the Dead End! a Challenging Maze Activity Book. Smarter Activity Books. 2016. (ENG., Illus.). (J). pap. 8.99 *(978-1-68374-192-3(7))* Examined Solutions PTE. Ltd.

Beware of the Giant Brain! Mark Young. Illus. by Mariano Epelbaum. 2020. (Franken-Sci High Ser.: 4). (ENG.). 176p. (J). (gr. 3-7). 17.99 *(978-1-4814-9140-2(7))*; pap. 6.99 *(978-1-4814-9139-6(3))* Simon Spotlight. (Simon Spotlight).

Beware of the Mist: Leveled Reader Sapphire Level 30 Grade 5. Hmh Hmh. 2019. (PM Ser.). (ENG.). 64p. (J). (gr. 5). pap. 11.00 *(978-0-358-08714-4(7))* Houghton Mifflin Harcourt Publishing Co.

Beware of the Neighbourhood Witch. Mark Billen. 2017. (ENG.). 98p. (J). pap. ***(978-0-244-62945-8(5))*** Lulu Pr., Inc.

Beware of the Sneaky Sheep. Michael A. Newton. l.t. ed. 2023. (ENG.). 28p. (J). pap. ***(978-1-916572-04-1(9))*** UK Bk. Publishing.

Beware That Girl. Teresa Toten. 2018. (ENG.). 336p. (YA). (gr. 9). pap. 9.99 *(978-0-553-50793-5(1)*, Ember) Random Hse. Children's Bks.

Beware the Bell Witch. Illus. by Maggie Ivy. 2018. (Haunted States of America Ser.). (ENG.). 136p. (J). (gr. 3-4). lib. bdg. 27.13 *(978-1-63163-203-7(5)*, 1631632035, Jolly Fish Pr.) North Star Editions.

Beware the Bell Witch. Illus. by Maggie Ivy. 2018. (Haunted States of America Ser.). (ENG.). 136p. (J). (gr. 3-4). pap. 7.99 *(978-1-63163-204-4(3)*, 1631632043, Jolly Fish Pr.) North Star Editions.

Beware the Boomslang: #3. Johanna Gohmann. Illus. by Carissa Harris. 2022. (Portal to Paragon Ser.). (ENG.). 112p. (J). (gr. 2-5). lib. bdg. 38.50 *(978-1-0982-3315-0(8)*, 39821, Calico Chapter Bks.) ABDO Publishing Co.

Beware the Burmese Pythons: And Other Invasive Animal Species. Etta Kaner. Illus. by Phil Nicholls. 2022. (ENG.). 48p. (J). (gr. 3-7). 19.99 *(978-1-5253-0446-0(1))* Kids Can Pr., Ltd. CAN. Dist: Hachette Bk. Group.

Beware the Claw! (Hound Heroes #1), 1 vol. Todd Goldman. Illus. by Todd Goldman. 2021. (ENG., Illus.). 128p. (J). (gr. 2-5). pap. 9.99 *(978-1-338-64846-1(2)*, Graphix) Scholastic, Inc.

Beware the Claw! (Hound Heroes #1) (Library Edition) Todd Goldman. Illus. by Todd Goldman. 2021. (ENG., Illus.). 128p. (J). (gr. 2-5). lib. bdg. 24.99 *(978-1-338-64847-8(0)*, Graphix) Scholastic, Inc.

Beware the Creeper! Christy Webster. ed. 2022. (Mobs of Minecraft Ser.). (ENG.). 24p. (J). (gr. k-1). 16.96 ***(978-1-68505-347-5(5))*** Penworthy Co., LLC, The.

Beware the Creeper! (Mobs of Minecraft #1) Christy Webster. Illus. by Alan Batson. 2022. (Pictureback(R) Ser.). (ENG.). 24p. (J). (gr. -1-2). 5.99 *(978-0-593-43183-2(9)*, Random Hse. Bks. for Young Readers) Random Hse. Children's Bks.

Beware the Glop! Steve Behling. ed. 2018. (Marvel Chapter Ser.). (ENG.). 172p. (J). (gr. 3-5). 17.36 *(978-1-64310-654-0(6))* Penworthy Co., LLC, The.

Beware the Haunted House. Ron Berry. Ed. by Smart Kidz. Illus. by Chris Sharp. 2019. (Halloween Safe Scare Ser.). (ENG.). 12p. (J). (gr. -1-2). bds. 9.99 *(978-1-64123-283-8(8)*, 771051) Smart Kidz Media, Inc.

Beware the Kakamora! Bill Scollon. 2016. (Illus.). (J). *(978-1-5182-2416-4(4))* Random Hse., Inc.

Beware the Kakamora! (Disney Moana) RH Disney. Illus. by RH Disney. 2016. (Pictureback(R) Ser.). (ENG., Illus.). 24p. (J). (gr. -1-2). 4.99 *(978-0-7364-3601-4(4)*, RH/Disney) Random Hse. Children's Bks.

Beware the Mediocrity: A Poetry Collection. Mia Guiliano. 2018. (ENG., Illus.). 32p. (J). pap. 7.99 *(978-0-578-41008-1(7))* MBG Creations.

Beware the Mighty Bitey. Heather Pindar. Illus. by Susan Batori. 2019. (ENG.). 32p. (J). (gr. -1-3). 17.99 *(978-1-84886-361-3(6)*, d7766225-6fda-4383-8b43-279a4a693cbb) Maverick Arts Publishing GBR. Dist: Lerner Publishing Group.

Beware the Monster! Michaël Escoffier. 2019. (ENG.). 34p. (J). (gr. k-1). 20.96 *(978-0-87617-623-8(6))* Penworthy Co., LLC, The.

Beware the Night. Jessika Fleck. 2020. (Offering Ser.: 1). (ENG.). 336p. (YA). pap. 20.99 *(978-1-250-23333-2(X)*, 900184475) Square Fish.

Beware the Sea Monster! Johanna Gohmann. Illus. by Addy Rivera. 2022. (Pirate Kids Set 2 Ser.). (ENG.). 32p. (J). (gr. 2-2). pap. 9.95 *(978-1-64494-474-5(X)*, Calico Kid) ABDO Publishing Co.

Beware the Werewolf. Andres Miedoso. Illus. by Victor Rivas. 2020. (Desmond Cole Ghost Patrol Ser.: 12). (ENG.). 128p. (J). (gr. k-4). 17.99 *(978-1-5344-7956-2(2))*; pap. 5.99 *(978-1-5344-7955-5(4))* Little Simon. (Little Simon).

Beware the Yell. D. W. Hudson. 2021. (ENG.). 60p. (J). 19.99 *(978-1-0879-6802-5(X))* Indy Pub.

Bewegung: Kinder Malbuch. Bold Illustrations. 2017. (GER., Illus.). (J). pap. 8.35 *(978-1-64193-148-9(5)*, Bold Illustrations) FASTLANE LLC.

Bewick's Select Fables of Aesop & Others in Three Parts: Fables Extracted from Dodsley's; Fables with Reflections in Prose & Verse; Fables in Verse (Classic Reprint) Thomas Bewick. 2017. (ENG., Illus.). (J). 31.16 *(978-0-266-22132-6(7))* Forgotten Bks.

Bewildered Beast. Will Patrick. 2018. (ENG., Illus.). 42p. (J). (gr. k-5). 17.95 *(978-0-578-42824-6(5))* William P Castor.

Bewildered Benedict: The Story of a Superfluous Uncle (Classic Reprint) Edward Burke. 2018. (ENG., Illus.). (J). 404p. 32.23 *(978-0-366-56270-1(3))*; 406p. pap. 16.57 *(978-0-366-10893-0(X))* Forgotten Bks.

Bewildering & Brain-Teasing Mazes! Adult Activity Book. Activibooks. 2016. (ENG., Illus.). (J). pap. 7.55 *(978-1-68321-481-6(1))* Mimaxion.

Bewildering Miss. Felicia (Classic Reprint) Granville Forbes Sturgis. 2018. (ENG., Illus.). 96p. (J). 25.90 *(978-0-267-27131-3(X))* Forgotten Bks.

Bewitched Fiddle: And Other Irish Tales (Classic Reprint) Seumas Mac Manus. 2017. (ENG., Illus.). (J). 27.67 *(978-0-260-46526-9(7))*; pap. 11.57 *(978-0-243-87356-2(5))* Forgotten Bks.

Bewitching Berry Men. Anne Stevens. 2018. (ENG., Illus.). 66p. (J). pap. *(978-1-907552-91-5(X)*, Nightingale Books) Pegasus Elliot Mackenzie Pubs.

Bewitching Hannah. Leigh Goff. 2017. (ENG., Illus.). (YA). (gr. 7-12). pap. *(978-1-987976-31-1(2))* Mirror World Publishing.

Bewitching World of Maurice Sendak. Jennifer Hurtig. 2016. (J). *(978-1-5105-1957-2(2))* SmartBook Media, Inc.

Beyhadh: The Story of Maya Jaisingh. Jyotismita Debnath. 2021. (ENG.). 254p. (YA). pap. 16.98 *(978-1-68586-937-3(8))* Notion Pr., Inc.

Beyminstre: A Novel (Classic Reprint) Ellen Wallace. (ENG., Illus.). (J). 2018. 402p. 32.19 *(978-0-365-13829-7(0))*; 2017. pap. 16.57 *(978-0-259-20644-6(X))* Forgotten Bks.

Beyminstre, Vol. 1 of 3 (Classic Reprint) Ellen Wallace. 2018. (ENG., Illus.). 266p. (J). 29.38 *(978-0-267-45049-7(4))* Forgotten Bks.

Beyminstre, Vol. 2 of 3 (Classic Reprint) Ellen Wallace. 2018. (ENG., Illus.). (J). 304p. 30.17 *(978-0-366-56094-3(8))*; 306p. pap. 13.57 *(978-0-366-06364-2(2))* Forgotten Bks.

Beyminstre, Vol. 3 of 3 (Classic Reprint) Ellen Wallace. 2017. (ENG., Illus.). 284p. (J). 29.77 *(978-0-484-74802-5(5))* Forgotten Bks.

Beyoncé. Emily Hudd. 2019. (Influential People Ser.). (ENG., Illus.). 32p. (J). (gr. 4-6). 30.65 *(978-1-5435-7129-5(8)*, 140412) Capstone.

Beyonce. Katie Lajiness. 2017. (Big Buddy Pop Biographies Set 2 Ser.). (ENG., Illus.). 32p. (J). (gr. 2-5). lib. bdg. 34.21 *(978-1-5321-1058-0(8)*, 25692, Big Buddy Bks.) ABDO Publishing Co.

Beyoncé. E. Merwin. 2018. (Amazing Americans: Pop Music Stars Ser.). (ENG.). 24p. (J). (gr. -1-3). lib. bdg. 26.99 *(978-1-68402-678-4(4))* Bearport Publishing Co., Inc.

Beyoncé. Jennifer Strand. 2016. (Stars of Music Ser.). (ENG.). 24p. (J). (gr. -1-2). lib. bdg. 31.36 *(978-1-68079-917-0(7)*, 24138, Abdo Zoom-Launch) ABDO Publishing Co.

Beyonce, Vol. 11. Panchami Boyd. 2018. (Hip-Hop & R & B: Culture, Music & Storytelling Ser.). (Illus.). 80p. (J). (gr. 7). lib. bdg. 33.27 *(978-1-4222-4177-6(7))* Mason Crest.

Beyoncé: Entertainment Industry Icon, 1 vol. Katie Griffiths. 2017. (Leading Women Ser.). (ENG., Illus.). 112p. (YA). (gr. 7-7). 41.64 *(978-1-5026-2705-6(1)*, ea49be16-bf57-49ea-879d-1ec72e415a89) Cavendish Square Publishing LLC.

Beyoncé: The Reign of Queen Bey, 1 vol. Vanessa Oswald. 2019. (People in the News Ser.). (ENG.). 104p. (gr. 7-7). 41.03 *(978-1-5345-6706-1(2)*, ceb219ab-43d7-44dd-9418-8fb78b8bb7f2, Lucent Pr.) Greenhaven Publishing LLC.

Beyonce - A Little Golden Book Biography. Lavaille Lavette. Illus. by Anastasia Williams. 2023. (Little Golden Book Ser.). 24p. (J). (gr. -1-3). 5.99 *(978-0-593-56812-5(5)*, Golden Bks.) Random Hse. Children's Bks.

Beyoncé & Jay-Z, 1 vol. Jacqueline Parrish. 2019. (Power Couples Ser.). (ENG.). 112p. (gr. 7-7). 38.80 *(978-1-5081-8879-7(3)*, d7529c14-47a0-4568-822c-4b1ad02e73c5) Rosen Publishing Group, Inc., The.

Beyoncé: Shine Your Light. Sarah Warren. Illus. by Geneva Bowers. 2019. (ENG.). 32p. (J). (gr. -1-3). 16.99 *(978-1-328-58516-5(6)*, 1729453, Clarion Bks.) HarperCollins Pubs.

Beyoncé (the First Names Series) Nansubuga Nagadya Isdahl. Illus. by Tammy Taylor. 2022. (First Names Ser.). (ENG.). 176p. (J). (gr. 3-7). pap. 6.99 *(978-1-4197-4961-2(7)*, 1279903, Abrams Bks. for Young Readers) Abrams, Inc.

Beyoncé (the First Names Series) Isdahl Nansubuga. Illus. by Tammy Taylor. 2021. (First Names Ser.). (ENG.). 160p. (J). (gr. 3-7). 9.99 *(978-1-4197-5371-8(1)*, 1279901, Abrams Bks. for Young Readers) Abrams, Inc.

Beyond. Peter Gulgowski. 2021. (ENG.). 440p. (YA). 29.99 *(978-1-0879-4587-3(9))* Indy Pub.

Beyond. Georgia Springate. 2019. (ENG.). 310p. (YA). (gr. 8-12). pap. *(978-1-912946-05-1(X))* Burning Chair Publishing.

Beyond. Donna Wagner. 2016. (ENG., Illus.). 368p. (YA). pap. *(978-1-365-20339-8(5))* Lulu Pr., Inc.

Beyond. Mary Zylinski. 2018. (ENG., Illus.). 250p. (J). pap. 13.00 *(978-1-387-55153-8(1))* Lulu Pr., Inc.

Beyond: A Record of Real Life in the Beautiful Country over the River & Beyond (Classic Reprint) H. H. Kenyon. (ENG., Illus.). (J). 2018. 154p. 27.07 *(978-0-332-83927-1(3))*; 2017. pap. 9.57 *(978-0-243-39347-3(4))* Forgotten Bks.

Beyond: Broken Sky Chronicles, Book 3. Jason Chabot. 2017. (Broken Sky Chronicles Ser.: 3). (ENG.). 432p. (YA). 35.99 *(978-1-68162-608-6(X))*; pap. 19.99 *(978-1-68162-607-9(1))* Turner Publishing Co.

Beyond: Discoveries from the Outer Reaches of Space. Miranda Paul. Illus. by Sija Hong. 2021. (ENG.). 32p. (J). (gr. k-3). 19.99 *(978-1-5415-7756-5(6)*, c846a60d-bd26-48eb-87f8-53c577497d0c, Millbrook Pr.) Lerner Publishing Group.

Beyond a Darkened Shore. Jessica Leake. 2018. (ENG.). 448p. (YA). (gr. 9). 17.99 *(978-0-06-266626-0(6)*, HarperTeen) HarperCollins Pubs.

Beyond a Doubt: What Happens When You Unravel? Laural Samson. 2020. (ENG.). 156p. (YA). pap. *(978-1-716-59903-3(2))* Lulu Pr., Inc.

Beyond a Drama of Heart's Counseling (Classic Reprint) John Galsworthy. 2018. (ENG., Illus.). 448p. (J). 33.14 *(978-0-365-32555-0(4))* Forgotten Bks.

Beyond Addiction: Sally Discovers How to Think for Herself. Alexander T. Polgar. 2021. (ENG.). 120p. (J). *(978-1-7771669-4-6(2))* Sandriam Pubns.

Beyond All Lies. L. G. Mosher. 2021. (ENG.). 284p. (YA). pap. 19.95 *(978-1-63692-090-0(X))* Newman Springs Publishing, Inc.

Beyond Andromeda. Peter Tirant-James. 2020. (ENG.). 228p. (YA). pap. 16.99 *(978-1-5043-2013-9(1)*, Balboa Pr.) Author Solutions, LLC.

Beyond Atonement (Classic Reprint) Marie von Ebner-Eschenbach. 2017. (ENG., Illus.). (J). 30.46 *(978-0-265-65599-3(4))*; pap. 13.57 *(978-1-5276-1044-6(6))* Forgotten Bks.

Beyond Basketball. Jake Maddox. 2018. (Jake Maddox JV Girls Ser.). (ENG., Illus.). 96p. (J). (gr. 4-8). pap. 5.95 *(978-1-4965-6345-3(X)*, 138069); lib. bdg. 25.99 *(978-1-4965-6343-9(3)*, 138067) Capstone. (Stone Arch Bks.).

Beyond Brave: 60 Days of Journaling Devotions for Young Women, 1 vol. Zondervan Staff. 2020. (ENG.). 256p. (YA). 15.99 *(978-0-310-76956-9(6))* Zondervan.

Beyond Cabin Fourteen. Polark Kelly. 2019. (ENG., Illus.). 126p. (J). (gr. 3-6). pap. 13.99 *(978-1-7327112-1-1(6))* Vinspire Publishing LLC.

Beyond Carousel. Brendan Ritchie. 2017. (Carousel Ser.). 368p. (YA). (gr. 7). 19.99 *(978-1-925164-03-9(9))* Fremantle Pr. AUS. Dist: Independent Pubs. Group.

Beyond (Classic Reprint) John Galsworthy. 2018. (ENG., Illus.). (J). 526p. 34.77 *(978-0-366-56369-2(6))*; 528p. pap. 19.57 *(978-0-366-14452-5(9))* Forgotten Bks.

Beyond Compare, Vol. 1 Of 3: A Story (Classic Reprint) Charles Gibbon. 2018. (ENG., Illus.). 278p. (J). 29.63 *(978-0-483-38521-4(2))* Forgotten Bks.

Beyond Compare, Vol. 2 of 3 (Classic Reprint) Charles Gibbon. 2018. (ENG., Illus.). 276p. (J). 29.59 *(978-0-484-43713-4(5))* Forgotten Bks.

Beyond Compare, Vol. 3 of 3 (Classic Reprint) Charles Gibbon. 2018. (ENG., Illus.). 288p. (J). 29.84 *(978-0-483-61733-9(4))* Forgotten Bks.

Beyond Desire (Classic Reprint) Sherwood Anderson. 2017. (ENG., Illus.). (J). 31.53 *(978-0-331-56887-5(X))*; pap. 13.97 *(978-0-243-29258-5(9))* Forgotten Bks.

Beyond Expectations. R. D. Pradhan. 2016. (ENG., Illus.). 522p. (YA). pap. *(978-93-83572-81-6(7))* Vishwakarma Pubns.

Beyond Forever: The Angelheart Saga, Book 3. Annie Woods. 2020. (ENG.). 332p. (YA). (gr. 7-12). pap. *(978-1-78465-754-3(9)*, Vanguard Press) Pegasus Elliot Mackenzie Pubs.

Beyond Gender Binaries: The History of Trans, Intersex, & Third-Gender Individuals, 1 vol. Rita Santos. 2018. (History of the LGBTQ+ Rights Movement Ser.). (ENG., Illus.). 112p. (J). (gr. 7-7). 38.80 *(978-1-5383-8126-7(5)*, 809c132f-2735-4900-a71f-3cdab587b924); pap. 18.65 *(978-1-5081-8307-5(4)*, 881415a4-d31d-4ecf-80af-bfdddffa3252) Rosen Publishing Group, Inc., The.

Beyond Gray Clouds. Kamara B. Heussner. 2018. (ENG.). 38p. (J). 14.95 *(978-1-68401-555-9(3))* Amplify Publishing Group.

Beyond Hotdogs. Junnie Chup. Illus. by Junnie Chup. 2020. (ENG., Illus.). 36p. (J). 14.95 *(978-1-931468-35-0(4))* Invisible College Pr., LLC, The.

Beyond Male & Female: The Gender Identity Spectrum. Anita R. Walker. 2019. (LGBTQ Life Ser.). (Illus.). 96p. (J). (gr. 12). lib. bdg. 34.60 *(978-1-4222-4274-2(9))* Mason Crest.

Beyond Mosquito Wall. Rick Ciotti. 2016. (ENG., Illus.). (J). pap. 11.95 *(978-1-61244-482-6(2))* Halo Publishing International.

Beyond My Home, Lies the Eternal Dark Forest: Rise of Schedar Volume 1. Ayushman Samasi. 2021. (ENG.). 92p. (YA). pap. 10.99 *(978-1-68494-972-4(6))* Notion Pr., Inc.

Beyond My Label. Kalynda Meque Boyd. 2020. (ENG.). 26p. (J). (gr. k-3). 12.99 *(978-1-0879-0812-0(4))* Indy Pub.

Beyond Never Land, 1. Kiki Thorpe. ed. 2020. (Never Girls Ser.). (ENG.). 107p. (J). (gr. 2-3). 17.49 *(978-1-64697-039-1(X))* Penworthy Co., LLC, The.

Beyond Never Land. Kiki Thorpe. ed. 2018. (Finding Tinker Bell Ser.: 1). lib. bdg. 17.20 *(978-0-606-40951-3(3))* Turtleback.

Beyond Our Shores (1890/1899) Constance Sharp. 2018. (J). *(978-1-5105-3606-7(X))* SmartBook Media, Inc.

B

For book reviews, descriptive annotations, tables of contents, cover images, author biographies & additional information, updated daily, subscribe to **www.booksinprint.com** 195

Beyond Outstanding: Using the Principles of Daniel to Live Your Best God-Given Life. Modupe Sode. 2018. (ENG., Illus.). 56p. (YA). (gr. 8-9). pap. *(978-1-4866-1746-3(8))* Word Alive Pr.

Beyond Platform 13. Sibéal Pounder & Eva Ibbotson. 2021. (ENG.). 240p. (J). (gr. 3-7). 16.99 *(978-0-593-20417-7(4)*, Viking Books for Young Readers) Penguin Young Readers Group.

Beyond Possible (Young Readers' Edition) Nims Purja. 2022. (ENG., Illus.). 168p. (J). (gr. 5-9). 18.99 *(978-1-4263-7405-0(4))*; 28.90 *(978-1-4263-7455-5(0))* Disney Publishing Worldwide. (National Geographic Kids).

Beyond Repair. Lois Peterson. 2nd ed. 2020. (Orca Currents Ser.). (ENG.). 120p. (J). (gr. 4-7). pap. 10.95 *(978-1-4598-2752-3(X))* Orca Bk. Pubs. USA.

Beyond Sex Ed: Understanding Sexually Transmitted Infections. Tabitha Moriarty & Diane Yancey. 2023. (Healthy Living Library). (ENG., Illus.). 128p. (YA). (gr. 8-12). lib. bdg. 38.65 ***(978-1-5415-8895-0(9)**,* 7bd5980f-5f22-4def-a991-3be2190d80fa, Twenty-First Century Bks.) Lerner Publishing Group.

Beyond Sound: A Deeper Look into Music. Austin Mardon et al. 2022. (ENG.). 54p. (J). pap. ***(978-1-77369-849-6(4))*** Golden Meteorite Pr. CAN. Dist: Lulu Pr., Inc.

Beyond the Argentine: Or, Letters from Brazil (Classic Reprint) May Frances. 2018. (ENG., Illus.). 162p. (J). 27.24 *(978-0-484-01747-3(0))* Forgotten Bks.

Beyond the Asteroid Belt: Can You Explore the Outer Planets?, 1 vol. David Hawksett. 2017. (Be a Space Scientist! Ser.). (ENG.). 48p. (J). (gr. 5-5). pap. 12.75 *(978-1-5383-2290-1(0)*, 8dc9b7fa-23d8-49de-9027-b9b4e81a054f); (Illus.). 31.93 *(978-1-5383-2197-3(1)*, 29627733-8fd8-442f-80bd-21b045f73ded) Rosen Publishing Group, Inc., The. (PowerKids Pr.).

Beyond the Battle's Rim a Story of the Confederate Refugees (Classic Reprint) Ida Withers Harrison. (ENG., Illus.). (J). 2018. 248p. 29.03 *(978-0-666-40707-8(X))*; 2017. pap. 11.57 *(978-0-259-43059-9(5))* Forgotten Bks.

Beyond the Birch: (Fractured & Fabled) Torina Kingsley. 2021. (ENG.). 158p. (J). pap. 9.99 *(978-1-7349062-5-7(1))* Trunk Up Bks.

Beyond the Black Door. A. M. Strickland. 2021. (ENG.). 416p. (YA). pap. 11.99 *(978-1-250-62085-9(6)*, 900194646) Square Fish.

Beyond the Black Waters: A Tale (Classic Reprint) A. L. O. E. 2018. (ENG., Illus.). 260p. (J). 29.26 *(978-0-483-72859-2(4))* Forgotten Bks.

Beyond the Book: A Suicide Mission. Aditi Chauhan. 2022. (ENG.). 188p. (YA). 30.49 *(978-1-5437-7077-3(0))*; pap. 14.83 *(978-1-5437-7075-9(4))* Partridge Pub.

Beyond the Border (Classic Reprint) Walter Douglas Campbell. 2017. (ENG., Illus.). (J). 33.96 *(978-0-331-78850-1(0))*; pap. 16.57 *(978-0-243-95326-4(7))* Forgotten Bks.

Beyond the Boundary Fence. Stefan Taylor. 2020. (ENG.). 178p. (YA). (gr. 7-12). pap. *(978-0-6486677-8-0(2))* Taylor, Stefan.

Beyond the Break. Heather Buchta. 2020. (ENG.). 352p. (YA). (gr. 7). pap. 11.99 *(978-0-593-09701-4(7)*, Penguin Workshop) Penguin Young Readers Group.

Beyond the Breakers: A Story of the Present Day (Classic Reprint) Robert Dale Owen. (ENG., Illus.). (J). 2018. 282p. 29.71 *(978-0-364-37374-3(1))*; 2018. 284p. 29.75 *(978-0-428-75463-1(5))*; 2016. pap. 13.57 *(978-1-334-11882-1(5))*; 2016. pap. 13.57 *(978-1-333-32621-0(1))* Forgotten Bks.

Beyond the Bright Sea. Lauren Wolk. (ENG.). (J). (gr. 5). 2018. 320p. 8.99 *(978-1-101-99487-0(8)*, Puffin Books); 2017. 304p. 18.99 *(978-1-101-99485-6(1)*, Dutton Books for Young Readers) Penguin Young Readers Group.

Beyond the Burrow. Jessica Meserve. 2022. (ENG.). 40p. (J). (-k). 17.99 *(978-1-68263-375-5(6))* Peachtree Publishing Co. Inc.

Beyond the Cattle Guard. Mollie Jordyn. 2019. (ENG.). 154p. (J). 24.95 *(978-1-68456-007-3(1))*; pap. 14.95 *(978-1-64424-482-1(9))* Page Publishing Inc.

Beyond the Chair. Arlene Hill. 2018. (ENG., Illus.). 180p. (J). pap. 20.49 *(978-1-387-62632-8(9))* Lulu Pr., Inc.

Beyond the City (Classic Reprint) Arthur Conan Doyle. 2018. (ENG., Illus.). 190p. (J). 27.82 *(978-0-267-19419-3(6))* Forgotten Bks.

Beyond the City Gates: A Romance of Old New York Discarded (Classic Reprint) Augusta Campbell Watson. 2018. (ENG., Illus.). 332p. (J). 30.76 *(978-0-332-12459-9(2))* Forgotten Bks.

Beyond the Clouds. Phaedra Stewart. 2021. (ENG., Illus.). 32p. (J). 23.95 *(978-1-63844-122-9(7))*; pap. 12.95 *(978-1-0980-9536-9(7))* Christian Faith Publishing.

Beyond the Clouds: A Space Adventure. Theresa Lynn. 2022. (ENG., Illus.). 36p. (J). pap. 15.95 *(978-1-63985-313-7(8))* Fulton Bks.

Beyond the Content: Unlocking the Other Half of Test Prep with a Tailored Mindfulness Approach. Logan Thompson. 2019. (ENG.). 128p. (YA). pap. 14.99 *(978-1-5062-4825-7(X))* Kaplan Publishing.

Beyond the Creek. Morgan Watson. 2016. (ENG., Illus.). 188p. (J). pap. *(978-1-365-57389-7(3))* Lulu Pr., Inc.

Beyond the Crow Road. A. J. Anderson. 2022. (ENG.). 222p. (YA). pap. ***(978-0-9930326-8-4(0))*** Wire Bridge Bks.

Beyond the Doors. David Neilsen. 2017. 368p. (J). (gr. 3-7). 16.99 *(978-1-101-93582-8(0)*, Crown Books For Young Readers) Random Hse. Children's Bks.

Beyond the Dreams of Avarice. Walter Besant. 2017. (ENG.). 408p. (J). pap. *(978-3-337-02912-8(4))* Creation Pubs.

Beyond the Dreams of Avarice: A Novel (Classic Reprint) Walter Besant. 2017. (ENG., Illus.). (J). 31.63 *(978-1-5282-7569-9(1))* Forgotten Bks.

Beyond the Edge of the Map. A. L. Tait, pseud. 2022. (Mapmaker Chronicles Ser.). (ENG.). 272p. (J). (gr. 3-7). 13.99 *(978-0-7344-1774-9(8)*, Lothian Children's Bks.) Hachette Australia AUS. Dist: Hachette Bk. Group.

Beyond the End of the World. Amie Kaufman & Meagan Spooner. (ENG.). 464p. (YA). (gr. 8). 2023. pap. 11.99 *(978-0-06-289337-6(8))*; 2022. 19.99 *(978-0-06-289336-9(X))* HarperCollins Pubs. (HarperTeen).

Beyond the Evergreens: A Story of a Boy, His Dog, & Their Final Adventure. Zark. Ed. by Gabriella Gafni. Illus. by Hugh McMunn. 2019. (ENG.). 54p. (J). (gr. k-6). 18.99 *(978-0-578-62223-1(8))* Zark.

Beyond the Eyes of a Believer. Earnest Lewis. 2022. (ENG.). (J). 198p. 24.99 *(978-1-0880-0593-4(4))*; 196p. pap. 17.99 *(978-1-0880-1367-0(8))* Barnes & Noble Pr.

Beyond the Farthest Star. Michael Dahl. Illus. by Patricio Clarey. 2020. (Escape from Planet Alcatraz Ser.). (ENG.). 40p. (J). (gr. 3-6). pap. 5.95 *(978-1-4965-9302-3(2)*, 142314); lib. bdg. 24.65 *(978-1-4965-8673-5(5)*, 141424) Capstone. (Stone Arch Bks.).

Beyond the Fence. Maria Gulemetova. Illus. by Maria Gulemetova. 2018. (Child's Play Library). (Illus.). 36p. (J). *(978-1-84643-931-5(0))*; pap. *(978-1-84643-930-8(2))* Child's Play International Ltd.

Beyond the Flame: A Young Adult Fantasy Adventure. Parris Sheets. Ed. by Darren Todd. 2022. (Essence of Ohr Ser.: Vol. 3). (ENG.). 326p. (YA). pap. 19.95 *(978-1-62253-657-3(6))* Evolved Publishing.

Beyond the Fog & Darkness: Poems for the Crestfallen. Aurelia Ellsworth. 2022. (ENG.). 40p. (J). *(978-1-387-86632-8(X))* Lulu Pr., Inc.

Beyond the Gate: A Morality Play in Two Acts (Classic Reprint) Irene Jean Crandall. 2018. (ENG., Illus.). 36p. (J). 24.64 *(978-0-332-69348-4(1))* Forgotten Bks.

Beyond the Gates (Classic Reprint) Elizabeth Stuart Phelps. 2017. (ENG., Illus.). (J). 28.35 *(978-0-265-19680-9(9))* Forgotten Bks.

Beyond the Gender Binary. Alok Vaid-Menon. Illus. by Ashley Lukashevsky. 2020. (Pocket Change Collective Ser.). 64p. (J). (gr. 7). pap. 8.99 *(978-0-593-09465-5(4)*, Penguin Workshop) Penguin Young Readers Group.

Beyond the Gold Coast, or Frank Reade, Jr. 's Overland Trip (Classic Reprint) Luis Senarens. 2018. (ENG., Illus.). (J). 42p. 24.78 *(978-1-396-67975-9(8))*; 44p. pap. 7.97 *(978-1-391-92664-3(1))* Forgotten Bks.

Beyond the Headlines! Jilly Hunt. 2017. (Beyond the Headlines! Ser.). (ENG., Illus.). 48p. (J). (gr. 4-8). 143.96 *(978-1-4846-4160-6(4)*, 27026, Heinemann) Capstone.

Beyond the Hedge. Eline Stoye. 2016. (ENG., Illus.). 48p. (YA). (gr. 7-12). pap. *(978-1-911280-84-2(8))* Melrose Bks.

Beyond the Hollowtangle. Shane Trusz & Darryl Frayne. 2018. (Maidstone Chronicles Ser.: Vol. 2). (ENG.). 432p. (YA). (gr. 7-12). *(978-1-9995495-5-8(4))*; pap. *(978-1-9995495-0-3(3))* Fairbay Publishing.

Beyond the Horizon: A Play in Three Acts (Classic Reprint) Eugene G. O'Neill. 2018. (ENG., Illus.). 128p. (J). 26.58 *(978-0-484-81978-7(X))* Forgotten Bks.

Beyond the Inferno. Shannon Butler. 2018. (ENG., Illus.). 254p. (YA). (gr. 7-12). 24.99 *(978-0-9997814-7-0(2))*; pap. 14.99 *(978-0-9997814-5-6(6))* CaDaVa Publishing.

Beyond the Limit #1. Samira Ahmed. Illus. by Samira Ahmed et al. 2023. (Ms. Marvel Ser.). (ENG.). 24p. (J). (gr. 4-8). lib. bdg. 31.36 ***(978-1-0982-5282-3(9)**,* 42685, Graphic Novels) Spotlight.

Beyond the Limit #2. Samira Ahmed. Illus. by Samira Ahmed et al. 2023. (Ms. Marvel Ser.). (ENG.). 24p. (J). (gr. 4-8). lib. bdg. 31.36 ***(978-1-0982-5283-0(7)**,* 42686, Graphic Novels) Spotlight.

Beyond the Limit #3. Samira Ahmed. Illus. by Samira Ahmed et al. 2023. (Ms. Marvel Ser.). (ENG.). 24p. (J). (gr. 4-8). lib. bdg. 31.36 ***(978-1-0982-5284-7(5)**,* 42687, Graphic Novels) Spotlight.

Beyond the Limit #4. Samira Ahmed. Illus. by Samira Ahmed et al. 2023. (Ms. Marvel Ser.). (ENG.). 24p. (J). (gr. 4-8). lib. bdg. 31.36 ***(978-1-0982-5285-4(3)**,* 42688, Graphic Novels) Spotlight.

Beyond the Limit #5. Samira Ahmed. Illus. by Samira Ahmed et al. 2023. (Ms. Marvel Ser.). (ENG.). 24p. (J). (gr. 4-8). lib. bdg. 31.36 ***(978-1-0982-5286-1(1)**,* 42689, Graphic Novels) Spotlight.

Beyond the Mapped Stars. Rosalyn Eves. 2021. (ENG.). 368p. (YA). (gr. 7). 17.99 *(978-1-9848-4955-7(7)*, Knopf Bks. for Young Readers) Random Hse. Children's Bks.

Beyond the Marne: Quincy Huiry Voisins Before & During the Battle (Classic Reprint) Henriette Cuvru-Magot. 2018. (ENG., Illus.). 156p. (J). 27.11 *(978-0-267-64779-8(4))* Forgotten Bks.

Beyond the Marshes (Classic Reprint) Ralph Connor. 2017. (ENG., Illus.). 46p. (J). 24.87 *(978-0-332-82613-4(9))* Forgotten Bks.

Beyond the Mountain (Classic Reprint) Sarah Stokes Halkett. 2018. (ENG., Illus.). 104p. (J). 26.04 *(978-0-484-03074-8(4))* Forgotten Bks.

Beyond the Pasture Bars (Classic Reprint) Dallas Lore Sharp. (ENG., Illus.). (J). 2018. 174p. 27.49 *(978-0-484-40646-8(9))*; 2016. pap. 9.97 *(978-1-334-09165-0(X))* Forgotten Bks.

Beyond the Place Walls. Alexandra Lazar. ed. 2019. (World of Reading Ser.). (ENG.). 30p. (J). (gr. k-1). 13.96 *(978-0-87617-947-5(2))* Penworthy Co., LLC, The.

Beyond the Pond & Back. G. S. Chambers. Illus. by Madison Cowan. 2020. (It Takes a Pond Ser.: Vol. 2). (ENG.). 152p. (J). pap. 8.99 *(978-1-7339710-4-1(1))* Theophany Pr.

Beyond the Rail Fence. Dudley R. Slater. Illus. by Whitney Gregoire. 2022. 64p. (J). 29.95 *(978-1-6678-2270-9(5))* BookBaby.

Beyond the Rainbow. Vittoria Healey. 2018. (ENG., Illus.). 94p. (J). *(978-1-78823-427-6(8))*; pap. *(978-1-78823-426-9(X))* Austin Macauley Pubs. Ltd.

Beyond the Red. Ava Jae. (Beyond the Red Trilogy Ser.: 1). (ENG.). (J). (gr. 8). 2017. 380p. pap. 9.99 *(978-1-5107-2240-8(8))*; 2016. (Illus.). 360p. 17.99 *(978-1-63450-644-1(8))* Skyhorse Publishing Co., Inc. (Sky Pony Pr.).

Beyond the Rising Tide. Sarah Beard. 2016. 298p. (YA). pap. 18.99 *(978-1-4621-1874-8(7))* Cedar Fort, Inc./CFI Distribution.

Beyond the Rocks: A Love Story (Classic Reprint) Elinor Glyn. 2018. (ENG., Illus.). 338p. (J). 30.89 *(978-0-483-81545-2(4))* Forgotten Bks.

Beyond the Ruby Veil. Mara Fitzgerald. 2020. (Beyond the Ruby Veil Ser.: 1). (ENG.). 288p. (YA). (gr. 7-17). 17.99 *(978-1-368-05213-9(4))* Hyperion Bks. for Children.

Beyond the Ruby Veil. Mara Fitzgerald. 2021. (Beyond the Ruby Veil Ser.: 1). (ENG.). 304p. (YA). (gr. 7-17). pap. 10.99 *(978-0-7595-5770-3(5))* Little, Brown Bks. for Young Readers.

Beyond the Sea. Adrienne Taeoalii. Illus. by Tai Taeoalii. 2022. (ENG.). 32p. (J). 35.00 *(978-1-6678-1787-3(6))* BookBaby.

Beyond the Setting Sun. Sarah Dodd. Illus. by Cee Biscoe. 2021. (ENG.). 32p. (J). 12.99 *(978-0-7459-7997-7(1)*, 11e10c8c-b20a-4ae8-b6fb-5faba090bcae, Lion Children's) Lion Hudson PLC GBR. Dist: Baker & Taylor Publisher Services (BTPS).

Beyond the Setting Sun. Sarah J. Dodd. Illus. by Cee Biscoe. ed. 2021. (ENG.). 32p. (J). pap. 11.99 *(978-0-7459-7843-7(6)*, 6bb945af-8e5c-4491-b864-a85fcd5bf542, Lion Children's) Lion Hudson PLC GBR. Dist: Baker & Taylor Publisher Services (BTPS).

Beyond the Shadows: Foreboding Tales of Terror. James J. Ciardella. Ed. by Michael P. Bower. 2019. (Beyond the Shadows Ser.: Vol. 1). (ENG.). 232p. (YA). (gr. 7-12). pap. 8.99 ***(978-1-7332363-0-0(9))*** Ciardella, James.

Beyond the Sixth Extinction: A Post-Apocalyptic Pop-Up. Shawn Sheehy. Illus. by Jordi Solano. 2018. (ENG.). 40p. (J). (gr. 9). 65.00 *(978-0-7636-8788-5(X))* Candlewick Pr.

Beyond the Solar System. Christine Marie Layton. 2022. (Space Exploration Ser.). (ENG., Illus.). 64p. (J). (gr. 6-12). 43.93 *(978-1-6782-0424-2(2)*, BrightPoint Pr.) ReferencePoint Pr., Inc.

Beyond the Solar System: Leveled Reader Card Book 28 Level Y. Hmh Hmh. 2019. (ENG.). (J). pap. 14.13 *(978-0-358-16207-0(6))* Houghton Mifflin Harcourt Publishing Co.

Beyond the Solar System: Leveled Reader Card Book 28 Level y 6 Pack. Hmh Hmh. 2021. (J). (ENG.). pap. 69.33 *(978-0-358-18948-0(9))*; (SPA.). pap. 74.40 *(978-0-358-27343-1(9))* Houghton Mifflin Harcourt Publishing Co.

Beyond the Starline: Book One in the Dark Sea Trilogy. Austin Hackney. 2016. (Dark Sea Trilogy Ser.: Vol. 1). (ENG., Illus.). 238p. (J). pap. *(978-0-9935367-0-0(0))* Clockwork Pr.

Beyond the Stars. Tanya Kondolay. 2019. (ENG., Illus.). 38p. (J). (gr. -1-3). 14.95 *(978-1-68401-911-3(7))* Amplify Publishing Group.

Beyond the Stars. Kate Riggs & Chris Sheban. 2019. (Illus.). 12p. (J). (gr. -1-k). bds. 8.99 *(978-1-56846-336-0(7)*, 18678, Creative Editions) Creative Co., The.

Beyond the Theory: Science of the Future, 12 vols. 2018. (Beyond the Theory: Science of the Future Ser.). (ENG.). 48p. (gr. 5-6). lib. bdg. 201.60 *(978-1-5382-2755-8(X)*, cc3dfaad-f0db-47c6-b023-a33e3b341fd0) Stevens, Gareth Publishing LLLP.

Beyond the Tiger Mom: East-West Parenting for the Global Age. Maya Thiagarajan. 2018. 224p. 9.99 *(978-0-8048-4952-4(8))* Tuttle Publishing.

Beyond the Treeline. Holly Tipper. 2022. (ENG.). 276p. (YA). *(978-1-0391-3330-3(4))*; pap. *(978-1-0391-3329-7(0))* FriesenPress.

Beyond the Wall. Michael Verrett. 2017. (ENG., Illus.). (J). pap. 15.95 *(978-1-387-03438-3(3))* Lulu Pr., Inc.

Beyond the Wall (Classic Reprint) James Henry Yoxall. 2017. (ENG., Illus.). (J). 380p. 31.75 *(978-0-484-82299-2(3))*; pap. 16.57 *(978-1-5276-9353-1(8))* Forgotten Bks.

Beyond the Willow Tree. Ann Drews. 2018. (ENG., Illus.). 26p. (J). pap. 12.99 *(978-1-948390-84-2(1))* Pen It Pubns.

Beyond This Hill. Bob Koonce. 2019. (ENG.). 124p. (YA). pap. 14.95 *(978-1-0980-0845-1(6))* Christian Faith Publishing.

Beyond What Is Seen. Christa Hester. 2020. (ENG.). 72p. (YA). 23.99 *(978-1-7354542-3-8(0))*; pap. 18.99 *(978-1-7354542-4-5(9))* November Media Publishing and Consulting Firm.

Beyond Wisherton. Amanda Hamm. 2017. (ENG., Illus.). (J). pap. 7.89 *(978-1-943598-04-5(5))* Before Someday Publishing.

Beyond Words: Kwame Alexander. Brian McGrath. 2nd rev. ed. 2017. (TIME(r): Informational Text Ser.). (ENG., Illus.). 32p. (J). (gr. 6-8). pap. 13.99 *(978-1-4938-3932-2(2))* Teacher Created Materials, Inc.

Beyond Words: Lin-Manuel Miranda (Grade 8) Stephanie Kraus. 2nd rev. ed. 2016. (TIME(r): Informational Text Ser.). (ENG., Illus.). 32p. (J). (gr. 6-8). pap. 13.99 *(978-1-4938-3930-8(6))* Teacher Created Materials, Inc.

Beyond Words: What Elephants & Whales Think & Feel (a Young Reader's Adaptation) Carl Safina. Illus. by Carl Safina. 2021. (Beyond Words Ser.: 1). (ENG., Illus.). 176p. (J). pap. 12.99 *(978-1-250-76352-5(5)*, 900180671) Square Fish.

Beyond Words: What Wolves & Dogs Think & Feel (a Young Reader's Adaptation) Carl Safina. Illus. by Carl Safina. 2022. (Beyond Words Ser.: 2). (ENG., Illus.). 176p. (J). pap. 12.99 *(978-1-250-82111-9(8)*, 900180674) Square Fish.

Beyonders Vol 1. Paul Jenkins. Ed. by Mike Marts. 2019. (ENG., Illus.). 120p. (YA). pap. 14.99 *(978-1-949028-06-5(2)*, 78abb92c-2531-4bd6-87bf-96e678b5ec08) AfterShock Comics.

Beyonders Volume 1 Genesis. Kevin Bookman. 2019. (ENG.). 144p. (YA). pap. 13.95 *(978-1-64350-839-9(3))* Page Publishing Inc.

Beyträge Zur Geschichte der Erfindungen, 1792, Vol. 3 (Classic Reprint) Johann Beckmann. 2018. (LAT., Illus.). (J). 650p. 37.30 *(978-1-391-64290-1(2))*; 652p. pap. 19.97 *(978-1-390-84048-3(4))* Forgotten Bks.

Beyträge Zur Geschichte der Erfindungen, Vol. 5: Erstes Stück (Classic Reprint) Johann Beckmann. 2018. (LAT., Illus.). (J). 676p. 37.86 *(978-1-391-17907-0(2))*; 678p. pap. 20.57 *(978-1-390-75015-7(9))* Forgotten Bks.

Bezkamp. Samuel Sattin. Illus. by Rye Hickman. 2019. (ENG.). 256p. (YA). pap. 14.99 *(978-1-5493-0404-0(6)*, df5c6401-1840-458c-aeb9-e1915c392b23, Lion Forge) Oni Pr., Inc.

BFF #5: Know How. Amy Reeder & Brandon Montclare. Illus. by Natacha Bustos & Tamra Bonvillain. 2017. (Moon Girl & Devil Dinosaur Ser.). (ENG.). 24p. (J). (gr. 2-8). lib. bdg. 31.36 *(978-1-5321-4012-9(6)*, 25500, Marvel Age) Spotlight.

BFF Breakup. Margaret Gurevich. Illus. by Claire Almon. 2018. (Academy of Dance Ser.). (ENG.). 72p. (J). (gr. 3-6). lib. bdg. 25.32 *(978-1-4965-6205-0(4)*, 137814, Stone Arch Bks.) Capstone.

BFF Bucket List. Dee Romito. 2016. (Mix Ser.). (ENG., Illus.). 240p. (J). (gr. 4-8). pap. 8.99 *(978-1-4814-4642-6(8)*, Aladdin) Simon & Schuster Children's Publishing.

BFF Club House. Patricia Harrison. 2020. (ENG.). 18p. (J). pap. 11.95 *(978-1-64801-676-9(6))* Newman Springs Publishing, Inc.

Bffs (Best Friends Forever) the First in the Alex's Dreams Trilogy. Alexander Rutherford. 2017. (ENG., Illus.). (YA). (gr. 7-12). pap. 26.95 *(978-1-68181-884-9(1))* Strategic Book Publishing & Rights Agency (SBPRA).

BFG. Roald Dahl. 2016. (CHI.). 112p. (J). (gr. 3-6). pap. *(978-986-479-012-8(9))* Commonwealth Publishing Co., Ltd.

BFG. Roald Dahl. 2019. (ENG., Illus.). 224p. (J). (gr. 3-7). 17.99 *(978-1-9848-3715-8(X)*, Puffin Books) Penguin Young Readers Group.

Bhai for Now. Maleeha Siddiqui. 2022. (ENG.). 288p. (J). (gr. 3-7). 17.99 *(978-1-338-70209-5(2)*, Scholastic Pr.) Scholastic, Inc.

Bharatanatyam in Ballet Shoes. Mahak Jain. Illus. by Anu Chouhan. 2022. 36p. (J). 18.95 *(978-1-77321-615-7(5))* Annick Pr., Ltd. CAN. Dist: Publishers Group West (PGW).

Bhautik Evam Rasyan Vigyan. A. H. Hashmi. rev. ed. 2016. (ENG., Illus.). 64p. pap. *(978-93-5057-632-8(5))* V&S Pubs.

Bholu the Bear & Natkhat the Monkey, Best Buddies Forever. Gunjan Bajpayee. 2022. (ENG., Illus.). 18p. (J). pap. 11.95 ***(978-1-63860-610-9(2))*** Fulton Bks.

Bhutan, 1 vol. Robert Cooper et al. 3rd ed. 2020. (Cultures of the World (Third Edition)(r) Ser.). (ENG.). 144p. (gr. 5-5). 48.79 *(978-1-5026-5575-2(6)*, 49244f6a-70aa-4c39-a111-a816902fd760) Cavendish Square Publishing LLC.

Bi the Way: The Bisexual Guide to Life. Lois Shearing. 2021. 240p. (J). 18.95 *(978-1-78775-290-0(9)*, 731704) Kingsley, Jessica Pubs. GBR. Dist: Hachette UK Distribution.

Bia 2. Primer Amor. Disney Disney. 2020. (SPA.). 184p. (J). pap. 10.95 *(978-607-07-6404-2(8)*, Planeta Publishing) Planeta Publishing Corp.

Bia. Libro de Arte y Likes. Disney Disney. 2019. (SPA.). 96p. (J). pap. 8.95 *(978-607-07-6275-8(4)*, Planeta Publishing) Planeta Publishing Corp.

Bianca: A Fragment (Classic Reprint) John Wilks Jr. 2017. (ENG., Illus.). (J). pap. 9.57 *(978-0-259-94862-9(4))* Forgotten Bks.

Bianca Capello: An Historical Romance (Classic Reprint) Rosina Bulwer Lytton. (ENG., Illus.). (J). 2018. 254p. 29.16 *(978-0-365-36995-0(0))*; 2017. pap. 11.57 *(978-0-259-27617-3(0))* Forgotten Bks.

Bianca Cappello, Vol. 1 Of 3: An Historical Romance (Classic Reprint) Lytton Bulwer. 2018. (ENG., Illus.). 292p. (J). 29.94 *(978-0-483-61504-5(8))* Forgotten Bks.

Bianca Cappello, Vol. 2 Of 3: An Historical Romance (Classic Reprint) Rosina Lytton Bulwer. (ENG., Illus.). (J). 2018. 284p. 29.75 *(978-0-267-34943-2(2))*; 2016. pap. 13.57 *(978-1-333-72833-5(6))* Forgotten Bks.

Bianca Teaches Acceptance. Lucienne Prato. 2018. (ENG., Illus.). 50p. (J). (gr. k-5). pap. 20.00 *(978-0-9993336-0-0(7))* The Reading Butterfly, INC.

Bianca's Daughter: A Novel (Classic Reprint) Justus Miles Forman. (ENG., Illus.). (J). 2018. 348p. 31.07 *(978-0-656-19408-7(1))*; 2017. pap. 13.57 *(978-1-5276-1197-9(3))* Forgotten Bks.

Bianca's Nightmare. Rebecca Drugan. 2022. (ENG.). 132p. (YA). pap. 14.95 ***(978-1-64003-084-8(0))*** Covenant Bks.

Bianca's Story, Holocaust Babies PRIMARY. Beverly Rochelle Newman. 2021. (ENG.). 28p. (J). 18.95 *(978-1-5069-0981-3(7))* First Edition Design Publishing.

Bianca's Story, Holocaust Babies SECONDARY. Beverly Rochelle Newman. 2021. (ENG.). 34p. (YA). 18.95 *(978-1-5069-0998-1(1))* First Edition Design Publishing.

Bland-Foryu, Vol. 1: August 15, 1919 (Classic Reprint) 2017. (ENG., Illus.). (J). 24.54 *(978-0-331-08212-8(8))*; pap. 7.97 *(978-0-260-24711-7(1))* Forgotten Bks.

Bland-Foryu, Vol. 1: July 15, 1919 (Classic Reprint) 2018. (ENG., Illus.). (J). 36p. 24.64 *(978-1-396-57603-4(7))*; 38p. pap. 7.97 *(978-1-391-68329-4(3))* Forgotten Bks.

Bland-Foryu, Vol. 1: June 19, 1919 (Classic Reprint) Frances Edge. 2017. (ENG., Illus.). (J). 24.54 *(978-0-331-07395-9(1))*; pap. 7.97 *(978-0-260-25479-5(7))* Forgotten Bks.

Bland-Foryu, Vol. 1: June 5, 1919 (Classic Reprint) Frances Edge. 2017. (ENG., Illus.). (J). 24.68 *(978-0-331-07226-6(2))*; pap. 7.97 *(978-0-260-26087-1(8))* Forgotten Bks.

Bland-Foryu, Vol. 1: May 17, 1919 (Classic Reprint) 2018. (ENG., Illus.). (J). 30p. 24.54 *(978-1-396-64681-2(7))*; 32p. pap. 7.97 *(978-1-396-64660-7(4))* Forgotten Bks.

Bland-Foryu, Vol. 1: September 1, 1919 (Classic Reprint) 2018. (ENG., Illus.). 26p. (J). 24.43 *(978-1-396-59600-1(3))* Forgotten Bks.

Bland-Foryu, Vol. 1: September 25, 1919 (Classic Reprint) 2018. (ENG., Illus.). (J). 40p. 24.72 *(978-1-391-68300-3(5))*; 42p. pap. 7.97 *(978-1-391-68294-5(7))* Forgotten Bks.

Bias in Reporting on Politics. Connor Stratton. 2021. (Focus on Media Bias Ser.). (ENG., Illus.). 48p. (J). (gr. 5-6). pap. 11.95 *(978-1-64493-909-3(6))*; lib. bdg. 34.21 *(978-1-64493-863-8(4))* North Star Editions. (Focus Readers).

Bias in Reporting on the COVID-19 Pandemic. Alex Gatling. 2021. (Focus on Media Bias Ser.). (ENG., Illus.). 48p. (J). (gr. 5-6). pap. 11.95 *(978-1-64493-910-9(X))*; lib. bdg. 34.21 *(978-1-64493-864-5(2))* North Star Editions. (Focus Readers).

Biased Science. Stephen Currie. 2022. (ENG., Illus.). 64p. (J). (gr. 6-12). 43.93 *(978-1-6782-0232-3(0))* ReferencePoint Pr., Inc.

Bib Ballads (Classic Reprint) Ring W. Lardner. 2018. (ENG., Illus.). 64p. (J). 25.24 *(978-0-332-81862-7(4))* Forgotten Bks.

Bib on, Bunny! Illus. by Jo Byatt. 2019. (Chatterboox Ser.). 10p. (J). bds. *(978-1-78628-207-1(0))* Child's Play International Ltd.

Bibbit Jumps. Bei Lynn. Illus. by Bei Lynn. 2020. (ENG., Illus.). 78p. (J). (gr. k-3). 18.99 *(978-1-77657-277-9(7),* bb02ba7e-da94-452d-9ca9-ec65290964ee) Gecko Pr. NZL. Dist: Lerner Publishing Group.

Bibi. Jo Weaver. 2023. (ENG.). 32p. (J). (gr. -1-2). 18.99 *(978-1-68263-553-7(8))* Peachtree Publishing Co. Inc.

Bibi: A Comedy of Toys; a Spectacular Musical Play (Classic Reprint) Charles Bernard. (ENG., Illus.). (J). 2018. 38p. 24.70 *(978-0-267-96623-3(7));* 2017. pap. 7.97 *(978-0-243-08990-1(2))* Forgotten Bks.

Bibi & Miyu, Volume 1. Olivia Vieweg. Illus. by Hirara Natsume. 2020. (Bibi & Miyu Ser.: 1). 176p. (J). (gr. 1-1). pap. 10.99 *(978-1-4278-6332-4(6),* f260c035-3e76-4ed8-aac8-0ef33ff1df31) TOKYOPOP, Inc.

Bibi & Miyu, Volume 2. Olivia Vieweg. Illus. by Hirara Natsume. 2021. (Bibi & Miyu Ser.: 2). 160p. (J). (gr. 1-1). pap. 10.99 *(978-1-4278-6841-1(7))* TOKYOPOP, Inc.

Bibi the Magical Giant. Oren Barner. 2018. (ENG., Illus.). 42p. (J). pap. 18.50 *(978-0-578-19413-4(9))* Barner, Oren .

Bibi's Got Game: A Story about Tennis, Meditation & a Dog Named Coco. Bianca Andreescu. Illus. by Chelsea O'Byrne. 2022. 56p. (J). (gr. -1-3). 18.99 *(978-0-7352-7055-8(4),* Tundra Bks.) Tundra Bks. CAN. Dist: Penguin Random Hse. LLC.

Bible: Through the Eyes of Teens. Tamara Banks Molano. 2021. (ENG.). 170p. (YA). pap. 20.49 *(978-1-6628-2533-0(1))* Salem Author Services.

Bible 123's: Wipe-Clean Activity Book. Whitaker Playhouse. 2020. (Inspired to Learn Ser.). (ENG.). 12p. (J). (gr. -1-2). bds. 12.99 *(978-1-64123-427-6(X),* 771171) Whitaker Hse.

Bible 123s Write-On Wipe-off Book W/Marker: Celebrate the Bible & Learn to Count. Created by Flying Frog Publishing. 2022. (Bible Write-On & Wipe-off Ser.). (ENG.). 18p. (J). (gr. -1-1). bds. 8.99 ***(978-1-63560-228-9(9))*** Flying Frog Publishing, Inc.

Bible ABC Flash Cards. Compiled by Compiled by Barbour Staff. 2023. (ENG.). 50p. (J). 7.99 *(978-1-63609-457-1(0))* Barbour Publishing, Inc.

Bible ABC's: Wipe-Clean Activity Book. Whitaker Playhouse. 2020. (Inspired to Learn Ser.). (ENG.). 12p. (J). (gr. -1-2). bds. 12.99 *(978-1-64123-428-3(8),* 771172) Whitaker Hse.

BIBLE ABC's & 123's Short Stories, Prayers & Nursery Rhymes. K. L. Rich. 2018. (ENG.). 192p. (J). pap. *(978-1-387-76785-4(2))* Lulu Pr., Inc.

Bible ABCs: Animals of the Word. Jacy Corral. 2020. (ENG.). 26p. (J). (gr. -1-1). bds. 7.99 *(978-1-68099-592-3(8),* Good Bks.) Skyhorse Publishing Co., Inc.

Bible ABC's for Young Children. Tammy a Williams. 2021. (ENG., Illus.). 24p. (J). pap. 13.95 *(978-1-64492-347-4(5))* Christian Faith Publishing.

Bible ABCs: People of the Word. Jacy Corral. 2019. (ENG.). 26p. (J). (gr. -1-1). bds. 7.99 *(978-1-68099-552-7(9),* Good Bks.) Skyhorse Publishing Co., Inc.

Bible ABCs Write-On Wipe-off Book W/Marker: Celebrate the Bible & Learn the Alphabet. Created by Flying Frog Publishing. 2022. (Bible Write-On & Wipe-off Ser.). (ENG.). 18p. (J). (gr. -1-1). bds. 8.99 ***(978-1-63560-227-2(0))*** Flying Frog Publishing, Inc.

Bible Activities. Publications International Ltd. Staff & Brain Games. 2022. (Brain Games Wipe-Off Ser.). (ENG.). 64p. (J). (gr. -1-k). spiral bd. 10.98 *(978-1-63938-077-0(9),* 4428700) Publications International, Ltd.

Bible Activities: Wipe-Clean Activity Book. Whitaker Playhouse. 2020. (Inspired to Learn Ser.). (ENG.). 12p. (J). (gr. -1-2). bds. 12.99 *(978-1-64123-430-6(X),* 771173) Whitaker Hse.

Bible Activity Book Volume 1. Eunice Wilkie. 2020. (ENG., Illus.). 34p. (J). (gr. 4-8). pap. 10.99 *(978-1-912522-77-4(2),* 1db0246d-f477-4be1-be4b-ea189fb0823e) Ritchie, John Ltd. GBR. Dist: Baker & Taylor Publisher Services (BTPS).

Bible Adventure Devotions for Kids. Paul Kent. 2023. (ENG.). 208p. (J). pap. 6.99 *(978-1-63609-543-1(7))* Barbour Publishing, Inc.

Bible Adventures: Activity Book. Jessica Solomon. 2023. (ENG.). 112p. (J). pap. 12.99 ***(978-1-329-87398-8(X))*** Lulu Pr., Inc.

Bible Adventures Leader Manual. Ed. by Group Publishing. 2019. (Group's Weekend Vbs 2019 Ser.). (ENG.). 16p. (J). pap. 6.44 *(978-1-4707-5805-9(9))* Group Publishing, Inc.

Bible Adventures with Reid the Scroll: Prophets with Impact, Part 1. Nicki Frederiksen. 2019. (Bible Adventures with Reid the Scroll Ser.: Vol. 1). (ENG., Illus.). 56p. (J). (gr. k-4). pap. *(978-1-4866-1826-2(X))* Word Alive Pr.

Bible Alphabet Fun. School Zone Publishing. 2017. (ENG.). 32p. (J). pap. 3.49 *(978-0-88743-794-6(X),* ca0f7875-8200-4d94-902b-1e1ccdaa9105) School Zone Publishing Co.

Bible Animals, 1 vol. Tim Dowley. ed. 2016. (Activity Fun Ser.). (ENG., Illus.). 64p. (J). (gr. k-2). pap. 3.99 *(978-1-78128-256-4(0),* 85aa3286-9631-4889-915e-f290bc5d179d, Candle Bks.) Lion Hudson PLC GBR. Dist: Baker & Taylor Publisher Services (BTPS).

Bible Animals Activity Fun: 5 Pack. Tim Dowley. ed. 2021. (Candle Activity Fun Ser.). (ENG.). 64p. (J). pap. 21.99 *(978-1-78128-409-4(1),* 3f6db1bf-c2ca-4f0a-9232-7a70bca242a5, Candle Bks.) Lion Hudson PLC GBR. Dist: Baker & Taylor Publisher Services (BTPS).

Bible Animals Flash Cards. Compiled by Compiled by Barbour Staff. 2022. (ENG.). (J). 7.99 *(978-1-63609-274-4(8))* Barbour Publishing, Inc.

Bible Animals Stencil Activity Pack, 1 vol. Tim Dowley. ed. 2017. (ENG., Illus.). 1p. (J). 11.99 *(978-1-78128-315-8(X),* 9c5208b6-58d1-4973-982b-41d2dc6769b3, Candle Bks.) Lion Hudson PLC GBR. Dist: Baker & Taylor Publisher Services (BTPS).

Bible Animals Story Collection, 1 vol. Juliet David. Illus. by Steve Smallman. ed. 2016. (ENG.). 136p. (J). (gr. -1-k). pap. 9.99 *(978-1-78128-286-1(2),* dd960ce8-1ee5-4e24-af66-ec222ab80da1, Candle Bks.) Lion Hudson PLC GBR. Dist: Baker & Taylor Publisher Services (BTPS).

Bible Autobiographies & Other Bible Stories (Classic Reprint) Francis E. Clark. 2018. (ENG., Illus.). 188p. (J). 27.79 *(978-0-483-47482-6(7))* Forgotten Bks.

Bible-Based Word Hunts. Deborah Adewole & Temidayo Adewole. 2021. (ENG.). 124p. (J). pap. 21.49 *(978-1-6628-0939-2(5))* Salem Author Services.

Bible Bb's: Jesús Me Ama / Jesus Loves Me (Bilingual) (Bilingual Edition) Scholastic. ed. 2018. (SPA & ENG.). 32p. (J). (gr. -1-k). 5.99 *(978-1-338-21873-2(5),* Little Shepherd) Scholastic, Inc.

Bible Blessings (Classic Reprint) Richard Newton. 2018. (ENG., Illus.). (J). 332p. 30.74 *(978-0-428-52378-7(1));* 334p. pap. 13.57 *(978-0-428-52373-2(0))* Forgotten Bks.

Bible B's for Beautiful Living (Classic Reprint) Abbie C. Morrow. (ENG., Illus.). (J). 2018. 228p. 28.62 *(978-0-365-48434-9(2));* 2017. pap. 10.97 *(978-0-259-43959-2(2))* Forgotten Bks.

Bible Characters: The Classic Biographies of Biblical Prophets, Leaders & Messengers of God. Alexander Whyte. 2020. (ENG.). 138p. (J). pap. *(978-1-78987-273-6(1))* Pantianos Classics.

Bible Characters Visual Encyclopedia. DK. 2018. (DK Children's Visual Encyclopedias Ser.). (ENG., Illus.). 208p. (J). (gr. 4-7). 16.99 *(978-1-4654-6890-1(0),* DK Children) Dorling Kindersley Publishing, Inc.

Bible Characters Visual Encyclopedia. Dorling Kindersley Publishing Staff. 2018. (Illus.). 208p. (J). *(978-0-241-30961-2(1))* Dorling Kindersley Publishing, Inc.

Bible Coded: A Collection of Cryptograms of Bible Teachings. David Conine. 2017. (Book 1 Ser.). (ENG., Illus.). (YA). (gr. 7-12). pap. 12.99 *(978-0-9913121-9-1(8))* Master Pr.

Bible Coloring Book Bundle 1, 2 vols. Speedy Publishing LLC Staff. 2016. (ENG., Illus.). 100p. (J). pap. 15.99 *(978-1-68326-029-5(5))* Speedy Publishing LLC.

Bible Detective: A Puzzle Search Book. Peter Martin. Illus. by Peter Kent. ed. 2022. (ENG.). 48p. (J). pap. 9.99 *(978-0-7459-7972-4(6),* 1044fd5d-29f4-4e35-95f6-d2cd085c29de, Lion Children's) Lion Hudson PLC GBR. Dist: Baker & Taylor Publisher Services (BTPS).

Bible Dot to Dots 1-25. Ed. by School Zone Publishing. 2019. (ENG., Illus.). 32p. (J). pap. 3.49 *(978-0-88743-792-2(3),* e507fc18-64cb-4289-88c3-7569f825d06b) School Zone Publishing Co.

Bible Dot to Dots ABCs. Linda Standke. 2019. (ENG., Illus.). 32p. (J). pap. 3.49 *(978-0-88743-793-9(1),* 2083765f-00ee-4f84-a736-e9b3c9fc852b) School Zone Publishing Co.

Bible Explorer's Guide: 1,000 Amazing Facts & Photos, 1 vol. Nancy I. Sanders. 2017. (ENG., Illus.). 80p. (J). 14.99 *(978-0-310-75810-5(6))* Zonderkidz.

Bible Explorer's Guide People & Places: 1,000 Amazing Facts & Photos, 1 vol. Zonderkidz. 2019. (ENG., Illus.). 96p. (J). 15.99 *(978-0-310-76547-9(1))* Zonderkidz.

Bible: Favorite Stories from the Old & New Testament see Biblia: Los Grandes Relatos del Antiguo y del Nuevo Testamento

Bible for Brave Boys: New Life Version. Compiled by Compiled by Barbour Staff. 2020. (ENG., Illus.). 944p. (J). im. lthr. 29.99 *(978-1-64352-528-0(X),* Barbour Bibles) Barbour Publishing, Inc.

Bible for Courageous Girls: New Life Version. Compiled by Compiled by Barbour Staff. 2019. (Courageous Girls Ser.). (ENG., Illus.). 944p. (J). im. lthr. 29.99 *(978-1-64352-069-8(5),* Barbour Bibles) Barbour Publishing, Inc.

Bible Fun. Wanda Erbse. 2016. (ENG., Illus.). (J). pap. 15.00 *(978-1-943529-62-9(0))* Yawn's Bks. & More, Inc.

Bible Fun Dot-To-Dot (5-7) Warner Press. 2018. (ENG.). 16p. (J). pap. 2.39 *(978-1-68434-045-3(4))* Warner Pr., Inc.

Bible Gems to Remember Devotions for Kids: 52 Devotions with Easy Bible Memory in 5 Words or Less, 1 vol. Robin Schmitt. 2019. (ENG.). 192p. (J). pap. 14.99 *(978-0-310-74625-6(6))* Zonderkidz.

Bible Gems to Remember Illustrated Bible: 52 Stories with Easy Bible Memory in 5 Words or Less, 1 vol. Robin Schmitt. Illus. by Kris Aro McLeod. 2019. (ENG.). 320p. (J). 18.99 *(978-0-310-74688-1(4))* Zonderkidz.

Bible Hall of Fame Jesus the Great I Am: Bible Story Coloring Book. Pearl Harrington. 2021. (Bible Hall of Fame Ser.: Vol. 1). (ENG.). 44p. (J). pap. 6.95 *(978-1-7351451-1-2(4))* Vine Publishing.

Bible Heroes Coloring Book. Warner Press. l.t. ed. 2019. (ENG., Illus.). 16p. (J). pap. 2.39 *(978-1-68434-163-4(9))* Warner Pr., Inc.

Bible Hidden Pictures. Ed. by School Zone Publishing. 2019. (ENG.). 32p. (J). mass mkt. 3.49 *(978-0-88743-790-8(7),* a458d2b5-cccb-40e4-852e-6d17f3f7c832) School Zone Publishing Co.

Bible History. Richard Gilmour. 2016. (ENG., Illus.). (J). pap. *(978-3-7428-3777-6(X))* Creation Pubs.

Bible History: Containing the Most Remarkable Events of the Old & New Testaments (Classic Reprint) Richard Gilmour. 2018. (ENG., Illus.). 328p. (J). 30.66 *(978-0-365-12176-3(2))* Forgotten Bks.

Bible History ABCs: God's Story from a to Z. Stephen J. Nichols. Illus. by Ned Bustard. 2019. (ENG.). 60p. 16.99 *(978-1-4335-6437-6(8))* Crossway.

Bible in Hidden Pictures. Created by Warner Press. 2022. (ENG.). 36p. (J). pap. 6.29 ***(978-1-68434-460-4(3))*** Warner Pr., Inc.

Bible in Ireland: Ireland's Welcome to the Stranger, or Excursions Through Ireland in 1844 & 1845 for the Purpose of Personally Investigating the Condition of the Poor (Classic Reprint) Asenath Nicholson. (ENG., Illus.). (J). 2017. 30.52 *(978-0-266-71134-6(0));* 2016. pap. 13.57 *(978-1-334-16056-1(2))* Forgotten Bks.

Bible in Lesson & Story. Ruth Mowry Brown. 2017. (ENG.). 284p. (J). pap. *(978-3-337-17147-6(8))* Creation Pubs.

Bible in Lesson & Story: For Use in Sunday Schools, Junior Young People's Societies, & in the Home (Classic Reprint) Ruth Mowry Brown. (ENG., Illus.). (J). 2018. 282p. 29.71 *(978-0-483-50448-6(3));* 2016. pap. 13.57 *(978-1-334-09188-9(9))* Forgotten Bks.

Bible in Spain: Or the Journeys, Adventures, & Imprisonments of an Englishman (Classic Reprint) George Henry Borrow. 2017. (ENG., Illus.). (J). 31.28 *(978-0-265-26832-2(X))* Forgotten Bks.

Bible in Spain, and, the Gypsies of Spain (Classic Reprint) George Borrow. (ENG., Illus.). (J). 2017. 31.90 *(978-0-331-61563-0(0));* 2016. pap. 16.57 *(978-1-334-14619-0(5))* Forgotten Bks.

Bible in Spain, or the Journeys, Adventures, & Imprisonments of an Englishman in an Attempt to Circulate the Scriptures in the Peninsula, Vol. 1 of 2 (Classic Reprint) George Borrow. (ENG., Illus.). (J). 2018. 452p. 33.24 *(978-0-428-68791-5(1));* 2017. pap. 16.57 *(978-0-259-96614-2(2))* Forgotten Bks.

Bible in Spain, or the Journeys, Adventures, & Imprisonments of an Englishman, Vol. 2 Of 3: In an Attempt to Circulate the Scriptures in the Peninsula (Classic Reprint) George Borrow. (ENG., Illus.). (J). 2018. 410p. 32.37 *(978-0-656-95100-0(1));* 2016. pap. 16.57 *(978-1-334-15920-6(3))* Forgotten Bks.

Bible in Spain, Vol. 1 Of 3: Or, the Journeys, Adventures, & Imprisonments of an Englishman, in an Attempt to Circulate the Scriptures in the Peninsula (Classic Reprint) George Borrow. 2017. (ENG., Illus.). (J). 32.15 *(978-0-331-65398-4(2))* Forgotten Bks.

Bible Infographics for Kids: Giants, Ninja Skills, a Talking Donkey, & What's the Deal with the Tabernacle? Harvest House Publishers. 2018. (Bible Infographics for Kids Ser.). (ENG., Illus.). 56p. (J). (gr. 3-7). 17.99 *(978-0-7369-7242-0(0),* 6972420) Harvest Hse. Pubs.

Bible Infographics for Kids Activity Book: Over 100-Ish Craze-Mazing Activities for Kids Ages 9 To 969. Harvest House Publishers. 2021. (Bible Infographics for Kids Ser.). (ENG., Illus.). 144p. (J). (gr. 2-7). pap. 13.99 *(978-0-7369-8222-1(1),* 6982221) Harvest Hse. Pubs.

Bible Infographics for Kids Adventure Journal: 40 Faith-Tastic Days to Journey with Jesus in Creative Ways. Harvest House Publishers. 2023. (Bible Infographics for Kids Ser.). (ENG.). 256p. (J). (gr. 2-7). pap. 12.99 *(978-0-7369-8294-8(9),* 6982948, Harvest Kids) Harvest Hse. Pubs.

Bible Infographics for Kids Playing Cards. Harvest House Publishers. 2021. (Bible Infographics for Kids Ser.). (ENG.). 64p. (J). (gr. 2-7). 9.99 *(978-0-7369-8230-6(2),* 6982306) Harvest Hse. Pubs.

Bible Infographics for Kids Volume 2: Light & Dark, Heroes & Villains, & Mind-Blowing Bible Facts. Harvest House Publishers. 2019. (Bible Infographics for Kids Ser.). (ENG., Illus.). 56p. (J). (gr. 3-7). 17.99 *(978-0-7369-7632-9(9),* 6976329) Harvest Hse. Pubs.

Bible Is for Me! Tami Myers Sleeper. Illus. by Emily Zieroth. 2020. (ENG.). 48p. (J). pap. 17.95 *(978-1-9736-9459-5(X),* WestBow Pr.) Author Solutions, LLC.

Bible Is Proof That God's 'I Love You' Is Real. Martin L. Dunne, III. 2021. (ENG.). 32p. (J). pap. 14.95 *(978-1-63684-857-0(5))* Waldorf Publishing.

Bible Jewels (Classic Reprint) Richard Newton. (ENG., Illus.). (J). 2018. 334p. 30.79 *(978-0-483-57714-5(6));* 2017. pap. 13.57 *(978-0-243-21634-5(3))* Forgotten Bks.

Bible Journaling with Kids. Chelsea A. Wojcik. 2020. (ENG., Illus.). 64p. (J). (gr. k-6). pap. 17.99 *(978-0-692-99191-6(3))* Wojcik, Chelsea.

Bible Kings & Queens Activity Fun: 5 Pack. Tim Dowley. ed. 2021. (Candle Activity Fun Ser.). (ENG.). 64p. (J). pap. 21.99 *(978-1-78128-430-8(X),* 7cbf5695-317b-496c-9ee2-e452f408b034, Candle Bks.) Lion Hudson PLC GBR. Dist: Baker & Taylor Publisher Services (BTPS).

Bible Lessons for Little Beginners: Fifty-Two Lessons Comprising the First Year of a Two-Year Course (Classic Reprint) Margaret J. Cushman Haven. 2018. (ENG., Illus.). 234p. (J). 28.72 *(978-0-332-02899-6(2))* Forgotten Bks.

Bible Machine (Car Series) David & Goliath. Ibiere Addey. 2016. (ENG., Illus.). (J). (gr. k-2). pap. *(978-3-945837-30-6(8))* Addey, A Poet's Heart Twist, Ibiere.

Bible Mazes. Ed. by School Zone Publishing. 2019. (ENG.). 32p. (J). mass mkt. 3.49 *(978-0-88743-791-5(5),* e694039c-2c7c-4f70-aba7-74857e50e4ac) School Zone Publishing Co.

Bible Memory Word Searches for Kids. Compiled by Compiled by Barbour Staff. 2022. (ENG.). 96p. (J). pap. 7.99 *(978-1-63609-419-9(8))* Barbour Publishing, Inc.

Bible Minutes for Boys: 200 Gotta-Know People, Places, Ideas, & More. Compiled by Compiled by Barbour Staff. 2021. (ENG.). 208p. (J). pap. 9.99 *(978-1-63609-149-5(0))* Barbour Publishing, Inc.

Bible Minutes for Girls: 200 Gotta-Know People, Places, Ideas, & More. Compiled by Compiled by Barbour Staff. 2021. (ENG.). 208p. (J). pap. 9.99 *(978-1-63609-150-1(4))* Barbour Publishing, Inc.

Bible Models (Classic Reprint) Richard Newton. (ENG., Illus.). (J). 2018. 546p. 35.16 *(978-0-483-55978-3(4));* 2017. pap. 19.57 *(978-0-243-15560-6(3))* Forgotten Bks.

Bible Morning Glories (Classic Reprint) Abbie C. Morrow. (ENG., Illus.). (J). 2018. 206p. 28.15 *(978-0-267-39642-9(2));* 2016. pap. 10.57 *(978-1-334-13069-4(8))* Forgotten Bks.

Bible Now! Children's Illustrated Bible. 2017. (ENG., Illus.). (J). 9.99 *(978-1-941448-56-4(9))* American Bible Society.

Bible of Mother Aeon. Lucifer Damuel White. 2021. (ENG.). 318p. (YA). pap. *(978-1-304-01567-9(X))* Lulu Pr., Inc.

Bible People Activity Fun, 1 vol. Tim Dowley. ed. 2017. (Activity Fun Ser.). (ENG.). 64p. (J). pap. 3.99 *(978-1-78128-328-8(1),* 2ea70717-f6ca-4fae-834e-e0520c17ee28, Candle Bks.) Lion Hudson PLC GBR. Dist: Baker & Taylor Publisher Services (BTPS).

Bible Phonics Curriculum Workbooks & Readers. Gail Hall Ed D. 2021. (ENG., Illus.). 208p. (J). pap. 30.00 *(978-1-64883-080-8(3),* ExamWise) Total Recall Learning, Inc.

Bible Picture Fun for Kids: More Than 100 Mazes & Dot-To-Dots! Compiled by Compiled by Barbour Staff. 2023. (ENG.). 128p. (J). pap. 5.99 *(978-1-63609-468-7(6))* Barbour Publishing, Inc.

Bible Printing Fun! Linda Standke. 2018. (Inspired Learning Workbook Ser.). (ENG.). 32p. (J). pap. 2.99 *(978-1-60159-902-5(1))* School Zone Publishing Co.

Bible Promise Book: 500 Scriptures for Brave Boys. Janice Thompson. 2021. (Brave Boys Ser.). (ENG.). 192p. (J). pap. 4.99 *(978-1-64352-912-7(9))* Barbour Publishing, Inc.

Bible Promise Book: 500 Scriptures for Courageous Girls. Janice Thompson. 2021. (Courageous Girls Ser.). (ENG.). 192p. (J). pap. 4.99 *(978-1-64352-913-4(7))* Barbour Publishing, Inc.

Bible Promise Book: Devotional & Bible Memory Plan for Kids. Jean Fischer. 2016. (ENG.). 256p. (J). pap. 7.99 *(978-1-63058-873-1(3),* Barbour Bks.) Barbour Publishing, Inc.

Bible Promise Book for Teen Girls. Compiled by Compiled by Barbour Staff. 2021. (ENG.). 224p. (YA). 14.99 *(978-1-63609-009-2(5),* Barbour Bks.) Barbour Publishing, Inc.

Bible Promises. Richard Newton. 2017. (ENG.). 358p. (J). pap. *(978-3-337-17205-3(9))* Creation Pubs.

Bible Promises: Sermons to Children (Classic Reprint) Richard Newton. (ENG., Illus.). (J). 2018. 360p. 31.32 *(978-0-484-52006-5(7));* 2017. pap. 13.97 *(978-0-259-27188-8(8))* Forgotten Bks.

Bible Promises for Babies, 1 vol. Karoline Pahus Pedersen. Illus. by Alejandra Barba Romer. 2019. 16p. bds. 9.99 *(978-0-8254-4611-5(2))* Kregel Pubns.

Bible Promises for Teens. B&H Kids Editorial Staff. 2021. (ENG.). 160p. (J). (gr. 8-14). pap. 5.99 *(978-1-0877-4183-3(1),* 005831484, B&H Kids) B&H Publishing Group.

Bible Puzzles Activity Book - Coloring/Activity Book (Ages 8-10) Created by Warner Press. 2022. (ENG.). 16p. (J). pap. 4.01 *(978-1-68434-403-1(4))* Warner Pr., Inc.

Bible Puzzles for Kids (Ages 6-8) Standard Publishing. 2016. (ENG., Illus.). 144p. (J). (gr. -1-3). per. 16.99 *(978-0-7847-1787-5(7),* 140193) Standard Publishing.

Bible Readings with My Children, Vol. 2 (Classic Reprint) Philip Cohen. 2018. (ENG., Illus.). 366p. (J). 31.47 *(978-0-484-48128-1(2))* Forgotten Bks.

Bible Rhymes for Quiet Times. Eddie Maguire. 2022. (ENG.). 76p. (J). pap. *(978-0-2288-5062-5(2))* Tellwell Talent.

Bible Rimes for the Not Too Young (Classic Reprint) Clare Beecher-Kummer. 2017. (ENG., Illus.). (J). 26.10 *(978-0-266-54621-4(8));* pap. 9.57 *(978-0-282-77266-6(9))* Forgotten Bks.

Bible Sight Words Search Book: Jesus Loves Me. 2023. (Peace of Mind for Kids Ser.). 216p. (J). (gr. -1-6). pap. 12.99 *(978-1-68099-855-9(2),* Good Bks.) Skyhorse Publishing Co., Inc.

Bible Sketches: Of the Creation & the Fall (Classic Reprint) E. Thompson Baird. 2017. (ENG., Illus.). (J). 25.32 *(978-0-266-89952-5(8))* Forgotten Bks.

Bible Skills Drills & Thrills Grades 1-3 Blue Cycle Leader Guide. Lifeway Kids. 2018. (ENG.). 240p. (J). (gr. 1-6). 64.99 *(978-1-5359-1813-8(6))* Lifeway Christian Resources.

Bible Skills Drills & Thrills Grades 4-6 Blue Cycle Leader Guide. Lifeway Kids. 2018. (ENG.). 240p. (J). (gr. 1-6). 64.99 *(978-1-61507-964-3(5))* Lifeway Christian Resources.

Bible Skills, Drills, & Thrills: Green Cycle (Grades 1-3) - Leader Kit. Lifeway Kids. 2019. (ENG.). 352p. (J). (gr. 1-3). ring bd. 90.50 *(978-1-5359-5931-5(2))* Lifeway Christian Resources.

Bible Skills, Drills, & Thrills: Green Cycle (Grades 4-6) - Leader Kit. Lifeway Kids. 2019. (ENG.). 352p. (J). (gr. 4-6). ring bd. 90.50 *(978-1-5359-5932-2(0))* Lifeway Christian Resources.

Bible Sleuth: New Testament. Illus. by José Pérez Montero. 2017. (Bible Sleuth Ser.). (ENG.). 32p. (J). 12.99 *(978-1-4964-2243-9(0),* 20_28917, Tyndale Kids) Tyndale Hse. Pubs.

Bible Songs & Action Rhymes (Ages 3-6) Connie Morgan Wade. 2016. (ENG., Illus.). 224p. (J). (gr. -1-3). per. 16.99 *(978-0-7847-1781-3(8),* 140202) Standard Publishing.

Bible Sticker Tic-Tac-Toe: A Sticky Twist on a Classic Favorite! Compiled by Compiled by Barbour Staff. 2021. (ENG.). 48p. (J). pap. 7.99 *(978-1-64352-734-5(7),* Shiloh Kidz) Barbour Publishing, Inc.

Bible Stories. Little Grasshopper Books. Ed. by Publications International Ltd. Staff. Illus. by Stacy Peterson. 2020. (Treasury Ser.). (ENG.). 160p. (J). (gr. -1-k). 10.98 *(978-1-64030-985-2(3),* 6115000, Little Grasshopper Bks.) Publications International, Ltd.

Bible Stories. Katherine Walker. Illus. by Jayne Schofield. 2021. (ENG.). 12p. (J). bds. 9.99 *(978-1-80058-248-4(X))* Make Believe Ideas GBR. Dist: Scholastic, Inc.

Bible Stories: Great Men & Women from Noah Through Solomon - Updated & Expanded 30th Anniversary Edition of Tales from the Old Testament. Jim Weiss & Jeff West. 2nd rev. ed. 2019. (Jim Weiss Audio Collection: 0). (ENG., Illus.). (J). (gr. 3-12). audio compact disk 14.95 *(978-1-945841-41-5(9),* 458441) Well-Trained Mind Pr.

Bible Stories: Illustrated Stories from the Old Testament. Illus. by Manuela Adreani. 2019. (ENG.). 80p. (J). (gr. 3). 16.95 *(978-88-544-1353-5(4))* White Star Publishers ITA. Dist: Sterling Publishing Co., Inc.

Bible Stories: Retold in Words of One Syllable (Classic Reprint) Harriet T. Comstock. (ENG., Illus.). (J). 2018. 160p. 27.22 *(978-0-483-81862-0(3));* 2016. pap. 9.57 *(978-1-333-59638-5(3))* Forgotten Bks.

Bible Stories & Songs. Carmen Crowe. Ed. by Cottage Door Press. Illus. by Madison Mastrangelo. 2022. (ENG.). 330p. (J). (gr. -1-3). 39.99 *(978-1-64638-086-2(X),* 1006450) Cottage Door Pr.

Bible Stories Early Learning Activity Pad. Ed. by Cottage Door Press. Illus. by Hana Augustine. 2023. (ENG.). 16p. (J). 34.99 ***(978-1-64638-672-7(8),*** 1008630) Cottage Door Pr.

Bible Stories for Boys. Gabrielle Mercer. Illus. by Dawn Machell. 2017. (ENG.). 22p. (J). (gr. -1 — 1). bds. 6.99 *(978-1-78692-443-8(9))* Make Believe Ideas GBR. Dist: Scholastic, Inc.

B

Bible Stories for Children: Including an Address to the Children; the Bible, the Book for the Young (Classic Reprint) John H. Barrow. 2017. (ENG., Illus.). (J). 29.77 *(978-0-265-81228-0(3))* Forgotten Bks.

Bible Stories for Children (Classic Reprint) Margaret Livingston Hill. (ENG., Illus.). (J). 2017. 27.13 *(978-0-331-77113-8(6))*; 2016. pap. 9.57 *(978-1-333-63585-5(0))* Forgotten Bks.

Bible Stories for Courageous Girls, Padded Cover. B&H Kids Editorial Staff. Illus. by Gustavo Mazali. 2017. (ENG.). 304p. (J). (gr. 1-4). 12.99 *(978-1-4336-4835-9(0)*, 005789881, B&H Kids) B&H Publishing Group.

Bible Stories for Girls. Gabrielle Mercer. Illus. by Dawn Machell. 2017. (ENG.). 22p. (J). (gr. -1 — 1). bds. 6.99 *(978-1-78692-444-5(7))* Make Believe Ideas GBR. Dist: Scholastic, Inc.

Bible Stories for Kids: The ABC Guide with Memory Verses. Jummie Ogunyemi. 2023. (ABC Guide with Memory Verses Ser.: Vol. 1). (ENG.). 62p. (J). pap. 19.99 ***(978-1-6629-3657-9(5))*** Gatekeeper Pr.

Bible Stories for Little Catholics. Merce Segarra. 2019. (ENG.). 96p. (J). 13.95 *(978-0-88271-402-8(3)*, RG14660) Regina Pr., Malhame & Co.

Bible Stories for Little Hands. Editors of Studio Fun International. 2021. (Stories for Little Hands Ser.). (ENG.). 20p. (J). (— 1). bds. 9.99 *(978-0-7944-4673-4(6)*, Studio Fun International) Printers Row Publishing Group.

Bible Stories for Little Hearts. Sandra Magsamen. Illus. by Sandra Magsamen. 2019. (ENG., Illus.). 10p. (J). (gr. -1 — 1). bds. 6.99 *(978-1-338-58942-9(3)*, Cartwheel Bks.) Scholastic, Inc.

Bible Stories for Little Ones see Historias de la Biblia para Los Pequenitos

Bible Stories for Young People. Constance Morrow. 2022. (Volume I Ser.: Vol. 1). (ENG., Illus.). 82p. (YA). pap. 20.95 *(978-1-63844-289-9(4))* Christian Faith Publishing.

Bible Stories for Young People: Illustrated (Classic Reprint) Unknown Author. (ENG., Illus.). (J). 2018. 194p. 27.90 *(978-0-365-49190-3(X))*; 2017. pap. 10.57 *(978-0-259-51060-4(2))* Forgotten Bks.

Bible Stories from the Old Testament (Classic Reprint) Della T. Lutes. 2018. (ENG., Illus.). 322p. (J). 30.54 *(978-0-267-21362-7(X))* Forgotten Bks.

Bible Stories Gone Even More Crazy! Josh Edwards. Illus. by Emiliano Migliardo. ed. 2018. (ENG.). 24p. (J). (gr. k-2). 10.99 *(978-1-78128-339-4(7)*, 35b3661b-1d4f-46c6-aa55-756261bb78a0, Candle Bks.) Lion Hudson PLC GBR. Dist: Baker & Taylor Publisher Services (BTPS).

Bible Stories Illustrated for Infants & Young Children Volume 1. Sheila Cornish. 2017. (ENG., Illus.). (J). pap. 17.95 *(978-1-68197-941-0(1))* Christian Faith Publishing.

Bible Stories Picture Cards. Little Grasshopper Books & Publications International Ltd. Staff. 2022. (ENG.). 16p. (J). (-2). 10.98 *(978-1-63938-023-7(X)*, 6130700) Publications International, Ltd.

Bible Stories Simply Told: The Old Testament. Mary E. Clements. 2017. (ENG., Illus.). (J). pap. *(978-0-649-07365-8(7))* Trieste Publishing Pty Ltd.

Bible Stories with a Twist Book 2. Paul Lynch. 2018. (ENG.). 170p. (J). pap. 19.99 *(978-1-393-08882-0(1))* Draft2Digital.

Bible Stories with a Twist Book One 1. Paul Lynch. 2018. (ENG.). 216p. (J). pap. 12.99 *(978-1-393-40068-4(X))* Draft2Digital.

Bible Story: A Textbook in Biographical Form for Use of the Lower Grades of Catholic Schools. Rev George Johnson et al. 2018. (ENG., Illus.). 260p. (J). (gr. 2-5). pap. 18.95 *(978-1-64051-065-4(6))* St. Augustine Academy Pr.

Bible Story & Activity Book for Kids. Ed. by Parragon Books. 2023. (ENG.). 128p. (J). pap. 8.99 ***(978-1-64638-752-6(X)***, 3000991, Parragon Books) Cottage Door Pr.

Bible Story Coloring & Activity Book. B&H Kids Editorial Staff. 2017. (One Big Story Ser.). (ENG.). 384p. (J). (gr. -1-2). 6.99 *(978-1-4627-4516-6(4)*, 005793879) B&H Publishing Group.

Bible Story Crosswords for Kids. Compiled by Compiled by Barbour Staff. 2022. (ENG.). 96p. (J). pap. 7.99 *(978-1-63609-348-2(5))* Barbour Publishing, Inc.

Bible Story Retold in Twelve Chapters. Andrea Skevington. Illus. by Andrea Skevington. ed. 2016. (ENG., Illus.). 224p. (J). 14.99 *(978-0-7459-7664-8(6)*, cdb9cc65-0e64-42a9-abbd-a4751312f1ba, Lion Books) Lion Hudson PLC GBR. Dist: Baker & Taylor Publisher Services (BTPS).

Bible Story Word Search Fun: An Augmented Reality Wipe-Clean Book. Kim Mitzo Thompson & Karen Mitzo Hilderbrand. 2019. (ENG.). 12p. (J). pap. 4.99 *(978-1-68322-833-2(2)*, Shiloh Kidz) Barbour Publishing, Inc.

Bible Story Word Searches for Kids. Compiled by Compiled by Barbour Staff. 2021. (ENG.). 96p. (J). pap. 7.99 *(978-1-63609-015-3(X))* Barbour Publishing, Inc.

Bible Storybook see Cuentame la Biblia

Bible Storybook from the Bible App for Kids, 1 vol. Bible App For Kids. 2019. (ENG., Illus.). 384p. (J). 17.99 *(978-1-4002-1512-6(9)*, Tommy Nelson) Nelson, Thomas Inc.

Bible Storybook Miracles: Exploring the Transformative Power of Faith & the Miraculous Acts of Christ. Derick Chibilu. 2023. (Volume Ser.). (ENG.). 110p. (J). pap. 12.99 ***(978-1-0881-4587-6(6))*** Indy Pub.

Bible Studies for Life: Kids Grades 1-2 Kids Activity Pages - CSB - Winter 2022. Lifeway Kids. 2021. (ENG.). 32p. (J). pap. 3.45 *(978-1-0877-1307-6(2))* Lifeway Christian Resources.

Bible Studies for Life: Kids Grades 1-2 Leader Guide - CSB - Winter 2022. Lifeway Kids. 2021. (ENG.). 96p. (J). pap. 7.99 *(978-1-0877-1308-3(0))* Lifeway Christian Resources.

Bible Studies for Life: Kids Grades 1-3 Activity Pages Csb/KJV - Winter 2022. Lifeway Kids. 2021. (ENG.). 32p. (J). pap. 3.45 *(978-1-0877-1340-3(4))* Lifeway Christian Resources.

Bible Studies for Life: Kids Grades 1-3 & 4-6 Leader Guide - Csb/KJV Winter 2022. Lifeway Kids. 2021. (ENG.). 96p. (J). pap. 7.99 *(978-1-0877-1337-3(4))* Lifeway Christian Resources.

Bible Studies for Life: Kids Grades 3-4 Activity Pages - CSB - Winter 2022. Lifeway Kids. 2021. (ENG.). 32p. (J). pap. 3.45 *(978-1-0877-1323-6(4))* Lifeway Christian Resources.

Bible Studies for Life: Kids Grades 4-6 Activity Pages - CSB/KJV - Winter 2022. Lifeway Kids. 2021. (ENG.). 32p. (J). pap. 3.45 *(978-1-0877-1342-7(0))* Lifeway Christian Resources.

Bible Studies for Life: Kids Special Buddies Kids Activity Pages Winter 2022. Lifeway Kids. 2021. (ENG.). 47p. (J). pap. 3.45 *(978-1-0877-1661-9(6))* Lifeway Christian Resources.

Bible Studies for Life: Preteens Activity Pages - CSB - Winter 2022. Lifeway Kids. 2021. (ENG.). 32p. (J). pap. 3.45 *(978-1-0877-1664-0(0))* Lifeway Christian Resources.

Bible Studies for Life: Preteens Leader Guide - CSB - Winter 2022. Lifeway Kids. 2021. (ENG.). 96p. (J). pap. 7.99 *(978-1-0877-1666-4(7))* Lifeway Christian Resources.

Bible Studies for Life: Students - Daily Discipleship Guide - Winter 2020-21 - CSB. Lifeway Students. 2020. (ENG.). 144p. (YA). pap. 3.15 *(978-1-0877-3433-0(9))* Lifeway Christian Resources.

Bible Studies for Life: Students - Daily Discipleship Guide - Winter 2020-21 - KJV. Lifeway Students. 2020. (ENG.). 144p. (YA). pap. 3.15 *(978-1-0877-3434-7(7))* Lifeway Christian Resources.

Bible Studies for Life: Students - Leader Guide - Winter 2020-21 - CSB. Lifeway Students. 2020. (ENG., Illus.). 160p. (YA). 7.75 *(978-1-0877-3435-4(5))* Lifeway Christian Resources.

Bible Studies for Life: Students - Leader Guide - Winter 2020-21 - KJV. Lifeway Students. 2020. (ENG., Illus.). 160p. (YA). 7.75 *(978-1-0877-3436-1(3))* Lifeway Christian Resources.

Bible Superheroes: Coloring & Activity Book (Ages 5-7) Created by Warner Press. 2023. (ENG.). 16p. (J). pap. 4.01 ***(978-1-68434-457-4(3))*** Warner Pr., Inc.

Bible Tales Puzzle & Activity Book: Activity Fun with Your Best-Loved Bible Stories. Helen Otway. 2020. (Bible Puzzle & Activity Bks.: 1). (ENG.). 96p. (J). pap. 4.99 *(978-1-83857-723-0(8)*, 0cff9c8f-4cb2-41a5-b9f3-5b10122e7319) Arcturus Publishing GBR. Dist: Baker & Taylor Publisher Services (BTPS).

Bible Talks with Children, or the Scriptures Simplified for the Little Folks: With Lessons Drawn from the Actual Sayings of Childhood (Classic Reprint) J. L. Sooy. (ENG., Illus.). (J). 2018. 428p. 32.72 *(978-0-267-31368-6(3))*; 2016. pap. 16.57 *(978-1-333-43143-3(0))* Forgotten Bks.

Bible Themed Readiness. Compiled by School Zone. 2018. (Mini Holiday Board Book 3 Pack Ser.). (ENG.). 18p. (J). bds. 4.99 *(978-1-68147-199-0(X))* School Zone Publishing Co.

Bible Trivia for Boys & Girls New Testament for Children Edition 2 Children & Teens Christian Books. One True Faith. 2017. (ENG., Illus.). 64p. (J). pap. 9.55 *(978-1-5419-1704-0(9)*, One True Faith (Religion & Spirituality)) Speedy Publishing LLC.

Bible Trivia for Kids Old Testament for Children Edition 1 Children & Teens Christian Books. One True Faith. 2017. (ENG., Illus.). 64p. (J). pap. 9.55 *(978-1-5419-1701-9(4)*, One True Faith (Religion & Spirituality)) Speedy Publishing LLC.

Bible Trivia for Kids (Play & Learn) New Testament for Children Edition 1 Children & Teens Christian Books. One True Faith. 2017. (ENG., Illus.). 64p. (J). pap. 9.55 *(978-1-5419-1703-3(0)*, One True Faith (Religion & Spirituality)) Speedy Publishing LLC.

Bible Trivia, Jokes, & Fun Facts for Kids. Troy Schmidt. 2017. (ENG.). 176p. (J). pap. 10.99 *(978-0-7642-1846-0(8))* Bethany Hse. Pubs.

Bible Trivia Kids Love Old Testament for Children Edition 2 Children & Teens Christian Books. One True Faith. 2017. (ENG., Illus.). 64p. (J). pap. 9.55 *(978-1-5419-1702-6(2)*, One True Faith (Religion & Spirituality)) Speedy Publishing LLC.

Bible Verse Coloring Book & Word Search Puzzles with Solutions. Ed. by Cordial Press. 2023. (ENG.). 79p. (J). pap. ***(978-1-365-27827-3(1))*** Lulu Pr., Inc.

Bible Verse for Girls: A Coloring Book with Motivational & Inspirational Verse from Scripture for Girls Ages 8-12. Colleen Solaris. 2021. (ENG.). 110p. (J). pap. 12.90 *(978-1-915100-69-6(0)*, GoPublish) Visual Adjectives.

Bible Verses in Secret Code (8-10) Warner Press. 2018. (ENG.). 16p. (J). pap. 2.39 *(978-1-68434-050-7(0))* Warner Pr., Inc.

Bible We Wrote. Joseph Jung. 2022. (ENG.). 185p. (J). pap. ***(978-1-6781-6613-7(8))*** Lulu Pr., Inc.

Bible Women: the Coloring Book. Laura Gavin. 2022. (ENG.). 51p. (J). pap. ***(978-1-387-96633-2(2))*** Lulu Pr., Inc.

Bible Wonders (Classic Reprint) Richard Newton. (ENG., Illus.). (J). 2018. 336p. 30.83 *(978-0-666-37575-9(5))*; 2017. pap. 13.57 *(978-0-243-23994-8(7))* Forgotten Bks.

Bible Word a Week. Roger Priddy. 2023. (ENG., Illus.). 52p. (J). spiral bd. 9.99 *(978-1-68449-272-5(6)*, 900265906) St. Martin's Pr.

BibleForce: Los Primeros Héroes de la Biblia, 1 vol. Thomas Nelson Publishing Staff. 2019. (SPA.). 648p. (J). 26.99 *(978-1-4002-1278-1(2))* Grupo Nelson.

BibleForce Devotional: The First Heroes Devotional, 1 vol. Tama Fortner. 2019. (ENG., Illus.). 224p. (J). 18.99 *(978-1-4002-1263-7(4)*, Tommy Nelson) Nelson, Thomas Inc.

Bibleman Coloring & Activity Book. P23 Entertainment Inc & B&h Kids Editorial. 2019. (Bibleman Ser.). (ENG.). 144p. (J). (gr. -1-2). 7.99 *(978-1-5359-3784-9(X)*, 005810840) B&H Publishing Group.

Bibleman Devotional: 52 Devotions for Heroes. Tim Wesemann. 2018. (Bibleman Ser.). (ENG., Illus.). 224p. (J). (gr. -1-3). 14.99 *(978-1-5359-2372-9(5)*, 005806927, B&H Kids) B&H Publishing Group.

Bibles the Monkey: That Goes Bananas about the Word of God. Steve Edward Axtell. 2018. (Bibles the Monkey Ser.: Vol. 1). (ENG., Illus.). 76p. (J). (gr. 2-6). pap. 14.95 ***(978-1-0878-0187-2(7))*** Indy Pub.

Bibles the Monkey That Goes Bananas about the Word of God. Steve Axtell. 2018. (ENG., Illus.). 76p. (J). pap. 17.95 *(978-1-64299-762-0(5))* Christian Faith Publishing.

Bibles the Monkey That Goes Bananas about the Word of God Book#2 Follow the Way of Love. Steve Axtell. 2020. (ENG.). 66p. (J). (gr. k-6). pap. 12.95 ***(978-0-578-76784-0(8))*** Indy Pub.

Biblia Completa Ilustrada para Niños. Janice Emmerson. 2022. (SPA.). 608p. (J). ***(978-1-78373-940-0(1))*** North Parade Publishing.

Biblia de Historias Del Gran Plan de Dios: La Revelación Del Plan de Dios, 1 vol. Cecile Olesen Fodor. Illus. by Gustavo Mazali. 2019. (SPA.). 108p. (J). 16.99 *(978-1-4041-0987-2(0))* Grupo Nelson.

Biblia de Promesas para niños / Tapadura. 2021. (SPA.). 1056p. (J). 12.99 *(978-0-7899-2550-3(8))* Editorial Unilit.

Biblia de Promomesas para Jovenes /Rvr60/Mujeres/Tapa Dura: Edicion Jovenes Mujer. Rvr 1960. 2021. (SPA.). 1152p. (YA). 12.99 *(978-0-7899-2157-4(X))* Editorial Unilit.

Biblia de Promosas para Jovenes /Rvr60/Hombre/Tapa Dura: Edicion Jovenes Hombre. Rvr 1960. 2021. (SPA.). 1152p. (YA). 12.99 *(978-0-7899-2156-7(1))* Editorial Unilit.

Biblia Del Bebé, Mi Primer álbum: Las Fotos de Tu Bebé con Historias de la Biblia. Loyola Press. 2020. (SPA.). 12p. (J). bds. 12.99 *(978-0-8294-5086-6(6))* Loyola Pr.

Biblia Del Plan Asombroso de Dios: El Precio Que Pagó para Ganar Tu Amor, 1 vol. Amy Parker. 2020. (SPA.). 328p. (J). pap. 14.99 *(978-1-4002-1830-1(6))* Grupo Nelson.

Biblia Descubre y Aprende. Elisenda Castells. Illus. by Gabrielle Murphy. 2020. (SPA.). 32p. (J). 12.95 *(978-0-8294-4966-2(3))* Loyola Pr.

Biblia Di y Ora: Primeras Palabras, Historias y Oraciones, 1 vol. Diane Stortz. 2018. (SPA.). 40p. (J). bds. 9.99 *(978-1-4185-9838-9(0))* Grupo Nelson.

Biblia en Acción: The Action Bible-Spanish Edition. Sergio Cariello. Illus. by Sergio Cariello. ed. 2018. (Action Bible Ser.). (SPA., Illus.). 752p. (J). 29.99 *(978-0-8307-7316-9(9)*, 145144) Cook, David C.

Biblia en Acción: The Action Bible Spanish Edition. Illus. by Sergio Cariello. ed. 2023. (Action Bible Ser.). (SPA.). 832p. (J). (gr. 3-7). 32.99 ***(978-0-8307-8417-2(9)***, 152884) Cook, David C.

Biblia épica: La Historia de Dios Desde el Edén Hasta la EternidadGod's Story from Eden to Eternity. Created by Tyndale & Kingstone Media Group, Inc. 2021. Orig. Title: Epic Bible. (SPA.). 840p. (YA). 34.99 *(978-1-4964-4077-8(3)*, 20_31862) Tyndale Hse. Pubs.

Biblia Ilustrada. Mis Historias Favoritas / the Children's Illustrated Bible. Rhona Davies & Gustavo Mazali. 2021. (SPA.). 128p. (J). (gr. k-2). 14.99 *(978-1-949061-54-3(X))* Penguin Random House Grupo Editorial ESP. Dist: Penguin Random Hse. LLC.

Biblia Innocentium. John William Mackail. 2017. (ENG.). 300p. (J). pap. *(978-3-337-16526-0(5))* Creation Pubs.

Biblia Oyeme Leer (the Hear Me Read Bible) 2017. (MUL.). (J). 16.99 *(978-0-7586-5797-8(8))* Concordia Publishing Hse.

Biblia para Ninos: Historias Biblicas para Madres e Hijos: Acurrucate con Tu Hijo y Cuentale la Historia de Dios Acurrucate con Tu Hijo y Cuentale la Historia de Dios. Carolyn Larsen. 2016. (SPA., Illus.). (J). (gr. -1-2). pap. 12.99 *(978-0-7899-2263-2(0))* Editorial Unilit.

Biblia para niños NTV (Tapa Dura) Created by Tyndale. 2020. Orig. Title: NTV Children's Bible (Hardcover). (SPA.). 1024p. (J). 22.99 *(978-1-4964-4620-6(8)*, 20_34249) Tyndale Hse. Pubs.

Biblia para niños NTV (Tapa Rústica) Created by Tyndale. 2020. Orig. Title: NTV Children's Bible (Softcover). (SPA.). 1024p. (J). pap. 17.99 *(978-1-4964-4621-3(6)*, 20_34250) Tyndale Hse. Pubs.

Biblia Para Niños NVI: Texto Revisado 2022. Nueva Versión Nueva Versión Internacional & Vida. 2023. (SPA.). 1344p. (J). lthr. 29.99 ***(978-0-8297-7255-5(3))*** Vida Pubs.

Biblia para Principiantes - Historias Acerca de Jesús, 1 vol. Illus. by Kelly Pulley. 2017. (Beginner's Bible Ser.). (SPA.). 22p. (J). bds. 9.99 *(978-0-8297-6802-2(5))* Vida Pubs.

Biblia Unilit para Niños. Ed. by Nancy Pineda. Illus. by Mercy Ways. 2022. (SPA.). 400p. (J). 14.99 ***(978-0-7899-2648-7(2))*** Editorial Unilit.

Biblia Unilit para Pequeñitos. Ed. by Nancy Pineda. Illus. by Mercy Ways. 2023. (SPA.). 400p. (J). 14.99 ***(978-0-7899-2650-0(4))*** Editorial Unilit.

Biblia y Yo / the Bible & Me: Historias con un Mensaje de Vida. Lois Rock. Illus. by Alida Massari. 2018. (SPA.). 128p. (J). (gr. 2-4). 14.95 *(978-1-945540-54-7(0))* Penguin Random House Grupo Editorial ESP. Dist: Penguin Random Hse. LLC.

Biblias el Mono Que Se Vuelve Bananas Por la Palabra de Dios. Steve Edward Axtell. 2019. (Biblias el Mono Ser.: Vol. 1). (SPA., Illus.). 76p. (J). (gr. 1-6). pap. 14.95 ***(978-1-0878-1203-8(8))*** Indy Pub.

BIBLIAS el MONO QUE SE VUELVE LOCO POR la PALABRA de DIOS Book 2 Sigue el Camino Del Amor. Steve Axtell. 2020. (SPA.). 68p. (J). pap. 19.95 *(978-1-0879-2657-5(2))* Indy Pub.

Biblical ABC's for You & Me. Breanna Santana. 2019. (ENG.). 30p. (J). *(978-0-359-61305-2(5))* Lulu Pr., Inc.

Biblical Fun Activity Seek & Find Activity Book. Activibooks For Kids. 2016. (ENG., Illus.). (J). pap. 7.55 *(978-1-68321-482-3(X))* Mimaxion.

Biblical Literacy. Robert Orme. ed. 2017. (ENG.). 80p. (J). (gr. 6-9). pap. 29.99 *(978-0-00-822767-8(5))* HarperCollins Pubs. Ltd. GBR. Dist: Independent Pubs. Group.

Biblical Repertory & Princeton Review for the Year 1850, Vol. 22 (Classic Reprint) Peter Walker. 2018. (ENG., Illus.). 184p. (J). (gr. -1-3). 27.69 *(978-0-483-45487-3(7))* Forgotten Bks.

Biblical Repertory & Princeton Review for the Year 1863, Vol. 35 (Classic Reprint) Charles Hodge. 2018. (ENG., Illus.). 184p. (J). (gr. -1-3). 27.69 *(978-0-483-45627-3(6))* Forgotten Bks.

Biblical Stories from A-Z. Tarsha Phillips. 2021. (ENG.). 48p. (J). pap. 13.00 *(978-1-7358663-2-1(6))* Lady Knight Enterprises Publishing.

Biblioburro (Spanish Edition) Una Historia Real de Colombia. Jeanette Winter. Tr. by Alexis Romay. Illus. by Jeanette Winter. 2023. (SPA., Illus.). 32p. (J). (gr. 1-4). 18.99 ***(978-1-6659-3546-3(4)***, Beach Lane Bks.) Beach Lane Bks.

Bibliographical Catalogue of the Described Transformations of North America Lepidoptera (Classic Reprint) Henry Edwards. (ENG., Illus.). (J). 2018. 1114p. pap. 29.17 *(978-1-391-19184-3(6))*; 2017. 670p. pap. 20.57 *(978-0-332-51388-1(2))* Forgotten Bks.

Bibliographie der Klinischen Entomologie (Hexapoden, Acarinen) Heften 1-4 (Classic Reprint) Johann Christoph Huber. 2018. (GER., Illus.). (J). 110p. 26.19 *(978-0-428-20253-8(5))*; 112p. pap. 9.57 *(978-0-484-92432-0(X))* Forgotten Bks.

Bibliographie der Klinischen Entomologie, (Hexapoden, Acarinen), Vol. 1: Inhalt; Sarcopsylla, Pulex, Acanthia, Pediculidae (Classic Reprint) Johann Christoph Huber. 2018. (GER., Illus.). 30p. (J). 24.52 *(978-0-364-42770-5(1))* Forgotten Bks.

Bibliographie der Klinischen Helminthologie: Supplementheft; Inhalt: Filaria (Excl. F. Sanguinis Hominis), Strongylus, Gnathostoma, Strongyloides, Rhabditis, Pentastomum (Classic Reprint) Johann Christoph Huber. 2018. (GER., Illus.). 26p. (J). 24.43 *(978-0-267-98760-3(9))* Forgotten Bks.

Bibliographie der Klinischen Helminthologie (Classic Reprint) Johann Christoph Huber. 2018. (GER., Illus.). (J). 398p. 32.11 *(978-1-391-40387-8(8))*; 400p. pap. 16.57 *(978-1-390-64973-4(3))* Forgotten Bks.

Bibliographie des Ouvrages Arabes Ou Relatifs Aux Arabes: Publiés Dans l'Europe Chrétienne de 1810 à 1885 (Classic Reprint) Victor Chauvin. 2018. (FRE., Illus.). 204p. (J). 28.10 *(978-0-656-89090-3(8))* Forgotten Bks.

Bibliographie des Ouvrages Arabes Ou Relatifs Aux Arabes, Publies Dans l'Europe Chretienne de 1810 a 1885, Vol. 10: Le Coran et la Tradition (Classic Reprint) Victor Chauvin. 2017. (FRE., Illus.). (J). pap. 9.57 *(978-0-259-81427-6(X))* Forgotten Bks.

Bibliographie des Ouvrages Arabes Ou Relatifs Aux Arabes, Publiés Dans l'Europe Chrétienne de 1810 À 1885, Vol. 10: Le Coran et la Tradition (Classic Reprint) Victor Chauvin. 2018. (FRE., Illus.). 152p. (J). 27.16 *(978-0-428-80622-4(8))* Forgotten Bks.

Bibliographie des Ouvrages Arabes Ou Relatifs Aux Arabes, Publiés Dans l'Europe Chrétienne de 1810 à 1885, Vol. 11: Mahomet (Classic Reprint) Victor Chauvin. 2018. (FRE., Illus.). 274p. (J). 29.55 *(978-0-666-32801-4(3))* Forgotten Bks.

Bibliographie des Ouvrages Arabes, Ou Relatifs Aux Arabes, Publiés Dans l'Europe Chrétienne de 1810 à 1885, Vol. 12: La Mahométisme (Classic Reprint) Victor Chauvin. 2018. (FRE., Illus.). 506p. (J). 34.35 *(978-0-484-69987-7(3))* Forgotten Bks.

Bibliographie des Ouvrages Arabes Ou Relatifs Aux Arabes Publies Dans l'Europe Chretienne de 1810 a 1885, Vol. 3: Louqmane et les Fabulistes, Barlaam, Antar et les Romans de Chevalerie (Classic Reprint) Victor Chauvin. 2017. (FRE., Illus.). (J). pap. 9.97 *(978-0-259-86749-4(7))* Forgotten Bks.

Bibliographie des Ouvrages Arabes Ou Relatifs Aux Arabes Publiés Dans l'Europe Chrétienne de 1810 à 1885, Vol. 3: Louqmane et les Fabulistes, Barlaam, Antar et les Romans de Chevalerie (Classic Reprint) Victor Chauvin. 2018. (FRE., Illus.). 168p. (J). 27.36 *(978-0-666-90016-6(7))* Forgotten Bks.

Bibliographie des Ouvrages Arabes Ou Relatifs Aux Arabes, Publiés Dans l'Europe Chrétienne de 1810 à 1885, Vol. 4: Les Mille et une Nuits (Première Partie) (Classic Reprint) Victor Chauvin. 2018. (FRE., Illus.). 238p. (J). 28.81 *(978-0-484-07487-2(3))* Forgotten Bks.

Bibliographie des Ouvrages Arabes, Ou Relatifs Aux Arabes Publies Dans l'Europe Chretienne de 1810 a 1885, Vol. 5: Les Mille et une Nuits (Deuxieme Partie) (Classic Reprint) Victor Chauvin. 2017. (FRE., Illus.). (J). pap. 13.57 *(978-0-259-61035-9(6))* Forgotten Bks.

Bibliographie des Ouvrages Arabes, Ou Relatifs Aux Arabes Publiés Dans l'Europe Chrétienne de 1810 à 1885, Vol. 5: Les Mille et une Nuits (Deuxième Partie) (Classic Reprint) Victor Chauvin. 2018. (FRE., Illus.). 342p. (J). 30.97 *(978-0-484-72436-4(3))* Forgotten Bks.

Bibliographie des Ouvrages Arabes, Ou Relatifs Aux Arabes Publiés Dans l'Europe Chrétienne de 1810 À 1885, Vol. 6: Les Mille et une Nuits (Troisième Partie) (Classic Reprint) Victor Chauvin. 2018. (FRE., Illus.). 216p. (J). 28.45 *(978-0-484-76618-0(X))* Forgotten Bks.

Bibliographie des Ouvrages Arabes Ou Relatifs Aux Arabes Publiés Dans l'Europe Chrétienne de 1810 À 1885, Vol. 7: Les Mille et une Nuits (Quatrième Partie) (Classic Reprint) Victor Chauvin. 2018. (FRE., Illus.). (J). 560p. 35.47 *(978-0-366-05116-8(4))*; 562p. pap. 19.57 *(978-0-366-00493-5(X))* Forgotten Bks.

Bibliographie des Ouvrages Arabes Ou Relatifs Aux Arabes, Publies Dans l'Europe Chretienne de 1810 a 1885, Vol. 9: Pierre Alphonse, Secundus, Recueils Orientaux, Tables de Henning et de Mardrus, Contes Occidentaux, les Maqames (Classic Reprint) Victor Chauvin. 2017. (FRE., Illus.). (J). pap. 9.57 *(978-0-282-05149-5(X))* Forgotten Bks.

Bibliographie des Ouvrages Arabes Ou Relatifs Aux Arabes, Publiés Dans l'Europe Chrétienne de 1810 à 1885, Vol. 9: Pierre Alphonse, Secundus, Recueils Orientaux, Tables de Henning et de Mardrus, Contes Occidentaux, les Maqâmes (Classic Reprint) Victor Chauvin. abr. ed. 2018. (FRE., Illus.). 148p. (J). 26.95 *(978-0-656-87983-0(1))* Forgotten Bks.

Bibliographie des Ouvrages Arabes, Ou Relatifs Aux Arabes, Vol. 1: Publiés Dans l'Europe Chrétienne de 1810 À 1885; Préface, Table de Schnurrer, les Proverbes (Classic Reprint) Victor Chauvin. 2019. (FRE., Illus.). (J). 192p. 27.86 *(978-0-267-01252-7(7))*; 194p. pap. 10.57 *(978-0-483-83102-5(6))* Forgotten Bks.

Bibliographie des Ouvrages Arabes, Ou Relatifs Aux Arabes, Vol. 4: Publies Dans l'Europe Chretienne de

198

The check digit for ISBN-10 appears in parentheses after the full ISBN-13

1810 a 1885; les Mille et une Nuits (Premiere Partie) (Classic Reprint) Victor Chauvin. 2018. (FRE., Illus.). 754p. (J). pap. 23.57 *(978-0-428-00249-7(8))* Forgotten Bks.

Bibliographie Instructive, Ou Notice de Quelques Livres Rares, Singuliers Difficiles a Trouver. De Los-Rios-J-F. 2016. (Generalites Ser.). (FRE., Illus.). (J). pap. *(978-2-01-957872-5(7))* Hachette Groupe Livre.

Bibliography & Catalogue of the Fossil Vertebrata of North America (Classic Reprint) Oliver Perry Hay. 2018. (ENG., Illus.). (J). 874p. 41.92 *(978-1-391-76269-2(X))*; 876p. pap. 24.26 *(978-1-390-77808-3(8))* Forgotten Bks.

Bibliography of Aeronautics. Paul Brockett. 2019. (ENG.). 958p. (J). pap. *(978-93-89465-79-2(6))* Alpha Editions.

Bibliography of Child Study. Louis N Wilson. 2017. (ENG., Illus.). (J). pap. *(978-0-649-32041-7(7))* Trieste Publishing Pty Ltd.

Bibliography of North American Invertebrate Paleontology: Being a Report upon the Publications That Have Hitherto Been Made upon the Invertebrate Paleontology of North America, Including the West Indies & Greenland (Classic Reprint) Charles Abiathar White. 2018. (ENG., Illus.). (J). 136p. 26.70 *(978-1-396-41973-7(X))*; 138p. pap. 9.57 *(978-1-391-05484-1(9))* Forgotten Bks.

Bibliography of Protozoa, Sponges, Coelenterata, & Worms: Including Also the Polyzoa, Brachiopoda, & Tunicata, for the Years 1861-1883 (Classic Reprint) D'Arcy Wentworth Thompson. 2018. (ENG., Illus.). 298p. (J). pap. 13.57 *(978-0-364-62737-2(9))* Forgotten Bks.

Bibliography of Protozoa, Sponges, Coelenterata, & Worms: Including Also the Polyzoa (Classic Reprint) D'Arcy Wentworth Thompson. 2018. (ENG., Illus.). (J). 30.70 *(978-0-266-29672-0(6))* Forgotten Bks.

Bibliophile Library of Literature, Art & Rare Manuscripts, Vol. 15 Of 30: History, Biography, Science, Poetry, Drama, Travel, Adventure, Fiction, & Rare & Little-Known Literature from the Archives of the Great Libraries of the World. Nathan Haskell Dole. 2017. (ENG., Illus.). (J). 35.86 *(978-0-266-41515-2(6))* Forgotten Bks.

Bibliophile Library of Literature, Art & Rare Manuscripts, Vol. 16 Of 30: History, Biography, Science, Poetry, Drama, Travel, Adventure, Fiction, & Rare & Little-Known Literature from the Archives of the Great Libraries of the World. Nathan Haskell Dole. (ENG., Illus.). (J). 2018. 416p. 32.48 *(978-0-483-43816-3(2))*; 2016. pap. 16.57 *(978-1-334-15712-7(X))* Forgotten Bks.

Bibliophile Library of Literature, Art & Rare Manuscripts, Vol. 17: History, Biography, Science, Poetry, Drama, Travel, Adventure, Fiction, & Rare & Little-Known Literature from the Archives of the Great Libraries of the World; a Record of the G. Nathan Haskell Dole. 2018. (ENG., Illus.). (J). 404p. 32.23 *(978-0-483-26533-2(0))*; 406p. pap. 16.57 *(978-0-483-25951-5(9))* Forgotten Bks.

Bibliophile Library of Literature, Art & Rare Manuscripts, Vol. 2: History, Biography, Science, Poetry, Drama, Travel, Adventure, Fiction, & Rare & Little-Known Literature from the Archives of the Great Libraries of the World (Classic Reprint) International Bibliophile Society. 2018. (ENG., Illus.). (J). 32.77 *(978-0-260-21885-8(5))* Forgotten Bks.

Bibliophile Library of Literature, Art & Rare Manuscripts, Vol. 20 Of 30: History, Biography, Science, Poetry, Drama, Travel, Adventure, Fiction, & Rare & Little-Known Literature from the Archives of the Great Libraries of the World. Nathan Haskell Dole. (ENG., Illus.). (J). 2018. 420p. 32.58 *(978-0-484-40043-5(6))*; 2016. pap. 16.57 *(978-1-333-53450-9(7))* Forgotten Bks.

Bibliophile Library of Literature, Art & Rare Manuscripts, Vol. 21 Of 30: History, Biography, Science, Poetry, Drama, Travel, Adventure, Fiction, & Rare & Little-Known Literature from the Archives of the Great Libraries of the World. Nathan Haskell Dole. (ENG., Illus.). (J). 2018. 408p. 32.31 *(978-0-483-36709-8(5))*; 2016. pap. 16.57 *(978-1-333-50388-8(1))* Forgotten Bks.

Bibliophile Library of Literature, Art & Rare Manuscripts, Vol. 23 Of 30: History, Biography, Science, Poetry, Drama, Travel, Adventure, Fiction, & Rare & Little-Known Literature from the Archives of the Great Libraries of the World. Nathan Haskell Dole. (ENG., Illus.). (J). 2018. 418p. 32.52 *(978-0-483-30113-9(2))*; 2016. pap. 16.57 *(978-1-333-13785-4(0))* Forgotten Bks.

Bibliophile Library of Literature, Art & Rare Manuscripts, Vol. 24 Of 30: History, Biography, Science, Poetry, Drama, Travel, Adventure, Fiction, & Rare & Little-Known Literature from the Archives of the Great Libraries of the World; a Record Of. International Bibliophile Society. (ENG., Illus.). (J). 2018. 398p. 32.13 *(978-0-484-40728-1(7))*; 2016. pap. 16.57 *(978-1-334-09156-8(0))* Forgotten Bks.

Bibliophile Library of Literature, Art & Rare Manuscripts, Vol. 27 Of 30: History, Biography, Science, Poetry, Drama, Travel, Adventure, Fiction, & Rare & Little-Known Literature from the Archives of the Great Libraries of the World. Nathan Haskell Dole. (ENG., Illus.). (J). 2018. 396p. 32.06 *(978-0-428-35537-1(4))*; 2016. pap. 16.57 *(978-1-333-61339-6(3))* Forgotten Bks.

Bibliophile Library of Literature, Art, & Rare Manuscripts, Vol. 9 Of 30: History, Biography, Science, Poetry, Drama, Travel, Adventure, Fiction, & Rare & Little-Known Literature from the Archives of the Great Libraries of the World. Nathan Haskell Dole. 2018. (ENG., Illus.). 408p. (J). 32.27 *(978-0-484-73087-7(8))* Forgotten Bks.

Biblioteca. Aaron Carr. 2017. (Los Lugares de Mi Comunidad Ser.). (SPA.). 24p. (J). lib. bdg. 22.99 *(978-1-5105-2391-3(X))* SmartBook Media, Inc.

Biblioteca Maldita. Michael Dahl. Tr. by Aparicio Publishing Aparicio Publishing LLC. Illus. by Bradford Kendall & Martin Blanco. 2020. (Biblioteca Maldita Ser.).Tr. of Library of Doom. (SPA.). 40p. (J). (gr. 4-8). 246.50 *(978-1-4965-9184-5(4)*, 29928); pap., pap., pap. 27.80 *(978-1-4965-9339-9(1)*, 30088) Capstone. (Stone Arch Bks.).

Biblioteca Maldita: Los Capitulos Finales. Michael Dahl. Illus. by Bradford Kendall & Nelson Evergreen. 2023. (Biblioteca Maldita: Los Capítulos Finales Ser.). (SPA.). 40p. (J). 98.60 *(978-1-6690-1533-8(5)*, 249079); pap., pap., pap. 27.96 *(978-1-6690-1534-5(3)*, 249080) Capstone. (Stone Arch Bks.).

Biblioteca para Juana: El Mundo de Sor Juana inésThe World of Sor Juana Inés, 1 vol. Pat Mora. Illus. by Beatriz Vidal. 2019. Orig. Title: A Library for Juana. (SPA.). 32p. (J). (gr. k-3). pap. 12.95 *(978-1-64379-059-6(5)*, leelowcbp) Lee & Low Bks., Inc.

Biblioteca Pública. Cari Meister. 2016. (Los Primeros Viajes Escolares (First Field Trips)).Tr. of Public Library. (SPA., Illus.). 24p. (J). (gr. k-2). lib. bdg. 25.65 *(978-1-62031-327-5(8)*, Bullfrog Bks.) Jump! Inc.

Biblioteca Secreta. Ranah Tesch. 2019. (POR.). 116p. (J). pap. *(978-85-924578-2-2(3))* Tesch, Rosane.

Bibliotecario. Jared Siemens. 2018. (Gente de Mi Vecindario Ser.). (SPA.). 24p. (J). lib. bdg. 23.99 *(978-1-5105-3412-4(1))* SmartBook Media, Inc.

Bibliotheca Chemica: Verzeichniss der Auf Dem Gebiete der Reinen, Pharmaceutischen, Physiologischen und Technischen Chemie in Den Jahren 1840 Bis Mitte 1858 in Deutschland und Im Auslande Erschienenen Schriften (Classic Reprint) Ernst Amandus Zuchold. 2018. (GER., Illus.). (J). 472p. 33.65 *(978-0-366-38777-9(4))*; 474p. pap. 16.57 *(978-0-365-83859-3(4))* Forgotten Bks.

Bibliothek: Herausgegeben (Classic Reprint) Wendelin Foerster. 2018. (GER., Illus.). 324p. (J). 30.64 *(978-0-666-62784-1(3))* Forgotten Bks.

Bibliothek der Neuesten Physisch-Chemischen, Metallurgischen, Technologischen und Pharmaceutischen Literatur, Vol. 2 (Classic Reprint) Sigismund Friedrich Hermbstadt. 2018. (FRE., Illus.). (J). 422p. 32.60 *(978-1-391-69280-7(2))*; 424p. pap. 16.57 *(978-1-390-86198-3(8))* Forgotten Bks.

Bibliothek des Litterarischen Vereins in Stuttgart, Vol. 177 (Classic Reprint) Literarischer Verein In Stuttgart. 2018. (FRE., Illus.). (J). 1174p. 48.13 *(978-0-366-14940-7(7))*; 1176p. pap. 30.47 *(978-0-366-14909-4(1))* Forgotten Bks.

Bibliothek des Litterarischen Vereins in Stuttgart, Vol. 182 (Classic Reprint) Literarischer Verein In Stuttgart. 2018. (GER., Illus.). 896p. (J). pap. 24.70 *(978-1-390-19369-5(1))* Forgotten Bks.

Bibliotheque de Campagne, Vol. 1: Ou Amusemens de l'Esprit et du Coeur (Classic Reprint) Unknown Author. 2018. (FRE., Illus.). (J). 464p. 33.47 *(978-1-391-91947-8(5))*; 466p. pap. 16.57 *(978-1-390-58547-6(6))* Forgotten Bks.

Bibliotheque de Campagne, Vol. 2: Ou Amusemens de l'Esprit et du Coeur (Classic Reprint) Unknown Author. (FRE., Illus.). (J). 2018. 542p. 35.08 *(978-0-267-50137-3(4))*; 2017. pap. 19.57 *(978-0-243-85407-3(2))* Forgotten Bks.

Bibliotheque de Campagne, Vol. 7: Ou Amusemens de l'Esprit et du Coeur (Classic Reprint) Unknown Author. 2018. (FRE., Illus.). (J). 424p. 32.64 *(978-0-366-10040-8(8))*; 426p. pap. 16.57 *(978-0-366-09634-3(6))* Forgotten Bks.

Bibliothèque de l'École des Hautes Études: Tomes I et II (Classic Reprint) Ecole Pratique Des Hautes Etudes. 2018. (FRE., Illus.). (J). 834p. 41.10 *(978-1-390-00588-2(7))*; 836p. pap. 23.57 *(978-1-390-00581-3(X))* Forgotten Bks.

Bibliotheque de Philosophie Contemporaine. les Anomalies Mentales Chez les Ecoliers. Etude Medico-Pedagogique Par les Docteurs. Jean Philippe. 2017. (ENG., Illus.). (J). pap. *(978-0-649-53060-1(8))* Trieste Publishing Pty Ltd.

Bichons Frises. Lindsay Shaffer. 2019. (Awesome Dogs Ser.). (ENG., Illus.). 24p. (J). (gr. k-3). lib. bdg. 26.95 *(978-1-62617-906-6(9)*, Blastoff! Readers) Bellwether Media.

Bichos. Xist Publishing. 2017. (Xist Kids Spanish Bks.). (SPA., Illus.). 28p. (J). (gr. -1-3). pap. 9.99 *(978-1-5324-0122-0(1))* Xist Publishing.

Bichos/ Bugs. Xist Publishing Staff. 2017. (Xist Kids Bilingual Spanish English Ser.). (ENG & SPA., Illus.). 28p. (J). (gr. -1-3). pap. 9.99 *(978-1-5324-0100-8(0))* Xist Publishing.

Bichos y Mas: Bugs & More. Georgetee Baker. 2018. (ENG., Illus.). 40p. (J). 19.95 *(978-1-892306-59-3(X))* Cantemos-bilingual bks. and music.

Bicicleta Como la de Sergio. Maribeth Boelts. Illus. by Noah Z. Jones. 2019. (SPA.). 40p. (J). (gr. k-3). 6.99 *(978-1-5362-0565-7(6))* Candlewick Pr.

Bicicleta de Teresa. Lismar Marcano. l.t. ed. 2022. (SPA.). 32p. (J). pap. 12.00 ***(978-1-0879-5338-0(3))*** Indy Pub.

Bicicleta Verde Limon / the Lemon Green Bicycle (Torre de Papel Naranja) Spanish Edition. Elsa Maria Crespo. 2017. (Torre de Papel Naranja Ser.). (SPA., Illus.). (J). (gr. k-2). pap. *(978-958-776-010-1(7))* Norma Ediciones, S.A.

Bicicletas BMX: Leveled Reader Book 16 Level J 6 Pack. Hmh Hmh. 2021. (SPA.). 16p. (J). pap. 74.40 *(978-0-358-08328-3(1))* Houghton Mifflin Harcourt Publishing Co.

Bicis en la Via. Patricia Iglesias Torres. Ed. by Katherine Enciso Martinez. 2021. (Taboo Ser.). (SPA.). 64p. (YA). (gr. 7). pap. 5.99 *(978-987-48006-0-2(7))* Editorial EKEKA ARG. Dist: Independent Pubs. Group.

Bickery Twins & the Phoenix Tear. Abi Elphinstone. (Unmapped Chronicles Ser.: 2). (ENG.). (J). (gr. 3-7). 2021. 352p. pap. 8.99 *(978-1-5344-4311-2(8))*; 2020. 336p. 18.99 *(978-1-5344-4310-5(X))* Simon & Schuster Children's Publishing. (Aladdin).

Bicycle Bash. Alison Farrell. 2021. (ENG., Illus.). 40p. (J). (gr. -1-k). 17.99 *(978-1-4521-7462-4(8))* Chronicle Bks. LLC.

Bicycle Book. Gail Gibbons. 2016. (ENG., Illus.). 32p. (J). (gr. -1-3). 7.99 *(978-0-8234-1408-6(6))* Holiday Hse., Inc.

Bicycle in Beijing. Dawn Yu. Illus. by Dawn Yu. 2019. (ENG.). 32p. (J). pap. 7.95 *(978-1-4788-6872-9(4))* Newmark Learning LLC.

Bicycle in Beijing. Dawu Yu. Illus. by Dawu Yu. 2019. (ENG., Illus.). 32p. (J). 15.95 *(978-1-4788-6796-8(5))* Newmark Learning LLC.

Bicycle of Cathay. Frank Richard Stockton. 2017. (ENG., Illus.). (J). 23.95 *(978-1-374-94201-1(4))*; pap. 13.95 *(978-1-374-94200-4(6))* Capital Communications, Inc.

Bicycle of Cathay: A Novel (Classic Reprint) Frank Richard Stockton. 2017. (ENG., Illus.). (J). 28.64 *(978-1-5279-7991-8(1))* Forgotten Bks.

Bicycle Spy. Yona Zeldis McDonough. (ENG.). 208p. (J). (gr. 3-7). 2020. pap. 7.99 *(978-0-545-85096-4(7))*; 2016. 17.99 *(978-0-545-85095-7(9))* Scholastic, Inc. (Scholastic Pr.).

Bicycle to Treachery: A QUIX Book. Robert Quackenbush. Illus. by Robert Quackenbush. 2019. (Miss Mallard Mystery Ser.). (ENG., Illus.). 80p. (J). (gr. k-3). 16.99 *(978-1-5344-1398-6(7))*; pap. 5.99 *(978-1-5344-1397-9(9))* Simon & Schuster Children's Publishing. (Aladdin).

Bicycle with a Basket. Judith Kidd. Illus. by Nicola Johnson. 2021. (ENG.). 98p. (J). pap. 12.95 *(978-1-64719-541-0(1))* Booklocker.com, Inc.

Bicyclers: And Three Other Farces (Classic Reprint) John Kendrick Bangs. 2018. (ENG., Illus.). 200p. (J). 28.02 *(978-0-483-68966-4(1))* Forgotten Bks.

Bicycles. Quinn M. Arnold. 2019. (Seedlings: on the Go Ser.). (ENG.). 24p. (J). (gr. -1-1). pap. 8.99 *(978-1-62832-731-1(6)*, 19124, Creative Paperbacks); (Illus.). *(978-1-64026-168-6(0)*, 19126) Creative Co., The.

Bicycles. Gail Gibbons. 2020. (Illus.). 22p. (J). (— 1). bds. 7.99 *(978-0-8234-4557-8(7))* Holiday Hse., Inc.

Bicycles. Patricia Lakin. 2017. (Made by Hand Ser.: 2). (ENG., Illus.). 32p. (J). (gr. 3-7). 17.99 *(978-1-4814-7896-0(6)*, Simon & Schuster/Paula Wiseman Bks.) Simon & Schuster/Paula Wiseman Bks.

Bicycles. Rachel Lynette. 2016. (J). *(978-1-4896-4527-2(6))* Weigl Pubs., Inc.

Bicycles. Jenny Fretland VanVoorst. 2016. (Early Physics Fun). (Illus.). 24p. (J). (gr. 2-5). lib. bdg. *(978-1-62031-314-5(6)*, Pogo) Jump! Inc.

Bicycles, Buses & Green Transportation a Coloring Book. Smarter Activity Books for Kids. 2016. (ENG., Illus.). (J). pap. 9.22 *(978-1-68374-420-7(9))* Examined Solutions PTE. Ltd.

Bicycling Dog Tails. Deborah Gibson. 2018. (ENG., Illus.). 54p. (J). 26.95 *(978-1-64191-718-6(0))*; pap. 13.95 *(978-1-64114-359-2(2))* Christian Faith Publishing.

Bicycling Rules of the Road: The Adventures of Devin Van Dyke, 1 vol. Kelly Pulley. (ENG., Illus.). 32p. (J). (gr. -1-3). 2019. pap. 9.99 *(978-0-7643-5701-5(8)*, 16394); 2017. 16.99 *(978-0-7643-5328-4(4)*, 7683) Schiffer Publishing, Ltd.

Bicycling to the Moon. Timo Parvela. Illus. by Virpi Talvitie. 2016. (ENG.). 128p. (gr. k-5). 9.99 *(978-1-77657-078-2(2))*; 16.99 *(978-1-77657-080-5(4))*; 16.99 *(978-1-77657-091-1(X))* Gecko Pr. NZL. Dist: Lerner Publishing Group.

Bicyclist's Dream of the Road to Heaven: With Illustrations (Classic Reprint) Joel Bunyan Lemon. (ENG., Illus.). (J). 2019. 108p. 26.12 *(978-0-365-13058-1(3))*; 2017. pap. 9.57 *(978-0-259-44107-6(4))* Forgotten Bks.

Bid for Fortune: A Novel (Classic Reprint) Guy Boothby. 2017. (ENG., Illus.). (J). 30.58 *(978-0-331-36381-4(X))* Forgotten Bks.

Bid My Soul Farewell. Beth Revis. 2019. (ENG., Illus.). 336p. (YA). (gr. 7). 18.99 *(978-1-59514-719-6(5)*, Razorbill) Penguin Young Readers Group.

Biddle Claus: The Claus Who Almost Ruined Christmas. Adam Hilligardt. 2018. (ENG.). 38p. (J). 14.95 *(978-1-68401-292-3(9))* Amplify Publishing Group.

Biddy Mason: Becoming a Leader. Lorin Driggs. rev. ed. 2017. (Social Studies: Informational Text Ser.). (ENG., Illus.). 32p. (J). (gr. 3-5). pap. 11.99 *(978-1-4258-3239-1(3))* Teacher Created Materials, Inc.

Biddy Mason Speaks Up. Arisa White & Laura Atkins. Illus. by Laura Freeman. 2019. (Fighting for Justice Ser.: 2). (ENG.). 112p. (J). 18.00 *(978-1-59714-403-2(7))* Heyday.

Biddy Squiddy's Magic Words. Tracie Main. 2019. (ENG.). 38p. (J). 16.95 *(978-1-64307-446-7(6))* Amplify Publishing Group.

Biddy's Episodes (Classic Reprint) A. D. T. Whitney. 2017. (ENG., Illus.). (J). 30.79 *(978-0-266-71829-1(9))*; pap. 13.57 *(978-1-5276-7473-8(8))* Forgotten Bks.

Biding His Time, or Andrew Hapnell's Fortune (Classic Reprint) John Townsend Trowbridge. 2018. (ENG., Illus.). 214p. (J). 28.33 *(978-0-483-49483-1(6))* Forgotten Bks.

Bidu's Adventures: Fairy Beginnings. Denise Ganulin. 2021. (ENG.). 264p. (J). pap. *(978-1-83975-722-8(1))* Grosvenor Hse. Publishing Ltd.

Bien Dit! Student Edition Level 1 2018. Houghton Mifflin Harcourt. 2017. (Bien Dit! Ser.). (ENG.). 464p. (J). (gr. 9-12). 84.35 *(978-0-544-84206-9(5))* Houghton Mifflin Harcourt Publishing Co.

Bien Dit! Student Edition Level 1a 2018. Houghton Mifflin Harcourt. 2017. (Bien Dit! Ser.). (ENG.). 272p. (J). (gr. 6-8). 63.15 *(978-0-544-84204-5(9))* Houghton Mifflin Harcourt Publishing Co.

Bien Dit! Student Edition Level 1b 2018. Houghton Mifflin Harcourt. 2017. (Bien Dit! Ser.). (ENG.). 304p. (J). (gr. 6-8). 63.15 *(978-0-544-84205-2(7))* Houghton Mifflin Harcourt Publishing Co.

Bien Dit! Student Edition Level 2 2018. Houghton Mifflin Harcourt. 2017. (Bien Dit! Ser.). (ENG.). 512p. (J). (gr. 9-12). 84.35 *(978-0-544-84207-6(3))* Houghton Mifflin Harcourt Publishing Co.

Bien Dit! Student Edition Level 3 2018. Houghton Mifflin Harcourt. 2017. (Bien Dit! Ser.). (ENG.). 592p. (J). (gr. 9-12). 84.35 *(978-0-544-84208-3(1))* Houghton Mifflin Harcourt Publishing Co.

Bienen Malbuch: Honig Biene Malbuch Für Kinder Ab 3 - Bienen, Bären und Honig Malbuch - 40 Spaß Malerei Seiten - Malbuch Für Jungen und Mädchen. Emil Rana O'Neil. 2021. (GER.). 82p. (J). pap. 10.99 *(978-0-09-493094-0(5))* Ridley Madison, LLC.

Bienvenida, Lupe. Eva Palomar. 2018. (SPA.). 32p. (J). (gr. k-2). 22.99 *(978-84-945842-8-2(6))* Babulinka Libros ESP. Dist: Lectorum Pubns., Inc.

¡Bienvenido a Casa, Bebé! (Welcome Home, Baby!) Abigail Tabby. Tr. by Alexis Romay. Illus. by Sam Williams. 2019. (New Books for Newborns Ser.). (SPA.). 16p. (J). (— 1). bds. 7.99 *(978-1-5344-5557-3(4)*, Libros Para Ninos) Libros Para Ninos.

Bienvenido, Nuevo Mundo. Anna Miracle. 2021. (SPA.). 68p. (J). 26.99 *(978-84-17374-99-0(X))* Zahorí de Ideas ESP. Dist: Lectorum Pubns., Inc.

Bienvenidos Al Campamento de Terror. Laurie Friedman. Illus. by Jake Hill. 2022. (Campamento de Terror (Camp Creepy Lake) Ser.). (SPA.). 48p. (J). (gr. 2-4). pap. *(978-1-0396-5000-8(7)*, 19471); lib. bdg. *(978-1-0396-4873-9(8)*, 19470) Crabtree Publishing Co. (Leaves Chapter Books).

Bienvenidos Al Club de Los niños Grandes: Lo Que Todo Hermano Mayor Debe Saber. Chelsea Clinton. Tr. by Andrea Montejo & Eva Ibarzábal. Illus. by Tania de Regil. 2022. 32p. (J). (gr. -1-3). 18.99 *(978-0-593-40476-8(9)*, Philomel Bks.) Penguin Young Readers Group.

Bienvenue Au Camp du Lac Maudit (Welcome to Camp Creepy Lake) Laurie Friedman. Illus. by Jake Hill. 2022. (Camp du Lac Maudit (Camp Creepy Lake) Ser.).Tr. of Bienvenue Au Camp du Lac Maudit. (FRE.). 48p. (J). (gr. 2-4). pap. *(978-1-0396-8799-8(7)*, 20285, Leaves Chapter Books) Crabtree Publishing Co.

Biffing the Boche: Home-Swats (Classic Reprint) E. S. Elliott. 2018. (ENG., Illus.). 30p. (J). 24.58 *(978-0-483-11407-4(3))* Forgotten Bks.

Big. Illus. by Pete Cromer. 2023. (ENG.). 14p. (J). (gr. -1-3). bds. 11.99 ***(978-1-922857-58-3(0))*** Bonnier Publishing GBR. Dist: Independent Pubs. Group.

Big. Vashti Harrison. 2023. (ENG.). 60p. (J). (gr. -1-3). 19.99 *(978-0-316-35322-9(1))* Little Brown & Co.

Big: A Little Story about Respect & Self-Esteem. Ingo Blum. Illus. by Antonio Pahetti. 2018. (ENG.). 40p. (J). (gr. k-3). *(978-3-947410-89-7(1))* Blum, Ingo Planet-Oh Concepts.

Big 11+ Logic Puzzle Challenge. Ltd The Armadillo Pillow. 2020. (ENG., Illus.). 110p. (J). (gr. 5-6). pap. *(978-1-912936-06-9(2))* Armadillo's Pillow Ltd., The.

Big 50: Cincinnati Reds: The Men & Moments That Made the Cincinnati Reds. Chad Dotson & Chris Garber. 2018. (Big 50 Ser.). (ENG.). 368p. pap. 16.95 *(978-1-62937-541-0(1))* Triumph Bks.

Big 50: Philadelphia Flyers: The Men & Moments That Made the Philadelphia Flyers. Sam Carchidi & Wayne Fish. 2019. (Big 50 Ser.). (ENG., Illus.). 320p. pap. 16.95 *(978-1-62937-620-2(5))* Triumph Bks.

Big Adventure. Martha Ann Winterroth. 2018. (One Crazy Squirrel Ser.: Vol. 3). (ENG., Illus.). 44p. (J). (gr. k-4). pap. 10.00 *(978-1-948225-58-8(1))* Thewordverve.

Big Adventure: Hey Jack! Sally Rippin. Illus. by Stephanie Spartels. 2016. (ENG.). 48p. (J). pap. 4.99 *(978-1-61067-393-8(X))* Kane Miller.

Big Adventure of a Little Line. Serge Bloch. 2016. (ENG., Illus.). 88p. (J). (gr. 1-3). 19.95 *(978-0-500-65058-5(6)*, 565058) Thames & Hudson.

BIG Adventures of Babymouse: Once upon a Messy Whisker (Book 1) (a Graphic Novel) Jennifer L. Holm. Illus. by Matthew Holm. 2022. (BIG Adventures of BabyMouse Ser.: 1). (ENG.). 224p. (J). (gr. 2-5). 20.99 *(978-0-593-43090-3(5))*; pap. 12.99 *(978-0-593-43093-4(X))*; lib. bdg. 23.99 *(978-0-593-43091-0(3))* Penguin Random Hse. LLC.

Big Adventures of Little Church Mouse. Steven G. Bushnell. Illus. by Steve Mutz. 2017. (ENG.). (J). pap. 24.99 *(978-1-4984-9776-3(4))* Salem Author Services.

Big Adventures of Little Church Mouse: Life Is a Blessing. Steven G. Bushnell. 2016. (ENG., Illus.). (J). pap. 16.95 *(978-1-5127-4817-8(X)*, WestBow Pr.) Author Solutions, LLC.

BIG Adventures of Little Dude. Stink Meenges. 2022. (ENG.). 40p. (J). pap. 12.00 *(978-1-63103-069-7(8))* CaryPr. International Bks.

Big Adventures of Little Lucky: Book 1. Paula Gehring-Kevish. 2020. (ENG.). 28p. (J). 23.95 *(978-1-64584-461-7(7))*; pap. 13.95 *(978-1-64584-459-4(5))* Page Publishing Inc.

BIG Adventures of Little O: A Song for the Salmon. Leesa Hanna. 2019. (ENG.). 96p. (J). *(978-1-5255-5015-7(2))*; pap. *(978-1-5255-5016-4(0))* FriesenPress.

Big Adventures of Miss Kitty. Gina Young. 2021. (ENG., Illus.). 26p. (J). pap. 13.95 *(978-1-6624-1493-0(5))* Page Publishing Inc.

Big Air Skateboarding. K. A. Hale. 2019. (Action Sports Ser.). (ENG., Illus.). 32p. (J). (gr. 3-3). pap. 9.95 *(978-1-64494-144-7(9)*, 1644941449) Bigfoot Bks. GBR. Dist: North Star Editions.

Big Air Snowboarding. Thomas K. Adamson. 2016. (Extreme Sports Ser.). (ENG., Illus.). 24p. (J). (gr. 3-7). lib. bdg. 26.95 *(978-1-62617-351-4(6)*, Epic Bks.) Bellwether Media.

Big Alaskan Bowhunt. Monica Roe. Illus. by Gregor Forster. 2022. (Wilderness Ridge Ser.). (ENG.). 72p. (J). 25.99 *(978-1-6639-7492-1(6)*, 225975); pap. 5.95 *(978-1-6663-2919-3(3)*, 225969) Capstone. (Stone Arch Bks.).

Big Alien Moon Crush. Art Baltazar. 2022. (ENG.). 96p. (J). pap. 9.99 *(978-1-63229-607-8(1))* Action Lab Entertainment.

Big Alphabet. School Zone Publishing Company Staff. 2019. (ENG.). 320p. (YA). (gr. k-k). pap. 13.99 *(978-1-60159-016-9(4)*, 27dbbfc3-fd0b-41c7-b557-e186276b7df7) School Zone Publishing Co.

Big American Caravan in Europe (Classic Reprint) Burr H. Polk. 2018. (ENG., Illus.). 180p. (J). 27.61 *(978-0-484-56793-0(4))* Forgotten Bks.

Big & Beautiful: Vehicles Coloring Book. Smarter Activity Books for Kids. 2016. (ENG., Illus.). (J). pap. 9.22 *(978-1-68374-421-4(7))* Examined Solutions PTE. Ltd.

Big & Black Book of Hidden Picture Puzzles for Children Age 10. Jupiter Kids. 2018. (ENG., Illus.). 64p. (J). pap. 12.55 *(978-1-5419-3629-4(9)*, Jupiter Kids (Childrens & Kids Fiction)) Speedy Publishing LLC.

Big & Blubbery: Walrus. Felicia Macheske. 2016. (Guess What Ser.). (ENG., Illus.). 24p. (J). (gr. k-2). 30.64 *(978-1-63470-719-0(2)*, 207587) Cherry Lake Publishing.

Big & Easy Book of Coloring: Monsters. Pam Cowan. 2022. (ENG.). 54p. (J). pap. 6.00 ***(978-1-957638-49-2(4))*** Windtree Pr.

B

Big & Happy Easter Egg - Easter Eggs Hunting Coloring Book: A Joyful Book to Color, Bunny, Chicken & the Eggs, Amazing Coloring Book for Kids 4-8, Girls & Boys. Maggie C. Love. 2021. (ENG.). 104p. (J). pap. 9.98 *(978-1-716-17925-9(4))* Lulu Pr., Inc.

Big & Little: A Story of Opposites. Cheryl Pilgrim. 2019. (Illus.). 32p. (J). (-k). 17.99 *(978-0-8234-4021-4(4))* Holiday Hse., Inc.

Big & Little ABC Book. Sandra Griffin. 2016. (ENG., Illus.). 32p. (J). 16.95 *(978-0-9744446-7-3(7))* All About Kids Publishing.

Big & Little, Front & Back, in & Out Opposites Book for Kids. Pfiffikus. 2016. (ENG., Illus.). (J). pap. 10.81 *(978-1-68377-653-6(4))* Whike, Traudl.

Big & Little Meet in the Middle. Ian Webster. 2022. (ENG., Illus.). 44p. (J). (gr. -1-3). 18.99 *(978-1-64896-169-4(X))* Princeton Architectural Pr.

Big & Little Questions (According to Wren Jo Byrd) Julie Bowe. 2017. (ENG.). 240p. (J). (gr. 2-4). 16.99 *(978-0-8037-3693-1(2),* Kathy Dawson Books) Penguin Young Readers Group.

Big & Small. Emilie DuFresne. 2019. (Opposites Ser.). (ENG.). 24p. (J). (gr. -1-k). lib. bdg. 22.99 *(978-1-5105-4620-2(0))* SmartBook Media, Inc.

Big & Small, 1 vol. Chris George. 2017. (Early Concepts Ser.). (ENG.). 24p. (gr. 1-1). pap. 9.25 *(978-1-5081-6217-9(4),* 844fddff-6edc-4af7-b064-423f998de92c, PowerKids Pr.) Rosen Publishing Group, Inc., The.

Big & Small. Cecilia Minden. 2016. (21st Century Basic Skills Library: Animal Opposites Ser.). (ENG., Illus.). 24p. (J). (gr. k-3). 26.35 *(978-1-63470-471-7(1),* 207615) Cherry Lake Publishing.

Big & Small. Julie Murray. 2018. (Opposites Ser.). (ENG., Illus.). 24p. (J). (gr. -1-2). lib. bdg. 31.36 *(978-1-5321-8177-1(9),* 29827, Abdo Kids) ABDO Publishing Co.

Big & Small: Arabic-English Bilingual Edition. Aaron Carr. 2016. (Science Kids Ser.). (ARA & ENG.). (J). (gr. -1-1). 29.99 *(978-1-61913-922-0(7))* Weigl Pubs., Inc.

Big & Small, God Made Them All. Ben Wilder. Ed. by Siegfried Carin. Illus. by Laura Watson. 2016. (ENG.). 34p. (J). (gr. k-2). pap. 14.95 *(978-0-9909865-7-7(8))* Thorpe, Betsy Literary Services.

Big & Small, Room for All. Jo Ellen Bogart. Illus. by Gillian Newland. 2017. 30p. (J). (— 1). bds. 8.99 *(978-0-14-319893-2(9),* Tundra Bks.) Tundra Bks. CAN. Dist: Penguin Random Hse. LLC.

Big Angry Roar. Jonny Lambert. ed. 2019. (ENG.). 25p. (J). (gr. k-1). 21.96 *(978-1-64310-952-7(9))* Penworthy Co., LLC, The.

Big Animal Trainer. Virginia Loh-Hagan. 2016. (Odd Jobs Ser.). (ENG., Illus.). 32p. (J). (gr. 4-8). 32.07 *(978-1-63471-093-0(2),* 208483, 45th Parallel Press) Cherry Lake Publishing.

BIG Animals Coloring Book for Kids 2 - 5 Years. Hellen M. Anvil. 2021. (ENG.). 104p. (J). pap. *(978-1-716-16006-6(5))* Lulu Pr., Inc.

Big Apple Brain Busters Activity Book. George Toufexis. 2016. (Dover Kids Activity Books: U. S. A. Ser.). (ENG.). 48p. (J). (gr. 2-5). 5.99 *(978-0-486-79926-1(3),* 799263) Dover Pubns., Inc.

Big Apple Diaries. Alyssa Bermudez. Illus. by Alyssa Bermudez. 2021. (ENG., Illus.). 288p. (J). 22.99 *(978-1-250-77427-9(6),* 900234564); pap. 14.99 *(978-1-250-77428-6(4),* 900234565) Roaring Brook Pr.

Big Apples & Lone Stars. Olivia Pantoja. 2016. (ENG., Illus.). (J). pap. 9.00 *(978-1-365-27783-2(6))* Lulu Pr., Inc.

Big Aqua Book of Beginner Books. Seuss et al. Illus. by Robert Lopshire & Art Cummings. 2017. (Beginner Books(R) Ser.). (ENG.). 256p. (J). (gr. -1-2). 16.99 *(978-1-5247-6442-5(6),* Random Hse. Bks. for Young Readers) Random Hse. Children's Bks.

Big a's Big Truck. S. B. McEwen. Illus. by Gaurav Bhatnagar. 2022. (ENG.). 28p. (J). pap. 9.99 ***(978-1-7375322-6-2(3))*** S.B. McEwen.

Big a's Big Truck. Sb McEwen. Illus. by Gaurav Bhatnagar. 2023. (ENG.). 28p. (J). 19.99 ***(978-1-7375322-7-9(1))*** S.B. McEwen.

Big Awesome Mazes to Entertain - Mazes for Kids Edition. Creative Playbooks. 2016. (ENG., Illus.). (J). pap. 7.74 *(978-1-68323-124-0(4))* Twin Flame Productions.

Big Baby's Book of Life in the Sea: Amazing Animals That Live in the Water - Baby & Toddler Color Books. Baby Professor. 2017. (ENG., Illus.). (J). pap. 7.89 *(978-1-68326-672-3(2),* Baby Professor (Education Kids)) Speedy Publishing LLC.

Big Backyard: The Solar System Beyond Pluto. Ron Miller. 2023. (ENG., Illus.). 104p. (YA). (gr. 8-12). lib. bdg. 37.32 *(978-1-7284-7534-9(1),* f590b5f0-f9b5-4fb1-b9c4-d1716a66f9dc, Twenty-First Century Bks.) Lerner Publishing Group.

Big, Bad Activity & Coloring Book Edition. Bobo's Children Activity Books. 2016. (ENG., Illus.). (J). pap. 7.99 *(978-1-68327-740-8(6))* Sunshine In My Soul Publishing.

Big Bad Bash: Starter 11. Ladybird. 2019. (Ladybird Readers Ser.). (Illus.). 32p. (gr. k). pap. 9.99 *(978-0-241-39377-2(9),* Ladybird) Penguin Bks., Ltd. GBR. Dist: Independent Pubs. Group.

Big Bad Bash Activity Book - Ladybird Readers Starter Level 11. Ladybird. 2019. (Ladybird Readers Ser.). 16p. (gr. k). pap. 6.99 *(978-0-241-39395-6(7),* Ladybird) Penguin Bks., Ltd. GBR. Dist: Independent Pubs. Group.

Big Bad Bubble. Adam Rubin. Illus. by Daniel Salmieri. ed. 2017. (ENG.). (J). (gr. -1-3). lib. bdg. 18.40 *(978-0-606-39829-9(5))* Turtleback.

Big, Bad Bully. Jack Canfield & Miriam Laundry. Illus. by Eva Morales. 2019. (ENG.). 48p. (J). (gr. 3-6). 12.95 *(978-0-7573-2308-9(1))* Health Communications, Inc.

Big Bad Fox. Benjamin Renner. 2017. (ENG., Illus.). 192p. (J). pap. 16.99 *(978-1-62672-331-3(1),* 900152244, First Second Bks.) Roaring Brook Pr.

Big Bad Reunion. Jacob Gibson & Dixie Phillips. Illus. by Kc Snider. l.t. ed. 2019. (ENG.). 16p. (J). (gr. k-4). pap. 9.95 *(978-1-61633-991-3(8))* Guardian Angel Publishing, Inc.

Big Bad Troll. Sally Prue. Illus. by Jonathan Woodward. 2016. (Reading Ladder Level 2 Ser.). (ENG.). 48p. (J). (gr. k-2). pap. 4.99 *(978-1-4052-7825-6(0),* Reading Ladder) Farshore GBR. Dist: HarperCollins Pubs.

Big Bad Whaaaat. Eileen R. Malora. 2018. (ENG.). (J). 14.95 *(978-1-68401-360-9(7))* Amplify Publishing Group.

Big Bad Wolf. Ben Clement. Illus. by Kalpart. 2023. (ENG.). 48p. (J). 25.50 ***(978-1-68235-796-5(1),*** Strategic Bk. Publishing) Strategic Book Publishing & Rights Agency (SBPRA).

Big Bad Wolf in My House, 1 vol. Valérie Fontaine. Tr. by Shelley Tanaka. Illus. by Nathalie Dion. 2021. (ENG.). 32p. (J). (gr. k-3). 18.95 *(978-1-77306-501-4(7))* Groundwood Bks. CAN. Dist: Publishers Group West (PGW).

Big Bad Woof. Felix Gumpaw. Illus. by Glass House Glass House Graphics. 2022. (Pup Detectives Ser.: 7). (ENG.). 144p. (J). (gr. k-4). 19.99 *(978-1-6659-1220-4(0));* pap. 9.99 *(978-1-6659-1219-8(7))* Little Simon. (Little Simon).

Big Bad Woof. Walker Styles. Illus. by Ben Whitehouse. 2017. (Rider Woofson Ser.: 8). (ENG.). 128p. (J). (gr. k-4). pap. 6.99 *(978-1-4814-9188-4(1),* Little Simon) Little Simon.

Big Bang: He Was There. Leo Kelleher. 2023. (ENG., Illus.). 38p. (J). pap. 13.95 ***(978-1-68570-439-1(5))*** Christian Faith Publishing.

Big Bang & Other Farts: A Blast Through the Past. Daisy Bird. Illus. by Marianna Coppo. 2023. 48p. (J). (gr. -1-3). 18.99 ***(978-0-7352-6801-2(0),*** Tundra Bks.) Tundra Bks. CAN. Dist: Penguin Random Hse. LLC.

Big Bang Book. Asa Stahl. Illus. by Carly Allen-Fletcher. 2020. (ENG.). 32p. (J). (gr. -1-3). 18.99 *(978-1-939547-64-4(4),* b455b6ef-61f0-4ae1-ad99-16b1afb4fc2d) Creston Bks.

Big Bang! Dust Clouds, Energy & the Universe - Cosmology for Kids - Children's Cosmology Books. Professor Gusto. 2016. (ENG., Illus.). (J). pap. 10.81 *(978-1-68321-988-0(0))* Mimaxion.

Big Bang Explained, 1 vol. Megan Ansdell. 2018. (Mysteries of Space Ser.). (ENG.). 80p. (gr. 7-7). 38.93 *(978-0-7660-9956-2(3),* e3c19f7d-5009-4ede-8c06-812ec0ff0ad7) Enslow Publishing, LLC.

Big Bang Theory, 1 vol. Rachel Keranen. 2017. (Great Discoveries in Science Ser.). (ENG.). 128p. (YA). (gr. 9-9). 47.36 *(978-1-5026-2770-4(1),* 626384c9-0575-4084-b811-38c459afdf2e) Cavendish Square Publishing LLC.

Big Bang Theory & Light Spectra, 1 vol. Rachel Keranen. 2016. (Space Systems Ser.). (ENG., Illus.). 112p. (J). (gr. 8-8). lib. bdg. 44.50 *(978-1-5026-2295-2(5),* a65f561b-ae97-4098-8171-fb224d9c8181) Cavendish Square Publishing LLC.

Big Banyan Tree. Vibha Pandey. 2018. (ENG., Illus.). 136p. (J). pap. 8.99 *(978-1-64249-430-3(5))* Notion Pr., Inc.

Big Beach Cleanup. Charlotte Offsay. Illus. by Katie Rewse. 2021. (ENG.). 32p. (J). (gr. -1-3). 17.99 *(978-0-8075-0801-5(2),* 807508012) Whitman, Albert & Co.

Big Beak Bird Feathers Coloring Book. Smarter Activity Books for Kids. 2016. (ENG., Illus.). (J). pap. 9.22 *(978-1-68374-473-3(X))* Examined Solutions PTE. Ltd.

Big Bear. Taylor Snaza. 2017. (ENG., Illus.). (J). pap. 12.45 *(978-1-5127-5502-2(8),* WestBow Pr.) Author Solutions, LLC.

Big Bear Can't Fall Asleep. Adeline Ruel. Illus. by Adeline Ruel. 2017. (Illus.). 22p. (J). (— 1). bds. 9.99 *(978-988-8341-49-8(9),* Minedition) Penguin Young Readers Group.

Big Bear Fair. Kathy Barnett Blomquist. 2019. (ENG., Illus.). 30p. (J). pap. 10.99 *(978-1-970160-57-4(8))* EC Publishing LLC.

Big Bear Fair. Grandma Krazy. 2019. (ENG., Illus.). 32p. (J). 16.99 *(978-1-970160-79-6(9))* EC Publishing LLC.

Big Bear of Arkansas: And Other Sketches, Illustrative of Characters & Incidents in the South & South-West (Classic Reprint) William T. Porter. 2017. (ENG., Illus.). (J). 32.00 *(978-0-265-25115-7(X))* Forgotten Bks.

Big Bear, Small Mouse. Karma Wilson. Illus. by Jane Chapman. 2016. (Bear Bks.). (ENG.). 32p. (J). (gr. -1-3). 18.99 *(978-1-4814-5971-6(6),* McElderry, Margaret K. Bks.) McElderry, Margaret K. Bks.

Big Beasts. Patrick Scott. 2020. (ENG.). 346p. (YA). pap. 19.99 *(978-1-64921-879-7(6))* Primedia eLaunch LLC.

Big, Beautiful Buildings & Where to Find Them. Hannah Lippard. 2021. (Do You Know About? Ser.). (ENG.). 48p. (J). (gr. 3-5). 9.99 *(978-1-4867-1883-2(3),* b6a41fca-7282-448a-be10-7b879fe1b404) Flowerpot Pr.

Big Beautiful Purple Tree. Brian McKanna. Illus. by Jeff Wissman. 2021. (ENG.). 52p. (J). 24.99 *(978-1-7947-8233-4(8))* Lulu Pr., Inc.

Big Bed. Bunmi Laditan. Illus. by Tom Knight. 2018. (ENG.). 32p. (J). 18.99 *(978-0-374-30123-1(9),* 900138493, Farrar, Straus & Giroux (BYR)) Farrar, Straus & Giroux.

Big Bed for Little Snow. Grace Lin. 2019. (ENG., Illus.). 40p. (J). (gr. -1-3). 18.99 *(978-0-316-47836-6(9))* Little, Brown Bks. for Young Readers.

Big Belching Bog. Phyllis Root. Illus. by Betsy Bowen. 2023. 40p. (J). pap. 9.95 ***(978-0-8166-6682-9(2))*** Univ. of Minnesota Pr.

Big Bend. Lori Dittmer. 2019. (National Park Explorers Ser.). (ENG.). 24p. (J). (gr. 1-3). *(978-1-64026-066-5(8),* 18810); pap. 8.99 *(978-1-62832-654-3(9),* 18811, Creative Paperbacks) Creative Co., The.

Big Bend Natural Beauty Coloring Book. Bobo's Adult Activity Books. 2016. (ENG., Illus.). (J). pap. 9.33 *(978-1-68327-520-6(9))* Sunshine In My Soul Publishing.

Big Beyond. James Carter. ed. 2019. (ENG.). 25p. (J). (gr. k-1). 19.96 *(978-1-64310-949-7(9))* Penworthy Co., LLC, The.

Big Bible Activity Book: 188 Bible Stories to Enjoy Together. Maggie Barfield. Illus. by Mark Carpenter. 2017. (ENG.). 96p. (J). 20.99 *(978-1-78506-557-6(2),* f7404c6e-1e85-40d5-a14f-a77a355c13f9) SPCK Publishing GBR. Dist: Baker & Taylor Publisher Services (BTPS).

Big Bible Science 2: More Experiments That Explore God's World. Erin Lee Green. 2020. (ENG., Illus.). 96p. (J). pap. 12.99 *(978-1-5271-0475-4(3),* c1ff82f2-afdd-4c89-8fa2-56069f4b8407, CF4Kids) Christian Focus Pubns. GBR. Dist: Baker & Taylor Publisher Services (BTPS).

Big Big Boynton Books Boxed Set! The Going to Bed Book; Moo, Baa, la la la!; Dinosaur Dance!/Oversized Lap Board Books. Sandra Boynton. Illus. by Sandra Boynton. ed. 2021. (ENG., Illus.). 48p. (J). (gr. -1-k). bds., bds. 29.99 *(978-1-6659-0791-0(6))* Simon & Schuster, Inc.

Big, Big Feelings Activity Book. Beaming Books. Illus. by Jacob Souva. 2023. (Big, Big Ser.). (J). pap. 8.99 ***(978-1-5064-9190-5(1),*** Beaming Books) 1517 Media.

Big Big Love. Dana M. Bucci. Illus. by Dana M. Bucci. 2020. (ENG.). 36p. (J). 19.95 *(978-1-952369-29-2(0))* Living Parables of Central Florida, Inc.

Big, Bigger, Biggest. Created by Xavier Deneux. 2022. (ENG.). 16p. (J). (gr. -1 — 1). bds. 17.99 Editions Tourbillon FRA. Dist: Hachette Bk. Group.

Big, Bigger, Biggest Book of Hidden Pictures Activity Book. Jupiter Kids. 2016. (ENG., Illus.). 108p. (J). pap. 16.55 *(978-1-68326-199-5(2),* Jupiter Kids (Childrens & Kids Fiction)) Speedy Publishing LLC.

Big Bike Ride - Our Yarning. Ilana Stack. Illus. by Hannah Bryce. 2023. (ENG.). 28p. (J). pap. ***(978-1-922991-11-9(2))*** Library For All Limited.

Big Bikes, Small Bikes: Motorcycles Coloring Book. Jupiter Kids. 2016. (ENG., Illus.). 106p. (J). pap. 12.55 *(978-1-68305-147-3(5),* Jupiter Kids (Childrens & Kids Fiction)) Speedy Publishing LLC.

Big Bill Returns: A Louie the Duck Story. Vivian Zabel. Illus. by Jeanne Conway. 2021. (ENG.). 52p. (J). pap. 16.99 *(978-1-950074-35-8(8))* 4RV Pub.

Big Bill Returns: Louie the Duck Stories. Vivian Zabel. Illus. by Jeane Conway. 2021. (ENG.). 52p. (J). 21.99 *(978-1-950074-36-5(6))* 4RV Pub.

Big Bird Search Book. Erik van Bemmel. 2022. (ENG., Illus.). 16p. (J). bds. 19.95 *(978-1-60537-742-1(2))* Clavis Publishing.

Big Bird (Sesame Street Friends) Andrea Posner-Sanchez. 2019. (Sesame Street Friends Ser.). (ENG., Illus.). 26p. (J). (— 1). bds. 7.99 *(978-1-9848-9588-2(5),* Random Hse. Bks. for Young Readers) Random Hse. Children's Bks.

Big Bird Spot. Matt Sewell. 2017. (ENG., Illus.). 32p. (J). (gr. 2-4). 15.99 *(978-1-84365-326-4(5),* Pavilion Children's Books) Pavilion Bks. GBR. Dist: HarperCollins Pubs.

Big Bird's Big Bad Day: A Story about Turning Frowns Upside Down. Sesame Workshop & Craig Manning. 2020. (Sesame Street Scribbles Ser.). (ENG.). 40p. (J). (gr. -1-3). 10.99 *(978-1-4926-9462-5(2))* Sourcebooks, Inc.

Big Bird's Red Book (Sesame Street) Roseanne Cerf. Illus. by Michael Smollin. 2019. (Little Golden Book Ser.). (ENG.). 24p. (J). (-k). 4.99 *(978-0-525-64726-3(0),* Golden Bks.) Random Hse. Children's Bks.

Big Birthday Hug. Jennifer Kurani. Illus. by Valentina Jaskina. 2017. (ENG.). 32p. (J). (gr. -1-k). 14.99 *(978-1-5107-3636-8(0),* Sky Pony Pr.) Skyhorse Publishing Co., Inc.

Big Birthday Surprise! Delphine Finnegan. Illus. by Susan Hall. 2017. 24p. (J). *(978-1-5182-5213-6(3))* Random Hse., Inc.

Big Birthday Surprise. Delphine Finnegan. ed. 2018. (Step into Reading Ser.). (ENG.). 24p. (J). (gr. -1-1). 13.89 *(978-1-64310-750-9(X))* Penworthy Co., LLC, The.

Big Birthday Surprise Coloring Book. Activibooks For Kids. 2016. (ENG., Illus.). (J). pap. 9.20 *(978-1-68321-825-8(6))* Mimaxion.

Big Birthday Surprise! (Nella the Princess Knight) Delphine Finnegan. Illus. by Susan Hall. 2017. (Step into Reading Ser.). (ENG.). 24p. (J). (gr. -1-1). pap. 4.99 *(978-1-5247-1688-2(X),* Random Hse. Bks. for Young Readers) Random Hse. Children's Bks.

Big Black Button Nose. Kristen Kay. 2023. (ENG.). 24p. (J). pap. ***(978-1-83934-633-0(7))*** Olympia Publishers.

Big Blizzard: Bilingual Inuktitut & English Edition. Julia Ogina & Emily Jackson. Illus. by Amiel Sandland. 2020. (ENG.). 36p. (J). 20.95 *(978-1-77450-045-3(0))* Inhabit Education Bks. Inc. CAN. Dist: Consortium Bk. Sales & Distribution.

Big Blue Ball Prays for Help. Robyn Richardson. 2023. (ENG.). 64p. (J). (gr. -1-3). pap. 12.95 ***(978-1-64457-593-2(0),*** Rise UP Pubns.) ePublishing Works!.

Big Blue Book. Cathy Hodsdon. Illus. by Tejal Mystry. 2023. (ENG.). 60p. (J). pap. 11.99 ***(978-1-6629-4070-5(X))*** Gatekeeper Pr.

Big Blue Bus. Mecelin Kakoro. Illus. by Mango Tree. 2022. (ENG.). 40p. (J). pap. ***(978-1-922910-69-1(4))*** Library For All Limited.

Big Blue Bus - Basi Kubwa la Bluu. Mecelin Kakoro. Illus. by Mango Tree. 2023. (SWA.). 40p. (J). pap. ***(978-1-922910-08-0(2))*** Library For All Limited.

Big Blue Cavaliers in the City of Need. Jxw. 2018. (ENG., Illus.). 80p. (J). (gr. k-6). pap. 12.95 *(978-1-61244-655-4(8))* Halo Publishing International.

Big Blue Forever: The Story of Canada's Largest Blue Whale Skeleton, 1 vol. Anita Miettunen. 2017. (ENG., Illus.). 64p. (J). (gr. 4-8). 24.95 *(978-0-88995-542-4(5),* 3600583b-4458-4a48-9715-0394a623fff9) Trifolium Bks., Inc. CAN. Dist: Firefly Bks., Ltd.

Big Blue Lake. Robert W. Armstrong. Illus. by Janet Broxon. 2022. (ENG.). 32p. (J). (gr. -1-k). 13.95 *(978-0-9801468-3-7(6))* All About Kids Publishing.

Big Bob, Little Bob. James Howe. Illus. by Laura Ellen Anderson. (ENG.). 32p. (J). (gr. -1-1). 2021. 7.99 *(978-1-5362-1592-2(9));* 2016. 16.99 *(978-0-7636-4436-9(6))* Candlewick Pr.

Big, Bold, Adventurous Life of Lavinia Warren. Elizabeth Raum. 2018. (ENG., Illus.). 176p. (J). (gr. 5). 17.99 *(978-0-912777-50-4(8))* Chicago Review Pr., Inc.

Big, Bold, & Beautiful: Owning the Woman God Made You to Be, 1 vol. Kierra Sheard. 2021. (ENG.). 192p. (J). 18.99 *(978-0-310-77080-0(7))* Zonderkidz.

Big Boned. Jo Watson. (ENG.). 392p. (YA). 2022. pap. 11.99 *(978-1-990259-53-1(7),* 900259363); 2021. 18.99 *(978-1-989365-29-8(9),* 900225394) Wattpad Bks. CAN. Dist: Macmillan.

Big Booger Battle. Alicia Acosta. Illus. by Mónica Carretero. 2019. (ENG.). 40p. (J). 15.95 *(978-84-17123-91-8(1))* NubeOcho Ediciones ESP. Dist: Consortium Bk. Sales & Distribution.

Big Book about Being Big. Coleen Murtagh Paratore. Illus. by Clare Fennell. 2019. 40p. (J). (gr. -1-2). 17.99 *(978-1-4926-9684-1(6),* Little Pickle Pr.) Sourcebooks, Inc.

Big Book of ABC. Felicity Brooks. 2019. (Big Book of Concepts* Ser.). (ENG.). 24ppp. (J). 15.99 *(978-0-7945-4391-4(X),* Usborne) EDC Publishing.

Big Book of ABCs: Find, Discover, Learn. Margarita Kukhtina & Clever Publishing. 2021. (Clever Big Bks.). (ENG.). 28p. (J). (gr. -1-2). bds. 10.99 *(978-1-951100-27-8(1))* Clever Media Group.

Big Book of Absolutely Massive Emotions Volume 1: An Encyclopaedia of Emotions; How to Recognise Them & How to Be Comfortable with Them. Stephanie Claire Hylands. 2022. (ENG.). 40p. (J). pap. ***(978-1-80227-687-9(4))*** Publishing Push Ltd.

Big Book of Activities for Kids: Scholastic Early Learners (Activity Book) Scholastic. 2023. (ENG.). 104p. (J). (gr. 1-3). pap. 11.99 *(978-1-338-88301-5(1),* Cartwheel Bks.) Scholastic, Inc.

Big Book of Aesop's Fables. Miles Kelly. Ed. by Richard Kelly. 2017. (Illus.). 96p. (J). pap. 17.95 *(978-1-78617-017-0(5))* Miles Kelly Publishing, Ltd. GBR. Dist: Parkwest Pubns., Inc.

Big Book of Airplanes. DK. 2016. (DK Big Bks.). (ENG., Illus.). 32p. (J). (gr. k-4). 17.99 *(978-1-4654-4507-0(2),* DK Children) Dorling Kindersley Publishing, Inc.

Big Book of Amazing Activities. The Editors at Michael O'Mara. 2017. (ENG., Illus.). 128p. (J). (gr. k). pap. 12.99 *(978-1-62686-733-8(X),* Silver Dolphin Bks.) Printers Row Publishing Group.

Big Book of Amazing Animals. Esther Reisberg. 2019. (Big Bks.). (ENG.). 224p. (J). 9.99 *(978-1-62885-680-4(7))* Kidsbooks, LLC.

Big Book of American Presidents: Fascinating Facts & True Stories about U. S. Presidents & Their Families. Nancy J. Hajeski. 2021. (ENG.). 148p. (J). (gr. 3-7). pap. 16.99 *(978-1-5107-6024-0(5),* Sky Pony Pr.) Skyhorse Publishing Co., Inc.

Big Book of Animal Crossing: New Horizons: Everything You Need to Know to Create Your Island Paradise!. Unofficial Guide. Michael Davis. 2020. 96p. (J). (gr. -1). 12.99 *(978-2-89802-283-8(7),* CrackBoom! Bks.) Chouette Publishing CAN. Dist: Publishers Group West (PGW).

Big Book of Animal-Inspired Mazes for Kindergarten. Educando Kids. 2019. (ENG.). 42p. (J). (gr. k-6). pap. 8.55 *(978-1-64521-610-0(1),* Educando Kids) Editorial Imagen.

Big Book of Animals. Harriet Blackford. Illus. by Britta Teckentrup. 2023. (ENG.). 40p. (J). (gr. -1-1). 17.99 *(978-1-912757-93-0(1))* Boxer Bks., Ltd. GBR. Dist: Sterling Publishing Co., Inc.

Big Book of Animals. Clever Publishing. Illus. by Anastasia Druzhininskaya. 2022. (Find, Discover, Learn Ser.). (ENG.). 24p. (J). (gr. -1-2). 12.99 *(978-1-951100-93-3(X))* Clever Media Group.

Big Book of Animals (LEGO Nonfiction) A LEGO Adventure in the Real World. Penelope Arlon. 2017. (ENG., Illus.). 128p. (J). (gr. -1-3). 14.99 *(978-1-338-13007-2(2))* Scholastic, Inc.

Big Book of Apex Legends: The Ultimate Guide to Dominate the Arena. Michael Davis. Illus. by Electronic Arts Inc. (screenshots). 2019. (ENG.). 112p. (J). (gr. 7). 12.99 *(978-2-89802-136-7(9),* CrackBoom! Bks.) Chouette Publishing CAN. Dist: Publishers Group West (PGW).

Big Book of Awesome Activities. Ed. by Kidsbooks. 2019. (Big Bks.). (ENG.). 224p. (J). 9.99 *(978-1-62885-684-2(X))* Kidsbooks, LLC.

Big Book of Baking for Kids: Favorite Recipes to Make & Share (American Girl) Weldon Owen. 2023. (ENG.). 280p. (J). 22.99 Weldon Owen, Inc.

Big Book of Beasts. Yuval Zommer. 2017. (Big Book Ser.: 0). (ENG., Illus.). 64p. (J). (gr. -1-2). 19.95 *(978-0-500-65106-3(X),* 565106) Thames & Hudson.

Big Book of Beginner's Piano Classics: 57 Favorite Pieces in Easy Piano Arrangements. David Dutkanicz. 2017. (Dover Classical Piano Music for Beginners Ser.). (ENG.). 96p. (gr. -1). pap. 16.95 *(978-0-486-81266-3(9),* 812669) Dover Pubns., Inc.

Big Book of Belly Laugh Jokes, Riddles, & Puns for Kids: Includes 700 Jokes! Sky Pony Editors. Illus. by Bethany Straker. 2022. 288p. (J). (gr. k-k). pap. 9.99 *(978-1-5107-7284-7(7),* Sky Pony Pr.) Skyhorse Publishing Co., Inc.

Big Book of Belonging. Yuval Zommer. 2021. (Big Book Ser.: 0). (ENG., Illus.). 64p. (J). (gr. k-1). 19.95 *(978-0-500-65264-0(3),* 565264) Thames & Hudson.

Big Book of Berenstain Bears Stories. Stan Berenstain & Jan Berenstain. 2016. (Illus.). 304p. (J). (gr. -1-2). 16.99 *(978-0-399-55597-8(8),* Random Hse. Bks. for Young Readers) Random Hse. Children's Bks.

Big Book of Bible Activities, Songs, & Rhymes for Early Childhood. David C. Cook. 2018. (Big Bks.). (ENG.). 224p. (J). pap. 19.99 *(978-0-8307-7241-4(3),* 144621) Cook, David C.

Big Book of Bible Crafts for Kids of All Ages. David C. Cook. 2018. (Big Bks.). (ENG.). 224p. (J). pap. 19.99 *(978-0-8307-7239-1(1),* 144619) Cook, David C.

Big Book of Bible Facts & Fun for Elementary Kids. David C. Cook. 2018. (Big Bks.). (ENG.). 208p. (J). pap. 19.99 *(978-0-8307-7247-6(2),* 144627) Cook, David C.

Big Book of Bible Games for Elementary Kids. David C. Cook. 2018. (Big Bks.). (ENG.). 256p. (J). pap. 19.99 *(978-0-8307-7231-5(6),* 144609) Cook, David C.

Big Book of Bible Puzzles for Early Childhood. David C. Cook. 2018. (Big Bks.). (ENG.). 240p. (J). pap. 19.99 *(978-0-8307-7235-3(9),* 144613) Cook, David C.

Big Book of Bible Puzzles for Preteens. David C. Cook. 2018. (Big Bks.). (ENG.). 208p. (J). pap. 19.99 *(978-0-8307-7242-1(1),* 144622) Cook, David C.

Big Book of Bible Questions. Amy Parker & Doug Powell. Illus. by Annabel Tempest. 2020. (ENG.). 144p. (J). 14.99 *(978-1-4964-3524-8(9),* 20_31884, Tyndale Kids) Tyndale Hse. Pubs.

Big Book of Bible Questions for Kids: 1,001 Things Kids Want to Know about God & His Word. Tracy M. Sumner. 2021. (ENG., Illus.). 256p. (J). pap. 16.99 *(978-1-64352-966-0(8))* Barbour Publishing, Inc.

200

The check digit for ISBN-10 appears in parentheses after the full ISBN-13

TITLE INDEX

BIG BOY UNDERPANTS

Big Book of Bible Stories for Toddlers (padded) B&H Kids Editorial Staff. 2018. (One Big Story Ser.). (ENG., Illus.). 38p. (J). (— 1). bds. 14.99 (978-1-4627-7406-7(7), 005797598, B&H Kids) B&H Publishing Group.

Big Book of Bible Story Coloring Activities for Early Childhood. David C. Cook. 2018. (Big Bks.). (ENG.). 240p. (J). pap. 19.99 (978-0-8307-7234-6(0), 144612) Cook, David C.

Big Book of Bible Story Coloring Activities for Elementary Kids. David C. Cook. 2018. (Big Bks.). (ENG.). 248p. (J). pap. 19.99 (978-0-8307-7230-8(8), 144608) Cook, David C.

Big Book of Bible Story Coloring Pages for Early Childhood. David C. Cook. 2018. (Big Bks.). (ENG.). 240p. (J). pap. 19.99 (978-0-8307-7232-2(4), 144610) Cook, David C.

Big Book of Bible Story Coloring Pages for Elementary Kids. David C. Cook. 2018. (Big Bks.). (ENG.). 240p. (J). pap. 19.99 (978-0-8307-7233-9(2), 144611) Cook, David C.

Big Book of Big Eyed Animals Coloring Book. Activibooks For Kids. 2016. (ENG., Illus.). (J). pap. 9.20 (978-1-68321-731-2(4)) Mimaxion.

Big Book of Birds. Yuval Zommer. 2019. (Big Book Ser.: 0). (ENG., Illus.). 64p. (J). (gr. 1-5). 19.95 (978-0-500-65151-3(5), 565151) Thames & Hudson.

Big Book of Bling: Ritzy Rocks, Extravagant Animals, Sparkling Science, & More! Rose Davidson. 2019. (ENG., Illus.). 192p. (J). (gr. 3-7). 19.99 (978-1-4263-3531-0(8), National Geographic Kids) Disney Publishing Worldwide.

Big Book of Blooms. Yuval Zommer. 2020. (Big Book Ser.: 0). (ENG., Illus.). 64p. (J). (gr. -1-2). 19.95 (978-0-500-65199-5(X), 565199) Thames & Hudson.

Big Book of Brain Games Activity Book 8 Year Old. Educando Kids. 2019. (ENG.). 42p. (J). pap. 8.55 (978-1-64521-738-1(8), Educando Kids) Editorial Imagen.

Big Book of Bugs. Yuval Zommer. 2016. (Big Book Ser.: 0). (ENG., Illus.). 64p. (J). (gr. -1-2). 19.95 (978-0-500-65067-7(5), 565067) Thames & Hudson.

BIG Book of Camping Jokes & Riddles: 140 Pages Filled with over 500 Jokes Related to Camping. Thomas Mercaldo. 2018. (Creative Campfires Ser.). (ENG., Illus.). 150p. (J). pap. 9.98 (978-0-578-54761-9(9)) Aquinas Eagle.

Big Book of Central America & the Caribbean - Geography Facts Book Children's Geography & Culture Books. Baby Professor. 2017. (ENG., Illus.). (J). pap. 8.79 (978-1-5419-1127-7(X), Baby Professor (Education Kids)) Speedy Publishing LLC.

Big Book of Christians Around the World. Sophie de Mullenheim. Illus. by Solenne and Thomas. 2020. (ENG.). 85p. (J). (gr. 3-2). 16.99 (978-1-62164-358-6(1)) Ignatius Pr.

Big Book of Christmas Stories. Ed. by Richard Kelly. 2017. (ENG.). 96p. (J). 17.95 (978-1-78209-838-6(0)) Miles Kelly Publishing, Ltd. GBR. Dist: Parkwest Pubns., Inc.

Big Book of Cities. Harriet Blackford. Illus. by Britta Teckentrup. 2023. (ENG.). 40p. (J). (gr. -1-1). 17.99 (978-1-912757-92-3(3)) Boxer Bks., Ltd. GBR. Dist: Sterling Publishing Co., Inc.

Big Book of Colorful Foods. Olga Konstantinovskaya & Clever Publishing. 2022. (Find, Discover, Learn Ser.). (ENG.). 24p. (J). (gr. -1-2). 10.99 (978-1-954738-48-5(X), 356025) Clever Media Group.

Big Book of Coloring Pages & Activities for Toddlers. David C. Cook. 2018. (Big Bks.). (ENG.). 208p. (J). pap. 19.99 (978-0-8307-7237-7(5), 144616) Cook, David C.

Big Book of Coloring Pages with Bible Stories for Kids of All Ages. David C. Cook. 2018. (Big Bks.). (ENG.). 256p. (J). pap. 19.99 (978-0-8307-7236-0(7), 144615) Cook, David C.

Big Book of Colors. Margarita Kukhtina & Clever Publishing. 2021. (Clever Big Bks.). (ENG.). 24p. (J). (gr. -1-2). 10.99 (978-1-951100-18-6(2)) Clever Media Group.

Big Book of Colors, Shapes, Numbers & Opposites: With Flaps to Lift & Grooves to Trace. Illus. by Karina Dupuis & Chantale Boudreau. 2019. (ENG.). 20p. (J). (gr. -1). bds. 12.99 (978-2-924786-96-3(7), CrackBoom! Bks.) Chouette Publishing CAN. Dist: Publishers Group West (PGW).

Big Book of Crack Yourself up Jokes for Kids. Sandy Silverthorne. 2021. (ENG., Illus.). 240p. (J). pap. 12.99 (978-0-8007-4051-1(3)) Revell.

Big Book of Crosswords 10: 300 Quick Crossword Puzzles (Collins Crosswords) Collins Puzzles. 2022. (ENG.). 352p. 10.99 (978-0-00-850973-6(5)) HarperCollins Pubs. Ltd. GBR. Dist: Independent Pubs. Group.

Big Book of Crosswords 9: 300 Quick Crossword Puzzles (Collins Crosswords) Collins Puzzles. 2022. (ENG.). 352p. 10.99 (978-0-00-846991-7(1)) HarperCollins Pubs. Ltd. GBR. Dist: Independent Pubs. Group.

Big Book of Dad Jokes: 100's of Fun Jokes for Kids. James Carlisle. 2018. (ENG., Illus.). 108p. (J). pap. 9.99 (978-1-64440-774-5(4)) Primedia eLaunch LLC.

Big Book of Detective Games. Arianna Bellucci. 2022. (ENG.). 20p. (J). (gr. 1). 16.99 (978-88-544-1852-3(8)) White Star Publishers ITA. Dist: Sterling Publishing Co., Inc.

Big Book of Dinosaurs. Harriet Blackford. Illus. by Britta Teckentrup. 2023. (ENG.). 40p. (J). (gr. -1-1). 17.99 (978-1-912757-90-9(7)) Boxer Bks., Ltd. GBR. Dist: Sterling Publishing Co., Inc.

BIG BOOK of DINOSAURS, Dinosaurs Coloring Book for Kids 4-8. Sorina Asan. 2021. (ENG.). 106p. (J). pap. 11.99 (978-1-81631-735-3(7)) Portal Pubns., Ltd.

Big Book of Disney Quizzes. Jennifer Boothroyd & Heather E. Schwartz. 2019. (ENG., Illus.). 144p. (J). (gr. 1-4). pap. 12.99 (978-1-5415-5720-8(4), Lerner Pubns.) Lerner Publishing Group.

Big Book of Disney Top 10s: Fun Facts & Cool Trivia. Mary Lindeen & Jennifer Boothroyd. 2019. (ENG., Illus.). 152p. (J). (gr. 1-4). pap. 12.99 (978-1-5415-5266-1(0), Lerner Pubns.) Lerner Publishing Group.

Big Book of Dragon Games. Illus. by Anna Lang. 2022. (ENG.). 20p. (J). (gr. 1). 16.99 (978-88-544-1851-6(X)) White Star Publishers ITA. Dist: Sterling Publishing Co., Inc.

Big Book of Earth & Sky: A 15 Foot Chart Showing the Inner Core to Outer Atmosphere. Bodie Hodge & Laura Welch. 2017. (ENG., Illus.). 21p. (J). (gr. 4-6). pap. 19.99 (978-1-68344-028-4(5), Master Books) New Leaf Publishing Group.

Big Book of Easter Mazes for Kids: 200 Maze Activities for Children (Ages 4-8) (Includes Easy, Medium, & Hard Difficulty Levels) Created by Kyle Brach. 2023. 240p. (J). (gr. k-3). pap. 9.99 (978-1-5107-7476-6(9), Sky Pony Pr.) Skyhorse Publishing Co., Inc.

Big Book of Easy-To-Do Bible Talks for Kids of All Ages. David C. Cook. 2018. (Big Bks.). (ENG.). 216p. (J). pap. 19.99 (978-0-8307-7243-8(X), 144623) Cook, David C.

Big Book of Engines (Thomas & Friends) Random House. Illus. by Random House. 2020. (ENG., Illus.). 30p. (J). (— 1). bds. 11.99 (978-0-593-12761-2(7), Random Hse. Bks. for Young Readers) Random Hse. Children's Bks.

Big Book of Everything You Need to Get the Job Done. Mia Cassany. Illus. by Maria Suarez Inclan. 2019. (ENG.). 32p. (J). (-k). 14.95 (978-3-7913-7404-8(4)) Prestel Verlag GmbH & Co KG. DEU. Dist: Penguin Random Hse. LLC.

Big Book of Fables. Walter Jerrold. Illus. by Charles Robinson. 2019. (Calla Editions Ser.). (ENG.). 384p. (J). (gr. -1-3). 40.00 (978-1-60660-127-3(X), 60127X) Dover Pubns., Inc.

Big Book of Fairy Tales. Walter Jerrold. Illus. by Charles Robinson. 2018. (Calla Editions Ser.). (ENG.). 432p. 40.00 (978-1-60660-119-8(9), 601199) Dover Pubns., Inc.

Big Book of Fairy Tales. Miles Kelly. 2017. 96p. (J). 17.95 (978-1-78617-163-4(5)) Miles Kelly Publishing, Ltd. GBR. Dist: Parkwest Pubns., Inc.

Big Book of Fairy Tales. Kelly Miles. Ed. by Richard Kelly. 2017. (Illus.). 96p. (J). pap. 17.95 (978-1-78209-659-7(0)) Miles Kelly Publishing, Ltd. GBR. Dist: Parkwest Pubns., Inc.

Big Book of Favourite Irish Myths & Legends. Joe Potter. Illus. by Erin Brown. 2021. (ENG.). 96p. (J). 10.95 (978-0-7171-9085-0(4)) Gill Bks. IRL. Dist: Casemate Pubs. & Bk. Distributors, LLC.

Big Book of Finding the Hidden Pictures Just for Kids. Activity Book Zone for Kids. 2016. (ENG., Illus.). (J). pap. 7.55 (978-1-68376-060-3(3)) Sabeels Publishing.

Big Book of Graphic Novels for Minecrafters: Three Unofficial Adventures. Megan Miller & Cara J. Stevens. 2017. (ENG., Illus.). 576p. (J). (gr. 4-7). pap. 24.99 (978-1-5107-2715-1(9), Sky Pony Pr.) Skyhorse Publishing Co., Inc.

Big Book of Hidden Pictures: Hidden Picture Activity Book. Activity Book Zone. 2016. (ENG., Illus.). (J). pap. 7.55 (978-1-68376-061-0(1)) Sabeels Publishing.

Big Book of Horse Trivia for Kids: Fun Facts & Stories about Ponies, Horses, & the Equestrian Lifestyle. Bernadette Johnson. 2023. (ENG., Illus.). 144p. (J). pap. 15.95 (978-1-64604-447-4(9)) Ulysses Pr.

Big Book of Horses - Coloring Books Horses Edition. Creative Playbooks. 2016. (ENG., Illus.). (J). pap. 7.74 (978-1-68323-174-5(0)) Twin Flame Productions.

Big Book of How Activity Book for 4 Year Old Girl. Educando Kids. 2019. (ENG.). 42p. (J). pap. 8.55 (978-1-64521-797-8(3), Educando Kids) Editorial Imagen.

Big Book of Hugs: A Barkley the Bear Story. Nick Ortner & Alison Taylor. Illus. by Michelle Polizzi. 2016. 32p. (J). (gr. -1-2). 16.99 (978-1-4019-5172-6(4)) Hay Hse., Inc.

Big Book of Human Body. Vanessa Giancamilli Birch. 2019. (Big Bks.). (ENG.). 224p. (J). 9.99 (978-1-62885-682-8(3)) Kidsbooks, LLC.

Big Book of Jokes for Minecrafters: More Than 2000 Hilarious Jokes & Riddles about Booby Traps, Creepers, Mobs, Skeletons, & More! Michele C. Hollow et al. 2019. (Jokes for Minecrafters Ser.). 536p. (J). (gr. k-k). pap. 14.99 (978-1-5107-4733-3(8), Sky Pony Pr.) Skyhorse Publishing Co., Inc.

Big Book of Jokes with Try Not to Laugh Challenge: Mazes, Knock Knock Jokes with Dinosaur, Mermaid & Unicorn for Boys & Girls Ages 6-12. Natalie Fleming. 2019. (Gift Ideas Ser.). (ENG., Illus.). 254p. (J). pap. 11.57 (978-1-64713-031-2(X)) Primedia eLaunch LLC.

Big Book of Just So Stories. Rudyard Kipling. Ed. by Richard Kelly. 2017. (Illus.). 96p. (J). pap. 17.95 (978-1-78617-016-3(7)) Miles Kelly Publishing, Ltd. GBR. Dist: Parkwest Pubns., Inc.

Big Book of Knowledge. DK. 2019. (ENG., Illus.). 480p. (J). (gr. 4-7). pap. 17.99 (978-1-4654-8041-5(2), DK Children) Dorling Kindersley Publishing, Inc.

Big Book of Learning: Numbers, ABCs, Colors. 2023. (Find, Discover, Learn Ser.). (ENG.). 32p. (J). (gr. -1-2). 12.99 (978-1-956560-11-4(4)) Clever Media Group.

Big Book of LEGO Facts. Contrib. by Simon Hugo. 2023. (ENG.). 240p. (J). (gr. 2-6). 24.99 (978-0-7440-7286-0(7), DK Children) Dorling Kindersley Publishing, Inc.

Big Book of LGBTQ+ Activities: Teaching Children about Gender Identity, Sexuality, Relationships & Different Families. Amie Taylor. Illus. by Liza Stevens. ed. 2020. 144p. (J). 26.95 (978-1-78775-337-2(9), 737563) Kingsley, Jessica Pubs. GBR. Dist: Hachette UK Distribution.

Big Book of Math for Minecrafters: Adventures in Addition, Subtraction, Multiplication, & Division. Sky Pony Press. Illus. by Amanda Brack. 2018. (Math for Minecrafters Ser.). 384p. (J). (gr. 1-4). pap. 19.99 (978-1-5107-3759-4(6), Sky Pony Pr.) Skyhorse Publishing Co., Inc.

Big Book of Maze Fun - Mazes Toddler Edition. Creative Playbooks. 2016. (ENG., Illus.). (J). pap. 7.74 (978-1-68323-130-1(9)) Twin Flame Productions.

Big Book of Monsters: The Creepiest Creatures from Classic Literature. Hal Johnson. Illus. by Tim Sievert. 2019. (ENG.). 176p. (J). (gr. 5-17). 16.95 (978-1-5235-0711-5(X), 100711) Workman Publishing Co., Inc.

Big Book of Mr Badger. Leigh Hobbs. 2016. (Mr Badger Ser.). (ENG., Illus.). 304p. (J). (gr. 2-4). pap. 12.99 (978-1-76011-243-1(7)) Allen & Unwin AUS. Dist: Independent Pubs. Group.

Big Book of My Body. Clever Publishing. Illus. by Alyona Achilova. 2023. (Find, Discover, Learn Ser.). (ENG.). 24p. (J). (gr. k-3). 12.99 (978-1-956560-39-8(4)) Clever Media Group.

Big Book of Mysteries. Tom Adams. Illus. by Yas Imamura. 2023. (ENG.). 96p. (J). (gr. 3-7). 19.99 Nosy Crow Inc.

Big Book of Nursery Rhymes (Classic Reprint) Walter Jerrold. 2017. (ENG., Illus.). (J). 31.16 (978-1-5284-4877-2(4)) Forgotten Bks.

Big Book of Object Talks for Kids of All Ages. David C. Cook. 2018. (Big Bks.). (ENG.). 256p. (J). pap. 19.99 (978-0-8307-7238-4(3), 144617) Cook, David C.

Big Book of Opposites. Clever Publishing. Illus. by Alyona Achilova. 2022. (Find, Discover, Learn Ser.). (ENG.). 24p. (J). (gr. -1-2). 12.99 (978-1-951100-92-6(1)) Clever Media Group.

Big Book of Outdoor Games: 50+ Antiboredom, Unplugged Activities for Kids & Families. Cider Mill Press. 2023. (ENG., Illus.). 160p. pap. 14.99 (978-1-64643-420-6(X)) Cider Mill Pr. Bk. Pubs., LLC.

Big Book of Paranormal: 300 Mystical & Frightening Tales from Around the World. Tim Rayborn. 2021. (ENG.). 576p. (J). 24.95 (978-1-64643-052-9(2), Applesauce Pr.) Cider Mill Pr. Bk. Pubs., LLC.

Big Book of Preschool Activities. Flash Kids Flash Kids Editors. 2022. (Flash Kids Preschool Activity Bks.). 384p. (J). (gr. -1-k). pap. 14.99 (978-1-4114-8062-9(7), Spark Publishing Group) Sterling Publishing Co., Inc.

Big Book of Pride Flags. JESSICA KINGSLEY. Illus. by Jem Milton. ed. 2022. 48p. (J). 17.95 (978-1-83997-258-4(0), 853180) Kingsley, Jessica Pubs. GBR. Dist: Hachette UK Distribution.

Big Book of Princess Stories. Miles Kelly. 2017. (ENG., Illus.). 96p. (J). 17.95 (978-1-78617-158-0(9)) Miles Kelly Publishing, Ltd. GBR. Dist: Parkwest Pubns., Inc.

Big Book of Princess Stories. Ed. by Richard Kelly. 2017. (ENG.). 96p. (J). 17.95 (978-1-78209-820-1(8)) Miles Kelly Publishing, Ltd. GBR. Dist: Parkwest Pubns., Inc.

Big Book of Princess Stories: 10 Favorite Fables, from Cinderella to Rapunzel. Editors of Applesauce Press. 2021. (ENG., Illus.). 128p. (J). 19.95 (978-1-64643-025-3(5), Applesauce Pr.) Cider Mill Pr. Bk. Pubs., LLC.

Big Book of Questions & Answers: A Family Devotional Guide to the Christian Faith. Sinclair B. Ferguson. 2021. (ENG., Illus.). 100p. (J). 19.99 (978-1-5271-0615-4(2), 9f633d28-9863-4e18-b791-45a6621b61eb, CF4Kids) Christian Focus Pubns. GBR. Dist: Baker & Taylor Publisher Services (BTPS).

Big Book of Questions & Answers about Jesus. Sinclair B. Ferguson. 2022. (ENG., Illus.). 96p. (J). 19.99 (978-1-5271-0804-2(X), 76915b7e-49ff-474e-8034-8053cf5911d3, CF4Kids) Christian Focus Pubns. GBR. Dist: Baker & Taylor Publisher Services (BTPS).

Big Book of Science & Math Puzzle Activities. Activity Book Zone for Kids. 2016. (ENG., Illus.). (J). pap. 7.55 (978-1-68376-062-7(X)) Sabeels Publishing.

Big Book of Science Fun for Elementary Kids. David C. Cook. 2018. (Big Bks.). (ENG.). 208p. (J). pap. 19.99 (978-0-8307-7244-5(8), 144624) Cook, David C.

Big Book of Science Vocabulary Grade K: Big Book of Science Vocabulary Grade K. Hmh Hmh. 2018. (Science Ser.). (ENG.). 28p. (J). (gr. k). pap. 476.27 (978-1-328-83291-7(0)) Houghton Mifflin Harcourt Publishing Co.

Big Book of Science Workbook: Scholastic Early Learners (Workbook) Scholastic. Ed. by Scholastic. 2020. (Scholastic Early Learners Ser.). (ENG.). 104p. (J). (gr. -1-k). pap. 9.99 (978-1-338-67772-0(1), Cartwheel Bks.) Scholastic, Inc.

Big Book of Scottish Mazes. Illus. by Eilidh MuLdoon. 2023. 48p. (J). pap. 13.95 (978-1-78027-802-5(0)) Birlinn, Ltd. GBR. Dist: Casemate Pubs. & Bk. Distributors, LLC.

Big Book of Sea Creatures. Esther Reisberg. 2019. (Big Bks.). (ENG., Illus.). 224p. (J). 9.99 (978-1-62885-681-1(5)) Kidsbooks, LLC.

Big Book of Search & Find. Ed. by Kidsbooks. 2019. (Big Bks.). (ENG.). 224p. (J). 9.99 (978-1-62885-683-5(1)) Kidsbooks, LLC.

Big Book of Spot the Difference. Ed. by Kidsbooks. 2019. (Big Bks.). (ENG.). 224p. (J). 9.99 (978-1-62885-685-9(8)) Kidsbooks, LLC.

Big Book of STEM Activities for Minecrafters: An Unofficial Activity Book — Loaded with Puzzles & at-Home Experiments. Jen Funk Weber & Stephanie J. Morris. Illus. by Amanda Brack. 2021. (STEM for Minecrafters Ser.). (ENG.). 256p. (J). (gr. 1-6). pap. 15.99 (978-1-5107-6545-0(X), Sky Pony Pr.) Skyhorse Publishing Co., Inc.

Big Book of Stuff. E. Peecow. 2023. (ENG.). 44p. (J). 20.00 (978-1-63988-458-2(0)); pap. 12.99 (978-1-63988-748-4(2)) Primedia eLaunch LLC.

Big Book of Super Hero Bedtime Stories. Noah Smith. 2019. (DC Super Heroes Ser.). (ENG., Illus.). 32p. (J). (gr. -1). 16.99 (978-1-941367-56-8(9)) Downtown Bookworks.

Big Book of Superpowers. Susanna Isern. Illus. by Rocío Bonilla. 2020. 40p. (J). (gr. k-3). 18.99 (978-1-5064-6319-3(3), Beaming Books) 1517 Media.

Big Book of the Blue. Yuval Zommer. 2018. (Big Book Ser.: 0). (ENG., Illus.). 64p. (J). (gr. -1-3). 19.95 (978-0-500-65119-3(1), 565119) Thames & Hudson.

Big Book of the Dark. Helena Harastová. Illus. by Jiří Franta. ed. 2017. (ENG.). 24p. (J). (gr. 2). 14.95 (978-1-911242-99-4(7), Scribblers) Book Hse. GBR. Dist: Sterling Publishing Co., Inc.

Big Book of Things That Go. DK. 2016. (DK Big Bks.). (ENG., Illus.). 32p. (J). (gr. k-4). 17.99 (978-1-4654-4509-4(9), DK Children) Dorling Kindersley Publishing, Inc.

Big Book of Trains. DK. 2016. (DK Big Bks.). (ENG., Illus.). 32p. (J). (gr. k-4). 17.99 (978-1-4654-5361-7(X), DK Children) Dorling Kindersley Publishing, Inc.

Big Book of Treasures: The Most Amazing Discoveries Ever Made & Still to Be Made. Illus. by Caroline Attia. 2017. (ENG.). 96p. (J). (gr. 3-7). 29.99 (978-3-89955-797-8(2)) Die Gestalten Verlag DEU. Dist: Ingram Publisher Services.

Big Book of Trucks & Trailers! Big Rigs Edition for Kids (Monster Trucks) - Children's Cars & Trucks. Left Brain Kids. 2016. (ENG., Illus.). (J). pap. 7.51 (978-1-68376-623-0(7)) Sabeels Publishing.

Big Book of Useless Facts. Contrib. by Peter Pauper Press. 2023. (ENG., Illus.). 160p. (J). 9.99 (978-1-4413-4058-0(0), 709d3107-3413-4247-b3f0-4b509563ec99) Peter Pauper Pr. Inc.

Big Book of Vehicles. Ronne Randall. Illus. by Britta Teckentrup. 2023. (ENG.). 40p. (J). (gr. -1-1). 17.99 (978-1-912757-91-6(5)) Boxer Bks., Ltd. GBR. Dist: Sterling Publishing Co., Inc.

Big Book of W. O. W. Astounding Animals, Bizarre Phenomena, Sensational Space, & More Wonders of Our World. Andrea Silen. 2022. (Illus.). 224p. (J). (gr. 3-7). 19.99 (978-1-4263-7277-3(9)); (ENG., lib. bdg. 29.90 (978-1-4263-7276-6(0)) Disney Publishing Worldwide. (National Geographic Kids).

Big Book of WHO All-Stars. The Editors The Editors of Sports Illustrated Kids. 2021. (Sports Illustrated Kids Big Bks.). (ENG., Illus.). 128p. (J). (gr. 3). 17.95 (978-1-62937-953-1(0), Sports Illustrated Books) Time Inc. Bks.

Big Book of WHO Baseball. 2023. (Sports Illustrated Kids Big Bks.). 128p. (J). (gr. 3). 19.95 (978-1-63727-496-5(3), Sports Illustrated Books) Time Inc. Bks.

Big Book of WHO Basketball. 2022. (Sports Illustrated Kids Big Bks.). (Illus.). 128p. (J). (gr. 3). 19.95 (978-1-63727-251-0(0), Sports Illustrated Books) Time Inc. Bks.

Big Book of WHO Football. 2022. (Sports Illustrated Kids Big Bks.). (Illus.). 128p. (J). (gr. 3). 19.95 (978-1-63727-252-7(9), Sports Illustrated Books) Time Inc. Bks.

Big Book of Wide Eyed Animals Coloring Book. Jupiter Kids. 2017. (ENG., Illus.). (J). pap. 9.20 (978-1-68326-988-5(8), Jupiter Kids (Childrens & Kids Fiction)) Speedy Publishing LLC.

Big Book of Word Nerd Activities. Activity Book Zone for Kids. 2016. (ENG., Illus.). (J). pap. 9.20 (978-1-68376-063-4(8)) Sabeels Publishing.

Big Book of Words: Find, Discover, Learn. Margarita Kukhtina & Clever Publishing. 2021. (Clever Big Bks.). (ENG.). 28p. (J). (gr. -1-2). bds. 9.99 (978-1-951100-19-3(0)) Clever Media Group.

Big Book of Wordsearches 10: 300 Themed Wordsearches. Collins Puzzles. 2022. (ENG.). 352p. 10.99 (978-0-00-850975-0(1)) HarperCollins Pubs. Ltd. GBR. Dist: Independent Pubs. Group.

Big Book of Wordsearches 9: 300 Themed Wordsearches (Collins Wordsearches) Collins Puzzles. 2022. (ENG.). 352p. 10.99 (978-0-00-846993-1(8)) HarperCollins Pubs. Ltd. GBR. Dist: Independent Pubs. Group.

Big Book of Zodiac Signs. Clever Publishing. Illus. by Alyona Achilova. 2023. (Find, Discover, Learn Ser.). (ENG.). 32p. (J). (gr. -1-2). 12.99 (978-1-956560-29-9(7)) Clever Media Group.

Big Book on Native American Truths: Tribes & Their Ways of Life Children's Geography & Cultures Books. Baby Professor. 2019. (ENG.). 120p. (J). 24.95 (978-1-5419-6881-3(6)); pap. 14.95 (978-1-5419-6877-6(8)) Speedy Publishing LLC. (Baby Professor (Education Kids)).

Big Book Unit 1 Grade K: Big Book Unit 1 Grade K. Hmh Hmh. 2016. (Journeys Ser.). (ENG.). 64p. (J). (gr. k). pap. 36.80 (978-0-544-85471-0(3)) Houghton Mifflin Harcourt Publishing Co.

Big Book Unit 2 Grade K: Big Book Unit 2 Grade K. Hmh Hmh. 2016. (Journeys Ser.). (ENG.). 56p. (J). (gr. k). pap. 36.80 (978-0-544-85472-7(1)) Houghton Mifflin Harcourt Publishing Co.

Big Book Unit 3 Grade K: Big Book Unit 3 Grade K. Hmh Hmh. 2016. (Journeys Ser.). (ENG.). 48p. (J). (gr. k). pap. 36.80 (978-0-544-85473-4(X)) Houghton Mifflin Harcourt Publishing Co.

Big Book Unit 4 Grade K: Big Book Unit 4 Grade K. Hmh Hmh. 2016. (Journeys Ser.). (ENG.). 56p. (J). (gr. k). pap. 36.80 (978-0-544-85474-1(8)) Houghton Mifflin Harcourt Publishing Co.

Big Book Unit 5 Grade K: Big Book Unit 5 Grade K. Hmh Hmh. 2016. (Journeys Ser.). (ENG.). 48p. (J). (gr. k). pap. 36.80 (978-0-544-85475-8(6)) Houghton Mifflin Harcourt Publishing Co.

Big Book Unit 6 Grade K: Big Book Unit 6 Grade K. Hmh Hmh. 2016. (Journeys Ser.). (ENG.). 48p. (J). (gr. k). pap. 36.80 (978-0-544-85476-5(4)) Houghton Mifflin Harcourt Publishing Co.

Big Bother Brother. Tamara Botting. Illus. by Christopher Botting & Alex Goubar. 2021. (ENG.). 34p. (J). pap. (978-1-989506-36-3(4)) Pandamonium Publishing Hse.

Big Box Little Box. Caryl Hart. Illus. by Edward Underwood. 2018. (ENG.). 32p. (J). 17.99 (978-1-68119-786-9(3), 900186968, Bloomsbury Children's Bks.) Bloomsbury Publishing USA.

Big Box of Big Nate: Big Nate Box Set Volume 1-4. Lincoln Peirce. 2017. (Big Nate Ser.). (ENG.). (J). pap. 52.00 (978-1-4494-9326-4(2)) Andrews McMeel Publishing.

Big Box of Little Pookie Everyday (Boxed Set) Night-Night, Little Pookie; What's Wrong, Little Pookie?; Let's Dance, Little Pookie; Little Pookie; Happy Birthday, Little Pookie. Sandra Boynton. Illus. by Sandra Boynton. ed. 2023. (Little Pookie Ser.). (ENG., Illus.). 90p. (J). (gr. -1-k). bds. 34.99 (978-1-6659-3875-4(7)) Simon & Schuster Children's Publishing.

Big Box of Little Pookie Holidays (Boxed Set) I Love You, Little Pookie; Happy Easter, Little Pookie; Spooky Pookie; Pookie's Thanksgiving; Merry Christmas, Little Pookie. Sandra Boynton. Illus. by Sandra Boynton. ed. 2023. (Little Pookie Ser.). (ENG., Illus.). 90p. (J). (gr. -1-k). bds. 34.99 (978-1-6659-3874-7(9)) Simon & Schuster Children's Publishing.

Big Box of Shapes. Wiley Blevins. Illus. by Elliot Kreloff. 2018. (Basic Concepts Ser.). (ENG.). 24p. (J). (gr. -1 — 1). pap. 6.99 (978-1-63440-417-4(3), 99c1bead-b4da-4c2f-bc9b-727a95d4beb2, Rocking Chair Kids) Red Chair Pr.

Big Boy from Littleville. David Geddis. 2019. (ENG.). 24p. (J). (978-1-78823-568-6(1)); pap. (978-1-78823-567-9(3)) Austin Macauley Pubs. Ltd.

Big Boy Underpants. Fran Manushkin. Illus. by Valeria Petrone. 2016. 24p. (J). (— 1). bds. 7.99 (978-0-553-53861-8(6), Random Hse. Bks. for Young Readers) Random Hse. Children's Bks.

Big Boys Cry. Jonty Howley. 2019. (Illus.). 48p. (J). (gr. -1-2). 18.99 *(978-1-5247-7320-5(4))* Random Hse. Children's Bks.

Big Boys Cry. Charlotte Moncrieff. Illus. by Helena Maxwell. 2019. (ENG.). 32p. (J). *(978-1-913136-11-6(6))* Clink Street Publishing.

Big Boy's Doodling Book - Activities Book Boys Edition. Activibooks For Kids. 2016. (ENG., Illus.). (J). pap. 9.20 *(978-1-68321-046-7(8))* Mimaxion.

Big Boy's Star Map. Samantha Frew. Illus. by Emma Hay. 2023. (ENG.). 34p. (J). pap. ***(978-1-922851-06-2(X))*** Shawline Publishing Group.

Big Brain Bunch. Henning Morales & Suzette Febre-Hart. 2017. (ENG., Illus.). (J). pap. 8.60 *(978-0-9909751-4-4(2))* Bed of Angels, Inc.

Big Brave Bold Sergio. Debbie Wagenbach. Illus. by Jamie Tablason. 2018. 32p. (J). *(978-1-4338-2794-5(8))* American Psychological Assn.

Big, Brave Heart. Joe Khoury. Illus. by Yara El Khoury. 2020. (ENG.). 60p. (J). pap. 12.99 *(978-1-0879-3131-9(2))* Indy Pub.

Big Break. Mark Tatulli. 2020. (ENG., Illus.). 248p. (J). (gr. 3-7). pap. 12.99 *(978-0-316-44055-4(8))* Little, Brown Bks. for Young Readers.

Big Breath: A Guided Meditation for Kids. William Meyer. Illus. by Brittany Jacobs. 2019. (ENG.). 32p. (J). (gr. -1-5). 16.95 *(978-1-60868-633-9(7))* New World Library.

Big Brother. George Cary Eggleston. 2016. (ENG., Illus.). (J). pap. *(978-3-7433-1731-4(1))* Creation Pubs.

Big Brother: A Story of Indian War. George Cary Eggleston. 2017. (ENG., Illus.). (J). 22.95 *(978-1-374-93004-9(0))*; pap. 12.95 *(978-1-374-93003-2(2))* Capital Communications, Inc.

Big Brother: A Story of Indian War. George Cary Eggleston. 2017. (ENG., Illus.). (J). pap. *(978-0-649-07400-6(9))* Trieste Publishing Pty Ltd.

Big Brother Blues. Devon Scott, Jr. Ed. by Kim Green. Illus. by Morgan Jennings. 2023. (Scott Stories Ser.). (ENG.). 30p. (J). 24.95 ***(978-1-7367653-4-0(5))***; pap. 12.99 ***(978-1-7367653-3-3(7))*** Devon & Keonna Scott.

Big Brother (Classic Reprint) Annie Fellows Johnston. 2018. (ENG., Illus.). 80p. (J). 25.55 *(978-0-483-40327-7(X))* Forgotten Bks.

Big Brother Investment (Classic Reprint) F. H. Cheley. 2018. (ENG., Illus.). 116p. (J). 26.29 *(978-0-483-52260-2(0))* Forgotten Bks.

Big Brother, Little Sister. Elena Southworth. 2020. (ENG.). 136p. (J). pap. 11.99 *(978-1-7357829-0-4(4))* Prodigy Kids Pr.

Big Brother of Sabin Street: Continuing the Story of Theodore Bryan the Bishop's Shadow (Classic Reprint) I. T. Thurston. (ENG., Illus.). (J). 2017. 31.16 *(978-0-331-84192-3(4))*; 2016. pap. 13.57 *(978-1-333-73026-0(8))* Forgotten Bks.

Big Brother Peanut Butter. Terry Border. Illus. by Terry Border. 2018. (Illus.). 32p. (J). (gr. -1-2). 17.99 *(978-1-5247-4006-1(3),* Philomel Bks.) Penguin Young Readers Group.

Big Brother Story. Aisha Holland. 2020. (ENG., Illus.). 32p. (J). 23.95 *(978-1-64559-245-7(6))*; pap. 13.95 *(978-1-64559-244-0(8))* Covenant Bks.

Big Brother to an Angel. Holly Hunt. 2017. (ENG., Illus.). (J). (gr. -1-3). pap. *(978-1-7750123-0-6(1))* Pier 44 Pr.

Big Brotherly, Imperfectly. Helen Jo. 2018. (ENG., Illus.). 36p. (J). 16.99 ***(978-1-7329969-4-6(6))*** Smore Bks.

Big Brothers Stink! Monta Jane Akin. 2020. (ENG.). 38p. (J). 17.99 *(978-1-0879-1106-9(0))* Indy Pub.

Big Brown Bears: Practicing the B Sound, 1 vol. Timea Thompson. 2016. (Rosen Phonics Readers Ser.). (ENG.). 8p. (J). (gr. -1-2). pap. *(978-1-5081-3254-7(2),* 5b6be6e4-6de3-42de-9668-e936cf88cd84, Rosen Classroom) Rosen Publishing Group, Inc., The.

Big Brown Bear's Birthday Surprise. David McPhail. 2018. (ENG., Illus.). 32p. (J). (gr. -1-3). pap. 3.99 *(978-1-328-89578-3(5),* 1699659, Clarion Bks.) HarperCollins Pubs.

Big Brown Bear's Birthday Surprise. David McPhail. ed. 2019. (Green Light Readers Ser.). (ENG.). 30p. (J). (gr. k-1). 13.89 *(978-0-87617-287-2(7))* Penworthy Co., LLC, The.

Big Brown Bear's Cave. Yuval Zommer. Illus. by Yuval Zommer. 2018. (ENG., Illus.). 32p. (J). (gr. -1-2). 16.99 *(978-0-7636-9646-7(3),* Templar) Candlewick Pr.

Big Brown Piano. Joann Hawthorne Douglas. 2021. (ENG.). 32p. (J). 32.99 ***(978-0-9964234-6-5(X))*** Aubey, LLC.

Big Bruce & Little Moss (Classic Reprint) F. W. (ENG., Illus.). (J). 2018. 156p. 27.11 *(978-0-483-72196-8(4))*; 2016. pap. 9.57 *(978-1-333-34535-8(6))* Forgotten Bks.

Big Bub, Small Tub: Ready-To-Read Ready-to-Go! Alastair Heim. Illus. by Aaron Blecha. 2023. (Big Bub Ser.). (ENG.). 32p. (J). (gr. -1-k). 17.99 *(978-1-6659-2845-8(X))*; pap. 4.99 *(978-1-6659-2844-1(1))* Simon Spotlight. (Simon Spotlight).

Big Buddy Cats (Set), 8 vols. 2017. (Big Buddy Cats Ser.). (ENG.). 32p. (J). (gr. 2-5). lib. bdg. 273.76 *(978-1-5321-1194-5(0),* 27546, Big Buddy Bks.) ABDO Publishing Co.

Big Buddy Dogs (Set), 8 vols. 2017. (Big Buddy Dogs Ser.). (ENG.). 32p. (J). (gr. 2-5). lib. bdg. 273.76 *(978-1-5321-1203-4(3),* 27555, Big Buddy Bks.) ABDO Publishing Co.

Big Buddy Jokes (Set), 8 vols. 2016. (Big Buddy Jokes Ser.). (ENG., Illus.). 32p. (J). (gr. 2-5). lib. bdg. 273.76 *(978-1-68078-509-8(5),* 23567, Big Buddy Bks.) ABDO Publishing Co.

Big Buddy Olympic Biographies (Set), 6 vols. 2016. (Big Buddy Olympic Biographies Ser.). (ENG.). 32p. (J). (gr. 2-5). lib. bdg. 205.32 *(978-1-68078-549-4(4),* 23585, Big Buddy Bks.) ABDO Publishing Co.

Big Buddy Pop Biographies Set 2 (Set), 8 vols. 2017. (Big Buddy Pop Biographies Set 2 Ser.). (ENG.). 32p. (J). (gr. 2-5). lib. bdg. 273.76 *(978-1-5321-1056-6(1),* 25688, Big Buddy Bks.) ABDO Publishing Co.

Big Buddy Pop Biographies Set 3 (Set), 8 vols. 2017. (Big Buddy Pop Biographies Set 3 Ser.). (ENG.). 32p. (J). (gr. 2-5). lib. bdg. 273.76 *(978-1-5321-1212-6(2),* 27564, Big Buddy Bks.) ABDO Publishing Co.

Big Buddy Pop Biographies Set 4 (Set), 8 vols. 2018. (Big Buddy Pop Biographies Ser.). (ENG.). 32p. (J). (gr. 2-5). lib. bdg. 273.76 *(978-1-5321-1796-1(5),* 30638, Big Buddy Bks.) ABDO Publishing Co.

Big Bug. Henry Cole. Illus. by Henry Cole. 2018. (Classic Board Bks.). (ENG., Illus.). 28p. (J). (gr. -1 — 1). bds. 7.99 *(978-1-5344-1690-1(0),* Little Simon) Little Simon.

Big Bug: Storytime Together. Henry Cole. Illus. by Henry Cole. 2023. (ENG., Illus.). 32p. (J). (gr. -1-2). spiral bd. 9.99 ***(978-1-6659-3454-1(9),*** Little Simon) Little Simon.

Big Bug Log. Illus. by Sebastien Braun. 2017. (ENG.). 18p. (J). (gr. -1-2). bds. 9.99 *(978-0-7636-9322-0(7))* Candlewick Pr.

BIG Bugs. Catherine Ipcizade. rev. ed. 2016. (Big Ser.). (ENG.). 24p. (J). (gr. -1-2). pap. 6.95 *(978-1-5157-6235-5(1),* 135061, Capstone Pr.) Capstone.

Big Bugs Green Band. Claire Llewellyn. ed. 2016. (Cambridge Reading Adventures Ser.). (ENG., Illus.). 16p. pap. 7.95 *(978-1-107-55064-3(5))* Cambridge Univ. Pr.

Big Builds: Planet Earth. Camilla de la Bedoyere. Illus. by Daniel Sanchez Limon & Beehive Illustration. 2022. (Big Builds Ser.). (ENG.). 64p. (J). (gr. 3-7). pap. 19.99 *(978-1-64517-037-2(3),* Silver Dolphin Bks.) Printers Row Publishing Group.

Big Builds: Solar System. Chris Oxlade. Illus. by Daniel Sanchez Limon & Beehive Illustration. 2022. (Big Builds Ser.). (ENG.). 64p. (J). (gr. 3-7). pap. 19.99 *(978-1-64517-039-6(X),* Silver Dolphin Bks.) Printers Row Publishing Group.

Big Bully Bob. Cynthia Gadson. 2018. (ENG., Illus.). 28p. (J). (gr. -1-3). pap. 7.99 *(978-1-64345-243-2(6))* Stratton Pr.

Big Buna Bash. Sara C. Arnold. Illus. by Roberta Malasomma. 2020. (ENG.). 36p. (J). (gr. k-4). 22.95 *(978-1-951565-01-5(0))*; pap. 13.95 *(978-1-951565-02-2(9))* Brandylane Pubs., Inc.

Big Bunny: (Funny Bedtime Read Aloud Book for Kids, Bunny Book) Rowboat Watkins. 2018. (ENG., Illus.). 40p. (J). (gr. -1-k). 16.99 *(978-1-4521-6390-1(1))* Chronicle Bks. LLC.

Big Business: Heinz. Cath Senker. 2016. (Big Business Ser.). (ENG.). 32p. (J). (gr. 4-6). pap. 11.99 *(978-0-7502-8952-8(X),* Wayland) Hachette Children's Group GBR. Dist: Hachette Bk. Group.

Big Business in Esports. Marty Gitlin. 2020. (Esports Explosion Ser.). (ENG., Illus.). 32p. (J). (gr. 3-6). lib. bdg. 32.79 *(978-1-5321-9441-2(2),* 36637, SportsZone) ABDO Publishing Co.

Big, Busy Adventure Bay: a Book about People, Places, & Pups! (PAW Patrol) Cara Stevens. Illus. by Random House. 2021. (ENG.). 64p. (J). (gr. -1-1). 16.99 *(978-0-593-17266-7(3),* Random Hse. Bks. for Young Readers) Random Hse. Children's Bks.

Big C the Cowboy Carbon Atom. Benedict Maresca. 2021. (ENG.). 18p. (J). pap. 9.99 *(978-1-956010-14-5(9))* Rushmore Pr. LLC.

BIG CARS - Vehicles Coloring Book for Kids 4-8 Years: Cool Car Coloring Book with 75 Pages of Things That Go: Cars, Trucks, Planes & Other Vehicles for Preschoolers, Boys & Girls Ages 4-8. Hellen M. Anvil. 2021. (ENG.). 76p. (J). pap. *(978-1-6780-8226-0(0))* Lulu Pr., Inc.

Big Case (Disney Zootopia) Bill Scollon. Illus. by The Disney Storybook Art Team. 2016. (Step into Reading Ser.). (ENG.). 32p. (J). (gr. -1-1). 5.99 *(978-0-7364-3456-0(9),* RH/Disney) Random Hse. Children's Bks.

Big Cat. Ethan Long. (I Like to Read Ser.). (ENG.). (J). (gr. -1-3). 2017. 32p. 4.99 *(978-0-8234-3881-5(3))*; 2016. (Illus.). 24p. 7.99 *(978-0-8234-3539-5(3))* Holiday Hse., Inc.

Big Cat Coloring Book for Toddlers & Kids: Fun & Cute Cats Coloring Pages for Girls & Boys Big Cats Coloring Book for Toddlers, Preschoolers & Kids Ages 2-4, 3-5, 4-6 (Kids Coloring Books: Color & Paint) Artrust Publishing. 2021. (ENG.). 96p. (J). pap. 11.99 *(978-1-915100-29-0(1),* GoPublish) Visual Adjectives.

Big Cat Island. Nolan Nielson. 2019. (ENG.). 136p. (YA). pap. 14.95 *(978-1-68456-830-7(7))* Page Publishing Inc.

Big Cat, Little Cat. Elisha Cooper. 2017. (ENG., Illus.). 40p. (J). 19.99 *(978-1-62672-371-9(0),* 900155029) Roaring Brook Pr.

Big Catch of Fish: A Read Aloud Bible Story Book for Kids - the Easter Story, Retold for Beginners. the New Testament Story of Jesus, from the Shores of Galilee to the Cross & Resurrection. Jennifer Carter. Illus. by Hattie Millidge. 2019. (Inspirational Bedtime Bible Stories for Children Ser.: Vol. 2). (ENG.). 80p. (J). pap. *(978-1-908567-17-8(1))* Hope Bks., Ltd.

Big Cats, 6 vols. Claire Archer. 2016. (Big Cats Ser.). (ENG.). 24p. (J). (gr. -1-2). pap., pap., pap. 39.75 *(978-1-4966-1140-6(3),* 26269, Capstone Classroom) Capstone.

Big Cats. Joyce Milton. 2021. (Step into Reading Ser.). (ENG., Illus.). 48p. (J). (gr. k-3). pap. 5.99 *(978-0-593-43246-4(0))*; lib. bdg. 14.99 *(978-0-593-43247-1(9))* Random Hse. Children's Bks. (Random Hse. Bks. for Young Readers).

Big Cats. Anne O'Daly. 2023. (Animal Detectives Ser.). (ENG.). 24p. (J). (gr. 2-4). pap. 10.99 *(978-1-78121-557-9(X),* 16407) Black Rabbit Bks.

Big Cats. Anne O'Daly. 2020. (Animal Detectives Ser.). (ENG.). 24p. (J). (gr. 2-4). 29.95 *(978-1-78121-447-3(6),* 16401) Brown Bear Bks.

Big Cats, Vol. 12. Andrew Cleave. 2018. (Animals in the Wild Ser.). (Illus.). 80p. (J). (gr. 7). 33.27 *(978-1-4222-4167-7(X))* Mason Crest.

Big Cats: And Their Food Chains. Katherine Eason. 2023. (Food Chain Kings Ser.). (ENG., Illus.). 48p. (J). (gr. 5-8). lib. bdg. 31.99 ***(978-1-915153-75-3(1),*** 43f290a0-4a57-46b4-8b36-ac290fa7053e) Cheriton Children's Bks. GBR. Dist: Lerner Publishing Group.

Big Cats: And Their Food Chains. Contrib. by Katherine Eason. 2023. (Food Chain Kings Ser.). (ENG., Illus.). 48p. (J). (gr. 5-8). pap. 10.99 ***(978-1-915761-35-4(2),*** 3b56fdef-0653-49f2-aceb-87218108b3df) Cheriton Children's Bks. GBR. Dist: Lerner Publishing Group.

Big Cats: Revised Edition. Seymour Simon. 2017. (ENG., Illus.). 40p. (J). (gr. 1-5). 18.99 *(978-0-06-247036-2(1))*; pap. 7.99 *(978-0-06-247035-5(3))* HarperCollins Pubs. (HarperCollins).

Big Cats - Katamwa Aika Buubura (Te Kiribati) Nora May & Micah May. 2023. (ENG.). 34p. (J). pap. ***(978-1-922844-59-0(4))*** Library For All Limited.

Big Cats (a Day in the Life) What Do Lions, Tigers, & Panthers Get up to All Day? Tyus D. Williams & Neon Squid. Illus. by Chaaya Prabhat. 2022. (Day in the Life Ser.). (ENG.). 48p. (J). 16.99 *(978-1-68449-207-7(6),* 900251268) St. Martin's Pr.

Big Cats in the Jungle Coloring Book. Activibooks For Kids. 2016. (ENG., Illus.). (J). pap. 9.20 *(978-1-68321-757-2(8))* Mimaxion.

Big Cats, Little Cats: A Visual Guide to the World's Cats. Jim Medway. (Big & Little Ser.). (ENG., Illus.). 32p. (J). (gr. -1-2). 2020. pap. 6.95 *(978-0-2281-0266-3(9),* 5fd6690f-66d1-44e2-b155-5cc31a1f96cf); 2018. 14.95 *(978-0-2281-0107-9(7),* bef7e558-420e-40e8-a597-24dc29642797) Firefly Bks., Ltd.

Big Cats of Africa Coloring Book. Bobo's Children Activity Books. 2016. (ENG., Illus.). (J). pap. 9.33 *(978-1-68327-634-0(5))* Sunshine In My Soul Publishing.

Big Cats of the World Coloring Book. Jupiter Kids. 2016. (ENG., Illus.). 106p. (J). pap. 12.55 *(978-1-68326-232-9(8),* Jupiter Kids (Childrens & Kids Fiction)) Speedy Publishing LLC.

Big Challenges That Animals Face. Bobbie Kalman. 2016. (Big Science Ideas Ser.). (ENG., Illus.). 32p. (J). (gr. 3-6). lib. bdg. *(978-0-7787-2781-1(5))* Crabtree Publishing Co.

Big Change for Daisy. Keri T. Collins. Illus. by Cynthia Baker-Gusman. 2020. (ENG.). 42p. (J). pap. 12.99 *(978-1-948604-42-0(6),* Purple Butterfly Pr.) Networlding.

Big Cheeks at Squirrely Beach. Laura Planck. 2017. (ENG., Illus.). 28p. (J). pap. 13.95 *(978-1-9736-0576-8(7),* WestBow Pr.) Author Solutions, LLC.

Big Cheese. Leslie Hampson. 2017. (ENG., Illus.). 43p. (J). (gr. k-1). pap. *(978-1-911589-16-7(4),* Choir Pr., The) Action Publishing Technology Ltd.

Big Cheese: Ready-To-Read Graphics Level 1. Janee Trasler. Illus. by Janee Trasler. 2023. (Figgy & Boone Ser.). (ENG., Illus.). 64p. (J). (gr. -1-1). 17.99 *(978-1-6659-1452-9(1))*; pap. 6.99 *(978-1-6659-1451-2(3))* Simon Spotlight. (Simon Spotlight).

Big Cheese Festival. S. Jackson & A. Raymond. 2018. (ENG., Illus.). 36p. (J). (gr. k-4). 19.99 *(978-0-692-09960-5(3))* Schmidt, M. Productions.

Big Chemistry Book on Solutions - Chemistry for 4th Graders Children's Chemistry Books. Baby Professor. 2017. (ENG., Illus.). (J). pap. 8.79 *(978-1-5419-1084-3(2),* Baby Professor (Education Kids)) Speedy Publishing LLC.

Big Chew. Robin Twiddy. Illus. by Marcus Gray. 2023. (Level 4/5 - Blue/Green Set Ser.). (ENG.). 32p. (J). (gr. 1-3). lib. bdg. 19.95 Bearport Publishing Co., Inc.

Big Chick & Little Chick: The Alphabet Book. Giant Munsta. l.t. ed. 2022. (ENG.). 28p. (J). 23.99 ***(978-1-0879-8017-1(8))*** Indy Pub.

Big Chicken Mystery. Meredith Costain. ed. 2022. (Olivia's Secret Scribbles Ser.). (ENG.). 95p. (J). (gr. 2-3). 17.46 ***(978-1-68505-426-7(9))*** Penworthy Co., LLC, The.

Big Chickie, Little Chickie. Janee Trasler. 2016. (ENG., Illus.). 24p. (J). (gr. -1 — 1). bds. 8.99 *(978-0-06-234231-7(2),* HarperFestival) HarperCollins Pubs.

Big Choo. Stephen Shaskan. 2018. (ENG., Illus.). 40p. (J). (gr. -1-k). 16.99 *(978-0-545-70857-9(5),* Scholastic Pr.) Scholastic, Inc.

Big Christmas Bake. Fiona Barker. Illus. by Pippa Curnick. 2022. (ENG.). 32p. (J). (gr. -1-1). ***(978-0-7112-6814-2(2),*** Happy Yak) Quarto Publishing Group UK.

Big Christmas Book Coloring Books Large Edition. Creative Playbooks. 2016. (ENG., Illus.). (J). pap. 7.74 *(978-1-68323-084-7(1))* Twin Flame Productions.

Big Christmas Bundle: Activity Book for Kids Age 8 with Cut Out Coloring Exercises, 2 vols. Speedy Publishing Books. 2019. (ENG.). 170p. (J). pap. 19.99 *(978-1-5419-7223-0(6))* Speedy Publishing LLC.

Big Christmas Coloring Book for Kids: 60 Amazing Christmas Pages to Color Including Santa, Christmas Trees, Reindeer, Snowmen & More. Rovy Szaszie. 2020. (ENG.). 124p. (J). pap. 9.95 *(978-1-716-34678-1(9))* Lulu Pr., Inc.

Big Chunk of Ice. Bertrand R. Brinley. Illus. by Charles Geer. 2021. (ENG.). 264p. (J). pap. 14.99 *(978-1-948959-69-8(0))* Purple Hse. Pr.

Big City Adventures. Nicole Johnson. ed. 2021. (PAW Patrol 8x8 Bks). (ENG., Illus.). 24p. (J). (gr. k-1). 16.46 *(978-1-68505-006-1(9))* Penworthy Co., LLC, The.

Big City, Big Dreams. Christy Webster. ed. 2022. (Step into Reading Ser.). (ENG.). 22p. (J). (gr. 2-3). 16.46 ***(978-1-68505-247-8(9))*** Penworthy Co., LLC, The.

Big City, Big Dreams (Barbie) Random House. Illus. by Random House. 2021. (Step into Reading Ser.). (ENG., Illus.). 24p. (J). (gr. -1-2). pap. 5.99 *(978-0-593-42527-5(8))*; lib. bdg. 14.99 *(978-0-593-42528-2(6))* Random Hse. Children's Bks. (Random Hse. Bks. for Young Readers).

Big City Dance. Valerie Doherty. Illus. by Brenda Higgins. 2020. (ENG.). 40p. (J). pap. ***(978-1-9161735-7-6(8))*** Blossom Spring Publishing.

Big City Greens: Blood Moon. Disney Books. 2021. (ENG., Illus.). 24p. (J). (gr. 1-3). pap. 4.99 *(978-1-368-07063-8(9),* Disney Press Books) Disney Publishing Worldwide.

Big City Stickers & Activity Book. Clever Publishing. 2019. (Clever Sticker & Activity Ser.). (ENG.). 32p. (J). (gr. -1-3). pap. 4.99 *(978-1-949998-18-4(5))* Clever Media Group.

Big City Yellow Band. Lynne Rickards. Illus. by Ley Honor Roberts. ed. 2017. (Cambridge Reading Adventures Ser.). (ENG.). 16p. pap. 6.15 *(978-1-108-41079-3(0))* Cambridge Univ. Pr.

Big Collection of Activities Coloring Book Edition. Bobo's Children Activity Books. 2016. (ENG., Illus.). (J). pap. 7.99 *(978-1-68327-736-1(8))* Sunshine In My Soul Publishing.

BIG Coloring Book. Marissa O'Starrie. 2021. (ENG.). 144p. (J). pap. 6.99 *(978-1-716-21886-6(1))* Lulu Pr., Inc.

BIG Coloring Book with Funny Dinosaurs. Porto O'Karolyn. 2021. (ENG.). 130p. (J). pap. 12.99 *(978-1-716-24232-8(0))* Lulu Pr., Inc.

Big Crash. Hazel Scrimshire. 2023. (ENG.). 10p. (J). 3.99 ***(978-1-5271-1044-1(3),*** 1bc4132c-d734-48e9-bff1-9141ac56f4ac, CF4Kids) Christian Focus Pubns. GBR. Dist: Baker & Taylor Publisher Services (BTPS).

Big Croc Little Croc. Katie Button. Illus. by Kev Payne. 2023. (Seek & Find Spyglass Bks.). (ENG.). 12p. (J). (gr. -1-k). bds. 12.99 *(978-1-80105-557-4(2))* Top That! Publishing PLC GBR. Dist: Independent Pubs. Group.

Big Crocodile Smiles Coloring Book. Activibooks For Kids. 2016. (ENG., Illus.). (J). pap. 9.20 *(978-1-68321-925-5(2))* Mimaxion.

Big-Crowned Princess. Ayesha Marfani. Illus. by Alison Wood. 2018. (ENG.). 36p. (J). (gr. 1-4). pap. 9.99 *(978-1-68160-638-5(0))* Crimson Cloak Publishing.

Big Crunch (Book 4), Bk. 4. Wiley Blevins. Illus. by Jim Paillot. 2017. (Funny Bone Books (tm) First Chapters — Ick & Crud Ser.). (ENG.). 32p. (J). (gr. k-2). pap. 6.99 *(978-1-63440-207-1(3),* 0e36fee4-1d0f-44d6-a030-21d9a04e2969) Red Chair Pr.

Big Daddy & Rico Visit Indian Springs. Mary T. Jacobs. Illus. by Marci Thacker. 2018. (ENG.). 40p. (J). (gr. k-2). (Big Daddy Ser.: Vol. 3). 22.99 *(978-1-948026-17-8(1))*; pap. 14.99 *(978-1-948026-14-7(7))* Write Integrity Pr.

Big Daddy & Rico's RUFF Decision. Jacobs Mary T. 2022. (ENG.). 38p. (J). 17.95 *(978-1-63755-240-7(8),* Mascot Kids) Amplify Publishing Group.

Big Dan Runs the Marathon. Daniel O'Neil. 2017. (ENG., Illus.). 40p. (J). pap. *(978-1-365-84541-3(9))* Lulu Pr., Inc.

Big Dance. Shirlie Calabrese. 2021. (ENG.). 20p. (J). pap. 4.00 *(978-1-952648-22-9(X))* Haynes Media Group.

Big Dance. Aoife Greenham. Illus. by Aoife Greenham. 2021. (Child's Play Library). (Illus.). 32p. (J). *(978-1-78628-569-0(X))*; *(978-1-78628-568-3(1))* Child's Play International Ltd.

Big Dark. Rodman Philbrick. ed. 2019. (Penworthy Picks Middle School Ser.). (ENG.). 178p. (J). (gr. 4-5). 17.96 *(978-1-64310-933-6(2))* Penworthy Co., LLC, The.

Big Dark. Rodman Philbrick. 2017. (ENG.). 192p. (J). (gr. 3-7). pap. 6.99 *(978-0-545-78976-9(1),* Blue Sky Pr., The) Scholastic, Inc.

Big Data. Kristin Fontichiaro. 2017. (21st Century Skills Library: Data Geek Ser.). (ENG., Illus.). 32p. (J). (gr. 4-7). lib. bdg. 32.07 *(978-1-63472-711-2(8),* 210102) Cherry Lake Publishing.

Big Data: Information in the Digital World with Science Activities for Kids. Carla Mooney. 2018. (Build It Yourself Ser.). (ENG., Illus.). 128p. (J). (gr. 4-10). 22.95 *(978-1-61930-679-0(4),* 68c814dd-f52d-4aa4-bbe1-2d0f56a53aca) Nomad Pr.

Big Data Analyst. Bradley Steffens. 2017. (ENG.). 64p. (YA). (gr. 5-12). *(978-1-68282-176-3(5))* ReferencePoint Pr., Inc.

Big Data & Machine Learning. Brett S. Martin. 2018. (Tech Bytes Ser.). (ENG., Illus.). 48p. (J). (gr. 4-6). 26.60 *(978-1-59953-938-6(1))* Norwood Hse. Pr.

Big Data & Privacy Rights, 1 vol. M. M. Eboch. 2016. (Essential Library of the Information Age Ser.). (ENG., Illus.). 112p. (J). (gr. 8-12). lib. bdg. 41.36 *(978-1-68078-282-0(7),* 21719, Essential Library) ABDO Publishing Co.

Big Day for Baseball, 39. Mary Pope Osborne. 2019. (Magic Tree House Ser.). (ENG.). 75p. (J). (gr. 2-3). 16.96 *(978-0-87617-718-1(6))* Penworthy Co., LLC, The.

Big Day for Baseball. Mary Pope Osborne. Illus. by A. G. Ford. (Magic Tree House (R) Ser.: 29). (J). (gr. 1-4). 2019. 96p. 6.99 *(978-1-5247-1311-9(2))*; 2017. 80p. 13.99 *(978-1-5247-1308-9(2))*; 2017. (ENG., Illus.). 96p. lib. bdg. 16.99 *(978-1-5247-1309-6(0))* Random Hse. Children's Bks. (Random Hse. Bks. for Young Readers).

Big Day of Christmas Coloring Book for Kids. Deeasy Books. 2021. (ENG.). 102p. (J). pap. 9.00 ***(978-1-716-21907-8(8))*** Indy Pub.

Big Dig, 1 vol. Lisa Harrington. 2019. (ENG.). 248p. (YA). pap. 14.95 *(978-1-77108-754-4(4),* 4c41b21b-7bac-47d5-bf49-9fe4b6283182) Nimbus Publishing, Ltd. CAN. Dist: Baker & Taylor Publisher Services (BTPS).

Big Dig: Practicing the Short I Sound, 1 vol. Ethan Lewis. 2016. (Rosen Phonics Readers Ser.). (ENG., Illus.). 8p. (J). (gr. -1-2). pap. *(978-1-5081-3096-3(5),* 867e3ec4-ec84-4505-9755-cf109698afb4, Rosen Classroom) Rosen Publishing Group, Inc., The.

Big Dino Little Dino. Katie Button. Illus. by Kev Payne. 2023. (Seek & Find Spyglass Bks.). (ENG.). 12p. (J). (gr. -1-k). bds. 12.99 *(978-1-80105-558-1(0))* Top That! Publishing PLC GBR. Dist: Independent Pubs. Group.

Big Dino-Pedia for Small Learners - Dinosaur Books for Kids Children's Animal Books. Baby Professor. 2017. (ENG., Illus.). (J). pap. 8.79 *(978-1-5419-1057-7(5),* Baby Professor (Education Kids)) Speedy Publishing LLC.

Big Dinosaur Coloring Book for Kids: Loads of Coloring Fun with Adorable Dinosaurs - 30 Beautiful Illustrations to Color. Great Gift for All Ages, Boys & Girls, Little Kids, Preschool, Kindergarten & Elementary. Jasmine Taylor. 2021. (ENG.). 65p. (J). pap. ***(978-1-7947-9760-4(2))*** Lulu Pr., Inc.

Big Dinosaur Coloring Book for Kids (100 Pages) Blue Digital Media Group. 2020. (ENG.). 102p. (J). pap. 18.99 ***(978-1-952524-62-2(8))*** Smith Show Media Group.

Big Dinosaur, Little Dinosaur. Devin Ann Wooster. ed. 2016. (Step into Reading - Level 1 Ser.). lib. bdg. 14.75 *(978-0-606-38479-7(0))* Turtleback.

Big Dipper Activity Book - Ladybird Readers Starter Level 16. Ladybird. 2019. (Ladybird Readers Ser.). 16p. (gr. k). pap. 6.99 *(978-0-241-39400-7(7),* Ladybird) Penguin Bks., Ltd. GBR. Dist: Independent Pubs. Group.

Big Dog & Brown Duck. Marie Isaac. 2023. (ENG.). 34p. (J). pap. ***(978-1-83934-782-5(1))*** Olympia Publishers.

Big Dog & Little Dog. rev. ed. 2021. (ENG., Illus.). 14p. (J). (— 1). bds. 6.99 *(978-0-358-45040-5(3),* 1795892, Clarion Bks.) HarperCollins Pubs.

Big Dog & Little Dog Getting in Trouble Board Book. Dav Pilkey. 2021. (ENG., Illus.). 14p. (J). (— 1). bds. 7.99 *(978-0-358-51315-5(4),* 1802999, Clarion Bks.) HarperCollins Pubs.

Big Dog & Little Dog Getting in Trouble/Perrazo y Perrito Se Meten en Problemas: Bilingual English-Spanish.

202

The check digit for ISBN-10 appears in parentheses after the full ISBN-13

Dav Pilkey. 2018. (Green Light Readers Ser.). (ENG., Illus.). 24p. (J). (gr. -1-3). pap. 4.99 *(978-1-328-91510-8(7)*, 1702124, Clarion Bks.) HarperCollins Pubs.

Big Dog & Little Dog Going for a Walk Board Book. Dav Pilkey. rev. ed. 2021. (ENG., Illus.). 14p. (J). (— 1). bds. 6.99 *(978-0-358-45047-4(0)*, 1795983, Clarion Bks.) HarperCollins Pubs.

Big Dog & Little Dog Making a Mistake Board Book. Dav Pilkey. Illus. by Dav Pilkey. 2021. (ENG., Illus.). 14p. (J). (— 1). bds. 6.99 *(978-0-358-51316-2(2)*, 1803000, Clarion Bks.) HarperCollins Pubs.

Big Dog & Little Dog Making a Mistake/Perrazo y Perrito Se Equivocan: Bilingual English-Spanish. Dav Pilkey. 2017. (Green Light Readers Ser.). (ENG., Illus.). 24p. (J). (gr. -1-3). 12.99 *(978-1-328-70262-3(6)*, 1672397); pap. 5.99 *(978-1-328-70263-0(4)*, 1672398) HarperCollins Pubs. (Clarion Bks.).

Big Dog & Little Dog Wearing Sweaters Board Book. Dav Pilkey. Illus. by Dav Pilkey. 2021. (ENG., Illus.). 14p. (J). (— 1). bds. 6.99 *(978-0-358-51314-8(6)*, 1802998, Clarion Bks.) HarperCollins Pubs.

Big Dog & the Swamp Rats' Gold. Jean Leigh Claudette. 2019. (ENG.). 82p. (J). pap. 9.99 *(978-1-68314-843-2(6))* Redemption Pr.

Big Dogs & Puppy Facts for Kids Dogs Book for Children Children's Dog Books. Pets Unchained. 2017. (ENG., Illus.). 64p. (J). pap. 9.52 *(978-1-5419-1679-1(4))* Speedy Publishing LLC.

Big Dogs, Little Dogs: A Visual Guide to the World's Dogs. Jim Medway. (Big & Little Ser.). (ENG., Illus.). 32p. (J). (gr. -1-2). 2020. pap. 6.95 *(978-0-2281-0267-0(7)*, 1da7aa6e-6c06-4228-91ff-22decfc64252); 2018. 14.95 *(978-0-2281-0108-6(5)*, 0af0b60d-99ff-4e0c-a51a-e73080d039ca) Firefly Bks., Ltd.

Big Drag (Classic Reprint) Mel Heimer. 2018. (ENG., Illus.). 220p. (J). 28.45 *(978-0-483-44752-3(8))* Forgotten Bks.

Big Dragon Coloring Book: (Ages 4-8) Easy Coloring Books for Kids! Engage Books. 2020. (ENG.). 80p. (J). pap. *(978-1-77476-007-9(X))* AD Classic.

Big Drawing Activity Book for Kids. Activity Book Zone for Kids. 2016. (ENG., Illus.). (J). pap. 9.20 *(978-1-68376-064-1(6))* Sabeels Publishing.

Big Drawing Book of Animals: Drawing Book for Children. Speedy Kids. 2017. (ENG., Illus.). (J). pap. 9.05 *(978-1-5419-3262-3(5))* Speedy Publishing LLC.

Big Dreams! Katharine Holabird. Illus. by Helen Craig. 2020. (Angelina Ballerina Ser.). (ENG.). 16p. (J). (gr. -1-1). pap. 6.99 *(978-1-5344-8221-0(0)*, Simon Spotlight) Simon Spotlight.

Big Dreams, 1. Brooke Vitale. ed. 2022. (Minnie Mouse Graphix Chapters Ser.). (ENG.). 80p. (J). (gr. 2-3). 24.46 ***(978-1-68505-196-9(0))*** Penworthy Co., LLC, The.

Big Dreams & Powerful Prayers Illustrated Bible: 30 Inspiring Stories from the Old & New Testament, 1 vol. Mark Batterson. Illus. by Omar Aranda. 2020. (ENG.). 224p. (J). 18.99 *(978-0-310-74682-9(5))* Zonderkidz.

Big Dreams, Best Friends, 2. Sarah Kuhn. ed. 2019. (Barbie Graphic Nvls Ser.). (ENG.). 64p. (J). (gr. 4-5). 17.96 *(978-0-87617-296-4(6))* Penworthy Co., LLC, The.

Big Dreams for AJ. Ashley N. Zeigler. l.t. ed. 2023. (ENG.). 26p. (J). pap. 18.99 ***(978-1-0880-8610-0(1))*** Indy Pub.

Big Dreams of Small Creatures. Gail Lerner. 2022. (Illus.). 368p. (J). (gr. 5). 18.99 *(978-0-593-40785-1(7)*, Nancy Paulsen Books) Penguin Young Readers Group.

Big Ducks. Emiko Kobayashi. 2018. (JPN.). (J). *(978-4-7721-0240-7(X))* Koguma-Sha Co., Ltd.

Big Dwarf Architecture Coloring Book. Activibooks. 2016. (ENG., Illus.). (J). pap. 9.20 *(978-1-68321-891-3(4))* Mimaxion.

Big Easy Puzzle Book: Dot to Dot, Mazes & Spot It Puzzles for Kids - Puzzles Kids. Activibooks For Kids. 2016. (ENG., Illus.). (J). pap. 9.25 *(978-1-68321-129-7(4))* Mimaxion.

Big Elven Architecture Coloring Book. Activibooks. 2016. (ENG., Illus.). (J). pap. 9.20 *(978-1-68321-928-6(7))* Mimaxion.

Big Emotions. Elena Ulyeva & Clever Publishing. Illus. by Olga Agafonova. 2022. (Clever Emotions Ser.). (ENG.). 20p. (J). (gr. -1-k). bds. 9.99 *(978-1-956560-03-9(3))* Clever Media Group.

Big Empty Life of Alphonse Tabouret. Sibylline Desmazières. 2020. (ENG., Illus.). 192p. (YA). 24.99 *(978-1-941302-76-7(9)*, 4f7db9ef-919d-451d-918c-e3f374fdaa48) Magnetic Pr.

Big Enormous Bauble Party. Kaarina Brooks. 2021. (ENG.). 36p. (J). pap. 9.95 *(978-1-988763-30-9(4))* Villa Wisteria Pubns.

Big Enough to Plan Ahead Planner for Kids. Planners & Notebooks Inspira Journals. 2019. (ENG.). 200p. (J). pap. 12.55 *(978-1-64521-376-5(5)*, Inspira) Editorial Imagen.

Big Eyed Animals & the Things They See Coloring Book. Bobo's Children Activity Books. 2016. (ENG., Illus.). (J). pap. 9.33 *(978-1-68327-521-3(7))* Sunshine In My Soul Publishing.

Big Eyed Sea Creatures Coloring Book. Jupiter Kids. 2016. (ENG., Illus.). 106p. (J). pap. 12.55 *(978-1-68326-268-8(9)*, Jupiter Kids (Childrens & Kids Fiction)) Speedy Publishing LLC.

Big Eyes in the Sea: A Coloring Book. Smarter Activity Books. 2016. (ENG., Illus.). (J). pap. 9.22 *(978-1-68374-508-2(6))* Examined Solutions PTE. Ltd.

Big Fabulous Colouring Book. Hannah Davies. 2017. (ENG.). 48p. (J). (gr. 3). pap. 14.99 *(978-1-78055-452-5(4))* O'Mara, Michael Bks., Ltd. GBR. Dist: Independent Pubs. Group.

Big Fan & Get Off! William Anthony. Illus. by Gareth Liddington. 2023. (Level 2 - Red Set Ser.). (ENG.). 32p. (J). (gr. k-2). lib. bdg. 19.95 Bearport Publishing Co., Inc.

Big, Fancy Set of Kids' Activities Coloring Book Edition. Bobo's Children Activity Books. 2016. (ENG., Illus.). (J). pap. 7.99 *(978-1-68327-741-5(4))* Sunshine In My Soul Publishing.

Big Fangs. Elias Zapple. Illus. by Reimarie Cabalu. 2018. (NICU - the Littlest Vampire American-English Ser.: Vol. 2). (ENG.). 66p. (J). (gr. 4-6). pap. *(978-1-912704-22-4(6))*; pap. *(978-1-912704-23-1(4))* Heads or Tales Pr.

Big Fantastic Earth. Jen Green. 2016. (Illus.). 96p. (J). *(978-1-5182-1730-2(3))* Dorling Kindersley Publishing, Inc.

Big Fat Activity Book for Early Learners. Educando Kids. 2019. (ENG.). 42p. (J). pap. 8.55 *(978-1-64521-751-0(5)*, Educando Kids) Editorial Imagen.

Big Fat High School Algebra 1 Workbook: 400+ Algebra 1 Practice Exercises. Workman Publishing. 2023. (Big Fat Notebooks Ser.). (ENG.). 488p. (YA). (gr. 8-17). pap. 16.99 ***(978-1-5235-1839-5(1))*** Workman Publishing Co., Inc.

Big Fat Middle School Math Workbook: 600 Math Practice Exercises. Workman Publishing & Editors of Brain Quest. 2021. (Big Fat Notebooks Ser.). (ENG., Illus.). 432p. (J). (gr. 5-9). pap. 16.95 *(978-1-5235-1358-1(6)*, 101358) Workman Publishing Co., Inc.

Big. Fat. Mistake. & Other Stories We Write Together: Once upon a Pancake: for Young Storytellers. Rick Benger. 2023. (ENG.). 64p. (J). (gr. 4-7). pap. 13.00 ***(978-1-4434-7101-5(1)***, Collins) HarperCollins Canada, Ltd. CAN. Dist: HarperCollins Pubs.

Big Fat Naughty Cat. Jax Harman & Jacs Buckley. 2016. (ENG.). 22p. (J). pap. 14.95 *(978-1-78612-470-8(X)*, 9d2d8474-82af-4f4e-8c26-805ae4e1bd20) Austin Macauley Pubs. Ltd. GBR. Dist: Baker & Taylor Publisher Services (BTPS).

Big Feelings, Bigger God: Discovering God's Care in Good Times & Bad. Michele Howe. 2021. (Kidz Devotionals Ser.). (ENG.). 160p. (J). pap. 12.99 *(978-1-64938-023-4(2)*, 20_41660) Tyndale Hse. Pubs.

Big Fellow (Classic Reprint) Frederick Palmer. (ENG., Illus.). (J). 2018. 538p. 34.99 *(978-0-484-45046-1(8))*; 2016. pap. 19.57 *(978-1-334-15618-2(2))* Forgotten Bks.

Big Fib. Tim Hamilton. ed. 2018. (I Like to Read Ser.). (ENG.). 26p. (J). (gr. -1-1). 10.00 *(978-1-64310-552-9(3))* Penworthy Co., LLC, The.

Big Fight. Sharon Ward. 2020. (ENG., Illus.). 30p. (J). pap. 13.95 *(978-1-64628-493-1(3))* Page Publishing Inc.

Big Fire. Juliette Winningham & Duane Barone. Illus. by Cristal Baldwin. 2020. (Bruno's Amazing Adventures Ser.: Vol. 3). (ENG.). 30p. (J). 24.99 *(978-1-7347701-4-8(7))* FreeBird Foundation of Evergreen, CO, The.

Big First Grade. School Zone Publishing Company Staff. 2019. (ENG., Illus.). 320p. (J). (gr. 1-1). pap., wbk. ed. 13.99 *(978-0-88743-147-0(X)*, ac98a2c4-e5d0-49ac-9119-aa5f18545fd9) School Zone Publishing Co.

Big First Grade Spiral. Ed. by School Zone. 2021. (Big Spiral Bound Workbooks Ser.). (ENG., Illus.). 320p. (J). spiral bd. 17.99 *(978-1-68147-401-4(8))* School Zone Publishing Co.

Big Fish. Cathy Ghattas. 2019. (ENG.). 38p. (J). 14.95 *(978-1-64307-511-2(X))* Amplify Publishing Group.

Big Fish Activity Book - Ladybird Readers Starter Level 12. Ladybird. 2019. (Ladybird Readers Ser.). 16p. (gr. k). pap. 6.99 *(978-0-241-39396-3(5)*, Ladybird) Penguin Bks., Ltd. GBR. Dist: Independent Pubs. Group.

Big Fish from Deep Ocean Depths Coloring Book. Bobo's Children Activity Books. 2016. (ENG., Illus.). (J). pap. 9.33 *(978-1-68327-635-7(3))* Sunshine In My Soul Publishing.

Big Fish Little Fish. Jonathan Litton. Illus. by Fhiona Galloway. 2016. (My Little World Ser.). (ENG.). 16p. (J). (gr. -1-k). bds. 8.99 *(978-1-58925-215-8(2))* Tiger Tales.

Big Fish, Little Fish (Disney/Pixar Finding Dory) Christy Webster. Illus. by The Disney Storybook Art Team. 2016. (Step into Reading Ser.). (ENG.). 24p. (J). (gr. -1-1). E-Book *(978-0-7364-3705-9(3)*, RH/Disney) Random Hse. Children's Bks.

Big Fish of North America Coloring Book. Bobo's Children Activity Books. 2016. (ENG., Illus.). (J). pap. 9.33 *(978-1-68327-637-1(X))* Sunshine In My Soul Publishing.

Big Fish Smiles Coloring Book. Activibooks. 2016. (ENG., Illus.). (J). pap. 9.20 *(978-1-68321-890-6(6))* Mimaxion.

Big Five. Bella Makatini. Illus. by Judi Abbot. 2019. (ENG.). 32p. (J). 17.95 *(978-1-60537-457-4(1))*; 9.95 *(978-1-60537-476-5(8))* Clavis Publishing.

Big Flat (Classic Reprint) Henry Oyen. 2017. (ENG., Illus.). (J). 30.41 *(978-0-266-72970-9(3))*; pap. 13.57 *(978-1-5276-9039-4(3))* Forgotten Bks.

Big Flood. Rebecca Johnson. Illus. by Kyla May. 2017. (Juliet, Nearly a Vet Ser.: 11). 96p. (J). (gr. 3-5). 8.99 *(978-0-14-350703-1(6))* Random Hse. Australia AUS. Dist: Independent Pubs. Group.

Big Fluffy White Caterpillar: They Had Never Seen So Many White Caterpillars at a Party. Adam Manno. 2022. (ENG.). 20p. (J). ***(978-0-2288-8262-6(1))***; pap. ***(978-0-2288-8261-9(3))*** Tellwell Talent.

Big Flush. Julie Buxbaum. Illus. by Lavanya Naidu. 2023. (Area 51 Files Ser.: 2). (ENG.). 256p. (J). (gr. 3-7). 14.99 ***(978-0-593-42950-1(8))***; lib. bdg. 17.99 ***(978-0-593-42951-8(6))*** Random Hse. Children's Bks. (Delacorte Pr.).

Big Foot & Little Foot, 1. Ellen Potter. ed. 2020. (Big Foot & Little Foot Ser.). (ENG.). 136p. (J). (gr. 2-3). 16.96 *(978-1-64697-001-8(2))* Penworthy Co., LLC, The.

Big Foot & Little Foot (Book #1) Ellen Potter & Felicita Sala. 2018. (ENG., Illus.). 144p. (J). (gr. 1-4). 12.99 *(978-1-4197-2859-4(8)*, 1200801, Amulet Bks.) Abrams, Inc.

Big Foot at My Bedroom Window! Amy Fraser. 2017. (ENG., Illus.). (J). pap. 19.95 *(978-1-947373-01-3(3))* Lexingford Publishing.

Big for Me & Little for You. Alythia Brown Brown. 2019. (ENG.). 22p. (J). *(978-0-244-53404-2(7))* Lulu Pr., Inc.

Big Freeze. Laurie S. Sutton. Illus. by Dario Brizuela & Omar Lozano. 2020. (Amazing Adventures of Batman! Ser.). (ENG.). 32p. (J). (gr. k-2). pap. 5.95 *(978-1-5158-5883-6(9)*, 142139); lib. bdg. 25.32 *(978-1-5158-4824-0(8)*, 141606) Capstone. (Picture Window Bks.).

Big Freeze (Diary of an Ice Princess #4) Christina Soontornvat. 2020. (Diary of an Ice Princess Ser.: 4). (ENG., Illus.). 128p. (J). (gr. 2-5). pap. 5.99 *(978-1-338-35401-0(9)*, Scholastic Paperbacks) Scholastic, Inc.

Big Friends. Linda Sarah. Illus. by Benji Davies. 2016. (ENG.). 32p. (J). 19.99 *(978-1-62779-330-8(5)*, 900146698, Holt, Henry & Co. Bks. For Young Readers) Holt, Henry & Co.

Big, Fun, & Challenging Mazes for Kids 7 - 10: Mazes Improve Problem-Solving, Concentration, Focus, & Fine Motor Skills in Children. Sheer Purple. 2023. (ENG.). 105p. (J). pap. ***(978-1-329-17374-3(0))*** Lulu Pr., Inc.

Big Fun for 5-Year-Old Learners: Bundled Coloring & Hidden Object Books for Kids, 2 vols. Speedy Publishing Books. 2019. (ENG.). 170p. (J). pap. 19.99 *(978-1-5419-7212-4(0))* Speedy Publishing LLC.

Big Game. Tim Green. (ENG.). (J). (gr. 3-7). 2019. 336p. pap. 9.99 *(978-0-06-248561-8(X))*; 2018. 320p. 16.99 *(978-0-06-248504-5(0))* HarperCollins Pubs. (HarperCollins).

Big Game. Gary O'Neal. 2018. (ENG., Illus.). 22p. (J). pap. 11.95 *(978-1-64191-479-6(3))* Christian Faith Publishing.

Big Game Book of Adventurers- Libros Para Niños en Inglés: Un Cuento en Inglés Con 3 Niveles de Juego, de 3 a 8 Años. ¡Conoce 6 Aventureros Distintos! Subi. 2023. 16p. (J). (gr. k-2). bds. 16.99 *(978-84-18664-28-1(2))* Editorial el Pirata ESP. Dist: Independent Pubs. Group.

Big Game Book of Civilizations - Libros Para Niños en Inglés: Un Cuento en Inglés Con 3 Niveles de Juego, de 3 a 8 Años. ¡Conoce 6 Civilizaciones Distintas! Joan Subirana Queralt. 2021. (ENG.). 14p. (J). (gr. -1-k). bds. 17.99 *(978-84-17210-14-4(8))* Editorial el Pirata ESP. Dist: Independent Pubs. Group.

Big Game Book of Monsters: A Book to Play with. 3 Levels of Search & Find Game for Kids 3-8. Play & Learn. Big Cardboard Game-Book. Joan Subirana Queralt. 2023. (Illus.). 14p. (J). bds. 17.99 *(978-84-18664-15-1(0))* Editorial el Pirata ESP. Dist: Independent Pubs. Group.

Big Game Fields of America, North & South: Illustrated from Photographs by the Author & Three Drawings by Charles Livingston Bull (Classic Reprint) Daniel J. Singer. 2017. (ENG., Illus.). 370p. (J). 31.53 *(978-0-484-87980-4(4))* Forgotten Bks.

Big Game from the Black Lagoon. Mike Thaler. Illus. by Jared Lee. 2016. (Black Lagoon Adventures Set 4 Ser.). (ENG.). 64p. (J). (gr. 2-6). lib. bdg. 31.36 *(978-1-61479-601-5(7)*, 24334, Chapter Bks.) Spotlight.

Big Game Hunting. Kyle Brach. 2023. (Searchlight Books (tm) — Hunting & Fishing Ser.). (ENG., Illus.). 32p. (J). (gr. 3-5). pap. 9.99. lib. bdg. 30.65 ***(978-1-7284-9152-3(5)***, bd9aaaae-daee-4e24-a4af-41591fd8f4b9) Lerner Publishing Group. (Lerner Pubns.).

Big Game of Central & Western China: Being an Account of a Journey from Shanghai to London Overland Across the Gobi Desert (Classic Reprint) Harold Frank Wallace. 2018. (ENG., Illus.). 412p. (J). 32.39 *(978-0-267-86285-6(7))* Forgotten Bks.

Big Game (Set), 6 vols. Martin Gitlin. 2023. (Big Game Ser.). (ENG., Illus.). 32p. (J). (gr. 5-8). 192.42 *(978-1-6689-1877-7(3)*, 221855); pap., pap., pap. 85.26 *(978-1-6689-2007-7(7)*, 221985) Cherry Lake Publishing. (45th Parallel Press).

Big Gift. Derek Fisher. Ed. by Kim Burger. Illus. by Heather Workman. 2021. (ENG.). 88p. (J). pap. 6.49 ***(978-1-0879-5864-4(4))*** Indy Pub.

Big Ginormous Book of Clean Jokes & Riddles: Over 600 Jokes & Riddles for Kids! Thomas Mercaldo. 2017. (ENG., Illus.). 168p. (J). pap. 9.98 *(978-0-578-54919-4(0))* Aquinas Eagle.

Big Giraffe Vacation. Arleen Mendes. 2021. (ENG.). 30p. (J). pap. 14.95 *(978-1-63903-483-3(8))* Christian Faith Publishing.

Big God, Little Me: An Ask & Learn Storybook Bible, 1 vol. Anne De Graaf. Illus. by Jose Perez Montero. 2019. 352p. 17.99 *(978-0-8254-4595-8(7))* Kregel Pubns.

Big God, Little Me Activity Book: Ages 4-7, 1 vol. Leyah Jensen & Isabelle Gao. Illus. by Jose Perez Montero. 2020. 232p. (J). pap. 15.99 *(978-0-8254-4642-9(2))* Kregel Pubns.

Big God, Little Me Activity Book: Ages 7+, 1 vol. L. M. Alex. Illus. by Jose Perez Montero. 2020. 232p. (J). pap. 15.99 *(978-0-8254-4643-6(0))* Kregel Pubns.

Big Grassland Animals. Katie Peters. 2019. (Let's Look at Animal Habitats (Pull Ahead Readers — Nonfiction) Ser.). (ENG., Illus.). 16p. (J). (gr. -1-1). pap. 8.99 *(978-1-5415-7311-6(0)*, 421bf335-bdf8-4c5e-a715-b8af888ae9fb); lib. bdg. 27.99 *(978-1-5415-5862-5(6)*, 64739b47-6c5e-490e-a57a-9e24b465c97b) Lerner Publishing Group. (Lerner Pubns.).

Big Green & Little Red. Geri Gilstrap. 2020. (ENG.). 26p. (J). (gr. -1-3). pap. 9.99 *(978-1-952320-86-6(0))* Yorkshire Publishing Group.

Big Green Book. Robert Graves. Illus. by Maurice Sendak. 2018. (ENG.). 64p. (J). (gr. -1-3). 18.95 *(978-0-06-264483-1(1)*, HarperCollins) HarperCollins Pubs.

Big Green Busy Book. Damara Strong. Illus. by John Bigwood et al. 2021. (Big Busy Bks.). (ENG.). 128p. (J). (gr. 3-7). pap. 12.99 *(978-1-64517-318-2(6)*, Silver Dolphin Bks.) Printers Row Publishing Group.

Big Guided Dots - Activity Book. Marissa O'Starrie. 2021. (ENG.). 118p. (J). pap. *(978-1-6780-7853-9(0))* Lulu.com.

Big Hair Illustrations. Carlos Arroyo. 2022. (ENG.). 47p. (YA). pap. *(978-1-387-79987-9(8))* Lulu Pr., Inc.

Big Hair Parade. Diana Muendo. Illus. by Abby Hobbs. 2020. (ENG.). 26p. (J). pap. ***(978-1-83853-687-9(6))*** Independent Publishing Network.

Big Hairy Deal. Steve Vernon. 2016. (ENG.). 256p. (YA). pap. 15.99 *(978-1-393-74830-4(9))* Draft2Digital.

Big Halloween Coloring & Activity Book for Kids: Cordelia & Friends. Lisa M. Hamilton. 2023. (ENG.). 102p. (J). pap. 12.99 ***(978-1-312-37977-0(4))*** Lulu Pr., Inc.

Big Hand & the Little Hand a Telling Time Book for Kids. Pfiffikus. 2016. (ENG., Illus.). (J). pap. 10.81 *(978-1-68377-666-6(6))* Whlke, Traudl.

Big Hand Little Hand! - Telling Time for Kids: Children's Money & Saving Reference. Baby Professor. 2016. (ENG., Illus.). 40p. (J). pap. 11.65 *(978-1-68326-399-9(5)*, Baby Professor (Education Kids)) Speedy Publishing LLC.

Big Happy Coloring Book: For Super Awesome Ages 1-12 Robots, Number 1-10, Circus, Children & Mermaids for Kids. Boggy Adib. 2021. (ENG., Illus.). 124p. (J). pap. 12.99 *(978-0-291-71510-4(9))* Lower Kuskokwim Schl. District.

Big Heart: A Story of a Girl & Her Horse. Michael R. Slaughter. Illus. by Theresa Mangis Sink. 2019. (ENG.). 164p. (YA). (gr. 7-9). pap. 13.99 *(978-1-951263-93-5(6))* Pen It Pubns.

Big Heart - Te Tangira Ae Akea Kabootauana (Te Kiribati) World Vision Png. Illus. by Bojana Simic. 2023. (ENG.). 24p. (J). pap. ***(978-1-922827-70-8(3))*** Library For All Limited.

Big Heart Feels. Mike Morrison & MacKenzie Morrison. Illus. by Nina Summer. 2020. (Small Voice Says Ser.: Vol. 3). (ENG.). 32p. (J). 18.00 ***(978-0-578-67441-4(6))*** Morrison, Mackenzie.

Big-Hearted Charlie Learns How to Make Friends. Krista Keating-Joseph. Illus. by Phyllis Holmes. 2018. (Big-Hearted Charlie Ser.: Vol. 3). (ENG.). 44p. (J). (gr. k-3). pap. 13.95 *(978-1-7322135-0-0(X))* Legacies & Memories.

Big-Hearted Charlie Never Gives Up: Fun Adventures. Krista Keating-Joseph. Illus. by Phyllis Holmes. 2017. (Big-Hearted Charlie Ser.: Vol. 2). (ENG.). (J). (gr. 1-3). pap. 13.95 *(978-0-9972523-9-2(1))* Legacies & Memories.

Big-Hearted Charlie Runs the Mile. Krista Keating-Joseph. 2017. (ENG., Illus.). (J). (gr. k-2). pap. 12.66 *(978-0-9972523-5-4(9))* Legacies & Memories.

Big-Hearted Charlie's Coloring Book: The Story of a Dog Named Turtle & a Turtle Named Dog. Krista Keating-Joseph. Illus. by Phyllis Holmes. 2019. (Big-Hearted Charlie Ser.: Vol. 4). (ENG.). 50p. (J). (gr. k-2). 10.95 *(978-1-7322135-4-8(2))* Legacies & Memories.

Big Hedgehog & Little Hedgehog Take an Evening Stroll. Britta Teckentrup. 2022. (ENG., Illus.). 32p. (J). (gr. -1-2). 14.95 *(978-3-7913-7519-9(9))* Prestel Verlag GmbH & Co KG. DEU. Dist: Penguin Random Hse. LLC.

Big Help. Daniel Fehr. Illus. by Benjamin Leroy. 2018. (ENG.). 36p. (J). 15.95 *(978-84-17123-21-5(0))* NubeOcho Ediciones ESP. Dist: Consortium Bk. Sales & Distribution.

Big Hidden Pictures & More. School Zone Staff. 2019. (ENG.). 320p. (J). (gr. k-2). pap. 13.99 *(978-1-60159-258-3(2)*, 3280724e-3904-4601-88f6-cd53873b8ceb) School Zone Publishing Co.

Big Hike for the Summer Vacation Period: Taking the Party from Place to Place for Instruction & Recreation Instead of Spending the Full Time at a Fixed Camp (Classic Reprint) John Henry Hauberg. (ENG., Illus.). (J). 2018. 140p. 26.78 *(978-0-656-17048-7(4))*; 2017. pap. 9.57 *(978-0-259-46120-3(2))* Forgotten Bks.

Big History Timeline Posterbook: Unfold the History of the Universe — From the Big Bang to the Present Day! Christopher Lloyd. Illus. by Andy Forshaw. 2017. (Timeline Posterbook Ser.). (ENG.). 10p. (J). pap. 49.95 *(978-0-9954820-3-6(9))* What on Earth Bks GBR. Dist: Ingram Publisher Services.

Big History Timeline Stickerbook: From the Big Bang to the Present Day; 14 Billion Years on One Amazing Timeline! Christopher Lloyd. Illus. by Andy Forshaw. 2017. (Timeline Stickerbook Ser.). (ENG.). 18p. (J). pap. 9.95 *(978-0-9955766-5-0(3))* What on Earth Bks GBR. Dist: Ingram Publisher Services.

Big History Timeline Wallbook: Unfold the History of the Universe — From the Big Bang to the Present Day! Christopher Lloyd. Illus. by Andy Forshaw. 2017. (Timeline Wallbook Ser.). (ENG.). 24p. (J). (gr. 1-9). 19.95 *(978-0-9932847-2-4(8))* What on Earth Bks GBR. Dist: Ingram Publisher Services.

Big-Horn Treasure: A Tale of Rocky Mountain Adventure (Classic Reprint) John F. Cargill. (ENG., Illus.). (J). 2018. 336p. 30.85 *(978-0-483-86029-2(8))*; 2018. 364p. 31.42 *(978-0-267-39238-4(9))*; 2016. pap. 10.97 *(978-1-334-13575-0(4))* Forgotten Bks.

Big Horse to Ride (Classic Reprint) E. B. Dewing. 2018. (ENG., Illus.). 522p. (J). 34.66 *(978-0-483-12717-3(5))* Forgotten Bks.

Big Horses, Little Horses: A Visual Guide to the World's Horses & Ponies. Jim Medway. (Big & Little Ser.). (ENG., Illus.). 32p. (J). (gr. -1-2). 2020. pap. 6.95 *(978-0-2281-0268-7(5)*, b51fbdb4-9f5d-4bab-a2b5-729764045b88); 2018. 14.95 *(978-0-2281-0109-3(3)*, b07651e1-e10a-4bc0-bb4a-da981fbe9ff7) Firefly Bks., Ltd.

Big House & the Little House. Yoshi Ueno. Illus. by Emiko Fujishima. 2021. (ENG.). 48p. (J). (gr. -1-2). 17.99 *(978-1-64614-049-7(4))* Levine Querido.

Big Hug. Bill Mesce. 2016. (ENG., Illus.). 32p. pap. 12.00 *(978-1-62288-136-9(2)*, P520334) Austin, Stephen F. State Univ. Pr.

Big Hug. Megan Walker. 2021. (ENG., Illus.). 32p. (J). 18.99 *(978-1-57687-979-5(8))* POW! Kids Bks.

Big Hunt! Wild Animals of North American Coloring Book. Activibooks. 2016. (ENG., Illus.). (J). pap. 9.20 *(978-1-68321-904-0(X))* Mimaxion.

Big Hunting Gear Coloring Book. Bobo's Children Activity Books. 2016. (ENG., Illus.). (J). pap. 9.33 *(978-1-68327-636-4(1))* Sunshine In My Soul Publishing.

Big Ideas for Curious Minds: An Introduction to Philosophy. The School of Life. Illus. by Anna Doherty. 2019. (ENG.). 156p. (J). (gr. 4-9). 29.99 ***(978-1-9997471-4-5(3))*** Schl. of Life Pr., The GBR. Dist: Consortium Bk. Sales & Distribution.

Big Ideas for Little Environmentalists Box Set. Maureen McQuerry. Illus. by Robin Rosenthal. 2022. (Big Ideas for Little Environmentalists Ser.). 80p. (J). (— 1). bds. 35.96 *(978-0-593-52927-0(8)*, G.P. Putnam's Sons Books for Young Readers) Penguin Young Readers Group.

Big Ideas for Little Environmentalists: Conservation with Jane Goodall. Maureen McQuerry. Illus. by Robin Rosenthal. 2022. (Big Ideas for Little Environmentalists Ser.). 20p. (J). (— 1). bds. 8.99 *(978-0-593-32360-1(2)*, G.P. Putnam's Sons Books for Young Readers) Penguin Young Readers Group.

Big Ideas for Little Environmentalists: Ecosystems with Rachel Carson. Maureen McQuerry. Illus. by Robin Rosenthal. 2022. (Big Ideas for Little Environmentalists Ser.). 20p. (J). (— 1). bds. 8.99 *(978-0-593-32364-9(5)*, G.P. Putnam's Sons Books for Young Readers) Penguin Young Readers Group.

Big Ideas for Little Environmentalists: Preservation with Aldo Leopold. Maureen McQuerry. Illus. by Robin

Rosenthal. 2022. (Big Ideas for Little Environmentalists Ser.). 20p. (J). (— 1). bds. 8.99 (978-0-593-32372-4(6), G.P. Putnam's Sons Books for Young Readers) Penguin Young Readers Group.

Big Ideas for Little Environmentalists: Restoration with Wangari Maathai. Maureen McQuerry. Illus. by Robin Rosenthal. 2022. (Big Ideas for Little Environmentalists Ser.). 20p. (J). (— 1). bds. 8.99 (978-0-593-32368-7(8), G.P. Putnam's Sons Books for Young Readers) Penguin Young Readers Group.

Big Ideas for Little Philosophers Box Set, 4 vols. Duane Armitage & Maureen McQuerry. Illus. by Robin Rosenthal. 2020. (Big Ideas for Little Philosophers Ser.). (ENG.). 80p. (J). (— 1). bds., bds. 35.96 (978-0-593-11170-3(2), G.P. Putnam's Sons Books for Young Readers) Penguin Young Readers Group.

Big Ideas for Little Philosophers: Equality with Simone de Beauvoir. Duane Armitage & Maureen McQuerry. Illus. by Robin Rosenthal. 2020. (Big Ideas for Little Philosophers Ser.: 1). (ENG.). 22p. (J). (— 1). bds. 8.99 (978-0-593-10884-0(1), G.P. Putnam's Sons Books for Young Readers) Penguin Young Readers Group.

Big Ideas for Little Philosophers: Happiness with Aristotle. Duane Armitage & Maureen McQuerry. Illus. by Robin Rosenthal. 2020. (Big Ideas for Little Philosophers Ser.: 2). (ENG.). 22p. (J). (— 1). bds. 8.99 (978-0-593-10881-9(7), G.P. Putnam's Sons Books for Young Readers) Penguin Young Readers Group.

Big Ideas for Little Philosophers: Imagination with René Descartes. Duane Armitage & Maureen McQuerry. Illus. by Robin Rosenthal. 2020. (Big Ideas for Little Philosophers Ser.: 3). (ENG.). 22p. (J). (— 1). bds. 8.99 (978-0-593-10878-9(7), G.P. Putnam's Sons Books for Young Readers) Penguin Young Readers Group.

Big Ideas for Little Philosophers: Kindness with Confucius. Duane Armitage & Maureen McQuerry. Illus. by Robin Rosenthal. 2021. (Big Ideas for Little Philosophers Ser.: 5). 22p. (J). (— 1). bds. 8.99 (978-0-593-32295-6(9), G.P. Putnam's Sons Books for Young Readers) Penguin Young Readers Group.

Big Ideas for Little Philosophers: Love with Plato. Duane Armitage & Maureen McQuerry. Illus. by Robin Rosenthal. 2021. (Big Ideas for Little Philosophers Ser.: 6). 22p. (J). (— 1). bds. 8.99 (978-0-593-32299-4(1), G.P. Putnam's Sons Books for Young Readers) Penguin Young Readers Group.

Big Ideas for Little Philosophers: Truth with Socrates. Duane Armitage & Maureen McQuerry. Illus. by Robin Rosenthal. 2020. (Big Ideas for Little Philosophers Ser.: 4). (ENG.). 22p. (J). (— 1). bds. 8.99 (978-0-593-10875-8(2), G.P. Putnam's Sons Books for Young Readers) Penguin Young Readers Group.

Big Ideas for the Big Outdoors: Get into Outdoor Art & Sculpture, Have Fun with Mud, Track Animals, Building Camps & Much, Much More. . Emily Kington. 2022. (ENG., Illus.). 96p. (J). pap. 12.99 (978-1-913440-46-6(X), a5d9430b-1e41-473b-9153-085add805592, Beetle Bks.) Hungry Tomato Ltd. GBR. Dist: Baker & Taylor Publisher Services (BTPS).

Big-If True: Adventures in Oddity. Benjamin Radford. 2020. (Paranormal Ser.). (ENG.). 280p. (YA). pap. 27.50 (978-0-936455-17-4(9)) Rhombus Publishing Co.

Big Island: A Story of Isle Royale. Julian May. Illus. by John Schoenherr. 2022. (ENG.). 32p. (J). (gr. -1-3). 17.95 (978-1-5179-1069-3(2)) Univ. of Minnesota Pr.

Big Island Burglary. Carolyn Keene. Illus. by Peter Francis. 2020. (Nancy Drew Clue Book Ser.: 14). (ENG.). 112p. (J). (gr. 1-4). 17.99 (978-1-5344-4268-9(5)); pap. 5.99 (978-1-5344-4267-2(7)) Simon & Schuster Children's Publishing. (Aladdin).

Big Island Race. Meredith Rusu. ed. 2020. (Clifford 8x8 Bks). (ENG., Illus.). 24p. (J). (gr. k-1). 13.96 (978-1-64697-410-8(7)) Penworthy Co., LLC, The.

Big Island Race (Clifford the Big Red Dog Storybook), 1 vol. Meredith Rusu. Illus. by Jennifer Oxley. 2020. (ENG.). 24p. (J). (gr. -1-k). pap. 4.99 (978-1-338-54194-6(3)) Scholastic, Inc.

Big Jack: And Other True Stories of Horses (Classic Reprint) Gabrielle Emilie Jackson. (ENG., Illus.). (J). 2018. 182p. 27.67 (978-0-666-73012-1(1)); 2017. pap. 10.57 (978-0-259-47628-3(5)) Forgotten Bks.

Big Job for a Small Mushroom. Jennifer L. Chaky. 2018. (ENG., Illus.). 26p. (J). pap. 9.99 (978-0-9979841-9-4(8)) Zion Publishing.

Big John Wallace: A Romance of the Early Canadian Pioneers (Classic Reprint) Archie P. McKishnie. 2018. (ENG., Illus.). 54p. (J). 25.03 (978-0-484-85374-3(0)) Forgotten Bks.

Big Joke Mash-Up! Make Believe Ideas Editors. 2017. (ENG., Illus.). 128p. (J). pap. 12.99 (978-1-68412-025-3(X), Silver Dolphin Bks.) Readerlink Distribution Services, LLC.

BIG Journey Project. Andrea Hendricks. 2021. (ENG.). 32p. (YA). 16.99 (978-1-0879-4552-1(6)) Purpose Publishing LLC.

Big Jungle Activity Book for Kids Ages 6-7. Jupiter Kids. 2018. (ENG., Illus.). 106p. (J). pap. 12.55 (978-1-5419-3700-0(7), Jupiter Kids (Childrens & Kids Fiction)) Speedy Publishing LLC.

Big KeyBoard IR. 2017. (My First KeyBDs Ser.). (ENG.). (J). spiral bd. 24.99 (978-0-7945-3933-7(5), Usborne) EDC Publishing.

Big Kid Bed. Leslie Patricelli. Illus. by Leslie Patricelli. (ENG.). (J). (— 1). 2020. 24p. 5.99 (978-1-5362-1600-4(3)); 2018. (Illus.). 26p. bds. 8.99 (978-0-7636-7934-7(8)) Candlewick Pr.

Big Kid Bed. Leslie Patricelli. ed. 2021. (Leslie Patricelli 8x8 Ser.). (ENG., Illus.). 24p. (J). (gr. k-1). 15.46 (978-1-64697-826-7(9)) Penworthy Co., LLC, The.

Big Kids No Everything. Wednesday Kirwan. Illus. by Wednesday Kirwan. 2023. (ENG., Illus.). 36p. (J). (-k). bds., bds. 8.99 (978-1-6659-3241-7(4), Little Simon) Little Simon.

Big Kindergarten. School Zone Publishing Company Staff. 2019. (ENG., Illus.). 320p. (J). (gr. k-k). pap., wbk. ed. 13.99 (978-0-88743-146-3(1), bd217b0d-0283-4585-bf09-b88c661080f5) School Zone Publishing Co.

Big Kindergarten Spiral. Ed. by School Zone. 2021. (Big Spiral Bound Workbooks Ser.). (ENG., Illus.). 320p. (J). spiral bd. 17.99 (978-1-68147-400-7(X)) School Zone Publishing Co.

Big Laugh: A Novel (Classic Reprint) John O'Hara. (ENG., Illus.). (J). 2018. 316p. 30.41 (978-0-483-94843-3(8)); 2017. pap. 13.57 (978-0-243-54066-2(3)) Forgotten Bks.

Big Laurel (Classic Reprint) Frederick Orin Bartlett. 2018. (ENG., Illus.). 312p. (J). 30.35 (978-0-267-17385-3(7)) Forgotten Bks.

Big Leaf Leap. Molly Beth Griffin. Illus. by Meleck Davis. 2022. (ENG.). 32p. (J). 17.95 (978-1-68134-203-0(0)) Minnesota Historical Society Pr.

Big Let's Learn Book Workbook Prek-Grade 1 - Ages 4 To 7. Bobo's Little Brainiac Books. 2016. (ENG., Illus.). (J). pap. 7.99 (978-1-68327-817-7(8)) Sunshine In My Soul Publishing.

Big Letter Hunt: London: An Architectural a to Z Around the City. Rute Nieto Ferreira & Amandine Alessandra. 2016. (ENG., Illus.). 64p. pap. 14.95 (978-1-84994-366-6(4), Batsford) Pavilion Bks. GBR. Dist: Penguin Random Hse. LLC.

Big Letter Tracing for Preschoolers & Kids Ages 3-5: Alphabet Letter & Number Tracing Practice Activity Workbook for Kindergarten, Homeschool & Day Care Kids. ABC Print Handbook. Romney Nelson. 2020. (ENG.). 102p. (J). pap. (978-1-922515-63-6(9)) Life Graduate, The.

Big Lie. Julie Mayhew. 2017. (ENG.). 352p. (YA). (gr. 9). 17.99 (978-0-7636-9125-7(9)) Candlewick Pr.

Big Lies: From Socrates to Social Media. Mark Kurlansky & Eric Zelz. 2023. (ENG., Illus.). 320p. (YA). (gr. 6-12). pap. 16.95 (978-0-88448-913-9(2), 884913) Tilbury Hse. Pubs.

Big Life for a Little Leaf. Alison Allard. Illus. by Wendy Manly. 2023. (ENG.). 32p. (J). pap. (978-1-80381-412-4(8)) Grosvenor Hse. Publishing Ltd.

Big List of Activities Coloring Book Edition. Bobo's Children Activity Books. 2016. (ENG., Illus.). (J). pap. 7.99 (978-1-68327-737-8(6)) Sunshine In My Soul Publishing.

Big Little / Grande Pequeño. Leslie Patricelli. Illus. by Leslie Patricelli. ed. 2018. (Leslie Patricelli Board Bks.). (Illus.). 24p. (J). (— 1). bds. 8.99 (978-0-7636-9966-6(7)) Candlewick Pr.

Big Little Boat. Fuad A. Kamal. 2018. (ENG., Illus.). 36p. (J). pap. 13.95 (978-1-59236-017-8(3)) Kamal.

Big Little Hippo. V. Gorbachev. 2019. (ENG., Illus.). 22p. (J). (— 1). bds. 7.95 (978-1-4549-3131-7(0)) Sterling Publishing Co., Inc.

Big, Little Life. Erin Campbell. 2020. (ENG.). 32p. (J). pap. 15.00 (978-1-953507-04-4(2)) Brightlings.

Big Little Projects Book 1. Amanda J. Harrington. 2019. (ENG.). 84p. (J). pap. (978-0-244-82358-0(8)) Lulu Pr., Inc.

Big Machines, 8 vols. 2016. (Big Machines Ser.). 32p. (ENG.). (gr. 1-2). 115.72 (978-1-4994-8095-5(4), bc1a1026-5b02-4b60-b8dd-1f2de585ad31); (gr. 2-1). pap. 40.00 (978-1-5081-9269-5(3)) Rosen Publishing Group, Inc., The. (Windmill Bks.).

Big Machines: The Story of Virginia Lee Burton. Sherri Duskey Rinker. Illus. by John Rocco. 2017. (ENG.). 48p. (J). (gr. -1-3). 17.99 (978-0-544-71557-8(8), 1629465, Clarion Bks.) HarperCollins Pubs.

Big Machines for Fire & Rescue. Brienna Rossiter. 2021. (Big Machines Ser.). (ENG., Illus.). 16p. (J). (gr. k-1). pap. 7.95 (978-1-64493-705-1(0)); lib. bdg. 25.64 (978-1-64493-669-6(0)) North Star Editions. (Focus Readers).

Big Machines in Space. Brienna Rossiter. 2021. (Big Machines Ser.). (ENG., Illus.). 16p. (J). (gr. k-1). pap. 7.95 (978-1-64493-706-8(9)); lib. bdg. 25.64 (978-1-64493-670-2(4)) North Star Editions. (Focus Readers).

Big Machines in the Air. Brienna Rossiter. 2021. (Big Machines Ser.). (ENG., Illus.). 16p. (J). (gr. k-1). pap. 7.95 (978-1-64493-707-5(7)); lib. bdg. 25.64 (978-1-64493-671-9(2)) North Star Editions. (Focus Readers).

Big Machines in the City. Brienna Rossiter. 2021. (Big Machines Ser.). (ENG., Illus.). 16p. (J). (gr. k-1). pap. 7.95 (978-1-64493-708-2(5)); lib. bdg. 25.64 (978-1-64493-672-6(0)) North Star Editions. (Focus Readers).

Big Machines in the Military. Brienna Rossiter. 2021. (Big Machines Ser.). (ENG., Illus.). 16p. (J). (gr. k-1). pap. 7.95 (978-1-64493-709-9(3)); lib. bdg. 25.64 (978-1-64493-673-3(9)) North Star Editions. (Focus Readers).

Big Machines on the Farm. Brienna Rossiter. 2021. (Big Machines Ser.). (ENG., Illus.). 16p. (J). (gr. k-1). pap. 7.95 (978-1-64493-710-5(7)); lib. bdg. 25.64 (978-1-64493-674-0(7)) North Star Editions. (Focus Readers).

Big Machines on the Water. Brienna Rossiter. 2021. (Big Machines Ser.). (ENG., Illus.). 16p. (J). (gr. k-1). pap. 7.95 (978-1-64493-711-2(5)); lib. bdg. 25.64 (978-1-64493-675-7(5)) North Star Editions. (Focus Readers).

Big Machines (Set Of 8) Brienna Rossiter. 2021. (Big Machines Ser.). (ENG.). 128p. (J). (gr. k-1). pap. 63.60 (978-1-64493-704-4(2)); lib. bdg. 205.12 (978-1-64493-668-9(2)) North Star Editions. (Focus Readers).

Big Machines That Build. Brienna Rossiter. 2021. (Big Machines Ser.). (ENG., Illus.). 16p. (J). (gr. k-1). pap. 7.95 (978-1-64493-712-9(3)); lib. bdg. 25.64 (978-1-64493-676-4(3)) North Star Editions. (Focus Readers).

BIG MAD? or Little Mad? Snissy's Mad-Size Trick Fun & Educational Workbook: There's More to This Story Than Words! Joyce Cooper. 2021. (2 Ser.: Vol. 2). (ENG.). 48p. (J). pap. 8.99 (978-1-0879-8144-4(1)) Indy Pub.

Big Magical Cloud. Dep Blackler. 2020. (ENG., Illus.). 42p. (J). (978-1-7771044-0-5(8)) Honu World Publishing.

Big Magnolia Tree. Kimberly M. Nesmith. Illus. by Cameron Wilson. 2019. (ENG.). 30p. (J). 17.99 (978-1-7333696-0-2(0)) Ms. Education Publishing, LLC.

Big Man. Matthew J. Metzger. 2018. (ENG., Illus.). 276p. (YA). pap. 14.99 (978-1-948608-42-8(1)) NineStar Pr.

Big Man Drum & Fit for the Moon. Chip Colquhoun. Illus. by Korky Paul & Mario Coelho. 2022. (Chip Colquhoun & Korky Paul's Fables & Fairy Tales Ser.: Vol. 14). (ENG.). 72p. (J). pap. (978-1-915703-14-9(X)) Snail Tales.

Big Man Grab Sister. Margaret James & Trudy Inkamala. 2021. (ENG.). 44p. (J). pap. (978-1-922591-53-1(X)) Library For All Limited.

Big Mandala Illustrations. Carlos Arroyo. 2022. (ENG.). 159p. (YA). pap. (978-1-387-76289-7(3)) Lulu Pr., Inc.

Big Math K-1. Ed. by School Zone. 2021. (ENG., Illus.). 320p. (J). pap. 13.99 (978-1-68147-254-6(6), b11fe2fb-2492-42e3-9124-88f4efe4bc4d) School Zone Publishing Co.

Big Math Lie. Yvonne M. Chimwaza. Illus. by Hekima Fortenberry. 2022. (ENG.). 36p. (J). 19.99 (978-1-6629-1806-3(2)); pap. 10.99 (978-1-6629-1807-0(0)) Gatekeeper Pr.

Big Mazes Across the Pages! Kids Maze Activity Book. Smarter Activity Books for Kids. 2016. (ENG., Illus.). (J). pap. 8.99 (978-1-68374-193-0(5)) Examined Solutions PTE. Ltd.

Big Mazes & More. School Zone Staff. 2017. (ENG.). 320p. (J). (gr. k-2). pap. 13.99 (978-1-60159-257-6(4), f430deb8-3ffa-4a2f-bfed-e0e1fc0ab416) School Zone Publishing Co.

Big Mix-Up! Dana Regan. ed. 2022. (Ready-To-Read Ser.). (ENG., Illus.). 30p. (J). (gr. k-1). 15.46 (978-1-68505-158-7(8)) Penworthy Co., LLC, The.

Big Mix-Up! Ready-To-Read Level 1. Dana Regan. Illus. by Berta Maluenda. 2021. (Mike Delivers Ser.). (ENG.). 32p. (J). (gr. -1-1). 17.99 (978-1-5344-8907-3(X)); pap. 4.99 (978-1-5344-8906-6(1)) Simon Spotlight. (Simon Spotlight).

Big Mob Ants. Margaret James. Illus. by Wendy Paterson. 2021. (ENG.). 56p. (J). pap. (978-1-922591-24-1(6)) Library For All Limited.

Big Mob Echidnas. Margaret James & Marjorie Nyunga Williams. 2021. (ENG.). 38p. (J). pap. (978-1-922591-69-2(6)) Library For All Limited.

Big Monster Snorey Book. Leigh Hodgkinson. Illus. by Leigh Hodgkinson. 2016. (ENG., Illus.). 32p. (J). (gr. -1-2). 16.99 (978-0-7636-8660-4(3)) Candlewick Pr.

Big Monty & the Lunatic Lunch Lady. Matt Maxx. 2019. (Big Monty Ser.: Vol. 1). (ENG.). 90p. (J). (gr. 2-5). pap. 9.95 (978-1-7337435-0-1(2)) Homestead Publishing.

Big Mooncake for Little Star (Caldecott Honor Book) Grace Lin. 2018. (ENG., Illus.). 40p. (J). (gr. -1-3). 18.99 (978-0-316-40448-8(9)) Little, Brown Bks. for Young Readers.

Big Mouth Bird Who Is Being Laughed At. Yoshida Atsuko. 2019. (CHI.). (J). (978-7-5596-3227-2(0)) Jinghua Publishing House.

Big Mouth Elizabeth. Rachel Vail. Illus. by Paige Keiser. 2020. (Is for Elizabeth Ser.: 2). (ENG.). 144p. (J). pap. 6.99 (978-1-250-25025-4(0), 900186218) Square Fish.

Big Move. Brooke Bogart. 2017. (ENG.). (J). 14.95 (978-1-63177-782-0(3)) Amplify Publishing Group.

Big Move. Kay Williams. Illus. by Danna Victoria. 2018. (Adventures in the Pond Ser.: Vol. 7). (ENG.). 32p. (J). pap. (978-1-9997416-9-3(2)) Cambria Bks.

Big Mushy Happy Lump. Sarah Andersen. 2018. (VIE.). (YA). (gr. 7). pap. (978-604-967-377-1(2)) Publishing Hse. of Writers's Assn.

Big Muskeg (Classic Reprint) Victor Rousseau. (ENG., Illus.). (J). 2018. 308p. 30.25 (978-0-364-48944-4(8)); 2017. pap. 13.57 (978-0-282-10264-7(7)) Forgotten Bks.

Big Nate: A Good Old-Fashioned Wedgie. Lincoln Peirce. 2017. (Big Nate Ser.: Vol. 17). (ENG., Illus.). 174p. (J). (gr. 3-6). 35.99 (978-1-4494-9402-5(1)) Andrews McMeel Publishing.

Big Nate: Aloha. Lincoln Peirce. ed. 2022. (Big Nate Ser.). (ENG.). 173p. (J). (gr. 4-5). 23.46 (978-1-68505-201-0(0)) Penworthy Co., LLC, The.

Big Nate: Beware of Low-Flying Corn Muffins. Lincoln Peirce. ed. 2022. (Big Nate Ser.). (ENG.). 173p. (J). (gr. 4-5). 23.46 (978-1-68505-366-6(1)) Penworthy Co., LLC, The.

Big Nate: Blow the Roof Off! Lincoln Peirce. 2020. (ENG., Illus.). 178p. (J). (gr. 2-4). 45.99 (978-1-5248-5941-1(9)) Andrews McMeel Publishing.

Big Nate: Blow the Roof Off! Lincoln Peirce. ed. 2020. (Big Nate Ser.). (ENG., Illus.). 172p. (J). (gr. 4-5). 21.96 (978-1-64697-378-1(X)) Penworthy Co., LLC, The.

Big Nate: Destined for Awesomeness. Lincoln Peirce. ed. 2022. (Big Nate TV Graphic Nvls Ser.). (ENG.). 221p. (J). (gr. 3-7). 23.96 (978-1-68505-677-3(6)) Penworthy Co., LLC, The.

Big Nate: In Your Face! Lincoln Peirce. ed. 2021. (Big Nate Ser.). (ENG., Illus.). 173p. (J). (gr. 4-5). 22.96 (978-1-64697-968-4(0)) Penworthy Co., LLC, The.

Big Nate: Prank You Very Much. Lincoln Peirce. ed. 2023. (Big Nate TV Graphic Nvls Ser.). (ENG.). 221p. (J). (gr. 3-7). 23.96 (978-1-68505-829-6(9)) Penworthy Co., LLC, The.

Big Nate: Release the Hounds! Lincoln Peirce. ed. 2023. (Big Nate Ser.). (ENG.). 173p. (J). (gr. 2-8). 23.46 (978-1-68505-777-0(2)) Penworthy Co., LLC, The.

Big Nate: Revenge of the Cream Puffs. Lincoln Peirce. 2016. (Big Nate Ser.: Vol. 15). (ENG., Illus.). (J). (gr. 3-6). 33.99 (978-1-4494-8497-2(2)) Andrews McMeel Publishing.

Big Nate: Silent but Deadly. Lincoln Peirce. 2018. (Big Nate Ser.: Vol. 18). (ENG., Illus.). 178p. (J). (gr. 3-6). 35.99 (978-1-4494-9493-3(5)) Andrews McMeel Publishing.

Big Nate: Thunka, Thunka, Thunka. Lincoln Peirce. 2016. (Big Nate Ser.: Vol. 14). (ENG., Illus.). (J). (gr. 3-6). 29.99 (978-1-4494-7581-9(7)) Andrews McMeel Publishing.

Big Nate: What's a Little Noogie Between Friends? Lincoln Peirce. 2016. (Big Nate Ser.: Vol. 16). (ENG., Illus.). (J). (gr. 3-6). 33.99 (978-1-4494-8607-5(X)) Andrews McMeel Publishing.

Big Nate: a Good Old-Fashioned Wedgie, Volume 17. Lincoln Peirce. 2017. (Big Nate Ser.: 17). (ENG., Illus.). 176p. (J). pap. 11.99 (978-1-4494-6230-7(8)) Andrews McMeel Publishing.

Big Nate Activity Book. Lincoln Peirce. 2023. (ENG.). 128p. (J). pap. 9.99 (978-1-5248-8223-5(2)) Andrews McMeel Publishing.

Big Nate: Aloha!, Volume 25. Lincoln Peirce. 2021. (Big Nate Ser.: 25). (ENG., Illus.). 176p. (J). pap. 11.99 (978-1-5248-6856-7(6)) Andrews McMeel Publishing.

Big Nate: Back to Back Hits: On a Roll & Goes for Broke. Lincoln Peirce. 2019. (Big Nate Ser.). (ENG.). 448p. (J). (gr. 3-7). pap. 9.99 (978-0-06-294209-8(3), Balzer & Bray) HarperCollins Pubs.

Big Nate Better Than Ever: Big Nate Box Set Volume 6-9. Lincoln Peirce. 2019. (Big Nate Ser.). (ENG.). (J). pap. 48.00 (978-1-5248-5512-3(X)) Andrews McMeel Publishing.

Big Nate: Beware of Low-Flying Corn Muffins, Volume 26. Lincoln Peirce. 2022. (Big Nate Ser.: 26). (ENG., Illus.). 176p. (J). pap. 11.99 (978-1-5248-7157-4(5)) Andrews McMeel Publishing.

Big Nate Blasts Off. Lincoln Peirce. Illus. by Lincoln Peirce. (Big Nate Ser.: 8). (ENG., Illus.). 224p. (J). (gr. 3-7). 2021. pap. 7.99 (978-0-06-311409-8(7)); 2016. 13.99 (978-0-06-211111-1(6)) HarperCollins Pubs. (Balzer & Bray).

Big Nate Blasts Off. Lincoln Peirce. Illus. by Lincoln Peirce. 2021. (Big Nate Ser.). (ENG.). 224p. (J). (gr. 3-7). lib. bdg. 32.79 (978-1-5321-4521-6(7), 36957, Chapter Bks.) Spotlight.

Big Nate: Blow the Roof Off!, Volume 22. Lincoln Peirce. 2020. (Big Nate Ser.: 22). (ENG., Illus.). 176p. (J). pap. 11.99 (978-1-5248-5506-2(5)) Andrews McMeel Publishing.

Big Nate: Destined for Awesomeness. Lincoln Peirce. 2022. (Big Nate TV Series Graphic Novel Ser.). (ENG.). 224p. (J). 19.99 (978-1-5248-7806-1(5)); pap. 12.99 (978-1-5248-7560-2(0)) Andrews McMeel Publishing.

Big Nate: Double or Nothing: Big Nate: What Could Possibly Go Wrong? & Big Nate: Here Goes Nothing. Lincoln Peirce. 2021. (Big Nate Comix Ser.). (ENG.). 448p. (J). (gr. 3-7). pap. 9.99 (978-0-06-311411-1(9), HarperCollins) HarperCollins Pubs.

Big Nate: Double Trouble: In a Class by Himself & Strikes Again. Lincoln Peirce. 2018. (Big Nate Ser.). (ENG.). 448p. (J). (gr. 3-7). pap. 9.99 (978-0-06-283946-6(2), Balzer & Bray) HarperCollins Pubs.

Big Nate Flips Out. Lincoln Peirce. Illus. by Lincoln Peirce. 2021. (Big Nate Ser.). (ENG.). 224p. (J). (gr. 3-7). lib. bdg. 32.79 (978-1-5321-4522-3(5), 36958, Chapter Bks.) Spotlight.

Big Nate Goes Bananas! Lincoln Peirce. 2018. (Big Nate Ser.: Vol. 19). (ENG., Illus.). (J). 178p. (gr. 3-6). 35.99 (978-1-4494-9941-9(4));Volume 19. 176p. pap. 11.99 (978-1-4494-8995-3(8)) Andrews McMeel Publishing.

Big Nate Goes for Broke. Lincoln Peirce. Illus. by Lincoln Peirce. 2021. (Big Nate Ser.). (ENG.). 224p. (J). (gr. 3-7). lib. bdg. 32.79 (978-1-5321-4523-0(3), 36959, Chapter Bks.) Spotlight.

Big Nate Goes for Broke. Lincoln Peirce. 2016. (Big Nate Ser.: 4). 224p. (J). lib. bdg. 17.20 (978-0-606-38137-6(6)) Turtleback.

Big Nate: Here Goes Nothing. Lincoln Peirce. Illus. by Lincoln Peirce. 2021. (Big Nate Ser.). (ENG.). 224p. (J). (gr. 3-7). lib. bdg. 32.79 (978-1-5321-4527-8(6), 36963, Chapter Bks.) Spotlight.

Big Nate: Hug It Out! Lincoln Peirce. 2019. (Big Nate Ser.: Vol. 21). (ENG., Illus.). (J). 178p. (gr. 2-7). 45.99 (978-1-5248-5578-9(2));Volume 21. 176p. pap. 9.99 (978-1-5248-5184-2(1)) Andrews McMeel Publishing.

Big Nate: in a Class by Himself. Lincoln Peirce. Illus. by Lincoln Peirce. 2021. (Big Nate Ser.). (ENG.). 224p. (J). (gr. 3-7). lib. bdg. 32.79 (978-1-5321-4528-5(4), 36964, Chapter Bks.) Spotlight.

Big Nate: in the Zone. Lincoln Peirce. Illus. by Lincoln Peirce. 2021. (Big Nate Ser.). (ENG.). 224p. (J). (gr. 3-7). lib. bdg. 32.79 (978-1-5321-4529-2(2), 36965, Chapter Bks.) Spotlight.

Big Nate: in Your Face!, Volume 24. Lincoln Peirce. 2021. (Big Nate Ser.: 24). (ENG., Illus.). 176p. (J). pap. 11.99 (978-1-5248-6477-4(3)) Andrews McMeel Publishing.

Big Nate Lives It Up. Lincoln Peirce. Illus. by Lincoln Peirce. 2021. (Big Nate Ser.). (ENG.). 224p. (J). (gr. 3-7). lib. bdg. 32.79 (978-1-5321-4524-7(1), 36960, Chapter Bks.) Spotlight.

Big Nate: Move It or Lose It!, Volume 29. Lincoln Peirce. 2023. (Big Nate Ser.: 29). (ENG., Illus.). 176p. (J). pap. 12.99 (978-1-5248-8129-0(5)) Andrews McMeel Publishing.

Big Nate: Nailed It!, Volume 28. Lincoln Peirce. 2023. (Big Nate Ser.: 28). (ENG., Illus.). 176p. (J). pap. 12.99 (978-1-5248-7923-5(1)) Andrews McMeel Publishing.

Big Nate: Next Stop, Superstardom! Lincoln Peirce. 2023. (Big Nate TV Series Graphic Novel Ser.: 3). (ENG.). 224p. (J). 19.99 (978-1-5248-8415-4(4)); pap. 12.99 (978-1-5248-7931-0(2)) Andrews McMeel Publishing.

Big Nate: No Worries! Two Books in One. Lincoln Peirce. 2023. (ENG., Illus.). 352p. (J). pap. 16.99 (978-1-5248-8091-0(4)) Andrews McMeel Publishing.

Big Nate on a Roll. Lincoln Peirce. Illus. by Lincoln Peirce. 2021. (Big Nate Ser.). (ENG.). 224p. (J). (gr. 3-7). lib. bdg. 32.79 (978-1-5321-4525-4(X), 36961, Chapter Bks.) Spotlight.

Big Nate: Payback Time! Lincoln Peirce. 2019. (Big Nate Ser.: Vol. 20). (ENG., Illus.). (J). 178p. (gr. 3-6). 35.99 (978-1-5248-5126-2(4));Volume 20. 176p. pap. 11.99 (978-1-4494-9774-3(8)) Andrews McMeel Publishing.

Big Nate: Payback Time! Lincoln Peirce. ed. 2019. (Big Nate Ser.). (ENG.). 173p. (J). (gr. 4-5). 21.96 (978-0-87617-319-0(9)) Penworthy Co., LLC, The.

Big Nate: Prank You Very Much. Lincoln Peirce. 2022. (Big Nate TV Series Graphic Novel Ser.: 2). (ENG.). 224p. (J). 19.99 (978-1-5248-7941-9(X)); pap. 12.99 (978-1-5248-7873-3(1)) Andrews McMeel Publishing.

Big Nate: Release the Hounds!, Volume 27. Lincoln Peirce. 2022. (Big Nate Ser.: 27). (ENG., Illus.). 176p. (J). pap. 11.99 (978-1-5248-7557-2(0)) Andrews McMeel Publishing.

Big Nate: Revenge of the Cream Puffs, Volume 15. Lincoln Peirce. 2016. (Big Nate Ser.: 15). (ENG., Illus.). 184p. (J). (gr. 3-7). pap. 12.99 (978-1-4494-6228-4(6)) Andrews McMeel Publishing.

Big Nate (Set), 10 vols. Lincoln Peirce. Illus. by Lincoln Peirce. 2021. (Big Nate Ser.). (ENG.). 224p. (J). (gr. 3-7). lib. bdg. 327.90 (978-1-5321-4520-9(9), 36956, Chapter Bks.) Spotlight.

Big Nate: Silent but Deadly, Volume 18. Lincoln Peirce. 2018. (Big Nate Ser.: 18). (ENG., Illus.). 176p. (J). pap. 12.99 (978-1-4494-8991-5(5)) Andrews McMeel Publishing.

Big Nate Stays Classy: Two Books in One. Lincoln Peirce. 2020. (Big Nate Ser.). (ENG.). 448p. (J). pap. 14.99 *(978-1-5248-6176-6(6))* Andrews McMeel Publishing.

Big Nate Strikes Again see Nate el Grande Ataca de Nuevo

Big Nate Strikes Again. Lincoln Peirce. Illus. by Lincoln Peirce. 2021. (Big Nate Ser.). (ENG.). 224p. (J). (gr. 3-7). lib. bdg. 32.79 *(978-1-5321-4526-1(8)*, 36962, Chapter Bks.) Spotlight.

Big Nate the Gerbil Ate My Homework. Lincoln Peirce. ed. 2021. (Big Nate Ser.). (ENG., Illus.). 173p. (J). (gr. 4-5). 21.96 *(978-1-64697-658-4(4))* Penworthy Co., LLC, The.

Big Nate: the Gerbil Ate My Homework, Volume 23. Lincoln Peirce. 2020. (Big Nate Ser.: 23). (ENG., Illus.). 176p. (J). pap. 11.99 *(978-1-5248-6065-3(4))* Andrews McMeel Publishing.

Big Nate: Thunka, Thunka, Thunka, Volume 14. Lincoln Peirce. 2016. (Big Nate Ser.: 14). (ENG., Illus.). 176p. (J). (gr. 3-6). pap. 12.99 *(978-1-4494-6227-7(8))* Andrews McMeel Publishing.

Big Nate: Top Dog: Two Books in One. Lincoln Peirce. 2021. (Big Nate Ser.). (ENG., Illus.). 448p. (J). pap. 14.99 *(978-1-5248-6979-3(1))* Andrews McMeel Publishing.

Big Nate: Triple Decker Box Set: Big Nate: What Could Possibly Go Wrong? & Big Nate: Here Goes Nothing, & Big Nate: Genius Mode. Lincoln Peirce. 2021. (Big Nate Ser.). (ENG.). 672p. (J). (gr. 3-7). pap. 29.99 *(978-0-06-311412-8(7)*, HarperCollins) HarperCollins Pubs.

Big Nate: Twice The 'Tude: Big Nate Flips Out & Big Nate: in the Zone. Lincoln Peirce. 2021. (Big Nate Ser.). (ENG.). 448p. (J). (gr. 3-7). pap. 9.99 *(978-0-06-311410-4(0)*, HarperCollins) HarperCollins Pubs.

Big Nate: Very Funny! Two Books in One. Lincoln Peirce. 2022. (Big Nate Ser.). (ENG., Illus.). 352p. (J). pap. 14.99 *(978-1-5248-7695-1(X))* Andrews McMeel Publishing.

Big Nate: What Could Possibly Go Wrong? Lincoln Peirce. Illus. by Lincoln Peirce. 2021. (Big Nate Ser.). (ENG.). 224p. (J). (gr. 3-7). lib. bdg. 32.79 *(978-1-5321-4530-8(6)*, 36966, Chapter Bks.) Spotlight.

Big Nate: What's a Little Noogie Between Friends?, Volume 16. Lincoln Peirce. 2017. (Big Nate Ser.: 16). (ENG., Illus.). 176p. (J). pap. 12.99 *(978-1-4494-6229-1(4))* Andrews McMeel Publishing.

Big New Friend. Meredith Rusu. ed. 2021. (Clifford 8x8 Bks). (ENG., Illus.). 24p. (J). (gr. k-1). 15.49 *(978-1-68505-013-9(1))* Penworthy Co., LLC, The.

Big New Friend (Clifford the Big Red Dog Storybook), 1 vol. Meredith Rusu. 2021. (ENG., Illus.). 24p. (J). (gr. -1-k). pap. 5.99 *(978-1-338-67257-2(6))* Scholastic, Inc.

Big Nightcap Letters: Being the Fifth Book of the Series. Frances Elizabeth Barrow. 2018. (ENG., Illus.). 70p. (YA). (gr. 7-12). pap. *(978-93-5329-233-1(6))* Alpha Editions.

Big Nightcap Letters: Being the Fifth Book of the Series (Classic Reprint) Unknown Author. 2018. (ENG., Illus.). 202p. (J). 28.06 *(978-0-267-21752-6(8))* Forgotten Bks.

Big Noses Are Beautiful. Dawn Doig. 2020. (ENG., Illus.). 30p. (J). 20.99 *(978-1-952011-87-0(6))*; pap. 12.99 *(978-1-951263-06-5(5))* Pen It Pubns.

Big Noses Are Beautiful: Coloring Book. Dawn Doig. 2020. (ENG.). 28p. (J). pap. 6.99 *(978-1-952011-94-8(9))* Pen It Pubns.

Big Oak, Little Oak. Lucy; Grudzina Kimball. Ed. by Rebecca Grudzina. 2016. (Spring Forward Ser.). (ENG.). (J). (gr. k). 7.02 net. *(978-1-4900-6019-4(7))* Benchmark Education Co.

Big, Ol' Activity & Coloring Book Edition. Bobo's Children Activity Books. 2016. (ENG., Illus.). (J). pap. 7.99 *(978-1-68327-742-2(2))* Sunshine In My Soul Publishing.

Big Ol' Bike. Rachael Clarke. 2020. (ENG.). 152p. (J). pap. 14.95 *(978-1-64719-013-2(4))* Booklocker.com, Inc.

Big One: Little Legends #4, Volume 4. Adrian Beck & Nicole Hayes. Illus. by Leo Trinidad. 2021. (Little Legends Ser.). (ENG.). 208p. (J). pap. 13.99 *(978-1-76050-587-5(0))* Hardie Grant Children?s Publishing AUS. Dist: Independent Pubs. Group.

Big One: The Cascadia Earthquakes & the Science of Saving Lives. Elizabeth Rusch. 2020. (Scientists in the Field Ser.). (ENG., Illus.). 80p. (J). (gr. 5-7). 18.99 *(978-0-544-88904-0(5)*, 1653697, Clarion Bks.) HarperCollins Pubs.

Big or Small? Lenka Chytilova. Illus. by Veronika Zacharova. 2021. (First Words Ser.). 14p. (J). bds. 8.99 *(978-80-00-06135-1(X))* Albatros, Nakladatelstvi pro deti mladez, a.s. CZE. Dist: Consortium Bk. Sales & Distribution.

Big or Small? A Baby Montessori Book. Ed. by Chiara Piroddi. Illus. by Agnese Baruzzi. 2021. (Baby Montessori Ser.). (ENG.). 20p. (J). bds. 8.99 *(978-1-5248-6254-1(1))* Andrews McMeel Publishing.

Big Otter. Robert Michael Ballantyne. 2019. (ENG.). 270p. (J). pap. *(978-93-5329-668-1(4))* Alpha Editions.

Big Otter: A Tale of the Great nor'west (Classic Reprint) R. M. Ballantyne. 2018. (ENG., Illus.). 406p. (J). 32.29 *(978-0-483-56507-4(5))* Forgotten Bks.

Big Outdoor Adventure. Madeline Tyler. Illus. by Drue Rintoul. 2023. (Level 7 - Turquoise Set Ser.). (ENG.). 32p. (J). (gr. 1-4). lib. bdg. 19.95 Bearport Publishing Co., Inc.

Big P Takes a Fall (and That's Not All) (and That's Not All) Pamela Jane. Illus. by Hina Imtiaz. 2022. (ENG.). 32p. (J). 14.99 *(978-0-7643-6407-5(3)*, 24738) Schiffer Publishing, Ltd.

Big Pancake Blue Band. Susan Gates. Illus. by Alan Rogers. ed. 2017. (Cambridge Reading Adventures Ser.). (ENG.). 16p. pap. 7.35 *(978-1-108-43972-5(1))* Cambridge Univ. Pr.

Big Papa & the Time Machine. Daniel Bernstrom. Illus. by Shane W. Evans. 2020. (ENG.). 40p. (J). (gr. -1-3). 17.99 *(978-0-06-246331-9(4)*, HarperCollins) HarperCollins Pubs.

Big Papa's Good Deed. Robert Cobb. Illus. by Tim Jackson. 2016. (ENG.). (J). pap. 11.50 *(978-1-68197-755-3(9))* Christian Faith Publishing.

Big Parade. Gene Carnell. 2017. (All-American Ser.: Vol. 3). (ENG., Illus.). (J). pap. 6.95 *(978-1-63051-434-1(9))* Chiron Pubns.

Big Parade (Classic Reprint) Laurence Stallings. (ENG., Illus.). (J). 2018. 20p. 24.31 *(978-0-364-65116-2(4))*; 2017. pap. 7.97 *(978-0-282-34014-8(9))* Forgotten Bks.

Big People & Little People of Other Lands (Classic Reprint) Edward R. Shaw. (ENG., Illus.). (J). 2018. 138p. 26.74 *(978-0-428-56277-9(9))*; 2017. pap. 9.57 *(978-0-259-29175-6(7))* Forgotten Bks.

Big Peter (Classic Reprint) Archibald Marshall. 2017. (ENG., Illus.). (J). 30.04 *(978-1-5282-7847-8(X))* Forgotten Bks.

Big Pharma & Drug Pricing, 1 vol. Ed. by Pete Schauer. 2017. (Opposing Viewpoints Ser.). (ENG.). 208p. (YA). (gr. 10-12). 50.43 *(978-1-5345-0176-8(2)*, 386459c7-289b-485f-ae99-f6125a51f8cd) Greenhaven Publishing LLC.

Big Pharma & the Opioid Epidemic: From Vicodin to Heroin. Eric Braun. 2020. (Informed! Ser.). (ENG., Illus.). 64p. (J). (gr. 5-9). pap. 8.95 *(978-0-7565-6560-2(X)*, 142216); lib. bdg. 37.32 *(978-0-7565-6411-7(5)*, 141404) Capstone. (Compass Point Bks.).

Big Picture. Gene Carnell. 2017. (All-American Ser.: Vol. 2). (ENG., Illus.). (J). pap. 6.95 *(978-1-63051-433-4(0))* Chiron Pubns.

Big Picture. Jessica K. Robinson. 2021. (ENG.). 48p. (J). pap. 17.99 *(978-1-6629-0741-8(9))*; 22.99 *(978-1-6629-0727-2(3))* Gatekeeper Pr.

Big Picture Atlas. 2017. (Big Picture Books* Ser.). (ENG.). (J). 16.99 *(978-0-7945-3904-7(1)*, Usborne) EDC Publishing.

Big Picture Bible Crafts: 101 Simple & Amazing Crafts to Help Teach Children the Bible. Gail Schoonmaker. 2018. (ENG., Illus.). 256p. (J). pap. 24.99 *(978-1-4335-5869-6(6))* Crossway.

Big Picture Book of Dinosaurs (NEW) Laura Cowan. 2019. (Big Picture Bks.). (ENG.). 32ppp. (J). 14.99 *(978-0-7945-4532-1(7)*, Usborne) EDC Publishing.

Big Picture Book of General Knowledge IR. James Maclaine. 2018. (Big Picture Books* Ser.). (ENG.). 32p. 14.99 *(978-0-7945-3960-3(2)*, Usborne) EDC Publishing.

Big Picture Book of Planet Earth IR (adding Big Picture Book) Megan Cullis & Matthew Oldham. 2019. (Big Picture Bks.). (ENG.). 64ppp. (J). 16.99 *(978-0-7945-4505-5(X)*, Usborne) EDC Publishing.

Big Picture Thesaurus IR. Rosie Hore. 2017. (Big Picture Books* Ser.). (ENG.). 40p. 14.99 *(978-0-7945-3983-2(1)*, Usborne) EDC Publishing.

Big Play Freddy: The Greatest Football of All Time. John Ribbing. 2017. (ENG., Illus.). (J). pap. 9.95 *(978-0-9987219-1-0(3))* Ribbing, John.

Big Pop. Jane M. Miller. 2021. (ENG.). 30p. (J). 26.95 *(978-1-6657-0032-0(7))*; pap. 16.95 *(978-1-6657-0031-3(9))* Archway Publishing.

BIG POPPAS Footballers with the Most Kids. Caroline Elwood-Stokes. 2020. (ENG.). 82p. (YA). pap. 18.02 *(978-1-716-64157-2(8))* Lulu Pr., Inc.

Big Potato. Elizabeth Massie. 2016. (Spring Forward Ser.). (J). (gr. 1). *(978-1-4900-2235-2(X))* Benchmark Education Co.

Big Prayer: 180 Devotions for Kids. Jessie Fioritto. 2022. (ENG.). 192p. (J). pap. 5.99 *(978-1-63609-353-6(1))* Barbour Publishing, Inc.

Big Preschool. School Zone Publishing Company Staff. 2019. (ENG., Illus.). 320p. (J). (gr. -1 — 1). pap., wbk. ed. 13.99 *(978-0-88743-145-6(3)*, b7b28d80-815a-49b4-bca8-b4f52c6c2501) School Zone Publishing Co.

Big Preschool Spiral. Ed. by School Zone. 2021. (Big Spiral Bound Workbooks Ser.). (ENG., Illus.). 320p. (J). spiral bd. 17.99 *(978-1-68147-399-4(2))* School Zone Publishing Co.

Big Problems, Little Problems. Ben Feller. Illus. by Mercè López. 2022. (ENG.). 32p. (J). (gr. -1-3). 18.95 ***(978-0-88448-890-3(X)***, 884890) Tilbury Hse. Pubs.

Big Push. Kirsty Holmes. 2021. (Science Academy Ser.). (ENG., Illus.). 24p. (J). (gr. 1-4). pap. *(978-1-4271-3057-0(4)*, 11888); lib. bdg. *(978-1-4271-3053-2(1)*, 11883) Crabtree Publishing Co. (Crabtree Classics).

Big Questions, 6 vols. 2017. (Big Questions Ser.). (ENG.). 192p. (gr. 9-9). lib. bdg. 148.50 *(978-1-5026-2687-5(X)*, 59bc6bf7-eaaf-44d3-b82c-5aa2bcedc46b, Cavendish Square) Cavendish Square Publishing LLC.

Big Questions for Little People: Animals. Claire Philip. 2021. (Big Questions for Little People Ser.). (ENG.). 64p. (J). 12.99 *(978-1-68188-770-8(3))* Weldon Owen, Inc.

Big Questions for Little People: Space. Claire Philip. 2021. (Big Questions for Little People Ser.). (ENG.). 64p. (J). 12.99 *(978-1-68188-771-5(1))* Weldon Owen, Inc.

Big Race. Cecilia Minden & Joanne Meier. Illus. by Bob Ostrom. 2022. (Bear Essential Readers Ser.). (ENG.). 32p. (J). (gr. -1-2). lib. bdg. 35.64 *(978-1-5038-5939-5(8)*, 215837, First Steps) Child's World, Inc, The.

Big Race Lace Case: A QUIX Book. Paul DuBois Jacobs & Jennifer Swender. Illus. by Karl West. 2020. (Mack Rhino, Private Eye Ser.: 1). (ENG.). 80p. (J). (gr. k-3). 16.99 *(978-1-5344-4113-2(1))*; pap. 5.99 *(978-1-5344-4112-5(3))* Simon & Schuster Children's Publishing. (Aladdin).

Big Race Old. Kristen Sheppard. Illus. by Philip James Martineau. 2018. (ENG.). 30p. (J). (gr. k-2). pap. 13.99 *(978-1-365-86193-2(7))* Lulu Pr., Inc.

Big Rain. Melinda Lem. Illus. by Nancy Malsawmthar. 2021. (ENG.). 40p. (J). pap. *(978-1-922550-30-9(2))* Library For All Limited.

Big Reading 1-2. Ed. by School Zone. 2021. (ENG., Illus.). 320p. (J). pap. 13.99 *(978-1-68147-255-3(4)*, af06644a-034f-4b60-a7cb-ed232ba3bb11) School Zone Publishing Co.

Big Red (75th Anniversary Edition) Jim Kjelgaard. Illus. by Bob Kuhn. 75th ed. (ENG.). 272p. (J). (gr. 5). 2021. pap. 9.99 *(978-0-8234-4952-1(1))*; 2020. 17.99 *(978-0-8234-4265-2(9))* Holiday Hse., Inc.

Big Red Activity & Coloring Book (Clifford the Big Red Dog) Cala Spinner. 2021. (ENG.). 64p. (J). (gr. -1-k). pap. 9.99 *(978-1-338-73425-6(3))* Scholastic, Inc.

Big Red & the Little Bitty Wolf: A Story about Bullying. Jeanie Franz Ransom. Illus. by Jennifer Zivoin. 2016. 32p. (J). *(978-1-4338-2048-9(X)*, Magination Pr.) American Psychological Assn.

Big Red Balloon. Ann Fine. Illus. by Kate Pankhurst. 2nd ed. 2016. (Reading Ladder Level 2 Ser.). (ENG.). 48p. (gr. k-2). 4.99 *(978-1-4052-8212-3(6)*, Reading Ladder) Farshore GBR. Dist: HarperCollins Pubs.

Big Red Barn see Gran Granero Rojo: Big Red Barn Board Book (Spanish Edition)

Big Red Book. Cathy Hodsdon. Illus. by Tejal Mystry. 2023. (ENG.). 60p. (J). pap. 11.99 ***(978-1-6629-4068-2(8))*** Gatekeeper Pr.

Big Red Chopper. Alanna Betambeau. Illus. by Ellen Barker. 2022. (ENG.). 34p. (J). pap. *(978-1-9196261-2-3(3))* Utility Fog Pr.

Big Red Fire Truck. Ken Wilson-Max. 2023. (ENG.). 10p. (J). (-k). bds. 12.99 ***(978-1-914912-16-0(0))*** Boxer Bks., Ltd. GBR. Dist: Sterling Publishing Co., Inc.

Big Red Rock, 1 vol. Jess Stockham. Illus. by Jess Stockham. 2018. (Child's Play Library). (Illus.). 32p. (J). *(978-1-78628-003-9(5))*; pap. *(978-1-78628-002-2(7))* Child's Play International Ltd.

Big Red School. Meredith Rusu. ed. 2019. (Clifford 8x8 Bks). (ENG.). 24p. (J). (gr. k-1). 13.96 *(978-0-87617-577-4(9))* Penworthy Co., LLC, The.

Big Red School (Clifford the Big Red Dog Storybook) Meredith Rusu. Illus. by Remy Simard. 2019. (ENG.). 24p. (J). (gr. -1-k). pap. 4.99 *(978-1-338-53068-1(2))* Scholastic, Inc.

Big Reveal. Jude Warne. 2017. (Crushing Ser.). (ENG.). 192p. (YA). (gr. 5-12). lib. bdg. 31.42 *(978-1-68076-717-9(8)*, 25382, Epic Escape) EPIC Pr.

Big Rig. Louise Hawes. 2022. (J). (gr. 3-7). 2023. pap. 8.99 ***(978-1-68263-561-2(9))***; 2022. 16.99 *(978-1-68263-252-9(0))* Peachtree Publishing Co. Inc.

Big Rig Family Truckster: Adventures in Camper Truckin' Jennifer Mazzetta. 2022. (ENG.). 40p. (J). 21.99 ***(978-1-6629-1912-1(3))***; pap. 13.99 ***(978-1-6629-1913-8(1))*** Gatekeeper Pr.

Big Rig Kids. Renee Brown. Illus. by JaRabia Taylor. 2016. 119p. (J). *(978-0-692-79625-2(8))* Big Rig LLC.

Big Rigs. Quinn M. Arnold. 2017. (Seedlings Ser.). (ENG., Illus.). 24p. (J). (gr. -1-k). *(978-1-60818-789-8(6)*, 20107, Creative Education) Creative Co., The.

Big Rigs. Wendy Strobel Dieker. 2018. (Spot Mighty Machines Ser.). (ENG.). 16p. (J). (gr. -1-2). pap. 9.99 *(978-1-68152-292-0(6)*, 14982); lib. bdg. *(978-1-68151-372-0(2)*, 14976) Amicus.

Big Rigs. Rebecca Pettiford. 2017. (Mighty Machines in Action Ser.). (ENG., Illus.). 24p. (J). (gr. k-3). lib. bdg. 26.95 *(978-1-62617-629-4(9)*, Blastoff! Readers) Bellwether Media.

Big Rigs: A First Look. Percy Leed. 2023. (Read about Vehicles (Read for a Better World (tm)) Ser.). (ENG., Illus.). 24p. (J). (gr. k-2). pap. 9.99 Lerner Publishing Group.

Big Rigs on the Go. Anne J. Spaight. 2016. (Bumba Books (r) — Machines That Go Ser.). (ENG., Illus.). 24p. (J). (gr. -1-1). lib. bdg. 26.65 *(978-1-5124-1450-9(6)*, 2e20d3d1-2965-4983-903d-6bc54bb44bbf, Lerner Pubns.) Lerner Publishing Group.

Big Rock: Grand Ledge. Clayton J. Albaugh. 2021. (ENG.). 344p. (YA). pap. 19.99 *(978-1-6628-3016-7(5))* Salem Author Services.

Big Rock & the Masked Avenger: Match One. Jim Eldridge. Illus. by Jan Bielecki. 2016. (Wrestling Trolls Ser.: 1). (ENG.). 192p. (J). (gr. k-3). 9.99 *(978-1-4714-0193-0(6))* Bonnier Publishing GBR. Dist: Independent Pubs. Group.

Big Roles Slaves Played in the Ancient African Society - History Books Grade 3 Children's History Books. Baby Professor. 2017. (ENG., Illus.). (J). pap. 9.55 *(978-1-5419-1222-9(5)*, Baby Professor (Education Kids)) Speedy Publishing LLC.

Big Round Red Balloon: Peep-Through Board Book. Igloo Igloo Books. 2019. (ENG.). 10p. (J). (gr. -1-1). bds. 8.99 *(978-1-78905-084-4(7))* Igloo Bks. GBR. Dist: Simon & Schuster, Inc.

Big Row Your Boat Adventure. Scott Pearson. 2022. (ENG.). 24p. (J). (gr. -1-k). 15.99 ***(978-1-86971-388-1(5))*** Hachette Australia AUS. Dist: Hachette Bk. Group.

Big Rubber Ball in Space. David Paul Martin. 2021. (ENG.). 164p. (J). pap. 15.95 *(978-1-6624-5998-6(X))* Page Publishing Inc.

BIG Saint Valentine's Day Activity Book for Kids: 50+ Full-Color Games, Puzzle Activities, & Coloring Book for Toddlers & Preschoolers Ages 2-6, 8. 5x11 Inches. Compiled by Ohana Kids Press. 2022. (ENG.). 70p. (J). pap. 8.95 ***(978-1-957093-04-8(8))*** April Tale.

Big Sam: a Rosh Hashanah Tall Tale. Eric Kimmel. Illus. by Jim Starr. 2017. (ENG.). 32p. (J). 17.95 *(978-1-68115-525-8(7)*, b57d0cd4-3605-4b00-8051-5d5c5cd9a780) Behrman Hse., Inc.

Big Sandy Valley, Vol. 1: A History of the People & Country from the Earliest Settlement to the Present Time (Classic Reprint) William Ely. 2017. (ENG., Illus.). (J). 27.24 *(978-0-265-75067-4(9))* Forgotten Bks.

Big Scary Incredible World. Jeff Carlson. 2020. (ENG.). 38p. (J). pap. *(978-1-6780-3533-4(5))* Lulu Pr., Inc.

Big Science Activity Book: Fun, Fact-Filled STEM Puzzles for Kids to Complete. Damara Strong. Illus. by Georgie Fearns. 2023. (Big Buster Activity Ser.: 4). (ENG.). 128p. (J). (gr. 1-3). pap. 15.99 *(978-1-78055-694-9(2)*, Buster Bks.) O'Mara, Michael Bks., Ltd. GBR. Dist: Independent Pubs. Group.

Big Science for Little People: 52 Activities to Help You & Your Child Discover the Wonders of Science. Lynn Brunelle. 2016. (ENG., Illus.). 144p. (gr. -1-3). pap. 16.95 *(978-1-61180-350-1(0)*, Roost Books) Shambhala Pubns., Inc.

Big Scoop of Something. Matt Scott. 2018. (ENG.). (J). 14.95 *(978-1-68401-485-9(9))* Amplify Publishing Group.

Big Scream. Kirsti Call. Illus. by Denis Angelov. 2022. (ENG.). 26p. (J). (gr. -1-k). bds. 7.99 *(978-1-6659-0739-2(8)*, Little Simon) Little Simon.

Big Scream! The Creepiest, Most Disgusting, Horrifying Things You Should Know. Illus. by David Antram. 2018. (ENG.). 208p. (J). (gr. 3). pap. 12.95 *(978-1-912233-67-0(3)*, Scribo) Book Hse. GBR. Dist: Sterling Publishing Co., Inc.

Big Second Grade. School Zone Publishing Company Staff. 2019. (ENG., Illus.). 320p. (J). (gr. 2-2). pap., wbk. ed. 13.99 *(978-0-88743-148-7(8)*, 872e012d-79f9-44ed-af62-26b59ff2a389) School Zone Publishing Co.

Big Shark, Little Go to School. Told to Anna Membrino. 2019. (Step into Reading Ser.). (ENG.). 32p. (YA). (gr. k-1). 14.96 *(978-0-87617-446-3(2))* Penworthy Co., LLC, The.

Big Shark Little Shark. Katie Button. Illus. by Kev Payne. 2023. (Seek & Find Spyglass Bks.). (ENG.). 12p. (J). (gr. -1-k). bds. 12.99 ***(978-1-80105-597-0(1))*** Top That! Publishing PLC GBR. Dist: Independent Pubs. Group.

Big Shark, Little Shark. Anna Membrino. Illus. by Tim Budgen. 32p. (J). 2020. (— 1). bds. 7.99 *(978-1-9848-9514-1(1))*; 2017. (gr. -1-1). pap. 5.99 *(978-0-399-55728-6(8))* Random Hse. Children's Bks. (Random Hse. Bks. for Young Readers).

Big Shark Little Shark. Anna Membrino. ed. 2022. (Step into Reading Ser.). (SPA., Illus.). 30p. (J). (gr. k-1). 16.99 *(978-1-68505-138-9(3))* Penworthy Co., LLC, The.

Big Shark, Little Shark, & the Missing Teeth. Anna Membrino. Illus. by Tim Budgen. 2022. (Step into Reading Ser.). 32p. (J). (gr. -1-1). pap. 5.99 *(978-0-593-30210-1(9))*; (ENG.). lib. bdg. 14.99 *(978-0-593-30211-8(7))* Random Hse. Children's Bks. (Random Hse. Bks. for Young Readers).

Big Shark, Little Shark & the Missing Teeth. Anna Membrino. ed. 2022. (Step into Reading Ser.). (ENG.). 32p. (J). (gr. k-1). 15.96 ***(978-1-68505-498-4(6))*** Penworthy Co., LLC, The.

Big Shark, Little Shark, & the Spooky Cave. Anna Membrino. ed. 2021. (Step into Reading Ser.). (ENG., Illus.). 32p. (J). (gr. k-1). 15.46 *(978-1-68505-008-5(5))* Penworthy Co., LLC, The.

Big Shark, Little Shark, Baby Shark. Anna Membrino. ed. 2020. (Step into Reading Ser.). (ENG., Illus.). 32p. (J). (gr. k-1). 14.96 *(978-1-64697-450-4(6))* Penworthy Co., LLC, The.

Big Shark, Little Shark Go to School. Anna Membrino. Illus. by Tim Budgen. 2019. (Step into Reading Ser.). 32p. (J). (gr. -1-1). pap. 5.99 *(978-1-9848-9349-9(1)*, Random Hse. Bks. for Young Readers) Random Hse. Children's Bks.

Big Sharks, Small World. Mark Leiren-Young. 2022. (ENG., Illus.). 20p. (J). (— 1). bds. 10.95 *(978-1-4598-3154-4(3))* Orca Bk. Pubs. USA.

Big Shiny Moon! What's in a Spaceship - Space for Kids - Children's Aeronautics & Astronautics Books. Baby Professor. 2017. (ENG., Illus.). (J). pap. 7.89 *(978-1-68326-891-8(1)*, Baby Professor (Education Kids)) Speedy Publishing LLC.

Big Ship Activity Book - Ladybird Readers Starter Level 13. Ladybird. 2019. (Ladybird Readers Ser.). 16p. (gr. k). pap. 6.99 *(978-0-241-39397-0(3)*, Ladybird) Penguin Bks., Ltd. GBR. Dist: Independent Pubs. Group.

Big Ship & the Little Digger. Ryan Petersen. 2021. 26p. (J). 21.68 *(978-1-6678-0044-8(2))* BookBaby.

Big Ship Rescue! Chris Gall. 2022. (Big Rescue Ser.: 0). (ENG., Illus.). 48p. (J). (gr. -1-2). 17.95 *(978-1-324-01925-1(5)*, 341925, Norton Young Readers) Norton, W. W. & Co., Inc.

Big Shot (Diary of a Wimpy Kid Book 16) Jeff Kinney. 2021. (Diary of a Wimpy Kid Ser.). (ENG., Illus.). 224p. (J). (gr. 3-7). 14.99 *(978-1-4197-4915-5(3)*, 1710401, Amulet Bks.) Abrams, Inc.

Big Shot (Diary of a Wimpy Kid Book 16) (Export Edition) Jeff Kinney. 2022. (Diary of a Wimpy Kid Ser.). (ENG.). 224p. (J). (gr. 3-7). pap. 7.99 *(978-1-4197-6212-3(5))* Abrams, Inc.

Big Shots, 1 vol. David Aro. 2021. (Alton Heights All-Stars Ser.). (ENG.). 64p. (J). (gr. 2-3). 23.25 *(978-1-5383-8220-2(2)*, e7d4aa17-8b7c-47c7-a764-7377afc192fa); pap. 13.35 *(978-1-5383-8219-6(9)*, d19006a4-0760-4906-8585-68adffaaf3b9) Enslow Publishing, LLC. (West 44 Bks.).

Big Show: My Six Months with the American Expeditionary Forces (Classic Reprint) Elsie Janis. 2017. (ENG., Illus.). (J). 29.20 *(978-0-266-61359-6(4))* Forgotten Bks.

Big Shrink (Upside-Down Magic #6), 1 vol. Sarah Mlynowski et al. (Upside-Down Magic Ser.: 6). (ENG.). 192p. (J). (gr. 3-7). 2020. pap. 6.99 *(978-1-338-22153-4(1))*; 2019. 14.99 *(978-1-338-22151-0(5)*, Scholastic Pr.) Scholastic, Inc.

Big Shrink (Upside-Down Magic #6) (Unabridged Edition), 1 vol. Sarah Mlynowski et al. unabr. ed. 2019. (Upside-Down Magic Ser.: 6). (ENG.). (J). (gr. 3-7). audio compact disk 24.99 *(978-1-338-56753-3(5))* Scholastic, Inc.

Big Sibling Getaway. Korrie Leer. Illus. by Korrie Leer. 2020. (ENG., Illus.). 32p. (J). (gr. -1-3). 16.99 *(978-0-8075-2831-0(5)*, 807528315) Whitman, Albert & Co.

Big Silver Spaceship. Ken Wilson-Max. 2023. (ENG.). 10p. (J). (-k). bds. 12.99 ***(978-1-914912-17-7(9))*** Boxer Bks., Ltd. GBR. Dist: Sterling Publishing Co., Inc.

Big Sis Visits the NICU. Terri -Kincade. 2021. (ENG.). 32p. (J). 19.99 ***(978-1-0880-1497-4(6))***; pap. 12.99 ***(978-1-0880-1476-9(3))*** Indy Pub.

Big Sis Visits the NICU Coloring Book. Terri -Kincade. 2022. (ENG.). 32p. (J). pap. 6.99 ***(978-1-0879-3597-3(0))*** Indy Pub.

Big Sister: Ruby & the New Baby. DK. 2022. (ENG., Illus.). 14p. (J). (— 1). bds. 7.99 *(978-0-7440-5978-6(X)*, DK Children) Dorling Kindersley Publishing, Inc.

Big Sister Little Sister. Cheryl A. Newsome. 2018. (ENG., Illus.). 24p. (J). pap. 12.95 *(978-1-64191-057-6(7))* Christian Faith Publishing.

Big Sister to an Angel. Holly Hunt. Illus. by Jenny Duda. 2019. (ENG.). 36p. (J). pap. *(978-1-7750123-1-3(X))* Pier 44 Pr.

Big Six: True Incidents in Real Life; Schemes by Which He Deceived Men & Extorted Money; Without a Parallel in the History of the World; Highly Sensational, but Chaste & Elevating (Classic Reprint) J. S. Geiger. (ENG., Illus.). (J). 2018. 164p. 27.28 *(978-0-484-68700-3(X))*; 2017. pap. 9.97 *(978-0-243-16265-9(0))* Forgotten Bks.

Big Size Surprise. Agnese Baruzzi. Illus. by Agnese Baruzzi. 2017. (Illus.). 20p. (J). (-k). bds. 12.99 *(978-988-8341-50-4(2)*, Minedition) Penguin Young Readers Group.

Big Sketch Pad (Because of Love) A Blank Sketchbook with 100 Pages Suitable for Sketching, Drawing, & Art. This Blank Sketchbook May Make a Loving Gift. James

Manning. 2019. (Big Sketch Pad Ser.: Vol. 2). (ENG.). 100p. (YA). pap. *(978-1-83884-080-8(X))* Coloring Pages.

Big Sky Boys & Life on the Spinnin' Spur. Todd Linder. Illus. by Logan Rogers. 2019. (ENG.). 48p. (J). (gr. 4-6). 14.99 *(978-0-578-51100-9(2))* Monday Creek Publishing.

Big Sleep. Robin Twiddy. Illus. by Drue Rintoul. 2023. (Level 7 - Turquoise Set Ser.). (ENG.). 32p. (J). (gr. 1-4). lib. bdg. 19.95 Bearport Publishing Co., Inc.

Big Slide. Daniel Kirk. Illus. by Daniel Kirk. 2022. (Illus.). 32p. (J). (-k). 17.99 *(978-0-399-16938-0(5)*, Nancy Paulsen Books) Penguin Young Readers Group.

Big Snakes: And Their Food Chains. Katherine Eason. 2023. (Food Chain Kings Ser.). (ENG., Illus.). 48p. (J). (gr. 5-8). pap. 10.99 ***(978-1-915761-36-1(0)***, c3cb269a-58be-4176-ac15-e19ab03f861c); lib. bdg. 31.99 ***(978-1-915153-76-0(X)***, 3036360c-7347-4b3f-9b88-aac488a253a4) Cheriton Children's Bks. GBR. Dist: Lerner Publishing Group.

Big Sneeze. Bruce Dale. ed. 2019. (I Can Read Ser.). (ENG.). 32p. (J). (gr. k-1). 14.59 *(978-1-64310-911-4(1))* Penworthy Co., LLC, The.

Big Sniff. Eric Johns. 2016. (ENG.). 96p. (J). pap. ***(978-1-326-54648-9(1))*** Lulu Pr., Inc.

Big Snow (Book 7) Wiley Blevins. Illus. by Jim Paillot. 2019. (Funny Bone Books (tm) First Chapters — Ick & Crud Ser.). (ENG.). 32p. (J). (gr. k-2). lib. bdg. 19.99 *(978-1-63440-263-7(4)*, 0c001b4d-9e98-4179-8286-acf3ad7d265d) Red Chair Pr.

Big Sorry. Justin M. Stanislaus. 2021. (ENG.). 40p. (J). pap. 12.99 *(978-0-578-85592-9(5))* Stanislaus, Justin.

Big Sparkly Box of Unicorn Magic: Phoebe & Her Unicorn Box Set Volume 1-4, 4 vols., Box set. Dana Simpson. 2017. (Phoebe & Her Unicorn Ser.). (ENG.). (J). pap. 45.00 *(978-1-4494-9324-0(6))* Andrews McMeel Publishing.

Big Spill Rescue. Illus. by Craig Orback. 2022. (Boxcar Children Endangered Animals Ser.: 1). (ENG.). 144p. (J). (gr. 2-5). 6.99 *(978-0-8075-1017-9(3)*, 807510173); 12.99 *(978-0-8075-1016-2(5)*, 807510165) Random Hse. Children's Bks. (Random Hse. Bks. for Young Readers).

Big Splash. Kirsten McDonald. Illus. by Fátima Anaya. 2019. (Carlos & Carmen Ser.). (ENG.). 32p. (J). (gr. -1-3). lib. bdg. 32.79 *(978-1-5321-3491-3(6)*, 31901, Calico Chapter Bks) Magic Wagon.

Big Splash. Ed Ouano. 2019. (Good Gracious Cretaceous Ser.: Vol. 1). (ENG.). 44p. (J). pap. 12.99 ***(978-1-7333925-1-8(3))*** Agile Pig.

Big Splash! Shea Fontana. ed. 2018. (DC Super Hero Girl 8X8 Ser.). lib. bdg. 16.00 *(978-0-606-40955-1(6))* Turtleback.

Big Splash! Shea Fontana. ed. 2018. (DC Comics 8x8 Bks). (ENG.). 24p. (J). (gr. -1-1). 14.89 *(978-1-64310-546-8(9))* Penworthy Co., LLC, The.

Big Splash Circus. Karina Choudhrie. 2021. (ENG.). 38p. (J). pap. *(978-1-914498-68-8(2))* Clink Street Publishing.

Big Splash! (DC Super Hero Girls) Shea Fontana. Illus. by Erik Doescher. 2018. (Pictureback(R) Ser.). 24p. (J). (gr. -1-2). pap. 5.99 *(978-1-5247-6868-3(5)*, Random Hse. Bks. for Young Readers) Random Hse. Children's Bks.

Big Sports Brands (Set), 6 vols. 2023. (Big Sports Brands Ser.). (ENG.). 48p. (J). (gr. 3-9). lib. bdg. 205.32 ***(978-1-0982-9064-1(X)***, 41888, SportsZone) ABDO Publishing Co.

Big Square, Small Circle a Size & Shape Book for Kids. Baby Iq Builder Books. 2016. (ENG., Illus.). (J). pap. 8.99 *(978-1-68374-761-1(5))* Examined Solutions PTE. Ltd.

Big Star. Ethan Martin. Illus. by Ashley P. Martin. 2017. (ENG.). (J). (gr. 1-5). pap. *(978-1-910615-51-5(X))* Pure Indigo Ltd.

Big Start Annual 1. Big Start. 2023. (ENG.). 48p. (J). 11.99 ***(978-1-78128-458-2(X)***, f33b9760-05ac-465c-a9d7-35272b7bd1c8, Candle Bks.) Lion Hudson PLC GBR. Dist: Baker & Taylor Publisher Services (BTPS).

Big Stick Policy: What Was It about? US Foreign Policy Grade 6 Children's Government Books. Universal Politics. 2022. (ENG.). 72p. (J). 31.99 ***(978-1-5419-8631-2(8))***; pap. 19.99 ***(978-1-5419-5501-1(3))*** Speedy Publishing LLC. (Universal Politics (Politics & Social Sciences)).

Big Sticker Book of Beasts. Yuval Zommer. 2017. (Big Book Ser.: 9). (ENG., Illus.). 64p. (J). (gr. k-5). pap., act. bk. ed. 14.95 *(978-0-500-65133-9(7)*, 565133) Thames & Hudson.

Big Sticker Book of Blooms. Yuval Zommer. 2020. (Big Book Ser.: 12). (ENG.). 48p. (J). (gr. k-5). pap. 14.95 *(978-0-500-65229-9(5)*, 565229) Thames & Hudson.

Big Sticker Book of Bugs. Yuval Zommer. 2017. (Big Book Ser.: 8). (ENG., Illus.). 64p. (J). (gr. k-5). pap., act. bk. ed. 14.95 *(978-0-500-65134-6(5)*, 565134) Thames & Hudson.

Big Sticker Book of the Blue. Yuval Zommer. 2018. (Big Book Ser.: 10). (ENG., Illus.). 56p. (J). (gr. -1-5). pap. 14.95 *(978-0-500-65180-3(9)*, 565180) Thames & Hudson.

Big Stickers for Little Hands Animal Kingdom. Amy Boxshall. Illus. by Shannon Hays. 2021. (ENG.). 96p. (J). pap. 9.99 *(978-1-80058-175-3(0))* Make Believe Ideas GBR. Dist: Scholastic, Inc.

Big Stickers for Little Hands Early Learning. Amy Boxshall. Illus. by Shannon Hays. 2021. (ENG.). 96p. (J). pap. 9.99 *(978-1-80058-176-0(9))* Make Believe Ideas GBR. Dist: Scholastic, Inc.

Big Stickers for Little Hands My Amazing & Awesome. Make Believe Ideas. Illus. by Make Believe Ideas. 2018. (ENG.). 96p. (J). (gr. -1-7). pap. 9.99 *(978-1-78843-361-7(0))* Make Believe Ideas GBR. Dist: Scholastic, Inc.

Big Stickers for Little Hands: My Unicorns & Mermaids. Make Believe Ideas. Illus. by Make Believe Ideas. 2018. (ENG., Illus.). 96p. (J). (gr. -1-7). pap. 9.99 *(978-1-78843-360-0(2))* Make Believe Ideas GBR. Dist: Scholastic, Inc.

Big Sting. Rachelle Delaney. 2023. (ENG.). 224p. (J). (gr. 3-7). 16.99 *(978-0-7352-6930-9(0)*, Tundra Bks.) PRH Canada Young Readers CAN. Dist: Penguin Random Hse. LLC.

Big Stink. Fran Manushkin. Illus. by Tammie Lyon. 2018. (Pedro Ser.). (ENG.). 32p. (J). (gr. k-2). lib. bdg. 21.32 *(978-1-5158-2820-4(4)*, 137985, Picture Window Bks.) Capstone.

Big Stink. S. M. Nelson. Illus. by S. M. Nelson & Nancy Ward. 2019. (Little Virtue Ponds Ser.: Vol. 2). (ENG.). 42p. (J). (gr. k-2). 24.99 *(978-1-948123-13-6(4))* Brainiac Bloomers, LLC.

Big Stink. S. M. Nelson & Nancy Ward. Illus. by S. M. Nelson. 2019. (Little Virtue Ponds Ser.: Vol. 2). (ENG., Illus.). 42p. (J). (gr. k-2). pap. 14.99 *(978-1-948123-12-9(6))* Brainiac Bloomers, LLC.

Big Stink: d-Bot Squad 4. Mac Park. Illus. by James Hart. 2018. (D-Bot Squad Ser.: 4). (ENG.). 80p. (J). (gr. k-2). pap. 11.99 *(978-1-76029-600-1(7))* Allen & Unwin AUS. Dist: Independent Pubs. Group.

Big Stories for Little Heroes: Storybook Treasury with 4 Tales. IglooBooks. 2019. (ENG.). 96p. (J). (-2). 12.99 *(978-1-83852-567-5(X))* Igloo Bks. GBR. Dist: Simon & Schuster, Inc.

Big Stuff Dozer, Excavator, Mixer & More! Joan Holub. Illus. by The Little Friends of Printmaking. 2023. (ENG.). 26p. (J). (gr. -1-k). bds., bds. 9.99 *(978-1-6659-1789-6(X)*, Little Simon) Little Simon.

Big Stuff Planes, Rockets, Spacecraft! Joan Holub. Illus. by The Little Friends of Printmaking. 2022. (ENG.). 26p. (J). (gr. -1-k). bds. 9.99 *(978-1-6659-1787-2(3)*, Little Simon) Little Simon.

Big Surprise. Lance C. Bird. Ed. by Karen E. Bird-Meninger. Illus. by Evelyn Zuberbier. 2021. (ENG.). 40p. (J). *(978-1-0391-2712-8(6))*; pap. *(978-1-0391-2711-1(8))* FriesenPress.

Big Surprise. Mef English. 2023. (ENG.). 32p. (J). pap. ***(978-1-68583-639-9(9))*** Tablo Publishing.

Big Surprise. Dan Mooneyham. 2020. (ENG., Illus.). 32p. (J). 23.95 *(978-1-64701-566-4(9))* Page Publishing Inc.

Big Surprise for Little Card. Charise Mericle Harper. Illus. by Anna Raff. 2016. (ENG.). 40p. (J). (gr. -1-3). 16.99 *(978-0-7636-7485-4(0))* Candlewick Pr.

Big, Tall, & Strong. Samuel Abraham & Francine Abraham. Illus. by Sonia Fields. 2020. (ENG.). 34p. (J). 24.95 *(978-1-64670-949-6(7))*; pap. 14.95 *(978-1-64670-948-9(9))* Covenant Bks.

Big Taro - Te Taaroo Ae Buubura (Te Kiribati) Eileen Fleming. Illus. by Jhunny Moralde. 2023. (ENG.). 40p. (J). pap. ***(978-1-922844-08-8(X))*** Library For All Limited.

Big Tartan Martin. James F. Park. 2017. (ENG.). 38p. (J). pap. ***(978-0-244-93698-3(6))*** Lulu Pr., Inc.

Big Tent (Classic Reprint) Flavia Camp Canfield. 2018. (ENG., Illus.). 294p. (J). 29.98 *(978-0-483-86598-3(2))* Forgotten Bks.

Big, Terrible Trouble? (the Powerpuff Girls) Craig McCracken. Illus. by Golden Books. 2023. (Little Golden Book Ser.). (ENG.). 16p. (J). (-k). 5.99 ***(978-0-593-71000-5(2)***, Golden Bks.) Random Hse. Children's Bks.

Big Test Jitters. Julie Danneberg. Illus. by Judy Love. 2020. (Jitters Ser.: 6). 32p. (J). (gr. 1-4). pap. 7.99 *(978-1-58089-073-1(3))* Charlesbridge Publishing, Inc.

Big Thing: Brave Bea Finds Silver Linings with the Help of Family & Friends During a Global Pandemic. Angela Meng & Alexander Friedman. Illus. by Alvaro Gonzalez. 2020. 30p. (J). (ENG.). 15.99 *(978-0-578-68357-7(1))*; (SPA.). 15.99 *(978-0-578-68866-4(2))* Asymmetry LLC.

Big Things, Little Things, Skinny Things, Wide Things a Size & Shape Book for Kids. Baby Professor. 2017. (ENG., Illus.). (J). pap. 7.89 *(978-1-5419-0241-1(6)*, Baby Professor (Education Kids)) Speedy Publishing LLC.

Big Third Grade. Ed. by School Zone Staff. 2019. (ENG.). 320p. (J). (gr. 3-3). pap. 13.99 *(978-1-58947-926-5(2)*, 1dad197a-06a8-4890-b63c-f190bdcc6dfb) School Zone Publishing Co.

Big Three: Zeus, Poseidon & Hades - Mythology 4th Grade Children's Greek & Roman Books. Baby Professor. 2017. (ENG., Illus.). (J). pap. 9.55 *(978-1-5419-1442-1(2)*, Baby Professor (Education Kids)) Speedy Publishing LLC.

Big Timber, a Story of the Northwest: With Frontplece by Douglas Duer (Classic Reprint) Bertrand W. Sinclair. 2017. (ENG., Illus.). 30.95 *(978-1-5279-6264-4(4))* Forgotten Bks.

Big Time Bear. Barbara Fisk. 2022. (ENG.). 38p. (J). 21.99 ***(978-1-955070-37-9(7))***; pap. 14.99 ***(978-1-955070-36-2(9))*** Word Art Publishing.

Big Time Olie. William Joyce. Illus. by William Joyce. 2018. (World of William Joyce Ser.). (ENG., Illus.). 40p. (J). (gr. -1-2). 17.99 *(978-1-4814-8969-0(0)*, Atheneum Bks. for Young Readers) Simon & Schuster Children's Publishing.

Big Tiny Wish. Lianne Noel. Illus. by Elizabeth Gustafson & Heather Gustafson. 2020. (ENG.). 32p. (J). pap. 9.99 *(978-1-0879-0766-6(7))* Indy Pub.

Big Tooth! Jenny Jinks. Illus. by Daniel Limon. 2023. (Early Bird Readers — Yellow (Early Bird Stories (tm)) Ser.). (ENG.). 32p. (J). (gr. -1-2). pap. 9.99 Lerner Publishing Group.

Big Top Burning: The True Story of an Arsonist, a Missing Girl, & the Greatest Show on Earth. Laura A. Woollett. 2019. (ENG., Illus.). 176p. (J). (gr. 4-7). pap. 12.99 *(978-1-64160-223-5(6))* Chicago Review Pr., Inc.

Big Top Flop. Carolyn Keene. Illus. by Peter Francis. 2016. (Nancy Drew Clue Book Ser.: 4). (ENG.). 96p. (J). (gr. 1-4). pap. 5.99 *(978-1-4814-3752-3(6)*, Aladdin) Simon & Schuster Children's Publishing.

Big Town (Classic Reprint) Ring Lardner. 2018. (ENG., Illus.). 264p. (J). 29.34 *(978-0-484-53862-6(4))* Forgotten Bks.

Big-Town Round-Up. William MacLeod Raine. 2017. (ENG., Illus.). (J). 25.95 *(978-1-374-82110-1(1))*; pap. 15.95 *(978-1-374-82109-5(8))* Capital Communications, Inc.

Big-Town Round-Up (Classic Reprint) William MacLeod Raine. 2018. (ENG., Illus.). 326p. (J). 30.62 *(978-0-364-26437-9(3))* Forgotten Bks.

Big Tractors: with Casey & Friends: With Casey & Friends. Holly Dufek. Illus. by Paul E. Nunn. 2020. (Casey & Friends Ser.: 2). (ENG.). 32p. (J). (gr. k-3). pap. 14.99 *(978-1-64234-051-8(0))* Octane Pr.

Big Trampoline: Leveled Reader Blue Fiction Level 11 Grade 1. Hmh Hmh. 2019. (Rigby PM Ser.). (ENG.). 16p. (J). (gr. 1). pap. 11.00 *(978-0-358-12023-0(3))* Houghton Mifflin Harcourt Publishing Co.

Big Tree. Laura Knetzger. (I Like to Read Comics Ser.). (Illus.). 40p. (J). (gr. -1-3). 2023. pap. 7.99 *(978-0-8234-5190-6(9))*; 2022. 14.99 *(978-0-8234-4445-8(7))* Holiday Hse., Inc.

Big Tree. Brian Selznick. Illus. by Brian Selznick. 2023. (ENG., Illus.). 528p. (J). (gr. 2). 32.99 *(978-1-338-18063-3(0)*, Scholastic Pr.) Scholastic, Inc.

Big Tree (Classic Reprint) Unknown Author. (ENG., Illus.). (J). 2018. 78p. 25.51 *(978-0-483-87592-0(9))*; 2016. pap. 9.57 *(978-1-334-13443-2(X))* Forgotten Bks.

Big Tree Down! Laurie Lawlor. Illus. by David Gordon. 2018. (ENG.). 32p. (J). (gr. -1-3). 17.95 *(978-0-8234-3661-3(6))* Holiday Hse., Inc.

Big Tree in a Small Pot. Josephine Chia. 2019. (ENG.). 152p. pap. 15.95 *(978-981-4779-75-3(X))* Marshall Cavendish International (Asia) Private Ltd. SGP. Dist: Independent Pubs. Group.

Big Trees. Kari Cornell. 2016. (Illus.). 24p. (J). *(978-0-87659-702-6(9))* Gryphon Hse., Inc.

Big Tremaine: A Novel (Classic Reprint) Marie Van Vorst. 2017. (ENG., Illus.). (J). 31.92 *(978-0-265-51977-6(2))*; pap. 16.57 *(978-0-243-27780-3(6))* Forgotten Bks.

Big Trip. Alex Willmore. 2020. (ENG., Illus.). 32p. (J). (gr. -1-k). 16.99 *(978-1-84976-690-6(8))* Tate Publishing, Ltd. GBR. Dist: Abrams, Inc.

Big Trouble: a Friday Barnes Mystery. R. A. Spratt. Illus. by Phil Gosier. 2018. (Friday Barnes Mysteries Ser.). (ENG.). 304p. (J). pap. 12.99 *(978-1-250-16560-2(1)*, 900163941) Square Fish.

Big Trouble in Bird City. Sarah Stephens. ed. 2016. (Illus.). (J). lib. bdg. 13.55 *(978-0-606-38188-8(0))* Turtleback.

Big Trouble in Little Rodentia. Victoria Saxon. 2016. (Illus.). (J). *(978-1-5182-0883-6(5))* Random House Children's Books.

Big Truck Day. Rosanne Parry. Illus. by Niki Stage. 2022. (ENG.). 32p. (J). (gr. -1-3). 17.99 *(978-0-06-321886-4(0)*, Greenwillow Bks.) HarperCollins Pubs.

Big Truck Little Island. Chris Van Dusen. Illus. by Chris Van Dusen. 2022. (ENG.). 32p. (J). (gr. -1-2). 17.99 *(978-1-5362-0393-6(9))* Candlewick Pr.

Big Truck Playdate. Laurie Carmody. Illus. by Jennica Lounsbury. 2023. 32p. (J). 17.99 *(978-1-5064-8484-6(0)*, Beaming Books) 1517 Media.

Big Truck Show! Mary Tillworth. ed. 2018. (Step into Reading Ser.). (ENG.). 24p. (J). (gr. -1-1). 13.89 *(978-1-64310-316-7(4))* Penworthy Co., LLC, The.

Big Trucks, 1 vol. Nicholle Carrière. 2016. (Mega Machines Ser.). (ENG., Illus.). 64p. (J). pap. 6.99 *(978-1-926700-64-9(3)*, c03b1e22-441f-41bc-9899-2a56ace803f4) Blue Bike Bks. CAN. Dist: Lone Pine Publishing USA.

Big Trucks: A Touch-And-Feel Book, 1 vol. Thomas Nelson. 2018. (ENG., Illus.). 12p. (J). bds. 9.99 *(978-1-4003-1058-6(X)*, Tommy Nelson) Nelson, Thomas Inc.

Big Trucks Activity Book. Amy Boxshall. Illus. by James Dillon. 2021. (ENG.). 66p. (J). pap. 8.99 *(978-1-80058-173-9(4))* Make Believe Ideas GBR. Dist: Scholastic, Inc.

Big Trucks Coloring Book: A Big Trucks Coloring (Colouring) Book with 30 Coloring Pages That Gradually Progress in Difficulty: This Book Can Be Downloaded As a PDF & Printed Out to Color Individual Pages. James Manning. 2019. (Big Trucks Coloring Book Ser.: Vol. 2). (ENG., Illus.). 62p. (J). pap. *(978-1-83856-658-6(9))* Coloring Pages.

Big Trucks Coloring Book for Children Aged 4 to 8 (Big Trucks) A Big Trucks Coloring (Colouring) Book with 30 Coloring Pages That Gradually Progress in Difficulty: This Book Can Be Downloaded As a PDF & Printed Out to Color Individual Pages. James Manning. 2019. (Big Trucks Coloring Book for Children Aged 4 To 8 Ser.: Vol. 2). (ENG., Illus.). 62p. (J). pap. *(978-1-83856-673-9(2))* Coloring Pages.

Big Trucks Coloring Book for Kids 3 - 8:: a Big Trucks Coloring (Colouring) Book with 30 Coloring Pages That Gradually Progress in Difficulty: This Book Can Be Downloaded As a PDF & Printed Out to Color Individual Pages. James Manning. 2019. (Big Trucks Coloring Book for Kids 3 - 8 Ser.: Vol. 2). (ENG., Illus.). 62p. (J). pap. *(978-1-83856-659-3(7))* Coloring Pages.

Big Trucks Coloring Books for Boys: A Big Trucks Coloring (Colouring) Book with 30 Coloring Pages That Gradually Progress in Difficulty: This Book Can Be Downloaded As a PDF & Printed Out to Color Individual Pages. James Manning. 2019. (Big Trucks Coloring Books for Boys Ser.: Vol. 2). (ENG., Illus.). 62p. (J). pap. *(978-1-83856-662-3(7))* Coloring Pages.

Big Trucks Coloring Books for Kids 4 - 8: A Big Trucks Coloring (Colouring) Book with 30 Coloring Pages That Gradually Progress in Difficulty: This Book Can Be Downloaded As a PDF & Printed Out to Color Individual Pages. James Manning. 2019. (Big Trucks Coloring Books for Kids 4 - 8 Ser.: Vol. 2). (ENG., Illus.). 62p. (J). pap. *(978-1-83856-661-6(9))* Coloring Pages.

Big Trucks Coloring Pages: A Big Trucks Coloring (Colouring) Book with 30 Coloring Pages That Gradually Progress in Difficulty: This Book Can Be Downloaded As a PDF & Printed Out to Color Individual Pages. James Manning. 2019. (Big Trucks Coloring Pages Ser.: Vol. 2). (ENG., Illus.). 62p. (J). pap. *(978-1-83856-663-0(5))* Coloring Pages.

Big Trucks Colouring Books for Children (Big Trucks) A Big Trucks Coloring (Colouring) Book with 30 Coloring Pages That Gradually Progress in Difficulty: This Book Can Be Downloaded As a PDF & Printed Out to Color Individual Pages. James Manning. 2019. (Big Trucks Colouring Books for Children Ser.: Vol. 2). (ENG., Illus.). 62p. (J). pap. *(978-1-83856-676-0(7))* Coloring Pages.

Big Trucks for Big Boys: Coloring Books Boy. Jupiter Kids. 2016. (ENG., Illus.). 106p. (J). pap. 12.55 *(978-1-68305-149-7(1)*, Jupiter Kids (Childrens & Kids Fiction)) Speedy Publishing LLC.

Big Truck's Road Adventure, 1 vol. Amelia Marshall. 2016. (Big Machines Ser.). (ENG.). 32p. (gr. 1-2). pap. 11.00 *(978-1-4994-8099-3(7)*, c257934b-f174-4b4c-b032-fd3fafdb162d, Windmill Bks.) Rosen Publishing Group, Inc., The.

Big Truths Bible Storybook. Aaron Armstrong. 2021. (One Big Story Ser.). (ENG., Illus.). 224p. (J). (gr. 1-5). 16.99 *(978-1-0877-3012-7(0)*, 005829430, B&H Kids) B&H Publishing Group.

Big Truths for Little Ones, Parents, & People. L. J. Elder. 2020. (ENG.). 32p. (J). *(978-1-5255-9575-2(X))*; pap. *(978-1-5255-9574-5(1))* FriesenPress.

Big Tub of Water. Tamara Krenek-Oliver. Illus. by Melody Milleker. 2019. (ENG.). 28p. (J). pap. *(978-1-78830-258-6(3))* Olympia Publishers.

Big Tune: Rise of the Dancehall Prince. Alliah L. Agostini. Illus. by Shamar Knight-Justice. 2023. (ENG.). 40p. (J). 18.99 *(978-0-374-38994-9(2)*, 900256056, Farrar, Straus & Giroux (BYR)) Farrar, Straus & Giroux.

Big Ugly Sweater. Laura Sturgeon. 2019. (ENG.). 140p. (J). *(978-0-2288-2289-9(0))*; pap. *(978-0-2288-1440-5(5))* Tellwell Talent.

Big Umbrella. Amy June Bates & Juniper Bates. Illus. by Amy June Bates. 2018. (ENG., Illus.). 40p. (J). (gr. -1-3). 18.99 *(978-1-5344-0658-2(1)*, Simon & Schuster/Paula Wiseman Bks.) Simon & Schuster/Paula Wiseman Bks.

Big Unicorn Coloring Book for Kids Ages 4-8: Fun & Easy Unicorn Coloring Pages for Kids, Toddlers & Preschool, Great Gift for Boys & Girls. Hector England. 2021. (ENG.). 124p. (J). pap. 12.55 *(978-1-008-94885-3(3))* Lulu Pr., Inc.

Big Unicorn Little Unicorn. Katie Button. Illus. by Kev Payne. 2023. (Seek & Find Spyglass Bks.). (ENG.). 12p. (J). (gr. k-2). bds. 12.99 ***(978-1-80105-615-1(3))*** Top That! Publishing PLC GBR. Dist: Independent Pubs. Group.

Big Violet Book of Beginner Books. Seuss. 2023. (Beginner Books(R) Ser.). (ENG.). 248p. (J). (gr. -1-2). 17.99 ***(978-0-593-70298-7(0)***, Random Hse. Bks. for Young Readers) Random Hse. Children's Bks.

Big Violin. Teresa Cheung. 2017. (ENG., Illus.). 34p. (J). pap. *(978-1-7751248-0-1(0))* Cheung, Teresa.

Big Vowel Book for Little Readers - Reading for Kindergarten Children's Reading & Writing Books. Baby Professor. 2017. (ENG., Illus.). (J). pap. 9.55 *(978-1-5419-2782-7(6)*, Baby Professor (Education Kids)) Speedy Publishing LLC.

Big Wally. Troy Townsin. Illus. by Trish Glab. 2021. (ENG.). 34p. (J). pap. *(978-1-928131-62-5(X))* Polyglot Publishing.

Big War Series: With Joffre on the Battle Line the Adventures of an American Boy, in the Trenches (Classic Reprint) Ross Kay. 2018. (ENG., Illus.). 252p. (J). 29.09 *(978-0-332-11692-1(1))* Forgotten Bks.

Big Wave Novel Units Teacher Guide. Novel Units. 2019. (ENG.). (YA). pap. 12.99 *(978-1-56137-120-4(3)*, Novel Units, Inc.) Classroom Library Co.

Big We: We Are One Big Family. Sherilyn Bridget Avalon. Illus. by Sherilyn Bridget Avalon. 2019. (ENG., Illus.). 34p. (J). (gr. k-6). pap. 12.00 *(978-0-9915700-5-8(7))* Place 33 Presses.

Big Wet Balloon: TOON Level 2. Liniers. 2020. (ENG., Illus.). 32p. (J). (gr. -1-3). pap. 7.99 *(978-1-943145-47-8(4)*, Toon Books) Astra Publishing Hse.

Big Wide Welcome: A True Story about Jesus, James, & a Church That Learned to Love All Sorts of People. Trillia J. Newbell. Illus. by Catalina Echeverri. 2022. (Tales That Tell the Truth Ser.). (ENG.). 32p. (J). *(978-1-78498-391-8(8))* Good Bk. Co., The.

Big Wide Words in the Neighbourhood. Daria Solak. 2022. (Big Wide Words Ser.). (ENG., Illus.). 24p. (J). bds. 14.99 *(978-1-76050-986-6(8))* Hardie Grant Children?s Publishing AUS. Dist: Independent Pubs. Group.

Big Win: An Unofficial Novel for Fans of Animal Crossing. Winter Morgan. 2021. (Island Adventures Ser.: 2). 112p. (J). (gr. 1-5). pap. 7.99 *(978-1-5107-6528-3(X)*, Sky Pony Pr.) Skyhorse Publishing Co., Inc.

Big Winner. Sylvia Taekema. 2023. (Orca Currents Ser.). (ENG.). 128p. (J). (gr. 4-7). pap. 10.95 *(978-1-4598-3406-4(2)*, 1459834062) Orca Bk. Pubs. USA.

Big Woolly Mammoth. Geoff Gudsell. Illus. by Ned Barraud. 2023. (ENG.). 36p. (J). pap. ***(978-0-473-68347-4(4)***, CP Bks.) Copy Pr.

Big Words for Little Geniuses. Sue Patterson & James Patterson. Illus. by Pan Hsinping. 2017. (J). pap. *(978-0-316-48708-5(2)*, Jimmy Patterson) Little Brown & Co.

Big Words for Little Geniuses. Susan Patterson & James Patterson. Illus. by Hsinping Pan. 2017. (Big Words for Little Geniuses Ser.: 1). (ENG.). 32p. (J). (gr. -1-1). 18.99 *(978-0-316-50293-1(6)*, Jimmy Patterson) Little Brown & Co.

Big Words Small Stories: the Missing Donut. Judith Henderson. Illus. by T. L. McBeth. 2018. (ENG.). 52p. (J). (gr. k-3). 12.99 *(978-1-77138-788-0(2))* Kids Can Pr., Ltd. CAN. Dist: Hachette Bk. Group.

Big Words Small Stories: the Traveling Dustball. Judith Henderson. Illus. by T. L. McBeth. 2019. (ENG.). 52p. (J). (gr. k-3). 12.99 *(978-1-77138-789-7(0))* Kids Can Pr., Ltd. CAN. Dist: Hachette Bk. Group.

Big World! Big Adventures! the Movie (Thomas & Friends) Golden Books. Illus. by Tommy Stubbs. 2018. (Little Golden Book Ser.). (ENG.). 24p. (J). (-k). 4.99 *(978-1-5247-7316-8(6)*, Golden Bks.) Random Hse. Children's Bks.

Big Worry Day. K. A. Reynolds. Illus. by Chloe Dominique. 2022. 32p. (J). (gr. -1-3). 17.99 *(978-0-593-46563-9(6)*, Viking Books for Young Readers) Penguin Young Readers Group.

Big X: A Community Comes Together. S. M. Nelson & Angela Lundy. Illus. by Nancy Ward. 2018. (Kneehigh Pond Ser.: Vol. 1). (ENG.). 40p. (J). (gr. k-2). 24.99 *(978-1-948123-07-5(X))*; pap. 14.99 *(978-1-948123-02-0(9))* Brainiac Bloomers, LLC.

Big Yawn. Robert Kenimer. Illus. by Stacy Jordon. 2022. (ENG.). 38p. (J). 24.95 ***(978-1-957479-33-0(7))*** Vabella Publishing.

Big Year: A College Story (Classic Reprint) Meade Minnigerode. (ENG., Illus.). (J). 2018. 304p. 30.19 *(978-0-365-51473-2(X))*; 2017. pap. 13.57 *(978-0-259-10076-8(5))* Forgotten Bks.

Big Yellow Book. Cathy Hodsdon. Illus. by Tejal Mystry. 2023. (ENG.). 60p. (J). pap. 11.99 *(978-1-6629-4069-9(6))* Gatekeeper Pr.

Bigby Bear Vol. 1, Bk. 2. Philippe Coudray. 2019. (ENG., Illus.). 96p. 14.95 *(978-1-59465-806-8(4),* BU877) Humanoids, Inc.

Bigby Bear Vol. 2: For All Seasons, Bk. 2. Philippe Coudray. 2019. (ENG., Illus.). 104p. (gr. k-4). 14.95 *(978-1-64337-990-6(9),* BU906) Humanoids, Inc.

Bigeaters & Cheegaroos. Amy Fonken-Wind. Illus. by Cindi Wlodarczyk. 2021. (ENG.). 36p. (J). (gr. 1-2). 17.99 *(978-1-63221-122-4(X),* Xulon Pr.) Salem Author Services.

Bigfoot. Jen Besel. 2020. (Little Bit Spooky Ser.). (ENG.). 24p. (J). (gr. k-3). lib. bdg. *(978-1-62310-175-6(1),* 14446, Bolt Jr.) Black Rabbit Bks.

Bigfoot. Bradley Cole. 2019. (Monster Histories Ser.). (ENG., Illus.). 32p. (J). (gr. 4-6). pap. 7.95 *(978-1-5435-7498-2(X),* 141028); lib. bdg. 30.65 *(978-1-5435-7121-9(2),* 140403) Capstone.

Bigfoot. Marty Erickson. 2022. (Legendary Creatures Ser.). (ENG.). 24p. (J). (gr. 2-5). lib. bdg. 32.79 *(978-1-5038-5027-9(7),* 214875) Child's World, Inc, The.

Bigfoot. Ashley Gish. 2019. (X-Books: Mythical Creatures Ser.). (ENG.). 32p. (J). (gr. 3-5). pap. 9.99 *(978-1-62832-757-1(X),* 19229, Creative Paperbacks) Creative Co., The.

Bigfoot. Molly Jones. 2018. (Mythical Creatures Ser.). (ENG., Illus.). 32p. (J). (gr. 2-3). pap. 9.95 *(978-1-64185-001-8(9),* 1641850019); lib. bdg. 31.35 *(978-1-63517-899-9(1),* 1635178991) North Star Editions. (Focus Readers).

Bigfoot. Molly Jones. 2018. (Illus.). 32p. (J). *(978-1-4896-9834-6(5),* AV2 by Weigl) Weigl Pubs., Inc.

Bigfoot. Virginia Loh-Hagan. 2016. (Magic, Myth, & Mystery Ser.). (ENG., Illus.). 32p. (J). (gr. 4-8). 32.07 *(978-1-63471-116-6(5),* 208575, 45th Parallel Press) Cherry Lake Publishing.

Bigfoot. Laura K. Murray. 2017. (Are They Real? Ser.). (ENG.). 24p. (J). (gr. 1-4). pap. 8.99 *(978-1-62832-369-6(8),* 20057, Creative Paperbacks); *(978-1-60818-761-4(6),* 20059, Creative Education) Creative Co., The.

Bigfoot, 1 vol. Frances Nagle. 2016. (Monsters! Ser.). (ENG., Illus.). 32p. (J). (gr. 1-2). pap. 11.50 *(978-1-4824-4855-9(6),* 0827ba69-e4a1-4f3e-8201-e56ab6eb4969) Stevens, Gareth Publishing LLLP.

Bigfoot. Elizabeth Noll. 2016. (Strange ... but True? Ser.). (ENG.). 32p. (J). (gr. 4-6). pap. 9.99 *(978-1-64466-156-7(X),* 10326); (Illus.). 31.35 *(978-1-68072-020-4(1),* 10325) Black Rabbit Bks. (Bolt).

Bigfoot. Emily Rose Oachs. 2018. (Investigating the Unexplained Ser.). (ENG., Illus.). 32p. (J). (gr. 3-8). lib. bdg. 27.95 *(978-1-62617-852-6(6),* Blastoff! Discovery) Bellwether Media.

Bigfoot. Erin Peabody. Illus. by Victor Rivas. 2017. (Behind the Legend Ser.: 2). (ENG.). 128p. (J). (gr. 2-5). pap. 9.99 *(978-1-4998-0425-6(3))* Little Bee Books Inc.

Bigfoot: Mysterious Monsters. David Michael Slater. Illus. by Mauro Sorghienti. 2017. (Mysterious Monsters Ser.: 1). (ENG.). 78p. (J). (gr. 1-4). pap. 7.99 *(978-1-944589-23-3(6))* Incognito Publishing Pr. LLC.

Bigfoot: #1. David Michael Slater. Illus. by Mauro Sorghienti. 2023. (Mysterious Monsters Ser.). (ENG.). 80p. (J). (gr. 1-4). lib. bdg. 31.36 *(978-1-0982-5275-5(6),* 42663, Chapter Bks.) Spotlight.

BigFoot Activity Book: Wacky Puzzles, Coloring Pages, Fun Facts & Cool Stickers! D. L. Miller. 2019. (ENG.). 136p. (J). pap. 9.99 *(978-1-64124-034-5(2),* 0345B) Fox Chapel Publishing Co., Inc.

Bigfoot & His Friends. Daniel Roberts. 2020. (ENG.). 36p. (J). *(978-1-716-67766-3(1))* Lulu Pr., Inc.

Bigfoot & Lightning Bug. Donell Barlow. Illus. by Donell Barlow. 2019. (ENG., Illus.). 38p. (J). (gr. k-1). 14.99 *(978-0-578-54972-9(7))* Barlow, Donell.

Bigfoot & Yeti: Myth or Reality? Mary Colson. 2018. (Investigating Unsolved Mysteries Ser.). (ENG., Illus.). 32p. (J). (gr. 3-9). lib. bdg. 28.65 *(978-1-5435-3569-3(0),* 138910, Capstone Pr.) Capstone.

Bigfoot Crossing. Gail Anderson-Dargatz. 2023. (Orca Currents Ser.). (ENG.). 128p. (J). (gr. 4-7). pap. 10.95 *(978-1-4598-3476-7(3))* Orca Bk. Pubs. USA.

Bigfoot Files. Lindsay Eagar. (ENG.). 384p. (J). (gr. 5-9). 2022. pap. 8.99 *(978-1-5362-0617-3(2));* 2018. 16.99 *(978-0-7636-9234-6(4))* Candlewick Pr.

BigFoot Fun Book! Puzzles, Coloring Pages, Fun Facts! D. L. Miller. 2018. (ENG., Illus.). 136p. (J). pap. 9.99 *(978-1-64124-018-5(0),* 0185) Fox Chapel Publishing Co., Inc.

BigFoot Goes Back in Time: A Spectacular Seek & Find Challenge for All Ages! D. L. Miller. 2018. (BigFoot Search & Find Ser.). (ENG., Illus.). 48p. (J). 14.99 *(978-1-64124-003-1(2),* 0031B) Fox Chapel Publishing Co., Inc.

BigFoot Goes on Big City Adventures: Amazing Facts, Fun Photos, & a Look-And-Find Adventure! D. L. Miller. 2019. (BigFoot Search & Find Ser.). (ENG., Illus.). 48p. (J). 14.99 *(978-1-64124-026-0(1),* 0260) Fox Chapel Publishing Co., Inc.

BigFoot Goes on Great Adventures: Amazing Facts, Fun Photos, & a Look-And-Find Adventure! D. L. Miller. 2019. (BigFoot Search & Find Ser.). (ENG., Illus.). 48p. (J). 14.99 *(978-1-64124-025-3(3),* 0253); pap. 9.99 *(978-1-64124-043-7(1),* 0437) Fox Chapel Publishing Co., Inc.

BigFoot Goes on Vacation: A Spectacular Seek & Find Challenge for All Ages! D. L. Miller. (BigFoot Search & Find Ser.). (ENG., Illus.). 48p. (J). 2019. pap. 9.99 *(978-1-64124-041-3(5),* 0413); 2018. 14.99 *(978-1-64124-000-0(8),* 0000B) Fox Chapel Publishing Co., Inc.

Bigfoot Makes the Best Choice: Making the Best Choice, 1 vol. Sadie Silva. 2019. (Social & Emotional Learning for the Real World Ser.). (ENG.). 12p. (gr. 1-2). pap. *(978-1-7253-5596-5(5),* fcbabeb1-34b9-4474-9ce7-5cfb9e5af5a9, Rosen Classroom) Rosen Publishing Group, Inc., The.

Bigfoot Murders. Megan Gaudino. 2019. (ENG.). 250p. (J). pap. *(978-0-3695-0057-1(1))* Evernight Publishing.

Bigfoot Mystery. Wayne Brillhart. 2017. (ENG.). (J). 19.95 *(978-0-9858042-2-0(X))* Wan Lee Publishing.

Bigfoot of the Olentangy: The Wonderful Hunt. Linda Oxley Milligan. 2021. (ENG.). 114p. (J). pap. 6.99 *(978-1-944724-06-1(0))* Beak Star Bks.

BigFoot Spotted at World-Famous Landmarks: A Spectacular Seek & Find Challenge for All Ages! D. L. Miller. 2018. (BigFoot Search & Find Ser.). (ENG., Illus.). 48p. (J). 14.99 *(978-1-64124-002-4(4),* 0024B) Fox Chapel Publishing Co., Inc.

Bigfoot Takes the Field, 1. Michael Brumm. ed. 2023. (Cryptid Club Ser.). (ENG.). 96p. (J). (gr. 1-4). 21.96 *(978-1-68505-736-7(5))* Penworthy Co., LLC, The.

Bigfoot the Hairy Beast & Other Legendary Creatures of North America, 1 vol. Craig Boutland. 2018. (Cryptozoologist's Guide to Curious Creatures Ser.). (ENG.). 32p. (gr. 4-5). lib. bdg. 28.27 *(978-1-5382-2694-0(4),* 48ef5680-f7a9-44af-bf04-18ebc5fb81a1) Stevens, Gareth Publishing LLLP.

Bigfoot, the Loch Ness Monster, & Unexplained Creatures, 1 vol. Matt Bougie. 2017. (Paranormal Investigations Ser.). (ENG.). 64p. (gr. 6-6). 35.93 *(978-1-5026-2847-3(3),* 8fb126eb-8bed-4c21-9eef-726c0160d73a) Cavendish Square Publishing LLC.

Bigfoot Untold. Ricko Dupri Sample. (ENG., Illus.). 58p. (YA). 2020. *(978-0-2288-2561-6(X));* 2018. pap. *(978-0-2288-0678-3(X))* Tellwell Talent.

BigFoot Visits the Big Cities of the World: A Spectacular Seek & Find Challenge for All Ages! D. L. Miller. 2018. (BigFoot Search & Find Ser.). (ENG., Illus.). 48p. (J). (gr. -1-7). 14.99 *(978-1-64124-001-7(6),* 0017) Fox Chapel Publishing Co., Inc.

Bigfoot vs. Krampus. Virginia Loh-Hagan. 2020. (Battle Royale: Lethal Warriors Ser.). (ENG., Illus.). 32p. (J). (gr. 4-8). pap. 14.21 *(978-1-5341-6164-1(3),* 214656); lib. bdg. 32.07 *(978-1-5341-5934-1(7),* 214655) Cherry Lake Publishing. (45th Parallel Press).

Bigfoot Wants a Little Brother. Samantha Berger & Martha Brockenbrough. Illus. by Dave Pressler. 2020. (ENG.). 32p. (J). (gr. -1-3). 17.99 *(978-0-545-85974-5(3),* Orchard Bks.) Scholastic, Inc.

Bigfoot y Adaptación. Terry Lee Collins. Illus. by Cristian Javier Mallea. 2019. (Ciencias Monstruosas Ser.). (SPA.). 32p. (J). (gr. 3-9). lib. bdg. 31.32 *(978-1-5435-8264-2(8),* 141274) Capstone.

Bigfoot's First Haircut. Adam L. Reichert. 2018. (ENG., Illus.). 26p. (J). pap. 12.95 *(978-1-64258-219-2(0))* Christian Faith Publishing.

Bigfoots Have Big Toes. Katie Axt & Robbie Byerly. 2016. (1B Fiction Ser.). (ENG., Illus.). 24p. (J). pap. 8.00 *(978-1-63437-577-1(7))* American Reading Co.

Bigger! Bigger! Leslie Patricelli. Illus. by Leslie Patricelli. 2018. (ENG., Illus.). 32p. (J). (-k). 15.99 *(978-0-7636-7930-9(5))* Candlewick Pr.

Bigger Bigger Caterpillar. Barbara A. Fanson. l.t. ed. 2021. (ENG.). 24p. (J). *(978-1-989361-23-8(4));* pap. *(978-1-989361-22-1(6))* Sterling Education Ctr. Inc.

Bigger Dreams. Cher Louise Jones. Illus. by Lee Dixon. 2020. (Bigger Dreams Ser.: Vol. 1). (ENG.). 42p. (J). pap. 10.99 *(978-1-913619-00-8(1))* Feisty Scholar Pubns.

Bigger Dreams Colouring Book. Cher Louise Jones. Illus. by Lee Dixon. 2020. (ENG.). 42p. (J). pap. 7.99 *(978-1-913619-04-6(4))* Feisty Scholar Pubns.

Bigger or Smaller? Renuka Bisht. Illus. by Nero Bernales. l.t. ed. 2021. (ENG.). 20p. (J). pap. 7.99 *(978-1-63760-596-7(X))* Primedia eLaunch LLC.

Bigger Than a Bumblebee. Joseph Kuefler. Illus. by Joseph Kuefler. 2021. (ENG., Illus.). 40p. (J). (gr. -1-3). 18.99 *(978-0-06-269165-1(1),* Balzer & Bray) HarperCollins Pubs.

Bigger Than Me! Robyn Barnett. Illus. by Mehk Arshad. 2023. (ENG.). 22p. (J). 25.00 *(978-1-960853-13-4(9))* Liberation's Publishing.

Bigger Than the Storm. Cristina Plett. 2022. (ENG.). 34p. (J). pap. *(978-1-988276-38-0(1))* Peasantry Pr.

Bigger Than You. Hyewon Kyung. 2018. (ENG., Illus.). 32p. (J). (gr. -1-3). 17.99 *(978-0-06-268312-0(8),* Greenwillow Bks.) HarperCollins Pubs.

Bigger Words for Little Geniuses. Susan Patterson & James Patterson. Illus. by Hsinping Pan. 2019. (ENG.). 32p. (J). (gr. -1-1). 17.99 *(978-0-316-53445-1(5),* Jimmy Patterson) Little Brown & Co.

Biggest Activity & Coloring Book Edition. Bobo's Children Activity Books. 2016. (ENG., Illus.). (J). pap. 7.99 *(978-1-68327-908-2(5))* Sunshine In My Soul Publishing.

Biggest Animals in the World. Contrib. by Samantha S. Bell. 2023. (Animal World Ser.). (ENG.). 64p. (YA). (gr. 6-12). 43.93 *(978-1-6782-0612-3(1),* BrightPoint Pr.) ReferencePoint Pr., Inc.

Biggest Balloon. Meg Jansen. 2023. (ENG.). 22p. (J). pap. *(978-1-83934-680-4(9))* Olympia Publishers.

Biggest, Best Light: Shining God's Love into the World Around You. Daniel Darling & Briana Stensrud. 2022. (ENG., Illus.). 32p. (J). (gr. -1-2). 16.99 *(978-0-7369-8237-5(X),* 6982375) Harvest Hse. Pubs.

Biggest Bodies. Marissa Kirkman. 2023. (Animal Extremes Ser.). (ENG., Illus.). 32p. (J). pap. 9.95 *(978-1-63738-580-7(3));* lib. bdg. 31.35 *(978-1-63738-526-5(9))* North Star Editions. (Apex).

Biggest Burp: A Dining Primer. Alexandra Coscia. Illus. by Songhee Lee. 2019. (ENG.). 28p. (J). 20.00 *(978-1-7335291-0-5(1))* Coscia, Alexandra.

Biggest Engineering Failures. Connie Colwell Miller. 2018. (History's Biggest Disasters Ser.). (ENG., Illus.). 32p. (J). (gr. 3-9). lib. bdg. 27.32 *(978-1-5157-9990-0(5),* 136979, Capstone Pr.) Capstone.

Biggest, Fastest, Smallest, Slowest! Contrib. by World Book, Inc. Staff. 2017. (J). *(978-0-7166-7946-2(9))* World Bk., Inc.

Biggest, Funniest, Wackiest, Grossest Joke Book Ever! Editors of Portable Press. 2020. (ENG.). 256p. (J). (gr. 3-7). 14.99 *(978-1-64517-375-5(5),* Portable Pr.) Printers Row Publishing Group.

Biggest Gift: A Rhyming Christmas Nativity Play Script for Kids. Adrianna Cox & Martin Sommersby. 2022. (ENG.). 28p. (J). pap. *(978-1-915510-21-1(X))* Hope Bks., Ltd.

Biggest Hug. Neal Feller. 2021. (ENG.). 36p. (J). *(978-0-2288-6149-2(7));* pap. *(978-0-2288-6148-5(9))* Tellwell Talent.

Biggest Ice Cream Cone. Darla Merrill. 2022. (ENG.). 40p. (J). 35.00 *(978-1-63661-326-0(8))* Dorrance Publishing Co., Inc.

Biggest Ice Cream Cone Ever. Frank Navratil. 2017. (ENG., Illus.). (J). (gr. k-3). pap. *(978-80-88022-18-3(5))* Navrátil Frank.Ricany.

Biggest Little Boy: A Christmas Story. Poppy Harlow. Illus. by Ramona Kaulitzki. 2021. 32p. (J). (gr. -1-2). 17.99 *(978-0-593-20457-3(3),* Viking Books for Young Readers) Penguin Young Readers Group.

Biggest Little Fruit Monster (Hardcover) Rhett Simkins. Illus. by K. Steven McWethy. 2022. (ENG.). 32p. (J). *(978-1-387-62875-9(5))* Lulu Pr., Inc.

Biggest Military Battles. Connie Colwell Miller. 2018. (History's Biggest Disasters Ser.). (ENG., Illus.). 32p. (J). (gr. 3-9). lib. bdg. 27.32 *(978-1-5157-9989-4(1),* 136978, Capstone Pr.) Capstone.

Biggest Names in Music (Set Of 8) Ed. by North Star North Star Editions. 2020. (Biggest Names in Music Ser.). (ENG.). 256p. (J). (gr. 3-5). pap. 79.60 *(978-1-64493-641-2(0),* 1644936410); lib. bdg. 250.80 *(978-1-64493-632-0(1),* 1644936321) North Star Editions. (Focus Readers).

Biggest Names in Sports, 8 vols. (Biggest Names in Sports Set 2 Ser.). (ENG.). 256p. (J). (gr. 3-5). 2018. pap. 79.60 *(978-1-63517-564-6(X),* 163517564X); 2018. lib. bdg. 250.80 *(978-1-63517-492-2(9),* 1635174929); 2017. pap. 79.60 *(978-1-63517-102-0(4),* 1635171024) North Star Editions. (Focus Readers).

Biggest Names in Sports Set 3, 6 vols. 2018. (Biggest Names in Sports Set 3 Ser.). (ENG., Illus.). 192p. (J). (gr. 3-5). pap. 59.70 *(978-1-63517-965-1(3),* 1635179653); lib. bdg. 188.10 *(978-1-63517-864-7(9),* 1635178649) North Star Editions. (Focus Readers).

Biggest Names in Sports Set 4 (Set Of 8) 2019. (Biggest Names in Sports Set 4 Ser.). (ENG., Illus.). 256p. (J). (gr. 3-5). pap. 79.60 *(978-1-64185-374-3(3),* 1641853743); lib. bdg. 250.80 *(978-1-64185-316-3(6))* North Star Editions. (Focus Readers).

Biggest Names in Sports Set 5 (Set Of 8) Compiled by North Star North Star Editions. 2020. (Biggest Names in Sports Set 5 Ser.). (ENG.). 256p. (J). (gr. 3-5). pap. 79.60 *(978-1-64493-128-8(1),* 1644931281); lib. bdg. 250.80 *(978-1-64493-049-6(8),* 1644930498) North Star Editions. (Focus Readers).

Biggest Names in Sports Set 6 (Set Of 8) 2021. (Biggest Names in Sports Set 6 Ser.). (ENG., Illus.). 256p. (J). (gr. 3-5). pap. 79.60 *(978-1-64493-731-0(X));* lib. bdg. 250.80 *(978-1-64493-695-5(X))* North Star Editions. (Focus Readers).

Biggest Names in Sports Set 7 (Set Of 8) 2022. (Biggest Names in Sports Set 7 Ser.). (ENG.). 8p. (J). (gr. 3-5). pap. 99.50 *(978-1-63739-304-8(0));* lib. bdg. 313.50 *(978-1-63739-252-2(4))* North Star Editions. (Focus Readers).

Biggest Numbers of All Coloring Book. Bobo's Children Activity Books. 2016. (ENG., Illus.). (J). pap. 9.33 *(978-1-68327-133-8(5))* Sunshine In My Soul Publishing.

Biggest Plane Crashes. Connie Colwell Miller. 2018. (History's Biggest Disasters Ser.). (ENG., Illus.). 32p. (J). (gr. 3-9). lib. bdg. 27.32 *(978-1-5157-9987-0(5),* 136976, Capstone Pr.) Capstone.

Biggest POW POW in the World. Juliana Habryl & Gloria Habryl. 2022. (ENG., Illus.). 18p. (J). 23.95 *(978-1-68570-562-6(6))* Christian Faith Publishing.

Biggest Roller Coaster. Tina Kugler. ed. 2021. (Acorn Early Readers Ser.). (ENG., Illus.). 44p. (J). (gr. k-1). 15.46 *(978-1-64697-901-1(X))* Penworthy Co., LLC, The.

Biggest Scandals in Sports. Tyler Mason. 2017. (Wild World of Sports Ser.). (ENG., Illus.). 48p. (J). (gr. 3-6). lib. bdg. 34.21 *(978-1-5321-1362-8(5),* 27660, SportsZone) ABDO Publishing Co.

Biggest Shipwrecks. Connie Colwell Miller. 2018. (History's Biggest Disasters Ser.). (ENG., Illus.). 32p. (J). (gr. 3-9). lib. bdg. 27.32 *(978-1-5157-9988-7(3),* 136977, Capstone Pr.) Capstone.

Biggest Story ABC. Kevin DeYoung. Illus. by Don Clark. 2017. (ENG.). 32p. (J). bds. 12.99 *(978-1-4335-5818-4(1))* Crossway.

Biggest Super Bowl Plays. Paul Bowker. 2019. (Best of the Super Bowl Ser.). (ENG., Illus.). 32p. (J). (gr. 3-6). 32.80 *(978-1-63235-546-1(9),* 13936, 12-Story Library) Bookstaves, LLC.

Biggest Super Bowl Upsets. Paul Bowker. 2019. (Best of the Super Bowl Ser.). (ENG., Illus.). 32p. (J). (gr. 3-6). 32.80 *(978-1-63235-547-8(7),* 13937, 12-Story Library) Bookstaves, LLC.

Biggest to Smallest: Bilingual Inuktitut & English Edition. Inhabit Education Books. Illus. by We Are Together. 2022. (Arvaaq Bks.). (ENG.). 28p. (J). bds. 12.95 *(978-1-77450-367-6(0))* Inhabit Education Bks. Inc. CAN. Dist: Consortium Bk. Sales & Distribution.

Biggest Tomato, 1 vol. Dewayne Hotchkins. 2016. (Rosen REAL Readers: STEM & STEAM Collection). (ENG.). 12p. (gr. 1-2). pap. 6.33 *(978-1-5081-2673-7(9),* a0483dc6-bec7-4fb3-b2a4-1e39b92fa98f, Rosen Classroom) Rosen Publishing Group, Inc., The.

Biggest Word. Jackie Reneau & Morgan Hunsaker. 2023. (ENG.). 32p. (J). *(978-1-0391-1279-7(X));* pap. *(978-1-0391-1278-0(1))* FriesenPress.

Biggi, Luke und das Grimolino. Andreas Gunther Rademacher. 2019. (GER.). 564p. (J). pap. *(978-3-7103-4258-5(9))* united p.c. Verlag.

Biggie. Ellen Miles. ed. 2021. (Puppy Place Ser.). (ENG., Illus.). 82p. (J). (gr. 2-3). 16.86 *(978-1-68505-105-1(7))* Penworthy Co., LLC, The.

Biggie & Bear: the Rescue. Nancy May. 2023. (ENG.). 38p. (J). 18.95 *(978-1-63755-543-9(1),* Mascot Kids) Amplify Publishing Group.

Biggie the Chihuahua & the No Fun Frog. Dianne Dain et al. 2018. (Adventures of Biggie the Chihuahua Ser.: Vol. 1). (ENG., Illus.). 56p. (J). pap. 11.99 *(978-1-948458-00-9(4))* Sea Blue Publishing.

Biggie (the Puppy Place #60) Ellen Miles. 2021. (Puppy Place Ser.: 60). (ENG.). 96p. (J). (gr. 2-5). pap. 5.99 *(978-1-338-68696-8(8),* Scholastic Paperbacks) Scholastic, Inc.

Biggle Horse Book. Jacob Biggle. 2019. (ENG.). 130p. (J). pap. *(978-3-337-77878-1(X))* Creation Pubs.

Biggle Horse Book: A Concise & Practical Treatise on the Horse, Original & Compiled; Adapted to the Needs of Farmers & Others Who Have Kindly Regard for This Noble Servitor of Man (Classic Reprint) Jacob Biggle. 2018. (ENG., Illus.). 130p. (J). 26.58 *(978-0-365-51900-3(6))* Forgotten Bks.

Biggs's Bar, & Other Klondyke Ballads (Classic Reprint) Howard V. Sutherland. 2017. (ENG., Illus.). 80p. (J). 25.55 *(978-0-484-79090-1(0))* Forgotten Bks.

Bighorn Sheep. Tammy Gagne. 2017. (Animals of North America Ser.). (ENG., Illus.). 32p. (J). (gr. 2-3). pap. 9.95 *(978-1-63517-088-7(5),* 1635170885, Focus Readers) North Star Editions.

Bighorn Sheep. Virginia Loh-Hagan. Illus. by Jeff Bane. 2017. (My Early Library: My Favorite Animal Ser.). (ENG.). 24p. (J). (gr. k-1). lib. bdg. 30.64 *(978-1-63472-837-9(8),* 209774) Cherry Lake Publishing.

Bighorn Sheep. Patrick Perish. 2019. (Animals of the Desert Ser.). (ENG., Illus.). 24p. (J). (gr. k-3). lib. bdg. 26.95 *(978-1-62617-920-2(4),* Blastoff! Readers) Bellwether Media.

Bighorn Sheep. Jill Sherman. 2018. (North American Animals Ser.). (ENG.). 24p. (J). (gr. 1-4). pap. 8.99 *(978-1-68152-335-4(3),* 15120); lib. bdg. *(978-1-68151-415-4(X),* 15112) Amicus.

Bighorn Sheep Babies. Steph Lehmann. 2018. (ENG.). 26p. (J). bds. 8.95 *(978-1-56037-728-3(3))* Farcountry Pr.

Bigmouth. Evan Jacobs. 2018. (Walden Lane Ser.). (ENG.). 64p. (J). (gr. 4-7). pap. 9.75 *(978-1-68021-375-1(X))* Saddleback Educational Publishing, Inc.

Bigness & Smallness, Flatness & Roundness a Size & Shape Book for Kids. Baby Iq Builder Books. 2016. (ENG., Illus.). (J). pap. 8.99 *(978-1-68374-763-5(1))* Examined Solutions PTE. Ltd.

Bigtooth. David Muto. 2022. (ENG.). 50p. (J). pap. 12.95 *(978-1-6624-5501-8(1))* Page Publishing Inc.

Bihtarin Urdu-Yi Kuhistani. Maryam Mastiri. Illus. by Ilgar Rahimi. 2017. (PER.). 23p. (J). *(978-964-337-845-5(4))* Ketab-e Neyestan.

Biindigen! Amik Says Welcome. Nancy Cooper. Illus. by Joshua Mangeshig Pawis-Steckley. 2023. (ENG.). 32p. (J). (gr. 3). 18.95 *(978-1-77147-515-0(3))* Owlkids Bks. Inc. CAN. Dist: Publishers Group West (PGW).

Bijou. Susan Hughes. 2017. (Puppy Pals Ser.: 4). (ENG.). 112p. (J). (gr. 2-5). pap. 5.99 *(978-1-4926-3403-4(4),* 9781492634034, Sourcebooks Jabberwocky) Sourcebooks, Inc.

Bijou's Courtships: A Study in Pink (Classic Reprint) Katherine Berry di Zerega. 2018. (ENG., Illus.). 322p. (J). 30.54 *(978-0-483-74840-8(4))* Forgotten Bks.

Biju Het Babyolifantje. Susan Cohen. 2018. (DUT., Illus.). 36p. (J). pap. *(978-1-387-27099-6(0))* Lulu Pr., Inc.

Biju, o Elefante Beb? Susan Cohen. 2018. (POR.). 36p. (J). pap. *(978-0-244-06232-3(3))* Lulu Pr., Inc.

Biju Silver Lining. Mary Vine. Illus. by Kaylynne Dowling. 2018. (ENG.). 28p. (J). pap. 9.95 *(978-0-9998957-3-3(7))* Melland Publishing, LLC.

Bike: A Story about a Bike That Really Mattered. John P. Lammers. 2017. (ENG., Illus.). 42p. (J). pap. 7.95 *(978-1-947402-22-5(6))* Lets Go Publish.

Bike & Trike. Elizabeth Verdick. ed. 2021. (ENG., Illus.). 46p. (J). (gr. k-1). 19.46 *(978-1-64697-850-2(1))* Penworthy Co., LLC, The.

Bike & Trike. Elizabeth Verdick. Illus. by Brian Biggs. 2020. (ENG.). 48p. (J). (gr. -1-3). 7.99 *(978-1-5344-8043-8(9));* 17.99 *(978-1-5344-1517-1(3))* Simon & Schuster/Paula Wiseman Bks. (Simon & Schuster/Paula Wiseman Bks.).

Bike Like Sergio's. Maribeth Boelts. Illus. by Noah Z. Jones. (ENG.). 40p. (J). (gr. k-3). 2018. 7.99 *(978-1-5362-0295-3(9));* 2016. 17.99 *(978-0-7636-6649-1(1))* Candlewick Pr.

Bike Race. Rachel Bach. 2016. (Let's Race Ser.). (ENG., Illus.). 16p. (J). (gr. -1-1). pap. 7.99 *(978-1-68152-129-9(6),* 15495) Amicus.

Bike Race. Rachel Bach. 2016. (Let's Race Ser.). (ENG., Illus.). 16p. (gr. k-3). 17.95 *(978-1-60753-910-0(1))* Amicus Learning.

Bike Ride. Jan Ormerod. Illus. by Freya Blackwood. 2017. (Maudie & Bear Stories Ser.). (ENG.). 10p. (J). (gr. -1-k). bds. 9.99 *(978-1-76012-898-2(8))* Little Hare Bks. AUS. Dist: Independent Pubs. Group.

Bike Safety. Emma Bassier. 2020. (Safety for Kids Ser.). (ENG.). 24p. (J). (gr. k-3). lib. bdg. 31.36 *(978-1-5321-6751-5(2),* 34663, Pop! Cody Koala) Pop!.

Bike Safety. Sarah L. Schuette. 2019. (Staying Safe! Ser.). (ENG., Illus.). 24p. (J). (gr. -1-2). 24.65 *(978-1-9771-0873-9(3),* 140484, Pebble) Capstone.

Bikes. Ian Graham. 2017. (Mighty Machines Ser.). (ENG., Illus.). 24p. (J). (gr. -1-2). pap. 5.95 *(978-1-77085-849-7(0),* 9c2672b7-7144-4620-87a0-b2350673e8d3) Firefly Bks., Ltd.

Bikes for Sale (Story Books for Kids, Books about Friendship, Preschool Picture Books) Carter Higgins. Illus. by Zachariah OHora. 2019. (ENG.). 40p. (J). (gr. -1-k). 16.99 *(978-1-4521-5932-4(7))* Chronicle Bks. LLC.

Bikes Go!, 1 vol. Sean MacDumont. 2017. (Ways to Go Ser.). (ENG.). 24p. (J). (gr. k-k). pap. 9.15 *(978-1-5382-1009-3(6),* a1a8b9c9-a987-4c80-9cf6-408cc5e8e48b) Stevens, Gareth Publishing LLLP.

Bikey the Skicycle: Other Tales of Jimmieboy (Classic Reprint) John Kendrick Bangs. 2018. (ENG., Illus.). 342p. (J). 30.97 *(978-0-483-67256-7(4))* Forgotten Bks.

Biking. Nessa Black. 2020. (Spot Outdoor Fun Ser.). (ENG.). 16p. (J). (gr. -1-2). lib. bdg. *(978-1-68151-807-7(4),* 10681) Amicus.

Biking. Lisa Owings. 2023. (Let's Get Outdoors! Ser.). (ENG., Illus.). (J). (gr. k-3). lib. bdg. 26.95 Bellwether Media.

Biking with Grandma: A Wish You Were Here Adventure. Chris Santella. Illus. by Vivienne To. 2022. (ENG.). 40p. (J). (gr. -1-3). 17.99 *(978-1-4197-4804-2(1),* 1705501, Abrams Bks. for Young Readers) Abrams, Inc.

Bikini Watches the Weather & Sarah Watermelon Sings. Kimberly Prey. 2023. (ENG.). 26p. (J). 24.99

B

(978-1-960810-20-5(0)); pap. 12.99 (978-1-957262-83-3(4)) Yorkshire Publishing Group.
Bilal Cooks Daal. Aisha Saeed. Illus. by Anoosha Syed. 2019. (ENG.). 40p. (J). (gr. -1-3). 18.99 (978-1-5344-1810-3(5), Salaam Reads) Simon & Schuster Bks. For Young Readers.
Bilal Ibn Rabah: The First Muezzin of Islam. Shahada Sharelle Abdul Haqq. 2020. (Illus.). 52p. (J). (gr. 4-6). 17.95 (978-1-59784-941-8(3), Tughra Bks.) Blue Dome, Inc.
Bilal's Brilliant Bee. Michael Rosen. Illus. by Tony Ross. 2016. (ENG.). 96p. (J). (gr. k-2). pap. 10.99 (978-1-78344-395-6(2)) Andersen Pr. GBR. Dist: Independent Pubs. Group.
Bildad Akers: His Book; the Notions & Experiences of a Quaint Rural Philosopher Who Thinks for Himself. Thomas N. Ivey. 2017. (ENG., Illus.). (J). pap. (978-0-649-38683-3(3)) Trieste Publishing Pty Ltd.
Bildad Akers: His Book; the Notions & Experiences of a Quaint Rural Philosopher Who Thinks for Himself (Classic Reprint) Thomas N. Ivey. 2018. (ENG., Illus.). 208p. (J). 28.21 (978-0-484-13312-8(8)) Forgotten Bks.
Bilgewater. Jane Gardam. 2016. (ENG.). 208p. pap. 17.00 (978-1-60945-331-2(X)) Europa Editions, Inc.
Bili: The Adorabilis Octopus. Alisa Hites. 2019. (ENG.). 40p. (J). (gr. k-3). 24.95 (978-1-0878-5383-3(4)) Bay Co. Bks., Inc.
Bilingual Alphabet, 56 vols. School Zone Staff. 2019. (SPA.). 56p. (J). 3.49 (978-1-58947-981-4(5), 7a150d87-65fd-4ee8-8d85-1ed30fa8aeab) School Zone Publishing Co.
Bilingual Alphabet Flash Cards (English/Spanish) 2022. (ENG.). 36p. (J). 3.95 (978-1-4413-3825-9(X), f4158b69-9a18-4d9f-89e3-d3c8bf0cc1ee) Peter Pauper Pr. Inc.
Bilingual Animals of All Kinds, 56 vols. School Zone Staff. 2019. (SPA.). 56p. (J). 3.49 (978-1-58947-989-0(0), fc7b73c8-3730-499d-b61e-14c89d3573cc) School Zone Publishing Co.
Bilingual Basic Sight Words, 56 vols. School Zone Staff. 2019. (SPA.). 54p. (J). 3.49 (978-1-58947-982-1(3), 4ffe766e-2c98-4f5b-a53a-46e063870a6a) School Zone Publishing Co.
Bilingual Bird - ¡Cuidemos Las Aves! Brendan Kearney. ed. 2023.Tr. of ¡Cuidemos Las Aves!. 32p. (J). (-k). 16.99 (978-0-7440-7915-9(2), DK Children) Dorling Kindersley Publishing, Inc.
Bilingual Colors & Shapes Flash Cards (English/Spanish) 2022. (ENG.). 36p. (J). 3.95 (978-1-4413-3826-6(8), 40bac6f5-92ea-490e-89f5-c5ea825baf93) Peter Pauper Pr. Inc.
Bilingual Colors, Shapes & More, 56 vols. School Zone Staff. 2019. (SPA.). (J). 3.49 (978-1-58947-988-3(2), e7dc55fd-ac2a-491b-83e0-6d7f90da9899) School Zone Publishing Co.
Bilingual First Words Flash Cards (English/Spanish) 2022. (ENG.). 36p. (J). 3.95 (978-1-4413-3827-3(6), 227f1161-eee2-4548-af4c-7a93d567d984) Peter Pauper Pr. Inc.
Bilingual Flash Cards - Alphabet, Colors & Shapes, First Words, & Numbers (English/Spanish) (Set Of 4) 2022. (ENG.). 144p. (J). 14.99 (978-1-4413-3811-2(X), 62c484e8-9359-460a-b395-cb2073ebd298) Peter Pauper Pr. Inc.
Bilingual Multiplication 0-12, 56 vols. School Zone Staff. rev. ed. 2019. (SPA.). 56p. (J). 3.49 (978-1-58947-986-9(6), d3484b48-64b0-41f9-8294-f20b2ceb0f6d) School Zone Publishing Co.
Bilingual Numbers Flash Cards (English/Spanish) 2022. (ENG.). 36p. (J). 3.95 (978-1-4413-3828-0(4), da7d0daa-a71f-412a-9e09-e23f0cbe0303) Peter Pauper Pr. Inc.
Bilingual Parrot. Mary Weeks Millard. 2017. (From Disgrace to Honour Ser.: Vol. 4). (ENG.). pap. (978-1-84625-519-9(8)) DayOne Pubns.
Bilingual Pop-Up Peekaboo! Butterfly - la Mariposa. DK. ed. 2023. (Pop-Up Peekaboo! Ser.).Tr. of ¡Cucú! la Mariposa. 12p. (J). (— 1). bds. 12.99 (978-0-7440-7913-5(6), DK Children) Dorling Kindersley Publishing, Inc.
Bilingual Pop-Up Peekaboo! Ocean - el Océano. DK. ed. 2023. (Pop-Up Peekaboo! Ser.).Tr. of ¡Cucú! el Océano. 12p. (J). (— 1). bds. 12.99 (978-0-7440-7914-2(4), DK Children) Dorling Kindersley Publishing, Inc.
Bilingual Treasury of Chinese Folktales: Ten Traditional Stories in Chinese & English (Free Online Audio Recordings) Vivian Ling & Peng Wang. Illus. by Yang Xi. 2022. 64p. (J). (gr. 5-7). 16.99 (978-0-8048-5498-6(X)) Tuttle Publishing.
Bilioustine 1901: A Periodical of Knock (Classic Reprint) Bert Leston Taylor. (ENG., Illus.). (J). 2017. 25.09 (978-0-331-90896-1(4)); 2016. pap. 9.57 (978-1-333-34978-3(5)) Forgotten Bks.
Bill & Jill the Ibises. Howie Minsky. 2019. (Hello, Everglades! Ser.). (ENG., Illus.). 16p. (J). (gr. -1-2). pap. 11.36 (978-1-5341-5724-8(7), 214147, Cherry Blossom Press) Cherry Lake Publishing.
Bill & Molly?s Ultimate Search & Find Adventure Activity Book. Jupiter Kids. 2016. (ENG., Illus.). 108p. (J). pap. 16.55 (978-1-68326-200-8(X), Jupiter Kids (Childrens & Kids Fiction)) Speedy Publishing LLC.
Bill & Pete Go down the Nile. Tomie dePaola. ed. 2020. (ENG.). 31p. (J). (gr. k-1). 20.96 (978-1-64310-842-1(5)) Penworthy Co., LLC, The.
Bill & the Little Red Plane. Jonathan Walker. Ed. by Lisa Zahn. Illus. by Rosaria Costa. 2017. (ENG.). (J). (gr. 1-2). (978-1-9997606-0-1(3)); pap. (978-1-9997606-1-8(1)) Chirpy Stories.
Bill Arp: From the Uncivil War to Date, 1861-1903 (Classic Reprint) Bill Arp, pseud. 2017. (ENG., Illus.). (J). 31.30 (978-1-5281-8416-8(5)) Forgotten Bks.
Bill Arp, So Called: A Side Show of the Southern Side of the War (Classic Reprint) Unknown Author. 2018. (ENG., Illus.). 248p. (J). 29.01 (978-0-267-65922-7(9)) Forgotten Bks.
Bill Arp's Peace Papers (Classic Reprint) Matt O'Brian. 2018. (ENG., Illus.). 280p. (J). 29.67 (978-0-483-32570-8(8)) Forgotten Bks.
Bill Belichick, 1 vol. John Fredric Evans. 2019. (Championship Coaches Ser.). (ENG.). 112p. (gr. 7-7). 40.27 (978-0-7660-9794-0(3), e0483d96-2fe2-4e1c-a902-b3bd80e452a1) Enslow Publishing, LLC.
Bill Bojangles Robinson: Dancer, 1 vol. Meghan Engsberg Cunningham. 2016. (Artists of the Harlem Renaissance Ser.). (ENG., Illus.). 128p. (YA). (gr. 9-9). lib. bdg. 47.36 (978-1-5026-1073-7(6), 3af9bdc9-e39b-41b4-ab64-0e6fd1ca07ae) Cavendish Square Publishing LLC.
Bill Clinton. BreAnn Rumsch. (United States Presidents Ser.). (ENG., Illus.). (J). 2020. 48p. (gr. 3-6). lib. bdg. 35.64 (978-1-5321-9345-3(9), 34847, Checkerboard Library); 2016. 40p. (gr. 2-5). lib. bdg. 35.64 (978-1-68078-089-5(1), 21795, Big Buddy Bks.) ABDO Publishing Co.
Bill Dill. Jemima Loves Words. 2020. (Jemima Loves Early Readers Ser.). (ENG., Illus.). 20p. (J). (gr. k). pap. 9.99 (978-1-951300-89-0(0)) Liberation's Publishing.
Bill Gets a Move on (Classic Reprint) Marie Van Brakkel. (ENG., Illus.). (J). 2018. 168p. 27.36 (978-0-483-86832-8(9)); 2016. pap. 9.97 (978-1-334-15475-1(9)) Forgotten Bks.
Bill Jones of Paradise Valley Oklahoma: His Life & Adventures for over Forty Years in the Great Southwest (Classic Reprint) John J. Callison. 2017. (ENG., Illus.). (J). 30.79 (978-0-265-83595-1(X)) Forgotten Bks.
BILL MAGELLAN - Space Cadet. Gary Davidson. 2019. (ENG.). 136p. (J). pap. 6.46 (978-0-359-58261-7(3)) Lulu Pr., Inc.
Bill Nye & Boomerang. Bill Nye. 2017. (ENG.). (J). 310p. pap. (978-3-337-08068-6(5)); 294p. pap. (978-3-337-07245-2(3)) Creation Pubs.
Bill Nye & Boomerang: Or the Tale of a Meek-Eyed Mule; & Some Other Literary Gems (Classic Reprint) Bill Nye. 2017. (ENG., Illus.). (J). 29.92 (978-0-260-60932-8(3)) Forgotten Bks.
Bill Nye's Chestnuts: Old & New (Classic Reprint) Bill Nye. 2018. (ENG., Illus.). 290p. (J). 29.88 (978-0-483-97272-8(X)) Forgotten Bks.
Bill Nye's Cordwood (Classic Reprint) Bill Nye. 2016. (ENG., Illus.). (J). pap. 9.57 (978-1-333-37086-2(5)) Forgotten Bks.
Bill Nye's Cordwood (Classic Reprint) Bill Nye. 2018. (ENG., Illus.). 150p. (J). 27.01 (978-0-483-64568-4(0)) Forgotten Bks.
Bill Nye's Great Big World of Science. Bill Nye & Gregory Mone. 2020. (ENG., Illus.). 264p. (J). (gr. 5-9). 29.99 (978-1-4197-4676-5(6), 1214501, Abrams Bks. for Young Readers) Abrams, Inc.
Bill Nye's Red Book (Classic Reprint) Bill Nye. 2017. (ENG., Illus.). (J). 31.96 (978-0-265-36364-5(0)) Forgotten Bks.
Bill Nye's Remarks (Classic Reprint) Edgar W. Nye. (ENG., Illus.). (J). 2017. 34.13 (978-0-331-54678-1(7)); 2016. pap. 16.57 (978-1-334-13092-2(2)) Forgotten Bks.
Bill Nye's Sparks. Bill Wilson Nye. 2018. (Classic Reprint Ser.). (ENG., Illus.). 190p. (J). 27.82 (978-0-332-95280-2(0)) Forgotten Bks.
Bill Nye's Sparks (Classic Reprint) Edgar Wilson Nye. 2018. (ENG., Illus.). (J). 188p. 27.79 (978-1-396-82317-6(4)); 190p. pap. 10.57 (978-1-396-82289-6(5)) Forgotten Bks.
Bill of Rights. 2017. (Bill of Rights Ser.). 48p. (gr. 5-6). pap. 117.00 (978-0-7660-8803-0(0)); (ENG.). lib. bdg. 296.00 (978-0-7660-8587-9(2), c896cec3-bcfe-4561-9aac-6a4946a2d7ce) Enslow Publishing, LLC.
Bill of Rights. Kirsten Chang. 2019. (Symbols of American Freedom Ser.). (ENG., Illus.). 24p. (J). (gr. k-3). pap. 7.99 (978-1-61891-492-7(8), 12142, Blastoff! Readers) Bellwether Media.
Bill of Rights, 1 vol. Katie Kawa. 2016. (Documents of American Democracy Ser.). (ENG., Illus.). 32p. (J). (gr. 5-5). pap. 11.00 (978-1-4994-2073-9(0), 56b52929-ef46-44d7-bd38-ea101c14b022, PowerKids Pr.) Rosen Publishing Group, Inc., The.
Bill of Rights, 1 vol. Susanna Keller. 2016. (Let's Find Out! Primary Sources Ser.). (ENG., Illus.). 32p. (J). (gr. 2-3). lib. bdg. 26.06 (978-1-5081-0399-8(2), 3c4876ed-03a5-44f6-85ad-2ddaeb80c374) Rosen Publishing Group, Inc., The.
Bill of Rights, 1 vol. Kathleen A. Klatte. 2020. (Rosen Verified: U. S. Government Ser.). (ENG.). 48p. (J). (gr. 3-3). pap. 13.95 (978-1-4994-6851-9(2), 769f4046-e633-4258-b511-d184703b8377); lib. bdg. 33.47 (978-1-4994-6852-6(0), 0d3ed65f-155b-4914-a2fd-6bf21a5d7ece) Rosen Publishing Group, Inc., The.
Bill of Rights. Marcia Amidon Lusted. 2019. (Shaping the United States of America Ser.). (ENG., Illus.). 24p. (J). (gr. 1-3). pap. 7.95 (978-1-9771-1012-1(6), 140955); lib. bdg. 25.99 (978-1-9771-0843-2(1), 140462) Capstone. (Pebble).
Bill of Rights. Marcia Amidon Lusted. 2016. (How America Works). (ENG.). 24p. (J). (gr. 3-6). 32.79 (978-1-5038-0900-0(5), 210665) Child's World, Inc, The.
Bill of Rights, 1 vol. Seth Lynch. 2018. (Look at U. S. History Ser.). (ENG.). 32p. (gr. 2-2). lib. bdg. 28.27 (978-1-5382-2115-0(2), 356cee05-6668-4527-9ef0-e2b6a77c59d4) Stevens, Gareth Publishing LLLP.
Bill of Rights: Asking Tough Questions. Jennifer Kaul. 2020. (Questioning History Ser.). (ENG.). 48p. (J). (gr. 3-5). pap. 8.95 (978-1-4966-8813-2(9), 201746); (Illus.). lib. bdg. 31.99 (978-1-4966-8467-7(2), 200343) Capstone. (Capstone Pr.).
Bill of Rights Discovering More about It Children's History Book. Bold Kids. 2022. (ENG.). 42p. (J). pap. 14.99 (978-1-0717-1898-8(3)) FASTLANE LLC.
Bill of Rights in Translation: What It Really Means. Amie Jane Leavitt. rev. ed. (Kids' Translations Ser.). (ENG., Illus.). 32p. (J). (gr. 3-6). 2017. lib. bdg. 27.99 (978-1-5157-9138-6(6), 136572, Capstone Pr.); 2016. pap. 8.10 (978-1-5157-4218-0(0), 133981) Capstone.
Bill of Rights: Why It Matters to You (a True Book: Why It Matters) (Library Edition) Ruth Bjorklund. 2019. (True Book (Relaunch) Ser.). (ENG., Illus.). 48p. (J). (gr. 3-5). lib. bdg. 31.00 (978-0-531-23181-4(X), Children's Pr.) Scholastic Library Publishing.
Bill of the Black Hand: A Very Tall Story (Classic Reprint) Wolf Durian. (ENG., Illus.). (J). 2018. 158p. 27.16 (978-0-267-37824-1(6)); 2016. pap. 9.57 (978-1-334-15626-7(3)) Forgotten Bks.
Bill of the U. S. A: And Other War Verses (Classic Reprint) Kenneth Graham Duffield. 2018. (ENG., Illus.). 66p. (J). 25.26 (978-0-483-73777-8(1)) Forgotten Bks.
Bill on the Bus. Tracilyn George. 2021. (ENG.). 20p. (J). pap. 11.00 (978-1-77475-267-8(0)) Lulu Pr., Inc.
Bill Perkins Proposin Day (Classic Reprint) Helena a Pfeil. 2018. (ENG., Illus.). 24p. (J). 24.41 (978-0-267-45454-9(6)) Forgotten Bks.
Bill Sees It Through: An Exciting Adventure Story (Classic Reprint) John Lodge. (ENG., Illus.). (J). 2018. 148p. 26.97 (978-0-484-68379-1(9)); 2016. pap. 9.57 (978-1-333-52475-3(7)) Forgotten Bks.
Bill Sewall's Story of T. R (Classic Reprint) William Wingate Sewall. 2017. (ENG., Illus.). (J). 27.16 (978-0-266-53728-1(6)) Forgotten Bks.
Bill the Bachelor (Classic Reprint) Denis Mackail. 2017. (ENG., Illus.). (J). 31.18 (978-0-260-02140-3(7)) Forgotten Bks.
Bill the Minder (Classic Reprint) William Heath Robinson. (ENG., Illus.). (J). 2018. 332p. 30.74 (978-0-332-85948-4(7)); 2016. pap. 13.57 (978-1-333-64962-3(2)) Forgotten Bks.
Bill-Toppers (Classic Reprint) Andre Castaigne. 2018. (ENG., Illus.). 356p. (J). 31.24 (978-0-483-38302-9(3)) Forgotten Bks.
Bill Truetell: A Story of Theatrical Life (Classic Reprint) George H. Brennan. 2018. (ENG., Illus.). 300p. (J). 30.10 (978-0-483-26342-0(7)) Forgotten Bks.
Bill Weaver the Duck That Got Stuck. Susan Ann Calhoun. 2021. (ENG., Illus.). 36p. (J). pap. 15.95 (978-1-0980-6809-7(2)) Christian Faith Publishing.
Billabong Bush Dance. Amy Dunjey. Illus. by Tyrown Waigana. 2023. (ENG.). 32p. (J). (gr. -1-4). 24.99 (978-1-922857-42-2(4)) Bonnier Publishing GBR. Dist: Independent Pubs. Group.
Billabong Mob Tales. Freda Turner. 2018. (ENG., Illus.). 28p. (J). (gr. 1-5). (978-1-5289-2379-8(0)); pap. (978-1-5289-2380-4(4)) Austin Macauley Pubs. Ltd.
Billabong Wisdom. Michele Dowling. 2018. (ENG., Illus.). 120p. (J). pap. 14.95 (978-1-64424-424-1(1)) Page Publishing Inc.
Billi, the Maker. April Hilland. Illus. by Maia Batumashvili. l.t. ed. 2022. (ENG.). 32p. (J). (978-1-7750389-4-8(7)) Hilland, April.
Billie & Bean at the Beach. Julia Hansson. Tr. by B. J. Woodstein from SWE. 2023. (Billie & Bean Ser.: 1). Orig. Title: Billie, Korven Och Havet. (ENG., Illus.). 32p. (J). (gr. 1-3). 21.95 (978-1-4598-3441-5(0)) Orca Bk. Pubs. USA.
Billie & Bean in the City. Julia Hansson. Tr. by B. J. Woodstein from SWE. 2023. (Billie & Bean Ser.: 2). Orig. Title: Billie, Korven Och Staden. (ENG., Illus.). 32p. (J). (gr. 1-3). 21.95 (978-1-4598-3444-6(5)) Orca Bk. Pubs. USA.
Billie Blaster & the Robot Army from Outer Space. Laini Taylor. Illus. by Jim Di Bartolo. 2023. (ENG.). 208p. (J). (gr. 3-7). 17.99 (978-1-4197-5384-8(3), 1729801, Amulet Bks.) Abrams, Inc.
Billie Bop's Robot, Bebop. Bryan Carrier. Illus. by Lizy J. Campbell. 2020. (ENG.). 46p. (J). pap. 14.99 (978-1-954004-99-3(0)) Pen It Pubns.
Billie Boy & I: And Other Child Verse for Adult Readers (Classic Reprint) Will P. Snyder. 2018. (ENG., Illus.). 104p. (J). 26.04 (978-0-483-75285-6(1)) Forgotten Bks.
Billie Bradley & Her Inheritance: The Queer Homestead at Cherry Corners. Janet D. Wheeler. 2017. (ENG., Illus.). 186p. (J). pap. (978-93-86874-80-1(6)) Alpha Editions.
Billie Bradley at Three Towers Hall: Leading a Needed Rebellion. Janet D. Wheeler. 2017. (ENG., Illus.). 184p. (J). pap. (978-93-86874-81-8(4)) Alpha Editions.
Billie Bradley on Lighthouse Island: The Mystery of the Wreck. Janet D Wheeler. 2018. (ENG.). 172p. (J). pap. (978-93-86874-82-5(2)) Alpha Editions.
Billie Eilish. Martha London. 2020. (Biggest Names in Music Ser.). (ENG., Illus.). 32p. (J). (gr. 3-5). pap. 9.95 (978-1-64493-642-9(9), 1644936429); lib. bdg. 31.35 (978-1-64493-633-7(X), 164493633X) North Star Editions. (Focus Readers).
Billie Eilish: The Rise of a Superstar. Heather E. Schwartz. 2021. (Gateway Biographies Ser.). (ENG., Illus.). 48p. (J). (gr. 4-8). lib. bdg. 31.99 (978-1-7284-0449-3(5), 50288288-1e78-4973-bc65-ba224dd4a4dc, Lerner Pubns.) Lerner Publishing Group.
Billie Eilish: Singing Superstar. Megan Borgert-Spaniol. 2021. (Superstars Ser.). (ENG., Illus.). 32p. (J). (gr. 2-5). lib. bdg. 34.21 (978-1-5321-9566-2(4), 37382, Big Buddy Bks.) ABDO Publishing Co.
Billie Eilish: the Ultimate Unofficial Fanbook (Media Tie-In) Sally Morgan. ed. 2019. (ENG.). 96p. (YA). (gr. 7-7). pap. 8.99 (978-1-338-63066-4(0)) Scholastic, Inc.
Billie Eilish, the Unofficial Biography: From e-Girl to Icon. Adrian Besley. 2021. (ENG., Illus.). 240p. (gr. 8-12). (J). lib. bdg. 37.32 (978-1-7284-2416-3(X), 7770be70-4a8f-4b39-a075-68e2a1d98c3b); (YA). pap. 14.99 (978-1-7284-2417-0(8), 4ff1f44f-54f5-4a2c-b1b4-40636adffa30) Lerner Publishing Group. (Zest Bks.).
Billie Impett Doris (Classic Reprint) Eustace Ainsworth. 2018. (ENG., Illus.). 256p. (J). 29.18 (978-0-332-79345-0(1)) Forgotten Bks.
Billie Jean! How Tennis Star Billie Jean King Changed Women's Sports. Mara Rockliff. Illus. by Elizabeth Baddeley. 2019. 40p. (J). (gr. -1-3). 17.99 (978-0-525-51779-5(0), G.P. Putnam's Sons Books for Young Readers) Penguin Young Readers Group.
Billie Jean King. Maria Isabel Sanchez Vegara. Illus. by Miranda Sofroniou. 2020. (Little People, BIG DREAMS Ser.: 39). (ENG.). 32p. (J). (gr. -1-2). (978-0-7112-4693-5(9), Frances Lincoln Children's Bks.) Quarto Publishing Group UK.
Billie Jean King. Jennifer Strand. 2016. (Trailblazing Athletes Ser.). (ENG.). 24p. (J). (gr. -1-2). 49.94 (978-1-68079-418-2(3), 23039, Abdo Zoom-Launch) ABDO Publishing Co.
Billie Jean King & the Battle of the Sexes. Chris Bowman. Illus. by Eugene Smith. 2023. (Greatest Moments in Sports Ser.). (ENG.). (J). (gr. 3-8). pap. 8.99. lib. bdg. 29.95 Bellwether Media.
Billie Jean King vs. Bobby Riggs. J. E. Skinner. 2018. (21st Century Skills Library: Sports Unite Us Ser.). (ENG., Illus.). 32p. (J). (gr. 3-6). lib. bdg. 32.07 (978-1-5341-2962-7(6), 211892) Cherry Lake Publishing.
Billie, Korven Och Havet see Billie & Bean at the Beach
Billie, Korven Och Staden see Billie & Bean in the City
Billie Learns the Hard Way. Paul Mercer. 2018. (ENG., Illus.). 32p. (J). pap. 12.95 (978-1-64028-654-2(3)) Christian Faith Publishing.
Billie Shakespeare. Cathy McGough. 2019. (ENG.). 34p. (J). pap. (978-1-988201-64-1(0)) McGough, Cathy.
Billie the Baby Goat Fairy. Daisy Meadows. ed. 2018. (Rainbow Magic — Farm Aminal Fairies Ser.). lib. bdg. 14.75 (978-0-606-41157-8(7)) Turtleback.
Billie the Octopus. Lotus Kay. Illus. by Chey Diehl. 2019. (ENG.). 28p. (J). (gr. k-5). 14.99 (978-1-63233-231-8(0)); pap. 9.99 (978-1-63233-236-3(1)) Eifrig Publishing.
Billie's Animal Hospital Adventure. Sally Rippin. Illus. by Alisa Coburn. 2017. (ENG.). 24p. (J). 10.99 (978-1-61067-607-6(6)) Kane Miller.
Billie's Outer Space Adventure. Sally Rippin. Illus. by Alisa Coburn. 2017. (ENG.). 24p. (J). 10.99 (978-1-61067-608-3(4)) Kane Miller.
Billie's Wild Jungle Adventure. Sally Rippin. Illus. by Alisa Coburn. 2017. (ENG.). 24p. (J). 10.99 (978-1-61067-553-6(3)) Kane Miller.
Billie's Yummy Bakery Adventure. Sally Rippin. Illus. by Alisa Coburn. 2017. (ENG.). 24p. (J). 10.99 (978-1-61067-554-3(1)) Kane Miller.
Billiges Basteln Für Kinder 28 Schneeflockenvorlagen - Schwierige Kunst- und Handwerksaktivitäten Für Kinder: Kunsthandwerk Für Kinder. James Manning & Christabelle Manning. 2019. (Billiges Basteln Für Kinder 28 Schneeflockenvorlag Ser.: Vol. 4). (GER., Illus.). 58p. (J). (gr. 4-6). pap. (978-1-83900-764-4(8)) West Suffolk CBT Service Ltd., The.
Billikin & Others: Being a Collection of Express Stories (Classic Reprint) George W. Vorys. 2018. (ENG., Illus.). 50p. (J). 24.93 (978-0-267-27559-5(5)) Forgotten Bks.
Billion Balloons of Questions, 28 vols. Amy B. Moreno. Illus. by Carlos Velez. 2022. 28p. (J). 17.95 (978-1-78250-776-5(0)) Floris Bks. GBR. Dist: Consortium Bk. Sales & Distribution.
Billion Dollar Girl. Megan Shull. 2022. (ENG.). 416p. (J). (gr. 5-9). 17.99 (978-0-593-52457-2(8), Razorbill) Penguin Young Readers Group.
Billionaire: A Time Travel Mystery. Jon VanZile. 2020. (ENG.). 332p. (J). pap. 12.99 (978-1-7348915-3-9(X)) Dragon Tree Bks.
Billions of Bricks. Kurt Cyrus. Illus. by Kurt Cyrus. 2016. (ENG., Illus.). 32p. (J). 18.99 (978-1-62779-273-8(2), 900144946, Holt, Henry & Co. Bks. For Young Readers) Holt, Henry & Co.
Billow & the Rock. Harriet Martineau. 2017. (ENG.). 256p. (J). pap. (978-3-337-17417-0(5)) Creation Pubs.
Billow & the Rock: A Tale (Classic Reprint) Harriet Martineau. (ENG., Illus.). (J). 2018. 256p. 29.20 (978-0-483-86380-4(7)); 2017. 33.14 (978-1-5285-5189-2(3)) Forgotten Bks.
Billow Prairie (Classic Reprint) Joy Allison. 2018. (ENG., Illus.). 380p. (J). 31.75 (978-0-656-03691-2(5)) Forgotten Bks.
Bill's Dinosaur. Marygrace Snook. 2021. (ENG.). 24p. (J). pap. 11.95 (978-1-63844-994-2(5)) Christian Faith Publishing.
Bill's Mistake a Story of the California Redwoods (Classic Reprint) Robert Gale Barson. 2018. (ENG., Illus.). 276p. (J). 29.59 (978-0-483-78955-5(0)) Forgotten Bks.
Bill's New Frock see Billy y el Vestido Rosa
Bill's School & Mine: A Collection of Essays on Education (Classic Reprint) William Suddards Franklin. 2018. (ENG., Illus.). 110p. (J). 26.17 (978-0-365-31943-6(0)) Forgotten Bks.
Billtry (Classic Reprint) Mary Kyle Dallas. 2018. (ENG., Illus.). 150p. (J). 26.99 (978-0-484-22843-5(9)) Forgotten Bks.
Billy & Ant Fall Out: Pride. James Minter. Illus. by Helen Rushworth. 2016. (Billy Growing Up Ser.: Vol. 2). (ENG.). (J). (gr. 2-3). (978-1-910727-11-9(3)) Minter Publishing Ltd.
Billy & Ant Lie: Lying. James Minter. Illus. by Helen Rushworth. 2016. (Billy Growing Up Ser.: Vol. 4). (ENG.). 120p. (J). (gr. 3-6). pap. (978-1-910727-15-7(6)) Minter Publishing Ltd.
Billy & Ant Lie: Lying. James Minter & Helen Rushworth. 2016. (Billy Growing Up Ser.: Vol. 4). (ENG., Illus.). (J). (gr. 2-3). (978-1-910727-17-1(2)) Minter Publishing Ltd.
Billy & Bella Bongo's Us Adventure: Michigan. Shilpa Patel. 2016. (ENG.). (J). 14.95 (978-1-63177-406-5(9)) Amplify Publishing Group.
Billy & Blaze Collection (Boxed Set) Billy & Blaze; Blaze & the Forest Fire; Blaze Finds the Trail; Blaze & Thunderbolt; Blaze & the Mountain Lion; Blaze & the Lost Quarry; Blaze & the Gray Spotted Pony; Blaze Shows the Way; Blaze Finds Forgotten Roads. C. W. Anderson. Illus. by C. W. Anderson. ed. 2018. (Billy & Blaze Ser.). (ENG., Illus.). 448p. (J). (gr. k-3). pap. 79.99 (978-1-5344-1371-9(5), Aladdin) Simon & Schuster Children's Publishing.
Billy & Dick: From Andersonville Prison to the White House (Classic Reprint) Ralph Orr Bates. 2018. (ENG., Illus.). 120p. (J). 26.37 (978-0-267-23465-3(1)) Forgotten Bks.
Billy & Gracie: Unplugged Adventures-The Pirate Ship. Christina Trudden. 2019. (ENG.). 38p. (J). 14.95 (978-1-64307-045-2(2)) Amplify Publishing Group.
Billy & Hans, My Squirrel Friends: A True History (Classic Reprint) William James Stillman. (ENG., Illus.). (J). 2018. 70p. 25.36 (978-0-267-19792-7(6)); 2016. pap. 9.57 (978-1-334-16001-1(5)) Forgotten Bks.

TITLE INDEX

BIMBI

Billy & Jimmy's Jungle Adventure. Bob Samuel. 2022. (ENG.). 50p. (J). pap. 11.99 *(978-1-915662-76-7(1))* Indy Pub.

Billy & Mister Crowe. Curtis Ercanbrack. 2022. (ENG.). 188p. (YA). pap. 17.95 *(978-1-6624-8070-6(9))* Page Publishing Inc.

Billy & Rose: Forever Friends. Amy Hest. Illus. by Kady MacDonald Denton. (Candlewick Sparks Ser.). (ENG.). 48p. (J). (gr. -1-3). 2023. pap. 5.99 *(978-1-5362-3514-2(8))*; 2022. 16.99 *(978-1-5362-1419-2(1))* Candlewick Pr.

Billy & the Balloons. Elizabeth Dale. Illus. by Patrick Corrigan. ed. 2020. (ENG.). 32p. (J). (gr. -1-1). 16.95 *(978-1-913337-16-2(2)*, Scribblers) Book Hse. GBR. Dist: Sterling Publishing Co., Inc.

Billy & the Bright Side. Lauren Renee Moore. 2018. (ENG., Illus.). 16p. (J). *(978-1-387-85781-4(9))* Lulu Pr., Inc.

Billy & the Cookies. Nakia Dillard. 2022. (ENG.). 32p. (J). pap. *(978-1-6780-1422-3(2))* Lulu Pr., Inc.

Billy & the Day Before Yesterday. Reynolds May. 2016. (ENG., Illus.). (J). pap. *(978-3-7103-2857-2(8))* united p.c. Verlag.

Billy & the Mad Dog. Bill Boylan & Sue Boylan. 2016. (ENG., Illus.). (J). (gr. 3-6). pap. *(978-1-925515-27-5(3))* Vivid Publishing.

Billy & the Major (Classic Reprint) Emma Speed Sampson. 2017. (ENG., Illus.). (J). 296p. 30.02 *(978-0-484-64483-9(1))*; pap. 13.57 *(978-0-259-76058-0(7))* Forgotten Bks.

Billy & the Mini Monsters: Monsters at the Beach. Zanna Davidson. 2019. (Billy & the Mini Monsters Ser.). (ENG.). 80ppp. (J). pap. 4.99 *(978-0-7945-4515-4(7)*, Usborne) EDC Publishing.

Billy & the Mini Monsters: Monsters at the Museum. Zanna Davidson. 2019. (Billy & the Mini Monsters Ser.). (ENG.). 80ppp. (J). pap. 4.99 *(978-0-7945-4514-7(9)*, Usborne) EDC Publishing.

Billy & the Mini Monsters Monsters at Halloween. Zanna Davidson. 2019. (Billy & the Mini Monsters Ser.). (ENG.). 80ppp. (J). pap. 4.99 *(978-0-7945-4766-0(4)*, Usborne) EDC Publishing.

Billy & the Minpins. Roald Dahl. Illus. by Quentin Blake. 2019. (ENG.). 128p. (J). (gr. 2-4). 7.99 *(978-0-593-11342-4(X)*, Puffin Books) Penguin Young Readers Group.

Billy & the Ripple: The Story of Carl H. Smith. Melodie Bissell & Tori Bissell. 2017. (ENG., Illus.). (J). (gr. 1-6). pap. *(978-1-896213-89-7(8))* Praise Publishing.

Billy & the Secret Island - Bily Ma Te Aba ni Karaba (Te Kiribati) Maryanne Danti. Illus. by Jomar Estrada. 2023. (ENG.). 26p. (J). pap. *(978-1-922835-66-6(8))* Library For All Limited.

Billy & the Terrible Storm. Raquel Cuz Olivo. 2022. (Billy the Adventurer Ser.: Vol. 1). (ENG., Illus.). 30p. (J). pap. 14.95 *(978-1-0980-6860-8(2))* Christian Faith Publishing.

Billy Balloon. Jack Payton. 2022. (ENG., Illus.). 40p. (J). 24.95 *(978-1-6624-6920-6(9))*; pap. 14.95 *(978-1-6624-6918-3(7))* Page Publishing Inc.

Billy Banger. Georgie Thomas. 2022. (ENG.). 36p. (J). *(978-1-80369-419-1(X))*; pap. *(978-1-80369-418-4(1))* Authors OnLine, Ltd.

Billy Baths the Baby - e Teboka Te Ataei Billy (Te Kiribati) Charity Russell. Illus. by Charity Russell. 2023. (ENG.). 28p. (J). pap. *(978-1-922844-52-1(7))* Library For All Limited.

Billy Baxter's Letters (Classic Reprint) Kountz. 2018. (ENG., Illus.). 116p. (J). 26.31 *(978-0-483-84280-9(X))* Forgotten Bks.

Billy Bear Books: Children's Stories. Pamela Rose Rasmussen. Illus. by Pamela Rose Rasmussen. 2022. (ENG.). 94p. (J). *(978-0-2288-7880-3(2))*; pap. *(978-0-2288-7879-7(9))* Tellwell Talent.

Billy Beaver Saves Christmas. Angela Bergmann. 2019. (Billy Beaver Ser.: Vol. 1). (ENG.). 80p. (J). pap. *(978-1-7770378-2-6(4))* Library & Archives Canada.

Billy Bee: Sugarplums & Honey. Paris Brosnan & Paris Lerway. 2017. (ENG., Illus.). 27p. (J). pap. 13.95 *(978-1-78710-075-6(8)*, 07536626-b42a-4a60-b991-ab346949fafb) Austin Macauley Pubs. Ltd. GBR. Dist: Baker & Taylor Publisher Services (BTPS).

Billy Beechum & the Hooticat's Secret. Mike McNair. Illus. by Hughes Matthew. 2016. (Billy Beechum Trilogy Ser.: Vol. 1). (ENG.). (J). (gr. 3-5). pap. 14.99 *(978-1-940310-52-7(0))* 4RV Pub.

Billy Beetle Bug & His Beetle Bug Board. Sumi Fyhrie. Illus. by Kabita Studio. 2nd ed. 2019. (ENG.). 32p. (J). (gr. k-6). 19.95 *(978-1-944072-07-0(1)*, White Parrot Pr.) First Steps Publishing.

Billy Beetle Bug & His Beetle Bug Board: Bounce, Bounce, Bounce. Sumi Fyhrie. 2016. (Reading, Exercise & Song Ser.: Vol. 1). (ENG., Illus.). (J). (gr. k-2). 24.95 *(978-1-937333-33-1(7))* First Steps Publishing.

Billy Bellew a Novel (Classic Reprint) W. E. Norris. 2018. (ENG., Illus.). 338p. (J). 30.87 *(978-0-484-58234-6(8))* Forgotten Bks.

Billy Bellew, Vol. 1 of 2 (Classic Reprint) W. E. Norris. 2018. (ENG., Illus.). 266p. (J). 29.38 *(978-0-483-89766-3(3))* Forgotten Bks.

Billy Bellew, Vol. 2 of 2 (Classic Reprint) W. E. Norris. (ENG., Illus.). (J). 2018. 244p. 28.93 *(978-0-332-83367-5(4))*; 2016. pap. 11.57 *(978-1-333-54100-2(7))* Forgotten Bks.

Billy Ben's Pirate Play (Classic Reprint) Rea Woodman. 2018. (ENG., Illus.). 28p. (J). 24.47 *(978-0-267-09902-3(9))* Forgotten Bks.

Billy Bloo Is Stuck in Goo. Jennifer Hamburg. Illus. by Ross Burach. 2017. (ENG.). 32p. (J). (gr. -1-3). 16.99 *(978-0-545-88015-2(7)*, Scholastic Pr.) Scholastic, Inc.

Billy Boggle & the Color Changing Fruit. Selinsky. 2020. (ENG.). 48p. (J). 22.99 *(978-1-951263-91-1(X))* Pen It Pubns.

Billy Boggle & the Color Changing Fruit. Jen Selinsky. 2020. (ENG.). 48p. (J). pap. 15.99 *(978-1-952011-02-3(7))* Pen It Pubns.

Billy Boggle & the Color Changing Fruit Coloring Book. Jen Selinsky. 2020. (ENG.). 48p. (J). pap. 7.99 *(978-1-952011-01-6(9))* Pen It Pubns.

Billy Boggle & the Melted Vegetables. Jen Selinsky. Illus. by Teresa Amehana Garcia. 2021. (ENG.). 42p. (J). 22.99 *(978-1-63984-029-8(X))*; pap. 14.99 *(978-1-63984-028-1(1))* Pen It Pubns.

Billy, Bone & the Tree Keeper. Keith Trayling. Illus. by Maddy Cook. 2021. (ENG.). 24p. (J). pap. *(978-1-80042-120-2(6))* SilverWood Bks.

Billy Book: Hughes Abroad (Classic Reprint) David Low. 2018. (ENG., Illus.). 46p. (J). 24.87 *(978-0-656-04433-7(0))* Forgotten Bks.

Billy Books Collection: Volume 1. James Minter. 2017. (Billy Growing up Collection: Vol. 1). (ENG., Illus.). 458p. (J). (gr. 2-3). pap. *(978-1-910727-30-0(X))* Minter Publishing Ltd.

Billy Books Collection: Volume 2. James Minter. 2017. (Billy Growing up Collection: Vol. 2). (ENG., Illus.). 500p. (J). (gr. 2-3). pap. *(978-1-910727-33-1(4))* Minter Publishing Ltd.

Billy Bottombomb & the Great Poo of Pottyville. Tim Wade. 2019. (ENG., Illus.). 24p. (J). *(978-0-6483937-2-6(0))* Wade, Tim.

Billy Bounce (Classic Reprint) William Wallace Denslow. (ENG., Illus.). (J). 2017. 30.39 *(978-0-265-41162-9(9))*; 2016. pap. 13.57 *(978-1-333-54638-0(6))* Forgotten Bks.

Billy-Boy: A Study in Responsibilities (Classic Reprint) John Luther Long. (ENG., Illus.). (J). 2018. 100p. 25.96 *(978-0-484-86425-1(4))*; 2017. pap. 9.57 *(978-0-243-27618-9(4))* Forgotten Bks.

Billy-Boy (Classic Reprint) Mary T. Waggaman. (ENG., Illus.). (J). 2018. 234p. 28.74 *(978-0-483-15652-4(3))*; 2017. pap. 11.57 *(978-0-259-48981-8(6))* Forgotten Bks.

Billy Bradley Surfs Blue Tubes. Cate Dunn. 2018. (ENG., Illus.). 156p. (J). pap. *(978-0-6482102-2-1(7))* Dunn Publishing, Cate.

Billy Budd Novel Units Student Packet. Novel Units. 2019. (ENG.). (YA). pap. 13.99 *(978-1-56137-916-3(6)*, Novel Units, Inc.) Classroom Library Co.

Billy Burgundy's Letters (Classic Reprint) Billy Burgundy. 2018. (ENG., Illus.). 94p. (J). 25.86 *(978-0-483-66628-3(9))* Forgotten Bks.

Billy Chen & the Holy Wars. Michael John Wilde. 2018. (ENG., Illus.). 194p. (YA). pap. *(978-1-78830-100-8(5))* Olympia Publishers.

Billy (Classic Reprint) Frank Mahlon. (ENG., Illus.). (J). 2018. 22p. 24.37 *(978-0-267-39270-4(2))*; 2016. pap. 7.97 *(978-1-333-19786-5(1))* Forgotten Bks.

Billy Duane: A Novel (Classic Reprint) Frances Aymar Mathews. (ENG., Illus.). (J). 2018. 380p. 31.75 *(978-0-483-52668-6(1))*; 2017. pap. 16.57 *(978-0-243-12209-7(8))* Forgotten Bks.

Billy e Chalvin. Franca Mariotti. 2018. (ITA., Illus.). 36p. (J). pap. *(978-0-244-09408-9(X))* Lulu Pr., Inc.

Billy Fortune (Classic Reprint) William Rheem Lighton. 2017. (ENG., Illus.). (J). 368p. 31.51 *(978-0-332-91297-4(3))*; pap. 13.97 *(978-0-259-55520-9(7))* Forgotten Bks.

Billy Gets Bullied: Bullying. James Minter. Illus. by Helen Rushworth. (Billy Growing Up Ser.: Vol. 1). (ENG.). (J). (gr. 2-3). 2018. 110p. *(978-1-910727-47-8(4))*; 2017. 135p. pap. *(978-1-910727-32-4(6))* Minter Publishing Ltd.

Billy Go to Bed. Pamela Malcolm. 2019. (ENG., Illus.). 32p. (J). pap. *(978-0-244-52367-1(3))* Lulu Pr., Inc.

Billy Goat, Silly Goat. Stephanie Marroquin. 2019. (ENG., Illus.). 36p. (J). pap. *(978-1-78830-347-7(4))* Olympia Publishers.

Billy Goes to Spain: Funny Bedtime Story for Children Kids. Pamela Malcolm. 2018. (Billy Ser.: Vol. 14). (ENG., Illus.). 30p. (J). pap. *(978-1-912675-28-9(5))* Aryla Publishing.

Billy Graham. Michael Capek. 2018. (Essential Lives Ser.). (ENG., Illus.). 112p. (J). (gr. 6-12). lib. bdg. 41.36 *(978-1-5321-1611-7(X)*, 29790, Essential Library) ABDO Publishing Co.

Billy Hamilton. Archibald Clavering Gunter. 2017. (ENG.). 324p. (J). pap. *(978-3-337-04135-9(3))* Creation Pubs.

Billy Hamilton: A Novel (Classic Reprint) Archibald Clavering Gunter. 2018. (ENG., Illus.). 324p. (J). 30.58 *(978-0-332-84880-8(9))* Forgotten Bks.

Billy Has a Birthday: Bullying. James Minter. Illus. by Rushworth Helen. 2016. (Billy Growing Up Ser.: Vol. 1). (ENG.). (J). (gr. 3-6). *(978-1-910727-07-2(5))* Minter Publishing Ltd.

Billy Has a Birthday: Bullying. James Minter. Illus. by Helen Rushworth. 2016. (Billy Growing Up Ser.: Vol. 1). (ENG.). 133p. (J). (gr. 3-6). pap. *(978-1-910727-05-8(9))* Minter Publishing Ltd.

Billy Heavenly: Stargazer's Quest. Tom Arnold. 2022. (ENG.). 150p. (J). pap. 8.99 *(978-1-958176-72-6(9))* WorkBk. Pr.

Billy Helps Max: Stealing. James Minter. Illus. by Helen Rushworth. 2016. (Billy Growing Up Ser.: Vol. 5). (ENG.). (J). (gr. 2-3). *(978-1-910727-20-1(2))* Minter Publishing Ltd.

Billy Helps Max: Stealing. James Minter & Helen Rushworth. 2016. (Billy Growing Up Ser.: Vol. 5). (ENG., Illus.). 143p. (J). (gr. 3-6). pap. *(978-1-910727-18-8(0))* Minter Publishing Ltd.

Billy Is a Big Boy. Don Hoffman. Illus. by Todd Dakins. 2nd ed. 2016. (Billy & Abby Ser.). (ENG.). 28p. (J). (gr. -1-k). pap. 3.99 *(978-1-943154-02-9(3))* Peek-A-Boo Publishing.

Billy Is Nasty to Ant: Jealousy. James Minter. Illus. by Helen Rushworth. 2016. (Billy Growing Up Ser.: Vol. 3). (ENG.). (J). (gr. 2-3). *(978-1-910727-14-0(8))*; 143p. (gr. 3-6). pap. *(978-1-910727-12-6(1))* Minter Publishing Ltd.

Billy Johnson & His Duck Are Explorers. Mathew New. Illus. by Mathew New. (ENG.). 144p. 2023. pap. 9.99 *(978-1-68446-801-0(9)*, 255086); 2020. (J). (gr. 3-5). lib. bdg. 15.99 *(978-1-68446-150-9(2)*, 142001) Capstone. (Capstone Editions).

Billy Knows a Secret: Secrets. James Minter. Illus. by Helen Rushworth. 2016. (Billy Growing Up Ser.: Vol. 8). (ENG.). (J). (gr. 2-3). *(978-1-910727-29-4(6))* Minter Publishing Ltd.

Billy Knows a Secret: Secrets. James Minter & Helen Rushworth. 2016. (Billy Bks.: Vol. 8). (ENG., Illus.). (J). (gr. 3-6). pap. *(978-1-910727-27-0(X))* Minter Publishing Ltd.

Billy Lovegood's History of Birds & Beasts: With Instructive Poems on Each; Recommended to Be Read by All Little Masters & Misses, Who Wish to Be Acquainted with the Natural History of Animal Creation (Classic Reprint) Unknown Author. 2018. (ENG., Illus.). 60p. (J). 25.18 *(978-0-483-25601-9(3))* Forgotten Bks.

Billy Loves Birds: A Fact-Filled Nature Adventure Bursting with Birds! Jess French. Illus. by Duncan Beedie. 2022. (Nature Heroes Ser.: 1). (ENG.). 48p. (J). (gr. -1-2). *(978-0-7112-6558-5(5)*, Happy Yak) Quarto Publishing Group UK.

Billy Mcgee & Tiny Mcflea. Neil G. Henderson. Illus. by Scarlett Rickard. 2019. (ENG.). 24p. (J). pap. *(978-0-9957943-3-7(2))* Gluepot Bks.

Billy Miller Makes a Wish. Kevin Henkes. Illus. by Kevin Henkes. (ENG., Illus.). 192p. (J). (gr. 3-7). 2022. pap. 7.99 *(978-0-06-304280-3(0))*; 2021. 16.99 *(978-0-06-304279-7(7))* HarperCollins Pubs. (Greenwillow Bks.).

Billy Miller Makes a Wish. Kevin Henkes. ed. 2022. (Billy Miller Ser.). (ENG.). 185p. (J). (gr. 3-7). 20.46 *(978-1-68505-640-7(7))* Penworthy Co., LLC, The.

Billy Plonka & the Grot Laboratory. Ian Billings. Illus. by Mark Beech. 2016. (ENG.). (J). pap. *(978-0-9933456-1-6(1))* Pom, Tiddley.

Billy Rides the Bull, 1 vol. John Lockyer. 2018. (ENG., Illus.). 21p. (J). pap. *(978-1-77654-244-4(4)*, Red Rocket Readers) Flying Start Bks.

Billy Riggs Dig. Jilly Bea Edwards. 2022. (ENG.). 26p. (J). pap. *(978-1-83875-247-7(1))* Vanguard Pr.

Billy Saves the Day. Jonathan Taylor. Illus. by Treal Toonz. 2022. (ENG.). 24p. (J). 19.99 *(978-0-578-34955-8(8))*; pap. 11.99 *(978-0-578-34798-1(9))* JT Taylor LLC.

Billy Saves the Day: Self-Belief. James Minter. Illus. by Helen Rushworth. 2016. (Billy Growing Up Ser.: Vol. 6). (ENG.). (J). (gr. 2-3). *(978-1-910727-23-2(7))*; 148p. (gr. 3-6). pap. *(978-1-910727-21-8(0))* Minter Publishing Ltd.

Billy Shakespeare. Cathy McGough. 2019. (ENG.). 34p. (J). pap. *(978-1-988201-62-7(4))* McGough, Cathy.

Billy Stays Home: A Coronavirus Story Fun Bedtime Story for Children. Pamela Malcolm. 2020. (Billy Ser.: Vol. 18). (ENG., Illus.). 34p. (J). pap. *(978-1-912675-73-9(0))* Aryla Publishing.

Billy Stuart & the Sea of a Thousand Dangers, 1 vol. Alain M. Bergeron. Tr. by Sophie B. Watson from FRE. Illus. by Sampar. 2019. (Billy Stuart Ser.: 3). (ENG.). 160p. (J). (gr. 1-3). pap. 9.95 *(978-1-4598-2343-3(5))* Orca Bk. Pubs. USA.

Billy Stuart in the Eye of the Cyclops. Alain M. Bergeron. Tr. by Sophie B. Watson from FRE. Illus. by Sampar. 2020. (Billy Stuart Ser.: 4). (ENG.). 160p. (J). (gr. 1-3). pap. 9.95 *(978-1-4598-2346-4(X))* Orca Bk. Pubs. USA.

Billy Stuart in the Minotaur's Lair, 1 vol. Alain M. Bergeron. Tr. by Sophie B. Watson from FRE. Illus. by Sampar. 2019. (Billy Stuart Ser.: 2). (ENG.). 160p. (J). (gr. 1-3). pap. 10.95 *(978-1-4598-1840-8(7))* Orca Bk. Pubs. USA.

Billy Sure Kid Entrepreneur & the Attack of the Mysterious Lunch Meat. Luke Sharpe. Illus. by Graham Ross. 2017. (Billy Sure Kid Entrepreneur Ser.: 12). (ENG.). 160p. (J). (gr. 3-7). pap. 6.99 *(978-1-4814-7909-7(1)*, Simon Spotlight) Simon Spotlight.

Billy Sure Kid Entrepreneur & the Everything Locator. Luke Sharpe. Illus. by Graham Ross. 2016. (Billy Sure Kid Entrepreneur Ser.: 10). (ENG.). 160p. (J). (gr. 3-7). pap. 6.99 *(978-1-4814-6898-5(7)*, Simon Spotlight) Simon Spotlight.

Billy Sure Kid Entrepreneur & the Haywire Hovercraft. Luke Sharpe. Illus. by Graham Ross. 2016. (Billy Sure Kid Entrepreneur Ser.: 7). (ENG.). 160p. (J). (gr. 3-7). pap. 6.99 *(978-1-4814-6193-1(1)*, Simon Spotlight) Simon Spotlight.

Billy Sure Kid Entrepreneur & the Invisible Inventor. Luke Sharpe. Illus. by Graham Ross. 2016. (Billy Sure Kid Entrepreneur Ser.: 8). (ENG.). 160p. (J). (gr. 3-7). pap. 6.99 *(978-1-4814-6196-2(6)*, Simon Spotlight) Simon Spotlight.

Billy Sure Kid Entrepreneur & the No-Trouble Bubble. Luke Sharpe. Illus. by Graham Ross. 2016. (Billy Sure Kid Entrepreneur Ser.: 5). (ENG.). 160p. (J). (gr. 3-7). 17.99 *(978-1-4814-5275-5(4))*; pap. 6.99 *(978-1-4814-5274-8(6))* Simon Spotlight. (Simon Spotlight).

Billy Sure, Kid Entrepreneur Is a Spy! Luke Sharpe. Illus. by Graham Ross. 2016. 141p. (J). *(978-1-4242-6367-7(0)*, Simon Spotlight) Simon Spotlight.

Billy Sure Kid Entrepreneur Is NOT a SINGER! Luke Sharpe. Illus. by Graham Ross. 2016. (Billy Sure Kid Entrepreneur Ser.: 9). (ENG.). 160p. (J). (gr. 3-7). pap. 6.99 *(978-1-4814-6895-4(2)*, Simon Spotlight) Simon Spotlight.

Billy Swift Goes to Space School & Bears on the Brain. Robin Twiddy. Illus. by Emre Karacan. 2023. (Level 11 - Lime Set Ser.). (ENG.). 48p. (J). (gr. 2-4). lib. bdg. 19.95 Bearport Publishing Co., Inc.

Billy the Baaad Goat: The Big Yellow Rocket Ship. Mitch A. Lewis. Illus. by Stefanie St Denis & Leeah Jo Houston-Rellamas. 2022. (ENG.). 78p. (J). *(978-0-2288-3054-2(0))*; pap. *(978-0-2288-3053-5(2))* Tellwell Talent.

Billy the Baaad Goat: The Green Submarine. Mitch A. Lewis. 2023. (Billy the Baaad Goat Ser.: Vol. 1). (ENG.). 40p. (J). *(978-0-2288-5351-0(6))*; pap. *(978-0-2288-5350-3(8))* Tellwell Talent.

Billy the Balloon, 1 vol. Daniel Moore. 2018. (ENG.). 24p. (J). 23.99 *(978-1-59555-777-3(6))*; pap. 14.99 *(978-1-59555-788-9(1))* Elm Hill.

Billy the Blue-Stitched Baseball. John W. Scafetta. 2021. (ENG.). 32p. (J). pap. 12.95 *(978-1-6624-4582-8(2))*; (Illus.). 18.95 *(978-1-6624-6831-5(8))* Page Publishing Inc.

Billy the Borrowing Blue-Footed Booby. Sheila Bair. Illus. by Amy Zhing. 2023. (Money Tales Ser.). (ENG.). 32p. (J). (gr. 1-5). pap. 9.99 *(978-0-8075-1039-1(4)*, 0807510394) Whitman, Albert & Co.

Billy the Bully. Erica Sunshine Lee. Illus. by Sandeep Dogra. 2020. (ENG.). 24p. (J). pap. 13.95 *(978-1-4808-9076-3(6))* Archway Publishing.

Billy the Bully: Choose Love. Priscilla Pruitt. 2017. (ENG., Illus.). (J). (gr. 1-4). pap. 14.00 *(978-1-59755-456-5(1)*, Advantage BibleStudy) Advantage Bks.

Billy the Bully Bear. Maria B. Duarte. 2021. (ENG.). 30p. (J). 24.95 *(978-1-64801-634-9(0))*; pap. 14.95 *(978-1-64801-633-2(2))* Newman Springs Publishing, Inc.

Billy the Bully Goat Learns a Lesson. Charlotte Smith. 2021. (ENG., Illus.). 30p. (J). pap. 13.95 *(978-1-63814-271-3(8))* Covenant Bks.

Billy the Bully Two. Patricia David. Illus. by April Bensch. 2019. (ENG.). 50p. (J). (gr. k-6). 18.95 *(978-1-950768-02-8(3))*; pap. 12.95 *(978-1-950768-01-1(5))* ProsePress.

Billy the Bumble Bee: On Tips for Managing Anger. Tanya Hollinshed. l.t. ed. 2023. (Happy Butterfly Collection). (ENG.). 30p. (J). 22.99 *(978-1-0881-5404-5(2))* Indy Pub.

Billy the Friendly Blue Bird. Jay Fowler. Illus. by Dave Stephens. 2018. (ENG.). 28p. (J). (gr. -1-2). pap. 9.99 *(978-1-4808-6735-2(7))* Archway Publishing.

Billy the Friendly Blue Bird & His Outer Space Adventure. Jay Fowler. 2021. (ENG.). 34p. (J). 14.99 *(978-1-956696-28-8(8))*; pap. 9.99 *(978-1-956010-98-5(X))* Rushmore Pr. LLC.

Billy the Goat. Omoruyi Uwuigiaren. 2023. (ENG.). 28p. (J). pap. *(978-1-78695-835-8(X))* Zadkiel Publishing.

Billy the Grizzly. Larry W. Jones. 2022. (ENG.). 56p. (YA). *(978-1-387-92310-6(2))* Lulu Pr., Inc.

Billy the Kid & Crooked Jim: Book 6. Mike Gleason. Illus. by Victoria Taylor. 2018. (Hideout Kids Ser.). (ENG.). 130p. (J). (gr. k-4). *(978-1-912207-16-9(8))*; pap. *(978-1-912207-15-2(X))* Farm Street Publishing.

Billy the Kid's Close Encounter of the Fifth Kind. Joshua Slatten. Illus. by Angie Hinojosa. 2022. (ENG.). 62p. (J). pap. 19.99 *(978-1-953221-30-8(0))* Bicep Bks.

Billy the Lion Cat. Deborah Duesbury. 2019. (ENG.). 32p. (J). *(978-1-5289-0599-2(7))*; pap. *(978-1-5289-0598-5(9))* Austin Macauley Pubs. Ltd.

Billy the Possum. Tracey Pescatore. 2022. (ENG.). 24p. (J). pap. *(978-1-3984-4466-9(9))* Austin Macauley Pubs. Ltd.

Billy the Red Bread Truck: Adventures of Billy the Truck, 1 vol. Dean Bird. 2019. (ENG.). 20p. (J). pap. 14.99 *(978-1-4003-2825-3(X))* Elm Hill.

Billy the Sea Turtle. Annabelle Bennett. 2021. (ENG.). 30p. (J). pap. 14.95 *(978-1-4566-3743-9(6))* eBookit.com.

Billy Wants It All: Money. James Minter. Illus. by Helen Rushworth. 2016. (Billy Growing Up Ser.: Vol. 7). (ENG.). (J). (gr. 3-6). *(978-1-910727-26-3(1))* Minter Publishing Ltd.

Billy Wants It All: Money. James Minter & Helen Rushworth. 2016. (Billy Growing Up Ser.: Vol. 7). (ENG., Illus.). 150p. (J). (gr. 3-6). pap. *(978-1-910727-24-9(5))* Minter Publishing Ltd.

Billy Wants to Behave. P. R. Maxey. Illus. by Toni Maxey. 2023. (ENG.). 32p. (J). pap. 9.99 *(978-1-0881-2685-1(5))* Indy Pub.

Billy Wash! Ashley Borders. 2018. (ENG., Illus.). 26p. (J). (gr. k-6). pap. 12.50 *(978-1-61286-335-1(3))* Avid Readers Publishing Group.

Billy Whiskers Adventures. Frances Trego Montgomery. 2017. (ENG., Illus.). (J). 22.95 *(978-1-374-97907-9(4))* Capital Communications, Inc.

Billy Zoomer's Interview Search for the Biggest Fear. Hector Vazquez. 2018. (ENG., Illus.). 54p. (J). pap. 11.95 *(978-1-64096-414-3(2))* Newman Springs Publishing, Inc.

Billycan's Tail of Two Crocodiles. Alistair Pirie. Illus. by Aaron Wolf. 2nd ed. 2021. (ENG.). 76p. (YA). pap. *(978-1-922594-19-8(9))* Shawline Publishing Group.

Billy's Aunt Jane (Classic Reprint) Willis N. Bugbee. 2018. (ENG., Illus.). 32p. (J). 24.56 *(978-0-267-19966-2(X))* Forgotten Bks.

Billy's Balloon. Michelle Wanasundera. Illus. by Yulia Zolotova. 2023. (ENG.). 28p. (J). pap. *(978-1-922991-67-6(8))* Library For All Limited.

Billy's Balloon. Michelle Wanasundera. Illus. by Yuliia Zolotova. 2022. (ENG.). 28p. (J). pap. *(978-1-922895-09-7(1))* Library For All Limited.

Billy's Balloon - Puto la Ayubu. Michelle Wanasundera. Illus. by Yuliia Zolotova. 2023. (SWA.). 28p. (J). pap. *(978-1-922951-08-3(0))* Library For All Limited.

Billy's Camping Trip. Hannah Ko. Illus. by Chiara Fiorentino. 2017. (Family Time Ser.). (ENG.). 24p. (gr. -1-2). pap. 9.95 *(978-1-68342-790-2(4)*, 9781683427902) Rourke Educational Media.

Billy's Day Out in London: Alien Adventure in the City. Pamela Malcolm. 2018. (Billy Ser.: Vol. 9). (ENG.). 32p. (J). pap. *(978-1-912675-04-3(8))* Aryla Publishing.

Billy's Easter Egg Hunt: Easter Holiday Fun for Kids Bedtime Story. Pamela Malcolm. 2019. (Billy Ser.: Vol. 10). (ENG.). 32p. (J). pap. *(978-1-912675-38-8(2))* Aryla Publishing.

Billy's Hero, or the Valley of Gold (Classic Reprint) Marjorie L. C. Pickthall. (ENG., Illus.). (J). 2018. 138p. 26.78 *(978-0-483-82429-4(1))*; 2017. pap. 9.57 *(978-0-243-27169-6(7))* Forgotten Bks.

Billy's Magic Can of Worms. Harry Markos. 2022. (ENG.). 38p. (J). pap. *(978-1-915387-37-0(X))* Markosia Enterprises, Ltd.

Billy's Messy Day. Vicky Kotula. Illus. by Monica Minto. 2022. (ENG.). 38p. (J). 26.99 *(978-1-6628-5140-7(5))*; pap. 14.99 *(978-1-6628-3980-1(4))* Salem Author Services.

Billy's Outdoor Survival Adventure. Ron Foster. 2020. (ENG.). 76p. (YA). pap. 7.99 *(978-1-393-77419-8(9))* Draft2Digital.

Billy's Search for the Healing Well. Helen C. Burke. 2017. (ENG., Illus.). (J). pap. *(978-1-84897-761-7(1))* Olympia Publishers.

Billy's Search for the Unspell Spell. Helen C. Burke. 2020. (ENG.). 144p. (J). pap. *(978-1-78830-377-4(6))* Olympia Publishers.

Biltmore Oswald 1918: The Diary of a Hapless Recruit (Classic Reprint) J. Thorne Smith. 2017. (ENG., Illus.). (J). 26.56 *(978-0-266-73828-2(1))* Forgotten Bks.

Bim & the Town of Falling Fruit. Arjun Talwar. 2020. (ENG., Illus.). 168p. (J). (gr. 5-9). pap. 9.99 *(978-0-14-345095-5(6))* Penguin Bks. India PVT, Ltd IND. Dist: Independent Pubs. Group.

Bim Bam Boom. Frederic Stehr. Illus. by Frederic Stehr. 2018. (ENG., Illus.). 26p. (J). (gr. -1-k). bds. 12.99 *(978-1-77657-136-9(3)*, 00827d5b-f865-496f-8cd5-fb14ec1be5f9) Gecko Pr. NZL. Dist: Lerner Publishing Group.

Bim, Bam, Bop ... & Oona. Jacqueline Briggs Martin. Illus. by Larry Day. (ENG.). 32p. (J). 2022. (gr. -1-2). pap. 9.95 *(978-1-5179-1296-3(2))*; 2019. 16.95 *(978-1-5179-0395-4(5))* Univ. of Minnesota Pr.

Bimbi: Stories for Children (Classic Reprint) Ouida Ouida. (ENG., Illus.). (J). 2018. 216p. 28.35

B

(978-0-483-74166-9(3)); 2016. pap. 10.97 *(978-1-334-57664-5(5))* Forgotten Bks.

Bimbi: Stories for Children (Classic Reprint) Louisa De La Rame. 2018. (ENG., Illus.). 386p. (J). 31.86 *(978-0-332-19263-5(6))* Forgotten Bks.

Bina & the Beanpole Vol. 2: Working for Unity in the Community. Ife Gail Young. 2016. (ENG., Illus.). 174p. (J). pap. 9.99 *(978-0-9755246-1-9(5))* NaTroy Publishing Co.

Binda-Binda the Butterfly - Our Yarning. Pat Torres. Illus. by Keishart. 2023. (ENG.). 26p. (J). pap. ***(978-1-922991-15-7(5))*** Library For All Limited.

Bindi Irwin. Golriz Golkar. 2018. (Influential People Ser.). (ENG., Illus.). 32p. (J). (gr. 4-6). lib. bdg. 28.65 *(978-1-5435-4132-8(1)*, 139086, Capstone Pr.) Capstone.

Binding of the Strong: A Love Story (Classic Reprint) Caroline Atwater Mason. (ENG., Illus.). (J). 2018. 358p. 31.32 *(978-0-332-34408-9(8))*; 2016. pap. 13.97 *(978-1-333-66328-5(5))* Forgotten Bks.

Bindle: Some Chapters in the Life of Joseph Bindle (Classic Reprint) Herbert Jenkins. (ENG., Illus.). (J). 2018. 324p. 30.60 *(978-0-331-57816-4(6))*; 2018. 336p. 30.83 *(978-0-267-78790-6(1))*; 2016. pap. 13.57 *(978-1-334-36997-1(6))* Forgotten Bks.

Bindu's Bindis. Supriya Kelkar. Illus. by Parvati Pillai. 2021. 32p. (J). (gr. -1-2). 17.99 *(978-1-4549-4020-3(4))* Sterling Publishing Co., Inc.

Bindweed a Romantic Novel Concerning the Late Queen of Servia (Classic Reprint) Nellie K. Blissett. 2018. (ENG., Illus.). 288p. (J). 29.84 *(978-0-483-20016-6(6))* Forgotten Bks.

Bindy Bear's Hooray Day. Candy Moore Myers. Illus. by Mike Motz. 2022. (ENG.). 32p. (J). 16.99 *(978-1-0880-3575-7(2))* Indy Pub.

Binette Schroeder's Well of Stories. Binette Schroeder. 2020. (ENG.). 336p. (J). (gr. -1-2). 40.00 *(978-0-7358-4412-4(7))* North-South Bks., Inc.

Bing, Bang, & Bong. John W. Holland. 2018. (ENG., Illus.). 30p. (J). pap. 12.95 *(978-1-64114-480-3(7))* Christian Faith Publishing.

Bing, Bop, Bam: Time to Jam! Valerie Bolling. Illus. by Sabrena Khadija. 2023. (Fun in the City Book Ser.). (ENG.). 40p. (J). (gr. -1-k). 17.99 ***(978-1-4197-5631-3(1)***, 1743101, Abrams Appleseed) Abrams, Inc.

Bing of the Kobuk. Ken Crawford. 2019. (Illus.). 144p. (J). *(978-0-8163-6583-8(0))* Pacific Pr. Publishing Assn.

Binge Parenting: A Baby Blues Collection. Rick Kirkman & Jerry Scott. 2017. (Baby Blues Ser.). (ENG., Illus.). 208p. pap. 18.99 *(978-1-4494-8511-5(1))* Andrews McMeel Publishing.

Bingham the Bobcat. Gwen Poe. 2019. (ENG.). 68p. (YA). pap. 17.95 *(978-1-64424-247-6(8))* Page Publishing Inc.

Bingo. 2017. (Illus.). (J). *(978-1-62885-390-2(5))* Kidsbooks, LLC.

Bingo. Illus. by Helen Graper. 2016. (J). *(978-1-62885-144-1(9))* Kidsbooks, LLC.

Bingo. Ellen Miles. ed. 2023. (Puppy Place Ser.). (ENG.). 83p. (J). (gr. 2-5). 16.96 ***(978-1-68505-776-3(4))*** Penworthy Co., LLC, The.

Bingo & Bash & the Cats Who Talked Trash. Bo McGowan. 2017. (ENG., Illus.). 26p. (J). *(978-1-365-89201-1(8))* Lulu Pr., Inc.

Bingo Did It! Amber Harris. Illus. by Ard Hoyt. 2016. (Wisteria Jane Book Ser.). (ENG.). 32p. (J). (gr. -1-3). 16.95 *(978-1-60554-491-5(4))* Redleaf Pr.

Bingo: Dinosaurs (a Let's Play! Board Book) Sandra Magsamen. Illus. by Sandra Magsamen. 2023. (Let's Play! Ser.). (ENG.). 10p. (J). (gr. -1-k). 12.99 *(978-1-338-83577-9(7)*, Cartwheel Bks.) Scholastic, Inc.

Bingo! It's a Math Bingo! Math Activity Books for You. Jupiter Kids. 2017. (ENG., Illus.). (J). pap. 9.20 *(978-1-5419-3372-9(9)*, Jupiter Kids (Childrens & Kids Fiction)) Speedy Publishing LLC.

Bingo: Love Bug (a Let's Play! Board Book) Sandra Magsamen. Illus. by Sandra Magsamen. 2023. (Let's Play! Ser.). (ENG.). 10p. (J). (gr. -1-k). 12.99 *(978-1-338-83576-2(9)*, Cartwheel Bks.) Scholastic, Inc.

Bingo Love Volume 1: Jackpot Edition. Tee Franklin et al. 2018. (ENG., Illus.). 160p. (YA). 19.99 *(978-1-5343-0983-8(7)*, 14b6138e-1ede-46aa-a651-17151b1546cc); pap. 14.99 *(978-1-5343-1024-7(X)*, 59fa8c8d-1bd7-456d-8e4b-421e2f888286) Image Comics.

Bingo the Flamingo. Anne Pace. 2023. (ENG.). 32p. (J). 18.95 ***(978-1-63755-602-3(0)***, Mascot Kids) Amplify Publishing Group.

Bingo (the Puppy Place #65) Ellen Miles. 2022. (Puppy Place Ser.). (ENG.). 96p. (J). (gr. 2-5). pap. 5.99 *(978-1-338-78188-5(X)*, Scholastic Paperbacks) Scholastic, Inc.

Bink & Slinky's Christmas Adventure. Donna Arlynn Frisinger. Illus. by Kalpart. 2022. (ENG.). 36p. (J). (gr. k-2). pap. 10.99 ***(978-1-953158-79-6(X))*** Shine-A-Light Pr.

Binkey the Bear: Adventures at the Riverside Zoo. Roxane Dellinger. 2021. (ENG.). 26p. (J). pap. 13.95 *(978-1-64531-986-3(5))* Newman Springs Publishing, Inc.

Binkie of Iiib. Evelyn Smith. 2017. (ENG., Illus.). 159p. (J). pap. *(978-1-909423-87-9(4))* Bks. to Treasure.

Binkie's Wish. Nicki Norman. 2018. (ENG., Illus.). 26p. (J). 21.95 *(978-1-64138-860-3(9))* Page Publishing Inc.

Binko's Blues: A Tale for Children of All Growths. Herman Charles Merivale & Edgar Giberne. 2017. (ENG.). 220p. (J). pap. *(978-3-337-02470-3(X))* Creation Pubs.

Binko's Blues: A Tale for Children of All Growths (Classic Reprint) Herman Charles Merivale. 2018. (ENG., Illus.). 218p. (J). 28.41 *(978-0-484-67347-1(5))* Forgotten Bks.

Binks Family: The Story of a Social Revolution (Classic Reprint) John Strange Winter. 2018. (ENG., Illus.). 242p. (J). 28.91 *(978-0-365-40321-0(0))* Forgotten Bks.

Binky & the Ball. Devin Artym. 2020. (ENG.). 46p. (J). (gr. k-6). *(978-1-9990784-0-9(3))* Artym, Devin.

Binky Bandit. Brent Suter. Illus. by Jayden Ellsworth. 2022. (ENG.). 30p. (J). 20.00 *(978-1-64538-503-5(5))*; pap. 15.00 *(978-1-64538-504-2(3))* Orange Hat Publishing.

Binky Bandit / el Bandido Del Chupón. Brent Suter. Tr. by Veronica Davis-Quiroz. Illus. by Jayden Ellsworth. 2022. (SPA.). 30p. (J). pap. 15.00 *(978-1-64538-424-3(1))* Orange Hat Publishing.

Binky the Angle Orb & the Morg. Jhaicee Love. 2017. (Binky Ser.: Vol. 1). (ENG., Illus.). (J). (gr. 5-6). pap. *(978-1-909944-97-8(1))* Moose, Giddy.

Binky the Space Cat: the Top Secret Collection. Ashley Spires. Illus. by Ashley Spires. 2023. (Binky Adventure Ser.). (ENG., Illus.). 320p. (J). (gr. 2-5). pap. 44.99 *(978-1-5253-1078-2(X))* Kids Can Pr., Ltd. CAN. Dist: Hachette Bk. Group.

Binnie the Baboon & the Big Worries: A Story to Help Kids with Anxiety. Karen Treisman. Illus. by Sarah Peacock. ed. 2021. (Dr. Treisman's Big Feelings Stories Ser.). 48p. (J). 14.95 *(978-1-83997-025-2(1)*, 828478) Kingsley, Jessica Pubs. GBR. Dist: Hachette UK Distribution.

Binnie the Baboon Anxiety & Stress Activity Book: A Therapeutic Story with Creative & CBT Activities to Help Children Aged 5-10 Who Worry. Karen Treisman. 2019. (Therapeutic Treasures Collection). (Illus.). 176p. (C). pap. 29.95 *(978-1-78592-554-2(7)*, 696897) Kingsley, Jessica Pubs. GBR. Dist: Hachette UK Distribution.

Binny & the Moon Girl. R. Y. Suben. 2022. (ENG.). 98p. (J). pap. 8.95 ***(978-1-949290-83-7(2))*** Bedazzled Ink Publishing Co.

Binny Bewitched. Hilary McKay. Illus. by Tony Ross. 2017. (ENG.). 240p. (J). (gr. 3-7). 17.99 *(978-1-4814-9102-0(4)*, McElderry, Margaret K. Bks.) McElderry, Margaret K. Bks.

Binny Collection: Binny for Short; Binny in Secret; Binny Bewitched. Hilary McKay. Illus. by Tony Ross. ed. 2020. (ENG.). 816p. (J). (gr. 3-7). pap. 24.99 *(978-1-5344-6258-8(9)*, McElderry, Margaret K. Bks.) McElderry, Margaret K. Bks.

Binny's Diwali. Thrity Umrigar. Illus. by Nidhi Chanani. 2020. (ENG.). 40p. (J). (gr. -1-3). 18.99 *(978-1-338-36448-4(0)*, Scholastic Pr.) Scholastic, Inc.

Bintang Kecil Yang Cantik. Sylva Nnaekpe. 2019. (MAY., Illus.). 30p. (J). (gr. k-4). 22.95 *(978-1-951792-19-0(X))*; pap. 11.95 *(978-1-951792-20-6(3))* SILSNORRA LLC.

Binturong in My Bed. Chris Lois. 2016. (ENG., Illus.). (J). pap. 15.00 *(978-1-365-28881-4(1))* Lulu Pr., Inc.

Bioblitz! Counting Critters. Susan Edwards Richmond. Illus. by Stephanie Fizer Coleman. 2022. 36p. (J). (gr. -1-3). 17.99 *(978-1-68263-311-3(X))* Peachtree Publishing Co. Inc.

Biodegradability & You, 1 vol. Nicholas Faulkner & Judy Monroe Peterson. 2018. (How Our Choices Impact Earth Ser.). (ENG.). 64p. (gr. 6-6). 36.13 *(978-1-5081-8141-5(1)*, 55b75ed8-96c7-4747-84b3-be6a054e0e12, Rosen Reference) Rosen Publishing Group, Inc., The.

Biodiversity. Nancy Dickmann. 2023. (Science Starters Ser.). (ENG., Illus.). 24p. (J). (gr. 5-7). pap. 10.99 *(978-1-78121-819-8(6)*, 23957) Black Rabbit Bks.

Biodiversity: Explore the Diversity of Life on Earth with Environmental Science Activities for Kids. Laura Perdew. Illus. by Tom Casteel. 2019. (Build It Yourself Ser.). (ENG.). 128p. (J). (gr. 4-6). pap. 17.95 *(978-1-61930-751-3(0)*, 78250de4-7cad-4841-96a6-f9d85843390d) Nomad Pr.

Biodiversity & Conservation, 1 vol. Lisa Idzikowski. 2019. (Global Viewpoints Ser.). (ENG.). 176p. (gr. 10-12). pap. 32.70 *(978-1-5345-0640-4(3)*, c4b59bfe-c330-41b4-8eb9-e26dd78c5360) Greenhaven Publishing LLC.

Biodiversity Eco Facts. Izzi Howell. 2019. (Eco Facts Ser.). (ENG.). 32p. (J). (gr. 5-5). pap. *(978-0-7787-6356-7(0)*, b400dbdd-6979-4d0c-b953-2d78eb3d673e); lib. bdg. *(978-0-7787-6344-4(7)*, cc1724ae-43b9-4910-9a2c-601da15ba91e) Crabtree Publishing Co.

Bioengineering: Discover How Nature Inspires Human Designs. Christine Burillo-Kirch. Illus. by Alexis Cornell. 2016. (Build It Yourself Ser.). (ENG.). 128p. (J). (gr. 3-7). 22.95 *(978-1-61930-366-9(3)*, 3f9ccb79-c97a-40a7-9db7-a1de407192f0) Nomad Pr.

Biofuel Energy. Elsie Olson. 2018. (Earth's Energy Resources Ser.). (ENG., Illus.). 24p. (J). (gr. -1-3). lib. bdg. 29.93 *(978-1-5321-1551-6(2)*, 28956, SandCastle) ABDO Publishing Co.

Biofuel Energy: Putting Plants to Work. Jessie Alkire. 2018. (Earth's Energy Innovations Ser.). (ENG., Illus.). 24p. (J). (gr. k-4). lib. bdg. 32.79 *(978-1-5321-1569-1(5)*, 28992, Super SandCastle) ABDO Publishing Co.

Biofuel Energy Projects: Easy Energy Activities for Future Engineers! Jessie Alkire. 2018. (Earth's Energy Experiments Ser.). (ENG., Illus.). 32p. (J). (gr. k-4). lib. bdg. 34.21 *(978-1-5321-1560-8(1)*, 28974, Super SandCastle) ABDO Publishing Co.

Biofuels. Tracy Vonder Brink. 2022. (Energy Sources Ser.). (ENG.). 32p. (J). (gr. 3-5). pap. *(978-1-0396-6258-2(7)*, 19814); lib. bdg. *(978-1-0396-6063-2(0)*, 19813) Crabtree Publishing Co.

Biofuels. Kate Conley. 2016. (Alternative Energy Ser.). (ENG., Illus.). 48p. (J). (gr. 4-8). lib. bdg. 35.64 *(978-1-68078-453-4(6)*, 23843) ABDO Publishing Co.

Biofuels. Patricia Newman. 2018. (Energy Explorer Ser.). (ENG.). 32p. (J). (gr. 4-8). lib. bdg. 22.99 *(978-1-5105-3909-9(3))* SmartBook Media, Inc.

Biografías: Personas Que Han Hecho Historia (History Maker Biographies Set 3) (Set), 6 vols. 2018. (Biografías: Personas Que Han Hecho Historia (History Maker Biographies Set 3) Ser.). (SPA.). 24p. (J). (gr. -1-2). lib. bdg. 196.74 *(978-1-5321-8035-4(7)*, 28285, Abdo Kids) ABDO Publishing Co.

Biografías: Personas Que Han Hecho Historia 4 (History Maker Biographies Set 4) (Set), 6 vols. Grace Hansen. 2020. (Biografías: Personas Que Han Hecho Historia (History Maker Biographies) Ser.). (SPA.). 24p. (J). (gr. -1-2). lib. bdg. 196.74 *(978-1-0982-0437-2(9)*, 35364, Abdo Kids) ABDO Publishing Co.

Biografías: Personas Que Han Hecho Historia 5 (Set) Personas Que Han Hecho Historia 5, 6 vols. 2022. (Biografías: Personas Que Han Hecho Historia Ser.). (SPA.). 24p. (J). (gr. -1-2). lib. bdg. 196.74 *(978-1-0982-6537-3(8)*, 41019, Abdo Kids) ABDO Publishing Co.

Biographical Anecdotes of William Hogarth: With a Catalogue of His Works Chronologically Arranged; & Occasional Remarks (Classic Reprint) John Nichols. 2017. (ENG., Illus.). (J). 37.61 *(978-0-265-72445-3(7))*; pap. 19.97 *(978-1-5276-8349-5(4))* Forgotten Bks.

Biographical Memoirs of Extraordinary Painters. William Beckford. Ed. by Robert J. Gemmett. 2018. (ENG., Illus.). 122p. (J). 21.00 *(978-1-906978-52-5(2))* Hobnob Pr.

Biographical Memoirs of Extraordinary Painters (Classic Reprint) William Beckford. 2018. (ENG., Illus.). (J). 158p. 27.16 *(978-1-396-81574-4(0))*; 160p. pap. 9.57 *(978-1-396-81515-7(5))*; 164p. 27.30 *(978-0-656-21059-6(1))* Forgotten Bks.

Biographical Sketch of Orville Southerland Cox, Pioneer of 1847 (Classic Reprint) Adelia B. Sidwell. (ENG., Illus.). (J). 2018. 20p. 24.33 *(978-0-267-14692-5(2))*; 2016. pap. 7.97 *(978-1-333-64382-9(9))* Forgotten Bks.

Biographical Sketches & Anecdotes of a Soldier of Three Wars. James D. Elderkin. 2017. (ENG.). 216p. (J). pap. *(978-3-337-30726-4(4))* Creation Pubs.

Biographical Sketches & Anecdotes of a Soldier of Three Wars (Classic Reprint) James D. Elderkin. 2018. (ENG., Illus.). 218p. (J). 28.39 *(978-0-267-18851-2(X))* Forgotten Bks.

Biographical Sketches & Authentic Anecdotes of Horses, & the Allied Species: Illustrated by Portraits, on Steel, of Celebrated & Remarkable Horses (Classic Reprint) Thomas Brown. 2018. (ENG., Illus.). 600p. (J). 36.31 *(978-0-332-62794-6(2))* Forgotten Bks.

Biographies, 6 bks. Pamela Hill Nettleton. Illus. by Jeff Yesh. Incl. Pocahontas: Peacemaker & Friend to the Colonists. 27.32 *(978-1-4048-0187-5(1)*, 90433); Sally Ride: Astronaut, Scientist, Teacher. Illus. by Garry Nichols. 27.32 *(978-1-4048-0189-9(8)*, 90353); (J). (gr. k-3). (Biographies Ser.). (ENG.). 24p. 2003. 159.90 *(978-1-4048-0183-7(9)*, Picture Window Bks.) Capstone.

Biographies, 6 bks., Set. Lisa Wade McCormick. Incl. Scholastic News Nonfiction Readers: Christopher Columbus. (Illus.). 24p. (J). (gr. 1-2). 2005. lib. bdg. 22.00 *(978-0-516-24938-4(X))*; (Scholastic News Nonfiction Readers Ser.). 2005. 108.00 *(978-0-516-25392-3(1)*, Children's Pr.) Scholastic Library Publishing.

Biographies for Kids - All about Anne Frank: Who Was She? - Children's Biographies of Famous People Books. Baby Professor. 2017. (ENG., Illus.). (J). pap. 7.89 *(978-1-68368-042-0(1)*, Baby Professor (Education Kids)) Speedy Publishing LLC.

Biographies for Kids - All about Martin Luther King Jr: Words That Changed America - Children's Biographies of Famous People Books. Baby Professor. 2017. (ENG., Illus.). (J). pap. 7.89 *(978-1-68368-043-7(X)*, Baby Professor (Education Kids)) Speedy Publishing LLC.

Biographies for Kids - All about Michael Jackson: The King of Pop & Style - Children's Biographies of Famous People Books. Baby Professor. 2017. (ENG., Illus.). (J). pap. 7.89 *(978-1-68368-044-4(8)*, Baby Professor (Education Kids)) Speedy Publishing LLC.

Biographies for Kids - All about Princess Diana: Learning about All Her Humanitarian Efforts - Children's Biographies of Famous People Books. Baby Professor. 2017. (ENG., Illus.). (J). pap. 7.89 *(978-1-68368-045-1(6)*, Baby Professor (Education Kids)) Speedy Publishing LLC.

Biographies for Kids - All about Rosa Parks: The Civil Rights Movement of America - Children's Biographies of Famous People Books. Baby Professor. 2017. (ENG., Illus.). (J). pap. 7.89 *(978-1-68368-046-8(4)*, Baby Professor (Education Kids)) Speedy Publishing LLC.

Biographies of Distinguished Scientific Men (Classic Reprint) Francois Arago. 2018. (ENG., Illus.). 616p. (J). 36.62 *(978-0-483-16564-9(6))* Forgotten Bks.

Biographies of the Founders, Ex-Presidents, Prominent Early Members & Others of the Massachusetts Dental Society: Illustrated (Classic Reprint) Waldo Elias Boardman. (ENG., Illus.). (J). 2017. 28.78 *(978-0-331-96158-4(X))*; 2016. pap. 11.57 *(978-1-334-07393-9(7))* Forgotten Bks.

Biography & Correspondence of Arthur Middleton Reeves: Being a Supplemental Volume to Mr. Reeves 'finding of Wineland the Good: the History of the Iceland Discovery of America' (Classic Reprint) W. D. Foulke. 2018. (ENG., Illus.). 76p. (J). 25.46 *(978-0-364-65924-3(6))* Forgotten Bks.

Biography from Ancient Civilizations, 33 vols., Set. Incl. Life & Times of Erik the Red. Earle Rice. (Illus.). 48p. 2008. lib. bdg. 29.95 *(978-1-58415-701-4(1))*; Life & Times of Leif Eriksson. Earle Rice. (Illus.). 48p. 2008. lib. bdg. 29.95 *(978-1-58415-702-1(X))*; Life & Times of Richard the Lionheart. Susan Sales Harkins & William H. Harkins. (Illus.). 48p. 2008. lib. bdg. 29.95 *(978-1-58415-699-4(6))*; Life & Times of Thucydides. Jim Whiting. (Illus.). 48p. 2008. lib. bdg. 29.95 *(978-1-58415-698-7(8))*; Life & Times of William the Conqueror. Susan Sales Harkins & William H. Harkins. (Illus.). 48p. 2008. lib. bdg. 29.95 *(978-1-58415-700-7(3))*; Set. Biography from Ancient Civilizations: Legends, Folklore, & Stories of Ancient Worlds. Mitchell Lane Publishers Inc. Staff. 2007. lib. bdg. 838.60 *(978-1-58415-546-1(9))*; (J). (gr. 4-8). 2008. Set lib. bdg. 988.35 *(978-1-58415-703-8(8))* Mitchell Lane Pubs.

Biography from Ancient Civilizations: Legends, Folklore, & Stories of Ancient Worlds, 20 vols., Set. Incl. Life & Times of Alexander the Great. John Bankston. (gr. 4-8). 2005. lib. bdg. 29.95 *(978-1-58415-283-5(4))*; Life & Times of Archimedes. Susan Zannos. (gr. 4-8). 2004. lib. bdg. 29.95 *(978-1-58415-242-2(7))*; Life & Times of Augustus Caesar. Jim Whiting. (gr. -1-7). 2005. lib. bdg. 29.95 *(978-1-58415-336-8(9))*; Life & Times of Buddha. Mona K. Gedney. (gr. -1-7). 2005. lib. bdg. 29.95 *(978-1-58415-342-9(3))*; Life & Times of Catherine the Great. Karen Bush Gibson. (gr. 4-7). 2005. lib. bdg. 29.95 *(978-1-58415-347-4(4))*; Life & Times of Charlemagne. Jim Whiting. (gr. 4-8). 2005. lib. bdg. 29.95 *(978-1-58415-346-7(6))*; Life & Times of Cleopatra. Michelle Medlock Adams. (gr. 4-8). 2005. lib. bdg. 29.95 *(978-1-58415-335-1(0))*; Life & Times of Confucius. Kathleen Tracy. (gr. 4-8). 2004. lib. bdg. 29.95 *(978-1-58415-246-0(X))*; Life & Times of Constantine. Kathleen Tracy. (gr. 4-8). 2005. lib. bdg. 29.95 *(978-1-58415-343-6(1))*; Life & Times of Genghis Khan. Jim Whiting. (gr. 4-8). 2005. lib. bdg. 29.95 *(978-1-58415-348-1(2))*; Life & Times of Hammurabi. Tamera Bryant. (gr. -1-7). 2005. lib. bdg. 29.95 *(978-1-58415-338-2(5)*, 1244807); Life & Times of Homer. Kathleen Tracy. (gr. 4-8). 2004. lib. bdg. 29.95 *(978-1-58415-260-6(5))*; Life & Times of Joan of Arc. Jim Whiting. (gr. 4-8). 2005. lib. bdg. 29.95 *(978-1-58415-345-0(8))*; Life & Times of Julius Caesar. Jim Whiting. (gr. -1-7). 2005. lib. bdg. 29.95 *(978-1-58415-337-5(7))*; Life & Times of Marco Polo. Susan Zannos. (gr. 4-8). 2004. lib. bdg. 29.95 *(978-1-58415-264-4(8))*; Life & Times of Moses. Jim Whiting. (gr. -1-7). 2005. lib. bdg. 29.95 *(978-1-58415-340-5(7))*; Life & Times of Nero. Jim Whiting. (gr. 5-8). 2005. lib. bdg. 29.95 *(978-1-58415-349-8(0))*; Life & Times of Pericles. Jim Whiting. (gr. -1-7). 2005. lib. bdg. 29.95 *(978-1-58415-339-9(3))*; Life & Times of Rameses the Great. Jim Whiting. (gr. 5-8). 2005. lib. bdg. 29.95 *(978-1-58415-341-2(5))*; Life & Times of Socrates. Susan Zannos. (gr. 4-8). 2004. lib. bdg. 29.95 *(978-1-58415-282-8(6))*; (Illus.). 48p. (J). 2005. lib. bdg. *(978-1-58415-407-5(1))* Mitchell Lane Pubs.

Biography from Ancient Civilizations: Legends, Folklore, & Stories of Ancient Worlds, 28 vols., Set. Incl. Life & Times of Aristotle. Jim Whiting. (Illus.). 48p. (gr. 3-7). 2006. lib. bdg. 29.95 *(978-1-58415-508-9(6))*; Life & Times of Cicero. Kathleen Tracy. (Illus.). 48p. (gr. 4-8). 2006. lib. bdg. 29.95 *(978-1-58415-510-2(8))*; Life & Times of Herodotus. Jim Whiting. (Illus.). 48p. (gr. 3-7). 2006. lib. bdg. 29.95 *(978-1-58415-509-6(4))*; Life & Times of Hippocrates. Jim Whiting. (Illus.). 48p. (gr. 3-7). 2006. lib. bdg. 29.95 *(978-1-58415-512-6(4)*, 1259600); Life & Times of King Arthur: The Evolution of the Legend. Susan Harkins & William H. Harkins. (Illus.). 48p. (gr. 3-7). 2006. lib. bdg. 29.95 *(978-1-58415-513-3(2))*; Life & Times of Nostradamus. Russell Roberts. (Illus.). 48p. (gr. 4-8). 2007. lib. bdg. 29.95 *(978-1-58415-544-7(2))*; Life & Times of Plato. Jim Whiting. (Illus.). 48p. (gr. 3-7). 2006. lib. bdg. 29.95 *(978-1-58415-507-2(8)*, 1259591); Life & Times of Pythagoras. Susan Sales Harkins & William H. Harkins. (Illus.). 48p. (gr. 4-8). 2007. lib. bdg. 29.95 *(978-1-58415-545-4(0))*; Set. (gr. 4-8). 2005. lib. bdg. *(978-1-58415-407-5(1))*; (J). (Biography from Ancient Civilizations Ser.). 2007. Set lib. bdg. 838.60 *(978-1-58415-546-1(9))* Mitchell Lane Pubs.

Biography of a Baby (Classic Reprint) Milicent Washburn Shinn. 2017. (ENG., Illus.). (J). 29.16 *(978-1-5282-7638-2(8))* Forgotten Bks.

Biography of a Boy (Classic Reprint) Josephine Daskam Bacon. 2017. (ENG., Illus.). (J). 30.76 *(978-1-5280-6293-0(0))* Forgotten Bks.

Biography of a Grizzly & 75 Drawings. Ernest Seton-Thompson. 2017. (ENG., Illus.). (J). pap. *(978-0-649-47298-7(5))* Trieste Publishing Pty Ltd.

Biography of a Grizzly & 75 Drawings (Classic Reprint) Ernest Seton-Thompson. 2017. (ENG., Illus.). (J). 27.42 *(978-1-5280-9046-9(2))* Forgotten Bks.

Biography of a Locomotive Engine (Classic Reprint) Henry Frith. (ENG., Illus.). (J). 2018. 272p. 29.53 *(978-0-364-23088-6(6))*; 2017. pap. 11.97 *(978-0-282-26978-4(9))* Forgotten Bks.

Biography of a Million Dollars (Classic Reprint) George Kibbe Turner. 2016. (ENG., Illus.). (J). pap. 16.57 *(978-1-334-20028-1(9))* Forgotten Bks.

Biography of a New York Hotel Scrub (Classic Reprint) Ada Blom. 2017. (ENG., Illus.). (J). 26.27 *(978-0-265-66331-8(8))*; 116p. pap. 9.57 *(978-1-5276-3587-6(2))* Forgotten Bks.

Biography of a Prairie Girl (Classic Reprint) Eleanor Gates. 2018. (ENG., Illus.). (J). 30.74 *(978-0-260-21646-5(1))* Forgotten Bks.

Biography of a Silver-Fox, or Domino Reynard of Goldur Town: With over 100 Drawings (Classic Reprint) Ernest Thompson Seton. (ENG., Illus.). (J). 2017. 28.29 *(978-0-260-50230-8(8))*; 2016. pap. 10.97 *(978-1-334-14652-7(7))* Forgotten Bks.

Biography of a Spaniel: To Which Is Annexed the Idiot; a Tale (Classic Reprint) Minerva Press. 2017. (ENG., Illus.). (J). 26.89 *(978-0-260-78660-9(8))* Forgotten Bks.

Biography of Famous People - Powerful Queens of the Middle Ages Children's Biographies. Baby Professor. 2017. (ENG., Illus.). (J). pap. 8.79 *(978-1-5419-1115-4(6)*, Baby Professor (Education Kids)) Speedy Publishing LLC.

Biography of Isaac W. Ambler (Classic Reprint) William P. Freeman. 2018. (ENG., Illus.). 244p. (J). 28.93 *(978-0-484-90965-5(7))* Forgotten Bks.

Biography of J. K. Rowling, (Grade 8) Dona Herweck Rice. 2nd rev. ed. 2017. (TIME(r): Informational Text Ser.). (ENG., Illus.). 32p. (J). (gr. 7-8). pap. 10.99 *(978-1-4938-3931-5(4))* Teacher Created Materials, Inc.

Biohackers. Leah Kaminski. (STEM Body Ser.). (ENG., Illus.). 32p. (J). (gr. 5-8). 2021. pap. 8.99 *(978-1-62920-920-3(1)*, b5e027cd-9cda-4020-8849-24aef0dcf8e4); 2020. lib. bdg. 27.99 *(978-1-62920-839-8(6)*, 6ab25d38-d487-46f6-aad7-03e4fe5b0112) Full Tilt Pr. NZL. Dist: Lerner Publishing Group.

Biologia Centrali-Americana: Aves (Volume II) Osbert Salvin & Frederick Ducane Godman. 2019. (ENG.). 606p. (J). pap. *(978-93-5386-445-3(3))* Alpha Editions.

Biologia Centrali-Americana: Mammalia (Classic Reprint) Edward Richard Alston. 2018. (ENG., Illus.). (J). 28.93 *(978-0-265-97609-8(X))*; pap. 11.57 *(978-1-5284-0381-8(9))* Forgotten Bks.

Biological Adaptations. John Willis. 2016. (Illus.). 32p. (J). *(978-1-5105-1182-8(2))* SmartBook Media, Inc.

Biological Classification Family, Genus & Species Encyclopedia Kids Books Grade 7 Children's Biology Books. Baby Professor. 2020. (ENG.). 74p. (J). 24.99 *(978-1-5419-7599-6(5))*; pap. 14.99 *(978-1-5419-4959-1(5))* Speedy Publishing LLC. (Baby Professor (Education Kids)).

Biological Investigation of the Athabaska-MacKenzie Region (Classic Reprint) Edward Alexander Preble. (ENG., Illus.). (J). 2017. 36.89 *(978-0-266-41143-7(6))*; 2016. pap. 19.57 *(978-1-333-54355-6(7))* Forgotten Bks.

Biological Survey of the Waters of Woods Hole & Vicinity: In Two Parts (Classic Reprint) Francis Bertody Sumner. 2017. (ENG., Illus.). (J). 30.50 *(978-0-265-36573-1(2))* Forgotten Bks.

210

The check digit for ISBN-10 appears in parentheses after the full ISBN-13

TITLE INDEX BIRD IN TROUBLE

Biologist. Joy Gregory. 2020. (J). *(978-1-7911-1696-5(5)*, AV2 by Weigl) Weigl Pubs., Inc.
Biologists at Work, 1 vol. Simone Payment. 2017. (Scientists at Work Ser.). (ENG., Illus.). 32p. (J). (gr. 2-3). pap. 13.90 *(978-1-68048-749-7(3)*, 052b5448-cbd6-40d8-97b1-40e81480a9d3, Britannica Educational Publishing) Rosen Publishing Group, Inc., The.
Biologists in Action. Anne Rooney. 2018. (Scientists in Action Ser.). (Illus.). 32p. (J). (gr. 5-5). pap. *(978-0-7787-5208-0(9))* Crabtree Publishing Co.
Biology. Charles Jean Marie Letourneau & William Maccall. 2017. (ENG.). 494p. (J). pap. *(978-3-337-21485-2(1))* Creation Pubs.
Biology for Curious Kids: Discover the Wondrous Living World! Laura Baker. Illus. by Alex Foster. 2021. (Curious Kids Ser.: 1). (ENG.). 128p. (J). 14.99 *(978-1-3988-0259-9(X)*, 3cac6a38-97e2-4a1b-a808-a31e5ad5d136) Arcturus Publishing GBR. Dist: Baker & Taylor Publisher Services (BTPS).
Biology Is Wild, 1 vol. Lisa Regan. 2016. (Amazing World of Science & Math Ser.). (ENG.). 48p. (gr. 5-5). pap. 15.05 *(978-1-4824-4994-5(3)*, b53ee50b-3137-458a-9ae5-ad1cac7145fc) Stevens, Gareth Publishing LLLP.
Biology Lab: Explore Living Things with Art & Activities: Biology Lab:Explore Living Things with Art & Activities. Contrib. by Elsie Olson. 2023. (STEAM Lab Ser.). (ENG.). 32p. (J). (gr. 3-6). lib. bdg. 34.21 *(978-1-0982-9159-4(X)*, 41873, Checkerboard Library) ABDO Publishing Co.
Bioman Chronicles: #2084 (Book 1) A L F I E. 2018. (Bioman Chronicles Ser.: Vol. 1). (ENG., Illus.). 236p. (YA). 29.99 *(978-1-7321425-2-7(1))* ALife Media, LLC.
Biomas Acuáticos. Laura McDonald. 2017. (Vitales Ser.). (SPA.). (YA). (gr. 6-8). pap. *(978-1-5021-6886-3(3))* Benchmark Education Co.
Biomas Acuáticos - 6 Pack: Set of 6 Common Core Edition. Laura McDonald. 2017. (Vitales Ser.). (SPA.). (YA). (gr. 6-8). 75.00 *(978-1-5021-7108-5(2))* Benchmark Education Co.
Biomas Acuáticos (Freshwater Biome) Grace Hansen. 2016. (Biomas (Biomes) Ser.). (SPA.). 24p. (J). (gr. -1-2). lib. bdg. 32.79 *(978-1-62402-687-4(7)*, 24878, Abdo Kids) ABDO Publishing Co.
Biomas Terrestres. Laura McDonald. 2017. (Vitales Ser.). (SPA.). (YA). (gr. 6-8). pap. *(978-1-5021-6887-0(1))* Benchmark Education Co.
Biomas Terrestres - 6 Pack: Set of 6 Common Core Edition. Laura McDonald. 2017. (Vitales Ser.). (SPA.). (YA). (gr. 6-8). 75.00 *(978-1-5021-7109-2(0))* Benchmark Education Co.
Biomass Energy. Robyn Hardyman. 2022. (Energy Evolutions Ser.). (ENG., Illus.). 48p. (J). (gr. 5-9). pap. 10.99 *(978-1-915153-00-5(X)*, a87a77c2-e2ae-491e-bb3c-c687e9a9cb5e); lib. bdg. 31.99 *(978-1-914383-01-4(X)*, 10c86e22-dbb9-41ff-ac2f-f2f80fcd632a) Cheriton Children's Bks. GBR. Dist: Lerner Publishing Group.
Biomass Energy: Harnessing the Power of Organic Matter, 1 vol. Elizabeth Krajnik. 2017. (Powered up! a STEM Approach to Energy Sources Ser.). (ENG.). 24p. (J). (gr. 3-3). 25.27 *(978-1-5081-6429-6(0)*, 1dcd72d3-c68a-4fa7-b09b-dc8b9dd83e41, PowerKids Pr.) Rosen Publishing Group, Inc., The.
Biomass Power. Christy Mihaly. 2023. (Power of Energy Ser.). (ENG.). 32p. (J). (gr. 2-5). lib. bdg. 35.64 *(978-1-5038-6499-3(5)*, 216396, Stride) Child's World, Inc, The.
Biome Geo Facts. Izzi Howell. 2018. (Geo Facts Ser.). (Illus.). 32p. (J). (gr. 5-5). *(978-0-7787-4381-1(0))* Crabtree Publishing Co.
Biomedical Engineer. Bradley Steffens. 2017. (ENG.). 64p. (YA). (gr. 5-12). *(978-1-68282-178-7(1))* ReferencePoint Pr., Inc.
Biomedical Science Professionals: A Practical Career Guide. Marcia Santore. 2020. (Practical Career Guides). (Illus.). 156p. (YA). (gr. 8-17). pap. 39.00 *(978-1-5381-4170-0(1))* Rowman & Littlefield Publishers, Inc.
Biomes. Christina Earley. 2022. (Life Science Ser.). (ENG.). 24p. (J). (gr. 3-6). pap. 8.95 *(978-1-63897-608-0(2)*, 20499); lib. bdg. 27.93 *(978-1-63897-493-2(4)*, 20498) Seahorse Publishing.
Biomes, 6 vols. Grace Hansen. 2016. (Biomes Ser.). (ENG.). 24p. (J). (gr. -1-2). lib. bdg. 196.74 *(978-1-68080-499-7(5)*, 21278, Abdo Kids) ABDO Publishing Co.
Biomes: Discover the Earth's Ecosystems with Environmental Science Activities for Kids. Donna Latham. Illus. by Tom Casteel. 2019. (Build It Yourself Ser.). 128p. (J). (gr. 4-6). 22.95 *(978-1-61930-736-0(7)*, 45a7c594-0297-4186-b678-56063cdf5af7); (ENG.). pap. 17.95 *(978-1-61930-739-1(1)*, d6830206-86d4-455c-87cf-edf928c5fd2c) Nomad Pr.
Biomes Alive! Set. Various Authors. 2022. (ENG.). 24p. (J). (gr. k-3). 215.60 *(978-1-64487-800-2(3)*, Blastoff! Readers) Bellwether Media.
Biometrics: Your Body & the Science of Security. Maria Birmingham. Illus. by Ian Turner. 2017. (ENG.). 48p. (J). (gr. 6-6). 16.95 *(978-1-77147-193-0(X))* Owlkids Bks. Inc. CAN. Dist: Publishers Group West (PGW).
Biomimetic Building. Robin Koontz. 2018. (Nature-Inspired Innovations Ser.). (ENG., Illus.). 48p. (gr. 4-8). lib. bdg. 35.64 *(978-1-64156-454-0(7)*, 9781641564540) Rourke Educational Media.
Biomimicry & Medicine. Robin Koontz. 2018. (Nature-Inspired Innovations Ser.). (ENG., Illus.). 48p. (gr. 4-8). pap. 10.95 *(978-1-64156-585-1(3)*, 9781641565851) Rourke Educational Media.
Bionic Beasts: Saving Animal Lives with Artificial Flippers, Legs, & Beaks. Jolene Gutiérrez. 2020. (ENG., Illus.). 48p. (J). (gr. 4-8). 31.99 *(978-1-5415-8940-7(8)*, 79ba88ea-5275-4fa2-9127-bf7dd43dc051, Millbrook Pr.) Lerner Publishing Group.
Bionic Bodies. Megan Kopp. 2017. (Techno Planet Ser.). (Illus.). 32p. (J). (gr. 5-5). *(978-0-7787-3584-7(2))* Crabtree Publishing Co.
Bionic Butter: A Three-Pawed K-9 Hero. Illus. by Marian Josten. 2021. (ENG.). 190p. (YA). pap. 9.99 *(978-1-0879-7590-0(5))* Indy Pub.
Bionic Eyes. Christine Zuchora-Walske. 2017. (Modern Engineering Marvels Ser.). (ENG., Illus.). 32p. (J). (gr. 3-6). lib. bdg. 32.79 *(978-1-5321-1088-7(X)*, 25752, Checkerboard Library) ABDO Publishing Co.
Bionic Limbs, 1 vol. Holly Duhig. 2017. (Science Fiction to Science Fact Ser.). (ENG.). 32p. (J). (gr. 4-5). pap. 11.50 *(978-1-5382-1452-7(0)*, 686c35d3-6da3-4e91-bb26-3fabb3b66a05); lib. bdg. 28.27 *(978-1-5382-1380-3(X)*, aaea6347-f9c2-491d-b861-c771b8f3917b) Stevens, Gareth Publishing LLLP.
Bionic Pets. Betsy Rathburn. 2020. (Cutting Edge Technology Ser.). (ENG., Illus.). 24p. (J). (gr. 3-7). lib. bdg. 26.95 *(978-1-64487-285-7(4))* Bellwether Media.
Bionicum. Sean Collom. 2017. (ENG.). 226p. (YA). pap. 15.99 *(978-1-386-38849-4(1))* Draft2Digital.
Biorachan Beag Agus Biorachan Mór: Sgeulachd Thraidiseanta Air a Dealbhadh le Eimilidh Dhòmhnallach, 1 vol. Illus. by Eimilidh Dhòmhnallach. 2020. (GLA.). 32p. (J). pap. *(978-1-988747-50-7(3))* Bradan Pr.
Biorachan Beag Agus Biorachan Mòr: Sgeulachd Thraidiseanta Air a Dealbhadh le Eimilidh Dhòmhnallach. Illus. by Eimilidh Dhòmhnallach. 2020. (GLA.). 34p. (J). pap. *(978-1-988747-71-2(6))*; *(978-1-988747-72-9(4))* Bradan Pr.
Biosecurity: Preventing Biological Warfare, 1 vol. Earle Rice & Earle Rice, Jr. 2016. (Military Engineering in Action Ser.). (ENG., Illus.). 48p. (gr. 5-6). pap. 12.70 *(978-0-7660-7541-2(9)*, 609d7ad7-1498-44a8-a1bd-1baaff1da9d6) Enslow Publishing, LLC.
Biotech Careers. Tom Streissguth. 2018. (STEM Careers Ser.). (ENG.). 80p. (YA). (gr. 6-12). 39.93 *(978-1-68282-427-6(6))* ReferencePoint Pr., Inc.
Bioweapons. Leslie Buteyn. 2017. (Red Rhino Nonfiction Ser.). (ENG., Illus.). 60p. (J). (gr. 4-7). pap. 11.95 *(978-1-68021-072-9(6))* Saddleback Educational Publishing, Inc.
Bip, Sop, Lob (Classroom & Home) Sound-Out Phonics Reader (Letter Group 5 of a Systematic Decodable Series) Pamela Brookes. Ed. by Nancy Mather. 2022. (Dog on a Log (Blue) Get Ready! Readers Ser.: Vol. 5). (ENG., Illus.). 74p. (J). 15.99 ***(978-1-64831-095-9(8)***, DOG ON A LOG Bks.) Jojoba Pr.
Bipathu & a Very Big Dream. Anita Nair. 2023. (ENG.). 216p. (J). (gr. 4). pap. 9.99 ***(978-0-670-09163-8(4)***, Puffin) Penguin Bks. India PVT, Ltd IND. Dist: Independent Pubs. Group.
Biphobia: Deal with It & Be More Than a Bystander. Gordon Nore. Illus. by Kate Phillips. 2023. (Lorimer Deal with It Ser.). (ENG.). 32p. (J). (gr. 4-9). 25.32 ***(978-1-4594-1721-2(6)***, 04b12ee1-8e5a-479b-9f9a-f6635ac1c100) James Lorimer & Co. Ltd., Pubs. CAN. Dist: Lerner Publishing Group.
Bipolar Bear: A Resource to Talk about Mental Health, 1 vol. Victoria Remmel. 2019. (ENG., Illus.). 40p. pap. 9.99 *(978-0-7643-5880-7(4)*, 20585); (J). (gr. -1-3). 16.99 *(978-0-7643-5805-0(7)*, 18524) Schiffer Publishing, Ltd.
Bipolar Disorder, 1 vol. Richard Spilsbury. 2018. (Genetic Diseases & Gene Therapies Ser.). (ENG., Illus.). 48p. (J). (gr. 5-5). 33.47 *(978-1-5081-8268-9(X)*, 507c3ed7-d70b-46ee-ae12-03b7c125ac44, Rosen Central) Rosen Publishing Group, Inc., The.
Bippity Boppidy Boo! a Fairies Coloring Book. Jupiter Kids. 2016. (ENG., Illus.). 106p. (J). pap. 12.55 *(978-1-68326-288-6(3)*, Jupiter Kids (Childrens & Kids Fiction)) Speedy Publishing LLC.
Birch & the Star: And Other Stories (Classic Reprint) Gudren Thorne-Thomsen. 2017. (ENG., Illus.). (J). 26.50 *(978-0-266-22086-2(X))* Forgotten Bks.
Birch Dene. William Westall. 2017. (ENG.). (J). 324p. pap. *(978-3-337-04356-8(9))*; 312p. pap. *(978-3-337-04357-5(7))*; 316p. pap. *(978-3-337-04358-2(5))* Creation Pubs.
Birch Dene: A Novel (Classic Reprint) William Westall. (ENG., Illus.). (J). 2018. 378p. 31.69 *(978-0-483-51800-1(X))*; 2017. pap. 16.57 *(978-0-243-08664-1(4))* Forgotten Bks.
Birch Dene a Novel, Vol. 3 of 3 (Classic Reprint) William Westall. 2018. (ENG., Illus.). 314p. (J). 30.39 *(978-0-484-21816-0(6))* Forgotten Bks.
Birch Dene, Vol. 1 Of 3: A Novel (Classic Reprint) William Westall. (ENG., Illus.). (J). 2018. 30.56 *(978-0-332-02651-0(5))*; 2016. pap. 13.57 *(978-1-334-12827-1(8))* Forgotten Bks.
Birch Dene, Vol. 2 Of 3: A Novel (Classic Reprint) William Westall. 2018. (ENG., Illus.). 308p. (J). 30.29 *(978-0-332-14534-1(4))* Forgotten Bks.
Birch-Tree Fairy Book: Favorite Fairy Tales (Classic Reprint) Willard Bonte. 2018. (ENG., Illus.). 360p. (J). 31.32 *(978-0-483-23410-9(9))* Forgotten Bks.
Birch Tree's Year. Tuula Pere. Ed. by Susan Korman. Illus. by Outi Rautkallio. 2018. (ENG.). 34p. (J). (gr. k-4). *(978-952-357-018-4(8))*; pap. *(978-952-357-015-3(3))* Wickwick oy.
Birchbark House. Louise Erdrich. 2021. (Birchbark House Ser.: 1). (ENG., Illus.). 272p. (J). (gr. 3-7). pap. 9.99 *(978-0-06-306416-4(2)*, HarperCollins) HarperCollins Pubs.
Birchbark House. Louise Erdrich. 2019. (Birchbark House Ser.: Vol. 1). (ENG.). 272p. (J). (gr. 3-7). lib. bdg. 18.80 *(978-1-6636-3454-2(8))* Perfection Learning Corp.
Bird. Douglas Bender. 2022. (My First Pet Ser.). (ENG.). 16p. (J). (gr. -1-1). pap. 7.95 *(978-1-63897-547-2(7)*, 20795); lib. bdg. 25.27 *(978-1-63897-432-1(2)*, 20794) Seahorse Publishing.
Bird. Barry Cole. 2019. (My Pet Ser.). (ENG.). 16p. (J). (gr. -1-2). pap. 9.95 *(978-1-7316-0411-8(4)*, 9781731604118) Rourke Educational Media.
Bird, 1 vol. Zetta Elliott. 2017. (ENG.). 48p. (J). (gr. 3-8). pap. 12.95 *(978-1-62014-348-3(8)*, leelowbooks) Lee & Low Bks., Inc.
Bird. Malcolm Gerloch. Illus. by Angela Hillier. 2019. (ENG.). 40p. (YA). (gr. 7-12). pap. *(978-1-912021-47-5(1)*, Nightingale Books) Pegasus Elliot Mackenzie Pubs.
Bird. Heidi Marqua. 2020. (ENG., Illus.). 24p. (J). 21.95 *(978-1-64468-420-7(9))*; pap. 11.95 *(978-1-64468-419-1(5))* Covenant Bks.
Bird: Arabic-English Bilingual Edition. Aaron Carr. 2016. (I Love My Pet Ser.). (ARA & ENG.). (J). (gr. k-2). 29.99 *(978-1-61913-908-4(1))* Weigl Pubs., Inc.
Bird, a Girl, & a Rescue: Book Two of the Rwendigo Tales. J. A. Myhre. Illus. by Acacia Masso. 2016. (ENG.). 144p. (J). pap. 16.99 *(978-1-942572-69-5(7))* New Growth Pr.
Bird & Arbor Day for 1911 in the Schools of California (Classic Reprint) Department Of Public Instruction. (ENG., Illus.). (J). 2018. 20p. 24.31 *(978-0-484-56196-9(0))*; 2016. pap. 7.97 *(978-1-334-11932-3(5))* Forgotten Bks.
Bird & Bear. Ann James. 2023. (ENG.). 32p. (gr. -1-k). 17.99 ***(978-1-76121-068-6(8))*** Little Hare Bks. AUS. Dist: Independent Pubs. Group.
Bird & Fowl Coloringbook. Smarter Activity Books for Kids. 2016. (ENG., Illus.). (J). pap. 9.22 *(978-1-68374-462-7(4))* Examined Solutions PTE. Ltd.
Bird & Squirrel All or Nothing. James Burks. ed. 2020. (Bird & Squirrel Ser.). (ENG., Illus.). 125p. (J). (gr. 2-3). 20.49 *(978-1-64697-368-2(2))* Penworthy Co., LLC, The.
Bird & Squirrel All or Nothing: a Graphic Novel (Bird & Squirrel #6) James Burks. 2020. (Bird & Squirrel Ser.: 6). (ENG., Illus.). 128p. (J). (gr. 2-5). pap. 10.99 *(978-1-338-25207-1(0)*, Graphix) Scholastic, Inc.
Bird & Squirrel All Tangled Up. James Burks. ed. 2019. (Bird & Squirrel Ser.). (ENG.). 123p. (J). (gr. 2-3). 20.49 *(978-0-87617-306-0(7))* Penworthy Co., LLC, The.
Bird & Squirrel All Tangled up: a Graphic Novel (Bird & Squirrel #5) James Burks. 2019. (Bird & Squirrel Ser.: 5). (ENG., Illus.). 128p. (J). (gr. 2-5). Bk. 5. 18.99 *(978-1-338-25183-8(X))*; Vol. 5. pap. 10.99 *(978-1-338-25175-3(9))* Scholastic, Inc. (Graphix).
Bird & Squirrel All Together: a Graphic Novel (Bird & Squirrel #7) James Burks. 2022. (Bird & Squirrel Ser.). (ENG.). 128p. (J). (gr. 2-5). 18.99 *(978-1-338-25236-1(4))*; pap. 10.99 *(978-1-338-25233-0(X))* Scholastic, Inc. (Graphix).
Bird & Squirrel on Fire: a Graphic Novel (Bird & Squirrel #4), Vol. 4. James Burks. 2017. (Bird & Squirrel Ser.). (ENG., Illus.). 192p. (J). (gr. 2-5). 19.99 *(978-0-545-80429-5(9)*, Graphix) Scholastic, Inc.
Bird & the Blade. Megan Bannen. (ENG.). 432p. (YA). (gr. 8). 2019. pap. 9.99 *(978-0-06-267416-6(1))*; 2018. (Illus.). 17.99 *(978-0-06-267415-9(3))* HarperCollins Pubs. (Balzer & Bray).
Bird & the Hippo. Rebecca Pierce Murray. Illus. by Karin Exter. 2020. (ENG.). 32p. (J). pap. 15.75 *(978-1-7330675-2-2(3))* Bywater Pr.
Bird & the Hippo (with Workbook) Rebecca Pierce Murray. Illus. by Karin Exter. 2021. (ENG.). 48p. (J). pap. 17.50 *(978-1-7330675-5-3(8))* Bywater Pr.
Bird & the Mirror. Oscar Woolfolk Sr. 2020. (ENG., Illus.). 30p. (J). pap. 16.00 *(978-1-4809-3838-0(6))* Dorrance Publishing Co., Inc.
Bird at School - BIG BOOK. John Bianchi. 2017. (1-3Y Big Bks.). (ENG., Illus.). 16p. (J). pap. 8.00 *(978-1-64053-056-0(8)*, Bird, Bunny & Bear) American Reading Co.
Bird Atlas. Barbara Taylor. Illus. by Richard Orr. 2021. (DK Pictorial Atlases Ser.). (ENG.). 64p. (J). (gr. 4-7). 20.00 *(978-0-7440-2735-8(7)*, DK Children) Dorling Kindersley Publishing, Inc.
Bird Bath. Vonnie Gallagher. 2021. (ENG.). 32p. (J). 23.99 *(978-1-6629-1675-5(2))*; pap. 12.99 *(978-1-6629-1676-2(0))* Gatekeeper Pr.
Bird Behavior. Angela Lim. 2023. (Animal Behavior Ser.). (ENG.). 32p. (J). (gr. 2-5). lib. bdg. 34.21 ***(978-1-0982-9100-6(X)***, 41996, Kids Core) ABDO Publishing Co.
Bird Biographies: And Other Bird Sketches (Classic Reprint) Oliver G. Pike. 2018. (ENG., Illus.). 278p. (J). 29.65 *(978-0-484-59570-4(9))* Forgotten Bks.
Bird Bonanza. Carolyn Keene. Illus. by Peter Francis. 2023. (Nancy Drew Clue Book Ser.: 18). (ENG.). 112p. (J). (gr. 1-4). 17.99 ***(978-1-5344-8825-0(1))***; pap. 6.99 ***(978-1-5344-8824-3(3))*** Simon & Schuster Children's Publishing. (Aladdin).
Bird Book. Steve Jenkins & Robin Page. Illus. by Steve Jenkins. 2022. (ENG., Illus.). 48p. (J). (gr. 1-5). 18.99 *(978-0-358-32569-7(2)*, Clarion Bks.) HarperCollins Pubs.
Bird-Book (Classic Reprint) American Sunday School Union. (ENG., Illus.). (J). 2018. 166p. 27.32 *(978-0-483-92853-4(4))*; 2016. pap. 9.97 *(978-1-334-16396-8(0))* Forgotten Bks.
Bird Boy: A Grimm & Gross Retelling. Benjamin Harper. Illus. by Timothy Banks. 2018. (Michael Dahl Presents: Grimm & Gross Ser.). (ENG.). 64p. (J). (gr. 3-5). lib. bdg. 21.99 *(978-1-4965-7317-9(X)*, 138921, Stone Arch Bks.) Capstone.
Bird Brainiacs: Activity Journal & Log Book for Young Birders. Stacy Tornio & Ken Keffer. Illus. by Rachel Riordan. 2022. (ENG.). 104p. (J). pap. 12.95 *(978-1-943645-47-3(7)*, 6d00f2bc-7004-40ed-8dfa-2d26dd0f37c7, Cornell Lab Publishing Group, The) WunderMill, Inc.
Bird Brothers. Howie Minsky. 2019. (Hello, Everglades! Ser.). (ENG., Illus.). 16p. (J). (gr. -1-2). pap. 11.36 *(978-1-5341-5708-8(5)*, 214099, Cherry Blossom Press) Cherry Lake Publishing.
Bird Buddies, 1 vol. Laurie Friedman. Illus. by Amanda Erb. 2021. (Trainer Tom Ser.). (ENG.). 32p. (J). (gr. -1-3). pap. *(978-1-4271-5345-6(0)*, 12289); lib. bdg. *(978-1-4271-5339-5(6)*, 12282) Crabtree Publishing Co.
Bird Builds a Nest: a First Science Storybook. Martin Jenkins. Illus. by Richard Jones. (Science Storybooks Ser.). (ENG.). 32p. (J). (gr. -1-1). 2020. pap. 8.99 *(978-1-5362-1056-9(0))*; 2018. 17.99 *(978-0-7636-9346-6(4))* Candlewick Pr.
Bird Can Say Many Words: Book 87. William Ricketts. Illus. by Dean Maynard. 2023. (Tas & Friends Ser.). (ENG.). 20p. (J). (gr. -1-k). pap. 7.99 ***(978-1-76127-107-6(5)***, d93be5bb-c4ee-4d8b-920b-9beae9fff7f7) Knowledge Bks. & Software AUS. Dist: Lerner Publishing Group.
Bird Can Talk: Book 20. William Ricketts. Illus. by Dean Maynard. 2023. (Tas & Friends Ser.). (ENG.). 20p. (J). (gr. -1-k). pap. 7.99 ***(978-1-76127-020-8(6)***, 2a06c377-5bbd-4323-b3e7-01b6bac14d81) Knowledge Bks. & Software AUS. Dist: Lerner Publishing Group.
Bird Center Cartoons: A Chronicle of Social Happenings at Bird Center, Illinois (Classic Reprint) John T. McCutcheon. 2016. (ENG., Illus.). (J). pap. 10.57 *(978-1-333-71232-7(4))* Forgotten Bks.
Bird Center Cartoons: A Chronicle of Social Happenings at Bird Center, Illinois (Classic Reprint) John Tinney McCutcheon. 2017. (ENG., Illus.). (J). 28.21 *(978-0-266-42045-3(1))* Forgotten Bks.
Bird Children: The Little Playmates of the Flower Children (Classic Reprint) Elizabeth Gordon. (ENG., Illus.). (J). 2017. 25.88 *(978-0-331-22619-5(7))*; 2016. pap. 9.57 *(978-1-333-50546-2(9))* Forgotten Bks.
Bird Coloring Book: A Fun Coloring Book for Kids/toddlers /kindergarten, Makes the Perfect Gift. Cosmin. 2021. (ENG.). 42p. (J). pap. *(978-0-490-84836-8(2))* Neall-Crae Publishing Ltd.
Bird Coloring Book: Amazing Coloring Books of Birds - Fun Coloring Book for Kids Ages 3 - 8, Page Large 8. 5 X 11. Elma Angels. 2020. (ENG.). 86p. (J). pap. 8.97 *(978-1-716-30933-5(6))* Lulu Pr., Inc.
Bird Coloring Book for Adults: Gorgeous Birds Coloring Book for Adults Stress Relieving with Gorgeous Bird Designs. Elli Steele. 2020. (ENG.). 106p. (YA). pap. 10.33 *(978-1-716-31584-8(0))* Lulu Pr., Inc.
Bird Count, 1 vol. Susan Edwards Richmond. Illus. by Stephanie Fizer Coleman. 32p. (J). (gr. -1-3). 2021. 8.99 *(978-1-68263-204-8(0))*; 2019. 18.99 *(978-1-56145-954-4(2))* Peachtree Publishing Co. Inc.
Bird Day. Eva Lindström. Illus. by Eva Lindström. 2023. (ENG., Illus.). 32p. (J). (gr. -1-1). 18.99 ***(978-1-77657-527-5(X)***, 5dca2989-3ce6-4e12-ae42-46433bc4abb4) Gecko Pr. NZL. Dist: Lerner Publishing Group.
Bird Detectives: Science Sleuths & Their Feathered Friends. Kristine Rivers. 2023. (Smithsonian Editions Ser.). (ENG.). 32p. (J). 31.32 *(978-1-6690-1096-8(1)*, 248430); pap. 8.99 *(978-1-6690-4025-5(9)*, 248425) Capstone. (Capstone Pr.).
Bird-Dom (Classic Reprint) Leander S. Keyser. 2018. (ENG., Illus.). 228p. (J). 28.60 *(978-0-267-69517-1(9))* Forgotten Bks.
Bird-Eating Spiders. Claire Archer. 2016. (Spiders Ser.). (ENG., Illus.). 24p. (J). (gr. -1-2). pap. 7.95 *(978-1-4966-0981-6(6)*, 134886, Capstone Classroom) Capstone.
Bird-Eating Spiders. Janey Levy. 2017. (Spiders: Eight-Legged Terrors Ser.). 24p. (J). (gr. 2-3). pap. 48.90 *(978-1-4824-6485-6(3))* Stevens, Gareth Publishing LLLP.
Bird Feeder. Andrew Larsen. Illus. by Dorothy Leung. 2022. (ENG.). 40p. (J). (gr. -1-2). 18.99 *(978-1-5253-0483-5(6))* Kids Can Pr., Ltd. CAN. Dist: Hachette Bk. Group.
Bird Fossils, 1 vol. Sara Meehan. 2016. (Fossil Files Ser.). (ENG.). 32p. (J). (gr. 5-5). 27.93 *(978-1-4994-2861-2(8)*, e6396d5d-e0c0-4b00-a94c-68874bde07a3); pap. 11.00 *(978-1-4994-2745-5(X)*, b437aedc-3cc4-4374-88fc-1f7731007e22) Rosen Publishing Group, Inc., The. (PowerKids Pr.).
Bird Goes Camping. Heidi Marqua. 2021. (ENG., Illus.). 34p. (J). 22.95 *(978-1-63814-842-5(2))*; pap. 11.95 *(978-1-63814-838-8(4))* Covenant Bks.
Bird Had a Big Trip: Book 21. William Ricketts. Illus. by Dean Maynard. 2023. (Tas & Friends Ser.). (ENG.). 20p. (J). (gr. -1-k). pap. 7.99 ***(978-1-76127-021-5(4)***, 0aa040fd-b594-45cc-8f01-fd7a06faf6ea) Knowledge Bks. & Software AUS. Dist: Lerner Publishing Group.
Bird Has a Beak: Book 23. William Ricketts. Illus. by Dean Maynard. 2023. (Tas & Friends Ser.). (ENG.). 20p. (J). (gr. -1-k). pap. 7.99 ***(978-1-76127-023-9(0)***, 28289dc7-1993-4f63-a7dd-2b845fc85a23) Knowledge Bks. & Software AUS. Dist: Lerner Publishing Group.
Bird Hospital (Classic Reprint) Caroline Crowninshield Bascom. (ENG., Illus.). (J). 2018. 194p. 27.90 *(978-0-332-69547-1(6))*; 2016. pap. 10.57 *(978-1-333-31000-4(5))* Forgotten Bks.
Bird House Man (Classic Reprint) Walter Prichard Eaton. (ENG., Illus.). (J). 2018. 364p. 31.42 *(978-0-267-31082-1(X))*; 2016. pap. 13.97 *(978-1-333-39231-4(1))* Forgotten Bks.
Bird Hugs. Ged Adamson. 2020. (ENG., Illus.). 40p. (J). (gr. -1-2). 17.99 *(978-1-5420-9271-5(X)*, 9781542092715, Two Lions) Amazon Publishing.
Bird Hunting. Diane Bailey. 2023. (Searchlight Books (tm) — Hunting & Fishing Ser.). (ENG., Illus.). 32p. (J). (gr. 3-5). pap. 9.99. lib. bdg. 30.65 ***(978-1-7284-9153-0(3)***, 159a429f-ce5f-4526-9aa1-6a1aeb29213b) Lerner Publishing Group. (Lerner Pubns.).
Bird-Hunting Through Wild Europe (Classic Reprint) R. B. Lodge. 2017. (ENG., Illus.). (J). 34.83 *(978-0-265-86883-6(1))* Forgotten Bks.
Bird in a Box. Cecilia Minden. Illus. by Kelsey Collings. 2021. (Little Blossom Stories Ser.). (ENG.). 16p. (J). (gr. -1-2). pap. 11.36 *(978-1-5341-8803-7(7)*, 218967, Cherry Blossom Press) Cherry Lake Publishing.
Bird in Hand: A Play in Three Acts (Classic Reprint) John Drinkwater. 2018. (ENG., Illus.). (J). 98p. 25.92 *(978-1-396-69338-0(6))*; 100p. pap. 9.57 *(978-1-396-17307-3(2))* Forgotten Bks.
Bird in Me Flies, 1 vol. Sara Lundberg. Tr. by B. J. Epstein. 2020. (ENG., Illus.). 120p. (J). (gr. 4-7). 18.95 *(978-1-77306-260-0(3))* Groundwood Bks. CAN. Dist: Publishers Group West (PGW).
Bird in the Box (Classic Reprint) Mary Mears. 2018. (ENG., Illus.). (J). 402p. 32.19 *(978-0-366-56390-6(4))*; 404p. pap. 16.57 *(978-0-366-14584-3(3))* Forgotten Bks.
Bird in the Family. Nancy Stewart. 2022. (ENG., Illus.). 36p. (J). pap. 15.95 *(978-1-63860-595-9(5))* Fulton Bks.
Bird in Trouble. Dianne Nicholas Goodrich. Illus. by Anna McCullough. 2021. (ENG.). 30p. (J). pap. 14.95 *(978-1-63066-517-3(7))* Indigo Sea Pr., LLC.

B

For book reviews, descriptive annotations, tables of contents, cover images, author biographies & additional information, updated daily, subscribe to www.booksinprint.com 211

Bird Is a Bird. Lizzy Rockwell. 2018. (ENG.). 32p. (J). (gr. -1-2). 8.99 *(978-0-8234-4012-2(5))* Holiday Hse., Inc.

Bird Kids Volume 2. Larry W. Jones. 2021. (ENG.). 40p. (J). *(978-1-716-16840-6(6))* Lulu Pr., Inc.

Bird-Land Echoes (Classic Reprint) Charles Conrad Abbott. 2018. (ENG., Illus.). 272p. (J). 29.51 *(978-0-364-17826-3(4))* Forgotten Bks.

Bird Legend & Life (Classic Reprint) Margaret Coulson Walker. 2018. (ENG., Illus.). 244p. (J). 28.95 *(978-0-267-69457-0(1))* Forgotten Bks.

Bird-Life: Being a History of the Bird, Its Structure, & Habits (Classic Reprint) Alfred Edmund Brehm. 2017. (ENG., Illus.). (J). 948p. 43.47 *(978-0-484-32793-0(3))*; pap. 25.81 *(978-0-259-55012-9(4))* Forgotten Bks.

Bird Life & Bird Lore (Classic Reprint) R. Bosworth Smith. 2017. (ENG., Illus.). (J). 34.00 *(978-0-266-92065-6(9))* Forgotten Bks.

Bird Life Cycle. Tracy Vonder Brink. 2022. (Life Cycles of Living Things Ser.). (ENG.). 24p. (J). (gr. k-2). pap. 8.95 *(978-1-63897-567-0(1)*, 20475); lib. bdg. 27.93 *(978-1-63897-452-9(7)*, 20474) Seahorse Publishing.

Bird Life Cycles, 1 vol. Bray Jacobson. 2017. (Look at Life Cycles Ser.). (ENG.). 32p. (J). (gr. 2-2). pap. 11.50 *(978-1-5382-1036-9(3)*, 0b550565-39aa-4400-a855-845c0f322eaa) Stevens, Gareth Publishing LLLP.

Bird Life Glimpses (Classic Reprint) Edmund Selous. 2018. (ENG., Illus.). 360p. (J). 31.32 *(978-0-267-84242-1(2))* Forgotten Bks.

Bird Life in an Arctic Spring. Dan Meinertzhagen & R. P. Hornby. 2017. (ENG.). (J). 204p. pap. *(978-3-337-32459-9(2))*; 208p. pap. *(978-3-337-09533-8(X))* Creation Pubs.

Bird Life in an Arctic Spring: The Diaries of Dan Meinertzhagen & R. P. Hornby (Classic Reprint) Dan Meinertzhagen. 2017. (ENG., Illus.). (J). 28.23 *(978-0-260-20936-8(8))* Forgotten Bks.

Bird Life in Wild Wales (Classic Reprint) J. A Walpole-Bond. 2018. (ENG., Illus.). 304p. (J). 30.17 *(978-0-267-68723-7(0))* Forgotten Bks.

Bird Lore, 1899, Vol. 1: An Illustrated Bi-Monthly Magazine Devoted to the Study & Protection of Birds (Classic Reprint) National Audubon Society. (ENG., Illus.). (J). 2017. 28.81 *(978-0-260-04630-7(2))*; 2016. pap. 11.57 *(978-1-333-64717-9(4))* Forgotten Bks.

Bird-Lore, 1915, Vol. 17: An Illustrated Bi-Monthly Magazine Devoted to the Study & Protection of Birds (Classic Reprint) Frank M. Chapman. 2018. (ENG., Illus.). 598p. (J). 36.23 *(978-0-267-53226-1(1))* Forgotten Bks.

Bird Lore, 1916, Vol. 18: An Illustrated Bi-Monthly Magazine Devoted to the Study & Protection of Birds (Classic Reprint) Frank M. Chapman. (ENG., Illus.). (J). 2018. 552p. 35.28 *(978-0-267-87662-4(9))*; 2016. pap. 19.57 *(978-1-333-12613-1(1))* Forgotten Bks.

Bird-Lover in the West (Classic Reprint) Olive Thorne Miller. 2018. (ENG., Illus.). 294p. (J). 29.98 *(978-0-332-94175-2(2))* Forgotten Bks.

Bird Mazes Activity Book for Children (6x9 Puzzle Book / Activity Book) Sheba Blake. 2021. (ENG.). 34p. (J). pap. 9.99 *(978-1-222-29092-9(8))* Indy Pub.

Bird Mazes Activity Book for Children (8. 5x8. 5 Puzzle Book / Activity Book) Sheba Blake. 2021. (ENG.). 34p. (J). pap. 12.99 *(978-1-222-29206-0(8))* Indy Pub.

Bird Mazes Activity Book for Children (8x10 Puzzle Book / Activity Book) Sheba Blake. 2021. (ENG.). 34p. (J). pap. 14.99 *(978-1-222-29093-6(6))* Indy Pub.

Bird Migration. Jen Breach. 2023. (Animal Migrations Ser.). (ENG., Illus.). 32p. (J). pap. 9.95 ***(978-1-63739-662-9(7)***, Focus Readers) North Star Editions.

Bird Migration. Contrib. by Jen Breach. 2023. (Animal Migrations Ser.). (ENG., Illus.). 32p. (J). lib. bdg. 31.35 ***(978-1-63739-605-6(8)***, Focus Readers) North Star Editions.

Bird Neighbors. Neltje Blanchan. 2017. (ENG.). 354p. (J). pap. *(978-3-337-05980-4(5))* Creation Pubs.

Bird-Nest: Boarding House (Classic Reprint) Verbena Reed. 2018. (ENG., Illus.). 260p. (J). 29.26 *(978-0-332-63820-1(0))* Forgotten Bks.

Bird Nests. Stacy Tornio. 2018. (Animal Engineers Ser.). (ENG., Illus.). 32p. (J). (gr. 2-3). pap. 9.95 *(978-1-63517-960-6(2)*, 1635179602); lib. bdg. 31.35 *(978-1-63517-859-3(2)*, 1635178592) North Star Editions. (Focus Readers).

Bird Notes (Classic Reprint) Jane Mary Hayward. (ENG., Illus.). (J). 2018. 204p. 28.10 *(978-0-267-30697-8(0))*; 2016. pap. 10.57 *(978-1-333-33447-5(8))* Forgotten Bks.

Bird of Destiny: Horus & the Silver Raven. P. J. Sanderson. Illus. by Emily May. 2020. (ENG.). 94p. (J). 28.95 *(978-1-9822-5613-5(3))*; pap. 8.99 *(978-1-9822-5611-1(7))* Author Solutions, LLC. (Balboa Pr.).

Bird of Passage & Other Stories (Classic Reprint) Beatrice Harraden. 2018. (ENG., Illus.). 198p. (J). 27.98 *(978-0-483-34968-1(2))* Forgotten Bks.

Bird of Passage (Classic Reprint) B. M. Croker. 2018. (ENG., Illus.). 378p. (J). 31.71 *(978-0-267-20437-3(X))* Forgotten Bks.

Bird of Passage (Classic Reprint) Grace Stair. (ENG., Illus.). (J). 2018. 356p. 31.26 *(978-0-267-32763-8(3))*; 2016. pap. 13.57 *(978-1-333-54033-3(7))* Forgotten Bks.

Bird of Passage, Vol. 1 of 3 (Classic Reprint) B. M. Croker. 2018. (ENG., Illus.). 250p. (J). 29.07 *(978-0-267-45245-3(4))* Forgotten Bks.

Bird of Passage, Vol. 2 of 3 (Classic Reprint) B. M. Croker. 2018. (ENG., Illus.). 252p. (J). 29.09 *(978-0-267-20942-2(8))* Forgotten Bks.

Bird of Passage, Vol. 3 of 3 (Classic Reprint) B. M. Croker. 2018. (ENG., Illus.). 288p. (J). 29.86 *(978-0-483-97511-8(7))* Forgotten Bks.

Bird of Time: Being Conversations with Egeria (Classic Reprint) Woodrow Vvoodrovv. 2017. (ENG., Illus.). (J). 29.75 *(978-0-260-99635-0(1))* Forgotten Bks.

Bird on a Wire. Kate Gordon. Illus. by Nathaniel Eckstrom. 2020. (ENG.). 24p. (J). (gr. -1-k). 18.99 *(978-1-76012-858-6(9))* Little Hare Bks. AUS. Dist: Independent Pubs. Group.

Bird on Water Street. Elizabeth O. Dulemba. 2019. (Illus.). 320p. (J). (gr. 3-8). pap. 8.99 *(978-1-4926-9828-9(8))*, Little Pickle Pr.) Sourcebooks, Inc.

Bird Our Brother: A Contribution to the Study of the Bird As He Is in Life (Classic Reprint) Olive Thorne Miller. 2018. (ENG., Illus.). (J). 358p. 31.28 *(978-0-366-36113-7(9))*; 360p. pap. 13.97 *(978-0-365-80566-3(1))* Forgotten Bks.

Bird Pals. Pat Jacobs. 2018. (Pet Pals Ser.). (Illus.). 32p. (J). (gr. 3-3). pap. *(978-0-7787-5731-3(5))* Crabtree Publishing Co.

Bird Paradise: An Intimate Account of a Lifelong Friendship with Bird Parishioners (Classic Reprint) John Bartlett Wicks. (ENG., Illus.). (J). 2017. 29.96 *(978-0-331-86991-0(8))*; 2016. pap. 13.57 *(978-1-334-16922-9(5))* Forgotten Bks.

Bird Saw Tas: Book 24. William Ricketts. Illus. by Dean Maynard. 2023. (Tas & Friends Ser.). (ENG.). 20p. (J). (gr. -1-k). pap. 7.99 ***(978-1-76127-024-6(9)***, e3f03843-5fec-41c7-aa3d-237c77772160) Knowledge Bks. & Software AUS. Dist: Lerner Publishing Group.

Bird Show. Susan Stockdale. 2021. (Illus.). 32p. (J). (gr. -1-2). 16.99 *(978-1-68263-128-7(1))* Peachtree Publishing Co. Inc.

Bird Singing, Bird Winging. Marilyn Singer. ed. 2020. (Ready-To-Read Ser.). (ENG., Illus.). 32p. (J). (gr. k-1). 13.96 *(978-1-64697-481-8(6))* Penworthy Co., LLC, The.

Bird Singing, Bird Winging: Ready-To-Read Pre-Level 1. Marilyn Singer. Illus. by Lucy Semple. 2020. (Ready-To-Read Ser.). (ENG.). 32p. (J). (gr. -1-k). 17.99 *(978-1-5344-4143-9(3))*; pap. 4.99 *(978-1-5344-4142-2(5))* Simon Spotlight. (Simon Spotlight).

Bird Skull Notebook. Selected by Bret Stritch. 2021. (ENG.). 100p. (YA). pap. ***(978-1-6780-7281-0(8))*** Lulu Pr., Inc.

Bird-Songs about Worcester (Classic Reprint) Harry Leverett Nelson. 2018. (ENG., Illus.). 132p. (J). 26.64 *(978-0-483-70752-8(X))* Forgotten Bks.

Bird-Store Man: An Old-Fashioned Story (Classic Reprint) Norman Duncan. 2018. (ENG., Illus.). 158p. (J). 27.16 *(978-0-483-53835-1(3))* Forgotten Bks.

Bird Stories from Burroughs: Sketches of Bird Life Taken from the Works of John Burroughs (Classic Reprint) John Burroughs. 2018. (ENG., Illus.). 212p. (J). 28.29 *(978-0-267-28463-4(2))* Forgotten Bks.

Bird Stories (Yesterday's Classics) Edith M. Patch. Illus. by Robert J. Sim. 2018. (ENG.). 206p. (J). (gr. 2-4). pap. 11.95 *(978-1-63334-095-4(3))* Yesterday's Classics.

Bird Study Book. Thomas Gilbert Pearson. 2017. (ENG., Illus.). (J). 23.95 *(978-1-375-00041-3(1))* Capital Communications, Inc.

Bird Sweet Magic. Christine Platt. Illus. by Evelt Yanait. 2021. (Folktales Ser.). (ENG.). 32p. (J). (gr. -1-3). lib. bdg. 32.79 *(978-1-0982-3023-4(X)*, 37663, Calico Chapter Bks) Magic Wagon.

Bird That Couldn't Fly. Raquel Arrechea. Illus. by Tanja Russita. (ENG.). 58p. (J). (gr. k-2). 2021. pap. 14.95 *(978-0-578-85407-6(4))*; 2019. 23.95 *(978-0-578-42189-6(5))* Azure Coast Pr.

Bird That Forgot How to Fly Goes to the Everglades: Fairytales from Historic Florida. Alejandra Bunster-Esesser. Illus. by Alejandra Bunster-Elsesser. 2016. (Fairytales from Historic Florida Ser.: Vol. 2). (ENG.). (J). (gr. k-6). pap. 15.00 *(978-0-692-73515-2(1))* Bunster, Alejandra.

Bird Was Thirsty: Book 86. William Ricketts. Illus. by Dean Maynard. 2023. (Tas & Friends Ser.). (ENG.). 20p. (J). (gr. -1-k). pap. 7.99 ***(978-1-76127-106-9(7)***, 76224cf6-b348-4b43-ba3f-3d026b1aa36c) Knowledge Bks. & Software AUS. Dist: Lerner Publishing Group.

Bird Watch. Christie Matheson. Illus. by Christie Matheson. 2019. (ENG., Illus.). 48p. (J). (gr. -1-3). 17.99 *(978-0-06-239340-1(5)*, Greenwillow Bks.) HarperCollins Pubs.

Bird Watcher in the Shetlands: With Some Notes on Seals & Digressions (Classic Reprint) Edmund Selous. (ENG., Illus.). (J). 2018. 426p. 32.68 *(978-0-267-59485-6(2))*; 2016. pap. 16.57 *(978-1-334-15062-3(1))* Forgotten Bks.

Bird Watchers & Bird Feeders. Glenn O. Blough. 2022. (ENG.). 48p. (J). pap. 12.99 *(978-1-948959-50-6(X))* Purple Hse. Pr.

Bird Watcher's Guide to Hummingbirds, 1 vol. Aife Arnim. 2017. (Backyard Bird Watchers Ser.). (ENG.). 32p. (J). (gr. 2-3). pap. 11.50 *(978-1-5382-0315-6(4)*, 8f8bb31a-df12-4868-984e-a6fc62d60d20) Stevens, Gareth Publishing LLLP.

Bird Watcher's Guide to Mockingbirds, 1 vol. Aife Arnim. 2017. (Backyard Bird Watchers Ser.). (ENG.). 32p. (J). (gr. 2-3). pap. 11.50 *(978-1-5382-0319-4(7)*, 28f6bfee-215c-4c53-b16a-654cd4e4f4f7) Stevens, Gareth Publishing LLLP.

Bird Watcher's Guide to Mourning Doves, 1 vol. Aife Arnim. 2017. (Backyard Bird Watchers Ser.). (ENG.). 32p. (J). (gr. 2-3). pap. 11.50 *(978-1-5382-0323-1(5)*, 267a0086-6d86-4c63-ab9f-07c65b075be6) Stevens, Gareth Publishing LLLP.

Bird Watcher's Guide to Orioles, 1 vol. Grace Elora. 2017. (Backyard Bird Watchers Ser.). (ENG.). 32p. (J). (gr. 2-3). pap. 11.50 *(978-1-5382-0327-9(8)*, c8c52aaa-ebe7-4eca-af3a-dcc11bdb8d11) Stevens, Gareth Publishing LLLP.

Bird Watcher's Guide to Woodpeckers, 1 vol. Grace Elora. 2017. (Backyard Bird Watchers Ser.). (ENG.). 32p. (J). (gr. 2-3). pap. 11.50 *(978-1-5382-0331-6(6)*, f788f293-ac6e-4f31-8b2e-4e3f15276465) Stevens, Gareth Publishing LLLP.

Bird Watcher's Guide to Wrens, 1 vol. Grace Elora. 2017. (Backyard Bird Watchers Ser.). (ENG.). 32p. (J). (gr. 2-3). pap. 11.50 *(978-1-5382-0349-1(9)*, a7e15ebd-9588-4ccf-9597-3acfdb0280b1) Stevens, Gareth Publishing LLLP.

Bird Watching (Classic Reprint) Edmund Selous. 2017. (ENG., Illus.). (J). 31.80 *(978-0-260-86935-7(X))* Forgotten Bks.

Bird Watching for Kids: Observando Aves. Georgetee Baker. Tr. by Georgetee Baker. 2018. (ENG., Illus.). 28p. (J). 19.95 *(978-1-892306-58-6(1))* Cantemos-bilingual bks. and music.

Bird Watching Journal: A Track & Log Book for Birdwatchers. Dubreck World Publishing. 2021. (ENG.). 100p. (YA). pap. *(978-1-7947-9473-3(5))* Lulu Pr., Inc.

Bird-Ways (Classic Reprint) Olive Thorne Miller. 2017. (ENG., Illus.). 248p. (J). 29.01 *(978-0-332-45449-8(5))* Forgotten Bks.

Bird Whisperer. Djamel Adjou. 2018. (ENG., Illus.). 94p. (YA). pap. *(978-1-77370-705-1(1))* Tellwell Talent.

Bird Who Couldn't Chirp. Kenyatta McClure. 2019. (ENG., Illus.). 36p. (J). (gr. 1-5). pap. 12.99 *(978-0-9909650-7-7(4))* Williams, Benjamin Publishing.

Bird Who Loved Taking a Bath. Sandra Scholte. 2018. (ENG., Illus.). 26p. (J). pap. 9.99 *(978-0-692-18610-7(7))* Scholte, Sandra.

Bird Who Swallowed a Star. Laurie Cohen. Illus. by Toni Demuro. 2021. (ENG.). 36p. (J). (gr. -1-3). 16.99 *(978-0-7643-6107-4(4)*, 24678) Schiffer Publishing, Ltd.

Bird Who Was Afraid to Fly. Glenda Holzman. 2021. (ENG.). 26p. (J). 24.99 *(978-1-64719-095-8(9))* Booklocker.com, Inc.

Bird Will Soar. Alison Green Myers. 400p. (J). (gr. 4-7). 2022. 8.99 *(978-0-593-32569-8(9))*; 2021. 17.99 *(978-0-593-32567-4(2))* Penguin Young Readers Group. (Dutton Books for Young Readers).

Bird with Golden Wings. Sudha Murty. 2016. (ENG., Illus.). 136p. (J). pap. 8.99 *(978-0-14-333425-5(5)*, Puffin) Penguin Bks. India PVT, Ltd IND. Dist: Independent Pubs. Group.

Bird with No Wings. Robin Cooper. 2017. (ENG.). 20p. (J). (gr. k-6). 16.99 *(978-1-945304-38-5(3))* Create & Blossom Publishing.

Bird-Woman of the Lewis & Clark Expedition: A Supplementary Reader for First & Second Grades (Classic Reprint) Katherine Chandler. 2018. (ENG., Illus.). 112p. (J). 26.23 *(978-0-266-93726-1(5))* Forgotten Bks.

Bird Woman (Sacajawea) the Guide of Lewis & Clark: Her Own Story Now First Given to the World. James Willard Schultz. 2017. (ENG., Illus.). 106p. (J). pap. *(978-1-387-01371-5(8))* Lulu Pr., Inc.

Bird Woman (Sacajawea) the Guide of Lewis & Clark: Her Own Story Now First Given to the World (Classic Reprint) James Willard Schultz. 2017. (ENG., Illus.). (J). 29.40 *(978-1-5279-5966-8(X))* Forgotten Bks.

Bird World: A Bird Book for Children (Classic Reprint) J. H. Stickney. 2018. (ENG., Illus.). 252p. (J). 29.09 *(978-0-365-11044-6(2))* Forgotten Bks.

Birdbrain: Are Birds Dumb? Laura Perdew. 2022. (Animal Idioms Ser.). (ENG., Illus.). 32p. (J). (gr. 2-3). pap. 9.95 *(978-1-64494-644-2(0))* North Star Editions.

Birdbrain: Are Birds Dumb? Are Birds Dumb? Laura Perdew. 2021. (Animal Idioms Ser.). (ENG., Illus.). 32p. (J). (gr. 2-5). lib. bdg. 34.21 *(978-1-5321-9665-2(2)*, 38306, Kids Core) ABDO Publishing Co.

Birdcraft. Mabel Osgood Wright. 2017. (ENG.). 500p. (J). pap. *(978-3-7446-6199-7(7))* Creation Pubs.

Birdcraft. Mabel Osgood Wright & Louis Agassiz Fuertes. 2017. (ENG.). 496p. (J). pap. *(978-3-7447-3412-7(9))* Creation Pubs.

Birdcraft. Mabel Osgood Wright & Mabel O. Wright. 2017. (ENG.). 376p. (J). pap. *(978-3-337-37505-8(7))* Creation Pubs.

Birdcraft: A Field Book of Two Hundred Song Game, & Water Birds (Classic Reprint) Mabel Osgood Wright. 2018. (ENG., Illus.). 440p. (J). 32.97 *(978-0-365-43206-7(7))* Forgotten Bks.

Birdees & the Bracelet of the Five Gods. Engy Donia. 2021. (ENG.). 310p. (YA). pap. 14.99 *(978-1-954004-44-3(3))* Pen It Pubns.

Birders: An Unexpected Encounter in the Northwest Woods. Rob Albanese. 2022. (Illus.). 40p. (J). (gr. k-4). 16.99 *(978-1-63217-363-8(8)*, Little Bigfoot) Sasquatch Bks.

Birdhouse Builder. Amy Cobb. Illus. by Alexandria Neonakis. 2017. (Libby Wimbley Ser.). (ENG.). 32p. (J). (gr. -1-3). lib. bdg. 32.79 *(978-1-5321-3023-6(6)*, 25524, Calico Chapter Bks) Magic Wagon.

Birdie. Eileen Spinelli. 2019. (ENG., Illus.). 208p. (J). *(978-0-8028-5513-8(X)*, Eerdmans Bks For Young Readers) Eerdmans, William B. Publishing Co.

Birdie & Me. J. M. M. Nuanez. (ENG.). 256p. (J). (gr. 5). 2021. 8.99 *(978-0-399-18678-3(6)*, Puffin Books); 2020. 16.99 *(978-0-399-18677-6(8)*, Kathy Dawson Books) Penguin Young Readers Group.

Birdie in the Desert. Alexander Prezioso. 2020. (ENG.). 32p. (J). pap. *(978-1-716-00012-6(2))* Lulu Pr., Inc.

Birdie Lights up the World. Alison McLennan. Illus. by Lauren Mullinder. 2023. (ENG.). 32p. (J). (gr. 4-8). 19.99 *(978-1-922539-48-9(1)*, EK Bks.) Exisle Publishing Pty Ltd. AUS. Dist: Two Rivers Distribution.

Birdie's Bargain. Katherine Paterson. 2021. (ENG.). 240p. (J). (gr. 4-7). 17.99 *(978-1-5362-1559-5(7))* Candlewick Pr.

Birdie's Beauty Parlor: El Salón de Belleza de Birdy. Lee Merrill Byrd. Illus. by Francisco Delgado. 2018. (SPA & ENG.). (J). *(978-1-947627-02-4(3)*, Cinco Puntos Press) Lee & Low Bks., Inc.

Birdie's Beauty Parlor / el Salón de Belleza de Birdie, 1 vol. Lee Merrill Byrd. Illus. by Francisco Delgado. 2020. (ENG.). 32p. (J). (gr. -1-2). 18.95 *(978-1-947627-28-4(7)*, 23353382, Cinco Puntos Press) Lee & Low Bks., Inc.

Birdie's Billions. Edith Cohn. 2021. (ENG.). 274p. (J). 16.99 *(978-1-5476-0711-2(4)*, 900239143, Bloomsbury Children's Bks.) Bloomsbury Publishing USA.

Birdie's Happiest Halloween. Sujean Rim. 2016. (ENG., Illus.). 40p. (J). (gr. -1-3). 16.99 *(978-0-316-40746-5(1))* Little, Brown Bks. for Young Readers.

Birdlewordy. M. T. Boulton. 2016. (ENG., Illus.). (J). pap. 7.39 *(978-1-326-72591-4(2))* Lulu Pr., Inc.

Birdlewordy Large Print Edition. M. T. Boulton. l.t. ed. 2016. (ENG., Illus.). 284p. (J). pap. *(978-1-326-75811-0(X))* Lulu Pr., Inc.

Birding for Babies: Backyard Birds: A Numbers Book. Chloe Goodhart. Illus. by Gareth Lucas. 2022. 20p. (J). (— 1). bds. 9.99 *(978-0-593-38698-9(1)*, Penguin Workshop) Penguin Young Readers Group.

Birding for Babies: Migrating Birds: A Colors Book. Chloe Goodhart. Illus. by Gareth Lucas. 2022. 20p. (J). (— 1). bds. 9.99 *(978-0-593-38696-5(5)*, Penguin Workshop) Penguin Young Readers Group.

Birding for Kids: A Guide to Finding, Identifying, & Photographing Birds in Your Area, 1 vol. Damon Calderwood & Donald E. Waite. 2021. (ENG., Illus.). 128p. (J). (gr. 4-7). pap. 19.95 *(978-1-77203-197-3(6))* Heritage Hse. CAN. Dist: Orca Bk. Pubs. USA.

Birding on a Bronco (Classic Reprint) Florence A. Merriam. 2018. (ENG., Illus.). 268p. (J). 29.42 *(978-0-484-57548-5(1))* Forgotten Bks.

Birdman, 1 vol. Troon Harrison. Illus. by François Thisdale. 2019. (ENG.). 36p. (J). (gr. 1-5). 24.95 *(978-0-88995-506-6(9)*, 4e560030-f5f4-4446-bb89-a8156d970d30) Red Deer Pr. CAN. Dist: Firefly Bks., Ltd.

Birdman & Bear. David Emmick. 2017. (ENG., Illus.). (J). pap. 21.95 *(978-1-365-85360-9(8))* Lulu Pr., Inc.

Birds. 2022. (Forest School Ser.). (ENG., Illus.). 24p. (J). (gr. 1-3). lib. bdg. 26.99 *(978-1-63691-461-9(6)*, 18610) Bearport Publishing Co., Inc.

Birds. Tracy Abell. 2020. (Field Guides). (ENG., Illus.). 112p. (J). (gr. 4-8). lib. bdg. 44.21 *(978-1-5321-9304-0(1)*, 34793) ABDO Publishing Co.

Birds. John Allan. 2019. (Amazing Life Cycles Ser.). (ENG., Illus.). 32p. (J). (gr. 1-3). lib. bdg. 29.32 *(978-1-912108-07-7(0)*, 20415269-0309-47e1-8e7b-876b19400c18, Hungry Tomato (r)) Lerner Publishing Group.

Birds. Lisa J. Amstutz. 2018. (Our Pets Ser.). (ENG.). 24p. (J). pap. 41.70 *(978-1-5435-0187-2(7)*, 27577, Capstone Pr.); (Illus.). (gr. -1-2). lib. bdg. 22.65 *(978-1-5435-0162-9(1)*, 137102, Pebble) Capstone.

Birds. Contrib. by A. W. Buckey. 2023. (Essential Pets Ser.). (ENG.). 112p. (YA). (gr. 6-12). lib. bdg. 41.36 ***(978-1-0982-9051-1(8)***, 41780, Essential Library) ABDO Publishing Co.

Birds. Ruth Daly & John Willis. 2018. (Illus.). 24p. (J). pap. *(978-1-4896-9577-2(X)*, AV2 by Weigl) Weigl Pubs., Inc.

Birds. Sophie Geister-Jones. 2019. (Pets Ser.). (ENG., Illus.). 24p. (J). (gr. k-3). lib. bdg. 31.36 *(978-1-5321-6567-2(6)*, 33236, Pop! Cody Koala) Pop!.

Birds. Steve Goldsworthy. 2016. (J). *(978-1-5105-1110-1(5))* SmartBook Media, Inc.

Birds. Grace Jones. 2019. (Living Things & Their Habitats Ser.). (ENG.). 24p. (J). (gr. k-3). pap. 7.99 *(978-1-78637-637-4(7))* BookLife Publishing Ltd. GBR. Dist: Independent Pubs. Group.

Birds. Filippa Keerberg. Illus. by Anna Doherty. 2021. (ENG.). 136p. (J). *(978-1-716-18358-4(8))* Lulu Pr., Inc.

Birds. Miles Kelly. Ed. by Richard Kelly. 2017. (Illus.). 384p. (J). pap. 12.95 *(978-1-78209-443-2(1))* Miles Kelly Publishing, Ltd. GBR. Dist: Parkwest Pubns., Inc.

Birds. Christina Leaf. 2020. (Favorite Pets Ser.). (ENG., Illus.). 24p. (J). (gr. -1-2). pap. 7.99 *(978-1-68103-799-8(8)*, 12888); lib. bdg. 25.95 *(978-1-64487-312-0(5))* Bellwether Media. (Blastoff! Readers).

Birds. Carme Lemniscates. Illus. by Carme Lemniscates. 2019. (ENG., Illus.). 40p. (J). (-k). 15.99 *(978-1-5362-0178-9(2))* Candlewick Pr.

Birds, 1 vol. Heather Moore Niver. 2018. (Investigate Biodiversity Ser.). (ENG.). 24p. (gr. 2-2). 25.60 *(978-1-9785-0185-0(4)*, 6c2a65d9-c61b-47fa-ae43-410142bf1dfb) Enslow Publishing, LLC.

Birds, 1 vol. Victoria Munson. 2018. (My First Book of Nature Ser.). (ENG.). 24p. (gr. 2-2). 26.27 *(978-1-5081-9659-4(1)*, 62c5baff-3ac0-41ae-a65f-f15ec554b5d2, Windmill Bks.) Rosen Publishing Group, Inc., The.

Birds. Nick Rebman. 2023. (Animal Groups Ser.). (ENG., Illus.). 24p. (J). pap. 8.95 ***(978-1-64619-836-8(0))***; lib. bdg. 28.50 ***(978-1-64619-807-8(7))*** Little Blue Hse.

Birds. Mari Schuh. 2018. (Spot Pets Ser.). (ENG.). 16p. (J). (gr. -1-2). *(978-1-68151-364-5(1)*, 14944); pap. 7.99 *(978-1-68152-284-5(5)*, 14952) Amicus.

Birds, 1 vol. Dawn Titmus. 2018. (Cool Pets for Kids Ser.). (ENG.). 32p. (J). (gr. 3-3). 27.93 *(978-1-5383-3862-9(9)*, ac05205b-2dc6-4de4-9218-2a60d691e79a, PowerKids Pr.) Rosen Publishing Group, Inc., The.

Birds: A 4D Book. Sally Lee. 2018. (Little Zoologist Ser.). (ENG., Illus.). 32p. (J). (gr. -1-2). lib. bdg. 30.65 *(978-1-5435-2643-1(8)*, 138103, Pebble) Capstone.

Birds: A Monthly Serial Designed to Promote Knowledge of Bird-Life; January, 1897 (Classic Reprint) Charles C. Marble. (ENG., Illus.). (J). 2017. 286p. 29.80 *(978-0-484-04797-5(3))*; 2016. pap. 13.57 *(978-1-334-16301-2(4))* Forgotten Bks.

Birds: A Variety of Bird Pictures for Kids Children's Birds Books. Bold Kids. 2022. (ENG.). 46p. (J). pap. 14.99 *(978-1-0717-0845-3(7))* FASTLANE LLC.

Birds: Animals That Make a Difference! (Engaging Readers, Level 1) Ashley Lee. Ed. by Alexis Roumanis. 2021. (Animals That Make a Difference! Ser.: Vol. 3). (ENG., Illus.). 32p. (J). *(978-1-77437-702-4(0))*; pap. *(978-1-77437-703-1(9))* AD Classic.

Birds: Discovering North American Species. Shirley Raines. Photos by Curt Hart. 2017. (My Wonderful World Ser.). (ENG., Illus.). 32p. (J). (gr. k-2). pap. 9.99 *(978-1-4867-1372-1(6)*, b4a8ce41-0d25-4f9f-84bf-8cccd63ba378) Flowerpot Pr.

Birds: Explore Nature with Fun Facts & Activities. DK. 2017. (Nature Explorers Ser.). (ENG., Illus.). 64p. (J). (gr. 1-3). 9.99 *(978-1-4654-5757-8(7)*, DK Children) Dorling Kindersley Publishing, Inc.

Birds: Explore Their Extraordinary World. Miranda Krestovnikoff. Illus. by Angela Harding. 2021. (ENG.). 64p. (J). 23.99 *(978-1-5476-0529-3(4)*, 900226608, Bloomsbury Children's Bks.) Bloomsbury Publishing USA.

Birds: Fold & Play. Dominique Ehrhard. 2022. (Organimo Ser.: 5). (ENG., Illus.). 32p. (J). (gr. -1-3). 9.99 *(978-0-7643-6118-0(X)*, 24807) Schiffer Publishing, Ltd.

Birds: Our Fine Feathered Friends: Seen by Sue & Drew. Crumbley. 2022. (ENG.). 222p. (J). 37.95 *(978-1-63885-226-1(X))*; pap. 27.95 *(978-1-63885-224-7(3))* Covenant Bks.

Birds: Pocket Books. Created by Green Android. 2016. (Illus.). 128p. (J). pap. 4.99 *(978-1-61067-385-3(9))* Kane Miller.

Birds: Spotty's Quest. Kialiana Cruz. 2023. (ENG.). 78p. (YA). pap. 10.95 ***(978-1-68235-807-8(0)***, Strategic Bk.

212

The check digit for ISBN-10 appears in parentheses after the full ISBN-13

Publishing) Strategic Book Publishing & Rights Agency (SBPRA).

Birds - Mannikiba (Te Kiribati) Alice Qausiki. Illus. by Niamh Connaughton. 2022. (MIS.). 28p. (J). pap. *(978-1-922918-11-6(3))* Library For All Limited.

Birds / Aves: Bilingual (English / Spanish) (Inglés / Español) Animals That Make a Difference! (Engaging Readers, Level 1) Ashley Lee. Ed. by Alexis Roumanis. l.t. ed. 2021. (Animals That Make a Difference! Bilingual (English / Spanish) (Inglés / Español) Ser.: Vol. 3). (ENG., Illus.). 32p. (J). *(978-1-77476-390-2(7))*; pap. *(978-1-77476-389-6(3))* AD Classic.

Birds / les Oiseaux: Bilingual (English / French) (Anglais / Français) Animals That Make a Difference! (Engaging Readers, Level 1) Ashley Lee. Ed. by Alexis Roumanis. l.t. ed. 2021. (Animals That Make a Difference! Bilingual (English / French) (Anglais / Français) Ser.: Vol. 3). (ENG., Illus.). 32p. (J). *(978-1-77476-408-4(3))*; pap. *(978-1-77476-407-7(5))* AD Classic.

Birds: a Compare & Contrast Book see Aves: un Libro de Comparaciones y Contrastes

Birds (a Day in the Life) What Do Flamingos, Owls, & Penguins Get up to All Day? Alex Bond & Neon Squid. Illus. by Henry Rancourt. 2023. (Day in the Life Ser.). (ENG.). 48p. (J). 16.99 *(978-1-68449-285-5(8)*, 900279778) St. Martin's Pr.

Birds & All Nature in Natural Colors, Vol. 6: A Monthly Serial (Classic Reprint) Charles C. Marble. 2018. (ENG., Illus.). 476p. (J). 33.71 *(978-0-483-24316-3(7))* Forgotten Bks.

Birds & All Nature in Natural Serial, Vol. 6: A Monthly Serial (Classic Reprint) Charles C. Marble. 2018. (ENG., Illus.). 254p. (J). 29.16 *(978-0-483-01236-3(X))* Forgotten Bks.

Birds & All Nature, Vol. 5: April, 1899 (Classic Reprint) C. C. Marble. (ENG., Illus.). (J). 2018. 64p. 25.22 *(978-0-332-55277-4(2))*; 2016. pap. 9.57 *(978-1-333-44230-9(0))* Forgotten Bks.

Birds & All Nature, Vol. 5: February, 1899 (Classic Reprint) C. C. Marble. (ENG., Illus.). (J). 2018. 64p. 25.22 *(978-0-267-34148-1(2))*; 2016. pap. 9.57 *(978-1-333-65777-2(3))* Forgotten Bks.

Birds & All Nature, Vol. 5: Illustrated by Color Photography; March, 1899 (Classic Reprint) C. C. Marble. 2016. (ENG., Illus.). (J). pap. 9.57 *(978-1-333-70634-0(0))* Forgotten Bks.

Birds & All Nature, Vol. 5: May, 1899 (Classic Reprint) C. C. Marble. (ENG., Illus.). (J). 2018. 62p. 25.18 *(978-0-483-73226-1(5))*; 2016. pap. 9.57 *(978-1-333-58527-3(6))* Forgotten Bks.

Birds & All Nature, Vol. 5 (Classic Reprint) O. O. Marble. 2018. (ENG., Illus.). 62p. (J). 25.18 *(978-0-267-51824-1(2))* Forgotten Bks.

Birds & All Nature, Vol. 7: April, 1900 (Classic Reprint) C. C. Marble. (ENG., Illus.). (J). 2018. 60p. 25.13 *(978-0-332-89922-0(5))*; 2016. pap. 9.57 *(978-1-333-55980-9(1))* Forgotten Bks.

Birds & All Nature, Vol. 7: February, 1900 (Classic Reprint) C. C. Marble. (ENG., Illus.). (J). 2018. 64p. 25.22 *(978-0-484-60211-2(X))*; 2016. pap. 9.57 *(978-1-333-65806-9(0))* Forgotten Bks.

Birds & All Nature, Vol. 7: January, 1900 (Classic Reprint) C. C. Marble. (ENG., Illus.). (J). 2018. 62p. 25.20 *(978-0-267-37876-0(9))*; 2016. pap. 9.57 *(978-1-334-15572-7(0))* Forgotten Bks.

Birds & All Nature, Vol. 7: March, 1900 (Classic Reprint) C. C. Marble. (ENG., Illus.). (J). 2018. 64p. 25.22 *(978-0-267-89476-5(7))*; 2016. pap. 9.57 *(978-1-333-58728-4(7))* Forgotten Bks.

Birds & Beasts (Classic Reprint) Lemonnier Lemonnier. 2018. (ENG., Illus.). 226p. (J). 28.56 *(978-0-483-55953-0(9))* Forgotten Bks.

Birds & Bees: Essays (Classic Reprint) John Burroughs. 2017. (ENG., Illus.). (J). 27.94 *(978-0-331-56334-4(7))* Forgotten Bks.

Birds & Flowers: And Other Country Things (Classic Reprint) Mary Botham Howitt. 2018. (ENG., Illus.). 210p. (J). 28.23 *(978-0-365-25982-4(9))* Forgotten Bks.

Birds & Flowers about Concord, New Hampshire (Classic Reprint) Frances M. Abbott. 2018. (ENG., Illus.). 172p. (J). 27.38 *(978-0-483-63406-0(9))* Forgotten Bks.

Birds & Insects - BBC Do You Know... ? Level 1. Ladybird. 2020. (Illus.). 32p. (J). (gr. k-3). pap. 9.99 *(978-0-241-38280-6(7)*, Ladybird) Penguin Bks., Ltd. GBR. Dist: Independent Pubs. Group.

Birds & Man (Classic Reprint) W. H. Hudson. 2018. (ENG., Illus.). 334p. (J). 30.79 *(978-0-483-15308-0(7))* Forgotten Bks.

Birds & Nature (Classic Reprint) Unknown Author. 2018. (ENG., Illus.). 72p. (J). 25.40 *(978-0-483-82713-4(4))* Forgotten Bks.

Birds & Nature in Natural Colors, Vol. 14: A Monthly Serial; Forty Illustrations by Color Photography; a Guide in the Study of Nature; June, 1903 to December, 1903 (Classic Reprint) William Kerr Higley. (ENG., Illus.). (J). 2018. 72p. 25.34 *(978-0-484-79869-3(3))*; 2016. pap. 9.57 *(978-1-333-65009-4(4))* Forgotten Bks.

Birds & Nature in Natural Colors, Vol. 3: Forty Illustrations by Color Photography; a Guide in the Study of Nature (Classic Reprint) William Kerr Higley. 2017. (ENG., Illus.). (J). 28.95 *(978-0-260-04440-2(7))* Forgotten Bks.

Birds & Nature, in Natural Colors, Vol. 8: A Monthly Serial, Forty Illustrations by Color Photography, a Guide in the Study of Nature; June, 1900, to December 1900 (Classic Reprint) William Kerr Higley. (ENG., Illus.). (J). 2018. 64p. 25.22 *(978-0-428-39582-7(1))*; 2016. pap. 9.57 *(978-1-333-33741-4(8))* Forgotten Bks.

Birds & Nature in Natural Colors, Vol. 9: A Monthly Serial; Forty Illustrations by Color Photography; a Guide in the Study of Nature; January, 1901, to May, 1901 (Classic Reprint) William Kerr Higley. 2017. (ENG., Illus.). (J). pap. 16.57 *(978-0-259-56994-7(1))* Forgotten Bks.

Birds & Nature, Vol. 10: November, 1901 (Classic Reprint) William Kerr Higley. (ENG., Illus.). (J). 2018. 72p. 25.38 *(978-0-267-73048-3(9))*; 2016. pap. 9.57 *(978-1-333-76712-9(9))* Forgotten Bks.

Birds & Nature, Vol. 10: September, 1901 (Classic Reprint) William Kerr Higley. (ENG., Illus.). (J). 2018. 72p. 25.38 *(978-0-267-55510-9(5))*; 2016. pap. 9.57 *(978-1-333-63739-2(X))* Forgotten Bks.

Birds & Nature, Vol. 11: January, 1902 (Classic Reprint) William Kerr Higley. (ENG., Illus.). (J). 2018. 66p. 25.28 *(978-0-267-39909-3(X))*; 2016. pap. 9.57 *(978-1-334-12466-2(3))* Forgotten Bks.

Birds & Nature, Vol. 15: March, 1904 (Classic Reprint) William Kerr Higley. (ENG., Illus.). (J). 2018. 70p. 25.36 *(978-0-483-10590-4(2))*; 2016. pap. 9.57 *(978-1-333-73143-4(4))* Forgotten Bks.

Birds & Nature, Vol. 18: September, 1905 (Classic Reprint) William Kerr Higley. (ENG., Illus.). (J). 2018. 72p. 25.38 *(978-0-484-81321-1(8))*; 2016. pap. 9.57 *(978-1-333-14585-9(3))* Forgotten Bks.

Birds & Other Animals: With Pablo Picasso. Pablo Picasso. Ed. by Maya Gartner. 2017. (First Concepts with Fine Artists Ser.). (ENG., Illus.). 30p. (gr. -1 — 1). bds. 9.95 *(978-0-7148-7418-0(3))* Phaidon Pr., Inc.

Birds & Their Feathers. Britta Teckentrup. 2018. (ENG., Illus.). 96p. (J). (gr. 1-4). 16.95 *(978-3-7913-7335-5(8))* Prestel Verlag GmbH & Co KG. DEU. Dist: Penguin Random Hse. LLC.

Birds & Their Nests (Classic Reprint) Mary Howitt. 2017. (ENG., Illus.). (J). 27.69 *(978-0-265-88405-8(5))* Forgotten Bks.

Birds & Their Ways (Classic Reprint) Ella Rodman Church. (ENG., Illus.). (J). 2018. 422p. 32.62 *(978-0-484-34800-3(0))*; 2017. pap. 16.57 *(978-0-259-46015-2(X))* Forgotten Bks.

Birds & Things with Wings Coloring Book for Kids: 30 Unique Fun Images of Birds & Animals with Wings from Around the World. All Ages, Boys & Girls, Little Kids, Preschool, Kindergarten & Elementary. Jasmine Taylor. 2021. (ENG.). 65p. (J). pap. ***(978-1-7947-9816-8(1))*** Lulu Pr., Inc.

Birds Beasts & Fishes of the Norfolk Broadland (Classic Reprint) P. H. Emerson. 2018. (ENG., Illus.). 460p. (J). 33.40 *(978-0-267-28478-8(0))* Forgotten Bks.

Birds, Bees & Blossoms: A Step-By-step Guide to Botanical & Animal Watercolour Painting. Harriet de Winton. 2021. (ENG., Illus.). 128p. pap. 19.99 *(978-1-78157-832-2(X)*, Ilex Pr.) Octopus Publishing Group GBR. Dist: Hachette Bk. Group.

Birds Being Birds. Donna Richardson. 2017. (ENG., Illus.). 24p. (J). (gr. k-2). pap. 10.00 *(978-0-9987753-0-2(4))* Educational Dynamics, LLC.

Birds Board Book. Kevin Henkes. Illus. by Laura Dronzek. 2017. (ENG.). 32p. (J). (gr. -1 — 1). bds. 7.99 *(978-0-06-257305-6(5)*, Greenwillow Bks.) HarperCollins Pubs.

Birds Build Nests. Elizabeth Raum. Illus. by Romina Martí. (Animal Builders Ser.). (ENG.). 24p. (J). (gr. 1-4). 2018. pap. 8.99 *(978-1-68152-151-0(2)*, 14782); 2017. lib. bdg. 20.95 *(978-1-68151-170-2(3)*, 14663) Amicus.

Birds by Land & Sea: The Record of a Year's Work with Field-Glass & Camera (Classic Reprint) John MacLair Boraston. (ENG., Illus.). (J). 2018. 400p. 32.17 *(978-0-267-87771-3(4))*; 2016. pap. 16.57 *(978-1-333-25506-0(3))* Forgotten Bks.

Birds' Christmas Carol. Kate Douglas Wiggin. 2016. (ENG., Illus.). (J). (gr. 4-7). pap. *(978-3-7433-0620-2(4))*; pap. *(978-3-7411-9203-6(1))* Creation Pubs.

Birds' Christmas Carol. Kate Douglas Wiggin. 2016. (ENG., Illus.). (J). pap. *(978-3-7433-9360-8(3))* Creation Pubs.

Birds' Christmas Carol. Kate Douglas Wiggin. 2018. (ENG., Illus.). 38p. (J). 12.99 *(978-1-5154-2931-9(8))* Wilder Pubns., Corp.

Birds Christmas Carol: Dramatic Version (Classic Reprint) Kate Douglas Wiggin. 2018. (ENG., Illus.). 116p. (J). 26.31 *(978-0-666-40751-1(7))* Forgotten Bks.

Birds' Christmas Carol: Dramatic Version (Classic Reprint) Kate Douglas Wiggin. (ENG., Illus.). (J). 2018. 58p. 25.11 *(978-0-483-46527-5(5))*; 2017. 122p. 26.43 *(978-0-484-44600-6(2))*; 2017. pap. 9.57 *(978-0-259-50565-5(X))* Forgotten Bks.

Birds' Christmas Carol (with Original Illustrations) Children's Classic. Kate Douglas Wiggin. 2018. (ENG.). 40p. (J). pap. *(978-80-268-9178-9(3))* E-Artnow.

Birds Coloring Book for Adults: Amazing Birds Coloring Book for Stress Relieving with Gorgeus Bird Designs. Elli Steele. 2020. (ENG.). 82p. (YA). pap. 9.35 *(978-1-716-32751-3(2))* Lulu Pr., Inc.

Birds Coloring Book for Adults: Beautiful Birds Patterns for Stress Relieving & Relaxation. Adult Coloring Books Birds, Beautiful Birds Coloring Book. Prophill. 2021. (ENG., Illus.). 82p. (J). pap. 6.96 *(978-1-58908-236-6(2))* Msila, Vuyisile.

Birds Coloring Book for Kids. Cristie Dozaz. 2020. (ENG.). 48p. (J). pap. 10.00 *(978-1-716-35633-9(4))* Lulu Pr., Inc.

Birds Coloring Book for Kids. R. R. Fratica. 2020. (ENG., Illus.). 80p. (J). pap. 9.00 *(978-1-716-33588-4(4))* Lulu Pr., Inc.

Birds Coloring Book for Kids: Easy, Creative, Cute Designs & Patterns for Kids. Coloring Books for Children, Bird Book for Kids. Pronisclaroo. 2021. (ENG.). 92p. (J). pap. 6.99 *(978-0-87615-145-7(4))* ProQuest LLC.

Birds Coloring Book for Kids: Easy, Creative, Cute Designs & Patterns for Kids. Coloring Books for Children, Bird Book for Kids. Prophill. 2021. (ENG.). 92p. (J). pap. 6.96 *(978-1-886187-96-2(7))* Msila, Vuyisile.

Birds Coloring Book for Kids Ages 3-6: Bird Coloring Pages Are Great for Kids, Boys, Girls, & Teens. Fuzz Harriete. 2021. (ENG.). 68p. (J). *(978-1-716-07926-9(8))*; pap. *(978-1-716-07913-9(6))* Lulu.com.

Birds Coloring Book for Kids Ages 3-6: Cute Birds Coloring Book for Teens & Kids Beautiful Birds Like Owl, Toucan, Eagle & More. Fuzz Harriete. 2021. (ENG.). 130p. (J). *(978-1-716-07887-3(3))*; pap. *(978-1-716-07893-4(8))* Lulu.com.

Birds Coloring Book for Kids Ages 3-6: Cute Coloring Pages Birds for Children Ideal for Birthday Party Activity & Home. Fuzz Harriete. 2021. (ENG.). 68p. (J). *(978-1-716-07881-1(4))*; pap. *(978-1-716-07900-9(4))* Lulu.com.

Birds, Colouring & Activity Book. Bob Williams. 2017. (ENG., Illus.). (J). (gr. k-4). pap. 8.99 *(978-1-68160-294-3(6))* Crimson Cloak Publishing.

Birds' Convention (Classic Reprint) Harriet Williams Myers. 2018. (ENG., Illus.). 88p. (J). 25.71 *(978-0-332-60047-5(5))* Forgotten Bks.

Birds Don't Use Brushes. Joanne E. Faulls. 2019. (ENG.). 24p. (J). pap. 12.60 *(978-1-950543-17-5(X))* Legaia Bks. USA.

Birds Everywhere. Camilla De La Bedoyere. Illus. by Britta Teckentrup. 2023. (Animals Everywhere Ser.). (ENG.). 32p. (J). (gr. 1-4). 17.99 *(978-1-5362-2973-8(3)*, Big Picture Press) Candlewick Pr.

Bird's-Eye View: Keeping Wild Birds in Flight. Ann Eriksson. 2020. (Orca Wild Ser.: 4). (ENG., Illus.). 144p. (J). (gr. 4-7). 24.95 *(978-1-4598-2153-8(X))* Orca Bk. Pubs. USA.

Bird's Eye View of Life. Albert E. Shiplee. 2018. (ENG., Illus.). 42p. (J). pap. *(978-1-908636-41-6(6))* Creative Gateway.

Bird's Eye Views of Society (Classic Reprint) Richard Doyle. (ENG., Illus.). (J). 2017. 25.67 *(978-0-331-74432-3(5))*; 2016. pap. 9.57 *(978-1-333-25670-8(1))* Forgotten Bks.

Bird's Fountain (Classic Reprint) Bettina Von Hutten. 2018. (ENG., Illus.). 358p. (J). 31.28 *(978-0-267-13742-8(7))* Forgotten Bks.

Birds from Head to Tail, 1 vol. Reese Archer. 2016. (Animals from Head to Tail Ser.). (ENG.). 24p. (J). (gr. k-2). lib. bdg. 24.27 *(978-1-4824-4535-0(2)*, 12e20271-160c-4664-a2f9-071d01d24f81) Stevens, Gareth Publishing LLLP.

Birds from Head to Tail. Stacey Roderick. Illus. by Kwanchai Moriya. 2018. (Head to Tail Ser.). (ENG.). 36p. (J). (gr. -1-2). 16.99 *(978-1-77138-925-9(7))* Kids Can Pr., Ltd. CAN. Dist: Hachette Bk. Group.

Birds (FSTK ONLY) Jayson Fleischer & Joi Washington. 2016. (2g Fstk Ser.). (ENG.). 32p. (J). pap. 8.00 *(978-1-63437-639-6(0))* American Reading Co.

Birds in London (Classic Reprint) W. H. Hudson. 2018. (ENG., Illus.). 392p. (J). 32.00 *(978-0-656-07576-8(7))* Forgotten Bks.

Birds in London (Classic Reprint) William Henry Hudson. 2016. (ENG., Illus.). (J). pap. 16.57 *(978-1-333-65131-2(7))* Forgotten Bks.

Birds in Spring, 1 vol. Lorne Henshaw. 2016. (We Love Spring! Ser.). (ENG., Illus.). 24p. (J). (gr. k-k). pap. 9.15 *(978-1-4824-5477-2(7)*, 805828e4-43a0-46ec-aae7-91bd9dbb6975) Stevens, Gareth Publishing LLLP.

Birds in the Bush (Classic Reprint) Bradford Torrey. 2018. (ENG., Illus.). 322p. (J). 30.54 *(978-0-484-37462-0(1))* Forgotten Bks.

Birds in the Calendar, Vol. 5 (Classic Reprint) F. G. Aflalo. 2018. (ENG., Illus.). 146p. (J). 26.91 *(978-0-484-61763-5(X))* Forgotten Bks.

Birds in Town Village (Classic Reprint) W. H. Hudson. 2018. (ENG., Illus.). 352p. (J). 31.18 *(978-0-484-85310-1(4))* Forgotten Bks.

Bird's Life. Howie Minsky. 2019. (Hello, Everglades! Ser.). (ENG., Illus.). 16p. (J). (gr. -1-2). pap. 11.36 *(978-1-5341-5727-9(1)*, 214156, Cherry Blossom Press) Cherry Lake Publishing.

Birds Look at Me in the Everglades. Howie Minsky. 2019. (Hello, Everglades! Ser.). (ENG.). 16p. (J). (gr. -1-2). pap. 11.36 *(978-1-5341-5716-3(6)*, 214123, Cherry Blossom Press) Cherry Lake Publishing.

Birds Make Nests. Michael Garland. (Illus.). 32p. (J). (gr. -1-3). 2019. pap. 8.99 *(978-0-8234-4176-1(8))*; 2017. (ENG., 16.95 *(978-0-8234-3662-0(4))* Holiday Hse., Inc.

Birds (Multilingual Board Book) Words of the World. Motomitsu Maehara. 2021. (Words of the World Ser.). (Illus.). 20p. (J). bds. 10.95 *(978-1-7350005-6-5(6))* Blue Dot Pubns. LLC.

Birds Nature Activity Book. James Kavanagh & Waterford Press Staff. Illus. by Raymond Leung. 3rd ed. 2022. (Nature Activity Book Ser.). 32p. (J). (gr. -1-7). pap. 6.95 *(978-1-62005-427-7(2))* Waterford Pr., Inc.

Birds' Nest. Debby Wilson. Illus. by Eden O. Wilson. 2022. (ENG.). 26p. (J). ***(978-0-6454856-1-5(6))*** Wilson, Debby.

Bird's Nest, 1 vol. Niles Worthington. 2016. (Animal Builders Ser.). (ENG., Illus.). 24p. (gr. 1-1). lib. bdg. 25.93 *(978-1-5026-2080-4(4)*, d8ad6117-d085-4ec8-8ae7-1f35183f8851) Cavendish Square Publishing LLC.

Bird's Nest: Or, the History of Little George (Classic Reprint) Unknown Author. 2018. (ENG., Illus.). 24p. (J). 24.39 *(978-0-483-68125-5(3))* Forgotten Bks.

Bird's Nest (Classic Reprint) Tracy D. Mygatt. 2018. (ENG., Illus.). 42p. (J). 24.76 *(978-0-267-27897-8(7))* Forgotten Bks.

Bird's Nests (Classic Reprint) C.A. Johns. 2018. (ENG., Illus.). 306p. (J). 30.21 *(978-0-267-51589-9(8))* Forgotten Bks.

Birds of a Color. élo. Illus. by élo. 2018. (ENG., Illus.). 20p. (J). (-k). bds. 12.00 *(978-1-5362-0063-8(8))* Candlewick Pr.

Birds of a Different Feather That Flock Together. Yvette Ablakat. 2021. (ENG., Illus.). 102p. (J). 37.00 *(978-1-68537-149-4(3))* Dorrance Publishing Co., Inc.

Birds of a Feather. Sita Singh. Illus. by Stephanie Fizer Coleman. 2021. 32p. (J). (gr. -1-3). 17.99 *(978-0-593-11644-9(5)*, Philomel Bks.) Penguin Young Readers Group.

Birds of a Feather. Mary Anne Staples. 2017. (ENG., Illus.). (J). pap. *(978-1-77302-430-1(2))* Tellwell Talent.

Birds of a Feather: A Play in Four Acts (Classic Reprint) Thomas J. Gaffney. 2017. (ENG., Illus.). 114p. (J). 26.25 *(978-0-332-52453-5(1))* Forgotten Bks.

Birds of a Feather: Bowerbirds & Me. Susan L. Roth. (Illus.). (J). (gr. -1-3). 2021. 32p. pap. 8.99 *(978-0-8234-4937-8(8))*; 2019. 40p. 18.99 *(978-0-8234-4282-9(9))* Holiday Hse., Inc. (Neal Porter Bks).

Birds of a Feather (Classic Reprint) Bradley. 2018. (ENG., Illus.). 244p. (J). 28.93 *(978-0-484-71346-7(9))* Forgotten Bks.

Birds of a Feather (Classic Reprint) Marcel Nadaud. 2018. (ENG., Illus.). 204p. (J). 28.10 *(978-0-483-46050-8(8))* Forgotten Bks.

Birds of a Feather Spot the Difference Activity Book. Jupiter Kids. 2016. (ENG., Illus.). 106p. (J). pap. 16.55 *(978-1-68326-201-5(8)*, Jupiter Kids (Childrens & Kids Fiction)) Speedy Publishing LLC.

Birds of Aristophanes (Classic Reprint) Aristophanes. (ENG., Illus.). (J). 2018. 202p. 28.06 *(978-0-656-06477-9(3))*; 2018. 108p. 26.12 *(978-0-483-89718-2(3))*; 2016. pap. 9.57 *(978-1-333-53203-1(2))* Forgotten Bks.

Birds of Asia for Kids. Rachel Bubb. 2021. (ENG.). 84p. (J). pap. 15.76 *(978-1-300-34241-0(2))* Lulu Pr., Inc.

Birds of Berwickshire. George Muirhead. 2017. (ENG.). 394p. (J). pap. *(978-3-337-27272-2(X))* Creation Pubs.

Birds of Canada, 1 vol. Wendy Einstein. 2016. (KidsWorld Ser.). (ENG., Illus.). 64p. (J). pap. 6.99 *(978-0-9940069-2-9(6)*, 81e12c06-fcbd-4cd0-9d16-6f0ffc6b7a87) KidsWorld Bks. CAN. Dist: Lone Pine Publishing USA.

Birds of Canada. Alexander Milton Ross. (ENG.). (J). 2017. 164p. pap. *(978-3-337-29305-5(0))*; 2016. 172p. pap. *(978-3-7434-0239-3(4))* Creation Pubs.

Birds of Canada: A Popular Lecture, Delivered Before the Literary & Historical Society of Quebec, April 25th, 1866 (Classic Reprint) J. M. Lemoin. 2018. (ENG., Illus.). (J). 40p. 24.72 *(978-0-428-19292-1(0))*; 42p. pap. 7.97 *(978-0-428-18462-9(6))* Forgotten Bks.

Birds of Canada: With Descriptions of Their Plumage, Habits, Food, Song, Nests, Eggs, Times of Arrival & Departure (Classic Reprint) Alexander Milton Ross. 2017. (ENG., Illus.). (J). pap. 13.57 *(978-1-5283-0895-3(6))* Forgotten Bks.

Birds of East Pennsylvania & New Jersey. William Paterson Turnbull. 2016. (ENG., Illus.). (J). pap. *(978-3-7433-8817-8(0))* Creation Pubs.

Birds of Eastern North America, Known to Occur East of the Nineteenth Meridian: Key to the Families & Species (Classic Reprint) Charles Barney Cory. (ENG., Illus.). (J). 2018. 404p. 32.25 *(978-0-656-22199-8(2))*; 2016. pap. 16.57 *(978-1-334-74917-9(5))* Forgotten Bks.

Birds of Eastern North America Known to Occur East of the Nineteenth Meridian, Vol. 1: Water Birds; Key to the Families & Species (Classic Reprint) Charles Barney Cory. 2016. (ENG., Illus.). (J). pap. 11.97 *(978-1-334-73196-9(9))* Forgotten Bks.

Birds of el Paso County, Colorado, Vol. 1 (Classic Reprint) Charles Edward Howard Aiken. (ENG., Illus.). (J). 2017. 27.84 *(978-0-265-47801-1(4))*; 2016. pap. 10.57 *(978-1-334-72858-7(5))* Forgotten Bks.

Birds of Essex County, Massachusetts (Classic Reprint) Charles Wendell Townsend. annot. ed. (ENG., Illus.). (J). 2018. 31.28 *(978-0-265-40077-7(5))*; 2016. pap. 13.97 *(978-1-333-33115-3(0))* Forgotten Bks.

Birds of Every Shade Coloring Book. Smarter Activity Books for Kids. 2016. (ENG., Illus.). (J). pap. 9.22 *(978-1-68374-402-3(0))* Examined Solutions PTE. Ltd.

Birds of Glick. Erik MacDonald. Illus. by Sara Murtas. 2018. (ENG.). 52p. (J). (gr. 3-6). 19.95 *(978-0-692-13687-4(8))* EGM Pr.

Birds of God: Parallels of Man in the Feathered Creation; a Portfolio of Anecdotes (Classic Reprint) Theron Brown. (ENG., Illus.). (J). 2018. 336p. 30.83 *(978-0-364-71162-0(0))*; 2017. pap. 13.57 *(978-0-259-57318-0(3))* Forgotten Bks.

Birds of Heaven: And Other Stories (Classic Reprint) Vladimir G. Korolenko. 2018. (ENG., Illus.). 238p. (J). 28.83 *(978-0-483-47833-6(4))* Forgotten Bks.

Birds of India. Thomas Claverhill Jerdon. 2017. (ENG.). (J). 488p. pap. *(978-3-337-22212-3(9))*; 452p. pap. *(978-3-337-22211-6(0))* Creation Pubs.

Birds of Iona & Mull, 1852-70 (Classic Reprint) Henry Davenport Graham. 2018. (ENG., Illus.). 302p. (J). 30.13 *(978-0-332-07076-6(X))* Forgotten Bks.

Birds of Lakeside & Prairie (Classic Reprint) Edward Brayton Clark. (ENG., Illus.). (J). 2018. 188p. 27.77 *(978-0-267-30841-5(8))*; 2016. pap. 10.57 *(978-1-333-35996-6(9))* Forgotten Bks.

Birds of North & Middle America: A Descriptive Catalog of the Higher Groups, Genera, Species, & Subspecies of Birds Known to Occur in North America, from the Arctic Lands to the Isthmus of Panama, the West Indies & Other Islands of the Caribbea. Robert Ridgway & Herbert Friedmann. 2019. (ENG.). 500p. (J). pap. *(978-93-5395-413-0(4))* Alpha Editions.

Birds of North & Middle America: A Descriptive Catalogue of the Higher Groups, Genera, Species, & Subspecies of Birds Known to Occur in North America, from the Arctic Lands to the Isthmus of Panama, the West Indies & Other Islands of the Caribb. Robert Ridgway. 2020. (ENG.). 582p. (J). pap. *(978-93-5395-761-2(3))* Alpha Editions.

Birds of North & Middle America: A Descriptive Catalogue of the Higher Groups, Genera, Species, & Subspecies of Birds Known to Occur in North America, from the Arctic Lands to the Isthmus of Panama, the West Indies & Other Islands of the Caribb. Robert Ridgway & Herbert Friedmann. 2019. (ENG.). 268p. (J). pap. *(978-93-5389-523-5(5))* Alpha Editions.

Birds of Number 10. Mginternet Publishing. 2016. (ENG., Illus.). (J). pap. 6.82 *(978-1-326-82279-8(9))* Lulu Pr., Inc.

Birds of Ohio: A Complete Scientific & Popular Description of the 320 Species of Birds Found in the State (Classic Reprint) William Leon Dawson. 2017. (ENG., Illus.). (J). 34.13 *(978-0-331-79563-9(9))* Forgotten Bks.

Birds of Ontario. Thomas McIlwraith. (ENG.). (J). 2019. 432p. pap. *(978-3-337-81377-2(1))*; 2017. 434p. pap. *(978-3-337-14377-0(6))* Creation Pubs.

Birds of Paradise. Pamela S. Wight. Illus. by Shelley a Steinle. 2018. (ENG.). 32p. (J). (gr. k-3). 17.99 *(978-0-9984606-1-1(3))* Borgo Publishing.

Birds of Paradise: The Favor. Barry James. 2020. (ENG.). 48p. (J). 19.99 *(978-1-7343332-2-0(7))*; pap. 12.99 *(978-1-7343332-1-3(9))* Dragon Tree Bks.

Birds of Paradise: Winged Wonders (Nature's Children) (Library Edition) Cynthia Unwin. 2019. (Nature's Children, Fourth Ser.). (ENG., Illus.). 48p. (J). (gr. 3-5). lib. bdg. 30.00 *(978-0-531-22989-7(0),* Children's Pr.) Scholastic Library Publishing.

Birds of Peasemarsh (Classic Reprint) Edith Louise Marsh. (ENG., Illus.). (J). 2018. 262p. 29.32 *(978-0-364-20197-8(5));* 2017. pap. 11.97 *(978-1-332-86053-1(2))* Forgotten Bks.

Birds of Play Ourpets in Denmark: Picture Book. Cristina Berna & Eric Thomsen. 2019. (ENG., Illus.). 166p. (J). pap. *(978-2-919787-10-4(1))* Missys Clan.

Birds of Play Ourpets in Denmark: Picture Book Hardcover. Cristina Berna & Eric Thomsen. 2019. (ENG., Illus.). 166p. (J). *(978-2-919787-95-1(0))* Missys Clan.

Birds of Play Ourpets in Denmark: Picture Book Normal. Cristina Berna & Eric Thomsen. 2019. (ENG., Illus.). 166p. (J). pap. *(978-2-919787-56-2(X))* Missys Clan.

Birds of Presidents. Grace Hansen. (Pets of Presidents Ser.). (ENG., Illus.). 24p. (J). 2022. (gr. k-k). pap. 8.95 *(978-1-64494-688-6(2),* Abdo Kids-Junior); 2021. (gr. -1-2). lib. bdg. 31.36 *(978-1-0982-0923-0(0),* 38278, Abdo Kids) ABDO Publishing Co.

Birds of Prey. Andrea Debbink. 2022. (Field Guides). (ENG., Illus.). 112p. (J). (gr. 3-9). lib. bdg. 44.21 *(978-1-5321-9880-9(9),* 39539) ABDO Publishing Co.

Birds of Prey. Mary R. Dunn & Melissa Hill. 2023. (Birds of Prey Ser.). (ENG.). 24p. (J). 175.92 ***(978-1-6690-8855-4(3),*** 268099, Capstone Pr.) Capstone.

Birds of Prey: A Baby Owls Coloring Book. Kreative Kids. 2016. (ENG., Illus.). (J). pap. 9.20 *(978-1-68377-303-0(9))* Whike, Traudl.

Birds of Prey: Learn about Eagles, Owls, Falcons, Hawks & Other Powerful Predators of the Air, in 190 Exciting Pictures. Robin Kerrod. 2016. (Illus.). 64p. (J). (gr. 3-7). 15.00 *(978-1-86147-483-4(0),* Armadillo) Anness Publishing GBR. Dist: National Bk. Network.

Birds of Prey / Aves de Presa. Xist Publishing. 2017. (Xist Kids Bilingual Spanish English Ser.). (ENG & SPA.). 28p. (J). (gr. -1-3). pap. 9.99 *(978-1-5324-0297-5(X))* Xist Publishing.

Birds of Prey Being Pages from the Book of Broadway, Vol. 5 (Classic Reprint) George Bronson-Howard. 2018. (ENG., Illus.). 404p. (J). 32.23 *(978-0-483-61015-6(1))* Forgotten Bks.

Birds of Prey Coloring Activities - Adult Coloring Books Birds Edition. Activity Attic Books. 2016. (ENG., Illus.). (J). pap. 7.74 *(978-1-68323-120-2(1))* Twin Flame Productions.

Birds of Prey (Set Of 8) 2022. (Birds of Prey Ser.). (ENG., Illus.). 256p. (J). (gr. 2-3). pap. 79.60 *(978-1-63738-176-2(X));* lib. bdg. 250.80 *(978-1-63738-140-3(9))* North Star Editions. (Apex).

Birds of Prey, Vol. 1 Of 3: A Novel (Classic Reprint) M. E. Braddon. (ENG., Illus.). (J). 2018. 344p. 30.99 *(978-0-267-55399-0(4));* 2016. pap. 13.57 *(978-1-333-61657-1(0))* Forgotten Bks.

Birds of Prey, Vol. 2 Of 3: A Novel (Classic Reprint) Mary Elizabeth Braddon. 2018. (ENG., Illus.). 300p. (J). 30.10 *(978-0-365-42355-3(6))* Forgotten Bks.

Birds of Prey, Vol. 3 Of 3: A Novel (Classic Reprint) M. E. Braddon. 2018. (ENG., Illus.). 328p. (J). 30.66 *(978-0-267-18522-1(7))* Forgotten Bks.

Birds of Soar. C. P. Arthur. 2020. (ENG.). 34p. (J). pap. 10.99 *(978-1-0983-2895-5(7))* BookBaby.

Birds of Song & Story (Classic Reprint) Elizabeth Grinnell. 2018. (ENG., Illus.). 182p. (J). 27.65 *(978-0-364-93753-2(X))* Forgotten Bks.

Birds of the Air: Seeing the Hidden Value That God Sees. S. E. M. Ishida. 2021. (ENG., Illus.). 32p. (J). (gr. -1-3). 14.99 *(978-1-0877-4156-7(4),* 005831435, B&H Kids) B&H Publishing Group.

Birds of the Bible (Classic Reprint) Gene Stratton-Porter. (ENG., Illus.). (J). 2017. 34.06 *(978-0-331-29519-1(9));* 2016. pap. 16.57 *(978-1-334-16232-9(8))* Forgotten Bks.

Birds of the Everglades. Howie Minsky. 2019. (Hello, Everglades! Ser.). (ENG.). 16p. (J). (gr. -1-2). pap. 11.36 *(978-1-5341-5713-2(1),* 214114, Cherry Blossom Press) Cherry Lake Publishing.

Birds of the Everglades & Their Neighbors, the Seminole Indians (Classic Reprint) Minnie Moore Willson. 2018. (ENG., Illus.). 30p. (J). 24.52 *(978-0-332-12355-4(3))* Forgotten Bks.

Birds of the Indian Hills. Douglas Dewar. 2018. (ENG., Illus.). 138p. (J). pap. *(978-93-5297-857-1(9))* Alpha Editions.

Birds of the Kansas City Region (Classic Reprint) Harry Harris. 2016. (ENG., Illus.). (J). pap. 9.97 *(978-1-333-35078-9(3))* Forgotten Bks.

Birds of the Natural World Coloring Book. Kreativ Entspannen. 2016. (ENG., Illus.). (J). pap. 9.20 *(978-1-68377-383-2(7))* Whike, Traudl.

Birds of the Same Feather. Diane Hodgson. Illus. by Ashley Hodgson. 2022. (ENG.). 44p. (J). pap. *(978-1-0391-3668-7(0)); (978-1-0391-3669-4(9))* FriesenPress.

Birds of the Water, Wood & Waste (Classic Reprint) H. Guthrie-Smith. 2017. (ENG., Illus.). (J). 354p. 31.22 *(978-0-331-87944-5(1));* pap. 13.57 *(978-0-243-08143-1(X))* Forgotten Bks.

Birds of the Wave & Woodland (Classic Reprint) Philip Robinson. 2018. (ENG., Illus.). 244p. (J). 28.93 *(978-0-267-51591-2(X))* Forgotten Bks.

Birds of the World: 250 of Earth's Most Majestic Creatures. Cesare, Della Pietà. Illus. by Shishi Nguyen. 2020. (ENG.). 176p. (J). (gr. 1-5). 24.99 *(978-0-7624-9810-9(2),* Black Dog & Leventhal Pubs. Inc.) Running Pr.

Birds of the World: My Nature Sticker Activity Book (Science Activity & Learning Book for Kids, Coloring, Stickers & Quiz) Olivia Cosneau. 2017. (ENG., Illus.). 24p. (J). (gr. k-3). 9.99 *(978-1-61689-566-2(7))* Princeton Architectural Pr.

Birds of Western America. Rachel Bubb. 2022. (ENG.). 64p. (J). pap. 13.17 *(978-1-4583-2164-0(9))* Lulu Pr., Inc.

Birds on a Wire. Anne Lingelbach. Illus. by Haley Schulz. 2023. (ENG.). 34p. (J). pap. 12.99 ***(978-1-64538-531-8(0))*** Orange Hat Publishing.

Birds on the Wing (Classic Reprint) Hector Giacomelli. 2018. (ENG., Illus.). 20p. (J). 24.31 *(978-1-396-64050-6(9));* pap. 7.97 *(978-1-391-64379-3(8))* Forgotten Bks.

Birds on the Wing; or Pleasant Tales: And Useful Hints on the Value & Right Use of Time (Classic Reprint) Miss Parker. (ENG., Illus.). (J). 2018. 186p. 27.73 *(978-0-428-93898-7(1));* 2017. pap. 10.57 *(978-1-331-81209-8(7))* Forgotten Bks.

Birds on Wishbone Street. Suzanne Del Rizzo. 2021. (ENG.). 40p. (J). (gr. k-3). 18.95 *(978-1-77278-219-6(X))* Pajama Pr. CAN. Dist: Ingram Publisher Services.

Bird's Relative: English-Ukrainian Edition. Idries. Shah. Illus. by Tanja Stevanovic. 2022. (Teaching Stories Ser.). (ENG & UKR.). 42p. (J). pap. 11.90 *(978-1-953292-69-8(0),* Hoopoe Bks.) I S H K.

Bird's Relative - el Pariente Del Pájaro: English-Spanish Edition. Idries. Shah. Illus. by Tanja Stevanovic. 2022. (Teaching Stories Ser.). (ENG.). 42p. (J). pap. 11.90 *(978-1-953292-46-9(1),* Hoopoe Bks.) I S H K.

Birds That Live at the Water's Edge Children's Science & Nature. Baby Professor. 2017. (ENG., Illus.). (J). pap. 7.89 *(978-1-5419-0177-3(0),* Baby Professor (Education Kids)) Speedy Publishing LLC.

Birds That Will Make You Laugh Coloring Book. Smarter Activity Books for Kids. 2016. (ENG., Illus.). (J). pap. 9.22 *(978-1-68374-509-9(4))* Examined Solutions PTE. Ltd.

Birds That Work for Us (Classic Reprint) Isaac W. Grown. 2017. (ENG., Illus.). (J). 26.47 *(978-0-266-55896-5(8));* pap. 9.57 *(978-0-282-81671-1(2))* Forgotten Bks.

Birds, Their Carols Raise. Gary Brice. 2017. (ENG.). 140p. pap. 14.00 *(978-1-62288-162-8(1),* P536202) Austin, Stephen F. State Univ. Pr.

Birds Through an Opera-Glass. Florence Merriam Bailey. 2017. (ENG.). 240p. (J). pap. *(978-3-7447-5891-8(5))* Creation Pubs.

Birds Through an Opera-Glass (Classic Reprint) Florence A. Merriam. 2017. (ENG., Illus.). (J). 28.91 *(978-0-266-23232-2(9))* Forgotten Bks.

Birds Through the Year. Albert Field Gilmore. 2017. (ENG., Illus.). (J). pap. *(978-0-649-07458-7(0))* Trieste Publishing Pty Ltd.

Birds to Aircraft. Jennifer Colby. 2019. (21st Century Junior Library: Tech from Nature Ser.). (ENG.). 24p. (J). (gr. 2-5). pap. 12.79 *(978-1-5341-3948-0(6),* 212621); (Illus.). lib. bdg. 30.64 *(978-1-5341-4292-3(4),* 212620) Cherry Lake Publishing.

Birds, Vol. 3: A Monthly Serial, Illustrated by Color Photography, Designed to Promote Knowledge of Bird-Life (Classic Reprint) Unknown Author. 2018. (ENG., Illus.). 246p. (J). 28.99 *(978-0-267-27065-1(8))* Forgotten Bks.

Birds vs. Blades? Offshore Wind Power & the Race to Protect Seabirds. Rebecca E. Hirsch. (ENG., Illus.). 48p. (J). (gr. 4-6). 2022. pap. 10.99 *(978-1-7284-7753-4(0),* 138bf665-e831-4d60-bfe9-f1d379dccf7d); 2016. 33.32 *(978-1-4677-9520-3(8),* c97ebf24-0680-45a6-a995-4218462a64bb); 2016. E-Book 50.65 *(978-1-5124-1111-9(6))* Lerner Publishing Group. (Millbrook Pr.).

Birds (Wild World: Big & Small Animals) Brenna Maloney. 2023. (Wild World Ser.). (ENG., Illus.). 32p. (J). (gr. k-2). 25.00 *(978-1-338-85350-6(3));* pap. 6.99 *(978-1-338-85351-3(1))* Scholastic Library Publishing. (Children's Pr.).

Birds (Wild World: Fast & Slow Animals) Brenna Maloney. 2022. (Wild World Ser.). (ENG., Illus.). 32p. (J). (gr. k-2). 25.00 *(978-1-338-83652-3(8));* pap. 6.99 *(978-1-338-83653-0(6))* Scholastic Library Publishing. (Children's Pr.).

Birdseye Chronicles. L. a Goldsmith. 2018. (ENG., Illus.). 108p. (J). pap. 5.99 *(978-1-7326636-2-6(9))* Horn, Jonathan.

Birdsong. Julie Flett. Illus. by Julie Flett. 2019. (Illus.). 48p. (J). (gr. -1-3). 17.95 *(978-1-77164-473-0(7),* Greystone Kids) Greystone Books Ltd. CAN. Dist: Publishers Group West (PGW).

Birdsong: A Story in Pictures. James Sturm. 2016. (Illus.). 60p. (J). (gr. k-1). 12.95 *(978-1-935179-94-8(2),* TOON Books) Astra Publishing Hse.

Birdspell. Valerie Sherrard. 2021. (ENG.). 232p. (J). (gr. 4-7). pap. 13.95 *(978-1-77086-613-3(2),* Dancing Cat Bks.) Cormorant Bks. Inc. CAN. Dist: Orca Bk. Pubs. USA.

Birdstones. Jane Louise Curry. 2017. (ENG., Illus.). 176p. (J). pap. 19.99 *(978-1-62524-318-8(9),* Candlewood Pr.) Harding Hse. Publishing Sebice Inc.

Birdwatcher's Coloring Field Guide: South Africa: Volume One. Illus. by Melissa Ek Hattersley. 2022. (ENG.). 56p. (YA). pap. 16.00 *(978-1-4716-5721-4(3))* Lulu Pr., Inc.

Birdy & Bou. David Bedford. Illus. by Mandy Stanley. 2018. (J). *(978-1-4351-6727-8(9))* Barnes & Noble, Inc.

Birdy Flynn. Helen Donohoe. 2017. (ENG.). 384p. (J). pap. 11.99 *(978-1-78074-939-6(2),* 1780749392, Rock the Boat) Oneworld Pubns. GBR. Dist: Grantham Bk. Services.

Birkwood: A Novel (Classic Reprint) Julia A. B. Seiver. (ENG., Illus.). (J). 2018. 352p. 31.16 *(978-0-428-75527-0(5));* 2016. pap. 13.57 *(978-1-334-12302-3(0))* Forgotten Bks.

Birman Cats. Mari Schuh. (Favorite Cat Breeds Ser.). (ENG., Illus.). 24p. (J). 2017. (gr. k-2). pap. 8.99 *(978-1-68152-097-1(4),* 15702); 2016. (gr. 1-4). lib. bdg. 20.95 *(978-1-60753-968-1(3),* 15694) Amicus.

Birnbaum's 2022 Walt Disney World for Kids: The Official Guide. Birnbaum Guides. ed. 2021. (Birnbaum Guides). (Illus.). 160p. (J). (gr. 3-7). pap. 12.99 *(978-1-368-06246-6(6))* Disney Publishing Worldwide.

Birnbaum's 2023 Walt Disney World for Kids: The Official Guide. Birnbaum Guides. 2022. (Birnbaum Guides). (Illus.). 160p. (gr. 3-7). pap. 12.99 *(978-1-368-08354-6(4))* Disney Publishing Worldwide.

Biron the Bee Who Couldn't. Gregg McBride. Illus. by Anaïs Chartschenko. 2022. 32p. (J). 32.99 *(978-1-6678-4234-9(X));* pap. 12.99 *(978-1-6678-4236-3(6))* BookBaby.

Birrarung Wilam: a Story from Aboriginal Australia. Aunty Joy Murphy & Andrew Kelly. Illus. by Lisa Kennedy. (ENG.). 40p. (J). (gr. 1-4). 2022. 7.99 *(978-1-5362-2774-1(9));* 2020. 17.99 *(978-1-5362-0942-6(2))* Candlewick Pr.

Birth. Tamika Champion-Hampton. 2019. (Kamden Faith Journey Ser.: Vol. 5). (ENG., Illus.). 24p. (J). pap. 12.99 *(978-1-63199-720-4(3))* Energion Pubns.

Birth (Classic Reprint) Zona Gale. 2017. (ENG., Illus.). (J). 32.48 *(978-0-266-95439-2(1))* Forgotten Bks.

Birth-Day: A Poem, in Three Parts; to Which Are Added, Occasional Verses (Classic Reprint) Caroline Bowles Southey. (ENG., Illus.). (J). 2018. 300p. 30.08 *(978-0-365-29023-0(8));* 2017. pap. 13.57 *(978-0-243-44544-8(X))* Forgotten Bks.

Birth, Falling, & Recovery of Hard-Knock University. Javondra Harris. 2021. (ENG.). 112p. (YA). pap. 19.87 *(978-1-6624-1766-5(7))* Page Publishing Inc.

Birth Marker. Bridget Steber. Illus. by Gianna Quintana. 2019. (ENG.). 24p. (J). 19.95 *(978-0-578-45211-1(1))* Bridget Maloy Steber.

Birth of a Champion. Ahmed S. Shihata. 2016. (ENG., Illus.). 32p. (J). (gr. k-6). pap. 14.99 *(978-0-692-69940-9(6))* Ahmed.

Birth of a Prince. Jeffrey Chatham & Selina Sprinkle. 2016. (ENG., Illus.). 18p. (J). *(978-1-329-74129-4(3))* Lulu Pr., Inc.

Birth of a Sorceress: Inked Series. J. V. Delaney. 2020. (Inked Ser.). (ENG.). 230p. (YA). (gr. 7-12). pap. ***(978-1-925999-43-3(2))*** Australian EBk. Pub.

Birth of an Angel. Petra Malinova. 2017. (ENG.). (J). 14.95 *(978-1-68401-403-3(4))* Amplify Publishing Group.

Birth of Billy Bird. Glenda Seal. 2016. (ENG., Illus.). 56p. (J). pap. *(978-1-910077-95-5(X))* 2QT, Ltd. (Publishing).

Birth of Democracy (Classic Reprint) Christian Harry McIntire. (ENG., Illus.). (J). 2018. 220p. 28.45 *(978-0-483-73540-8(X));* 2017. pap. 10.97 *(978-0-243-18456-9(5))* Forgotten Bks.

Birth of Earth! - Fun Facts about the Forces That Shaped Planet Earth. Earth Science for Kids - Children's Earth Sciences Books. Prodigy. 2016. (ENG., Illus.). (J). pap. 9.25 *(978-1-68323-917-8(2))* Twin Flame Productions.

Birth of Freedom: A Patriotic Play in Three Acts (Classic Reprint) Anthony J. Schindler. (ENG., Illus.). (J). 2018. 22p. 24.37 *(978-0-267-61366-3(0));* 2016. pap. 7.97 *(978-1-334-11982-8(1))* Forgotten Bks.

Birth of Hip-Hop. Duchess Harris & Tammy Gagne. 2019. (Freedom's Promise Ser.). (ENG., Illus.). 48p. (J). (gr. 4-8). lib. bdg. 35.64 *(978-1-5321-1869-2(4),* 32607) ABDO Publishing Co.

Birth of Jesus. Ed. by Aardash. 2016. (ENG., Illus.). (J). (gr. -1-k). bds. *(978-93-83673-05-6(2))* Aadarsh Pvt, Ltd .

Birth of Jesus. Barbara Ruff. 2022. (ENG.). 33p. (J). pap. ***(978-1-387-56002-8(6))*** Lulu Pr., Inc.

Birth of Jesus: A Christmas Pop-Up Book. Agostino Traini. 2016. (Agostino Traini Pop-Ups Ser.). (Illus.). 14p. (J). 19.99 *(978-1-5064-1769-1(8),* Sparkhouse Family) 1517 Media.

Birth of Jesus Christ Through the Eyes & Ears of My Great Uncle Sylvester the Mouse. Jim L. Stafford. 2017. (ENG., Illus.). (J). pap. 20.45 *(978-1-5127-8936-2(4),* WestBow Pr.) Author Solutions, LLC.

Birth of JESUS the Adventure Continues! Susie Jacobson. 2020. (ENG.). 64p. (YA). pap. 9.99 *(978-1-63221-784-4(8))* Salem Author Services.

Birth of Modern Tech. Martin Gitlin. 2021. (21st Century Skills Library: American Eras: Defining Moments Ser.). (ENG., Illus.). 32p. (J). (gr. 4-8). pap. 14.21 *(978-1-5341-8883-9(5),* 219243); lib. bdg. 32.07 *(978-1-5341-8743-6(X),* 219242) Cherry Lake Publishing.

Birth of Nanabosho, 1 vol. Joseph McLellan. Illus. by Jim Kirby. 2016. (ENG.). 32p. (J). pap. 10.95 *(978-0-921827-00-9(8),* b884f8fe-3175-4bf4-96c3-5bb1a711f7a4) Pemmican Pubns., Inc. CAN. Dist: Firefly Bks., Ltd.

Birth of New Land. Sabine Metscher. 2018. (ENG.). 40p. (J). pap. ***(978-0-359-02217-5(0))*** Lulu Pr., Inc.

Birth of the Continental Navy & the War at Sea Battles During the American Revolution Fourth Grade History Children's American History. Baby Professor. 2020. (ENG.). 72p. (J). 24.99 *(978-1-5419-7989-5(3));* pap. 14.99 *(978-1-5419-7771-6(8))* Speedy Publishing LLC. (Baby Professor (Education Kids)).

Birth of the Cool: How Jazz Great Miles Davis Found His Sound. Kathleen Cornell Berman. Illus. by Keith Henry Brown. 2019. (ENG.). 40p. (J). 18.99 *(978-1-62414-690-9(2),* 900197958) Page Street Publishing Co.

Birth of the Flag: A Novelty in Three Acts (Classic Reprint) Mary C. Lee. 2018. (ENG., Illus.). 32p. (J). 24.56 *(978-0-267-50722-1(4))* Forgotten Bks.

Birth of the King. Pip Reid. 2020. (Defenders of the Faith Ser.: Vol. 8). (ENG.). 42p. (J). pap. *(978-0-473-41744-4(8))* Bible Pathway Adventures.

Birth of the King Activity Book. Pip Reid. 2020. (ENG.). (J). (Beginners Ser.: Vol. 2). 98p. pap. *(978-1-988585-82-6(1));* 92p. pap. *(978-1-988585-88-8(0))* Bible Pathway Adventures.

Birth of the Star-Spangled Banner: A Fly on the Wall History. Thomas Kingsley Troupe. Illus. by Jomike Tejido. 2018. (Fly on the Wall History Ser.). (ENG.). 32p. (J). (gr. 1-3). lib. bdg. 27.99 *(978-1-5158-1601-0(X),* 136254, Picture Window Bks.) Capstone.

Birth of the Sun & the Moon. Aili Mou. 2022. (Interesting Chinese Myths Ser.). (ENG.). 44p. (J). (gr. k-2). pap. 8.95 *(978-1-4878-0954-6(9))* Royal Collins Publishing Group Inc. CAN. Dist: Independent Pubs. Group.

Birth of the un, Decolonization, & Building Strong Nations. Sheila Nelson. 2018. (United Nations Ser.). (ENG.). 48p. (J). lib. bdg. 34.99 *(978-1-5105-3967-9(0))* SmartBook Media, Inc.

Birthday. Hans Fischer. 2020. (ENG.). 40p. (J). (gr. -1-2). 14.95 *(978-3-314-10515-9(0))* North-South Bks., Inc.

Birthday. Julie Murray. 2017. (Holidays (Abdo Kids Junior) Ser.). (ENG.). 24p. (J). (gr. -1-2). lib. bdg. 31.36 *(978-1-5321-0390-2(5),* 26516, Abdo Kids) ABDO Publishing Co.

Birthday. Rozanne Williams. 2017. (Learn-To-Read Ser.). (ENG., Illus.). (J). pap. 3.49 *(978-1-68310-323-3(8))* Pacific Learning, Inc.

Birthday: A Novel. Meredith Russo. 2020. (ENG.). 304p. (YA). pap. 14.99 *(978-1-250-12985-7(0),* 900176124) Flatiron Bks.

Birthday: The Gift of You. Pam Heavner. 2022. 44p. (J). 28.99 *(978-1-6678-3782-6(6))* BookBaby.

Birthday - Te Rekenibong (Te Kiribati) Benian Tooma. Illus. by Jovan Carl Segura. 2023. (ENG.). 36p. (J). pap. ***(978-1-922895-96-7(2))*** Library For All Limited.

Birthday Acts of Kindness: The Gift of Food. Elizabeth Harr Pineda. Illus. by Kaeden Stewart. 2022. (ENG.). 36p. (J). 18.95 *(978-1-7362082-2-9(5))* Daisy Patch Pr.

Birthday Ball. Barb Taylor. 2021. (ENG., Illus.). 36p. (J). 22.95 *(978-1-63710-364-7(6));* pap. 14.95 *(978-1-64654-786-9(1))* Fulton Bks.

Birthday Balloon Fairy. Amberly Dressler. 2022. (Birthday Balloon Fairy Bks.: 1). 26p. (J). pap. 12.24 *(978-1-6678-5045-0(8))* BookBaby.

Birthday Balloons: Leveled Reader Blue Fiction Level 10 Grade 1. Hmh Hmh. 2019. (Rigby PM Ser.). (ENG.). 16p. (J). (gr. 1). pap. 11.00 *(978-0-358-00079-2(3))* Houghton Mifflin Harcourt Publishing Co.

Birthday Bash for Daily Laughs Entertaining Coloring Book for Children. Educando Kids. 2019. (ENG.). 42p. (J). pap. 6.99 *(978-1-64521-089-4(8),* Educando Kids) Editorial Imagen.

Birthday Blastoff. Kate Biberdorf. 2021. (Kate the Chemist Ser.). (ENG.). 144p. (J). (gr. 3-7). 12.99 *(978-0-593-11664-7(X),* Philomel Bks.) Penguin Young Readers Group.

Birthday Bonanza: The Fabulous Diary of Persephone Pinchgut. Aleesah Darlison. Illus. by Serena Geddes. 2022. (Totally Twins Ser.). (ENG.). 186p. (J). (gr. 2-6). 17.99 *(978-1-912858-32-3(0),* 87637227-c52c-45a8-b5b1-e2961fbcc75f) New Frontier Publishing AUS. Dist: Lerner Publishing Group.

Birthday Bonanza: The Fabulous Diary of Persephone Pinchgut. Aleesah Darlison. Illus. by Serena Geddes. 2016. (Totally Twins Ser.: 4). (ENG.). 192p. (J). 8.99 *(978-1-78226-298-5(9),* 59388ebc-1f0e-4b2b-a669-c1d115c19d50) Sweet Cherry Publishing GBR. Dist: Baker & Taylor Publisher Services (BTPS).

Birthday Book. todd Parr. 2020. (ENG., Illus.). 32p. (J). (gr. -1-1). 13.99 *(978-0-316-50663-2(X))* Little, Brown Bks. for Young Readers.

Birthday Books. Gina Palmer. 2023. (ENG.). 16p. (J). bds. 34.95 *(978-1-63755-572-9(5),* Mascot Kids) Amplify Publishing Group.

Birthday Box: Book 1. Christopher Pilkington. 2016. (ENG., Illus.). 224p. (J). pap. *(978-1-326-84636-7(1))* Lulu Pr., Inc.

Birthday Box: Book 3. Christopher Pilkington. 2017. (ENG., Illus.). 270p. (J). pap. *(978-1-326-97118-2(2))* Lulu Pr., Inc.

Birthday Box: Box 2, Bk. 2. Christopher Pilkington. 2016. (ENG., Illus.). 206p. (J). pap. *(978-1-326-89030-8(1))* Lulu Pr., Inc.

Birthday Buddy. Cindy Jin. Illus. by Leticia Moreno. 2023. (ENG.). 24p. (J). (gr. -1-k). bds., bds. 6.99 ***(978-1-6659-3554-8(5),*** Little Simon) Little Simon.

Birthday Bus. Nick Ackland & Clever Publishing. Illus. by Jackie Clarkson. 2019. (Wonder Wheels Ser.). (ENG.). 10p. (J). (gr. -1 — 1). bds. 8.99 *(978-1-948418-81-2(9))* Clever Media Group.

Birthday Cake: A Tommy & Susan Story about Being Responsible. William Morgan. 2022. (ENG.). 24p. (J). pap. 7.99 ***(978-1-956998-76-4(4))*** Bookwhip.

Birthday Cake for Ben: Leveled Reader Red Fiction Level 3 Grade 1. Hmh Hmh. 2019. (Rigby PM Ser.). (ENG.). 16p. (J). (gr. 1). pap. 11.00 *(978-0-358-12107-7(8))* Houghton Mifflin Harcourt Publishing Co.

Birthday Car. Margaret Hillert. Illus. by Patrick Girouard. 2016. (BeginningtoRead Ser.). (ENG.). 32p. (J). (gr. k-2). 22.60 *(978-1-59953-795-5(8))* Norwood Hse. Pr.

Birthday Car. Margaret Hillert. 2016. (Beginning-To-Read Ser.). (ENG., Illus.). 32p. (J). (gr. k-2). pap. 13.26 *(978-1-60357-936-0(2))* Norwood Hse. Pr.

Birthday Castle: A QUIX Book. Dee Romito. Illus. by Marta Kissi. 2020. (Fort Builders Inc Ser.: 1). (ENG.). 96p. (J). (gr. k-3). 17.99 *(978-1-5344-5239-8(7));* pap. 5.99 *(978-1-5344-5238-1(9))* Simon & Schuster Children's Publishing. (Aladdin).

Birthday Counting. Barbara Barbieri McGrath. Illus. by Peggy Tagel. 2017. (First Celebrations Ser.: 7). 12p. (J). (— 1). bds. 6.99 *(978-1-58089-537-8(9))* Charlesbridge Publishing, Inc.

Birthday Crafts. Trudi Strain Trueit. Illus. by Mernie Gallagher-Cole. 2016. (Holiday Crafts Ser.). (ENG.). 24p. (J). (gr. k-3). 32.79 *(978-1-5038-0815-7(7),* 210651) Child's World, Inc, The.

Birthday Disaster. Hannah Brimicombe-George. 2020. (ENG.). 28p. (J). pap. 12.95 *(978-1-716-00539-8(6))* Lulu Pr., Inc.

Birthday Duck. Michael Morpurgo. Illus. by Sam Usher. 2022. (ENG.). 48p. (J). pap. 6.99 *(978-0-00-842231-8(1),* HarperCollins Children's Bks.) HarperCollins Pubs. Ltd. GBR. Dist: HarperCollins Pubs.

Birthday Fairy Is Stuck. Laurie Friedman. 2022. (Fairy Friends Ser.). (ENG.). 32p. (J). (gr. k-2). pap. 9.50 *(978-1-63897-639-4(2),* 19914); lib. bdg. 30.00 *(978-1-63897-524-3(8),* 19913) Seahorse Publishing.

Birthday Gift. Kim Brack. 2022. (ENG.). 54p. (J). pap. 5.99 ***(978-1-956742-83-1(2))*** Good River Print & Media.

Birthday Gift (Classic Reprint) Peter Parley, pseud. 2018. (ENG., Illus.). 266p. (J). 29.38 *(978-0-483-93377-4(5))* Forgotten Bks.

Birthday Gifts. Anastasia Suen. 2017. (Craft It! Ser.). (ENG.). 24p. (gr. 2-4). pap. 9.95 *(978-1-68342-884-8(6),* 9781683428848) Rourke Educational Media.

Birthday Greeting, & Other Songs: From the Book of Katherine's Friends by Emily Niles Huyck (Classic Reprint) Frank Heino Damrosch. 2018. (ENG., Illus.). (J). 68p. 25.30 *(978-0-365-60455-6(0));* 70p. pap. 9.57 *(978-0-365-60449-5(6))* Forgotten Bks.

Birthday Helpers! (LEGO City) Steve Foxe. Illus. by Random House. 2022. (Step into Reading Ser.). (ENG.). 32p. (J). (gr. k-3). 5.99 *(978-0-593-48111-0(9));* 14.99 *(978-0-593-48112-7(7))* Random Hse. Children's Bks. (Random Hse. Bks. for Young Readers).

Birthday in a Box: Now I Am 3. Ruby Brown. Illus. by Chris Chatterton. 2016. (ENG.). 24p. (J). (gr. -1 — 1). 19.99

(978-1-76012-332-1(3)) Little Hare Bks. AUS. Dist: Independent Pubs. Group.

Birthday in Fairy-Land: A Story for Children (Classic Reprint) Thomas Wentworth Higginson. (ENG., Illus.). (J). 2018. 26p. 24.45 *(978-0-483-91143-7(7))*; 2017. pap. 7.97 *(978-0-243-40142-0(6))* Forgotten Bks.

Birthday Monsters! Sandra Boynton. Illus. by Sandra Boynton. 2023. (Boynton on Board Ser.). (ENG., Illus.). 24p. (J). (gr. -1-k). bds., bds. 7.99 ***(978-1-6659-2510-5(8))*** Simon & Schuster Children's Publishing.

Birthday of Meaningful Fun: Games & Activities. Agnes De Bezenac. Illus. by Agnes De Bezenac. 2017. (ENG., Illus.). (J). (gr. k-3). pap. 9.95 *(978-1-63474-075-3(0)*, Kidible) iCharacter.org.

Birthday Party: A Story for Little Folks (Classic Reprint) Oliver Optic, pseud. 2017. (ENG., Illus.). (J). 25.88 *(978-0-260-02408-4(2))* Forgotten Bks.

Birthday Party (Classic Reprint) Hjalmar Bergstrom. (ENG., Illus.). (J). 2018. 24.49 *(978-0-332-01608-5(0))*; 2017. pap. 7.97 *(978-0-243-39029-8(7))* Forgotten Bks.

Birthday Party Color Fest! an Exciting Coloring Book. Activibooks For Kids. 2016. (ENG., Illus.). (J). pap. 9.20 *(978-1-68321-758-9(6))* Mimaxion.

Birthday Party for Jesus: God Gave Us Christmas to Celebrate His Birth. Susan Jones. Illus. by Lee Holland. 2017. (Forest of Faith Bks.). 32p. (J). (gr. -1-1). 12.99 *(978-1-68099-319-6(4)*, Good Bks.) Skyhorse Publishing Co., Inc.

Birthday Party Mad Libs: World's Greatest Word Game. Renee Hooker. 2020. (Mad Libs Ser.). 48p. (J). (gr. 3-7). pap. 5.99 *(978-0-593-09394-8(1)*, Mad Libs) Penguin Young Readers Group.

Birthday Party Mystery. Fran Manushkin. Illus. by Tammie Lyon. 2022. (Katie Woo & Pedro Mysteries Ser.). (ENG.). 32p. (J). 21.32 *(978-1-6639-5868-6(8)*, 222957); pap. 5.95 *(978-1-6663-3228-5(3)*, 222939) Capstone. (Picture Window Bks.).

Birthday Party Seek & Find Activity Book. Jupiter Kids. 2016. (ENG., Illus.). 106p. (J). pap. 16.55 *(978-1-68326-202-2(6)*, Jupiter Kids (Childrens & Kids Fiction)) Speedy Publishing LLC.

Birthday Party to Which Nobody Came. Stewart Marshall Gulley. 2020. (ENG.). 40p. (J). pap. 11.95 *(978-1-928561-14-9(4))* Gulley Institute of Creative Learning, Inc.

Birthday Posy for Young & Old: Verses, Songs, Stories, Plays, etc (Classic Reprint) Augusta Temple. (ENG., Illus.). (J). 2018. 304p. 30.19 *(978-0-365-49074-6(1))*; 2017. pap. 13.57 *(978-0-259-20593-7(1))* Forgotten Bks.

Birthday Present. Bev Beck. 2019. (ENG., Illus.). 36p. (J). (gr. k-3). E-Book 12.99 *(978-1-59095-376-1(2)*, ExamWise) Total Recall Learning, Inc.

Birthday Present. Dorothy Harmon. Ed. by Samuel Calderon. Illus. by Amber Icenhour. 2020. (ENG.). 46p. (J). (gr. 3-6). 18.95 ***(978-0-578-65006-7(1))*** Indy Pub.

Birthday Present for Aaji (Hook Books) Parinita Shetty. Illus. by Aindri C. 2022. (ENG.). 40p. (J). pap. 7.99 *(978-0-14-345341-3(6))* Penguin Bks. India PVT, Ltd IND. Dist: Independent Pubs. Group.

Birthday Present for Lincoln: A Play in One Act (Classic Reprint) Dorothy C. Allan. (ENG., Illus.). (J). 2018. 26p. 24.43 *(978-0-656-34162-7(9))*; 2017. pap. 7.97 *(978-0-243-38769-4(5))* Forgotten Bks.

Birthday Present from Another Dimension. Brad Simons. 2018. (ENG., Illus.). 100p. (J). (gr. 3-5). pap. *(978-0-6482086-8-6(0))* Aurora House.

Birthday Present, Simple Susan, Vol. 2: Being the Second Volume of the Parent's Assistant, or Stories for Children (Classic Reprint) Maria Edgeworth. 2018. (ENG., Illus.). 210p. (J). 28.25 *(978-0-365-26293-0(5))* Forgotten Bks.

Birthday Puppy. Constance Cupps. 2020. (ENG., Illus.). 26p. (J). pap. 13.95 *(978-1-64670-290-9(5))* Covenant Bks.

Birthday Scavenger Hunt: English Edition. Jenna Bailey-Sirko. Illus. by Thamires Paredes. 2022. 36p. (J). pap. 14.95 *(978-1-77450-557-1(6))* Inhabit Education Bks. Inc. CAN. Dist: Consortium Bk. Sales & Distribution.

Birthday Sleepover. Cheryl E. Noel. Illus. by Wala Hassan. 2016. (ENG.). (J). pap. 9.99 *(978-1-4984-8648-4(7))* Salem Author Services.

Birthday Surprise. Michelle Misra. Illus. by Samantha Chaffey. 2016. (Angel Wings Ser.: 2). (ENG.). 128p. (J). (gr. 1-4). pap. 5.99 *(978-1-4814-5800-9(0)*, Aladdin) Simon & Schuster Children's Publishing.

Birthday Surprise. Dulcie Winston. 2019. (ENG.). 22p. (J). pap. *(978-1-5289-3562-3(4))* Austin Macauley Pubs. Ltd.

Birthday Surprise (Dotty Detective, Book 5) Clara Vulliamy. 2019. (Dotty Detective Ser.: 5). (ENG.). 160p. (J). 4.99 *(978-0-00-830090-6(9)*, HarperCollins Children's Bks.) HarperCollins Pubs. Ltd. GBR. Dist: HarperCollins Pubs.

Birthday Surprises! (Peppa Pig) Golden Books. Illus. by Golden Books. 2021. (ENG., Illus.). 48p. (J). (gr. -1-2). pap. 7.99 *(978-0-593-30453-2(5)*, Golden Bks.) Random Hse. Children's Bks.

Birthday That Wasn't. Brooke Vitale. 2021. (Care Bears: Unlock the Magic Ser.). (ENG.). 24p. (J). (-k). pap. 5.99 *(978-0-593-22669-8(0)*, Penguin Young Readers Licenses) Penguin Young Readers Group.

Birthday Thief: Practicing the Unvoiced TH Sound, 1 vol. Juliette Johnson. 2016. (Rosen Phonics Readers Ser.). (ENG.). 12p. (J). (gr. -1-2). pap. *(978-1-5081-3236-3(4)*, dd12a3ed-fdee-4f86-9c9a-5a5c24b48d75, Rosen Classroom) Rosen Publishing Group, Inc., The.

Birthday Traditions Around the World. Ann Ingalls. Illus. by Elisa Chavarri. 2021. (Traditions Around the World Ser.). (ENG.). 32p. (J). (gr. k-3). lib. bdg. 35.64 *(978-1-5038-5011-8(0)*, 214859) Child's World, Inc, The.

Birthday Wish: An Adventure with the JAG Brothers. Chesand S. Gregory. 2022. (Adventure with the Jag Brothers Ser.). (ENG.). 40p. (J). pap. *(978-1-7778823-2-7(X))* Gauvin, Jacques.

Birthdays. Sue deGennaro. 2022. (Different Days Ser.). (ENG.). 24p. (J). (gr. -1-k). 17.99 *(978-1-76050-795-4(4))* Little Hare Bks. AUS. Dist: Independent Pubs. Group.

Birthdays: Beyond Cake & Ice Cream, 1 vol. Nikki Tate & Dani Tate-Stratton. 2017. (Orca Origins Ser.: 3). (ENG., Illus.). 80p. (J). (gr. 4-7). 24.95 *(978-1-4598-1297-0(2))* Orca Bk. Pubs. USA.

Birthdays Around the World. Mary Meinking. 2020. (Customs Around the World Ser.). (ENG.). 32p. (J). (gr. 1-3). pap. 7.95 *(978-1-9771-2668-9(5)*, 201702); (Illus.). lib. bdg. 29.32 *(978-1-9771-2368-8(6)*, 200378) Capstone. (Pebble).

Birthdays Around the World. Margriet Ruurs. Illus. by Ashley Barron. 2017. (Around the World Ser.). (ENG.). 40p. (J). (gr. -1-2). 18.99 *(978-1-77138-624-1(X))* Kids Can Pr., Ltd. CAN. Dist: Hachette Bk. Group.

Birthdays in Many Cultures. Martha E. H. Rustad. rev. ed. 2016. (Life Around the World Ser.). (ENG.). 24p. (J). (gr. -1-2). pap. 7.29 *(978-1-5157-4240-1(7)*, 134000, Capstone Pr.) Capstone.

Birthdays in Wisherton. Amanda Hamm. 2023. (ENG.). 172p. (J). pap. 7.99 ***(978-1-943598-18-2(5))*** Before Someday Publishing.

Birthmark. Kimberly Cruz. 2019. (ENG.). 238p. (YA). 29.95 *(978-1-64544-113-7(X))*; pap. 16.95 *(978-1-64462-835-5(X))* Page Publishing Inc.

Birthright. T. S. Stribling. 2017. (ENG., Illus.). (J). 24.95 *(978-1-374-89330-6(7))* Capital Communications, Inc.

Birthright. Missouri Vaun. 2017. (ENG., Illus.). 264p. pap. 16.95 *(978-1-62639-485-8(7))* Bold Strokes Bks.

Birthright: A Novel (Classic Reprint) T. S. Stribling. 2018. (ENG., Illus.). 334p. (J). 30.81 *(978-0-267-42261-6(X))* Forgotten Bks.

Birthright: A Play in Two Acts (Classic Reprint) Thomas C. Murray. 2018. (ENG., Illus.). 56p. (J). 25.05 *(978-0-483-60034-8(2))* Forgotten Bks.

Birthright Citizenship. Toney Allman. 2020. (Immigration Issues Ser.). (ENG.). 80p. (J). (gr. 6-12). 41.27 *(978-1-68282-763-5(1))* ReferencePoint Pr., Inc.

Birthright (Classic Reprint) Joseph Hocking. (ENG., Illus.). (J). 2018. 380p. 31.75 *(978-0-483-74813-2(7))*; 2017. pap. 16.57 *(978-0-259-01385-3(4))* Forgotten Bks.

Birthright, Vol. 2 Of 3: And Other Tales (Classic Reprint) Catherine Grace Frances Gore. 2018. (ENG., Illus.). 316p. (J). 30.43 *(978-0-483-28708-2(3))* Forgotten Bks.

Birthright, Vol. 3 Of 3: And Other Tales (Classic Reprint) Gore. 2018. (ENG., Illus.). 320p. (J). 30.50 *(978-0-483-76526-9(0))* Forgotten Bks.

Birthright, Volume 10. Joshua Williamson. 2021. (ENG., Illus.). 112p. (YA). pap. 14.99 *(978-1-5343-1948-6(4))* Image Comics.

Birthright Volume 8. Joshua Williamson. 2019. (ENG., Illus.). 112p. (YA). pap. 14.99 *(978-1-5343-1368-2(0)*, 33835922-86d6-4282-b3bf-e0a39e09cbad) Image Comics.

Birthright Volume 9. Joshua Williamson. 2020. (ENG., Illus.). 112p. (YA). pap. 14.99 *(978-1-5343-1601-0(9)*, a5e55784-b418-45e7-b143-64ecac648284) Image Comics.

Births, Deaths, & Marriages, Vol. 1 of 3 (Classic Reprint) Theodore Edward Hook. 2018. (ENG., Illus.). 314p. (J). 30.37 *(978-0-484-01506-6(0))* Forgotten Bks.

Births, Deaths, & Marriages, Vol. 3 of 3 (Classic Reprint) Theodore Edward Hook. 2018. (ENG., Illus.). 312p. (J). 30.33 *(978-0-666-78682-1(8))* Forgotten Bks.

Birtle Bear's Rescue. Marion Gamble. 2019. (ENG., Illus.). 30p. (J). pap. *(978-1-78848-469-5(X))* Austin Macauley Pubs. Ltd.

Bisad Bogsan: Somali Edition of the Healer Cat. Tuula Pere. Tr. by Noor Iman. Illus. by Klaudia Bezak. 2019. (SOM.). 40p. (J). (gr. k-4). *(978-952-357-277-5(6))*; pap. *(978-952-357-278-2(4))* Wickwick oy.

Bischero in Venice: Book 2. Janet Grace Milone. Ed. by Josette Maltese-Perrie. Illus. by Ashton Riley. 2016. (Bischero Ser.: Vol. 2). (ENG.). (J). (gr. 3-6). pap. 9.99 *(978-0-9820672-2-2(4))* Vista Italia.

Biscotti Moon. Victoria Gray Palmer. Illus. by Vinita Mathur. 2019. (ENG.). 32p. (J). (gr. k-2). 19.50 *(978-1-5439-3873-9(6))* Surfside Six Publishing.

Biscuit: 5-Minute Biscuit Stories: 12 Classic Stories! Alyssa Satin Capucilli. Illus. by Pat Schories. 2017. (ENG.). 192p. (J). (gr. -1-3). 14.99 *(978-0-06-256725-3(X)*, HarperCollins) HarperCollins Pubs.

Biscuit [60th Anniversary Edition]. Alyssa Satin Capucilli. 2017. (My First I Can Read Ser.). (ENG., Illus.). 32p. (J). (gr. -1-3). 9.99 *(978-0-06-257276-9(8)*, HarperCollins) HarperCollins Pubs.

Biscuit & Friends: A Day at the Aquarium. Alyssa Satin Capucilli. Illus. by Pat Schories. 2023. (I Can Read Level 1 Ser.). (ENG.). 32p. (J). (gr. -1-3). 17.99 *(978-0-06-291007-3(8)*, HarperCollins) HarperCollins Pubs.

Biscuit & Friends: a Day at the Aquarium. Alyssa Satin Capucilli. Illus. by Pat Schories. 2023. (I Can Read Level 1 Ser.). (ENG.). 32p. (J). (gr. -1-3). pap. 5.99 *(978-0-06-291006-6(X)*, HarperCollins) HarperCollins Pubs.

Biscuit & Friends Visit the Community Garden. Alyssa Satin Capucilli. Illus. by Pat Schories. 2022. (I Can Read Level 1 Ser.). (ENG.). 32p. (J). (gr. -1-3). pap. 5.99 *(978-0-06-291000-4(0)*, HarperCollins) HarperCollins Pubs.

Biscuit & Friends Visit the Community Garden. Alyssa Satin Capucilli & Pat Schories. 2022. (I Can Read Level 1 Ser.). (ENG., Illus.). 32p. (J). (gr. -1-3). 16.99 *(978-0-06-291001-1(9)*, HarperCollins) HarperCollins Pubs.

Biscuit & the Big Parade! Alyssa Satin Capucilli. Illus. by Pat Schories. 2018. (My First I Can Read Ser.). (ENG.). 32p. (J). (gr. -1-3). 16.99 *(978-0-06-243615-3(5))*; pap. 4.99 *(978-0-06-243614-6(7))* HarperCollins Pubs. (HarperCollins).

Biscuit & the Big Parade! Illus. by Pat Schories. 2018. 29p. (J). *(978-1-5444-0450-9(6))* Harper & Row Ltd.

Biscuit & the Great Fall Day. Alyssa Satin Capucilli. Ed. by Pat Schories. 2022. (My First I Can Read Ser.). (ENG., Illus.). 32p. (J). (gr. -1-3). 16.99 *(978-0-06-291004-2(3)*, HarperCollins) HarperCollins Pubs.

Biscuit & the Great Fall Day. Alyssa Satin Capucilli. Illus. by Pat Schories. 2022. (My First I Can Read Ser.). (ENG.). 32p. (J). (gr. -1-3). pap. 5.99 *(978-0-06-291003-5(5)*, HarperCollins) HarperCollins Pubs.

Biscuit & the Little Llamas. Alyssa Satin Capucilli. Illus. by Pat Schories. 2021. (My First I Can Read Ser.). (ENG.). 32p. (J). (gr. -1-3). 16.99 *(978-0-06-290998-5(3))*; pap. 5.99 *(978-0-06-290997-8(5))* HarperCollins Pubs. (HarperCollins).

Biscuit & the Little Llamas. Alyssa Satin Capucilli. ed. 2021. (I Can Read Ser.). (ENG., Illus.). 29p. (J). (gr. k-1). 14.96 *(978-1-64697-677-5(0))* Penworthy Co., LLC, The.

Biscuit Collection: 3 Woof-Tastic Tales: 3 Biscuit Stories in 1 Padded Board Book! Alyssa Satin Capucilli. Illus. by Pat Schories. 2017. (Biscuit Ser.). (ENG.). 30p. (J). (gr. -1 — 1). bds. 11.99 *(978-0-06-274135-6(7)*, HarperFestival) HarperCollins Pubs.

Biscuit Feeds the Pets. Alyssa Satin Capucilli. Illus. by Pat Schories. 2016. (My First I Can Read Ser.). (ENG.). 32p. (J). (gr. -1-3). pap. 4.99 *(978-0-06-223696-8(2)*, HarperCollins) HarperCollins Pubs.

Biscuit Finds a Friend see Bizcocho Encuentra un Amigo: Biscuit Finds a Friend (Spanish Edition)

Biscuit Flies a Kite. Alyssa Satin Capucilli. Illus. by Pat Schories. 2017. (My First I Can Read Ser.). (ENG.). 32p. (J). (gr. -1-3). pap. 4.99 *(978-0-06-223700-2(4)*, HarperCollins) HarperCollins Pubs.

Biscuit Flies a Kite. Illus. by Pat Schories. 2017. 29p. (J). *(978-0-605-96911-7(6))* Harper & Row Ltd.

Biscuit Learns about Bullying. Adam Westgate. 2016. (ENG.). (J). 14.95 *(978-1-63177-415-7(8))* Amplify Publishing Group.

Biscuit Loves School: A Lift-The-Flap Book. Alyssa Satin Capucilli. Illus. by Pat Schories. 2020. (Biscuit Ser.). (ENG.). 12p. (J). (gr. -1-3). 6.99 *(978-0-06-296954-5(4)*, HarperFestival) HarperCollins Pubs.

Biscuit Loves the Park. Alyssa Satin Capucilli. Illus. by Pat Schories. 2018. (My First I Can Read Ser.). (ENG.). 32p. (J). (gr. -1-3). 16.99 *(978-0-06-243618-4(X))*; pap. 4.99 *(978-0-06-243617-7(1))* HarperCollins Pubs. (HarperCollins).

Biscuit Loves the Park. Alyssa Satin Capucilli. 2019. (I Can Read 88 Ser.). (ENG.). 29p. (J). (gr. k-1). 14.96 *(978-1-64310-974-9(X))* Penworthy Co., LLC, The.

Biscuit Storybook Favorites: Includes 10 Stories Plus Stickers! Alyssa Satin Capucilli. Illus. by Pat Schories. 2019. (Biscuit Ser.). (ENG.). 192p. (J). (gr. -1-3). 13.99 *(978-0-06-289859-3(0)*, HarperCollins) HarperCollins Pubs.

Biscuit Take-Along Storybook Set. Alyssa Satin Capucilli. Illus. by Pat Schories. 2017. (Biscuit Ser.). (ENG.). 120p. (J). (gr. -1-3). pap. 11.99 *(978-0-06-162516-9(7)*, HarperFestival) HarperCollins Pubs.

Biscuit the Cat: Safe from the Storm. Jean Harris. 2019. (ENG.). 30p. (J). pap. 12.95 *(978-1-68456-448-4(4))* Page Publishing Inc.

Biscuits & Dried Beef: A Panacea. L. H. M. 2017. (ENG., Illus.). (J). pap. *(978-0-649-37290-4(5))* Trieste Publishing Pty Ltd.

Biscuits & Dried Beef: A Panacea (Classic Reprint) L. H. M. (ENG., Illus.). (J). 2018. 84p. 25.63 *(978-0-483-57629-2(8))*; 2016. pap. 9.57 *(978-1-334-52923-8(X))* Forgotten Bks.

Biscuit's Big Word Book in English & Spanish. Alyssa Satin Capucilli. Tr. by Isabel C. Mendoza. Illus. by Pat Schories. 2021. (Biscuit Ser.). (ENG.). 32p. (J). (gr. -1-3). 12.99 *(978-0-06-306579-6(7))* HarperCollins Español.

Biscuit's Big Word Book in English & Spanish Board Book: Over 100 First Words! Alyssa Satin Capucilli. Tr. by Isabel C. Mendoza. Illus. by Pat Schories. 2022. (Biscuit Ser.). (ENG.). 32p. (J). (gr. -1 — 1). bds. 8.99 *(978-0-06-306702-8(1))* HarperCollins Español.

Biscuit's Christmas Storybook Favorites: Includes 9 Stories Plus Stickers! a Christmas Holiday Book for Kids. Alyssa Satin Capucilli. Illus. by Pat Schories. 2020. (Biscuit Ser.). (ENG.). 192p. (J). (gr. -1-3). 14.99 *(978-0-06-304120-2(0)*, HarperCollins) HarperCollins Pubs.

Biscuit's Neighborhood: 5 Fun-Filled Stories in 1 Box! Alyssa Satin Capucilli. Illus. by Pat Schories. 2018. (My First I Can Read Ser.). (ENG.). 160p. (J). (gr. -1-3). pap. 19.99 *(978-0-06-268826-2(X)*, HarperCollins) HarperCollins Pubs.

Biscuit's Pet & Play Bedtime: A Touch & Feel Book. Alyssa Satin Capucilli. Illus. by Pat Schories. 2017. (Biscuit Ser.). (ENG.). 12p. (J). (gr. -1 — 1). bds. 7.99 *(978-0-06-249039-1(7)*, HarperFestival) HarperCollins Pubs.

Biscuit's Pet & Play Farm Animals: A Touch & Feel Book: an Easter & Springtime Book for Kids. Alyssa Satin Capucilli. Illus. by Pat Schories. 2018. (Biscuit Ser.). (ENG.). 12p. (J). (gr. -1 — 1). bds. 8.99 *(978-0-06-249052-0(4)*, HarperFestival) HarperCollins Pubs.

Biscuit's Snow Day Race. Alyssa Satin Capucilli. Illus. by Pat Schories. 2019. (My First I Can Read Ser.). (ENG.). 32p. (J). (gr. -1-3). 16.99 *(978-0-06-243621-4(X)*, HarperCollins) HarperCollins Pubs.

Biscuit's Snow Day Race. Alyssa Satin Capucilli. ed. 2020. (I Can Read Ser.). (ENG.). 28p. (J). (gr. k-1). 14.96 *(978-1-64697-009-4(8))* Penworthy Co., LLC, The.

Biscuit's Snow Day Race: A Winter & Holiday Book for Kids. Alyssa Satin Capucilli. Illus. by Pat Schories. 2019. (My First I Can Read Ser.). (ENG.). 32p. (J). (gr. -1-3). pap. 4.99 *(978-0-06-243620-7(1)*, HarperCollins) HarperCollins Pubs.

Biscuit's Valentine's Day. Alyssa Satin Capucilli. Illus. by Pat Schories. 2019. (Biscuit Ser.). (ENG.). 20p. (J). (gr. -1-3). pap. 6.99 *(978-0-694-01222-0(X)*, HarperFestival) HarperCollins Pubs.

Bishop: And Other Stories (Classic Reprint) Anton Chekov. 2017. (ENG., Illus.). (J). 37.20 *(978-0-260-26291-2(9))* Forgotten Bks.

Bishop: Being Some Account of His Strange Adventures on the Plains (Classic Reprint) Cyrus Townsend Brandy. 2018. (ENG., Illus.). 336p. (J). 30.83 *(978-0-483-26241-6(2))* Forgotten Bks.

Bishop & Other Stories (Classic Reprint) Anton Chekov. 2018. (ENG., Illus.). 304p. (J). 30.17 *(978-0-332-14823-6(8))* Forgotten Bks.

Bishop & the Boogerman. Joel Chandler Harris. 2017. (ENG., Illus.). (J). pap. *(978-0-649-20837-1(4))*; pap. *(978-0-649-14165-4(2))* Trieste Publishing Pty Ltd.

Bishop & the Boogerman: Being the Story of a Little Truly-Girl, Who Grew up; Her Mysterious Companion; Her Crabbed Old Uncle; the Whish-Whish Woods; a Very Civil Engineer, & Mr. Billy Sanders the Sage of Shady Dale (Classic Reprint) Joel Chandler Harris. 2018. (ENG., Illus.). 214p. (J). 28.31 *(978-0-483-45728-7(0))* Forgotten Bks.

Bishop & the Caterpillar (as Recited by Mr. Brandram) & Other Pieces (Classic Reprint) Mary E. Manners. 2018. (ENG., Illus.). 116p. (J). 26.31 *(978-0-332-90620-1(5))* Forgotten Bks.

Bishop & the Song. Lisa Myklebust & Halvard Husefest Lunde. 2016. (ENG., Illus.). (J). pap. *(978-82-93418-51-1(6))* Lol's Stuff Ltd.

Bishop Brown: Talent Discovered. Sheridan Wittig. 2021. (ENG.). 92p. (YA). pap. 12.95 *(978-1-63692-408-3(5))* Newman Springs Publishing, Inc.

Bishop of Cottontown a Story of the Southern Cotton Mills (Classic Reprint) John Trotwood Moore. 2018. (ENG., Illus.). 666p. (J). 37.63 *(978-0-656-81476-3(4))* Forgotten Bks.

Bishop Pendle: Or, the Bishop's Secret (Classic Reprint) Fergus Hume. 2018. (ENG., Illus.). 332p. (J). 30.74 *(978-0-364-85878-3(8))* Forgotten Bks.

Bishop's Conversion (Classic Reprint) Ellen Blackmar Maxwell. 2018. (ENG., Illus.). 422p. (J). 32.60 *(978-0-483-46463-6(5))* Forgotten Bks.

Bishop's Niece (Classic Reprint) George H. Picard. (ENG., Illus.). (J). 2018. 220p. 28.43 *(978-0-666-18478-8(X))*; 2017. pap. 10.97 *(978-0-259-23798-3(1))* Forgotten Bks.

Bishop's Purse (Classic Reprint) Cleveland Moffett. 2018. (ENG., Illus.). 372p. (J). 31.57 *(978-0-483-71476-2(3))* Forgotten Bks.

Bishop's Scapegoat (Classic Reprint) Thomas Bailey Clegg. 2018. (ENG., Illus.). 410p. (J). 32.37 *(978-0-483-63761-0(0))* Forgotten Bks.

Bishop's Secret (Classic Reprint) Fergus Hume. (ENG., Illus.). (J). 2018. 376p. 31.67 *(978-0-428-90511-8(0))*; 2017. pap. 16.57 *(978-0-259-26292-3(7))* Forgotten Bks.

Bishop's Son: A Novel (Classic Reprint) Alice Cary. 2017. (ENG., Illus.). (J). 32.60 *(978-0-265-67891-6(9))*; pap. 16.57 *(978-1-5276-4826-5(5))* Forgotten Bks.

Bisi's Wonderful World: Childhood Tales from Nigeria. Morenike Bolujoko. Illus. by Carol Ada. 2019. (ENG.). 20p. (J). (gr. 1-4). pap. 12.99 *(978-1-64438-486-2(8))* Booklocker.com, Inc.

Biskits Are Gone (Classic Reprint) Louis E. Browning. 2018. (ENG., Illus.). 72p. (J). 25.38 *(978-0-267-24322-8(7))* Forgotten Bks.

Bismarck Bismarck Bismarck. Grover Hobbes. 2019. (ENG.). 20p. (J). pap. 10.95 *(978-1-64584-964-3(3))* Page Publishing Inc.

Bison. Quinn M. Arnold. 2016. (Seedlings Ser.). (ENG., Illus.). 24p. (J). (gr. -1-k). *(978-1-60818-795-9(0)*, 20712, Creative Education); pap. 9.99 *(978-1-62832-348-1(5)*, 20710, Creative Paperbacks) Creative Co., The.

Bison. Kaitlyn Duling. 2019. (Animals of the Grasslands Ser.). (ENG., Illus.). 24p. (J). (gr. k-3). lib. bdg. 26.95 *(978-1-64487-056-3(8)*, Blastoff! Readers) Bellwether Media.

Bison. Maria Koran. 2021. (ENG.). 24p. (J). lib. bdg. 28.55 *(978-1-7911-3988-9(4))* Weigl Pubs., Inc.

Bison. Virginia Loh-Hagan. Illus. by Jeff Bane. 2017. (My Early Library: My Favorite Animal Ser.). (ENG.). 24p. (J). (gr. k-1). lib. bdg. 30.64 *(978-1-63472-835-5(1)*, 209766) Cherry Lake Publishing.

Bison. Jared Siemens. 2017. (Illus.). 24p. (J). *(978-1-5105-0614-5(4))* SmartBook Media, Inc.

Bison. Tatiana Tomljanovic. 2017. (Illus.). 24p. (J). *(978-1-5105-0803-3(1))* SmartBook Media, Inc.

Bison: A Winter Journey. Rebecca E. Hirsch. 2016. (Illus.). 32p. (J). *(978-1-4896-4511-1(X))* Weigl Pubs., Inc.

Bisonte Americano. Jill Sherman. 2018. (Animales Norteamericanos Ser.). (SPA.). 24p. (J). (gr. 1-4). lib. bdg. *(978-1-68151-618-9(7)*, 15226) Amicus.

Bisontes Americanos (American Bison) Grace Hansen. 2016. (Animales de América Del Norte (Animals of North America) Ser.). (SPA.). 24p. (J). (gr. -1-2). lib. bdg. 32.79 *(978-1-62402-664-5(8)*, 24832, Abdo Kids) ABDO Publishing Co.

Bissen Doesn't Listen: Book Also Has Portuguese Translation. Camila Sousa Sakai. 2021. (ENG.). 34p. (J). pap. 13.99 *(978-1-954868-50-2(2))* Pen It Pubns.

Bistouri (Classic Reprint) A. Melandri. 2017. (ENG., Illus.). (J). 27.26 *(978-0-266-71125-4(1))*; pap. 9.97 *(978-1-5276-6390-9(6))* Forgotten Bks.

Bit by Bit: Projects for Your Odds & Ends. Mari Bolte. 2017. (Project Passion Ser.). (ENG., Illus.). 32p. (J). (gr. 4-6). lib. bdg. 28.65 *(978-1-5157-7375-7(2)*, 135707, Capstone Classroom) Capstone.

Bit by Bit I Learn More & I Grow Big: Full Collection Pack. Esther Burgueño. 2022. (Bit by Bit I Learn More & I Grow Big Ser.). (ENG.). 90p. (J). (gr. -1). pap. 69.99 *(978-84-17210-39-7(3))* Editorial el Pirata ESP. Dist: Independent Pubs. Group.

Bit by Bot (Set), 6 vols. Jason M. Burns. Illus. by Dustin Evans. 2023. (Bit by Bot Ser.). (ENG.). 32p. (J). (gr. 4-8). 192.42 *(978-1-6689-1884-5(6)*, 221862); pap., pap., pap. 85.26 *(978-1-6689-2014-5(X)*, 221992) Cherry Lake Publishing. (Torch Graphic Press).

Bit Cats see Panteras

Bit-Con Plot. John Sazaklis. Illus. by Shane Clester. 2023. (Snot-Bots Ser.). (ENG.). 40p. (J). 23.99 *(978-1-6663-4903-0(8)*, 238856); pap. 6.99 *(978-1-6663-4899-6(6)*, 238838) Capstone. (Stone Arch Bks.).

Bit o Love: A Play in Three Acts (Classic Reprint) John Galsworthy. 2018. (ENG., Illus.). 94p. (J). 25.86 *(978-0-365-53532-4(X))* Forgotten Bks.

Bit o' Love: A Play in Three Acts (Classic Reprint) John Galsworthy. 2018. (ENG., Illus.). (J). 94p. 25.84 *(978-1-397-20516-2(4))*; 96p. pap. 9.57 *(978-1-397-20496-7(6))* Forgotten Bks.

Bit o' Writin', Vol. 1 Of 2: And Other Tales (Classic Reprint) Unknown Author. 2017. (ENG., Illus.). (J). 32.74 *(978-1-5280-8824-4(7))* Forgotten Bks.

Bit of a Drifter: And Other Stories (Classic Reprint) Mabel Hodgson Gurd. 2018. (ENG., Illus.). 204p. (J). 28.12 *(978-0-267-25788-1(0))* Forgotten Bks.

Bit of a Fool (Classic Reprint) Sir Robert Peel. 2017. (ENG., Illus.). (J). 31.16 *(978-0-265-45935-5(4))* Forgotten Bks.

Bit of Applause for Mrs. Claus. Jeannie Schick-Jacobowitz et al. 3rd rev. ed. 2016. (ENG.). 72p. 9.99

B

(978-1-4926-4123-0(5), 9781492641230) Sourcebooks, Inc.

Bit of Earth. Karuna Riazi. 2023. (ENG.). 368p. (J). (gr. 3-7). 19.99 *(978-0-06-309866-4(0),* Greenwillow Bks.) HarperCollins Pubs.

Bit of Kissing. Jon Ripslinger. 2018. (ENG., Illus.). 120p. (J). pap. *(978-1-77339-810-5(5))* Evernight Publishing.

Bit of Old Lace: Scenes Laid in & about Edinburgh, Scotland (Classic Reprint) Mary Electa Fergus. 2017. (ENG., Illus.). (J). 24.45 *(978-0-260-57367-4(1))* Forgotten Bks.

Bit of Scandal: A Play in to Acts for Female Characters (Classic Reprint) Fannie Barnett Linsky. (ENG., Illus.). (J). 2018. 38p. 24.70 *(978-0-483-09420-8(X));* 2016. pap. 7.97 *(978-1-334-12013-8(7))* Forgotten Bks.

Bit Rot: Preserving the Documents Most Important to You, 1 vol. Marcia Amidon Lüsted. 2016. (Digital & Information Literacy Ser.). (ENG., Illus.). 48p. (J). (gr. 6-6). pap. 12.75 *(978-1-4994-6515-0(7),* 79c26bb4-e820-49f4-a027-e8d0c5b26fb6) Rosen Publishing Group, Inc., The.

Bitch Planet, Volume 2: President Bitch, Vol. 2. Kelly Sue DeConnick. ed. 2017. lib. bdg. 26.95 *(978-0-606-38898-6(2))* Turtleback.

Bitcoin Money: A Tale of Bitville Discovering Good Money. Michael Caras. Illus. by Marina Yakubivska. (ENG.). 28p. (J). 2021. 19.99 *(978-0-578-32507-1(1));* 2019. (gr. -1-3). 14.99 *(978-0-578-49067-0(6))* Caras, Michael.

Bite Club: Everyone Loves Bite Club! Coloring Book. Jupiter Kids. 2016. (ENG., Illus.). 106p. (YA). pap. 12.55 *(978-1-68326-233-6(6),* Jupiter Kids (Childrens & Kids Fiction)) Speedy Publishing LLC.

Bite into Bloodsuckers. Kari-Lynn Winters. Illus. by Ishta Mercurio. 2021. (Up Close with Animals Ser.). (ENG.). 48p. (J). (gr. 2-5). pap. 14.95 *(978-1-55455-541-3(8),* ffe6957c-cb7a-40a7-8f74-bb8fa58a12d0) Fitzhenry & Whiteside, Ltd. CAN. Dist: Firefly Bks., Ltd.

Bite of Benin: Where Many Go in but Few Come Out (Classic Reprint) Robert Simpson. 2018. (ENG., Illus.). 358p. (J). 31.28 *(978-0-666-42413-6(6))* Forgotten Bks.

Bite of the Fallen: Special Edition. Elizabeth Dunlap. 2020. (ENG.). 214p. (YA). (gr. 9-12). pap. 14.99 *(978-1-393-63608-3(X))* Draft2Digital.

Bite Risk. S. J. Wills. 2023. (Bite Risk Ser.). (ENG.). 320p. (J). (gr. 5-7). 18.99 ***(978-1-6659-3800-6(5));*** pap. 8.99 ***(978-1-6659-3801-3(3))*** Simon & Schuster Bks. For Young Readers. (Simon & Schuster Bks. For Young Readers).

Bite-Sized. Christie Hainsby. Illus. by Edward Miller. 2021. (ENG.). 32p. (J). pap. 6.99 *(978-1-80058-335-1(4));* pap. 4.99 *(978-1-80058-419-8(9))* Make Believe Ideas GBR. Dist: Scholastic, Inc.

Bite-Sized Pirate. K. S. D'Arcy. Illus. by Zenja Gammer. 2022. (ENG.). 50p. (J). *(978-1-3984-2853-9(1));* pap. *(978-1-3984-2852-2(3))* Austin Macauley Pubs. Ltd.

Bite the Bagel. Joel Ross. Illus. by Nicole Miles. (Alley & Rex Ser.). (ENG.). 160p. (J). (gr. 3-7). 2023. pap. 6.99 ***(978-1-5344-9548-7(7));*** 2022. 17.99 *(978-1-5344-9547-0(9))* Simon & Schuster Children's Publishing. (Atheneum Bks. for Young Readers).

Biters. Virginia Loh-Hagan. 2016. (Wild Wicked Wonderful Ser.). (ENG., Illus.). 32p. (J). (gr. 4-8). 32.07 *(978-1-63470-500-4(9),* 207731) Cherry Lake Publishing.

Bitigaio Bear & the Pumpkin Seeds. Wanda Nelson. 2019. (ENG., Illus.). 22p. (J). 21.95 *(978-1-64471-434-8(5));* pap. 11.95 *(978-1-64471-433-1(7))* Covenant Bks.

Biting Cheese Bows Challenge. Kathleen Thaler. Illus. by Mike Carter. 2018. (Navy Dad Series - Book 1 Ser.). (ENG.). 72p. (J). *(978-1-4602-8127-7(6));* pap. *(978-1-4602-8128-4(4))* FriesenPress.

Bitney Adventures, Book One: Bitney Goes to War. Isabella Jeso Mba. 2020. (Book One: Bitney Goes to War Ser.). (ENG.). 54p. (J). pap. 9.99 *(978-1-950596-56-0(7))* Bookwhip.

Bitney Adventures, Book Two: Bitney on the Island of the Mists. Isabella Jeso Mba. 2020. (Book Two: Bitney on the Island of the Mists Ser.). (ENG.). 74p. (J). pap. 10.99 *(978-1-953537-36-2(7))* Bookwhip.

Bits & Pieces. Judy Schachner. 2022. (ENG.). 34p. (J). pap. 14.99 ***(978-1-948959-87-2(9))*** Purple Hse. Pr.

Bits from Blinkbonny: Or Bell o the Manse, a Tale of Scottish Village Life Between 1841 & 1851 (Classic Reprint) John Strathesk. 2018. (ENG., Illus.). 348p. (J). 31.09 *(978-0-267-65475-8(8))* Forgotten Bks.

Bits in a Basket. Tass Two Crows Flying & Zizz. Illus. by Anya Kotzuba. 2021. (ENG.). 44p. (YA). pap. *(978-0-620-91662-2(1))* Pro Christo Publications.

Bits o' Bronze (Classic Reprint) H. C. Mason. 2018. (ENG., Illus.). 124p. (J). 26.47 *(978-0-267-23679-4(4))* Forgotten Bks.

Bits of Background, in One Act Plays (Classic Reprint) Emma Beatrice Brunner. 2018. (ENG., Illus.). 124p. (J). 26.45 *(978-0-483-82863-6(7))* Forgotten Bks.

Bits of Bird Life: Selections from the Youth's Companion (Classic Reprint) John Burroughs. 2017. (ENG., Illus.). (J). 70p. 25.34 *(978-0-332-69685-0(5));* pap. 9.57 *(978-0-259-49335-8(X))* Forgotten Bks.

Bits of Broken China (Classic Reprint) William E. S. Fales. (ENG., Illus.). (J). 2018. 174p. 27.51 *(978-0-332-63144-8(3));* 2016. pap. 9.97 *(978-1-333-23733-2(2))* Forgotten Bks.

Bits of Gossip (Classic Reprint) Rebecca Harding Davis. 2017. (ENG., Illus.). (J). 28.91 *(978-1-5284-8718-4(4))* Forgotten Bks.

Bits of History (Classic Reprint) John E. Crane. 2018. (ENG., Illus.). 328p. (J). 30.66 *(978-0-267-24260-3(3))* Forgotten Bks.

Bits of Life (Classic Reprint) Unknown Author. 2017. (ENG., Illus.). 148p. (J). 26.95 *(978-0-484-87511-0(6))* Forgotten Bks.

Bits of String Too Small to Save. Ruby Peru. 2017. (ENG., Illus.). (YA). (gr. 7-9). 30.99 *(978-0-692-51348-4(5))* Pangloss Pr.

Bits of String Too Small to Save. Peru Ruby. 2017. (ENG., Illus.). (YA). (gr. 7-9). pap. 16.95 *(978-0-692-51345-3(0))* Pangloss Pr.

Bits of Talk: About Home Matters (Classic Reprint) H. H. 2017. (ENG., Illus.). (J). 28.95 *(978-1-5279-8403-5(6))* Forgotten Bks.

Bits of Talk: In Verse & Prose, for Young Folks (Classic Reprint) Helen Hunt Jackson. 2018. (ENG., Illus.). 264p. (J). 29.34 *(978-0-483-45749-2(3))* Forgotten Bks.

Bits of Travel at Home (Classic Reprint) Helen Hunt Jackson. 2018. (ENG., Illus.). 428p. (J). 32.72 *(978-0-666-59714-4(6))* Forgotten Bks.

Bits of Travel (Classic Reprint) Helen Hunt. 2017. (ENG., Illus.). (J). 30.58 *(978-1-5285-7747-2(7))* Forgotten Bks.

Bitsy. Ellen Miles. 2018. 81p. (J). *(978-1-5490-0235-9(X))* Scholastic, Inc.

Bitsy. Illus. by Paola Opal. 2021. (Simply Small Ser.). (ENG.). 24p. (J). (gr. -1 — 1). bds. 6.95 *(978-1-77229-049-3(1))* Simply Read Bks. CAN. Dist: Ingram Publisher Services.

Bitsy. Ellen Miles. ed. 2019. (Puppy Place Ser.). (ENG.). 81p. (J). (gr. 2-3). 16.36 *(978-1-64310-875-9(1))* Penworthy Co., LLC, The.

Bitsy. Ellen Miles. ed. 2018. (Puppy Place Ser.: 48). lib. bdg. 14.75 *(978-0-606-41152-3(6))* Turtleback.

Bitsy Bat, School Star. Kaz Windness. Illus. by Kaz Windness. 2023. (Bitsy Bat Ser.). (ENG., Illus.). 48p. (J). (gr. -1-3). 18.99 ***(978-1-6659-0505-3(0),*** Simon & Schuster/Paula Wiseman Bks.) Simon & Schuster/Paula Wiseman Bks.

Bitsy Bee Goes to School. David A. Carter. ed. 2018. (Ready-To-Read Ser.). (ENG.). 24p. (J). (gr. -1-1). 9.00 *(978-1-64310-501-7(9))* Penworthy Co., LLC, The.

Bitsy (the Puppy Place #48) Ellen Miles. (Follow Me Around... Ser.: 48). (ENG.). 96p. (J). 2017. (gr. 3-4). E-Book 27.00 *(978-1-338-21262-4(1));* Volume 48. 2018. (gr. 2-5). pap. 5.99 *(978-1-338-21195-5(1))* Scholastic, Inc. (Scholastic Paperbacks).

Bitten & Written: How to Draw Zombies Activity Book. Jupiter Kids. 2016. (ENG., Illus.). 106p. (J). pap. 12.55 *(978-1-68326-203-9(4),* Jupiter Kids (Childrens & Kids Fiction)) Speedy Publishing LLC.

Bitten!: Mosquitoes Infect New York (XBooks) John Shea. 2020. (Xbooks Ser.). (ENG., Illus.). 48p. (J). (gr. 3-8). pap. 6.95 *(978-0-531-13298-2(6),* Children's Pr.) Scholastic Library Publishing.

Bitten!: Mosquitoes Infect New York (XBooks) (Library Edition) John Shea. 2020. (Xbooks Ser.). (ENG., Illus.). 48p. (J). (gr. 3-8). lib. bdg. 29.00 *(978-0-531-13233-3(1),* Children's Pr.) Scholastic Library Publishing.

Bitter. Akwaeke Emezi. (ENG.). 272p. (YA). (gr. 7). 2023. pap. 12.99 ***(978-0-593-30906-3(5));*** 2022. 18.99 *(978-0-593-30903-2(0));* 2022. lib. bdg. 20.99 *(978-0-593-30904-9(9))* Random Hse. Children's Bks. (Knopf Bks. for Young Readers).

Bitter & Sweet, 1 vol. Sandra V. Feder. Illus. by Kyrsten Brooker. 2018. (ENG.). 32p. (J). (gr. k-2). 17.95 *(978-1-55498-995-9(7))* Groundwood Bks. CAN. Dist: Publishers Group West (PGW).

Bitter & Sweet, 1 vol. Demitria Lunetta. 2020. (YA Prose Ser.). (ENG.). 96p. (J). (gr. 2-3). 25.80 *(978-1-5383-8524-1(4),* fbe0b6a1-3691-49b0-a5a0-d182d5c16e52); pap. 16.35 *(978-1-5383-8523-4(6),* 7c8edb89-688a-447d-93c8-f8dade3caff8) Enslow Publishing, LLC. (West 44 Bks.).

Bitter Is the Rind, Vol. 1 of 3 (Classic Reprint) Hawley Smart. 2018. (ENG., Illus.). 298p. (J). 30.04 *(978-0-483-91628-9(5))* Forgotten Bks.

Bitter Is the Rind, Vol. 2 of 3 (Classic Reprint) Hawley Smart. 2018. (ENG., Illus.). 314p. (J). 30.37 *(978-0-483-92679-0(5))* Forgotten Bks.

Bitter Is the Rind, Vol. 3 of 3 (Classic Reprint) Hawley Smart. (ENG., Illus.). (J). 2018. 324p. 30.58 *(978-0-484-19300-9(7));* 2016. pap. 13.57 *(978-1-333-28774-0(7))* Forgotten Bks.

Bitter Root, Volume 3. David F. Walker & Chuck Brown. 2021. (ENG., Illus.). 152p. (YA). pap., pap. 17.99 *(978-1-5343-1917-2(4))* Image Comics.

Bitter Side of Sweet. Tara Sullivan. ed. 2017. lib. bdg. 22.10 *(978-0-606-39795-7(7))* Turtleback.

Bittermeads Mystery (Classic Reprint) Ernest Robertson Punshon. 2017. (ENG., Illus.). (J). 29.40 *(978-0-266-66075-0(4));* pap. 11.97 *(978-1-5276-2933-2(3))* Forgotten Bks.

Bittersweet Choice. Devanie Conrad. 2018. (ENG., Illus.). 42p. (J). pap. *(978-1-7752281-0-3(X))* Blackbyrd Word Pr.

Bittersweet (Classic Reprint) Grant Richards. (ENG., Illus.). (J). 2018. 398p. 32.11 *(978-0-483-88916-3(4));* 2016. pap. 16.57 *(978-1-334-13442-5(1))* Forgotten Bks.

Bittersweet Holidays. Nadya Klimenko. 2017. (ENG.). (J). 14.95 *(978-1-68401-381-4(X))* Amplify Publishing Group.

Bittersweet Wreckage. Erin Richards. 2018. (ENG., Illus.). 308p. (J). pap. 12.99 *(978-1-943800-12-4(X))* Richards, Erin.

Bitterwine Oath. Hannah West. 320p. (YA). (gr. 9). 2021. pap. 12.99 *(978-0-8234-5000-8(7));* 2020. 18.99 *(978-0-8234-4547-9(X))* Holiday Hse., Inc.

Bitty Bot. Tim McCanna. Illus. by Tad Carpenter. 2016. (Bitty Bot Ser.). (ENG.). 32p. (J). (gr. -1-3). 16.99 *(978-1-4814-4929-8(X),* Simon & Schuster Bks. For Young Readers) Simon & Schuster Bks. For Young Readers.

Bitty Bot's Big Beach Getaway. Tim McCanna. Illus. by Tad Carpenter. 2018. (Bitty Bot Ser.). (ENG.). 32p. (J). (gr. -1-3). 17.99 *(978-1-4814-4931-1(1),* Simon & Schuster/Paula Wiseman Bks.) Simon & Schuster/Paula Wiseman Bks.

Bitty Brown Babe. Deborah LeFalle. Illus. by Keisha Morris. 2019. 24p. (J). (gr. -1 — 1). 7.99 *(978-1-5064-4853-4(4),* Beaming Books) 1517 Media.

Bivouac: Or, Stories of the Peninsular War (Classic Reprint) W. H. Maxwell. 2018. (ENG., Illus.). 392p. (J). 31.98 *(978-0-332-69666-9(9))* Forgotten Bks.

Bivouac & Battle, or the Struggles of a Soldier (Classic Reprint) Oliver Optic, pseud. 2018. (ENG., Illus.). (J). 382p. 31.80 *(978-0-366-56398-2(X));* 384p. pap. 16.57 *(978-0-366-14983-4(0))* Forgotten Bks.

Bivouac, or Stories of the Peninsular War, Vol. 1 of 2 (Classic Reprint) William Hamilton Maxwell. (ENG., Illus.). (J). 2018. 212p. 28.27 *(978-0-483-88742-8(0));* 2017. pap. 10.97 *(978-0-243-90944-5(6))* Forgotten Bks.

Bivouac, or Stories of the Peninsular War, Vol. 2 of 2 (Classic Reprint) William Hamilton Maxwell. 2018. (ENG., Illus.). (J). 186p. 27.73 *(978-1-396-82387-9(5));* 188p. pap. 10.57 *(978-1-396-82378-7(6))* Forgotten Bks.

Bivouac, Vol. 3 Of 3: Or Stories of the Peninsular War (Classic Reprint) W. H. Maxwell. 2018. (ENG., Illus.). 286p. (J). 29.82 *(978-0-483-80158-5(5))* Forgotten Bks.

Bizard the Bear Wizard. Chrissie Krebs. 2023. 160p. (J). (gr. 3-5). pap. 14.99 *(978-0-8234-5487-7(8),* Margaret Ferguson Books) Holiday Hse., Inc.

Bizarre Animals. Stella Tarakson. 2017. (Gross & Frightening Animal Facts Ser.: Vol. 6). (ENG., Illus.). 48p. (J). (gr. 5-8). 20.95 *(978-1-4222-3924-7(1))* Mason Crest.

Bizarre Bazaar. Santi Ruggeri. 2020. (ENG.). 82p. (J). pap. 15.00 *(978-1-0879-3296-5(3))* Indy Pub.

Bizarre Beast Battles: Set 2, 12 vols. 2018. (Bizarre Beast Battles Ser.). (ENG.). 24p. (J). (gr. 2-3). lib. bdg. 145.62 *(978-1-5382-2179-2(9),* c8d0f91d-d705-4962-b38a-4217d62db966) Stevens, Gareth Publishing LLLP.

Bizarre Beast Battles: Set 4. Natalie Humphrey. 2022. (Bizarre Beast Battles Ser.). (ENG.). 24p. (J). pap. 54.90 ***(978-1-5382-8470-4(7))*** Stevens, Gareth Publishing LLLP.

Bizarre Beast Battles: Sets 1 - 2. 2018. (Bizarre Beast Battles Ser.). (ENG.). (J). pap. 109.80 *(978-1-5382-2811-1(4));* (gr. 2-3). lib. bdg. 291.24 *(978-1-5382-2180-8(2),* 7ae1f4d5-ad0a-4a18-8d02-b3ceb34220f8) Stevens, Gareth Publishing LLLP.

Bizarre Beast Battles: Sets 1 - 4. 2022. (Bizarre Beast Battles Ser.). (ENG.). (J). pap. 219.60 ***(978-1-5382-8474-2(X))*** Stevens, Gareth Publishing LLLP.

Bizarre Birds. Libby Wilson. 2023. (Animal Extremes Ser.). (ENG., Illus.). 32p. (J). lib. bdg. 31.35 ***(978-1-63738-527-2(7),*** Apex) North Star Editions.

Bizarre Birds. Contrib. by Libby Wilson. 2023. (Animal Extremes Ser.). (ENG., Illus.). 32p. (J). pap. 9.95 ***(978-1-63738-581-4(1),*** Apex) North Star Editions.

Bizarre Buildings. Korynn Freels. ed. 2020. (Ripley Readers Ser.). (ENG.). 31p. (J). (gr. 2-3). 14.96 *(978-1-64697-314-9(3))* Penworthy Co., LLC, The.

Bizarre California Condor, 1 vol. Janey Levy. 2019. (Nature's Freak Show: Ugly Beasts Ser.). (ENG.). 24p. (J). (gr. 2-3). pap. 9.15 *(978-1-5382-4606-1(6),* 2ab5e734-a2a3-4c15-91cf-b17c78eaa31c) Stevens, Gareth Publishing LLLP.

Bizarre (Classic Reprint) Lawton Mackall. 2018. (ENG., Illus.). 212p. (J). 28.27 *(978-0-483-89845-5(7))* Forgotten Bks.

Bizarre Events at Hellman Elementary: Jurassic Field Trip. Richard M Born. 2018. (ENG., Illus.). 132p. (YA). pap. 11.95 *(978-1-64350-028-7(7))* Page Publishing Inc.

Bizarre Events at Hellman Elementary: My Family, My Nightmare. Richard M. Born. 2021. (ENG.). 202p. (J). pap. 11.95 *(978-1-6624-4553-8(9))* Page Publishing Inc.

Bizarre Events at Hellman Elementary: Temper Tantrums Aren't for Fifth Graders. Richard M Born. 2019. (ENG.). 146p. (J). pap. 12.95 *(978-1-64424-886-7(7))* Page Publishing Inc.

Bizarre Events at Hellman Elementary: The Perfect Games. Richard M. Born. 2022. (ENG.). 274p. (J). pap. 12.95 ***(978-1-6624-8387-5(2))*** Page Publishing Inc.

Bizarre Fables: A Series of Eccentric Historiettes (Classic Reprint) Arthur Wallbridge. 2018. (ENG., Illus.). 168p. (J). 27.36 *(978-0-483-54992-0(4))* Forgotten Bks.

Bizarre History of Beauty, 12 vols. 2018. (Bizarre History of Beauty Ser.). (ENG.). 48p. (gr. 5-6). lib. bdg. 201.60 *(978-1-5382-2756-5(8),* 3016b5d0-a8a8-42fa-b183-51b778ab597e) Stevens, Gareth Publishing LLLP.

Bizarro & the Doppelgängers of Doom. Brandon T. Snider. Illus. by Tim Levins. 2018. (Justice League Ser.). (ENG.). 88p. (J). (gr. 2-6). lib. bdg. 26.65 *(978-1-4965-5982-1(7),* 137332, Stone Arch Bks.) Capstone.

Bizarro Bloodsuckers, 1 vol. Ron Knapp. 2018. (Creepy, Kooky Science Ser.). (ENG.). 48p. (gr. 5-5). 29.60 *(978-1-9785-0373-1(3),* 69c1101e-2f96-4922-8d8b-c62e168c6275) Enslow Publishing, LLC.

Bizarro's Last Laugh. Donald B. Lemke. Illus. by Patrick Spaziante. 2017. 31p. (J). *(978-1-5182-3834-5(3))* Harper & Row Ltd.

Bizarro's Last Laugh. Donald Lemke. ed. 2017. (Justice League Classic: I Can Read! Ser.). (Illus.). 31p. (J). lib. bdg. 13.55 *(978-0-606-39632-5(2))* Turtleback.

Bizcocho le Encanta la Biblioteca: Biscuit Loves the Library (Spanish Edition) Alyssa Satin Capucilli. Tr. by Isabel C. Mendoza. Illus. by Pat Schories. 2021. (My First I Can Read Ser.). (SPA.). 32p. (J). (gr. -1-3). 16.99 *(978-0-06-307096-7(0));* pap. 5.99 *(978-0-06-307095-0(2))* HarperCollins Español.

Bizcocho Va a Acampar: Biscuit Goes Camping (Spanish Edition) Alyssa Satin Capucilli. Tr. by Isabel C. Mendoza. Illus. by Pat Schories. 2022. (My First I Can Read Ser.). (SPA.). 32p. (J). (gr. -1-3). 16.99 *(978-0-06-307103-2(7));* pap. 4.99 *(978-0-06-307102-5(9))* HarperCollins Español.

Bizcocho Va a la Escuela: Biscuit Goes to School (Spanish Edition) Alyssa Satin Capucilli. Tr. by Isabel C. Mendoza. Illus. by Pat Schories. 2021. (My First I Can Read Ser.). (SPA.). 32p. (J). (gr. -1-3). 16.99 *(978-0-06-307093-6(6));* pap. 4.99 *(978-0-06-307092-9(8))* HarperCollins Español.

Bizcocho y Las Llamitas: Biscuit & the Little Llamas (Spanish Edition) Alyssa Satin Capucilli. Tr. by Isabel C. Mendoza. Illus. by Pat Schories. 2022. (My First I Can Read Ser.). (SPA.). 32p. (J). (gr. -1-3). 16.99 *(978-0-06-307100-1(2));* pap. 5.99 *(978-0-06-307098-1(7))* HarperCollins Español.

Bizenghast: The Collectors Edition, Vol. 3. Illus. by M. Alice LeGrow. 2017. (Bizenghast: the Collector's Edition Manga Ser.: 3). (ENG.). 528p. (gr. 8-1). pap. 19.99 *(978-1-4278-5692-0(3),* 1b99de5e-54dc-4b34-96aa-a9c53fd5954f, TOKYOPOP Manga) TOKYOPOP, Inc.

Bizibots: Davi Makes a Friend. Virginie Manichon & Jim Block. 2018. (ENG.). 38p. (J). pap. 9.95 *(978-1-7325495-0-0(8))* Atelier19.

Bizzy Bear: Airplane Pilot. Illus. by Benji Davies. 2021. (Bizzy Bear Ser.). (ENG.). 8p. (J). (— 1). bds. 7.99 *(978-1-5362-1448-2(5))* Candlewick Pr.

Bizzy Bear: Ambulance Rescue. Illus. by Benji Davies. 2018. (Bizzy Bear Ser.). (ENG.). 8p. (J). (— 1). bds. 7.99 *(978-1-5362-0256-4(8))* Candlewick Pr.

Bizzy Bear: Amusement Park. Illus. by Benji Davies. 2023. (Bizzy Bear Ser.). (ENG.). 8p. (J). (— 1). bds. 8.99 *(978-1-5362-2980-6(6))* Candlewick Pr.

Bizzy Bear: Christmas Helper. Illus. by Benji Davies. 2016. (Bizzy Bear Ser.). (ENG.). 8p. (J). (— 1). bds. 7.99 *(978-0-7636-8004-6(4))* Candlewick Pr.

Bizzy Bear: Deep-Sea Diver. Illus. by Benji Davies. 2016. (Bizzy Bear Ser.). (ENG.). 8p. (J). (— 1). bds. 7.99 *(978-0-7636-8647-5(6))* Candlewick Pr.

Bizzy Bear: Do-It-Yourself Day. Illus. by Benji Davies. 2017. (Bizzy Bear Ser.). (ENG.). 8p. (J). (— 1). bds. 7.99 *(978-0-7636-9328-2(6))* Candlewick Pr.

Bizzy Bear: My First Memory Game: Animals. Illus. by Benji Davies. 2023. (Bizzy Bear Ser.). (ENG.). 8p. (J). (— 1). bds. 14.99 *(978-1-5362-3034-5(0))* Candlewick Pr.

Bizzy Bear: Pizza Chef. Illus. by Benji Davies. 2021. (Bizzy Bear Ser.). (ENG.). 8p. (J). (— 1). bds. 7.99 *(978-1-5362-2007-0(8))* Candlewick Pr.

Bizzy Bear: Race Car Driver. Illus. by Benji Davies. 2019. (Bizzy Bear Ser.). (ENG.). 8p. (J). (— 1). bds. 7.99 *(978-1-5362-0559-6(1))* Candlewick Pr.

Bizzy Bear: Snow Sports. Illus. by Benji Davies. 2022. (Bizzy Bear Ser.). (ENG.). 8p. (J). (— 1). bds. 8.99 *(978-1-5362-2743-7(9))* Candlewick Pr.

Bizzy Bear: Soccer Player. Illus. by Benji Davies. 2021. (Bizzy Bear Ser.). (ENG.). 8p. (J). (— 1). bds. 7.99 *(978-1-5362-1731-5(X))* Candlewick Pr.

Bizzy Bear: Spooky House. Illus. by Benji Davies. 2017. (Bizzy Bear Ser.). (ENG.). 8p. (J). (— 1). bds. 7.99 *(978-0-7636-9327-5(8))* Candlewick Pr.

Bizzy Bear: Tow Truck Driver. Illus. by Benji Davies. 2022. (Bizzy Bear Ser.). (ENG.). 8p. (J). (— 1). bds. 7.99 *(978-1-5362-2400-9(6))* Candlewick Pr.

Bizzy Bear: Train Engineer. Illus. by Benji Davies. 2019. (Bizzy Bear Ser.). (ENG.). 8p. (J). (— 1). bds. 7.99 *(978-1-5362-0985-3(6))* Candlewick Pr.

Bizzy Mizz Lizzie. David Shannon. 2018. (CHI.). (J). (gr. -1-3). *(978-7-5596-1951-8(7))* Jinghua Publishing House.

Bizzy Mizz Lizzie. David Shannon. Illus. by David Shannon. 2017. (ENG., Illus.). 40p. (J). (gr. -1-3). 17.99 *(978-0-545-61943-1(2),* Blue Sky Pr., The) Scholastic, Inc.

BJ & the Green Monstah. Tom Dirsa. Illus. by Matthew McClatchie. 2016. (ENG.). (J). pap. *(978-1-927510-76-6(7))* Dream Write Publishing, Ltd.

Björkens År: Swedish Edition of a Birch Tree's Year. Tuula Pere. Tr. by Angelika Nikolowski-Bogomoloff. Illus. by Outi Rautkallio. 2018. (SWE.). 34p. (J). (gr. k-4). *(978-952-357-020-7(X));* pap. *(978-952-357-017-7(X))* Wickwick oy.

Bjorn & Redfur. Ginger Nielson. Illus. by Ginger Nielson. 2021. (ENG.). 32p. (J). 21.99 *(978-1-63760-753-4(9))* Primedia eLaunch LLC.

Bjornen Tor Blir Meisterbakar. Lin-Marita Sandvik. Photos by Lin-Marita Sandvik. 2017. (Bjornen Tor Ser.). (NNO., Illus.). (J). *(978-82-93471-25-7(5))* Sandvikbok.

Bjornen Tor Blir Mesterbaker. Lin-Marita Sandvik. Photos by Lin-Marita Sandvik. 2017. (Bjornen Tor Ser.). (NOB., Illus.). (J). *(978-82-93471-21-9(2))* Sandvikbok.

Bjørnen Tor Drar På øglejakt: (serie, 7 Bøker) Lin-Marita Sandvik. 2018. (Bjørnen Tor Ser.). (NOB., Illus.). 32p. (J). *(978-82-93471-59-2(X))* Sandvikbok.

Bjornen Tor Feirar Jul. Lin-Marita Sandvik. Photos by Lin-Marita Sandvik. 2016. (Bjornen Tor Ser.). (NNO., Illus.). (J). *(978-82-93471-29-5(8))* Sandvikbok.

Bjornen Tor Feirer Jul. Lin-Marita Sandvik. Photos by Lin-Marita Sandvik. 2017. (Bjornen Tor Ser.). (NOB., Illus.). (J). *(978-82-93471-32-5(8))* Sandvikbok.

Bjørnen Tor Fer På øglejakt: (serie, 7 Bøker) Lin-Marita Sandvik. 2018. (Bjørnen Tor Ser.). (NNO., Illus.). 32p. (J). *(978-82-93471-62-2(X))* Sandvikbok.

Bjornen Tor Finn Vikingskatten. Lin-Marita Sandvik. Photos by Lin-Marita Sandvik. 2017. (Bjornen Tor Ser.). (NNO., Illus.). (J). *(978-82-93471-53-0(0))* Sandvikbok.

Bjornen Tor Gjer ein Dagsferie. Lin-Marita Sandvik. 2017. (Bjornen Tor Ser.). (NNO., Illus.). (J). *(978-82-93471-44-8(1))* Sandvikbok.

Bjornen Tor Gjor en Dagsferie. Lin-Marita Sandvik. 2017. (Bjornen Tor Ser.). (NOB., Illus.). (J). *(978-82-93471-41-7(7))* Sandvikbok.

Bjornen Tor Lagar Ei Gulrot. Lin-Marita Sandvik. 2016. (Bjornen Tor Ser.). (NNO., Illus.). (J). *(978-82-93471-97-4(2))* Sandvikbok.

Bjornen Tor Lager en Gulrot. Lin-Marita Sandvik. 2016. (Bjornen Tor Ser.). (NOB., Illus.). (J). *(978-82-93471-99-8(9))* Sandvikbok.

Bjornen Tor Reddar ein Venn. Lin-Marita Sandvik. 2017. (Bjornen Tor Ser.). (NNO., Illus.). (J). *(978-82-93471-13-4(1));* 32p. pap. *(978-82-93471-14-1(X))* Sandvikbok.

Bjornen Tor Redder en Venn. Lin-Marita Sandvik. 2017. (Bjornen Tor Ser.). (NOB., Illus.). (J). *(978-82-93471-08-0(5))* Sandvikbok.

Bjorn's Gift. Sandy Brehl. 2016. (ENG., Illus.). (J). pap. 14.95 *(978-1-883953-84-3(7),* Crispin Bks.) Great Lakes Literary, LLC.

Bj's Beaver Bridge. Amy R. Cox. Illus. by Tasha Thomas. 2019. (ENG.). 20p. (J). pap. 7.99 *(978-1-945464-95-9(X))* Cox & Castelluccio.

BJ's Big Dream. Sonia Cunningham Leverette. Illus. by Deanna M. (ENG.). (J). (gr. k-3). 2017. 20.00 *(978-0-692-98525-0(5));* 2016. pap. 10.00 *(978-0-9981230-0-4(5))* Hadassah's Crown Publishing, LLC.

BL Fans LOVE My Brother?! Mimu Oyamada. 2021. (Illus.). 192p. (gr. 8-1). pap. 12.99 *(978-1-4278-6741-4(0),* b3d698d5-29c1-45bb-84d4-2631e08975d7) TOKYOPOP, Inc.

Blablabla: (Gibberish Spanish Edition) Young Vo. Tr. by Gabriella Aldeman. 2023. (SPA.). 40p. (J). (gr. -1-3). 16.99 ***(978-1-64614-281-1(0))*** Levine Querido.

Black. Xist Publishing. 2019. (Discover Colors Ser.). (ENG.). 8p. (J). (gr. -1-2). pap. 5.99 *(978-1-5324-0962-2(1))* Xist Publishing.

Black: Brothers Livin' Against Cops Killing. Angelina Wilson. 2020. (ENG.). 260p. (J). pap. 14.99 *(978-1-7337891-5-8(4))* Southampton Publishing.

Black: Exploring Color in Art. Valentina Zucchi. Tr. by Katherine Gregor. Illus. by Francesca Zoboli. 2021. (True Color Ser.). (ENG.). 64p. (J). (gr. 7). pap. 12.95 *(978-1-80069-058-5(4))* Orange Hippos! GBR. Dist: Two Rivers Distribution.

Black = Death. Natecia Thompson. 2021. (ENG.). 28p. (YA). pap. *(978-0-2288-5174-5(2))* Tellwell Talent.

Black Achievement in Science: Biology, Vol. 10. Diane Bailey. Ed. by Mel Pouson. 2016. (Black Achievement in Science Ser.: Vol. 10). (ENG., Illus.). 64p. (J). (gr. 7-12). 23.95 *(978-1-4222-3555-3(6))* Mason Crest.

Black Achievement in Science: Chemistry, Vol. 10. Jane Gardner. Ed. by Mel Pouson. 2016. (Black Achievement in Science Ser.: Vol. 10). (ENG., Illus.). 64p. (J). (gr. 7-12). 23.95 *(978-1-4222-3556-0(4))* Mason Crest.

Black Achievement in Science: Environmental Science, Vol. 10. Jane Gardner. Ed. by Mel Pouson. 2016. (Black Achievement in Science Ser.: Vol. 10). (ENG., Illus.). 64p. (J). (gr. 7-12). 23.95 *(978-1-4222-3559-1(9))* Mason Crest.

Black Achievements in Activism: Celebrating Leonidas H. Berry, Marley Dias, & More. Artika R. Tyner. 2023. (Black Excellence Project (Read Woke (tm) Books) Ser.). (ENG., Illus.). 32p. (J). (gr. 4-8). pap. 10.99 ***(978-1-7284-9995-6(X),*** 1c99ecf8-12eb-4be9-b51c-cc21f353ca20, Lerner Pubns.) Lerner Publishing Group.

Black Achievements in Arts & Literature: Celebrating Gordon Parks, Amanda Gorman, & More. Elliott Smith. 2023. (Black Excellence Project (Read Woke (tm) Books) Ser.). (ENG., Illus.). 32p. (J). (gr. 4-8). pap. 10.99 ***(978-1-7284-9996-3(8),*** b688e266-e88f-46cb-abb1-ee031b254251); lib. bdg. 30.65 ***(978-1-7284-8664-2(5),*** 91c4d6f6-59e8-43bb-b8a4-1e6492d21a55) Lerner Publishing Group. (Lerner Pubns.).

Black Achievements in Business: Celebrating Oprah Winfrey, Moziah Bridges, & More. Robert P. Dixon. 2023. (Black Excellence Project (Read Woke (tm) Books) Ser.). (ENG., Illus.). 32p. (J). (gr. 4-8). pap. 10.99 ***(978-1-7284-9997-0(6),*** 55c8a4a3-dc82-4eff-8f56-0b800143bf8d); lib. bdg. 30.65 ***(978-1-7284-8665-9(3),*** c861c69e-3a3f-484a-ba48-b31c842e0c30) Lerner Publishing Group. (Lerner Pubns.).

Black Achievements in Entertainment: Celebrating Hattie Mcdaniel, Chadwick Boseman, & More. Elliott Smith. 2023. (Black Excellence Project (Read Woke (tm) Books) Ser.). (ENG., Illus.). 32p. (J). (gr. 4-8). pap. 10.99 ***(978-1-7284-9998-7(4),*** 2c4351a2-301c-47d7-b021-22ecee28a417); lib. bdg. 30.65 ***(978-1-7284-8663-5(7),*** b2be44bf-c80d-4787-b8d4-3bd151f0917e) Lerner Publishing Group. (Lerner Pubns.).

Black Achievements in Music: Celebrating Louis Armstrong, Beyoncé, & More. Elliott Smith. 2023. (Black Excellence Project (Read Woke (tm) Books) Ser.). (ENG., Illus.). 32p. (J). (gr. 4-8). pap. 10.99 ***(978-1-7284-9999-4(2),*** 7becbbab-2dd5-4fa3-aa66-9ee3503bdbf7, Lerner Pubns.) Lerner Publishing Group.

Black Achievements in Politics: Celebrating Shirley Chisholm, Barack Obama, & More. Artika R. Tyner. 2023. (Black Excellence Project (Read Woke (tm) Books) Ser.). (ENG., Illus.). 32p. (J). (gr. 4-8). pap. 10.99. lib. bdg. 30.65 ***(978-1-7284-8660-4(2),*** 988055a1-6b07-4a25-b414-feff15a6a520) Lerner Publishing Group. (Lerner Pubns.).

Black Achievements in Sports: Celebrating Fritz Pollard, Simone Biles, & More. Elliott Smith. 2023. (Black Excellence Project (Read Woke (tm) Books) Ser.). (ENG., Illus.). 32p. (J). (gr. 4-8). pap. 10.99 Lerner Publishing Group.

Black Achievements in STEM: Celebrating Katherine Johnson, Robert D. Bullard, & More. Artika R. Tyner. 2023. (Black Excellence Project (Read Woke (tm) Books) Ser.). (ENG., Illus.). 32p. (J). (gr. 4-8). pap. 10.99 Lerner Publishing Group.

Black Adam & the Eternity War. Derek Fridolfs. Illus. by Tim Levins. 2018. (Justice League Ser.). (ENG.). 88p. (J). (gr. 2-6). lib. bdg. 27.32 *(978-1-4965-5981-4(9),* 137330, Stone Arch Bks.) Capstone.

Black Adam Strikes! Frank Berrios. ed. 2022. (Step into Reading Ser.). (ENG.). 32p. (J). (gr. 2-3). 15.96 ***(978-1-68505-499-1(4))*** Penworthy Co., LLC, The.

Black Adam Strikes! (DC Justice League) Frank Berrios. Illus. by Francesco Legramandi. 2022. (Step into Reading Ser.). (ENG.). 32p. (J). (gr. -1-2). 5.99 *(978-0-525-64745-4(7));* 14.99 *(978-0-525-64746-1(5))* Random Hse. Children's Bks. (Random Hse. Bks. for Young Readers).

Black Adonis (Classic Reprint) Albert Ross. (ENG., Illus.). (J). 2018. 320p. 30.50 *(978-0-332-25413-5(5));* 2016. pap. 13.57 *(978-1-333-42991-1(6))* Forgotten Bks.

Black Alabaster Box. Frances Schoonmaker. 2018. (Last Crystal Trilogy Ser.: Vol. 1). (ENG., Illus.). 228p. (YA). (gr. 7-11). 18.00 *(978-0-9979607-5-4(2));* pap. 12.00 *(978-0-9979607-4-7(4))* Auctus Pubs.

Black American (Classic Reprint) Birdie West. 2018. (ENG., Illus.). 20p. (J). 24.31 *(978-0-267-27765-0(2))* Forgotten Bks.

Black American Journey (Set), 32 vols. (Black American Journey Ser.). (ENG.). (J). (gr. 4-7). 2023. lib. bdg. 1140.48 ***(978-1-5038-8740-4(5),*** 216990); 2021. lib. bdg. 855.36 *(978-1-5038-5684-4(4),* 215480); 2021. lib. bdg. 427.68 *(978-1-5038-5398-0(5),* 215275) Child's World, Inc, The.

Black & British: A Short Essential History. David Olusoga. 2020. (ENG.). 176p. (YA). (gr. 7). pap. 11.99 *(978-1-5290-6682-1(4),* Macmillan Children's Bks.) Pan Macmillan GBR. Dist: Independent Pubs. Group.

Black & Gold: May 19, 1911 (Classic Reprint) Winston City High School. (ENG., Illus.). (J). 2018. 70p. 25.34 *(978-0-666-73776-2(2));* 2017. pap. 9.57 *(978-0-259-90017-7(6))* Forgotten Bks.

Black & Gold: Published Quarterly by the Upper Classes of the Winston-Salem City High School; Nov. , 1915 (Classic Reprint) Bessie Ambler. (ENG., Illus.). (J). 2018. 66p. 25.26 *(978-0-483-98480-6(9));* 2017. pap. 9.57 *(978-0-243-44711-4(6))* Forgotten Bks.

Black & Gold, 1925, Vol. 15 (Classic Reprint) Richard J. Reynolds High School. (ENG., Illus.). (J). 2018. 70p. 25.34 *(978-0-656-34986-9(7));* 2017. pap. 9.57 *(978-0-243-44465-6(6))* Forgotten Bks.

Black & Gold, Vol. 1: April, 1911 (Classic Reprint) Winston City High School. (ENG., Illus.). (J). 2018. 42p. 24.76 *(978-0-483-60918-1(8));* 2017. pap. 7.97 *(978-0-243-27922-7(1))* Forgotten Bks.

Black & Gold, Vol. 1: November, 1910 (Classic Reprint) Winston City High School. 2017. (ENG., Illus.). (J). pap. 7.97 *(978-0-282-36168-6(5))* Forgotten Bks.

Black & Gold, Vol. 11: November, 1921 (Classic Reprint) Emma Huntley. (ENG., Illus.). (J). 2018. 76p. 25.46 *(978-0-483-95170-9(6));* 2017. pap. 9.57 *(978-0-259-41906-8(0))* Forgotten Bks.

Black & Gold, Vol. 15: December, 1925 (Classic Reprint) Winston City High School. (ENG., Illus.). (J). 2018. 70p. 25.34 *(978-0-483-59446-3(6));* 2017. pap. 9.57 *(978-0-243-24783-7(4))* Forgotten Bks.

Black & Gold, Vol. 2: December, 1911 (Classic Reprint) Winston City High School. (ENG., Illus.). (J). 2018. 58p. 25.11 *(978-0-483-79545-7(3));* 2016. pap. 9.57 *(978-1-334-12323-8(3))* Forgotten Bks.

Black & Gold, Vol. 2: November, 1911 (Classic Reprint) Winston City High School. (ENG., Illus.). (J). 2018. 46p. 24.85 *(978-0-267-78080-8(X));* 2016. pap. 7.97 *(978-1-334-69122-5(3))* Forgotten Bks.

Black & Gold, Vol. 2: The Senior Class Number; May, 1912 (Classic Reprint) Winston City High School. 2017. (ENG., Illus.). (J). pap. 9.57 *(978-0-282-05661-2(0))* Forgotten Bks.

Black & Gold, Vol. 3: December, 1912 (Classic Reprint) Winston City High School. (ENG., Illus.). (J). 2018. 58p. 25.09 *(978-0-666-97364-1(4));* 2017. pap. 9.57 *(978-0-243-44748-0(5))* Forgotten Bks.

Black & Gold, Vol. 3: March, 1913 (Classic Reprint) Winston City High School. (ENG., Illus.). (J). 2018. 60p. 25.15 *(978-0-332-04857-4(8));* 2017. pap. 9.57 *(978-0-243-43946-1(6))* Forgotten Bks.

Black & Gold, Vol. 3: November, 1912 (Classic Reprint) Winston City High School. (ENG., Illus.). (J). 2018. 60p. 25.18 *(978-0-484-05771-4(5));* 2017. pap. 9.57 *(978-0-243-43794-8(3))* Forgotten Bks.

Black & Gold, Vol. 4: December, 1913 (Classic Reprint) Callie Lewis. (ENG., Illus.). (J). 2018. 50p. 24.93 *(978-0-666-87383-5(6));* 2017. pap. 9.57 *(978-0-259-81352-1(4))* Forgotten Bks.

Black & Gold, Vol. 4: March, 1914 (Classic Reprint) Winston-Salem City High School. (ENG., Illus.). (J). 2018. 62p. 25.18 *(978-0-267-00113-2(4));* 2017. pap. 9.57 *(978-0-243-45257-6(8))* Forgotten Bks.

Black & Gold, Vol. 4: May, 1914 (Classic Reprint) Winston-Salem City High School. 2017. (ENG., Illus.). (J). 78p. 25.51 *(978-0-332-49541-5(8));* pap. 9.57 *(978-0-259-88166-7(X))* Forgotten Bks.

Black & Gold, Vol. 4: November, 1913 (Classic Reprint) Winston-Salem City High School. (ENG., Illus.). (J). 2018. 48p. 24.91 *(978-0-656-34990-6(5));* 2017. pap. 9.57 *(978-0-243-44463-2(X))* Forgotten Bks.

Black & Gold, Vol. 5: May, 1915 (Classic Reprint) Winston-Salem City High School. 2018. (ENG., Illus.). 94p. (J). 25.84 *(978-0-364-70006-8(8))* Forgotten Bks.

Black & Gold, Vol. 5: November, 1914 (Classic Reprint) Winston-Salem City High School. 2017. (ENG., Illus.). (J). 24.91 *(978-0-265-72192-6(X));* pap. 9.57 *(978-1-5276-7878-1(4))* Forgotten Bks.

Black & Gold, Vol. 6: May, 1916 (Classic Reprint) Winston-Salem City High School. (ENG., Illus.). (J). 2018. 86p. 25.67 *(978-0-365-23968-0(2));* 2017. pap. 9.57 *(978-0-259-94636-6(2))* Forgotten Bks.

Black & Gold, Vol. 7: December, 1916 (Classic Reprint) Winston-Salem City High School. (ENG., Illus.). (J). 2018. 58p. 25.11 *(978-0-483-94158-8(1));* 2017. pap. 9.57 *(978-0-243-44043-6(X))* Forgotten Bks.

Black & Gold, Vol. 7: November, 1916 (Classic Reprint) Winston-Salem City High School. 2017. (ENG., Illus.). (J). 24.82 *(978-0-266-96477-3(X));* pap. 7.97 *(978-1-5278-4949-5(X))* Forgotten Bks.

Black & Gold, Vol. 8: April, 1918 (Classic Reprint) Winston-Salem City High School. (ENG., Illus.). (J). 2018. 56p. pap. 9.57 *(978-1-5278-6041-4(8));* 2017. 25.01 *(978-0-265-99011-7(4))* Forgotten Bks.

Black & Gold, Vol. 8: December, 1917 (Classic Reprint) Winston-Salem City High School. (ENG., Illus.). (J). 2018. 58p. 25.09 *(978-0-666-98418-0(2));* 2017. pap. 9.57 *(978-0-243-46163-9(1))* Forgotten Bks.

Black & Gold, Vol. 8: Published Quarterly by the Upper Classes of the Winston-Salem City High School; July, 1918 (Classic Reprint) Winston-Salem City High School. 2018. (ENG., Illus.). (J). 84p. 25.63 *(978-0-332-63244-5(X));* 86p. pap. 9.57 *(978-0-259-84518-8(3))* Forgotten Bks.

Black & Gold, Vol. 9: December, 1919 (Classic Reprint) Hazel Stephenson. (ENG., Illus.). (J). 2018. 42p. 24.76 *(978-0-365-03834-4(2));* 2017. pap. 7.97 *(978-0-259-81069-8(X))* Forgotten Bks.

Black & Gold, Vol. 9: June 1919 (Classic Reprint) Winston-Salem City High School. 2018. (ENG., Illus.). (J). 50p. 24.95 *(978-0-366-56961-8(9));* 52p. pap. 9.57 *(978-0-366-51280-5(3))* Forgotten Bks.

Black & Gold, Vol. 9: November, 1919 (Classic Reprint) Winston-Salem City High School. (ENG., Illus.). (J). 2018. 38p. 24.70 *(978-0-364-50182-5(0));* 2017. pap. 7.97 *(978-0-259-80883-1(0))* Forgotten Bks.

Black & Orange, 1915 (Classic Reprint) Fitchburg High School. 2017. (ENG., Illus.). (J). 27.34 *(978-0-260-63096-4(9));* pap. 9.97 *(978-0-266-01872-8(6))* Forgotten Bks.

Black & Red, Vol. 2: Special Christmas Number, 1910 (Classic Reprint) R. V. Harvey. (ENG., Illus.). (J). 2018. 20p. 24.31 *(978-0-483-07243-5(5));* 2016. pap. 7.97 *(978-1-334-16086-8(4))* Forgotten Bks.

Black & White. Seb Davey. Illus. by Vicky Lommatzsch. 2022. (Padded Board Bks.). (ENG.). 24p. (J). (gr. -1-k). bds. 8.99 *(978-1-80105-477-5(0))* Top That! Publishing PLC GBR. Dist: Independent Pubs. Group.

Black & White: A Love Story, in Three Acts (Classic Reprint) Wilkie Collins. 2017. (ENG., Illus.). (J). 25.22 *(978-0-331-99494-0(1));* pap. 9.57 *(978-0-331-99476-6(3))* Forgotten Bks.

Black & White: Mission Stories (Classic Reprint) H. A. Forde. 2018. (ENG., Illus.). 560p. (J). 35.45 *(978-0-483-97725-9(X))* Forgotten Bks.

Black & White & Orange All Over. Wesley Kimble. 2022. (ENG., Illus.). 32p. (J). 25.95 *(978-1-63985-317-5(0));* pap. 14.95 *(978-1-63985-315-1(4))* Fulton Bks.

Black & White Animals. Molly Fields. 2020. (High Contrast Board Bks.). (ENG.). (J). bds. 4.99 *(978-1-7316-2833-6(1))* Gardner Media LLC.

Black & White Animals. Mari Schuh. 2017. (Black & White Animals Ser.). (ENG., Illus.). 24p. (J). (gr. -1-2). 147.90 *(978-1-5157-3398-0(X),* 25360, Pebble) Capstone.

Black-And-White Animals. Jodie Shepherd. 2016. (Rookie Toddlers Ser.). (ENG.). 12p. (J). bds. 6.95 *(978-0-531-22452-6(X),* Children's Pr.) Scholastic Library Publishing.

Black & White (Classic Reprint) Jacob Zimmerman. (ENG., Illus.). (J). 2018. 176p. 27.55 *(978-0-484-46585-4(6));* 2017. pap. 9.97 *(978-1-334-91914-5(3))* Forgotten Bks.

Black & White Club. Alice Hemming. Illus. by Kimberley Scott. 2019. (Early Bird Readers — Orange (Early Bird Stories (tm)) Ser.). (ENG.). 32p. (J). (gr. k-3). pap. 9.99 *(978-1-5415-7411-3(7),* 51725c5e-a9dc-4055-b2d8-99f108a48329, Lerner Pubns.) Lerner Publishing Group.

Black & White Factory & the Color Factory. Eric Telchin. 2021. (ENG.). 72p. (J). (gr. -1-3). 9.99 *(978-1-4998-1347-0(3))* Little Bee Books Inc.

Black & White Friends. Betsy Hirsch Rosen. Illus. by Valerie Ann Wells. 2021. (ENG.). 32p. (J). *(978-1-5255-9554-7(7));* pap. *(978-1-5255-9553-0(9))* FriesenPress.

Black & White Nursery Rhymes: 22 Short Verses, Humpty Dumpty, Jack & Jill, Little Miss Muffet, This Little Piggy, Rub-A-dub-dub, & More (Engage Early Readers: Children's Learning Books) Dayna Martin. l.t. ed. 2019. (ENG., Illus.). 48p. (J). pap. *(978-1-77226-623-8(X))* AD Classic.

Black & White Photographs to Instagram. Jennifer Colby. 2019. (21st Century Junior Library: Then to Now Tech Ser.). (ENG.). 24p. (J). (gr. 2-5). pap. 12.79 *(978-1-5341-5010-2(2),* 213347); (Illus.). lib. bdg. 30.64 *(978-1-5341-4724-9(1),* 213346) Cherry Lake Publishing.

Black & White Series (Classic Reprint) William Dean Howells. 2018. (ENG., Illus.). 78p. (J). 25.51 *(978-0-267-95052-2(7))* Forgotten Bks.

Black Angels: All Ages Coloring Book. A. C. Washington. 2021. (ENG.). 76p. (YA). pap. 8.99 ***(978-1-7372001-0-9(4))*** Scruffy Pup Pr.

Black Arrow. Robert Louis Stevenson. 2017. (ENG.). (J). 364p. pap. *(978-3-337-08062-4(6));* 306p. pap. *(978-3-337-08988-7(7));* 356p. pap. *(978-3-337-07417-3(0))* Creation Pubs.

Black Arrow: A Tale of the Two Roses. Robert Louis Stevenson. 2020. (ENG.). (J). 202p. 19.95 *(978-1-64799-223-1(0));* 200p. pap. 9.95 *(978-1-64799-222-4(2))* Bibliotech Pr.

Black Arrow: A Tale of the Two Roses (Classic Reprint) Robert Louis Stevenson. 2017. (ENG., Illus.). (J). 33.05 *(978-0-265-62157-8(7))* Forgotten Bks.

Black Arrow: A Tale of Two Roses. Robert Louis Stevenson. 2019. (ENG.). 250p. (J). pap. *(978-93-5329-572-1(6))* Alpha Editions.

Black Artists Rock! the Cool Kids' Guide A-Z. Cara Reese. 2022. (ENG.). 58p. (J). 19.99 ***(978-1-0880-5728-5(4))*** Indy Pub.

Black Artists Shaping the World. Sharna Jackson. 2021. (ENG., Illus.). 144p. (J). (gr. 4-7). 19.95 *(978-0-500-65259-6(7),* 565259) Thames & Hudson.

Black As Night. Anthea Sharp. 2021. (Darkwood Trilogy Ser.: Vol. 2). (ENG.). 350p. (YA). 24.99 *(978-1-68013-146-8(X))* Fiddlehead Pr.

Black As Night: A Dark Elf Fairytale. Anthea Sharp. 2021. (ENG.). 340p. (YA). pap. 14.99 *(978-1-68013-145-1(1))* Fiddlehead Pr.

Black Aunt: Stories & Legends for Children (Classic Reprint) Clara Volkmann Fechner. (ENG., Illus.). (J). 2018. 160p. 27.20 *(978-0-267-48209-2(4));* 2016. pap. 9.57 *(978-1-333-39895-8(6))* Forgotten Bks.

Black Bag (Classic Reprint) Louis Joseph Vance. (ENG., Illus.). (J). 2017. 33.40 *(978-0-331-11106-4(3));* 2016. pap. 16.57 *(978-1-333-53222-2(9))* Forgotten Bks.

Black Ballerinas: My Journey to Our Legacy. Misty Copeland. Illus. by Salena Barnes. 2021. (ENG.). 64p. (J). (gr. 5). 19.99 *(978-1-5344-7424-6(2),* Aladdin) Simon & Schuster Children's Publishing.

Black Ball's Vale: Or the Farewell Address of a Theatrical Shoe Black & Cobler, on His Leaving a Certain College, in a Certain English University (Classic Reprint) Unknown Author. 2018. (ENG., Illus.). 36p. (J). 24.64 *(978-0-666-31406-2(3))* Forgotten Bks.

Black Baronet, or the Chronicles of Ballytrain (Classic Reprint) William Carleton. (ENG., Illus.). (J). 2018. 486p. 33.94 *(978-0-365-32124-8(9));* 2017. pap. 16.57 *(978-0-259-19093-6(4))* Forgotten Bks.

Black Bartlemy's Treasure (Classic Reprint) Jeffery Farnol. 2017. (ENG., Illus.). (J). 31.75 *(978-0-331-45185-6(9))* Forgotten Bks.

Black Beach. Glynis Guevara. 2018. (ENG.). 180p. pap. 19.95 *(978-1-77133-569-0(6))* Inanna Pubns. & Education, Inc. CAN. Dist: SPD-Small Pr. Distribution.

Black Beach: A Community, an Oil Spill, & the Origin of Earth Day. Shaunna & John Stith. Illus. by Maribel Lechuga. 2023. (ENG.). 40p. (J). (gr. -1-3). 18.99 *(978-1-4998-1304-3(X))* Little Bee Books Inc.

Black Bead: Book One of the Black Bead Chronicles. J. D. Lakey. 2016. (Black Bead Chronicles Ser.: Vol. 1). (ENG., Illus.). (YA). (gr. 7-12). 19.99 *(978-0-692-79523-1(5))* Wayword Pr. Bks.

Black Bear. Virginia Loh-Hagan. Illus. by Jeff Bane. 2017. (My Early Library: My Favorite Animal Ser.). (ENG.). 24p. (J). (gr. k-1). lib. bdg. 30.64 *(978-1-63472-838-6(6),* 209778) Cherry Lake Publishing.

Black Bear. William J. Rawson. 2021. (Wildlife Adventures of Grandpa Bill & Nell Ser.: Vol. 3). (ENG.). 22p. (J). pap. 14.95 *(978-1-4796-1361-8(4))* TEACH Services, Inc.

Black Bear (Classic Reprint) William H. Wright. 2018. (ENG., Illus.). 164p. (J). 27.28 *(978-0-267-68271-3(9))* Forgotten Bks.

Black Bear Dreams. Anne Michelle Lawrence. Ed. by Luana Kay Mitten. Illus. by Ken Silbert. 2019. (Aha! Readers Ser.). (ENG.). 52p. (J). (gr. k-4). 25.95 *(978-0-9990924-5-3(6));* pap. 16.95 *(978-0-9990924-6-0(4))* BeaLu Bks.

Black Bear Goes to Washington. Denise A. Lawson. Illus. by Denise A. Lawson. 2018. (Black Bear Ser.: Vol. 1). (ENG., Illus.). 30p. (J). (gr. k-3). 18.99 *(978-1-7322303-1-6(5))* Brown & Lowe Bks.

Black Bear Heard You Were Baking a Pie. Rae Harless. 2017. (ENG., Illus.). 14p. (J). *(978-1-365-99097-7(4))* Lulu Pr., Inc.

Black Bearded Barbarian: The Life of George Leslie MacKay of Formosa (Classic Reprint) Marian Keith. 2018. (ENG., Illus.). 360p. (J). 31.34 *(978-0-666-97829-5(8))* Forgotten Bks.

Black Bears. Al Albertson. 2020. (Animals of the Forest Ser.). (ENG., Illus.). 24p. (J). (gr. k-3). lib. bdg. 26.95 *(978-1-64487-125-6(4),* Blastoff! Readers) Bellwether Media.

Black Bears. Melissa Gish. 2018. (Living Wild Ser.). (ENG.). 48p. (J). (gr. 5-8). pap. 12.00 *(978-1-62832-561-4(5),* 19774, Creative Paperbacks); (gr. 4-7). *(978-1-60818-956-4(2),* 19766, Creative Education) Creative Co., The.

Black Bears, 1 vol. Joyce Jeffries. 2016. (Bears of the World Ser.). (ENG.). 24p. (J). (gr. 3-3). pap. 9.25 *(978-1-4994-2032-6(3),* 5b63fed3-2724-4a79-b7a8-1a195b31f6cd, PowerKids Pr.) Rosen Publishing Group, Inc., The.

Black Bears. Heather Kissock. 2016. (Illus.). 24p. (J). *(978-1-4896-5390-1(2))* Weigl Pubs., Inc.

Black Bears. Pamela McDowell. 2018. (World Languages Ser.). (ENG.). 24p. (J). (gr. -1-3). lib. bdg. 35.70 *(978-1-4896-6951-3(5),* AV2 by Weigl) Weigl Pubs., Inc.

Black Bears. Julie Murray. 2019. (Animal Kingdom Ser.). (ENG.). 32p. (J). (gr. 2-5). lib. bdg. 34.21 *(978-1-5321-1617-9(9),* 32345, Big Buddy Bks.) ABDO Publishing Co.

Black Bears. Gail Terp. 2016. (Wild Animal Kingdom Ser.). (ENG.). 32p. (J). (gr. 4-6). pap. 9.99 *(978-1-64466-168-0(3),* 10389); (Illus.). 31.35 *(978-1-68072-050-1(3),* 10388) Black Rabbit Bks. (Bolt).

Black Bears (Nature's Children) (Library Edition) Mara Grunbaum. 2019. (Nature's Children, Fourth Ser.). (ENG., Illus.). 48p. (J). (gr. 3-5). lib. bdg. 30.00 *(978-0-531-12714-8(1),* Children's Pr.) Scholastic Library Publishing.

Black Bears (North America & Asian)! an Animal Encyclopedia for Kids (Bear Kingdom) - Children's Biological Science of Bears Books. Prodigy Wizard. 2016. (ENG., Illus.). (J). pap. 9.25 *(978-1-68323-968-0(7))* Twin Flame Productions.

Black Bears (Wild Life LOL!) (Library Edition) Scholastic. 2020. (Wild Life LOL! Ser.). (ENG., Illus.). 32p. (J). (gr. 1-3). lib. bdg. 25.00 *(978-0-531-12977-7(2),* Children's Pr.) Scholastic Library Publishing.

Black Beauty. Larry W. Jones. 2021. (ENG.). 177p. (J). *(978-1-008-94916-4(7))* Lulu Pr., Inc.

Black Beauty. Anna Sewell. 2019. (ENG., Illus.). 32p. (J). (-k). pap. 14.99 *(978-1-78344-216-4(6))* Andersen Pr. GBR. Dist: Independent Pubs. Group.

Black Beauty. Anna Sewell. Illus. by Christian Birmingham. 2019. (ENG.). 240p. (J). (gr. 5). 24.99 *(978-1-5362-1124-5(9))* Candlewick Pr.

Black Beauty. Anna Sewell. 2017. (ENG., Illus.). (J). (gr. 3-7). 24.95 *(978-1-374-94889-1(6));* pap. 14.95 *(978-1-374-94888-4(8))* Capital Communications, Inc.

Black Beauty. Anna Sewell. (ENG.). (J). 2019. 224p. (gr. 3-7). pap. *(978-3-337-49719-4(5));* 2017. 84p. (gr. 5). pap. *(978-3-337-11982-9(4))* Creation Pubs.

Black Beauty. Anna Sewell. Illus. by Robert L. Dickey. 2021. (ENG.). 122p. (J). pap. 7.99 *(978-1-4209-7578-9(1))* Digireads.com Publishing.

Black Beauty. Anna Sewell. 2022. (ENG.). 236p. (J). pap. 16.95 *(978-1-64720-453-2(4))* Fiction Hse. Pr.

Black Beauty. Anna Sewell. (ENG.). 2023. 183p. (YA). pap. ***(978-1-6671-1617-4(7));*** 2022. 42p. (J). pap. ***(978-1-387-90300-9(4));*** 2016. (Illus.). 124p. (J). (gr. 4-7). *(978-1-365-03063-5(6));* 2016. (Illus.). 124p. (J). (gr. 4-7). pap. *(978-1-365-03068-0(7))* Lulu Pr., Inc.

Black Beauty. Anna Sewell. 2018. (ENG., Illus.). 240p. 12.99 *(978-1-5098-6598-7(5),* 900195882, Collector's Library, The) Pan Macmillan GBR. Dist: Macmillan.

Black Beauty. Anna Sewell. (Deluxe Hardbound Edition Ser.). (ENG.). (J). (gr. 5). 2018. 214p. *(978-93-88118-26-2(X));* 2017. 210p. pap. *(978-81-8032-009-5(X))* Sumaiyah Distributors Pvt Ltd.

Black Beauty. Anna Sewell & Ruth Brown. Illus. by Ruth Brown. 2016. (ENG., Illus.). 32p. (J). (gr. -1-3). 17.99 *(978-1-5124-1619-0(3),* e12b1500-0e41-4453-9b4a-3111d1c21930) Lerner Publishing Group.

Black Beauty: Illustrated Abridged Children Classics English Novel with Review Questions (Hardback) Wonder House Books. 2020. (Illustrated Classics Ser.). (ENG.). 240p. (J). (gr. 3-7). 6.99 ***(978-93-89717-91-4(4))*** Prakash Bk. Depot IND. Dist: Independent Pubs. Group.

Black Beauty: The Autobiography of a Horse. Anna Sewell. 2016. 193p. (J). pap. *(978-1-5124-0214-8(1),* First Avenue Editions) Lerner Publishing Group.

Black Beauty: The Autobiography of a Horse (Classic Reprint) Anna Sewell. 2017. (ENG., Illus.). (J). 31.51 *(978-1-5279-7098-4(1));* pap. 9.57 *(978-0-243-27569-4(2))* Forgotten Bks.

Black Beauty: The Autobiography of a Horse, Pp. 1-249. A. Sewell. 2017. (ENG., Illus.). (J). pap. *(978-0-649-07489-1(0))* Trieste Publishing Pty Ltd.

B

Black Beauty (100 Copy Limited Edition) Anna Sewell. (ENG.). 164p. (YA). (gr. 7-12). 2019. *(978-1-77226-725-9(2))*; 2018. (Illus.). *(978-1-77226-533-0(0))* Engage Bks. (SF Classic).

Black Beauty (1000 Copy Limited Edition) Anna Sewell. 2016. (ENG., Illus.). (YA). (gr. 7-12). *(978-1-77226-288-9(9))* AD Classic.

Black Beauty (Illustrated) Classic of World Literature. Anna Sewell. 2018. (ENG.). 134p. (J). pap. *(978-80-268-9180-2(5))* E-Artnow.

Black Beauty, in Words of One Syllable: An Adaptation for the Little Folks of Anna Sewell's Autobiography of a Horse (Classic Reprint) Anna Sewell. 2018. (ENG., Illus.). (J). 102p. 26.00 *(978-1-391-60343-8(5))*; 104p. pap. 9.57 *(978-1-391-59514-6(9))* Forgotten Bks.

Black Beauty Novel Units Student Packet. Novel Units. 2019. (ENG.). (J). pap. 13.99 *(978-1-58130-852-5(3)*, Novel Units, Inc.) Classroom Library Co.

Black Beauty Novel Units Teacher Guide. Novel Units. 2019. (ENG.). (J). pap. 12.99 *(978-1-58130-851-8(5)*, Novel Units, Inc.) Classroom Library Co.

Black Beauty (Royal Collector's Edition) (Case Laminate Hardcover with Jacket) Anna Sewell. 2021. (ENG.). 164p. (YA). *(978-1-77476-107-6(6))* AD Classic.

Black Beaver, the Trapper: The Only Book Ever Written by a Trapper; Twenty-Two Years with Black Beaver; Lewis & Clark a Hundred Years Later; from the Amazon to the MacKenzie Rivers (Classic Reprint) James Campbell Lewis. 2018. (ENG., Illus.). 74p. (J). 25.42 *(978-0-656-96492-5(8))* Forgotten Bks.

Black Belt Bunny. Jacky Davis. Illus. by Jay Fleck. 2017. 40p. (J). (-k). 16.99 *(978-0-525-42902-9(6)*, Dial Bks) Penguin Young Readers Group.

Black Berry Patch. John E. Ballard. 2018. (ENG., Illus.). 40p. (J). pap. 13.95 *(978-1-64114-420-9(3))* Christian Faith Publishing.

Black Bess; or the Knight of the Road: A Tale of the Good Old Times (Classic Reprint) Edward Viles. 2017. (ENG., Illus.). (J). 38.09 *(978-1-5283-6701-1(4))* Forgotten Bks.

Black Bess, or the Knight of the Road, Vol. 2 (Classic Reprint) Edward Viles. 2018. (ENG., Illus.). (J). 702p. 38.38 *(978-0-483-53322-6(X))*; 704p. pap. 20.97 *(978-0-483-53187-1(1))* Forgotten Bks.

Black Bess, or the Knight of the Road, Vol. 3: A Tale of the Good Old Times (Classic Reprint) Edward Viles. (ENG., Illus.). (J). 2018. 656p. 37.43 *(978-0-428-97236-3(5))*; 2017. pap. 19.97 *(978-0-243-18170-4(1))* Forgotten Bks.

Black Bird, Blue Road. Sofiya Pasternack. 2022. (ENG.). 320p. (J). (gr. 3-7). 19.99 *(978-0-358-57203-9(7)*, Versify) HarperCollins Pubs.

Black Bird of the Gallows. Meg Kassel. (Black Bird of the Gallows Ser.: 1). (ENG.). (YA). 2018. 400p. pap. 9.99 *(978-1-64063-191-5(7)*, 900190798); 2017. 300p. 17.99 *(978-1-63375-814-8(1)*, 9781633758148) Entangled Publishing, LLC.

Black Bird Yellow Sun. Steve Light. Illus. by Steve Light. 2018. (ENG., Illus.). 16p. (J). (— 1). bds. 7.99 *(978-0-7636-9067-0(8))* Candlewick Pr.

Black Birds in the Sky: The Story & Legacy of the 1921 Tulsa Race Massacre. Brandy Colbert. (ENG.). 224p. (YA). (gr. 9). 2022. pap. 15.99 *(978-0-06-305667-1(4))*; 2021. (Illus.). 19.99 *(978-0-06-305666-4(6))* HarperCollins Pubs. (Balzer & Bray).

Black Blizzard. Kristin Johnson. 2017. (Day of Disaster Ser.). (ENG.). 112p. (YA). (gr. 6-12). 26.65 *(978-1-5124-2774-5(8)*, 17c8644d-c2b1-4cf1-8ab2-8023ed5185d3); E-Book 39.99 *(978-1-5124-3506-1(6)*, 9781512435061) Lerner Publishing Group. (Darby Creek).

Black Blizzard. Kristin F. Johnson. ed. 2017. (Day of Disaster Ser.). (ENG.). 112p. (YA). (gr. 6-12). E-Book 6.99 *(978-1-5124-3507-8(4)*, 9781512435078, Darby Creek) Lerner Publishing Group.

Black Bolshevik: Autobiography of an Afro-American Communist. Harry Haywood. 2022. (ENG.). 726p. (J). pap. 36.97 *(978-1-4717-3045-0(X))* Lulu Pr., Inc.

Black Border: Gullah Stories of the Carolina Coast, (with a Glossary) (Classic Reprint) Ambrose Elliott Gonzales. (ENG., Illus.). (J). 2018. 352p. 31.16 *(978-0-666-93746-9(X))*; 2016. pap. 13.57 *(978-1-333-63810-8(8))* Forgotten Bks.

Black Boulder Claim (Classic Reprint) Perry Newberry. 2018. (ENG., Illus.). 314p. (J). 30.39 *(978-0-483-22014-0(0))* Forgotten Bks.

Black Boy, Black Boy. Ali Kamanda & Jorge Redmond. Illus. by Ken Daley. 2022. (ENG.). 40p. (J). (gr. -1-3). 17.99 *(978-1-7282-5064-9(1))* Sourcebooks, Inc.

Black Boy Can't Fly? Marcelle Roujade. Ed. by Daniella Blechner & E. Lee Caleca. 2016. (ENG., Illus.). 142p. (YA). (gr. 7-12). pap. *(978-0-9929919-6-8(X))* Conscious Dreams Publishing.

Black Boy Joy: 17 Stories Celebrating Black Boyhood. Ed. by Kwame Mbalia. (J). (gr. 4-7). 2023. 336p. 8.99 *(978-0-593-37996-7(9)*, Yearling); 2021. (Illus.). 320p. 17.99 *(978-0-593-37993-6(4)*, Delacorte Bks. for Young Readers); 2021. (ENG., Illus.). 320p. lib. bdg. 19.99 *(978-0-593-37994-3(2)*, Delacorte Bks. for Young Readers) Random Hse. Children's Bks.

Black Boy Joy 6-Copy Pre-Pack with I-Card & Bookmarks. Kwame Mbalia. 2023. (J). (gr. 4-7). 53.94 ***(978-0-593-57698-4(5)***, Yearling) Random Hse. Children's Bks.

Black Boy Novel Units Student Packet. Novel Units. 2019. (ENG.). (YA). pap. 13.99 *(978-1-58130-621-7(0)*, Novel Units, Inc.) Classroom Library Co.

Black Boy Novel Units Teacher Guide. Novel Units. 2019. (ENG.). (YA). pap. 12.99 *(978-1-58130-620-0(2)*, Novel Units, Inc.) Classroom Library Co.

Black Boys Are... Coloring Book. Lena Payton Webb & Blu Impressions Designs LLC. 2022. (ENG.). 48p. (J). pap. 19.10 *(978-1-4357-9718-5(3))* Lulu Pr., Inc.

Black Branches: A Book of Poems & Plays (Classic Reprint) Orrick Johns. 2018. (ENG., Illus.). 96p. (J). 25.88 *(978-0-484-01193-8(6))* Forgotten Bks.

Black Brother, Black Brother. Jewell Parker Rhodes. (ENG., (J). (gr. 3-7). 2021. Illus.). 272p. pap. 8.99 *(978-0-316-49379-6(1))*; 2020. 256p. 16.99 *(978-0-316-49380-2(5))* Little, Brown Bks. for Young Readers.

Black Bruin: The Biography of a Bear (Classic Reprint) Clarence Hawkes. (ENG., Illus.). (J). 2018. 300p. 30.08 *(978-0-267-52181-4(2))*; 2016. pap. 13.57 *(978-1-332-89384-3(8))* Forgotten Bks.

Black but Comely (Classic Reprint) G. J. Whyte-Melville. 2017. (ENG., Illus.). (J). 32.31 *(978-1-5282-5493-9(7))* Forgotten Bks.

Black but Comely, or the Adventures of Jane Lee, Vol. 1 of 3 (Classic Reprint) George John Whyte-Melville. (ENG., Illus.). (J). 2018. 316p. 30.43 *(978-0-267-31446-1(9))*; 2016. pap. 13.57 *(978-1-333-13240-8(9))* Forgotten Bks.

Black but Comely, or the Adventures of Jane Lee, Vol. 3 of 3 (Classic Reprint) G. J. Whyte-Melville. (ENG., Illus.). (J). 2018. 314p. 30.37 *(978-0-483-51686-1(4))*; 2016. pap. 13.57 *(978-1-333-73781-8(5))* Forgotten Bks.

Black but Comely, Vol. 2 Of 3: Or the Adventures of Jane Lee (Classic Reprint) G. J. Whyte-Melville. 2018. (ENG., Illus.). 314p. (J). 30.37 *(978-0-483-31402-3(1))* Forgotten Bks.

Black Butler, Vol. 30. Yana Toboso. 2021. (Black Butler Ser.: 30). (ENG., Illus.). 178p. (gr. 11-17). pap. 13.00 *(978-1-9753-2485-8(4)*, Yen Pr.) Yen Pr. LLC.

Black Butterfly. Carli Belcher. 2018. (ENG., Illus.). 32p. (J). pap. *(978-1-77370-910-9(0))* Tellwell Talent.

Black Butterfly's Journey Towards CLAR. R. R. ITY: Rae Rae Versus the Anoroc Virus. Richale R. Reed. Illus. by Stacy Hummel. 2020. (ENG.). 34p. (J). pap. 16.97 *(978-1-7349078-3-4(5))* Richale R. Reed.

Black Caesar's Clan: A Florida Mystery Story. Albert Payson Terhune. 2020. (ENG.). (J). 172p. 17.95 *(978-1-64799-863-9(8))*; 170p. pap. 9.95 *(978-1-64799-862-2(X))* Bibliotech Pr.

Black Caesar's Clan: A Florida Mystery Story (Classic Reprint) Albert Payson Terhune. 2016. (ENG., Illus.). (J). pap. 13.57 *(978-1-334-15719-6(7))* Forgotten Bks.

Black Caesar's Clan: A Florida Mystery Story (Classic Reprint) Albert Payson Terhune. 2018. (ENG., Illus.). 284p. (J). 29.77 *(978-0-483-41869-1(2))* Forgotten Bks.

Black Caiman. Ellen Lawrence. 2016. (Apex Predators of the Amazon Rain Forest Ser.). (ENG., Illus.). 24p. (J). (gr. -1-3). 26.99 *(978-1-68402-032-4(8))* Bearport Publishing Co., Inc.

Black Cameos (Classic Reprint) R. Emmet Kennedy. 2018. (ENG., Illus.). (J). 246p. 28.97 *(978-1-397-19264-6(X))*; 248p. pap. 11.57 *(978-1-397-19223-3(2))* Forgotten Bks.

Black Canary, Vol. 2. Brenden Fletcher. ed. 2016. (Black Canary Ser.: 2). lib. bdg. 26.95 *(978-0-606-39486-4(9))* Turtleback.

Black Canary: Ignite. Meg Cabot. ed. 2020. (DC Books for Young Readers Ser.). (ENG., Illus.). 136p. (J). (gr. 4-5). 21.96 *(978-1-64697-349-1(6))* Penworthy Co., LLC, The.

Black Canary & the Three Bad Bears. Laurie S. Sutton. Illus. by Agnes Garbowska. 2022. (DC Super Hero Fairy Tales Ser.). (ENG.). 72p. (J). 27.32 *(978-1-6639-5905-8(6)*, 225955); pap. 6.95 *(978-1-6663-2901-8(0)*, 225937) Capstone. (Stone Arch Bks.).

Black Canary: Breaking Silence. Alexandra Monir. (DC Icons Ser.). 352p. (YA). (gr. 7). 2021. pap. 10.99 *(978-0-593-17834-8(3)*, Ember); 2020. (ENG.). lib. bdg. 21.99 *(978-0-593-17832-4(7)*, Random Hse. Bks. for Young Readers) Random Hse. Children's Bks.

Black Canary's Birthday Ballad. Laurie S. Sutton. Illus. by Emma Kubert. 2023. (Harley Quinn's Madcap Capers Ser.). (ENG.). 72p. (J). 27.32 *(978-1-6690-1389-1(8)*, 245825); pap. 6.95 *(978-1-6690-1563-5(7)*, 245810) Capstone. (Stone Arch Bks.).

Black Cap: New Stories of Murder Mystery (Classic Reprint) Cynthia Asquith. 2017. (ENG., Illus.). (J). 30.46 *(978-1-5285-7070-1(7))* Forgotten Bks.

Black Cat. Tracy Lovett. 2017. (ENG., Illus.). (J). pap. 12.00 *(978-0-9886669-3-1(6))* Inclement Pr.

Black Cat & White Cat. Claire Garralon. 2016. (ENG., Illus.). 30p. (J). (gr. -1-k). bds. 7.99 *(978-1-4926-3781-3(5)*, 9781492637813, Sourcebooks Jabberwocky) Sourcebooks, Inc.

Black Cat, Vol. 1: A Monthly Magazine of Original Short Stories; October, 1895 (Classic Reprint) Unknown Author. 2017. (ENG., Illus.). (J). 38.50 *(978-0-331-60026-1(9))* Forgotten Bks.

Black Cat, Vol. 14: A Monthly Magazine of Original Short Stories; October, 1908 (Classic Reprint) Unknown Author. (ENG., Illus.). (J). 2018. 860p. 41.63 *(978-0-365-39960-5(4))*; 2017. pap. 23.98 *(978-0-243-86043-2(9))* Forgotten Bks.

Black Cat, White Cat: A Minibombo Book. Silvia Borando. Illus. by Silvia Borando. 2020. (ENG.). 36p. (J). (-k). bds. 8.99 *(978-1-5362-1603-5(8))* Candlewick Pr.

Black Cats. Contrib. by Clara MacCarald. 2023. (Scoop on Superstitions Ser.). (ENG.). 24p. (J). (gr. 2-5). lib. bdg. 32.79 *(978-1-5038-6509-9(6)*, 216406, Stride) Child's World, Inc, The.

Black Cats & Broomsticks III: Haunted. Ravenica Spellman. 2016. (ENG., Illus.). (J). pap. 17.95 *(978-1-365-51237-7(1))* Lulu Pr., Inc.

Black Cats & Spooky Bats Fun Halloween Coloring Book. Bobo's Children Activity Books. 2016. (ENG., Illus.). (J). (gr. 3-6). pap. 9.05 *(978-1-68327-522-0(5))* Sunshine In My Soul Publishing.

Black Cat's Christmas. Susie Hubbard. 2022. (ENG.). 22p. (J). 24.99 ***(978-1-0880-7206-6(2))*** Indy Pub.

Black Cats That Scare the Pants off of You. Smarter Activity Books for Kids. 2016. (ENG., Illus.). (J). pap. 8.99 *(978-1-68374-194-7(3))* Examined Solutions PTE. Ltd.

Black (Classic Reprint) Edgar Wallace. 2018. (ENG., Illus.). 354p. (J). 31.22 *(978-0-365-28378-2(9))* Forgotten Bks.

Black Cloud Blues. Christine a Emery. Illus. by Kellie R. Emery. 2018. (ENG.). 64p. (J). (gr. k-4). 24.95 *(978-1-63393-821-2(2))*; pap. 16.95 *(978-1-63393-819-9(0))* Koehler Bks.

Black Coats. Colleen Oakes. 2020. (ENG.). 416p. (YA). (gr. 9). pap. 10.99 *(978-0-06-267964-2(3)*, HarperTeen) HarperCollins Pubs.

Black Cockatoo: A Story of Western Australia (Classic Reprint) Bessie Marchant. 2017. (ENG., Illus.). (J). 30.25 *(978-0-331-47160-1(4))*; pap. 13.57 *(978-0-243-28200-5(1))* Forgotten Bks.

Black Comix Returns. John Jennings & Damian Duffy. 2020. (ENG., Illus.). 200p. (YA). 29.99 *(978-1-942367-37-6(6)*, 1e478d42-3af8-4cd2-8a23-0c69ef35e3e6, Lion Forge) Oni Pr., Inc.

Black Convent Slave: The Climax of Nunnery Exposures; Awful Disclosures, the Uncle Tom's Cabin of Rome's Convent Slavery (Classic Reprint) Ford Hendrickson. 2017. (ENG., Illus.). (J). 26.70 *(978-0-260-87628-7(3))*; pap. 9.57 *(978-1-5283-4050-2(7))* Forgotten Bks.

Black Cowboy, Wild Horses. Julius Lester. Illus. by Jerry Pinkney. 2021. 40p. (J). (gr. -1-3). pap. 8.99 *(978-0-593-40618-2(4)*, Dial Bks) Penguin Young Readers Group.

Black Crayon. Andrew Vassall. 2018. (ENG., Illus.). 34p. (J). (gr. 1-3). pap. 12.95 *(978-1-5069-0695-9(8))* First Edition Design Publishing.

Black Crayon: Coloring & Activity Book. Erinn Sneed. 2017. (Black Crayon Ser.: Vol. 1). (ENG.). 38p. (J). pap. 5.99 *(978-0-9795117-6-9(3))* When I Grow Up Publishing, Inc.

Black Crayon It's All about You: Coloring & Activity Book. Erinn Sneed. 2017. (ENG., Illus.). (J). pap. 7.99 *(978-0-9795117-1-4(2))* When I Grow Up Publishing, Inc.

Black Creek Mysteries. Geoff Collins. 2018. (ENG., Illus.). 286p. (J). pap. 7.99 *(978-1-948046-05-3(9))* A&J Publishing LLC.

Black Creek Stopping-House: And Other Stories (Classic Reprint) Nellie L. McClung. (ENG., Illus.). (J). 2018. 228p. 28.60 *(978-0-483-61224-2(3))*; 2016. pap. 10.97 *(978-1-334-13805-8(2))* Forgotten Bks.

Black Crook, a Most Wonderful History: Now Being Performed with Immense Success in All the Principal Theatres Throughout the United States (Classic Reprint) Unknown Author. 2017. (ENG., Illus.). (J). 106p. 26.08 *(978-0-484-34565-1(6))*; pap. 9.57 *(978-0-259-24557-5(7))* Forgotten Bks.

Black Cross Clove: A Story & a Study (Classic Reprint) James Luby. (ENG., Illus.). (J). 2018. 378p. 31.69 *(978-0-483-43438-7(8))*; 2017. pap. 16.57 *(978-1-334-92737-9(5))* Forgotten Bks.

Black Culture in Bloom: The Harlem Renaissance. Richard Worth. 2020. (J). pap. *(978-1-9785-1518-5(9))* Enslow Publishing, LLC.

Black Curtain (Classic Reprint) Flora Haines Loughead. 2018. (ENG., Illus.). 378p. (J). 31.69 *(978-0-484-13366-1(7))* Forgotten Bks.

Black Dawn. Simon Rose. 2017. (ENG., Illus.). (J). pap. *(978-0-9959403-6-9(3))* Simon/Rose.

Black Days. A. B. Croucher. 2020. (ENG.). 226p. (YA). pap. 17.95 *(978-1-64628-515-0(8))* Page Publishing Inc.

Black Death. Kenny Abdo. 2020. (Outbreak! Ser.). (ENG., Illus.). 24p. (J). (gr. 2-8). lib. bdg. 31.36 *(978-1-0982-2326-7(8)*, 36275, Abdo Zoom-Fly) ABDO Publishing Co.

Black Death, 1 vol. Mary Griffin. 2019. (Look at World History Ser.). (ENG.). 32p. (gr. 2-2). pap. 11.50 *(978-1-5382-4126-4(9)*, 454dff46-657e-463c-a748-97a8a83b9825) Stevens, Gareth Publishing LLLP.

Black Death: Bubonic Plague Attacks Europe, 1 vol. Emily Mahoney & Don Nardo. 2016. (World History Ser.). (ENG.). 104p. (YA). (gr. 7-7). lib. bdg. 41.53 *(978-1-5345-6047-5(5)*, 8a56c19b-ae2d-4d6c-ab4b-891d7284a9ec, Lucent Pr.) Greenhaven Publishing LLC.

Black Diamond: A Comic Drama in Two Acts (Classic Reprint) Martha Russell Orne. 2018. (ENG., Illus.). 26p. (J). 24.47 *(978-0-332-56395-4(2))* Forgotten Bks.

Black Diamond, 1942 (Classic Reprint) Pikeville High School. 2017. (ENG., Illus.). (J). 26.14 *(978-0-331-44770-5(3))*; pap. 9.57 *(978-0-260-42451-8(X))* Forgotten Bks.

Black Diamond (Classic Reprint) Francis Brett Young. 2017. (ENG., Illus.). (J). 32.39 *(978-0-266-17487-5(6))* Forgotten Bks.

Black Diamonds. Mor Jokai. 2017. (ENG.). 472p. (J). pap. *(978-3-337-03928-8(6))* Creation Pubs.

Black Diamonds: A Novel (Classic Reprint) Mor Jokai. 2017. (ENG., Illus.). (J). 33.61 *(978-1-5279-6977-3(0))* Forgotten Bks.

Black Diamonds: Gathered in the Darkey Homes of the South (Classic Reprint) Edward A. Pollard. 2018. (ENG., Illus.). 154p. (J). 27.09 *(978-0-483-45524-5(5))* Forgotten Bks.

Black Diamonds, or the Curiosities of Coal (Classic Reprint) Sidney Dyer. (ENG., Illus.). (J). 2018. 338p. 30.87 *(978-0-484-73260-4(9))*; 2017. pap. 13.57 *(978-0-243-29103-8(5))* Forgotten Bks.

Black Dirt Protector: A Child's Devotional about God & Who He Is. Darlene Wall. 2020. (God's Colouring Book Ser.: Vol. 10). (ENG.). 28p. (J). pap. *(978-1-4866-1390-8(X))* Word Alive Pr.

Black Dog. Jean Baptiste Fernandes. 2020. (ENG.). 318p. (J). pap. ***(978-1-716-90707-4(1))*** Lulu Pr., Inc.

Black Dog. Tracey Lawrence. Illus. by Sean Webster. 2018. (ENG.). 42p. (J). pap. *(978-0-9957323-1-5(0))* SRL Publishing Ltd.

Black Dog: And Other Stories (Classic Reprint) A. E. Coppard. 2017. (ENG., Illus.). (J). 29.92 *(978-0-331-23424-4(6))*; pap. 13.57 *(978-0-243-31540-6(6))* Forgotten Bks.

Black Dolphin of Atlantis. Peter Andras Deme. 2018. (ENG., Illus.). 112p. (J). pap. 12.95 *(978-1-64214-355-3(3))* Page Publishing Inc.

Black Douglas (Classic Reprint) S. R. Crockett. 2018. (ENG., Illus.). 510p. (J). 34.44 *(978-0-267-16857-6(8))* Forgotten Bks.

Black Dove White Raven. Elizabeth Wein. 2016. (ENG.). 384p. (YA). (gr. 7-12). pap. 19.99 *(978-1-4231-8523-9(4))* Hyperion Bks. for Children.

Black Dragon. Julian Sedgwick. Illus. by Patricia Moffett. (Mysterium Ser.). (ENG.). 352p. (J). (gr. 4-8). 2018. pap. 9.99 *(978-1-5415-1489-8(0)*, 6c0683dc-fa47-4097-b4fd-1f7a2d9c8e98); 2016. E-Book 29.32 *(978-1-4677-9555-5(0))* Lerner Publishing Group. (Carolrhoda Bks.).

Black Drop (Classic Reprint) Alice Brown. 2017. (ENG., Illus.). (J). 32.31 *(978-0-266-19703-4(5))* Forgotten Bks.

Black Eagle Mystery (Classic Reprint) Geraldine Bonner. 2017. (ENG., Illus.). (J). 30.74 *(978-0-265-21742-9(3))* Forgotten Bks.

Black Egyptians for Children. Segun Magbagbeola. 2022. (ENG.). 34p. (J). pap. *(978-1-910246-33-7(6))* Akasha Publishing Ltd.

Black Enough: Stories of Being Young & Black in America. Ibi Zoboi et al. (ENG.). 416p. (YA). (gr. 8). 2020. pap. 12.99 *(978-0-06-269873-5(7))*; 2019. 18.99 *(978-0-06-269872-8(9))* HarperCollins Pubs. (Balzer & Bray).

Black Excellence. Ron Kelley. 2020. (ENG.). 57p. (J). pap. *(978-1-716-81604-8(1))* Lulu Pr., Inc.

Black Eyed Kid Comes to Stay: Zarok & the Dogs of Hell. K. M. Akehurst. 2018. (ENG., Illus.). 230p. (YA). pap. ***(978-1-912615-29-2(0))*** Grow Global Publishing.

Black Eyed Kids Volume 2. Joe Pruett. Ed. by Mike Marts. 2017. (ENG., Illus.). 128p. (YA). pap. 14.99 *(978-1-935002-88-8(0)*, bee5be44-2ec3-4ece-a3d8-51aefb2f93c6) AfterShock Comics.

Black-Eyed Peas & Hoghead Cheese: A Story of Food, Family, & Freedom. Glenda Armand. Illus. by Steffi Walthall. 2022. 40p. (J). (gr. -1-3). 18.99 *(978-0-593-48614-6(5))*; (ENG.). lib. bdg. 21.99 *(978-0-593-48615-3(3))* Random Hse. Children's Bks. (Crown Books For Young Readers).

Black Fairies: All Ages Coloring Book. A. C. Washington. 2020. (ENG.). 82p. (J). pap. 8.99 *(978-1-7350697-3-9(6))* Scruffy Pup Pr.

Black Flamingo. Dean Atta. (ENG.). 416p. (YA). (gr. 9). 2021. pap. 15.99 *(978-0-06-299030-3(6))*; 2020. (Illus.). 18.99 *(978-0-06-299029-7(2))* HarperCollins Pubs. (Balzer & Bray).

Black Flowers, White Lies. Yvonne Ventresca. (ENG.). (J). 2018. 280p. (gr. 8-8). pap. 9.99 *(978-1-5107-2596-6(2))*; 2016. 272p. (gr. 6-6). 16.99 *(978-1-5107-0988-1(6))* Skyhorse Publishing Co., Inc. (Sky Pony Pr.).

Black Forest Souvenirs: Collected in Northern Pennsylvania (Classic Reprint) Henry Wharton Shoemaker. (ENG., Illus.). (J). 2017. 33.05 *(978-0-266-26005-9(5))*; 2016. pap. 16.57 *(978-1-333-71764-3(4))* Forgotten Bks.

Black Friday. B. R. Myers. 2016. (ENG., Illus.). (J). pap. *(978-0-9950447-4-6(0))* Myers, B.R.

Black Friend: on Being a Better White Person. Frederick Joseph. (ENG.). (YA). (gr. 7). 2023. 288p. pap. 12.00 *(978-1-5362-2304-0(2))*; 2020. 272p. 17.99 *(978-1-5362-1701-8(8))* Candlewick Pr.

Black Frost: Dragon Wars - Book 2. Craig Halloran. 2020. (Dragon Wars Ser.: Vol. 2). (ENG., Illus.). 278p. (YA). (gr. 7-12). 19.99 *(978-1-946218-69-8(3))* Two-Ten Bk. Pr., Inc.

Black Gipsy & Other Stories: Written at the Request of the General Board of Religion Classes of the Church of Jesus Christ of Latter-Day Saints for the Primary Department (Classic Reprint) John Henry Evans. 2018. (ENG., Illus.). 168p. (J). 27.36 *(978-0-483-23491-8(5))* Forgotten Bks.

Black Girl, Black Girl, What Do You See? India M. Anderson. Illus. by Cameron Wilson. 2022. (ENG.). 28p. (J). 21.00 ***(978-1-0880-4220-5(1))***; pap. 14.99 ***(978-1-0879-0603-4(2))*** Indy Pub.

Black Girl Magic: You Are Black Girl Magic. T. S. Johnson. 2021. (Black Girl Magic Ser.: 1). 42p. (J). (-2). 28.96 *(978-1-6678-0745-4(5))* BookBaby.

Black Girl Magic Unicorn Themed Primary Composition Notebook: Creative Primary Story Journal with Dotted Midline & Picture Space for Grades K-2. Sadia Verneuil. 2023. (ENG.). 100p. (J). pap. ***(978-1-365-80498-4(4))*** Lulu Pr., Inc.

Black Girl Unlimited: The Remarkable Story of a Teenage Wizard. Echo Brown. 2020. (ENG.). 304p. (YA). 17.99 *(978-1-250-30985-3(9)*, 900198587, Holt, Henry & Co. Bks. For Young Readers) Holt, Henry & Co.

Black Girl Unlimited: The Remarkable Story of a Teenage Wizard. Echo Brown. 2022. (ENG.). 304p. (YA). pap. 10.99 *(978-1-250-76354-9(1)*, 900198588) Square Fish.

Black Girls: A Celebration of You! Dominique Furukawa. Illus. by Erika Lynne Jones. 2023. (ENG.). 40p. (J). (gr. -1-3). 19.99 ***(978-0-06-320531-4(9)***, HarperCollins) HarperCollins Pubs.

Black Girls, Brown Girls, What Could You Be? Talitha Anyabwele. Illus. by Nicole Updegraff. 2018. (ENG.). 30p. (J). pap. 12.99 *(978-0-9972861-0-6(5))* BGS Productions, Inc.

Black Girls in Space! Shannon Wilson. 2023. (ENG.). 88p. (J). pap. 17.50 ***(978-1-312-29600-8(3))*** Lulu Pr., Inc.

Black Girls Left Standing. Juliana Goodman. 2022. (ENG.). 336p. (YA). 18.99 *(978-1-250-79281-5(9)*, 900238659) Feiwel & Friends.

Black Gods, Green Islands (Classic Reprint) Geoffrey Holder. 2017. (ENG., Illus.). (J). 28.83 *(978-0-331-65915-3(8))*; pap. 11.57 *(978-0-243-31222-1(9))* Forgotten Bks.

Black Gold, 1 vol. Sara Cassidy. Illus. by Helen Flook. 2017. (Orca Echoes Ser.). (ENG.). 96p. (J). (gr. 1-3). pap. 6.95 *(978-1-4598-1422-6(3))* Orca Bk. Pubs. USA.

Black Gold. Marguerite Henry. Illus. by Wesley Dennis. 2016. (ENG.). 208p. (J). (gr. 3-7). 21.99 *(978-1-4814-6212-9(1)*, Aladdin) Simon & Schuster Children's Publishing.

Black Gold. Laura Obuobi. Illus. by London Ladd. 2022. (ENG.). 40p. (J). (gr. -1-3). 18.99 *(978-0-06-301576-0(5)*, HarperCollins) HarperCollins Pubs.

Black Gold (Classic Reprint) L. Elwyn Elliott. 2017. (ENG., Illus.). (J). 29.73 *(978-1-5285-8337-4(X))* Forgotten Bks.

Black Gold Deception. Jess Walker. 2019. (Sam West Ser.: Vol. 2). (ENG.). 192p. (YA). (gr. 7-12). pap. *(978-1-9994258-4-5(7))* Walker, Jess.

Black Hamlet (Classic Reprint) Wulf Sachs. (ENG., Illus.). (J). 2018. 334p. 30.79 *(978-0-331-81309-8(2))*; 2017. pap. 13.57 *(978-0-259-48460-8(1))* Forgotten Bks.

Black Heart: Arrival (Black Heart Series, Book 2) Jay Allan Storey. 2019. (Black Heart Ser.: Vol. 2). (ENG.). 292p. (J). pap. *(978-0-9917912-6-2(6))* Storey, Jay Allan.

Black Heart: Origin (Black Heart Series, Book 3) Jay Allan Storey. 2020. (Black Heart Ser.: Vol. 3). (ENG.). 350p. (J). pap. *(978-0-9917912-7-9(4))* Storey, Jay Allan.

Black Heart of Jamaica: Cat in the Caribbean. Julia Golding. 2018. (ENG., Illus.). 360p. (J). pap. *(978-1-910426-20-3(2))* Frost Wolf.

Black Heart of the Station. Jay Allan Storey. 2017. (ENG., Illus.). (J). pap. *(978-0-9917912-3-1(1))* Storey, Jay Allan.

Black Heroes of the Wild West: Featuring Stagecoach Mary, Bass Reeves, & Bob Lemmons: A TOON Graphic. James Otis Smith. 2020. (Illus.). 60p. (J). (gr. 4-7). 11.99 *(978-1-943145-52-2(0)*, Toon Books); 16.99 *(978-1-943145-51-5(2)*, TOON Books) Astra Publishing Hse.

Black Hills. Rachel Bithell. 2023. (Visit & Learn Ser.). (ENG., Illus.). 32p. (J). pap. 9.95 ***(978-1-63739-672-8(4)***, Focus Readers) North Star Editions.

Black Hills. Contrib. by Rachel Bithell. 2023. (Visit & Learn Ser.). (ENG., Illus.). 32p. (J). lib. bdg. 31.35 ***(978-1-63739-615-5(5)***, Focus Readers) North Star Editions.

Black History Colouring Book. Marcus Albert-Steven. Illus. by Jason Lee. 2018. (ENG.). 26p. (J). pap. *(978-1-912551-40-8(3))* Conscious Dreams Publishing.

Black History Guide for Youth. Ron Kelley. 2021. (ENG.). 76p. (J). pap. *(978-1-716-20761-7(4))* Lulu Pr., Inc.

Black History in Its Own Words. Ron Wimberly. 2017. (ENG., Illus.). 88p. (YA). 16.99 *(978-1-5343-0153-5(4)*, 8471b123-258c-4f60-a450-0fb8e9bc6bd6) Image Comics.

Black History Month Elementary Pack. DK. 2021. (ENG.). 608p. (J). (gr. 4-7). pap., pap. 43.95 *(978-0-7440-5919-9(4)*, DK Children) Dorling Kindersley Publishing, Inc.

Black Hole. Czeena Devera. Illus. by Jeff Bane. 2022. (My Early Library: My Guide to the Solar System Ser.). (ENG.). 24p. (J). (gr. k-1). pap. 12.79 *(978-1-6689-0019-2(X)*, 220110); lib. bdg. 30.64 *(978-1-5341-9905-7(5)*, 219966) Cherry Lake Publishing.

Black Hole. Christi Robertson. Illus. by Jessica Ferguson. 2019. (ENG.). 78p. (J). (gr. 3-5). 12.99 *(978-0-578-51065-1(0))* Clear Wind Publishing.

Black Hole Bandits. Steve Foxe. Illus. by Gary Boller. 2020. (Mr. Kazarian, Alien Librarian Ser.). (ENG.). 64p. (J). (gr. 3-5). lib. bdg. 21.99 *(978-1-4965-8367-3(1)*, 140651, Stone Arch Bks.) Capstone.

Black Hole Chasers: The Amazing True Story of an Astronomical Breakthrough. Anna Crowley Redding. 2021. (ENG., Illus.). 192p. (J). 21.99 *(978-1-250-62232-7(8)*, 900223582) Feiwel & Friends.

Black Hole Debacle. Keri Claiborne Boyle. Illus. by Deborah Melmon. 2022. (ENG.). 32p. (J). (gr. k-3). 17.99 *(978-1-5341-1152-3(2)*, 205282) Sleeping Bear Pr.

Black Hole Is Not a Hole. Carolyn Cinami DeCristofano. Illus. by Michael Carroll. 2017. 88p. (J). (gr. 4-7). pap. 9.99 *(978-1-57091-784-4(1))* Charlesbridge Publishing, Inc.

Black Hole Is Not a Hole: Updated Edition. Carolyn Cinami DeCristofano. Illus. by Michael Carroll. 2021. 80p. (J). (gr. 4-7). 18.99 *(978-1-62354-308-2(8))*; pap. 11.99 *(978-1-62354-309-9(6))* Charlesbridge Publishing, Inc.

Black Holes. Virginia Loh-Hagan. 2020. (Out of This World Ser.). (ENG., Illus.). 32p. (J). (gr. 4-8). lib. bdg. 32.07 *(978-1-5341-6927-2(X)*, 215595, 45th Parallel Press) Cherry Lake Publishing.

Black Holes, 1 vol. Bert Wilberforce. 2020. (Look at Space Science Ser.). (ENG.). 32p. (J). (gr. 2-2). pap. 11.50 *(978-1-5382-5942-9(7)*, 1f5192d0-3bec-4ad2-91e8-766fea773ab0) Stevens, Gareth Publishing LLLP.

Black Holes: A Space Discovery Guide. James Roland. 2017. (Space Discovery Guides). (ENG., Illus.). 48p. (J). (gr. 4-6). 31.99 *(978-1-5124-2586-4(9)*, 636c3c9e-1012-443c-b9a5-2705b8a48161); E-Book 47.99 *(978-1-5124-3805-5(7)*, 9781512438055); E-Book 4.99 *(978-1-5124-3803-1(0)*, 9781512438031) Lerner Publishing Group. (Lerner Pubns.).

Black Holes: The Weird Science of the Most Mysterious Objects in the Universe. Sara Latta. 2017. (ENG., Illus.). 120p. (YA). (gr. 6-12). 37.32 *(978-1-5124-1568-1(5)*, ea834ca8-6dbc-4c26-928d-7c5555213430, Twenty-First Century Bks.) Lerner Publishing Group.

Black Holes Explained, 1 vol. James Negus. 2018. (Mysteries of Space Ser.). (ENG.). 80p. (gr. 7-7). 38.93 *(978-0-7660-9962-3(8)*, 7783bd0d-c360-49db-975e-bc5d98f8de31); pap. 19.17 *(978-0-7660-9963-0(6)*, 58f89145-c5de-4492-8846-4e4e116650df) Enslow Publishing, LLC.

Black Holes in Action (an Augmented Reality Experience) Kevin Kurtz. 2020. (Space in Action: Augmented Reality (Alternator Books (r)) Ser.). (ENG., Illus.). 32p. (J). (gr. 3-6). pap. 10.99 *(978-1-5415-8941-4(6)*, 9e21e21a-c025-4065-802f-5819c726fcd6); lib. bdg. 31.99 *(978-1-5415-7880-7(5)*, 6a7a36a7-71bb-4c1d-a386-8232b75faf4f) Lerner Publishing Group. (Lerner Pubns.).

Black Holes in Space! the What's & Why's of Black Holes - Space for Kids - Children's Astronomy & Space Books. Pfiffikus. 2016. (ENG., Illus.). (J). pap. 10.81 *(978-1-68377-595-9(3))* Whike, Traudl.

Black Holes to the Oort Cloud - Beyond Our Solar System - Cosmology for Kids - Children's Cosmology Books. Professor Gusto. 2016. (ENG., Illus.). (J). pap. 10.81 *(978-1-68321-987-3(2))* Mimaxion.

Black Horse (Classic Reprint) Carl Louis Kingsbury. (ENG., Illus.). (J). 2018. 68p. 25.30 *(978-0-267-53857-7(X))*; 2017. pap. 9.57 *(978-0-259-45170-9(3))* Forgotten Bks.

Black Ice. Becca Fitzpatrick. 2023. (ENG.). 416p. (YA). (gr. 9). pap. 12.99 *(978-1-6659-2604-1(X)*, Simon & Schuster Bks. For Young Readers) Simon & Schuster Bks. For Young Readers.

Black Ice (Classic Reprint) Albion W. Tourgee. 2018. (ENG., Illus.). 442p. (J). 33.01 *(978-0-483-61708-7(3))* Forgotten Bks.

Black Image (Classic Reprint) Fergus Hume. (ENG., Illus.). (J). 2018. 328p. 30.66 *(978-0-483-97820-1(5))*; 2017. pap. 13.57 *(978-0-243-43947-8(4))* Forgotten Bks.

Black in America. Hal Marcovitz. 2020. (Bias in America Ser.). (ENG.). 80p. (YA). (gr. 6-12). 42.60 *(978-1-68282-891-5(3))* ReferencePoint Pr., Inc.

Black in Time: The Most Awesome Black Britons from Yesterday to Today. Alison Hammond & E. L. Norry. 2022. (Illus.). 320p. (J). 15.99 ***(978-0-241-53231-7(0)***, Puffin) Penguin Bks., Ltd. GBR. Dist: Independent Pubs. Group.

Black Influence: Rising Stars, History Makers, Risk Takers, & Influential Icons in Fashion. A. E. Browne. Illus. by J. Radcliff. 2022. (ENG.). 152p. (J). pap. 24.99 *(978-1-7370215-8-2(7))* Form 2 Fashion.

Black Internet Effect. Shavone Charles. Illus. by Ashley Lukashevsky. 2022. (Pocket Change Collective Ser.). 64p. (YA). (gr. 7). pap. 8.99 *(978-0-593-38753-5(8)*, Penguin Workshop) Penguin Young Readers Group.

Black Iron (Pocket Edition) Mark A. Trexler. 2021. (ENG.). 206p. (YA). pap. *(978-1-105-07841-5(8))* Lulu Pr., Inc.

Black Is a Rainbow Color. Angela Joy. Illus. by Ekua Holmes. 2020. (ENG.). 40p. (J). 18.99 *(978-1-62672-631-4(0)*, 900163693) Roaring Brook Pr.

Black Is Beautiful: An Early Reader Rhyming Story Book for Children to Help with Self Love. Kiara Wilson. 2021. (Amazing Affirmations Ser.: Vol. 5). (ENG.). 36p. (J). 19.99 ***(978-1-63731-615-3(1))*** Grow Grit Pr.

Black Is Me: Inspirational Poem Love Yourself for Children Men & Woman. Pamela Malcolm. 2020. (We Are One Ser.: Vol. 2). (ENG.). 26p. (J). pap. *(978-1-912675-72-2(2))* Aryla Publishing.

Black Is White (Classic Reprint) George Barr McCutcheon. (ENG., Illus.). (J). 2018. 424p. 32.66 *(978-0-483-61823-7(3))*; 2018. 408p. 32.33 *(978-0-267-10128-3(7))*; 2017. pap. 16.57 *(978-0-243-28588-4(4))* Forgotten Bks.

Black Is You: Inspirational Poem Love Yourself for Children Men & Woman. Pamela Malcolm. 2020. (We Are One Ser.: Vol. 1). (ENG.). 28p. (J). pap. *(978-1-912675-71-5(4))* Aryla Publishing.

Black Island see Ile Noire

Black Joy. Contrib. by Charlie Brinkhurst-Cuff & Timi Sotire. 2023. (Illus.). 432p. 17.99 ***(978-0-241-51968-4(3))*** Penguin Bks., Ltd. GBR. Dist: Independent Pubs. Group.

Black Joy. Ed. by Charlie Brinkhurst-Cuff & Timi Sotire. 2021. (Illus.). 416p. (J). 28.95 *(978-0-241-51966-0(7))* Penguin Bks., Ltd. GBR. Dist: Independent Pubs. Group.

Black Key. Amy Ewing. 2017. (Lone City Trilogy Ser.: 3). (ENG.). 304p. (YA). (gr. 9). pap. 10.99 *(978-0-06-223585-5(0)*, HarperTeen); 2016. (Lone City Trilogy Ser.: 3). (ENG.). 304p. (YA). (gr. 9). 17.99 *(978-0-06-223584-8(2)*, HarperTeen); 2016. 295p. (J). *(978-0-06-256581-5(8))* HarperCollins Pubs.

Black Kids. Christina Hammonds Reed. (ENG.). (YA). (gr. 9). 2022. 400p. pap. 12.99 *(978-1-5344-6273-1(2))*; 2020. (Illus.). 368p. 19.99 *(978-1-5344-6272-4(4))* Simon & Schuster Bks. For Young Readers. (Simon & Schuster Bks. For Young Readers).

Black Knight & the Voyage to the Dark Seas. Marcus Donaldson. 2022. (ENG.). 78p. (J). pap. *(978-1-3984-3611-4(9))* Austin Macauley Pubs. Ltd.

Black Knight (Classic Reprint) Alfred Sidgwick. (ENG., Illus.). (J). 2018. 378p. 31.69 *(978-0-364-56174-4(2))*; 2016. pap. 16.57 *(978-1-333-17868-0(9))* Forgotten Bks.

Black Lab & the Robin. Susan Ready. 2022. (ENG.). 24p. (J). pap. ***(978-0-2288-8159-9(5))*** Tellwell Talent.

Black Lagoon, 6 vols., Set. Mike Thaler. Illus. by Jared Lee. Incl. Gym Teacher from the Black Lagoon. lib. bdg. 31.36 *(978-1-59961-794-7(3)*, 3620); Librarian from the Black Lagoon. lib. bdg. 31.36 *(978-1-59961-795-4(1)*, 3621); Music Teacher from the Black Lagoon. lib. bdg. 31.36 *(978-1-59961-796-1(X)*, 3622); Principal from the Black Lagoon. lib. bdg. 31.36 *(978-1-59961-797-8(8)*, 3623); School Nurse from the Black Lagoon. lib. bdg. 31.36 *(978-1-59961-798-5(6)*, 3624); Teacher from the Black Lagoon. lib. bdg. 31.36 *(978-1-59961-799-2(4)*, 3625); (J). (gr. k-4). (Black Lagoon Ser.: 6). (ENG.). 32p. 2011. Set lib. bdg. 188.16 *(978-1-59961-793-0(5)*, 3619, Picture Bk.) Spotlight.

Black Lagoon Adventures, 6 vols., Set. Mike Thaler. Illus. by Jared Lee. Incl. Class Election from the Black Lagoon. 31.36 *(978-1-59961-810-4(9)*, 3596); Class Trip from the Black Lagoon. 31.36 *(978-1-59961-811-1(7)*, 3597); Field Day from the Black Lagoon. 31.36 *(978-1-59961-812-8(5)*, 3598); Little League Team from the Black Lagoon. 31.36 *(978-1-59961-813-5(3)*, 3599); Science Fair from the Black Lagoon. 31.36 *(978-1-59961-814-2(1)*, 3600); Talent Show from the Black Lagoon. 31.36 *(978-1-59961-815-9(X)*, 3601); (J). (gr. 2-6). (Black Lagoon Adventures Ser.: 6). (ENG., Illus.). 64p. 2011. Set lib. bdg. 188.16 *(978-1-59961-809-8(5)*, 3595, Chapter Bks.) Spotlight.

Black Lagoon Adventures Set 4 (Set), 10 vols. Mike Thaler. Illus. by Jared Lee. 2016. (Black Lagoon Adventures Set 4 Ser.). (ENG.). 64p. (J). (gr. 2-6). lib. bdg. 313.60 *(978-1-61479-599-5(1)*, 24332, Chapter Bks.) Spotlight.

Black Lagoon Adventures Set 5 (Set), 5 vols. Mike Thaler. Illus. by Jared Lee. 2019. (Black Lagoon Adventures Ser.). (ENG.). 64p. (J). (gr. 2-6). lib. bdg. 156.80 *(978-1-5321-4416-5(4)*, 33821, Chapter Bks.) Spotlight.

Black Lagoon Adventures Set 6 (Set), 3 vols. Mike Thaler. Illus. by Jared Lee. 2021. (Black Lagoon Adventures Ser.). (ENG.). 64p. (J). (gr. 2-6). lib. bdg. 94.08 *(978-1-0982-5053-9(2)*, 38858, Chapter Bks.) Spotlight.

Black Light. A. H. Jamieson. 2016. (ENG., Illus.). (J). pap. *(978-0-9956395-0-8(7))* Peerie Breeks Publishing.

Black Light. Alastair H. Jamieson. 2016. (Black Light Ser.: Vol. 1). (ENG., Illus.). (YA). (gr. 7-12). pap. *(978-0-9956395-1-5(5))* Peerie Breeks Publishing.

Black Light Express. Philip Reeve. 2017. (Railhead Ser.). (ENG.). 352p. (YA). (gr. 7-12). 17.95 *(978-1-63079-096-7(6)*, 136360, Switch Pr.) Capstone.

Black Like Me Novel Units Student Packet. Novel Units. 2019. (ENG.). (YA). pap. 13.99 *(978-1-58130-881-5(7)*, Novel Units, Inc.) Classroom Library Co.

Black Like Me Novel Units Teacher Guide. Novel Units. 2019. (ENG.). (YA). pap. 12.99 *(978-1-58130-880-8(9)*, Novel Units, Inc.) Classroom Library Co.

Black Like Midnight the Cat. Shequinta Patterson. 2018. (ENG., Illus.). 42p. (J). pap. *(978-1-387-98890-7(5))* Lulu Pr., Inc.

Black Lion Inn (Classic Reprint) Alfred Henry Lewis. 2018. (ENG., Illus.). 424p. (J). 32.64 *(978-0-365-27500-8(X))* Forgotten Bks.

Black Litigants in the Antebellum American South. Kimberly M. Welch. 2020. (John Hope Franklin Series in African American History & Culture Ser.). (ENG., Illus.). 328p. pap. 32.50 *(978-1-4696-5915-2(8)*, 01PODPB) Univ. of North Carolina Pr.

Black Lives Matter. Duchess Harris. 2017. (Protest Movements Ser.). (ENG., Illus.). 48p. (J). (gr. 4-8). lib. bdg. 35.64 *(978-1-5321-1394-9(3)*, 27692) ABDO Publishing Co.

Black Lives Matter: From Hashtag to the Streets. Artika R. Tyner. 2021. (Fight for Black Rights (Alternator Books (r)) Ser.). (ENG., Illus.). 32p. (J). (gr. 3-6). pap. 10.99 *(978-1-7284-3023-2(2)*, 82411572-cca2-4d3c-bfed-5a86d059b795); lib. bdg. 30.65 *(978-1-7284-2956-4(0)*, 71cce537-ad57-445b-a245-38d9e20a4f80) Lerner Publishing Group. (Lerner Pubns.).

Black Lives Matter Movement. Peggy J. Parks. 2017. (ENG.). 80p. (YA). (gr. 5-12). *(978-1-68282-285-2(0))* ReferencePoint Pr., Inc.

Black Magic. Dinah Johnson. Illus. by R. Gregory Christie. 2021. (ENG.). 32p. (J). pap. 8.99 *(978-1-250-82269-7(6)*, 900250850) Square Fish.

Black Males Journal Too. Latrice Thomas. 2022. (ENG.). 45p. (YA). pap. ***(978-1-387-78851-4(5))*** Lulu Pr., Inc.

Black Mambas. Julie Murray. 2017. (Slithering Snakes Ser.). (ENG., Illus.). 24p. (J). (gr. k-4). lib. bdg. 31.36 *(978-1-5321-2071-8(0)*, 26754, Abdo Zoom-Dash) ABDO Publishing Co.

Black Mass. Walter Brown. 2021. (ENG.). 230p. (YA). pap. 18.95 *(978-1-6624-6875-9(X))* Page Publishing Inc.

Black Mass: A Contemporary Romance (Classic Reprint) Frédéric Breton. 2017. (ENG., Illus.). (J). 30.81 *(978-0-260-61663-0(X))* Forgotten Bks.

Black Menagerie. David Daniels et al. 2020. (ENG.). 282p. (YA). pap. *(978-1-716-85156-8(4))* Lulu Pr., Inc.

Black Mogul, or Through India with Frank Reade, Jr. (Classic Reprint) Luis Senarens. 2018. (ENG., Illus.). (J). 52p. 24.99 *(978-1-396-68534-7(0))*; 54p. pap. 9.57 *(978-1-396-17884-9(8))* Forgotten Bks.

Black Monk: And Other Stories (Classic Reprint) Anton Tchekhoff. (ENG., Illus.). (J). 2018. 314p. 30.39 *(978-0-483-32130-4(3))*; 2016. pap. 13.57 *(978-1-333-77065-5(0))* Forgotten Bks.

Black Moon. Romina Russell. 2017. (Zodiac Ser.: 3). 416p. (YA). (gr. 7). pap. 11.99 *(978-1-59514-746-2(2)*, Razorbill) Penguin Young Readers Group.

Black Moon Rising (the Library Book 2) D. J. MacHale. (Library: 2). 304p. (J). (gr. 3-7). 2018. pap. 7.99 *(978-1-101-93260-5(0)*, Yearling); 2017. 16.99 *(978-1-101-93257-5(0)*, Random Hse. Bks. for Young Readers) Random Hse. Children's Bks.

Black Moss, Vol. 1 Of 2: A Tale by a Tarn (Classic Reprint) Miriam May. 2018. (ENG., Illus.). 334p. (J). 30.79 *(978-0-483-38200-8(0))* Forgotten Bks.

Black Motor Car (Classic Reprint) Harris Burland. 2017. (ENG., Illus.). (J). 31.14 *(978-0-331-28251-1(8))* Forgotten Bks.

Black No More. George S. Schuyler. 2021. (ENG.). 154p. (YA). (gr. 6). pap. *(978-1-77464-155-2(0))* Rehak, David.

Black North. Nigel McDowell. 2016. (ENG., Illus.). 432p. (YA). (gr. 8). 11.99 *(978-1-4714-0067-4(0))* Bonnier Publishing GBR. Dist: Independent Pubs. Group.

Black Opal (Classic Reprint) Katharine Susannah Prichard. (ENG., Illus.). (J). 2017. 30.97 *(978-0-331-90316-4(4))*; 2016. pap. 13.57 *(978-1-333-52225-4(8))* Forgotten Bks.

Black Panther. Frank Berrios. Illus. by Patrick Spaziante. 2018. (J). *(978-1-5444-0200-0(7)*, Golden Bks.) Random Hse. Children's Bks.

Black Panther: The Battle for Wakanda. Brandon T. Snider. Illus. by Caravan Studios. 2018. (Mighty Marvel Chapter Bks.). (ENG.). 128p. (J). (gr. 2-7). lib. bdg. 31.36 *(978-1-5321-4214-7(5)*, 28551, Chapter Bks.) Spotlight.

Black Panther: The Young Prince. Ronald L. Smith. 2018. *(978-1-368-01222-5(1))* Disney Publishing Worldwide.

Black Panther: Black Panther: Uprising. Ronald L. Smith. 2023. (Young Prince Ser.: 3). (ENG.). 256p. (J). (gr. 3-7). pap. 9.99 *(978-1-368-08156-6(8))* Marvel Worldwide, Inc.

Black Panther Epic Collection: Panther's Rage. Don McGregor & Stan Lee. Illus. by John Romita, Jr. 2016. 400p. (gr. 4-17). pap. 34.99 *(978-1-302-90190-5(7)*, Marvel Universe) Marvel Worldwide, Inc.

Black Panther Legends. Tochi Onyebuchi. Illus. by Setor Fiadzigbey et al. 2022. (Black Panther Legends Ser.: 1). 136p. (gr. 5-9). pap. 13.99 *(978-1-302-93141-4(5)*, Outreach/New Reader) Marvel Worldwide, Inc.

Black Panther Little Golden Book (Marvel: Black Panther) Frank Berrios. Illus. by Patrick Spaziante. 2018. (Little Golden Book Ser.). (ENG.). 24p. (J). (-k). 5.99 *(978-1-5247-6388-6(8)*, Golden Bks.) Random Hse. Children's Bks.

Black Panther: My Mighty Marvel First Book. Marvel Entertainment. 2020. (Mighty Marvel First Book Ser.). (ENG., Illus.). 24p. (J). (gr. -1-17). bds. 10.99 *(978-1-4197-4816-5(5)*, 1706210) Abrams, Inc.

Black Panther (Set), 6 vols. Ta-Nehisi Coates. 2019. (Black Panther Ser.). (ENG.). 24p. (J). (gr. 6-12). lib. bdg. 188.16 *(978-1-5321-4350-2(8)*, 31870, Marvel Age) Spotlight.

Black Panther Set 2 (Set), 6 vols. Ta-Nehisi Coates. 2020. (Black Panther Ser.). (ENG.). 24p. (J). (gr. 6-12). lib. bdg. 188.16 *(978-1-5321-4777-7(5)*, 36767, Marvel Age) Spotlight.

Black Panther: Spellbound. Ronald L. Smith. (Young Prince Ser.: 2). (ENG.). (J). (gr. 3-7). 2023. 272p. pap. 8.99 *(978-1-368-08155-9(X))*; 2022. 256p. 16.99 *(978-1-368-07124-6(4))* Marvel Worldwide, Inc.

Black Panther:: the Battle for Wakanda. Brandon T. Snider. 2018. (Mighty Marvel Chapter Book Ser.). (ENG., Illus.). 128p. (J). (gr. 3-7). pap. 5.99 *(978-1-368-02014-5(3))* Marvel Worldwide, Inc.

Black Panther: the Young Prince. Ronald L. Smith. 2019. (Young Prince Ser.: 1). (ENG.). 272p. (J). (gr. 3-7). pap. 7.99 *(978-1-368-00849-5(6))* Marvel Worldwide, Inc.

Black Panther: This Is Black Panther. Alexandra West. Illus. by Simone Boufantino et al. 2019. (World of Reading Level 1 Ser.). (ENG.). 32p. (J). (gr. -1-3). lib. bdg. 31.36 *(978-1-5321-4397-7(4)*, 33802) Spotlight.

Black Panther: Uprising. Ronald L. Smith. ed. 2022. (Young Prince Ser.: 3). (ENG.). 256p. (J). (gr. 3-7). 16.99 *(978-1-368-07300-4(X))* Marvel Worldwide, Inc.

Black Panther: Wakanda Forever (Target Exclusive) Frederick Joseph. 2022. (ENG.). (J). 17.99 ***(978-1-368-09372-9(8))*** Disney Publishing Worldwide.

Black Panther: Wakanda Forever: the Courage to Dream. Frederick Joseph. ed. 2022. (ENG.). 32p. (J). (gr. -1-k). 17.99 *(978-1-368-07673-9(4))* Marvel Worldwide, Inc.

Black Panthers. Kenny Abdo. 2019. (Superhero Animals Ser.). (ENG., Illus.). 24p. (J). (gr. 2-8). lib. bdg. 31.36 *(978-1-5321-2949-0(1)*, 33180, Abdo Zoom-Fly) ABDO Publishing Co.

Black Parrot: A Tale of the Golden Chersonese (Classic Reprint) Harry Hervey. 2018. (ENG., Illus.). (J). 346p. 31.05 *(978-1-397-18215-9(6))*; 348p. pap. 13.57 *(978-1-397-18192-3(3))* Forgotten Bks.

Black Pearl: A Comedy in Three Acts. Victorien Sardou. 2017. (ENG., Illus.). (J). pap. *(978-0-649-30480-6(2))* Trieste Publishing Pty Ltd.

Black Pearl: A Comedy in Three Acts (Classic Reprint) Victorien Sardou. 2017. (ENG., Illus.). (J). 25.18 *(978-1-5280-8012-5(2))* Forgotten Bks.

Black Pearl: A Comedy Three Acts; Translated from the French (Classic Reprint) Victorien Sardou. (ENG., Illus.). (J). 2018. 60p. 25.13 *(978-0-365-53080-0(8))*; 2017. pap. 9.57 *(978-0-259-21074-0(9))* Forgotten Bks.

Black Pearl (Classic Reprint) Noel Aimir. (ENG., Illus.). (J). 2018. 262p. 29.30 *(978-0-484-54323-1(7))*; 2016. pap. 11.97 *(978-1-333-30800-1(0))* Forgotten Bks.

Black Pearl (Classic Reprint) Wilson Woodrow. 2017. (ENG., Illus.). (J). 31.03 *(978-0-266-21505-9(X))* Forgotten Bks.

Black Pearl Island: Kate & Kris Explore the Universe. Ruth Finnegan. 2023. (ENG.). 119p. (J). pap. ***(978-1-4475-1363-6(0))*** Lulu Pr., Inc.

Black Pearl Princess. Doreen Stewart. 2022. (ENG.). 32p. (J). 22.99 *(978-1-7330327-5-9(4))* Dream Mastery.

Black Pearl Princess Coloring & Activity Book. Doreen Stewart. 2022. (ENG.). 34p. (J). pap. 5.95 *(978-1-7330327-6-6(2))* Dream Mastery.

Black Plague: Dark History- Children's Medieval History Books. Baby Professor. 2017. (ENG., Illus.). (J). pap. 7.89 *(978-1-5419-0483-5(4)*, Baby Professor (Education Kids)) Speedy Publishing LLC.

Black Planet: Featuring Lucinda & Spongy. Stephanie Franklin. 2018. (Featuring Lucinda & Spongy Ser.: Vol. 1). (ENG., Illus.). 46p. (J). (gr. k-6). pap. 15.99 *(978-1-944383-10-7(7))* Heavenly Realm Publishing.

Black Plasma Adventures: Minecraft Graphic Novel (Independent & Unofficial) Independent & Unofficial. David Zoellner. 2020. (ENG., Illus.). 96p. (J). (gr. 4-9). pap. 9.95 *(978-1-83935-003-0(2)*, Mortimer Children's Bks.) Welbeck Publishing Group Ltd. GBR. Dist: Two Rivers Distribution.

Black Poodle & Other Tales. F. Anstey, pseud. 2017. (ENG., Illus.). (J). pap. *(978-0-649-07500-3(5))*; pap. *(978-0-649-07499-0(8))* Trieste Publishing Pty Ltd.

Black Poodle, & Other Tales. F. Anstey, pseud. 2017. (ENG.). 284p. (J). pap. *(978-3-337-07577-4(0))* Creation Pubs.

Black Poodle & Other Tales (Classic Reprint) F. Anstey, pseud. 2017. (ENG., Illus.). (J). 29.65 *(978-1-5283-5379-3(X))* Forgotten Bks.

Black Power Movement & Civil Unrest, 1 vol. Kerry Hinton. 2017. (Spotlight on the Civil Rights Movement Ser.). (ENG., Illus.). 48p. (J). (gr. 6-6). pap. 12.75 *(978-1-5383-8016-1(1)*, 4bdedc04-7722-49e7-b025-982ca62992fc) Rosen Publishing Group, Inc., The.

Black Power Salute: How a Photograph Captured a Political Protest. Danielle Smith-Llera. 2017. (Captured History Sports Ser.). (ENG., Illus.). 64p. (J). (gr. 5-9). lib. bdg. 35.32 *(978-0-7565-5526-9(4)*, 134411, Compass Point Bks.) Capstone.

Black Prince: And Other Stories (Classic Reprint) Unknown Author. (ENG., Illus.). (J). 2018. 280p. 29.67 *(978-0-332-78216-4(6))*; 2016. pap. 13.57 *(978-1-333-35672-9(2))* Forgotten Bks.

Black Prophet: A Tale of Irish Famine (Classic Reprint) William Carleton. (ENG., Illus.). (J). 2018. 430p. 32.77 *(978-0-666-12734-1(4))*; 2016. pap. 16.57 *(978-1-333-22852-1(X))* Forgotten Bks.

Black Rabbit. Philippa Leathers. Illus. by Philippa Leathers. 2016. (ENG., Illus.). 40p. (J). (gr. -1-2). 7.99 *(978-0-7636-8879-0(7))* Candlewick Pr.

Black Raid. Alex Linwood. (ENG.). (YA). (gr. 7-12). 2021. 350p. pap. 15.99 *(978-1-951098-11-7(0))*; 2019. (Jack of Magic Ser.: Vol. 3). (Illus.). 292p. pap. 14.95 *(978-1-951098-06-3(4))* Greenlees Publishing.

Black Raven. Devon Hicks. 2020. (ENG.). 30p. (YA). pap. 12.00 *(978-1-64237-957-0(3))* Gatekeeper Pr.

Black Ribbon. Hannah Conrad. 2020. (ENG.). 144p. (YA). pap. 10.99 *(978-1-393-06742-9(5))* Draft2Digital.

Black River Chronicles: Eye of the Observer. Digital Fiction. Ed. by Anne Zanoni. Illus. by Kim Van Deun. 2019. (Black River Academy Ser.: Vol. 3). (ENG.). 318p. (J). pap. *(978-1-989414-12-5(5))* Digital Science Fiction.

Black River Falls. Jeff Hirsch. 2017. (ENG.). 336p. (YA). (gr. 7). pap. 9.99 *(978-0-544-93885-4(2)*, 1658463, Clarion Bks.) HarperCollins Pubs.

Black Road - Holy North HC. Brian Wood. 2018. (ENG., Illus.). 256p. (YA). 34.99 *(978-1-5343-0670-7(6)*, b1387c84-c222-4422-b432-1e25c2a1e867) Image Comics.

Black Rock: A Tale of the Selkirks. Ralph Connor. 2018. (ENG.). 230p. (J). pap. 9.55 *(978-1-63391-686-9(3))* Westphalia Press.

Black Rock: A Tale of the Selkirks (Classic Reprint) Ralph Connor. 2018. (ENG., Illus.). 358p. (J). 31.28 *(978-0-364-31357-2(9))* Forgotten Bks.

Black Rock Brothers. S. J. Dahlstrom. 2018. (Adventures of Wilder Good Ser.: 5). (ENG., Illus.). 210p. (J). (gr. 3-6). pap. 9.95 *(978-1-58988-127-3(3))* Dry, Paul Bks., Inc.

Black Rose. Wyman Green. 2022. (ENG.). 302p. (YA). pap. 21.95 ***(978-1-63985-171-3(2))*** Fulton Bks.

Black Sand Beach 1: Are You Afraid of the Light? Richard Fairgray. 2020. (Black Sand Beach Ser.: 1). (Illus.). 192p.

B

(J). (gr. 3-7). 22.99 *(978-1-64595-000-4(X))*; pap. 12.99 *(978-1-64595-002-8(6))* Pixel+Ink.

Black Sand Beach 2: Do You Remember the Summer Before? Richard Fairgray. 2021. (Black Sand Beach Ser.). (Illus.). 192p. (J). (gr. 3-7). 22.99 *(978-1-64595-004-2(2))* Pixel+Ink.

Black Sand Beach 3: Have You Seen the Darkness? Richard Fairgray. 2022. (Black Sand Beach Ser.: 3). (Illus.). 192p. (J). (gr. 3-7). 22.99 *(978-1-64595-091-2(3))*; pap. 12.99 *(978-1-64595-092-9(1))* Pixel+Ink.

Black Sand Beach: Are You Afraid of the Light? Richard Fairgray. 2019. (Black Sand Beach Ser.: Vol. 1). (ENG.). 192p. (J). (gr. 3-7). lib. bdg. 24.50 *(978-1-6636-2960-9(9))* Perfection Learning Corp.

Black Scales: Book I: the Dragons of Apenninus. James Rudolph Agapoff IV. 2019. (ENG.). 516p. (YA). pap. 22.49 *(978-1-5456-5816-1(1)*, Mill City Press, Inc) Salem Author Services.

Black Sheep: A Novel (Classic Reprint) Edmund Yates. 2017. (ENG., Illus.). (J). 34.06 *(978-1-5285-4982-0(1))* Forgotten Bks.

Black Sheep: Adventures in West Africa (Classic Reprint) Jean Kenyon MacKenzie. 2017. (ENG., Illus.). (J). 30.58 *(978-0-265-51085-8(6))* Forgotten Bks.

Black Sheep Chapel (Classic Reprint) Margaret Baillie -Saunders. (ENG., Illus.). (J). 2018. 314p. 30.37 *(978-0-666-24445-1(6))*; 2016. pap. 13.57 *(978-1-334-68413-5(8))* Forgotten Bks.

Black Sheep (Classic Reprint) Joseph Sharts. 2018. (ENG., Illus.). (J). 336p. 30.85 *(978-0-366-56283-1(5))*; 338p. pap. 13.57 *(978-0-366-10977-7(4))* Forgotten Bks.

Black Sheep, Vol. 1 Of 3: A Novel (Classic Reprint) Edmund Yates. (ENG., Illus.). (J). 2018. 352p. 31.18 *(978-0-483-51060-9(2))*; 2016. pap. 13.57 *(978-1-333-37040-4(7))* Forgotten Bks.

Black Sheep, Vol. 2 Of 3: A Novel (Classic Reprint) Edmund Yates. (ENG., Illus.). (J). 2018. 338p. 30.87 *(978-0-332-54558-5(X))*; 2016. pap. 13.57 *(978-1-333-37989-6(7))* Forgotten Bks.

Black Sheep, Vol. 3 Of 3: A Novel (Classic Reprint) Edmund Yates. (ENG., Illus.). (J). 2018. 322p. 30.56 *(978-0-332-59565-8(X))*; 2016. pap. 13.57 *(978-1-333-22527-8(X))* Forgotten Bks.

Black Sheep, White Crow & Other Windmill Tales: Stories from Navajo Country. Jim Kristofic. Illus. by Nolan Karras James. 2017. (ENG.). 120p. (J). pap. 19.95 *(978-0-8263-5819-6(5)*, P544488) Univ. of New Mexico Pr.

Black Sheep's Gold (Classic Reprint) Beatrice Grimshaw. 2018. (ENG., Illus.). 290p. (J). 29.88 *(978-0-483-01681-1(0))* Forgotten Bks.

Black Ships Before Troy. Rosemary Sutcliff. Illus. by Alan Lee. 2017. (ENG.). 128p. (J). (gr. 2-5). 22.99 *(978-1-84780-995-7(2)*, 316873, Frances Lincoln Children's Bks.) Quarto Publishing Group UK GBR. Dist: Hachette UK Distribution.

Black Shonen: Hollow Firma: Hollow Firma. Isaac. Ed. by Peter Angelo. Illus. by Kweli Wilson. l.t. ed. 2022. (ENG.). 348p. (YA). pap. 15.00 ***(978-0-578-34732-5(6))*** Team Shonen Publishing.

Black Slide. J. W. Ocker. 2022. (ENG.). 272p. (J). (gr. 3-7). 16.99 *(978-0-06-299055-6(1)*, HarperCollins) HarperCollins Pubs.

Black Soldiers in the Civil War. Elisabeth Herschbach. 2020. (Civil War Ser.). (ENG., Illus.). 48p. (J). (gr. 5-6). pap. 11.95 *(978-1-64493-157-8(5)*, 1644931575); lib. bdg. 34.21 *(978-1-64493-078-6(1)*, 1644930781) North Star Editions. (Focus Readers).

Black Spaniel, & Other Stories (Classic Reprint) Robert Hichens. 2018. (ENG., Illus.). 408p. (J). 32.31 *(978-0-364-27098-1(5))* Forgotten Bks.

Black Spirits & White, Vol. 3 (Classic Reprint) Frances Eleanor Trollope. 2018. (ENG., Illus.). 312p. (J). 30.35 *(978-0-484-09987-5(6))* Forgotten Bks.

Black Spirits &White, a Book of Ghost Stories (Classic Reprint) Ralph Adams Cram. 2017. (ENG., Illus.). (J). 27.57 *(978-0-265-80422-3(1))* Forgotten Bks.

Black Spot & Little Girl Blue. Marisa Schneider. 2021. (ENG.). 30p. (YA). pap. ***(978-1-914078-47-7(0))*** Publishing Push Ltd.

Black Squire; or a Lady's Four Wishes, Vol. 1 Of 3: A Novel (Classic Reprint) Davus Davus. 2018. (ENG., Illus.). 294p. (J). 29.96 *(978-0-267-16823-1(3))* Forgotten Bks.

Black Squire, or a Lady's Four Wishes, Vol. 2 Of 3: A Novel (Classic Reprint) Davus Davus. (ENG., Illus.). (J). 2018. 284p. 29.75 *(978-0-483-60352-3(X))*; 2016. pap. 13.57 *(978-1-333-52704-4(7))* Forgotten Bks.

Black Squire; or a Lady's Four Wishes, Vol. 3 Of 3: A Novel (Classic Reprint) Pseud Davus. 2018. (ENG., Illus.). 268p. (J). 29.47 *(978-0-483-97913-0(9))* Forgotten Bks.

Black Stallion Novel Units Teacher Guide. Novel Units. 2019. (ENG.). (J). pap. 12.99 *(978-1-56137-094-8(0)*, Novel Units, Inc.) Classroom Library Co.

Black Star. Susie Dinneen. 2021. (Stolen Treasures Ser.: Vol. 2). (ENG.). 226p. (J). pap. ***(978-0-620-92717-8(8))*** African Public Policy & Research Institute, The.

Black Stone (Classic Reprint) George Gibbs. (ENG., Illus.). (J). 2018. 394p. 32.02 *(978-0-483-60891-7(2))*; 2017. pap. 16.57 *(978-0-243-27660-8(5))* Forgotten Bks.

Black Stones. Tavaris Jamarr Carter. 2021. (ENG.). 208p. (YA). pap. 16.99 *(978-1-63337-567-3(6)*, Proving Pr.) Columbus Pr.

Black Sun: The Longest Night 03: Visions. Kelvin Nyeusi Mawazo. Illus. by Kelvin Nyeusi Mawazo. 2018. (ENG.). 38p. (YA). pap. *(978-0-9958185-3-8(3))* Black Sun Comics.

Black Sun: The Longest Night (Book 01 - Invasion) Kelvin Nyeusi Mawazo. Illus. by Kelvin Nyeusi Mawazo. 2018. (ENG., Illus.). 38p. (YA). pap. *(978-0-9958185-4-5(1))* Black Sun Comics.

Black Sun: The Longest Night (Book 02 - Time) Kelvin Nyeusi Mawazo. Illus. by Kelvin Nyeusi Mawazo. 2018. (978-0-9958185-5-2 Ser.). (ENG., Illus.). 38p. (YA). pap. *(978-0-9958185-5-2(X))* Black Sun Comics.

Black Swans: And Other Friends Indoors & Out (Classic Reprint) Alvin Howard Sanders. 2018. (ENG., Illus.). 230p. (J). 28.66 *(978-0-483-64089-4(1))* Forgotten Bks.

Black Tagged. Keena Vinson. 2021. (ENG.). 176p. (YA). 30.95 *(978-1-6624-2933-0(9))*; pap. 15.95 *(978-1-6624-2931-6(2))* Page Publishing Inc.

Black Talk: Being Notes on Negro Dialect in British Guiana, with (Inevitably) a Chapter on the Vernacular of Barbados (Classic Reprint) J. Graham Cruickshank. 2017. (ENG., Illus.). (J). 25.73 *(978-0-266-70110-1(8))* Forgotten Bks.

Black Tempest. Ryan Dalton. 2017. (Time Shift Trilogy Ser.). (ENG.). 448p. (YA). (gr. 9-12). pap. 14.99 *(978-1-63163-106-1(3)*, 1631631063, Jolly Fish Pr.) North Star Editions.

Black the Tides: Escape the City of Nightmares. K. A. Wiggins. 2nd ed. 2022. (Threads of Dreams Ser.: Vol. 2). (ENG.). 246p. (YA). pap. ***(978-1-7775174-9-6(4))*** Wiggins, K.A.

Black Trailblazers: 30 Courageous Visionaries Who Broke Boundaries, Made a Difference, & Paved the Way. Bijan Bayne. Illus. by Joelle Avelino. 2022. (ENG.). 128p. (J). 21.99 *(978-1-5248-7477-3(9))* Andrews McMeel Publishing.

Black Tulip. Alexandre Dumas. 2022. (ENG.). 188p. (J). 25.95 ***(978-1-63637-986-9(9))***; pap. 14.95 ***(978-1-63637-985-2(0))*** Bibliotech Pr.

Black Tulip: Translated from the French by A. J. o'Connor (Classic Reprint) Dumas. 2016. (ENG., Illus.). (J). pap. 16.57 *(978-1-334-14152-2(5))* Forgotten Bks.

Black Tulip: Translated from the French by A. J. o'Connor (Classic Reprint) Alexandre Dumas. 2018. (ENG., Illus.). 392p. (J). 31.98 *(978-0-483-84802-3(6))* Forgotten Bks.

Black Tulip (Classic Reprint) Alexandre Dumas. 2017. (ENG., Illus.). (J). 30.79 *(978-0-265-42832-0(7))* Forgotten Bks.

Black Velvet Jacket. Suzanne Reisler Litwin. Illus. by Ross Paperman. 2016. (ENG.). 40p. (J). pap. *(978-1-939288-43-1(6))* Suzie I.N.K.

Black Virus: Outbreak. Shanta Pablo. 2016. (Black Virus Ser.: Vol. 1). (ENG., Illus.). (YA). (gr. 9-12). pap. *(978-0-9952641-0-6(4))* Pablo, Shanta.

Black Voices on Race (Set Of 8) 2022. (Black Voices on Race Ser.). (ENG.). 8p. (J). (gr. 3-5). pap. 79.60 *(978-1-63739-313-0(X))*; lib. bdg. 250.80 *(978-1-63739-261-4(3))* North Star Editions. (Focus Readers).

Black Voter Suppression: The Fight for the Right to Vote. Artika R. Tyner. 2021. (Fight for Black Rights (Alternator Books (r)) Ser.). (ENG., Illus.). 32p. (J). (gr. 3-6). pap. 10.99 *(978-1-7284-3024-9(0)*, 2f69b443-90ce-48fc-811b-8f1afbea9a7e); lib. bdg. 30.65 *(978-1-7284-2966-3(8)*, 98e2f2e0-f70e-4e5f-b71c-f594b4f2ab22) Lerner Publishing Group. (Lerner Pubns.).

Black Was the Ink. 1 vol. Michelle Coles. Illus. by Justin Johnson. 2021. (ENG.). 368p. (YA). (gr. 8-12). 21.95 *(978-1-64379-431-0(0)*, leelowtu, Tu Bks.) Lee & Low Bks., Inc.

Black White: A High Contrast Book for Newborns. Tana Hoban. Illus. by Tana Hoban. 2017. (ENG., Illus.). 36p. (J). (gr. -1 — 1). bds. 9.99 *(978-0-06-265690-2(2)*, Greenwillow Bks.) HarperCollins Pubs.

Black, White, Just Right! Marguerite W. Davol. Illus. by Irene Trivas. 2019. (ENG.). 32p. (J). (gr. -1-3). pap. 7.99 *(978-0-8075-0788-9(1)*, 807507881) Whitman, Albert & Co.

BLACK WIDOW by WAID & SAMNEE: the COMPLETE COLLECTION. Chris Samnee. ed. 2020. (Illus.). 272p. (gr. 8-17). pap. 29.99 ***(978-1-302-92129-3(0)***, Marvel Universe) Marvel Worldwide, Inc.

Black Widow (Marvel) Christy Webster. Illus. by Ann Marcellino. 2020. (Little Golden Book Ser.). (ENG.). 24p. (J). (-k). 5.99 *(978-0-593-12215-0(1)*, Golden Bks.) Random Hse. Children's Bks.

Black Widow: My Mighty Marvel First Book. Marvel Entertainment. 2020. (Mighty Marvel First Book Ser.). (ENG., Illus.). 24p. (J). (gr. -1-17). bds. 10.99 *(978-1-4197-5254-4(5)*, 1724510, Abrams Appleseed) Abrams, Inc.

Black Widow: Red Vengeance. Margaret Stohl. 2017. (Black Widow Novel Ser.). (ENG., Illus.). 448p. (YA). (gr. 7-12). pap. 9.99 *(978-1-4847-8848-6(6))* Marvel Worldwide, Inc.

Black Widow Spider. Julie Murray. 2020. (Animals with Venom Ser.). (ENG.). 24p. (J). (gr. 2-2). pap. 8.95 *(978-1-64494-396-0(4))*; (Illus.). (gr. k-4). lib. bdg. 31.36 *(978-1-0982-2101-0(X)*, 34449) ABDO Publishing Co. (Abdo Zoom-Dash).

Black Widow Spiders. Claire Archer. 2016. (Spiders Ser.). (ENG., Illus.). 24p. (J). (gr. -1-2). pap. 7.95 *(978-1-4966-0979-3(4)*, 134884, Capstone Classroom) Capstone.

Black Widow Spiders. Megan Borgert-Spaniol. 2016. (Creepy Crawlies Ser.). (ENG., Illus.). 24p. (J). (gr. k-3). lib. bdg. 26.95 *(978-1-62617-299-9(4)*, Blastoff! Readers) Bellwether Media.

Black Widow Spiders. Julie Murray. 2019. (Animal Kingdom Ser.). (ENG.). 32p. (J). (gr. 2-5). lib. bdg. 34.21 *(978-1-5321-1618-6(7)*, 32347, Big Buddy Bks.) ABDO Publishing Co.

Black Widows. 1 vol. Jill Keppeler. 2017. (Spiders: Eight-Legged Terrors Ser.). (ENG.). 24p. (J). (gr. 2-3). pap. 9.15 *(978-1-4824-6495-5(0)*, e9bbd82e-9b8d-4e81-a67f-02f83d9d8e56) Stevens, Gareth Publishing LLLP.

Black Wings Beating. Alex London. 2019. (Skybound Saga Ser.: 1). (ENG., Illus.). 448p. (YA). pap. 17.99 *(978-1-250-21148-4(4)*, 900177982) Square Fish.

Black Wolf Pack (Classic Reprint) Daniel Carter Beard. 2018. (ENG., Illus.). 422p. (J). 28.95 *(978-0-666-15740-9(5))* Forgotten Bks.

Black Wolf's Breed: A Story of France in the Old World & the New, Happening in the Reign (Classic Reprint) Harris Dickson. 2018. (ENG., Illus.). 354p. (J). 31.20 *(978-0-267-15866-9(1))* Forgotten Bks.

Black Woman Did That. Malaika Adero. Illus. by Chanté Timothy. 2020. (ENG.). 160p. (J). (gr. 5-6). pap. 11.99 *(978-1-941367-51-3(8))* Downtown Bookworks.

Black Women Who Dared. 1 vol. Naomi M. Moyer. 2018. (ENG., Illus.). 24p. (J). (gr. 5-8). 18.95 *(978-1-77260-071-1(7))* Second Story Pr. CAN. Dist: Orca Bk. Pubs. USA.

Blackbeard: Buccaneer. Ralph D. Paine. 2019. (ENG., Illus.). 210p. (YA). pap. *(978-93-5329-479-3(7))* Alpha Editions.

Blackbeard: Captain of the Queen Anne's Revenge. Blake Hoena. Illus. by Tate Yotter. 2020. (Pirate Tales Ser.). (ENG.). 24p. (J). (gr. 3-8). pap. 8.99 *(978-1-68103-840-7(4)*, 12929); lib. bdg. 29.95 *(978-1-64487-301-4(X))* Bellwether Media. (Black Sheep).

Blackbeard or, the Pirate of Roanoke. B. Barker. 2018. (ENG., Illus.). 42p. (J). 12.99 *(978-1-5154-2244-0(5))* Wilder Pubns., Corp.

Blackbeards Island the Adventures of Three Boy Scouts, in the Sea Islands (Classic Reprint) Rupert Sargent Holl. 2018. (ENG., Illus.). 322p. (J). 30.50 *(978-0-332-37242-6(1))* Forgotten Bks.

Blackberries: Leveled Reader Yellow Fiction Level 6 Grade 1. Hmh Hmh. 2019. (Rigby PM Ser.). (ENG.). 16p. (J). (gr. 1). pap. 11.00 *(978-0-358-12150-3(7))* Houghton Mifflin Harcourt Publishing Co.

Blackberries & Cream. Leslie Rivver. 2019. (ENG.). 200p. (J). (gr. 3-7). pap. 9.95 *(978-0-9987012-7-1(0))* Green Writers Pr.

Blackberry Banquet Chinese Edition. Terry Pierce. Tr. by Yang Shuqi. Illus. by Lisa Downey. 2019. (CHI.). 32p. (J). (gr. k-3). pap. 11.95 *(978-1-60718-438-6(9))* Arbordale Publishing.

Blackberry Fairy of Faeriedale. M. G. Trehern. 2018. (ENG., Illus.). 20p. (J). *(978-0-359-20541-7(0))* Lulu Pr., Inc.

Blackberry Pickers (Classic Reprint) Evelyn St. Leger. 2018. (ENG., Illus.). 376p. (J). 31.65 *(978-0-332-49102-8(1))* Forgotten Bks.

Blackbird: A Story of Mackinac Island (Classic Reprint) Scota Sorin. 2017. (ENG., Illus.). (J). pap. 9.57 *(978-0-259-50732-1(6))* Forgotten Bks.

Blackbird: an AFK Book (Five Nights at Freddy's: Fazbear Frights #6). 1 vol. Scott Cawthon. 2020. (Five Nights at Freddy's Ser.: 6). (ENG., Illus.). 256p. (YA). (gr. 7-7). pap. 9.99 *(978-1-338-70389-4(7))* Scholastic, Inc.

Blackbird Girls. Anne Blankman. 352p. (J). (gr. 4-7). 2021. 8.99 *(978-1-9848-3737-0(0)*, Puffin Books); 2020. (ENG.). 17.99 *(978-1-9848-3735-6(4)*, Viking Books for Young Readers) Penguin Young Readers Group.

Blackbird Volume 1. Sam Humphries. 2019. (ENG., Illus.). 168p. (YA). pap. 16.99 *(978-1-5343-1259-3(5)*, 7847b608-4d1a-43d6-9d20-2b3ba69296b7) Image Comics.

Blackbird's Nest: A Tale for Youth (Classic Reprint) Unknown Author. 2018. (ENG., Illus.). 36p. (J). 24.64 *(978-0-267-11301-9(3))* Forgotten Bks.

Blackblood: Acolyte: A Graphic Novel. Phu Vuong. Illus. by Isa Enriquez. 2021. (ENG.). 256p. (J). (gr. 4). 24.99 *(978-1-4998-1185-8(3))*; pap. 14.99 *(978-1-4998-1184-1(5))* Bonnier Publishing USA. (Yellow Jacket).

Blackboard Reading. Maud Moore. 2017. (ENG., Illus.). (J). pap. *(978-0-649-50219-6(1))* Trieste Publishing Pty Ltd.

Blackboard Reading (Classic Reprint) Maud Moore. (ENG., Illus.). (J). 2018. 164p. 27.28 *(978-0-332-54324-6(2))*; 2016. pap. 9.97 *(978-1-334-13420-3(0))* Forgotten Bks.

Blackboard Work in Reading (Classic Reprint) Ida Evelyn Finley. 2017. (ENG., Illus.). (J). 25.26 *(978-0-265-26888-9(5))* Forgotten Bks.

Blacker the Berry. Joyce Carol Thomas & Floyd Cooper. 2022. (ENG., Illus.). 32p. (J). (gr. -1-3). pap. 7.99 *(978-0-06-314488-0(3)*, Amistad) HarperCollins Pubs.

Blackfeet. Ona Knoxsah. 2023. (Native American Nations Ser.). (ENG., Illus.). (J). (gr. 3-8). lib. bdg. 27.95 Bellwether Media.

Blackfeet Tales of Glacier National Park (Classic Reprint) James Willard Schultz. 2017. (ENG., Illus.). (J). 30.62 *(978-0-266-41670-8(5))* Forgotten Bks.

Blackflies & Blueberries. Sharon Ledwith. 2019. (Mysterious Tales from Fairy Falls Ser.: Vol. 2). (ENG.). 212p. (YA). (gr. 7-12). pap. *(978-1-987976-54-0(1))* Mirror World Publishing.

Blackgown Papers, Vol. 1 (Classic Reprint) L. Mariotti. (ENG., Illus.). (J). 2018. 272p. 29.51 *(978-0-483-40504-2(3))*; 2016. pap. 11.97 *(978-1-333-33396-6(X))* Forgotten Bks.

Blackgown Papers, Vol. 2 (Classic Reprint) L. Mariotti. 2018. (ENG., Illus.). 286p. (J). 29.80 *(978-0-483-83247-3(2))* Forgotten Bks.

Blackhall Ghosts (Classic Reprint) Sarah Tytler. (ENG., Illus.). (J). 2018. 322p. 30.54 *(978-0-365-29107-7(2))*; 2017. pap. 13.57 *(978-0-259-19720-1(3))* Forgotten Bks.

Blackhand & Ironhead Volume 1. David Lopez. 2020. (ENG., Illus.). 160p. (YA). 24.99 *(978-1-5343-1689-8(2)*, e1f5f376-c628-4d14-8c93-95b1656d2740) Image Comics.

Blackhearts. Nicole Castroman. 2016. (ENG., Illus.). 384p. (YA). (gr. 9). 17.99 *(978-1-4814-3269-6(9)*, Simon Pulse) Simon Pulse.

Blackheath. Gabriella Lepore. 2016. (Blackheath Witches Ser.: Vol. 1). (ENG., Illus.). (YA). pap. *(978-0-9956365-6-9(7))* Oftomes Publishing.

Blackheath Resurrection. Gabriella Lepore. 2016. (Blackheath Witches Ser.: Vol. 2). (ENG., Illus.). (YA). pap. *(978-0-9956365-7-6(5))* Oftomes Publishing.

Blackie. Paige Turner. 2020. (ENG., Illus.). 34p. (J). 24.95 *(978-1-6624-0386-6(0))* Page Publishing Inc.

Blacklist. Alyson Noël. 2017. 448p. (J). *(978-0-06-266688-8(6)*, Tegen, Katherine Bks) HarperCollins Pubs.

Blacklist. Alyson Noel. 2018. (Beautiful Idols Ser.: 2). (ENG.). 464p. (YA). (gr. 9). pap. 9.99 *(978-0-06-232456-6(X)*, Tegen, Katherine Bks) HarperCollins Pubs.

Blacklisted! Hollywood, the Cold War, & the First Amendment. Larry Dane Brimner. 2018. (Illus.). 176p. (YA). (gr. 7). 17.95 *(978-1-62091-603-2(7)*, Calkins Creek) Highlights Pr., c/o Highlights for Children, Inc.

#BlackLivesMatter: Protesting Racism. Rachael L. Thomas. 2019. (#Movements Ser.). (ENG., Illus.). 32p. (J). (gr. 5-9). lib. bdg. 32.79 *(978-1-5321-1929-3(1)*, 32257, Abdo & Daughters) ABDO Publishing Co.

Blackout. Hope A. C. Bentley. 2018. (ENG., Illus.). 222p. (YA). (gr. 7-12). pap. 14.99 *(978-1-7327645-4-5(9))* Golden Light Factory.

Blackout. Magdalina Goranova. 2019. (ENG.). 214p. (YA). pap. 14.99 *(978-0-578-57700-5(3))* Magdalina Goranova.

Blackout. Jeff Gottesfeld. 2020. (Red Rhino Ser.). (ENG.). 72p. (J). (gr. 4-7). pap. 9.95 *(978-1-68021-881-7(6))* Saddleback Educational Publishing, Inc.

Blackout. Kit Mallory. 2018. (Blackout Ser.: Vol. 1). (ENG., Illus.). 360p. (YA). (gr. 8-12). pap. *(978-1-9999697-0-7(7))* Kit Mallory Bks.

Blackout. K. Monroe. 2022. (ENG.). 352p. (YA). pap. 11.99 *(978-1-989365-73-1(6)*, 900237177) Wattpad Bks. CAN. Dist: Macmillan.

Blackout: A Novel. Dhonielle Clayton & Tiffany D. Jackson. 2022. (ENG.). 256p. (gr. 9-12). 31.19 ***(978-1-5364-8096-2(7)***, Quill Tree Bks.) HarperCollins Pubs.

Blackout: A Novel. Dhonielle Clayton et al. (ENG.). 256p. (YA). (gr. 8). 2022. pap. 12.99 *(978-0-06-308810-8(X))*; 2021. 19.99 *(978-0-06-308809-2(6))* HarperCollins Pubs. (Quill Tree Bks.).

Blackpink: K-Pop Queens: the Unauthorized Fan Guide. Sterling Sterling Children's. 2020. (ENG., Illus.). 64p. (J). (gr. 3). 12.95 *(978-1-4549-3952-8(4))* Sterling Publishing Co., Inc.

BLACKPINK: Pretty Isn't Everything (the Ultimate Unofficial Guide) Cara J. Stevens. 2019. (ENG., Illus.). 96p. (J). (gr. 3-7). pap. 11.99 *(978-0-06-297685-7(0)*, HarperCollins) HarperCollins Pubs.

Blackpink. Todo lo Que Debes Saber para Convertirte en una Verdadera Blink / Bla Ckpink: K-Pop's No. 1 Girl Group. Adrian Besley. Tr. by Scheherezade Surià. 2020. (SPA.). 192p. (gr. 11-8). pap. 18.95 *(978-84-17968-01-4(6))* Penguin Random House Grupo Editorial ESP. Dist: Penguin Random Hse. LLC.

Blackrobe Peacemaker: Pierre de Smet. J. G. E. Hopkins. 2019. (ENG., Illus.). 132p. (J). (gr. 5-6). pap. 14.95 *(978-0-9991706-7-0(8))* Hillside Education.

Black's Graded Readers: Primer (Classic Reprint) Benjamin N. Black. (ENG., Illus.). (J). 2018. 84p. 25.63 *(978-0-365-14892-0(X))*; 2018. 88p. 25.71 *(978-0-267-62044-9(6))*; 2017. pap. 9.57 *(978-0-259-92633-7(7))*; 2016. pap. 9.57 *(978-1-334-26309-5(4))* Forgotten Bks.

Black's Graded Readers: Third Reader (Classic Reprint) Benj N. Black. 2017. (ENG., Illus.). (J). 28.43 *(978-0-265-18674-9(9))* Forgotten Bks.

Blacks in Paris: African American Culture in Europe. Duchess Harris & Anitra Budd. 2018. (Freedom's Promise Ser.). (ENG.). 48p. (J). (gr. 4-8). lib. bdg. 35.64 *(978-1-5321-1767-1(1)*, 30822) ABDO Publishing Co.

Blacksheep! Blacksheep (Classic Reprint) Meredith Nicholson. 2017. (ENG., Illus.). (J). 31.59 *(978-0-265-20858-8(0))* Forgotten Bks.

Blacksmith. Josh Gregory. 2021. (21st Century Skills Library: Makers & Artisans Ser.). (ENG., Illus.). 32p. (J). (gr. 4-7). pap. 14.21 *(978-1-5341-8863-1(0)*, 219163); lib. bdg. 32.07 *(978-1-5341-8723-8(5)*, 219162) Cherry Lake Publishing.

Blacksmith & Scholar (Classic Reprint) Mortimer Collins. 2017. (ENG., Illus.). (J). 29.20 *(978-0-266-68046-8(1))*; pap. 11.57 *(978-1-5276-4978-1(4))* Forgotten Bks.

Blacksmith's Daughter: A Drama in Four Acts (Classic Reprint) Robert E. Lufsey. 2018. (ENG., Illus.). 76p. (J). 25.46 *(978-0-483-97382-4(3))* Forgotten Bks.

Blacksmith's Song. Elizabeth Van Steenwyk. Illus. by Anna Rich. 2022. 32p. (J). (gr. 1-4). pap. 8.99 *(978-1-68263-480-6(9))* Peachtree Publishing Co. Inc.

Blacksnake Blues. Gary Cox. 2022. (Girls in Revolt Ser.: 3). (ENG.). 192p. (YA). pap. 14.99 *(978-1-6678-2095-8(8))* BookBaby.

Blacksouls. Nicole Castroman. (ENG.). 400p. (YA). (gr. 9). 2018. pap. 11.99 *(978-1-4814-9106-8(7))*; 2017. (Illus.). 17.99 *(978-1-4814-9105-1(9))* Simon Pulse. (Simon Pulse).

Blackstick Papers (Classic Reprint) Anne Thackeray Ritchie. 2017. (ENG., Illus.). (J). 30.02 *(978-1-5285-7403-7(6))* Forgotten Bks.

Blackthorn Key. Kevin Sands. 2016. lib. bdg. 18.40 *(978-0-606-38966-0(2))* Turtleback.

Blackthorn Key Complete Collection (Boxed Set) The Blackthorn Key; Mark of the Plague; the Assassin's Curse; Call of the Wraith; the Traitor's Blade; the Raven's Revenge. Kevin Sands. ed. 2023. (Blackthorn Key Ser.). (ENG.). 2880p. (J). (gr. 5-9). 118.99 *(978-1-6659-1971-5(X)*, Aladdin) Simon & Schuster Children's Publishing.

Blackthorn Key Cryptic Collection Books 1-4 (Boxed Set) The Blackthorn Key; Mark of the Plague; the Assassin's Curse; Call of the Wraith. Kevin Sands. ed. 2019. (Blackthorn Key Ser.). (ENG.). 2032p. (J). (gr. 5-9). pap. 37.99 *(978-1-5344-6081-2(0)*, Aladdin) Simon & Schuster Children's Publishing.

Blacktip Reef Sharks. Allan Morey. 2016. (Sharks Ser.). (ENG., Illus.). 32p. (J). (gr. 2-5). pap. 9.99 *(978-1-68152-088-9(5)*, 15733); lib. bdg. 20.95 *(978-1-60753-975-9(6)*, 15725) Amicus.

Blacktip Reef Sharks. Julie Murray. 2019. (Sharks Ser.). (ENG., Illus.). 24p. (J). (gr. k-4). lib. bdg. 31.36 *(978-1-5321-2920-9(3)*, 33122, Abdo Zoom-Dash) ABDO Publishing Co.

Blackwater. Jeannette Arroyo & Ren Graham. 2022. (ENG., Illus.). 304p. (YA). 25.99 *(978-1-250-30402-5(4)*, 900197205); pap. 17.99 *(978-1-250-77705-8(4)*, 900235204) Holt, Henry & Co. (Holt, Henry & Co. Bks. For Young Readers).

Blackwater Chronicle (Classic Reprint) Philip Pendleton Kennedy. 2017. (ENG., Illus.). (J). 28.93 *(978-0-265-79435-7(8))* Forgotten Bks.

Blackwell Chronicles the Ealcrue in Exile. A. A. Mullins. 2022. (ENG.). 124p. (YA). 14.95 *(978-1-990089-45-9(3))* Birch Tree Publishing.

Blackwell Manor. C. M. Loren. 2016. (Ashton Chronicles Ser.: Vol. 1). (ENG.). 208p. (J). pap. *(978-1-9990288-2-4(1))* Loren, Carmen.

Blackwell Winter 1510. A. A. Mullins. 2022. (ENG.). 88p. (YA). pap. 6.99 *(978-1-990089-28-2(3))*; 15.00 *(978-1-990089-42-8(9))* Birch Tree Publishing.

Blackwell Witch. Patrick McNulty. 2018. (Milo Jenkins: Monster Hunter Ser.: Vol. 2). (ENG., Illus.). 156p. (J). pap. *(978-1-9995312-1-8(3))* LoGreco, Bruno.

Blackwells & the Briny Deep: Weird Stories Gone Wrong. Philippa Dowding. 2018. (Weird Stories Gone Wrong Ser.:

5). (ENG., Illus.). 144p. (J). pap. 9.99 *(978-1-4597-4106-5(4))* Dundurn Pr. CAN. Dist: Publishers Group West (PGW).

Blackwood Chronicles: Inock Tehan & the Return of the Immortal Witch. A. A. Wise. 2022. (ENG.). 340p. (YA). pap. *(978-1-3984-0895-1(6))* Austin Macauley Pubs. Ltd.

Blackwood's Edinburg Magazine, Vol. 125: January June 1879 (Classic Reprint) Unknown Author. 2018. (ENG., Illus.). 788p. (J). 40.17 *(978-0-483-79805-2(3))* Forgotten Bks.

Blackwood's Edinburg Magazine, Vol. 13: January-June, 1823 (Classic Reprint) Unknown Author. 2018. (ENG., Illus.). 746p. (J). 39.28 *(978-0-484-60021-7(4))* Forgotten Bks.

Blackwood's Edinburgh Magazine: January-June, 1886 (Classic Reprint) (ENG., Illus.). (J). 2018. 836p. 41.14 *(978-0-483-46267-0(5))*; 2017. pap. 23.57 *(978-1-334-91593-2(8))* Forgotten Bks.

Blackwood's Edinburgh Magazine: Janurary June, 1857 (Classic Reprint) 2017. (ENG., Illus.). (J). 40.29 *(978-0-266-17274-1(1))* Forgotten Bks.

Blackwood's Edinburgh Magazine: July-December, 1875 (Classic Reprint) (ENG., Illus.). (J). 2017. 39.76 *(978-0-266-44271-4(4))*; 2016. pap. 23.57 *(978-1-334-15402-7(3))* Forgotten Bks.

Blackwood's Edinburgh Magazine, Vol. 1: April September, 1817 (Classic Reprint) William Blackwood. 2018. (ENG., Illus.). 670p. (J). 37.72 *(978-0-428-93425-5(0))* Forgotten Bks.

Blackwood's Edinburgh Magazine, Vol. 10: August-December, 1821 (Classic Reprint) Unknown Author. 2018. (ENG., Illus.). 758p. (J). 39.57 *(978-0-484-07788-0(0))* Forgotten Bks.

Blackwood's Edinburgh Magazine, Vol. 10: August December, 1821 (Classic Reprint) William Blackwood. 2016. (ENG., Illus.). (J). pap. 23.57 *(978-1-334-12533-1(3))* Forgotten Bks.

Blackwood's Edinburgh Magazine, Vol. 101: January June, 1867 (Classic Reprint) Unknown Author. 2018. (ENG., Illus.). 792p. (J). 40.25 *(978-0-483-02949-1(1))* Forgotten Bks.

Blackwood's Edinburgh Magazine, Vol. 101: January-June, 1867 (Classic Reprint) Unknown Author. 2017. (ENG., Illus.). (J). pap. 23.57 *(978-0-243-89451-2(1))*; pap. 23.57 *(978-0-243-89452-9(X))* Forgotten Bks.

Blackwood's Edinburgh Magazine, Vol. 102: July December, 1867 (Classic Reprint) William Blackwood. (ENG., Illus.). (J). 2018. 802p. 40.56 *(978-0-428-94973-0(8))*; 2016. pap. 23.57 *(978-1-334-12912-4(6))* Forgotten Bks.

Blackwood's Edinburgh Magazine, Vol. 103: January June, 1868 (Classic Reprint) Unknown Author. 2018. (ENG., Illus.). 792p. (J). 40.25 *(978-0-483-26294-2(3))* Forgotten Bks.

Blackwood's Edinburgh Magazine, Vol. 103: January-June, 1868 (Classic Reprint) Unknown Author. 2017. (ENG., Illus.). (J). pap. 23.57 *(978-0-243-54838-5(9))* Forgotten Bks.

Blackwood's Edinburgh Magazine, Vol. 106: July-December, 1869 (Classic Reprint) Unknown Author. 2018. (ENG., Illus.). 796p. (J). 40.33 *(978-0-332-81481-0(5))* Forgotten Bks.

Blackwood's Edinburgh Magazine, Vol. 107: January June, 1870 (Classic Reprint) Unknown Author. 2017. (ENG., Illus.). (J). 40.54 *(978-1-5285-8887-4(8))* Forgotten Bks.

Blackwood's Edinburgh Magazine, Vol. 11: January-June, 1822 (Classic Reprint) Unknown Author. 2018. (ENG., Illus.). 802p. (J). 40.44 *(978-0-365-24942-9(4))* Forgotten Bks.

Blackwood's Edinburgh Magazine, Vol. 111: January-June, 1872 (Classic Reprint) Unknown Author. 2018. (ENG., Illus.). 786p. (J). 40.11 *(978-0-483-82451-5(8))* Forgotten Bks.

Blackwood's Edinburgh Magazine, Vol. 12: July December, 1822 (Classic Reprint) William Blackwood. (ENG., Illus.). (J). 2018. 768p. 39.76 *(978-0-332-02594-0(2))*; 2016. pap. 23.57 *(978-1-334-11514-1(1))* Forgotten Bks.

Blackwood's Edinburgh Magazine, Vol. 120: July December 1876 (Classic Reprint) William Blackwood. 2018. (ENG., Illus.). 788p. (J). 40.17 *(978-0-656-28637-9(7))* Forgotten Bks.

Blackwood's Edinburgh Magazine, Vol. 121: January-June 1877 (Classic Reprint) William Blackwood Sons. 2017. (ENG., Illus.). (J). 40.07 *(978-1-5285-7338-2(2))* Forgotten Bks.

Blackwood's Edinburgh Magazine, Vol. 126: July December 1879 (Classic Reprint) Unknown Author. 2018. (ENG., Illus.). 790p. (J). 40.21 *(978-0-484-63100-6(4))* Forgotten Bks.

Blackwood's Edinburgh Magazine, Vol. 127: January June 1880 (Classic Reprint) Unknown Author. 2018. (ENG., Illus.). 822p. (J). 40.85 *(978-0-483-26851-7(8))* Forgotten Bks.

Blackwood's Edinburgh Magazine, Vol. 128: July December 1880 (Classic Reprint) Unknown Author. 2017. (ENG., Illus.). (J). 40.54 *(978-1-5281-8667-4(2))* Forgotten Bks.

Blackwood's Edinburgh Magazine, Vol. 130: July December 1881 (Classic Reprint) Unknown Author. 2018. (ENG., Illus.). 822p. (J). 40.87 *(978-0-267-21628-4(9))* Forgotten Bks.

Blackwood's Edinburgh Magazine, Vol. 131: January June, 1882 (Classic Reprint) William Blackwood. 2016. (ENG., Illus.). (J). pap. 23.57 *(978-1-334-09802-4(6))* Forgotten Bks.

Blackwood's Edinburgh Magazine, Vol. 132: July-December, 1882 (Classic Reprint) Unknown Author. 2018. (ENG., Illus.). 828p. (J). 40.97 *(978-0-483-51469-0(1))* Forgotten Bks.

Blackwood's Edinburgh Magazine, Vol. 133: January-June, 1883 (Classic Reprint) Unknown Author. 2018. (ENG., Illus.). 860p. (J). 41.65 *(978-0-483-44796-7(X))* Forgotten Bks.

Blackwood's Edinburgh Magazine, Vol. 135: January-June, 1884 (Classic Reprint) Unknown Author. (ENG., Illus.). (J). 2018. 862p. 41.70 *(978-0-484-79409-1(4))*; 2017. pap. 24.04 *(978-1-334-91146-0(0))* Forgotten Bks.

Blackwood's Edinburgh Magazine, Vol. 135: July December 1883 (Classic Reprint) William Blackwood Sons. 2018. (ENG., Illus.). 814p. (J). 40.71 *(978-0-428-95684-4(X))* Forgotten Bks.

Blackwood's Edinburgh Magazine, Vol. 136: July-December, 1884 (Classic Reprint) Unknown Author. 2018. (ENG., Illus.). 836p. (J). 41.14 *(978-0-483-64437-3(4))* Forgotten Bks.

Blackwood's Edinburgh Magazine, Vol. 137: January-June, 1885 (Classic Reprint) Unknown Author. (ENG., Illus.). (J). 2018. 912p. 42.73 *(978-0-332-87571-2(7))*; 2016. pap. 25.07 *(978-1-334-68865-2(6))* Forgotten Bks.

Blackwood's Edinburgh Magazine, Vol. 14: July December, 1823 (Classic Reprint) William Blackwood. 2016. (ENG., Illus.). (J). pap. 23.57 *(978-1-334-09813-0(1))* Forgotten Bks.

Blackwood's Edinburgh Magazine, Vol. 140: July-December, 1886 (Classic Reprint) Unknown Author. 2017. (ENG., Illus.). 866p. (J). 41.78 *(978-0-484-75039-4(9))* Forgotten Bks.

Blackwood's Edinburgh Magazine, Vol. 141: January-June, 1887 (Classic Reprint) Unknown Author. 2018. (ENG., Illus.). 882p. (J). 42.09 *(978-0-483-44681-6(5))* Forgotten Bks.

Blackwood's Edinburgh Magazine, Vol. 144: July-December, 1888 (Classic Reprint) Unknown Author. 2017. (ENG., Illus.). (J). 42.95 *(978-0-265-51719-2(2))*; pap. 25.23 *(978-1-334-90941-2(5))* Forgotten Bks.

Blackwood's Edinburgh Magazine, Vol. 146: July-December, 1889 (Classic Reprint) Unknown Author. (ENG., Illus.). (J). 2018. 928p. 43.06 *(978-0-428-26340-9(2))*; 2017. pap. 25.40 *(978-0-243-52190-6(1))* Forgotten Bks.

Blackwood's Edinburgh Magazine, Vol. 148: July-December, 1890 (Classic Reprint) Unknown Author. 2017. (ENG., Illus.). (J). 42.38 *(978-0-266-51697-2(1))* Forgotten Bks.

Blackwood's Edinburgh Magazine, Vol. 15: January June, 1824 (Classic Reprint) Unknown Author. (ENG., Illus.). (J). 2018. 760p. 39.57 *(978-0-484-48344-5(7))*; 2018. 746p. 39.30 *(978-0-483-03223-0(2))*; 2016. pap. 23.57 *(978-1-334-13041-0(8))* Forgotten Bks.

Blackwood's Edinburgh Magazine, Vol. 150: July-December 1891 (Classic Reprint) Unknown Author. (ENG., Illus.). (J). 2018. 906p. 42.60 *(978-0-483-06503-1(X))*; 2016. pap. 24.94 *(978-1-334-76281-9(3))* Forgotten Bks.

Blackwood's Edinburgh Magazine, Vol. 154: July-December, 1893 (Classic Reprint) Unknown Author. (ENG., Illus.). (J). 2018. 918p. 42.85 *(978-0-483-47276-1(X))*; 2016. pap. 25.19 *(978-1-334-75388-6(1))* Forgotten Bks.

Blackwood's Edinburgh Magazine, Vol. 155: January-June, 1894 (Classic Reprint) Unknown Author. 2017. (ENG., Illus.). (J). 43.24 *(978-0-266-51693-4(9))*; pap. 24.94 *(978-1-334-92420-0(1))* Forgotten Bks.

Blackwood's Edinburgh Magazine, Vol. 156: July-December, 1894 (Classic Reprint) Unknown Author. (ENG., Illus.). (J). 2018. 928p. 43.06 *(978-0-484-46631-8(3))*; 2017. pap. 25.40 *(978-1-334-90287-1(9))* Forgotten Bks.

Blackwood's Edinburgh Magazine, Vol. 157: January-June, 1895 (Classic Reprint) Unknown Author. 2016. (ENG., Illus.). (J). pap. 26.66 *(978-1-334-76684-8(3))* Forgotten Bks.

Blackwood's Edinburgh Magazine, Vol. 160: July-December, 1896 (Classic Reprint) Unknown Author. 2017. (ENG., Illus.). (J). 42.52 *(978-0-266-51739-9(0))* Forgotten Bks.

Blackwood's Edinburgh Magazine, Vol. 161: January-June, 1897 (Classic Reprint) Unknown Author. 2018. (ENG., Illus.). 912p. (J). 42.73 *(978-0-483-03115-9(1))* Forgotten Bks.

Blackwood's Edinburgh Magazine, Vol. 162: July-December, 1897 (Classic Reprint) Unknown Author. (ENG., Illus.). (J). 2018. 898p. 42.44 *(978-0-483-43890-3(1))*; 2016. pap. 24.78 *(978-1-334-77542-0(7))* Forgotten Bks.

Blackwood's Edinburgh Magazine, Vol. 164: July-December, 1898 (Classic Reprint) Unknown Author. 2018. (ENG., Illus.). 876p. (J). 41.96 *(978-0-483-45565-8(2))* Forgotten Bks.

Blackwood's Edinburgh Magazine, Vol. 165: January-June, 1899 (Classic Reprint) Unknown Author. (ENG., Illus.). (J). 2018. 1104p. 46.69 *(978-0-483-44238-2(0))*; 2016. pap. 29.03 *(978-1-334-77966-4(X))* Forgotten Bks.

Blackwood's Edinburgh Magazine, Vol. 166: July-December, 1899 (Classic Reprint) Unknown Author. 2018. (ENG., Illus.). 934p. (J). 43.18 *(978-0-483-43741-8(7))* Forgotten Bks.

Blackwood's Edinburgh Magazine, Vol. 168: July-December, 1900 (Classic Reprint) Unknown Author. (ENG., Illus.). (J). 2018. 970p. 43.90 *(978-0-483-43734-0(4))*; 2016. pap. 26.24 *(978-1-334-77267-2(3))* Forgotten Bks.

Blackwood's Edinburgh Magazine, Vol. 17: January-June, 1825 (Classic Reprint) Unknown Author. 2018. (ENG., Illus.). (J). 788p. 40.17 *(978-0-483-02300-0(0))*; 784p. 40.07 *(978-0-484-72881-2(4))* Forgotten Bks.

Blackwood's Edinburgh Magazine, Vol. 170: July-December, 1901 (Classic Reprint) William Blackwood and Sons. (ENG., Illus.). (J). 2018. 898p. 42.44 *(978-0-483-45567-2(9))*; 2017. pap. 24.78 *(978-1-334-90067-9(1))* Forgotten Bks.

Blackwood's Edinburgh Magazine, Vol. 171: January-June, 1902 (Classic Reprint) Unknown Author. (ENG., Illus.). (J). 2018. 964p. 43.78 *(978-0-364-33025-8(2))*; 2017. pap. 26.12 *(978-0-243-55181-1(9))* Forgotten Bks.

Blackwood's Edinburgh Magazine, Vol. 172: July-December, 1902 (Classic Reprint) Unknown Author. 2017. (ENG., Illus.). (J). 42.42 *(978-0-266-51707-8(2))*; pap. 24.82 *(978-1-334-92842-0(8))* Forgotten Bks.

Blackwood's Edinburgh Magazine, Vol. 173: January-June 1903 (Classic Reprint) W. Blackwood. 2017. (ENG., Illus.). (J). 892p. 42.31 *(978-0-332-62994-0(5))*; pap. 25.19 *(978-0-243-59258-6(2))* Forgotten Bks.

Blackwood's Edinburgh Magazine, Vol. 174: June-December, 1903 (Classic Reprint) Unknown Author. 2018. (ENG., Illus.). 890p. (J). 42.27 *(978-0-483-44685-4(8))* Forgotten Bks.

Blackwood's Edinburgh Magazine, Vol. 175: January-June, 1904 (Classic Reprint) Unknown Author. (ENG., Illus.). (J). 2018. 906p. 42.60 *(978-0-483-57846-3(0))*; 2016. pap. 24.94 *(978-1-334-77540-6(0))* Forgotten Bks.

Blackwood's Edinburgh Magazine, Vol. 176: July-December 1904 (Classic Reprint) Unknown Author. (ENG., Illus.). (J). 2018. 872p. 41.88 *(978-0-428-44386-3(9))*; 2017. pap. 24.22 *(978-1-334-91156-9(8))* Forgotten Bks.

Blackwood's Edinburgh Magazine, Vol. 177: January-June 1905 (Classic Reprint) Unknown Author. 2018. (ENG., Illus.). 900p. (J). 42.46 *(978-0-483-45315-9(3))* Forgotten Bks.

Blackwood's Edinburgh Magazine, Vol. 178: July-December, 1905 (Classic Reprint) Unknown Author. 2018. (ENG., Illus.). 892p. (J). 42.31 *(978-0-483-44696-0(3))* Forgotten Bks.

Blackwood's Edinburgh Magazine, Vol. 18: July-December, 1825 (Classic Reprint) Unknown Author. 2018. (ENG., Illus.). 802p. (J). 40.44 *(978-0-483-51596-3(5))* Forgotten Bks.

Blackwood's Edinburgh Magazine, Vol. 18: July December, 1825 (Classic Reprint) William Blackwood. 2016. (ENG., Illus.). (J). pap. 23.57 *(978-1-334-10378-0(X))* Forgotten Bks.

Blackwood's Edinburgh Magazine, Vol. 182: July-December, 1907 (Classic Reprint) Unknown Author. (ENG., Illus.). (J). 2018. 888p. 42.23 *(978-0-483-45370-8(6))*; 2017. pap. 24.57 *(978-1-334-90526-1(6))* Forgotten Bks.

Blackwood's Edinburgh Magazine, Vol. 184: July-December, 1908 (Classic Reprint) Unknown Author. 2018. (ENG., Illus.). 906p. (J). 42.60 *(978-0-483-71227-0(2))* Forgotten Bks.

Blackwood's Edinburgh Magazine, Vol. 187: January-June, 1910 (Classic Reprint) Unknown Author. (ENG., Illus.). (J). 2018. 916p. 42.81 *(978-0-484-31415-2(7))*; 2017. pap. 25.15 *(978-1-334-90097-6(3))* Forgotten Bks.

Blackwood's Edinburgh Magazine, Vol. 188: July-December, 1910 (Classic Reprint) Unknown Author. (ENG., Illus.). (J). 2018. 866p. 41.76 *(978-0-332-98959-4(3))*; 2017. pap. 24.10 *(978-0-243-28562-4(0))* Forgotten Bks.

Blackwood's Edinburgh Magazine, Vol. 189: January-June, 1911 (Classic Reprint) Unknown Author. (ENG., Illus.). (J). 2018. 884p. 42.15 *(978-0-483-44861-2(3))*; 2017. pap. 24.49 *(978-0-243-24973-2(X))* Forgotten Bks.

Blackwood's Edinburgh Magazine, Vol. 19: January-June, 1826 (Classic Reprint) Unknown Author. 2017. (ENG., Illus.). 808p. (J). 40.58 *(978-0-484-61601-0(3))* Forgotten Bks.

Blackwood's Edinburgh Magazine, Vol. 190: July-December, 1911 (Classic Reprint) Unknown Author. (ENG., Illus.). (J). 2018. 880p. 42.07 *(978-0-484-00727-6(0))*; 2017. pap. 24.41 *(978-1-334-90564-3(9))* Forgotten Bks.

Blackwood's Edinburgh Magazine, Vol. 2: October, 1817-March, 1818 (Classic Reprint) Unknown Author. 2017. (ENG., Illus.). (J). pap. 23.57 *(978-0-259-31649-7(0))* Forgotten Bks.

Blackwood's Edinburgh Magazine, Vol. 20: July-December, 1826 (Classic Reprint) Unknown Author. (ENG., Illus.). (J). 2018. 944p. 43.37 *(978-0-483-60482-7(8))*; 2017. pap. 25.71 *(978-1-334-91792-9(2))* Forgotten Bks.

Blackwood's Edinburgh Magazine, Vol. 21: January-June, 1827 (Classic Reprint) Unknown Author. 2018. (ENG., Illus.). 944p. (J). 43.37 *(978-0-484-00691-0(6))* Forgotten Bks.

Blackwood's Edinburgh Magazine, Vol. 21: January-June 1827 (Classic Reprint) Unknown Author. 2018. (ENG., Illus.). (J). 950p. 43.49 *(978-0-332-04662-4(1))*; 952p. pap. 25.83 *(978-0-332-04660-0(5))* Forgotten Bks.

Blackwood's Edinburgh Magazine, Vol. 210: July-December, 1921 (Classic Reprint) Unknown Author. (ENG., Illus.). (J). 2018. 850p. 41.45 *(978-0-483-13578-9(X))*; 2017. pap. 23.97 *(978-1-334-90563-6(0))* Forgotten Bks.

Blackwood's Edinburgh Magazine, Vol. 22: July-December, 1827 (Classic Reprint) Unknown Author. (ENG., Illus.). (J). 2018. 798p. 40.36 *(978-0-483-46270-0(5))*; 2017. pap. 23.57 *(978-1-334-94432-1(6))* Forgotten Bks.

Blackwood's Edinburgh Magazine, Vol. 22: July December, 1827 (Classic Reprint) William Blackwood. 2016. (ENG., Illus.). (J). pap. 23.57 *(978-1-334-10010-9(1))* Forgotten Bks.

Blackwood's Edinburgh Magazine, Vol. 22: July-December, 1827 (Classic Reprint) William Blackwood. 2017. (ENG., Illus.). (J). 40.07 *(978-0-265-73733-0(8))*; pap. 23.57 *(978-1-5277-0152-6(2))* Forgotten Bks.

Blackwood's Edinburgh Magazine, Vol. 26: July-December, 1829 (Classic Reprint) Unknown Author. 2017. (ENG., Illus.). (J). 998p. 44.48 *(978-0-484-12663-2(6))*; pap. 26.82 *(978-0-259-22639-0(4))* Forgotten Bks.

Blackwood's Edinburgh Magazine, Vol. 27: January-June, 1830 (Classic Reprint) Unknown Author. 2018. (ENG., Illus.). 1016p. (J). 44.87 *(978-0-428-66671-2(X))* Forgotten Bks.

Blackwood's Edinburgh Magazine, Vol. 3: April 1818 (Classic Reprint) Unknown Author. 2018. (ENG., Illus.). 760p. (J). 39.59 *(978-0-332-20153-5(8))* Forgotten Bks.

Blackwood's Edinburgh Magazine, Vol. 31: January-June, 1832 (Classic Reprint) Unknown Author. 2018. (ENG., Illus.). 1012p. (J). 44.79 *(978-0-483-45205-3(X))* Forgotten Bks.

Blackwood's Edinburgh Magazine, Vol. 32: July-December, 1832 (Classic Reprint) Unknown Author. (ENG., Illus.). (J). 2018. 996p. 44.46 *(978-0-484-13810-9(3))*; 2017. pap. 26.80 *(978-1-334-90285-7(2))* Forgotten Bks.

Blackwood's Edinburgh Magazine, Vol. 32: July to December, 1832 (Classic Reprint) Unknown Author. (ENG., Illus.). (J). 2018. 992p. 44.36 *(978-0-332-89789-9(3))*; 2017. pap. 26.70 *(978-1-334-92496-5(1))* Forgotten Bks.

Blackwood's Edinburgh Magazine, Vol. 33: January-June, 1833 (Classic Reprint) Unknown Author. (ENG., Illus.). (J). 2018. 1004p. 44.60 *(978-0-483-85162-7(0))*; 2017. pap. 26.95 *(978-0-243-87708-9(0))* Forgotten Bks.

Blackwood's Edinburgh Magazine, Vol. 35: January-June, 1834 (Classic Reprint) Unknown Author. 2017. (ENG., Illus.). (J). 1034p. 45.24 *(978-0-484-17286-8(7))*; 45.68 *(978-0-266-66585-4(3))*; pap. 28.02 *(978-1-5276-3996-6(7))*; pap. 27.58 *(978-0-259-44242-4(9))* Forgotten Bks.

Blackwood's Edinburgh Magazine, Vol. 35: January-June, 1834 (Classic Reprint) William Blackwood. (ENG., Illus.). (J). 2018. 1048p. 45.53 *(978-0-666-31359-1(8))*; 2017. pap. 27.87 *(978-0-259-18450-8(0))* Forgotten Bks.

Blackwood's Edinburgh Magazine, Vol. 36: July, 1834 (Classic Reprint) Unknown Author. (ENG., Illus.). (J). 2018. 878p. 42.01 *(978-0-483-00326-2(3))*; 2017. pap. 24.35 *(978-1-334-93521-3(1))* Forgotten Bks.

Blackwoods' Edinburgh Magazine, Vol. 36: July-December, 1834 (Classic Reprint) Unknown Author. (ENG., Illus.). (J). 2018. 882p. 42.11 *(978-0-483-93945-5(5))*; 2017. pap. 24.45 *(978-1-334-92114-8(8))* Forgotten Bks.

Blackwoods' Edinburgh Magazine, Vol. 37: January-June, 1835 (Classic Reprint) Unknown Author. (ENG., Illus.). (J). 2018. 1022p. 45.00 *(978-0-483-06602-1(8))*; 2018. 1022p. 45.00 *(978-0-483-88751-0(X))*; 2017. pap. 27.34 *(978-0-243-91087-8(8))* Forgotten Bks.

Blackwood's Edinburgh Magazine, Vol. 39: January-June, 1836 (Classic Reprint) Unknown Author. 2017. (ENG., Illus.). (J). 878p. 42.01 *(978-0-332-05994-5(4))*; pap. 24.35 *(978-1-334-91019-7(7))* Forgotten Bks.

Blackwood's Edinburgh Magazine, Vol. 40: July-December 1836 (Classic Reprint) Unknown Author. 2017. (ENG., Illus.). (J). 42.17 *(978-0-331-24402-1(0))*; pap. 24.51 *(978-0-265-07187-8(9))* Forgotten Bks.

Blackwood's Edinburgh Magazine, Vol. 42: July-December, 1837 (Classic Reprint) Unknown Author. 2017. (ENG., Illus.). (J). pap. 24.39 *(978-0-243-89454-3(6))* Forgotten Bks.

Blackwood's Edinburgh Magazine, Vol. 43: January-June, 1838 (Classic Reprint) Unknown Author. 2018. (ENG., Illus.). 882p. (J). 42.11 *(978-0-483-02864-7(9))* Forgotten Bks.

Blackwood's Edinburgh Magazine, Vol. 43: January-June, 1888 (Classic Reprint) Unknown Author. 2018. (ENG., Illus.). (J). 882p. 42.09 *(978-1-397-23426-1(1))*; 884p. pap. 24.43 *(978-1-397-23424-7(5))* Forgotten Bks.

Blackwood's Edinburgh Magazine, Vol. 44: July-December, 1838 (Classic Reprint) Unknown Author. (ENG., Illus.). (J). 2018. 854p. 41.53 *(978-0-365-30529-3(4))*; 2018. 874p. 41.92 *(978-0-484-86011-6(9))*; 2017. pap. 23.97 *(978-0-259-18852-0(2))*; 2016. pap. 24.26 *(978-1-334-76889-7(7))* Forgotten Bks.

Blackwood's Edinburgh Magazine, Vol. 45: January-June, 1839 (Classic Reprint) Unknown Author. 2017. (ENG., Illus.). 872p. (J). 41.88 *(978-0-332-65930-5(5))* Forgotten Bks.

Blackwood's Edinburgh Magazine, Vol. 45: January-June, 1889 (Classic Reprint) William Blackwood. 2017. (ENG., Illus.). (J). pap. 24.39 *(978-0-243-58352-2(4))* Forgotten Bks.

Blackwood's Edinburgh Magazine, Vol. 47: January-June, 1840 (Classic Reprint) Unknown Author. (ENG., Illus.). (J). 2018. 876p. 41.98 *(978-0-483-12472-1(9))*; 2017. 876p. 41.96 *(978-0-332-62981-0(3))*; 2017. 878p. pap. 24.31 *(978-0-243-58360-7(5))* Forgotten Bks.

Blackwood's Edinburgh Magazine, Vol. 5: April, 1819 (Classic Reprint) Unknown Author. 2018. (ENG., Illus.). 784p. (J). 40.07 *(978-0-483-49109-0(8))* Forgotten Bks.

Blackwood's Edinburgh Magazine, Vol. 52: July-December, 1842 (Classic Reprint) Unknown Author. 2017. (ENG., Illus.). (J). 41.41 *(978-0-266-52082-5(0))*; pap. 23.97 *(978-0-243-48527-7(1))* Forgotten Bks.

Blackwood's Edinburgh Magazine, Vol. 53: January-June, 1843 (Classic Reprint) Unknown Author. (ENG., Illus.). (J). 2018. 840p. 41.22 *(978-0-428-62417-0(0))*; 2017. 858p. 41.59 *(978-0-484-13815-4(4))*; 2017. pap. 23.57 *(978-0-243-87394-4(8))* Forgotten Bks.

Blackwood's Edinburgh Magazine, Vol. 54: July-December, 1843 (Classic Reprint) Unknown Author. 2018. (ENG., Illus.). 820p. (J). 40.81 *(978-0-483-04513-2(6))* Forgotten Bks.

Blackwood's Edinburgh Magazine, Vol. 56: July December, 1844 (Classic Reprint) Unknown Author. 2018. (ENG., Illus.). 812p. (J). 40.64 *(978-0-483-39478-0(5))* Forgotten Bks.

Blackwood's Edinburgh Magazine, Vol. 57: January-June, 1845 (Classic Reprint) Unknown Author. 2018. (ENG., Illus.). 804p. (J). 40.50 *(978-0-483-30737-7(8))* Forgotten Bks.

Blackwood's Edinburgh Magazine, Vol. 59: January-June, 1846 (Classic Reprint) Unknown Author. (ENG., Illus.). (J). 2017. 40.27 *(978-0-260-94886-1(1))*; 2016. pap. 23.57 *(978-1-334-09646-4(5))* Forgotten Bks.

Blackwood's Edinburgh Magazine, Vol. 6: October, 1819-March, 1820 (Classic Reprint) Unknown Author. 2017. (ENG., Illus.). (J). pap. 23.57 *(978-1-5276-5162-3(2))* Forgotten Bks.

Blackwood's Edinburgh Magazine, Vol. 60: July-December, 1846 (Classic Reprint) Unknown Author. 2017. (ENG., Illus.). (J). 40.03 *(978-0-260-06959-7(0))* Forgotten Bks.

B

Blackwood's Edinburgh Magazine, Vol. 61: January June, 1847 (Classic Reprint) Unknown Author. 2016. (ENG., Illus.). (J). pap. 23.57 *(978-1-334-09770-6(4))* Forgotten Bks.

Blackwood's Edinburgh Magazine, Vol. 61: January-June, 1847 (Classic Reprint) Unknown Author. 2018. (ENG., Illus.). 798p. (J). 40.38 *(978-0-483-43896-5(0))* Forgotten Bks.

Blackwood's Edinburgh Magazine, Vol. 62: July-December, 1847 (Classic Reprint) Unknown Author. (ENG., Illus.). (J). 2018. 778p. 39.96 *(978-0-483-13627-4(1))*; 2018. 774p. 39.88 *(978-0-484-82410-1(4))*; 2017. pap. 23.57 *(978-0-243-87388-3(3))*; 2017. pap. 23.57 *(978-1-334-91804-9(X))* Forgotten Bks.

Blackwood's Edinburgh Magazine, Vol. 64: July-December, 1848 (Classic Reprint) Unknown Author. 2017. (ENG., Illus.). (J). pap. 23.57 *(978-1-5281-9148-7(X))*; pap. 23.57 *(978-0-243-90159-3(3))* Forgotten Bks.

Blackwood's Edinburgh Magazine, Vol. 64 (Classic Reprint) Unknown Author. 2018. (ENG., Illus.). 776p. (J). 39.92 *(978-0-484-62308-7(7))* Forgotten Bks.

Blackwood's Edinburgh Magazine, Vol. 65: January-June, 1849 (Classic Reprint) Unknown Author. 2017. (ENG., Illus.). 782p. (J). 40.03 *(978-0-484-66189-8(2))* Forgotten Bks.

Blackwood's Edinburgh Magazine, Vol. 66: July-December, 1849 (Classic Reprint) Unknown Author. (ENG., Illus.). (J). 2018. 790p. 40.21 *(978-0-483-11427-2(8))*; 2018. 802p. 40.44 *(978-0-483-39625-8(7))*; 2017. pap. 23.57 *(978-1-334-96019-2(4))*; 2016. pap. 23.57 *(978-1-334-12475-4(2))* Forgotten Bks.

Blackwood's Edinburgh Magazine, Vol. 68: July-December, 1850 (Classic Reprint) W. Blackwood Ltd. (ENG., Illus.). (J). 2018. 760p. 39.57 *(978-0-483-78721-6(3))*; 2017. pap. 23.57 *(978-0-243-57641-8(2))* Forgotten Bks.

Blackwood's Edinburgh Magazine, Vol. 69: January-June, 1851 (Classic Reprint) Unknown Author. 2018. (ENG., Illus.). 802p. (J). 40.46 *(978-0-483-62544-0(2))* Forgotten Bks.

Blackwood's Edinburgh Magazine, Vol. 71: January June, 1852 (Classic Reprint) Unknown Author. 2017. (ENG., Illus.). (J). 40.13 *(978-1-5284-8404-6(5))* Forgotten Bks.

Blackwood's Edinburgh Magazine, Vol. 72: July-December, 1852 (Classic Reprint) Unknown Author. (ENG., Illus.). (J). 2017. 40.11 *(978-0-266-67405-4(4))*; 2016. pap. 23.57 *(978-1-334-10551-7(0))* Forgotten Bks.

Blackwood's Edinburgh Magazine, Vol. 73: January-June, 1853 (Classic Reprint) Unknown Author. 2017. (ENG., Illus.). (J). pap. 23.57 *(978-0-243-54882-8(6))* Forgotten Bks.

Blackwood's Edinburgh Magazine, Vol. 73: January June, 1853 (Classic Reprint) William Blackwood. (ENG., Illus.). (J). 2018. 786p. 40.13 *(978-0-483-02632-2(8))*; 2016. pap. 23.57 *(978-1-334-12733-5(6))* Forgotten Bks.

Blackwood's Edinburgh Magazine, Vol. 75: January June, 1854 (Classic Reprint) William Blackwood. 2018. (ENG., Illus.). 778p. (J). 39.94 *(978-0-365-16921-5(8))* Forgotten Bks.

Blackwood's Edinburgh Magazine, Vol. 76: July December, 1854 (Classic Reprint) Unknown Author. 2018. (ENG., Illus.). 750p. (J). 39.37 *(978-0-332-93902-5(2))* Forgotten Bks.

Blackwood's Edinburgh Magazine, Vol. 78: July-December, 1855 (Classic Reprint) Unknown Author. 2017. (ENG., Illus.). (J). 40.77 *(978-0-266-68193-9(X))*; pap. 23.57 *(978-1-5276-5326-9(9))* Forgotten Bks.

Blackwood's Edinburgh Magazine, Vol. 79: January June, 1856 (Classic Reprint) Unknown Author. 2018. (ENG., Illus.). 760p. (J). 39.59 *(978-0-483-53877-1(9))* Forgotten Bks.

Blackwood's Edinburgh Magazine, Vol. 79: January-June 1856 (Classic Reprint) Unknown Author. 2017. (ENG., Illus.). (J). 39.94 *(978-0-265-68300-2(9))*; pap. 23.57 *(978-1-5276-5604-8(7))* Forgotten Bks.

Blackwood's Edinburgh Magazine, Vol. 8: October-March, 1820-1 (Classic Reprint) William Blackwood. (ENG., Illus.). (J). 2017. 694p. 38.23 *(978-0-332-18795-2(0))*; 2017. pap. 20.97 *(978-0-259-49295-5(7))*; 2016. pap. 20.57 *(978-1-334-38216-1(6))* Forgotten Bks.

Blackwood's Edinburgh Magazine, Vol. 80: July December, 1856 (Classic Reprint) Unknown Author. 2018. (ENG., Illus.). 776p. (J). 39.90 *(978-0-364-33198-9(4))* Forgotten Bks.

Blackwood's Edinburgh Magazine, Vol. 80: July-December, 1856 (Classic Reprint) Unknown Author. (ENG., Illus.). (J). 2018. 806p. 40.52 *(978-0-484-67072-2(7))*; 2017. pap. 23.57 *(978-0-243-89306-5(X))* Forgotten Bks.

Blackwood's Edinburgh Magazine, Vol. 81: January-June, 1857 (Classic Reprint) Unknown Author. (ENG., Illus.). (J). 2018. 788p. 40.15 *(978-0-483-02733-6(2))*; 2017. pap. 23.57 *(978-1-334-92790-4(1))* Forgotten Bks.

Blackwood's Edinburgh Magazine, Vol. 82: July December, 1857 (Classic Reprint) Unknown Author. (ENG., Illus.). (J). 2017. 40.29 *(978-0-266-44147-2(5))*; 2016. pap. 23.57 *(978-1-334-15542-0(9))* Forgotten Bks.

Blackwood's Edinburgh Magazine, Vol. 83: January-June, 1858 (Classic Reprint) Unknown Author. 2018. (ENG., Illus.). 782p. (J). 40.03 *(978-0-483-13529-1(1))* Forgotten Bks.

Blackwood's Edinburgh Magazine, Vol. 84: July December, 1858 (Classic Reprint) Unknown Author. 2018. (ENG., Illus.). 776p. (J). 39.92 *(978-0-428-99754-0(6))* Forgotten Bks.

Blackwood's Edinburgh Magazine, Vol. 84: July-December, 1858 (Classic Reprint) Unknown Author. (ENG., Illus.). (J). 2018. 764p. 39.67 *(978-0-484-11589-6(8))*; 2016. pap. 23.57 *(978-1-334-76027-3(6))* Forgotten Bks.

Blackwood's Edinburgh Magazine, Vol. 86: July-December, 1859 (Classic Reprint) Unknown Author. 2017. (ENG., Illus.). (J). 40.17 *(978-0-265-52123-6(8))*; pap. 23.57 *(978-0-243-86847-6(2))* Forgotten Bks.

Blackwood's Edinburgh Magazine, Vol. 87: January-June, 1860 (Classic Reprint) Unknown Author. (ENG., Illus.). (J). 2017. pap. 23.57 *(978-0-243-88270-0(X))*; 2016. pap. 23.57 *(978-1-334-10587-6(1))* Forgotten Bks.

Blackwood's Edinburgh Magazine, Vol. 88: July-December, 1860 (Classic Reprint) Unknown Author. 2019. (ENG., Illus.). 764p. (J). 39.65 *(978-0-483-11426-5(X))* Forgotten Bks.

Blackwood's Edinburgh Magazine, Vol. 91: January June, 1862 (Classic Reprint) William Blackwood. 2016. (ENG., Illus.). (J). pap. 23.57 *(978-1-334-09868-0(9))* Forgotten Bks.

Blackwood's Edinburgh Magazine, Vol. 92: July December, 1862 (Classic Reprint) Unknown Author. 2018. (ENG., Illus.). 778p. (J). 39.94 *(978-0-483-04971-0(9))* Forgotten Bks.

Blackwood's Edinburgh Magazine, Vol. 93: February, 1863 (Classic Reprint) William Blackwood. 2016. (ENG., Illus.). (J). pap. 23.57 *(978-1-334-09843-7(3))* Forgotten Bks.

Blackwood's Edinburgh Magazine, Vol. 94: July-December, 1863 (Classic Reprint) Unknown Author. (ENG., Illus.). (J). 2018. 780p. (gr. -1-3). 40.00 *(978-0-483-44457-7(X))*; 2017. pap. 23.57 *(978-0-243-94315-9(6))* Forgotten Bks.

Blackwood's Edinburgh Magazine, Vol. 95: January-June, 1864 (Classic Reprint) Unknown Author. 2017. (ENG., Illus.). (J). 40.15 *(978-0-265-67567-0(7))*; pap. 23.57 *(978-1-5276-4543-1(6))* Forgotten Bks.

Blackwood's Edinburgh Magazine, Vol. 95: January-June, 1864 (Classic Reprint) Blackwood and Sons Firm. 2017. (ENG., Illus.). (J). 40.75 *(978-0-266-67195-4(0))*; pap. 23.57 *(978-1-5278-9992-6(6))* Forgotten Bks.

Blackwood's Edinburgh Magazine, Vol. 96: July-December, 1864 (Classic Reprint) Unknown Author. (ENG., Illus.). (J). 2018. 780p. 39.98 *(978-0-484-54008-7(4))*; 2017. 40.54 *(978-0-265-72115-5(6))*; 2017. pap. 23.57 *(978-1-5276-7712-8(5))*; 2017. pap. 23.57 *(978-0-243-94086-8(6))* Forgotten Bks.

Blackwood's Edinburgh Magazine, Vol. 97: January-June, 1865 (Classic Reprint) Unknown Author. (ENG., Illus.). (J). 2018. 806p. 40.54 *(978-0-483-10068-8(4))*; 2017. 40.07 *(978-0-266-51323-0(9))*; 2017. pap. 23.57 *(978-0-243-57528-2(9))* Forgotten Bks.

Blackwood's Edinburgh Magazine, Vol. 98: July-December, 1865 (Classic Reprint) Unknown Author. 2017. (ENG., Illus.). (J). 722p. 38.79 *(978-0-266-73634-9(3))*; 724p. pap. 23.57 *(978-1-5277-0045-1(3))* Forgotten Bks.

Blackwood's Edinburgh Magazine, Vol. 98: July-December, 1865 (Classic Reprint) William Blackwood. (ENG., Illus.). (J). 2018. 802p. 40.46 *(978-0-365-11600-4(9))*; 2017. pap. 23.57 *(978-0-259-18437-9(3))* Forgotten Bks.

Blackwood's Edinburgh Magazine, Vol. 99: January-June, 1866 (Classic Reprint) Unknown Author. 2018. (ENG., Illus.). (J). 748p. 39.32 *(978-1-396-83828-6(7))*; 750p. pap. 23.57 *(978-1-396-83826-2(0))*; 808p. 40.58 *(978-0-483-50026-6(7))* Forgotten Bks.

Blackwood's Magazine, 1875, Vol. 117: January, 1875 (Classic Reprint) Unknown Author. 2017. (ENG., Illus.). (J). 41.92 *(978-1-5280-7786-6(5))* Forgotten Bks.

Blackwood's Magazine, Vol. 180: July-December, 1906 (Classic Reprint) Unknown Author. (ENG., Illus.). (J). 2018. 894p. 42.34 *(978-0-483-05086-0(5))*; 2017. pap. 24.68 *(978-1-334-91409-6(5))* Forgotten Bks.

Blackwood's Magazine, Vol. 183: January-June, 1908 (Classic Reprint) Unknown Author. (ENG., Illus.). (J). 2018. 920p. 42.89 *(978-0-483-39890-0(X))*; 2016. pap. 25.23 *(978-1-334-12275-0(X))* Forgotten Bks.

Blackwood's Magazine, Vol. 191: January-June, 1912 (Classic Reprint) Unknown Author. (ENG., Illus.). (J). 2018. 902p. 42.50 *(978-0-332-26888-0(8))*; 2017. pap. 24.84 *(978-1-334-90980-1(6))* Forgotten Bks.

Blackwood's Magazine, Vol. 192: July-December, 1912 (Classic Reprint) Unknown Author. (ENG., Illus.). (J). 2018. 910p. 42.69 *(978-0-332-04054-7(2))*; 2017. pap. 25.03 *(978-1-334-91416-4(8))* Forgotten Bks.

Blackwood's Magazine, Vol. 193: January-June 1913 (Classic Reprint) Unknown Author. 2018. (ENG., Illus.). (J). 888p. 42.23 *(978-0-366-55906-0(0))*; 890p. pap. 24.57 *(978-0-366-05263-9(2))* Forgotten Bks.

Blackwood's Magazine, Vol. 194: July-December, 1913 (Classic Reprint) Unknown Author. (ENG., Illus.). (J). 2018. 880p. 42.05 *(978-0-483-06504-8(8))*; 2017. pap. 24.39 *(978-1-334-91218-4(1))* Forgotten Bks.

Blackwood's Magazine, Vol. 195: January-June, 1914 (Classic Reprint) Unknown Author. (ENG., Illus.). (J). 2018. 874p. 41.92 *(978-0-332-13097-2(5))*; 2017. pap. 24.26 *(978-1-334-90531-5(2))* Forgotten Bks.

Blackwood's Magazine, Vol. 197: January-June, 1915 (Classic Reprint) Unknown Author. (ENG., Illus.). (J). 2018. 876p. 41.98 *(978-0-365-47611-5(0))*; 2017. pap. 24.33 *(978-0-282-06569-0(5))* Forgotten Bks.

Blackwood's Magazine, Vol. 198: July-December 1915 (Classic Reprint) Unknown Author. 2017. (ENG., Illus.). (J). 866p. 41.78 *(978-0-332-70158-5(1))*; 868p. pap. 24.12 *(978-0-332-35910-6(7))* Forgotten Bks.

Blackwood's Magazine, Vol. 199: January-June 1916 (Classic Reprint) Unknown Author. (ENG., Illus.). (J). 2018. 872p. 41.88 *(978-0-484-86031-4(3))*; 2017. pap. 24.22 *(978-1-334-91152-1(5))* Forgotten Bks.

Blackwood's Magazine, Vol. 200: July-December, 1916 (Classic Reprint) Unknown Author. (ENG., Illus.). (J). 2018. 860p. 41.70 *(978-0-484-00747-4(5))*; 2017. pap. 24.00 *(978-1-334-90090-7(6))* Forgotten Bks.

Blackwood's Magazine, Vol. 201: January-June 1917 (Classic Reprint) Unknown Author. 2017. (ENG., Illus.). (J). 964p. 43.78 *(978-0-484-46541-0(4))*; pap. 26.12 *(978-0-282-09370-9(2))* Forgotten Bks.

Blackwood's Magazine, Vol. 202: July-December, 1917 (Classic Reprint) Unknown Author. (ENG., Illus.). (J). 2018. 866p. 41.76 *(978-0-483-60336-3(8))*; 2017. pap. 24.10 *(978-1-334-91318-1(8))* Forgotten Bks.

Blackwood's Magazine, Vol. 203: January-June 1918 (Classic Reprint) Unknown Author. (ENG., Illus.). (J). 2018. 850p. 41.45 *(978-0-483-45302-9(1))*; 2017. pap. 23.97 *(978-1-334-91087-6(1))* Forgotten Bks.

Blackwood's Magazine, Vol. 204: July-December, 1918 (Classic Reprint) Unknown Author. (ENG., Illus.). (J). 2018. 852p. 41.49 *(978-0-483-45987-8(9))*; 2017. pap. 23.97 *(978-1-334-90473-8(1))* Forgotten Bks.

Blackwood's Magazine, Vol. 206: July-December, 1919 (Classic Reprint) Unknown Author. (ENG., Illus.). (J). 2018. 884p. 42.13 *(978-0-483-45908-3(9))*; 2017. pap. 24.45 *(978-1-334-89967-6(3))* Forgotten Bks.

Blackwood's Magazine, Vol. 209: January-June, 1921 (Classic Reprint) Unknown Author. 2017. (ENG., Illus.). (J). 41.47 *(978-0-265-24249-0(5))*; pap. 23.97 *(978-0-243-24953-4(5))* Forgotten Bks.

Blackwood's Magazine, Vol. 211: January-June, 1922 (Classic Reprint) Unknown Author. (ENG., Illus.). (J). 2018. 840p. 41.22 *(978-0-428-79610-5(9))*; 2017. pap. 23.57 *(978-1-334-90404-2(9))* Forgotten Bks.

Blackwood's Magazine, Vol. 212: July-December, 1922 (Classic Reprint) Unknown Author. (ENG., Illus.). (J). 2018. 854p. 41.51 *(978-0-332-83474-0(3))*; 2017. pap. 23.97 *(978-1-334-94521-2(7))* Forgotten Bks.

Blacky Longlegs Meets Freddy the Fly. Laurie Read. 2020. (ENG., Illus.). 22p. (J). pap. *(978-1-9994590-3-1(2))* Read, Laurie.

Blacky Rinus. Misty Skyla. 2017. (ENG., Illus.). 36p. (J). pap. *(978-1-365-93089-8(0))* Lulu Pr., Inc.

Blacky Rinus Saves the Forest. Misty Skyla. 2017. (ENG., Illus.). 36p. (J). pap. *(978-1-365-92504-7(8))* Lulu Pr., Inc.

Blacky the Crow. Thornton W. Burgess. 2017. (ENG., Illus.). (J). pap. *(978-0-649-10874-9(4))* Trieste Publishing Pty Ltd.

Blacky the Crow (Classic Reprint) Thornton W. Burgess. 2017. (ENG., Illus.). (J). 28.85 *(978-0-260-96523-3(5))*; pap. 11.57 *(978-1-5279-6370-2(5))* Forgotten Bks.

Bladderworts Have a Vacuum Trap!, 1 vol. Janey Levy. 2019. (World's Weirdest Plants Ser.). (ENG.). 24p. (gr. 2-3). pap. 9.15 *(978-1-5382-4634-4(1)*, 7b0b7c30-33b5-4f14-a313-58396c06a4e6) Stevens, Gareth Publishing LLLP.

Blade Breaker. Victoria Aveyard. (Realm Breaker Ser.: 2). (ENG.). 592p. (YA). (gr. 8). 2023. pap. 16.99 ***(978-0-06-287267-8(2))***; 2022. (Illus.). 19.99 *(978-0-06-287266-1(4))* HarperCollins Pubs. (HarperTeen).

Blade-O'-Grass (Classic Reprint) B. I. Farjeon. (ENG., Illus.). (J). 2018. 68p. 25.30 *(978-0-483-52781-2(5))*; 2016. pap. 9.57 *(978-1-333-17182-7(X))* Forgotten Bks.

Blade of Ash: Scepter & Crown Book One. C. F. E. Black. 2022. (ENG.). 352p. (J). 21.99 ***(978-1-7379425-0-4(X))***; (YA). pap. 10.99 ***(978-1-7379425-1-1(8))*** C. F. E. Black.

Blade of Memories. Tina Hunter. 2018. (Black Shadow Ser.: Vol. 1). (ENG., Illus.). 338p. (YA). (gr. 7-12). pap. *(978-1-9994402-1-3(8))* Pendio Publishing.

Blade of Secrets. Tricia Levenseller. 2021. (Bladesmith Ser.: 1). (ENG.). 336p. (YA). 18.99 *(978-1-250-75680-0(4)*, 900226116) Feiwel & Friends.

Blade of Secrets. Tricia Levenseller. 2022. (Bladesmith Ser.: 1). (ENG.). 352p. (YA). pap. 10.99 *(978-1-250-75678-7(2)*, 900226117) Square Fish.

Blade of Shadow. Sarah K. L. Wilson. 2022. (ENG.). 318p. (YA). *(978-1-990516-24-5(6))* Wilson, Sarah K. L.

Blade So Black. L. L. McKinney. 2018. (Nightmare-Verse Ser.: 1). (ENG.). 384p. (YA). 18.99 *(978-1-250-15390-6(5)*, 900184241) Imprint IND. Dist: Macmillan.

Blade So Black. L. L. McKinney. 2019. (Nightmare-Verse Ser.: 1). (ENG.). 400p. (YA). pap. 10.99 *(978-1-250-21166-8(2)*, 900184242) Square Fish.

Blades Against the Dark. Juliet Fazan McMaster. 2017. (ENG., Illus.). (YA). *(978-1-5255-0811-0(3))*; pap. *(978-1-5255-0812-7(1))* FriesenPress.

Blades of Freedom (Nathan Hale's Hazardous Tales #10) A Tale of Haiti, Napoleon, & the Louisiana Purchase. Nathan Hale. 2020. (Nathan Hale's Hazardous Tales Ser.). (ENG., Illus.). 128p. (YA). (gr. 3-7). 14.99 *(978-1-4197-4691-8(X)*, 1256801, Amulet Bks.) Abrams, Inc.

Bladys of the Stewponey (Classic Reprint) Sabine Baring-Gould. 2018. (ENG., Illus.). 388p. (J). 31.92 *(978-0-484-64799-1(7))* Forgotten Bks.

Blah Blah Blah Blah Blah Blah. Santana Sumner. 2018. (ENG., Illus.). 30p. (J). pap. 13.99 *(978-0-9895439-9-6(4))* Rhodes, Candice Sumner.

Blaine for the Win. Robbie Couch. 2022. (ENG.). 336p. (YA). (gr. 7). 19.99 *(978-1-5344-9746-7(3)*, Simon & Schuster Bks. For Young Readers) Simon & Schuster Bks. For Young Readers.

Blair Athol, Vol. 1 Of 3: A Novel (Classic Reprint) Unknown Author. (ENG., Illus.). (J). 2018. 290p. 29.90 *(978-0-483-39585-5(4))*; 2016. pap. 13.57 *(978-1-334-12565-2(1))* Forgotten Bks.

Blair Athol, Vol. 2 Of 3: A Novel (Classic Reprint) Blinkhoolie Blinkhoolie. (ENG., Illus.). (J). 2018. 266p. 29.40 *(978-0-267-78522-3(4))*; 2016. pap. 11.97 *(978-1-334-31554-1(X))* Forgotten Bks.

Blair Athol, Vol. 3 Of 3: A Novel (Classic Reprint) Blinkhoolie Blinkhoolie. 2018. (ENG., Illus.). 258p. (J). 29.24 *(978-0-483-50392-2(4))* Forgotten Bks.

Blair Cooks up a Plan: American Girl: Girl of the Year 2019, 2. Jennifer Castle. ed. 2019. (American Girl Contemporary Ser.). (ENG.). 152p. (J). (gr. 4-5). 17.49 *(978-1-64310-873-5(5))* Penworthy Co., LLC, The.

Blaire: American Girl: Girl of the Year 2019, 1. Jennifer Castle. ed. 2019. (American Girl Contemporary Ser.). (ENG.). 179p. (J). (gr. 4-5). 17.49 *(978-1-64310-872-8(7))* Penworthy Co., LLC, The.

Blaisdell Speller, Vol. 1 (Classic Reprint) Etta Austin Blaisdell. 2017. (ENG., Illus.). 106p. (J). 26.08 *(978-0-484-42398-4(3))* Forgotten Bks.

Blaise Learns Interesting Animal Facts. Tracilyn George. 2023. (ENG.). 22p. (J). pap. 12.99 ***(978-1-77475-567-9(X))*** Draft2Digital.

Blake & Mortimer Vol. 26: The Valley of the Immortals Part 2 - the Thousandth Arm of the Mekong. Yves Sente & Peter Van Dongen. Illus. by Teun Berserik. 2020. (Blake & Mortimer Ser.: 26). 64p. pap. 15.95 *(978-1-84918-437-3(2))* CineBook GBR. Dist: National Bk. Network.

Blake Goes to Rainbow Valley. Edna Carpenter. 2019. (ENG., Illus.). 32p. (J). pap. 13.95 *(978-1-64559-069-9(0))* Covenant Bks.

Blake Jake's Unusual Day. Linda Harkey. Illus. by Mike Minick. 2023. (ENG.). 30p. (J). pap. 14.95 ***(978-1-63302-274-4(9)***, Total Publishing & Media) Yorkshire Publishing Group.

Blake Rewires the Failure Circuit: Feeling Failure & Learning Success. Sophia Day & Megan Johnson. Illus. by Stephanie Strouse. 2020. (Help Me Understand Ser.: 3). (ENG.). 72p. (J). pap. 9.99 *(978-1-64204-798-1(8)*, edf9c45c-2581-42f9-b262-cf0cce0a59cb) MVP Kids Media.

Blake Shelton. Jim Gigliotti & Starshine Roshell. 2018. (Amazing Americans: Country Music Stars Ser.). (ENG.). 24p. (J). (gr. -1-3). 26.99 *(978-1-68402-682-1(2))* Bearport Publishing Co., Inc.

Blake Shelton. Katie Lajiness. 2017. (Big Buddy Pop Biographies Set 2 Ser.). (ENG., Illus.). 32p. (J). (gr. 2-5). lib. bdg. 34.21 *(978-1-5321-1063-4(4)*, 25702, Big Buddy Bks.) ABDO Publishing Co.

Blake the Snake. Veronika Bar. Illus. by Yoni Bar & Thea Bar. l.t. ed. 2016. (ENG.). (J). pap. *(978-4-908892-00-4(8))* BarBar Bks.

Blake the Snake: Long Vowel A. Stephanie Marie Bunt. 2020. (ENG.). 32p. (J). pap. 9.95 *(978-1-948863-75-9(8))* Bunt, Stephanie.

Blake the Snowflake. Renée Vajko Srch. Illus. by Faythe Payol. 2020. (ENG.). 34p. (J). 21.99 *(978-1-954004-73-3(7))*; pap. 13.99 *(978-1-954868-10-6(3))* Pen It Pubns.

Blakefields Mansion. Jen Smith. 2017. (Blakefields Ser.: Vol. 1). (ENG., Illus.). (YA). (gr. 7-12). pap. 13.99 *(978-1-68160-394-0(2))* Crimson Cloak Publishing.

Blakes & Flanagans: A Tale, Illustrative of Irish in the United States (Classic Reprint) J. Sadlier. (ENG., Illus.). (J). 2017. 32.04 *(978-0-331-79593-6(0))*; 2016. pap. 16.57 *(978-1-333-73146-5(9))* Forgotten Bks.

Blake's Big Day. Sande Roberts. Illus. by Wendy Fedan. 2021. (ENG.). 54p. (J). pap. 14.98 *(978-1-7366283-1-7(3))* Southampton Publishing.

Blake's Burden (Classic Reprint) Harold Bindloss. (ENG., Illus.). (J). 2018. 340p. 30.91 *(978-0-483-62790-1(9))*; 2017. pap. 13.57 *(978-0-243-30150-8(2))* Forgotten Bks.

Blake's Hidden Train: Part One. Sam Nemri. 2020. (ENG.). 52p. (J). *(978-1-716-42361-1(9))* Lulu Pr., Inc.

Blakey & Conroy Go to the Beach. Mary Tuohy. 2022. (ENG., Illus.). 30p. (J). pap. 14.95 *(978-1-6624-7595-5(0))* Page Publishing Inc.

Blame. Melody Dimick. 2017. (ENG., Illus.). (YA). (gr. 7-12). pap. 14.98 *(978-1-943789-53-5(3))* Taylor and Seale Publishing.

Blame It on the Mistletoe. Beth Garrod. 2021. (ENG.). 368p. (YA). (gr. 8-12). pap. 10.99 *(978-1-7282-4897-4(3))* Sourcebooks, Inc.

Blameless. E. S. Christison. 2020. (ENG., Illus.). 298p. (J). (gr. 5-8). 27.95 *(978-1-951565-82-4(7)*, Belle Isle Bks.) Brandylane Pubs., Inc.

Blan (White) Amy Culliford. Tr. by Jean Pierre Gaston. 2021. (Koulè Mwen Pi Renmen Yo (My Favorite Color) Ser.). (CRP., Illus.). (J). (gr. -1-1). pap. ***(978-1-0396-0133-8(2)***, 10101, Crabtree Roots) Crabtree Publishing Co.

Blanc. Amy Culliford. Tr. by Claire Savard. 2021. (Ma Couleur Préférée (My Favorite Color) Ser.). (FRE., Illus.). 16p. (J). (gr. -1-1). pap. *(978-1-0396-0119-2(7)*, 13244) Crabtree Publishing Co.

Blanca & Roja. Anna-Marie McLemore. 2020. (ENG.). 400p. (YA). pap. 14.99 *(978-1-250-21163-7(8)*, 900186385) Square Fish.

Blanca & the Ogham Stone. Eamonn O'Keeffe. Ed. by Sharilyn Grayson. Illus. by Cristina del Moral. 2022. (ENG.). 86p. (J). pap. 14.99 ***(978-1-0880-7356-8(5))*** Indy Pub.

Blancaflor, la Heroína con Poderes Secretos: un Cuento de Latinoamérica A TOON Graphic. Nadja Spiegelman. Illus. by Sergio Garcia Sanchez. 2021. (SPA.). (J). (gr. 3-7). 56p. 16.99 *(978-1-943145-57-7(1))*; 52p. 11.99 *(978-1-943145-58-4(X))* Astra Publishing Hse. (Toon Books).

Blancanieves. Rhonda Andersen & Idella Pearl Edwards. 2019. (SPA., Illus.). 36p. (J). pap. 10.00 *(978-0-9986662-9-7(7))* Edwards, Idella.

Blancanieves: 4 Cuentos Prediectos de Alrededor Del Mundo. Jessica Gunderson. Tr. by Aparicio Publishing Aparicio Publishing LLC. Illus. by Colleen Madden et al. 2020. (Cuentos Multiculturales Ser.).Tr. of Snow White Stories Around the World. (SPA.). 32p. (J). (gr. k-2). pap. 6.95 *(978-1-5158-6069-3(8)*, 142290); lib. bdg. 29.99 *(978-1-5158-5711-2(5)*, 142071) Capstone. (Picture Window Bks.).

Blancanieves y los siete enanitos. Obelisco. 2019. (SPA.). 32p. (YA). 9.95 *(978-84-9145-202-7(8)*, Picarona Editorial) Ediciones Obelisco ESP. Dist: Spanish Pubs., LLC.

Blancanieves y Los Siete Perros (Snow White & the Seven Dogs) Andy Mangels. Illus. by Lelo Alves. 2022. (Cuentos de Hadas Fracturados (Fractured Fairy Tales) Ser.). (SPA.). 32p. (J). (gr. 3-8). lib. bdg. 32.79 *(978-1-0982-3493-5(6)*, 39883, Graphic Planet - Fiction) Magic Wagon.

Blancanieves y Los Siete Robots: Una Novela Gráfica. Louise Simonson. Illus. by Jimena Sanchez S. 2020. (Cuentos de Hadas Futuristas Ser.).Tr. of Snow White & the Seven Robots: a Graphic Novel. (SPA.). 40p. (J). (gr. 3-6). pap. 5.95 *(978-1-4965-9960-5(8)*, 201606); lib. bdg. 25.32 *(978-1-4965-9814-1(8)*, 200702) Capstone. (Stone Arch Bks.).

Blanche: The Maid of Lille (Classic Reprint) Sarah H. Adams. 2018. (ENG., Illus.). 96p. (J). 25.90 *(978-0-483-71492-2(5))* Forgotten Bks.

Blanche, & Her Friends: Or the Surprise (Classic Reprint) Hetty Holyoke. 2018. (ENG., Illus.). 184p. (J). 27.69 *(978-0-365-24474-5(0))* Forgotten Bks.

Blanche de Ranzi, or the Beautiful Turkish Slave: Translated from the French for the Publisher (Classic Reprint) Elisabeth Guenard. 2017. (ENG., Illus.). (J). 25.30 *(978-0-265-68231-9(2))*; pap. 9.57 *(978-1-5276-5592-8(X))* Forgotten Bks.

Blanche Dearwood: A Tale of Modern Life (Classic Reprint) Indiana University. (ENG., Illus.). (J). 2018. 402p.

222

The check digit for ISBN-10 appears in parentheses after the full ISBN-13

32.21 (978-0-483-73571-2(X)); 2017. pap. 16.57 (978-0-243-31492-8(2)) Forgotten Bks.

Blanche Ellerslie's Ending (Classic Reprint) George Alfred Lawrence. (ENG., Illus.). (J). 2018. 428p. 32.74 (978-0-428-81428-1(X)); 2016. pap. 16.57 (978-1-334-23753-9(0)) Forgotten Bks.

Blanche Seymour: A Novel (Classic Reprint) Author Of Erma Engagement. 2018. (ENG., Illus.). 220p. (J). 28.43 (978-0-484-90645-6(3)) Forgotten Bks.

Blanco y Colorado: Old Days among the Gauchos of Uruguay (Classic Reprint) William C. Tetley. 2018. (ENG., Illus.). 210p. (J). 28.23 (978-0-666-51930-6(7)) Forgotten Bks.

Blanding's Turtle Story, 1 vol. Melissa Kim. Illus. by Jada Fitch. 2016. (Wildlife on the Move Ser.). (ENG.). 24p. (J). bds. 10.95 (978-1-939017-92-5(0), 01b48992-e322-45a8-bf26-dbad0b60965e) Islandport Pr., Inc.

Blandings' Way (Classic Reprint) Eric Hodgins. 2017. (ENG., Illus.). (J). 30.62 (978-0-331-35941-1(3)); pap. 13.57 (978-0-243-38545-4(5)) Forgotten Bks.

Blank 200-Page Square Sketchbook: Unleash Your Creativity with Plenty of Space for Drawing & Sketching. Cs Creatives. 2023. (ENG.). 200p. (J). pap. **(978-1-4477-9513-1(X))** Lulu Pr., Inc.

Blank Book of a Small Colleger (Classic Reprint) Erskine Neale. (ENG., Illus.). (J). 2018. 150p. 26.99 (978-0-484-10204-9(4)); 2017. pap. 9.57 (978-0-243-49413-2(0)) Forgotten Bks.

Blank Comic Book. Deeasy Books. 2021. (ENG.). 124p. (J). pap. 8.00 (978-1-940832-11-1(X)) Indy Pub.

Blank Comic Book. Tony Reed. 2021. (ENG.). 112p. (J). pap. 7.35 (978-1-716-06594-1(1)) Lulu Pr., Inc.

Blank Comic Book. Matt Rios. 2020. (ENG.). 112p. (J). pap. 8.70 (978-1-716-33738-3(0)); pap. 9.00 (978-1-716-33921-9(9)); pap. 9.00 (978-1-716-33941-7(3)); pap. 9.50 (978-1-716-34191-5(4)) Lulu Pr., Inc.

Blank Comic Book. Floie Rosa. 2020. (ENG.). 132p. (J). pap. (978-1-716-33437-5(3)) Reader's Digest Assn. (Canada).

Blank Comic Book. Ava Row. 2021. (ENG.). 106p. (J). pap. 8.29 (978-1-716-20840-9(8)) Lulu Pr., Inc.

Blank Comic Book. Serban S Blake. 2020. (ENG.). 124p. (J). pap. 10.99 (978-1-716-32739-1(3)) Lulu Pr., Inc.

Blank Comic Book: 8. 5x11, 121 Pages, 5 Panel Template, Draw Your Own Comics, Illustrate, Design Sketchbook for Artists of All Levels (Blank Comic Books) Temperate Targon. 2021. (ENG.). 122p. (YA). pap. 9.99 (978-1-716-08532-1(2)) Lulu Pr., Inc.

Blank Comic Book: Amazing Draw Your Own Comics, 156 Pages of Fun, Unique & Variety Templates for Kids & Adults to Unleash Creativity, Pages Large Big 8. 5 X 11. Elma Angels. 2020. (ENG.). 158p. (J). pap. 11.79 (978-1-716-33077-3(7)) Lulu Pr., Inc.

Blank Comic Book: Draw Your Own Comics, Blank Comic Templates, 50 Pages, White (Large, 8. 5 X 11 In.) Beatrice Harrison. 2022. (ENG.). 50p. (J). pap. 9.30 (978-1-4583-0450-6(7)) Lulu Pr., Inc.

Blank Comic Book: Draw Your Own Comics DESIGN YOUR COVER159 Pages 80 Unique Layouts Notebook & Sketchbook for Kids & Adults. Penciol Press. 2020. (ENG.). 160p. (J). pap. 12.00 (978-1-716-16935-9(6)) Lulu Pr., Inc.

Blank Comic Book: Draw Your Own Comics in This Unique Sketchbook for Kids/Teens/Adults with Variety of Templates. Gabriel Bachheimer. 2020. (ENG.). 162p. (YA). pap. 13.99 (978-1-716-33959-2(6)) Lulu Pr., Inc.

Blank Comic Book: Draw Your Own Comics in This Unique Sketchbook for Kids/Teens/Adults with Variety of Templates Black Version. Gabriel Bachheimer. 2020. (ENG.). 162p. (YA). pap. 13.99 (978-1-716-33946-2(4)) Lulu Pr., Inc.

Blank Comic Book 160 Pages. Ava Row. 2021. (ENG.). 166p. (J). pap. 8.99 (978-1-716-20850-8(5)) Lulu Pr., Inc.

Blank Comic Book for Adults & Kids: 100 Fun, Cool & Unique Templates, 8. 5 X 11 Sketchbook, Amazing Blank Super Hero Comic Book. Molly Osborne. 2020. (ENG.). 102p. (YA). pap. 9.49 (978-1-716-33828-1(X)) Lulu Pr., Inc.

Blank Comic Book for Girls: Activity Sketchbook with Professional & Unique Layouts. Make It Happen Publishing Inc. 2018. (Graphic Novels for Kids to Draw In Ser.: Vol. 1). (ENG., Illus.). 210p. (J). pap. (978-1-989116-17-3(5), Make It Happen Publishing Inc.) Lunches, Sylina.

Blank Comic Book for Kids. Addison Greer. 2021. 112p. (J). (ENG.). pap. 10.99 (978-1-716-11488-5(8)); (ENG.). pap. 10.99 (978-1-716-11490-8(X)); (ENG.). pap. 10.99 (978-1-716-11494-6(2)); (AKK.). pap. 10.99 (978-1-716-11507-3(8)) Lulu Pr., Inc.

Blank Comic Book for Kids. Tony Reed. 2021. (ENG.). 112p. (J). pap. 7.30 (978-1-716-06626-9(3)); pap. 7.20 (978-1-716-09381-4(3)) Lulu Pr., Inc.

Blank Comic Book for Kids: Draw Your Own Comic Book Journal, Blank Comic Drawing Book with over 100 Unique Pages with Templates (Blank Comic Book for Kids 6-12 Years) Snow Thome. 2020. (ENG.). 112p. (J). pap. 11.45 (978-1-716-28660-5(3)) Lulu Pr., Inc.

Blank Comic Book for Kids: Draw Your Own Comic Book, Make Your Own Comic Book, Sketch Book for Kids. Young Dreamers Press. Illus. by Ksenija Kukule. 2020. (Blank Story Bks.: Vol. 2). (ENG.). 112p. (J). pap. (978-1-7773753-1-7(2)) EnemyOne.

Blank Comic Book for Kids: Make Your Own Comic Book, 150 Special Patterns to Create Your Own Comic Book, Use Your Fantasy to Learn How to Draw a Fantastic Comics Story. Jocelyn Smirnova. 2020. (ENG.). 152p. (J). pap. 11.95 (978-1-716-32945-6(0)) Lulu Pr., Inc.

Blank Comic Book for Kids: Make Your Own Comic Book, Draw Your Own Comics, Sketchbook for Kids & Adults. Young Dreamers Press. Illus. by Ksenija Kukule. 2020. (Blank Story Bks.: Vol. 1). (ENG.). 112p. (J). pap. (978-1-989790-95-3(X)) EnemyOne.

Blank Comic Book for Kids: Make Your Own Comic Book for Kids, Comic Sketchbook, Kids Comic Books. Nisclaroo. 2020. (ENG.). 78p. (YA). pap. 10.36 (978-1-716-40107-7(0)) Google.

Blank Comic Book for Kids: Super Hero Notebook, Make Your Own Comic Book, Draw Your Own Comics. Young Dreamers Press. Illus. by Ksenija Kukule. 2020. (Blank Story Bks.: Vol. 3). (ENG.). 112p. (J). pap. (978-1-7773753-2-4(0)) EnemyOne.

Blank Comic Book for Kids & Adults: 100 Fun & Unique Templates, 8. 5 X 11 Sketchbook, Super Hero Comics. Shirley L. Maguire. 2020. (ENG.). 102p. (YA). pap. 9.99 (978-1-716-38178-2(9)) Lulu Pr., Inc.

Blank Comic Book for Kids & Adults: Amazing Blank Comic Book 8. 5 X 11 Inches Large Format Pages - Fun & Unique Templates, Sketchbook, Super Hero Comics! Books For You To Smile. 2020. (ENG.). 102p. (J). pap. 9.99 (978-1-716-28442-7(2)) Lulu Pr., Inc.

Blank Comic Book for Kids & Adults: Fun, Cool & Unique Templates, Sketchbook, Super Hero Comics, 8. 5 X 11 Inches Large Format Pages. Books For You To Smile. 2020. (ENG.). 102p. (YA). pap. 9.99 (978-1-716-28441-0(4)) Lulu Pr., Inc.

Blank Comic Book (Stencil Included) Created by Inc. Peter Pauper Press. 2019. (ENG.). (J). pap. 5.99 (978-1-4413-3292-9(8)) Peter Pauper Pr. Inc.

Blank Comic Template for Kids. Marissa O'Starrie. 2021. (ENG.). 114p. (J). pap. 6.97 (978-1-716-16797-3(3)) Lulu Pr., Inc.

Blank Page: How a Piece of Paper Connects to Everything. Alberto. Blanco. Illus. by Rob Wilson. 2020. 32p. (J). (-k). 16.95 (978-1-946764-62-1(0), Plum Blossom Bks.) Parallax Pr.

Blank Piano Sheet Music: 130 Pages of Wide Staff Paper for Kids (8. 5x11) Music Notebook Wide Staff Manuscript Paper Manuscript Notebook. Penciol Press. 2020. (ENG.). 136p. (J). pap. 11.00 (978-1-716-16799-7(X)) Lulu Pr., Inc.

Blank Sheet Music Notebook. Eightldd Fun Time. 2020. (ENG.). 122p. (J). pap. 10.99 (978-1-716-34013-0(6)) Lulu Pr., Inc.

Blank Sheet Music Notebook. Adele Row. 2021. (ENG.). 106p. (J). pap. 8.99 (978-1-008-99810-0(9)) Lulu Pr., Inc.

Blank Sketch Pad (Because of Love) A Blank Sketchbook with 100 Pages Suitable for Sketching, Drawing, & Art. This Blank Sketchbook May Make a Loving Gift. James Manning. 2019. (Blank Sketch Pad Ser.: Vol. 2). (ENG.). 100p. (YA). pap. (978-1-83884-082-2(6)) Coloring Pages.

Blank Sketchbook. Deeasy Books. 2021. (ENG.). 104p. (J). pap. 10.00 (978-1-716-08986-2(7)) Lulu Pr., Inc.

Blank Tracing Lines for ABC Handwriting Practice (Large 8. 5X11 Size!) (Ages 4-6) 100 Pages of Blank Practice Paper! Lauren Dick. 2021. (ENG.). 102p. (J). pap. (978-1-77437-981-3(3)) AD Classic.

Blank Writing Paper for Kindergartners (Large 8. 5X11 Size!) (Ages 5-6) 100 Pages of Blank Practice Paper! Lauren Dick. 2021. (ENG.). 102p. (J). pap. (978-1-77437-982-0(1)) AD Classic.

Blanket. Ruth Ohi. 2022. (ENG., Illus.). 32p. (J). (gr. -1-1). 18.99 (978-1-77306-614-1(5)) Groundwood Bks. CAN. Dist: Publishers Group West (PGW).

Blanket: A Story of Healing. Debi Hammond. 2017. (ENG., Illus.). (J). pap. 15.95 (978-1-5043-8917-4(4), Balboa Pr.) Author Solutions, LLC.

Blanket: Journey to Extreme Coziness. Loryn Brantz. 2021. (ENG., Illus.). 40p. (J). (gr. -1-3). 16.99 (978-0-7595-5479-5(X)) Little, Brown Bks. for Young Readers.

Blanket & the Bear: A Whimsical Story of the Endless Possibilities of Love. Buffy Ford Stewart. Illus. by Noëlle Boucher Ford. 2022. (ENG.). 48p. (J). 19.95 **(978-1-7328172-2-7(7))** WhatAboutABoo Productions.

Blanket & the Bear: A Whimsical Story of the Endless Possibilities of Love. Buffy Ford Stewart. Illus. by Noelle Boucher Ford. 2018. (ENG.). 50p. (J). 19.95 (978-1-7328172-0-3(0)) WhatAboutABoo Productions.

Blanket Fort. Kailey Jones. Illus. by Holly Jones. 2021. (ENG.). 44p. (J). (978-0-0391-1021-2(5)); pap. (978-1-0391-1020-5(7)) FriesenPress.

Blanket of Butterflies. Richard Van Camp. Illus. by Scott B. Henderson et al. 2nd ed. 2022. (Spirit of Denendeh Ser.: 1). (ENG.). 56p. (YA). (gr. 8-12). pap. 21.95 (978-1-77492-040-4(9), HighWater Pr.) Portage & Main Pr. CAN. Dist: Orca Bk. Pubs. USA.

Blanket of Love. Alyssa Satin Capucilli. Illus. by Brooke Boynton-Hughes. 2017. (New Books for Newborns Ser.). (ENG.). 16p. (J). (gr. -1 — 1). bds. 7.99 (978-1-4814-8972-0(0), Little Simon) Little Simon.

Blanket of Miracles. Lynda Bulla. Illus. by Maggui Ledbetter. 2016. (ENG.). (J). 24.00 (978-1-61009-254-8(6)); pap. 16.00 (978-1-61009-218-0(X)) Oak Tree Publishing.

Blanket Where Violet Sits. Allan Wolf. Illus. by Lauren Tobia. 2022. (ENG.). 32p. (J). (gr. -1-2). 17.99 (978-0-7636-9665-8(X)) Candlewick Pr.

Blankie (a Narwhal & Jelly Board Book) Ben Clanton. 2021. (Narwhal & Jelly Book Ser.). (ENG.). 22p. (J). (— 1). bds. 8.99 (978-0-7352-6678-0(6), Tundra Bks.) Tundra Bks. CAN. Dist: Penguin Random Hse. LLC.

Blankie Babies: Build a Pillow Fort. Sara Walker. 2023. (ENG.). 38p. (J). 18.95 **(978-1-63755-390-9(0),** Mascot Kids) Amplify Publishing Group.

Blankie/Mantita. Leslie Patricelli. Illus. by Leslie Patricelli. ed. 2016. (Leslie Patricelli Board Bks.). (Illus.). 24p. (J). (— 1). bds. 8.99 (978-0-7636-8897-4(5)) Candlewick Pr.

Blanquita Has a Bad Day: Blanquita Tiene un Mal Día. Rosemary I Langway. 2020. (ENG.). 54p. (J). 18.95 (978-1-64086-624-9(8)); pap. 12.95 (978-1-64086-559-4(4)) ibukku, LLC.

Blantyre-Alien (Classic Reprint) Alan Sullivan. 2018. (ENG., Illus.). (J). 274p. 29.55 (978-0-366-56994-6(5)); 276p. pap. 11.97 (978-0-366-52261-3(2)) Forgotten Bks.

Blåsångarens Berättelser: Swedish Edition of a Bluebird's Memories. Tuula Pere. Tr. by Elisabeth Torstensson. Illus. by Outi Rautkallio. 2018. (SWE.). 36p. (J). (gr. k-4). pap. (978-952-7107-77-5(6)) Wickwick oy.

BLAST! Babysitter Lessons & Safety Training (Revised) A. A. P. American Academy of Pediatrics. 3rd rev. ed. 2016. (ENG.). 72p. pap. 14.95 (978-1-284-13580-0(2)) Jones & Bartlett Learning, LLC.

Blast from the North. David Zeltser. ed. 2016. (Lug Ser.: 2). (ENG., Illus.). 160p. (J). (gr. 3-6). E-Book 23.99 (978-1-5124-0890-4(5), Carolrhoda Bks.) Lerner Publishing Group.

Blast from the Past: Seek & Find Activity Book. Activity Book Zone for Kids. 2016. (ENG., Illus.). (J). pap. 7.55 (978-1-68376-073-3(5)) Sabeels Publishing.

Blast Off. Linda C. Cain & Susan Rosenbaum. Illus. by Diane Dillon & Leo Dillon. 2021. (ENG.). 32p. (J). (gr. -1-3). 17.95 (978-1-68137-568-7(0), NYR Children's Collection) New York Review of Bks., Inc., The.

Blast Off! Margaret Clark. Illus. by Tom Jellett. 2019. (Puffin Nibbles Ser.). 80p. (Orig.). (J). (gr. 2-4). pap. 9.99 (978-0-14-330185-1(3), Puffin) Penguin Random Hse. AUS. Dist: Independent Pubs. Group.

Blast Off! Andrea J. Loney. Illus. by Fuuji Takashi. (Abby in Orbit Ser.: 1). (ENG.). 96p. (J). (gr. 1-5). 2023. pap. 6.99 (978-0-8075-0103-0(4), 0807501034); 2022. 13.99 (978-0-8075-0099-6(2), 0807500992) Whitman, Albert & Co.

Blast Off! Shelly Unwin. Illus. by Ben Wood. 2023. 32p. (J). (gr. k-2). 15.99 **(978-1-76104-949-1(6),** Puffin) Penguin Random Hse. AUS. Dist: Independent Pubs. Group.

Blast Off!, 12 vols., Set. Incl. All about Astronauts. Miriam J. Gross. lib. bdg. 26.27 (978-1-4358-2739-4(2), 058361f5-58ee-40c0-814b-78b23e8a4078); All about Rockets. Miriam Gross. lib. bdg. 26.27 (978-1-4358-2735-6(X), 03aaf6d3-59ed-4f6e-9eca-f0993af09bae); All about Satellites. Miriam J. Gross. (Illus.). lib. bdg. 26.27 (978-1-4358-2736-3(8), 60ccc863-375f-4c2e-9bbe-c32021c2b524); All about Space Missions. Miriam J. Gross. lib. bdg. 26.27 (978-1-4358-2740-0(6), 255befb5-8e9f-4767-9624-23cb3c6fd2c9); All about Space Shuttles. Miriam J. Gross. lib. bdg. 26.27 (978-1-4358-2738-7(4), 30669b7f-4d2e-413a-9667-9abee59d4c53); All about Space Stations. Miriam Gross. lib. bdg. 26.27 (978-1-4358-2737-0(6), 5fd8b406-e835-4c01-86b0-27f50529fdd1); 24p. (J). (gr. 2-3). 2009. (Blast Off! Ser.). (ENG.). 2008. Set lib. bdg. 157.62 (978-1-4358-2781-3(3), 1e3140f7-d030-4155-a120-3d7a8652856d, PowerKids Pr.) Rosen Publishing Group, Inc., The.

Blast Off! How Mary Sherman Morgan Fueled America into Space. Suzanne Slade. Illus. by Sally W. Comport. 2022. (ENG.). 48p. (J). (gr. 2-5). 18.99 (978-1-68437-241-6(0), Calkins Creek) Highlights Pr., c/o Highlights for Children, Inc.

Blast Off! The Sound of BL. Alice K. Flanagan. 2017. (Consonant Blends Ser.). (ENG.). 24p. (J). (gr. -1-2). lib. bdg. 32.79 (978-1-5038-1937-5(X), 211533) Child's World, Inc, The.

Blast off into - Space, Mess Free Activity Book. Lisa Regan. Illus. by Mike Love & Rachael McLean. 2022. (Paint with Water Ser.). (ENG.). 56p. (J). (gr. -1-k). 14.99 (978-1-80105-480-5(0)) Top That! Publishing PLC GBR. Dist: Independent Pubs. Group.

Blast off to Space. K. C. Kelley. 2018. (Amazing Adventures Ser.). (ENG.). 16p. (J). (gr. k-2). lib. bdg. (978-1-68151-315-7(3), 14881); (Illus.). pap. 7.99 (978-1-68152-271-5(3), 14887) Amicus.

Blast off to Space (Set), 8 vols. 2021. (Blast off to Space Ser.). (ENG.). (J). (gr. 1-4). lib. bdg. 262.32 (978-1-5038-5281-5(4), 215121) Child's World, Inc, The.

Blast the Big Top! Coloring Book. Bobo's Children Activity Books. 2016. (ENG., Illus.). (J). pap. 9.33 (978-1-68327-638-8(8)) Sunshine In My Soul Publishing.

Blast Through the Past: a Heroic History of Gladiators & Ancient Warriors. Rachel Minay. ed. 2019. (Blast Through the Past Ser.). (ENG., Illus.). 32p. (J). (gr. 3-7). pap. 10.99 (978-1-4451-4930-1(3), Franklin Watts) Hachette Children's Group GBR. Dist: Hachette Bk. Group.

Blast Through the Past: a Mindboggling History of Scientists & Inventors. Izzi Howell. 2020. (Blast Through the Past Ser.). (ENG.). 32p. (J). (gr. 3-7). pap. 12.99 (978-1-4451-4938-7(9), Franklin Watts) Hachette Children's Group GBR. Dist: Hachette Bk. Group.

Blast Through the Past: a Noble History of Knights. Izzi Howell. ed. 2019. (Blast Through the Past Ser.). (ENG., Illus.). 32p. (J). (gr. 3-7). pap. 10.99 (978-1-4451-4936-3(2), Franklin Watts) Hachette Children's Group GBR. Dist: Hachette Bk. Group.

Blast Through the Past: an Adventurous History of Pirates. Izzi Howell. ed. 2020. (Blast Through the Past Ser.). (ENG., Illus.). 32p. (J). (gr. 3-7). pap. 12.99 (978-1-4451-4940-0(0), Franklin Watts) Hachette Children's Group GBR. Dist: Hachette Bk. Group.

Blast Through the Past: an Intrepid History of Explorers. Izzi Howell. ed. 2019. (Blast Through the Past Ser.). (ENG., Illus.). 32p. (J). (gr. 3-7). pap. 10.99 (978-1-4451-4932-5(X), Franklin Watts) Hachette Children's Group GBR. Dist: Hachette Bk. Group.

Blast Through the Past: an Undercover History of Spies & Secret Agents. Rachel Minay. ed. 2017. (Blast Through the Past Ser.). (ENG., Illus.). 32p. (J). (gr. 2-4). 16.99 (978-1-4451-4933-2(8), Franklin Watts) Hachette Children's Group GBR. Dist: Hachette Bk. Group.

Blast to Outer Space Planets & Comets Coloring for Kids Ages 4-8. Educando Kids. 2019. (ENG.). 42p. (J). pap. 6.99 (978-1-64521-118-1(5), Educando Kids) Editorial Imagen.

Blast to the Past, 6. Martin Howard. Illus. by Andy Janes. 2017. (Shaun the Sheep: Tales from Mossy Bottom Farm Ser.). (ENG.). 112p. (J). (gr. 1-3). 17.44 (978-1-5364-1044-0(6)) Candlewick Pr.

Blasthole Drill. Samantha Bell. 2018. (21st Century Basic Skills Library: Level 1: Welcome to the Construction Site Ser.). (ENG., Illus.). 24p. (J). (gr. k-3). lib. bdg. 30.64 (978-1-5341-2924-5(3), 211740) Cherry Lake Publishing.

Blastoff! Readers - Body Systems, 6 vols., Set. Kay Manolis. Incl. Circulatory System. 20.00 (978-0-531-21701-6(9)); Digestive System. 20.00 (978-0-531-21702-3(7)); Muscular System. 20.00 (978-0-531-21703-0(5)); Nervous System. 20.00 (978-0-531-21704-7(3)); Respiratory System. 20.00 (978-0-531-21705-4(1)); Skeletal System. 20.00 (978-0-531-21706-1(X)); (Illus.). 24p. (J). (gr. k-3). 2009. 2009. Set lib. bdg. 120.00 (978-0-531-27900-7(6), Children's Pr.) Scholastic Library Publishing.

Blastoff! Readers - Mighty Machines, 4 vols., Set. Derek Zobel. Incl. Bucket Trucks. 20.00 (978-0-531-21707-8(8)); Diggers. 20.00 (978-0-531-21708-5(6)); Pickup Trucks. 20.00 (978-0-531-21709-2(4)); Wheel Loaders. 20.00 (978-0-531-21710-8(8)); (Illus.). 24p. (J). (gr. k-3). 2009. 2009. Set lib. bdg. 80.00 (978-0-531-26127-9(1), Children's Pr.) Scholastic Library Publishing.

Blastoff! Readers - Oceans Alive, 6 vols., Set. Colleen Sexton. Incl. Angelfish. 20.00 (978-0-531-21711-5(6)); Frogfish. 20.00 (978-0-531-21712-2(4)); Lionfish. 20.00 (978-0-531-21713-9(2)); Puffins. 20.00 (978-0-531-21714-6(0)); Shrimp. 20.00 (978-0-531-21716-0(7)); Swordfish. 20.00 (978-0-531-21715-3(9)); (Illus.). 24p. (J). (gr. k-3). 2009. 2009. Set lib. bdg. 120.00 (978-0-531-26128-6(X), Children's Pr.) Scholastic Library Publishing.

Blastoff! Readers - Watch Animals Grow, 4 vols., Set. Anne Wendorff. Incl. Bear Cubs. 20.00 (978-0-531-21626-2(8)); Eaglets. 20.00 (978-0-531-21627-9(6)); Fawns. 20.00 (978-0-531-21628-6(4)); Lambs. 20.00 (978-0-531-21629-3(2)); (Illus.). 24p. (J). (gr. k-3). 2009. (Blastoff! Readers Ser.). 2009. Set lib. bdg. 80.00 (978-0-531-26129-3(8), Children's Pr.) Scholastic Library Publishing.

Blatantly Honest: Normal Teen, Abnormal Life. Makaila Nichols. 2019. (ENG., Illus.). 210p. (YA). (gr. 10-13). pap. 14.95 (978-1-61254-355-0(3)) Brown Books Publishing Group.

Blåtroll Og Den ødelagte Bærpinnen. Annabel Schitz. 2017. (NOR., Illus.). 34p. (J). pap. (978-82-691082-1-7(9)) Schiøtz, Annabel.

Blåtroll Og Femhjørningene: Et Morsomt Trolleventyr for Barn. Annabel Schitz. 2018. (NOR.). 34p. (J). pap. (978-82-691082-8-6(6)) Schiøtz, Annabel.

Blaze. Anna Holmes. 2021. (Ember of Elyssia Quartet Ser.: Vol. 3). (ENG.). 494p. (YA). 26.99 (978-1-954732-06-3(6)) Elyssia Bks.

Blaze a New Trail! a Great Maze Activity Book. Smarter Activity Books. 2016. (ENG., Illus.). (J). pap. 8.99 (978-1-68374-195-4(1)) Examined Solutions PTE. Ltd.

Blaze & the Castle Cake for Bertha Daye. Claude Ponti. Tr. by Alyson Waters & Margot Kerlidou. Illus. by Claude Ponti. 2022. (Illus.). 48p. (J). (gr. k-4). 20.00 (978-1-953861-18-4(0), Elsewhere Editions) Steerforth Pr.

Blaze & the Monster Machines Little Golden Book Library (Blaze & the Monster Machines) Five of Nickeodeon's Blaze & the Monster Machines Little Golden Books, 5 vols. Illus. by Golden Books. 2017. (Little Golden Book Ser.). (ENG.). 120p. (J). (-k). 29.95 (978-1-5247-6410-4(8), Golden Bks.) Random Hse. Children's Bks.

Blaze Derringer (Classic Reprint) Eugene P. Lyle. 2017. (ENG., Illus.). (J). 30.54 (978-1-5284-8001-7(5)) Forgotten Bks.

Blaze Finds Forgotten Roads. C. W. Anderson. Illus. by C. W. Anderson. 2018. (Billy & Blaze Ser.). (ENG., Illus.). 48p. (J). (gr. k-3). pap. 9.99 (978-1-5344-1367-2(7), Aladdin) Simon & Schuster Children's Publishing.

Blaze of Dragons & Other Fairytale Families. Jennifer Preston Chushcoff. 2020. (ENG.). 34p. (J). 18.99 (978-0-9984076-5-4(8)) Autumn's End Pr.

Blaze of Glory. M. Garzon. 2018. (Blaze of Glory Ser.: Vol. 1). (ENG., Illus.). 366p. (YA). (978-1-988844-06-0(1)) Petal Pr.

Blaze of Glory. Rebecca Kositzke. 2018. (ENG., Illus.). 30p. (J). pap. 11.95 (978-1-64350-060-7(0)) Page Publishing Inc.

Blaze of Glory (Classic Reprint) John Strange Winter. (ENG., Illus.). (J). 2018. 340p. 30.93 (978-0-666-02741-2(2)); 2017. pap. 13.57 (978-0-259-22524-9(X)) Forgotten Bks.

Blazer's Taxi. Una Belle Townsend. 2020. (ENG., Illus.). 48p. 17.00 (978-1-62288-142-0(7), P520336) Austin, Stephen F. State Univ. Pr.

Blazers to Belles: A Coloring Book. Bobo's Children Activity Books. 2016. (ENG., Illus.). (J). pap. 6.92 (978-1-68327-523-7(3)) Sunshine In My Soul Publishing.

Blazing a Trail: Irish Women Who Changed the World. Sarah Webb. Illus. by Lauren O'Neill. 2018. (ENG.). 64p. 25.00 (978-1-78849-004-7(5)) O'Brien Pr., Ltd., The IRL. Dist: Casemate Pubs. & Bk. Distributors, LLC.

Blazing Bridge. Carter Roy. 2017. (Blood Guard Ser.: 3). (ENG.). 256p. (J). (gr. 4-8). 17.99 (978-1-4778-2717-8(X), 9781477827178); pap. 7.99 (978-1-4778-2706-2(4), 9781477827062) Amazon Publishing. (Two Lions).

Blazing Monster Trucks, Work Trucks, & Cars Coloring Book: For Kids Ages 3 Years Old & Up. Beatrice Harrison. 2020. (ENG.). 34p. (J). pap. 7.25 (978-1-6781-6078-4(4)) Lulu Pr., Inc.

Ble. Amy Culliford. Tr. by Jean Pierre Gaston. 2021. (Koulè Mwen Pi Renmen Yo (My Favorite Color) Ser.). (CRP., Illus.). 16p. (J). (gr. -1-1). pap. (978-1-4271-3781-4(1), 10102) Crabtree Publishing Co.

Bleach Captains & Espada Coloring Book. Activibooks. 2016. (ENG., Illus.). (J). pap. 9.20 (978-1-68321-889-0(2)) Mimaxion.

Bleak House. Charles Dickens. 2021. (ENG.). 714p. (J). (gr. 4-6). pap. 20.99 (978-1-4209-7497-3(1)) Digireads.com Publishing.

Bleak House. Charles Dickens. 2022. (ENG.). 758p. (J). (gr. 4-6). pap. **(978-1-387-90296-5(2))** Lulu Pr., Inc.

Bleak House. Charles Dickens. 2018. (ENG., Illus.). 1004p. (J). (gr. 4-7). 50.10 (978-1-7317-0534-1(4)); pap. 38.02 (978-1-7317-0535-8(2)); 26.93 (978-1-7317-0108-4(X)); pap. 20.14 (978-1-7317-0109-1(8)) Simon & Brown.

Bleak House. Charles Dickens. 2018. (ENG., Illus.). 852p. (gr. 4-7). pap. 44.99 (978-1-78724-854-0(2)) Adelphi Pr.

Bleak House (Annotated) Charles Dickens. 2021. (Sastrugi Press Classics Ser.). (ENG.). 718p. (J). 28.95 (978-1-64922-101-8(0)); pap. 21.95 (978-1-64922-102-5(9)) Sastrugi Pr.

Bleak House (Classic Reprint) Charles Dickens. (ENG., Illus.). (J). 2018. 554p. 35.32 (978-0-364-78489-1(X)); 2017. 41.45 (978-0-331-20189-5(5)); 2017. 37.14 (978-0-265-47490-7(6)); 2017. pap. 19.57 (978-0-282-54028-9(8)); 2017. pap. 23.97 (978-1-334-73091-7(1)) Forgotten Bks.

Bleak House, Vol. 1 (Classic Reprint) Charles Dickens. 2017. (ENG., Illus.). (J). 34.09 *(978-0-266-37376-6(3))* Forgotten Bks.

Bleak House, Vol. 2 (Classic Reprint) Charles Dickens. (ENG., Illus.). (J). 2018. 502p. 34.25 *(978-0-483-77586-2(X))*; 2016. pap. 16.97 *(978-1-334-13424-1(3))* Forgotten Bks.

Bleak House, Vol. 2 of 2 (Classic Reprint) Charles Dickens. 2017. (ENG., Illus.). (J). 34.93 *(978-0-331-17410-6(3))* Forgotten Bks.

Bleak House, Vol. 2 of 4 (Classic Reprint) Charles Dickens. 2017. (ENG., Illus.). (J). 30.83 *(978-0-265-38242-4(4))* Forgotten Bks.

Bleak House, Vol. 3 (Classic Reprint) Charles Dickens. 2017. (ENG., Illus.). (J). 34.11 *(978-1-5284-7237-1(3))* Forgotten Bks.

Bleak House, Vol. 3 of 4 (Classic Reprint) Charles Dickens. 2018. (ENG., Illus.). 338p. (J). 30.89 *(978-0-365-47717-4(6))* Forgotten Bks.

Bleak Trail. Diane Pike. Illus. by Alan Walter. 2020. (ENG.). 94p. (YA). pap. *(978-1-78222-760-1(1))* Paragon Publishing, Rothersthorpe.

Bleakley Brothers Mystery: What Manor of Murder? Christopher William Hill. 2019. (Bleakley Brothers Mystery Ser.). (ENG.). 256p. (J). (gr. 4-6). 10.99 *(978-1-4083-3293-1(0)*, Orchard Bks.) Hachette Children's Group GBR. Dist: Hachette Bk. Group.

Bleau Discovers Pearl's Wisdom: The Adventures of a Golden Retriever & a Border Collie. Allyson Kelly Horton. 2022. (ENG.). 40p. (J). 35.99 *(978-1-6628-3568-1(X))*; pap. 25.99 *(978-1-6628-3567-4(1))* Salem Author Services.

Bleed, Blister, Puke, & Purge: The Dirty Secrets Behind Early American Medicine. J. Marin Younker. 2018. (ENG., Illus.). 112p. (YA). (gr. 6-12). pap. 12.99 *(978-1-942186-50-2(9)*, 9936bdc2-eed3-46d9-858d-bc08a78c2efc, Zest Bks.) Lerner Publishing Group.

Bleeding Heart. Brittany M. Willows. 2023. (Cardplay Duology Ser.: Vol. 2). (ENG.). 522p. (YA). pap. *(978-0-9936472-9-1(4))* Willows, Brittany M.

Bleeding Lies of Truth. Julia Leigh. 2021. (ENG.). 265p. (YA). pap. *(978-1-6780-5620-9(0))* Lulu Pr., Inc.

Bleeding Worlds Book Four: Ragnarok. Justus R. Stone. 2018. (Bleeding Worlds Ser.: Vol. 4). (ENG.). 310p. (YA). pap. *(978-0-9959697-7-3(9))* Red Bucket Publishing.

Blemished. Sarah Dalton. 2022. (ENG.). (J). 284p. *(978-1-7391289-1-3(5))*; 288p. pap. *(978-1-7391289-0-6(7))* Denzil, Sarah A.

Blended. Sharon M. Draper. (ENG.). 320p. (J). (gr. 3-7). 2020. pap. 8.99 *(978-1-4424-9501-2(4)*, Atheneum Bks. for Young Readers); 2018. (Illus.). 17.99 *(978-1-4424-9500-5(6)*, Atheneum/Caitlyn Dlouhy Books) Simon & Schuster Children's Publishing.

Blended Families. Tamika M. Murray. 2023. (All Families Ser.). (ENG., Illus.). 32p. (J). (gr. 2-3). pap. 9.95 *(978-1-63739-494-6(2))*; lib. bdg. 31.35 *(978-1-63739-457-1(8))* North Star Editions. (Focus Readers).

Blended, Mixed & Combined That's a Family Just Like Mine. Cheryl Lea. 2022. (ENG.). 46p. (J). 25.95 *(978-1-63692-280-5(5))* Newman Springs Publishing, Inc.

Blends, 6 vols. 2023. (Blends & Digraphs Ser.). (ENG.). 24p. (J). (gr. -1-2). lib. bdg. 188.16 *(978-1-0982-8253-0(1)*, 42209, Abdo Zoom-Launch) ABDO Publishing Co.

Blends, Their Relation to English Word Formation (Classic Reprint) Louise Pound. 2018. (ENG., Illus.). 66p. (J). (gr. k-12). 25.26 *(978-0-656-12069-7(X))* Forgotten Bks.

Blenkinsop Blabbermouth & the Ghost of Broderick Mccaffery. John Walker Pattison. 2022. (ENG.). 78p. (J). pap. *(978-1-3984-6011-9(7))* Austin Macauley Pubs. Ltd.

Blennerhassett: The Decrees of Fate; a Romance Founded upon Events of American History (Classic Reprint) Charles Felton Pidgin. 2018. (ENG., Illus.). 490p. (J). 34.00 *(978-0-666-22508-5(7))* Forgotten Bks.

Bless & Remove Stress Advent Coloring for 2nd Grade. Educando Kids. 2019. (ENG.). 42p. (J). pap. 6.99 *(978-1-64521-136-5(3)*, Educando Kids) Editorial Imagen.

Bless Me, Ultima Novel Units Teacher Guide. Novel Units. 2019. (ENG.). (YA). pap. 12.99 *(978-1-56137-806-7(2)*, Novel Units, Inc.) Classroom Library Co.

Bless the Beasts & Children. Ryan Blanchard & Glendon Swarthout. 2017. (ENG., Illus.). 110p. (J). pap. *(978-1-387-20992-7(2))* Lulu Pr., Inc.

Bless Ye the Lord: Praise Song of the Three Holy Children. Frances Tyrrell. 2023. (Illus.). 40p. (J). (gr. k-2). 17.95 *(978-1-937786-97-7(8)*, Wisdom Tales) World Wisdom, Inc.

Blessed. Tamara Tokash. 2022. (ENG.). 50p. (J). pap. 14.00 *(978-1-60571-564-3(6)*, Shires Press) Northshire Pr.

Blessed Baby. V. Christopher. 2021. (ENG.). 26p. (J). pap. 12.95 *(978-1-63765-134-6(1))* Halo Publishing International.

Blessed Be His Name! Biblical Maze Activity Book. Jupiter Kids. 2016. (ENG., Illus.). 108p. (J). pap. 12.55 *(978-1-68326-204-6(2)*, Jupiter Kids (Childrens & Kids Fiction)) Speedy Publishing LLC.

Blessed Beautiful Child. Sharanda Hunter. Illus. by Remi Bryant. 2021. (ENG.). 24p. (J). pap. 12.99 *(978-1-954529-01-4(5))* PlayPen Publishing.

Blessed Bees (Classic Reprint) John Allen. 2018. (ENG., Illus.). 178p. (J). 27.57 *(978-0-267-50281-3(8))* Forgotten Bks.

Blessed Birds or Highways & Byways (Classic Reprint) Eldridge Eugene Fish. 2018. (ENG., Illus.). 254p. (J). 29.16 *(978-0-666-61888-7(7))* Forgotten Bks.

Blessed Collection_Notebook_Be Still. Amarylis Delgado. 2022. (SPA.). 100p. (YA). *(978-1-387-76316-0(4))* Lulu Pr., Inc.

Blessed Heart & Other Stories. Bob Eslami. 2018. (ENG., Illus.). 68p. (YA). pap. *(978-1-896794-14-3(9))* DeeBee Bks.

Blessed Imelda's First Holy Communion. Julianne Weinmann. 2022. (ENG.). 36p. (J). pap. 8.00 *(978-1-4583-1256-3(9))* Lulu Pr., Inc.

Blessed Kids. Ann Marie Barnes. l.t. ed. 2023. (ENG.). 26p. (J). 15.99 *(978-1-960179-03-6(9))* Legacy Voice Productions.

Blessed Mary, Mother of All. Maggie Casey. 2021. (ENG.). 22p. (J). 22.95 *(978-1-64559-721-6(0))*; pap. 12.95 *(978-1-64559-720-9(2))* Covenant Bks.

Blessed Monsters: A Novel. Emily A. Duncan. (Something Dark & Holy Ser.: 3). (ENG., Illus.). 528p. (YA). 2022. pap. 12.99 *(978-1-250-19573-9(X)*, 900193810); 2021. 18.99 *(978-1-250-19572-2(1)*, 900193809) St. Martin's Pr. (Wednesday Bks.).

Blessed Prey: A Wicce Prequel. Miriam Cumming. 2020. (Wicce Novel Ser.: Vol. 3). (ENG.). 374p. (YA). pap. *(978-0-6483921-6-3(3))* Cumming, Miriam.

Blessed Sebastian & the Oxen. Eva K. Betz. 2021. (ENG.). 48p. (J). (gr. k-5). pap. 8.95 *(978-1-5051-2103-2(5)*, NP1032) TAN Bks.

Blessed! with Virtues. Suzann E. Poppe. 2020. (ENG.). 98p. (J). 24.99 *(978-1-6628-0278-2(1))*; pap. 13.99 *(978-1-6628-0277-5(3))* Salem Author Services.

Blessed Youth Survival Guide. Sarah Griffith Lund. 2022. (ENG.). 48p. (YA). pap. 3.99 *(978-0-8272-0323-5(3))* Chalice Pr.

Blessing Esau: Experiments in High School English-Teaching (Classic Reprint) Julia Davenport Randall. 2018. (ENG., Illus.). 124p. (J). 26.47 *(978-0-365-36476-4(2))* Forgotten Bks.

Blessing the Nephite Children. Told to Catherine Christensen. 2016. (ENG.). (J). bds. 10.99 *(978-1-4621-1875-5(5))* Cedar Fort, Inc./CFI Distribution.

Blessing's Bead, 1 vol. Debby Dahl Edwardson. Illus. by Nasugraq Rainey Hopson. 2022. (ENG.). 240p. (J). (gr. 5-10). pap. 15.95 *(978-1-64379-576-8(7)*, leelowtu, Tu Bks.) Lee & Low Bks., Inc.

Blessings for Your Baptism. Kenneth Steven. Illus. by Katie Rewse. ed. 2022. (ENG.). 32p. (J). 12.99 *(978-0-7459-7897-0(5)*, a66e5472-087e-41ef-8562-2c8b1856ee95, Lion Children's) Lion Hudson PLC GBR. Dist: Baker & Taylor Publisher Services (BTPS).

Blessings from Above. Hillary A. Hinds. 2019. (ENG., Illus.). 24p. (J). pap. *(978-1-4866-1688-6(7))* Word Alive Pr.

Blessings from Da Hood. Philip Allison. 2022. (ENG.). 94p. (YA). pap. 13.95 *(978-1-63881-237-1(3))* Newman Springs Publishing, Inc.

Bleu. Amy Culliford. Tr. by Claire Savard. 2021. (Ma Couleur Préférée (My Favorite Color) Ser.). (FRE., Illus.). 16p. (J). (gr. -1-1). pap. *(978-1-4271-3634-3(3)*, 13245) Crabtree Publishing Co.

Bleu comme un Bleuet see Blue as a Blueberry/Bleu comme un Bleuet

Blight. Alexandra Duncan. 2017. (ENG.). 400p. (YA). (gr. 8). 17.99 *(978-0-06-239699-0(4)*, Greenwillow Bks.) HarperCollins Pubs.

Blight of the Arachna. D. Holden Kennon. 2022. (New Heroes of Kairodor Ser.: Vol. 1). (ENG.). 254p. (YA). pap. *(978-1-928011-69-9(1))* Brain Lag.

Blight Street. Geoff Goodfellow. 2021. (ENG.). 60p. (YA). pap. *(978-0-6450893-5-6(4))* Walleah Pr.

Blight; the Tragedy of Dublin: An Exposition in 3 Acts (Classic Reprint) Alpha and Omega. 2018. (ENG., Illus.). 76p. (J). 25.46 *(978-0-484-76504-6(3))* Forgotten Bks.

Blighted Being: A Farce, in One Act, Adapted from the French Vaudeville une Existence Decoloree (Classic Reprint) Tom Taylor. 2018. (ENG., Illus.). 34p. (J). 24.60 *(978-0-267-28756-7(9))* Forgotten Bks.

Blighted by Silence: (the Rest Is Unwritten) Mylaysha Curry. 2021. (ENG.). 52p. (YA). pap. *(978-1-008-91925-9(X))* Lulu Pr., Inc.

Blightly (Classic Reprint) Harold Hays. 2018. (ENG., Illus.). (J). 28p. 24.49 *(978-1-396-60553-6(3))*; 30p. pap. 7.97 *(978-1-391-71033-4(9))* Forgotten Bks.

Blimp Chapter Book: (Step 7) Sound Out Books (systematic Decodable) Help Developing Readers, Including Those with Dyslexia, Learn to Read with Phonics. Pamela Brookes. 2020. (Dog on a Log Chapter Book Collections: Vol. 32). (ENG.). 62p. (J). (gr. 1-6). 15.99 *(978-1-64831-038-6(9)*, DOG ON A LOG Bks.) Jojoba Pr.

Blind: A Comedy in One Act (Classic Reprint) Seumas O'Brien. (ENG., Illus.). (J). 2018. 28p. 24.47 *(978-0-656-17171-2(5))*; 2016. pap. 7.97 *(978-1-333-33936-4(4))* Forgotten Bks.

Blind: The Story of the World Tragedy (Classic Reprint) David Glenn MacKenzie. (ENG., Illus.). (J). 2018. 232p. 28.68 *(978-0-484-90728-6(X))*; 2017. pap. 11.57 *(978-0-243-21575-1(4))* Forgotten Bks.

Blind Agnese (Classic Reprint) Cecilia Mary Caddell. 2018. (ENG., Illus.). 178p. (J). 27.59 *(978-0-332-13659-2(0))* Forgotten Bks.

Blind Alley: Being the Picture of a Very Gallant Gentleman; the Adventures (Classic Reprint) W. L. George. 2019. (ENG., Illus.). 450p. (J). 33.20 *(978-0-365-25952-7(7))* Forgotten Bks.

Blind Alleys a Novel of Nowadays (Classic Reprint) George Cary Eggleston. 2018. (ENG., Illus.). 432p. (J). 32.81 *(978-0-483-54318-8(7))* Forgotten Bks.

Blind Amos & His Velvet Principles (Classic Reprint) Unknown Author. 2018. (ENG., Illus.). 154p. (J). 27.07 *(978-0-484-78607-2(5))* Forgotten Bks.

Blind & Beautiful. Dawn Rouse-Mark. 2022. (ENG.). 240p. (YA). *(978-1-0391-4648-8(1))*; pap. *(978-1-0391-4647-1(3))* FriesenPress.

Blind Artist's Pictures: And Other Stories (Classic Reprint) Nora Vynne. (ENG., Illus.). (J). 2017. 31.32 *(978-0-265-44377-4(6))*; 2016. pap. 13.97 *(978-1-334-15339-6(6))* Forgotten Bks.

Blind Bird's Nest (Classic Reprint) Mary Findlater. (ENG., Illus.). (J). 2018. 364p. 31.40 *(978-0-364-38852-5(8))*; 2017. pap. 13.97 *(978-0-259-31320-5(3))* Forgotten Bks.

Blind Boy of the Island (Classic Reprint) Unknown Author. (ENG., Illus.). (J). 2018. 134p. 26.66 *(978-0-483-68763-9(4))*; 2017. pap. 9.57 *(978-0-243-28879-3(4))* Forgotten Bks.

Blind Brother: A Story of the Pennsylvania Coal Mines (Classic Reprint) Homer Greene. (ENG., Illus.). (J). 2018. 236p. 28.78 *(978-0-484-65631-3(7))*; 2016. pap. 11.57 *(978-1-334-28548-6(9))* Forgotten Bks.

Blind Child, or Anecdotes of the Wyndham Family: Written for the Use of Young People, by a Lady (Classic Reprint) Elizabeth Sibthorpe Pinchard. 2018. (ENG., Illus.). 176p. (J). 27.53 *(978-0-267-53200-1(8))* Forgotten Bks.

Blind Child, or Anecdotes of the Wyndham Family: Written for the Use of Young People (Classic Reprint) Elizabeth Sibthorpe Pinchard. (ENG., Illus.). (J). 2018. 34p. 24.62 *(978-0-484-60362-1(0))*; 2018. 184p. 27.69 *(978-0-267-15010-6(5))*; 2016. pap. 7.97 *(978-1-333-11690-3(X))* Forgotten Bks.

Blind Colt (80th Anniversary Edition) Glen Rounds. 2021. (Illus.). 96p. (J). (gr. 2-5). 17.99 *(978-0-8234-4353-6(1))* Holiday Hse., Inc.

Blind-Deaf: Supplement; Additions to a Monograph Published 1904 (Classic Reprint) William Wade. (ENG., Illus.). (J). 2018. 88p. 25.73 *(978-0-365-45547-9(4))*; 2017. pap. 9.57 *(978-1-334-97661-2(9))* Forgotten Bks.

Blind Embrace. Suzanne Lee. 2020. (ENG.). 278p. (YA). pap. 19.95 *(978-1-64701-988-4(5))* Page Publishing Inc.

Blind Ethan: A Story for Boys (Classic Reprint) Unknown Author. (ENG., Illus.). (J). 2018. 56p. 25.05 *(978-0-666-38794-3(X))*; 2017. pap. 9.57 *(978-0-259-40319-7(9))* Forgotten Bks.

Blind Eyes (Classic Reprint) Margaret Peterson. 2017. (ENG., Illus.). (J). 308p. 30.25 *(978-0-332-20974-6(1))*; pap. 13.57 *(978-0-259-36300-2(6))* Forgotten Bks.

Blind Farmer & His Children (Classic Reprint) Hofland. 2018. (ENG., Illus.). 222p. (J). 28.50 *(978-0-483-65402-0(7))* Forgotten Bks.

Blind Fate, Vol. 1 Of 3: A Novel (Classic Reprint) Alexander. 2016. (ENG., Illus.). (J). pap. 11.97 *(978-1-333-50824-1(7))* Forgotten Bks.

Blind Fate, Vol. 1 Of 3: A Novel (Classic Reprint) Alexander. 2018. (ENG., Illus.). 272p. (J). 29.53 *(978-0-484-33408-2(5))* Forgotten Bks.

Blind Fate, Vol. 2 Of 3: A Novel (Classic Reprint) Alexander. 2016. (ENG., Illus.). (J). pap. 11.57 *(978-1-333-33188-7(6))* Forgotten Bks.

Blind Fate, Vol. 2 Of 3: A Novel (Classic Reprint) Alexander. 2018. (ENG., Illus.). 258p. (J). 29.22 *(978-0-483-84088-1(2))* Forgotten Bks.

Blind Fate, Vol. 3 Of 3: A Novel (Classic Reprint) Alexander. 2016. (ENG., Illus.). (J). pap. 11.97 *(978-1-334-13611-5(4))* Forgotten Bks.

Blind Fate, Vol. 3 Of 3: A Novel (Classic Reprint) Alexander. 2018. (ENG., Illus.). (J). 29.26 *(978-0-331-98976-2(X))* Forgotten Bks.

Blind for Sacrifice (Classic Reprint) John Owen. (ENG., Illus.). (J). 2018. 290p. 29.88 *(978-0-483-55174-9(0))*; 2017. pap. 13.57 *(978-0-243-18465-1(4))* Forgotten Bks.

Blind Girl, or the Story of Little Vendla (Classic Reprint) Unknown Author. (ENG., Illus.). (J). 2018. 176p. 27.53 *(978-0-483-75186-6(3))*; 2017. pap. 9.97 *(978-0-243-41809-1(4))* Forgotten Bks.

Blind Goddess: A Drama (Classic Reprint) Frank N. Wilcox. 2018. (ENG., Illus.). 84p. (J). 25.63 *(978-0-483-68957-2(2))* Forgotten Bks.

Blind Guide to Normal. Beth Vrabel. (ENG.). (J). (gr. 3-7). 2018. 304p. pap. 7.99 *(978-1-5107-2733-5(7))*; 2016. 272p. 16.99 *(978-1-5107-0228-8(8))* Skyhorse Publishing Co., Inc. (Sky Pony Pr.).

Blind Job: A Matter-Of-Fact Romance (Classic Reprint) Frederick Robert Place. (ENG., Illus.). (J). 2018. 260p. 29.26 *(978-0-483-73152-3(8))*; 2016. pap. 11.97 *(978-1-334-14361-8(7))* Forgotten Bks.

Blind Lead: The Story of a Mine (Classic Reprint) Josephine White Bates. (ENG., Illus.). (J). 2018. 256p. 29.18 *(978-0-484-32310-9(5))*; 2016. pap. 11.57 *(978-1-333-77236-9(X))* Forgotten Bks.

Blind Leaders of the Blind: The Romance of a Blind Lawyer (Classic Reprint) James R. Cocke. (ENG., Illus.). (J). 2018. 494p. 34.11 *(978-0-428-86171-1(7))*; 2017. pap. 16.57 *(978-0-243-18168-1(X))* Forgotten Bks.

Blind Lilias: Or, Fellowship with God; a Tale for the Young (Classic Reprint) Unknown Author. 2018. (ENG., Illus.). 424p. (J). 32.64 *(978-0-364-17582-8(6))* Forgotten Bks.

Blind Lion of the Congo (Classic Reprint) Elliott Whitney. 2018. (ENG., Illus.). 282p. (J). 29.71 *(978-0-332-88207-9(1))* Forgotten Bks.

Blind Love, Vol. 1 of 3 (Classic Reprint) Wilkie Collins. 2017. (ENG., Illus.). (J). 30.81 *(978-0-331-37670-8(9))* Forgotten Bks.

Blind Love, Vol. 2 of 3 (Classic Reprint) Wilkie Collins. 2017. (ENG., Illus.). (J). 31.12 *(978-0-331-68386-8(5))* Forgotten Bks.

Blind Love, Vol. 3 of 3 (Classic Reprint) Wilkie Collins. (ENG., Illus.). (J). 2017. 31.16 *(978-0-331-81504-7(4))*; 2016. pap. 13.57 *(978-1-334-15482-9(1))* Forgotten Bks.

Blind Man (Classic Reprint) Reginald Wright Kauffman. (ENG., Illus.). (J). 2018. 284p. 29.77 *(978-0-483-59771-6(6))*; 2017. pap. 13.57 *(978-0-243-26045-4(8))* Forgotten Bks.

Blind Man's Bluff (Classic Reprint) Baynard Kendrick. 2017. (ENG., Illus.). (J). 30.04 *(978-0-331-47326-1(7))*; pap. 13.57 *(978-0-260-67815-7(5))* Forgotten Bks.

Blind Man's Buff (Classic Reprint) Louis Hemon. (ENG., Illus.). (J). 2018. 252p. 29.09 *(978-0-483-82231-3(0))*; 2017. pap. 11.57 *(978-0-243-38302-3(9))* Forgotten Bks.

Blind Man's Experiences & Adventures in Crossing the Country 3000 Miles on a Bicycle (Classic Reprint) Jack Lockett. (ENG., Illus.). (J). 2018. 40p. 24.72 *(978-0-364-26758-5(5))*; 2017. pap. 7.97 *(978-0-259-53406-8(4))* Forgotten Bks.

Blind Man's Eyes (Classic Reprint) William Macharg. 2018. (ENG., Illus.). 394p. (J). 32.02 *(978-0-483-32033-8(1))* Forgotten Bks.

Blind Man's Friend: And Other Tales (Classic Reprint) W. T. Norman. 2018. (ENG., Illus.). 24p. (J). 24.39 *(978-0-267-24669-4(2))* Forgotten Bks.

Blind Marksman (Classic Reprint) Edith Mary Moore. 2018. (ENG., Illus.). 326p. (J). 30.62 *(978-0-484-77129-0(9))* Forgotten Bks.

Blind Mice (Classic Reprint) C. Kay Scott. 2017. (ENG., Illus.). (J). 30.52 *(978-0-331-82890-0(1))* Forgotten Bks.

Blind Musician: From the Russian of Korolenko (Classic Reprint) Sergius Stepniak. 2018. (ENG., Illus.). 242p. (J). 28.89 *(978-0-666-71449-7(5))* Forgotten Bks.

Blind Musician (Classic Reprint) Vladimir Korolenko. 2017. (ENG., Illus.). (J). 29.47 *(978-0-331-88163-7(7))*; pap. 11.97 *(978-0-243-47243-7(9))* Forgotten Bks.

Blind Parables: An Anthology of Poems. Ryan Kwan. Ed. by Tatenda C. Munyuki. 2019. (ENG.). 50p. (J). pap. 6.00 *(978-0-7974-6582-4(0))* Lulu Pr., Inc.

Blind People: Their Works & Ways; with Sketches of the Lives of Some Famous Blind Men (Classic Reprint) Bennett George Johns. 2018. (ENG., Illus.). 214p. (J). 28.31 *(978-0-365-24896-5(7))* Forgotten Bks.

Blind Policy (Classic Reprint) George Manville Fenn. 2018. (ENG., Illus.). 320p. (J). 30.52 *(978-0-484-09311-8(8))* Forgotten Bks.

Blind Princess (Classic Reprint) Unknown Author. 2018. (ENG., Illus.). 232p. (J). 28.70 *(978-0-483-76662-4(3))* Forgotten Bks.

Blind Raftery & His Wife, Hilaria (Classic Reprint) Donn Byrne. (ENG., Illus.). (J). 2018. 190p. 27.84 *(978-0-331-64553-8(X))*; 2017. pap. 10.57 *(978-0-259-22600-0(9))* Forgotten Bks.

Blind Road (Classic Reprint) Hugh Gordon. (ENG., Illus.). (J). 2017. 292p. 29.94 *(978-0-260-06122-5(0))*; 2016. pap. 13.57 *(978-1-334-49853-4(9))* Forgotten Bks.

Blind Rosa: And Other Tales (Classic Reprint) Unknown Author. (ENG., Illus.). (J). 2018. 134p. 26.66 *(978-0-483-56567-8(9))*; 2016. pap. 9.57 *(978-1-334-12658-1(5))* Forgotten Bks.

Blind Side of the Moon. Blayne Cooper. 2016. (ENG.). 240p. (J). (gr. 7). pap. 16.95 *(978-1-59493-531-2(9))* Bella Bks., Inc.

Blind Sight (Classic Reprint) B. Y. Benediall. (ENG., Illus.). (J). 2018. 376p. 31.65 *(978-0-365-21055-9(2))*; 2017. pap. 16.57 *(978-0-259-19286-2(4))* Forgotten Bks.

Blind Spot: A Novel (Classic Reprint) Justus Miles Forman. 2017. (ENG., Illus.). (J). 30.66 *(978-0-265-68370-5(X))*; pap. 13.57 *(978-1-5276-5806-6(6))* Forgotten Bks.

Blind Who See (Classic Reprint) Marie Louise Van Saanen. 2018. (ENG., Illus.). 416p. (J). 32.50 *(978-0-332-41879-7(0))* Forgotten Bks.

Blind Widow: And Her Family (Classic Reprint) Julia H. Scott. 2018. (ENG., Illus.). 30p. (J). 24.54 *(978-0-483-61695-4(0))* Forgotten Bks.

Blind Wisdom (Classic Reprint) Amanda Benjamin Hall. (ENG., Illus.). (J). 2018. 382p. 31.80 *(978-0-483-80416-6(9))*; 2016. pap. 16.57 *(978-1-334-19957-8(4))* Forgotten Bks.

Blinded. Emily N. Sanchez. 2022. (ENG.). 90p. (YA). pap. 14.95 *(978-1-63881-167-1(9))* Newman Springs Publishing, Inc.

Blinded by the Shining Path: Introducing Romulo Saune. Dave Jackson & Neta Jackson. 2016. (ENG., Illus.). (J). pap. 7.99 *(978-1-939445-40-7(X))* Castle Rock Creative, Inc.

Blinded Soldiers & Sailors Gift Book (Classic Reprint) George Goodchild Gilbert Kei Chesterton. 2017. (ENG., Illus.). (J). 28.70 *(978-0-266-16310-7(6))* Forgotten Bks.

Blindfolded (Classic Reprint) Earle Ashley Walcott. 2017. (ENG., Illus.). (J). 32.52 *(978-1-5285-5471-8(X))* Forgotten Bks.

Blinding Light, 1 vol. Julie Lawson. 2017. (ENG.). 264p. (J). (gr. 4-7). pap. 14.95 *(978-1-77108-541-0(X)*, ba0f87d3-0c6b-482f-98c1-0175b91b0487) Nimbus Publishing, Ltd. CAN. Dist: Baker & Taylor Publisher Services (BTPS).

Blindman's World & Other Stories (Classic Reprint) Edward Bellamy. 2018. (ENG., Illus.). 436p. (J). 32.89 *(978-0-666-50242-1(0))* Forgotten Bks.

Blindness (Classic Reprint) Henry Green. (ENG., Illus.). (J). 2018. 296p. 30.00 *(978-0-483-96194-4(9))*; 2016. pap. 13.57 *(978-1-334-12325-2(X))* Forgotten Bks.

Blindness of Dr. Gray (Classic Reprint) Patrick Augustine Sheehan. 2018. (ENG., Illus.). 498p. (J). 34.19 *(978-0-332-80289-3(2))* Forgotten Bks.

Blindness of Virtue (Classic Reprint) Cosmo Hamilton. (ENG., Illus.). (J). 2018. 112p. 26.21 *(978-0-483-72445-7(9))*; 2017. 136p. 26.72 *(978-0-484-85349-1(X))*; 2017. 30.15 *(978-0-265-67518-2(9))*; 2017. pap. 13.57 *(978-1-5276-4509-7(6))*; 2016. pap. 9.57 *(978-1-334-58914-0(3))* Forgotten Bks.

Bling Blaine: Throw Glitter, Not Shade. Rob Sanders. Illus. by Letizia Rizzo. 2020. 32p. (J). (gr. -1). 16.95 *(978-1-4549-3456-1(5))* Sterling Publishing Co., Inc.

Bling Queen. Allison Gutknecht. 2016. (Mix Ser.). (ENG., Illus.). 208p. (J). (gr. 4-8). pap. 7.99 *(978-1-4814-5308-0(4)*, Aladdin) Simon & Schuster Children's Publishing.

Bling Queen. Allison Gutknecht. 2016. (Mix Ser.). (ENG., Illus.). 208p. (J). (gr. 4-8). 17.99 *(978-1-4814-5309-7(2)*, Simon & Schuster/Paula Wiseman Bks.) Simon & Schuster/Paula Wiseman Bks.

Blink. Sr Eduardo Ortega Amoros. 2016. (SPA., Illus.). (J). pap. *(978-84-617-4496-1(9))* Bubok.

Blink! Doe Boyle. Illus. by Adèle Leyris. 2020. (Imagine This! Ser.). (ENG.). 32p. (J). (gr. -1-3). 17.99 *(978-0-8075-0667-7(2)*, 807506672) Whitman, Albert & Co.

Blink. Rachel Rose. 2023. (Why Does My Body Do That? (set 2) Ser.). (ENG.). 24p. (J). (gr. k-1). lib. bdg. 26.99 Bearport Publishing Co., Inc.

Blink. Steve Schroeder. 2018. (ENG., Illus.). 392p. (YA). pap. 21.95 *(978-1-64214-225-9(5))* Page Publishing Inc.

Blink: Can You Keep a Secret? Ginger Nielson. Illus. by Ginger Nielson. 2019. (ENG., Illus.). 34p. (J). (gr. k-5). 22.95 *(978-0-578-53427-5(4))* Ginger Nielson - Children's Bk. Illustration.

Blink & Block Bug Each Other. Vicky Fang. ed. 2022. (I Can Read Comics Ser.). (ENG.). 29p. (J). (gr. 2-3). 16.96 *(978-1-68505-288-1(6))* Penworthy Co., LLC, The.

Blink & Block Make a Wish. Vicky Fang. ed. 2021. (I Can Read Comics Ser.). (ENG., Illus.). 30p. (J). (gr. 2-3). 16.46 *(978-1-64697-940-0(0))* Penworthy Co., LLC, The.

Blink Blinkers Blinkerboom: 'n Saam-Speel-Storie Met 'n Blink Plan. Corinne Badenhorst. Illus. by Corinne Badenhorst. 2019. (AFR., Illus.). 48p. (J). pap. *(978-0-6399842-7-8(4))* Seraph Creative.

Blinker, Blinker Little Car. Susan B. Katz. Illus. by Jennifer Taylor. 2023. (ENG.). 22p. (J). (— 1). bds., bds. 7.99 *(978-1-4998-1361-6(9))* Little Bee Books Inc.

224 The check digit for ISBN-10 appears in parentheses after the full ISBN-13

TITLE INDEX BLOGGING

Blinky & His Team Save the Squirrel Clan: Book Two of the Blinky the One-Eyed Squirrel Series. Steven Stokes. 2021. (Blinky the One-Eyed Squirrel Ser.: Vol. 2). (ENG.). 30p. (J). pap. 13.95 *(978-1-63630-446-5(X))* Covenant Bks.

Blinky & the Phone Fiasco: A Family Guide to Screentime Limits. Tripler Pell. 2016. (ENG., Illus.). (J). *(978-1-4602-8775-0(4))*; pap. *(978-1-4602-8776-7(2))* FriesenPress.

Blinky the One-Eyed Squirrel. Steven Stokes. 2019. (ENG., Illus.). 22p. (J). pap. 12.95 *(978-1-64471-948-0(7))* Covenant Bks.

Blip. Natalie Marie. Illus. by Zoe Neidy. 2018. (Storytime 2017 Ser.: Vol. 1). (ENG.). 22p. (J). (gr. k-3). pap. 9.99 *(978-1-55323-786-0(2)*, ExamWise) Total Recall Learning, Inc.

Blip! TOON Level 1. Barnaby Richards. 2016. (Illus.). 40p. (J). (gr. -1-1). 12.95 *(978-1-935179-98-6(5)*, TOON Books) Astra Publishing Hse.

Blippi - Let's Drive an Excavator! Editors of Studio Fun International. 2023. (Deluxe Board Book Ser.). (ENG.). 10p. (J). (gr. -1-k). bds., bds. 11.99 ***(978-0-7944-5075-5(X)***, Studio Fun International) Printers Row Publishing Group.

Blippi: 5-Minute Stories. Marilyn Easton & Meredith Rusu. Illus. by Adam Devaney et al. 2022. (5-Minute Stories Ser.). (ENG.). 192p. (J). (gr. -1-k). 14.99 *(978-0-7944-4886-8(0)*, Studio Fun International) Printers Row Publishing Group.

Blippi: a Very Merry Blippi Christmas. Thea Feldman. 2022. (Coloring & Activity with Crayons Ser.). (ENG.). 48p. (J). (gr. -1-k). pap. 6.99 *(978-0-7944-4823-3(2)*, Studio Fun International) Printers Row Publishing Group.

Blippi: Adventures with Blippi Magnetic Play Set. Editors of Studio Fun International. 2023. (Magnetic Play Set Ser.). (ENG.). 32p. (J). (gr. -1-k). pap. 16.99 ***(978-0-7944-5011-3(3))*** Studio Fun International.

Blippi: All-Star Reader, Level 1: Let's Read! 4 Books in 1! Editors of Studio Fun International. 2022. (All-Star Readers Ser.). (ENG.). 132p. (J). (gr. k-2). pap. 7.99 *(978-0-7944-4969-8(7)*, Studio Fun International) Printers Row Publishing Group.

Blippi: Alphabet Fun! Editors of Studio Fun International. 2021. (8x8 with CD Ser.). (ENG.). 32p. (J). (gr. -1-k). pap. 6.99 *(978-0-7944-4561-4(6)*, Studio Fun International) Printers Row Publishing Group.

Blippi: at the Construction Site. Editors of Studio Fun International. 2020. (4-Button Sound Bks.). (ENG.). 12p. (J). (gr. -1-k). bds. 12.99 *(978-0-7944-4615-4(9)*, Studio Fun International) Printers Row Publishing Group.

Blippi: Baby Farm Animals. Editors of Studio Fun International. 2021. (10-Button Sound Bks.). (ENG.). 10p. (J). (— 1). bds. 14.99 *(978-0-7944-4558-4(6)*, Studio Fun International) Printers Row Publishing Group.

Blippi: Brush, Brush, Brush Your Teeth. Editors of Studio Fun International. 2021. (Multi-Novelty Ser.). (ENG.). 12p. (J). (gr. -1-k). bds. 12.99 *(978-0-7944-4661-1(2)*, Studio Fun International) Printers Row Publishing Group.

Blippi: Carry-Along Coloring Set. Editors of Studio Fun International. 2021. (Carry-Along Coloring Ser.). (ENG.). 120p. (J). (gr. -1-k). pap. 7.99 *(978-0-7944-4662-8(0)*, Studio Fun International) Printers Row Publishing Group.

Blippi: First Words. Editors of Studio Fun International. 2020. (Board Book Ser.). (ENG.). 12p. (J). (— 1). bds. 6.99 *(978-0-7944-4556-0(X)*, Studio Fun International) Printers Row Publishing Group.

Blippi: Happy Easter! Editors of Studio Fun International. 2021. (Board Books with Tabs Ser.). (ENG.). 12p. (J). (— 1). bds. 5.99 *(978-0-7944-4695-6(7)*, Studio Fun International) Printers Row Publishing Group.

Blippi: Happy Halloween. Editors of Studio Fun International. 2020. (Board Books with Tabs Ser.). (ENG.). 12p. (J). (— 1). bds. 5.99 *(978-0-7944-4562-1(4)*, Studio Fun International) Printers Row Publishing Group.

Blippi: Have a Happy, Healthy Day. Editors of Studio Fun International. 2021. (ENG.). 10p. (J). (gr. -1-k). bds. 10.99 *(978-0-7944-4782-3(1)*, Studio Fun International) Printers Row Publishing Group.

Blippi: Head, Shoulders, Knees, & Toes. Editors of Studio Fun International. 2020. (1-Button Sound Book Ser.). (ENG.). 12p. (J). (gr. -1-k). bds. 9.99 *(978-0-7944-4538-6(1)*, Studio Fun International) Printers Row Publishing Group.

Blippi: I Can Drive an Excavator, Level 1. Marilyn Easton. Illus. by Adam Devaney. 2023. (All-Star Readers Ser.). (ENG.). 32p. (J). (gr. -1-k). pap. 5.99 *(978-0-7944-4901-8(8))*; lib. bdg. 14.99 *(978-0-7944-4947-6(6))* Printers Row Publishing Group. (Studio Fun International).

Blippi: I Can Paint! Editors of Studio Fun International. 2022. (I Can Paint! Ser.). (ENG.). 80p. (J). (gr. -1-k). pap. 9.99 *(978-0-7944-4970-4(0)*, Studio Fun International) Printers Row Publishing Group.

Blippi: I Like That! Coloring Book with Crayons: Blippi Coloring Book with Crayons. Editors of Studio Fun International. 2020. (Coloring & Activity with Crayons Ser.). (ENG.). 48p. (J). (gr. -1-k). pap. 4.99 *(978-0-7944-4537-9(3)*, Studio Fun International) Printers Row Publishing Group.

Blippi: I See Something Round. Editors of Studio Fun International. 2021. (8x8 with Flaps Ser.). (ENG.). 20p. (J). (gr. -1-k). pap. 5.99 *(978-0-7944-4559-1(4)*, Studio Fun International) Printers Row Publishing Group.

Blippi: It's Bedtime! Editors of Studio Fun International. 2022. (8x8 Ser.). (ENG.). 24p. (J). (gr. -1-k). pap. 4.99 *(978-0-7944-4893-6(3)*, Studio Fun International) Printers Row Publishing Group.

Blippi: It's Christmastime! Editors of Studio Fun International. 2020. (8x8 Ser.). (ENG.). 24p. (J). (gr. -1-k). pap. 4.99 *(978-0-7944-4685-7(X)*, Studio Fun International) Printers Row Publishing Group.

Blippi: It's Time to Play: All-Star Reader Pre-Level 1. Nancy Parent. 2020. (All-Star Readers Ser.). (ENG.). 32p. (J). (gr. -1-k). pap. 4.99 *(978-0-7944-4548-5(9)*, Studio Fun International) Printers Row Publishing Group.

Blippi: It's Time to Play: All-Star Reader Pre-Level 1 (Library Binding) Nancy Parent. 2020. (All-Star Readers Ser.). (ENG.). 32p. (J). (gr. -1-k). lib. bdg. 14.99 *(978-0-7944-4710-6(4)*, Studio Fun International) Printers Row Publishing Group.

Blippi: Let's Look & Find! Editors of Studio Fun International. 2020. (ENG.). 12p. (J). (gr. -1-k). bds. 8.99 *(978-0-7944-4539-3(X)*, Studio Fun International) Printers Row Publishing Group.

Blippi: Let's Look High & Low. Thea Feldman. Illus. by Adam Devaney. 2022. (8x8 with Flaps Ser.). (ENG.). 20p. (J). (gr. -1-k). pap. 5.99 *(978-0-7944-4560-7(8)*, Studio Fun International) Printers Row Publishing Group.

Blippi: Let's See Animals! Thea Feldman. 2019. (8x8 Ser.). (ENG.). 24p. (J). (gr. -1-k). pap. 4.99 *(978-0-7944-4514-0(4)*, Studio Fun International) Printers Row Publishing Group.

Blippi: Merry Christmas. Thea Feldman. (Board Books with Tabs Ser.). (ENG.). 12p. (J). (— 1). 2020. bds. 5.99 *(978-0-7944-4563-8(2))*; 2nd ed. 2021. bds., bds. 7.99 *(978-0-7944-4870-7(4))* Printers Row Publishing Group. (Studio Fun International).

Blippi: Music Player Storybook. Maggie Fischer. 2022. (Music Player Storybook Ser.). (ENG.). 28p. (J). (gr. -1-k). 19.99 *(978-0-7944-4967-4(0)*, Studio Fun International) Printers Row Publishing Group.

Blippi: My First Coloring Book. Editors of Studio Fun International. 2022. (Coloring Book Ser.). (ENG.). 192p. (J). (gr. -1-k). pap. 9.99 *(978-0-7944-4963-6(8)*, Studio Fun International) Printers Row Publishing Group.

Blippi: One Happy Dog. Thea Feldman. Illus. by Adam Devaney. 2022. (Shaped Board Books with Flaps Ser.). (ENG.). 12p. (J). (— 1). bds. 8.99 *(978-0-7944-4557-7(8)*, Studio Fun International) Printers Row Publishing Group.

Blippi: Pets. Editors of Studio Fun International. 2020. (Touch & Feel Ser.). (ENG.). 10p. (J). (— 1). bds. 9.99 *(978-0-7944-4549-2(7)*, Studio Fun International) Printers Row Publishing Group.

Blippi: So Much to See! Editors of Studio Fun International. 2020. (Color & Activity with Crayons & Paint Ser.). (ENG.). 128p. (J). (gr. -1-k). pap. 9.99 *(978-0-7944-4536-2(5)*, Studio Fun International) Printers Row Publishing Group.

Blippi: the Great Sneaker Hunt! Meredith Rusu. Illus. by Maurizio Campidelli. 2023. (8x8 Ser.). (ENG.). 24p. (J). (gr. -1-k). pap. 4.99 *(978-0-7944-4892-9(5)*, Studio Fun International) Printers Row Publishing Group.

Blippi: Things That Go! Thea Feldman. 2019. (8x8 Ser.). (ENG.). 24p. (J). (gr. -1-k). pap. 4.99 *(978-0-7944-4515-7(2)*, Studio Fun International) Printers Row Publishing Group.

Blippi: This Is My Neighborhood: All-Star Reader Level 1. Nancy Parent. 2020. (All-Star Readers Ser.). (ENG.). 32p. (J). (gr. -1-k). pap. 4.99 *(978-0-7944-4540-9(3)*, Studio Fun International) Printers Row Publishing Group.

Blippi: This Is My Neighborhood: All-Star Reader Level 1 (Library Binding) Nancy Parent. 2020. (All-Star Readers Ser.). (ENG.). 32p. (J). (gr. -1-k). lib. bdg. 14.99 *(978-0-7944-4709-0(0)*, Studio Fun International) Printers Row Publishing Group.

Blippi: Vehicles Are Awesome! Thea Feldman. 2023. (10-Button Sound Bks.). (ENG.). 10p. (J). (— 1). bds. 15.99 *(978-0-7944-5013-7(X)*, Studio Fun International) Printers Row Publishing Group.

Blippi: Write & Wipe. Editors of Studio Fun International. 2022. (Write & Wipe Ser.). (ENG.). 60p. (J). (gr. -1-k). spiral bd. 12.99 *(978-0-7944-4931-5(X)*, Studio Fun International) Printers Row Publishing Group.

Blippo & Beep. Sarah Weeks. Illus. by Joey Ellis. 2022. (ENG.). 48p. (J). (gr. k-2). 9.99 *(978-0-593-22697-1(6))*; 4.99 *(978-0-593-22696-4(8))* Penguin Young Readers Group. (Penguin Workshop).

Blippo & Beep: I Feel Funny. Sarah Weeks. Illus. by Joey Ellis. 2022. (ENG.). 48p. (J). (gr. k-2). 9.99 *(978-0-593-22700-8(X))*; 4.99 *(978-0-593-22699-5(2))* Penguin Young Readers Group. (Penguin Workshop).

Bliss Adair & the First Rule of Knitting. Jean Mills. 2023. (ENG.). 312p. (YA). (gr. 7-12). pap. 14.95 ***(978-0-88995-684-1(7)***, d196f8f1-76af-4524-bab5-7c2da4529cb0) Red Deer Pr. CAN. Dist: Firefly Bks., Ltd.

Bliss & Her Friends. Baker & Bernadette Wells. 2022. (ENG.). 24p. (J). pap. 20.99 ***(978-1-0879-7907-6(2))*** Indy Pub.

Bliss & Other Stories (Classic Reprint) Katherine Mansfield. 2017. (ENG., Illus.). (J). 29.86 *(978-0-265-54655-0(9))* Forgotten Bks.

Blissfully Calming Animal Patterns Coloring Book: Calming Coloring Animal Patterns Edition. Activibooks. 2016. (ENG., Illus.). (J). pap. 9.20 *(978-1-68321-009-2(3))* Mimaxion.

Blister Jones (Classic Reprint) John Taintor Foote. (ENG., Illus.). (J). 2018. 354p. 31.20 *(978-0-267-37879-1(3))*; 2016. pap. 13.57 *(978-1-334-15573-4(9))* Forgotten Bks.

Blistered. Deidre Huesmann. 2016. (ENG., Illus.). (J). pap. *(978-1-77339-110-6(0))* Evernight Publishing.

Blithe Mcbride (Classic Reprint) Beulah Marie Dix. 2017. (ENG., Illus.). (J). 29.38 *(978-0-266-93332-8(7))* Forgotten Bks.

Blithedale Romance (Classic Reprint) Nathanial Hawthorne. 2017. (ENG., Illus.). (J). 32.39 *(978-1-5285-6354-3(9))* Forgotten Bks.

Blithesome Jottings: A Diary of Humorous Days (Classic Reprint) Gertrude Sanborn. 2018. (ENG., Illus.). 128p. (J). 26.56 *(978-0-267-24180-4(1))* Forgotten Bks.

Blitz Breaks Loose! (Dino Ranch) Kiara Valdez. Illus. by Shane Clester. 2022. (ENG.). 24p. (J). (gr. -1-3). pap. 6.99 *(978-1-338-69221-1(6))* Scholastic, Inc.

Blitz Bullion Busters. Daryl Joyce. 2022. (ENG.). 174p. (YA). pap. *(978-1-915229-21-2(9))* Clink Street Publishing.

Blitz de Cerebro (Brain Blitz) Julie Murray. 2020. (Métete Al Juego (Get in the Game) Ser.). (SPA., Illus.). 24p. (J). (gr. 3-8). lib. bdg. 32.79 *(978-1-5321-3786-0(9)*, 35404, Graphic Planet - Fiction) Magic Wagon.

Blitzball: A Teen Clone of Hitler Rebels Against Nazis in Coming-Of-Age. Barton Ludwig. 2019. (ENG.). 322p. (YA). (gr. 8-12). pap. *(978-1-9993996-8-9(4))* Heartlab Pr.

Blitzen Is Missing. Doug Bowen & Becky Bowen. 2019. (ENG.). 26p. (J). *(978-1-7947-7657-9(5))* Lulu Pr., Inc.

Blitzen the Conjurer (Classic Reprint) Frank M. Bicknell. 2018. (ENG., Illus.). 132p. (J). 26.62 *(978-0-483-36308-3(1))* Forgotten Bks.

Blitzkrieg. Brian Falkner. 2023. (ENG.). 368p. (YA). (gr. 7). pap. 12.99 *(978-1-338-85782-5(7))* Scholastic, Inc.

Blix: Moran of the Lady Letty: Essays on Authorship (Classic Reprint) Frank Norris. 2018. (ENG., Illus.). 388p. (J). 31.90 *(978-0-483-46846-7(0))* Forgotten Bks.

Blix, and, Moran of the Lady Letty (Classic Reprint) Frank Norris. 2017. (ENG., Illus.). (J). 30.97 *(978-0-265-38253-0(X))* Forgotten Bks.

Blix (Classic Reprint) Frank Norris. 2017. (ENG., Illus.). (J). 31.05 *(978-1-5279-7981-9(4))* Forgotten Bks.

Blizz. H. G. Lukofth. 2016. (SPA., Illus.). 56p. (J). pap. *(978-1-365-61158-2(2))* Lulu Pr., Inc.

Blizzard! Elizabeth Raum. 2016. (Natural Disasters Ser.). (ENG., Illus.). 32p. (J). (gr. 2-5). lib. bdg. 20.95 *(978-1-60753-988-9(8)*, 15786) Amicus.

Blizzard. John Rocco. 2016. (CHI.). 52p. (J). (gr. -1-k). *(978-986-320-892-1(2))* Commonwealth Publishing Co., Ltd.

Blizzard - A Tale of Snow-Blind Survival. Thomas Kingsley Troupe. Illus. by Kirbi Fagan. 2016. (Survive! Ser.). (ENG.). 56p. (J). (gr. 4-8). lib. bdg. 25.32 *(978-1-4965-2554-3(X)*, 130513, Stone Arch Bks.) Capstone.

Blizzard Besties: a Wish Novel. Yamile Saied Méndez. 2018. (ENG.). 272p. (J). (gr. 3-7). pap. 6.99 *(978-1-338-31639-1(7))* Scholastic, Inc.

Blizzard Challenge. Bear Grylls. Illus. by Emma McCann. 2017. 117p. (J). pap. *(978-1-61067-763-9(3))* Kane Miller.

Blizzard Puddle & the Postal Phoenix Come-Forth Edition. M. T. Boulton. 2017. (ENG., Illus.). (J). pap. 22.65 *(978-0-244-01266-3(0))* Lulu Pr., Inc.

Blizzard Puddle & the Postal Phoenix Flame Hardback Edition. M. T. Boulton. 2018. (ENG., Illus.). 740p. (J). *(978-0-244-42011-6(4))* Lulu Pr., Inc.

Blizzard Puddle & the Postal Phoenix Hurrah for Puddle Casewrap Edition. M. T. Boulton. 2017. (ENG., Illus.). (J). 30.26 *(978-0-244-31949-6(9))* Lulu Pr., Inc.

Blizzard Puddle & the Postal Phoenix Hurrah for Puddle Hardback Edition. M. T. Boulton. 2017. (ENG., Illus.). (J). 38.62 *(978-0-244-31821-5(2))* Lulu Pr., Inc.

Blizzard Puddle & the Postal Phoenix Hurrah for Puddle Paperback Edition. M. T. Boulton. 2017. (ENG., Illus.). (J). pap. 22.97 *(978-0-244-61800-1(3))* Lulu Pr., Inc.

Blizzard Puddle & the Postal Phoenix Mass Market Paperback. M. T. Boulton. 2017. (ENG., Illus.). (J). pap. 30.58 *(978-0-244-93012-7(0))* Lulu Pr., Inc.

Blizzard Puddle & the Postal Phoenix Part 1. M. T. Boulton. 2016. (ENG., Illus.). (J). pap. 11.31 *(978-1-326-75288-0(X))* Lulu Pr., Inc.

Blizzard Puddle & the Postal Phoenix Part 1 Celebratory Edition. M. T. Boulton. 2016. (ENG., Illus.). (J). pap. 11.26 *(978-1-326-76179-0(X))* Lulu Pr., Inc.

Blizzard Puddle & the Postal Phoenix Part 1 Enchanted Edition. M. T. Boulton. 2017. (ENG., Illus.). (J). pap. 11.08 *(978-1-326-96164-0(0))* Lulu Pr., Inc.

Blizzard Puddle & the Postal Phoenix Part 2. M. T. Boulton. 2016. (ENG., Illus.). 328p. (J). pap. *(978-1-326-75311-5(8))* Lulu Pr., Inc.

Blizzard Puddle & the Postal Phoenix Part 2 Celebratory Edition. M. T. Boulton. 2016. (ENG., Illus.). (J). pap. 11.26 *(978-1-326-76194-3(3))* Lulu Pr., Inc.

Blizzard Puddle & the Postal Phoenix Part 3. M. T. Boulton. 2016. (ENG., Illus.). (J). pap. 11.29 *(978-1-326-75347-4(9))* Lulu Pr., Inc.

Blizzard Puddle & the Postal Phoenix Part 3 Celebratory Edition. M. T. Boulton. 2016. (ENG., Illus.). (J). pap. 11.26 *(978-1-326-76202-5(8))* Lulu Pr., Inc.

Blizzard Puddle & the Postal Phoenix Sigil Edition. M. T. Boulton. 2017. (ENG., Illus.). (J). 38.95 *(978-0-244-62363-0(5))* Lulu Pr., Inc.

Blizzard Puddle & the Postal Phoenix Valiant Edition. M. T. Boulton. 2017. (ENG., Illus.). (J). pap. 22.65 *(978-0-244-01263-2(6))* Lulu Pr., Inc.

Blizzards. Tracy Vonder Brink. 2022. (Natural Disasters Where I Live Ser.). (ENG.). 24p. (J). (gr. 3-6). pap. 8.95 *(978-1-63897-591-5(4)*, 21399); lib. bdg. 27.93 *(978-1-63897-476-5(4)*, 21398) Seahorse Publishing.

Blizzards. Sharon Dalgleish. 2022. (Severe Weather Ser.). (ENG., Illus.). 32p. (J). (gr. 2-3). lib. bdg. 31.35 *(978-1-63738-300-1(2)*, Apex) North Star Editions.

Blizzards. Contrib. by Sharon Dalgleish. 2022. (Severe Weather Ser.). (ENG., Illus.). 32p. (J). (gr. 2-3). pap. 9.95 *(978-1-63738-336-0(3)*, Apex) North Star Editions.

Blizzards, 1 vol. Monika Davies. 2020. (Force of Nature Ser.). (ENG.). 48p. (gr. 4-5). pap. 12.71 *(978-1-9785-1836-0(6)*, a4ab9f39-4884-4f03-aa44-83599681a2d7) Enslow Publishing, LLC.

Blizzards. Martha London. 2019. (Extreme Weather Ser.). (ENG., Illus.). 32p. (J). (gr. 2-5). lib. bdg. 32.79 *(978-1-5321-6391-3(6)*, 32097, DiscoverRoo) Pop!.

Blizzards. Julie Murray. 2017. (Wild Weather Ser.). (ENG., Illus.). 24p. (J). (gr. k-4). lib. bdg. 31.36 *(978-1-5321-2085-5(0)*, 26768, Abdo Zoom-Dash) ABDO Publishing Co.

Blizzards. Betsy Rathburn. 2019. (Natural Disasters Ser.). (ENG., Illus.). 24p. (J). (gr. k-3). pap. 7.99 *(978-1-61891-745-4(5)*, 12314, Blastoff! Readers) Bellwether Media.

Blizzards. World Book. 2023. (Library of Natural Disasters Ser.). (ENG.). 58p. (J). pap. ***(978-0-7166-9475-5(1))*** World Bk.-Childcraft International.

Blizzards. 3rd ed. 2018. (J). *(978-0-7166-9929-3(X))* World Bk., Inc.

Blob. Anne Appert. 2021. (ENG., Illus.). 40p. (J). (gr. -1-3). 17.99 *(978-0-06-303612-3(6)*, HarperCollins) HarperCollins Pubs.

Blob: The Ugliest Animal in the World. Joy Sorman. Tr. by Sarah Klinger. Illus. by Olivier Tallec. 2017. 48p. (J). (gr. k-4). 16.95 *(978-1-59270-207-7(4))* Enchanted Lion Bks., LLC.

Blob on Bob. Marv Alinas. Illus. by Kathleen Petelinsek. 2018. (Rhyming Word Families Ser.). (ENG.). 24p. (J). (gr. -1-2). lib. bdg. 32.79 *(978-1-5038-2355-6(5)*, 212192) Child's World, Inc, The.

Blobby. Daisery Lopez. Ed. by 4 Paws Games and Publishing. Illus. by Daisery Lopez. 2022. (ENG.). 28p. (J). pap. ***(978-1-989955-07-9(X))*** Caswell, Vickianne.

Blobby Kingdom. Orlando Cunsolo. 2023. (ENG.). 38p. (J). pap. ***(978-0-6451965-9-7(2))*** Aly's Bks.

Blobby's 12 Days of Christmas. Steph Mortimer. Illus. by Steph Mortimer. 2021. (ENG.). 40p. (J). 19.99 ***(978-0-9986653-1-3(2))*** Stephanie J Studios.

Blobfish Book. Jessica Olien. Illus. by Jessica Olien. 2016. (ENG., Illus.). 40p. (J). (gr. -1-3). 17.99 *(978-0-06-239415-6(0)*, Balzer & Bray) HarperCollins Pubs.

Blobfish Throws a Party. Miranda Paul. Illus. by Margret Caton. 2017. (ENG.). 32p. (J). (gr. -1-3). 16.99 *(978-1-4998-0422-5(9))* Little Bee Books Inc.

Blobson's Dire Mishaps in a Barn Storming Company (Classic Reprint) Mortimer M. Shelley. 2018. (ENG., Illus.). 278p. (J). 29.65 *(978-0-267-45606-2(9))* Forgotten Bks.

Block. Ben Oliver. 2021. (ENG.). 336p. (YA). pap. *(978-1-912626-56-4(X))* Scholastic, Inc.

Block & Interlocking Signals. W. H. Elliott. 2017. (ENG.). 288p. (J). pap. *(978-3-337-36354-3(7))* Creation Pubs.

Block & Rock. Jake Maddox. 2017. (Jake Maddox JV Ser.). (ENG., Illus.). 96p. (J). (gr. 4-6). lib. bdg. 26.65 *(978-1-4965-4942-6(2)*, 135847, Stone Arch Bks.) Capstone.

Block Bad Sportsmanship: Short Stories on Becoming a Good Sport & Overcoming Bad Sportsmanship. Sophia Day & Kayla Pearson. Illus. by Timmy Zowada. 2019. (Help Me Become Ser.: 10). (ENG.). 76p. (J). 14.99 *(978-1-64370-744-0(2)*, a0bf1c12-54c6-460d-9065-cc0ac3cffdb4); pap. 9.99 *(978-1-64370-745-7(0)*, 1b414056-b405-4f17-bc3d-2daa606e86bb) MVP Kids Media.

Block Party, 1 vol. Gwendolyn Hooks. Illus. by Shirley Ng-Benitez. 2017. (Confetti Kids Ser.: 3). (ENG.). 32p. (J). (gr. 1-5). 14.95 *(978-1-62014-341-4(0)*, leelowbooks) Lee & Low Bks., Inc.

Block Party Surprise. Jerdine Nolen. ed. 2018. (Green Light Readers Ser.). (ENG.). 41p. (J). (gr. 1-3). 13.89 *(978-1-64310-605-2(8))* Penworthy Co., LLC, The.

Block (the Second Book of the Loop Trilogy) Ben Oliver. 2021. (Loop Ser.: 2). (ENG.). 320p. (YA). (gr. 9-9). 18.99 *(978-1-338-58933-7(4)*, Chicken Hse., The) Scholastic, Inc.

Blockaded Family: Life in Southern Alabama During the Civil War (Classic Reprint) Parthenia Antoinette Hague. (ENG., Illus.). (J). 2018. 206p. 28.17 *(978-0-364-27642-6(8))*; 2017. pap. 10.57 *(978-0-282-23954-1(5))* Forgotten Bks.

Blockbuster Bible: Behind the Scenes of the Bible Story. Andrew Prichard. ed. 2019. (ENG., Illus.). 160p. (J). (gr. 2-6). 23.99 *(978-0-7459-7779-9(0)*, c8ef25f5-387b-40e8-8a27-6c2465fe22ad, Lion Children's) Lion Hudson PLC GBR. Dist: Baker & Taylor Publisher Services (BTPS).

Blockbusters (Set), 6 vols. 2023. (Blockbusters Ser.). (ENG.). 24p. (J). (gr. 2-8). lib. bdg. 188.16 ***(978-1-0982-8127-4(6)***, 42356, Abdo Zoom-Fly) ABDO Publishing Co.

Blockchain. Joseph Todaro. 2019. (21st Century Skills Innovation Library: Disruptors in Tech Ser.). (ENG., Illus.). 32p. (J). (gr. 4-8). pap. 14.21 *(978-1-5341-5044-7(7)*, 213483); lib. bdg. 32.07 *(978-1-5341-4758-4(6)*, 213482) Cherry Lake Publishing.

Blockchain for Babies. Chris Ferrie & Marco Tomamichel. 2019. (Baby University Ser.: 0). (Illus.). 24p. (J). (gr. -1-k). bds. 9.99 *(978-1-4926-8078-9(8))* Sourcebooks, Inc.

Blockley Days (Classic Reprint) Arthur Ames Bliss. 2018. (ENG., Illus.). 98p. (J). 25.92 *(978-0-483-09829-9(9))* Forgotten Bks.

Blockly. Ben Rearick. 2017. (21st Century Skills Innovation Library: Makers As Innovators Ser.). (ENG., Illus.). 32p. (J). (gr. 4-8). lib. bdg. 32.07 *(978-1-63472-684-9(7)*, 210038) Cherry Lake Publishing.

Blocks & Puzzles Seek & Find Activity Book. Jupiter Kids. 2016. (ENG., Illus.). 106p. (J). pap. 16.55 *(978-1-68326-205-3(0)*, Jupiter Kids (Childrens & Kids Fiction)) Speedy Publishing LLC.

Blocks Come Out at Night. Javier Garay. Illus. by Keenan Hopson. 2019. (ENG.). 34p. (J). (gr. k-3). pap. 9.99 *(978-1-7335441-1-5(9))*; (Blocks Bks.: Vol. 1). 18.99 *(978-1-7335441-0-8(0))* Gil Harp Bks.

Blocks Get Lost in India. Javier Garay. Illus. by Keenan Hopson. 2020. (ENG.). 34p. (J). pap. 9.99 *(978-1-7335441-7-7(8))*; (Blocks Bks.: Vol. 2). 18.99 *(978-1-7335441-6-0(X))* Gil Harp Bks.

Blocks Save New York City. Javier Garay. Illus. by Keenan Hopson. 2021. (ENG.). 34p. (J). pap. 9.99 *(978-1-956990-03-4(8))*; (Blocks Bks.: Vol. 2). 18.99 *(978-1-956990-02-7(X))* Gil Harp Bks.

Blodgett Fifth Reader (Classic Reprint) Unknown Author. 2017. (ENG., Illus.). 502p. (J). 34.25 *(978-0-332-54946-0(1))* Forgotten Bks.

Blodgett Readers by Grades: Book Five (Classic Reprint) Frances Eggleston Blodgett. 2018. (ENG., Illus.). (J). 234p. 28.72 *(978-1-391-67691-3(2))*; 236p. pap. 11.57 *(978-1-391-67662-3(9))* Forgotten Bks.

Blodgett Readers by Grades: Book Six (Classic Reprint) Frances E. Blodgett. (ENG., Illus.). (J). 2018. 266p. 29.32 *(978-0-484-17360-5(X))*; 2016. pap. 11.97 *(978-1-334-16516-0(5))* Forgotten Bks.

Blodgett Readers by Grades: Book Three. Frances E. Blodgett. 2017. (ENG., Illus.). (J). pap. *(978-0-649-07531-7(5))* Trieste Publishing Pty Ltd.

Blodgett Readers by Grades: Book Three (Classic Reprint) Frances E. Blodgett. 2017. (ENG., Illus.). (J). 28.81 *(978-0-331-93338-3(1))*; pap. 11.57 *(978-0-282-98751-0(7))* Forgotten Bks.

Blodgett Readers by Grades Book Seven (Classic Reprint) Frances E. Blodgett. 2017. (ENG., Illus.). 262p. (J). 29.30 *(978-0-484-12174-3(X))* Forgotten Bks.

Blodgett Readers by Grades, Vol. 4 (Classic Reprint) Frances E. Blodgett. 2018. (ENG., Illus.). 228p. (J). 28.70 *(978-0-484-91648-6(3))* Forgotten Bks.

Blogging. Tamra Orr. 2019. (21st Century Skills Library: Global Citizens: Social Media Ser.). (ENG., Illus.). 32p. (J). (gr. 4-7). pap. 14.21 *(978-1-5341-3962-6(1)*, 212677); lib. bdg. 32.07 *(978-1-5341-4306-7(8)*, 212676) Cherry Lake Publishing.

B

Blogging to Anne: Two Girls, Two Diaries - One Truth. Nataly Shohat. 2018. (ENG.). 174p. (J). pap. *(978-965-572-352-6(6))* Best Seller Bks.

Blomster Färger. David E. McAdams. 2023. (Ett Barns Introduktion till Färger I Naturen Ser.). (SWE.). 34p. (J). pap. 19.95 ***(978-1-63270-425-2(0))*** Life is a Story Problem LLC.

Blond Beast (Classic Reprint) Robert Ames Bennet. 2018. (ENG., Illus.). 420p. (J). 32.56 *(978-0-267-23739-5(1))* Forgotten Bks.

Blonde & Brunette, or the Gothamite Arcady (Classic Reprint) Unknown Author. (ENG., Illus.). (J). 2018. 330p. 30.70 *(978-0-483-58731-1(1))*; 2017. pap. 13.57 *(978-0-243-23749-4(9))* Forgotten Bks.

Blonde Lady. Maurice LeBlanc. 2022. (ENG.). 170p. (J). 24.95 ***(978-1-63637-894-7(3))***; pap. 10.95 *(978-1-63637-728-5(9))* Bibliotech Pr.

Blondel Parva, Vol. 1 of 2 (Classic Reprint) Blondel Parva. 2018. (ENG., Illus.). 310p. (J). 30.29 *(978-0-267-24532-1(7))* Forgotten Bks.

Blondel Parva, Vol. 2 of 2 (Classic Reprint) Blondel Parva. 2018. (ENG., Illus.). 296p. (J). 30.00 *(978-0-483-70124-3(6))* Forgotten Bks.

Blondes of Bel Air. Cindy Bokma & Kristen Docker. 2017. (ENG., Illus.). (YA). (gr. 7-12). pap. 18.95 *(978-1-61296-958-9(5))* Black Rose Writing.

Blood. Marjorie Liu. 2017. (ENG., Illus.). 152p. (YA). pap. 16.99 *(978-1-5343-0041-5(4),* b4f78b32-fc0c-406a-87ed-3dad52fc552e) Image Comics.

Blood, Vol. 2. Marjorie Liu. ed. 2017. (Monstress Ser.: 2). (ENG.). (YA). (gr. 8-11). lib. bdg. 29.40 *(978-0-606-40056-5(7))* Turtleback.

Blood: All about the Cardiovascular System. Simon Rose. 2017. (Illus.). 32p. (J). *(978-1-5105-0884-2(8))* SmartBook Media, Inc.

Blood (a Revolting Augmented Reality Experience) Percy Leed. 2020. (Gross Human Body in Action: Augmented Reality Ser.). (ENG., Illus.). 32p. (J). (gr. 3-5). 31.99 *(978-1-5415-9808-9(3),* 49951ddc-60b5-4873-9054-60ae2daeb6f5, Lerner Pubns.) Lerner Publishing Group.

Blood & Cookies. Scarlet Varlow. Illus. by Marilisa Cotroneo. 2019. (Creature Feature Ser.). (ENG.). 112p. (J). (gr. 2-5). lib. bdg. 38.50 *(978-1-5321-3496-8(7),* 31911, Calico Chapter Bks.) ABDO Publishing Co.

Blood & Germs: The Civil War Battle Against Wounds & Disease. Gail Jarrow. 2020. (Medical Fiascoes Ser.). (ENG., Illus.). 176p. (YA). (gr. 5-12). 22.99 *(978-1-68437-176-1(7),* Calkins Creek) Highlights Pr., c/o Highlights for Children, Inc.

Blood & Guts. Holly Duhig. 2020. (Animals Eat What? Ser.). (ENG., Illus.). 24p. (J). (gr. 1-4). pap. 8.99 *(978-1-5415-8703-8(0),* cc1b9a91-892a-4012-94aa-0c3186f418b6); lib. bdg. 26.65 *(978-1-5415-7931-6(3),* 54268241-2bc2-40b0-a3d5-e3d7adea2b48) Lerner Publishing Group. (Lerner Pubns.).

Blood & Honey. Shelby Mahurin. (ENG., Illus.). (YA). 2021. (Serpent & Dove Ser.: 2). 560p. (gr. 9). pap. 12.99 *(978-0-06-287808-3(5))*; 2020. (Serpent & Dove Ser.: 2). 544p. (gr. 9). 18.99 *(978-0-06-287805-2(0))*; 2020. 544p. ***(978-0-06-304117-2(0))*** HarperCollins Pubs. (HarperTeen).

Blood & Moonlight. Erin Beaty. 2022. (Blood & Moonlight Ser.: 1). (ENG.). 448p. (YA). 19.99 *(978-1-250-75581-0(6),* 900225912, Farrar, Straus & Giroux (BYR)) Farrar, Straus & Giroux.

Blood & Moonlight. Erin Beaty. 2023. (Blood & Moonlight Ser.: 1). (ENG.). 464p. (YA). pap. 12.99 ***(978-1-250-89554-7(5),*** 900225913) Square Fish.

Blood & Other Matter. Kaitlin Bevis. 2019. (ENG.). 264p. (YA). (gr. 10-12). pap. 15.95 *(978-1-61194-945-2(9))* BelleBks., Inc.

Blood & Sand (Classic Reprint) Vicente Blasco Ibanez. 2017. (ENG., Illus.). (J). 31.65 *(978-0-331-94662-8(9))* Forgotten Bks.

Blood & Shadows. Jp Roth. 2021. (Ancient Dreams Ser.: Vol. 2). (ENG.). 292p. (YA). 24.95 *(978-1-68433-985-3(5))*; pap. 19.95 *(978-1-68433-778-1(X))* Black Rose Writing.

Blood & Silver. Vali Benson. 2020. (ENG.). 142p. (YA). *(978-0-2288-2755-9(8))*; pap. *(978-0-2288-2754-2(X))* Tellwell Talent.

Blood Between Us. Zac Brewer. 2017. (ENG.). 304p. (YA). (gr. 8). pap. 9.99 *(978-0-06-230792-7(4),* HarperTeen) HarperCollins Pubs.

Blood, Blood Everywhere. Elias Zapple. Illus. by Reimarie Cabalu. 2018. (NICU - the Littlest Vampire American-English Ser.: Vol. 3). (ENG.). 62p. (J). (gr. 4-6). pap. *(978-1-912704-24-8(2))*; pap. *(978-1-912704-25-5(0))* Heads or Tales Pr.

Blood Brothers. Rob Sanders. 2022. (ENG.). 480p. (J). 19.95 *(978-1-4788-6927-6(5))* Newmark Learning LLC.

Blood Brothers: Dragons Wars - Book 1. Craig Halloran. 2020. (1 Ser.). (ENG., Illus.). 284p. (YA). (gr. 7-12). 19.99 *(978-1-946218-67-4(7))* Two-Ten Bk. Pr., Inc.

Blood Brothers: Monster Boy 2. Ruth Fox. 2019. (ENG.). 282p. (YA). (gr. 7-12). pap. 16.95 *(978-1-947966-17-8(0))* WiDo Publishing.

Blood, Bullets, & Bones: The Story of Forensic Science from Sherlock Holmes to DNA. Bridget Heos. (ENG.). 272p. (YA). (gr. 9). 2018. pap. 9.99 *(978-0-06-238763-9(4))*; 2016. (Illus.). 18.99 *(978-0-06-238762-2(6))* HarperCollins Pubs. (Balzer & Bray).

Blood Countess (Lady Slayers) Lana Popovic. (Lady Slayers Ser.). (ENG.). (YA). 2021. 320p. (gr. 8-17). pap. 9.99 *(978-1-4197-5160-8(3),* 1291803); 2020. (Illus.). 304p. (gr. 9-17). 17.99 *(978-1-4197-3886-9(0),* 1291801) Abrams, Inc.

Blood Creek Beast. Jay Barnson. 2019. (Blood Creek Ser.: Vol. 2). (ENG.). 394p. (YA). (gr. 7-12). pap. 15.99 *(978-1-7324674-8-4(X))* Immortal Works LLC.

Blood Crystal: A Novella. Jeanette O'Hagan. 2018. (Under the Mountain Ser.: Vol. 2). (ENG., Illus.). 122p. (YA). (gr. 7-12). pap. *(978-0-9943989-8-7(0))* By the Light Bks.

Blood Debt. Ginna Moran. 2019. (ENG., Illus.). 458p. (YA). pap. 13.99 *(978-1-942073-80-2(1))* Sunny Palms Pr.

Blood Debts. Terry J. Benton-Walker. 2023. (Blood Debts Ser.: 1). (ENG.). 416p. (YA). 18.99 *(978-1-250-82592-6(X),* 900251788, Tor Teen) Doherty, Tom Assocs., LLC.

Blood Destiny. Michelle Bryan. 2020. (Crimson Legacy Ser.: Vol. 3). (ENG.). 338p. (YA). pap. *(978-1-912775-46-0(8))* Aelurus Publishing.

Blood Donor. Karen Bass. 2021. (Orca Soundings Ser.). (ENG.). 128p. (YA). (gr. 8-12). pap. 10.95 *(978-1-4598-2685-4(X))* Orca Bk. Pubs. USA.

Blood Dreamer: Obleignia Chronicles. Madison Ruth. 2017. (ENG., Illus.). 226p. (J). pap. *(978-1-365-96374-2(8))* Lulu Pr., Inc.

Blood-Eating Animals. Teresa Klepinger. 2022. (Weird Animal Diets Ser.). (ENG., Illus.). 32p. (J). (gr. 2-3). pap. 9.95 *(978-1-63739-106-8(4))*; lib. bdg. 31.35 *(978-1-63739-052-8(1))* North Star Editions. (Focus Readers).

Blood Evidence. Grace Campbell. 2020. (True Crime Clues (UpDog Books (tm)) Ser.). (ENG., Illus.). 24p. (J). (gr. 3-5). 30.65 *(978-1-5415-9054-0(6),* eb4c3808-93eb-4dd6-a4f5-aff8f8eebd01, Lerner Pubns.) Lerner Publishing Group.

Blood Evidence. Amy Kortuem. 2018. (Crime Solvers Ser.). (ENG., Illus.). 32p. (J). (gr. 3-9). pap. 7.95 *(978-1-5435-2991-3(7),* 138595); lib. bdg. 27.32 *(978-1-5435-2987-6(9),* 138591) Capstone. (Capstone Pr.).

Blood Family. Anne Fine. 2017. (ENG., Illus.). 304p. (YA). (gr. 9). 17.99 *(978-1-4814-7773-4(0),* Simon & Schuster Bks. For Young Readers) Simon & Schuster Bks. For Young Readers.

Blood Feud. Ginna Moran. 2019. (Divine Vampire Heirs Ser.: Vol. 4). (ENG.). 480p. (YA). pap. 13.99 *(978-1-942073-35-2(6))* Sunny Palms Pr.

Blood for Blood. Ryan Graudin. (Wolf by Wolf Ser.: 2). (ENG.). (YA). (gr. 10-17). 2017. 592p. pap. 10.99 *(978-0-316-40516-4(7))*; 2016. 496p. 17.99 *(978-0-316-40515-7(9))* Little, Brown Bks. for Young Readers.

Blood for Blood. Ryan Graudin. ed. 2017. (YA). lib. bdg. 22.10 *(978-0-606-40636-9(0))* Turtleback.

Blood Gas & Other Super Cool Discoveries! Chemistry for Kids - Children's Clinical Chemistry Books. Pfiffikus. 2016. (ENG., Illus.). (J). pap. 10.81 *(978-1-68377-618-5(6))* Whike, Traudl.

Blood Heir. Amélie Wen Zhao. (Blood Heir Ser.: 1). (ENG., Illus.). (YA). (gr. 9). 2020. 480p. pap. 12.99 *(978-0-525-70782-0(4),* Ember); 2019. 464p. 18.99 *(978-0-525-70779-0(4),* Delacorte Pr.) Random Hse. Children's Bks.

Blood in the Ashes. Chris Morphew. 2017. (Phoenix Files Ser.: 2). (ENG.). 560p. (YA). (gr. 6). pap. 12.99 *(978-1-76012-426-7(5))* Hardie Grant Children?s Publishing AUS. Dist: Independent Pubs. Group.

Blood in the Water (Hunt a Killer Original Novel) Caleb Roehrig. 2022. (ENG.). 304p. (YA). (gr. 7). pap. 11.99 *(978-1-338-78403-9(X))* Scholastic, Inc.

Blood Inside Me. Ann Brooks. 2021. (ENG.). 306p. (YA). pap. 12.99 *(978-1-0879-4840-9(1))* Ormond, Jennifer.

Blood Is Thicker: #8. Paul Langan. 2021. (Bluford Ser.). (ENG.). 160p. (YA). (gr. 6-12). lib. bdg. 32.79 *(978-1-0982-5032-4(X),* 38134, Chapter Bks.) Spotlight.

Blood Like Duology: Blood Like Magic; Blood Like Fate. Liselle Sambury. ed. 2022. (Blood Like Magic Ser.). (ENG.). 816p. (YA). (gr. 9). 39.99 *(978-1-6659-1374-4(6),* McElderry, Margaret K. Bks.) McElderry, Margaret K. Bks.

Blood Like Duology (Boxed Set) Blood Like Magic; Blood Like Fate. Liselle Sambury. ed. 2023. (Blood Like Magic Ser.). (ENG.). 1008p. (YA). (gr. 9). pap. 27.99 ***(978-1-6659-4321-5(1),*** McElderry, Margaret K. Bks.) McElderry, Margaret K. Bks.

Blood Like Fate. Liselle Sambury. (Blood Like Magic Ser.). (ENG.). (YA). (gr. 9). 2023. 496p. pap. 13.99 ***(978-1-5344-6532-9(4))***; 2022. 480p. 19.99 *(978-1-5344-6531-2(6))* McElderry, Margaret K. Bks. (McElderry, Margaret K. Bks.).

Blood Like Magic. Liselle Sambury. 2022. (Blood Like Magic Ser.). (ENG.). 512p. (YA). (gr. 9). pap. 13.99 *(978-1-5344-6529-9(4),* McElderry, Margaret K. Bks.) McElderry, Margaret K. Bks.

Blood Lilies (Classic Reprint) W. A. Fraser. (ENG., Illus.). (J). 2018. 288p. 29.84 *(978-0-484-82327-2(2))*; 2017. pap. 13.57 *(978-0-259-41208-3(2))* Forgotten Bks.

Blood Loss. Ginna Moran. 2019. (Divine Vampire Heirs Ser.: Vol. 5). (ENG.). 468p. (YA). pap. 13.99 *(978-1-942073-62-8(3))* Sunny Palms Pr.

Blood Magik. Meri Elena. 2022. (Brunswick Prophecies Ser.: Vol. 2). (ENG.). 212p. (YA). pap. 15.95 *(978-1-943419-60-9(4))* Prospective Pr.

Blood Metal Bone. Lindsay Cummings. 2021. (ENG.). 496p. 10.99 *(978-0-00-829279-9(5),* HQ) HarperCollins Pubs. Ltd. GBR. Dist: HarperCollins Pubs.

Blood-Money (Classic Reprint) William C. Morrow. 2017. (ENG., Illus.). 244p. (J). 28.95 *(978-0-260-36217-9(4))* Forgotten Bks.

Blood Moon. Lucy Cuthew. (ENG.). (YA). (gr. 9). 2022. 400p. pap. 10.99 *(978-1-5362-2578-5(9))*; 2020. 416p. 18.99 *(978-1-5362-1503-8(1))* Candlewick Pr.

Blood Moon. M.J. O'Shea. 2016. (ENG., Illus.). (J). 24.99 *(978-1-63477-941-8(X),* Harmony Ink Pr.) Dreamspinner Pr.

Blood Moon. Green Stuff. 2020. (ENG.). 122p. (YA). pap. 11.95 *(978-1-64462-492-0(3))* Page Publishing Inc.

Blood Moon. Chris Kreie. ed. 2017. (Midnight Ser.). (ENG.). 96p. (YA). (gr. 4-4). E-Book *(978-1-5124-3483-5(3),* 9781512434835); (gr. 6-12). E-Book 39.99 *(978-1-5124-3482-8(5),* 9781512434828) Lerner Publishing Group. (Darby Creek).

Blood Moon: A Grazi Kelly Novel 6. C. D. Gorri. 2018. (ENG.). 146p. (YA). pap. 11.99 *(978-1-393-39896-7(0))* Draft2Digital.

Blood Moon: An SAT Vocab Novel. K. J. Gillenwater. 2020. (ENG.). 176p. (J). pap. 11.99 *(978-1-0879-1726-9(3))* Indy Pub.

Blood Moon & the Black Mountain of Sorrow. R. a Murdock. 2020. (ENG.). 262p. (YA). pap. 18.95 *(978-1-6624-1168-7(5))* Page Publishing Inc.

Blood Moon Brother: The Brotherhood of the Blue Moon. Talia Sallem. 2021. (ENG.). 342p. (YA). pap. 16.44 *(978-1-5437-5060-7(5))* Partridge Pub.

Blood Mountain. James Preller. 2019. (ENG.). 240p. (J). 16.99 *(978-1-250-17485-7(6),* 900189253) Feiwel & Friends.

Blood of Aurya. J-Mi Alexander. 2020. (ENG.). 378p. (YA). *(978-0-2288-3253-9(5))*; pap. *(978-0-2288-3252-2(7))* Tellwell Talent.

Blood of Dragons. Jack Campbell. 2017. (Legacy of Dragons Ser.). (ENG., Illus.). 378p. (YA). (gr. 8-12). pap. 15.99 *(978-1-62567-293-3(4))* Jabberwocky Literary Agency, Inc.

Blood of Faeries. Dan Rice. 2023. (Allison Lee Chronicles Ser.: Vol. 2). (ENG.). 368p. (YA). pap. 19.99 ***(978-1-5092-4648-9(7))*** Wild Rose Pr., Inc., The.

Blood of Olympus. 2020. (ENG.). 560p. (J). 20.80 *(978-1-6903-1887-3(2))* Perfection Learning Corp.

Blood of the Arena (Classic Reprint) Vicente Blasco Ibanez. 2018. (ENG., Illus.). 394p. (J). 32.02 *(978-0-483-44969-5(5))* Forgotten Bks.

Blood of the Conquerors (Classic Reprint) Harvey Fergusson. 2018. (ENG., Illus.). 270p. (J). 29.47 *(978-0-484-13107-0(9))* Forgotten Bks.

Blood of the Dawn. Rin Greenwood. 2020. (ENG.). 337p. (YA). pap. *(978-0-244-57669-1(6))* Lulu Pr., Inc.

Blood of the Tallan. Morin. 2021. (ENG.). 530p. (YA). 35.99 *(978-1-946910-23-3(6))* Whipsaw Pr.

Blood of the Tallan. Frank Morin. 2021. (ENG.). 542p. (YA). pap. 19.99 *(978-1-946910-22-6(8))* Whipsaw Pr.

Blood of Wonderland. Colleen Oakes. 2017. (Queen of Hearts Ser.: 2). (ENG.). (YA). (gr. 8). 352p. pap. 9.99 *(978-0-06-240977-5(8))*; 336p. 17.99 *(978-0-06-240976-8(X))* HarperCollins Pubs. (HarperTeen).

Blood on the Beach, 1 vol. Sarah N. Harvey & Robin Stevenson. 2017. (ENG.). 272p. (YA). (gr. 8-12). pap. 14.95 *(978-1-4598-1293-2(X))* Orca Bk. Pubs. USA.

Blood Passage. Heather Demetrios. 2016. (Dark Caravan Cycle Ser.: 2). (ENG.). 512p. (YA). (gr. 8). 17.99 *(978-0-06-231859-6(4),* Balzer & Bray) HarperCollins Pubs.

Blood Rebel. Ginna Moran. 2018. (Divine Vampire Heirs Ser.: Vol. 2). (ENG., Illus.). 368p. (YA). pap. 12.99 *(978-1-942073-15-4(1))* Sunny Palms Pr.

Blood Red Dawn. Charles Caldwell Dobie. 2017. (ENG., Illus.). (J). 25.95 *(978-1-374-82688-5(X))*; pap. 15.95 *(978-1-374-82687-8(1))* Capital Communications, Inc.

Blood Red Dawn (Classic Reprint) Charles Caldwell Dobie. 2018. (ENG., Illus.). 360p. (J). 31.32 *(978-0-483-84383-7(0))* Forgotten Bks.

Blood Red Snow White. Marcus Sedgwick. ed. 2017. (YA). lib. bdg. 22.10 *(978-0-606-40589-8(5))* Turtleback.

Blood Red Snow White: A Novel. Marcus Sedgwick. 2017. (ENG.). 336p. (YA). pap. 23.99 *(978-1-250-12963-5(X),* 900160941) Square Fish.

Blood Rose Rebellion. Rosalyn Eves. (Blood Rose Rebellion Ser.: 1). (ENG.). (YA). (gr. 7). 2018. 432p. pap. 11.99 *(978-1-101-93602-3(9),* Ember); 2017. 416p. 17.99 *(978-1-101-93599-6(5),* Knopf Bks. for Young Readers) Random Hse. Children's Bks.

Blood Royal: A Novel (Classic Reprint) Grant Allen. 2018. (ENG., Illus.). (J). 294p. 29.96 *(978-0-365-06107-6(7))*; 296p. pap. 13.57 *(978-0-656-60478-4(6))* Forgotten Bks.

Blood Scion. Deborah Falaye. (ENG.). 432p. (YA). (gr. 8). 2023. pap. 15.99 *(978-0-06-295405-3(9))*; 2022. 18.99 *(978-0-06-295404-6(0))* HarperCollins Pubs. (HarperTeen).

Blood Secrets. Morgan L. Busse. (Skyworld Ser.: 2). (ENG.). 244p. (YA). (gr. 8-12). 2023. pap. 16.99; 2022. 22.99 Oasis Audio.

Blood Spell. C. J. Redwine. (Ravenspire Ser.: 4). (ENG.). 448p. (YA). (gr. 8). 2020. pap. 10.99 *(978-0-06-265302-4(4))*; 2019. 17.99 *(978-0-06-265301-7(6))* HarperCollins Pubs. (Balzer & Bray).

Blood Sport. Tash McAdam. 2nd ed. 2021. (Orca Soundings Ser.). (ENG.). 112p. (YA). (gr. 8-12). pap. 10.95 *(978-1-4598-3090-5(3))* Orca Bk. Pubs. USA.

Blood Traitor. Lynette Noni. (Prison Healer Ser.: 3). (ENG.). 464p. (YA). (gr. 8). 2023. pap. 15.99 ***(978-0-358-74972-1(7))***; 2022. (Illus.). 18.99 *(978-0-358-43460-3(2),* 1793089) HarperCollins Pubs. (Clarion Bks.).

Blood Vows. Ginna Moran. 2019. (Divine Vampire Heirs Ser.: Vol. 6). (ENG.). 486p. (YA). pap. 13.99 *(978-1-942073-65-9(8))* Sunny Palms Pr.

Blood Water Paint. Joy McCullough. 2019. 320p. (YA). (gr. 9). pap. 11.99 *(978-0-7352-3213-6(X),* Penguin Books) Penguin Young Readers Group.

Blood Wedding *see* **Bodas de Sangre**

Blood Will Tell: The Strange Story of a Son of Ham (Classic Reprint) Benjamin Rush Davenport. 2017. (ENG., Illus.). (J). 31.38 *(978-1-5279-6833-2(2))* Forgotten Bks.

Blooded One. Elizabeth Brown. 2019. (ENG.). 292p. (YA). pap. 14.99 *(978-1-386-76566-0(X))* Blue Dog Pr.

Bloodhounds. Chris Bowman. 2019. (Awesome Dogs Ser.). (ENG., Illus.). 24p. (J). (gr. k-3). lib. bdg. 26.95 *(978-1-64487-005-1(3),* Blastoff! Readers) Bellwether Media.

Bloodhounds: Mystery at St. Christopher's Marsh. Stephen R. Alfred. 2017. (ENG., Illus.). (YA). (gr. 7-12). pap. 17.99 *(978-0-9978116-5-0(X))* VIP INK Publishing Group, Inc.

Bloodiest Civil War Battles: Looking at Data, 1 vol. Manuel Martinez. 2017. (Computer Kids: Powered by Computational Thinking Ser.). (ENG.). 24p. (J). (gr. 3-4). 25.27 *(978-1-5383-2389-2(3),* 07fa736b-828d-4906-a097-a259bb30d5d4, PowerKids Pr.); pap. *(978-1-5081-3780-1(3),* 6405af4d-60cd-454f-9bc4-76fbe774eeab, Rosen Classroom) Rosen Publishing Group, Inc., The.

Bloodleaf. Crystal Smith. (Bloodleaf Trilogy Ser.). (ENG.). (YA). (gr. 9). 2020. 400p. pap. 10.99 *(978-0-358-24225-3(8),* 1768168); 2019. 384p. 18.99 *(978-1-328-49630-0(9),* 1717293) HarperCollins Pubs. (Clarion Bks.).

Bloodline. Joe Jimenez. 2016. (ENG.). 128p. (YA). (gr. 8-12). pap. 11.95 *(978-1-55885-828-2(8),* Piñata Books) Arte Publico Pr.

Bloodline. Mark Walden. 2022. (H. I. V. E. Ser.: 9). (ENG.). 336p. (J). (gr. 3-7). 17.99 *(978-1-4424-9473-2(5),* Simon & Schuster Bks. For Young Readers) Simon & Schuster Bks. For Young Readers.

Bloodline: A Short Story. Leigha a Cianciolo. 2020. (ENG.). 122p. (YA). pap. 6.95 *(978-1-0878-7965-9(5))* Indy Pub.

Bloodline: A Tale from the Town of Harmony. Dan O'Mahony. 2020. (ENG.). 180p. (J). pap. 12.99 *(978-1-393-87119-4(4))* Draft2Digital.

Bloodlines. Alicia Brandt. 2021. (ENG.). 348p. (YA). *(978-1-68583-117-2(6))*; pap. *(978-1-68583-118-9(4))* Tablo Publishing.

Bloodlines. Mariah Hayes. 2019. (ENG.). 266p. (YA). 27.95 *(978-1-64471-523-9(6))*; pap. 17.95 *(978-1-64300-994-0(X))* Covenant Bks.

Bloodlines Complete Set, 4 vols., Set. M. Zachary Sherman. Illus. by Fritz Casas. Incl. Control under Fire. lib. bdg. 27.32 *(978-1-4342-2561-0(5),* 113620); Fighting Phantoms. lib. bdg. 27.32 *(978-1-4342-2560-3(7),* 113619); Time for War. 27.32 *(978-1-4342-2558-0(5),* 113616); (J). (gr. 4-8). (Bloodlines Ser.). (ENG., Illus.). 88p. 2011. 106.60 *(978-1-4342-3140-6(2),* 15799, Stone Arch Bks.) Capstone.

Bloodlink. Raye T. Watson. Illus. by Raye T. Watson. 2022. (Bloodlink Saga Ser.: 1). (ENG., Illus.). 421p. (YA). pap. 15.99 ***(978-1-958797-04-4(9))*** Knighted Phoenix Publishing.

Bloodmarked. Tracy Deonn. 2022. (Legendborn Cycle Ser.: 2). (ENG.). 576p. (YA). (gr. 9). 19.99 *(978-1-5344-4163-7(8),* McElderry, Margaret K. Bks.) McElderry, Margaret K. Bks.

Bloodminazue. Guillermo F. Porro III. 2018. (ENG., Illus.). 164p. (YA). pap. 10.00 *(978-0-692-17179-0(7))* Porro, Guillermo Fermin III.

Bloodmoon Huntress: a Graphic Novel (the Dragon Prince Graphic Novel #2) Nicole Andelfinger. Illus. by Felia Hanakata. 2022. (Dragon Prince Graphic Novel Ser.). (ENG.). 128p. (J). (gr. 3-3). pap. 12.99 *(978-1-338-76995-1(2),* Graphix) Scholastic, Inc.

Blood's Not Thicker. Shelby McCormick. 2018. (ENG., Illus.). 206p. (J). pap. *(978-1-387-91512-5(6))* Lulu Pr., Inc.

Bloodstone (Classic Reprint) Xavier Donald MacLeod. 2018. (ENG., Illus.). 216p. (J). 28.37 *(978-0-365-41362-2(3))* Forgotten Bks.

Bloodstone Miracles (Clock Winders) J. H. Sweet. 2019. (Clock Winders Ser.: Vol. 11). (ENG.). 238p. (YA). (gr. 7-12). 17.94 *(978-1-936660-31-5(8))* Sweet, Joanne.

Bloodsuckers & Blunders, 1 vol. Poppy Inkwell. 2019. (Alana Oakley Ser.). (ENG.). 352p. (YA). (gr. 6-6). 25.80 *(978-1-5383-8485-5(X),* a1865616-2e1f-49e5-a58e-fdcd08d1f281); pap. 16.35 *(978-1-5383-8486-2(8),* e03d3ba0-fb5c-4cdf-a000-7da9079ba19a) Enslow Publishing, LLC. (West 44 Bks.).

Bloodsworn. Scott Reintgen. 2021. (Ashlords Ser.: 2). (ENG.). 400p. (YA). (gr. 7). lib. bdg. 20.99 *(978-0-593-11922-8(3),* Crown Books For Young Readers) Random Hse. Children's Bks.

Bloodthirsty Vampires. Craig Boutland. 2019. (Unexplained (Alternator Books (r)) Ser.). (ENG., Illus.). 32p. (J). (gr. 3-6). pap. 10.99 *(978-1-5415-7382-6(X),* 8b3d3089-0eb4-456c-b097-de8e1487db31); lib. bdg. 30.65 *(978-1-5415-6286-8(0),* e4e22f2c-2f27-48da-b73e-bb51c639a97a) Lerner Publishing Group. (Lerner Pubns.).

Bloodwitch: A Witchlands Novel. Susan Dennard. 2019. (ENG.). (YA). (gr. 7). pap. 9.99 *(978-1-250-23234-2(1),* Tor Teen) Doherty, Tom Assocs., LLC.

Bloodwitch: The Witchlands. Susan Dennard. 2020. (Witchlands Ser.: 3). (ENG.). 480p. (YA). pap. 10.99 *(978-0-7653-7933-7(3),* 900141953, Tor Teen) Doherty, Tom Assocs., LLC.

Bloodworms & Other Wriggly Beach Dwellers. Ellen Lawrence. 2018. (Day at the Beach: Animal Life on the Shore Ser.). (ENG.). 24p. (J). (gr. -1-3). lib. bdg. 26.99 *(978-1-68402-444-5(7))*; E-Book 41.36 *(978-1-68402-502-2(8))* Bearport Publishing Co., Inc.

Bloody Chasm: A Novel (Classic Reprint) J. W. De Forest. 2018. (ENG., Illus.). 328p. (J). 30.66 *(978-0-484-31472-5(6))* Forgotten Bks.

Bloody Demon Guts *see* **End Times - Tiempos Finales, Vol. 1, English / Spanish**

Bloody Entertainment in the Roman Arenas - Ancient History Picture Books Children's Ancient History. Baby Professor. 2017. (ENG., Illus.). (J). pap. 8.79 *(978-1-5419-1326-4(4),* Baby Professor (Education Kids)) Speedy Publishing LLC.

Bloody Eyes: Gross Horned Lizards. Rex Ruby. 2023. (Amazing Animal Self-Defense Ser.). (ENG.). 24p. (J). (gr. 1-4). lib. bdg. 19.95 Bearport Publishing Co., Inc.

Bloody History of America, 8 vols. 2017. (Bloody History of America Ser.). (ENG., Illus.). (J). (gr. 8-8). lib. bdg. 150.40 *(978-0-7660-9181-8(3),* ebc9dfbd-0c01-4b1c-a906-6eae13f854f5) Enslow Publishing, LLC.

Bloody Key: A Bluebeard Retelling. L. J. Thomas. 2023. (ENG.). 304p. (YA). pap. 17.99 ***(978-1-7332610-4-3(4))*** Thomas, LJ.

Bloody Mary. Virginia Loh-Hagan. 2017. (Urban Legends: Don't Read Alone! Ser.). (ENG., Illus.). 32p. (J). (gr. 4-8). lib. bdg. 32.07 *(978-1-63472-895-9(5),* 210006, 45th Parallel Press) Cherry Lake Publishing.

Bloody Mary: Ghost of a Queen? Aubre Andrus. 2019. (Real-Life Ghost Stories Ser.). (ENG., Illus.). 32p. (J). (gr. 3-9). pap. 7.95 *(978-1-5435-7478-4(5),* 140918); lib. bdg. 28.65 *(978-1-5435-7336-7(3),* 140627) Capstone.

Bloody Mary Saga. Hillary Monahan. 2018. (Bloody Mary Ser.). (ENG.). 512p. (J). (gr. 7-17). pap. 9.99 *(978-1-368-04123-2(X))* Hyperion Bks. for Children.

Bloody Sapphires. Jenna Swindle. 2021. (ENG.). 155p. (YA). pap. ***(978-1-7948-4663-0(8))*** Lulu Pr., Inc.

Bloody Seoul, 1 vol. Sonia Patel. 2019. (ENG.). 224p. (YA). (gr. 8-12). 17.95 *(978-1-947627-20-8(1),* 23353382, Cinco Puntos Press) Lee & Low Bks., Inc.

Bloody Spade. Brittany M. Willows. 2021. (ENG.). 460p. (YA). pap. *(978-0-9936472-7-7(8))* Willows, Brittany M.

Bloody Times: The Funeral of Abraham Lincoln & the Manhunt for Jefferson Davis. James L. Swanson. 2018. (ENG.). 208p. (J). (gr. 3-7). pap. 8.99 *(978-0-06-156092-7(8),* HarperCollins) HarperCollins Pubs.

Bloom. Anne Booth. Illus. by Robin Wilson-Owen. 2021. (ENG.). (J). 16.99 *(978-1-910328-63-7(4))* Tiny Owl

Publishing Ltd. GBR. Dist: Consortium Bk. Sales & Distribution.

Bloom. Doreen Cronin. Illus. by David Small. 2016. (ENG.). 40p. (J). (gr. -1-3). 17.99 (978-1-4424-0620-9(8)) Simon & Schuster Children's Publishing.

Bloom. Ruth Forman. Illus. by Talia Skyles. 2022. (ENG.). 26p. (J). (gr. -1). bds. 8.99 (978-1-6659-0303-5(1), Little Simon) Little Simon.

Bloom. Kenneth Oppel. (Overthrow Ser.: 1). (ENG., Illus.). (J). (gr. 5). 2021. 336p. 8.99 (978-1-5247-7303-8(4), Yearling); 2020. 320p. 16.99 (978-1-5247-7300-7(X), Knopf Bks. for Young Readers) Random Hse. Children's Bks.

Bloom. Kevin Panetta. Illus. by Savanna Ganucheau. 2019. (ENG.). 368p. (YA). 25.99 (978-1-250-19691-0(4), 900194268); pap. 18.99 (978-1-62672-641-3(8), 900164146) Roaring Brook Pr. (First Second Bks.).

Bloom. Julia Seal. Illus. by Julia Seal. 2022. (ENG.). 40p. (J). 12.99 (978-1-5037-6284-8(X), 5812, Sunbird Books) Phoenix International Publications, Inc.

Bloom. Nicola Skinner. Illus. by Flavia Sorrentino. 2021. (ENG.). 368p. (J). 16.99 (978-0-00-839849-1(6), HarperCollins Children's Bks.) HarperCollins Pubs. Ltd. GBR. Dist: HarperCollins Pubs.

Bloom! A Story of Diversity & Understanding. Shamim Murji. Illus. by I. Cenizal. 2022. (ENG.). 26p. (J). pap. **(978-0-2288-7751-6(5))** Tellwell Talent.

Bloom: A Story of Fashion Designer Elsa Schiaparelli. Kyo Maclear. Illus. by Julie Morstad. 2018. (ENG.). 40p. (J). (gr. -1-3). 17.99 (978-0-06-244761-6(0), HarperCollins) HarperCollins Pubs.

Bloom & Brier (Classic Reprint) William Falconer. 2018. (ENG., Illus.). 416p. (J). 32.48 (978-0-267-19632-6(6)) Forgotten Bks.

Bloom Boom! April Pulley Sayre. Photos by April Pulley Sayre. 2019. (ENG., Illus.). 40p. (J). (gr. -1-3). 18.99 (978-1-4814-9472-4(4), Beach Lane Bks.) Beach Lane Bks.

Bloom for Kids. Princess Vivian Izundu. 2021. (ENG., Illus.). 52p. (J). pap. 16.95 (978-1-63874-054-4(2)) Christian Faith Publishing.

Bloom into Your Truth. Shelby Krommenacker. 2021. (ENG.). 50p. (J). pap. (978-1-6671-0887-2(5)) Lulu Pr., Inc.

Bloom o' the Heather (Classic Reprint) Samuel R. Crockett. 2018. (ENG., Illus.). 430p. (J). 32.79 (978-0-483-36280-2(8)) Forgotten Bks.

Bloom of Cactus (Classic Reprint) Robert Ames Bennet. (ENG., Illus.). (J). 2018. 262p. 29.30 (978-0-365-19713-3(0)); 2017. pap. 11.97 (978-0-259-44961-4(X)) Forgotten Bks.

Bloom of Life (Classic Reprint) Anatole France. 2017. (ENG., Illus.). (J). 30.29 (978-0-331-81381-4(5)) Forgotten Bks.

Bloom of the Flower Dragon, 21. Tracey West. ed. 2022. (Branches Early Ch Bks). (ENG.). 89p. (J). (gr. 1-4). 16.46 **(978-1-68505-561-5(3))** Penworthy Co., LLC, The.

Bloom of the Flower Dragon: a Branches Book (Dragon Masters #21) Tracey West. Illus. by Graham Howells. 2022. (Dragon Masters Ser.). (ENG.). 96p. (J). (gr. 1-3). 24.99 (978-1-338-77688-1(6)); pap. 5.99 (978-1-338-77687-4(8)) Scholastic, Inc.

Bloom of Youth (Classic Reprint) Dorothy Foster Gilman. (ENG., Illus.). (J). 2018. 352p. 31.18 (978-0-332-46362-9(1)); 2017. pap. 13.57 (978-0-243-95944-0(3)) Forgotten Bks.

Bloom: the Surprising Seeds of Sorrel Fallowfield. Nicola Skinner. Illus. by Flavia Sorrentino. 2022. (ENG.). 384p. (J). 7.99 (978-0-00-848869-7(X), HarperCollins Children's Bks.) HarperCollins Pubs. Ltd. GBR. Dist: HarperCollins Pubs.

Bloomed. Mary Dean. 2019. (Awakening Academy Ser.: Vol. 2). (ENG.). 128p. (YA). (gr. 7-12). pap. 7.99 (978-1-64533-214-5(4)) Kingston Publishing Co.

Blooming Angel (Classic Reprint) Wallace Irwin. 2017. (ENG., Illus.). (J). 30.02 (978-0-260-50706-8(7)) Forgotten Bks.

Blooming at the Texas Sunrise Motel. Kimberly Willis Holt. 2018. (ENG., Illus.). 352p. (J). pap. 7.99 (978-1-250-14404-1(3), 900180607) Square Fish.

Blooming at the Texas Sunrise Motel. Kimberly Willis Holt. ed. 2018. (J). lib. bdg. 18.40 (978-0-606-41097-7(X)) Turtleback.

Blooming Beneath the Sun. Christina Rossetti. Illus. by Ashley Bryan. 2019. (ENG.). 40p. (J). (gr. -1-3). 17.99 (978-1-5344-4092-0(5), Atheneum/Caitlyn Dlouhy Books) Simon & Schuster Children's Publishing.

Blooming Besties. Mary Tellefson. 2021. (ENG.). 134p. (J). 19.99 (978-1-64538-336-9(9)); pap. 14.99 (978-1-64538-322-2(9)) Orange Hat Publishing.

Blooming Flowers, Falling Leaves, & Flowing Waters Coloring Book. Smarter Activity Books for Kids. 2016. (ENG., Illus.). (J). pap. 9.22 (978-1-68374-510-5(8)) Examined Solutions PTE. Ltd.

Blooming Rose Blasts Off. Lauren Piland. 2023. (ENG.). 38p. (J). 17.95 (978-1-63755-225-4(4), Mascot Kids) Amplify Publishing Group.

Bloom's Classic Critical Views, 8 vols., Set. Ed. by Harold Bloom. Incl. Herman Melville. Tony McGowan. 205p. 45.00 (978-0-7910-9557-7(6), P142959); Jane Austen. Amy Watkin. 189p. 45.00 (978-0-7910-9560-7(6), P142960); Ralph Waldo Emerson. Bill Scalia. 232p. 45.00 (978-0-7910-9559-1(2), P142965); (gr. 9-12). 2008. (Bloom's Classic Critical Views Ser.). 2007. 360.00 (978-0-7910-9806-6(0), Facts On File) Infobase Holdings, Inc.

Bloop. Tara Lazar. Illus. by Mike Boldt. 2021. (ENG.). 40p. (J). (gr. -1-3). 17.99 (978-0-06-287160-2(9), HarperCollins) HarperCollins Pubs.

Blooper. Gordon Peil. 2018. (ENG.). 32p. (J). 14.95 (978-1-68401-902-1(8)) Amplify Publishing Group.

Bloopy. Simone Faith. 2019. (ENG.). 18p. (J). pap. 10.95 (978-1-64299-934-1(2)) Christian Faith Publishing.

Bloques. Linda Koons. Illus. by J. J. Rudisill. 2016. (Early Rising Readers Ser.). (SPA.). 16p. (J). (gr. 1-1). 6.67 (978-1-4788-3739-8(X)) Newmark Learning LLC.

Bloques - 6 Pack. Linda Koons. 2016. (Early Rising Readers Ser.). (SPA.). (J). (gr. 1). 40.00 net. (978-1-4788-4682-6(8)) Newmark Learning LLC.

Blossom & Friends. Zoraida Valentin-Natale. 2020. (ENG., Illus.). 44p. (J). pap. 14.95 (978-1-64531-748-7(X)) Newman Springs Publishing, Inc.

Blossom & Her Friends. A. G. Sinko. Illus. by Fatime Illes. 2022. (ENG.). 36p. (J). **(978-1-0391-6344-7(0))**; pap. **(978-1-0391-6343-0(2))** FriesenPress.

Blossom & the Dragon. A. G. Sinko. Illus. by Fatime Illes. 2021. (ENG.). 30p. (J). (978-1-5255-8437-4(5)); pap. (978-1-5255-8436-7(7)) FriesenPress.

Blossom & the Firefly. Sherri L. Smith. 2021. (Illus.). 336p. (YA). (gr. 7). pap. 9.99 (978-1-5247-3792-4(5), Penguin Books) Penguin Young Readers Group.

Blossom at Midnight. A. L Knorr. 2022. (ENG.). (YA). 536p. (978-1-989338-36-0(4)); 456p. **(978-1-989338-47-6(X))** Intellectually Promiscuous Pr.

Blossom Babies: How to Tell the Life Story to Little Children. M. Louise Chadwick. 2017. (ENG., Illus.). (J). pap. (978-0-649-52568-3(X)) Trieste Publishing Pty Ltd.

Blossom Babies: How to Tell the Life Story to Little Children (Classic Reprint) M. Louise Chadwick. 2018. (ENG., Illus.). 176p. (J). 27.55 (978-0-267-66279-1(3)) Forgotten Bks.

Blossom Battle! Laurie S. Sutton. Illus. by Dario Brizuela. 2019. (Amazing Adventures of Batman! Ser.). (ENG.). 32p. (J). (gr. k-2). lib. bdg. 25.32 (978-1-5158-3980-4(X), 139706, Stone Arch Bks.) Capstone.

Blossom-Bud & Her Genteel Friends: A Story (Classic Reprint) Julie P. Smith. (ENG., Illus.). (J). 2018. 404p. 32.23 (978-0-365-50546-4(3)); 2017. pap. 16.57 (978-0-259-42113-9(8)) Forgotten Bks.

Blossom Plays Possum: (Because She's Shy) Lyndsay Nicole Milliken. Illus. by Janet McDonnell. 2017. (ENG.). 32p. (J). 15.95 (978-1-4338-2735-8(2), Magination Pr.) American Psychological Assn.

Blossom Saves the Day: Book 3 in the Blossom & Matilda Series. Starla Criser. Illus. by Sharon Revell. 2018. (Blossom & Matilda Ser.: Vol. 3). (ENG.). 46p. (J). (gr. k-3). 16.95 (978-0-692-12953-1(7)) Starla Enterprises, Inc.

Blossom Shop: A Story of the South (Classic Reprint) Isla May Mullins. 2018. (ENG., Illus.). 264p. (J). 29.34 (978-0-483-97372-5(6)) Forgotten Bks.

Blossom Sings with Her Friends: Book 2 in the Blossom & Matilda Series. Starla Criser. Illus. by Sharon Revell. 2017. (Blossom & Matilda Ser.: Vol. 2). (ENG.). 50p. (J). (gr. k-3). 16.95 (978-0-692-97351-6(6)) Starla Enterprises, Inc.

Blossom to Apple. Sarah Ridley. 2018. (Where Food Comes From Ser.). (Illus.). 24p. (J). (gr. 3-3). (978-0-7787-5120-5(1)) Crabtree Publishing Co.

Blossoming of Mary Anne: A Play in Four Acts (Classic Reprint) Marion Short. 2018. (ENG., Illus.). 106p. (J). 26.10 (978-0-267-18519-1(7)) Forgotten Bks.

Blossoming Rod (Classic Reprint) Mary Stewart Cutting. 2017. (ENG., Illus.). (J). 62p. 25.18 (978-0-484-62904-1(2)); pap. 9.57 (978-0-259-21149-5(4)) Forgotten Bks.

Blossoms from a Japanese Gardens: A Book of Child-Verses (Classic Reprint) Mary Fenollosa. (ENG., Illus.). (J). 2018. 146p. 26.91 (978-0-267-54835-4(4)); 2016. pap. 9.57 (978-1-333-51783-0(1)) Forgotten Bks.

Blossoms of Childhood (Classic Reprint) Meta Lander. 2018. (ENG., Illus.). (J). 176p. 27.53 (978-1-396-65077-2(6)); 178p. pap. 9.97 (978-1-391-59451-4(7)) Forgotten Bks.

Blossoms of Morality: Intended for the Amusement & Instruction of Young Ladies & Gentlemen (Classic Reprint) I. Bewick. 2018. (ENG., Illus.). 254p. (J). 29.14 (978-0-483-93556-3(5)) Forgotten Bks.

Blossoms of Peace: A Series of Tales & Narratives, in Prose & Verse; Designed As Easy Lessons for Young Persons of Either Sex; Embellished with Upwards of One Hundred Engravings (Classic Reprint) Unknown Author. 2018. (ENG., Illus.). 112p. (J). 26.21 (978-0-267-26310-3(4)) Forgotten Bks.

Blossoms of Reason, for the Entertainment of Youth (Classic Reprint) Unknown Author. (ENG., Illus.). (J). 2018. 20p. 24.33 (978-0-267-73039-1(X)); 2016. pap. 7.97 (978-1-333-76392-3(1)) Forgotten Bks.

Blot. Molly Carlson. 2017. (ENG., Illus.). (YA). (gr. 7-12). pap. 20.00 (978-1-937260-30-9(5)) Sleepytown Pr.

Blot on the Queen's Head: How Little Ben, the Head Waiter, Changed the Sign of the Queen's Inn, Hotel Limited, & the Consequences Thereof (Classic Reprint) Edward Jenkins. 2018. (ENG., Illus.). 36p. (J). 24.66 (978-0-267-69918-6(2)) Forgotten Bks.

Blotted Out (Classic Reprint) Annie Thomas. 2018. (ENG., Illus.). 394p. (J). 32.02 (978-0-365-26137-7(8)) Forgotten Bks.

Blottentots, & How to Make Them. John Prosper Carmel. 2017. (ENG., Illus.). (J). pap. (978-0-649-19806-1(9)) Trieste Publishing Pty Ltd.

Blottentots, & How to Make Them (Classic Reprint) John Prosper Carmel. (ENG., Illus.). (J). 2018. 42p. pap. 7.97 (978-1-391-09441-0(7)); 2017. 24.74 (978-0-331-85014-7(1)); 2016. pap. 7.97 (978-1-334-19400-9(9)) Forgotten Bks.

Blotting Book (Classic Reprint) E. F. Benson. 2018. (ENG., Illus.). 266p. (J). 29.40 (978-0-267-25943-4(3)) Forgotten Bks.

Blount Tempest, Vol. 1 of 3 (Classic Reprint) J. c. m. Bellew. 2017. (ENG., Illus.). (J). 30.91 (978-0-265-69824-2(3)) Forgotten Bks.

Blount Tempest, Vol. 2 of 3 (Classic Reprint) J. c. m. Bellew. (ENG., Illus.). (J). 2017. 31.28 (978-0-265-42054-6(7)); 2016. pap. 13.97 (978-1-333-54047-0(7)) Forgotten Bks.

Blow Reggie Blow. Karen Harris. Ed. by Christopher Cheek & Chantee Cheek. 2022. (ENG.). 36p. (J). pap. **(978-1-387-33086-7(1))** Lulu Pr., Inc.

Blow the Man Down: A Romance of the Coast (Classic Reprint) Holman Day. 2017. (ENG., Illus.). (J). 476p. 33.71 (978-0-332-04316-6(9)); pap. 16.57 (978-0-243-10647-9(5)) Forgotten Bks.

Blowback '07: When the Only Way Forward Is Back. Brian Meehl. 2016. (Illus.). 346p. (J). pap. 12.95 (978-1-63505-185-8(1)) Salem Author Services.

Blowdryers, Bouffants & Brushes Coloring Book. Smarter Activity Books. 2016. (ENG., Illus.). (J). pap. 9.22 (978-1-68374-422-1(5)) Examined Solutions PTE. Ltd.

Blower of Bubbles (Classic Reprint) Arthur Beverley Baxter. 2018. (ENG., Illus.). 354p. (J). 31.20 (978-0-483-20366-2(1)) Forgotten Bks.

Blowfish. Emma Bassier. (Weird & Wonderful Animals Ser.). (ENG., Illus.). 32p. (J). 2020. (gr. 3-3). pap. 9.95 (978-1-64494-334-2(4), 1644943344); 2019. (gr. 2-5). lib. bdg. 32.79 (978-1-5321-6604-4(4), 33310, DiscoverRoo) Pop!.

Blowfly on Grandma's Apple Pie. Jenny Ward. Illus. by South Bunbury Primary School Art Club & Nyree Kavanagh. 2021. (ENG.). 24p. (J). pap. (978-1-922727-02-2(4), Flying Horse) Linellen Pr.

Blowholes, Book Gills, & Butt Breathers: The Strange Ways Animals Get Oxygen, 1 vol. Doug Wechsler. 2021. (How Nature Works: 0). (ENG., Illus.). 48p. (J). (gr. 3-7). 18.95 (978-0-88448-772-2(5), 884772); pap. 9.95 (978-0-88448-773-9(3), 884773) Tilbury Hse. Pubs.

Blowing in the Wind. Maria Antonia Cabrera Arus. 2019. (Scholastic Readers Ser.). (SPA.). 32p. (J). (gr. k-1). 13.89 (978-0-87617-738-9(0)) Penworthy Co., LLC, The.

Blowing in the Wind. Samantha Brooke. ed. 2018. (Scholastic Readers Ser.). (ENG.). 32p. (J). (gr. -1-k). 13.89 (978-1-64310-244-3(3)) Penworthy Co., LLC, The.

Blowing in the Wind. Samantha Brooke. 2018. (Illus.). 32p. (J). (978-1-5444-0657-2(6)) Scholastic, Inc.

Blowing in the Wind (the Magic School Bus Rides Again: Scholastic Reader, Level 2), 1 vol. Samantha Brooke. Illus. by Artful Doodlers Ltd. 2018. (Scholastic Reader, Level 2 Ser.). (ENG.). 32p. (J). (gr. k-2). pap. 4.99 (978-1-338-25377-1(8)) Scholastic, Inc.

Blown Away. Richard Mansfield. 2017. (ENG.). 184p. (J). pap. (978-3-7446-7351-8(0)) Creation Pubs.

Blown Away: A Nonsensical Narrative Without Rhyme or Reason (Classic Reprint) Richard Mansfield. 2019. (ENG., Illus.). 180p. (J). 27.61 (978-0-267-29022-2(5)) Forgotten Bks.

Blown in by the Draft, Camp Yarns Collected at One of the Great, National Army Cantonments by an Amateur War Correspondent (Classic Reprint) Frazier Hunt. 2018. (ENG., Illus.). 396p. (J). 32.08 (978-0-365-24586-5(0)) Forgotten Bks.

Blown to Bits: The Lonely Man of Rakata. Robert Michael Ballantyne. 2019. (ENG.). 290p. (J). pap. (978-93-5329-670-4(6)) Alpha Editions.

Blu. Cindy Mackey. Illus. by Cindy Mackey. 2018. (ENG., Illus.). 54p. (J). (gr. k-4). pap. 11.99 (978-1-7322739-0-0(1)) Cyrano Bks.

Blu Christmas. Mirenda Moorhead. Illus. by Olivia Patrisso. 2022. 24p. (J). pap. 11.89 (978-1-7378704-8-7(7)) BookBaby.

Blua Son_o en Antverpeno. J. M. Progiante. 2020. (EPO.). 62p. (J). pap. 21.28 (978-0-244-86900-7(6)) Lulu Pr., Inc.

BLUBAUGH, a Little Bit More. Edwin Gilven. 2022. (ENG.). 34p. (J). pap. 15.66 (978-1-716-04296-6(8)) Lulu Pr., Inc.

Blubert Strut: Who Am I? Story of a Lost Blue Footed Booby Bird. Karen E. Blanc & Margie A. Padavan. 2017. (ENG., Illus.). 46p. (J). pap. 19.45 (978-1-9736-1013-7(2), WestBow Pr.) Author Solutions, LLC.

Blue. Brunilda Bonilla. 2022. (ENG.). 32p. (J). pap. (978-1-83875-145-6(9), Nightingale Books) Pegasus Elliot Mackenzie Pubs.

Blue. Sarah Christou. 2023. (ENG., Illus.). 32p. (J). 17.95 (978-0-571-37635-3(5), Faber & Faber Children's Bks.) Faber & Faber, Inc.

Blue. Amy Culliford. 2021. (My Favorite Color Ser.). (ENG., Illus.). 16p. (J). (gr. -1-1). pap. (978-1-4271-3257-4(7), 11512) Crabtree Publishing Co.

Blue. Malcolm Gerloch. 2022. (ENG.). 42p. (J). pap. (978-1-80016-308-9(8), Vanguard Press) Pegasus Elliot Mackenzie Pubs.

Blue. Blake Hoena. Illus. by Connah Brecon. 2018. (Sing Your Colors! Ser.). (ENG.). 24p. (J). (gr. -1-2). lib. bdg. 33.99 (978-1-68410-316-4(9), 140862) Cantata Learning.

Blue. Jesilyn Holdridge. 2017. (ENG., Illus.). 146p. (YA). pap. 13.95 (978-1-64138-812-2(9)) Page Publishing Inc.

Blue. Patricia Leavy. 2016. (Social Fictions Ser.: 18). (ENG., Illus.). 168p. pap. (978-94-6300-353-7(3)) BRILL.

Blue. Marion Marston. 2021. (ENG.). 50p. (YA). pap. 13.95 (978-1-6624-1999-7(6)) Page Publishing Inc.

Blue. Britta Teckentrup. 2022. (ENG., Illus.). 32p. (J). (gr. -1-k). pap. 10.99 (978-1-4083-5596-1(5), Orchard Bks.) Hachette Children's Group GBR. Dist: Hachette Bk. Group.

Blue. Laura Vaccaro Seeger. 2018. (ENG., Illus.). 40p. (J). 18.99 (978-1-62672-066-4(5), 900134217) Roaring Brook Pr.

Blue. Xist Publishing. 2019. (Discover Colors Ser.). (ENG.). 8p. (J). (gr. -1-2). pap. 5.99 (978-1-5324-0957-8(5)) Xist Publishing.

Blue: A History of the Color As Deep As the Sea & As Wide As the Sky. Nana Ekua Brew-Hammond. Illus. by Daniel Minter. 2022. 40p. (J). (gr. -1-3). (ENG.). lib. bdg. 21.99 (978-1-9848-9437-3(4)); 18.99 (978-1-9848-9436-6(6)) Random Hse. Children's Bks. (Knopf Bks. for Young Readers).

Blue: Exploring Color in Art. Valentina Zucchi. Tr. by Katherine Gregor. Illus. by Viola Nicolai. 2021. (True Color Ser.). (ENG.). 64p. (J). (gr. 7). pap. 12.95 (978-1-80069-055-4(X)) Orange Hippos! GBR. Dist: Two Rivers Distribution.

Blue Aloes Stories of South Africa. Cynthia Stockley. 2018. (ENG., Illus.). 280p. (J). pap. (978-93-87600-46-1(7)) Alpha Editions.

Blue Aloes Stories of South Africa (Classic Reprint) Cynthia Stockley. 2017. (ENG., Illus.). (J). 31.57 (978-1-5280-7750-7(4)) Forgotten Bks.

Blue Anchor Inn (Classic Reprint) Edwin Bateman Morris. (ENG., Illus.). (J). 2018. 326p. 30.64 (978-0-483-66832-4(X)); 2016. pap. 13.57 (978-1-334-34141-0(9)) Forgotten Bks.

Blue & Bertie. Kristyna Litten. Illus. by Kristyna Litten. 2016. (ENG., Illus.). 32p. (J). (gr. -1-3). 17.99 (978-1-4814-6154-2(0), Simon & Schuster Bks. For Young Readers) Simon & Schuster Bks. For Young Readers.

Blue & Bumpy: Blue Crab. Felicia Macheske. 2016. (Guess What Ser.). (ENG., Illus.). 24p. (J). (gr. k-2). 30.64 (978-1-63470-717-6(6), 207579) Cherry Lake Publishing.

Blue & Gold 1919: The Year Book of Findlay High School, a Record of the Various Activities of the School Year (Classic Reprint) Findlay Senior High School. 2018. (ENG., Illus.). (J). 116p. 26.31 (978-1-396-59005-4(6)); 118p. pap. 9.57 (978-1-391-59605-1(6)) Forgotten Bks.

Blue & Gold, 1919 (Classic Reprint) Women's College of Delaware. (ENG., Illus.). (J). 2018. 160p. 27.20 (978-0-484-56723-7(3)); 2016. pap. 9.97 (978-1-333-35310-0(3)) Forgotten Bks.

Blue & Gold 1920: The Year Book of Findlay High School; a Record of the Various Activities of the School Year (Classic Reprint) Findlay Senior High School. (ENG., Illus.). (J). 2018. 126p. 26.50 (978-0-365-12441-2(9)); 2017. pap. 9.57 (978-0-259-84567-6(1)) Forgotten Bks.

Blue & Gold, Vol. 18: May First, Nineteen Hundred Twenty-One (Classic Reprint) Unknown Author. 2017. (ENG., Illus.). 154p. (J). 27.09 (978-0-332-41637-3(2)) Forgotten Bks.

Blue & Gold, Vol. 19: May 1, 1922 (Classic Reprint) Findlay Senior High School. (ENG., Illus.). (J). 2018. 188p. 27.77 (978-0-666-21261-0(9)); 2017. pap. 10.57 (978-0-259-45708-4(6)) Forgotten Bks.

Blue & Gold, Vol. 20: May 1, 1923 (Classic Reprint) Findlay Senior High School. (ENG., Illus.). (J). 2018. 200p. 28.02 (978-0-484-10098-4(X)); 2017. pap. 10.57 (978-0-243-42478-3(6)) Forgotten Bks.

Blue & Gray, 1992, Vol. 65 (Classic Reprint) Washington-Lee High School. 2017. (ENG., Illus.). (J). 29.38 (978-0-260-57678-1(6)); pap. 11.97 (978-0-266-03650-0(3)) Forgotten Bks.

Blue & Gray, 1993, Vol. 66 (Classic Reprint) Washington-Lee High School. (ENG., Illus.). (J). 2018. 266p. 29.38 (978-0-267-61164-5(1)); 2016. pap. 11.97 (978-1-334-12194-4(X)) Forgotten Bks.

Blue & Gray, 1993, Vol. 67 (Classic Reprint) Washington-Lee High School. (ENG., Illus.). (J). 2018. 266p. 29.38 (978-0-365-32563-5(5)); 2017. pap. 11.97 (978-0-282-00159-9(X)) Forgotten Bks.

Blue & Gray, or Two Oaths & Three Warnings (Classic Reprint) Louisiana Louisiana. (ENG., Illus.). (J). 2018. 180p. 27.63 (978-0-483-90040-0(0)); 2016. pap. 9.97 (978-1-334-16940-3(3)) Forgotten Bks.

Blue & Green see Azul y Verde

Blue & Green, or the Gift of God, Vol. 1 Of 3: A Romance of Old Constantinople (Classic Reprint) Henry Pottinger. (ENG., Illus.). (J). 2018. 338p. 30.87 (978-0-484-61111-4(9)); 2016. pap. 13.57 (978-1-334-20543-9(4)) Forgotten Bks.

Blue & Green, or the Gift of God, Vol. 2 Of 3: A Romance of Old Constantinople (Classic Reprint) Henry Pottinger. 2018. (ENG., Illus.). 290p. (J). 29.90 (978-0-483-20147-7(2)) Forgotten Bks.

Blue & Green or, the Gift of God, Vol. 3 Of 3: A Romance of Old Constantinople (Classic Reprint) Henry Pottinger. 2018. (ENG., Illus.). 262p. (J). 29.30 (978-0-267-49239-8(1)) Forgotten Bks.

Blue & Other Colors: With Henri Matisse. Henri Matisse. 2016. (ENG., Illus.). 30p. (gr. -1 — 1). bds. 12.95 (978-0-7148-7142-4(7)) Phaidon Pr., Inc.

Blue & the Glue. Cecilia Minden. Illus. by Anna Jones. 2022. (Little Blossom Stories Ser.). (ENG.). 16p. (J). (gr. -1-2). pap. 11.36 (978-1-5341-9881-4(4), 220086, Cherry Blossom Press) Cherry Lake Publishing.

Blue & the Gray, or the Civil War As Seen by a Boy: A Story of Patriotism & Adventure in Our War for the Union (Classic Reprint) A. R. White. (ENG., Illus.). (J). 2018. 416p. 32.50 (978-0-267-35209-8(3)); 2016. pap. 16.57 (978-1-333-75806-6(5)) Forgotten Bks.

Blue & Wormy Self-Love Stroll to School. Shareka Thomas. 2021. (ENG.). 32p. (J). pap. 9.99 (978-1-0879-8363-9(0)) Indy Pub.

Blue Animals. Teddy Borth. 2017. (Animal Colors Ser.). (ENG.). 24p. (J). (gr. -1-2). pap. 7.95 (978-1-4966-1196-3(9), 134976, Capstone Classroom) Capstone.

Blue Animals. Christina Leaf. 2018. (Animal Colors Ser.). (ENG., Illus.). 24p. (J). (gr. k-3). lib. bdg. 26.95 (978-1-62617-827-4(5), Blastoff! Readers) Bellwether Media.

Blue As the Sky. Taylor Farley. 2022. (Learning My Colors Ser.). (ENG.). 24p. (J). (gr. k-2). pap. (978-1-0396-6222-3(6), 20351); lib. bdg. (978-1-0396-6027-4(4), 20350) Crabtree Publishing Co.

Blue Aunt (Classic Reprint) Eliza Orne White. 2018. (ENG., Illus.). 154p. (J). 27.09 (978-0-483-71417-5(8)) Forgotten Bks.

Blue Aura (Classic Reprint) Elizabeth York Miller. 2017. (ENG., Illus.). (J). 31.36 (978-0-266-73646-2(7)); pap. 13.97 (978-1-5277-0068-0(2)) Forgotten Bks.

Blue Baboon Finds Her Tune. Helen Docherty. Illus. by Thomas Docherty. 2022. 32p. (J). (gr. -1-2). 14.99 (978-1-7282-3890-6(0), Sourcebooks Jabberwocky) Sourcebooks, Inc.

Blue Baby & Other Stories (Classic Reprint) Molesworth. (ENG., Illus.). (J). 2018. 176p. 27.53 (978-0-483-99453-9(7)); 2017. pap. 9.97 (978-0-243-49834-5(9)) Forgotten Bks.

Blue Badger & the Beautiful Berry. Huw Lewis Jones. Illus. by Ben Sanders. 2023. (Blue Badger Ser.: 3). (ENG.). 32p. (J). (gr. -1-1). **(978-0-7112-6761-9(8)**, Happy Yak) Quarto Publishing Group UK.

Blue Badger & the Big Breakfast. Huw Lewis Jones. Illus. by Ben Sanders. 2022. (Blue Badger Ser.: 2). (ENG.). 32p. (J). (gr. -1-1). **(978-0-7112-6757-2(X)**, Happy Yak) Quarto Publishing Group UK.

Blue Ballerina. Lena Awad. 2021. (ENG.). 26p. (J). pap. 13.95 (978-1-0980-9008-1(X)) Christian Faith Publishing.

Blue Banner Biography: Contemporary Pop Entertainers VII, 10 vols., Set. Incl. Blake Lively. Joanne Mattern. lib. bdg. 25.70 (978-1-58415-909-4(X)); David Wright. Mary Boone. lib. bdg. 25.70 (978-1-58415-910-0(3)); Drew Brees. Pete DiPrimio. lib. bdg. 25.70 (978-1-58415-911-7(1)); Flo-Rida. Heidi Krumenauer. lib. bdg. 25.70 (978-1-58415-906-3(5)); Lady Gaga. Heidi Krumenauer. lib. bdg. 25.70 (978-1-58415-904-9(9)); Megan Fox. Kathleen Tracy. lib. bdg. 25.70 (978-1-58415-912-4(X)); Orianthi. Kathleen Tracy. lib. bdg.

B

25.70 *(978-1-58415-913-1(8))*; Robert Pattison. Tamra Orr. lib. bdg. 25.70 *(978-1-58415-905-6(7))*; Shia Labeouf. Tamra Orr. lib. bdg. 25.70 *(978-1-58415-908-7(1))*; Stephanie Meyer. Tamra Orr. lib. bdg. 25.70 *(978-1-58415-907-0(3))*; (Illus.). 32p. (YA). (gr. 4-7). 2010. 2011. Set lib. bdg. 257.00 *(978-1-58415-914-8(6))* Mitchell Lane Pubs.

Blue, Barry & Pancakes: Big Time Trouble. Dan & Jason et al. 2023. (Blue, Barry & Pancakes Ser.: 5). (ENG., Illus.). 128p. (J). 12.99 *(978-1-250-81697-9(1)*, 900249181, First Second Bks.) Roaring Brook Pr.

Blue, Barry & Pancakes: Enter the Underground Throwdown. Dan & Jason et al. 2022. (Blue, Barry & Pancakes Ser.: 4). (ENG., Illus.). 112p. (J). 12.99 *(978-1-250-81696-2(3)*, 900249177, First Second Bks.) Roaring Brook Pr.

Blue Bay Mystery. Gertrude Chandler Warner. Illus. by Dirk Gringhuis. 2020. (Boxcar Children Ser.). (ENG.). 160p. (J). (gr. 2-6). lib. bdg. 31.36 *(978-1-5321-4472-1(5)*, 35162, Chapter Bks.) Spotlight.

Blue Bay Mystery (the Boxcar Children: Time to Read, Level 2) Illus. by Shane Clester. 2020. (Boxcar Children Early Readers Ser.). (ENG.). 48p. (J). (gr. k-2). pap. 5.99 *(978-0-8075-0800-8(4)*, 0807508004); 12.99 *(978-0-8075-0795-7(4)*, 807507954) Random Hse. Children's Bks. (Random Hse. Bks. for Young Readers).

Blue Bayou. Edgar De Marte. 2019. (SPA.). 240p. (YA). pap. 17.95 *(978-607-453-560-0(4))* Selector, S.A. de C.V. MEX. Dist: Spanish Pubs., LLC.

Blue Bear. Liz Bester Mihalchick. 2021. (ENG., Illus.). 36p. (J). pap. 14.95 *(978-1-64952-105-7(7))* Fulton Bks.

Blue Beard, and, Puss in Boots (Classic Reprint) Grace Rhys. (ENG., Illus.). (J). 2018. 50p. 24.95 *(978-0-267-38782-3(2))*; 2016. pap. 9.57 *(978-1-334-15349-5(3))* Forgotten Bks.

Blue Belles of England, Vol. 2 of 3 (Classic Reprint) Frances Trollope. (ENG., Illus.). (J). 2018. 306p. 30.23 *(978-0-365-33853-6(2))*; 2017. pap. 13.57 *(978-0-259-21072-6(2))* Forgotten Bks.

Blue Bells of Scotland (Classic Reprint) Anne MacVicar Grant. (ENG., Illus.). (J). 2018. 38p. 24.70 *(978-0-267-76268-2(2))*; 2017. pap. 7.97 *(978-1-333-34864-9(9))* Forgotten Bks.

Blue Bike Wins! Joanne Meier & Cecilia Minden. Illus. by Bob Ostrom. 2022. (Bear Essential Readers Ser.). (ENG.). 32p. (J). (gr. -1-2). lib. bdg. 35.64 *(978-1-5038-5910-4(X)*, 215808, First Steps) Child's World, Inc, The.

Blue Bird. Maurice Maeterlinck. 2018. (VIE.). (J). pap. *(978-604-2-09832-8(2))* Kim Dong Publishing Hse.

Blue Bird. Maurice Maeterlinck. 2020. (ENG.). 208p. (J). pap. 23.86 *(978-1-716-50211-8(X))* Lulu Pr., Inc.

Blue Bird: A Fairy Play in Five Acts (Classic Reprint) Maurice Maeterlinck. 2017. (ENG., Illus.). (J). 29.88 *(978-0-266-27320-2(3))* Forgotten Bks.

Blue Bird: Souvenir Book (Classic Reprint) Herbert Trench. 2018. (ENG., Illus.). 56p. (J). 25.07 *(978-0-267-83788-5(7))* Forgotten Bks.

Blue Bird & Her Little Tree: A Story in English & Chinese. Bo Jin. Illus. by Guangyu Zhao. 2020. (ENG.). 36p. (gr. -1-3). 16.95 *(978-1-60220-465-2(9))* SCPG Publishing Corp.

Blue-Bird Weather (Classic Reprint) Robert W. Chambers. 2018. (ENG., Illus.). 156p. (J). 27.11 *(978-0-364-52040-6(X))* Forgotten Bks.

Blue Birdie. Shiv Dhawan. 2022. (ENG.). 34p. (J). 18.99 ***(978-1-63640-765-4(X))***; pap. 10.99 ***(978-1-63640-762-3(5))*** White Falcon Publishing. (White Falcon Publishing).

Blue Birds. Caroline Starr Rose. 2016. 400p. (J). (gr. 5). 10.99 *(978-0-14-751187-4(9)*, Puffin Books) Penguin Young Readers Group.

Blue Birds. Caroline Starr Rose. ed. 2016. lib. bdg. 19.65 *(978-0-606-38403-2(0))* Turtleback.

Blue Bird's Palace. Orianne Lallemand. Illus. by Carole Hénaff. 2016. (ENG.). 32p. (J). (gr. k-5). 16.99 *(978-1-84686-885-6(8))* Barefoot Bks., Inc.

Blue Bird's Palace. Orianne Lallemand & Tessa Strickland. Illus. by Carole Hénaff. 2016. (J). *(978-1-78285-308-4(1))* Barefoot Bks., Inc.

Blue Bison Needs a Haircut. Scott Rothman. Illus. by Pete Oswald. 2022. (Bison Family Ser.). 40p. (J). (gr. -1-3). 18.99 *(978-0-593-42816-0(1))*; (ENG.). lib. bdg. 21.99 *(978-0-593-42817-7(X))* Random Hse. Children's Bks.

Blue Black Water: The Sinking of the C. M. Demson. Ron May. 2020. (ENG.). 254p. (YA). 42.95 *(978-1-64334-809-4(4))*; pap. 28.95 *(978-1-64334-811-7(6))* Page Publishing Inc.

Blue Blood & Red (Classic Reprint) Geoffrey Corson. (ENG., Illus.). (J). 2018. 412p. 32.39 *(978-0-483-39389-9(4))*; 2016. pap. 16.57 *(978-1-333-25139-0(4))* Forgotten Bks.

Blue Blood, or White May & Black June (Classic Reprint) Leon Dande. (ENG., Illus.). (J). 2018. 842p. 41.26 *(978-0-656-33818-4(0))*; 2017. pap. 23.97 *(978-0-243-29435-0(2))* Forgotten Bks.

Blue Bloods. Melissa de la Cruz. 2022. (Blue Bloods Ser.). (ENG.). 336p. (YA). (gr. 9-12). pap. 10.99 *(978-1-368-08175-7(4)*, Disney-Hyperion) Disney Publishing Worldwide.

Blue Bloods: after Death. Melissa de la Cruz. 2023. (Blue Bloods Ser.). 368p. (YA). (gr. 7-12). 18.99 ***(978-1-368-06700-3(X)***, Disney-Hyperion) Disney Publishing Worldwide.

Blue Bloods: after Life. Melissa de la Cruz. 2022. (Blue Bloods Ser.). 20p. (YA). (gr. 7-12). 18.99 *(978-1-368-06694-5(1)*, Disney-Hyperion) Disney Publishing Worldwide.

Blue Bloods: Masquerade. Melissa de la Cruz. 2022. (Blue Bloods Ser.). (ENG.). 336p. (YA). (gr. 9-12). pap. 10.99 *(978-1-368-08176-4(2)*, Disney-Hyperion) Disney Publishing Worldwide.

Blue Bloods: Revelations. Melissa de la Cruz. 2022. (Blue Bloods Ser.). (ENG.). 288p. (YA). (gr. 7-12). pap. 10.99 *(978-1-368-08177-1(0)*, Disney-Hyperion) Disney Publishing Worldwide.

Blue Boat. Kersten Hamilton. Illus. by Valeria Petrone. 2016. (Red Truck & Friends Ser.). (ENG.). 30p. (J). (— 1). bds. 8.99 *(978-1-101-99853-3(9)*, Viking Books for Young Readers) Penguin Young Readers Group.

Blue Boat, Green Frog, Red Barn, Yellow Bee 4 Pack: Chunky Lift a Flap Board Book 4 Pack. Ginger Swift. Ed. by Cottage Door Press. Illus. by David Pavon et al. 2016. (Lift a Flap Ser.). (ENG.). 48p. (J). (gr. -1-k). bds. 31.96 *(978-1-68052-139-9(X)*, 9000310) Cottage Door Pr.

Blue Bonnet's Ranch Party. C. E. Jacobs & Edyth Ellerbeck Read. 2019. (ENG., Illus.). 216p. (YA). pap. *(978-93-5329-480-9(0))* Alpha Editions.

Blue Bonnet's Ranch Party (Classic Reprint) Caroline Elliott Jacobs. 2018. (ENG., Illus.). 336p. (J). 30.85 *(978-0-483-81407-3(5))* Forgotten Bks.

Blue Book - Te Boki Ae Buruu (Te Kiribati) Kr Clarry & Amy Mullen. 2023. (ENG.). 28p. (J). pap. ***(978-1-922918-38-3(5))*** Library For All Limited.

Blue Book of Stories for Character Training (Classic Reprint) Marion Luther Brittain. (ENG., Illus.). (J). 2017. 27.03 *(978-0-331-93332-1(2))*; 2016. pap. 9.57 *(978-1-334-67562-1(7))* Forgotten Bks.

Blue Bullet Rides in Mommy's Mustang. Kiaya Martin. 2022. (ENG., Illus.). 24p. (J). pap. 14.95 *(978-1-63985-370-0(7))* Fulton Bks.

Blue Bums: The Truth about Mixed Race Babies, from a Mixed Race Baby. Tendayi Oborn. 2021. (ENG.). 20p. (J). *(978-1-922618-75-7(6))* Australian Self Publishing Group/ Inspiring Pubs.

Blue Bundle for the Repeat Buyer Includes Grammarfor the Well-Trained Mind Blue Workbook & Key (grammar for the Well-trained Mind) Audrey Anderson et al. Illus. by Patty Rebne. 2021. (Grammar for the Well-Trained Mind Ser.: 18). (ENG.). 1144p. (YA). (gr. 5-12). pap. 55.90 *(978-1-945841-81-1(8)*, 458481) Well-Trained Mind Pr.

Blue Butterflies at Sunset. Denise Sivak. 2022. (ENG., Illus.). 48p. (J). 23.95 *(978-1-68570-093-5(4))*; pap. 12.95 *(978-1-68517-204-6(0))* Christian Faith Publishing.

Blue Button & Red Thread see Benito Botón e Isabel Hilo

Blue by Sophie Caroline. Sophie Caroline. 2022. (ENG.). 34p. (J). pap. ***(978-1-387-58664-6(5))*** Lulu Pr., Inc.

Blue by Sophie Caroline Soft Cover. Sophie Caroline. 2022. (ENG.). 34p. (J). pap. ***(978-1-387-58659-2(9))*** Lulu Pr., Inc.

Blue Calf: And Other Tales of Peter (Classic Reprint) Leroy Fairman. (ENG., Illus.). (J). 2018. 150p. 27.01 *(978-0-365-18271-9(0))*; 2017. pap. 9.57 *(978-0-259-77855-4(9))* Forgotten Bks.

Blue Castle. L. M. Montgomery. 2017. (ENG., Illus.). (YA). pap. 7.50 *(978-1-946963-05-5(4))* Albatross Pubs.

Blue Castle. L. M. Montgomery. 2016. (ENG., Illus.). (J). (gr. 5-12). *(978-1-77323-003-0(4))* Rehak, David.

Blue Cat of Castle Town. Catherine Cate Coblentz. Illus. by Janice Holland. 2017. (ENG.). 128p. pap. 6.95 *(978-0-486-81527-5(7)*, 815277) Dover Pubns., Inc.

Blue Cloud. Tomi Ungerer. 2018. (CHI.). (J). *(978-7-5496-2516-1(6))* Wenhui Chubanshe.

Blue-Coat Boy's Recollections of Hertford School: With an Appendix, Containing the Rules, Regulations, &C (Classic Reprint) George Wickham. (ENG., Illus.). (J). 2017. 29.05 *(978-0-331-59365-5(3))*; 2016. pap. 11.57 *(978-1-334-54553-5(7))* Forgotten Bks.

Blue Collar Barbershop Confessions II. Reginald Johnson. 2019. (ENG.). 146p. (YA). pap. 13.95 *(978-1-64424-821-8(2))* Page Publishing Inc.

Blue Corn Soup. Caroline Stutson. Illus. by Teri Weidner. 2017. (ENG.). 32p. (J). (gr. k-2). 16.99 *(978-1-58536-967-6(5)*, 204325) Sleeping Bear Pr.

Blue Cottage. Christine Warugaba. 2017. (ENG., Illus.). 30p. (J). pap. *(978-99977-771-6-4(6))* FURAHA Pubs. Ltd.

Blue Crab Comeback (Grade 3) Lesley Ward. rev. ed. 2018. (Smithsonian: Informational Text Ser.). (ENG., Illus.). 32p. (gr. 3-4). pap. 11.99 *(978-1-4938-6690-8(7))* Teacher Created Materials, Inc.

Blue Cross: An Allegory (Classic Reprint) Robert Malory Grey. 2018. (ENG., Illus.). 38p. (J). 24.70 *(978-0-267-50724-5(0))* Forgotten Bks.

Blue Crown. M. S. Wall. 2019. (ENG.). 224p. (J). pap. *(978-1-906954-77-2(1))* Britain's Next Bestseller.

Blue Crystal. Jahde Ofelia. 2017. (ENG., Illus.). (J). pap. 11.50 *(978-0-9991510-1-3(0))* Cook, Jahde.

Blue Daisy. Helen Frost. Illus. by Rob Shepperson. 96p. (J). (gr. 2-5). 2021. pap. 7.99 *(978-0-8234-4993-4(9))*; 2020. 15.99 *(978-0-8234-4414-4(7))* Holiday Hse., Inc. (Margaret Ferguson Books).

Blue Devil Adventures in Topsy Turvy Town. Gunnar Swager. Ed. by Jeff Wieck. Illus. by Patrick Blaine. 2019. (ENG.). 104p. (J). pap. 24.99 ***(978-0-578-58721-9(1))*** Gunnar Swager Foundation.

Blue Devil of France: Epic Figures & Stories of the Great War, 1914-1918 (Classic Reprint) Gustav P. Capart. 2018. (ENG., Illus.). 242p. (J). 28.89 *(978-0-267-83152-4(8))* Forgotten Bks.

Blue Diamond Box. J. Young. 2017. (ENG., Illus.). (YA). (gr. 7-12). pap. 13.99 *(978-1-63213-240-6(0))* eLectio Publishing.

Blue Dragon: A Tale of Recent Adventure in China (Classic Reprint) Kirk Munroe. (ENG., Illus.). (J). 2018. 298p. 30.04 *(978-0-483-47959-3(4))*; 2016. pap. 13.57 *(978-1-333-34470-2(8))* Forgotten Bks.

Blue Earth, Blue Sky. Maggie Mouscardy. 2022. (ENG.). 28p. (J). 25.95 ***(978-1-6624-6756-1(7))***; pap. 14.95 ***(978-1-6624-6754-7(0))*** Page Publishing Inc.

Blue Envelope: A Novel (Classic Reprint) Sophie Kerr. 2018. (ENG., Illus.). 310p. (J). 30.29 *(978-0-332-79239-2(0))* Forgotten Bks.

Blue Eye: A Story of the People of the Plains. Ogal Alla. 2017. (ENG., Illus.). (J). pap. *(978-0-649-21551-5(6))* Trieste Publishing Pty Ltd.

Blue Eye: A Story of the People of the Plains (Classic Reprint) Ogal Alla. 2018. (ENG., Illus.). 248p. (J). 29.03 *(978-0-267-44415-1(X))* Forgotten Bks.

Blue-Eyed Slave. Marshall Highet & Bird Jones. 2022. (ENG.). 216p. (YA). 28.95 *(978-1-64663-597-9(3))*; pap. 16.95 *(978-1-64663-595-5(7))* Koehler Bks.

Blue Fairy Book. Andrew Lang. 2020. (ENG.). (J). (gr. 3-8). 270p. 19.95 *(978-1-64799-656-7(2))*; 268p. pap. 11.95 *(978-1-64799-655-0(4))* Bibliotech Pr.

Blue Fairy Book. Andrew Lang. 2017. (ENG.). 430p. (J). (gr. 3-8). pap. *(978-3-337-22716-6(3))* Creation Pubs.

Blue Fairy Book. Andrew Lang. Illus. by Frank Godwin. 2019. (ENG.). 280p. (J). (gr. 3-8). pap. 9.99 *(978-1-4209-6223-9(X))* Digireads.com Publishing.

Blue Fairy Book. Andrew Lang. 2021. (ENG.). 268p. (J). (gr. 7-12). pap. 10.99 *(978-1-4209-7542-0(0))* Digireads.com Publishing.

Blue Fairy Book. Andrew Lang. (Mint Editions — The Children's Library). (ENG.). 320p. (J). (gr. 7-12). 2022. 20.99 *(978-1-5131-3253-2(9))*; 2021. pap. 14.99 *(978-1-5132-8160-5(7))* West Margin Pr. (West Margin Pr.).

Blue Fairy Book: Complete & Unabridged. Andrew Lang. Illus. by Henry J. Ford. 2019. (Andrew Lang Fairy Book Ser.: 1). 384p. (J). (gr. 3-8). 14.99 *(978-1-63158-276-9(3)*, Racehorse Publishing) Skyhorse Publishing Co., Inc.

Blue Fairy Book (Classic Reprint) Andrew Lang. 2017. (ENG., Illus.). (J). 32.77 *(978-0-265-40227-6(1))*; 32.93 *(978-0-266-74925-7(9))*; pap. 16.57 *(978-0-243-93333-4(9))* Forgotten Bks.

Blue Fairy Book, Vol. 1 of 2 (Classic Reprint) Andrew Lang. (ENG., Illus.). (J). 2018. 308p. 30.27 *(978-0-483-60370-7(8))*; 2017. pap. 13.57 *(978-0-243-27433-8(5))* Forgotten Bks.

Blue Fire. E. C. Blake. 2021. (ENG.). 460p. (YA). pap. *(978-1-989398-19-7(7))* Shadowpaw Pr.

Blue Fire. Amity Thompson. 2020. (ENG.). 322p. (YA). pap. 12.99 *(978-1-951108-04-5(3))* Secondary Worlds Pr.

Blue Fish - Te Ika Ae Buruu (Te Kiribati) Beverly Ruth Illagi. Illus. by Mihailo Tatic. 2023. (ENG.). 20p. (J). pap. ***(978-1-922849-38-0(3))*** Library For All Limited.

Blue Flag (Classic Reprint) Unknown Author. 2018. (ENG., Illus.). 208p. (J). 28.19 *(978-0-483-99826-1(5))* Forgotten Bks.

Blue Floats Away. Travis Jonker. Illus. by Grant Snider. 2021. (ENG.). 40p. (J). (gr. -1-3). 17.99 *(978-1-4197-4423-5(2)*, 1689001, Abrams Bks. for Young Readers) Abrams, Inc.

Blue Fly Caravan (Classic Reprint) Agnes Fisher. 2017. (ENG., Illus.). (J). 27.24 *(978-0-260-39597-9(8))* Forgotten Bks.

Blue Ghost Mystery. John Blaine. 2019. (ENG.). 228p. (J). pap. 20.00 *(978-0-359-71202-1(9))* Lulu Pr., Inc.

Blue Gingham Folks (Classic Reprint) Dorothy Donnell Calhoun. 2018. (ENG., Illus.). 226p. (J). 28.58 *(978-0-483-95316-1(4))* Forgotten Bks.

Blue Glass Heart. Yona Zeldis McDonough. Illus. by Chiara Fedele. 2023. (ENG.). 24p. (J). (gr. -1-2). 19.99 *(978-1-7284-4552-6(3)*, 6d6ef047-b6dd-4ae0-96ad-026baaffa9a3); 8.99 *(978-1-7284-4553-3(1)*, d63b8790-65b0-4560-a21c-aeb0224b1131) Lerner Publishing Group. (Kar-Ben Publishing).

Blue Goggles for Lizzy. Amanda Cumbey. Illus. by Sarah Gledhill. 2021. (ENG.). 30p. (J). pap. 12.99 *(978-1-63649-599-6(0))* Primedia eLaunch LLC.

Blue Goose Chase: A Camera-Hunting Adventure in Louisiana (Classic Reprint) Herbert K. Job. (ENG., Illus.). (J). 2018. 360p. 31.34 *(978-0-428-39765-4(4))*; 2017. pap. 13.97 *(978-0-259-51867-9(0))* Forgotten Bks.

Blue Goose (Classic Reprint) Frank Lewis Nason. 2018. (ENG., Illus.). 316p. (J). 30.41 *(978-0-483-73734-1(8))* Forgotten Bks.

Blue-Grass & Broadway (Classic Reprint) Maria Thompson Daviess. (ENG., Illus.). (J). 2018. 380p. 31.73 *(978-0-666-97142-5(0))*; 2017. pap. 16.57 *(978-0-259-29504-4(3))* Forgotten Bks.

Blue-Grass & Rhododendron: Out-Doors in Old Kentucky (Classic Reprint) John Fox. 2018. (ENG., Illus.). 352p. (J). 31.16 *(978-0-666-74796-9(2))* Forgotten Bks.

Blue Grass Beauty (Classic Reprint) Gabrielle Emilie Jackson. (ENG., Illus.). (J). 2018. 122p. 26.41 *(978-0-365-22588-1(6))*; 2017. pap. 9.57 *(978-0-259-48673-2(6))* Forgotten Bks.

Blue Grass Boy: The Story of Bill Monroe, Father of Bluegrass Music. Barb Rosenstock. Illus. by Edwin Fotheringham. 2018. (ENG.). 40p. (J). (gr. 2-5). 17.95 *(978-1-62979-439-6(2)*, Calkins Creek) Highlights Pr., c/o Highlights for Children, Inc.

Blue Grass Bunny. Debbie Cherry. 2021. (ENG.). 26p. (J). pap. 13.95 *(978-1-63765-042-4(6))* Halo Publishing International.

Blue Hare. Hugh Webster. Illus. by Sam Lostrom. 2019. (ENG.). 166p. (J). pap. *(978-1-9993714-0-1(2))* Natural Storytelling.

Blue Hole: A Bahamian Short Story. Bertram Smith. 2021. (ENG.). 130p. (YA). pap. 12.95 *(978-1-950685-73-8(X))* Inspire Bks.

Blue Hour. Isabelle Simler. 2017. (ENG., Illus.). 42p. (J). 19.00 *(978-0-8028-5488-9(5)*, Eerdmans Bks For Young Readers) Eerdmans, William B. Publishing Co.

Blue House. Phoebe Wahl. 2020. (Illus.). 40p. (J). (gr. -1-3). 18.99 *(978-1-9848-9336-9(X)*, Knopf Bks. for Young Readers) Random Hse. Children's Bks.

Blue in My World. Brienna Rossiter. 2020. (Colors in My World Ser.). (ENG., Illus.). 16p. (J). (gr. -1-1). pap. 7.95 *(978-1-64619-191-8(9)*, 1646191919); lib. bdg. 25.64 *(978-1-64619-157-4(9)*, 1646191579) Little Blue Hse. (Little Blue Readers).

Blue in the Face: Magnificent Tales of Misadventure. Gerry Swallow. Illus. by Valerio Fabbretti. 2017. (Magnificent Tales of Misadventure Ser.). (ENG.). 336p. (J). pap. 8.99 *(978-1-61963-489-3(9)*, 900138578, Bloomsbury USA Childrens) Bloomsbury Publishing USA.

Blue Jackal. Marcia Brown. 2018. (ENG., Illus.). 40p. (J). (gr. -1-3). 13.99 *(978-1-5344-4120-0(4)*, Atheneum Bks. for Young Readers) Simon & Schuster Children's Publishing.

Blue Jackal. Shobha Viswanath. Illus. by Dileep Joshi. 2016. (ENG.). 34p. (J). 15.00 *(978-0-8028-5466-7(4)*, Eerdmans Bks For Young Readers) Eerdmans, William B. Publishing Co.

Blue Jar Story Book (Classic Reprint) Maria Edgeworth. 2018. (ENG., Illus.). 128p. (J). 26.54 *(978-0-666-46912-0(1))* Forgotten Bks.

Blue Jay, Vol. 1: July, 1904 (Classic Reprint) Alban E. Ragg. 2018. (ENG., Illus.). 480p. (J). 33.82 *(978-0-483-77395-0(6))* Forgotten Bks.

Blue Jays. Lisa J. Amstutz. 2016. (Backyard Birds Ser.). (ENG., Illus.). 24p. (J). (gr. -1-2). lib. bdg. 27.32 *(978-1-4914-8512-5(4)*, 131095, Capstone Pr.) Capstone.

Blue Jays. Betsy Rathburn. 2018. (North American Animals Ser.). (ENG., Illus.). 24p. (J). (gr. k-3). lib. bdg. 26.95 *(978-1-62617-728-4(7)*, Blastoff! Readers) Bellwether Media.

Blue Jays in the Sierras (Classic Reprint) Helen Ellsworth. 2018. (ENG., Illus.). 218p. (J). 28.39 *(978-0-267-27000-2(3))* Forgotten Bks.

Blue Jeans & Sweatshirts. Jo Ramsey. 2016. (ENG., Illus.). (J). 24.99 *(978-1-63477-942-5(8)*, Harmony Ink Pr.) Dreamspinner Pr.

Blue Jeans of Hoppertown (Classic Reprint) Roy K. Moulton. 2018. (ENG., Illus.). 140p. (J). 26.80 *(978-0-364-10120-9(2))* Forgotten Bks.

Blue Kind of Day. Rachel Tomlinson. Illus. by Tori-Jay Mordey. 2022. (ENG.). 32p. (J). (gr. -1-3). 17.99 *(978-0-593-32401-1(3)*, Kokila) Penguin Young Readers Group.

Blue Knights Quest to America. Ed. by Joyce Pocock & Heidi Downie. Illus. by A. W. J. Pilgrim. 2019. (Blue Knights of the Realm Ser.: Vol. 2). (ENG.). 44p. (J). pap. *(978-1-78972-117-1(2))* Independent Publishing Network.

Blue Lady of Coffin Hall. Carolyn Keene. 2022. (Nancy Drew Diaries: 23). (ENG.). 224p. (J). (gr. 3-7). 17.99 *(978-1-5344-6138-3(8))*; pap. 6.99 *(978-1-5344-6137-6(X))* Simon & Schuster Children's Publishing. (Aladdin).

Blue Lagoon: A Romance (Classic Reprint) H. de Vere Stacpoole. 2017. (ENG., Illus.). (J). 30.91 *(978-1-5285-6132-7(5))* Forgotten Bks.

Blue Lagoon Saga. Larry W. Jones. 2023. (ENG.). 154p. (J). ***(978-1-365-29592-8(3))*** Lulu Pr., Inc.

Blue Lake: Leveled Reader Purple Level 19. Rg Rg. 2016. (PM Ser.). (ENG.). 16p. (J). (gr. 2). pap. 11.00 *(978-0-544-89196-8(1))* Rigby Education.

Blue Leaf Notebook. Adrienne Edwards. 2022. (ENG.). 100p. (YA). pap. *(978-1-6781-1720-7(X))* Lulu Pr., Inc.

Blue Levels 9-12 Add-To Package Grades 1-2. Hmh Hmh. 2019. (Rigby PM Collection). (ENG.). (J). (gr. 1-2). pap. 247.50 *(978-0-358-18545-1(9))* Houghton Mifflin Harcourt Publishing Co.

Blue Light. Amber Esperanza. 2022. (Our Angels & Miracles Children's Ser.). (ENG.). 30p. (J). pap. 11.95 *(978-1-63885-715-0(6))* Covenant Bks.

Blue Lights. Stephanie Driscoll. Illus. by Jayci Reeder. 2018. (ENG.). 38p. (J). 23.95 *(978-1-64300-134-0(5))*; pap. 13.95 *(978-1-64300-133-3(7))* Covenant Bks.

Blue Lights, or Hot Work in the Soudan: A Tale of Soldier Life in Several of Its Phases (Classic Reprint) Robert Michael Ballantyne. 2018. (ENG., Illus.). (J). 454p. 33.26 *(978-1-396-82955-0(5))*; 456p. pap. 16.57 *(978-1-396-82954-3(7))* Forgotten Bks.

Blue Line Breakaway. Jake Maddox. Illus. by Sean Tiffany. 2018. (Jake Maddox Sports Stories Ser.). (ENG.). 72p. (J). (gr. 3-6). pap. 5.95 *(978-1-4965-6319-4(0)*, 138058); lib. bdg. 25.99 *(978-1-4965-6317-0(4)*, 138049) Capstone. (Stone Arch Bks.).

Blue: Louisiana Tech University's Legend of the Bulldog. Karen Sanders Bean. 2023. (ENG.). 38p. (J). 18.95 ***(978-1-63755-513-2(X)***, Mascot Kids) Amplify Publishing Group.

Blue Loves You! (Blue's Clues & You) Tex Huntley. Illus. by Steph Lew. 2020. (ENG.). 22p. (J). (— 1). bds. 6.99 *(978-0-593-30121-0(8)*, Random Hse. Bks. for Young Readers) Random Hse. Children's Bks.

Blue Magic (Classic Reprint) Edith Ballinger Price. 2017. (ENG., Illus.). (J). 150p. 26.99 *(978-0-332-86117-3(1))*; pap. 9.57 *(978-1-5276-5969-8(0))* Forgotten Bks.

Blue Monster Wants It All! Jeanne Willis. Illus. by Jenni Desmond. 2021. (Let's Read Together Ser.). (ENG.). 32p. (J). (gr. -1-2). pap. 8.99 *(978-1-68010-350-2(4))* Tiger Tales.

Blue Moon (Classic Reprint) Laurence Housman. 2017. (ENG., Illus.). (J). 28.45 *(978-0-265-72402-6(3))*; pap. 10.97 *(978-1-5276-8275-7(7))* Forgotten Bks.

Blue Moon Elementary. Nik Joyce. Ed. by Janelle Arnold. Illus. by Laura Wiens. 2018. (ENG.). 60p. (J). *(978-1-5255-3194-1(8))*; pap. *(978-1-5255-3195-8(6))* FriesenPress.

Blue Moon Soup: An Illustrated, Kid-Friendly, Seasonal Cookbook. Gary Goss. Illus. by Jane Dyer. 2021. 72p. (J). (gr. 1-1). pap. 14.99 *(978-1-5107-6480-4(1)*, Sky Pony Pr.) Skyhorse Publishing Co., Inc.

Blue Moons, Golden Arm & the One-Eyed King. Ladan Murphy. 2022. (ENG.). 158p. (J). pap. 9.99 ***(978-0-9987482-4-5(2))*** Konstellation Pr.

Blue Moose. Ardian Gill. 2017. (ENG., Illus.). (J). 22.95 *(978-0-578-18576-7(8))*; pap. 16.95 *(978-0-578-18575-0(X))* Local Color Pr.

Blue Neptune. Joel Riojas. 2022. (ENG.). 130p. (YA). 25.95 *(978-1-63985-398-4(7))*; pap. 14.95 *(978-1-63985-396-0(0))* Fulton Bks.

Blue Ocean's Daughter (Classic Reprint) Cyrus Townsend Brady. (ENG., Illus.). (J). 2018. 356p. 31.24 *(978-0-666-16940-2(3))*; 2017. pap. 16.57 *(978-0-259-39558-4(7))* Forgotten Bks.

Blue on Blue. Dianne White. 2018. (CHI.). (J). (gr. k-3). *(978-7-5108-6884-9(X))* Jiuzhou Pr.

Blue Parrot & the Little Monkey: A Story of Hope & Compassion. Patricia Wielinski. 2016. (ENG., Illus.). (YA). pap. 10.95 *(978-1-4808-3528-3(5))* Archway Publishing.

Blue Pavilions (Classic Reprint) Unknown Author. 2018. (ENG., Illus.). 352p. (J). 31.16 *(978-0-483-46446-9(5))* Forgotten Bks.

Blue Pearl (Classic Reprint) Samuel Scoville Jr. 2017. (ENG., Illus.). (J). 362p. 31.36 *(978-0-332-74693-7(3))*; 364p. pap. 13.97 *(978-0-332-53124-3(4))* Forgotten Bks.

Blue Pebble. Anne-Gaëlle Balpe. Illus. by Eve Tharlet. 2019. 32p. (J). (gr. k-2). 17.99 *(978-988-8341-75-7(8)*, Minedition) Penguin Young Readers Group.

Blue Penguin. Petr Horacek & Petr Horacek. Illus. by Petr Horacek & Petr Horacek. 2016. (ENG., Illus.). 32p. (J). (gr. -1-2). 15.99 *(978-0-7636-9251-3(4))* Candlewick Pr.

Blue Pillow Case. Roger Lawrence Quay. 2021. (ENG.). 290p. (YA). 22.99 *(978-1-7355640-1-2(X))*; pap. 14.99 *(978-1-7355640-0-5(1))* One iron Pr.

Blue Pillow Case in the Kingdom. Roger Lawrence Quay. 2023. (ENG.). 252p. (YA). 22.99 ***(978-1-7355640-4-3(4))***; pap. 14.99 ***(978-1-7355640-3-6(6))*** One iron Pr.

228 The check digit for ISBN-10 appears in parentheses after the full ISBN-13

Blue Poetry Book. Andrew Lang. 2019. (ENG.). 372p. (J). pap. *(978-3-337-77789-0(9))* Creation Pubs.
Blue Poetry Book. Andrew Lang. 2021. (Mint Editions — The Children's Library). (ENG.). 356p. (J). (gr. 7-12). pap. 16.99 *(978-1-5132-8172-8(0),* West Margin Pr.) West Margin Pr.
Blue Rhapsody. James Pomeroy. Illus. by Mike Cañas. 2020. (ENG.). 34p. (J). pap. 16.99 *(978-0-578-78275-1(8))* Pomeroy, James.
Blue Ribbon: A Novel (Classic Reprint) Eliza Stephenson. 2018. (ENG., Illus.). 636p. (J). 37.08 *(978-0-484-26430-3(3))* Forgotten Bks.
Blue Ribbon Pup. Carol Kim. Illus. by Felia Hanakata. 2019. (Doggie Daycare Ser.). (ENG.). 48p. (J). (gr. 1-3). pap. 6.99 *(978-1-63163-328-7(7),* 1631633287); lib. bdg. 24.27 *(978-1-63163-327-0(9),* 1631633279) North Star Editions. (Jolly Fish Pr.).
Blue Ribbon, Vol. 1 of 3 (Classic Reprint) Unknown Author. 2018. (ENG., Illus.). 328p. (J). 30.68 *(978-0-483-38366-1(X))* Forgotten Bks.
Blue Ribbon, Vol. 3 of 3 (Classic Reprint) Unknown Author. 2018. (ENG., Illus.). 342p. (J). 30.95 *(978-0-483-34839-4(2))* Forgotten Bks.
Blue Ribbons: A Story of the Last Century (Classic Reprint) Anna Harriet Drury. 2018. (ENG., Illus.). 210p. (J). 28.23 *(978-0-484-90527-5(9))* Forgotten Bks.
Blue Rider, 1 vol. Geraldo Valério. 2018. (Illus.). 44p. (J). (gr. -1-2). 19.95 *(978-1-55498-981-2(7))* Groundwood Bks. CAN. Dist: Publishers Group West (PGW).
Blue Rider. Geraldo Valério & Geraldo Valério. Illus. by Geraldo Valério & Geraldo Valério. 2018. (ENG., Illus.). 44p. E-Book *(978-1-55498-982-9(5))* Groundwood Bks.
Blue-Ringed Octopus. Julie Murray. 2020. (Animals with Venom Ser.). (ENG.). 24p. (J). (gr. 2-2). pap. 8.95 *(978-1-64494-397-2(7));* (Illus.). (gr. k-4). lib. bdg. 31.36 *(978-1-0982-2102-7(8),* 34451) ABDO Publishing Co. (Abdo Zoom-Dash).
Blue-Ringed Octopus. Laura L. Sullivan. 2017. (Toxic Creatures Ser.). (Illus.). 32p. (J). (gr. 3-3). pap. 63.48 *(978-1-5026-2580-9(6),* Cavendish Square) Cavendish Square Publishing LLC.
Blue Road: A Fable of Migration. Illus. by April dela Noche Milne. 2019. (ENG.). 128p. (J). pap. 18.95 *(978-1-55152-777-2(4))* Arsenal Pulp Pr. CAN. Dist: Consortium Bk. Sales & Distribution.
Blue Room (Classic Reprint) Cosmo Hamilton. 2018. (ENG., Illus.). 308p. (J). 30.25 *(978-0-483-56203-5(3))* Forgotten Bks.
Blue Rose Fairy Book (Classic Reprint) Maurice Baring. 2018. (ENG., Illus.). 298p. (J). 30.04 *(978-0-267-49399-9(1))* Forgotten Bks.
Blue Rue. Sucriti Babu. 2022. (ENG.). 20p. (J). *(978-0-2288-8555-9(8));* pap. *(978-0-2288-8554-2(X))* Tellwell Talent.
Blue Sea Monster Terrorizing Palm Beach. Norma Fleagane et al. 2018. (ENG., Illus.). 38p. (J). 22.95 *(978-1-64114-735-4(0))* Christian Faith Publishing.
Blue Sharks. Thomas K. Adamson. 2020. (Shark Frenzy Ser.). (ENG.). 24p. (J). (gr. k-3). lib. bdg. 26.95 *(978-1-64487-244-4(7),* Blastoff! Readers) Bellwether Media.
Blue Sharks, Vol. 10. Elizabeth Roseborough. 2018. (Amazing World of Sharks Ser.). (Illus.). 64p. (J). (gr. 7). lib. bdg. 31.93 *(978-1-4222-4122-6(X))* Mason Crest.
Blue Silk Work-Bag: And Its Contents (Classic Reprint) E. T. Parris. 2018. (ENG., Illus.). 112p. (J). 26.21 *(978-0-428-53668-8(9))* Forgotten Bks.
Blue Sky White Stars. Sarvinder Naberhaus. Illus. by Kadir Nelson. 2017. 40p. (J). (gr. -1-3). 18.99 *(978-0-8037-3700-6(9),* Dial Bks) Penguin Young Readers Group.
Blue Sky White Stars Bilingual Edition. Sarvinder Naberhaus. Illus. by Kadir Nelson. ed. 2019. 40p. (J). (gr. -1-3). pap. 8.99 *(978-0-451-48164-1(X),* Puffin Books) Penguin Young Readers Group.
Blue Sock. Gillian Spiller. Illus. by Lim John. 2022. (ENG.). 36p. (J). (gr. -1-k). pap. 13.99 *(978-981-5009-89-7(3))* Marshall Cavendish International (Asia) Private Ltd. SGP. Dist: Independent Pubs. Group.
Blue Songbird. Vern Kousky. 2017. (ENG., Illus.). 40p. (J). (gr. -1-3). 16.99 *(978-0-7624-6066-3(0),* Running Pr. Kids) Running Pr.
Blue Sport. Bro Melvin Muhammad (Jack) (Shorty). 2020. (ENG.). 144p. (J). pap. 18.95 *(978-1-64584-881-3(7))* Page Publishing Inc.
Blue Steppes: Adventures among Russians. Gerard Shelley. 2017. (ENG., Illus.). (J). pap. *(978-0-649-10688-2(1))* Trieste Publishing Pty Ltd.
Blue Steppes: Adventures among Russians (Classic Reprint) Gerard Shelley. (ENG., Illus.). (J). 2017. 30.06 *(978-0-331-75254-0(9));* 2016. pap. 13.57 *(978-1-334-14288-8(2))* Forgotten Bks.
Blue Stocking: Mary Baldwin Seminary, 1901-1902 (Classic Reprint) Mary Baldwin College. (ENG., Illus.). (J). 2018. 168p. 27.38 *(978-0-483-89743-4(4));* 2016. pap. 9.97 *(978-1-333-74214-0(2))* Forgotten Bks.
Blue-Stocking (Classic Reprint) Annie Edwards. (ENG., Illus.). (J). 2018. 306p. 30.27 *(978-0-484-37963-2(1));* 2016. pap. 13.57 *(978-1-334-14377-9(3))* Forgotten Bks.
Blue-Stocking Hall, Vol. 1 of 2 (Classic Reprint) William Pitt Scargill. 2017. (ENG., Illus.). (J). 29.22 *(978-0-265-73717-0(6));* pap. 11.57 *(978-1-5277-0109-0(3))* Forgotten Bks.
Blue-Stocking Hall, Vol. 1 of 3 (Classic Reprint) William Pitt Scargill. 2018. (ENG., Illus.). 328p. (J). 30.66 *(978-0-267-21749-6(8))* Forgotten Bks.
Blue-Stocking Hall, Vol. 2 of 2 (Classic Reprint) William Pitt Scargill. 2017. (ENG., Illus.). (J). 27.96 *(978-0-266-85750-1(7));* pap. 10.57 *(978-1-5277-9858-8(5))* Forgotten Bks.
Blue-Stocking Hall, Vol. 2 of 3 (Classic Reprint) William Pitt Scargill. 2018. (ENG., Illus.). 334p. (J). 30.79 *(978-0-484-08288-4(4))* Forgotten Bks.
Blue-Stocking Hall, Vol. 3 of 3 (Classic Reprint) William Pitt Scargill. (ENG., Illus.). (J). 2018. 284p. 29.75 *(978-0-484-55107-6(8));* 2016. pap. 13.57 *(978-1-333-48385-2(6))* Forgotten Bks.
Blue Stones. Isabel Nash. 2020. (ENG.). 32p. (J). pap. *(978-1-78554-267-1(2))* Austin Macauley Pubs. Ltd.
Blue Streak & Doctor Medusa. Art Elder. 2022. (ENG.). 242p. (J). pap. 15.76 *(978-1-4357-9447-4(8))* Lulu Pr., Inc.
Blue Streak (Classic Reprint) Jack Hines. (ENG., Illus.). (J). 2018. 280p. 29.67 *(978-0-483-23104-7(5));* 2017. pap. 13.57 *(978-1-5276-7672-5(2))* Forgotten Bks.
Blue Table. Chris Raschka. 2020. (ENG., Illus.). 32p. (J). (gr. -1-3). 17.99 *(978-0-06-293776-6(6),* Greenwillow Bks.) HarperCollins Pubs.
Blue Teaches a Lesson. Jae Malone. Illus. by Jess Hawksworth. 2020. (ENG.). 18p. (J). (gr. k-3). pap. *(978-1-80031-994-3(0))* Authors OnLine, Ltd.
Blue the Brave: Hazel Tree Farm. Alma Jordan. Illus. by Margaret Anne Suggs. 2023. (Hazel Tree Farm Ser.: 1). (ENG.). 160p. (J). 12.99 *(978-1-78849-332-1(X))* O'Brien Pr., Ltd., The IRL. Dist: Casemate Pubs. & Bk. Distributors, LLC.
Blue the Octopus: A Netherton Book. Mary Ann Netherton. 2022. (ENG.). 40p. (J). pap. 13.99 *(978-1-63984-349-7(3))* Pen It Pubns.
Blue Tiger Burglars. Steve Korté. Illus. by Mike Kunkel. 2022. (Amazing Adventures of the DC Super-Pets Ser.). (ENG.). 32p. (J). 22.65 *(978-1-6663-4425-7(7),* 238373); pap. 5.95 *(978-1-6663-4429-5(X),* 238368) Capstone. (Picture Window Bks.).
Blue Toboggan. Joanna Kraus. 2017. (ENG.). (J). 14.95 *(978-1-63177-836-0(6))* Amplify Publishing Group.
Blue Tower. J. B. Simmons. 2018. (Five Towers Ser.: Vol. 1). (ENG.). (YA). (gr. 7-12). 248p. 19.99 *(978-1-949785-00-5(9));* 254p. pap. 9.99 *(978-1-7249-2045-4(6))* Three Cord Pr.
Blue Umbrella. Emily Ann Davison. Illus. by Momoko Abe. 2023. (ENG.). 32p. (J). (gr. -1-2). 18.99 *(978-0-593-56957-3(1));* lib. bdg. 21.99 *(978-0-593-56958-0(X))* Random Hse. Children's Bks.
Blue Valley Lane. Patsy Cove. 2020. (ENG.). 272p. (YA). pap. *(978-0-6486680-8-4(8))* Cove, Tim.
Blue Violet (Classic Reprint) Mary Latham Clark. 2018. (ENG., Illus.). 66p. (J). 25.26 *(978-0-267-26686-9(3))* Forgotten Bks.
Blue vs. Yellow. Tom Sullivan. Illus. by Tom Sullivan. 2017. (ENG., Illus.). 48p. (J). (gr. -1-3). 17.99 *(978-0-06-245295-5(9),* Balzer & Bray) HarperCollins Pubs.
Blue Wall (Classic Reprint) Richard Washburn Child. 2017. (ENG., Illus.). (J). 32.11 *(978-0-266-73367-6(0));* pap. 16.57 *(978-1-5276-9700-3(2))* Forgotten Bks.
Blue Water: A Tale of the Deep Sea Fishermen (Classic Reprint) Frederick William Wallace. 2018. (ENG., Illus.). 324p. (J). 30.60 *(978-0-267-44515-8(6))* Forgotten Bks.
Blue Whale: The Largest Marine Mammal, 1 vol. Caitie McAneney. 2019. (Animal Record Breakers Ser.). (ENG.). 24p. (gr. 2-3). pap. 9.25 *(978-1-7253-0862-6(2),* 7b92fe7c-4e27-4265-aab1-c7deb9aca76d, PowerKids Pr.) Rosen Publishing Group, Inc., The.
Blue Whale Blues. Peter Carnavas. Illus. by Peter Carnavas. 2016. (ENG., Illus.). 32p. (J). 11.99 *(978-1-61067-458-4(8))* Kane Miller.
Blue Whales see Ballenas Azules
Blue Whales. Katie Chanez. 2021. (Giants of the Sea Ser.). (ENG., Illus.). 32p. (J). (gr. 2-3). pap. 9.95 *(978-1-63738-038-3(0));* lib. bdg. 31.35 *(978-1-63738-002-4(X))* North Star Editions. (Apex).
Blue Whales. Ashley Gish. 2019. (X-Books: Marine Mammals Ser.). (ENG.). 32p. (J). (gr. 3-5). pap. 9.99 *(978-1-62832-751-9(0),* 19205, Creative Paperbacks) Creative Co., The.
Blue Whales, 1 vol. Grace Hansen. 2016. (Super Species Ser.). (ENG., Illus.). 24p. (J). (gr. -1-2). lib. bdg. 32.79 *(978-1-68080-542-0(8),* 21364, Abdo Kids) ABDO Publishing Co.
Blue Whales. Julie Murray. 2019. (Animal Kingdom Ser.). (ENG., Illus.). 32p. (J). (gr. 2-5). lib. bdg. 34.21 *(978-1-5321-1619-3(5),* 32349, Big Buddy Bks.) ABDO Publishing Co.
Blue Whales. Mari Schuh. 2020. (Animals Ser.). (ENG., Illus.). 32p. (J). (gr. 1-3). pap. 6.95 *(978-1-9771-1794-6(5),* 142154); lib. bdg. 31.32 *(978-1-9771-1341-2(9),* 141462) Capstone. (Pebble).
Blue Window. Adina Rishe Gewirtz. (ENG.). 576p. (gr. 7). 2021. (YA). pap. 11.99 *(978-1-5362-1916-6(9));* 2018. (J). 18.99 *(978-0-7636-6036-9(1))* Candlewick Pr.
Blue Wings: A Fairy Tale Adventure. Patricia Srigley. 2020. (ENG.). 168p. (J). pap. *(978-0-9810435-3-1(4))* Wingate Pr.
Blue Witch: The Witches of Orkney, Book One. Alane Adams. 2018. (Witches of Orkney Ser.: 1). (ENG., Illus.). 216p. (J). (gr. 2-6). pap. 12.95 *(978-1-943006-77-9(6))* SparkPr. (a Bks.parks Imprint).
Bluebeard's Keys & Other Stories (Classic Reprint) Miss Thackeray. 2017. (ENG., Illus.). (J). 32.72 *(978-0-265-82545-7(8))* Forgotten Bks.
Bluebell. P. J. Reed. 2021. (Fairies of Therwen Wood Ser.: Vol. 1). (ENG.). 102p. (J). pap. *(978-1-80049-869-3(1))* Second Imprint.
Bluebell: A Novel (Classic Reprint) George Croft Huddleston. 2018. (ENG., Illus.). (J). 322p. 30.56 *(978-1-396-27092-5(2));* 324p. pap. 13.57 *(978-1-396-27048-2(5))* Forgotten Bks.
Bluebell & Snowflake: The Story of an Unlikely Friendship. Jessica Tonn. Illus. by Clara Prescott. 2019. (ENG.). 18p. (J). *(978-1-5255-4387-6(3));* pap. *(978-1-5255-4388-3(1))* FriesenPress.
Bluebell & the Missing Mermaid. P. J. Reed. 2022. (Fairies of Therwen Wood Ser.: Vol. 3). (ENG.). 212p. (J). pap. *(978-1-80068-464-5(9))* Second Imprint.
Bluebell Skinks Wheelchair Kid. Liz Cooper. Illus. by Maria Santucci. 2020. (ENG.). 110p. (J). pap. 7.95 *(978-1-948747-71-4(5))* J2B Publishing LLC.
Bluebell Wood. Kelly Wright. 2018. (ENG., Illus.). 28p. (J). 23.95 *(978-1-78848-022-2(8),* 47ea17a3-7ec3-4c2d-b329-0bc824f11a88); pap. 14.95 *(978-1-78848-021-5(X),* 33977408-63aa-4e19-942e-c5df4b951712) Austin Macauley Pubs. Ltd. GBR. Dist: Baker & Taylor Publisher Services (BTPS).
Blueberries & Bears. Shelley Bonter. Illus. by Kelly Nayler. 2023. (ENG.). 40p. (J). pap. *(978-1-0391-0672-7(2)); (978-1-0391-0673-4(0))* FriesenPress.
Blueberry Balladeer. Andrew Frodahl. Illus. by Teresa Amehana Garcia. 2021. (ENG.). 54p. (J). 23.99 *(978-1-63984-006-9(0))* Pen It Pubns.
Blueberry Bonanza, 1 vol. Lauren L. Wohl. Illus. by Mark Tuchman. 2017. (Raccoon River Kids Adventures Ser.: 1). (ENG.). 72p. (J). (gr. 2-5). 14.95 *(978-1-943978-29-8(8),* aa6beb3c-5acb-4cbf-8413-a4f8b22abdcb) WunderMill, Inc.
Blueberry Cake. Sarah Dillard. Illus. by Sarah Dillard. 2021. (ENG., Illus.). 32p. (J). (gr. -1-3). 18.99 *(978-1-5344-5134-6(X),* Aladdin) Simon & Schuster Children's Publishing.
Blueberry Grunt. Monique Holloway. Illus. by Laurel Keating. 2023. (ENG.). 28p. (J). *(978-1-0391-7156-5(7));* pap. *(978-1-0391-7155-8(9))* FriesenPress.
Blueberry Lu. Lisa Goff. Illus. by Jasmine Mills. 2018. (ENG.). 40p. (J). pap. 13.95 *(978-1-64096-207-1(7))* Newman Springs Publishing, Inc.
Blueberry Lu Learns to Cook. Lisa Goff. Illus. by Jasmine Mills. 2019. (ENG.). 34p. (J). pap. 12.95 *(978-1-64096-928-5(4))* Newman Springs Publishing, Inc.
Blueberry Lucy. Amber Hawthorne-Spratlen. Illus. by Bonnie Lemaire. 2022. (ENG.). 24p. (J). 21.95 *(978-1-63765-329-6(8));* pap. 13.95 *(978-1-63765-328-9(X))* Halo Publishing International.
Blueberry Mack (A. K. A. Macky) Robert J. Cotnam. 2020. (Macky (A. K. A. Mack) Ser.: Vol. 1). (ENG.). 24p. (J). *(978-0-2288-4659-8(5));* pap. *(978-0-2288-2975-1(5))* Tellwell Talent.
Blueberry Moose. Nancy Panko. 2021. (ENG.). 40p. (J). 19.99 *(978-1-61153-458-0(5));* pap. 9.99 *(978-1-61153-439-9(9))* Light Messages Publishing. (Torchflame Bks.).
Blueberry's Gift. Tenney Mudge. Illus. by Erika Cummings. 2019. (ENG.). 34p. (J). (gr. k-4). pap. 16.95 *(978-1-7339720-2-4(1),* Harbour Bks.) Mariner Publishing.
Bluebird. Sharon Cameron. (ENG.). (YA). (gr. 7). 2023. 480p. pap. 12.99 *(978-1-338-35597-0(X));* 2021. 464p. 18.99 *(978-1-338-35596-3(1),* Scholastic Pr.) Scholastic, Inc.
Bluebird: Dog of the Navajo Nation. Tamara Martin. Illus. by Ernest John. 2020. (ENG.). 50p. (YA). 19.99 *(978-0-578-63240-7(3))* Monday Creek Publishing.
Bluebird's Memories. Tuula Pere. Ed. by Susan Korman. Illus. by Outi Rautkallio. 2018. (ENG.). 36p. (J). (gr. k-4). pap. *(978-952-7107-75-1(X))* Wickwick oy.
Blueblah le Raton Laveur Somnolent: Une Histoire a Propos de l'Importance de Participe, de Vaincre la Crainte de Ne Pas Etre a la Hauteur et la Qualite de Meneur. Monica Dumont. 2016. (FRE., Illus.). (J). pap. *(978-0-9952590-1-0(1))* Dumont, Monica.
Blueblood. Malorie Blackman. Illus. by Laura Barrett. 2022. (Fairy Tale Revolution Ser.). (ENG.). 32p. (J). 17.95 *(978-1-64259-577-2(2))* Haymarket Bks.
Bluebonnets & Indian Blankets Coloring Book. Activity Book Zone. 2016. (ENG., Illus.). (J). pap. 9.20 *(978-1-68376-415-1(3))* Sabeels Publishing.
Bluebonnet's Egg Adventure: A down on the Farm Book. Lisa Hill. Illus. by Michelle Puskarich. 2016. (ENG.). 12p. (J). 19.99 *(978-1-68314-001-6(X))* Redemption Pr.
Bluecoats Vol. 12: the David. Raoul Cauvin. Illus. by Willy Lambil. 2019. (Bluecoats Ser.: 12). 48p. pap. 11.95 *(978-1-84918-430-4(5))* CineBook GBR. Dist: National Bk. Network.
Bluecrowne: A Greenglass House Story. Kate Milford. (Greenglass House Ser.). (ENG., Illus.). (J). (gr. 5-7). 2020. 288p. pap. 9.99 *(978-0-358-09754-9(1),* 1747616); 2018. 272p. 17.99 *(978-1-328-46688-4(4),* 1713526) HarperCollins Pubs. (Clarion Bks.).
Bluegrass & Old-Time Fiddle Tunes for Harmonica. Glenn Weiser. 2017. (ENG.). 80p. (J). pap. 24.99 *(978-1-57424-345-1(4),* 00231888) Centerstream Publishing.
Bluegrass Cavalier (Classic Reprint) Edwin Carlile Litsey. 2018. (ENG., Illus.). 328p. (J). 30.66 *(978-0-483-23144-3(4))* Forgotten Bks.
Blueprint for Creative Purpose: A Guide for Teens. Daniel Porter. Ed. by Corendis Hardy. 2020. (ENG.). 118p. (J). pap. 12.00 *(978-0-578-70935-2(X))* Lulu Pr., Inc.
Blueprint Projects: Making the Bible Personal, Relatable, Becoming a True Prophetess. April Zahlmann & Jackie Johnson. 2020. (ENG.). 136p. (YA). pap. 16.95 *(978-1-6642-0048-7(7),* WestBow Pr.) Author Solutions, LLC.
Blueprints: Robot Parts & Alien Anatomy Coloring Book. Creative Playbooks. 2016. (ENG., Illus.). (J). pap. 7.74 *(978-1-68323-729-7(3))* Twin Flame Productions.
Blues. Jared Siemens. 2016. (Me Encanta la Música Ser.). (SPA.). 24p. (J). pap. 31.41 *(978-1-4896-4342-1(7))* Weigl Pubs., Inc.
Blue's Big Coloring Book (Blue's Clues & You) Golden Books. Illus. by Golden Books. 2020. (ENG., Illus.). 48p. (J). (gr. -1-2). pap. 6.99 *(978-0-593-30776-2(3),* Golden Bks.) Random Hse. Children's Bks.
Blue's Book of Kindness (Blue's Clues & You) Activity Book with Calendar Pages & Reward Stickers. Golden Books. Illus. by Golden Books. 2023. (ENG.). 48p. (J). (gr. -1-2). pap. 7.99 *(978-0-593-57047-0(2),* Golden Bks.) Random Hse. Children's Bks.
Blue's Box of Books (Blue's Clues & You), 4 vols. Random House. Illus. by Random House. 2021. (ENG., Illus.). 96p. (J). (— 1). bds. 15.99 *(978-0-593-38052-9(5),* Random Hse. Bks. for Young Readers) Random Hse. Children's Bks.
Blues Clues / Paw Patrol Flip-Over Jumbo Coloring & Activity Book. Des. by Bendon. 2020. (ENG.). (J). pap. 1.00 *(978-1-6902-1212-6(8))* Bendon, Inc.
Blue's Clues 16 Page Imagine Ink Coloring Book with Mess Free Marker. Created by Bendon Publishing. 2021. (ENG.). (J). pap. 7.99 *(978-1-6902-1372-7(8))* Bendon, Inc.
Blue's Clues 20 Page Imagine Ink Color with 6 Mess Free Markers. Created by Bendon Publishing. 2021. (ENG.). (J). pap. 9.99 *(978-1-6902-1373-4(6))* Bendon, Inc.
Blue's Clues & You 5-Minute Stories (Blue's Clues & You) Random House. Illus. by Random House. 2023. (ENG., Illus.). 160p. (J). (gr. -1-2). 14.99 *(978-0-593-65229-9(0),* Random Hse. Bks. for Young Readers) Random Hse. Children's Bks.
Blue's Clues & You!: Farm Day with Blue. Maggie Fischer. 2023. (Touch & Feel Ser.). (ENG.). 10p. (J). (gr. -1-k). bds., bds. 10.99 *(978-0-7944-4617-8(5),* Studio Fun International) Printers Row Publishing Group.
Blues Clues Imagine Ink Magic Ink Pictures. Des. by Bendon. 2020. (ENG.). (J). 4.99 *(978-1-6902-0962-1(3))* Bendon, Inc.
Blues for Unicorn. Molly Coxe. 2019. (Bright Owl Bks.). (Illus.). 40p. (J). (gr. -1-2). 17.99 *(978-1-63592-109-0(0),* 4d7b72dd-81cd-4c1e-814c-6500c4591452); pap. 6.99 *(978-1-63592-110-6(4),* 52e6d08c-51b4-4aad-91f4-67b0c8896404) Astra Publishing Hse. (Kane Press).
Blues Harmonica - Bending & Beyond: The Bending Bible for the 10-Hole Diatonic Harmonica. Steve Cohen. 2019. (ENG.). 56p. (J). pap. 17.99 *(978-1-5400-1362-0(6),* 00253727) Leonard, Hal Corp.
Blue's Winter Day! (Blue's Clue & You) Random House. Illus. by Dave Aikins. 2020. (ENG.). 22p. (J). (— 1). bds. 6.99 *(978-0-593-17736-5(3),* Random Hse. Bks. for Young Readers) Random Hse. Children's Bks.
Bluescreen. Dan Wells. 2017. 456p. (YA). (gr. 9-12). pap. 17.99 *(978-987-747-261-5(9))* V&R Editoras.
Blueskin Saves America. Sepulveda Gabriela Sepulveda. 2018. (Blueskin Ser.: Vol. 3). (ENG., Illus.). 112p. (J). pap. *(978-1-908867-10-0(8))* FootSteps Pr.
Blueskin, Vol. 2: A Romance (Classic Reprint) Edward Viles. (ENG., Illus.). (J). 2018. 638p. 37.06 *(978-0-483-64429-8(3));* 2016. pap. 19.57 *(978-1-333-77268-0(8))* Forgotten Bks.
Bluest Eye. Tammy Gagne. 2018. (J). *(978-1-5105-3704-0(X))* SmartBook Media, Inc.
Bluest Eye Novel Units Student Packet. Novel Units. 2019. (ENG.). (YA). pap., stu. ed., wbk. ed. 13.99 *(978-1-58130-709-2(8),* Novel Units, Inc.) Classroom Library Co.
Bluest of Blues: Anna Atkins & the First Book of Photographs. Fiona Robinson. 2019. (ENG., Illus.). 48p. (J). (gr. 1-4). 19.99 *(978-1-4197-2551-7(3),* 1102901, Abrams Bks. for Young Readers) Abrams, Inc.
Bluest Sky. Christina Diaz Gonzalez. 2022. (ENG.). 320p. (J). (gr. 5). 17.99 *(978-0-593-37279-1(4));* lib. bdg. 20.99 *(978-0-593-37280-7(8))* Random Hse. Children's Bks. (Knopf Bks. for Young Readers).
Bluestocking: 1907-1908 (Classic Reprint) Mary Baldwin College. (ENG., Illus.). (J). 2018. 182p. 27.67 *(978-0-267-60994-9(9));* 2016. pap. 10.57 *(978-1-334-12363-4(2))* Forgotten Bks.
Bluestocking: Mary Baldwin Seminary, 1916 '17 (Classic Reprint) Mary Baldwin College. 2018. (ENG., Illus.). 178p. (J). 27.59 *(978-0-484-85867-0(X))* Forgotten Bks.
Bluestocking: Mary Baldwin Seminary Bluestocking, 1902-03 (Classic Reprint) Mary Baldwin College. 2018. (ENG., Illus.). 170p. (J). 27.40 *(978-0-656-84713-6(1))* Forgotten Bks.
Bluestocking: Mary Baldwin Seminary, Staunton, Virginia, 1921-1922 (Classic Reprint) Mary Baldwin College. (ENG., Illus.). (J). 2017. 27.57 *(978-0-266-91289-7(3));* 2016. pap. 9.97 *(978-1-334-16896-3(2))* Forgotten Bks.
Bluestocking: Published by the Senior Literary Society (Classic Reprint) Mary Baldwin College. 2018. (ENG., Illus.). 186p. (J). 27.75 *(978-0-656-38094-7(2))* Forgotten Bks.
Bluestocking, 1899-1900: Mary Baldwin Seminary (Classic Reprint) Mary Baldwin College. (ENG., Illus.). (J). 2018. 106p. 26.10 *(978-0-267-36485-5(7));* 2016. pap. 9.57 *(978-1-334-16528-3(9))* Forgotten Bks.
Bluestocking 1904: Mary Baldwin Seminary, 1903-1904 (Classic Reprint) Mary Baldwin College. 2018. (ENG., Illus.). 164p. (J). 27.30 *(978-0-484-35536-0(8))* Forgotten Bks.
Bluestocking, 1904-'05: Mary Baldwin Seminary (Classic Reprint) Mary Baldwin College. (ENG., Illus.). (J). 2018. 176p. 27.57 *(978-0-484-28938-2(1));* 2016. pap. 9.97 *(978-1-334-16240-4(9))* Forgotten Bks.
Bluestocking 1910: Mary Baldwin Seminary, Staunton, Virginia (Classic Reprint) Mary Baldwin College. (ENG., Illus.). (J). 2018. 168p. 27.36 *(978-0-484-78814-4(0));* 2016. pap. 9.97 *(978-1-334-13267-4(4))* Forgotten Bks.
Bluestocking, 1912 (Classic Reprint) Mary Baldwin College. (ENG., Illus.). (J). 2018. 172p. 27.46 *(978-0-656-22510-1(6));* 2016. pap. 9.97 *(978-1-334-16346-3(4))* Forgotten Bks.
Bluestocking 1914: Mary Baldwin Seminary (Classic Reprint) Mary Baldwin College. (ENG., Illus.). (J). 2018. 194p. 27.90 *(978-0-267-59349-1(X));* 2016. pap. 10.57 *(978-1-334-15268-9(3))* Forgotten Bks.
Bluestocking, 1915 (Classic Reprint) Mary Baldwin College. (ENG., Illus.). (J). 2018. 200p. 28.02 *(978-0-656-46473-9(9));* 2016. pap. 10.57 *(978-1-334-16410-1(X))* Forgotten Bks.
Bluestocking, 1920-1921 (Classic Reprint) Mary Baldwin Seminary. 2018. (ENG., Illus.). 182p. (J). 27.65 *(978-0-267-50502-9(7))* Forgotten Bks.
Bluestocking, 1923 (Classic Reprint) Mary Baldwin College. (ENG., Illus.). (J). 2018. 170p. 27.40 *(978-0-656-76352-8(3));* 2017. pap. 9.97 *(978-0-259-93164-5(0))* Forgotten Bks.
Bluestocking (Classic Reprint) Unknown Author. 2018. (ENG., Illus.). 174p. (J). 27.51 *(978-0-656-36289-9(8))* Forgotten Bks.
Bluestocking (Classic Reprint) Mary Baldwin College. (ENG., Illus.). (J). 2018. 210p. 28.25 *(978-0-332-79976-6(X));* 2018. 174p. 27.49 *(978-0-267-47853-8(4));* 2016. pap. 10.97 *(978-1-334-17193-2(9))* Forgotten Bks.
Bluestocking in India: Her Medical Wards & Messages Home (Classic Reprint) Winifred Heston. 2017. (ENG., Illus.). (J). 28.56 *(978-0-260-77301-2(8))* Forgotten Bks.
Bluestocking, Vol. 2 (Classic Reprint) Mary Baldwin College. 2018. (ENG., Illus.). 228p. (J). 28.60 *(978-0-267-70243-5(4))* Forgotten Bks.
Bluestocking, Vol. 3: 1925-1926 (Classic Reprint) Mary Baldwin College. 2017. (ENG., Illus.). (J). 28.39

B

(978-0-265-58660-0(7)); pap. 10.97 *(978-0-282-88362-1(2))* Forgotten Bks.

Bluetooth & the World Wide Web. E. Rachael Hardcastle. Illus. by Christine Martin. 2019. (Bluetooth & Friends Ser.: Vol. 1). (ENG.). 154p. (J). (gr. 4-6). pap. 10.49 *(978-1-9999688-3-0(2)*, Curious Cat Bks.) Legacy Bound.

Bluettes (Classic Reprint) Unknown Author. 2017. (FRE., Illus.). (J). pap. 9.57 *(978-0-282-71741-4(2))* Forgotten Bks.

Bluey 5-Minute Stories: 6 Stories in 1 Book? Hooray! Penguin Young Readers Licenses. 2022. (Bluey Ser.). (ENG.). 160p. (J). (-k). 14.99 *(978-0-593-52190-8(0)*, Penguin Young Readers Licenses) Penguin Young Readers Group.

Bluey: All about Bingo. Penguin Young Readers Licenses. 2023. (Bluey Ser.). (ENG.). 12p. (J). (— 1). bds. 7.99 *(978-0-593-65839-0(6)*, Penguin Young Readers Licenses) Penguin Young Readers Group.

Bluey & Bingo's Fancy Restaurant Cookbook: Yummy Recipes, for Real Life. Penguin Young Readers Licenses. 2023. (Bluey Ser.). (ENG.). 32p. (J). (gr. -1-2). 14.99 ***(978-0-593-65953-3(8)***, Penguin Young Readers Licenses) Penguin Young Readers Group.

Bluey & Friends: a Sticker & Activity Book. Penguin Young Readers Licenses. 2022. (Bluey Ser.). (ENG.). 16p. (J). (-k). pap. 7.99 *(978-0-593-51911-0(6)*, Penguin Young Readers Licenses) Penguin Young Readers Group.

Bluey: at Home with the Heelers. Penguin Young Readers Licenses. 2022. (Bluey Ser.). (ENG.). 14p. (J). (— 1). bds. 8.99 *(978-0-593-52115-1(3)*, Penguin Young Readers Licenses) Penguin Young Readers Group.

Bluey: Barky Boats. Penguin Young Readers Licenses. 2023. (Bluey Ser.). (ENG.). 32p. (J). (-k). pap. 5.99 ***(978-0-593-75046-9(2)***, Penguin Young Readers Licenses) Penguin Young Readers Group.

Bluey: Big Backyard: a Coloring Book. Penguin Young Readers Licenses. 2021. (Bluey Ser.). (ENG.). 64p. (J). (gr. -1-1). pap. 6.99 *(978-0-593-22458-8(2)*, Penguin Young Readers Licenses) Penguin Young Readers Group.

Bluey: Big Book of Games: An Activity Book. Penguin Young Readers Licenses. 2023. (Bluey Ser.). (ENG.). 80p. (J). (gr. -1-1). pap. 9.99 *(978-0-593-52272-1(9)*, Penguin Young Readers Licenses) Penguin Young Readers Group.

Bluey: Bob Bilby. Penguin Young Readers Licenses. 2021. (Bluey Ser.). (ENG., Illus.). 24p. (J). (-k). pap. 4.99 *(978-0-593-22459-5(0)*, Penguin Young Readers Licenses) Penguin Young Readers Group.

Bluey: Buenas Noches, Murciélago. Penguin Young Readers Licenses. Tr. by Isabel Mendoza. ed. 2023. (Bluey Ser.).Tr. of Good Night, Fruit Bat. 24p. (J). (-k). pap. 5.99 ***(978-0-593-65907-6(4)***, Penguin Young Readers Licenses) Penguin Young Readers Group.

Bluey: Camping. Penguin Young Readers Licenses. 2022. (Bluey Ser.). (ENG.). 32p. (J). (-k). 5.99 *(978-0-593-51910-3(8)*, Penguin Young Readers Licenses) Penguin Young Readers Group.

Bluey: Christmas Eve with Veranda Santa. Penguin Young Readers Licenses. 2021. (Bluey Ser.). (ENG., Illus.). 32p. (J). (-k). 9.99 *(978-0-593-38418-3(0)*, Penguin Young Readers Licenses) Penguin Young Readers Group.

Bluey: Christmas Swim. Penguin Young Readers Licenses. 2022. (Bluey Ser.). (ENG.). 32p. (J). (-k). 9.99 *(978-0-593-52114-4(5)*, Penguin Young Readers Licenses) Penguin Young Readers Group.

Bluey: Easter. Penguin Young Readers Licenses. 2023. (Bluey Ser.). (ENG.). 32p. (J). (-k). pap. 5.99 *(978-0-593-65838-3(8)*, Penguin Young Readers Licenses) Penguin Young Readers Group.

Bluey: Father's Day Fun: A Craft Book. Penguin Young Readers Licenses. 2023. (Bluey Ser.). (ENG.). 24p. (J). (gr. -1-1). pap. 7.99 *(978-0-593-38687-3(6)*, Penguin Young Readers Licenses) Penguin Young Readers Group.

Bluey: for Real Life: A Story Collection. Penguin Young Readers Licenses. 2021. (Bluey Ser.). (ENG., Illus.). 112p. (J). (-k). 12.99 *(978-0-593-38684-2(1)*, Penguin Young Readers Licenses) Penguin Young Readers Group.

Bluey: Fun & Games: a Coloring Book. Penguin Young Readers Licenses. 2023. (Bluey Ser.). (ENG.). 64p. (J). (gr. -1-1). pap. 6.99 *(978-0-593-65840-6(X)*, Penguin Young Readers Licenses) Penguin Young Readers Group.

Bluey: Good Night, Fruit Bat. Penguin Young Readers Licenses. 2020. (Bluey Ser.). (ENG.). 24p. (J). (-k). pap. 4.99 *(978-0-593-22456-4(6)*, Penguin Young Readers Licenses) Penguin Young Readers Group.

Bluey: Grannies. Penguin Young Readers Licenses. 2021. (Bluey Ser.). (ENG., Illus.). 24p. (J). (-k). pap. 4.99 *(978-0-593-38416-9(4)*, Penguin Young Readers Licenses) Penguin Young Readers Group.

Bluey: Hooray, It's Christmas! A Sticker & Activity Book. Penguin Young Readers Licenses. 2021. (Bluey Ser.). (ENG.). 32p. (J). (gr. -1-1). pap. 7.99 *(978-0-593-38417-6(2)*, Penguin Young Readers Licenses) Penguin Young Readers Group.

Bluey Mixed Floor Display & Stickers W/ Riser-INDIES ONLY. Penguin Workshop. 2023. (J). (gr. -1-1). pap., pap. 151.76 ***(978-0-593-32263-5(0)***, Penguin Young Readers Licenses) Penguin Young Readers Group.

Bluey: Mum School. Penguin Young Readers Licenses. 2023. (Bluey Ser.). (ENG.). 32p. (J). (-k). pap. 6.99 *(978-0-593-65841-3(8)*, Penguin Young Readers Licenses) Penguin Young Readers Group.

Bluey Outdoor Fun Box Set, 4 vols. Penguin Young Readers Licenses. 2023. (Bluey Ser.). (ENG.). 104p. (J). (-k). pap. 19.99 ***(978-0-593-66083-6(8)***, Penguin Young Readers Licenses) Penguin Young Readers Group.

Bluey: Sleepytime. Joe Brumm. 2023. (Bluey Ser.). (ENG.). 40p. (J). (gr. -1-3). 18.99 ***(978-0-593-65958-8(9)***, Penguin Young Readers Licenses) Penguin Young Readers Group.

Bluey: Stickety Stick: a Sticker & Activity Book. Penguin Young Readers Licenses. 2023. (Bluey Ser.). (ENG.). 48p. (J). (-k). pap. 9.99 ***(978-0-593-66148-2(6)***, Penguin Young Readers Licenses) Penguin Young Readers Group.

Bluey: the Beach. Penguin Young Readers Licenses. 2021. (Bluey Ser.). (ENG., Illus.). 24p. (J). (-k). pap. 4.99 *(978-0-593-22609-4(7)*, Penguin Young Readers Licenses) Penguin Young Readers Group.

Bluey: the Creek. Penguin Young Readers Licenses. 2020. (Bluey Ser.). (ENG.). 24p. (J). (-k). pap. 4.99 *(978-0-593-22457-1(4)*, Penguin Young Readers Licenses) Penguin Young Readers Group.

Bluey: the Pool. Penguin Young Readers Licenses. 2022. (Bluey Ser.). (ENG.). 24p. (J). (gr. -1-1). pap. 4.99 *(978-0-593-38568-5(3)*, Penguin Young Readers Licenses) Penguin Young Readers Group.

Bluey: Time to Play! A Sticker & Activity Book. Penguin Young Readers Licenses. 2020. (Bluey Ser.). (ENG.). 16p. (J). (gr. -1-k). pap. 7.99 *(978-0-593-22455-7(8)*, Penguin Young Readers Licenses) Penguin Young Readers Group.

Bluey: What Games Should We Play? A Lift-The-Flap Book. Tallulah May. 2023. (Bluey Ser.). (ENG.). 12p. (J). (— 1). bds. 9.99 ***(978-0-593-65842-0(6)***, Penguin Young Readers Licenses) Penguin Young Readers Group.

Bluff. Julie Dill. 2017. (ENG.). 252p. (YA). pap. 10.99 *(978-1-944995-05-8(6))* Amberjack Publishing Co.

Bluff Stakes (Classic Reprint) Bernard Cronin. 2018. (ENG., Illus.). 324p. (J). 30.60 *(978-0-332-18659-7(8))* Forgotten Bks.

Bluffton. Minot Judson Savage. 2017. (ENG.). 254p. (J). pap. *(978-3-7447-4810-0(3))* Creation Pubs.

Bluffton: A Story of Today (Classic Reprint) Minot Judson Savage. 2018. (ENG., Illus.). 258p. (J). 29.22 *(978-0-364-22356-7(1))* Forgotten Bks.

Bluffton: My Summers with Buster. Matt Phelan. Illus. by Matt Phelan. ed. 2017. (ENG., Illus.). (J). (gr. 4-7). lib. bdg. 24.50 *(978-0-606-39837-4(6))* Turtleback.

Bluford Series (Set), 10 vols. 2021. (Bluford Ser.). (ENG.). 128p. (YA). (gr. 6-12). lib. bdg. 327.90 *(978-1-0982-5031-7(1)*, 38126, Chapter Bks.) Spotlight.

Bluish (Scholastic Gold) Virginia Hamilton. Illus. by James Ransome. 2023. (ENG.). 128p. (J). (gr. 4-7). pap. 8.99 *(978-1-338-89177-5(4)*, Scholastic Pr.) Scholastic, Inc.

Blume Malbuch Für Erwachsene: Ein Färbebuch Für Erwachsene Mit Blumen-Sammlung. Mit Blumen, Bytterfly, Vögel und Vieles Mehr. Prince Milan Benton. 2021. (GER.). 106p. (YA). pap. 12.89 *(978-0-410-98981-2(9)*, Mosby Ltd.) Elsevier - Health Sciences Div.

Blumen Zeichnen Lernen Schritt Für Schritt: Zeichnen Anfänger Kinder - Zeichnen Lernen Buch Für Kinder - Zeichnen Blumen Buch. Esel Press. 2020. (GER.). 112p. (J). pap. 11.95 *(978-1-6780-6998-8(1))* Lulu Pr., Inc.

Blumen Zeichnen Lernen Schritt Für Schritt: Zeichnen Anfänger Kinder Zeichnen Lernen Buch Für Kinder. S. Press. 2021. (GER.). 112p. (J). 24.99 *(978-1-008-94045-1(3))* ICS Pr.

Blum's Farmer's & Planter's Almanac for the Year 1870: Being the Second after the Bissextile or Leap Year, Containing 365 Days & after July 4th, the 94th of Our Independence (Classic Reprint) L. V. Blum. 2018. (ENG., Illus.). 908p. (J). pap. 24.92 *(978-1-396-13782-2(3))* Forgotten Bks.

Blundering Boy: A Humorous Story (Classic Reprint) Bruce Weston Munro. 2018. (ENG., Illus.). 394p. (J). 32.04 *(978-0-267-17593-2(0))* Forgotten Bks.

Blundering Fishhooks. Ginger A. Summers. 2021. (ENG., Illus.). 36p. (J). 24.00 *(978-1-64610-498-7(6))* Dorrance Publishing Co., Inc.

Blundering Plundering Pirates Prevail. Mike G. Legg. Illus. by Tricia I. Legg. 2023. (ENG.). 48p. (J). pap. ***(978-0-473-67767-1(9))*** MTL Investments Ltd.

Blunders: Or That Man from Galway (Classic Reprint) John T. Kelly. 2018. (ENG., Illus.). 32p. (J). 24.56 *(978-0-267-27766-7(0))* Forgotten Bks.

Blunders: a Counting Catastrophe! Christina Soontornvat. Illus. by Colin Jack. 2020. (ENG.). 32p. (J). (gr. -1-2). 16.99 *(978-1-5362-0109-3(X))* Candlewick Pr.

Blunders of a Bashful Man (Classic Reprint) Metta Victoria (Fuller) Victor. 2018. (ENG., Illus.). 170p. (J). 27.42 *(978-0-483-40365-9(2))* Forgotten Bks.

Blurp's Book of Manners. Cindy Derby. Illus. by Cindy Derby. 2022. (ENG., Illus.). 48p. (J). 18.99 *(978-1-250-81035-9(3)*, 900245507) Roaring Brook Pr.

Blurred Blogger. Victor Appleton. 2021. (Tom Swift Inventors' Academy Ser.: 7). (ENG.). 160p. (J). (gr. 3-7). 17.99 *(978-1-5344-6893-1(5))*; pap. 6.99 *(978-1-5344-6892-4(7))* Simon & Schuster Children's Publishing. (Aladdin).

Blurred Lines: News or Advertisements?, 1 vol. Cheryl Krajna. 2018. (Young Citizen's Guide to News Literacy Ser.). (ENG.). 32p. (gr. 4-5). 27.93 *(978-1-5383-4497-2(1)*, 8a994da0-7f70-4eb3-956c-4802d399ab51, PowerKids Pr.) Rosen Publishing Group, Inc., The.

Blurred Reality. Evan Jacobs. 2017. (Monarch Jungle Ser.). (ENG.). 96p. (YA). (gr. 9-12). pap. 10.95 *(978-1-68021-479-6(9))* Saddleback Educational Publishing, Inc.

Blurt Beans: A Social Emotional, Rhyming, Early Reader Kid's Book to Help with Talking Out of Turn. Jennifer Jones. 2022. (Teacher Tools Ser.: Vol. 2). (ENG.). 34p. (J). 19.99 ***(978-1-63731-540-8(6))*** Grow Grit Pr.

Blustery Day. Caroline L. Thornton. Illus. by Alena Karabach. 2018. (ENG.). 32p. (J). (gr. k-3). *(978-1-78926-437-1(5))*; pap. *(978-1-78926-165-3(1))* Independent Publishing Network.

Blythe Learns about Ruth Graves Wakefield. Tracilyn George. 2023. (ENG.). 22p. (J). pap. 12.99 ***(978-1-77475-571-6(8))*** Draft2Digital.

B'midbar / Numbers Activity Book: Torah Portions for Kids. Pip Reid. 2020. (ENG.). 100p. (J). (gr. 3-6). pap. *(978-1-988585-62-8(7))* Bible Pathway Adventures.

Bmw. Julie Murray. 2018. (Motorcycles Ser.). (ENG., Illus.). 24p. (J). (gr. k-4). lib. bdg. 31.36 *(978-1-5321-2302-3(7)*, 28371, Abdo Zoom-Dash) ABDO Publishing Co.

Bmw: Performance & Precision. Paul H. Cockerham. 2017. (Speed Rules! Inside the World's Hottest Cars Ser.: Vol. 8). (ENG., Illus.). (YA). (gr. 7-12). 25.95 *(978-1-4222-3829-5(6))* Mason Crest.

BMW I8. Megan Cooley Peterson. 2021. (Voitures Hors du Commun Ser.). (FRE.). 32p. (J). (gr. 4-6). lib. bdg. *(978-1-77092-509-0(0)*, 13295, Bolt) Black Rabbit Bks.

BMW I8. Megan Cooley Peterson. (Coches épicos Ser.). (SPA.). 32p. (J). (gr. 4-6). 2021. lib. bdg. *(978-1-62310-507-5(2)*, 13200); 2020. pap. 9.99 *(978-1-64466-461-2(5)*, 13201) Black Rabbit Bks. (Bolt).

BMW M4. Nathan Sommer. 2019. (Car Crazy Ser.). (ENG., Illus.). 24p. (J). (gr. 3-7). lib. bdg. 26.95 *(978-1-64487-009-9(6)*, Torque Bks.) Bellwether Media.

Bmw X6m. Kevin Walker. 2018. (Vroom! Hot SUVs Ser.). (ENG., Illus.). 32p. (gr. 4-8). lib. bdg. 32.79 *(978-1-64156-480-9(6)*, 9781641564809) Rourke Educational Media.

Bmx. Kenny Abdo. 2017. (Action Sports (Fly!) Ser.). (ENG.). 24p. (J). (gr. 2-8). lib. bdg. 31.36 *(978-1-5321-2092-3(3)*, 26775, Abdo Zoom-Fly) ABDO Publishing Co.

Bmx. Rebecca Koehn. 2020. (Extreme Sports Ser.). (ENG.). 32p. (J). (gr. 2-5). lib. bdg. 32.79 *(978-1-5321-6781-2(4)*, 34723, DiscoverRoo) Pop!.

BMX. Jim Whiting. 2018. (Odysseys in Extreme Sports Ser.). (ENG.). 80p. (J). (gr. 7-10). *(978-1-60818-691-4(1)*, 19875, Creative Education) Creative Co., The.

Bmx. Jim Whiting. 2018. (Odysseys in Extreme Sports Ser.). (ENG.). 80p. (J). (gr. 8-11). pap. 15.99 *(978-1-62832-287-3(X)*, 19881, Creative Paperbacks) Creative Co., The.

Bmx! Carrie Bolin. ed. 2020. (Ripley Readers Ser.). (ENG.). 31p. (J). (gr. 2-3). 14.96 *(978-1-64697-315-6(1))* Penworthy Co., LLC, The.

BMX Blast. Elliott Smith. Illus. by Amanda Erb. 2021. (Kids' Sports Stories Ser.). (ENG.). 32p. (J). 21.32 *(978-1-6639-0938-1(5)*, 212683); pap. 5.95 *(978-1-6639-2124-6(5)*, 212653) Capstone. (Picture Window Bks.).

BMX Bravery. Jake Maddox. 2016. (Jake Maddox JV Ser.). (ENG., Illus.). 96p. (J). (gr. 4-6). lib. bdg. 26.65 *(978-1-4965-2630-4(9)*, 131192, Stone Arch Bks.) Capstone.

BMX Racing. K. A. Hale. 2019. (Action Sports Ser.). (ENG., Illus.). 32p. (J). (gr. 3-3). pap. 9.95 *(978-1-64494-145-4(7)*, 1644941457) Bigfoot Bks. GBR. Dist: North Star Editions.

BMX Racing. Hubert Walker. 2022. (Extreme Sports Ser.). (ENG., Illus.). 32p. (J). (gr. 2-3). pap. 9.95 *(978-1-63738-186-1(7))*; lib. bdg. 31.35 *(978-1-63738-150-2(6))* North Star Editions. (Apex).

Bo & Dug's Adventures in the Forest. Suzanne Adamson. 2022. (ENG.). 24p. (J). pap. ***(978-1-80227-456-1(1))*** Publishing Push Ltd.

Bo & the Community Garden. Elliott Smith. Illus. by Subi Bosa. 2023. (Bo at the Buzz (Read Woke (tm) Chapter Books) Ser.). (ENG.). 32p. (J). (gr. 1-3). pap. 9.99 *(978-1-7284-8631-4(9)*, 059bdc3f-a5c0-49b6-a5ef-e819e5d111eb); lib. bdg. 29.32 *(978-1-7284-7617-9(8)*, fa91a319-4d2b-42d5-a5c1-9466de84a19e) Lerner Publishing Group. (Lerner Pubns.).

Bo & the Dragon-Pup, 2. Rebecca Elliott. ed. 2020. (Branches Early Ch Bks). (ENG.). 72p. (J). (gr. 2-3). 15.36 *(978-1-64697-307-1(0))* Penworthy Co., LLC, The.

Bo & the Little Lie. Elliott Smith. Illus. by Subi Bosa. 2023. (Bo at the Buzz (Read Woke (tm) Chapter Books) Ser.). (ENG.). 32p. (J). (gr. 1-3). pap. 9.99 *(978-1-7284-8630-7(0)*, 8050ae81-884a-4588-bdb8-69fd70a87c7c); lib. bdg. 29.32 *(978-1-7284-7616-2(X)*, 2adfbbc7-93c8-4406-aa3c-223efa44ebc4) Lerner Publishing Group. (Lerner Pubns.).

Bo & the Merbaby, 5. Rebecca Elliott. ed. 2022. (Branches Early Ch Bks). (ENG.). 72p. (J). (gr. 2-3). 16.46 ***(978-1-68505-272-0(X))*** Penworthy Co., LLC, The.

Bo & the Merbaby: a Branches Book (Unicorn Diaries #5) Rebecca Elliott. Illus. by Rebecca Elliott. 2021. (Unicorn Diaries: 5). (ENG.). 80p. (J). (gr. k-2). pap. 5.99 *(978-1-338-74554-2(9))* Scholastic, Inc.

Bo & the Merbaby: a Branches Book (Unicorn Diaries #5) (Library Edition) Rebecca Elliott. Illus. by Rebecca Elliott. 2021. (Unicorn Diaries: 5). (ENG.). 80p. (J). (gr. k-2). lib. bdg. 24.99 *(978-1-338-74555-9(7))* Scholastic, Inc.

Bo & the School Bully. Elliott Smith. Illus. by Subi Bosa. 2023. (Bo at the Buzz (Read Woke (tm) Chapter Books) Ser.). (ENG.). 32p. (J). (gr. 1-3). pap. 9.99 *(978-1-7284-8628-4(9)*, 198d481c-dff9-4111-b87d-280c30f4f9df); lib. bdg. 29.32 *(978-1-7284-7614-8(3)*, b722522b-9a6e-472f-bde8-d62ee4d3ae69) Lerner Publishing Group. (Lerner Pubns.).

Bo-Bo's Cave of Gold. Pam Berkman & Dorothy Hearst. Illus. by Claire Powell. 2020. (At the Heels of History Ser.). (ENG.). 192p. (J). (gr. 1-4). 18.99 *(978-1-5344-3336-6(8))*; pap. 7.99 *(978-1-5344-3335-9(X))* McElderry, Margaret K. Bks. (McElderry, Margaret K. Bks.).

Bo Goes to Hawaii. Lisa Simmons. Illus. by Alice Briggs. 2017. (ENG.). 30p. (J). 18.99 *(978-0-9996717-3-3(1))* Simbosa Publishing.

Bo Meets Captain Lucy Blue & the Bully. James MacIntyre. Illus. by Marina Kondrakhina. 2022. (Friendly Pirate Ser.: Vol. 2). (ENG.). 38p. (J). pap. 14.00 ***(978-1-64883-212-3(1)***, ExamWise) Total Recall Learning, Inc.

Bo N' Joe: Digger Buddies, the Bridge. Kevin Voros. 2019. (ENG., Illus.). 38p. (J). *(978-0-2288-1239-5(9))*; pap. *(978-0-2288-1238-8(0))* Tellwell Talent.

Bo No Kanashimi *see* **Ashes**

Bo-Peep Is My Name. Valerie L. Holmstrom Ph D. Ed. by Katie Thompson. Illus. by Tami Boyce. 2019. (ENG.). 84p. (J). pap. 14.95 *(978-1-7330467-0-1(4))* Sussman, Valerie.

Bo the Brave. Bethan Woollvin. (ENG., Illus.). 32p. (J). (gr. k-4). 2023. pap. 9.99 *(978-1-68263-532-2(5))*; 2020. 17.99 *(978-1-68263-182-9(6))* Peachtree Publishing Co. Inc.

Bo the Brave, 3. Rebecca Elliott. ed. 2021. (Branches Early Ch Bks). (ENG., Illus.). 72p. (J). (gr. 2-3). 15.86 *(978-1-64697-923-3(0))* Penworthy Co., LLC, The.

Bo the Brave: a Branches Book (Unicorn Diaries #3) Rebecca Elliott. Illus. by Rebecca Elliott. 2020. (Unicorn Diaries: 3). (ENG., Illus.). 80p. (J). (gr. k-2). pap. 4.99 *(978-1-338-32342-9(3))* Scholastic, Inc.

Bo the Brave: a Branches Book (Unicorn Diaries #3) (Library Edition) Rebecca Elliott. Illus. by Rebecca Elliott. 2020. (Unicorn Diaries: 3). (ENG., Illus.). 80p. (J). (gr. k-2). lib. bdg. 24.99 *(978-1-338-32343-6(1))* Scholastic, Inc.

Bo the Far-Too Polite Pirate. James MacIntyre. Illus. by Marina Kondrakhina. 2022. (ENG.). 34p. (J). pap. 12.00 *(978-1-64883-144-7(3)*, ExamWise) Total Recall Learning, Inc.

Boa Constrictors. Gail Terp. 2021. (Slithering Snakes Ser.). (ENG.). 32p. (J). (gr. 4-6). *(978-1-62310-271-5(5)*, 13364, Bolt) Black Rabbit Bks.

Boa Constructor, 2. Troy Cummings. 2019. (Branches Early Ch Bks). (ENG.). 90p. (J). (gr. 2-3). 15.36 *(978-0-87617-660-3(0))* Penworthy Co., LLC, The.

Boa Constructor: a Branches Book (the Binder of Doom #2) Troy Cummings. Illus. by Troy Cummings. 2019. (Binder of Doom Ser.: 2). (ENG., Illus.). 96p. (J). (gr. 1-3). pap. 5.99 *(978-1-338-31469-4(6))* Scholastic, Inc.

Boa Constructor: a Branches Book (the Binder of Doom #2) (Library Edition) Troy Cummings. Illus. by Troy Cummings. 2019. (Binder of Doom Ser.: 2). (ENG., Illus.). 96p. (J). (gr. 1-3). 24.99 *(978-1-338-31470-0(X))* Scholastic, Inc.

Boa Noite, Bicho Papao. Roberto Taufick. Illus. by Elder Galvao. 2018. (POR.). 58p. (J). pap. *(978-85-924256-0-9(3))* Taufick, R.D. Oliveira Lima.

Boa Noite, Meu Amor! Goodnight, My Love! - Brazilian Portuguese Edition. Shelley Admont & Kidkiddos Books. 2nd ed. 2019. (Portuguese Bedtime Collection). (POR., Illus.). 34p. (J). (gr. k-3). pap. *(978-1-5259-1684-7(X))* Kidkiddos Bks.

Boar Named Bob. Cole Barker. 2018. (ENG.). 32p. (J). (gr. -1-2). pap. 14.99 *(978-1-61254-296-6(4))* Brown Books Publishing Group.

Board: Lillian Darkwood Mystery. R. M. Burthom. 2021. (ENG.). 302p. (J). pap. 25.05 *(978-1-716-38926-9(7))* Lulu Pr., Inc.

Board Game Tournament. Virginia Loh-Hagan. 2017. (D. I. Y. Make It Happen Ser.). (ENG., Illus.). 32p. (J). (gr. 4-8). lib. bdg. 32.07 *(978-1-63472-882-9(3)*, 209954, 45th Parallel Press) Cherry Lake Publishing.

Board Games: Milton Bradley: Milton Bradley. Lee Slater. 2021. (Toy Stories Ser.). (ENG., Illus.). 32p. (J). (gr. 2-5). lib. bdg. 34.21 *(978-1-5321-9708-6(X)*, 38550, Big Buddy Bks.) ABDO Publishing Co.

Board of Education. General Reports on Higher Education with Appendices for the Year 1902. 2017. (ENG., Illus.). (J). pap. *(978-0-649-51331-4(2))* Trieste Publishing Pty Ltd.

Boardcast. Kanae Minato. 2018. (ENG.). (YA). pap. *(978-4-04-105490-1(7))* Kadokawa Shoten.

Boarding Bunnies. Linda Lewis. Illus. by Kristen Polson. 2018. (ENG.). 22p. (J). pap. 12.99 *(978-1-68314-817-3(7))* Redemption Pr.

Boarding Out: A Tale of Domestic Life (Classic Reprint) Sarah Josepha Buell Hale. (ENG., Illus.). (J). 2017. 27.32 *(978-0-331-69398-0(4))*; 2016. pap. 9.97 *(978-1-334-12952-0(5))* Forgotten Bks.

Boarding-School Days (Classic Reprint) Vieux Moustache. 2018. (ENG., Illus.). 312p. (J). 30.35 *(978-0-332-51977-7(5))* Forgotten Bks.

Boarding School, or Familiar Conversations Between a Governess & Her Pupils: Written for the Amusement & Instruction of Young Ladies (Classic Reprint) Unknown Author. (ENG., Illus.). (J). 2018. 194p. 27.90 *(978-0-484-23757-4(8))*; 2016. pap. 10.57 *(978-1-334-17163-5(7))* Forgotten Bks.

Boardman Family (Classic Reprint) Mary S. Watts. 2018. (ENG., Illus.). 368p. (J). 31.49 *(978-0-332-07368-2(8))* Forgotten Bks.

Boardwalk Babies. Marissa Moss. Illus. by April Chu. 2021. (ENG.). 40p. (J). (gr. 2-5). 18.99 *(978-1-939547-66-8(0)*, 63414d8c-483d-4656-b5d3-93d54b53e819) Creston Bks.

Boardwalk (Classic Reprint) Margaret Widdemer. 2018. (ENG., Illus.). 252p. (J). 29.11 *(978-0-483-96522-5(7))* Forgotten Bks.

Boardwalk Fries. Alyssa Gagliardi. Illus. by Jenna Salamone. 2020. (ENG.). 18p. (J). 18.99 *(978-1-952894-02-2(6))*; pap. 13.99 *(978-1-952894-84-8(0))* Pen It Pubns.

Boardwalk Summer: Fifteenth Summer; Sixteenth Summer. Michelle Dalton. 2018. (ENG.). 560p. (YA). (gr. 9). pap. 13.99 *(978-1-5344-1432-7(0)*, Simon Pulse) Simon Pulse.

Boarpagigrilla. Caprica J. Peniza. Illus. by Rene H. Peniza Jr. 2022. 32p. (J). 25.99 *(978-1-6678-6085-5(2))* BookBaby.

Boas Constricteurs. Kelli Hicks. Tr. by Annie Evearts. 2021. (Serpents Dangereux (Dangerous Snakes) Ser.).Tr. of Boa Constrictors. (FRE.). 24p. (J). (gr. k-2). pap. *(978-1-0396-0868-9(X)*, 13635) Crabtree Publishing Co.

Boas Constrictoras. Gail Terp. 2020. (Serpientes Escurridizas Ser.). (SPA.). 32p. (J). (gr. 4-6). pap. 9.99 *(978-1-64466-465-0(8)*, 13389, Bolt) Black Rabbit Bks.

Boat. Alex Summers. 2017. (Transportation & Me! Ser.). (ENG.). 24p. (gr. -1-1). pap. 9.95 *(978-1-68342-206-8(6)*, 9781683422068) Rourke Educational Media.

Boat Adventures. Marieke Steiner. 2018. (ENG.). 158p. (YA). (gr. 7-12). pap. 16.95 *(978-1-68433-192-5(7))* Black Rose Writing.

Boat Book. Gail Gibbons. 2018. (ENG., Illus.). 20p. (J). (— 1). bds. 7.99 *(978-0-8234-3978-2(X))* Holiday Hse., Inc.

Boat (Classic Reprint) L. P. Hartley. 2017. (ENG., Illus.). (J). 35.08 *(978-0-331-93836-4(7))*; pap. 19.57 *(978-0-243-49868-0(3))* Forgotten Bks.

Boat Club. Oliver Optic, pseud. 2017. (ENG.). 258p. (J). pap. *(978-3-337-41322-4(6))* Creation Pubs.

Boat Club: Or, the Bunkers of Rippleton, a Tale for Boys (Classic Reprint) Oliver Optic, pseud. 2018. (ENG., Illus.). 258p. (J). 29.22 *(978-0-484-40685-7(X))* Forgotten Bks.

Boat in My House. Tamara Berreman. 2019. (ENG.). 96p. (J). *(978-1-5255-4799-7(2))*; pap. *(978-1-5255-4800-0(X))* FriesenPress.

Boat Is Blue: Baby's First Book of Colors. Carolyn Scrace. 2018. (ENG.). 12p. (J). (— 1). bds. 6.95 *(978-1-912233-57-1(6))* Salariya Bk. Co. Ltd. GBR. Dist: Sterling Publishing Co., Inc.

Boat of Dreams, 1 vol. Rogério Coelho. 2017. (ENG., Illus.). 80p. (J). (gr. 2-17). 22.95 *(978-0-88448-528-5(5)*, 884528) Tilbury Hse. Pubs.

Boat Race. Rachel Bach. 2016. (Let's Race Ser.). (ENG., Illus.). 16p. (J). (gr. -1-1). pap. 7.99 *(978-1-68152-130-5(X)*, 15496); lib. bdg. 17.95 *(978-1-60753-911-7(X)*, 15488) Amicus.

Boat Star: A Story about Loss. Juliette Ttofa. 2017. (Nurturing Emotional Resilience Storybooks Ser.). (ENG.,

230

The check digit for ISBN-10 appears in parentheses after the full ISBN-13

Illus.). 38p. pap. 15.95 *(978-1-138-30882-4(X),* Y367695) Routledge.

Boating. Patricia Hutchison. 2019. (Outdoor Adventures Ser.). (ENG.). 48p. (J). (gr. 3-9). lib. bdg. 34.21 *(978-1-5321-9046-9(8),* 33602, SportsZone) ABDO Publishing Co.

Boating Activity & Coloring Book: Amazing Kids Activity Books, Activity Books for Kids - over 120 Fun Activities Workbook, Page Large 8. 5 X 11. Figgy Farzan. 2021. (ENG.). 122p. (YA). pap. 8.99 *(978-1-716-08476-8(8))* Lulu Pr., Inc.

BOATING Activity Book for Kids: Amazing 120 Pages Easy & Engaging Modern Art & Coloring Activity Book for Kids & Toddlers - Alphabet & Numbers Children's Activity Book for Boys & Girls! Maxim Kasum. 2021. (ENG.). 122p. (J). pap. 10.99 *(978-1-716-08486-7(5))* Lulu Pr., Inc.

Boating Activity Book for Kids-Learn to Write Letters & Number: Handwriting Practice for Kids & Preschoolers. Insane Islay. 2021. (ENG.). 122p. (J). pap. 11.99 *(978-1-716-08483-6(0))* Lulu Pr., Inc.

Boating in the Sea! Kids Coloring Book. Bold Illustrations. 2018. (ENG., Illus.). 84p. (J). pap. 6.92 *(978-1-64193-992-8(3),* Bold Illustrations) FASTLANE LLC.

Boating Life at Oxford: With Notes on Oxford Training & Rowing at the Universities (Classic Reprint) Unknown Author. (ENG., Illus.). (J). 2018. 130p. 26.58 *(978-0-666-55441-3(2));* 2017. pap. 9.57 *(978-0-259-44578-4(9))* Forgotten Bks.

Boats. Julie Murray. 2016. (Transportation Ser.). (ENG., Illus.). 24p. (J). (gr. -1-2). pap. 7.95 *(978-1-4966-1019-5(9),* 134924, Capstone Classroom) Capstone.

Boats. Christian Broutin. Tr. by Sarah Matthews. Illus. by Christian Broutin. ed. 2019. (My First Discoveries Ser.). (ENG., Illus.). 36p. (J). (gr. -1-k). spiral bd. 19.99 *(978-1-85103-471-0(4))* Moonlight Publishing, Ltd. GBR. Dist: Independent Pubs. Group.

Boats! And Other Things That Float. Bryony Davies. Illus. by Maria Brzozowska. 2021. (Things That Go Ser.). (ENG.). 48p. (J). (gr. -1-k). 14.95 *(978-1-78312-721-4(X))* Welbeck Publishing Group Ltd. GBR. Dist: Two Rivers Distribution.

Boats & Ships. Cari Meister. 2019. (Transportation in My Community Ser.). (ENG.). 32p. (J). (gr. -1-2). pap. 7.95 *(978-1-9771-0502-8(5),* 139891, Pebble) Capstone.

Boats & Ships Coloring Book for Kids. Jasmine Taylor. 2021. (ENG.). 63p. (J). pap. *(978-1-7948-0313-8(0))* Lulu Pr., Inc.

Boats: Fast & Slow. Iris Volant. Illus. by Jarom Vogel. 2018. (ENG.). 48p. (J). (gr. k-4). 19.95 *(978-1-911171-92-8(5))* Flying Eye Bks. GBR. Dist: Penguin Random Hse. LLC.

Boats Float. Rebecca Glaser. 2018. (Amicus Ink Board Bks.). 14p. (J). (gr. -1 — 1). bds. 7.99 *(978-1-68152-243-2(8),* 14941) Amicus.

Boats Go! 1 vol. Sean MacDumont. 2017. (Ways to Go Ser.). (ENG.). 24p. (J). (gr. k-k). pap. 9.15 *(978-1-5382-1013-0(4),* eb96d96e-2e2f-494e-a047-4309af775815) Stevens, Gareth Publishing LLLP.

Boats on the Bay. Jeanne Walker Harvey. Illus. by Grady McFerrin. 2018. (ENG.). 40p. (J). (gr. -1-3). 17.95 *(978-1-944903-33-6(X),* 1320301, Cameron Kids) Cameron + Co.

Boats, Planes & Trains: With Touch & Feel Trails & Lift-The-Flaps. IglooBooks. Illus. by Andy Passchier. 2020. (ENG.). 10p. (J). (— 1). bds. 10.99 *(978-1-83852-856-0(3))* Igloo Bks. GBR. Dist: Simon & Schuster, Inc.

Boats the Story of Billy Lee Telliot & the Bay Blaster Shootout. David E. Swarbrick. Illus. by Bruce Moran. 2018. (Fast Boats (Tm) Ser.: Vol. 1). (ENG.). 80p. (J). (gr. k-6). pap. 12.99 *(978-1-59095-134-7(4),* ExamWise) Total Recall Learning, Inc.

Boats Will Float. Andria Warmflash Rosenbaum. Illus. by Brett Curzon. 2020. (ENG.). 32p. (J). (gr. k-2). 16.99 *(978-1-5341-1041-0(0),* 204844) Sleeping Bear Pr.

Bob. Peter Bell. 2020. (ENG.). 44p. (J). pap. ***(978-1-83934-004-8(5))*** Olympia Publishers.

Bob. Wendy Mass & Rebecca Stead. Illus. by Nicholas Gannon. 2018. (ENG.). 208p. (J). 17.99 *(978-1-250-16662-3(4),* 900187289) Feiwel & Friends.

Bob. Wendy Mass & Rebecca Stead. Illus. by Nicholas Gannon. 2019. (ENG.). 224p. (J). pap. 8.99 *(978-1-250-30869-6(0),* 900187290) Square Fish.

Bob. Wendy Mass et al. ed. 2020. (Penworthy Picks YA Fiction Ser.). (ENG.). 214p. (J). (gr. 4-5). 18.49 *(978-1-64697-184-8(1))* Penworthy Co., LLC, The.

Bob & Betty Bumble Bee. Shyanne Koenig. 2022. (ENG., Illus.). 30p. (J). pap. 14.95 *(978-1-6624-7401-9(6))* Page Publishing Inc.

Bob & Bill Adventures 1&2: A Story by a Highschooler with a Love for Erasers. TimTim Lego. 2022. (ENG.). 71p. (YA). pap. ***(978-1-387-38797-7(9))*** Lulu Pr., Inc.

Bob & Bill See Canada: A Travel Story in Rhyme for Boys & Girls (Classic Reprint) Alfred E. Uren. (ENG., Illus.). (J). 2017. 25.92 *(978-0-266-43266-1(2));* 2016. pap. 9.57 *(978-1-334-16034-9(1))* Forgotten Bks.

Bob & Bunk. Rose Blake & Maisie Paradise Shearring. 2022. (ENG., Illus.). 32p. (J). pap. 7.99 *(978-1-84365-528-2(4),* Pavilion Children's Books) Pavilion Bks. GBR. Dist: HarperCollins Pubs.

Bob & Flo Play Hide-And-Seek Board Book. Rebecca Ashdown. 2017. (ENG., Illus.). 26p. (J). (— 1). bds. 7.99 *(978-0-544-85959-3(6),* 1648584, Clarion Bks.) HarperCollins Pubs.

Bob & Joss Get Lost! Peter McCleery. Illus. by Vin Vogel. 2017. (ENG.). 32p. (J). (gr. -1-3). 17.99 *(978-0-06-241531-8(X),* HarperCollins) HarperCollins Pubs.

Bob & Joss Take a Hike! Peter McCleery. Illus. by Vin Vogel. 2018. (ENG.). 32p. (J). (gr. -1-3). 17.99 *(978-0-06-241532-5(8),* HarperCollins) HarperCollins Pubs.

Bob & Larry's Book of Colors. VeggieTales. Illus. by Lisa Reed. 2019. (VeggieTales Ser.). (ENG.). 20p. (gr. -1 — 1). bds. 7.99 *(978-1-5460-1436-2(5),* Worthy Kids/Ideals) Worthy Publishing.

Bob & Larry's Book of Numbers. VeggieTales. Illus. by Lisa Reed. 2019. (VeggieTales Ser.). (ENG.). 20p. (gr. -1 — 1). bds. 7.99 *(978-1-5460-1437-9(3),* Worthy Kids/Ideals) Worthy Publishing.

Bob & Sandy Defeat Pushy Perry Dime: Learning about the Law of Vibration. Susan D. Elliott. 2021. (ENG.). 32p. (J). pap. *(978-1-5255-8928-7(8)); (978-1-5255-8929-4(6))* FriesenPress.

Bob & the Duck. Kay Williams. Illus. by Danna Victoria. 2016. (Adventures in the Pond Ser.: Vol. 6). (ENG.). 29p. (J). pap. *(978-0-9955317-6-5(5))* Cambria Bks.

Bob & the Guides (Classic Reprint) Mary Raymond Shipman Andrews. (ENG., Illus.). (J). 2018. 378p. 31.69 *(978-0-365-38191-4(8));* 2018. 400p. 32.15 *(978-0-484-79822-8(7));* 2017. pap. 16.57 *(978-1-5276-6605-4(0));* 2017. pap. 16.57 *(978-0-243-28139-8(0))* Forgotten Bks.

Bob & the River of Time. James Garner. 2016. (ENG., Illus.). 72p. (J). pap. 16.95 *(978-1-78583-112-6(7))* Crown Hse. Publishing LLC.

Bob & Tom. Denys Cazet. Illus. by Denys Cazet. 2017. (ENG., Illus.). 40p. (J). (gr. -1-3). 17.99 *(978-1-4814-6140-5(0),* Atheneum/Richard Jackson Bks.) Simon & Schuster Children's Publishing.

Bob Books - Animal Stories Box Set | Phonics, Ages 4 & up, Kindergarten (Stage 2: Emerging Reader), 1 vol. Lynn Maslen Kertell. Illus. by Katie Kath. 2019. (Bob Bks.). (ENG.). 12p. (J). (gr. -1-1). pap., pap., pap. 17.99 *(978-1-338-31512-7(9))* Scholastic, Inc.

Bob Books - More Beginning Readers Box Set | Phonics, Ages 4 & up, Kindergarten (Stage 1: Starting to Read), 1 vol. Lynn Maslen Kertell. Illus. by Katie Kath. 2021. (Bob Bks.). (ENG.). 144p. (J). (gr. -1-1). pap., pap., pap. 17.99 *(978-1-338-67351-7(3))* Scholastic, Inc.

Bob Books - More Beginning Readers Workbook | Phonics, Writing Practice, Stickers, Ages 4 & up, Kindergarten, First Grade (Stage 1: Starting to Read) Lynn Maslen Kertell. 2022. (Bob Bks.). (ENG.). 224p. (J). (gr. -1-1). pap. 12.99 *(978-1-338-82681-4(6))* Scholastic, Inc.

Bob Books - Set 1: Beginning Readers Hardcover Bind-Up | Phonics, Ages 4 & up, Kindergarten (Stage 1: Starting to Read) Illus. by John R. Maslen. 2023. (Bob Bks.). (ENG.). 176p. (J). (gr. -1-1). 24.99 ***(978-1-339-02740-1(2))*** Scholastic, Inc.

Bob Books - Wipe-Clean Workbook: Advancing Beginners | Phonics, Ages 4 & up, Kindergarten (Stage 2: Emerging Reader) Lynn Maslen Kertell. 2023. (Bob Bks.). (ENG.). 32p. (J). (gr. -1-1). pap. 9.99 *(978-1-338-86004-7(6))* Scholastic, Inc.

Bob Books - Wipe-Clean Workbook: Beginning Readers | Phonics, Ages 4 & up, Kindergarten (Stage 1: Starting to Read) Lynn Maslen Kertell. 2022. (Bob Bks.). (ENG., Illus.). 32p. (J). (gr. -1-1). pap. 9.99 *(978-1-338-80001-2(9))* Scholastic, Inc.

BOB Books: Beginning Readers Workbook. Lynn Maslen Kertell. 2018. (Bob Bks.). (ENG., Illus.). 224p. (J). (gr. -1-k). pap. 12.99 *(978-1-338-22677-5(0))* Scholastic, Inc.

BOB Books: Developing Readers Workbook. Lynn Maslen Kertell. 2018. (Bob Bks.). (ENG.). 224p. (J). (gr. k-2). pap. 12.99 *(978-1-338-22679-9(7))* Scholastic, Inc.

BOB Books: Emerging Readers Workbook. Lynn Maslen Kertell. 2018. (Bob Bks.). (ENG.). 224p. (J). (gr. -1-k). pap. 12.99 *(978-1-338-22678-2(9))* Scholastic, Inc.

Bob Burton: The Young Ranchman of Missouri (Classic Reprint) Horatio Alger Jr. 2018. (ENG., Illus.). 346p. (J). 31.03 *(978-0-267-65546-5(0))* Forgotten Bks.

Bob Chester's Grit: From Ranch to Riches. Frank V. Webster. 2018. (ENG., Illus.). 182p. (YA). (gr. 7-12). pap. *(978-93-86874-83-2(0))* Alpha Editions.

Bob Chester's Grit, or from Ranch to Riches (Classic Reprint) Frank V. Webster. (ENG., Illus.). (J). 2018. 220p. 28.43 *(978-0-332-52416-0(7));* 2016. pap. 10.97 *(978-1-333-71244-0(8))* Forgotten Bks.

Bob Cook & the German Spy (Classic Reprint) Paul G. Tomlinson. (ENG., Illus.). (J). 2018. 256p. 29.18 *(978-0-483-76444-6(2));* 2016. pap. 11.57 *(978-1-333-28028-4(9))* Forgotten Bks.

Bob Covington. Archibald Clavering Gunter. 2017. (ENG.). (J). 320p. pap. *(978-3-337-00138-4(6));* 328p. pap. *(978-3-337-02909-8(4))* Creation Pubs.

Bob Covington: A Novel (Classic Reprint) Archibald Clavering Gunter. 2018. (ENG., Illus.). 328p. (J). 30.66 *(978-0-267-16079-2(8))* Forgotten Bks.

Bob Dylan. Maria Isabel Sanchez Vegara. Illus. by Conrad Roset. 2020. (Little People, BIG DREAMS Ser.: 37). (ENG.). 32p. (J). (gr. -1-2). 15.99 ***(978-0-7112-4675-1(0),*** Frances Lincoln Children's Bks.) Quarto Publishing Group UK GBR. Dist: Hachette Bk. Group.

Bob Dylan: Singer, Songwriter, & Music Icon, 1 vol. Michael A. Schuman. 2018. (Influential Lives Ser.). (ENG.). 128p. (gr. 7-7). 40.27 *(978-0-7660-9206-8(2),* 2ae90c4b-9d85-4d39-9b1e-913435f4f042) Enslow Publishing, LLC.

Bob Dylan (Little People, Big Dreams) Maria Isabel Sanchez Vegara. Illus. by Conrad Roset. ed. 2020. (Little People, BIG DREAMS Ser.: 37). (ENG.). 32p. (J). (gr. -1-2). 14.99 *(978-0-7112-4674-4(2),* 328350, Frances Lincoln Children's Bks.) Quarto Publishing Group UK GBR. Dist: Hachette UK Distribution.

Bob Goes Pop. Marion Deuchars. 2020. (ENG., Illus.). 32p. (J). (gr. -1-k). 17.99 *(978-1-78627-491-5(4),* King, Laurence Publishing) Orion Publishing Group, Ltd. GBR. Dist: Hachette Bk. Group.

Bob Greenfellow's Sketches (Classic Reprint) John D. Rullmann. (ENG., Illus.). (J). 2018. 298p. 30.04 *(978-0-484-34570-5(3));* 2017. pap. 13.57 *(978-0-259-26103-2(3))* Forgotten Bks.

Bob Hampton of Placer (Classic Reprint) Randall Parrish. 2018. (ENG., Illus.). 394p. (J). 32.04 *(978-0-267-43197-7(X))* Forgotten Bks.

Bob Hanson Scout (Classic Reprint) Russell Gordon Carter. 2018. (ENG., Illus.). 240p. (J). 28.87 *(978-0-267-49992-2(2))* Forgotten Bks.

Bob Hartman's Act-Along Bible. Bob Hartman & Bob Hartman. Illus. by Estelle Corke & Estelle Corke. ed. 2023. (ENG.). 128p. (J). 17.99 *(978-0-7459-7942-7(4),* 54682d18-95a4-4b81-8acf-833a7b520aa4, Lion Children's) Lion Hudson PLC GBR. Dist: Baker & Taylor Publisher Services (BTPS).

Bob Hartman's Rhyming Christmas. Bob Hartman. 2022. (ENG., Illus.). 32p. (J). pap. 9.99 *(978-0-281-08636-8(2),* 2d5b874b-6613-4e2d-8f1c-0d9c14148bf9) SPCK Publishing GBR. Dist: Baker & Taylor Publisher Services (BTPS).

Bob Loves Art. N. Scrantz Lersch. 2019. (Bob Loves to Learn Ser.: Vol. 4). (ENG.). 42p. (J). pap. 12.99 *(978-0-578-48087-9(5))* Horn, Jonathan.

Bob Martin's Little Girl (Classic Reprint) David Christie Murray. 2018. (ENG., Illus.). 388p. (J). 31.94 *(978-0-484-55731-3(9))* Forgotten Bks.

Bob Ross: a Little Golden Book Biography. Maria Correa. Illus. by Jeff Crowther. 2023. (Little Golden Book Ser.). 24p. (J). (gr. -1-3). 5.99 *(978-0-593-56825-5(7),* Golden Bks.) Random Hse. Children's Bks.

Bob Ross Activity Book: 50+ Activities to Inspire Creativity & Happy Accidents. Robb Pearlman. Illus. by Jason Kayser. 2021. (ENG.). 64p. (J). (gr. 3-7). pap. 9.99 *(978-0-7624-7399-1(1),* Running Pr. Kids) Running Pr.

Bob Ross & Peapod the Squirrel. Robb Pearlman. Illus. by Bob Ross & Jason Kayser. 2019. (Bob Ross & Peapod Story Ser.). (ENG.). 32p. (J). (gr. -1-3). 17.99 *(978-0-7624-6779-2(7),* Running Pr. Kids) Running Pr.

Bob Ross' Happy Little Night Before Christmas. Robb Pearlman. Illus. by Bob Ross. 2021. 32p. (J). (gr. 2). 17.00 *(978-1-63774-018-7(2),* SmartPop) BenBella Bks.

Bob Ross: My First Book of Colors. Robb Pearlman. Illus. by Bob Ross. 2020. (My First Bob Ross Bks.). (ENG.). 24p. (J). (gr. -1 — 1). bds. 9.99 *(978-0-7624-6906-2(4),* Running Pr. Kids) Running Pr.

Bob Ross: My First Book of Nature. Robb Pearlman. Illus. by Bob Ross. 2022. (My First Bob Ross Bks.). (ENG.). 24p. (J). (gr. -1 — 1). bds. 9.99 *(978-0-7624-7404-2(1),* Running Pr. Kids) Running Pr.

Bob Ross, Peapod the Squirrel, & the Happy Accident. Robb Pearlman. Illus. by Bob Ross & Jason Kayser. 2022. (Bob Ross & Peapod Story Ser.). (ENG.). 32p. (J). (gr. -1-3). 17.99 *(978-0-7624-7402-8(5),* Running Pr. Kids) Running Pr.

Bob Rutherford & His Wife: An Historical Romance (Classic Reprint) Edwin F. Moody. 2017. (ENG., Illus.). (J). 28.35 *(978-0-265-54920-9(5));* pap. 10.97 *(978-0-282-77874-3(8))* Forgotten Bks.

Bob Ryalls: Clubman, Lover, Gambler; an Anglo-American Story (Classic Reprint) John Alexander Sheridan. (ENG., Illus.). (J). 2018. 576p. 35.78 *(978-0-483-51736-3(4));* 2017. pap. 19.57 *(978-0-243-96947-0(3))* Forgotten Bks.

Bob, Son of Battle (Classic Reprint) Alfred Ollivant. 2017. (ENG., Illus.). (J). 31.40 *(978-0-265-38151-9(7));* 31.40 *(978-0-265-84029-0(5))* Forgotten Bks.

Bob Strongs Holidays: Adrift in the Channel. John Conroy Hutcheson. 2017. (ENG., Illus.). (J). 25.95 *(978-1-374-85388-1(7));* pap. 15.95 *(978-1-374-85387-4(9))* Capital Communications, Inc.

Bob Taylor's Magazine, Vol. 3: April-September, 1906 (Classic Reprint) Robert Love Taylor. (ENG., Illus.). (J). 2018. 766p. 39.70 *(978-0-364-74056-9(6));* 2017. pap. 23.57 *(978-0-259-40669-3(4))* Forgotten Bks.

Bob, the Apple. Angela Bewick. Illus. by Sabrina Sachiko Niebler. 2021. (ENG.). 32p. (J). *(978-1-5255-9719-0(1));* pap. *(978-1-5255-9718-3(3))* FriesenPress.

Bob the Artist. Marion Deuchars. 2016. (ENG., Illus.). 32p. (J). (gr. -1-k). 15.95 *(978-1-78067-767-5(7),* King, Laurence Publishing) Orion Publishing Group, Ltd. GBR. Dist: Hachette Bk. Group.

Bob the Bird. Andrew McDonough. 2022. (Lost Sheep Ser.). (ENG., Illus.). 32p. (J). (gr. k-2). pap. 8.99 *(978-1-915046-13-0(0),* 8671fef5-a6dc-489b-b997-bf714b008dbd, Sarah Grace Publishing) Malcolm Down Publishing Ltd. GBR. Dist: Baker & Taylor Publisher Services (BTPS).

Bob the Booger Fairy. Illus. by Make Believe Ideas. 2020. (ENG.). 32p. (J). (gr. -1-7). pap. 6.99 *(978-1-78947-773-3(5))* Make Believe Ideas GBR. Dist: Scholastic, Inc.

Bob the Booger Fairy. Robert S. Nott. Illus. by Lara Ede. 2020. (ENG.). 32p. (J). (gr. -1 — 1). pap. 4.99 *(978-1-78947-775-7(1))* Make Believe Ideas GBR. Dist: Scholastic, Inc.

Bob the Penguin. Contrib. by World Book, Inc. Staff. 2017. (Illus.). 31p. (J). *(978-0-7166-3527-7(5))* World Bk., Inc.

Bob the Railway Dog: The True Story of an Adventurous Dog. Corinne Fenton. Illus. by Andrew Mclean. 2016. (ENG.). 32p. (J). (gr. k-3). 16.99 *(978-0-7636-8097-8(4))* Candlewick Pr.

Bob the Reindeer. Santa Ed Sevcik. 2017. (ENG., Illus.). (J). pap. 13.95 *(978-1-4808-5195-5(7))* Archway Publishing.

Bob, the Story of Our Mocking-Bird (Classic Reprint) Sidney Lanier. 2018. (ENG., Illus.). 114p. (J). 26.27 *(978-0-267-16058-7(5))* Forgotten Bks.

Bob the Superhero Sloth. Naim Mustafa. Illus. by Anil Yap. 2021. (ENG.). 38p. (J). (gr. k-4). 21.95 *(978-1-0879-0162-6(6))* Indy Pub.

Bob the Superhero Sloth (Paperback) Naim Mustafa. 2021. (ENG.). 38p. (J). pap. 13.95 *(978-1-0879-4259-9(4))* Indy Pub.

Bob Thorpe: Sky Fighter in Italy (Classic Reprint) Austin Bishop. 2018. (ENG., Illus.). (J). 288p. 29.86 *(978-1-396-43292-7(2));* 290p. pap. 13.57 *(978-1-391-00879-0(0))* Forgotten Bks.

Bobashela, 1992 (Classic Reprint) Millsaps College. 2017. (ENG., Illus.). (J). 200p. 28.04 *(978-0-484-52860-3(2));* pap. 10.57 *(978-0-259-90847-0(9))* Forgotten Bks.

Bobbicat Visits Egypt. Bobbicat. 2018. (ENG., Illus.). (J). (gr. k-3). 19.99 *(978-1-63363-255-4(5))* White Bird Pubns.

Bobbie (Classic Reprint) Kate Langley Bosher. 2018. (ENG., Illus.). 134p. (J). 26.68 *(978-0-332-82490-1(X))* Forgotten Bks.

Bobbie, General Manager: A Novel (Classic Reprint) Olive Higgins Prouty. 2017. (ENG., Illus.). (J). 31.61 *(978-0-266-31899-6(1))* Forgotten Bks.

Bobbie in Belgium: A Junior Red Cross Play (Classic Reprint) Merab Eberle. (ENG., Illus.). (J). 2018. 24p. 24.39 *(978-0-267-20839-5(1));* 2016. pap. 7.97 *(978-1-334-09515-3(9))* Forgotten Bks.

Bobbie Mendoza Saves the World (Again) Michael Fry & Bradley Jackson. Illus. by Michael Fry. 2018. (ENG., Illus.). 272p. (J). (gr. 3-7). 12.99 *(978-0-06-265193-8(5),* HarperCollins) HarperCollins Pubs.

Bobbie the Wonder Dog: a True Story. Tricia Brown. Illus. by Cary Porter. 2021. (ENG.). 32p. (J). (gr. k-3). 11.99 *(978-1-5132-7738-7(3),* West Margin Pr.) West Margin Pr.

Bobbiedots Conclusion: an AFK Book (Five Nights at Freddy's: Tales from the Pizzaplex #5), 1 vol., Vol. 5. Scott Cawthon & Andrea Waggener. 2023. (Five Nights at Freddy's Ser.). (ENG.). 240p. (YA). (gr. 7). pap. 10.99 *(978-1-338-85143-4(8))* Scholastic, Inc.

Bobbin & Hobbin's Great Dragon Adventure. Charlene Comeau. 2016. (ENG., Illus.). (J). pap. *(978-0-9918073-1-4(6))* Charly Artists.

Bobbin Boy, or How Nat Got His Learning: An Example for Youth (Classic Reprint) William Makepeace Thayer. (ENG., Illus.). (J). 2018. 352p. 31.16 *(978-0-484-25549-3(5));* 2017. pap. 13.57 *(978-0-243-45731-1(6))* Forgotten Bks.

Bobbi's Big Brake: Self-Confidence. Ken Bowser. Illus. by Ken Bowser. ed. 2016. (Funny Bone Readers (tm) — Truck Pals on the Job Ser.). (ENG., Illus.). 24p. (J). (gr. k-2). E-Book 30.65 *(978-1-63440-064-0(X))* Red Chair Pr.

Bobble & Pom Pom. Oili Tanninen. 2023. (ENG.). 32p. (J). (gr. -1-1). 14.99 *(978-1-914912-19-1(5))* Boxer Bks., Ltd. GBR. Dist: Sterling Publishing Co., Inc.

Bobbling & the Flood. Inger Brown. 2018. (ENG., Illus.). 32p. (J). (gr. -1-7). pap. *(978-1-5289-2486-3(X))* Austin Macauley Pubs. Ltd.

Bobbo & Other Fancies (Classic Reprint) Thomas Isaac Wharton. 2018. (ENG., Illus.). 234p. (J). 28.74 *(978-0-483-86290-6(8))* Forgotten Bks.

Bobbsey Twins: Merry Days Indoors & Out. Laura Lee Hope. 2018. (ENG., Illus.). 120p. (YA). (gr. 7-12). pap. *(978-93-5297-242-5(2))* Alpha Editions.

Bobbsey Twins at Home. Laura Lee Hope. 2018. (ENG., Illus.). 184p. (YA). (gr. 7-12). pap. *(978-93-86874-84-9(9))* Alpha Editions.

Bobbsey Twins at Home. Laura Lee Hope. 2017. (ENG., Illus.). (J). 22.95 *(978-1-374-90524-5(0))* Capital Communications, Inc.

Bobbsey Twins at Home. Laura Lee Hope. 2018. (ENG., Illus.). 118p. (J). 14.99 *(978-1-5154-3023-0(5))* Wilder Pubns., Corp.

Bobbsey Twins at Home (Classic Reprint) Laura Lee Hope. 2018. (ENG., Illus.). 262p. (J). 29.30 *(978-0-364-21780-1(4))* Forgotten Bks.

Bobbsey Twins at Meadow Brook. Laura Lee Hope. 2018. (ENG., Illus.). 176p. (YA). (gr. 7-12). pap. *(978-93-86874-85-6(7))* Alpha Editions.

Bobbsey Twins at Meadow Brook (Classic Reprint) Laura Lee Hope. 2017. (ENG., Illus.). (J). 29.40 *(978-0-260-87887-8(1))* Forgotten Bks.

Bobbsey Twins at School. Laura Lee Hope. 2021. (ENG.). 220p. (J). pap. 16.98 *(978-1-716-18785-8(0))* Lulu Pr., Inc.

Bobbsey Twins at School. Laura Lee Hope. 2018. (ENG., Illus.). 106p. (J). 14.99 *(978-1-5154-3021-6(9))* Wilder Pubns., Corp.

Bobbsey Twins at School (Classic Reprint) Laura Lee Hope. 2017. (ENG., Illus.). (J). 28.76 *(978-0-265-60691-9(8))* Forgotten Bks.

Bobbsey Twins at Snow Lodge. Laura Lee Hope. 2018. (ENG., Illus.). 154p. (YA). (gr. 7-12). pap. *(978-93-86874-87-0(3))* Alpha Editions.

Bobbsey Twins at Snow Lodge. Laura Lee Hope. 2018. (ENG., Illus.). 102p. (J). 14.99 *(978-1-5154-3019-3(7))* Wilder Pubns., Corp.

Bobbsey Twins, at Snow Lodge (Classic Reprint) Laura Lee Hope. 2017. (ENG., Illus.). (J). 28.89 *(978-0-331-56530-0(7))* Forgotten Bks.

Bobbsey Twins at the County Fair. Laura Lee Hope. 2018. (ENG., Illus.). 156p. (YA). (gr. 7-12). pap. *(978-93-86874-88-7(1))* Alpha Editions.

Bobbsey Twins at the County Fair. Laura Lee Hope. 2017. (ENG., Illus.). (J). 22.95 *(978-1-374-81878-1(X));* pap. 12.95 *(978-1-374-81877-4(1))* Capital Communications, Inc.

Bobbsey Twins at the County Fair. Laura Lee Hope. 2018. (ENG., Illus.). 110p. (J). 14.99 *(978-1-5154-3024-7(3))* Wilder Pubns., Corp.

Bobbsey Twins at the County Fair (Classic Reprint) Laura Lee Hope. 2018. (ENG., Illus.). 236p. (J). 28.76 *(978-0-267-13952-1(7))* Forgotten Bks.

Bobbsey Twins at the Seashore. Laura Lee Hope. 2018. (ENG., Illus.). 152p. (YA). (gr. 7-12). pap. *(978-93-86874-89-4(X))* Alpha Editions.

Bobbsey Twins at the Seashore (Classic Reprint) Laura Lee Hope. 2018. (ENG., Illus.). 228p. (J). 28.60 *(978-0-267-25837-6(2))* Forgotten Bks.

Bobbsey Twins in a Great City. Laura Lee Hope. 2018. (ENG., Illus.). 180p. (YA). (gr. 7-12). pap. *(978-93-86874-90-0(3))* Alpha Editions.

Bobbsey Twins in a Great City. Laura Lee Hope. 2017. (ENG., Illus.). (J). 22.95 *(978-1-374-97107-3(3));* pap. 12.95 *(978-1-374-97106-6(5))* Capital Communications, Inc.

Bobbsey Twins in a Great City. Laura Lee Hope. 2018. (ENG., Illus.). 132p. (J). 14.99 *(978-1-5154-3015-5(4))* Wilder Pubns., Corp.

Bobbsey Twins in a Great City (Classic Reprint) Laura Lee Hope. 2018. (ENG., Illus.). 266p. (J). 29.40 *(978-0-267-32493-4(6))* Forgotten Bks.

Bobbsey Twins in & Out. Laura Lee Hope. 2018. (ENG., Illus.). 104p. (J). 14.99 *(978-1-5154-3017-9(0))* Wilder Pubns., Corp.

Bobbsey Twins in the Country. Laura Lee Hope. 2018. (ENG., Illus.). 182p. (YA). (gr. 7-12). pap. *(978-93-86874-91-7(1))* Alpha Editions.

Bobbsey Twins in the Country. Laura Lee Hope. 2018. (ENG., Illus.). 114p. (J). 14.99 *(978-1-5154-3016-2(2))* Wilder Pubns., Corp.

Bobbsey Twins in the Great West. Laura Lee Hope. 2018. (ENG., Illus.). 178p. (YA). (gr. 7-12). pap. *(978-93-86874-92-4(X))* Alpha Editions.

Bobbsey Twins in the Great West (Classic Reprint) Laura Lee Hope. 2017. (ENG., Illus.). (J). 29.34

B

(978-0-331-66731-8(2)); pap. 11.97 *(978-0-282-54046-3(6))* Forgotten Bks.

Bobbsey Twins in Washington. Laura Lee Hope. 2018. (ENG., Illus.). 140p. (YA). (gr. 7-12). pap. *(978-93-86874-93-1(8))* Alpha Editions.

Bobbsey Twins in Washington. Laura Lee Hope. 2018. (ENG., Illus.). 122p. (J). 14.99 *(978-1-5154-3013-1(8))* Wilder Pubns., Corp.

Bobbsey Twins in Washington (Classic Reprint) Laura Lee Hope. 2017. (ENG., Illus.). (J). 29.38 *(978-0-266-54539-2(4))* Forgotten Bks.

Bobbsey Twins on a Houseboat. Laura Lee Hope. 2018. (ENG., Illus.). 122p. (YA). (gr. 7-12). pap. *(978-93-5297-240-1(6))* Alpha Editions.

Bobbsey Twins on a Houseboat. Laura Lee Hope. 2017. (ENG., Illus.). (J). (gr. 4-7). pap. *(978-0-649-07558-4(7))* Trieste Publishing Pty Ltd.

Bobbsey Twins on a Houseboat (Classic Reprint) Laura Lee Hope. 2017. (ENG., Illus.). (J). 29.34 *(978-0-260-33768-9(4))* Forgotten Bks.

Bobbsey Twins on Blueberry Island. Laura Lee Hope. 2018. (ENG., Illus.). 146p. (YA). (gr. 7-12). pap. *(978-93-5297-241-8(4))* Alpha Editions.

Bobbsey Twins on Blueberry Island. Laura Lee Hope. 2017. (ENG., Illus.). (J). 22.95 *(978-1-374-84894-8(8))*; pap. 12.95 *(978-1-374-84893-1(X))* Capital Communications, Inc.

Bobbsey Twins on Blueberry Island. Laura Lee Hope. 2018. (ENG., Illus.). 114p. (J). 14.99 *(978-1-5154-3018-6(9))* Wilder Pubns., Corp.

Bobbsey Twins on Blueberry Island (Classic Reprint) Laura Lee Hope. 2017. (ENG., Illus.). (J). 29.47 *(978-0-265-49229-1(7))* Forgotten Bks.

Bobbsey Twins on the Deep Blue Sea. Laura Lee Hope. 2018. (ENG., Illus.). 120p. (J). 14.99 *(978-1-5154-2946-3(6))* Wilder Pubns., Corp.

Bobbsey Twins, or Merry Days Indoor & Out (Classic Reprint) Laura Lee Hope. (ENG., Illus.). (J). 2018. 218p. 28.39 *(978-0-483-77186-4(4))*; 2017. pap. 10.97 *(978-0-243-15571-2(9))* Forgotten Bks.

Bobby: Cloverfield Farm (Classic Reprint) Helen Fuller Orton. 2018. (ENG., Illus.). 132p. (J). 26.62 *(978-0-267-67668-2(9))* Forgotten Bks.

Bobby, a New York Robin: The Love Story of a Wildbird (Classic Reprint) Henry Carey Denslow. 2018. (ENG., Illus.). 46p. (J). 24.85 *(978-0-267-52015-2(8))* Forgotten Bks.

Bobby: a Story of Robert F. Kennedy. Deborah Wiles. Illus. by Tatyana Fazlalizadeh. 2022. (ENG.). 48p. (J). (gr. k-5). 18.99 *(978-0-545-17123-6(7)*, Scholastic Pr.) Scholastic, Inc.

Bobby & Mandee's Too Solid for Suicide. Robert Kahn M a et al. 2021. (ENG.). 28p. (J). pap. 7.65 *(978-1-7357891-2-5(7))* Artisan Bookworks.

Bobby & Mandee's Too Solid for Suicide. Robert Kahn et al. 2017. (ENG., Illus.). (YA). pap. 9.95 *(978-1-947825-28-4(3))* Yorkshire Publishing Group.

Bobby & the Bears. Robert Kiefer. Illus. by Brock Nicol. 2022. (ENG.). 22p. (J). pap. 12.50 *(978-1-62880-243-6(X))*; 24.95 ***(978-1-62880-244-3(8))*** Published by Westview, Inc.

Bobby & the Bullies. Sydnie I. Dumas. 2019. (ENG., Illus.). 30p. (J). 23.95 *(978-1-64559-173-3(5))*; pap. 13.95 *(978-1-64559-172-6(7))* Covenant Bks.

Bobby & the Lost Treasure. Matthew Peralez. 2020. (ENG.). 26p. (J). pap. 12.95 *(978-1-64801-500-7(X))* Newman Springs Publishing, Inc.

Bobby Babinski's Bathtub. Judy Young. Illus. by Kevin M. Barry. 2020. (ENG.). 32p. (J). (gr. k-2). 16.99 *(978-1-5341-1032-8(1)*, 204918) Sleeping Bear Pr.

Bobby Birthday: A Story about Friendship. Larissa Juliano. 2017. (ENG., Illus.). 26p. (J). 22.95 *(978-1-4808-5125-2(6))*; pap. 16.95 *(978-1-4808-5124-5(8))* Archway Publishing.

Bobby Blake at Rockledge School or Winning the Medal of Honor (Classic Reprint) Frank A. Warner. (ENG., Illus.). (J). 2018. 258p. 29.22 *(978-0-483-27172-2(1))*; 2016. pap. 11.57 *(978-1-334-58056-7(1))* Forgotten Bks.

Bobby, Breaking the Pattern. P. D. Workman. 2022. (Breaking the Pattern (Contemporary Ya) Ser.: Vol. 3). (ENG.). 394p. (J). pap. ***(978-1-77468-214-2(1))***; 790p. (YA). ***(978-1-77468-213-5(3))*** PD Workman.

Bobby Brumley & the Power of Beowulf: Book One: Birth of a Hero. Frank Wood. 2022. (Bobby Brumley & the Power of Beowulf Ser.: 1). 268p. (YA). pap. 25.00 *(978-1-6678-3479-5(7))* BookBaby.

Bobby Bumblebee. David Felty. 2019. (ENG.). 58p. (J). pap. 20.80 *(978-0-359-44848-7(8))* Lulu Pr., Inc.

Bobby Bumblebee's Big Ego Boost. David D. Felty. Illus. by Karalee R. Felty. 2020. (ENG.). 60p. (J). pap. *(978-1-716-48658-6(0))* Lulu Pr., Inc.

Bobby-Dazzler of a Pouch. Janet Halfmann. Illus. by Abira Das. 2020. (ENG.). 38p. (J). 20.99 *(978-1-951263-11-9(1))* Pen It Pubns.

Bobby-Dazzler of a Pouch! Janet Halfmann. Illus. by Abira Das. 2020. (ENG.). 38p. (J). pap. 13.99 *(978-1-951263-12-6(X))* Pen It Pubns.

Bobby Dean Saves Christmas. Aled Jones. Illus. by Rosie Brooks. 2022. (Bobby Dean Ser.). (ENG.). 208p. (J). (gr. k-2). 13.99 *(978-1-5293-7612-8(2))* Hodder & Stoughton Canada CAN. Dist: Hachette Bk. Group.

Bobby Ether & the Jade Academy. R. Scott Boyer. 2019. (Bobby Ether Ser.: Vol. 1). (ENG., Illus.). 322p. (YA). (gr. 7-12). pap. 18.95 *(978-1-63393-745-1(3))* Koehler Bks.

Bobby in Movieland. Rev Francis J. Finn. 2018. (ENG., Illus.). 164p. (J). (gr. 4-6). pap. 12.95 *(978-1-936639-91-5(2))* St. Augustine Academy Pr.

Bobby in Movieland (Classic Reprint) Francis J. Finn. 2017. (ENG., Illus.). (J). 28.39 *(978-1-5283-8888-7(7))* Forgotten Bks.

Bobby in Search of a Birthday. Lebbeus Mitchell. 2018. (ENG., Illus.). 50p. (YA). (gr. 7-12). pap. *(978-93-5329-302-4(2))* Alpha Editions.

Bobby in Search of a Birthday (Classic Reprint) Lebbeus Mitchell. 2018. (ENG., Illus.). 66p. (J). 25.26 *(978-0-267-26906-8(4))* Forgotten Bks.

Bobby Lee Claremont & the Criminal Element. Jeannie Mobley. 2017. (ENG., Illus.). 246p. (J). (gr. 3-7). 16.95 *(978-0-8234-3781-8(7))* Holiday Hse., Inc.

Bobby Lint Coloring & Activity Book. E. L. Nixon. 2022. (ENG.). 20p. (J). pap. 10.95 ***(978-1-957723-65-5(3))*** Warren Publishing, Inc.

Bobby Normal & the Virtuous Man. A. S. Chambers. 2021. (Bobby Normal Ser.: Vol. 2). (ENG.). 104p. (J). pap. *(978-0-9935601-6-3(4))* A S Chambers.

Bobby Orr & the Hand-Me-down Skates. Kara Kootstra & Bobby Orr. Illus. by Jennifer Phelan. 2020. 40p. (J). (gr. -1-3). 17.99 *(978-0-7352-6532-5(1)*, Tundra Bks.) Tundra Bks. CAN. Dist: Penguin Random Hse. LLC.

Bobby Poop - the Unfriendly Seagull. Steven Scanlan. 2021. (ENG.). 58p. (J). pap. 14.99 *(978-1-989681-13-8(1))* Island Bks.

Bobby Sky: Boy Band or Die. Joe Shine. 2019. 288p. (YA). (gr. 9). 10.99 *(978-1-61695-851-0(0)*, Soho Teen) Soho Pr., Inc.

Bobby the Beagle. James F. Park. 2018. (ENG.). 60p. (J). pap. ***(978-0-244-12918-7(5))*** Lulu Pr., Inc.

Bobby the Bear & His Big Surprise. Ryan O'Connor. Illus. by Michael Paustian. 2022. 1. (ENG.). 32p. (J). 19.95 *(978-1-947305-39-7(5)*, 33af6494-3b79-4155-a463-55f9ad34ccc9) BookPress Publishing.

Bobby the Blue-Footed Booby Gets Bullied. Sharon Bowles. Illus. by Amy Cole & Joshua Roberts. 2016. (ENG.). (J). (gr. k-3). 17.99 *(978-0-692-67659-2(7))* Bowles, Sharon.

Bobby the Special Duck. Judy Ankney. 2017. (ENG., Illus.). (J). pap. 12.95 *(978-1-63575-483-4(6))* Christian Faith Publishing.

BOBBY's Blessings. Chavon Royal. 2022. (ENG.). 33p. (J). pap. *(978-1-4583-8719-6(4))* Lulu Pr., Inc.

Bobby's Magic Wheels. Rosita Bird. 2017. (ENG., Illus.). (J). (gr. k-6). pap. 9.25 *(978-1-68160-318-6(7))* Crimson Cloak Publishing.

Bobcat Prowling. Maria Gianferrari. Illus. by Bagram Ibatoulline. 2022. (ENG.). 48p. (J). 18.99 *(978-1-62672-786-1(4)*, 900173508) Roaring Brook Pr.

Bobcats. Elizabeth Andrews. 2022. (Twilight Animals Ser.). (ENG., Illus.). 24p. (J). (gr. k-3). lib. bdg. 31.36 *(978-1-0982-4207-7(6)*, 40003, Pop! Cody Koala) Pop!.

Bobcats. Christina Leighton. 2017. (North American Animals Ser.). (ENG., Illus.). 24p. (J). (gr. k-3). lib. bdg. 26.95 *(978-1-62617-565-5(9)*, Blastoff! Readers) Bellwether Media.

Bobcats, 1 vol. Caitie McAneney. 2016. (Creatures of the Forest Habitat Ser.). (ENG.). 24p. (J). (gr. 3-3). 25.27 *(978-1-4994-2930-5(4)*, d39cede1-7969-4c3e-bbfa-0cc21a7c287b); pap. 9.25 *(978-1-4994-2710-3(7)*, df78ebd4-748f-4566-8ca5-af1ba31b9e68) Rosen Publishing Group, Inc., The. (PowerKids Pr.).

Bobhouse: A Winnipesaukee Christmas. Andrew Opel. Illus. by Karel Hayes & John Gorey. 2017. (ENG.). 32p. (J). 19.95 *(978-1-937721-45-9(0)*, Jetty Hse.) Randall, Peter E. Pub.

Bobo & Co. Colours. Nicola Killen. Illus. by Nicola Killen. ed. 2017. (ENG., Illus.). 10p. (J). bds. *(978-1-4088-8001-2(6)*, 298891, Bloomsbury Children's Bks.) Bloomsbury Publishing Plc.

Bobo & Co. Numbers. Nicola Killen. Illus. by Nicola Killen. ed. 2017. (ENG., Illus.). 10p. (J). bds. *(978-1-4088-8002-9(4)*, 298892, Bloomsbury Children's Bks.) Bloomsbury Publishing Plc.

Bobo & the New Baby. Rebecca Minhsuan Huang. Illus. by Rebecca Minhsuan Huang. 2018. (ENG., Illus.). 40p. (J). (gr. -1-3). 16.99 *(978-0-544-71358-1(3)*, 1629367, Clarion Bks.) HarperCollins Pubs.

Bobos Babes Adventures: A Magical Halloween. Karen M. Bobos. Illus. by Jazinel Libranda. 2021. (ENG.). 30p. (J). 17.99 *(978-1-7374375-6-7(2))*; pap. 12.99 *(978-1-7374375-7-4(0))* Bobos babes, Ltd.

Bobos Babes Adventures: The Case of the Giggles (Mom's Choice Award Winner) Karen Bobos. Illus. by Brittany Roberson. 2021. (ENG.). 22p. (J). pap. 12.99 *(978-1-7374375-1-2(1))* Bobos babes, Ltd.

Bobos Babes Adventures: The Case of the Giggles (Mom's Choice Award Winner) Karen M. Bobos. Illus. by Brittany Roberson. 2021. (Bobos Babes Adventures Ser.). (ENG.). 22p. (J). 17.99 *(978-1-7374375-0-5(3))* Bobos babes, Ltd.

Bobos Babes Adventures: The Lion's Secret. Karen Bobos. Illus. by Emily Hercock. 2021. (ENG.). 30p. (J). pap. 12.99 *(978-1-7374375-4-3(6))* Bobos babes, Ltd.

Bobos Babes Adventures: The Lion's Secret. Karen M. Bobos. Illus. by Emily Hercock. 2021. (ENG.). 30p. (J). 17.99 *(978-1-7374375-3-6(8))* Bobos babes, Ltd.

Bobos Babes Adventures: The Missing Egg. Karen Bobos. Illus. by Emily Hercock. 2021. (ENG.). 28p. (J). pap. 12.99 *(978-1-7374375-5-0(4))* Bobos babes, Ltd.

Bobos Babes Adventures: The Missing Egg. Karen M. Bobos. Illus. by Emily Hercock. 2021. (ENG.). 28p. (J). 17.99 *(978-1-7374375-2-9(X))* Bobos babes, Ltd.

Bobs & Nabobs: A Domestic Drama in Four Acts (Classic Reprint) Marie T. Allen. (ENG., Illus.). (J). 2018. 78p. 25.53 *(978-0-483-96615-4(0))*; 2016. pap. 9.57 *(978-1-333-52426-5(9))* Forgotten Bks.

Bob's Blue Period. Illus. by Marion Deuchars. 2018. (ENG.). 32p. (J). (gr. -1-k). 15.99 *(978-1-78627-070-2(6)*, King, Laurence Publishing) Orion Publishing Group, Ltd. GBR. Dist: Hachette Bk. Group.

Bob's Breaking in (Classic Reprint) Eleanor Putnam. 2018. (ENG., Illus.). 98p. (J). 25.92 *(978-0-484-58795-2(1))* Forgotten Bks.

Bob's Coloring Construction Extravaganza! Coloring Book. Kreative Kids. 2016. (ENG., Illus.). (J). pap. 9.20 *(978-1-68377-304-7(7))* Whike, Traudl.

Bob's Dorothy: An One-Act Play of Modern Life (Classic Reprint) Grace V. Kinyon. 2017. (ENG., Illus.). (J). pap. 7.97 *(978-0-243-43122-9(8))* Forgotten Bks.

Bob's Epic Journey. Stewart Williams. 2018. (ENG., Illus.). 30p. (J). (gr. k-5). pap. *(978-1-78830-162-6(5))* Olympia Publishers.

Bob's Rock. Ann Hassett. Illus. by John Hassett. 2017. (ENG.). 32p. (J). (gr. -1-3). 16.99 *(978-0-8075-0672-1(9)*, 807506729) Whitman, Albert & Co.

Bob's Spiritfly. Laura Kristi Cronin. 2017. (ENG., Illus.). (J). (gr. k-6). 18.99 *(978-0-9990479-0-3(6))* Sleek Publishing.

Bobs the Dog. Diane Phillips. 2019. (ENG.). 27p. (J). 22.95 *(978-1-925872-82-8(3))*; pap. 12.95 *(978-1-925872-81-1(5))* ATF Pr. AUS. Dist: ISD.

Bob's World. Eathan Davis. 2020. (ENG., Illus.). 150p. (YA). *(978-1-5289-3576-0(4))*; pap. *(978-1-5289-2528-0(9))* Austin Macauley Pubs. Ltd.

Bobsled & Luge. Laura Hamilton Waxman. 2017. (Winter Olympic Sports Ser.). (ENG.). 32p. (J). (gr. 2-5). 20.95 *(978-1-68151-150-4(9)*, 14691) Amicus.

Bobsleigh Jellybeans. Paul Shore. 2017. (ENG., Illus.). (J). (gr. k-4). pap. *(978-0-9813474-0-0(1))* Sea To Sky Books.

Bobtail Dixie (Classic Reprint) Abbie Nora Smith. 2017. (ENG., Illus.). (J). 28.21 *(978-0-266-72049-2(8))*; pap. 10.57 *(978-1-5276-7824-8(5))* Forgotten Bks.

Boca Juniors. Jim Whiting. 2018. (Soccer Champions Ser.). (ENG.). 48p. (J). (gr. 3-6). *(978-1-60818-977-9(5)*, 19965, Creative Education); pap. 12.00 *(978-1-62832-604-8(2)*, 19971, Creative Paperbacks) Creative Co., The.

Boda en el Bosque. Rebecca Elliott. Illus. by Rebecca Elliott. 2017. (Diario de una Lechuza Ser.: 3). (SPA., Illus.). 80p. (J). (gr. k-2). lib. bdg. 15.99 *(978-1-338-18790-8(2)*, Scholastic en Espanol) Scholastic, Inc.

Bodacious Bassoons Brass Band Coloring Book. Activibooks For Kids. 2016. (ENG., Illus.). (J). pap. 9.20 *(978-1-68321-759-6(4))* Mimaxion.

Bodacious Bats & Brooms Coloring Book. Creative Playbooks. 2016. (ENG., Illus.). (J). pap. 7.74 *(978-1-68323-645-0(9))* Twin Flame Productions.

Bodas de Sangre. Federico Garcia. 2018. (SPA.). 96p. (YA). (gr. 8-12). pap. 6.95 *(978-607-453-230-2(3))* Selector, S.A. de C.V. MEX. Dist: Spanish Pubs., LLC.

Bodbank (Classic Reprint) Richard Washburn Child. (ENG., Illus.). (J). 2018. 452p. 33.22 *(978-0-484-76279-3(6))*; 2016. pap. 16.57 *(978-1-334-47945-8(3))* Forgotten Bks.

Bode & Porter Save the Lakota Herd: A Short Story by Abuelo Raven. Abuelo Raven. 2019. (ENG., Illus.). 56p. (YA). pap. 11.95 *(978-1-64471-470-6(1))* Covenant Bks.

Bodega: The Fruit of the Vine (Classic Reprint) Vicente Blasco Ibanez. 2017. (ENG., Illus.). (J). 31.73 *(978-1-5279-7901-7(6))* Forgotten Bks.

Bodega Cat. Louie Chin. 2019. (ENG., Illus.). 32p. (J). (-k). 17.99 *(978-1-57687-932-0(1)*, powerHouse Bks.) powerHse. Bks.

Bodhi Sees the World: Thailand. Marisa Aragón Ware. 2021. (Illus.). 32p. (J). (gr. -1-2). 16.95 *(978-1-61180-826-1(X)*, Bala Kids) Shambhala Pubns., Inc.

Bodhi the Adventurer. Janice Breckon & Christina Amarilli. Illus. by Jess Purmeswar. 2023. (ENG.). 32p. (J). pap. ***(978-0-2288-9080-5(2))*** Tellwell Talent.

Bodhi-The Peaceful Warrior. Tammy Buckallew & Rodney Buckallew. Illus. by Jacques Laliberte. 2022. (ENG.). 24p. (J). pap. 14.99 *(978-1-6678-2790-2(1))* BookBaby.

Bodhisattva Vow: Young Readers Edition. Jodi Lynn. Illus. by Sheng-Mei Li. 2020. (ENG.). 56p. (YA). *(978-0-2288-2670-5(5))*; pap. *(978-0-2288-2669-9(1))* Tellwell Talent.

Bodie: The Gold-Mining Ghost Town. Kari Schuetz. 2017. (Abandoned Places Ser.). (ENG., Illus.). 24p. (J). (gr. 3-7). lib. bdg. 26.95 *(978-1-62617-694-2(9)*, Torque Bks.) Bellwether Media.

Bodies Are Cool. Tyler Feder. Illus. by Tyler Feder. 2021. (ENG., Illus.). 32p. (J). (-k). 18.99 *(978-0-593-11262-5(8)*, Dial Bks) Penguin Young Readers Group.

Bodies, Brains & Boogers: All You Need to Know about the Gross, Glorious Human Body! Paul Ian Cross. Illus. by Steve Brown. 2022. (ENG.). 208p. (J). (gr. 4-9). 12.95 *(978-1-78312-896-9(8))* Welbeck Publishing Group Ltd. GBR. Dist: Two Rivers Distribution.

Bodies from the Ash: Life & Death in Ancient Pompeii. James M. Deem. 2017. (ENG., Illus.). 64p. (J). (gr. 5-7). pap. 9.99 *(978-1-328-74083-0(8)*, 1677116, Clarion Bks.) HarperCollins Pubs.

Bodies of the Ancients. Lydia Millet. 2017. (Dissenters Ser.). (ENG.). 256p. (J). (gr. 4). 16.95 *(978-1-61873-128-9(9)*, Big Mouth Hse.) Small Beer Pr.

Bodies of Water. Nadia Higgins. Illus. by Sara Infante. 2017. (Water All Around Us Ser.). (ENG.). 24p. (J). (gr. 1-3). 33.99 *(978-1-68410-011-8(9)*, 31529) Cantata Learning.

Bodies of Water & the Life They Support: A Coloring Book. Bobo's Children Activity Books. 2016. (ENG., Illus.). (J). pap. 9.33 *(978-1-68327-524-4(1))* Sunshine In My Soul Publishing.

Bodily Functions. Barbara Lowell. 2018. (Amazing Human Body Ser.). (ENG.). 32p. (gr. 2-7). 9.95 *(978-1-68072-681-7(1))*; (J). (gr. 4-6). pap. 9.99 *(978-1-64466-234-2(5)*, 12195); (Illus.). (J). (gr. 4-6). lib. bdg. *(978-1-68072-387-8(1)*, 12194) Black Rabbit Bks. (Bolt).

Bodines, or Camping on the Lycoming: A Complete Practical Guide to Camping Out (Classic Reprint) Thaddeus S. Up De Graff. 2017. (ENG., Illus.). (J). 30.02 *(978-0-266-91458-7(6))* Forgotten Bks.

Bodkin Beag & Bodkin Mòr: A Traditional Gaelic Tale Illustrated by Emily MacDonald, 1 vol. Illus. by Emily MacDonald. 2020. (ENG.). 32p. (J). pap. *(978-1-988747-68-2(6))* Bradan Pr.

Bodley Grandchildren: And Their Journey in Holland (Classic Reprint) Horace Elisha Scudder. 2018. (ENG., Illus.). 202p. (J). 28.06 *(978-0-484-49175-4(X))* Forgotten Bks.

Bodleys Afoot (Classic Reprint) Horace Elisha Scudder. 2018. (ENG., Illus.). 212p. (J). 28.27 *(978-0-483-41159-3(0))* Forgotten Bks.

Bodleys on Wheels & the Bodleys Afoot (Classic Reprint) Horace Elisha Scudder. (ENG., Illus.). (J). 2018. 434p. 33.03 *(978-0-332-33812-5(6))*; 2017. pap. 16.57 *(978-0-243-92452-3(6))* Forgotten Bks.

Bodleys on Wheels (Classic Reprint) Horace Elisha Scudder. 2017. (ENG., Illus.). (J). 28.64 *(978-0-266-17486-8(8))* Forgotten Bks.

Bodleys Telling Stories (Classic Reprint) Horace Elisha Scudder. 2018. (ENG., Illus.). 236p. (J). 28.76 *(978-0-332-91333-9(3))* Forgotten Bks.

Bodrik & His Adventures. Marta Styk. 2018. (ENG., Illus.). 32p. (J). *(978-0-2288-0128-3(1))*; pap. *(978-0-2288-0127-6(3))* Tellwell Talent.

Body. Rj Martin. 2016. (ENG., Illus.). (YA). 27.99 *(978-1-63477-962-3(2)*, Harmony Ink Pr.) Dreamspinner Pr.

Body 2. 0: The Engineering Revolution in Medicine. Sara Latta. 2019. (ENG., Illus.). 96p. (YA). (gr. 6-12). lib. bdg. 37.32 *(978-1-5415-2813-0(1)*, 4bdf2e35-bfe6-4164-9f7f-b9d296c4f920, Twenty-First Century Bks.) Lerner Publishing Group.

Body & Mind: LGBTQ Health Issues. Jeremy Quist. 2019. (LGBTQ Life Ser.). (Illus.). 96p. (J). (gr. 12). lib. bdg. 34.60 *(978-1-4222-4275-9(7))* Mason Crest.

Body Art: A Tattoo Coloring Book. Jupiter Kids. 2017. (ENG., Illus.). (J). pap. 9.20 *(978-1-68326-631-0(5)*, Jupiter Kids (Childrens & Kids Fiction)) Speedy Publishing LLC.

Body Arts: the History of Tattooing & Body Modification (Set), 14 vols. 2018. (Body Arts: the History of Tattooing & Body Modification Ser.). (ENG.). 64p. (gr. 7-7). lib. bdg. 252.91 *(978-1-5081-8093-7(8)*, 9faf7594-47df-438d-870d-5192d370d277) Rosen Publishing Group, Inc., The.

Body Atlas: A Pictorial Guide to the Human Body. DK. Illus. by Giuliano Fornami. 2020. 64p. *(978-0-241-41277-0(3))* Dorling Kindersley Publishing, Inc.

Body Atlas: A Pictorial Guide to the Human Body. DK. Illus. by Giuliano Fornami. 2020. (DK Pictorial Atlases Ser.). (ENG.). 64p. (J). (gr. 4-7). 20.00 *(978-1-4654-9096-4(5)*, DK Children) Dorling Kindersley Publishing, Inc.

Body Bits, 8 vols. 2022. (Body Bits Ser.). (ENG.). 32p. (J). (gr. 4-4). lib. bdg. 113.08 *(978-1-5382-8141-3(4)*, c214289f-e9ee-4f9b-9ca4-e51799ce3161) Stevens, Gareth Publishing LLLP.

Body Book. Illus. by Hannah Alice. 2021. (ENG.). 16p. (J). (gr. 2-5). bds. 15.99 *(978-1-5362-1725-4(5))* Candlewick Pr.

Body Book. DK & Bipasha Choudhury. 2022. (Science Book Ser.). (ENG., Illus.). 72p. (J). (gr. 2-4). 16.99 *(978-0-7440-5022-6(7)*, DK Children) Dorling Kindersley Publishing, Inc.

Body Facts & Jokes. John Townsend. Illus. by David Antram. 2018. (Totally Gross & Awesome Ser.). (ENG.). 128p. (J). (gr. 2). pap. 6.95 *(978-1-912233-63-2(0)*, Scribo) Book Hse. GBR. Dist: Sterling Publishing Co., Inc.

Body Fuel for Healthy Bodies, 12 vols., Set. Trisha Sertori. Incl. Dairy Foods. lib. bdg. 21.27 *(978-0-7614-3797-0(5)*, 1e63ab58-2941-467f-ad8d-5623406c7ab7); Fats & Oils. lib. bdg. 21.27 *(978-0-7614-3798-7(3)*, 93bae1c8-72c0-4460-9697-1375cfd3c563); Fruits, Vegetables, & Legumes. lib. bdg. 21.27 *(978-0-7614-3799-4(1)*, a4f68649-4180-456d-afc7-6e24625cd1e6); Grains, Bread, Cereal, & Pasta. lib. bdg. 21.27 *(978-0-7614-3800-7(9)*, 9c91b622-6806-4aa7-b7c6-9f7c70a368ef); Meats, Fish, Eggs, Nuts, & Beans. lib. bdg. 21.27 *(978-0-7614-3801-4(7)*, 8a778b33-a803-4692-9ae6-57a54fecf046); Vitamins & Minerals. lib. bdg. 21.27 *(978-0-7614-3802-1(5)*, 81531297-13ee-4209-8dd5-6c30be8089c2); 32p. (gr. 4-4). (Body Fuel for Healthy Bodies Ser.). (ENG.). 2009. Set lib. bdg. 127.62 *(978-0-7614-3796-3(7)*, 8a16698d-6963-4bac-be52-5f6f892517e1, Cavendish Square) Cavendish Square Publishing LLC.

Body Image: Deal with It Because All Bodies Are Great Bodies. Tierra Hohn. 2021. (Lorimer Deal with It Ser.). (ENG., Illus.). 32p. (J). (gr. 4-9). 25.32 *(978-1-4594-1453-2(5)*, 7ecb3918-1c2e-4a84-a8fe-30e83413c7a7) James Lorimer & Co. Ltd., Pubs. CAN. Dist: Lerner Publishing Group.

Body Image: Understand Your Mind & Body (Engaging Readers, Level 3) Ashlee Lee & Del Wilder. l.t. ed. 2023. (Understand Your Mind & Body Ser.: Vol. 4). (ENG., Illus.). 32p. (J). ***(978-1-77476-780-1(5))***; pap. ***(978-1-77476-781-8(3))*** AD Classic.

Body Image & Body Shaming, 1 vol. Meghan Green & Ronald D. Lankford, Jr. 2016. (Hot Topics Ser.). (ENG.). 112p. (J). (gr. 7-7). lib. bdg. 41.03 *(978-1-5345-6016-1(5)*, 6041a90d-7158-4a1b-bb7a-abbc5493599e, Lucent Pr.) Greenhaven Publishing LLC.

Body Image & Dysmorphia. A. W. Buckey. 2021. (Teen Challenges Ser.). (ENG., Illus.). 112p. (YA). (gr. 6-12). lib. bdg. 41.36 *(978-1-5321-9625-6(3)*, 38532, Essential Library) ABDO Publishing Co.

Body Image & the Media. Grace Jones. 2018. (Our Values - Level 3 Ser.). (Illus.). 32p. (J). (gr. 5-6). *(978-0-7787-5189-2(9))* Crabtree Publishing Co.

Body Image in the Media. Wil Mara. 2018. (21st Century Skills Library: Global Citizens: Modern Media Ser.). (ENG., Illus.). 32p. (J). (gr. 4-7). lib. bdg. 32.07 *(978-1-5341-2925-2(1)*, 211744) Cherry Lake Publishing.

Body in Grace. Catherine Cooper. 2020. (Rita Patel Mysteries Ser.: Vol. 5). (ENG.). 230p. (YA). pap. *(978-1-910779-72-9(5))* Oxford eBooks Ltd.

Body in Space. Catherine Cooper. 2020. (Rita Patel Mysteries Ser.: Vol. 4). (ENG.). 182p. (YA). pap. *(978-1-910779-71-2(7))* Oxford eBooks Ltd.

Body in the Canal. Catherine Cooper. 2020. (Rita Patel Mysteries Ser.: Vol. 7). (ENG.). 168p. (YA). pap. *(978-1-910779-74-3(1))* Oxford eBooks Ltd.

Body in the Cathedral. Catherine Cooper. 2020. (Rita Patel Mysteries Ser.: Vol. 8). (ENG.). 188p. (YA). pap. *(978-1-910779-75-0(X))* Oxford eBooks Ltd.

Body in the Lake. Catherine Cooper. 2020. (Rita Patel Mysteries Ser.: Vol. 2). (ENG.). 132p. (YA). pap. *(978-1-910779-69-9(5))* Oxford eBooks Ltd.

Body in the Park. Catherine Cooper. 2020. (Rita Patel Mysteries Ser.: Vol. 1). (ENG.). 142p. (YA). pap. *(978-1-910779-68-2(7))* Oxford eBooks Ltd.

Body in the Road: A Craven Falls Mystery. Donna M. Zadunajsky. 2021. (Craven Falls Ser.: Vol. 3). (ENG.). 238p. (YA). pap. 18.95 *(978-1-68433-658-6(9))* Black Rose Writing.

Body in the Surgery. Catherine Cooper. 2020. (Rita Patel Mysteries Ser.: Vol. 3). (ENG.). 160p. (YA). pap. *(978-1-910779-70-5(9))* Oxford eBooks Ltd.

Body in the Woods: Be a Crime Scene Investigator. Alix Wood. 2017. (Crime Solvers Ser.). 48p. (gr. 6-6). pap. 84.30 *(978-1-5382-0617-1(X))* Stevens, Gareth Publishing LLLP.

232

The check digit for ISBN-10 appears in parentheses after the full ISBN-13

Body Market. Donna Freitas. 2017. (Unplugged Ser.: 2). (ENG.). 432p. (YA). (gr. 8). pap. 9.99 *(978-0-06-211864-6(1),* HarperTeen) HarperCollins Pubs.

Body Measurement Tracker: Log & Write Measurements, Keep Track of Progress Notebook, Record Weight Loss for Diet, Gift, Women & Men Journal, Book. Temperate Targon. 2021. (ENG.). 122p. (YA). pap. 10.99 *(978-1-716-08406-5(7))* Lulu Pr., Inc.

Body Measurements Log Book: Premium Boho Cover Easy to Use Workbook for Monitoring Weight Loss & Body Size Fitness Gift for Women. Mangy Maxim. 2021. (ENG.). 122p. (YA). pap. 9.99 *(978-1-716-08386-0(9))* Lulu Pr., Inc.

Body Oddity Projects: Floating Arms, Balancing Challenges, & More. Rebecca Felix. 2019. (Unplug with Science Buddies (r) Ser.). (ENG., Illus.). 32p. (J). (gr. 2-5). pap. 8.99 *(978-1-5415-7488-5(5),* 571badf3-6eb5-41b8-a5e9-ea2da9f8ca97); lib. bdg. 27.99 *(978-1-5415-5494-8(9),* 5bf4e718-ae24-40f2-acf1-cfdfc7208d30) Lerner Publishing Group. (Lerner Pubns.).

Body of Origin. Kimberly J. Smith. 2023. (ENG.). 318p. (YA). pap. ***(978-1-387-25518-4(5))*** Lulu Pr., Inc.

Body on the Train. Catherine Cooper. 2020. (Rita Patel Mysteries Ser.: Vol. 6). (ENG.). 184p. (YA). pap. *(978-1-910779-73-6(3))* Oxford eBooks Ltd.

Body Pro: Facts & Figures about Bad Hair Days, Blemishes, & Being Healthy. Erin Falligant. 2018. (Girlology Ser.). (ENG., Illus.). 48p. (J). (gr. 4-8). lib. bdg. 31.99 *(978-1-5157-7878-3(9),* 136006, Capstone Pr.) Capstone.

Body Records to Pump You Up! Contrib. by Kenny Abdo. 2023. (Broken Records Ser.). (ENG.). 24p. (J). (gr. 2-8). lib. bdg. 31.36 ***(978-1-0982-8138-0(1),*** 42389, Abdo Zoom-Fly) ABDO Publishing Co.

Body Snatchers: Flies, Wasps, & Other Creepy Crawly Zombie Makers. Joan Axelrod-Contrada. 2016. (Real-Life Zombies Ser.). (ENG., Illus.). 32p. (J). (gr. 3-9). lib. bdg. 28.65 *(978-1-5157-2480-3(8),* 132852, Capstone Pr.) Capstone.

Body Swap. Sylvia McNicoll. 2018. (ENG.). 248p. (YA). pap. 14.99 *(978-1-4597-4090-7(4))* Dundurn Pr. CAN. Dist: Publishers Group West (PGW).

Body Systems, Vol. 6. James Shoals. 2018. (Science of the Human Body Ser.). (Illus.). 80p. (J). (gr. 7). lib. bdg. 33.27 *(978-1-4222-4192-9(0))* Mason Crest.

Body Systems (Set), 8 vols. 2022. (Body Systems Ser.). (ENG.). 32p. (J). (gr. 2-5). lib. bdg. 273.76 *(978-1-5321-9855-7(8),* 40833, Kids Core) ABDO Publishing Co.

Bodyguard. Sean Rodman. 2nd ed. 2020. (Orca Soundings Ser.). (ENG.). 112p. (YA). (gr. 8-12). pap. 10.95 *(978-1-4598-2746-2(5))* Orca Bk. Pubs. USA.

Bodyguard: Ambush (Book 5), Bk. 5. Chris Bradford. 2017. (Bodyguard Ser.: 5). (ENG.). 224p. (J). (gr. 5). pap. 8.99 *(978-1-5247-3705-4(4),* Philomel Bks.) Penguin Young Readers Group.

Bodyguard: Hijack (Book 3), Bk. 3. Chris Bradford. 2017. (Bodyguard Ser.: 3). (ENG.). 272p. (J). (gr. 5). pap. 8.99 *(978-1-5247-3701-6(1),* Philomel Bks.) Penguin Young Readers Group.

Bodyguard: Hostage (Book 2), Bk. 2. Chris Bradford. 2017. (Bodyguard Ser.: 2). (ENG.). 224p. (J). (gr. 5). pap. 8.99 *(978-1-5247-3699-6(6),* Philomel Bks.) Penguin Young Readers Group.

Bodyguard: Ransom (Book 4), Bk. 4. Chris Bradford. 2017. (Bodyguard Ser.: 4). (ENG.). 224p. (J). (gr. 5). pap. 9.99 *(978-1-5247-3703-0(8),* Philomel Bks.) Penguin Young Readers Group.

Bodyguard: Recruit (Book 1), Bk. 1. Chris Bradford. 2017. (Bodyguard Ser.: 1). (ENG.). 272p. (J). (gr. 5). pap. 8.99 *(978-1-5247-3697-2(X),* Philomel Bks.) Penguin Young Readers Group.

Bodyguard: Survival (Book 6), Bk. 6. Chris Bradford. 2017. (Bodyguard Ser.: 6). (ENG.). 272p. (J). (gr. 5). pap. 8.99 *(978-1-5247-3707-8(0),* Philomel Bks.) Penguin Young Readers Group.

Bodyguard: Target (Book 7) Chris Bradford. 2018. (Bodyguard Ser.: 7). (ENG.). 288p. (J). (gr. 5). pap. 8.99 *(978-1-5247-3935-5(9),* Philomel Bks.) Penguin Young Readers Group.

Bodyguard: Traitor (Book 8) Chris Bradford. 2018. (Bodyguard Ser.: 8). (ENG., Illus.). 224p. (J). (gr. 5). pap. 8.99 *(978-1-5247-3937-9(5),* Philomel Bks.) Penguin Young Readers Group.

Bodyke: A Chapter in the History of Irish Landlordism (Classic Reprint) Henry Norman. 2018. (ENG., Illus.). 90p. (J). 25.77 *(978-0-656-15797-6(6))* Forgotten Bks.

Bodyke: A Chapter in the History of Irish Landlordism; Questions of the Day, No. XLII. Henry Norman. 2017. (ENG., Illus.). (J). pap. *(978-0-649-39790-7(8))* Trieste Publishing Pty Ltd.

Body's Anatomy: Human Body Coloring Book. Jupiter Kids. 2016. (ENG., Illus.). 106p. (J). pap. 12.55 *(978-1-68305-101-5(7),* Jupiter Kids (Childrens & Kids Fiction)) Speedy Publishing LLC.

Body's Eleven Systems Anatomy & Physiology. Baby Professor. 2017. (ENG., Illus.). (J). pap. 7.89 *(978-1-5419-0431-6(1),* Baby Professor (Education Kids)) Speedy Publishing LLC.

Body's Foundation: Meal Planner & Food Journal. @ Journals and Notebooks. 2016. (ENG., Illus.). 106p. (YA). pap. 12.25 *(978-1-68326-532-0(7))* Speedy Publishing LLC.

Body's Happening. Judith Daniels. 2023. (ENG.). 54p. (J). pap. ***(978-1-915522-34-4(X))*** Conscious Dreams Publishing.

Body's Machinery Anatomy & Physiology. Baby Professor. 2017. (ENG., Illus.). (J). pap. 7.89 *(978-1-5419-0410-1(9),* Baby Professor (Education Kids)) Speedy Publishing LLC.

Boeing. Blaine Wiseman. 2017. (J). *(978-1-5105-2360-9(X))* SmartBook Media, Inc.

Boers Reached Africa - Ancient History Illustrated Grade 4 Children's Ancient History. Baby Professor. 2017. (ENG., Illus.). (J). pap. 8.79 *(978-1-5419-1406-3(6),* Baby Professor (Education Kids)) Speedy Publishing LLC.

Boeuf Musqué. Allen Niptanatiak & Kagan McLeod. 2022. (Animaux Illustrés Ser.: 7). Orig. Title: Animals Illustrated: Muskox. (FRE., Illus.). 32p. (J). (gr. 1-4). 14.95 *(978-2-7644-4568-6(7))* Quebec Amerique CAN. Dist: Orca Bk. Pubs. USA.

Boffo Summer. Eldon Crowe. 2023. (ENG.). 92p. (YA). pap. ***(978-0-2288-9151-2(5))*** Tellwell Talent.

Bofuri: I Don't Want to Get Hurt, So I'll Max Out My Defense. , Vol. 2 (manga) Yuumikan. 2021. (Bofuri: I Don't Want to Get Hurt, So I'll Max Out My Defense. (manga) Ser.: 2). (ENG., Illus.). 164p. (gr. 8-17). pap. 13.00 *(978-1-9753-2388-2(2),* Yen Pr.) Yen Pr. LLC.

Bog Beast (Big Foot & Little Foot #4) Ellen Potter. Illus. by Felicita Sala. (Big Foot & Little Foot Ser.). (ENG.). (J). (gr. 1-4). 2021. 144p. pap. 7.99 *(978-1-4197-4323-8(6),* 1682903); 2020. 128p. 13.99 *(978-1-4197-4322-1(8),* 1682901, Amulet Bks.) Abrams, Inc.

Bog Gone! #1: A Graphic Novel. P. Knuckle Jones. Illus. by P. Knuckle Jones. 2023. (Finder's Creatures Ser.: 1). 112p. (J). (gr. 2-5). 13.99 ***(978-0-593-51985-1(X),*** Penguin Workshop) Penguin Young Readers Group.

Bog Mummies. Joyce Markovics. 2021. (Unwrapped: Marvelous Mummies Ser.). (ENG., Illus.). 24p. (J). (gr. 2-4). lib. bdg. 30.64 *(978-1-5341-8040-6(0),* 218440) Cherry Lake Publishing.

Bog Mummies: Where Did They Come From? Megan Cooley Peterson. 2018. (History's Mysteries Ser.). (ENG.). 32p. (J). (gr. 4-6). pap. 9.99 *(978-1-64466-254-0(X),* 12269); (Illus.). lib. bdg. *(978-1-68072-407-3(X),* 12268) Black Rabbit Bks. (Bolt).

Bog-Myrtle & Peat: Tales Chiefly of Galloway, Gathered from the Years 1889 to 1895 (Classic Reprint) S. R. Crockett. 2018. (ENG., Illus.). 418p. (J). 32.52 *(978-0-332-83535-8(9))* Forgotten Bks.

Bogenschütze Kunibert. Klaus Milde. 2018. (GER., Illus.). 202p. (J). *(978-3-7469-3125-8(8));* pap. *(978-3-7469-3124-1(X))* tredition Verlag.

Bogey the Wonder Squirrel. Steve Rogers. 2018. (ENG., Illus.). 36p. (J). (gr. k-6). pap. 14.95 *(978-1-948260-75-6(1))* Strategic Book Publishing & Rights Agency (SBPRA).

Bogeyman. Steve Dover. 2020. (ENG., Illus.). 28p. (J). *(978-1-913568-85-6(7));* pap. *(978-1-913568-65-8(2))* Clink Street Publishing.

Boggart. Susan Cooper. 2018. (Boggart Ser.). (ENG.). 240p. (J). (gr. 3-7). pap. 7.99 *(978-1-5344-2011-3(8),* McElderry, Margaret K. Bks.) McElderry, Margaret K. Bks.

Boggart & the Monster. Susan Cooper. 2018. (Boggart Ser.). (ENG.). 224p. (J). (gr. 3-7). pap. 7.99 *(978-1-5344-2012-0(6),* McElderry, Margaret K. Bks.) McElderry, Margaret K. Bks.

Boggart Fights Back. Susan Cooper. 2018. (Boggart Ser.). (ENG., Illus.). 224p. (J). (gr. 3-7). 16.99 *(978-1-5344-0629-2(8),* McElderry, Margaret K. Bks.) McElderry, Margaret K. Bks.

Bogglebott. Melissa Mailer-Yates. 2nd ed. 2022. (Bogglebott Ser.: Vol. 1). (ENG.). 32p. (J). *(978-0-9955176-6-0(5))* Shakey-Bks. Publishing.

Bogie Man (Classic Reprint) Augusta Gregory. 2018. (ENG., Illus.). 28p. (J). 24.49 *(978-0-267-27590-8(0))* Forgotten Bks.

Bogle Corbet, Vol. 3 Of 3: Or, the Emigrants (Classic Reprint) John Galt. 2018. (ENG., Illus.). 338p. (J). 30.87 *(978-0-365-27760-6(6))* Forgotten Bks.

Bogus: An Aldo Zelnick Comic Novel. Karla Oceanak. Illus. by Kendra Spanjer. 2016. (Aldo Zelnick Comic Novel Ser.: 2). (ENG.). 160p. (J). (gr. 3-7). pap. 8.95 *(978-1-934649-66-4(X))* Bailiwick Pr.

Bohemia. Nike Noor. 2022. (ENG.). 108p. (J). pap. 11.00 *(978-1-4583-4870-8(9))* Lulu Pr., Inc.

Bohemia in London (Classic Reprint) Arthur Ransome. 2017. (ENG., Illus.). (J). 30.37 *(978-1-5282-6549-2(1))* Forgotten Bks.

Bohemia Invaded: And Other Stories (Classic Reprint) James L. Ford. 2017. (ENG., Illus.). 190p. (J). 27.82 *(978-0-331-88175-2(6))* Forgotten Bks.

Bohemian (Classic Reprint) Unknown Author. 2018. (ENG., Illus.). 48p. (J). 24.89 *(978-0-483-11429-6(4))* Forgotten Bks.

Bohemian Days: Three American Tales (Classic Reprint) Geo. Alfred Townsend. 2018. (ENG., Illus.). 284p. (J). 29.75 *(978-0-483-48060-5(6))* Forgotten Bks.

Bohemian Legends & Other Poems. F. P. Kopta. 2017. (ENG., Illus.). (J). pap. *(978-0-649-07575-1(7))* Trieste Publishing Pty Ltd.

Bohemian Life: Or the Autobiography of a Tramp (Classic Reprint) Thomas Manning Page. 2017. (ENG., Illus.). (J). 34.97 *(978-0-266-58433-9(0))* Forgotten Bks.

Bohemian Paris of to-Day (Classic Reprint) William Chambers Morrow. 2017. (ENG., Illus.). (J). 30.66 *(978-0-265-45546-3(4))* Forgotten Bks.

Bohemians (Classic Reprint) E. J. Cowley. 2018. (ENG., Illus.). 54p. (J). 25.03 *(978-0-332-86162-3(7))* Forgotten Bks.

BoHo Planner. Chelecia George. 2023. (ENG.). 120p. (YA). pap. ***(978-1-329-52366-1(0))*** Lulu Pr., Inc.

Boi of Feather & Steel. Adan Jerreat-Poole. 2021. (Metamorphosis Ser.: 2). (ENG.). 448p. (YA). (gr. 9-12). pap. 12.99 *(978-1-4597-4684-8(8))* Dundurn Pr. CAN. Dist: Publishers Group West (PGW).

Boil Line, 1 vol. M. J. McIsaac. 2019. (Orca Sports Ser.). (ENG.). 160p. (J). (gr. 4-7). pap. 9.95 *(978-1-4598-1843-9(1))* Orca Bk. Pubs. USA.

Boiler Tests. George Hale Barrus. 2017. (ENG.). 288p. (J). pap. *(978-3-337-27957-8(0))* Creation Pubs.

Boiling Caldron (Classic Reprint) Lettice Bell. (ENG., Illus.). (J). 2018. 248p. 29.01 *(978-0-483-66971-0(7));* 2017. pap. 11.57 *(978-0-243-28715-4(1))* Forgotten Bks.

Boiling Toad. Phillip Leighton-Daly. 2020. (ENG., Illus.). 44p. (YA). *(978-0-2288-2331-5(5));* pap. *(978-0-2288-2330-8(7))* Tellwell Talent.

Boing! A Very Noisy ABC. Tim McCanna. Illus. by Jorge Martin. 2018. (ENG.). 32p. (J). (gr. -1-3). 17.99 *(978-1-4814-8755-9(8),* Simon & Schuster/Paula Wiseman Bks.) Simon & Schuster/Paula Wiseman Bks.

Boing: The Cat with the Sticky Out Whiskers. Adam Russell-Owen. Illus. by Jacqueline Tee. 2020. (ENG.). 42p. (J). pap. *(978-1-83975-171-4(1))* Grosvenor Hse. Publishing Ltd.

Boinga Boinga. Granjan. Ed. by Mathew Tuttle. Illus. by Granjan. 2023. (ENG.). 24p. (J). 21.99 ***(978-1-6628-6037-9(4));*** pap. 10.99 ***(978-1-6628-6036-2(6))*** Salem Author Services.

Boitatá the Fire Snake: A Brazilian Graphic Folktale. Ana Siqueira. Illus. by Fabiana Faiallo Alamino. 2023. (Discover Graphics: Global Folktales Ser.). (ENG.). 32p. (J). 22.65 *(978-1-4846-7274-7(7),* 244053); pap. 6.95 *(978-1-4846-7269-3(0),* 244028) Capstone. (Picture Window Bks.).

BOITEUSE, Fugitive Huguenote. Francis WILLM. 2022. (FRE.). 214p. (YA). pap. ***(978-1-4709-5262-4(9))*** Lulu Pr., Inc.

Boje Papagaja. David E. McAdams. 2023. (BOS.). 40p. (J). pap. 18.95 ***(978-1-63270-356-9(4))*** Life is a Story Problem LLC.

Boje Prostora: Uvod Djeteta U Prirodnoj Boji. David E. McAdams. 2023. (Boje U Prirodnom Svetu Ser.: Vol. 3). (BOS.). 34p. (J). pap. 18.95 ***(978-1-63270-358-3(0))*** Life is a Story Problem LLC.

BOK Bocegi: Andersen'den. Yalcin Ceylanoglu. 2016. (TUR., Illus.). 34p. (J). *(978-1-365-26777-2(6))* Lulu Pr., Inc.

Bok's Giant Leap: One Moon Rock's Journey Through Time & Space. Neil Armstrong. Illus. by Grahame Baker Smith. 2022. (ENG.). 48p. (J). (gr. -1-3). 17.99 *(978-0-593-37886-1(5));* lib. bdg. 20.99 *(978-0-593-37887-8(3))* Random Hse. Children's Bks. (Crown Books For Young Readers).

Bolan: A Tyrannosaurus Pet. Sam Lawrance. 2018. (ENG., Illus.). 122p. (J). pap. *(978-1-9165009-0-7(0))* Lawrance, Sam.

Bolanyo (Classic Reprint) Opie Read. (ENG., Illus.). (J). 2017. 30.50 *(978-1-5281-3392-0(7));* 2016. pap. 13.57 *(978-1-333-84509-4(X))* Forgotten Bks.

Bold & Blessed: How to Stay True to Yourself & Stand Out from the Crowd, 1 vol. Trinitee Stokes. 2018. (ENG., Illus.). 224p. (J). pap. 14.99 *(978-0-310-76642-1(7))* Zondervan.

Bold & Brave: Ten Heroes Who Won Women the Right to Vote. Kirsten Gillibrand. Illus. by Maira Kalman. 40p. (J). (gr. 1-4). 2020. pap. 8.99 *(978-0-593-30266-8(4),* Dragonfly Bks.); 2018. 18.99 *(978-0-525-57901-4(X),* Knopf Bks. for Young Readers); 2018. (ENG.). lib. bdg. 21.99 *(978-0-525-57902-1(8),* Knopf Bks. for Young Readers) Random Hse. Children's Bks.

Bold Boys in Michigan History. Patricia Majher. 2018. (Great Lakes Books Ser.). (ENG., Illus.). 192p. pap. 14.99 *(978-0-8143-4454-5(2),* P564068) Wayne State Univ. Pr.

Bold Choice: They Say I'm Bad Interactive Book. Terri M. Bolds. Illus. by Mike D. Gray. 2019. (ENG.). 26p. (J). (gr. 4-6). pap. 14.99 *(978-1-7330563-4-2(3))* Bold Visions Consulting, LLC.

Bold Love: A Letter to My Young Sisters. Terri M. Bolds. Illus. by Mike D. Gray. 2016. (ENG.). 62p. (YA). (gr. 7-12). pap. 13.00 *(978-1-7330563-0-4(0))* Bold Visions Consulting, LLC.

Bold Me: I AM Worthy. Terri M. Bolds. Illus. by Mike D. Gray. 2018. (ENG.). 28p. (J). (gr. 1-3). pap. 10.00 *(978-1-7330563-2-8(7))* Bold Visions Consulting, LLC.

Bold Me: I AM Worthy Interactive Book. Terri M. Bolds. Illus. by Mike D. Gray. 2019. (ENG.). 32p. (J). (gr. 1-3). pap. 14.99 *(978-1-7330563-3-5(5))* Bold Visions Consulting, LLC.

Bold Robin Hood & His Outlaw Band: Their Famous Exploits in Sherwood Forest (Classic Reprint) Louis Rhead. 2017. (ENG., Illus.). (J). 30.04 *(978-0-260-40495-4(0))* Forgotten Bks.

Bold Springtime to Color. Eleri Fowler. 2017. (ENG., Illus.). 96p. (J). (gr. -1). pap. 15.99 *(978-0-06-256996-7(1),* HarperCollins) HarperCollins Pubs.

Bold Tales of Brave-Hearted Boys. Susannah McFarlane. Illus. by Brenton McKenna et al. 2020. (ENG.). 128p. (J). (gr. k-4). 19.99 *(978-1-5344-7359-1(9),* Aladdin) Simon & Schuster Children's Publishing.

Bold Women in Indiana History. Louise Hillery. 2016. (Illus.). 212p. (J). pap. *(978-0-87842-655-3(8))* Mountain Pr. Publishing Co., Inc.

Bold Women of Medicine: 21 Stories of Astounding Discoveries, Daring Surgeries, & Healing Breakthroughs. Susan M. Latta. (Women of Action Ser.: 20). (Illus.). 240p. (YA). (gr. 7). 2021. (ENG.). pap. 12.99 *(978-1-64160-570-0(7));* 2017. 19.99 *(978-1-61373-437-7(9))* Chicago Review Pr., Inc.

Bold Words [4]. M. G. Higgins. 2017. (Boosters Ser.). (ENG.). 64p. (YA). (gr. 9-12). pap. 9.75 *(978-1-68021-159-7(5))* Saddleback Educational Publishing, Inc.

Boldly Go: Teen Astronauts #2. Eric Walters. 2023. (Teen Astronauts Ser.: 2). (ENG.). 256p. (J). (gr. 4-7). pap. 12.95 *(978-1-4598-2876-6(3))* Orca Bk. Pubs. USA.

Boldness of Betty: A 1913 Dublin Lockout Novel. Anna Carey. 2020. (ENG.). 416p. (J). pap. 13.99 *(978-1-78849-123-5(6))* O'Brien Pr., Ltd., The IRL. Dist: Casemate Pubs. & Bk. Distributors, LLC.

Bolds. Julian Clary. Illus. by David Roberts. 2017. (Bolds Ser.). (ENG.). 288p. (J). (gr. 3-6). pap. 9.99 *(978-1-5124-8174-7(2),* 0d6da9d3-74f5-4236-ac56-c272446de989, Carolrhoda Bks.) Lerner Publishing Group.

Bolds' Christmas Cracker. Julian Clary. Illus. by David Roberts. 2020. 192p. (J). (gr. 1-6). pap. 13.99 *(978-1-78344-842-5(3))* Andersen Pr. GBR. Dist: Independent Pubs. Group.

Bolds Go Wild. Julian Clary. Illus. by David Roberts. (ENG.). 304p. (J). (gr. 1-6). 2020. 9.99 *(978-1-78344-841-8(5));* 2019. 24.99 *(978-1-78344-804-3(0))* Andersen Pr. GBR. Dist: Independent Pubs. Group.

Bolds in Trouble. Julian Clary. Illus. by David Roberts. (Bolds Ser.). (ENG.). 304p. (J). (gr. 3-6). 2021. pap. 6.99 *(978-1-7284-1615-1(9),* 737ba0ff-5c36-4f44-85bb-fb189661aa14); 2019. 16.99 *(978-1-5415-0045-7(8),* 6d7152f8-c6df-4677-b5a5-33b5bd8f89af) Lerner Publishing Group. (Carolrhoda Bks.).

Bolds on Vacation. Julian Clary. Illus. by David Roberts. 2020. (Bolds Ser.). (ENG.). 320p. (J). (gr. 3-6). pap. 6.99 *(978-1-5415-8681-9(6),* d5972e01-7e6a-4b3e-a655-83c12da5c593, Carolrhoda Bks.) Lerner Publishing Group.

Bolds to the Rescue. Julian Clary. Illus. by David Roberts. 2018. (Bolds Ser.). (ENG.). 288p. (J). (gr. 3-6). pap. 8.99 *(978-1-5415-3844-3(7),* 84dd1818-8bf6-488d-ab25-ac1e93eaf993, Carolrhoda Bks.) Lerner Publishing Group.

Boliche Polar: Un Cuento Sin Palabras. Karl Beckstrand. Illus. by Ashley Sanborn. 2020. (Stories Without Words Ser.: Vol. 5). (SPA.). 32p. (J). 26.55 *(978-1-951599-06-5(3))* Premio Publishing & Gozo Bks., LLC.

Bolita. Vianlix-Christine Schneider. Ed. by Robin Leeann. Illus. by Martina Terzi. 2022. (SPA.). 40p. (J). 24.99 ***(978-1-0880-6398-9(5))*** Indy Pub.

Bolita para niños Infantil. Schneider. Tr. by Olga Marín. Illus. by Martina Terzi. 2023. (SPA.). 24p. (J). pap. 14.99 ***(978-1-0881-2678-3(2))*** Indy Pub.

Bolivar. Sean Rubin. (Bolivar Ser.). (ENG., Illus.). 224p. (J). 2020. pap. 14.99 *(978-1-68415-592-7(4));* 2017. 29.99 *(978-1-68415-069-4(8))* BOOM! Studios. (Archaia Entertainment).

Bolivar Eats New York: a Discovery Adventure. Sean Rubin. 2019. (Bolivar Ser.). (ENG., Illus.). 24p. (J). 14.99 *(978-1-68415-424-1(3),* Archaia Entertainment) BOOM! Studios.

Bolivia. Meish Goldish. 2019. (Countries We Come From Ser.). (ENG., Illus.). 32p. (J). (gr. k-3). lib. bdg. 19.95 *(978-1-64280-534-5(3))* Bearport Publishing Co., Inc.

Bolivia. Contrib. by Alicia Z Klepeis. 2023. (Country Profiles Ser.). (ENG., Illus.). (J). (gr. 3-8). lib. bdg. 27.95 Bellwether Media.

Bolivia a Variety of Facts Children's People & Places Book. Bold Kids. 2022. (ENG.). 42p. (J). pap. 14.99 ***(978-1-0717-1918-3(1))*** FASTLANE LLC.

Bolivia (Enchantment of the World) (Library Edition) Nel Yomtov. 2019. (Enchantment of the World. Second Ser.). (ENG., Illus.). 144p. (J). (gr. 5-9). lib. bdg. 40.00 *(978-0-531-12694-3(3),* Children's Pr.) Scholastic Library Publishing.

Bollettino Della Società Entomologica Italiana, 1887, Vol. 19 (Classic Reprint) Società Entomologica Italiana. 2018. (ITA., Illus.). (J). 424p. 32.64 *(978-1-396-74012-1(0));* 426p. pap. 16.57 *(978-1-391-96741-7(0))* Forgotten Bks.

Bollettino Della Societa Entomologica Italiana, 1902, Vol. 34 (Classic Reprint) Società Entomologica Italiana. 2017. (ITA., Illus.). (J). pap. 16.57 *(978-0-282-53744-9(9))* Forgotten Bks.

Bollettino Della Società Entomologica Italiana, Vol. 41: Trimestre I, II, III e IV (Dal Gennaio Al Dicembre 1909) (Classic Reprint) Società Entomologica Italiana. 2017. (ITA., Illus.). (J). pap. 13.57 *(978-0-282-41883-0(0))* Forgotten Bks.

Bollettino Della Società Entomologica Italiana, Vol. 41: Trimestre I, II, III e IV (Dal Gennaio Al Dicembre 1909) (Classic Reprint) Società Entomologica Italiana. 2018. (ITA., Illus.). 288p. (J). 29.84 *(978-0-484-66693-0(2))* Forgotten Bks.

Bollettino Della Società Sismologica Italiana, 1906, Vol. 11 (Classic Reprint) Società Sismologica Italiana. 2018. (ITA., Illus.). 942p. (J). 43.35 *(978-0-365-99842-6(7))* Forgotten Bks.

Bollettino Della Societa Sismologica Italiana, Vol. 7: 1901-1902 (Classic Reprint) Società Sismologica Italiana. (ITA., Illus.). (J). 2018. 592p. 36.11 *(978-0-656-65871-8(1));* 2017. pap. 19.57 *(978-0-259-16170-7(5))* Forgotten Bks.

Bollywood Dance. Trudy Becker. 2023. (Dance Ser.). (ENG., Illus.). 24p. (J). pap. 8.95 ***(978-1-64619-857-3(3))*** Little Blue Hse.

Bollywood Dance. Contrib. by Trudy Becker. 2023. (Dance Ser.). (ENG., Illus.). 24p. (J). lib. bdg. 28.50 ***(978-1-64619-828-3(X))*** Little Blue Hse.

Bolsa de Plástico (One Plastic Bag) Isatou Ceesay y Las Mujeres Recicladoras de Gambia (Isatou Ceesay & the Recycling Women of the Gambia) Miranda Paul. Illus. by Elizabeth Zunon. 2023. (SPA.). 40p. (J). (gr. k-3). 11.99 *(978-1-7284-9294-0(7),* 85807e54-8df4-4c34-b9f7-8a8a64b83c72, Millbrook Pr.) Lerner Publishing Group.

Bolsillo para Corduroy (a Pocket for Corduroy) Novel Units Teacher Guide. Novel Units. 2019. (ENG., Illus.). (J). (gr. k-2). pap. 12.99 *(978-1-56137-554-7(3),* NU5728, Novel Units, Inc.) Classroom Library Co.

Bolster Book: A Book for the Bedside (Compiled from the Occasional Writings of Reginald Drake Biffin) (Classic Reprint) Harry Graham. (ENG., Illus.). (J). 2018. 316p. 30.41 *(978-0-484-43070-8(X));* 2017. pap. 13.57 *(978-0-243-58385-0(0))* Forgotten Bks.

Bolt. Alessandro Sisti. Illus. by Elisabetta Melaranci & Mattia Guberti. 2021. (Disney & Pixar Movies Ser.). (ENG.). 52p. (J). (gr. 2-6). lib. bdg. 32.79 *(978-1-5321-4806-4(2),* 37017, Graphic Novels) Spotlight.

Bolt - The Fastest Man on Earth. John Murray. 2018. (Ultimate Sports Heroes Ser.). (ENG.). 176p. (J). (gr. 4-8). pap. 10.99 *(978-1-78606-467-7(7))* Blake, John Publishing, Ltd. GBR. Dist: Independent Pubs. Group.

Bolt of Shady Acres. Jean Poirier Green. Illus. by Alexandra Kent. 2020. (ENG.). 20p. (J). 17.99 ***(978-1-0878-6811-0(4))*** Indy Pub.

Bolted Door (Classic Reprint) George Gibbs. 2018. (ENG., Illus.). 370p. (J). 31.53 *(978-0-483-97390-9(4))* Forgotten Bks.

Bolton: Some History & Events (Classic Reprint) James H. Bolton. (ENG., Illus.). (J). 2018. 36p. 24.64 *(978-0-332-53754-2(4));* 2016. pap. 7.97 *(978-1-334-11556-1(7))* Forgotten Bks.

Boltwood of Yale (Classic Reprint) Gilbert Patten. (ENG., Illus.). (J). 2018. 304p. 30.19 *(978-0-483-37914-5(X));* 2016. pap. 13.57 *(978-1-334-12852-3(9))* Forgotten Bks.

Bomb: The Race to Build — And Steal — the World's Most Dangerous Weapon. Steve Sheinkin. 2018. (ENG., Illus.). 304p. (J). (gr. 5-9). pap. 16.99 *(978-1-250-05064-9(2),* 900134132) Square Fish.

Bomb, 1896 (Classic Reprint) Virginia Military Institute. (ENG., Illus.). (J). 2018. 166p. 27.32 *(978-0-267-34382-9(5));* 2016. pap. 9.97 *(978-1-333-67095-5(8))* Forgotten Bks.

Bomb (Classic Reprint) Frank Harris. 2018. (ENG., Illus.). 358p. (J). 31.28 *(978-0-365-45195-2(9))* Forgotten Bks.

Bomb Disposal Units: Disarming Deadly Explosives. Justin Petersen. 2016. (Emergency! Ser.). (ENG., Illus.). 32p. (J). (gr. 3-9). lib. bdg. 28.65 *(978-1-4914-8028-1(9),* 130530, Capstone Pr.) Capstone.

Bomb (Graphic Novel) The Race to Build — And Steal — the World's Most Dangerous Weapon. Steve Sheinkin. Illus. by Nick Bertozzi. 2023. (ENG.). 256p. (J). 24.99 *(978-1-250-20673-2(1),* 900201535); pap. 17.99 *(978-1-250-20674-9(X),* 900201536) Roaring Brook Pr.

Bomb in the Classroom: And Other Stories. Ted Mason. 2017. (ENG., Illus.). (J). (gr. 2-6). *(978-1-78719-423-6(X))*; pap. *(978-1-78719-422-9(1))* Authors OnLine, Ltd.

Bomb-Makers: Being Some Curious Records Concerning the Craft & Cunning of Thedore Drost, an Enemy Alien in London, Together with Certain Revelations Regarding His Daughter Ells (Classic Reprint) William Le Queux. 2018. (ENG., Illus.). 168p. (J). 27.36 *(978-0-267-67701-6(4))* Forgotten Bks.

Bomb Squad. Jill Chapman. 2021. (ENG.). 102p. (J). pap. 10.99 *(978-1-64949-397-2(5))* Elk Lake Publishing, Inc.

Bomb Squad Technicians in Action. Roberta Baxter. 2017. (Dangerous Jobs in Action Ser.). (ENG.). 32p. (J). (gr. 3-6). lib. bdg. 35.64 *(978-1-5038-1627-5(3),* 211143) Child's World, Inc, The.

Bomba the Brave. Denise Dufala. 2018. (ENG., Illus.). 32p. (J). (gr. k-4). 19.95 *(978-1-61244-642-4(6))* Halo Publishing International.

BOMBARDERS Guide Book. Brian Bondurant. 2021. (ENG.). 191p. (YA). pap. *(978-1-300-67777-2(5))* Lulu Pr., Inc.

Bombay Cats. Katie Lajiness. 2017. (Big Buddy Cats Ser.). (ENG., Illus.). 32p. (J). (gr. 2-5). lib. bdg. 34.21 *(978-1-5321-1196-9(7),* 27548, Big Buddy Bks.) ABDO Publishing Co.

Bomber Gipsy: And Other Poems (Classic Reprint) A. P. Herbert. 2017. (ENG., Illus.). (J). 26.27 *(978-0-266-19581-8(4))* Forgotten Bks.

Bombero. Jared Siemens. 2018. (Gente de Mi Vecindario Ser.). (SPA.). 24p. (J). lib. bdg. 23.99 *(978-1-5105-3410-0(5))* SmartBook Media, Inc.

Bombero: (Firefighter) Xist Publishing. 2017. (Xist Kids Spanish Bks.). (SPA.). 28p. (J). (gr. -1-3). pap. 9.99 *(978-1-5324-0375-0(5))* Xist Publishing.

Bomberos. Julie Murray. 2016. (Trabajos en Mi Comunidad Ser.). (SPA.). 24p. (J). (gr. -1-2). pap. 7.95 *(978-1-4966-0719-5(8),* 131748, Capstone Classroom) Capstone.

Bombing of Hiroshima & Nagasaki: Odysseys in History. Valerie Bodden. 2016. (Odysseys in History Ser.). (ENG., Illus.). 80p. (J). (gr. 7-10). pap. 15.99 *(978-1-62832-126-5(1),* 20948, Creative Paperbacks) Creative Co., The.

Bombo's Big Question. Kip Will. 2019. (KOR.). 36p. (J). pap. *(978-0-359-40550-3(9))* Lulu Pr., Inc.

Bombo's Big Question (Mandarin) Kip Will. 2019. (CHI.). 36p. (J). pap. *(978-0-359-40742-2(0))* Lulu Pr., Inc.

Bombproof, Vol. 1: A Weekly Paper Devoted to the Interests of U. S. Army General Hospital No. 18; Dec. 14, 1918 (Classic Reprint) 2018. (ENG., Illus.). (J). 20p. 24.31 *(978-1-396-36666-6(0))*; 22p. pap. 7.97 *(978-1-390-97947-3(4))* Forgotten Bks.

Bombproof, Vol. 1: A Weekly Paper Devoted to the Interests of U. S. Army General Hospital No. 18; Dec. 21, 1918 (Classic Reprint) Robert Y. Davis. 2018. (ENG., Illus.). 26p. (J). pap. 7.97 *(978-1-391-68867-1(8))* Forgotten Bks.

Bombproof, Vol. 1: A Weekly Paper Devoted to the Interests of U. S. Army General Hospital No. 18; February 18, 1919 (Classic Reprint) 2018. (ENG., Illus.). 20p. (J). 24.31 *(978-1-396-56107-8(2))* Forgotten Bks.

Bombproof, Vol. 1: A Weekly Paper Devoted to the Interests of U. S. Army General Hospital No. 18; Jan. 25, 1919 (Classic Reprint) Robert Y. Davis. 2018. (ENG., Illus.). 20p. (J). 24.33 *(978-1-396-58900-3(7))*; pap. 7.97 *(978-1-391-68644-8(6))* Forgotten Bks.

Bombproof, Vol. 1: A Weekly Paper Devoted to the Interests of U. S. Army General Hospital No. 18; January 18, 1919 (Classic Reprint) 2018. (ENG., Illus.). (J). 20p. 24.31 *(978-1-396-36854-7(X))*; 22p. pap. 7.97 *(978-1-390-98078-3(2))* Forgotten Bks.

Bombproof, Vol. 1: A Weekly Paper Devoted to the Interests of U. S. Army General Hospital No. 18; Nov. 23, 1918 (Classic Reprint) Robert Y. Davis. 2018. (ENG., Illus.). (J). 24p. 24.39 *(978-1-396-37674-0(7))*; 26p. pap. 7.97 *(978-1-390-98650-1(0))* Forgotten Bks.

Bombproof, Vol. 1: A Weekly Paper Devoted to the Interests of U. S. Army General Hospital, No. 18; November 16, 1918 (Classic Reprint) U. S. Army Hospital. 2017. (ENG., Illus.). (J). 24.31 *(978-0-331-08595-2(X))*; pap. 7.97 *(978-0-260-23864-1(3))* Forgotten Bks.

Bombproof, Vol. 1: A Weekly Paper Devoted to the Interests of U. S. Army General Hospital No. 18; November 30, 1918 (Classic Reprint) 2018. (ENG., Illus.). (J). 20p. 24.31 *(978-1-396-60373-0(5))*; 22p. pap. 7.97 *(978-1-391-70907-9(1))* Forgotten Bks.

Bombproof, Vol. 1: A Weekly Paper Devoted to the Interests of U. S. Army General Hospital No. 18; Oct. 12, 1918 (Classic Reprint) Robert Y. Davis. 2018. (ENG., Illus.). (J). 20p. 24.31 *(978-1-396-58837-2(X))*; 22p. pap. 7.97 *(978-1-391-68697-4(7))* Forgotten Bks.

Bombproof, Vol. 1: A Weekly Paper Devoted to the Interests of United States Army General Hospital; September 7, 1918 (Classic Reprint) Roy H. McKay. 2018. (ENG., Illus.). (J). 20p. 24.31 *(978-1-396-38211-6(9))*; 22p. pap. 7.97 *(978-1-390-98905-2(4))* Forgotten Bks.

Bombproof, Vol. 1: A Weekly Paper Devoted to the Interests of United States General Hospital; August 31, 1918 (Classic Reprint) Roy H. McKay. 2018. (ENG., Illus.). (J). 20p. 24.31 *(978-1-391-53665-1(7))*; 22p. pap. 7.97 *(978-1-390-96940-5(1))* Forgotten Bks.

Bombproof, Vol. 1: December 7, 1918 (Classic Reprint) United States Hospital. 2018. (ENG., Illus.). (J). 20p. 24.31 *(978-1-396-36304-7(1))*; 22p. pap. 7.97 *(978-1-390-97729-5(3))* Forgotten Bks.

Bombproof, Vol. 1: January 4, 1919 (Classic Reprint) Robert Y. Davis. 2018. (ENG., Illus.). (J). 20p. 24.31 *(978-1-396-38003-7(5))*; 22p. pap. 7.97 *(978-1-390-98787-4(6))* Forgotten Bks.

Bombproof, Vol. 1: October 19, 1918 (Classic Reprint) Robert Y. Davis. 2018. (ENG., Illus.). (J). 20p. 24.31 *(978-1-396-39164-4(9))*; 22p. pap. 7.97 *(978-1-390-99479-7(1))* Forgotten Bks.

Bombproof, Vol. 1: Sept. 28, 1918 (Classic Reprint) Robert Y. Davis. 2018. (ENG., Illus.). (J). 20p. 24.31 *(978-1-396-59845-6(6))*; 22p. pap. 7.97 *(978-1-391-68862-6(7))* Forgotten Bks.

Bombproof, Vol. 1: September 14, 1918 (Classic Reprint) U. S. Hospital. (ENG., Illus.). (J). 2018. 24p. 24.39 *(978-0-666-47905-1(4))*; 2016. pap. 7.97 *(978-1-334-12501-0(5))* Forgotten Bks.

Bombs & Blackberries. Julia Donaldson. Illus. by Thomas Docherty. (ENG.). (J). (gr. 3-7). 2020. 64p. 10.99 *(978-1-4449-3890-6(8))*; 2019. 48p. 16.99 *(978-1-4449-3879-1(7))* Hachette Children's Group GBR. Dist: Hachette Bk. Group.

Bombs & Blackberries: A World War Two Play. Julia Donaldson. Illus. by Thomas Docherty. 2021. (ENG.). 48p. (J). (gr. 3-7). pap. 12.99 *(978-1-4449-3880-7(0))* Hachette Children's Group GBR. Dist: Hachette Bk. Group.

Bombs That Brought Us Together. Brian Conaghan. 2018. (ENG.). 384p. (YA). pap. 10.99 *(978-1-68119-545-2(3),* 900177246, Bloomsbury USA Childrens) Bloomsbury Publishing USA.

Bombshell. Rowan Maness. (ENG.). 320p. (YA). (gr. 9). 2018. pap. 11.99 *(978-1-4814-4165-0(5))*; 2017. (Illus.). 18.99 *(978-1-4814-4164-3(7))* Simon Pulse. (Simon Pulse).

Bomji & Spotty's Frightening Adventure: A Story about How to Recover from a Scary Experience. Anne Westcott & C. C. Alicia Hu. Illus. by Ching-Pang Kuo. 2017. (Hidden Strengths Therapeutic Children's Bks.). 40p. (C). pap. 17.95 *(978-1-78592-770-6(1),* 696596) Kingsley, Jessica Pubs. GBR. Dist: Hachette UK Distribution.

Bommels Abenteuer: Das Schicksal Eines Kleinen Hundes. Yvonne Engelsmann. 2017. (GER., Illus.). (J). pap. *(978-3-7103-3400-9(4))* united p.c. Verlag.

Bompa's Insect Expedition. David. Suzuki & Tanya Lloyd Kyi. Illus. by Qin Leng. 2023. (Backyard Bug Book for Kids Ser.). 48p. (J). 18.95 *(978-1-77164-882-0(1),* Greystone Kids) Greystone Books Ltd. CAN. Dist: Publishers Group West (PGW).

Bon Berger: Le Vray Regime et Gouvernement des Bergers et Bergeres (Classic Reprint) Jehan De Brie. 2017. (FRE., Illus.). (J). 27.73 *(978-0-265-31648-1(0))* Forgotten Bks.

Bon-Mots (Classic Reprint) Samuel Foote. (ENG., Illus.). (J). 2018. 210p. 28.23 *(978-0-267-55300-6(5))*; 2016. pap. 10.57 *(978-1-333-59568-5(9))* Forgotten Bks.

Bon-Mots (Classic Reprint) Charles Lamb. (ENG., Illus.). (J). 2018. 214p. 28.33 *(978-0-364-85965-0(2))*; 2016. pap. 10.97 *(978-1-334-14614-5(4))* Forgotten Bks.

Bon-Mots of the Eighteenth Century (Classic Reprint) Walter Jerrold. 2018. (ENG., Illus.). 212p. (J). 28.27 *(978-0-267-44608-7(X))* Forgotten Bks.

Bon Voyage, Mister Rodriguez. Christiane Duchesne. Illus. by François Thisdale & François Thisdale. 2019. (ENG.). 32p. (J). (gr. k-3). 18.95 *(978-1-77278-089-5(8))* Pajama Pr. CAN. Dist: Publishers Group West (PGW).

Bonanza: A Story of the Gold Trail (Classic Reprint) William MacLeod Raine. 2019. (ENG., Illus.). (J). 390p. 31.94 *(978-0-364-74531-1(2))*; 392p. pap. 16.57 *(978-0-656-86907-7(0))* Forgotten Bks.

Bonanza: A Story of the Outside (Classic Reprint) Ernest G. Henham. (ENG., Illus.). (J). 2018. 336p. 30.83 *(978-0-483-52234-3(1))*; 2017. pap. 13.57 *(978-0-243-28489-4(6))* Forgotten Bks.

Bonaparte Falls Apart. Margery Cuyler. Illus. by Will Terry. 2020. 40p. (J). (gr. -1-2). 8.99 *(978-1-101-93772-3(6),* Dragonfly Bks.) Random Hse. Children's Bks.

Bonaparte Falls Apart. Margery Cuyler & Will Terry. 2017. (Illus.). 40p. (J). (gr. -1-2). 17.99 *(978-1-101-93768-6(8),* Crown Books For Young Readers) Random Hse. Children's Bks.

Bonaparte Falls Apart. Margery Cuyler. ed. 2021. (Bonaparte Ser.). (ENG., Illus.). 33p. (J). (gr. k-1). 20.46 *(978-1-68505-003-0(4))* Penworthy Co., LLC, The.

Bonaventure: A Prose Pastoral of Acadian Louisiana. George W. Cable. 2020. (ENG.). (J). 194p. 19.95 *(978-1-64799-393-1(8))*; 192p. pap. 9.95 *(978-1-64799-392-4(X))* Bibliotech Pr.

Bonaventure: A Prose Pastoral of Acadian Louisiana (Classic Reprint) George W. Cable. 2018. (ENG., Illus.). 336p. (J). 30.85 *(978-0-365-48383-0(4))* Forgotten Bks.

Bonaventure Adventures. Rachelle Delaney. 2018. (ENG.). 288p. (J). (gr. 3-7). pap. 8.99 *(978-0-14-319851-2(3),* Puffin Canada) PRH Canada Young Readers CAN. Dist: Penguin Random Hse. LLC.

Bond & Free: A Tale of the South (Classic Reprint) Grace Lintner. 2018. (ENG., Illus.). 310p. (J). 30.29 *(978-0-484-09525-9(0))* Forgotten Bks.

Bond & Free: A True Tale of Slave Times (Classic Reprint) Jas H. W. Howard. 2018. (ENG., Illus.). 286p. (J). 29.80 *(978-0-483-49943-0(9))* Forgotten Bks.

Bond & Free, Vol. 1 (Classic Reprint) Emily Jolly. 2018. (ENG., Illus.). 296p. (J). 30.02 *(978-0-428-91126-3(9))* Forgotten Bks.

Bond (Classic Reprint) Neith Boyce. 2018. (ENG., Illus.). 426p. (J). 32.70 *(978-0-483-87513-8(6))* Forgotten Bks.

Bond of a Dragon: Fall of the Kings. A.J. Walker. 2019. (Bond of a Dragon Ser.: Vol. 3). (ENG., Illus.). 504p. (YA). (gr. 7-12). pap. 19.99 *(978-0-578-57807-1(7))* J Walker Publishing, A.

Bond of a Dragon: Rise of the Dragonriders. A.J. Walker. 2020. (Bond of a Dragon Ser.: Vol. 4). (ENG., Illus.). 514p. (YA). (gr. 7-12). pap. 19.99 *(978-0-578-66980-9(3))* J Walker Publishing, A.

Bond of a Dragon: Secrets of the Sapphire Soul. A.J. Walker. 2019. (Bond of a Dragon Ser.: Vol. 2). (ENG., Illus.). 524p. (YA). (gr. 7-12). pap. 19.99 *(978-0-578-50575-6(4))* J Walker Publishing, A.

Bond of Sympathy (Classic Reprint) Andrew Haggard. 2017. (ENG., Illus.). (J). 31.20 *(978-0-265-70139-3(2))* Forgotten Bks.

Bond Slaves: The Story of a Struggle (Classic Reprint) G. Linnaeus Banks. 2017. (ENG., Illus.). (J). 32.77 *(978-0-260-77483-5(9))* Forgotten Bks.

Bond-Slaves (Classic Reprint) J. E. Patterson. 2018. (ENG., Illus.). 348p. (J). 31.09 *(978-0-483-55674-4(2))* Forgotten Bks.

Bond to Break. Ginna Moran. 2017. (ENG., Illus.). (J). pap. 13.99 *(978-1-942073-41-3(0))* Sunny Palms Pr.

Bond Unbroken. Maalika Hudson David. 2020. (ENG.). 234p. (YA). (gr. 7-12). pap. 17.95 *(978-1-64569-578-3(6))* Christian Faith Publishing.

Bondage of Ballinger (Classic Reprint) Roswell Field. 2018. (ENG., Illus.). 214p. (J). 28.31 *(978-0-267-14083-1(5))* Forgotten Bks.

Bondage of Riches (Classic Reprint) Annie S. Swan. (ENG., Illus.). (J). 2018. 322p. 30.54 *(978-0-483-10393-1(4))*; 2017. pap. 13.57 *(978-1-334-93026-3(0))* Forgotten Bks.

Bondboy (Classic Reprint) George Washington Ogden. 2018. (ENG., Illus.). 382p. (J). 31.78 *(978-0-483-49250-9(7))* Forgotten Bks.

Bondi & Poppy Help Heal the Planet. Judith A. Proffer. Illus. by Yoko Matsuoka. 2023. (ENG.). 32p. (J). 19.99 *(978-1-0881-1343-1(5))*; pap. 16.00 *(978-1-0880-0323-7(0))* Indy Pub.

Bondi Finz Book Two: Shark Frog. S. J. House. Illus. by Zlaticanin Zoran. 2020. (Bondi Finz Ser.: Vol. 2). (ENG.). 80p. (J). (gr. 3-6). pap. *(978-1-9161575-1-4(3))* Simon James Hse.

Bondi Finz FreeRacer. S. J. House. Illus. by Zoran Zlaticanin. 2020. (ENG.). 84p. (J). pap. *(978-1-9161575-2-1(1))* Simon James Hse.

Bondi Finz Surf Subs. S. J. House. Illus. by Zoran Zlaticanin. 2020. (ENG.). 94p. (J). pap. *(978-1-9161575-3-8(X))* Simon James Hse.

Bonding: A Love Story about People & Their Parasites. Matthew Erman. Ed. by Adrian F. Wassel. Illus. by Emily Pearson. 2023. (ENG.). 208p. 24.99 *(978-1-939424-65-5(8),* 6c3eda05-5126-4311-9cb2-d27b8ddd58be, Vault Comics) Creative Mind Energy.

Bonding with Your Dog. Michael J. Rosen. 2019. (Dog's Life Ser.). (ENG.). 24p. (J). (gr. 1-4). pap. 8.99 *(978-1-62832-641-3(7),* 18760, Creative Paperbacks) Creative Co., The.

Bonding with Your Dog. Michael J. Rosen. 2019. (Dog's Life Ser.). (ENG.). 24p. (J). (gr. 1-4). *(978-1-64026-053-5(6),* 18759) Creative Co., The.

Bondman. Hall Caine. 2017. (ENG.). (J). 326p. pap. *(978-3-7447-8108-4(9))*; 276p. pap. *(978-3-7447-8107-7(0))*; 288p. pap. *(978-3-7447-8109-1(7))* Creation Pubs.

Bondman: A New Saga (Classic Reprint) Hall Caine. 2018. (ENG., Illus.). 410p. (J). 32.37 *(978-0-483-38256-5(6))* Forgotten Bks.

Bondman: A Story of the Times of Wat Tyler (Classic Reprint) O'Neill. (ENG., Illus.). (J). 2018. 490p. 34.00 *(978-0-483-97023-6(9))*; 2017. pap. 16.57 *(978-0-243-93331-0(2))* Forgotten Bks.

Bondman, Vol. 1 Of 3: A New Saga (Classic Reprint) Hall Caine. 2018. (ENG., Illus.). 274p. (J). 29.55 *(978-0-483-68455-3(4))* Forgotten Bks.

Bondman, Vol. 2 Of 3: A New Saga; the Book of Michael Sunlocks (Classic Reprint) Hall Caine. 2018. (ENG., Illus.). 330p. (J). 30.70 *(978-0-483-28774-7(1))* Forgotten Bks.

Bondman, Vol. 3 Of 3: A New Saga; the Book of Red Jason (Classic Reprint) Hall Caine. 2018. (ENG., Illus.). 292p. (J). 29.92 *(978-0-484-18482-3(2))* Forgotten Bks.

Bonds. Henry T. G. Pearson. 2022. (ENG.). 204p. (YA). pap. *(978-1-3984-7256-3(5))* Austin Macauley Pubs. Ltd.

Bondwoman (Classic Reprint) Marah Ellis Ryan. 2017. (ENG., Illus.). (J). 32.60 *(978-1-5285-8342-8(6))* Forgotten Bks.

Bone Adventures. Jeff Smith. ed. 2021. (Bone Ser.). (ENG., Illus.). 93p. (J). (gr. k-1). 24.46 *(978-1-64697-965-3(6))* Penworthy Co., LLC, The.

BONE Adventures: a Graphic Novel (Combined Volume), 1 vol. Jeff Smith. ed. 2020. (ENG.). 96p. (J). (gr. -1-k). 22.99 *(978-1-338-62068-9(1))*; pap., pap. 9.99 *(978-1-338-62067-2(3))* Scholastic, Inc. (Graphix).

Bone Beds of the Badlands: A Dylan Maples Adventure, 1 vol. Shane Peacock. 2018. (Dylan Maples Adventure Ser.: 3). (ENG.). 216p. (J). (gr. 4-7). pap. 9.95 *(978-1-77108-658-5(0),* cd2c6367-fac8-4c35-8315-9033ecdcd227) Nimbus Publishing, Ltd. CAN. Dist: Baker & Taylor Publisher Services (BTPS).

Bone Carver. Monique Snyman. 2020. (Night Weaver Ser.: 2). (ENG.). 280p. (YA). (gr. 9-12). pap. 16.95 *(978-1-64548-008-2(9))* Vesuvian Bks.

Bone Crier's Dawn. Kathryn Purdie. (ENG., Illus.). (YA). (gr. 8). 2022. 464p. pap. 10.99 *(978-0-06-279881-7(2))*; 2021. 448p. 17.99 *(978-0-06-279880-0(4))* HarperCollins Pubs. (Tegen, Katherine Bks).

Bone Crier's Moon. Kathryn Purdie. (ENG.). 480p. (YA). (gr. 8). 2021. pap. 10.99 *(978-0-06-279878-7(2))*; 2020. (Illus.). 17.99 *(978-0-06-279877-0(4))* HarperCollins Pubs. (Tegen, Katherine Bks).

Bone for Bo: Painting with Georgia O'Keeffe. Joan Waites. 2022. (ENG., Illus.). 40p. (J). 16.99 *(978-0-7643-6482-2(0),* 26930) Schiffer Publishing, Ltd.

Bone Gap. Laura Ruby. ed. 2016. (YA). lib. bdg. 20.85 *(978-0-606-38739-2(0))* Turtleback.

Bone Garden. Heather Kassner. Illus. by Matt Saunders. 2020. (ENG.). 288p. (J). pap. 7.99 *(978-1-250-25053-7(6),* 900195831) Square Fish.

Bone Hollow, 1 vol. Kim Ventrella. 2019. (ENG.). 240p. (J). (gr. 3-7). 17.99 *(978-1-338-04274-0(2),* Scholastic Pr.) Scholastic, Inc.

Bone Houses. Emily Lloyd-Jones. (ENG.). 352p. (YA). (gr. 7-17). 2020. pap. 11.99 *(978-0-316-41842-3(0))*; 2019. 18.99 *(978-0-316-41841-6(2))* Little, Brown Bks. for Young Readers.

Bone Jaw. Isabelle Cullen. Illus. by Sophie Edell. 2021. (ENG.). 24p. (J). *(978-1-9990427-4-5(3))* Herman's Monster Hse. Publishing.

Bone Marrow Transplant - Biology 4th Grade Children's Biology Books. Baby Professor. 2017. (ENG., Illus.). (YA). pap. 9.25 *(978-1-5419-0525-2(3),* Baby Professor (Education Kids)) Speedy Publishing LLC.

Bone of Contention: A Fairy Melodrama in One Act (Classic Reprint) Genevieve K. McConnell. 2018. (ENG., Illus.). 32p. (J). 24.56 *(978-0-267-20337-6(3))* Forgotten Bks.

(Bone Prequel) see Tall Tales: A Graphic Novel

Bone Queen: Pellinor: Cadvan's Story. Alison Croggon. (Pellinor Ser.). (ENG.). 416p. (gr. 7). 2018. (J). pap. 12.99 *(978-1-5362-0370-7(X))*; 2017. (Illus.). (YA). 17.99 *(978-0-7636-8974-2(2))* Candlewick Pr.

Bone Soup. Cambria Evans. 2016. (ENG., Illus.). 32p. (J). (gr. -1-3). 8.99 *(978-0-544-66836-2(7),* 1625434, Clarion Bks.) HarperCollins Pubs.

Bone Soup: A Spooky, Tasty Tale. Alyssa Satin Capucilli. Illus. by Tom Knight. 2018. (ENG.). 32p. (J). (gr. -1-3). 17.99 *(978-1-4814-8608-8(X),* Simon & Schuster/Paula Wiseman Bks.) Simon & Schuster/Paula Wiseman Bks.

Bone Sparrow. Zana Fraillon. 2016. (ENG.). 240p. (J). (gr. 4-7). 16.99 *(978-1-4847-8151-7(1))* Little, Brown Bks. for Young Readers.

Bone Sparrow. Zana Fraillon. ed. 2017. (J). lib. bdg. 18.40 *(978-0-606-40712-0(X))* Turtleback.

Bone Spindle. Leslie Vedder. (Bone Spindle Ser.: 1). (ENG.). (YA). (gr. 7). 2023. 432p. pap. 11.99 *(978-0-593-32584-1(2),* Razorbill); 2022. 416p. 18.99 *(978-0-593-32582-7(6),* G.P. Putnam's Sons Books for Young Readers) Penguin Young Readers Group.

Bone Talk. Candy Gourlay. 2019. (ENG.). 272p. (J). (gr. 3-7). 18.99 *(978-1-338-34963-4(5))* Scholastic, Inc.

Bone to Pick. Daphne Maple. 2017. (Illus.). 197p. (J). *(978-1-5182-3557-3(3))* HarperCollins Pubs.

Bone Wars: The Race to Dig up Dinosaurs. Kelly Wittmann. 2017. (Great Race: Fight to the Finish Ser.). 48p. (gr. 4-5). pap. 84.30 *(978-1-5382-0803-8(2))* Stevens, Gareth Publishing LLLP.

Bone Weaver. Aden Polydoros. (ENG.). (YA). 2023. 400p. pap. 15.99 *(978-1-335-45800-1(X))*; 2022. 448p. 19.99 *(978-1-335-91582-5(6))* Harlequin Enterprises ULC CAN. Dist: HarperCollins Pubs.

Bone Whistle. K. B. Hoyle. 2016. (ENG., Illus.). (J). 32.99 *(978-1-61213-401-7(7))* Writer's Coffee Shop, The.

Bone Witch. Rin Chupeco. 2018. (Bone Witch Ser.: 1). 448p. (YA). (gr. 6-12). pap. 12.99 *(978-1-4926-5278-6(4))* Sourcebooks, Inc.

Bone Yard, 2 vols. Carl Bowen. Illus. by Marc Lee. 2016. (Firestormers Ser.). (ENG.). (J). (gr. 4-8). 53.32 *(978-1-4965-4511-4(7))*; 112p. lib. bdg. 27.32 *(978-1-4965-3306-7(2),* 132447) Capstone. (Stone Arch Bks.).

Bonefolder & the Golden Village (3rd Born) Julie Hodgson. 2019. (ENG.). 134p. (J). pap. *(978-0-244-50832-6(1))* Lulu Pr., Inc.

Bonefolder & the Golden Village (3rd Born) Adult Cover. Julie Hodgson. 2019. (ENG.). 134p. (J). pap. *(978-0-244-81076-4(1))* Lulu Pr., Inc.

Boneless Mercies. April Genevieve Tucholke. 2020. (ENG.). 368p. (YA). pap. 10.99 *(978-1-250-21150-7(6),* 900178964) Square Fish.

Boneless Mercies. April Genevieve Tucholke. 2019. (SPA.). 336p. (YA). (gr. 9-12). pap. 18.99 *(978-607-8614-90-5(8))* V&R Editoras.

Bones. Joyce Markovics. 2022. (Hello, Body! Ser.). (ENG., Illus.). 24p. (J). (gr. 4-6). pap. 12.79 *(978-1-6689-1117-4(5),* 221062); lib. bdg. 30.64 *(978-1-6689-0957-7(X),* 220924) Cherry Lake Publishing.

Bones. Gary Weise. 2018. (ENG., Illus.). 250p. (YA). (gr. 7-12). pap. 19.95 *(978-1-68433-117-8(X))* Black Rose Writing.

Bones. John Wilson. 2nd ed. 2020. (Orca Currents Ser.). (ENG.). 120p. (J). (gr. 4-7). pap. 10.95 *(978-1-4598-2190-3(4))* Orca Bk. Pubs. USA.

Bones: All about the Skeletal System. Simon Rose. 2017. (Illus.). 32p. (J). *(978-1-5105-0899-6(6))* SmartBook Media, Inc.

Bones: an Inside Look at the Animal Kingdom. Jules Howard. Illus. by Chervelle Fryer. 2020. (ENG.). 80p. (J). (gr. 2-5). 19.99 *(978-1-5362-1041-5(2),* Big Picture Press) Candlewick Pr.

Bones & All: A Novel. Camille DeAngelis. ed. 2022. (ENG.). 304p. (YA). pap. 12.99 *(978-1-250-88277-6(X),* 900282797, Wednesday Bks.) St. Martin's Pr.

Bones & Bats in Bunk Five, 1 vol. Laurie Friedman. Illus. by Jake Hill. 2022. (Camp Creepy Lake Ser.). (ENG.). 48p. (J). (gr. 2-4). lib. bdg. *(978-1-0396-4588-2(7),* 16227, Leaves Chapter Books) Crabtree Publishing Co.

Bones & Bats in Bunk Five, 1 vol. Laurie Friedman & Jake Hill. 2022. (Camp Creepy Lake Ser.). (ENG.). 48p. (J). (gr. 2-4). pap. *(978-1-0396-4715-2(4),* 17169, Leaves Chapter Books) Crabtree Publishing Co.

Bones & Biscuits: Letters from a Dog Named Bobs. Enid Blyton. Illus. by Alice McKinley. (ENG.). 112p. (J). (gr. 2-4). 2022. pap. 10.99 *(978-1-4449-6336-6(8))*; 2021. 13.99 *(978-1-4449-5612-2(4))* Hachette Children's Group GBR. Dist: Hachette Bk. Group.

Bones & Bodies. Holly Duhig. 2020. (Animals Eat What? Ser.). (ENG., Illus.). 24p. (J). (gr. 1-4). pap. 8.99 *(978-1-5415-8704-5(9),* 22ac964d-ac8e-450c-b1f0-c31cdca14f94); lib. bdg. 26.65 *(978-1-5415-7932-3(1),* e423100f-971e-4337-bc4d-990b414fffb1) Lerner Publishing Group. (Lerner Pubns.).

Bones & Cartilage: Skeleton Coloring Book. Bobo's Children Activity Books. 2016. (ENG., Illus.). (J). pap. 9.33 *(978-1-68327-525-1(X))* Sunshine In My Soul Publishing.

Bones & I: Or the Skeleton at Home (Classic Reprint) G. J. Whyte-Melville. 2018. (ENG., Illus.). 266p. (J). 29.38 *(978-0-332-38073-5(4))* Forgotten Bks.

Bones & Muscles & Organs, Oh My! Anatomy & Physiology. Baby Professor. 2017. (ENG., Illus.). (J). pap. 7.89 *(978-1-5419-0278-7(5),* Baby Professor (Education Kids)) Speedy Publishing LLC.

TITLE INDEX BOO TO YOU!

Bone's Gift. Angie Smibert. (Ghosts of Ordinary Objects Ser.). 256p. (J). (gr. 5). 2019. pap. 9.95 *(978-1-68437-373-4(5))*; 2018. 17.95 *(978-1-62979-850-9(9))* Astra Publishing Hse. (Astra Young Readers).
Bone's Gift. Angie Smibert. 2019. (Penworthy Picks YA Fiction Ser.). (ENG.). 249p. (J). (gr. 6-8). 20.96 *(978-0-87617-636-8(8))* Penworthy Co., LLC, The.
Bones in London. Edgar Wallace. 2020. (ENG.). (J). 158p. 17.95 *(978-1-64799-775-5(5))*; 156p. pap. 9.95 *(978-1-64799-774-8(7))* Bibliotech Pr.
Bones in the Human Body: 2nd Grade Science Workbook Children's Anatomy Books Edition. Baby Professor. 2016. (ENG., Illus.). 42p. (J). pap. 11.65 *(978-1-68305-514-3(4),* Baby Professor (Education Kids)) Speedy Publishing LLC.
Bones in the Human Body! Anatomy Book for Kids. Baby Professor. 2017. (ENG., Illus.). (J). pap. 9.25 *(978-1-5419-0162-9(2),* Baby Professor (Education Kids)) Speedy Publishing LLC.
Bones in the White House: Thomas Jefferson's Mammoth. Candice Ransom. Illus. by Jamey Christoph. 2020. 40p. (J). (gr. -1-2). 17.99 *(978-0-525-64607-5(8),* Doubleday Bks. for Young Readers) Random Hse. Children's Bks.
Bones of a Saint. Grant Farley. 288p. (YA). (gr. 9). 2022. pap. 10.99 *(978-1-64129-267-2(9))*; 2021. 18.99 *(978-1-64129-117-0(6))* Soho Pr., Inc. (Soho Teen).
Bones of Birka: Unraveling the Mystery of a Female Viking Warrior. Contrib. by C.m. Surrisi. 2023. (ENG., Illus.). 192p. (YA). (gr. 7). 19.99 *(978-1-64160-706-3(8))* Chicago Review Pr., Inc.
Bones of Doom: The Rise of the Warlords Book Two: an Unofficial Minecrafter's Adventure. Mark Cheverton. 2017. (Rise of the Warlords Ser.: 2). (ENG.). 288p. (J). (gr. 4-4). 16.99 *(978-1-5107-2832-5(5))*; pap. 9.99 *(978-1-5107-2738-0(8))* Skyhorse Publishing Co., Inc. (Sky Pony Pr.).
Bones of Ruin. Sarah Raughley. 2022. (Bones of Ruin Trilogy Ser.: 1). (ENG., Illus.). 512p. (YA). (gr. 9). pap. 13.99 *(978-1-5344-5357-9(1),* McElderry, Margaret K. Bks.) McElderry, Margaret K. Bks.
Bones of the Sun God. Peter Vegas. (Pyramid Hunters Ser.: 2). (ENG.). 416p. (J). (gr. 5-9). 2018. pap. 8.99 *(978-1-4814-4583-2(9))*; 2017. (Illus.). 17.99 *(978-1-4814-4582-5(0))* Simon & Schuster Children's Publishing. (Aladdin).
Bones on Display. Elisa Jordan. rev. ed. 2019. (Smithsonian: Informational Text Ser.). (ENG.). 32p. (J). (gr. 2-3). pap. 10.99 *(978-1-4938-6662-5(1))* Teacher Created Materials, Inc.
Bones Unearthed! (Creepy & True #3) Kerrie Logan Hollihan. 2021. (Creepy & True Ser.). (ENG., Illus.). 208p. (J). (gr. 5-9). 16.99 *(978-1-4197-5535-4(8),* 1272301, Abrams Bks. for Young Readers) Abrams, Inc.
Bones You Have Cast Down. Jean Huets. 2019. (ENG.). 264p. (YA). 24.99 *(978-1-939530-18-9(0),* gertrude m Bks.) Circling Rivers.
Boneseeker. Brynn Chapman. l.t. ed. 2018. (Boneseeker Chronicles Ser.). (ENG.). 286p. (YA). (gr. 7). pap. 15.99 *(978-1-5092-1872-1(6))* Wild Rose Pr., Inc., The.
Boneseeker: Here Walk the Dead. Brynn Chapman. 2019. (Boneseeker Chronicles Ser.: Vol. 2). (ENG.). 250p. (YA). (gr. 7). pap. 15.99 *(978-1-5092-2442-5(4))* Wild Rose Pr., Inc., The.
Bonesmith. Nicki Pau Preto. 2023. (House of the Dead Duology Ser.). (ENG.). 464p. (YA). (gr. 9). 21.99 ***(978-1-6659-1059-0(3),*** McElderry, Margaret K. Bks.) McElderry, Margaret K. Bks.
Boney. Cary Fagan. Illus. by Dasha Tolstikova. 2022. (ENG.). 32p. (J). (gr. -1-1). 18.99 *(978-1-77306-548-9(3))* Groundwood Bks. CAN. Dist: Publishers Group West (PGW).
Boneyard. D. M. Darroch. 2022. (Silvanus Saga Ser.: Vol. 2). (ENG.). 260p. (YA). pap. 14.99 *(978-1-890797-25-6(1))* Sleepy Cat Pr.
Boneyard (Suspense), 1 vol. Janet Lorimer. 2017. (Pageturners Ser.). (ENG.). 84p. (YA). (gr. 9-12). 10.75 *(978-1-68021-403-1(9))* Saddleback Educational Publishing, Inc.
Bonfire Night: Everything Camping Coloring Book for Children. Speedy Kids. 2018. (ENG., Illus.). 106p. (J). pap. 12.55 *(978-1-5419-3483-2(0))* Speedy Publishing LLC.
Bong Cha Learns to Love Herself: Learning Self-Love. Amari Smith. 2023. (ENG.). 22p. (J). 24.99 ***(978-1-0881-1756-9(2))*** Indy Pub.
Bong 'Edz & the Field of Dreams. Joe King. 2021. (ENG.). 90p. (YA). pap. 5.99 *(978-1-393-36777-2(1))* Draft2Digital.
Bonga Bonga & Grandpa: A Fish Story. Geoffrey B. Haddad. 2019. (Through the Years with Bonga Bonga Ser.). (ENG.). 44p. (J). pap. *(978-1-5255-2761-6(4))* FriesenPress.
Bonga Bonga & Grandpa: Lucky the Hamster. Geoffrey B. Haddad. 2021. (ENG.). 36p. (J). *(978-1-5255-9794-7(9))*; pap. *(978-1-5255-9793-0(0))* FriesenPress.
Bongi the Beetle: Little Stories, Big Lessons. Jacqui Shepherd. 2018. (Bug Stories Ser.). (ENG., Illus.). 32p. (J). (gr. k-6). pap. *(978-1-77008-920-4(9))* Awareness Publishing.
Bongles - Biadh-Boise Uilebheist. Oscar Van Heek. Tr. by Beathag Mhoireasdan. Illus. by Dean Queazy. 2022. (GLA.). 40p. (J). pap. *(978-1-915504-01-2(5))* Sainted Media.
Bongles - dinnear TBh. Oscar Van Heek. Tr. by Beathag Mhoireasdan. Illus. by Dean Queazy. 2022. (GLA.). 40p. (J). pap. *(978-1-915504-03-6(1))* Sainted Media.
Bongles - Jessie & Nessie. Oscar Van Heek. Illus. by Dean Queazy. 2022. (ENG.). 40p. (J). pap. *(978-1-8383849-6-8(0))* Sainted Media.
Bongles - Peata Inneal-Nighe. Oscar Van Heek. Illus. by Dean Queazy. 2022. (GLA.). 40p. (J). pap. *(978-1-915504-02-9(3))* Sainted Media.
Bongles - TV Dinner. Van Heek Oscar. Illus. by Queazy Dean. 2019. (Bongle Ser.: Vol. 1). (ENG.). 40p. (J). pap. *(978-1-9160329-2-7(3))* Sainted Media.
Bongo Beats News. Michael Reed. 2019. (ENG., Illus.). 38p. (J). pap. *(978-1-5289-1367-6(1))* Austin Macauley Pubs. Ltd.
Bonifác, a Kis Csacsi. Molnar Hajnalka. 2017. (HUN.). 42p. (J). pap. *(978-3-7103-2888-6(8))* united p.c. Verlag.
Bonita. Ellen Miles. 2016. 84p. (J). *(978-1-5182-1585-8(8))* Scholastic, Inc.
Bonita. Ellen Miles. ed. 2016. (Puppy Place Ser.: 42). (ENG.). 96p. (J). (gr. 2-5). 14.75 *(978-0-606-39143-6(6))* Turtleback.
Bonita & the Barn on Hiram Edson's Farm. Linda Everhart. 2018. (ENG., Illus.). 26p. (J). pap. 12.95 *(978-1-4796-0978-9(1))* TEACH Services, Inc.
Bonitas. Stacy Mcanulty. Illus. by Joanne Lew-Vriethoff. 2018. (SPA.). 32p. (J). (gr. -1-k). 17.50 *(978-84-679-2886-0(7))* Norma Editorial, S.A. ESP. Dist: Independent Pubs. Group.
Bonjour Girl. Isabelle Laflèche. 2018. (Bonjour Girl Ser.: 1). (ENG.). 288p. (YA). pap. 14.99 *(978-1-4597-4200-0(1))* Dundurn Pr. CAN. Dist: Publishers Group West (PGW).
Bonjour le Soleil la Lune et Les Étoiles. Shalini Saxena Breault. 2020. (FRE.). 44p. (J). pap. 12.12 *(978-1-7331172-3-4(7))* Breault, Shalini.
Bonjour, Rosie! Jaime Poremba. 2022. (ENG.). 38p. (J). 15.95 *(978-1-63755-064-9(2))* Amplify Publishing Group.
Bonjour Shanghai: Bonjour Girl. Isabelle Laflèche & Isabelle Laflèche. 2019. (Bonjour Girl Ser.: 2). (ENG.). 280p. (YA). pap. 14.99 *(978-1-4597-4231-4(1))* Dundurn Pr. CAN. Dist: Publishers Group West (PGW).
Bonk Punk Hot Rod: (Step 3) Sound Out Books (systematic Decodable) Help Developing Readers, Including Those with Dyslexia, Learn to Read with Phonics. Pamela Brookes. 2020. (Dog on a Log Let's Go! Books: Vol. 13). (ENG., Illus.). 36p. (J). 14.99 *(978-1-64831-063-8(X),* DOG ON A LOG Bks.) Jojoba Pr.
Bonk Punk Hot Rod Chapter Book: (Step 3) Sound Out Books (systematic Decodable) Help Developing Readers, Including Those with Dyslexia, Learn to Read with Phonics. Pamela Brookes. 2020. (Dog on a Log Chapter Books: Vol. 13). (ENG., Illus.). 48p. (J). (gr. 1-6). 14.99 *(978-1-64831-020-1(6),* DOG ON A LOG Bks.) Jojoba Pr.
Bonkers about Beetles. Owen Davey. (About Animals Ser.: 4). (ENG.). 40p. (J). (gr. 2-5). 2023. pap. 12.99 ***(978-1-83874-872-2(5))***; 2018. (Illus.). 19.95 *(978-1-911171-98-0(4))* Flying Eye Bks. GBR. Dist: Penguin Random Hse. LLC.
Bonkers Boris Meets the Mayor. Ros Wilson. 2020. (ENG.). 78p. (J). pap. *(978-1-78830-745-1(3))* Olympia Publishers.
Bonne Année, Tacheté et Mouchetée! (Happy New Year, Spots & Stripes!) Laurie Friedman. Tr. by Annie Evearts. Illus. by Srimalie Bassani. 2021. (Tacheté et Mouchetée (Spots & Stripes) Ser.). (FRE.). (J). (gr. -1-3). pap. ***(978-1-0396-0243-4(6),*** 13654, Crabtree Blossoms) Crabtree Publishing Co.
Bonne Nuit, Lucie ! Dominique Curtiss. Illus. by Blandine Debriffe. 2019. (FRE.). 24p. (J). (gr. k-3). *(978-2-89687-821-5(1))* chouetteditions.com.
Bonne Nuit, Mon Amour ! Goodnight, My Love! - French Children's Book. Shelley Admont & S. a Publishing. 2017. (French Bedtime Collection). (FRE., Illus.). (J). (gr. k-3). *(978-1-5259-0558-2(9))*; pap. *(978-1-5259-0557-5(0))* Kidkiddos Bks.
Bonne Nuit, Mon Amour ! Goodnight, My Love! - French Edition. Shelley Admont & Kidkiddos Books. 2nd ed. 2019. (French Bedtime Collection). (FRE., Illus.). 34p. (J). (gr. k-3). pap. *(978-1-5259-1843-8(5))* Kidkiddos Bks.
Bonne Nuit, Mon Amour ! Goodnight, My Love! French English. Shelley Admont & Kidkiddos Books. 2019. (French English Bilingual Collection). (FRE., Illus.). 34p. (J). (gr. k-3). *(978-1-5259-1073-9(6))*; pap. *(978-1-5259-1072-2(8))* Kidkiddos Bks.
Bonnet Conspirators: A Story of 1815 (Classic Reprint) Violet A. Simpson. 2018. (ENG., Illus.). 320p. (J). 30.50 *(978-0-484-29903-9(4))* Forgotten Bks.
Bonnie & a Ball of Yarn. Vindhya Vishwanath. 2017. (ENG., Illus.). 178p. (J). pap. 10.99 *(978-1-948230-37-7(2))* Notion Pr., Inc.
Bonnie Bee Bee: The Homecoming. Kerri Koors. 2018. (ENG., Illus.). 42p. (J). pap. 12.99 *(978-1-948390-17-0(5))* Pen It Pubns.
Bonnie & Ben Rhyme Again. Mem Fox. Illus. by Judy Horacek. 2020. (ENG.). 32p. (J). (-3). 19.99 *(978-1-5344-5352-4(0),* Beach Lane Bks.) Beach Lane Bks.
Bonnie & Clyde. James Buckley, Jr. 2018. (History's Worst Ser.). (ENG.). 160p. (J). (gr. 3-7). 18.99 *(978-1-4814-9549-3(6))*; (Illus.). pap. 7.99 *(978-1-4814-9548-6(8))* Simon & Schuster Children's Publishing. (Aladdin).
Bonnie & Clyde. Patricia A. Gummeson. 2019. (ENG.). 28p. (J). pap. 13.95 *(978-1-64569-842-5(4))* Christian Faith Publishing.
Bonnie & Clyde: A Deadly Duo, 1 vol. Laura L. Sullivan. Illus. by Graham Abbott. 2018. (American Legends & Folktales Ser.). (ENG.). 32p. (gr. 3-3). pap. 11.58 *(978-1-5026-3684-3(0),* aa03a3aa-45d1-4330-af44-fbb85ff186c1); lib. bdg. 30.21 *(978-1-5026-3682-9(4),* 0c193bf1-f999-4240-8252-a8fcde6fe0c9) Cavendish Square Publishing LLC.
Bonnie & Her Balloons. Elizabeth Blankenship. 2017. (ENG., Illus.). (J). pap. 12.95 *(978-1-63575-819-1(X))* Christian Faith Publishing.
Bonnie & the Honeybees. Peggy Recchia. 2020. (ENG.). 40p. (J). pap. 14.95 *(978-1-64468-787-1(9))* Covenant Bks.
Bonnie B-One's Supersonic Move. Liesl Ross. Illus. by Alexander "lex" Buchanan. 2018. (ENG.). 34p. (J). 24.95 *(978-0-578-42456-9(8))* Ross, Liesl.
Bonnie Bird Gundlach, Dancer & Dance Educator (Classic Reprint) Bonnie Bird Gundlach. (ENG., Illus.). (J). 2018. 294p. 29.98 *(978-0-483-62857-1(3))*; 2016. pap. 13.57 *(978-1-333-67192-1(X))* Forgotten Bks.
Bonnie Jean (Classic Reprint) Annie S. Swan. 2018. (ENG., Illus.). 38p. (J). 24.70 *(978-0-365-15462-4(8))* Forgotten Bks.
Bonnie Jean, or the Power of Love (Classic Reprint) Unknown Author. (ENG., Illus.). (J). 2018. 448p. 33.14 *(978-0-364-14934-8(5))*; 2017. pap. 16.57 *(978-0-243-40116-1(7))* Forgotten Bks.
Bonnie Kate: A Story, from a Woman's Point of View (Classic Reprint) R. S. De Courcy Laffan. (ENG., Illus.). (J). 2018. 428p. 32.72 *(978-0-365-00527-8(4))*; 2017. pap. 16.57 *(978-0-259-19939-7(7))* Forgotten Bks.
Bonnie Kate, Vol. 1 Of 3: A Story from a Woman's Point of View (Classic Reprint) Leith Adams. (ENG., Illus.). (J). 2018. 288p. 29.86 *(978-0-484-40688-8(4))*; 2016. pap. 13.57 *(978-1-333-68786-1(9))* Forgotten Bks.
Bonnie Kate, Vol. 2 Of 3: A Story from a Woman's Point of View (Classic Reprint) Leith Adams. 2018. (ENG., Illus.). 292p. (J). 29.94 *(978-0-483-89497-6(4))* Forgotten Bks.
Bonnie Lass. Michael Mayne & Tyler Fluharty. Illus. by Michael Mayne. 2021. (Bonnie Lass Ser.: 1). (ENG.). 232p. (YA). pap. 19.95 *(978-1-7327976-4-2(1),* 213fb9df-8dc8-4d34-b1c2-c5a7213cf42e) R5 Comics, LLC.
Bonnie Mackirby: An International Episode (Classic Reprint) Laura Dayton Fessenden. 2018. (ENG., Illus.). 244p. (J). 28.93 *(978-0-332-82023-1(8))* Forgotten Bks.
Bonnie, Our Backyard Bunny. Susan Letendre. Illus. by Saulo Serrano. 2017. (ENG.). 42p. (J). 24.00 ***(978-0-9962152-4-4(7))*** Letendre, Susan.
Bonnie Prince Charlie: A Tale of Fontenoy & Culloden (Classic Reprint) G. A. Henty. (ENG., Illus.). (J). 2018. 390p. 31.94 *(978-0-267-72649-3(X))*; 2016. pap. 16.57 *(978-1-333-66507-4(5))* Forgotten Bks.
Bonnie Prince Fetlar: The Story of a Pony & His Friend (Classic Reprint) Marshall Saunders. 2018. (ENG., Illus.). 364p. (J). 31.40 *(978-0-267-18814-7(5))* Forgotten Bks.
Bonnie Scotland, Vol. 1 (Classic Reprint) Grace Greenwood. 2017. (ENG., Illus.). (J). 29.73 *(978-1-5280-7867-2(5))* Forgotten Bks.
Bonnie Squirrel Learns to Paint. Mary Ann Clawson. Illus. by Mary Ann Clawson. 2021. (ENG.). 26p. (J). pap. 12.99 *(978-1-890181-51-2(X))* Bull'sEye Publishing Co.
Bonnie the Lucky Collie. Vicky Alhadeff. Illus. by Anja Kolenko. 2018. (ENG.). 28p. (J). (gr. 3-4). pap. *(978-1-9164114-0-1(1))* City Collie Pr.
Bonnie's Best Birthday. Mila Finley. 2021. (ENG.). 26p. (J). pap. 14.95 *(978-1-63765-052-3(3))* Halo Publishing International.
Bonnie's Birthday at the Zoo. William Blankenship. 2021. (ENG., Illus.). 36p. (J). 25.95 *(978-1-63844-085-7(9))* Christian Faith Publishing.
Bonnie's First Day of School (Disney/Pixar Toy Story 4) Judy Katschke. Illus. by RH Disney. 2019. (Pictureback(R) Ser.). (ENG.). 24p. (J). (gr. -1-2). 5.99 *(978-0-7364-3999-2(4),* RH/Disney) Random Hse. Children's Bks.
Bonnie's New Old Outfit. Madison Moore. Illus. by Danielle Bennett. 2022. (ENG.). 32p. (J). (gr. -1-3). 17.99 *(978-0-8075-1010-0(6),* 0807510106) Whitman, Albert & Co.
Bonnie's Rocket, 1 vol. Emeline Lee. Illus. by Alina Chau. 2022. (ENG.). 40p. (J). (gr. k-5). 20.95 *(978-1-64379-069-5(2),* leelowbooks) Lee & Low Bks., Inc.
Bonny Bilby. Rainey Leigh Seraphine. 2019. (ENG., Illus.). 38p. (J). (gr. k-3). pap. *(978-0-6485458-0-4(6))* Wizzenhill Publishing.
Bonny Makes Patterns with Her Body. Michelle Wanasundera. Illus. by Shaina Nayyar. (ENG.). 32p. (J). 2023. pap. ***(978-1-922991-64-5(3))***; 2022. pap. ***(978-1-922895-04-2(0))*** Library For All Limited.
Bonny Makes Patterns with Her Body - Penda Anaunda Miundo Kwa Mwili Wake. Michelle Wanasundera. Illus. by Shaina Nayyar. 2023. (SWA.). 32p. (J). pap. ***(978-1-922951-06-9(4))*** Library For All Limited.
Bonny Malt: Prince of Swan. Vic Ramphal. 2018. (ENG., Illus.). 358p. (YA). pap. 17.95 *(978-1-64350-066-9(X))* Page Publishing Inc.
Bonny Saves Little Anna - e Kamaiuaki Anna Iroun Bonny (Te Kiribati) Nathalie Aigil. Illus. by Sherainne Louise Casinto. 2023. (ENG.). 28p. (J). pap. ***(978-1-922844-23-1(3))*** Library For All Limited.
Bonnyborough (Classic Reprint) A. D. T. Whitney. 2017. (ENG., Illus.). (J). 32.44 *(978-1-5281-8126-6(3))* Forgotten Bks.
Bono, the Bear Who Couldn't Catch a Fish. George Green. 2018. (ENG., Illus.). 32p. (J). (gr. k-3). pap. 10.95 *(978-1-64136-167-5(0))* Primedia eLaunch LLC.
Bons Enfants (Classic Reprint) De Segur. 2017. (FRE., Illus.). (J). 31.94 *(978-0-265-35025-6(5))*; pap. 16.57 *(978-1-5282-0126-1(4))* Forgotten Bks.
Bonza the Monster & Sing! Sing! Sing! Kirsty Holmes. Illus. by Drue and Chambers Rintoul. 2023. (Level 3 - Yellow Set Ser.). (ENG.). 32p. (J). (gr. k-2). lib. bdg. 19.95 Bearport Publishing Co., Inc.
Bonzo the Clown. Ken Wallace. Illus. by Anton Syadrov. 2021. (ENG.). 32p. (J). pap. *(978-1-922750-27-3(1))* Library For All Limited.
Bonzo the Wonder Dog & the Cricket World Cup. Mark Trenowden. 2019. (ENG., Illus.). 220p. (YA). (gr. 7-9). pap. *(978-1-5272-3846-6(6))* Cambrian Way Trust.
Boo! Robert K. Cardwell. 2018. (ENG., Illus.). 58p. (J). (gr. 1-6). pap. 14.90 *(978-1-7323433-0-6(6))* Cardwell, Robert K.
Boo! Jacque Hall. Illus. by Jennifer Oertel. 2018. (ENG.). 26p. (J). (gr. k-3). 18.99 *(978-1-63132-054-5(8))* Advanced Publishing LLC.
Boo! Shawn Jones. 2016. (ENG., Illus.). (J). pap. 19.00 *(978-1-365-36841-7(6))* Lulu Pr., Inc.
Boo! Robert Munsch. Illus. by Michael Martchenko. 2019. (ENG.). 32p. (J). pap. 7.99 *(978-0-439-96126-4(2))* Scholastic Canada, Ltd. CAN. Dist: Publishers Group West (PGW).
Boo. Rosa VonFeder. Ed. by Cottage Door Press. Illus. by Gaby Zermeno. 2017. (Peek-A-Flap Ser.). (ENG.). 12p. (J). (gr. -1-1). bds. 9.99 *(978-1-68052-189-4(6),* 1001870) Cottage Door Pr.
Boo! Margaret Wild. Illus. by Freya Blackwood & Andrew Joyner. 2019. 24p. (J). (— 1). 19.99 *(978-0-670-07807-3(7),* Puffin) Penguin Random Hse. AUS. Dist: Independent Pubs. Group.
Boo! Wobbly Eye Halloween Story. IglooBooks. 2018. (ENG.). 10p. (J). (gr. -1-k). bds. 7.99 *(978-1-4998-8225-4(4))* Igloo Bks. GBR. Dist: Simon & Schuster, Inc.
Boo! / ¡Bu! Leslie Patricelli. Illus. by Leslie Patricelli. ed. 2017. (Leslie Patricelli Board Bks.). (Illus.). 26p. (J). (— 1). bds. 7.99 *(978-0-7636-9314-5(6))* Candlewick Pr.
Boo-A-Bog in the Park. Lucy Owen. 2016. (ENG., Illus.). 36p. (J). pap. 8.95 *(978-1-78562-169-7(6))* Gomer Pr. GBR. Dist: Casemate Pubs. & Bk. Distributors, LLC.
Boo & Peanut, Dog Training Disaster. Clever Publishing & Tammi Salzano. Illus. by Sarah Wade. 2023. (Clever Storytime Ser.). (ENG.). 32p. (J). (gr. -1-3). 13.99 *(978-1-956560-33-6(5))* Clever Media Group.
Boo & the New Puppy. Tammi Salzano & Clever Publishing. Illus. by Sarah Wade. 2022. (Clever Storytime Ser.). (ENG.). 32p. (J). (gr. -1-2). 13.99 *(978-1-954738-09-6(9))* Clever Media Group.
Boo at the Zoo: A Lift-The-Flap Book. Jeffrey Burton. Illus. by Emma Trithart. 2018. (ENG.). 14p. (J). (gr. -1-k). bds. 7.99 *(978-1-5344-2033-5(9),* Little Simon) Little Simon.
Boo! Baa, la la La! Sandra Boynton. Illus. by Sandra Boynton. 2021. (ENG., Illus.). 16p. (J). (gr. -1-k). bds. 6.99 *(978-1-5344-5283-1(4))* Simon & Schuster, Inc.
Boo Bark! Board Book. Mudpuppy. 2023. (ENG.). 22p. (J). (gr. -1-k). bds. 8.99 ***(978-0-7353-7752-3(9))*** Mudpuppy Pr.
BOO! Beware, a Monster Is There! Not-So-Scary Halloween Story. Sigal Adler. 2020. (ENG.). 40p. (J). 17.95 *(978-1-947417-49-6(5))* Adler, Sigal.
Boo! Bluey's Halloween: A Magnet Book. Penguin Young Readers Licenses. 2023. (Bluey Ser.). (ENG.). 10p. (J). (-k). bds. 14.99 ***(978-0-593-65954-0(6),*** Penguin Young Readers Licenses) Penguin Young Readers Group.
Boo-Boo! Carol Zeavin et al. 2018. (ENG., Illus.). 16p. (J). *(978-1-4338-2875-1(8),* Magination Pr.) American Psychological Assn.
Boo, Boo, I Love You! (Made with Love) Sandra Magsamen. Illus. by Sandra Magsamen. 2019. (Made with Love Ser.). (ENG., Illus.). 10p. (J). (gr. -1 — 1). bds. 7.99 *(978-1-338-11091-3(8),* Cartwheel Bks.) Scholastic, Inc.
Boo-Boos & Bandages at School & from Heaven. Amy Johnson. Ed. by Lynn Berner Coble. Illus. by Jennifer Tipton Cappoen. 2016. (ENG.). (J). (gr. 1-4). pap. 11.99 *(978-1-946198-01-3(3))* Paws and Claws Publishing, LLC.
Boo-Boos & Butterflies. Soma SenGupta. 2018. (ENG., Illus.). 38p. (J). 14.95 *(978-1-68401-745-4(9))* Amplify Publishing Group.
Boo-Boos & Loo-loos. Cindy Lou. Illus. by Pranisha Shrestha. 2023. (ENG.). 24p. (J). ***(978-1-0391-5277-9(5))***; pap. ***(978-1-0391-5276-2(7))*** FriesenPress.
Boo-Boos That Changed the World: A True Story about an Accidental Invention (Really!) Barry Wittenstein. Illus. by Chris Hsu. 2018. 32p. (J). (gr. -1-3). lib. bdg. 17.99 *(978-1-58089-745-7(2))* Charlesbridge Publishing, Inc.
Boo Crew. Carolyn Keene. Illus. by Peter Francis. 2018. (Nancy Drew Clue Book Ser.: 10). (ENG.). 112p. (J). (gr. 1-4). 17.99 *(978-1-5344-1389-4(8))*; pap. 5.99 *(978-1-5344-1388-7(X))* Simon & Schuster Children's Publishing. (Aladdin).
Boo Crew Needs YOU! Vicky Fang. Illus. by Saoirse Lou. 2023. (ENG.). 40p. (J). (gr. -1-3). 12.99 ***(978-1-7282-6456-1(1),*** Sourcebooks Jabberwocky) Sourcebooks, Inc.
Boo-Hahahaha: A Monster So Minging. H. Gill. 2018. (ENG., Illus.). 22p. (J). pap. *(978-1-78623-247-2(2))* Grosvenor Hse. Publishing Ltd.
Boo! Haiku. Deanna Caswell. Illus. by Bob Shea. 2016. (ENG.). 24p. (J). (gr. -1-k). 12.95 *(978-1-4197-2118-2(6),* 1127401, Abrams Appleseed) Abrams, Inc.
Boo! Hiss! Cyndi Marko. Illus. by Cyndi Marko. 2022. (ENG., Illus.). 80p. (J). (gr. 1-4). 19.99 *(978-1-5344-2545-3(4))*; pap. 7.99 *(978-1-5344-8483-2(3))* Simon & Schuster Children's Publishing. (Aladdin).
Boo-Hoo! Is That You? Halloween Inspired Bundle Coloring Activity Books for Kids, 2 vols. Speedy Publishing Books. 2019. (ENG.). 172p. (J). pap. 19.99 *(978-1-5419-7183-7(3))* Speedy Publishing LLC.
Boo Hoo Moo. Constance E. Fangmeyer. Illus. by Cleoward Sy. 2021. (ENG.). 24p. (J). pap. *(978-0-2288-3717-6(0))* Tellwell Talent.
Boo la la: School for Ghost Girls. Rebecca Gómez. 2017. (ENG., Illus.). 112p. (J). (gr. 1-3). pap. 4.99 *(978-0-545-91798-8(0),* Scholastic Paperbacks) Scholastic, Inc.
Boo, Little Beastie! Matt Robertson. 2023. (ENG., Illus.). 32p. (J). (gr. -1-k). pap. 10.99 *(978-1-4083-5161-1(7),* Orchard Bks.) Hachette Children's Group GBR. Dist: Hachette Bk. Group.
Boo Loves Books. Kaye Baillie. Illus. by Tracie Grimwood. 2020. (ENG.). 32p. (J). (gr. -1-1). 17.99 *(978-1-912858-80-4(0),* 5e7c199c-e1cd-4b0d-8959-2c3418dbdf40) New Frontier Publishing AUS. Dist: Lerner Publishing Group.
Boo-Nicorns (a Touch-and-Feel Book) Joan Holub. Illus. by Allison Black. 2022. (ENG.). 12p. (J). (gr. -1 — 1). 9.99 *(978-1-338-68148-2(6),* Cartwheel Bks.) Scholastic, Inc.
Boo on the Loose (Disney/Pixar Monsters, Inc.) Gail Herman. Illus. by Scott Tilley & Floyd Norman. 2022. (Step into Reading Ser.). (ENG.). 32p. (J). (gr. -1-1). 14.99 *(978-0-7364-9029-0(9))*; pap. 5.99 *(978-0-7364-2860-6(7))* Random Hse. Children's Bks. (RH/Disney).
Boo Ray in Dreamland! Fran Lower. 2019. (ENG.). 40p. (J). pap. 13.95 *(978-1-64416-553-9(8))* Christian Faith Publishing.
Boo Stew. Donna L. Washington. Illus. by Jeffrey Ebbeler. 2021. 32p. (J). (gr. -1-3). 17.99 *(978-1-68263-221-5(0))* Peachtree Publishing Co. Inc.
Boo the World's Cutest Dog Volume 1. Kristen Deacon et al. 2017. (ENG., Illus.). 104p. (J). 12.99 *(978-1-5241-0233-3(4),* 4b9edd5f-75a8-4222-b9df-49c808ee9a10, Dynamite Entertainment) Dynamic Forces, Inc.
Boo Through the Valley. Nick Claxton. 2021. (ENG.). 38p. (J). 19.99 ***(978-1-0878-9697-7(5))*** Indy Pub.
Boo Times Two! Laurie Friedman. Illus. by Mariano Epelbaum. 2022. (Scare Squad Ser.). (ENG.). 32p. (J). (gr. -1-3). pap. *(978-1-0396-6286-5(2),* 21905); lib. bdg. *(978-1-0396-6091-5(6),* 21904) Crabtree Publishing Co. (Crabtree Blossoms).
Boo to You! Maggie Fischer. Illus. by Samantha Meredith. 2022. (Super Puffy Stickers! Ser.). (ENG.). 32p. (J). (gr. -1-k). pap. 6.99 *(978-1-6672-0026-2(7),* Silver Dolphin Bks.) Printers Row Publishing Group.

B

Boo to You, Winnie the Pooh. Disney Books. 2019. (ENG., Illus.). 18p. (J). (gr. -1-k). bds. 6.99 *(978-1-368-04358-8(5),* Disney Press Books) Disney Publishing Worldwide.

Boo Who? Ben Clanton. Illus. by Ben Clanton. (ENG., Illus.). 32p. (J). 2018. (-k). bds. 7.99 *(978-0-7636-9967-3(5));* 2017. (gr. -1-2). 15.99 *(978-0-7636-8824-0(X))* Candlewick Pr.

Boo Who?: & Other Wicked Halloween Knock-Knock Jokes. Katy Hall, pseud & Lisa Eisenberg. Illus. by Steve Bjorkman. 2023. (ENG.). 16p. (J). (gr. -1-3). 9.99 ***(978-0-06-321622-8(1),*** HarperFestival) HarperCollins Pubs.

Booandik Tribe of South Australian Aborigines: A Sketch of Their Habits, Customs, Legends, & Language (Classic Reprint) James Smith. 2017. (ENG., Illus.). (J). pap. 9.57 *(978-0-259-51037-6(8))* Forgotten Bks.

Booandik Tribe of South Australian Aborigines: A Sketch of Their Habits, Customs, Legends, & Language (Classic Reprint) James Smith. 2018. (ENG., Illus.). 154p. (J). 27.09 *(978-0-484-58251-3(8))* Forgotten Bks.

Boobies. Nancy Vo. 2022. (ENG., Illus.). 40p. (J). (gr. -1-1). 19.99 *(978-1-77306-692-9(7))* Groundwood Bks. CAN. Dist: Publishers Group West (PGW).

Boobs: As Seen by John Henry (Classic Reprint) George Vere Hobart. (ENG., Illus.). (J). 2018. 140p. 26.78 *(978-0-428-91086-0(6));* 2017. pap. 9.57 *(978-0-259-36863-2(6))* Forgotten Bks.

Boodle the Labradoodle, Three Boys & Their Magnificent Adventures. Katie Hansen. 2020. (ENG.). 36p. (J). pap. *(978-1-5289-2168-8(2))* Austin Macauley Pubs. Ltd.

Booger Madness Mad Libs: World's Greatest Word Game. Gabriella DeGennaro. 2023. (Mad Libs Ser.). 48p. (J). (gr. 3-7). pap. 5.99 *(978-0-593-38390-2(7),* Mad Libs) Penguin Young Readers Group.

Boogers & Snot. Grace Hansen. (Beginning Science: Gross Body Functions Ser.). (ENG., Illus.). 24p. (J). 2021. (gr. 1-1). pap. 8.95 *(978-1-64494-382-3(4),* Abdo Kids-Jumbo); 2020. (gr. -1-2). lib. bdg. 32.79 *(978-1-0982-0235-4(X),* 34603, Abdo Kids) ABDO Publishing Co.

Boogers Are Brain Food: Poems for Brainiacs & Booger Eaters. Paul Ray & Patricia Ray. 2019. (ENG.). 188p. (J). pap. 14.99 *(978-1-4834-9794-5(1))* Lulu Pr., Inc.

Boogers, Boogers, Everywhere... Leashia Hoehn. 2016. (ENG.). 32p. (J). pap. 22.99 ***(978-1-4834-5177-0(1))*** Lulu Pr., Inc.

Boogers, Oh Boogers! Shaira Morralla. Illus. by Ángel Flores Guerra B. 2021. (ENG.). 36p. (J). 14.99 *(978-1-64086-754-3(6))* ibukku, LLC.

Boogie Bigelow's Big Day. M. Ed Psy D. Norma a Dolmo. Illus. by Kalpart. 2019. (ENG.). 38p. (J). (gr. k-6). pap. 13.00 *(978-1-62212-481-7(2))* Strategic Book Publishing & Rights Agency (SBPRA).

Boogie Boogie, Y'all. C. G. Esperanza. Illus. by C. G. Esperanza. 2021. (ENG., Illus.). 40p. (J). (gr. -1-3). 18.99 *(978-0-06-297622-2(2),* Tegen, Katherine Bks) HarperCollins Pubs.

Boogie in the Bronx! Jackie Azúa Kramer. Illus. by Jana Glatt. 2023. (Barefoot Singalongs Ser.). (ENG.). 32p. (J). (gr. -1-2). 16.99. pap. 9.99 Barefoot Bks., Inc.

Boogie Monster Story. Blaine Wear. 2018. (ENG., Illus.). 34p. (J). 22.95 *(978-1-64458-732-4(7));* pap. 13.95 *(978-1-64299-932-7(6))* Christian Faith Publishing.

Boogie Pudding: The Secret Ingredient. Adam Manno. 2022. (ENG.). 18p. (J). ***(978-0-2288-8294-7(X));*** pap. ***(978-0-2288-8293-0(1))*** Tellwell Talent.

Boogieman. Amy Culliford. 2022. (Rhyming Adventures Ser.). (ENG.). 24p. (J). (gr. -1-2). pap. 8.50 *(978-1-63897-613-4(9),* 21583); lib. bdg. 27.33 *(978-1-63897-498-7(5),* 21582) Seahorse Publishing.

Boogies & the Woogies. Marianne Reed. 2022. (ENG.). 32p. (J). pap. 12.95 *(978-1-954396-17-3(1))* Barringer Publishing.

Boogie's Big Break. Kiana Crittendon. Ed. by Shawnon Corprew. Illus. by George-Kelvin Ezechukwu. 2020. (ENG.). 32p. (J). pap. 15.00 *(978-1-7349857-0-2(4))* Crittendon, Kiana.

Book 1-3: The Beginning. Link Zulu. 2022. (God's Autistic Messenger Ser.). (ENG.). 552p. (YA). pap. 31.95 *(978-1-63710-178-0(3))* Fulton Bks.

Book 1: Crisis. Tracy Wolff. Illus. by Pat Kinsella. 2016. (Mars Bound Ser.). (ENG.). 48p. (J). (gr. 3-7). lib. bdg. 34.21 *(978-1-62402-197-8(2),* 24573, Spellbound) Magic Wagon.

Book 1: Escaping the Fire. Emma Bland Smith. Illus. by Mirelle Ortega. 2019. (Gavin Mcnally's Year Off Ser.). (ENG.). 48p. (J). (gr. 3-7). lib. bdg. 34.21 *(978-1-5321-3506-4(8),* 31931, Spellbound) Magic Wagon.

Book 1: First Dance. Lea Taddonio. Illus. by Mina Price. 2016. (Head over Heels Ser.). (ENG.). 48p. (J). (gr. 3-7). lib. bdg. 34.21 *(978-1-62402-192-3(1),* 24563, Spellbound) Magic Wagon.

Book 1: Hair Today, Gone Tomorrow. Lea Taddonio. Illus. by Michelle Lamoreaux. 2018. (Camp Nowhere Ser.). (ENG.). 48p. (J). (gr. 3-7). lib. bdg. 34.21 *(978-1-5321-3258-2(1),* 28471, Spellbound) Magic Wagon.

Book 1: Otis the Very Large Dog. Claudia Harrington. Illus. by Anoosha Syed. 2016. (Hank the Pet Sitter Ser.). (ENG.). 32p. (J). (gr. -1-3). lib. bdg. 32.79 *(978-1-62402-187-9(5),* 24553, Calico Chapter Bks) Magic Wagon.

Book 1: Shake It Off. Lea Taddonio. Illus. by Hatem Aly. 2017. (Along for the Ride Ser.). (ENG.). 48p. (J). (gr. 3-7). lib. bdg. 34.21 *(978-1-5321-3001-4(5),* 25548, Spellbound) Magic Wagon.

Book 1: the Dream, 1 vol. P. J. Gray. 2016. (Message Ser.). (ENG.). 64p. (YA). (gr. 9-12). pap. 10.75 *(978-1-68021-149-8(8))* Saddleback Educational Publishing, Inc.

Book 1: the Haunted Umbrella. Anita Yasuda. Illus. by Francesca Ficorilli. 2020. (Moto Maki's Ghostly Mysteries Ser.). (ENG.). 24p. (J). (gr. 3-7). lib. bdg. 34.21 *(978-1-5321-3824-9(5),* 35258, Spellbound) Magic Wagon.

Book 1: the Howler. Johanna Gohmann. Illus. by Flavia Sorrentino. 2017. (Ursula's Funland Ser.). (ENG.). 48p. (J). (gr. 3-7). lib. bdg. 34.21 *(978-1-5321-3011-3(2),* 25568, Spellbound) Magic Wagon.

Book 1: the Jinx. Jan Fields. Illus. by Alexandra Barboza. 2020. (Misfit's Life for Me Ser.). (ENG.). 24p. (J). (gr. 3-7). lib. bdg. 34.21 *(978-1-5321-3819-5(9),* 35248, Spellbound) Magic Wagon.

Book 1: the Seers. Bailey J. Russell. Illus. by Neil Evans. 2020. (Haunting of Hawthorne Harbor Ser.). (ENG.). 112p. (J). (gr. 4-9). lib. bdg. 38.50 *(978-1-5321-3836-2(9),* 35282, Claw) ABDO Publishing Co.

Book 1: Trapped in Torment. Jens Ole Rightkeye. Illus. by Carlo Molinari. 2022. (Captives of the Reich Ser.). (ENG.). 112p. (J). (gr. 4-9). lib. bdg. 38.50 *(978-1-0982-3341-9(7),* 39859, Claw) ABDO Publishing Co.

Book 1: Vision of Gold. Jenny Scott. Illus. by Billy Yong. 2019. (Clairvoyant Claire Ser.). (ENG.). 48p. (J). (gr. 3-7). lib. bdg. 34.21 *(978-1-5321-3656-6(0),* 33758, Spellbound) Magic Wagon.

Book 10: the Hunt. Bailey J. Russell. Illus. by Neil Evans. 2021. (Haunting of Hawthorne Harbor Ser.). (ENG.). 112p. (J). (gr. 4-9). lib. bdg. 38.50 *(978-1-0982-3188-0(0),* 38742, Claw) ABDO Publishing Co.

Book 11: the Opening. Bailey J. Russell. Illus. by Neil Evans. 2021. (Haunting of Hawthorne Harbor Ser.). (ENG.). 112p. (J). (gr. 4-9). lib. bdg. 38.50 *(978-1-0982-3189-7(9),* 38744, Claw) ABDO Publishing Co.

Book 12: the Culmination. Bailey J. Russell. Illus. by Neil Evans. 2021. (Haunting of Hawthorne Harbor Ser.). (ENG.). 112p. (J). (gr. 4-9). lib. bdg. 38.50 *(978-1-0982-3190-3(2),* 38746, Claw) ABDO Publishing Co.

Book 2: Dark Waters, 1 vol. P. J. Gray. 2016. (Message Ser.). (ENG.). 64p. (YA). (gr. 9-12). pap. 10.75 *(978-1-68021-150-4(1))* Saddleback Educational Publishing, Inc.

Book 2: Fashion Police. Lea Taddonio. Illus. by Hatem Aly. 2017. (Along for the Ride Ser.). (ENG.). 48p. (J). (gr. 3-7). lib. bdg. 34.21 *(978-1-5321-3002-1(3),* 25550, Spellbound) Magic Wagon.

Book 2: First Date. Lea Taddonio. Illus. by Mina Price. 2016. (Head over Heels Ser.). (ENG.). 48p. (J). (gr. 3-7). lib. bdg. 34.21 *(978-1-62402-193-0(X),* 24565, Spellbound) Magic Wagon.

Book 2: Free Fall into Peril. Jens Ole Rightkeye. Illus. by Carlo Molinari. 2022. (Captives of the Reich Ser.). (ENG.). 112p. (J). (gr. 4-9). lib. bdg. 38.50 *(978-1-0982-3342-6(5),* 39861, Claw) ABDO Publishing Co.

Book 2: Ghosts & Mirrors. Jan Fields. Illus. by Alexandra Barboza. 2020. (Misfit's Life for Me Ser.). (ENG.). 24p. (J). (gr. 3-7). lib. bdg. 34.21 *(978-1-5321-3820-1(2),* 35250, Spellbound) Magic Wagon.

Book 2: off on the Wrong Foot. Lea Taddonio. Illus. by Michelle Lamoreaux. 2018. (Camp Nowhere Ser.). (ENG.). 48p. (J). (gr. 3-7). lib. bdg. 34.21 *(978-1-5321-3259-9(X),* 28473, Spellbound) Magic Wagon.

Book 2: Pickles the Very Hungry Pig. Claudia Harrington. Illus. by Anoosha Syed. 2016. (Hank the Pet Sitter Ser.). (ENG.). 32p. (J). (gr. -1-3). lib. bdg. 32.79 *(978-1-62402-188-6(3),* 24555, Calico Chapter Bks) Magic Wagon.

Book 2: Sabotage. Tracy Wolff. Illus. by Pat Kinsella. 2016. (Mars Bound Ser.). (ENG.). 48p. (J). (gr. 3-7). lib. bdg. 34.21 *(978-1-62402-198-5(0),* 24575, Spellbound) Magic Wagon.

Book 2: the Cursed Cat. Anita Yasuda. Illus. by Francesca Ficorilli. 2020. (Moto Maki's Ghostly Mysteries Ser.). (ENG.). 24p. (J). (gr. 3-7). lib. bdg. 34.21 *(978-1-5321-3825-6(3),* 35260, Spellbound) Magic Wagon.

Book 2: the Face in the Photo. Johanna Gohmann. Illus. by Flavia Sorrentino. 2017. (Ursula's Funland Ser.). (ENG.). 48p. (J). (gr. 3-7). lib. bdg. 34.21 *(978-1-5321-3012-0(0),* 25570, Spellbound) Magic Wagon.

Book 2: the Lock-In. Bailey J. Russell. Illus. by Neil Evans. 2020. (Haunting of Hawthorne Harbor Ser.). (ENG.). 112p. (J). (gr. 4-9). lib. bdg. 38.50 *(978-1-5321-3837-9(7),* 35284, Claw) ABDO Publishing Co.

Book 2: Vision of Flames. Jenny Scott. Illus. by Billy Yong. 2019. (Clairvoyant Claire Ser.). (ENG.). 48p. (J). (gr. 3-7). lib. bdg. 34.21 *(978-1-5321-3657-3(9),* 33760, Spellbound) Magic Wagon.

Book 2: Weathering the Blizzard. Emma Bland Smith. Illus. by Mirelle Ortega. 2019. (Gavin Mcnally's Year Off Ser.). (ENG.). 48p. (J). (gr. 3-7). lib. bdg. 34.21 *(978-1-5321-3507-1(6),* 31933, Spellbound) Magic Wagon.

Book 3: Center Stage. Lea Taddonio. Illus. by Hatem Aly. 2017. (Along for the Ride Ser.). (ENG.). 48p. (J). (gr. 3-7). lib. bdg. 34.21 *(978-1-5321-3003-8(1),* 25552, Spellbound) Magic Wagon.

Book 3: First Fight. Lea Taddonio. Illus. by Mina Price. 2016. (Head over Heels Ser.). (ENG.). 48p. (J). (gr. 3-7). lib. bdg. 34.21 *(978-1-62402-194-7(8),* 24567, Spellbound) Magic Wagon.

Book 3: I'm Squatching You. Lea Taddonio. Illus. by Michelle Lamoreaux. 2018. (Camp Nowhere Ser.). (ENG.). 48p. (J). (gr. 3-7). lib. bdg. 34.21 *(978-1-5321-3260-5(3),* 28475, Spellbound) Magic Wagon.

Book 3: Lessons in Resistance. Jens Ole Rightkeye. Illus. by Carlo Molinari. 2022. (Captives of the Reich Ser.). (ENG.). 112p. (J). (gr. 4-9). lib. bdg. 38.50 *(978-1-0982-3343-3(3),* 39863, Claw) ABDO Publishing Co.

Book 3: Restoration. Tracy Wolff. Illus. by Pat Kinsella. 2016. (Mars Bound Ser.). (ENG.). 48p. (J). (gr. 3-7). lib. bdg. 34.21 *(978-1-62402-199-2(9),* 24577, Spellbound) Magic Wagon.

Book 3: Saving the Alligators. Emma Bland Smith. Illus. by Mirelle Ortega. 2019. (Gavin Mcnally's Year Off Ser.). (ENG.). 48p. (J). (gr. 3-7). lib. bdg. 34.21 *(978-1-5321-3508-8(4),* 31935, Spellbound) Magic Wagon.

Book 3: Shipnapped! Jan Fields. Illus. by Alexandra Barboza. 2020. (Misfit's Life for Me Ser.). (ENG.). 24p. (J). (gr. 3-7). lib. bdg. 34.21 *(978-1-5321-3821-8(0),* 35252, Spellbound) Magic Wagon.

Book 3: the Fortune Teller. Johanna Gohmann. Illus. by Flavia Sorrentino. 2017. (Ursula's Funland Ser.). (ENG.). 48p. (J). (gr. 3-7). lib. bdg. 34.21 *(978-1-5321-3013-7(9),* 25572, Spellbound) Magic Wagon.

Book 3: the Hunted, 1 vol. P. J. Gray. 2016. (Message Ser.). (ENG.). 64p. (YA). (gr. 9-12). pap. 10.75 *(978-1-68021-151-1(X))* Saddleback Educational Publishing, Inc.

Book 3: the Portal. Bailey J. Russell. Illus. by Neil Evans. 2020. (Haunting of Hawthorne Harbor Ser.). (ENG.). 112p. (J). (gr. 4-9). lib. bdg. 38.50 *(978-1-5321-3838-6(5),* 35286, Claw) ABDO Publishing Co.

Book 3: the Tiger Eye. Anita Yasuda. Illus. by Francesca Ficorilli. 2020. (Moto Maki's Ghostly Mysteries Ser.). (ENG.). 24p. (J). (gr. 3-7). lib. bdg. 34.21 *(978-1-5321-3826-3(1),* 35262, Spellbound) Magic Wagon.

Book 3: Vision of a Star. Jenny Scott. Illus. by Billy Yong. 2019. (Clairvoyant Claire Ser.). (ENG.). 48p. (J). (gr. 3-7). lib. bdg. 34.21 *(978-1-5321-3658-0(7),* 33762, Spellbound) Magic Wagon.

Book 3: Yum-Yum the Very Spoiled Fish. Claudia Harrington. Illus. by Anoosha Syed. 2016. (Hank the Pet Sitter Ser.). (ENG.). 32p. (J). (gr. -1-3). lib. bdg. 32.79 *(978-1-62402-189-3(1),* 24557, Calico Chapter Bks) Magic Wagon.

Book 4: Amateur Rebel. Jens Ole Rightkeye. Illus. by Carlo Molinari. 2022. (Captives of the Reich Ser.). (ENG.). 112p. (J). (gr. 4-9). lib. bdg. 38.50 *(978-1-0982-3344-0(1),* 39865, Claw) ABDO Publishing Co.

Book 4: Arrival. Tracy Wolff. Illus. by Pat Kinsella. 2016. (Mars Bound Ser.). (ENG.). 48p. (J). (gr. 3-7). lib. bdg. 34.21 *(978-1-62402-200-5(6),* 24579, Spellbound) Magic Wagon.

Book 4: Elmer the Very Sneaky Sheep. Claudia Harrington. Illus. by Anoosha Syed. 2016. (Hank the Pet Sitter Ser.). (ENG.). 32p. (J). (gr. -1-3). lib. bdg. 32.79 *(978-1-62402-190-9(5),* 24559, Calico Chapter Bks) Magic Wagon.

Book 4: First Kiss. Lea Taddonio. Illus. by Mina Price. 2016. (Head over Heels Ser.). (ENG.). 48p. (J). (gr. 3-7). lib. bdg. 34.21 *(978-1-62402-195-4(6),* 24569, Spellbound) Magic Wagon.

Book 4: Hunting the Treasure. Emma Bland Smith. Illus. by Mirelle Ortega. 2019. (Gavin Mcnally's Year Off Ser.). (ENG.). 48p. (J). (gr. 3-7). lib. bdg. 34.21 *(978-1-5321-3509-5(2),* 31937, Spellbound) Magic Wagon.

Book 4: Payback. Jan Fields. Illus. by Francesca Ficorilli. 2020. (Misfit's Life for Me Ser.). (ENG.). 24p. (J). (gr. 3-7). lib. bdg. 34.21 *(978-1-5321-3822-5(9),* 35254, Spellbound) Magic Wagon.

Book 4: Solo ACT. Lea Taddonio. Illus. by Hatem Aly. 2017. (Along for the Ride Ser.). (ENG.). 48p. (J). (gr. 3-7). lib. bdg. 34.21 *(978-1-5321-3004-5(X),* 25554, Spellbound) Magic Wagon.

Book 4: the Dream Eater. Anita Yasuda. Illus. by Francesca Ficorilli. 2020. (Moto Maki's Ghostly Mysteries Ser.). (ENG.). 24p. (J). (gr. 3-7). lib. bdg. 34.21 *(978-1-5321-3827-0(X),* 35264, Spellbound) Magic Wagon.

Book 4: the Hall of Mirrors. Johanna Gohmann. Illus. by Flavia Sorrentino. 2017. (Ursula's Funland Ser.). (ENG.). 48p. (J). (gr. 3-7). lib. bdg. 34.21 *(978-1-5321-3014-4(7),* 25574, Spellbound) Magic Wagon.

Book 4: the Ritual. Bailey J. Russell. Illus. by Neil Evans. 2020. (Haunting of Hawthorne Harbor Ser.). (ENG.). 112p. (J). (gr. 4-9). lib. bdg. 38.50 *(978-1-5321-3839-3(3),* 35288, Claw) ABDO Publishing Co.

Book 4: Vision of Pearls. Jenny Scott. Illus. by Billy Yong. 2019. (Clairvoyant Claire Ser.). (ENG.). 48p. (J). (gr. 3-7). lib. bdg. 34.21 *(978-1-5321-3659-7(5),* 33764, Spellbound) Magic Wagon.

Book 5: Ralph the Very Quick Chick. Claudia Harrington. Illus. by Anoosha Syed. 2018. (Hank the Pet Sitter Ser.). (ENG.). 32p. (J). (gr. -1-3). lib. bdg. 32.79 *(978-1-5321-3173-8(9),* 28441, Calico Chapter Bks) Magic Wagon.

Book 5: Stained. Dax Varley. Illus. by Jon Proctor. 2017. (Demon Slayer Set 2 Ser.). (ENG.). 48p. (J). (gr. 3-7). lib. bdg. 34.21 *(978-1-5321-3006-9(6),* 25558, Spellbound) Magic Wagon.

Book 5: the Beginnings. Bailey J. Russell. Illus. by Neil Evans. 2020. (Haunting of Hawthorne Harbor Ser.). (ENG.). 112p. (J). (gr. 4-9). lib. bdg. 38.50 *(978-1-5321-3840-9(7),* 35290, Claw) ABDO Publishing Co.

Book 5: Witnesses to Darkness. Jens Ole Rightkeye. Illus. by Carlo Molinari. 2022. (Captives of the Reich Ser.). (ENG.). 112p. (J). (gr. 4-9). lib. bdg. 38.50 *(978-1-0982-3345-7(X),* 39867, Claw) ABDO Publishing Co.

Book 6: Pete the Very Chatty Parrot. Claudia Harrington. Illus. by Anoosha Syed. 2018. (Hank the Pet Sitter Ser.). (ENG.). 32p. (J). (gr. -1-3). lib. bdg. 32.79 *(978-1-5321-3174-5(7),* 28443, Calico Chapter Bks) Magic Wagon.

Book 6: Pest Control. Dax Varley. Illus. by Jon Proctor. 2017. (Demon Slayer Set 2 Ser.). (ENG.). 48p. (J). (gr. 3-7). lib. bdg. 34.21 *(978-1-5321-3007-6(4),* 25560, Spellbound) Magic Wagon.

Book 6: Risk & Reward. Jens Ole Rightkeye. Illus. by Carlo Molinari. 2022. (Captives of the Reich Ser.). (ENG.). 112p. (J). (gr. 4-9). lib. bdg. 38.50 *(978-1-0982-3346-4(8),* 39869, Claw) ABDO Publishing Co.

Book 6: the Fire. Bailey J. Russell. Illus. by Neil Evans. 2020. (Haunting of Hawthorne Harbor Ser.). (ENG.). 112p. (J). (gr. 4-9). lib. bdg. 38.50 *(978-1-5321-3841-6(5),* 35292, Claw) ABDO Publishing Co.

Book 7: Fawn the Very Small Deer. Claudia Harrington. Illus. by Anoosha Syed. 2018. (Hank the Pet Sitter Ser.). (ENG.). 32p. (J). (gr. -1-3). lib. bdg. 32.79 *(978-1-5321-3175-2(5),* 28445, Calico Chapter Bks) Magic Wagon.

Book 7: Murder of Crows. Dax Varley. Illus. by Jon Proctor. 2017. (Demon Slayer Set 2 Ser.). (ENG.). 48p. (J). (gr. 3-7). lib. bdg. 34.21 *(978-1-5321-3008-3(2),* 25562, Spellbound) Magic Wagon.

Book 7: the Token. Bailey J. Russell. Illus. by Neil Evans. 2021. (Haunting of Hawthorne Harbor Ser.). (ENG.). 112p. (J). (gr. 4-9). lib. bdg. 38.50 *(978-1-0982-3185-9(6),* 38736, Claw) ABDO Publishing Co.

Book 8: Otis the Very Scared Dog. Claudia Harrington. Illus. by Anoosha Syed. 2018. (Hank the Pet Sitter Ser.). (ENG.). 32p. (J). (gr. -1-3). lib. bdg. 32.79 *(978-1-5321-3176-9(3),* 28447, Calico Chapter Bks) Magic Wagon.

Book 8: Scarlet Portal. Dax Varley. Illus. by Jon Proctor. 2017. (Demon Slayer Set 2 Ser.). (ENG.). 48p. (J). (gr. 3-7). lib. bdg. 34.21 *(978-1-5321-3009-0(0),* 25564, Spellbound) Magic Wagon.

Book 8: the Possession. Bailey J. Russell. Illus. by Neil Evans. 2021. (Haunting of Hawthorne Harbor Ser.). (ENG.). 112p. (J). (gr. 4-9). lib. bdg. 38.50 *(978-1-0982-3186-6(4),* 38738, Claw) ABDO Publishing Co.

Book 9: the Betrayal. Bailey J. Russell. Illus. by Neil Evans. 2021. (Haunting of Hawthorne Harbor Ser.). (ENG.). 112p. (J). (gr. 4-9). lib. bdg. 38.50 *(978-1-0982-3187-3(2),* 38740, Claw) ABDO Publishing Co.

Book about Animals (Classic Reprint) London Religious Tract Society. 2017. (ENG., Illus.). (J). 25.61 *(978-0-265-60121-1(5));* pap. 9.57 *(978-0-282-93483-5(9))* Forgotten Bks.

Book about Baby: And Other Poems in Company, with Children (Classic Reprint) S. M. B. Piatt. 2018. (ENG., Illus.). 164p. (J). 27.30 *(978-0-267-10788-9(9))* Forgotten Bks.

Book about Bees: Their History, Habits, & Instincts; Together with the First Principles of Modern Bee-Keeping for Young Readers (Classic Reprint) F. G. Jenyns. 2017. (ENG., Illus.). (J). 28.60 *(978-1-5281-7346-9(5))* Forgotten Bks.

Book about Books (Classic Reprint) Robert Blatchford. (ENG., Illus.). (J). 2018. 258p. 29.22 *(978-0-484-22295-2(3));* 2016. pap. 11.97 *(978-1-334-44663-4(6))* Forgotten Bks.

Book about Boys. A. R. Hope. 2017. (ENG., Illus.). (J). pap. *(978-0-649-02328-8(5))* Trieste Publishing Pty Ltd.

Book about Bullying. Shaneekqua Bell. 2019. (ENG.). 40p. (J). pap. *(978-0-359-35820-5(9))* Lulu Pr., Inc.

Book about Bupkes. Leslie Kimmelman. Illus. by Roxana De Rond. 2023. (ENG.). 24p. (J). (gr. -1-2). 8.99 ***(978-1-7284-6029-1(8),*** 6f42c998-b33f-40a7-8b9e-f21e4a09dac9); 19.99 ***(978-1-7284-6022-2(0),*** 52216d3e-2f4d-4332-ac2a-d8d0090f548c) Lerner Publishing Group. (Kar-Ben Publishing).

Book about Dad with Words & Pictures by Me: A Fill-In Book with Stickers! Workman Publishing. Illus. by Irena Freitas. 2021. (ENG.). 56p. (J). (gr. k-7). 9.99 *(978-1-5235-1211-9(3),* 101211) Workman Publishing Co., Inc.

Book about Ethan: And His Super Powers. Christine Michailides. 2020. (ENG., Illus.). 28p. (J). *(978-0-2288-1779-6(X));* pap. *(978-0-2288-1778-9(1))* Tellwell Talent.

Book about Happiness. Linda Pransky. Illus. by Emily Bruland. 2021. (ENG.). 52p. (J). pap. 15.95 *(978-0-9988742-8-9(0))* Pransky & Assocs.

Book about Little Brother: A Story of Married Life (Classic Reprint) Gustaf Af Geijerstam. 2017. (ENG., Illus.). (J). 29.96 *(978-1-5280-7939-6(6))* Forgotten Bks.

Book about Marley Bear at the Farm. Melissa Crowton. 2019. (ENG.). 12p. (J). (gr. -1-k). bds. 8.99 *(978-0-486-83919-6(2),* 839192) Dover Pubns., Inc.

Book about Mom with Words & Pictures by Me: A Fill-In Book with Stickers! Workman Publishing. Illus. by Irena Freitas. 2021. (ENG.). 56p. (J). (gr. k-7). 9.95 *(978-1-5235-1210-2(5),* 101210) Workman Publishing Co., Inc.

Book about Ottie Elephant in the Town. Melissa Crowton. 2019. (ENG.). 12p. (J). (gr. -1-k). bds. 8.99 *(978-0-486-83920-2(6),* 839206) Dover Pubns., Inc.

Book about the Garden & the Gardener (Classic Reprint) S. Reynolds Hole. 2018. (ENG., Illus.). 278p. (J). 29.63 *(978-0-666-12975-8(4))* Forgotten Bks.

Book about Whales. Andrea Antinori. 2019. (ENG., Illus.). 64p. (J). (gr. 3-7). 16.99 *(978-1-4197-3502-8(0),* 1267901, Abrams Bks. for Young Readers) Abrams, Inc.

Book about You & All the World Too! Jean Reidy. Illus. by Joey Chou. 2023. (ENG.). 40p. (J). (gr. -1-3). 19.99 *(978-0-06-304152-3(9),* HarperCollins) HarperCollins Pubs.

Book Agent; His Book (Classic Reprint) Joshua Wright. (ENG., Illus.). (J). 2018. 204p. 28.12 *(978-0-483-36327-4(8));* 2017. pap. 10.57 *(978-0-243-31738-7(7))* Forgotten Bks.

Book Bandit: Mystery of the Missing Books. Micah Groberman. 2018. 32p. (J). pap. *(978-1-5255-3225-2(1))* FriesenPress.

Book Bandit: Mystery of the Missing Books. Micah Groberman & Ivan Solomon. 2018. (ENG., Illus.). 32p. (J). (gr. 3-7). *(978-1-5255-3224-5(3))* FriesenPress.

Book Banning & Other Forms of Censorship, 1 vol. Carolee Laine. 2016. (Essential Library of the Information Age Ser.). (ENG.). 112p. (J). (gr. 8-12). lib. bdg. 41.36 *(978-1-68078-283-7(5),* 21721, Essential Library) ABDO Publishing Co.

Book Bear Presents History. Ernest a Ford. 2018. (ENG., Illus.). 18p. (J). *(978-1-387-67269-1(X))* Lulu Pr., Inc.

Book Buddies: Dazzle Makes a Wish. Cynthia Lord. Illus. by Stephanie Graegin. 2023. (Book Buddies Ser.: 3). (ENG.). 80p. (J). (gr. 1-4). 14.99 *(978-1-5362-1356-0(X));* pap. 5.99 *(978-1-5362-3241-7(6))* Candlewick Pr.

Book Buddies: Ivy Lost & Found. Cynthia Lord. Illus. by Stephanie Graegin. (Book Buddies Ser.). (ENG.). 80p. (J). (gr. 1-4). 2022. pap. 5.99 *(978-1-5362-2605-8(X));* 2021. 12.99 *(978-1-5362-1354-6(3))* Candlewick Pr.

Book Buddies: Marco Polo Brave Explorer. Cynthia Lord. Illus. by Stephanie Graegin. 2022. (Book Buddies Ser.). (ENG.). 80p. (J). (gr. 1-4). 12.99 *(978-1-5362-1355-3(1))* Candlewick Pr.

Book Buddies: Marco Polo, Brave Explorer. Cynthia Lord. Illus. by Stephanie Graegin. 2022. (Book Buddies Ser.). (ENG.). 80p. (J). (gr. 1-4). pap. 5.99 *(978-1-5362-2822-9(2))* Candlewick Pr.

Book Case. Dave Shelton. Illus. by Dave Shelton. 2019. (ENG., Illus.). 368p. (J). (gr. 3-7). 17.99 *(978-1-338-32379-5(2))* Scholastic, Inc.

Book Club. Debbie Lanting. Illus. by Norman Lanting. 2021. (Book Club Ser.). (ENG.). 126p. (J). *(978-1-5255-8860-0(5));* pap. *(978-1-5255-8859-4(1))* FriesenPress.

Book Crooks! J. J. Marlee. ed. 2021. (DC Comics 8x8 Bks). (ENG., Illus.). 24p. (J). (gr. k-1). 15.96 *(978-1-64697-711-6(4))* Penworthy Co., LLC, The.

Book Crooks! (DC Super Heroes: Batman) J. J. Marlee. Illus. by Random House. 2021. (Pictureback(R) Ser.). (ENG.). 24p. (J). (gr. -1-2). 5.99 *(978-0-525-64739-3(2),* Random Hse. Bks. for Young Readers) Random Hse. Children's Bks.

TITLE INDEX BOOK OF ETHAN

Book Design. Alix Wood. 2017. (Design It! Ser.). 32p. (gr. 3-4). pap. 63.00 *(978-1-5382-0779-6(6))* Stevens, Gareth Publishing LLLP.

Book Dragon Club. Lexi Rees. 2020. (ENG., Illus.). 118p. (J). (gr. 1-5). pap. *(978-1-872889-28-3(X))* Outset Publishing Ltd.

Book Fiesta! Celebrate Children's Day/Book Day; Celebremos el Dia de Los Ninos/el Dia de Los Libros. Pat Mora. 2016. (ENG., Illus.). 40p. (J). (gr. -1-3). pap. 9.99 *(978-0-06-128878-4(0),* HarperCollins) HarperCollins Pubs.

Book for a Corner. Leigh Hunt. 2017. (ENG.). 456p. (J). pap. *(978-3-337-09829-2(0))* Creation Pubs.

Book for a Corner: Or Selections in Prose & Verse from Authors the Best Suited to That Mode of Enjoyment; with Comments on Each, & a General Introduction (Classic Reprint) Leigh Hunt. 2018. (ENG., Illus.). 452p. (J). 33.47 *(978-0-484-23224-1(X))* Forgotten Bks.

Book for a Corner, or Selections in Prose & Verse from Authors the Best Suited to That Mode of Enjoyment: With Comments on Each, & a General Introduction (Classic Reprint) Leigh Hunt. (ENG., Illus.). (J). 2017. 28.85 *(978-0-265-47723-6(9))*; 2016. pap. 11.57 *(978-1-334-13842-3(7))* Forgotten Bks.

Book for a Corner; or, Selections in Prose & Verse; Vol. I. Leigh Hunt. 2017. (ENG., Illus.). (J). pap. *(978-0-649-02338-7(2))* Trieste Publishing Pty Ltd.

Book for Bear. Ellen Ramsey. Illus. by MacKenzie Haley. 2023. 32p. (J). (gr. -1-3). 18.99 ***(978-0-593-52724-5(0))*** Flamingo Bks.

Book for Benny. Judith Koppens. Illus. by Marja Meijer. 2017. (Sam & Benny Ser.). (ENG.). 32p. (J). (gr. -1 — 1). 17.95 *(978-1-60537-352-2(4))* Clavis Publishing.

Book for Benny. Judith Koppens. Illus. by Marja Meijer. 2017. (Sam & Benny Ser.). (ENG.). 32p. (J). (gr. -1-2). pap. 9.95 *(978-1-60537-393-5(1))* Clavis ROM. Dist: Publishers Group West (PGW).

Book for Child: This Book Is Entertaining & Educational, the Purpose of the Book Is to Develop Children in a Fun Way, Instilling a Love of Reading & Solving Intellectual Problems. & Also Lay the Foundation for the Ability to Work with Books. Radii Sivak. 2022. (ENG.). 24p. (J). ***(978-1-4583-6560-6(3))*** Lulu Pr., Inc.

Book for Clever Kids. 2016. (ENG., Illus.). 256p. (J). (gr. 3-7). 16.99 *(978-1-78055-316-0(1))* O'Mara, Michael Bks., Ltd. GBR. Dist: Independent Pubs. Group.

Book for Girls (Classic Reprint) Laura Lee Hope. 2018. (ENG., Illus.). 224p. (J). 28.52 *(978-0-267-21331-3(X))* Forgotten Bks.

Book for Kids about Pandas: The Giant Panda Bear. Frances York. 2017. (ENG., Illus.). (J). pap. *(978-1-987863-70-3(4))* Revelry Publishing.

Book for Milly. Jenna Beyer. 2018. (Woodfall Friends Ser.: Vol. 1). (ENG., Illus.). 18p. (J). (gr. k-3). 12.00 *(978-0-692-99946-2(9))* Teacup Pr.

Book for Our Baby. Lauren A. Frank. 2020. (ENG.). 26p. (J). 16.99 *(978-1-7353461-1-3(X))* Frank, Lauren.

Book for the Household: Home Happiness (Classic Reprint) Unknown Author. 2018. (ENG., Illus.). 164p. (J). 27.28 *(978-0-484-23104-6(9))* Forgotten Bks.

Book for the Household: Home, Sweet Home! & Other Tales (Classic Reprint) Unknown Author. 2018. (ENG., Illus.). 164p. (J). 27.28 *(978-0-483-58118-0(6))* Forgotten Bks.

Book Full of Matching Activities That Kids Will Love. Jupiter Kids. 2016. (ENG., Illus.). 108p. (J). pap. 16.55 *(978-1-68326-206-0(9),* Jupiter Kids (Childrens & Kids Fiction)) Speedy Publishing LLC.

Book in Four Languages: My Animals. Kathy Broderick. Tr. by Arlette de Alba et al from ENG. Illus. by Kris Dresen. 2021. (ENG.). 20p. (J). bds. 7.99 *(978-1-5037-5493-5(6),* 3677, PI Kids) Phoenix International Publications, Inc.

Book in Four Languages: My Animals. Kathy Sequoia Kids Media. Illus. by Kris Dresen. 2021. (Book in Four Languages Ser.). (ENG.). 22p. (J). (gr. k-2). pap. 8.95 ***(978-1-64996-685-8(7),*** 17049, Sequoia Kids Media) Sequoia Children's Bks.

Book in Four Languages: My Colors. Kathy Broderick. Tr. by Ana Izquierdo et al from ENG. Illus. by Kris Dresen. 2019. (ENG.). 20p. (J). bds. 7.99 *(978-1-5037-4702-9(6),* 3332, PI Kids) Phoenix International Publications, Inc.

Book in Four Languages: My Colors. Kathy Sequoia Kids Media. Illus. by Kris Dresen. 2021. (Book in Four Languages Ser.). (ENG.). 22p. (J). (gr. k-2). pap. 8.95 ***(978-1-64996-687-2(3),*** 17050, Sequoia Kids Media) Sequoia Children's Bks.

Book in Four Languages: My Emotions. Claire Sequoia Kids Media. Illus. by Kris Dresen. 2021. (Book in Four Languages Ser.). (ENG.). 22p. (J). (gr. k-2). pap. 8.95 ***(978-1-64996-686-5(5),*** 17051, Sequoia Kids Media) Sequoia Children's Bks.

Book in Four Languages: My Emotions. Claire Winslow. Tr. by Arlette de Alba et al from ENG. Illus. by Kris Dresen. 2021. (ENG.). 20p. (J). bds. 7.99 *(978-1-5037-5494-2(4),* 3678, PI Kids) Phoenix International Publications, Inc.

Book in Four Languages: My Numbers. Claire Sequoia Kids Media. Illus. by Kris Dresen. 2021. (Book in Four Languages Ser.). (ENG.). 22p. (J). (gr. k-2). pap. 8.95 ***(978-1-64996-688-9(1),*** 17052, Sequoia Kids Media) Sequoia Children's Bks.

Book in Four Languages: My Numbers. Claire Winslow. Illus. by Kris Dresen. 2019. (ENG.). 20p. (J). bds. 7.99 *(978-1-5037-4701-2(8),* 3331, PI Kids) Phoenix International Publications, Inc.

Book in the Book in the Book. Julien Baer. Illus. by Simon Bailly. 2019. 56p. (J). (gr. -1-3). 18.99 *(978-0-8234-4243-0(8))* Holiday Hse., Inc.

Book Is on the Table. E. Regier. 2020. (ENG.). 154p. (YA). pap. *(978-1-716-88985-1(5))* Lulu Pr., Inc.

Book Jumper. Mechthild Glaser. 2018. (ENG.). 400p. (YA). pap. 12.99 *(978-1-250-14423-2(X),* 900180625) Square Fish.

Book Keeper. Sarah Pin. 2022. (ENG.). 138p. (YA). ***(978-1-0391-4525-2(6))***; pap. ***(978-1-0391-4524-5(8))*** FriesenPress.

Book No One Wants to Read. Beth Bacon. Illus. by Beth Bacon. 2021. (ENG., Illus.). 176p. (J). (gr. 1-5). 12.99 *(978-0-06-296254-6(X),* HarperCollins) HarperCollins Pubs.

Book Nook. Joyce Markovics. 2019. (Read & Rhyme Level 2 Ser.). (ENG., Illus.). 16p. (J). (gr. -1-1). 24.21 *(978-1-64280-552-9(1))* Bearport Publishing Co., Inc.

Book Nook. Pearl Markovics & Beth Gambro. 2020. (Illus.). 16p. (J). pap. 6.99 *(978-1-64280-710-3(9))* Bearport Publishing Co., Inc.

Book o' Nine Tales. Arlo Bates. 2017. (ENG.). (J). 340p. pap. *(978-3-337-06843-1(X))*; 336p. pap. *(978-3-337-07740-2(4))* Creation Pubs.

Book o' Nine Tales (Classic Reprint) Arlo Bates. 2018. (ENG., Illus.). 344p. (J). 31.01 *(978-0-483-59193-6(9))* Forgotten Bks.

Book of 100 Pictures (Classic Reprint) Unknown Author. (ENG., Illus.). (J). 2018. 110p. 26.23 *(978-0-483-15979-2(4))*; 2017. pap. 9.57 *(978-0-243-32257-2(7))* Forgotten Bks.

Book of 1928 (Classic Reprint) Bryn Mawr College. (ENG., Illus.). (J). 2018. 134p. 26.68 *(978-0-332-17271-2(6))*; 2017. pap. 9.57 *(978-0-259-97554-0(0))* Forgotten Bks.

Book Of 1929: Bryn Mawr College (Classic Reprint) Katherine Balch. 2017. (ENG., Illus.). (J). 26.02 *(978-0-260-52891-9(9))*; pap. 9.57 *(978-0-266-05152-7(9))* Forgotten Bks.

Book of 1931 (Classic Reprint) Bryn Mawr College. 2017. (ENG., Illus.). (J). 26.02 *(978-0-260-56636-2(5))*; pap. 9.57 *(978-0-265-04015-7(9))* Forgotten Bks.

Book of a Bachelor (Classic Reprint) Duncan Schwann. (ENG., Illus.). (J). 2018. 336p. 30.83 *(978-0-332-34418-8(5))*; 2016. pap. 13.57 *(978-1-333-66590-6(3))* Forgotten Bks.

Book of a Hundred Bears (Classic Reprint) F. Dumont Smith. 2018. (ENG., Illus.). 240p. (J). 28.87 *(978-0-331-63485-3(6))* Forgotten Bks.

Book of a Naturalist (Classic Reprint) W. H. Hudson. 2017. (ENG., Illus.). (J). 31.61 *(978-0-266-60848-6(5))* Forgotten Bks.

Book of a Thousand Days. Shannon Hale. 2017. (ENG.). 336p. (YA). pap. 10.99 *(978-1-68119-315-1(9),* 900165753, Bloomsbury USA Childrens) Bloomsbury Publishing USA.

Book of All Things. David Michael Slater. 2016. (ENG., Illus.). (J). (gr. 4-7). pap. 16.99 *(978-0-9983334-4-1(1))* Library Tales Publishing, Inc.

Book of Amazing Trees. Nathalie Tordjman. Illus. by Julien Norwood & Isabelle Simler. 2021. (ENG.). 72p. (J). (gr. 3-7). 19.95 *(978-1-61689-971-4(9))* Princeton Architectural Pr.

Book of American Pastimes: Containing a History of the Principal Base Ball, Cricket, Rowing, & Yachting Clubs of the United States (Classic Reprint) Charles A. Peverelly. 2018. (ENG., Illus.). (J). 576p. 35.78 *(978-1-391-21545-7(1))*; 578p. pap. 19.57 *(978-1-390-96367-0(5))* Forgotten Bks.

Book of American Prose Humor: Being a Collection of Humorous & Witty Tales, Sketches, etc (Classic Reprint) Herbert S. Stone. (ENG., Illus.). (J). 2018. 264p. 29.34 *(978-0-484-08943-2(9))*; 2017. pap. 11.97 *(978-0-259-83703-9(2))* Forgotten Bks.

Book of Americans - Illustrated by Charles Child. Stephen Vincent Benet. 2017. (ENG., Illus.). (YA). pap. *(978-1-5287-0009-2(0))* Freeman Pr.

Book of Angels. K. H. Mezek. 2016. (ENG., Illus.). (J). pap. *(978-1-77233-961-1(X))* Evernight Publishing.

Book of Angels. Karima Sperling. Illus. by Alia Nazeer. 2020. (ENG.). 70p. (YA). pap. 9.99 *(978-0-9913003-9-6(4))* Little Bird Bks.

Book of Angelus Drayton (Classic Reprint) Fred Reynolds. (ENG., Illus.). (J). 2018. 306p. 30.21 *(978-0-666-82454-7(1))*; 2017. pap. 13.57 *(978-1-5276-3119-9(2))* Forgotten Bks.

Book of Animal Superheroes: Amazing True-Life Tales; Astounding Wildlife Facts. David Dean & Camilla De La Bedoyere. 2020. (ENG., Illus.). 128p. (J). (gr. 4-7). 18.99 *(978-1-78055-614-7(4),* Buster Bks.) O'Mara, Michael Bks., Ltd. GBR. Dist: Independent Pubs. Group.

Book of Baby Mouse. Katarzyna Zanko. Illus. by Katarzyna Zanko. 2021. (ENG.). 18p. (J). 17.99 *(978-1-0879-0847-2(7))* Indy Pub.

Book of Ballynoggin (Classic Reprint) L. C. Alexander. 2018. (ENG., Illus.). 324p. (J). 30.58 *(978-0-364-16156-2(6))* Forgotten Bks.

Book of Bears: At Home with Bears Around the World. Illus. by Katie Viggers. 2018. (ENG.). 32p. (J). (gr. -1-2). 17.99 *(978-1-78627-291-1(1),* King, Laurence Publishing) Orion Publishing Group, Ltd. GBR. Dist: Hachette Bk. Group.

Book of Beautiful Bird Songs: The Best Bird Voices from Around the World. Fred Van Gessel. 2022. (ENG.). 24p. (J). (gr. -1-k). 16.99 *(978-1-925546-77-4(2))* New Holland Pubs. Pty. Ltd. AUS. Dist: Independent Pubs. Group.

Book of Beeing: Moral Tails in an Immoral World. J. S. Friedman. Illus. by Chris Beatrice. 2017. (Maurice's Valises Ser.). (ENG.). 50p. (J). (gr. k-4). 7.99 *(978-94-91613-22-7(7))* Mouse Prints Pr. NLD. Dist: Ingram Publisher Services.

Book of Bees: Inside the Hives & Lives of Honeybees, Bumblebees, Cuckoo Bees, & Other Busy Buzzers. Lela Nargi. 2022. (ENG., Illus.). 128p. (J). (gr. 2-17). 19.99 *(978-0-7624-7840-8(3),* Black Dog & Leventhal Pubs. Inc.) Running Pr.

Book of Beetles. Matt Reher. 2016. (1G Bugs Ser.). (ENG., Illus.). 32p. (J). pap. 8.00 *(978-1-63437-583-2(1))* American Reading Co.

Book of Beginning Circle Games: Revised Edition. John M. Feierabend. 2nd ed. 2021. (First Steps in Music Ser.). (ENG.). 100p. (J). pap. 15.95 *(978-1-62277-513-2(9))* G I A Pubns., Inc.

Book of Beginnings (Classic Reprint) Catherine Turner Bryce. 2018. (ENG., Illus.). 184p. (J). 27.71 *(978-0-484-61395-8(2))* Forgotten Bks.

Book of Bible Opposites. Maggie Coburn. Illus. by Rebekah Lund Hiatt. 2019. (ENG.). 22p. (J). (gr. -1-k). bds. 12.99 *(978-1-4621-2300-1(7))* Cedar Fort, Inc./CFI Distribution.

Book of Birds (Classic Reprint) Carton Moorepark. (ENG., Illus.). (J). 2018. 56p. 25.05 *(978-0-267-78748-7(0))*; 2016. pap. 9.57 *(978-1-334-35664-3(5))* Forgotten Bks.

Book of Black Royalty. Ibrahim a Konteh & Kwame E. Gayle. Illus. by Ada Ezenwa-Autrey. 2019. (ENG.). 26p. (J). (gr. k-6). pap. 14.99 ***(978-1-7336854-0-5(5))*** IBE.

Book of Blast Off! 15 Real-Life Space Missions. Timothy Knapman. Illus. by Nik Henderson. 2023. (ENG.). 40p. (J). (gr. -1-3). 18.99 *(978-1-4197-6595-7(7),* 1796201) Magic Cat GBR. Dist: Abrams, Inc.

Book of Boba Fett Junior Novel. Joe Schreiber. 2023. (ENG., Illus.). 240p. (J). (gr. 3-7). pap. 6.99 *(978-1-368-09228-9(4),* Disney Lucasfilm Press) Disney Publishing Worldwide.

Book of Boba Fett Poster Book. Lucasfilm Lucasfilm Press. ed. 2022. (ENG., Illus.). 32p. (J). (gr. 3-7). pap. 7.99 *(978-1-368-08281-5(5),* Disney Lucasfilm Press) Disney Publishing Worldwide.

Book of Bones: 10 Record-Breaking Animals. Gabrielle Balkan. 2017. (ENG., Illus.). 48p. (gr. -1-4). 19.95 *(978-0-7148-7512-5(0))* Phaidon Pr., Inc.

Book of Boy: A Newbery Honor Award Winner. Catherine Gilbert Murdock. (ENG.). (J). (gr. 3-7). 2020. 304p. pap. 7.99 *(978-0-06-268621-3(6))*; 2018. (Illus.). 288p. 16.99 *(978-0-06-268620-6(8))* HarperCollins Pubs. (Greenwillow Bks.).

Book of Brave Adventures (Classic Reprint) Dorothy Donnell Calhoun. 2017. (ENG., Illus.). (J). 27.22 *(978-0-331-44634-0(0))* Forgotten Bks.

Book of Bridges: Here to There & Me to You. Cheryl Keely. Illus. by Celia Krampien. 2017. (ENG.). 32p. (J). (gr. k-3). 16.99 *(978-1-58536-996-6(9),* 204231) Sleeping Bear Pr.

Book of Brilliant Bugs. Jess French. Illus. by Claire McElfatrick. 2020. (Magic & Mystery of Nature Ser.). (ENG.). 80p. (J). (gr. 2-4). 16.99 *(978-1-4654-8982-1(7),* DK Children) Dorling Kindersley Publishing, Inc.

Book of Brilliant Bugs. Jess French. 2020. (Illus.). 80p. (J). *(978-0-241-39580-6(1))* Dorling Kindersley Publishing, Inc.

Book of Bugs (Classic Reprint) Harvey Sutherland. 2018. (ENG., Illus.). (J). 236p. 28.76 *(978-1-391-02861-3(9))*; 238p. pap. 11.57 *(978-1-390-75918-1(0))* Forgotten Bks.

Book of Burlesques (Classic Reprint) H. L. Mencken. 2018. (ENG., Illus.). (J). 240p. 28.87 *(978-1-391-02912-2(7))*; 242p. pap. 11.57 *(978-1-4400-4038-2(9))*; 234p. 28.74 *(978-0-483-81764-7(3))* Forgotten Bks.

Book of Call & Response: Revised Edition. John Feierabend. 2nd ed. 2021. (First Steps in Music Ser.). (ENG.). 88p. (J). pap. 14.95 *(978-1-62277-511-8(2))* G I A Pubns., Inc.

Book of Canadian Prose & Verse (Classic Reprint) Edmund Kemper Broadus. (ENG., Illus.). (J). 2018. 410p. 32.35 *(978-0-483-77892-4(3))*; 2017. pap. 16.57 *(978-0-243-31495-9(7))* Forgotten Bks.

Book of Carlotta: Being a Revised Edition (with New Preface) of Sacred & Profane Love (Classic Reprint) Arnold Bennett. (ENG., Illus.). (J). 2018. 308p. 30.54 *(978-0-484-53579-3(X))*; 2017. 30.37 *(978-1-5283-5478-3(8))*; 2017. pap. 13.57 *(978-0-243-29104-5(3))* Forgotten Bks.

Book of Cats. Charles H. Ross. 2017. (ENG.). 350p. (J). pap. *(978-3-7447-9238-7(2))* Creation Pubs.

Book of Cats: A Chit-Chat Chronicle of Feline Facts & Fancies, Legendary, Lyrical, Medical, Mirthful & Miscellaneous (Classic Reprint) Charles H. Ross. 2017. (ENG., Illus.). (J). 31.16 *(978-1-5279-4383-4(6))* Forgotten Bks.

Book of Cats & Dogs, & Other Friends, for Little Folks. James Johonnot. 2017. (ENG., Illus.). 100p. (J). pap. *(978-3-7447-7179-5(2))* Creation Pubs.

Book of Cats & Dogs, & Other Friends, for Little Folks (Classic Reprint) James Johonnot. 2018. (ENG., Illus.). 100p. (J). 25.96 *(978-0-484-75720-1(2))* Forgotten Bks.

Book of Chaos. Jessica Renwick. 2018. (Starfell Ser.: Vol. 1). (ENG.). 256p. (J). (gr. 4-6). *(978-1-7753871-3-8(5))* Starfell Pr.

Book of Cheerful Cats & Other Animated Animals (Classic Reprint) Joseph Greene Francis. (ENG., Illus.). (J). 2018. 68p. 25.32 *(978-1-396-01765-0(8))*; 2018. 70p. pap. 9.57 *(978-1-391-04317-3(0))*; 2017. 88p. 25.71 *(978-0-332-24273-6(0))*; 2017. 90p. pap. 9.57 *(978-0-332-22840-2(1))* Forgotten Bks.

Book of Childrens Songtales: Revised Edition. John Feierabend. 2nd ed. 2021. (First Steps in Music Ser.). (ENG.). 96p. (J). pap. 14.95 *(978-1-62277-512-5(0))* G I A Pubns., Inc.

Book of Christmas. Thomas Kibble Hervey. 2017. (ENG.). (J). 438p. pap. *(978-3-337-37950-6(8))*; 444p. pap. *(978-3-337-02775-9(X))* Creation Pubs.

Book of Christmas: Descriptive of the Customs, Ceremonies, Traditions, Superstitions, Fun, Feeling, & Festivities of the Christmas Season (Classic Reprint) Thomas Kibble Hervey. 2017. (ENG., Illus.). (J). 32.93 *(978-0-331-54907-2(7))*; 32.79 *(978-0-266-67358-3(9))*; pap. 16.57 *(978-1-5276-4684-1(X))* Forgotten Bks.

Book of Christmas (Classic Reprint) Hamilton W. Mabie. 2017. (ENG., Illus.). (J). 32.56 *(978-0-260-01349-1(8))* Forgotten Bks.

Book of Christmas Tales. Jake Palmer. 2022. (ENG.). 39p. (J). pap. ***(978-1-4710-7677-0(6))*** Lulu Pr., Inc.

Book of Clever Beasts: Studies in Unnatural History (Classic Reprint) Myrtle Reed. 2018. (ENG., Illus.). 268p. (J). 29.42 *(978-0-331-84383-5(8))* Forgotten Bks.

Book of Colors Learn All the Colors of the Rainbow. Editors of Applesauce Press. 2023. (ENG., Illus.). 24p. (J). bds. 12.95 *(978-1-64643-313-1(0),* Applesauce Pr.) Cider Mill Pr. Bk. Pubs., LLC.

Book of Comic Songs & Recitations: A Large & Varied Assortment of Burlesque, Comic, & Irrisistible Pieces & Poems, Suitable Alike for Singing of Speaking (Classic Reprint) Unknown Author. (ENG., Illus.). (J). 2018. 70p. 25.38 *(978-0-332-52277-7(6))*; 2017. pap. 9.57 *(978-0-243-42957-8(6))* Forgotten Bks.

Book of Common Prayer: According to the Use of King's Chapel (Classic Reprint) King'S Chapel. 2018. (ENG., Illus.). (J). 410p. 32.35 *(978-1-396-82075-5(2))*; 412p. pap. 16.57 *(978-1-396-82059-5(0))* Forgotten Bks.

Book of Comparisons. Clive Gifford. Illus. by Paul Boston. 2018. (ENG.). 96p. (J). 17.99 *(978-1-61067-667-0(X))* Kane Miller.

Book of Country Clouds & Sunshine. Clifton Johnson. 2017. (ENG.). 216p. (J). pap. *(978-3-337-33953-1(0))*; pap. *(978-3-337-22770-8(8))* Creation Pubs.

Book of Country Clouds & Sunshine (Classic Reprint) Clifton Johnson. 2017. (ENG., Illus.). (J). 28.29 *(978-0-265-20436-8(4))* Forgotten Bks.

Book of Cowboys (Classic Reprint) Francis Rolt-Wheeler. 2018. (ENG., Illus.). 450p. (J). 33.18 *(978-0-364-78237-8(4))* Forgotten Bks.

Book of Crafts & Character (Classic Reprint) Walter Raymond. 2018. (ENG., Illus.). (J). 29.92 *(978-0-260-83651-9(6))* Forgotten Bks.

Book of Cranford Village (Classic Reprint) Selden F. White. 2018. (ENG., Illus.). 50p. (J). 24.93 *(978-0-483-27447-1(X))* Forgotten Bks.

Book of Curious Birds. Jennifer Cossins. 2022. (ENG., Illus.). 64p. (J). (gr. -1-1). 20.99 *(978-0-7344-2047-3(1),* Lothian Children's Bks.) Hachette Australia AUS. Dist: Hachette Bk. Group.

Book of Daniel Drew: A Glimpse of the Fisk-Gould-Tweed, Regime from the Inside (Classic Reprint) Bouck White. 2018. (ENG., Illus.). 436p. (J). 32.89 *(978-0-267-76237-8(2))* Forgotten Bks.

Book of Daniel or the Second Volume of Prophecy: Translated & Expounded with a Preliminary Sketch of Antecedent Prophecy. James G Murphy. 2017. (ENG., Illus.). (J). pap. *(978-0-649-07754-0(7))* Trieste Publishing Pty Ltd.

Book of Dares: 100 Ways for Boys to Be Kind, Bold, & Brave. Ted Bunch & Anna Marie Johnson Teague. 2021. 224p. (J). (gr. 3-7). 15.99 *(978-0-593-30298-9(2))*; (ENG.). lib. bdg. 17.99 *(978-0-593-30299-6(0))* Random Hse. Children's Bks. (Random Hse. Bks. for Young Readers).

Book of Demra: A Life Saved-A Life Transformed. Joel Henderson. 2021. (ENG.). 108p. (YA). 28.95 *(978-1-6624-6101-9(1))*; pap. 13.95 *(978-1-6624-6099-9(6))* Page Publishing Inc.

Book of Dialogues, Vol. 1 (Classic Reprint) A. J. Davis. (ENG., Illus.). (J). 2018. 128p. 26.54 *(978-0-483-97811-9(6))*; 2017. pap. 9.57 *(978-0-243-41923-4(6))* Forgotten Bks.

Book of Discoveries: Incredible Breakthroughs That Changed the World. Tim Cooke. 2021. (ENG.). 112p. (J). (gr. 3-7). 24.95 *(978-1-78312-716-0(3))* Welbeck Publishing Group Ltd. GBR. Dist: Two Rivers Distribution.

Book of Discoveries (Classic Reprint) Masefield. (ENG., Illus.). (J). 2017. 31.78 *(978-0-266-38126-6(X))*; 2016. pap. 16.57 *(978-1-333-26257-0(4))* Forgotten Bks.

Book of Discovery: The History of the World's Exploration, from the Earliest Times to the Finding of the South Pole. Margaret Bertha (M B) Synge. 2017. (ENG.). 188p. (J). *(978-93-86780-64-5(X))* Alpha Editions.

Book of Dogs: An Intimate Study of Mankind's Best Friend. Louis Agassiz Fuertes. 2017. (ENG., Illus.). (J). pap. *(978-0-649-43373-5(4))* Trieste Publishing Pty Ltd.

Book of Dogs (and Other Canines) Katie Viggers. 2023. (ENG., Illus.). 32p. (J). (gr. -1-1). 18.99 ***(978-1-5102-3038-5(6),*** King, Laurence Publishing) Orion Publishing Group, Ltd. GBR. Dist: Hachette Bk. Group.

Book of Dragons. E. Nesbit. 2018. (ENG., Illus.). 134p. (YA). (gr. 7-12). pap. *(978-93-5329-312-3(X))* Alpha Editions.

Book of Dragons. E. Nesbit. 2017. (ENG.). 238p. (J). pap. *(978-81-8495-976-5(1))* Jaico Publishing Hse.

Book of Dragons. S. A. Caldwell. ed. 2020. (ENG.). 72p. (J). (gr. 4-5). 23.96 *(978-1-64697-005-6(5))* Penworthy Co., LLC, The.

Book of Dragons: Secrets of the Dragon Domain. Stella Caldwell. 2019. (Y Ser.). (ENG., Illus.). 72p. (J). (gr. 1-3). pap. 12.95 *(978-1-78312-400-8(8))* Carlton Kids GBR. Dist: Two Rivers Distribution.

Book of Drawings (Classic Reprint) H. M. Bateman. 2017. (ENG., Illus.). (J). 26.17 *(978-0-331-70612-3(1))* Forgotten Bks.

Book of Drawings (Classic Reprint) Frederick Richardson. (ENG., Illus.). (J). 2018. 106p. 26.08 *(978-0-267-97090-2(0))*; 2017. pap. 9.57 *(978-0-259-98317-0(9))* Forgotten Bks.

Book of Dreams & Ghosts. Andrew Lang. 2020. (ENG.). (J). 192p. 19.95 *(978-1-64799-618-5(X))*; 190p. pap. 10.95 *(978-1-64799-617-8(1))* Bibliotech Pr.

Book of Dust: la Belle Sauvage (Book of Dust, Volume 1) Philip Pullman. (Book of Dust Ser.: 1). (ENG.). (YA). (gr. 9). 2019. 480p. pap. 14.99 *(978-0-553-51074-4(6))*; 2017. (Illus.). 464p. 22.99 *(978-0-375-81530-0(9))*; 2017. (Illus.). 464p. lib. bdg. 25.99 *(978-0-553-51072-0(X))* Random Hse. Children's Bks. (Knopf Bks. for Young Readers).

Book of Dust: la Belle Sauvage Collector's Edition (Book of Dust, Volume 1) Philip Pullman. 2018. (Book of Dust Ser.: 1). (ENG., Illus.). 496p. (YA). (gr. 9). 26.99 *(978-1-9848-3057-9(0),* Knopf Bks. for Young Readers) Random Hse. Children's Bks.

Book of Dust: the Secret Commonwealth (Book of Dust, Volume 2) Philip Pullman. (Book of Dust Ser.: 2). (ENG., Illus.). 656p. (YA). (gr. 9). 2020. pap. 14.99 *(978-0-553-51070-6(3),* PenguinGroup463008); 2019. 22.99 *(978-0-553-51066-9(5),* PenguinGroup463008); 2019. lib. bdg. 25.99 *(978-0-553-51067-6(3),* PenguinGroup463008) Random Hse. Children's Bks. (Knopf Bks. for Young Readers).

Book of Echo Songs: Revised Edition. John Feierabend. 2nd ed. 2021. (First Steps in Music Ser.). (ENG.). 80p. (J). pap. 14.95 *(978-1-62277-510-1(4))* G I A Pubns., Inc.

Book of Elemental Powers. Random House. ed. 2022. (ENG.). 95p. (J). (gr. 2-3). 23.46 ***(978-1-68505-349-9(1))*** Penworthy Co., LLC, The.

Book of Elemental Powers (LEGO Ninjago) Random House. Illus. by Random House. 2021. (ENG.). 96p. (J). (gr. 1-4). pap. 9.99 *(978-0-593-38133-5(5),* Random Hse. Bks. for Young Readers) Random Hse. Children's Bks.

Book of Elsie. Joanne Levy. 2022. (Orca Currents Ser.). (ENG.). 160p. (J). (gr. 4-7). pap. 10.95 *(978-1-4598-3424-8(0))* Orca Bk. Pubs. USA.

Book of Elves & Fairies: For Story-Telling & Reading Aloud & for the Children's Own Reading (Classic Reprint) Frances Jenkins Olcott. (ENG., Illus.). (J). 2018. 464p. 33.47 *(978-0-484-61445-0(2))*; 2016. pap. 16.57 *(978-1-333-43045-0(0))* Forgotten Bks.

Book of Ethan. Russell J. Sanders. 2016. (ENG., Illus.). (J). 27.99 *(978-1-63477-963-0(0),* Harmony Ink Pr.) Dreamspinner Pr.

B

Book of Evelyn (Classic Reprint) Geraldine Bonner. 2017. (ENG., Illus.). (J). 31.55 *(978-0-331-82504-6(X))* Forgotten Bks.

Book of Everything: Bursting with Thousands of Fantastic Facts. IglooBooks. 2023. (ENG.). 192p. (J). (gr. k-3). 14.99 ***(978-1-83771-751-4(6))*** Igloo Bks. GBR. Dist: Simon & Schuster, Inc.

Book of Exodus Coloring Book. Activibooks For Kids. 2016. (ENG., Illus.). (J). pap. 9.20 *(978-1-68321-920-0(1))* Mimaxion.

Book of Fables: Chiefly from Aesop (Classic Reprint) Aesop Aesop. 2018. (ENG., Illus.). 100p. (J). 25.96 *(978-0-483-61330-0(4))* Forgotten Bks.

Book of Fables: With Many Engravings (Classic Reprint) Unknown Author. 2018. (ENG., Illus.). 32p. (J). 24.56 *(978-0-656-07561-4(9))* Forgotten Bks.

Book of Fables (Classic Reprint) Unknown Author. 2018. (ENG., Illus.). 24p. (J). 24.39 *(978-0-483-81217-8(X))* Forgotten Bks.

Book of Fae: Book Three of the Stone Keeper's Realm Saga. Mary Clare Emerine & Laura Lester. 2018. (ENG., Illus.). 342p. (J). pap. 18.99 *(978-1-387-74598-2(0))* Lulu Pr., Inc.

Book of Fairy Tales (Classic Reprint) Sabine Baring Gould. (ENG., Illus.). (J). 2018. 282p. 29.75 *(978-0-332-68997-5(2))*; 2016. pap. 13.57 *(978-1-333-69588-0(8))* Forgotten Bks.

Book of Famous Fairy Tales: With an Introduction (Classic Reprint) Thomas Bailey Aldrich. (ENG., Illus.). (J). 2018. 436p. 32.89 *(978-0-483-54296-9(2))*; 2017. pap. 16.57 *(978-0-243-16631-2(1))* Forgotten Bks.

Book of Fantastic Tales. Hannah Conrad. 2020. (ENG.). 118p. (YA). pap. 10.99 *(978-1-393-27921-1(X))* Draft2Digital.

Book of Farm Animals. Easy & Educational Activity Book of Farm Animals & More. More Than 100 Exercises of Coloring, Color by Number & Drawing. Speedy Kids. 2017. (ENG., Illus.). 200p. (J). pap. 12.26 *(978-1-5419-4804-4(1))* Speedy Publishing LLC.

Book of Fatal Errors: First Book in the Feylawn Chronicles. Dashka Slater. 2022. (Feylawn Chronicles Ser.: 1). (ENG.). 352p. (J). pap. 7.99 *(978-1-250-79179-5(0)*, 900207777) Square Fish.

Book of Fingerplays & Action Songs: Revised Edition. John Feierabend. 2nd ed. 2021. (First Steps in Music Ser.). (ENG.). 88p. (J). pap. 14.95 *(978-1-62277-465-4(5))* G I A Pubns., Inc.

Book of Flags: Flags from Around the World & the Stories Behind Them. Rob Colson. 2017. (ENG., Illus.). 64p. (J). (gr. 4-6). pap. 13.99 *(978-0-7502-9790-5(5)*, Wayland) Hachette Children's Group GBR. Dist: Hachette Bk. Group.

Book of Flies. Matt Reher. 2017. (1G Bugs Ser.). (ENG., Illus.). 28p. (J). pap. 9.60 *(978-1-63437-574-0(2))* American Reading Co.

Book of Flight: 10 Record-Breaking Animals with Wings. Gabrielle Balkan. 2019. (ENG., Illus.). 48p. 19.95 *(978-0-7148-7868-3(5))*; 19.95 *(978-0-7148-7863-8(4))* Phaidon Pr., Inc.

Book of Folk Stories (Classic Reprint) Horace Elisha Scudder. 2017. (ENG., Illus.). (J). pap. 9.57 *(978-0-259-46041-1(9))* Forgotten Bks.

Book of Four Journeys. Verónica Del Valle. 2021. (ENG.). 240p. (J). pap. *(978-1-80042-044-1(7))* SilverWood Bks.

Book of Friendly Giants (Classic Reprint) Eunice Fuller. 2018. (ENG., Illus.). 342p. (J). 30.97 *(978-0-267-13943-9(8))* Forgotten Bks.

Book of Friendship (Classic Reprint) Samuel McChord Crothers. 2017. (ENG., Illus.). (J). 31.32 *(978-1-5281-8717-6(2))* Forgotten Bks.

Book of Games, or a History of Juvenile Sports: Practised at a Considerable Academy near London (Classic Reprint) Unknown Author. 2017. (ENG., Illus.). (J). 228p. 28.60 *(978-0-332-53658-3(0))*; pap. 10.97 *(978-0-259-51489-3(6))* Forgotten Bks.

Book of Ghosts (Classic Reprint) S. Baring-Gould. 2017. (ENG., Illus.). (J). 32.39 *(978-0-260-45616-8(0))* Forgotten Bks.

Book of Giant Adventures: Tashi Collection 1. Kim Gamble & Barbara Fienberg. Illus. by Anna Fienberg. 2020. (Tashi Ser.). (ENG.). 256p. (J). (gr. k-3). pap. 13.99 *(978-1-76052-516-3(2)*, A&U Children's) Allen & Unwin AUS. Dist: Independent Pubs. Group.

Book of Gideon. Timothy Estorga. 2021. (ENG.). 174p. (YA). 25.95 *(978-1-6624-3990-2(3))*; pap. 15.95 *(978-1-64584-127-2(8))* Page Publishing Inc.

Book of Gilly: Four Months Out of a Life (Classic Reprint) Emily. Lawless. 2018. (ENG., Illus.). 318p. (J). 30.46 *(978-0-483-26825-8(9))* Forgotten Bks.

Book of Golden Deeds of All Times & All Lands (Classic Reprint) Charlotte Mary Yonge. (ENG., Illus.). (J). 2018. 314p. 30.37 *(978-0-331-54526-5(8))*; 2017. 34.09 *(978-1-5279-7810-2(9))*; 2016. pap. 13.57 *(978-1-333-35685-9(4))* Forgotten Bks.

Book of Golden Deeds of All Times & All Lands, Vol. 1 (Classic Reprint) Charlotte Mary Yonge. (ENG., Illus.). (J). 2018. 142p. 26.85 *(978-0-666-75218-5(4))*; 2016. pap. 9.57 *(978-1-333-11331-5(5))* Forgotten Bks.

Book of Growing Food IR. Abigail Wheatley. 2017. (Gardening for Beginners* Ser.). (ENG.). 64p. 14.99 *(978-0-7945-4049-4(X)*, Usborne) EDC Publishing.

Book of Halloween. Ruth Edna Kelley. 2022. (ENG.). 202p. (J). pap. ***(978-1-387-56800-0(0))*** Lulu Pr., Inc.

Book of Hard Facts. George Woerth. 2018. (ENG., Illus.). 66p. (J). pap. 16.95 *(978-1-64258-000-6(7))* Christian Faith Publishing.

Book of Heroines: Tales of History's Gutsiest Gals. Stephanie Warren Drimmer. 2016. (Illus.). 176p. (J). (gr. 3-7). 14.99 *(978-1-4263-2557-1(6)*, National Geographic Kids) Disney Publishing Worldwide.

Book of Hopes: Words & Pictures to Comfort, Inspire & Entertain. Ed. by Katherine Rundell. 2020. (ENG., Illus.). 400p. (J). *(978-1-5266-2988-3(7)*, 510500, Bloomsbury Children's Bks.) Bloomsbury Publishing Plc.

Book of Horses: The Ultimate Guide to Horses Around the World. Mortimer Children's Books. 2021. (ENG.). 72p. (J). (gr. 3-7). pap. 9.95 *(978-1-83935-071-9(7)*, Mortimer Children's Bks.) Welbeck Publishing Group Ltd. GBR. Dist: Two Rivers Distribution.

Book of Hours (Classic Reprint) Ellen Thompson. 2018. (ENG., Illus.). 222p. (J). 28.48 *(978-0-365-33014-1(0))* Forgotten Bks.

Book of How. The Trees. 2020. (ENG.). 42p. (YA). pap. *(978-1-78848-539-5(4))* Austin Macauley Pubs. Ltd.

Book of Hugs. Tim Harris. Illus. by Charlie Astrella. 2021. (ENG.). 32p. (J). (gr. k-2). 12.99 *(978-1-4867-2104-7(4)*, c1999edb-2fa5-428f-8994-958b22a4d091) Flowerpot Pr.

Book of Humor (Classic Reprint) Eva March Tappan. (ENG., Illus.). (J). 2018. 568p. 35.61 *(978-0-483-30183-2(3))*; 2016. pap. 19.57 *(978-1-333-72547-1(7))* Forgotten Bks.

Book of Humorous Poetry: With Illustrations (Classic Reprint) Unknown Author. 2018. (ENG., Illus.). 520p. (J). 34.64 *(978-0-267-61359-5(8))* Forgotten Bks.

Book of Humorous Verse (Classic Reprint) Carolyn Wells. 2017. (ENG., Illus.). (J). 44.36 *(978-0-266-51999-7(7))*; pap. 26.70 *(978-0-243-30246-8(0))* Forgotten Bks.

Book of Husbandry. Master Fitzherbert. 2017. (ENG., Illus.). (J). pap. *(978-0-649-07827-1(6))* Trieste Publishing Pty Ltd.

Book of Husbandry. Master Fitzherbert & Walter W. Skeat. 2016. (ENG.). 204p. (J). pap. *(978-3-7433-4793-9(8))* Creation Pubs.

Book of Indians. Holling C. Holling. 2017. (ENG., Illus.). (J). (gr. 4-7). pap. 9.57 *(978-0-282-57184-9(1))* Forgotten Bks.

Book of Indians (Classic Reprint) Holling C. Holling. 2017. (ENG., Illus.). (J). 26.43 *(978-0-331-08493-1(7))* Forgotten Bks.

Book of Ivy. Amy Engel. 2016. (CHI.). 272p. (YA). (gr. 7-12). pap. *(978-986-133-566-7(8))* Yuan Shen Pr. Co., Ltd.

Book of Jack London, Vol. 1 (Classic Reprint) Charmian London. 2018. (ENG., Illus.). (J). 33.73 *(978-0-260-89540-0(7))* Forgotten Bks.

Book of Joel. Ashley Stone. 2021. (ENG.). 216p. (YA). pap. 17.95 *(978-1-63985-248-2(4))* Fulton Bks.

Book of Joyous Children (Classic Reprint) James Whitcomb Riley. 2018. (ENG., Illus.). 176p. (J). 27.55 *(978-0-365-17642-8(7))* Forgotten Bks.

Book of Joys: The Story of a New England Summer (Classic Reprint) Lucy Fitch Perkins. 2018. (ENG., Illus.). 222p. (J). 28.48 *(978-0-484-17826-6(1))* Forgotten Bks.

Book of Khalid (Classic Reprint) Ameen Rihani. 2018. (ENG., Illus.). 360p. (J). 31.34 *(978-0-332-49059-5(9))* Forgotten Bks.

Book of Kings: Magnificent Monarchs, Notorious Nobles, & Distinguished Dudes Who Ruled the World. Caleb Magyar. 2019. (Illus.). 176p. (J). (gr. 3-7). 14.99 *(978-1-4263-3533-4(4)*, National Geographic Kids) Disney Publishing Worldwide.

Book of Knight & Barbara. David Starr Jordan. 2017. (ENG.). 280p. (J). pap. *(978-3-7447-5046-2(9))* Creation Pubs.

Book of Knight & Barbara: Being a Series of Stories Told to Children (Classic Reprint) David Starr Jordan. (ENG., Illus.). (J). 2018. 280p. 29.67 *(978-0-267-55572-7(5))*; 2016. pap. 13.57 *(978-1-333-64811-4(1))* Forgotten Bks.

Book of Knowing: Know How You Think, Change How You Feel. Gwendoline Smith. 2020. (ENG., Illus.). 192p. (YA). pap. 16.99 *(978-1-5248-6045-5(X))* Andrews McMeel Publishing.

Book of Knowledge, Treating of the Wisdom of the Ancients, in Four Parts: Shewing the Various & Wonderful Operations of the Signs & Planets, an Other Celestial Constellations, of the Bodies of Men, &C.; Prognostications for Ever Necessary to Keep. Erra Pater. 2018. (ENG., Illus.). (J). 118p. 26.33 *(978-1-396-43351-1(1))*; 120p. pap. 9.57 *(978-1-391-00886-8(3))* Forgotten Bks.

Book of Knowledge, Vol. 12: The Children's Encyclopaedia (Classic Reprint) Arthur Mee. 2019. (ENG., Illus.). (J). 336p. 30.83 *(978-1-397-28221-7(5))*; 338p. pap. 13.57 *(978-1-397-28121-0(9))* Forgotten Bks.

Book of Knowledge, Vol. 7: The Children's Encyclopedia (Classic Reprint) Arthur Mee. (ENG., Illus.). (J). 2018. 334p. 30.79 *(978-0-483-59491-3(1))*; 2017. pap. 13.57 *(978-0-243-24732-5(X))* Forgotten Bks.

Book of Knowledge, Vol. 8: The Children's Encyclopaedia (Classic Reprint) Arthur Mee. 2019. (ENG., Illus.). (J). 358p. 31.28 *(978-1-397-28208-8(8))*; 360p. pap. 13.97 *(978-1-397-28113-5(8))* Forgotten Bks.

Book of Labyrinths & Mazes. Silke Vry. Illus. by Finn Dean. 2021. (ENG.). 96p. (J). (gr. 2-5). 19.95 *(978-3-7913-7474-1(5))* Prestel Verlag GmbH & Co KG. DEU. Dist: Penguin Random Hse. LLC.

Book of Languages: Talk Your Way Around the World. Mick Webb. 2020. (ENG., Illus.). 64p. (J). (gr. 2-7). pap. 11.95 *(978-1-77147-424-5(6))* Owlkids Bks. Inc. CAN. Dist: Publishers Group West (PGW).

Book of Legends (Classic Reprint) Horace E. Scudder. 2018. (ENG., Illus.). 108p. (J). 26.12 *(978-0-365-32990-9(8))* Forgotten Bks.

Book of Lies. Teri Terry. 2017. (ENG.). 384p. (YA). (gr. 7). 17.99 *(978-0-544-90048-6(0)*, 1654927, Clarion Bks.) HarperCollins Pubs.

Book of Lies by John Langdon Heaton: With Many Picture from Pen Drawings (Classic Reprint) Frank Verbeck. 2017. (ENG., Illus.). (J). 27.59 *(978-1-5279-9027-2(3))* Forgotten Bks.

Book of Limericks (Classic Reprint) Edward Lear. 2017. (ENG., Illus.). (J). 28.95 *(978-1-5285-6111-2(2))* Forgotten Bks.

Book of Little Bible Boys (Classic Reprint) Arthur Whitefield Spalding. (ENG., Illus.). (J). 2018. 92p. 25.81 *(978-0-267-60796-9(2))*; 2016. pap. 9.57 *(978-1-334-12719-9(0))* Forgotten Bks.

Book of Living Secrets. Madeleine Roux. 2022. (ENG.). 400p. (YA). (gr. 9). 17.99 *(978-0-06-294142-8(9)*, Quill Tree Bks.) HarperCollins Pubs.

Book of London: For Young People (Classic Reprint) G. E. Mitton. 2018. (ENG., Illus.). 404p. (J). 32.23 *(978-0-483-52286-2(4))* Forgotten Bks.

Book of Love. Emma Randall. Illus. by Emma Randall. 2019. (Illus.). 32p. (J). (gr. -1-2). 16.99 *(978-1-5247-9331-9(0)*, Penguin Workshop) Penguin Young Readers Group.

Book of Love Stories (Classic Reprint) Nora Perry. (ENG., Illus.). (J). 2018. 322p. 30.54 *(978-0-484-32418-2(7))*; 2016. pap. 13.57 *(978-1-334-11646-9(6))* Forgotten Bks.

Book of Magical Mysteries: Tashi Collection 3. Anna Fienberg & Barbara Fienberg. Illus. by Kim Gamble. 2020. (Tashi Ser.). (ENG.). 256p. (J). (gr. k-3). pap. 13.99 *(978-1-76052-520-0(0)*, A&U Children's) Allen & Unwin AUS. Dist: Independent Pubs. Group.

Book of Mandragore. Lisamarie Lamb. 2016. (ENG., Illus.). 154p. (J). pap. *(978-1-326-90163-9(X))* Lulu Pr., Inc.

Book of Maps. David Michael Slater. 2016. (ENG., Illus.). (J). (gr. 5-17). pap. 14.99 *(978-0-9983334-3-4(3))* Library Tales Publishing, Inc.

Book of Marjorie (Classic Reprint) Unknown Author. (ENG., Illus.). (J). 2018. 132p. 26.66 *(978-0-332-31922-3(9))*; 2016. pap. 9.57 *(978-1-333-34159-6(8))* Forgotten Bks.

Book of Martha (Classic Reprint) Dowdall. 2018. (ENG., Illus.). 296p. (J). 30.02 *(978-0-484-59443-1(5))* Forgotten Bks.

Book of Martyrs (Classic Reprint) Cornelia A. Pratt Comer. 2018. (ENG., Illus.). 190p. (J). 27.84 *(978-0-484-27105-9(9))* Forgotten Bks.

Book of Mary Tales. Mary Georgiou. 2016. (ENG.). 80p. (J). pap. ***(978-1-365-22241-2(1))*** Lulu Pr., Inc.

Book of Massively Epic Engineering Disasters: 33 Thrilling Experiments Based on History's Greatest Blunders. Sean Connolly. 2017. (Irresponsible Science Ser.). (ENG., Illus.). 256p. (gr. 4-9). 14.95 *(978-0-7611-8394-5(9)*, 18394) Workman Publishing Co., Inc.

Book of Me. Adam Frost. Illus. by Sarah Ray. 2017. (ENG.). 160p. (J). pap. *(978-1-4088-7681-7(7)*, 297453, Bloomsbury Children's Bks.) Bloomsbury Publishing Plc.

Book of Mean People (20th Anniversary Edition) Toni Morrison & Slade Morrison. ed. 2022. (ENG., Illus.). 48p. (J). (gr. -1-k). 18.99 *(978-0-316-34967-3(4))* Little, Brown Bks. for Young Readers.

Book of Mellow. Susan Myshyniuk. 2019. (ENG.). 34p. (J). pap. *(978-0-359-36847-1(6))* Lulu Pr., Inc.

Book of Merlin. Alfred Lord Tennyson. 2018. (ENG., Illus.). 142p. (J). 14.99 *(978-1-5154-2172-6(4))* Wilder Pubns., Corp.

Book of Mirrors. Penelope Turland-Estlin. 2016. (ENG.). 294p. (J). 25.95 *(978-1-78629-001-4(4)*, 07b57678-2ce3-485a-b61e-c7f3fc6e20aa) Austin Macauley Pubs. Ltd. GBR. Dist: Baker & Taylor Publisher Services (BTPS).

Book of Mistakes. Corinna Luyken. Illus. by Corinna Luyken. 2017. (Illus.). 56p. (J). (gr. -1-3). 19.99 *(978-0-7352-2792-7(6)*, Dial Bks) Penguin Young Readers Group.

Book of Mock Trials: Containing Fourteen Original Plays, Representing Humorous Court-Room Scenes, Adapted to the Limits of the Parlor, & Arranged for Public or Private Performances (Classic Reprint) John P. Ritter. (ENG., Illus.). (J). 2018. 182p. 27.65 *(978-0-484-91013-2(2))*; 2017. pap. 10.57 *(978-0-243-40713-2(0))* Forgotten Bks.

Book of Modern British Verse (Classic Reprint) William Stanley Braithwaite. 2016. (ENG., Illus.). (J). pap. 13.57 *(978-1-333-36983-5(2))* Forgotten Bks.

Book of Modern English Anecdotes, Humour, Wit, & Wisdom (Classic Reprint) Tom Hood. 2018. (ENG., Illus.). (J). 198p. 27.98 *(978-0-366-56368-5(8))*; 200p. pap. 10.57 *(978-0-366-14434-1(0))* Forgotten Bks.

Book of Monkeys (and Other Primates) Katie Viggers. 2022. (ENG., Illus.). 32p. (J). (gr. -1-1). 17.99 *(978-1-5102-3014-9(9)*, King, Laurence Publishing) Orion Publishing Group, Ltd. GBR. Dist: Hachette Bk. Group.

Book of Months & a Reaping (Classic Reprint) E. F. Benson. 2019. (ENG., Illus.). 310p. (J). 30.31 *(978-0-483-62400-9(4))* Forgotten Bks.

Book of Months (Classic Reprint) E. F. Benson. 2018. (ENG., Illus.). 334p. (J). 30.81 *(978-0-483-43569-8(4))* Forgotten Bks.

Book of Moons. K. M. Herbert. 2020. (ENG.). 218p. (YA). pap. *(978-1-913170-39-4(X))* Fisher King Publishing.

Book of Mormon 1-2-3s. Kristena Eden. Illus. by Linda Silvestri. 2016. (ENG.). (J). 14.99 *(978-1-4621-1651-5(5))* Cedar Fort, Inc./CFI Distribution.

Book of Mormon Adventures. R. Coltrane. (ENG.). (J). 2021. 32p. pap. 12.99 *(978-1-4621-4070-1(X))*; 2017. (gr. -1-2). 14.99 *(978-1-4621-2089-5(X))* Cedar Fort, Inc./CFI Distribution.

Book of Mormon Christmas. Michelle Kendall. Illus. by Mark McKenna. 2020. (ENG.). 32p. (J). pap. 12.99 *(978-1-4621-3702-2(4))* Cedar Fort, Inc./CFI Distribution.

Book of Mormon Family Reader. Tyler McKellar. Illus. by Dan Burr. 2017. viii, 292p. 24.99 *(978-1-62972-334-1(7))* Deseret Bk. Co.

Book of Mormon Family Reader: Spanish Edition. Tyler McKellar. Illus. by Dan Burr. 2019. (SPA.). viii, 292p. pap. 19.99 *(978-1-62972-624-3(9))* Deseret Bk. Co.

Book of Mormon for Kids Vol 1-3. 2023. (ENG.). 1187p. (J). 74.99 ***(978-1-4621-4634-5(1))*** Cedar Fort, Inc./CFI Distribution.

Book of Mormon Made Easier for Teens Set. David J. Ridges. 2019. (ENG., Illus.). (YA). pap. 59.99 *(978-1-4621-3579-0(X)*, Horizon Pubs.) Cedar Fort, Inc./CFI Distribution.

Book of Mormon Made Easier for Teens Vol 1. David J. Ridges. 2019. (ENG., Illus.). (YA). pap. 24.95 *(978-1-4621-3683-4(4)*, Horizon Pubs.) Cedar Fort, Inc./CFI Distribution.

Book of Mormon Made Easier for Teens Vol 2. David J. Ridges. 2019. (ENG., Illus.). (YA). pap. 24.95 *(978-1-4621-3684-1(2)*, Horizon Pubs.) Cedar Fort, Inc./CFI Distribution.

Book of Mormon Made Easier for Teens Vol 3. David J. Ridges. 2019. (ENG., Illus.). (YA). pap. 24.95 *(978-1-4621-3685-8(0)*, Horizon Pubs.) Cedar Fort, Inc./CFI Distribution.

Book of Mortals: Being a Record of the Good Deeds & Good Qualities of What Humanity Is Pleased to Call the Lower Animals (Classic Reprint) Flora Annie Webster Steel. (ENG., Illus.). (J). 2018. 254p. 29.14 *(978-0-267-31725-7(5))*; 2016. pap. 11.57 *(978-1-333-46757-9(5))* Forgotten Bks.

Book of My Life: A True Love Journey. Abhishek Vincent. 2017. (ENG., Illus.). (J). pap. 15.00 *(978-1-947851-79-5(9))* Notion Pr., Inc.

Book of Mysteries, Magic, & the Unexplained. Tamara Macfarlane. Illus. by Kristina Kister. 2023. (Mysteries, Magic & Myth Ser.). (ENG.). 160p. (J). (gr. 2). 19.99 ***(978-0-7440-8052-0(5)**, DK Children)* Dorling Kindersley Publishing, Inc.

Book of Mythical Beasts & Magical Creatures. DK & Stephen Krensky. 2020. (Mysteries, Magic & Myth Ser.). (ENG., Illus.). 160p. (J). (gr. 2-4). 19.99 *(978-1-4654-9975-2(X)*, DK Children) Dorling Kindersley Publishing, Inc.

Book of Names. David Michael Slater. 2017. (ENG., Illus.). (J). pap. 16.99 *(978-0-9983334-9-6(2))* Library Tales Publishing, Inc.

Book of Narratives (Classic Reprint) Oscar James Campbell. 2018. (ENG., Illus.). 506p. (J). 34.35 *(978-0-483-57932-3(7))* Forgotten Bks.

Book of Nature & Outdoor Life, Vol. 2 (Classic Reprint) University Society New York. (ENG., Illus.). (J). 2018. 234p. 28.74 *(978-0-483-59558-3(6))*; 2017. pap. 11.57 *(978-0-243-25452-1(0))* Forgotten Bks.

Book of Nature Myths (Classic Reprint) Florence Holbrook. 2017. (ENG., Illus.). (J). 28.58 *(978-1-5280-4620-6(X))* Forgotten Bks.

Book of Neeners: A Memoir. Janine Benoit. 2021. (ENG.). 238p. (YA). 31.95 *(978-1-64701-501-5(4))*; pap. 17.95 *(978-1-6624-4279-7(3))* Page Publishing Inc.

Book of New Canadians (Classic Reprint) D. J. Dickie. 2017. (ENG., Illus.). (J). 174p. 27.49 *(978-0-332-06129-0(9))*; pap. 9.97 *(978-0-259-47746-4(X))* Forgotten Bks.

Book of Nighttime IR. Laura Cowan. 2019. (ENG.). 32ppp. (J). 14.99 *(978-0-7945-4443-0(6)*, Usborne) EDC Publishing.

Book of Nimble Beasts: Bunny Rabbit, Squirrel, Toad, & Those Sort of People (Classic Reprint) Douglas English. (ENG., Illus.). (J). 2018. 328p. 30.68 *(978-0-267-61979-5(0))*; 2016. pap. 13.57 *(978-1-334-24834-4(6))* Forgotten Bks.

Book of Nonsense. Edward Lear. 2017. (ENG.). 78p. (J). pap. 29.95 *(978-1-4330-8861-2(4))* Global Pro Info USA.

Book of Nonsense (Classic Reprint) Edward Lear. 2016. (ENG., Illus.). (J). pap. 9.57 *(978-1-333-69804-1(6))* Forgotten Bks.

Book of Nonsense (Classic Reprint) Edward Lear. 2017. (ENG., Illus.). (J). 26.47 *(978-1-5280-7875-7(6))* Forgotten Bks.

Book of Nonsense, to Which Is Added More Nonsense: With All the Original Pictures & Verses (Classic Reprint) Edward Lear. 2017. (ENG., Illus.). (J). 27.26 *(978-1-5285-6128-0(7))* Forgotten Bks.

Book of Noodles: Stories of Simpletons; or, Fools & Their Follies. United States. 2017. (ENG., Illus.). (J). pap. *(978-0-649-25459-0(7))* Trieste Publishing Pty Ltd.

Book of Noodles: Stories of Simpletons; or, Fools & Their Follies (Classic Reprint) United States. 2018. (ENG., Illus.). 252p. (J). 29.11 *(978-0-483-50546-9(3))* Forgotten Bks.

Book of Not Entirely Useful Advice. A. F. Harrold. Illus. by Mini Grey. 2021. (ENG.). 160p. (J). 19.99 *(978-1-5476-0677-1(0)*, 900238900, Bloomsbury Children's Bks.) Bloomsbury Publishing USA.

Book of Nursery Rhymes: Being Mother Goose's Melodies, Arranged in the Order of Attractiveness & Interest (Classic Reprint) Charles Welsh. 2018. (ENG., Illus.). 186p. (J). 27.75 *(978-0-484-27319-0(1))* Forgotten Bks.

Book of Nursery Rhymes (Classic Reprint) Francis D. Bedford. (ENG., Illus.). (J). 2018. 92p. 25.79 *(978-0-666-46129-2(5))*; 2016. pap. 9.57 *(978-1-333-36651-3(5))* Forgotten Bks.

Book of Nursery Rhymes, Tales, & Fables: A Gift for All Seasons (Classic Reprint) Lawrence Lovechild. 2017. (ENG., Illus.). 116p. (J). 26.29 *(978-0-484-65048-9(3))* Forgotten Bks.

Book of Oratory. Angela Gillespie. 2016. (ENG., Illus.). (J). pap. *(978-3-7428-9254-6(1))* Creation Pubs.

Book of Pearl. Timothée De Fombelle. 2018. (ENG.). 368p. (J). (gr. 7). 17.99 *(978-0-7636-9126-4(7))* Candlewick Pr.

Book of Pirates. Illus. by Howard Pyle. 2020. (ENG.). 336p. (J). (gr. 3). pap. 39.95 *(978-0-486-84096-3(4)*, 840964) Dover Pubns., Inc.

Book of Pity & of Death (Classic Reprint) Pierre Loti. 2017. (ENG., Illus.). (J). 29.77 *(978-0-266-22085-5(1))* Forgotten Bks.

Book of Plays for Little Actors. Emma L. Johnston. 2017. (ENG., Illus.). (J). pap. *(978-0-649-51265-2(0))* Trieste Publishing Pty Ltd.

Book of Plays for Little Actors (Classic Reprint) Emma L. Johnston. (ENG., Illus.). (J). 2018. 174p. 27.51 *(978-0-267-59211-1(6))*; 2016. pap. 9.97 *(978-1-334-15512-3(7))* Forgotten Bks.

Book of Poems about Minecraft. Terry Willis. 2017. (ENG., Illus.). 46p. (J). pap. *(978-0-244-34270-8(9))* Lulu Pr., Inc.

Book of Poems & Stories. Ruth Baker. 2022. (ENG.). 24p. (J). pap. *(978-1-3984-1108-1(6))* Austin Macauley Pubs. Ltd.

Book of Prayer. Henry Ward Beecher & T. J. Ellinwood. 2017. (ENG.). 216p. (J). pap. *(978-3-337-14507-1(8))* Creation Pubs.

Book of Princes & Princesses. Andrew Lang. 2021. (Mint Editions — The Children's Library). (ENG.). 246p. (J). (gr. 7-12). pap. 11.99 *(978-1-5132-8176-6(3)*, West Margin Pr.) West Margin Pr.

Book of Princes & Princesses. Leonora Blanche Lang. 2018. (ENG., Illus.). 296p. (YA). (gr. 7-12). pap. *(978-93-5297-199-2(X))* Alpha Editions.

Book of Princes & Princesses (Classic Reprint) Lang. 2018. (ENG., Illus.). 400p. (J). 32.17 *(978-0-267-21580-5(0))* Forgotten Bks.

Book of Prose Narratives Chosen & Edited (Classic Reprint) Chauncey Wetmore Wells. 2018. (ENG., Illus.). 320p. (J). 30.50 *(978-0-483-47607-3(2))* Forgotten Bks.

The check digit for ISBN-10 appears in parentheses after the full ISBN-13

TITLE INDEX BOOK ONE

Book of Queens: Legendary Leaders, Fierce Females, & Wonder Women Who Ruled the World. Stephanie Warren Drimmer. 2019. (Illus.). 176p. (J). (gr. 3-7). 14.99 *(978-1-4263-3535-8(0))*; (ENG., lib. bdg. 24.90 *(978-1-4263-3536-5(9))* Disney Publishing Worldwide. (National Geographic Kids).

Book of Questions / un Libro de Preguntas. Jane Meyer. Illus. by Lucia Salemi. 2017. (Xist Kids Bilingual Spanish English Ser.). (ENG & SPA.). 28p. (J). (gr. -1-3). pap. 9.99 *(978-1-5324-0082-7(9))* Xist Publishing.

Book of Ramblings: Bits of Homely Philosophy, Written for My Friends, the Public (Classic Reprint) Myra Williams Jarrell. 2018. (ENG., Illus.). 88p. (J). 25.69 *(978-0-484-76179-6(X))* Forgotten Bks.

Book of Remarkable Criminals. H. B. Irving. 2023. (ENG.). 220p. (YA). pap. 19.99 ***(978-1-0881-2687-5(1))*** Indy Pub.

Book of Revenge: Nine Lives Trilogy 3. E. R. Murray. 2018. (Nine Lives Trilogy Ser.: 3). (ENG.). 352p. (J). pap. 10.99 *(978-1-78117-576-7(4))* Mercier Pr., Ltd., The IRL. Dist: Casemate Pubs. & Bk. Distributors, LLC.

Book of Rhymes, Jingles & Ditties, Vol. 1 (Classic Reprint) Charles Henry Bennett. 2018. (ENG., Illus.). 100p. (J). 25.96 *(978-0-364-31833-1(3))* Forgotten Bks.

Book of Rhymes to Suit the Times (Classic Reprint) L. M. Beal Bateman. 2018. (ENG., Illus.). 22p. (J). 24.35 *(978-0-484-82776-8(6))* Forgotten Bks.

Book of Ridiculous Stories (Classic Reprint) Stephen Leacock. (ENG., Illus.). (J). 2018. 74p. 25.42 *(978-0-483-37312-9(5))*; 2017. pap. 9.57 *(978-0-259-83864-7(0))* Forgotten Bks.

Book of Romance. Andrew Lang. 2021. (Mint Editions — The Children's Library). (ENG.). 222p. (J). (gr. 7-12). pap. 11.99 *(978-1-5132-8175-9(5)*, West Margin Pr.) West Margin Pr.

Book of Saint Nicholas: Translated from the Original Dutch (Classic Reprint) James Kirke Paulding. (ENG., Illus.). (J). 2018. 264p. 29.34 *(978-0-483-42653-5(9))*; 2017. 32.79 *(978-0-331-87605-5(1))*; 2017. pap. 16.57 *(978-0-259-06078-9(X))* Forgotten Bks.

Book of Saints. Paul Harrison. 2022. (ENG., Illus.). 32p. (J). (gr. 4-6). pap. 13.99 *(978-1-5263-0187-1(3)*, Wayland) Hachette Children's Group GBR. Dist: Hachette Bk. Group.

Book of Saints & Friendly Beasts (Classic Reprint) Abbie Farwell Brown. 2017. (ENG., Illus.). (J). 28.89 *(978-1-5284-6860-2(0))* Forgotten Bks.

Book of Saints & Heroes. Lang. 2018. (ENG., Illus.). 222p. (J). 24.99 *(978-1-5154-2957-9(1))* Wilder Pubns., Corp.

Book of Saints & Heroes (Classic Reprint) Lang. 2018. (ENG., Illus.). 386p. (J). 31.88 *(978-0-483-57731-2(6))* Forgotten Bks.

Book of Sam. Rob Shapiro. 2020. (ENG.). 280p. (YA). pap. 12.99 *(978-1-4597-4675-6(9))* Dundurn Pr. CAN. Dist: Publishers Group West (PGW).

Book of Scary Short Stories. Daniel Meng. 2022. (ENG.). 24p. (YA). ***(978-1-4583-6849-2(1))*** Lulu Pr., Inc.

Book of School & College Sports (Classic Reprint) Ralph Henry Barbour. 2018. (ENG., Illus.). 516p. (J). 34.54 *(978-0-666-00160-3(X))* Forgotten Bks.

Book of Scoundrels (Classic Reprint) Charles Whibley. 2018. (ENG., Illus.). 300p. (J). 30.10 *(978-0-267-67911-9(4))* Forgotten Bks.

Book of Screams. Jeff Szpirglas. Illus. by Steven P. Hughes. 2023. (Book of Screams Ser.: 1). (ENG.). 176p. (J). (gr. 4-7). pap. 14.95 ***(978-1-4598-3409-5(7))*** Orca Bk. Pubs. USA.

Book of Secrets. Alex Dunne. 2022. (ENG.). 256p. (J). 18.99 *(978-1-78849-320-8(6))* O'Brien Pr., Ltd., The IRL. Dist: Casemate Pubs. & Bk. Distributors, LLC.

Book of Secrets. M. L. Little. 2019. (ENG., Illus.). 242p. (YA). (gr. 7-12). pap. 18.95 *(978-1-68433-323-3(7))* Black Rose Writing.

Book of Secrets. Mat Tonti. Illus. by Mat Tonti. 2020. (ENG., Illus.). 208p. (J). (gr. 3-5). 19.99 *(978-1-5415-7825-8(2)*, 19dcb295-d07f-4fda-99fb-7d14d5741f18, Kar-Ben Publishing) Lerner Publishing Group.

Book of Selkie: A Paper Doll Book, 1 vol. Briana Corr Scott. 2020. (ENG., Illus.). 24p. (J). 19.95 *(978-1-77108-820-6(6)*, 85b139a2-e768-47a8-a616-d7ac8d0ec972) Nimbus Publishing, Ltd. CAN. Dist: Baker & Taylor Publisher Services (BTPS).

Book of Shadows. E. R. Murray. 2016. (Nine Lives Trilogy Ser.: 2). (ENG.). 384p. (J). pap. 10.99 *(978-1-78117-452-4(0))* Mercier Pr., Ltd., The IRL. Dist: Casemate Pubs. & Bk. Distributors, LLC.

Book of Shadows. M. Verano. (Diary of a Haunting Ser.). (ENG.). (YA). (gr. 9). 2018. 304p. pap. 12.99 *(978-1-4814-9203-4(9))*; 2017. (Illus.). 288p. 17.99 *(978-1-4814-9202-7(0))* Simon Pulse. (Simon Pulse).

Book of Shadows & 2018 Diary. Jean Megaw. 2017. (ENG., Illus.). 224p. (YA). (gr. 7-12). pap. *(978-1-912039-60-9(5))* Three Zombie Dogs Ltd.

Book of Sharks. Matt Reher. 2017. (1G Marine Life Ser.). (ENG., Illus.). 32p. (J). pap. 9.60 *(978-1-63437-671-6(4))* American Reading Co.

Book of Short Stories. Shawn Warren Frohmuth. 2018. (ENG., Illus.). 136p. (YA). 26.95 *(978-1-64298-374-6(8))* Page Publishing Inc.

Book of Short Stories: A Collection for Use in High Schools, Compiled & Edited, with Introduction & Notes, & Biographies of the Authors (Classic Reprint) Blanche Colton Williams. (ENG., Illus.). (J). 2017. 30.48 *(978-0-331-95637-5(3))*; 2016. pap. 13.57 *(978-1-334-16025-7(2))* Forgotten Bks.

Book of Short Stories Selected & Edited (Classic Reprint) Stuart P. Sherman. 2017. (ENG., Illus.). (J). 32.08 *(978-1-5285-5276-9(8))* Forgotten Bks.

Book of Silly Rhymes. Cheryl Lee-White. 2019. (ENG., Illus.). 54p. (J). pap. *(978-1-912765-12-6(8))* Blue Falcon Publishing.

Book of Sisters: Biographies of Incredible Siblings Through History. Olivia Meikle et al. 2022. (ENG., Illus.). 128p. (J). 19.99 *(978-1-68449-200-8(9)*, 900250728, Neon Squid) St. Martin's Pr.

Book of Snobs. William Makepeace Thackeray. 2017. (ENG., Illus.). (J). pap. *(978-0-649-46988-8(7))* Trieste Publishing Pty Ltd.

Book of Snobs: And Sketches & Travels in London (Classic Reprint) William Makepeace Thackeray. 2017. (ENG., Illus.). (J). 33.10 *(978-0-266-29321-7(2))* Forgotten Bks.

Book of Snobs: Character Sketches; Stories (Classic Reprint) William Makepeace Thackeray. 2017. (ENG., Illus.). (J). 35.38 *(978-0-265-52293-6(5))*; pap. 19.57 *(978-0-259-59064-4(9))* Forgotten Bks.

Book of Snobs; Character Sketches; Stories (Classic Reprint) William Makepeace Thackeray. 2018. (ENG., Illus.). 410p. (J). 32.35 *(978-0-365-23543-9(1))* Forgotten Bks.

Book of Snobs (Classic Reprint) Unknown Author. 2017. (ENG., Illus.). 354p. (J). 31.20 *(978-0-332-07693-5(8))* Forgotten Bks.

Book of Snobs (Classic Reprint) William Makepeace Thackeray. 2017. (ENG., Illus.). (J). 27.59 *(978-0-266-78196-7(9))* Forgotten Bks.

Book of Songs & Rhymes with Beat Motions: Revised Edition. John Feierabend. 2nd ed. 2021. (First Steps in Music Ser.). (ENG., Illus.). 144p. (J). pap. 19.95 *(978-1-62277-514-9(7))* G I A Pubns., Inc.

Book of SonShine for Kids & Families: Short Stories for Kids & Families Who Want to Know God. Michelle Lores. 2020. (ENG.). 364p. (J). pap. 23.00 ***(978-1-312-42182-0(7))*** Lulu Pr., Inc.

Book of Spells: The Magick of Witchcraft [a Spell Book for Witches]. Jamie Della. rev. ed. 2019. (Illus.). 224p. (gr. 7). 15.99 *(978-1-9848-5702-6(9)*, Ten Speed Pr.) Potter/Ten Speed/Harmony/Rodale.

Book of Spells & Secrets: Tashi Collection 4. Barbara Fienberg & Anna Fienberg. Illus. by Kim Gamble. 2020. (Tashi Ser.). (ENG.). 256p. (J). (gr. k-3). pap. 13.99 *(978-1-76052-514-9(6)*, A&U Children's) Allen & Unwin AUS. Dist: Independent Pubs. Group.

Book of Spice (Classic Reprint) Ginger Ginger. 2018. (ENG., Illus.). 68p. (J). 25.32 *(978-0-267-50429-9(2))* Forgotten Bks.

Book of Spice (Classic Reprint) Wallace Irwin. (ENG., Illus.). (J). 2017. 62p. 25.20 *(978-0-332-45857-1(1))*; 2017. 25.18 *(978-0-331-47342-1(9))*; 2016. pap. 9.57 *(978-1-333-87338-7(7))* Forgotten Bks.

Book of Spring. Agnese Baruzzi. 2018. (My First Book Ser.). (ENG.). 20p. (J). (— 1). bds. 6.95 *(978-88-544-1285-9(6))* White Star Publishers ITA. Dist: Sterling Publishing Co., Inc.

Book of Sticky Notes: Notepad Collection - No Drama Llama. New Seasons & Publications International Ltd. Staff. 2019. (Book of Sticky Notes Ser.). (ENG.). (YA). 7.98 *(978-1-64030-797-1(4)*, 5787500, New Seasons) Publications International, Ltd.

Book of Stolen Dreams. David Farr. 2023. (Stolen Dreams Adventures Ser.: 1). (ENG.). 384p. (J). (gr. 3-7). 18.99 *(978-1-6659-2257-9(5)*, Simon & Schuster Bks. For Young Readers) Simon & Schuster Bks. For Young Readers.

Book of Stolen Time: Second Book in the Feylawn Chronicles. Dashka Slater. 2022. (Feylawn Chronicles Ser.: 2). (ENG., Illus.). 416p. (J). 17.99 *(978-0-374-30648-9(6)*, 900207779, Farrar, Straus & Giroux (BYR)) Farrar, Straus & Giroux.

Book of Stolen Time: Second Book in the Feylawn Chronicles. Dashka Slater. 2023. (Feylawn Chronicles Ser.: 2). (ENG.). 416p. (J). pap. 9.99 *(978-1-250-86648-6(0)*, 900207780) Square Fish.

Book of Stories (Classic Reprint) G. S. Street. 2018. (ENG., Illus.). 356p. (J). 31.24 *(978-0-267-21402-0(2))* Forgotten Bks.

Book of Storms. Ruth Hatfield. Illus. by Greg Call. ed. 2016. (Book of Storms Trilogy Ser.). (ENG.). 384p. (J). (gr. 5-9). 18.40 *(978-0-606-39364-5(1))* Turtleback.

Book of Storms: A Graphic Novel. Daniel Montgomery Cole Mauleón. Illus. by Juan Calle. 2023. (Library of Doom Graphic Novels Ser.). (ENG.). 32p. (J). 25.32 *(978-1-6690-1438-6(X)*, 245167); pap. 6.99 *(978-1-6690-1491-1(6)*, 245190) Capstone. (Stone Arch Bks.).

Book of Strife in the Form of the Diary of an Old Soul. George MacDonald. 2023. (ENG.). 80p. (YA). pap. 13.99 ***(978-1-0880-9901-8(7))*** Indy Pub.

Book of Susan: A Novel (Classic Reprint) Lee Wilson Dodd. 2018. (ENG., Illus.). 300p. (J). 30.10 *(978-0-428-95524-3(X))* Forgotten Bks.

Book of Symbols for Camp Fire Girls (Classic Reprint) Charlotte V. Gulick. (ENG., Illus.). (J). 2018. 96p. 25.88 *(978-0-483-37745-5(7))*; 2016. pap. 9.57 *(978-1-334-13297-1(6))* Forgotten Bks.

Book of Tales (Classic Reprint) Eugene Field. 2017. (ENG., Illus.). (J). 30.66 *(978-1-5283-5251-2(3))* Forgotten Bks.

Book of Terrifyingly Awesome Technology: 27 Experiments for Young Scientists. Sean Connolly. Illus. by Kristyna Baczynski. 2019. (Irresponsible Science Ser.). (ENG.). 240p. (J). (gr. 4-9). 15.95 *(978-1-5235-0494-7(3)*, 100494) Workman Publishing Co., Inc.

Book of the Anointed. J. Moon. 2018. (Saga of the Sons Ser.: Vol. 1). (ENG., Illus.). 400p. (YA). (gr. 9-12). pap. 16.00 *(978-1-7320813-1-4(X))* Seventh Sense Publishing.

Book of the Automobile: A Practical Volume Devoted to the History Construction, Use & Care of Motor Cars & to the Subject of Motoring in America (Classic Reprint) Robert Thompson Sloss. (ENG., Illus.). (J). 2018. 434p. 32.85 *(978-0-483-50256-7(1))*; 2017. pap. 16.57 *(978-0-282-11383-4(5))* Forgotten Bks.

Book of the Child: An Attempt to Set down What Is in the Mind of Children (Classic Reprint) Frederick Douglas How. 2017. (ENG., Illus.). (J). 27.92 *(978-0-265-21983-6(3))* Forgotten Bks.

Book of the Class of 1910 (Classic Reprint) Bryn Mawr College. 2018. (ENG., Illus.). (J). 146p. 26.93 *(978-1-396-35713-8(0))*; 148p. pap. 9.57 *(978-1-390-97470-6(7))* Forgotten Bks.

Book of the Class of 1912 (Classic Reprint) Bryn Mawr College. 2018. (ENG., Illus.). (J). 178p. 27.57 *(978-1-396-31049-2(5))*; 180p. pap. 9.97 *(978-1-390-99213-7(6))* Forgotten Bks.

Book of the Class of 1926 (Classic Reprint) Bryn Mawr College. (ENG., Illus.). (J). 2018. 126p. 26.52 *(978-0-364-89205-3(6))*; 2017. pap. 9.57 *(978-0-259-93489-9(5))* Forgotten Bks.

Book of the Class of 1930, Bryn Mawr College (Classic Reprint) Mary Preston Hulse. (ENG., Illus.). (J). 2018. 126p. 26.52 *(978-0-666-73807-3(6))*; 2017. pap. 9.57 *(978-0-259-90229-4(2))* Forgotten Bks.

Book of the Damned. Charles Fort. 2017. (ENG., Illus.). (J). 26.95 *(978-1-374-86920-2(1))*; pap. 16.95 *(978-1-374-86919-6(8))* Capital Communications, Inc.

Book of the English Oak (Classic Reprint) Charles Hurst. (ENG., Illus.). (J). 2018. 244p. 28.95 *(978-0-267-39993-2(6))*; 2016. pap. 11.57 *(978-1-334-12371-9(3))* Forgotten Bks.

Book of the Grenvilles (Classic Reprint) Henry Newbolt. 2018. (ENG., Illus.). 290p. (J). 29.82 *(978-0-483-78537-3(7))* Forgotten Bks.

Book of the Happy Warrior (Classic Reprint) Henry John Newbolt. 2018. (ENG., Illus.). 320p. (J). 30.52 *(978-0-484-02368-9(3))* Forgotten Bks.

Book of the Homeless: Le Livre des Sans-Foyer (Classic Reprint) Edith Warton. (ENG., Illus.). (J). 2017. 29.53 *(978-0-265-38637-8(3))*; 2016. pap. 11.97 *(978-1-333-59146-5(2))* Forgotten Bks.

Book of the Hudson: Collected from the Various Works of Diedrich Unickerbochker (Classic Reprint) Geoffrey Crayon, pseud. 2018. (ENG., Illus.). 346p. (J). 31.05 *(978-0-483-48180-0(7))* Forgotten Bks.

Book of the Knight of the Tower, Landry: Which He Made for the Instruction of His Daughters (by Way of Selection); Now Done into English (Classic Reprint) Alexander Vance. 2017. (ENG., Illus.). (J). 26.27 *(978-0-331-85822-8(3))* Forgotten Bks.

Book of the Little Past (Classic Reprint) Josephine Preston Peabody. 2018. (ENG., Illus.). (J). 74p. 25.42 *(978-0-267-50728-3(3))*; 76p. pap. 9.57 *(978-0-267-46322-0(7))* Forgotten Bks.

Book of the Magi: A Complete System of Occult Philosophy, Consisting of Natural, Celestial, Cabalistic, & Ceremonial Magic; Invocations & Conjurations of Spirits, of Seventeen Great Philosophers & Adepts: a Book on Wizardry & the Spiritual Wisdom of the Ancients: A. Francis Barrett. 2022. (ENG.). 298p. (J). pap. ***(978-1-4717-2244-8(9))*** Lulu Pr., Inc.

Book of the Months: A Gift for the Young (Classic Reprint) Unknown Author. (ENG., Illus.). (J). 2018. 198p. 27.98 *(978-0-484-03799-0(4))*; 2017. pap. 10.57 *(978-0-259-01133-0(9))* Forgotten Bks.

Book of the Moon IR? Laura Cowan. 2019. (Nighty Sky Ser.). (ENG.). 32ppp. (J). 14.99 *(978-0-7945-4673-1(0)*, Usborne) EDC Publishing.

Book of the Ocean. Ernest Ingersoll. 2017. (ENG.). 292p. (J). pap. *(978-3-337-03789-5(5))* Creation Pubs.

Book of the Pageant of Ridgewood, N. J (Classic Reprint) Lansing P. Wood. 2018. (ENG., Illus.). 50p. (J). 24.95 *(978-0-267-85032-7(8))* Forgotten Bks.

Book of the Pageant of Yankton (Classic Reprint) Joseph Mills Hanson. 2017. (ENG., Illus.). (J). 25.15 *(978-0-331-06369-1(7))* Forgotten Bks.

Book of the Practically Undead. L. A. Kelley. 2018. (Big Easy Shaman Ser.: Vol. 2). (ENG., Illus.). 386p. (YA). (gr. 7-12). pap. 13.99 *(978-1-7321537-1-4(X))* Kelley, L. A.

Book of the Serpent (Classic Reprint) Katherine Howard. 2018. (ENG., Illus.). 68p. (J). 25.30 *(978-0-484-32356-7(3))* Forgotten Bks.

Book of the Short Story (Classic Reprint) Alexander Jessup. 2018. (ENG., Illus.). 522p. (J). 34.66 *(978-0-364-51834-2(0))* Forgotten Bks.

Book of Theatrical Anecdotes (Classic Reprint) Percy Fitzgerald. (ENG., Illus.). (J). 2018. 132p. 26.62 *(978-0-656-33280-9(8))*; 2017. pap. 9.57 *(978-0-243-08134-9(0))* Forgotten Bks.

Book of Three Novel Units Student Packet. Novel Units. 2019. (ENG.). (J). pap. 13.99 *(978-1-58130-830-3(2)*, Novel Units, Inc.) Classroom Library Co.

Book of Three Novel Units Teacher Guide. Novel Units. 2019. (ENG.). (J). pap. 12.99 *(978-1-58130-829-7(9)*, Novel Units, Inc.) Classroom Library Co.

Book of Time. Clive Gifford. Illus. by Teo Georgiev. 2023. (ENG.). 96p. (J). (gr. 3-6). 24.99 ***(978-0-7112-7957-5(8)***, Words & Pictures) Quarto Publishing Group UK GBR. Dist: Hachette Bk. Group.

Book of Time. Kathrin Koller. Illus. by Irmela Schautz. 2020. (ENG.). 112p. (J). (gr. 2-5). 24.95 *(978-3-7913-7417-8(6))* Prestel Verlag GmbH & Co KG. DEU. Dist: Penguin Random Hse. LLC.

Book of Time & Space. Ron Mueller. 2021. (ENG.). 26p. (J). pap. 4.99 *(978-1-68223-232-3(8))* Around the World Publishing LLC.

Book of Tiny Creatures. Nathalie Tordjman. Illus. by Julien Norwood & Emmanuelle Tchoukriel. 2021. (ENG.). 72p. (J). (gr. k-4). 18.95 *(978-1-61689-974-5(3))* Princeton Architectural Pr.

Book of Toons Too: The Ludicrous Outcome of a Series of Flukes. Gary Piercy. 2023. (ENG.). 64p. (YA). ***(978-0-2288-9335-6(6))***; pap. ***(978-0-2288-9334-9(8))*** Tellwell Talent.

Book of Travels of a Doctor of Physic. William Henry Taylor. 2017. (ENG.). (J). 390p. pap. *(978-3-337-20718-2(9))*; 380p. pap. *(978-3-337-20998-8(X))*; 380p. pap. *(978-3-337-21024-3(4))* Creation Pubs.

Book of Travels of a Doctor of Physic: Containing His Observations Made in Certain Portions of the Two Continents (Classic Reprint) William Henry Taylor. (ENG., Illus.). (J). 2018. 390p. 31.94 *(978-0-267-54967-2(9))*; 2016. pap. 16.57 *(978-1-333-53806-4(5))* Forgotten Bks.

Book of Trees Mid-Atlantic Trees Edition Children's Forest & Tree Books. Baby Professor. 2016. (ENG., Illus.). 42p. (J). pap. 11.65 *(978-1-68305-630-0(2)*, Baby Professor (Education Kids)) Speedy Publishing LLC.

Book of Trees North Eastern Trees Edition Children's Forest & Tree Books. Baby Professor. 2016. (ENG., Illus.). 42p. (J). pap. 11.65 *(978-1-68305-631-7(0))* Speedy Publishing LLC.

Book of Trees Pacific Northwest Trees Edition Children's Forest & Tree Books. Baby Professor. 2016. (ENG., Illus.). 42p. (J). pap. 11.65 *(978-1-68305-628-7(0)*, Baby Professor (Education Kids)) Speedy Publishing LLC.

Book of Trees Pacific Southwest Trees Edition Children's Forest & Tree Books. Baby Professor. 2016. (ENG., Illus.). 42p. (J). pap. 11.65 *(978-1-68305-629-4(9)*, Baby Professor (Education Kids)) Speedy Publishing LLC.

Book of Trees South Eastern Trees Edition Children's Forest & Tree Books. Baby Professor. 2016. (ENG., Illus.). 42p. (J). pap. 11.65 *(978-1-68305-627-0(2))* Speedy Publishing LLC.

Book of True Lovers (Classic Reprint) Octave Thanet. 2017. (ENG., Illus.). (J). 29.90 *(978-0-331-39534-1(7))* Forgotten Bks.

Book of Turtles. Sy Montgomery. Illus. by Tianne Strombeck. 2023. (ENG.). 40p. (J). (gr. -1-3). 19.99 *(978-0-358-45807-4(2)*, Clarion Bks.) HarperCollins Pubs.

Book of Uncommon Prayers, Literary, Biographical, Historical (Classic Reprint) Edwin Hodder. 2018. (ENG., Illus.). 240p. (J). 28.85 *(978-0-483-34153-1(3))* Forgotten Bks.

Book of Unwyse Magic. Claire Fayers. 2019. (ENG.). 320p. (J). 16.99 *(978-1-62779-422-0(0)*, 900150100, Holt, Henry & Co. Bks. For Young Readers) Holt, Henry & Co.

Book of Us. Shane Peacock. 2022. (ENG.). 216p. (YA). (gr. 8-12). pap. 15.95 *(978-1-77086-655-3(8)*, Dancing Cat Bks.) Cormorant Bks. Inc. CAN. Dist: Orca Bk. Pubs. USA.

Book of Vagaries: Comprising the New Mirror for Travelers & Other Whim-Whams (Classic Reprint) James Kirke Paulding. 2018. (ENG., Illus.). 430p. (J). 32.79 *(978-0-666-87989-9(3))* Forgotten Bks.

Book of Values & Character Ideals for Home & School. John Carroll Byrnes. Illus. by Colin Lidston. 2016. (ENG.). (J). (gr. 1-6). pap. 6.99 *(978-1-62720-085-1(1))* Apprentice Hse.

Book of Were-Wolves. S. Baring-Gould. 2020. (ENG.). (YA). 140p. 17.95 *(978-1-64799-608-6(2))*; 138p. pap. 9.95 *(978-1-64799-607-9(4))* Bibliotech Pr.

Book of What If... ? Questions & Activities for Curious Minds. Matt Murrie & Andrew R. McHugh. (ENG., Illus.). 240p. (J). (gr. 3-7). 2017. pap. 15.99 *(978-1-58270-528-6(3))*; 2016. 17.99 *(978-1-58270-529-3(1))* Aladdin/Beyond Words.

Book of Why. Kimberley Dawn McAninch. 2020. (ENG.). 26p. (J). *(978-0-2288-3820-3(7))*; pap. *(978-0-2288-2847-1(3))* Tellwell Talent.

Book of Wildly Spectacular Sports Science: 54 All-Star Experiments. Sean Connolly. 2016. (Irresponsible Science Ser.). (ENG., Illus.). 256p. (J). (gr. 4-7). 14.95 *(978-0-7611-8928-2(9)*, 18928) Workman Publishing Co., Inc.

Book of Winter. Agnese Baruzzi. 2018. (My First Book Ser.). (ENG.). 20p. (J). (— 1). bds. 6.95 *(978-88-544-1288-0(0))* White Star Publishers ITA. Dist: Sterling Publishing Co., Inc.

Book of Wizard Craft: In Which the Apprentice Finds Spells, Potions, Fantastic Tales & 50 Enchanting Things to Make. Janice Eaton Kilby et al. Illus. by Lindy Burnett. 2019. (Books of Wizard Craft Ser.: 1). 144p. (J). (gr. 3-7). lthr. 19.95 *(978-1-4549-3547-6(2))* Sterling Publishing Co., Inc.

Book of Wizard Magic: In Which the Apprentice Finds Marvelous Magic Tricks, Mystifying Illusions & Astonishing Tales. Janice Eaton Kilby & Terry Taylor. Illus. by Lindy Burnett. 2019. (Books of Wizard Craft Ser.: 3). 144p. (J). (gr. 3-7). lthr. 19.95 *(978-1-4549-3548-3(0))* Sterling Publishing Co., Inc.

Book of Wonder Voyages. Joseph Jacobs. 2017. (ENG., Illus.). (J). pap. *(978-0-649-08512-5(4))* Trieste Publishing Pty Ltd.

Book of Wonders: Or Pictorial Miscellany (Classic Reprint) Mark Forrester. 2017. (ENG., Illus.). (J). 31.14 *(978-1-5279-8361-8(7))* Forgotten Bks.

Book of Wondrous Possibilities. Deborah Abela. 2022. 288p. (J). (gr. 3-5). 16.99 *(978-1-76104-402-1(8)*, Puffin) Penguin Random Hse. AUS. Dist: Independent Pubs. Group.

Book of Words: The Pageant of Darien, and, the Pageant of a Residential Community (Classic Reprint) William Chauncy Langdon. 2018. (ENG., Illus.). 82p. (J). 25.59 *(978-0-483-71494-6(1))* Forgotten Bks.

Book of Words: The Pageant of St. Johnsbury in Celebration of the One Hundred & Twenty-Fifth Anniversary of the Founding of the Town (Classic Reprint) William Chauncy Langdon. 2018. (ENG., Illus.). 90p. (J). 25.75 *(978-0-428-21005-2(8))* Forgotten Bks.

Book of Words: The Pageant of Thetford, in Celebration of the One Hundred & Fiftieth Anniversary of the Granting of the Charter (Classic Reprint) William Chauncy Langdon. 2017. (ENG., Illus.). (J). 25.34 *(978-0-266-25853-7(0))* Forgotten Bks.

Book of Words - a Cousins' Adventure. Mark Tullett. 2017. (ENG., Illus.). 202p. (J). pap. *(978-1-326-94495-7(9))* Lulu Pr., Inc.

Book of Words - Libro de Palabras: More Than 100 Words to Learn in Spanish! Clever Publishing. 2021. (My First Spanish Ser.). (ENG.). 20p. (J). (gr. -1-2). bds. 8.99 *(978-1-951100-59-9(X))* Clever Media Group.

Book of World Facts Purple Band. Anita Ganeri. ed. 2016. (Cambridge Reading Adventures Ser.). (ENG., Illus.). 24p. pap. 8.80 *(978-1-316-60080-1(7))* Cambridge Univ. Pr.

Book of World Records 2024, 1 vol. Scholastic. 2023. (ENG.). 288p. (J). (gr. 3-7). pap. 14.99 ***(978-1-339-01311-4(8))*** Scholastic, Inc.

Book of Wrong Answers. Pendred E. Noyce. Illus. by Diego Chaves. 2020. (ENG.). 40p. (J). (gr. k-2). 17.95 *(978-1-943431-61-8(2))* Tumblehome Learning.

Book of Young Authors Club. By Children Age 7 to 10. 2018. (ENG., Illus.). 52p. (J). pap. 10.00 *(978-1-387-91381-7(6))* Lulu Pr., Inc.

Book of Zorb. Jeremy Nippard. 2018. (Book of Humans Ser.: Vol. 1). (ENG., Illus.). 96p. (J). (gr. 3-6). pap. *(978-1-4866-1512-4(0))* Word Alive Pr.

Book on Birds (Classic Reprint) Augustus Wight Bomberger. 2018. (ENG., Illus.). 278p. (J). 29.65 *(978-0-332-71964-1(2))* Forgotten Bks.

Book on the Mysteries of Purification for Children: Book Three from the Ihya Ulum Al-Din. Ghazzali. Illus. by Mary Hampson Minifie. 2017. 112p. (J). *(978-1-941610-33-6(1))* Fons Vitae of Kentucky, Inc.

Book One: Sand Beneath My Feet. Jill Lewis. 2017. (ENG., Illus.). (J). pap. 14.95 *(978-0-9989924-0-2(2))* Whenpigsjig.

B

Book One: Beginnings: The Legend of Ilia, 1 vol. Nicole Ashley Brown Segda. 2018. (ENG.). 228p. (YA). 28.99 *(978-1-59554-736-1(3))* Elm Hill.
Book One: Moon (the Dragon Prince #1) Aaron Ehasz & Melanie McGanney Ehasz. 2020. (ENG., Illus.). 288p. (J). (gr. 5-5). pap. 9.99 *(978-1-338-60356-9(6))* Scholastic, Inc.
Book One, Vol. 1: A Primer (Classic Reprint) Sarah E. Sprague. 2018. (ENG., Illus.). 122p. (J). 26.41 *(978-0-364-42671-5(3))* Forgotten Bks.
Book or Bell? Chris Barton. Illus. by Ashley Spires. 2017. (ENG.). 40p. (J). 16.99 *(978-1-68119-729-6(4)*, 900182504, Bloomsbury USA Childrens) Bloomsbury Publishing USA.
Book Pre-Launch Marketing: How to Promote & Get Sales Before Publishing Your Book. Lawrence Harte & Drew Becker. 2020. (Illus.). 164p. per. 14.99 *(978-1-932813-22-7(5))* DiscoverNet.
Book Rescuer: How a Mensch from Massachusetts Saved Yiddish Literature for Generations to Come. Sue Macy. Illus. by Stacy Innerst. 2019. (ENG.). 48p. (J). (gr. k-3). 17.99 *(978-1-4814-7220-3(8))* Simon & Schuster.
Book Scavenger. Jennifer Chambliss Bertman. 2016. (Book Scavenger Ser.: 1). (ENG.). 368p. (J). pap. 8.99 *(978-1-250-07980-0(2)*, 900154628) Square Fish.
Book Smarts & Tender Hearts. Shelley M. Pearson. 2018. (ENG., Illus.). 256p. (YA). (gr. 10-12). pap. 12.99 *(978-1-7324082-0-3(3))* Pearson, Shelley.
Book That Did Not Want to Be Read. David Sundin. Illus. by David Sundin. 2022. (ENG., Illus.). 40p. (J). (gr. -1-3). 18.99 *(978-1-6659-1081-1(X)*, Simon & Schuster Bks. For Young Readers) Simon & Schuster Bks. For Young Readers.
Book That Dripped Blood: 10th Anniversary Edition. Michael Dahl. Illus. by Bradford Kendall. 10th ed. 2017. (Library of Doom Ser.). (ENG.). 48p. (J). (gr. 4-8). pap. 6.25 *(978-1-4965-5535-9(X)*, 136559); lib. bdg. 23.99 *(978-1-4965-5529-8(5)*, 136553) Capstone. (Stone Arch Bks.).
Book That Jake Borrowed, 1 vol. Susan Kralovansky. Illus. by Susan Kralovansky. 2018. (ENG., Illus.). 32p. (J). (gr. k-3). 19.99 *(978-1-4556-2325-9(3)*, Pelican Publishing) Arcadia Publishing.
Book That Made Me: A Collection of 32 Personal Stories. Judith Ridge. 2017. (ENG., Illus.). 256p. (YA). (gr. 9). pap. 9.99 *(978-0-7636-9671-9(4))* Candlewick Pr.
Book That Made Me: A Collection of 32 Personal Stories. Ed. by Judith Ridge. 2017. (ENG., Illus.). 256p. (YA). (gr. 9). 17.99 *(978-0-7636-9549-1(1))* Candlewick Pr.
Book That No One Wanted to Read. Richard Ayoade. Illus. by Tor Freeman. 2023. (ENG.). 128p. (J). (gr. 5-9). 17.99 *(978-1-5362-2216-6(X))* Candlewick Pr.
Book Thief (Anniversary Edition) Markus Zusak. anniv. ed. 2016. (ENG., Illus.). 592p. (YA). (gr. 7-12). 22.99 *(978-1-101-93418-0(2)*, Knopf Bks. for Young Readers) Random Hse. Children's Bks.
Book Tok Journeys. Lollicane Lane Publishings. 2022. (ENG.). 156p. (YA). pap. 14.99 *(978-1-6781-2589-9(X))* Lulu Pr., Inc.
Book Tree. Paul Czajak. Illus. by Rashin Kheiriyeh. (ENG.). 32p. (J). (gr. k-4). 2020. pap. 9.99 ***(978-1-78285-996-3(9))***; 2018. 17.99 *(978-1-78285-405-0(3))* Barefoot Bks., Inc.
Book Tree. Paul Czajak. ed. 2019. (ENG.). 30p. (J). (gr. k-1). 18.96 *(978-1-64310-945-9(6))* Penworthy Co., LLC, The.
Book Two (Classic Reprint) Frances E. Blodgett. (ENG., Illus.). (J). 2018. 194p. 27.90 *(978-0-656-05433-6(6))*; 2017. pap. 10.57 *(978-0-243-58932-6(8))* Forgotten Bks.
Book Two: Sky (the Dragon Prince #2) Aaron Ehasz & Melanie McGanney Ehasz. Illus. by Katie De Sousa. 2021. (ENG.). 320p. (J). (gr. 5-5). pap. 9.99 *(978-1-338-66640-3(1))* Scholastic, Inc.
Book Uncle & Me, 1 vol. Uma Krishnaswami. Illus. by Julianna Swaney. 2018. (ENG.). 152p. (J). (gr. 2-5). pap. 9.99 *(978-1-55498-809-9(8))* Groundwood Bks. CAN. Dist: Publishers Group West (PGW).
Book, Vol. 1 (Classic Reprint) P. Benson. 2018. (ENG., Illus.). 116p. (J). 26.29 *(978-0-267-68475-5(4))* Forgotten Bks.
Book Without a Title (Classic Reprint) George Jean Nathan. 2018. (ENG., Illus.). 86p. (J). 25.69 *(978-0-483-78945-6(3))* Forgotten Bks.
Booked. Kwame Alexander. (Crossover Ser.). (ENG.). (J). (gr. 5-7). 2019. 336p. pap. 9.99 *(978-1-328-59630-7(3)*, 1731272); 2016. 320p. 16.99 *(978-0-544-57098-6(7)*, 1612557) HarperCollins Pubs. (Clarion Bks.).
Booked. Kwame Alexander. 2016. lib. bdg. 29.40 *(978-0-606-37992-2(4))* Turtleback.
Booked Gn Signed Ed. Alexander. 2021. (ENG.). (J). 24.99 *(978-0-358-57731-7(4)*, HarperCollins) HarperCollins Pubs.
Booked Graphic Novel. Kwame Alexander. Illus. by Dawud Anyabwile. 2022. (Crossover Ser.). (ENG.). 320p. (J). (gr. 5-7). 24.99 *(978-0-358-16181-3(9)*, 1756986); pap. 12.99 *(978-0-358-16182-0(7)*, 1756988) HarperCollins Pubs. (Clarion Bks.).
Booker & the Stinky Smell. Renee Filippucci-Kotz. 2017. (ENG., Illus.). (J). 25.95 *(978-1-4808-5200-6(7))*; pap. 16.95 *(978-1-4808-5199-3(X))* Archway Publishing.
Booker T. Washington. Emma E. Haldy. Illus. by Jeff Bane. 2016. (My Early Library: My Itty-Bitty Bio Ser.). (ENG.). 24p. (J). (gr. k-1). 30.64 *(978-1-63471-018-3(5)*, 208152) Cherry Lake Publishing.
Booker T. Washington. Jehan Jones-Radgowski. 2020. (Biographies Ser.). (ENG., Illus.). 32p. (J). (gr. 1-3). pap. 6.95 *(978-1-9771-1805-9(4)*, 142165); lib. bdg. 31.32 *(978-1-9771-1361-0(3)*, 141474) Capstone. (Pebble).
Booker T. Washington, 1 vol. Janey Levy. 2020. (Heroes of Black History Ser.). (ENG.). 32p. (gr. 3-4). pap. 11.50 *(978-1-5382-5806-4(4)*, 0ce043d7-55d6-4c42-a43a-0b95eb487076) Stevens, Gareth Publishing LLLP.
Booker T. Washington: Civil Rights Leader & Education Advocate, 1 vol. Avery Elizabeth Hurt. 2019. (African American Trailblazers Ser.). (ENG.). 128p. (gr. 9-9). pap. 22.16 *(978-1-5026-4557-9(2)*, 40dea83a-65cc-4a3c-87e7-9270ea1546b1) Cavendish Square Publishing LLC.
Booker T. Washington: Educator & Orator. Contrib. by Don Troy. 2023. (Black American Journey Ser.). (ENG.). 32p. (J). (gr. 4-7). lib. bdg. 35.64 ***(978-1-5038-8064-1(8)***, 216968) Child's World, Inc, The.
Booker T. Washington: Leader & Educator. Duchess Harris & Marne Ventura. 2019. (Freedom's Promise Ser.). (ENG., Illus.). 48p. (J). (gr. 4-8). lib. bdg. 35.64 *(978-1-5321-1870-8(8)*, 32609) ABDO Publishing Co.
Booker the Library Bat 1: the New Guard. Jess Brallier. Illus. by Jeff Harter. 2022. (Booker the Library Bat Ser.). 32p. (J). (gr. -1-2). 17.99 *(978-1-64595-046-2(8))* Pixel+Ink.
Bookful of Girls (Classic Reprint) Anna Fuller. 2018. (ENG., Illus.). 292p. (J). 29.94 *(978-0-484-17614-9(5))* Forgotten Bks.
Bookie & LiL Ray: In the Game. Vanessa Womack & Ryan Easter. Illus. by Rosemarie Gillen. 2021. (ENG.). 52p. (J). pap. 10.99 *(978-1-7348975-3-1(8))* Womack, Vanessa Consulting LLC.
Bookish & the Beast. Ashley Poston. (Once upon a Con Ser.: 3). (YA). (gr. 9). 2021. 304p. pap. 10.99 *(978-1-68369-264-5(0))*; 2020. 288p. 18.99 *(978-1-68369-193-8(8))* Quirk Bks.
Bookish Becky. Sneha Acharekar. 2021. (ENG.). 24p. (J). pap. 9.99 *(978-1-68494-421-7(X))* Notion Pr., Inc.
Bookish Boyfriends. Tiffany Schmidt. 2018. (ENG.). 272p. (gr. 8-17). pap. 9.99 *(978-1-4197-2860-0(1)*, 1199603, Amulet Bks.) Abrams, Inc.
Bookish Boyfriends. Tiffany Schmidt. ed. 2018. (Bookish Boyfriends Ser.: 1). lib. bdg. 20.85 *(978-0-606-41275-9(1))* Turtleback.
Bookish Cats Board Book. Mudpuppy. Illus. by Angie Rozelaar. 2020. (ENG.). 28p. (J). (gr. -1-k). bds. 12.99 *(978-0-7353-6378-6(1))* Mudpuppy Pr.
Bookishly Ever After: Ever after Book One. Isabel Bandeira. 2016. (Ever After Ser.: 1). (ENG.). 371p. (YA). (gr. 7-12). pap. 9.95 *(978-1-63392-058-3(5)*, Spencer Hill Contemporary) Spencer Hill Pr.
Bookjoy, Wordjoy, 1 vol. Pat Mora. Illus. by Raul Colon. 2018. (ENG.). 32p. (J). (gr. 1-7). 19.95 *(978-1-62014-286-8(4)*, leelowbooks) Lee & Low Bks., Inc.
Booklover & His Books. Harry Lyman Koopman. 2017. (ENG., Illus.). (J). pap. *(978-0-649-08149-3(8))* Trieste Publishing Pty Ltd.
Booklover's London (Classic Reprint) A. St John Adcock. 2018. (ENG., Illus.). 382p. (J). 31.73 *(978-0-484-10861-4(1))* Forgotten Bks.
Booklover's London (Classic Reprint) Arthur St John Adcock. 2017. (ENG., Illus.). (J). 400p. 32.17 *(978-0-484-19602-4(2))*; pap. 16.57 *(978-0-259-50404-7(1))* Forgotten Bks.
Bookmaker. Kerri Lynn. Ed. by Bobbi Beatty. 2022. (ENG.). 240p. (J). pap. *(978-1-0391-3341-9(X))* FriesenPress.
Bookman's Holiday: The Private Satisfactions of an Incurable Collector (Classic Reprint) Vincent Starrett. 2017. (ENG., Illus.). (J). 30.54 *(978-0-331-42719-6(2))*; pap. 13.57 *(978-0-259-53708-3(X))* Forgotten Bks.
Bookmark Bear. Sarah E. Slater. 2018. (ENG., Illus.). 32p. (J). *(978-1-5289-2455-9(X))*; pap. *(978-1-5289-2456-6(8))* Austin Macauley Pubs. Ltd.
Bookmarks of Blood. Michael Dahl. Illus. by Patricio Clarey. 2022. (Secrets of the Library of Doom Ser.). (ENG.). 40p. (J). 23.99 *(978-1-6639-7674-1(0)*, 226376); pap. 5.95 *(978-1-6663-2988-9(6)*, 226358) Capstone. (Stone Arch Bks.).
#bookpusher. Porchanee a White. Illus. by Mitzie Stone. 2018. (ENG.). 48p. (J). pap. 12.99 *(978-1-59755-465-7(0)*, Advantage BibleStudy) Advantage Bks.
Books, 1 vol. Derek Miller. 2019. (Making of Everyday Things Ser.). (ENG.). 24p. (gr. 1-1). lib. bdg. 25.93 *(978-1-5026-4703-0(6)*, 76b4601c-d0c5-402f-b389-a8b9f7559889) Cavendish Square Publishing LLC.
Books: Green Mansions; Tales of the Pampas; Birds & Man; a Little Boy Lost; Afoot in England; Ralph Herne; Land's End (Classic Reprint) W. H. Hudson. 2018. (ENG., Illus.). 310p. (J). 30.31 *(978-0-483-58548-5(3))* Forgotten Bks.
Books & the People Who Make Them. Stéphanie Vernet. Illus. by Camille de Cussac. 2023. (ENG.). 48p. (J). (gr. 3-7). 19.99 ***(978-3-7913-7549-6(0))*** Prestel Verlag GmbH & Co KG. DEU. Dist: Penguin Random Hse. LLC.
Books Are Just TV for Smart People: Reading Log Journal - Fun Reading Tracker Journal for Teens & Adults - Track, Record & Review 100 Books - Reading Log Gifts for Book Lovers - Book Review Journal. Eightldd Fun Time. 2020. (ENG.). 112p. (YA). pap. 8.99 *(978-1-716-28029-0(X))* Lulu Pr., Inc.
Books Are the Best. Maggie Testa. ed. 2019. (Ready-To-Read Ser.). (ENG.). 32p. (J). (gr. k-1). 13.96 *(978-1-64697-113-8(2))* Penworthy Co., LLC, The.
Books Are the Best: Ready-To-Read Pre-Level 1. Illus. by Jason Fruchter. 2019. (Daniel Tiger's Neighborhood Ser.). (ENG.). 32p. (J). (gr. -1-k). 17.99 *(978-1-5344-5491-0(8))*; pap. 4.99 *(978-1-5344-5490-3(X))* Simon Spotlight. (Simon Spotlight).
Books Aren't for Eating. Carlie Sorosiak. Illus. by Manu Montoya. 2023. (ENG.). 40p. (J). (gr. -1-3). 17.99 *(978-1-5362-1496-3(5))* Candlewick Pr.
Book's Big Adventure. Adam Lehrhaupt. Illus. by Rahele Jomepour Bell. 2021. (ENG.). 32p. (J). (gr. -1-3). 17.99 *(978-1-5344-2183-7(1)*, Simon & Schuster/Paula Wiseman Bks.) Simon & Schuster/Paula Wiseman Bks.
Books! Books! Books! Explore the Amazing Collection of the British Library. Mick Manning. Illus. by Brita Granström. 2017. (ENG.). 48p. (J). (gr. 3-7). 17.99 *(978-0-7636-9757-0(5))* Candlewick Pr.
Books Boys Like Best (Classic Reprint) Mattoon Public Library. (ENG., Illus.). (J). 2018. 34p. 24.60 *(978-0-332-82856-5(5))*; 2017. pap. 7.97 *(978-0-259-84659-8(7))* Forgotten Bks.
Books by Horseback: A Librarian's Brave Journey to Deliver Books to Children. Emma Carlson Berne. Illus. by Ilaria Urbinati. 2021. (ENG.). 32p. (J). (gr. -1-3). 17.99 *(978-1-4998-1173-5(X))* Little Bee Books Inc.
Books Do Not Have Wings. Brynne Barnes. Illus. by Rogério Coelho. 2016. (ENG.). 32p. (J). (gr. k-3). 18.99 *(978-1-58536-964-5(0)*, 204112) Sleeping Bear Pr.
Books Don't Need Batteries. Sonny Evans. 2017. (ENG., Illus.). (J). pap. 12.99 *(978-0-578-19464-6(3))* Sonny Evans.
Books Fatal to Their Authors. P. H. Ditchfield. 2017. (ENG., Illus.). (J). 23.95 *(978-1-374-88120-4(1))*; pap. 13.95 *(978-1-374-88119-8(8))* Capital Communications, Inc.
Books for Beginner Readers Dog Run. R. L. Margolin. 2022. (Books for Beginner Readers Ser.). (ENG.). 34p. (J). 19.99 *(978-1-0879-6656-4(6))*; pap. 9.99 ***(978-1-0880-2926-8(4))*** Indy Pub.
Books for Beginner Readers I Need a Book! R. L. Margolin. 2022. (Books for Beginner Readers Ser.). (ENG.). 34p. (J). pap. 9.99 ***(978-1-0880-2889-6(6))*** Indy Pub.
Books for Beginner Readers Mud Hike. R. L. Margolin. 2022. (Books for Beginner Readers Ser.). (ENG.). 38p. (J). 19.99 *(978-1-0879-5769-2(9))* Indy Pub.
Books for Beginner Readers My City Park. R. L. Margolin. 2022. (Books for Beginner Readers Ser.). (ENG.). 34p. (J). 19.99 *(978-1-0879-7112-4(8))*; pap. 9.99 ***(978-1-0880-2933-6(7))*** Indy Pub.
Books for Beginner Readers Rides Are Fun. R. L. Margolin. 2022. (Books for Beginner Readers Ser.). (ENG.). 36p. (J). 19.99 *(978-1-0879-6488-1(1))*; pap. 9.99 ***(978-1-0880-3144-5(7))*** Indy Pub.
Books for Beginner Readers Tram Ride. R. L. Margolin. 2022. (Books for Beginner Readers Ser.). (ENG.). 36p. (J). 19.99 *(978-1-0880-3736-2(4))* Indy Pub.
Books for Beginning Readers: Tram Ride. R. L. Margolin. 2022. (Books for Beginner Readers Ser.). (ENG.). 36p. (J). pap. 9.99 ***(978-1-0880-2993-0(0))*** Indy Pub.
Books for Boys: January, 1906 (Classic Reprint) Chicago Public Library. 2018. (ENG., Illus.). (J). 44p. 24.80 *(978-1-396-68819-5(6))*; 46p. pap. 7.97 *(978-1-390-94072-5(1))* Forgotten Bks.
Books for Boys & Girls: A Selected List (Classic Reprint) Caroline M. Hewins. 2017. (ENG., Illus.). (J). 26.37 *(978-0-266-60314-6(9))* Forgotten Bks.
Books for Boys & Girls Approved by the Brooklyn Public Library: For Use in Its Children's Rooms (Classic Reprint) Unknown Author. 2017. (ENG., Illus.). 116p. (J). 26.29 *(978-0-332-61152-5(3))* Forgotten Bks.
Books for Boys & Girls Approved by the Brooklyn Public Library for Use in Its Children's Rooms (Classic Reprint) Brooklyn Public Library. 2018. (ENG., Illus.). 46p. (J). 24.87 *(978-0-656-51125-9(7))* Forgotten Bks.
Books for Boys & Girls of Oklahoma: A Selected List of the Best Juveniles Arranged under Author, Title & Subject with Approximate Grades Indicated (Classic Reprint) Oklahoma. Library Commission. 2018. (ENG., Illus.). 130p. (J). 26.58 *(978-0-267-80505-1(5))* Forgotten Bks.
Books for Boys & Girls Recommended by the Louisville Free Public Library (Classic Reprint) Louisville Free Public Library. 2017. (ENG., Illus.). (J). 24.43 *(978-0-266-90719-0(9))*; pap. 7.97 *(978-1-5281-1433-2(7))* Forgotten Bks.
Books for Children: A List (Classic Reprint) Gertrude Weld Arnold. 2017. (ENG., Illus.). (J). 26.19 *(978-0-266-82876-1(0))*; pap. 9.57 *(978-1-5283-2853-1(1))* Forgotten Bks.
Books for Children: A Second Edition of Literature for Children (Classic Reprint) Emma Gibbons. (ENG., Illus.). (J). 2018. 40p. 24.74 *(978-0-267-17076-0(9))*; 2016. pap. 7.97 *(978-1-333-80573-9(X))* Forgotten Bks.
Books for Christmas for the Children (Classic Reprint) Corinne Bacon. 2017. (ENG., Illus.). (J). 24.80 *(978-0-265-77612-4(0))*; pap. 7.97 *(978-1-5277-5527-7(4))* Forgotten Bks.
Books for Christmas for the Children (Classic Reprint) Pratt Institute Free Library. (ENG., Illus.). (J). 2018. 20p. 24.31 *(978-0-267-32720-1(X))*; 2016. pap. 7.97 *(978-1-333-43462-5(6))* Forgotten Bks.
Books for Girls (Classic Reprint) Alice B. Emerson. (ENG., Illus.). (J). 2018. 222p. 28.48 *(978-0-483-05449-3(6))*; 2018. 224p. 28.52 *(978-0-483-78960-9(7))*; 2017. 220p. 28.43 *(978-0-332-79185-2(8))* Forgotten Bks.
Books for Girls (Classic Reprint) Laura Lee Hope. (ENG., Illus.). (J). 2018. 228p. 28.60 *(978-0-484-60268-6(3))*; 2017. pap. 10.97 *(978-1-5276-9123-0(3))* Forgotten Bks.
Books for Two Year Olds (Trace & Color Worksheets to Develop Pen Control) 50 Preschool/Kindergarten Worksheets to Assist with the Development of Fine Motor Skills in Preschool Children. James Manning. 2019. (2 Ser.: Vol. 50). (ENG., Illus.). 56p. (J). pap. *(978-1-83856-873-3(5))* West Suffolk CBT Service Ltd., The.
Books for Young Girls: The Polly Pendleton Series (Classic Reprint) Dorothy Whitehill. 2017. (ENG., Illus.). (J). 29.26 *(978-0-265-77301-7(6))* Forgotten Bks.
Books for Younger Readers (Classic Reprint) Skowhegan Public Library. (ENG., Illus.). (J). 2018. 28p. 24.49 *(978-0-428-36936-1(7))*; 2016. pap. 7.97 *(978-1-334-12142-5(7))* Forgotten Bks.
Books Make Good Pets. John Agard. Illus. by Momoko Abe. 2022. (ENG.). 32p. (J). (gr. -1-2). pap. 10.99 *(978-1-4083-5988-4(X)*, Orchard Bks.) Hachette Children's Group GBR. Dist: Hachette Bk. Group.
Books of Clash Volume 1: Legendary Legends of Legendarious Achievery. Gene Luen Yang. Illus. by Les McClaine & Alison Acton. 2023. (Books of Clash Ser.: 1). (ENG.). 144p. (YA). 25.99 *(978-1-250-81625-2(4)*, 900249000); pap. 17.99 *(978-1-250-81626-9(2)*, 900249001) Roaring Brook Pr. (First Second Bks.).
Books of Kindness: ABCs of Kindness; 123s of Thankfulness; Happiness Is a Rainbow; Friendship Is Forever, 4 vols. Patricia Hegarty. Illus. by Summer Macon. 2022. (Books of Kindness Ser.). (ENG.). 88p. (J). bds. 35.96 *(978-0-593-43475-8(7)*, Rodale Kids) Random Hse. Children's Bks.
Books of the Bible Activity Book. Pip Reid. 2020. (ENG.). 74p. (J). (gr. 3-6). pap. *(978-1-988585-60-4(0))* Bible Pathway Adventures.
Books of the Dead. Stuart Wilson. 2023. (Prometheus High Ser.). 320p. 17.99 *(978-1-76104-226-3(2)*, Puffin) Penguin Random Hse. AUS. Dist: Independent Pubs. Group.
Books on the Manual Arts; the Manual Arts Press, Peoria Illinois 1915. 2017. (ENG., Illus.). (J). pap. *(978-0-649-30699-2(6))* Trieste Publishing Pty Ltd.
Books Regarding amid Covid-19: Universal Conversations. Hope Baldwin. 2021. (ENG.). 44p. (YA). pap. 12.95 *(978-1-64952-641-0(5))* Fulton Bks.
Books That Drive Kids CRAZY!: Did You Take the B from My _ook? Beck Stanton & Matt Stanton. 2017. (Books That Drive Kids CRAZY! Ser.: 1). (ENG., Illus.). 32p. (J). (gr. -1-3). 17.99 *(978-0-316-43441-6(8))* Little, Brown Bks. for Young Readers.
Books That Drive Kids CRAZY!: This Book Is Red. Beck Stanton & Matt Stanton. 2018. (Books That Drive Kids CRAZY! Ser.: 3). (ENG., Illus.). 32p. (J). (gr. -1-3). 16.99 *(978-0-316-43449-2(3))* Little, Brown Bks. for Young Readers.
Books That Drive Kids CRAZY!: This Is a Ball. Beck Stanton & Matt Stanton. 2017. (Books That Drive Kids CRAZY! Ser.: 2). (ENG., Illus.). 32p. (J). (gr. -1-3). 16.99 *(978-0-316-43437-9(X))* Little, Brown Bks. for Young Readers.
Books That Grew Wings. Linda P. Brown. (ENG.). (J). (gr. 2-6). 2017. Illus.). 24.99 *(978-0-9989128-1-3(6))*; 2017. (Illus.). pap. 13.99 *(978-0-9989128-0-6(8))*; 2022. 60p. 19.99 *(978-0-9989128-4-4(0))* Brown, Linda P.
Books vs. Looks. Debbie Dadey. Illus. by Tatevik Avakyan. 2016. (Mermaid Tales Ser.: 15). (ENG.). 128p. (J). (gr. 1-4). pap. 6.99 *(978-1-4814-4081-3(0)*, Aladdin) Simon & Schuster Children's Publishing.
Books vs. Looks. Debbie Dadey. Illus. by Tatevik Avakyan. 2016. (Mermaid Tales Ser.: 15). (ENG.). 128p. (J). (gr. 1-4). 17.99 *(978-1-4814-4082-0(9)*, Simon & Schuster/Paula Wiseman Bks.) Simon & Schuster/Paula Wiseman Bks.
Books with X-Ray Vision: Dinosaurs. Diego Vaisberg. Illus. by David Stewart. ed. 2021. (Books with X-Ray Vision Ser.). (ENG.). 48p. (J). (gr. 2). pap. 9.95 *(978-1-913337-66-7(9))* Book Hse. GBR. Dist: Sterling Publishing Co., Inc.
Books with X-Ray Vision: Sharks. Diego Vaisberg. Illus. by David Stewart. ed. 2021. (Books with X-Ray Vision Ser.). (ENG.). 48p. (J). (gr. 2). pap. 9.95 *(978-1-913337-67-4(7))* Book Hse. GBR. Dist: Sterling Publishing Co., Inc.
Bookscape Board Books: a Forest's Seasons: (Colorful Children?s Shaped Board Book, Forest Landscape Toddler Book) Illus. by Ingela P. Arrhenius. 2019. (Bookscape Board Bks.). (ENG.). 10p. (J). (gr. -1 — 1). bds. 8.99 *(978-1-4521-7494-5(6))* Chronicle Bks. LLC.
Bookscape Board Books: a Marvelous Museum: (Artist Board Book, Colorful Art Museum Toddler Book) Illus. by Ingela P. Arrhenius. 2019. (Bookscape Board Bks.). (ENG.). 10p. (J). (gr. -1 — 1). bds. 8.99 *(978-1-4521-7492-1(X))* Chronicle Bks. LLC.
Bookscape Board Books: Christmas Cheer. Illus. by Ingela P. Arrhenius. 2020. (Bookscape Board Bks.). (ENG.). 10p. (J). (gr. -1 — 1). bds. 8.99 *(978-1-4521-7491-4(1))* Chronicle Bks. LLC.
Bookscape Board Books: Fun at the Fair: (Lift the Flap Book, Block Books for Preschool) Illus. by Ingela P. Arrhenius. 2020. (Bookscape Board Bks.). (ENG.). 10p. (J). (gr. -1 — 1). bds. 8.99 *(978-1-4521-7493-8(8))* Chronicle Bks. LLC.
Bookshelf for Boys & Girls: From Nursery Rhyme to Grown-Up Time (Classic Reprint) Clara Whitehill Hunt. 2017. (ENG., Illus.). (J). 24.93 *(978-0-266-76826-5(1))*; pap. 9.57 *(978-1-5278-7201-1(7))* Forgotten Bks.
Bookshelf for Boys & Girls from Nursery Rhyme to Grown-Up Time (Classic Reprint) Clara Whitehill Hunt. (ENG., Illus.). (J). 2018. 52p. 24.95 *(978-0-484-64064-0(X))*; 2016. pap. 9.57 *(978-1-333-53431-8(0))* Forgotten Bks.
Bookshop Cat. Cindy Wume & Cindy Wume. 2021. (ENG., Illus.). 32p. (J). (gr. -1-k). 19.99 *(978-1-5290-4128-6(7)*, 900325996); pap. 14.99 *(978-1-5290-4127-9(9)*, 900325995) Pan Macmillan GBR. (Macmillan Children's Bks.). Dist: Macmillan.
Bookshop Girl. Sylvia Bishop. Illus. by Poly Bernatene. (ENG.). 144p. (J). (gr. 3-7). 2020. pap. 8.99 *(978-1-68263-199-7(0))*; 2018. 17.99 *(978-1-68263-045-7(5))* Peachtree Publishing Co. Inc.
Bookshop of Dust & Dreams. Mindy Thompson. 336p. (J). (gr. 3-7). 2022. 9.99 *(978-0-593-11039-3(0))*; 2021. 16.99 *(978-0-593-11037-9(4))* Penguin Young Readers Group. (Viking Books for Young Readers).
Bookstore Babies. Puck. Illus. by Violet Lemay. 2019. 22p. (J). bds. 7.95 *(978-1-947458-50-5(7)*, 805850) Duo Pr. LLC.
Bookstore Bunnies: Ready-To-Read Pre-Level 1. Eric Seltzer. Illus. by Tom Disbury. 2022. (Ready-To-Read Ser.). (ENG.). 32p. (J). (gr. -1-k). 17.99 *(978-1-6659-2793-2(3))*; pap. 4.99 *(978-1-6659-2792-5(5))* Simon Spotlight. (Simon Spotlight).
Bookstore Cat. Cylin Busby. Illus. by Charles Santoso. 2020. (ENG.). 32p. (J). (gr. -1-3). 17.99 *(978-0-06-289434-2(X)*, Balzer & Bray) HarperCollins Pubs.
Book/Story about Midnight the Rescued Little Kitty Cat. Lori Kallis Crawford. 2020. (ENG., Illus.). 56p. (J). 26.95 *(978-1-64471-488-1(4))*; pap. 16.95 *(978-1-64471-487-4(6))* Covenant Bks.
Bookworm & Other Stories: Tales for Children about Friendship & Kindness. Leslie Brazier Smit. Illus. by Laura Catrinella. 2022. (ENG.). 192p. (J). *(978-1-0391-0271-2(9))*; pap. *(978-1-0391-0270-5(0))* FriesenPress.
Bookworms: At Home, 12 vols., Set. Sharon Gordon. Incl. At Home by the Ocean. lib. bdg. 25.50 *(978-0-7614-1959-4(4)*, b15cc6b0-6fd4-44ee-b6db-e091ea9212a1); At Home in the City. lib. bdg. 25.50 *(978-0-7614-1960-0(8)*, 034ecede-017b-4330-aaf8-52d806d0f528); At Home in the Desert. lib. bdg. 25.50 *(978-0-7614-1963-1(2)*, 5407d635-0add-4e67-9345-6f1c6ebe66d1); At Home on the Farm. lib. bdg. 25.50 *(978-0-7614-1958-7(6)*, 59754abf-75aa-4f56-a829-7d18465bed14); At Home on the Mountain. lib. bdg. 25.50 *(978-0-7614-1961-7(6)*, bd851989-7051-4d9b-926e-8e41df196b16); At Home on the Ranch. lib. bdg. 25.50 *(978-0-7614-1962-4(4)*, e8ba57a1-7a95-47b0-a4f0-770bd27b9a71); (Illus.). 32p. (gr. k-2). (At Home Ser.). (ENG.). 2007. 153.00 *(978-0-7614-1957-0(8)*, 47820a1a-3224-4fab-a746-607497e29b86, Cavendish Square) Cavendish Square Publishing LLC.

240

The check digit for ISBN-10 appears in parentheses after the full ISBN-13

TITLE INDEX BORDERLAND

Bookworms: Nature's Cycles, 6 vols., Set. Dana Meachen Rau. Incl. Animals. 25.50 *(978-0-7614-4093-2(3),* 2e97af87-fb08-4efb-91c0-189ee16d08a9); Day & Night. 25.50 *(978-0-7614-4094-9(1),* aeecde50-db38-4962-a48a-c2d1818757a6); Food Chains. 25.50 *(978-0-7614-4095-6(X),* 5162d218-1229-483f-929d-9ae35e85f1f6); Plants. 25.50 *(978-0-7614-4097-0(6),* db00efba-461a-4a43-86fb-99db11bd8002); Seasons. 25.50 *(978-0-7614-4098-7(4),* 38183a44-2664-46df-8a69-0808a7042d24); Water. 25.50 *(978-0-7614-4099-4(2),* 43c76e68-1bd4-4b50-91db-32856615d919); 32p. (gr. 1-2). 2010. (Bookworms: Nature's Cycles Ser.). 2009. Set lib. bdg. 95.70 *(978-0-7614-4092-5(5),* Cavendish Square) Cavendish Square Publishing LLC.

Bookworms: Ready for School, 12 vols., Set. Edward R. Ricciuti. Incl. We Are a Team. lib. bdg. 25.50 *(978-0-7614-1994-5(2),* ed3f0415-c9d5-4e5b-a4b0-d3364c724224, Cavendish Square); We Are Kind. lib. bdg. 25.50 *(978-0-7614-1992-1(6),* 2af08c6d-8c94-46b4-9f91-f2fd93c16f15, Cavendish Square); We Listen. lib. bdg. 25.50 *(978-0-7614-1991-4(8),* 340b136a-05a4-485f-a0dc-bb04f0184ab3, Cavendish Square); We Share. lib. bdg. 25.50 *(978-0-7614-1993-8(4),* cf516ef8-930e-4195-be31-78afd19641e2); We Tell the Truth. lib. bdg. 25.50 *(978-0-7614-1996-9(9),* 3c0d4adf-459b-429d-ab68-1b4edd59e3f8); (Illus.). 24p. (gr. k-1). (Ready for School Ser.). (ENG.). 2007. 153.00 *(978-0-7614-1990-7(X),* 86c05a7e-1fc7-4bb6-8fc0-d085eeadb040, Cavendish Square) Cavendish Square Publishing LLC.

Bookworms: The Inside Story, 12 vols., Set. Dana Meachen Rau. Incl. Castle. lib. bdg. 25.50 *(978-0-7614-2272-3(2),* adab9f74-2818-438e-ba0f-67058d410319); Igloo. lib. bdg. 25.50 *(978-0-7614-2273-0(0),* b4264f9e-e40b-4791-87cc-23c1251e18a5); Log Cabin. lib. bdg. 25.50 *(978-0-7614-2274-7(9),* 0eb1f358-eb38-4d47-8e2b-9fc2cb65a564); Pyramid. lib. bdg. 25.50 *(978-0-7614-2275-4(7),* 10863ddc-9eee-46aa-abac-fc1eac1dec26); Skyscraper. lib. bdg. 25.50 *(978-0-7614-2276-1(5),* 21c7e684-e08a-4a1d-ba8f-a7294f9995c3); Tepee. lib. bdg. 25.50 *(978-0-7614-2277-8(3),* 36db5006-1580-4f2f-8b71-a10cc6b6c655); (Illus.). 32p. (gr. k-1). (Inside Story Ser.). (ENG.). 2007. Set lib. bdg. 153.00 *(978-0-7614-2271-6(4),* 26d3d7dd-7d58-4920-aa34-ec2e62335409, Cavendish Square) Cavendish Square Publishing LLC.

Bookworms: The Shape of the World, 6 bks., Set. Dana Meachen Rau. Incl. Circles. lib. bdg. 25.50 *(978-0-7614-2280-8(3),* f926c67c-a845-4b13-992f-7f4bcae914a4); Many-Sided Shapes. lib. bdg. 25.50 *(978-0-7614-2279-2(X),* bede390e-589f-45b6-943c-dee4aa969706); Ovals. lib. bdg. 25.50 *(978-0-7614-2281-5(1),* befa603b-1f04-4f46-8846-5a3314978499); Rectangles. lib. bdg. 25.50 *(978-0-7614-2282-2(X),* 664c9884-97a3-4c04-b1dd-1903f92656a6); Squares. lib. bdg. 25.50 *(978-0-7614-2284-6(6),* f4f924d8-f5bf-4f30-86c1-938b343874cd); Triangles. lib. bdg. 25.50 *(978-0-7614-2286-0(2),* 80ad03e7-e005-42d9-b81d-80461fd8d8f9); (Illus.). 24p. (gr. k-1). 2007. (Bookworms: the Shape of the World Ser.). 2006. lib. bdg. *(978-0-7614-2278-5(1),* Cavendish Square) Cavendish Square Publishing LLC.

Bookworms: Verbs in Action, 12 vols., Set. Dana Meachen Rau. Incl. Dig In. lib. bdg. 25.50 *(978-0-7614-1937-2(3),* 5ffb825b-5663-4fdd-b287-99f8107483fb); Fall Down. lib. bdg. 25.50 *(978-0-7614-1936-5(5),* 81817d85-969d-4b9a-8439-8ef059c1b35e); Grow Up. lib. bdg. 25.50 *(978-0-7614-1932-7(2),* b69b2aa2-baf5-4784-9385-e1575689bac0); On the Run. lib. bdg. 25.50 *(978-0-7614-1934-1(9),* 96797e99-7b02-49fb-abbc-94795a3919ed); Spin Around. lib. bdg. 25.50 *(978-0-7614-1933-4(0),* 9c7cdcb2-9943-49d4-9990-bd8b2a94192f); Spring Out. lib. bdg. 25.50 *(978-0-7614-1935-8(7),* 5f49e268-cbc8-40ca-85bc-98aa68887a2f); (Illus.). 32p. (gr. 1-2). 2007. (Verbs in Action Ser.). (ENG.). 2005. 153.00 *(978-0-7614-1931-0(4),* c657cb2d-ea1a-4e32-805b-62399ee41423, Cavendish Square) Cavendish Square Publishing LLC.

Bookworms We Go!, 6 vols., Set. Dana Meachen Rau. Incl. Boats. 25.50 *(978-0-7614-4076-5(3),* ef184f46-2770-4614-b016-6537d3791756); Buses. 25.50 *(978-0-7614-4077-2(1),* eea2f55d-024c-43d2-9d2a-acea585e8529); Cars. 25.50 *(978-0-7614-4078-9(X),* 02ef01ab-3617-449d-91f8-83f01663c5fc); Planes. 25.50 *(978-0-7614-4080-2(1),* b2729cc4-016f-47db-9632-fb08630242cf); Trains. 25.50 *(978-0-7614-4081-9(X),* 78dda8aa-fca5-4aaa-994a-50ffb6c1398f); Trucks. 25.50 *(978-0-7614-4083-3(6),* e39860e8-c66f-4bd7-9353-028bb5c0dd04); 24p. (gr. 3-3). 2010. (Bookworms: We Go! Ser.). 2009. Set lib. bdg. 95.70 *(978-0-7614-4075-8(5),* Cavendish Square) Cavendish Square Publishing LLC.

Boom! Paul Meisel. 2023. (I Like to Read Comics Ser.). (Illus.). 40p. (J). (gr. -1-3). 14.99 *(978-0-8234-4857-9(6))* Holiday Hse., Inc.

Boom! Bang! Royal Meringue! Sally Doran. Illus. by Rachael Saunders. 2020. (ENG.). 32p. (J). (gr. -1-k). pap. 14.99 *(978-1-78344-879-1(2))* Andersen Pr. GBR. Dist: Independent Pubs. Group.

Boom! Bang! Royal Meringue! Sally Doran. 2019. (ENG., Illus.). 32p. (J). (gr. -1-k). 16.99 *(978-1-78344-415-1(0))* Penguin Random Hse. AUS. Dist: Independent Pubs. Group.

Boom! Bellow! Bleat! Animal Poems for Two or More Voices. Georgia Heard. Illus. by Aaron DeWitt. 2019. 32p. (J). (gr. k-4). 17.95 *(978-1-62091-520-2(0),* Wordsong) Highlights Pr., c/o Highlights for Children, Inc.

Boom-Boom: Adventures of a Boy Who Builds Big Things. Matt McCaw. 2019. (ENG.). 180p. (J). pap. 7.99 ***(978-1-7337301-1-2(7))*** McCaw, Matt.

Boom! Boom! Boom! Przemystaw Wechterowicz. Illus. by Marianna Oklejak. ed. 2019. (ENG.). 32p. (J). (gr. -1-k). 16.95 *(978-1-912537-95-2(8),* Scribblers) Book Hse. GBR. Dist: Sterling Publishing Co., Inc.

Boom, Boom, Crash, Boom! Christine Gallivan. Illus. by Matthew Robertson. 2023. 30p. (J). (gr. -1-k). pap. 12.00 ***(978-1-6678-9473-7(0))*** BookBaby.

Boom Boom Mushroom #1. Paul Tobin. Illus. by Jacob Chabot. 2017. (Plants vs. Zombies Ser.). (ENG.). 24p. (J). (gr. 3-7). lib. bdg. 31.36 *(978-1-5321-4124-9(6),* 26997, Graphic Novels) Spotlight.

Boom Boom Mushroom #2. Paul Tobin. Illus. by Jacob Chabot. 2017. (Plants vs. Zombies Ser.). (ENG.). 24p. (J). (gr. 3-7). lib. bdg. 31.36 *(978-1-5321-4125-6(4),* 26998, Graphic Novels) Spotlight.

Boom Boom Mushroom #3. Paul Tobin. Illus. by Jacob Chabot. 2017. (Plants vs. Zombies Ser.). (ENG.). 24p. (J). (gr. 3-7). lib. bdg. 31.36 *(978-1-5321-4126-3(2),* 26999, Graphic Novels) Spotlight.

Boom! Crash! Drawing Comics in Easy Steps Activity Book. Smarter Activity Books for Kids. 2016. (ENG., Illus.). (J). pap. 9.22 *(978-1-68374-196-1(X))* Examined Solutions PTE. Ltd.

Boom Dee Loom Annie's Adventure: Annie's Adventure. Karla Dansereau. Illus. by Chelsea Hendrickson. 2016. (ENG.). (J). pap. 14.99 *(978-0-9890340-0-5(3))* Unicorn Castle Bks.

Boom of a Western City (Classic Reprint) Ellen Hodges Cooley. 2018. (ENG., Illus.). 104p. (J). 26.04 *(978-0-428-80953-9(7))* Forgotten Bks.

Boomer & Skatch Help Santa. Brenda Ewers. 2018. (ENG., Illus.). 28p. (J). (gr. k-2). pap. 8.95 *(978-0-9987475-4-5(8))* Ewers Family Partnership.

Boomer the Bouncing Beagle. Dawn Roe. 2019. (ENG., Illus.). 18p. (J). pap. 12.99 *(978-1-950454-80-8(0))* Pen It Pubns.

Boomer the Curious Bunny. Diann Floyd Boehm. Illus. by Judy Gaudet. 2023. (ENG.). 52p. (J). 19.99 ***(978-1-0882-0048-3(6))*** Indy Pub.

Boomerang. Helene Dunbar. 2018. (ENG.). 322p. (YA). (gr. 8-12). 16.99 *(978-1-5107-1321-5(2),* Sky Pony Pr.) Skyhorse Publishing Co., Inc.

Boomerang: A Novel Based on the Play of the Same Name (Classic Reprint) David Gray. 2018. (ENG., Illus.). 330p. (J). 30.72 *(978-0-332-33243-7(8))* Forgotten Bks.

Boomerang 1921: Annual (Classic Reprint) Holland High School. 2018. (ENG., Illus.). (J). 140p. 26.78 *(978-1-391-93785-4(6));* 142p. pap. 9.57 *(978-1-391-64924-5(9))* Forgotten Bks.

Boomerang & Bat: The Story of the Real First Eleven. Mark Greenwood. Illus. by Terry Denton. 2016. (ENG.). 32p. (J). (gr. 2-7). 24.99 *(978-1-74331-924-6(X))* Allen & Unwin AUS. Dist: Independent Pubs. Group.

Boomerang Body. Luke Martin. 2020. (ENG.). 36p. (YA). pap. ***(978-1-716-94140-5(7))*** Lulu Pr., Inc.

Boomerang Effect. Gordon Jack. 2018. (ENG.). 368p. (YA). (gr. 9). pap. 11.99 *(978-0-06-239940-3(3),* HarperTeen) HarperCollins Pubs.

Boomerang Tales. A. G. Collinson. Illus. by Michelle Webb. 2022. (ENG.). 88p. (J). pap. ***(978-1-922751-93-5(6))*** Shawline Publishing Group.

Boomerangs. Jenny Fretland VanVoorst. 2016. (Early Physics Fun). 24p. (J). (gr. 2-5). lib. bdg. *(978-1-62031-315-2(4),* Pogo) Jump! Inc.

Boomers (Classic Reprint) Roy Norton. (ENG., Illus.). (J). 2018. 420p. 32.56 *(978-0-484-01476-2(5));* 2018. 404p. 32.23 *(978-0-267-31095-1(1));* 2017. pap. 16.57 *(978-0-243-50944-7(8));* 2016. pap. 16.57 *(978-1-333-39379-3(2))* Forgotten Bks.

Booming of Acre Hill: And Other Reminiscences of Urban & Suburban Life (Classic Reprint) John Kendrick Bangs. 2018. (ENG., Illus.). 294p. (J). 29.98 *(978-0-267-47526-1(8))* Forgotten Bks.

Boomi's Boombox. Shanthi Sekaran. 2023. (ENG.). 272p. (J). (gr. 3-7). 18.99 *(978-0-06-305158-4(3),* Tegen, Katherine Bks) HarperCollins Pubs.

Boomslang Snake. Alicia Klepeis. 2017. (Toxic Creatures Ser.). 32p. (gr. 3-3). pap. 63.48 *(978-1-5026-2581-6(4),* Cavendish Square) Cavendish Square Publishing LLC.

Boomslangs. Julie Murray. 2017. (Slithering Snakes Ser.). (ENG., Illus.). 24p. (J). (gr. k-4). lib. bdg. 31.36 *(978-1-5321-2072-5(9),* 26755, Abdo Zoom-Dash) ABDO Publishing Co.

Boomy the Bittern. Pam Earnshaw. Illus. by Sally Mills. 2023. (ENG.). 40p. (J). pap. ***(978-1-80378-087-0(8))*** Cranthorpe Millner Pubs.

Boon on the Moon. John Huddles. 2020. (ENG.). 216p. (J). (gr. 4-7). 16.95 *(978-0-9970851-8-1(5))* Notable Kids Publishing.

Boonday & the Covfeefee Tree: The Answer or the Problem. Brenda L. Sears. 2018. (ENG.). 134p. (J). pap. 8.00 *(978-0-692-13305-7(4))* Sears, Brenda L.

Boone. April Renner Curtsinger. 2019. (ENG., Illus.). 32p. (J). 22.95 *(978-1-64416-212-5(1));* pap. 12.95 *(978-1-64416-210-1(5))* Christian Faith Publishing.

Boons Cares about the Planet. Agnes De Bezenac. Illus. by Agnes De Bezenac. l.t. ed. 2020. (ENG.). 90p. (J). pap. 6.50 *(978-1-63474-394-5(6),* Kidible) iCharacter.org.

Boooo! My First Little Seek & Find. Julia Lobo. 2021. (My First Little Seek & Find Ser.). (ENG., Illus.). 24p. (J). (gr. k-2). lib. bdg. 24.69 *(978-1-64996-185-3(5),* 4934, Sequoia Kids Media) Phoenix International Publications, Inc.

Boooo! My First Little Seek & Find. Julia Lobo. Illus. by Ben Mantle. 2020. (ENG.). 18p. (J). bds. 5.99 *(978-1-64269-243-3(3),* 4756, Sequoia Publishing & Media LLC) Phoenix International Publications, Inc.

Booook! a Spooky High-Contrast Book: A High-Contrast Board Book That Helps Visual Development in Newborns & Babies While Celebrating Halloween. duopress labs. Illus. by Jannie Ho. 2023. (High-Contrast Bks.). 20p. (J). bds. 7.99 *(978-1-7282-7944-2(5))* Duo Pr. LLC.

Booooooks! a Review Journal: Cute Ghost Book Review Journal, 6x9 110 Pages, Booktok Challenge. Korey's World. 2022. (ENG.). 110p. (YA). pap. ***(978-1-4710-5707-6(0))*** Lulu Pr., Inc.

Boop! Bea Birdsong. Illus. by Linzie Hunter. 2023. (ENG.). 32p. (J). (gr. -1-3). 19.99 *(978-0-06-321480-4(6),* HarperCollins) HarperCollins Pubs.

Boop the Snoot. Ashlyn Anstee. 2022. (Illus.). 16p. (J). (— 1). bds. 7.99 *(978-0-593-52481-7(0),* Viking Books for Young Readers) Penguin Young Readers Group.

Boo's Happy Place. Adrienne Baker & Sidney Baker. Illus. by Stacy Jordon. 2022. (ENG.). (J). 48p. 24.95 ***(978-1-957479-14-9(0));*** 44p. pap. 19.95 ***(978-1-957479-21-7(3))*** Vabella Publishing.

Boo's Haunted House: Filled with Spooky Creatures, Ghosts, & Monsters! DK. 2022. (ENG., Illus.). 14p. (J). (— 1). bds. 7.99 *(978-0-7440-5676-1(4),* DK Children) Dorling Kindersley Publishing, Inc.

Boost Your IQ: Maximize the Power of Your Brain. Eric Saunders. 2019. (ENG.). 160p. (J). pap. 9.99 *(978-1-78950-709-6(X),* aa27a248-d7eb-48a7-98dc-7242c83859ac) Arcturus Publishing GBR. Dist: Baker & Taylor Publisher Services (BTPS).

Boost Your Knowledge: Endangered Species Coloring Book - Animal Book Age 9 Children's Animal Books. Baby Professor. 2018. (ENG., Illus.). 64p. (J). pap. 12.99 *(978-1-5419-3083-4(5),* Baby Professor (Education Kids)) Speedy Publishing LLC.

Boost Your Spelling Skills with Word Scrambles! Word Activity Book for Kids. Speedy Kids. 2017. (ENG., Illus.). (J). pap. 9.20 *(978-1-5419-3448-1(2))* Speedy Publishing LLC.

Booster: Published Weekly by the Pupils of Manual Training High School; June Class 1916 (Classic Reprint) C. Kenneth Magers. 2017. (ENG., Illus.). (J). 24.31 *(978-0-265-56283-3(X));* pap. 7.97 *(978-0-282-82365-8(4))* Forgotten Bks.

Booster, 1918 (Classic Reprint) Spencerville High School. (ENG., Illus.). (J). 2018. 106p. 26.08 *(978-0-267-61677-0(5));* 2016. pap. 9.57 *(978-1-334-11605-6(9))* Forgotten Bks.

Booster, Vol. 12: June, 1915 (Classic Reprint) Manual Training High School. (ENG., Illus.). (J). 2018. 24p. 24.39 *(978-0-484-61764-2(8));* 2016. pap. 7.97 *(978-1-334-12745-8(X))* Forgotten Bks.

Booster, Vol. 21: June, 1919 (Classic Reprint) Emmerich Manual Training High School. 2018. (ENG., Illus.). (J). 24p. 24.39 *(978-1-396-69047-1(6));* 26p. pap. 7.97 *(978-1-391-59646-4(3))* Forgotten Bks.

Booster, Vol. 22: January 1920 (Classic Reprint) Emmerich Manual Training High School. 2017. (ENG., Illus.). (J). 24.31 *(978-0-266-58816-0(6));* pap. 7.97 *(978-0-282-88533-5(1))* Forgotten Bks.

Booster, Vol. 25: June, 1921 (Classic Reprint) Robert L. Ross. (ENG., Illus.). (J). 2019. 20p. 24.31 *(978-0-365-27151-2(9));* 2017. pap. 7.97 *(978-0-259-97066-8(2))* Forgotten Bks.

Boosting Black Voices with Marley Dias. Heather DiLorenzo Williams. 2021. (Teen Strong Ser.). (ENG., Illus.). 32p. (J). (gr. 5-8). lib. bdg. 27.99 *(978-1-62920-906-7(6),* d5eaa2d9-afa4-474a-bc7c-b0aa01f04e7c) Full Tilt Pr. NZL. Dist: Lerner Publishing Group.

Boot It. Adrian Beck. 2018. (Champion Charlies Ser.: 2). (ENG., Illus.). 144p. (J). (gr. 2-6). 13.99 *(978-0-14-379126-3(5))* Random Hse. Australia AUS. Dist: Independent Pubs. Group.

BOOT: the Creaky Creatures. Shane Hegarty. Illus. by Ben Mantle. 2023. (Boot Ser.). (ENG.). 240p. (J). (gr. 2-4). 9.99 *(978-1-4449-4941-4(1))* Hachette Children's Group GBR. Dist: Hachette Bk. Group.

Booth Brothers: Drama, Fame, & the Death of President Lincoln. Rebecca Langston-George. 2017. (Encounter: Narrative Nonfiction Stories Ser.). (ENG., Illus.). 112p. (J). (gr. 3-7). lib. bdg. 31.32 *(978-1-5157-7338-2(8),* 135667, Capstone Pr.) Capstone.

Bootlace Magician. Cassie Beasley. 2020. (ENG., Illus.). 416p. (J). (gr. 4-7). 8.99 *(978-0-525-55264-2(2),* Puffin Books) Penguin Young Readers Group.

Bootleggers Lady: Tribulations of a Pioneer Woman. Edward Sager & Mike Frye. 2019. (Opis Ser.). (ENG., Illus.). 146p. pap. 16.95 *(978-0-88839-976-2(6))* Hancock Hse. Pubs.

Bootles' Baby: A Story of the Scarlet Lancers (Classic Reprint) John Strange Winter. 2017. (ENG., Illus.). (J). 26.76 *(978-0-331-61419-0(7));* pap. 9.57 *(978-0-259-00938-2(5))* Forgotten Bks.

Boots. Kate Hannigan. Illus. by Patrick Spaziante. 2021. (League of Secret Heroes Ser.: 3). (ENG.). 304p. (J). (gr. 3-7). 17.99 *(978-1-5344-3917-7(X),* Aladdin) Simon & Schuster Children's Publishing.

Boots. Templeton Moss. 2016. (ENG., Illus.). 100p. (J). pap. *(978-1-365-34387-2(1))* Lulu Pr., Inc.

Boots & Her Buddies or When Man Plays Maiden: A Farcial Comedy in Three Acts (Classic Reprint) Frances. Huntley. 2018. (ENG., Illus.). 72p. (J). 25.38 *(978-0-267-17832-2(8))* Forgotten Bks.

Boots & His Bellyache. T. Scott Whipple. 2021. (ENG., Illus.). 24p. (J). pap. 13.95 *(978-1-6624-5819-4(3))* Page Publishing Inc.

Boots & Saddles: Or Life in Dakota with General Custer (Classic Reprint) Elizabeth B. Custer. 2017. (ENG., Illus.). (J). 30.46 *(978-0-266-53919-3(X))* Forgotten Bks.

Boots at the Holly Tree Inn (Classic Reprint) Charles Dickens. 2018. (ENG., Illus.). 64p. (J). 25.24 *(978-0-666-92008-9(7))* Forgotten Bks.

Boots at the Swan: A Farce in One Act (Classic Reprint) Charles Selby. 2017. (ENG., Illus.). 32p. (J). 24.58 *(978-0-265-50742-1(1))* Forgotten Bks.

Boots of Peace. Theresa Linden. 2021. (Armor of God Ser.: Vol. 3). (ENG.). 116p. (J). pap. 9.00 *(978-1-7349929-1-5(3))* Silver Fire Publishing.

Boots on the Ground: America's War in Vietnam. Elizabeth Partridge. 2018. (Illus.). 213p. (J). pap. *(978-0-14-242375-2(0))* Penguin Bks., Ltd.

Bop-Bop's First Day. Ellie Jackson. 2019. (ENG.). 34p. (J). pap. *(978-1-5289-0797-2(3))* Austin Macauley Pubs. Ltd.

Bop-It & No More Covid. Jessica J. Wohlgemuth. Illus. by Jessica J. Wohlgemuth. 2020. (Bop-It Ser.: Vol. 1). (ENG.). 30p. (J). *(978-0-2288-3997-2(1));* pap. *(978-0-2288-3996-5(3))* Tellwell Talent.

Borden Murders: Lizzie Borden & the Trial of the Century. Sarah Miller. 2019. 336p. (J). (gr. 5). pap. 9.99 *(978-1-9848-9244-7(4),* Schwartz & Wade Bks.) Random Hse. Children's Bks.

Border. Steve Schafer. (ENG.). (YA). (gr. 8-12). 2018. 368p. pap. 10.99 *(978-1-4926-6088-0(4));* 2017. 360p. 17.99 *(978-1-4926-4683-9(0))* Sourcebooks, Inc.

Border & Bastile (Classic Reprint) Unknown Author. 2018. (ENG., Illus.). 304p. (J). 30.19 *(978-0-483-27079-4(2))* Forgotten Bks.

Border & the Buffalo: An Untold Story of the Southwest Plains (Classic Reprint) John R. Cook. 2017. (ENG., Illus.). (J). 31.57 *(978-0-266-67121-3(7))* Forgotten Bks.

Border & the Buffalo: The Recollections of a Buffalo Hunter & Indian Fighter on the American West Frontier. John R. Cook. 2016. (ENG., Illus.). (J). pap. *(978-1-78282-566-1(5))* Leonaur Ltd.

Border Beagles. William Gilmore Simms. 2017. (ENG.). (J). 492p. pap. *(978-3-337-02254-9(5));* 496p. pap. *(978-3-337-02281-5(2))* Creation Pubs.

Border Beagles: A Tale of Mississippi (Classic Reprint) William Gilmore Simms. (ENG., Illus.). (J). 2018. 954p. 43.57 *(978-0-483-67108-9(8));* 2017. 34.06 *(978-0-266-97975-3(0));* 2017. pap. 25.96 *(978-0-243-33660-9(8));* 2016. pap. 16.57 *(978-1-333-52254-4(1))* Forgotten Bks.

B

Border Boys on the Trail (Classic Reprint) Fremont B. Deering. (ENG., Illus.). (J). 2018. 316p. 30.43 *(978-0-267-54362-5(X));* 2016. pap. 13.57 *(978-1-333-43560-8(6))* Forgotten Bks.

Border Boys with the Texas Rangers (Classic Reprint) Fremont B. Deering. (ENG., Illus.). (J). 2018. 310p. 30.29 *(978-0-267-73148-0(5));* 2016. pap. 13.57 *(978-1-333-87724-8(2))* Forgotten Bks.

Border Buddies. Melanie Lopata. 2019. (Border Buddies Ser.: Vol. 1). (ENG., Illus.). 58p. (J). (gr. 1-3). pap. 9.99 *(978-0-578-45341-5(X))* Lopata, Melanie ~ Author.

Border Buddies Get a Brother. Melanie Lopata. Ed. by Nay Merrill. Illus. by Denny Poliquit. 2020. (ENG.). 38p. (J). pap. 12.99 *(978-1-0878-8998-6(7))* Lopata, Melanie ~ Author.

Border Buddies Help a Friend. Melanie Lopata. Ed. by Nay Merrill. Illus. by Denny Poliquit. 2023. (ENG.). 44p. (J). pap. 9.99 ***(978-1-0881-0046-2(5))*** Lopata, Melanie ~ Author.

Border Collies. Susan Heinrichs Gray. 2016. (J). *(978-1-4896-4583-8(7))* Weigl Pubs., Inc.

Border Collies. Rebecca Sabelko. 2018. (Awesome Dogs Ser.). (ENG., Illus.). 24p. (J). (gr. k-3). lib. bdg. 26.95 *(978-1-62617-740-6(6),* Blastoff! Readers) Bellwether Media.

Border Control & the Wall. Judy Dodge Cummings. 2020. (Immigration Issues Ser.). (ENG.). 80p. (YA). (gr. 6-12). 41.27 *(978-1-68282-765-9(8))* ReferencePoint Pr., Inc.

Border Ghost Stories (Classic Reprint) Howard Pease. 2018. (ENG., Illus.). 326p. (J). 30.64 *(978-0-483-53821-4(3))* Forgotten Bks.

Border Leander (Classic Reprint) Howard Seely. (ENG., Illus.). (J). 2018. 178p. 27.59 *(978-0-484-35543-8(0));* 2017. pap. 9.97 *(978-0-243-09348-9(9))* Forgotten Bks.

Border Legion. Zane Grey. 2017. (ENG., Illus.). (J). 25.95 *(978-1-374-91946-4(2));* pap. 15.95 *(978-1-374-91945-7(4))* Capital Communications, Inc.

Border Legion. Zane Grey. 2017. (ENG., Illus.). (J). pap. 14.95 *(978-1-947964-09-9(7))* Fiction Hse. Pr.

Border Legion. Zane Grey. 2021. (Mint Editions — Westerns Ser.). (ENG.). 236p. 16.99 *(978-1-5132-0791-9(1),* West Margin Pr.) West Margin Pr.

Border Rover (Classic Reprint) Emerson Bennett. (ENG., Illus.). (J). 2018. 520p. 34.62 *(978-0-267-38162-3(X));* 2016. pap. 16.97 *(978-1-334-15400-3(7))* Forgotten Bks.

Border Security: Are Immigrants Still Welcome in the United States?, 1 vol. Anita Croy. 2019. (What's Your Viewpoint? Ser.). (ENG.). 48p. (gr. 6-6). pap. 15.05 *(978-1-5345-6560-9(4),* 6bc55247-69be-490d-aa5e-f91d67704c22); lib. bdg. 35.23 *(978-1-5345-6561-6(2),* 91853e6a-8301-4d9f-96e0-d786ed8e6e6c) Greenhaven Publishing LLC. (Lucent Pr.).

Border Shepherdess: A Romance of Eskdale (Classic Reprint) Amelia E. Barr. 2018. (ENG., Illus.). 332p. (J). 30.76 *(978-0-332-82089-7(0))* Forgotten Bks.

Border Spy, or the Beautiful Captive of the Rebel Camp: A Story of the War (Classic Reprint) Hazeltine. 2018. (ENG., Illus.). 44p. (J). 24.80 *(978-0-265-15903-3(2))* Forgotten Bks.

Border States of Mexico: Sonora, Sinaloa, Chihuahua & Durango, with a General Sketch of the Republic of Mexico, & Lower California, Coahuila, New Leon & Tamanlipas (Classic Reprint) Leonidas Hamilton. 2017. (ENG., Illus.). (J). (gr. 3-7). 29.26 *(978-0-260-63696-6(7))* Forgotten Bks.

Border States of Mexico: Sonora, Sinaloa, Chihuahua & Durango; with a General Sketch of the Republic of Mexico, & Lower California, Coahuila, New Leon & Tamaulipas. a Complete Guide for Travelers & Emigrants. Leonidas Hamilton. 2017. (ENG., Illus.). (J). (gr. 3-7). pap. *(978-0-649-08524-8(8))* Trieste Publishing Pty Ltd.

Border Wall with Mexico, 1 vol. Ed. by Martin Gitlin. 2017. (Current Controversies Ser.). (ENG.). 144p. (J). (gr. 10-12). pap. 33.00 *(978-1-5345-0090-7(1),* 401111fd-516f-4e7e-b978-8802fb4b0645); lib. bdg. 48.03 *(978-1-5345-0085-3(5),* 73c9cd1f-24fe-49d4-8804-70f4d202ce1b) Greenhaven Publishing LLC.

Borderers, Vol. 1 Of 3: A Tale (Classic Reprint) James Fenimore Cooper. 2017. (ENG., Illus.). (J). 30.46 *(978-1-5280-5348-8(6))* Forgotten Bks.

Borderland. Jessie Fothergill. 2017. (ENG.). (J). 308p. pap. *(978-3-337-34423-8(2));* 308p. pap. *(978-3-337-34424-5(0));* 296p. pap. *(978-3-337-34425-2(9));* 500p. pap. *(978-3-337-22773-9(2))* Creation Pubs.

Borderland: A Country-Town Chronicle (Classic Reprint) Jessie Fothergill. 2017. (ENG., Illus.). (J). 34.21 *(978-0-265-18402-8(9))* Forgotten Bks.

Borderland (Classic Reprint) Robert Halifax. (ENG., Illus.). (J). 2018. 340p. 30.91 *(978-0-484-22729-2(7))*; 2017. pap. 13.57 *(978-1-334-94240-2(4))* Forgotten Bks.

Borderland of Insanity (Classic Reprint) Ira Russell. 2017. (ENG., Illus.). (J). 24.31 *(978-0-331-14955-5(9))*; pap. 7.97 *(978-0-266-67960-8(9))* Forgotten Bks.

Borderland of Society (Classic Reprint) Charles Belmont Davis. (ENG., Illus.). (J). 2018. 256p. 29.20 *(978-0-332-86380-1(8))*; 2017. pap. 11.57 *(978-0-259-06155-7(7))* Forgotten Bks.

Borderland Studies (Classic Reprint) Howard Pease. 2018. (ENG., Illus.). 134p. (J). 26.66 *(978-0-666-68998-6(9))* Forgotten Bks.

Borderland, Vol. 1 Of 3: A Country-Town Chronicle (Classic Reprint) Jessie Fothergill. (ENG., Illus.). (J). 2018. 308p. 30.25 *(978-0-332-63884-3(7))*; 2016. pap. 13.57 *(978-1-333-37815-8(7))* Forgotten Bks.

Borderland, Vol. 2 Of 3: A Country-Town Chronicle (Classic Reprint) Jessie Fothergill. 2018. (ENG., Illus.). 306p. (J). 30.23 *(978-0-483-06989-3(2))* Forgotten Bks.

Borderland, Vol. 3 Of 3: A Country-Town Chronicle (Classic Reprint) Jessie Fothergill. (ENG., Illus.). (J). 2018. 294p. 29.98 *(978-0-483-75332-7(7))*; 2016. pap. 13.57 *(978-1-334-15598-7(4))* Forgotten Bks.

Borderlands (Classic Reprint) Wilfrid Wilson Gibson. 2018. (ENG., Illus.). 72p. (J). 25.38 *(978-0-484-89831-7(0))* Forgotten Bks.

Borderless. Jennifer De Leon. 2023. (ENG.). 336p. (YA). (gr. 9). 19.99 *(978-1-6659-0416-2(X)*, Atheneum/Caitlyn Dlouhy Books) Simon & Schuster Children's Publishing.

Borderline: A YA Romantic Suspense Thriller Novel. Sorboni Banerjee. 2023. (ENG.). 368p. (YA). pap. 16.99 ***(978-1-957548-39-5(8))*** Wise Wolf Bks.

Borders. Thomas King. Illus. by Natasha Donovan. (ENG.). 192p. (J). (gr. 3-7). 2022. pap. 12.99 *(978-0-316-59305-2(2))*; 2021. 24.99 *(978-0-316-59306-9(0))* Little, Brown Bks. for Young Readers.

Bore Without Chores. Jet Jones. Illus. by Katie Jones. 2023. (ENG.). 32p. (J). ***(978-0-6482549-7-3(6))***; pap. ***(978-0-6482549-6-6(8))*** KB7 Publishing.

Boreal Forest: A Year in the World's Largest Land Biome. L. E. Carmichael. Illus. by Josée Bisaillon. 2020. (ENG.). 48p. (J). (gr. 3-7). 18.99 *(978-1-5253-0044-8(X))* Kids Can Pr., Ltd. CAN. Dist: Hachette Bk. Group.

Boreal Forests. Jared Siemens. 2018. (Habitats Ser.). (ENG.). 24p. (J). lib. bdg. 22.99 *(978-1-5105-3821-4(6))* SmartBook Media, Inc.

Bored. Meg Gaertner. 2019. (Learning about Emotions Ser.). (ENG.). 24p. (J). (gr. -1-2). lib. bdg. 32.79 *(978-1-5038-2804-9(2)*, 212611) Child's World, Inc, The.

Bored As a Bird, 1 vol. Amy Culliford. Illus. by John Joseph. 2022. (Phoenix & Goose Ser.). (ENG.). 24p. (J). (gr. -1-3). lib. bdg. *(978-1-0396-4496-0(1)*, 16299); pap. *(978-1-0396-4687-2(5)*, 17305) Crabtree Publishing Co. (Crabtree Blossoms).

Bored Book. David Michael Slater. Illus. by Doug Keith. 2017. (ENG.). 32p. (J). (gr. -1-3). 8.99 *(978-1-77229-018-9(1))* Simply Read Bks. CAN. Dist: Ingram Publisher Services.

Bored During the Summer? Not Anymore! Super Fun Activity Book. Jupiter Kids. 2016. (ENG., Illus.). 108p. (J). pap. 16.55 *(978-1-68326-207-7(7)*, Jupiter Kids (Childrens & Kids Fiction)) Speedy Publishing LLC.

Bored No More! The ABCs of What to Do When There's Nothing to Do. Julie Reiters. 2022. (ENG., Illus.). 32p. (J). (gr. -1-k). 17.99 *(978-1-4197-6077-8(7)*, 1767701, Abrams Appleseed) Abrams, Inc.

Boredom Buster Activity Book: 35 Fun Games. Clever Publishing & Nora Watkins. Illus. by Clever Publishing. 2023. (Clever Activities Ser.). (ENG., Illus.). 32p. (J). (gr. -1-1). pap. 5.99 ***(978-1-956560-90-9(4))*** Clever Media Group.

Boredom Buster Puzzle Activity Book of Ancient Egyptian Mummies. Illus. by David Antram. ed. 2019. (ENG.). 128p. (J). (gr. 2). pap. 6.95 *(978-1-912537-52-5(4))* Book Hse. GBR. Dist: Sterling Publishing Co., Inc.

Boredom Buster Puzzle Activity Book of Dinosaurs. Illus. by David Antram. ed. 2019. (ENG.). 128p. (J). (gr. 2). pap. 6.95 *(978-1-912537-51-8(6))* Book Hse. GBR. Dist: Sterling Publishing Co., Inc.

Boredom Buster Puzzle Activity Book of Pirates. Illus. by David Antram. ed. 2019. (ENG.). 128p. (J). (gr. 2). pap. 6.95 *(978-1-912537-53-2(2))* Book Hse. GBR. Dist: Sterling Publishing Co., Inc.

Boredom Buster Puzzle Activity Book of the Unsinkable Titanic. Illus. by David Antram. ed. 2019. (ENG.). 128p. (J). (gr. 2). pap. 6.95 *(978-1-912537-54-9(0))* Book Hse. GBR. Dist: Sterling Publishing Co., Inc.

Boredom Busters. Tyler Omoth & Jennifer Swanson. 2017. (Boredom Busters Ser.). (ENG., Illus.). 32p. (J). (gr. 3-9). 122.60 *(978-1-5157-4718-5(2)*, 25888, Capstone Pr.) Capstone.

Boredom Busters & Brain Boosters! Kids Activity Book. Bobo's Children Activity Books. 2016. (ENG., Illus.). (J). pap. 7.99 *(978-1-68327-389-9(3))* Sunshine In My Soul Publishing.

Boredom Busters: Animals Sticker Activity: Mazes, Connect the Dots, Find the Differences, & Much More! Tiger Tales. Illus. by Liza Lewis. 2023. (ENG.). 96p. (J). (gr. -1-2). pap. 9.99 *(978-1-6643-4054-1(8))* Tiger Tales.

Boredom Busters: Things That Go Sticker Activity: Mazes, Connect the Dots, Find the Differences, & Much More! Tiger Tales. Illus. by Liza Lewis. 2023. (ENG.). 96p. (J). (gr. -1-2). pap. 9.99 *(978-1-6643-4055-8(6))* Tiger Tales.

Boredom Busters When Diagnosed with the Big C Word: Cancer. Audrey Bollers. 2017. (ENG., Illus.). (J). 22.95 *(978-1-64114-129-1(8))*; pap. 12.95 *(978-1-63525-523-2(6))* Christian Faith Publishing.

Boredom Crusher for Boys Activity Book. Smarter Activity Books for Kids. 2016. (ENG., Illus.). (J). pap. 8.99 *(978-1-68374-197-8(8))* Examined Solutions PTE. Ltd.

Boring Bakery. Madison Castle. 2022. (ENG.). 36p. (J). pap. 11.99 ***(978-1-6629-3163-5(8))*** Gatekeeper Pr.

Boring Book. Adam Ciccio. Illus. by Barbara Bongini. 2023. (Healthy Minds Ser.: 2). (ENG.). 32p. (J). 18.95 *(978-1-60537-817-6(8))* Clavis Publishing.

Boring Book. Vasanti Unka. 2016. (ENG., Illus.). 32p. (J). (gr. -1-k). 16.99 *(978-0-14-350575-4(0))* Penguin Group New Zealand, Ltd. NZL. Dist: Independent Pubs. Group.

Boring Book: (Childrens Book about Boredom, Funny Kids Picture Book, Early Elementary School Story Book) Shinsuke Yoshitake. 2019. (ENG., Illus.). 40p. (J). (gr. k-3). 17.99 *(978-1-4521-7456-3(3))* Chronicle Bks. LLC.

Boring Door? NOT ANYMORE! Eileen Beecher M. Ed. Illus. by Mary Jo Ernst. 2021. 32p. (J). pap. 9.89 *(978-1-0983-7107-4(0))* BookBaby.

Boring Rick & the Junk Factory Mystery. William Anthony. Illus. by Kris Jones. 2023. (Level 8 - Purple Set Ser.). (ENG.). 32p. (J). (gr. 1-4). lib. bdg. 19.95 Bearport Publishing Co., Inc.

Boris & Bela. Mark Roland Sahagian. 2019. (Book 1 Ser.: Vol. 1). (ENG.). 82p. (J). pap. 8.95 *(978-0-578-40331-1(5))* Sahagian, Mark.

Boris & Betty. Lee Harris. 2018. (ENG., Illus.). 28p. (J). pap. *(978-1-912535-17-0(3))* Candy Jar Bks.

Boris & Fitzroy: Book 1. Ernel Henry. 2021. (ENG.). 90p. (J). 25.95 *(978-1-6624-3475-4(8))*; pap. 14.95 *(978-1-6624-3473-0(1))* Page Publishing Inc.

Boris & the Blueberry Adventure. Dorota Lagida-Ostling. 2020. (ENG.). 44p. (J). 14.99 *(978-1-7353312-1-8(X))* Lagida-Ostling, Dorota.

Boris & the Missing Monkey. Brooke Vitale. 2019. (ENG.). 32p. (J). (gr. k-1). 14.96 *(978-0-87617-440-1(3))* Penworthy Co., LLC, The.

Boris & the Worrisome Wakies. Helen Lester. Illus. by Lynn Munsinger. 2017. (ENG.). 32p. (J). (gr. -1-3). 16.99 *(978-0-544-64094-8(2)*, 1620832, Clarion Bks.) HarperCollins Pubs.

Boris Badger 2: Boris Goes to the Market. Michael E. McDevitt. Illus. by Olga S. Tenyakova. 2022. (Boris Badger Ser.: Vol. 2). (ENG.). 42p. (J). pap. 9.99 ***(978-1-7335882-5-6(6))*** Kitchen Table Bks.

Boris Badger 2: Boris Goes to the Market. Michael E. McDevitt. Illus. by Olga S. Tenyakova. 2nd ed. 2022. (Boris Badger Ser.: Vol. 2). (ENG.). 42p. (J). 24.99 ***(978-1-7335882-3-2(X))*** Kitchen Table Bks.

Boris in Russia: A Geographical Reader (Classic Reprint) Etta Blaisdell McDonald. (ENG., Illus.). (J). 2018. 150p. 27.01 *(978-0-267-39582-8(5))*; 2016. pap. 9.57 *(978-1-334-13170-7(8))* Forgotten Bks.

Boris the Cat - the Little Cat with Big Ideas. Erwin Moser. 2021. (ENG.). 136p. (J). (gr. -1). 26.00 *(978-0-7358-4454-4(2))* North-South Bks., Inc.

Boris the Crab: Based on a True Story. Nella Khanis & Linda Mulé. 2021. (ENG.). 24p. (J). pap. 12.00 *(978-1-6629-1024-1(X))* Gatekeeper Pr.

Boris Wants a Dog. Nasia Usikova. 2017. (ENG., Illus.). 32p. (J). pap. *(978-1-387-01968-7(6))* Lulu Pr., Inc.

Boris y el Ajolote Albino. Agustina Tocalli-Beller. 2018. (SPA.). 168p. (J). (gr. 5-8). pap. 14.99 *(978-607-746-328-3(0))* Progreso, Editorial, S. A. MEX. Dist: Lectorum Pubns., Inc.

Borisville. Judy Merrill. 2019. (ENG.). 48p. (YA). pap. 14.95 *(978-1-64349-424-1(4))* Christian Faith Publishing.

Borka: The Adventures of a Goose with No Feathers. John Burningham. Illus. by John Burningham. 2018. (ENG., Illus.). 32p. (J). (gr. -1-2). 16.99 *(978-1-5362-0040-9(9))* Candlewick Pr.

Borka: The Adventures of a Goose with No Feathers. John Burningham. 2018. (Illus.). 40p. (J). *(978-0-224-60077-4(X))* Random Hse., Inc.

Borka: the Adventures of a Goose with No Feathers. John Burningham. ed. 2018. (Illus.). 32p. (J). pap. *(978-0-09-940067-7(7))* Random Hse., Inc.

Borlase & Son: A Novel (Classic Reprint) T. Baron Russell. 2017. (ENG., Illus.). (J). 30.62 *(978-0-265-15680-3(7))* Forgotten Bks.

Born, 1 vol. John Sobol. Illus. by Cindy Derby. 2020. (ENG.). 24p. (J). (gr. -1-2). 18.95 *(978-1-77306-169-6(0))* Groundwood Bks. CAN. Dist: Publishers Group West (PGW).

Born Again: Or the Romance of a Dual Life (Classic Reprint) Daniel N. Ford. 2017. (ENG., Illus.). (J). 31.36 *(978-0-266-78429-6(1))* Forgotten Bks.

Born Andromeda. K. M. Watts. 2022. 284p. (YA). (gr. 7). pap. 12.99 *(978-1-951954-21-5(1)*, Interlude Pr.) Chicago Review Pr.

Born Aristocrat: A Story of the Stage (Classic Reprint) Matthew White. (ENG., Illus.). (J). 2018. 236p. 28.76 *(978-0-483-84635-7(X))*; 2016. pap. 11.57 *(978-1-333-82180-7(8))* Forgotten Bks.

Born Bad. C. K. Smouha & Stephen Smith. 2020. (ENG., Illus.). 32p. (J). pap. 10.95 *(978-1-908714-75-6(1))* Cicada Bks. GBR. Dist: Consortium Bk. Sales & Distribution.

Born Behind Bars. Mitchell Paschall, Jr. Ed. by Nikki G. Hewitt. 2020. (ENG.). 113p. (YA). pap. *(978-1-716-83739-5(1))* Lulu Pr., Inc.

Born Behind Bars. Padma Venkatraman. (J). (gr. 5-9). 2023. 288p. 8.99 *(978-0-593-11249-6(0))*; 2021. 272p. 17.99 *(978-0-593-11247-2(4))* Penguin Young Readers Group. (Nancy Paulsen Books).

Born Coquette: A Novel (Classic Reprint) Duchess Duchess. 2018. (ENG., Illus.). 342p. (J). 30.95 *(978-0-483-92668-4(X))* Forgotten Bks.

Born Coquette, Vol. 1 of 3 (Classic Reprint) Hungerford. 2018. (ENG., Illus.). 244p. (J). 28.95 *(978-0-483-69041-7(4))* Forgotten Bks.

Born Coquette, Vol. 2 of 3 (Classic Reprint) Hungerford. 2018. (ENG., Illus.). 246p. (J). 28.97 *(978-0-483-93813-7(0))* Forgotten Bks.

Born Coquette, Vol. 3 of 3 (Classic Reprint) Hungerford. 2018. (ENG., Illus.). 218p. (J). 28.39 *(978-0-484-80188-1(0))* Forgotten Bks.

Born Curious: 20 Girls Who Grew up to Be Awesome Scientists. Martha Freeman. Illus. by Katy Wu. 2020. (ENG.). 128p. (J). (gr. 2-7). 19.99 *(978-1-5344-2153-0(X)*, Simon & Schuster Bks. For Young Readers) Simon & Schuster Bks. For Young Readers.

Born Fool (Classic Reprint) John Walter Byrd. 2018. (ENG., Illus.). 446p. (J). 33.12 *(978-0-483-61575-5(7))* Forgotten Bks.

Born for It: 90 Days & 90 Ways to Discover Your Gifts & Purpose, 1 vol. Carson Case. 2019. (ENG.). 208p. (YA). 15.99 *(978-0-310-76735-0(0))* Zondervan.

Born in 1818: Frederick Douglass & Amelia Bloomer. Julie Knutson. 2020. (21st Century Skills Library: Parallel Lives Ser.). (ENG., Illus.). 32p. (J). (gr. 4-7). pap. 14.21 *(978-1-5341-6145-0(7)*, 214580); lib. bdg. 32.07 *(978-1-5341-5915-0(0)*, 214579) Cherry Lake Publishing.

Born in 1820: Harriet Tubman & Susan B. Anthony. Julie Knutson. 2020. (21st Century Skills Library: Parallel Lives Ser.). (ENG., Illus.). 32p. (J). (gr. 4-7). pap. 14.21 *(978-1-5341-6146-7(5)*, 214584); lib. bdg. 32.07 *(978-1-5341-5916-7(9)*, 214583) Cherry Lake Publishing.

Born in 1907: Rachel Carson & Frida Kahlo. Julie Knutson. 2020. (21st Century Skills Library: Parallel Lives Ser.). (ENG., Illus.). 32p. (J). (gr. 4-7). pap. 14.21 *(978-1-5341-6148-1(1)*, 214592); lib. bdg. 32.07 *(978-1-5341-5918-1(5)*, 214591) Cherry Lake Publishing.

Born in 1919: Fred Korematsu & Jackie Robinson. Julie Knutson. 2020. (21st Century Skills Library: Parallel Lives Ser.). (ENG., Illus.). 32p. (J). (gr. 4-7). pap. 14.21 *(978-1-5341-6149-8(X)*, 214596); lib. bdg. 32.07 *(978-1-5341-5919-8(3)*, 214595) Cherry Lake Publishing.

Born in 1929: Anne Frank & Martin Luther King Jr. Julie Knutson. 2020. (21st Century Skills Library: Parallel Lives Ser.). (ENG.). 32p. (J). (gr. 4-7). pap. 14.21 *(978-1-5341-6147-4(3)*, 214588); (Illus.). lib. bdg. 32.07 *(978-1-5341-5917-4(7)*, 214587) Cherry Lake Publishing.

Born in 1930: Harvey Milk & Dolores Huerta. Julie Knutson. 2020. (21st Century Skills Library: Parallel Lives Ser.). (ENG., Illus.). 32p. (J). (gr. 4-7). pap. 14.21 *(978-1-5341-6150-4(3)*, 214600); lib. bdg. 32.07 *(978-1-5341-5920-4(7)*, 214599) Cherry Lake Publishing.

Born in 1947: Hillary Clinton & Temple Grandin. Julie Knutson. 2020. (21st Century Skills Library: Parallel Lives Ser.). (ENG., Illus.). 32p. (J). (gr. 4-7). pap. 14.21 *(978-1-5341-6151-1(1)*, 214604); lib. bdg. 32.07 *(978-1-5341-5921-1(5)*, 214603) Cherry Lake Publishing.

Born in 1954: Oprah Winfrey & Sonia Sotomayor. Julie Knutson. 2020. (21st Century Skills Library: Parallel Lives Ser.). (ENG., Illus.). 32p. (J). (gr. 4-7). pap. 14.21 *(978-1-5341-6152-8(X)*, 214608); lib. bdg. 32.07 *(978-1-5341-5922-8(3)*, 214607) Cherry Lake Publishing.

Born in April First Year of Life. Alina Cooper. 2021. (ENG.). 62p. (J). pap. 8.00 *(978-1-716-22161-3(7))* Lulu Pr., Inc.

Born in August First Year of Life. Alina Cooper. 2021. (ENG.). 62p. (J). pap. 8.00 *(978-1-716-22144-6(7))* Lulu Pr., Inc.

Born in December First Year of Life. Alina Cooper. 2021. (ENG.). 62p. (J). pap. 8.00 *(978-1-716-22137-8(4))* Lulu Pr., Inc.

Born in Exile a Novel, Vol. 1 (Classic Reprint) George Gissing. 2018. (ENG., Illus.). 292p. (J). 29.92 *(978-0-483-34182-1(7))* Forgotten Bks.

Born in Exile a Novel, Vol. 2 (Classic Reprint) George Gissing. 2018. (ENG., Illus.). 274p. (J). 29.57 *(978-0-483-26155-6(6))* Forgotten Bks.

Born in Exile a Novel, Vol. 3 (Classic Reprint) George Gissing. 2018. (ENG., Illus.). 278p. (J). 29.65 *(978-0-483-87695-8(X))* Forgotten Bks.

Born in February First Year of Life. Alina Cooper. 2021. (ENG.). 62p. (J). pap. 8.00 *(978-1-716-22180-4(3))* Lulu Pr., Inc.

Born in Hampton, Va_year 1. Jeannie Eunice Franks. 2019. (ENG.). 84p. (J). pap. 29.75 *(978-0-359-52187-6(8))* Lulu Pr., Inc.

Born in July First Year of Life. Alina Cooper. 2021. (ENG.). 62p. (J). pap. 8.00 *(978-1-716-22150-7(1))* Lulu Pr., Inc.

Born in June First Year of Life. Alina Cooper. 2021. (ENG.). 62p. (J). pap. 8.00 *(978-1-716-54170-4(0))* Lulu Pr., Inc.

Born in March First Year of Life. Alina Cooper. 2021. (ENG.). 62p. (J). pap. 8.00 *(978-1-716-22164-4(1))* Lulu Pr., Inc.

Born in May First Year of Life. Alina Cooper. 2021. (ENG.). 62p. (J). pap. 8.00 *(978-1-716-22156-9(0))* Lulu Pr., Inc.

Born in My Heart. Dixie Phillips & Charlotte Coles. Illus. by Jack Foster. 2020. (ENG.). 16p. (J). (gr. k-4). pap. 9.95 *(978-1-951545-07-9(9))* Guardian Angel Publishing, Inc.

Born in November First Year of Life. Alina Cooper. 2021. (ENG.). 62p. (J). pap. 8.00 *(978-1-716-22139-2(0))* Lulu Pr., Inc.

Born in October First Year of Life. Alina Cooper. 2021. (ENG.). 62p. (J). pap. 8.00 *(978-1-716-22140-8(4))* Lulu Pr., Inc.

Born in September First Year of Life. Alina Cooper. 2021. (ENG.). 62p. (J). pap. 8.00 *(978-1-716-22142-2(0))* Lulu Pr., Inc.

Born in the Wild. Kelli Hicks. 2022. (My First Animal Bks.). (ENG.). 24p. (J). (gr. k-2). pap. *(978-1-0396-6219-3(6)*, 20777); lib. bdg. *(978-1-0396-6024-3(X)*, 20776) Crabtree Publishing Co.

Born in the Wild: Baby Animals & Their Parents. Lita Judge. Illus. by Lita Judge. 2019. (In the Wild Ser.). (ENG., Illus.). 24p. (J). bds. 7.99 *(978-1-250-18990-5(X)*, 900192328) Roaring Brook Pr.

Born Just Right. Jordan Reeves & Jen Lee Reeves. 2019. (Jeter Publishing Ser.). (ENG., Illus.). 160p. (J). (gr. 4-8). 17.99 *(978-1-5344-2838-6(0)*, Aladdin) Simon & Schuster Children's Publishing.

Born of Aether: An Elemental Origins Novel. A. L Knorr. 2017. (Elemental Origins Ser.: Vol. 4). (ENG., Illus.). 270p. (YA). (gr. 8-12). pap. *(978-1-7750671-3-9(0))* Intellectually Promiscuous Pr.

Born of Air: An Elemental Origins Novel. A. L Knorr. 2018. (Elemental Origins Ser.: Vol. 5). (ENG., Illus.). 214p. (YA). (gr. 8-12). pap. *(978-1-7750671-5-3(7))* Intellectually Promiscuous Pr.

Born of Dragons (Age of the Sorcerers-Book Three) Morgan Rice. 2020. (Age of the Sorcerers Ser.: Vol. 3). (ENG.). 208p. (J). pap. 9.99 *(978-1-0943-1086-2(7))* Lukeman Literary Management, Ltd.

Born of Fire: A Young Adult Contemporary Fantasy. A. L Knorr. 2nd l.t. ed. 2023. (Elemental Origins Ser.: Vol. 1). (ENG.). 508p. (YA). ***(978-1-989338-59-9(3))*** Intellectually Promiscuous Pr.

Born of Fire: An Elemental Origins Novel. Al Knorr. 2017. (Elemental Origins Ser.: Vol. 2). (ENG., Illus.). 396p. (YA). (gr. 8-12). pap. *(978-1-7750671-1-5(4))* Intellectually Promiscuous Pr.

Born of the Crucible (Classic Reprint) Unknown Author. 2017. (ENG., Illus.). (J). 30.76 *(978-0-266-17795-1(6))* Forgotten Bks.

Born of Water. A. L Knorr. 2022. (ENG.). 380p. (YA). ***(978-1-989338-48-3(8))*** Intellectually Promiscuous Pr.

Born of Water: An Elemental Origins Novel. A. L Knorr. Ed. by Christine Gordon-Manley & Shandi Petersen. 2016. (Elemental Origins Ser.: Vol. 1). (ENG., Illus.). 372p. (YA). (gr. 9-12). pap. *(978-1-7750671-0-8(6))* Intellectually Promiscuous Pr.

Born of Water: An Elemental Origins Novel. A. L Knorr. 2nd l.t. ed. 2022. (Elemental Origins Ser.: Vol. 1). (ENG.). 480p. (YA). ***(978-1-989338-49-0(6))*** Intellectually Promiscuous Pr.

Born on a Farm. Kelli Hicks. 2022. (My First Animal Bks.). (ENG.). 24p. (J). (gr. k-2). pap. *(978-1-0396-6221-6(8)*, 20783); lib. bdg. *(978-1-0396-6026-7(6)*, 20782) Crabtree Publishing Co.

Born on Broadway. Alex Beene. Illus. by Sarah Newsom. 2017. (ENG.). 42p. (J). (gr. k-3). 19.99 *(978-0-9990090-2-4(8))* Hilliard Pr.

Born on the Fourth of July, 1 vol. Elliot Paderewski. 2016. (Rosen REAL Readers: Social Studies Nonfiction / Fiction: Myself, My Community, My World Ser.). (ENG.). 8p. (gr. k-1). pap. 5.46 *(978-1-5081-2506-8(6)*, 1c808ab9-8e0a-44b9-b13f-2b6cc493e069, Rosen Classroom) Rosen Publishing Group, Inc., The.

Born Player, Vol. 1 (Classic Reprint) Mary West. 2017. (ENG., Illus.). (J). 30.37 *(978-0-265-19692-2(2))* Forgotten Bks.

Born Ready: The True Story of a Boy Named Penelope. Jodie Patterson. Illus. by Chamelle Pinkney Barlow. 2021. 40p. (J). (gr. -1-3). 17.99 *(978-0-593-12363-8(8))*; (ENG.). lib. bdg. 20.99 *(978-0-593-12365-2(4))* Random Hse. Children's Bks. (Crown Books For Young Readers).

Born Scared. Kevin Brooks. 2018. (ENG.). 256p. (J). (gr. 7). 16.99 *(978-0-7636-9565-1(3))* Candlewick Pr.

Born Soldier (Classic Reprint) John Strange Winter. (ENG., Illus.). (J). 2018. 292p. 29.94 *(978-0-428-33452-9(0))*; 2016. pap. 13.57 *(978-1-334-77471-3(4))* Forgotten Bks.

Born Survivors. Richard Spilsbury. 2017. (Engineered by Nature Ser.). (ENG., Illus.). 32p. (J). (gr. 3-8). lib. bdg. 27.95 *(978-1-62617-588-4(8)*, Pilot Bks.) Bellwether Media.

Born to Be a Seagull. Lee Hawkesworth. 2020. (ENG.). 20p. (J). pap. *(978-1-5289-3464-0(4))* Austin Macauley Pubs. Ltd.

Born to Be Amazing. Kwipsy Bipsy. 2016. (ENG.). 32p. (J). pap. ***(978-1-365-36962-9(5))***; pap. ***(978-1-365-37005-2(4))***; pap. ***(978-1-365-37010-6(0))***; pap. ***(978-1-365-37012-0(7))***; pap. ***(978-1-365-37038-0(0))***; pap. ***(978-1-365-37049-6(6))***; pap. ***(978-1-365-32109-2(6))***; pap. ***(978-1-365-28286-7(4))*** Lulu Pr., Inc.

Born to Be Awesome. Samantha Babooram. 2020. (ENG., Illus.). 118p. (J). pap. *(978-1-913340-19-3(8))* Clink Street Publishing.

Born to Be Free. Hannah Diep. 2017. (ENG.). 34p. (J). pap. ***(978-1-365-91331-0(7))*** Lulu Pr., Inc.

Born to Be Happy. Mark Schafer. 2nd ed. 2022. (ENG.). 32p. (J). 24.95 ***(978-1-0879-3394-8(3))*** Indy Pub.

Born to Be Wild. DK. 2022. (ENG., Illus.). 224p. (J). (gr. 4-7). 24.99 *(978-0-7440-5137-7(1)*, DK Children) Dorling Kindersley Publishing, Inc.

Born to Be Wild: A Toddler Coloring Book Including Early Lettering Fun with Letters, Numbers, Animals, & Shapes. Brita Lynn Thompson. 2020. 128p. (J). (— 1). pap. 8.99 *(978-1-950968-37-4(5))* Blue Star Pr.

Born to Bee Me. Rachel Joseph. 2020. (ENG.). 32p. (J). pap. 19.99 *(978-1-63221-882-7(8))* Salem Author Services.

Born to Dance (Dance Trilogy, Book 1), Book 1. Jean Ure. 2017. (Dance Trilogy Ser.: 1). (ENG.). 224p. (J). 6.99 *(978-0-00-816452-2(5)*, HarperCollins Children's Bks.) HarperCollins Pubs. Ltd. GBR. Dist: HarperCollins Pubs.

Born to Fly: The First Women's Air Race Across America. Steve Sheinkin. Illus. by Bijou Karman. 2019. (ENG.). 288p. (J). 21.99 *(978-1-62672-130-2(0)*, 900139632) Roaring Brook Pr.

Born to Howl: Once a Werewolf Always a Werewolf? Mel Gilden. Illus. by John Pierard. 2021. (Fifth Grade Monsters Ser.: Vol. 2). (ENG.). 104p. (J). pap. 11.95 *(978-1-59687-779-5(0))* ibooks, Inc.

Born to Pull: The Legend of Nanook. Mark Pettit. 2020. (ENG., Illus.). 32p. (J). 24.95 *(978-1-64670-838-3(5))*; pap. 14.95 *(978-1-64670-837-6(7))* Covenant Bks.

Born to Ride: A Story about Bicycle Face. Larissa Theule. Illus. by Kelsey Garrity-Riley. 2019. (ENG.). 32p. (J). (gr. -1-3). 18.99 *(978-1-4197-3412-0(1)*, 1207001, Abrams Bks. for Young Readers) Abrams, Inc.

Born to Rock. Gordon Korman. rev. ed. 2017. (ENG.). 240p. (YA). (gr. 7-17). pap. 8.99 *(978-1-4847-9841-6(4))* Hyperion Bks. for Children.

Born to Rule. Gemma Perfect. 2017. (ENG., Illus.). (J). pap. *(978-1-78697-654-3(4))* FeedARead.com.

Born to Run (picture Book Edition) Cathy Freeman. Illus. by Charmaine Ledden-Lewis. 2022. 32p. (J). (gr. -1-1). 24.99 *(978-1-76104-380-2(3)*, Puffin) Penguin Random Hse. AUS. Dist: Independent Pubs. Group.

Born to Sparkle: A Story about Achieving Your Dreams. Megan Bomgaars. Illus. by Pete Olczyk. 2021. (ENG.). 32p. (J). (gr. k-2). 12.99 *(978-1-4867-2110-8(9)*, 12b832b1-74ce-40a3-a201-2d107f0b3043) Flowerpot Pr.

Born to Stand Out. Nikki Rogers. Illus. by Nikki Rogers. l.t. ed. 2021. (ENG.). 32p. (J). pap. *(978-0-6487232-0-2(8))* Created To Be.

Born to Stand Out: A Story about a Chameleon Who Finds His True Colors. Nikki Rogers. l.t. ed. 2021. (ENG.). 32p. (J). *(978-0-6452551-0-2(6))* Created To Be.

Born to Swing: Lil Hardin Armstrong's Life in Jazz. Mara Rockliff. Illus. by Michele Wood. 2018. (ENG.). 32p. (J). (gr. 2-5). 17.95 *(978-1-62979-555-3(0)*, Calkins Creek) Highlights Pr., c/o Highlights for Children, Inc.

Borough Treasurer (Classic Reprint) J. S. Fletcher. 2018. (ENG., Illus.). 320p. (J). 30.50 *(978-0-483-43636-7(4))* Forgotten Bks.

Borrego Cimarrón. Jill Sherman. 2018. (Animales Norteamericanos Ser.). (SPA.). 24p. (J). (gr. 1-4). lib. bdg. *(978-1-68151-621-9(7)*, 15229) Amicus.

242 The check digit for ISBN-10 appears in parentheses after the full ISBN-13

Borrow a Boyfriend Club. Page Powars. 2023. (ENG.). 352p. (YA). (gr. 7). 18.99 ***(978-0-593-56858-3(3)***, Delacorte Pr.) Random Hse. Children's Bks.

Borrow My Heart. Kasie West. 2023. (ENG.). 288p. (YA). (gr. 7). pap. 12.99 *(978-0-593-64325-9(9)*, Delacorte Pr.) Random Hse. Children's Bks.

Borrowed Baby (Classic Reprint) Lillian Brock. 2017. (ENG., Illus.). (J). 36p. 24.64 *(978-0-484-71824-0(X))*; pap. 7.97 *(978-0-259-39666-6(4))* Forgotten Bks.

Borrowed Boy. Gene Gant. 2018. (ENG., Illus.). 180p. (YA). pap. 14.99 *(978-1-64080-599-6(0)*, Harmony Ink Pr.) Dreamspinner Pr.

Borrowed Dream. Amanda Cabot. l.t. ed. 2018. (Cimarron Creek Trilogy Ser.: 2). (ENG.). 508p. 31.99 *(978-1-4328-4943-6(3))* Cengage Gale.

Borrowed House. Hilda Van Stockum. 2016. 203p. (J). pap. *(978-1-930900-89-9(9))* Purple Hse. Pr.

Borrowed Life: A Girl's Journey Through War, Illness, & a Broken Family. Holly Honarvar. 2020. (ENG.). 216p. (YA). pap. *(978-1-716-52449-3(0))* Lulu Pr., Inc.

Borrowed Month & Other Stories. Frank Richard Stockton. 2017. (ENG.). 282p. (J). pap. *(978-3-7447-4811-7(1))* Creation Pubs.

Borrowed Month & Other Stories (Classic Reprint) Frank Richard Stockton. 2018. (ENG., Illus.). 282p. (J). 29.71 *(978-0-483-61168-9(9))* Forgotten Bks.

Borrowed Names: Poems about Laura Ingalls Wilder, Madam C. J. Walker, Marie Curie, & Their Daughters. Jeannine Atkins. 2018. (ENG.). 224p. (YA). pap. 9.99 *(978-1-250-18340-8(5)*, 900190820) Square Fish.

Borrowed, Not Lost: Looking Glass Saga. Tanya Lisle. 2017. (ENG., Illus.). (J). pap. *(978-0-9918846-9-8(8))* Scrap Paper Entertainment.

Borrowed Plumes (Classic Reprint) Owen Seaman. 2017. (ENG., Illus.). (J). 27.82 *(978-1-5279-8245-1(9))* Forgotten Bks.

Borrowed Princess: The Daughters of the Lost King Series. Steve Underwood. Ed. by Amy Ashby. Illus. by Judy Siler Boyette. 2017. (Daughters of the Lost King Ser.: Vol. 1). (ENG.). (J). (gr. 4-6). pap. 14.95 *(978-1-943258-55-0(4))* Warren Publishing, Inc.

Borrowed Sister (Classic Reprint) Eliza Orne White. 2018. (ENG., Illus.). 164p. (J). 27.28 *(978-0-332-85772-5(7))* Forgotten Bks.

Borrower & the Lender & Other Amazing Stories from the Sunnah. Bushra Jibaly. 2022. (ENG.). 100p. (J). pap. 16.99 ***(978-1-891229-43-5(5))*** Al-Kitaab & As-Sunnah Publishing.

Borrowers Collection: Complete Editions of All 5 Books in 1 Volume. Mary Norton. 2016. (Borrowers Ser.). (ENG., Illus.). 1104p. (J). (gr. 3-7). 25.99 *(978-0-544-84213-7(8)*, 1646220, Clarion Bks.) HarperCollins Pubs.

Borrowers' Day: A Rural Comedy in One Act (Classic Reprint) Jessie E. Henderson. 2018. (ENG., Illus.). 38p. (J). 24.68 *(978-0-483-90401-9(5))* Forgotten Bks.

Borrowers Novel Units Teacher Guide. Novel Units. 2019. (ENG.). (J). pap. 12.99 *(978-1-56137-069-6(X)*, Novel Units, Inc.) Classroom Library Co.

Borrowing & Returning. Jennifer Colby. Illus. by Jeff Bane. 2018. (My Early Library: My Guide to Money Ser.). (ENG.). 24p. (J). (gr. k-1). lib. bdg. 30.64 *(978-1-5341-2898-9(0)*, 211636) Cherry Lake Publishing.

Borrowing Bunnies: A Surprising True Tale of Fostering Rabbits. Cynthia Lord. Illus. by Hazel Mitchell. Photos by John Bald. 2019. (ENG.). 40p. (J). 17.99 *(978-0-374-30841-4(1)*, 900186026, Farrar, Straus & Giroux (BYR)) Farrar, Straus & Giroux.

Borrowing Trouble: A Farce (Classic Reprint) Thomas Stewart Denison. (ENG., Illus.). (J). 2018. 20p. 24.31 *(978-0-332-42818-5(4))*; 2016. pap. 7.97 *(978-1-333-73263-9(5))* Forgotten Bks.

Borrowing When Subtracting Children's Science & Nature. Baby Iq Builder Books. 2016. (ENG., Illus.). (J). pap. 8.99 *(978-1-68374-766-6(6))* Examined Solutions PTE. Ltd.

Borstal Boy Punk Rock Opera. David Clarke. 2022. (ENG.). 90p. (YA). pap. ***(978-1-4709-8526-4(8))*** Lulu Pr., Inc.

Borzoi Mystery Stories: I the White Rook; II the Solitary House (Classic Reprint) J. B. Harris-Burland. 2017. (ENG., Illus.). (J). 30.19 *(978-0-260-30807-8(2))* Forgotten Bks.

Borzoi Plays V: Hadda Padda, a Drama in Four Acts Translated by Sadie Luise Peller from the Icelandic (Classic Reprint) Godmundur Kamban. 2018. (ENG., Illus.). 82p. (J). 25.59 *(978-0-483-92767-4(8))* Forgotten Bks.

Bo's Magical New Friend, 1. Rebecca Elliott. ed. 2020. (Branches Early Ch Bks). (ENG.). 72p. (J). (gr. 2-3). 15.36 *(978-1-64697-308-8(9))* Penworthy Co., LLC, The.

Bosco. Michele Killey. 2022. (ENG.). 80p. (J). pap. *(978-1-83875-290-3(0)*, Nightingale Books) Pegasus Elliot Mackenzie Pubs.

Bosco & the Bees. Cat Ritchie. 2021. (ENG.). 156p. (YA). pap. 16.99 *(978-1-64921-929-9(6))* Primedia eLaunch LLC.

Boscobel, or, the Royal Oak. William Harrison Ainsworth. 2017. (ENG.). 330p. (J). pap. *(978-3-337-12213-3(2))* Creation Pubs.

Bosnia & Herzegovina. Kevin Blake. 2019. (Countries We Come From Ser.). (ENG., Illus.). 32p. (J). (gr. k-3). lib. bdg. 19.95 *(978-1-64280-521-5(1))* Bearport Publishing Co., Inc.

Bosnia & Herzegovina a Variety of Facts Children's People & Places Book. Bold Kids. 2022. (ENG.). 42p. (J). pap. 14.99 ***(978-1-0717-1919-0(X))*** FASTLANE LLC.

Bosón de Higgs No Te Va a Hacer la Cama, La Física Como Nunca Te la Han Contado. Javier Santaolalla. 2023. (SPA.). 388p. (YA). (gr. 8-10). pap. 18.95 ***(978-607-557-524-7(3))*** Editorial Oceano de Mexico MEX. Dist: Independent Pubs. Group.

Bosque: Leveled Reader Book13 Level a 6 Pack. Hmh Hmh. 2021. (SPA.). 16p. (J). pap. 74.40 *(978-0-358-08142-5(4))* Houghton Mifflin Harcourt Publishing Co.

Bosque de los Pigmeos see Forest of the Pygmies

Bosque en Casa: Leveled Reader Book 73 Level P 6 Pack. Hmh Hmh. 2021. (SPA.). 24p. (J). pap. 74.40 *(978-0-358-08467-9(9))* Houghton Mifflin Harcourt Publishing Co.

Bosque Magico. Amparo Polanco. 2016. (SPA., Illus.). (J). 16.95 *(978-1-5069-0309-5(6))*; pap. 12.95 *(978-1-5069-0308-8(8))* First Edition Design Publishing.

Bosque Sobre Los Árboles, 1 vol. Connie McLennan. Tr. by Alejandra de la Torre. 2019. (SPA.). 32p. (J). 11.95 *(978-1-64351-352-2(4))* Arbordale Publishing.

Bosques de Kelp: Leveled Reader Card Book 82 Level T 6 Pack. Hmh Hmh. 2021. (SPA.). (J). pap. 74.40 *(978-0-358-08561-4(6))* Houghton Mifflin Harcourt Publishing Co.

Bosques (Forest Biome) Grace Hansen. 2016. (Biomas (Biomes) Ser.). (SPA.). 24p. (J). (gr. -1-2). lib. bdg. 32.79 *(978-1-62402-686-7(9)*, 24876, Abdo Kids) ABDO Publishing Co.

Bosques Tropicales / Rainforests, 1 vol. Jagger Youssef. Tr. by Eida de la Vega. 2017. (¡Nuestra Maravillosa Tierra! / Our Exciting Earth! Ser.). (ENG & SPA.). 24p. (J). (gr. k-k). lib. bdg. 24.27 *(978-1-5382-1538-8(1)*, 53b98ff4-9fa9-47ad-8e2c-b6d3c740a7ad) Stevens, Gareth Publishing LLLP.

Boss & How He Came to Rule New York (Classic Reprint) Alfred Henry Lewis. 2018. (ENG., Illus.). (J). 32.91 *(978-0-260-91500-9(9))* Forgotten Bks.

Boss & Other Dogs (Classic Reprint) Maria Louise Pool. 2018. (ENG., Illus.). 136p. (J). 26.72 *(978-0-483-11679-5(3))* Forgotten Bks.

Boss Babe Mentality: 31 Days of Boss Babe Power Moves. Karine Melissa. 2020. (ENG.). 42p. (YA). pap. *(978-1-716-50163-0(6))* Lulu Pr., Inc.

Boss Babe Planner: The Workbook. Tyra Tamia. 2021. (ENG.). 100p. (J). pap. *(978-1-105-33767-3(7))* Lulu Pr., Inc.

Boss Baby. Marla Frazee. ed. 2016. lib. bdg. 18.40 *(978-0-606-39228-0(9))* Turtleback.

Boss Baby Family Business Junior Novelization. Adapted by Stacia Deutsch. 2021. (Boss Baby Movie Ser.). (ENG.). 112p. (J). (gr. 2-5). 17.99 *(978-1-5344-9867-9(2))*; pap. 6.99 *(978-1-5344-9866-2(4))* Simon Spotlight. (Simon Spotlight).

Boss Babysitter. Maggie Testa. ed. 2021. (Ready-To-Read Ser.). (ENG., Illus.). 32p. (J). (gr. k-1). 15.46 *(978-1-64697-926-4(5))* Penworthy Co., LLC, The.

Boss Bart, Politician: A Western Story of Love & Politics (Classic Reprint) Joe Mitchell Chapple. 2018. (ENG., Illus.). 220p. (J). 28.45 *(978-0-483-87603-3(8))* Forgotten Bks.

Boss (Classic Reprint) J. W. McConaughy. (ENG., Illus.). (J). 2018. 324p. 30.58 *(978-0-656-34095-8(9))*; 2017. pap. 13.57 *(978-0-243-40037-9(3))* Forgotten Bks.

Boss (Classic Reprint) Odette Tyler. 2018. (ENG., Illus.). 220p. (J). 28.45 *(978-0-365-51513-5(2))* Forgotten Bks.

Boss Girl: A Christmas Story & Other Sketches (Classic Reprint) James Whitcomb Riley. 2018. (ENG., Illus.). 298p. (J). 30.04 *(978-0-365-34136-9(3))* Forgotten Bks.

Boss of Little Arcady (Classic Reprint) Harry Leon Wilson. 2017. (ENG., Illus.). (J). 32.13 *(978-0-331-00305-5(8))* Forgotten Bks.

Boss of Taroomba (Classic Reprint) Ernest William Hornung. 2017. (ENG., Illus.). (J). 29.59 *(978-0-265-17486-9(4))* Forgotten Bks.

Boss of the Lazy y (Classic Reprint) Charles Alden Seltzer. 2017. (ENG., Illus.). (J). 31.38 *(978-1-5285-6743-5(9))* Forgotten Bks.

Boss Texas Women. Casey Chapman Ross & Kristen Gunn. Illus. by Rachel Pennington. (ENG.). 26p. (J). 2021. 19.99 *(978-1-7363529-3-9(8))*; 2020. 19.99 *(978-1-7340503-6-3(5))* CCR Pr.

Boss up Year Calendar & Budget Planner: Year Planner with Budget Planner. Rocio Morales. 2021. (ENG.). 51p. ***(978-1-312-53527-5(X))*** Lulu Pr., Inc.

Bossier Baby. Marla Frazee. Illus. by Marla Frazee. 2016. (ENG., Illus.). 40p. (J). (gr. -1-3). 17.99 *(978-1-4814-7162-6(7)*, Beach Lane Bks.) Beach Lane Bks.

Bossy Brutus. Maribeth Boelts. 2016. (Spring Forward Ser.). (J). (gr. 2). *(978-1-4900-9457-1(1))* Benchmark Education Co.

Bossy Dragon: Stop Your Dragon from Being Bossy. a Story about Compromise, Friendship & Problem Solving. Steve Herman. 2021. (My Dragon Bks.: Vol. 45). (ENG.). 50p. (J). 18.95 *(978-1-64916-107-9(7))*; pap. 12.95 *(978-1-64916-106-2(9))* Digital Golden Solutions LLC.

Bossy Mossy Says Sorry. Anndora S. Davidson. 2018. (ENG., Illus.). 24p. (J). pap. 12.95 *(978-1-64258-537-7(8))* Christian Faith Publishing.

Bossy Pirate, 1 vol. John Steven Gurney. 2018. (ENG., Illus.). 48p. (J). 16.99 *(978-0-7643-5625-4(9)*, 9838) Schiffer Publishing, Ltd.

Bossy Susie Saucy! Betty Lou Rogers. 2017. (ENG., Illus.). 30p. (J). pap. 12.95 *(978-0-9985225-4-8(6))* Skookum Bks.

Boston. Ruth Daly. 2018. (Illus.). 24p. (J). *(978-1-4896-9483-6(8)*, AV2 by Weigl) Weigl Pubs., Inc.

Boston Book: Being Specimens of Metropolitan Literature (Classic Reprint) George Stillman Hillard. (ENG., Illus.). (J). 2018. 358p. 31.24 *(978-0-483-26185-3(8))*; 2016. pap. 13.97 *(978-1-334-16310-4(3))* Forgotten Bks.

Boston Bruins. William Arthur. 2022. (NHL Teams Ser.). (ENG., Illus.). 32p. (J). (gr. 3-4). lib. bdg. 31.35 *(978-1-63494-488-5(7))* Pr. Room Editions LLC.

Boston Bruins. Contrib. by William Arthur. 2022. (NHL Teams Ser.). (ENG., Illus.). 32p. (J). (gr. 3-4). pap. 9.95 *(978-1-63494-514-1(X))* Pr. Room Editions LLC.

Boston Bruins. Eric Zweig. 2017. (Original Six: Celebrating Hockey's History Ser.). (Illus.). 32p. (J). (gr. 5-5). *(978-0-7787-3426-0(9))* Crabtree Publishing Co.

Boston Celtics. Jim Gigliotti. 2019. (Insider's Guide to Pro Basketball Ser.). (ENG.). 32p. (J). (gr. 1-4). lib. bdg. 35.64 *(978-1-5038-2445-4(4)*, 212252) Child's World, Inc, The.

Boston Celtics. Marty Gitlin. 2022. (Inside the NBA (2023) Ser.). (ENG., Illus.). 48p. (J). (gr. 3-6). lib. bdg. 34.22 *(978-1-5321-9819-9(1)*, 39743, SportsZone) ABDO Publishing Co.

Boston Celtics. Michael E. Goodman. 2018. (NBA Champions Ser.). (ENG.). 24p. (J). (gr. 1-4). pap. 8.99 *(978-1-62832-569-0(0)*, 19816, Creative Paperbacks) Creative Co., The.

Boston Celtics. Jim Whiting. 2017. (NBA: a History of Hoops Ser.). (ENG., Illus.). 48p. (J). (gr. 4-7). *(978-1-60818-836-9(1)*, 20213, Creative Education) Creative Co., The.

Boston Celtics. Jim Whiting. 2nd ed. 2017. (NBA: a History of Hoops Ser.). (ENG., Illus.). 48p. (J). (gr. 4-7). pap. 12.00 *(978-1-62832-439-6(2)*, 20214, Creative Paperbacks) Creative Co., The.

Boston Celtics All-Time Greats. Brendan Flynn. 2020. (NBA All-Time Greats Ser.). (ENG., Illus.). 24p. (J). (gr. 3-3). pap. 8.95 *(978-1-63494-163-1(2)*, 1634941632); lib. bdg. 28.50 *(978-1-63494-150-1(0)*, 1634941500) Pr. Room Editions LLC.

Boston Collection of Kindergarten Stories. Boston Kindergarten Teachers. 2017. (ENG., Illus.). (J). pap. *(978-0-649-08543-9(4))* Trieste Publishing Pty Ltd.

Boston Collection of Kindergarten Stories (Classic Reprint) Boston Kindergarten Teachers. (ENG., Illus.). (J). 2018. 188p. 27.79 *(978-0-483-36432-5(0))*; 2017. pap. 10.57 *(978-0-243-55366-2(8))* Forgotten Bks.

Boston Common: Tale of Our Own Times (Classic Reprint) Farren. 2018. (ENG., Illus.). 562p. (J). 35.51 *(978-0-656-83657-4(1))* Forgotten Bks.

Boston Dip: And Other Verses (Classic Reprint) Frederic W. Loring. 2018. (ENG., Illus.). 66p. (J). 25.28 *(978-0-483-85266-2(X))* Forgotten Bks.

Boston Girl: A Story of Boston, Bar Harbor, & Paris (Classic Reprint) Arthur Swazey. (ENG., Illus.). (J). 2018. 378p. 31.71 *(978-0-666-96999-6(X))*; 2017. pap. 16.57 *(978-0-259-19527-6(8))* Forgotten Bks.

Boston Girl's Ambitions (Classic Reprint) Virginia F. Townsend. 2018. (ENG., Illus.). 402p. (J). 32.19 *(978-0-484-74556-7(5))* Forgotten Bks.

Boston Girls at Home & Abroad. S. Fannie Gerry Wilder. 2018. (ENG.). 366p. (J). pap. *(978-3-337-41984-4(4))* Creation Pubs.

Boston Girls at Home & Abroad (Classic Reprint) S. Fannie Gerry Wilder. 2018. (ENG., Illus.). 364p. (J). 31.40 *(978-0-484-16602-7(6))* Forgotten Bks.

Boston Guide to Health, & Journal of Arts & Sciences, 1845 (Classic Reprint) J. S. Spear. (ENG., Illus.). (J). 2018. 396p. 32.06 *(978-0-483-51159-0(5))*; 2017. pap. 16.57 *(978-0-243-07132-6(9))* Forgotten Bks.

Boston History for Kids: From Red Coats to Red Sox, with 21 Activities. Richard Panchyk. 2018. (For Kids Ser.: 67). (ENG., Illus.). 144p. (J). (gr. 4). pap. 16.99 *(978-1-61373-712-5(2))* Chicago Review Pr., Inc.

Boston Inside Out, Sins of a Great City! a Story of Real Life (Classic Reprint) Rev Henry Morgan. 2018. (ENG., Illus.). 532p. (J). 34.87 *(978-0-365-50083-4(6))* Forgotten Bks.

Boston Latin School Register, Vol. 51: November, 1932 (Classic Reprint) Boston Public Latin School. 2017. (ENG., Illus.). (J). 24.72 *(978-0-266-78301-5(5))*; pap. 7.97 *(978-1-5277-6482-8(6))* Forgotten Bks.

Boston Marathon Bombing: Running for Their Lives. Blake Hoena. 2019. (Tangled History Ser.). (ENG., Illus.). 112p. (J). (gr. 3-9). lib. bdg. 32.65 *(978-1-5435-4196-0(8)*, 139110) Capstone.

Boston Massacre: An Interactive History Adventure. Elizabeth Raum. rev. ed. 2016. (You Choose: History Ser.). (ENG., Illus.). 112p. (J). (gr. 3-7). pap. 6.95 *(978-1-5157-4261-6(X)*, 134015, Capstone Pr.) Capstone.

Boston Miscellany of Literature & Fashion, Vol. 1: January to July, 1842 (Classic Reprint) Nathan Hale Jr. 2017. (ENG., Illus.). (J). 30.21 *(978-0-260-99129-4(5))*; pap. 13.57 *(978-1-5285-9106-5(2))* Forgotten Bks.

Boston Miscellany of Literature & Fashion, Vol. 2: July to December, 1842 (Classic Reprint) Nathan Hale Jr. 2018. (ENG., Illus.). 380p. (J). 31.75 *(978-0-267-00305-1(6))* Forgotten Bks.

Boston Monsters: A Search-And-Find Book. Illus. by Lucile Danis Drouot. 2017. (ENG.). 22p. (J). (gr. -1). bds. 9.99 *(978-2-924734-05-6(3))* City Monsters Bks. CAN. Dist: Publishers Group West (PGW).

Boston Mother Goose: Published in Aid of the Boston Allied Bazaar, December, 1916 (Classic Reprint) Unknown Author. 2018. (ENG., Illus.). 50p. (J). 24.95 *(978-0-267-50282-0(6))* Forgotten Bks.

Boston Neighbours in Town & Out (Classic Reprint) Agnes Blake Poor. 2018. (ENG., Illus.). 334p. (J). 30.79 *(978-0-483-71314-7(7))* Forgotten Bks.

Boston Public Library (Classic Reprint) Unknown Author. 2018. (ENG., Illus.). 230p. (J). 28.64 *(978-0-267-24240-5(9))* Forgotten Bks.

Boston Red Sox. David J. Clarke. 2022. (Inside MLB Ser.). (ENG., Illus.). 48p. (J). (gr. 3-6). lib. bdg. 34.21 *(978-1-0982-9011-5(9)*, 40779, SportsZone) ABDO Publishing Co.

Boston Red Sox. K. C. Kelley. 2019. (Major League Baseball Teams Ser.). (ENG.). 32p. (J). (gr. 2-5). lib. bdg. 35.64 *(978-1-5038-2817-9(4)*, 212624) Child's World, Inc, The.

Boston Red Sox. K. C. Kelley. 2016. (Illus.). 32p. (J). *(978-1-4896-5935-4(8)*, AV2 by Weigl) Weigl Pubs., Inc.

Boston Red Sox. Katie Lajiness. 2018. (MLB's Greatest Teams Ser.). (ENG., Illus.). 32p. (J). (gr. 2-5). lib. bdg. 34.21 *(978-1-5321-1514-1(8)*, 28864, Big Buddy Bks.) ABDO Publishing Co.

Boston Red Sox. Jim Whiting. (Creative Sports: Major League Baseball Ser.). (ENG.). 32p. (J). 2021. (gr. 4-7). *(978-1-64026-297-3(0)*, 17746, Creative Education); 2020. (gr. 3-5). pap. 9.99 *(978-1-62832-829-5(0)*, 17747, Creative Paperbacks) Creative Co., The.

Boston Red Sox: All-Time Greats. Ted Coleman. 2022. (MLB All-Time Greats Set 2 Ser.). (ENG., Illus.). 24p. (J). (gr. 3-3). pap. 8.95 *(978-1-63494-527-1(1))*; lib. bdg. 28.50 *(978-1-63494-501-1(8))* Pr. Room Editions LLC.

Boston Red Sox World Series Champions: The Ultimate Baseball Coloring, Activity & STATS Book for Adults & Kids. Anthony Curcio. 2018. (ENG.). 100p. (J). pap. 8.99 *(978-0-9980307-0-8(8))* Sportiva Bks.

Boston Tea Party. Theodore Anderson. Illus. by Rafal Szlapa. 2020. (Movements & Resistance Ser.). (ENG.). 32p. (J). (gr. 3-5). pap. 7.95 *(978-1-4966-8687-9(X)*, 201197); lib. bdg. 36.65 *(978-1-4966-8110-2(X)*, 199237) Capstone. (Capstone Pr.).

Boston Tea Party, 1 vol. Sarah Gilman. 2016. (Explore Colonial America Ser.). (ENG., Illus.). 48p. (gr. 4-5). 29.60 *(978-0-7660-7872-7(8)*, f9f4f199-17e7-40b2-97a2-25962c8f2e96) Enslow Publishing, LLC.

Boston Tea Party. Duchess Harris. 2017. (Protest Movements Ser.). (ENG., Illus.). 48p. (J). (gr. 4-8). lib. bdg. 35.64 *(978-1-5321-1395-6(1)*, 27693) ABDO Publishing Co.

Boston Tea Party: December 1773 (Classic Reprint) Harry Whitney McVickar. 2018. (ENG., Illus.). 50p. (J). 24.95 *(978-0-364-75123-7(1))* Forgotten Bks.

Boston Tea Party: December, 1773 (Classic Reprint) Harry Whitney McVickar. (ENG., Illus.). (J). 2018. 32p. 24.58 *(978-0-267-95763-7(7))*; 2016. pap. 7.97 *(978-1-334-11569-1(9))* Forgotten Bks.

Boston Tea Party - Us History for Kids Children's American History. Baby Professor. 2017. (ENG., Illus.). (J). pap. 8.79 *(978-1-5419-1294-6(2)*, Baby Professor (Education Kids)) Speedy Publishing LLC.

Boston Tea Party, December 1773 (Classic Reprint) H. W. McVickar. 2017. (ENG., Illus.). (J). 24.60 *(978-0-331-75807-8(5))*; pap. 7.97 *(978-0-331-75790-3(7))* Forgotten Bks.

Boston Tea Party Sparks Revolution. Whitney Sanderson. 2018. (Events That Changed America Ser.). (ENG.). 32p. (J). (gr. 3-6). lib. bdg. 35.64 *(978-1-5038-2520-8(5)*, 212328, MOMENTUM) Child's World, Inc, The.

Boston Terriers. Elizabeth Andrews. 2022. (Dogs (CK) Ser.). (ENG., Illus.). 24p. (J). (gr. k-3). lib. bdg. 31.36 *(978-1-0982-4317-3(X)*, 41209, Pop! Cody Koala) Pop!.

Boston Terriers. Katie Lajiness. 2017. (Big Buddy Dogs Ser.). (ENG., Illus.). 32p. (J). (gr. 2-5). lib. bdg. 34.21 *(978-1-5321-1204-1(1)*, 27556, Big Buddy Bks.) ABDO Publishing Co.

Boston Terriers. Christina Leaf. 2017. (Awesome Dogs Ser.). (ENG., Illus.). 24p. (J). (gr. k-3). lib. bdg. 26.95 *(978-1-62617-557-0(8)*, Blastoff! Readers) Bellwether Media.

Boston Weekly Magazine, Vol. 1: Devoted to Morality, Literature, Biography, History, the Fine Arts, Agriculture, &C. , &C.; 1802-1803 (Classic Reprint) Unknown Author. (ENG., Illus.). (J). 2018. 230p. 28.66 *(978-0-483-12149-2(5))*; 2016. pap. 10.97 *(978-1-334-13639-9(4))* Forgotten Bks.

Bostwick's Budget (Classic Reprint) Henry Payson Dowst. 2018. (ENG., Illus.). 100p. (J). 25.96 *(978-0-483-77860-3(5))* Forgotten Bks.

Boswell of Baghdad (Classic Reprint) E. V. Lucas. 2018. (ENG., Illus.). 254p. (J). 29.16 *(978-0-483-93824-3(6))* Forgotten Bks.

Bot Battles. Lola Schaefer. 2020. (Lightning Bolt Books (r) — Robotics Ser.). (ENG., Illus.). 24p. (J). (gr. 1-3). 29.32 *(978-1-5415-9697-9(8)*, 236c380f-e52b-4a0c-9f06-0f5ed82ea3d8); pap. 9.99 *(978-1-7284-1356-3(7)*, 40be7509-ad2e-4b0d-9c0d-ca4e7a0232b7) Lerner Publishing Group. (Lerner Pubns.).

Bot in Bede. John Wood. Illus. by Beth Barnett. 2023. (Level 4/5 - Blue/Green Set Ser.). (ENG.). 32p. (J). (gr. 1-3). lib. bdg. 19.95 Bearport Publishing Co., Inc.

Botanical Beauty: 80 Essential Recipes for Natural Spa Products. Aubre Andrus. ed. 2017. (ENG., Illus.). 160p. (YA). (gr. 9-12). pap., pap., pap. 14.95 *(978-1-63079-075-2(3)*, 133909, Switch Pr.) Capstone.

Botanical Designs Coloring Fun: Relaxing Coloring Books for Adults Edition. Activibooks. 2016. (ENG., Illus.). (J). pap. 9.20 *(978-1-68321-014-6(X))* Mimaxion.

Botanical Dogs Coloring Book. Jill Driscoll. 2022. (ENG.). 73p. (J). pap. *(978-1-4583-5035-0(5))* Lulu Pr., Inc.

Botanical Features of North American Deserts (Classic Reprint) Daniel Trembly Macdougal. 2018. (ENG., Illus.). 246p. (J). 28.99 *(978-0-267-64327-1(6))* Forgotten Bks.

Botanical Flower Shop Coloring Book: An Adult Coloring Book Featuring over 30 Pages of Giant Super Jumbo Large Designs of Botanical Gardens, Flowers, & Plants for Stress Relief. Beatrice Harrison. 2020. (ENG.). 34p. (YA). pap. 7.86 *(978-1-716-57590-7(7))* Lulu Pr., Inc.

Botanical Garden Scenes Coloring Book: An Adult Coloring Book Featuring over 30 Pages of Giant Super Jumbo Large Designs of Beautiful Botanical Gardens, Flowers & Floral Designs for Stress Relief. Beatrice Harrison. 2020. (ENG.). 34p. (YA). pap. 7.86 *(978-1-716-80875-3(8))* Lulu Pr., Inc.

Botanical Garden Scenes Coloring Book: An Adult Coloring Book Featuring over 30 Pages of Giant Super Jumbo Large Designs of Beautiful Botanical Gardens, Flowers & Floral Designs for Stress Relief (Book Edition:2) Beatrice Harrison. 2020. (ENG.). 34p. (YA). pap. 7.86 *(978-1-716-80872-2(3))* Lulu Pr., Inc.

Botanical Illustration (Grade 3) Mercedes Kristina Urquhart. rev. ed. 2018. (Smithsonian: Informational Text Ser.). (ENG., Illus.). 32p. (J). (gr. 3-4). pap. 11.99 *(978-1-4938-6683-0(4))* Teacher Created Materials, Inc.

Botanical Ladder for the Young (Classic Reprint) London Religious Tract Society. 2017. (ENG., Illus.). (J). 182p. 27.65 *(978-0-266-57622-8(2))*; 184p. pap. 10.57 *(978-0-282-85348-8(0))* Forgotten Bks.

Botanicals: Colour Your Way. Illus. by Edith Rewa. 2021. (ENG.). 80p. (J). (gr. k). pap. 11.99 *(978-1-76050-807-4(1))* Little Hare Bks. AUS. Dist: Independent Pubs. Group.

Botanicum: Welcome to the Museum. Kathy Willis. Illus. by Katie Scott. 2017. (Welcome to the Museum Ser.). (ENG.). 112p. (J). (gr. 3-7). 37.99 *(978-0-7636-8923-0(8)*, Big Picture Press) Candlewick Pr.

Botanique Pour les Apprenants: Panorama des Plantes Magiques étudiées. Rose De l'Épine & Eva Dieudonné. 2017. (FRE.). 279p. (YA). pap. ***(978-0-244-88486-4(2))*** Lulu Pr., Inc.

Botanisches Bilderbuch Fr Jung und Alt, Vol. 1: Umfassend Die Flora der Ersten Jahreshlfte (Classic Reprint) Franz Bley. 2018. (GER., Illus.). 164p. (J). 27.28 *(978-0-267-52154-8(5))* Forgotten Bks.

Botanisches Bilderbuch Fur Jung und Alt, Vol. 1: Umfassend Die Flora der Ersten Jahreshalfte (Classic Reprint) Franz Bley. 2017. (GER., Illus.). (J). pap. 9.97 *(978-0-282-11357-5(6))* Forgotten Bks.

Botanisches Handbuch der Mehresten Theils in Deutschland Wildwachsenden, Theils Auslandischen in Deutschland Unter Freyem Himmel Ausdauernden

Gewachse, Vol. 3: Welcher Mit Ausschlu der Riedgraser Die 18te Bis 21ste Klasse (Classic Reprint) Christian Schkuhr. 2017. (GER., Illus.). (J). 30.39 *(978-0-331-08398-9(1))* Forgotten Bks.

Botany: An Elementary Text for Schools (Classic Reprint) Liberty Hyde Bailey. 2017. (ENG., Illus.). (J). 31.73 *(978-0-265-54767-0(9))*; pap. 16.57 *(978-0-282-78170-5(6))* Forgotten Bks.

Botany for Young People & Common Schools. Asa Gray. 2017. (ENG.). 244p. (J). pap. *(978-3-337-27165-7(0))* Creation Pubs.

Botany of Desire Young Readers Edition: Our Surprising Relationship with Plants. Contrib. by Michael Pollan & Richie Chevat. 2023. 208p. (J). (gr. 5-9). 18.99 *(978-0-593-53152-5(3)*, Rocky Pond Bks.) Penguin Young Readers Group.

Botchan: Master Darling (Classic Reprint) Kin-nosuke Natsume. (ENG., Illus.). (J). 2018. 290p. 29.88 *(978-0-484-18536-3(5))*; 2017. pap. 13.57 *(978-0-243-17874-2(3))* Forgotten Bks.

Botflies Terrify!, 1 vol. M. H. Seeley. 2017. (Insects: Six-Legged Nightmares Ser.). (ENG.). 24p. (J). (gr. 2-3). pap. 9.15 *(978-1-5382-1251-6(X)*, 9234dd9d-7ab4-4ffa2-a88a-4ce0b1256002) Stevens, Gareth Publishing LLLP.

Both Can Be True. Jules Machias. (ENG., Illus.). (J). (gr. 3-7). 2022. 384p. 9.99 *(978-0-06-305390-8(X))*; 2021. 368p. 16.99 *(978-0-06-305389-2(6))* HarperCollins Pubs. (Quill Tree Bks.).

Both of Me, 1 vol. Jonathan Friesen. 2016. (ENG.). 256p. (YA). pap. 9.99 *(978-0-310-73187-0(9))* Blink.

Both Sides Now. Peyton Thomas. 2021. (ENG.). 304p. (YA). (gr. 9). 17.99 *(978-0-593-32281-9(9)*, Dial Bks) Penguin Young Readers Group.

Both Sides of the Shield (Classic Reprint) Archibald W. Butt. 2017. (ENG., Illus.). (J). 27.42 *(978-0-265-17311-4(6))* Forgotten Bks.

Botheration: Part One: the Missing Link. Vito DiBarone. 2022. (ENG.). 362p. (YA). 39.95 *(978-1-6657-1950-6(8))*; pap. 22.99 *(978-1-6657-1948-3(6))* Archway Publishing.

Botheration: Part Three: Epiphany. Vito DiBarone. 2023. (ENG.). 348p. (YA). 39.95 ***(978-1-6657-3984-9(3))***; pap. 21.99 ***(978-1-6657-3985-6(1))*** Archway Publishing.

Bothersome Biscuit. D. R. Hall. 2017. (Layla & Friends Ser.: Vol. 1). (ENG., Illus.). (J). (gr. k-3). *(978-0-6480734-1-3(6))* Layla & Friends.

Bothie of Toper-Na-Fuosich: A Long-Vacation Pastoral (Classic Reprint) Arthur Hugh Clough. 2018. (ENG., Illus.). 208p. (J). 28.21 *(978-0-331-85022-2(2))* Forgotten Bks.

Botor Chaperon (Classic Reprint) C. N. Williamson. 2017. (ENG., Illus.). (J). 33.18 *(978-1-5285-7846-2(5))* Forgotten Bks.

Bots 4 Books In 1! The Most Annoying Robots in the Universe; the Good, the Bad, & the Cowbots; 20,000 Robots under the Sea; the Dragon Bots. Russ Bolts. Illus. by Jay Cooper. 2021. (Bots Ser.). (ENG.). 512p. (J). (gr. k-4). 14.99 *(978-1-6659-0705-7(3)*, Little Simon) Little Simon.

Bots & Bods: How Robots & Humans Work, from the Inside Out. John Andrews. 2021. (ENG.). 96p. (J). pap. 12.99 *(978-1-5248-6275-6(4))* Andrews McMeel Publishing.

Bots Collection #2 (Boxed Set) A Tale of Two Classrooms; the Secret Space Station; Adventures of the Super Zeroes; the Lost Camera. Russ Bolts. Illus. by Jay Cooper. ed. 2022. (Bots Ser.). (ENG.). 512p. (J). (gr. k-4). pap. 23.99 *(978-1-6659-0499-5(2)*, Little Simon) Little Simon.

Bots Collection (Boxed Set) The Most Annoying Robots in the Universe; the Good, the Bad, & the Cowbots; 20,000 Robots under the Sea; the Dragon Bots. Russ Bolts. Illus. by Jay Cooper. ed. 2019. (Bots Ser.). (ENG.). 512p. (J). (gr. k-4). pap. 23.99 *(978-1-5344-4642-7(7)*, Little Simon) Little Simon.

Bots! Robotics Engineering: With Makerspace Activities for Kids. Kathy Ceceri. Illus. by Lena Chandhok. 2019. (Build It Yourself Ser.). 128p. (J). (gr. 4-6). 22.95 *(978-1-61930-827-5(4)*, d8d90f6e-56fe-4592-8e55-4cf77b0f7966); pap. 17.95 *(978-1-61930-830-5(4)*, b79cda83-f2f7-409c-9064-c97a3e0cdd3a) Nomad Pr.

Bots Ten-Book Collection (Boxed Set) The Most Annoying Robots in the Universe; the Good, the Bad, & the Cowbots; 20,000 Robots under the Sea; the Dragon Bots; a Tale of Two Classrooms; the Secret Space Station; Adventures of the Super Zeroes; the Lost Camera; Tinny's Tiny Secret; Etc. Russ Bolts. Illus. by Jay Cooper. ed. 2021. (Bots Ser.). (ENG.). 1280p. (J). (gr. k-4). pap. 59.99 *(978-1-6659-0793-4(2)*, Little Simon) Little Simon.

Botswana a Variety of Facts Children's People & Places Book. Bold Kids. 2022. (ENG.). 42p. (J). pap. 14.99 ***(978-1-0717-1920-6(3))*** FASTLANE LLC.

Botticelli: Coloring Book, 1 vol. Prestel. 2016. (Coloring Bks.). (ENG.). 32p. (J). (gr. 1-4). pap. 8.95 *(978-3-7913-7227-3(0))* Prestel Verlag GmbH & Co KG. DEU. Dist: Penguin Random Hse. LLC.

Bottle: A Drama, in Two Acts; Founded upon the Graphic Illustrations of George Cruikshank, Esq. (Classic Reprint) T. P. Taylor. (ENG., Illus.). (J). 2018. 34p. 24.62 *(978-0-267-58324-9(9))*; 2016. pap. 7.97 *(978-1-334-15877-3(0))* Forgotten Bks.

Bottle-Fillers (Classic Reprint) Edward Noble. 2018. (ENG., Illus.). 440p. (J). 33.05 *(978-0-483-07498-9(5))* Forgotten Bks.

Bottle-Imp: A Tale from the German (Classic Reprint) James Jackson. 2018. (ENG., Illus.). 28p. (J). 24.47 *(978-0-656-04463-4(2))* Forgotten Bks.

Bottle Imp of Bright House. Tom Llewellyn. Illus. by Gris Grimly. (ENG.). 224p. (J). (gr. 3-7). 2020. pap. 9.99 *(978-0-8234-4533-2(X))*; 2018. 17.99 *(978-0-8234-3969-0(0))* Holiday Hse., Inc.

Bottle in the Smoke a Tale of Anglo-Indian Life (Classic Reprint) Milne Rae. 2017. (ENG., Illus.). (J). 30.87 *(978-0-331-95506-4(7))* Forgotten Bks.

Bottle of Mixed Pickles (Classic Reprint) Twynihoe William Erle. 2017. (ENG., Illus.). (J). 108p. 26.14 *(978-0-332-95121-8(9))*; pap. 9.57 *(978-0-259-17808-8(X))* Forgotten Bks.

Bottle Toss. Howard Odentz. 2019. (ENG.). 224p. (YA). pap. 15.95 *(978-1-61194-958-2(0))* BelleBks., Inc.

Bottled. Chris Gooch. 2017. (Illus.). 288p. pap. 19.99 *(978-1-60309-420-7(2))* Top Shelf Productions.

Bottled up in Belgium: The Last Delegate's Informal Story. Arthur Bartlett Maurice. 2017. (ENG., Illus.). (J). pap. *(978-0-649-08552-1(3))* Trieste Publishing Pty Ltd.

Bottled up in Belgium: The Last Delegate's Informal Story (Classic Reprint) Arthur Bartlett Maurice. 2018. (ENG., Illus.). 218p. (J). 28.41 *(978-0-332-95587-2(7))* Forgotten Bks.

Bottlenose Dolphins. Kari Schuetz. 2016. (Ocean Life up Close Ser.). (ENG., Illus.). 24p. (J). (gr. k-3). 26.95 *(978-1-62617-413-9(X)*, Blastoff! Readers) Bellwether Media.

Bottlenose Dolphins: A 4D Book. Kathryn Clay. 2018. (Mammals in the Wild Ser.). (ENG., Illus.). 24p. (J). (gr. -1-2). lib. bdg. 24.65 *(978-1-9771-0077-1(5)*, 138283, Pebble) Capstone.

Bottling & Caring for Fairies Coloring Book. Jupiter Kids. 2016. (ENG., Illus.). 106p. (J). pap. 12.55 *(978-1-68326-234-3(4)*, Jupiter Kids (Childrens & Kids Fiction)) Speedy Publishing LLC.

Bottom Line: Money Basics. Diane Dakers. 2017. (Financial Literacy for Life Ser.). (ENG.). 48p. (J). (gr. 5-5). *(978-0-7787-3095-8(6))*; pap. *(978-0-7787-3104-7(9))* Crabtree Publishing Co.

Bottom of the Lake. Steven Stack. 2018. (ENG., Illus.). 270p. (YA). (gr. 7-12). pap. 15.00 *(978-1-948365-82-6(0)*, TEN16 Pr.) Orange Hat Publishing.

Bottom of the Ninth. David H. Hendrickson. 2020. (Rabbit Labelle Ser.: Vol. 3). (ENG.). 200p. (YA). pap. 12.99 *(978-1-948134-10-1(1))* Pentucket Publishing.

Bottom of the Well (Classic Reprint) Frederick Upham Adams. (ENG., Illus.). (J). 2018. 368p. 31.49 *(978-0-484-03751-8(X))*; 2016. pap. 13.97 *(978-1-333-74938-5(4))* Forgotten Bks.

Botts's Dots: Not Just a Bump in the Road. Roz Silva. Illus. by Lisa Mulvaney Gillespie. 2018. (Who Invented That? Ser.: Vol. 1). (ENG.). 32p. (J). (gr. 2-6). pap. 6.99 *(978-1-7325265-0-1(8))* Dayton Publishing.

Bou. Caroline Perry. Illus. by Felicite Parisot. 2019. (FRE.). 34p. (J). pap. 12.00 *(978-1-7330378-0-8(2))* Horn, Jonathan.

Boudica: Band 15/Emerald (Collins Big Cat) Claire Llewellyn. 2016. (Collins Big Cat Ser.). (ENG.). 48p. (J). (gr. 3-4). pap. 12.99 *(978-0-00-816391-4(X))* HarperCollins Pubs. Ltd. GBR. Dist: Independent Pubs. Group.

Boudoir Cabal: A Novel of Society (Classic Reprint) Grenville Murray. 2018. (ENG., Illus.). 562p. (J). 35.49 *(978-0-483-55705-5(6))* Forgotten Bks.

Boudoir Mirrors of Washington: Anonymous (Classic Reprint) Nelle M. Scanlan. (ENG., Illus.). (J). 2017. 29.38 *(978-0-331-63076-3(1))*; 2016. pap. 11.97 *(978-1-334-20916-1(2))* Forgotten Bks.

Boudreaux the Louisiana Mosquiteaux, 1 vol. Stacy Bearden. 2017. (ENG., Illus.). 32p. (J). (gr. k-3). pap. 9.95 *(978-1-4556-2247-4(8)*, Pelican Publishing) Arcadia Publishing.

Boug Boys: Walk on Home. Mike Black. 2017. (ENG., Illus.). (YA). (gr. 7-12). pap. 12.95 *(978-1-68181-867-2(1))* Strategic Book Publishing & Rights Agency (SBPRA).

Bouge Toi: Livre Coloriage Pour Enfants. Bold Illustrations. 2017. (FRE., Illus.). 82p. (J). pap. 8.35 *(978-1-64193-037-6(3)*, Bold Illustrations) FASTLANE LLC.

Bouger & Sara: Life with a Family of Geese. Berdena Schlaick. 2019. (ENG.). 100p. (J). pap. 21.95 *(978-1-64416-911-7(8))* Christian Faith Publishing.

Bought & Paid For: A Play in Four Acts (Classic Reprint) George Broadhurst. 2016. (ENG., Illus.). (J). pap. 9.57 *(978-1-334-49355-3(3))* Forgotten Bks.

Bought & Paid For: A Story of to-Day (Classic Reprint) George Broadhurst. (ENG., Illus.). (J). 2018. 364p. 31.40 *(978-0-332-99883-1(5))*; 2016. pap. 13.97 *(978-1-334-13549-1(5))* Forgotten Bks.

Bought in Bulk: Projects for Surplus Supplies. Mari Bolte. 2017. (Project Passion Ser.). (ENG., Illus.). 32p. (J). (gr. 4-6). lib. bdg. 28.65 *(978-1-5157-7376-4(0)*, 135708, Capstone Classroom) Capstone.

Boular's Great Adventure to Canada. Pj Fletcher. 2022. (ENG.). (J). 74p. ***(978-1-80227-662-6(9))***; 72p. pap. ***(978-1-80227-149-2(X))*** Publishing Push Ltd.

Boulder: Class of 1936, Fitchburg High School (Classic Reprint) Donald Maggs. 2017. (ENG., Illus.). (J). 104p. 26.04 *(978-0-484-30892-2(0))*; pap. 9.57 *(978-0-259-93860-6(2))* Forgotten Bks.

Boulder, 1929 (Classic Reprint) Fitchburg High School. 2018. (ENG., Illus.). (J). 126p. 26.50 *(978-1-396-32769-8(X))*; 128p. pap. 9.57 *(978-1-390-90391-1(5))* Forgotten Bks.

Boulder 1932: Fitchburg High School (Classic Reprint) Dorothy Nurmi. 2017. (ENG., Illus.). (J). 26.68 *(978-0-331-48357-4(2))*; pap. 9.57 *(978-0-260-84240-4(0))* Forgotten Bks.

Boulder, 1934 (Classic Reprint) Elizabeth Godbeer. (ENG., Illus.). (J). 2018. 120p. 26.37 *(978-0-267-18084-4(5))*; 2017. pap. 9.57 *(978-0-259-98692-8(5))* Forgotten Bks.

Boulder, 1937 (Classic Reprint) Fitchburg High School. 2017. (ENG., Illus.). (J). 26.19 *(978-0-260-87836-6(7))*; pap. 9.57 *(978-1-5284-4081-3(1))* Forgotten Bks.

Boulder, 1938 (Classic Reprint) Fitchburg High School. 2017. (ENG., Illus.). (J). 26.17 *(978-0-265-74603-5(5))*; pap. 9.57 *(978-1-5277-1426-7(8))* Forgotten Bks.

Boule de Suif: And Other Stories (Classic Reprint) Guy De Maupassant. (ENG., Illus.). (J). 2018. 254p. 29.14 *(978-0-483-57132-7(6))*; 2017. 29.22 *(978-0-266-92038-0(1))*; 2017. pap. 11.57 *(978-0-243-20769-5(7))*; 2016. pap. 11.57 *(978-1-333-65855-7(9))* Forgotten Bks.

Boulevard 2: Después de él / Boulevard 2: after Him. Flor Salvador. 2022. (Wattpad. Boulevard Ser.: 2). (SPA.). 216p. (YA). (gr. 9). pap. 18.95 *(978-1-64473-646-3(2)*, Montena) Penguin Random House Grupo Editorial ESP. Dist: Penguin Random Hse. LLC.

Boulevard. Edición Ilustrada Por MMIvens / Boulevard. Illustrated Edition by MMI Vens. Flor Salvador. Illus. by MMIvens. 2023. (Wattpad. Boulevard Ser.: 1). (SPA.). 360p. (YA). (gr. 9). 29.95 ***(978-607-38-2356-2(8)***, Montena) Penguin Random House Grupo Editorial ESP. Dist: Penguin Random Hse. LLC.

Boulevard of Dreams. Mandy Gonzalez. (Fearless Ser.: 2). (ENG.). (J). (gr. 3-7). 2023. 224p. pap. 7.99 *(978-1-5344-6899-3(4))*; 2022. 208p. 17.99 *(978-1-5344-6898-6(6))* Simon & Schuster Children's Publishing. (Aladdin).

Boulevard (Spanish Edition) Flor Salvador. 2022. (Wattpad. Boulevard Ser.: 1). (SPA.). 316p. (YA). (gr. 9). pap. 18.95 *(978-1-64473-594-7(6)*, Montena) Penguin Random House Grupo Editorial ESP. Dist: Penguin Random Hse. LLC.

Bounce. Megan Shull. 2018. (ENG.). 384p. (J). (gr. 5). pap. 6.99 *(978-0-06-231173-3(5)*, Tegen, Katherine Bks) HarperCollins Pubs.

Bounce Back. Hena Khan. 2018. (Zayd Saleem, Chasing the Dream Ser.: 3). (ENG., Illus.). 144p. (J). (gr. 2-5). 16.99 *(978-1-5344-1205-7(0))*; pap. 6.99 *(978-1-5344-1204-0(2))* Simon & Schuster Bks. For Young Readers. (Salaam Reads).

Bounce Back. Misako Rocks!. 2021. (Bounce Back Ser.: 1). (ENG., Illus.). 272p. (J). 21.99 *(978-1-250-76845-2(4)*, 900233086); pap. 12.99 *(978-1-250-80629-1(1)*, 900233087) Feiwel & Friends.

Bounce Back Like a Ball. Krickett Jones Halpern. Illus. by Krickett Jones Halpern. 2019. (ENG., Illus.). 42p. (J). (gr. k-3). 15.99 *(978-1-7333567-0-1(3))* Krickett Enterprises.

Bouncer. Sarah Hitchcock. 2018. (ENG.). 54p. (YA). pap. 10.95 *(978-1-7326830-7-5(7))* Primedia eLaunch LLC.

Bouncing Back. Scott Ostler. 2020. (ENG.). 304p. (J). (gr. 3-7). pap. 7.99 *(978-0-316-52476-6(X))* Little, Brown Bks. for Young Readers.

Bouncing Back: An Eastern Barred Bandicoot Story. Rohan Cleave & Coral Tulloch. 2018. (Illus.). 32p. (J). (gr. 1-4). 18.95 *(978-1-4863-0827-9(9))* CSIRO Publishing AUS. Dist: Stylus Publishing, LLC.

Bouncing Back from Extinction, 12 vols. 2017. (Bouncing Back from Extinction Ser.). 32p. (ENG.). (gr. 5-5). 167.58 *(978-1-5081-5579-9(8)*, 1bb40070-3710-4d25-980e-a7074507b319); (gr. 9-10). pap. 60.00 *(978-1-5081-5580-5(1))* Rosen Publishing Group, Inc., The. (PowerKids Pr.).

Bouncing Back from Failure: By a Kid for Kids. Adom Appiah. 2018. (ENG., Illus.). 90p. (J). pap. 7.99 *(978-0-9991181-7-7(X))* Triple A Pr.

Bouncing Back with Big Bird: A Book about Resilience. Jill Colella. 2021. (Sesame Street (r) Character Guides). (ENG., Illus.). 24p. (J). (gr. -1-2). pap. 8.99 *(978-1-7284-2376-0(7)*, 801f4c6b-9ea2-4745-aa3b-e4714cab29ac, Lerner Pubns.) Lerner Publishing Group.

Bouncing Bet (Classic Reprint) Joslyn Gray. (ENG., Illus.). (J). 2018. 246p. 28.97 *(978-0-484-39382-9(0))*; 2016. pap. 11.57 *(978-1-334-25619-6(5))* Forgotten Bks.

Bouncing Forward. Sophia Day & Michelle Aguilar Carlin. Illus. by Timothy Zowada. 2022. (Limitless Ser.: 1). (ENG.). 112p. (J). pap. 7.99 *(978-1-63795-935-0(4)*, c1b1dcd4-570b-4c0c-a965-c812b9aa75e1) MVP Kids Media.

Bouncing Little Baby Coloring Book. Activity Book Zone for Kids. 2016. (ENG., Illus.). (J). pap. 9.20 *(978-1-68376-398-7(X))* Sabeels Publishing.

Bouncing Sounds: Echo, Echo, Echo - Sounds for Kids - Children's Acoustics & Sound Books. Baby Professor. 2017. (ENG., Illus.). (J). pap. 7.89 *(978-1-68326-855-0(5)*, Baby Professor (Education Kids)) Speedy Publishing LLC.

Bouncy & Cal's Big Show. Brenda Jones & Jim Jones. 2021. (Bouncy & Friends Ser.: Vol. 3). (ENG.). 38p. (J). pap. 9.99 *(978-1-7350356-6-6(1))* Jones, Jim Enterprises LLC.

Bouncy Balls! Sports Equipment Matching Game. Jupiter Kids. 2016. (ENG., Illus.). 108p. (J). pap. 16.55 *(978-1-68326-208-4(5)*, Jupiter Kids (Childrens & Kids Fiction)) Speedy Publishing LLC.

Bouncy Bouncy Bunny: Therapeutic Music & Story Book for All Children. Dale Bell & Amanda Thompson. 2018. (ENG.). 24p. (J). pap. 13.16 *(978-1-4834-9300-8(8))* Lulu Pr., Inc.

Bouncy Tires! (Blaze & the Monster Machines) Mary Tillworth. Illus. by Benjamin Burch. 2016. (Little Golden Book Ser.). (ENG.). 24p. (J). (gr. -1-k). 5.99 *(978-0-553-53891-5(8)*, Golden Bks.) Random Hse. Children's Bks.

Bound by Kin: Kith & Kin Book 1. Wood L. Katy. 2017. (Kith & Kin Ser.: Vol. 1). (ENG., Illus.). (YA). pap. 24.00 *(978-0-692-88033-3(X))* Wood, Katy Lynn.

Bound by Sword & Spirit. Andrea Robertson. 2023. (Loresmith Ser.: 3). (ENG.). 320p. (YA). (gr. 7). 19.99 *(978-0-525-95413-2(9)*, Philomel Bks.) Penguin Young Readers Group.

Bound for Danger. Franklin W. Dixon. 2016. (Hardy Boys Adventures Ser.: 13). (ENG., Illus.). 144p. (J). (gr. 3-7). pap. 6.99 *(978-1-4814-6831-2(6)*, Aladdin) Simon & Schuster Children's Publishing.

Bound for Danger. Franklin W. Dixon. 2016. (Hardy Boys Adventures Ser.: 13). (ENG., Illus.). 144p. (J). (gr. 3-7). 17.99 *(978-1-4814-6832-9(4)*, Simon & Schuster/Paula Wiseman Bks.) Simon & Schuster/Paula Wiseman Bks.

Bound for Home. Meika Hashimoto. 2022. (ENG.). 224p. (J). (gr. 3-7). 17.99 *(978-1-338-57222-3(9)*, Scholastic Pr.) Scholastic, Inc.

Bound in Honor: Or a Harvest of Wild Oats (Classic Reprint) John Townsend Trowbridge. 2018. (ENG., Illus.). 352p. (J). 31.18 *(978-0-332-34379-2(0))* Forgotten Bks.

Bound in Shallows: A Novel (Classic Reprint) Eva Wilder Brodhead. 2018. (ENG., Illus.). 292p. (J). 29.94 *(978-0-428-81409-0(3))* Forgotten Bks.

Bound or Free: And the Wizard of Words (Classic Reprint) Catherine Turner Bryce. 2018. (ENG., Illus.). 34p. (J). 24.60 *(978-0-332-02228-4(5))* Forgotten Bks.

Bound to Please, Vol. 1 of 2 (Classic Reprint) Henry Spicer. 2017. (ENG., Illus.). (J). 30.58 *(978-0-260-12392-3(7))* Forgotten Bks.

Bound to Please, Vol. 2 of 2 (Classic Reprint) Henry Spicer. (ENG., Illus.). (J). 2017. 30.72 *(978-0-331-76908-1(5))*; 2016. pap. 13.57 *(978-1-333-64240-2(7))* Forgotten Bks.

Bound to Rise: Up the Ladder. Horatio Alger. 2019. (ENG.). 178p. (YA). (gr. 7-12). pap. *(978-93-5329-580-6(7))* Alpha Editions.

Bound to Rise, or Harry Walton's Motto (Classic Reprint) Horatio Alger Jr. 2018. (ENG., Illus.). 342p. (J). 30.97 *(978-0-483-57330-7(2))* Forgotten Bks.

Bound to Rise, or, up the Ladder. Horatio Alger, Jr. 2019. (ENG.). 178p. (J). pap. 8.25 *(978-1-63391-865-8(3))* Westphalia Press.

Bound to Succeed: Or Mail Order Frank's Chances (Classic Reprint) Allen Chapman. 2018. (ENG., Illus.). 250p. (J). 29.05 *(978-0-484-37860-4(0))* Forgotten Bks.

Bound to Win, Vol. 1 Of 3: A Tale of the Turf (Classic Reprint) Hawley Smart. 2018. (ENG., Illus.). 288p. (J). 29.84 *(978-0-483-75218-4(5))* Forgotten Bks.

Bound to Win, Vol. 2 Of 3: A Tale of the Turf (Classic Reprint) Hawley Smart. 2018. (ENG., Illus.). 304p. (J). 30.17 *(978-0-484-8057-4(X))* Forgotten Bks.

Bound to Win, Vol. 3 Of 3: A Tale of the Turf (Classic Reprint) Hawley Smart. 2018. (ENG., Illus.). 298p. (J). 30.04 *(978-0-267-19096-6(4))* Forgotten Bks.

Bound to You. Alyssa Brandon. 2019. (ENG.). 304p. pap. 21.99 *(978-1-250-29469-2(X)*, 900195085) Square Fish.

Bound Together: A Sheaf of Papers. Donald Grant Mitchell. 2016. (ENG.). 300p. (J). pap. *(978-3-7433-2842-6(9))* Creation Pubs.

Bound Together: A Sheaf of Papers (Classic Reprint) Donald Grant Mitchell. 2018. (ENG., Illus.). 316p. (J). 30.43 *(978-0-483-47706-3(0))* Forgotten Bks.

Bound Together Tales, Vol. 1 of 2 (Classic Reprint) Hugh Conway. 2018. (ENG., Illus.). 276p. (J). 29.59 *(978-0-484-90256-4(3))* Forgotten Bks.

Bound Together, Vol. 2 Of 2: Tales (Classic Reprint) Hugh Conway. 2018. (ENG., Illus.). 278p. (J). 29.65 *(978-0-484-45123-9(5))* Forgotten Bks.

Bound with Skin. Kevin Rattan. 2018. (ENG., Illus.). 202p. (J). pap. 9.99 *(978-0-692-14919-5(8))* de Blegny, Nick Publishing.

Boundaries by Millie. Jo Smoak. 2023. (ENG.). 60p. (J). 27.99 ***(978-1-6629-3918-1(3))***; pap. 16.99 ***(978-1-6629-3919-8(1))*** Gatekeeper Pr.

Boundbrook, or Amy Rushton's Mission (Classic Reprint) A. J. Greenough. 2018. (ENG., Illus.). 528p. (J). 34.81 *(978-0-267-23452-3(X))* Forgotten Bks.

Bounder: A Vulgar Tale (Classic Reprint) Arthur Hodges. 2018. (ENG., Illus.). 456p. (J). 33.30 *(978-0-483-81031-0(2))* Forgotten Bks.

Bounders. Monica Tesler. 2016. (Bounders Ser.: 1). (ENG., Illus.). 384p. (J). (gr. 5-9). 16.99 *(978-1-4814-4593-1(6)*, Aladdin) Simon & Schuster Children's Publishing.

Boundless. Anna Bright. (Beholder Ser.: 2). (ENG.). 512p. (YA). (gr. 9). 2021. pap. 10.99 *(978-0-06-284546-7(2))*; 2020. 17.99 *(978-0-06-284545-0(4))* HarperCollins Pubs. (HarperTeen).

Boundless: Twenty Voices Celebrating Multicultural & Multiracial Identities. Ismée Williams & Rebecca Balcárcel. 2023. (ENG.). 368p. (YA). 20.99 *(978-1-335-42861-5(5))* Harlequin Enterprises ULC CAN. Dist: HarperCollins Pubs.

Boundless Childhood Joy: Tales from In & Around the Garden. Marlin N. Bass. Ed. by Medita A. Wheatley. Illus. by Baguio Jr Nelson C. 2022. (ENG.). 48p. (J). pap. 12.49 *(978-1-6628-4307-5(0))* Salem Author Services.

Boundless Sky, 1 vol. Amanda Addison. Illus. by Manuela Adreani. 2020. (ENG.). 40p. (J). (gr. k-2). 17.99 *(978-1-911373-67-4(6)*, 14aa69d2-1f9e-4da7-9cc0-795c9b8717fb) Lantana Publishing GBR. Dist: Lerner Publishing Group.

Boundless Sublime. Lili Wilkinson. 2018. (ENG.). 352p. (YA). (gr. 9-12). lib. bdg. 17.95 *(978-1-63079-100-1(8)*, 137779, Switch Pr.) Capstone.

Bountiful Hour (Classic Reprint) Marion Fox. 2018. (ENG., Illus.). 328p. (J). 30.66 *(978-0-267-16751-7(2))* Forgotten Bks.

Bountiful Lady: Or How Mary Was Changed from a Very Miserable Little Girl to a Very Happy One (Classic Reprint) Thomas Cobb. 2018. (ENG., Illus.). 212p. (J). 28.25 *(978-0-483-46992-1(0))* Forgotten Bks.

Bounty - Deceit (Book 4) Dystopian Romance. Third Cousins. 2017. (ENG., Illus.). (YA). pap. 7.99 *(978-1-68368-107-6(X))* Speedy Publishing LLC.

Bounty - Holding on (Book 5) Dystopian Romance. Third Cousins. 2017. (ENG., Illus.). (YA). pap. 7.99 *(978-1-68368-108-3(8))* Speedy Publishing LLC.

Bounty - Redemption (Book 6) Dystopian Romance. Third Cousins. 2017. (ENG., Illus.). (YA). pap. 7.99 *(978-1-68368-109-0(6))* Speedy Publishing LLC.

Bounty - the Choice (Book 3) Dystopian Romance. Third Cousins. 2017. (ENG., Illus.). (YA). pap. 7.99 *(978-1-68368-106-9(1))* Speedy Publishing LLC.

Bounty - the Cost (Book 1) Dystopian Romance. Third Cousins. 2017. (ENG., Illus.). (YA). pap. 7.99 *(978-1-68368-104-5(5))* Speedy Publishing LLC.

Bounty - the Sacrifice (Book 2) Dystopian Romance. Third Cousins. 2017. (ENG., Illus.). (YA). pap. 7.99 *(978-1-68368-105-2(3))* Speedy Publishing LLC.

Bounty Hunter. Virginia Loh-Hagan. 2016. (Odd Jobs Ser.). (ENG., Illus.). 32p. (J). (gr. 4-8). 32.07 *(978-1-63471-094-7(0)*, 208487, 45th Parallel Press) Cherry Lake Publishing.

Bounty Hunters: Searching for Hidden Pictures Activity Book for Kids. Jupiter Kids. 2016. (ENG., Illus.). 108p. (J). pap. 16.55 *(978-1-68326-209-1(3)*, Jupiter Kids (Childrens & Kids Fiction)) Speedy Publishing LLC.

Bounty of Bootless Ben. Mitchell Toy. 2022. (ENG.). 32p. (J). (gr. 1-4). 16.99 *(978-1-922514-22-6(5))* Bonnier Publishing GBR. Dist: Independent Pubs. Group.

Bounty Series - Boxed Set Dystopian Romance. Third Cousins. 2017. (ENG., Illus.). (YA). pap. 14.99 *(978-1-68368-110-6(X))* Speedy Publishing LLC.

Bountyville Boys (Classic Reprint) H. Irving Hancock. 2017. (ENG., Illus.). (J). 362p. 31.36 *(978-0-332-89594-9(7))*; pap. 13.97 *(978-0-259-36718-5(4))* Forgotten Bks.

Bouquet de Lettres: Abécédaire du Livre. Jocelyn Boisvert. Illus. by Elodie Duhameau. 2022. (FRE.). 32p. (J). (gr. 1-3). 19.95 *(978-2-7644-4489-4(3))* Quebec Amerique CAN. Dist: Orca Bk. Pubs. USA.

Bouquet of Rhymes for Children (Classic Reprint) Althea Randolph. 2018. (ENG., Illus.). 48p. (J). 24.91 *(978-0-267-15810-2(6))* Forgotten Bks.

Bouquet of Treasure. Z. Marzani. 2019. (ENG.). 36p. (J). pap. 20.00 *(978-1-7948-0541-5(9))* Lulu Pr., Inc.

Bourbon & Blood. Andrew J. Cole. 2020. (ENG., Illus.). 396p. (YA). (gr. 9-12). pap. 15.99 ***(978-1-0878-0597-9(X))*** Indy Pub.

Bourbon Lilies: A Story of Artist Life (Classic Reprint) Elizabeth Williams Champney. (ENG., Illus.). (J). 2018. 390p. 31.94 *(978-0-332-81319-6(3))*; 2016. pap. 16.57 *(978-1-333-58165-7(3))* Forgotten Bks.

Bourbon Prince: The History of the Royal Dauphin, Louis XVII. of France (Classic Reprint) A. de Beauchesne. 2018. (ENG., Illus.). 210p. (J). 28.23 *(978-0-484-69952-5(0))* Forgotten Bks.

Bourgade des Animaux - Rory, le Vagabond à la Fourrure Rousse. Cyril Francois. 2023. (FRE.). 38p. (J). ***(978-1-4477-7178-4(8))*** Lulu Pr., Inc.

Bournvita Quiz Contest Collectors Edition. Derek OBrien. 2019. (ENG., Illus.). 288p. (J). pap. 9.99 *(978-0-14-344700-9(9)*, Puffin) Penguin Bks. India PVT, Ltd IND. Dist: Independent Pubs. Group.

Bournvita Quiz Contest Collectors Edition Volume 2. 2021. (ENG.). 304p. (J). (gr. 4-7). pap. 9.99 *(978-0-14-344701-6(7)*, Puffin) Penguin Bks. India PVT, Ltd IND. Dist: Independent Pubs. Group.

Bourru, Soldier of France (Classic Reprint) Jean Des Vignes Rouges. 2018. (ENG., Illus.). 390p. (J). 31.96 *(978-0-484-77135-1(3))* Forgotten Bks.

Bouvard & Pecuchet, Vol. 1: A Tragi-Comic Novel of Bourgeois Life (Classic Reprint) Gustave. Flaubert. 2017. (ENG., Illus.). (J). pap. 13.57 *(978-0-243-32991-5(1))* Forgotten Bks.

Bouvard & Pécuchet, Vol. 1: A Tragi-Comic Novel of Bourgeois Life (Classic Reprint) Gustave. Flaubert. 2018. (ENG., Illus.). 318p. (J). 30.48 *(978-0-484-54659-1(7))* Forgotten Bks.

Bow-Itis. Michelle Barfield. 2019. (ENG., Illus.). 28p. (J). pap. 10.95 *(978-1-950034-21-5(6))* Yorkshire Publishing Group.

Bow-Legged Ghost & Other Stories: A Book of Humorous Sketches, Verses, Dialogues, & Facetious Paragraphs (Classic Reprint) Leon Mead. 2018. (ENG., Illus.). 584p. (J). 35.96 *(978-0-483-44785-1(4))* Forgotten Bks.

Bow-Legged Ghost, & Other Stories; a Book of Humorous Sketches, Verses, Dialogues, & Facetious Paragraphs. Leon Mead. 2020. (ENG.). 584p. (J). pap. *(978-93-5397-209-7(4))* Alpha Editions.

Bow of Anarchy. Jessica Renwick. 2020. (Starfell Ser.: Vol. 3). (ENG.). (J). (gr. 4-6). 262p. *(978-1-7753871-9-0(4))*; 324p. pap. *(978-1-7753871-8-3(6))* Starfell Pr.

Bow of Fate (Classic Reprint) H. M. Green How. 2018. (ENG., Illus.). 384p. (J). 31.90 *(978-0-484-82526-9(7))* Forgotten Bks.

Bow of Orange Ribbon: A Romance of New York (Classic Reprint) Amelia E. Barr. 2017. (ENG., Illus.). (J). 31.16 *(978-1-5281-7141-0(1))* Forgotten Bks.

Bow Tie Boone. Tanya Diable. 2023. (ENG.). 36p. (J). pap. 12.95 ***(978-1-960596-05-5(5))*** Leaning Rock Pr.

Bow Tie Boone. Tanya Diable. Illus. by Morgan Spicer. 2nd ed. 2023. (ENG.). 36p. (J). 23.95 ***(978-1-960596-04-8(7))*** Leaning Rock Pr.

Bow Wow: a Bowser & Birdie Novel. Spencer Quinn, pseud. 2018. (ENG.). 304p. (J). (gr. 3-7). pap. 8.99 *(978-1-338-09136-6(0)*, Scholastic Pr.) Scholastic, Inc.

Bow-Wow & Mew-Mew. Georgiana M. Craik. 2019. (ENG., Illus.). 76p. (YA). pap. *(978-93-5329-481-6(9))* Alpha Editions.

Bow-Wow & Mew-Mew. Georgiana M. Craik. 2017. (ENG., Illus.). (J). pap. *(978-0-649-41149-8(8))* Trieste Publishing Pty Ltd.

Bow-Wow & Mew-Mew (Classic Reprint) Georgiana Marion Craik. 2018. (ENG., Illus.). 98p. (J). 25.92 *(978-0-483-11014-4(0))* Forgotten Bks.

Bow-Wow & Mew-Mew (Classic Reprint) Mara Louise Pratt-Chadwick. (ENG., Illus.). (J). 2018. 84p. 25.63 *(978-0-364-77373-4(1))*; 2017. pap. 9.57 *(978-0-282-56445-2(4))* Forgotten Bks.

Bow-Wow Bus. Paul DuBois Jacobs & Jennifer Swender. Illus. by Stephanie Laberis. 2017. (Animal Inn Ser.: 3). (ENG.). 112p. (J). (gr. 2-5). pap. 5.99 *(978-1-4814-6229-7(6)*, Simon & Schuster/Paula Wiseman Bks.) Simon & Schuster/Paula Wiseman Bks.

Bow! Wow! Meow! Pets! John Townsend. Illus. by Kathryn Selbert. ed. 2020. (Booktacular Ser.). (ENG.). 36p. (J). (— 1). bds. 9.95 *(978-1-912904-97-6(7)*, Scribblers) Book Hse. GBR. Dist: Sterling Publishing Co., Inc.

Bowdoin Quill: February, 1917 (Classic Reprint) H. Tobey Moores. (ENG., Illus.). (J). 2018. 36p. 24.64 *(978-0-666-38747-9(8))*; 2017. pap. 7.97 *(978-0-259-39293-4(6))* Forgotten Bks.

Bowdoin Quill, Vol. 19: April, 1915 (Classic Reprint) Erik Achorn. (ENG., Illus.). (J). 2018. 38p. 24.70 *(978-0-666-97077-0(7))*; 2017. pap. 7.97 *(978-0-243-44774-9(4))* Forgotten Bks.

Bowdoin Quill, Vol. 19: January, 1916 (Classic Reprint) Erik Achorn. (ENG., Illus.). (J). 2019. 30p. 24.54 *(978-0-365-30692-4(4))*; 2017. pap. 7.97 *(978-0-259-80554-0(8))* Forgotten Bks.

Bowdoin Quill, Vol. 2: November, 1898 (Classic Reprint) Roy Leon Marston. (ENG., Illus.). (J). 2018. 112p. 26.23 *(978-0-483-85157-3(4))*; 2017. pap. 9.57 *(978-0-243-45209-5(8))* Forgotten Bks.

Bowdoin Quill, Vol. 20: November, 1916 (Classic Reprint) Joseph White Symonds. (ENG., Illus.). (J). 2018. 78p. 25.51 *(978-0-483-94423-7(8))*; 2017. pap. 9.57 *(978-0-243-46019-9(8))* Forgotten Bks.

Bowdoin Quill, Vol. 3: January, 1899 (Classic Reprint) James Plaisted Webber. (ENG., Illus.). (J). 2018. 90p. 25.77 *(978-0-656-33921-1(7))*; 2017. pap. 9.57 *(978-0-243-41774-2(8))* Forgotten Bks.

Bowdoin Quill, Vol. 3: March, 1899 (Classic Reprint) Bowdoin College. 2017. (ENG., Illus.). (J). 25.77 *(978-0-331-86305-5(7))*; pap. 9.57 *(978-0-243-43586-9(X))* Forgotten Bks.

Bowdoin Quill, Vol. 3: May, 1899 (Classic Reprint) James Plaisted Webber. (ENG., Illus.). (J). 2018. 98p. 25.94 *(978-0-484-42845-3(4))*; 2017. pap. 9.57 *(978-0-243-39692-4(9))* Forgotten Bks.

Bowels of Hell: Billy's Gotta Survive the City. Gary Taaffe. 2019. (Urban Hunters Ser.: Vol. 7). (ENG., Illus.). 152p. (J). (gr. 4-6). pap. *(978-0-9946152-7-5(2))* Bunya Publishing.

Bowhunting. Kyle Brach. 2023. (Searchlight Books (tm) — Hunting & Fishing Ser.). (ENG., Illus.). 32p. (J). (gr. 3-5). pap. 9.99 Lerner Publishing Group.

Bowhunting. Tyler Omoth. 2017. (Outdoors Ser.). (ENG., Illus.). 32p. (J). (gr. 3-5). pap. 9.95 *(978-1-63517-290-4(X)*, 163517290X); lib. bdg. 31.35 *(978-1-63517-225-6(X)*, 163517225X) North Star Editions. (Focus Readers).

Bowie & the Bullies. Jackie Staple. 2020. (Greyttales Ser.: Vol. 3). (ENG., Illus.). 48p. (J). pap. 14.99 ***(978-1-0878-5509-7(8))*** Indy Pub.

Bowie Colouring Book: All New Hand Drawn Images by Kev F + Original Articles by Robots. Kev F. Sutherland. 2023. (ENG.). 45p. (J). pap. ***(978-1-4478-8969-4(X))*** Lulu Pr., Inc.

Bowie Finds a Friend. Lynette Boreham. 2022. (ENG.). 30p. (YA). pap. *(978-1-68583-360-2(8))* Tablo Publishing.

Bowie's Broken Leg. Jackie Staple. Illus. by Jackie Staple. 2020. (Greyttales Ser.: Vol. 6). (ENG., Illus.). 48p. (J). pap. 14.99 ***(978-1-0878-5852-4(6))*** Indy Pub.

Bowie's Filthy Mouth. Jackie Staple. Illus. by Jackie Staple. 2020. (Greyttales Ser.: Vol. 2). (ENG., Illus.). 48p. (J). pap. 14.99 ***(978-1-0878-5450-2(4))*** Indy Pub.

Bowie's Filthy Room. Jackie Staple. Illus. by Jackie Staple. 2020. (Greyttales Ser.: Vol. 4). (ENG., Illus.). 48p. (J). pap. 14.99 ***(978-1-0878-5297-3(8))*** Indy Pub.

Bowie's First Race. Jackie Staple. Illus. by Jackie Staple. 2020. (Greyttales Ser.: Vol. 1). (ENG., Illus.). 48p. (J). pap. 14.99 ***(978-1-0878-7586-6(2))*** Indy Pub.

Bowie's New Glasses. Jackie Staple. Illus. by Jackie Staple. 2020. (Greyttales Ser.: Vol. 5). (ENG., Illus.). 48p. (J). pap. 14.99 ***(978-1-0878-5762-6(7))*** Indy Pub.

Bowl Full of Peace: A True Story. Caren Stelson. Illus. by Akira Kusaka. 2020. (ENG.). 40p. (J). (gr. 1-5). 18.99 *(978-1-5415-2148-3(X)*, 6e68f323-73fa-4b42-adb2-47050749fd75, Carolrhoda Bks.) Lerner Publishing Group.

Bowl of Buttered Bugs. Jeff Patmore. Illus. by Nancy Ennis. 2021. (ENG.). 24p. (J). 20.00 *(978-1-6629-1016-6(9))* Gatekeeper Pr.

Bowling Score Book: Bowling Game Record Book, Bowler Score Keeper, Bowling Score Sheets Perfect for Bowling Casual & Tournament Play. Insane Islay. l.t. ed. 2021. (ENG.). 112p. (YA). pap. 8.99 *(978-1-716-08133-0(5))* Lulu Pr., Inc.

Bowling Score Record: Bowling Game Record Book, Bowler Score Keeper, Can Be Used in Casual or Tournament Play, 19 Players Who Bowl 10 Frames, White Cover. Maxim The Badass. l.t. ed. 2021. (ENG.). 112p. (J). pap. 8.99 *(978-1-716-08139-2(4))* Lulu Pr., Inc.

Bowling Score Sheets: 110 Large Score Sheets for Scorekeeping Bowling Record Book. Temperate Targon. l.t. ed. 2021. (ENG.). 112p. (YA). pap. 9.99 *(978-1-716-08142-2(4))* Lulu Pr., Inc.

Bowser the Hound (Classic Reprint) Thornton W. Burgess. 2018. (ENG., Illus.). 228p. (J). 28.60 *(978-0-267-28518-1(3))* Forgotten Bks.

Bowster O'dor: The Farting Violinist. Michael W. Miller. 2020. (ENG.). 30p. (J). pap. 13.95 *(978-1-64468-806-9(9))* Covenant Bks.

Bowtown Curvy. Michael E. Williams. Ed. by Steve Gierhart & Doyle Duke. 2020. (ENG.). 180p. (YA). (gr. 7-12). pap. 19.95 *(978-1-64066-084-7(4))* Ardent Writer Pr., LLC, The.

Bowwow Powwow. Brenda J. Child. Tr. by Gordon Jourdain. Illus. by Jonathan Thunder. 2018. (ENG.). 32p. (J). 17.95 *(978-1-68134-077-7(1))* Minnesota Historical Society Pr.

Box & Cox Married & Settled! An Original Farce, in One Act (Classic Reprint) Joseph Stirling Coyne. (ENG., Illus.). (J). 2018. 20p. 24.33 *(978-0-332-05864-1(6))*; 2016. pap. 7.97 *(978-1-334-11620-9(2))* Forgotten Bks.

Box & Cox, Vol. 21: A Romance of Real Life in One Act, with the Stage Business, Cast of Characters, Costumes, Relative Positions, &C (Classic Reprint) John Maddison Morton. 2017. (ENG., Illus.). (J). 24.47 *(978-0-260-31554-0(0))* Forgotten Bks.

Box (Book One) Patrick Wirbeleit. Illus. by Uwe Heidschotter. 2019. 72p. (J). (gr. k-4). pap. 9.99 *(978-1-60309-449-8(0))* Top Shelf Productions.

Box-Car Children. Gertrude Chandler Warner. Illus. by Dorothy Lake Gregory. 2020. (ENG.). 64p. (J). (gr. 2-5). pap. 6.99 *(978-1-4209-6966-5(8))* Digireads.com Publishing.

Box-Car Children. Gertrude Chandler Warner. Illus. by Dorothy Lake Gregory. 2019. (ENG.). 88p. (J). (gr. 1-5). 14.99 *(978-1-5154-4203-5(9))*; pap. 6.49 *(978-1-5154-4204-2(7))* Jorge Pinto Bks. (Illustrated Bks.).

Box Car Children: Facsimile of 1924 First Edition with Illustrations in Color. Gertrude Chandler Warner. 2019. (ENG., Illus.). 86p. (J). (gr. 1-5). pap. 7.95 *(978-1-68422-341-1(5))* Martino Fine Bks.

Box-Car Children: The Original 1924 Edition. Gertrude Chandler Warner. 2020. (ENG.). 160p. (J). (gr. 2-5). 14.99 *(978-0-486-83851-9(X)*, 83851X) Dover Pubns., Inc.

Box-Car Children: The Original 1924 Edition. Gertrude Chandler Warner. Illus. by Dorothy Lake Gregory. 2022. (Boxcar Children Mysteries Ser.). (ENG.). 144p. (J). (gr. 2-5). 8.99 *(978-0-8075-1032-2(7)*, 0807510327, Random Hse. Bks. for Young Readers) Random Hse. Children's Bks.

Box-Car Children: The Original 1924 Edition in Full Color. Gertrude Chandler Warner. Illus. by Dorothy Lake Gregory. 2020. (ENG.). 150p. (J). (gr. 2-5). 18.50 *(978-1-64594-048-7(9))* Athanatos Publishing Group.

Box Car Racers. Meredith Costain. ed. 2022. (Olivia's Secret Scribbles Ser.). (ENG.). 95p. (J). (gr. 2-3). 17.46 ***(978-1-68505-427-4(7))*** Penworthy Co., LLC, The.

Box for the Season, Vol. 1 Of 2: A Sporting Sketch (Classic Reprint) Charles Clarke. (ENG., Illus.). (J). 2018. 356p. 31.24 *(978-0-364-39571-4(0))*; 2017. pap. 13.97 *(978-0-259-17192-8(1))* Forgotten Bks.

Box for the Season, Vol. 2 Of 2: A Sporting Sketch (Classic Reprint) Charles Clarke. 2018. (ENG., Illus.). 322p. (J). 30.56 *(978-0-484-50693-9(5))* Forgotten Bks.

Box Full of Love. Anne Sawan. Illus. by Katrien Benaets. 2022. (ENG.). 32p. (J). 17.95 *(978-1-60537-612-7(4))* Clavis Publishing.

BOX: Henry Brown Mails Himself to Freedom. Carole Boston Weatherford. Illus. by Michele Wood. (ENG.). 56p. (J). (gr. 5). 2022. 8.99 *(978-1-5362-2775-8(7))*; 2020. 17.99 *(978-0-7636-9156-1(9))* Candlewick Pr.

Box in the Woods. Maureen Johnson. (ENG.). 400p. (YA). (gr. 9). 2022. pap. 11.99 *(978-0-06-303261-3(9))*; 2021. (Illus.). 18.99 *(978-0-06-303260-6(0))* HarperCollins Pubs. (Tegen, Katherine Bks).

Box Jellyfish. Connor Stratton. 2022. (Deadliest Animals Ser.). (ENG., Illus.). 32p. (J). (gr. 2-3). pap. 9.95 *(978-1-63738-317-9(7))*; lib. bdg. 31.35 *(978-1-63738-281-3(2))* North Star Editions. (Apex).

Box Jellyfish. Laura L. Sullivan. 2017. (Toxic Creatures Ser.). 32p. (J). (gr. 3-3). pap. 63.48 *(978-1-5026-2579-3(2)*, Cavendish Square) Cavendish Square Publishing LLC.

Box of Blocks. Christopher Franceschelli. Illus. by Peski Studio. 2017. (ENG.). 290p. (J). (gr. -1 — 1). bds. 50.00 *(978-1-4197-2818-1(0))* Abrams, Inc.

Box of Boggarts (Boxed Set) The Boggart; the Boggart & the Monster; the Boggart Fights Back. Susan Cooper. ed. 2019. (Boggart Ser.). (ENG.). 704p. (J). (gr. 3-7). pap. 23.99 *(978-1-5344-3290-1(6)*, McElderry, Margaret K. Bks.) McElderry, Margaret K. Bks.

Box of Bones. Marina Cohen. 2020. (ENG.). 288p. (J). pap. 7.99 *(978-1-250-25038-4(2)*, 900188608) Square Fish.

Box of Butterflies. Jo Rooks. Illus. by Jo Rooks. 2018. (Illus.). 32p. (J). *(978-1-4338-2871-3(5)*, Magination Pr.) American Psychological Assn.

Box of Daylight (Classic Reprint) William Hurd Hillyer. (ENG., Illus.). (J). 2018. 196p. 27.96 *(978-0-666-70264-7(0))*; 2017. pap. 10.57 *(978-0-259-46387-0(6))* Forgotten Bks.

Box of Matches (Classic Reprint) Hamblen Sears. 2018. (ENG., Illus.). 380p. (J). 31.73 *(978-0-267-46295-7(6))* Forgotten Bks.

Box of Monkeys. Grace Livingston Furniss. 2017. (ENG.). 270p. (J). pap. *(978-3-7447-8280-7(8))* Creation Pubs.

Box of Monkeys: A Parlor Farce in Two Acts (Classic Reprint) Grace L. Furniss. 2018. (ENG., Illus.). 40p. (J). 24.70 *(978-0-332-38980-6(4))* Forgotten Bks.

Box of Monkeys: And Other Farce-Comedies (Classic Reprint) Grace Livingston Furniss. 2017. (ENG., Illus.). (J). 29.47 *(978-0-260-42962-9(7))* Forgotten Bks.

Box of PERIL! (Boxed Set) Whales on Stilts!; the Clue of the Linoleum Lederhosen; Jasper Dash & the Flame-Pits of Delaware; Agent Q, or the Smell of Danger!; Zombie Mommy; He Laughed with His Other Mouths. M. T. Anderson. Illus. by Kurt Cyrus. ed. 2021. (Pals in Peril Tale Ser.). (ENG.). 1792p. (J). (gr. 3-7). pap. 48.99 *(978-1-5344-9668-2(8)*, Beach Lane Bks.) Beach Lane Bks.

Box of Socks. Amanda Brandon. Illus. by Catalina Echeverri. 2019. (Early Bird Readers — Orange (Early Bird Stories (tm)) Ser.). (ENG.). 32p. (J). (gr. k-3). 30.65 *(978-1-5415-4220-4(7)*, 22dbd3de-9f00-4265-b42f-b4de6ca96902); pap. 9.99 *(978-1-5415-7412-0(5)*, 3f31309b-9f99-4661-9720-ace784514b95) Lerner Publishing Group. (Lerner Pubns.).

Box of Stories. Bond Ruskin. 2020. (ENG., Illus.). 832p. (J). (gr. 4-6). 18.99 *(978-0-14-345139-6(1)*, Puffin) Penguin Bks. India PVT, Ltd IND. Dist: Independent Pubs. Group.

Box Series - Books One, Two & Three. Christina G Gaudet. 2019. (Box Ser.). (ENG.). 466p. (YA). (gr. 7-12). *(978-0-9869221-8-3(8))* Gaudet, Christina.

Box Turtle. John Himmelman. 2018. (Illus.). 32p. (J). (gr. -1-12). 15.95 *(978-1-63076-331-2(4))* Taylor Trade Publishing.

Box Turtle. Vanessa Roeder. 2020. (Illus.). 40p. (J). (-k). 18.99 *(978-0-7352-3050-7(1)*, Dial Bks) Penguin Young Readers Group.

Box with Broken Seals (Classic Reprint) E. Phillips Oppenheim. 2018. (ENG., Illus.). 322p. (J). 30.56 *(978-0-483-95612-4(0))* Forgotten Bks.

Box with the Coffee Maker in It: Poems About 2020-2021. Elizabeth Harrington. 2022. (ENG.). 69p. (YA). pap. *(978-1-387-85216-1(7))* Lulu Pr., Inc.

Boxcar Children. Gertrude Chandler Warner. Illus. by L. Kate Deal. 2020. (Boxcar Children Ser.). (ENG.). 160p. (J). (gr. 2-6). lib. bdg. 31.36 *(978-1-5321-4473-8(3)*, 35163, Chapter Bks.) Spotlight.

Boxcar Children Creatures of Legend 4-Book Set. Illus. by Thomas Girard. 2021. (Boxcar Children Creatures of Legend Ser.). (ENG.). 576p. (J). (gr. 2-5). 24.99 *(978-0-8075-0827-5(6)*, 807508276, Random Hse. Bks. for Young Readers) Random Hse. Children's Bks.

Boxcar Children DVD & Book Set. Gertrude Chandler Warner. 2018. (Boxcar Children Mysteries Ser.). (ENG.). 160p. (J). (gr. 2-5). 17.99 incl. DVD *(978-0-8075-0928-9(0)*, 807509280, Random Hse. Bks. for Young Readers) Random Hse. Children's Bks.

Boxcar Children Early Reader Set #1 (the Boxcar Children: Time to Read, Level 2) Illus. by Shane Clester. 2019. (Boxcar Children Early Readers Ser.). (ENG.). 208p. (J). (gr. k-2). pap., pap., pap. 18.99 *(978-0-8075-0832-9(2)*, 807508322, Random Hse. Bks. for Young Readers) Random Hse. Children's Bks.

Boxcar Children Early Reader Set #2 (the Boxcar Children: Time to Read, Level 2) Illus. by Shane Clester. 2021. (Boxcar Children Early Readers Ser.). (ENG.). 192p. (J). (gr. k-2). pap., pap., pap. 14.99 *(978-0-8075-0830-5(6)*, 0807508306, Random Hse. Bks. for Young Readers) Random Hse. Children's Bks.

Boxcar Children Fully Illustrated Edition. Gertrude Chandler Warner. Illus. by Anne Yvonne Gilbert & Gretchen Ellen Powers. ed. 2017. (Boxcar Children Mysteries Ser.). (ENG.). 168p. (J). (gr. 2-5). 34.99 *(978-0-8075-0925-8(6)*, 807509256, Random Hse. Bks. for Young Readers) Random Hse. Children's Bks.

Boxcar Children Graphic Novels, 6 vols., Set 2. Gertrude Chandler Warner. Incl. Amusement Park Mystery. Shannon Eric Denton. Illus. by Mike Dubisch. 32.79 *(978-1-60270-718-4(9)*, 3679); Castle Mystery. Shannon Eric Denton. Illus. by Mike Dubisch. 32.79 *(978-1-60270-720-7(0)*, 3681); Haunted Cabin Mystery. Illus. by Mark Bloodworth. 32.79 *(978-1-60270-717-7(0)*, 3678); Pizza Mystery. Rob M. Worley. Illus. by Mike Dubisch. 32.79 *(978-1-60270-719-1(7)*, 3680); Snowbound Mystery. Illus. by Mike Dubisch. 32.79 *(978-1-60270-715-3(4)*, 3676); Tree House Mystery. Christopher E. Long. Illus. by Mark Bloodworth. 32.79 *(978-1-60270-716-0(2)*, 3677); (J). (gr. 3-8). (Boxcar Children Graphic Novels Ser.). (ENG.). 32p. 2010. Set lib. bdg. 196.74 *(978-1-60270-714-6(6)*, 3675, Graphic Planet - Fiction) Magic Wagon.

Boxcar Children Graphic Novels, 6 vols., Set 3. Gertrude Chandler Warner. Illus. by Ben Dunn. Incl. Bk. 13. Woodshed Mystery. Joeming Dunn. (gr. 3-8). 32.79 *(978-1-61641-121-3(X)*, 3683); Bk. 14. Lighthouse Mystery. Joeming Dunn. (gr. 2-8). 32.79 *(978-1-61641-122-0(8)*, 3684); Bk. 15. Mountain Top Mystery. Joeming Dunn. (gr. 3-8). 32.79 *(978-1-61641-123-7(6)*, 3685); Bk. 16. Houseboat Mystery. Illus. Joeming W. Dunn. Adapted by Joeming W. Dunn. (gr. 3-8). 32.79 *(978-1-61641-124-4(4)*, 3686); Bk. 17. Bicycle Mystery. Illus. Joeming W. Dunn. Adapted by Joeming W. Dunn. (gr. 3-8). 32.79 *(978-1-61641-125-1(2)*, 3687); Bk. 18. Mystery in the Sand. Joeming Dunn. (gr. 3-8). 32.79 *(978-1-61641-126-8(0)*, 3688); (J). (Boxcar Children Graphic Novels Ser.). (ENG., Illus.). 32p. 2011. Set lib. bdg. 196.74 *(978-1-61641-120-6(1)*, 3682, Graphic Planet - Fiction) Magic Wagon.

Boxcar Children Graphic Novels - 6 Titles, 6 vols., Set. Gertrude Chandler Warner. Illus. by Michael Dubisch. Incl. Blue Bay Mystery. Adapted by Rob M. Worley. 32.79 *(978-1-60270-591-3(7)*, 3674); Boxcar Children. Shannon Eric Denton. lib. bdg. 32.79 *(978-1-60270-586-9(0)*, 3669); Mike's Mystery. Adapted by Christopher E. Long. 32.79 *(978-1-60270-590-6(9)*, 3673); Mystery Ranch. Adapted by Christopher E. Long. 32.79 *(978-1-60270-589-0(5)*, 3672); Surprise Island. Rob M. Worley. 32.79 *(978-1-60270-587-6(9)*, 3670); Yellow House Mystery. Adapted by Rob M. Worley. 32.79 *(978-1-60270-588-3(7)*, 3671); (J). (gr. 3-8). (Boxcar Children Graphic Novels Ser.). (ENG., Illus.). 32p. 2009. 196.74 *(978-1-60270-585-2(2)*, 3668, Graphic Planet - Fiction) Magic Wagon.

Boxcar Children Great Adventure 5-Book Set. Illus. by Anthony VanArsdale. 2017. (Boxcar Children Great Adventure Ser.). (ENG.). 768p. (J). (gr. 2-5). 34.95 *(978-0-8075-0693-6(1)*, 807506931, Random Hse. Bks. for Young Readers) Random Hse. Children's Bks.

Boxcar Children Interactive Mysteries 4-Book Set. Illus. by Hollie Hibbert. 2021. (Boxcar Children Interactive Mysteries Ser.). (ENG.). 592p. (J). (gr. 2-5). pap. 24.99 *(978-0-8075-2854-9(4)*, 807528544, Random Hse. Bks. for Young Readers) Random Hse. Children's Bks.

Boxcar Children Journal. Illus. by L. Kate Deal. 2017. (Boxcar Children Mysteries Ser.). (ENG.). 160p. (J). (gr. 2-5). 15.99 *(978-0-8075-0725-4(3)*, 807507253, Random Hse. Bks. for Young Readers) Random Hse. Children's Bks.

Boxcar Children Mysteries Boxed Set #13-16. Gertrude Chandler Warner. 2019. (Boxcar Children Mysteries Ser.). (ENG., Illus.). 512p. (J). (gr. 2-5). 24.99 *(978-0-8075-0834-3(9)*, 807508349, Random Hse. Bks. for Young Readers) Random Hse. Children's Bks.

Boxcar Children Mysteries Boxed Set #9-12. Gertrude Chandler Warner. 2017. (Boxcar Children Mysteries Ser.). (ENG., Illus.). 512p. (J). (gr. 2-5). 24.99 *(978-0-8075-0840-4(3)*, 807508403, Random Hse. Bks. for Young Readers) Random Hse. Children's Bks.

Boxcar Children (Set), 12 vols. Gertrude Chandler Warner. 2020. (Boxcar Children Ser.). (ENG.). 128p. (J). (gr. 2-6). lib. bdg. 376.32 *(978-1-5321-4470-7(9)*, 35160, Chapter Bks.) Spotlight.

Boxcar Children (the Boxcar Children: Time to Read, Level 2) Illus. by Shane Clester. (Boxcar Children Early Readers Ser.). (ENG.). 48p. (J). (gr. k-2). 2019. pap. 5.99 *(978-0-8075-0835-0(7)*, 807508357); 2018. 12.99 *(978-0-8075-0839-8(X)*, 080750839X) Random Hse. Children's Bks. (Random Hse. Bks. for Young Readers).

Boxcar Children (the Jim Weiss Audio Collection) Gertrude Chandler Warner. 2021. (Jim Weiss Audio Collection: 0). (ENG.). (J). (gr. 1-12). 19.95 *(978-1-945841-96-5(6)*, 458496) Well-Trained Mind Pr.

Boxer. Laura Clark. 2017. (Dog Lover's Guides: Vol. 18). (ENG., Illus.). 128p. (J). (gr. 7-12). 26.95 *(978-1-4222-3850-9(4))* Mason Crest.

Boxer. Nikesh Shukla. 2019. (ENG.). 288p. (YA). (gr. 7-17). 9.99 *(978-1-4449-4069-5(4))* Hachette Children's Group GBR. Dist: Hachette Bk. Group.

Boxer & Brandon. Kidkiddos Books & Inna Nusinsky. 2019. (ENG., Illus.). 34p. (J). (gr. k-3). pap. *(978-1-5259-1492-8(8))* Kidkiddos Bks.

Boxer & Brandon: Chinese Edition. S. a Publishing. 2016. (Chinese Bedtime Collection). (CHI., Illus.). (J). (gr. k-3). *(978-1-77268-859-7(2))*; pap. *(978-1-77268-858-0(4))* Shelley Admont Publishing.

Boxer & Brandon: Chinese English Bilingual Edition. S. a Publishing. 2016. (Chinese English Bilingual Collection). (CHI., Illus.). (J). (gr. k-3). *(978-1-5259-0183-6(4))*; pap. *(978-1-5259-0182-9(6))* Kidkiddos Bks.

Boxer & Brandon: English Chinese Bilingual Edition. S. a Publishing. 2016. (English Chinese Bilingual Collection). (CHI., Illus.). (J). (gr. k-3). *(978-1-77268-857-3(6))*; pap. *(978-1-77268-856-6(8))* Shelley Admont Publishing.

Boxer & Brandon: English Farsi - Persian. Kidkiddos Books. 2019. (English Farsi Bilingual Collection). (PER., Illus.). 34p. (J). (gr. k-3). *(978-1-5259-1103-3(1))*; pap. *(978-1-5259-1102-6(3))* Kidkiddos Bks.

Boxer & Brandon: English Greek. S. a Publishing. 2018. (English Greek Bilingual Collection). (GRE., Illus.). 34p. (J). (gr. k-3). *(978-1-5259-0926-9(6))*; pap. *(978-1-5259-0925-2(8))* Kidkiddos Bks.

Boxer & Brandon: English Greek Bilingual Book. Kidkiddos Books & Inna Nusinsky. 2nd ed. 2019. (English

B

Greek Bilingual Collection). (GRE., Illus.). 34p. (J). (gr. k-3). pap. *(978-1-5259-1233-7(X))* Kidkiddos Bks.

Boxer & Brandon: English Hebrew Bilingual. Kidkiddos Books. 2018. (English Hebrew Bilingual Collection). (HEB., Illus.). 34p. (J). (gr. k-3). *(978-1-5259-0979-5(7))*; pap. *(978-1-5259-0978-8(9))* Kidkiddos Bks.

Boxer & Brandon: English Hebrew Bilingual. Kidkiddos Books & Inna Nusinsky. 2nd ed. 2019. (English Hebrew Bilingual Collection). (HEB., Illus.). 34p. (J). (gr. k-3). pap. *(978-1-5259-1435-5(9))* Kidkiddos Bks.

Boxer & Brandon: English Hindi Bilingual. Kidkiddos Books. 2019. (English Hindi Bilingual Collection). (HIN., Illus.). 34p. (J). (gr. k-3). *(978-1-5259-1085-2(X))*; pap. *(978-1-5259-1084-5(1))* Kidkiddos Bks.

Boxer & Brandon: English Korean Bilingual Children's Books. S. a Publishing. 2017. (English Korean Bilingual Collection). (KOR., Illus.). (J). (gr. k-3). *(978-1-5259-0439-4(6))*; pap. *(978-1-5259-0438-7(8))* Kidkiddos Bks.

Boxer & Brandon: English Russian Bilingual Edition. Kidkiddos Books & Inna Nusinsky. 2019. (English Russian Bilingual Collection). (RUS., Illus.). 34p. (J). (gr. k-3). pap. *(978-1-5259-1153-8(8))* Kidkiddos Bks.

Boxer & Brandon: English Vietnamese. Kidkiddos Books. 2018. (English Vietnamese Bilingual Collection). (VIE., Illus.). 34p. (J). (gr. k-3). *(978-1-5259-0971-9(1))*; pap. *(978-1-5259-0970-2(3))* Kidkiddos Bks.

Boxer & Brandon: Greek Language Children's Book. S. a Publishing. 2018. (Greek Bedtime Collection). (GRE., Illus.). 34p. (J). (gr. k-3). *(978-1-5259-0928-3(2))*; pap. *(978-1-5259-0927-6(4))* Kidkiddos Bks.

Boxer & Brandon: Hindi Edition. Kidkiddos Books. 2019. (Hindi Bedtime Collection). (HIN., Illus.). 34p. (J). (gr. k-3). *(978-1-5259-1088-3(4))*; pap. *(978-1-5259-1087-6(6))* Kidkiddos Bks.

Boxer & Brandon: Korean Language Children's Book. S. a Publishing. 2017. (Korean Bedtime Collection). (KOR., Illus.). (J). (gr. k-3). *(978-1-5259-0441-7(8))*; pap. *(978-1-5259-0440-0(X))* Kidkiddos Bks.

Boxer & Brandon: Russian English Bilingual Edition. S. a Publishing. 2016. (Russian English Bilingual Collection). (RUS., Illus.). (J). (gr. k-3). *(978-1-77268-304-2(3))*; pap. *(978-1-77268-305-9(1))* Shelley Admont Publishing.

Boxer & Brandon: Tagalog English Bilingual Edition. S. a Publishing. 2017. (Tagalog English Bilingual Collection). (TGL., Illus.). (J). (gr. k-3). *(978-1-5259-0240-6(7))*; pap. *(978-1-5259-0239-0(3))* Kidkiddos Bks.

Boxer & Brandon: Vietnamese Edition. Kidkiddos Books. 2018. (Vietnamese Bedtime Collection). (VIE., Illus.). 34p. (J). (gr. k-3). *(978-1-5259-0973-3(8))*; pap. *(978-1-5259-0972-6(X))* Kidkiddos Bks.

Boxer & Brandon - Chinese Edition. Inna Nusinsky & Kidkiddos Books. 2nd ed. 2019. (Chinese Bedtime Collection). (CHI., Illus.). 34p. (J). (gr. k-3). pap. *(978-1-5259-1612-0(2))* Kidkiddos Bks.

Boxer & Brandon (Afrikaans Children's Book) Kidkiddos Books & Inna Nusinsky. l.t. ed. 2022. (Afrikaans Bedtime Collection). (AFR., Illus.). 34p. (J). *(978-1-5259-6085-7(7))*; pap. *(978-1-5259-6084-0(9))* Kidkiddos Bks.

Boxer & Brandon (Afrikaans English Bilingual Children's Book) Kidkiddos Books & Inna Nusinsky. l.t. ed. 2022. (Afrikaans English Bilingual Collection). (AFR., Illus.). 34p. (J). *(978-1-5259-6088-8(1))*; pap. *(978-1-5259-6087-1(3))* Kidkiddos Bks.

Boxer & Brandon (Albanian Children's Book) Kidkiddos Books & Inna Nusinsky. l.t. ed. 2021. (Albanian Bedtime Collection). (ALB., Illus.). 34p. (J). *(978-1-5259-5471-9(7))*; pap. *(978-1-5259-5470-2(9))* Kidkiddos Bks.

Boxer & Brandon (Albanian English Bilingual Book for Kids) Kidkiddos Books & Inna Nusinsky. l.t. ed. 2021. (Albanian English Bilingual Collection). (ALB., Illus.). 34p. (J). *(978-1-5259-5474-0(1))*; pap. *(978-1-5259-5473-3(3))* Kidkiddos Bks.

Boxer & Brandon (Bengali Book for Kids) Kidkiddos Books & Inna Nusinsky. l.t. ed. 2022. (Bengali Bedtime Collection). (BEN., Illus.). 34p. (J). *(978-1-5259-6211-0(6))*; pap. *(978-1-5259-6210-3(8))* Kidkiddos Bks.

Boxer & Brandon (Bengali English Bilingual Book for Kids) Kidkiddos Books & Inna Nusinsky. l.t. ed. 2022. (Bengali English Bilingual Collection). (BEN., Illus.). 34p. (J). *(978-1-5259-6214-1(0))*; pap. *(978-1-5259-6213-4(2))* Kidkiddos Bks.

Boxer & Brandon Boxer en Brandon: English Dutch. Inna Nusinsky & Kidkiddos Books. 2nd ed. 2019. (English Dutch Bilingual Collection). (DUT., Illus.). 34p. (J). (gr. k-3). pap. *(978-1-5259-1159-0(7))* Kidkiddos Bks.

Boxer & Brandon Boxer en Brandon (English Dutch Children's Book) Dutch Kids Book. Shelley Admont & S. a Publishing. 2018. (English Dutch Bilingual Collection). (DUT., Illus.). 34p. (J). (gr. k-3). *(978-1-5259-0656-5(9))*; pap. *(978-1-5259-0655-8(0))* Kidkiddos Bks.

Boxer & Brandon Boxer et Brandon: English French Bilingual Book. Kidkiddos Books & Inna Nusinsky. 2nd ed. 2019. (English French Bilingual Collection). (FRE., Illus.). 34p. (J). (gr. k-3). pap. *(978-1-5259-1780-6(3))* Kidkiddos Bks.

Boxer & Brandon Boxer y Brandon: English Spanish Bilingual Book. Kidkiddos Books & Inna Nusinsky. 2nd ed. 2019. (English Spanish Bilingual Collection). (SPA., Illus.). 34p. (J). (gr. k-3). pap. *(978-1-5259-1751-6(X))* Kidkiddos Bks.

Boxer & Brandon (Brazilian Portuguese Book for Kids) Boxer e Brandon. Inna Nusinsky & Kidkiddos Books. 2nd l.t. ed. 2020. (POR.). 34p. (J). pap. *(978-1-5259-2661-7(6))* Kidkiddos Bks.

Boxer & Brandon (Bulgarian Edition) Kidkiddos Books & Inna Nusinsky. 2020. (Bulgarian Bedtime Collection). (BUL., Illus.). 34p. (J). (gr. k-3). *(978-1-5259-2324-1(2))*; pap. *(978-1-5259-2323-4(4))* Kidkiddos Bks.

Boxer & Brandon (Bulgarian English Bilingual Book) Kidkiddos Books & Inna Nusinsky. 2020. (Bulgarian English Bilingual Collection). (BUL., Illus.). 34p. (J). (gr. k-3). *(978-1-5259-2327-2(7))*; pap. *(978-1-5259-2326-5(9))* Kidkiddos Bks.

Boxer & Brandon (Chinese English Bilingual Books for Kids) Mandarin Chinese Simplified. Inna Nusinsky & Kidkiddos Books. 2nd l.t. ed. 2020. (Chinese English Bilingual Collection). (CHI.). 34p. (J). *(978-1-5259-4078-1(3))*; pap. *(978-1-5259-4077-4(5))* Kidkiddos Bks.

Boxer & Brandon (Croatian Children's Book) Kidkiddos Books & Inna Nusinsky. l.t. ed. 2021. (Croatian Bedtime Collection). (HRV., Illus.). 34p. (J). *(978-1-5259-4937-1(3))*; pap. *(978-1-5259-4936-4(5))* Kidkiddos Bks.

Boxer & Brandon (Croatian English Bilingual Children's Book) Kidkiddos Books & Inna Nusinsky. l.t. ed. 2021. (Croatian English Bilingual Collection). (HRV., Illus.). 34p. (J). *(978-1-5259-4940-1(3))*; pap. *(978-1-5259-4939-5(X))* Kidkiddos Bks.

Boxer & Brandon (Czech Children's Book) Kidkiddos Books & Inna Nusinsky. l.t. ed. 2021. (Czech Bedtime Collection). (CZE., Illus.). 34p. (J). *(978-1-5259-5170-1(X))*; pap. *(978-1-5259-5169-5(6))* Kidkiddos Bks.

Boxer & Brandon (Czech English Bilingual Children's Book) Kidkiddos Books & Inna Nusinsky. l.t. ed. 2021. (Czech English Bilingual Collection). (CZE., Illus.). 34p. (J). *(978-1-5259-5173-2(4))*; pap. *(978-1-5259-5172-5(6))* Kidkiddos Bks.

Boxer & Brandon (Danish Children's Book) Kidkiddos Books & Inna Nusinsky. l.t. ed. 2020. (Danish Bedtime Collection). (DAN., Illus.). 34p. (J). *(978-1-5259-3157-4(1))*; pap. *(978-1-5259-3156-7(3))* Kidkiddos Bks.

Boxer & Brandon (Danish English Bilingual Book for Children) Kidkiddos Books & Inna Nusinsky. l.t. ed. 2020. (Danish English Bilingual Collection). (DAN., Illus.). 34p. (J). *(978-1-5259-3160-4(1))*; pap. *(978-1-5259-3159-8(8))* Kidkiddos Bks.

Boxer & Brandon (Dutch English Bilingual Book for Kids) Inna Nusinsky & Kidkiddos Books. l.t. ed. 2021. (Dutch English Bilingual Collection). (DUT., Illus.). 34p. (J). *(978-1-5259-5101-5(7))*; pap. *(978-1-5259-5100-8(9))* Kidkiddos Bks.

Boxer & Brandon (English Afrikaans Bilingual Book for Kids) Kidkiddos Books & Inna Nusinsky. l.t. ed. 2021. (AFR., Illus.). 34p. (J). *(978-1-5259-6082-6(2))*; pap. *(978-1-5259-6081-9(4))* Kidkiddos Bks.

Boxer & Brandon (English Albanian Bilingual Book for Kids) Kidkiddos Books & Inna Nusinsky. l.t. ed. 2021. (English Albanian Bilingual Collection). (ALB., Illus.). 34p. (J). *(978-1-5259-5468-9(7))*; pap. *(978-1-5259-5467-2(9))* Kidkiddos Bks.

Boxer & Brandon (English Arabic Bilingual Book) Kidkiddos Books & Inna Nusinsky. 2nd ed. 2019. (English Arabic Bilingual Collection). (ARA., Illus.). 34p. (J). (gr. k-3). pap. *(978-1-5259-1666-3(1))* Kidkiddos Bks.

Boxer & Brandon (English Arabic Children's Book) Arabic Kids Book. Inna Nusinsky. 2018. (English Arabic Bilingual Collection). (ARA & ENG., Illus.). 34p. (J). (gr. k-3). *(978-1-5259-0632-9(1))* Kidkiddos Bks.

Boxer & Brandon (English Arabic Children's Book) Arabic Kids Book. S. a Publishing. 2018. (English Arabic Bilingual Collection). (ARA., Illus.). 34p. (J). (gr. k-3). pap. *(978-1-5259-0631-2(3))* Kidkiddos Bks.

Boxer & Brandon (English Bengali Bilingual Children's Book) Kidkiddos Books & Inna Nusinsky. l.t. ed. 2022. (English Bengali Bilingual Collection). (BEN., Illus.). 34p. (J). *(978-1-5259-6208-0(6))*; pap. *(978-1-5259-6207-3(8))* Kidkiddos Bks.

Boxer & Brandon (English Bulgarian Bilingual Book) Kidkiddos Books & Inna Nusinsky. 2020. (English Bulgarian Bilingual Collection). (BUL., Illus.). 34p. (J). (gr. k-3). *(978-1-5259-2321-0(8))*; pap. *(978-1-5259-2320-3(X))* Kidkiddos Bks.

Boxer & Brandon (English Chinese Bilingual Children's Book) Mandarin Simplified. Kidkiddos Books & Inna Nusinsky. 2nd l.t. ed. 2020. (English Chinese Bilingual Collection). (CHI.). 34p. (J). pap. *(978-1-5259-4251-8(4))* Kidkiddos Bks.

Boxer & Brandon (English Croatian Bilingual Book for Kids) Kidkiddos Books & Inna Nusinsky. l.t. ed. 2021. (English Croatian Bilingual Collection). (HRV., Illus.). 34p. (J). *(978-1-5259-4934-0(9))*; pap. *(978-1-5259-4933-3(0))* Kidkiddos Bks.

Boxer & Brandon (English Czech Bilingual Book for Kids) Kidkiddos Books & Inna Nusinsky. l.t. ed. 2021. (English Czech Bilingual Collection). (CZE., Illus.). 34p. (J). *(978-1-5259-5167-1(X))*; pap. *(978-1-5259-5166-4(1))* Kidkiddos Bks.

Boxer & Brandon (English Danish Bilingual Book for Kids) Kidkiddos Books & Inna Nusinsky. l.t. ed. 2020. (English Danish Bilingual Collection). (DAN., Illus.). 34p. (J). *(978-1-5259-3154-3(7))*; pap. *(978-1-5259-3153-6(9))* Kidkiddos Bks.

Boxer & Brandon (English Hungarian Bilingual Book) Kidkiddos Books & Inna Nusinsky. 2nd ed. 2019. (English Hungarian Bilingual Collection). (HUN., Illus.). 34p. (J). (gr. k-3). pap. *(978-1-5259-1655-7(6))* Kidkiddos Bks.

Boxer & Brandon (English Hungarian Children's Book) Hungarian Kids Book. S. a Publishing. 2018. (English Hungarian Bilingual Collection). (HUN., Illus.). 34p. (J). (gr. k-3). *(978-1-5259-0813-2(8))*; pap. *(978-1-5259-0812-5(X))* Kidkiddos Bks.

Boxer & Brandon (English Irish Bilingual Children's Book) Kidkiddos Books & Inna Nusinsky. l.t. ed. 2022. (English Irish Bilingual Collection). (GLE., Illus.). 34p. (J). *(978-1-5259-6514-2(X))*; pap. *(978-1-5259-6513-5(1))* Kidkiddos Bks.

Boxer & Brandon (English Italian Book for Children) Kidkiddos Books & Inna Nusinsky. 2nd l.t. ed. 2020. (English Italian Bilingual Collection). (ITA.). 34p. (J). pap. *(978-1-5259-3029-4(X))* Kidkiddos Bks.

Boxer & Brandon (English Japanese Bilingual Book) Kidkiddos Books & Inna Nusinsky. 2nd ed. 2019. (English Japanese Bilingual Collection). (JPN., Illus.). 34p. (J). (gr. k-3). pap. *(978-1-5259-1720-2(X))* Kidkiddos Bks.

Boxer & Brandon (English Japanese Children's Book) Bilingual Japanese Book. S. a Publishing. 2017. (English Japanese Bilingual Collection). (JPN., Illus.). (J). (gr. k-3). *(978-1-5259-0571-1(6))*; pap. *(978-1-5259-0570-4(8))* Kidkiddos Bks.

Boxer & Brandon (English Korean Bilingual Book) Kidkiddos Books & Inna Nusinsky. 2nd ed. 2019. (English Korean Bilingual Collection). (KOR., Illus.). 34p. (J). (gr. k-3). pap. *(978-1-5259-1583-3(5))* Kidkiddos Bks.

Boxer & Brandon (English Macedonian Bilingual Book for Kids) Kidkiddos Books & Inna Nusinsky. l.t. ed. 2021. (MAC., Illus.). 34p. (J). *(978-1-5259-6055-0(5))*; pap. *(978-1-5259-6054-3(7))* Kidkiddos Bks.

Boxer & Brandon (English Malay Bilingual Children's Book) Kidkiddos Books & Inna Nusinsky. l.t. ed. 2020. (MAY., Illus.). 34p. (J). *(978-1-5259-3268-7(3))*; pap. *(978-1-5259-3267-0(5))* Kidkiddos Bks.

Boxer & Brandon (English Polish Children's Book) Polish Kids Book. S. a Publishing. 2018. (English Polish Bilingual Collection). (POL., Illus.). 34p. (J). (gr. k-3). *(978-1-5259-0714-2(X))*; pap. *(978-1-5259-0713-5(1))* Kidkiddos Bks.

Boxer & Brandon (English Portuguese Bilingual Book - Portugal) Kidkiddos Books & Inna Nusinsky. 2020. (English Portuguese Bilingual Collection - Portugal Ser.). (POR., Illus.). 34p. (J). (gr. k-3). *(978-1-5259-2395-1(1))*; pap. *(978-1-5259-2394-4(3))* Kidkiddos Bks.

Boxer & Brandon (English Portuguese Bilingual Children's Book -Brazilian) English Portuguese. Kidkiddos Books & Inna Nusinsky. 2nd l.t. ed. 2020. (English Portuguese Bilingual Collection - Brazil Ser.). (POR., Illus.). 34p. (J). pap. *(978-1-5259-4387-4(1))* Kidkiddos Bks.

Boxer & Brandon (English Portuguese Children's Book) Brazilian Portuguese Book for Kids. S. a Publishing. 2017. (English Portuguese Bilingual Collection). (POR., Illus.). (J). (gr. k-3). *(978-1-5259-0592-6(9))*; pap. *(978-1-5259-0591-9(0))* Kidkiddos Bks.

Boxer & Brandon (English Punjabi Bilingual Children's Book) Punjabi Gurmukhi India. Kidkiddos Books & Inna Nusinsky. l.t. ed. 2020. (English Punjabi Bilingual Collection - India Ser.). (PAN., Illus.). 34p. (J). *(978-1-5259-3386-8(8))*; pap. *(978-1-5259-3385-1(X))* Kidkiddos Bks.

Boxer & Brandon (English Romanian Bilingual Book) Kidkiddos Books & Inna Nusinsky. 2020. (English Romanian Bilingual Collection). (RUM., Illus.). 34p. (J). (gr. k-3). *(978-1-5259-2237-4(8))*; 2nd ed. pap. *(978-1-5259-2236-7(X))* Kidkiddos Bks.

Boxer & Brandon (English Serbian Bilingual Book - Latin Alphabet) Kidkiddos Book & Inna Nusinsky. 2nd ed. 2019. (English Serbian Bilingual Collection). (SRP., Illus.). 34p. (J). (gr. k-3). pap. *(978-1-5259-1736-3(6))* Kidkiddos Bks.

Boxer & Brandon (English Serbian Children's Book) Serbian Kids Book. S. a Publishing. 2018. (English Serbian Bilingual Collection). (SRP., Illus.). 34p. (J). (gr. k-3). *(978-1-5259-0768-5(9))*; pap. *(978-1-5259-0767-8(0))* Kidkiddos Bks.

Boxer & Brandon (English Swedish Bilingual Book for Kids) Kidkiddos Books & Inna Nusinsky. l.t. ed. 2020. (English Swedish Bilingual Collection). (SWE., Illus.). 34p. (J). *(978-1-5259-3127-7(X))*; pap. *(978-1-5259-3126-0(1))* Kidkiddos Bks.

Boxer & Brandon (English Thai Bilingual Book for Kids) Kidkiddos Books & Inna Nusinsky. l.t. ed. 2021. (English Thai Bilingual Collection). (THA., Illus.). 34p. (J). *(978-1-5259-5713-0(9))*; pap. *(978-1-5259-5712-3(0))* Kidkiddos Bks.

Boxer & Brandon (English Turkish Bilingual Children's Book) Kidkiddos Books & Inna Nusinsky. l.t. ed. 2020. (English Turkish Bilingual Collection). (TUR., Illus.). 34p. (J). *(978-1-5259-3172-7(5))*; pap. *(978-1-5259-3171-0(7))* Kidkiddos Bks.

Boxer & Brandon (English Ukrainian Bilingual Book) Kidkiddos Books & Inna Nusinsky. 2nd ed. 2020. (English Ukrainian Bilingual Collection). (UKR., Illus.). 34p. (J). (gr. k-3). *(978-1-5259-2076-9(6))*; pap. *(978-1-5259-2075-2(8))* Kidkiddos Bks.

Boxer & Brandon (English Urdu Bilingual Book for Kids) Kidkiddos Books & Inna Nusinsky. l.t. ed. 2021. (English Urdu Bilingual Collection). (URD., Illus.). 34p. (J). *(978-1-5259-4587-8(4))*; pap. *(978-1-5259-4586-1(6))* Kidkiddos Bks.

Boxer & Brandon (English Vietnamese Bilingual Book for Kids) Kidkiddos Books & Inna Nusinsky. 2nd l.t. ed. 2020. (English Vietnamese Bilingual Collection). (VIE., Illus.). 34p. (J). pap. *(978-1-5259-3368-4(X))* Kidkiddos Bks.

Boxer & Brandon (English Welsh Bilingual Children's Book) Kidkiddos Books & Inna Nusinsky. l.t. ed. 2022. (English Welsh Bilingual Collection). (WEL., Illus.). 34p. (J). *(978-1-5259-6217-2(5))*; pap. *(978-1-5259-6216-5(7))* Kidkiddos Bks.

Boxer & Brandon (German Children's Book) Kidkiddos Books & Inna Nusinsky. 2nd l.t. ed. 2020. (German Bedtime Collection). (GER.). 34p. (J). pap. *(978-1-5259-3827-6(4))* Kidkiddos Bks.

Boxer & Brandon (German English Bilingual Book for Kids) Kidkiddos Books & Inna Nusinsky. 2nd ed. 2020. (German English Bilingual Collection). (GER., Illus.). 34p. (J). *(978-1-5259-2159-9(2))*; pap. *(978-1-5259-2158-2(4))* Kidkiddos Bks.

Boxer & Brandon (Greek English Bilingual Book for Kids) Kidkiddos Books & Inna Nusinsky. l.t. ed. 2021. (Greek English Bilingual Collection). (GRE., Illus.). 34p. (J). *(978-1-5259-4967-8(5))*; pap. *(978-1-5259-4966-1(7))* Kidkiddos Bks.

Boxer & Brandon (Hungarian Book for Kids) Hungarian Children's Book. S. a Publishing. 2018. (Hungarian Bedtime Collection). (HUN., Illus.). 34p. (J). (gr. k-3). *(978-1-5259-0815-6(4))*; pap. *(978-1-5259-0814-9(6))* Kidkiddos Bks.

Boxer & Brandon (Hungarian English Bilingual Book for Kids) Kidkiddos Books & Inna Nusinsky. l.t. ed. 2021. (Hungarian English Bilingual Collection). (HUN., Illus.). 34p. (J). *(978-1-5259-5000-1(2))*; pap. *(978-1-5259-4999-9(3))* Kidkiddos Bks.

Boxer & Brandon (Irish Book for Kids) Kidkiddos Books & Inna Nusinsky. l.t. ed. 2022. (Irish Bedtime Collection). (GLE., Illus.). 34p. (J). *(978-1-5259-6517-3(4))*; pap. *(978-1-5259-6516-6(6))* Kidkiddos Bks.

Boxer & Brandon (Irish English Bilingual Children's Book) Kidkiddos Books & Inna Nusinsky. l.t. ed. 2022. (Irish English Bilingual Collection). (GLE., Illus.). 34p. (J). *(978-1-5259-6520-3(4))*; pap. *(978-1-5259-6519-7(0))* Kidkiddos Bks.

Boxer & Brandon (Italian Book for Kids) Kidkiddos Books & Inna Nusinsky. 2nd l.t. ed. 2020. (Italian Bedtime Collection). (ITA.). 34p. (J). pap. *(978-1-5259-3602-9(6))* Kidkiddos Bks.

Boxer & Brandon (Japanese Book for Kids): Children's Book in Japanese Language. S. a Publishing. 2017. (Japanese Bedtime Collection). (JPN., Illus.). (J). (gr. k-3). pap. *(978-1-5259-0573-5(2))* Kidkiddos Bks.

Boxer & Brandon (Japanese Book for Kids) Children's Book in Japanese Language. S. a Publishing. 2017. (Japanese Bedtime Collection). (JPN., Illus.). (J). (gr. k-3). *(978-1-5259-0574-2(0))* Kidkiddos Bks.

Boxer & Brandon (Japanese English Bilingual Book) Kidkiddos Books & Inna Nusinsky. 2019. (Japanese English Bilingual Collection). (JPN., Illus.). 34p. (J). (gr. k-3). *(978-1-5259-1434-8(0))*; pap. *(978-1-5259-1433-1(2))* Kidkiddos Bks.

Boxer & Brandon (Korean English Bilingual Book for Kids) Kidkiddos Books & Inna Nusinsky. l.t. ed. 2020. (Korean English Bilingual Collection). (KOR., Illus.). 34p. (J). *(978-1-5259-4772-8(9))*; pap. *(978-1-5259-4771-1(0))* Kidkiddos Bks.

Boxer & Brandon (Macedonian Children's Book) Kidkiddos Books & Inna Nusinsky. l.t. ed. 2022. (Macedonian Bedtime Collection). (MAC., Illus.). 34p. (J). *(978-1-5259-6058-1(X))*; pap. *(978-1-5259-6057-4(1))* Kidkiddos Bks.

Boxer & Brandon (Macedonian English Bilingual Children's Book) Kidkiddos Books & Inna Nusinsky. l.t. ed. 2022. (Macedonian English Bilingual Collection). (MAC., Illus.). 34p. (J). *(978-1-5259-6061-1(X))*; pap. *(978-1-5259-6060-4(1))* Kidkiddos Bks.

Boxer & Brandon (Malay Book for Kids) Kidkiddos Books & Inna Nusinsky. l.t. ed. 2020. (MAY., Illus.). 34p. (J). *(978-1-5259-3271-7(3))*; pap. *(978-1-5259-3270-0(5))* Kidkiddos Bks.

Boxer & Brandon (Malay English Bilingual Book for Kids) Kidkiddos Books & Inna Nusinsky. l.t. ed. 2020. (Malay English Bilingual Collection). (MAY., Illus.). 34p. (J). *(978-1-5259-3274-8(8))*; pap. *(978-1-5259-3273-1(X))* Kidkiddos Bks.

Boxer & Brandon (Polish Kids Book) Polish Language Children's Story. S. a Publishing. 2018. (Polish Bedtime Collection). (POL., Illus.). 34p. (J). (gr. k-3). *(978-1-5259-0716-6(6))*; pap. *(978-1-5259-0715-9(8))* Kidkiddos Bks.

Boxer & Brandon (Portuguese Children's Book) Children's Book in Brazilian Portuguese. S. a Publishing. 2017. (Portuguese Bedtime Collection). (POR., Illus.). (J). (gr. k-3). 34p. *(978-1-5259-0595-7(3))*; pap. *(978-1-5259-0594-0(5))* Kidkiddos Bks.

Boxer & Brandon (Portuguese Edition- Portugal) Kidkiddos Books & Inna Nusinsky. 2020. (Portuguese Bedtime Collection - Portugal Ser.). (POR., Illus.). 34p. (J). (gr. k-3). *(978-1-5259-2398-2(6))*; pap. *(978-1-5259-2397-5(8))* Kidkiddos Bks.

Boxer & Brandon (Portuguese English Bilingual Book - Portugal) Kidkiddos Books & Inna Nusinsky. 2020. (Portuguese English Bilingual Collection - Portugal Ser.). (POR., Illus.). 34p. (J). (gr. k-3). *(978-1-5259-2401-9(X))*; pap. *(978-1-5259-2400-2(1))* Kidkiddos Bks.

Boxer & Brandon (Portuguese English Bilingual Book for Kids-Brazilian) Kidkiddos Books & Inna Nusinsky. l.t. ed. 2021. (Portuguese English Bilingual Collection - Brazil Ser.). (POR., Illus.). 34p. (J). (gr. k-3). *(978-1-5259-5191-6(2))*; pap. *(978-1-5259-5190-9(4))* Kidkiddos Bks.

Boxer & Brandon (Punjabi Book for Kids -Gurmukhi India) Punjabi Gurmukhi India. Kidkiddos Books & Inna Nusinsky. l.t. ed. 2020. (Punjabi Bedtime Collection - India Ser.). (PAN., Illus.). 34p. (J). *(978-1-5259-3389-9(2))*; pap. *(978-1-5259-3388-2(4))* Kidkiddos Bks.

Boxer & Brandon (Punjabi English Bilingual Book for Kids - Gurmukhi) Punjabi Gurmukhi India. Kidkiddos Books & Inna Nusinsky. l.t. ed. 2020. (Punjabi English Bilingual Collection - India Ser.). (PAN., Illus.). 34p. (J). *(978-1-5259-3392-9(2))*; pap. *(978-1-5259-3391-2(4))* Kidkiddos Bks.

Boxer & Brandon (Romanian Edition) Kidkiddos Books & Inna Nusinsky. 2020. (Romanian Bedtime Collection). (RUM., Illus.). 34p. (J). (gr. k-3). *(978-1-5259-2240-4(8))*; pap. *(978-1-5259-2239-8(4))* Kidkiddos Bks.

Boxer & Brandon (Romanian English Bilingual Book) Kidkiddos Books & Inna Nusinsky. 2020. (Romanian English Bilingual Collection). (RUM., Illus.). 34p. (J). (gr. k-3). *(978-1-5259-2243-5(2))*; pap. *(978-1-5259-2242-8(4))* Kidkiddos Bks.

Boxer & Brandon (Russian English Bilingual Book) Kidkiddos Books & Inna Nusinsky. 2nd ed. 2020. (Russian English Bilingual Collection). (RUS., Illus.). 34p. (J). (gr. k-3). pap. *(978-1-5259-2338-8(2))* Kidkiddos Bks.

Boxer & Brandon (Serbian Children's Book) Serbian Language Books for Kids. S. a Publishing. 2018. (Serbian Bedtime Collection). (SRP., Illus.). 34p. (J). (gr. k-3). *(978-1-5259-0770-8(0))*; pap. *(978-1-5259-0769-2(7))* Kidkiddos Bks.

Boxer & Brandon Si Boxer at Brandon: English Tagalog Bilingual Book. Kidkiddos Books & Inna Nusinsky. 2nd ed. 2019. (English Tagalog Bilingual Collection). (TGL., Illus.). 34p. (J). (gr. k-3). pap. *(978-1-5259-1761-5(7))* Kidkiddos Bks.

Boxer & Brandon Si Boxer at Brandon: English Tagalog Bilingual Edition. S. a Publishing. 2016. (English Tagalog Bilingual Collection). (TGL., Illus.). (J). (gr. k-3). *(978-1-5259-0066-2(8))*; pap. *(978-1-5259-0065-5(X))* Shelley Admont Publishing.

Boxer & Brandon (Swedish Children's Book) Kidkiddos Books & Inna Nusinsky. l.t. ed. 2020. (Swedish Bedtime Collection). (SWE., Illus.). 34p. (J). *(978-1-5259-3130-7(X))*; pap. *(978-1-5259-3129-1(6))* Kidkiddos Bks.

Boxer & Brandon (Swedish English Bilingual Children's Book) Kidkiddos Books & Inna Nusinsky. l.t. ed. 2020. (Swedish English Bilingual Collection). (SWE., Illus.). 34p. (J). *(978-1-5259-3133-8(4))*; pap. *(978-1-5259-3132-1(6))* Kidkiddos Bks.

Boxer & Brandon (Thai Children's Book) Kidkiddos Books & Inna Nusinsky. 2021. (THA., Illus.). 34p. (J). *(978-1-5259-5716-1(3))*; pap. *(978-1-5259-5715-4(5))* Kidkiddos Bks.

Boxer & Brandon (Thai English Bilingual Children's Book) Kidkiddos Books & Inna Nusinsky. l.t. ed. 2022. (Thai

246 The check digit for ISBN-10 appears in parentheses after the full ISBN-13

English Bilingual Collection). (THA., Illus.). 34p. (J). *(978-1-5259-5719-2(8))*; pap. *(978-1-5259-5718-5(X))* Kidkiddos Bks.

Boxer & Brandon (Turkish Book for Kids) Kidkiddos Books & Inna Nusinsky. l.t. ed. 2020. (Turkish Bedtime Collection). (TUR., Illus.). 34p. (J). *(978-1-5259-3175-8(X))*; pap. *(978-1-5259-3174-1(1))* Kidkiddos Bks.

Boxer & Brandon (Turkish English Bilingual Children's Book) Kidkiddos Books & Inna Nusinsky. l.t. ed. 2020. (Turkish English Bilingual Collection). (TUR., Illus.). 34p. (J). *(978-1-5259-3178-9(4))*; pap. *(978-1-5259-3177-2(6))* Kidkiddos Bks.

Boxer & Brandon (Ukrainian Edition) Kidkiddos Books & Inna Nusinsky. 2020. (Ukrainian Bedtime Collection). (UKR., Illus.). 34p. (J). (gr. k-3). *(978-1-5259-2079-0(0))*; pap. *(978-1-5259-2078-3(2))* Kidkiddos Bks.

Boxer & Brandon (Ukrainian English Bilingual Book) Kidkiddos Books & Inna Nusinsky. 2020. (Ukrainian English Bilingual Collection). (UKR., Illus.). 34p. (J). (gr. k-3). *(978-1-5259-2082-0(0))*; pap. *(978-1-5259-2081-3(2))* Kidkiddos Bks.

Boxer & Brandon (Vietnamese English Bilingual Book for Kids) Kidkiddos Books & Inna Nusinsky. 2021. (Vietnamese English Bilingual Collection). (VIE., Illus.). 34p. (J). *(978-1-5259-4844-2(X))*; pap. *(978-1-5259-4843-5(1))* Kidkiddos Bks.

Boxer & Brandon (Welsh Book for Kids) Kidkiddos Books & Inna Nusinsky. l.t. ed. 2022. (Welsh Bedtime Collection). (WEL., Illus.). 34p. (J). *(978-1-5259-6220-2(5))*; pap. *(978-1-5259-6219-6(1))* Kidkiddos Bks.

Boxer & Brandon (Welsh English Bilingual Book for Kids) Kidkiddos Books & Inna Nusinsky. l.t. ed. 2022. (Welsh English Bilingual Collection). (WEL., Illus.). 34p. (J). *(978-1-5259-6223-3(X))*; pap. *(978-1-5259-6222-6(1))* Kidkiddos Bks.

Boxer & the Butterfly. Sasha Hibbs. 2016. (ENG., Illus.). (J). pap. *(978-1-77339-075-8(9))* Evernight Publishing.

Boxer e Brandon Boxer & Brandon: Italian English Bilingual Edition. S. a Publishing. 2016. (Italian English Bilingual Collection). (ITA., Illus.). (J). (gr. k-3). *(978-1-77268-742-2(1))*; pap. *(978-1-77268-741-5(3))* Shelley Admont Publishing.

Boxer e Brandon Boxer & Brandon: Italian English Bilingual Edition. Kidkiddos Books & Inna Nusinsky. 2nd ed. 2020. (Italian English Bilingual Collection). (ITA., Illus.). 34p. (J). (gr. k-3). pap. *(978-1-5259-2285-5(8))* Kidkiddos Bks.

Boxer en Brandon (Dutch Language Children's Story) Dutch Kids Book. S. a Publishing. 2018. (Dutch Bedtime Collection). (DUT., Illus.). 34p. (J). (gr. k-3). *(978-1-5259-0659-6(3))*; pap. *(978-1-5259-0658-9(5))* Kidkiddos Bks.

Boxer et Brandon: Boxer & Brandon (French Edition) Shelley Admont & Kidkiddos Books. 2nd ed. 2019. (French Bedtime Collection). (FRE., Illus.). 34p. (J). (gr. k-3). pap. *(978-1-5259-1704-2(8))* Kidkiddos Bks.

Boxer et Brandon Boxer & Brandon: French English Bilingual Edition. Inna Nusinsky & Kidkiddos Books. 2nd ed. 2019. (French English Bilingual Collection). (FRE.). 34p. (J). (gr. k-3). pap. *(978-1-5259-1389-1(1))* Kidkiddos Bks.

Boxer y Brandon: Boxer & Brandon - Spanish Edition. Kidkiddos Books & Inna Nusinsky. 2nd ed. 2019. (SPA., Illus.). 34p. (J). pap. *(978-1-5259-1814-8(1))* Kidkiddos Bks.

Boxer y Brandon Boxer & Brandon: Spanish English Bilingual Book. Kidkiddos Books & Inna Nusinsky. 2nd ed. 2019. (Spanish English Bilingual Collection). (SPA., Illus.). 34p. (J). (gr. k-3). pap. *(978-1-5259-1594-9(0))* Kidkiddos Bks.

Boxers. Valerie Bodden. 2018. (Fetch! Ser.). (ENG.). 24p. (J). (gr. 1-4). *(978-1-60818-897-0(3)*, 19504, Creative Education); pap. 8.99 *(978-1-62832-513-3(5)*, 19502, Creative Paperbacks) Creative Co., The.

Boxers. Sarah Frank. 2019. (Lightning Bolt Books (r) — Who's a Good Dog? Ser.). (ENG., Illus.). 24p. (J). (gr. 1-3). 29.32 *(978-1-5415-5571-6(6)*, ad0f3af3-7829-4aed-9d9f-e490b2ab62de); pap. 9.99 *(978-1-5415-7463-2(X)*, b7996034-f3c6-4576-8fbd-addbd0bfa3ab) Lerner Publishing Group. (Lerner Pubns.).

Boxers, 1 vol. Grace Hansen. 2016. (Dogs (Abdo Kids Jumbo) Ser.). (ENG., Illus.). 24p. (J). (gr. -1-2). lib. bdg. 32.79 *(978-1-68080-515-4(0)*, 21310, Abdo Kids) ABDO Publishing Co.

Boxers. Katie Lajiness. 2017. (Big Buddy Dogs Ser.). (ENG., Illus.). 32p. (J). (gr. 2-5). lib. bdg. 34.21 *(978-1-5321-1205-8(X)*, 27557, Big Buddy Bks.) ABDO Publishing Co.

Boxers. Margaret Mincks. 2017. (Doggie Data Ser.). (ENG.). 32p. (gr. 2-7). 9.95 *(978-1-68072-452-3(5))*; (J). (gr. 4-6). pap. 9.99 *(978-1-64466-189-5(6)*, 11426); (Illus.). (J). (gr. 4-6). lib. bdg. *(978-1-68072-149-2(6)*, 10482) Black Rabbit Bks. (Bolt).

Boxers. Martha E. H. Rustad. 2017. (Favorite Dog Breeds Ser.). (ENG., Illus.). 24p. (J). (gr. 1-4). 20.95 *(978-1-68151-125-2(8)*, 14668) Amicus.

Boxers. Martha E.H. Rustad. 2018. (Favorite Dog Breeds Ser.). (ENG., Illus.). 24p. (J). (gr. 1-4). pap. 10.99 *(978-1-68152-156-5(3)*, 14787) Amicus.

Boxers. Mari Schuh. 2016. (Awesome Dogs Ser.). (ENG., Illus.). 24p. (J). (gr. k-3). lib. bdg. 26.95 *(978-1-62617-303-3(6)*, Blastoff! Readers) Bellwether Media.

Boxers. Leo Statts. 2016. (Dogs (Abdo Zoom) Ser.). (ENG.). 24p. (J). (gr. -1-2). 49.94 *(978-1-68079-339-0(X)*, 22960, Abdo Zoom-Launch) ABDO Publishing Co.

Boxers & Their Battles: Anecdotal Sketches & Personal Recollections of Famous Pugilists (Classic Reprint) Thormanby Thormanby. 2017. (ENG., Illus.). 378p. (J). 31.71 *(978-0-331-59662-5(8))* Forgotten Bks.

Bóxers (Boxers) Grace Hansen. 2016. (Perros (Dogs Set 2) Ser.). (SPA.). 24p. (J). (gr. -1-2). lib. bdg. 32.79 *(978-1-62402-700-0(8)*, 24904, Abdo Kids) ABDO Publishing Co.

Boxing Bootsie. Shelley Swanson Sateren. Illus. by Deborah Melmon. 2017. (Adventures at Tabby Towers Ser.). (ENG.). 72p. (J). (gr. 1-4). pap. 4.95 *(978-1-5158-1551-8(X)*, 136119, Picture Window Bks.) Capstone.

Boxing Time. Cecilia Smith. 2022. (Entry Level Readers Ser.). (ENG.). (J). 20p. pap. 12.99 ***(978-1-5324-4163-9(0))***; 16p. (gr. -1-2). pap. 12.99 ***(978-1-5324-2770-1(0))*** Xist Publishing.

Boxitects. Kim Smith. Illus. by Kim Smith. 2020. (ENG., Illus.). 40p. (J). (gr. -1-3). 19.99 *(978-1-328-47720-0(7)*, 1715093, Clarion Bks.) HarperCollins Pubs.

Boxter in My Backpack. Johnnie P. Brown. 2016. (ENG., Illus.). (J). pap. 11.99 *(978-1-4984-8417-6(4))* Salem Author Services.

Boy. Blake Nelson. (ENG.). (YA). (gr. 9). 2018. 384p. pap. 12.99 *(978-1-4814-8814-3(7))*; 2017. (Illus.). 368p. 18.99 *(978-1-4814-8813-6(9))* Simon Pulse. (Simon Pulse).

Boy: A Sketch (Classic Reprint) Marie Corelli. 2018. (ENG., Illus.). 354p. (J). 31.20 *(978-0-666-67394-7(2))* Forgotten Bks.

Boy: Built to Love. Matt Shaw. 2022. (ENG.). 100p. (J). pap. ***(978-1-4716-2356-1(4))*** Lulu Pr., Inc.

Boy: Tales of Childhood. Roald Dahl. 2021. (ENG., Illus.). 192p. (J). (gr. 3-7). pap. 16.00 *(978-1-4059-4721-3(7)*, Penguin Bks.) Penguin Publishing Group.

Boy, a Bike, a Train, & a Christmas Miracle! A Christmas Story That Will Melt Your Heart! Brian W. Kelly. 2017. (ENG., Illus.). (J). pap. 9.95 *(978-1-947402-15-7(3))* Lets Go Publish.

Boy a Bike Alaska! Mt. Shasta to Denali. Warren Calson. Illus. by Anthony LeBeau. 2022. 116p. (YA). 20.99 ***(978-1-954896-14-7(X))*** Fathom Publishing Co.

Boy Adventurers in the Forbidden Land (Classic Reprint) A. Hyatt Verrill. (ENG., Illus.). (J). 2018. 314p. 30.37 *(978-0-365-38791-6(6))*; 2017. pap. 13.57 *(978-0-259-25191-0(7))* Forgotten Bks.

Boy after God's Own Heart Action Devotional. Jim George. 2017. (ENG.). 160p. (J). (gr. 3-6). 10.99 *(978-0-7369-6751-8(6)*, 6967518) Harvest Hse. Pubs.

Boy after God's Own Heart Action Devotional (Milano Softone) Jim George. 2018. (ENG.). 160p. (J). (gr. 2-7). im. lthr. 12.99 *(978-0-7369-7442-4(3)*, 6974424) Harvest Hse. Pubs.

Boy after Shady Grove Road: The High School Years in The 1950s. Clyde McCulley. 2019. (ENG., Illus.). 106p. (YA). (gr. 7-12). pap. 9.99 *(978-0-9986699-9-1(7))* Story Night Pr.

Boy Allies: With the Great Advance or Driving the Enemy Through France & Belgium (Classic Reprint) Clair W. Hayes. 2018. (ENG., Illus.). 260p. (J). 29.30 *(978-0-483-67354-0(4))* Forgotten Bks.

Boy Allies at Jutland: The Greatest Naval Battle of History. Ensign Robert L. Drake. 2018. (ENG., Illus.). 186p. (YA). (gr. 7-12). pap. *(978-93-5297-243-2(0))* Alpha Editions.

Boy Allies at Liege. Clair W. Hayes. 2018. (ENG., Illus.). 172p. (YA). (gr. 7-12). pap. *(978-93-5297-248-7(1))* Alpha Editions.

Boy Allies at Verdun. Clair W. Hayes. 2018. (ENG., Illus.). 184p. (YA). (gr. 7-12). pap. *(978-93-5297-249-4(X))* Alpha Editions.

Boy Allies at Verdun: Saving France from the Enemy. Clair Wallace Hayes. 2017. (ENG., Illus.). (J). 23.95 *(978-1-374-95591-2(4))*; pap. 13.95 *(978-1-374-95590-5(6))* Capital Communications, Inc.

Boy Allies in Great Peril. Clair W. Hayes. 2018. (ENG., Illus.). 188p. (YA). (gr. 7-12). pap. *(978-93-5297-250-0(3))* Alpha Editions.

Boy Allies in Great Peril. Clair W. Hayes. 2017. (ENG., Illus.). (J). pap. 13.95 *(978-1-374-94474-9(2))* Capital Communications, Inc.

Boy Allies in Great Peril: Or with the Italian Army in the Alps (Classic Reprint) Clair W. Hayes. 2018. (ENG., Illus.). 260p. (J). 29.26 *(978-0-365-19935-9(4))* Forgotten Bks.

Boy Allies in the Balkan Campaign: The Struggle to Save a Nation. Clair W. Hayes. 2018. (ENG., Illus.). 188p. (YA). (gr. 7-12). pap. *(978-93-5297-251-7(1))* Alpha Editions.

Boy Allies in the Balkan Campaign, or the Struggle to Save a Nation (Classic Reprint) Clair W. Hayes. 2018. (ENG., Illus.). 252p. (J). 29.11 *(978-0-267-44591-2(1))* Forgotten Bks.

Boy Allies in the Baltic, or Through Fields of Ice to Aid the Czar (Classic Reprint) Robert L. Drake. 2018. (ENG., Illus.). (J). 29.30 *(978-0-331-98669-3(8))* Forgotten Bks.

Boy Allies in the Trenches Midst Shot & Shell along the Aisne. Clair W. Hayes. 2018. (ENG., Illus.). 188p. (YA). (gr. 7-12). pap. *(978-93-5297-252-4(X))* Alpha Editions.

Boy Allies on the Firing Line: Or Twelve Days Battle along the Marne (Classic Reprint) Clair W. Hayes. 2018. (ENG., Illus.). 254p. (J). 29.14 *(978-0-484-42115-7(8))* Forgotten Bks.

Boy Allies on the Firing Line: Twelve Days Battle along the Marne. Clair W. Hayes. 2018. (ENG., Illus.). 180p. (YA). (gr. 7-12). pap. *(978-93-5297-253-1(8))* Alpha Editions.

Boy Allies on the North Sea Patrol: Or Striking the First Blow at the German Fleet (Classic Reprint) Robert L. Drake. 2018. (ENG., Illus.). 254p. (J). 29.16 *(978-0-484-46757-5(3))* Forgotten Bks.

Boy Allies under the Sea. Robert L. Drake. 2018. (ENG., Illus.). 188p. (YA). (gr. 7-12). pap. *(978-93-5297-244-9(9))* Alpha Editions.

Boy Allies under the Sea. Robert L. Drake. 2017. (ENG., Illus.). (J). 23.95 *(978-1-374-95915-6(4))* Capital Communications, Inc.

Boy Allies under the Sea, or the Vanishing Submarines (Classic Reprint) Robert L. Drake. 2018. (ENG., Illus.). 256p. (J). 29.18 *(978-0-364-25820-0(9))* Forgotten Bks.

Boy Allies under Two Flags. Robert L. Drake. 2018. (ENG., Illus.). 182p. (YA). (gr. 7-12). pap. *(978-93-5297-245-6(7))* Alpha Editions.

Boy Allies with Haig in Flanders. Clair W. Hayes. 2018. (ENG., Illus.). 158p. (YA). (gr. 7-12). pap. *(978-93-5297-254-8(6))* Alpha Editions.

Boy Allies with Haig in Flanders: Or the Fighting Canadians of Vimy Ridge (Classic Reprint) Clair W. Hayes. 2017. (ENG., Illus.). (J). 28.64 *(978-0-331-88691-7(X))* Forgotten Bks.

Boy Allies with Pershing in France: Or over the Top at Chateau Thierry (Classic Reprint) Clair W. Hayes. (ENG., Illus.). (J). 2017. 29.26 *(978-0-260-97459-4(5))*; 2016. pap. 11.97 *(978-1-334-16860-4(1))* Forgotten Bks.

Boy Allies with the Cossacks: Or a Wild Dash over the Carpathian Mountains (Classic Reprint) Clair W. Hayes. 2018. (ENG., Illus.). 262p. (J). 29.30 *(978-0-267-86099-9(4))* Forgotten Bks.

Boy Allies with the Terror of the Seas: Or the Last Shot of Submarine, d-16 (Classic Reprint) Robert L. Drake. 2018. (ENG., Illus.). 262p. (J). 29.30 *(978-0-267-68486-1(X))* Forgotten Bks.

Boy Allies with the Victorious Fleet. Robert L. Drake. 2018. (ENG., Illus.). 186p. (YA). (gr. 7-12). pap. *(978-93-5297-246-3(5))* Alpha Editions.

Boy Allies with the Victorious Fleets: The Fall of the German Navy. Robert L. Drake. 2017. (ENG., Illus.). (J). 23.95 *(978-1-374-95863-0(8))*; pap. 13.95 *(978-1-374-95862-3(X))* Capital Communications, Inc.

Boy Allies with Uncle Sam's Cruisers. Robert L. Drake. 2018. (ENG., Illus.). 162p. (YA). (gr. 7-12). pap. *(978-93-5297-247-0(3))* Alpha Editions.

Boy Allies with Uncle Sam's Cruisers. Robert L. Drake. 2017. (ENG., Illus.). (J). 23.95 *(978-1-374-85558-8(8))* Capital Communications, Inc.

Boy Allies with Uncle Sam's Cruisers, or Convoying the American Army Across the Atlantic (Classic Reprint) Robert L. Drake. 2018. (ENG., Illus.). 260p. (J). 29.26 *(978-0-267-86737-0(9))* Forgotten Bks.

Boy & a House. Maja Kastelic. 2018. (ENG., Illus.). 32p. (J). (gr. k-2). 9.95 *(978-1-77321-054-4(8))* Annick Pr., Ltd. CAN. Dist: Publishers Group West (PGW).

Boy & Girl Heroes (Classic Reprint) Florence V. Farmer. 2018. (ENG., Illus.). 152p. (J). 27.03 *(978-0-365-52394-9(1))* Forgotten Bks.

Boy & Girl Who Broke the World. Amy Reed. (ENG.). (YA). (gr. 9). 2020. 480p. pap. 12.99 *(978-1-4814-8177-9(0))*; 2019. (Illus.). 464p. 19.99 *(978-1-4814-8176-2(2))* Simon Pulse. (Simon Pulse).

Boy & His Ball. Tina Jerrett. 2020. (ENG., Illus.). 34p. (J). 23.95 *(978-1-64670-157-5(7))*; pap. 13.95 *(978-1-64670-156-8(9))* Covenant Bks.

Boy & His Baskets: (Based on a True Miracle) Eric S. Rodko. 2019. (ENG.). 42p. (J). 25.95 *(978-1-0980-1526-8(6))*; pap. 15.95 *(978-1-64569-511-0(5))* Christian Faith Publishing.

Boy & His Blackbird. David Light. 2021. (ENG., Illus.). 34p. (J). pap. 14.95 *(978-1-63881-553-2(4))* Newman Springs Publishing, Inc.

Boy & His Bones. Michael Johnson. Illus. by Kim Thornsberry. 2021. (ENG.). 40p. (J). pap. 13.99 *(978-1-63988-148-2(4))* Primedia eLaunch LLC.

Boy & His Dog. Kayla Jarmon. 2018. (ENG., Illus.). 42p. (J). pap. 14.99 *(978-1-948706-00-1(8))* Tamarisk Tree Publishing House.

Boy & His Dog. David Willis. 2018. (ENG.). 38p. (J). pap. ***(978-1-387-85047-1(4))*** Lulu Pr., Inc.

Boy & His Mirror. Marchánt Davis. Illus. by Keturah A. Bobo. 2023. 32p. (J). (gr. -1-2). 18.99 *(978-0-593-11055-3(2)*, Nancy Paulsen Books) Penguin Young Readers Group.

Boy & the Battle: A Read Aloud Bible Story Book for Kids - the Old Testament Story of David & Goliath, Retold for Beginners. Jennifer Carter. 2019. (ENG.). 38p. (J). pap. *(978-1-908567-18-5(X))* Hope Bks., Ltd.

Boy & the Bear. Sarah Massini. Illus. by Sarah Massini. 2019. (ENG., Illus.). 32p. (J). (-k). 16.99 *(978-1-5362-0814-6(0))* Candlewick Pr.

Boy & the Bear. Peter Stein. 2019. (Illus.). 40p. (J). (gr. -1-2). 17.99 *(978-0-8234-4095-5(8))* Holiday Hse., Inc.

Boy & the Bear Take Mars. Katie Pope. 2023. (ENG.). 68p. (J). 25.95 ***(978-1-0881-9679-3(9))***; pap. 11.95 ***(978-1-0881-4209-7(5))*** Indy Pub.

Boy & the Bear Take Mars. Katie Rose Pope. 2023. (ENG.). 66p. (J). 29.99 ***(978-1-0880-9033-6(8))***; pap. 14.95 ***(978-1-0880-2560-4(9))*** Indy Pub.

Boy & the Bear's Cosmic Adventure. Katie Pope. 2023. (ENG.). 76p. (J). 25.99 ***(978-1-0881-5003-0(9))***; pap. 12.95 ***(978-1-0881-4987-4(1))*** Indy Pub.

Boy & the Bindi. Vivek Shraya. Illus. by Rajni Perera. 2016. 38p. (J). (gr. -1-3). 17.95 *(978-1-55152-668-3(9))* Arsenal Pulp Pr. CAN. Dist: Consortium Bk. Sales & Distribution.

Boy & the Birds (Classic Reprint) Emily Taylor. (ENG., Illus.). (J). 2018. 242p. 28.89 *(978-0-267-17716-5(X))*; 2017. pap. 9.57 *(978-0-259-28150-4(6))* Forgotten Bks.

Boy & the Book (Classic Reprint) Unknown Author. 2018. (ENG., Illus.). 52p. (J). 24.97 *(978-0-267-25157-5(2))* Forgotten Bks.

Boy & the Boomerang from County Down. John Leneghan. 2017. (ENG.). 144p. (J). pap. ***(978-1-78876-137-6(5))*** FeedARead.com.

Boy & the Box. Leila Boukarim & Shameer Bismilla. Illus. by Barbara Moxham. 2022. (ENG.). 88p. (J). (gr. k-4). 18.99 *(978-981-4893-47-3(1))* Marshall Cavendish International (Asia) Private Ltd. SGP. Dist: Independent Pubs. Group.

Boy & the Eagle. Terry Miller Shannon. 2016. (Spring Forward Ser.). (J). (gr. 1). *(978-1-4900-2241-3(4))* Benchmark Education Co.

Boy & the Egg. Ellen DeLange. Illus. by Martina Heiduczek. 2019. (ENG.). 32p. (J). 17.95 *(978-1-60537-460-4(1))*; 9.95 *(978-1-60537-477-2(6))* Clavis Publishing.

Boy & the Gecko. K. 2023. (ENG.). 18p. (J). pap. ***(978-0-2288-8624-2(4))*** Tellwell Talent.

Boy & the Giant. David Litchfield. 2018. (ENG., Illus.). 40p. (J). (gr. -1-3). 16.99 *(978-1-4197-3318-5(4)*, 1255601, Abrams Bks. for Young Readers) Abrams, Inc.

Boy & the Goats see Niño y los Chivos

Boy & the Goats. Margaret Hillert. Illus. by Sarolta Szulyovszky. 2016. (BeginningtoRead Ser.). (ENG.). 32p. (J). (-2). lib. bdg. 22.60 *(978-1-59953-777-1(X))* Norwood Hse. Pr.

Boy & the Gorilla. Jackie Azúa Kramer. Illus. by Cindy Derby. 2020. (ENG.). 48p. (J). (gr. -1-3). 17.99 *(978-0-7636-9832-4(6))* Candlewick Pr.

Boy & the Honeybees. Desmond Loren. Illus. by A. Niluka Priyadarshani Arabage. 2022. (ENG.). 64p. (J). ***(978-1-0391-5016-4(0))***; pap. ***(978-1-0391-5015-7(2))*** FriesenPress.

Boy & the Lone Mango Tree. Mark J. M. Lopez. Illus. by Al Estrella. 2017. (ENG.). (J). pap. *(978-1-5255-0280-4(8))* FriesenPress.

Boy & the Mountain. Mario Bellini. Illus. by Marianna Coppo. 2022. (ENG.). 48p. (J). (gr. -1-2). 18.99 *(978-0-7352-7025-1(2)*, Tundra Bks.) Tundra Bks. CAN. Dist: Penguin Random Hse. LLC.

Boy & the Pebble. Sean Salter. Illus. by Edward Salter. 2016. (ENG.). (J). pap. *(978-1-78623-050-8(X))* Grosvenor Hse. Publishing Ltd.

Boy & the Rabbit. Nyasunday Both War. 2021. (ENG.). 28p. (J). 21.95 *(978-1-6624-5116-4(4))* Page Publishing Inc.

Boy & the Sun. Cassie; Grudzina Bell. Ed. by Rebecca Grudzina. 2016. (Spring Forward Ser.). (ENG.). (J). (gr. k). 6.84 net. *(978-1-4900-6011-8(1))* Benchmark Education Co.

BOY & the TALL, TALL ROCK & ABBIE & the SAUCY BLACK BIRD: An Anthology of Young Pioneer Adventures. Joann Klusmeyer. 2021. (Young Pioneers Adventure Series for Kids Ser.). (ENG.). 114p. (J). pap. 12.95 *(978-1-61314-639-2(6))* Innovo Publishing, LLC.

Boy & the Whale. Mordicai Gerstein. Illus. by Mordicai Gerstein. 2017. (ENG., Illus.). 40p. (J). 18.99 *(978-1-62672-505-8(5)*, 900159303) Roaring Brook Pr.

Boy & the Wild Blue Girl. Keith Negley. Illus. by Keith Negley. 2020. (ENG., Illus.). 40p. (J). (gr. -1-3). 17.99 *(978-0-06-284680-8(9)*, Balzer & Bray) HarperCollins Pubs.

Boy & Toy. Jessica Young. 2018. (ENG.). 38p. (J). 14.95 *(978-1-68401-401-9(8))* Amplify Publishing Group.

Boy Artist: A Tale for the Young. F M S. 2019. (ENG., Illus.). 70p. (YA). (gr. 7-12). pap. *(978-93-5329-434-2(7))* Alpha Editions.

Boy at Heart. Ray M. Vento. Illus. by Jazmay Mazhar. 2018. (Sam Caruso Stories Ser.: Vol. 3). (ENG.). 34p. (J). (gr. 3-5). pap. 9.95 ***(978-0-9856890-4-9(8))***; 14.95 *(978-0-9856890-5-6(6))* Ray.

Boy at the Back of the Class. Onjali Q. Raúf. 2020. (ENG., Illus.). 304p. (J). (gr. 3-7). 8.99 *(978-1-9848-5081-2(4)*, Yearling) Random Hse. Children's Bks.

Boy at the Top of the Mountain. John Boyne. ed. 2017. (J). lib. bdg. 18.40 *(978-0-606-39937-1(2))* Turtleback.

Boy at the Window. Lauren Melissa Elizey. 2022. (ENG.). (YA). (gr. 9-17). pap. 13.95 *(978-1-63679-092-3(5))* Bold Strokes Bks.

Boy Aviators in Africa. Wilbur Lawton. 2018. (ENG., Illus.). 176p. (J). pap. *(978-93-87600-36-2(X))* Alpha Editions.

Boy Aviators in Africa: Or an Aerial Ivory Trail (Classic Reprint) Wilbur Lawton. 2018. (ENG., Illus.). 298p. (J). 30.06 *(978-0-483-42369-5(6))* Forgotten Bks.

Boy Aviators in Record Flight: Or the Rival Aeroplane (Classic Reprint) Wilbur Lawton. 2018. (ENG., Illus.). 278p. (J). 29.63 *(978-0-332-57260-4(9))* Forgotten Bks.

Boy Aviators on Secret Service: Or Working with Wireless (Classic Reprint) Wilbur Lawton. 2018. (ENG., Illus.). 340p. (J). 30.91 *(978-0-483-43231-4(8))* Forgotten Bks.

Boy Aviators' Polar Dash: Facing Death in the Antarctic. John Henry Goldfrap. 2018. (ENG., Illus.). 186p. (YA). (gr. 7-12). pap. *(978-93-5297-255-5(4))* Alpha Editions.

Boy Aviators' Treasure Quest. Wilbur Lawton. 2018. (ENG., Illus.). 168p. (YA). (gr. 7-12). pap. *(978-93-5297-256-2(2))* Alpha Editions.

Boy Aviators' Treasure Quest: Or the Golden Galleon (Classic Reprint) Wilbur Lawton. 2018. (ENG., Illus.). 294p. (J). 29.98 *(978-0-267-47893-4(3))* Forgotten Bks.

Boy Between Worlds: The Cabinet of Curiosities. Cynthia C. Huijgens. 2020. (ENG.). 232p. (J). pap. 12.99 *(978-1-7329258-1-6(X))* Idle Time Pr.

Boy Bites Bug. Rebecca Petruck. 2019. (ENG.). 272p. (J). (gr. 3-17). pap. 9.99 *(978-1-4197-3481-6(4)*, 1136803, Amulet Bks.) Abrams, Inc.

Boy Blue & His Friends. Etta Austin Blaisdell. 2017. (ENG., Illus.). (J). 21.95 *(978-1-374-90858-1(4))* Capital Communications, Inc.

Boy Blue & His Friends (Classic Reprint) Etta Austin Blaisdell. (ENG., Illus.). (J). 2018. 176p. 27.55 *(978-0-267-54657-2(2))*; 2016. pap. 9.97 *(978-1-333-48489-7(5))* Forgotten Bks.

Boy Broker (Classic Reprint) Frank A. Munsey. 2018. (ENG., Illus.). 250p. (J). 29.05 *(978-0-267-23804-0(5))* Forgotten Bks.

Boy Called Bat. Elana K. Arnold. Illus. by Charles Santoso. (Bat Ser.: 1). (ENG.). (J). (gr. 1-5). 2018. 224p. pap. 9.99 *(978-0-06-244583-4(9))*; 2017. 208p. 18.99 *(978-0-06-244582-7(0))* HarperCollins Pubs. (Walden Pond Pr.).

Boy Called Chipmunk. Judy a Goelitz. (ENG., 30p. (J). 2020. Illus.). 24.95 *(978-1-0980-4319-3(7))*; 2019. pap. 13.95 *(978-1-64349-091-5(5))* Christian Faith Publishing.

Boy Called Christmas. Matt Haig. Illus. by Chris Mould. (Boy Called Christmas Ser.). (ENG.). (J). (gr. 3-7). 2018. 256p. 8.99 *(978-0-399-55268-7(5)*, Yearling); 2016. 240p. 17.99 *(978-0-399-55265-6(0)*, Knopf Bks. for Young Readers) Random Hse. Children's Bks.

Boy Called Christmas Movie Tie-In Edition. Matt Haig. Illus. by Chris Mould. ed. 2021. (Boy Called Christmas Ser.). (ENG.). 256p. (J). (gr. 3-7). 7.99 *(978-0-593-37781-9(8)*, Yearling) Random Hse. Children's Bks.

Boy Called Christmas Series Boxed Set: A Boy Called Christmas; the Girl Who Saved Christmas; a Mouse Called Miika. Matt Haig. Illus. by Chris Mould. 2022. (Boy Called Christmas Ser.). (ENG.). 736p. (J). (gr. 3-7). 25.97 *(978-0-593-64486-7(7)*, Yearling) Random Hse. Children's Bks.

Boy Called Jesus. Ed Dixon. 2019. (ENG.). 32p. (J). pap. *(978-0-359-95332-5(8))* Lulu Pr., Inc.

Boy Called Josh. Ron Hicks. 2018. (ENG., Illus.). 26p. (J). (gr. 3-4). *(978-1-5289-2515-0(7))*; pap. *(978-1-5289-2514-3(9))* Austin Macauley Pubs. Ltd.

Boy Called Ocean. Chris Higgins. 2019. (ENG.). 304p. (YA). (gr. 7-12). pap. 9.99 ***(978-0-340-99703-1(6))*** Hachette Children's Group GBR. Dist: Hachette Bk. Group.

Boy Captive of the Texas Mier Expedition (Classic Reprint) Fanny Chambers Gooch Iglehart. 2017. (ENG., Illus.). (J). 30.95 *(978-1-5282-6119-7(4))* Forgotten Bks.

Boy Cat Series. Will Chenery. 2019. (ENG.). 38p. (J). pap. *(978-1-5289-1448-2(1))* Austin Macauley Pubs. Ltd.

Boy Chums in the Florida Jungle: Or Charlie West & Walter Hazard with the Seminole Indians (Classic Reprint) Wilmer M. Ely. 2018. (ENG., Illus.). 260p. (J). 29.26 *(978-0-656-87032-5(X))* Forgotten Bks.

B

Boy Chums in the Forest: Or Hunting for Plume Birds in the Florida Everglades (Classic Reprint) Wilmer M. Ely. 2018. (ENG., Illus.). 318p. (J). 30.46 *(978-0-267-46972-7(1))* Forgotten Bks.

Boy-Crazy Stacey, 7. Gale Galligan. 2019. (Baby-Sitters Club Ser.). (ENG.). 159p. (J). (gr. 4-5). 21.96 *(978-0-87617-926-0(X))* Penworthy Co., LLC, The.

Boy-Crazy Stacey: a Graphic Novel (the Baby-Sitters Club #7) Ann M. Martin. Illus. by Gale Galligan. 2023. (Baby-Sitters Club Graphix Ser.). (ENG.). 176p. (J). (gr. 3-7). pap. 12.99 *(978-1-338-88829-4(3))* Scholastic, Inc.

Boy-Crazy Stacey: a Graphic Novel (the Baby-Sitters Club #7) (Library Edition), Vol. 7. Ann M. Martin. Illus. by Gale Galligan. 2019. (Baby-Sitters Club Graphix Ser.: 7). (ENG.). 176p. (J). (gr. 3-7). 24.99 *(978-1-338-30452-7(6),* Graphix) Scholastic, Inc.

Boy-Crazy Stacey (Baby-Sitters Club Graphic Novel #7) Ann M. Martin. Illus. by Gale Galligan. 2019. (Baby-Sitters Club Graphic Novel Ser.: Vol. 7). (ENG.). 176p. (J). (gr. 3-7). lib. bdg. 21.80 *(978-1-6636-2479-6(8))* Perfection Learning Corp.

Boy-Crazy Stacey (the Baby-Sitters Club #8) Ann M. Martin. 2020. (Baby-Sitters Club Ser.: 8). (ENG.). 160p. (J). (gr. 3-7). pap. 6.99 *(978-1-338-64228-5(6),* Scholastic Paperbacks) Scholastic, Inc.

Boy-Crazy Stacey (the Baby-Sitters Club #8) (Library Edition) Ann M. Martin. 2020. (Baby-Sitters Club Ser.: 8). (ENG.). 160p. (J). (gr. 3-7). lib. bdg. 25.99 *(978-1-338-65125-6(0))* Scholastic, Inc.

Boy Crusaders: A Story of the Days of Louis IX. John G. Edgar. 2019. (ENG., Illus.). 208p. (YA). (gr. 7-12). pap. *(978-93-5329-435-9(5))* Alpha Editions.

Boy Dad. Sean Williams. Illus. by Jay Davis. 2023. (ENG.). 40p. (J). (gr. -1-3). 21.99 *(978-0-06-311364-0(3),* HarperCollins) HarperCollins Pubs.

Boy Dumplings: A Tasty Chinese Tale. Ying Chang Compestine. Illus. by James Yamaski. 2016. 40p. (J). (gr. -1-3). 15.95 *(978-1-59702-119-7(9))* Immedium.

Boy Electrician, or the Secret Society of the Jolly Philosophers (Classic Reprint) Edwin James Houston. (ENG., Illus.). (J). 2019. 348p. 31.07 *(978-0-365-17703-6(2));* 2017. pap. 13.57 *(978-0-259-87526-0(0))* Forgotten Bks.

Boy Emigrants (Classic Reprint) Noah Brooks. 2017. (ENG., Illus.). (J). 32.21 *(978-0-265-22031-3(9))* Forgotten Bks.

Boy, Everywhere, 1 vol. A. M. Dassu. 2021. (ENG., Illus.). 400p. (J). (gr. 7-12). 21.95 *(978-1-64379-196-8(6),* leelowtu, Tu Bks.) Lee & Low Bks., Inc.

Boy Farmers of ELM Island (Classic Reprint) Elijah Kellogg. (ENG., Illus.). (J). 2018. 310p. 30.29 *(978-0-364-37906-6(5));* 2016. pap. 13.57 *(978-1-334-18976-0(5))* Forgotten Bks.

Boy Foresters: A Tale of the Days of Robin Hood (Classic Reprint) Anne Bowman. (ENG., Illus.). (J). 2018. 434p. 32.85 *(978-0-483-52474-3(3));* 2016. pap. 16.57 *(978-1-333-41114-5(6))* Forgotten Bks.

Boy Friend: Or, All Can Help (Classic Reprint) Aunt Friendly. 2018. (ENG., Illus.). 166p. (J). 27.32 *(978-0-267-24949-7(7))* Forgotten Bks.

Boy from Berlin. Nancy McDonald. 2018. (ENG., Illus.). 142p. (J). (gr. 2-6). *(978-1-77180-267-3(7));* pap. *(978-1-77180-264-2(2))* Iguana Bks.

Boy from Buchenwald. Robbie Waisman & Susan McClelland. 2021. (ENG., Illus.). 288p. (J). 19.99 *(978-1-5476-0600-9(2),* 900238284, Bloomsbury Children's Bks.) Bloomsbury Publishing USA.

Boy from Green Ginger Land (Classic Reprint) E. Vaughan-Smith. (ENG., Illus.). (J). 2018. 29.73 *(978-0-265-97413-1(5));* 2016. pap. 13.57 *(978-1-334-16021-9(X))* Forgotten Bks.

Boy from Karelia. Kaarina Brooks. 2017. (ENG., Illus.). 248p. pap. 14.95 *(978-1-988763-09-5(6))* Villa Wisteria Pubns.

Boy from Missouri Valley (Classic Reprint) Elbert Hubbard. 2017. (ENG., Illus.). 20p. (J). 24.33 *(978-0-332-18447-0(1))* Forgotten Bks.

Boy from Shangri-La. Farid Rifaat. 2022. (ENG.). 84p. (J). *(978-1-0391-3036-4(4));* pap. *(978-1-0391-3035-7(6))* FriesenPress.

Boy from Tomorrow. Camille DeAngelis. 2018. (ENG., Illus.). 268p. (J). (gr. 4-7). 15.99 *(978-1-944995-61-4(7))* Amberjack Publishing Co.

Boy General: Story of the Life of Major-General George A. Custer (Classic Reprint) Elizabeth B. Custer. 2017. (ENG., Illus.). (J). 28.85 *(978-0-266-83404-5(3))* Forgotten Bks.

Boy Geologist: At School & in Camp (Classic Reprint) Edwin J. Houston. (ENG., Illus.). (J). 2017. 30.54 *(978-0-331-77137-4(3));* 2016. pap. 13.57 *(978-1-334-15617-5(4))* Forgotten Bks.

Boy Gets a Turtle. Rob E. Nitche. 2020. (ENG., Illus.). 22p. (J). 22.95 *(978-1-6624-2229-4(6));* pap. 12.95 *(978-1-6624-0112-1(4))* Page Publishing Inc.

Boy Giant: Son of Gulliver. Michael Morpurgo. Illus. by Michael Foreman. 2020. (ENG.). 288p. (J). 9.99 ***(978-0-00-835518-0(5),*** HarperCollins Children's Bks.) HarperCollins Pubs. Ltd. GBR. Dist: HarperCollins Pubs.

Boy Grew Older (Classic Reprint) Heywood Broun. 2018. (ENG., Illus.). 298p. (J). 30.06 *(978-0-483-53127-7(8))* Forgotten Bks.

Boy Heroes in Fiction (Classic Reprint) Inez N. McFee. (ENG., Illus.). (J). 2018. 338p. 30.87 *(978-0-484-76529-9(9));* 2016. pap. 13.57 *(978-1-334-68040-3(X))* Forgotten Bks.

Boy Hikers Homeward Bound (Classic Reprint) Chelsea Curtis Fraser. 2018. (ENG., Illus.). 320p. (J). 30.50 *(978-0-267-18349-4(6))* Forgotten Bks.

Boy, His Grandmother & a Squirrel. Helen Beer & Miles Beer. 2018. (ENG., Illus.). 144p. (J). *(978-0-244-08244-4(8));* pap. *(978-0-244-37808-0(8))* Lulu Pr., Inc.

Boy: His Stories & How They Came to Be. Oliver Jeffers. 2019. (ENG., Illus.). 168p. (J). (gr. -1-3). 40.00 *(978-0-593-11474-2(4),* Philomel Bks.) Penguin Young Readers Group.

Boy Hunters of the Mississippi (Classic Reprint) Mayne Reid. 2018. (ENG., Illus.). 264p. (J). 29.34 *(978-0-267-48218-4(3))* Forgotten Bks.

Boy I Knew & Four Dogs (Classic Reprint) Laurence Hutton. 2018. (ENG., Illus.). 198p. (J). 27.98 *(978-0-267-48890-2(4))* Forgotten Bks.

Boy in a Box. B. A. Belliveau. Illus. by Bev Newton. 2018. (ENG.). 26p. (J). pap. *(978-1-926898-97-1(4))* Pine Lake Bks.

Boy in a White Room. Karl Olsberg. 2023. (ENG.). 256p. (YA). (gr. 7). 18.99 *(978-1-338-83184-9(4),* Chicken Hse., The) Scholastic, Inc.

Boy in Black. Evan Neben. 2019. (ENG.). 288p. (YA). *(978-1-5255-5273-1(2));* pap. *(978-1-5255-5274-8(0))* FriesenPress.

Boy in Eirinn (Classic Reprint) Padraic Colum. 2018. (ENG., Illus.). 290p. (J). 29.90 *(978-0-365-45822-7(8))* Forgotten Bks.

Boy in Gray. George Gilman Smith. 2017. (ENG.). 272p. (J). pap. *(978-3-337-28268-4(7))* Creation Pubs.

Boy in Gray: A Story of the War (Classic Reprint) George Gilman Smith. (ENG., Illus.). (J). 2018. 268p. 29.44 *(978-0-484-80430-1(8));* 2016. pap. 11.97 *(978-1-333-79374-6(X))* Forgotten Bks.

Boy in Grey & Other Stories & Sketches (Classic Reprint) Henry Kingsley. 2017. (ENG., Illus.). (J). 31.24 *(978-1-5280-8750-6(X))* Forgotten Bks.

Boy in the Bin. Charles W. Massie. 2017. (ENG., Illus.). (YA). 22.95 *(978-0-9989245-1-9(2))* Starshow Pubns.

Boy in the Black Suit. Jason Reynolds. ed. 2016. (ENG.). (J). lib. bdg. 22.10 *(978-0-606-38272-4(0))* Turtleback.

Boy in the Blue Boots. Chanel Pariseau. 2020. (ENG., Illus.). 28p. (J). 19.95 *(978-1-61244-825-1(9));* pap. 12.95 *(978-1-61244-824-4(0))* Halo Publishing International.

Boy in the Country (Classic Reprint) John Stevenson. (ENG., Illus.). (J). 2018. 330p. 30.70 *(978-0-483-56535-7(0));* 2016. pap. 13.57 *(978-1-333-61982-4(0))* Forgotten Bks.

Boy in the Crowd. Derek Hill & Chidera Nneoma Onyia-Hill. 2021. (ENG.). 44p. (J). pap. 19.95 *(978-1-63692-372-7(0))* Newman Springs Publishing, Inc.

Boy in the Drawer. Robert Munsch. Illus. by Michael Martchenko. 2019. (Classic Munsch Ser.). 28p. (J). (gr. k-2). pap. 6.95 *(978-1-77321-102-2(1));* (ENG.). 19.95 *(978-1-77321-103-9(X))* Annick Pr., Ltd. CAN. Dist: Publishers Group West (PGW).

Boy in the Red Dress. Kristin Lambert. 2020. 368p. (YA). (gr. 7). 18.99 *(978-0-593-11368-4(3),* Viking Books for Young Readers) Penguin Young Readers Group.

Boy in the Striped Pajamas. John Boyne. 2023. (ENG.). lib. bdg. 24.99 Cengage Gale.

Boy in the Wagon. Dorothy M. Barrios. 2018. (ENG., Illus.). 20p. (J). pap. 10.95 *(978-1-64138-612-8(6))* Page Publishing Inc.

Boy in Your Dreams. Tanya Cutler. 2022. (ENG.). 142p. (YA). pap. ***(978-1-3984-2636-8(9))*** Austin Macauley Pubs. Ltd.

Boy Inventors' Radio Telephone. Richard Bonner. 2018. (ENG., Illus.). 164p. (YA). (gr. 7-12). pap. *(978-93-5297-257-9(0))* Alpha Editions.

Boy Is Not a Bird, 1 vol. Edeet Ravel. (Illus.). 232p. (J). (gr. 4-6). 2021. pap. 9.99 *(978-1-77306-588-5(2));* 2019. (ENG.). 16.95 *(978-1-77306-174-0(7))* Groundwood Bks. CAN. Dist: Publishers Group West (PGW).

Boy Jesus & His Dog. Frank Di Silvestro. 2018. (ENG., Illus.). 190p. (J). pap. 16.95 *(978-1-64079-378-1(X))* Christian Faith Publishing.

Boy Jesus (Classic Reprint) Cortland Myers. 2018. (ENG., Illus.). 108p. (J). 26.12 *(978-0-483-32079-6(X))* Forgotten Bks.

Boy Kills Man. Matt Whyman. 2016. (ENG.). 144p. (YA). (gr. 8). pap. 13.95 *(978-1-4714-0396-5(3))* Bonnier Publishing GBR. Dist: Independent Pubs. Group.

Boy Kings & Girl Queens (Classic Reprint) H. E. Marshall. 2017. (ENG., Illus.). (J). 33.96 *(978-0-331-29276-3(9))* Forgotten Bks.

Boy Knight. G. A. Henty. 2018. (ENG., Illus.). 238p. (J). 24.99 *(978-1-5154-3138-1(X))* Wilder Pubns., Corp.

Boy Knight. Martin J. Scott. 2019. (ENG., Illus.). 156p. (YA). pap. *(978-93-5329-467-0(3))* Alpha Editions.

Boy Land Boomer: Or Dick Arbuckle's Adventures in Oklahoma (Classic Reprint) Ralph Bonehill. 2017. (ENG., Illus.). (J). 28.87 *(978-0-265-26892-6(3))* Forgotten Bks.

Boy Life: Stories & Readings Selected from the Works of William Dean Howells & Arranged for Supplementary Reading in Elementary Schools. William Dean Howells. 2017. (ENG., Illus.). (J). pap. *(978-0-649-08567-5(1))* Trieste Publishing Pty Ltd.

Boy Life: Stories & Readings Selected from the Works of William Dean Howells, & Arranged for Supplementary Reading in Elementary Schools (Classic Reprint) William Dean Howells. 2018. (ENG., Illus.). 212p. (J). 28.27 *(978-0-267-49002-8(X))* Forgotten Bks.

Boy Life of Napoleon, Afterwards Emperor of the French (Classic Reprint) Madame Eugenie Foa. 2018. (ENG., Illus.). (J). 29.24 *(978-0-260-62932-6(4))* Forgotten Bks.

Boy Life on the Prairie (Classic Reprint) Hamlin Garland. 2018. (ENG., Illus.). 452p. (J). 33.22 *(978-0-483-72146-3(8))* Forgotten Bks.

Boy Like You. Frank Murphy. Illus. by Kayla Harren. 2019. (ENG.). 32p. (J). (gr. -1-2). 16.99 *(978-1-5341-1046-5(1),* 204756) Sleeping Bear Pr.

Boy Lincoln (Classic Reprint) William O. Stoddard. 2017. (ENG., Illus.). (J). 29.71 *(978-0-260-15920-5(4))* Forgotten Bks.

Boy Meets Squirrels. Mike Nawrocki. Illus. by Luke Séguin-Magee. 2019. (Dead Sea Squirrels Ser.: 2). (ENG.). 128p. (J). pap. 6.99 *(978-1-4964-3502-6(8),* 20_32041, Tyndale Kids) Tyndale Hse. Pubs.

Boy Mineral Collectors (Classic Reprint) Jay G. Kelley. (ENG., Illus.). (J). 2018. 366p. 31.45 *(978-0-656-39132-5(4));* 2016. pap. 13.97 *(978-1-334-51911-6(0))* Forgotten Bks.

Boy Missionary (Classic Reprint) Jenny Marsh Parker. 2017. (ENG., Illus.). (J). 27.69 *(978-0-266-20512-8(7))* Forgotten Bks.

Boy Named FDR: How Franklin D. Roosevelt Grew up to Change America. Kathleen Krull. Illus. by Steve Johnson & Lou Fancher. 2016. 48p. (J). (gr. 1-4). 7.99 *(978-1-101-93251-3(1),* Dragonfly Bks.) Random Hse. Children's Bks.

Boy Named Glue. Avis Turner-Davis. 2022. (ENG., Illus.). 28p. (J). pap. 13.95 *(978-1-63881-231-9(4))* Newman Springs Publishing, Inc.

Boy Named Isamu: A Story of Isamu Noguchi. James Yang. 2021. (Illus.). 40p. (J). (gr. -1-2). 17.99 *(978-0-593-20344-6(5),* Viking Books for Young Readers) Penguin Young Readers Group.

Boy Named Jesus. P. Dalton-Simms. 2021. (ENG., Illus.). 50p. (J). 26.95 *(978-1-0980-7158-5(1));* pap. 19.95 *(978-1-0980-7157-8(3))* Christian Faith Publishing.

Boy Named Mickey. Gina Lambert. 2020. (ENG.). 34p. (J). 17.99 *(978-1-7334206-6-2(5))* Photography in Pearls LLC.

Boy Named Ossie: Classic Jamaican Childhood Stories School Edition. Earl McKenzie. 2019. (ENG., Illus.). 140p. (J). (gr. -1). pap. *(978-976-8245-65-6(4))* LMH Pubs.

Boy Named Queen, 1 vol. Sara Cassidy. 2020. 80p. (J). (gr. 3-6). pap. 9.99 *(978-1-77306-378-2(2))* Groundwood Bks. CAN. Dist: Publishers Group West (PGW).

Boy Named Rock. Ugochukwu Ikwuakor. 2023. (ENG.). 32p. (J). pap. 10.99 ***(978-1-0880-9352-8(3))*** Indy Pub.

Boy Named Tuck: Tuck & His Magical Stick. Reea Rodney. Ed. by Anne D. Pierre. Illus. by Alexandra Gold. 2018. (ENG.). 38p. (J). 17.99 *(978-1-7321362-1-2(0))* Dara Publishing LLC.

Boy Next Story: A Bookish Boyfriends Novel. Tiffany Schmidt. 2019. (ENG., Illus.). 272p. (gr. 7-17). pap. 9.99 *(978-1-4197-3436-6(9),* 1210203, Amulet Bks.) Abrams, Inc.

Boy of Mount Rhigi (Classic Reprint) Catharine Maria Sedgwick. 2017. (ENG., Illus.). (J). 29.14 *(978-0-265-32332-8(0))* Forgotten Bks.

Boy of My Heart (Classic Reprint) Unknown Author. (ENG., Illus.). (J). 2018. 28.48 *(978-0-260-60193-3(4));* 2016. pap. 10.97 *(978-1-333-75546-1(5))* Forgotten Bks.

Boy of Old Japan: The Story of Japan, the Story of China Heroic Japan, etc;, etc (Classic Reprint) R. Van Bergen. 2018. (ENG., Illus.). 280p. (J). 29.67 *(978-0-267-38777-9(6))* Forgotten Bks.

Boy of the Backwoods (Classic Reprint) Clyde Elizabeth Yeaton. (ENG., Illus.). (J). 2018. 50p. 24.95 *(978-0-656-56287-9(0));* 2017. pap. 9.57 *(978-0-259-49525-3(5))* Forgotten Bks.

Boy of the First Empire (Classic Reprint) Elbridge S. Brooks. 2018. (ENG., Illus.). 338p. (J). 30.89 *(978-0-483-92034-7(7))* Forgotten Bks.

Boy of the Woods. Alec Farhoumand. 2019. (ENG.). 68p. (YA). pap. 12.95 *(978-1-64462-904-8(6))* Page Publishing Inc.

Boy Oh Boy: From Boys to Men, Be Inspired by 30 Coming-Of-Age Stories of Sportsmen, Artists, Politicians, Educators & Scientists. Cliff Leek. Illus. by Bene Rohlmann. 2019. (ENG.). 64p. (J). (gr. 2-17). ***(978-1-78603-875-3(7),*** Wide Eyed Editions) Quarto Publishing Group UK.

Boy on a Farm: At Work & at Play (Classic Reprint) Jacob Abbott. 2018. (ENG., Illus.). 196p. (J). 27.94 *(978-0-267-49441-5(6))* Forgotten Bks.

Boy on a Houseboat. Leroy Wescovich. 2018. (ENG., Illus.). 30p. (J). 20.95 *(978-1-64140-303-0(9))* Christian Faith Publishing.

Boy on a Swing Activity Book: Fun & Discovery about Friendship, Acceptance & Celebrating the Connections We All Share. Nicole Harvick & Madi Esteves. 2018. (ENG., Illus.). 28p. (J). pap. 9.95 *(978-1-7323298-1-2(8))* Dont "Diss" Abilities.

Boy on Hold. J. D. Spero. 2019. (ENG.). 288p. (YA). (gr. 7-12). pap. 14.99 *(978-1-7339085-3-5(6))* Immortal Works LLC.

Boy on Platform One see Memory Boy

Boy on the Farm: And Other Narratives in Verse (Classic Reprint) Murray Whiting Ferris. 2018. (ENG., Illus.). 188p. (J). 27.84 *(978-0-332-17708-3(4))* Forgotten Bks.

Boy Patriot. Edward Sylvester Ellis. 2017. (ENG., Illus.). (J). pap. *(978-0-649-21916-2(3))* Trieste Publishing Pty Ltd.

Boy Patriot: A Story of Jack, the Young Friend of Washington (Classic Reprint) Edward Sylvester Ellis. (ENG., Illus.). (J). 2018. 340p. 30.91 *(978-0-484-89115-8(4));* 2018. 190p. 27.82 *(978-0-332-04254-1(5));* 2017. pap. 13.57 *(978-0-259-18333-4(4))* Forgotten Bks.

Boy Pioneer, or, Strange Stories of the Great Valley. Johnston Grosvenor. 2017. (ENG., Illus.). (J). pap. *(978-0-649-15317-6(0))* Trieste Publishing Pty Ltd.

Boy Pioneer, or Strange Stories of the Great Valley (Classic Reprint) Johnston Grosvenor. (ENG., Illus.). (J). 2017. 264p. 29.34 *(978-0-484-50345-7(6));* 2016. pap. 11.97 *(978-1-332-75946-0(7))* Forgotten Bks.

Boy Power. Doris Irish Lacks. 2021. (ENG.). 160p. (J). pap. 17.95 *(978-1-4796-1266-6(9));* 37.95 ***(978-1-4796-1605-3(2))*** TEACH Services, Inc.

Boy Project: a Wish Novel: Notes & Observations of Kara Mcallister. Kami Kinard. 2016. (Wish Ser.). (ENG.). 272p. (J). (gr. 4-7). pap. 6.99 *(978-0-545-34516-3(2),* Scholastic Paperbacks) Scholastic, Inc.

Boy Racer. Ian Whybrow. 2017. (ENG., Illus.). 64p. (J). (gr. 1-6). pap. 7.99 *(978-1-4449-3576-9(3))* Hachette Children's Group GBR. Dist: Hachette Bk. Group.

Boy Ranchers among the Indians: Or, Trailing the Yaquis. Willard F. Baker. 2017. (ENG., Illus.). (J). pap. 12.95 *(978-1-374-84765-1(8))* Capital Communications, Inc.

Boy Ranchers among the Indians: Trailing the Yaquis. Willard F. Baker. 2018. (ENG., Illus.). 142p. (YA). (gr. 7-12). pap. *(978-93-5297-258-6(9))* Alpha Editions.

Boy Ranchers on the Trail: Or the Diamond X after Cattle Rustlers (Classic Reprint) Willard F. Baker. 2018. (ENG., Illus.). 220p. (J). 28.43 *(978-0-364-16527-0(8))* Forgotten Bks.

Boy Ranchers on the Trail: The Diamond X after Cattle Rustlers. Willard F. Baker. 2018. (ENG., Illus.). 144p. (YA). (gr. 7-12). pap. *(978-93-5297-259-3(7))* Alpha Editions.

Boy Robot. Simon Curtis. 2016. (ENG., Illus.). 432p. (YA). (gr. 9). 17.99 *(978-1-4814-5929-7(5),* Simon Pulse) Simon Pulse.

Boy Scout: And Other Stories for Boys (Classic Reprint) Richard Harding Davis. 2018. (ENG., Illus.). 324p. (J). 30.60 *(978-0-332-85061-0(7))* Forgotten Bks.

Boy Scout Aviators. George Durston. 2018. (ENG., Illus.). 120p. (YA). (gr. 7-12). pap. *(978-93-5297-266-1(X))* Alpha Editions.

Boy Scout Camera Club: Or, the Confession of a Photograph. George Harvey Ralphson. 2017. (ENG., Illus.). (J). 23.95 *(978-1-374-97555-2(9));* pap. 13.95 *(978-1-374-97554-5(0))* Capital Communications, Inc.

Boy Scout Camera Club or, the Confession of a Photograph. G. Harvey Ralphson. 2018. (ENG.). 160p. (J). pap. *(978-93-5297-272-2(4))* Alpha Editions.

Boy Scout (Classic Reprint) Richard Harding Davis. 2018. (ENG., Illus.). 56p. (J). 25.05 *(978-0-267-49994-6(9))* Forgotten Bks.

Boy Scout Crusoes: A Tale of the South Seas (Classic Reprint) Edwin C. Burritt. 2017. (ENG., Illus.). (J). 30.33 *(978-0-331-25035-0(7));* pap. 13.57 *(978-0-265-98875-6(6))* Forgotten Bks.

Boy Scout Electricians: Or the Hidden Dynamo (Classic Reprint) G. Harvey Ralphson. (ENG., Illus.). (J). 2018. 258p. 29.24 *(978-0-267-39714-3(3));* 2016. pap. 11.97 *(978-1-334-12891-2(X))* Forgotten Bks.

Boy Scout Hero: A Comedy Drama, in Two Acts (Classic Reprint) Edwin Puller. (ENG., Illus.). (J). 2018. 32p. 24.56 *(978-0-267-55794-3(9));* 2016. pap. 7.97 *(978-1-333-69141-7(6))* Forgotten Bks.

Boy Scout Trail Blazers: Or Scouting for Uncle Sam on the Pike National Forest (Classic Reprint) F. H. Cheley. 2017. (ENG., Illus.). (J). 29.14 *(978-0-260-83093-7(3))* Forgotten Bks.

Boy Scout Trail Blazers; or, Scouting for Uncle Sam on the Pike National Forest. F. H. Cheley. 2017. (ENG., Illus.). (J). pap. *(978-0-649-16371-7(0))* Trieste Publishing Pty Ltd.

Boy Scout Treasure Hunters: The Lost Treasure of Buffalo Hollow. Charles Henry Lerrigo. 2018. (ENG., Illus.). 156p. (YA). (gr. 7-12). pap. *(978-93-5297-260-9(0))* Alpha Editions.

Boy Scouts: At the Panama-Pacific Exposition (Classic Reprint) Howard Payson. 2018. (ENG., Illus.). 322p. (J). 30.54 *(978-0-483-92445-1(8))* Forgotten Bks.

Boy Scouts: On Lost Trail (Classic Reprint) Thornton W. Burgess. 2017. (ENG., Illus.). (J). 31.63 *(978-0-331-22389-7(9))* Forgotten Bks.

Boy Scouts: Tenderfoot Squad or, Camping at Raccoon Lodge. Alan Douglas. 2018. (ENG., Illus.). 118p. (YA). (gr. 7-12). pap. *(978-93-5329-250-8(6))* Alpha Editions.

Boy Scouts along the Susquehanna: Or the Silver Fox Patrol Caught in a Flood (Classic Reprint) Herbert Carter. 2018. (ENG., Illus.). 262p. (J). 29.30 *(978-0-483-52647-1(9))* Forgotten Bks.

Boy Scouts As Forest Fire Fighters (Classic Reprint) Robert Shaler. 2017. (ENG., Illus.). (J). 27.34 *(978-0-266-71071-4(9));* pap. 9.97 *(978-1-5276-6250-6(0))* Forgotten Bks.

Boy Scouts at the Panama Canal (Classic Reprint) Howard Payson. 2018. (ENG., Illus.). 326p. (J). 30.62 *(978-0-332-02564-3(0))* Forgotten Bks.

Boy Scouts Beyond the Arctic Circle: Or, the Lost Expedition. G. Harvey Ralphson. 2017. (SPA., Illus.). (J). pap. *(978-0-649-08603-0(1))* Trieste Publishing Pty Ltd.

Boy Scouts Beyond the Arctic Circle: Or the Lost Expedition (Classic Reprint) G. Harvey Ralphson. (ENG., Illus.). (J). 2018. 276p. 29.59 *(978-0-484-38042-3(7));* 2017. pap. 11.97 *(978-0-259-59569-4(1))* Forgotten Bks.

Boy Scouts Beyond the Seas: My World Tour (Classic Reprint) Robert Baden-Powell. (ENG., Illus.). (J). 2018. 278p. 29.63 *(978-0-666-82872-9(5));* 2017. pap. 13.57 *(978-0-282-38606-1(8))* Forgotten Bks.

Boy Scouts Book of Stories: Edited with Introduction & Notes (Classic Reprint) Franklin K. Mathiews. 2018. (ENG., Illus.). 466p. (J). 33.57 *(978-0-484-52493-3(3))* Forgotten Bks.

Boy Scouts Courageous: Stories of Scout Valor & Daring (Classic Reprint) Hermann Hagedowm. 2017. (ENG., Illus.). (J). 29.14 *(978-0-260-53610-5(5))* Forgotten Bks.

Boy Scouts' Defiance, or Ransier's Heroic ACT (Classic Reprint) George Durston. (ENG., Illus.). (J). 2018. 174p. 27.46 *(978-0-428-61443-0(4));* 2017. pap. 9.97 *(978-0-243-43896-9(6))* Forgotten Bks.

Boy Scouts' First Camp Fire: Or, Scouting with the Silver Fox Patrol. Herbert Carter. 2017. (ENG., Illus.). (J). 23.95 *(978-1-374-92774-2(0));* pap. 13.95 *(978-1-374-92773-5(2))* Capital Communications, Inc.

Boy Scouts' First Camp Fire: Scouting with the Silver Fox Patrol. Herbert Carter. 2018. (ENG., Illus.). 186p. (YA). (gr. 7-12). pap. *(978-93-5297-263-0(5))* Alpha Editions.

Boy Scouts' Good Turn: A Three-ACT Play Depicting Typical Scout Activities & Camp Life (Classic Reprint) Albert Edmund Weston. 2018. (ENG., Illus.). 40p. (J). 24.72 *(978-0-267-19058-4(1))* Forgotten Bks.

Boy Scouts in a Motor Boat: Or Adventures on the Columbia River (Classic Reprint) G. Harvey Ralphson. (ENG., Illus.). (J). 2018. 266p. 29.34 *(978-0-332-14816-8(5));* 2016. pap. 11.97 *(978-1-333-43409-0(X))* Forgotten Bks.

Boy Scouts in a Submarine. G. Harvey Ralphson. 2018. (ENG., Illus.). 146p. (YA). (gr. 7-12). pap. *(978-93-5297-275-3(9))* Alpha Editions.

Boy Scouts in a Submarine: Or Searching an Ocean Floor (Classic Reprint) G. Harvey Ralphson. 2017. (ENG., Illus.). (J). 236p. 28.76 *(978-0-484-42218-5(9));* pap. 11.57 *(978-0-259-37844-0(5))* Forgotten Bks.

Boy Scouts in a Trapper's Camp (Classic Reprint) Thornton W. Burgess. 2017. (ENG., Illus.). (J). 31.65 *(978-0-331-55570-7(0))* Forgotten Bks.

Boy Scouts in an Airship: The Warning from the Sky. G. Harvey Ralphson. 2018. (ENG., Illus.). 152p. (YA). (gr. 7-12). pap. *(978-93-5297-274-6(0))* Alpha Editions.

Boy Scouts in Belgium, or under Fire in Flanders (Classic Reprint) George Harvey Ralphson. 2017. (ENG., Illus.). (J). 324p. 30.58 *(978-0-484-78634-8(2));* pap. 13.57 *(978-0-259-53230-9(4))* Forgotten Bks.

248 The check digit for ISBN-10 appears in parentheses after the full ISBN-13

Boy Scouts in Front of Warsaw: In the Wake of War. George Durston. 2018. (ENG., Illus.). 114p. (YA). (gr. 7-12). pap. *(978-93-5297-267-8(8))* Alpha Editions.

Boy Scouts in Mexico: On Guard with Uncle Sam. G. Harvey Ralphson. 2018. (ENG., Illus.). 168p. (YA). (gr. 7-12). pap. *(978-93-5297-276-0(7))* Alpha Editions.

Boy Scouts in Mexico: Or, on Guard with Uncle Sam. George Harvey Ralphson. 2017. (ENG., Illus.). (J). 23.95 *(978-1-374-83158-2(1))*; pap. 13.95 *(978-1-374-83157-5(3))* Capital Communications, Inc.

Boy Scouts in Northern Wilds. Archibald Lee Fletcher. 2018. (ENG., Illus.). 132p. (YA). (gr. 7-12). pap. *(978-93-5297-269-2(4))* Alpha Editions.

Boy Scouts in Northern Wilds. Archibald Lee Fletcher. 2017. (ENG., Illus.). (J). 22.95 *(978-1-374-94345-2(2))* Capital Communications, Inc.

Boy Scouts in Russia. John Blaine. 2018. (ENG., Illus.). 118p. (YA). (gr. 7-12). pap. *(978-93-5297-261-6(9))* Alpha Editions.

Boy Scouts in Southern Waters. G. Harvey Ralphson. 2018. (ENG., Illus.). 158p. (YA). (gr. 7-12). pap. *(978-93-5297-277-7(5))* Alpha Editions.

Boy Scouts in the Blue Ridge: Or Marooned among the Moonshiners (Classic Reprint) Herbert Carter. 2018. (ENG., Illus.). 264p. (J). 29.34 *(978-0-332-91434-3(8))* Forgotten Bks.

Boy Scouts in the Coal Caverns. Archibald Lee Fletcher. 2018. (ENG., Illus.). 132p. (YA). (gr. 7-12). pap. *(978-93-5297-270-8(8))* Alpha Editions.

Boy Scouts in the North Sea. G. Harvey Ralphson. 2018. (ENG., Illus.). 156p. (YA). (gr. 7-12). pap. *(978-93-5297-279-1(1))* Alpha Editions.

Boy Scouts in the Philippines: Or the Key to the Treaty Box (Classic Reprint) G. Harvey Ralphson. 2018. (ENG., Illus.). 262p. (J). 29.30 *(978-0-656-62623-6(2))* Forgotten Bks.

Boy Scouts in the Philippines: The Key to the Treaty Box. G. Harvey Ralphson. 2018. (ENG., Illus.). 158p. (YA). (gr. 7-12). pap. *(978-93-5297-278-4(3))* Alpha Editions.

Boy Scouts in the White Mountains: The Story of a Long Hike (Classic Reprint) Walter Prichard Eaton. (ENG., Illus.). (J). 2018. 316p. 30.41 *(978-0-364-78797-7(X))*; 2017. pap. 13.57 *(978-0-259-49684-7(7))* Forgotten Bks.

Boy Scouts Mysterious Signal or Perils of the Black Bear Patrol. G. Harvey Ralphson. 2018. (ENG., Illus.). 170p. (YA). (gr. 7-12). pap. *(978-93-5297-273-9(2))* Alpha Editions.

Boy Scouts of America - a Handbook of Woodcraft, Scouting, & Life-Craft - with Which Is Incorporated by Arrangement General Sir Robert Baden-Powell's Scouting for Boys. Ernest Thompson Seton. 2018. (ENG., Illus.). 216p. (YA). pap. *(978-1-5287-0628-5(5))* Freeman Pr.

Boy Scouts of Berkshire (Classic Reprint) Walter Prichard Eaton. (ENG., Illus.). (J). 2018. 320p. 30.52 *(978-0-365-33112-4(0))*; 2017. pap. 13.57 *(978-0-259-44136-6(8))* Forgotten Bks.

Boy Scouts of Bob's Hill: A Sequel to the Bob's Hill Braves (Classic Reprint) Charles Pierce Burton. 2017. (ENG., Illus.). (J). 30.76 *(978-0-266-85687-0(X))* Forgotten Bks.

Boy Scouts of Kendallville (Classic Reprint) Brewer Corcoran. 2018. (ENG., Illus.). 304p. (J). 30.17 *(978-0-484-44137-7(X))* Forgotten Bks.

Boy Scouts of Lakeville High (Classic Reprint) Leslie W. Quirk. 2017. (ENG., Illus.). 320p. (J). 30.50 *(978-0-484-14759-0(5))* Forgotten Bks.

Boy Scouts of Lenox: Or, the Hike over Big Bear Mountain. Frank V. Webster. 2017. (ENG., Illus.). (J). 22.95 *(978-1-374-91252-6(2))*; pap. 12.95 *(978-1-374-91251-9(4))* Capital Communications, Inc.

Boy Scouts of Lenox: The Hike over Big Bear Mountain. Frank V. Webster. 2018. (ENG., Illus.). 144p. (YA). (gr. 7-12). pap. *(978-93-5297-289-0(9))* Alpha Editions.

Boy Scouts of the Air: At Cape Peril (Classic Reprint) Unknown Author. 2018. (ENG., Illus.). 262p. (J). 29.30 *(978-0-332-08451-0(5))* Forgotten Bks.

Boy Scouts of the Air at Greenwood School (Classic Reprint) Harry Lincoln Sayler. 2017. (ENG., Illus.). (J). 29.59 *(978-0-266-73199-3(6))*; pap. 11.97 *(978-1-5276-9363-0(5))* Forgotten Bks.

Boy Scouts of the Air on Lost Island. Gordon Stuart. 2018. (ENG., Illus.). 140p. (YA). (gr. 7-12). pap. *(978-93-5297-287-6(2))* Alpha Editions.

Boy Scouts of the Eagle Patrol. Howard Payson. 2018. (ENG., Illus.). 164p. (YA). (gr. 7-12). pap. *(978-93-5297-265-4(1))* Alpha Editions.

Boy Scouts of the Eagle Patrol (Classic Reprint) Howard Payson. 2017. (ENG., Illus.). (J). 30.62 *(978-0-331-30583-8(6))* Forgotten Bks.

Boy Scouts of the Geological Survey. Robert Shaler. 2018. (ENG., Illus.). 76p. (YA). (gr. 7-12). pap. *(978-93-5297-284-5(8))* Alpha Editions.

Boy Scouts of the Wolf Patrol (Classic Reprint) Brewer Corcoran. 2018. (ENG., Illus.). 370p. (J). pap. 13.97 *(978-1-390-90216-7(1))* Forgotten Bks.

Boy Scouts of Woodcraft Camp (Classic Reprint) Thornton W. Burgess. 2017. (ENG., Illus.). (J). 31.30 *(978-0-331-56350-4(9))* Forgotten Bks.

Boy Scouts on a Long Hike: To the Rescue in the Black Water Swamps. Archibald Lee Fletcher. 2018. (ENG., Illus.). 116p. (YA). (gr. 7-12). pap. *(978-93-5297-271-5(6))* Alpha Editions.

Boy Scouts on a Submarine. John Blaine. 2018. (ENG., Illus.). 116p. (YA). (gr. 7-12). pap. *(978-93-5297-262-3(7))* Alpha Editions.

Boy Scouts on Belgian Battlefields (Classic Reprint) Howard Payson. 2018. (ENG., Illus.). 324p. (J). 30.58 *(978-0-483-80511-8(4))* Forgotten Bks.

Boy Scouts on Crusade (Classic Reprint) Leslie W. Quirk. 2018. (ENG., Illus.). 330p. (J). 30.70 *(978-0-364-10513-9(5))* Forgotten Bks.

Boy Scouts on Hudson Bay: The Disappearing Fleet. G. Harvey Ralphson. 2018. (ENG., Illus.). 164p. (YA). (gr. 7-12). pap. *(978-93-5297-280-7(5))* Alpha Editions.

Boy Scouts on Motorcycles: With the Flying Squadron. George Harvey Ralphson. 2017. (ENG., Illus.). (J). 22.95 *(978-1-374-97507-1(9))*; pap. 12.95 *(978-1-374-97506-4(0))* Capital Communications, Inc.

Boy Scouts on Motorcycles with the Flying Squadron. G. Harvey Ralphson. 2018. (ENG., Illus.). 146p. (YA). (gr. 7-12). pap. *(978-93-5297-281-4(3))* Alpha Editions.

Boy Scouts on Picket Duty. Robert Shaler. 2018. (ENG., Illus.). 76p. (YA). (gr. 7-12). pap. *(978-93-5297-285-2(6))* Alpha Editions.

Boy Scouts on Sturgeon Island: Marooned among the Game-Fish Poachers. Herbert Carter. 2018. (ENG., Illus.). 178p. (YA). (gr. 7-12). pap. *(978-93-5297-264-7(3))* Alpha Editions.

Boy Scouts on Sturgeon Island, or Marooned among the Game-Fish Poachers (Classic Reprint) Herbert Carter. (ENG., Illus.). (J). 2018. 264p. 29.34 *(978-0-484-83314-1(6))*; 2016. pap. 11.97 *(978-1-334-34029-1(3))* Forgotten Bks.

Boy Scouts on the Range (Classic Reprint) Howard Payson. (ENG., Illus.). (J). 2018. 328p. 30.68 *(978-0-267-36022-2(3))*; 2016. pap. 13.57 *(978-1-334-17081-2(9))* Forgotten Bks.

Boy Scouts on the Trail. George Durston. 2018. (ENG., Illus.). 122p. (YA). (gr. 7-12). pap. *(978-93-5297-268-5(6))* Alpha Editions.

Boy Scouts on the Trail (Classic Reprint) John Garth. 2018. (ENG., Illus.). 254p. (J). 29.14 *(978-0-332-37681-3(8))* Forgotten Bks.

Boy Scouts Patrol. Ralph Victor. 2018. (ENG., Illus.). 120p. (YA). (gr. 7-12). pap. *(978-93-5297-288-3(0))* Alpha Editions.

Boy Scouts to the Rescue (Classic Reprint) Charles Henry Lerrigo. (ENG., Illus.). (J). 2018. 248p. 29.03 *(978-0-267-60201-8(4))*; 2016. pap. 11.57 *(978-1-334-13806-5(0))* Forgotten Bks.

Boy Scouts under Fire in Mexico (Classic Reprint) Howard Payson. 2018. (ENG., Illus.). 324p. (J). 30.58 *(978-0-267-23153-9(9))* Forgotten Bks.

Boy Scouts with the Motion Picture Players. Robert Shaler. 2018. (ENG., Illus.). 88p. (YA). (gr. 7-12). pap. *(978-93-5297-286-9(4))* Alpha Editions.

Boy Scouts Year Book, 1917 (Classic Reprint) Franklin K. Mathiews. (ENG., Illus.). (J). 2018. 266p. 29.38 *(978-0-484-44632-7(0))*; 2017. pap. 11.97 *(978-0-243-10675-2(0))* Forgotten Bks.

Boy Scouts' Year Book, 1921 (Classic Reprint) Boy Scouts Of America. (ENG., Illus.). (J). 2018. 266p. 29.38 *(978-0-365-16812-6(2))*; 2017. pap. 11.97 *(978-1-5276-6110-3(5))* Forgotten Bks.

Boy Scouts Year Book, 1921 (Classic Reprint) Franklin K. Mathiews. 2017. (ENG., Illus.). (J). 29.22 *(978-0-260-90760-8(X))* Forgotten Bks.

Boy Scouts Year Book, 1922 (Classic Reprint) Franklin K. Mathiews. (ENG., Illus.). (J). 2018. 258p. 29.22 *(978-0-666-72974-3(3))*; 2017. pap. 11.57 *(978-1-5276-3096-3(X))* Forgotten Bks.

Boy Sees Beautiful. Luke Martin. 2018. (ENG., Illus.). 36p. (J). pap. *(978-0-359-06205-8(9))* Lulu Pr., Inc.

Boy Settler: Or Terry in the New West (Classic Reprint) Edwin L. Sabin. 2018. (ENG., Illus.). 320p. (J). 30.52 *(978-0-484-65554-5(X))* Forgotten Bks.

Boy Settlers: A Story of Early Times in Kansas (Classic Reprint) Noah Brooks. 2018. (ENG., Illus.). 298p. (J). 30.04 *(978-0-484-21886-3(7))* Forgotten Bks.

Boy Shielder: Earth. Vern H. Grimshaw. 2018. (ENG., Illus.). 266p. (YA). pap. 17.95 *(978-1-64191-515-1(3))* Christian Faith Publishing.

Boy Sixty Years Ago (Classic Reprint) George F. Hoar. (ENG., Illus.). (J). 2018. 44p. 24.85 *(978-0-484-80705-0(6))*; 2016. pap. 7.97 *(978-1-334-16802-4(4))* Forgotten Bks.

Boy, Some Horses, & a Girl: A Tale of an Irish Trip (Classic Reprint) Dorothea Conyers. 2018. (ENG., Illus.). 312p. (J). 30.35 *(978-0-365-26985-4(9))* Forgotten Bks.

Boy Spies of Philadelphia: The Story of How the Young Spies Helped the Continental Army at Valley Forge. James Otis. 2017. (ENG., Illus.). (J). pap. *(978-0-649-10218-1(5))* Trieste Publishing Pty Ltd.

Boy Spies of Philadelphia: The Story of How the Young Spies Helped the Continental Army at Valley Forge (Classic Reprint) James Otis. 2017. (ENG., Illus.). (J). 31.01 *(978-0-260-19443-5(3))* Forgotten Bks.

Boy Spy: A Substantially True Record of Events During the War of the Rebellion; the Only Practical History of War Telegraphers in the Field; a Full Account of the Mysteries of Signalling by Flags, Torches, & Rockets (Classic Reprint) Joseph Orton Kerbey. (ENG., Illus.). (J). 2018. 620p. 36.68 *(978-0-364-10516-0(X))*; 2016. pap. 19.57 *(978-1-334-15280-1(2))* Forgotten Bks.

Boy-Talks (Classic Reprint) Philip Eugene Howard. (ENG., Illus.). (J). 2018. 230p. 28.64 *(978-0-483-56113-7(4))*; 2017. pap. 10.97 *(978-0-243-19883-2(3))* Forgotten Bks.

Boy That Liked Web Feet. Peggy T. Compton. 2022. (ENG.). 54p. (J). 23.49 *(978-1-6628-4644-1(4))*; pap. 12.49 *(978-1-6628-4643-4(6))* Salem Author Services.

Boy That Wanted Clean Teeth. Glenn Banks. Tr. by Batsuuri Haltar. Illus. by Violeta Honasan. 2017. (MON.). (J). pap. 9.98 *(978-1-943417-23-0(7))* B-Bright publishing.

Boy That Wanted Clean Teeth. Glenn Banks. Tr. by Abdullah Tayyab. Illus. by Violeta Honasan. 2017. (URD.). (J). pap. 9.98 *(978-1-943417-24-7(5))* B-Bright publishing.

Boy, the Bird & the Coffin Maker. Matilda Woods. Illus. by Anuska Allepuz. 2019. (ENG.). 208p. (J). (gr. 3-7). 7.99 *(978-0-525-51523-4(2)*, Puffin Books) Penguin Young Readers Group.

Boy, the Boat, & the Beach. Brett M Zambruk. 2019. (ENG.). 38p. (J). 14.95 *(978-1-64307-082-7(7))* Amplify Publishing Group.

Boy, the Boat, & the Beast. Samantha M. Clark. (ENG.). 256p. (J). (gr. 3-7). 2019. pap. 8.99 *(978-1-5344-1256-9(5))*; 2018. (Illus.). 17.99 *(978-1-5344-1255-2(7))* Simon & Schuster/Paula Wiseman Bks. (Simon & Schuster/Paula Wiseman Bks.).

Boy, the Cloud & the Very Tall Tale. Heather Smith. 2023. (ENG.). 280p. (J). (gr. 4-7). pap. 14.95 ***(978-1-4598-3603-7(0))*** Orca Bk. Pubs. USA.

Boy, the Father & the Sea. Anthony P. Lashley & Rebecca Clare Lashley. 2018. (ENG.). 18p. (J). *(978-1-5289-9194-0(X))*; pap. *(978-1-5289-9193-3(1))*; (Illus.). *(978-1-5289-2416-0(9))*; (Illus.). pap. *(978-1-5289-2417-7(7))* Austin Macauley Pubs. Ltd.

Boy, the Horse, & the Balloon Colouring & Activity Book. Bob Williams. 2017. (ENG., Illus.). (J). (gr. k-4). pap. 8.99 *(978-1-68160-295-0(4))* Crimson Cloak Publishing.

Boy, the Pebble & the Dolphins. Edward Salter. 2017. (ENG., Illus.). 34p. (J). pap. *(978-1-78623-988-4(4))* Grosvenor Hse. Publishing Ltd.

Boy, the Wandering Dog: Adventures of a Fox-Terrier (Classic Reprint) Marshall Saunders. 2018. (ENG., Illus.). 392p. (J). 32.00 *(978-0-483-82136-1(5))* Forgotten Bks.

Boy, the Wolf, & the Stars. Shivaun Plozza. 2022. (ENG.). 384p. (J). (gr. 3-7). pap. 7.99 *(978-0-358-73250-1(6)*, 1833629, Clarion Bks.) HarperCollins Pubs.

Boy to Successful Man: A Roadmap for Teens & Young Adults. Rico Austin & Suave Powers. 2021. (ENG.). 104p. (YA). pap. 12.99 *(978-1-954819-12-2(9))* Briley & Baxter Publications.

Boy Travelers in Arabia; or, from Boston to Bagdad: Including Pictures, Sketches, & Anecdotes of the Wandering Arabs, & of the City of Good Haroun Alraschid; (Classic Reprint) Daniel Wise. 2018. (ENG., Illus.). 280p. (J). 29.67 *(978-0-483-62715-4(1))* Forgotten Bks.

Boy Travellers in Central Europe Adventures of Two Youths in a Journey Through, France, Switzerland, & Austria: With Excursions among the Alps of Switzerland & the Tyrol (Classic Reprint) Thomas Wallace Knox. 2017. (ENG., Illus.). (J). 35.41 *(978-0-266-16105-9(7))* Forgotten Bks.

Boy Travellers in Northern Europe: Adventures of Two Youths in a Journey Through Holland, Germany, Denmark, Norway & Sweden, with Visits to Heligoland & the Land of the Midnight Sun (Classic Reprint) Thomas Wallace Knox. 2017. (ENG., Illus.). (J). 35.49 *(978-0-331-07721-6(3))*; pap. 19.57 *(978-0-260-25269-2(7))* Forgotten Bks.

Boy Travellers in the Far East: Adventures of Two Youths in a Journey to Japan (Classic Reprint) Thomas Wallace Knox. 2017. (ENG., Illus.). 422p. (J). 32.60 *(978-0-484-71161-6(X))* Forgotten Bks.

Boy Troopers on Duty (Classic Reprint) Clair Wallace Hayes. (ENG., Illus.). (J). 2018. 250p. 29.05 *(978-0-267-57588-6(2))*; 2016. pap. 11.57 *(978-1-334-16231-2(X))* Forgotten Bks.

Boy Trouble (Ask Emma Book 3) Sheryl Berk & Carrie Berk. 2019. (Ask Emma Ser.). (ENG., Illus.). 208p. (J). (gr. 3-7). 16.99 *(978-1-4998-0649-6(3)*, Yellow Jacket) Bonnier Publishing USA.

Boy under the Bed. Blake Hoena. Illus. by Dave Bardin. 2018. (Monster Heroes Ser.). (ENG.). 32p. (J). (gr. k-2). lib. bdg. 21.32 *(978-1-4965-6414-6(6)*, 138261, Stone Arch Bks.) Capstone.

Boy Underwater. Adam Baron. 2022. (ENG.). 256p. (J). 7.99 *(978-0-00-849962-4(4)*, HarperCollins Children's Bks.) HarperCollins Pubs. Ltd. GBR. Dist: HarperCollins Pubs.

Boy Unicorn. Jen Selinsky. Illus. by Lizy J. Campbell. 2020. (ENG.). 42p. (J). 21.99 *(978-1-954004-40-5(0))*; pap. 14.99 *(978-1-954004-22-1(2))* Pen It Pubns.

Boy Versus Fly: A Dean Bean Adventure. Daniel Beitchman. Illus. by Daniel Beitchman. 2018. (ENG., Illus.). 36p. (J). (gr. k-4). pap. *(978-1-7751796-2-7(1))* Beitchman, Daniel.

Boy Wanderer, or No Relations (Classic Reprint) Hector Malot. (ENG., Illus.). (J). 2018. 534p. 34.91 *(978-0-365-19964-9(8))*; 2017. pap. 19.57 *(978-1-5276-6135-6(0))* Forgotten Bks.

Boy Wanted: A Book of Cheerful Counsel (Classic Reprint) Nixon Waterman. 2018. (ENG., Illus.). 158p. (J). 27.18 *(978-0-365-33099-8(X))* Forgotten Bks.

Boy Who Almost Quit. Destini Re' & Amari Sare'. 2022. 32p. (J). (gr. 1-6). pap. 12.99 ***(978-1-6678-7274-2(5))*** BookBaby.

Boy Who Asked Why: The Story of Bhimrao Ambedkar. Sowmya Rajendran. Illus. by Satwik Gade. 2018. (ENG.). 40p. (J). (gr. k-6). 19.95 *(978-0-9995476-0-1(7))*; pap. 11.95 *(978-0-9995476-1-8(5))* KitaabWorld.Com, LLC.

Boy Who Became a Cheetah: Reflections of Donelo. Celestine Vessel. 2019. (Reflections Ser.: Vol. 3). (ENG.). 38p. (J). pap. 14.95 *(978-1-7335789-1-2(9))* Purposeful Pen Publishing.

Boy Who Befriended a Giant. Shaun Williams. 2021. (Jack & His Giant Heart Ser.: Vol. 1). (ENG.). 32p. (J). pap. 13.95 *(978-1-64468-323-1(7))* Covenant Bks.

Boy Who Broke the School Large Print. Amanda J. Harrington. l.t. ed. 2019. (ENG.). 148p. (J). pap. 12.94 *(978-0-244-84314-4(7))* Lulu Pr., Inc.

Boy Who Broke the World. Brian Goss. 2022. (Flukes Ser.: Vol. 1). (ENG.). 18p. (YA). pap. 8.99 ***(978-1-0880-1349-6(X))*** Indy Pub.

Boy Who Brought Christmas (Classic Reprint) Alice Morgan Doubleday. (ENG., Illus.). (J). 2018. 158p. 27.18 *(978-0-364-31107-3(X))*; 2017. pap. 9.57 *(978-0-259-48232-1(3))* Forgotten Bks.

Boy Who Brought His Mind to Life. Earnest Lewis. 2020. (ENG.). 54p. (J). pap. 9.99 ***(978-1-6662-0068-3(9))*** Barnes & Noble Pr.

Boy Who Brought His Mind to Life. Earnest J. Lewis. 2020. (ENG.). 74p. (J). 13.99 *(978-1-6635-8806-7(6))* Barnes & Noble Pr.

Boy Who Called 911. Kevin Simmons. 2018. (ENG., Illus.). 24p. (J). *(978-0-359-12034-5(2))* Lulu Pr., Inc.

Boy Who Came from Heaven. Duffy Hudson. 2021. (ENG.). 42p. (J). pap. ***(978-1-83934-159-5(9))*** Olympia Publishers.

Boy Who Chased after His Shadow: A Gay Teen Coming of Age Paranormal Adventure about Witches, Murder, & Gay Teen Love. Jeff Jacobson. 2020. (ENG.). 278p. (J). pap. 13.95 *(978-1-7354215-0-6(2))* Freedom Pr.

Boy Who Climbed a Cloud. Francesca King. 2017. (ENG., Illus.). (J). pap. *(978-1-912262-59-5(2))* Clink Street Publishing.

Boy Who Couldn T Sleep. Fleur Baxter. 2020. (ENG.). 28p. (J). pap. *(978-1-5289-2847-2(4))* Austin Macauley Pubs. Ltd.

Boy Who Couldn't. Rachel Coverdale. Ed. by Amanda Let's Get Booked. Illus. by Michael Douglas Carr. 2019. (ENG.). 162p. (J). (gr. 3-6). pap. 8.87 *(978-1-9161080-1-6(6))* Willow Breeze Publishing.

Boy Who Couldn't. Jon Philo. 2022. (ENG.). 36p. (J). pap. *(978-1-912765-52-2(7))* Blue Falcon Publishing.

Boy Who Couldn't Be Seen! Michael Joffroy. 2017. (ENG., Illus.). 28p. (J). (gr. k-6). 21.95 *(978-1-61244-631-8(0))* Halo Publishing International.

Boy Who Couldn't Dream. John Bergantino. Illus. by Emma Caird. 2021. (ENG.). 20p. (J). pap. *(978-0-2288-5311-4(7))* Tellwell Talent.

Boy Who Counted Stars. Fiona McDonald. 2022. (ENG.). 38p. (J). pap. ***(978-1-8381291-2-5(X))*** Lily Bks.

Boy Who Cried. Cassandra Gaisford. 2019. (Transformational Super Kids Ser.: Vol. 3). (ENG.). (J). (gr. 2-6). 164p. *(978-0-9951288-2-8(0))*; 162p. pap. *(978-0-9951250-7-0(4))* Blue Giraffe Publishing.

Boy Who Cried Poop! Alessandra Requena. Illus. by Guilherme Karsten. 2023. (ENG.). 40p. (J). (gr. -1-1). ***(978-0-7112-8829-4(1))*** Frances Lincoln Childrens Bks.

Boy Who Cried Shark. Marianne Freeman. 2018. (ENG., Illus.). 20p. (J). pap. 8.95 *(978-1-64191-955-5(8))* Christian Faith Publishing.

Boy Who Cried Sheep! Laura North. 2016. (ENG., Illus.). 32p. (J). *(978-0-7787-2471-1(9))* Crabtree Publishing Co.

Boy Who Cried Vampire: A Graphic Novel. Benjamin Harper. Illus. by Álex López. 2017. (Far Out Fables Ser.). (ENG.). 40p. (J). (gr. 3-6). pap. 4.95 *(978-1-4965-5425-3(6)*, 136358); lib. bdg. 25.32 *(978-1-4965-5421-5(3)*, 136354) Capstone. (Stone Arch Bks.).

Boy Who Cried Wolf. Mary Berendes. Illus. by Nancy Harrison. 2022. (Aesop's Fables: Timeless Moral Stories Ser.). (ENG.). 24p. (J). (gr. k-3). 32.79 *(978-1-5038-5858-9(8)*, 215724) Child's World, Inc, The.

Boy Who Cried Wolf. Kathleen Corrigan. 2023. (Decodables - Fables & Folktales Ser.). (ENG.). 24p. (J). (gr. 2-3). 27.93 ***(978-1-68450-679-8(4))***; pap. 11.93 ***(978-1-68404-912-7(1))*** Norwood Hse. Pr.

Boy Who Cried Wolf. Blake Hoena. Illus. by Flavia Sorrentino. 2018. (Classic Fables in Rhythm & Rhyme Ser.). (ENG.). 24p. (C). (gr. k-2). lib. bdg. 33.99 *(978-1-68410-385-0(1)*, 140359) Cantata Learning.

Boy Who Cried Wolf. Teresa Mlawer. 2016. (Timeless Fables Ser.). (ENG.). 32p. (J). *(978-1-941609-23-1(6))* Lake Press.

Boy Who Cried Wolf, Narrated by the Sheepish but Truthful Wolf. Nancy Loewen. Illus. by Juan M. Moreno. 2018. (Other Side of the Fable Ser.). (ENG.). 24p. (J). (gr. -1-3). lib. bdg. 27.99 *(978-1-5158-2869-3(7)*, 138407, Picture Window Bks.) Capstone.

Boy Who Cried Wolf/el Muchacho Que Grito Lobo. Teresa Mlawer. 2016. (Timeless Fables Ser.). (ENG., Illus.). 32p. (J). *(978-1-941609-27-9(9))* Lake Press.

Boy Who Dared. Rachel Coverdale. Ed. by Amanda Horan. Illus. by Michael Douglas Carr. 2022. (ENG.). 238p. (J). pap. 9.99 ***(978-1-9161080-5-9(9))*** Willow Breeze Publishing.

Boy Who Did Grow Up. Newman Flower. 2017. (ENG., Illus.). (J). pap. *(978-0-649-24195-8(9))* Trieste Publishing Pty Ltd.

Boy Who Did Grow up (Classic Reprint) Newman Flower. 2018. (ENG., Illus.). 258p. (J). 29.24 *(978-0-484-12725-7(X))* Forgotten Bks.

Boy Who Didn't Know His Rights. Patricia Bailey. 2022. (ENG., Illus.). 32p. (J). pap. 14.95 *(978-1-63710-750-8(1))* Fulton Bks.

Boy Who Dreamed Big. Alton Carter. Illus. by Janelda Lane. 2018. (ENG.). 32p. (J). (gr. k-6). pap. 14.99 *(978-1-7321189-6-6(5))* Monocle Pr.

Boy Who Dreamed in Colour. Toby Negus. 2018. (ENG., Illus.). 22p. (J). pap. *(978-1-5289-1666-0(2))* Austin Macauley Pubs. Ltd.

Boy Who Dreamed Mount Everest. Lawrence Martin. 2016. (ENG., Illus.). (J). (gr. 3-6). pap. 6.99 *(978-0-9978959-2-6(6))* Lakeside Pr.

Boy Who Dreamed of Infinity: a Tale of the Genius Ramanujan. Amy Alznauer. Illus. by Daniel Miyares. 2020. (ENG.). 48p. (J). (gr. k-4). 17.99 *(978-0-7636-9048-9(1))* Candlewick Pr.

Boy Who Dreamt of Fire Trucks. Alvita Mack. 2016. (ENG., Illus.). (J). 19.99 *(978-0-9978612-6-6(6))* Mindstir Media.

Boy Who Dreamt of Flying. Brian Gueyser. 2022. (ENG.). 86p. (YA). 39.99 ***(978-1-956628-06-7(1))*** Kids At Heart Publishing, LLC.

Boy Who Dug. Jane Woodcock. Illus. by Alice Jane Roberts. 2018. (ENG.). 20p. (J). pap. *(978-1-9993465-0-8(5))* IMPACT Investigative Media Productions.

Boy Who Failed Dodgeball. Jordan Sonnenblick. Illus. by Marta Kissi. 2022. (ENG.). 256p. (J). (gr. 3-7). 17.99 *(978-1-338-74960-1(9)*, Scholastic Pr.) Scholastic, Inc.

Boy Who Failed Show & Tell. Jordan Sonnenblick. Illus. by Marta Kissi. (ENG.). (J). (gr. 3-7). 2022. 240p. pap. 7.99 *(978-1-338-64726-6(1))*; 2021. 224p. 17.99 *(978-1-338-64723-5(7))* Scholastic, Inc. (Scholastic Pr.).

Boy Who Failed Show & Tell. Jordan Sonnenblick. ed. 2022. (Boy Who Failed Ser.). (ENG.). 206p. (J). (gr. 4-5). 20.46 ***(978-1-68505-463-2(3))*** Penworthy Co., LLC, The.

Boy Who Fell down the Couch Cushion. Pam Daniels. Illus. by Jeremy Wells. 2023. 28p. (J). pap. 9.00 ***(978-1-6678-8549-0(9))*** BookBaby.

Boy Who Fell Upstairs. Pat McLaughlin. 2018. (ENG., Illus.). 36p. (J). pap. *(978-1-78830-035-3(1))* Olympia Publishers.

Boy Who Followed His Father into Auschwitz: A True Story Retold for Young Readers. Jeremy Dronfield. 2023. (ENG., Illus.). 384p. (J). (gr. 5-7). 17.99 *(978-0-06-323617-2(6)*, Quill Tree Bks.) HarperCollins Pubs.

Boy Who Found a Treasure Map. Hannah C. Hong. 2022. (ENG.). 32p. (J). 16.99 *(978-0-578-39270-7(4))*; pap. 10.99 *(978-1-0880-2539-0(0))* Primedia eLaunch LLC.

Boy Who Found His Colors. Alyssa Rae Meyer. Illus. by Alyssa Rae Meyer. 2018. (ENG., Illus.). 42p. (J). (gr. k-3). 19.99 *(978-1-948365-67-3(7))* Orange Hat Publishing.

Boy Who Grew a Forest: The True Story of Jadav Payeng. Sophia Gholz. Illus. by Kayla Harren. 2019. (ENG.). 32p. (J). (gr. k-3). 16.99 *(978-1-5341-1024-3(0)*, 204656) Sleeping Bear Pr.

Boy Who Grew Big & Strong, Healthy & Smart. Floravez Graciela Grageda. 2021. (ENG.). 32p. (J). *(978-1-5255-8854-9(0))*; pap. *(978-1-5255-8853-2(2))* FriesenPress.

B

For book reviews, descriptive annotations, tables of contents, cover images, author biographies & additional information, updated daily, subscribe to www.booksinprint.com

249

Boy Who Grew Dragons. Andy Shepherd. 2020. (ENG.). 224p. (J). (gr. 1-7). 13.99 *(978-1-4998-1011-0(3),* Yellow Jacket) Bonnier Publishing USA.

Boy Who Harnessed the Wind (Movie Tie-In Edition) Young Readers Edition. William Kamkwamba & Bryan Mealer. Illus. by Anna Hymas. ed. 2019. (ENG.). 304p. (J). (gr. 5). 8.99 *(978-1-9848-1612-2(8),* Puffin Books) Penguin Young Readers Group.

Boy Who Hated Being Black. Reba Kindred. Illus. by Timothy Stafford. 2020. (ENG.). 34p. (J). pap. 14.95 *(978-1-0879-2246-1(1))* Indy Pub.

Boy Who Hated Homework. Jim Brawner. Illus. by Anthony Sturmas. 2021. (ENG.). 58p. (J). pap. 19.95 *(978-1-63961-957-3(7))* Christian Faith Publishing.

Boy Who Hated Insects. Dianne Stewart. 2022. (ENG., Illus.). 128p. (J). pap. 9.50 *(978-1-77635-340-8(4))* Penguin Random House South Africa ZAF. Dist: Casemate Pubs. & Bk. Distributors, LLC.

Boy Who Hated Numbers. Jose Rosell Arranguez. l.t. ed. 2022. (ENG.). 176p. (J). 14.50 *(978-1-954368-21-7(6))* Diamond Media Pr.

Boy Who Hit Play, Bk. 2. Chloe Daykin. 2018. (ENG.). 336p. (J). pap. 9.95 *(978-0-571-32678-5(1),* Faber & Faber Children's Bks.) Faber & Faber, Inc.

Boy Who Influenced the King. Sheila Ponsford. Illus. by Patricia Dewitt-Grush. 2020. (ENG.). 32p. (J). *(978-1-5255-3920-6(5));* pap. *(978-1-5255-3921-3(3))* FriesenPress.

Boy Who Invented the Popsicle: The Cool Science Behind Frank Epperson's Famous Frozen Treat. Anne Renaud. Illus. by Milan Pavlovic. 2019. (ENG.). 40p. (J). (gr. -1-3). 17.99 *(978-1-5253-0028-8(8))* Kids Can Pr., Ltd. CAN. Dist: Hachette Bk. Group.

Boy Who Kidnapped Father Christmas. Mark Dando. 2018. (ENG., Illus.). 36p. (J). pap. *(978-1-78132-760-9(2))* SilverWood Bks.

Boy Who Knew (Carlo Acutis) Corinna Turner. 2020. (Friends in High Places Ser.: Vol. 1). (ENG.). 100p. (YA). pap. *(978-1-910806-46-3(3))* Zephyr Publishing.

Boy Who Knew Nothing. James Thorp. Illus. by Angus MacKinnon. 2021. (ENG.). 48p. (J). (gr. -1-2). 17.99 *(978-1-5362-1713-1(1),* Templar) Candlewick Pr.

Boy Who Knew What the Birds Said (Classic Reprint) Padraic Colum. 2017. (ENG., Illus.). (J). 27.69 *(978-0-265-96998-4(0))* Forgotten Bks.

Boy Who Lived in a Haunted House. Rebecca Griffin. 2019. (ENG.). 84p. (J). pap. *(978-0-244-23263-4(6))* Lulu Pr., Inc.

Boy Who Lived in Pudding Lane: Being a True Account, If Only You Believe It, of the Life & Ways of Santa, Oldest Son of Mr. & Mrs. Claus. Sarah Addington. Illus. by Gertrude Kay. 2017. (ENG.). 104p. (J). 22.95 *(978-1-927979-26-6(9),* b2e6464d-7cd8-445f-a2f3-b05f17bec5fa) Grafton and Scratch Pubs. CAN. Dist: Baker & Taylor Publisher Services (BTPS).

Boy Who Lived in Pudding Lane: Being a True Account, If Only You Believe It, of the Life & Ways of Santa, Oldest Son of Mr. & Mrs. Claus (Classic Reprint) Sarah Addington. 2017. (ENG., Illus.). (J). 118p. 26.35 *(978-0-332-75926-5(1));* 120p. pap. 9.57 *(978-0-332-60906-5(5))* Forgotten Bks.

Boy Who Lived in the Ceiling. Cara Thurlbourn. 2021. (ENG.). 322p. (YA). pap. 15.00 *(978-1-953944-08-5(6))* Wise Wolf Bks.

Boy Who Lived with Dragons. Andy Shepherd. 2021. (ENG.). 240p. (J). (gr. 1-7). 13.99 *(978-1-4998-1178-0(0),* Yellow Jacket) Bonnier Publishing USA.

Boy Who Longed to Look at the Sun: A Story about Self-Care. Juliette Ttofa. 2017. (Nurturing Emotional Resilience Storybooks Ser.). (ENG., Illus.). 16p. pap. 15.95 *(978-1-138-30892-3(7),* Y367706) Routledge.

Boy Who Lost Himself. Faraaz Siddiqui & Anba Farheen. 2021. (ENG.). 34p. (J). pap. *(978-0-6484521-7-1(4))* Miss.

Boy Who Lost Himself. Faraaz Siddiqui. l.t. ed. 2021. (ENG.). 32p. (J). *(978-0-6484521-2-6(3))* Miss.

Boy Who Lost His Burp. Mike Condon. 2020. (ENG.). 32p. (J). pap. *(978-1-78830-796-3(8))* Olympia Publishers.

Boy Who Lost His Fart. Dana Moss McAllister. Illus. by Ann Langman. 2022. (ENG.). 44p. (J). pap. *(978-0-2288-5035-9(5))* Tellwell Talent.

Boy Who Loved Birds. Lavanya Karthik. 2022. (ENG.). 48p. (J). pap. 9.99 *(978-0-14-345773-2(X))* Penguin Bks. India PVT, Ltd IND. Dist: Independent Pubs. Group.

Boy Who Loved Cats. Mary A. Flowers & Cristal Baldwin. 2020. (ENG.). 38p. (J). 14.99 *(978-1-946702-38-8(2))* Freeze Time Media.

Boy Who Loved Cats. Holly Rambo. 2021. (ENG.). 24p. (J). pap. 11.95 *(978-1-64801-831-2(9))* Newman Springs Publishing, Inc.

Boy Who Loved Everyone. Jane Porter. Illus. by Maisie Paradise Shearring. 2021. (ENG.). 32p. (J). (gr. -1-2). 17.99 *(978-1-5362-1123-8(0))* Candlewick Pr.

Boy Who Loved Maps. Kari Allen. Illus. by G. Brian Karas. 2022. 44p. (J). (gr. -1-3). 17.99 *(978-1-9848-5230-4(2));* (ENG.). lib. bdg. 20.99 *(978-1-9848-5231-1(0))* Random Hse. Children's Bks. (Schwartz & Wade Bks.).

Boy Who Loved the Moon. Brimoral Stories. (ENG.). 30p. (J). 2022. 18.99 *(978-1-953581-40-2(4));* 2021. pap. 16.99 *(978-1-953581-02-0(1))* BriMoral Stories.

Boy Who Made Everyone Laugh, 1 vol. Helen Rutter. 2021. (ENG.). 256p. (J). (gr. 3-7). 18.99 *(978-1-338-65226-0(5))* Scholastic, Inc.

Boy Who Made Magic: P C Sorcar. Lavanya Karthik. 2023. (Dreamers Ser.). (ENG.). 48p. (J). (gr. 2-4). pap. 7.99 *(978-0-14-345842-5(6))* Penguin Bks. India PVT, Ltd IND. Dist: Independent Pubs. Group.

Boy Who Met a Whale. Nizrana Farook. (ENG.). (J). (gr. 3-7). 2023. 224p. pap. 8.99 *(978-1-68263-522-3(8));* 2022. (Illus.). 256p. 16.99 *(978-1-68263-373-1(X))* Peachtree Publishing Co. Inc.

Boy Who Moved Christmas, 1 vol. Eric Walters & Nicole Wellwood. Illus. by Carloe Liu. 2020. (ENG.). 32p. (J). pap. 9.95 *(978-1-77108-911-1(3),* 419e9c2a-8e33-44a6-a36e-fba342edcdf5) Nimbus Publishing, Ltd. CAN. Dist: Baker & Taylor Publisher Services (BTPS).

Boy Who Nobody Loved. Phumy Zikode. Illus. by Wiehan de Jager. 2022. (ENG.). 40p. (J). pap. *(978-1-922910-89-9(9))* Library For All Limited.

Boy Who Nobody Loved - Mvulana Aliyechukiwa Na Wote. Phumy Zikode. Illus. by Wiehan de Jager. 2023. (SWA.). 40p. (J). pap. *(978-1-922910-31-8(7))* Library For All Limited.

Boy Who Opened Our Eyes. Elaine Sussman. Illus. by Anni Matsick. 2017. 38p. (J). *(978-1-68265-353-1(6))* Sussman Sales Co.

Boy Who Ran Like the Wind. Leah Kelly. 2022. (Children Ser.: Vol. 2). (ENG.). 34p. (J). 35.99 *(978-1-6628-4268-9(6));* pap. 25.99 *(978-1-6628-4267-2(8))* Salem Author Services.

Boy Who Said No Yellow Band. Alex Eeles. Illus. by Davide Ortu. ed. 2017. (Cambridge Reading Adventures Ser.). (ENG.). 16p. pap. 6.15 *(978-1-108-40077-0(9))* Cambridge Univ. Pr.

Boy Who Said Nonsense. Felicia Sanzari Chernesky. Illus. by Nicola Anderson. 2016. (ENG.). 32p. (J). (gr. -1-3). 16.99 *(978-0-8075-5742-6(0),* 807557420) Whitman, Albert & Co.

Boy Who Sailed with Blake & the Orphans. William Henry Giles Kingston. 2017. (ENG.). 224p. (J). pap. *(978-3-337-38962-8(7))* Creation Pubs.

Boy Who Shared His Sandwich. Steph Williams. 2021. (Little Me, Big God Ser.). (ENG., Illus.). 24p. (J). pap. *(978-1-78498-583-7(X))* Good Bk. Co., The.

Boy Who Sneezed to Space. Nicky Nicholls. 2020. (ENG.). 40p. (J). pap. *(978-1-78830-593-8(0))* Olympia Publishers.

Boy Who Spat in Sargrenti's Eye. Manu Herbstein. Ed. by Kari Dako. 2016. (ENG., Illus.). 233p. (J). pap. *(978-9988-2-3304-4(3))* Herbstein, Manu.

Boy Who Speaks to Trees. Sian Bezuidenhout. 2018. (Boy Who Speaks to Trees Ser.: Vol. 1). (ENG.). 208p. (YA). (gr. 7-12). pap. *(978-1-9164588-7-1(4))* Bee, Sian Publishing.

Boy Who Spoke to God. Randa Handler. Illus. by Randa Handler. 2020. (ENG.). 38p. (J). pap. 9.99 *(978-1-932824-35-3(9),* Ravencrest) Cubbie Blue Publishing.

Boy Who Spoke to Stars. Reuben Miles. 2016. (ENG.). 360p. (J). pap. *(978-0-9576271-9-2(X))* Ghostwoods Bks.

Boy Who Sprouted Antlers. John Yeoman. Illus. by Quentin Blake. 2018. (ENG.). 48p. (J). (gr. 1-4). 14.95 *(978-0-500-65160-5(4),* 565160) Thames & Hudson.

Boy Who Steals Houses. C. G. Drews. 2020. (ENG.). 368p. (YA). (gr. 7-12). 11.99 *(978-1-4083-4992-2(2),* Orchard Bks.) Hachette Children's Group GBR. Dist: Hachette Bk. Group.

Boy Who Thought Outside the Box: The Story of Video Game Inventor Ralph Baer. Marcie Wessels. Illus. by Beatriz Castro. 2020. (People Who Shaped Our World Ser.). 48p. (J). (gr. k). 18.99 *(978-1-4549-3259-8(7))* Sterling Publishing Co., Inc.

Boy Who Touched the Stars/ el Niño Que Alcanzó Las Estrellas: El Niño Que Alcanzó Las Estrellas. José M. Hernández & Gabriela Baeza Ventura. Illus. by Steven James Petruccio. 2019. (ENG & SPA.). 32p. (J). (gr. 1-3). 17.95 *(978-1-55885-882-4(2))* Arte Publico Pr.

Boy Who Wandered Off. Trever Morris. 2016. (ENG., Illus.). (J). 25.95 *(978-1-4808-4060-7(2));* pap. 16.95 *(978-1-4808-4059-1(9))* Archway Publishing.

Boy Who Wandered Too Far into the Forest. Linda Stenberg Collins. Illus. by Sarah Collins. 2019. (ENG.). 24p. (J). pap. 13.95 *(978-1-64471-717-2(4))* Covenant Bks.

Boy Who Wanted to Be a Dinosaur. Hortense Mitchell. Illus. by Mike Motz. 2023. (ENG.). 36p. (J). 18.99 *(978-1-0881-4028-4(9))* Indy Pub.

Boy Who Wanted to Be a Puppy. Timothy Livingood. 2019. (Redheaded Woody Ser.: Vol. 1). (ENG.). 42p. (J). pap. 9.95 *(978-1-7332614-1-8(9))* Horn, Jonathan.

Boy Who Wanted to Fly: JRD Tata (Dreamers Series) Lavanya Karthik. 2023. (ENG.). 48p. (J). (gr. 2). pap. 8.99 *(978-0-14-346155-5(9))* Penguin Bks. India PVT, Ltd IND. Dist: Independent Pubs. Group.

Boy Who Was Afraid of Butterflies. Yuliia Misna & Gabriella Shcherban. 2022. (ENG.). 36p. (J). pap. *(978-1-922895-63-9(6))* Library For All Limited.

Boy Who Was It: And Other Scary Tales. Michael Dahl. Illus. by Xavier Bonet. 2016. (Michael Dahl's Really Scary Stories Ser.). (ENG.). 72p. (J). (gr. 1-3). lib. bdg. 25.32 *(978-1-4965-3772-0(6),* 133103, Stone Arch Bks.) Capstone.

Boy Who Wears Red Trousers. Tom J. Perrin & Danielle Kish. 2018. (ENG., Illus.). 34p. (J). pap. 10.99 *(978-1-387-98785-6(2))* Lulu Pr., Inc.

Boy Who Went to Mars. Simon James. Illus. by Simon James. 2018. (ENG., Illus.). 32p. (J). (gr. -1-2). 16.99 *(978-0-7636-9598-9(X))* Candlewick Pr.

Boy Who Went to the Library. Alton Carter. Illus. by Janelda Lane. 2018. (ENG.). 32p. (J). pap. 14.99 *(978-1-7321189-7-3(3))* Monocle Pr.

Boy Who Woke the Sun. A. T. Woodley. Illus. by Mike Deas. 2023. (ENG.). 280p. (J). (gr. 3-6). pap. 14.95 *(978-0-88995-685-8(5),* f0546f52-384e-493d-ad1d-42286cbc1ea8) Red Deer Pr. CAN. Dist: Firefly Bks., Ltd.

Boy Who Wouldn't Eat His Greens - Quick Reads for Kids. Baby Professor. 2020. (ENG.). 22p. (J). 20.99 *(978-1-5419-8018-1(2),* Baby Professor (Education Kids)) Speedy Publishing LLC.

Boy Who Wouldn't Eat His Greens Quick Reads for Kids. Baby Professor. 2020. (ENG.). 22p. (J). pap. 9.99 *(978-1-5419-7756-3(4),* Baby Professor (Education Kids)) Speedy Publishing LLC.

Boy Who Wouldn't Smile! Ernesto Patino. 2018. (ENG., Illus.). 34p. (J). pap. 12.99 *(978-1-948390-46-0(9))* Pen It Pubns.

Boy Whose Face Froze Like That. Lynn Plourde. Illus. by Russ Cox. 2020. (ENG.). 32p. (J). (gr. -1-3). 17.99 *(978-0-7624-9347-0(X),* Running Pr. Kids) Running Pr.

Boy Whose Head Was Filled with Stars: A Life of Edwin Hubble. Isabelle Marinov. Illus. by Deborah Marcero. 2021. 52p. (J). (gr. 1-5). 17.95 *(978-1-59270-317-3(8))* Enchanted Lion Bks., LLC.

Boy with a Fox on His Head. David Chalmers. 2019. (ENG.). 24p. (J). *(978-1-78878-761-1(7));* pap. *(978-1-78878-760-4(9))* Austin Macauley Pubs. Ltd.

Boy with a Purpose. Melody Godspower. 2022. (ENG., Illus.). 26p. (J). pap. 14.95 *(978-1-68517-925-0(8))* Christian Faith Publishing.

Boy with a Sling. Dale Carver. Illus. by Jason Wooten. 2017. (ENG.). 22p. (J). pap. 9.99 *(978-0-692-04738-5(7))* Brikwoo Creative Group.

Boy with an Idea (Classic Reprint) Eiloart. 2018. (ENG., Illus.). 312p. (J). 30.33 *(978-0-484-69609-8(2))* Forgotten Bks.

Boy with Ants in His Pants. Kimberly Kendall-Drucker et al. 2021. (ENG.). 34p. (J). 17.00 *(978-0-578-31556-0(4))* Just Write Pubns.

Boy with Big, Big Feelings. Britney Winn Lee. Illus. by Jacob Souva. 2019. (Big, Big Ser.). 14p. (J). (gr. -1-3). 17.99 *(978-1-5064-5450-4(X),* Beaming Books) 1517 Media.

Boy with Flowers in His Hair. Jarvis. Illus. by Jarvis. 2022. (ENG., Illus.). 32p. (J). (gr. -1-2). 18.99 *(978-1-5362-2522-8(3))* Candlewick Pr.

Boy with Green Thumbs & the Wild Tree Man. Larry W. Jones. 2020. (ENG.). 32p. (J). 23.95 *(978-1-716-31763-7(0))* Lulu Pr., Inc.

Boy with No Heart. Victor Camozzi. Illus. by Larry Goode. 2016. (ENG.) (J). 18.99 *(978-0-692-75176-3(9))* Camozzi, Victor.

Boy with the Butterfly Mind, 10 vols. Victoria Williamson. 2019. 224p. (J). 14.95 *(978-1-78250-600-3(4))* Floris Bks. GBR. Dist: Consortium Bk. Sales & Distribution.

Boy with the Latch Key (Halfpenny Orphans, Book 4) Cathy Sharp. 2018. (Halfpenny Orphans Ser.: 4). (ENG.). 416p. 12.99 *(978-0-00-827672-0(2),* HarperCollins) HarperCollins Pubs.

Boy with the Orange Glasses. Jerome Edward Oblon. 2020. (ENG., Illus.). 30p. (J). 22.95 *(978-1-64670-530-6(0));* pap. 12.95 *(978-1-64670-529-0(7))* Covenant Bks.

Boy with the Orange Glasses: Book 2: Saving Turtles. Jerome Edward Oblon. 2022. (ENG., Illus.). 30p. (J). 24.95 *(978-1-63814-216-4(5));* pap. 13.95 *(978-1-63814-214-0(9))* Covenant Bks.

Boy with the Radiant Smile. Ron Mueller. 2021. (ENG.). 28p. (J). pap. 5.99 *(978-1-68223-244-6(1))* Around the World Publishing LLC.

Boy with the U. S. Census. Francis Rolt Wheeler. 2018. (ENG., Illus.). 238p. (YA). (gr. 7-12). pap. *(978-93-5297-290-6(2))* Alpha Editions.

Boy with the U. S. Fisheries. Francis Rolt Wheeler. 2018. (ENG., Illus.). 260p. (YA). (gr. 7-12). pap. *(978-93-5297-291-3(0))* Alpha Editions.

Boy with the U. S. Foresters. Francis Rolt-Wheeler. 2017. (ENG., Illus.). (J). 24.95 *(978-1-374-97205-6(3))* Capital Communications, Inc.

Boy with the U. S. Foresters. Francis Rolt Wheeler. 2018. (ENG., Illus.). 202p. (YA). (gr. 7-12). pap. *(978-93-5297-292-0(9))* Alpha Editions.

Boy with the U. S. Foresters (Classic Reprint) Francis Rolt-Wheeler. 2017. (ENG., Illus.). (J). 398p. 32.11 *(978-0-484-67341-9(6));* pap. 16.57 *(978-0-259-30807-2(2))* Forgotten Bks.

Boy with the U. S. Naturalists (Classic Reprint) Francis Rolt-Wheeler. 2018. (ENG., Illus.). 434p. (J). 32.85 *(978-0-267-47791-3(0))* Forgotten Bks.

Boy with the U. S Survey (Classic Reprint) Francis Rolt-Wheeler. 2017. (ENG., Illus.). 466p. (J). 33.51 *(978-0-332-63419-7(1))* Forgotten Bks.

Boy with the U. S. Trappers (Classic Reprint) Francis Rolt-Wheeler. 2017. (ENG., Illus.). (J). 33.55 *(978-0-331-97713-4(3))* Forgotten Bks.

Boy with the U. S. Weather Men. Francis William Rolt-Wheeler. 2018. (ENG., Illus.). 238p. (YA). (gr. 7-12). pap. *(978-93-5297-293-7(7))* Alpha Editions.

Boy with Two Lives. Abbas Kazerooni. 2016. (ENG.). 256p. (YA). (gr. 7). 12.99 *(978-1-74331-483-8(3))* Allen & Unwin AUS. Dist: Independent Pubs. Group.

Boy with Wings. Sir Lenny Henry. Illus. by Keenon Ferrell & Mark Buckingham. 2023. (ENG.). 208p. (J). 21.99 *(978-1-5248-8471-0(5));* pap. 12.99 *(978-1-5248-8000-2(0))* Andrews McMeel Publishing.

Boy Without a Name. Ruth Lieberherr. Illus. by Ruth Lieberherr. 2018. (ENG., Illus.). 38p. (J). (gr. k-6). 24.95 *(978-1-7328877-3-2(X))* Lieberherr, Ruth.

Boy Without a Name. Ruth Lieberherr. 2018. (ENG., Illus.). 38p. (J). (gr. k-5). 24.95 *(978-1-7328877-0-1(5))* Lieberherr, Ruth.

Boy Without a Name: English-Dari Edition. Idries Shah. Illus. by Mona Caron. 2017. (Hoopoe Teaching-Stories Ser.). (ENG.). (J). (gr. k-6). pap. 9.99 *(978-1-946270-09-2(1),* Hoopoe Bks.) I S H K.

Boy Without a Name: English-Pashto Edition. Idries Shah. Illus. by Mona Caron. 2017. (Hoopoe Teaching-Stories Ser.). (ENG & PUS.). (J). (gr. k-6). pap. 9.99 *(978-1-944493-54-7(9),* Hoopoe Bks.) I S H K.

Boy Without a Name: English-Urdu Bilingual Edition. Idries Shah. Illus. by Mona Caron. 2016. (URD & ENG.). (J). (gr. k-6). pap. 9.99 *(978-1-942698-73-9(9),* Hoopoe Bks.) I S H K.

Boy Without a Name / de Jongen Zonder Naam: Bilingual English-Dutch Edition / Tweetalige Engels-Nederlands Editie. Idries. Shah. Illus. by Mona Caron. 2022. (Teaching Stories Ser.). (ENG.). 36p. (J). pap. 11.90 *(978-1-958289-59-4(0),* Hoopoe Bks.) I S H K.

Boy Woodburn a Story of the Sussex Downs (Classic Reprint) Alfred Ollivant. 2018. (ENG., Illus.). 394p. (J). 32.04 *(978-0-332-90235-7(8))* Forgotten Bks.

Boy Woodcrafter (Classic Reprint) Clarence Hawkes. (ENG., Illus.). (J). 2018. 234p. 28.72 *(978-0-656-28147-3(2));* 2017. pap. 11.57 *(978-0-259-41559-6(6))* Forgotten Bks.

Boy X. Dan Smith. 2017. 274p. (J). *(978-1-338-17150-1(X))* Scholastic, Inc.

Boy You Always Wanted. Michelle Quach. 2023. (ENG.). 336p. (YA). (gr. 8). 19.99 *(978-0-06-303842-4(0),* Tegen, Katherine Bks) HarperCollins Pubs.

Boy, You Can Do Anything! a Coloring Book for Little Boys with Big Emotions: Unlock Your Child's Emotional Intelligence with This Fun & Engaging Story & Coloring Book (children Coloring Book) Lemi Misirbiev. 2023. (ENG.). 32p. (J). pap. 14.99 *(978-1-0881-0746-1(X))* Indy Pub.

Boyar of the Terrible: A Romance of the Court of Ivan the Cruel, First Tsar of Russia (Classic Reprint) Frederick Whishaw. (ENG., Illus.). (J). 2018. 360p. 31.32 *(978-0-364-72096-7(4));* 2016. pap. 13.57 *(978-1-334-53338-9(5))* Forgotten Bks.

Boyband Murder Mystery. Ava Eldred. 2021. 352p. 15.99 *(978-0-241-44943-1(X))* Penguin Bks., Ltd. GBR. Dist: Independent Pubs. Group.

Boycotting the British: Boston Tea Party. Virginia Loh-Hagan. 2019. (Behind the Curtain Ser.). (ENG., Illus.). 32p. (J). (gr. 4-8). pap. 14.21 *(978-1-5341-3994-7(X),* 212805); lib. bdg. 32.07 *(978-1-5341-4338-8(6),* 212804) Cherry Lake Publishing. (45th Parallel Press).

Boycotts, Marches, & Strikes: Protests of the Civil Rights Era. Barbara Diggs. 2020. (the Civil Rights Era Ser.). (ENG., Illus.). 112p. (YA). (gr. 7-9). 22.95 *(978-1-61930-916-6(5),* dcf545aa-1f2b-449f-a35e-30a33f46a9da); pap. 15.95 *(978-1-61930-919-7(X),* be112d0a-0c8f-475c-8b63-22a00b731473) Nomad Pr.

Boyd Smith Mother Goose: With Numerous Illustrations in Color & in Black & White from Original Drawing (Classic Reprint) E. Boyd Smith. (ENG., Illus.). (J). 2018. 294p. 29.96 *(978-0-332-95862-0(0));* 2017. pap. 13.57 *(978-0-259-42801-5(9))* Forgotten Bks.

Boyden's Speaker. Helen W. Boyden. 2019. (ENG.). 198p. (J). pap. *(978-3-337-77934-4(4))* Creation Pubs.

Boyden's Speaker: For Primary Grades (Classic Reprint) Helen W. Boyden. (ENG., Illus.). (J). 2018. 196p. 27.94 *(978-0-364-00584-2(X));* 2017. pap. 10.57 *(978-0-243-50064-2(5))* Forgotten Bks.

Boyer's Barn House in Wonderfully Made. Renee Boyer. 2022. (ENG., Illus.). 44p. (J). pap. 17.95 *(978-1-68517-614-3(3))* Christian Faith Publishing.

Boyfriend Bracket. Kate Evangelista. 2018. (ENG.). 240p. (J). 27.99 *(978-1-250-18538-9(6),* 900191356) Feiwel & Friends.

Boyfriend Bracket. Kate Evangelista. 2019. (ENG.). 256p. (YA). pap. 16.99 *(978-1-250-30917-4(4),* 900191357) Square Fish.

Boyfriend Mistake. Charity West. 2019. (ENG.). 154p. (J). pap. *(978-1-77339-920-1(9))* Evernight Publishing.

Boyfriend Summer: Pulled under; Swept Away. Michelle Dalton. 2019. (ENG.). 560p. (YA). (gr. 7). pap. 12.99 *(978-1-5344-4301-3(0),* Simon Pulse) Simon Pulse.

Boyhood. Leo Tolstoi. 2020. (ENG.). (J). 126p. 16.95 *(978-1-64799-046-6(7));* 124p. pap. 9.95 *(978-1-64799-045-9(9))* Bibliotech Pr.

Boyhood: A Story (Classic Reprint) Leo Tolstoi. 2017. (ENG., Illus.). (J). 33.92 *(978-0-266-52020-7(0));* pap. 16.57 *(978-0-243-38085-5(2))* Forgotten Bks.

Boyhood in Norway. Hjalmar Hjorth Boyesen. 2017. (ENG.). 272p. (J). pap. *(978-3-337-36930-9(8))* Creation Pubs.

Boyhood in Norway: Stories of Boy-Life in the Land of the Midnight Sun (Classic Reprint) Hjalmar Hjorth Boyesen. 2017. (ENG., Illus.). (J). 29.49 *(978-0-265-21175-5(1))* Forgotten Bks.

Boyhood Life in Iowa: Forty Years Ago, As Found in the Memoirs of Rufus Rittenhouse (Classic Reprint) Rufus Rittenhouse. 2018. (ENG., Illus.). 26p. (J). 24.45 *(978-0-267-67036-9(2))* Forgotten Bks.

Boyhood of Abraham Lincoln: From the Spoken Narratives of Austin Gollaher (Classic Reprint) J. Rogers Gore. 2017. (ENG., Illus.). (J). 32.27 *(978-0-265-31374-9(0))* Forgotten Bks.

Boyhood of an Inventor (Classic Reprint) C. Francis Jenkins. 2017. (ENG., Illus.). (J). 29.92 *(978-0-266-49348-8(3))* Forgotten Bks.

Boyhood of Christ (Classic Reprint) Lew Wallace. 2017. (ENG., Illus.). (J). 26.52 *(978-0-265-61439-6(2))* Forgotten Bks.

Boyhood of Famous Americans, Children of History (Classic Reprint) Annie Chase. (ENG., Illus.). (J). 2018. 156p. 27.11 *(978-0-483-59222-3(6));* 2016. pap. 9.57 *(978-1-333-39319-9(9))* Forgotten Bks.

Boyhood of Famous Authors (Classic Reprint) William H. Rideing. 2017. (ENG., Illus.). (J). 28.74 *(978-0-331-23470-1(X))* Forgotten Bks.

Boyhood of Lincoln (Classic Reprint) Eleanor Atkinson. 2018. (ENG., Illus.). 70p. (J). 25.36 *(978-0-364-43345-4(0))* Forgotten Bks.

Boyhood of Lincoln (Classic Reprint) Harriet G. Reiter. 2018. (ENG., Illus.). 40p. (J). 24.72 *(978-0-484-14395-0(6))* Forgotten Bks.

Boyhood Reminiscences, 1855-1865 (Classic Reprint) Hermon Wells DeLong. 2018. (ENG., Illus.). 70p. (J). 25.36 *(978-0-656-44809-8(1))* Forgotten Bks.

Boyhood Stories of Famous Men: Titian, Chopin, Andre Del Sarto, Thorwaldsen, Mendelssohn, Mozart, Murillo, Stradivarius, Guido Reni, Claude Lorraine, Tintoretto & Rosa Bonheur Tomboy of Bordeaux (Classic Reprint) Katherine Dunlap Cather. 2018. (ENG., Illus.). 304p. (J). 30.17 *(978-0-666-58601-8(2))* Forgotten Bks.

Boying Up: How to Be Brave, Bold & Brilliant. Mayim Bialik. 2019. (ENG.). 224p. (YA). (gr. 7). pap. 10.99 *(978-0-525-51599-9(2),* Penguin Books) Penguin Young Readers Group.

Boynton's Greatest Hits the Big Green Box (Boxed Set) Happy Hippo, Angry Duck; but Not the Armadillo; Dinosaur Dance!; Are You a Cow? Sandra Boynton. Illus. by Sandra Boynton. ed. 2018. (ENG., Illus.). 64p. (J). (gr. -1-k). bds. 27.99 *(978-1-5344-3353-3(8))* Simon & Schuster, Inc.

Boyorg: Search for the Criterion Blade. M. E. Champey. 2022. (ENG.). 394p. (YA). pap. 15.99 *(978-1-0879-8655-5(9))* Indy Pub.

Boy's Account of It: A Chronicle of Foreign Travel by an Eight-Year-Old (Classic Reprint) William Culver Roberts. 2017. (ENG., Illus.). (J). 26.21 *(978-0-265-69784-9(0))* Forgotten Bks.

Boy's Adventures in the Wilds of Australia: Or, Herbert's Note-Book (Classic Reprint) William Howitt. 2018. (ENG., Illus.). 376p. (J). 31.67 *(978-0-267-42177-0(X))* Forgotten Bks.

Boys & Girls Book of Science. Charles Kingsley. 2017. (ENG.). 390p. (J). pap. *(978-3-337-03458-0(6))* Creation Pubs.

250

The check digit for ISBN-10 appears in parentheses after the full ISBN-13

Boys & Girls Book of Science (Classic Reprint) Charles Kingsley. 2018. (ENG., Illus.). 388p. (J). 31.90 *(978-0-267-80067-4(3))* Forgotten Bks.

Boys' & Girls' Books in the Hartford Public Library, 1895 (Classic Reprint) Hartford Public Library. (ENG., Illus.). (J). 2018. 108p. 26.12 *(978-0-656-47142-3(5))*; 2016. pap. 9.57 *(978-1-334-16210-7(7))* Forgotten Bks.

Boys' & Girls' Bookshelf: I. Index, II. Reading & Study Courses, III. Graded & Classified Index; a Guide to the Bookshelf's Use & Enjoyment by Young Readers (Classic Reprint) New York University Society. (ENG., Illus.). (J). 2018. 300p. 30.08 *(978-0-656-90504-1(2))*; 2017. pap. 13.57 *(978-0-282-29733-6(2))* Forgotten Bks.

Boys' & Girls' Bookshelf, Vol. 10: Children's Book of Fact & Fancy (Part II) (Classic Reprint) Hamilton Wright Mabie. (ENG., Illus.). (J). 2018. 220p. 28.43 *(978-0-267-00070-8(7))*; 2017. pap. 10.97 *(978-0-243-38576-8(5))* Forgotten Bks.

Boys' & Girls' Bookshelf, Vol. 13: Book of Nature & Outdoor Life (Part III) (Classic Reprint) Hamilton Wright Mabie. (ENG., Illus.). (J). 2018. 228p. 28.62 *(978-0-428-73775-7(7))*; 2017. pap. 11.57 *(978-0-243-27694-3(X))* Forgotten Bks.

Boys' & Girls' Bookshelf, Vol. 15: Book of Wonders & Curious Things (Part 1) (Classic Reprint) Hamilton Wright Mabie. 2017. (ENG., Illus.). (J). pap. 10.97 *(978-0-259-42890-9(6))* Forgotten Bks.

Boys' & Girls' Bookshelf, Vol. 17: Historic Tales & Golden Deeds (Part III) (Classic Reprint) Hamilton Wright Mabie. 2017. (ENG., Illus.). (J). pap. 10.97 *(978-0-282-51530-0(5))* Forgotten Bks.

Boys' & Girls' Bookshelf, Vol. 18: Historic Tales & Golden Deeds, (Part 4) (Classic Reprint) Hamilton Wright Mabie. 2017. (ENG., Illus.). (J). pap. 10.97 *(978-0-282-55304-3(5))* Forgotten Bks.

Boys' & Girls' Bookshelf, Vol. 19: Little Journeys into Bookland (Part I) (Classic Reprint) Hamilton Wright Mabie. (ENG., Illus.). (J). 2018. 232p. 28.68 *(978-0-331-97525-3(4))*; 2017. pap. 11.57 *(978-0-243-38184-5(0))* Forgotten Bks.

Boys' & Girls' Bookshelf, Vol. 20: Little Journeys into Bookland (Part II) (Classic Reprint) Hamilton Wright Mabie. (ENG., Illus.). (J). 2018. 226p. 28.58 *(978-0-483-84022-5(X))*; 2017. pap. 10.97 *(978-0-243-31493-5(0))* Forgotten Bks.

Boys' & Girls' Bookshelf, Vol. 7: Historic Tales & Golden Deeds (Part I) (Classic Reprint) Hamilton Wright Mabie. (ENG., Illus.). (J). 2018. 228p. 28.60 *(978-0-365-31343-4(2))*; 2017. pap. 10.97 *(978-0-259-51155-7(2))* Forgotten Bks.

Boys' & Girls' Bookshelf, Vol. 8: Historic Tales & Golden Deeds, Part II (Classic Reprint) Hamilton Wright Mabie. 2017. (ENG., Illus.). (J). 226p. 28.56 *(978-0-332-15519-7(6))*; pap. 10.97 *(978-0-282-47876-6(0))* Forgotten Bks.

Boys' & Girls' Bookshelf, Vol. 9: Children's Book of Fact & Fancy (Part I) (Classic Reprint) University Society. (ENG., Illus.). (J). 2018. 216p. 28.37 *(978-0-365-36235-7(2))*; 2017. pap. 11.57 *(978-0-243-26731-6(2))* Forgotten Bks.

Boys & Girls Can Live for Jesus: Bible Lessons for Little Hearts. Hlelolwenkhosi Mamba. 2018. (ENG., Illus.). 32p. (J). pap. 11.95 *(978-1-928325-69-7(6))* Zion Publishing.

Boys & Girls (Classic Reprint) James W. Foley. 2017. (ENG., Illus.). (J). 29.84 *(978-0-265-21247-9(2))* Forgotten Bks.

Boy's & Girl's Country Book: With Illustrations (Classic Reprint) Francis C. Woodworth. (ENG., Illus.). (J). 2018. 176p. 27.53 *(978-0-267-77165-3(7))*; 2016. pap. 10.57 *(978-1-334-12997-1(5))* Forgotten Bks.

Boys & Girls from George Eliot (Classic Reprint) Kate Dickinson Sweetser. 2018. (ENG., Illus.). 240p. (J). 28.85 *(978-0-483-78575-5(X))* Forgotten Bks.

Boys & Girls from Thackeray (Classic Reprint) Kate Dickinson Sweetser. (ENG., Illus.). (J). 2017. 380p. 31.75 *(978-0-332-14409-2(7))*; 2016. pap. 16.57 *(978-1-334-23682-2(8))* Forgotten Bks.

Boy's & Girl's Illustrated Olio (Classic Reprint) Lydia Howard Sigourney. 2017. (ENG., Illus.). (J). 27.73 *(978-0-265-67045-3(4))*; pap. 10.57 *(978-1-5276-4173-0(2))* Forgotten Bks.

Boys & Girls Life of Christ (Yesterday's Classics) J. Paterson Smyth. 2017. (ENG., Illus.). (J). pap. 12.95 *(978-1-63334-094-7(5))* Yesterday's Classics.

Boys & Girls o' Mine (Classic Reprint) James W. Foley. 2018. (ENG., Illus.). 170p. (J). 27.40 *(978-0-332-92051-1(8))* Forgotten Bks.

Boys & Girls of Colonial Days (Classic Reprint) Carolyn Sherwin Bailey. 2017. (ENG., Illus.). (J). 27.28 *(978-0-265-22057-3(2))* Forgotten Bks.

Boys & Girls, of Garden City (Classic Reprint) Jean Dawson. 2017. (ENG., Illus.). (J). 31.45 *(978-0-266-21741-1(9))* Forgotten Bks.

Boys & Girls of Other Days, Vol. 1: From the Stone Age to the Battle of Hastings (Classic Reprint) John Finnemore. (ENG., Illus.). (J). 2018. 156p. 27.11 *(978-0-484-73160-7(2))*; 2017. pap. 9.57 *(978-0-282-52441-8(X))* Forgotten Bks.

Boys & Girls of the Revolution (Classic Reprint) Charles H. Woodman. 2018. (ENG., Illus.). 292p. (J). 29.92 *(978-0-484-72010-6(4))* Forgotten Bks.

Boys & Girls of the White House (Classic Reprint) Agnes Carr Sage. 2018. (ENG., Illus.). (J). 344p. 30.99 *(978-0-366-15365-7(X))*; 346p. pap. 13.57 *(978-0-366-08246-9(9))* Forgotten Bks.

Boys' & Girls' Readers: Fifth Reader (Classic Reprint) Emma Miller Bolenius. (ENG., Illus.). (J). 2018. 328p. 30.66 *(978-0-428-89327-9(9))*; 2017. pap. 13.57 *(978-0-243-87389-0(1))* Forgotten Bks.

Boys' & Girls' Scrap-Book: Prose & Verse (Classic Reprint) Unknown Author. (ENG., Illus.). (J). 2018. 182p. 27.67 *(978-0-484-06669-3(2))*; 2016. pap. 10.57 *(978-1-334-13310-7(7))* Forgotten Bks.

Boys & Girls Screaming. Kern Carter. 2022. (ENG.). 208p. (YA). (gr. 8-12). pap. 15.95 *(978-1-77086-645-4(0)*, Dancing Cat Bks.) Cormorant Bks. Inc. CAN. Dist: Orca Bk. Pubs. USA.

Boys & Girls Stories of the War: Contents General Ston Wall Jackson Commodore Foot & Colonel Small, etc, etc (Classic Reprint) Unknown Author. 2018. (ENG., Illus.). 38p. (J). 24.68 *(978-0-332-87304-6(8))* Forgotten Bks.

Boys & I: A Child's Story for Children (Classic Reprint) Molesworth. 2019. (ENG., Illus.). 268p. (J). 29.42 *(978-0-365-15021-3(5))* Forgotten Bks.

Boys & Masters: A Story of School Life (Classic Reprint) Arthur Herman Gilkes. 2018. (ENG., Illus.). 262p. (J). 29.32 *(978-0-483-95091-7(2))* Forgotten Bks.

Boys & Men: A Story of Life at Yale (Classic Reprint) Richard Thayer Holbrook. 2018. (ENG., Illus.). 298p. (J). 30.04 *(978-0-332-96971-8(1))* Forgotten Bks.

Boys & the Frogs: a Lesson in Empathy: A Lesson in Empathy. Grace Hansen. 2021. (Lessons with Aesop's Fables Ser.). (ENG.). 32p. (J). (gr. 2-5). lib. bdg. 32.79 *(978-1-0982-4129-2(0)*, 38794, DiscoverRoo) Pop!.

Boys Are Amazing. Jacquelyn Craighead. 2022. (ENG.). 28p. (J). 26.99 *(978-1-6628-5237-4(1))*; pap. 14.99 *(978-1-6628-5236-7(3))* Salem Author Services.

Boys at Chequasset: Or, a Little Leaven (Classic Reprint) A. D. T. Whitney. 2017. (ENG., Illus.). (J). 29.42 *(978-0-266-21747-3(8))* Forgotten Bks.

Boys at Home (Classic Reprint) C. Adams. 2018. (ENG., Illus.). 450p. (J). 33.18 *(978-0-483-87702-3(6))* Forgotten Bks.

Boy's Autumn Book: Descriptive of the Season, Scenery, Rural Life, & Country Amusements (Classic Reprint) Thomas Miller. (ENG., Illus.). (J). 2018. 132p. 26.62 *(978-0-484-66471-4(9))*; 2017. pap. 9.57 *(978-0-243-09312-0(8))* Forgotten Bks.

Boys, Beauty & Betrayal. Jc Conrad-Ellis. 2022. (ENG.). 204p. (YA). pap. 16.95 ***(978-1-957593-00-5(8))*** Provision Pr.

Boy's Body Book (Fifth Edition) Everything You Need to Know for Growing Up! Kelli, , Bsn Dunham. 5th ed. 2019. (Boys & Girls Body Bks.). (ENG., Illus.). 148p. (J). (gr. 5). pap. 12.99 *(978-1-60433-832-4(6)*, Applesauce Pr.) Cider Mill Pr. Bk. Pubs., LLC.

Boy's Book of Battle-Lyrics. Thomas Dunn English. 2017. (ENG.). 188p. (J). pap. *(978-3-7447-8305-7(7))* Creation Pubs.

Boys' Book of Famous Rulers. Lydia Hoyt Farmer. 2019. (ENG., Illus.). 414p. (YA). (gr. 7-12). pap. *(978-93-5329-436-6(3))* Alpha Editions.

Boys' Book of Famous Soldiers. J. Walker McSpadden. 2017. (ENG., Illus.). (J). 23.95 *(978-1-374-99065-4(5))* Capital Communications, Inc.

Boy's Book of Inventions: Stories of the Wonders of Modern Science (Classic Reprint) Ray Stannard Baker. 2017. (ENG., Illus.). (J). 31.57 *(978-0-260-15689-1(2))* Forgotten Bks.

Boys' Book of Railroads (Classic Reprint) Irving Crump. 2018. (ENG., Illus.). 296p. (J). 30.02 *(978-0-484-06095-0(3))* Forgotten Bks.

Boy's Book of Rhyme (Classic Reprint) Clinton Scollard. 2018. (ENG., Illus.). 86p. (J). 25.67 *(978-0-666-91374-6(9))* Forgotten Bks.

Boy's Book of the Army (Classic Reprint) Charles King. 2018. (ENG., Illus.). 280p. (J). 29.69 *(978-0-267-65010-1(8))* Forgotten Bks.

Boy's Book of the Sea. Frank H. Converse. 2017. (ENG., Illus.). (J). pap. *(978-0-649-08590-3(6))* Trieste Publishing Pty Ltd.

Boys' Browning: Poems of Action & Incident Compiled for the Use of Young People (Classic Reprint) Robert Browning. 2018. (ENG., Illus.). 108p. (J). 26.12 *(978-0-483-83232-9(4))* Forgotten Bks.

Boy's Camp Book: A Guidebook Based upon the Annual Encampment of a Boy Scout Troop; the Second of a Series of Handy Volumes of Information & Inspiration (Classic Reprint) Edward Cave. 2017. (ENG., Illus.). (J). 28.27 *(978-0-260-34982-8(8))* Forgotten Bks.

Boys Can Be Strong & Emotional: Growth Mindset. Esther Pia Cordova. Illus. by Vanessa Chromik. 2019. (Growth Mindset Ser.: Vol. 3). (ENG.). 32p. (J). (gr. k-2). *(978-3-948298-00-5(9))* Cordova, Esther Pia Power Of Yet.

Boys Can Be Strong & Emotional: Growth Mindset. Esther Pia Cordova. Illus. by Vanessa Chromik. 2019. (Growth Mindset Ser.: Vol. 3). (ENG.). 32p. (J). pap. *(978-3-948298-01-2(7))* Cordova, Esther Pia Power Of Yet.

Boys Can Journal Too. L. Mailn Thomas II. 2020. (ENG.). 378p. (J). 35.00 *(978-1-6781-6887-2(4))* Lulu Pr., Inc.

Boy's Cinema: February 15th, 1930 (Classic Reprint) Unknown Author. (ENG., Illus.). (J). 2018. 766p. 39.70 *(978-0-483-61821-3(7))*; 2017. pap. 23.57 *(978-0-243-28635-5(X))* Forgotten Bks.

Boy's Cinema: January-June, 1933 (Classic Reprint) Amalgamated Press Ltd. (ENG., Illus.). (J). 2018. 704p. 38.42 *(978-0-484-86436-7(X))*; 2017. pap. 20.97 *(978-0-243-28142-8(0))* Forgotten Bks.

Boy's Cinema, 1935-1939 (Classic Reprint) Unknown Author. (ENG., Illus.). (J). 2018. 594p. 36.15 *(978-0-483-98972-6(X))*; 2017. pap. 19.57 *(978-0-243-30731-9(4))* Forgotten Bks.

Boy's Cinema, Vol. 1035: October, 1939 (Classic Reprint) Unknown Author. (ENG., Illus.). (J). 2018. 358p. 31.28 *(978-0-666-97366-5(0))*; 2017. pap. 13.97 *(978-0-243-44768-8(X))* Forgotten Bks.

Boys' Clubhouse: No Girls Allowed Activity Book. Smarter Activity Books for Kids. 2016. (ENG., Illus.). (J). pap. 8.99 *(978-1-68374-198-5(6))* Examined Solutions PTE. Ltd.

Boys Colouring (Big Trucks) A Big Trucks Coloring (Colouring) Book with 30 Coloring Pages That Gradually Progress in Difficulty: This Book Can Be Downloaded As a PDF & Printed Out to Color Individual Pages. James Manning. 2019. (Boys Colouring Ser.: Vol. 2). (ENG., Illus.). 62p. (J). pap. *(978-1-83856-680-7(5))* Coloring Pages.

Boys Colouring Book (Big Trucks) A Big Trucks Coloring (Colouring) Book with 30 Coloring Pages That Gradually Progress in Difficulty: This Book Can Be Downloaded As a PDF & Printed Out to Color Individual Pages. James Manning. 2019. (Boys Colouring Book Ser.: Vol. 2). (ENG., Illus.). 62p. (J). pap. *(978-1-83856-677-7(5))* Coloring Pages.

Boys Colouring Book (Cars) A Cars Coloring (Colouring) Book with 30 Coloring Pages That Gradually Progress in Difficulty: This Book Can Be Downloaded As a PDF & Printed Out to Color Individual Pages. James Manning. 2019. (Boys Colouring Book (Cars) Ser.: Vol. 3). (ENG., Illus.). 62p. (J). pap. *(978-1-83856-414-8(4))* Coloring Pages.

Boys Colouring Books Age 5 - 7 (Big Trucks) A Big Trucks Coloring (Colouring) Book with 30 Coloring Pages That Gradually Progress in Difficulty: This Book Can Be Downloaded As a PDF & Printed Out to Color Individual Pages. James Manning. 2019. (Boys Colouring Books Age 5 - 7 Ser.: Vol. 2). (ENG., Illus.). 62p. (J). pap. *(978-1-83856-679-1(1))* Coloring Pages.

Boys Colouring Books Age 5 - 7 (Cars) A Cars Coloring (Colouring) Book with 30 Coloring Pages That Gradually Progress in Difficulty: This Book Can Be Downloaded As a PDF & Printed Out to Color Individual Pages. James Manning. 2019. (Boys Colouring Books Age 5 - 7 (Cars) Ser.: Vol. 3). (ENG., Illus.). 62p. (J). pap. *(978-1-83856-416-2(0))* Coloring Pages.

Boys Colouring Books Age 7 - 9 (Big Trucks) A Big Trucks Coloring (Colouring) Book with 30 Coloring Pages That Gradually Progress in Difficulty: This Book Can Be Downloaded As a PDF & Printed Out to Color Individual Pages. James Manning. 2019. (Boys Colouring Books Age 7 - 9 Ser.: Vol. 2). (ENG., Illus.). 62p. (J). pap. *(978-1-83856-678-4(3))* Coloring Pages.

Boys Colouring Books Age 7 - 9 (Cars) A Cars Coloring (Colouring) Book with 30 Coloring Pages That Gradually Progress in Difficulty: This Book Can Be Downloaded As a PDF & Printed Out to Color Individual Pages. James Manning. 2019. (Boys Colouring Books Age 7 - 9 (Cars) Ser.: Vol. 3). (ENG., Illus.). 62p. (J). pap. *(978-1-83856-415-5(2))* Coloring Pages.

Boys Colouring (Cars) A Cars Coloring (Colouring) Book with 30 Coloring Pages That Gradually Progress in Difficulty: This Book Can Be Downloaded As a PDF & Printed Out to Color Individual Pages. James Manning. 2019. (Boys Colouring (Cars) Ser.: Vol. 3). (ENG., Illus.). 62p. (J). pap. *(978-1-83856-417-9(9))* Coloring Pages.

Boy's Country-Book: Being the Real Life of a Country Boy, Written by Himself; Exhibiting All the Amusements, Pleasures, & Pursuits of Children in the Country (Classic Reprint) William Howitt. 2017. (ENG., Illus.). (J). 32.19 *(978-0-265-19463-8(6))* Forgotten Bks.

Boys Dance! (American Ballet Theatre) John Robert Allman. Illus. by Luciano Lozano. 2020. (American Ballet Theatre Ser.). 40p. (J). (gr. -1-2). 17.99 *(978-0-593-18114-0(X))*; (ENG.). lib. bdg. 20.99 *(978-0-593-18115-7(8))* Random Hse. Children's Bks. (Doubleday Bks. for Young Readers).

Boys Dancing: From School Gym to Theater Stage. George Ancona. Illus. by George Ancona. 2017. (ENG., Illus.). 48p. (J). (gr. k-3). 16.99 *(978-0-7636-8202-6(0))* Candlewick Pr.

Boys Don't Knit (In Public) T. S. Easton. 2016. (ENG.). 272p. (YA). pap. 21.99 *(978-1-250-07354-9(5)*, 900150784) Square Fish.

Boy's-Eye Views of the Sunday-School (Classic Reprint) William O. Rogers. 2018. (ENG., Illus.). (J). 122p. 26.41 *(978-0-366-56196-4(0))*; 124p. pap. 9.57 *(978-0-366-09358-8(4))* Forgotten Bks.

Boy's Fortune, or the Strange Adventures of Ben Baker (Classic Reprint) Horatio Alger Jr. (ENG., Illus.). (J). 2018. 340p. 30.93 *(978-0-332-38947-9(2))*; 2016. pap. 13.57 *(978-1-333-77947-4(X))* Forgotten Bks.

Boys, Girls & Manners (Classic Reprint) Florence Howe Hall. 2018. (ENG., Illus.). 322p. (J). 30.56 *(978-0-483-31238-8(X))* Forgotten Bks.

Boy's Guide to Prayer. Jim George. 2019. (ENG.). 128p. (J). (gr. 2-7). pap. 12.99 *(978-0-7369-7554-4(3)*, 6975544) Harvest Hse. Pubs.

Boy's Guide to Usefulness: Designed to Prepare the Way for the Young Man's Guide (Classic Reprint) William Andrus Alcott. (ENG., Illus.). (J). 2018. 190p. 27.82 *(978-0-483-63777-1(7))*; 2016. pap. 10.57 *(978-1-334-02294-4(1))* Forgotten Bks.

Boys I Know. Anna Gracia. 352p. (YA). (gr. 9). 2023. pap. 11.99 *(978-1-68263-562-9(7))*; 2022. 17.99 *(978-1-68263-371-7(3))* Peachtree Publishing Co. Inc.

Boys in Black. Frank English. 2020. (ENG.). 72p. (J). pap. *(978-1-913071-85-1(5))* Andrews UK Ltd.

Boys in the Boat (Young Readers Adaptation) The True Story of an American Team's Epic Journey to Win Gold at the 1936 Olympics. Daniel James Brown. 2016. lib. bdg. 22.10 *(978-0-606-39312-6(9))* Turtleback.

Boys Just Like Me: Bible Men Who Trusted God. Jean Stapleton. rev. ed. 2017. (Daily Readings Ser.). (ENG., Illus.). 128p. (J). 9.99 *(978-1-78191-998-9(4)*, 68d97a43-8db4-46f2-b373-62cc7a36abd6, CF4Kids) Christian Focus Pubns. GBR. Dist: Baker & Taylor Publisher Services (BTPS).

Boy's King Arthur. Sidney Lanier. 2017. (ENG.). 484p. (J). pap. *(978-3-337-19100-9(2))* Creation Pubs.

Boys' Lacrosse: A Guide for Players & Fans. Matt Chandler. 2019. (Sports Zone Ser.). (ENG., Illus.). 32p. (J). (gr. 3-6). pap. 7.95 *(978-1-5435-7459-3(9)*, 140899) Capstone.

Boys' Lacrosse: A Guide for Players & Fans. Matthew Allan Chandler. 2019. (Sports Zone Ser.). (ENG., Illus.). 32p. (J). (gr. 3-6). lib. bdg. 27.99 *(978-1-5435-7425-8(4)*, 140712) Capstone.

Boys' Lacrosse Fun. Imogen Kingsley. 2020. (Sports Fun Ser.). (ENG., Illus.). 24p. (J). (gr. k-2). lib. bdg. 29.99 *(978-1-9771-2476-0(3)*, 200488, Pebble) Capstone.

Boys' Life, Vol. 1: Boys' & Boy Scouts Magazine; July, 1911 (Classic Reprint) Boy Scouts Of America. (ENG., Illus.). (J). 2018. 50p. 24.95 *(978-0-428-83835-5(9))*; 2017. pap. 9.57 *(978-1-334-92755-3(3))* Forgotten Bks.

Boys' Life, Vol. 14: The Boy Scouts Magazine; January, 1924 (Classic Reprint) Boy Scouts of America Inc. (ENG., Illus.). (J). 2018. 72p. 25.38 *(978-0-483-63342-1(9))*; 2017. pap. 9.57 *(978-0-243-31449-2(3))* Forgotten Bks.

Boys' Life, Vol. 34: July, 1944 (Classic Reprint) Boy Scouts Of America. (ENG., Illus.). (J). 2018. 38p. 24.68 *(978-0-364-21763-4(4))*; 2017. pap. 7.97 *(978-0-259-58633-3(1))* Forgotten Bks.

Boys' Life, Vol. 4: January, 1915 (Classic Reprint) Walter P. McGuire. (ENG., Illus.). (J). 2018. 568p. 35.63 *(978-0-332-84788-7(8))*; 2016. pap. 19.57 *(978-1-334-13409-8(X))* Forgotten Bks.

Boys' Life, Vol. 5: The Boy Scouts' Magazine; October, 1915 (Classic Reprint) Walter P. McGuire. (ENG., Illus.). (J). 2018. 54p. 25.01 *(978-0-365-47447-0(9))*; 2017. pap. 9.57 *(978-0-259-60093-0(8))* Forgotten Bks.

Boy's Marriage (Classic Reprint) Hugh De Selincourt. (ENG., Illus.). (J). 2018. 318p. 30.48 *(978-0-483-50171-3(9))*; 2017. pap. 13.57 *(978-0-243-96488-8(9))* Forgotten Bks.

Boys Notebook: Nice Composition Notebook, Journal Notebook Diary for Writing & Drawing, Notebook Journal for Boys 129 Pages. Monica Freeman. 2020. (ENG.). 130p. (J). pap. 6.39 *(978-1-716-36155-5(9))* Lulu Pr., Inc.

Boys of 1745 at the Capture of Louisbourg (Classic Reprint) James Otis. 2018. (ENG., Illus.). 92p. (J). 25.81 *(978-0-267-18660-0(6))* Forgotten Bks.

Boys of Axleford (Classic Reprint) Charles Camden. 2018. (ENG., Illus.). 244p. (J). 28.93 *(978-0-483-36246-8(8))* Forgotten Bks.

Boys of Bellwood School: Or Frank Jordan's Triumph (Classic Reprint) Frank V. Webster. 2018. (ENG., Illus.). 226p. (J). 28.56 *(978-0-332-08826-6(X))* Forgotten Bks.

Boys of Bunker Academy (Classic Reprint) William Osborn Stoddard. (ENG., Illus.). (J). 2018. 394p. 32.08 *(978-0-332-88278-9(0))*; 2017. pap. 16.57 *(978-0-243-42966-0(5))* Forgotten Bks.

Boys of Columbia High on the Gridiron: Or the Struggle for the Silver Cup (Classic Reprint) Graham B. Forbes. 2018. (ENG., Illus.). 260p. (J). 29.26 *(978-0-484-38121-5(0))* Forgotten Bks.

Boys of Columbia High on the Gridiron: The Struggle for the Silver Cup. Graham B. Forbes. 2018. (ENG., Illus.). 160p. (YA). (gr. 7-12). pap. *(978-93-5297-294-4(5))* Alpha Editions.

Boys of Columbia High on the Ice, or, Out for the Hockey Championship. Graham B. Forbes. 2017. (ENG., Illus.). (J). pap. *(978-0-649-20808-1(0))* Trieste Publishing Pty Ltd.

Boys of Columbia High on the Ice; or, Out for the Hockey Championship. Graham B. Forbes. 2017. (ITA., Illus.). (J). pap. *(978-0-649-08598-9(1))* Trieste Publishing Pty Ltd.

Boys of Columbia, High on the River: Or the Boat Race Plot That Failed (Classic Reprint) Graham B. Forbes. 2018. (ENG., Illus.). 256p. (J). 29.18 *(978-0-365-37703-0(1))* Forgotten Bks.

Boys of Columbia High Series (Classic Reprint) Graham B. Forbes. 2018. (ENG., Illus.). 258p. (J). 29.22 *(978-0-267-26298-4(1))* Forgotten Bks.

Boys of Crawford's Basin: The Story of a Mountain Ranch in the Early Days of Colorado (Classic Reprint) Sidford F. Hamp. (ENG., Illus.). (J). 2018. 352p. 31.16 *(978-0-267-54642-8(4))*; 2016. pap. 13.57 *(978-1-333-48337-1(6))* Forgotten Bks.

Boys of Grand Pre School (Classic Reprint) B. O. W. C. 2017. (ENG., Illus.). 358p. (J). 31.28 *(978-0-484-65664-1(3))* Forgotten Bks.

Boys of Greenway Court. Hezekiah Butterworth. 2017. (ENG.). 328p. (J). pap. *(978-3-337-08839-2(2))* Creation Pubs.

Boys of Greenway Court: A Tale of the Early Days of Washington (Classic Reprint) Hezekiah Butterworth. 2018. (ENG., Illus.). 334p. (J). 30.79 *(978-0-332-07956-1(2))* Forgotten Bks.

Boys of Highfield, or the Hero of Chancery House (Classic Reprint) H. Frederick Charles. (ENG., Illus.). (J). 2018. 166p. 27.32 *(978-0-483-01794-8(9))*; 2017. pap. 9.97 *(978-0-243-09276-5(8))* Forgotten Bks.

Boys of Milverton Book Series: New Beginnings. Lisa Romano-Dwyer. 2019. (ENG.). 154p. (J). pap. *(978-0-2288-1306-4(9))* Tellwell Talent.

Boys of Old Monmouth: A Story of Washington's Campaign in New Jersey In 1778. Everett T. Tomlinson. 2019. (ENG., Illus.). 244p. (YA). (gr. 7-12). pap. *(978-93-5329-437-3(1))* Alpha Editions.

Boys of Other Countries. Bayard Taylor. 2018. (ENG.). 176p. (J). (gr. 4-7). pap. *(978-3-337-42704-7(9))* Creation Pubs.

Boys of Other Countries: Stories for American Boys (Classic Reprint) Bayard Taylor. 2018. (ENG., Illus.). 284p. (J). 30.21 *(978-0-332-81407-0(6))* Forgotten Bks.

Boys of Seelow: The Hitler Youth. Joel Connealy. Illus. by Rob Grace. 2018. (ENG.). 720p. (J). pap. 24.99 *(978-0-692-16637-6(8))* Connealy, Joel.

Boys of Springtown: With Special Reference to William Wallace Jones & Ned Fisher (Classic Reprint) Nephi Anderson. 2018. (ENG., Illus.). 164p. (J). 27.28 *(978-0-332-21186-2(X))* Forgotten Bks.

Boys of Summer. Jessica Brody. 2016. (ENG., Illus.). 352p. (J). (gr. 9). 17.99 *(978-1-4814-6349-2(7)*, Simon Pulse) Simon Pulse.

Boys of the Beast, 1 vol. Monica Zepeda. 2022. (ENG.). 304p. (YA). (gr. 9-12). 21.95 *(978-1-64379-095-4(1)*, leelowtu, Tu Bks.) Lee & Low Bks., Inc.

Boys of the Bible: With Six Elegant Illustrations (Classic Reprint) Henry L. Williams. 2018. (ENG., Illus.). 330p. (J). 30.70 *(978-0-483-47668-4(4))* Forgotten Bks.

Boys of the Old Sea Bed: Tales of Nature & Adventure (Classic Reprint) Charles Allen McConnell. 2017. (ENG., Illus.). 180p. (J). 27.61 *(978-0-332-06483-3(2))* Forgotten Bks.

Boys of Thirty-Five. Edward Henry Elwell. 2017. (ENG.). 256p. (J). pap. *(978-3-7447-1345-0(8))* Creation Pubs.

Boys of Thirty-Five: A Story of a Seaport Town (Classic Reprint) Edward Henry Elwell. 2017. (ENG., Illus.). (J). 29.16 *(978-0-260-68312-0(4))* Forgotten Bks.

Boy's Own Guide to Fishing, Tackle-Making & Fish-breeding. John Harrington Keene. 2017. (ENG.). 214p. (J). pap. *(978-3-337-14690-0(2))* Creation Pubs.

Boy's Own Paper, Vol. 10: April 7, 1888 (Classic Reprint) Unknown Author. 2017. (ENG., Illus.). (J). 76p. 25.46 *(978-0-332-30713-8(1))*; 78p. pap. 9.57 *(978-0-332-25971-0(4))* Forgotten Bks.

B

Boy's Own Paper, Vol. 10: August 4, 1888 (Classic Reprint) Unknown Author. 2017. (ENG., Illus.). (J). 76p. 25.46 *(978-0-332-30703-9(4))*; 78p. pap. 9.57 *(978-0-332-25967-3(6))* Forgotten Bks.

Boy's Own Paper, Vol. 10: December 3, 1887 (Classic Reprint) Unknown Author. 2017. (ENG., Illus.). (J). 92p. 25.79 *(978-0-332-30715-2(8))*; 94p. pap. 9.57 *(978-0-332-25973-4(0))* Forgotten Bks.

Boy's Own Paper, Vol. 10: February 4, 1888 (Classic Reprint) Unknown Author. 2017. (ENG., Illus.). (J). 74p. 25.42 *(978-0-332-30714-5(X))*; 76p. pap. 9.57 *(978-0-332-25972-7(2))* Forgotten Bks.

Boy's Own Paper, Vol. 10: January 7, 1888 (Classic Reprint) Unknown Author. 2017. (ENG., Illus.). (J). 74p. 25.42 *(978-0-332-30691-9(7))*; 76p. pap. 9.57 *(978-0-332-26416-5(5))* Forgotten Bks.

Boy's Own Paper, Vol. 10: July 7, 1888 (Classic Reprint) Unknown Author. 2017. (ENG., Illus.). (J). 74p. 25.42 *(978-0-332-30710-7(7))*; 76p. pap. 9.57 *(978-0-332-25968-0(4))* Forgotten Bks.

Boy's Own Paper, Vol. 10: June 2, 1888 (Classic Reprint) Unknown Author. 2017. (ENG., Illus.). (J). 92p. 25.79 *(978-0-332-30711-4(5))*; 94p. pap. 9.57 *(978-0-332-25969-7(2))* Forgotten Bks.

Boy's Own Paper, Vol. 10: March 3, 1888 (Classic Reprint) Unknown Author. 2017. (ENG., Illus.). (J). 92p. 25.79 *(978-0-332-30690-2(9))*; 94p. pap. 9.57 *(978-0-332-26415-8(7))* Forgotten Bks.

Boy's Own Paper, Vol. 10: May 5, 1888 (Classic Reprint) Unknown Author. 2017. (ENG., Illus.). (J). 76p. 25.46 *(978-0-332-30712-1(3))*; 78p. pap. 9.57 *(978-0-332-25970-3(6))* Forgotten Bks.

Boy's Own Paper, Vol. 10: November 5, 1887 (Classic Reprint) Unknown Author. 2017. (ENG., Illus.). (J). 76p. 25.46 *(978-0-332-30716-9(6))*; 78p. pap. 9.57 *(978-0-332-25975-8(7))* Forgotten Bks.

Boy's Own Paper, Vol. 10: October 1, 1887 (Classic Reprint) Unknown Author. 2017. (ENG., Illus.). (J). 96p. 25.88 *(978-0-332-30717-6(4))*; 98p. pap. 9.57 *(978-0-332-26423-3(8))* Forgotten Bks.

Boy's Own Paper, Vol. 10: September 1, 1888 (Classic Reprint) Unknown Author. 2017. (ENG., Illus.). (J). 96p. 25.88 *(978-0-332-30689-6(5))*; 98p. pap. 9.57 *(978-0-332-26414-1(9))* Forgotten Bks.

Boy's Own Paper, Vol. 11: November 1888; Part 118 (Classic Reprint) Unknown Author. 2017. (ENG., Illus.). (J). 68p. 25.32 *(978-0-332-30731-2(X))*; 70p. pap. 9.57 *(978-0-332-26426-4(2))* Forgotten Bks.

Boy's Own Paper, Vol. 11: October, 1888 (Classic Reprint) Unknown Author. 2017. (ENG., Illus.). (J). 78p. 25.51 *(978-0-332-30702-2(6))*; 80p. pap. 9.57 *(978-0-332-25966-6(8))* Forgotten Bks.

Boy's Own Paper, Vol. 4: December 3, 1881 (Classic Reprint) Unknown Author. 2017. (ENG., Illus.). (J). 102p. 26.00 *(978-0-332-30730-5(1))*; 104p. pap. 9.57 *(978-0-332-25985-7(4))* Forgotten Bks.

Boy's Own Paper, Vol. 4: February 1882; Part 37 (Classic Reprint) Unknown Author. 2017. (ENG., Illus.). 78p. (J). pap. 9.57 *(978-0-332-25982-6(X))* Forgotten Bks.

Boy's Own Paper, Vol. 4: July 1, 1882 (Classic Reprint) T. S. Millington. 2017. (ENG., Illus.). (J). 88p. 25.71 *(978-0-332-30721-3(2))*; 90p. pap. 9.57 *(978-0-332-27352-5(0))* Forgotten Bks.

Boy's Own Paper, Vol. 4: March 4, 1882 (Classic Reprint) Unknown Author. 2017. (ENG., Illus.). (J). 74p. 25.42 *(978-0-332-30728-2(X))*; 76p. pap. 9.57 *(978-0-332-25981-9(1))* Forgotten Bks.

Boy's Own Paper, Vol. 4: May 6, 1882 (Classic Reprint) Unknown Author. 2017. (ENG., Illus.). (J). 72p. 25.40 *(978-0-332-30727-5(1))*; 74p. pap. 9.57 *(978-0-332-26425-7(4))* Forgotten Bks.

Boy's Own Paper, Vol. 4: November 5, 1881 (Classic Reprint) Unknown Author. 2017. (ENG., Illus.). (J). 82p. 25.59 *(978-0-332-30733-6(6))*; 84p. pap. 9.57 *(978-0-332-25984-0(6))* Forgotten Bks.

Boy's Own Paper, Vol. 6: April, 1884 (Classic Reprint) Unknown Author. 2017. (ENG., Illus.). (J). 74p. 25.42 *(978-0-332-31114-2(7))*; 76p. pap. 9.57 *(978-0-332-28803-1(X))* Forgotten Bks.

Boy's Own Paper, Vol. 6: August, 1884 (Classic Reprint) Unknown Author. 2017. (ENG., Illus.). (J). 88p. 25.71 *(978-0-332-31109-8(0))*; 90p. pap. 9.57 *(978-0-332-28831-4(5))* Forgotten Bks.

Boy's Own Paper, Vol. 6: December 1, 1883 (Classic Reprint) Unknown Author. 2017. (ENG., Illus.). (J). 92p. 25.79 *(978-0-332-30720-6(4))*; 94p. pap. 9.57 *(978-0-332-25980-2(3))* Forgotten Bks.

Boy's Own Paper, Vol. 6: February 2, 1884 (Classic Reprint) Unknown Author. 2017. (ENG., Illus.). (J). 74p. 25.42 *(978-0-332-30718-3(2))*; 76p. pap. 9.57 *(978-0-332-25977-2(3))* Forgotten Bks.

Boy's Own Paper, Vol. 6: January 5, 1884 (Classic Reprint) Unknown Author. 2017. (ENG., Illus.). (J). 74p. 25.42 *(978-0-332-30719-0(0))*; 76p. pap. 9.57 *(978-0-332-25979-6(X))* Forgotten Bks.

Boy's Own Paper, Vol. 6: July 1884; Part 66 (Classic Reprint) Unknown Author. 2017. (ENG., Illus.). (J). 76p. 25.46 *(978-0-332-31168-5(6))*; 78p. pap. 9.57 *(978-0-332-29755-2(1))* Forgotten Bks.

Boy's Own Paper, Vol. 6: June 7, 1884 (Classic Reprint) Unknown Author. 2017. (ENG., Illus.). (J). 74p. 25.42 *(978-0-332-31106-7(6))*; 76p. pap. 9.57 *(978-0-332-28801-7(3))* Forgotten Bks.

Boy's Own Paper, Vol. 6: March, 1884 (Classic Reprint) Unknown Author. 2017. (ENG., Illus.). (J). 86p. 25.69 *(978-0-332-31107-4(4))*; 88p. pap. 9.57 *(978-0-332-28830-7(7))* Forgotten Bks.

Boy's Own Paper, Vol. 6: May 1884; Part 64 (Classic Reprint) Unknown Author. 2017. (ENG., Illus.). (J). 92p. 25.79 *(978-0-332-31296-5(8))*; 94p. pap. 9.57 *(978-0-332-29761-3(6))* Forgotten Bks.

Boy's Own Paper, Vol. 6: September 6, 1884 (Classic Reprint) Unknown Author. 2017. (ENG., Illus.). (J). 88p. 25.71 *(978-0-332-31291-0(7))*; 90p. pap. 9.57 *(978-0-332-29760-6(8))* Forgotten Bks.

Boy's Own Paper, Vol. 7: August 1885 (Classic Reprint) Unknown Author. 2017. (ENG., Illus.). (J). 88p. 25.71 *(978-0-332-30880-7(4))*; 90p. pap. 9.57 *(978-0-332-26987-0(6))* Forgotten Bks.

Boy's Own Paper, Vol. 7: February 1885; Part 73 (Classic Reprint) Unknown Author. 2017. (ENG., Illus.). (J). 74p. 25.42 *(978-0-332-31052-7(3))*; 76p. pap. 9.57 *(978-0-332-27769-1(0))* Forgotten Bks.

Boy's Own Paper, Vol. 7: July 4, 1885 (Classic Reprint) Unknown Author. 2017. (ENG., Illus.). (J). 72p. 25.38 *(978-0-332-30991-0(6))*; 74p. pap. 9.57 *(978-0-332-27356-3(3))* Forgotten Bks.

Boy's Own Paper, Vol. 7: March, 1885 (Classic Reprint) William Warwick and Son. 2017. (ENG., Illus.). (J). 70p. 25.36 *(978-0-332-69850-2(5))*; 72p. pap. 9.57 *(978-0-332-50703-3(3))* Forgotten Bks.

Boy's Own Paper, Vol. 7: May 2, 1885 (Classic Reprint) Unknown Author. 2017. (ENG., Illus.). (J). 88p. 25.73 *(978-0-332-30881-4(2))*; 90p. pap. 9.57 *(978-0-332-26988-7(4))* Forgotten Bks.

Boy's Own Paper, Vol. 7: November 1, 1884 (Classic Reprint) Unknown Author. 2017. (ENG., Illus.). (J). 92p. 25.79 *(978-0-332-31290-3(9))*; 94p. pap. 9.57 *(978-0-332-29759-0(4))* Forgotten Bks.

Boy's Own Paper, Vol. 7: October 1884; Part 69 (Classic Reprint) Unknown Author. 2017. (ENG., Illus.). (J). 72p. 25.38 *(978-0-332-31098-5(1))*; 74p. pap. 9.57 *(978-0-332-28799-7(8))* Forgotten Bks.

Boy's Own Paper, Vol. 7: September 5, 1885 (Classic Reprint) Unknown Author. 2017. (ENG., Illus.). (J). 84p. 25.63 *(978-0-332-31053-4(1))*; 86p. pap. 9.57 *(978-0-332-29883-2(3))* Forgotten Bks.

Boy's Own Paper, Vol. 9: April 2, 1887 (Classic Reprint) Unknown Author. 2017. (ENG., Illus.). (J). 90p. 25.75 *(978-0-332-30990-3(8))*; 92p. pap. 9.57 *(978-0-332-27354-9(7))* Forgotten Bks.

Boy's Own Paper, Vol. 9: August 6, 1887 (Classic Reprint) Unknown Author. 2018. (ENG., Illus.). (J). 74p. 25.42 *(978-0-364-74902-9(4))*; 76p. pap. 9.57 *(978-0-656-79605-2(7))* Forgotten Bks.

Boy's Own Paper, Vol. 9: July 2, 1887 (Classic Reprint) Ascott R. Hope. 2017. (ENG., Illus.). (J). 90p. 25.75 *(978-0-332-30988-0(6))*; 92p. pap. 9.57 *(978-0-332-27353-2(9))* Forgotten Bks.

Boy's Own Paper, Vol. 9: June 4, 1887 (Classic Reprint) Ascott R. Hope. 2017. (ENG., Illus.). (J). 72p. 25.38 *(978-0-332-30992-7(4))*; 74p. pap. 9.57 *(978-0-332-27355-6(5))* Forgotten Bks.

Boy's Own Paper, Vol. 9: March 5, 1887 (Classic Reprint) W. Warwick. 2017. (ENG., Illus.). (J). 74p. 25.42 *(978-0-332-30878-4(2))*; 76p. pap. 9.57 *(978-0-332-26983-2(3))* Forgotten Bks.

Boy's Own Paper, Vol. 9: May 1887; Part 100 (Classic Reprint) Unknown Author. 2017. (ENG., Illus.). (J). 72p. 25.38 *(978-0-332-30989-7(4))*; 74p. pap. 9.57 *(978-0-332-27613-7(9))* Forgotten Bks.

Boy's Own Paper, Vol. 9: November 1886 (Classic Reprint) Unknown Author. 2017. (ENG., Illus.). (J). 76p. 25.46 *(978-0-332-30879-1(0))*; 78p. pap. 9.57 *(978-0-332-26985-6(X))* Forgotten Bks.

Boy's Own Paper, Vol. 9: September 3, 1887 (Classic Reprint) Unknown Author. 2017. (ENG., Illus.). 80p. (J). pap. 9.57 *(978-0-332-25983-3(8))* Forgotten Bks.

Boy's Rehearsal (Classic Reprint) H. Elliot McBride. 2018. (ENG., Illus.). 28p. (J). 24.47 *(978-0-267-50207-3(9))* Forgotten Bks.

Boys' Revolt: A Story of the Street Arabs of New York (Classic Reprint) James Otis. 2018. (ENG., Illus.). 196p. (J). 27.96 *(978-0-365-23332-9(3))* Forgotten Bks.

Boy's Scrap Book: With Many Engravings (Classic Reprint) Unknown Author. (ENG., Illus.). (J). 2018. 26p. 24.43 *(978-0-484-37314-2(5))*; 2016. pap. 7.97 *(978-1-334-16471-2(1))* Forgotten Bks.

Boy's Spring Book: Descriptive of the Season, Scenery, Rural Life, & Country Amusements (Classic Reprint) Thomas Miller. 2018. (ENG., Illus.). 136p. (J). 26.70 *(978-0-483-41631-4(2))* Forgotten Bks.

Boy's Summer Book: Descriptive of the Season, Scenery, Rural Life, & Country Amusements. Thomas Miller. 2017. (ENG., Illus.). (J). pap. *(978-0-649-46852-2(X))* Trieste Publishing Pty Ltd.

Boy's Summer Book: Descriptive of the Season, Scenery, Rural Life, & Country Amusements (Classic Reprint) Thomas Miller. (ENG., Illus.). (J). 2018. 144p. 26.87 *(978-0-267-00427-0(3))*; 2017. pap. 9.57 *(978-0-259-09388-6(2))* Forgotten Bks.

Boy's Town. W. D. Howells. 2019. (ENG., Illus.). 186p. (YA). pap. *(978-93-5329-468-7(1))* Alpha Editions.

Boys Town (Classic Reprint) W. W. 2017. (ENG., Illus.). (J). 29.88 *(978-0-266-21728-2(1))* Forgotten Bks.

Boy's Trip Across the Plains. Laura Preston. 2017. (ENG.). 240p. (J). pap. *(978-3-7446-8605-1(1))* Creation Pubs.

Boy's Trip Across the Plains (Classic Reprint) Laura Preston. 2018. (ENG., Illus.). 238p. (J). 28.83 *(978-0-267-47803-3(8))* Forgotten Bks.

Boys Upstairs. Shannon Rouchelle. 2018. (ENG.). 138p. (J). pap. ***(978-0-359-17237-5(7))*** Lulu Pr., Inc.

Boy's Vacation Abroad 1906: An American Boy's Diary of His First Trip to Europe (Classic Reprint) C. f. King. 2018. (ENG., Illus.). 256p. (J). 29.16 *(978-0-332-16892-0(1))* Forgotten Bks.

Boys Versus Girls. Jennifer Fox. ed. 2018. (Passport to Reading Ser.). (ENG.). 32p. (J). (gr. -1-1). 13.89 *(978-1-64310-575-8(2))* Penworthy Co., LLC, The.

Boys Who Became Famous Men: Stories of the Childhood of Poets, Artists, & Musicians (Classic Reprint) Harriet Pearl Skinner. (ENG., Illus.). (J). 2018. 256p. 29.18 *(978-0-483-63883-9(8))*; 2016. pap. 11.57 *(978-1-334-26015-5(X))* Forgotten Bks.

Boys Who Created Malgudi: R. K. Narayan & R. K. Laxman. Lavanya Karthik. 2022. (Dreamers Ser.). (ENG.). 48p. (J). (gr. 2-4). 8.99 *(978-0-14-345150-1(2))* Penguin Bks. India PVT, Ltd IND. Dist: Independent Pubs. Group.

Boys Who Danced with the Moon. Mark Paul Oleksiw. 2018. (ENG., Illus.). 282p. (YA). (gr. 7-12). pap. *(978-1-7751111-0-8(5))* Oleksiw, Mark Paul.

Boys Will Be Boys. Mill Faye. (ENG., Illus.). (J). 2018. 24p. pap. 15.99 *(978-1-387-67452-7(8))*; 2017. pap. 19.99 *(978-1-387-10508-3(0))* Lulu Pr., Inc.

Boys Will Be Human: A Get-Real Gut-Check Guide to Becoming the Strongest, Kindest, Bravest Person You Can Be. Justin Baldoni. 2022. (ENG.). 304p. (J). (gr. 6). 14.99 *(978-0-06-306718-9(8))*, HarperCollins) HarperCollins Pubs.

Boys with Big Ploys Journal for Boys. Planners & Notebooks Inspira Journals. 2019. (ENG.). 200p. (J). pap. 12.55 *(978-1-64521-211-9(4))*, Inspira) Editorial Imagen.

Boyville: A History of Fifteen Years' Work among Newsboys (Classic Reprint) John E. Gunckel. 2017. (ENG., Illus.). (J). 30.02 *(978-0-331-31829-6(6))* Forgotten Bks.

Bozho. Troy Townsin. Illus. by Trish Glab. 2021. (ENG.). 34p. (J). pap. *(978-1-928131-55-7(7))* Polyglot Publishing.

Bozland: Dickens' Places & People (Classic Reprint) Percy Fitzgerald. 2018. (ENG., Illus.). 270p. (J). 29.47 *(978-0-656-03114-6(X))* Forgotten Bks.

BOZO - the Little Magic Carpet: Early Days of Freedom. Rob Levine. 2022. (Bozo Ser.: Vol. 1). (ENG.). 84p. (J). pap. *(978-1-83975-942-0(9))* Grosvenor Hse. Publishing Ltd.

Bozo Goes to Madagascar. Maria M. Koretz. Illus. by Maria M. Koretz. 2020. (ENG.). 42p. (J). 19.99 *(978-1-64945-748-6(0))* Primedia eLaunch LLC.

Bozo Goes to New Zealand. Maria M. Koretz. Illus. by Maria M. Koretz. 2020. (Bozo Travels the World Ser.: Vol. 2). (ENG., Illus.). 42p. (J). 19.95 *(978-1-64826-280-7(5))* Primedia eLaunch LLC.

Bozo Goes to Paris. Maria Koretz. Illus. by Maria Koretz. 2019. (Bozo Travels the World Ser.). (ENG., Illus.). 44p. (J). 19.99 *(978-1-64713-187-6(1))* Primedia eLaunch LLC.

BP Oil Spill & Energy Policy. Tamra B. Orr. 2017. (Perspectives Library: Modern Perspectives Ser.). (ENG., Illus.). 32p. (J). (gr. 4-7). lib. bdg. 32.07 *(978-1-63472-864-5(5)*, 209882) Cherry Lake Publishing.

Bra Spider. C. K. King. 2023. (ENG.). 32p. (J). pap. ***(978-1-80369-729-1(6))*** Authors OnLine, Ltd.

Bracebridge Hall (Classic Reprint) Washington. Irving. (ENG., Illus.). (J). 2018. 330p. 30.72 *(978-0-428-34949-3(8))*; 2016. pap. 13.57 *(978-1-334-16039-4(2))* Forgotten Bks.

Bracebridge Hall, or the Humorists: A Medley by Geoffrey Crayon, Gent (Classic Reprint) Washington. Irving. 2017. (ENG., Illus.). (J). 36.00 *(978-0-265-18701-2(X))* Forgotten Bks.

Bracebridge Hall, or the Humorists: A Medley (Classic Reprint) Geoffrey Crayon, pseud. 2018. (ENG., Illus.). 570p. (J). 35.90 *(978-0-483-19074-0(8))* Forgotten Bks.

Bracebridge Hall, or the Humorists: A Medley (Classic Reprint) Washington. Irving. 2017. (ENG., Illus.). (J). 35.53 *(978-0-265-68034-6(4))*; pap. 19.57 *(978-1-5276-4977-4(6))* Forgotten Bks.

Bracebridge Hall, or the Humorists (Classic Reprint) Washington. Irving. 2018. (ENG., Illus.). 622p. (J). 36.73 *(978-0-483-28803-4(9))* Forgotten Bks.

Bracebridge Hall, or the Humourists (Classic Reprint) Washington. Irving. (ENG., Illus.). (J). 2018. 388p. 31.90 *(978-0-666-59734-2(0))*; 2018. 378p. 31.71 *(978-0-428-76274-2(3))*; 2018. 356p. 31.26 *(978-0-483-56830-3(9))*; 2017. pap. 16.57 *(978-0-243-25021-9(5))*; 2017. pap. 13.57 *(978-0-243-20720-6(4))*; 2017. pap. 16.57 *(978-1-334-92154-4(7))* Forgotten Bks.

Bracebridge Hall, or the Humourists, Vol. 2 (Classic Reprint) Washington. Irving. 2017. (ENG., Illus.). (J). 31.78 *(978-0-266-73421-5(9))*; pap. 16.57 *(978-1-5276-9725-6(8))* Forgotten Bks.

Bracebridge Hall, Vol. 1 Of 2: Or the Humorists (Classic Reprint) Washington. Irving. 2017. (ENG., Illus.). (J). 31.09 *(978-0-260-34919-4(4))* Forgotten Bks.

Bracebridge Hall, Vol. 2 Of 2: Or the Humorists (Classic Reprint) Geoffrey Crayon, pseud. 2017. (ENG., Illus.). (J). 31.30 *(978-1-5279-8790-6(6))* Forgotten Bks.

Braced. Alyson Gerber. 2018. (ENG.). 304p. (J). (gr. 3-7). pap. 7.99 *(978-0-545-90761-3(6))* Scholastic, Inc.

Bracegirdle (Classic Reprint) Burris Jenkins. 2018. (ENG., Illus.). 320p. (J). 30.52 *(978-0-483-91924-2(1))* Forgotten Bks.

Bracelet of Garnets, & Other Stories (Classic Reprint) Alex Kuprin. 2017. (ENG., Illus.). (J). 29.75 *(978-1-5279-7987-1(3))* Forgotten Bks.

Bracelet, Vol. 26 (Classic Reprint) Alfred Sutro. 2019. (ENG., Illus.). 30p. (J). 24.52 *(978-0-365-02092-9(3))* Forgotten Bks.

Bracelets: And Other Tales (Classic Reprint) Maria Edgeworth. 2018. (ENG., Illus.). 250p. (J). 29.07 *(978-0-332-17951-3(6))* Forgotten Bks.

Bracelets, and, the Little Merchants: Being the Third Volume of the Parent's Assistant, or Stories for Children (Classic Reprint) Maria Edgeworth. 2018. (ENG., Illus.). (J). 28.52 *(978-0-331-97433-1(9))* Forgotten Bks.

Brachiosaurus. Kathryn Clay. 2018. (Little Paleontologist Ser.). (ENG., Illus.). 32p. (J). (gr. k-3). lib. bdg. 28.65 *(978-1-5435-0542-9(2)*, 137357, Capstone Pr.) Capstone.

Brachiosaurus. Bradley Cole. 2019. (Dinosaurs Ser.). (ENG., Illus.). 24p. (J). (gr. 1-1). pap. 8.95 *(978-1-64185-549-5(5)*, 1641855495) North Star Editions.

Brachiosaurus. Bradley Cole. 2018. (Dinosaurs Ser.). (ENG., Illus.). 24p. (J). (gr. k-3). lib. bdg. 31.36 *(978-1-5321-6178-0(6)*, 30139, Pop! Cody Koala) Pop!.

Brachiosaurus. Sara Gilbert. 2019. (Dinosaur Days Ser.). (ENG.). 24p. (J). (gr. 1-4). *(978-1-64026-046-7(3)*, 18738); (Illus.). pap. 8.99 *(978-1-62832-634-5(4)*, 18739, Creative Paperbacks) Creative Co., The.

Brachiosaurus. Julie Murray. 2019. (Dinosaurs (AZ) Ser.). (ENG., Illus.). 24p. (J). (gr. k-4). lib. bdg. 31.36 *(978-1-5321-2717-5(0)*, 31641, Abdo Zoom-Dash) ABDO Publishing Co.

Brachiosaurus. Rebecca Sabelko. Illus. by James Keuther. 2021. (World of Dinosaurs Ser.). (ENG.). 24p. (J). (gr. 3-7). pap. 8.99 *(978-1-64834-499-2(2)*, 21164) Bellwether Media.

Brachiosaurus: A 4D Book. Tammy Gagne. 2018. (Dinosaurs Ser.). (ENG., Illus.). 24p. (J). (gr. -1-2). lib. bdg. 29.32 *(978-1-5157-9551-3(9)*, 136745, Capstone Pr.) Capstone.

Brachiosaurus: A First Look. Jeri Ranch. 2023. (Read about Dinosaurs (Read for a Better World (tm)) Ser.). (ENG., Illus.). 24p. (J). (gr. k-2). pap. 9.99 Lerner Publishing Group.

Brachiosaurus: The Nosy Dinosaur, 1 vol. Catherine Veitch. Illus. by Louise Forshaw. 2020. (Dinosaur Adventures Ser.). (ENG.). 24p. (gr. 1-2). pap. 9.25 *(978-1-4994-8489-2(5)*, 482e18f5-fd82-4ee2-937b-3ecd4fb298c2); lib. bdg. 26.27 *(978-1-4994-8491-5(7)*, df56fdf4-5cdb-42b2-9859-604f3cac81ee) Rosen Publishing Group, Inc., The. (Windmill Bks.).

Brachiosaurus & Other Big Long-Necked Dinosaurs: The Need-To-Know Facts. Rebecca Rissman. Illus. by Jon Hughes. 2016. (Dinosaur Fact Dig Ser.). (ENG.). 32p. (J). (gr. -1-2). lib. bdg. 27.99 *(978-1-4914-9647-3(9)*, 131707, Capstone Pr.) Capstone.

Brachiosaurus! Fun Facts about the Brachiosaurus - Dinosaurs for Children & Kids Edition - Children's Biological Science of Dinosaurs Books. Bobo's Little Brainiac Books. 2016. (ENG., Illus.). (J). pap. 7.99 *(978-1-68327-769-9(4))* Sunshine In My Soul Publishing.

Brachiosaurus vs. Giraffe. Eric Braun. 2018. (Versus! Ser.). (ENG.). 24p. (J). (gr. 4-6). pap. 8.99 *(978-1-64466-328-8(7)*, 12147); (Illus.). lib. bdg. *(978-1-68072-345-8(6)*, 12146) Black Rabbit Bks. (Hi Jinx).

Bracken (Classic Reprint) John Trevena. 2018. (ENG., Illus.). 420p. (J). 32.44 *(978-0-484-63531-8(X))* Forgotten Bks.

Brackenbeast. Kate Alice Marshall. (Secrets of Eden Eld Ser.: 2). (ENG.). (J). (gr. 3-7). 2022. 288p. 8.99 *(978-0-593-11707-1(7))*; 2021. 272p. 17.99 *(978-0-593-11705-7(0))* Penguin Young Readers Group. (Viking Books for Young Readers).

Bracketivity Kids: 32 Choices, One Winner! Cala Spinner. 2023. (ENG.). 64p. (J). pap. 9.99 *(978-1-5248-7740-8(9))* Andrews McMeel Publishing.

Brad Was Sad: Emotional Intelligence Storybook. Choose Your Outlook & Own Your Feelings. M. C. Goldrick. Illus. by Rebecca Alexander. 2019. (ENG.). 32p. (J). *(978-1-989579-04-6(3))*; pap. *(978-1-989579-02-2(7))* MotherButterfly Bks.

Bradford Horton; Man: A Novel (Classic Reprint) Riichard Sill Holmes. (ENG., Illus.). (J). 2017. 30.25 *(978-0-266-40737-9(4))*; 2016. pap. 13.57 *(978-1-333-47004-3(5))* Forgotten Bks.

Bradford Street Buddies: Springtime Blossoms. Jerdine Nolen. Illus. by Michelle Henninger. 2017. (ENG.). 48p. (J). (gr. 1-4). pap. 4.99 *(978-0-544-87390-2(4)*, 1649393, Clarion Bks.) HarperCollins Pubs.

Bradford's Crossword Solver's Dictionary: More Than 330,000 Solutions for Cryptic & Quick Puzzles [12th Edition]. Anne R. Bradford & Collins Puzzles. 12th rev. ed. 2023. (ENG.). 928p. (YA). 22.95 *(978-0-00-848944-1(0))* HarperCollins Pubs. Ltd. GBR. Dist: Independent Pubs. Group.

Bradford's Crossword Solver's Lists: More Than 100,000 Solutions for Cryptic & Quick Puzzles in 500 Subject Lists [Sixth Edition]. Anne R. Bradford & Collins Puzzles. 6th rev. ed. 2023. (ENG.). 816p. pap. 24.95 *(978-0-00-852723-5(7))* HarperCollins Pubs. Ltd. GBR. Dist: Independent Pubs. Group.

Bradipo Libro Da Colorare per Bambini: Adorabile Libro Da Colorare con Bradipi Divertenti, Bradipi Pigri, Bradipi Carini e Bradipi Sciocchi. Lenard Vinci Press. 2021. (ITA.). 90p. (J). pap. 9.49 *(978-1-716-16080-6(4))* Lulu Pr., Inc.

Bradley & the B's: Journey Through the Beatitudes. Tracy L. Powell. 2023. (Bradley & the B Ser.: Vol. 1). (ENG.). 38p. (J). 21.99 ***(978-1-6628-6517-6(1))***; pap. 10.99 ***(978-1-6628-6516-9(3))*** Salem Author Services.

Bradley & the Dinosaur. Julian Hilton. Illus. by Jacqueline East. 2016. (ENG.). 40p. (J). pap. ***(978-1-9164615-2-9(2))*** Singing Frog Publishing.

Bradley & the Rocket. Julian Hilton. Illus. by Jacqueline East. 2022. (ENG.). 36p. (J). pap. ***(978-1-9164615-9-8(X))*** Singing Frog Publishing.

Bradley Beal. Alexander Lowe. 2022. (Sports All-Stars (Lerner (tm) Sports) Ser.). (ENG., Illus.). 32p. (J). (gr. 2-5). pap. 9.99 *(978-1-7284-4939-5(1)*, 66916324-5b08-4aaa-b291-4354f268b916); lib. bdg. 29.32 *(978-1-7284-4116-0(1)*, 87d18308-af24-4b82-9961-898750567117) Lerner Publishing Group. (Lerner Pubns.).

Bradley Finds the Moon. Nancy Fowler. 2022. (ENG.). 34p. (J). pap. 17.95 *(978-0-578-26202-4(9))* Burnette Fowler Communications, LLC.

Bradley Loves Getting a Star. George Goldsworthy. 2022. (ENG., Illus.). 28p. (J). 24.95 *(978-1-6624-7448-4(2))* Page Publishing Inc.

Bradley's Bed. George Goldsworthy. 2021. (ENG., Illus.). 34p. (J). 23.95 *(978-1-6624-4876-8(7))* Page Publishing Inc.

Bradshaw's Complete Anglo-Italian Phrase-Book for Travellers & Students: With Copious Vocabularies of the Most Words; Common Idioms; Collection of Conversational Phrases; Modes of Letters; Comparative Tables of Money, Weights, & Measures; & Special. Unknown Author. 2017. (ENG., Illus.). (J). 27.11 *(978-0-260-30809-2(9))* Forgotten Bks.

Brady Goes to the Doctor. Paige Cisna. 2021. (ENG., Illus.). 28p. (J). 24.95 *(978-1-6624-4679-5(9))* Page Publishing Inc.

Brady the Brave Saves the Day. Brady Strong Foundation. Illus. by Nandi L. Fernandez. 2021. (ENG.). 32p. (J). pap. 11.00 *(978-1-0879-4368-8(X))* Indy Pub.

Brady vs. Brees vs. Rodgers vs. Montana, 1 vol. Siyavush Saidian. 2019. (Who's the GOAT? Using Math to Crown the Champion Ser.). (ENG.). 64p. (gr. 5-5). pap. 13.95 *(978-1-7253-4840-0(3)*, 2bab6cc3-655c-44d9-8ac4-f7b4d7b6674a) Rosen Publishing Group, Inc., The.

Bradykin Visits Martha's Vineyard. Susan Downing & Megan Downing. Illus. by Chris Young. 2nd ed. 2023. (Bradykin Ser.: Vol. 1). (ENG.). 32p. (J). 24.95 ***(978-1-954819-85-6(4))***; pap. 16.95 ***(978-1-954819-87-0(0))*** Briley & Baxter Publications.

Bradyn Beaver & His Wild Friends. Sandra Cassalman. 2022. (ENG.). 32p. (J). *(978-1-0391-5001-0(2))*; pap. *(978-1-0391-5000-3(4))* FriesenPress.

Braedyn's Ghosts. Krystal Clarke. (ENG., Illus.). 30p. (J). 2020. pap. 12.99 *(978-1-954004-98-6(2))*; 2019. 19.99 *(978-1-950454-16-7(9))* Pen It Pubns.

Braelynn. Ashley O'Hern. 2018. (ENG., Illus.). 188p. (YA). pap. 14.95 *(978-1-64079-125-1(6))* Christian Faith Publishing.

Braelynn's Birthright — Book 1: Wendigo. Elise Abram. 2022. (ENG.). 202p. (J). pap. *(978-1-988843-69-8(3))* EMSA Publishing.

Braelynn's Birthright — Book 2: Fallen Angel. Elise Abram. 2023. (Braelynn's Birthright Ser.: Vol. 2). (ENG.). 284p. (J). pap. *(978-1-988843-72-8(3))* EMSA Publishing.

Braes of Yarrow, Vol. 1 of 3 (Classic Reprint) Charles Gibbon. 2018. (ENG., Illus.). 320p. (J). 30.50 *(978-0-483-40042-9(4))* Forgotten Bks.

Braes of Yarrow, Vol. 2 of 3 (Classic Reprint) Charles Gibbon. 2018. (ENG., Illus.). 332p. (J). 30.74 *(978-0-484-82777-5(4))* Forgotten Bks.

Braes of Yarrow, Vol. 3 Of 3: A Romance (Classic Reprint) Charles Gibbon. 2018. (ENG., Illus.). 344p. (J). 30.99 *(978-0-332-56465-4(7))* Forgotten Bks.

Brage-Beaker with the Swedes: Or, Notes from the North in 1852 (Classic Reprint) W. Blanchard Jerrold. 2018. (ENG., Illus.). 284p. (J). 29.77 *(978-0-365-19507-8(3))* Forgotten Bks.

Brahma Fowl. Lewis Wright. 2017. (ENG.). 164p. (J). pap. *(978-3-337-12407-6(0))* Creation Pubs.

Brahmanism As a Way of Life Ancient Religions Books Grade 6 Children's Religion Books. One True Faith. 2022. (ENG.). 72p. (J). 31.99 *(978-1-5419-8620-6(2))*; pap. 19.99 *(978-1-5419-5469-4(6))* Speedy Publishing LLC. (One True Faith (Religion & Spirituality)).

Brahmins' Treasure: Or Colonel Thorndyke's Secret (Classic Reprint) George a Henty. 2018. (ENG., Illus.). 358p. (J). 31.28 *(978-0-483-57622-3(0))* Forgotten Bks.

Braid Girls. Sherri Winston. 2023. (ENG.). 272p. (J). (gr. 3-7). 16.99 *(978-0-316-46161-0(X))*; pap. 8.99 *(978-0-316-46159-7(8))* Little, Brown Bks. for Young Readers.

Braid of Cords (Classic Reprint) A. L. O. E. 2018. (ENG., Illus.). 272p. (J). 29.53 *(978-0-483-49401-5(1))* Forgotten Bks.

Braiding Sweetgrass for Young Adults: Indigenous Wisdom, Scientific Knowledge, & the Teachings of Plants. Robin Wall Kimmerer & Monique Gray Smith. Illus. by Nicole Neidhardt. 2022. (ENG.). 304p. (gr. 7-12). (J). lib. bdg. 39.99 *(978-1-7284-5898-4(6))*, cf89cab3-5b9e-4141-9f0b-ecb64d7eeb7c); (YA). pap. 17.99 *(978-1-7284-5899-1(4))*, b23b4ea3-6e76-4562-ac86-e2c497d5f9af) Lerner Publishing Group. (Zest Bks.).

Braille Books Provided by the Library of Congress, 1955-1961 (Classic Reprint) American Foundation for the Blind. 2017. (ENG., Illus.). (J). 26.41 *(978-0-265-56192-8(2))*; pap. 9.57 *(978-0-282-82444-0(8))* Forgotten Bks.

Braille Books Provided by the Library of Congress, 1962-1963 (Classic Reprint) American Foundation for the Blind. 2017. (ENG., Illus.). 58p. (J). 25.09 *(978-0-484-65692-4(9))* Forgotten Bks.

Braille Books Provided by the Library of Congress, 1962 (Classic Reprint) American Foundation for the Blind. 2018. (ENG., Illus.). 38p. (J). 24.68 *(978-0-365-04223-5(4))* Forgotten Bks.

Brain. Helen Dwyer. 2018. (Psychology Ser.). (ENG.). 48p. (YA). lib. bdg. 34.99 *(978-1-5105-3751-4(1))* SmartBook Media, Inc.

Brain. Joyce Markovics. 2022. (Hello, Body! Ser.). (ENG., Illus.). 24p. (J). (gr. 4-6). pap. 12.79 *(978-1-6689-1118-1(3))*, 221063); lib. bdg. 30.64 *(978-1-6689-0958-4(8))*, 220925) Cherry Lake Publishing.

Brain: All about the Nervous System. Simon Rose. 2017. (Illus.). 32p. (J). *(978-1-5105-0893-4(7))* SmartBook Media, Inc.

Brain Benders: Puzzles, Tricks & Illusions to Get Your Mind Buzzing. Gareth Moore. 2020. (ENG., Illus.). 96p. (J). (gr. 2-6). 19.99 *(978-1-913077-22-8(5))*, 7bdd0a08-4c33-4b3a-983b-bacbfabfccc8, Beetle Bks.) Hungry Tomato Ltd. GBR. Dist: Baker & Taylor Publisher Services (BTPS).

Brain-Bending Animal Puzzles for Kids: A Treasury of Fabulous Facts, Secret Codes, Games, Mazes, & More! Vicki Whiting. Illus. by Jeff Schinkel. 2022. (ENG.). 80p. (J). pap. 5.99 *(978-1-64124-242-4(6))*, 2424) Fox Chapel Publishing Co., Inc.

Brain-Bending Mazes! Kids Maze Activity Book. Smarter Activity Books for Kids. 2016. (ENG., Illus.). (J). pap. 9.22 *(978-1-68374-200-5(1))* Examined Solutions PTE. Ltd.

Brain Blasters: Set 1, 8 vols. 2017. (Brain Blasters Ser.). (ENG.). 32p. (J). (gr. 1-2). lib. bdg. 121.08 *(978-1-5081-9423-1(8))*, bc6cd9de-c4cd-406b-9f94-fcb3b0e4e24d, Windmill Bks.) Rosen Publishing Group, Inc., The.

Brain Blasters: Sets 1 - 2. 2019. (Brain Blasters Ser.). (ENG.). (J). pap. 127.50 *(978-1-7253-9571-8(1))*; lib. bdg. 295.00 *(978-1-7253-9466-7(9))* Windmill Bks.

Brain Blitz. David Lawrence. Illus. by Renato Siragusa. 2018. (Get in the Game Ser.). (ENG.). 32p. (J). (gr. 3-8). lib. bdg. 32.79 *(978-1-5321-3293-3(X))*, 28491, Graphic Planet - Fiction) Magic Wagon.

Brain Bogglers: Over 100 Games & Puzzles to Reveal the Mysteries of Your Mind. Stephanie Warren Drimmer. 2017. (Illus.). 176p. (J). (gr. 3-7). pap. 12.99 *(978-1-4263-2423-9(5))*, National Geographic Kids) Disney Publishing Worldwide.

Brain Booster Large Print Puzzle Games. Kidsbooks. 2020. (ENG.). (J). spiral bd. 9.99 *(978-1-62885-852-5(4))* Kidsbooks, LLC.

Brain Booster Large Print Word Search. Kidsbooks. 2020. (ENG.). (J). spiral bd. 9.99 *(978-1-62885-851-8(6))* Kidsbooks, LLC.

Brain Boosters: Preschoolers' Matching Game Activity Book. Jupiter Kids. 2016. (ENG., Illus.). 108p. (J). pap. 16.55 *(978-1-68326-210-7(7))*, Jupiter Kids (Childrens & Kids Fiction)) Speedy Publishing LLC.

Brain Boosters! a Fun & Challenging Activity Book for Kids. Bobo's Children Activity Books. 2016. (ENG., Illus.). (J). pap. 7.99 *(978-1-68327-391-2(5))* Sunshine In My Soul Publishing.

Brain Boosters: Adding & Subtracting Activity Book. Penny Worms. Illus. by Graham Rich. 2019. (Brain Boosters Ser.: 6). (ENG.). 96p. (J). pap. 7.99 *(978-1-78950-604-4(2))*, 911690a9-d22e-41fd-bfa7-4f5af2a54b5b) Arcturus Publishing GBR. Dist: Baker & Taylor Publisher Services (BTPS).

Brain Boosters: Amazing Activity Book. PI Kids. Illus. by Robin Boyer et al. 2019. (ENG.). 40p. (J). 3.99 *(978-1-5037-4926-9(6))*, 3425, PI Kids) Phoenix International Publications, Inc.

Brain Boosters: Awesome Activity Book. PI Kids. Illus. by Robin Boyer et al. 2019. (ENG.). 40p. (J). 3.99 *(978-1-5037-4925-2(8))*, 3424, PI Kids) Phoenix International Publications, Inc.

Brain Boosters for Little Ones - Sudoku Junior. Senor Sudoku. 2019. (ENG.). 78p. (J). pap. 10.99 *(978-1-64521-424-3(9))* Editorial Imagen.

Brain Boosters: Memory Puzzles. Lisa Regan. Illus. by Steven Wood. 2018. (Brain Boosters Ser.: 5). (ENG.). 96p. (J). pap. 9.99 *(978-1-78888-340-5(3))*, 3372deaa-75b0-400f-a67f-96b7d17f740) Arcturus Publishing GBR. Dist: Baker & Taylor Publisher Services (BTPS).

Brain Boosters: Sudoku Puzzles. Matthew Scott. 2020. (Brain Boosters Ser.: 8). (ENG.). 96p. (J). pap. 7.99 *(978-1-83940-577-8(5))*, 5fddc6a5-b252-4904-bd9f-432818a94aa3) Arcturus Publishing GBR. Dist: Baker & Taylor Publisher Services (BTPS).

Brain Boosting Adventure Time! Super Mega Kids Activity Book. Bobo's Children Activity Books. 2016. (ENG., Illus.). (J). pap. 7.99 *(978-1-68327-392-9(3))* Sunshine In My Soul Publishing.

Brain Boosting Bewilderment! Adult Maze Activity Book. Activibooks. 2016. (ENG., Illus.). (J). pap. 7.55 *(978-1-68321-483-0(8))* Mimaxion.

Brain Boosting Fun! Super Activity Book for Kids. Bobo's Children Activity Books. 2016. (ENG., Illus.). (J). pap. 7.99 *(978-1-68327-393-6(1))* Sunshine In My Soul Publishing.

Brain Busters. Gianni A. Sarcone & Marie-Jo Waeber. 2019. (Optical Illusions Ser.). (ENG., Illus.). 24p. (J). (gr. 2-5). lib. bdg. 26.65 *(978-0-7112-4228-9(3))*, d96526fa-26d9-476d-a1ee-f95f75eeb3d4) QEB Publishing Inc.

Brain Candy: 500 Sweet Facts to Satisfy Your Curiosity. Julie Beer. 2019. (Brain Candy Ser.). (Illus.). 208p. (J). (gr. 3-7). pap. 8.99 *(978-1-4263-3437-5(0))*, National Geographic Kids) Disney Publishing Worldwide.

Brain Candy: 500 Sweet Facts to Satisfy Your Curiosity. Chelsea Lin. 2019. (Brain Candy Ser.). (ENG., Illus.). 208p. (J). (gr. 3-7). lib. bdg. 18.90 *(978-1-4263-3438-2(9))*, National Geographic Kids) Disney Publishing Worldwide.

Brain Candy 2. Kelly Hargrave. 2020. (Brain Candy Ser.: 2). (Illus.). 208p. (J). (gr. 3-7). pap. 8.99 *(978-1-4263-3886-1(4))*; (ENG., lib. bdg. 18.90 *(978-1-4263-3887-8(2))* Disney Publishing Worldwide. (National Geographic Kids).

Brain Candy 3. Michelle Harris. 2021. (Brain Candy Ser.: 3). (Illus.). 208p. (J). (gr. 3-7). (ENG.). 18.90 *(978-1-4263-7251-3(5))*; pap. 8.99 *(978-1-4263-7250-6(7))* Disney Publishing Worldwide. (National Geographic Kids).

Brain-Computer Interfaces. Lisa J. Amstutz. 2019. (Science for the Future Ser.). (ENG., Illus.). 48p. (J). (gr. 5-6). pap. 11.95 *(978-1-64185-846-5(X))*, 164185846X); lib. bdg. 34.21 *(978-1-64185-777-2(3))*, 1641857773) North Star Editions. (Focus Readers).

Brain Drops. Jeannie Tyrrell. 2020. (ENG.). 160p. (YA). pap. 21.95 *(978-1-64654-402-8(1))* Fulton Bks.

Brain Eaters: Creatures with Zombelike Diets. Alicia Z. Klepeis. 2016. (Real-Life Zombies Ser.). (ENG., Illus.). 32p. (J). (gr. 3-9). lib. bdg. 28.65 *(978-1-5157-2479-7(4))*, 132851, Capstone Pr.) Capstone.

Brain Food. Jennifer Fox. ed. 2018. (Passport to Reading Ser.). (ENG.). 32p. (J). (gr. -1-1). 13.89 *(978-1-64310-543-7(4))* Penworthy Co., LLC, The.

Brain Freeze. Oliver Phommavanh. 2021. 224p. (J). (gr. 2-4). 14.99 *(978-1-76089-714-7(0))*, Puffin) Penguin Random Hse. AUS. Dist: Independent Pubs. Group.

Brain Games: Big Book of Boredom Busters. Stephanie Warren Drimmer. 2018. (Illus.). 160p. (J). (gr. 3-7). pap. 12.99 *(978-1-4263-3017-9(0))*, National Geographic Kids) Disney Publishing Worldwide.

Brain Games: Colossal Book of Cranium-Crushers. Stephanie Warren Drimmer. 2020. (Illus.). 160p. (J). (gr. 3-7). pap. 12.99 *(978-1-4263-3675-1(6))*, National Geographic Kids) Disney Publishing Worldwide.

Brain Games: Mighty Book of Mind Benders. Gareth Moore. 2019. (Illus.). 160p. (J). (gr. 3-7). pap. 12.99 *(978-1-4263-3285-2(8))*, National Geographic Kids) Disney Publishing Worldwide.

Brain Games: Sticker by Letter: Super Cute: 3 Sticker Books in 1. Publications International Ltd. Staff et al. 2021. (Brain Games - Sticker by Letter Ser.). (ENG.). 156p. (J). spiral bd. 22.98 *(978-1-64558-581-7(6))*, 5799000, New Seasons) Publications International, Ltd.

Brain Games - Sticker Activity: Bible. Publications International Ltd. Staff et al. Illus. by Stacy Peterson. 2021. (Brain Games - Sticker Activity Ser.). (ENG.). 52p. (J). (gr. -1-1). spiral bd. 8.98 *(978-1-64558-727-9(4))*, 5799600) Publications International, Ltd.

Brain Games - Sticker Activity: Bugs. Publications International Ltd. et al. 2023. (Brain Games - Sticker Activity Ser.). (ENG.). 52p. (J). (gr. -1-1). spiral bd. 9.98 *(978-1-63938-253-8(4))*, 5807100) Publications International, Ltd.

Brain Games - Sticker Activity: There Was an Old Lady Who Swallowed the Alphabet! (for Kids Ages 3-6) Publications International Ltd. Staff et al. 2022. (Brain Games - Sticker Activity Ser.). (ENG.). 52p. (J). (-1). spiral bd. 9.98 *(978-1-64558-754-5(1))*, 5799500) Publications International, Ltd.

Brain Games - Sticker by Letter - Happy Thoughts. Publications International Ltd. Staff et al. 2021. (Brain Games - Sticker by Letter Ser.). (ENG.). 52p. (J). (gr. k-4). spiral bd. 9.98 *(978-1-64558-494-0(1))*, 5796600, New Seasons) Publications International, Ltd.

Brain Games - Sticker by Letter: Awesome Animals (Sticker Puzzles - Kids Activity Book) New Seasons & Publications International Ltd. Staff. 2018. (Brain Games - Sticker by Letter Ser.). (ENG.). 52p. (J). (gr. k-4). spiral bd. 9.98 *(978-1-64030-504-5(1))*, 5782700, New Seasons) Publications International, Ltd.

Brain Games - Sticker by Letter: Baby Animals. Publications International Ltd. Staff et al. 2021. (Brain Games - Sticker by Letter Ser.). (ENG.). 52p. (J). (gr. k-4). spiral bd. 9.98 *(978-1-64558-492-6(5))*, 5796400, New Seasons) Publications International, Ltd.

Brain Games - Sticker by Letter: Fantasy. Publications International Ltd. Staff et al. 2022. (Brain Games - Sticker by Letter Ser.). (ENG.). 52p. (J). (gr. k-4). spiral bd. 9.98 *(978-1-64558-938-9(2))*, 5803200) Publications International, Ltd.

Brain Games - Sticker by Letter: Jungle. Publications International Ltd. Staff et al. 2022. (Brain Games - Sticker by Letter Ser.). (ENG.). 52p. (J). (gr. k-4). spiral bd. 9.98 *(978-1-64558-937-2(4))*, 5803100) Publications International, Ltd.

Brain Games - Sticker by Letter: Silly Snacks. Publications International Ltd. et al. 2023. (Brain Games - Sticker by Letter Ser.). (ENG.). 52p. (J). (gr. k-4). spiral bd. 9.98 *(978-1-63938-232-3(1))*, 5805800) Publications International, Ltd.

Brain Games - Sticker by Letter: Space. Publications International Ltd. Staff et al. 2022. (Brain Games - Sticker by Letter Ser.). (ENG.). 52p. (J). (gr. k-4). spiral bd. 9.98 *(978-1-63938-016-9(7))*, 5802700) Publications International, Ltd.

Brain Games - Sticker by Letter: Super Cute! Publications International Ltd. Staff et al. 2021. (Brain Games - Sticker by Letter Ser.). (ENG.). 52p. (J). (gr. k-4). spiral bd. 9.98 *(978-1-64558-491-9(7))*, 5796300, New Seasons) Publications International, Ltd.

Brain Games - Sticker by Letter: Totally Cool! (Sticker Puzzles - Kids Activity Book) New Seasons & Publications International Ltd. Staff. 2018. (Brain Games - Sticker by Letter Ser.). (ENG.). 104p. (J). (gr. k-4). spiral bd. 9.98 *(978-1-64030-503-8(3))*, 5782600, New Seasons) Publications International, Ltd.

Brain Games - Sticker by Letter: Trucks. Publications International Ltd. Staff et al. 2022. (Brain Games - Sticker by Letter Ser.). (ENG.). 52p. (J). (gr. k-4). spiral bd. 9.98 *(978-1-64558-911-2(0))*, 5802600) Publications International, Ltd.

Brain Games - Sticker by Number - Christmas. Publications International Ltd. Staff & Brain Games. Illus. by New Seasons. 2020. (Brain Games - Sticker by Number Ser.). (ENG.). 52p. (J). (gr. 1). spiral bd. 9.98 *(978-1-64558-426-1(7))*, 5795400) Publications International, Ltd.

Brain Games - Sticker by Number: Be Inspired - 2 Books in 1. Publications International Ltd. Staff et al. 2021. (Brain Games - Sticker by Number Ser.). (ENG.). 104p. (YA). spiral bd. 14.98 *(978-1-64558-596-1(4))*, 5799400, New Seasons) Publications International, Ltd.

Brain Games - Sticker by Number: Halloween. Publications International Ltd. Staff et al. 2021. (Brain Games - Sticker by Number Ser.: 1). (ENG.). 52p. (J). (gr. k). spiral bd. 9.98 *(978-1-64558-496-4(8))*, 5796800) Publications International, Ltd.

Brain Games - Sticker by Number: Valentine's Day. Publications International Ltd. Staff et al. 2022. (Brain Games - Sticker by Number Ser.). (ENG.). 52p. (gr. -1). spiral bd. 9.98 *(978-1-64558-910-5(2))*, 5802400) Publications International, Ltd.

Brain Games Activity Book for Kids: Fun Brain Teasers & Logic Puzzle for Kids Ages 5-8: Math Games, Dominos, Crosswords, Mazes & Many More (Kids Activity Book) Hector England. 2021. (ENG.). 60p. (J). pap. 11.00 *(978-1-68474-308-7(7))* Lulu Pr., Inc.

Brain Games Find the Difference Activity Book. Educando Kids. 2019. (ENG.). 42p. (J). pap. 8.55 *(978-1-64521-642-1(X))*, Educando Kids) Editorial Imagen.

Brain Games for Babies!: Apples & Oranges. Kathy Broderick. 2019. (ENG., Illus.). 20p. (J). bds. 7.99 *(978-1-5037-4651-0(8))*, 3301, PI Kids) Phoenix International Publications, Inc.

Brain Games for Babies!: Fingers & Toes. Emily Skwish. Illus. by Pamela Seatter. 2019. (ENG.). 20p. (J). bds. 7.99 *(978-1-5037-4652-7(6))*, 3302, PI Kids) Phoenix International Publications, Inc.

Brain Games for Bright Sparks: Ages 7 To 9. Gareth Moore. Illus. by Jess Bradley. 2021. (Buster Bright Sparks Ser.: 1). (ENG.). 160p. (J). pap. 8.99 *(978-1-78055-616-1(0))*, Buster Bks.) O'Mara, Michael Bks., Ltd. GBR. Dist: Independent Pubs. Group.

Brain Games for Kids: Puzzles to Exercise Your Mind Coloring Number & Alphabet for Kindergarten & Preschool Prep Success . Marvelous Marc. 2021. (ENG.). 70p. (J). pap. 10.99 *(978-1-6780-5963-7(3))* Lulu Pr., Inc.

Brain Games Get Ready for Science. Ed. by Publications International Ltd. Staff. 2020. (Brain Games STEM Ser.). (ENG.). 128p. (J). (gr. -1-k). spiral bd. 12.98 *(978-1-64558-844-3(0))*, 4402200) Publications International, Ltd.

Brain Games Kids Book. Unicorns & Mermaids. Creative Activity Book for Girls. Coloring & Color by Number Challenges. Jupiter Kids. 2017. (ENG., Illus.). 200p. (J). pap. 12.26 *(978-1-5419-4807-5(6))*, Jupiter Kids (Childrens & Kids Fiction)) Speedy Publishing LLC.

Brain Games Kids: Toddler Time. PI Kids. 2018. (ENG.). 208p. (J). pap. 16.99 *(978-1-5037-3758-7(6))*, 2943, PI Kids) Phoenix International Publications, Inc.

Brain Games Puzzles for Kids Bible Word Search. Publications International Ltd. Staff & Brain Games. 2022. (Brain Games Puzzles for Kids Ser.). (ENG.). 160p. (J). (gr. 1-5). spiral bd. 12.98 *(978-1-64558-933-4(1))*, 4414100) Publications International, Ltd.

Brain Games Puzzles for Kids - Incredible Puzzle Challenge. Publications International Ltd. Staff & Brain Games. 2021. (Brain Games Puzzles for Kids Ser.). (ENG.). 160p. (J). (gr. 1-5). spiral bd. 12.98 *(978-1-64558-561-9(1))*, 4407600) Publications International, Ltd.

Brain Games STEM - Energy Science Experiments: More Than 20 Fun Experiments Kids Can Do with Materials from Around the House! Publications International Ltd. Staff & Brain Games. 2021. (Brain Games STEM Ser.). (ENG.). 80p. (J). (gr. 1-4). spiral bd. 10.98 *(978-1-64558-523-7(9))*, 4407200) Publications International, Ltd.

Brain Games STEM - Engineering Science Experiments: More Than 20 Fun Experiments Kids Can Do with Materials from Around the House! Publications International Ltd. Staff & Brain Games. 2021. (Brain Games STEM Ser.). (ENG.). 80p. (J). (gr. 1-4). spiral bd. 10.98 *(978-1-64558-524-4(7))*, 4407300) Publications International, Ltd.

Brain Games STEM - Get Ready to Code: Picture Puzzles for Growing Minds (Workbook) Publications International Ltd. Staff. 2021. (Brain Games STEM Ser.). (ENG., Illus.). 128p. (J). (gr. -1-k). spiral bd. 12.98 *(978-1-64558-440-7(2))*, 4403200) Publications International, Ltd.

Brain Games STEM - Kitchen Science Experiments: More Than 20 Fun Experiments Kids Can Do with Materials from Around the House! Publications International Ltd. Staff & Brain Games. 2021. (Brain Games STEM Ser.). (ENG.). 80p. (J). (gr. 1-4). spiral bd. 10.98 *(978-1-64558-522-0(0))*, 4407100) Publications International, Ltd.

Brain Games Stem Get Ready for Preschool. Ed. by Publications International Ltd. Staff. 2020. (Brain Games STEM Ser.). (ENG.). 128p. (J). (gr. -1 — 1). spiral bd. 12.98 *(978-1-64558-841-2(6))*, 4401600) Publications International, Ltd.

Brain Games Stem Get Ready to Read. Ed. by Publications International Ltd. Staff. 2020. (Brain Games STEM Ser.). (ENG.). 128p. (J). (gr. -1-k). spiral bd. 12.98 *(978-1-64558-843-6(2))*, 4402100) Publications International, Ltd.

Brain Games Stem Kindergarten. Ed. by Publications International Ltd. Staff. 2020. (Brain Games STEM Ser.). (ENG.). 128p. (J). (gr. -1-k). spiral bd. 12.98 *(978-1-64558-842-9(4))*, 4401700) Publications International, Ltd.

Brain Games: Sticker Activity We Poop on the Potty! Includes a Reward Chart. Publications International Ltd. Staff et al. 2021. (Brain Games - Sticker Activity Ser.). (ENG.). 52p. (J). (-k). spiral bd. 8.98 *(978-1-64558-888-7(2))*, 5800900) Publications International, Ltd.

Brain Games Sticker by Letter Magical Creatures [with Sticker(s)]. Ed. by PI Edited. 2021. (Brain Games - Sticker by Letter Ser.). (ENG.). 52p. (J). (gr. k-4). spiral bd. 9.98 *(978-1-64558-488-9(7))*, 5796000, New Seasons) Publications International, Ltd.

Brain Games Sticker by Letter Ocean Fun [with Sticker(s)]. Ed. by PI Edited. 2021. (Brain Games - Sticker by Letter Ser.). (ENG.). 52p. (J). (gr. k-4). spiral bd. 9.98 *(978-1-64558-490-2(9))*, 5796200, New Seasons) Publications International, Ltd.

Brain Games Sticker by Letter: Super Cool: 3 Sticker Books in 1 (In the Wild, Dinosaurs, Ocean Fun) Publications International Ltd. Staff et al. 2021. (Brain Games - Sticker by Letter Ser.). (ENG.). 156p. (J). spiral bd. 22.98 *(978-1-64558-580-0(8))*, 5798900, New Seasons) Publications International, Ltd.

Brain Games Sudoku Medium Difficulty Puzzles. Senor Sudoku. 2019. (ENG.). 78p. (J). pap. 10.99 *(978-1-64521-402-1(8))* Editorial Imagen.

Brain Gaming for Clever Kids: More Than 100 Puzzles to Exercise Your Mind. Gareth Moore. Illus. by Chris Dickason. 2018. (ENG.). 192p. (J). (gr. 2-6). pap. 6.99 *(978-1-4380-1237-7(3))* Sourcebooks, Inc.

Brain Health & Playtime Safety Coloring Book. Activibooks For Kids. 2016. (ENG., Illus.). (J). pap. 9.20 *(978-1-68321-921-7(X))* Mimaxion.

Brain Invaders. Michael Dahl. Illus. by Andy Catling. 2016. (Igor's Lab of Fear Ser.). (ENG.). 40p. (J). (gr. 4-8). lib. bdg. 23.99 *(978-1-4965-3526-9(X))*, 132636, Stone Arch Bks.) Capstone.

Brain Is Kind of a Big Deal. Nick Seluk. Illus. by Nick Seluk. 2019. (ENG., Illus.). 40p. (J). (gr. 1-3). 18.99 *(978-1-338-16700-9(6))*, Orchard Bks.) Scholastic, Inc.

Brain Lab for Kids: 52 Mind-Blowing Experiments, Models, & Activities to Explore Neuroscience, Volume 15. Eric H. Chudler. 2018. (Lab for Kids Ser.: 15). (ENG., Illus.). 144p. (J). (gr. 2-5). pap. 24.99 *(978-1-63159-396-3(X))*, 225966, Quarry Bks.) Quarto Publishing Group USA.

Brain Mazes! Mazes That Look Like & Workout Your Brain Activity Book. Jupiter Kids. 2016. (ENG., Illus.). 108p. (J). pap. 12.55 *(978-1-68326-211-4(5))*, Jupiter Kids (Childrens & Kids Fiction)) Speedy Publishing LLC.

Brain Power for Preschoolers: A Matching Game Activity Book. Activibooks For Kids. 2016. (ENG., Illus.). (J). pap. 9.20 *(978-1-68321-168-6(5))* Mimaxion.

Brain Quest 1st Grade Smart Cards Revised 5th Edition. Workman Publishing. 5th rev. ed. 2023. (Brain Quest Smart Cards Ser.). (ENG.). 152p. (J). (gr. 1-2). 12.99 *(978-1-5235-1726-8(3))* Workman Publishing Co., Inc.

Brain Quest 2nd Grade Smart Cards Revised 5th Edition. Workman Publishing. 5th rev. ed. 2023. (Brain Quest Smart Cards Ser.). (ENG.). 152p. (J). (gr. 2-3). 12.99 *(978-1-5235-1727-5(1))* Workman Publishing Co., Inc.

Brain Quest 3rd Grade Smart Cards Revised 5th Edition. Workman Publishing. 5th rev. ed. 2023. (Brain Quest Smart Cards Ser.). (ENG.). 152p. (J). (gr. 3-4). 12.99 *(978-1-5235-1728-2(X))* Workman Publishing Co., Inc.

Brain Quest 4th Grade Smart Cards Revised 5th Edition. Workman Publishing. 5th rev. ed. 2023. (Brain Quest Smart Cards Ser.). (ENG.). 152p. (J). (gr. 4-5). 12.99 *(978-1-5235-1729-9(8))* Workman Publishing Co., Inc.

Brain Quest 5th Grade Smart Cards Revised 5th Edition. Workman Publishing. 5th rev. ed. 2023. (Brain Quest Smart Cards Ser.). (ENG.). 152p. (J). (gr. 5-6). 12.99 (978-1-5235-1730-5(1)) Workman Publishing Co., Inc.

Brain Quest 6th Grade Smart Cards Revised 4th Edition. Workman Publishing. 4th rev. ed. 2023. (Brain Quest Smart Cards Ser.). (ENG.). 152p. (J). (gr. 6-7). 12.99 (978-1-5235-2392-4(1)) Workman Publishing Co., Inc.

Brain Quest 7th Grade Smart Cards Revised 4th Edition. Workman Publishing. 4th rev. ed. 2023. (Brain Quest Smart Cards Ser.). (ENG.). 152p. (J). (gr. 7-8). 12.99 (978-1-5235-2393-1(X)) Workman Publishing Co., Inc.

Brain Quest for Threes Smart Cards Revised 5th Edition. Workman Publishing. 5th rev. ed. 2023. (Brain Quest Smart Cards Ser.). (ENG.). 120p. (J). (gr. -1 — 1). 12.99 (978-1-5235-1723-7(9)) Workman Publishing Co., Inc.

Brain Quest for Twos Smart Cards, Revised 5th Edition. Workman Publishing. 5th rev. ed. 2023. (Brain Quest Smart Cards Ser.). (ENG.). 100p. (J). (gr. -1 — 1). 12.99 (978-1-5235-1722-0(0)) Workman Publishing Co., Inc.

Brain Quest Kindergarten Smart Cards Revised 5th Edition. Workman Publishing. 5th rev. ed. 2023. (Brain Quest Smart Cards Ser.). (ENG.). 120p. (J). (gr. k-1). 12.99 (978-1-5235-1725-1(5)) Workman Publishing Co., Inc.

Brain Quest Learn to Write: Letters. Workman Publishing. 2023. (Brain Quest Ser.). (ENG.). 80p. (J). (gr. -1-17). pap. 9.99 **(978-1-5235-1600-1(3))** Workman Publishing Co., Inc.

Brain Quest Learn to Write: Numbers. Workman Publishing. 2023. (Brain Quest Ser.). (ENG.). 80p. (J). (gr. -1-17). pap. 9.99 **(978-1-5235-1601-8(1))** Workman Publishing Co., Inc.

Brain Quest Learn to Write: Pen Control, Tracing, Shapes, & More. Workman Publishing. 2023. (Brain Quest Ser.). (ENG.). 80p. (J). (gr. -1-17). pap. 9.99 **(978-1-5235-1599-8(6))** Workman Publishing Co., Inc.

Brain Quest Pre-Kindergarten Smart Cards Revised 5th Edition. Workman Publishing. 5th rev. ed. 2023. (Brain Quest Smart Cards Ser.). (ENG.). 120p. (J). (gr. -1-k). 12.99 (978-1-5235-1724-4(7)) Workman Publishing Co., Inc.

Brain Quest Workbook: 1st Grade Revised Edition. Workman Publishing. rev. ed. 2023. (Brain Quest Workbooks Ser.). (ENG.). 320p. (J). (gr. 1-2). pap. 12.99 (978-1-5235-1735-0(2)) Workman Publishing Co., Inc.

Brain Quest Workbook: 2nd Grade Revised Edition. Workman Publishing. rev. ed. 2023. (Brain Quest Workbooks Ser.). (ENG.). 320p. (J). (gr. 2-3). pap. 12.99 (978-1-5235-1736-7(0)) Workman Publishing Co., Inc.

Brain Quest Workbook: 3rd Grade Revised Edition. Workman Publishing. rev. ed. 2023. (Brain Quest Workbooks Ser.). (ENG.). 320p. (J). (gr. 3-4). pap. 12.99 (978-1-5235-1737-4(9)) Workman Publishing Co., Inc.

Brain Quest Workbook: 4th Grade Revised Edition. Workman Publishing. rev. ed. 2023. (Brain Quest Workbooks Ser.). (ENG.). 320p. (J). (gr. 4-5). pap. 12.99 (978-1-5235-1738-1(7)) Workman Publishing Co., Inc.

Brain Quest Workbook: 5th Grade Revised Edition. Workman Publishing. rev. ed. 2023. (Brain Quest Workbooks Ser.). (ENG.). 320p. (J). (gr. 5-6). pap. 12.99 (978-1-5235-1739-8(5)) Workman Publishing Co., Inc.

Brain Quest Workbook: 6th Grade Revised Edition. Workman Publishing. rev. ed. 2023. (Brain Quest Workbooks Ser.). (ENG.). 320p. (J). (gr. 6-7). pap. 12.99 (978-1-5235-1740-4(9)) Workman Publishing Co., Inc.

Brain Quest Workbook: Kindergarten Revised Edition. Workman Publishing. 30th rev. ed. 2023. (Brain Quest Workbooks Ser.). (ENG.). 320p. (J). (gr. k-1). pap. 12.99 (978-1-5235-1734-3(4)) Workman Publishing Co., Inc.

Brain Quest Workbook: Pre-K Revised Edition. Workman Publishing. rev. ed. 2023. (Brain Quest Workbooks Ser.). (ENG.). 320p. (J). (gr. -1-k). pap. 12.99 (978-1-5235-1733-6(6)) Workman Publishing Co., Inc.

Brain Stem. Brandon Brown & Nicholas Bell. 2019. (ENG.). 54p. (J). pap. 15.00 (978-0-578-52470-2(8)) CoolSpeak Publishing Co.

Brain Storm. Linda Ragsdale. Illus. by Claudio Molina. 2019. (ENG.). 32p. (J). (gr. k-2). 7.99 (978-1-4867-1787-3(X), 523e8762-2c00-4370-a6d0-60675f40fd18); 16.99 (978-1-4867-1556-5(7), a0cb2b3a-6f4c-43bc-b649-80694a3f8306) Flowerpot Pr.

Brain Tease: Challenging Mazes for All Ages Activity Book. Activibooks For Kids. 2016. (ENG., Illus.). (J). pap. 9.20 (978-1-68321-170-9(7)) Mimaxion.

Brain Teasers for Bright Sparks. Gareth Moore. Illus. by Jess Bradley. 2023. (Buster Bright Sparks Ser.: 7). (ENG.). 160p. (J). (gr. 1-3). pap. 8.99 (978-1-78055-782-3(5), Buster Bks.) O'Mara, Michael Bks., Ltd. GBR. Dist: Independent Pubs. Group.

Brain Teasers Mazes Large Print Edition. Creative Playbooks. 2016. (ENG., Illus.). (J). pap. 7.74 (978-1-68323-125-7(2)) Twin Flame Productions.

Brain Terrain: When Lightning Strikes. Jason M. Burns. Illus. by Dustin Evans. 2022. (Malcolm's Martians: Exploring Mars Ser.). (ENG.). 32p. (J). (gr. 4-8). pap. 14.21 (978-1-6689-0091-8(2), 220182); lib. bdg. 32.07 (978-1-5341-9977-4(2), 220038) Cherry Lake Publishing. (Torch Graphic Press).

Brain Twisters for Minecrafters: Puzzles & Headscratchers for Overworld Fun. Brian Boone. 2020. (Illus.). 152p. (J). pap. 7.99 (978-1-5107-4729-6(X), Sky Pony Pr.) Skyhorse Publishing Co., Inc.

Brain Twisters for Young Minds Look & Find Kids Edition. Creative Playbooks. 2016. (ENG., Illus.). (J). pap. 10.81 (978-1-68323-143-1(0)) Twin Flame Productions.

Brain Twisters: Number Puzzles: Over 80 Exciting Activities. Ivy Finnegan. Illus. by Luke Seguin-Magee. 2022. (ENG.). 128p. (J). pap. 6.99 (978-1-3988-1981-8(6), e9046010-d65a-4e51-8337-98f6c92fd1ba) Arcturus Publishing GBR. Dist: Baker & Taylor Publisher Services (BTPS).

Brain Twisters: Riddles for Kids: Over 200 Brilliant Puzzles. Ivy Finnegan. Illus. by Luke Seguin-Magee. 2022. (ENG.). 128p. (J). pap. 6.99 (978-1-3988-1982-5(4), d46e9144-c532-4c8d-bbf8-e319bc730649) Arcturus Publishing GBR. Dist: Baker & Taylor Publisher Services (BTPS).

Brain Twisters: Smart Puzzles: Over 80 Clever Puzzles. Ivy Finnegan. Illus. by Luke Seguin-Magee. 2022. (ENG.). 128p. (J). pap. 6.99 (978-1-3988-1983-2(2), 9c838379-9204-4215-ad61-eada53c229ed) Arcturus Publishing GBR. Dist: Baker & Taylor Publisher Services (BTPS).

Brain Twisters: Sudoku Puzzles: Over 80 Ingenious Activities. Ivy Finnegan. Illus. by Luke Seguin-Magee. 2022. (ENG.). 128p. (J). pap. 6.99 (978-1-3988-1984-9(0), 24db7d1d-dd40-4bdc-8b92-7ecc6620fcf3) Arcturus Publishing GBR. Dist: Baker & Taylor Publisher Services (BTPS).

Brain Twisters: True or False: Over 500 Quick-Fire Questions. Ivy Finnegan. Illus. by Luke Seguin-Magee. 2022. (ENG.). 128p. (J). pap. 6.99 (978-1-3988-1985-6(9), b7f68050-6e5d-4676-8ab2-1b4836c8e0bd) Arcturus Publishing GBR. Dist: Baker & Taylor Publisher Services (BTPS).

Brain Twisters: Word Search: Over 80 Wild Word Puzzles. Ivy Finnegan. 2022. (ENG., Illus.). 128p. (J). pap. 6.99 (978-1-3988-1986-3(7), 67ca8ca8-c548-4868-9a8a-13dcd1827d72) Arcturus Publishing GBR. Dist: Baker & Taylor Publisher Services (BTPS).

Brain Vacation: A Guide to Meditation. Cara Zelas. Illus. by Mona Karaivanova. 2018. (Big World of Little Dude Ser.: Vol. 2). (ENG.). 32p. (J). pap. 9.95 (978-0-9967943-8-1(7)) Kindness Learning Co. LLC, The.

Brain Vitamins for Little Kids - Sudoku for Kindergarten. Senor Sudoku. 2019. (ENG.). 78p. (J). pap. 10.99 (978-1-64521-452-6(4)) Editorial Imagen.

Brain Warm-Up - Sudoku for Beginners. Senor Sudoku. 2019. (ENG.). 78p. (J). pap. 10.99 (978-1-64521-469-4(9)) Editorial Imagen.

Braindook Murkbones & the Monster March. M. T. Boulton. 2016. (ENG., Illus.). (J). pap. 3.20 (978-1-326-82714-4(6)) Lulu Pr., Inc.

Braindook Murkbones & the Monster March Celebratory Edition. M. T. Boulton. 2016. (ENG., Illus.). (J). pap. 3.31 (978-1-326-76184-4(0)) Lulu Pr., Inc.

Braindook Murkbones & the Monster March Classic Edition. M. T. Boulton. 2016. (ENG., Illus.). 44p. (J). pap. (978-1-326-78503-1(6)) Lulu Pr., Inc.

Braindook Murkbones & the Monster March Huh, What's That Creak Illustrated Edition. M. T. Boulton. 2017. (ENG., Illus.). (J). pap. 5.20 (978-1-326-94393-6(6)) Lulu Pr., Inc.

Braindook Murkbones & the Monster March Monsterish Edition. M. T. Boulton. 2016. (ENG., Illus.). 44p. (J). pap. (978-1-326-85670-0(7)) Lulu Pr., Inc.

Braindook Murkbones the Picture Book. M. T. Boulton. 2017. (ENG., Illus.). (J). pap. 6.89 (978-0-244-02933-3(4)) Lulu Pr., Inc.

Brainiac's Book of Robots & AI. Paul Virr. Illus. by Harriet Russell. 2023. (Brainiac's Ser.: 0). (ENG.). 64p. (J). (gr. 2-4). 17.95 **(978-0-500-65286-2(4),** 565286) Thames & Hudson.

Brainiac's Book of the Climate & Weather. Rosie Cooper. Illus. by Harriet Russell. 2022. (Brainiac's Ser.: 0). (ENG.). 64p. (J). (gr. 4-7). 17.95 (978-0-500-65246-6(5), 565246) Thames & Hudson.

Brainiest Maze Challenges! a Collection of Brain Themed Mazes Activity Book. Activity Book Zone. 2016. (ENG., Illus.). (J). pap. 9.20 (978-1-68376-065-8(4)) Sabeels Publishing.

Brainjack. Brian Falkner. 2019. (ENG.). 320p. (YA). (gr. 7-12). pap. 14.95 (978-0-6482879-7-1(1)) Lulu Pr., Inc.

Brains & Beauty. Steve Wachtel. 2019. (ENG.). 38p. (J). 14.95 (978-1-68401-776-8(9)) Amplify Publishing Group.

Brains! (and How to Draw Them) A How to Draw Zombies Activity Book. Activibooks For Kids. 2016. (ENG., Illus.). (J). pap. 9.20 (978-1-68321-171-6(5)) Mimaxion.

Brains, Body, Bones! Lucy Beevor. 2017. (Brains, Body, Bones! Ser.). (ENG.). 32p. (J). (gr. 3-6). 133.28 (978-1-4109-8598-9(9), 25951, Raintree) Capstone.

Brains, Brains, & Other Horrifying Breakfasts. Ali Vega. 2017. (Little Kitchen of Horrors Ser.). (ENG., Illus.). 32p. (J). (gr. 2-5). 26.65 (978-1-5124-2578-9(8), 03a251a2-3ff9-4de6-b152-deb987a8c9ff); E-Book 39.99 (978-1-5124-3764-5(6), 9781512437645); E-Book 6.99 (978-1-5124-3765-2(4), 9781512437652) Lerner Publishing Group. (Lerner Pubns.).

Brains! Not Just a Zombie Snack. Stacy McAnulty. Illus. by Matthew Rivera. 2021. (ENG.). 40p. (J). 18.99 (978-1-250-30404-9(0), 900197209, Holt, Henry & Co. Bks. For Young Readers) Holt, Henry & Co.

Brainstorm! Rebecca Gardyn Levington. Illus. by Kate Kronreif. 2022. (ENG.). 32p. (J). (gr. 1-4). 17.99 (978-1-5341-1148-6(4), 205271) Sleeping Bear Pr.

Brainwashed by Foster Parents. Jeffery Tracey Sr. 2018. (ENG., Illus.). 144p. (J). 23.95 (978-1-64350-417-9(7)); pap. 13.95 (978-1-64298-781-2(6)) Page Publishing Inc.

Brainy & Brawny: Gorilla. Felicia Macheske. 2017. (Guess What Ser.). (ENG., Illus.). 24p. (J). (gr. k-2). lib. bdg. 30.64 (978-1-63472-173-8(X), 209264) Cherry Lake Publishing.

Brainy Babes: An Activity Book for Adults with Hidden Pictures. Activibooks. 2016. (ENG., Illus.). (J). pap. 10.81 (978-1-68321-172-3(3)) Mimaxion.

Brainy Benny Interactive Activity Book of Surprises - Writing Workbook for Kindergarten Children's Reading & Writing Books. Baby Professor. 2017. (ENG., Illus.). (J). pap. 9.55 (978-1-5419-2802-2(4), Baby Professor (Education Kids)) Speedy Publishing LLC.

Brainy Book of Addition & Subtraction Workbook Grades K-2 - Ages 5 To 8. Bobo's Little Brainiac Books. 2016. (ENG., Illus.). (J). pap. 7.99 (978-1-68327-826-9(7)) Sunshine In My Soul Publishing.

Braised Eggs & Other Hard Miracles: A Collection of Works. Sara Paye. 2022. (ENG.). 64p. (J). pap. 15.90 (978-1-4583-0442-1(6)) Lulu Pr., Inc.

Brake Up: Or the Young Peacemakers (Classic Reprint) Oliver Optic, pseud. (ENG., Illus.). (J). 2018. 318p. 30.48 (978-0-483-92298-3(6)); 2017. pap. 13.57 (978-0-243-38566-9(8)) Forgotten Bks.

Brake Up: The Young Peacemakers. Oliver Optic, pseud. 2017. (ENG.). 320p. (J). pap. (978-3-337-22331-1(1)) Creation Pubs.

Brakeman Goes to Church (Classic Reprint) F. A. Green. 2018. (ENG., Illus.). 20p. (J). 24.31 (978-0-366-41605-9(7)); pap. 7.97 (978-0-366-35648-5(8)) Forgotten Bks.

Bram of the Five Corners (Classic Reprint) Arnold Mulder. 2017. (ENG., Illus.). (J). 376p. 31.65 (978-0-332-96623-6(2)); pap. 16.57 (978-0-282-51103-6(2)) Forgotten Bks.

Bramble & Maggie: Snow Day. Jessie Haas. Illus. by Alison Friend. (Candlewick Sparks Ser.). 56p. (J). (gr. k-4). 2017. (ENG.). pap. 5.99 (978-0-7636-9780-8(X)); 2016. 14.99 (978-0-7636-7364-2(1)) Candlewick Pr.

Bramble & Maggie Spooky Season. Jessie Haas. Illus. by Alison Friend. 2016. (Candlewick Sparks Ser.). (ENG.). 56p. (J). (gr. k-3). pap. 5.99 (978-0-7636-8743-4(X)) Candlewick Pr.

Brambleby Bear: A Chef in New York. Joanne E. Marshall. 2017. (ENG., Illus.). (J). 31.95 (978-1-4808-4366-0(0)); pap. 23.95 (978-1-4808-4365-3(2)) Archway Publishing.

Brambleheart: A Story about Finding Treasure & the Unexpected Magic of Friendship. Henry Cole. Illus. by Henry Cole. 2017. (Brambleheart Ser.: 1). (ENG., Illus.). 288p. (J). (gr. 3-7). pap. 8.99 (978-0-06-224544-1(9), Tegen, Katherine Bks) HarperCollins Pubs.

Brambleheart: A Story about Finding Treasure & the Unexpected Magic of Friendship. Henry Cole. Illus. by Henry Cole. 2016. (Brambleheart Ser.: 1). (ENG., Illus.). 272p. (J). (gr. 3-7). 16.99 (978-0-06-224546-5(5), Tegen, Katherine Bks) HarperCollins Pubs.

Brambleheart #2: Bayberry Island: An Adventure about Friendship & the Journey Home. Henry Cole. Illus. by Henry Cole. (Brambleheart Ser.: 2). (ENG., Illus.). (J). (gr. 3-7). 2018. 192p. pap. 6.99 (978-0-06-224562-5(7)); 2017. 176p. 16.99 (978-0-06-224551-9(1)) HarperCollins Pubs. (Tegen, Katherine Bks).

Brambleholme Winter. Duncan Hall. 2017. (ENG., Illus.). (J). 114p. (978-1-326-92532-1(6)); 136p. pap. (978-1-326-89166-4(9)) Lulu Pr., Inc.

Brambles: YA Paranormal Romance & Sleeping Beauty Adaption. Morgan Ray. 2020. (Brambles Ser.: Vol. 1). (ENG.). 290p. (YA). pap. 15.00 (978-1-0879-0760-4(8)) Indy Pub.

Bramblestar's Storm. Erin Hunter & Dan Jolley. ed. 2016. (Warriors Super Edition Ser.). (J). lib. bdg. 18.40 (978-0-606-38180-2(5)) Turtleback.

Brambletye House, or Cavaliers & Roundheads (Classic Reprint) Horace Smith. 2017. (ENG., Illus.). (J). 30.08 (978-0-331-69781-0(5)); pap. 13.57 (978-0-259-02050-9(8)) Forgotten Bks.

Brambletye House, Vol. 1 Of 3: Or Cavaliers & Roundheads; a Novel (Classic Reprint) Horace Smith. 2017. (ENG., Illus.). (J). 31.82 (978-1-5280-5058-6(4)) Forgotten Bks.

Brambletye House, Vol. 2 Of 3: Or Cavaliers & Roundheads; a Novel (Classic Reprint) Horace Smith. 2017. (ENG., Illus.). (J). 32.25 (978-1-5282-7904-8(2)) Forgotten Bks.

Brambletye House, Vol. 3 Of 3: Or Cavaliers & Roundheads; a Novel (Classic Reprint) Horace Smith. 2018. (ENG., Illus.). 332p. (J). 30.74 (978-0-331-60681-2(X)) Forgotten Bks.

Brambly Hedge Pop up Book. Jill Barklem. 2022. (Brambly Hedge Ser.). (ENG., Illus.). 24p. (J). 29.99 (978-0-00-854711-0(4), HarperCollins Children's Bks.) HarperCollins Pubs. Ltd. GBR. Dist: HarperCollins Pubs.

Brambly Hedge: the Classic Collection. Jill Barklem. 2018. (ENG.). 248p. (J). 34.99 (978-0-00-828282-0(X), HarperCollins Children's Bks.) HarperCollins Pubs. Ltd. GBR. Dist: HarperCollins Pubs.

Bramleighs of Bishop's Folly (Classic Reprint) Charles James Lever. 2018. (ENG., Illus.). 574p. (J). 35.76 (978-0-267-45310-8(8)) Forgotten Bks.

Bramleighs of Bishop's Folly, Vol. 1 of 3 (Classic Reprint) Charles Lever. (ENG., Illus.). (J). 2018. 372p. 31.59 (978-0-483-09430-7(7)); 2016. pap. 13.97 (978-1-334-11958-3(9)) Forgotten Bks.

Bramleighs of Bishop's Folly, Vol. 2 Of 2: To Which Is Added Diary & Notes of Horace Templeton, Esq., Late Secretary of Legation (Classic Reprint) Charles Lever. (ENG., Illus.). (J). 2018. 492p. 34.04 (978-0-364-75434-4(6)); 2016. pap. 16.57 (978-1-334-16869-7(5)) Forgotten Bks.

Bramleighs of Bishops Folly, Vol. 2 of 3 (Classic Reprint) Charles James Lever E. Lever. 2018. (ENG., Illus.). 364p. (J). 31.40 (978-0-483-61388-1(6)) Forgotten Bks.

Bramleighs of Bishop's Folly, Vol. 3 of 3 (Classic Reprint) Charles James Lever. 2018. (ENG., Illus.). 358p. (J). 31.28 (978-0-364-07784-9(0)) Forgotten Bks.

Brampton Sketches: Old-Time New England Life (Classic Reprint) Mary B. Claflin. 2018. (ENG., Illus.). 164p. (J). 27.28 (978-0-364-10702-7(2)) Forgotten Bks.

Bran Castle. Grace Hansen. 2021. (Famous Castles Ser.). (ENG., Illus.). 24p. (J). (gr. -1-2). lib. bdg. 32.79 (978-1-0982-0728-1(9), 37861, Abdo Kids) ABDO Publishing Co.

Bran Finds His Feathers. Jesse Reid. 2022. (ENG.). 52p. (J). **(978-1-0391-3288-7(X))**; pap. **(978-1-0391-3287-0(1))** FriesenPress.

Bran' New Monologues, & Readings in Prose & Verse (Classic Reprint) Walter Ben Hare. 2017. (ENG., Illus.). (J). 25.92 (978-0-331-23750-4(4)); pap. 9.57 (978-0-266-05752-9(7)) Forgotten Bks.

Branch see **Rama**

Branch. James Marshall. 2022. (ENG., Illus.). 60p. (J). pap. 18.95 (978-1-63903-232-7(0)) Christian Faith Publishing.

Branch. Mireille Messier. Illus. by Pierre Pratt. 2016. (ENG.). 32p. (J). (gr. -1-2). 16.95 (978-1-77138-564-0(2)) Kids Can Pr., Ltd. CAN. Dist: Hachette Bk. Group.

Branches. B. E. Bell. 2020. (ENG.). 122p. (YA). pap. 14.95 (978-1-64584-776-2(4)) Page Publishing Inc.

Branches of Hope: The 9/11 Survivor Tree. Ann Magee. Illus. by Nicole Wong. 2021. 32p. (J). (gr. -1-2). 16.99 (978-1-62354-132-3(8)) Charlesbridge Publishing, Inc.

Branch's Bunker Birthday. David Lewman. Illus. by Alan Batson. 2018. (J). (978-1-5444-0208-6(2), Golden Bks.) Random Hse. Children's Bks.

Branch's Bunker Birthday (DreamWorks Trolls) David Lewman. Illus. by Golden Books. 2018. (Little Golden Book Ser.). 24p. (J). (-k). 4.99 (978-1-5247-7260-4(7), Golden Bks.) Random Hse. Children's Bks.

Brand: A Tale of the Flathead Reservation (Classic Reprint) Therese Broderick. 2018. (ENG., Illus.). 274p. (J). 29.57 (978-0-666-99246-8(0)) Forgotten Bks.

Brand Blotters (Classic Reprint) William MacLeod Raine. (ENG., Illus.). (J). 2018. 358p. 31.28 (978-0-483-43659-6(3)); 2016. pap. 13.97 (978-1-333-45050-2(8)) Forgotten Bks.

Brand-New Ballads (Classic Reprint) Charles G. Leland. 2018. (ENG., Illus.). 162p. (J). 27.26 (978-0-428-81508-0(1)) Forgotten Bks.

Brand New Boy. David Almond. Illus. by Marta Altés. 2022. (ENG.). 320p. (J). (gr. 3-7). 18.99 (978-1-5362-2270-8(4)) Candlewick Pr.

Brand New Creature: Revised Edition. Deborah Roselle Spine. 2020. (ENG.). 60p. (J). pap. 28.99 (978-1-63221-091-3(6)) Salem Author Services.

Branded. Xyvah M. Okoye. 2023. (Age of the Anathema Ser.: Vol. 2). (ENG.). (YA). 498p. **(978-1-915129-48-2(6))**; 488p. pap. **(978-1-915129-50-5(8))** Chartus.X.

Branded. Eric Walters. 2nd ed. 2023. (Orca Currents Ser.). (ENG.). 128p. (J). (gr. 4-7). pap. 10.95 (978-1-4598-3460-6(7)) Orca Bk. Pubs. USA.

Branded Men & Women, Story of a Western Town (Classic Reprint) William Francis Hooker. 2018. (ENG., Illus.). 308p. (J). 30.27 (978-0-267-20503-5(1)) Forgotten Bks.

Branding Day: A Cowboy Character Series. Havilah Hall. 2023. (ENG.). 28p. (J). pap. 13.95 **(978-1-63630-233-1(5))** Covenant Bks.

Branding Iron (Classic Reprint) Katharine Newlin Burt. 2018. (ENG., Illus.). 334p. (J). 30.79 (978-0-666-26141-0(5)) Forgotten Bks.

Brandon Abroad: The Maharaja's Treasure. Al Morin. 2018. (Brandon Abroad Ser.: Vol. 2). (ENG., Illus.). 148p. (J). pap. 7.99 (978-1-912145-93-5(6), Heinemann) Capstone.

Brandon Abroad: The Maharaja's Treasure. Alan Morin. 2021. (ENG.). 208p. (J). pap. 9.99 (978-1-913717-40-7(2), Heinemann) Capstone.

Brandon Abroad: The Missing Lemurs. Al Morin. 2021. (ENG.). 186p. (J). pap. 9.99 (978-1-9196355-0-7(5), Heinemann) Capstone.

Brandon Abroad: The Mystery of the Ruins. Al Morin. (Brandon Abroad Ser.). (ENG.). (J). 2021. 150p. pap. 9.99 (978-1-913717-39-1(9)); 2017. (Illus.). pap. 7.99 (978-1-911079-61-3(1)) Capstone. (Heinemann).

Brandon Abroad: The Secret of the Phantom Face. Al Morin. 2019. (ENG., Illus.). 128p. (J). pap. 7.99 (978-1-913036-59-1(6), Heinemann) Capstone.

Brandon Abroad: The Secret of the Phantom Face. Alan Morin. 2021. (ENG.). 146p. (J). pap. 9.99 (978-1-913717-41-4(0), Heinemann) Capstone.

Brandon of the Engineers (Classic Reprint) Harold Bindloss. 2018. (ENG., Illus.). 358p. (J). 31.28 (978-0-332-12480-3(0)) Forgotten Bks.

Brandon, or a Hundred Years Ago: A Tale of the American Colonies (Classic Reprint) Osmond Tiffany. (ENG., Illus.). (J). 2017. 30.00 (978-0-266-50691-1(7)); 2016. pap. 13.57 (978-1-334-14540-7(7)) Forgotten Bks.

Brandon the Bee: Bee Kind. Jan Sherman. 2020. (ENG.). 36p. (J). 22.95 (978-1-64654-233-8(9)) Fulton Bks.

Brandon the Bee: Bee You. Jan Sherman. 2021. (ENG., Illus.). 30p. (J). 21.95 (978-1-64952-595-6(8)) Fulton Bks.

Brandons: A Story of Irish Life in England (Classic Reprint) John Denvir. (ENG., Illus.). (J). 2018. 156p. 27.13 (978-0-483-81830-9(5)); 2017. pap. 9.57 (978-1-333-30225-2(8)) Forgotten Bks.

Brandon's So Bossy! Judith Heneghan. Illus. by Jack Hughes. 2016. (Dragon School Ser.). (ENG.). 32p. (J). (gr. -1-k). pap. (978-0-7502-8357-1(2), Wayland) Hachette Children's Group GBR. Dist: Hachette Bk. Group.

Brandy Drops, or Charlie's Pledge & the Temperance Boys (Classic Reprint) Julia Colman. (ENG., Illus.). (J). 2018. 248p. 29.01 (978-0-267-41143-6(X)); 2016. pap. 11.57 (978-1-334-27630-9(7)) Forgotten Bks.

Brann Gets Lost. Wendi Dutcher. 2020. (ENG., Illus.). 28p. (J). pap. 13.95 (978-1-64531-846-0(X)) Newman Springs Publishing, Inc.

Brantley Takes a Bath. Tracilyn George. 2021. (ENG.). 22p. (J). pap. 11.00 (978-1-77475-420-7(7)) Lulu Pr., Inc.

Brasil (Brazil) Grace Hansen. 2019. (Países (Countries) Ser.). (SPA.). 24p. (J). (gr. -1-2). lib. bdg. 32.79 (978-1-0982-0088-6(8), 33050, Abdo Kids) ABDO Publishing Co.

Brass. Tyler Gieseke. 2022. (Explore Music Ser.). (ENG.). 32p. (J). (gr. 2-5). lib. bdg. 32.79 (978-1-0982-4332-6(3), 41239, DiscoverRoo) Pop!.

Brass: A Novel of Marriage (Classic Reprint) Charles G. Norris. (ENG., Illus.). (J). 2018. 462p. 33.43 (978-0-365-32958-9(4)); 2017. pap. 16.57 (978-0-243-12005-5(2)) Forgotten Bks.

Brass Band Robbery. John Patience. Illus. by John Patience. 2021. (Tales from Fern Hollow Ser.). (ENG.). 26p. (J). (978-1-9162769-9-4(7)) Talewater Pr.

Brass Bell: Or the Chariot of Death; a Tale of Caesar's Gallic Invasion (Classic Reprint) Eugene Sue. 2018. (ENG., Illus.). 144p. (J). 26.89 (978-0-656-00123-1(2)) Forgotten Bks.

Brass, Blimps & Bots. Charlotte Byrne et al. 2022. (ENG.). 196p. (YA). pap. (978-1-912948-48-2(6)) Crystal Peake Publisher.

Brass Bottle (Classic Reprint) F. Anstey, pseud. 2017. (ENG., Illus.). 332p. (J). 30.74 (978-0-484-29739-4(2)) Forgotten Bks.

Brass Bound Box (Classic Reprint) Evelyn Raymond. (ENG., Illus.). (J). 2018. 342p. 30.97 (978-0-483-92286-0(2)); 2016. pap. 13.57 (978-1-334-24012-6(4)) Forgotten Bks.

Brass Bowl (Classic Reprint) Louis Joseph Vance. 2018. (ENG., Illus.). 402p. (J). 32.19 (978-0-483-85243-3(0)) Forgotten Bks.

Brass Faces (Classic Reprint) Charles McEvoy. (ENG., Illus.). (J). 2019. 292p. 29.94 (978-0-365-17456-1(4)); 2017. pap. 13.57 (978-0-259-22459-4(6)) Forgotten Bks.

Brass in Color: Euphonium/Baritone Lesson Book 2 (Chinese) Sean Burdette. Tr. by Yee Kwan Wong. 2020. (CHI.). 46p. (J). (gr. 1-6). pap. 12.99 (978-1-949670-14-1(7), Beginner Method Series) Songburd Music.

Brass in Color Notebooks: Manuscript - French Horn, Blue. Brass in Color. 2020. (ENG.). 24p. (J). (gr. 1-6). pap. 5.99 *(978-1-949670-88-2(0)*, Beginner Method Series) Songburd Music.

Brass in Color Notebooks: Manuscript - French Horn, Green. Brass in Color. 2020. (ENG.). 24p. (J). (gr. 1-6). pap. 5.99 *(978-1-949670-90-5(2)*, Beginner Method Series) Songburd Music.

Brass in Color Notebooks: Manuscript - French Horn Red. Brass in Color. 2020. (ENG.). 24p. (J). (gr. 1-6). pap. 5.99 *(978-1-949670-89-9(9)*, Beginner Method Series) Songburd Music.

Brass in Color Notebooks: Manuscript - Trombone, Blue. Brass in Color. 2020. (ENG.). 24p. (J). (gr. 1-6). pap. 5.99 *(978-1-949670-91-2(0)*, Beginner Method Series) Songburd Music.

Brass in Color Notebooks: Manuscript - Trombone, Red. Brass in Color. 2020. (ENG.). 24p. (J). (gr. 1-6). pap. 5.99 *(978-1-949670-92-9(9)*, Beginner Method Series) Songburd Music.

Brass in Color Notebooks: Manuscript - Trumpet, Green. Brass in Color. 2020. (ENG.). 24p. (J). (gr. 1-6). pap. 5.99 *(978-1-949670-87-5(2)*, Beginner Method Series) Songburd Music.

Brass in Color Notebooks: Manuscript - Trumpet, Red. Brass in Color. 2020. (ENG.). 24p. (J). (gr. 1-6). pap. 5.99 *(978-1-949670-86-8(4)*, Beginner Method Series) Songburd Music.

Brass in Color Notebooks: Practice Journal - Trombone, Blue. Brass in Color. 2020. (ENG.). 24p. (J). (gr. 1-6). pap. 5.99 *(978-1-949670-60-8(0)*, Beginner Method Series) Songburd Music.

Brass in Color Notebooks: Practice Journal - Trumpet, Blue. Brass in Color. 2019. (ENG.). 24p. (J). (gr. 1-6). pap. 5.99 *(978-1-949670-53-0(8)*, Beginner Method Series) Songburd Music.

Brass in Color Notebooks: Practice Journal - Trumpet, Green. Brass in Color. 2020. (ENG.). 24p. (J). (gr. 1-6). pap. 5.99 *(978-1-949670-58-5(9))* Songburd Music.

Brass in Color Notebooks: Practice Journal - Trumpet, Red. Brass in Color. 2020. (ENG.). 24p. (J). (gr. 1-6). pap. 5.99 *(978-1-949670-57-8(0)*, Beginner Method Series) Songburd Music.

Brass Instruments Are Fab! a Coloring Book. Smarter Activity Books for Kids. 2016. (ENG., Illus.). 24p. (J). pap. 9.22 *(978-1-68374-440-5(3))* Examined Solutions PTE. Ltd.

Braun Strowman: Monster among Men. Kenny Abdo. 2019. (Wrestling Biographies Ser.). (ENG., Illus.). 24p. (J). (gr. 2-8). lib. bdg. 31.36 *(978-1-5321-2752-6(9)*, 31711, Abdo Zoom-Fly) ABDO Publishing Co.

Brave. James Bird. 2022. (ENG., Illus.). 320p. (J). pap. 7.99 *(978-1-250-79174-0(X)*, 900214708) Square Fish.

Brave. Alessandro Ferrari. Illus. by Manuela Razzi. 2020. (Disney Princesses Ser.). (ENG.). 52p. (J). (gr. 2-6). lib. bdg. 32.79 *(978-1-5321-4559-9(4)*, 35206, Graphic Novels) Spotlight.

Brave. Maria Grau. Illus. by Laia Guerrero. 2021. (Learn to Read in CAPITAL Letters & Lowercase Ser.). (ENG.). 24p. (J). (gr. k-2). pap. 7.99 *(978-84-17210-06-9(7))* Editorial el Pirata ESP. Dist: Independent Pubs. Group.

Brave. Stacy McAnulty. Illus. by Joanne Lew-Vriethoff. 2017. (ENG.). 32p. (J). (gr. -1-3). 17.99 *(978-0-7624-5782-3(1)*, Running Pr. Kids) Running Pr.

Brave. Michelle Muller. 2017. (ENG., Illus.). 34p. (J). pap. *(978-1-387-43589-0(2))* Lulu Pr., Inc.

Brave. Jennifer Li Shotz. 2020. (American Dog Ser.). (ENG., Illus.). 256p. (J). (gr. 3-7). 12.99 *(978-0-358-10867-2(5)*, 1748560); pap. 7.99 *(978-0-358-10872-6(1)*, 1748820) HarperCollins Pubs. (Clarion Bks.).

Brave. Svetlana Chmakova. ed. 2017. (J). lib. bdg. 22.10 *(978-0-606-40456-3(2))* Turtleback.

Brave: A My Invisible Powers Story. Deb Assheton. Illus. by Astrid Nordheim. 2018. (ENG.). 32p. (J). pap. *(978-0-6483127-0-3(4))* Deb A.

Brave: A Story of Friendship & Freedom. Red Community. 2019. (ENG., Illus.). 58p. (J). *(978-1-9997292-9-5(3))*; pap. *(978-1-9997292-8-8(5))* Heart of Stewardship.

Brave: A Story of Friendship & Freedom. Ed. by Dewryn Limited. 2020. (ENG., Illus.). 58p. (J). *(978-1-9162572-3-8(2))*; pap. *(978-1-9162572-2-1(4))* Heart of Stewardship.

Brave: A Teen Girl's Guide to Beating Worry & Anxiety. Sissy MEd Goff. 2021. (ENG.). 192p. (YA). pap. 16.99 *(978-0-7642-3839-0(6))* Bethany Hse. Pubs.

Brave: a Coloring Book for Girls That Can. IglooBooks. Illus. by Anne Passchier. 2021. (ENG.). 48p. (J). (gr. 2-5). 7.99 *(978-1-80108-740-7(7))* Igloo Bks. GBR. Dist: Simon & Schuster, Inc.

Brave & Beautiful. Kashie McKinnon. Ed. by Veronica Ross. Illus. by Kashie McKinnon. 2021. (Naturally Naila Ser.: Vol. 1). (ENG.). 34p. (J). 20.00 *(978-0-578-84281-3(5))* Vernon, Kashie.

Brave & Bold: The Fortunes of Robert Rushton. Horatio Alger. 2019. (ENG.). 192p. (YA). (gr. 7-12). pap. *(978-93-5329-581-3(5))* Alpha Editions.

Brave & Bold (Classic Reprint) Horatio Alger Jr. 2017. (ENG., Illus.). (J). 26.52 *(978-0-266-54684-9(6))* Forgotten Bks.

Brave & Bold, or, the Fortunes of Robert Rushton. Horatio Alger, Jr. 2019. (ENG.). 300p. (J). pap. 12.95 *(978-1-63391-866-5(1))* Westphalia Press.

Brave & True (Classic Reprint) Florence A. Tapsell. 2017. (ENG., Illus.). (J). pap. 7.97 *(978-0-259-86315-1(7))* Forgotten Bks.

Brave Animal Stories for Kids. Contrib. by Shirley Raye Redmond. 2023. (ENG.). 160p. (J). (gr. 2-7). pap. 12.99 *(978-0-7369-8714-1(2)*, 6987141, Harvest Kids) Harvest Hse. Pubs.

Brave Anna & the Star Compass. Jennifer Garrett. 2020. (ENG., Illus.). 264p. (J). 24.99 *(978-1-948256-36-0(3))* Willow Moon Publishing.

Brave As a Mouse. Nicolo Carozzi. 2021. (ENG.). 40p. (J). (gr. -1-2). 17.99 *(978-0-593-18183-6(2))* Random Hse. Children's Bks.

Brave As Prometheus: A Leafy Tom Adventure. Robin Buckallew. 2020. (ENG.). 204p. (YA). pap. 12.99 *(978-1-716-02120-6(0))* Lulu Pr., Inc.

Brave Bahadur. Samuel Joshi. 2017. (ENG., Illus.). 36p. (J). pap. *(978-1-365-88239-5(X))* Lulu Pr., Inc.

Brave Ballerina: The Story of Janet Collins. Michelle Meadows. Illus. by Ebony Glenn. 2019. (Who Did It First? Ser.). (ENG.). 32p. (J). 17.99 *(978-1-250-12773-0(4)*, 900175518, Holt, Henry & Co. Bks. For Young Readers) Holt, Henry & Co.

Brave Batgirl! (DC Super Friends) Christy Webster. Illus. by Erik Doescher. 2017. (Step into Reading Ser.). (ENG.). 24p. (J). (gr. -1-1). pap. 5.99 *(978-1-5247-1711-7(8)*, Random Hse. Bks. for Young Readers) Random Hse. Children's Bks.

Brave Bear. Sean Taylor. Illus. by Emily Hughes. (ENG.). 32p. (J). (— 1). 2023. bds. 9.99 *(978-1-5362-2963-9(6))*; 2016. 16.99 *(978-0-7636-8224-8(1))* Candlewick Pr.

Brave Beauty: Finding the Fearless You, 1 vol. Lynn Cowell. 2017. (Faithgirlz Ser.). (ENG., Illus.). 320p. (J). 16.99 *(978-0-310-76314-7(2))* Zonderkidz.

Brave Big Sister: A Bible Story about Miriam. Rachel Spier Weaver & Anna Haggard. 2017. (Called & Courageous Girls Ser.). (ENG., Illus.). 48p. (J). (gr. -1-2). 14.99 *(978-0-7369-7079-2(7)*, 6970792) Harvest Hse. Pubs.

Brave Bird at Wounded Knee: A Story of Protest on the Pine Ridge Indian Reservation. Rachel Bithell. Illus. by Eric Freeberg. 2023. (I Am America Set 5 Ser.). (ENG.). (J). (gr. 3-4). pap. 8.99 *(978-1-63163-685-1(5))*; lib. bdg. 28.50 *(978-1-63163-684-4(7))* North Star Editions. (Jolly Fish Pr.).

Brave. Black. First: 50+ African American Women Who Changed the World. Cheryl Willis Hudson. Illus. by Erin K. Robinson. 128p. (J). (gr. 3-7). 2023. pap. 12.99 *(978-0-525-64584-9(5)*, Yearling); 2020. 18.99 *(978-0-525-64581-8(0)*, Crown Books For Young Readers); 2020. (ENG.). lib. bdg. 21.99 *(978-0-525-64582-5(9)*, Crown Books For Young Readers) Random Hse. Children's Bks.

Brave Boys Bible Words Flash Cards. Compiled by Compiled by Barbour Staff. 2021. (Brave Boys Ser.). (ENG.). (J). 7.99 *(978-1-64352-797-0(5)*, Shiloh Kidz) Barbour Publishing, Inc.

Brave Boys Can Change the World: Devotions & Prayers for Making a Difference. Matt Koceich. 2023. (Brave Boys Ser.). (ENG.). 192p. (J). 12.99 *(978-1-63609-507-3(0))* Barbour Publishing, Inc.

Brave Boys Devotional Bible: New Life Version. Compiled by Compiled by Barbour Staff. 2021. (ENG., Illus.). 1056p. (J). 29.99 *(978-1-63609-033-7(8)*, Barbour Bibles) Barbour Publishing, Inc.

Brave Buddy. Chris Yukevich. Illus. by Sholto Walker. 2021. (ENG.). 34p. (J). 22.99 *(978-1-78324-232-0(9))* Primedia eLaunch LLC.

Brave Chef Brianna. Sam Sykes. Illus. by Selina Espiritu. 2017. (ENG.). 112p. (J). (gr. 3). pap. 14.99 *(978-1-68415-050-2(7))* BOOM! Studios.

Brave Chris. Bernice Richard. Illus. by Bobooks. 2021. (ENG.). 24p. (J). *(978-1-0391-1534-7(9))*; pap. *(978-1-0391-1533-0(0))* FriesenPress.

Brave Clara Barton. Frank Murphy. Illus. by Sarah Green. 2018. (Step into Reading Ser.). 48p. (J). (gr. k-3). pap. 4.99 *(978-1-5247-1557-1(3)*, Random Hse. Bks. for Young Readers) Random Hse. Children's Bks.

Brave Cyclist: The True Story of A Holocaust Hero. Amalia Hoffman. Illus. by Chiara Fedele. 2019. (ENG.). 40p. (J). (gr. 3-4). lib. bdg. 17.95 *(978-1-68446-063-2(8)*, 140522, Capstone Editions) Capstone.

Brave Dave. Giles Andreae. Illus. by Guy Parker-Rees. 2022. (ENG.). 32p. (J). (gr. -1-3). 18.99 *(978-1-338-85010-9(5)*, Orchard Bks.) Scholastic, Inc.

Brave Dave & Little Pete: The Adventures of Brave Dave the Platypus. Greg Wilschefski. 2016. (ENG., Illus.). (J). pap. 21.18 *(978-1-4828-8151-6(9))* Partridge Pub.

Brave Enough. Kati Gardner. 2018. (Brave Enough Ser.). (ENG.). 320p. (YA). (gr. 9-12). pap. 11.99 *(978-1-63583-020-0(6)*, 1635830206, Flux) North Star Editions.

Brave Enough to Fly. Hoskins Jenny. Illus. by Pegan Julie. 2018. (ENG.). 42p. (J). (gr. 1-4). 19.99 *(978-1-7324318-0-5(9))* Hoskins, Jenny.

Brave Explorers: Adventure Filled Activity Book for Kids. Bobo's Children Activity Books. 2016. (ENG., Illus.). (J). pap. 7.99 *(978-1-68327-394-3(X))* Sunshine In My Soul Publishing.

Brave Face: A Memoir. Shaun David Hutchinson. 2020. (ENG.). 384p. (YA). (gr. 9). pap. 12.99 *(978-1-5344-3152-2(7)*, Simon Pulse) Simon Pulse.

Brave Father Mouse: Leveled Reader Yellow Fiction Level 6 Grade 1. Hmh Hmh. 2019. (Rigby PM Ser.). (ENG.). 16p. (J). (gr. 1). pap. 11.00 *(978-0-358-12151-0(5))* Houghton Mifflin Harcourt Publishing Co.

Brave Fawn. Wafaa El-Tawil. Illus. by Sakshi Mangal. 2021. (ENG.). 36p. (J). *(978-1-5255-9803-6(1))*; pap. *(978-1-5255-9802-9(3))* FriesenPress.

Brave for My Family. Davidson Whetstone. 2019. (ENG., Illus.). 48p. (J). (gr. k-3). pap. 16.99 *(978-0-9991317-3-2(7))* Country Bookshop, The.

Brave Friend Leads the Way. Jill Esbaum. ed. 2022. (Ready-To-Read Graphics Ser.). (ENG.). 62p. (J). (gr. k-1). 17.46 ***(978-1-68505-219-5(3))*** Penworthy Co., LLC, The.

Brave Friend Leads the Way! Ready-To-Read Graphics Level 1. Jill Esbaum. Illus. by Miles Thompson. 2021. (Thunder & Cluck Ser.). (ENG.). 64p. (J). (gr. -1-1). 17.99 *(978-1-5344-8655-3(0))*; pap. 6.99 *(978-1-5344-8654-6(2))* Simon Spotlight. (Simon Spotlight).

Brave Girls - Beautiful You: A 90-Day Devotional, 1 vol. Jennifer Gerelds. 2016. (Brave Girls Ser.). (ENG., Illus.). 144p. (J). pap. 8.99 *(978-0-7180-7611-5(7)*, Tommy Nelson) Nelson, Thomas Inc.

Brave Girls 365-Day Devotional, 1 vol. 2016. (Brave Girls Ser.). (ENG., Illus.). 416p. (J). 16.99 *(978-0-7180-8976-4(6)*, Tommy Nelson) Nelson, Thomas Inc.

Brave Heart & True: A Novel (Classic Reprint) Florence Marryat. 2017. (ENG., Illus.). (J). 31.30 *(978-0-331-71328-2(4))*; pap. 13.97 *(978-0-259-37299-8(4))* Forgotten Bks.

Brave Hearts: The Lavender Fairies. Piper Punches. 2018. (Lavender Fairies Ser.: 1). (ENG., Illus.). 82p. (J). (gr. k-4). pap. 9.99 *(978-0-9910936-8-7(2))* Piper Punches.

Brave Hearts (Classic Reprint) W. A. Fraser. 2018. (ENG., Illus.). 320p. (J). 30.50 *(978-0-656-72182-5(0))* Forgotten Bks.

Brave Heroes & Bold Defenders: 50 True Stories of Daring Men of God. Shirley Raye Redmond. 2020. (ENG., Illus.). 112p. (J). (gr. 2-7). 18.99 *(978-0-7369-8133-0(0)*, 6981330) Harvest Hse. Pubs.

Brave Hippos Coloring Book: Cute Hippos Coloring Book Adorable Hippos Coloring Pages for Kids 25 Incredibly Cute & Lovable Hippos. Welove Coloringbooks. 2021. (ENG., Illus.). 106p. (J). pap. 10.49 *(978-1-716-26948-6(2))* Lulu Pr., Inc.

Brave Horses Coloring Book: Cute Horses Coloring Book - Adorable Horses Coloring Pages for Kids -25 Incredibly Cute & Lovable Horses. Welove Coloringbooks. 2020. (ENG., Illus.). 106p. (J). pap. 10.49 *(978-1-716-28640-7(9))* Lulu Pr., Inc.

Brave in the Making: A Teen's Guide to Taking Back Their Destiny in God. Travis Barnes. 2022. (ENG.). 168p. (YA). pap. *(978-0-6453697-0-0(5))* Starlabel Artistry - Publishing.

Brave in the Water. Stephanie Wildman. Illus. by Jenni Feidler-Aguilar. 2021. (ENG.). 28p. (J). pap. 10.99 *(978-1-952209-64-2(1))*; 16.99 *(978-1-952209-43-7(9))* Lawley Enterprises.

Brave in the Woods. Tracy Holczer. 2021. (ENG.). 256p. (J). (gr. 5). 16.99 *(978-1-9848-1399-2(4)*, G.P. Putnam's Sons Books for Young Readers) Penguin Young Readers Group.

Brave Just Like Me Keepsake Edition. Kimberly Ruff. Illus. by Leslie Sheets. 2020. (ENG.). 38p. (J). 19.95 *(978-1-60888-075-1(3))* Nimble Bks. LLC.

Brave, Kind, & Grateful: A Daily Gratitude Journal. Jessica Hische. Illus. by Jessica Hische. 2021. 192p. (YA). (gr. 7-6). pap. 12.99 *(978-0-593-38489-3(X)*, Penguin Workshop) Penguin Young Readers Group.

Brave Lady (Classic Reprint) Dinah Maria Mulock Craik. 2017. (ENG., Illus.). (J). 27.61 *(978-0-260-56941-7(0))* Forgotten Bks.

Brave Lady, Vol. 1 of 3 (Classic Reprint) Dinah Maria Mulock Craik. (ENG., Illus.). (J). 2018. 326p. 30.62 *(978-0-483-46622-7(0))*; 2016. pap. 13.57 *(978-1-334-25547-2(4))* Forgotten Bks.

Brave Lady, Vol. 2 of 3 (Classic Reprint) Dinah Maria Mulock Craik. 2018. (ENG., Illus.). 302p. (J). 30.21 *(978-0-332-32086-1(3))* Forgotten Bks.

Brave Lady, Vol. 3 of 3 (Classic Reprint) Dinah Maria Mulock Craik. 2018. (ENG., Illus.). 326p. (J). 30.62 *(978-0-483-74376-2(3))* Forgotten Bks.

Brave Leaders & Activists. J. P. Miller. Illus. by Chellie Carroll. 2021. (Black Stories Matter Ser.). (ENG.). 48p. (J). (gr. 4-9). pap. *(978-1-4271-2812-6(X)*, 10353); lib. bdg. *(978-1-4271-2808-9(1)*, 10348) Crabtree Publishing Co. (Crabtree Classics).

Brave Like Jack. Marissa Cunnyngham. 2021. (ENG.). 28p. (J). 22.99 *(978-1-7374273-1-5(1))* Cunnyngham, Marissa.

Brave Like Me. Barbara Kerley. 2016. (Illus.). 48p. (J). (gr. -1-k). 17.99 *(978-1-4263-2360-7(3)*, National Geographic Kids) Disney Publishing Worldwide.

Brave Like Me: A Story about Finding Your Courage. Christine Peck & Mags DeRoma. 2021. (Books of Great Character Ser.). (Illus.). 40p. (J). (gr. -1-3). 12.99 *(978-1-7282-3593-6(6)*, Sourcebooks Jabberwocky) Sourcebooks, Inc.

Brave Like Mom. Monica Acker. Illus. by Paran Kim. 2022. 32p. (J). 17.99 *(978-1-5064-8320-7(8))* 1517 Media.

Brave Like That. Lindsey Stoddard. (ENG.). (J). (gr. 3-7). 2021. 288p. pap. 9.99 *(978-0-06-287812-0(3))*; 2020. 272p. 16.99 *(978-0-06-287811-3(5))* HarperCollins Pubs. (HarperCollins).

Brave Lions Coloring Book: Cute Lions Coloring Book - Adorable Lions Coloring Pages for Kids -25 Incredibly Cute & Lovable Lions. Welove Coloringbooks. 2021. (ENG.). 106p. (J). pap. 11.49 *(978-1-716-20975-8(7))* Lulu Pr., Inc.

Brave Little Bear: Too Big Not to Share. Xenia Schembri. Illus. by Jody McGregor. 2018. (ENG.). 18p. (J). pap. *(978-0-9946321-2-8(6))* Reeve, Ocean Publishing.

Brave Little Black Bear. Frances Froehlich. 2018. (ENG., Illus.). 40p. (J). 21.95 *(978-1-64349-156-1(3))* Christian Faith Publishing.

Brave Little Black Bear. Frances Froehlich. Illus. by Marie Froehlich. 2018. (ENG.). 40p. (J). pap. 14.95 *(978-1-64299-530-5(4))* Christian Faith Publishing.

Brave Little Brown Bear. Melissa Tar. Illus. by Amanda Barkley. 2020. (ENG.). 34p. (J). *(978-1-5255-9010-8(3))*; pap. *(978-1-5255-9009-2(X))* FriesenPress.

Brave Little Camper. Carmen Crowe. Ed. by Cottage Door Press. Illus. by Jen Taylor. 2016. (ENG.). 10p. (J). (gr. -1-k). bds. 12.99 *(978-1-68052-074-3(1)*, 1000770) Cottage Door Pr.

Brave Little Chipmunk. Deanna Skinner. 2022. (ENG.). 50p. (J). pap. 12.99 ***(978-1-7357804-4-3(8))*** Dee.

Brave Little Crab Activity Booklet. Beth Costanzo. 2019. (ENG.). 20p. (J). pap. 9.40 *(978-0-359-99861-6(5))* Lulu Pr., Inc.

Brave Little Finn. Jennifer Churchman & John Churchman. 2016. (Sweet Pea & Friends Ser.: 2). (ENG., Illus.). 40p. (J). (gr. -1-3). 17.99 *(978-0-316-27359-6(7))* Little, Brown Bks. for Young Readers.

Brave Little Gorilla. Nadine Robert. Illus. by Gwendal Le Bec. 2021. (ENG.). 44p. (J). (gr. -1-3). 17.99 *(978-1-990252-00-6(1))* Milky Way Picture Bks. CAN. Dist: Abrams, Inc.

Brave Little Parrot. Rafe Martin. Illus. by Demi. 2023. (ENG.). 32p. (J). (gr. -1-2). 22.95 ***(978-1-61429-845-8(9))*** Wisdom Pubns.

Brave Little Puppy. Lori Evert. Illus. by Per Breiehagen. 2016. (Wish Book Ser.). 28p. (J). (-k). bds. 8.99 *(978-0-399-54945-8(5)*, Random Hse. Bks. for Young Readers) Random Hse. Children's Bks.

Brave Little Tailor: A Grimm & Gross Retelling. J. E. Bright. Illus. by Timothy Banks. 2018. (Michael Dahl Presents: Grimm & Gross Ser.). (ENG.). 40p. (J). (gr. 3-5). lib. bdg. 21.99 *(978-1-4965-7315-5(3)*, 138919, Stone Arch Bks.) Capstone.

Brave Little Turtle. Joni Jones. Illus. by Sue Gioulis. 2022. 74p. (J). 29.28 ***(978-1-6678-7108-0(0))***; pap. 16.25 ***(978-1-6678-7526-2(4))*** BookBaby.

Brave Magellan: The First Man to Circumnavigate the World - Biography 3rd Grade Children's Biography Books. Baby Professor. 2017. (ENG., Illus.). (J). pap. 8.79 *(978-1-5419-1337-0(X)*, Baby Professor (Education Kids)) Speedy Publishing LLC.

Brave Millie. Hilary Hawkes. Illus. by Andrea Petrlik. 2023. (ENG.). 38p. (J). ***(978-1-910257-48-7(6))*** Strawberry Jam Bks.

Brave Molly: (Empowering Books for Kids, Overcoming Fear Kids Books, Bravery Books for Kids) Brooke Boynton-Hughes. 2019. (ENG., Illus.). 48p. (J). (gr. k-3). 16.99 *(978-1-4521-6100-6(3))* Chronicle Bks. LLC.

Brave Music of a Distant Drum. Manu Herbstein. 2016. (ENG., Illus.). (YA). (gr. 9-12). pap. *(978-9988-2-3306-8(X))* Herbstein, Manu.

Brave New Girl. Rachel Vincent. 2017. 272p. (YA). (gr. 7). 17.99 *(978-0-399-55245-8(6)*, Delacorte Pr.) Random Hse. Children's Bks.

Brave New World Novel Units Student Packet. Novel Units. 2019. (ENG.). (YA). pap. 13.99 *(978-1-56137-446-5(6)*, Novel Units, Inc.) Classroom Library Co.

Brave New Worlds. Dan Jurgens. ed. 2016. (Batman Beyond Ser.: 1). lib. bdg. 26.95 *(978-0-606-38627-2(0))* Turtleback.

Brave Ninja: A Children's Book about Courage. Mary Nhin. Illus. by Grow Grit Press. 2020. (ENG.). 38p. (J). 18.99 *(978-1-951056-36-0(1))* Grow Grit Pr.

Brave Old Salt. Oliver Optic, pseud. 2017. (ENG.). (J). 340p. pap. *(978-3-337-21317-6(0))*; 342p. pap. *(978-3-337-21627-6(7))* Creation Pubs.

Brave Ollie Possum. Ethan Nicolle. 2019. (ENG.). 386p. (J). (gr. 4-8). pap. 14.99 *(978-1-947644-59-5(9)*, Canonball Bks.) Canon Pr.

Brave Princess & Me, 1 vol. Kathy Kacer. Illus. by Juliana Kolesova. 2019. (ENG.). 32p. (J). (gr. 5-7). 18.95 *(978-1-77260-102-2(0))* Second Story Pr. CAN. Dist: Orca Bk. Pubs. USA.

Brave Red, Smart Frog: A New Book of Old Tales. Emily Jenkins. Illus. by Rohan Daniel Eason. 2017. (ENG.). 104p. (J). (gr. 3-7). 17.99 *(978-0-7636-6558-6(4))* Candlewick Pr.

Brave Spirit. Cabe Lindsay. 2020. (ENG., Illus.). 34p. (J). (gr. 1-5). 19.95 *(978-1-0878-5901-9(8))* Indy Pub.

Brave, Strong, & Smart - That's Me! Coloring Book. Created by Peter Pauper Press Inc. 2020. (ENG.). (J). pap. 5.99 *(978-1-4413-3441-1(6)*, 737489a3-31e0-4765-9387-65e99fe6d4fb) Peter Pauper Pr. Inc.

Brave, Strong, & Smart, That's Me! Activity Book: Over 50 Fun Puzzles, Games, & More! Created by Peter Pauper Press Inc. 2021. (ENG., Illus.). 64p. (J). pap. 5.99 *(978-1-4413-3591-3(9))* Peter Pauper Pr. Inc.

Brave the Page. National Novel Writing Month. 2019. (Illus.). 304p. (J). (gr. 5). 13.99 *(978-0-451-48029-3(5)*, Viking Books for Young Readers) Penguin Young Readers Group.

Brave Thumbelina. An Leysen. 2018. (ENG., Illus.). 56p. (J). 19.95 *(978-1-60537-421-5(0))* Clavis Publishing.

Brave Tigers Coloring Book: Cute Tigers Coloring Book - Adorable Tigers Coloring Pages for Kids -25 Incredibly Cute & Lovable Tigers. Welove Coloringbooks. 2021. (ENG.). 106p. (J). pap. 11.49 *(978-1-716-20662-7(6))* Lulu Pr., Inc.

Brave Tom: Or the Battle That Won (Classic Reprint) Edward S. Ellis. 2018. (ENG., Illus.). 244p. (J). 28.93 *(978-0-332-37956-2(6))* Forgotten Bks.

Brave Triceratops: Leveled Reader Green Fiction Level 12 Grade 1-2. Hmh Hmh. 2019. (Rigby PM Ser.). (ENG.). 16p. (J). (gr. 1-2). pap. 11.00 *(978-0-358-12046-9(2))* Houghton Mifflin Harcourt Publishing Co.

Brave Warrior's Lesson: Leveled Reader Purple Level 20. Rg Rg. 2016. (PM Ser.). (ENG.). 24p. (J). (gr. 2). pap. 11.00 *(978-0-544-89198-2(8))* Rigby Education.

Brave with Beauty: A Story of Afghanistan. Maxine Schur. 2019. (ENG., Illus.). 46p. (J). (gr. 2-4). 19.99 *(978-1-949528-97-8(9)*, Yali Bks.) Yali Publishing LLC.

Brave Women of World War II - Biography for Children Children's Women Biographies. Baby Professor. 2017. (ENG., Illus.). (J). pap. 8.79 *(978-1-5419-4005-5(9)*, Baby Professor (Education Kids)) Speedy Publishing LLC.

Bravelands #1: Broken Pride. Erin Hunter. Illus. by Owen Richardson. (Bravelands Ser.: 1). (ENG.). (J). (gr. 3-7). 2018. 352p. pap. 7.99 *(978-0-06-264204-2(9))*; 2017. 336p. 16.99 *(978-0-06-264202-8(2))*; 2017. 336p. lib. bdg. 17.89 *(978-0-06-264203-5(0))* HarperCollins Pubs. (HarperCollins).

Bravelands #2: Code of Honor. Erin Hunter. 2018. (Bravelands Ser.: 2). (ENG.). 400p. (J). (gr. 3-7). pap. 7.99 *(978-0-06-264208-0(1)*, HarperCollins) HarperCollins Pubs.

Bravelands #3: Blood & Bone. Erin Hunter. (Bravelands Ser.: 3). (ENG.). (J). (gr. 3-7). 2019. 320p. pap. 9.99 *(978-0-06-264212-7(X))*; 2018. (Illus.). 304p. 16.99 *(978-0-06-264210-3(3))*; 2018. (Illus.). 304p. lib. bdg. 17.89 *(978-0-06-264211-0(1))* HarperCollins Pubs. (HarperCollins).

Bravelands #4: Shifting Shadows. Erin Hunter. (Bravelands Ser.: 4). (ENG.). (J). (gr. 3-7). 2020. 352p. pap. 9.99 *(978-0-06-264216-5(2))*; 2019. (Illus.). 336p. 16.99 *(978-0-06-264214-1(6))*; 2019. (Illus.). 336p. lib. bdg. 17.89 *(978-0-06-264215-8(4))* HarperCollins Pubs. (HarperCollins).

Bravelands #5: the Spirit-Eaters. Erin Hunter. 2020. (Bravelands Ser.: 5). (ENG.). (J). (gr. 3-7). 336p. pap. 7.99 *(978-0-06-264220-2(0))*; (Illus.). 320p. 16.99 *(978-0-06-264218-9(9))*; (Illus.). 320p. lib. bdg. 17.89 *(978-0-06-264219-6(7))* HarperCollins Pubs. (HarperCollins).

Bravelands #6: Oathkeeper. Erin Hunter. (Bravelands Ser.: 6). (ENG.). (J). (gr. 3-7). 2021. 272p. pap. 9.99 *(978-0-06-264224-0(3))*; 2020. (Illus.). 256p. 16.99 *(978-0-06-264222-6(7))*; 2020. (Illus.). 256p. lib. bdg. 17.89 *(978-0-06-264223-3(5))* HarperCollins Pubs. (HarperCollins).

Bravelands: Curse of the Sandtongue #1: Shadows on the Mountain. Erin Hunter. (Bravelands: Curse of the Sandtongue Ser.: 1). (ENG.). (J). (gr. 3-7). 2022. 304p. pap. 7.99 *(978-0-06-296686-5(3))*; 2021. (Illus.). 288p. 16.99 *(978-0-06-296684-1(7))*; 2021. (Illus.). 288p. lib. bdg. 17.89 *(978-0-06-296685-8(5))* HarperCollins Pubs. (HarperCollins).

Bravelands: Curse of the Sandtongue #2: the Venom Spreads. Erin Hunter. 2022. (Bravelands: Curse of the Sandtongue Ser.: 2). (ENG.). (J). (gr. 3-7). 304p. pap. 7.99 *(978-0-06-296690-2(1))*; (Illus.). 288p. 16.99 *(978-0-06-296688-9(X))* HarperCollins Pubs. (HarperCollins).

Bravelands: Curse of the Sandtongue #3: Blood on the Plains. Erin Hunter. (Bravelands: Curse of the Sandtongue Ser.: 3). (ENG.). (J). (gr. 3-7). 2023. 272p. pap. 9.99 *(978-0-06-296694-0(4))*; 2022. 256p. 16.99 *(978-0-06-296692-6(8))* HarperCollins Pubs. (HarperCollins).

Bravelands: Thunder on the Plains #1: the Shattered Horn. Erin Hunter. 2023. (Bravelands: Thunder on the Plains Ser.: 1). (ENG.). 288p. (J). (gr. 3-7). 19.99 *(978-0-06-296696-4(0)*, HarperCollins) HarperCollins Pubs.

Bravely. Maggie Stiefvater. 2022. (ENG.). 384p. (YA). (gr. 7-12). 19.99 *(978-1-368-07134-5(1)*, Disney Press Books) Disney Publishing Worldwide.

Braver: A Wombat's Tale. Suzanne Selfors & Walker Ranson. 2022. (ENG.). 288p. (J). pap. 8.99 *(978-1-250-79191-7(X)*, 900207506) Square Fish.

Braver, Stronger, Smarter: A Fun & Easy Guide to Being More Mindful, More Confident, & More YOU! Vincent Vincent. 2020. (ENG.). 160p. (J). (gr. 3-7). pap. 12.99 *(978-1-7282-0953-1(6))* Sourcebooks, Inc.

Braver, Stronger, Smarter: A Girl's Guide to Overcoming Worry & Anxiety. Sissy MEd Goff. 2019. (ENG.). 96p. (J). pap. 13.99 *(978-0-7642-3341-8(6))* Bethany Hse. Pubs.

Braver Than I Thought: Real People. Real Courage. Real Hope. Luke Reynolds. 2022. (ENG.). 288p. (J). (gr. 3-7). 21.99 *(978-1-58270-847-8(9))*; pap. 12.99 *(978-1-58270-846-1(0))* Aladdin/Beyond Words.

Bravery Activities for Minecrafters: An Unofficial Guide. Erin Falligant. Illus. by Amanda Brack. 2021. (Activities for Minecrafters Ser.). 64p. (J). (gr. 1-4). pap. 7.99 *(978-1-5107-6503-0(4)*, Sky Pony Pr.) Skyhorse Publishing Co., Inc.

Bravest Knight Who Ever Lived, 1 vol. Daniel Errico. Illus. by Shiloh Penfield. 2019. (ENG.). 40p. (J). (gr. -1-3). 16.99 *(978-0-7643-5690-2(9)*, 16250) Schiffer Publishing, Ltd.

Bravest Man in the World. Patricia Polacco. Illus. by Patricia Polacco. 2019. (ENG., Illus.). 56p. (J). (gr. -1-3). 17.99 *(978-1-4814-9461-8(9)*, Simon & Schuster Bks. For Young Readers) Simon & Schuster Bks. For Young Readers.

Bravest of the Brave: Or with Peterborough in Spain (Classic Reprint) G. A. Henty. 2019. (ENG., Illus.). 406p. (J). 32.29 *(978-0-365-12652-2(7))* Forgotten Bks.

Bravest of the Brave or a Mother's Influence (Classic Reprint) J. T. Upchurch. 2018. (ENG., Illus.). 36p. (J). 24.66 *(978-0-484-59038-9(3))* Forgotten Bks.

Bravest Poodle. Courtney Marra Johnson. 2021. (ENG.). 24p. (J). pap. 12.95 *(978-1-63692-211-9(2))* Newman Springs Publishing, Inc.

Bravest Thing in the World: A Comedy of Childhood in One Act (Classic Reprint) Lee Pape. 2018. (ENG., Illus.). 38p. (J). 24.68 *(978-0-267-20372-7(1))* Forgotten Bks.

Bravest Warrior in Nefaria. Adi Alsaid. 2023. (ENG.). 304p. (J). (gr. 3-7). 18.99 ***(978-1-6659-2775-8(5)***, Aladdin) Simon & Schuster Children's Publishing.

Bravey (Adapted for Young Readers) Chasing Dreams, Befriending Pain, & Other Big Ideas. Alexi Pappas. 2023. (ENG.). 240p. (J). (gr. 5). 18.99 ***(978-0-593-56274-1(7)***, Delacorte Pr.) Random Hse. Children's Bks.

Bravey (Adapted for Young Readers) Chasing Dreams, Befriending Pain, & Other Big Ideas. Contrib. by Alexi Pappas & Maya Hawke. 2023. (ENG.). 240p. (J). (gr. 5). 8.99 ***(978-0-593-56277-2(1)***, Delacorte Pr.) Random Hse. Children's Bks.

Braving the Big Battle with the Baroness / Repelling the Ronin of Wrong, Flip-Over Book. B&H Kids Editorial Staff. 2016. (Bibleman Ser.). (ENG., Illus.). 32p. (J). (gr. -1-2). pap. 3.99 *(978-1-4336-4573-0(4)*, 005788236, B&H Kids) B&H Publishing Group.

Bravo! Poems about Amazing Hispanics. Margarita Engle. Illus. by Rafael Lopez. 2017. (ENG.). 48p. (J). 19.99 *(978-0-8050-9876-1(3)*, 900122994, Holt, Henry & Co. Bks. For Young Readers) Holt, Henry & Co.

Bravo, Albert! Lori Haskins Houran. 2018. (Mouse Math Ser.). (ENG.). 32p. (J). (gr. -1-1). lib. bdg. 34.28 *(978-1-4896-8287-1(2)*, AV2 by Weigl) Weigl Pubs., Inc.

Bravo, Albert! Lori Haskins Houran. Illus. by Deborah Melmon. 2017. (Mouse Math Ser.). 32p. (J). (gr. -1-1). 7.99 *(978-1-57565-859-9(3)*, 26fe98e5-df49-4b39-bc55-ae1d229d393b, Kane Press) Astra Publishing Hse.

Bravo & Elphie. Hagit R. Oron. 2017. (Elphie Bks.: Vol. 2). (ENG., Illus.). (J). (gr. k-2). 16.99 *(978-1-947095-01-4(3))* Oron's.

Bravo, Avocado! Chana Stiefel. Illus. by Anna Sussbauer. 2023. (ENG.). 32p. (J). (gr. -1-3). 16.99 *(978-0-06-307698-3(5)*, HarperCollins) HarperCollins Pubs.

Bravo Bear. Sandra Wilson. 2019. (Emotional Animal Alphabet Ser.: Vol. 2). (ENG.). 40p. (J). pap. *(978-1-988215-60-0(9))* words ... along the path.

Bravo! (Bilingual Board Book - Spanish Edition) Poems about Amazing Hispanics / Poemas Sobre Hispanos Extraordinarios. Margarita Engle. Illus. by Rafael Lopez. 2020. (ENG.). 28p. (J). bds. 8.99 *(978-1-250-23081-2(0)*, 900209517, Holt, Henry & Co. Bks. For Young Readers) Holt, Henry & Co.

Bravo! Brio: A Holiday Adventure-Fantasy. Albert Rita. 2018. (ENG., Illus.). 200p. (YA). (gr. 7-10). pap. 14.95 *(978-1-64438-441-1(8))* Booklocker.com, Inc.

¡Bravo, Mary Anne! Ann M. Martin. 2019. (SPA.). 168p. (J). (gr. 4-6). pap. 17.99 *(978-84-17708-27-6(8))* Maeva, Ediciones, S.A. ESP. Dist: Lectorum Pubns., Inc.

Bravo of Venice: A Romance (Classic Reprint) Matthew Gregory Lewis. (ENG., Illus.). (J). 2018. 254p. 29.16 *(978-0-365-42139-9(1))*; 2017. pap. 11.57 *(978-0-259-20894-5(9))* Forgotten Bks.

Bravo of Venice: A Romance (Classic Reprint) Heinrich Zschokke. 2017. (ENG., Illus.). (J). 30.33 *(978-0-266-39435-8(3))*; pap. 13.57 *(978-1-5276-4516-5(9))*; pap. 13.57 *(978-1-333-25100-0(9))* Forgotten Bks.

Bravo, Pequenño Pez Blanco/Bravo, Little White Fish. Guido van Genechten. 2019. (SPA.). 24p. (J). (gr. k-k). 14.99 *(978-607-8614-38-7(X))* V&R Editoras.

Bravo the Brave Butterfly. LaTia N. S. Russell et al. 2022. (ENG.). (J). 40p. 15.75 *(978-1-954608-17-7(9))*; 42p. pap. 11.99 *(978-1-954608-15-3(2))* Ties That Bind Publishing.

Bravo the Brave Butterfly: Coloring & Activity Book: Coloring. LaTia N. S. Russell et al. 2021. (ENG.). 38p. (J). pap. 5.50 *(978-1-954608-18-4(7))* Ties That Bind Publishing.

Brawl Games. Emiliano Partida. 2023. (ENG.). 102p. (YA). pap. 8.50 ***(978-1-312-70923-2(5))*** Lulu Pr., Inc.

Brawl of the Wild. Dav Pilkey. ed. 2019. (Dog Man Ser.: 6). lib. bdg. 20.85 *(978-0-606-41479-1(7))* Turtleback.

Brawler. Neil Connelly. 2019. (ENG.). 320p. (YA). (gr. 7-7). 17.99 *(978-1-338-15775-8(2)*, Levine, Arthur A. Bks.) Scholastic, Inc.

Brawler's Encyclopedia: An Unofficial Strategy Guide for Players of Brawl Stars. Jason R. Rich. 2019. 152p. (J). (gr. 1-1). 17.99 *(978-1-5107-5517-8(9)*, Sky Pony Pr.) Skyhorse Publishing Co., Inc.

Braxton's Bar: A Tale of Pioneer Years in California (Classic Reprint) Rollin Mallory Daggett. 2017. (ENG., Illus.). (J). 33.84 *(978-0-331-69131-3(0))*; pap. 16.57 *(978-0-243-55119-4(3))* Forgotten Bks.

Brayden on the North Pole Express. J. D. Green. Illus. by Joanne Partis. 2022. (North Pole Express Bears Ser.). (ENG.). 32p. (J). (gr. -1-3). 7.99 ***(978-1-7282-6916-0(4))*** Sourcebooks, Inc.

Brayden on the North Pole Express. J. D. Green. 2019. (North Pole Express Ser.). (ENG.). 32p. (J). (gr. -1-3). 7.99 ***(978-1-7282-0312-6(0))*** Sourcebooks, Inc.

Brayden Speaks Up: How One Boy Inspired the Nation. Brayden Harrington. Illus. by Betty C. Tang. 2021. (ENG.). 40p. (J). (gr. -1-3). 18.99 *(978-0-06-309829-9(6)*, HarperCollins) HarperCollins Pubs.

Brayden 'Twas the Night Before Christmas. Illus. by Lisa Alderson. 2019. (Night Before Christmas Ser.). (ENG.). 32p. (J). (gr. -1-3). 7.99 ***(978-1-7282-0205-1(1))*** Sourcebooks, Inc.

Brayden's Christmas Wish. Put Me In The Story & J. D. Green. Illus. by Julia Seal. 2018. (Christmas Wish Ser.). (ENG.). 32p. (J). (gr. k-3). 6.99 ***(978-1-4926-8511-1(9))*** Sourcebooks, Inc.

Brayden's Darkness. S. L. Abbott. 2019. (Darkness Ser.: Vol. 1). (ENG.). 298p. (YA). pap. 9.99 *(978-1-7332353-0-3(2))* Boggs Publishing.

Brayhard: The Strange Adventures of One Ass & Seven Champions (Classic Reprint) Edmund Downey. 2018. (ENG., Illus.). 332p. (J). 30.76 *(978-0-332-04255-8(3))* Forgotten Bks.

Brazen Altar. S. E. Thomas. 2018. (YA). pap. 13.95 *(978-1-64157-005-3(9))* Dramatic Pen Pr., LLC, The.

Brazen Drum; or the Yankee in Poland: A National Drama, in Two Acts (Classic Reprint) Silas S. Steele. 2018. (ENG., Illus.). 48p. (J). 24.89 *(978-0-267-45136-4(9))* Forgotten Bks.

Brazenhead the Great (Classic Reprint) Maurice Hewlett. 2018. (ENG., Illus.). 354p. (J). 31.20 *(978-0-364-37335-4(0))* Forgotten Bks.

Brazil. Marty Gitlin. 2017. (Country Profiles Ser.). (ENG., Illus.). 32p. (J). (gr. 3-8). lib. bdg. 27.95 *(978-1-62617-676-8(0)*, Blastoff! Discovery) Bellwether Media.

Brazil. Steve Goldsworthy. 2017. (Illus.). 32p. (J). *(978-1-5105-0823-1(6))* SmartBook Media, Inc.

Brazil. Grace Hansen. 2019. (Countries Ser.). (ENG., Illus.). 24p. (J). (gr. -1-2). lib. bdg. 32.79 *(978-1-5321-8549-6(9)*, 31436, Abdo Kids) ABDO Publishing Co.

Brazil, 1 vol. Alicia Z. Klepeis. 2016. (Exploring World Cultures (First Edition) Ser.). (ENG., Illus.). 32p. (gr. 3-3). 31.64 *(978-1-5026-1802-3(8)*, ad502328-b563-4aba-9b3e-4a72b5dd35e0) Cavendish Square Publishing LLC.

Brazil. Joyce L. Markovics. 2016. (Countries We Come From Ser.). (ENG., Illus.). 32p. (J). (gr. -1-3). 28.50 *(978-1-68402-055-3(7))* Bearport Publishing Co., Inc.

Brazil. Andrea Pelleschi. 2022. (Essential Library of Countries Ser.). (ENG., Illus.). 112p. (YA). (gr. 6-12). lib. bdg. 41.36 *(978-1-5321-9937-0(6)*, 40663, Essential Library) ABDO Publishing Co.

Brazil. R. L. Van. 2022. (Countries (BBB) Ser.). (ENG., Illus.). 32p. (J). (gr. 2-5). lib. bdg. 34.21 *(978-1-5321-9955-4(4)*, 40699, Big Buddy Bks.) ABDO Publishing Co.

Brazil: A Description of People, Country & Happenings There & Elsewhere (Classic Reprint) J. D. McEwen. 2017. (ENG., Illus.). (J). 29.88 *(978-0-265-97717-0(7))* Forgotten Bks.

Brazil for Kids: People, Places & Cultures - Children Explore the World Books. Baby Professor. 2016. (ENG., Illus.). 42p. (J). pap. 11.65 *(978-1-68305-608-9(6)*, Baby Professor (Education Kids)) Speedy Publishing LLC.

Brazilian, 1918 (Classic Reprint) Brazil High School. 2017. (ENG., Illus.). (J). pap. 9.57 *(978-0-282-04831-0(6))* Forgotten Bks.

Brazilian Americans. Elizabeth Andrews. 2021. (Our Neighbors Ser.). (ENG., Illus.). 32p. (J). (gr. 2-3). pap. 9.95 *(978-1-64494-595-7(9))*; lib. bdg. 32.79 *(978-1-0982-4001-1(4)*, 38063, DiscoverRoo) Pop!.

Brazilian Gold Mine Mystery. Andy Adams. 2018. (ENG., Illus.). 180p. (J). pap. 14.95 *(978-1-947964-30-3(5))* Fiction Hse. Pr.

Brazilian Tales: Translated from the Portuguese, with an Introduction (Classic Reprint) Isaac Goldberg. 2017. (ENG., Illus.). (J). 27.07 *(978-0-331-87391-7(5))* Forgotten Bks.

Brd Finds a Home. L. C. Beck. 2017. (ENG., Illus.). (J). pap. 12.95 *(978-1-63525-941-4(X))* Christian Faith Publishing.

Breach! Corinna Turner. 2019. (Unsparked Ser.). (ENG.). 228p. (YA). (gr. 7-12). pap. *(978-1-910806-70-8(6))* Zephyr Publishing.

Breach of Promise, Vol. 1 Of 3: A Novel (Classic Reprint) Gordon Smythies. 2018. (ENG., Illus.). 316p. (J). 30.43 *(978-0-332-53854-9(0))* Forgotten Bks.

Breach of Promise, Vol. 2 Of 3: A Novel (Classic Reprint) Gordon Smythies. 2018. (ENG., Illus.). 322p. (J). 30.56 *(978-0-483-95288-1(5))* Forgotten Bks.

Breach of Promise, Vol. 3 Of 3: A Novel (Classic Reprint) Gordon Smythies. 2018. (ENG., Illus.). 316p. (J). 30.43 *(978-0-483-81632-9(9))* Forgotten Bks.

Breachley, Black Sheep (Classic Reprint) Louis Becke. 2018. (ENG., Illus.). 322p. (J). 30.54 *(978-0-332-14553-2(0))* Forgotten Bks.

Bread. Jody Jensen Shaffer. 2016. (J). *(978-1-4896-4529-6(2))* Weigl Pubs., Inc.

Bread & Jam for Frances Novel Units Teacher Guide. Novel Units. 2019. (ENG.). (J). pap. 12.99 *(978-1-58130-831-0(0)*, Novel Units, Inc.) Classroom Library Co.

Bread & Wine: A Story of Graubunben (Classic Reprint) Maude Egerton Hine King. 2018. (ENG., Illus.). 208p. (J). 28.21 *(978-0-483-20108-8(1))* Forgotten Bks.

Bread Company. Andrew Zellgert. Ed. by Keidi Keating. 2022. (ENG.). 82p. (J). pap. 10.99 *(978-1-0880-5979-1(1))* Indy Pub.

Bread for Words: A Frederick Douglass Story. Shana Keller. Illus. by Kayla Stark. 2020. (ENG.). 32p. (J). (gr. 1-4). 16.99 *(978-1-5341-1001-4(1)*, 204841) Sleeping Bear Pr.

Bread Line: A Story of a Paper (Classic Reprint) Albert Bigelow Paine. 2017. (ENG., Illus.). (J). 28.85 *(978-1-5281-7402-2(X))* Forgotten Bks.

Bread of Life. TAN Books. 2021. (ENG., Illus.). (J). (gr. 4-4). pap. 24.95 *(978-1-5051-1923-7(5)*, 2954) TAN Bks.

Bread Pet. Kate DePalma. Illus. by Nelleke Verhoeff. 2020. (ENG.). 32p. (J). (gr. k-4). pap. 9.99 *(978-1-64686-065-4(9))* Barefoot Bks., Inc.

Bread Superman Appears at My House. Zhong Xuan Zheng. 2018. (CHI.). (J). pap. *(978-986-211-837-5(7))* Hsaio Lu Publishing Co., Ltd.

Bread That Satisfies. Jonah Lippert. Illus. by Justin Jensen. 2018. (ENG.). 32p. (J). (gr. 1-3). pap. 11.95 *(978-0-578-42147-6(X))* J. M. Jensen.

Bread upon the Waters: A Family in Love; a Low Marriage; the Double House (Classic Reprint) Dinah Maria Mulock Craik. 2018. (ENG., Illus.). 258p. (J). 29.22 *(978-0-484-60735-3(9))* Forgotten Bks.

Bread-Winners: A Social Study (Classic Reprint) John Hay. 2017. (ENG., Illus.). (J). 30.60 *(978-0-260-00006-4(X))* Forgotten Bks.

Bread Workshop: Creating Yeast Doughs & Quick Breads: Creating Yeast Doughs & Quick Breads. Contrib. by Megan Borgert-Spaniol. 2023. (Kitchen to Career Ser.). (ENG.). 64p. (J). (gr. 5-9). lib. bdg. 35.64 ***(978-1-0982-9137-2(9)***, 41738, Abdo & Daughters) ABDO Publishing Co.

Breadwinner. Brynna Ventura. Ed. by James Nichols. 2021. (ENG.). 26p. (J). pap. 20.21 *(978-1-0983-8753-2(8))* BookBaby.

Breadwinner: The Graphic Novel. Deborah Ellis. ed. 2018. lib. bdg. 24.45 *(978-0-606-40478-5(3))* Turtleback.

Breadwinner: a Graphic Novel, 1 vol. Deborah Ellis. adapted ed. 2018. (ENG., Illus.). 80p. (J). (gr. 5-9). pap. 14.99 *(978-1-77306-118-4(6))* Groundwood Bks. CAN. Dist: Publishers Group West (PGW).

Breadwinner (movie Tie-In Edition), 1 vol. Deborah Ellis. ed. 2017. (Breadwinner Ser.: 1). (ENG., Illus.). 160p. (J). (gr. 5-9). pap. 10.99 *(978-1-77306-071-2(6))* Groundwood Bks. CAN. Dist: Publishers Group West (PGW).

Break. Clare Littlemore. 2018. (Flow Ser.: Vol. 2). (ENG., Illus.). 348p. (YA). (gr. 8-12). pap. *(978-1-9998381-2-6(2))* Littlemore, Clare.

Break a Leg! (and Other Odd Things We Say) Contrib. by Cynthia Amoroso. 2023. (Understanding Idioms Ser.). (ENG.). 24p. (J). (gr. 2-5). lib. bdg. 32.79 *(978-1-5038-6559-4(2)*, 216430, Wonder Books(r)) Child's World, Inc, The.

Break-A-Thon: The Adventures of Wise Owl. Adam Forest. 2022. (ENG.). 26p. (J). *(978-0-2288-6134-8(9))*; pap. *(978-0-2288-6133-1(0))* Tellwell Talent.

Break & Enter. Leslie Mcgill. ed. 2016. (White Lightning Ser.). (J). lib. bdg. 19.60 *(978-0-606-37965-6(7))* Turtleback.

Break Dancing. Aaron Carr. 2017. (World Languages Ser.). (ENG.). 24p. (J). (gr. -1-3). lib. bdg. 35.70 *(978-1-4896-6584-3(6)*, AV2 by Weigl) Weigl Pubs., Inc.

Break Dancing for Beginners Coloring Book. Activity Book Zone for Kids. 2016. (ENG., Illus.). (J). pap. 9.20 *(978-1-68376-416-8(1))* Sabeels Publishing.

Break in Case of Emergency. Brian Francis. 2020. (ENG.). 352p. (YA). 18.99 *(978-1-335-07061-6(3))* Harlequin Enterprises ULC CAN. Dist: HarperCollins Pubs.

Break o' Day Tales (Classic Reprint) Frank West Rollins. 2018. (ENG., Illus.). (J). 28.39 *(978-0-266-17179-9(6))* Forgotten Bks.

Break O'Day: And Other Stories (Classic Reprint) George Wharton Edwards. 2018. (ENG., Illus.). 184p. (J). 27.69 *(978-0-364-10486-6(4))* Forgotten Bks.

Break Out! Illus. by Andy Bialk. 2017. 32p. (J). *(978-1-5182-4734-7(2)*, Simon Spotlight) Simon Spotlight.

Break the Boredom: An Enrichment Booklet for Kindergarten Activities. Activibooks For Kids. 2016. (ENG., Illus.). (J). pap. 10.81 *(978-1-68321-173-0(1))* Mimaxion.

Break the Fall. Jennifer Iacopelli. (ENG.). 336p. (YA). (gr. 7). 2021. pap. 10.99 *(978-0-593-11419-3(1))*; 2020. 17.99 *(978-0-593-11417-9(5))* Penguin Young Readers Group. (Razorbill).

Break the Ice!/Everest Saves the Day! (PAW Patrol) Courtney Carbone. Illus. by MJ Illustrations. 2017. (Step into Reading Ser.). (ENG.). 48p. (J). (gr. -1-1). pap. 5.99 *(978-1-5247-6400-5(0)*, Random Hse. Bks. for Young Readers) Random Hse. Children's Bks.

Break the Siege: Make Your Own Catapults. Rob Ives. Illus. by John Paul de Quay. 2016. (Tabletop Wars Ser.). (ENG.). 32p. (J). (gr. 3-6). 27.99 *(978-1-5124-0638-2(4)*, a8306ca7-addc-424a-b9ff-4d743266fa27, Hungry Tomato (r)) Lerner Publishing Group.

Break This House. Candice Iloh. 224p. (YA). (gr. 9). 2023. pap. 11.99 *(978-0-525-55625-1(7))*; 2022. 17.99 *(978-0-525-55623-7(0))* Penguin Young Readers Group. (Dutton Books for Young Readers).

Break Through. Carla Marrero. 2016. (ENG., Illus.). 32p. (YA). (gr. 7-12). pap. 16.95 *(978-1-7347020-4-0(4))* Marrero Illustrations.

Break Us. Jennifer Brown. 2018. (Shade Me Ser.: 3). (ENG.). 384p. (YA). (gr. 9). 17.99 *(978-0-06-232449-8(7))*, Tegen, Katherine Bks) HarperCollins Pubs.

Break Your Chains: the Freedom Finders. Emily Conolan. 2019. (Freedom Finders Ser.). (ENG., Illus.). 288p. (J). (gr. 4-8). pap. 10.99 *(978-1-76029-491-5(8))* Allen & Unwin AUS. Dist: Independent Pubs. Group.

Breakaway. Maureen Ulrich. 2020. (Jessie Mac Hockey Ser.: Vol. 2). (ENG., Illus.). 260p. (YA). (gr. 7-12). pap. *(978-1-989078-25-9(7))* Martrain Corporate & Personal Development.

Breakaway, Bk. 2. Lauren Newman & Jeff Hirsch. 2017. (39 Clues: Unstoppable Ser.: 2). (ENG.). 48p. (J). (gr. 3-7). 55.99 *(978-1-338-24142-6(7))* Scholastic, Inc.

Breakaway: Ready-To-Read Level 2. David Sabino. Illus. by Setor Fiadzigbey. 2019. (Game Day Ser.). (ENG.). 40p. (J). (gr. k-2). 17.99 *(978-1-5344-3935-1(8))*; pap. 4.99 *(978-1-5344-3934-4(X))* Simon Spotlight. (Simon Spotlight).

Breakaway: The Blighted Trilogy. Dezarea Dunn. 2022. (Blighted Trilogy Ser.). (ENG.). 272p. (YA). 29.99 ***(978-1-0880-5115-3(4))*** Indy Pub.

Breakaways. Cathy G. Johnson. 2019. (ENG., Illus.). 224p. (J). pap. 14.99 *(978-1-62672-357-3(5)*, 900154011, First Second Bks.) Roaring Brook Pr.

Breakdown. Kathryn J. Behrens. 2016. (Atlas of Cursed Places Ser.). (ENG.). 96p. (YA). (gr. 6-12). lib. bdg. 26.65 *(978-1-5124-1323-6(2)*, db301279-6588-4513-88e6-fa63ae4be1cc, Darby Creek) Lerner Publishing Group.

Breakdown. Eleni McClellan. 2021. (ENG.). 218p. (J). pap. *(978-1-68474-690-3(6))* Lulu Pr., Inc.

Breakdown. David A. Robertson. Illus. by Scott B. Henderson et al. 2020. (Reckoner Rises Ser.: 1). (ENG.). 72p. (YA). (gr. 9-12). pap. 21.95 *(978-1-55379-890-3(2)*, HighWater Pr.) Portage & Main Pr. CAN. Dist: Orca Bk. Pubs. USA.

Breaker & the Sun. Lauren Nicolle Taylor. 2017. (Paper Stars Novel Ser.: 2). (ENG.). 325p. (YA). pap. 10.95 *(978-1-63422-242-6(3))* Clean Teen Publishing.

Breaker Boy. Joan Hiatt Harlow. 2017. (ENG., Illus.). 288p. (J). (gr. 3-7). 16.99 *(978-1-4814-6537-3(6)*, McElderry, Margaret K. Bks.) McElderry, Margaret K. Bks.

Breaker of Laws (Classic Reprint) William Pett Ridge. (ENG., Illus.). (J). 2018. 316p. 30.41 *(978-0-484-78086-5(7))*; 2017. pap. 13.57 *(978-0-243-94066-0(1))* Forgotten Bks.

Breakers Ahead (Classic Reprint) A. Maynard Barbour. (ENG., Illus.). (J). 2018. 340p. 30.93 *(978-0-483-42097-7(2))*; 2016. pap. 13.57 *(978-1-334-21717-3(3))* Forgotten Bks.

Breakfall: The Blighted Trilogy. Dezarea Dunn. 2022. (Blighted Trilogy Ser.). (ENG.). 324p. (YA). 34.99 ***(978-1-0880-1300-7(7))*** Indy Pub.

Breakfast. Charis Mather. 2023. (Pick a Plate Ser.). (ENG.). 24p. (J). (gr. 1-3). lib. bdg. 19.95 Bearport Publishing Co., Inc.

Breakfast / Desayuno. Xist Publishing. 2017. (Xist Kids Bilingual Spanish English Ser.). (ENG & SPA.). 28p. (J). (gr. -1-3). pap. 9.99 *(978-1-5324-0099-5(3))* Xist Publishing.

Breakfast Around the World. Tori Telfer. Illus. by Isabel Roxas. 2021. (ENG.). 24p. (J). pap. *(978-1-922621-66-5(8))* Library For All Limited.

Breakfast Around the World - Matabixu Sira Iha Mundu. Tori Telfer. Illus. by Isabel Roxas. 2021. (TET.). 24p. (J). pap. *(978-1-922621-64-1(1))* Library For All Limited.

Breakfast at Grandma's. Karin MacKenzie. Illus. by Pia Reyes. 2018. (ENG.). 40p. (J). pap. *(978-1-5255-0979-7(9))* FriesenPress.

Breakfast Buddies & the Wild Waffle West. Karolyn Szot. 2017. (ENG.). (J). 14.95 *(978-1-68401-221-3(X))* Amplify Publishing Group.

Breakfast for Finny. Nina Friedberg. Illus. by Linda Cappelo. 2023. (Finny Bks.: 1). 24p. (J). pap. 9.00 ***(978-1-6678-4510-4(1))*** BookBaby.

Breakfast in Bed. George Augustus Sala. 2019. (ENG.). 280p. (J). pap. *(978-3-337-72067-4(6))* Creation Pubs.

Breakfast in Bed: Or, Philosophy Between the Sheets. a Series of Indigestible Discourses, Pp. 1-273. George Augustus Sala. 2017. (ENG., Illus.). (J). pap. *(978-0-649-40469-8(5))* Trieste Publishing Pty Ltd.

Breakfast in Bed: Or Philosophy Between the Sheets (Classic Reprint) George Augustus Sala. 2018. (ENG., Illus.). 278p. (J). 29.65 *(978-0-483-38132-2(2))* Forgotten Bks.

Breakfast Recipe Queen. Gail Green & Marci Peschke. Illus. by Tuesday Mourning. 2018. (Kylie Jean Recipe Queen Ser.). (ENG.). 32p. (J). (gr. 1-3). lib. bdg. 27.99 *(978-1-5158-2850-1(6)*, 138399, Picture Window Bks.) Capstone.

Breakfast Squad. Kirsten Durkee. 2023. (ENG.). 38p. (J). 17.95 ***(978-1-63755-301-5(3)***, Mascot Kids) Amplify Publishing Group.

Breakfast Surprise. Tempestt Aisha. Illus. by Valeria Leonova. 2018. (Maddy Ser.: Vol. 1). (ENG.). 32p. (J). (gr. k-3). 22.00 *(978-0-692-14985-0(6))* ImaginAISHAn Media LLC.

Breakfast-Table Science: Written Expressly for the Amusement & Instruction of Young People. J. H. Wright. 2017. (ENG., Illus.). (J). pap. *(978-0-649-40472-8(6))* Trieste Publishing Pty Ltd.

Breakfast-Table Series: The Autocrat of the Breakfast-Table; the Professor at the Breakfast-Table; the Poet at the Breakfast-Table (Classic Reprint) Oliver Wendell Holmes, Sr. 2017. (ENG., Illus.). (J). 36.66 *(978-0-331-71781-5(6))* Forgotten Bks.

Breakfast-Table Series (Classic Reprint) Oliver Wendell Holmes, Sr. 2017. (ENG., Illus.). (J). 31.03 *(978-1-5284-7346-0(9))* Forgotten Bks.

Breakfast to Bedtime (Snappy Shaped Board Books) Derek Matthews. annot. ed. 2016. (CHI.). (J). *(978-986-212-304-1(4))* Shan Jen Publishing Co., Ltd.

Breakfast with Bogart: Adventures with a Little Frog in the Countryside. Kathleen McColloch. 2020. (ENG., Illus.). 38p. (J). (gr. k-6). 17.99 ***(978-1-7333093-5-6(7))*** Coe, Kathleen.

Breakfast with Santa. Susan K. Seiple. 2020. (ENG., Illus.). 32p. (J). pap. 12.95 *(978-1-64531-502-5(9))* Newman Springs Publishing, Inc.

Breaking an Atom: Inside Matter's Building Blocks Children's Science Books Grade 5 Children's Science & Nature Books. Baby Professor. 2021. (ENG.). 72p. (J). 27.99 *(978-1-5419-7959-8(1))*; pap. 16.99 *(978-1-5419-5377-2(0))* Speedy Publishing LLC. (Baby Professor (Education Kids)).

Breaking Away. Oliver Optic, pseud. 2017. (ENG.). 328p. (J). pap. *(978-3-337-33209-9(9))* Creation Pubs.

Breaking Away: Or, the Fortunes of a Student (Classic Reprint) Oliver Optic, pseud. 2019. (ENG., Illus.). 316p. (J). 30.41 *(978-0-365-22230-9(5))* Forgotten Bks.

Breaking Away: The Fortunes of a Student. Oliver Optic, pseud. 2018. (ENG., Illus.). 170p. (YA). (gr. 7-12). pap. *(978-93-5329-317-8(0))* Alpha Editions.

Breaking Badlands. Scott Reintgen. 2021. (Talespinners Ser.: 3). (ENG.). 352p. (J). (gr. 3-7). 16.99 *(978-0-593-30720-5(8)*, Crown Books For Young Readers) Random Hse. Children's Bks.

Breaking Bailey. Anonymous. 2019. (Anonymous Diaries). (ENG.). 384p. (YA). (gr. 9). 19.99 *(978-1-5344-3308-3(2))*; (Illus.). pap. 11.99 *(978-1-5344-3309-0(0))* Simon Pulse. (Simon Pulse).

Breaking Barriers. Hans Hetrick. 2017. (Real Heroes of Sports Ser.). (ENG., Illus.). 32p. (J). (gr. 3-9). lib. bdg. 26.65 *(978-1-5157-4434-4(5)*, 134125, Capstone Pr.) Capstone.

Breaking Barriers: The Story of Jackie Robinson. Michael Burgan. 2018. (Tangled History Ser.). (ENG., Illus.). 112p. (J). (gr. 3-9). lib. bdg. 32.65 *(978-1-5157-7932-2(7)*, 136027, Capstone Pr.) Capstone.

Breaking Big, 1 vol. Penny Draper. 2016. (Orca Limelights Ser.). (ENG.). 144p. (J). (gr. 4-7). pap. 9.95 *(978-1-4598-0923-9(8))* Orca Bk. Pubs. USA.

Breaking Code Sentence Strips. Open Court Staff. (J). pap. *(978-0-87548-958-2(3)*, 8513) Open Court Publishing Co.

Breaking Dawn see Amanecer / Breaking Dawn

Breaking Dawn. Stephenie Meyer. ed. 2022. (Twilight Saga Ser.). (ENG.). 656p. (YA). (gr. 7-17). pap. 16.99 *(978-0-316-32832-6(4))* Little, Brown Bks. for Young Readers.

Breaking down Chemistry. Jessica Rusick. 2022. (Kid Chemistry Lab Ser.). (ENG., Illus.). 32p. (J). (gr. 3-6). lib. bdg. 32.79 *(978-1-5321-9898-4(1)*, 39561, Checkerboard Library) ABDO Publishing Co.

Breaking down Problems in Computer Science, 1 vol. Barbara M. Linde. 2018. (Essential Concepts in Computer Science Ser.). (ENG.). 32p. (gr. 4-5). 27.93 *(978-1-5383-3131-6(4)*, ef18f50c-01a3-476f-bd6e-4b36c5b12773, PowerKids Pr.) Rosen Publishing Group, Inc., The.

Breaking down Tasks: Using Decomposition, 1 vol. Elizabeth Schmermund. 2017. (Everyday Coding Ser.). (ENG.). 32p. (gr. 3-3). pap. 11.58 *(978-1-5026-2976-0(3)*, 045f3196-9831-412b-8585-688e9ee6dede); lib. bdg. 30.21 *(978-1-5026-2978-4(X)*, a894ed20-e7ee-48d0-b72b-7bd9e67acb96) Cavendish Square Publishing LLC.

Breaking down Walls. Leonard S. Baker & Jason M. Burns. Illus. by Dustin Evans. 2022. (Time for Change Ser.). (ENG.). 32p. (J). (gr. 3-5). lib. bdg. 27.99 *(978-1-62920-950-0(3)*, 6a730abf-7296-416f-9838-329bbf250c8b) Full Tilt Pr. NZL. Dist: Lerner Publishing Group.

Breaking in of a Yachtsman's Wife, Vol. 5 (Classic Reprint) Mary Heaton Vorse. 2017. (ENG., Illus.). (J). 30.87 *(978-0-331-63405-1(8))*; pap. 13.57 *(978-0-259-49845-2(9))* Forgotten Bks.

Breaking into Society (Classic Reprint) George Ade. 2017. (ENG., Illus.). 218p. (J). 28.39 *(978-0-332-21200-5(9))* Forgotten Bks.

Breaking into the Movies (Classic Reprint) John Emerson. 2018. (ENG., Illus.). 144p. (J). 26.83 *(978-0-484-85893-9(9))* Forgotten Bks.

Breaking News. Frank Morelli. 2022. 176p. (J). (gr. 4-7). pap. 16.95 *(978-1-64603-185-6(7)*, Fitzroy Bks.) Regal Hse. Publishing, LLC.

Breaking News. Sarah Lynne Reul. Illus. by Sarah Lynne Reul. 2018. (ENG., Illus.). 48p. (J). 19.99 *(978-1-250-15356-2(5)*, 900183878) Roaring Brook Pr.

Breaking News: Why Media Matters. Raina Delisle. Illus. by Julie McLaughlin. 2023. (Orca Think Ser.: 10). (ENG.). 96p. (J). (gr. 4-7). 26.95 *(978-1-4598-2656-4(6))* Orca Bk. Pubs. USA.

Breaking News: Alien Alert. David Biedrzycki. Illus. by David Biedrzycki. 2018. (Breaking News Ser.: 3). (Illus.). 32p. (J). (gr. -1-3). lib. bdg. 17.99 *(978-1-58089-804-1(1))* Charlesbridge Publishing, Inc.

Breaking News: Bears to the Rescue. David Biedrzycki. Illus. by David Biedrzycki. 2016. (Breaking News Ser.: 2). (Illus.). 32p. (J). (gr. -1-3). lib. bdg. 17.95 *(978-1-58089-624-5(3))* Charlesbridge Publishing, Inc.

Breaking Point. Lisa Renfrow. 2019. (ENG., Illus.). 214p. (YA). pap. 17.95 *(978-1-64471-431-7(0))* Covenant Bks.

Breaking Point. Mary Roberts Rinehart. 2017. (ENG., Illus.). (J). 27.95 *(978-1-374-81694-7(9))*; pap. 17.95 *(978-1-374-81693-0(0))* Capital Communications, Inc.

Breaking-Point: A Novel (Classic Reprint) Fred Lewis Pattee. 2018. (ENG., Illus.). 418p. (J). 32.52 *(978-0-267-17565-5(5))* Forgotten Bks.

Breaking Point a Novel (Classic Reprint) Annie Austin Flint. (ENG., Illus.). (J). 2018. 306p. 30.23 *(978-0-365-23426-5(5))*; 2017. pap. 13.57 *(978-0-259-41313-4(5))* Forgotten Bks.

Breaking Point (Classic Reprint) Mary Roberts Rinehart. 2018. (ENG., Illus.). 364p. (J). 31.40 *(978-0-483-40188-4(9))* Forgotten Bks.

Breaking Promises. Joy Berry. 2018. (Help Me Be Good Ser.). (ENG.). 34p. (J). (gr. k-2). pap. 8.99 *(978-0-7396-0316-1(7))* Inspired Studios Inc.

Breaking Strings - Pinnochio Tells the Truth about Being Free. Patricia Pillard McCulley. 2020. (ENG.). 172p. (YA). pap. 11.95 *(978-0-9911970-9-5(7))* Interdimensional Pr.

Breaking the Barriers: A Girl's Dream to Play Little League with the Boys. Robbin Miller. (ENG., 2019. Illus.). 76p. (YA). pap. 15.99 *(978-1-950454-53-2(3))*; 2018. 74p. (J). pap. 14.99 *(978-1-948390-75-0(2))* Pen It Pubns.

Breaking the Glass Ceiling: the Most Influential Women: Set, 14 vols. 2018. (Breaking the Glass Ceiling: the Most Influential Women Ser.). (ENG.). 112p. (gr. 8-8). lib. bdg. 280.91 *(978-1-5081-7970-2(0)*, 877d355c-c659-4115-99bb-cb5071c36d96) Rosen Publishing Group, Inc., The.

Breaking the Glass Slipper. M. Marinan. 2018. (ENG., Illus.). 282p. (YA). pap. *(978-0-473-43501-1(2))* Silversmith Publishing.

Breaking the Glass Slipper (hardcover) M. Marinan. 2020. (ENG.). 306p. (YA). *(978-1-990014-08-6(9))* Silversmith Publishing.

Breaking the Ice. Julie Cross. 2017. (Juniper Falls Ser.: 2). (ENG.). 300p. (YA). pap. 9.99 *(978-1-63375-898-8(2)*, 9781633758988) Entangled Publishing, LLC.

Breaking the Ice: The True Story of the First Woman to Play in the National Hockey League. Angie Bullaro. Illus. by C. F. Payne. 2020. (ENG.). 40p. (J). (gr. -1-3). 19.99 *(978-1-5344-2557-6(8))* Simon & Schuster, Inc.

Breaking the Mold: Changing the Face of Climate Science. Contrib. by Dana Alison Levy. 2023. (Books for a Better Earth Ser.). (Illus.). 224p. (J). (gr. 3-7). 22.99 *(978-0-8234-4971-2(8))* Holiday Hse., Inc.

Breaking the News: What's Real, What's Not, & Why the Difference Matters. Robin Terry Brown. 2020. 160p. (J). (gr. 5-9). (ENG.). 29.90 *(978-1-4263-3889-2(9))*; (Illus.). 19.99 *(978-1-4263-3888-5(0))* Disney Publishing Worldwide. (National Geographic Kids).

Breaking the Pattern 1-3. P. D. Workman. 2022. (ENG.). 824p. (J). pap. *(978-1-77468-273-9(7))* PD Workman.

Breaking the Piggy Bank. Martha Maker. Illus. by Xindi Yan. 2019. (Craftily Ever After Ser.: 6). (ENG.). 128p. (J). (gr. k-4). 17.99 *(978-1-5344-2903-1(4))*; pap. 5.99 *(978-1-5344-2902-4(6))* Little Simon. (Little Simon).

Breaking the Shackles (Classic Reprint) Frank Barrett. (ENG., Illus.). (J). 2018. 342p. 30.95 *(978-0-364-52704-7(8))*; 2017. pap. 13.57 *(978-0-259-19065-3(9))* Forgotten Bks.

Breaking the Shell (Classic Reprint) Joseph Norwood. (ENG., Illus.). (J). 2018. 180p. 27.63 *(978-0-666-97962-9(6))*; 2017. pap. 10.57 *(978-0-243-45854-7(1))* Forgotten Bks.

Breaking the Yoke: The Unruly Mind. Stephon Rapheal. 2022. (ENG.). 200p. (YA). pap. 16.95 *(978-1-6624-4645-0(4))* Page Publishing Inc.

Breaking Through: Heroes in Canadian Women's Sport. Sue Irwin. 2018. (Lorimer Recordbooks Ser.). (ENG.). 144p. (YA). (gr. 4-4). pap. 12.95 *(978-1-4594-1372-6(5)*, 1372) James Lorimer & Co. Ltd., Pubs. CAN. Dist: Formac Lorimer Bks. Ltd.

Breaking Through: How Female Athletes Shattered Stereotypes in the Roaring Twenties. Sue Macy. 2020. (Illus.). 96p. (J). (gr. 3-7). 18.99 *(978-1-4263-3676-8(4))*; (ENG., lib. bdg. 28.90 *(978-1-4263-3677-5(2))* Disney Publishing Worldwide. (National Geographic Kids).

Breaking Time. Sasha Alsberg. (ENG.). (YA). 2023. 320p. pap. 15.99 *(978-1-335-45370-9(9))*; 2022. 352p. 19.99 *(978-1-335-28489-1(3))* Harlequin Enterprises ULC CAN. Dist: HarperCollins Pubs.

Breaking to the Beat!, 1 vol. Linda J. Acevedo. Illus. by Frank Morrison. 2023. (ENG.). 32p. (J). (gr. 1-5). 19.95 *(978-1-64379-639-0(9)*, leelowbooks) Lee & Low Bks., Inc.

Breaking Up: Or the Birth, Development & Death of the Earth & Its Satellite in Story (Classic Reprint) Lysander Salmon Richards. 2018. (ENG., Illus.). 252p. (J). 29.11 *(978-0-483-21598-6(8))* Forgotten Bks.

Breakout. Kate Messner. (ENG.). 448p. (J). 2019. pap. 9.99 *(978-1-68119-538-4(0)*, 900176499); 2018. (Illus.). 17.99 *(978-1-68119-536-0(4)*, 900176497) Bloomsbury Publishing USA. (Bloomsbury Children's Bks.).

Breakout: Flying Furballs 7. Donovan Bixley. 2020. (Flying Furballs Ser.: 6). (Illus.). 112p. (J). (gr. 2-4). pap. 10.99 *(978-1-988516-56-1(0))* Upstart Pr. NZL. Dist: Independent Pubs. Group.

Breakout Biographies: Set 1, 12 vols. 2017. (Breakout Biographies Ser.). 32p. (ENG.). (gr. 4-5). 167.58 *(978-1-5081-6078-6(3)*, bd04ab9f-acbe-41d0-9c88-d072c397f7c3); (gr. 9-10). pap. 60.00 *(978-1-5081-6079-3(1))* Rosen Publishing Group, Inc., The. (PowerKids Pr.).

Breakout Biographies: Set 2, 12 vols. 2017. (Breakout Biographies Ser.). (ENG.). (J). (gr. 4-5). lib. bdg. 167.58 *(978-1-5081-6278-0(6)*, 90106dfe-67fa-4fbd-89db-970296b6ce38, PowerKids Pr.) Rosen Publishing Group, Inc., The.

Breakout Biographies: Sets 1 - 2. 2017. (Breakout Biographies Ser.). (ENG.). (J). pap. 132.00 *(978-1-5081-6557-6(2))*; (gr. 4-5). lib. bdg. 335.16 *(978-1-5081-6283-4(2)*, e75f733e-f63e-4c90-ba7a-6154b57a5c33) Rosen Publishing Group, Inc., The. (PowerKids Pr.).

Breakout! (Camp Rolling Hills #3) Stacy Davidowitz. 2017. (ENG., Illus.). 240p. (J). (gr. 3-7). pap. 8.95 *(978-1-4197-2291-2(3)*, 1156203, Amulet Bks.) Abrams, Inc.

Breakout on Puffin Island. Mandy Imlay. 2019. (ENG., Illus.). 88p. (J). pap. *(978-1-78623-459-9(9))* Grosvenor Hse. Publishing Ltd.

Breaks Between You & Me. Taiya Collier. 2022. (ENG.). 192p. (YA). pap. 20.99 *(978-1-0879-8280-9(4))* Indy Pub.

Breakthrough. Trish Brown. 2022. (ENG., Illus.). 192p. (YA). 37.95 *(978-1-6624-8648-7(0))*; pap. 27.95 *(978-1-6624-8646-3(4))* Page Publishing Inc.

Breakthrough! How Three People Saved Blue Babies & Changed Medicine Forever. Jim Murphy. 2019. (ENG., Illus.). 144p. (J). (gr. 5-7). pap. 10.99 *(978-0-358-09425-8(9)*, 1747511, Clarion Bks.) HarperCollins Pubs.

Breakthrough! the Bible for Young Catholics (NABRE) Leader Guide. 2017. (ENG.). 133p. (J). (gr. 6-8). spiral bd. 34.95 *(978-1-59982-909-8(6))* Saint Mary's Press of Minnesota.

Breakthroughs in Moon Exploration. Elsie Olson. 2019. (Cosmos Chronicles (Alternator Books (r)) Ser.). (ENG., Illus.). 32p. (J). (gr. 3-6). pap. 10.99 *(978-1-5415-7369-7(2)*, 5ff50d8f-8878-4f7d-ab5d-e8341f177e7e); lib. bdg. 29.32 *(978-1-5415-5596-9(1)*, 49e56b8f-bdaa-4a09-9ea0-63920cff5d63) Lerner Publishing Group. (Lerner Pubns.).

Breakthroughs in Planet & Comet Research. Karen Latchana Kenney. 2019. (Space Exploration (Alternator Books (r)) Ser.). (ENG., Illus.). 32p. (J). (gr. 3-6). 29.32 *(978-1-5415-3870-2(6)*, fee970a7-9c67-48b0-a7b4-dc837a3ff879, Lerner Pubns.) Lerner Publishing Group.

Breakthroughs in the Search for Extraterrestrial Life. Karen Latchana Kenney. 2019. (Space Exploration (Alternator Books (r)) Ser.). (ENG., Illus.). 32p. (J). (gr. 3-6). 29.32 *(978-1-5415-3872-6(2)*, be10ae37-ef0f-4396-8317-c713fbd7bc41, Lerner Pubns.) Lerner Publishing Group.

Breakup from Hell. Ann Dávila Cardinal. 2023. (ENG.). 304p. (YA). (gr. 8). 18.99 *(978-0-06-304530-9(3)*, HarperTeen) HarperCollins Pubs.

Breakup, Makeup. Stacey Anthony. 2023. (ENG., Illus.). 384p. (YA). (gr. 8-17). 18.99 *(978-0-7624-8163-7(3)*, Running Pr. Kids) Running Pr.

Breanna Stewart. Jon M. Fishman. 2018. (Sports All-Stars (Lerner (tm) Sports) Ser.). (ENG., Illus.). 32p. (J). (gr. 2-5). pap. 9.99 *(978-1-5415-2804-8(2)*, 0e3983a4-efc6-48af-b63e-8f4ff8e33737); lib. bdg. 29.32 *(978-1-5415-2458-3(6)*, e734d5f1-8010-4a48-bec4-23794e603c58, Lerner Pubns.) Lerner Publishing Group.

Breanna Stewart. Jeanne Marie Ford. 2022. (WNBA Superstars Ser.). (ENG., Illus.). 32p. (J). (gr. 3-5). pap. 9.95 *(978-1-63739-124-2(2))*; lib. bdg. 31.35 *(978-1-63739-070-2(X))* North Star Editions. (Focus Readers).

Breanne the Bear & Other Stories by Sara Danilewicz-Collected by Gregory Danilewicz. Gregory Danilewicz. 2017. (ENG., Illus.). (J). 26.95 *(978-1-64082-654-0(8))* Page Publishing Inc.

Breast Cancer, 1 vol. Ed. by Dedria Bryfonski. 2016. (Opposing Viewpoints Ser.). (ENG.). 200p. (gr. 10-12). 50.43 *(978-0-7377-7550-1(5)*, 79f90636-633f-4cfa-93f3-7a9bafa40bae, Greenhaven Publishing) Greenhaven Publishing LLC.

Breast Cancer: Risks, Detection, & Treatment, 1 vol. Michelle Denton. 2017. (Diseases & Disorders Ser.). (ENG.). 104p. (YA). (gr. 7-7). pap. 20.99 *(978-1-5345-6283-7(4)*, 881f6efd-2135-4e6f-a701-888be0b35649d, Lucent Pr.) Greenhaven Publishing LLC.

Breastplate of Righteousness. Theresa Linden. Illus. by Theresa Linden. 2020. (Armor of God Ser.: Vol. 2). (ENG., Illus.). 122p. (J). pap. 8.00 *(978-1-7349929-0-8(5))* Silver Fire Publishing.

Breath. In Gyeong No. 2018. (KOR.). (J). *(978-89-546-5291-9(3))* Munhak Dongne Publishing Corp.

Breath by Breath: A Mindfulness Guide to Feeling Calm. Paul Christelis. Illus. by Elisa Paganelli. 2018. (Everyday Mindfulness Ser.). (ENG.). 32p. (gr. k-4). 16.99 *(978-1-63198-331-3(8)*, 83313) Free Spirit Publishing Inc.

Breath Friends Forever: A Mindfulness Story for Kids by Kids. Laurie Grossman & Ms Moses's Fourth Grade Class. 2018. (ENG., Illus.). (J). (gr. -1-2). 16.95 *(978-1-68403-168-9(0)*, 41689, Instant Help Books) New Harbinger Pubns.

Breath Like Water. Anna Jarzab. (ENG.). 416p. (YA). 2021. pap. 11.99 *(978-1-335-40632-3(8))*; 2020. 18.99 *(978-1-335-05023-6(X))* Harlequin Enterprises ULC CAN. Dist: HarperCollins Pubs.

Breath of Flowers, Volume 1. Illus. by Caly. 2019. (Breath of Flowers Ser.: 1). 216p. (gr. 8-1). pap. 10.99 *(978-1-4278-6151-1(X)*, fc7a657d-0a00-4dd7-b5da-2fcc2a75a330, TOKYOPOP Manga) TOKYOPOP, Inc.

Breath of Flowers, Volume 2. Illus. by Caly. 2019. (Breath of Flowers Ser.: 2). 216p. (gr. 8-1). pap. 10.99 *(978-1-4278-6152-8(8)*, 8a2ffde6-5862-4af5-a7ae-0ef1b2696138, TOKYOPOP Manga) TOKYOPOP, Inc.

Breath of Life: Trees. Carol Ann. 2022. (ENG., Illus.). 30p. (J). 24.95 *(978-1-6624-8232-8(9))* Page Publishing Inc.

Breath of Mischief. MarcyKate Connolly. Illus. by Yuta Onoda. 2023. (ENG.). 224p. (J). (gr. 3-7). 16.99 *(978-1-7282-5686-3(0))* Sourcebooks, Inc.

Breath of Salty Air. Ana Rotea. 2020. (ENG.). 64p. (J). pap. 6.29 *(978-1-393-41544-2(X))* Draft2Digital.

Breath of Scandal (Classic Reprint) Edwin Balmer. (ENG., Illus.). (J). 2017. 31.57 *(978-0-266-40810-9(9))*; 2016. pap. 13.97 *(978-1-333-48452-1(6))* Forgotten Bks.

Breath of the Dragon. A. L. Tait, pseud. 2017. (Mapmaker Chronicles Ser.). (ENG., Illus.). 239p. (J). *(978-1-61067-702-8(1))* Kane Miller.

Breath of the Dragon: Mapmaker Chronicles. A. L. Tait, pseud. 2018. (ENG., Illus.). 240p. (J). pap. 5.99 *(978-1-61067-624-3(6))* Kane Miller.

Breath of the Dragon (Classic Reprint) Abigail Hetzel Fitch. 2018. (ENG., Illus.). 468p. (J). 33.55 *(978-0-365-22319-1(0))* Forgotten Bks.

Breath of the Gods (Classic Reprint) Sidney McCall. 2018. (ENG., Illus.). 448p. (J). 33.14 *(978-0-267-23104-1(0))* Forgotten Bks.

Breath of the Jungle (Classic Reprint) James Francis Dwyer. 2017. (ENG., Illus.). (J). 31.40 *(978-0-265-37234-0(8))* Forgotten Bks.

Breath of the Karroo: A Story of Boer Life, in the Seventies (Classic Reprint) L. H. Brinkman. 2018. (ENG., Illus.). 352p. (J). 31.18 *(978-0-483-48883-0(6))* Forgotten Bks.

Breath of the Runners: A Novel (Classic Reprint) Mary M. Mears. 2018. (ENG., Illus.). 306p. (J). 30.23 *(978-0-483-26046-7(0))* Forgotten Bks.

Breath Too Late. Rocky Callen. 2021. (ENG.). 272p. (YA). pap. 11.99 *(978-1-250-79198-6(7)*, 900211034) Square Fish.

Breathe. Inês Castel-Branco. 2018. (Illus.). 40p. (J). *(978-1-4338-2872-0(3))* American Psychological Assn.

Breathe. Alex Taylor. 2017. (ENG., Illus.). (J). pap. 9.99 *(978-0-9990528-2-2(9))* Green E-Bks.

Breathe. Alex Taylor & R. J. Patterson. 2018. (ENG., Illus.). 222p. (J). pap. 12.99 *(978-0-9994577-3-3(X))* Green E-Bks.

Breathe: A Child's Guide to Ascension, Pentecost, & the Growing Time. Laura Alary. 2021. (ENG., Illus.). 32p. (J). (gr. -1-5). pap. 16.99 *(978-1-64060-560-2(6))* Paraclete Pr., Inc.

Breathe: A Mindfulness Story & How-To Guide for Kids. IglooBooks. Illus. by Kasia Nowowiejska. 2023. (ENG.). 24p. (J). (-k). bds. 9.99 *(978-1-80368-913-5(7))* Igloo Bks. GBR. Dist: Simon & Schuster, Inc.

Breathe: Calm Your Mind with Mandalas: an Adult Coloring Book. Bobo's Adult Activity Books. 2016. (ENG., Illus.). (J). pap. 9.33 *(978-1-68327-639-5(6))* Sunshine In My Soul Publishing.

Breathe & Be: A Book of Mindfulness Poems. Kate Coombs. 2017. (ENG., Illus.). 32p. (J). 17.95 *(978-1-62203-937-1(8)*, 900220831) Sounds True, Inc.

Breathe & Count Back from Ten. Natalia Sylvester. 2022. (ENG.). 352p. (YA). (gr. 8). 19.99 *(978-0-358-53686-4(3)*, 1806324, Clarion Bks.) HarperCollins Pubs.

Breathe & Squeeze. Kendra Andrus. Illus. by Bethany Stahl. 2019. (ENG.). 30p. (J). pap. 11.95 *(978-0-9995444-4-0(6))* Wild Willow Pr.

Breathe Deep, Little Sheep: A Calm-Down Book for Kids. Jessica Lee. Illus. by Lucia Wilkinson. 2021. (ENG.). 34p. (J). 17.99 *(978-1-5248-6535-1(4))* Andrews McMeel Publishing.

Breathe in, Breathe Out: Practicing Movement. Virginia Loh-Hagan. 2020. (Just Breathe Ser.). (ENG., Illus.). 32p. (J). (gr. 4-8). pap. 14.21 *(978-1-5341-6180-1(5)*, 214720); lib. bdg. 32.07 *(978-1-5341-5950-1(9)*, 214719) Cherry Lake Publishing. (45th Parallel Press).

Breathe in Color: Interactive Breathing Techniques. Jessica Brittani. 2018. (ENG., Illus.). 84p. (J). (gr. 1-4). pap. 19.99 *(978-1-7321831-0-0(4))* Calm & Colorful.

Breathe Like a Bear: 30 Mindful Moments for Kids to Feel Calm & Focused Anytime, Anywhere. Kira Willey. Illus. by Anni Betts. 2017. (Mindfulness Moments for Kids Ser.). (ENG.). 96p. (J). (gr. -1-3). pap. 16.99 *(978-1-62336-883-8(9)*, 9781623368838, Rodale Kids) Random Hse. Children's Bks.

Breathe Like a Bear: First Day of School Worries: A Story with a Calming Mantra & Mindful Prompts. Kira Willey. Illus. by Anni Betts. 2023. (Mindfulness Moments for Kids Ser.). 32p. (J). (gr. -1-2). 12.99 *(978-0-593-48672-6(2)*, Rodale Kids) Random Hse. Children's Bks.

Breathe with Art! Activities to Manage Emotions. Lauren Kukla. 2022. (Wellness Workshop Ser.). (ENG., Illus.). 32p. (J). (gr. 3-6). lib. bdg. 34.21 *(978-1-5321-9978-3(3)*, 40745, Checkerboard Library) ABDO Publishing Co.

Breathe with Bruce. Mel Holliday. Illus. by Rebecca Dyer. 2020. (ENG.). 38p. (J). pap. *(978-1-9164216-3-9(6))* Boz Pubns. Ltd.

Breathe with Me: Using Breath to Feel Strong, Calm, & Happy. Mariam Gates. 2019. (ENG., Illus.). 32p. (J). 17.95 *(978-1-68364-030-1(6)*, 900220846) Sounds True, Inc.

Breathing Book. Christopher Willard & Olivia Weisser. 2020. (ENG., Illus.). 32p. (J). 15.99 *(978-1-68364-306-7(2)*, 900220948) Sounds True, Inc.

Breathing Is My Superpower: Mindfulness Book for Kids to Feel Calm & Peaceful. Alicia Ortego. 2020. (My Superpower Bks.: Vol. 2). (ENG., Illus.). 34p. (J). 15.99 *(978-1-7359741-1-8(0))* Slickcolors INC.

Breathing Makes It Better: A Book for Sad Days, Mad Days, Glad Days, & All the Feelings In-Between. Christopher Willard & Wendy O'Leary. 2019. (Illus.). 36p. (J). (gr. -1-2). 16.95 *(978-1-61180-469-0(8)*, Bala Kids) Shambhala Pubns., Inc.

Breathing Underwater. Sarah Allen. 2022. (ENG.). 224p. (J). pap. 12.99 *(978-1-250-82103-4(7)*, 900210719) Square Fish.

Breathing Underwater. Alex Flinn. 2nd ed. 2019. (ENG., Illus.). 304p. (YA). (gr. 9). pap. 11.99 *(978-0-06-447257-9(4)*, HarperTeen) HarperCollins Pubs.

Breathing with Trees. Donna Costa. 2020. (ENG.). 306p. (YA). pap. *(978-0-2288-0112-2(5))* Tellwell Talent.

Breathless. Rolynn Nevels. 2021. (ENG.). 302p. (YA). 29.95 *(978-1-63710-430-9(8))*; pap. 19.95 *(978-1-64952-490-4(0))* Fulton Bks.

Breathless. Jennifer Niven. (ENG.). 400p. (YA). (gr. 9). 2022. pap. 10.99 *(978-1-5247-0199-4(8)*, Ember); 2020. 18.99 *(978-1-5247-0196-3(3)*, Knopf Bks. for Young Readers); 2020. lib. bdg. 21.99 *(978-1-5247-0197-0(1)*, Knopf Bks. for Young Readers) Random Hse. Children's Bks.

Breaths We Take. Huston Piner. 2018. (ENG., Illus.). 280p. (YA). pap. 15.99 *(978-1-949909-35-7(2))* NineStar Pr.

Brebis au Bois Dormant. Alicia Rodriguez. Illus. by Srimalie Bassani. 2021. (Contes de Fées de la Ferme (Farmyard Fairy Tales) Ser.).Tr. of Sheeping Beauty. (FRE.). 16p. (J). (gr. -1-3). pap. *(978-1-0396-0176-5(6)*, 12469) Crabtree Publishing Co.

Breckenridge. Dulan D. Elder. 2016. (Images of America Ser.). (ENG., Illus.). 128p. pap. 24.99 *(978-1-4671-2389-1(7))* Arcadia Publishing.

Breckie, His Four Years: 1914-1918 (Classic Reprint) Mary Breckinridge Thompson. 2017. (ENG., Illus.). (J). 28.56 *(978-0-266-27453-7(6))* Forgotten Bks.

Bred in the Bone (Classic Reprint) Thomas Nelson Page. 2017. (ENG., Illus.). (J). 31.32 *(978-0-331-08154-1(7))* Forgotten Bks.

Bred in the Bone, or Like Father, Like Son: A Novel (Classic Reprint) James Payn. (ENG., Illus.). (J). 2018. 140p. 26.80 *(978-0-483-30575-5(8))*; 2016. pap. 9.57 *(978-1-334-15788-2(X))* Forgotten Bks.

Bred in the Bone; or, Like Father, Like Son. a Novel, Pp. 1-137. James Payn. 2017. (ENG., Illus.). (J). pap. *(978-0-649-46928-4(3))* Trieste Publishing Pty Ltd.

Bred of the Desert: A Horse & a Romance (Classic Reprint) Marcus Horton. 2017. (ENG., Illus.). 308p. (J). 30.25 *(978-0-332-14000-1(8))* Forgotten Bks.

Breda's Island. Jessie Ann Foley. 2022. (ENG., Illus.). 256p. (J). (gr. 3-7). 16.99 *(978-0-06-320772-1(9)*, Quill Tree Bks.) HarperCollins Pubs.

Bredo, el Pez. Jose M. Fernandez Pequeno. 2017. (SPA., Illus.). 93p. (J). pap. *(978-9945-492-91-0(8))* Editora Nacional.

Breed. Niki Cluff. 2018. (ENG., Illus.). 264p. (J). pap. *(978-1-77339-751-1(6))* Evernight Publishing.

Breeding Habits & the Segmentation of the Egg of the Pipefish (Siphostoma Floridae) (Classic Reprint) Eugene Willis Gudger. 2017. (ENG., Illus.). (J). 25.07

B

(978-0-266-60121-0(9)); pap. 9.57 *(978-0-282-99685-7(0))* Forgotten Bks.

Breeze. Sarah Asuquo. 2020. (ENG.). 130p. (YA). pap. *(978-1-913568-40-5(7))* Clink Street Publishing.

Breeze. Kimberly Eisch. 2018. (ENG.). 38p. (J). 14.95 *(978-1-68401-582-5(0))* Amplify Publishing Group.

Breeze from the Woods (Classic Reprint) W. C. Bartlett. abr. ed. 2018. (ENG., Illus.). 258p. (J). 29.24 *(978-0-364-65687-7(5))* Forgotten Bks.

Breezes (Classic Reprint) Lucy Gibbons Morse. (ENG., Illus.). (J). 2018. 78p. 25.51 *(978-0-267-72351-5(2))*; 2016. pap. 9.57 *(978-1-333-57499-4(1))* Forgotten Bks.

Breezie Langton: A Story of 'Fifty-Two to 'Fifty-Five' (Classic Reprint) Hawley Smart. (ENG., Illus.). (J). 2018. 458p. 33.34 *(978-0-267-58096-5(7))*; 2016. pap. 16.57 *(978-1-334-15948-0(3))* Forgotten Bks.

Breezie Langton, Vol. 1 Of 3: A Story of Fifty-Two to Fifty-Five (Classic Reprint) Hawley Smart. 2018. (ENG., Illus.). 304p. (J). 30.17 *(978-0-332-96970-1(3))* Forgotten Bks.

Breezie Langton, Vol. 2 Of 3: A Story of Fifty-Two to Fifty-Five (Classic Reprint) Hawley Smart. 2018. (ENG., Illus.). 292p. (J). 29.94 *(978-0-267-15452-4(6))* Forgotten Bks.

Breezie Langton, Vol. 3 Of 3: A Story of Fifty-Two to Fifty-Five (Classic Reprint) Hawley Smart. 2018. (ENG., Illus.). 306p. (J). 30.21 *(978-0-267-17545-1(0))* Forgotten Bks.

Breezy & Friends: Life Lessons Learned in the Rain Forest. Beverly Hinson. 2016. (ENG., Illus.). 30p. (J). pap. 12.95 *(978-1-934898-56-7(2))* McClanahan Publishing Hse., Inc.

Breezy the Blue Iguana. David Roth. Illus. by José Luis Ocaña. 2022. (Endangered Animal Tales Ser.). (ENG.). 32p. (J). (gr. k-4). lib. bdg. *(978-1-0396-6369-5(9))*, 19797); pap. *(978-1-0396-6418-0(0))*, 19798) Crabtree Publishing Co. (Sunshine Picture Books).

Bremen Town Ghosts. Wiley Blevins. Illus. by Steve Cox. 2017. (Scary Tales Retold Ser.). (ENG.). 24p. (J). (gr. k-3). pap. 6.99 *(978-1-63440-169-2(7))*, 7d3fe735-8925-41c9-b3bf-b28bcf5166db) Red Chair Pr.

Bremen Town Musicians. Brothers Grimm. Illus. by Bernadette Watts. 2020. (ENG.). 32p. (J). (gr. -1-2). 19.95 *(978-0-7358-4384-4(8))* North-South Bks., Inc.

Bremner & the Party. Compiled by Ripleys Believe It Or Not!. 2018. (Story Book Ser.: 2). (ENG., Illus.). 40p. (J). 16.99 *(978-1-60991-209-3(8))* Ripley Entertainment, Inc.

Brenda, Her School & Her Club (Classic Reprint) Helen Leah Reed. 2018. (ENG., Illus.). 356p. (J). 31.24 *(978-0-483-69213-8(1))* Forgotten Bks.

Brenda no le Gusta Bróculi see Brenda Doesn't Like Broccoli

Brendan & the Blarney Stone. Stephen Walsh & Marita O'Donovan. Illus. by Diane Le Feyer. 2017. (Tales from Leprechaun Land Ser.). (ENG.). 32p. (J). pap. 14.00 *(978-1-84717-723-0(9))* O'Brien Pr., Ltd., The IRL. Dist: Casemate Pubs. & Bk. Distributors, LLC.

Brendan & the Dark One. Calee M. Lee. Illus. by Cartoon Saloon. 2023. (Secret of Kells Readers Ser.). (ENG.). 30p. (J). pap. 12.99 ***(978-1-5324-3241-5(0))*** Xist Publishing.

Brendan & the Dark One: The Secret of Kells Beginning Reader. Calee M. Lee. Illus. by Cartoon Saloon. 2023. (Secret of Kells Readers Ser.). (ENG.). 28p. (J). (gr. -1-2). 24.99 ***(978-1-5324-4368-8(4))***; pap. 12.99 ***(978-1-5324-3240-8(2))*** Xist Publishing.

Brendan the Drummer Boy. Erin Young. 2019. (ENG., Illus.). 30p. (J). 22.95 *(978-1-64003-502-7(8))* Covenant Bks.

Brenda's Bargain: A Story for Girls (Classic Reprint) Helen Leah Reed. 2017. (ENG., Illus.). (J). 276p. 29.59 *(978-0-484-17847-1(4))*; pap. 11.97 *(978-0-282-97208-0(0))* Forgotten Bks.

Brenda's Ward: A Sequel to Amy & Acadia (Classic Reprint) Helen Leah Reed. 2018. (ENG., Illus.). 364p. (J). 31.40 *(978-0-483-75739-4(X))* Forgotten Bks.

Brentons (Classic Reprint) Anna Chapin Ray. 2017. (ENG., Illus.). (J). 32.89 *(978-0-266-20857-0(6))* Forgotten Bks.

Brentwood Plan for Agricultural Labor: An Interview Conducted by Willa Klug Baum (Classic Reprint) John A. Miller. (ENG., Illus.). (J). 2018. 230p. 28.64 *(978-0-364-00335-0(9))*; 2016. pap. 11.57 *(978-1-333-49763-7(6))* Forgotten Bks.

Bret Harte: A Treatise & a Tribute (Classic Reprint) T. Edgar Pemberton. 2018. (ENG., Illus.). 296p. (J). 30.00 *(978-0-666-45577-2(5))* Forgotten Bks.

Bret Harte: Representative Selections, with Introduction, Bibliography, & Notes (Classic Reprint) Bret Harte. (ENG., Illus.). (J). 2018. 552p. 35.28 *(978-0-483-44222-1(4))*; 2017. pap. 19.57 *(978-1-334-91980-0(1))* Forgotten Bks.

Bret Harte's Choice Bits (Classic Reprint) Bret Harte. 2018. (ENG., Illus.). 290p. (J). 29.90 *(978-0-365-08142-5(6))* Forgotten Bks.

Bret Harte's Writings: The Crusade of the Excelsior (Classic Reprint) Bret Harte. 2018. (ENG., Illus.). 312p. (J). 30.33 *(978-0-483-87217-2(2))* Forgotten Bks.

Brethren of the Coast: A Tale of the West Indies (Classic Reprint) Kirk Munroe. 2018. (ENG., Illus.). 336p. (J). 30.83 *(978-0-365-15041-1(X))* Forgotten Bks.

Breton Legends: Translated from the French (Classic Reprint) Unknown Author. (ENG., Illus.). (J). 2018. 232p. 28.68 *(978-0-483-41397-9(6))*; 2016. pap. 11.57 *(978-1-334-12017-6(X))* Forgotten Bks.

Breton Mills. Charles Joseph Bellamy. 2017. (ENG.). 470p. (J). pap. *(978-3-337-34540-2(9))* Creation Pubs.

Breton Mills: A Romance (Classic Reprint) Charles Joseph Bellamy. 2018. (ENG., Illus.). 468p. (J). 33.55 *(978-0-332-96855-1(3))* Forgotten Bks.

Brett Eldridge. Tammy Gagne. 2018. lib. bdg. 25.70 *(978-1-68020-152-9(2))* Mitchell Lane Pubs.

Breve Gatopedia Ilustrada. Zoraida Zaro. 2016. (SPA.). 40p. (J). (gr. 3-5). 24.99 *(978-84-944698-6-2(X))* Lata de Sal Editorial S.L. ESP. Dist: Lectorum Pubns., Inc.

Breviari d'Amor de Matfre Ermengaud, Vol. 1: Suivi de la Lettre a Sa Soeur Publie Par la Societe Archeologique, Scientifique et Litteraire de Beziers (Classic Reprint) Matfre Ermengaud. 2017. (FRE., Illus.). (J). pap. 20.97 *(978-0-259-56633-5(0))* Forgotten Bks.

Breviari d'Amor de Matfre Ermengaud, Vol. 1: Suivi de la Lettre a Sa Soeur Publié Par la Société Archéologique, Scientifique et Littéraire de Béziers (Classic Reprint) Matfre Ermengaud. 2018. (FRE., Illus.). 694p. (J). 38.23 *(978-0-364-23400-6(8))* Forgotten Bks.

Breviari d'Amor, Vol. 2 (Classic Reprint) Matfre Ermengaud. (FRE., Illus.). (J). 2018. 778p. 39.94 *(978-0-364-11339-4(1))*; 2017. pap. 23.57 *(978-1-332-66570-9(5))* Forgotten Bks.

Brevities, Companion Book to Crankisms (Classic Reprint) Lisle de Vaux Matthewman. (ENG., Illus.). (J). 2018. 102p. 26.00 *(978-0-656-98618-7(2))*; 2017. pap. 9.57 *(978-0-282-05610-0(6))* Forgotten Bks.

Brewer's Fortune (Classic Reprint) Mary Dwinell Chellis. (ENG., Illus.). (J). 2018. 486p. 33.94 *(978-0-267-39959-8(6))*; 2016. pap. 16.57 *(978-1-334-12395-5(0))* Forgotten Bks.

Brewster Messenger of God. Robert Snyder. 2018. (ENG., Illus.). 36p. (J). 23.95 *(978-1-64003-878-3(7))*; pap. 13.95 *(978-1-64003-877-6(9))* Covenant Bks.

Brewster's Millions (Classic Reprint) Richard Greaves. 2018. (ENG., Illus.). 338p. (J). 30.87 *(978-0-364-14620-0(6))* Forgotten Bks.

Brexit, 1 vol. Ed. by Caleb Bissinger. 2017. (Viewpoints on Modern World History Ser.). (ENG.). 208p. (YA). (gr. 10-12). 49.43 *(978-1-5345-0141-6(X))*, 5c1c9650-ff3a-4f6a-b540-ab74aa61d18d) Greenhaven Publishing LLC.

Brexit. Donna B. McKinney. 2020. (Special Reports). (ENG., Illus.). 112p. (J). (gr. 6-12). lib. bdg. 41.36 *(978-1-5321-9413-9(7))*, 36577, Essential Library) ABDO Publishing Co.

Brian & the Fairy Tree. Jack Brogan. 2017. (ENG., Illus.). 193p. (J). pap. *(978-1-84897-836-2(7))* Olympia Publishers.

Brian & the Storm: A Young Boy's First Hurricane. Van Chesnutt. Illus. by Alyce Wolfe. 2019. (ENG.). 36p. (J). (gr. 2-7). 19.95 *(978-0-9995852-0-7(7))* Means To An End.

Brian Banaker's Autobiography up to the Age of Twenty-Four (Classic Reprint) William Budd Trites. 2017. (ENG., Illus.). (J). pap. 13.57 *(978-0-259-35044-6(3))* Forgotten Bks.

Brian Boru: The Warrior King. John Burke & Fatti Burke. 2019. (Little Library: 02). (ENG., Illus.). 32p. (J). 14.95 *(978-0-7171-8456-9(0))* Gill Bks. IRL. Dist: Casemate Pubs. & Bk. Distributors, LLC.

Brian Fitz-Count: A Story of Wallingford Castle & Dorchester Abbey (Classic Reprint) Augustine David Crake. 2017. (ENG., Illus.). (J). 30.33 *(978-0-331-91493-1(X))*; pap. 13.57 *(978-0-243-38086-2(0))* Forgotten Bks.

Brian Learns to Play Ball. Virginia Mohler. 2020. (ENG., Illus.). 32p. (J). 24.95 *(978-1-64670-604-4(8))*; pap. 14.95 *(978-1-64468-425-2(X))* Covenant Bks.

Brian May's Hedgehogs. Rosie Amazing. Illus. by Andreea Balcan. 2021. (ENG.). 26p. (J). pap. *(978-1-7772203-2-7(7))* Annelid Pr.

Brian the Brave. Paul Stewart. Illus. by Jane Porter. 2019. (ENG.). 32p. (J). (gr. -1-1). 17.00 *(978-1-947888-18-0(8))*, Flyaway Bks.) Westminster John Knox Pr.

Brian the Lion Goes into Space. Tracey Radford. 2018. (ENG., Illus.). 32p. (J). 16.95 *(978-1-78249-576-5(2))*, 1782495762, CICO Books) Ryland Peters & Small GBR. Dist: WIPRO.

Brian the Wildflower. Katie Ruiz. 2020. (ENG.). 34p. (J). pap. 14.99 *(978-0-578-87729-7(5))* Ruiz, Katie Art.

Brian Wildsmith's Animal Gallery. Brian Wildsmith. Illus. by Brian Wildsmith. 2020. (ENG., Illus.). 48p. (J). (gr. -1-3). 18.99 *(978-1-5362-1235-8(0))* Candlewick Pr.

Brianna & the Behavior Chart. Georgia Ball. Illus. by Scott Ball. 2021. (ENG.). 40p. (J). 22.95 *(978-1-7365044-1-3(X))* Bouncing Ball Media.

Brianna & the Water Tower. Ed. by J. "E" M. Illus. by Aambadi Kumar. 2019. (Brianna's Dreams Ser.: Vol. 2). (ENG.). 38p. (J). pap. 15.95 *(978-1-947656-96-3(1))* Butterfly Typeface, The.

Brianna Bounces. Tracilyn George. 2020. (ENG.). 22p. (J). pap. 11.00 *(978-1-7774435-4-2(7))* Lulu Pr., Inc.

Brianna Bounces. Tracilyn George. Illus. by Aria Jones. 2020. (ENG.). 24p. (J). pap. 17.14 *(978-1-716-61610-5(7))* Lulu Pr., Inc.

Brianna Bounces. Tracilyn George. 2020. (ENG.). 24p. (J). pap. 11.63 *(978-1-716-03748-1(4))* Lulu Pr., Inc.

Brianna Gets a Guinea Pig. Georgia Ball. Illus. by Scott Ball. 2022. (ENG.). 42p. (J). 22.95 *(978-1-7365044-2-0(8))* Bouncing Ball Media.

Brianna Has Math Problems. Georgia J. Ball. Illus. by Scott J. Ball. 2021. (ENG.). 44p. (J). 22.95 *(978-1-7365044-5-1(2))* Bouncing Ball Media.

Brianna's Dreams: I Just Want to Know. Debra Davis. Ed. by Iris M. Williams. 2018. (Brianna's Dreams Ser.: Vol. 1). (ENG., Illus.). 34p. (J). pap. 15.95 *(978-1-947656-75-8(9))* Butterfly Typeface, The.

Brian's Sense-Ational Run. Brian Lewis Holliday. Illus. by Sara Reyes. 2021. (ENG.). 34p. (J). 12.99 *(978-1-0879-0090-2(5))* Indy Pub.

Briar & Rose & Jack. Katherine Coville. 2019. (ENG.). 368p. (J). (gr. 5-7). 16.99 *(978-0-06-328-95005-5(0))*, 1705914, Clarion Bks.) HarperCollins Pubs.

Briar & the Dreamers of Midnight. Susan Ee. 2021. (Midnight Tales Ser.: Vol. 3). (ENG.). 344p. (YA). pap. 13.99 *(978-0-9835970-8-7(1))* Dream, Feral LLC.

Briar Girls. Rebecca Kim Wells. (ENG.). (YA). (gr. 9). 2022. 368p. pap. 12.99 *(978-1-5344-8843-4(X))*; 2021. 352p. 18.99 *(978-1-5344-8842-7(1))* Simon & Schuster Bks. For Young Readers. (Simon & Schuster Bks. For Young Readers).

Briar Patch, 1910 (Classic Reprint) Sweet Briar College. (ENG., Illus.). (J). 2018. 174p. 27.49 *(978-0-483-78151-1(7))*; 2016. pap. 9.97 *(978-1-333-38349-7(5))* Forgotten Bks.

Briar-Patch, 1912 (Classic Reprint) Sweet Briar College. (ENG., Illus.). (J). 2018. 158p. 27.16 *(978-0-267-30931-3(7))*; 2016. pap. 9.57 *(978-1-333-37453-2(4))* Forgotten Bks.

Briar Patch, 1913 (Classic Reprint) Sweet Briar College. (ENG., Illus.). (J). 2018. 144p. 26.89 *(978-0-267-30512-4(5))*; 2016. pap. 9.57 *(978-1-333-30051-7(4))* Forgotten Bks.

Briar Patch, 1915 (Classic Reprint) Sweet Briar College. 2017. (ENG., Illus.). (J). 27.65 *(978-0-331-97312-9(X))* Forgotten Bks.

Briar Patch, 1916 (Classic Reprint) Sweet Briar College. 2018. (ENG., Illus.). 250p. (J). 29.07 *(978-0-332-07887-8(6))* Forgotten Bks.

Briar Patch, 1917 (Classic Reprint) Sweet Briar College. 2018. (ENG., Illus.). 292p. (J). 29.94 *(978-0-267-53031-1(5))* Forgotten Bks.

Briar Patch, 1919 (Classic Reprint) Sweet Briar College. 2018. (ENG., Illus.). 256p. (J). 29.18 *(978-0-484-05496-6(1))* Forgotten Bks.

Briar Patch, 1922 (Classic Reprint) Sweet Briar College. (ENG., Illus.). (J). 2018. 250p. 29.07 *(978-0-267-78792-0(8))*; 2016. pap. 11.57 *(978-1-334-37150-9(4))* Forgotten Bks.

Briar Patch, 1923 (Classic Reprint) Sweet Briar College. 2018. (ENG., Illus.). (J). 190p. 27.82 *(978-0-364-87020-4(6))*; 192p. pap. 10.57 *(978-0-364-22381-9(2))* Forgotten Bks.

Briar Patch (Classic Reprint) Sweet Briar College. 2017. (ENG., Illus.). (J). 27.84 *(978-0-265-92194-4(5))* Forgotten Bks.

Briar Rose: A Novel of the Holocaust. Jane Yolen. 2019. (Fairy Tales Ser.: 8). (ENG.). 288p. (YA). 14.99 *(978-1-250-24273-0(8))*, 900211980, Tor Bks.) Doherty, Tom Assocs., LLC.

Briar Rose & the Golden Eggs. Diane Redfield Massie. 2017. (ENG., Illus.). (J). pap. 12.95 *(978-1-63561-014-7(1))* Echo Point Bks. & Media, LLC.

Briarcliff Prep. Brianna Peppins. 2022. 400p. (YA). (gr. 9-12). 17.99 *(978-1-368-07837-5(0))*, Disney-Hyperion) Disney Publishing Worldwide.

Briarheart. Mercedes Lackey. 2022. (ENG.). 368p. (YA). (gr. 7-17). pap. 10.99 *(978-0-316-10289-6(X))* Little, Brown Bks. for Young Readers.

Briarpins. Tom Wilson. Illus. by Nicole Petrovsky. 2020. (ENG.). 32p. (J). pap. 9.95 *(978-1-7353376-0-9(9))* Wilson, Tom.

Briary-Bush: A Novel (Classic Reprint) Floyd Dell. 2018. (ENG., Illus.). 434p. (J). 32.87 *(978-0-267-42284-5(9))* Forgotten Bks.

Bribe: A Play in Three Acts (Classic Reprint) O'Kelly O'Kelly. 2018. (ENG., Illus.). 60p. (J). 25.13 *(978-0-428-52874-4(0))* Forgotten Bks.

Bric-A-Brac Stories (Classic Reprint) Burton Harrison. 2018. (ENG., Illus.). 356p. (J). 31.26 *(978-0-484-75652-5(4))* Forgotten Bks.

Brice Flies a Kite: Practicing the IE Sound, 1 vol. Ethan Lewis. 2016. (Rosen Phonics Readers Ser.). (ENG.). 8p. (J). (gr. -1-2). pap. *(978-1-5081-3226-4(7))*, cdf78cc2-d806-4149-af9f-1e4e90d11d30, Rosen Classroom) Rosen Publishing Group, Inc., The.

Brick: Who Found Herself in Architecture. Joshua David Stein. 2018. (ENG., Illus.). 40p. (gr. -1-k). 16.95 *(978-0-7148-7631-3(3))* Phaidon Pr., Inc.

Brick Builder's Illustrated Bible: Over 35 Bible Stories for Kids, 1 vol. Emily Dammer. Illus. by Antony Evans. 2018. (ENG.). 224p. (J). 17.99 *(978-0-310-75437-4(2))* Zonderkidz.

Brick Building 101. Courtney Sanchez. ed. 2018. (ENG.). 80p. (J). (gr. k-1). 25.96 *(978-1-64310-278-8(8))* Penworthy Co., LLC, The.

Brick by Brick. Heidi Woodward Sheffield. Illus. by Heidi Woodward Sheffield. 2020. (ENG., Illus.). 32p. (J). (gr. -1-2). 18.99 *(978-0-525-51730-6(8))*, Nancy Paulsen Books) Penguin Young Readers Group.

Brick by Brick 123. Contrib. by Sandy Creek (Firm) Staff. 2016. (Illus.). (J). *(978-1-4351-6407-9(5))* Barnes & Noble, Inc.

Brick by Brick ABC. 2016. (Illus.). (J). *(978-1-4351-6408-6(3))* Barnes & Noble, Inc.

Brick by Brick Dinosaurs: More Than 15 Awesome LEGO Brick Projects. Warren Elsmore. 2018. (ENG., Illus.). 224p. (J). (gr. 3-7). pap. 19.99 *(978-0-7624-9147-6(7))*, Running Pr. Kids) Running Pr.

Brick by Brick Space: 20+ LEGO Brick Projects That Are Out of This World. Warren Elsmore. 2018. (ENG., Illus.). 224p. (J). (gr. 3-7). pap. 19.99 *(978-0-7624-9051-6(9))*, Running Pr. Kids) Running Pr.

Brick-Dust: A Remedy for the Blues, & a Something for People to Talk about (Classic Reprint) Mark Mills Pomeroy. 2017. (ENG., Illus.). (J). 29.63 *(978-0-265-37612-6(2))* Forgotten Bks.

Brick Dust & Bones. M. R. Fournet. 2023. (Marius Grey Ser.: 1). (ENG.). 256p. (J). 17.99 *(978-1-250-87602-7(8))*, 900281005) Feiwel & Friends.

Brick Head Notebook: College Ruled, 8. 5 X 11, 110 Pages. Regina Carthell. 2023. (ENG.). 110p. (YA). pap. ***(978-1-312-74302-1(6))*** Lulu Pr., Inc.

Brick House Mouse. Susan K. Seiple. 2022. (ENG.). 18p. (J). pap. 13.95 ***(978-1-68498-595-1(1))*** Newman Springs Publishing, Inc.

Brick Masons on the Job. Amy C. Rea. 2020. (Exploring Trade Jobs Ser.). (ENG.). 32p. (J). (gr. 3-6). lib. bdg. 35.64 *(978-1-5038-3554-2(5))*, 213378, MOMENTUM) Child's World, Inc, The.

Brick Moon: And Other Stories (Classic Reprint) Edward Everett Hale. 2017. (ENG., Illus.). (J). 31.75 *(978-0-331-01314-6(2))* Forgotten Bks.

Brick or Treat! (LEGO) Matt Huntley. Illus. by Jason May. (Pictureback(R) Ser.). (ENG.). 32p. (J). (gr. -1-2). 2023. pap. 5.99 ***(978-0-593-65155-1(3))***; 2022. 10.99 *(978-0-593-38183-0(1))* Random Hse. Children's Bks. (Random Hse. Bks. for Young Readers).

Brick Science: STEM Tips & Tricks for Experimenting with Your LEGO Bricks — 30 Fun Projects for Kids! Jacquie Fisher. 2021. (Illus.). 152p. (J). (gr. 1-7). pap. 17.99 *(978-1-5107-4966-5(7))*, Sky Pony Pr.) Skyhorse Publishing Co., Inc.

Brick the Farm Dog. Blair Ripepi. Illus. by Christina Miesen. 2022. (ENG.). 36p. (J). pap. *(978-1-922751-75-1(8))* Shawline Publishing Group.

Brick X Brick: How to Build Amazing Things with 100-Ish Bricks or Fewer. Adam Ward. 2020. (ENG., Illus.). 232p. (J). (gr. 2-5). 24.99 *(978-0-593-09749-6(1))*, Penguin Workshop) Penguin Young Readers Group.

Bricks. Katie Cotton. Illus. by Tor Freeman. 2020. (ENG.). 32p. (J). (gr. -1-3). 17.99 *(978-1-7284-1578-9(0))*, bffb1841-0511-403d-b4fe-4744920ed1b8) Lerner Publishing Group.

Bricks Without Straw: A Novel (Classic Reprint) Albion W. Tourgee. 2018. (ENG., Illus.). 534p. (J). 34.91 *(978-0-428-70984-6(2))* Forgotten Bks.

Bricriu's Feast: A Comedy in Three Acts, with an Epilogue (Classic Reprint) Eimar O'Duffy. 2018. (ENG., Illus.). 54p. (J). 25.01 *(978-0-483-84910-5(3))* Forgotten Bks.

Bridal & the Bridle: Or Our Honeymoon-Trip in the East, in 1850 (Classic Reprint) John Berwick Harwood. 2018. (ENG., Illus.). 260p. (J). 29.26 *(978-0-267-44055-9(3))* Forgotten Bks.

Bridal March, Captain Mansana: Translated from the Norse (Classic Reprint) Rasmus B. Anderson. 2018. (ENG., Illus.). 244p. (J). 28.93 *(978-0-483-60426-1(7))* Forgotten Bks.

Bridal of Anstace (Classic Reprint) Elizabeth Godfrey. 2017. (ENG., Illus.). (J). 32.83 *(978-0-260-93464-2(X))*; pap. 16.57 *(978-1-5280-5900-8(X))* Forgotten Bks.

Bridal of Dunamore, Vol. 2 Of 3: And Lost & Won, Two Tales (Classic Reprint) Regina Maria Roche. 2018. (ENG., Illus.). 290p. (J). 29.88 *(978-0-484-08908-1(0))* Forgotten Bks.

Bridal of Dunamore, Vol. 3: And Lost & Won (Classic Reprint) Regina Maria Roche. 2018. (ENG., Illus.). 308p. (J). 30.25 *(978-0-483-61238-9(3))* Forgotten Bks.

Bride & Her Groom - a Wedding Coloring Book. Activity Attic. 2016. (ENG., Illus.). (J). pap. 7.74 *(978-1-68323-816-4(8))* Twin Flame Productions.

Bride Elect (Classic Reprint) Theo Douglas. 2018. (ENG., Illus.). 168p. (J). 27.36 *(978-0-484-27000-7(1))* Forgotten Bks.

Bride Elect, Vol. 1 Of 3: A Novel (Classic Reprint) Bride Bride. 2018. (ENG., Illus.). 296p. (J). 30.02 *(978-0-267-42512-9(0))* Forgotten Bks.

Bride Elect, Vol. 2 Of 3: A Novel (Classic Reprint) Harriet M. G. Smythies. (ENG., Illus.). (J). 2018. 286p. 29.80 *(978-0-483-72412-9(2))*; 2016. pap. 13.57 *(978-1-334-14041-9(3))* Forgotten Bks.

Bride from the Bush (Classic Reprint) Ernest Wm Hornung. 2018. (ENG., Illus.). 262p. (J). 29.30 *(978-0-428-85529-1(6))* Forgotten Bks.

Bride of Fort Edward: Founded on an Incident of the Revolution. Delia Salter Bacon. 2017. (ENG., Illus.). (J). pap. *(978-0-649-40487-2(4))* Trieste Publishing Pty Ltd.

Bride of Fort Edward: Founded on an Incident of the Revolution (Classic Reprint) Delia Salter Bacon. 2018. (ENG., Illus.). 176p. (J). 27.53 *(978-0-267-47373-1(7))* Forgotten Bks.

Bride of Hamsterstein. Reyna Young. 2019. (Monsters Ser.: Vol. 9). (ENG.). 66p. (J). pap. 8.98 *(978-1-946874-13-9(2))* Black Bed Sheet Bks.

Bride of Infelice: A Novel (Classic Reprint) Ada L. Halstead. (ENG., Illus.). (J). 2018. 344p. 30.99 *(978-0-483-87747-4(6))*; 2016. pap. 13.57 *(978-1-334-21473-8(5))* Forgotten Bks.

Bride of Lammermoor. Walter Scott. 2021. (ENG.). 476p. (J). pap. 12.99 *(978-1-0879-3521-8(0))* Indy Pub.

Bride of Lammermoor & Keepsake Stories & Chronicle of Canongate (Classic Reprint) Walter Scott. 2018. (ENG., Illus.). 560p. (J). 35.47 *(978-0-332-77643-9(3))* Forgotten Bks.

Bride of Lammermoor (Classic Reprint) Walter Scott. (ENG., Illus.). (J). 2018. 340p. 30.91 *(978-0-666-04748-9(0))*; 2017. 32.13 *(978-0-266-67291-3(4))*; 2017. pap. 13.97 *(978-0-243-94791-1(7))* Forgotten Bks.

Bride of Love: Or the True Greatness of Female Heroism (Classic Reprint) Ruth Vernon. 2018. (ENG., Illus.). 322p. (J). 30.54 *(978-0-483-90509-2(7))* Forgotten Bks.

Bride of Mission San Jose: A Tale of Early California (Classic Reprint) John Augustine Cull. 2017. (ENG., Illus.). 452p. (J). 33.22 *(978-0-484-18634-6(5))* Forgotten Bks.

Bride of Omberg (Classic Reprint) Emilie F. Carlen. 2018. (ENG., Illus.). 234p. (J). 28.72 *(978-0-484-47012-4(4))* Forgotten Bks.

Bride of the Living Dummy (Classic Goosebumps #35) R. L. Stine. 2018. (Classic Goosebumps Ser.: 35). (ENG.). 144p. (J). (gr. 3-7). pap. 6.99 *(978-1-338-31867-8(5))*, Scholastic Paperbacks) Scholastic, Inc.

Bride of the Mistletoe (Classic Reprint) James Lane Allen. 2017. (ENG., Illus.). (J). 28.19 *(978-0-265-20798-7(3))* Forgotten Bks.

Bride of the Moor, Vol. 6 (Classic Reprint) August Stramm. (ENG., Illus.). (J). 2018. 158p. 27.18 *(978-0-331-63258-3(6))*; 2017. pap. 9.57 *(978-1-5276-5943-8(7))* Forgotten Bks.

Bride of the Nile (Classic Reprint) George Ebers. 2018. (ENG., Illus.). (J). 544p. 35.14 *(978-0-366-57031-7(5))*; 546p. pap. 19.57 *(978-0-366-55507-9(3))* Forgotten Bks.

Bride of the Nile, Vol. 1 Of 2: A Romance (Classic Reprint) Georg Ebers. 2018. (ENG., Illus.). (J). 396p. 32.06 *(978-0-483-42438-8(2))*; 776p. 39.90 *(978-0-483-89090-9(1))* Forgotten Bks.

Bride of the Plains (Classic Reprint) Emmuska Orczy. 2018. (ENG., Illus.). 314p. (J). 30.39 *(978-0-484-66404-2(2))* Forgotten Bks.

Bride or Groom! the Essential Wedding Coloring Book. Bobo's Adult Activity Books. 2016. (ENG., Illus.). (J). pap. 9.33 *(978-1-68327-640-1(X))* Sunshine In My Soul Publishing.

Bride Picotee (Classic Reprint) Margaret Roberts. 2018. (ENG., Illus.). 226p. (J). 28.56 *(978-0-483-55762-8(5))* Forgotten Bks.

Bride Roses: A Scene (Classic Reprint) William Dean Howells. 2018. (ENG., Illus.). 54p. (J). 25.03 *(978-0-428-63455-1(9))* Forgotten Bks.

Brides & Grooms on Their Wedding Day Coloring Book. Bobo's Adult Activity Books. 2016. (ENG., Illus.). (J). pap. 9.33 *(978-1-68327-641-8(8))* Sunshine In My Soul Publishing.

Bride's Fate: The Sequel to the Changed Brides (Classic Reprint) E. D. E. N. Southworth. (ENG., Illus.). (J). 2017.

258 The check digit for ISBN-10 appears in parentheses after the full ISBN-13

32.35 *(978-0-260-63876-2(5))*; 2016. pap. 16.57 *(978-1-333-62314-2(3))* Forgotten Bks.

Bride's Hero (Classic Reprint) M. P. Revere. 2018. (ENG., Illus.). 352p. (J). 31.18 *(978-0-483-66944-4(X))* Forgotten Bks.

Brides of Banff Springs. Victoria Chatham. 2016. (Canadian Historical Brides Ser.: Vol. 1). (ENG.). 238p. (YA). (gr. 7-12). pap. *(978-1-77299-371-4(9))* Books We Love Publishing Partners.

Brides of Banff Springs: (Alberta) Victoria Chatham. 2017. (Canadian Historical Brides (Alberta) Ser.: Vol. 1). (ENG., Illus.). (YA). (gr. 7-12). pap. *(978-1-77299-270-0(4))* Books We Love Publishing Partners.

Bridesmaids & Groomsmen in the Wild West Wedding Activity Book. Activibooks For Kids. 2016. (ENG., Illus.). (J). pap. 9.20 *(978-1-68321-174-7(X))* Mimaxion.

Bridge. Bill Konigsberg. (ENG.). 400p. (YA). (gr. 9-12). 2021. pap. 10.99 *(978-1-338-32504-1(3))*; 2020. 18.99 *(978-1-338-32503-4(5))* Scholastic, Inc. (Scholastic Pr.).

Bridge. Rachel Lou. 2016. (ENG., Illus.). (YA). (gr. 8-12). 24.99 *(978-1-63477-964-7(9))*, Harmony Ink Pr.) Dreamspinner Pr.

Bridge. Autumn Woods. 2018. (ENG., Illus.). 30p. (J). 22.95 *(978-1-64079-079-7(9))*; pap. 12.95 *(978-1-64079-077-3(2))* Christian Faith Publishing.

Bridge: Crossing over into Your Teenage Years. Malachi Dawson. 2018. (ENG., Illus.). 86p. (YA). (gr. 7-9). pap. 13.99 *(978-0-578-40269-7(6))* Joe Joe Dawson.

Bridge: How the Roeblings Connected Brooklyn to New York. Peter J. Tomasi. Illus. by Teo DuVall. 2018. (ENG.). 208p. 24.99 *(978-1-4197-2852-5(0)*, 1145901, Abrams ComicArts) Abrams, Inc.

Bridge: How the Roeblings Connected Brooklyn to New York. Peter J. Tomasi. Illus. by Sara DuVall et al. 2019. (ENG.). 208p. (gr. 8-17). pap. 18.99 *(978-1-4197-3616-2(7)*, 1145903) Abrams, Inc.

Bridge a Story of the Great Lakes (Classic Reprint) M. L. C. Pickthall. 2018. (ENG., Illus.). 316p. (J). 30.41 *(978-0-365-44251-6(8))* Forgotten Bks.

Bridge Across (Classic Reprint) L. Allen Harker. (ENG., Illus.). (J). 2018. 308p. 30.25 *(978-0-365-45644-5(6))*; 2017. pap. 13.57 *(978-0-259-18567-3(1))* Forgotten Bks.

Bridge Battle. Jacqueline Davies. 2022. (Lemonade War Ser.: 6). (ENG., Illus.). 240p. (J). (gr. 3-7). 17.99 *(978-0-358-69299-7(7)*, Clarion Bks.) HarperCollins Pubs.

Bridge Builders (Classic Reprint) Annie S. Swan. (ENG., Illus.). (J). 2018. 340p. 30.93 *(978-0-364-01774-6(0))*; 2017. pap. 13.57 *(978-0-243-52196-8(0))* Forgotten Bks.

Bridge Bundle Grade 10 with 1 Year Digital 2015. Hmh Hmh. 2017. (Collections). (ENG.). (YA). (gr. 10). pap. 19.60 *(978-1-328-49418-4(7))* Houghton Mifflin Harcourt Publishing Co.

Bridge Bundle Grade 11 with 1 Year Digital 2015. Hmh Hmh. 2017. (Collections). (ENG.). (YA). (gr. 11). pap. 19.60 *(978-1-328-49419-1(5))* Houghton Mifflin Harcourt Publishing Co.

Bridge Bundle Grade 6 with 1 Year Digital 2015. Hmh Hmh. 2017. (Collections). (ENG.). (J). (gr. 6). pap. 19.60 *(978-1-328-49414-6(4))* Houghton Mifflin Harcourt Publishing Co.

Bridge Bundle Grade 7 with 1 Year Digital 2015. Hmh Hmh. 2017. (Collections). (ENG.). (YA). (gr. 7). pap. 19.60 *(978-1-328-49415-3(2))* Houghton Mifflin Harcourt Publishing Co.

Bridge Bundle Grade 8 with 1 Year Digital 2015. Hmh Hmh. 2017. (Collections). (ENG.). (YA). (gr. 8). pap. 19.60 *(978-1-328-49416-0(0))* Houghton Mifflin Harcourt Publishing Co.

Bridge Bundle Grade 9 with 1 Year Digital 2015. Hmh Hmh. 2017. (Collections). (ENG.). (YA). (gr. 9). pap. 19.60 *(978-1-328-49417-7(9))* Houghton Mifflin Harcourt Publishing Co.

Bridge Goes Over. Kylie Burns. 2017. (Be an Engineer! Designing to Solve Problems Ser.). 24p. (J). (gr. 2-2). *(978-0-7787-2907-5(9))* Crabtree Publishing Co.

Bridge Home. Padma Venkatraman. 208p. (J). (gr. 5). 2020. 8.99 *(978-1-5247-3813-6(1)*, Puffin Books); 2019. 17.99 *(978-1-5247-3811-2(5)*, Nancy Paulsen Books) Penguin Young Readers Group.

Bridge (How It's Built) Vicky Franchino. Illus. by Richard Watson. 2022. (How It's Built Ser.). (ENG.). 32p. (J). (gr. k-2). 26.00 *(978-1-338-80011-1(6))*; pap. 7.99 *(978-1-338-80012-8(4))* Scholastic Library Publishing. (Children's Pr.).

Bridge Lane. Jennifer Morgan & Jessica Lincecum. 2017. (ENG., Illus.). (J). pap. 16.95 *(978-1-5127-1236-0(1)*, WestBow Pr.) Author Solutions, LLC.

Bridge of Flowers. Leah Lakshmi Piepzna-Samarasinha. Illus. by Syrus Marcus Ware. 2019. (ENG.). 28p. (J). (gr. 1-3). 15.95 *(978-1-7750840-9-9(4))* Flamingo Rampant! CAN. Dist: Orca Bk. Pubs. USA.

Bridge of Glass, Vol. 2 of 3 (Classic Reprint) F. W. Robinson. (ENG., Illus.). (J). 2018. 326p. 30.64 *(978-0-364-18140-9(0))*; 2017. pap. 13.57 *(978-1-5276-3076-5(5))* Forgotten Bks.

Bridge of Honour. Andrew Lacey. 2020. (ENG.). 354p. (J). pap. *(978-0-473-52047-2(8))* Lossiarch Pr.

Bridge of Hope. Alma Davis. 2016. (ENG., Illus.). (J). pap. 17.45 *(978-1-5127-6020-0(X)*, WestBow Pr.) Author Solutions, LLC.

Bridge of Lies: Adventures of Letty Parker. Misha Herwin. 2019. (Adventures of Letty Parker Ser.: Vol. 2). (ENG.). 276p. (J). (gr. 4-6). pap. *(978-1-9164373-2-6(X))* Penkhull Pr.

Bridge of Souls (City of Ghosts #3) Victoria Schwab & V. E. Schwab. (City of Ghosts Ser.). (ENG.). (J). (gr. 3-7). 2022. 336p. pap. 8.99 *(978-1-338-57489-0(2))*; 2021. (Illus.). 320p. 17.99 *(978-1-338-57487-6(6)*, Scholastic Pr.) Scholastic, Inc.

Bridge of Starlight. Sloka Edara. 2023. (ENG.). 288p. (J). pap. 16.99 ***(978-1-956380-28-6(0))*** Society of Young Inklings.

Bridge to Cutter Gap, 1 vol. Catherine Marshall. 2018. (Christy of Cutter Gap Ser.: 1). 112p. (J). pap. 7.99 *(978-1-68370-157-6(7))* Evergreen Farm.

Bridge to Forever. Mason Stone. 2018. (Perry Normal Ser.: Vol. 4). (ENG., Illus.). 240p. (YA). pap. *(978-1-7751117-1-9(7))* Red Pine Publishing.

Bridge to Sharktooth Island: A Challenge Island STEAM Adventure. Sharon Duke Estroff & Joel Ross. Illus. by Mónica de Rivas. 2021. (Challenge Island Ser.: 1). (J). (gr. 2-5). 124p. 18.99 *(978-1-5132-1861-8(1))*; 128p. pap. 6.99 *(978-1-5132-8953-3(5))* West Margin Pr. (West Margin Pr.).

Bridge to Terabithia see Puente a Terabitia / Bridge to Terabithia (Serie Azul) Spanish Edition

Bridge to Terabithia 40th Anniversary Edition: A Newbery Award Winner. Katherine Paterson. Illus. by Donna Diamond. 2017. (ENG.). 192p. (J). (gr. 3-7). reprint ed. pap. 9.99 *(978-0-06-440184-5(7)*, HarperCollins) HarperCollins Pubs.

Bridge to Terabithia: a Harper Classic. Katherine Paterson. Illus. by Donna Diamond. 2017. (Harper Classic Ser.). (ENG.). 192p. (J). (gr. 3-7). 16.99 *(978-0-06-265874-6(3)*, HarperCollins) HarperCollins Pubs.

Bridge to Terabithia Novel Units Student Packet. Novel Units. 2019. (ENG.). (J). pap. 13.99 *(978-1-56137-488-5(1)*, Novel Units, Inc.) Classroom Library Co.

Bridge to the Wild: Behind the Scenes at the Zoo. Caitlin O'Connell. 2016. (ENG., Illus.). 208p. (J). (gr. 5-7). 18.99 *(978-0-544-27739-7(2)*, 1570273, Clarion Bks.) HarperCollins Pubs.

Bridges. Samanta S. Bell. 2018. (Engineering Marvels Ser.). (ENG.). 32p. (J). lib. bdg. 22.99 *(978-1-5105-3745-3(7))* SmartBook Media, Inc.

Bridges. Chris Bowman. 2018. (Everyday Engineering Ser.). (ENG., Illus.). 24p. (J). (gr. k-3). lib. bdg. 26.95 *(978-1-62617-821-2(6)*, Blastoff! Readers) Bellwether Media.

Bridges. Catherine C. Finan. 2022. (X-Treme Facts: Engineering Ser.). (ENG.). (J). (gr. 3-5). lib. bdg. 28.50 Bearport Publishing Co., Inc.

Bridges, 1 vol. Robyn Hardyman. 2016. (Engineering Eurekas Ser.). (ENG.). 32p. (J). (gr. 3-4). pap. 11.00 *(978-1-4994-3089-9(2)*, 49955adc-923c-4acb-9873-755fdd2c902b, PowerKids Pr.) Rosen Publishing Group, Inc., The.

Bridges. Virginia Loh-Hagan. 2017. (21st Century Junior Library: Extraordinary Engineering Ser.). (ENG., Illus.). 24p. (J). (gr. 2-5). lib. bdg. 29.21 *(978-1-63472-162-2(4)*, 209220) Cherry Lake Publishing.

Bridges. Marc Majewski. 2023. (ENG., Illus.). 48p. (J). (gr. -1-3). 19.99 *(978-1-4197-5681-8(8)*, 1746301, Abrams Bks. for Young Readers) Abrams, Inc.

Bridges. Paige V. Polinsky. 2017. (Engineering Super Structures Ser.). (ENG., Illus.). 24p. (J). (gr. -1-3). lib. bdg. 29.93 *(978-1-5321-1101-3(0)*, 25778, SandCastle) ABDO Publishing Co.

Bridges, 1 vol. Charlotte Taylor & Melinda Farbman. 2019. (Exploring Infrastructure Ser.). (ENG.). 48p. (J). (gr. 3-4). 29.60 *(978-1-9785-0333-5(4)*, 652016de-4572-4de2-a8b0-1f89178954e6) Enslow Publishing, LLC.

Bridges. Rui Xia. 2022. (Chinese Modern Engineering Ser.). (ENG.). 48p. (J). (gr. 2-4). 19.95 *(978-1-4878-0942-3(5))* Royal Collins Publishing Group Inc. CAN. Dist: Independent Pubs. Group.

Bridges! With 25 Science Projects for Kids. Jennifer Swanson. Illus. by Bryan Stone. 2018. (Explore Your World Ser.). 96p. (J). (gr. 3-4). pap. 14.95 *(978-1-61930-591-5(7)*, b7ef5b49-b610-4847-ab47-c9ede560c336); 19.95 *(978-1-61930-587-8(9)*, 8ee7e4e2-be08-44d5-8fcc-ddfb4265f258) Nomad Pr.

Bridges (a True Book: Engineering Wonders) Katie Marsico. 2016. (True Book (Relaunch) Ser.). (ENG., Illus.). 48p. (J). (gr. 3-5). pap. 6.95 *(978-0-531-22269-0(1)*, Children's Pr.) Scholastic Library Publishing.

Bridges & Byways (Classic Reprint) James Albert Green. 2017. (ENG., Illus.). (J). 86p. 25.67 *(978-0-332-01446-3(0))*; pap. 9.57 *(978-0-282-70565-7(1))* Forgotten Bks.

Bridget Bilby & the Blue Button. Maureen Larter. Illus. by Annie Gabriel. 2019. (Alphabet Animals of Australia Ser.). (ENG.). 28p. (J). (gr. k-3). pap. *(978-0-6485076-3-5(7))* Sweetfields Publishing.

Bridget Knotterfield & the Hiccup Fantasy Trees. Ingo Blum. Illus. by Svetlana Janev. 2018. (ENG.). 268p. (YA). (gr. 7-11). pap. *(978-3-947410-46-0(8))* Blum, Ingo Planet-Oh Concepts.

Bridget the Princess. Abby Brough. Illus. by Badrus Soleh. 2022. (ENG.). 28p. (J). 30.99 *(978-1-6628-3596-4(5))*; pap. 20.99 *(978-1-6628-3595-7(7))* Salem Author Services.

Bridget, Vol. 1 of 3 (Classic Reprint) M. Betham-Edwards. 2018. (ENG., Illus.). 308p. (J). 30.27 *(978-0-483-10796-0(4))* Forgotten Bks.

Bridget, Vol. 2 of 3 (Classic Reprint) M. Betham-Edwards. (ENG., Illus.). (J). 2018. 316p. 30.43 *(978-0-484-02525-6(2))*; 2016. pap. 13.57 *(978-1-333-44640-6(3))* Forgotten Bks.

Bridget, Vol. 3 of 3 (Classic Reprint) M. Betham-Edwards. 2018. (ENG., Illus.). 342p. (J). 30.95 *(978-0-484-87696-4(1))* Forgotten Bks.

Bridget Wilder: Spy-In-Training. Jonathan Bernstein. ed. 2016. (Bridget Wilder Ser.: 1). (J). lib. bdg. 17.20 *(978-0-606-38746-0(3))* Turtleback.

Bridget Wilder #2: Spy to the Rescue. Jonathan Bernstein. 2017. (Bridget Wilder Ser.: 2). (ENG.). 320p. (J). (gr. 3-7). pap. 6.99 *(978-0-06-238270-2(5)*, Tegen, Katherine Bks) HarperCollins Pubs.

Bridget Wilder #3: Live Free, Spy Hard. Jonathan Bernstein. 2017. (Bridget Wilder Ser.: 3). (ENG.). 368p. (J). (gr. 3-7). 16.99 *(978-0-06-238272-6(1)*, Tegen, Katherine Bks) HarperCollins Pubs.

Bridget Wilder: Spy-In-Training. Jonathan Bernstein. 2016. (Bridget Wilder Ser.: 1). (ENG.). 320p. (J). (gr. 3-7). pap. 6.99 *(978-0-06-238267-2(5)*, Tegen, Katherine Bks) HarperCollins Pubs.

Bridget's Book. David Tung. 2022. (ENG.). 26p. (J). 24.95 ***(978-1-0879-4706-8(5))*** Indy Pub.

Bridget's First Christmas. Glenn P. Clinger III. 2017. (ENG., Illus.). 36p. (J). pap. *(978-1-387-32338-8(5))* Lulu Pr., Inc.

Bridgetstow: Some Chronicles of a Cornish Parish (Classic Reprint) Mark Guy Pearse. (ENG., Illus.). (J). 2018. 236p. 28.76 *(978-0-483-50404-2(1))*; 2016. pap. 11.57 *(978-1-334-48386-8(8))* Forgotten Bks.

Bridgett Hopkins & the Hollow of Grace. Derrick Carson. 2019. (ENG.). 304p. (YA). pap. 12.99 *(978-1-7339571-3-7(8))* Mindstir Media.

Bridging Our ABC's | Uniendo Nuestro ABC's: Coloring Book | Libra para Colorear. N'nandii Alexander & Breana Valenzuela. Illus. by N'nandii Alexander & Breana Valenzuela. 2021. (ENG.). 53p. (J). pap. ***(978-1-7947-7830-6(6))*** Lulu Pr., Inc.

Bridle Path (Classic Reprint) Louise Sophia Crowley. 2018. (ENG., Illus.). 260p. (J). 29.26 *(978-0-483-81562-9(4))* Forgotten Bks.

Bridle Roads of Spain (Classic Reprint) George John Cayley. 2018. (ENG., Illus.). (J). 32.17 *(978-0-331-64956-7(X))* Forgotten Bks.

Brie Larson. Martha London. 2020. (Superhero Superstars Ser.). (ENG., Illus.). 32p. (J). (gr. 2-3). pap. 9.95 *(978-1-64493-448-7(5)*, 1644934485); lib. bdg. 31.35 *(978-1-64493-372-5(1)*, 1644933721) North Star Editions. (Focus Readers).

Brie Larson Is Captain Marvel(r), 1 vol. Katie Kawa. 2019. (Human Behind the Hero Ser.). (ENG.). 32p. (gr. 1-2). pap. 11.50 *(978-1-5382-4819-5(0)*, 075d6473-0a02-45c0-8a54-1dbadc28f4ef) Stevens, Gareth Publishing LLLP.

Brief Account of My Visit to Acca (Classic Reprint) Mary L. Lucas. 2017. (ENG., Illus.). (J). 24.93 *(978-0-265-56225-3(2))*; pap. 9.57 *(978-0-282-82196-8(1))* Forgotten Bks.

Brief Chronicle of Another Stupid Heartbreak. Adi Alsaid. (ENG.). 336p. (YA). 2020. pap. 10.99 *(978-1-335-14569-7(9))*; 2019. 18.99 *(978-1-335-01255-5(9))* Harlequin Enterprises ULC CAN. Dist: HarperCollins Pubs.

Brief Glimpses of Unfamiliar Loring Park Aspects: Wherein an Account Is Given of Interesting & Memorable Events Which Have Hapned in This Valley, with Agreeable Inquirendoes into the Lives of Certain of Its Pioneers to Which Is Appended a Chapter of Mor. Arthur Joseph Russell. (ENG., Illus.). (J). 2018. 182p. 27.67 *(978-0-428-97237-0(3))*; 2017. pap. 10.57 *(978-0-282-51330-6(2))* Forgotten Bks.

Brief Grammar of the English Language: Explained in Twenty Lessons (Classic Reprint) A. Kurken. (ENG., Illus.). (J). 2018. 390p. 31.94 *(978-0-666-66640-6(7))*; 2016. pap. 16.57 *(978-1-333-74858-6(2))* Forgotten Bks.

Brief Historical Account of the Lives of the Six Notorious Street-Robbers, Executed at Kingston: With a Particular Relation of Their Early Introduction into the Desperate Trade of Street-Robbing, & Especially of Murter, & of Several Robberies Which. Daniel Dafoe. 2018. (ENG., Illus.). 44p. (J). 24.80 *(978-0-267-29762-7(9))* Forgotten Bks.

Brief Historical Sketch of the Early Days of Piney Woods School (Classic Reprint) John R. Webster. (ENG., Illus.). (J). 2018. 20p. 24.31 *(978-0-365-09057-1(3))*; 2017. pap. 7.97 *(978-0-259-88342-5(5))* Forgotten Bks.

Brief Historical Sketch of the Life & Sufferings of Leonard Trask: The Wonderful Invalid (Classic Reprint) Leonard Trask. 2017. (ENG., Illus.). (J). 24.97 *(978-0-266-28100-9(1))* Forgotten Bks.

Brief History of Ancient Egypt: Timelines of History 4th Grade Children's Ancient History. Baby Professor. 2017. (ENG., Illus.). (J). pap. 8.79 *(978-1-5419-1161-1(X)*, Baby Professor (Education Kids)) Speedy Publishing LLC.

Brief History of Cosmos: From Big Bang to Another Big Bang. Ashutosh Jha. 2021. (ENG.). 30p. (YA). pap. 9.00 *(978-1-68494-838-3(X))* Notion Pr., Inc.

Brief History of Life on Earth. Clemence Dupont. 2019. (ENG., Illus.). 76p. (J). (gr. 1-4). 24.95 *(978-3-7913-7373-7(0))* Prestel Verlag GmbH & Co KG. DEU. Dist: Penguin Random Hse. LLC.

Brief History of the United Kingdom - History Book for Kids Children's European History. Baby Professor. 2017. (ENG., Illus.). 64p. (J). pap. 9.52 *(978-1-5419-1244-1(6)*, Baby Professor (Education Kids)) Speedy Publishing LLC.

Brief History of Underpants. Christine Van Zandt. Illus. by Harry Briggs. 2021. (ENG.). 48p. (J). (gr. -1-2). pap. 9.99 *(978-0-7603-7060-5(5)*, 338086) becker&mayer! books.

Brief Illustrated History of Art. David West & Steve Parker. 2017. (Brief Illustrated History Ser.). (ENG., Illus.). 32p. (J). (gr. 3-6). lib. bdg. 27.99 *(978-1-5157-2523-7(5)*, Capstone Pr.) Capstone.

Brief Illustrated History of Space Exploration. Steve Parker & Robert Snedding. 2017. (Brief Illustrated History Ser.). (ENG., Illus.). 32p. (J). (gr. 3-6). lib. bdg. 27.99 *(978-1-5157-2519-0(7)*, Capstone Pr.) Capstone.

Brief Illustrated History of Warfare. Steve Parker. 2017. (ENG., Illus.). 32p. (J). pap. *(978-1-4747-2708-2(5))* Capstone.

Brief Introduction. Christian Passen. 2022. (ENG.). 54p. (J). pap. ***(978-1-387-59865-6(1))*** Lulu Pr., Inc.

Brief Introduction: A Collection of Poetry. Christian Passen. 2021. (ENG.). 140p. (YA). pap. *(978-1-105-45177-5(1))* Lulu Pr., Inc.

Brief Introduction to Hinduism. Kandiah Sivaloganathan. 2017. (ENG., Illus.). (J). pap. *(978-93-86407-43-6(4))* Gupta, Shalini.

Brief List of Books for Home Reading for Boys & Girls in the Public Library of the City of Boston (Classic Reprint) Boston Home and School Association. 2018. (ENG., Illus.). 22p. (J). 24.35 *(978-0-267-15673-3(1))* Forgotten Bks.

Brief on the Doctrine of the Conservation of Forces (Classic Reprint) Thomas Hubbard Musick. (ENG., Illus.). (J). 2018. 62p. 25.18 *(978-0-484-66383-0(6))*; 2017. pap. 9.57 *(978-0-282-35973-7(7))* Forgotten Bks.

Brief Overview of the Aztec Empire Ancient American Civilizations Grade 4 Children's Ancient History. Baby Professor. 2020. (ENG.). 76p. (J). 24.99 *(978-1-5419-8030-3(1))*; pap. 14.99 *(978-1-5419-5968-2(X))* Speedy Publishing LLC. (Baby Professor (Education Kids)).

Brief Romances from Bristol History, with a Few Other Papers from the Same Pen: Being Cuttings from the Columns of the Bristol Times, Felix Earley's Bristol Journal, & the Bristol Times & Mirror, During a Series of Extending from 1839 T. Joseph Leech. (ENG., Illus.). (J). 2018. 274p. 29.55 *(978-0-484-19561-4(1))*; 2016. pap. 11.97 *(978-1-334-13640-5(8))* Forgotten Bks.

Brief Sketch: Life of Anna Backhouse (Classic Reprint) Eliza Paul Gurney. (ENG., Illus.). (J). 2017. 212p. 28.29 *(978-0-484-54687-4(2))*; 2016. pap. 10.97 *(978-1-334-13287-2(9))* Forgotten Bks.

Brielle the Fairy. James Howell. 2023. (ENG.). 50p. (J). pap. 8.00 ***(978-1-312-94612-5(1))*** Lulu Pr., Inc.

Brielle's Show & Tell. Betty Louis. Illus. by Maria Nikla. 2021. (B3 Book Ser.: Vol. 1). (ENG.). 36p. (J). 21.99 *(978-1-0879-6197-2(1))* Indy Pub.

Brigadier & Other Stories (Classic Reprint) Ivan Sergeevich Turgenev. 2018. (ENG., Illus.). 400p. (J). 32.17 *(978-0-483-98211-6(3))* Forgotten Bks.

Brigands M. C. Robert Muchamore. 2016. (Cherub Ser.: 11). (ENG., Illus.). 416p. (YA). (gr. 9). 17.99 *(978-1-4814-5671-5(7)*, Simon Pulse) Simon Pulse.

Bright. Jessica Jung. 2022. (Shine Ser.). (ENG.). 400p. (YA). (gr. 9). 19.99 *(978-1-5344-6254-0(6)*, Simon & Schuster Bks. For Young Readers) Simon & Schuster Bks. For Young Readers.

Bright. Brigit Young. 2022. (ENG.). 336p. (J). 16.99 *(978-1-250-82211-6(4)*, 900250715) Roaring Brook Pr.

Bright. Brigit Young. 2023. (ENG.). 336p. (J). pap. 9.99 *(978-1-250-87887-8(X)*, 900250716) Square Fish.

Bright & Beautiful: Butterfly. Felicia Macheske. 2016. (Guess What Ser.). (ENG., Illus.). 24p. (J). (gr. k-2). 30.64 *(978-1-63470-721-3(4)*, 207595) Cherry Lake Publishing.

Bright & Happy Room: DIY Projects for a Fun Bedroom. Heather Wutschke. 2017. (Room Love Ser.). (ENG., Illus.). 32p. (J). (gr. 4-8). 27.99 *(978-1-5157-4011-7(0)*, 133899) Capstone.

Bright & Special Night. Diane Peyton. 2018. (ENG., Illus.). 30p. (J). 22.95 *(978-1-64003-922-3(8))*; pap. 12.95 *(978-1-64003-921-6(X))* Covenant Bks.

Bright & the Pale. Jessica Rubinkowski. (Bright & the Pale Ser.: 1). (ENG.). (YA). (gr. 9). 2022. 352p. pap. 10.99 *(978-0-06-287153-4(6))*; 2021. 336p. 17.99 *(978-0-06-287150-3(1))* HarperCollins Pubs. (Quill Tree Bks.).

Bright April. Marguerite De Angeli. 2021. (ENG.). (J). 23.00 *(978-1-948959-21-6(6))* Purple Hse. Pr.

Bright Blaze of Magic. Jennifer Estep. 2016. (Black Blade Ser.: 3). (ENG.). 320p. (YA). (gr. 9). pap. 18.00 *(978-1-61773-828-9(X))* Kensington Publishing Corp.

Bright Blue Frog. Gregory Pastoll. Illus. by Gregory Pastoll. 2022. (ENG.). 42p. (J). *(978-0-6452688-4-3(4))* Pastoll, Gregory.

Bright Boy ABCs. Carlotta Penn. Illus. by Nysha Pierce. 2023. (ENG.). 36p. (J). 21.99 ***(978-0-9996613-7-6(X)***, Daydreamers Pr.) Penn, Carlotta.

Bright Boy Changes the Girl's World. Andrea Armijos Martinez. l.t. ed. 2022. (ENG.). 42p. (J). 23.00 ***(978-1-0879-3189-0(4))*** Indy Pub.

Bright Brown Baby. Andrea Davis Pinkney. Illus. by Brian Pinkney. 2022. (Bright Brown Baby Ser.). (ENG.). 64p. (J). (gr. -1 — 1). 18.99 *(978-0-545-87229-4(4)*, Orchard Bks.) Scholastic, Inc.

Bright Burns the Night. Sara B. Larson. 2018. (ENG., Illus.). 320p. (YA). (gr. 7-7). 17.99 *(978-1-338-06878-8(4)*, Scholastic Pr.) Scholastic, Inc.

Bright-Color Bandit: A Cool Christian Kids Story. Greg Cross. 2021. (ENG.). 26p. (J). pap. 10.99 *(978-0-578-24525-6(6))* Gregory Cross Publishing.

Bright Darkness. J. C. Kavanagh. 2022. (Twisted Climb Trilogy Ser.: Vol. 3). (ENG.). 288p. (J). pap. ***(978-0-2286-2405-9(3))*** Books We Love Publishing Partners.

Bright Dreams: The Brilliant Inventions of Nikola Tesla. Tracy Dockray. Illus. by Tracy Dockray. 2020. (ENG., Illus.). 32p. (J). (gr. 3-5). lib. bdg. 18.99 *(978-1-68446-141-7(3)*, 141992, Capstone Editions) Capstone.

Bright Easter. Catherine Christensen. Illus. by Alyssa Tallent. 2019. (ENG.). 32p. (J). 15.99 *(978-1-4621-2298-1(1))* Cedar Fort, Inc./CFI Distribution.

Bright Eyes! Hidden Pictures Activities for Kids of All Ages. Activibooks For Kids. 2016. (ENG., Illus.). (J). pap. 10.81 *(978-1-68321-176-1(6))* Mimaxion.

Bright Face of Danger: Being an Account of Some Adventures of Henri de Launay, Son of the Sieur de la Tournoire; Freely Translated into Modern English (Classic Reprint) Robert Neilson Stephens. 2018. (ENG., Illus.). 344p. (J). 30.99 *(978-0-483-36129-4(1))* Forgotten Bks.

Bright Family, Volume 1. Matthew Cody & Carol Burrell. Illus. by Derick Brooks. 2021. (Bright Family Ser.: 1). (ENG.). 160p. (J). 13.99 *(978-1-5248-7079-9(X))*; pap. 9.99 *(978-1-5248-6773-7(X))* Andrews McMeel Publishing.

Bright Family: Vacation. Gabe Soria. Illus. by Ribs Rafa. 2023. (Bright Family Ser.: 2). (ENG.). 160p. (J). 21.99 *(978-1-5248-7869-6(3))*;Volume 2. pap. 12.99 *(978-1-5248-7868-9(5))* Andrews McMeel Publishing.

Bright Futures Press (Set), 43 vols. 2020. (Bright Futures Press Ser.). (ENG., Illus.). 32p. (J). 1379.01 *(978-1-5341-6822-0(2)*, 215189); pap., pap., pap. 611.21 *(978-1-5341-7004-9(9)*, 215190) Cherry Lake Publishing.

Bright Green Leaf. Caleb Miller. 2021. (ENG.). 28p. (J). 11.99 *(978-1-0878-8881-1(6))* Indy Pub.

Bright Idea Series. Lani Larson. 2018. (ENG., Illus.). 58p. (J). 24.95 *(978-1-64138-050-8(0))* Page Publishing Inc.

Bright Ideas, 1 vol. Ben Humeniuk. 2019. (Magnificent Makers Ser.). (ENG.). 32p. (gr. 5-5). 27.93 *(978-1-7253-0729-2(4)*, 828d80bb-9edd-4cd5-b764-f41e6bcd0867); pap. 11.60 *(978-1-7253-0737-7(5)*, 989465d6-756f-43d2-b205-ce56f39b2334) Rosen Publishing Group, Inc., The. (PowerKids Pr.).

Bright Ideas Series: Volume II. Lani Larson. 2021. (ENG.). 62p. (J). 24.95 *(978-1-64701-884-9(6))* Page Publishing Inc.

Bright Kernel of Life (Classic Reprint) Isabel Suart Robson. (ENG., Illus.). (J). 2018. 302p. 30.13 *(978-0-428-96775-8(2))*; 2017. pap. 13.57 *(978-0-243-88470-4(2))* Forgotten Bks.

B

Bright Light & the Super Scary Darkness. Dan DeWitt. 2020. (ENG., Illus.). 32p. (J). (gr. -1-3). 14.99 *(978-1-0877-0935-2(0),* 005825368, B&H Kids) B&H Publishing Group.

Bright Light Inside. Aleksandra S. Kameneva. Illus. by Maria Cristina Venditti. 2018. (ENG.). 36p. (J). 22.99 *(978-1-5456-4330-3(X));* pap. 12.49 *(978-1-5456-4329-7(6))* Salem Author Services.

Bright Lights, Big Kitty! Paul DuBois Jacobs & Jennifer Swender. Illus. by Stephanie Laberis. 2017. (Animal Inn Ser.: 4). (ENG.). 112p. (J). (gr. 2-5). pap. 5.99 *(978-1-4814-6232-7(6),* Aladdin) Simon & Schuster Children's Publishing.

Bright Lights, Bright City. Hunter Reid. Illus. by Stephanie Hinton. 2017. (Fluorescent Pop! Ser.). (ENG.). 14p. (J). (gr. -1-k). bds. 5.99 *(978-1-4998-0243-6(9))* Little Bee Books Inc.

Bright Lights Bright City. Hunter Reid. 2017. (Illus.). (J). bds. *(978-1-76040-545-8(0))* Little Bee Books Inc.

Bright Little Poems for Bright Little People (Classic Reprint) Catherine Wheeler. 2018. (ENG., Illus.). 124p. (J). 26.45 *(978-0-483-86346-0(7))* Forgotten Bks.

Bright Neon Heart Notebook. Chiara Print. 2022. (ENG.). 120p. (YA). pap. ***(978-1-4710-7369-4(6))*** Lulu Pr., Inc.

Bright New World: How to Make a Happy Planet. Cindy Forde. Illus. by Bethany Lord. 2022. (ENG.). 80p. (J). (gr. 3-7). 19.95 *(978-1-80338-047-6(0))* Welbeck Publishing Group Ltd. GBR. Dist: Two Rivers Distribution.

Bright Night, 1 vol. Lorie Ann Grover. Illus. by Jo Parry. 2017. (ENG.). 16p. (J). bds. 8.99 *(978-0-310-75736-8(3))* Zonderkidz.

Bright Pictures from Child Life (Classic Reprint) Cousin Fannie. (ENG., Illus.). (J). 2018. 188p. 27.77 *(978-0-267-61847-7(6));* 2016. pap. 10.57 *(978-1-334-18749-0(5))* Forgotten Bks.

Bright Red Mark. J F Ciofalo. 2016. (ENG., Illus.). (J). 25.95 *(978-1-4808-3918-2(3));* pap. 16.95 *(978-1-4808-3917-5(5))* Archway Publishing.

Bright Ruined Things. Samantha Cohoe. 2022. (ENG., Illus.). 352p. (YA). 18.99 *(978-1-250-76884-1(5),* 900233150, Wednesday Bks.) St. Martin's Pr.

Bright Shawl (Classic Reprint) Joseph Hergesheimer. 2017. (ENG., Illus.). (J). 28.48 *(978-0-266-19934-2(8))* Forgotten Bks.

Bright Shining Light: The Path of the Sensitive Child. Linda Sickles. Illus. by Robert Sickles. 2022. (ENG.). 24p. (J). pap. 12.95 *(978-1-6678-2631-8(X))* BookBaby.

Bright Shining World. Josh Swiller. 2020. 304p. (YA). (gr. 7). 17.99 *(978-0-593-11957-0(6),* Knopf Bks. for Young Readers) Random Hse. Children's Bks.

Bright Side. Chad Otis. Illus. by Chad Otis. 2023. (Illus.). 40p. (J). (gr. -1-3). 18.99 *(978-0-593-53062-7(4),* Rocky Pond Bks.) Penguin Young Readers Group.

Bright Side: With History of My Life (Classic Reprint) Edward L. Potts. 2018. (ENG., Illus.). 80p. (J). 25.57 *(978-0-483-35810-2(X))* Forgotten Bks.

Bright Skies & Beautiful Country Coloring Book. Smarter Activity Books for Kids. 2016. (ENG., Illus.). (J). pap. 9.22 *(978-1-68374-423-8(3))* Examined Solutions PTE. Ltd.

Bright Sparks. Amanda Hogan. 2022. (ENG.). 85p. (YA). pap. ***(978-1-387-66345-3(3))*** Lulu Pr., Inc.

Bright Sparks: Amazing Discoveries, Inventions & Designs by Women. Owen O'Doherty. 2018. (ENG., Illus.). 48p. 19.99 *(978-1-78849-054-2(1),* Brandon) O'Brien Pr., Ltd., The IRL. Dist: Casemate Pubs. & Bk. Distributors, LLC.

Bright Spot: A Story about Overcoming Anxiety. Aimee Chase. Illus. by Sakshi Mangal. 2022. 32p. (J). (gr. k-3). 16.99 *(978-1-5107-6871-0(8),* Sky Pony Pr.) Skyhorse Publishing Co., Inc.

Bright Spots in Camp Life (Classic Reprint) Isaac Mosheim Weills. 2018. (ENG., Illus.). 34p. (J). 24.60 *(978-0-267-50578-4(7))* Forgotten Bks.

Bright Star. Sandy Phillips. Illus. by Beny Parker. 2020. (ENG.). 24p. (J). pap. 9.99 *(978-1-4243-1628-1(6))* Independent Publisher Services.

Bright Star. Erin Swan. 2020. (ENG.). 384p. (YA). pap. 17.99 *(978-0-7653-9301-2(8),* 900173393, Tor Teen) Doherty, Tom Assocs., LLC.

Bright Stars: A Child's Guide to Understanding Our World - Includes 30 Interactive Stickers to Complete the Scenes! Sergey Ryazansky & Clever Publishing. Illus. by Kristina Konovalova. 2022. (Sticker Storybook Ser.). (ENG.). 24p. (J). (gr. -1-1). pap. 6.99 *(978-1-954738-13-3(7),* 355922) Clever Media Group.

Bright Story. Barbara Williams. 2018. (ENG., Illus.). 78p. (J). 27.95 *(978-1-64191-810-7(1))* Christian Faith Publishing.

Bright We Burn. Kiersten White. 2019. (And I Darken Ser.: 3). (ENG., Illus.). 432p. (YA). (gr. 7). pap. 10.99 *(978-0-553-52242-6(6),* Ember) Random Hse. Children's Bks.

Bright Winter Night. Alli Brydon. Illus. by Ashling Lindsay. 2022. (ENG.). 32p. (J). (gr. -1-2). 17.99 *(978-1-5420-2224-8(X),* 9781542022248, Two Lions) Amazon Publishing.

Brightener (Classic Reprint) C. N. Williamson. 2017. (ENG., Illus.). (J). 31.53 *(978-1-5282-7658-0(2))* Forgotten Bks.

Brighter Britain! or Settler & Maori, in New Zealand, Vol. 2 of 2 (Classic Reprint) William Delisle Hay. 2018. (ENG., Illus.). 332p. (J). 30.76 *(978-0-267-79640-3(4))* Forgotten Bks.

Brighter Britain! or Settler & Maori in Northern New Zealand: (volume I) William Delisle Hay. 2018. (ENG., Illus.). 206p. (J). pap. *(978-93-5297-995-0(8))* Alpha Editions.

Brighter Britain! or Settler & Maori in Northern New Zealand: (volume II) William Delisle Hay. 2018. (ENG., Illus.). 190p. (J). pap. *(978-93-5297-996-7(6))* Alpha Editions.

Brighter Britain! or Settler & Maori in Northern New Zealand, Vol. 1 of 2 (Classic Reprint) William Delisle Hay. 2018. (ENG., Illus.). 360p. (J). 31.28 *(978-0-484-35170-6(2))* Forgotten Bks.

Brighter Days. Penelope Dyan. Illus. by Dyan. l.t. ed. 2023. (ENG.). 34p. (J). pap. 12.60 ***(978-1-61477-630-7(X))*** Bellissima Publishing, LLC.

Brighter Side of Life. Sugar Richards. Illus. by Elaine Wheeler. 2021. (ENG.). 28p. (J). pap. *(978-1-988001-53-1(6))* Ahelia Publishing, Inc.

Brighter Than the Moon. David Valdes. 2023. (ENG.). 352p. (YA). 18.99 *(978-1-5476-0716-7(5),* 900239891, Bloomsbury Young Adult) Bloomsbury Publishing USA.

Brightest Night. Jennifer L. Armentrout. (Origin Ser.: 3). (ENG.). 512p. (YA). 2021. pap. 16.99 *(978-1-250-17578-6(X),* 900189444); 2020. 18.99 *(978-1-250-17577-9(1),* 900189443) Doherty, Tom Assocs., LLC. (Tor Teen).

Brightest Night. 5. Tui T. Sutherland. ed. 2022. (Wings of Fire Ser.). (ENG.). 216p. (J). (gr. 4-5). 25.46 ***(978-1-68505-199-0(5))*** Penworthy Co., LLC, The.

Brightest Star. Danielle Schothorst. 2018. (ENG., Illus.). 32p. (J). 9.95 *(978-1-60537-427-7(X));* 17.95 *(978-1-60537-419-2(9))* Clavis Publishing.

Brightest Star. Christine Tobin. Illus. by Frank Pryor. 2019. (ENG.). 38p. (J). 23.95 *(978-1-64559-024-8(0))* Covenant Bks.

Brightest Stars of Summer. Leila Howland. 2017. (Silver Sisters Ser.: 2). (ENG.). 384p. (J). (gr. 3-7). pap. 6.99 *(978-0-06-231873-2(X),* HarperCollins) HarperCollins Pubs.

Brightly Burning. Alexa Donne. (ENG.). (YA). (gr. 7). 2020. 416p. pap. 9.99 *(978-1-328-60438-5(1),* 1732068); 2018. 400p. 17.99 *(978-1-328-94893-9(5),* 1705605) HarperCollins Pubs. (Clarion Bks.).

Brightly Pond: the Adventures of Fribbit the Frog: Fribbit's First Adventure. Gary Intili & Leighann Troino. 2022. (ENG.). 38p. (J). 18.95 *(978-1-63755-182-0(7),* Mascot Kids) Amplify Publishing Group.

Brightly Woven: the Graphic Novel. Alexandra Bracken. 2021. (ENG., Illus.). 176p. (J). (gr. 3-7). 21.99 *(978-1-368-01588-2(3));* pap. 12.99 *(978-1-368-01863-0(7))* Disney Publishing Worldwide. (Disney-Hyperion).

Brightolene the Planet. Maria Josefa Lopez. 2016. (ENG., Illus.). iii, 51p. (J). pap. *(978-1-78623-809-2(8))* Grosvenor Hse. Publishing Ltd.

Brighton Boys in the Radio Service. James R. Driscoll. 2018. (ENG., Illus.). 134p. (YA). (gr. 7-12). pap. *(978-93-5297-295-1(3))* Alpha Editions.

Brighton; or the Steyne, Vol. 1 Of 3: A Satirical Novel (Classic Reprint) Thomas Brown. 2018. (ENG., Illus.). 268p. (J). 29.42 *(978-0-484-14610-4(6))* Forgotten Bks.

Brighton, or the Steyne, Vol. 2 Of 3: A Satirical Novel (Classic Reprint) Thomas Brown. 2016. (ENG., Illus.). (J). pap. 11.57 *(978-1-334-12807-3(3))* Forgotten Bks.

Brighton, or the Steyne, Vol. 2 Of 3: A Satirical Novel (Classic Reprint) Thomas Brown. 2018. (ENG., Illus.). 234p. (J). 28.74 *(978-0-483-63447-3(6))* Forgotten Bks.

Brighton, or the Steyne, Vol. 3 Of 3: A Satirical Novel (Classic Reprint) Thomas Brown. 2016. (ENG., Illus.). (J). pap. 11.57 *(978-1-333-87487-2(1))* Forgotten Bks.

Brighton, or the Steyne, Vol. 3 Of 3: A Satirical Novel (Classic Reprint) Thomas Brown. 2018. (ENG., Illus.). 240p. (J). 28.87 *(978-0-483-91672-2(2))* Forgotten Bks.

Brighton Road. Charles George Harper. 2017. (ENG.). 424p. (J). pap. *(978-3-7447-2993-2(1))* Creation Pubs.

Brighton Road: The Classic Highway to the South (Classic Reprint) Charles George Harper. 2017. (ENG., Illus.). (J). 34.09 *(978-0-331-86042-9(2))* Forgotten Bks.

Brighton Tragedy (Classic Reprint) Guy Boothby. (ENG., Illus.). (J). 2018. 284p. 29.75 *(978-0-332-53478-7(2));* 2017. pap. 13.57 *(978-0-259-25043-2(0))* Forgotten Bks.

Brighton's Bag of Worries. Megan Quigley. 2022. (ENG., Illus.). 32p. (J). pap. 14.95 *(978-1-63844-988-1(0))* Christian Faith Publishing.

Brightside (Classic Reprint) E. Bedell Benjamin. 2018. (ENG., Illus.). 370p. (J). 31.53 *(978-0-483-80850-8(4))* Forgotten Bks.

Brightsiders. Jen Wilde. 2019. (ENG.). 320p. (YA). pap. 10.99 *(978-1-250-30914-3(X),* 900192313) Square Fish.

Brightstorm. Vashti Hardy. 2020. (Brightstorm Twins Ser.: 1). (ENG., Illus.). 336p. (J). (gr. 4-7). 18.95 *(978-1-324-00564-3(5),* 340564, Norton Young Readers) Norton, W. W. & Co., Inc.

Brightville Indoor Chautauqua (Classic Reprint) Unknown Author. 2018. (ENG., Illus.). 22p. (J). 24.35 *(978-0-267-27770-4(9))* Forgotten Bks.

Brightwood. Tania Unsworth. ed. 2018. lib. bdg. 18.40 *(978-0-606-40971-1(8))* Turtleback.

Brigid & the Butter: A Legend about Saint Brigid of Ireland. Illus. by Apryl Stott. 2017. 25p. (J). pap. *(978-0-8198-1233-9(1))* Pauline Bks. & Media.

Brigitta, Vol. 41: A Tale (Classic Reprint) Berthold Auerbach. 2018. (ENG., Illus.). 294p. (J). 29.98 *(978-0-483-50872-9(1))* Forgotten Bks.

Brilla (Classic Reprint) Anna Mooney Doling. 2017. (ENG., Illus.). (J). 28.00 *(978-0-265-71083-8(9));* pap. 10.57 *(978-1-5276-6278-0(0))* Forgotten Bks.

Brillarás. Anna K. Franco. 2018. (SPA.). 334p. (YA). pap. 15.99 *(978-607-7547-93-8(X))* V&R Editoras.

Brille Fort. Maya Lemaire. 2020. (FRE.). 42p. (J). pap. *(978-1-9994171-9-2(4))* One Door Pr.

Brilliance of Fireflies. Leslie Hauser. 2019. (ENG.). 274p. (YA). (gr. 8-9). pap. 10.99 *(978-1-64237-591-6(8))* Gatekeeper Pr.

Brilliant & Brown. Candis Perdue. 2022. (ENG.). 22p. (J). pap. 16.99 *(978-1-953156-69-3(X))* 13th & Joan.

Brilliant Animals of Every Color: Red Edition. C. G. Roach. 2021. (Brilliant Animals of Every Color Ser.: Vol. 1). (ENG.). 44p. (J). 19.99 *(978-1-0879-0320-0(3))* Indy Pub.

Brilliant Baby. Bob Hartman. Illus. by Ruth Hearson. ed. 2019. (ENG.). 10p. (J). (— 1). bds. 9.99 *(978-0-7459-7790-4(1),* 509dd0e3-28be-4820-ba5f-eba3b20397ed, Lion Children's) Lion Hudson PLC GBR. Dist: Baker & Taylor Publisher Services (BTPS).

Brilliant Baby Does Math. Laura Gehl. Illus. by Jean Claude. 2021. (Brilliant Baby Ser.). (ENG.). 22p. (J). (gr. -1-k). bds. 8.99 *(978-1-4998-1119-3(5))* Little Bee Books Inc.

Brilliant Baby Explores Science. Laura Gehl. Illus. by Jean Claude. 2021. (Brilliant Baby Ser.). (ENG.). 22p. (J). (gr. -1-k). bds., bds. 8.99 *(978-1-4998-1226-8(4))* Little Bee Books Inc.

Brilliant Baby Fights Germs. Laura Gehl. Illus. by Jean Claude. 2021. (Brilliant Baby Ser.). (ENG.). 22p. (J). (gr. -1-k). bds., bds. 8.99 *(978-1-4998-1227-5(2))* Little Bee Books Inc.

Brilliant Baby Plays Music. Laura Gehl. Illus. by Jean Claude. 2021. (Brilliant Baby Ser.). (ENG.). 22p. (J). (gr. -1-k). bds. 8.99 *(978-1-4998-1120-9(9))* Little Bee Books Inc.

Brilliant Battle Strategies Children's Military & War History Books. Baby Professor. 2017. (ENG., Illus.). (J). pap. 7.89 *(978-1-5419-0312-8(9),* Baby Professor (Education Kids)) Speedy Publishing LLC.

Brilliant Baxter at the Fun Fair. Carol Cordrey. Illus. by Tim Bulmer. 2020. (ENG.). 20p. (J). pap. *(978-1-912850-58-7(3))* Clink Street Publishing.

Brilliant Beetles: A 4D Book. Melissa Higgins. 2019. (Little Entomologist 4D Ser.). (ENG., Illus.). 32p. (J). (gr. -1-2). pap. 6.95 *(978-1-9771-0569-1(6),* 139976) Capstone.

Brilliant Birds. Betsy Rathburn. 2022. (Amazing Animal Classes Ser.). (ENG., Illus.). 24p. (J). (gr. k-3). pap. 7.99 *(978-1-64834-832-7(7),* 21686, Blastoff! Readers) Bellwether Media.

Brilliant Black Inventors. Joy James. l.t. ed. 2021. (ENG.). 40p. (J). pap. *(978-1-80094-242-4(7))* Terence, Michael Publishing.

Brilliant Bodies. Robin Twiddy. 2022. (Brilliant Bodies Ser.). (ENG.). 24p. (J). pap. 46.25 ***(978-1-5345-4395-9(3),*** KidHaven Publishing) Greenhaven Publishing LLC.

Brilliant Bug Detectives of Arcadia: The Case of the Missing Spider. Alex Eastbrook. Illus. by Alex Eastbrook. 2021. (ENG.). 168p. (J). pap. 7.99 *(978-1-955048-03-3(7))* Silly Little Dog Productions.

Brilliant Bugs: Discover the Amazing Talents of Insects, Spiders & More Creepy Crawlies. Matt Turner. Illus. by Santiago Calle. 2020. (ENG.). 96p. (J). (gr. 2-6). 19.99 *(978-1-913077-19-8(5),* 5daad743-8f39-4980-a845-124c566dd477, Beetle Bks.) Hungry Tomato Ltd. GBR. Dist: Baker & Taylor Publisher Services (BTPS).

Brilliant Dark: The Realms of Ancient, Book 3. S. M. Beiko. 2020. (Realms of Ancient Ser.: 3). (ENG.). 550p. (YA). pap. 16.95 *(978-1-77041-433-4(9),* 818978a2-c452-4529-b09f-4e3011acc78d) ECW Pr. CAN. Dist: Baker & Taylor Publisher Services (BTPS).

Brilliant Deep: Rebuilding the World's Coral Reefs: the Story of Ken Nedimyer & the Coral Restoration Foundation (Environmental Science for Kids, the Environment & You for Kids, Conservation for Kids) Kate Messner. Illus. by Matthew Forsythe. 2018. (ENG.). 48p. (J). (gr. k-3). 18.99 *(978-1-4521-3350-8(6))* Chronicle Bks. LLC.

Brilliant Fall of Gianna Z. Kate Messner. 2017. (ENG.). 224p. (J). pap. 8.99 *(978-1-68119-547-6(X),* 900177249, Bloomsbury USA Childrens) Bloomsbury Publishing USA.

Brilliant Fall of Gianna Z. Kate Messner. ed. 2017. (J). lib. bdg. 19.65 *(978-0-606-40595-9(X))* Turtleback.

Brilliant How to Draw Book for Boys. Elizabeth James. 2016. (ENG., Illus.). (J). pap. *(978-1-78595-246-3(3))* Kyle Craig Publishing.

Brilliant Ideas of Lily Green. Lisa Siberry. 2019. (ENG.). 288p. (J). (gr. 4-7). pap. 16.99 *(978-1-76050-365-9(7))* Hardie Grant Children?s Publishing AUS. Dist: Independent Pubs. Group.

Brilliant Minds of the 19th Century - Men, Women & Achievements - Biography Grade 5 - Children's Biographies. Dissected Lives. 2019. (ENG.). 88p. (J). pap. 16.09 *(978-1-5419-5087-0(9));* 26.08 *(978-1-5419-7536-1(7))* Speedy Publishing LLC. (Dissected Lives (Auto Biographies)).

Brilliant Ms. Bangle. Cara Devins. Illus. by K-Fai Steele. 2023. (ENG.). 32p. (J). 18.99 *(978-1-250-24770-4(5),* 900214699) Feiwel & Friends.

Brilliant Pearl. Alica Martwick. Illus. by Kathy Rush. 2022. (ENG.). 32p. (J). pap. *(978-1-4357-8163-4(5))* Lulu Pr., Inc.

Brilliant Plan! Joseph Haydn. Ana Gerhard. Illus. by Marie Lafrance. 2021. (Little Stories of Great Composers Ser.: 5). (ENG.). 36p. (J). (gr. 2-4). 16.95 *(978-2-925108-68-9(7))* La Montagne Secrete CAN. Dist: Independent Pubs. Group.

Brilliant Questions about Growing Up: Simple Answers about Bodies & Boundaries. Amy Forbes-Robertson & Alex Fryer. 2020. (Illus.). 128p. (J). pap. 17.99 *(978-0-241-44798-7(4),* Puffin) Penguin Bks., Ltd. GBR. Dist: Independent Pubs. Group.

Brilliant Socrates & the Foundation of Western Philosophy - Biography Books for Kids 9-12 Children's Biography Books. Baby Professor. 2017. (ENG., Illus.). (YA). pap. 8.79 *(978-1-5419-1304-2(3),* Baby Professor (Education Kids)) Speedy Publishing LLC.

Brilliant Tales of London Society (Classic Reprint) London Society. (ENG., Illus.). (J). 2018. 682p. 37.96 *(978-0-666-13048-8(5));* 2017. pap. 20.57 *(978-0-259-22247-7(X))* Forgotten Bks.

Brilliant Woman, Vol. 3 of 3 (Classic Reprint) Henry Chetwynd. 2018. (ENG., Illus.). 270p. (J). 29.49 *(978-0-332-15680-4(X))* Forgotten Bks.

Brimelsea or Character the Index of Fate, Vol. 1 of 2 (Classic Reprint) Unknown Author. 2018. (ENG., Illus.). 300p. (J). 30.08 *(978-0-483-05178-2(0))* Forgotten Bks.

Brimming Cup (Classic Reprint) Dorothy Canfield. 2018. (ENG., Illus.). 414p. (J). 32.46 *(978-0-484-35227-7(X))* Forgotten Bks.

Brim's Stone: Beyond the Forbidden Waterfall. D. C. Placido. 2021. (ENG.). 270p. (J). pap. *(978-0-9938881-7-5(8))* TMT Imagination.

Brim's Stone: The Journey to the Beginning. D. C. Placido. 2017. (Healing a Dragon's Broken Heart Ser.: Vol. 1). (ENG., Illus.). (J). (gr. 4-6). pap. *(978-0-9938881-3-7(5))* TMT Imagination.

Brin & Bec: Book 78. William Ricketts. Illus. by Dean Maynard. 2023. (Tas & Friends Ser.). (ENG.). 20p. (J). (gr. -1-k). pap. 7.99 ***(978-1-76127-078-9(8),*** f0ab6b9b-4759-40db-a9da-ea6f80bfca2b) Knowledge Bks. & Software AUS. Dist: Lerner Publishing Group.

Brin & Gem Sit & Talk: Book 96. William Ricketts. Illus. by Dean Maynard. 2023. (Tas & Friends Ser.). (ENG.). 20p. (J). (gr. -1-k). pap. 7.99 ***(978-1-76127-116-8(4),*** dac1b002-ab93-4097-a00c-0b1b0364c1f8) Knowledge Bks. & Software AUS. Dist: Lerner Publishing Group.

Brina the Cat #1: The Gang of the Feline Sun. Giorgio Salati. Illus. by Christian Cornia. 2020. (Brina Ser.: 1). (ENG.). 88p. (J). 14.99 *(978-1-5458-0425-4(7),* 900211578, Papercutz) Mad Cave Studios.

Brina the Cat #2: City Cat. Giorgio Salati. Illus. by Christian Cornia. 2020. (Brina Ser.: 2). (ENG.). 88p. (J). 14.99 *(978-1-5458-0496-4(6),* 900219707, Papercutz) Mad Cave Studios.

Brina the Cat #2: City Cat. Giorgio Salati. Illus. by Christian Christian Cornia. 2020. (Brina Ser.: 2). (ENG.). 88p. (J). pap. 9.99 *(978-1-5458-0497-1(4),* 900219708, Papercutz) Mad Cave Studios.

Brincar. David McPhail. 2023. (¡Me Gusta Leer! Ser.). 32p. (J). (gr. -1-3). pap. 8.99 ***(978-0-8234-5474-7(6))*** Holiday Hse., Inc.

Brindabella. Ursula Dubosarsky. Illus. by Andrew Joyner. 2019. (ENG.). 208p. (J). (gr. 3-5). pap. 13.99 *(978-1-76011-204-2(6),* A&U Children's) Allen & Unwin AUS. Dist: Independent Pubs. Group.

BrindleFox. John Sandford. Illus. by John Sandford. 2023. (ENG., Illus.). 32p. (J). (gr. -1-2). 18.99 ***(978-1-5460-0372-4(X),*** Worthy Kids/Ideals) Worthy Publishing.

Bring Back the Babka! Marilyn Wolpin. Illus. by Madison Safer. 2023. (ENG.). 32p. (J). (gr. -1-3). 17.99. pap. 9.99 Barefoot Bks., Inc.

Bring Back the Bees. Emma Bland Smith. Illus. by Lissy Marlin. 2018. (Maddy McGuire, CEO Ser.). (ENG.). 112p. (J). (gr. 2-5). lib. bdg. 38.50 *(978-1-5321-3183-7(6),* 28461, Calico Chapter Bks.) ABDO Publishing Co.

Bring Back the Late 90S & Early 2000S: The Nostalgia Manifesto. Travis Smith. 2018. (ENG.). 100p. (YA). pap. 8.99 *(978-1-5043-1345-2(3),* Balboa Pr.) Author Solutions, LLC.

Bring Me a Rock! Daniel Miyares. Illus. by Daniel Miyares. 2016. (ENG., Illus.). 40p. (J). (gr. -1-3). 18.99 *(978-1-4814-4602-0(9),* Simon & Schuster Bks. For Young Readers) Simon & Schuster Bks. For Young Readers.

Bring Me a Rock. Daniel Miyares. 2018. (VIE.). (J). (gr. -1-3). pap. *(978-604-55-2624-8(4))* Nha xuat ban Ha Noi.

Bring Me Some Apples & I'll Make You a Pie: A Story about Edna Lewis. Robbin Gourley. 2016. (ENG., Illus.). 48p. (J). (gr. -1-3). pap. 7.99 *(978-0-544-80901-7(7),* 1641300, Clarion Bks.) HarperCollins Pubs.

Bring Me the Head of Ivy Pocket. Caleb Krisp. Illus. by Barbara Cantini. 2018. (Ivy Pocket Ser.: 3). (ENG.). 416p. (J). (gr. 3-7). pap. 6.99 *(978-0-06-236441-8(3),* Greenwillow Bks.) HarperCollins Pubs.

Bring Me Their Hearts. Sara Wolf. (Bring Me Their Hearts Ser.: 1). (ENG.). 400p. (YA). 2019. pap. 10.99 *(978-1-64063-528-9(6),* 900198127); 2018. 17.99 *(978-1-64063-146-5(1),* 900189636) Entangled Publishing, LLC.

Bring Me Your Midnight. Rachel Griffin. 2023. (ENG.). 416p. (YA). (gr. 8-12). 18.99 ***(978-1-7282-5615-3(1))*** Sourcebooks, Inc.

Bring on the Bling! Bracelets, Anklets, & Rings for All Occasions. Debbie Prestine Kachidurian et al. 2017. (Illus.). 47p. (J). pap. *(978-1-4914-8621-4(X))* Capstone.

Bring on the Bling! Bracelets, Anklets, & Rings for All Occasions. Debbie Kachidurian et al. 2016. (Accessorize Yourself! Ser.). (ENG., Illus.). 48p. (J). (gr. 4-8). lib. bdg. 35.32 *(978-1-4914-8231-5(1),* 130694, Capstone Pr.) Capstone.

Bring Out Your Dead. Kim Cormack. 2017. (Children of Ankh Series Novellas Ser.: Vol. 1). (ENG.). 156p. (J). pap. *(978-0-9959652-0-1(X))* Mythomedia.

Bring Out Your Dead: Children of Ankh Shorts. Kim Cormack. 2019. (Children of Ankh Shorts Ser.: Vol. 1). (ENG.). 84p. (J). (gr. 3-6). pap. *(978-1-989368-18-3(2))* Mythomedia.

Bring Sunshine: Aesop Fables Re-Visited & Illustrated by Colin Darke. Colin Darke. 2020. (ENG.). 57p. ***(978-1-716-47628-0(3))*** Lulu Pr., Inc.

Bring You Home Again: You Can Find Freedom & Inner Peace from Stress, Worry & Being Overwhelmed in 31 Days from Psalm 23. Jonathan Geraci. 2018. (ENG.). 256p. (J). pap. *(978-1-7752309-1-5(0))* Geraci, Jonathan.

Bring Your MICCC: The Young Person's Guide for Successfully Transitioning into Adulthood. Diamond Wilson. 2018. (ENG., Illus.). 80p. (J). pap. 10.99 *(978-0-9898594-0-0(1))* LonnaDee Pr.

Bring Your MICCC-Image: The Young Person's Guide for Successfully Transitioning into Adulthood. Diamond Wilson. 2018. (Bring Your MICCC Ser.: Vol. 2). (ENG., Illus.). 80p. (YA). pap. 10.99 *(978-0-9898594-4-8(4))* LonnaDee Pr.

Bring Your Own Bags: Book 7. Carole Crimeen & Suzanne Fletcher. 2023. (Sustainability Ser.). (ENG.). 16p. (J). (gr. -1-2). pap. 7.99 ***(978-1-922370-03-7(7),*** 945f71ce-d55e-447d-8236-49fda13e6d2c) Knowledge Bks. & Software AUS. Dist: Lerner Publishing Group.

Bringe Deinem Drachen Bei Regeln Zu Befolgen: (Train Your Dragon to Follow Rules) Bringe Deinem Drachen Bei, NICHT Gegen Regeln Zu Verstoßen. eine Süße Kindergeschichte, Die Kindern Die Wichtigkeit Von Regeln Näherbringt. Steve Herman. 2020. (My Dragon Books Deutsch Ser.: Vol. 11). (GER.). 42p. (J). 18.95 *(978-1-64916-013-3(5));* pap. 12.95 *(978-1-64916-012-6(7))* Digital Golden Solutions LLC.

Bringe Deinem Drachen Verantwortung Bei: (Train Your Dragon to Be Responsible) Bringe Deinem Drachen Verantwortung Bei. eine Süße Kindergeschichte Um Kindern Beizubringen, Verantwortung Für Ihre Entscheidungen Zu übernehmen. Steve Herman. 2020. (My Dragon Books Deutsch Ser.: Vol. 12). (GER.). 42p. (J). 18.95 *(978-1-64916-015-7(1));* pap. 12.95 *(978-1-64916-014-0(3))* Digital Golden Solutions LLC.

Bringing a Unicorn Home. Gabriella R. Polifort. 2022. (ENG.). 42p. (J). 25.00 ***(978-1-0880-1468-4(2))*** Indy Pub.

Bringing Back Grandpa (Sequel to Flying with Grandpa) Madhuri Kamat. 2021. (ENG.). 112p. (J). pap. 9.99 *(978-0-14-345216-4(9))* Penguin Bks. India PVT, Ltd IND. Dist: Independent Pubs. Group.

260 The check digit for ISBN-10 appears in parentheses after the full ISBN-13

Bringing Back History: An Untold Story of the Mexican Repatriation. Elsie Guerrero. 2018. (ENG., Illus.). 44p. (J). (gr. 2-6). 19.99 *(978-1-7327573-1-8(3))* Elsie Publishing Co.

Bringing Back History: An Untold Story of the 'mexican Repatriation' Elsie Guerrero. 2018. (ENG., Illus.). 42p. (J). (gr. 1-5). pap. 9.99 *(978-1-7327573-4-9(8))* Elsie Publishing Co.

Bringing Back Our Deserts. Clara MacCarald. 2017. (Conservation Success Stories Ser.). (ENG., Illus.). 112p. (J). (gr. 6-12). lib. bdg. 41.36 *(978-1-5321-1313-0(7),* 27521, Essential Library) ABDO Publishing Co.

Bringing Back Our Freshwater Lakes. Lisa J. Amstutz. 2017. (Conservation Success Stories Ser.). (ENG., Illus.). 112p. (J). (gr. 6-12). lib. bdg. 41.36 *(978-1-5321-1314-7(5),* 27522, Essential Library) ABDO Publishing Co.

Bringing Back Our Oceans. Carol Hand. 2017. (Conservation Success Stories Ser.). (ENG., Illus.). 112p. (J). (gr. 6-12). lib. bdg. 41.36 *(978-1-5321-1315-4(3),* 27523, Essential Library) ABDO Publishing Co.

Bringing Back Our Tropical Forests. Carol Hand. 2017. (Conservation Success Stories Ser.). (ENG., Illus.). 112p. (J). (gr. 6-12). lib. bdg. 41.36 *(978-1-5321-1316-1(1),* 27524, Essential Library) ABDO Publishing Co.

Bringing Back Our Tundra. Michael Regan. 2017. (Conservation Success Stories Ser.). (ENG., Illus.). 112p. (J). (gr. 6-12). lib. bdg. 41.36 *(978-1-5321-1317-8(X),* 27525, Essential Library) ABDO Publishing Co.

Bringing Back Our Wetlands. Laura Perdew. 2017. (Conservation Success Stories Ser.). (ENG., Illus.). 112p. (J). (gr. 6-12). lib. bdg. 41.36 *(978-1-5321-1318-5(8),* 27526, Essential Library) ABDO Publishing Co.

Bringing Back the American Alligator. Cynthia O'Brien. 2018. (Animals Back from the Brink Ser.). (Illus.). 32p. (J). (gr. 4-4). *(978-0-7787-4901-1(0))* Crabtree Publishing Co.

Bringing Back the Giant Panda. Ruth Daly. 2018. (Animals Back from the Brink Ser.). (Illus.). 32p. (J). (gr. 4-4). *(978-0-7787-4902-8(9))* Crabtree Publishing Co.

Bringing Back the Gray Wolf. Cynthia O'Brien. 2018. (Animals Back from the Brink Ser.). (Illus.). 32p. (J). (gr. 4-4). *(978-0-7787-4903-5(7))* Crabtree Publishing Co.

Bringing Back the Grizzly Bear. Ruth Daly. 2018. (Animals Back from the Brink Ser.). (Illus.). 32p. (J). (gr. 4-4). *(978-0-7787-4904-2(5))* Crabtree Publishing Co.

Bringing Back the Humpback Whale. Kelly Spence. 2018. (Animals Back from the Brink Ser.). (Illus.). 32p. (J). (gr. 4-4). *(978-0-7787-4905-9(3))* Crabtree Publishing Co.

Bringing Back the Tree of Snow. R. E. Hammer. 2019. (ENG., Illus.). 260p. (YA). (gr. 7-8). pap. 14.00 ***(978-0-692-99749-9(0))*** REHammer Pr.

Bringing Back the Whooping Crane. Rachel Stuckey. 2018. (Animals Back from the Brink Ser.). (Illus.). 32p. (J). (gr. 4-4). *(978-0-7787-4906-6(1))* Crabtree Publishing Co.

Bringing Back the Wolves: How a Predator Restored an Ecosystem. Jude Isabella. Illus. by Kim Smith. 2020. (Ecosystem Guardians Ser.). (ENG.). 40p. (J). (gr. 3-7). 18.99 *(978-1-77138-625-8(8))* Kids Can Pr., Ltd. CAN. Dist: Hachette Bk. Group.

Bringing down a President: The Watergate Scandal. Elizabeth Levy & Andrea Balis. Illus. by Tim Foley. 2019. (ENG.). 240p. (J). 19.99 *(978-1-250-17679-0(4),* 900189617) Roaring Brook Pr.

Bringing Me Back. Beth Vrabel. 2018. (ENG.). 256p. (J). (gr. 3-7). 16.99 *(978-1-5107-2527-0(X),* Sky Pony Pr.) Skyhorse Publishing Co., Inc.

Bringing Out Barbara (Classic Reprint) Ethel Train. 2017. (ENG., Illus.). (J). 28.93 *(978-0-266-18069-2(8))* Forgotten Bks.

Bringing Out the Best, 1 vol. Myra King. Illus. by Subrata Mahajan. 2016. (Apley Towers Ser.: 5). (ENG.). 204p. (J). 7.99 *(978-1-78226-281-7(4),* 3ed5c93e-84fa-474e-876a-89ac7bb85da5) Sweet Cherry Publishing GBR. Dist: Baker & Taylor Publisher Services (BTPS).

Bringing up Father (Classic Reprint) Geo McManus. 2017. (ENG., Illus.). (J). 25.05 *(978-0-331-13564-0(7));* pap. 9.57 *(978-0-260-17587-8(0))* Forgotten Bks.

Brink of Darkness. Jeff Giles. 2018. (Edge of Everything Ser.). (ENG.). 352p. (YA). 18.99 *(978-1-61963-755-9(3),* 900147530, Bloomsbury Young Adult) Bloomsbury Publishing USA.

Brink of Dawn. Jeff Altabef & Erynn Altabef. Ed. by Lane Diamond. 2nd ed. 2018. (Chosen Ser.: Vol. 2). (ENG., Illus.). 336p. (YA). (gr. 7-12). pap. 15.95 *(978-1-62253-327-5(5))* Evolved Publishing.

Brink of Extinction: Can We Stop Nature's Decline? Eric Braun. 2020. (Informed! Ser.). (ENG., Illus.). 64p. (J). (gr. 5-9). pap. 8.95 *(978-0-7565-6663-0(0),* 201298); lib. bdg. 37.32 *(978-0-7565-6619-7(3),* 199105) Capstone. (Compass Point Bks.).

Brinka: An American Countess (Classic Reprint) Mary Clare Spenser. (ENG., Illus.). (J). 2018. 422p. 32.62 *(978-0-483-88978-1(4));* 2017. pap. 16.57 *(978-0-243-08998-7(8))* Forgotten Bks.

Brinkley Boyd of Weymouth. Annie Hallinan. Illus. by Amy Preveza. 2017. 46p. (J). *(978-0-9971477-4-2(1))* Turnberry Pr.

Brinsop's Brood. Kristian Alva. 2016. (Dragon Stone Adventures Ser.: Vol. 1). (ENG.). 112p. (J). pap. 14.95 *(978-1-937361-38-9(1))* Passkey Online Educational Services.

Brinton Eliot: From Yale to Yorktown (Classic Reprint) James Eugene Farmer. 2018. (ENG., Illus.). 410p. (J). 32.35 *(978-0-484-16978-3(5))* Forgotten Bks.

Brioche in the Oven. Camille DeAngelis. 2020. (ENG.). 224p. (gr. 4-7). pap. 14.99 *(978-1-948705-66-0(4))* Amberjack Publishing Co.

Bri's Big Crush. Melinda Metz. 2016. (Babysitter Chronicles Ser.). (ENG.). 160p. (J). (gr. 4-7). lib. bdg. 26.65 *(978-1-4965-2756-1(9),* 1400591, Stone Arch Bks.) Capstone.

Brisco, Life As a Therapy Dog. Margot Bennett. 2021. (ENG.). 64p. (J). 18.99 ***(978-1-7357990-0-1(9));*** pap. 13.99 ***(978-1-7357990-1-8(7))*** Fetch Pr. Publishing.

Brisels (Classic Reprint) William Black. 2018. (ENG., Illus.). 440p. (J). 32.99 *(978-0-428-93535-1(4))* Forgotten Bks.

Brisket Helps Miryam with Online Learning. Caryn Rivadeneira. Illus. by Priscilla Alpaugh. 2021. (Helper Hounds Ser.). (ENG.). 72p. (J). (gr. 1-3). 12.99 *(978-1-64371-080-8(X),* d6bae9ef-7eaa-4568-8c98-643595f82da6); pap. 6.99 *(978-1-64371-081-5(8),* a5cfd1da-4fee-4b62-a554-3d1322764d34) Red Chair Pr.

Briskwood Blood Rain. Christopher Joubert. 2018. (Briskwood Blood Rain Ser.: Vol. 1). (ENG.). 200p. (YA). (gr. 8-12). 22.99 *(978-0-692-19093-7(7))* Joubert, Christopher.

Bristlecone Pines Are Ancient!, 1 vol. Patricia Fletcher. 2016. (World's Weirdest Plants Ser.). (ENG., Illus.). 24p. (J). (gr. 2-3). pap. 9.15 *(978-1-4824-5599-1(4),* 84369da1-015c-41c1-b6d0-90e8a2fbe3d1) Stevens, Gareth Publishing LLLP.

Bristles & Thel. Donny P. 2023. (ENG.). 34p. (YA). ***(978-1-3984-1787-8(4));*** pap. ***(978-1-3984-1786-1(6))*** Austin Macauley Pubs. Ltd.

Bristling with Thorns (Classic Reprint) O. T. Beard. (ENG., Illus.). (J). 2017. 33.01 *(978-0-265-43000-2(3));* 2016. pap. 16.57 *(978-1-334-16254-1(9))* Forgotten Bks.

Britain & the EU. Simon Adams. 2017. (ENG.). 64p. (J). (gr. 4-6). 17.99 *(978-1-4451-5062-8(X),* Franklin Watts) Hachette Children's Group GBR. Dist: Hachette Bk. Group.

Britain in the Past: Anglo-Saxons. Moira Butterfield. ed. 2017. (Britain in the Past Ser.). (ENG., Illus.). 32p. (J). (gr. 4-6). pap. 12.99 *(978-1-4451-4062-9(4),* Franklin Watts) Hachette Children's Group GBR. Dist: Hachette Bk. Group.

Britain in the Past: Iron Age. Moira Butterfield. 2017. (Britain in the Past Ser.). (ENG., Illus.). 32p. (J). (gr. 2-5). pap. 12.99 *(978-1-4451-4065-0(9),* Franklin Watts) Hachette Children's Group GBR. Dist: Hachette Bk. Group.

Britain in the Past: Stone Age. Moira Butterfield. 2017. (Britain in the Past Ser.). (ENG.). 32p. (J). (gr. 4-6). pap. 12.99 *(978-1-4451-4052-0(7),* Franklin Watts) Hachette Children's Group GBR. Dist: Hachette Bk. Group.

Britain in the Past: the Romans. Moira Butterfield. 2017. (Britain in the Past Ser.). (ENG.). 32p. (J). (gr. 4-6). pap. 12.99 *(978-1-4451-4056-8(X),* Franklin Watts) Hachette Children's Group GBR. Dist: Hachette Bk. Group.

Britain in the Past: Vikings. Moira Butterfield. 2017. (Britain in the Past Ser.). (ENG.). 32p. (J). (gr. 2-5). pap. 12.99 *(978-1-4451-4068-1(3),* Franklin Watts) Hachette Children's Group GBR. Dist: Hachette Bk. Group.

Britannica All New Kids' Encyclopedia - Luxury Limited Edition: What We Know & What We Don't. Ed. by Christopher Lloyd. 2020. (ENG., Illus.). 424p. (J). (gr. 3-7). 150.00 *(978-1-913750-03-9(5),* Britannica Bks.) What on Earth Books.

Britannica Beginner Bios: Set 4, 14 vols. 2017. (Britannica Beginner Bios Ser.). (ENG.). 32p. (J). (gr. 2-3). lib. bdg. 182.42 *(978-1-5383-0093-0(1),* 67b4c54f-c8df-4aec-af63-72a7454e5c90, Britannica Educational Publishing) Rosen Publishing Group, Inc., The.

Britannica Beginner Bios: Sets 1 - 4. 2017. (Britannica Beginner BIOS Ser.). (ENG.). (J). pap. 344.00 *(978-1-5383-0135-7(0));* (gr. 2-3). lib. bdg. 651.50 *(978-1-5383-0100-5(8),* 79c63acd-16e7-4dba-be18-1258a0ac5adc) Rosen Publishing Group, Inc., The.

Britannica Guide to Africa, 8 vols., Set. Amy McKenna. Incl. History of Northern Africa. 200p. lib. bdg. 56.59 *(978-1-61530-318-2(9),* 9e74ca64-1e3a-4f7e-8efa-2198cacf9822); History of Southern Africa. 240p. lib. bdg. 56.59 *(978-1-61530-312-0(X),* b44c5dbb-5090-4ccf-a477-658592221e52); History of Western Africa. 240p. lib. bdg. 56.59 *(978-1-61530-316-8(2),* ff5e2d99-26c6-4fea-b6ab-115bbb86be1e); (YA). (gr. 10-10). (Britannica Guide to Africa Ser.). (ENG., Illus.). 200 ndash; 240p. 2011. Set lib. bdg. 226.36 *(978-1-61530-350-2(2),* 39c635e1-5809-4c40-a2f0-7ad0327401aa) Rosen Publishing Group, Inc., The.

Britannica Guide to Islam, 10 vols. 2017. (Britannica Guide to Islam Ser.). (ENG.). 128p. (gr. 10-10). 189.10 *(978-1-5081-0548-0(0),* 287802b2-8ff1-4d40-bc3a-34105608121b, Britannica Educational Publishing) Rosen Publishing Group, Inc., The.

Britannica Guide to Predators & Prey, 12 vols., Set. John P. Rafferty. Incl. Carnivores: Meat-Eating Mammals. 320p. (J). lib. bdg. 55.29 *(978-1-61530-340-3(5),* 72be3a64-062b-446f-9efc-b53d3435de32); Grazers. 360p. (YA). lib. bdg. 55.29 *(978-1-61530-336-6(7),* 5aa613a7-33d8-4d13-9e0b-10e048d88a95); Meat Eaters: Raptors, Sharks, & Crocodiles. 208p. (YA). lib. bdg. 55.29 *(978-1-61530-342-7(1),* 79dfbe61-4f48-44f6-9e67-6e8c0588e97b); Primates. 296p. (YA). lib. bdg. 55.29 *(978-1-61530-339-7(1),* 4bb449d5-e5cf-41f1-9f9e-698b2dcb525d); Rats, Bats, & Xenarthrans. 256p. (YA). lib. bdg. 55.29 *(978-1-61530-332-8(4),* 95127fdd-51a3-4d15-8bfb-b01c038e135f); Reptiles & Amphibians. 296p. (YA). lib. bdg. 55.29 *(978-1-61530-344-1(8),* 9b30c7f7-30d9-4e24-94f1-0e6935af5303); (gr. 10-10). (Britannica Guide to Predators & Prey Ser.). (ENG., Illus.). 2011. Set lib. bdg. 331.74 *(978-1-61530-351-9(0),* 7efe6916-4e10-4911-a369-868fbe86214b) Rosen Publishing Group, Inc., The.

Britannica's Guide to the World's Most Influential People: Sets 1 - 2, 26 vols. 2016. (Britannica Guide to the World's Most Influential People Ser.). (ENG.). (YA). (gr. 10-10). lib. bdg. 735.67 *(978-1-5081-0004-1(7),* d688de41-c6e3-471f-91f1-69f7a61c2e73) Rosen Publishing Group, Inc., The.

Britannica's 5-Minute Really True Stories for Family Time: 30 Amazing Stories: Featuring Baby Dinosaurs, Helpful Dogs, Playground Science, Family Reunions, a World of Birthdays, & So Much More! Britannica Britannica Group. 2022. (5-Minute Really True Stories Ser.). (ENG., Illus.). 192p. (J). (gr. k-3). 12.99 *(978-1-913750-38-1(8),* Britannica Bks.) What on Earth Books.

Britannica's Baby Encyclopedia: For Curious Kids Ages 0 To 3. Sally Symes & Britannica Britannica Group. Illus. by Hanako Clulow. 2022. (ENG.). 72p. (J). (gr. -1 — 1). bds. 25.00 *(978-1-913750-80-0(9),* Britannica Bks.) What on Earth Books.

Britannica's Practical Guide to the Arts, 10 vols. 2016. (Britannica's Practical Guide to the Arts Ser.). (ENG.). 128p. (gr. 10-10). 189.10 *(978-1-68048-585-1(7),* dd65ca3b-04f9-43ab-8ac6-cc84b914c664, Britannica Educational Publishing) Rosen Publishing Group, Inc., The.

Britanny & the Chase: With Hints on French Affairs (Classic Reprint) I. Hope. 2018. (ENG., Illus.). 132p. (J). 26.62 *(978-0-484-24595-1(3))* Forgotten Bks.

Brite & Fair (Classic Reprint) Henry A. Shute. 2017. (ENG., Illus.). (J). 29.88 *(978-0-265-22107-5(2))* Forgotten Bks.

Britfield & the Lost Crown. C. R. Stewart. 2019. (ENG.). (YA). (gr. 5). 24.99 *(978-1-7329612-0-3(4));* pap. 16.99 *(978-1-7329612-1-0(2))* Devonfield. (Britfield).

British American Magazine, 1868 (Classic Reprint) Henry Youle Hind. (ENG., Illus.). (J). 2018. 684p. 38.02 *(978-0-332-19755-5(7));* 2017. pap. 20.57 *(978-0-243-59003-2(2))* Forgotten Bks.

British & Foreign Evangelical Review, 1860, Vol. 9 (Classic Reprint) Unknown Author. 2018. (ENG., Illus.). 986p. (J). (gr. -1-3). 44.23 *(978-0-483-44491-1(X))* Forgotten Bks.

British & Foreign Review, or European Quarterly Journal, Vol. 3: July-December, 1836 (Classic Reprint) Unknown Author. 2018. (ENG., Illus.). 642p. (J). (gr. -1-3). 37.16 *(978-0-483-45634-1(9))* Forgotten Bks.

British Are Coming (Young Readers Edition) Rick Atkinson. 2022. (ENG., Illus.). 224p. (J). 19.99 *(978-1-250-80058-9(7),* 900240754, Holt, Henry & Co. Bks. For Young Readers) Holt, Henry & Co.

British Artists from Hogarth to Turner, Vol. 1 Of 2: A Series of Biographical Sketches (Classic Reprint) Walter Thornbury. 2018. (ENG., Illus.). 354p. (J). 31.22 *(978-0-267-10970-8(9))* Forgotten Bks.

British Bee Journal, & Bee-Keeper's Adviser, 1896, Vol. 24 (Classic Reprint) Thomas William Cowan. (ENG., Illus.). (J). 2018. 540p. 35.03 *(978-0-267-90703-8(6));* 2016. pap. 19.57 *(978-1-334-16728-7(1))* Forgotten Bks.

British Bee Journal, & Bee-Keepers' Adviser, 1899, Vol. 27 (Classic Reprint) Thomas William Cowan. (ENG., Illus.). (J). 2018. 526p. 34.75 *(978-0-656-19539-8(8));* 2016. pap. 19.57 *(978-1-333-29342-0(9))* Forgotten Bks.

British Bee Journal, & Bee-Keepers' Adviser, 1906, Vol. 34 (Classic Reprint) Thomas William Cowan. (ENG., Illus.). (J). 2018. 528p. 34.79 *(978-0-656-32114-8(8));* 2016. pap. 19.57 *(978-1-334-29876-9(9))* Forgotten Bks.

British Bee Journal & Bee-Keepers Adviser, 1920, Vol. 48: A Weekly Journal Devoted to the Interests of Bee-Keepers (Classic Reprint) Unknown Author. 2018. (ENG., Illus.) (J). 856p. 41.55 *(978-1-391-61032-0(6));* 858p. pap. 23.97 *(978-1-391-60913-3(1))* Forgotten Bks.

British Bee Journal, & Bee-Keepers' Adviser, Vol. 22 (Classic Reprint) Thos. Wm. Cowan. 2017. (ENG., Illus.). 526p. (J). 34.75 *(978-0-484-86708-5(3))* Forgotten Bks.

British Bee Journal, & Bee-Keepers' Adviser, Vol. 23: January December, 1895 (Classic Reprint) Thos. Wm. Cowan. 2016. (ENG., Illus.). (J). pap. 19.57 *(978-1-333-84936-8(2))* Forgotten Bks.

British Bee Journal, & Bee-Keepers' Adviser, Vol. 25: January December, 1897 (Classic Reprint) Thos. Wm. Cowan. (ENG., Illus.). (J). 2018. 456p. 33.32 *(978-0-484-89484-5(6));* 2016. pap. 16.57 *(978-1-334-16805-5(9))* Forgotten Bks.

British Bee Journal, & Bee-Keepers' Adviser, Vol. 28: January December, 1900 (Classic Reprint) Thos. Wm. Cowan. (ENG., Illus.). (J). 2018. 522p. 34.66 *(978-0-656-09201-7(7));* 2016. pap. 19.57 *(978-1-334-16263-3(8))* Forgotten Bks.

British Bee Journal, & Bee-Keepers' Adviser, Vol. 29: January December, 1901 (Classic Reprint) Thos. Wm. Cowan. (ENG., Illus.). (J). 2017. 34.83 *(978-0-260-57528-9(3));* 2016. pap. 19.57 *(978-1-334-13148-6(1))* Forgotten Bks.

British Bee Journal, & Bee-Keepers' Adviser, Vol. 30: January-December, 1902 (Classic Reprint) Thomas William Cowan. (ENG., Illus.). (J). 2018. 528p. 34.79 *(978-0-364-75017-9(0));* 2016. pap. 19.57 *(978-1-334-16391-3(X))* Forgotten Bks.

British Bee Journal, & Bee-Keepers' Adviser, Vol. 35: January-December, 1907 (Classic Reprint) Thomas William Cowan. 2016. (ENG., Illus.). (J). pap. 19.57 *(978-1-333-19031-6(X))* Forgotten Bks.

British Bee Journal, & Bee-Keepers' Adviser, Vol. 41: January December, 1913 (Classic Reprint) Thomas WM. Cowan. 2018. (ENG., Illus.). 526p. (J). 34.75 *(978-0-656-05133-5(7))* Forgotten Bks.

British Bee Journal & Bee-Keepers' Adviser, Vol. 50: January-December, 1922 (Classic Reprint) Thomas WM. Cowan. 2018. (ENG., Illus.). 648p. (J). 37.26 *(978-0-656-17241-2(X))* Forgotten Bks.

British Bee Journal, Bee-Keepers' Record & Adviser, Vol. 21: January-December, 1893 (Classic Reprint) Thomas William Cowan. (ENG., Illus.). (J). 2018. 528p. 34.79 *(978-0-267-57685-2(4));* 2016. pap. 19.57 *(978-1-334-16203-9(4))* Forgotten Bks.

British Bee Journal, Vol. 33: And Bee-Keepers' Adviser (Classic Reprint) Thos W. Cowan. 2018. (ENG., Illus.). 526p. (J). 34.75 *(978-0-332-94859-1(5))* Forgotten Bks.

British Birds (Classic Reprint) Unknown Author. (ENG., Illus.). (J). 2018. 288p. 29.84 *(978-0-267-56039-4(7));* 2016. pap. 13.57 *(978-1-333-72307-1(5))* Forgotten Bks.

British Birds Handbook: Identify & Record 100 Species. Duncan Brewer & Belinda Gallagher. Ed. by Richard Kelly. 2017. (ENG., Illus.). 224p. (J). pap. 14.99 *(978-1-78209-126-4(2))* Miles Kelly Publishing, Ltd. GBR. Dist: Parkwest Pubns., Inc.

British Children's Literature & the First World War: Representations Since 1914. David Budgen. 2018. (ENG.). 256p. (C). *(978-1-4742-5685-8(6),* 291239, Bloomsbury Academic) Bloomsbury Publishing Plc.

British Columbia. Jill Foran. 2018. (O Canada Ser.). (ENG.). 32p. (J). lib. bdg. 22.99 *(978-1-5105-3640-1(X))* SmartBook Media, Inc.

British Columbia Alphabet Book, 1 vol. Nicky Bird. 2021. (IThink Ser.). (ENG.). 64p. (J). pap. 6.99 *(978-1-897206-25-6(9),* af4a371f-66cd-4dc6-8915-55dce0bd5e85) Folklore Publishing CAN. Dist: Lone Pine Publishing USA.

British Columbia Educational Facts for Children to Learn About. Bold Kids. 2022. (ENG.). 42p. (J). pap. 14.99 ***(978-1-0717-2082-0(1))*** FASTLANE LLC.

British Columbia Magazine: Vancouver B. C. a Pointer to Outside Investors (Classic Reprint) Unknown Author. 2018. (ENG., Illus.). 158p. (J). 27.16 *(978-0-267-83047-3(5))* Forgotten Bks.

British Columbia Magazine, Vol. 7: April, 1911 (Classic Reprint) Pollough Pogue. (ENG., Illus.). (J). 2018. 120p. 26.37 *(978-0-666-09304-2(0));* 2016. pap. 9.57 *(978-1-334-13295-7(X))* Forgotten Bks.

British Columbia Magazine, Vol. 7: February, 1911 (Classic Reprint) Pollough Pogue. 2018. (ENG., Illus.). 112p. (J). 26.21 *(978-0-656-26580-0(9))* Forgotten Bks.

British Columbia Magazine, Vol. 7: July, 1911 (Classic Reprint) Pollough Pogue. (ENG., Illus.). (J). 2018. 160p. 27.20 *(978-0-267-74173-1(1));* 2016. pap. 9.57 *(978-1-334-15935-0(1))* Forgotten Bks.

British Columbia Magazine, Vol. 7: March, 1911 (Classic Reprint) Pollough Pogue. (ENG., Illus.). (J). 2018. 118p. 26.33 *(978-0-267-86129-3(X));* 2016. pap. 9.57 *(978-1-334-14253-6(X))* Forgotten Bks.

British Columbia Magazine, Vol. 7: May, 1911 (Classic Reprint) Pollough Pogue. (ENG., Illus.). (J). 2018. 158p. 27.16 *(978-0-267-60026-7(7));* 2016. pap. 9.57 *(978-1-333-14150-8(9))* Forgotten Bks.

British Columbia Magazine, Vol. 7: September, 1911 (Classic Reprint) Unknown Author. (ENG., Illus.). (J). 2018. 134p. 26.66 *(978-0-267-75212-6(1));* 2016. pap. 9.57 *(978-1-334-15114-9(8))* Forgotten Bks.

British Columbia Magazine, Vol. 8: June, 1912 (Classic Reprint) Unknown Author. (ENG., Illus.). (J). 2018. 120p. 26.29 *(978-0-484-84916-6(6));* 2016. pap. 9.57 *(978-1-334-71348-4(0))* Forgotten Bks.

British Country Life in Spring & Summer: The Book of the Open Air (Classic Reprint) Edward Thomas. 2018. (ENG., Illus.). 312p. (J). 30.35 *(978-0-332-10358-7(7))* Forgotten Bks.

British Country Life in Spring & Summer; the Book of the Open Air. Edward Thomas. 2019. (ENG.). 314p. (J). pap. *(978-93-5380-051-2(X))* Alpha Editions.

British Duck Decoys of to-Day, 1918 (Classic Reprint) J. Whitaker. 2018. (ENG., Illus.). 150p. (J). 27.01 *(978-0-267-82863-0(2))* Forgotten Bks.

British Economy Since 1914: A Study in Decline? Rex Pope. 2017. (Seminar Studies). (ENG.). 150p. (C). (gr. 5-5). 190.00 *(978-1-138-18147-2(1),* Y220399) Routledge.

British Empire & the Great Divisions of the Globe, Book II in the Ambleside Geography Series (Yesterday's Classics) Charlotte M. Mason. 2022. (ENG.). 240p. (J). pap. 14.95 *(978-1-63334-166-1(6))* Yesterday's Classics.

British Essayists, Vol. 31 Of 45: With Prefaces Biographical, Historical & Critical (Classic Reprint) Lionel Thomas Berguer. (ENG., Illus.). (J). 2017. 29.30 *(978-0-266-41848-1(1));* 2016. pap. 11.97 *(978-1-333-66800-6(7))* Forgotten Bks.

British Essayists; with Prefaces, Historical & Biographical, Vol. XIV. Alexander Chalmers. 2017. (ENG., Illus.). (J). pap. *(978-0-649-71952-5(2))* Trieste Publishing Pty Ltd.

British Essayists, with Prefaces, Historical & Biographical, Vol. XXXVII. Alexander Chalmers. 2017. (ENG., Illus.). (J). pap. *(978-0-649-40525-1(0))* Trieste Publishing Pty Ltd.

British Fairy & Folk Tales (Classic Reprint) W. J. Glover. 2017. (ENG., Illus.). (J). 30.27 *(978-0-260-63028-5(4))* Forgotten Bks.

British Freshwater Rhizopoda & Heliozoa, Vol. 2: Rhizopoda, Part II (Classic Reprint) James Cash. 2017. (ENG., Illus.). (J). pap. 13.57 *(978-0-243-21736-6(6))* Forgotten Bks.

British Freshwater Rhizopoda & Heliozoa, Vol. 4: Supplement to the Rhizopoda; Bibliography (Classic Reprint) James Cash. 2016. (ENG., Illus.). (J). pap. 10.57 *(978-1-334-48371-4(X))* Forgotten Bks.

British Garden Life Handbook. Belinda Gallagher. Ed. by Richard Kelly. 2017. (ENG., Illus.). 224p. (J). pap. 14.99 *(978-1-78209-128-8(9))* Miles Kelly Publishing, Ltd. GBR. Dist: Parkwest Pubns., Inc.

British Girl's Guide to Hurricanes & Heartbreak. Laura Taylor Namey. 2023. (Cuban Girl's Guide Ser.). (ENG.). 320p. (YA). (gr. 7). 19.99 ***(978-1-6659-1533-5(1),*** Atheneum Bks. for Young Readers) Simon & Schuster Children's Publishing.

British Guiana. L. Crookall. 2017. (ENG.). 318p. (J). pap. *(978-3-7447-5169-8(4))* Creation Pubs.

British Guiana: Or Work & Wanderings among the Creoles & Coolies, the Africans & Indians of the Wild Country (Classic Reprint) L. Crookall. (ENG., Illus.). (J). 2017. 30.62 *(978-0-331-74177-3(6));* 2016. pap. 13.57 *(978-1-333-62194-0(9))* Forgotten Bks.

British History. Ed. by Richard Kelly. 2017. (ENG.). 48p. (J). pap. 9.95 *(978-1-78209-896-6(8))* Miles Kelly Publishing, Ltd. GBR. Dist: Parkwest Pubns., Inc.

British Letters Illustrative of Character & Social Life (Classic Reprint) Edward Tuckerman Mason. 2018. (ENG., Illus.). (J). 306p. 30.21 *(978-0-364-09771-7(X));* 274p. 29.55 *(978-0-365-35962-3(9))* Forgotten Bks.

British Navy Book. Cyril Field. 2019. (ENG., Illus.). 298p. (YA). (gr. 7-12). pap. *(978-93-5329-438-0(X))* Alpha Editions.

British Novelist: Or, Virtue & Vice in Miniature, Vol. 3: Consisting of a Valuable Collection of the Best English Novels (Classic Reprint) Behn. 2018. (ENG., Illus.). 256p. (J). 29.18 *(978-0-267-48083-8(0))* Forgotten Bks.

British Novelist; or, Virtue & Vice in Miniature, Vol. 1: Consisting of a Valuable Collection of the Best English Novels (Classic Reprint) Behn Griffiths Lenox. 2018. (ENG., Illus.). 276p. (J). 29.59 *(978-0-483-35190-5(3))* Forgotten Bks.

British Novelist, or Virtue & Vice in Miniature, Vol. 2: Consisting of a Valuable Collection of the Best English Novels; Containing the Adventures of Gil Blas, & the Female Quixote, or the Adventures of Arabella (Classic Reprint) Unknown Author. 2017. (ENG., Illus.). 256p. (J). 29.18 *(978-0-484-44104-9(3))* Forgotten Bks.

B

British Novelist, Vol. 4: Or, Virtue & Vice in Miniature; Consisting of a Valuable Collection of the Best English Novels Faithfully Abridged, So As to Contain All the Spirit of the Originals (Classic Reprint) Unknown Author. abr. ed. 2018. (ENG., Illus.). 272p. (J). 29.51 *(978-0-483-77530-5(4))* Forgotten Bks.

British Novelists, Vol. 19: With an Essay & Prefaces, Biographical & Critical (Classic Reprint) (Anna Letitia) Barbauld. 2018. (ENG., Illus.). 408p. (J). 32.31 *(978-0-666-93157-3(7))* Forgotten Bks.

British Novelists, Vol. 21: With an Essay & Prefaces, Biographical & Critical (Classic Reprint) (Anna Letitia) Barbauld. 2018. (ENG., Illus.). 598p. (J). 36.23 *(978-0-365-18442-3(X))* Forgotten Bks.

British Novelists, Vol. 23: With an Essay & Prefaces, Biographical & Critical (Classic Reprint) (Anna Letitia) Barbauld. 2018. (ENG., Illus.). 398p. (J). 32.13 *(978-0-484-07219-9(6))* Forgotten Bks.

British Partizan. Mary Elizabeth Moragne Davis. 2017. (ENG.). 160p. (J). pap. *(978-3-337-12081-8(4))* Creation Pubs.

British Partizan: A Tale the of Olden Time (Classic Reprint) Mary Elizabeth Moragne Davis. (ENG., Illus.). (J). 2017. 156p. 27.13 *(978-0-332-49990-1(1))*; 2016. pap. 9.57 *(978-1-334-16369-2(3))* Forgotten Bks.

British Poets, Vol. 2 Of 100: Including Translations (Classic Reprint) Unknown Author. 2018. (ENG., Illus.). 260p. (J). 29.26 *(978-0-267-25685-3(X))* Forgotten Bks.

British Quixote or, the Summer's Ramble of Mr. Geoffry Wildgoose, Vol. 1: A Comic Romance; to Which Is Prefixed the Life of the Author (Classic Reprint) Barbauld Barbauld. 2018. (ENG., Illus.). 322p. (J). 30.56 *(978-0-267-19667-8(9))* Forgotten Bks.

British Response to Troubles in the Colony Grade 7 Children's Exploration & Discovery History Books. Baby Professor. 2022. (ENG.). 72p. (J). 31.99 ***(978-1-5419-9466-9(3))***; pap. 19.99 ***(978-1-5419-8831-6(0))*** Speedy Publishing LLC. (Baby Professor (Education Kids)).

British Shorthair Cats. Mary Ellen Klukow. 2020. (Favorite Cat Breeds Ser.). (ENG.). 24p. (J). (gr. 1-4). lib. bdg. *(978-1-68151-815-2(5)*, 10689) Amicus.

British Shorthair Cats. Katie Lajiness. 2017. (Big Buddy Cats Ser.). (ENG., Illus.). 32p. (J). (gr. 2-5). lib. bdg. 34.21 *(978-1-5321-1197-6(5)*, 27549, Big Buddy Bks.) ABDO Publishing Co.

British Shorthairs. Christina Leighton. 2016. (Cool Cats Ser.). (ENG., Illus.). 24p. (J). (gr. k-3). 26.95 *(978-1-62617-395-8(8)*, Blastoff! Readers) Bellwether Media.

British Social Wasps: An Introduction to Their Anatomy & Physiology, Architecture, & General Natural History, with Illustrations of the Different Species & Their Nests (Classic Reprint) Edward Latham Ormerod. 2018. (ENG., Illus.). 324p. (J). 30.58 *(978-0-364-88131-6(3))* Forgotten Bks.

British Spiders: An Introduction to the Study of the Araneidae of Great Britain & Ireland (Classic Reprint) E. F. Staveley. 2018. (ENG., Illus.). (J). 356p. 31.24 *(978-1-396-83813-2(9))*; 358p. pap. 13.97 *(978-1-396-83812-5(0))* Forgotten Bks.

British Supercars: McLaren, Aston Martin, Jaguar, 1 vol. Paul Mason. 2018. (Supercars Ser.). (ENG.). 32p. (J). (gr. 4-5). 27.93 *(978-1-5383-3882-7(3)*, 5f9257eb-5c81-4938-b858-f4deb1cc5aaf, PowerKids Pr.) Rosen Publishing Group, Inc., The.

British Wildflowers & Trees Handbook: Identify & Record 100 Species. Camilla De la Bédoyère & Belinda Gallagher. Ed. by Richard Kelly. 2017. (ENG., Illus.). 224p. (J). pap. 14.99 *(978-1-78209-129-5(7))* Miles Kelly Publishing, Ltd. GBR. Dist: Parkwest Pubns., Inc.

British Wildlife: Identify & Record 100 Species. Camilla De la Bédoyère & Belinda Gallagher. Ed. by Richard Kelly. 2017. (ENG., Illus.). 224p. (J). pap. 14.99 *(978-1-78209-127-1(0))* Miles Kelly Publishing, Ltd. GBR. Dist: Parkwest Pubns., Inc.

British Working Man by One Who Does Not Believe in Him: And Other Sketches (Classic Reprint) James Frank Sullivan. (ENG., Illus.). (J). 2018. 224p. 28.52 *(978-0-483-14081-3(3))*; 2018. 226p. 28.56 *(978-0-484-79501-2(5))*; 2017. pap. 10.97 *(978-1-334-93420-9(7))*; 2016. pap. 10.97 *(978-1-334-52265-9(0))* Forgotten Bks.

British Workman (Classic Reprint) Unknown Author. 2018. (ENG., Illus.). 106p. (J). 26.10 *(978-0-483-51097-5(1))* Forgotten Bks.

Britomart, the Socialist (Classic Reprint) Florence Roney Weir. (ENG., Illus.). (J). 2018. 270p. 29.49 *(978-0-267-31503-1(1))*; 2016. pap. 11.97 *(978-1-333-44863-9(5))* Forgotten Bks.

Britomart, Vol. 1 Of 3: A Novel (Classic Reprint) Herbert Martin. (ENG., Illus.). (J). 2018. 296p. 30.00 *(978-0-483-96921-6(4))*; 2016. pap. 13.57 *(978-1-333-44833-2(3))* Forgotten Bks.

Britomart, Vol. 2 Of 3: A Novel (Classic Reprint) Herbert Martin. 2018. (ENG., Illus.). 278p. (J). 29.67 *(978-0-484-05568-0(2))* Forgotten Bks.

Britons at Bay: The Adventures of Two Midshipmen in the Second Burmese War (Classic Reprint) Henry Charles Moore. (ENG., Illus.). (J). 2018. 358p. 31.28 *(978-0-267-30452-3(8))*; 2016. pap. 13.97 *(978-1-333-28183-0(8))* Forgotten Bks.

Britta & the Boys. Lpc McIntyre. Illus. by Dan Romens. 2020. (ENG.). 84p. (J). pap. 12.00 *(978-1-64538-146-4(3))* Orange Hat Publishing.

Brittah's Sparkle & Joy Club. Sharalyn Morrison-Andrews. Illus. by Lucas Richards. 2022. (ENG.). 42p. (J). 19.95 ***(978-0-9962889-5-8(3))***; pap. 12.95 ***(978-0-9962889-4-1(5))*** Morrison-Andrews, Sharalyn.

Brittain's Poems (Classic Reprint) I. j. Brittain. 2018. (ENG., Illus.). 26p. (J). 24.43 *(978-0-267-47918-4(2))* Forgotten Bks.

Brittany & la Vendee: Tales & Sketches; with a Notice of the Life & Literary Character of Emile Souvestre (Classic Reprint) Emile Souvestre. 2018. (ENG., Illus.). 322p. (J). 30.56 *(978-0-483-32226-4(1))* Forgotten Bks.

Brittany & the Polar Bear. Tracilyn George. 2023. (ENG.). 26p. (J). pap. 12.99 ***(978-1-77475-841-0(5))*** Draft2Digital.

Brittany & the Polar Bear. Tracilyn George. 2020. (ENG.). 22p. (J). pap. 11.00 *(978-1-7774435-5-9(5))* Lulu Pr., Inc.

Brittany & the Polar Bear. Tracilyn George. Illus. by Aria Jones. 2020. (ENG.). 24p. (J). pap. 17.14 *(978-1-716-62200-7(X))* Lulu Pr., Inc.

Brittany Backpack. Annie McLane. 2022. (ENG.). 42p. (J). *(978-0-2288-6354-0(6))*; pap. *(978-0-2288-6353-3(8))* Tellwell Talent.

Brittany Bends: Book Three of the Daughters of Zeus Trilogy. Kristine Grayson. 2019. (Daughters of Zeus Ser.: Vol. 3). (ENG.). 160p. (J). pap. 14.99 *(978-1-56146-086-1(9))* WMG Publishing.

Brittany (Classic Reprint) Mortimer Menpes. (ENG., Illus.). (J). 2018. 568p. 35.61 *(978-0-484-67796-7(9))*; 2016. pap. 19.57 *(978-1-334-13309-1(3))* Forgotten Bks.

Brittany with Bergere (Classic Reprint) Wm M. E. Whitelock. 2017. (ENG., Illus.). (J). 27.11 *(978-0-331-90425-3(X))* Forgotten Bks.

Brittanys. Lindsay Shaffer. 2019. (Awesome Dogs Ser.). (ENG., Illus.). 24p. (J). (gr. k-3). lib. bdg. 26.95 *(978-1-62617-907-3(7)*, Blastoff! Readers) Bellwether Media.

Brittie the Traveling Spider. Cindy Dongiovanni Tomsic. 2021. (ENG., Illus.). 26p. (J). pap. 14.95 *(978-1-63903-620-2(2))* Christian Faith Publishing.

Brittie the Traveling Spider Goes to France. Cindy Dongiovanni Tomsic. Illus. by Carolyn Lacek. 2023. (Brittie the Traveling Spider Ser.: Vol. 2). (ENG.). 38p. (J). pap. 14.99 ***(978-1-6628-7819-0(2))*** Salem Author Services.

Brittle's Academy for the Magically Unstable: Charlie Makes a Discovery. Lily Mae Walters. Illus. by Tom Rowley. 2019. (Brittle's Academy Ser.: Vol. 1). (ENG.). 102p. (J). pap. 8.99 *(978-1-68160-695-8(X))* Crimson Cloak Publishing.

Britton (Classic Reprint) Edmund Wingate. (Illus.). (J). 2018. (ENG.). 656p. 37.45 *(978-0-666-81966-6(1))*; 2017. (FRE.). pap. 19.97 *(978-0-259-09706-8(3))* Forgotten Bks.

Britz Barton's Breaks. Dorothy Alease Phillips. 2020. (ENG.). 190p. (YA). pap. 14.99 *(978-1-4582-2287-9(X)*, Abbott Pr.) Author Solutions, LLC.

Brixham Assassin: An Assassin in a Small Fishing Port? Why? Alexander MacPherson. 2021. (ENG.). 260p. (J). pap. *(978-1-105-46244-3(7))* Lulu Pr., Inc.

Brixham Pirate & the Mermaid: He Was a Royal Naval Officer, but Became a Pirate. Alexander MacPherson. 2022. (ENG.). 280p. (YA). pap. 18.29 *(978-1-4717-2600-2(2))* Lulu Pr., Inc.

Bro. Helen Chebatte. 2016. (ENG.). 240p. (YA). (gr. 7). pap. 14.99 *(978-1-76012-550-9(4))* Hardie Grant Children?s Publishing AUS. Dist: Independent Pubs. Group.

Bro Code. Elizabeth A. Seibert. 2020. (ENG.). 320p. (YA). pap. 10.99 *(978-1-989365-32-8(9)*, 900225459) Wattpad Bks. CAN. Dist: Macmillan.

Broad Aisle: A Realistic Tale of Early Ohio (Classic Reprint) Charles Stewart Daggett. 2018. (ENG., Illus.). 260p. (J). 29.26 *(978-0-483-92377-5(X))* Forgotten Bks.

Broad, Broad Ocean & Some of Its Inhabitants. William Jones. 2017. (ENG.). 458p. (J). pap. *(978-3-337-31724-9(3))* Creation Pubs.

Broad Churches. Kristin Gnoza. 2016. (ENG., Illus.). 232p. (J). pap. *(978-1-365-52271-0(7))* Lulu Pr., Inc.

Broad Grins: My Nightgown & Slippers & Other Humorous Works (Classic Reprint) George Colman. 2018. (ENG., Illus.). 510p. (J). 34.42 *(978-0-484-34107-3(3))* Forgotten Bks.

Broad Grins: My Nightgown Slippers (Classic Reprint) George Colman. 2018. (ENG., Illus.). 136p. (J). 26.72 *(978-0-364-53374-1(9))* Forgotten Bks.

Broad Grins, or a Cure for the Horrors: Containing a Delicious Treat of Eccentric Prime Laughable Funny Sentimental Religious Extraordinary Humourous Bagup Jests & Flashes of Merriment Extracted from the Choicest Works of the Most Celebrated Wits of Eve. Unknown Author. 2018. (ENG., Illus.). (J). 40p. 24.72 *(978-1-396-75365-7(6))*; 42p. pap. 7.97 *(978-1-391-79597-3(0))* Forgotten Bks.

Broad Highway (Classic Reprint) Jeffery Farnol. 2017. (ENG., Illus.). (J). 34.87 *(978-0-260-02365-0(5))* Forgotten Bks.

Broad Norfolk: Being a Series of Articles & Letters Reprinted from the Eastern Daily Press (Classic Reprint) Sydney Eastern Daily Press. 2018. (ENG., Illus.). 118p. (J). 26.35 *(978-0-656-70313-5(X))* Forgotten Bks.

Broad Stripes & Bright Stars: Stories of American History (Classic Reprint) Carolyn Sherwin Bailey. 2017. (ENG., Illus.). (J). 29.24 *(978-0-265-19622-9(1))* Forgotten Bks.

Broad Stripes & Bright Stars; Stories of American History. Carolyn Sherwin Bailey. 2017. (ENG., Illus.). (J). pap. *(978-0-649-38739-7(2))*; pap. *(978-0-649-11719-2(0))* Trieste Publishing Pty Ltd.

Broad Walk (Classic Reprint) Leonie Aminof. 2018. (ENG., Illus.). 348p. (J). 31.07 *(978-0-483-51381-5(4))* Forgotten Bks.

Broadax Chips from Woodland Township (Classic Reprint) Alonzo Brown. 2018. (ENG., Illus.). 42p. (J). 24.76 *(978-0-267-27904-3(3))* Forgotten Bks.

Broadcaster: January, 1944 (Classic Reprint) Wayland High School. (ENG., Illus.). (J). 2018. 42p. 24.78 *(978-0-656-97679-9(9))*; 2017. pap. 7.97 *(978-0-259-80581-6(5))* Forgotten Bks.

Broadcaster, Vol. 1: June 12, 1925 (Classic Reprint) Liberty Union High School. (ENG., Illus.). (J). 2018. 108p. 26.14 *(978-0-365-25753-0(2))*; 2017. pap. 9.57 *(978-0-259-94928-2(0))* Forgotten Bks.

Broadcaster, Vol. 1: Oct; 17, 1924 (Classic Reprint) Liberty Union High School. 2018. (ENG., Illus.). 80p. (J). 25.55 *(978-0-332-87071-7(5))* Forgotten Bks.

Broadcaster, Vol. 2: January 15, 1926 (Classic Reprint) Liberty Union High School. (ENG., Illus.). (J). 2018. 68p. 25.30 *(978-0-365-27375-2(9))*; 2017. pap. 9.57 *(978-0-243-38994-0(9))* Forgotten Bks.

Broadcaster, Vol. 2: June 11, 1926 (Classic Reprint) Susan Wilder. (ENG., Illus.). (J). 2018. 94p. 25.86 *(978-0-484-54312-5(1))*; 2016. pap. 9.57 *(978-1-334-11551-6(6))* Forgotten Bks.

Broadcaster, Vol. 3: March 11, 1927 (Classic Reprint) Emily Bailey. (ENG., Illus.). (J). 2018. 66p. 25.28 *(978-0-267-68339-0(1))*; 2017. pap. 9.57 *(978-0-259-50759-8(6))* Forgotten Bks.

Broadcaster, Vol. 4: June 6, 1928 (Classic Reprint) Mary Watt. 2017. (ENG., Illus.). (J). 26.06 *(978-0-265-96008-0(8))*; pap. 9.57 *(978-1-5280-4303-8(0))* Forgotten Bks.

Broadcaster, Vol. 4: March 21, 1928 (Classic Reprint) Mary Watt. 2017. (ENG., Illus.). (J). 76p. 25.48 *(978-0-332-32719-8(1))*; pap. 9.57 *(978-0-259-92990-1(5))* Forgotten Bks.

Broadcaster, Vol. 8: June, 1932 (Classic Reprint) Vivian Bonnickson. (ENG., Illus.). (J). 2018. 82p. 25.59 *(978-0-666-14713-4(2))*; 2017. pap. 9.57 *(978-0-259-99007-9(8))* Forgotten Bks.

Broadoaks (Classic Reprint) Mary Greenway McClelland. 2017. (ENG., Illus.). (J). 29.67 *(978-0-265-57423-2(4))*; pap. 13.57 *(978-0-282-84950-4(5))* Forgotten Bks.

Broadway Anthology (Classic Reprint) Edward L. Bernays. 2017. (ENG., Illus.). (J). 25.38 *(978-0-260-84171-1(4))* Forgotten Bks.

Broadway Baby. Russell Miller & Judith A. Proffer. 2023. (Illus.). 32p. (J). (gr. k-2). 17.99 *(978-1-957317-04-5(3))* IPG Publishing.

Broadway Bird. Alex Timbers. Illus. by Alisa Coburn. 2022. (ENG.). 40p. (J). 18.99 *(978-1-250-78457-5(3)*, 900237033) Feiwel & Friends.

Broadway Doggie. Nancy Krulik. 2016. (Magic Bone Ser.: 10). lib. bdg. 14.75 *(978-0-606-38416-2(2))* Turtleback.

Broadway Doggie #10. Nancy Krulik. Illus. by Sebastien Braun. 2016. (Magic Bone Ser.: 10). 128p. (J). (gr. 1-3). bds. 6.99 *(978-0-448-48875-2(2)*, Grosset & Dunlap) Penguin Young Readers Group.

Brobarians. Lindsay Ward. Illus. by Lindsay Ward. 2017. (ENG., Illus.). 40p. (J). (gr. -1-2). 17.99 *(978-1-5039-4167-0(1)*, 9781503941670, Two Lions) Amazon Publishing.

Brobot. James Foley. 2018. (S. Tinker Inc Ser.). 112p. (J). (gr. 3-6). 6.99 *(978-1-925163-91-9(1))* Fremantle Pr. AUS. Dist: Independent Pubs. Group.

BroBots & the Mecha Malarkey!, Vol. 2. J. Torres. Illus. by Sean Dove. 2017. (BroBots Ser.: 2). (ENG.). 40p. (J). 12.99 *(978-1-62010-424-8(5)*, 9781620104248, Lion Forge) Oni Pr., Inc.

Broc & Cara's Gut Book. Dave a Wilson. Illus. by Melissa Bailey. 2018. (Broc & Cara's Gut Book Ser.: Vol. 2). (ENG.). 36p. (J). pap. *(978-0-9919411-4-8(4))* Wilson, Dave Publishing.

Broccoli & Spies. Andrew Levins. 2021. (Nelson Ser.: 2). (Illus.). 176p. (J). (gr. 1-3). 9.99 *(978-1-76089-339-2(0)*, Puffin) Penguin Random Hse. AUS. Dist: Independent Pubs. Group.

Broccoli Doesn't Bite: An ABC Book. Joshua James Cole. 2022. (ENG.). 62p. (J). 27.49 ***(978-1-0880-3455-2(1))*** Indy Pub.

Broccoli for Breakfast. Matilda James. Illus. by Mary-Grace Corpus. 2018. (ENG.). 32p. (J). (gr. -1-3). pap. 9.99 *(978-1-5324-0764-2(5))* Xist Publishing.

Broccoli Hair. Kristen Scott. 2021. (ENG.). 22p. (J). 16.99 *(978-1-953156-35-8(5))* 13th & Joan.

Broccolipunzle. Julie Lee. 2022. (ENG.). (J). pap. 12.99 *(978-1-4621-4189-0(7)*, Sweetwater Bks.) Cedar Fort, Inc./CFI Distribution.

Broccoli's. J. C. Allan. 2020. (ENG., Illus.). 22p. (J). pap. *(978-1-913136-73-4(6))* Clink Street Publishing.

Broccoli's Big Day! Mike Henson. Illus. by Sandra de la Prada. 2022. (ENG.). 32p. (J). (gr. -1-1). 18.99 ***(978-0-7112-6792-3(8)***, Happy Yak) Quarto Publishing Group UK GBR. Dist: Hachette Bk. Group.

Brock & Mommy. Dale Wilson. 2022. (ENG., Illus.). 30p. (J). 24.95 ***(978-1-63844-671-2(7))***; pap. 14.95 ***(978-1-63844-669-9(5))*** Christian Faith Publishing.

Brock Lesnar. J. R. Kinley. 2019. (Wrestling Superstars Ser.). (ENG., Illus.). 32p. (J). (gr. 3-3). pap. 9.95 *(978-1-64494-223-9(2)*, 1644942232) Bigfoot Bks. GBR. Dist: North Star Editions.

Brock Lesnar. Contrib. by Alex Monnig. 2023. (Xtreme Wrestling Royalty Ser.). (ENG.). 48p. (J). (gr. 3-9). lib. bdg. 34.21 ***(978-1-0982-9147-1(6)***, 41768, Abdo & Daughters) ABDO Publishing Co.

Brock Lesnar, 1 vol. Benjamin Proudfit. 2018. (Superstars of Wrestling Ser.). (ENG.). 32p. (J). (gr. 1-2). 28.27 *(978-1-5382-2095-5(4)*, 74c624c1-1df9-47bf-8c16-252a7acb08fd) Stevens, Gareth Publishing LLLP.

Brock Talks to a Rock. Dale Moorman. 2019. (ENG., Illus.). 28p. (J). (gr. k-4). 13.95 *(978-1-64416-774-8(3))* Christian Faith Publishing.

Brock the Balloonist. John Patience. Illus. by John Patience. 2021. (Tales from Fern Hollow Ser.). (ENG.). 26p. (J). *(978-1-9162769-7-0(0))* Talewater Pr.

Brock's Bad Temper (and the Time Machine) Carrie Lowrance. 2018. (Boys Will Be Boys Ser.: Vol. 2). (ENG., Illus.). 42p. (J). (gr. 1-3). pap. 12.00 *(978-0-9995069-4-3(3))*; (gr. 3-6). 20.00 *(978-0-9995069-6-7(X))* Lowrance, Carrie.

Brody & Buddy Bear's Big Adventure. Mary Kay Ferguson. 2019. (ENG., Illus.). 36p. (J). pap. 14.99 *(978-1-951263-62-1(6))* Pen It Pubns.

Brody Bear Goes Fishing / l'Ours Brody Va À la Pêche: Babl Children's Books in French & English. Alvina Kwong. l.t. ed. 2017. (FRE., Illus.). 30p. (J). 14.99 *(978-1-68304-274-7(3))* Babl Books, Incorporated.

Brody Bear Goes Fishing / Si Brody Bear Ay Nangisda: Babl Children's Books in Tagalog & English. Alvina Kwong. l.t. ed. 2017. (ENG., Illus.). (J). 14.99 *(978-1-68304-256-3(5))* Babl Books, Incorporated.

Brody Was a Cowboy. Jean Edgar. Illus. by Jim Webb. 2022. (ENG.). 40p. (J). 19.99 *(978-1-6628-4979-4(6))* Salem Author Services.

Brogues of Kilavain Glen: A Play (Classic Reprint) Eva Wilkins. 2018. (ENG., Illus.). 36p. (J). 24.66 *(978-0-483-74951-1(6))* Forgotten Bks.

Brojevi. David E. McAdams. 2023. (Njige Iz Matematike Za Djecu Ser.: Vol. 19). (BOS.). 42p. (J). pap. 18.95 ***(978-1-63270-355-2(6))*** Life is a Story Problem LLC.

Broke of Covenden (Classic Reprint) J. C. Snaith. 2017. (ENG., Illus.). 582p. (J). 35.90 *(978-0-484-21743-9(7))* Forgotten Bks.

Broke, the Man Without the Dime: The Man Without the Dime (Classic Reprint) Edwin A. Brown. 2018. (ENG., Illus.). 428p. (J). 32.72 *(978-0-428-98268-3(9))* Forgotten Bks.

Broke Town Bums. Tim Duhig. 2023. (ENG.). 144p. (YA). pap. ***(978-1-80074-530-8(3))*** Olympia Publishers.

Broken. Jane Daly. 2022. (ENG.). 406p. (YA). pap. 20.99 ***(978-1-64949-614-0(1))*** Elk Lake Publishing, Inc.

Broken. Christine Meunier. 2018. (ENG., Illus.). 98p. (J). pap. *(978-0-244-40079-8(2))* Lulu Pr., Inc.

Broken Arcs (Classic Reprint) Darrell Figgis. 2017. (ENG., Illus.). (J). 32.93 *(978-0-265-95788-2(5))* Forgotten Bks.

Broken Arrow. Jim Corrigan. Illus. by Kev Hopgood. 2021. (Invisible Six Ser.). (ENG.). 112p. (J). (gr. 4-9). lib. bdg. 38.50 *(978-1-0982-3043-2(4)*, 37703, Claw) ABDO Publishing Co.

Broken Arrow. Jim Corrigan. Illus. by Kev Hopgood. 2021. (Invisible Six Ser.). (ENG.). 112p. (J). (gr. 5-5). pap. 11.95 *(978-1-64494-574-2(6))* North Star Editions.

Broken Away (Classic Reprint) Beatrice Ethel Grimshaw. 2018. (ENG., Illus.). 300p. (J). 30.10 *(978-0-483-31951-6(1))* Forgotten Bks.

Broken Barriers (Classic Reprint) Meredith Nicholson. 2018. (ENG., Illus.). 416p. (J). 32.48 *(978-0-484-12580-2(X))* Forgotten Bks.

Broken Beautiful Hearts. Kami Garcia. 2018. (ENG.). 416p. (YA). 18.99 *(978-1-250-07920-6(9)*, 900154389) Imprint IND. Dist: Macmillan.

Broken Beautiful Hearts. Kami Garcia. 2019. (ENG.). 416p. (YA). pap. 10.99 *(978-1-250-29453-1(3)*, 900177100) Square Fish.

Broken Before the Storm. Cheurlie Pierre-Russell. 2019. (ENG., Illus.). 36p. (J). (gr. 1-5). pap. 14.99 *(978-1-0878-0668-6(2))* J3Russell, LLC.

Broken Bell (Classic Reprint) Marie Van Vorst. 2018. (ENG., Illus.). 292p. (J). 29.94 *(978-0-483-53213-7(4))* Forgotten Bks.

Broken Birthday. Courtney Sheinmel. Illus. by Jennifer A. Bell. 2017. (Stella Batts Ser.). (ENG.). 160p. (J). (gr. 2-3). 9.99 *(978-1-58536-921-8(7)*, 204228) Sleeping Bear Pr.

Broken Blade. William Durbin. 2020. (ENG.). 174p. (YA). (gr. 3-7). pap. 8.99 *(978-0-578-75231-0(X))* William Durbom.

Broken Blossom, Vol. 1 Of 3: A Novel (Classic Reprint) Florence Marryat. (ENG., Illus.). (J). 2018. 244p. 28.95 *(978-0-483-93071-1(7))*; 2016. pap. 11.57 *(978-1-334-12470-9(1))* Forgotten Bks.

Broken Blossom, Vol. 2 Of 3: A Novel (Classic Reprint) Florence Marryat. 2018. (ENG., Illus.). 254p. (J). 29.16 *(978-0-332-17906-3(0))* Forgotten Bks.

Broken Blossom, Vol. 3 Of 3: A Novel (Classic Reprint) Florence Marryat. 2018. (ENG., Illus.). 296p. (J). 30.02 *(978-0-267-16518-6(8))* Forgotten Bks.

Broken Bonds, Vol. 1 of 3 (Classic Reprint) Hawley Smart. (ENG., Illus.). (J). 2018. 308p. 30.27 *(978-0-483-75002-9(6))*; 2016. pap. 13.57 *(978-1-334-12082-4(X))* Forgotten Bks.

Broken Bonds, Vol. 2 of 3 (Classic Reprint) Hawley Smart. (ENG., Illus.). (J). 2018. 312p. 30.35 *(978-0-267-31023-4(4))*; 2016. pap. 13.57 *(978-1-333-38644-3(3))* Forgotten Bks.

Broken Bonds, Vol. 3 of 3 (Classic Reprint) Hawley Smart. (ENG., Illus.). (J). 2018. 312p. 30.33 *(978-0-483-45986-1(0))*; 2016. pap. 13.57 *(978-1-334-17410-0(5))* Forgotten Bks.

Broken Butterflies (Classic Reprint) Henry Walsworth Kinney. 2018. (ENG., Illus.). (J). 328p. 30.68 *(978-1-397-19964-5(4))*; 330p. pap. 13.57 *(978-1-397-19919-5(9))* Forgotten Bks.

Broken Butterfly Wings / Alas de Mariposa Rotas. Raquel M. Ortiz. Illus. by Carrie Salazar. 2021. (MUL.). 32p. (J). 18.95 *(978-1-55885-922-7(5)*, Piñata Books) Arte Publico Pr.

Broken Case for a Modern KJV-Only View. Rick Norris. 2022. (ENG.). 218p. pap. ***(978-1-387-64746-0(6))*** Lulu Pr., Inc.

Broken Cat. Abi de Montfort. 2020. (ENG.). 36p. (J). *(978-1-5289-7717-3(3))*; pap. *(978-1-5289-7716-6(5))* Austin Macauley Pubs. Ltd.

Broken Chords. Jessica Bayliss. Ed. by Judith Graves. 2018. (ENG., Illus.). 244p. (YA). (gr. 7-12). pap. 10.99 *(978-1-61603-060-5(7))* Leap Bks.

Broken Chords, Crossed by the Echo of a False Note (Classic Reprint) George McClellan. 2018. (ENG., Illus.). 378p. (J). 31.71 *(978-0-332-46749-8(X))* Forgotten Bks.

Broken Christmas Toys. Lynn M. Mayberry. Illus. by Cindy Nedved. 2017. (ENG.). (J). 18.95 *(978-0-9993410-2-5(2))* Synchrony Hse. Publishing.

Broken Circle. J. L. Powers & M. A. Powers. 2017. (ENG.). 320p. (J). (gr. 6). pap. 14.95 *(978-1-61775-580-4(X)*, Black Sheep) Akashic Bks.

Broken Circle of Seven. Latonya Black. 2022. (ENG.). 262p. (YA). pap. 19.95 *(978-1-64801-307-2(4))* Newman Springs Publishing, Inc.

Broken Crayons, 1 vol. Patsy Dingwell. Illus. by Maria Lesage. 2020. (ENG.). 32p. (J). pap. 14.95 *(978-1-77366-063-9(2)*, 8e5ffa44-85b7-4c55-bdea-d5be310db0d8) Acorn Pr., The CAN. Dist: Baker & Taylor Publisher Services (BTPS).

Broken Crayons Still Color. Toni Collier. Illus. by Whitney Bak & Natalie Vasilica. 2023. (ENG.). 40p. (J). 18.99 ***(978-1-4002-4290-0(8)***, Tommy Nelson) Nelson, Thomas Inc.

Broken Crayons Still Color. Daphne Mack. 2019. (ENG., Illus.). 28p. (J). (gr. -1-3). 13.95 *(978-1-64515-443-3(2))* Christian Faith Publishing.

Broken Dreaming. Neal Solomon. 2023. (ENG.). 454p. (YA). pap. ***(978-0-2288-9506-0(5))*** Tellwell Talent.

Broken Dreams. H. L. Karhoff. 2021. (Spiraling Ser.: Vol. 2). (ENG.). 322p. (YA). pap. 15.99 *(978-1-0878-9154-5(X))* Indy Pub.

Broken Ear see Oreille Cassee

Broken Faith, Vol. 1 of 3 (Classic Reprint) Iza Duffus Hardy. 2018. (ENG., Illus.). 320p. (J). 30.50 *(978-0-483-34953-7(4))* Forgotten Bks.

262 The check digit for ISBN-10 appears in parentheses after the full ISBN-13

Broken Fetters, Vol. 2 Of 3: A Novel (Classic Reprint) Frank Trollope. 2018. (ENG., Illus.). 302p. (J). 30.13 *(978-0-483-34054-1(5))* Forgotten Bks.

Broken Fetters, Vol. 3 Of 3: A Novel (Classic Reprint) Frank Trollope. 2018. (ENG., Illus.). 332p. (J). 30.74 *(978-0-267-41849-7(3))* Forgotten Bks.

Broken Font, Vol. 1 Of 2: A Story of the Civil War (Classic Reprint) Moyle Sherer. (ENG., Illus.). (J). 2018. 396p. 32.06 *(978-0-483-29225-3(7))*; 2016. pap. 16.57 *(978-1-333-36883-8(6))* Forgotten Bks.

Broken Font, Vol. 2 Of 2: A Story of the Civil War (Classic Reprint) Moyle Sherer. (ENG., Illus.). (J). 2018. 336p. 30.83 *(978-0-483-40886-9(7))*; 2016. pap. 13.57 *(978-1-333-41297-5(5))* Forgotten Bks.

Broken Gate: A Novel (Classic Reprint) Emerson Hough. 2017. (ENG., Illus.). (J). 31.51 *(978-1-5281-7392-6(9))* Forgotten Bks.

Broken Ground. Lu Hersey. 2022. (ENG.). 350p. (YA). pap. *(978-1-78645-536-9(6))* Beaten Track Publishing.

Broken Halo (Classic Reprint) Florence L. Barclay. 2018. (ENG., Illus.). 494p. (J). 34.11 *(978-0-364-19187-3(2))* Forgotten Bks.

Broken Hearts. Culliver Crantz & Samantha Flores. 2020. (ENG.). 116p. (J). pap. 8.99 *(978-1-952910-15-9(3))* Write 211 LLC.

Broken Hearts Club. Susan Bishop Crispell. 2023. (ENG.). 368p. (YA). (gr. 8-12). 11.99 *(978-1-7282-4717-5(9))* Sourcebooks, Inc.

Broken Honeymoon (Classic Reprint) Edwin Pugh. (ENG., Illus.). (J). 2018. 328p. 30.68 *(978-0-365-46158-6(X))*; 2017. pap. 13.57 *(978-1-5276-4361-1(1))* Forgotten Bks.

Broken Innocence: No Longer Pure. Marquita Brown. 2021. (ENG.). 112p. (J). pap. 14.95 *(978-1-6624-7281-7(1))* Page Publishing Inc.

Broken Journey: Wanderings from the Hoang-Ho to the Island of Saghalien & the Upper Reaches of the Amur River (Classic Reprint) Mary Gaunt. 2018. (ENG., Illus.). 342p. (J). 30.95 *(978-0-267-23464-6(3))* Forgotten Bks.

Broken Kind of Life. Jamie Mayfield. 2016. (ENG., Illus.). (YA). (gr. 9-12). 24.99 *(978-1-63477-926-5(6))*, Harmony Ink Pr.) Dreamspinner Pr.

Broken Lance (Classic Reprint) Herbert Quick. 2018. (ENG., Illus.). 572p. (J). 35.71 *(978-0-483-38198-8(5))* Forgotten Bks.

Broken Lands. Jonathan Maberry. 2018. (Broken Lands Ser.: 1). (ENG., Illus.). 544p. (YA). (gr. 9). 19.99 *(978-1-5344-0637-7(9))*, Simon & Schuster Bks. For Young Readers) Simon & Schuster Bks. For Young Readers.

Broken Law (Classic Reprint) John Burland Harris-Burland. 2017. (ENG., Illus.). (J). 30.66 *(978-0-266-67192-3(6))*; pap. 13.57 *(978-1-5276-4239-3(9))* Forgotten Bks.

Broken Lens. Noor Khaled. 2022. (ENG.). 166p. (YA). pap. 16.95 ***(978-1-6624-8786-6(X))*** Page Publishing Inc.

Broken Lily, Vol. 1 of 3 (Classic Reprint) Mortimore Collins. 2018. (ENG., Illus.). 300p. (J). 30.10 *(978-0-483-91475-9(4))* Forgotten Bks.

Broken Lily, Vol. 2 of 3 (Classic Reprint) Mortimer Collins. 2018. (ENG., Illus.). 298p. (J). 30.04 *(978-0-483-93925-7(0))* Forgotten Bks.

Broken Lily, Vol. 3 of 3 (Classic Reprint) Mortimer Collins. 2018. (ENG., Illus.). 292p. (J). 29.92 *(978-0-483-84204-5(4))* Forgotten Bks.

Broken Links: A Love Story (Classic Reprint) Alexander. 2018. (ENG., Illus.). 344p. (J). 30.99 *(978-0-365-25048-7(1))* Forgotten Bks.

Broken Mirrors. Contrib. by Tammy Gagne. 2023. (Scoop on Superstitions Ser.). (ENG.). 24p. (J). (gr. 2-5). lib. bdg. 32.79 *(978-1-5038-6506-6(1)*, 216403, Stride) Child's World, Inc, The.

Broken One. Christine Bailey. 2016. (ENG., Illus.). 268p. (J). pap. 13.99 *(978-0-9971732-2-2(X))* Vinspire Publishing LLC.

Broken Ornament. Tony DiTerlizzi. Illus. by Tony DiTerlizzi. 2018. (ENG., Illus.). 48p. (J). (gr. -1-3). 17.99 *(978-1-4169-3976-4(8)*, Simon & Schuster Bks. For Young Readers) Simon & Schuster Bks. For Young Readers.

Broken Pieces: An Orphan of the Halifax Explosion, 1 vol. Allison Lawlor. 2017. (Compass: True Stories for Kids Ser.). (ENG., Illus.). 104p. (J). (gr. 4-7). pap. 17.95 *(978-1-77108-515-1(0)*, 3e022770-ba70-4928-9028-58d49959b48b) Nimbus Publishing, Ltd. CAN. Dist: Baker & Taylor Publisher Services (BTPS).

Broken Pride. Erin Hunter. ed. 2018. (Bravelands Ser.: 1). (J). lib. bdg. 18.40 *(978-0-606-41016-8(3))* Turtleback.

Broken Promise, or the Cottage on the Heath: A Juvenile Tale; Embellished with Several Neat Engravings (Classic Reprint) Unknown Author. 2018. (ENG., Illus.). 28p. (J). 24.47 *(978-0-267-21278-1(X))* Forgotten Bks.

Broken Promises. Melody Carlson. 2019. (Being Zoey Ser.: Vol. 3). (ENG.). 160p. (J). (gr. 3-6). 17.99 *(978-1-946531-93-3(6))*; pap. 11.99 *(978-1-946531-41-4(3))* WhiteFire Publishing. (WhiteSpark Publishing).

Broken Promises. Tokunbo Osunbayo. 2017. (ENG., Illus.). 30p. (J). pap. *(978-0-9957856-1-8(9))* MoneyStart.

Broken Promises. Anitha Robinson. 2017. (Broken Worlds Ser.). (ENG.). 200p. (YA). (gr. 7). pap. 9.95 *(978-1-944821-12-8(0))* CBAY Bks.

Broken Promises: A Temperance Drama, in Five Acts (Classic Reprint) S. N Cook. 2018. (ENG., Illus.). 50p. (J). 24.93 *(978-0-332-68620-2(5))* Forgotten Bks.

Broken Raven (Shadow Skye, Book Two) Joseph Elliott. 2021. (Shadow Skye Trilogy Ser.: 2). (ENG.). (YA). (gr. 7). 352p. pap. 9.99 *(978-1-5362-2412-2(X))*; 336p. 17.99 *(978-1-5362-0748-4(9))* Candlewick Pr.

Broken Records (Set), 6 vols. 2023. (Broken Records Ser.). (ENG.). 24p. (J). (gr. 2-8). lib. bdg. 188.16 ***(978-1-0982-8134-2(9)***, 42377, Abdo Zoom-Fly) ABDO Publishing Co.

Broken Reed. Michael J. Egbert. 2023. (ENG.). 406p. (YA). pap. ***(978-1-0358-1759-7(4))*** Austin Macauley Pubs. Ltd.

Broken Rivalry. Christine Rees. 2019. (Hidden Legacy Ser.: Vol. 2). (ENG.). 392p. (J). pap. *(978-0-3695-0113-4(6))* Evernight Publishing.

Broken Road (Classic Reprint) A. E. W. Mason. 2017. (ENG., Illus.). (J). 32.81 *(978-1-5279-8124-9(X))* Forgotten Bks.

Broken Shackles (Classic Reprint) John Gordon. (ENG., Illus.). (J). 2017. 29.55 *(978-0-265-51212-8(3))*; 2016. pap. 11.97 *(978-1-334-37427-2(9))* Forgotten Bks.

Broken Shackles (Classic Reprint) John Oxenham. 2017. (ENG., Illus.). (J). 31.18 *(978-0-331-82717-0(4))* Forgotten Bks.

Broken Shaft: Tales in Mid-Ocean (Classic Reprint) Henry Norman. 2017. (ENG., Illus.). (J). 28.68 *(978-1-5285-7533-1(4))*; pap. 11.57 *(978-1-5276-1239-6(2))* Forgotten Bks.

Broken Shards of Time. Nyah Nichol. 2020. (Tempus Trilogy Ser.: 1). (Illus.). 228p. (YA). (gr. 8-12). pap. 15.99 *(978-1-988761-48-0(4))* Common Deer Pr. CAN. Dist: National Bk. Network.

Broken Slippers. Deborah Rowbottom Crews. 2018. (ENG., Illus.). 92p. (J). (gr. 3-6). 19.95 *(978-1-942168-99-7(3)*, Compass Flower Pr.) AKA:yoLa.

Broken Soldier & the Maid of France (Classic Reprint) Henry Van Dyke. 2018. (ENG., Illus.). 82p. (J). 25.59 *(978-0-365-46070-1(2))* Forgotten Bks.

Broken Sons. Alice Hanov. 2023. (Head, the Heart, & the Heir Series Book 2 Ser.: Vol. 2). (ENG.). 456p. (YA). 25.99 ***(978-1-7780476-9-5(6))***; pap. 16.99 ***(978-1-7780476-7-1(X))*** Gryphon Pr., The.

Broken Spirit. Donna Shelton. 2023. (Monarch Jungle Ser.). (ENG.). 76p. (YA). (gr. 9-12). pap. 10.95 ***(978-1-68021-597-7(3)***, F7F8F094-A7F2-F1B8-36ABD3D35F6BD663) Saddleback Educational Publishing, Inc.

Broken Stalks (Classic Reprint) Lily H. Montagu. 2017. (ENG., Illus.). (J). 30.91 *(978-0-266-58492-6(6))* Forgotten Bks.

Broken Strings. Eric Walters & Kathy Kacer. 2020. (ENG.). 288p. (J). (gr. 5-9). pap. 9.99 *(978-0-7352-6626-1(3)*, Puffin Canada) PRH Canada Young Readers CAN. Dist: Penguin Random Hse. LLC.

Broken Sword: A Tale of the Civil War (Classic Reprint) Charles King. 2018. (ENG., Illus.). 318p. (J). 30.46 *(978-0-656-70760-7(7))* Forgotten Bks.

Broken Sword or a Pictorial Page in Reconstruction. D. Worthington. 2019. (ENG.). 334p. (J). pap. *(978-93-5360-717-3(5))* Alpha Editions.

Broken Sword, or a Pictorial Page in Reconstruction (Classic Reprint) D. Worthington. 2018. (ENG., Illus.). 332p. (J). 30.76 *(978-0-484-19175-3(6))* Forgotten Bks.

Broken Things. Lauren Oliver. (ENG.). (YA). (gr. 9). 2019. 432p. pap. 10.99 *(978-0-06-222414-9(X))*; 2018. 416p. 18.99 *(978-0-06-222413-2(1))* HarperCollins Pubs. (HarperCollins).

Broken Throne: a Red Queen Collection. Victoria Aveyard. (Red Queen Ser.). (ENG.). (YA). (gr. 8). 2020. 496p. pap. 12.99 *(978-0-06-242303-0(7))*; 2019. (Illus.). 480p. 19.99 *(978-0-06-242302-3(9))* HarperCollins Pubs. (HarperTeen).

Broken Time Machine. Craig B. Phillips. 2019. (Adventure Club Ser.: Vol. 1). (ENG., Illus.). 240p. (YA). (gr. 7-12). pap. ***(978-1-7770133-0-1(5)***, CP Bks.) Copy Pr.

Broken to Harness. Edmund Hodgson Yates. 2017. (ENG.). 394p. (J). pap. *(978-3-7447-4893-3(6))* Creation Pubs.

Broken to Harness: A Story of English Domestic Life (Classic Reprint) Edmund Hodgson Yates. 2018. (ENG., Illus.). 392p. (J). 31.98 *(978-0-428-80989-8(8))* Forgotten Bks.

Broken to Harness, Vol. 1 Of 3: A Story of English Domestic Life (Classic Reprint) Edmund Yates. (ENG., Illus.). (J). 2018. 330p. 30.72 *(978-0-267-36026-0(6))*; 2016. pap. 13.57 *(978-1-334-17079-9(7))* Forgotten Bks.

Broken to Harness, Vol. 2 Of 3: A Story of English Domestic Life (Classic Reprint) Edmund Hodgson Yates. 2018. (ENG., Illus.). 308p. (J). 30.27 *(978-0-483-96771-7(8))* Forgotten Bks.

Broken to Harness, Vol. 3 Of 3: A Story of English Domestic Life (Classic Reprint) Edmund Hodgson Yates. 2018. (ENG., Illus.). 284p. (J). 29.75 *(978-0-267-45286-6(1))* Forgotten Bks.

Broken to the Plow. Charles Caldwell Dobie. 2017. (ENG., Illus.). (J). 24.95 *(978-1-374-94823-5(3))* Capital Communications, Inc.

Broken to the Plow: A Novel (Classic Reprint) Charles Caldwell Dobie. 2018. (ENG., Illus.). 326p. (J). 30.62 *(978-0-484-10227-8(3))* Forgotten Bks.

Broken Toys: A Novel (Classic Reprint) Anna Caroline Steele. (ENG., Illus.). (J). 2018. 166p. 27.34 *(978-0-365-40529-0(9))*; 2017. pap. 9.97 *(978-0-259-18293-1(1))* Forgotten Bks.

Broken Unicorn: A Unicorn & a Dog Meet Eric & Enya. Jim Murdoch. Illus. by Paulien Bats. 2020. (Dreamland Adventures Ser.: Vol. 2). (ENG.). 152p. (J). pap. *(978-1-9160386-2-2(X))* Dream Meadow Pr.

Broken Vase, & Other Stories: For Children & Youth (Classic Reprint) Unknown Author. 2018. (ENG., Illus.). 76p. (J). 25.30 *(978-0-332-16942-2(1))* Forgotten Bks.

Broken Vow, or the Forced Marriage (Classic Reprint) Anna Grace Christian. 2018. (ENG., Illus.). 104p. (J). 26.04 *(978-0-483-96319-1(4))* Forgotten Bks.

Broken Wall: Stories of the Mingling Folk (Classic Reprint) Edward Alfred Steiner. 2018. (ENG., Illus.). 242p. (J). 28.89 *(978-0-483-32025-3(0))* Forgotten Bks.

Broken Wing. Maureen Larter. Illus. by Annie Gabriel. 2018. (Fairies of Aurora Village Ser.: Vol. 1). (ENG.). 82p. (J). (gr. 3-6). pap. *(978-0-9873500-9-1(9))* Sweetfields Publishing.

Broken Wing Butterfly: Emotional Healing for Your Soul. Catherine Ewing-Booker. 2019. (ENG.). 192p. (J). pap. 15.95 *(978-1-949402-03-2(7))* Creative Unity Productions.

Broken Wing Butterfly: Inspirational Story & Coloring Book. Catherine Ewing-Booker. 2019. (ENG.). 62p. (J). pap. 10.95 *(978-1-949402-04-9(5))* Creative Unity Productions.

Broken Wings. Marjorie Glider. 2021. (ENG., Illus.). 184p. (YA). pap. 15.95 *(978-1-0980-7410-4(6))* Christian Faith Publishing.

Broken Wish (the Mirror, Book 1) Julie Dao. 2020. (Mirror Ser.: 1). 20p. (YA). (gr. 9). 18.99 ***(978-1-368-04638-1(X)***, Disney-Hyperion) Disney Publishing Worldwide.

Broken Wish-The Mirror, Book 1. Julie C. Dao. 2021. (Mirror Ser.: 1). 24p. (YA). (gr. 9). pap. 9.99 ***(978-1-368-04639-8(8)***, Disney-Hyperion) Disney Publishing Worldwide.

Broken World. Lindsey Klingele. (ENG.). (YA). (gr. 8). 2018. 448p. pap. 9.99 *(978-0-06-238037-1(0))*; 2017. 432p. 17.99 *(978-0-06-238036-4(2))* HarperCollins Pubs. (HarperTeen).

Brokenbrow: A Tragedy (Classic Reprint) Ernst Toller. 2018. (ENG., Illus.). 64p. (J). 25.22 *(978-0-428-99444-0(X))* Forgotten Bks.

Bromine Educational Facts Children's Science Book. Bold Kids. 2022. (ENG.). 42p. (J). pap. 14.99 ***(978-1-0717-2116-2(X))*** FASTLANE LLC.

Bromley Neighborhood (Classic Reprint) Alice Brown. 2017. (ENG., Illus.). (J). 32.85 *(978-1-5285-8955-0(6))* Forgotten Bks.

Broncho Rider Boys on the Wyoming Trail: Or a Mystery of the Prairie Stampede (Classic Reprint) Frank Fowler. 2018. (ENG., Illus.). 260p. (J). 29.26 *(978-0-332-81370-7(3))* Forgotten Bks.

Broncho Rider Boys with Funston at Vera Cruz: Or, Upholding the Honor of the Stars & Stripes. Frank Fowler. 2017. (ENG., Illus.). (J). pap. 13.95 *(978-1-374-84495-7(0))* Capital Communications, Inc.

Broncho Rider Boys with Funston at Vera Cruz: Upholding the Honor of the Stars & Stripes. Frank Fowler. 2018. (ENG., Illus.). 204p. (YA). (gr. 7-12). pap. *(978-93-5297-296-8(1))* Alpha Editions.

Bronco & Friends: a Party to Remember. Tim Tebow. Illus. by Jane Chapman. 2021. (Bronco & Friends Ser.: 1). 40p. (J). (gr. -1-2). 17.99 *(978-0-593-23204-0(6)*, WaterBrook Pr.) Crown Publishing Group, The.

Bronco Rider Boys with the Texas Rangers: Or the Capture of the Smugglers on the Rio Grande. Frank Fowler. 2017. (ENG., Illus.). (J). pap. *(978-0-649-15460-9(6))* Trieste Publishing Pty Ltd.

Bronco Rider Boys with the Texas Rangers: Or the Capture of the Smugglers on the Rio Grande (Classic Reprint) Frank Fowler. 2018. (ENG., Illus.). 258p. (J). 29.22 *(978-0-332-04469-9(6))* Forgotten Bks.

Bronny the Dinosaur... Where's Mummy? Jenny Fitzmaurice. Illus. by Kimberley Coffey. 2022. (ENG.). 38p. (J). pap. *(978-1-922701-89-3(0))* Shawline Publishing Group.

Bronson of the Rabble: A Novel (Classic Reprint) Albert Elmer Hancock. 2018. (ENG., Illus.). 332p. (J). 30.79 *(978-0-483-05147-8(0))* Forgotten Bks.

Brontës: The Fantastically Feminist (and Totally True) Story of the Astonishing Authors. Anna Doherty. 2022. (ENG., Illus.). 32p. (J). (gr. k-2). pap. 12.99 *(978-1-5263-6107-3(8)*, Wren & Rook) Hachette Children's Group GBR. Dist: Hachette Bk. Group.

Brontës - Children of the Moors. Mick Manning & Brita Granström. ed. 2020. (ENG., Illus.). 48p. (J). (gr. 2-4). pap. 10.99 *(978-1-4451-4732-1(7)*, Franklin Watts) Hachette Children's Group GBR. Dist: Hachette Bk. Group.

Bronto's Search for Dad. Marisa Vestita. 2020. (Incredible Adventures of 4 Baby Dinosaurs Ser.). (ENG., Illus.). 16p. (J). (— 1). bds. 6.99 *(978-1-5107-5474-4(1)*, Sky Pony Pr.) Skyhorse Publishing Co., Inc.

Bronx Masquerade. Nikki Grimes. 2017. (ENG.). 192p. (YA). (gr. 7). pap. 10.99 *(978-0-425-28976-1(1)*, Speak) Penguin Young Readers Group.

Bronxshapes. Alex Rivera. Illus. by Alex Rivera. 2020. (Bronx Baby Ser.). (Illus.). 16p. (J). (— 1). bds. 7.99 *(978-0-593-11081-2(1)*, Kokila) Penguin Young Readers Group.

Bronxtones. Alex Rivera. Illus. by Alex Rivera. 2020. (Bronx Baby Ser.). (Illus.). 16p. (J). (— 1). bds. 7.99 *(978-0-593-11078-2(1)*, Kokila) Penguin Young Readers Group.

Bronze & Sunflower. Cao Wenxuan. Illus. by Meilo So. 2019. (ENG.). 400p. (J). (gr. 4-7). pap. 9.99 *(978-1-5362-0637-1(7))* Candlewick Pr.

Bronze & Sunflower. Cao Wenxuan. Tr. by Helen Wang. Illus. by Meilo So. 2017. (ENG.). 400p. (J). (gr. 4-7). 17.99 *(978-0-7636-8816-5(9))* Candlewick Pr.

Bronze Bell (Classic Reprint) Louis Joseph Vance. (ENG., Illus.). (J). 2018. 382p. 31.78 *(978-0-483-29798-2(4))*; 2016. pap. 16.57 *(978-1-333-70757-6(6))* Forgotten Bks.

Bronze Bottle. Linda Shields Allison. 2020. (ENG.). 246p. (YA). pap. 16.99 *(978-1-64718-484-1(3))* Booklocker.com, Inc.

Bronze Bow Novel Units Teacher Guide. Novel Units. 2019. (ENG.). (J). pap. 12.99 *(978-1-56137-726-8(0)*, Novel Units, Inc.) Classroom Library Co.

Bronze Buddha: A Mystery (Classic Reprint) Cora Linn Daniels. 2018. (ENG., Illus.). 310p. (J). 30.29 *(978-0-666-96822-7(5))* Forgotten Bks.

Bronze Dagger. Linda Upham. 2023. (ENG.). 148p. (J). pap. ***(978-1-80369-641-6(9))*** Authors OnLine, Ltd.

Bronze Eagle: A Story of the Hundred Days (Classic Reprint) Emmuska Orczy. (ENG., Illus.). (J). 2018. 388p. 31.90 *(978-0-364-24340-4(6))*; 2016. pap. 16.57 *(978-1-333-36681-0(7))* Forgotten Bks.

Bronze Key, 3. Holly Black et al. ed. 2020. (Magisterium Ser.). (ENG.). 249p. (J). (gr. 6-8). 18.96 *(978-1-64697-044-5(6))* Penworthy Co., LLC, The.

Bronze Key (Magisterium #3), 1 vol. Holly Black & Cassandra Clare. 2017. (Magisterium Ser.: 3). (ENG., Illus.). 256p. (J). (gr. 3-7). pap. 8.99 *(978-0-545-52232-8(3)*, Scholastic Pr.) Scholastic, Inc.

Bronzed Beasts. Roshani Chokshi. (Gilded Wolves Ser.: 3). (ENG.). 400p. (YA). 2022. pap. 11.99 *(978-1-250-14461-4(2)*, 900180668); 2021. (Illus.). 18.99 *(978-1-250-14460-7(4)*, 900180667) St. Martin's Pr. (Wednesday Bks.).

Brood House: A Play in Four Acts (Classic Reprint) George Barr McCutcheon. 2017. (ENG., Illus.). 194p. (J). 27.92 *(978-0-332-94250-6(3))* Forgotten Bks.

Brood of the Witch-Queen. Sax Rohmer, pseud. 2018. (ENG., Illus.). 224p. (J). pap. *(978-93-5329-094-8(5))* Alpha Editions.

Brood of the Witch-Queen: A Supernatural Thriller. Sax Rohmer, pseud. 2019. (ENG.). 132p. (J). pap. *(978-80-268-9189-5(9))* E-Artnow.

Brooding YA Hero: Becoming a Main Character (Almost) As Awesome As Me. Carrie Ann DiRisio & Broody McHottiepants. Illus. by Linnea Gear. 2017. 352p. (J). (gr. 7-12). 17.99 *(978-1-5107-2666-6(7)*, Sky Pony Pr.) Skyhorse Publishing Co., Inc.

Brook & the Magic Carpet. Javier Melendez. 2019. (ENG.). 66p. (J). pap. 17.95 *(978-1-64584-180-7(4))* Page Publishing Inc.

Brook & the Spaceship. Javier Melendez. 2018. (ENG., Illus.). 46p. (J). pap. 14.95 *(978-1-64424-976-5(6))* Page Publishing Inc.

Brook Book: A First Acquaintance with the Brook & Its Inhabitants Through the Changing Year (Classic Reprint) Mary Rogers Miller. 2018. (ENG., Illus.). 290p. (J). 29.90 *(978-0-267-51593-6(6))* Forgotten Bks.

Brook Farm: The Amusing & Memorable of American Country Life (Classic Reprint) Unknown Author. (ENG., Illus.). (J). 2018. 202p. 28.08 *(978-0-332-97437-8(5))*; 2016. pap. 10.57 *(978-1-334-13810-2(9))* Forgotten Bks.

Brook Kerith: A Syrian Story (Classic Reprint) George Moore. 2018. (ENG., Illus.). 508p. (J). 34.39 *(978-0-364-40452-2(3))* Forgotten Bks.

Brooke & Jack's Adventures. Elizabeth C. Bernardini. 2017. (ENG., Illus.). (J). pap. 13.95 *(978-1-4808-4960-0(X))* Archway Publishing.

Brooke Bubble Breaks Things. Brandon Patterson et al. 2018. (ENG.). 32p. (J). pap. 9.95 *(978-0-692-11628-9(1))* BrookeBubble.

Brooke can Cook: Practicing the Short OO Sound, 1 vol. Whitney Walker. 2016. (Rosen Phonics Readers Ser.). (ENG., Illus.). 12p. (J). (gr. -1-2). pap. *(978-1-5081-3600-2(9)*, f841693d-6f3e-43a6-8402-d2a982393c6c, Rosen Classroom) Rosen Publishing Group, Inc., The.

Brooke Goes to the Hospital. Matt Miller. Illus. by Sharilyn Schrock. 2022. (ENG.). 30p. (J). pap. 10.99 *(978-1-6628-3897-2(2))* Salem Author Services.

Brooke's Bad Luck, 5. Jo Whittemore. 2017. (Confidentially Yours Ser.). (ENG.). 288p. (J). (gr. 4-7). 21.19 *(978-1-5364-0247-6(8))* HarperCollins Pubs.

Brookes of Bridlemere (Classic Reprint) G. J. Whyte-Melville. (ENG., Illus.). (J). 2018. 494p. 34.11 *(978-0-484-38672-2(7))*; 2016. pap. 16.57 *(978-1-333-22798-2(1))* Forgotten Bks.

Brookes of Bridlemere, Vol. 1 of 3 (Classic Reprint) G. J. Whyte Melville. 2018. (ENG., Illus.). 300p. (J). 30.10 *(978-0-483-41621-5(5))* Forgotten Bks.

Brookes of Bridlemere, Vol. 2 of 3 (Classic Reprint) G. J. Whyte Melville. 2018. (ENG., Illus.). 316p. (J). 30.41 *(978-0-483-80474-6(6))* Forgotten Bks.

Brookes of Bridlemere, Vol. 3 of 3 (Classic Reprint) G. J. Whyte-Melville. 2018. (ENG., Illus.). 340p. (J). 30.91 *(978-0-483-85947-0(8))* Forgotten Bks.

Brookes's General Gazetteer Improved, or a New & Compendious Geographical Dictionary: Containing a Description of the Empires, Kingdoms, States, Provinces, Cities, Towns, Forts, Seas, Harbours, Rivers, Lakes, Mountains, Capes, &C. in the Known World. Richard Brookes. (ENG., Illus.). (J). 2017. pap. 23.57 *(978-1-5277-5560-4(6))*; 2016. pap. 23.57 *(978-1-334-30776-8(8))* Forgotten Bks.

Brookes's General Gazetteer Improved, or a New & Compendious Geographical Dictionary: Containing a Description of the Empires, Kingdoms, States, Provinces, Cities, Towns, Forts, Seas, Harbours, Rivers, Lakes, Mountains, Capes, &C. in the Known World; Wi. Richard Brookes. 2017. (ENG., Illus.). (J). 40.27 *(978-0-266-60159-3(6))*; pap. 23.57 *(978-0-282-93550-4(9))* Forgotten Bks.

Brookie & Her Lamb. M. B. Goffstein. 2021. (Illus.). 32p. (J). (gr. -1-3). 16.95 *(978-1-68137-545-8(1)*, NYR Children's Collection) New York Review of Bks., Inc., The.

Brooklands: A Sporting Biography (Classic Reprint) Herbert Bync Hall. 2018. (ENG., Illus.). 332p. (J). 30.74 *(978-0-483-72186-9(7))* Forgotten Bks.

Brooklands: A Sporting Biography (Classic Reprint) Herbert Byng Hall. (ENG., Illus.). (J). 2018. 330p. 30.72 *(978-0-428-56210-6(8))*; 2016. pap. 13.57 *(978-1-334-12784-7(0))* Forgotten Bks.

Brooklyn & Bailey: Tails of a Girl & Her Dog. Courtney E. Hicks. Illus. by Andi Clark. 2019. (ENG.). 22p. (J). (gr. k-2). 18.99 *(978-0-578-46095-6(5))* CEH Creative.

Brooklyn Bailey, the Missing Dog. Amy Sohn & Orna Le Pape. Illus. by Libby VanderPloeg. 2020. 40p. (J). (gr. -1-3). 17.99 *(978-0-525-55273-4(1)*, Dial Bks) Penguin Young Readers Group.

Brooklyn Blind Babies, Vol. 1: Clippings, 1905-1908 (Classic Reprint) Perkins School For The Blind. (ENG., Illus.). (J). 2018. 28.64 *(978-0-331-97994-7(2))*; 2017. pap. 11.57 *(978-0-243-51849-4(8))* Forgotten Bks.

Brooklyn Nets. Jim Gigliotti. 2019. (Insider's Guide to Pro Basketball Ser.). (ENG.). 32p. (J). (gr. 1-4). lib. bdg. 35.64 *(978-1-5038-2446-1(2)*, 212253) Child's World, Inc, The.

Brooklyn Nets. Brian Mahoney. 2022. (Inside the NBA (2023) Ser.). (ENG., Illus.). 48p. (J). (gr. 3-6). lib. bdg. 34.22 *(978-1-5321-9820-5(5)*, 39745, SportsZone) ABDO Publishing Co.

Brooklyn Nets. Jim Whiting. 2017. (NBA: a History of Hoops Ser.). (ENG., Illus.). 48p. (J). (gr. 4-7). *(978-1-60818-837-6(X)*, 20216, Creative Education) Creative Co., The.

Brooklyn Nets All-Time Greats. Ted Coleman. 2023. (NBA All-Time Greats Set 2 Ser.). (ENG., Illus.). 24p. (J). (gr. 3-3). pap. 8.95 *(978-1-63494-618-6(9))*; lib. bdg. 28.50 *(978-1-63494-600-1(6))* Pr. Room Editions LLC.

Brooklyn on the North Pole Express. J. D. Green. Illus. by Joanne Partis. 2022. (North Pole Express Bears Ser.). (ENG.). 32p. (J). (gr. -1-3). 7.99 ***(978-1-7282-6917-7(2))*** Sourcebooks, Inc.

Brooklyn on the North Pole Express. J. D. Green. 2019. (North Pole Express Ser.). (ENG.). 32p. (J). (gr. -1-3). 7.99 ***(978-1-7282-0313-3(9))*** Sourcebooks, Inc.

Brooklyn Santa's Secret Elf. Put Me In The Story & Katherine Sully. Illus. by Julia Seal. 2018. (Santa's Secret Elf Ser.). (ENG.). 32p. (J). (gr. k-3). 5.99 *(978-1-4926-8125-0(3))* Sourcebooks, Inc.

Brooklyn 'Twas the Night Before Christmas. Illus. by Lisa Alderson. 2019. (Night Before Christmas Ser.). (ENG.). 32p. (J). (gr. -1-3). 7.99 ***(978-1-7282-0206-8(X))*** Sourcebooks, Inc.

Brooklyn's Christmas Wish. Put Me In The Story & J. D. Green. Illus. by Julia Seal. 2018. (Christmas Wish Ser.).

(ENG.). 32p. (J). (gr. k-3). 6.99 *(978-1-4926-8311-7(6))* Sourcebooks, Inc.

Brooks & Brook Basins (Classic Reprint) Alex Everett Frye. 2018. (ENG., Illus.). 160p. (J). 27.20 *(978-0-484-75375-3(4))* Forgotten Bks.

Brooks Koepka: Golf Star. Anthony K. Hewson. 2020. (Biggest Names in Sports Set 5 Ser.). (ENG., Illus.). 32p. (J). (gr. 3-5). pap. 9.95 *(978-1-64493-132-5(X),* 164493132X, Focus Readers) North Star Editions.

Brooks Koepka: Golf Star. Chrös McDougall. 2020. (Biggest Names in Sports Set 5 Ser.). (ENG., Illus.). 32p. (J). (gr. 3-5). lib. bdg. 31.35 *(978-1-64493-053-3(6),* 1644930536, Focus Readers) North Star Editions.

Brooks Primer (Classic Reprint) Clarence F. Carroll. (ENG., Illus.). (J). 2017. 26.74 *(978-0-266-46833-2(0));* 2016. pap. 9.57 *(978-1-334-14184-3(3))* Forgotten Bks.

Brookside Songbook. Constance Heidt et al. 2022. (ENG.). 82p. (J). pap. 12.95 *(978-1-64136-163-7(8))* Primedia eLaunch LLC.

Brooks's Readers: Eighth Year (Classic Reprint) Stratton D. Brooks. 2018. (ENG., Illus.). 262p. (J). 29.30 *(978-0-332-57701-2(5))* Forgotten Bks.

Brooks's Readers: Fifth Year (Classic Reprint) Stratton D. Brooks. (ENG., Illus.). (J). 2018. 270p. 29.30 *(978-0-428-35672-9(9));* 2017. pap. 11.97 *(978-0-243-22472-2(9))* Forgotten Bks.

Brooks's Readers: First Year (Classic Reprint) Stratton Duluth Brooks. (ENG., Illus.). (J). 2017. 128p. 26.56 *(978-0-484-48198-4(3));* 2016. pap. 9.57 *(978-1-334-13258-2(5))* Forgotten Bks.

Brooks's Readers: Fourth Year (Classic Reprint) Stratton D. Brooks. (ENG., Illus.). (J). 2018. 272p. 29.51 *(978-0-365-28195-5(6));* 2017. pap. 11.57 *(978-0-243-13107-5(0))* Forgotten Bks.

Brooks's Readers: Seventh Year (Classic Reprint) Stratton D. Brooks. (ENG., Illus.). (J). 2018. 260p. 29.26 *(978-0-483-51814-8(X));* 2017. pap. 11.97 *(978-0-243-09102-7(8))* Forgotten Bks.

Brooks's Readers: Sixth Year (Classic Reprint) Stratton Duluth Brooks. 2017. (ENG., Illus.). (J). 29.55 *(978-0-265-68248-7(7));* pap. 11.97 *(978-1-5276-5522-5(9))* Forgotten Bks.

Brooks's Readers: Third Year (Classic Reprint) Stratton Duluth Brooks. (ENG., Illus.). (J). 2018. 252p. 29.11 *(978-0-483-58922-3(5));* 2016. pap. 11.57 *(978-1-334-12838-7(3))* Forgotten Bks.

Broom Fairies (Classic Reprint) Ethel May Gate. 2018. (ENG., Illus.). 108p. (J). 26.12 *(978-0-484-04539-1(3))* Forgotten Bks.

Broom for Ma. Rhonda Cable. Illus. by Jackie Duffy. 2019. (ENG.). 30p. (J). (gr. k-6). 14.99 *(978-0-578-52955-4(6))* Monday Creek Publishing.

Broom of the War-God a Novel, Vol. 43 (Classic Reprint) Henry Noel Brailsford. 2017. (ENG., Illus.). (J). 30.04 *(978-0-331-61852-5(4))* Forgotten Bks.

Broom-Squire (Classic Reprint) S. Baring-Gould. 2018. (ENG., Illus.). 380p. (J). 31.75 *(978-0-267-48734-9(7))* Forgotten Bks.

Broome Street Straws (Classic Reprint) Robert Cortes Holliday. 2018. (ENG., Illus.). 312p. (J). 30.35 *(978-0-483-54238-9(5))* Forgotten Bks.

Brooms Are for Flying! Michael Rex. 2020. (ENG., Illus.). 28p. (J). bds. 7.99 *(978-1-250-24148-1(0),* 900211836, Holt, Henry & Co. Bks. For Young Readers) Holt, Henry & Co.

Broomstick Brigade: A Play of Palestine (Classic Reprint) Samuel Roth. (ENG., Illus.). (J). 2018. 20p. 24.31 *(978-0-267-96459-8(5));* 2016. pap. 7.97 *(978-1-334-59892-0(4))* Forgotten Bks.

Broons Colouring Book. The Broons. 2016. (ENG., Illus.). 64p. (J). pap. 11.99 *(978-1-910230-36-7(7))* Black and White Publishing Ltd. GBR. Dist: Independent Pubs. Group.

Brosmind. More Why, How, What. Brosmind. 2021. (ENG., Illus.). 384p. (YA). 39.50 *(978-84-679-4624-6(5))* Norma Editorial, S.A. ESP. Dist: Diamond Comic Distributors, Inc.

Brother Against Brother. Oliver Optic, pseud & Richard Hooker Wilmer. 2017. (ENG.). 472p. (J). pap. *(978-3-337-33685-1(X))* Creation Pubs.

Brother Against Brother, or the Tompkins Mystery: A Story of the Great American Rebellion (Classic Reprint) John R. Musick. 2018. (ENG., Illus.). 256p. (J). 29.20 *(978-0-483-55622-5(X))* Forgotten Bks.

Brother Against Brother, or the War on the Border (Classic Reprint) Oliver Optic, pseud. (ENG., Illus.). (J). 2018. 476p. 33.73 *(978-0-267-57440-7(1));* 2016. pap. 16.57 *(978-1-334-16432-3(0))* Forgotten Bks.

Brother Aleck (Classic Reprint) Nellie Larue Brown. (ENG., Illus.). (J). 2018. 20p. 24.33 *(978-0-484-01740-4(3));* 2016. pap. 7.97 *(978-1-333-27801-4(2))* Forgotten Bks.

Brother & Sister. Tora Stephenchel. 2021. (Learning Sight Words Ser.). (ENG.). 24p. (J). (gr. -1-2). lib. bdg. 32.79 *(978-1-5038-4508-4(7),* 214275) Child's World, Inc, The.

Brother & Sister, & Other Tales (Classic Reprint) Ellis. 2016. (ENG., Illus.). (J). pap. 10.97 *(978-1-333-32136-9(8))* Forgotten Bks.

Brother & Sister, & Other Tales (Classic Reprint) Ellis. 2018. (ENG., Illus.). 222p. (J). 28.48 *(978-0-484-82832-1(0))* Forgotten Bks.

Brother & Sister, or What Can It Matter? (Classic Reprint) Louisa Lilias Greene. 2017. (ENG., Illus.). (J). 68p. 25.30 *(978-0-484-47810-6(9));* pap. 9.57 *(978-0-259-42017-0(4))* Forgotten Bks.

Brother & Sister: Summer Adventures. Lisa Herpy et al. 2022. (ENG.). 38p. (J). 17.95 *(978-1-63755-437-1(0),* Mascot Kids) Amplify Publishing Group.

Brother Be Gone! Trish Granted. Illus. by Manuela Lopez. 2021. (Jeanie & Genie Ser.: 5). (ENG.). 128p. (J). (gr. k-4). pap. 5.99 *(978-1-5344-8699-7(2));* 17.99 *(978-1-5344-8700-0(X))* Little Simon. (Little Simon).

Brother Bear. Disney Publishing. Illus. by Disney Publishing. 2021. (Disney & Pixar Movies Ser.). (ENG., Illus.). 48p. (J). (gr. 2-6). lib. bdg. 32.79 *(978-1-5321-4807-1(0),* 37018, Graphic Novels) Spotlight.

Brother Bears' Tragic Day. Keri Margaret O'Shea. 2020. (ENG.). 26p. (J). pap. *(978-1-5289-0613-5(6))* Austin Macauley Pubs. Ltd.

Brother Bobcat & His Journey to Health: The Right Diet Helps Control Diabetes. Anna L. Schwartz et al. Illus. by Lillian Bedoni. 2018. 67p. (J). pap. *(978-1-63293-214-3(8))* Sunstone Pr.

Brother Book. todd Parr. 2018. (ENG., Illus.). 32p. (J). (gr. -1-1). 13.99 *(978-0-316-26517-1(9))* Little, Brown Bks. for Young Readers.

Brother Bull & Sister Bear Go to the Stock Market. Kennedy Thibou Jr. 2022. (ENG.). 40p. (J). 17.95 *(978-1-63755-294-0(7),* Mascot Kids) Amplify Publishing Group.

Brother Butterfly. Alanna Betambeau. Ed. by E. Rachael Hardcastle. Illus. by Philippa Burnard. 2nd ed. 2020. (ENG.). 34p. (J). pap. 9.16 *(978-1-9163591-2-3(4),* Curious Cat Bks.) Legacy Bound.

Brother Cluckers. Jordan Van Der Zalm. 2020. (ENG.). 40p. (J). *(978-1-5255-8334-6(4));* pap. *(978-1-5255-8335-3(2))* FriesenPress.

Brother Copas (Classic Reprint) Arthur Quiller-Couch. 2018. (ENG., Illus.). 322p. (J). 30.54 *(978-0-484-90607-4(0))* Forgotten Bks.

Brother East & Brother West: A Searchlight on the Unemployed (Classic Reprint) Leighton Leigh. 2018. (ENG., Illus.). 240p. (J). 28.87 *(978-0-267-25211-4(0))* Forgotten Bks.

Brother Fox Forgives. Jillian Stinson. Illus. by Bonnie Lemaire. 2021. (ENG.). 24p. (J). 20.95 *(978-1-63765-155-1(4));* pap. 13.95 *(978-1-63765-142-1(2))* Halo Publishing International.

Brother G. M. Rose (Classic Reprint) Maria Simpson. 2018. (ENG., Illus.). 240p. (J). 28.85 *(978-0-483-44532-1(0))* Forgotten Bks.

Brother Gardner's Lime-Kiln Club. M. Quad. 2017. (ENG.). 318p. (J). pap. *(978-3-337-06845-5(6))* Creation Pubs.

Brother Gardner's Lime-Kiln Club: Being the Regular Proceedings of the Regular Club for at Least Three Years; with Some Philisophy, Considerable Music, a Few Lectures, & a Heap of Advice Worth Readings; Not Compiled in the Interests of Congress, or Any. M. Quad. 2017. (ENG., Illus.). (J). 30.41 *(978-0-260-68314-4(0))* Forgotten Bks.

Brother Jacques (Classic Reprint) Paul de Kock. (ENG., Illus.). (J). 2018. 414p. 32.46 *(978-0-483-43365-6(9));* 2017. pap. 16.57 *(978-0-243-09368-7(3))* Forgotten Bks.

Brother Jonathan (Classic Reprint) Hezekiah Butterworth. 2018. (ENG., Illus.). 272p. (J). 29.51 *(978-0-483-36333-5(2))* Forgotten Bks.

Brother Jonathan, or the New Englanders, Vol. 2 of 3 (Classic Reprint) John Neal. 2018. (ENG., Illus.). 460p. (J). 33.40 *(978-0-483-34167-8(3))* Forgotten Bks.

Brother Jonathan, Vol. 1 Of 3: Or the New Englanders (Classic Reprint) John Neal. 2018. (ENG., Illus.). 426p. (J). 32.70 *(978-0-483-26333-8(8))* Forgotten Bks.

Brother Jonathan, Vol. 5: From May, to September, 1843 (Classic Reprint) H. Hastings Weld. 2018. (ENG., Illus.). 542p. (J). 35.08 *(978-0-483-45429-3(X))* Forgotten Bks.

Brother Lorenzo's Pretzels: Prayer & the Holy Trinity. Cornelia Mary Bilinsky. Illus. by John Joseph. 2019. (ENG.). 40p. (J). pap. 12.95 *(978-0-8198-1242-1(0))* Pauline Bks. & Media.

Brother of the Wind. Manuel Lourenzo Gonzalez. 2017. (Galician Wave Ser.: Vol. 11). (ENG., Illus.). (YA). (gr. 7-12). pap. *(978-954-384-074-8(1))* Small Stations Pr. = Smol Stejsans Pres.

Brother Reginald's Golden Secret: A Tale for the Young (Classic Reprint) Unknown Author. 2018. (ENG., Illus.). 174p. (J). 27.49 *(978-0-483-67575-9(X))* Forgotten Bks.

Brother, Sister, Me & You. Mary Quattlebaum. 2019. (Illus.). 32p. (J). (gr. -1-k). 16.99 *(978-1-4263-3290-6(4),* National Geographic Kids) Disney Publishing Worldwide.

Brother Wars. Steven K. Smith. 2017. (ENG.). 120p. (J). pap. 8.99 *(978-0-9861473-2-6(X))* MyBoys3 Pr.

Brother Wars: Cabin Eleven. Steven K. Smith. 2018. (Brother Wars Ser.: Vol. 2). (ENG., Illus.). (J). (gr. 3-6). 200p. 17.99 *(978-1-947881-03-7(5));* 202p. pap. 9.99 *(978-1-947881-02-0(7))* MyBoys3 Pr.

Brotherly House (Classic Reprint) Grace Smith Richmond. 2017. (ENG., Illus.). (J). 100p. 25.96 *(978-0-484-33273-6(2));* pap. 9.57 *(978-0-259-92122-6(X))* Forgotten Bks.

Brothers. Rocio Alejandro. 2022. (ENG., Illus.). 40p. (J). 14.99 *(978-0-7643-6332-0(8),* 24768) Schiffer Publishing, Ltd.

Brothers. Anne Schraff. 2021. (Red Rhino Ser.). (ENG.). 76p. (J). (gr. 4-7). pap. 9.95 *(978-1-68021-937-1(5))* Saddleback Educational Publishing, Inc.

Brothers. M. J. Spickett. (Gods among Dragons Ser.: Vol. 1). (ENG., Illus.). (YA). 2017. pap. *(978-1-988124-68-1(9));* 2016. *(978-1-988124-32-2(8))* Cannon, Kristan.

Brothers. Corinna Turner. 2017. (I Am Margaret Ser.). (ENG., Illus.). 86p. (YA). (gr. 9-12). pap. *(978-1-910806-60-9(9))* Zephyr Publishing.

Brothers. Anne Schraff. ed. 2017. (Red Rhino Ser.). lib. bdg. 18.40 *(978-0-606-40323-8(X))* Turtleback.

Brothers: A Hmong Graphic Folktale. Sheeiue Yang. Illus. by Le Nhat Vu. 2023. (Discover Graphics: Global Folktales Ser.). (ENG.). 32p. (J). 22.65 *(978-1-4846-7233-4(X),* 244051); pap. 6.95 *(978-1-4846-7293-8(3),* 244026) Capstone. (Picture Window Bks.).

Brothers: A Novel, for Children; Addressed to Every Good Mother, & Humbly Dedicated to the Queen (Classic Reprint) Eliza Andrews. 2018. (ENG., Illus.). 192p. (J). 27.86 *(978-0-483-97953-6(8))* Forgotten Bks.

Brothers: Alexei, Accidental Angel-Book 4. Morgan Bruce. 2017. (ENG., Illus.). (YA). (gr. 7-12). 32.95 *(978-1-946539-03-8(1));* pap. 21.95 *(978-1-946539-02-1(3))* Strategic Book Publishing & Rights Agency (SBPRA).

Brothers: Or, the Brotherhood of Man (Classic Reprint) John D. Lawrence. 2018. (ENG., Illus.). 62p. (J). 25.18 *(978-0-267-24562-8(9))* Forgotten Bks.

Brothers: The True History of a Fight Against Odds (Classic Reprint) Horace Annesley Vachell. 2016. (ENG., Illus.). (J). pap. 16.57 *(978-1-334-14329-8(3))* Forgotten Bks.

Brothers All: More Stories of Dutch Peasant Life (Classic Reprint) Maarten Maartens. 2018. (ENG., Illus.). 330p. (J). 30.70 *(978-0-428-55316-6(8))* Forgotten Bks.

Brothers & Sisters. Rebecca Rissman. rev. ed. 2021. (Families Ser.). (ENG.). 24p. (J). pap. 6.29 *(978-1-4846-6830-6(8),* 239601, Heinemann) Capstone.

Brothers & Sisters: A Pull-The-Tab Book. Alice Le Henand. Illus. by Thierry Bedouet. 2020. (Pull & Play Ser.: 7). (ENG.). 14p. (J). (gr. -1 — 1). bds. 12.99 *(978-2-408-01595-4(2))* Éditions Tourbillon FRA. Dist: Hachette Bk. Group.

Brothers & Sisters Getting along- Children's Family Life Books. Baby Professor. 2017. (ENG., Illus.). (J). pap. 7.89 *(978-1-5419-0192-6(4),* Baby Professor (Education Kids)) Speedy Publishing LLC.

Brothers & Strangers (Classic Reprint) Agnes Blake Poor. 2018. (ENG., Illus.). 320p. (J). 30.52 *(978-0-483-85697-4(5))* Forgotten Bks.

Brothers Are Part of a Family. Lucia Raatma. 2017. (Our Families Ser.). (ENG.). 24p. (J). (gr. -1-2). lib. bdg. 22.65 *(978-1-5157-7461-7(9),* 135807, Capstone Pr.) Capstone.

Brothers Basset (Classic Reprint) Julia Corner. (ENG., Illus.). (J). 2018. 332p. 30.76 *(978-0-484-71712-0(X));* 2016. pap. 13.57 *(978-1-333-29372-7(0))* Forgotten Bks.

Brother's Bond. Georgia Payne. Ed. by B. Devine. 2022. (ENG.). 207p. (YA). pap. *(978-1-4717-6617-6(9))* Lulu Pr., Inc.

Brothers Born a Month Apart: A Surrogacy Story. Lisa Pontzious. 2021. (ENG., Illus.). 32p. (J). 19.95 *(978-1-63710-338-8(7));* pap. 11.95 *(978-1-63710-766-9(8))* Fulton Bks.

Brothers Flick: The Impossible Doors. Ryan Haddock. Illus. by Nick Wyche & David Stoll. 2022. (ENG.). 208p. (J). (gr. 4-8). pap. 12.99 *(978-1-63849-104-0(6),* Wonderbound) Creative Mind Energy.

Brothers Grimm Illustrated: 54 Household Tales with Illustrations by Arthur Rackham & Gustaf Tenggren. Jacob Grimm & Wilhelm Grimm. Illus. by Arthur Rackham. 2022. (Top Five Classics Ser.: Vol. 37). (ENG.). 332p. (J). 36.99 *(978-1-938938-61-0(5))* Top Five Bks.

Brothers Hawthorne. Jennifer Lynn Barnes. 2023. (Inheritance Games Ser.: 4). (ENG.). 480p. (YA). (gr. 7-17). 19.99 *(978-0-316-48077-2(0))* Little, Brown Bks. for Young Readers.

Brothers in Arms: A True World War II Story of Wojtek the Bear & the Soldiers Who Loved Him. Susan Hood. 2022. (ENG., Illus.). 48p. (J). (gr. -1-3). 18.99 *(978-0-06-306476-8(6),* HarperCollins) HarperCollins Pubs.

Brothers in Arms: #9. Paul Langan. 2021. (Bluford Ser.). (ENG.). 160p. (YA). (gr. 6-12). lib. bdg. 32.79 *(978-1-0982-5033-1(8),* 38135, Chapter Bks.) Spotlight.

Brothers Kangaroo. Sarah Russell Spray. Illus. by Katherine McDowell McGough. 2022. (ENG.). 30p. (J). pap. 10.00 *(978-1-7370082-3-1(8))* Sea Spray Bks.

Brothers Karamazov: Translated from the Russian (Classic Reprint) Fyodor Dostoevsky. 2017. (ENG., Illus.). (J). 45.14 *(978-0-266-73096-5(5));* pap. 27.56 *(978-0-243-26398-1(8))* Forgotten Bks.

Brother's Keeper. Julie Lee. (Illus.). 320p. (J). (gr. 3-7). 2022. pap. 9.99 *(978-0-8234-4420-5(1));* 2020. 17.99 *(978-0-8234-4494-6(5))* Holiday Hse., Inc.

Brothers of Destruction. Larry Kelbley. 2017. (ENG., Illus.). 188p. (YA). (gr. 7-12). pap. 11.99 *(978-1-5456-0935-4(7),* Mill City Press, Inc) Salem Author Services.

Brothers of Pity: And Other Tales of Beasts & Men (Classic Reprint) Juliana Horatia Gatty Ewing. 2018. (ENG., Illus.). 262p. (J). 29.30 *(978-0-483-21655-6(0))* Forgotten Bks.

Brothers of Pity & Other Tales of Beasts & Men. Juliana Horatia Ewing. 2017. (ENG., Illus.). (J). 23.95 *(978-1-374-96777-9(7));* pap. 13.95 *(978-1-374-96776-2(9))* Capital Communications, Inc.

Brothers of the Buffalo: A Novel of the Red River War. Joseph Bruchac. 2016. (ENG.). 392p. (YA). (gr. 7). pap. 25.95 *(978-1-938486-92-0(7))* Fulcrum Publishing.

Brothers of the Wild (Classic Reprint) Eric Wood. (ENG., Illus.). (J). 2018. 342p. 30.95 *(978-0-483-95567-7(1));* 2017. pap. 13.57 *(978-0-259-48978-6(0))* Forgotten Bks.

Brothers of Two-Paw Estates. Brandi Chambless. 2018. (ENG., Illus.). 54p. (J). 21.95 *(978-1-63575-803-0(3))* Christian Faith Publishing.

Brothers or Tales of Long Ago. F. Levien. 2017. (ENG., Illus.). (J). pap. *(978-0-649-40558-9(7))* Trieste Publishing Pty Ltd.

Brothers Three. C. W James. 2022. (ENG.). 234p. (YA). pap. 9.99 *(978-1-7368013-5-2(X))* Insundry Productions Bks.

Brothers Vern. Will Hallewell. 2019. (Gazore Ser.: Vol. 4). (ENG.). 50p. (J). (gr. 3-6). pap. 7.99 *(978-1-64533-118-6(0))* Kingston Publishing Co.

Brothers, Vol. 1 Of 2: A Novel (Classic Reprint) Anna Harriet Drury. (ENG., Illus.). (J). 2018. 318p. 30.48 *(978-0-483-48785-7(6));* 2017. pap. 13.57 *(978-0-243-03305-8(2))* Forgotten Bks.

Brothers, Vol. 1 Of 2: The True History of a Fight Against Odds (Classic Reprint) Horace Annesley Vachell. (ENG., Illus.). (J). 2018. 300p. 30.08 *(978-0-483-66747-1(1));* 2017. pap. 13.57 *(978-0-243-31393-8(4))* Forgotten Bks.

Brother's Watchword (Classic Reprint) Unknown Author. 2018. (ENG., Illus.). 334p. (J). 30.79 *(978-0-332-89781-3(8))* Forgotten Bks.

Brothers Zzli. Alex Cousseau. Tr. by Vineet Lal. Illus. by Anne-Lise Boutin. 2023. (ENG.). 40p. (J). 17.99 *(978-0-8028-5609-8(8),* Eerdmans Bks For Young Readers) Eerdmans, William B. Publishing Co.

Brothers/Hermanos: Bilingual English-Spanish. David McPhail. Illus. by David McPhail. 2017. (ENG., Illus.). 28p. (J). (— 1). bds. 4.99 *(978-0-544-91586-2(0),* 1655576, Clarion Bks.) HarperCollins Pubs.

Brougham Castle, Vol. 1 Of 2: A Novel (Classic Reprint) Jane Harvey. 2018. (ENG., Illus.). 252p. (J). 29.09 *(978-0-267-20527-1(9))* Forgotten Bks.

Brought Forward (Classic Reprint) R. B. Cunninghame Graham. 2018. (ENG., Illus.). 240p. (J). 28.85 *(978-0-483-50671-8(0))* Forgotten Bks.

Brought to Bay (Classic Reprint) E. R. Roe. 2018. (ENG., Illus.). 286p. (J). 29.82 *(978-0-267-48616-8(2))* Forgotten Bks.

Broughton House (Classic Reprint) Bliss Perry. 2018. (ENG., Illus.). 372p. (J). 31.57 *(978-0-483-81300-7(1))* Forgotten Bks.

Brouillard. Douglas Bender. Tr. by Annie Evearts. 2021. (Prévisions Météo (the Weather Forecast) Ser.). (FRE., Illus.). 16p. (J). (gr. -1-1). pap. *(978-1-0396-0672-2(5),* 13157) Crabtree Publishing Co.

Brown. Amanda Doering. Illus. by Kellan Stover. 2018. (Sing Your Colors! Ser.). (ENG.). 24p. (J). (gr. -1-2). lib. bdg. 33.99 *(978-1-68410-317-1(7),* 140863); 33.99 *(978-1-68410-139-9(5),* 31855) Cantata Learning.

Brown. Hakon Ovreas. Illus. by Oyvind Torseter. 2019. (My Alter Ego Is a Superhero Ser.: 1). 136p. (J). (gr. k-5). pap. 9.95 *(978-1-59270-251-0(1))* Enchanted Lion Bks., LLC.

Brown. Hakon Ovreas. Tr. by Kari Dickson. Illus. by Oyvind Torseter. 2019. (My Alter Ego Is a Superhero Ser.: 1). (ENG.). 136p. (J). (gr. k-5). 16.95 *(978-1-59270-212-1(0))* Enchanted Lion Bks., LLC.

Brown & Arthur: An Episode from Tom Brown's School Days (Classic Reprint) Thomas Hughes. 2018. (ENG., Illus.). 188p. (J). 27.77 *(978-0-332-95497-4(8))* Forgotten Bks.

Brown As a Berry, Vol. 1 Of 3: A Novel (Classic Reprint) Gertrude Douglas. 2018. (ENG., Illus.). 312p. (J). 30.37 *(978-0-332-66967-0(X))* Forgotten Bks.

Brown As a Berry, Vol. 2 Of 3: A Novel (Classic Reprint) Gertrude Douglas. 2018. (ENG., Illus.). 312p. (J). 30.33 *(978-0-483-72667-3(2))* Forgotten Bks.

Brown As a Berry, Vol. 3 Of 3: A Novel (Classic Reprint) Gertrude Douglas. 2018. (ENG., Illus.). 324p. (J). 30.58 *(978-0-484-19868-4(8))* Forgotten Bks.

Brown Baby Lullaby. Tameka Fryer Brown. Illus. by A. G. Ford. (ENG.). (J). 2022. 30p. bds. 8.99 *(978-0-374-38981-9(0),* 900254744); 2020. 32p. 17.99 *(978-0-374-30752-3(0),* 900180735) Farrar, Straus & Giroux. (Farrar, Straus & Giroux (BYR)).

Brown Bear, Brown Bear, How Do You Feel? Jennifer Morehouse. 2023. (ENG.). 26p. (J). pap. 9.13 *(978-0-9947615-9-0(7))* Pathway Pr.

Brown Bear, Brown Bear, What Do You See? see Oso Panda, Oso Panda, Que Ves Ahi? / Panda Bear, Panda Bear, What Do You Hear? (Spanish Edition)

Brown Bear, Brown Bear, What Do You See? / Oso Pardo, Oso Pardo, ¿qué Ves Ahí? (Bilingual Board Book - English / Spanish) Bill Martin, Jr. Illus. by Eric Carle. ed. 2017. (ENG.). 28p. (J). bds. 9.99 *(978-1-250-15232-9(1),* 900183597, Holt, Henry & Co. Bks. For Young Readers) Holt, Henry & Co.

Brown Bear, Brown Bear, What Do You See? 50th Anniversary Edition Padded Board Book. Bill Martin, Jr. Illus. by Eric Carle. 50th anniv. ed. 2016. (Brown Bear & Friends Ser.). (ENG.). 28p. (J). bds. 9.99 *(978-1-62779-722-1(X),* 900158726, Holt, Henry & Co. Bks. For Young Readers) Holt, Henry & Co.

Brown Bear, Brown Bear, What Do You See? 50th Anniversary Edition with Audio CD. Bill Martin, Jr. Illus. by Eric Carle. 2016. (Brown Bear & Friends Ser.). (ENG.). 32p. (J). 24.99 *(978-1-62779-721-4(1),* 900158723, Holt, Henry & Co. Bks. For Young Readers) Holt, Henry & Co.

Brown Bear Can't Sleep. Yijun Cai. 2018. (Illus.). 40p. (J). (gr. k-2). 15.95 *(978-1-76036-048-1(1),* dc666a1a-1846-4e66-bb6c-0d27291ef48f) Starfish Bay Publishing Pty Ltd. AUS. Dist: Baker & Taylor Publisher Services (BTPS).

Brown Bear Learns an Important Lesson. Melissa Cox-Crew. 2018. (ENG., Illus.). 34p. (J). pap. 15.00 *(978-0-692-91699-5(7))* Love of Kids Bks. Publishing.

Brown Bear Starts School. Sue Tarsky. Illus. by Marina Aizen. 2019. (ENG.). 32p. (J). (gr. -1-3). 16.99 *(978-0-8075-0773-5(3),* 807507733) Whitman, Albert & Co.

Brown Bears. Quinn M. Arnold. 2017. (Seedlings Ser.). (ENG., Illus.). 24p. (J). (gr. -1-k). *(978-1-60818-866-6(3),* 20333, Creative Education) Creative Co., The.

Brown Bears, 1 vol. Lee Fitzgerald. 2016. (Bears of the World Ser.). (ENG.). 24p. (J). (gr. 3-3). pap. 9.25 *(978-1-4994-2036-4(6),* 4cae1bc2-8448-4c3f-8953-2e24fd0a5078, PowerKids Pr.) Rosen Publishing Group, Inc., The.

Brown Bears. Lindsay Shaffer. 2019. (Animals of the Mountains Ser.). (ENG., Illus.). 24p. (J). (gr. k-3). lib. bdg. 26.95 *(978-1-64487-013-6(4),* Blastoff! Readers) Bellwether Media.

Brown Bears! an Animal Encyclopedia for Kids (Bear Kingdom) - Children's Biological Science of Bears Books. Prodigy Wizard. 2016. (ENG., Illus.). (J). pap. 9.25 *(978-1-68323-966-0(X))* Twin Flame Productions.

Brown Bessie. F. E. Ware. 2017. (ENG., Illus.). 58p. (J). pap. *(978-3-337-34323-1(6))* Creation Pubs.

Brown Bessie: A Drama in Four Acts (Classic Reprint) F. E. Ware. (ENG., Illus.). (J). 2018. 58p. 25.09 *(978-0-267-32095-0(7));* 2016. pap. 9.57 *(978-1-333-49058-4(5))* Forgotten Bks.

Brown Brethren (Classic Reprint) Patrick Macgill. 2017. (ENG., Illus.). (J). 30.04 *(978-0-260-85230-4(9))* Forgotten Bks.

Brown Bunny's Bird & Flower Book. Barbara Mancine. Illus. by Amie Mancine. 2018. (ENG.). 24p. (J). 22.95 *(978-1-4808-5877-0(3));* pap. 12.45 *(978-1-4808-5878-7(1))* Archway Publishing.

Brown Chapel: A Story in Verse (Classic Reprint) Robert Edgar Ford. (ENG., Illus.). (J). 2018. 30.31 *(978-0-265-95243-6(3));* 2016. pap. 13.57 *(978-1-334-44381-7(5))* Forgotten Bks.

Brown County Folks: Being a Full Year's Review of the Sayings & Doings of Abe Martin & His Brown County, Indiana, Neighbors, Including a Stirring Tale by Miss. Fawn Lippincut, Entitled the Lost Heiress of Red Stone Hall (Classic Reprint) Kin Hubbard. (ENG., Illus.). (J). 2018. 134p. 26.68 *(978-0-484-04564-3(4));* 2016. pap. 9.57 *(978-1-333-41303-3(3))* Forgotten Bks.

Brown Crayon. Michael Williams. 2021. (ENG.). 36p. (J). pap. 11.99 *(978-1-0878-8299-4(0))* Indy Pub.

Brown Dog: His Life & Dreams. Sheryl Reddell. 2018. (ENG., Illus.). 34p. (J). pap. 13.95 *(978-1-64300-870-7(6))* Covenant Bks.

Brown Face & White: A Story of Japan (Classic Reprint) Clive Holland. (ENG., Illus.). (J). 2018. 352p. 31.16

264 The check digit for ISBN-10 appears in parentheses after the full ISBN-13

TITLE INDEX BRUNO

(978-0-483-58585-0(8)); 2016. pap. 13.57 *(978-1-333-60130-0(1))* Forgotten Bks.

Brown Fairy Book. Andrew Lang. (Mint Editions — The Children's Library). (ENG.). 230p. (J). (gr. 7-12). 2022. 16.99 *(978-1-5131-3259-4(8))*; 2021. pap. 11.99 *(978-1-5132-8166-7(6))* West Margin Pr. (West Margin Pr.).

Brown Fairy Book (Classic Reprint) Andrew Lang. 2017. (ENG., Illus.). (J). 31.90 *(978-0-331-04184-2(7))* Forgotten Bks.

Brown Family Christmas Story. Julia Flowers. 2019. (ENG.). 20p. (J). pap. 11.95 *(978-1-64462-024-3(3))* Page Publishing Inc.

Brown Fox's Snowy Adventure. D.L. Bartlett. 2016. (ENG., Illus.). (J). 19.99 *(978-1-945355-27-1(1))* Rocket Science Productions, LLC.

Brown Girl. Author Pamela J. 2019. (ENG.). 24p. (J). ***(978-1-387-90208-8(3))*** Lulu Pr., Inc.

Brown Girl, Brown Girl, Hasn't Anyone? Michele Jeanmarie. Illus. by Aaron Herrera. 2020. (ENG.). 38p. (J). pap. *(978-1-78830-526-6(4))* Olympia Publishers.

Brown Girl Coloring Book. Selena Morgan. 2022. (ENG.). 51p. (J). pap. ***(978-1-387-40413-1(X))*** Lulu Pr., Inc.

Brown Girl Dreaming. Jacqueline Woodson. l.t. ed. (ENG.). 2018. (J). pap. 15.99 *(978-1-4328-5042-5(3))*; 2017. 412p. 24.95 *(978-1-4328-4315-1(X))* Cengage Gale.

Brown Girl Dreaming. Jacqueline Woodson. ed. 2016. (ENG., Illus.). 368p. (J). (gr. 5). 22.10 *(978-0-606-39310-2(2))* Turtleback.

Brown Girl Ghosted. Mintie Das. 2020. (ENG., Illus.). 304p. (YA). (gr. 9). 17.99 *(978-0-358-12889-2(7)*, 1753175, Versify) HarperCollins Pubs.

Brown Girl Magic. Dalilla Hermans. 2020. (ENG., Illus.). 32p. (J). 15.95 *(978-0-8091-6794-4(8))* Paulist Pr.

Brown Girl You Are... Cheryl Smith. 2022. (ENG.). 102p. (YA). pap. ***(978-1-387-86480-5(7))*** Lulu Pr., Inc.

Brown Girl's Christmas Story. Alexandria Tate. 2022. (ENG., Illus.). 24p. (J). 19.95 ***(978-1-6624-8219-9(1))***; pap. 12.95 ***(978-1-6624-8211-3(6))*** Page Publishing Inc.

Brown Girls Have Superheroes Too. Markeeter E. Knox. Ed. by Haelee P. Moone. Illus. by Arsalan Khan. 2022. (ENG.). 36p. (J). pap. 15.99 ***(978-1-7379620-3-8(9))*** Rules of a Big Boss LLC, The.

Brown Lady: The Ghost of Raynham Hall. Megan Cooley Peterson. 2020. (Real-Life Ghost Stories Ser.). (ENG., Illus.). 32p. (J). (gr. 3-9). pap. 7.95 *(978-1-4966-6613-0(5)*, 142297); lib. bdg. 30.65 *(978-1-5435-7340-4(1)*, 140631) Capstone.

Brown Man Raised Me. Melissa Hughley & Emily Hercock. 2022. (ENG.). 28p. (J). 22.00 ***(978-1-0880-6941-7(X))*** Indy Pub.

Brown Mare: And Other Studies of England under the Cloud (Classic Reprint) Alfred Ollivant. 2017. (ENG., Illus.). (J). 27.24 *(978-0-331-63130-2(X))* Forgotten Bks.

Brown Moth (Classic Reprint) Oscar Graeve. 2018. (ENG., Illus.). 348p. (J). 31.09 *(978-0-483-66457-9(X))* Forgotten Bks.

Brown Mouse: A Rural Play in Four Acts (Classic Reprint) Mabel B. Stevenson. 2018. (ENG., Illus.). 72p. (J). 25.38 *(978-0-332-60345-2(8))* Forgotten Bks.

Brown Mouse (Classic Reprint) Herbert Quick. 2018. (ENG., Illus.). 336p. (J). 30.83 *(978-0-267-26385-1(6))* Forgotten Bks.

Brown of Harvard: A Play in Four Acts (Classic Reprint) Rida Johnson Young. 2018. (ENG., Illus.). 88p. (J). 25.73 *(978-0-267-50580-7(9))* Forgotten Bks.

Brown of Harvard (Classic Reprint) Rida Johnson Young. (ENG., Illus.). (J). 2018. 352p. 31.16 *(978-0-365-23155-4(0))*; 2017. pap. 13.57 *(978-0-243-33125-3(8))* Forgotten Bks.

Brown of Lost River: A Story of the West (Classic Reprint) Mary Etta Stickney. 2018. (ENG., Illus.). 334p. (J). 30.79 *(978-0-483-99827-8(3))* Forgotten Bks.

Brown of Moukden: A Story of the Russo-Japanese War (Classic Reprint) Herbert Strang. 2018. (ENG., Illus.). 408p. (J). 32.33 *(978-0-656-74915-7(6))* Forgotten Bks.

Brown Owl: A Fairy Story. Ford H. Madox Hueffer. 2018. (ENG., Illus.). 76p. (YA). (gr. 7-12). pap. *(978-93-5329-261-4(1))* Alpha Editions.

Brown Owl: A Fairy Story (Classic Reprint) Ford H. Madox Hueffer. 2018. (ENG., Illus.). 180p. (J). 27.63 *(978-0-483-45378-4(1))* Forgotten Bks.

Brown Papers (Classic Reprint) Arthur Sketchley. (ENG., Illus.). (J). 2018. 202p. 28.08 *(978-0-483-94136-6(0))*; 2017. pap. 10.57 *(978-0-243-43911-9(3))* Forgotten Bks.

Brown Pelicans. Mario Picayo. 2016. (J). pap. *(978-1-934370-61-2(4))* Editorial Campana.

Brown Poetry: Dedicated to Breonna Taylor & George Floyd. Jamal Smith. 2020. (ENG.). 91p. (YA). ***(978-1-716-75675-7(8))*** Lulu Pr., Inc.

Brown Portmanteau: And Other Stories (Classic Reprint) Curtis Yorke. (ENG., Illus.). (J). 2018. 326p. 30.64 *(978-0-332-12698-2(6))*; 2016. pap. 13.57 *(978-1-333-12923-0(1))* Forgotten Bks.

Brown Rabbit's Busy Day: Discover Time with the Little Rabbits. Alan Baker. ed. 2017. (Little Rabbit Bks.). (J). lib. bdg. 18.40 *(978-0-606-40553-9(4))* Turtleback.

Brown Recluse Spiders, 1 vol. Sarah Machajewski. 2017. (Spiders: Eight-Legged Terrors Ser.). (ENG.). 24p. (J). (gr. 2-3). pap. 9.15 *(978-1-5382-0202-9(6)*, 39ebf302-a7d1-4233-9b6a-6737920f0200) Stevens, Gareth Publishing LLLP.

Brown Skin I'm In. Alexandra Harris. Illus. by Juanita Taylor. 2021. (ENG.). 24p. (J). 15.99 *(978-1-7355378-2-5(9))* Unity Project LLC.

Brown Smock: The Tale of a Tune (Classic Reprint) C. R. Allen. (ENG., Illus.). (J). 2018. 288p. 29.84 *(978-0-483-54624-0(0))*; 2017. pap. 13.57 *(978-0-243-17430-0(6))* Forgotten Bks.

Brown Stone Boy: And Other Queer People (Classic Reprint) William Henry Bishop. 2017. (ENG., Illus.). (J). 29.88 *(978-0-266-17744-9(1))* Forgotten Bks.

Brown Stone Front: A Story of New York & Saratoga (Classic Reprint) Chandos Fulton. (ENG., Illus.). (J). 2018. 158p. 27.18 *(978-0-267-40969-3(9))*; 2016. pap. 9.57 *(978-1-334-23201-5(6))* Forgotten Bks.

Brown Studies, or Camp Fires & Morals (Classic Reprint) George H. Hepworth. 2018. (ENG., Illus.). 346p. (J). 31.05 *(978-0-483-45863-5(5))* Forgotten Bks.

Brown Study (Classic Reprint) Grace S. Richmond. 2018. (ENG., Illus.). 326p. (J). 30.62 *(978-0-483-64490-8(0))* Forgotten Bks.

Brown Study (Classic Reprint) Grace Smith Richmond. (ENG., Illus.). (J). 2018. 222p. 28.50 *(978-0-267-37203-4(5))*; 2016. pap. 10.97 *(978-1-334-15967-1(X))* Forgotten Bks.

Brown Sugar Babies. Charles R. Smith, Jr. Illus. by Charles R. Smith, Jr. 2020. (ENG., Illus.). 30p. (J). (gr. -1 — 1). bds. 7.99 *(978-1-368-05029-6(8)*, Jump at the Sun) Hyperion Bks. for Children.

Brown Sugar Baby. Kevin Lewis. Ed. by Cottage Door Press. Illus. by Jestenia Southerland. 2022. (ENG.). 22p. (J). (gr. -1 — 1). bds. 9.99 *(978-1-64638-410-5(5)*, 1007710) Cottage Door Pr.

Brown Sugar Baby Christmas Joy. Kevin Lewis. Ed. by Cottage Door Press. Illus. by Jestenia Southerland. 2023. (ENG.). 22p. (J). bds. 9.99 ***(978-1-64638-639-0(6)***, 1008340) Cottage Door Pr.

Brown Sugar Baby Sweetest Love. Kevin Lewis. Ed. by Cottage Door Press. Illus. by Jestenia Southerland. 2023. (ENG.). 22p. (J). bds. 9.99 ***(978-1-64638-660-4(4)***, 1008540) Cottage Door Pr.

Brown V. Board of Education, 1 vol. Kathy Furgang. 2017. (Spotlight on the Civil Rights Movement Ser.). (ENG., Illus.). 48p. (J). (gr. 6-6). pap. 12.75 *(978-1-5383-8021-5(8)*, d98e4a06-825e-4f48-b9d4-86d94722e4f3) Rosen Publishing Group, Inc., The.

Brown V. Board of Education. Barbara A. Somervill. 2021. (Black American Journey Ser.). (ENG.). 32p. (J). (gr. 4-7). lib. bdg. 35.64 *(978-1-5038-5442-0(6)*, 215319) Child's World, Inc, The.

Brown V. Board of Education: A Fight for Simple Justice. Susan Goldman Rubin. (ENG.). 144p. (J). (gr. 5). 2018. pap. 15.99 *(978-0-8234-4035-1(4))*; 2016. (Illus.). 18.95 *(978-0-8234-3646-0(2))* Holiday Hse., Inc.

Brown, V. C (Classic Reprint) Alexander. 2017. (ENG., Illus.). (J). 31.49 *(978-1-5284-7602-7(6))*; pap. 13.97 *(978-1-5277-9755-0(4))* Forgotten Bks.

Brown Wolf & Other Jack London Stories. Jack. London. 2020. (ENG.). (J). 144p. 19.95 *(978-1-64799-489-1(6))*; 142p. pap. 9.95 *(978-1-64799-488-4(8))* Bibliotech Pr.

Browne Brothers Save a Friend. Jael I. Paul. 2023. (ENG.). 30p. (J). pap. 12.99 ***(978-1-0881-7446-3(9))*** VMH Publishing.

Browne Readers, Vol. 1: First Year First Half (Classic Reprint) Ruby Wrede Browne. 2018. (ENG., Illus.). 132p. (J). 26.62 *(978-0-484-40451-8(2))* Forgotten Bks.

Browne Readers, Vol. 2: First Year-Second Half (Classic Reprint) Ruby Wrede Browne. (ENG., Illus.). (J). 2018. 142p. 26.85 *(978-0-484-36941-1(5))*; 2017. pap. 9.57 *(978-0-259-43435-1(3))* Forgotten Bks.

Browne Readers, Vol. 3: Second Year, First Half (Classic Reprint) Ruby Wrede Browne. (ENG., Illus.). (J). 2018. 156p. 27.13 *(978-0-666-21154-5(X))*; 2017. pap. 9.57 *(978-0-259-40371-5(7))* Forgotten Bks.

Browne Readers, Vol. 4: Second Year, Second Half (Classic Reprint) Ruby Wrede Browne. 2017. (ENG., Illus.). (J). 174p. 27.49 *(978-0-484-38279-3(9))*; pap. 9.97 *(978-0-282-32014-0(8))* Forgotten Bks.

Brownie. Julie Spresser. Illus. by Chachi Hernandez. 2022. 26p. (J). 21.99 BookBaby.

Brownie & Pearl Collection: Brownie & Pearl Step Out; Brownie & Pearl Get Dolled up; Brownie & Pearl Grab a Bite; Brownie & Pearl See the Sights; Brownie & Pearl Go for a Spin; Brownie & Pearl Hit the Hay. Cynthia Rylant. Illus. by Brian Biggs. 2016. (Brownie & Pearl Ser.). (ENG.). 144p. (J). (gr. -1-k). 12.99 *(978-1-4814-8653-8(5)*, Simon Spotlight) Simon Spotlight.

Brownie (Classic Reprint) Amy Le Feuvre. 2018. (ENG., Illus.). 170p. (J). 27.40 *(978-0-267-23442-4(2))* Forgotten Bks.

Brownie in Christmas Land (Classic Reprint) Marian Jack. (ENG., Illus.). (J). 2018. 50p. 24.93 *(978-0-267-34614-1(X))*; 2016. pap. 9.57 *(978-1-333-69597-2(7))* Forgotten Bks.

Brownie of Bodsbeck, & Other Tales, Vol. 1 of 2 (Classic Reprint) James Hogg. 2017. (ENG., Illus.). 316p. (J). 30.43 *(978-0-332-64855-2(9))* Forgotten Bks.

Brownie of Bodsbeck & Other Tales, Vol. 2 of 2 (Classic Reprint) James Hogg. 2018. (ENG., Illus.). 356p. (J). 31.24 *(978-0-483-00878-6(8))* Forgotten Bks.

Brownie of Bodsbeck, Vol. 2 Of 2: And Other Tales (Classic Reprint) James Hogg. 2017. (ENG., Illus.). (J). 31.07 *(978-0-266-65991-4(8))*; pap. 13.57 *(978-1-5276-3319-3(5))* Forgotten Bks.

Brownies: And Other Tales (Classic Reprint) Juliana Horatia Ewing. 2017. (ENG., Illus.). (J). 28.43 *(978-1-5279-8824-8(4))* Forgotten Bks.

Brownies & Bogles. Louise Imogen Guiney. 2019. (ENG., Illus.). 100p. (YA). pap. *(978-93-5329-482-3(7))* Alpha Editions.

Brownies & Bogles (Classic Reprint) Louise Imogen Guiney. 2017. (ENG., Illus.). (J). 27.57 *(978-0-260-22287-9(9))* Forgotten Bks.

Brownies & Other Stories (Classic Reprint) Palmer Cox. 2017. (ENG., Illus.). (J). 30.58 *(978-0-260-43656-6(9))* Forgotten Bks.

Brownies & Prince Florimel (Classic Reprint) Palmer Cox. 2018. (ENG., Illus.). 256p. (J). 29.18 *(978-0-267-23848-4(7))* Forgotten Bks.

Brownies at Home (Classic Reprint) Palmer Cox. (ENG., Illus.). (J). 2018. 156p. 27.11 *(978-0-267-33817-7(1))*; 2016. pap. 9.97 *(978-1-333-62627-3(4))* Forgotten Bks.

Brownies Große Abenteuer: Malbuch Für Kinder Mit 44 Mal-Ideen Verpackt in Geschichten über Einen Lustigen Bären Namens Brownie. Andrea & Andreas Iamai. 2023. (GER.). 98p. (J). pap. ***(978-1-4477-1578-8(0))*** Lulu Pr., Inc.

Brownies Many More Nights (Classic Reprint) Palmer Cox. 2017. (ENG., Illus.). (J). 27.20 *(978-0-331-81739-3(X))* Forgotten Bks.

Brownies Their Book (Classic Reprint) Palmer Cox. 2017. (ENG., Illus.). (J). 27.11 *(978-0-331-66139-2(X))* Forgotten Bks.

Brownilocks & the Three Bowls of Cornflakes. Enid Richemont. 2016. (ENG., Illus.). 32p. (J). *(978-0-7787-2459-9(X))* Crabtree Publishing Co.

Browning Courtship, & Other Stories (Classic Reprint) Eliza Orne White. 2018. (ENG., Illus.). 282p. (J). 29.73 *(978-0-267-11695-9(0))* Forgotten Bks.

Brownings. Jane Gay Fuller. 2017. (ENG.). 318p. (J). pap. *(978-3-337-02341-6(X))* Creation Pubs.

Brownings: A Tale of the Great Rebellion (Classic Reprint) Jane Gay Fuller. 2018. (ENG., Illus.). 316p. (J). 30.41 *(978-0-483-50877-4(2))* Forgotten Bks.

Brownlows: A Novel (Classic Reprint) Margaret O. W. Oliphant. 2018. (ENG., Illus.). (J). 194p. 27.90 *(978-0-366-55967-1(2))*; 196p. pap. 10.57 *(978-0-366-05458-9(9))*; 510p. 34.44 *(978-0-267-16385-4(1))* Forgotten Bks.

Brownlows, Vol. 1 of 3 (Classic Reprint) Margaret O. W. Oliphant. 2018. (ENG., Illus.). 312p. (J). 30.33 *(978-0-332-00985-8(8))* Forgotten Bks.

Brownlows, Vol. 2 of 3 (Classic Reprint) Margaret O. W. Oliphant. 2018. (ENG., Illus.). 318p. (J). 30.48 *(978-0-267-23440-0(6))* Forgotten Bks.

Brownlows, Vol. 3 of 3 (Classic Reprint) Margaret O. W. Oliphant. 2018. (ENG., Illus.). 308p. (J). 30.27 *(978-0-428-37688-8(6))* Forgotten Bks.

Browns & the Smiths, Vol. 1 of 2 (Classic Reprint) Unknown Author. 2018. (ENG., Illus.). 316p. (J). 30.43 *(978-0-483-87579-1(1))* Forgotten Bks.

Browns & the Smiths, Vol. 2 of 2 (Classic Reprint) Unknown Author. 2018. (ENG., Illus.). 324p. (J). 30.58 *(978-0-484-74666-3(9))* Forgotten Bks.

Browns (Classic Reprint) Mary P. Wells Smith. 2018. (ENG., Illus.). 272p. (J). 29.53 *(978-0-332-65554-3(7))* Forgotten Bks.

Brown's Retreat: And Other Stories (Classic Reprint) Anna Eichberg King. 2017. (ENG., Illus.). (J). 30.27 *(978-1-5280-8954-8(5))* Forgotten Bks.

Brownstone Faces: An Alice & Friends Book. Anne Rothman Hicks. 2017. (ENG., Illus.). (J). pap. *(978-1-77127-939-0(7))* MuseItUp Publishing.

Brownsville Bred: Dreaming Out Loud. Elaine del Valle. 2020. (ENG.). 128p. (YA). (gr. 8-12). 22.99 *(978-1-7343099-9-7(7))* Del Valle Productions, Inc.

Brownylocks & the Two Coyotes (a Christmas Story) The GPS Device. Joseph E. Barrera. Illus. by James Maloney. 2023. (ENG.). 24p. (J). ***(978-1-0391-6487-1(0))***; pap. ***(978-1-0391-6486-4(2))*** FriesenPress.

Browse Student Magazines Set of 30 Grade 4. Hmh Hmh. 2016. (Escalate English Ser.). (ENG.). (J). (gr. 4). pap. 592.67 *(978-0-544-61239-6(6))* Houghton Mifflin Harcourt Publishing Co.

Browse Student Magazines Set of 30 Grade 5. Hmh Hmh. 2016. (Escalate English Ser.). (ENG.). (J). (gr. 5). pap. 592.67 *(978-0-544-61240-2(X))* Houghton Mifflin Harcourt Publishing Co.

Browse Student Magazines Set of 30 Grade 6. Hmh Hmh. 2016. (Escalate English Ser.). (ENG.). (J). (gr. 6). pap. 592.67 *(978-0-544-61241-9(8))* Houghton Mifflin Harcourt Publishing Co.

Browse Student Magazines Set of 30 Grade 7. Hmh Hmh. 2016. (Escalate English Ser.). (ENG.). (YA). (gr. 7). pap. 592.67 *(978-0-544-61396-6(1))* Houghton Mifflin Harcourt Publishing Co.

Browse Student Magazines Set of 30 Grade 8. Hmh Hmh. 2016. (Escalate English Ser.). (ENG.). (YA). (gr. 8). pap. 592.67 *(978-0-544-61397-3(X))* Houghton Mifflin Harcourt Publishing Co.

Browsing among Books, & Other Essays (Classic Reprint) Abba Goold Woolson. 2018. (ENG., Illus.). 254p. (J). (gr. -1-3). 29.16 *(978-0-483-45650-1(0))* Forgotten Bks.

Brrrains! a Zombie How to Draw Activity Book. Activibooks For Kids. 2016. (ENG., Illus.). (J). pap. 9.20 *(978-1-68321-179-2(0))* Mimaxion.

¡Brrrum, Brrrum!/Zoom, Zoom, Zoom! Tr. by Yanitzia Canetti. Illus. by Annie Kubler. 2021. (Baby Rhyme Time (Spanish/English) Ser.). (ENG.). 12p. (J). bds. *(978-1-78628-578-2(9))* Child's Play International Ltd.

BRT Bilingual CD & Book Set 1. Child's Play. 2022. (Baby Rhyme Time Ser.). (ENG., Illus.). 48p. (J). *(978-1-78628-735-9(8))* Child's Play International Ltd.

BRT Bilingual CD & Book Set 2. Child's Play. 2022. (Baby Rhyme Time Ser.). (ENG., Illus.). 48p. (J). *(978-1-78628-736-6(6))* Child's Play International Ltd.

BRT Bilingual CD & Book Set 3. Child's Play. 2022. (Baby Rhyme Time Ser.). (ENG., Illus.). 48p. (J). *(978-1-78628-737-3(4))* Child's Play International Ltd.

Bruce. Albert Payson Terhune. 2017. (ENG., Illus.). (J). 22.95 *(978-1-374-81814-9(3))*; pap. 12.95 *(978-1-374-81813-2(5))* Capital Communications, Inc.

Bruce & the Legend of Soggy Hollow. Ryan T. Higgins. 2023. (Mother Bruce Ser.). 48p. (J). (gr. -1-k). 18.99 ***(978-1-368-05958-9(9))***, Disney-Hyperion) Disney Publishing Worldwide.

Bruce & the Legend of Soggy Hollow INDIE SIGNED 6-Copy Prepack. Ryan T. Higgins. 2023. (J). (-k). 113.94 ***(978-1-368-10097-7(X)***, Disney-Hyperion) Disney Publishing Worldwide.

Bruce (Classic Reprint) Albert Payson Terhune. 2017. (ENG., Illus.). (J). 28.31 *(978-0-260-48376-8(1))* Forgotten Bks.

Bruce Is Loose! Steve McMillan. Illus. by Anne McMillan. 2022. (ENG.). 26p. (J). pap. 16.99 ***(978-1-0880-0210-0(2))*** Indy Pub.

Bruce Lee. Virginia Loh-Hagan. Illus. by Jeff Bane. 2023. (My Early Library: My Itty-Bitty Bio Ser.). (ENG.). 24p. (J). (gr. k-1). pap. 12.79 *(978-1-6689-2015-2(8)*, 221993); lib. bdg. 30.64 *(978-1-6689-1913-2(3)*, 221891) Cherry Lake Publishing.

Bruce Lee. Maria Isabel Sanchez Vegara. Illus. by Miguel Bustos. 2019. (Little People, BIG DREAMS Ser.: 29). (ENG.). 32p. (J). (gr. -1-2). ***(978-1-78603-789-3(0)***, Frances Lincoln Children's Bks.) Quarto Publishing Group UK.

Bruce Lee: A Kid's Book about Pursuing Your Passions. Mary Nhin. Illus. by Yuliia Zolotova. 2020. (Mini Movers & Shakers Ser.: Vol. 5). (ENG.). 40p. (J). 19.99 *(978-1-63731-026-7(9))* Grow Grit Pr.

Bruce of the Circle (Classic Reprint) Harold Titus. 2017. (ENG., Illus.). (J). 30.62 *(978-0-265-17795-2(2))* Forgotten Bks.

Bruce Springsteen - Tutti I Testi Tradotti. Marco Regali Nai. 2023. (ITA.). 648p. (YA). ***(978-1-4477-1087-5(8))*** Lulu Pr., Inc.

Bruce Springsteen a Little Golden Book Biography. Laurel Snyder. Illus. by Jeffrey Ebbeler. 2023. (Little Golden Book Ser.). 24p. (J). (gr. -1-3). 5.99 ***(978-0-593-56980-1(6)***, Golden Bks.) Random Hse. Children's Bks.

Bruce Swap. Ryan T. Higgins. 2021. (Mother Bruce Ser.). (Illus.). 28p. (J). (-k). 17.99 ***(978-1-368-02856-1(X)***, Disney-Hyperion) Disney Publishing Worldwide.

Bruce, the Bumbling Bedbug from Belize. Michele Sullivan. 2023. (ENG.). 32p. (J). 24.99 ***(978-1-7364185-3-6(X))***; pap. 12.99 ***(978-1-7364185-2-9(1))*** Wanderlust Publishing.

Bruce the Fire Dog & His North Pole Friends Say Hello. Buck Boylan. 2018. (ENG., Illus.). 96p. (J). 29.95 *(978-1-64350-557-2(2))*; pap. 20.95 *(978-1-64350-556-5(4))* Page Publishing Inc.

Bruce the Fire Dog Saves Christmas. Buck Boylan. 2017. (ENG., Illus.). 46p. (J). 22.95 *(978-1-64138-914-3(1))* Page Publishing Inc.

Bruce the Silly Goose. Amy Pye. 2020. (ENG.). 30p. (J). *(978-1-64969-425-6(3))* Tablo Publishing.

Bruce the Spruce. Fred Loar. 2018. (ENG., Illus.). 28p. (J). 22.95 *(978-1-64214-831-2(8))*; pap. 12.95 *(978-1-64138-352-3(6))* Page Publishing Inc.

Bruce Wayne: Not Super. Stuart Gibbs. Illus. by Berat Pekmezci. 2023. 160p. (J). (gr. 3-7). pap. 12.99 *(978-1-77950-767-9(4))* DC Comics.

Bruce's Big Fun Day. Ryan T. Higgins. 2019. (World of Reading Ser.). (ENG.). 28p. (J). (gr. k-1). 13.96 *(978-0-87617-903-1(0))* Penworthy Co., LLC, The.

Bruce's Big Move-A Mother Bruce Book. Ryan T. Higgins. 2017. (Mother Bruce Ser.: 4). 48p. (J). (-k). 18.99 ***(978-1-368-00354-4(0)***, Disney-Hyperion) Disney Publishing Worldwide.

Bruce's Big Storm. Ryan T. Higgins. 2019. (Mother Bruce Ser.). (Illus.). 30p. (J). (-k). 17.99 ***(978-1-368-02622-2(2)***, Disney-Hyperion) Disney Publishing Worldwide.

Bruh, Read the News: A Teen Guide for Fighting Disinformation, One Critical Thinker at a Time. Derek Postlewaite. 2022. (Book of Bruh Ser.: Vol. 1). (ENG.). 100p. (YA). pap. 15.99 ***(978-1-0880-2637-3(0))*** Indy Pub.

Bruh, You Got This - Affirmations for Young Men. Trevor Nathaniel Jones. Ed. by E. Marcel Jones. 2023. (ENG.). 110p. (YA). pap. 14.99 ***(978-1-0881-5882-1(X))*** Primedia eLaunch LLC.

Bruised. Tanya Boteju. (ENG.). (YA). (gr. 9). 2022. 352p. pap. 12.99 *(978-1-5344-5503-0(5))*; 2021. 336p. 19.99 *(978-1-5344-5502-3(7))* Simon & Schuster Bks. For Young Readers. (Simon & Schuster Bks. For Young Readers).

Bruised, but Not Broken. Valentina Villalobos. 2021. (ENG.). 92p. (YA). 23.95 *(978-1-6624-5794-4(4))*; pap. 13.95 *(978-1-6624-2765-7(4))* Page Publishing Inc.

Bruised Dream. Alabama Rose. 2019. (ENG.). 104p. (YA). (gr. 7-12). pap. *(978-1-4866-1938-2(X))* Word Alive Pr.

Bruiser's G'Day at the Beach. Diana Smith. Illus. by Julie Leiman Weaver. (Bruiser's G'Day Ser.). (ENG.). (J). 2022. 48p. pap. *(978-0-6489970-4-7(9))*; 2021. 50p. pap. *(978-0-6489970-5-4(7))* Smith, Diana.

Bruja Born. Zoraida Córdova. 2019. (Brooklyn Brujas Ser.: 2). (ENG.). 352p. (YA). (gr. 8-12). pap. 10.99 *(978-1-7282-0986-9(2))* Sourcebooks, Inc.

Bruja de Endor: Las Aventuras Del Rey Saúl. Pip Reid. 2020. (Defensores de la Fe Ser.: Vol. 16). (SPA.). 38p. (J). pap. *(978-1-989961-27-8(4))* Bible Pathway Adventures.

Bruja Que Quería Volar - Keep the Faith. Lydia Giménez Llort. 2018. (SPA.). 62p. (J). pap. ***(978-1-387-76493-8(4))*** Lulu Pr., Inc.

Brujita of Washington Heights: Book II Blood Ties. E. L. Oliver. 2019. (ENG.). 224p. (J). pap. 12.95 *(978-1-68470-968-7(7))* Lulu Pr., Inc.

Brújula Dorada / the Golden Compass. Philip Pullman. Tr. by Roser Berdagué. 2019. (Materia Oscura/ His Dark Materials Ser.). (SPA.). 400p. (J). (gr. 5-9). pap. 16.95 *(978-84-18014-00-0(8))* Penguin Random House Grupo Editorial ESP. Dist: Penguin Random Hse. LLC.

Brumbletide & the Changing of the Crowns. J. Reese Bradley. 2021. (ENG.). 218p. (YA). pap. 12.99 *(978-1-68564-808-4(8))* Primedia eLaunch LLC.

Brumbletide & the Queen's Doctor's Story. J. Reese Bradley. 2023. (ENG.). 212p. (YA). pap. 15.99 ***(978-1-0881-1899-3(2))*** Primedia eLaunch LLC.

Brumbletide & the Triad Champion. J. Reese Bradley. 2022. (ENG.). 208p. (J). pap. 14.99 ***(978-1-0881-1985-3(9))*** Primedia eLaunch LLC.

Brumby Boy: Old Regret, Bk. 1. Liz Braid. 2016. (ENG., Illus.). 168p. (J). pap. *(978-1-326-73781-8(3))* Lulu Pr., Inc.

Brumby of Summerhill Park. Derina McLaughlin. 2019. (ENG.). 76p. (J). *(978-1-5289-0026-3(X))*; pap. *(978-1-5289-0025-6(1))* Austin Macauley Pubs. Ltd.

Brunel's Tower (Classic Reprint) Eden Phillpotts. 2017. (ENG., Illus.). (J). 508p. 34.39 *(978-0-484-73990-0(5))*; pap. 16.97 *(978-0-259-38620-9(0))* Forgotten Bks.

Brunhilda of Orr's Island (Classic Reprint) William Jasper Nicolls. 2018. (ENG., Illus.). 308p. (J). 30.27 *(978-0-484-65740-2(2))* Forgotten Bks.

Brunhilda's Backwards Day. Illus. by Shawna J. C. Tenney. 2016. (ENG.). 32p. (J). (gr. -1-k). 16.99 *(978-1-63450-691-5(X)*, Sky Pony Pr.) Skyhorse Publishing Co., Inc.

Bruno. Jacob Abbott. 2018. (ENG., Illus.). 100p. (J). 14.99 *(978-1-5154-2073-6(6))*; pap. 6.99 *(978-1-5154-0121-6(9))* Wilder Pubns., Corp.

Bruno. Byrd Spilman Dewey. 2017. (ENG., Illus.). (J). pap. *(978-0-649-50083-3(0))* Trieste Publishing Pty Ltd.

Bruno: Some of the More Interesting Days in My Life So Far. Catharina Valckx. Illus. by Nicolas Hubesch. 2017. (ENG.). 96p. (J). (gr. k-4). 19.99 *(978-1-77657-124-6(X)*, c354b005-7a6e-498c-a928-d07919dcc79f) Gecko Pr. NZL. Dist: Lerner Publishing Group.

B

Bruno - Short Stories for Long Nights. Serena Romanelli. Illus. by Hans de Beer. 2022. (ENG.). 32p. (J). (gr. -1-2). 17.95 (978-0-7358-4477-3(1)) North-South Bks., Inc.

Bruno & Boris. Mirjam Barner. 2018. (GER., Illus.). 52p. (J). (978-3-7469-1466-4(3)) tredition Verlag.

Bruno & Boris Friends for Life. Mirjam Barner. 2018. (ENG., Illus.). 48p. (J). (978-3-7469-1388-9(8)) tredition Verlag.

Bruno & Huno. Rodney Koch. 2019. (ENG., Illus.). 36p. (J). (gr. k-1). pap. 11.95 (978-0-9961748-6-2(9)) Shalako Pr.

Bruno (Classic Reprint) Byrd Spilman Dewey. 2017. (ENG., Illus.). (J). 26.70 (978-1-5284-7010-0(9)) Forgotten Bks.

Bruno Has One Hundred Friends. Francesca. Pirrone. 2019. (ENG., Illus.). 32p. (J). 17.95 (978-1-60537-405-5(9)); 9.95 (978-1-60537-504-5(7)) Clavis Publishing.

Bruno Mars. Jim Gigliotti. 2018. (Amazing Americans: Pop Music Stars Ser.). (ENG.). 24p. (J). (gr. -1-3). 26.99 (978-1-68402-459-9(5)) Bearport Publishing Co., Inc.

Bruno Mars. Katie Lajiness. 2017. (Big Buddy Pop Biographies Set 3 Ser.). (ENG.). 32p. (J). (gr. 2-5). lib. bdg. 34.21 (978-1-5321-1217-1(3), 27569, Big Buddy Bks.) ABDO Publishing Co.

Bruno Mars. Martha London. 2020. (Biggest Names in Music Ser.). (ENG.). 32p. (J). (gr. 3-5). pap. 9.95 (978-1-64493-645-0(3), 1644936453); lib. bdg. 31.35 (978-1-64493-636-8(4), 1644936364) North Star Editions. (Focus Readers).

Bruno Mars. Jennifer Strand. 2016. (Stars of Music Ser.). (ENG.). 24p. (J). (gr. -1-2). lib. bdg. 31.36 (978-1-68079-918-7(5), 24140, Abdo Zoom-Launch) ABDO Publishing Co.

Bruno Mars, Vol. 11. Chris Snellgrove. 2018. (Hip-Hop & R & B: Culture, Music & Storytelling Ser.). (Illus.). 80p. (J). (gr. 7). lib. bdg. 33.27 (978-1-4222-4178-3(5)) Mason Crest.

Bruno Mars: Singer & Songwriter. Kristen Rajczak Nelson. 2017. (Illus.). 24p. (J). pap. (978-80-7660-784-2(1)) Enslow Publishing, LLC.

Bruno the Bear Moves House (Full Colour Version) Marie Neil. 2017. (ENG., Illus.). 32p. (J). pap. (978-0-244-00193-3(6)) Lulu Pr., Inc.

Bruno the Beekeeper: A Honey Primer. Aneta Frantiska Holasová. Illus. by Aneta Frantiska Holasová. 2021. (ENG., Illus.). 80p. (J). (gr. 2-5). 19.99 (978-1-5362-1461-1(2)) Candlewick Pr.

Bruno, the Standing Cat. Nadine Robert. Illus. by Jean Jullien. 2019. (ENG.). 48p. (J). (gr. -1-2). 17.99 (978-0-525-64714-0(7), Random Hse. Bks. for Young Readers) Random Hse. Children's Bks.

Bruno y el Big Bang / Bruno & the Big Bang. Rodrigo Contreras Ramos & Carolina Undurraga. 2020. (SPA.). 104p. (J). (gr. 3-5). pap. 13.95 (978-607-31-8912-5(5), B De Blook) Penguin Random House Grupo Editorial ESP. Dist: Penguin Random Hse. LLC.

Bruno y la Luz / Bruno & Light. Rodrigo Contreras Ramos. 2021. (SPA.). 128p. (J). (gr. 5). pap. 13.95 (978-607-38-0302-1(8), B De Blook) Penguin Random House Grupo Editorial ESP. Dist: Penguin Random Hse. LLC.

Bruno's Hat. Canizales. 2019. (ENG., Illus.). 32p. (J). (gr. -1-2). 17.00 (978-1-947888-13-5(7), Flyaway Bks.) Westminster John Knox Pr.

Bruno's Will to Heal. Darla Deeds. 2021. (ENG.). 24p. (J). 15.99 (978-1-948928-47-2(7)); pap. 5.99 (978-1-949735-08-6(7)) Ideopage Pr. Solutions.

Brush! - Our Yarning. Jodi Rowlinson. Illus. by Angharad Neal-Williams. 2022. (Our Yarning Ser.). (ENG.). 26p. (J). pap. (978-1-922951-71-7(4)) Library For All Limited.

Brush & Paint see Brocha y Pincel

Brush! Brush! Brush! Douglas Florian. Illus. by Christiane Engel. 2022. (Baby Steps Ser.). (ENG.). 18p. (J). (gr. -1 — 1). bds. 7.99 (978-1-4998-1340-1(6)) Little Bee Books Inc.

Brush Drawing As Applied to Natural Forms & Common Objects (Yesterday's Classics) May Mallam. 2018. (ENG., Illus.). 56p. (J). (gr. 1-6). pap. 14.95 (978-1-63334-105-0(4)) Yesterday's Classics.

Brush Full of Colour: The World of Ted Harrison. Margriet Ruurs & Katherine Gibson. 2021. (Illus.). 40p. (J). (gr. 3-7). 12.95 (978-1-77278-226-4(2)) Pajama Pr. CAN. Dist: Ingram Publisher Services.

Brush with Chaos. Ken Melber. 2016. (ENG.). 290p. (J). pap. 18.95 (978-1-78629-899-7(6), 248b5796-6f11-4357-a7a7-4ebedf6e84d2) Austin Macauley Pubs. Ltd. GBR. Dist: Baker & Taylor Publisher Services (BTPS).

Brush with Indian Art. Mamta Nainy. 2018. (ENG., Illus.). 144p. (J). (gr. 5-7). pap. 9.99 (978-0-14-344156-4(6), Puffin) Penguin Bks. India PVT, Ltd IND. Dist: Independent Pubs. Group.

Brush with the Chinese & What Came of It. G. A. Henty. 2018. (ENG., Illus.). 22p. (J). 9.99 (978-1-5154-2233-4(X)) Wilder Pubns., Corp.

Brush Your Teeth! Pete Jenkins. 2018. (Let's Learn Ser.). (ENG., Illus.). 16p. (gr. -1-2). lib. bdg. 28.50 (978-1-64156-202-7(1), 9781641562027) Rourke Educational Media.

Brush Your Teeth! Marci Long. Illus. by Guy Wolek. 2023. (ENG.). 28p. (J). pap. 14.99 (978-1-6628-7827-5(3)) Salem Author Services.

Brush Your Teeth! Katie Marsico. Illus. by Jeff Bane. 2019. (My Early Library: My Healthy Habits Ser.). (ENG.). 24p. (J). (gr. k-1). pap. 12.79 (978-1-5341-3930-5(3), 212549); lib. bdg. 30.64 (978-1-5341-4274-9(6), 212548) Cherry Lake Publishing.

Brush Your Teeth. The The Wiggles. 2023. (Wiggles Ser.). (ENG.). 10p. (J). (-k). bds. 13.99 (978-1-922677-88-4(4)) Bonnier Publishing GBR. Dist: Independent Pubs. Group.

Brush Your Teeth with Me! Dorina Youhana. Illus. by Arsalan K. 2021. (ENG.). 20p. (J). 21.99 (978-1-0878-7908-6(6)) Indy Pub.

Brushes & Basketballs. Michele Jakubowski. Illus. by Hédi Fekete. 2016. (Ashley Small & Ashlee Tall Ser.). (ENG.). 64p. (J). (gr. 1-3). lib. bdg. 20.65 (978-1-5158-0010-1(5), 131847, Picture Window Bks.) Capstone.

Brushing Teeth Can Be Fun. Ann Sequeira. 2nd l.t. ed. 2021. (ENG.). 26p. (J). pap. 12.00 (978-1-0879-6020-3(7)) Indy Pub.

Brushland (Classic Reprint) John Darby. (ENG., Illus.). (J). 2018. 232p. 28.68 (978-0-656-69149-4(2)); 2017. pap. 11.57 (978-0-282-54355-6(4)) Forgotten Bks.

Brushmaker's Daughter. Kathy Kacer. 2020. (Holocaust Remembrance Series for Young Readers Ser.: 18). (ENG.). 120p. (J). (gr. 4-7). pap. 10.95 (978-1-77260-138-1(1)) Second Story Pr. CAN. Dist: Orca Bk. Pubs. USA.

Brushwood Boy (Classic Reprint) Rudyard Kipling. 2018. (ENG., Illus.). 212p. (J). 28.27 (978-0-656-21799-1(5)) Forgotten Bks.

Brushwork: Elementary Brush-Forms. Marion Hudson. 2019. (ENG., Illus.). 68p. (J). (gr. 1-6). pap. 10.95 (978-1-68422-402-9(0)) Martino Fine Bks.

Brushwork: Elementary Brush-Forms (Yesterday's Classics) Marion Hudson. 2019. (ENG., Illus.). 76p. (J). (gr. 1-6). pap. 16.95 (978-1-63334-109-8(7)) Yesterday's Classics.

Brutal Body, 1 vol. Michael Clark. 2017. (Strange Science & Explosive Experiments Ser.). (ENG.). 32p. (J). (gr. 4-5). 29.27 (978-1-5383-2262-8(5), bc2d547b-63e2-4176-9834-8d8aab2e5cfe); pap. 12.75 (978-1-5383-2358-8(3), 1b07eaed-450f-4604-97bf-05fdd5a06afd) Rosen Publishing Group, Inc., The. (PowerKids Pr.).

Brutal Body Binding & Modification, 1 vol. Anita Croy. 2018. (Bizarre History of Beauty Ser.). (ENG.). 48p. (gr. 5-6). lib. bdg. 33.60 (978-1-5382-2682-7(0), 310ae2a0-0192-4e6c-b58c-25ea4922320a) Stevens, Gareth Publishing LLLP.

Brutal Justice. Jess Corban. 2021. (Nede Rising Ser.: 2). (ENG.). 400p. (YA). 24.99 (978-1-4964-4838-5(3), 20_34718); pap. 15.99 (978-1-4964-4839-2(1), 20_34719) Tyndale Hse. Pubs. (Wander).

Brute-Cake, 1. Troy Cummings. 2019. (Branches Early Ch Bks). (ENG.). 90p. (J). (gr. 2-3). 15.36 (978-0-87617-661-0(9)) Penworthy Co., LLC, The.

Brute-Cake: a Branches Book (the Binder of Doom #1) Troy Cummings. Illus. by Troy Cummings. 2019. (Binder of Doom Ser.: 1). (ENG., Illus.). 96p. (J). (gr. 1-3). pap. 5.99 (978-1-338-31466-3(1)) Scholastic, Inc.

Brute (Classic Reprint) Frederic Arnold Kummer. (ENG., Illus.). (J). 2018. 324p. 30.60 (978-0-332-88192-8(X)); 2017. 330p. 30.72 (978-0-332-86649-9(1)); 2017. pap. 13.57 (978-0-259-38482-3(8)) Forgotten Bks.

Brute Gods (Classic Reprint) Louis Wilkinson. (ENG., Illus.). (J). 2017. 31.22 (978-0-260-20392-2(0)); 2016. pap. 13.57 (978-1-333-33986-9(0)) Forgotten Bks.

Brutus in the Shadow of Forgiveness. Scott Risch. 2022. (Tallow Trilogy Ser.: Vol. 2). (ENG.). 76p. (J). pap. 14.00 (978-1-64883-162-1(1), ExamWise) Total Recall Learning, Inc.

Brutus Plays on Thin Ice. Jeannette Briggs. Illus. by Breanne Davidson. 2019. (ENG.). 28p. (J). (978-0-2288-1288-3(7)); pap. (978-0-2288-1287-6(9)) Tellwell Talent.

Bruvver Jim's Baby (Classic Reprint) Philip Verrill Mighels. 2018. (ENG., Illus.). 278p. (J). 29.65 (978-0-483-15883-2(6)) Forgotten Bks.

Bryan & the Hallows: All Hallows' Eve. Fannie Wengerd. 2021. (ENG.). 180p. (YA). pap. 16.95 (978-1-0980-8510-0(8)) Christian Faith Publishing.

Bryan & the Muddy Puddle Boots. Brendan Raboza. 2021. (ENG.). 26p. (J). pap. 13.95 (978-1-64531-360-1(3)) Newman Springs Publishing, Inc.

Bryan & the Whale. Victoria Gaul. 2021. (ENG.). 36p. (J). (978-0-2288-5469-2(5)); pap. (978-0-2288-5468-5(7)) Tellwell Talent.

Bryan the Pigeon Makes a Mess. Debra Nunn. 2019. (ENG., Illus.). 20p. (J). pap. (978-1-78222-676-5(1)) Paragon Publishing, Rothersthorpe.

Bryan's Big Break - a Story of Perseverance & Dedication. Bryan Wight & Melanie Lopata. Illus. by Denny Poliquit. 2020. (ENG.). 40p. (J). pap. 10.00 (978-0-578-69886-1(2)) Payne, Elaine.

Bryce Bumps His Head: A Sierra the Search Dog Novel. Robert Calkins. Illus. by Taillefer Long. 2016. (Sierra the Search Dog Ser.). (ENG.). (J). (gr. 2-6). pap. 10.95 (978-0-9971911-1-0(2)) Callout Pr.

Bryce Canyon (a True Book: National Parks) (Library Edition) Jennifer Hackett. 2019. (True Book (Relaunch) Ser.). (ENG., Illus.). 48p. (J). (gr. 3-5). lib. bdg. 31.00 (978-0-531-12931-9(4), Children's Pr.) Scholastic Library Publishing.

Bryce Canyon National Park (Rookie National Parks) (Library Edition) Jennifer Hackett. 2019. (Rookie National Parks Ser.). (ENG., Illus.). 32p. (J). (gr. 1-2). lib. bdg. 25.00 (978-0-531-13318-7(4), Children's Pr.) Scholastic Library Publishing.

Bryce Harper, 1 vol. Phil Corso. 2018. (Young Sports Greats Ser.). (ENG.). 24p. (gr. 3-3). 25.27 (978-1-5383-3027-2(X), ff115545-41ee-4626-ac01-23893c5045fc, PowerKids Pr.) Rosen Publishing Group, Inc., The.

Bryce Harper, 1 vol. Simone Payment. 2018. (Sports' Top MVPs Ser.). (ENG.). 48p. (gr. 5-5). 33.47 (978-1-5081-8204-7(3), 151cbee5-c73f-40b9-9b2a-4b6acf0632f6, Rosen Reference) Rosen Publishing Group, Inc., The.

Bryce Harper. Elizabeth Raum. 2017. (Pro Sports Biographies Ser.). (ENG., Illus.). 24p. (J). (gr. 1-4). 20.95 (978-1-68151-135-1(5), 14675) Amicus.

Bryce Harper: Baseball MVP. Elliott Smith. 2017. (Playmakers Set 6 Ser.). (ENG., Illus.). 32p. (J). (gr. 2-6). lib. bdg. 32.79 (978-1-5321-1149-5(5), 25874, SportsZone) ABDO Publishing Co.

Bryce Harper: Baseball Star. Marty Gitlin. 2017. (Biggest Names in Sports Ser.). (ENG., Illus.). 32p. (J). (gr. 3-5). pap. 9.95 (978-1-63517-097-9(4), 1635170974, Focus Readers) North Star Editions.

Brylee & Brax: Best Friends. Aubree Long. 2023. 36p. (J). (gr. -1-3). pap. 11.25 BookBaby.

Bryn Mawr Almanac for the Year of Our Lord 1934 (Classic Reprint) Bryn Mawr College. 2017. (ENG., Illus.). (J). 26.14 (978-0-265-65907-6(8)); pap. 9.57 (978-1-5276-3290-5(3)) Forgotten Bks.

Bryn Mawr College Class Book, 1914 (Classic Reprint) Bryn Mawr College. 2017. (ENG., Illus.). (J). 26.78 (978-0-331-11956-5(0)); pap. 9.57 (978-0-260-19817-4(X)) Forgotten Bks.

Bryn Mawr College Yearbook: Class of 1904 (Classic Reprint) Bryn Mawr College. 2018. (ENG., Illus.). 184p. (J). 27.71 (978-0-267-29830-3(7)) Forgotten Bks.

Bryn Mawr College Yearbook, 1907 (Classic Reprint) Alice Martin Hawkins. 2018. (ENG., Illus.). 172p. (J). pap. 9.97 (978-1-391-01115-8(5)) Forgotten Bks.

Bryn Mawr College Yearbook, 1908 (Classic Reprint) Bryn Mawr College. 2018. (ENG., Illus.). (J). 148p. 26.95 (978-1-391-22840-2(5)); 150p. pap. 9.57 (978-1-390-97714-1(5)) Forgotten Bks.

Bryn Mawr College Yearbook, 1920 (Classic Reprint) Bryn Mawr College. (ENG., Illus.). (J). 2018. 27.36 (978-0-260-99524-7(X)); 2016. pap. 9.97 (978-1-334-15660-1(3)) Forgotten Bks.

Bryn Mawr College Yearbook, 1923 (Classic Reprint) Marion Holt. 2017. (ENG., Illus.). (J). 26.31 (978-0-260-30575-6(8)); pap. 9.57 (978-0-265-11496-4(9)) Forgotten Bks.

Bryn Mawr College Yearbook, 1948 (Classic Reprint) Bryn Mawr College. 2017. (ENG., Illus.). (J). pap. 9.57 (978-0-259-90040-5(0)) Forgotten Bks.

Bryn Mawr College Yearbook, 1949 (Classic Reprint) Bryn Mawr College. 2017. (ENG., Illus.). (J). 25.88 (978-0-266-74792-5(2)); pap. 9.57 (978-1-5277-1588-2(4)) Forgotten Bks.

Bryn Mawr College Yearbook, Class of 1922 (Classic Reprint) Bryn Mawr College. (ENG., Illus.). (J). 2018. 132p. 26.60 (978-0-332-86882-0(6)); 2016. pap. 9.57 (978-1-333-35737-5(0)) Forgotten Bks.

Brynlee, Brynlee, What Did You Do? Rose Hostetler. 2018. (ENG.). 38p. (J). 16.95 (978-1-68401-825-3(0)) Amplify Publishing Group.

Bryony Briggs & the Telescope. Heather Bourke. 2021. (ENG.). 84p. (J). pap. (978-1-326-67603-2(2)) Lulu Pr., Inc.

Bryson the Brave Bison: Finding the Courage to Face the Storm. Richard Cowdrey. 2023. (ENG., Illus.). 32p. (J). 18.99 (978-0-310-15310-8(7)) Zonderkidz.

Bryson's Big Adventure: My First Year. Kendra Carter. Illus. by Surplus Stephens. 2019. (ENG.). 26p. (J). pap. 20.95 (978-1-4808-8393-2(X)) Archway Publishing.

BSL Farm Friends: Farm Friends in British Sign Language. Created by Sign Life. 2018. (ENG., Illus.). 26p. (J). pap. (978-1-9164072-0-6(X)) Sign Life.

BT the Rescue Dog. Erin Eldaye. 2020. (ENG.). 26p. (J). pap. 12.95 (978-1-64584-696-3(2)) Page Publishing Inc.

Bts: Rise of Bangtan. Cara J. Stevens. 2018. (ENG., Illus.). 96p. (J). (gr. 3-7). pap. 8.99 (978-0-06-288648-4(7), HarperCollins) HarperCollins Pubs.

BTS Army Handbook. Niki Smith. 2018. (ENG.). 48p. (YA). (gr. 7). 15.95 (978-1-912456-21-5(4)) Aspen Bks.

BTS: Top of K-Pop: The Ultimate Fan Guide. Becca Wright. 2023. (ENG., Illus.). 64p. (YA). (gr. 6). 15.99 (978-1-78055-831-8(7), Buster Bks.) O'Mara, Michael Bks., Ltd. GBR. Dist: Independent Pubs. Group.

¡bU! Jaclyn Jaycox et al. Illus. by Marilisa Cotroneo & Patrycja Fabicka. 2023. (¡bÚ! Ser.). (SPA.). 32p. (J). 90.60 (978-1-4846-8854-0(6), 257801, Picture Window Bks.) Capstone.

Bu Neng Diu de Bao Bei (Simplified Chinese) Kohei Soma. 2016. (CHI.). 36p. (J). (978-7-5304-8208-7(4)) Beijing Science & Technology Publishing Hse.

Bub. Elizabeth Rose Stanton. Illus. by Elizabeth Rose Stanton. 2018. (ENG., Illus.). 40p. (J). (gr. -1-3). 17.99 (978-1-4814-8757-3(4), Simon & Schuster/Paula Wiseman Bks.) Simon & Schuster/Paula Wiseman Bks.

Bub & Sis: A 20th Century New England Story (Classic Reprint) Simon Durst. (ENG., Illus.). (J). 2018. 168p. 27.38 (978-0-484-90760-6(3)); 2016. pap. 9.97 (978-1-334-18180-1(2)) Forgotten Bks.

Bub Ohne Namen. Ruth Lieberherr. Illus. by Ruth Lieberherr. 2018. (GER., Illus.). 38p. (J). (gr. 1-6). 24.95 (978-1-7328877-1-8(3)); 24.95 (978-1-7328877-2-5(1)) Lieberherr, Ruth.

Bubba & Bridgette's Adventure. Mary Jean Kelso. Illus. by Kc Snider. l.t. ed. 2019. (ENG.). 26p. (J). (gr. 1-6). pap. 9.95 (978-1-61633-967-8(5)) Guardian Angel Publishing, Inc.

Bubba & Fasco Present: Best Buddies: Best Buddies. Michael Kontomanolis Lear. Illus. by Stefania Visentin. 2021. (ENG.). 38p. (J). 23.00 (978-1-0879-9248-8(6)) Indy Pub.

Bubba Bear & Friends: The Christmas Surprise. Barbara Christensen. 2019. (ENG., Illus.). 32p. (J). pap. 12.95 (978-1-64300-285-9(6)) Covenant Bks.

Bubba Chronicles: New Tales of the Old South. David R. Austin. 2022. (ENG.). 152p. (YA). pap. 15.95 (978-1-68517-432-3(9)) Christian Faith Publishing.

Bubba Wallace. Kenny Abdo. (NASCAR Biographies Ser.). (ENG., Illus.). 24p. (J). (gr. 2-2). 2022. pap. 8.95 (978-1-64494-681-7(5)); 2021. lib. bdg. 31.36 (978-1-0982-2678-7(X), 38632) ABDO Publishing Co. (Abdo Zoom-Fly).

Bubba Wallace: Stock Car Racing Star. Lisa A. Crayton. 2022. (Sports Illustrated Kids Stars of Sports Ser.). (ENG.). 32p. (J). 31.32 (978-1-6639-8361-9(5), 229331); pap. 7.95 (978-1-6663-2308-5(X), 229301) Capstone. (Capstone Pr.).

Bubba Wallace: Auto Racing Star. Connor Stratton. 2021. (Biggest Names in Sports Set 6 Ser.). (ENG., Illus.). 32p. (J). (gr. 3-5). pap. 9.95 (978-1-64493-739-6(5)); lib. bdg. 31.35 (978-1-64493-703-7(4)) North Star Editions. (Focus Readers).

Bubba's Adventure. Deborah Farler. 2018. (ENG., Illus.). 44p. (J). pap. 13.95 (978-1-63575-927-3(7)) Christian Faith Publishing.

Bubbas Adventure Boots. Lee Ann Newby. 2022. (ENG., Illus.). 28p. (J). 23.95 (978-1-63885-173-8(5)); pap. 13.95 (978-1-63885-172-1(7)) Covenant Bks.

Bubba's Grand Entrance. Renika Re-Re Lewis. 2020. (ENG., Illus.). 28p. (J). 24.95 (978-1-64569-790-9(8)) Christian Faith Publishing.

Bubbe's Got the Beat. Judy Press. Illus. by Mary Hall. 2017. (ENG.). 12p. (J). (gr. -1 — 1). bds. 5.99 (978-1-5124-4763-7(3), d4146f28-8c83-4401-8ded-078b05583b54, Kar-Ben Publishing) Lerner Publishing Group.

Bubbie Being Rhymes by a Proud Parent (Classic Reprint) Unknown Author. 2018. (ENG., Illus.). 38p. (J). 24.68 (978-0-267-28760-4(7)) Forgotten Bks.

Bubble. Spencer Allen. 2021. (ENG.). 32p. (J). pap. 10.00 (978-1-0879-8315-8(0)) Indy Pub.

Bubble. Genevieve Castree. 2018. (ENG., Illus.). 16p. (J). bds. 12.95 (978-1-77046-321-9(6), 900192091) Drawn & Quarterly Pubns. CAN. Dist: Macmillan.

Bubble. Stewart Foster. 2017. (ENG., Illus.). 352p. (J). (gr. 3-5). 16.99 (978-1-4814-8742-9(6), Simon & Schuster Bks. For Young Readers) Simon & Schuster Bks. For Young Readers.

Bubble. Jordan Morris & Sarah Morgan. Illus. by Tony Cliff. 2021. (ENG.). 272p. pap. 19.99 (978-1-250-24556-4(7), 900212604, First Second Bks.) Roaring Brook Pr.

Bubble & Noisy Matty Monkey: I Read with Bubble. Anne Schneeberger. 2022. (Twinkle Farm / Reading Practice Ser.: Vol. 7). (ENG.). 34p. (J). pap. (978-1-991024-29-9(0)) Mika Design Ltd.

Bubble & Paquita's Garden: I Read with Bubble. Anne Schneeberger. 2022. (Twinkle Farm / Reading Practice Ser.: Vol. 6). (ENG.). 34p. (J). pap. (978-1-991024-27-5(4)) Mika Design Ltd.

Bubble & the Amazing Birthday Party: I Read with Bubble. Anne Schneeberger. 2022. (Twinkle Farm / Reading Practice Ser.: Vol. 3). (ENG.). 34p. (J). pap. (978-1-991024-21-3(5)) Mika Design Ltd.

Bubble & the Enchanted Stones: I Read with Bubble. Anne Schneeberger. l.t. ed. 2022. (Twinkle Farm / Reading Practrice Ser.: Vol. 2). (ENG.). 34p. (J). pap. (978-1-991024-18-3(5)) Mika Design Ltd.

Bubble & the Magical Door: I Read with Bubble. Anne Schneeberger. l.t. ed. 2022. (Twinkle Farm / Reading Practice Ser.: Vol. 1). (ENG.). 34p. (J). pap. (978-1-991024-16-9(9)) Mika Design Ltd.

Bubble & the Very Good Friend: I Read with Bubble. Anne Schneeberger. 2022. (Twinkle Farm / Reading Practice Ser.: Vol. 4). (ENG.). 34p. (J). pap. (978-1-991024-23-7(1)) Mika Design Ltd.

Bubble & the Woolly Pink Fairy: I Read with Bubble. Anne Schneeberger. 2022. (Twinkle Farm / Reading Practice Ser.: Vol. 5). (ENG.). 34p. (J). pap. (978-1-991024-25-1(8)) Mika Design Ltd.

Bubble Baby. Paige Hunt. Illus. by Kristen Ritter. 2022. (ENG.). 22p. (J). 17.99 (978-1-64533-345-6(0)); pap. 9.99 (978-1-64533-343-2(4)) Kingston Publishing Co.

Bubble Bear's Great Adventure. Garry Jordan. 2019. (ENG.). 114p. (J). 32.95 (978-1-64701-226-7(0)) Page Publishing Inc.

Bubble Blast. Kallie George. ed. 2018. (I Can Read Ser.). (ENG.). 32p. (J). (gr. -1-1). 13.89 (978-1-64310-639-7(2)) Penworthy Co., LLC, The.

Bubble Booh & the Land of Virtues. Sheri Lee Page. 2016. (ENG., Illus.). (J). pap. 22.99 (978-1-4828-7667-3(1)) Partridge Pub.

Bubble, Bubble! Soap Bubble. Ji-Hyeon Lee. Illus. by Eun-Jin Ahn. (Science Storybooks Ser.). (ENG.). 32p. (J). (gr. k-4). 2021. 8.99 (978-1-925235-48-7(3), 17fe3eda-2542-4e03-8d68-0bdd661ba7ac); 2017. lib. bdg. 27.99 (978-1-925235-42-5(4), 37e99951-8de1-4fe9-ab18-c413fe494f53) ChoiceMaker Pty. Ltd., The AUS. (Big and SMALL). Dist: Lerner Publishing Group.

Bubble Buddies: Big Shark, Little Shark. Christie Hainsby. Illus. by Clare Fennell. 2019. (ENG.). 14p. (J). (— 1). bds. 9.99 (978-1-78947-000-0(5)) Make Believe Ideas GBR. Dist: Scholastic, Inc.

Bubble Bursters of Bathville. Drew Simpson & Rory Davis. 2020. (ENG.). 24p. (J). (978-1-5289-9873-4(1)); pap. (978-1-5289-9872-7(3)) Austin Macauley Pubs. Ltd.

Bubble et la Douce Fee Rose: J'apprends l'anglais Avec Bubble. Anne Schneeberger. Tr. by Ratatouille. 2022. (Twinkle Farm Francais / Anglais Ser.: Vol. 5). (ENG.). 34p. (J). pap. (978-1-991024-24-4(X)) Mika Design Ltd.

Bubble et la Porte Magique: J'apprends l'anglais Avec Bubble. Anne Schneeberger. Tr. by Ratatouille. 2022. (Twinkle Farm Francais / Anglais Ser.: Vol. 1). (ENG.). 34p. (J). pap. (978-1-991024-14-5(2)) Mika Design Ltd.

Bubble et l'Assourdissant Matty Monkey: Edition Bilingue Français - Anglais. Anne Schneeberger. Tr. by Ratatouille. 2021. (ENG.). 34p. (J). pap. (978-1-991024-04-6(5)) Mika Design Ltd.

Bubble et l'Assourdissant Matty Monkey: J'apprend l'anglais Avec Bubble. Anne Schneeberger. Tr. by Ratatouille. 2022. (Twinkle Farm Francais / Anglais Ser.: Vol. 7). (ENG.). 34p. (J). pap. (978-1-991024-28-2(2)) Mika Design Ltd.

Bubble et le Jardin de Paquita: J'apprends l'anglais Avec Bubble. Anne Schneeberger. Tr. by Ratatouille. 2022. (Twinkle Farm Francais / Anglais Ser.: Vol. 6). (ENG.). 34p. (J). pap. (978-1-991024-26-8(6)) Mika Design Ltd.

Bubble et le Meilleur Ami: J'apprends l'anglais Avec Bubble. Anne Schneeberger. Tr. by Ratatouille. 2022. (Twinkle Farm Francais / Anglais Ser.: Vol. 4). (ENG.). 34p. (J). pap. (978-1-991024-22-0(3)) Mika Design Ltd.

Bubble et les Contes des Vagues: Edition Bilingue Français - Anglais. Anne Schneeberger. Tr. by Ratatouille. 2021. (ENG.). 34p. (J). pap. (978-1-991024-02-2(9)) Mika Design Ltd.

Bubble et les Pierres Enchantées: Edition Bilingue Français - Anglais. Anne Schneeberger. Tr. by Ratatouille. 2021. (ENG.). 34p. (J). pap. (978-1-991024-01-5(0)) Mika Design Ltd.

Bubble et les Pierres Enchantées: J'apprends l'anglais Avec Bubble. Anne Schneeberger. Tr. by Ratatouille. 2022. (Twinkle Farm Francais / Anglais Ser.: Vol. 2). (ENG.). 34p. (J). pap. (978-1-991024-13-8(4)) Mika Design Ltd.

Bubble et l'incroyable Fête D'anniversaire: Edition Bilingue Français - Anglais. Anne Schneeberger. 2021. (ENG.). 34p. (J). pap. (978-1-991024-03-9(7)) Mika Design Ltd.

Bubble et l'incroyable Fete D'anniversaire: J'apprends l'anglais Avec Bubble. Anne Schneeberger. Tr. by Ratatouille. 2022. (Twinkle Farm Francais / Anglais Ser.: Vol. 3). (ENG.). 34p. (J). pap. (978-1-991024-20-6(7)) Mika Design Ltd.

Bubble Fortune (Classic Reprint) Sarah Tytler. 2018. (ENG., Illus.). 326p. (J). 30.64 (978-0-483-62418-4(7)) Forgotten Bks.

266 The check digit for ISBN-10 appears in parentheses after the full ISBN-13

TITLE INDEX BUD

Bubble Gum. Catherine C. Finan. 2023. (Oops! Accidental Inventions Ser.). (ENG.). 24p. (J). (gr. k-1). lib. bdg. 26.99 Bearport Publishing Co., Inc.

Bubble Gum! Giselle Holland. 2021. 24p. (J). pap. 12.95 *(978-1-0983-8794-5(5))* BookBaby.

Bubble Gum Blob. Andres Miedoso. Illus. by Victor Rivas. 2022. (Desmond Cole Ghost Patrol Ser.: 15). (ENG.). 128p. (J). (gr. k-4). 17.99 *(978-1-6659-1406-2(8))*; pap. 5.99 *(978-1-6659-1405-5(X))* Little Simon. (Little Simon).

Bubble Gum, Bubble Gum. Lisa Wheeler. Illus. by Laura Huliska-Beith. 2019. (ENG.). 32p. (J). 18.95 *(978-1-948959-09-4(7))* Purple Hse. Pr.

Bubble Head One Slick Chick. Cari D. Elmore. 2017. (ENG., Illus.). (J). (gr. k-6). pap. 12.50 *(978-1-68181-981-5(3))* Strategic Book Publishing & Rights Agency (SBPRA).

Bubble in Me: (Hiccup?ÇÖs Hiccups, #1) J. Alvarez. 2018. (ENG.). 78p. (YA). pap. 8.95 *(978-0-578-19662-6(X))* Tri House Bks.

Bubble Kisses. Vanessa Williams. Illus. by Tara Nicole Whitaker. 2020. 32p. (J). (gr. -1-3). 17.95 *(978-1-4549-3834-7(X))* Sterling Publishing Co., Inc.

Bubble Math Multiple Choice Addition & Subtraction - 1st Grade Math Book Children's Math Books. Baby Professor. 2017. (ENG., Illus.). (J). pap. 9.55 *(978-1-5419-2619-6(6)*, Baby Professor (Education Kids)) Speedy Publishing LLC.

Bubble of Confirmation Bias, 1 vol. Alex Acks. 2018. (Critical Thinking about Digital Media Ser.). (ENG.). 80p. (gr. 7-7). 37.60 *(978-1-9785-0471-4(3)*, c3e82a2f-8005-4533-b0f4-c4ef4d8a965b) Enslow Publishing, LLC.

Bubble of Light: A Story of Self-Love (Includes Guided Mindfulness Activities for Kids) Mariah Kontopoulos. Ed. by Penelope Kontopoulos. Illus. by Katerina Tsoulogiannis. 2022. (ENG.). 26p. (J). ***(978-0-2288-3637-7(9))*** Tellwell Talent.

Bubble of Light: A Story of Self-Love (Includes Guided Mindfulness Activities for Kids) Mariah Kontopoulos & Penelope Kontopoulos. Illus. by Katerina Tsoulogiannis. 2022. (ENG.). 26p. (J). pap. ***(978-0-2288-3636-0(0))*** Tellwell Talent.

Bubble Power! Josephine Nagaraj. ed. 2016. (Step into Reading Level 2 Ser.). lib. bdg. 14.75 *(978-0-606-38478-0(2))* Turtleback.

Bubble Princess. Mina Ibrahim. Illus. by Mina Ibrahim. 2017. (ENG., Illus.). 34p. (J). (gr. 1-6). *(978-1-7750745-3-3(6))* Average Joe Comics.

Bubble Reputation: A Story of Modern Life (Classic Reprint) Alfred Buchanan. 2018. (ENG., Illus.). 312p. (J). 30.35 *(978-0-428-85825-4(2))* Forgotten Bks.

Bubble Riding see Montando Burbujas: Un Cuento con Ejercicios de Relajación para Niños, Diseñada para Enseñar a Los Niños Técnicas de Visualización para Aumentar la Creatividad Mientras Disminuyen Sus Niveles de Ansiedad y de Estrés

Bubble Trouble. Wendy Wan-Long Shang. 2023. (ENG.). 240p. (J). (gr. 3-7). 18.99 *(978-1-338-80214-6(3)*, Scholastic Pr.) Scholastic, Inc.

Bubble Trouble. Brooke Vitale. ed. 2021. (Corn & Peg 8x8 Bks). (ENG., Illus.). 24p. (J). (gr. k-1). 15.96 *(978-1-64697-556-3(1))* Penworthy Co., LLC, The.

Bubble Trouble: Using Mindfulness to Help Kids with Grief. Heather Krantz. Illus. by Lisa May. 2018. (ENG.). 40p. (J). (gr. k-4). 16.99 *(978-0-9987037-6-3(1)*, Herow Pr.) Krantz, Heather.

Bubble Trouble! (Blaze & the Monster Machines) Mary Tillworth. Illus. by Kevin Kobasic. 2016. (Step into Reading Ser.). (ENG.). 24p. (J). (gr. -1-1). 4.99 *(978-1-101-93680-1(0)*, Random Hse. Bks. for Young Readers) Random Hse. Children's Bks.

Bubble Wrap Boy. Phil Earle. 2016. (ENG.). 288p. (J). (gr. 5). 7.99 *(978-0-553-51318-9(4)*, Yearling) Random Hse. Children's Bks.

Bubble Wrap Boy. Phil Earle. ed. 2016. (ENG.). 288p. (J). (gr. 5). 18.40 *(978-0-606-39343-0(9))* Turtleback.

Bubble Wrap Girl. Kari Van Wakeren. 2017. (ENG., Illus.). (J). 17.95 *(978-1-59298-799-3(0))* Beaver's Pond Pr., Inc.

BubbleCat vs. DragonBear. Sean Charmatz. Illus. by Sean Charmatz. 2022. (BubbleCat Ser.). (Illus.). 32p. (J). (gr. -1-3). 14.99 *(978-0-593-22384-0(5)*, Penguin Workshop) Penguin Young Readers Group.

Bubblegum Boy. Renita Sims. Illus. by Oshane Martin. 2019. (ENG.). 34p. (J). pap. 14.95 *(978-1-64214-612-7(9))* Page Publishing Inc.

Bubbles. Meg Gaertner. 2019. (Science All Around Ser.). (ENG., Illus.). 24p. (J). (gr. k-3). lib. bdg. 31.36 *(978-1-5321-6355-5(X)*, 32025, Pop! Cody Koala) Pop!.

Bubbles. Robin Johnson. 2022. (ENG.). 30p. (J). pap. 13.95 *(978-1-63710-678-5(5))* Fulton Bks.

Bubbles. André Morrow et al. Illus. by Catherine Bass. 2021. (ENG.). 32p. (J). 24.00 *(978-1-0983-8423-4(7))* BookBaby.

Bubbles: A Comedy in Three Acts (Classic Reprint) Jane Swenarton. (ENG., Illus.). (J). 2018. 42p. 24.78 *(978-0-484-06464-4(9))*; 2016. pap. 7.97 *(978-1-334-13561-3(4))* Forgotten Bks.

Bubbles: An Elephant's Story. Bhagavan Doc Antle. 2018. (ENG., Illus.). 32p. (J). 14.99 *(978-1-68383-196-9(9)*, Earth Aware Editions) Insight Editions.

Bubbles: The Fabubbulous Story of Angelique's Nursery School. Malcolm Howard. Illus. by Stephen Harrison. 2017. (ENG.). (J). pap. *(978-1-911525-13-4(1))* Clink Street Publishing.

Bubbles ... Up! Jacqueline Davies. Illus. by Sonia Sánchez. 2021. (ENG.). 32p. (J). (gr. -1-3). 19.99 *(978-0-06-283661-8(7)*, Tegen, Katherine Bks) HarperCollins Pubs.

Bubbles (a Narwhal & Jelly Board Book) Ben Clanton. 2021. (Narwhal & Jelly Book Ser.). (ENG.). 22p. (J). (— 1). bds. 8.99 *(978-0-7352-6676-6(X)*, Tundra Bks.) Tundra Bks. CAN. Dist: Penguin Random Hse. LLC.

Bubbles & Balloons: 35 Amazing Science Experiments. Susan Akass. 2018. (ENG., Illus.). 128p. (J). pap. 14.95 *(978-1-78249-577-2(0)*, 1782495770, CICO Books) Ryland Peters & Small GBR. Dist: WIPRO.

Bubbles & Boo, 44. Ellen Miles. ed. 2018. 82p. (J). (gr. 1-4). 16.36 *(978-1-64310-119-4(6))* Penworthy Co., LLC, The.

Bubbles & Boo. Ellen Miles. 2016. 82p. (J). *(978-1-5182-3225-1(6))* Scholastic, Inc.

Bubbles & Boo. Ellen Miles. ed. 2017. (Puppy Place Ser.: 44). lib. bdg. 14.75 *(978-0-606-39729-2(9))* Turtleback.

Bubbles & Boo (the Puppy Place #44) Ellen Miles. 2017. (Puppy Place Ser.: 44). (ENG.). 96p. (J). (gr. 2-5). pap. 5.99 *(978-1-338-06900-6(4)*, Scholastic Paperbacks) Scholastic, Inc.

Bubbles & Streams, Wash Me Clean. Rebecca L. Morales. 2018. (ENG., Illus.). 30p. (J). 22.95 *(978-1-64079-275-3(9))*; pap. 12.95 *(978-1-64079-273-9(2))* Christian Faith Publishing.

Bubbles & the Berry Bush. Shannon L. Mokry. Illus. by Clark Callan. 2018. (ENG.). 34p. (J). (gr. k-2). pap. 11.99 *(978-0-9987112-9-4(2))* Sillygeese Publishing, LLC.

Bubbles & the Berry Bush. Shannon L. Mokry. Illus. by Callan Clark. 2017. (Bubbles the Bubble Blowing Dragon Ser.: Vol. 1). (ENG.). (J). 17.99 *(978-0-9987112-0-1(9))* Sillygeese Publishing, LLC.

Bubbles & the Berry Bush Activity Guide. Shannon L. Mokry. 2017. (ENG., Illus.). (J). (gr. k-2). pap. 3.49 *(978-0-9987112-2-5(5))* Sillygeese Publishing, LLC.

Bubbles & the Big Race. Shannon L. Mokry. Illus. by Clark Callan. 2019. (Bubbles the Bubble Blowing Dragon Ser.: Vol. 3). (ENG.). 34p. (J). 18.99 *(978-1-951521-03-5(X))*; pap. 12.99 *(978-1-951521-04-2(8))* Sillygeese Publishing, LLC.

Bubbles & the Shark Attack. Shannon L. Mokry. Illus. by Callan Clark. 2018. (Bubbles the Bubble Blowing Dragon Ser.: Vol. 2). (ENG.). 34p. (J). 18.99 *(978-0-9987112-6-3(8))*; pap. 11.99 *(978-0-9987112-7-0(6))* Sillygeese Publishing, LLC.

Bubbles: Bible Stories. Illus. by Monica Pierazzi Mitri. ed. 2020. (Bubbles Ser.). (ENG.). 6p. (J). 6.99 *(978-1-78128-394-3(X)*, 1dadec97-eb82-494d-8b45-b3e3c10c56f7, Candle Bks.) Lion Hudson PLC GBR. Dist: Baker & Taylor Publisher Services (BTPS).

Bubbles, Bubbles, & More Bubbles! Jane O'connor. ed. 2018. (Fancy Nancy - I Can Read! Ser.). (J). lib. bdg. 14.75 *(978-0-606-41041-0(4))* Turtleback.

Bubbles Bubbles Everywhere. Lisa Angues. Illus. by Arielle Shira. 2020. (ENG.). 32p. (J). *(978-1-5255-6511-3(7))*; pap. *(978-1-5255-6512-0(5))* FriesenPress.

Bubbles, Bubbles Everywhere. Barbara Anne. 2018. (ENG., Illus.). 34p. (J). pap. *(978-1-78830-125-1(0))* Olympia Publishers.

Bubble's Cuddles. Anne Schneeberger. 2018. (ENG., Illus.). 28p. (J). pap. *(978-0-473-45068-7(2))* Mika Design Ltd.

Bubble's Day at LSU. Rachel Chustz. 2021. (ENG.). 38p. (J). 16.95 *(978-1-64543-924-0(0))* Amplify Publishing Group.

Bubbles Finds Hope. Kilyn Horton. Illus. by Iker Blanchard. 2021. (ENG.). 42p. (J). 18.00 *(978-1-6629-1528-4(4))*; pap. 13.00 *(978-0-578-91057-4(8))* Gatekeeper Pr.

Bubbles for David. Judy Bruns. Illus. by Olivia Kunkler. 2023. (ENG.). 32p. (J). pap. 9.95 ***(978-1-0881-0350-0(2))*** Independent Pub.

Bubbles from Gotham's Pierian Spring (Classic Reprint) Eustace Hale Ball. (ENG., Illus.). (J). 2018. 96p. 25.90 *(978-0-484-56780-0(2))*; 2016. pap. 9.57 *(978-1-333-36568-4(3))* Forgotten Bks.

Bubbles from the Brunnen of Nassau (Classic Reprint) Francis Bond Head. (ENG., Illus.). (J). 2018. 420p. 32.58 *(978-0-332-78023-8(6))*; 2016. pap. 16.57 *(978-1-334-13770-9(6))* Forgotten Bks.

Bubbles: God Creates the World. Illus. by Monica Pierazzi Mitri. ed. 2020. (Bubbles Ser.). (ENG.). 6p. (J). 6.99 *(978-1-78128-391-2(5)*, 5f352a8c-020c-493c-aa5e-680d65b5de67, Candle Bks.) Lion Hudson PLC GBR. Dist: Baker & Taylor Publisher Services (BTPS).

Bubbles Learns Forgiveness. Ruth L. Davis. 2017. (ENG., Illus.). (J). 21.95 *(978-1-64079-570-9(7))* Christian Faith Publishing.

Bubbles on My Nose. Jo Seysener. 2021. (ENG.). 24p. (J). pap. *(978-1-922591-20-3(3))* Library For All Limited.

Bubbles on My Nose - Bee-Kafu'ak Iha Ha'u-Nia Inus. Jo Seysener. 2021. (TET.). 24p. (J). pap. *(978-1-922550-52-1(3))* Library For All Limited.

Bubbles: Stories of Jesus. Illus. by Monica Pierazzi Mitri. ed. 2021. (Bubbles Ser.). (ENG.). 6p. (J). 6.99 *(978-1-78128-393-6(1)*, 582fbdee-8fee-4d7d-9252-ef8d8117e097, Candle Bks.) Lion Hudson PLC GBR. Dist: Baker & Taylor Publisher Services (BTPS).

Bubbles: the Birth of Jesus. Illus. by Monica Pierazzi Mitri. ed. 2021. (Bubbles Ser.). (ENG.). 6p. (J). 6.99 *(978-1-78128-392-9(3)*, 4bfc23d0-e949-426f-b4f1-2ed9434efb4b, Candle Bks.) Lion Hudson PLC GBR. Dist: Baker & Taylor Publisher Services (BTPS).

Bubbles, the Misunderstood Dragon. Kenesha T. Gantt. 2017. (ENG., Illus.). 36p. (J). pap. *(978-1-365-73816-6(7))* Lulu Pr., Inc.

Bubbles the T-Rex: Pull the Tab Book. IglooBooks. Illus. by Karl West. 2021. (ENG.). 8p. (J). (gr. k-2). bds. 14.99 *(978-1-80022-805-4(8))* Igloo Bks. GBR. Dist: Simon & Schuster, Inc.

Bubbles We Buy (Classic Reprint) Alice Jones. 2018. (ENG., Illus.). 414p. (J). 32.46 *(978-0-483-33308-6(5))* Forgotten Bks.

Bubbling Drool: Gross Opossums. Rex Ruby. 2023. (Amazing Animal Self-Defense Ser.). (ENG.). 24p. (J). (gr. 1-4). lib. bdg. 19.95 Bearport Publishing Co., Inc.

Bubbling Teapot: A Wonder Story (Classic Reprint) Lizzie W. Champney. 2018. (ENG., Illus.). 272p. (J). 29.53 *(978-0-483-34534-8(2))* Forgotten Bks.

Bubbloons. Cy Pucco & Ross Timken. 2020. (ENG., Illus.). 38p. (J). 23.95 *(978-1-64670-041-7(4))*; pap. 14.95 *(978-1-64559-998-2(1))* Covenant Bks.

Bubbloons. Cy Pucco & Ross Timken. 2023. (ENG.). 42p. (J). pap. 10.99 ***(978-1-960752-18-5(9))*** WorkBk. Pr.

Bubbly Beth. Nikki Soliman. 2022. (ENG.). 28p. (J). pap. *(978-1-0391-1197-4(1))*; *(978-1-0391-1198-1(X))* FriesenPress.

Bubbly Jock Jack & the Brash Bully. Lori Angela Armstrong. Illus. by Jubayda Sagor. 2022. (Adventures of Bubbly Jock Jack Ser.: Vol. 2). (ENG.). 30p. (J). pap. 12.99 ***(978-1-7358384-3-4(8))*** Southampton Publishing.

Bubbs in Space. Emily Jean Sanders. 2022. 28p. (J). 25.00 *(978-1-6678-4269-1(2))* BookBaby.

Bubby. Debbie Walters Cull. 2021. (ENG.). 80p. (YA). pap. 12.95 *(978-1-6624-4147-9(9))* Page Publishing Inc.

Bubonic Panic: When Plague Invaded America. Gail Jarrow. 2016. (Deadly Diseases Ser.). (ENG., Illus.). 200p. (J). (gr. 5-12). 22.99 *(978-1-62091-738-1(6)*, 1405837, Calkins Creek) Highlights Pr., c/o Highlights for Children, Inc.

Bubonic Plague. Yvette LaPierre. 2021. (Deadly Diseases Ser.). (ENG., Illus.). 48p. (J). (gr. 4-8). lib. bdg. 35.64 *(978-1-5321-9656-0(3)*, 38324) ABDO Publishing Co.

Bubonic Plague: The Black Death. Percy Leed. 2021. (Deadly Diseases (UpDog Books (tm)) Ser.). (ENG., Illus.). 24p. (J). (gr. 3-5). pap. 9.99 *(978-1-7284-3122-2(0)*, 0fb589ab-b86a-4a59-b9c3-989056dda327, Lerner Pubns.) Lerner Publishing Group.

Buccaneer Farmer (Classic Reprint) Harold Bindloss. (ENG., Illus.). (J). 2018. 360p. 31.30 *(978-0-484-79086-4(2))*; 2016. pap. 16.57 *(978-1-333-46125-6(9))* Forgotten Bks.

Buccaneer of Nemaris: Of Forests & Friends. J. D. Delzer. 2016. (ENG.). (J). (gr. 5-9). pap. 19.95 *(978-1-59298-910-2(1))* Beaver's Pond Pr., Inc.

Buccaneers: A Story of the Black Flag in Business (Classic Reprint) Henry M. Hyde. 2018. (ENG., Illus.). 246p. (J). 28.97 *(978-0-483-18800-6(X))* Forgotten Bks.

Buccaneers & Pirates of Our Coasts. Frank Richard Stockton. 2018. (ENG., Illus.). 202p. (J). (gr. 4-7). pap. *(978-93-5329-131-0(3))* Alpha Editions.

Buccaneers of America. John Esquemeling. 2019. (ENG.). 546p. (J). pap. 30.00 *(978-0-359-37543-1(X))* Lulu Pr., Inc.

Buccaneers of America. John Esquemeling. 2018. (ENG., Illus.). 128p. (J). 14.99 *(978-1-5154-3496-2(6))* Wilder Pubns., Corp.

Buchanan Bandits: #6. Marcus Emerson. Illus. by David Lee. 2022. (Diary of a 6th Grade Ninja Ser.). (ENG.). 256p. (J). (gr. 2-6). lib. bdg. 32.79 *(978-1-0982-5245-8(4)*, 41279, Chapter Bks.) Spotlight.

Buchanan's Wife: A Novel (Classic Reprint) Justus Miles Forman. 2018. (ENG., Illus.). 312p. (J). 30.52 *(978-0-484-90231-1(8))* Forgotten Bks.

Bücher Für Vierjährige (Malbücher Für 4-Jährige) - Piraten: Dieses Buch Bietet 40 Seiten in Farbe. Dieses Buch Soll Kleinen Kindern Helfen, Die Kontrolle über Den Stift Zu Entwickeln und Ihre Feinmotorik Zu Trainieren. Nicola Ridgeway & James Manning. 2020. (GER.). 84p. (J). pap. *(978-1-80027-344-3(4))* CBT Bks.

Bücher Für Vierjährige (Malbücher Für 4-Jährige) - Prinzessinnen und Prinzen: Dieses Buch Bietet 40 Seiten in Farbe. Dieses Buch Soll Kleinen Kindern Helfen, Die Kontrolle über Den Stift Zu Entwickeln und Ihre Feinmotorik Zu Trainieren. Nicola Ridgeway & James Manning. 2020. (GER.). 84p. (J). pap. *(978-1-80027-345-0(2))* CBT Bks.

Buchholz Family. L. Dora Schmitz. Ed. by Julius Stinde. 2016. (ENG., Illus.). (J). pap. *(978-3-7428-9408-3(0))* Creation Pubs.

Buchholz Family. Julius Stinde & L. Dora Schmitz. 2016. (ENG.). 284p. (J). pap. *(978-3-7434-1859-2(2))* Creation Pubs.

Buchholz Family: Second Part, Sketches of Berlin Life (Classic Reprint) Julius Stinde. 2018. (ENG., Illus.). 258p. (J). 29.22 *(978-0-428-94152-9(4))* Forgotten Bks.

Buchholzes in Italy: Travelling Adventures of Wilhelmine Buchholz (Classic Reprint) Julius Stinde. 2018. (ENG., Illus.). 216p. (J). 28.35 *(978-0-267-17056-2(4))* Forgotten Bks.

Buck & a Puck. J. L. W. 2019. (ENG.). 38p. (J). *(978-0-2288-1584-6(3))*; pap. *(978-0-2288-1585-3(1))* Tellwell Talent.

Buck & Ben Junior: Colors. Roseanne M. Veillette. Illus. by Roseanne M. Veillette. 2016. (ENG., Illus.). (J). pap. 12.95 *(978-0-9977504-0-9(5)*, Little Paws Pr.) Veillette, Roseanne.

Buck Denver's Bad, Bad Day: A Lesson in Thankfulness. Phil Vischer. 2019. (ENG., Illus.). 40p. (J). (gr. -1-3). 16.99 *(978-1-5460-1188-0(9)*, Jelly Telly Pr.) FaithWords.

Buck Denver's Big, Big Bubble: A Lesson in Courage. Phil Vischer. 2019. (ENG., Illus.). 40p. (J). (gr. -1-3). 16.99 *(978-1-5460-1193-4(5)*, Jelly Telly Pr.) FaithWords.

Buck Denver's Hammer of Strength: A Lesson in Loving Others. Phil Vischer. 2019. (ENG., Illus.). 40p. (J). (gr. -1-3). 16.99 *(978-1-5460-1191-0(9)*, Jelly Telly Pr.) FaithWords.

Buck Parvin & the Movies: Stories of the Moving Picture Game (Classic Reprint) Charles E. van Loan. (ENG., Illus.). (J). 2018. 376p. 31.65 *(978-0-484-65507-1(8))*; 2016. pap. 13.97 *(978-1-334-16626-6(9))* Forgotten Bks.

Buck Peters, Ranchman: Being the Story of What Happened When Buck Peters, Hopalong Cassidy, & Their Bar-20 Associates Went to Montana (Classic Reprint) Clarence E. Mulford. (ENG., Illus.). (J). 2018. 376p. 31.67 *(978-0-364-10753-9(7))*; 2016. pap. 16.57 *(978-1-334-15229-0(2))* Forgotten Bks.

Buck the Popeyed Crow. Helen Williamson. 2018. (ENG., Illus.). 42p. (J). 19.99 *(978-0-9998406-1-0(4))* Williams and King Pubs.

Buckaroo: The Little Red Bucket. Andrea Feldman. 2017. (ENG., Illus.). (J). pap. 10.99 *(978-0-9987408-0-5(2))* Summers, Christine.

Bucket Filling from a to Z: The Key to Being Happy. Carol McCloud & Caryn Butzke. Illus. by Glenn Zimmer. 2017. 32p. (J). (gr. -1-4). pap. 9.95 *(978-0-9974864-3-8(0)*, Bucket Fillosophy) Cardinal Rule Pr.

Bucket List Book: 2400 Things You Really Could Do. Magnificent Maxim. 2021. (ENG.). 122p. (YA). pap. 10.99 *(978-1-716-07374-8(X))* Lulu Pr., Inc.

Bucket List Book: Things You Really Could Do Featuring Spaces to Plan & Journal. Mellow Maxim. 2021. (ENG.). 122p. (J). pap. 11.99 *(978-1-716-07370-0(7))* Lulu Pr., Inc.

Bucket List Guide to Food. Blake A. Hoena. 2023. (Bucket List Guide to Life Ser.). (ENG.). 32p. (J). 31.32 *(978-1-6690-0369-4(8)*, 247141, Capstone Pr.) Capstone.

Bucket List Guide to Friendship. Stephanie True Peters. 2023. (Bucket List Guide to Life Ser.). (ENG.). 32p. (J). 31.32 *(978-1-6690-0375-5(2)*, 247142, Capstone Pr.) Capstone.

Bucket List Guide to Life. Blake A. Hoena & Stephanie True Peters. 2023. (Bucket List Guide to Life Ser.). (ENG.). 32p. (J). 125.28 ***(978-1-6690-0280-2(2)***, 247348, Capstone Pr.) Capstone.

Bucket List Guide to Life Skills. Stephanie True Peters. 2023. (Bucket List Guide to Life Ser.). (ENG.). 32p. (J). 31.32 *(978-1-6690-0381-6(7)*, 247121, Capstone Pr.) Capstone.

Bucket List Guide to Summer. Blake A. Hoena. 2023. (Bucket List Guide to Life Ser.). (ENG.). 32p. (J). 31.32 *(978-1-6690-0387-8(6)*, 247140, Capstone Pr.) Capstone.

Bucket of Questions. Tim Fite. Illus. by Tim Fite. 2023. (ENG., Illus.). 56p. (J). (gr. -1-3). 18.99 *(978-1-6659-1831-2(4)*, Atheneum Bks. for Young Readers) Simon & Schuster Children's Publishing.

Buckets, Dippers, & Lids: Secrets to Your Happiness. Glenn Zimmer. Illus. by Glen Zimmer. 2018. 48p. (J). (gr. 2-8). pap. 12.95 *(978-1-945369-01-8(9)*, Bucket Fillosophy) Cardinal Rule Pr.

Buckets Goes on a Winter Adventure. Taryn Crowder. 2019. (ENG.). 38p. (J). 16.95 *(978-1-64307-369-9(9))* Amplify Publishing Group.

Buckeye Baron: A Rural Story of a Buckeye Boy (Classic Reprint) William Alpha Paxson. 2018. (ENG., Illus.). 406p. (J). 32.29 *(978-0-483-48577-8(2))* Forgotten Bks.

Buckhead. Shobo Coker. Illus. by George Kambadais. 2022. (ENG.). 144p. (YA). pap. 14.99 *(978-1-68415-847-8(8))* BOOM! Studios.

Bucking Chicken of the Half Diamond Ranch. Jack McClintock. 2020. (ENG.). 52p. (J). *(978-1-5255-0842-4(3))*; pap. *(978-1-5255-0843-1(1))* FriesenPress.

Bucking the Sagebrush: Or the Oregon Trail in the Seventies (Classic Reprint) Charles John Steedman. (ENG., Illus.). (J). 2018. 308p. 30.25 *(978-0-365-13382-7(5))*; 2017. pap. 13.57 *(978-0-282-24242-8(2))* Forgotten Bks.

Bucking the Tiger (Classic Reprint) Achmed Abdullah. (ENG., Illus.). (J). 2018. 292p. 29.94 *(978-0-364-31764-8(7))*; 2017. pap. 13.57 *(978-0-259-35983-8(1))* Forgotten Bks.

Buckland Centennial, September 10 1879: Addresses, Poems, Songs, &C (Classic Reprint) Unknown Author. 2018. (ENG., Illus.). 44p. (J). 24.80 *(978-0-484-73408-0(3))* Forgotten Bks.

Buckle My Shoe Picture Book: Containing One, Two, Buckle My Shoe; a Gaping-Wide-Mouth-Waddling-Frog; My Mother (Classic Reprint) Walter Crane. (ENG., Illus.). (J). 2018. 50p. 24.95 *(978-0-428-89578-5(6))*; 2016. pap. 9.57 *(978-1-333-24889-5(X))* Forgotten Bks.

Buckle Up: A Children's Imaginary Journey about Self-Control. Stephanie Scott. Illus. by Olga Barinova. 2020. (ENG.). 40p. (J). *(978-1-5255-4721-8(6))*; pap. *(978-1-5255-4722-5(4))* FriesenPress.

Buckle up: a Planner for Independent Women Who Mean Business. Zulema Rodriguez. 2023. (ENG.). 120p. (YA). pap. ***(978-1-312-47100-9(X))*** Lulu Pr., Inc.

Buckley the Highland Cow & Ralphy the Goat: A True Story about Kindness, Friendship, & Being Yourself. Renee M. Rutledge. Photos by Leslie Ackerman. 2021. (ENG., Illus.). 48p. (J). 12.95 *(978-1-64604-028-5(7))* Ulysses Pr.

Bucklyn Shaig, Vol. 1 Of 2: A Tale of the Last Century (Classic Reprint) Fanny Charlotte Wyndham Montgomery. 2018. (ENG., Illus.). 324p. (J). 30.58 *(978-0-483-44629-8(7))* Forgotten Bks.

Buck's Tooth. Diane Kredensor. ed. 2021. (PIX Graphic Novel Ch Bks). (ENG., Illus.). 64p. (J). (gr. 2-3). 18.86 *(978-1-64697-969-1(9))* Penworthy Co., LLC, The.

Buckskin Pete (Classic Reprint) A. G. Hales. 2018. (ENG., Illus.). 320p. (J). 30.50 *(978-0-267-66683-6(7))* Forgotten Bks.

Bucky & Daisy's Moody Adventures: Discover Eating Healthy. Donna Fatigato. 2019. (Bucky & Daisy's Moody Adventures Ser.: Vol. 1). (ENG., Illus.). 28p. (J). pap. 9.95 *(978-1-7339415-1-8(7))* Fatigato, Donna.

Bucky O'Connor: A Tale of the Unfenced Border (Classic Reprint) William MacLeod Raine. 2018. (ENG., Illus.). 362p. (J). 31.36 *(978-0-267-20402-1(7))* Forgotten Bks.

Bucky Teaches Bravery. Tiffany Potter. Illus. by Vickie Valladarez. 2023. (My, Oh My! Character Building Series... Ser.: Vol. 2). (ENG.). 34p. (J). pap. 14.99 ***(978-1-6628-6712-5(3))*** Salem Author Services.

Bucky, the New Kid on the Farm. Tami Johnson. 2021. (ENG.). 30p. (J). 23.95 *(978-1-63630-649-0(7))*; pap. 13.95 *(978-1-63630-648-3(9))* Covenant Bks.

Bucky Triceratops & the Bully. Patty Davidson. Illus. by Sanghamitra Dasgupta. 2022. (ENG.). 50p. (J). pap. 13.99 *(978-1-63984-155-4(5))* Pen It Pubns.

Bucky Triceratops Loves Baseball. Patty Davidson. 2018. (ENG.). 26p. (J). pap. 11.99 *(978-1-949609-31-8(6))* Pen It Pubns.

Bucky Triceratops Loves Soccer. Patty Davidson. Illus. by Sanghamitra Dasgupta. 2021. (ENG.). 36p. (J). pap. 12.99 *(978-1-63984-128-8(8))* Pen It Pubns.

Bucky Triceratops Takes the Bus. Patty Davidson. 2019. (Bucky Triceratops Ser.: Vol. 3). (ENG., Illus.). 26p. (J). pap. 12.99 *(978-1-949609-99-8(5))* Pen It Pubns.

Bucky's Bedtime Prayers. Patty Davidson. 2018. (ENG., Illus.). 26p. (J). pap. 11.99 *(978-1-948390-44-6(2))* Pen It Pubns.

Bucky's Christmas Adventure. Patty Davidson. 2019. (ENG., Illus.). 34p. (J). pap. 13.99 *(978-1-951263-17-1(0))* Pen It Pubns.

Bucky's Day Out. Antonio Tarkington. 2020. (ENG., Illus.). 32p. (J). (gr. k-1). pap. *(978-1-78830-582-2(5))* Olympia Publishers.

Bucyrian, 1916, Vol. 6 (Classic Reprint) Bucyrus High School. (ENG., Illus.). (J). 2018. 54p. 25.01 *(978-0-267-24340-2(5))*; 2017. pap. 9.57 *(978-0-259-81054-4(1))* Forgotten Bks.

Bud. Gordon Chisholm. Illus. by Alicia Neal. 2021. (ENG.). 40p. (J). *(978-1-0391-3060-9(7))*; pap. *(978-1-0391-3059-3(3))* FriesenPress.

B

Bud a Novel (Classic Reprint) Neil Munro. 2017. (ENG., Illus.). (J). 29.92 (978-1-5283-4484-5(7)) Forgotten Bks.

Bud & Bamboo (Classic Reprint) John Stuart Thomson. 2018. (ENG., Illus.). 104p. (J). 26.04 (978-0-267-27107-8(7)) Forgotten Bks.

Bud Gets a Cut. Cecilia Minden. Illus. by Lucy Neale. 2023. (Little Blossom Stories Ser.). (ENG.). 16p. (J). (gr. -1-2). pap. 11.36 (978-1-6689-1894-4(3), 221872, Cherry Blossom Press) Cherry Lake Publishing.

Bud, Not Buddy. Christopher Paul Curtis. l.t. ed. 2017. (ENG.). 280p. 22.99 (978-1-4328-3846-1(6)) Cengage Gale.

Bud of Promise (Classic Reprint) A. G. Plympton. 2018. (ENG., Illus.). 98p. (J). 25.92 (978-0-483-65500-3(7)) Forgotten Bks.

Bud the Pup. Cecilia Minden. Illus. by Lucy Neale. 2023. (Little Blossom Stories Ser.). (ENG.). 16p. (J). (gr. -1-2). pap. 11.36 (978-1-6689-1893-7(5), 221871, Cherry Blossom Press) Cherry Lake Publishing.

Budapest: The City of the Magyars (Classic Reprint) F. Berkeley Smith. (ENG., Illus.). (J). 2018. 306p. 30.21 (978-0-267-58401-7(6)); 2016. pap. 13.57 (978-1-334-15785-1(5)) Forgotten Bks.

Budd Boyd's Triumph, or the Boy-Firm of Fox Island (Classic Reprint) William Pendleton Chipman. (ENG., Illus.). (J). 2017. 29.92 (978-0-331-76937-1(9)); 2016. pap. 13.57 (978-1-333-68858-5(X)) Forgotten Bks.

Buddha. Tammy Gagne. 2017. (Junior Biography From Ancient Civilization Ser.). (Illus.). 48p. (J). (gr. 4-6). 29.95 (978-1-68020-014-0(3)) Mitchell Lane Pubs.

Buddha: an Enlightened Life. Kieron Moore. Illus. by Rajesh Nagulakonda. 2017. (Campfire Graphic Novels Ser.). (ENG.). 160p. (YA). (gr. 7). pap. 16.99 (978-93-81182-29-1(9), Campfire) Steerforth Pr.

Buddha at Bedtime Treasury: Stories of Wisdom, Compassion & Mindfulness to Read with Your Child. Dharmachari Nagaraja. 2023. 336p. (J). (gr. 1-3). 26.95 (978-1-78678-779-8(2), Watkins Publishing) Watkins Media Limited GBR. Dist: Penguin Random Hse. LLC.

Buddha: the Enlightened: Illustrated Stories from Indian History & Mythology. Wonder House Books. 2019. (Classic Tales from India Ser.). (ENG.). 84p. (J). (gr. k-3). 9.99 (978-93-89432-40-4(5)) Prakash Bk. Depot IND. Dist: Independent Pubs. Group.

Buddha's Crystal: And Other Fairy Stories (Classic Reprint) Yei Ozaki. 2016. (ENG., Illus.). (J). pap. 9.57 (978-1-333-76679-5(3)) Forgotten Bks.

Buddha's Crystal, & Other Fairy Stories (Classic Reprint) Yei Ozaki. 2017. (ENG., Illus.). (J). 26.64 (978-0-265-72962-5(9)) Forgotten Bks.

Buddhism. Contrib. by Elizabeth Andrews. 2023. (World Religions Ser.). (ENG.). 32p. (J). (gr. 2-5). lib. bdg. 32.79 (978-1-0982-4443-9(5), 42506, DiscoverRoo) Pop!.

Buddhism, 1 vol. Katy Brennan. 2018. (Let's Find Out! Religion Ser.). (ENG.). 32p. (gr. 2-3). 26.06 (978-1-5081-0683-8(5), 83acd123-a701-48ab-b0e7-dc0643ab06c9) Rosen Publishing Group, Inc., The.

Buddhism. Rita Faelli. 2018. (Religion Studies). (ENG.). 32p. (J). lib. bdg. 22.99 (978-1-5105-3779-8(1)) SmartBook Media, Inc.

Buddhism. Katie Marsico. 2017. (21st Century Skills Library: Global Citizens: World Religions Ser.). (ENG., Illus.). 32p. (J). (gr. 4-7). lib. bdg. 32.07 (978-1-63472-158-5(6), 209204) Cherry Lake Publishing.

Buddhism. Mark Thomas. 2017. (Illus.). 64p. (J). (978-1-4222-3816-5(4)) Mason Crest.

Buddhism. Neil McKain. ed. 2017. (ENG., Illus.). 40p. (J). (gr. 6-9). pap. 15.95 (978-0-00-822773-9(X)) HarperCollins Pubs. Ltd. GBR. Dist: Independent Pubs. Group.

Buddhism Amazing & Intriguing Facts Children's Religion Book. Bold Kids. 2022. (ENG.). 42p. (J). pap. 14.99 (978-1-0717-1836-0(3)) FASTLANE LLC.

Buddhist Stories (Classic Reprint) Paul Dahlke. 2017. (ENG., Illus.). (J). 30.99 (978-0-331-91659-1(2)) Forgotten Bks.

Buddies. Elissa Ewald. 2020. (ENG.). 42p. (J). 24.95 (978-1-64801-419-2(4)); pap. 14.95 (978-1-64801-418-5(6)) Newman Springs Publishing, Inc.

Buddies NOT Bullies Rule! Andrée Tracey. 2016. (Dover Coloring Bks.). (ENG.). 32p. (J). (gr. k-3). pap. 3.99 (978-0-486-80148-3(9), 801489) Dover Pubns., Inc.

Budding Artist's How to Draw Activity Book. Activity Book Zone for Kids. 2016. (ENG., Illus.). (J). pap. 9.20 (978-1-68376-179-2(0)) Sabeels Publishing.

Buddy: America's First Guide Dog. Meish Goldish. 2016. (Dog Heroes Ser.). (ENG., Illus.). 32p. (J). (gr. 2-7). 28.50 (978-1-943553-09-9(2)) Bearport Publishing Co., Inc.

Buddy: Based on the True Story of Gertrude Lintz. William Joyce. Illus. by William Joyce. 2018. (World of William Joyce Ser.). (ENG., Illus.). 48p. (J). (gr. k-4). 17.99 (978-1-4814-8961-4(5)) Simon & Schuster Children's Publishing.

Buddy: Leveled Reader Green Fiction Level 14 Grade 1-2. Hmh Hmh. 2019. (Rigby PM Ser.). (ENG.). 16p. (J). (gr. 1-2). pap. 11.00 (978-0-358-12064-3(0)) Houghton Mifflin Harcourt Publishing Co.

BUDDY - Buster Boudreaux (Boo d Row) Blair Detective Dog Extraordinaire. Margaret A. Blair. 2022. (ENG.). 26p. (J). pap. (978-1-83875-473-0(3), Nightingale Books) Pegasus Elliot Mackenzie Pubs.

Buddy & Baboo Race the Lionman Triathlon. Joshua R. Heigle. 2021. (ENG.). 28p. (J). 24.99 (978-1-0880-0707-5(4)) Indy Pub.

Buddy & Earl. Maureen Fergus. ed. 2018. (Buddy & Earl Ser.). lib. bdg. 18.40 (978-0-606-41224-7(7)) Turtleback.

Buddy & Earl & the Great Big Baby, 1 vol. Maureen Fergus. Illus. by Carey Sookocheff. 2016. (Buddy & Earl Ser.: 3). (ENG.). 32p. (J). (gr. k-2). 16.95 (978-1-55498-716-0(4)) Groundwood Bks. CAN. Dist: Publishers Group West (PGW).

Buddy & Earl Go Exploring, 1 vol. Maureen Fergus. Illus. by Carey Sookocheff. (Buddy & Earl Ser.: 2). (ENG.). 32p. (J). 2018. (gr. -1-2). 7.95 (978-1-77306-120-7(8)); 2016. (gr. k-2). 16.95 (978-1-55498-714-6(8)) Groundwood Bks. CAN. Dist: Publishers Group West (PGW).

Buddy & Earl Go Exploring. Maureen Fergus. ed. 2018. (Buddy & Earl Ser.). lib. bdg. 18.40 (978-0-606-41225-4(5)) Turtleback.

Buddy & Earl Go to School, 1 vol. Maureen Fergus. Illus. by Carey Sookocheff. 2017. (Buddy & Earl Ser.: 4). (ENG.). 32p. (J). (gr. k-2). 16.95 (978-1-55498-927-0(2)) Groundwood Bks. CAN. Dist: Publishers Group West (PGW).

Buddy & Earl Meet the Neighbors, 1 vol. Maureen Fergus. Illus. by Carey Sookocheff. 2018. (Buddy & Earl Ser.: 5). 32p. (J). (gr. k-2). 16.95 (978-1-77306-025-5(2)) Groundwood Bks. CAN. Dist: Publishers Group West (PGW).

Buddy & Friends at the Beach: A Story of Bravery & Friendship. Robert W. Kent. 2023. (ENG.). 24p. (J). pap. (978-0-2288-8905-2(7)) Tellwell Talent.

Buddy & His Big Truck. Lisa Cassman. 2021. (ENG.). 24p. (J). 19.95 (978-1-63765-001-1(9)); pap. 14.95 (978-1-61244-991-3(3)) Halo Publishing International.

Buddy & His Colorado Adventure. Denise Price. 2018. (ENG., Illus.). 28p. (J). pap. 12.95 (978-1-64003-858-5(2)) Covenant Bks.

Buddy & Pals. Maggie Testa. ed. 2018. (Ready-To-Read Ser.). (ENG.). 32p. (J). (gr. -1-1). 13.89 (978-1-64310-678-6(3)) Penworthy Co., LLC, The.

Buddy & the Great Pet Rescue. Natalia Woods. 2021. (ENG.). 26p. (J). pap. (978-1-80227-153-9(8)) Publishing Push Ltd.

Buddy Ballads: Songs of the A. E. F (Classic Reprint) Berton Braley. 2018. (ENG., Illus.). 118p. (J). 26.35 (978-0-267-23277-2(2)) Forgotten Bks.

Buddy Bench. B. D. Cottleston. Illus. by Hazel Quintanilla. 2019. (ENG.). 32p. (J). (gr. k-2). 16.99 (978-1-4867-1775-0(6), 704793b4-af10-43fa-9709-ddb19d5a96c0); 7.99 (978-1-4867-1798-9(5), deee8f3e-5421-4810-84d8-bcabd65b625f) Flowerpot Pr.

Buddy Bench, 1 vol. Gwendolyn Hooks. Illus. by Shirley Ng-Benitez. 2019. (Confetti Kids Ser.: 8). (ENG.). 32p. (J). (gr. k-2). 14.95 (978-1-62014-571-5(5), leelowbooks); pap. 10.95 (978-1-62014-572-2(3), leelowbooks) Lee & Low Bks., Inc.

Buddy Bison's Yellowstone Adventure. Ilona E. Holland & National Geographic Kids. 2016. (Illus.). 32p. (J). (gr. -1-k). pap. 9.99 (978-1-4263-2297-6(6), National Geographic Kids) Disney Publishing Worldwide.

Buddy Blues: An Emily Story. Kelsey Abrams. Illus. by Jomike Tejido. 2019. (Second Chance Ranch Set 2 Ser.). (ENG.). 120p. (J). (gr. 3-4). pap. 7.99 (978-1-63163-252-5(3), 1631632523); lib. bdg. 27.13 (978-1-63163-251-8(5), 1631632515) North Star Editions. (Jolly Fish Pr.).

Buddy Brown Goes to the Hospital. Jill Cook. Illus. by Cindy Wilson. 2021. (ENG.). 40p. (J). 26.99 (978-1-6628-3273-4(7)) Salem Author Services.

Buddy Is a Puppy. Brenda Ponnay. Illus. by Brenda Ponnay. 2022. (We Can Readers Ser.). (ENG.). (J). 22p. pap. 12.99 (978-1-5324-4119-6(3)); 16p. (gr. -1-1). 24.99 (978-1-5324-3531-7(2)); 16p. (gr. -1-1). pap. 12.99 (978-1-5324-2998-9(3)) Xist Publishing.

Buddy Jim (Classic Reprint) Elizabeth Gordon. (ENG., Illus.). (J). 2018. 98p. 25.92 (978-0-666-21356-3(9)); 2017. pap. 9.57 (978-0-259-49120-0(9)) Forgotten Bks.

Buddy Licks. Brenda Ponnay. Illus. by Brenda Ponnay. 2022. (We Can Readers Ser.). (ENG.). (J). 22p. pap. 12.99 (978-1-5324-4129-5(0)); 16p. (gr. -1-1). 24.99 (978-1-5324-3532-4(0)); 16p. (gr. -1-1). pap. 12.99 (978-1-5324-3010-7(8)) Xist Publishing.

Buddy, My Best Friend, Moves to a Place Called Heaven: My Story about My Dog. Joe The Gamer Petraro. 2021. (ENG., Illus.). 30p. (J). 19.95 (978-1-63710-286-2(0)); pap. 14.95 (978-1-63710-284-8(4)) Fulton Bks.

Buddy Plays Ball. Debbie Castleberry. 2021. (Doozer Tales Ser.). (ENG.). 34p. (J). pap. 14.95 (978-1-64801-230-3(2)) Newman Springs Publishing, Inc.

Buddy Plays Fetch. Brenda Ponnay. Illus. by Brenda Ponnay. 2022. (We Can Readers Ser.). (ENG.). (J). 22p. pap. 12.99 (978-1-5324-4132-5(0)); 16p. (gr. -1-1). 24.99 (978-1-5324-3534-8(7)); 16p. (gr. -1-1). pap. 12.99 (978-1-5324-3013-8(2)) Xist Publishing.

Buddy Readers (Class Set): Level A, 5 vols. Liza Charlesworth. 2019. (ENG.). (J). (gr. -1-2). 101.99 (978-1-338-31713-8(X)) Scholastic, Inc.

Buddy Readers (Class Set): Level B, 5 vols. Liza Charlesworth. 2019. (ENG.). (J). (gr. -1-2). 101.99 (978-1-338-31715-2(6)) Scholastic, Inc.

Buddy Readers (Class Set): Level C, 5 vols. Liza Charlesworth. 2019. (ENG.). (J). (gr. -1-2). 101.99 (978-1-338-31716-9(4)) Scholastic, Inc.

Buddy Readers (Class Set): Level D, 5 vols. Liza Charlesworth. 2019. (ENG.). (J). (gr. -1-2). 101.99 (978-1-338-31717-6(2)) Scholastic, Inc.

Buddy Readers (Parent Pack): Level A, 1 vol. Liza Charlesworth. 2019. (ENG.). (J). (gr. -1-2). pap., pap., pap. 23.99 (978-1-338-31718-3(0)) Scholastic, Inc.

Buddy Readers (Parent Pack): Level B, 1 vol. Liza Charlesworth. 2019. (ENG.). (J). (gr. -1-2). pap., pap., pap. 23.99 (978-1-338-31719-0(9)) Scholastic, Inc.

Buddy Readers (Parent Pack): Level C, 1 vol. Liza Charlesworth. 2019. (ENG.). (J). (gr. -1-2). 23.99 (978-1-338-31720-6(2)) Scholastic, Inc.

Buddy Readers (Parent Pack): Level D, 1 vol. Liza Charlesworth. 2019. (ENG.). (J). (gr. -1-2). pap., pap., pap. 23.99 (978-1-338-31721-3(0)) Scholastic, Inc.

Buddy Rows: The Legend of Mad Dog Pond. Israel Justice. 2018. (ENG., Illus.). 78p. (J). pap. 5.99 (978-0-9997969-0-0(9)) Justice, Israel.

Buddy the Ambulance & Angel Ann. Fred Neff. 2nd ed. 2023. (ENG.). 38p. (J). pap. 14.95 (978-1-960596-03-1(9)) Leaning Rock Pr.

Buddy the Ambulance & Angel Ann. Fred Neff. Illus. by Shannon King. 2nd ed. 2023. (ENG.). 38p. (J). 22.95 (978-1-960596-02-4(0)) Leaning Rock Pr.

Buddy the Backward Left-Handed Worm. Norman Robertson. 2017. (ENG., Illus.). (J). pap. 13.95 (978-1-63575-755-2(X)) Christian Faith Publishing.

Buddy the Bear: First Day of School. Victoria Allen. Illus. by Iulian Thomas. 2019. (ENG.). 58p. (J). (gr. k-1). 17.00 (978-0-9600605-0-4(2)) Marshlands Group LLC.

Buddy the Bookworm: Rescues the Doomed Books. Sharon Canfield Dorsey. 2019. (ENG., Illus.). 42p. (J). (gr. k-4). 15.99 (978-978-194-599-1(0)) High Tide Pubns.

Buddy the Dog. Gretchen Stenehjem. Illus. by Emily Hagen. 2022. (ENG.). 42p. (J). pap. 10.99 (978-1-6628-5951-9(1), Liberty Hill Publishing) Salem Author Services.

Buddy the Drone. Ronald St George-Smith. Illus. by Ed Doyle. 2018. (Buddy the Drone Ser.: Vol. 1). (ENG.). 66p. (J). pap. (978-1-912639-43-4(2)) Terence, Michael Publishing.

Buddy the Monkey & Kazu the Lion. Kristie Zweig. Illus. by Kristie Zweig. 2021. (ENG.). 30p. (J). 16.99 (978-0-578-97888-8(1)) Notto, Kristie.

Buddy the Tortoise's Great Exploration Day! Shawny Reiner. 2022. (ENG., Illus.). 42p. (J). pap. 15.95 (978-1-6624-7859-8(3)) Page Publishing Inc.

Buddy to the Rescue (Bob Books Stories: Scholastic Reader, Level 1) Lynn Maslen Kertell. Illus. by Sue Hendra. 2022. (Scholastic Reader, Level 1 Ser.). (ENG.). 32p. (J). (gr. -1-1). 22.99 (978-1-338-80508-6(8)); pap. 4.99 (978-1-338-80506-2(1)) Scholastic, Inc.

Buddy Wizard. Ralph John Brammer. 2018. (ENG., Illus.). 260p. (J). pap. (978-1-9998126-2-1(X)) Brammer Publishing.

Buddy's Bedtime Battery. Christina Geist. Illus. by Tim Bowers. 2022. (Growing with Buddy Ser.: 1). 40p. (J). (gr. -1-2). pap. 8.99 (978-0-593-48031-1(7), Dragonfly Bks.) Random Hse. Children's Bks.

Buddy's Blighty, & Other Verses from the Trenches (Classic Reprint) Jack Turner. (ENG., Illus.). (J). 2018. 38p. 24.70 (978-0-364-02515-4(8)); 2017. pap. 7.97 (978-0-259-86427-1(7)) Forgotten Bks.

Buddy's New Buddy. Christina Geist. Illus. by Tim Bowers. 2022. (Growing with Buddy Ser.: 3). 40p. (J). (gr. -1-2). 18.99 (978-0-593-30709-0(7)); (ENG.). lib. bdg. 21.99 (978-0-593-30710-6(0)) Random Hse. Children's Bks. (Random Hse. Bks. for Young Readers).

Budge Toddie: Or Helen's Babies at Play; Being an Account of the Further Doings of These Marvelously Precocious Children (Classic Reprint) John Habberton. 2018. (ENG., Illus.). 330p. (J). 30.72 (978-0-483-80038-0(4)) Forgotten Bks.

Budget of Christmas Tales (Classic Reprint) Charles Dickens. (ENG., Illus.). (J). 2018. 306p. 30.21 (978-0-483-38920-5(X)); 2016. pap. 13.57 (978-1-334-15302-0(7)) Forgotten Bks.

Budget of Cornish Poems: By Various Authors (Classic Reprint) Unknown Author. 2018. (ENG., Illus.). 460p. (J). 33.38 (978-0-267-14427-3(X)) Forgotten Bks.

Budget of Humorous Poetry: Comprising Specimens of the Best & Most Humorous Productions of the Popular American & Foreign Poetical Writers of the Day (Classic Reprint) James Russell Lowell. 2017. (ENG., Illus.). (J). 30.58 (978-0-266-68076-5(3)); pap. 13.57 (978-1-5276-5101-2(0)) Forgotten Bks.

Budget of Letters, or Things Which I Saw Abroad (Classic Reprint) Jane Anthony Eames. 2018. (ENG., Illus.). 476p. (J). 33.71 (978-0-484-20192-6(1)) Forgotten Bks.

Budget of the Bubble Family (Classic Reprint) Lady Lytton Bulwer. (ENG., Illus.). (J). 2018. 496p. 34.15 (978-0-332-91713-9(4)); 2017. pap. 16.57 (978-1-5276-7106-5(2)) Forgotten Bks.

Budget of the Bubble Family, Vol. 1 of 2 (Classic Reprint) Lytton Bulwer. (ENG., Illus.). (J). 2019. 284p. 29.77 (978-0-483-67078-5(2)); 2017. pap. 13.57 (978-0-243-41145-0(6)) Forgotten Bks.

Budget of the Bubble Family, Vol. 1 of 3 (Classic Reprint) Lytton Bulwer. (ENG., Illus.). (J). 2017. 31.57 (978-0-331-63552-2(6)); 2016. pap. 13.97 (978-1-334-12603-1(8)) Forgotten Bks.

Budget of the Bubble Family, Vol. 2 of 2 (Classic Reprint) Lytton Bulwer. 2018. (ENG., Illus.). (J). 304p. 30.17 (978-0-332-63104-2(4)); 306p. pap. 13.57 (978-0-259-22556-0(8)) Forgotten Bks.

Budget of the Bubble Family, Vol. 2 of 3 (Classic Reprint) Rosina Bulwer Lytton. 2018. (ENG., Illus.). (J). 382p. 31.78 (978-0-366-55819-3(6)); 384p. pap. 16.57 (978-0-366-06544-8(0)) Forgotten Bks.

Budget of the Bubble Family, Vol. 3 of 3 (Classic Reprint) Lytton Bulwer. (ENG., Illus.). (J). 2018. 380p. 31.73 (978-0-267-34196-2(2)); 2016. pap. 16.57 (978-1-333-65649-2(1)) Forgotten Bks.

Budget of Wit & Humour (Classic Reprint) William Valentine. (ENG., Illus.). (J). 2017. 27.46 (978-0-331-84693-5(4)); 2016. pap. 9.97 (978-1-334-12625-3(9)) Forgotten Bks.

Budgeting. Ruth Owen. 2023. (Personal Finance: Need to Know Ser.). (ENG.). 32p. (J). (gr. 5-7). lib. bdg. 28.50 Bearport Publishing Co., Inc.

Budgeting. Blaine Wiseman. 2017. (J). (978-1-5105-1943-5(2)) SmartBook Media, Inc.

Budgeting in Infographics. Christina Hill. 2022. (21st Century Skills Library: Econo-Graphics Ser.). (ENG., Illus.). 32p. (J). (gr. 4-8). pap. 14.21 (978-1-6689-1158-7(2), 221103); lib. bdg. 32.07 (978-1-6689-0998-0(7), 220965) Cherry Lake Publishing.

Budgie Smugglers: Billy's Gotta Survive the City. Gary Taaffe. 2019. (Urban Hunters Ser.: Vol. 4). (ENG., Illus.). 136p. (J). (gr. 4-6). pap. (978-0-9946152-4-4(8)) Bunya Publishing.

Budleigh & Rexford. Sarah Deanna Powell & Tony Hazel. 2019. (Tales of Rattopia Ser.: Vol. 2). (ENG., Illus.). 124p. (YA). (978-1-9997079-5-8(8)); (978-1-9997079-7-2(4)); pap. (978-1-9997079-8-9(2)) Two Kittens Publishing.

Buds & Blooms: A Fanciful Flower Coloring Book. Kreative Kids. 2016. (ENG., Illus.). (J). pap. 9.20 (978-1-68377-305-4(5)) Whlke, Traudl.

Buds & Blossoms: Or Stories of Real Children (Classic Reprint) Marian Bishop Bower. 2017. (ENG., Illus.). (J). 26.27 (978-0-266-21258-4(1)) Forgotten Bks.

Buds & Flowers of Childish Life (Classic Reprint) Oscar Pletsch. (ENG., Illus.). (J). 2018. 148p. 26.95 (978-0-267-73227-2(9)); 2016. pap. 9.57 (978-1-334-16703-4(6)) Forgotten Bks.

Budulienko & Pinocchio Tale. Jozef J. Matejka. 2016. (ENG., Illus.). (J). pap. (978-1-911240-44-0(7)) Rowanvale Bks.

Buen Buen Padre, 1 vol. Chris Tomlin & Pat Barrett. 2017. (SPA.). 32p. (J). 12.99 (978-0-7180-9783-7(1)) Grupo Nelson.

Buen Camino: The French Way. Gary Green. 2020. (ENG., Illus.). 204p. (J). (gr. 3-6). pap. 14.95 (978-1-7337964-2-2(8)) Stewart, H. K. Creative Services, Inc.

Buen día, Buenas Noches: Good Day, Good Night (Spanish Edition), 1 vol. Margaret Wise Brown. Illus. by Loren Long. 2017. (SPA.). 40p. (J). (gr. -1-3). 17.99 (978-1-4185-9890-7(9)) HarperCollins Español.

Buen Juego. Katrina Streza & Ariana Vargas. Illus. by Brenda Ponnay. 2023. (Little Lectores Ser.: Vol. 26). (SPA.). 20p. (J). 24.99 (978-1-5324-4401-2(X)); pap. 12.99 (978-1-5324-4400-5(1)) Xist Publishing.

Buen Pastor - la Biblia en Rompecabezas. Contrib. by Casscom Media. 2017. (Puzzle Bibles Ser.). (ENG & SPA.). (J). bds. (978-87-7132-574-4(3)) Scandinavia Publishing Hse.

Buen Shabat, Shabbat Shalom. Sarah Aroeste. Illus. by Ayesha L. Rubio. 2020. (ENG.). 12p. (J). (gr. -1 — 1). bds. 6.99 (978-1-5415-4246-4(0), 58146829-1d44-44bc-b74e-a1312f1f3b66, Kar-Ben Publishing) Lerner Publishing Group.

Buen Trabajo. Dona Herweck Rice. 2nd rev. ed. 2016. (TIME for KIDS(r): Informational Text Ser.). (SPA., Illus.). 12p. (gr. -1-k). 7.99 (978-1-4938-3020-6(1)) Teacher Created Materials, Inc.

Buenas Noches: Good Night - a Spanish-English Book for Babies - with Fold-Out Board Pages. Clever Publishing. Illus. by Eva Maria Gey. 2023. (Tiny Tots Tummy Time Ser.). (ENG.). 6p. (J). (gr. -1-1). bds. 10.99 (978-1-954738-33-1(1)) Clever Media Group.

Buenas Noches a Todos. Chris Haughton. 2022. (Illus.). 32p. (J). 16.95 (978-84-17673-97-0(0)) NubeOcho Ediciones ESP. Dist: Consortium Bk. Sales & Distribution.

Buenas Noches, Angelito / Good Night Angel (Edición Bilingüe / Biligual Edition) Una Celebración de Navidad de Ensueño, 1 vol. Amy Parker. Illus. by Virginia Allyn. 2021. (Night Night Ser.). (SPA.). 20p. (J). bds. 9.99 (978-1-4002-3449-3(2)) Grupo Nelson.

Buenas Noches, ConstruccióN. Buenas Noches, DiversióN. (Goodnight, Goodnight, Construction Site Spanish Language Edition) (Bilingual Children's Book, Spanish Books for Kids) Sherri Duskey Rinker. Tr. by Georgina Lazaro. Illus. by Tom Lichtenheld. 2019. (Goodnight, Goodnight Construction Site Ser.). (SPA.). 32p. (J). (gr. -1 — 1). 16.99 (978-1-4521-7037-4(1)) Chronicle Bks. LLC.

Buenas Noches, Mariposa (Goodnight, Butterfly) Ross Burach. Illus. by Ross Burach. 2022. (SPA.). 32p. (J). (gr. -1-3). pap. 7.99 (978-1-338-84914-1(X), Scholastic en Espanol) Scholastic, Inc.

¡buenas Noches, Mi Amor! Goodnight, My Love! Spanish English Bilingual. Shelley Admont & Kidkiddos Books. 2018. (Spanish English Bilingual Collection). (SPA., Illus.). 34p. (J). (gr. k-3). (978-1-5259-0976-4(2)); pap. (978-1-5259-0975-7(4)) Kidkiddos Bks.

¡buenas Noches, Mi Amor! Spanish Kids Book: Goodnight, My Love! - Spanish Children's Book. Shelley Admont & S. a Publishing. 2018. (Spanish Bedtime Collection). (SPA., Illus.). 34p. (J). (gr. k-3). (978-1-5259-0703-6(4)); pap. (978-1-5259-0702-9(6)) Kidkiddos Bks.

Buenas Noches, Mi Querido Bebé (Good Night, My Darling Baby) Alyssa Satin Capucilli. Tr. by Alexis Romay. Illus. by Annie Bach. 2019. (New Books for Newborns Ser.). (SPA.). 16p. (J). (— 1). bds. 8.99 (978-1-5344-4289-4(8), Libros Para Ninos) Libros Para Ninos.

Buenas Noches Paco. Katrina Streza & Ariana Vargas. Illus. by Brenda Ponnay. 2023. (Little Lectores Ser.: Vol. 15). (SPA.). 20p. (J). 24.99 (978-1-5324-3479-2(0)); pap. 12.99 (978-1-5324-3272-9(0)) Xist Publishing.

Buenas Noches, Planeta: TOON Level 2. Liniers. 2017. (SPA., Illus.). 36p. (J). (gr. k-1). 12.99 (978-1-943145-21-8(0), 9781943145218, TOON Books) Astra Publishing Hse.

Buenas Noches, Planeta: TOON Level 2. Liniers. 2017. (SPA., Illus.). 36p. (J). (gr. k-1). pap. 7.99 (978-1-943145-19-5(9), 9781943145195, Toon Books) Candlewick Pr.

Bueno para Mí - Comida Saludable. Sharon Coan. 2nd rev. ed. 2016. (TIME for KIDS(r): Informational Text Ser.). (SPA.). 12p. (gr. -1-k). 7.99 (978-1-4938-3032-9(5)) Teacher Created Materials, Inc.

Buenos Dias: Good Morning - a Spanish-English Book for Babies - with Fold-Out Board Pages. Clever Publishing. Illus. by Eva Maria Gey. 2023. (Tiny Tots Tummy Time Ser.). (ENG.). 6p. (J). (gr. -1-1). bds. 10.99 (978-1-954738-32-4(3)) Clever Media Group.

Buenos días, Avril (Good Morning, April - Spanish Edition) ¡Estás en Delhi! (You're in Delhi) Dan Sam & Dan Sam. 2020. (SPA.). 180p. (J). pap. 13.99 (978-607-562-012-1(5), HarperCollins) HarperCollins Pubs.

Buenos Dias Digo Yo. Maria Teresa Ornelas Ibarra. 2020. (ENG., Illus.). 58p. (J). pap. 12.95 (978-1-0878-7689-4(3)) Indy Pub.

Búfalo de Agua. Grace Hansen. 2022. (Animales Asiáticos Ser.). (SPA.). 24p. (J). (gr. -1-2). lib. bdg. 32.79 (978-1-0982-6536-6(X), 41017, Abdo Kids) ABDO Publishing Co.

Buff; a Collie: And Other Dog Stories. Albert Payson Terhune. 2018. (ENG., Illus.). 148p. (J). pap. (978-1-387-89013-2(1)) Lulu Pr., Inc.

Buff, a Collie: And Other Dog Stories (Classic Reprint) Albert Payson Terhune. 2017. (ENG., Illus.). (J). 31.22 (978-0-266-67449-8(6)); pap. 13.57 (978-1-5276-4686-5(6)) Forgotten Bks.

Buff; a Collie: And Other Dog Stories (Hardcover) Albert Payson Terhune. 2018. (ENG., Illus.). 148p. (J). (978-1-387-89012-5(3)) Lulu Pr., Inc.

Buffalo: 1920-1921 (Classic Reprint) Buffalo Staff. 2018. (ENG., Illus.). 126p. (J). 26.52 (978-0-484-78067-4(0)) Forgotten Bks.

TITLE INDEX

BUGS! BUGS! BUGS!

Buffalo: The Big 5 & Other Wild Animals. Megan Emmett. 2018. (Big 5 & Other Wild Animals Ser.). (ENG., Illus.). 42p. (J). (gr. k-6). pap. *(978-0-6393-0005-4(7))* Awareness Publishing.
Buffalo, 1916 (Classic Reprint) Tennessee Milligan College. 2018. (ENG., Illus.). 132p. (J). 26.64 *(978-0-484-73671-8(X))* Forgotten Bks.
Buffalo 2017 Entertainment Book. Compiled by Entertainment (r) Staff. 2016. pap. 35.00 *(978-1-60967-778-7(1))* Entertainment Pubns., Inc.
Buffalo & the Bunny. Robert Hatton. Illus. by Mike Motz. 2016. (ENG.). (J). 19.99 *(978-0-692-79740-2(8))* Hatton, Robert.
Buffalo Before Breakfast, 18. Mary Pope Osborne. 2019. (Magic Tree House Ser.). (ENG.). 72p. (J). (gr. 2-3). 16.96 *(978-0-87617-707-5(0))* Penworthy Co., LLC, The.
Buffalo Bill: And His Adventures in the West (Classic Reprint) Ned Buntline. 2017. (ENG., Illus.). (J). 30.58 *(978-0-265-19259-7(5))* Forgotten Bks.
Buffalo Bill: Wild West Showman, 1 vol. Alicia Z. Klepeis. Illus. by Lorna William. 2018. (American Legends & Folktales Ser.). (ENG.). 32p. (gr. 3-3). 30.21 *(978-1-5026-3678-2(6),* f84cb676-19ac-4d64-a22f-092a07c35f44) Cavendish Square Publishing LLC.
Buffalo Bill & the Overland Trail: Being the Story of How Boy & Man Worked Hard, & Played Hard to Blaze the White Train, by Wagon Train, Stage Coach & Pony Express, Across, the Great Plains & the Mountains Beyond, That, the American Republic Mi. Edwin L. Sabin. 2018. (ENG., Illus.). 366p. (J). 31.47 *(978-0-364-75296-8(3))* Forgotten Bks.
Buffalo Bill (Hon. Wm. F. Cody) & His Wild West Companions: Including Wild Bill, Texas Jack, California Joe, Capt. Jack Crawford, & Other Famous Scouts of the Western Plains (Classic Reprint) Buffalo Bill. 2017. (ENG., Illus.). (J). 29.09 *(978-0-265-26901-5(6))* Forgotten Bks.
Buffalo Bills. Kenny Abdo. 2021. (NFL Teams Ser.). (ENG., Illus.). 32p. (J). (gr. 2-8). lib. bdg. 32.79 *(978-1-0982-2454-7(X),* 37142, Abdo Zoom-Fly) ABDO Publishing Co.
Buffalo Bills. Josh Anderson. 2022. (Professional Football Teams Ser.). (ENG.). 32p. (J). (gr. 2-5). lib. bdg. 35.64 *(978-1-5038-5774-2(3),* 215748, Stride) Child's World, Inc, The.
Buffalo Bills. Contrib. by Kieran Downs. 2023. (NFL Team Profiles Ser.). (ENG., Illus.). (J). (gr. 3-7). lib. bdg. 26.95 Bellwether Media.
Buffalo Bills. Tony Hunter. 2019. (Inside the NFL Ser.). (ENG.). 48p. (J). (gr. 3-6). lib. bdg. 34.21 *(978-1-5321-1839-5(2),* 32547, SportsZone) ABDO Publishing Co.
Buffalo Bills, 1 vol. Todd Kortemeier. 2016. (NFL up Close Ser.). (ENG., Illus.). 32p. (J). (gr. 3-9). lib. bdg. 32.79 *(978-1-68078-209-7(6),* 22019, SportsZone) ABDO Publishing Co.
Buffalo Bills. Katie Lajiness. 2016. (NFL's Greatest Teams Set 3 Ser.). (ENG., Illus.). 32p. (J). (gr. 2-5). lib. bdg. 34.21 *(978-1-68078-529-6(X),* 23621, Big Buddy Bks.) ABDO Publishing Co.
Buffalo Bills. Jim Whiting. rev. ed. 2019. (NFL Today Ser.). (ENG.). 48p. (J). (gr. 4-7). pap. 13.99 *(978-1-62832-696-3(4),* 19001, Creative Paperbacks) Creative Co., The.
Buffalo Bills ABC: My First Alphabet Book. Brad M. Epstein. 2021. (Major League Baseball ABC Board Bks.). (ENG.). (J). bds. 12.95 *(978-1-60730-153-0(9))* Michaelson Entertainment.
Buffalo Bills All-Time Greats. Ted Coleman. 2022. (NFL All-Time Greats Set 2 Ser.). (ENG., Illus.). 24p. (J). (gr. 3-3). pap. 8.95 *(978-1-63494-438-0(0));* lib. bdg. 28.50 *(978-1-63494-421-2(6))* Pr. Room Editions LLC.
Buffalo Bills Coloring & Activity Storybook. Illus. by Curt Walstead. 2022. (ENG.). (J). pap. 7.95 *(978-1-60730-503-3(8))* Michaelson Entertainment.
Buffalo Bills Story. Thomas K. Adamson. 2016. (NFL Teams Ser.). (ENG., Illus.). 32p. (J). (gr. 3-7). lib. bdg. 26.95 *(978-1-62617-358-3(3),* Torque Bks.) Bellwether Media.
Buffalo Flats. Martine Leavitt. 2023. 240p. (YA). (gr. 7). 18.99 *(978-0-8234-4342-0(6),* Margaret Ferguson Books) Holiday Hse., Inc.
Buffalo Hybrid Student Resource Package with 1 Year Digital 2015. Hrw Hrw. 2016. (Hmh Aga Algebra 1 Ser.). (ENG.). (YA). (gr. 9-12). pap. 52.20 *(978-0-544-92692-9(7));* pap. 53.13 *(978-0-544-92693-6(5));* pap. 62.60 *(978-0-544-92694-3(3))* Holt McDougal.
Buffalo Jones - Saving the Yellowstone Bison. Larry W. Jones. 2022. (ENG.). 42p. (J). ***(978-1-387-75318-5(5))*** Lulu Pr., Inc.
Buffalo Premium Student Resource Pkg Enh W/Prac Flu Wkbk with 1 Year Digital 2015. Hrw Hrw. 2016. (Hmh Aga Algebra 1 Ser.). (ENG.). (YA). (gr. 9-12). pap. 62.60 *(978-0-544-92705-6(2));* pap. 62.60 *(978-0-544-92708-7(7));* pap. 54.00 *(978-0-544-92711-7(7))* Holt McDougal.
Buffalo Sabres. Contrib. by David J. Clarke. 2023. (NHL Teams Set 3 Ser.). (ENG., Illus.). 32p. (J). lib. bdg. 31.35 ***(978-1-63494-673-5(1))*** Pr. Room Editions LLC.
Buffalo Sabres. David J. Clarke. 2023. (NHL Teams Set 3 Ser.). (ENG., Illus.). 32p. (J). pap. 9.95 ***(978-1-63494-697-1(9))*** Pr. Room Editions LLC.
Buffalo Soldiers. Julia Garstecki. 2016. (All-American Fighting Forces Ser.). (ENG.). 32p. (J). (gr. 4-6). pap. 9.99 *(978-1-64466-151-2(9),* 10306); (Illus.). 31.35 *(978-1-68072-000-6(7),* 10305) Black Rabbit Bks. (Bolt).
Buffalo Wild! Deidre Havrelock. Illus. by Azby Whitecalf. 2021. 32p. (J). (gr. k-2). 18.95 *(978-1-77321-533-4(7))* Annick Pr., Ltd. CAN. Dist: Publishers Group West (PGW).
Buffets (Classic Reprint) Charles H. Doe. 2018. (ENG., Illus.). 150p. (J). 26.99 *(978-0-484-69792-7(7))* Forgotten Bks.
Buffoon Balloon. Zito Camillo. 2022. (ENG.). 26p. (J). pap. 9.99 *(978-1-0879-2741-1(2))* Indy Pub.
Buffoon (Classic Reprint) Louis Wilkinson. (ENG., Illus.). (J). 2017. 436p. 32.89 *(978-0-332-88745-6(6));* 2016. pap. 16.57 *(978-1-334-28979-8(4))* Forgotten Bks.
Buffy Saint-Marie: Musician, Indigenous Icon, & Social Activist. Linda Barghoorn. 2018. (Remarkable Lives Revealed Ser.). (ENG.). 32p. (J). (gr. 3-3). *(978-0-7787-4709-3(3));* pap. *(978-0-7787-4715-4(8))* Crabtree Publishing Co.
Buffy the Butterfly. Ted Landkammer. 2018. (ENG., Illus.). 30p. (J). pap. 12.95 *(978-1-64258-597-1(1))* Christian Faith Publishing.
Buffy the Butterfly. Ted Landkammer. 2022. (ENG.). 30p. (J). 13.99 ***(978-1-958518-18-2(2))*** Stellar Literary.
Buffy the Butterfly's Apple Orchard. Donna Beserra. Illus. by Melody Karns Trone. 2016. (Creative Creatures Ser.: Vol. 1). (ENG.). (J). (gr. k-6). pap. 15.00 *(978-0-9982826-5-7(0))* Artistic Creations Bk. Publishing.
Buffy the Dog from Heaven. Gloria Renner. 2021. (ENG.). 36p. (J). pap. 15.95 *(978-1-63692-146-4(9))* Newman Springs Publishing, Inc.
Buffy the Vampire Slayer: A Picture Book. Illus. by Kim Smith. 2018. (Pop Classics Ser.: 5). 40p. (J). (gr. -1-3). 18.99 *(978-1-68369-069-6(9))* Quirk Bks.
Bug. Maggie Li. Illus. by Maggie Li. 2023. (Little Life Cycles Ser.). (ENG.). 26p. (J). (-k). bds. 9.99 *(978-1-5362-3022-2(7),* Templar) Candlewick Pr.
Bug-A-Boo. Brenda Lidestri. 2021. (ENG.). 24p. (J). 19.95 *(978-1-64801-783-4(5));* pap. 10.95 *(978-1-64801-782-7(7))* Newman Springs Publishing, Inc.
Bug, a Slug, & a Ladybug. Julian Klazkin. Illus. by Lisa Laubach. 2020. (ENG.). 52p. (J). pap. *(978-1-5255-7195-4(8)); (978-1-5255-7194-7(X))* FriesenPress.
Bug Alert!, 12 vols., Set. Incl. Bugs That Build. Cari Jackson. lib. bdg. 31.21 *(978-0-7614-3191-6(8),* e58a995e-df9c-4d78-b5b1-ab9a95c6ff4a); Bugs That Destroy. Cari Jackson. lib. bdg. 31.21 *(978-0-7614-3188-6(8),* cf25ad9b-1a8f-4c92-ba1e-7cb99e2f42a3); Bugs That Help. Kirsten Weir. lib. bdg. 31.21 *(978-0-7614-3192-3(6),* b918d659-cc13-4fdc-9be5-f8a2672de94c); Bugs That Kill. Gary Raham. lib. bdg. 31.21 *(978-0-7614-3185-5(3),* 7b5e023e-1e3a-455a-83ca-d18236aeedea); Bugs That Live on Animals. Kirsten Weir. lib. bdg. 31.21 *(978-0-7614-3189-3(6),* e9dfac96-8ca3-4b9c-9036-f436886cbeb1); Bugs That Live on Us. John Perritano. lib. bdg. 31.21 *(978-0-7614-3187-9(X),* 72796cfb-0eb8-4f90-9ccc-6103db4876eb); 32p. (gr. 3-3). (Bug Alert! Ser.). (ENG.). 2009. Set lib. bdg. 187.26 *(978-0-7614-3184-8(5),* 4d92b715-2d49-4a30-ae64-65c3cb19fbfd, Cavendish Square) Cavendish Square Publishing LLC.
Bug & a Wish. Karen Scheuer. 2018. (ENG., Illus.). 20p. (J). (gr. k-3). 21.00 *(978-1-949483-39-0(8))* Strategic Book Publishing & Rights Agency (SBPRA).
Bug & Bugette: Thought Patrol. Peri Winkle. 2020. (ENG.). 24p. (J). 20.99 *(978-1-63221-439-3(3));* pap. 10.49 *(978-1-63221-438-6(5))* Salem Author Services.
Bug & the Bugs. Juliana O'Neill. Illus. by Lisa Graves. 2019. (Reading Stars Ser.). (ENG.). 28p. (J). (gr. -1-2). pap. 16.99 *(978-1-5324-1125-0(1))* Xist Publishing.
Bug & the Bugs. Juliana O'Neill. Illus. by Lisa Graves. 2019. (Reading Stars Ser.). (ENG.). 28p. (J). (gr. -1-2). 5.99 *(978-1-5324-1126-7(X))* Xist Publishing.
Bug Battle! C. Ines Mangual. Illus. by Patrick Spaziante. 2017. 20p. (J). *(978-1-5182-2750-9(3))* Random Hse., Inc.
Bug Battle! Cynthia Ines Mangual. ed. 2017. (Step into Reading Level 2 Ser.). lib. bdg. 14.75 *(978-0-606-39863-3(5))* Turtleback.
Bug Blonsky & His Swamp Scout Survival Guide. E. S. Redmond. Illus. by E. S. Redmond. 2021. (ENG.). 96p. (J). (gr. 1-4). 15.99 *(978-1-5362-0676-0(8))* Candlewick Pr.
Bug Blonsky & His Very Long List of Don'ts. E. S. Redmond. Illus. by E. S. Redmond. (ENG.). 80p. (J). (gr. 1-4). 2021. pap. 6.99 *(978-1-5362-1900-5(2));* 2018. (Illus.). 15.99 *(978-0-7636-8935-3(1))* Candlewick Pr.
Bug Bonanza! (Ada Twist, Scientist: Why Files #4) Andrea Beaty & Theanne Griffith. 2023. (Questioneers Ser.). (ENG., Illus.). 80p. (J). (gr. k-3). 12.99 *(978-1-4197-6555-1(8),* 1793801, Amulet Bks.) Abrams, Inc.
Bug Book. Sue Fliess. 2016. (Illus.). 32p. (J). (-k). bds. 4.99 *(978-0-448-48935-3(X),* Grosset & Dunlap) Penguin Young Readers Group.
Bug Boys: (a Graphic Novel) Laura Knetzger. 2020. (Bug Boys Ser.: 1). (Illus.). 272p. (J). (gr. 2-5). 13.99 *(978-1-9848-9676-6(8))* Penguin Random Hse. LLC.
Bug Boys: Adventures & Daydreams: (a Graphic Novel) Laura Knetzger. 2022. (Bug Boys Ser.: 3). 288p. (J). (gr. 2-5). 13.99 *(978-0-593-30952-0(9));* (ENG.). lib. bdg. 16.99 *(978-0-593-30953-7(7))* Penguin Random Hse. LLC.
Bug Boys: Outside & Beyond: (a Graphic Novel) Laura Knetzger. 2021. (Bug Boys Ser.: 2). (Illus.). 272p. (J). (gr. 2-5). 13.99 *(978-1-9848-9678-0(4))* Penguin Random Hse. LLC.
Bug Brigade. Matthew K. Manning. Illus. by Ethen Beavers. 2020. (Michael Dahl Presents: Side-Splitting Stories Ser.). (ENG.). 72p. (J). (gr. 3-6). pap. 5.95 *(978-1-4965-9207-1(7),* 142235); lib. bdg. 25.32 *(978-1-4965-8703-9(0),* 141437) Capstone. (Stone Arch Bks.).
Bug Brother. Pete Johnson. Illus. by Mike Gordon. 2019. 107p. (J). pap. 4.99 *(978-1-61067-742-4(0))* Kane Miller.
Bug Catchers. Megan Litwin. Illus. by Shauna Lynn Panczyszyn. 2023. (Dirt & Bugsy Ser.). 32p. (J). (gr. 1-2). 15.99 *(978-0-593-51992-9(2));* pap. 4.99 *(978-0-593-51991-2(4))* Penguin Young Readers Group. (Penguin Young Readers).
Bug City. Dahlov Ipcar. 2019. (Illus.). 32p. (J). (gr. -1-2). 17.95 *(978-1-62317-344-9(2))* North Atlantic Bks.
Bug Collector. Alex G. Griffiths. Illus. by Alex G. Griffiths. 2020. (ENG., Illus.). 32p. (J). (gr. -1-3). 17.99 *(978-1-5415-9634-4(X),* c260b1cb-9cec-4c11-a9b8-54508b040bbb) Lerner Publishing Group.
Bug Dipping, Bug Sipping. Marilyn Singer. ed. 2020. (Ready-To-Read Ser.). (ENG., Illus.). 30p. (J). (gr. k-1). 13.96 *(978-1-64697-482-5(4))* Penworthy Co., LLC, The.
Bug Encyclopedia. Meg Marquardt. 2022. (Science Encyclopedias Ser.). (ENG., Illus.). 192p. (J). (gr. 3-9). lib. bdg. 49.93 *(978-1-5321-9874-8(4),* 39527, Early Encyclopedias) ABDO Publishing Co.
Bug-Eyed Vulture People: The Lost. Elizabeth Densley & Dj Densley. 2018. (ENG., Illus.). 112p. (YA). pap. 12.95 *(978-1-64258-557-5(2))* Christian Faith Publishing.
Bug Girl. Benjamin Harper & Sarah Hines-Stephens. ed. 2018. (Bug Girl Ser.: 1). (J). lib. bdg. 19.65 *(978-0-606-41101-1(1))* Turtleback.
Bug Girl: A True Story. Sophia Spencer & Margaret McNamara. Illus. by Kerascoët. 2020. 44p. (J). (gr. -1-3). 17.99 *(978-0-525-64593-1(4),* Schwartz & Wade Bks.) Random Hse. Children's Bks.
Bug Girl: Maria Merian's Scientific Vision. Sarah Glenn Marsh. Illus. by Filippo Vanzo. 2019. (ENG.). 32p. (J). (gr. -1-3). 16.99 *(978-0-8075-9257-1(9),* 807592579) Whitman, Albert & Co.
Bug Identities: Weird Insects of the World! - Children's Biological Science of Insects & Spiders Books. Baby Iq Builder Books. 2016. (ENG., Illus.). (J). pap. 8.99 *(978-1-68374-686-7(4))* Examined Solutions PTE. Ltd.
Bug in the Bog. Jonathan Fenske. ed. 2021. (Ready-To-Read Ser.). (ENG., Illus.). 30p. (J). (gr. k-1). 13.96 *(978-1-64697-748-2(3))* Penworthy Co., LLC, The.
Bug in the Bog: Ready-To-Read Pre-Level 1. Jonathan Fenske. Illus. by Jonathan Fenske. 2020. (Ready-To-Read Ser.). (ENG., Illus.). 32p. (J). (gr. -1-k). 17.99 *(978-1-5344-7724-7(1));* pap. 4.99 *(978-1-5344-7723-0(3))* Simon Spotlight. (Simon Spotlight).
Bug Lab for Kids: Family-Friendly Activities for Exploring the Amazing World of Beetles, Butterflies, Spiders, & Other Arthropods. John W. Guyton. 2018. (Lab for Kids Ser.). (ENG., Illus.). 144p. (J). (gr. 2-5). pap. 24.99 *(978-1-63159-354-3(4),* 224927, Quarry Bks.) Quarto Publishing Group USA.
Bug Log Kids. DeAnna Ortiz Brandt & Daniel P. Brandt. 2017. (Nature Journals). (ENG., Illus.). 88p. (J). (gr. k-7). spiral bd. 11.95 *(978-1-59193-727-2(2),* Adventure Pubns.) AdventureKEEN.
Bug Me Not! Magma. Illus. by Maya Stepien. 2021. (Magma for Laurence King Ser.). (ENG.). (J). (gr. -1-2). 14.99 *(978-1-78627-659-9(3),* King, Laurence Publishing) Orion Publishing Group, Ltd. GBR. Dist: Hachette Bk. Group.
Bug Off. Shawnie Clark. Illus. by Makarand Desai. 2018. (ENG.). 36p. (J). (gr. k-6). 17.99 *(978-1-365-86169-7(4));* pap. 13.99 *(978-1-365-86171-0(6))* Lulu Pr., Inc.
Bug Off! Penelope Arlon et al. ed. 2018. (Scholastic Readers Ser.). (ENG.). 31p. (J). (gr. -1-1). 13.89 *(978-1-64310-604-5(X))* Penworthy Co., LLC, The.
Bug on the Rug. Marv Alinas. Illus. by Kathleen Petelinsek. 2018. (Rhyming Word Families Ser.). (ENG.). 24p. (J). (gr. -1-2). lib. bdg. 32.79 *(978-1-5038-2358-7(X),* 212193) Child's World, Inc, The.
Bug on the Rug. Sophia Gholz. Illus. by Susan Batori. 2022. (ENG.). 40p. (J). (gr. k-3). 17.99 *(978-1-5341-1147-9(6),* 205253) Sleeping Bear Pr.
Bug Out Mazes to Entertain Mazes 8 Year Old Edition. Creative Playbooks. 2016. (ENG., Illus.). (J). pap. 7.74 *(978-1-68323-044-1(2))* Twin Flame Productions.
Bug Patrol, 8 vols. 2022. (Bug Patrol Ser.). (ENG.). 24p. (J). (gr. 1-2). lib. bdg. 104.92 *(978-1-5345-4236-5(1),* f616b095-522b-4eef-92c4-c1bd0271e2ff, KidHaven Publishing) Greenhaven Publishing LLC.
Bug Patrol. Emilie DuFresne. 2022. (Bug Patrol Ser.). (ENG.). 24p. (J). pap. 35.00 *(978-1-5345-4272-3(8),* KidHaven Publishing) Greenhaven Publishing LLC.
Bug Rescuer. Amy Cobb. Illus. by Alexandria Neonakis. 2017. (Libby Wimbley Ser.). (ENG.). 32p. (J). (gr. -1-3). lib. bdg. 32.79 *(978-1-5321-3024-3(4),* 25526, Calico Chapter Bks) Magic Wagon.
Bug Robot. Q. E. B. QEB Publishing. 2022. (Reading Gems Phonics Ser.). (ENG., Illus.). 32p. (J). (gr. -1-2). pap. 9.99 *(978-0-7112-7309-2(X),* 2b6a2896-123a-4172-941e-61a18bb4e6ce); lib. bdg. 27.99 *(978-0-7112-7157-9(7),* 4e3567be-28e5-4843-891e-1c55660cd052) QEB Publishing Inc.
Bug Sandwich. Brady Smith. Illus. by Brady Smith. 2023. (Illus.). 32p. (J). (gr. -1-2). 19.99 *(978-0-593-46174-7(6),* Nancy Paulsen Books) Penguin Young Readers Group.
Bug Slug Soup. Mike Dixon. Illus. by Cathryn John. (ENG.). 28p. (J). 2019. pap. 13.99 ***(978-0-9781980-2-2(6))***; 2017. 18.99 ***(978-1-64008-674-6(9))*** Primedia eLaunch LLC.
Bug Team Alpha, 6 vols. Laurie S. Sutton. Illus. by Patricio Clarey. 2018. (Bug Team Alpha Ser.). (ENG.). 112p. (J). (gr. 3-6). 159.90 *(978-1-4965-5972-2(X),* 27621, Stone Arch Bks.) Capstone.
Bug Trouble! (Disney/Pixar Lightyear) Steve Behling. Illus. by Disney Storybook Disney Storybook Art Team. 2023. (Step into Reading Ser.). (ENG.). 24p. (J). (gr. -1-1). 14.99 *(978-0-7364-9033-7(7));* 5.99 *(978-0-7364-4363-0(0))* Random Hse. Children's Bks. (RH/Disney).
Bug Wars. Lindsy O'Brien et al. 2016. (Bug Wars Ser.). (ENG., Illus.). 32p. (J). (gr. 3-9). 122.60 *(978-1-4914-8080-9(7),* 23973, Capstone Pr.) Capstone.
Bug with Lay-Down Seats. John Mohn. Ed. by Chris Mohn. 2022. (ENG.). 456p. (C). pap. ***(978-1-7948-5443-7(6))*** Lulu Pr., Inc.
Bug World: A 3-D Pop-up Book. Thomas Nelson. Illus. by Julius Csotonyi. 2022. (Pop-Up World Ser.). (ENG.). 24p. (J). 29.95 *(978-1-64643-198-4(7),* Applesauce Pr.) Cider Mill Pr. Bk. Pubs., LLC.
Bugatti. Jennifer Colby. 2022. (Floored! Supercars Ser.). (ENG., Illus.). 32p. (J). (gr. 4-8). pap. 14.21 *(978-1-6689-1112-9(4),* 221057); lib. bdg. 32.07 *(978-1-6689-0952-2(9),* 220919) Cherry Lake Publishing. (45th Parallel Press).
Bugatti Chiron. Julia Garstecki & Andrew Derkovitz. 2019. (Epic Cars Ser.). (ENG.). 32p. (J). (gr. 4-6). pap. 9.99 *(978-1-64466-032-4(6),* 12717); (Illus.). lib. bdg. *(978-1-68072-833-0(4),* 12716) Black Rabbit Bks. (Bolt).
Bugatti Chiron. Julia Garstecki & Andrew Derkovitz. 2019. (Coches épicos Ser.). (SPA., Illus.). 32p. (J). (gr. 4-6). *(978-1-62310-210-4(3),* 12876, Bolt) Black Rabbit Bks.
Bugatti Chiron. Emily Rose Oachs. 2018. (Car Crazy Ser.). (ENG., Illus.). 24p. (J). (gr. 3-7). lib. bdg. 26.95 *(978-1-62617-777-2(5),* Torque Bks.) Bellwether Media.
Bugatti Veyron. Megan Durkin. 2019. (Ultimate Supercars Ser.). (ENG., Illus.). 32p. (J). (gr. 3-3). pap. 9.95 *(978-1-64494-232-1(1),* 1644942321) Bigfoot Bks. GBR. Dist: North Star Editions.
Bugatti Veyron. Julie Murray. 2019. (Car Stars Ser.). (ENG.). 24p. (J). (gr. k-4). lib. bdg. 31.36 *(978-1-5321-2913-1(0),* 33108, Abdo Zoom-Dash) ABDO Publishing Co.
Bugblock (an Abrams Block Book) Christopher Franceschelli. Illus. by Peski Studio. 2023. (Abrams Block Book Ser.). (ENG.). 84p. (J). (gr. -1 — 1). bds. 17.99 *(978-1-4197-6062-4(9),* 1766810, Abrams Appleseed) Abrams, Inc.
Bugg-A-Boo & Friends. Rebecca Chiffelle-Yancy. Illus. by Katya Nichols. 2021. (ENG.). 32p. (J). pap. 8.99 *(978-1-63901-580-1(9))* Primedia eLaunch LLC.
Bugged (Science Fiction), 1 vol. Janet Lorimer. 2017. (Pageturners Ser.). (ENG.). 80p. (YA). (gr. 9-12). 10.75 *(978-1-68021-393-5(8))* Saddleback Educational Publishing, Inc.
Buggin' Out! MacKenzie Cadenhead & Sean Ryan. Illus. by Derek Laufman. 2019. (Marvel Super Hero Adventures Ser.). (ENG.). 80p. (J). (gr. 1-5). lib. bdg. 31.36 *(978-1-5321-4312-0(5),* 31842, Chapter Bks.) Spotlight.
Buggin' Out! MacKenzie Cadenhead. ed. 2018. (Marvel Super Hero Adventures Early Chapter Bks.). (J). lib. bdg. 14.75 *(978-0-606-40978-0(5))* Turtleback.
Bugging a Bug. Jc Sykes. 2020. (ENG., Illus.). 30p. (J). 28.47 *(978-1-0878-7279-7(0))* Indy Pub.
Bugle Call: Or, a Summons to Work in Christ's Army (Classic Reprint) Unknown Author. 2018. (ENG., Illus.). 164p. (J). 27.28 *(978-0-332-12242-7(5))* Forgotten Bks.
Bugles of Gettysburg (Classic Reprint) LaSalle Corbell Pickett. 2018. (ENG., Illus.). 168p. (J). 27.38 *(978-0-365-46562-1(3))* Forgotten Bks.
Bugley & the Valley of the Incas. David Bosworth. 2018. (ENG.). 130p. (J). pap. *(978-0-473-39920-7(2))* Bosworth Publishing.
Bugnificent! Anna-Maria McLean. 2022. (ENG.). 48p. (J). pap. ***(978-1-3984-4869-8(9))*** Austin Macauley Pubs. Ltd.
Bugricks. Dom Salute. 2016. (ENG., Illus.). (J). 24.95 *(978-1-68197-827-7(X));* pap. 12.95 *(978-1-68197-825-3(3))* Christian Faith Publishing.
Bugs. Tangina Ann. 2017. (ENG., Illus.). 52p. (J). pap. *(978-1-387-07087-9(8))* Lulu Pr., Inc.
Bugs! Nick Forshaw. Illus. by William Exley. 2018. (Explorer Ser.). (ENG.). 46p. (J). (gr. 1-5). 14.95 *(978-0-9955770-6-0(4))* What on Earth Bks GBR. Dist: Ingram Publisher Services.
Bugs. Miles Kelly. Ed. by Richard Kelly. 2017. (Illus.). 384p. (J). pap. 12.95 *(978-1-78209-445-6(8))* Miles Kelly Publishing, Ltd. GBR. Dist: Parkwest Pubns., Inc.
Bugs. Carol Lawrence. Illus. by Amy Zhing. 2019. (Baby Explorer Ser.). (ENG.). 24p. (J). (gr. -1 — 1). bds. 6.99 *(978-0-8075-0522-9(6),* 807505226) Whitman, Albert & Co.
Bugs. Jennifer Liss. 2023. (White Lightning Mysteries Ser.). (ENG.). 80p. (J). (gr. 6-8). pap. 10.95 ***(978-1-63889-208-3(3))*** Saddleback Educational Publishing, Inc.
Bugs. Anne O'Daly. 2023. (Animal Detectives Ser.). (ENG.). 24p. (J). (gr. 2-4). pap. 10.99 *(978-1-78121-558-6(8),* 16408) Black Rabbit Bks.
Bugs. Anne O'Daly. 2020. (Animal Detectives Ser.). (ENG.). 24p. (J). (gr. 2-4). 29.95 *(978-1-78121-448-0(4),* 16402) Brown Bear Bks.
Bugs. Grace Ramsey. 2018. (Weird, True Facts Ser.). (ENG., Illus.). 32p. (J). (gr. 4-8). pap. 9.95 *(978-1-64156-616-2(7),* 9781641566162) Rourke Educational Media.
Bugs. Kathryn Senior. 2016. (Wise Up Ser.). 32p. (J). (gr. 2-6). 31.35 *(978-1-62588-337-7(4),* Smart Apple Media) Black Rabbit Bks.
Bugs: A Children's Bug & Insect Book Filled with a Variety of Pictures. Bold Kids. 2022. (ENG.). 54p. (J). pap. 14.99 *(978-1-0717-0846-0(5))* FASTLANE LLC.
Bugs: Exploring the World of Crawly Critters. Shirley Raines. 2023. (ENG.). 32p. (J). (gr. k-2). 12.99 *(978-1-4867-2702-5(6),* cf3d72d8-2143-4c96-a85f-f7b1e776d286); pap. 9.99 *(978-1-4867-2630-1(5),* 0a180064-630a-4c53-8e81-471a02ecfd82) Flowerpot Pr.
Bugs: Your Guide to the World of Mini Beasts. Camilla De la Bédoyère. Ed. by Richard Kelly. 2017. (Illus.). 128p. (J). pap. 15.95 *(978-1-78209-762-4(7))* Miles Kelly Publishing, Ltd. GBR. Dist: Parkwest Pubns., Inc.
Bugs (a Day in the Life) What Do Bees, Ants, & Dragonflies Get up to All Day? Jessica L. Ware & Neon Squid. Illus. by Chaaya Prabhat. 2022. (Day in the Life Ser.). (ENG.). 48p. (J). 16.99 *(978-1-68449-211-4(4),* 900251274) St. Martin's Pr.
Bugs & Insects: Cute & Funny Coloring Book for Kids Ages +4, Coloring Activity Book for Toddlers/Preschoolers & Kindergarten. Ariadne Rushford. 2021. (ENG.). 42p. (J). pap. *(978-0-356-30692-6(5))* Green Submarine Ltd.
Bugs & Insects Coloring Book for Adults: Cute & Funny Insect & Bugs Coloring Book Designs for Adults. Elli Steele. 2021. (ENG.). 94p. (YA). pap. 9.75 *(978-1-716-23524-5(3))* Lulu Pr., Inc.
Bugs & Spiders Are My Favorite! Boys Coloring Books 8-10. Educando Kids. 2019. (ENG.). 42p. (J). pap. 6.99 *(978-1-64521-037-5(5),* Educando Kids) Editorial Imagen.
Bugs & Us. Contrib. by Patricia J. Murphy. 2023. (DK Super Readers Ser.). (ENG., Illus.). 32p. (J). (gr. 2-4). pap. 4.99 *(978-0-7440-7251-8(4),* DK Children) Dorling Kindersley Publishing, Inc.
Bugs at the Beach: Ready-To-Read Level 1. David A. Carter. Illus. by David A. Carter. 2016. (David Carter's Bugs Ser.). (ENG., Illus.). 24p. (J). (gr. -1-1). pap. 4.99 *(978-1-4814-4050-9(0),* Simon Spotlight) Simon Spotlight.
Bugs (Be an Expert!) (Library Edition) Erin Kelly. 2020. (Be an Expert! Ser.). (ENG., Illus.). 24p. (J). (gr. -1-k). pap. 5.99 *(978-1-5461-0056-0(3),* Children's Pr.) Scholastic Library Publishing.
Bugs! Bugs! Bugs! Contrib. by Jennifer Dussling. 2023. (DK Super Readers Ser.). (ENG., Illus.). 32p. (J). (gr. 3-5). pap. 4.99 *(978-0-7440-7202-0(6),* DK Children) Dorling Kindersley Publishing, Inc.

B

Bugs! Bugs! Bugs! (Bug Books for Kids, Nonfiction Kids Books) Bob Barner. 2017. (ENG., Illus.). 32p. (J). pap. 7.99 *(978-1-4521-6137-2(2))* Chronicle Bks. LLC.

Bugs! Bugs! Bugs! Deadly Spiders - Spiders for Kids - Children's Biological Science of Insects & Spiders Books. Baby Iq Builder Books. 2016. (ENG., Illus.). (J). pap. 8.99 *(978-1-68374-687-4(2))* Examined Solutions PTE. Ltd.

Bugs Bunny, Stowaway (Classic Reprint) Justine Korman. 2017. (ENG., Illus.). (J). 24.52 *(978-0-331-80965-7(6))*; pap. 7.97 *(978-0-282-36346-8(7))* Forgotten Bks.

Bugs Bunny's Birthday (Looney Tunes) Elizabeth Beecher. Illus. by Ralph Heimdahl & Al Dempster. 2021. (Little Golden Book Ser.). (ENG.). 24p. (J). (-k). 5.99 *(978-0-593-38241-7(2),* Golden Bks.) Random Hse. Children's Bks.

Bugs Don't Hug: Six-Legged Parents & Their Kids. Heather L. Montgomery. Illus. by Stephen STONE. 2018. 32p. (J). (gr. -1-2). lib. bdg. 14.99 *(978-1-58089-816-4(5))* Charlesbridge Publishing, Inc.

Bugs Everywhere. Lily Murray. Illus. by Britta Teckentrup. 2020. (ENG.). 32p. (J). (gr. 1-4). 16.99 *(978-1-5362-1042-2(0),* Big Picture Press) Candlewick Pr.

Bugs for Breakfast: How Eating Insects Could Help Save the Planet. Mary Boone. 2021. (ENG., Illus.). 208p. (J). (gr. 4-7). pap. 14.99 *(978-1-64160-538-0(3))* Chicago Review Pr., Inc.

Bugs from Head to Tail. Stacey Roderick. Illus. by Kwanchai Moriya. 2017. (Head to Tail Ser.). (ENG.). 36p. (J). (gr. -1-2). 16.99 *(978-1-77138-729-3(7))* Kids Can Pr., Ltd. CAN. Dist: Hachette Bk. Group.

Bugs Go Marching. Rozanne Williams. 2017. (Learn-To-Read Ser.). (ENG., Illus.). (J). pap. 3.49 *(978-1-68310-227-4(4))* Pacific Learning, Inc.

Bugs in Danger: Our Vanishing Bees, Butterflies, & Beetles. Mark Kurlansky. Illus. by Jia Liu. 2019. (ENG.). 176p. (J). 19.99 *(978-1-5476-0085-4(3),* 900198112, Bloomsbury Children's Bks.) Bloomsbury Publishing USA.

Bugs in My Backyard for Kids: Storybook, Insect Facts, & Activities (Let's Learn about Bugs & Animals) Beth Costanzo. 2021. (ENG.). 26p. (J). pap. 6.99 *(978-1-0879-9048-4(3))* Adventures of Scuba Jack Pubs., The.

Bugs in My Backyard (Set), 8 vols. Julia Jaske. 2022. (Bugs in My Backyard Ser.). (ENG., Illus.). 16p. (J). (gr. -1-2). pap., pap., pap. 90.86 *(978-1-5341-9844-9(X),* 220049, Cherry Blossom Press) Cherry Lake Publishing.

Bugs in My Breakfast. Julie Smith. annot. ed. 2016. (ENG., Illus.). (J). pap. 12.99 *(978-1-68197-746-1(X))* Christian Faith Publishing.

Bugs IR. 2017. (Young Beginners Ser.). (ENG.). (J). 4.99 *(978-0-7945-3789-0(8),* Usborne) EDC Publishing.

Bugs I've Met Through the Alphabet. Amy Tietjen. Illus. by Seth Fitts. 2018. (ENG.). 32p. (J). pap. 16.95 *(978-1-942766-49-0(1))* Vabella Publishing.

Bug's Journey: A Story for All Ages. Merrijo Wheaton & George Wheaton. 2023. (Illus.). 42p. (J). pap. 14.95 ***(978-1-6678-4710-8(4))*** BookBaby.

Bug's Life. Barbara Bazaldua. Illus. by Inc. Three-Thirty. 2020. (Disney & Pixar Movies Ser.). (ENG.). 48p. (J). (gr. 2-6). lib. bdg. 32.79 *(978-1-5321-4545-2(4),* 35192, Graphic Novels) Spotlight.

Bugs of the World: 250 Creepy-Crawly Creatures from Around Planet Earth. Francesco Tomasinelli. Illus. by Yumenokaori. 2020. (ENG.). 176p. (J). (gr. 1-5). 24.99 *(978-0-7624-6896-6(3),* Black Dog & Leventhal Pubs. Inc.) Running Pr.

Bugs (Set Of 8) Trudy Becker. 2023. (Bugs Ser.). (ENG., Illus.). 8p. (J). (gr. 1-2). pap. 71.60 *(978-1-63739-483-0(7))*; lib. bdg. 228.00 *(978-1-63739-446-5(2))* North Star Editions. (Focus Readers).

Bugs That Make Your Computer Crawl: What Are Computer Bugs? Brian P. Cleary. Illus. by Martin Goneau. 2019. (Coding Is CATegorical (tm) Ser.). (ENG.). 24p. (J). (gr. k-3). pap. 8.99 *(978-1-5415-4560-1(5),* 3b587978-7705-4d59-a719-eccb7c4693c3); 27.99 *(978-1-5415-3309-7(7),* bbcc1ea5-4c06-42f4-bc5c-10e0918dfa9f) Lerner Publishing Group. (Millbrook Pr.).

Bugs up Close! Set, 14 vols. 2019. (Bugs up Close! Ser.). (ENG.). 24p. (J). (gr. 1-2). lib. bdg. 176.89 *(978-1-7253-1195-4(X),* 3c8a477b-7d77-4908-9d32-033f2e7bcb1e, PowerKids Pr.) Rosen Publishing Group, Inc., The.

Bugsy Wugsy. Patty Davidson. Illus. by Abira Das. 2021. (ENG.). 24p. (J). pap. 11.99 *(978-1-954004-18-4(4))* Pen It Pubns.

Buhito Saca Sus Brios: (Little Hoo Gets the Wiggles Out) Brenda Ponnay. Illus. by Brenda Ponnay. 2020. (Little Hoo Ser.). (ENG., Illus.). 32p. (J). (gr. k-1). pap. 12.99 *(978-1-5324-1348-3(3))* Xist Publishing.

Buhito Saca Sus Brios: (Little Hoo Gets the Wiggles Out) Brenda Ponnay. Illus. by Brenda Ponnay. 2020. (Little Hoo Ser.). (ENG., Illus.). 32p. (J). (gr. k-1). 12.99 *(978-1-5324-1349-0(1))* Xist Publishing.

Búho. Valerie Bodden. 2021. (Planeta Animal Ser.). (SPA.). 24p. (J). (gr. 1-4). lib. bdg. 31.99 *(978-1-64026-470-0(1),* 17726) Creative Co., The.

Búho Nival (Snowy Owl) Grace Hansen. 2021. (Animales Del Ártico (Arctic Animals) Ser.). (SPA.). 24p. (J). (gr. -1-2). lib. bdg. 32.79 *(978-1-0982-0429-7(8),* 35348, Abdo Kids) ABDO Publishing Co.

Búho (Owls) Wendy Strobel Dieker. 2017. (Spot Backyard Animals Ser.). (ENG & SPA., Illus.). 16p. (J). (gr. k-3). 17.95 *(978-1-68151-274-7(2),* Amicus Readers) Amicus Learning.

Búhos. Julie Murray. 2017. (¡Me Gustan Los Animales! (I Like Animals! Set 2) Ser.).Tr. of Owls. (SPA.). 24p. (J). (gr. -1-2). lib. bdg. 31.36 *(978-1-5321-0182-3(1),* 25190, Abdo Kids) ABDO Publishing Co.

Build! Red Nose Studio. 2022. (Illus.). 40p. (J). (gr. -1-2). 17.99 *(978-0-593-37611-9(0))*; (ENG., lib. bdg. 20.99 *(978-0-593-37612-6(9))* Random Hse. Children's Bks. (Schwartz & Wade Bks.).

Build-A-Bug. Sara Ball. 2022. (ENG., Illus.). 11p. (J). (gr. -1 — 1). bds. 17.95 *(978-0-7892-1428-7(8),* 791428, Abbeville Kids) Abbeville Pr., Inc.

Build a Castle. Paul Farrell. 2020. (ENG., Illus.). 64p. (J). (-k). 19.95 *(978-1-84365-446-9(6),* Pavilion Children's Books) Pavilion Bks. GBR. Dist: HarperCollins Pubs.

Build a City. Anne Rooney. ed. 2020. (Minecraft STEM Challenge Ser.). (ENG.). 64p. (J). (gr. 4-5). 22.96 *(978-1-64697-131-2(0))* Penworthy Co., LLC, The.

Build a House. Rhiannon Giddens. Illus. by Monica Mikai. 2022. (ENG.). 40p. (J). (gr. 2-5). 17.99 *(978-1-5362-2252-4(6))* Candlewick Pr.

Build a Roller Coaster! & More Engineering Challenges. Megan Borgert-Spaniol. 2020. (Super Simple Makerspace STEAM Challenge Ser.). (ENG., Illus.). 32p. (J). (gr. k-4). lib. bdg. 34.21 *(978-1-5321-9434-4(X),* 36623, Super SandCastle) ABDO Publishing Co.

Build a Skyscraper. Paul Farrell. 2020. (ENG., Illus.). 64p. (J). (-k). 19.95 *(978-1-84365-474-2(1),* Pavilion Children's Books) Pavilion Bks. GBR. Dist: HarperCollins Pubs.

Build-A-Story Cards: Community Helpers. Barefoot Books. Illus. by Sophie Fatus. 2019. (Barefoot Books Build-A-Story Cards Ser.). (ENG.). 36p. (J). (gr. k-5). 12.99 *(978-1-78285-740-2(0))* Barefoot Bks., Inc.

Build-A-Story Cards: Magical Castle. Barefoot Books. Illus. by Miriam Latimer. 2018. (Barefoot Books Build-A-Story Cards Ser.). (ENG.). 36p. (J). (gr. k-5). 12.99 *(978-1-78285-383-1(9))* Barefoot Bks., Inc.

Build-A-Story Cards: Space Quest. Barefoot Books. Illus. by Christiane Engel. 2020. (Barefoot Books Build-A-Story Cards Ser.). (ENG.). 36p. (J). (gr. k-5). 12.99 ***(978-1-78285-934-5(9))*** Barefoot Bks., Inc.

Build a Theme Park. Anne Rooney. ed. 2020. (Minecraft STEM Challenge Ser.). (ENG.). 64p. (J). (gr. 4-5). 22.96 *(978-1-64697-132-9(9))* Penworthy Co., LLC, The.

Build a Website (Rookie Get Ready to Code) (Library Edition) Marcie Flinchum Atkins. 2019. (Rookie Get Ready to Code Ser.). (ENG., Illus.). 32p. (J). (gr. 1-2). lib. bdg. 25.00 *(978-0-531-13226-5(9),* Children's Pr.) Scholastic Library Publishing.

Build & Play Santa's Workshop. Robyn Gale. Illus. by Sarah Wade. 2023. (ENG.). 32p. (J). (gr. -1-k). pap. 16.99 ***(978-1-80105-645-8(5))*** Top That! Publishing PLC GBR. Dist: Independent Pubs. Group.

Build, Beaver, Build! Life at the Longest Beaver Dam. Sandra Markle. Illus. by Deborah Hocking. ed. 2016. (ENG.). 32p. (J). (gr. k-3). E-Book 39.99 *(978-1-4677-9725-2(1),* Millbrook Pr.) Lerner Publishing Group.

Build Buzz-Worthy Video Blogs: 4D an Augmented Reading Experience. Thomas Kingsley Troupe. 2019. (Make a Movie! 4D Ser.). (ENG., Illus.). 48p. (J). (gr. 3-5). lib. bdg. 33.99 *(978-1-5435-4010-9(4),* 139044) Capstone.

Build Higher. Aj Reisman. Illus. by Soukina Abou Khalil. (ENG.). 42p. (J). 2021. pap. 12.10 *(978-1-6629-0630-5(7))*; 2020. 20.00 *(978-1-6629-0629-9(3))* Gatekeeper Pr.

Build It! Dinosaurs. Jennifer Kemmeter. ed. 2018. (Build It! Ser.). (ENG.). (J). (gr. k-1). 25.96 *(978-1-64310-265-8(6))* Penworthy Co., LLC, The.

Build It! Make Supercool Models with Your LEGO(r) Classic Set, 3. Jennifer Kemmeter. 2016. (Brick Bks.: 3). (ENG., Illus.). 86p. (J). (gr. k-3). pap. 16.99 *(978-1-943328-82-6(X),* Graphic Arts Bks.) West Margin Pr.

Build It! Medieval World. Jennifer Kemmeter. 2019. (Build It! Ser.). (ENG.). 111p. (J). (gr. k-1). 26.96 *(978-0-87617-428-9(4))* Penworthy Co., LLC, The.

Build It! Monsters. Kemmeter Jennifer. 2019. (Build It! Ser.). (ENG.). 94p. (J). (gr. k-1). 26.96 *(978-0-87617-426-5(8))* Penworthy Co., LLC, The.

Build It! Race Cars. Jennifer Kemmeter. 2019. (Build It! Ser.). (ENG.). 87p. (J). (gr. k-1). 26.96 *(978-0-87617-427-2(6))* Penworthy Co., LLC, The.

Build It! Sea Life. Jennifer Kemmeter. ed. 2018. (Build It! Ser.). (ENG.). (J). (gr. k-1). 25.96 *(978-1-64310-266-5(4))* Penworthy Co., LLC, The.

Build It! Trains. Jennifer Kemmeter. ed. 2018. (Build It! Ser.). (ENG.). (J). (gr. k-1). 25.96 *(978-1-64310-267-2(2))* Penworthy Co., LLC, The.

Build It! Wild West. Kemmeter Jennifer. 2019. (Build It! Ser.). (ENG.). 96p. (J). (gr. k-1). 26.96 *(978-0-87617-425-8(X))* Penworthy Co., LLC, The.

Build It! Christmas. Jennifer Kemmeter. ed. 2021. (Build It! Ser.). (ENG., Illus.). 83p. (J). (gr. k-1). 30.46 *(978-1-68505-042-9(5))* Penworthy Co., LLC, The.

Build It! Christmas: Make Supercool Models with Your Favorite LEGO(r) Parts. Jennifer Kemmeter. 2021. (Brick Bks.: 17). (ENG., Illus.). 86p. (J). (gr. k-3). pap. 19.99 *(978-1-5132-1864-9(6),* Graphic Arts Bks.) West Margin Pr.

Build It! Dinosaurs: Make Supercool Models with Your Favorite LEGO(r) Parts. Jennifer Kemmeter. 2018. (Brick Bks.: 10). (ENG., Illus.). 100p. (J). (gr. k). 32.99 *(978-1-5132-6111-9(8))*; pap. 17.99 *(978-1-5132-6110-2(X))* West Margin Pr. (Graphic Arts Bks.).

Build It: Dragon, 7 vols. Deborah Kespert. 2018. (Y Ser.). (ENG.). 16p. (J). (gr. 2-7). 17.95 *(978-1-78312-302-5(8))* Carlton Kids GBR. Dist: Two Rivers Distribution.

Build It! Farm Animals: Make Supercool Models with Your Favorite LEGO(r) Parts. Jennifer Kemmeter. 2017. (Brick Bks.: 8). (ENG., Illus.). 86p. (J). (gr. -1-2). 32.99 *(978-1-5132-6085-3(5))*; pap. 16.99 *(978-1-5132-6082-2(0))* West Margin Pr. (Graphic Arts Bks.).

Build It! Jump It! Larry Dane Brimner. ed. 2022. (Acorn Early Readers Ser.). (ENG.). 42p. (J). (gr. k-1). 15.96 ***(978-1-68505-505-9(2))*** Penworthy Co., LLC, The.

Build It! Jump It!: an Acorn Book (Racing Ace #2) Larry Dane Brimner. Illus. by Kaylani Juanita. 2022. (Racing Ace Ser.). (ENG.). 48p. (J). (gr. -1-1). 23.99 *(978-1-338-55381-9(X))*; pap. 4.99 *(978-1-338-55380-2(1))* Scholastic, Inc.

Build It! Make It! Makerspace Models. Build Anything from a Water Powered Rocket to Working Robots to Become a Super Engineer. Rob Ives. 2020. (ENG., Illus.). 96p. (J). 19.99 *(978-1-913440-44-2(3),* 5807ec9b-6d77-4017-b14c-348e40a1e8d2, Beetle Bks.) Hungry Tomato Ltd. GBR. Dist: Baker & Taylor Publisher Services (BTPS).

Build It! Make It! Mini Battle Machines: Makerspace Models. Build Your Own Catapults, Siege Tower, Crossbow, & So Much More! Rob Ives. Illus. by John Paul de Quay. 2021. (ENG.). 96p. (J). 19.99 *(978-1-913440-96-1(6),* 7eb05d38-85fd-465d-81bd-da0fc6c999f9, Beetle Bks.) Hungry Tomato Ltd. GBR. Dist: Baker & Taylor Publisher Services (BTPS).

Build It! Monsters: Make Supercool Models with Your Favorite LEGO(r) Parts. Jennifer Kemmeter. 2019. (Brick Bks.: 16). (ENG.). 96p. (J). (gr. -1-2). 32.99 *(978-1-5132-6212-3(2))*; pap. 17.99 *(978-1-5132-6208-6(4))* West Margin Pr. (Graphic Arts Bks.).

Build It! Race Cars: Make Supercool Models with Your Favorite LEGO(r) Parts. Jennifer Kemmeter. 2018. (Brick Bks.: 14). (ENG., Illus.). 90p. (J). (gr. k-3). pap. 16.99 *(978-1-5132-6170-6(3),* Graphic Arts Bks.) West Margin Pr.

Build It! Robots: Make Supercool Models with Your Favorite LEGO(r) Parts. Jennifer Kemmeter. 2017. (Brick Bks.: 9). (ENG., Illus.). 86p. (J). (gr. -1-2). 32.99 *(978-1-5132-6087-7(1))*; pap. 16.99 *(978-1-5132-6083-9(9))* West Margin Pr. (Graphic Arts Bks.).

Build It! Sea Life: Make Supercool Models with Your Favorite LEGO(r) Parts. Jennifer Kemmeter. 2018. (Brick Bks.: 11). (ENG., Illus.). 108p. (J). 32.99 *(978-1-5132-6117-1(7))*; pap. 17.99 *(978-1-5132-6116-4(9))* West Margin Pr. (Graphic Arts Bks.).

Build It! Things That Float: Make Supercool Models with Your Favorite LEGO(r) Parts. Jennifer Kemmeter. 2017. (Brick Bks.: 5). (ENG.). 84p. (J). (gr. k-3). 32.99 *(978-1-5132-6057-0(X),* Graphic Arts Bks.) West Margin Pr.

Build It! Things That Fly: Make Supercool Models with Your Favorite LEGO(r) Parts. Jennifer Kemmeter. 2017. (Brick Bks.: 6). (ENG.). 82p. (J). (gr. k-3). 32.99 *(978-1-5132-6054-9(5),* Graphic Arts Bks.) West Margin Pr.

Build It! Things That Go: Make Supercool Models with Your Favorite LEGO(r) Parts. Jennifer Kemmeter. 2017. (Brick Bks.: 7). (ENG.). 92p. (J). (gr. k-3). 32.99 *(978-1-5132-6060-0(X),* Graphic Arts Bks.) West Margin Pr.

Build It! Trains: Make Supercool Models with Your Favorite LEGO(r) Parts. Jennifer Kemmeter. 2018. (Brick Bks.: 12). (ENG., Illus.). 102p. (J). (gr. k-3). 32.99 *(978-1-5132-6114-0(2))*; pap. 17.99 *(978-1-5132-6113-3(4))* West Margin Pr. (Graphic Arts Bks.).

Build It! Volume 3: Make Supercool Models with Your LEGO(r) Classic Set. Jennifer Kemmeter. 2016. (Brick Bks.: 3). (ENG., Illus.). 86p. (J). 32.99 *(978-1-5132-6044-0(8),* Graphic Arts Bks.) West Margin Pr.

Build It! Wild West: Make Supercool Models with Your Favorite LEGO(r) Parts. Jennifer Kemmeter. 2019. (Brick Bks.: 15). (ENG.). 98p. (J). (gr. -1-2). 32.99 *(978-1-5132-6209-3(2))*; pap. 17.99 *(978-1-5132-6211-6(4))* West Margin Pr. (Graphic Arts Bks.).

Build It, Win It!: an AFK Book (ROBLOX) (Media Tie-In) Dynamo. ed. 2022. (ENG., Illus.). 144p. (J). (gr. 2-5). pap. 9.99 *(978-1-338-72678-7(1))* Scholastic, Inc.

Build It! World Landmarks: Make Supercool Models with Your Favorite LEGO(r) Parts. Jennifer Kemmeter. 2016. (Brick Bks.: 4). (ENG., Illus.). 70p. (J). 32.99 *(978-1-5132-6045-7(6))*; pap. 16.99 *(978-1-943328-83-3(8))* West Margin Pr. (Graphic Arts Bks.).

Build It Yourself, 4 vols., Set. Tammy Enz. Incl. Build Your Own Mini Golf Course, Lemonade Stand, & Other Things to Do. (ENG.). 32p. (J). (gr. 3-9). 2010. lib. bdg. 28.65 *(978-1-4296-5438-8(4),* 113850, Capstone Pr.); (Build It Yourself Ser.). (ENG.). 32p. 2010. 85.95 *(978-1-4296-5440-1(6),* 170566, Capstone Pr.) Capstone.

Build Love What You Do Matters. Paula Henry. 2018. (ENG., Illus.). 36p. (J). (gr. k-6). pap. 12.95 *(978-0-9893405-6-4(2))* How 2 Creative Services.

Build My World: The Shops of Brickingdon. Peter Goodwin. 2018. (ENG., Illus.). 126p. (J). pap. *(978-1-912694-13-6(1))* Spiderwize.

Build My World: The Streets of Brickingdon. Peter Goodwin. 2016. (Build My World Ser.). (ENG., Illus.). 122p. (J). pap. *(978-1-911113-87-4(9))* Spiderwize.

Build the Robot. Steve Parker. 2016. (Build The Ser.). (ENG., Illus.). 32p. (J). (gr. 3-7). pap. 19.95 *(978-1-62686-488-7(8),* Silver Dolphin Bks.) Printers Row Publishing Group.

Build the Train. Philip Steele. Illus. by Gregor Forster. 2020. (Build The Ser.). (ENG.). 32p. (J). (gr. 3-7). pap. 19.99 *(978-1-68412-337-7(2),* Silver Dolphin Bks.) Printers Row Publishing Group.

Build the Unicorn. Nancy Dickmann. Illus. by Vanessa Port. 2022. (Build The Ser.). (ENG.). 32p. (J). (gr. 1-3). pap. 19.99 *(978-1-64517-538-4(3),* Silver Dolphin Bks.) Printers Row Publishing Group.

Build Trust & Respect with Your Significant Other Activity Book. Activibooks. 2016. (ENG., Illus.). (J). pap. 10.81 *(978-1-68321-180-8(4))* Mimaxion.

Build Your Algorithm Skills, 1 vol. Christopher Harris. Illus. by Joel Gennari. 2019. (Unplugged Activities for Future Coders Ser.). (ENG.). 48p. (gr. 5-5). 29.60 *(978-1-9785-1074-6(8),* 7cf87436-bd38-4f60-b4df-e72e61671656) Enslow Publishing, LLC.

Build Your Business. Melissa Higgins et al. 2017. (Build Your Business Ser.). (ENG.). 32p. (J). (gr. 3-9). 122.60 *(978-1-5157-6705-3(1),* 26540, Capstone Pr.) Capstone.

Build Your Computational Thinking Skills, 1 vol. Christopher Harris. Illus. by Joel Gennari. 2019. (Unplugged Activities for Future Coders Ser.). (ENG.). 48p. (gr. 5-5). pap. 12.70 *(978-1-9785-1061-6(6),* 2a2f94d5-2d86-4cc5-8461-427f30575bf5) Enslow Publishing, LLC.

Build Your Computer Security Skills, 1 vol. Adam Furgang & Christopher Harris. Illus. by Joel Gennari. 2019. (Unplugged Activities for Future Coders Ser.). (ENG.). 48p. (gr. 5-5). pap. 12.70 *(978-1-9785-1064-7(0),* 859b8ebd-f82e-443e-a271-4328a5522c07) Enslow Publishing, LLC.

Build Your Debugging Skills, 1 vol. Kathy Furgang & Christopher Harris. Illus. by Joel Gennari. 2019. (Unplugged Activities for Future Coders Ser.). (ENG.). 48p. (gr. 5-5). pap. 12.70 *(978-1-9785-1067-8(5),* 5d5552f4-d3a4-4c88-aef1-da4313442775) Enslow Publishing, LLC.

Build Your Own Boats. Rob Ives. 2018. (Makerspace Models Ser.). (ENG., Illus.). 32p. (J). (gr. 3-6). lib. bdg. 27.99 *(978-1-5124-5969-2(0),* bae10c42-64e5-4bfe-9ff7-79748bc0c9a3, Hungry Tomato (r)) Lerner Publishing Group.

Build Your Own Bug Bot. Tucker Besel. Illus. by Grant Gould. 2018. (Bot Maker Ser.). (ENG.). 24p. (J). (gr. 4-6). lib. bdg. *(978-1-68072-321-2(9),* 12068, Hi Jinx) Black Rabbit Bks.

Build Your Own Bug Bot. Tucker Besel. 2018. (Bot Maker Ser.). (ENG.). (J). (gr. 3-7). pap. 8.95 *(978-1-68072-645-9(5))* Hi Jinx Pr.

Build Your Own Cars Sticker Book. Simon Tudhope. 2023. (Build Your Own Sticker Book Ser.). (ENG.). (J). pap. 9.99 ***(978-1-80507-002-3(9))*** Usborne Publishing, Ltd. GBR. Dist: HarperCollins Pubs.

Build Your Own Cartoons: With Cartoon Templates. James Manning. 2018. (Build Your Own Cartoons Ser.: Vol. 2). (ENG., Illus.). 108p. (J). (gr. 1-6). pap. *(978-1-78917-576-9(3))* West Suffolk CBT Service Ltd., The.

Build Your Own Chain Reaction Machines: How to Make Crazy Contraptions Using Everyday Stuff — Creative Kid-Powered Projects! Paul Long. 2018. (ENG., Illus.). 160p. (J). (gr. 5-7). pap. 24.99 *(978-1-63159-526-4(1),* 224416, Quarry Bks.) Quarto Publishing Group USA.

Build Your Own Crazy Car Bot. Tucker Besel. Illus. by Grant Gould. 2018. (Bot Maker Ser.). (ENG.). 24p. (J). (gr. 4-6). lib. bdg. *(978-1-68072-322-9(7),* 12072, Hi Jinx) Black Rabbit Bks.

Build Your Own Crazy Car Bot. Tucker Besel. 2018. (Bot Maker Ser.). (ENG.). (J). (gr. 3-7). pap. 8.95 *(978-1-68072-646-6(3))* Hi Jinx Pr.

Build Your Own Dinosaurs Sticker Book. Simon Tudhope. Illus. by Franco Franco Tempesta. 2023. (Build Your Own Sticker Book Ser.). (ENG.). 44p. (J). pap. 9.99 ***(978-1-80507-003-0(7))*** Usborne Publishing, Ltd. GBR. Dist: HarperCollins Pubs.

Build Your Own Disneyland Park: Press-Out 3D Model. IglooBooks. 2021. (ENG.). 12p. (J). (-3). 14.99 *(978-1-80108-764-3(4))* Igloo Bks. GBR. Dist: Simon & Schuster, Inc.

Build Your Own Dragons Sticker Book. Simon Tudhope. 2019. (Build Your Own Sticker Bks.). (ENG.). (J). pap. 8.99 *(978-0-7945-4677-9(3),* Usborne) EDC Publishing.

Build Your Own Fantasy Warriors. Simon Tudhope. 2019. (Build Your Own Sticker Bks.). (ENG.). (J). pap. 8.99 *(978-0-7945-4509-3(2),* Usborne) EDC Publishing.

Build Your Own Ice Cream Cone Sticker Activity Book. Fran Newman-D'Amico. 2023. (Dover Little Activity Books Stickers Ser.). (ENG.). 4p. (J). (gr. -1-3). 2.50 ***(978-0-486-85127-3(3),*** 851273) Dover Pubns., Inc.

Build Your Own Inchworm Bot. Tucker Besel. Illus. by Grant Gould. 2018. (Bot Maker Ser.). (ENG.). 24p. (J). (gr. 4-6). lib. bdg. *(978-1-68072-326-7(X),* 12088, Hi Jinx) Black Rabbit Bks.

Build Your Own Inchworm Bot. Tucker Besel. 2018. (Bot Maker Ser.). (ENG.). (J). (gr. 3-7). pap. 8.95 *(978-1-68072-650-3(1))* Hi Jinx Pr.

Build Your Own Land Vehicles. Rob Ives. 2018. (Makerspace Models Ser.). (ENG., Illus.). 32p. (J). (gr. 3-6). lib. bdg. 27.99 *(978-1-5124-5968-5(2),* 8d8e67e1-dd22-4679-bdea-3614590c5cf5, Hungry Tomato (r)) Lerner Publishing Group.

Build Your Own LEGO Escape Room. Simon Hugo & Barney Main. 2022. (ENG.). 96p. (J). (gr. 4-7). 19.99 *(978-0-7440-7713-1(3),* DK Children) Dorling Kindersley Publishing, Inc.

Build Your Own Mars Colony. Illus. by Glatt Jana. 2020. (Magma for Laurence King Ser.). (ENG.). 10p. (J). (gr. 1-7). 19.99 *(978-1-78627-417-5(5),* King, Laurence Publishing) Orion Publishing Group, Ltd. GBR. Dist: Hachette Bk. Group.

Build Your Own Monster Trucks. Simon Tudhope. 2018. (Build Your Own Sticker Bks.). (ENG.). 24p. pap. 8.99 *(978-0-7945-4213-9(1),* Usborne) EDC Publishing.

Build Your Own Motorcycle Bot. Tucker Besel. Illus. by Grant Gould. 2018. (Bot Maker Ser.). (ENG.). 24p. (J). (gr. 4-6). lib. bdg. *(978-1-68072-325-0(1),* 12084, Hi Jinx) Black Rabbit Bks.

Build Your Own Motorcycle Bot. Tucker Besel. 2018. (Bot Maker Ser.). (ENG.). (J). (gr. 3-7). pap. 8.95 *(978-1-68072-649-7(8))* Hi Jinx Pr.

Build Your Own Play Train. Ellie Boultwood et al. Illus. by Jennie Bradley. 2019. (J). *(978-0-312-52957-4(0))* St. Martin's Pr.

Build Your Own Racer Bot. Tucker Besel. Illus. by Grant Gould. 2018. (Bot Maker Ser.). (ENG.). 24p. (J). (gr. 4-6). lib. bdg. *(978-1-68072-323-6(5),* 12076, Hi Jinx) Black Rabbit Bks.

Build Your Own Racer Bot. Tucker Besel. 2018. (Bot Maker Ser.). (ENG.). (J). pap. 8.95 *(978-1-68072-647-3(1))* Hi Jinx Pr.

Build Your Own Robots. Rob Ives. 2018. (Makerspace Models Ser.). (ENG., Illus.). 32p. (J). (gr. 3-6). lib. bdg. 27.99 *(978-1-5124-5970-8(4),* d75c299e-4462-4b3f-ba54-f0e209bd5b17, Hungry Tomato (r)) Lerner Publishing Group.

Build Your Own Scribble Bot. Tucker Besel. Illus. by Grant Gould. 2018. (Bot Maker Ser.). (ENG.). 24p. (J). (gr. 4-6). lib. bdg. *(978-1-68072-324-3(3),* 12080, Hi Jinx) Black Rabbit Bks.

Build Your Own Scribble Bot. Tucker Besel. 2018. (Bot Maker Ser.). (ENG.). (J). (gr. 3-7). pap. 8.95 *(978-1-68072-648-0(X))* Hi Jinx Pr.

Build Your Own Superheroes Sticker Book. 2017. (Build Your Own Sticker Bks.). (ENG.). (J). pap. 8.99 *(978-0-7945-3877-4(0),* Usborne) EDC Publishing.

Build Your Own Theme Park: A Paper Cut-Out Book. Lizz Lunney. 2019. (ENG., Illus.). 80p. (J). pap. 18.99 *(978-1-4494-9632-6(6))* Andrews McMeel Publishing.

Build Your Own Trucks Sticker Book. Simon Tudhope. 2023. (Build Your Own Sticker Book Ser.). (ENG.). (J). pap. 9.99 ***(978-1-80507-005-4(3))*** Usborne Publishing, Ltd. GBR. Dist: HarperCollins Pubs.

Buildablock (an Abrams Block Book) Christopher Franceschelli. 2017. (Abrams Block Book Ser.). (ENG.,

270 The check digit for ISBN-10 appears in parentheses after the full ISBN-13

Illus.). 90p. (J). (gr. -1 — 1). bds. 17.99 *(978-1-4197-2569-2(6),* 1146310) Abrams, Inc.

Builder Battle. Jake Maddox. Illus. by Alan Brown. 2023. (Jake Maddox ESports Ser.). (ENG.). 72p. (J). pap. 6.99 ***(978-1-6690-3531-2(X),*** 253098, Stone Arch Bks.) Capstone.

Builder Brothers: Big Plans. Jonathan Scott & Drew Scott. Illus. by Kim Smith. 2018. (Builder Brothers Ser.). (ENG.). 32p. (J). (gr. -1-3). 17.99 *(978-0-06-284662-4(0),* HarperCollins) HarperCollins Pubs.

Builder Brothers: Better Together. Drew Scott & Jonathan Scott. Illus. by Kim Smith. 2019. (Builder Brothers Ser.). (ENG.). 32p. (J). (gr. -1-3). 17.99 *(978-0-06-284665-5(5),* HarperCollins) HarperCollins Pubs.

Builder of Bridges: A Play in Four Acts (Classic Reprint) Alfred Sutro. 2018. (ENG., Illus.). 104p. (J). 26.04 *(978-0-364-03862-8(4))* Forgotten Bks.

Builders. Reina Ollivier & Karel Claes. Illus. by Steffie Padmos. 2020. (Super Animals Ser.: 1). (ENG.). 60p. (J). (gr. k). 19.95 *(978-1-60537-578-6(0))* Clavis Publishing.

Builders & Breakers. Steve Light. Illus. by Steve Light. 2018. (ENG., Illus.). 40p. (J). (gr. -1-2). 17.99 *(978-0-7636-9872-0(5))* Candlewick Pr.

Builders & Sustainers of the Independent Living Movement in Berkeley, Vol. 4 (Classic Reprint) Bancroft Library. Regional Oral Office. 2019. (ENG., Illus.). 440p. (J). 32.99 *(978-0-267-27906-7(X))* Forgotten Bks.

Builders (Classic Reprint) Willis George Emerson. 2018. (ENG., Illus.). 364p. (J). 31.42 *(978-0-365-12152-7(5))* Forgotten Bks.

Builders (Classic Reprint) Ellen Glasgow. (ENG., Illus.). (J). 2018. 402p. 32.21 *(978-0-484-44482-8(4));* 2017. 31.90 *(978-0-266-20193-9(8));* 2017. pap. 16.57 *(978-0-243-25047-9(9))* Forgotten Bks.

Builders of History (Classic Reprint) Unknown Author. (ENG., Illus.). (J). 2018. 290p. 29.90 *(978-0-365-47079-3(1));* 2017. pap. 13.57 *(978-0-282-61056-2(1))* Forgotten Bks.

Builders of Our Country, Book I (Yesterday's Classics) Gertrude Van Duyn Southworth. 2020. (Builders of Our Country Ser.: Vol. 1). (ENG., Illus.). 292p. (J). (gr. 5-6). pap. 13.95 *(978-1-59915-232-5(0))* Yesterday's Classics.

Builders of Our Country, Book II (Yesterday's Classics) Gertrude Van Duyn Southworth. 2017. (Builders of Our Country Ser.: Vol. 2). (ENG., Illus.). 328p. (J). (gr. 5-6). pap. 13.95 *(978-1-59915-233-2(9))* Yesterday's Classics.

Builder's Tool Kit. Robyn Gale. Illus. by Barry Green. 2019. (Pop Out & Play Ser.). (ENG.). 10p. (J). (gr. -1). bds. 7.99 *(978-1-78700-988-2(2))* Top That! Publishing PLC GBR. Dist: Independent Pubs. Group.

Building. Henry Cole. 2022. (ENG., Illus.). 40p. (J). (gr. -1-3). 17.99 *(978-0-06-313655-7(4),* Tegen, Katherine Bks) HarperCollins Pubs.

Building a Biblical Foundation with Pete the Panda & Friends. Shawn Hawk. 2022. (ENG., Illus.). 70p. (J). pap. 19.95 *(978-1-68517-694-5(1))* Christian Faith Publishing.

Building a Birdhouse: Step by Step, 1 vol. Emiliya King. 2017. (Computer Science for the Real World Ser.). (ENG.). 16p. (gr. 2-3). pap. *(978-1-5383-5230-4(3),* 27230965-0562-4a50-94eb-39e12d50f9dd, Rosen Classroom) Rosen Publishing Group, Inc., The.

Building a Blog. Kristin Fontichiaro. Illus. by Rachael McLean. 2020. (Create & Share: Thinking Digitally Ser.). (ENG.). 24p. (J). (gr. 1-4). lib. bdg. 30.64 *(978-1-5341-6871-8(0),* 215371) Cherry Lake Publishing.

Building a Body Anatomy & Physiology. Professor Gusto. 2016. (ENG., Illus.). (J). pap. 10.81 *(978-1-68321-536-3(2))* Mimaxion.

Building a Bridge. Kate Morrow. 2020. (How It's Done Ser.). (ENG., Illus.). 32p. (J). (gr. 2-3). pap. 9.95 *(978-1-64493-113-4(3),* 1644931133); lib. bdg. 31.35 *(978-1-64493-034-2(X),* 164493034X) North Star Editions. (Focus Readers).

Building a Bridge. Angie Smibert. 2018. (Sequence Amazing Structures Ser.). (ENG.). 32p. (J). (gr. 2-5). pap. 9.99 *(978-1-68152-348-4(5),* 15163); lib. bdg. *(978-1-68151-428-4(1),* 15157) Amicus.

Building a Career in Robotics, 1 vol. Margaux Baum & Simone Payment. 2017. (Hands-On Robotics Ser.). (ENG.). 48p. (J). (gr. 5-5). pap. 12.75 *(978-1-4994-3880-2(X),* d5d855f3-3b48-4542-b905-1cedac9726b7) Rosen Publishing Group, Inc., The.

Building a Castle see Nuestro Castillo: Set Of 6

Building a Computer. Lori Fromowitz. 2020. (How It's Done Ser.). (ENG., Illus.). 32p. (J). (gr. 2-3). pap. 9.95 *(978-1-64493-114-1(1),* 1644931141); lib. bdg. 31.35 *(978-1-64493-035-9(8),* 1644930358) North Star Editions. (Focus Readers).

Building a Dam. Angie Smibert. 2018. (Sequence Amazing Structures Ser.). (ENG.). 32p. (J). (gr. 2-5). pap. 9.99 *(978-1-68152-349-1(3),* 15164); lib. bdg. *(978-1-68151-429-1(X),* 15158) Amicus.

Building a Digital Footprint. Adrienne Matteson. Illus. by Rachael McLean. 2020. (Create & Share: Thinking Digitally Ser.). (ENG.). 24p. (J). (gr. 1-4). pap. 12.79 *(978-1-5341-6139-9(2),* 214556); lib. bdg. 30.64 *(978-1-5341-5909-9(6),* 214555) Cherry Lake Publishing.

Building a Gaming PC. Josh Gregory. 2022. (21st Century Skills Innovation Library: Unofficial Guides). (ENG., Illus.). 32p. (J). (gr. 4-8). pap. 14.21 *(978-1-6689-0079-6(3),* 220170); lib. bdg. 32.07 *(978-1-5341-9965-1(9),* 220026) Cherry Lake Publishing.

Building a Highway. Karen Latchana Kenney. 2020. (Sequence Amazing Structures Ser.). (ENG.). 32p. (J). (gr. 2-5). pap. 12.00 *(978-1-68152-560-0(7),* 10761) Amicus.

Building a Home. Polly Faber. Illus. by Klas Fahlén. 2021. (ENG.). 32p. (J). (gr. -1-2). 17.99 *(978-1-5362-2008-7(6))* Candlewick Pr.

Building a Home in Space. James Bow. 2019. (Mission: Space Science Ser.). (Illus.). 48p. (J). (gr. 5-5). *(978-0-7787-5384-1(0));* pap. *(978-0-7787-5397-1(2))* Crabtree Publishing Co.

Building a House. Terri Haelle & Terri Fields. 2018. (Let's Learn Ser.). (ENG., Illus.). 16p. (gr. -1-2). lib. bdg. 28.50 *(978-1-64156-177-8(7),* 9781641561778) Rourke Educational Media.

Building a House. Wendy Hinote Lanier. 2020. (How It's Done Ser.). (ENG., Illus.). 32p. (J). (gr. 2-3). 31.35 *(978-1-64493-036-6(6),* 1644930366, Focus Readers) North Star Editions.

Building a Lava Lamp. Brooke Rowe. Illus. by Jeff Bane. 2016. (My Early Library: My Science Fun Ser.). (ENG.). 24p. (J). (gr. k-1). 30.64 *(978-1-63471-026-8(6),* 208184) Cherry Lake Publishing.

Building a Nation. Kathleen Corrigan. 2016. (Canada Through Time Ser.). (ENG., Illus.). 32p. (J). (gr. 3-5). lib. bdg. 32.65 *(978-1-4109-8120-2(7),* 131009, Raintree) Capstone.

Building a New Nation: An Interactive American Revolution Adventure. Allison Lassieur. 2018. (You Choose: Founding the United States Ser.). (ENG., Illus.). 112p. (J). (gr. 3-7). pap. 6.95 *(978-1-5435-1543-5(6),* 137911); lib. bdg. 32.65 *(978-1-5435-1539-8(8),* 137907) Capstone. (Capstone Pr.).

Building a Race Car: Checking Your Work, 1 vol. Lela Lawson. 2017. (Computer Science for the Real World Ser.). (ENG.). 12p. (gr. 1-2). pap. *(978-1-5383-5160-4(9),* 0b986bf4-fe7a-4f0c-850e-b30fd9e6a60c, Rosen Classroom) Rosen Publishing Group, Inc., The.

Building a Road. Wendy Hinote Lanier. 2020. (How It's Done Ser.). (ENG., Illus.). 32p. (J). (gr. 2-3). pap. 9.95 *(978-1-64493-116-5(8),* 1644931168); lib. bdg. 31.35 *(978-1-64493-037-3(4),* 1644930374) North Star Editions. (Focus Readers).

Building a Roller Coaster. Karen Latchana Kenney. 2018. (Sequence Amazing Structures Ser.). (ENG.). 32p. (J). (gr. 2-5). pap. 9.99 *(978-1-68152-350-7(7),* 15165); lib. bdg. *(978-1-68151-430-7(3),* 15159) Amicus.

Building a Roller Coaster in Minecraft. Adam Hellebuyck & Mike Medvinsky. 2019. (21st Century Skills Innovation Library: Minecraft & STEAM Ser.). (ENG., Illus.). 32p. (J). (gr. 4-8). pap. 14.21 *(978-1-5341-3968-8(0),* 212701) Cherry Lake Publishing.

Building a Roller Coaster in Minecraft: Science. Adam Hellebuyck & Mike Medvinsky. 2019. (21st Century Skills Innovation Library: Minecraft & STEAM Ser.). (ENG., Illus.). 32p. (J). (gr. 4-8). lib. bdg. 32.07 *(978-1-5341-4312-8(2),* 212700) Cherry Lake Publishing.

Building a Skyscraper. Karen Latchana Kenney. 2018. (Sequence Amazing Structures Ser.). (ENG.). 32p. (J). (gr. 2-5). pap. 9.99 *(978-1-68152-351-4(5),* 15166); lib. bdg. *(978-1-68151-431-4(1),* 15160) Amicus.

Building a Snowman. Meg Gaertner. 2019. (Sequencing Stories Ser.). (ENG.). 24p. (J). (gr. -1-2). lib. bdg. 32.79 *(978-1-5038-3506-1(5),* 213045) Child's World, Inc, The.

Building a Snowman. Lauren James & Carolyn Kisloski. Illus. by Nina de Polonia. 2017. (Play Time Ser.). (ENG.). 24p. (gr. -1-2). pap. 9.95 *(978-1-68342-784-1(X),* 9781683427841) Rourke Educational Media.

Building a Stadium. Angie Smibert. 2018. (Sequence Amazing Structures Ser.). (ENG.). 32p. (J). (gr. 2-5). pap. 9.99 *(978-1-68152-352-1(3),* 15167); lib. bdg. *(978-1-68151-432-1(X),* 15161) Amicus.

Building a Subway. Annie C. Holdren. 2020. (Sequence Amazing Structures Ser.). (ENG.). 32p. (J). (gr. 2-5). pap. 12.00 *(978-1-68152-562-4(3),* 10759) Amicus.

Building a Tunnel. Karen Latchana Kenney. 2018. (Sequence Amazing Structures Ser.). (ENG.). 32p. (J). (gr. 2-5). pap. 9.99 *(978-1-68152-353-8(1),* 15168); lib. bdg. *(978-1-68151-433-8(8),* 15162) Amicus.

Building a Volcano. Brooke Rowe. Illus. by Jeff Bane. 2016. (My Early Library: My Science Fun Ser.). (ENG.). 24p. (J). (gr. k-1). 30.64 *(978-1-63471-025-1(8),* 208180) Cherry Lake Publishing.

Building a Website (a True Book: Get Ready to Code) (Library Edition) Alexa Kurzius. 2019. (True Book (Relaunch) Ser.). (ENG., Illus.). 48p. (J). (gr. 3-5). lib. bdg. 31.00 *(978-0-531-12732-2(X),* Children's Pr.) Scholastic Library Publishing.

Building Alphabet Knowledge Practice Book Prek-Grade K - Ages 4 To 6. Bobo's Little Brainiac Books. 2016. (ENG., Illus.). (J). pap. 7.99 *(978-1-68327-814-6(3))* Sunshine In My Soul Publishing.

Building America, 11 vols., Set. Incl. Colonial Virginia. Susan Sales Harkins & William H. Harkins. (gr. 4-8). 2007. lib. bdg. 29.95 *(978-1-58415-548-5(5));* Georgia: The Debtors Colony. Susan Sales Harkins & William H. Harkins. (gr. 3-7). 2006. lib. bdg. 29.95 *(978-1-58415-465-5(9));* Holidays & Celebrations in Colonial America. Russell Roberts. (gr. 3-7). 2006. lib. bdg. 29.95 *(978-1-58415-467-9(5));* Jamestown: The First Colony. William H. Harkins & Susan Sales Harkins. (gr. 3-7). 2006. lib. bdg. 29.95 *(978-1-58415-458-7(6));* Life in Colonial America. Russell Roberts. (gr. 4-8). 2007. lib. bdg. 29.95 *(978-1-58415-549-2(3));* Maryland Colony: Lord Baltimore. Jim Whiting. (gr. 4-8). 2007. lib. bdg. 29.95 *(978-1-58415-547-8(7));* Massachusetts Bay Colony: The Puritans Arrive from England. Bonnie Hinman. (gr. 3-7). 2006. lib. bdg. 29.95 *(978-1-58415-460-0(8));* New Netherland: The Dutch Settle the Hudson Valley. Karen Bush Gibson. (gr. 3-7). 2006. lib. bdg. 29.95 *(978-1-58415-461-7(6));* Pennsylvania: William Penn & the City of Brotherly Love. Bonnie Hinman. (gr. 3-7). 2006. lib. bdg. 29.95 *(978-1-58415-463-1(2));* Plymouth Colony: The Pilgrims Settle in New England. Kathleen Tracy. (gr. 3-7). 2006. lib. bdg. 29.95 *(978-1-58415-459-4(4));* Texas Joins the United States. Russell Roberts. (gr. 4-8). 2007. lib. bdg. 29.95 *(978-1-58415-550-8(7));* (Illus.). 48p. (J). (Building America Ser.). 2007. Set lib. bdg. 329.45 *(978-1-58415-551-5(5))* Mitchell Lane Pubs.

Building an Airport. Karen Latchana Kenney. 2020. (Sequence Amazing Structures Ser.). (ENG.). 32p. (J). (gr. 2-5). lib. bdg. *(978-1-68151-831-2(7),* 10711) Amicus.

Building an Army Children's Military & War History Books. Baby Professor. 2017. (ENG., Illus.). (J). pap. 7.89 *(978-1-5419-0254-1(8),* Baby Professor (Education Kids)) Speedy Publishing LLC.

Building an Offshore Oil Rig. Annie C. Holdren. 2020. (Sequence Amazing Structures Ser.). (ENG.). 32p. (J). (gr. 2-5). lib. bdg. *(978-1-68151-833-6(3),* 10713) Amicus.

Building & Spreading Faith Through the Heart of a Child: God's Melting Pot. Mary Harris. 2021. (ENG., Illus.). 30p. (J). 23.95 *(978-1-63874-416-0(5));* pap. 13.95 *(978-1-0980-8675-6(9))* Christian Faith Publishing.

Building Better Robots. Angie Smibert. 2017. (Science Frontiers Ser.). (ENG., Illus.). 32p. (J). (gr. 3-6). pap. 9.95 *(978-1-63235-391-7(1),* 11876, 12-Story Library) Bookstaves, LLC.

Building Better Robots. Angie Smibert. 2017. (Illus.). 32p. (J). *(978-1-62143-515-0(6))* Pr. Room Editions LLC.

Building Big (Set), 6 vols. Joyce Markovics. 2023. (Building Big Ser.). (ENG., Illus.). 32p. (J). (gr. 4-6). 192.42 *(978-1-6689-1882-1(X),* 221860); pap., pap., pap. 85.26 *(978-1-6689-2012-1(3),* 221990) Cherry Lake Publishing.

Building Blocks of Faith a Pocket Guide to Sacramental Reconciliation. Kevin O'Neill. 2023. (ENG.). 12p. (J). pap. 5.99 ***(978-1-64413-876-2(X))*** Sophia Institute Pr.

Building Blocks of Faith a Pocket Guide to the Holy Rosary. Kevin O'Neill. 2023. (ENG.). 20p. (J). pap. 5.99 ***(978-1-64413-878-6(6))*** Sophia Institute Pr.

Building Blocks of Faith a Pocket Guide to the Stations of the Cross. Kevin O'Neill. 2023. (ENG.). 36p. (J). pap. 8.99 ***(978-1-64413-880-9(8))*** Sophia Institute Pr.

Building Blocks of Life, 10 vols. 2017. (Building Blocks of Life Ser.). (ENG.). 328p. (YA). (gr. 10-10). lib. bdg. 237.95 *(978-1-5383-0096-1(6),* d641b922-0242-4ac5-ad30-b157c179a5df, Britannica Educational Publishing) Rosen Publishing Group, Inc., The.

Building Blunders: Learning from Bad Ideas. Amie Jane Leavitt. 2020. (Fantastic Fails Ser.). (ENG., Illus.). 48p. (J). (gr. 3-5). pap. 8.95 *(978-1-4966-6619-2(4),* 142327) Capstone.

Building Boats That Float. Marne Ventura. 2020. (Fun STEM Challenges Ser.). (ENG., Illus.). 24p. (J). (gr. -1-2). pap. 6.95 *(978-1-9771-1777-9(5),* 142121); lib. bdg. 29.32 *(978-1-9771-1297-2(8),* 141442) Capstone. (Pebble).

Building Books. Megan Wagner Lloyd. Illus. by Brianne Farley. 2018. 32p. (J). (gr. -1-2). 17.99 *(978-1-5247-7367-0(0),* Knopf Bks. for Young Readers) Random Hse. Children's Bks.

Building Bridges. Samantha S. Bell. 2017. (Engineering Challenges Ser.). (ENG., Illus.). 32p. (J). (gr. 3-5). pap. 9.95 *(978-1-63517-316-1(7),* 1635173167); lib. bdg. 31.35 *(978-1-63517-251-5(9),* 1635172519) North Star Editions. (Focus Readers).

Building Bridges. Tammy Enz. 2017. (Young Engineers Ser.). (ENG., Illus.). 32p. (J). (gr. 1-3). lib. bdg. 29.99 *(978-1-4846-3745-6(3),* 134188, Heinemann) Capstone.

Building Bridges, 2 vols. Tammy Enz. 2017. (Young Engineers Ser.). (ENG.). (J). (gr. 1-2). *(978-1-4846-4127-9(2))* Heinemann Educational Bks.

Building Bridges: Leadership for You & Me. Susan Reinecke & Micela Leis. Illus. by Keith Hobgood. 2022. (ENG.). 32p. (J). 19.95 *(978-1-64761-072-2(9))* Ctr. for Creative Leadership.

Building Bridges & Skyscrapers Coloring Book. Bobo's Children Activity Books. 2016. (ENG., Illus.). (J). pap. 9.33 *(978-1-68327-642-5(6))* Sunshine In My Soul Publishing.

Building by Design (Set), 8 vols. 2017. (Building by Design Ser.). (ENG.). 48p. (J). (gr. 4-8). lib. bdg. 285.12 *(978-1-5321-1160-0(6),* 25896) ABDO Publishing Co.

Building by Design Set 2 (Set), 8 vols. 2017. (Building by Design Set 2 Ser.). (ENG.). 48p. (J). (gr. 4-8). lib. bdg. 285.12 *(978-1-5321-1370-3(6),* 27668) ABDO Publishing Co.

Building by Design (Set Of 8) 2018. (Building by Design Ser.). (ENG., Illus.). 384p. (J). (gr. 4-4). pap. 95.60 *(978-1-64185-249-4(6),* Core Library) ABDO Publishing Co.

Building Confidence. Honor Head. 2021. (Building Resilience Ser.). (ENG., Illus.). 32p. (J). (gr. 1-5). pap. *(978-1-4271-2823-2(5),* 10404); lib. bdg. *(978-1-4271-2819-5(7),* 10399) Crabtree Publishing Co. (Crabtree Classics).

Building Consensus: Respecting Different Points of View, 1 vol. Amanda McCulloch. 2017. (Spotlight on Civic Action Ser.). (ENG.). 32p. (J). (gr. 4-5). 27.93 *(978-1-5081-6393-0(6),* b64e8191-9b87-4f46-ae26-a419c367adb6, PowerKids Pr.) Rosen Publishing Group, Inc., The.

Building Construction Costs with Rsmeans Data: 60011. Ed. by Rsmeans. 2020. (ENG.). (J). pap. 345.00 *(978-1-950656-51-6(9))* RSMeans.

Building Dams. Nikole Brooks Bethea. 2017. (Engineering Challenges Ser.). (ENG., Illus.). 32p. (J). (gr. 3-5). pap. 9.95 *(978-1-63517-317-8(5),* 1635173175); lib. bdg. 31.35 *(978-1-63517-252-2(7),* 1635172527) North Star Editions. (Focus Readers).

Building Dikes, 1 vol. Nancy Anderson. 2016. (Rosen REAL Readers: STEM & STEAM Collection). (ENG.). 12p. (gr. 1-2). pap. 6.33 *(978-1-5081-2464-1(7),* a534b356-3fd2-4e87-849a-4c992edbd505, Rosen Classroom) Rosen Publishing Group, Inc., The.

Building Factories & Power Plants, 1 vol. Elizabeth Krajnik. 2018. (Impacting Earth: How People Change the Land Ser.). (ENG.). 24p. (gr. 2-2). pap. 9.25 *(978-1-5383-4181-0(6),* 6e0332c1-d444-4288-8147-06fca825e534, PowerKids Pr.) Rosen Publishing Group, Inc., The.

Building Faith Block by Block: [an Unofficial Minecraft Guide] 60 a-To-Z (Kid Only) Survival Secrets. Michael Ross & Christopher Ross. 2017. (ENG., Illus.). 256p. (YA). (gr. 6-13). pap. 15.99 *(978-0-7369-7085-3(1),* 6970853) Harvest Hse. Pubs.

Building Fighter Jets. Marne Ventura. 2017. (Engineering Challenges Ser.). (ENG., Illus.). 32p. (J). (gr. 3-5). pap. 9.95 *(978-1-63517-318-5(3),* 1635173183); lib. bdg. 31.35 *(978-1-63517-253-9(5),* 1635172535) North Star Editions. (Focus Readers).

Building Fund: A Comedy in Three Acts (Classic Reprint) William Boyle. 2018. (ENG., Illus.). 52p. (J). 24.99 *(978-0-484-56977-4(5))* Forgotten Bks.

Building in Fortnite. Josh Gregory. 2020. (21st Century Skills Innovation Library: Unofficial Guides Junior Ser.). (ENG., Illus.). 24p. (J). (gr. 2-5). lib. bdg. 30.64 *(978-1-5341-6959-3(8),* 215723) Cherry Lake Publishing.

Building in Minecraft. Josh Gregory. 2018. (21st Century Skills Innovation Library: Unofficial Guides Junior Ser.). (ENG., Illus.). 24p. (J). (gr. 2-4). lib. bdg. 30.64 *(978-1-5341-2984-9(7),* 211980) Cherry Lake Publishing.

Building in Roblox Studio. Josh Gregory. 2020. (21st Century Skills Innovation Library: Unofficial Guides Junior Ser.). (ENG., Illus.). 24p. (J). (gr. 2-5). lib. bdg. 30.64 *(978-1-5341-6966-1(0),* 215751) Cherry Lake Publishing.

Building Job Skills: Set, 8 vols. 2019. (Building Job Skills Ser.). (ENG.). 64p. (YA). (gr. 6-6). lib. bdg. 144.52 *(978-1-7253-4858-5(6),* 616de48f-e7cd-4c81-a1b1-261011e0491f, Rosen Reference) Rosen Publishing Group, Inc., The.

Building Landmarks - Bridges, Tunnels & Buildings - Architecture & Design Children's Engineering Books. Baby Professor. 2017. (ENG., Illus.). 64p. (J). pap. 9.52 *(978-1-5419-1233-5(0),* Baby Professor (Education Kids)) Speedy Publishing LLC.

Building Marble Runs. Marne Ventura. 2020. (Fun STEM Challenges Ser.). (ENG., Illus.). 24p. (J). (gr. -1-2). pap. 6.95 *(978-1-9771-1780-9(5),* 142124); lib. bdg. 29.32 *(978-1-9771-1300-9(1),* 141445) Capstone. (Pebble).

Building Mission. Shannon McClintock Miller & Blake Hoena. Illus. by Alan Brown. 2019. (Adventures in Makerspace Ser.). (ENG.). 32p. (J). (gr. 3-5). lib. bdg. 30.65 *(978-1-4965-7948-5(8),* 139757, Stone Arch Bks.) Capstone.

Building Mount Rushmore, 1 vol. Alicia Z. Klepeis. 2017. (Engineering North America's Landmarks Ser.). (ENG.). 32p. (gr. 3-3). pap. 11.58 *(978-1-5026-2952-4(6),* 15d7b337-41d6-445d-afcd-92eec56ff691) Cavendish Square Publishing LLC.

Building My Self-ESTEAM in Science: Volume 1. Yasmine Daniels. 2021. (ENG.). 88p. (J). 25.00 *(978-1-7361082-1-5(2))* McBride Collection of Stories LLC.

Building My Social-Emotional Skills (Set), 6 vols. Emily Rose. 2022. (My Early Library: Building My Social-Emotional Toolbox Ser.). (ENG., Illus.). 24p. (J). (gr. 2-5). 183.84 *(978-1-6689-1007-8(1),* 220816); pap., pap., pap. 76.71 *(978-1-6689-1028-3(4),* 220973) Cherry Lake Publishing.

Building of the Hoover Dam. Arnold Ringstad. 2017. (Engineering That Made America Ser.). (ENG.). 32p. (J). (gr. 3-6). lib. bdg. 35.64 *(978-1-5038-1637-4(0),* 211153) Child's World, Inc, The.

Building Projects for Beginners: 4D an Augmented Reading Experience. Tammy Enz. Illus. by Dario Brizuela. 2018. (Junior Makers 4D Ser.). (ENG.). 48p. (J). (gr. 3-9). lib. bdg. 33.99 *(978-1-5157-9488-2(1),* 136713, Capstone Classroom) Capstone.

Building Race Cars. Samantha S. Bell. 2017. (Engineering Challenges Ser.). (ENG., Illus.). 32p. (J). (gr. 3-5). pap. 9.95 *(978-1-63517-319-2(1),* 1635173191); lib. bdg. 31.35 *(978-1-63517-254-6(3),* 1635172543) North Star Editions. (Focus Readers).

Building (Real World Math) Paige Towler. 2021. (Real World Math Ser.). (ENG., Illus.). 32p. (J). (gr. k-2). pap. 7.99 *(978-1-338-76243-3(5),* Children's Pr.) Scholastic Library Publishing.

Building (Real World Math) (Library Edition) Paige Towler. 2021. (Real World Math Ser.). (ENG., Illus.). 32p. (J). (gr. k-2). lib. bdg. 25.00 *(978-1-338-76242-6(7),* Children's Pr.) Scholastic Library Publishing.

Building Reusable Rockets. Gregory Vogt. 2018. (Illus.). 48p. (J). *(978-1-4896-9826-1(4),* AV2 by Weigl) Weigl Pubs., Inc.

Building Reusable Rockets. Gregory L. Vogt. 2018. (Destination Space Ser.). (ENG., Illus.). 48p. (J). (gr. 5-6). pap. 11.95 *(978-1-63517-566-0(6),* 1635175666); lib. bdg. 34.21 *(978-1-63517-494-6(5),* 1635174945) North Star Editions. (Focus Readers).

Building Rockets. Rebecca Rowell. 2017. (Engineering Challenges Ser.). (ENG., Illus.). 32p. (J). (gr. 3-5). pap. 9.95 *(978-1-63517-320-8(5),* 1635173205); lib. bdg. 31.35 *(978-1-63517-255-3(1),* 1635172551) North Star Editions. (Focus Readers).

Building Sandcastles. Dona Herweck Rice. rev. ed. 2019. (Smithsonian: Informational Text Ser.). (ENG., Illus.). 24p. (J). (gr. 1-2). pap. 8.99 *(978-1-4938-6653-3(2))* Teacher Created Materials, Inc.

Building Simple Traps. Marne Ventura. 2020. (Fun STEM Challenges Ser.). (ENG., Illus.). 24p. (J). (gr. -1-2). pap. 6.95 *(978-1-9771-1778-6(3),* 142122); lib. bdg. 29.32 *(978-1-9771-1298-9(6),* 141443) Capstone. (Pebble).

Building Site Sticker Book. Margot Channing. Illus. by Sassin Eva. ed. 2019. (Scribblers Fun Activity Ser.). (ENG.). 32p. (J). (gr. -1). pap. 5.95 *(978-1-912537-78-5(8),* Scribblers) Book Hse. GBR. Dist: Sterling Publishing Co., Inc.

Building Sites. Philippe Biard. 2018. (My First Discoveries Ser.). (ENG., Illus.). 36p. (J). (gr. -1-k). spiral bd. 19.99 *(978-1-85103-467-3(6))* Moonlight Publishing, Ltd. GBR. Dist: Independent Pubs. Group.

Building Skyscrapers. Marne Ventura. 2017. (Engineering Challenges Ser.). (ENG., Illus.). 32p. (J). (gr. 3-5). pap. 9.95 *(978-1-63517-321-5(3),* 1635173213); lib. bdg. 31.35 *(978-1-63517-256-0(X),* 163517256X) North Star Editions. (Focus Readers).

Building Squishy Circuits. AnnMarie Thomas et al. 2017. (21st Century Skills Innovation Library: Makers As Innovators Junior Ser.). (ENG., Illus.). 24p. (J). (gr. 2-5). lib. bdg. 30.64 *(978-1-63472-690-0(1),* 210058) Cherry Lake Publishing.

Building Stadiums. Rebecca Rowell. 2017. (Engineering Challenges Ser.). (ENG., Illus.). 32p. (J). (gr. 3-5). pap. 9.95 *(978-1-63517-322-2(1),* 1635173221); lib. bdg. 31.35 *(978-1-63517-257-7(8),* 1635172578) North Star Editions. (Focus Readers).

Building Strong Bridges. Marne Ventura. 2020. (Fun STEM Challenges Ser.). (ENG., Illus.). 24p. (J). (gr. -1-2). pap. 6.95 *(978-1-9771-1779-3(1),* 142123); lib. bdg. 29.32 *(978-1-9771-1299-6(4),* 141444) Capstone. (Pebble).

Building Structures & Collecting Resources in Fortnite. Janet Harvey. 2019. (J). pap. *(978-1-7253-4794-6(6))* Rosen Publishing Group, Inc., The.

Building Structures & Towers. Tammy Enz. 2017. (Young Engineers Ser.). (ENG., Illus.). 32p. (J). (gr. 1-3). lib. bdg. 29.99 *(978-1-4846-3746-3(1),* 134189, Heinemann) Capstone.

B

Building Structures & Towers, 2 vols. Tammy Enz. 2017. (Young Engineers Ser.). (ENG.). (J). (gr. 1-2). *(978-1-4846-4128-6(0))* Heinemann Educational Bks.

Building Sunshades. Marne Ventura. 2020. (Fun STEM Challenges Ser.). (ENG., Illus.). 24p. (J). (gr. -1-2). pap. 6.95 *(978-1-9771-1781-6(3)*, 142126); lib. bdg. 29.32 *(978-1-9771-1301-6(X)*, 141446) Capstone. (Pebble).

Building Tens with My Friends. Adrianna Morganelli. 2019. (Full STEAM Ahead! - Math Matters Ser.). (Illus.). 24p. (J). (gr. 1-1). *(978-0-7787-6230-0(0))*; pap. *(978-0-7787-6291-1(2))* Crabtree Publishing Co.

Building the Brain with Hands-On Creative Activities: An Activity Book for Kindergarten Aged Students. Activibooks For Kids. 2016. (ENG., Illus.). (J). pap. 9.20 *(978-1-68321-181-5(2))* Mimaxion.

Building the Empire State Building, 1 vol. Laura L. Sullivan. 2017. (Engineering North America's Landmarks Ser.). (ENG.). 32p. (gr. 3-3). pap. 11.58 *(978-1-5026-2956-2(9)*, de4b4570-878e-4008-adcc-eaf6e89e5163) Cavendish Square Publishing LLC.

Building the Erie Canal, 1 vol. Rebecca Stefoff. 2017. (Engineering North America's Landmarks Ser.). (ENG.). 32p. (gr. 3-3). pap. 11.58 *(978-1-5026-2960-9(7)*, 4fb47665-e2bc-4af1-9274-b892e4b637cb) Cavendish Square Publishing LLC.

Building the Golden Gate Bridge, 1 vol. Alicia Z. Klepeis. 2017. (Engineering North America's Landmarks Ser.). (ENG.). 32p. (gr. 3-3). pap. 11.58 *(978-1-5026-2964-7(X)*, 49862f76-a4fc-4806-a301-9df7f7dbf359) Cavendish Square Publishing LLC.

Building the Great Wall of China: An Isabel Soto History Adventure. Terry Collins. rev. ed. 2016. (Graphic Expeditions Ser.). (ENG., Illus.). 32p. (J). (gr. 3-9). pap. 8.10 *(978-1-5157-6156-3(8)*, 135041) Capstone.

Building the Hoover Dam, 1 vol. Rebecca Stefoff. 2017. (Engineering North America's Landmarks Ser.). (ENG.). 32p. (gr. 3-3). pap. 11.58 *(978-1-5026-2968-5(2)*, 00c406f8-069c-4d8d-a211-8fa5bdb6bc57) Cavendish Square Publishing LLC.

Building the Nation: Stories of How Our Forefathers Lived & What They Did to Make Our Country an United One (Classic Reprint) Mary Hazelton Wade. 2018. (ENG., Illus.). 224p. (J). 28.52 *(978-0-267-24948-0(9))* Forgotten Bks.

Building the Statue of Liberty, 1 vol. Laura L. Sullivan. 2017. (Engineering North America's Landmarks Ser.). (ENG.). 32p. (gr. 3-3). pap. 11.58 *(978-1-5026-2972-2(0)*, b8b169fb-bab1-4110-94d3-33a57802f29f) Cavendish Square Publishing LLC.

Building the Titanic (a True Book: the Titanic) Jodie Shepherd. 2022. (True Book (Relaunch) Ser.). (ENG., Illus.). 48p. (J). (gr. 3-5). 31.00 *(978-1-338-84047-6(9))*; pap. 7.99 *(978-1-338-84048-3(7))* Scholastic Library Publishing. (Children's Pr.).

Building the Transcontinental Railroad: A This or That Debate. Jessica Rusick. 2020. (This or That?: History Edition Ser.). (ENG., Illus.). 32p. (J). (gr. 3-5). pap. 7.95 *(978-1-4966-8792-0(2)*, 201677); lib. bdg. 29.32 *(978-1-4966-8394-6(3)*, 200266) Capstone. (Capstone Pr.).

Building the Transcontinental Railroad: Race of the Railroad Companies. Kelly Wittmann. 2017. (Great Race: Fight to the Finish Ser.). 48p. (gr. 4-5). pap. 84.30 *(978-1-5382-0804-5(0))* Stevens, Gareth Publishing LLLP.

Building the Way to Heaven: The Tower of Babel & Pentecost. Maura Roan McKeegan. Illus. by T. Schluenderfritz. 2018. (Old & New Ser.: Vol. 3). (ENG.). 28p. (J). (gr. -1-2). 10.95 *(978-1-947792-77-7(6))*; 17.95 *(978-1-947792-78-4(4))* Emmaus Road Publishing.

Building Tough Towers. Marne Ventura. 2020. (Fun STEM Challenges Ser.). (ENG., Illus.). 24p. (J). (gr. -1-2). pap. 6.95 *(978-1-9771-1776-2(7)*, 142120); lib. bdg. 29.32 *(978-1-9771-1296-5(X)*, 141441) Capstone. (Pebble).

Building Tunnels. Samantha S. Bell. 2017. (Engineering Challenges Ser.). (ENG., Illus.). 32p. (J). (gr. 3-5). pap. 9.95 *(978-1-63517-323-9(X)*, 163517323X); lib. bdg. 31.35 *(978-1-63517-258-4(6)*, 1635172586) North Star Editions. (Focus Readers).

Building up to Colors: A Construction Based Coloring Book. Smarter Activity Books for Kids. 2016. (ENG., Illus.). (J). pap. 9.22 *(978-1-68374-511-2(6))* Examined Solutions PTE. Ltd.

Building up Your Maze Skills Activity Book. Activibooks For Kids. 2016. (ENG., Illus.). (J). pap. 9.20 *(978-1-68321-182-2(0))* Mimaxion.

Building Vehicles That Fly, 2 vols. Tammy Enz. 2017. (Young Engineers Ser.). (ENG.). (J). (gr. 1-2). *(978-1-4846-4129-3(9))* Heinemann Educational Bks.

Building Vehicles That Roll. Tammy Enz. 2017. (Young Engineers Ser.). (ENG., Illus.). 32p. (J). (gr. 1-3). lib. bdg. 29.99 *(978-1-4846-3748-7(8)*, 134191, Heinemann) Capstone.

Building Vehicles That Roll, 2 vols. Tammy Enz. 2017. (Young Engineers Ser.). (ENG.). (J). (gr. 1-2). *(978-1-4846-4130-9(2))* Heinemann Educational Bks.

Building Virtual Worlds. Kirsty Holmes. 2019. (Game On! Ser.). (Illus.). 32p. (J). (gr. 4-4). *(978-0-7787-5257-8(7))*; pap. *(978-0-7787-5270-7(4))* Crabtree Publishing Co.

Building with Blocks. Meg Gaertner. 2019. (Sequencing Stories Ser.). (ENG.). 24p. (J). (gr. -1-2). lib. bdg. 32.79 *(978-1-5038-3512-2(X)*, 213049) Child's World, Inc, The.

Building with Flexible Materials, 1 vol. Charmaine Robertson. 2016. (Rosen REAL Readers: STEM & STEAM Collection). (ENG.). 12p. (gr. 1-2). pap. 6.33 *(978-1-5081-2452-8(3)*, fcd58708-e439-4974-a7b4-53f794dfb68d, Rosen Classroom) Rosen Publishing Group, Inc., The.

Building with Poop. Ellen Lawrence. 2017. (Scoop on Poop Ser.). (ENG., Illus.). 24p. (J). (gr. -1-3). lib. bdg. 26.99 *(978-1-68402-247-2(9))* Bearport Publishing Co., Inc.

Building with Poop, 1 vol. Jennifer Swanson. 2017. (Power of Poop Ser.). (ENG.). 32p. (gr. 3-4). pap. 11.52 *(978-0-7660-9108-5(2)*, e815bab0-7468-415b-a1e0-eacd992e53a7) Enslow Publishing, LLC.

Building with Shapes. Adrianna Morganelli. 2019. (Full STEAM Ahead! - Math Matters Ser.). (Illus.). 24p. (J). (gr. 1-1). *(978-0-7787-6231-7(9))*; pap. *(978-0-7787-6292-8(0))* Crabtree Publishing Co.

Building with Strong Materials, 1 vol. Lamar Coldwell. 2016. (Rosen REAL Readers: STEM & STEAM Collection). (ENG.). 12p. (gr. 1-2). pap. 6.33 *(978-1-5081-2449-8(3)*, d690fac5-9fed-4d4a-9128-14260b40f225, Rosen Classroom) Rosen Publishing Group, Inc., The.

Building Your Knowledge in the Digital World. Megan Kopp. 2018. (ENG.). (J). (gr. 3-7). *(978-1-4271-2042-7(0))*; (Illus.). 32p. (gr. 5-5). *(978-0-7787-4588-4(0))*; (Illus.). 32p. (gr. 5-5). pap. *(978-0-7787-4602-7(X))* Crabtree Publishing Co.

Building Your Own Robots: Design & Build Your First Robot! Gordon McComb. 2016. (Dummies Junior Ser.). (ENG., Illus.). 128p. (J). (gr. 1-5). pap. 9.99 *(978-1-119-30243-8(9)*, For Dummies) Wiley, John & Sons, Inc.

Building Zaha: the Story of Architect Zaha Hadid. Victoria Tentler-Krylov. Illus. by Victoria Tentler-Krylov. 2020. (ENG., Illus.). 48p. (J). (gr. -1-3). 18.99 *(978-1-338-28283-2(2)*, Orchard Bks.) Scholastic, Inc.

Buildings. Catherine C. Finan. 2022. (X-Treme Facts: Engineering Ser.). (ENG.). (J). (gr. 3-5). lib. bdg. 28.50 Bearport Publishing Co., Inc.

Buildings. Izzi Howell. 2018. (Adventures in STEAM Ser.). (ENG., Illus.). 48p. (J). (gr. 3-6). lib. bdg. 27.99 *(978-1-5435-3224-1(1)*, 138827, Capstone Pr.) Capstone.

Buildings. Jordan McGill. 2017. (World Languages Ser.). (ENG.). 24p. (J). (gr. -1-3). lib. bdg. 35.70 *(978-1-4896-6541-6(2)*, AV2 by Weigl) Weigl Pubs., Inc.

Buildings: Arabic-English Bilingual Edition. Jordan McGill. 2016. (Community Helpers Ser.). (ENG.). (J). (gr. -1-3). 29.99 *(978-1-61913-901-5(4))* Weigl Pubs., Inc.

Buildings & Bridges Architecture for Kids Coloring Books 10-12. Educando Kids. 2019. (ENG.). 42p. (J). pap. 6.99 *(978-1-64521-068-9(5)*, Educando Kids) Editorial Imagen.

Buildings & Skyscrapers: Monster High Coloring Books. Jupiter Kids. 2016. (ENG., Illus.). 106p. (J). pap. 12.55 *(978-1-68305-153-4(X)*, Jupiter Kids (Childrens & Kids Fiction)) Speedy Publishing LLC.

Buildings & Structures. Tom Jackson. 2017. (Technology & Innovation Ser.). (ENG.). 48p. (J). lib. bdg. 34.99 *(978-1-5105-1977-0(7))* SmartBook Media, Inc.

Buildings Inspired by Nature. Mary Boone. 2019. (Inspired by Nature Ser.). (ENG., Illus.). 24p. (J). (gr. 1-3). pap. 7.95 *(978-1-9771-1006-0(1)*, 140949); lib. bdg. 27.99 *(978-1-9771-0836-4(9)*, 140456) Capstone. (Pebble).

Buildings on the Farm. Lisa J. Amstutz. 2019. (Farm Facts Ser.). (ENG., Illus.). 24p. (J). (gr. -1-2). lib. bdg. 22.65 *(978-1-9771-0258-4(1)*, 139263, Pebble) Capstone.

Buildings on the Farm. Teddy Borth. 2016. (On the Farm Ser.). (ENG.). 24p. (J). (gr. -1-2). pap. 7.95 *(978-1-4966-1001-0(6)*, 134906, Capstone Classroom) Capstone.

Buildings That Breathe: Greening the World's Cities. Nancy F. Castaldo. 2022. (ENG., Illus.). 112p. (YA). (gr. 8-12). lib. bdg. 37.32 *(978-1-7284-1946-6(8)*, 2b09a39c-35cf-480a-975e-0ea5f99c2b41, Twenty-First Century Bks.) Lerner Publishing Group.

Built for Cold: Arctic Animals, 6 vols., Set. Incl. Arctic Wolf: The High Arctic. Laura DeLallo. lib. bdg. 28.50 *(978-1-61772-132-8(8))*; Caribou: And Reindeer, Too. Joyce L. Markovics. lib. bdg. 28.50 *(978-1-61772-130-4(1))*; Polar Bear: Shrinking Ice. Stephen Person. lib. bdg. 28.50 *(978-1-61772-129-8(8))*; Sled Dog: Powerful Miracle. Stephen Person. lib. bdg. 26.99 *(978-1-61772-134-2(4))*; Walrus: Tusk, Tusk. Stephen Person. lib. bdg. 28.50 *(978-1-61772-133-5(6))*; Wolverine: Super Strong. Joyce L. Markovics. lib. bdg. 28.50 *(978-1-61772-131-1(X))*; (YA). (gr. 1-4). 32p. 2011. Set lib. bdg. 151.62 *(978-1-61772-128-1(X))*; Set lib. bdg., E-Book 295.28 *(978-1-61772-218-9(9))* Bearport Publishing Co., Inc.

Built for Speed, 2. Vicky Fang. ed. 2020. (Branches Early Ch Bks). (ENG., Illus.). 71p. (J). (gr. 2-3). 15.36 *(978-1-64697-477-1(8))* Penworthy Co., LLC, The.

Built for Speed: a Branches Book (Layla & the Bots #2) Vicky Fang. Illus. by Christine Nishiyama. 2020. (Layla & the Bots Ser.: 2). (ENG.). 80p. (J). (gr. k-2). pap. 5.99 *(978-1-338-58292-5(5))* Scholastic, Inc.

Built for Speed: a Branches Book (Layla & the Bots #2) (Library Edition) Vicky Fang. Illus. by Christine Nishiyama. 2020. (Layla & the Bots Ser.: 2). (ENG.). 80p. (J). (gr. k-2). lib. bdg. 24.99 *(978-1-338-58294-9(1))* Scholastic, Inc.

Built for Speed: Kangaroos! Cheetahs! Lizards! (Rookie Star: Extraordinary Animals) (Library Edition) Lisa M. Herrington. 2018. (Rookie Star Ser.). (ENG., Illus.). 32p. (J). (gr. 2-3). lib. bdg. 25.00 *(978-0-531-23089-3(9)*, Children's Pr.) Scholastic Library Publishing.

Built in Jerusalem's Wall (Classic Reprint) Francis Keppel. (ENG., Illus.). (J). 2018. 182p. 27.65 *(978-0-267-72023-1(8))*; 2016. pap. 10.57 *(978-1-333-48418-7(6))* Forgotten Bks.

Built Together, 1 vol. Mina Starsiak. Illus. by Barbara Bongini. 2021. (ENG.). 32p. (J). 18.99 *(978-0-310-76928-6(0))* Zonderkidz.

Buiten Spelen see Rain or Shine

Bulb to Tulip. Rachel Grack. 2020. (Beginning to End Ser.). (ENG.). 24p. (J). (gr. k-3). lib. bdg. 26.95 *(978-1-64487-137-9(8)*, Blastoff! Readers) Bellwether Media.

Bulgaria. Meish Goldish. 2019. (Countries We Come From Ser.). (ENG., Illus.). 32p. (J). (gr. k-3). lib. bdg. 19.95 *(978-1-64280-536-9(X))* Bearport Publishing Co., Inc.

Bulgaria, 1 vol. Joanne Mattern et al. 2017. (Cultures of the World (Third Edition)(r) Ser.). (ENG., Illus.). 144p. (gr. 5-5). 48.79 *(978-1-5026-2609-7(8)*, ee328a0b-250b-4d9e-a575-9f39e9047a29) Cavendish Square Publishing LLC.

Bulgaria 4th Grade Children's Book. Bold Kids. 2023. (ENG.). 42p. (J). pap. 14.99 ***(978-1-0717-1923-7(8))*** FASTLANE LLC.

Bull. David Elliott. (ENG.). (YA). (gr. 9). 2019. 224p. pap. 9.99 *(978-1-328-59633-8(8)*, 1731318); 2017. 200p. 17.99 *(978-0-544-61060-6(1)*, 1617400) HarperCollins Pubs. (Clarion Bks.).

Bull. Margaret James. 2021. (ENG.). 18p. (J). pap. *(978-1-922550-13-2(2))* Library For All Limited.

Bull & Bear Grow Together: a Diversification Tale. Will Revels. 2023. (ENG.). 38p. (J). 19.95 ***(978-1-63755-577-4(6)*** , Mascot Kids) Amplify Publishing Group.

Bull & the Bear. William Strathearn M. C. Dougall Dock. 2018. (ENG., Illus.). 4p. (J). *(978-1-387-47567-4(3))* Lulu Pr., Inc.

Bull Calf, & Other Tales (Classic Reprint) Arthur Burdett Frost. 2018. (ENG., Illus.). (J). 108p. 26.14 *(978-1-391-78370-3(0))*; 110p. pap. 9.57 *(978-1-391-78354-3(9))* Forgotten Bks.

Bull Goose Book (Classic Reprint) C. Albert Conway. (ENG., Illus.). (J). 2018. 38p. 24.68 *(978-0-267-61553-7(1))*; 2016. pap. 7.97 *(978-1-334-11807-4(8))* Forgotten Bks.

Bull I' Th' Thorn, Vol. 1 Of 3: A Romance (Classic Reprint) Paul Cushing. (ENG., Illus.). (J). 2018. 298p. 30.04 *(978-0-428-37889-9(7))*; 2016. pap. 13.57 *(978-1-333-27772-7(5))* Forgotten Bks.

Bull I' Th' Thorn, Vol. 3 Of 3: A Romance (Classic Reprint) Paul Cushing. (ENG., Illus.). (J). 2018. 274p. 29.55 *(978-0-483-56367-4(6))*; 2016. pap. 11.97 *(978-1-333-74461-8(7))* Forgotten Bks.

Bull in the Air: How Mr. Moo Saved His MooTube Channel. Maryam Crogman. Illus. by Eva Fuks. 2021. (ENG.). 64p. (J). pap. 11.99 *(978-1-6629-0757-9(5))*; 16.99 *(978-1-6629-0756-2(7))* Gatekeeper Pr.

Bull in the Pasture. Marilee N. Crow. 2021. (ENG.). 18p. (J). pap. 10.95 *(978-1-951545-17-8(6))* Guardian Angel Publishing, Inc.

Bull in the Sky Blue Muumuu. Penny Ross Burk. 2017. (ENG., Illus.). (J). pap. 11.99 *(978-0-9966940-6-3(4))* Penzart.

Bull Riding, 1 vol. Hal Garrison. 2017. (Daredevil Sports Ser.). (ENG.). 32p. (J). (gr. 1-2). pap. 11.50 *(978-1-5382-1109-0(2)*, 154ecf76-6df5-40a5-a43c-d828fa45bd87) Stevens, Gareth Publishing LLLP.

Bull Shark. Ellen Lawrence. 2016. (Apex Predators of the Amazon Rain Forest Ser.). (ENG., Illus.). 24p. (J). (gr. -1-3). 26.99 *(978-1-68402-035-5(2))* Bearport Publishing Co., Inc.

Bull Sharks. Christine Thomas Alderman. 2020. (J). pap. *(978-1-62310-108-4(5))* Black Rabbit Bks.

Bull Sharks. Julie Murray. 2019. (Sharks Ser.). (ENG., Illus.). 24p. (J). (gr. k-4). lib. bdg. 31.36 *(978-1-5321-2921-6(1)*, 33124, Abdo Zoom-Dash) ABDO Publishing Co.

Bull Sharks. Deborah Nuzzolo. 2017. (All about Sharks Ser.). (ENG., Illus.). 24p. (J). (gr. -1-2). pap. 6.95 *(978-1-5157-7010-7(9)*, 135457, Capstone Pr.) Capstone.

Bull Sharks. Rebecca Pettiford. 2021. (Shark Frenzy Ser.). (ENG., Illus.). 24p. (J). (gr. k-3). lib. bdg. 26.95 *(978-1-64487-438-7(5)*, Blastoff! Readers) Bellwether Media.

Bull Sharks. Laura Hamilton Waxman. 2016. (Sharks Ser.). (ENG., Illus.). 32p. (J). (gr. 2-5). pap. 9.99 *(978-1-68152-089-6(3)*, 15734); lib. bdg. 20.95 *(978-1-60753-976-6(4)*, 15726) Amicus.

Bull Sharks, Vol. 10. Elizabeth Roseborough. 2018. (Amazing World of Sharks Ser.). (Illus.). 64p. (J). (gr. 7). lib. bdg. 31.93 *(978-1-4222-4123-3(8))* Mason Crest.

Bull Sharks: Children's Marine Animals Book with Facts & Pictures. Bold Kids. 2022. (ENG.). 42p. (J). pap. 14.99 *(978-1-0717-0904-7(6))* FASTLANE LLC.

Bull Sharks after Dark, 1 vol. Heather Moore Niver. 2016. (Animals of the Night Ser.). (ENG., Illus.). 32p. (gr. 3-3). 26.93 *(978-0-7660-7712-6(8)*, 37b70ea2-7eaf-4763-91d7-ec6eb1fa44e1) Enslow Publishing, LLC.

Bulldog. Beverly Stephenson. 2017. (Dog Lover's Guides: Vol. 18). (ENG., Illus.). 128p. (J). (gr. 3-7). 26.95 *(978-1-4222-3851-6(2))* Mason Crest.

Bulldog Carney (Classic Reprint) William Alexander Fraser. (ENG., Illus.). (J). 2018. 312p. 30.35 *(978-0-364-16068-8(3))*; 2018. 320p. 30.50 *(978-0-332-18615-3(6))*; 2017. pap. 13.57 *(978-0-259-47049-6(X))*; 2016. pap. 13.57 *(978-1-333-81029-0(6))* Forgotten Bks.

Bulldogs. Sarah Frank. 2019. (Lightning Bolt Books (r) — Who's a Good Dog? Ser.). (ENG., Illus.). 24p. (J). (gr. 1-3). 29.32 *(978-1-5415-5572-3(4)*, db592569-27b5-4968-95ee-a971ad2d2b4a, Lerner Pubns.) Lerner Publishing Group.

Bulldogs. Susan Heinrichs Gray. 2016. (J). *(978-1-4896-4585-2(3))* Weigl Pubs., Inc.

Bulldogs. Katie Lajiness. 2017. (Big Buddy Dogs Ser.). (ENG., Illus.). 32p. (J). (gr. 2-5). lib. bdg. 34.21 *(978-1-5321-1206-5(8)*, 27558, Big Buddy Bks.) ABDO Publishing Co.

Bulldogs. Margaret Mincks. 2017. (Doggie Data Ser.). (ENG.). 32p. (gr. 2-7). 9.95 *(978-1-68072-453-0(3))*; (J). (gr. 4-6). pap. 9.99 *(978-1-64466-190-1(X)*, 11428); (Illus.). (J). (gr. 4-6). lib. bdg. *(978-1-68072-150-8(X)*, 10484) Black Rabbit Bks. (Bolt).

Bulldogs. Marie Pearson. 2018. (That's My Dog Ser.). (ENG., Illus.). 32p. (J). (gr. 2-3). pap. 9.95 *(978-1-63517-611-7(5)*, 1635176115); lib. bdg. 31.35 *(978-1-63517-539-4(9)*, 1635175399) North Star Editions. (Focus Readers).

Bulldogs. Kate Riggs. 2016. (Seedlings Ser.). (ENG.). 24p. (J). (gr. k-2). pap. 7.99 *(978-1-62832-247-7(0)*, 20530, Creative Paperbacks); (Illus.). (gr. -1-k). 28.50 *(978-1-60818-662-4(8)*, 20528, Creative Education) Creative Co., The.

Bulldogs. Martha E. H. Rustad. 2017. (Favorite Dog Breeds Ser.). (ENG., Illus.). 24p. (J). (gr. 1-4). 20.95 *(978-1-68151-126-9(6)*, 14669) Amicus.

Bulldogs. Martha E.H. Rustad. 2018. (Favorite Dog Breeds Ser.). (ENG., Illus.). 24p. (J). (gr. 1-4). pap. 10.99 *(978-1-68152-157-2(1)*, 14788) Amicus.

Bulldogs. Mari Schuh. 2016. (Awesome Dogs Ser.). (ENG., Illus.). 24p. (J). (gr. k-3). lib. bdg. 26.95 *(978-1-62617-304-0(4)*, Blastoff! Readers) Bellwether Media.

Bulldogs. Leo Statts. 2016. (Dogs (Abdo Zoom) Ser.). (ENG.). 24p. (J). (gr. -1-2). 49.94 *(978-1-68079-340-6(3)*, 22961, Abdo Zoom-Launch) ABDO Publishing Co.

Bulldogs. Marysa Storm. 2022. (Our Favorite Dogs Ser.). (ENG.). 24p. (J). (gr. k-3). *(978-1-62310-467-2(X)*, 13556, Bolt Jr.) Black Rabbit Bks.

Bulldogs Franceses (French Bulldogs) Grace Hansen. 2016. (Perros (Dogs Set 2) Ser.). (SPA.). 24p. (J). (gr. -1-2). lib. bdg. 32.79 *(978-1-62402-701-7(6)*, 24906, Abdo Kids) ABDO Publishing Co.

Bulldogs, Poodles, Dalmatians, & Other Non-Sporting Dogs. Tammy Gagne. 2016. (Dog Encyclopedias Ser.). (ENG., Illus.). 32p. (J). (gr. 3-9). lib. bdg. 28.65 *(978-1-5157-0299-3(5)*, 131937, Capstone Pr.) Capstone.

Bulldozer. Samantha Bell. 2018. (21st Century Basic Skills Library: Level 1: Welcome to the Construction Site Ser.). (ENG., Illus.). 24p. (J). (gr. k-3). lib. bdg. 30.64 *(978-1-5341-2919-1(7)*, 211720) Cherry Lake Publishing.

Bulldozer Dreams. Sharon Chriscoe. Illus. by John Joven. 2017. (ENG.). 32p. (J). (gr. -1-3). 16.99 *(978-0-7624-5966-7(2)*, Running Pr. Kids) Running Pr.

Bulldozer Helps Out. Candace Fleming. Illus. by Eric Rohmann. 2017. (Bulldozer Bks.). (ENG.). 40p. (J). (gr. -1-2). 17.99 *(978-1-4814-5894-8(9))* Simon & Schuster Children's Publishing.

Bulldozers. Quinn M. Arnold. 2018. (Amazing Machines Ser.). (ENG., Illus.). 24p. (J). (gr. 1-3). pap. 8.99 *(978-1-62832-502-7(X)*, 19505, Creative Paperbacks); *(978-1-60818-886-4(8)*, 19507, Creative Education) Creative Co., The.

Bulldozers. Chris Bowman. 2017. (Mighty Machines in Action Ser.). (ENG., Illus.). 24p. (J). (gr. k-3). lib. bdg. 26.95 *(978-1-62617-601-0(9)*, Blastoff! Readers) Bellwether Media.

Bulldozers. Kathryn Clay. 2016. (Construction Vehicles at Work Ser.). (ENG., Illus.). 24p. (J). (gr. -1-2). lib. bdg. 22.65 *(978-1-5157-2529-9(4)*, 132900, Capstone Pr.) Capstone.

Bulldozers. Christin Leaf. 2020. (Machines with Power! Ser.). (ENG., Illus.). 24p. (J). (gr. -1-2). pap. 7.99 *(978-1-68103-806-3(4)*, 12895, Blastoff! Readers) Bellwether Media.

Bulldozers. Christina Leaf. 2020. (Machines with Power! Ser.). (ENG., Illus.). 24p. (J). (gr. -1-2). lib. bdg. 25.95 *(978-1-64487-319-9(2)*, Blastoff! Readers) Bellwether Media.

Bulldozers. Julie Murray. 2018. (Construction Machines (Dash!) Ser.). (ENG., Illus.). 24p. (J). (gr. k-4). lib. bdg. 31.36 *(978-1-5321-2513-3(5)*, 30035, Abdo Zoom-Dash) ABDO Publishing Co.

Bulldozers. Mari Schuh. (Spot Ser.). (ENG.). 16p. (J). (gr. -1-1). 2018. pap. 7.99 *(978-1-68152-210-4(1)*, 14740); 2017. 17.95 *(978-1-68151-099-6(5)*, 14621) Amicus.

Bulldozers. Aubrey Zalewski. 2019. (Construction Vehicles Ser.). (ENG., Illus.). 24p. (J). (gr. 1-1). pap. 8.95 *(978-1-64494-001-3(9)*, 1644940019) North Star Editions.

Bulldozers. Aubrey Zalewski. 2019. (Construction Vehicles (POP) Ser.). (ENG.). 24p. (J). (gr. k-3). lib. bdg. 31.36 *(978-1-5321-6328-9(2)*, 31971, Pop! Cody Koala) Pop!.

Bulldozers: Children's Machinery Book with Facts & Pictures. Bold Kids. 2022. (ENG.). 46p. (J). pap. 14.99 *(978-1-0717-0905-4(4))* FASTLANE LLC.

Bulldozers / Buldóceres. Erin Falligant. Illus. by Sr. Sánchez. 2019. (Machines! / ¡Las Máquinas! Ser.). (MUL.). 24p. (J). (gr. -1-2). lib. bdg. 33.99 *(978-1-68410-337-9(1)*, 140257) Cantata Learning.

Bulldozer's Day. Derek Zobel. 2022. (Machines at Work Ser.). (ENG., Illus.). 24p. (J). (gr. k-3). pap. 7.99 *(978-1-64834-845-7(9)*, 21699, Blastoff! Readers) Bellwether Media.

Bulldozers, Dump Trucks, & More: A Coloring Book. Activity Book Zone for Kids. 2016. (ENG., Illus.). (J). pap. 9.20 *(978-1-68376-417-5(X))* Sabeels Publishing.

Bulldozer's Shapes: Goodnight, Goodnight, Construction Site (Kids Construction Books, Goodnight Books for Toddlers) Sherri Duskey Rinker. Illus. by Ethan Long. 2019. (Goodnight, Goodnight Construction Site Ser.). (ENG.). 20p. (J). (gr. -1 — 1). bds. 6.99 *(978-1-4521-5321-6(3))* Chronicle Bks. LLC.

Bulle. Cecile Aveline Collot. 2016. (FRE., Illus.). (J). pap. 10.23 *(978-1-326-74438-0(0))* Lulu Pr., Inc.

Bullet & Shell: War As the Soldier Saw It; Camp, March, & Picket; Battlefield & Bivouac; Prison & Hospital (Classic Reprint) George Forrester Williams. 2018. (ENG., Illus.). 458p. (J). 33.34 *(978-0-267-99299-7(8))* Forgotten Bks.

Bullet Ants Sting!, 1 vol. Melissa Raé Shofner. 2017. (Insects: Six-Legged Nightmares Ser.). (ENG.). 24p. (J). (gr. 2-3). pap. 9.15 *(978-1-5382-1255-4(2)*, 36d13c78-929d-4a86-a96f-51f9fd6552f7); lib. bdg. 24.27 *(978-1-5382-1257-8(9)*, 7895fb84-ee00-4c43-8cd0-da0407abbfa9) Stevens, Gareth Publishing LLLP.

Bullet Journal. Gaby Press. 2021. (ENG.). (YA). 119p. ***(978-1-387-84151-6(3))***; 120p. pap. ***(978-1-387-60674-0(3))*** Lulu Pr., Inc.

Bulletin Board: 0-20 Numbers Set. Scholastic. 2019. (ENG.). (J). (gr. -1-2). 14.99 *(978-1-338-34492-9(7))* Teacher's Friend Pubns., Inc.

Bulletin Board: Active Listening. Scholastic. 2019. (ENG.). (J). (gr. k-5). 14.99 *(978-1-338-34483-7(8))* Teacher's Friend Pubns., Inc.

Bulletin Board: Another Way to Say... Scholastic. 2019. (ENG.). (J). (gr. 3-5). 8.49 *(978-1-338-34495-0(1))* Teacher's Friend Pubns., Inc.

Bulletin Board: Aqua Oasis Calendar. Scholastic. 2018. (Bulletin Board Ser.). (ENG.). (gr. -1-6). 14.99 *(978-1-338-23621-7(0))* Teacher's Friend Pubns., Inc.

Bulletin Board: Character Traits. Scholastic. 2019. (ENG.). (J). (gr. 3-5). 14.99 *(978-1-338-34494-3(3))* Teacher's Friend Pubns., Inc.

Bulletin Board: Class Birthday Graph. Scholastic. 2019. (ENG.). (J). (gr. -1-5). 14.99 *(978-1-338-34488-2(9))* Scholastic, Inc.

Bulletin Board: Colors & Shapes in Photos. Scholastic. 2019. (ENG.). (J). (gr. -1-2). 14.99 *(978-1-338-34485-1(4))* Teacher's Friend Pubns., Inc.

Bulletin Board: English-Spanish Photo Word Wall. Scholastic. 2019. (ENG.). (J). (gr. k-5). 14.99 *(978-1-338-34487-5(0))* Teacher's Friend Pubns., Inc.

Bulletin Board: Kindness Is a Gift. Scholastic. 2019. (ENG.). (J). (gr. k-5). 14.99 *(978-1-338-34482-0(X))* Teacher's Friend Pubns., Inc.

272

The check digit for ISBN-10 appears in parentheses after the full ISBN-13

Bulletin Board: More Sight Words. Scholastic. 2019. (ENG.). (J). (gr. k-2). 14.99 *(978-1-338-34755-5(1))* Teacher's Friend Pubns., Inc.

Bulletin Board: Our Feelings. Scholastic. 2019. (ENG.). (J). (gr. -1-2). 14.99 *(978-1-338-34481-3(1))* Teacher's Friend Pubns., Inc.

Bulletin Board: Our United States. Scholastic. 2019. (ENG.). (J). (gr. 3-5). 14.99 *(978-1-338-34489-9(7))* Teacher's Friend Pubns., Inc.

Bulletin No. 24: U. S. Department of Agriculture; a Primer of Forestry; Part I. - the Forest. Gifford Pinchot. 2017. (ENG., Illus.). (J). pap. *(978-0-649-50030-7(X))* Trieste Publishing Pty Ltd.

Bulletin No. 24, Part II, U. S. Department of Agriculture. Bureau of Forestry. a Primer of Forestry. Gifford Pinchot. 2017. (ENG., Illus.). (J). pap. *(978-0-649-02997-6(6))* Trieste Publishing Pty Ltd.

Bulletin No. 24, Part II. U. S. Department of Agriculture, Bureau of Forestry. a Primer of Forestry, Part II. - Practical Forestry. Gifford Pinchot. 2017. (ENG., Illus.). (J). pap. *(978-0-649-52856-1(5))* Trieste Publishing Pty Ltd.

Bulletin No. 24. U. S. Department of Agriculture. Devision of Forestry. a Primer of Forestry. Part I. -The Forest. Gifford Pinchot. 2017. (ENG., Illus.). (J). pap. *(978-0-649-03093-4(1))* Trieste Publishing Pty Ltd.

Bulletin No. 24. U. S. Department of Agriculture, Division of Forestry; a Primer of Forestry. Part I. - the Forest. Gifford Pinchot. 2017. (ENG., Illus.). (J). pap. *(978-0-649-54288-8(6))* Trieste Publishing Pty Ltd.

Bulletin Story Book 1901: A Selection of Stories & Literary Sketches from the Bulletin (Classic Reprint) Unknown Author. 2018. (ENG., Illus.). 340p. (J). 30.93 *(978-0-483-50002-0(X))* Forgotten Bks.

Bulletproof. Wendy Howitt. 2017. (ENG.). 280p. (YA). (gr. 7-12). pap. ***(978-1-925579-75-8(1))*** Critical Mass.

Bulletproof: Origins. Stephen J. Mitchell. (ENG.). 216p. (YA). 2020. pap. 10.99 *(978-0-578-75108-5(9))*; 2019. (Bulletproof Ser.: Vol. 1). 23.99 *(978-0-578-57343-4(1))* Critical Blast.

Bullets & Billets (Classic Reprint) Bruce Bairnsfather. (ENG., Illus.). (J). 2018. 314p. 30.39 *(978-0-364-20900-4(3))*; 2018. 320p. 30.52 *(978-0-483-82274-0(4))*; 2017. pap. 13.57 *(978-0-282-53248-2(X))* Forgotten Bks.

Bullets, Blood & Stones: The Journey of a Child Soldier. Donna White. 2016. (ENG., Illus.). (J). pap. *(978-0-9952805-0-2(9))* White, Donna.

Bullfrogs. Martha London. 2020. (Neighborhood Safari Ser.). (ENG., Illus.). 24p. (J). (gr. 1-2). pap. 8.95 *(978-1-64493-427-2(2)*, 1644934272); lib. bdg. 28.50 *(978-1-64493-351-0(9)*, 1644933519) North Star Editions. (Focus Readers).

Bullhead Sharks. Contrib. by Julie Murray. 2023. (Sharks Ser.). (ENG.). 24p. (J). (gr. k-3). lib. bdg. 31.36 ***(978-1-0982-4422-4(2)***, 42443, Pop! Cody Koala) Pop!.

Bullied. Scott Langteau. Illus. by Erik Ly. 2018. (ENG.). 56p. (J). 17.95 *(978-0-692-14333-9(5)*, dc031ab9-f79c-4602-9a68-9583c08c8eeb) Shake the Moon Bks.

Bullied. Jeff Erno. 2nd ed. 2016. (ENG., Illus.). (J). 24.99 *(978-1-63477-944-9(4)*, Harmony Ink Pr.) Dreamspinner Pr.

Bullied? You Are Not the Only One after All, So Was God's Only Son. S. Diane Williams Sprecher. 2022. (ENG., Illus.). 36p. (J). pap. 16.95 ***(978-1-63903-598-4(2))*** Christian Faith Publishing.

Bullied Dying to Fit In. Normandy D. Piccolo. 2021. (ENG.). 294p. (YA). pap. 15.00 *(978-0-9979349-7-7(2))* Normandy's Bright Ideas.

Bullied No More! The Continuing Adventures of Emo & Chickie. Gregg F. Relyea & Josh N. Weiss. 2018. (ENG., Illus.). 88p. (J). (gr. k-6). pap. 9.95 *(978-0-9998344-6-6(0))* Resolution Pr.

Bullied Unicorn. Will Slezak. (ENG.). 30p. (J). (gr. k-4). 2021. pap. 9.99 *(978-1-7368205-0-6(8))*; 2019. 15.99 *(978-1-7325280-6-2(3))* Slezak, Will.

Bullies: Change of Hearts. Brooklyn Wright. 2016. (ENG., Illus.). (YA). (gr. 7-9). pap. 13.99 *(978-0-9822822-9-8(X))* Wright Bk. Publishing.

Bullies & Trolls: Protecting Yourself on Social Media, 1 vol. Taylor Morris. 2019. (Social Media Smarts Ser.). (ENG.). 48p. (gr. 6-6). pap. 12.70 *(978-1-9785-0768-5(2)*, 971784ce-9afa-4341-a55e-ccac202c6d71) Enslow Publishing, LLC.

Bullies in the Bush... No Way! Kate Pennington. Illus. by Monika Zaper. 2022. (ENG.). 260p. (J). pap. ***(978-0-646-87138-7(2))*** Kate Frances Pennington.

Bullies in the Church. Jacqueline Charmane. 2018. (Chickypooh Ser.: Vol. 5). (ENG., Illus.). 50p. (J). pap. 14.95 *(978-0-9974496-6-2(7))* Horn, Jonathan.

Bullies Need Friends Too. Kate Pennington. Illus. by Monika Zaper. 2019. (Beyond a Joke Ser.: Vol. 3). (ENG.). 32p. (J). pap. *(978-0-6483910-3-6(5))* Kate Frances Pennington.

Bullies Rule, 1 vol. Monique Polak. 2017. (Orca Currents Ser.). (ENG.). 136p. (J). (gr. 4-7). pap. 9.95 *(978-1-4598-1438-7(X))* Orca Bk. Pubs. USA.

Bull's Eye! Find the Difference Books for Kids. Educando Kids. 2019. (ENG.). 42p. (J). pap. 8.55 *(978-1-64521-648-3(9)*, Educando Kids) Editorial Imagen.

Bulls Football Team. Cecilia Minden. 2018. (Little Blossom Stories Ser.). (ENG.). 16p. (J). (gr. -1-2). pap. 11.36 *(978-1-5341-2861-3(1)*, 211504, Cherry Blossom Press) Cherry Lake Publishing.

Bulls the Jonathans: Comprising John Min Bull & Brother Jonathan, John Bull in America (Classic Reprint) James K. Paulding. 2017. (ENG., Illus.). (J). 31.82 *(978-0-266-17500-1(7))* Forgotten Bks.

Bullseye #3. Owen B. Greenwald. 2016. (ENG., Illus.). (J). pap. 12.99 *(978-1-68076-591-5(4)*, Epic Pr.) ABDO Publishing Co.

Bully. Justin Michael Canel. 2023. (ENG.). 38p. (J). pap. 10.99 ***(978-1-80468-006-3(0))*** AudioGO.

Bully. Siobhan James. 2021. (ENG.). 26p. (J). pap. *(978-0-2288-5627-6(2))* Tellwell Talent.

Bully. Jennifer Sattler. Illus. by Jennifer Sattler. 2018. (ENG., Illus.). 32p. (J). (gr. k-2). 16.99 *(978-1-58536-416-9(9)*, 204579) Sleeping Bear Pr.

Bully. Joann Simmons. 2020. (Tales from the Sheep Pen Ser.). (ENG., Illus.). 32p. (J). 24.95 *(978-1-0980-4121-2(6))*; pap. 14.95 *(978-1-0980-4120-5(8))* Christian Faith Publishing.

Bully. Kendrick Sims. 2018. (ENG., Illus.). 46p. (J). pap. 10.95 *(978-1-64082-781-3(1))* Page Publishing Inc.

Bully #1. Greg Pak. Illus. by Valeria Favoccia. 2021. (Stranger Things Ser.). (ENG.). 24p. (YA). (gr. 6-12). lib. bdg. 31.36 *(978-1-0982-5071-3(0)*, 38872, Graphic Novels) Spotlight.

Bully #2. Greg Pak. Illus. by Valeria Favoccia. 2021. (Stranger Things Ser.). (ENG.). 24p. (YA). (gr. 6-12). lib. bdg. 31.36 *(978-1-0982-5072-0(9)*, 38873, Graphic Novels) Spotlight.

Bully #3. Greg Pak. Illus. by Valeria Favoccia. 2021. (Stranger Things Ser.). (ENG.). 24p. (YA). (gr. 6-12). lib. bdg. 31.36 *(978-1-0982-5073-7(7)*, 38874, Graphic Novels) Spotlight.

Bully: #5. Paul Langan. 2021. (Bluford Ser.). (ENG.). 200p. (YA). (gr. 6-12). lib. bdg. 32.79 *(978-1-0982-5034-8(6)*, 38131, Chapter Bks.) Spotlight.

Bully Affect. Robert C. Mason. 2020. (ENG.). 120p. (J). pap. 5.79 *(978-1-4763-3875-0(2))* Smashwords.

Bully & the Bullied. Cory a Graves. Illus. by Raman Bhardwaj. 2022. (ENG.). 41p. (J). pap. ***(978-1-4357-6480-4(3))*** Lulu Pr., Inc.

Bully at School: A Bully's Perspective. Nia Myre Reese. 2017. (ENG., Illus.). 32p. (J). (gr. -1-3). 19.95 *(978-1-948282-24-6(0))*; pap. 9.95 *(978-1-948282-23-9(2))* Yorkshire Publishing Group.

Bully Boot Camp: Stomping Out the Noise. T. Re'nee Nixon. 2018. (ENG., Illus.). 152p. (YA). pap. 14.95 *(978-1-64300-320-7(8))* Covenant Bks.

Bully Bull Frog: And His Home in Rainbow Valley (Classic Reprint) Elizabeth Stafford Fry. 2017. (ENG., Illus.). 166p. (J). 27.32 *(978-0-484-05177-4(6))* Forgotten Bks.

Bully, Bully, Back off Me. Lora Bender. Illus. by Jessica Blackford. 2017. (ENG.). (J). pap. 12.95 *(978-1-63525-231-6(8))* Christian Faith Publishing.

Bully! Bully! Bully! Anita Adkins. Illus. by John Thorn. 2021. (ENG.). 76p. (J). pap. 16.99 *(978-1-63984-092-2(3))* Pen It Pubns.

Bully, Bully, Go Away! Mary-Frances Raso. 2021. (ENG.). 22p. (J). pap. *(978-0-2288-4373-3(1))* Tellwell Talent.

Bully Busting & Managing Meanies: Tips for Kids on Managing Conflict. Nadine Briggs & Donna Shea. Illus. by Ryan Flynn. 2019. (How to Make & Keep Friends Workbooks Ser.: Vol. 4). (ENG.). 56p. (J). pap. 18.95 *(978-0-9972808-5-2(9))* How to Make & Keep Friends, LLC.

Bully Can Be Big or Small. Seniq. 2022. (ENG., Illus.). 28p. (YA). 19.95 *(978-1-6624-2816-6(2))* Page Publishing Inc.

Bully for You! Book 3. Dana Sullivan. Illus. by Dana Sullivan. 2021. (Dead Max Comix Ser.). (ENG., Illus.). 64p. (J). (gr. 4-8). 18.99 *(978-1-63440-864-6(0)*, 4abe1781-943d-4e2f-8f7e-61730c0c7602); pap. 8.99 *(978-1-63440-865-3(9)*, 710f7a96-ef45-48e4-ae24-b90c9e0851f7) Red Chair Pr.

Bully Frog. Luthie M. West. Illus. by Olsi Tola. 2018. (ENG.). 54p. 18.99 *(978-1-7322514-0-3(1))* Luthie M West.

Bully Here Bully There, Do You Care? Let's Blossom Together Workbook. Reea Rodney. 2017. (ENG., Illus.). 26p. (J). pap. 12.99 *(978-0-692-98947-0(1))* Dara Publishing LLC.

Bully Jake & Grace's Fate. Mary Korte. 2018. (ENG., Illus.). 200p. (J). pap. 14.99 *(978-0-9983132-0-7(3))* Havet Pr.

Bully Land. Debbie Hubbard. 2016. (ENG., Illus.). (J). pap. 16.95 *(978-1-68394-385-3(6))* America Star Bks.

Bully Me Bully You. Gwen Cannon. 2016. (ENG., Illus.). (J). pap. 5.95 *(978-0-9983970-0-9(8))* Cannon Publishing Group.

Bully Me to Sleep. Tyrone Neal. 2019. (ENG.). 230p. (J). pap. 19.99 *(978-1-68456-366-1(6))* Page Publishing Inc.

Bully Nation: The Remains: Part One. Mark T. Sneed. 2020. (Bully Nation Ser.: Vol. 1). (ENG.). 400p. (YA). pap. 14.99 *(978-0-578-67091-1(7))* ABM Pubns. Inc.

Bully Next Door: The One Thing That Both Good & Bad Habits Need: TIME. Godwin M. Chishala. 2019. (ENG., Illus.). 26p. (J). (gr. 1-6). 17.99 *(978-1-7333535-1-9(8))* Acts of Kindness.

Bully on the Bus. Kathryn Apel. 2018. (Illus.). 136p. (J). *(978-1-61067-871-1(0))* Kane Miller.

Bully Resilience - Changing the Game: Teen Guide. Gwen Godman. 2019. (Bully Resilience - Changing the Game Ser.: Vol. 2). (ENG., Illus.). 54p. (YA). (gr. 7-12). pap. *(978-0-6483687-1-7(8))* Equip Counselling & Consulting.

Bully Stop. Dj Annie Red. 2017. (ENG., Illus.). (J). pap. 10.00 *(978-1-944359-63-8(X))* Brown Girls Bks., LLC.

Bully Wars. Skottie Young. 2019. (ENG., Illus.). 120p. (J). pap. 12.99 *(978-1-5343-1044-5(4)*, 0c5c3ac9-eb2a-4744-89a4-e9ecce94d845) Image Comics.

Bullyanna. Jackie Scott-Bell. Illus. by Sameer Kassar. 2021. (ENG.). 24p. (J). pap. 13.99 *(978-1-0983-5287-5(4))* BookBaby.

Bullyblossom: A Tale of Overcoming Bullies & Embracing Stuttering to Live a Life of Achievement. Thad S. Cox et al. 2020. (ENG.). 191p. pap. *(978-1-6781-6784-4(3))* Lulu Pr., Inc.

Bullying, 1 vol. Jodyanne Benson. 2020. (@RosenTeenTalk Ser.). (ENG.). 48p. (J). (gr. 3-3). lib. bdg. 33.47 *(978-1-4994-6801-4(6)*, 27b313ba-2850-437a-9c80-507bf3935660) Rosen Publishing Group, Inc., The.

Bullying. Fern Brady. 2018. (ENG., Illus.). 152p. (J). pap. 10.00 *(978-1-944428-10-5(0))* Inklings Publishing.

Bullying. Meg Gaertner. 2022. (Dealing with Challenges Ser.). (ENG., Illus.). 24p. (J). (gr. k-1). pap. 8.95 *(978-1-64619-509-1(4))*; lib. bdg. 28.50 *(978-1-64619-482-7(9))* Little Blue Hse. (Little Blue Readers).

Bullying. Carol Hand. 2021. (Teen Challenges Ser.). (ENG., Illus.). 112p. (YA). (gr. 6-12). lib. bdg. 41.36 *(978-1-5321-9626-3(1)*, 38534, Essential Library) ABDO Publishing Co.

Bullying. Carla Mooney. 2016. (Matters of Opinion Ser.). (ENG., Illus.). 64p. (J). (gr. 4-6). lib. bdg. 27.93 *(978-1-59953-754-2(0))* Norwood Hse. Pr.

Bullying: I May Bend but I Won't Break. Barbara J. Patterson. 2022. (ENG.). 52p. (J). 28.95 ***(978-1-0980-4908-9(X))***; pap. 18.95 ***(978-1-0980-4907-2(1))*** Christian Faith Publishing.

Bullying: It Hurts. Brenda E. Koch. 2019. (ENG.). 36p. (J). *(978-1-5255-5838-2(2))*; pap. *(978-1-5255-5839-9(0))* FriesenPress.

Bullying Effect. Joseph Jefferson. 2018. (ENG., Illus.). 356p. (YA). pap. 17.99 *(978-1-5456-3605-3(2))* Salem Author Services.

Bullying Is a Pain in the Brain. Trevor Romain. Illus. by Steve Mark. rev. ed. 2016. (Laugh & Learn(r) Ser.). (ENG.). 112p. (J). (gr. 2-7). pap. 10.99 *(978-1-63198-065-7(3))* Free Spirit Publishing Inc.

Bullying Is a Pain in the Brain, Revised & Updated Edition. Trevor Romain. ed. 2016. lib. bdg. 19.60 *(978-0-606-37930-4(4))* Turtleback.

Bullying of Brrtt. Maricar Santiago. Illus. by Maria Gotiongco. 2020. (ENG.). 26p. (J). *(978-0-2288-3807-4(X))*; pap. *(978-0-2288-3806-7(1))* Tellwell Talent.

Bullyproof. Aaron Holly. 2019. (ENG., Illus.). 26p. (J). pap. 12.95 *(978-1-64531-081-5(7))* Newman Springs Publishing, Inc.

Bully's Foe. James E. Benedict. Illus. by Abhinav Gupta. 2021. (ENG.). 64p. (YA). 19.99 *(978-1-955419-00-0(0))* Benedict, James.

Bum & Freda! Funny Stories for Children. J. P. Lawrence. 2022. (Private Lives of Teddies Ser.: Vol. 2). (ENG.). 186p. (J). pap. ***(978-0-9933504-6-7(1))*** Riverside Cottage Pr.

Bum Sneeze. Linda Be. Illus. by Kim Griffin. 2023. (ENG.). 56p. (J). pap. ***(978-1-922851-09-3(4))*** Shawline Publishing Group.

Bumble. Aleksandra Mbhout. Illus. by Tobie Tse. 2021. (ENG.). 28p. (J). *(978-1-83975-794-5(9))* Grosvenor Hse. Publishing Ltd.

Bumble! The Incredible Story of a Humble Bee & Her Famous Campaign. Andrew Bickerton. Illus. by Kevin Smith. 2018. (ENG.). 46p. (J). pap. *(978-1-78623-333-2(9))* Grosvenor Hse. Publishing Ltd.

Bumble & Snug & the Angry Pirates. Mark Bradley. 2022. (Bumble & Snug Ser.). (ENG.). 160p. (J). (gr. 1-3). 14.99 *(978-1-6672-0024-8(0))*; pap. 7.99 *(978-1-6672-0025-5(9))* Printers Row Publishing Group. (Silver Dolphin Bks.).

Bumble & Snug & the Angry Pirates. Mark Bradely. ed. 2022. (Bumble & Snug Ser.). (ENG.). 150p. (J). (gr. 1-4). 19.46 ***(978-1-68505-720-6(9))*** Penworthy Co., LLC, The.

Bumble & the Spider. Debra Klein. 2018. (ENG., Illus.). 30p. (J). 22.95 *(978-1-64350-112-3(7))*; pap. 12.95 *(978-1-64138-381-3(X))* Page Publishing Inc.

Bumble B. Mission Fun. Marsha Qualey. Illus. by Jessica Gibson. ed. 2018. (Bumble B. Ser.). (ENG.). 96p. (J). (gr. k-2). pap., pap., pap. 7.95 *(978-1-68436-016-1(1)*, 137804, Picture Window Bks.) Capstone.

Bumble Bee Rock Around the Clock. Karen Weaver. Illus. by Jeanette Lees. 2018. (ENG.). (J). *(978-0-6481906-6-0(8))* Karen Mc Dermott.

Bumble Bee Story Collection. Pauline Tabrar. 2018. (ENG., Illus.). 46p. (J). *(978-1-78693-332-4(2))*; pap. *(978-1-78693-331-7(4))* Austin Macauley Pubs. Ltd.

Bumble Bees: Buzzing, Beautiful, Beneficial, Big Bees. Carol Ann Kearns. 2017. (ENG., Illus.). (YA). pap. *(978-1-912271-04-7(4))* Northern Bee Bks.

Bumble Bees ENG - FR. Robbyne Butter. 2019. (ENG.). 50p. (J). pap. 13.28 *(978-0-244-50676-6(0))* Lulu Pr., Inc.

Bumble Bees ENG - IT. Robbyne Butter. 2019. (ENG.). 48p. (J). pap. 23.99 ***(978-0-244-80721-4(3))*** Wright Bks.

Bumble Berry 'pop' Penny Beevor. 2018. (ENG., Illus.). 64p. (J). pap. 13.99 *(978-1-948390-58-3(2))* Pen It Pubns.

Bumble, Fly. Kevin McAllister. 2019. (ENG.). 36p. (J). 23.95 *(978-1-0980-0022-6(6))*; pap. 14.95 *(978-1-64515-584-3(6))* Christian Faith Publishing.

Bumble in the Barrel. P. A. Wolcott. 2019. (ENG.). 34p. (J). pap. 14.95 *(978-0-359-63134-6(7))* Lulu Pr., Inc.

Bumblebee at Super Hero High (DC Super Hero Girls) Lisa Yee. Illus. by Random House. 2018. (ENG.). 208p. (J). (gr. 4-7). 13.99 *(978-1-5247-6926-0(6)*, Random Hse. Bks. for Young Readers) Random Hse. Children's Bks.

Bumblebee Bogo's Budget (Classic Reprint) A. Retired Judge. 2017. (ENG., Illus.). (J). 27.34 *(978-0-260-67820-1(1))* Forgotten Bks.

Bumblebee Grumblebee. David Elliot. Illus. by David Elliot. 2022. (ENG., Illus.). 18p. (J). (gr. -1 — 1). bds. 9.99 *(978-1-77657-402-5(8)*, 6736b291-f231-4a71-93e9-cc7c7a584ce5) Gecko Pr. NZL. Dist: Lerner Publishing Group.

Bumblebee Who Decided to Be a Soldier el Abejorro Que Decidió Ser Soldado. José Luis Salgado. Illus. by Noreen Jamil - Pakistan. 2022. (SPA.). 62p. (J). pap. 16.49 *(978-1-6628-4805-6(6))* Salem Author Services.

Bumblebees. Patrick Perish. 2018. (Insects up Close Ser.). (ENG., Illus.). 24p. (J). (gr. k-3). lib. bdg. 26.95 *(978-1-62617-801-4(1)*, Blastoff! Readers) Bellwether Media.

Bumblebees, 1 vol. Omar Stone. 2016. (Dig Deep! Bugs That Live Underground Ser.). (ENG., Illus.). 24p. (J). (gr. 3-3). pap. 9.25 *(978-1-4994-2046-3(3)*, 7d8a2e48-6937-491e-b16c-28d867c56683, PowerKids Pr.) Rosen Publishing Group, Inc., The.

Bumblechunk & Tangle-Toof. Dandi Palmer. 2017. (ENG., Illus.). (J). pap. *(978-1-906442-61-3(4))* Dodo Bks.

Bumble's Works of Imagination. Emma H. Courville. 2018. (ENG., Illus.). 90p. (YA). pap. *(978-0-2288-0076-7(5))* Tellwell Talent.

Bumbleseed Tree. Barbara Swift Guidotti. Illus. by Barbara S. Guidotti. 2017. (Wallaboos Ser.: Vol. 6). (ENG.). (J). 14.99 *(978-0-9983526-6-4(7))* Sagaponack Bks.

Bumblesnot: How an Old Dog Found His Forever Home. John A. Gregory. 2020. (ENG.). 88p. (J). 24.99 *(978-1-7338930-0-8(8))* BookBaby.

Bump. Matt Wallace. (ENG.). (J). (gr. 3-7). 2022. 304p. pap. 7.99 *(978-0-06-300799-4(1))*; 2021. 288p. 16.99 *(978-0-06-300798-7(3))* HarperCollins Pubs. (Tegen, Katherine Bks).

Bump, Set, Spike: a Tough Choice. Josh Anderson & Gil Conrad. Illus. by Turner Lange. 2021. (Alien Invasion: Sports Edition Ser.). (ENG.). 32p. (J). (gr. 5-8). pap. 14.21 *(978-1-5341-8932-4(7)*, 219439); lib. bdg. 32.07 *(978-1-5341-8792-4(8)*, 219438) Cherry Lake Publishing. (Torch Graphic Press).

Bumper Book of Phonics Fun. Sara Wernham & Caroline Petherbridge. 2021. (ENG., Illus.). 164p. (J). (gr. -1-k). pap. 40.00 *(978-1-84414-841-7(6)*, Jolly Learning) Jolly Learning, Ltd. GBR. Dist: American International Distribution Corp.

Bumper Cars: Leveled Reader Red Fiction Level 4 Grade 1. Hmh Hmh. 2019. (Rigby PM Ser.). (ENG.). 16p. (J). (gr. 1). pap. 11.00 *(978-0-358-12133-6(7))* Houghton Mifflin Harcourt Publishing Co.

Bumper Dinosaur Activity Book: Stickers, Games & Dino-Doodling Fun! Natural History Museum, London. 2020. (ENG.). 80p. (J). (gr. k-2). pap. 10.99 *(978-0-565-09479-9(3))* Natural History Museum Pubns. GBR. Dist: Independent Pubs. Group.

Bumper the Bloodhound. Cathy Hodsdon. 2020. (ENG.). 42p. (J). pap. 6.99 *(978-1-6629-0007-5(4))* Gatekeeper Pr.

Bumper-To-Bumper Cars & Trucks Flash Cards: (Kids Flash Cards, Truck & Car Toys for Children) Illus. by Nick Lu. 2017. (Bumper-To-Bumper Ser.). (ENG.). 20p. (J). 14.99 *(978-1-4521-5503-6(8))* Chronicle Bks. LLC.

Bumper-To-Bumper Stroller Cars. Illus. by Nick Lu. 2017. (Bumper-To-Bumper Ser.). (ENG.). 10p. (J). 9.99 *(978-1-4521-5504-3(6))* Chronicle Bks. LLC.

Bumper's Garage. Geoff Holladay. Illus. by Mark Morgan. 2019. (Bumper's Garage Ser.: Vol. 1). (ENG.). 32p. (J). (gr. k-6). 19.00 *(978-0-9983352-2-3(3)*, Bk.ify by Sanitaryum) Sanitaryum.

Bumpety, Dunkety, Thumpety-Thump! K. L. Going. Illus. by Simone Shin. 2017. (ENG.). 48p. (J). (gr. -1-k). 17.99 *(978-1-4424-3414-1(7)*, Beach Lane Bks.) Beach Lane Bks.

Bumpkin the Goblin. Andrew Kelly. 2020. (ENG., Illus.). 46p. (J). pap. *(978-1-5289-9349-4(7))* Austin Macauley Pubs. Ltd.

Bumpy Tractor, Shiny Train: Touch & Feel Board Book. Igloo Igloo Books. 2019. (ENG.). 10p. (J). (gr. -1-1). bds. 12.99 *(978-1-4998-8152-3(5))* Igloo Bks. GBR. Dist: Simon & Schuster, Inc.

Bumwuzzle Rescue: Rumpa & the Snufflewort. Jean Paetkau. Illus. by Haley Paetkau & Jacob Paetkau. 2022. (ENG.). 102p. (J). pap. *(978-1-7777347-4-9(6))* LoGreco, Bruno.

Bun Bun Goes on Vacation: An Almost True Story. Robert Law. 2016. (ENG., Illus.). (J). 24.95 *(978-1-4808-3251-0(0))*; pap. 15.95 *(978-1-4808-3250-3(2))* Archway Publishing.

Bunch Grass: A Chronicle of Life on a Cattle Ranch. Horace Annesley Vachell. 2017. (ENG., Illus.). (J). 25.95 *(978-1-374-89162-3(2))*; pap. 15.95 *(978-1-374-89161-6(4))* Capital Communications, Inc.

Bunch Grass: A Chronicle of Life on a Cattle Ranch (Classic Reprint) Horace Annesley Vachell. (ENG., Illus.). (J). 2018. 316p. 30.43 *(978-0-483-66729-7(3))*; 2016. pap. 13.57 *(978-1-333-17981-6(2))* Forgotten Bks.

Bunch-Grass Stories (Classic Reprint) Lindon W. Bates. 2018. (ENG., Illus.). 280p. (J). 29.67 *(978-0-484-91081-1(7))* Forgotten Bks.

Bunch of Fun: A Farce in Three Acts (Classic Reprint) Erastus Osgood. (ENG., Illus.). (J). 2018. 80p. 25.55 *(978-0-267-30054-9(9))*; 2016. pap. 9.57 *(978-1-333-87217-5(8))* Forgotten Bks.

Bunch of Grapes (Classic Reprint) Unknown Author. 2018. (ENG., Illus.). 88p. (J). 25.73 *(978-0-332-43908-2(9))* Forgotten Bks.

Bunch of Grapes (Classic Reprint) Unknown Author. (ENG., Illus.). (J). 2018. 80p. 25.55 *(978-0-364-01338-0(9))*; 2017. pap. 9.57 *(978-0-243-51061-0(6))* Forgotten Bks.

Bunch of Keys. Tom Hood. 2017. (ENG.). 330p. (J). pap. *(978-3-337-06288-0(1))* Creation Pubs.

Bunch of Keys: Where They Were Found & What They Might Have Unlocked; a Christmas Book (Classic Reprint) Tom Hood. 2018. (ENG., Illus.). 326p. (J). 30.62 *(978-0-483-89406-8(0))* Forgotten Bks.

Bunch of Little Thieves (Classic Reprint) David Solon Greenberg. 2017. (ENG., Illus.). (J). 31.12 *(978-1-5285-5378-0(0))* Forgotten Bks.

Bunch of Munsch! (Combined Volume) A Robert Munsch Collection. Robert Munsch. Illus. by Jay Odjick & Michael Martchenko. ed. 2021. (ENG.). 184p. (J). (gr. -1-3). 24.99 *(978-1-4431-8264-5(8)*, North Winds Pr) Scholastic Canada, Ltd. CAN. Dist: Publishers Group West (PGW).

Bunch of Punctuation. Lee Bennett Hopkins. Illus. by Serge Bloch. 2018. (ENG.). 32p. (J). (gr. 3-7). 17.95 *(978-1-59078-994-0(6)*, Wordsong) Highlights Pr., c/o Highlights for Children, Inc.

Bunch of Shamrocks: Being a Collection of Irish Tales & Sketches (Classic Reprint) E. Owens Blackburne. 2018. (ENG., Illus.). 318p. (J). 30.46 *(978-0-483-70623-1(X))* Forgotten Bks.

Bunch of Violets (Classic Reprint) W. G. Bowdoin. 2018. (ENG., Illus.). 24p. (J). 24.39 *(978-0-267-68740-4(0))* Forgotten Bks.

Bunch of Violets (Classic Reprint) Lucy Lyttelton Cameron. (ENG., Illus.). (J). 2018. 20p. 24.31 *(978-0-267-57219-9(0))*; 2016. pap. 7.97 *(978-1-334-16646-4(3))* Forgotten Bks.

Bunch of Wild Flowers for the Children (Classic Reprint) Ida Prentice Whitcomb. 2017. (ENG., Illus.). (J). 26.91 *(978-0-331-29468-2(0))*; pap. 9.57 *(978-0-259-86675-6(X))* Forgotten Bks.

Bunch of Yarns & Rare Bits of Humor: An Original Collection of after-Dinner Stories, Humorous Anecdotes & Side-Splitting Jokes, Contributed by the Leading Humorists of the Vaudeville Stage (Classic Reprint) F. J. Cahill. 2017. (ENG., Illus.). (J). 27.16 *(978-0-266-70158-3(2))* Forgotten Bks.

Bund der Völker: Studien und Vorträge Zum Organisatorischen Pazifismus. Walther Schücking. 2021. (GER.). 178p. pap. ***(978-1-4710-3536-4(0))*** Lulu Pr., Inc.

Bunderley Boggard & Other Plays (Classic Reprint) John Metcalfe. 2018. (ENG., Illus.). 166p. (J). 27.32 *(978-0-666-30576-3(5))* Forgotten Bks.

Bundle of Fagots (Classic Reprint) Lavinia Hartwell Egan. 2018. (ENG., Illus.). 202p. (J). 28.06 *(978-0-483-36208-6(5))* Forgotten Bks.

Bundle of Letters. Henry James. 2023. (ENG.). 44p. (YA). pap. 12.99 ***(978-1-0881-1099-7(1))*** Indy Pub.

B

Bundle of Letters from over the Sea (Classic Reprint) Louise B. Robinson. 2018. (ENG., Illus.). 320p. (J). 30.50 *(978-0-428-62090-5(6))* Forgotten Bks.

Bundle of Nerves: A Story of Courage. Mari Schuh. Illus. by Natalia Moore. 2018. (Cloverleaf Books (tm) — Stories with Character Ser.). (ENG.). 24p. (J). (gr. k-2). pap. 8.99 *(978-1-5415-1066-1(6),* 64c65fb5-2dbd-4309-8225-c4171a343964, Millbrook Pr.) Lerner Publishing Group.

Bundle of Sunshine: An Avalanche of Mirth (Classic Reprint) Press Woodruff. 2018. (ENG., Illus.). 408p. (J). 32.33 *(978-0-484-70176-1(2))* Forgotten Bks.

Bundle of Yarns (Classic Reprint) Fred Warner Shibley. 2018. (ENG., Illus.). 258p. (J). 29.22 *(978-0-483-78483-3(4))* Forgotten Bks.

Bundle Up. Jennifer Sattler. Illus. by Jennifer Sattler. 2018. (ENG., Illus.). 22p. (J). (gr. -1-k). bds. 7.99 *(978-1-5341-1002-1(X),* 204582) Sleeping Bear Pr.

Bundle up, Little Pup. Dori Elys. Illus. by Elena Comte. 2023. (ENG.). 20p. (J). (gr. -1). bds. 7.99 ***(978-1-6659-4078-8(6),*** Little Simon) Little Simon.

Bundy the Possum. Carol Khan Nicholls. Illus. by Romulo T. Reyes III. 2019. (ENG.). 42p. (J). pap. *(978-1-925986-10-5(1))* Library For All Limited.

Bundy the Wonder Dog. Malcolm Brooks. 2020. (ENG.). 28p. (J). pap. *(978-1-5289-2925-7(X))* Austin Macauley Pubs. Ltd.

Bunga the Wise. Adapted by Steve Behling. 2016. (Illus.). 32p. (J). *(978-1-4806-9875-8(X))* Disney Publishing Worldwide.

Bunga the Wise. Steve Behling. ed. 2018. (World of Reading Ser.). (ENG.). 32p. (J). (gr. -1-1). 9.00 *(978-1-64310-644-1(9))* Penworthy Co., LLC, The.

Bungalow Figberry Mccoy. Kandice Bowe. 2nd ed. 2017. (ENG., Illus.). (J). pap. 11.95 *(978-1-946047-16-8(3),* DoodleCake) Irresistible Pr., LLC.

Bungee: A Doggy Tale. Martin Pryor. Illus. by Marvin T. Paracuelles. 2021. (ENG.). 22p. (J). *(978-0-2288-4915-5(2));* pap. *(978-0-2288-4914-8(4))* Tellwell Talent.

Bungee Jumping Logbook: Keep Track of Every Bungee Jump with This Comprehensive Bungee Jumping Logbook. Designed for Thrill-Seekers, This Logbook Has Space to Record the Jump Date, Location, Height, & Personal Best. Creative Visions Publishing. 2023. (ENG.). 122p. (YA). pap. ***(978-1-387-55038-8(1))*** Lulu Pr., Inc.

Bungler Bear & Friends. Michael Hogan. Illus. by Nicholas Mueller. 2022. (ENG.). 40p. (J). ***(978-1-0391-4501-6(9));*** pap. ***(978-1-0391-4500-9(0))*** FriesenPress.

Bunheads. Misty Copeland. Illus. by Setor Fiadzigbey. 2020. 32p. (J). (gr. k-3). 17.99 *(978-0-399-54764-5(9),* G.P. Putnam's Sons Books for Young Readers) Penguin Young Readers Group.

Bunjitsu Bunny Jumps to the Moon. John Himmelman. Illus. by John Himmelman. 2017. (Bunjitsu Bunny Ser.: 3). (ENG., Illus.). 144p. (J). pap. 6.99 *(978-1-250-12940-6(0),* 900158780) Square Fish.

Bunjitsu Bunny vs. Bunjitsu Bunny. John Himmelman. Illus. by John Himmelman. 2018. (Bunjitsu Bunny Ser.: 4). (ENG., Illus.). 128p. (J). pap. 8.99 *(978-1-250-17720-9(0),* 900158783) Square Fish.

Bunjitsu Bunny vs Bunjitsu Bunny. John Himmelman. ed. 2020. (Bunjitsu Bunny Ch Bks). (ENG.). 117p. (J). (gr. 2-3). 16.96 *(978-1-64697-272-2(4))* Penworthy Co., LLC, The.

Bunjitsu Bunny's Best Move. John Himmelman. Illus. by John Himmelman. ed. 2016. (Bunjitsu Bunny Ser.: 2). (ENG., Illus.). 128p. (J). (gr. 1-3). 16.00 *(978-0-606-39298-3(X))* Turtleback.

Bunk 9's Guide to Growing Up: Secrets, Tips, & Expert Advice on the Good, the Bad, & the Awkward. Adah Nuchi. Illus. by Meg Hunt. 2017. (ENG.). 192p. (J). (gr. 3-7). pap. 12.95 *(978-0-7611-9359-3(6),* 19359) Workman Publishing Co., Inc.

Bunk the Chipmunk's Quarantine Story. Victor Teran. 2020. 28p. (J). pap. 15.00 *(978-1-0983-2364-6(5))* BookBaby.

Bunker Bean (Classic Reprint) Harry Leon Wilson. 2017. (ENG., Illus.). (J). 30.81 *(978-0-266-20314-8(0))* Forgotten Bks.

Bunker Hill: Children's Colonial US History Book with Facts & Pictures. Bold Kids. 2022. (ENG.). 42p. (J). pap. 14.99 *(978-1-0717-0906-1(2))* FASTLANE LLC.

Bunker Ten. Jan-Andrew Henderson. 2019. ('dark Scotland' Thriller Ser.: Vol. 1). (ENG.). 290p. (YA). (gr. 7-12). pap. *(978-0-9928561-7-5(5))* Black Hart Entertainment.

Bunkie e Bonkie e Pirati (Italian) Bruno A. Bril et al. 2017. (ITA., Illus.). (J). pap. 17.95 *(978-1-68176-896-0(8))* America Star Bks.

Bunky & Lulu: Find Their Place. Cindi Handley Goodeaux. Illus. by Sanghamitra Dasgupta. 2020. (ENG.). 38p. (J). pap. 9.99 *(978-1-68160-019-2(6))* Crimson Cloak Publishing.

Bunn Bunns & the Helping Hands. Attila Krutilla. 2018. (ENG.). 38p. (J). 16.95 *(978-1-64307-058-2(4))* Amplify Publishing Group.

Bunnicorn. Rosie Greening. Illus. by Scott Barker. 2022. (ENG.). 12p. (J). (— 1). bds. 9.99 *(978-1-80337-500-7(0))* Make Believe Ideas GBR. Dist: Scholastic, Inc.

Bunnicorn & Friends Activity Book. Alexandra Robinson. Illus. by Scott Barker. 2022. (ENG.). 86p. (J). (gr. -1-k). 9.99 *(978-1-80058-997-1(2))* Make Believe Ideas GBR. Dist: Scholastic, Inc.

Bunnicula. James Howe et al. ed. 2022. (Bunnicula Ser.). (ENG.). 128p. (J). (gr. 3-7). 24.96 ***(978-1-68505-725-1(X))*** Penworthy Co., LLC, The.

Bunnicula: 40th Anniversary Edition. James Howe & Deborah Howe. Illus. by Alan Daniel. ed. 2019. (Bunnicula & Friends Ser.). (ENG.). 144p. (J). (gr. 3-7). pap. 10.99 *(978-1-5344-3593-3(X),* Atheneum Bks. for Young Readers) Simon & Schuster Children's Publishing.

Bunnicula Novel Units Student Packet. Novel Units. 2019. (ENG.). (J). pap., stu. ed. 13.99 *(978-1-56137-712-1(0),* Novel Units, Inc.) Classroom Library Co.

Bunnies. Trudy Dove. 2016. (ENG.). 119p. (J). 23.95 *(978-1-78554-302-9(4),* 98c4086d-2fec-4469-a24a-6f354ba14cbc); (Illus.). pap. 13.95 *(978-1-78554-301-2(6),* cd11b3eb-fbe0-429d-b593-f4e87c557324) Austin Macauley Pubs. Ltd. GBR. Dist: Baker & Taylor Publisher Services (BTPS).

Bunnies. Gail Gibbons. 2021. (Illus.). 22p. (J). (— 1). bds. 7.99 *(978-0-8234-4851-7(7))* Holiday Hse., Inc.

Bunnies. Kelsey Jopp. 2019. (Animal Babies Ser.). (ENG., Illus.). 16p. (J). (gr. k-1). 25.64 *(978-1-64185-743-7(9),* 1641857439, Focus Readers) North Star Editions.

Bunnies & Borscht. Maryam Kazelka. 2023. (ENG.). 28p. (J). pap. 9.00 ***(978-1-7334828-5-1(7))*** Mareldon.

Bunnies!!! Board Book: An Easter & Springtime Book for Kids. Kevan Atteberry. Illus. by Kevan Atteberry. 2018. (ENG., Illus.). 34p. (J). (gr. -1 — 1). bds. 7.99 *(978-0-06-274141-7(1),* HarperFestival) HarperCollins Pubs.

Bunnies, Bunnies & More Bunnies Coloring Book. Activibooks For Kids. 2016. (ENG., Illus.). (J). pap. 9.20 *(978-1-68321-076-4(X))* Mimaxion.

Bunnies, Ducks, & Baby Animals Coloring Book. Veronica Hue. 2023. (ENG.). 64p. (J). 7.99 *(978-1-4972-0632-8(4),* DO6168, Design Originals) Fox Chapel Publishing Co., Inc.

Bunnies, Ducks, & Other Barnyard Cuties! My Adorable Farm Animal Coloring Book. Smarter Activity Books for Kids. 2016. (ENG., Illus.). (J). pap. 9.22 *(978-1-68374-512-9(4))* Examined Solutions PTE. Ltd.

Bunnies from Head to Tail, 1 vol. Emmett Martin. 2020. (Animals from Head to Tail Ser.). (ENG.). 24p. (J). (gr. k-2). pap. 9.15 *(978-1-5382-5530-8(8),* a795e100-5aed-4128-9e93-fc73646a811f) Stevens, Gareth Publishing LLLP.

Bunnies Go to Europe: More Adventures on the Bunny Trail. Kim Broder. 2019. (ENG.). 56p. (J). 16.95 *(978-0-578-45545-7(5))* 1989.

Bunnies Hop. Rebecca Glaser. 2017. (Amicus Ink Board Bks.). (Illus.). 14p. (J). (gr. -1 — 1). bds. 7.99 *(978-1-68152-199-2(7),* 14730) Amicus.

Bunnies in a Boat. Philip Ardagh. Illus. by Ben Mantle. 2023. (ENG.). 32p. (J). (-k). 17.99 *(978-1-5362-2833-5(8))* Candlewick Pr.

Bunnies Just Doing Things. Anastasia Cyr. 2022. (Bijou Bks.: 1). 34p. (J). 30.00 *(978-1-6678-5804-3(1))* BookBaby.

Bunnies Learn to Meditate: More Adventures on the Bunny Trail. Kim Broder. 2021. (ENG.). 34p. (J). 16.95 *(978-0-578-83703-1(X))* 1989.

Bunnies on the Bus. Philip Ardagh. Illus. by Ben Mantle. 2020. (ENG.). 32p. (J). (gr. -1-2). 17.99 *(978-1-5362-1116-0(8))* Candlewick Pr.

Bunny. Douglas Bender. 2022. (My First Pet Ser.). (ENG.). 16p. (J). (gr. -1-1). pap. 7.95 *(978-1-63897-548-9(5),* 20799); lib. bdg. 25.27 *(978-1-63897-433-8(0),* 20798) Seahorse Publishing.

Bunny. Peter Lynas. 2018. (ENG., Illus.). 34p. (J). pap. *(978-0-9933403-3-8(4),* Made-Up Books) Lynas, P J.

Bunny. Christina Schwabauer. 2021. (ENG.). 34p. (J). 22.95 *(978-1-63814-950-7(X));* pap. 12.95 *(978-1-63814-927-9(5))* Covenant Bks.

Bunny & Bear: The First Day of School. Sara Reda. Illus. by Mostafa Taaeb. 2020. (Bunny & Bear Ser.: Vol. 1). (ENG.). 24p. (J). *(978-0-2288-2773-3(6));* pap. *(978-0-2288-2772-6(8))* Tellwell Talent.

Bunny & Bear Work It Out. Jason Anderson. Illus. by Kathrine Gutkovskiy. 2019. (ENG.). 26p. (J). pap. 12.99 *(978-1-5439-7833-9(9))* BookBaby.

Bunny & Chick. Emily Skwish. Illus. by John John Bajet. (Seasonal Concepts Ser.). (ENG.). (J). (gr. k-2). 2021. 24p. lib. bdg. 24.69 *(978-1-64996-151-8(0),* 4914, Sequoia Kids Media); 2020. 20p. bds. 10.99 *(978-1-5037-5229-0(1),* 3541, PI Kids) Phoenix International Publications, Inc.

Bunny & Friends. Penny Pace Hundley. 2018. (ENG., Illus.). 40p. (J). pap. 13.95 *(978-1-64258-616-9(1))* Christian Faith Publishing.

Bunny & Friends Touch & Feel. Roger Priddy. 2017. (Baby Touch & Feel Ser.). (ENG., Illus.). 10p. (J). bds. 8.99 *(978-0-312-52200-1(2),* 900171719) St. Martin's Pr.

Bunny & Puppy / Conejito y Perrito. Xist Publishing. 2017. (Xist Kids Bilingual Spanish English Ser.). (ENG & SPA., Illus.). 28p. (J). (gr. -1-3). pap. 9.99 *(978-1-5324-0247-0(3))* Xist Publishing.

Bunny & the Fig Tree. Donna Ross. 2022. (ENG.). 28p. (J). ***(978-0-2288-6464-6(X));*** pap. ***(978-0-2288-6463-9(1))*** Tellwell Talent.

Bunny & Tree. Created by Balint Zsako. 2023. (Illus.). 184p. (J). (gr. 2-16). 29.95 *(978-1-59270-393-7(3))* Enchanted Lion Bks., LLC.

Bunny & Wolfy. Jennifer Delgado. Illus. by Jennifer Delgado. 2020. (ENG.). 39p. (J). *(978-1-716-59296-6(8))* Lulu Pr., Inc.

Bunny & Wolfy: Meet Covid-19. Jennifer Delgado. Illus. by Jennifer Delgado. 2020. (ENG.). 33p. (J). ***(978-1-716-59140-2(6))*** Lulu Pr., Inc.

Bunny & Wolfy Go Fishing. Jennifer Delgado. Illus. by Jennifer Delgado. 2020. (ENG.). 33p. (J). ***(978-1-716-56742-1(4))*** Lulu Pr., Inc.

Bunny Angel. Jennifer Gallagher. Illus. by Robin Baird Lewis. 2020. (ENG.). 40p. (J). *(978-1-5255-6673-8(3));* pap. *(978-1-5255-6674-5(1))* FriesenPress.

Bunny Band, 1 vol. Bill Richardson. Illus. by Roxanna Bikadoroff. 2018. 32p. (J). (gr. k-2). 16.95 *(978-1-77306-093-4(7))* Groundwood Bks. CAN. Dist: Publishers Group West (PGW).

Bunny Berry Tales. Dale Anne Fitzgerald. 2020. (ENG., Illus.). 40p. (J). pap. 14.95 *(978-1-64670-856-7(3))* Covenant Bks.

Bunny Blessings, 1 vol. Kim Washburn. Illus. by Jacqueline East. 2018. (ENG.). 18p. (J). bds. 8.99 *(978-0-310-76209-6(X))* Zonderkidz.

Bunny Bob: The Bumbling Easter Bunny. Sandi Latimer. 2016. (ENG., Illus.). (J). 14.95 *(978-1-61984-552-7(0))* Gatekeeper Pr.

Bunny Bonanza (Must Love Pets #3) Saadia Faruqi. 2023. (Must Love Pets Ser.). (ENG.). 208p. (J). (gr. 3-7). pap. 7.99 *(978-1-338-78348-3(3),* Scholastic Paperbacks) Scholastic, Inc.

Bunny Braves the Day: A First-Day-Of-School Story. Suzanne Bloom. 2020. (ENG., Illus.). 32p. (J). (gr. -1-2). 17.99 *(978-1-68437-812-8(5),* Astra Young Readers) Astra Publishing Hse.

Bunny Brown & His Sister Sue. Laura Lee Hope. 2018. (ENG., Illus.). 148p. (YA). (gr. 7-12). pap. *(978-93-5297-297-5(X))* Alpha Editions.

Bunny Brown & His Sister Sue: And Their Shetland Pony (Classic Reprint) Laura Lee Hope. 2018. (ENG., Illus.). 262p. (J). 29.30 *(978-0-267-27145-0(X))* Forgotten Bks.

Bunny Brown & His Sister Sue & Their Shetland Pony. Laura Lee Hope. 2018. (ENG., Illus.). 160p. (YA). (gr. 7-12). pap. *(978-93-5297-298-2(8))* Alpha Editions.

Bunny Brown & His Sister Sue & Their Shetland Pony. Laura Lee Hope. 2017. (ENG., Illus.). (J). pap. 13.95 *(978-1-374-85253-2(8))* Capital Communications, Inc.

Bunny Brown & His Sister Sue at Aunt Lu's City Home. Laura Lee Hope. 2018. (ENG., Illus.). 148p. (YA). (gr. 7-12). pap. *(978-93-5297-299-9(6))* Alpha Editions.

Bunny Brown & His Sister Sue at Aunt Lu's City Home (Classic Reprint) Laura Lee Hope. (ENG., Illus.). (J). 2018. 268p. 29.42 *(978-0-365-15910-0(7));* 2017. pap. 11.97 *(978-0-259-54666-5(6))* Forgotten Bks.

Bunny Brown & His Sister Sue at Camp Rest-A-While. Laura Lee Hope. 2018. (ENG., Illus.). 148p. (YA). (gr. 7-12). pap. *(978-93-5297-300-2(3))* Alpha Editions.

Bunny Brown & His Sister Sue at Camp Rest a While. Laura Lee Hope. 2017. (ENG., Illus.). (J). 22.95 *(978-1-374-85252-5(X));* pap. 12.95 *(978-1-374-85251-8(1))* Capital Communications, Inc.

Bunny Brown & His Sister Sue at Camp Rest-A-While (Classic Reprint) Laura Lee Hope. 2017. (ENG., Illus.). (J). 29.36 *(978-0-265-22337-6(7))* Forgotten Bks.

Bunny Brown & His Sister Sue at Christmas Tree Cove. Laura Lee Hope. 2018. (ENG., Illus.). 148p. (YA). (gr. 7-12). pap. *(978-93-5297-301-9(1))* Alpha Editions.

Bunny Brown & His Sister Sue Giving a Show. Laura Lee Hope. 2018. (ENG., Illus.). 148p. (YA). (gr. 7-12). pap. *(978-93-5297-302-6(X))* Alpha Editions.

Bunny Brown & His Sister Sue Giving a Show. Laura Lee Hope. 2017. (ENG., Illus.). (J). 23.95 *(978-1-374-84196-3(X))* Capital Communications, Inc.

Bunny Brown & His Sister Sue Giving a Show (Classic Reprint) Laura Lee Hope. 2018. (ENG., Illus.). 266p. (J). 29.40 *(978-0-267-11267-8(X))* Forgotten Bks.

Bunny Brown & His Sister Sue in the Big Woods. Laura Lee Hope. 2018. (ENG., Illus.). 146p. (YA). (gr. 7-12). pap. *(978-93-5297-303-3(8))* Alpha Editions.

Bunny Brown & His Sister Sue in the Big Woods (Classic Reprint) Laura Lee Hope. 2018. (ENG., Illus.). 266p. (J). 29.38 *(978-0-267-10426-0(X))* Forgotten Bks.

Bunny Brown & His Sister Sue in the Sunny South. Laura Lee Hope. 2018. (ENG., Illus.). 142p. (YA). (gr. 7-12). pap. *(978-93-5297-304-0(6))* Alpha Editions.

Bunny Brown & His Sister Sue in the Sunny South. Laura Lee Hope. 2017. (ENG., Illus.). (J). pap. 12.95 *(978-1-374-84891-7(3))* Capital Communications, Inc.

Bunny Brown & His Sister Sue in the Sunny South (Classic Reprint) Laura Lee Hope. 2018. (ENG., Illus.). 260p. (J). 29.26 *(978-0-332-97971-7(7))* Forgotten Bks.

Bunny Brown & His Sister Sue Keeping Store. Laura Lee Hope. 2018. (ENG., Illus.). 152p. (YA). (gr. 7-12). pap. *(978-93-5297-305-7(4))* Alpha Editions.

Bunny Brown & His Sister Sue on an Auto Tour. Laura Lee Hope. 2018. (ENG., Illus.). 148p. (YA). (gr. 7-12). pap. *(978-93-5297-306-4(2))* Alpha Editions.

Bunny Brown & His Sister Sue on an Auto Tour. Laura Lee Hope. 2017. (ENG., Illus.). (J). pap. 12.95 *(978-1-374-84145-1(5))* Capital Communications, Inc.

Bunny Brown & His Sister Sue on Grandpa's Farm. Laura Lee Hope. 2018. (ENG., Illus.). 150p. (YA). (gr. 7-12). pap. *(978-93-5297-307-1(0))* Alpha Editions.

Bunny Brown & His Sister Sue on Grandpa's Farm (Classic Reprint) Laura Lee Hope. (ENG., Illus.). (J). 2018. 266p. 29.36 *(978-0-428-99972-8(7));* 2017. pap. 11.97 *(978-0-243-89928-9(9))* Forgotten Bks.

Bunny Brown & His Sister Sue Playing Circus. Laura Lee Hope. 2018. (ENG., Illus.). 150p. (YA). (gr. 7-12). pap. *(978-93-5297-308-8(9))* Alpha Editions.

Bunny Brunch. Little Bee Books. Illus. by Allison Black. 2022. (Crunchy Board Bks.). (ENG.). 12p. (J). (gr. -1-1). bds. 9.99 *(978-1-4998-1269-5(8))* Little Bee Books Inc.

Bunny Bunanza. Becky Friedman. ed. 2020. (Disney 8x8 Ser.). (ENG.). 23p. (J). (gr. k-1). 14.96 *(978-1-64697-185-5(X))* Penworthy Co., LLC, The.

Bunny Bunda's First Adventure. Jg Smyles. 2019. (ENG.). 48p. (J). pap. 7.50 *(978-0-359-43393-3(6))* Lulu Pr., Inc.

Bunny, Bunny, Bun-Bun - Caring for Rabbits Book for Kids Children's Rabbit Books. Pets Unchained. 2017. (ENG., Illus.). 64p. (J). pap. 9.52 *(978-1-5419-1622-7(0))* Speedy Publishing LLC.

Bunny Burrow Buyer's Book: A Tale of Rabbit Real Estate. Steve Light. 2016. (ENG., Illus.). 40p. (J). (gr. -1-3). 19.95 *(978-1-57687-752-4(3),* powerHouse Bks.) powerHse. Bks.

Bunny Business (Mama's Day at Work) Lori Richmond. 2020. (ENG., Illus.). 32p. (J). (gr. -1-k). 18.99 *(978-0-545-92590-7(8),* Scholastic Pr.) Scholastic, Inc.

Bunny Call: an AFK Book (Five Nights at Freddy's: Fazbear Frights #5), 1 vol. Scott Cawthon. 2020. (Five Nights at Freddy's Ser.: 5). (ENG.). 240p. (YA). (gr. 7-7). pap. 9.99 *(978-1-338-57604-7(6))* Scholastic, Inc.

Bunny! Don't Play with Your Food. Paul Schmid. 2021. (ENG., Illus.). 26p. (J). bds. 8.99 *(978-1-5248-6469-9(2))* Andrews McMeel Publishing.

Bunny Ears. Jeffrey Burton. Illus. by Julia Green. 2021. (ENG.). 14p. (J). (gr. -1-k). bds. 7.99 *(978-1-5344-8251-7(2),* Little Simon) Little Simon.

Bunny Finds Easter, 1 vol. Laura Sassi. 2022. (ENG., Illus.). 18p. (J). bds. 8.99 *(978-0-310-73419-2(3))* Zonderkidz.

Bunny Fun Coloring Book for Kids: Let's Play! Betsy Miller & Jill Harold. 2022. (ENG.). 86p. (J). pap. 9.99 *(978-1-942480-32-7(6))* Thinking Ink Pr.

Bunny, Hop! Peek & Pop. Kat Caldwell. Illus. by Julilustrador. 2020. (ENG.). 20p. (J). bds. 9.99 *(978-1-5037-5596-3(7),* 3729, Sunbird Books) Phoenix International Publications, Inc.

Bunny Ideas. Renée Treml. Illus. by Renée Treml. 2023. (Super Adventures of Ollie & Bea Ser.). (ENG.). 64p. (J). 23.99 *(978-1-6663-9385-9(1),* 244792); pap. 7.99 *(978-1-6663-9608-9(7),* 244780) Capstone. (Picture Window Bks.).

Bunny in the Middle. Anika A. Denise. Illus. by Christopher Denise. 2019. (ENG.). 40p. (J). 17.99 *(978-1-250-12036-6(5),* 900173006, Holt, Henry & Co. Bks. For Young Readers) Holt, Henry & Co.

Bunny Man Bridge. Virginia Loh-Hagan. 2017. (Urban Legends: Don't Read Alone! Ser.). (ENG., Illus.). 32p. (J). (gr. 4-8). lib. bdg. 32.07 *(978-1-63472-901-7(3),* 210030, 45th Parallel Press) Cherry Lake Publishing.

Bunny Named Easter. Gerda Brien Cristal. Illus. by Gerda Brien Cristal. 2021. (ENG.). 32p. (J). pap. 12.95 *(978-1-0983-7822-6(9))* BookBaby.

Bunny Overboard. Claudia Rueda. 2020. (ENG., Illus.). 80p. (J). (gr. -1-k). 16.99 *(978-1-4521-6256-0(5))* Chronicle Bks. LLC.

Bunny Poets. Barbara Toboni. Illus. by Sandy Ferguson Fuller. 2018. (ENG.). 36p. (J). (gr. k-6). 17.99 *(978-1-365-86137-6(6));* pap. 13.99 *(978-1-365-86139-0(2))* Lulu Pr., Inc.

Bunny Poets Dyslexic Font. Barbara Toboni. Illus. by Sandy Ferguson Fuller. 2018. (ENG.). 36p. (J). (gr. k-6). 21.99 *(978-1-365-86138-3(4));* pap. 15.99 *(978-1-365-86140-6(6))* Lulu Pr., Inc.

Bunny Rabbit Show! Sandra Boynton. Illus. by Sandra Boynton. 2023. (Boynton on Board Ser.). (ENG., Illus.). 24p. (J). (gr. -1-k). bds., bds. 7.99 *(978-1-6659-2501-3(9))* Simon & Schuster Children's Publishing.

Bunny Roo & Duckling Too. Melissa Marr. Illus. by Teagan White. 32p. (J). (— 1). 2022. bds. 7.99 *(978-0-525-51608-8(5));* 2021. 17.99 *(978-0-525-51604-0(2))* Penguin Young Readers Group. (Nancy Paulsen Books).

Bunny Slopes: (Winter Books for Kids, Snow Children's Books, Skiing Books for Kids) Claudia Rueda. 2016. (Bunny Interactive Picture Bks.). (ENG., Illus.). 60p. (J). (gr. -1-k). 16.99 *(978-1-4521-4197-8(5))* Chronicle Bks. LLC.

Bunny Stories: For Young People (Classic Reprint) John Howard Jewett. 2018. (ENG., Illus.). 218p. (J). 28.39 *(978-0-484-54651-5(1))* Forgotten Bks.

Bunny Stories - Story 1: The Gift. Patsy Jo Johnson. 2022. (ENG., Illus.). 22p. (J). pap. 13.95 ***(978-1-63881-927-1(0))*** Newman Springs Publishing, Inc.

Bunny Story. Tracy Abney-Morrow. Illus. by Jeremy Wells. 2021. 32p. (J). pap. 12.89 *(978-1-0983-5978-2(X))* BookBaby.

Bunny Surprise, 2. Amy Edgar. ed. 2018. (Scholastic Readers Ser.). (ENG.). 32p. (J). (gr. -1-1). 13.89 *(978-1-64310-471-3(3))* Penworthy Co., LLC, The.

Bunny Trail for Children. Kim Broder. 2018. (ENG., Illus.). 44p. (J). 16.95 ***(978-1-387-85053-2(9))*** 1989.

Bunny Trouble. Frederick Warne. ed. 2020. (Penguin Young Readers Ser.). (ENG., Illus.). 31p. (J). (gr. 2-3). 14.89 *(978-1-64697-186-2(8))* Penworthy Co., LLC, The.

Bunny vs. Monkey. Jamie Smart. 2023. (Bunny vs. Monkey Ser.). (ENG.). 256p. (J). (gr. 3-7). 21.99 ***(978-1-4549-5032-5(3));*** pap. 12.99 ***(978-1-4549-5033-2(1))*** Sterling Publishing Co., Inc. (Union Square Pr.).

Bunny vs. Monkey: a Graphic Novel. Jamie Smart. Illus. by Jamie Smart. 2016. (Bunny vs. Monkey Ser.: 1). (ENG., Illus.). 64p. (J). (gr. 2-5). pap. 7.99 *(978-0-545-86184-7(5),* Graphix) Scholastic, Inc.

Bunny vs. Monkey Book 3. Jamie Smart. ed. 2018. (Bunny vs. Monkey Ser.: 3). lib. bdg. 18.40 *(978-0-606-41145-5(3))* Turtleback.

Bunny vs. Monkey: Book Three. Jamie Smart. 2018. (Bunny vs. Monkey Ser.: 3). (ENG.). 64p. (J). (gr. 2-5). pap. 7.99 *(978-1-338-17686-5(2))* Scholastic, Inc.

Bunny Who Found Easter Gift Edition: An Easter & Springtime Book for Kids. Charlotte Zolotow. Illus. by Betty F. Peterson & Helen Craig. 2018. (ENG.). 40p. (J). (gr. -1-3). 8.99 *(978-1-328-69467-6(4),* 1671423, Clarion Bks.) HarperCollins Pubs.

Bunny Who Never Went to Sleep. Cecilia Smith. 2021. (ENG.). 32p. (J). (gr. -1-2). 12.99 *(978-1-5324-1615-6(6));* pap. 12.99 *(978-1-5324-1614-9(8))* Xist Publishing.

Bunny Will Not Be Quiet! Jason Tharp. ed. 2020. (Ready-To-Read Ser.). (ENG., Illus.). 32p. (J). (gr. k-1). 13.96 *(978-1-64697-483-2(2))* Penworthy Co., LLC, The.

Bunny Will Not Be Quiet! Ready-To-Read Level 1. Jason Tharp. Illus. by Jason Tharp. 2020. (Ready-To-Read Ser.). (ENG., Illus.). 32p. (J). (gr. -1-1). 17.99 *(978-1-5344-6638-8(X));* pap. 4.99 *(978-1-5344-6637-1(1))* Simon Spotlight. (Simon Spotlight).

Bunny Will Not Jump! Jason Tharp. ed. 2021. (Ready-To-Read Ser.). (ENG., Illus.). 32p. (J). (gr. k-1). 13.96 *(978-1-64697-749-9(1))* Penworthy Co., LLC, The.

Bunny Will Not Jump! Ready-To-Read Level 1. Jason Tharp. Illus. by Jason Tharp. 2020. (Ready-To-Read Ser.). (ENG., Illus.). 32p. (J). (gr. -1-1). 17.99 *(978-1-5344-8303-3(9));* pap. 4.99 *(978-1-5344-8302-6(0))* Simon Spotlight. (Simon Spotlight).

Bunny Will Not Smile! Jason Tharp. ed. 2019. (Ready-To-Read Ser.). (ENG.). 32p. (J). (gr. k-1). 13.96 *(978-0-87617-990-1(1))* Penworthy Co., LLC, The.

Bunny Will Not Smile! Ready-To-Read Level 1. Jason Tharp. Illus. by Jason Tharp. 2019. (Ready-To-Read Ser.). (ENG., Illus.). 32p. (J). (gr. -1-1). 17.99 *(978-1-5344-2509-5(8));* pap. 4.99 *(978-1-5344-2508-8(X))* Simon Spotlight. (Simon Spotlight).

Bunny with a Big Heart. Zoe Waring. 2022. 32p. (J). (gr. -1-k). 17.99 *(978-1-4549-4351-8(3))* Sterling Publishing Co., Inc.

Bunnybear. Andrea J. Loney. 2018. (2019 Av2 Fiction Ser.). (ENG.). 32p. (J). (gr. -1-3). lib. bdg. 34.28 *(978-1-4896-8251-2(1),* AV2 by Weigl) Weigl Pubs., Inc.

Bunnybear. Andrea J. Loney. Illus. by Carmen Saldaña. 2021. (ENG.). 32p. (J). (gr. -1-3). pap. 7.99 *(978-0-8075-0947-0(7),* 807509477) Whitman, Albert & Co.

Bunnyfly & the Big Question. Tania-Brianne Peritz-Fox. Illus. by Kimberly Nicholls. 2019. (ENG.). 50p. (J). pap. 11.95 *(978-0-692-59823-8(5))* Bunnyfly's Big Bk. Machine.

Bunnyland. Leann Cannon. Illus. by Mahmudul Hasan Likhon. 2021. (ENG.). 30p. (J). 24.99 *(978-1-68564-211-2(X));* pap. 11.99 *(978-1-68564-210-5(1))* Primedia eLaunch LLC.

TITLE INDEX BURN

Bunny's Big Surprise. Phyllis Limbacher Tildes. Illus. by Phyllis Limbacher Tildes. 2020. (Illus.). 32p. (J). (-k). lib. bdg. 16.99 *(978-1-58089-684-9(7))* Charlesbridge Publishing, Inc.

Bunny's Birthday! Angela Woodley. 2023. (ENG.). 50p. (J). pap. 19.99 ***(978-1-0882-0656-0(5))*** Indy Pub.

Bunny's Book Club. Annie Silvestro. Illus. by Tatjana Mai-Wyss. 2017. 40p. (J). (gr. -1-2). 17.99 *(978-0-553-53758-1(X)*, Doubleday Bks. for Young Readers) Random Hse. Children's Bks.

Bunny's Book Club Goes to School. Annie Silvestro. Illus. by Tatjana Mai-Wyss. 2019. 40p. (J). (gr. -1-2). 17.99 *(978-0-525-64464-4(4)*, Doubleday Bks. for Young Readers) Random Hse. Children's Bks.

Bunny's First Christmas. Enid Blyton. Illus. by Becky Cameron. 2023. (ENG.). 32p. (J). (gr. -1-k). pap. 10.99 ***(978-1-4449-5832-4(1))*** Hachette Children's Group GBR. Dist: Hachette Bk. Group.

Bunny's First Space Mission: With Glitter Pouch. IglooBooks. Illus. by Anna Kubaszewska. 2022. (ENG.). 22p. (J). (— 1). 9.99 *(978-1-83903-788-7(1))* Igloo Bks. GBR. Dist: Simon & Schuster, Inc.

Bunnys' Go to the Circus. Patrick Shanahan. Illus. by Sanghamitra Dasgupta. 2020. (ENG.). 40p. (J). pap. 9.99 *(978-1-68160-725-2(5))* Crimson Cloak Publishing.

Bunny's Lessons. Tireo. Illus. by Barroux. 2023. (ENG.). 38p. (J). pap. 12.99 ***(978-1-60905-672-8(8))*** Blue Apple Bks.

Bunny's Song. Jen Selinsky. 2019. (ENG., Illus.). 80p. (J). 25.99 *(978-1-950454-09-9(6))* Pen It Pubns.

Bunny's Staycation (Mama's Business Trip) Lori Richmond. 2018. (ENG., Illus.). 32p. (J). (gr. -1-k). 17.99 *(978-0-545-92589-1(4)*, Scholastic Pr.) Scholastic, Inc.

Bunny's True Friends. Angela Woodley. 2022. (ENG.). 36p. (J). pap. 9.99 ***(978-1-0879-2537-0(1))*** Indy Pub.

Bunso Meets a Mumu. Valdez. Illus. by Valdez. l.t. ed. 2021. (ENG.). 54p. (J). pap. 18.00 *(978-0-692-90926-3(5))* Byrd, Jesse Jr.

Bunty Bailey's Adventures in Berrima. Rosalind Dale. 2018. (ENG., Illus.). 100p. (J). (gr. 2-6). pap. *(978-0-6482086-4-8(8))* Aurora House.

Bunty Byclops Crime Buster. James F. Park. 2019. (ENG.). 80p. (J). pap. ***(978-0-244-76309-1(7))*** Lulu Pr., Inc.

Bunyan Characters, Third Series: Lectures Delivered in St. George's Free Church Edinburgh. Alexander Whyte. 2017. (ENG., Illus.). (J). 24.95 *(978-1-374-85474-1(3))*; pap. 14.95 *(978-1-374-85473-4(5))* Capital Communications, Inc.

Buo, el Buho Sabanero: Buo, the Burrowing Owl. Georgette L. Baker. 2017. (SPA., Illus.). (J). pap. 9.95 *(978-1-892306-54-8(9))* Cantemos-bilingual bks. and music.

Buon Compleanno, Drago! (Happy Birthday, Dragon!) una Simpatica e Divertente Storia per Bambini, per Insegnare Loro a Festeggiare I Compleanni. Steve Herman. 2020. (My Dragon Books Italiano Ser.: Vol. 6). (ITA.). 46p. (J). (gr. k-3). 18.95 *(978-1-950280-60-5(8))*; pap. 12.95 *(978-1-950280-59-9(4))* Digital Golden Solutions LLC.

Buona Lettura Matilde. Luciano Reale. 2021. (ITA.). 58p. (YA). pap. *(978-1-365-82282-7(6))* Lulu Pr., Inc.

Buona Pasqua - Libro Di Matematica Da Colorare: La Pixel Art per Bambini: Problemi Pratici con Addizioni, Sottrazioni, Moltiplicazioni e Divisioni (per la Scuola Elementare) Gameplay Publishing. 2019. (ITA.). 42p. (J). pap. *(978-1-912191-14-7(8))* Gameplay Publishing.

Buonanotte Tesoro! Goodnight, My Love! Italian English Bilingual. Shelley Admont & Kidkiddos Books. 2018. (Italian English Bilingual Collection). (ITA., Illus.). 34p. (J). (gr. k-3). *(978-1-5259-0997-9(5))*; pap. *(978-1-5259-0996-2(7))* Kidkiddos Bks.

Buonanotte Tesoro! (Italian Book for Kids) Goodnight, My Love! - Italian Children's Book. Shelley Admont & S. a Publishing. 2018. (Italian Bedtime Collection). (ITA., Illus.). 34p. (J). (gr. k-3). *(978-1-5259-0709-8(3))*; pap. *(978-1-5259-0708-1(5))* Kidkiddos Bks.

Burbujas. Ben Clanton. 2022. (SPA.). 24p. (J). (gr. k-k). bds. 18.99 *(978-84-261-4745-5(3))* Juventud, Editorial ESP. Dist: Lectorum Pubns., Inc.

Burbury Stoke (Classic Reprint) William John Hopkins. (ENG., Illus.). (J). 2018. 334p. 30.79 *(978-0-267-36869-3(0))*; 2017. pap. 13.57 *(978-1-5276-6184-4(9))* Forgotten Bks.

Burby Bear's Surprise Award. C. T. Martin. 2021. (ENG.). 24p. (J). pap. 12.95 *(978-1-64801-739-1(8))* Newman Springs Publishing, Inc.

Burden: A Play in One Act (Classic Reprint) Elma Ehrich Levinger. (ENG., Illus.). (J). 2018. 36p. 24.72 *(978-0-332-45663-8(3))*; 2017. pap. 7.97 *(978-0-243-09435-6(3))* Forgotten Bks.

Burden Falls. Kat Ellis. 2021. (ENG.). 352p. (YA). (gr. 7). 18.99 *(978-0-5848-1456-2(7)*, Dial Bks) Penguin Young Readers Group.

Burden Lifted (Classic Reprint) Josephine Pollard. (ENG., Illus.). (J). 2018. 170p. 27.42 *(978-0-365-37971-3(9))*; 2017. pap. 9.97 *(978-0-259-26400-2(8))* Forgotten Bks.

Burden of Christopher (Classic Reprint) Florence Converse. 2018. (ENG., Illus.). 332p. (J). 30.76 *(978-0-483-99957-2(1))* Forgotten Bks.

Burden of Isabel: A Novel (Classic Reprint) J. Maclaren Cobban. 2018. (ENG., Illus.). 340p. (J). 30.91 *(978-0-267-16551-3(X))* Forgotten Bks.

Burden of Isabel, Vol. 1 of 3 (Classic Reprint) J. Maclaren Cobban. 2018. (ENG., Illus.). 310p. (J). 30.31 *(978-0-428-94151-2(6))* Forgotten Bks.

Burden of Isabel, Vol. 2 of 3 (Classic Reprint) J. Maclaren Cobban. 2018. (ENG., Illus.). 336p. (J). 30.83 *(978-0-267-20435-9(3))* Forgotten Bks.

Burden of Isabel, Vol. 3 of 3 (Classic Reprint) J. Maclaren Cobban. 2018. (ENG., Illus.). 308p. (J). 30.27 *(978-0-267-09404-2(3))* Forgotten Bks.

Burden of Secrets. Jillian Storm. 2020. (ENG.). 170p. (YA). (gr. 7-12). pap. 12.99 *(978-0-578-63459-3(7))* Scribbles 'n Lit.

Burden of the Strong (Classic Reprint) Josephine Turck Baker. (ENG., Illus.). (J). 2018. 224p. 28.54 *(978-0-365-40696-9(1))*; 2017. pap. 10.97 *(978-0-259-18708-0(9))* Forgotten Bks.

Burden of Trust. Nikki Frank. 2020. (ENG.). 342p. (YA). pap. 16.99 *(978-1-64716-072-2(3))* Soul Mate Publishing.

Burden's Edge. Sever Bronny. 2017. (ENG., Illus.). 412p. (J). pap. *(978-1-7751729-0-1(2))* Bronny, Sever.

Burdock Blood Bitters, 1913, Vol. 47: Almanac & Key to Good Health (Classic Reprint) T. Milburn Company Limited. 2017. (ENG., Illus.). (J). 24.68 *(978-0-265-58874-1(X))*; pap. 7.97 *(978-0-282-88647-9(8))* Forgotten Bks.

Bureau de Docteur Numero 2: Livre Coloriage Pour Enfants. Bold Illustrations. 2017. (FRE., Illus.). 82p. (J). pap. 8.35 *(978-1-64193-071-0(3)*, Bold Illustrations) FASTLANE LLC.

Bureau de Poste. Alicia Rodriguez. Tr. by Annie Evearts. 2021. (Je découvre Ma Communauté (I Spy in My Community) Ser.). (FRE., Illus.). 16p. (J). (gr. -1-1). pap. *(978-1-0396-0501-5(X)*, 12699) Crabtree Publishing Co.

Bureau du Docteur 1: Livre Coloriage Pour Enfants. Bold Illustrations. 2017. (FRE., Illus.). (J). pap. 8.35 *(978-1-64193-070-3(5)*, Bold Illustrations) FASTLANE LLC.

Bureau of Dangerous Matter. Hargus Montgomery. 2017. (Last Days of Kerious Pye Ser.: Vol. 2). (ENG., Illus.). (YA). (gr. 8-12). pap. 16.99 *(978-0-9899654-7-7(3))* Keriouspyeseries LLC.

Bureau Typographique: Livre Elementaire, a l'Usage des Enfan; Orne de 24 Jolis Tableaux des Arts et Metiers, Propres a Interesser la Curiosite des Enfans, et a Leur Fait Aimer la Lecture (Classic Reprint) Unknown Author. 2017. (FRE., Illus.). (J). pap. 9.57 *(978-0-259-30262-9(7))* Forgotten Bks.

Bureau Typographique: Livre l'Mentaire, l'Usage des Enfan; Orn' de 24 Jolis Tableaux des Arts et M'Tiers, Propres Int'resser la Curiosit' des Enfans, et Leur Fait Aimer la Lecture (Classic Reprint) Unknown Author. 2018. (FRE., Illus.). 152p. (J). 27.03 *(978-0-484-32134-1(X))* Forgotten Bks.

Burford Cottage, & Its Robin-Red-Breast (Classic Reprint) Edward Augustus Kendall. 2017. (ENG., Illus.). (J). 33.96 *(978-1-5283-7337-1(5))* Forgotten Bks.

Burfurt & the Aquarium. Rosie Amazing. Illus. by Andreea Togoe. 2022. (ENG.). 28p. (J). pap. *(978-1-990292-18-7(6))* Annelid Pr.

Burfurt & the Christmas Cats. Rosie Amazing. Illus. by Andreea Togoe. 2021. (Burfurt the Kitten Ser.: Vol. 2). (ENG.). 28p. (J). pap. *(978-1-7772203-6-5(X))* Annelid Pr.

Burfurt & the Crazy Laser Pointer. Rosie Amazing. Illus. by Andreea Togoe. 2022. (ENG.). 28p. (J). pap. *(978-1-990292-19-4(4))* Annelid Pr.

Burfurt & the Dazzling Clams. Rosie Amazing. Illus. by Andreea Togoe. 2022. (Burfurt the Kitten Ser.: Vol. 16). (ENG.). 28p. (J). pap. *(978-1-990292-28-6(3))* Annelid Pr.

Burfurt & the Hamburger Tree. Rosie Amazing. Illus. by Andreea Togoe. 2021. (Burfurt the Kitten Ser.: Vol. 3). (ENG.). 28p. (J). pap. *(978-1-990292-01-9(1))* Annelid Pr.

Burfurt & the Minty Rapids. Rosie Amazing. Illus. by Andreea Togoe. 2022. (ENG.). 28p. (J). pap. *(978-1-990292-17-0(8))* Annelid Pr.

Burfurt & the Ridiculous Yarn. Rosie Amazing. Illus. by Andreea Togoe. 2022. (Burfurt the Kitten Ser.: Vol. 15). (ENG.). 28p. (J). pap. *(978-1-990292-27-9(5))* Annelid Pr.

Burfurt & the Safari. Rosie Amazing. Illus. by Andreea Togoe. 2022. (Burfurt the Kitten Ser.: Vol. 14). (ENG.). 28p. (J). pap. *(978-1-990292-21-7(6))* Annelid Pr.

Burfurt & the Singing Fish. Rosie Amazing. Illus. by Andreea Togoe. 2021. (Burfurt the Kitten Ser.: Vol. 5). (ENG.). 28p. (J). pap. *(978-1-990292-04-0(6))* Annelid Pr.

Burfurt & the Stinky Dung Beetle. Rosie Amazing. Illus. by Andreea Togoe. 2021. (Burfurt the Kitten Ser.: Vol. 4). (ENG.). 28p. (J). pap. *(978-1-990292-02-6(X))* Annelid Pr.

Burfurt & the Very Very Very Very Very Hot Day. Rosie Amazing. Illus. by Andreea Togoe. 2022. (Burfurt the Kitten Ser.: Vol. 17). (ENG.). 28p. (J). pap. *(978-1-990292-29-3(1))* Annelid Pr.

Burfurt Goes Camping. Rosie Amazing. Illus. by Andreea Togoe. 2022. (Burfurt the Kitten Ser.: Vol. 8). (ENG.). 28p. (J). pap. *(978-1-990292-14-9(3))* Annelid Pr.

Burfurt Goes Swimming. Rosie Amazing. Illus. by Andreea Togoe. 2022. (ENG.). 28p. (J). pap. *(978-1-990292-13-2(5))* Annelid Pr.

Burfurt the Kitten. Rosie Amazing. Illus. by Andreea Togoe. 2021. (Burfurt the Kitten Ser.: Vol. 1). (ENG.). 28p. (J). pap. *(978-1-7772203-5-8(1))* Annelid Pr.

Burgers: What's the Beef? Julie Knutson. 2021. (21st Century Skills Library: the Dish on the Dish: a History of Your Favorite Foods Ser.). (ENG., Illus.). 32p. (J). (gr. 4-7). pap. 14.21 *(978-1-5341-8869-3(X)*, 219187); lib. bdg. 32.07 *(978-1-5341-8729-0(4)*, 219186) Cherry Lake Publishing.

Burgess Animal Book for Children. Thornton W. Burgess. 2018. (ENG., Illus.). 132p. (J). (gr. 4-7). pap. *(978-1-387-87367-8(9))* Lulu Pr., Inc.

Burgess Animal Book for Children. Thornton W Burgess. 2019. (ENG.). 478p. (J). pap. *(978-93-5389-989-9(3))* Alpha Editions.

Burgess Animal Book for Children (Classic Reprint) Thornton W. Burgess. 2017. (ENG., Illus.). (J). 33.88 *(978-0-266-35423-9(8))* Forgotten Bks.

Burgess Animal Book for Children (Color Edition) (Yesterday's Classics) Thornton W. Burgess. Illus. by Louis Agassiz Fuertes. 2022. (ENG.). 370p. (J). pap. 27.95 *(978-1-63334-172-2(0))* Yesterday's Classics.

Burgess Animal Book for Children (Hardcover) Thornton W. Burgess. 2018. (ENG.). 132p. (J). (gr. 4-7). *(978-1-387-87368-5(7))* Lulu Pr., Inc.

Burgess Animal Book for Children (Illustrated) Wonderful & Educational Nature & Animal Stories for Kids. Thornton Burgess & Louis Agassiz Fuertes. 2019. (ENG.). 158p. (J). pap. *(978-80-273-3016-4(5))* E-Artnow.

Burgess Bird Book for Children (Classic Reprint) Thornton W. Burgess. 2018. (ENG., Illus.). 440p. (J). 33.01 *(978-0-428-83656-8(9))* Forgotten Bks.

Burgess Bird Book for Children (Illustrated) Educational & Warmhearted Nature Stories for the Youngest. Thornton Burgess & Louis Agassiz Fuertes. 2019. (ENG.). 146p. (J). pap. *(978-80-273-3009-6(2))* E-Artnow.

Burgess Flower Book for Children (Classic Reprint) Thornton W. Burgess. 2017. (ENG., Illus.). (J). 33.55 *(978-0-331-08717-8(0))*; pap. 16.57 *(978-0-259-88485-9(5))* Forgotten Bks.

Burgess Nonsense Book: Being a Complete Collection of the Humorous Masterpieces of Gelett Burgess, Esq. (Classic Reprint) Unknown Author. 2017. (ENG., Illus.). (J). 28.91 *(978-0-331-74814-7(2))* Forgotten Bks.

Burgess Unabridged: A New Dictionary of Words You Have Always Needed (Classic Reprint) Gelett Burgess. 2017. (ENG., Illus.). (J). 26.83 *(978-0-260-00984-5(9))* Forgotten Bks.

Burgh Blonde: A Yinzer's Guide to Sex & Dating in the Steel City. April Marie. 2022. (ENG., Illus.). 174p. (YA). 25.95 *(978-1-6624-8049-2(0))*; pap. 15.95 *(978-1-6624-5260-4(8))* Page Publishing Inc.

Burglar & the Girl: A Playlet (Classic Reprint) Matthew Boulton. 2018. (ENG., Illus.). 24p. (J). 24.39 *(978-0-267-27774-2(1))* Forgotten Bks.

Burglar & the Judge: A Comedietta in One Act (Classic Reprint) F. C. Philips. 2018. (ENG., Illus.). 20p. (J). 24.31 *(978-0-267-50581-4(7))* Forgotten Bks.

Burglar Bill: And Other Pieces for the Use of the Young Reciter; with Introduction, Remarks, & Stage-Directions (Classic Reprint) F. Anstey, pseud. (ENG., Illus.). (J). 2018. 124p. 26.45 *(978-0-267-31889-6(8))*; 2016. pap. 9.57 *(978-1-333-47979-4(4))* Forgotten Bks.

Burglar Who Moved Paradise (Classic Reprint) Herbert D. Ward. (ENG., Illus.). (J). 2018. 244p. 28.93 *(978-0-483-42065-6(4))*; 2016. pap. 11.57 *(978-1-334-20799-0(2))* Forgotten Bks.

Burglars & Bluestockings. Julie Berry. 2023. (Wishes & Wellingtons Ser.: 3). (ENG.). 368p. (J). (gr. 3-6). 16.99 *(978-1-7282-3152-5(3))* Sourcebooks, Inc.

Burglars' Club: A Romance in Twelve Chronicles (Classic Reprint) Henry A. Hering. (ENG., Illus.). (J). 2018. 322p. 30.54 *(978-0-656-40934-1(7))*; 2017. pap. 13.57 *(978-1-5276-7236-9(0))* Forgotten Bks.

Burglar's Daughter: Or a True Heart Wins Friends (Classic Reprint) Margaret Penrose. (ENG., Illus.). (J). 2018. 25.42 *(978-0-332-01780-8(X))*; 2017. pap. 9.57 *(978-0-243-44224-9(6))* Forgotten Bks.

Burglars in Paradise (Classic Reprint) Elizabeth Stuart Phelps. 2018. (ENG., Illus.). 226p. (J). 28.56 *(978-0-365-28017-0(8))* Forgotten Bks.

Burglar's Life: Or the Stirring Adventures of the Great English Burglar Mark Jeffrey; a Thrilling History of the Dark Days of Convictism in Australia (Classic Reprint) James Lester Burke. 2017. (ENG., Illus.). (J). 26.54 *(978-0-331-93855-5(3))* Forgotten Bks.

Burglary, or Unconscious Influence, Vol. 3 of 3 (Classic Reprint) E. A. Dillwyn. 2018. (ENG., Illus.). 242p. (J). 28.91 *(978-0-484-02638-3(0))* Forgotten Bks.

Burglary, Vol. 1 Of 3: Or, Unconscious Influence (Classic Reprint) E. A. Dillwyn. 2018. (ENG., Illus.). 244p. (J). 28.93 *(978-0-483-98503-2(1))* Forgotten Bks.

Burglary, Vol. 2 Of 3: Or, Unconscious Influence (Classic Reprint) E. A. Dillwyn. 2018. (ENG., Illus.). 248p. (J). 29.01 *(978-0-428-75305-4(1))* Forgotten Bks.

Burgomaster's Wife. Georg Ebers. 2017. (ENG., Illus.). (J). 26.95 *(978-1-374-85560-1(X))* Capital Communications, Inc.

Burgomaster's Wife. Georg Ebers & Mary Joanna Safford. 2017. (ENG.). 360p. (J). pap. *(978-3-7447-8226-5(3))* Creation Pubs.

Burgomaster's Wife: A Romance (Classic Reprint) Georg Ebers. 2018. (ENG., Illus.). 356p. (J). 31.26 *(978-0-365-36781-9(8))* Forgotten Bks.

Burgomaster's Wife: A Romance (Classic Reprint) George Ebers. (ENG., Illus.). (J). 2018. 362p. 31.38 *(978-0-483-58177-7(1))*; 2016. pap. 13.97 *(978-1-333-60524-7(2))* Forgotten Bks.

Burgundy the Splendid Duchy: Stories & Sketches in South Burgundy (Classic Reprint) Percy Allen. 2017. (ENG., Illus.). 344p. (J). 30.99 *(978-0-331-90654-7(6))* Forgotten Bks.

Burgundy Winters: In Europe. Pranay Patil. Ed. by Nicola Peake. Illus. by Pete Heyes. 2022. (ENG.). 334p. (YA). pap. *(978-1-912948-44-4(3))* Crystal Peake Publisher.

Burial of the First Born: A Tale for Children (Classic Reprint) Joseph Alden. 2018. (ENG., Illus.). 116p. (J). 26.29 *(978-0-267-19398-1(X))* Forgotten Bks.

Burial of the Guns (Classic Reprint) Thomas Nelson Page. 2017. (ENG., Illus.). (J). 29.51 *(978-0-265-65699-0(0))*; pap. 11.97 *(978-1-5276-1451-2(4))* Forgotten Bks.

Burial, the Guns (Classic Reprint) Thomas Nelson Page. 2017. (ENG., Illus.). (J). 32.58 *(978-1-5283-8539-8(X))* Forgotten Bks.

Buried. Melissa Grey. 2021. (ENG., Illus.). 336p. (YA). (gr. 7-7). 18.99 *(978-1-338-62930-9(1)*, Scholastic Pr.) Scholastic, Inc.

Buried Alive: A Tale of These Days (Classic Reprint) Arnold Bennett. 2018. (ENG., Illus.). 372p. (J). 31.59 *(978-0-365-42873-2(6))* Forgotten Bks.

Buried Alive: Or Ten Years of Penal Servitude in Siberia (Classic Reprint) Fyodor Dostoevsky. (ENG., Illus.). (J). 2018. 370p. 31.55 *(978-0-365-29814-4(X))*; 2017. pap. 13.97 *(978-0-259-19821-5(8))* Forgotten Bks.

Buried & the Bound. Rochelle Hassan. 2023. (Buried & the Bound Trilogy Ser.: 1). (ENG.). 384p. (YA). 19.99 *(978-1-250-82220-8(3)*, 900250718) Roaring Brook Pr.

Buried Beneath the Baobab Tree. Adaobi Tricia Nwaubani & Viviana Mazza. (ENG.). 336p. (YA). (gr. 8). 2020. pap. 11.99 *(978-0-06-269673-1(4))*; 2018. 17.99 *(978-0-06-269672-4(6))* HarperCollins Pubs. (Tegen, Katherine Bks).

Buried Cities (Classic Reprint) Jennie Hall. 2018. (ENG., Illus.). 210p. (J). 28.27 *(978-0-484-01061-0(1))* Forgotten Bks.

Buried Diamonds, Vol. 1 of 3 (Classic Reprint) Sarah Tytler. 2017. (ENG., Illus.). (J). 30.31 *(978-0-260-89572-1(5))* Forgotten Bks.

Buried Diamonds, Vol. 2 of 3 (Classic Reprint) Sarah Tytler. 2018. (ENG., Illus.). 318p. (J). 30.48 *(978-0-331-82580-0(5))* Forgotten Bks.

Buried Diamonds, Vol. 3 of 3 (Classic Reprint) Sarah Tytler. (ENG., Illus.). (J). 2017. 30.37 *(978-0-331-80950-3(8))*; 2016. pap. 13.57 *(978-1-333-51332-0(1))* Forgotten Bks.

Buried Hearts. Breea Janay. 2017. (ENG., Illus.). (YA). pap. 11.95 *(978-1-63568-932-7(5))* Page Publishing Inc.

Buried Lives: The Enslaved People of George Washington's Mount Vernon. Carla Killough McClafferty. (ENG., Illus.). 168p. (J). (gr. 5). 2022. pap. 15.99 *(978-0-8234-4741-1(3))*; 2018. 24.99 *(978-0-8234-3697-2(7))* Holiday Hse., Inc.

Buried Pyramid: Wells Worthy & the Map of Peril: Book Three. Sheila Callaham. Ed. by Allison Essen. 2017. (Wells Worthy & the Map of Peril Ser.: Vol. 3). (ENG., Illus.). 188p. (YA). (gr. 7-12). pap. 11.99 *(978-1-936934-05-8(1))* Callaham, Sheila.

Buried Secrets. John R. Petrie. 2019. (Timothy & Wyatt Mysteries Ser.: 1). (ENG.). 196p. (YA). pap. 14.99 *(978-1-64405-304-1(7)*, Harmony Ink Pr.) Dreamspinner Pr.

Buried Secrets: A Craven Falls Mystery. Donna M. Zadunajsky. 2020. (Craven Falls Ser.: Vol. 2). (ENG., Illus.). 238p. (YA). pap. 18.95 *(978-1-68433-589-3(2))* Black Rose Writing.

Buried Secrets: an AFK Book (Hello Neighbor #3), Vol. 3. Carly Anne West. Illus. by Tim Heitz. 2019. (Hello Neighbor Ser.: 3). (ENG.). 224p. (J). (gr. 5-5). pap. 7.99 *(978-1-338-34859-0(0))* Scholastic, Inc.

Buried Spark. P. J. Hoover. 2019. (Game of the Gods Ser.: Vol. 3). (ENG.). 314p. (YA). (gr. 7-12). pap. 10.99 *(978-1-949717-10-5(0))* Roots in Myth.

Buried Starship. Michael Dahl. Illus. by Tim Levins & Luciano Vecchio. 2017. (Superman Tales of the Fortress of Solitude Ser.). (ENG.). 40p. (J). (gr. 4-8). lib. bdg. 24.65 *(978-1-4965-4395-0(5)*, 134635, Stone Arch Bks.) Capstone.

Buried Treasure: A Hidden Pictures Activity Book for Kids. Activibooks For Kids. 2016. (ENG., Illus.). (J). pap. 10.81 *(978-1-68321-183-9(9))* Mimaxion.

Buried Treasure: A Tale of an Old House (Classic Reprint) Everett McNeil. 2017. (ENG., Illus.). (J). 29.40 *(978-0-331-49751-9(4))*; pap. 11.97 *(978-0-331-23846-4(2))* Forgotten Bks.

Buried Truths. McCaid Paul. 2019. (Summersville Ser.: Vol. 3). (ENG.). 302p. (YA). (gr. 7-12). 19.99 *(978-0-9996145-8-7(4))*; pap. 13.99 *(978-0-9996145-7-0(6))* McCaid Paul Books.

Burj Khalifa. Julie Murray. 2018. (Super Structures Ser.). (ENG., Illus.). 24p. (J). (gr. k-4). lib. bdg. 31.36 *(978-1-5321-2309-2(4)*, 28385, Abdo Zoom-Dash) ABDO Publishing Co.

Burl, the Attention-Seeking Squirrel. Charlene J. O'Connor. Illus. by Charlene J. O'Connor. 2021. (ENG.). 20p. (J). pap. 10.00 *(978-0-578-82658-5(5))* Naihgoc LLC.

Burleigh Murders (Classic Reprint) Guy Morton. 2018. (ENG., Illus.). 290p. (J). 29.92 *(978-0-332-98360-8(9))* Forgotten Bks.

Burlesque (Classic Reprint) Richard Henry Stoddard. 2018. (ENG., Illus.). 230p. (J). 28.64 *(978-0-483-90850-5(9))* Forgotten Bks.

Burlesques. William Makepeace Thackeray. 2017. (ENG., Illus.). (J). pap. 19.95 *(978-1-374-85629-5(0))* Capital Communications, Inc.

Burlesques: From Cornhill to Grand Cairo, & Juvenilia (Classic Reprint) William Makepeace Thackeray. 2018. (ENG., Illus.). (J). 502p. 34.25 *(978-1-396-80563-9(X))*; 504p. pap. 16.97 *(978-1-396-80454-0(4))* Forgotten Bks.

Burlesques: Novels by Eminent Hands; Jeames's Diary; Adventures of Major Gahagan; a Legend of the Rhine; Rebecca & Rowena; the History of the Next French Revolution; Cox's Diary; Memoirs of Mr. Charles J. Yellowplush; the Fitzboodle Papers; Miscellanies. William Makepeace Thackeray. 2017. (ENG., Illus.). (J). 41.35 *(978-0-266-52003-0(0))*; pap. 23.97 *(978-0-243-31420-1(5))* Forgotten Bks.

Burlesques: Novels by Eminent Hands; Jeames's Diary; the History of the Next French Revolution; a Legend of the Rhine; Adventures of Major Gahagan (Classic Reprint) William Makepeace Thackeray. 2017. (ENG., Illus.). (J). 33.59 *(978-1-5283-7583-2(1))* Forgotten Bks.

Burlesques, Novels by Eminent Hands, Vol. 1 Of 2: Jeames's Diary; Adventures of Major Gahagan; the Fatal Boots; Little Travels & Roadside Sketches (Classic Reprint) William Makepeace Thackeray. 2017. (ENG., Illus.). (J). 33.73 *(978-0-266-52163-1(0))*; pap. 16.57 *(978-0-243-99608-7(X))* Forgotten Bks.

Burlesques, Vol. 2 Of 2: Rebecca & Rowena; the History of the Next French Revolution; Cox's Diary; a Legend of the Rhine Stories; Little Travels & Roadside Sketches (Classic Reprint) William Makepeace Thackeray. (ENG., Illus.). (J). 2018. 488p. 33.98 *(978-0-267-96628-8(8))*; 2016. pap. 16.57 *(978-1-334-13141-7(4))* Forgotten Bks.

Burmese. Betsy Rathburn. 2017. (Cool Cats Ser.). (ENG., Illus.). 24p. (J). (gr. k-3). lib. bdg. 26.95 *(978-1-62617-561-7(6)*, Blastoff! Readers) Bellwether Media.

Burmese Children's Favorite Stories: Fables, Myths & Fairy Tales. Pascal Khoo Thwe. Illus. by Maeve Bates. 2022. (Favorite Children's Stories Ser.). 64p. (J). (gr. 1-5). 16.99 *(978-0-8048-5376-7(2))* Tuttle Publishing.

Burmese Python vs. Sun Bear. Nathan Sommer. 2023. (Animal Battles Ser.). (ENG., Illus.). (J). (gr. 3-7). pap. 7.99. lib. bdg. 26.95 Bellwether Media.

Burmese Pythons. Barbara Ciletti. 2016. (Invasive Species Takeover Ser.). (ENG.). 32p. (J). (gr. 4-6). pap. 9.99 *(978-1-64466-144-4(6)*, 10278); (Illus.). 31.35 *(978-1-68072-017-4(1)*, 10277) Black Rabbit Bks. (Bolt).

Burmese Pythons Invade the Everglades. Susan H. Gray. 2021. (21st Century Junior Library: Invasive Species Science: Tracking & Controlling Ser.). (ENG., Illus.). 24p. (J). (gr. 2-5). pap. 12.79 *(978-1-5341-8842-6(8)*, 219103); lib. bdg. 30.64 *(978-1-5341-8702-3(2)*, 219102) Cherry Lake Publishing.

Burmilla Cats. Leo Statts. 2019. (Cats (AZ) Ser.). (ENG., Illus.). 24p. (J). (gr. -1-2). lib. bdg. 31.36 *(978-1-5321-2709-0(X)*, 31625, Abdo Zoom-Launch) ABDO Publishing Co.

Burn. Patrick Ness. (ENG.). (YA). (gr. 9). 2021. 400p. pap. 10.99 *(978-0-06-286950-0(7))*; 2020. 384p. 18.99 *(978-0-06-286949-4(3))* HarperCollins Pubs. (Quill Tree Bks.).

B

Burn No. 3. Monica Hesse. ed. 2018. (ENG., Illus.). 352p. (YA). (gr. 7-17). E-Book 15.00 *(978-0-316-34353-4(6))* Little, Brown Bks. for Young Readers.

Burn after Writing Teen. New Edition. Rhiannon Shove. 2019. (ENG., Illus.). 144p. pap. 14.95 *(978-1-908211-37-8(7))* Pro-Actif Communications GBR. Dist: Ingram Publisher Services.

Burn Baby Burn. Meg Medina. (ENG.). 320p. (YA). (gr. 9). 2018. pap. 8.99 *(978-1-5362-0027-0(1))*; 2016. 17.99 *(978-0-7636-7467-0(2))* Candlewick Pr.

Burn down, Rise Up. Vincent Tirado. (ENG.). (YA). (gr. 8-12). 2023. 368p. pap. 11.99 *(978-1-7282-6864-4(8))*; 2022. 352p. 18.99 *(978-1-7282-4600-0(8))* Sourcebooks, Inc.

Burn for Now. Bob Howard. 2023. (ENG.). 322p. (J). pap. 19.99 ***(978-1-945754-47-0(8)***, Sunrise Bks., LLC) Howard, Bob.

Burn, Killer, Burn! (Classic Reprint) Paul Crump. 2017. (ENG., Illus.). (J). 402p. 32.21 *(978-0-331-76889-3(5))*; pap. 16.57 *(978-0-243-10456-7(1))* Forgotten Bks.

Burn Our Bodies Down. Rory Power. (ENG.). 352p. (YA). (gr. 9). 2021. pap. 11.99 *(978-0-525-64565-8(9)*, Ember); 2020. lib. bdg. 21.99 *(978-0-525-64563-4(2)*, Delacorte Pr.) Random Hse. Children's Bks.

Burn Our Bodies down Indie Signed 9-Copy Floor Display, 9 vols. Rory Power. 2020. (YA). (gr. 9). 170.91 *(978-0-593-22048-1(X)*, Delacorte Pr.) Random Hse. Children's Bks.

Burn the Skies: Awaken the City of Nightmares. K. A. Wiggins. 2nd ed. 2022. (Threads of Dreams Ser.: Vol. 3). (ENG.). 274p. (YA). pap. ***(978-1-990842-01-6(1))*** Wiggins, K.A.

Burne-Jones Head (Classic Reprint) Clara Sherwood Rollins. 2018. (ENG., Illus.). 168p. (J). 27.36 *(978-0-483-53087-4(5))* Forgotten Bks.

Burning. Laura Bates. (ENG.). 352p. (YA). (gr. 8-12). 2021. pap. 10.99 *(978-1-7282-3935-4(4))*; 2020. 17.99 *(978-1-7282-0673-8(1))* Sourcebooks, Inc.

Burning. Danielle Rollins. 2017. (ENG.). 368p. (YA). pap. 9.99 *(978-1-68119-205-5(5)*, 900162857, Bloomsbury USA Childrens) Bloomsbury Publishing USA.

Burning Age. L. J. Nicholson. 2019. (Fight for the Crown Ser.: Vol. 1). (ENG.). 114p. (J). pap. *(978-1-912675-39-5(0))* Aryla Publishing.

Burning Black. John Santos. 2022. (ENG.). 201p. (YA). pap. ***(978-1-387-58742-1(0))*** Lulu Pr., Inc.

Burning Boats: The Birth of Muslim Spain. Julia Juwairiah Simpson-Urrutia. 2017. (ENG., Illus.). (J). (gr. 3-6). pap. *(978-0-9954960-5-7(6))* Beacon Bks.

Burning Bridges (Based on a True Story) John Franklin Hartman. 2019. (ENG.). 90p. (YA). pap. 14.99 *(978-1-7339571-2-0(X))* Mindstir Media.

Burning Britely. Deidre Huesmann. 2018. (ENG., Illus.). 158p. (J). pap. *(978-1-77339-807-5(5))* Evernight Publishing.

Burning Carbon: Book 36. Carole Crimeen & Suzanne Fletcher. 2023. (Sustainability Ser.). (ENG.). 16p. (J). (gr. -1-k). pap. 7.99 ***(978-1-922370-42-6(8)***, eb443ccb-1d98-4c57-8db5-ba2408e4d3c7) Knowledge Bks. & Software AUS. Dist: Lerner Publishing Group.

Burning Embers. Fiona Jeeves. 2017. (Shadows Return Ser.: Vol. 1). (ENG.). 364p. (YA). (gr. 10-12). pap. *(978-1-78808-151-1(X))* Independent Publishing Network.

Burning Glass. Kathryn Purdie. (Burning Glass Ser.: 1). (ENG.). (YA). (gr. 9). 2017. 528p. pap. 9.99 *(978-0-06-241237-9(X))*; 2016. (Illus.). 512p. 17.99 *(978-0-06-241236-2(1))* HarperCollins Pubs. (Tegen, Katherine Bks).

Burning Horizon. Erin Hunter. ed. 2016. (Seekers: Return to the Wild Ser.: 5). (J). lib. bdg. 18.40 *(978-0-606-38147-5(3))* Turtleback.

Burning Magic. Joshua Khan. (Shadow Magic Novel Ser.). (ENG., Illus.). 336p. (J). (gr. 3-7). 2019. pap. 6.99 *(978-1-368-01379-6(1))*; 2018. 16.99 *(978-1-368-00842-6(9))* Hyperion Bks. for Children.

Burning Maze. Rick Riordan. l.t. ed. 2018. (Trials of Apollo Ser.: 3). (ENG.). 566p. (J). lib. bdg. 24.95 *(978-1-4328-5104-0(7))* Cengage Gale.

Burning Maze. Rick Riordan. Illus. by John Rocco. ltd. ed. 2018. (Trials of Apollo Ser.: 3). (ENG.). 448p. (J). (gr. 5-9). 100.00 *(978-1-4847-4696-7(1))* Hyperion Bks. for Children.

Burning Maze, the-Trials of Apollo, the Book Three. Rick Riordan. (Trials of Apollo Ser.: 3). (ENG.). (J). (gr. 5-9). 2019. 464p. pap. 9.99 *(978-1-4847-8065-7(5))*; 2018. 448p. 19.99 *(978-1-4847-4643-1(0))* Disney Publishing Worldwide. (Disney-Hyperion).

Burning of Rome: Or a Story of the Days of Nero (Classic Reprint) Alfred John Church. 2017. (ENG., Illus.). (J). 31.55 *(978-0-266-32660-1(9))* Forgotten Bks.

Burning of the Convent: A Narrative of the Destruction by a Mob, of the Ursuline School on Mount Benedict, Charlestown, As Remembered by One of the Pupils (Classic Reprint) Unknown Author. 2018. (ENG., Illus.). 206p. (J). 28.15 *(978-0-332-76951-6(8))* Forgotten Bks.

Burning of the Newhall House (Classic Reprint) Julius Bleyer. 2018. (ENG., Illus.). 66p. (J). 25.26 *(978-0-267-50749-8(6))* Forgotten Bks.

Burning Out: Energy from Fossil Fuels. Nancy Dickmann. 2016. (Next Generation Energy Ser.). (ENG., Illus.). 32p. (J). (gr. 5-8). *(978-0-7787-2372-1(0))* Crabtree Publishing Co.

Burning Question (Classic Reprint) Grace Denio Litchfield. (ENG., Illus.). (J). 2018. 324p. 30.58 *(978-0-267-12683-5(2))*; 2017. pap. 13.57 *(978-0-259-18864-3(6))* Forgotten Bks.

Burning Questions of Bingo Brown see Preguntas de Bingo Brown

Burning Rose. Lyndsey Lavan. 2021. (ENG.). 290p. (YA). pap. 13.99 *(978-1-0878-5544-8(6))* Indy Pub.

Burning Roses. John West. 2016. (ENG.). 348p. (J). pap. 12.99 *(978-1-393-08308-5(0))* Draft2Digital.

Burning Sands (Classic Reprint) Arthur Weigall. 2017. (ENG., Illus.). 404p. (J). 32.23 *(978-0-484-46711-7(5))* Forgotten Bks.

Burning Secret. Jonnie Tull. 2021. (ENG.). 174p. (YA). pap. 10.95 *(978-1-0878-7760-0(1))* Indy Pub.

Burning Shadow. Jennifer L. Armentrout. (Origin Ser.: 2). (ENG.). (YA). 2020. 464p. pap. 16.99 *(978-1-250-17576-2(3)*, 900189441); 2019. 432p. 18.99 *(978-1-250-17574-8(7)*, 900189440) Doherty, Tom Assocs., LLC. (Tor Teen).

Burning Sky. Solitaire Parke. 2022. (ENG.). 312p. (YA). pap. 22.99 *(978-1-4583-0245-8(8))* Lulu Pr., Inc.

Burning Spear: Being the Experiences of Mr. John Lavender in Time of War Recorded by A. R. P M (Classic Reprint) John Lavender. 2018. (ENG., Illus.). 298p. (J). 30.04 *(978-0-332-39616-3(9))* Forgotten Bks.

Burning Swift (Shadow Skye, Book Three) Joseph Elliott. 2022. (Shadow Skye Trilogy Ser.: 3). (ENG., Illus.). 336p. (YA). (gr. 7). 18.99 *(978-1-5362-0749-1(7))* Candlewick Pr.

Burning the Boats. Christina Minaki. 2018. (ENG., Illus.). 402p. (YA). *(978-1-5255-1686-3(8))*; pap. *(978-1-5255-1687-0(6))* FriesenPress.

Burning Tide. Jonathan Auxier. 2016. (Illus.). 192p. (J). *(978-1-76015-541-4(1))* Scholastic, Inc.

Burning Torch (Classic Reprint) Frances Frederica Montresor. (ENG., Illus.). (J). 2018. 510p. 34.42 *(978-0-365-31803-3(5))*; 2017. pap. 16.97 *(978-1-5276-7604-6(8))* Forgotten Bks.

Burning Truths from Billy's Bat: A Graphic Description of the Remarkable Conversion of REV. Billy Sunday (the World's Famous Evangelist), Embodying Anecdotes, Terse Sayings, etc. , Compiled from Various Sources (Classic Reprint) William Ashley Sunday. 2017. (ENG., Illus.). (J). pap. 9.57 *(978-0-243-42402-3(7))* Forgotten Bks.

Burning Up: Escalating Heat Waves & Forest Fires, 1 vol. Alex David. 2019. (Taking Action on Climate Change Ser.). (ENG.). 64p. (gr. 6-6). pap. 16.28 *(978-1-5026-5222-5(6)*, b1e6b207-00c8-4132-b280-38623de07708) Cavendish Square Publishing LLC.

Burning up the Stage - an Introduction for Young Actors. Vin Morreale. Illus. by Mandy Morreale. 2023. (ENG.). 38p. (J). pap. 14.99 ***(978-1-0881-2319-5(8))*** Indy Pub.

Burning (Young Readers Edition) Black Wall Street & the Tulsa Race Massacre Of 1921. Tim Madigan & Hilary Beard. 2021. (ENG., Illus.). 320p. (YA). 19.99 *(978-1-250-78769-9(6)*, 900237505, Holt, Henry & Co. Bks. For Young Readers) Holt, Henry & Co.

Burning (Young Readers Edition) Black Wall Street & the Tulsa Race Massacre Of 1921. Tim Madigan & Hilary Beard. 2023. (ENG., Illus.). 320p. (YA). pap. 12.99 *(978-1-250-87864-9(0)*, 900281824) Square Fish.

Burnout. Stacia Leigh. 2016. (ENG., Illus.). 260p. (J). pap. 11.50 *(978-1-7321435-0-0(1))* Espial Design.

Burnt Million, Vol. 1 of 2 (Classic Reprint) James Payn. 2018. (ENG., Illus.). 572p. (J). 35.69 *(978-0-483-54391-1(8))* Forgotten Bks.

Burnt Million, Vol. 1 of 3 (Classic Reprint) James Payn. 2018. (ENG., Illus.). 318p. (J). 30.48 *(978-0-332-15069-7(0))* Forgotten Bks.

Burnt Million, Vol. 2 of 3 (Classic Reprint) James Payn. 2018. (ENG., Illus.). 314p. (J). 30.39 *(978-0-484-52447-6(X))* Forgotten Bks.

Burnt Offering (Classic Reprint) Everard Cotes. 2018. (ENG., Illus.). 326p. (J). 30.62 *(978-0-332-37137-5(9))* Forgotten Bks.

Burp. Rachel Rose. 2023. (Why Does My Body Do That? (set 2) Ser.). (ENG.). 24p. (J). (gr. k-1). lib. bdg. 26.99 Bearport Publishing Co., Inc.

Burpee Bears (the Burpee Bears) Joe Wicks. Illus. by Paul Howard. 2023. (Burpee Bears Ser.). (ENG.). 40p. (J). pap. 11.99 ***(978-0-00-860969-6(1)***, HarperCollins Children's Bks.) HarperCollins Pubs. Ltd. GBR. Dist: HarperCollins Pubs.

Burps. Grace Hansen. (Beginning Science: Gross Body Functions Ser.). (ENG., Illus.). 24p. (J). 2021. (gr. 1-1). pap. 8.95 *(978-1-64494-383-0(2)*, Abdo Kids-Jumbo); 2020. (gr. -1-2). lib. bdg. 32.79 *(978-1-0982-0236-1(8)*, 34605, Abdo Kids) ABDO Publishing Co.

Burpy Becky & the School Yard Bully. V. Annmarie Taylor-Myers. 2018. (ENG., Illus.). 20p. (J). pap. 11.95 *(978-1-64214-420-8(7))* Page Publishing Inc.

Burrcliff: Its Sunshine & Its Coulds (Classic Reprint) John Townsend Trowbridge. 2017. (ENG., Illus.). (J). 302p. 30.15 *(978-0-332-31509-6(6))*; pap. 13.57 *(978-0-259-22540-9(1))* Forgotten Bks.

BURRIED ALIVE: Dead Men Do Talk! see Buried Alive: Dead Men Do Talk!

Burrill Coleman, Colored: A Tale of the Cotton Fields (Classic Reprint) Jeannette Downes Coltharp. (ENG., Illus.). (J). 2018. 318p. 30.48 *(978-0-365-27171-0(3))*; 2017. pap. 13.57 *(978-0-259-97218-1(5))* Forgotten Bks.

Burrita Baldomera. Ediz. A Colori. Ismael F. Arias & Enrique G. Ballesteros. Illus. by Ayesha L. Rubio. 2021. (SPA.). 40p. (J). 15.95 *(978-84-18133-68-8(6))* NubeOcho Ediciones ESP. Dist: Consortium Bk. Sales & Distribution.

Burrito Cantor. Anabel Jurado. 2017. (SPA.). 12p. (J). (gr. -1). 5.95 *(978-607-748-054-9(1))* Ediciones Urano S. A. ESP. Dist: Spanish Pubs., LLC.

Burrito Obediente. Jorge Montes. 2020. (SPA.). 50p. (J). pap. 9.00 *(978-1-64086-770-3(8))* ibukku, LLC.

Burrito Party, 1 vol. Charmaine Robertson. 2016. (Rosen REAL Readers: Social Studies Nonfiction / Fiction: Myself, My Community, My World Ser.). (ENG.). 8p. (gr. k-1). pap. 5.46 *(978-1-5081-2497-9(3)*, bb339f6a-1491-4cb6-a606-19b1270721e2, Rosen Classroom) Rosen Publishing Group, Inc., The.

Burro Hills. Julia Lynn Rubin. 2018. (ENG.). 244p. (YA). pap. 13.99 *(978-1-63576-194-8(8)*, Diversion Bks.) Diversion Publishing Corp.

Burro's Tale. P.J. Day. 2018. (ENG., Illus.). 160p. (YA). pap. 20.95 *(978-1-64458-368-5(2))* Christian Faith Publishing.

Burrowing Owls. Contrib. by Rachael Barnes. 2023. (Who's Hoo? Owls! Ser.). (ENG., Illus.). (J). (gr. k-3). lib. bdg. 26.95 Bellwether Media.

Burrowing Owls. Julie Murray. 2022. (Animal Pranksters Ser.). (ENG., Illus.). 24p. (J). (gr. k-4). lib. bdg. 31.36 *(978-1-0982-2833-0(2)*, 39945); (gr. 1-1). pap. 8.95 *(978-1-64494-760-9(9))* ABDO Publishing Co. (Abdo Zoom-Dash).

Burrows. Julie Murray. 2019. (Animal Homes (AK) Ser.). (ENG., Illus.). 24p. (J). (gr. -1-2). lib. bdg. 31.36 *(978-1-5321-8521-2(9)*, 31380, Abdo Kids) ABDO Publishing Co.

Burrs to Velcro. Jennifer Colby. 2019. (21st Century Junior Library: Tech from Nature Ser.). (ENG., Illus.). 24p. (J). (gr. 2-5). lib. bdg. 30.64 *(978-1-5341-4290-9(8)*, 212612) Cherry Lake Publishing.

Burst Balloon: Helping Children Understand Grief & Loss. Cher Louise Jones. Illus. by Lee Dixon. 2022. (ENG.). 26p. (J). pap. 9.99 ***(978-1-913619-16-9(8))*** Feisty Scholar Pubns.

Bursting of a Boom (Classic Reprint) Frederick R. Sanford. 2017. (ENG., Illus.). (J). 29.14 *(978-1-5280-5360-0(5))* Forgotten Bks.

Burt: The Airport Cat. Christine Henry. 2022. (ENG.). 34p. (J). pap. *(978-0-2288-4384-9(7))* Tellwell Talent.

Burt & His Bag of Dirt. Robin Twiddy. Illus. by Drue Rintoul. 2023. (Level 4/5 - Blue/Green Set Ser.). (ENG.). 32p. (J). (gr. 1-3). lib. bdg. 19.95 Bearport Publishing Co., Inc.

Burt-Markham Primer the Nature Method (Classic Reprint) Mary E. Burt. 2018. (ENG., Illus.). 124p. (J). 26.47 *(978-0-267-50291-2(5))* Forgotten Bks.

Burt the Beetle Doesn't Bite! Ashley Spires. Illus. by Ashley Spires. 2021. (Burt the Beetle Ser.). (ENG., Illus.). 56p. (J). (gr. k-3). 12.99 *(978-1-5253-0146-9(2))* Kids Can Pr., Ltd. CAN. Dist: Hachette Bk. Group.

Burt the Beetle Lives Here! Ashley Spires. Illus. by Ashley Spires. 2023. (Burt the Beetle Ser.). (ENG., Illus.). 64p. (J). (gr. k-3). 14.99 ***(978-1-5253-1011-9(9))*** Kids Can Pr., Ltd. CAN. Dist: Hachette Bk. Group.

Burt, the Hero: Or Adventures of a Plucky Boy (Classic Reprint) James Franklin Fitts. (ENG., Illus.). (J). 2018. 36p. 24.64 *(978-0-484-27736-5(7))*; 2016. pap. 7.97 *(978-1-334-12147-0(8))* Forgotten Bks.

Burt the Well-Mannered Bear. Ronnie Sellers. 2021. (ENG., Illus.). 32p. (J). 14.95 *(978-1-5319-1574-2(4))* Sellers Publishing, Inc.

Burton Holmes Lectures, Vol. 2 Of 10: With Illustrations from Photographs (Classic Reprint) Burton Holmes. 2018. (ENG., Illus.). 352p. (J). 31.16 *(978-0-484-49235-5(7))* Forgotten Bks.

Burton Holmes Lectures, Vol. 3 Of 10: With Illustrations from Photographs by the Author (Classic Reprint) Burton Holmes. 2017. (ENG., Illus.). 352p. (J). 31.16 *(978-0-332-54819-7(8))* Forgotten Bks.

Burton Holmes Lectures, Vol. 6 Of 10: With Illustrations from Photographs (Classic Reprint) Burton Holmes. (ENG., Illus.). (J). 2018. 354p. 31.20 *(978-0-364-66139-0(9))*; 2016. pap. 13.57 *(978-1-334-15473-7(2))* Forgotten Bks.

Burton Holmes Lectures, Vol. 8 of 10 (Classic Reprint) Burton Holmes. 2017. (ENG., Illus.). (J). 31.12 *(978-1-5285-6590-5(8))* Forgotten Bks.

Burton, or the Sieges, Vol. 1 Of 2: A Romance (Classic Reprint) Joseph Holt Ingraham. (ENG., Illus.). (J). 2018. 542p. 35.10 *(978-0-365-38910-1(2))*; 2017. pap. 19.57 *(978-0-259-53521-8(4))* Forgotten Bks.

Burton, or the Sieges, Vol. 2 Of 2: A Romance (Classic Reprint) Joseph Holt Ingraham. (ENG., Illus.). (J). 2018. 294p. 29.98 *(978-0-365-36405-4(3))*; 2017. pap. 13.57 *(978-0-259-36197-8(6))* Forgotten Bks.

Burton: Peak Snowboard Producer: Peak Snowboard Producer. Contrib. by Paul D. Bowker. 2023. (Big Sports Brands Ser.). (ENG.). 48p. (J). (gr. 3-9). lib. bdg. 34.21 ***(978-1-0982-9066-5(6)***, 41894, SportsZone) ABDO Publishing Co.

Burton's Gentleman's Magazine & American Monthly Review, 1888 (Classic Reprint) Unknown Author. 2017. (ENG., Illus.). (J). 32.93 *(978-1-5283-8670-8(1))*; pap. 16.57 *(978-1-5280-0033-8(1))* Forgotten Bks.

Burton's Gentleman's Magazine, & Monthly American Review, Vol. 6: From January to July, 1840 (Classic Reprint) William Evans Burton. (ENG., Illus.). (J). 2018. 314p. 30.39 *(978-0-483-95851-7(4))*; 2017. pap. 13.57 *(978-0-243-92473-8(9))* Forgotten Bks.

Burt's Polish-English Dictionary: In Two Parts; Polish-English, English-Polish (Classic Reprint) W. Kierst. 2017. (ENG., Illus.). (J). 41.12 *(978-0-331-93164-8(8))*; pap. 23.57 *(978-0-282-55362-3(2))* Forgotten Bks.

Burt's Polish-English Dictionary: In Two Parts, Polish-English, English-Polish (Classic Reprint) Wadysaw Kierst. (ENG., Illus.). (J). 2018. 838p. 41.18 *(978-0-484-07675-3(2))*; 2017. pap. 23.57 *(978-0-282-55858-1(6))* Forgotten Bks.

Burt's Way Home. John Martz. 2022. (ENG., Illus.). 60p. (J). (gr. 1-4). 12.99 *(978-0-7352-7102-9(X)*, Tundra Bks.) Tundra Bks. CAN. Dist: Penguin Random Hse. LLC.

Burundi: de Espejos, Alturas y Jirafas. Pablo Bernasconi. 2023. (Burundi Ser.). (SPA.). 32p. (J). (gr. k-2). 11.95 ***(978-987-637-893-2(7))*** Catapulta Pr.

Burundi: de Falsos Perros y Verdaderos Leones. Pablo Bernasconi. 2023. (Burundi Ser.). (SPA.). 32p. (J). (gr. k-2). 11.95 ***(978-987-637-892-5(9))*** Catapulta Pr.

Burundi: de Largos Misterios y líneas Perdidas. Illus. by Pablo Bernasconi. 2023. (Burundi Ser.). (SPA.). 32p. (J). (gr. k-2). 11.95 ***(978-987-637-907-6(0))*** Catapulta Pr.

Burundi: de Osos, Lechuzas y Témpanos Calientes. Illus. by Pablo Bernasconi. 2023. (Burundi Ser.). (SPA.). 32p. (J). (gr. k-2). 11.95 ***(978-987-815-045-1(3))*** Catapulta Pr.

Burundi: ¡Más Alto! Pablo Bernasconi. 2023. (Burundi Ser.). (SPA.). 10p. (J). (gr. -1-k). bds. 12.00 ***(978-987-637-934-2(8))*** Catapulta Pr.

Bury Me. K. R. Alexander. 2020. (ENG.). 224p. (J). (gr. 3-7). pap. 7.99 *(978-1-338-33879-9(X))* Scholastic, Inc.

Bury Me in Shadows. Greg Herren. 2021. (ENG.). 240p. (YA). (-17). pap. 13.95 *(978-1-63555-993-4(6))* Bold Strokes Bks.

Bury the Bully. Stefanie Noonan. 2017. (ENG., Illus.). 230p. (J). (gr. 3-5). pap. 19.99 *(978-0-9997378-0-4(5))* Noonan, Stefanie.

Burying the Moon, 1 vol. Andrée Poulin. Illus. by Sonali Zohra. 2021. (ENG.). 112p. (J). (gr. 4-7). 19.99 *(978-1-77306-604-2(8))* Groundwood Bks. CAN. Dist: Publishers Group West (PGW).

Bus. Chris Demarest. 2017. (ENG., Illus.). 16p. (J). (— 1). bds. 6.99 *(978-0-544-87087-1(5)*, 1649083, Clarion Bks.) HarperCollins Pubs.

Bus. Linda Koons. 2016. (Early Rising Readers Ser.). (SPA.). (J). (gr. -1). 6.67 *(978-1-4788-3692-6(X))* Newmark Learning LLC.

Bus - 6 Pack. Linda Koons. 2016. (Early Rising Readers Ser.). (SPA.). (J). (gr. 1). 40.00 net. *(978-1-4788-4635-2(6))* Newmark Learning LLC.

Bus #35. Felicia Harper Farmer. 2019. (ENG.). 12p. (J). *(978-0-359-42695-9(6))* Lulu Pr., Inc.

Bus Buddies. Finn Coyle. Illus. by Srimalie Bassani. 2023. (ENG.). 32p. (J). pap. 6.99 *(978-1-4867-2642-4(9)*, 8d768d13-2925-44b9-9f31-9bb2833eb3fb) Flowerpot Pr.

Bus Buddies: A Lift-The-Page Truck Book. Finn Coyle. Illus. by Srimalie Bassani. 2022. (ENG.). 14p. (J). bds. 8.99 *(978-1-4867-2275-4(X)*, c3f0a029-3e70-4bcf-bfce-fc5e03d1a3ec) Flowerpot Pr.

Bus Called Heaven. Bob Graham. Illus. by Bob Graham. 2018. (ENG., Illus.). 40p. (J). (gr. -1-2). 7.99 *(978-1-5362-0294-6(0))* Candlewick Pr.

Bus Changes by Decade Coloring Book. Bobo's Children Activity Books. 2016. (ENG., Illus.). (J). pap. 9.33 *(978-1-68327-643-2(4))* Sunshine In My Soul Publishing.

Bus Coloring Book for Children (6x9 Coloring Book / Activity Book) Sheba Blake. 2020. (ENG.). 68p. (J). pap. 9.99 *(978-1-222-28864-3(8))* Indy Pub.

Bus Coloring Book for Children (8. 5x8. 5 Coloring Book / Activity Book) Sheba Blake. 2020. (ENG.). 68p. (J). pap. 12.99 *(978-1-222-28877-3(X))* Indy Pub.

Bus Coloring Book for Children (8x10 Coloring Book / Activity Book) Sheba Blake. 2020. (ENG.). 68p. (J). pap. 14.99 *(978-1-222-28865-0(6))* Indy Pub.

Bus Coloring Book for Kids. Cristie Publishing. 2020. (ENG.). 68p. (J). pap. 8.99 *(978-1-716-29191-3(7))* Lulu Pr., Inc.

Bus Coloring Book for Kids: Amazing Bus Coloring Book, for Kids Ages 3 - 8, Page Large 8. 5 X 11. Elma Angels. 2020. (ENG.). 70p. (J). pap. 8.37 *(978-1-716-30516-0(0))* Lulu Pr., Inc.

Bus Coloring Book for Kids! Discover These Fun & Enjoyable Bus Coloring Pages. Bold Illustrations. 2022. (ENG.). 82p. (J). pap. 14.99 *(978-1-0717-0704-3(3)*, Bold Illustrations) FASTLANE LLC.

Bus Designs from Around the World Coloring Book. Bobo's Children Activity Books. 2016. (ENG., Illus.). (J). pap. 9.33 *(978-1-68327-644-9(2))* Sunshine In My Soul Publishing.

Bus Driver. Samantha Bell. Illus. by Jeff Bane. 2017. (My Early Library: My Friendly Neighborhood Ser.). (ENG.). 24p. (J). (gr. k-1). lib. bdg. 30.64 *(978-1-63472-832-4(7)*, 209754) Cherry Lake Publishing.

Bus Driver! Bus Driver! Charlotte Melville. Illus. by Anchi Nguyen. 2022. (Little Brown Spider Presents Ser.: Vol. 1). (ENG.). 26p. (J). pap. 8.99 ***(978-1-7341771-7-6(9))*** Stone Hollow Pr.

Bus Driver Is a Princess. Susan J. Cook. 2021. (ENG.). 28p. (J). 30.99 *(978-1-6628-2950-5(7))*; pap. 20.99 *(978-1-6628-2949-9(3))* Salem Author Services.

Bus Drivers. Julie Murray. 2018. (My Community: Jobs Ser.). (ENG., Illus.). 24p. (J). (gr. -1-2). lib. bdg. 31.36 *(978-1-5321-0786-3(2)*, 28133, Abdo Kids) ABDO Publishing Co.

Bus Drivers. Laura K. Murray. 2023. (Seedlings Ser.). (ENG., Illus.). 24p. (J). (gr. 1-3). pap. 10.99 *(978-1-62832-939-1(4)*, 23569, Creative Paperbacks) Creative Co., The.

Bus Drivers. Mari Schuh. 2018. (Community Helpers Ser.). (ENG., Illus.). 24p. (J). (gr. k-3). lib. bdg. 26.95 *(978-1-62617-742-0(2)*, Blastoff! Readers) Bellwether Media.

Bus from Outer Space. Mary C. Ryan. 2016. (ENG., Illus.). (J). pap. 6.95 *(978-0-9678115-9-8(7))* Dragonseed Pr.

Bus Goes Toot, Toot, Toot: Baby's First Book of Things That Go: Baby's First Book of Things That Go. Carolyn Scrace. ed. 2018. (ENG., Illus.). 10p. (J). (— 1). bds. 6.95 *(978-1-912233-55-7(X)*, Scribblers) Book Hse. GBR. Dist: Sterling Publishing Co., Inc.

Bus Rhymes & Playtime. Sue Wickstead. 2023. (ENG.). 30p. (J). pap. ***(978-1-9163923-5-9(0))*** Wickstead, Sue.

Bus Ride: A Timeless Story That Bonds Generations Through Shared Memories. Ellen S. Cromwell. 2018. (ENG., Illus.). 20p. (J). (gr. k-6). pap. 14.95 *(978-1-61244-662-2(0))* Halo Publishing International.

Bus Safety. Emma Bassier. 2020. (Safety for Kids Ser.). (ENG., Illus.). 24p. (J). (gr. k-3). lib. bdg. 31.36 *(978-1-5321-6752-2(0)*, 34665, Pop! Cody Koala) Pop!.

Bus! Stop! Illus. by James Yang. 2018. (ENG.). 32p. (J). (-k). 17.99 *(978-0-425-28877-1(3)*, Viking Books for Young Readers) Penguin Young Readers Group.

Bus Stop at the End of the World. Dan Anthony. 2017. (ENG., Illus.). 184.0p. (J). pap. 8.95 *(978-1-78562-199-4(8))* Gomer Pr. GBR. Dist: Casemate Pubs. & Bk. Distributors, LLC.

Bus to the Badlands. Margriet Ruurs. Illus. by Claudia Dávila. 2018. 80p. (J). *(978-1-5490-7424-0(5))* Orca Bk. Pubs.

Bus to the Badlands, 1 vol. Margriet Ruurs. Illus. by Claudia Dávila. 2018. (Orca Echoes Ser.). (ENG.). 88p. (J). (gr. 1-3). pap. 6.95 *(978-1-4598-1670-1(6))* Orca Bk. Pubs. USA.

Bus Trip Is Fun: Book 8. Carole Crimeen & Suzanne Fletcher. 2023. (Sustainability Ser.). (ENG.). 16p. (J). (gr. -1-2). pap. 7.99 ***(978-1-922370-00-6(2)***, cb98ee7d-1c6b-4598-8fc0-e315def2e25a) Knowledge Bks. & Software AUS. Dist: Lerner Publishing Group.

Busca y encuentra. Ed. by Emanuela Bussolati. 2019. (SPA.). 24p. (J). (gr. -1-1). 5.95 *(978-84-414-0613-1(8))* Editorial Edaf, S.L. ESP. Dist: Spanish Pubs., LLC.

Busca y encuentra de todos los colores: Aprende a contar con la naturalez. Tr. by Carlos Mayor. 2018. (SPA.). 16p. (J). bds. 21.99 *(978-84-945042-6-6(6))* Editorial Flamboyant ESP. Dist: Lectorum Pubns., Inc.

Busca y Encuentra Formas, Rayas, Manchas y Más. 2018. (SPA.). 16p. (J). bds. 21.99 *(978-84-945042-7-3(4))* Editorial Flamboyant ESP. Dist: Lectorum Pubns., Inc.

Busca y Explora - Devocionales para Niños: 365 días de Actividades Prácticas, 1 vol. Yvonne H. Van Ee & Michael Williams. 2020. (SPA.). 384p. (J). pap. 15.99 *(978-0-8297-6981-4(1))* Vida Pubs.

Buscando el Sotano. Samir Osorio. 2019. (SPA.). 482p. (J). pap. 24.95 *(978-1-64334-124-8(3))* Page Publishing Inc.

Buscando el Sueño: Searching for Sleep. Jennese Alicia Torres. Illus. by Mike Monochello. 2021. (ENG.). 37p. (J). *(978-1-304-20054-9(X))* Lulu Pr., Inc.

Bus/el Autobús Board Book: Bilingual English-Spanish. Chris Demarest. 2017. (ENG., Illus.). 16p. (J). (— 1). bds. 4.99 *(978-0-544-99114-9(1)*, 1665902, Clarion Bks.) HarperCollins Pubs.

Buses. Cari Meister. 2019. (Transportation in My Community Ser.). (ENG., Illus.). 32p. (J). (gr. -1-2). lib. bdg. 27.99 *(978-1-9771-0681-0(1)*, 140136, Pebble) Capstone.

Buses: A 4D Book. Mari Schuh. 2018. (Transportation Ser.). (ENG., Illus.). 24p. (J). (gr. -1-2). lib. bdg. 24.65 *(978-1-9771-0142-6(9)*, 138316, Pebble) Capstone.

Buses & Boats: Living Vehicles Coloring Book. Bobo's Children Activity Books. 2016. (ENG., Illus.). (J). pap. 9.33 *(978-1-68327-527-5(6))* Sunshine In My Soul Publishing.

Buses & Other Public Transport Coloring Book. Bobo's Children Activity Books. 2016. (ENG., Illus.). (J). pap. 9.33 *(978-1-68327-645-6(0))* Sunshine In My Soul Publishing.

Buses Come in Many Colors Coloring Book. Bobo's Children Activity Books. 2016. (ENG., Illus.). (J). pap. 9.33 *(978-1-68327-646-3(9))* Sunshine In My Soul Publishing.

Bush Adventures. Jenni Barnett. 2022. (ENG.). 128p. (YA). pap. ***(978-0-6487752-6-3(7))*** Barnett Bks.

Bush & Beyond: Stories from Country. Tjalaminu Mia et al. 2018. 136p. (J). (gr. k-1). 9.95 *(978-1-925591-13-2(1))* Fremantle Pr. AUS. Dist: Independent Pubs. Group.

Bush Baby, Bush Baby, Go to Sleep! S. F. Hardy. 2021. (ENG.). 46p. (J). pap. 10.00 *(978-1-7321861-9-4(7))* Shenomenal Ink.

Bush Bash. Sally Morgan. Illus. by Ambelin Kwaymullina. 2019. (ENG.). 24p. (J). (— 1). pap. 15.99 *(978-1-921894-14-5(8))* Little Hare Bks. AUS. Dist: Independent Pubs. Group.

Bush Basketball. Rylan Cusack. Illus. by Anna Szczypiorska. 2022. (Our Yarning Ser.). (ENG.). 26p. (J). pap. ***(978-1-922895-72-1(5))*** Library For All Limited.

Bush Birthday. Lorette Broekstra. 2018. (ENG., Illus.). 24p. (J). (gr. -1-k). 12.99 *(978-1-925267-05-1(9))* Allen & Unwin AUS. Dist: Independent Pubs. Group.

Bush Bolts. Soraya Nicholas. 2018. (Starlight Stables Ser.: 3). 192p. (J). (gr. 2-4). 9.99 *(978-0-14-330862-1(9))* Random Hse. Australia AUS. Dist: Independent Pubs. Group.

Bush-Boys: Or the History & Adventures of a Cape Farmer & His Family in the Wild Karoos of Southern Africa (Classic Reprint) Mayne Reid. (ENG., Illus.). (J). 2017. 32.19 *(978-0-331-81773-7(X))*; 2016. pap. 16.57 *(978-1-334-17090-4(8))* Forgotten Bks.

Bush Calendar (Classic Reprint) Amy E. Mack. 2018. (ENG., Illus.). 122p. (J). 26.41 *(978-0-267-27907-4(8))* Forgotten Bks.

Bush Fright - Our Yarning. Rhonda Dalbin. Illus. by Mila Aydingoz. 2022. (ENG.). 26p. (J). pap. ***(978-1-922932-22-8(1))*** Library For All Limited.

Bush Heroes. Jenni Barnett. l.t. ed. 2022. (Dreamtime Adventures Ser.: Vol. 1). (ENG.). 98p. (YA). pap. ***(978-0-6487752-2-5(4))*** Barnett Bks.

Bush Is a Supermarket. Joanne Wood. Illus. by Natia Warda. 2022. (ENG.). 26p. (J). pap. *(978-1-922795-70-0(4))* Library For All Limited.

Bush Life in Australia & New Zealand (Classic Reprint) Dugald Ferguson. 2018. (ENG., Illus.). 336p. (J). 30.85 *(978-0-267-41938-8(4))* Forgotten Bks.

Bush-Life in Queensland, Vol. 1 Of 2: Or John West's Colonial Experiences (Classic Reprint) Alexander Charles Grant. (ENG., Illus.). (J). 2018. 288p. 29.86 *(978-0-267-26976-1(5))*; 2017. pap. 13.57 *(978-1-331-83142-6(3))* Forgotten Bks.

Bush-Life in Queensland, Vol. 2 Of 2: Or John West's Colonial Experiences (Classic Reprint) A. C. Grant. 2018. (ENG., Illus.). 306p. (J). 30.21 *(978-0-267-67308-7(6))* Forgotten Bks.

Bush Magic. Jenni Barnett. 2022. (ENG.). 108p. (YA). pap. ***(978-0-6487752-5-6(9))*** Barnett Bks.

Bush Rescue. Darrel Odgers & Sally Odgers. Illus. by Janine Dawson. 2016. 89p. (J). *(978-1-61067-563-5(0))* Kane Miller.

Bush Rescue: Pup Patrol. Sally & Darrel Odgers. Illus. by Janine Dawson. 2017. 96p. (J). pap. 4.99 *(978-1-61067-519-2(3))* Kane Miller.

Bush Secrets. Jenni Barnett. 2022. (ENG.). 112p. (YA). pap. ***(978-0-6487752-7-0(5))*** Barnett Bks.

Bush Sounds. Merrilee Lands. Illus. by Scott Wilson. 2022. (ENG.). 32p. (J). pap. *(978-1-922849-21-2(9))* Library For All Limited.

Bush Studies (Classic Reprint) Barbara Baynton. (ENG., Illus.). (J). 2017. 27.30 *(978-0-331-50088-2(4))*; 2016. pap. 9.97 *(978-1-334-51059-5(8))* Forgotten Bks.

Bush Tails Book 2: A Close Call & Jake to the Rescue. Elaine J. Ouston. 2018. (Bush Tails Ser.: Vol. 2). (ENG., Illus.). 34p. (J). pap. *(978-0-6481647-2-2(1))* Morris Publishing Australia.

Busher's Girl: A Comedy in Three Acts (Classic Reprint) F. Roney Weir. 2018. (ENG., Illus.). 56p. (J). 25.05 *(978-0-332-82567-0(1))* Forgotten Bks.

Bushman Dictionary (Classic Reprint) Dorothea Frances Bleek. 2017. (ENG., Illus.). (J). 788p. 40.17 *(978-0-332-63453-1(1))*; 790p. pap. 23.57 *(978-0-282-55181-0(6))* Forgotten Bks.

Bushmen All: A Romance of the Never-Never (Classic Reprint) Giles Seagram. 2019. (ENG., Illus.). 338p. (J). 30.87 *(978-0-267-18436-1(0))* Forgotten Bks.

Bushrangers: A Yankee's Adventures During His Second Visit to Australia (Classic Reprint) William H. Thomes. (ENG., Illus.). (J). 2018. 498p. 34.17 *(978-0-332-91478-7(X))*; 2016. pap. 16.57 *(978-1-333-70638-8(3))* Forgotten Bks.

Bushy: A Romance Founded on Fact (Classic Reprint) Cynthia May Westover Alden. 2017. (ENG., Illus.). (J). 32.06 *(978-1-5285-7521-8(0))* Forgotten Bks.

Bushy Tail Adventures. Eva Bernier. Illus. by Eva Bernier. 2022. (ENG.). 20p. (J). pap. 14.95 *(978-1-944386-63-4(7))* Just Write Bks.

Bushy Tail One Pond at a Time. Hilton Nelson, Jr. 2020. (ENG., Illus.). 30p. (J). pap. 13.95 *(978-1-64544-484-8(8))* Page Publishing Inc.

Bushy Tailed Animals: A Coloring Book. Jupiter Kids. 2017. (ENG., Illus.). (J). pap. 9.20 *(978-1-68326-632-7(3)*, Jupiter Kids (Childrens & Kids Fiction)) Speedy Publishing LLC.

Bushyhead. Peta-Gaye Nash. Illus. by Alyah Holmes. 2021. (ENG.). 24p. (J). pap. *(978-1-989403-28-0(X))* In Our Words.

Business. Diane Lindsey Reeves. 2017. (Bright Futures Press: World of Work Ser.). (ENG., Illus.). 32p. (J). (gr. 4-7). lib. bdg. 32.07 *(978-1-5341-0171-5(3)*, 210154) Cherry Lake Publishing.

Business 1: Libro Da Colorare per Bambini. Bold Illustrations. 2017. (ITA., Illus.). (J). pap. 8.35 *(978-1-64193-142-7(6)*, Bold Illustrations) FASTLANE LLC.

Business 2: Libro Da Colorare per Bambini. Bold Illustrations. 2017. (ITA., Illus.). 82p. (J). pap. 8.35 *(978-1-64193-143-4(4)*, Bold Illustrations) FASTLANE LLC.

Business 2: Livre Coloriage Pour Enfants. Bold Illustrations. 2017. (FRE., Illus.). (J). pap. 8.35 *(978-1-64193-069-7(1)*, Bold Illustrations) FASTLANE LLC.

Business Career of Peter Flint (Classic Reprint) Harold Whitehead. (ENG., Illus.). (J). 2018. 396p. 32.06 *(978-0-267-00502-4(4))*; 2017. pap. 16.57 *(978-0-243-99161-7(4))* Forgotten Bks.

Business Is Business: A Comedy (Classic Reprint) Harry L. Newton. (ENG., Illus.). (J). 2018. 22p. 24.35 *(978-0-267-54038-9(8))*; 2016. pap. 7.97 *(978-1-333-38129-5(8))* Forgotten Bks.

Business Leaders Set, vols. 13, vol. 13. Incl. Faces Behind Beauty. Wanda Langley. (Illus.). 160p. lib. bdg. 28.95 *(978-1-59935-097-4(1))*; Michael Dell. Lauri S. Friedman. 128p. lib. bdg. 28.95 *(978-1-59935-083-7(1))*; Oprah Winfrey. Judy L. Hasday. (Illus.). 128p. lib. bdg. 28.95 *(978-1-59935-096-7(3))*; Ralph Lauren. Myra Weatherly. 112p. lib. bdg. 28.95 *(978-1-59935-084-4(X))*; Russell Simmons. Brain Baughan. 112p. lib. bdg. 28.95 *(978-1-59935-075-2(0))*; Steve Jobs. Jim Corrigan. 128p. lib. bdg. 27.95 *(978-1-59935-076-9(9))*; Warren Buffett. Anne Janette Johnson. 128p. lib. bdg. 28.95 *(978-1-59935-080-6(7))*; (YA). (gr. 7-12). 2008. 2008. Set lib. bdg. 376.35 *(978-1-59935-094-3(7))* Reynolds, Morgan Inc.

Business Maharajas. Gita Piramal. unabr. ed. 2019. (ENG.). 32p. 25.00 *(978-0-14-350004-9(X)*, Random House Audio) Penguin Random House Audio Publishing Group.

Business Meeting: A Parlor Play in One Act (Classic Reprint) Arlo Bates. (ENG., Illus.). (J). 2018. 26p. 24.43 *(978-0-656-21253-8(5))*; 2016. pap. 7.97 *(978-1-333-72494-8(2))* Forgotten Bks.

Business of a Gentleman (Classic Reprint) H. N. Dickinson. 2018. (ENG., Illus.). 330p. (J). 30.70 *(978-0-267-21593-5(2))* Forgotten Bks.

Business of Ferrets. Alwyn Bathan. 2021. (ENG.). 146p. (J). pap. 12.00 *(978-1-913432-23-2(8))* Stairwell Bks.

Business of Gaming. Laura Hamilton Waxman. 2020. (Best of Gaming (UpDog Books (tm)) Ser.). (ENG., Illus.). 24p. (J). (gr. 3-5). lib. bdg. 30.65 *(978-1-5415-9052-6(X)*, ca5687b9-f7e2-4eaa-a71b-9e6867fe95c8, Lerner Pubns.) Lerner Publishing Group.

Business of Guns. David Wilson. 2021. (Gun Country Ser.). (ENG.). (YA). (gr. 7-12). 34.60 *(978-1-4222-4459-3(8))* Mason Crest.

Business of Life (Classic Reprint) Robert W. Chambers. 2018. (ENG., Illus.). 534p. (J). 34.93 *(978-0-364-10391-3(4))* Forgotten Bks.

Business of Pleasure, Vol. 1 of 2 (Classic Reprint) Edmund Yates. (ENG., Illus.). (J). 2018. 314p. 30.37 *(978-0-267-95084-3(5))*; 2016. pap. 13.57 *(978-1-334-12420-4(5))* Forgotten Bks.

Business of Pleasure, Vol. 2 of 2 (Classic Reprint) Edmund Yates. (ENG., Illus.). (J). 2018. 330p. 30.70 *(978-0-483-69478-1(9))*; 2016. pap. 13.57 *(978-1-334-15166-8(0))* Forgotten Bks.

Business Pig. Andrea Zuill & Andrea Zuill. 2018. (Illus.). 32p. (J). (gr. -1-2). 16.95 *(978-1-4549-2684-9(8))* Sterling Publishing Co., Inc.

Business Proposal, Vol. 1. Haehwa. 2023. (Business Proposal Ser.). (ENG.). 320p. (gr. 11-17). pap. 20.00 Ize Pr.

Business Venture in Los Angeles: Or a Christian Optimist (Classic Reprint) Z. Z. 2018. (ENG., Illus.). 256p. (J). 29.20 *(978-0-483-86216-6(9))* Forgotten Bks.

Business Venture in Los Angeles; or, a Christian Optimist. Z. Z. 2017. (ENG., Illus.). (J). pap. *(978-0-649-03457-4(0))* Trieste Publishing Pty Ltd.

Busing Brewster. Richard Michelson. Illus. by R. G. Roth. 2018. (ENG.). 32p. (J). pap. 10.95 *(978-1-56792-644-6(4))* Godine, David R. Pub.

Búsqueda de Nuevos Planetas. Gail Terp. 2018. (Descubrimiento Del Espacio Profundo Ser.). (SPA.). 32p. (J). (gr. 4-6). lib. bdg. *(978-1-68072-973-3(X)*, 12456, Bolt) Black Rabbit Bks.

Búsqueda Del Tesoro. Stephanie Wildman. Tr. by Cecilia Populus-Eudave. Illus. by Estefanía Razo. 2023. (SPA.). 32p. (J). pap. 10.99 ***(978-1-958302-51-4(1))*** Lawley Enterprises.

Búsqueda Extraterrestre: Leveled Reader Book 88 Level W 6 Pack. Hmh Hmh. 2021. (SPA.). 32p. (J). pap. 74.40 *(978-0-358-08652-9(3))* Houghton Mifflin Harcourt Publishing Co.

Búsquedas Del Tesoro con Los Sentidos (Set), 6 vols. 2022. (Búsquedas Del Tesoro con Los Sentidos Ser.). (SPA.). 24p. (J). (gr. -1-2). lib. bdg. 188.16 *(978-1-0982-6523-6(8)*, 40991, Abdo Kids) ABDO Publishing Co.

Busquemos Puntos de Referencia: Trabajar Al Mismo Tiempo, 1 vol. Dwayne Booker. 2017. (Computación Científica en el Mundo Real (Computer Science for the Real World) Ser.). (SPA.). 24p. (J). (gr. 3-4). pap. *(978-1-5383-5714-9(3)*, f79883db-9c45-4833-aea0-09dbd6bdc121, Rosen Classroom) Rosen Publishing Group, Inc., The.

Busquemos Puntos de Referencia: Trabajar Al Mismo Tiempo (Looking for Landmarks: Working at the Same Time), 1 vol. Dwayne Booker. 2017. (Niños Digitales: Superdotados con Pensamiento Computacional (Computer Kids: Powered by Computational Thinking) Ser.). (SPA.). 24p. (J). (gr. 3-4). 25.27 *(978-1-5383-2869-9(0)*, 7d65feef-226c-49be-99d9-bb24f66c1613, PowerKids Pr.) Rosen Publishing Group, Inc., The.

Buss from Lafayette. Dorothea Jensen. 2016. (ENG.). 266p. (YA). (gr. 7-12). pap. 16.95 *(978-1-939371-90-4(2))* Boutique of Quality Books Publishing Co., Inc.

Buss from Lafayette Teachers Guide. Dorothea Jensen & Sienna Larson. 2018. (ENG.). 98p. (gr. 5-9). pap. 14.95 *(978-1-945448-13-3(X)*, BQB Publishing) Boutique of Quality Books Publishing Co., Inc.

Bust of Lincoln (Classic Reprint) James Francis Dwyer. 2018. (ENG., Illus.). 84p. (J). 25.63 *(978-0-656-53668-9(3))* Forgotten Bks.

Bust Your BUTS: Tips for Teens Who Procrastinate. Joanne Foster. 2017. (ENG.). 168p. pap. 18.95 *(978-1-935067-33-7(8))* Gifted UnLtd., LLC.

Bust Your Own Rhymes... & Discover the Star You Are! (That Girl Lay Lay) Terrance Crawford. 2022. (ENG.). 144p. (J). (gr. 2-5). 12.99 *(978-1-338-77962-2(1))* Scholastic, Inc.

Busted. Gina Ciocca. 2018. (ENG.). 352p. (YA). (gr. 8-12). pap. 10.99 *(978-1-4926-5429-2(9))* Sourcebooks, Inc.

Busted Ex-Texan & Other Stories (Classic Reprint) W. H. H. Murray. 2018. (ENG., Illus.). 144p. (J). 26.87 *(978-0-332-98594-7(6))* Forgotten Bks.

Buster. Caleb Huett. (ENG.). (J). (gr. 3-7). 2022. 336p. pap. 8.99 *(978-1-338-54189-2(7))*; 2021. 320p. 18.99 *(978-1-338-54188-5(9))* Scholastic, Inc. (Scholastic Pr.).

Buster & Baby Jim (Classic Reprint) Sarah S. Baker. 2018. (ENG., Illus.). 118p. (J). 26.33 *(978-0-483-27111-1(X))* Forgotten Bks.

Buster & the Baby. Amy Hest. Illus. by Polly Dunbar. 2017. (ENG.). 32p. (J). (-k). 15.99 *(978-0-7636-8787-8(1))* Candlewick Pr.

Buster & the Brain Booster. Christina Pellegrino. 2023. (ENG.). 38p. (J). 19.95 ***(978-1-63755-599-6(7)***, Mascot Kids) Amplify Publishing Group.

Buster Gets Back on Track. Dale Earnhardt Jr. Illus. by Ela Smietanka. 2023. (Buster the Race Car Ser.). (ENG.). 40p. (J). 18.99 ***(978-1-4002-3337-3(2)***, Tommy Nelson) Nelson, Thomas Inc.

Buster Meets Carlos the Wolf: Book 4. Frances J. Smith. 2020. (ENG., Illus.). 26p. (J). pap. 13.95 *(978-1-6624-2007-8(2))* Page Publishing Inc.

Buster the Bully. Maisha Oso. Illus. by Craig Shuttlewood. 2021. (ENG.). 32p. (J). (gr. -1-k). 12.95 *(978-1-80129-009-8(1))* Welbeck Publishing Group Ltd. GBR. Dist: Two Rivers Distribution.

Buster, the Delicate Doodle. Jennifer Beland. 2019. (ENG., Illus.). 38p. (J). (gr. -1-3). 14.95 *(978-1-64307-124-4(6))* Amplify Publishing Group.

Buster the Kangaroo. Anne McRae & Neil Morris. Illus. by Daniela De Luca. 2017. 31p. (J). *(978-0-7166-3523-9(2))* World Bk., Inc.

Buster the Noodle Head Dog Goes to Bed. Debra McGuinty. 2016. (ENG., Illus.). (J). 19.95 *(978-1-4808-3618-1(4))*; pap. 12.45 *(978-1-4808-3617-4(6))* Archway Publishing.

Buster the Very Shy Dog: More Adventures with Phoebe. Lisze Bechtold. 2018. (Illus.). 32p. (J). *(978-1-5444-0473-8(5))* Follett School Solutions.

Buster the Very Shy Dog, Adventures with Phoebe. Lisze Bechtold. ed. 2019. (Green Light Readers Ser.). (ENG.). 32p. (J). (gr. 2-3). 13.89 *(978-0-87617-288-9(5))* Penworthy Co., LLC, The.

Buster the Very Shy Dog & the Great Bone Game. Lisze Bechtold. ed. 2018. (Green Light Readers Ser.). (ENG.). 30p. (J). (gr. 1-3). 13.89 *(978-1-64310-328-0(8))* Penworthy Co., LLC, The.

Buster the Very Shy Dog, More Adventures with Phoebe (Reader) Lisze Bechtold. 2018. (ENG., Illus.). 32p. (J). (gr. -1-3). pap. 4.99 *(978-1-328-90022-7(3)*, 1700061, Clarion Bks.) HarperCollins Pubs.

Buster Undercover, 1 vol. Caleb Huett. 2022. (ENG.). 336p. (J). (gr. 3-7). 17.99 *(978-1-338-54190-8(0)*, Scholastic Pr.) Scholastic, Inc.

Buster's Amazing Spaceship Dream & Other Stories. Jenny Balsdon. Illus. by Coralie Jenkins-Packer. 2023. (Buster Ser.). (ENG.). 68p. (J). pap. 8.99 ***(978-1-9163552-2-4(6))*** Seagull Pr.

Buster's Braces. Stephanie Dean. 2019. (ENG.). 26p. (J). pap. 12.95 *(978-1-64350-281-6(6))* Page Publishing Inc.

Buster's Desert Adventures. Melissa Brody. 2019. (ENG., Illus.). 56p. (J). 25.95 *(978-1-64531-049-5(3))* Newman Springs Publishing, Inc.

Buster's Dog Training & Other Stories. Jenny Balsdon. 2020. (Buster Bks.: Vol. 1). (ENG., Illus.). 60p. (J). (gr. k-2). pap. 7.99 *(978-1-9163552-0-0(X))* Seagull Pr.

Buster's Ears Trip Him Up: When You Fail. Edward Welch. Illus. by Joe Hox. 2018. (ENG.). 32p. (J). 16.99 *(978-1-948130-25-7(4))* New Growth Pr.

Buster's Trip to Victory Lane. Dale Earnhardt Jr. Illus. by Ela Smietanka. 2022. (Buster the Race Car Ser.). (ENG.). 40p. (J). 18.99 *(978-1-4002-3334-2(8)*, Tommy Nelson) Nelson, Thomas Inc.

Busting Boredom in the Great Outdoors. Tyler Omoth. 2017. (Boredom Busters Ser.). (ENG., Illus.). 32p. (J). (gr. 3-9). lib. bdg. 28.65 *(978-1-5157-4703-1(4)*, 134342, Capstone Pr.) Capstone.

Busting Boredom with Art Projects. Mary Boone. 2017. (Boredom Busters Ser.). (ENG., Illus.). 32p. (J). (gr. 3-9). lib. bdg. 28.65 *(978-1-5157-4704-8(2)*, 134343, Capstone Pr.) Capstone.

Busting Boredom with Experiments. Jennifer Swanson. 2017. (Boredom Busters Ser.). (ENG., Illus.). 32p. (J). (gr. 3-9). lib. bdg. 28.65 *(978-1-5157-4702-4(6)*, 134341, Capstone Pr.) Capstone.

Busting Boredom with Technology. Tyler Omoth. 2017. (Boredom Busters Ser.). (ENG., Illus.). 32p. (J). (gr. 3-9). lib. bdg. 28.65 *(978-1-5157-4705-5(0)*, 134344, Capstone Pr.) Capstone.

Busy Airport. Campbell Books. Illus. by Louise Forshaw. 2023. (Busy Bks.). (ENG.). 10p. (J). bds. 8.99 ***(978-1-0350-1602-0(8)***, 900292676, Campbell Bks.) Pan Macmillan GBR. Dist: Macmillan.

Busy As a Bee: Are Bees Active? Marne Ventura. 2022. (Animal Idioms Ser.). (ENG., Illus.). 32p. (J). (gr. 2-3). pap. 9.95 *(978-1-64494-645-9(9))* North Star Editions.

Busy As a Bee: Are Bees Active? Are Bees Active? Marne Ventura. 2021. (Animal Idioms Ser.). (ENG., Illus.). 32p. (J). (gr. 2-5). lib. bdg. 34.21 *(978-1-5321-9666-9(0)*, 38308, Kids Core) ABDO Publishing Co.

Busy Babies. Amy Schwartz. Illus. by Amy Schwartz. 2019. (ENG., Illus.). 32p. (J). (gr. -1-3). 17.99 *(978-1-4814-4510-8(3)*, Beach Lane Bks.) Beach Lane Bks.

Busy Baby Animals. Suzi Eszterhas. 2022. (ENG., Illus.). 24p. (J). (gr. k). bds. 9.95 *(978-1-77147-446-7(7))* Owlkids Bks. Inc. CAN. Dist: Publishers Group West (PGW).

Busy Baby Animals: Spin the Wheel to Learn about Baby Animals! Clever Publishing. Illus. by Rachael McLean. 2020. (Clever Wheels Ser.). (ENG.). 8p. (J). (gr. -1 — 1). bds. 8.99 *(978-1-949998-36-8(3))* Clever Media Group.

Busy Bear Count & Sort. Barefoot Books. Illus. by Debbie Harter. 2018. (ENG.). 30p. (J). (gr. -1-1). 16.99 *(978-1-78285-430-2(4))* Barefoot Bks., Inc.

Busy Bees. Natasha Vizcarra. 2022. (ENG.). 32p. (J). pap. ***(978-1-922827-53-1(3))*** Library For All Limited.

Busy Bee's Garden! Bathtime Fun with Rattly Rings & a Friendly Bug Pal. Small World Creations. Illus. by Emma Haines. 2018. (ENG.). 8p. (J). (gr. -1 — 1). 6.99 *(978-1-4380-7905-9(2))* Sourcebooks, Inc.

Busy Being Jawhara: A Day at the Zoo Book 1. Nima Shiningstar- El. 2021. (ENG.). 20p. (J). pap. 9.99 *(978-1-7321910-6-8(9))* Sunshine BlackRose Pubns.

Busy Betty. Reese Witherspoon. Illus. by Xindi Yan. 2022. (ENG.). 40p. (J). (gr. -1-2). 19.99 *(978-0-593-46588-2(1))* Flamingo Bks.

Busy Billy. Rhonelle Patrick. 2019. (ENG., Illus.). 56p. (J). (gr. 1-6). *(978-1-927865-52-1(2))* WTL International.

Busy Body. Shirley P. Francis-Salley. Illus. by John McNees. 2021. (ENG.). 44p. (J). pap. 10.95 *(978-0-9843369-5-1(8))* Clay Jars Publishing.

Busy Body Sleep Solutions - Solusaun Toba Nian. Amy Tao. Illus. by Paige Billin-Frye. 2021. (TET.). 24p. (J). pap. *(978-1-922621-61-0(7))* Library For All Limited.

Busy Book of Pumpkins & Halloween - Halloween Activity Book for Kids. Speedy Kids. 2017. (ENG., Illus.). (J). pap. 8.33 *(978-1-5419-3445-0(8))* Speedy Publishing LLC.

Busy Book of Search & Find: Amazing Animals. Illus. by Gema Galán. 2021. (ENG.). 32p. (J). 14.95 *(978-1-5319-1483-7(7))* Sellers Publishing, Inc.

Busy Book of Vehicles. Christie Hainsby. 2019. (ENG., Illus.). 14p. (J). (gr. -1-7). bds. 9.99 *(978-1-78843-651-9(2))* Make Believe Ideas GBR. Dist: Scholastic, Inc.

Busy Boys: Matthew 21: Be Willing. Catherine MacKenzie. rev. ed. 2017. (Stories from Jesus Ser.). (ENG., Illus.). 24p. (J). pap. 4.99 *(978-1-5271-0094-7(4)*, bdc3b503-7da7-47f2-b23c-c4a2ccb94aa5, CF4Kids) Christian Focus Pubns. GBR. Dist: Baker & Taylor Publisher Services (BTPS).

Busy Brownies at Play (Classic Reprint) Isobel Davidson. 2018. (ENG., Illus.). 134p. (J). 26.68 *(978-0-267-26918-1(8))* Forgotten Bks.

Busy Buddies: Dog. Felicia Macheske. 2017. (Guess What Ser.). (ENG., Illus.). 24p. (J). (gr. k-2). lib. bdg. 30.64 *(978-1-63472-851-5(3)*, 209830) Cherry Lake Publishing.

Busy Bug Builds a Fort. David A. Carter. ed. 2018. (Ready-To-Read Ser.). (ENG.). 24p. (J). (gr. -1-1). 9.00 *(978-1-64310-377-8(6))* Penworthy Co., LLC, The.

Busy Bug Builds a Fort: Ready-To-Read Level 1. David A. Carter. Illus. by David A. Carter. 2016. (David Carter's Bugs Ser.). (ENG., Illus.). 24p. (J). (gr. -1-1). pap. 3.99 *(978-1-4814-4047-9(0)*, Simon Spotlight) Simon Spotlight.

Busy Bugs: My First Little Seek & Find. J. L. Rothberg. Illus. by David Wojtowycz. 2022. (My First Little Seek & Find Ser.). (ENG.). 24p. (J). (gr. k-2). lib. bdg. 24.69 *(978-1-64996-189-1(8)*, 4937, Sequoia Kids Media) Phoenix International Publications, Inc.

Busy Bugs My First Little Seek & Find. J. L. Rothberg. 2019. (ENG.). 18p. (J). bds. 5.99 *(978-1-64269-071-2(6)*, 3996, Sequoia Publishing & Media LLC) Phoenix International Publications, Inc.

Busy Builders. Bob Hartman. Illus. by Mark Beech. 2021. (ENG.). 32p. (J). pap. 10.99 *(978-0-281-08524-8(2)*, 9baadd21-0afe-4276-bfbf-89f8b4d8a088) SPCK Publishing GBR. Dist: Baker & Taylor Publisher Services (BTPS).

Busy Bumble Shares His Joy. Desrene May Jones. 2019. (ENG.). 40p. (J). pap. *(978-1-5289-3401-5(6))* Austin Macauley Pubs. Ltd.

Busy Bunnies. Illus. by Lisa McCue. 2nd ed. 2020. (ENG.). 14p. (J). (— 1). bds. 5.99 *(978-0-7944-4226-2(9)*, Studio Fun International) Printers Row Publishing Group.

Busy Bunny. Tex Huntley. ed. 2020. (Step into Reading Ser.). (ENG.). 24p. (J). (gr. k-1). 14.96 *(978-1-64697-159-6(0))* Penworthy Co., LLC, The.

Busy Bunny (Sunny Day) Tex Huntley. Illus. by Susan Hall. 2020. (Step into Reading Ser.). (ENG.). 24p. (J). (gr. -1-1). 5.99 *(978-0-593-12806-0(0)*, Random Hse. Bks. for Young Readers) Random Hse. Children's Bks.

Busy Bus: 2-In-1 Storybook with Pull-Back Wheels. IglooBooks. Illus. by Denis Alonso. 2020. (ENG.). 8p. (J). (gr. -1-k). 10.99 *(978-1-83903-747-4(4))* Igloo Bks. GBR. Dist: Simon & Schuster, Inc.

Busy Bus! Lucy Scott. Illus. by Lucy Scott. 2016. (ENG., Illus.). 32p. (J). (gr. -1-k). 15.99 *(978-1-939547-25-5(3)*, dc92e402-14ce-417a-b081-11729ad5bd4d) Creston Bks.

Busy, Busy Beavers. Alan Walker. 2022. (Animals in Their World Ser.). (ENG.). 24p. (J). (gr. k-2). pap. *(978-1-0396-6185-1(8)*, 19254); lib. bdg. *(978-1-0396-5990-2(X)*, 19253) Crabtree Publishing Co.

Busy, Busy Birds, 1 vol. Geraldo Valério. 2021. (ENG., Illus.). 26p. (J). (gr. -1 — 1). bds. 12.99 *(978-1-77306-601-1(3))* Groundwood Bks. CAN. Dist: Publishers Group West (PGW).

Busy Buzzie Bee. Diane Bailey. 2020. (ENG.). 18p. (J). pap. 14.95 *(978-1-64654-551-3(6))* Fulton Bks.

Busy Buzzing Worker Bees. Hilary Filipowicz. 2023. 28p. (J). (-5). 24.99 BookBaby.

Busy Christmas. Clever Publishing. Illus. by Rachael McLean. 2019. (Clever Wheels Ser.). (ENG.). 8p. (J). (gr. -1 — 1). bds. 8.99 *(978-1-949998-35-1(5))* Clever Media Group.

Busy Christmas Fairies: A Short Operetta for Kindergarten or First Grade Children (Classic Reprint)

B

Maude Summer Smith. (ENG., Illus.). (J). 2018. 20p. 24.31 *(978-0-267-95478-0(6))*; 2016. pap. 7.97 *(978-1-334-11870-8(1))* Forgotten Bks.

Busy Colors: Spin the Wheel for a Learning Adventure! Clever Publishing. Illus. by Marta Costa. 2019. (Clever Wheels Ser.). (ENG.). 8p. (J). (gr. -1 — 1). bds. 8.99 *(978-1-948418-73-7(8)*, 332284) Clever Media Group.

Busy Creature's Day Eating! Mo Willems. (ENG.). 32p. (J). (gr. -1-k). 2019. bds. 8.99 *(978-1-368-04129-4(9))*; 2018. (Illus.). 17.99 *(978-1-368-01352-9(X))* Disney Publishing Worldwide. (Hyperion Books for Children).

Busy Day. Lauren Crisp. Illus. by Thomas Elliott. 2021. (I Can Learn Ser.). (ENG.). 12p. (J). (-k). bds. 12.99 *(978-1-68010-671-8(6))* Tiger Tales.

Busy Day for Little Cat. Holly Hall. Illus. by Katie Saunders. 2021. (Push Pull Stories Ser.). (ENG.). 10p. (J). bds. 9.99 *(978-1-78958-863-7(4))* Top That! Publishing PLC GBR. Dist: Independent Pubs. Group.

Busy Day for Little Cow. Holly Hall. Illus. by Katie Saunders. 2021. (Push Pull Stories Ser.). (ENG.). 10p. (J). (— 1). bds. 9.99 *(978-1-78958-865-1(0))* Top That! Publishing PLC GBR. Dist: Independent Pubs. Group.

Busy Day for Little Dog. Holly Hall. Illus. by Katie Saunders. 2021. (Push Pull Stories Ser.). (ENG.). 10p. (J). (— 1). bds. 9.99 *(978-1-78958-864-4(2))* Top That! Publishing PLC GBR. Dist: Independent Pubs. Group.

Busy Day for Little Lion. Holly Hall. Illus. by Katie Saunders. 2021. (Push Pull Stories Ser.). (ENG.). 10p. (J). (— 1). bds. 9.99 *(978-1-78958-866-8(9))* Top That! Publishing PLC GBR. Dist: Independent Pubs. Group.

Busy Day in Bangville: A Comedy in One Act Playing Thirty Minutes (Classic Reprint) Ethelyn Sexton. (ENG., Illus.). (J). 2018. 24p. 24.39 *(978-0-267-40259-5(7))*; 2016. pap. 7.97 *(978-1-334-12086-2(2))* Forgotten Bks.

Busy Day in the Neighborhood. Cala Spinner. Illus. by Jason Fruchter. 2017. (Daniel Tiger's Neighborhood Ser.). (ENG.). 12p. (J). (gr. -1-k). bds. 14.99 *(978-1-4814-8583-8(0)*, Simon Spotlight) Simon Spotlight.

Busy Day in the Neighborhood Deluxe Edition. Cala Spinner. Illus. by Jason Fruchter. 2023. (Daniel Tiger's Neighborhood Ser.). (ENG.). 12p. (J). (gr. -1-k). bds. bds. 16.99 *(978-1-6659-3338-4(0)*, Simon Spotlight) Simon Spotlight.

Busy Day with Bumpy & Friends. Robyn Gale. 2020. (Bumpy the Bear - Flip up Flaps Ser.). (ENG.). 10p. (J). (gr. -1). 8.99 *(978-1-78958-202-4(4))* Top That! Publishing PLC GBR. Dist: Independent Pubs. Group.

Busy Days with Curious George. H. A. Rey. 2017. (Curious George Ser.). (ENG., Illus.). 208p. (J). (gr. -1-3). 11.99 *(978-1-328-69598-7(0)*, 1671312, Clarion Bks.) HarperCollins Pubs.

Busy-Eyed Day. Anne Marie Pace. Illus. by Frann Preston-Gannon. 2018. (ENG.). 32p. (J). (-3). 18.99 *(978-1-4814-5903-7(1)*, Beach Lane Bks.) Beach Lane Bks.

Busy Farm. Campbell Books. Illus. by Louise Forshaw. 2023. (Busy Bks.). (ENG.). 10p. (J). bds. 8.99 ***(978-1-0350-1601-3(X)***, 900292675, Campbell Bks.) Pan Macmillan GBR. Dist: Macmillan.

Busy Farmer: Matthew 13: Listen & Obey. Catherine MacKenzie. rev. ed. 2017. (Stories from Jesus Ser.). (ENG., Illus.). 24p. (J). pap. 4.99 *(978-1-5271-0093-0(6)*, 4b2effcb-96cc-4063-bb8a-134c2a7c628c, CF4Kids) Christian Focus Pubns. GBR. Dist: Baker & Taylor Publisher Services (BTPS).

Busy Fingers see Laboriosos deditos de las Manos

Busy Fire Station. Campbell Books. Illus. by Jo Byatt. 2023. (Busy Bks.). (ENG.). 10p. (J). bds. 8.99 ***(978-1-0350-1600-6(1)***, 900292674, Campbell Bks.) Pan Macmillan GBR. Dist: Macmillan.

Busy Housewife: Luke 15: God Rescues. Catherine MacKenzie. rev. ed. 2017. (Stories from Jesus Ser.). (ENG., Illus.). 24p. (J). pap. 4.99 *(978-1-5271-0092-3(8)*, 63abe5e4-16af-4c96-8566-92474a370601, CF4Kids) Christian Focus Pubns. GBR. Dist: Baker & Taylor Publisher Services (BTPS).

Busy Izzy & the Key to Lasting Joy. Shayana Oakley. 2023. (ENG.). 34p. (J). 17.99 ***(978-1-959719-01-4(7))*** Victorious You Pr.

Busy Little Bee. Laura Gates Galvin. 2019. (Layered Board Book Ser.). (ENG., Illus.). 8p. (J). bds. 7.99 *(978-1-62885-694-1(7))* Rainstorm Pr.

Busy Little Bee. Salina Yoon. Illus. by Salina Yoon. 2020. (on-The-Go Book Ser.). (ENG., Illus.). 12p. (J). (— 1). bds. 8.99 *(978-1-5344-5994-6(4)*, Little Simon) Little Simon.

Busy Little Fishy. Salina Yoon. Illus. by Salina Yoon. 2020. (on-The-Go Book Ser.). (ENG., Illus.). 12p. (J). (— 1). bds. 7.99 *(978-1-5344-5995-3(2)*, Little Simon) Little Simon.

Busy Little Hands: Art Play! Activities for Preschoolers. Meredith Magee Donnelly. 2020. (Busy Little Hands Ser.). (ENG., Illus.). 48p. (J). (gr. -1-k). 12.95 *(978-1-63586-269-0(8)*, 626269) Storey Publishing, LLC.

BUSY LITTLE HANDS: ART PLAY! 5CC-PPK. Meredith Magee Donnelly. 2022. (ENG.). 64.75 *(978-1-63586-368-0(6))* Storey Publishing, LLC.

Busy Little Hands: Food Play! Activities for Preschoolers. Amy Palanjian. 2020. (Busy Little Hands Ser.). (ENG., Illus.). 48p. (J). (gr. -1-k). 12.95 *(978-1-63586-267-6(1)*, 626267) Storey Publishing, LLC.

BUSY LITTLE HANDS: FOOD PLAY! 5CC-PPK. Amy Palanjian. 2022. (ENG.). 64.75 *(978-1-63586-367-3(8))* Storey Publishing, LLC.

Busy Little Hands: Math Play! Learning Activities for Preschoolers. Linda Dauksas & Jeanne White. 2021. (Busy Little Hands Ser.). (ENG., Illus.). 48p. (J). (gr. -1-k). 12.95 *(978-1-63586-375-8(9)*, 626375) Storey Publishing, LLC.

BUSY LITTLE HANDS: MATH PLAY! 5CC-PPK. Linda Dauksas & Jeanne White. 2022. (ENG.). 64.75 *(978-1-63586-512-7(3))* Storey Publishing, LLC.

Busy Little Hands: Science Play! Learning Activities for Preschoolers. Susan Edwards Richmond. 2022. (Busy Little Hands Ser.). (ENG., Illus.). 48p. (J). (gr. -1-k). 12.99 *(978-1-63586-465-6(8)*, 626465) Storey Publishing, LLC.

Busy Little Hands: Science Play 5-Copy Counter Display. Susan Edwards Richmond. 2022. (ENG.). 64.95 ***(978-1-63586-643-8(X))*** Storey Publishing, LLC.

Busy Little Ladybug. Salina Yoon. Illus. by Salina Yoon. 2021. (on-The-Go Book Ser.). (ENG., Illus.). 12p. (J). (— 1). bds. 7.99 *(978-1-5344-8629-4(1)*, Little Simon) Little Simon.

Busy Machines, 8 vols. 2020. (Busy Machines Ser.). (ENG., Illus.). 24p. (gr. 2-2). lib. bdg. 105.08 *(978-1-4994-8609-4(X)*, 048c7ec8-e776-4ead-a03a-17733ec388e6, Windmill Bks.) Rosen Publishing Group, Inc., The.

Busy Man's Magazine, Vol. 12: May, 1906 (Classic Reprint) Unknown Author. 2017. (ENG., Illus.). (J). pap. 13.57 *(978-1-334-92853-6(3))* Forgotten Bks.

Busy Man's Magazine, Vol. 14: July-December, 1907 (Classic Reprint) Unknown Author. (ENG., Illus.). (J). 2018. 1088p. 46.34 *(978-0-267-96307-2(6))*; 2016. pap. 28.68 *(978-1-334-57210-4(0))* Forgotten Bks.

Busy Man's Magazine, Vol. 16: May-October, 1908 (Classic Reprint) Unknown Author. 2017. (ENG., Illus.). (J). pap. 23.57 *(978-1-334-97663-6(5))* Forgotten Bks.

Busy Man's Magazine, Vol. 20: May, 1910 (Classic Reprint) Unknown Author. (ENG., Illus.). (J). 2018. 776p. 39.86 *(978-0-484-52739-2(8))*; 2016. pap. 23.57 *(978-1-334-14704-3(3))* Forgotten Bks.

Busy Man's Magazine, Vol. 21: November, 1910 (Classic Reprint) Unknown Author. (ENG., Illus.). (J). 2018. 764p. 39.65 *(978-0-483-37608-3(6))*; 2016. pap. 23.57 *(978-1-334-13470-8(7))* Forgotten Bks.

BUSY MEECHE & Maxwell the Bee. Davis R. Mechelle. Illus. by Brandon Coley. 2022. (Meet Meeche the Melodious Owl Ser.: Vol. 2). (ENG.). 30p. (J). 21.99 ***(978-1-6628-5162-9(6))***; pap. 10.99 ***(978-1-6628-5161-2(8))*** Salem Author Services.

Busy Moments of an Idle Woman (Classic Reprint) Sue Petigru Bowen. (ENG., Illus.). (J). 2018. 288p. 29.86 *(978-0-267-00571-0(7))*; 2017. pap. 13.57 *(978-0-259-00615-2(7))* Forgotten Bks.

Busy Moms: Animal Fun for Young Children. Jennifer Bové. 2016. (Ranger Rick: Animal Fun for Young Children Ser.). (Illus.). 32p. (J). (gr. -1-1). pap. 5.99 *(978-1-63076-212-4(1))* Taylor Trade Publishing.

Busy Monsters. Bearport Publishing. 2018. (ENG.). 24p. (J). (gr. -1-2). 31.80 *(978-1-78856-076-4(0))* Bearport Publishing Co., Inc.

Busy Nativity. Campbell Books. Illus. by Emily Bolam. 2023. (Busy Bks.). (ENG.). 10p. (J). bds. 8.99 ***(978-1-0350-1607-5(9)***, 900292750, Campbell Bks.) Pan Macmillan GBR. Dist: Macmillan.

Busy New Year Eve. Yi Shan Weng. 2019. (CHI.). (J). *(978-986-161-592-9(X))* Hsin Yi Foundation.

Busy Noisy Construction. Carmen Crowe. Ed. by Cottage Door Press. Illus. by Tommy Doyle. 2020. (ENG.). 10p. (J). (gr. -1-2). bds. 19.99 *(978-1-68052-839-8(4)*, 1005500) Cottage Door Pr.

Busy Noisy Ocean. Carmen Crowe. Ed. by Cottage Door Press. Illus. by Yi-Hsuan Wu. 2020. (ENG.). 10p. (J). (gr. -1-2). bds. 19.99 *(978-1-68052-985-2(4)*, 1006120) Cottage Door Pr.

Busy Noisy Safari. Carmen Crowe. Illus. by Monique Dong. 2018. (ENG.). 12p. (J). (gr. -1-1). bds. 19.99 *(978-1-68052-321-8(X)*, 1002970) Cottage Door Pr.

Busy Numbers: Spin the Wheel to Learn Numbers! Clever Publishing. Illus. by Marta Costa. 2020. (Clever Wheels Ser.). (ENG.). 8p. (J). (gr. -1 — 1). bds. 9.99 *(978-1-948418-72-0(X)*, 331767) Clever Media Group.

Busy on the Farm: With Casey & Friends, 7 vols. Holly Dufek. Illus. by Paul E. Nunn & Mike Kasun. 2017. (Casey & Friends Ser.: 6). (ENG.). 32p. (J). (gr. k-3). 14.99 *(978-1-937747-79-4(4))* Octane Pr.

Busy on the Farm: with Casey & Friends: With Casey & Friends. Holly Dufek. Illus. by Mike Kasun & Paul E. Nunn. 2022. (ENG.). 32p. (J). (gr. k-3). pap. 14.99 ***(978-1-64234-152-2(5))*** Octane Pr.

Busy Park. Campbell Books. Illus. by Louise Forshaw. 2023. (Busy Bks.). (ENG.). 10p. (J). bds. 8.99 ***(978-1-0350-1604-4(4)***, 900292747, Campbell Bks.) Pan Macmillan GBR. Dist: Macmillan.

Busy Party. Campbell Books. Illus. by Jill Howarth. 2023. (Busy Bks.). (ENG.). 10p. (J). bds. 8.99 ***(978-1-0350-1605-1(2)***, 900292748, Campbell Bks.) Pan Macmillan GBR. Dist: Macmillan.

Busy Play Construction Site. Connie Isaacs. 2021. (Busy Play Reusable Sticker Activity Ser.). (ENG.). 46p. (J). pap. 9.99 *(978-1-80105-047-0(3))* Top That! Publishing PLC GBR. Dist: Independent Pubs. Group.

Busy Play Farm. Connie Isaacs. 2021. (Busy Play Reusable Sticker Activity Ser.). (ENG.). 46p. (J). pap. 9.99 *(978-1-80105-048-7(1))* Top That! Publishing PLC GBR. Dist: Independent Pubs. Group.

Busy Play Ocean. Connie Isaacs. 2022. (Busy Play Reusable Sticker Activity Ser.). (ENG.). 30p. (J). pap. 10.99 *(978-1-80105-049-4(X))* Top That! Publishing PLC GBR. Dist: Independent Pubs. Group.

Busy Play Things That Go. Connie Isaacs. 2022. (Busy Play Reusable Sticker Activity Ser.). (ENG.). 30p. (J). pap. 10.99 *(978-1-80105-050-0(3))* Top That! Publishing PLC GBR. Dist: Independent Pubs. Group.

Busy Spring: Nature Wakes Up. Sean Taylor & Alex Morss. Ed. by Emily Pither. Illus. by Cinyee Chiu. annot. ed. 2021. (Seasons in the Wild Ser.). (ENG.). 32p. (J). (gr. -1-1). pap. 10.99 ***(978-0-7112-7168-5(2)***, 353315, Happy Yak) Quarto Publishing Group UK GBR. Dist: Hachette UK Distribution.

Busy Street. Rosie Moore. 2017. (ENG., Illus.). 40p. (J). pap. 11.99 *(978-1-948390-00-2(0))* Pen It Pubns.

Busy Tennis. Campbell Books. Illus. by Jayri Gómez. 2023. (Busy Bks.). (ENG.). 10p. (J). bds. 8.99 ***(978-1-0350-1603-7(6)***, 900292677, Campbell Bks.) Pan Macmillan GBR. Dist: Macmillan.

Busy Time in Mexico: An Unconventional Record of Mexican Incident. Hugh B. C. Pollard. 2017. (ENG., Illus.). (J). pap. *(978-0-649-15329-9(4))* Trieste Publishing Pty Ltd.

Busy Time in Mexico: An Unconventional Record of Mexican Incident (Classic Reprint) Hugh B. C. Pollard. 2018. (ENG., Illus.). 300p. (J). 30.08 *(978-0-267-50752-8(6))* Forgotten Bks.

Busy Times Ahead Connect the Dots for Kids Age 9. Educando Kids. 2019. (ENG.). 42p. (J). pap. 8.55 *(978-1-64521-696-4(9)*, Educando Kids) Editorial Imagen.

Busy Toddler's a to Z. Susie Pi & Vincent Pi. 2018. (ENG.). 32p. (J). 23.95 *(978-1-4808-5453-6(0))*; pap. 16.95 *(978-1-4808-5452-9(2))* Archway Publishing.

Busy Windows Bible Stories. Katherine Walker. Illus. by Dawn Machell. 2020. (ENG.). 12p. (J). (— 1). bds. 6.99 *(978-1-78947-877-8(4))* Make Believe Ideas GBR. Dist: Scholastic, Inc.

Busy World of Bees. Evelyn Wood. Ed. by Aselle Wood. Illus. by Evelyn Wood. 2016. (Exploring with Too Woo Ser.). (ENG., Illus.). 40p. (J). (gr. 4-6). pap. *(978-0-9934145-2-7(4))* too-woo.com.

Busy World of Bees: First Grade Facilitators Guide. North Carolina North Carolina State University 4-H. 2019. (ENG., Illus.). 160p. (J). (gr. 1-3). pap. 50.00 *(978-1-4696-7187-1(5)*, 01OSPSPOD) North Carolina 4H.

Busy Year. Leo Lionni. 2021. (ENG., Illus.). 26p. (J). (— 1). bds. 8.99 *(978-0-593-30188-3(9)*, Knopf Bks. for Young Readers) Random Hse. Children's Bks.

Busy Year at the Old Squire's (Classic Reprint) C. A. Stephens. 2019. (ENG., Illus.). 336p. (J). 30.83 *(978-0-365-23016-8(2))* Forgotten Bks.

Busy Zoo. Campbell Books. Illus. by Rebecca Finn. 2023. (Busy Bks.). (ENG.). 10p. (J). bds. 8.99 ***(978-1-0350-1606-8(0)***, 900292749, Campbell Bks.) Pan Macmillan GBR. Dist: Macmillan.

But a Philistine (Classic Reprint) Virginia F. Townsend. 2018. (ENG., Illus.). 338p. (J). 30.87 *(978-0-483-38423-1(2))* Forgotten Bks.

But Cats Don't Talk. Lynne Heinzmann. 2023. 318p. (YA). (gr. 6). pap. 19.95 ***(978-1-954907-76-8(1))*** Woodhall Pr.

But Daddy... I Don't Like That. Terrence Lovett. 2016. (ENG., Illus.). (J). pap. 13.99 *(978-1-365-41803-7(0))* Lulu Pr., Inc.

But Do I Love It or Hate It? Opposites Book for Kids. Pfiffikus. 2016. (ENG., Illus.). (J). pap. 10.81 *(978-1-68377-654-3(2))* Whlke, Traudl.

But Don't Tell Anyone. Tabitha Sabou. 2021. (ENG.). 32p. (J). 24.95 *(978-1-64468-624-9(4))* Covenant Bks.

But Family Is Forever. Leslie Gang. Illus. by Misha Narducci. 2022. (ENG.). 30p. (J). 20.99 *(978-1-63984-253-7(5))* Pen It Pubns.

But First, We Nap: A Little Book about Nap Time. Created by David W. Miles. 2018. (ENG., Illus.). 16p. (J). (gr. -1-k). bds. 9.99 *(978-1-64170-017-7(3)*, 550017) Familius LLC.

But for Now, Stay Here. Darci Davidson. 2019. (ENG., Illus.). 28p. (J). (gr. -1-3). 19.99 ***(978-1-7341819-0-6(7))*** Darci.

But for the Mountains. Erin Riha. 2020. (ENG.). 390p. (YA). 29.99 *(978-1-942111-65-8(7))* REUTS Pubns.

But Games Can Never Hurt Me & Sleep Over. Sholly Fisch & Merrill Hagan. Illus. by Jorge Corona. 2019. (DC Teen Titans Go! Ser.). (ENG.). 32p. (J). (gr. 2-6). lib. bdg. 21.93 *(978-1-4965-7998-0(4)*, 139829, Stone Arch Bks.) Capstone.

But God... Chose You! God's Story of Love in a 7-Day Devotional. Ginger K. Buck. Illus. by Brittany E. Riggan. 2020. (ENG.). 36p. (J). pap. 15.95 *(978-1-9736-8522-7(1)*, WestBow Pr.) Author Solutions, LLC.

But God Had a Plan: Embracing the Beauty of Adoption. Kelly Skelton. Illus. by Angel Adams. 2023. (ENG.). 36p. (J). pap. 25.99 ***(978-1-6628-7950-0(4))*** Salem Author Services.

But Grandpa, I'm Only Twelve! Why Do We Have to Talk about Retirement? Grandpa's Little Book of Financial Wisdom. K. Mark Wedemeyer. 2020. (ENG.). 62p. (J). pap. 9.99 *(978-1-63050-765-7(2))* Salem Author Services.

But I Am a Lefty. Abbott Bryant. 2022. (ENG., Illus.). 20p. (J). 24.95 ***(978-1-6624-8220-5(5))*** Page Publishing Inc.

But I Don't Eat Ants. Dan Marvin. Illus. by Kelly Fry. 2017. (ENG.). 32p. (J). (gr. -1-2). 16.99 *(978-1-57687-837-8(6)*, powerHouse Bks.) powerHse. Bks.

But, I Don't Wanna... Go to Bed! K. C. Jaxon. 2019. (ENG.). 42p. (J). *(978-1-77370-768-6(X))*; pap. *(978-1-77370-767-9(1))* Tellwell Talent.

But I Don't Want a Haircut! Bobbie Taylor & Krzoska Jenny. 2019. (ENG.). 46p. (J). pap. *(978-1-5289-3260-8(9))* Austin Macauley Pubs. Ltd.

But I Just Can't Sleep! Edith Faye Chester. 2019. (ENG., Illus.). 32p. (J). pap. ***(978-0-2288-0495-6(7))*** Tellwell Talent.

But I Need Your Help Now! A Story Teaching How to Get an Adult's Attention, & When It's Okay to Interrupt, Volume 1. Bryan Smith. Illus. by Lisa M. Griffin. ed. 2020. (Stepping up Social Skills Ser.). (ENG.). 31p. (J). (gr. -1-5). pap. 11.95 *(978-1-944882-59-4(6))* Boys Town Pr.

But I Wanted a Little Sister. Pauline Oud. 2017. (ENG., Illus.). 32p. (J). (gr. -1 — 1). 18.95 *(978-1-60537-351-5(6))* Clavis ROM. Dist: Publishers Group West (PGW).

But I Wish I Knew It Then! Dottie Ferri. Illus. by Vidya Vasudevan. 2022. (ENG.). 28p. (J). 22.00 *(978-1-7379131-0-8(0))* D&L Bks. LLC.

But I Wish I Knew It Then! Dottie Ferri & Vidya Vasudevan. 2022. (ENG.). 28p. (J). pap. 13.00 *(978-1-7379131-1-5(9))* D&L Bks. LLC.

But If I Had One More... a Counting Book. Left Brain Kids. 2016. (ENG., Illus.). (J). pap. 7.51 *(978-1-68376-669-8(5))* Sabeels Publishing.

But I'm Afraid of Spiders! Sara Waln. 2019. (ENG.). 30p. (J). 22.95 *(978-1-64569-999-6(4))*; pap. 13.95 *(978-1-64492-249-1(5))* Christian Faith Publishing.

But I'm Just a Kid! Carol Doumlele. 2018. (ENG., Illus.). 26p. (J). pap. 11.99 *(978-0-9992578-2-1(X))* Doumlele, Carol.

But It's the Truth! Aunt Eeebs Eeebs & Sprout. Illus. by Sprout. 2017. (ENG., Illus.). (J). pap. 9.95 *(978-1-946027-60-3(X))* RiverCrest Publishing.

But Little Caterpillar Did. Cherie Arellano. 2021. (ENG., Illus.). 32p. (J). pap. 13.95 *(978-1-0980-6985-8(4))* Christian Faith Publishing.

But Men Must Work (Classic Reprint) Rosa Nouchette Carey. 2018. (ENG., Illus.). 220p. (J). 28.43 *(978-0-484-74396-9(1))* Forgotten Bks.

But Mom. Keya T. Walakafra-Wills et al. 2022. (ENG.). 20p. (J). 15.99 ***(978-1-0880-5005-7(0))*** Indy Pub.

But, Mrs. Patterson, I Have a Tic. Re'khel Burke. 2022. (ENG., Illus.). 32p. (J). pap. 14.95 *(978-1-63985-366-3(9))* Fulton Bks.

But Not Gino. Shari Lyon. Illus. by Lee Kohse. 2016. (ENG.). (J). 19.95 *(978-1-943198-00-9(4))* Southwestern Publishing Hse., Inc.

But Not the Armadillo. Sandra Boynton. Illus. by Sandra Boynton. 2018. (ENG., Illus.). 16p. (J). (gr. -1-k). bds. 6.99 *(978-1-4814-8100-7(2))* Simon & Schuster, Inc.

But Santa Says I'm Good. Ben Kucenski. 2022. (ENG., Illus.). 30p. (J). pap. 15.95 ***(978-1-63961-923-8(2))*** Christian Faith Publishing.

But Still a Man (Classic Reprint) Margaret L. Knapp. (ENG., Illus.). (J). 2018. 382p. 31.78 *(978-0-365-26908-3(5))*; 2017. pap. 16.57 *(978-0-259-29300-2(8))* Forgotten Bks.

But the Sparrow Stayed - pero el Gorrión Se Quedó (Bilingual English-Spanish) Norman Whaler. Ed. by Esther Randell. Illus. by Yony Madera. 2020. (ENG.). 32p. (J). 19.99 *(978-1-948131-59-9(5))* Whaler, Norman / Beneath Another Sky Bks.

But Then I Came Back. Estelle Laure. 2018. (ENG.). 320p. (YA). (gr. 9). pap. 9.99 *(978-1-328-86931-9(8)*, 1696695, Clarion Bks.) HarperCollins Pubs.

But There Are No Palm Trees Here. Kianny Antigua. Tr. by Elizabeth Polli. Illus. by Vanessa Balleza. 2020. (ENG.). 34p. (J). pap. 14.99 *(978-1-949299-13-7(9))* Jade Publishing.

But There Are No Palm Trees Here! Kianny Antigua. Tr. by Elizabeth Polli. Illus. by Vanessa Balleza. 2020. (ENG.). 34p. (J). 18.99 *(978-1-949299-14-4(7))* Jade Publishing.

But What Are You? Barton Williams. 2018. (ENG., Illus.). 48p. (J). pap. *(978-1-78830-055-1(6))* Olympia Publishers.

But What If... Paula Nagel. 2017. (Rollercoaster Ser.). (ENG., Illus.). 64p. (C). pap. 17.95 *(978-1-909301-76-4(0)*, Y328999) Routledge.

But What If There's No Chimney? Emily Weisner Thompson & Mandy Hussey. Illus. by Kate Lampe. 2016. (ENG.). 24p. (J). (gr. 17). 12.00 *(978-0-253-02392-6(0)*, 978-0-253-02392-6) Indiana Univ. Pr.

But Why: A Virus Story about Feelings. Cassie St Amand. Illus. by Jan Dolby. 2020. (ENG.). 40p. (J). *(978-1-5255-8205-9(4))*; pap. *(978-1-5255-8206-6(2))* FriesenPress.

But Why Do We Die? Erika Ruiz. (ENG.). (J). 2021. 32p. pap. *(978-1-6671-4374-3(3))*; 2019. 30p. *(978-1-6671-2267-0(3))* Lulu Pr., Inc.

But Why Is Daddy in Prison? Erika Ruiz. (ENG.). 37p. (J). 2021. pap. *(978-1-6671-3646-2(1))*; 2019. *(978-1-6671-2269-4(X))* Lulu Pr., Inc.

But Why Is Mommy in Jail? Erika Ruiz. 2021. (ENG.). 34p. (J). *(978-1-365-42654-4(8))*; pap. *(978-1-6671-3168-9(0))* Lulu Pr., Inc.

But Why the Face Mask? Erika Ruiz. 2021. (ENG.). 33p. (J). *(978-1-716-16759-1(0))* Lulu Pr., Inc.

Butch & Sundance: The Scallywag Cats. Aunt Mary. Ed. by Kate Berger. Illus. by Anna Berger. 2022. 186p. (J). pap. 12.95 *(978-1-6678-3540-2(8))* BookBaby.

Butch T. Cougar: Mascot or Superhero? Caryn Lawton. 2020. (ENG., Illus.). 28p. (J). pap. 12.95 *(978-0-87422-378-1(4))* Washington State Univ. Pr.

Butcher Queen: Black Star City. Jim Ousley. Illus. by Ben Sawyer. 2021. (Butcher Queen Ser.: 1). (ENG.). 124p. pap. 12.95 *(978-1-7327976-8-0(4)*, 3042508c-0c6b-4f61-9cdf-3740cecdff0d) R5 Comics, LLC.

Butcher, the Bakers, the Cowmunity Makers. Colleen a Barksdale & Blueberry Illustrations. 2019. (ENG., Illus.). 26p. (J). (gr. 3-6). 20.00 *(978-0-578-50447-6(2))* Barksdale, Colleen.

Butlers: A Play in Two Acts (Classic Reprint) Frances A. F. Saltonstall. 2018. (ENG., Illus.). 64p. (J). 25.22 *(978-0-365-38257-7(4))* Forgotten Bks.

Butler's Story: Being the Reflections, Observations, & Experiences, of Mr. Peter Ridges, of Wapping-On-Velley, Devon, Sometime in the Service of Samuel Carter, Esquire, of New York, Written by Himself & Edited, the Camorra in Italy & an American. Arthur Train. 2018. (ENG., Illus.). 274p. (J). 29.57 *(978-0-483-58060-2(0))* Forgotten Bks.

Butt Blast. Susan Berran. 2019. (Yucky, Disgustingly Gross, Icky Short Stories Ser.: 3). (ENG.). 128p. (J). (gr. 1-4). pap. 7.99 *(978-1-63158-336-0(0)*, Racehorse Publishing) Skyhorse Publishing Co., Inc.

Butt Chanler Freshman (Classic Reprint) James Shelley Hamilton. (ENG., Illus.). (J). 2018. 344p. 31.05 *(978-0-484-15973-9(9))*; 2017. pap. 13.57 *(978-0-243-33077-5(4))* Forgotten Bks.

Butt Detective: Detective vs Strange Thief. Troll. 2017. (JPN.). (J). *(978-4-591-15403-8(3))* Poplar Publishing.

Butt Detective: SOS from the Ruins. Troll. 2017. (JPN.). (J). *(978-4-591-15515-8(3))* Poplar Publishing.

Butt Detective: the Giant Gone into the Dark Night. Troll. 2016. (JPN.). (J). *(978-4-591-14922-5(6))* Poplar Publishing.

Butt Detective: the Strange Thief & Kidnapped Bride. Troll. 2019. (JPN., Illus.). 88p. (J). *(978-4-591-16260-6(5))* Poplar Publishing.

Butt Detective: the Weird Detective Agency. Troll. 2018. (JPN.). (J). *(978-4-591-15811-1(X))* Poplar Publishing.

Butt Detective: Where Is the Lucky Cat? Troll. 2019. (JPN., Illus.). 88p. (J). *(978-4-591-16355-9(5))* Poplar Publishing.

Butt or Face? Kari Lavelle. 2023. (ENG.). 40p. (J). (gr. -1-3). 14.99 *(978-1-7282-7117-0(7))* Sourcebooks, Inc.

Butt Out! Holly Lansley. Illus. by Stuart Lynch. 2019. (ENG.). 14p. (J). (gr. -1 — 1). bds. 9.99 *(978-1-78843-987-9(2))* Make Believe Ideas GBR. Dist: Scholastic, Inc.

Butt Sandwich & Tree. Wesley King. 2023. (ENG.). 288p. (J). (gr. 3-7). pap. 8.99 ***(978-1-6659-0262-5(0)***, Simon & Schuster/Paula Wiseman Bks.) Simon & Schuster/Paula Wiseman Bks.

Butte & Montana Beneath the X-Ray: Being a Collection of Editorials from the Files of the Butte X-Ray During the Years 1907-08 (Classic Reprint) Warren G. Davenport. 2017. (ENG., Illus.). (J). 31.92 *(978-0-265-73917-4(9))*; pap. 16.57 *(978-1-5277-0327-8(4))* Forgotten Bks.

Buttefly Coloring Book for Kids Ages 7-12: 50 Amazing & Cute Butterflies for Coloring. Dimitra Carpenter. 2021. (ENG.). 104p. (J). pap. *(978-1-6671-6390-1(6))* Lulu.com.

Butter Me Fly: My Way Home. Cheurlie Pierre-Russell. 2019. (ENG., Illus.). 154p. (J). (gr. 2-6). pap. 22.49 *(978-1-0878-0671-6(2))* J3Russell, LLC.

Butter Wants to Win. Bryant Johnson. 2021. (ENG., Illus.). 34p. (J). 24.95 *(978-1-63860-741-0(9))*; pap. 15.95 *(978-1-63860-614-7(5))* Fulton Bks.

Butterball. M. Brady. 2019. (ENG.). 134p. (J). pap. 8.99 *(978-1-4834-9665-8(1))* Wright Bks.
Butterbean & the Not-So-Quiet Farm. Laura Statuti. Illus. by Laura Statuti. 2021. (ENG.). 32p. (J). pap. 11.99 *(978-0-578-98222-9(6))* STATUTI, LAURA.
Butterbean Finds a Home. Laura Statuti. Illus. by Laura Statuti. 2019. (ENG., Illus.). 32p. (J). (gr. k-3). 9.99 *(978-0-578-51935-7(6))* STATUTI, LAURA.
Buttercup: Poodles on Parade. Kristy Williams. Illus. by Leslie Gates. 2018. (ENG.). 32p. (J). pap. 12.95 *(978-1-64191-360-7(6))* Christian Faith Publishing.
Buttercup & Dragonflies. B. L. Skinner. 2022. (ENG., Illus.). 26p. (J). pap. 14.95 ***(978-1-6624-6442-3(8))*** Page Publishing Inc.
Buttercup Belle. Jeanne K. Carullo. 2021. (ENG.). 20p. (J). pap. 12.95 *(978-1-63630-739-8(6))* Covenant Bks.
Buttercup the Pug Feels Sad: When Buttercup the Pug Feels Sad, He Needs to Remember What Makes Him Feel Happy Again! Kayla Spada. 2023. (ENG.). 26p. (J). ***(978-0-2288-8557-3(4))***; pap. ***(978-0-2288-8556-6(6))*** Tellwell Talent.
Buttercup the Unicorn. Kari Triplett. 2016. (ENG., Illus.). (J). 22.95 *(978-1-4808-3217-6(0))*; pap. 16.95 *(978-1-4808-3216-9(2))* Archway Publishing.
Buttercup's Lovely Day. Carolyn Beck. ed. 2018. lib. bdg. 22.05 *(978-0-606-41266-7(2))* Turtleback.
Buttered Paws. Valerie Baker. 2018. (Blue the Cat Ser.: Vol. 3). (ENG., Illus.). 54p. (J). (gr. 1-3). pap. *(978-1-911589-97-6(0)*, Choir Pr., The) Action Publishing Technology Ltd.
Buttered Side down (Classic Reprint) Edna Ferber. 2018. (ENG., Illus.). 250p. (J). 29.07 *(978-0-483-98098-3(6))* Forgotten Bks.
Butterflies & Moths. Camilla De La Bedoyere et al. 2017. (Illus.). 96p. (J). pap. 9.95 *(978-1-78209-169-1(6))* Miles Kelly Publishing, Ltd. GBR. Dist: Parkwest Pubns., Inc.
Butterflies see Shimmer of Butterflies: The Brief, Brilliant Life of a Magical Insect
Butterflies, 2 vols. Lisa J. Amstutz. 2016. (Little Critters Ser.). (ENG.). (J). (gr. k-1). 53.32 *(978-1-5157-5587-6(8))* Capstone.
Butterflies. Rachel Bach. (Spot Creepy Crawlies Ser.). (ENG., Illus.). 16p. (J). (gr. -1-2). 2018. pap. 7.99 *(978-1-68152-226-5(8)*, 14757); 2017. 17.95 *(978-1-68151-107-8(X)*, 14638) Amicus.
Butterflies, 1 vol. B. J. Best. 2016. (Migrating Animals Ser.). (ENG., Illus.). 24p. (gr. 1-1). pap. 9.81 *(978-1-5026-2090-3(1)*, 632a1f83-e16e-4db3-84b6-d9f6024de5d8) Cavendish Square Publishing LLC.
Butterflies. Aaron Carr. 2017. (World Languages Ser.). (ENG.). 24p. (J). (gr. -1-1). lib. bdg. 35.70 *(978-1-4896-6618-5(4)*, AV2 by Weigl) Weigl Pubs., Inc.
Butterflies. Tru Faith. 2023. (ENG.). 40p. (J). pap. 18.00 ***(978-1-64610-467-3(6))*** Dorrance Publishing Co., Inc.
Butterflies. Heather Kissock. 2016. (Illus.). 24p. (J). *(978-1-4896-5393-2(7))* Weigl Pubs., Inc.
Butterflies. Laura Lane. 2022. (Field Guides). (ENG., Illus.). 112p. (J). (gr. 3-9). lib. bdg. 44.21 *(978-1-5321-9881-6(7)*, 39541) ABDO Publishing Co.
Butterflies. Christina Leaf. 2017. (Insects up Close Ser.). (ENG., Illus.). 24p. (J). (gr. k-3). lib. bdg. 26.95 *(978-1-62617-659-1(0)*, Blastoff! Readers) Bellwether Media.
Butterflies. Martha London. 2020. (Neighborhood Safari Ser.). (ENG., Illus.). 24p. (J). (gr. 1-2). pap. 8.95 *(978-1-64493-428-9(0)*, 1644934280); lib. bdg. 28.50 *(978-1-64493-352-7(7)*, 1644933527) North Star Editions. (Focus Readers).
Butterflies. Martha London. 2019. (Pollinators Ser.). (ENG., Illus.). 32p. (J). (gr. 2-5). lib. bdg. 32.79 *(978-1-5321-6595-5(1)*, 33292, DiscoverRoo) Pop!.
Butterflies. Julie Murray. 2019. (Animal Kingdom Ser.). (ENG., Illus.). 32p. (J). (gr. 2-5). lib. bdg. 34.21 *(978-1-5321-1620-9(9)*, 32351, Big Buddy Bks.) ABDO Publishing Co.
Butterflies. Leonor Pina. 2019. (ENG., Illus.). 60p. (J). 26.95 *(978-1-64458-624-2(X))* Christian Faith Publishing.
Butterflies, 1 vol. Wendy Pirk. 2018. (KidsWorld Ser.). (ENG., Illus.). 64p. (J). pap. 6.99 *(978-1-988183-46-6(4)*, c85f9a8e-bf45-459b-87c8-c4d8ff462e56) KidsWorld Bks. CAN. Dist: Lone Pine Publishing USA.
Butterflies. Nick Rebman. 2018. (Animals Ser.). (ENG., Illus.). 16p. (J). (gr. k-1). pap. 7.95 *(978-1-63517-946-0(7)*, 1635179467); lib. bdg. 25.64 *(978-1-63517-845-6(2)*, 1635178452) North Star Editions. (Focus Readers).
Butterflies. Kim Thompson. 2022. (Bugs in My Yard Ser.). (ENG.). 16p. (J). (gr. -1-1). pap. 7.95 *(978-1-63897-540-3(X)*, 19406); lib. bdg. 25.27 *(978-1-63897-425-3(X)*, 19405) Seahorse Publishing.
Butterflies: A Close-Up Photographic Look Inside Your World. Heidi Fiedler. 2017. (Up Close Ser.). (ENG., Illus.). 32p. (J). (gr. k-6). lib. bdg. 27.99 *(978-1-942875-37-6(1)*, 5a072f95-7e40-4275-ab31-c4be0206e021, Walter Foster Jr) Quarto Publishing Group USA.
Butterflies: A Comedy in Three Acts (Classic Reprint) Henry Guy Carleton. (ENG., Illus.). (J). 2018. 116p. 26.35 *(978-0-484-02297-2(0))*; 2016. pap. 9.57 *(978-1-333-39279-6(6))* Forgotten Bks.
Butterflies: A First Discovery Book (Classic Reprint) Gallimard Jeunesse. 2016. (ENG., Illus.). (J). (gr. -1-k). pap. 7.97 *(978-1-334-73349-9(X))* Forgotten Bks.
Butterflies: A Musical Play in Three Acts (Classic Reprint) William J. Locke. 2018. (ENG., Illus.). 162p. (J). 27.24 *(978-0-267-70645-7(6))* Forgotten Bks.
Butterflies: A Tale of Love & Friendship. Bree Wolf. 2019. (Heroes Next Door Ser.: Vol. 2). (ENG.). 152p. (YA). (gr. 7-12). pap. *(978-3-96482-052-5(0))* Wolf, Sabrina.
Butterflies: Animals That Change the World! (Engaging Readers, Level 2) Ashley Lee. Ed. by Alexis Roumanis. I.t. ed. 2021. (Animals That Change the World! Ser.: Vol. 12). (ENG., Illus.). 32p. (J). pap. *(978-1-77437-754-3(3))* AD Classic.
Butterflies: Animals That Make a Difference! (Engaging Readers, Level 2) Ashley Lee. Ed. by Alexis Roumanis. I.t. ed. 2020. (Animals That Make a Difference! Ser.: Vol. 12). (ENG., Illus.). 32p. (J). *(978-1-77437-626-3(1))*; pap. *(978-1-77437-627-0(X))* AD Classic.
Butterflies: Children's Science & Nature Book with Facts & Pictures. Bold Kids. 2022. (ENG.). 42p. (J). pap. 14.99 *(978-1-0717-0907-8(0))* FASTLANE LLC.
Butterflies: Exploring the Life Cycle. Shirley Raines. Photos by Curt Hart. 2017. (My Wonderful World Ser.). (ENG., Illus.). 32p. (J). (gr. k-2). 12.99 *(978-1-4867-1321-9(1)*, c49b8036-52ec-4689-9367-8216c81dd216); pap. 9.99 *(978-1-4867-1371-4(8)*, 5e45ce8a-1b73-45ee-ae1c-19725994df11) Flowerpot Pr.
Butterflies: Their Structure, Changes & Life-Histories, with Special Reference to American Forms; Being an Application of the Doctrine of Descent to the Study of Butterflies; with an Appendix of Practical Instructions (Classic Reprint) Samuel Hubbard Scudder. (ENG., Illus.). (J). 2017. 30.79 *(978-0-266-42442-0(2))*; 2016. pap. 13.57 *(978-1-334-72316-2(8))* Forgotten Bks.
Butterflies Adventure: Children's Books about Bullying/Friendship/Diversity/Kindness Accepting Differences & Being Inclusive. Pamela Malcolm. 2020. (We Are One Ser.: Vol. 3). (ENG.). 52p. (J). pap. *(978-1-912675-82-1(X))* Aryla Publishing.
Butterflies & Bees, Vol. 2: The Insect Folk (Classic Reprint) Margaret Warner Morley. (ENG., Illus.). (J). 2018. 276p. 29.61 *(978-0-332-15773-3(3))*; 2017. pap. 11.97 *(978-0-282-63796-5(6))* Forgotten Bks.
Butterflies & Bugs Color-By-Sticker Book, 14 vols. T. Levy. Illus. by Martha Zschock. 2023. (ENG.). 60p. (J). 9.99 ***(978-1-4413-4128-0(5)***, 7445eb35-58ea-43e6-80db-54dc081bdd66) Peter Pauper Pr. Inc.
Butterflies & Caterpillars! a Maze Activity Book. Smarter Activity Books for Kids. 2016. (ENG., Illus.). (J). pap. 9.22 *(978-1-68374-201-2(X))* Examined Solutions PTE. Ltd.
Butterflies & Flowers Coloring Book for Children (6x9 Coloring Book / Activity Book) Sheba Blake. 2020. (ENG.). 28p. (J). pap. 9.99 *(978-1-222-28391-4(3))* Indy Pub.
Butterflies & Flowers Coloring Book for Children (8. 5x8. 5 Coloring Book / Activity Book) Sheba Blake. 2020. (ENG.). 28p. (J). pap. 12.99 *(978-1-222-28749-3(8))* Indy Pub.
Butterflies & Flowers Coloring Book for Children (8x10 Coloring Book / Activity Book) Sheba Blake. 2020. (ENG.). 28p. (J). pap. 14.99 *(978-1-222-28392-1(1))* Indy Pub.
Butterflies & Friendships; Nana Butterfly's Coloring Contest. David a Haave. 2018. (ENG., Illus.). 26p. (J). pap. 3.99 *(978-1-7339326-3-9(1))* Little Danny's Bks. Inc...
Butterflies & Friendships; Nana's 2nd Secret to the Garden. David A Haave. Illus. by Moumita Das. 2022. (ENG.). 30p. (J). 19.99 *(978-1-7377060-9-0(1))* Little Danny's Bks. Inc...
Butterflies & Friendships; the Secret to Nana's Garden. David a Haave. (ENG., Illus.). 26p. (J). 2019. pap. 13.99 *(978-1-7339326-8-4(2))*; 2018. 18.99 *(978-1-7328515-8-0(1))* Little Danny's Bks. Inc...
Butterflies & Moths. M. J. York. 2020. (Comparing Animal Differences Ser.). (ENG.). 24p. (J). (gr. k-3). lib. bdg. 32.79 *(978-1-5038-3587-0(1)*, 213366) Child's World, Inc, The.
Butterflies & Moths: Explore Nature with Fun Facts & Activities. DK. 2018. (Nature Explorers Ser.). (ENG., Illus.). 64p. (J). (gr. 1-3). 9.99 *(978-1-4654-7340-0(8)*, DK Children) Dorling Kindersley Publishing, Inc.
Butterflies & String. Jessycka Drew. 2021. (Little Books for Little Warriors Ser.: Vol. 2). (ENG.). 32p. (J). pap. *(978-1-989579-12-1(4))* MotherButterfly Bks.
Butterflies & Thunder. Aya Kabbout. 2020. (ENG.). 126p. (J). pap. 10.58 *(978-1-716-39567-3(4))* Lulu Pr., Inc.
Butterflies Are Beautiful: A Children's Book. Gwen Gates. 2022. (ENG.). 24p. (J). ***(978-1-4357-8477-2(4))*** Lulu Pr., Inc.
Butterflies Are Pretty .. Gross! Rosemary Mosco. Illus. by Jacob Souva. 2021. (Nature's Top Secrets Ser.). (ENG.). 36p. (J). (gr. -1-3). 18.99 *(978-0-7352-6592-9(5)*, Tundra Bks.) Tundra Bks. CAN. Dist: Penguin Random Hse. LLC.
Butterflies (Be an Expert!) Erin Kelly. 2022. (Be an Expert! Ser.). (ENG., Illus.). 24p. (J). (gr. -1-k). pap. 5.99 *(978-1-338-79788-6(3)*, Children's Pr.) Scholastic Library Publishing.
Butterflies Belong Here: A Story of One Idea, Thirty Kids, & a World of Butterflies. Deborah Hopkinson. Illus. by Meilo So. 2020. (ENG.). 68p. (J). (gr. k-3). 18.99 *(978-1-4521-7680-2(9))* Chronicle Bks. LLC.
Butterflies Big & Small Coloring Book. Bobo's Children Activity Books. 2016. (ENG., Illus.). (J). pap. 9.33 *(978-1-68327-647-0(7))* Sunshine In My Soul Publishing.
Butterflies Coloring Books for Adults: Beautiful Butterflies & Flowers Patterns for Relaxation, Fun, & Stress Relief. Nisclaroo. 2020. (ENG.). 146p. (J). pap. 13.12 *(978-1-716-40209-8(3))* Google.
Butterflies Colouring Book: Easy Coloring Book the Best Gift for Kids. Neek Nicole. 2021. (ENG.). 62p. (J). pap. ***(978-0-229-56341-8(4)***, Fodor) Ebury Publishing.
Butterflies from Around the World Coloring Book. Activibooks For Kids. 2016. (ENG., Illus.). (J). pap. 9.20 *(978-1-68321-888-3(4))* Mimaxion.
Butterflies from China, Japan, & Corea (Classic Reprint) John Henry Leech. 2017. (ENG., Illus.). (J). pap. 9.97 *(978-0-260-34162-4(2))*; pap. 13.97 *(978-0-243-95041-6(1))* Forgotten Bks.
Butterflies from China, Japan, & Corea, Vol. 2: Lycaenidae, Papilionidae, & Hesperiidae (Classic Reprint) John Henry Leech. 2018. (ENG., Illus.). (J). 406p. 32.29 *(978-1-391-32337-4(8))*; 408p. pap. 16.57 *(978-1-391-25895-9(9))* Forgotten Bks.
Butterflies in Room 6: See How They Grow. Caroline Arnold. 2019. (Life Cycles in Room 6 Ser.). (Illus.). 40p. (J). (gr. -1-2). lib. bdg. 16.99 *(978-1-58089-894-2(7))* Charlesbridge Publishing, Inc.
Butterflies in the System. Jane Powell. 2020. (ENG.). 372p. (YA). pap. *(978-0-2288-4017-6(1))* Tellwell Talent.
Butterflies Kiss. Connie L. Inman. 2020. (ENG., Illus.). 30p. (J). 24.95 *(978-1-6624-1090-1(5))* Page Publishing Inc.
Butterflies, Moths & Other Flying Insects Coloring Book. Bobo's Children Activity Books. 2016. (ENG., Illus.). (J). pap. 9.33 *(978-1-68327-649-4(3))* Sunshine In My Soul Publishing.
Butterflies of New England: With Original Description of One Hundred & Six Species; Accompanied by an Appendix Containing Descriptions of One Hundred Additional Species; Illustrated with Ten Hand Colored Plate in Which Are Given at Least Two Hand-Co. Charles Johnson Maynard. 2017. (ENG., Illus.). (J). 26.58 *(978-0-260-07386-0(5))* Forgotten Bks.
Butterflies of Southeast Asia Coloring Book. Activibooks For Kids. 2016. (ENG., Illus.). (J). pap. 9.20 *(978-1-68321-575-2(3))* Mimaxion.
Butterflies of the Amazon Rain Forest Coloring Book. Bobo's Children Activity Books. 2016. (ENG., Illus.). (J). pap. 9.33 *(978-1-68327-648-7(5))* Sunshine In My Soul Publishing.
Butterflies of the Eastern United States. George Hazen French. 2016. (ENG.). 414p. (J). pap. *(978-3-7433-8380-7(2))* Creation Pubs.
Butterflies of the Eastern United States & Canada, Vol. 2: With Special Reference to New England; Lycaenidae, Papilionidae, Hesperidae (Classic Reprint) Samuel Hubbard Scudder. 2017. (ENG., Illus.). (J). 45.06 *(978-0-266-88991-5(3))* Forgotten Bks.
Butterflies of the West Coast of the United States: Illustrated with 940 Figures in Color-Photography of Butterflies from the West Coast, Nearly All of Which Were Captured by the Author, with Accurate Data for Each Specimen (Classic Reprint) William Greenwood Wright. 2018. (ENG., Illus.). (J). 392p. 32.00 *(978-1-396-40496-2(1))*; 394p. pap. 16.57 *(978-1-390-93282-9(6))* Forgotten Bks.
Butterflies of the World: My Nature Sticker Activity Book. Olivia Cosneau. 2016. (ENG., Illus.). 24p. (J). (gr. k-3). 9.99 *(978-1-61689-465-8(2))* Princeton Architectural Pr.
Butterflies on the First Day of School. Annie Silvestro. Illus. by Dream Chen. 2019. 32p. (J). (gr. -1). 18.99 *(978-1-4549-2119-6(6))* Sterling Publishing Co., Inc.
Butterflies That Never Die. Aldara Thomas. 2021. (Legend of the Heirs Ser.: Vol. 1). (ENG.). 338p. (YA). 25.99 *(978-1-7368005-7-7(4))*; pap. 17.99 *(978-1-7368005-0-8(7))* Thomas, Aldara.
Butterflies Within Me . . Diana Simkus. 2018. (ENG., Illus.). 26p. (J). pap. 13.95 *(978-1-5043-9520-5(4)*, Balboa Pr.) Author Solutions, LLC.
Butterfly see Mariposa
Butterfly. Nancy Dickmann. 2023. (Life Cycles Ser.). (ENG.). 24p. (J). (gr. 2-4). pap. 10.99 *(978-1-78121-562-3(6)*, 16634) Black Rabbit Bks.
Butterfly. Nancy Dickmann. 2020. (Life Cycles Ser.). (ENG.). 24p. (J). (gr. 2-4). 29.95 *(978-1-78121-535-7(9)*, 16628) Brown Bear Bks.
Butterfly. August Hoeft. (I See Insects Ser.). (ENG.). (J). 2022. 16p. (gr. -1-2). 24.99 ***(978-1-5324-3339-9(5))***; 2022. 16p. (gr. -1-2). pap. 12.99 ***(978-1-5324-2831-9(6))***; 2022. 20p. (gr. k-1). pap. 12.99 ***(978-1-5324-4141-7(X))***; 2022. 20p. (gr. k-1). 24.99 ***(978-1-5324-3390-0(5))***; 2022. 20p. (gr. k-1). pap. 12.99 ***(978-1-5324-4193-6(2))***; 2020. 12p. (gr. k-1). pap. 5.99 *(978-1-5324-1471-8(4))* Xist Publishing.
Butterfly. Grace Jones. 2019. (Life Cycles Ser.). (ENG.). 24p. (J). (gr. k-2). pap. 6.99 *(978-1-78637-646-6(6))* BookLife Publishing Ltd. GBR. Dist: Independent Pubs. Group.
Butterfly. Shirley Jordan. 2019. (ENG.). 18p. (J). (gr. k-2). pap. 8.99 *(978-1-949723-71-7(2))* Bookwhip.
Butterfly. Jessica Rudolph. 2016. (See Them Grow Ser.). (ENG., Illus.). 24p. (J). (gr. -1-3). 26.99 *(978-1-68402-038-6(7))* Bearport Publishing Co., Inc.
Butterfly. Michal Yair. 2023. (ENG.). 72p. (J). pap. ***(978-1-312-63283-7(6))*** Lulu Pr., Inc.
Butterfly: A Dialogue Between a Mother & Child (Classic Reprint) Unknown Author. (ENG., Illus.). (J). 2018. 20p. 24.31 *(978-0-267-36770-2(8))*; 2016. pap. 7.97 *(978-1-334-16274-9(3))* Forgotten Bks.
Butterfly: Animal Life Cycles. TBD. 2021. (Animal Life Cycles Ser.). (ENG., Illus.). 24p. (J). (gr. k-3). lib. bdg. 26.95 *(978-1-64487-408-0(3)*, Blastoff! Readers) Bellwether Media.
Butterfly / Mariposa. Xist Publishing. 2017. (Xist Kids Bilingual Spanish English Ser.). (ENG & SPA., Illus.). 28p. (J). (gr. -1-3). pap. 9.99 *(978-1-5324-0248-7(1))* Xist Publishing.
Butterfly Activity Book! Discover This Unique Collection of Activity Pages. Bold Illustrations. 2018. (ENG., Illus.). 72p. (J). pap. 11.99 *(978-1-64193-856-3(0)*, Bold Illustrations) FASTLANE LLC.
Butterfly Arising. Landis Lain. 2018. (ENG.). 246p. (J). pap. 12.00 *(978-1-944359-78-2(8))* Brown Girls Bks., LLC.
Butterfly Battle! Courtney Carbone. Illus. by Pernille Ørum. 2018. 29p. (J). *(978-1-5444-0226-0(0))* Random Hse., Inc.
Butterfly Battle! Courtney Carbone. ed. 2018. (Step into Reading Level 3 Ser.). lib. bdg. 14.75 *(978-0-606-40933-9(5))* Turtleback.
Butterfly Battle! (DC Super Hero Girls) Courtney Carbone. Illus. by Pernille Orum. 2018. (Step into Reading Ser.). (ENG.). 32p. (J). (gr. -1-1). pap. 4.99 *(978-1-5247-6917-8(7)*, Random Hse. Bks. for Young Readers) Random Hse. Children's Bks.
Butterfly Blink: A Book Without Words. Karl Beckstrand. 2019. (Stories Without Words Ser.: Vol. 2). (ENG., Illus.). 26p. (J). 26.55 *(978-1-951599-01-0(2))* Premio Publishing & Gozo Bks., LLC.
Butterfly Book. William Jacob Holland. 2016. (ENG., Illus.). (J). pap. *(978-3-7428-1072-4(3))* Creation Pubs.
Butterfly Brothers. Granny Mae. 2016. (ENG., Illus.). (J). 21.95 *(978-1-68409-807-1(6))* Page Publishing Inc.
Butterfly Butterfly. Cammie Ho. 2016. (Life Cycle Bks.). (ENG., Illus.). 27p. (J). (gr. k-2). pap. 7.99 *(978-1-943241-03-3(1))* Phonic Monic.
Butterfly Catechism for the Children of Light. Matthew R. Cook. 2023. (ENG.). 36p. (J). 26.99 ***(978-1-6628-7533-5(9))***; pap. 14.99 ***(978-1-6628-7532-8(0))*** Salem Author Services.
Butterfly Champions: Time to Take a Stand. Siri Disavona. 2020. (ENG.). 200p. (J). 21.99 *(978-1-7349582-3-2(5))* Rolling Meadows Publishing.
BUTTERFLY CHAMPIONS Journal & Sketchpad. Siri Disavona. 2020. (ENG.). 106p. (J). pap. 3.99 *(978-1-7349582-4-9(3))* Rolling Meadows Publishing.
Butterfly Chase (Classic Reprint) P. -J Stahl. (ENG., Illus.). (J). 2018. 52p. 24.97 *(978-0-656-22152-3(6))*; 2016. pap. 9.57 *(978-1-334-16643-3(9))* Forgotten Bks.
Butterfly Child. Marc Majewski. 2022. (ENG., Illus.). 48p. (J). (gr. -1-3). 18.99 *(978-0-06-302155-6(2)*, Tegen, Katherine Bks) HarperCollins Pubs.
Butterfly (Classic Reprint) Kathleen Norris. 2019. (ENG., Illus.). (J). 354p. 31.20 *(978-1-397-28222-4(3))*; 356p. pap. 13.57 *(978-1-397-28120-3(0))* Forgotten Bks.
Butterfly Color-In Locked Diary. Mudpuppy. Illus. by Jen Skelley. 2017. (ENG.). 192p. (J). (gr. -1-7). 10.99 *(978-0-7353-5213-1(5))* Mudpuppy Pr.
Butterfly Coloring Book: Activity Book for Kids of All Ages. Cosmin. 2021. (ENG.). 64p. (J). pap. *(978-1-02-077699-1(4))* Neall-Crae Publishing Ltd.
Butterfly Coloring Book: Cute Happy Butterfly Patterns with Delightful Flowers for Children, (Dover Nature Coloring Book) Lenard Vinci Press. 2020. (ENG.). 76p. (J). pap. 8.99 *(978-1-716-36189-0(3))* Lulu Pr., Inc.
Butterfly Coloring Book for Children (6x9 Coloring Book / Activity Book) Sheba Blake. 2020. (ENG.). 44p. (J). pap. 9.99 *(978-1-222-28872-8(9))* Indy Pub.
Butterfly Coloring Book for Children (8. 5x8. 5 Coloring Book / Activity Book) Sheba Blake. 2020. (ENG.). 44p. (J). pap. 12.99 *(978-1-222-28881-0(8))* Indy Pub.
Butterfly Coloring Book for Children (8x10 Coloring Book / Activity Book) Sheba Blake. 2020. (ENG.). 44p. (J). pap. 14.99 *(978-1-222-28873-5(7))* Indy Pub.
Butterfly Coloring Book for Kids. Remus Fratica. 2020. (ENG.). 72p. (J). pap. 8.00 *(978-1-716-31641-8(3))* Lulu Pr., Inc.
Butterfly Coloring Book for Kids. Addison Greer. 2021. (ENG.). 112p. (J). pap. 10.95 *(978-1-716-18198-6(4))* Lulu Pr., Inc.
Butterfly Coloring Book for Kids. Tony Reed. 2021. (ENG.). 112p. (J). pap. 7.20 *(978-1-716-07299-4(9))* Lulu Pr., Inc.
Butterfly Coloring Book for Kids: 55 Cute Coloring Pages with Butterflies for Girls & Boys Ages 4-8 Butterfly Coloring Book for Girls Butterfly Activity Book for Kids 8. 5x11. Matt Rios. 2021. (ENG., Illus.). 112p. (J). pap. 8.99 *(978-1-716-20200-1(0))* Lulu Pr., Inc.
Butterfly Coloring Book for Kids: Cute Activity Book for Kids Ages 2+ Cate Wilson. 2021. (ENG.). 60p. (J). pap. *(978-1-4464-6542-4(X))* Preface Digital.
Butterfly Coloring Book for Kids: Cute Coloring Pages with Butterflies Butterfly Coloring Book for Kids Ages 4-8 Butterfly Coloring Book for Girls Butterfly Coloring Book for Boys Butterfly Activity Book for Kids 8. 5x11. Matt Rios. 2021. (ENG., Illus.). 110p. (J). pap. 8.99 *(978-1-716-19178-7(5))* Lulu Pr., Inc.
Butterfly Coloring Book for Kids! Discover & Enjoy These Fun Coloring Pages. Bold Illustrations. 2021. (ENG.). 82p. (J). pap. 11.99 *(978-1-0717-0644-2(6)*, Bold Illustrations) FASTLANE LLC.
Butterfly Coloring Book for Teens & Young Adults (6x9 Coloring Book / Activity Book) Sheba Blake. 2020. (ENG.). 34p. (YA). pap. 9.99 *(978-1-222-28849-0(4))* Indy Pub.
Butterfly Coloring Book for Teens & Young Adults (8. 5x8. 5 Coloring Book / Activity Book) Sheba Blake. 2020. (ENG.). 34p. (YA). pap. 12.99 *(978-1-222-28857-5(5))* Indy Pub.
Butterfly Coloring Book for Teens & Young Adults (8x10 Coloring Book / Activity Book) Sheba Blake. 2020. (ENG.). 34p. (YA). pap. 14.99 *(978-1-222-28850-6(8))* Indy Pub.
Butterfly Colors. Michelle P. Varner. Illus. by Samantha Bell. I.t. ed. 2017. (ENG.). 16p. (J). (gr. -1-5). 9.95 *(978-1-61633-903-6(9))* Guardian Angel Publishing, Inc.
Butterfly Designs to Color & Relax, a Coloring Book. Smarter Activity Books. 2016. (ENG., Illus.). (J). pap. 9.22 *(978-1-68374-513-6(2))* Examined Solutions PTE. Ltd.
Butterfly Dreams: An Inspirational Journal for Young Women. C. Cherie Hardy. 2017. (ENG., Illus.). (J). pap. 10.95 *(978-1-946753-05-2(X))* Avant-garde Bks.
Butterfly Fairy. Spencer Mcfield-Sheppard. Ed. by Joyce Sheppard. 2022. (Butterfly Fairy Tales Ser.: 1). (Illus.). 30p. (J). pap. 20.00 ***(978-1-6678-7291-9(5))*** BookBaby.
Butterfly for a King: Saving Hawai'i's Kamehameha Butterflies, 1 vol. Cindy Trumbore. Illus. by Susan L. Roth. 2021. (ENG.). 48p. (J). (gr. 3-7). 21.95 *(978-1-62014-971-3(0)*, leelowbooks) Lee & Low Bks., Inc.
Butterfly Friend. Tara Baranello. Ed. by Christy Colosurdo. Illus. by Michael Corsini. 2022. (ENG.). 34p. (J). 19.95 ***(978-0-578-94233-9(X))*** Butterfly Voice.
Butterfly Garden. Laura Weston. Illus. by Laura Weston. 2017. (ENG., Illus.). 12p. (J). (-k). bds. 14.99 *(978-0-7636-9317-6(0)*, Big Picture Press) Candlewick Pr.
Butterfly Girlz. Mj Reeves. 2021. (ENG.). 80p. (J). 21.95 *(978-0-578-89225-2(1))* LLC, Plum Tuckered Out.
Butterfly Goodbye. Sharon Baldwin. Illus. by Tia Madden. 2021. (ENG.). 72p. (J). pap. *(978-0-6452874-3-1(1))* Loose Parts Pr.
Butterfly House (Classic Reprint) Mary Wilkins Freeman. 2018. (ENG., Illus.). 312p. (J). 30.33 *(978-0-267-59165-7(9))* Forgotten Bks.
Butterfly Hunters (Classic Reprint) Helen S. Conant. (ENG., Illus.). (J). 2019. 178p. 27.59 *(978-0-365-24622-0(0))*; 2016. pap. 9.97 *(978-1-333-47363-1(X))* Forgotten Bks.
Butterfly Hunters in the Caribbees (Classic Reprint) Eugene Murray-Aaron. 2018. (ENG., Illus.). 308p. (J). 30.25 *(978-0-267-66872-4(4))* Forgotten Bks.
Butterfly in Paris. Matt Pelicano. 2020. (ENG., Illus.). 524p. (YA). pap. 19.95 *(978-0-578-66786-7(X))* April Fool Publishing.
Butterfly Journal: Teen. Jessica Bigham. 2020. (ENG.). 100p. (YA). spiral bd. ***(978-1-716-70087-3(6))*** Lulu Pr., Inc.
Butterfly Kisses. Sonita Singh. 2018. (ENG., Illus.). 36p. (J). (gr. -1-3). *(978-1-5289-2371-2(5))*; pap. *(978-1-5289-2372-9(3))* Austin Macauley Pubs. Ltd.
Butterfly Kite. Marcus W Robison. 2018. (ENG., Illus.). 34p. (J). 23.95 *(978-1-64424-182-0(X))* Page Publishing Inc.

B

Butterfly Life Cycle Coloring Book. Activibooks For Kids. 2016. (ENG., Illus.). (J). pap. 9.20 *(978-1-68321-576-9(1))* Mimaxion.

Butterfly Magic II. Rhonda Hillyer. 2020. (ENG.). 184p. (J). pap. 15.50 *(978-1-952269-48-6(2))* Strategic Book Publishing & Rights Agency (SBPRA).

Butterfly Man (Classic Reprint) George Barr McCutcheon. 2017. (ENG., Illus.). (J). 26.56 *(978-0-260-84730-0(5))* Forgotten Bks.

Butterfly of Happiness. Gregg E. Eisenberg. 2022. (ENG.). 40p. (J). 22.99 ***(978-1-7322969-9-2(5))*** Eisenberg Energy.

Butterfly or Moth? Christina Leaf. 2019. (Spotting Differences Ser.). (ENG., Illus.). 24p. (J). (gr. k-3). lib. bdg. 26.95 *(978-1-64487-032-7(0),* Blastoff! Readers) Bellwether Media.

Butterfly or Moth. Tamra Orr. 2019. (21st Century Junior Library: Which Is Which? Ser.). (ENG., Illus.). 24p. (J). (gr. 2-5). pap. 12.79 *(978-1-5341-5024-9(2),* 213403); lib. bdg. 30.64 *(978-1-5341-4738-6(1),* 213402) Cherry Lake Publishing.

Butterfly Ornament Designs to Color & Relax, a Coloring Book. Bobo's Adult Activity Books. 2016. (ENG., Illus.). (J). pap. 9.33 *(978-1-68327-528-2(4))* Sunshine In My Soul Publishing.

Butterfly Ornaments for Adults, a Coloring Book. Activity Book Zone. 2016. (ENG., Illus.). (J). pap. 9.20 *(978-1-68376-418-2(8))* Sabeels Publishing.

Butterfly Ornaments for Kids, a Coloring Book. Smarter Activity Books for Kids. 2016. (ENG., Illus.). (J). pap. 9.22 *(978-1-68374-514-3(0))* Examined Solutions PTE. Ltd.

Butterfly Parade. Mickie Matheis. 2016. (Penguin Young Readers Level 2 Ser.). lib. bdg. 13.55 *(978-0-606-38429-2(4))* Turtleback.

Butterfly Princesses. David Villanueva Jr. 2016. (ENG., Illus.). 76p. (J). pap. *(978-1-365-29377-1(7))* Lulu Pr., Inc.

Butterfly Rebellion. Jack Patton. 2016. (Battle Bugs Ser.: 9). (ENG., Illus.). 128p. (J). (gr. 2-5). pap. 4.99 *(978-0-545-94515-8(1),* Scholastic Paperbacks) Scholastic, Inc.

Butterfly Ride. Amy Ackelsberg. Illus. by Saxton Moore. 2022. (Strawberry Shortcake Ser.). (ENG.). 24p. (J). (-k). pap. 5.99 *(978-0-593-51963-9(9),* Penguin Young Readers Licenses) Penguin Young Readers Group.

Butterfly School: Children's Poetry. Eugenie Giasson. 2018. (ENG., Illus.). 52p. (J). pap. 10.92 *(978-1-4834-8815-8(2))* Lulu Pr., Inc.

Butterfly Trap. Lee-Ann Matthews & Katerin Juretic. 2018. (ENG., Illus.). 36p. (J). *(978-1-5255-3281-8(2));* pap. *(978-1-5255-3282-5(0))* FriesenPress.

Butterfly Trees (Classic Reprint) Lucia Shepardson. 2018. (ENG., Illus.). 44p. (J). 24.80 *(978-0-365-22984-1(9))* Forgotten Bks.

Butterfly Weebee Book 16. R. M. Price-Mohr. 2021. (ENG., Illus.). 34p. (J). pap. *(978-1-913946-35-7(5))* Crossbridge Bks.

Butterfly Weebee Book 16a. R. M. Price-Mohr. 2021. (ENG., Illus.). 34p. (J). pap. *(978-1-913946-44-9(4))* Crossbridge Bks.

Butterfly Who Airlifted His Friends over the Wall. Doug Doukat. 2020. (Adventures of Jimmy Jay Ser.). (ENG.). 50p. (J). (gr. 2-6). pap. 9.99 *(978-1-7344327-2-5(1))* Wisebison Pr.

Butterfly Who Loved Summer. Susan Brooks Meny. Illus. by Susan Brooks Meny. 2023. (ENG.). 38p. (J). pap. 12.95 ***(978-1-63066-555-5(X))*** Indigo Sea Pr., LLC.

Butterfly Wings Are Not Just Beautiful Things. Amy Odenthal. 2017. (ENG., Illus.). (J). pap. 12.95 *(978-1-63525-543-0(0))* Christian Faith Publishing.

Butterfly Wings Fluttering Coloring Book Girls. Educando Kids. 2019. (ENG.). 42p. (J). pap. 6.99 *(978-1-64521-151-8(7),* Educando Kids) Editorial Imagen.

Butterfly Wishes 1: the Wishing Wings. Jennifer Castle. 2017. (Butterfly Wishes Ser.). (ENG., Illus.). 128p. (J). 15.99 *(978-1-68119-491-2(0),* 9781681194912, Bloomsbury USA Childrens) Bloomsbury Publishing USA.

Butterfly Wishes 2: Tiger Streak's Tale. Jennifer Castle. 2017. (Butterfly Wishes Ser.). (ENG.). 128p. (J). pap. 5.99 *(978-1-68119-373-1(6),* 900177778, Bloomsbury USA Childrens) Bloomsbury Publishing USA.

Butterfly Wishes 3: Blue Rain's Adventure. Jennifer Castle. 2018. (Butterfly Wishes Ser.). (ENG., Illus.). 128p. (J). 16.99 *(978-1-68119-691-6(3),* 900182258); pap. 5.99 *(978-1-68119-375-5(2),* 900171781) Bloomsbury Publishing USA. (Bloomsbury USA Childrens).

Butterfly Wishes Bind-Up Books 1-3: The Wishing Wings, Tiger Streak's Tale, Blue Rain's Adventure. Jennifer Castle. 2018. (Butterfly Wishes Ser.). (ENG.). 368p. (J). 10.99 *(978-1-5476-0043-4(8),* 900196150, Bloomsbury USA Childrens) Bloomsbury Publishing USA.

Butterfly with One Wing. Sandra Scholte. 2018. (ENG., Illus.). 26p. (J). pap. 9.99 *(978-0-692-16642-0(4))* Scholte, Sandra.

Butterfly Yellow. Thanhhà Lai. (ENG.). (YA). (gr. 8). 2020. 320p. pap. 15.99 *(978-0-06-222922-9(2));* 2019. 304p. 17.99 *(978-0-06-222921-2(4))* HarperCollins Pubs. (HarperCollins).

Butterfly's Ball & the Grasshopper's Feast (Classic Reprint) Roscoe. 2018. (ENG., Illus.). 180p. (J). 27.61 *(978-0-484-46837-4(5))* Forgotten Bks.

Butterfly's Ball, & the Grasshopper's Feast (Classic Reprint) William Roscoe. 2017. (ENG., Illus.). (J). 24.56 *(978-0-265-84488-5(6));* 24.64 *(978-0-265-84516-5(5));* pap. 7.97 *(978-1-5278-8515-8(1));* pap. 7.97 *(978-1-5278-8460-1(0))* Forgotten Bks.

Butterfly's Ball (Classic Reprint) Edmund Evans. 2017. (ENG., Illus.). (J). 24.31 *(978-0-265-75257-9(4));* pap. 7.97 *(978-1-5277-2428-0(X))* Forgotten Bks.

Butterfly's Flights: Montreal. Sarah Stuart Robbins. 2017. (ENG.). 244p. (J). pap. *(978-3-337-27012-4(3))* Creation Pubs.

Butterfly's Flights: Montreal (Classic Reprint) Sarah Stuart Robbins. 2018. (ENG., Illus.). (J). 240p. 28.87 *(978-1-396-72477-0(X));* 242p. pap. 11.57 *(978-1-396-06441-8(9))* Forgotten Bks.

Butterfly's Life Cycle. Mary R. Dunn. 2017. (Explore Life Cycles Ser.). (ENG., Illus.). 24p. (J). (gr. -1-2). pap. 6.95 *(978-1-5157-7059-6(1),* 135489); lib. bdg. 27.32 *(978-1-5157-7053-4(2),* 135483) Capstone. (Capstone Pr.).

Buttermilk Hollow Surprise Party: An Entertainment in One Act (Classic Reprint) Frank I. Hanson. (ENG., Illus.). (J). 2018. 22p. 24.35 *(978-0-267-11887-8(2));* 2016. pap. 7.97 *(978-1-334-13992-5(X))* Forgotten Bks.

Butternut. Jill Dana. Illus. by Rachel Tan-Hwee. 2022. (ENG.). 32p. (J). (gr. -1-2). 16.99 *(978-981-4893-62-6(5))* Marshall Cavendish International (Asia) Private Ltd. SGP. Dist: Independent Pubs. Group.

Butternut & Buttercup. Jill Dana. Illus. by Rachel Tan-Hwee. 2023. (Butternut Ser.). (ENG.). 32p. (J). (gr. -1-k). 15.99 *(978-981-5009-34-7(6))* Marshall Cavendish International (Asia) Private Ltd. SGP. Dist: Independent Pubs. Group.

Butternut Jones: A Lambkin of the West (Classic Reprint) Tilden Tilford. 2017. (ENG., Illus.). 388p. (J). 31.90 *(978-0-332-49131-8(5))* Forgotten Bks.

Butternut Street. John E Tyo. 2022. (ENG.). 46p. (J). pap. 11.99 *(978-1-957943-47-3(5))* Rushmore Pr. LLC.

Butterscotch Princess. Nana Rose. 2019. (ENG.). 20p. (J). pap. 12.95 *(978-1-64584-088-6(3))* Page Publishing Inc.

Buttheads from Outer Space. Jerry Mahoney. 2018. (ENG.). 288p. (J). (gr. 3-7). pap. 7.99 *(978-1-5107-3261-2(6),* Sky Pony Pr.) Skyhorse Publishing Co., Inc.

Buttheads from Outer Space. Jerry Mahoney. ed. 2018. lib. bdg. 18.40 *(978-0-606-41303-9(0))* Turtleback.

Button Book. Sally Nicholls. Illus. by Bethan Woollvin. (ENG.). (J). 2022. 24p. (— 1). bds. 8.99 *(978-0-7352-7172-2(0));* 2020. 32p. (gr. -1-2). 16.99 *(978-0-7352-6715-2(4))* Tundra Bks. CAN. (Tundra Bks.). Dist: Penguin Random Hse. LLC.

Button Pusher. Tyler Page. 2022. (ENG., Illus.). 256p. (J). 21.99 *(978-1-250-75834-7(3),* 900226521); pap. 14.99 *(978-1-250-75833-0(5),* 900226522) Roaring Brook Pr. (First Second Bks.).

Button! Snap! Zip! Learn Everyday Skills. Nicola Edwards. Illus. by Thomas Elliott. 2022. (My World Ser.). (ENG.). 10p. (J). (-k). bds. 16.99 *(978-1-6643-5012-0(8))* Tiger Tales.

Button War: A Tale of the Great War. Avi. (ENG.). 240p. (J). (gr. 5-9). 2020. pap. 9.99 *(978-1-5362-0489-6(7));* 2018. 17.99 *(978-0-7636-9053-3(8))* Candlewick Pr.

Button Your Buttons: It's a Snowy Day! Lori Houran. Ed. by Cottage Door Press. Illus. by Edward Miller. 2020. (ENG.). 34p. (J). (gr. -1-2). 12.99 *(978-1-68052-954-8(4),* 1005970) Cottage Door Pr.

Buttons. Cassandra Bryan. 2018. (ENG., Illus.). 28p. (J). pap. 12.95 *(978-1-64003-633-8(4))* Covenant Bks.

Buttons. Kalli Dakos. Illus. by Nichola Cowdery. 2023. (ENG.). 20p. (J). (gr. -1 — 1). bds. 9.99 *(978-1-64170-756-5(9),* 550756) Familius LLC.

Buttons. Karen Pickrell & Laura E. Ambrosio. Illus. by Sarah Gledhill. 2017. (ENG.). 32p. (J). pap. 9.99 *(978-0-9993482-0-8(5))* Pickrell, Karen.

Buttons. John La Torre. Illus. by Ben Sutherland. 2021. (ENG.). 24p. (J). pap. 9.99 *(978-1-0983-0518-5(3))* BookBaby.

Buttons & Dane a Forever Home. Leah Dawes. 2018. (ENG., Illus.). 32p. (J). pap. 16.99 *(978-1-5456-3980-1(9))* Salem Author Services.

Buttons & Zippers. Leigh Ann Buckner. Illus. by Mary McAlister. 2022. (ENG.). 34p. (J). 22.00 *(978-1-4583-0403-2(5))* Lulu Pr., Inc.

Buttons, Buttons. Rozanne Williams. 2017. (Learn-To-Read Ser.). (ENG., Illus.). (J). pap. 3.49 *(978-1-68310-173-4(1))* Pacific Learning, Inc.

Buttons for General Washington see Botones Para el General Washington

Button's Inn (Classic Reprint) Albion W. Tourgee. 2017. (ENG., Illus.). (J). 32.77 *(978-0-265-18975-7(6))* Forgotten Bks.

Buttons the Basset's Great Adventure. James Robert. 2022. (ENG., Illus.). 46p. (J). 26.95 *(978-1-6624-7981-6(6));* pap. 16.95 *(978-1-6624-7027-1(4))* Page Publishing Inc.

Buttons the Kitten. Debbi Michiko Florence. Illus. by Melanie Demmer. 2019. (My Furry Foster Family Ser.). (ENG.). 72p. (J). (gr. k-2). pap. 7.95 *(978-1-5158-4562-1(1),* 141150); lib. bdg. 23.99 *(978-1-5158-4474-7(9),* 140575) Capstone. (Picture Window Bks.).

Buttons's Talent Show: A QUIX Book. Allison Gutknecht. Illus. by Anja Grote. 2022. (Pet Pals Ser.: 3). (ENG.). 80p. (J). (gr. k-3). 17.99 *(978-1-5344-7405-5(6));* pap. 5.99 *(978-1-5344-7404-8(8))* Simon & Schuster Children's Publishing. (Aladdin).

Butts. Katrine Crow. (ENG.). (J). (gr. -1-1). 2023. 32p. pap. 6.99 *(978-1-4867-2696-7(8),* 27d62240-a71c-4fb1-ad1b-dcb98c39f302); 2020. 20p. bds. 8.99 *(978-1-4867-1819-1(1),* ba3b5431-e34e-45a4-9b24-112ba49c6ade) Flowerpot Pr.

Butts Are Everywhere. Jonathan Stutzman. Illus. by Heather Fox. 2020. 32p. (J). (gr. -1-3). 16.99 *(978-0-525-51451-0(1),* G.P. Putnam's Sons Books for Young Readers) Penguin Young Readers Group.

Butts on the RUN! Dawn McMillan. Illus. by Ross Kinnaird. 2023. (ENG.). 32p. (J). (gr. k-4). pap. 8.99 *(978-0-486-85135-8(4),* 851354) Dover Pubns., Inc.

Buxton Diamonds; or, Grateful Ellen: For the Amusement & Instruction of Children (Classic Reprint) Unknown Author. 2018. (ENG., Illus.). 118p. (J). 26.33 *(978-0-267-51655-1(X))* Forgotten Bks.

Buyer Beware. Robert Armstrong. 2016. (ENG.). 94p. (YA). (gr. 10-12). 10.95 *(978-1-78554-474-3(8),* 8d6f3a35-f0de-4e80-b69c-ac8e49656faa) Austin Macauley Pubs. Ltd. GBR. Dist: Baker & Taylor Publisher Services (BTPS).

Buyer Beware, 1 vol. Kelly Rogers. Illus. by Betsy Peterschmidt. 2016. (Rm. 201 Ser.). (ENG.). 48p. (J). (gr. 3-7). lib. bdg. 34.21 *(978-1-62402-167-1(0),* 21581, Spellbound) Magic Wagon.

Buyers & Sellers, 1 vol. Barbara Gottfried Hollander. 2018. (Understanding Economics Ser.). (ENG.). 48p. (gr. 6-7). lib. bdg. 28.41 *(978-1-5383-0258-3(6),* 74995da6-3d86-43de-9e38-337af86a6d90, Britannica Educational Publishing) Rosen Publishing Group, Inc., The.

Buyers & Sellers. Lori Mortensen. 2016. (Spring Forward Ser.). (J). (gr. 1). *(978-1-4900-9376-5(1))* Benchmark Education Co.

Buyers' Manual & Business Guide: Being a Description of the Leading Business Houses, Manufactories, Inventions, etc; of the Pacific Coast, Together with Copious & Readable Selections, Chiefly from California Writers (Classic Reprint) Jacob Price. 2018. (ENG., Illus.). 226p. (J). 28.56 *(978-0-267-66893-9(7))* Forgotten Bks.

Buying a Horse (Classic Reprint) William Dean Howells. 2018. (ENG., Illus.). 50p. (J). 24.95 *(978-0-484-12504-8(4))* Forgotten Bks.

Buying a Suit for Jimmy (Classic Reprint) Anne M. Palmer. 2018. (ENG., Illus.). 36p. (J). 24.64 *(978-0-484-04941-2(0))* Forgotten Bks.

Buz: Or the Life & Adventures of a Honey Bee (Classic Reprint) Maurice Noel. 2017. (ENG., Illus.). (J). 26.87 *(978-0-331-88820-1(3))* Forgotten Bks.

Buzones de Correo: Leveled Reader Book 70 Level d 6 Pack. Hmh Hmh. 2021. (SPA.). 16p. (J). pap. 74.40 *(978-0-358-08197-5(1))* Houghton Mifflin Harcourt Publishing Co.

Buzz -N- Zipp. Benjamin Wolfe. 2019. (ENG.). 42p. (J). pap. 14.95 *(978-1-64214-849-7(0))* Page Publishing Inc.

Buzz a Buzz, or the Bees: Translated from the German (Classic Reprint) Wilhelm Busch. 2017. (ENG., Illus.). (J). 25.65 *(978-0-265-59685-2(8));* pap. 9.57 *(978-0-282-91080-8(8))* Forgotten Bks.

Buzz a Buzz, or the Bees (Classic Reprint) Wilhelm Busch. (ENG., Illus.). (J). 2018. 164p. 27.28 *(978-0-267-90455-6(X));* 2016. pap. 9.97 *(978-1-333-78026-5(5))* Forgotten Bks.

Buzz Aldrin: Pioneer Moon Explorer. Jessie Alkire. 2018. (Space Crusaders Ser.). (ENG., Illus.). 32p. (J). (gr. 3-6). lib. bdg. 32.79 *(978-1-5321-1701-5(9),* 30690, Checkerboard Library) ABDO Publishing Co.

Buzz & Kuzz. Roy McFall & C. J. McFall. 2018. (ENG., Illus.). 30p. (J). 22.95 *(978-1-64298-109-4(5));* pap. 12.95 *(978-1-64298-107-0(9))* Page Publishing Inc.

Buzz at My Window. Randy Newell. 2018. (ENG., Illus.). 56p. (J). 25.95 *(978-1-64214-027-9(9));* pap. 18.95 *(978-1-64214-025-5(2))* Page Publishing Inc.

Buzz, Bee! Jennifer Szymanski. ed. 2018. (National Geographic Readers Ser.). (ENG.). 23p. (J). (gr. -1-1). 13.89 *(978-1-64310-530-7(2))* Penworthy Co., LLC, The.

Buzz Box. William Anthony. Illus. by Danielle Webster-Jones. 2023. (Level 5 - Green Set Ser.). (ENG.). 32p. (J). (gr. 1-3). lib. bdg. 19.95 Bearport Publishing Co., Inc.

Buzz Plays Soccer. Cecilia Minden. 2018. (Little Blossom Stories Ser.). (ENG.). 16p. (J). (gr. -1-2). pap. 11.36 *(978-1-5341-2863-7(8),* 211510, Cherry Blossom Press) Cherry Lake Publishing.

Buzz, Ruby, & Their City Chicks: A True Red-Tailed Hawk Story. Wendy Drexler & Joan Fleiss Kaplan. Photos by John Harrison. 2016. (ENG., Illus.). (J). pap. 12.95 *(978-0-9963747-4-3(4))* Ziggy Owl Pr.

Buzz the Bee. Kevin MacKenzie. 2021. 36p. (J). pap. 12.99 *(978-1-0983-5498-5(2))* BookBaby.

Buzzbee in a Can. Patsy Allen & Tom Allen. Illus. by Patsy Allen. 2018. (ENG., Illus.). 32p. (J). (gr. 2-6). pap. 10.99 *(978-1-68160-625-5(9))* Crimson Cloak Publishing.

Buzzbomb: The Jaws of Krashka. Jason Matheson. 2023. (ENG.). 250p. (YA). pap. ***(978-1-922851-77-2(9))*** Shawline Publishing Group.

Buzzby Bee. Rich Riffle. 2020. (ENG., Illus.). 62p. (J). pap. 17.95 *(978-1-64531-029-7(9))* Newman Springs Publishing, Inc.

Buzzer Beater. David Lawrence. Illus. by Paola Amormino. 2018. (Get in the Game Ser.). (ENG.). 32p. (J). (gr. 3-8). lib. bdg. 32.79 *(978-1-5321-3294-0(8),* 28493, Graphic Planet - Fiction) Magic Wagon.

BuzzerBeater: A Hooper's Journey of Struggle & Perseverance. Ali Tarhini. 2021. (ENG.). 36p. (YA). pap. 11.73 *(978-1-716-21301-4(0))* Lulu Pr., Inc.

Buzzing (a Graphic Novel) Samuel Sattin & Rye Hickman. 2023. (ENG., Illus.). 224p. (J). (gr. 3-7). pap. 12.99 ***(978-0-316-62841-9(7))*** Little, Brown Bks. for Young Readers.

Buzzing Bees: A 4D Book. Melissa Higgins. 2019. (Little Entomologist 4D Ser.). (ENG., Illus.). 32p. (J). (gr. -1-2). lib. bdg. 30.65 *(978-1-9771-0341-3(3),* 139325) Capstone.

Buzzing Breath. Karen Latchana Kenney. Illus. by Joshua Heinsz. 2019. (Physics of Music Ser.). (ENG.). 24p. (J). (gr. k-2). lib. bdg. 33.99 *(978-1-68410-342-3(8),* 140262) Cantata Learning.

Buzzing with Questions: The Inquisitive Mind of Charles Henry Turner. Janice N. Harrington. Illus. by Theodore Taylor III. 2019. (ENG.). 48p. (J). (gr. 2-5). 18.99 *(978-1-62979-558-4(5),* Calkins Creek) Highlights Pr., c/o Highlights for Children, Inc.

Buzzkill: A Wild Wander Through the Weird & Threatened World of Bugs. Brenna Maloney. Illus. by Dave Mottram. 2022. (ENG.). 384p. (J). 21.99 *(978-1-250-80103-6(6),* 900240831, Holt, Henry & Co. Bks. For Young Readers) Holt, Henry & Co.

Buzz's Friends & Foes (Disney/Pixar Lightyear) RH Disney. Illus. by RH Disney. 2022. (ENG., Illus.). 18p. (J). (— 1). bds. 8.99 *(978-0-7364-4290-9(1),* RH/Disney) Random Hse. Children's Bks.

Buzztail & Leaper. Robert M. McClung. 2021. (ENG.). 132p. (J). 20.99 *(978-1-948959-44-5(5));* pap. 11.99 *(978-1-948959-45-2(3))* Purple Hse. Pr.

Buzzy Bee. Brittney Maxwell. 2020. (ENG., Illus.). 30p. (J). pap. 12.95 *(978-1-64701-978-5(8))* Page Publishing Inc.

Buzzy Bee & the Callery Tree. Taylor Immel. 2022. (ENG.). 28p. (J). pap. 14.32 ***(978-1-0880-3696-9(1))*** Indy Pub.

Buzzy Bee Meets Murphy. Taylor Immel. l.t. ed. 2022. (ENG.). 28p. (J). 17.99 ***(978-1-0880-7430-5(8))*** Indy Pub.

Buzzy Bee's 123. Katherine Walker. Illus. by Shannon Hays. 2022. (ENG.). 12p. (J). (— 1). 7.99 *(978-1-80337-456-7(X))* Make Believe Ideas GBR. Dist: Scholastic, Inc.

Buzzy the African Honey Bee. Rosie Amazing. Illus. by Kayla MacInnes. 2023. (ENG.). 28p. (J). pap. ***(978-1-990292-22-4(4))*** Annelid Pr.

Buzzy the Bee. Gerry Lynch. 2017. (ENG., Illus.). 24p. (J). pap. 12.95 *(978-1-64138-047-8(0))* Page Publishing Inc.

B*witch. Paige McKenzie & Nancy Ohlin. 2021. (B*witch Ser.: 1). (ENG.). 352p. (YA). (gr. 7-12). pap. 10.99 ***(978-0-7595-5600-3(8))*** Little, Brown Bks. for Young Readers.

BXtra Ordinary Evening Mindfulness Journal. Jay'Elle Brown. 2022. (ENG.). 101p. (YA). pap. ***(978-1-387-95851-1(8))*** Lulu Pr., Inc.

BXtra Ordinary Inspirational Coloring Book for Teens. Jay'Elle Brown. 2022. (ENG.). 59p. (YA). pap. *(978-1-387-95828-3(3))* Lulu Pr., Inc.

BXtra Ordinary Morning Mindfulnes Journal. Jay'Elle Brown. 2022. (ENG.). 101p. (YA). pap. *(978-1-387-95920-4(4))* Lulu Pr., Inc.

By a Charm & a Curse. Jaime Questell. 2018. (ENG.). 300p. (YA). 17.99 *(978-1-63375-900-8(8),* 9781633759008) Entangled Publishing, LLC.

By a Strange Path (Classic Reprint) Margaret H. Eckerson. 2018. (ENG., Illus.). 240p. (J). pap. 11.57 *(978-1-391-59780-7(4))* Forgotten Bks.

By a Whisker. Heidi Harris. 2020. (ENG.). 28p. (J). *(978-1-5289-3782-5(1));* pap. *(978-1-5289-3778-8(3))* Austin Macauley Pubs. Ltd.

By Agnes Herbert & a Shikari (Classic Reprint) Agnes Herbert. 2018. (ENG., Illus.). 414p. (J). 32.44 *(978-0-267-47614-5(0))* Forgotten Bks.

By an Unknown Disciple (Classic Reprint) Cecily Spencer Phillimore. 2017. (ENG., Illus.). (J). 29.01 *(978-1-5279-8841-5(4))* Forgotten Bks.

By & By: Charles Albert Tindley, the Father of Gospel Music. Carole Boston Weatherford. Illus. by Bryan Collier. 2020. (ENG.). 48p. (J). (gr. -1-3). 17.99 *(978-1-5344-2636-8(1))* Simon & Schuster Children's Publishing.

By & by, or Harry Leonard (Classic Reprint) Frederick Field. (ENG., Illus.). (J). 2018. 228p. 28.62 *(978-0-267-36244-8(7));* 2016. pap. 10.97 *(978-1-334-16851-2(2))* Forgotten Bks.

By Beach & Bog-Land: Some Irish Stories (Classic Reprint) Jane Barlow. 2017. (ENG., Illus.). (J). 30.54 *(978-0-266-21174-7(7))* Forgotten Bks.

By Birth a Lady, Vol. 1 Of 3: A Tale (Classic Reprint) George Manville Fenn. 2018. (ENG., Illus.). 280p. (J). 29.63 *(978-0-484-47666-9(1))* Forgotten Bks.

By Birth a Lady, Vol. 2 Of 3: A Tale (Classic Reprint) George Manville Fenn. 2018. (ENG., Illus.). 278p. (J). 29.65 *(978-0-484-67013-5(1))* Forgotten Bks.

By Birth a Lady, Vol. 3 Of 3: A Tale (Classic Reprint) George Manville Fenn. (ENG., Illus.). (J). 2018. 274p. 29.55 *(978-0-483-11848-5(6));* 2016. pap. 11.97 *(978-1-333-45952-9(1))* Forgotten Bks.

By Blow & Kiss: The Love Story of a Man with a Bad Name (Classic Reprint) Boyd Cable. 2017. (ENG., Illus.). 324p. (J). 30.60 *(978-0-332-69482-5(8))* Forgotten Bks.

By Bread Alone: A Novel (Classic Reprint) I. K. Friedman. 2017. (ENG., Illus.). (J). 34.17 *(978-0-331-30886-0(X))* Forgotten Bks.

By Canoe & Dog-Train. Egerton Ryerson Young. 2017. (ENG., Illus.). (J). 25.95 *(978-1-374-86048-3(4));* pap. 15.95 *(978-1-374-86047-6(6))* Capital Communications, Inc.

By Canoe & Dog-Train. Egerton Ryerson Young. 2018. (ENG., Illus.). 246p. (J). *(978-3-7326-2007-4(7))* Klassik Literatur. ein Imprint der Salzwasser Verlag GmbH.

By Canoe & Dog-Train: Among the Cree & Salteaux Indians (Classic Reprint) Egerton Ryerson Young. 2018. (ENG., Illus.). 294p. (J). 29.96 *(978-0-484-55791-7(2))* Forgotten Bks.

By Canoe & Dog-Train among the Cree & Salteaux Indians. Egerton Ryerson Young. 2017. (ENG., Illus.). (J). pap. *(978-0-649-20257-7(0))* Trieste Publishing Pty Ltd.

By Celia's Arbour. Walter Besant & James Rice. 2017. (ENG.). 384p. (J). pap. *(978-3-337-08715-9(9))* Creation Pubs.

By Celia's Arbour: A Tale of Portsmouth Town (Classic Reprint) Walter Besant. 2018. (ENG., Illus.). 502p. (J). 34.27 *(978-0-666-81935-2(1))* Forgotten Bks.

By Celia's Arbour, Vol. 1 Of 3: A Tale of Portsmouth Town (Classic Reprint) Walter Besant. 2018. (ENG., Illus.). 292p. (J). 29.94 *(978-0-483-26167-9(X))* Forgotten Bks.

By Celia's Arbour, Vol. 2 Of 3: A Tale of Portsmouth Town (Classic Reprint) Walter Besant. 2018. (ENG., Illus.). 292p. (J). 29.94 *(978-0-484-21457-5(8))* Forgotten Bks.

By Celia's Arbour, Vol. 3 Of 3: A Tale of Portsmouth Town (Classic Reprint) Walter Besant. 2018. (ENG., Illus.). 306p. (J). 30.23 *(978-0-483-51120-0(X))* Forgotten Bks.

By Celtic Waters: Holiday Jaunts with Rod, Camera & Paint Brush. C. K. 2017. (ENG., Illus.). (J). pap. *(978-0-649-45903-2(2))* Trieste Publishing Pty Ltd.

By Celtic Waters: Holiday Jaunts with Rod, Camera & Paint Brush (Classic Reprint) C. K. 2017. (ENG., Illus.). (J). 27.51 *(978-1-5282-5334-5(5))* Forgotten Bks.

By Creek & Gully; Stories & Sketches Mostly of Bush Life: Told in Prose & Rhyme (Classic Reprint) Lala Richardson Fisher. 2017. (ENG., Illus.). (J). 30.66 *(978-1-5282-5293-5(4))* Forgotten Bks.

By Devious Ways (Classic Reprint) Charles Garvice. 2017. (ENG., Illus.). (J). 31.16 *(978-0-265-72858-1(4));* pap. 13.57 *(978-1-5276-8914-5(X))* Forgotten Bks.

By Dragon's Light. Amanda Van Vliet. 2017. (ENG., Illus.). (J). pap. *(978-0-473-38268-1(7))* Rare Design Ltd.

By Earthquake & Fire, or the Checkered Romance of Two Generations (Classic Reprint) M. L. Theiss-Whaley. 2018. (ENG., Illus.). 498p. (J). 34.19 *(978-0-267-19628-9(8))* Forgotten Bks.

By Eskimo Dog-Sled & Kayak: A Description of a Missionary's Experiences Adventures (Classic Reprint) Samuel King Hutton. 2017. (ENG., Illus.). (J). 28.72 *(978-0-265-40947-3(0))* Forgotten Bks.

By Every Word - for Youth. Des. by Kimm Reid. 2023. (ENG.). 116p. (YA). pap. ***(978-1-988001-73-9(0))*** Ahelia Publishing, Inc.

By Every Word - How to Study the Bible - Kid's Version. Des. by Kimm Reid. 2023. (ENG.). 114p. (J). pap. ***(978-1-988001-72-2(2))*** Ahelia Publishing, Inc.

By Faith Alone: A Novel (Classic Reprint) René Bazin. 2017. (ENG., Illus.). (J). 31.24 *(978-1-5281-3398-2(6))* Forgotten Bks.

By Far Euphrates. Deborah Alcock. 2017. (ENG.). 388p. (J). pap. *(978-3-337-08084-6(7))* Creation Pubs.

By Far Euphrates: A Tale (Classic Reprint) Deborah Alcock. (ENG., Illus.). (J). 2018. 404p. 32.23

(978-0-484-65401-2(2)); 2016. pap. 16.57 *(978-1-334-17403-2(2))* Forgotten Bks.

By Fell & Dale at the English Lakes by the Rev. H. d (Classic Reprint) H. D. Rawnsley. 2018. (ENG., Illus.). 270p. (J). 29.47 *(978-0-332-63337-4(3))* Forgotten Bks.

By Fell & Fjord or Scenes & Studies in Iceland (Classic Reprint) E. J. Oswald. 2018. (ENG., Illus.). 302p. (J). 30.13 *(978-0-666-90914-5(8))* Forgotten Bks.

By-Gone Tourist Days. Laura G. Collins. 2017. (ENG.). 386p. (J). pap. *(978-3-337-13686-4(9))* Creation Pubs.

By-Gone Tourist Days: Letters of Travel (Classic Reprint) Laura G. Collins. 2018. (ENG., Illus.). 384p. (J). 31.82 *(978-0-483-67911-5(9))* Forgotten Bks.

By Hek in the Wake of the News: A Collection of the Writings of the Late Hugh Edmund Keough (Classic Reprint) Hugh Edmund Keough. (ENG., Illus.). (J). 2017. 25.40 *(978-0-331-34034-1(8))*; 2016. pap. 9.57 *(978-1-334-11893-7(0))* Forgotten Bks.

By Herself (Classic Reprint) Curtis Dunham. 2017. (ENG., Illus.). (J). 29.92 *(978-0-265-17528-6(3))* Forgotten Bks.

By His Mercy 3: Take up Your Cross. Tricia Walz. 2021. (ENG.). 104p. (YA). pap. *(978-1-716-54540-5(4))* Lulu Pr., Inc.

By Inheritance: Octave Thanet (Classic Reprint) Octave Thanet. 2018. (ENG., Illus.). 412p. (J). 32.39 *(978-0-365-39084-8(4))* Forgotten Bks.

By Italian Seas: Illustrations by the Author (Classic Reprint) Ernest C. Peixotto. 2018. (ENG., Illus.). 298p. (J). 30.06 *(978-0-267-70109-4(8))* Forgotten Bks.

By Jumna's Banks (Classic Reprint) Paul Markham. 2018. (ENG., Illus.). 236p. (J). 28.76 *(978-0-267-24526-0(2))* Forgotten Bks.

By Jupiter!! A Satirical Operatic Burlesque, in Three Acts (Classic Reprint) Waldorf H. Phillips. 2016. (ENG., Illus.). (J). pap. 9.57 *(978-1-333-67622-3(0))* Forgotten Bks.

By Jupiter!! A Satirical Operatic Burlesque, in Three Acts (Classic Reprint) Waldorf Henry Phillips. 2018. (ENG., Illus.). 74p. (J). 25.44 *(978-0-483-02243-0(8))* Forgotten Bks.

By Justin Mcdonald: Illustration by Isabel Gavan. Justin McDonald. Illus. by Isabel Gavan. 2020. (ENG.). 28p. (J). pap. 15.00 *(978-1-716-46341-9(6))* Lulu Pr., Inc.

By Land & Ocean, or the Journal & Letters of a Young Girl Who Went to South Australia with a Lady Friend, Then Alone to Victoria, New Zealand, Sydney, Singapore, China, Japan, & Across the Continent of America Home (Classic Reprint) Fanny L. Rains. 2018. (ENG., Illus.). (J). 300p. 30.08 *(978-1-396-38133-1(3))*; 302p. pap. 13.57 *(978-1-390-98774-4(4))* Forgotten Bks.

By Law of Might: Of the Campaign in Sunset; a Romance of the Real Wall Street (Classic Reprint) Newton Ridgely. (ENG., Illus.). (J). 2018. 408p. 32.31 *(978-0-656-82968-2(0))*; 2017. pap. 16.57 *(978-0-243-52932-2(5))* Forgotten Bks.

By Meadow & Stream: Pleasant Memories of Pleasant Places (Classic Reprint) Edward Marston. (ENG., Illus.). (J). 2018. 216p. 28.35 *(978-0-267-31297-9(0))*; 2016. pap. 10.97 *(978-1-333-42479-4(5))* Forgotten Bks.

By Menorah Light: A Hanukkah Coloring Book. Smarter Activity Books for Kids. 2016. (ENG., Illus.). (J). pap. 9.22 *(978-1-68374-515-0(9))* Examined Solutions PTE. Ltd.

By Motor to the Golden Gate (Classic Reprint) Emily Post. 2016. (ENG., Illus.). (J). 20.57 *(978-1-334-99807-2(8))* Forgotten Bks.

By My Side. Emma Kirk. 2019. (ENG.). 58p. (J). pap. *(978-0-359-62795-0(1))* Lulu Pr., Inc.

By Myself! Sumana Seeboruth. Illus. by Maribel Castells. 2023. (Feelings & Firsts Ser.). (ENG.). 26p. (J). (— 1). bds. 8.99 ***(978-1-64686-995-4(8))*** Barefoot Bks., Inc.

By Myself or with My Friends. Rozanne Williams. 2017. (Learn-To-Read Ser.). (ENG., Illus.). (J). pap. 3.49 *(978-1-68310-316-5(5))* Pacific Learning, Inc.

By Night Vol. 1. John Allison. Illus. by Christine Larsen. 2019. (ENG.). 112p. (YA). pap. 14.99 *(978-1-68415-282-7(8))* BOOM! Studios.

By Night Vol. 2. John Allison. Illus. by Christine Larsen. 2019. (ENG.). 112p. (YA). pap. 14.99 *(978-1-68415-399-2(9))* BOOM! Studios.

By Night Vol. 3. John Allison. Illus. by Christine Larsen. 2020. (By Night Ser.: 3). (ENG.). 112p. (YA). pap. 14.99 *(978-1-68415-483-8(9))* BOOM! Studios.

By Order of the Czar. Joseph Hatton. 2017. (ENG.). 404p. (J). pap. *(978-3-337-02918-0(3))* Creation Pubs.

By Order of the Czar: A Novel (Classic Reprint) Joseph Hatton. 2017. (ENG., Illus.). (J). 32.19 *(978-1-5282-5211-9(X))* Forgotten Bks.

By Order of the King (Classic Reprint) Victor Hugo. 2017. (ENG., Illus.). (J). 35.76 *(978-0-331-67366-1(5))* Forgotten Bks.

By Order of the Prophet a Tale of Utah (Classic Reprint) Alfred H. Henry. 2018. (ENG., Illus.). 416p. (J). 32.48 *(978-0-483-66625-2(4))* Forgotten Bks.

By Ox Team to California: A Narrative of Crossing the Plains in 1860 (Classic Reprint) Lavinia Honeyman Porter. 2017. (ENG., Illus.). (J). 27.09 *(978-1-5280-6915-1(3))* Forgotten Bks.

By Ox Team to California: Personal Narrative (Classic Reprint) Nancy A. Hunt. (ENG., Illus.). (J). 2018. 22p. 24.35 *(978-0-332-59600-6(1))*; 2016. pap. 7.97 *(978-1-334-17110-9(6))* Forgotten Bks.

By-Paths in Sicily (Classic Reprint) Eliza Putnam Heaton. (ENG., Illus.). (J). 2018. 434p. 32.85 *(978-0-331-58504-9(9))*; 2016. pap. 16.57 *(978-1-333-49795-8(4))* Forgotten Bks.

By Paths They Know Not (Classic Reprint) David Taylor Robertson. (ENG., Illus.). (J). 2018. 194p. 27.92 *(978-0-365-30170-7(1))*; 2017. pap. 10.57 *(978-1-334-92611-2(5))* Forgotten Bks.

By Pike & Dyke: A Tale of the Rise of the Dutch Republic. George Henty. 2017. (ENG., Illus.). (J). 26.95 *(978-1-374-91444-5(4))*; pap. 16.95 *(978-1-374-91443-8(6))* Capital Communications, Inc.

By Proxy, Vol. 1 of 2 (Classic Reprint) James Payn. 2018. (ENG., Illus.). 320p. (J). 30.50 *(978-0-483-04837-9(2))* Forgotten Bks.

By Proxy, Vol. 2 of 2 (Classic Reprint) James Payn. (ENG., Illus.). (J). 2018. 348p. 31.07 *(978-0-428-76685-6(4))*; 2016. pap. 13.57 *(978-1-333-30113-2(8))* Forgotten Bks.

By Reef & Shoal Being an Account of a Voyage Amongst the Islands in the South-Western Pacific (Classic Reprint) William Sinker. 2018. (ENG., Illus.). 82p. (J). 25.59 *(978-0-365-43497-9(3))* Forgotten Bks.

By Right Divine (Classic Reprint) William Sage. (ENG., Illus.). (J). 2018. 388p. 31.90 *(978-0-364-66768-2(0))*; 2017. pap. 16.57 *(978-1-334-92001-1(X))* Forgotten Bks.

By Right of Purchase (Classic Reprint) Harold Bindloss. 2018. (ENG., Illus.). 354p. (J). 31.20 *(978-0-267-17774-5(7))* Forgotten Bks.

By Right of Sword (Classic Reprint) Arthur W. Marchmont. 2017. (ENG., Illus.). (J). 31.53 *(978-1-5283-5477-6(X))* Forgotten Bks.

By River & by Sea: An Australian Story (Classic Reprint) Tansor Southcote. 2018. (ENG., Illus.). 268p. (J). 29.42 *(978-0-483-19901-9(X))* Forgotten Bks.

By Shore & Sedge (Classic Reprint) Bret Harte. 2018. (ENG., Illus.). 264p. (J). 29.36 *(978-0-483-70980-5(8))* Forgotten Bks.

By Siblings, for Siblings: Siblings of People with Disabilities Supporting Other Siblings of People with Disabilities. Natalie Hampton & Nicole Hampton. 2022. 96p. (J). pap. 10.00 *(978-1-6678-3193-0(3))* BookBaby.

By Sky & Rail: Planes & Trains Go Zoom Coloring Book. Activity Book Zone for Kids. 2016. (ENG., Illus.). (J). pap. 9.20 *(978-1-68376-419-9(6))* Sabeels Publishing.

By Snare of Love (Classic Reprint) Arthur Williams Marchmont. 2018. (ENG., Illus.). 392p. (J). 31.98 *(978-0-428-76604-7(8))* Forgotten Bks.

By Stream & Sea: A Book for Wanderers & Anglers (Classic Reprint) William Senior. 2017. (ENG., Illus.). 366p. (J). 31.45 *(978-0-484-87605-6(8))* Forgotten Bks.

By Stroke of Sword: A Romance Taken from the Chronicles of Sir Jeremy Clephane (Classic Reprint) Andrew Balfour. 2017. (ENG., Illus.). (J). 31.03 *(978-1-5280-7323-3(1))* Forgotten Bks.

By the Barrow River, & Other Stories (Classic Reprint) Edmund Leamy. 2018. (ENG., Illus.). 296p. (J). 30.00 *(978-0-484-00419-0(0))* Forgotten Bks.

By the Bay. Kathy Broderick. Illus. by Dean Gray. 2022. (Bilingual Bks.). (ENG.). 24p. (J). (gr. -1-3). pap. 9.50 ***(978-1-64996-735-0(7)**, 17090, Sequoia Kids Media)* Sequoia Children's Bks.

By the Bayou. Evelyn Wolph Kruger. 2017. (ENG., Illus.). (J). pap. 12.95 *(978-1-942914-33-4(4))* Maple Creek Media.

By the Blood... #6. J. Manoa. 2017. (Werewolf Council Ser.). (ENG.). 208p. (YA). (gr. 5-12). lib. bdg. 32.84 *(978-1-68076-503-8(5)*, 25416, Epic Escape) EPIC Pr.

By the Book: A Novel of Prose & Cons. Amanda Sellet. 2022. (ENG.). 400p. (YA). (gr. 7). pap. 11.99 *(978-0-358-66808-4(5)*, Clarion Bks.) HarperCollins Pubs.

By the Cornish Sea, Vol. 1 of 2 (Classic Reprint) John Isabell. 2018. (ENG., Illus.). 308p. (J). 30.25 *(978-0-483-32341-4(1))* Forgotten Bks.

By the Cornish Sea, Vol. 2 of 2 (Classic Reprint) John Isabell. 2018. (ENG., Illus.). 348p. (J). 31.07 *(978-0-483-41681-9(9))* Forgotten Bks.

By the Creek. Geoff Laughton. 2016. (ENG., Illus.). (J). 24.99 *(978-1-63477-945-6(2)*, Harmony Ink Pr.) Dreamspinner Pr.

By the Elbe, Vol. 1 of 3 (Classic Reprint) Sarah Tytler. 2018. (ENG., Illus.). 346p. (J). 31.03 *(978-0-483-65642-0(9))* Forgotten Bks.

By the Elbe, Vol. 2 of 3 (Classic Reprint) Sarah Tytler. 2018. (ENG., Illus.). 326p. (J). 30.64 *(978-0-483-32340-7(3))* Forgotten Bks.

By the Elbe, Vol. 3 of 3 (Classic Reprint) Sarah Tytler. 2018. (ENG., Illus.). 330p. (J). 30.70 *(978-0-483-08273-1(2))* Forgotten Bks.

By the Eternal a Novel (Classic Reprint) Opie Read. 2018. (ENG., Illus.). 320p. (J). 30.52 *(978-0-483-48594-5(2))* Forgotten Bks.

By the Gate of the Sea, Vol. 1 of 2 (Classic Reprint) David Christie Murray. 2018. (ENG., Illus.). 216p. (J). 28.35 *(978-0-483-36179-9(8))* Forgotten Bks.

By the Gate of the Sea, Vol. 2 of 2 (Classic Reprint) David Christie Murray. 2018. (ENG., Illus.). 238p. (J). 28.81 *(978-0-267-00014-2(6))* Forgotten Bks.

By the Grace. Sine Peril. 2020. (ENG.). 406p. (YA). (gr. 10-12). pap. 15.99 *(978-1-0878-9189-7(2))* Indy Pub.

By the Great Wall: Letters from China (Classic Reprint) Isabella Riggs Williams. 2017. (ENG., Illus.). (J). 32.64 *(978-0-260-91526-9(2))* Forgotten Bks.

By the Ionian Sea: Notes of a Ramble in Southern Italy (Classic Reprint) George Gissing. 2017. (ENG., Illus.). (J). 28.97 *(978-1-5283-9026-2(1))* Forgotten Bks.

By the Light of the Menorah Hanukkah Coloring Book Jewish. Educando Kids. 2019. (ENG.). 42p. (J). pap. 6.99 *(978-1-64521-096-2(0)*, Educando Kids) Editorial Imagen.

By the Light of the Moon. Frann Preston-Gannon. Illus. by Frann Preston-Gannon. 2019. (ENG., Illus.). 40p. (J). (gr. -1-2). 16.99 *(978-1-5362-0810-8(8)*, Templar) Candlewick Pr.

By the Light of the Night: An Oromo Immigrant Story. Sheiko Nagawo & Omar Hassan. Illus. by Nicole Monahan. 2020. (ENG.). 40p. (YA). *(978-1-5255-6859-6(0))*; pap. *(978-1-5255-6860-2(4))* FriesenPress.

By the Light of the Soul: A Novel (Classic Reprint) Mary E. Wilkins Freeman. 2018. (ENG., Illus.). 534p. (J). 34.91 *(978-0-484-49923-1(8))* Forgotten Bks.

By the Light of Two Moons. Colleen Cambell. 2023. (ENG.). 238p. (J). pap. ***(978-1-312-61116-0(2))*** Lulu Pr., Inc.

By the Marshes of Minas (Classic Reprint) Charles G. D. Roberts. 2018. (ENG., Illus.). 302p. (J). 30.15 *(978-0-332-91528-9(X))* Forgotten Bks.

By the Numbers 2. 0: 110. 01 Cool Infographics Packed with Stats & Figures. National Geographic Kids. 2016. (Illus.). 256p. (J). (gr. 3-7). pap. 9.99 *(978-1-4263-2528-1(2)*, National Geographic Kids) Disney Publishing Worldwide.

By the Numbers 3. 14: 110. 01 Cool Infographics Packed with Stats & Figures. National Geographic Kids. 2017. (Illus.). 256p. (J). (gr. 3-7). (ENG.). 19.90 *(978-1-4263-2866-4(4))*; pap. 9.99 *(978-1-4263-2865-7(6))* Disney Publishing Worldwide. (National Geographic Kids).

By the Queen's Grace a Novel (Classic Reprint) Virna Sheard. (ENG., Illus.). (J). 2018. 306p. 30.21 *(978-0-365-12028-5(6))*; 2017. pap. 13.57 *(978-1-5276-9049-3(0))* Forgotten Bks.

By the Roaring Reuss. W. Bridges Birtt. 2016. (ENG.). 220p. (J). pap. *(978-3-7434-1731-1(6))* Creation Pubs.

By the Roaring Reuss: Idylls & Stories of the Alps (Classic Reprint) W. Bridges Birtt. 2017. (ENG., Illus.). (J). 28.31 *(978-0-331-56822-6(5))* Forgotten Bks.

By the Scruff of My Neck. Craig W. Fisher. 2022. (ENG.). 128p. (J). 26.95 ***(978-1-68526-906-7(0))***; pap. 15.95 ***(978-1-68526-904-3(4))*** Covenant Bks.

By the Sea. Heather R. Talma. 2020. (ENG.). 96p. (J). pap. *(978-1-716-47841-3(3))* Lulu Pr., Inc.

By the Sea: Life along the Coast. Judith Homoki. Illus. by Martin Haake. 2023. (ENG.). 64p. (J). (gr. 3-7). 24.99 ***(978-3-7913-7555-7(5))*** Prestel Verlag GmbH & Co KG. DEU. Dist: Penguin Random Hse. LLC.

By the Sea (Classic Reprint) Sophronia Currier. 2017. (ENG., Illus.). 364p. (J). 31.40 *(978-0-265-21973-7(6))* Forgotten Bks.

By the Shore, 1 vol. William Potter. Illus. by Juan Calle. 2018. (All-Action Animal Art Ser.). (ENG.). 32p. (J). (gr. 3-3). 29.27 *(978-1-5383-4726-3(1)*, 85d270b3-1faf-4389-94f4-42c05d5ff350); pap. 12.75 *(978-1-5383-4724-9(5)*, b9051ddf-bd5f-4dfb-b009-856467181ec6) Rosen Publishing Group, Inc., The. (PowerKids Pr.).

By the Stage Door (Classic Reprint) Ada Patterson. 2018. (ENG., Illus.). 230p. (J). 28.66 *(978-0-656-27669-1(X))* Forgotten Bks.

By the Tiber: By the Author of Signor Monaldini's Niece (Classic Reprint) Mary Agnes Tincker. 2017. (ENG., Illus.). (J). 32.19 *(978-0-260-07859-9(X))* Forgotten Bks.

By the Time You Read This I'll Be Gone (Murder, She Wrote #1) Stephanie Kuehn. 2022. (ENG.). 304p. (YA). (gr. 7). pap. 12.99 *(978-1-338-76455-0(1)*, Scholastic Pr.) Scholastic, Inc.

By the Trent (Classic Reprint) E. S. Oldham. 2018. (ENG., Illus.). 434p. (J). 32.87 *(978-0-483-31655-3(5))* Forgotten Bks.

By the Waters of Africa British: East Africa, Uganda, & the Great Lakes (Classic Reprint) Norma Lorimer. 2018. (ENG., Illus.). 478p. (J). 33.76 *(978-0-267-23847-7(9))* Forgotten Bks.

By the Waters of Carthage (Classic Reprint) Norma Lorimer. 2018. (ENG., Illus.). 452p. (J). 33.24 *(978-0-267-48505-5(0))* Forgotten Bks.

By the Waters of Germany (Classic Reprint) Norma Lorimer. 2017. (ENG., Illus.). (J). 31.86 *(978-0-260-32904-2(5))* Forgotten Bks.

By the Waters of Sicily (Classic Reprint) Norma Octavia Lorimer. 2018. (ENG., Illus.). 322p. (J). 30.56 *(978-0-483-49919-5(6))* Forgotten Bks.

By the Way: Travel Letters Written During Several Journeys Abroad (Classic Reprint) Agness Greene Foster. 2018. (ENG., Illus.). 218p. (J). 28.45 *(978-0-428-22340-3(0))* Forgotten Bks.

By the Way: Travel Letters Written During Several Journeys Abroad Describing Sojourns in England, Scotland, Ireland, France, Germany, Austria-Hungary, Italy, Greece, & European & Asiatic Turkey (Classic Reprint) Agness Greene Foster. 2018. (ENG., Illus.). 264p. (J). 29.36 *(978-0-428-23003-6(2))* Forgotten Bks.

By Thrasna River: The Story of a Townland (Classic Reprint) Shan F. Bullock. 2017. (ENG., Illus.). (J). 32.64 *(978-0-265-72314-2(0))*; pap. 16.57 *(978-1-5276-8120-0(3))* Forgotten Bks.

By Veldt & Kopje (Classic Reprint) William Charles Scully. 2018. (ENG., Illus.). 320p. (J). 30.50 *(978-0-483-40989-7(8))* Forgotten Bks.

By Violence (Classic Reprint) John Trevena. (ENG., Illus.). (J). 2018. 76p. 25.48 *(978-0-365-18853-7(0))*; 2017. pap. 9.57 *(978-0-259-29697-3(X))* Forgotten Bks.

By Way of the Wilderness (Classic Reprint) G. R. Alden. 2018. (ENG., Illus.). 404p. (J). 32.23 *(978-0-365-18955-8(3))* Forgotten Bks.

by-Ways of Braithe (Classic Reprint) Frances Powell. 2017. (ENG., Illus.). (J). 31.51 *(978-0-331-30357-5(4))* Forgotten Bks.

By-Ways on Service: Notes from an Australian Journal (Classic Reprint) Hector Dinning. 2018. (ENG., Illus.). 298p. (J). 30.04 *(978-0-267-69601-7(9))* Forgotten Bks.

By Waysides in India (Classic Reprint) Adelaide Gail Frost. 2018. (ENG., Illus.). 80p. (J). 25.57 *(978-0-483-55316-3(6))* Forgotten Bks.

By What Authority? (Classic Reprint) Robert Hugh Benson. (ENG., Illus.). (J). 2018. 580p. 35.88 *(978-0-428-74118-1(5))*; 2018. 570p. 35.65 *(978-0-483-50107-2(7))*; 2017. pap. 19.57 *(978-1-334-90348-9(4))*; 2016. pap. 19.57 *(978-1-334-54596-2(0))* Forgotten Bks.

By Whose Hand? (Classic Reprint) Edith Sessions Tupper. 2018. (ENG., Illus.). 338p. (J). 30.87 *(978-0-483-72768-7(7))* Forgotten Bks.

By Wild Waves Tossed: An Ocean Love Story (Classic Reprint) Jack Brand. (ENG., Illus.). (J). 2018. 332p. 30.74 *(978-0-656-26116-1(1))*; 2017. pap. 13.57 *(978-0-243-94623-5(6))* Forgotten Bks.

By Wingéd Chair. Kendra Merritt. 2018. (Mark of the Least Ser.). (ENG., Illus.). 404p. (YA). (gr. 9-12). pap. 14.99 *(978-1-7327701-0-2(7))* Blue Fyre Pr.

By Woman's Favour, Vol. 1 of 3 (Classic Reprint) Henry Erroll. 2018. (ENG., Illus.). 266p. (J). 29.38 *(978-0-484-29830-8(5))* Forgotten Bks.

By Woman's Favour, Vol. 2 of 3 (Classic Reprint) Henry Erroll. 2018. (ENG., Illus.). 270p. (J). 29.49 *(978-0-483-66533-0(9))* Forgotten Bks.

By Woman's Favour. Vol. III. Henry Erroll. 2017. (ENG., Illus.). (J). pap. *(978-0-649-36448-0(1))* Trieste Publishing Pty Ltd.

By Your Side. Kasie West. 2017. (ENG.). 352p. (YA). (gr. 8). pap. 12.99 *(978-0-06-245586-4(9)*, HarperTeen) HarperCollins Pubs.

Bybury to Beacon Street (Classic Reprint) Abby Morton Diaz. 2018. (ENG., Illus.). 286p. (J). 29.80 *(978-0-483-38430-9(5))* Forgotten Bks.

Bye-Bye! Carol Zeavin & Rhona Silverbush. Illus. by Jon Davis. 2018. 16p. (J). *(978-1-4338-2876-8(6)*, Magination Pr.) American Psychological Assn.

Bye Bye Baby see **Adiós Pequeño!**

Bye Bye Binary. Eric Geron. Illus. by Charlene Chua. 2022. (ENG.). 24p. (J). (gr. -1 — 1). bds. 8.99 *(978-0-06-321514-6(4)*, HarperFestival) HarperCollins Pubs.

Bye-Bye Binky: Big Kid Power. Maria van Lieshout. 2016. (ENG., Illus.). 24p. (J). (gr. -1 — 1). 9.99 *(978-1-4521-3536-6(3))* Chronicle Bks. LLC.

Bye Bye Black Skin. Janae Washington. 2017. (ENG., Illus.). (J). pap. 15.00 *(978-1-387-25287-9(9))* Lulu Pr., Inc.

Bye-Bye, Blue Creek. Andrew Smith. 2020. (Sam Abernathy Bks.). (ENG.). 256p. (J). (gr. 3-7). 17.99 *(978-1-5344-1958-2(6)*, Simon & Schuster Bks. For Young Readers) Simon & Schuster Bks. For Young Readers.

Bye, Bye, Bow Wow. Kathy Leypoldt. 2022. (ENG.). 34p. (J). pap. 9.99 ***(978-1-0880-3787-4(9))*** Indy Pub.

Bye-Bye Bully: Words Matter. Speak Up. Little Grasshopper Books & Emily Swish. 2021. (ENG.). 18p. (J). (gr. -1-2). bds. 12.98 *(978-1-64558-798-9(3)*, 6122900, Little Grasshopper Bks.) Publications International, Ltd.

Bye-Bye Germs: Be a Handwashing Superhero! Katie Laird & Sarah Younie. Illus. by Jules Marriner. 2022. (Germ's Journey Ser.). (ENG.). 32p. (J). pap. 9.99 *(978-1-911487-48-7(5))* Medina Publishing, Ltd. GBR. Dist: Casemate Pubs. & Bk. Distributors, LLC.

Bye-Bye Pacifier. Esther Burgueño. 2021. (Bit by Bit I Learn More & I Grow Big Ser.). 10p. (J). (— 1). bds. 7.99 *(978-84-17210-60-1(1))* Editorial el Pirata ESP. Dist: Independent Pubs. Group.

Bye Bye Pesky Fly. Lysa Mullady & Janet McDonnell. 2018. (ENG., Illus.). 32p. (J). *(978-1-4338-2855-3(3)*, Magination Pr.) American Psychological Assn.

Bye-Bye Time / Momento de la Despedida. Elizabeth Verdick. Illus. by Marieka Heinlen. 2017. (Toddler Tools(r) Ser.). (ENG.). 26p. (J). bds. 9.99 *(978-1-63198-151-7(X)*, 81517) Free Spirit Publishing Inc.

Bye, Car. Naomi Danis. Illus. by Daniel Rieley. 2021. (Child's Play Library). 32p. (J). *(978-1-78628-567-6(3))*; pap. *(978-1-78628-566-9(5))* Child's Play International Ltd.

Bye-Words a Collection of Tales, New & Old (Classic Reprint) Charlotte Mary Yonge. (ENG., Illus.). (J). 2017. 366p. 31.45 *(978-0-484-12479-9(X))*; 2016. pap. 13.97 *(978-1-334-10759-7(9))* Forgotten Bks.

Bylow Hill (Classic Reprint) George Washington Cable. 2017. (ENG., Illus.). (J). 28.70 *(978-0-266-19918-2(6))* Forgotten Bks.

BYO Bug Bot. Tucker Besel. 2018. (Bot Maker Ser.). (ENG.). 24p. (J). (gr. 4-6). pap. 8.99 *(978-1-64466-322-6(8)*, 12069, Hi Jinx) Black Rabbit Bks.

BYO Crazy Car Bot. Tucker Besel. 2018. (Bot Maker Ser.). (ENG.). 24p. (J). (gr. 4-6). pap. 8.99 *(978-1-64466-323-3(6)*, 12073, Hi Jinx) Black Rabbit Bks.

BYO Inchworm Bot. Tucker Besel. 2018. (Bot Maker Ser.). (ENG.). 24p. (J). (gr. 4-6). pap. 8.99 *(978-1-64466-327-1(9)*, 12089, Hi Jinx) Black Rabbit Bks.

BYO Motorcycle Bot. Tucker Besel. 2018. (Bot Maker Ser.). (ENG.). 24p. (J). (gr. 4-6). pap. 8.99 *(978-1-64466-326-4(0)*, 12085, Hi Jinx) Black Rabbit Bks.

BYO Racer Bot. Tucker Besel. 2018. (Bot Maker Ser.). (ENG.). 24p. (J). (gr. 4-6). pap. 9.99 *(978-1-64466-324-0(4)*, 12077, Hi Jinx) Black Rabbit Bks.

BYO Scribble Bot. Tucker Besel. 2018. (Bot Maker Ser.). (ENG.). 24p. (J). (gr. 4-6). pap. 8.99 *(978-1-64466-325-7(2)*, 12081, Hi Jinx) Black Rabbit Bks.

Bypath: A City Pastoral (Classic Reprint) Thomas Grant Springer. 2018. (ENG., Illus.). 28p. (J). 24.45 *(978-0-484-08308-9(2))* Forgotten Bks.

Bypaths & Cross-Roads (Classic Reprint) J. E. Panton. 2017. (ENG., Illus.). (J). 30.02 *(978-0-265-20333-0(3))* Forgotten Bks.

Bypaths in Dixie: Folk Tales of the South (Classic Reprint) Sarah Johnson Cocke. (ENG., Illus.). (J). 2018. 358p. 31.28 *(978-0-483-96053-4(5))*; 2016. pap. 13.97 *(978-1-333-36452-6(0))* Forgotten Bks.

Byrnes of Glengoulah: A True Tale (Classic Reprint) Alice Nolan. (ENG., Illus.). (J). 2018. 374p. 31.61 *(978-0-483-73143-1(9))*; 2016. pap. 13.97 *(978-1-333-50645-2(7))* Forgotten Bks.

Byron, the Special Cat. Stefania Radu. 2021. (ENG.). 24p. (J). pap. *(978-1-80031-029-2(3))* Authors OnLine, Ltd.

Bystander: Or Leaves for the Lazy (Classic Reprint) J. Ashby-Sterry. 2018. (ENG., Illus.). 326p. (J). 30.62 *(978-0-267-22632-0(2))* Forgotten Bks.

Byte-Sized World of Technology (Fact Attack #2) Melvin Berger & Gilda Berger. Illus. by Frank Rocco & Sarah Watanabe-Rocco. 2017. (ENG.). 96p. (J). (gr. 1-3). pap. 7.99 *(978-1-338-04186-6(X))* Scholastic, Inc.

Bytjies Met Truitjies. Print on Demand. 2021. (AFR.). 22p. (J). pap. *(978-0-6398323-5-7(0))* Pro Christo Publications.

Byzantine Empire. Ed. by Carolyn DeCarlo. 2017. (Empires in the Middle Ages Ser.). 48p. (J). (gr. 10-14). 84.30 *(978-1-68048-859-3(7))*; (ENG.). (gr. 6-7). lib. bdg. 28.41 *(978-1-68048-780-0(9)*, ceffadc3-e3c8-4c63-bb16-c1d31ec8eb9c) Rosen Publishing Group, Inc., The. (Britannica Educational Publishing).

Byzantine Empire, 1 vol. Mary Griffin. 2019. (Look at World History Ser.). (ENG.). 32p. (gr. 2-2). pap. 11.50 *(978-1-5382-4130-1(7)*, 2b5e4928-dc07-4cbd-978f-57ceaf5ee6de) Stevens, Gareth Publishing LLLP.

Byzantine Empire - the Middle Ages Ancient History of Europe Children's Ancient History. Baby Professor. 2017. (ENG., Illus.). (J). pap. 8.79 *(978-1-5419-1311-0(6)*, Baby Professor (Education Kids)) Speedy Publishing LLC.

B

C

C. Xist Publishing. 2019. (Discover the Alphabet Ser.). (ENG.). 20p. (J). (gr. -1-1). pap. 24.99 *(978-1-5324-1355-1(6))* Xist Publishing.

C. Xist Publishing & Xist Publishing. 2019. (Discover the Alphabet Ser.). (ENG.). 22p. (J). (gr. -1-1). 22.99 *(978-1-5324-1301-8(7))* Xist Publishing.

C. A. B. I. T. the Amazing Rabbit. Linda Mason. (ENG., Illus.). (J). (gr. k-4). 2019. (Wiggillly Tales Ser.: Vol. 2). 36p. pap. 13.95 *(978-1-9865-3577-9(0))*; 2018. 54p. pap. 14.95 *(978-1-943789-75-7(4))* Taylor and Seale Publishing.

C a N l d é S T e l l a l R e U N. Eelonqa K. Harris. Tr. by Marine Rocamora. Illus. by Eelonqa K. Harris. 2023. (FRE.). 36p. (J). pap. ***(978-1-989388-70-9(1))*** TaleFeather Publishing.

C. A. River Plate. Mark Stewart. 2017. (First Touch Soccer Ser.). (ENG., Illus.). 24p. (J). (gr. k-3). 23.93 *(978-1-59953-867-9(9))* Norwood Hse. Pr.

C. H. E. F. Quarantine Kidz Cookbook: Activities, Tips, & More... Chef Kimberly Vankline. 2020. (ENG.). 36p. (J). pap. 14.99 *(978-1-942871-84-2(8))* Hope of Vision Publishing.

C. Hart Merriam Papers Relating to Work with California Indians, 1850-1974: Bulk 1898-1938 (Classic Reprint) Clinton Hart Merriam. 2018. (ENG., Illus.). (J). 518p. 34.60 *(978-0-366-71203-8(9))*; 520p. pap. 16.97 *(978-0-366-71201-4(2))* Forgotten Bks.

C. Hart Merriam Papers Relating to Work with California Indians, 1850-1974, (Bulk 1898-1938) (Classic Reprint) C. Hart Merriam. 2017. (ENG., Illus.). (J). 524p. 34.72 *(978-0-265-83334-6(5))*; 526p. pap. 19.57 *(978-1-5277-9215-9(3))* Forgotten Bks.

C. Hart Merriam Papers Relating to Work with California Indians, 1850-1974, (Bulk 1898-1938) (Classic Reprint) Clinton Hart Merriam. 2017. (ENG., Illus.). (J). 34.02 *(978-0-266-75793-1(6))*; pap. 16.57 *(978-1-5277-3124-0(3))* Forgotten Bks.

C. Hart Merriam Papers Relating to Work with California Indians, 1850-1974 (Classic Reprint) Clinton Hart Merriam. 2018. (ENG., Illus.). (J). 398p. 32.13 *(978-0-366-55262-7(7))*; 400p. pap. 16.57 *(978-0-365-95111-7(0))* Forgotten Bks.

C Is for Caden: Now I Know My ABCs & 123s Coloring & Activity Book with Writing & Spelling Exercises (Age 2-6) 128 Pages. Crawford House Learning Books. 2020. (ENG.). 130p. (J). pap. *(978-1-989828-16-8(7))* Crawford Hse.

C Is for California: A Golden State ABC Primer. Trish Madson. 2017. (ENG., Illus.). 20p. (J). (gr. -1 — 1). bds. 12.99 *(978-1-944822-70-5(4), 552270)* Familius LLC.

C Is for Callie: Now I Know My ABCs & 123s Coloring & Activity Book with Writing & Spelling Exercises (Age 2-6) 128 Pages. Crawford House Learning Books. 2020. (ENG.). 130p. (J). pap. *(978-1-989828-20-5(5))* Crawford Hse.

C Is for Camp: An Alphabet Adventure. Kirstin Dias. Illus. by Rebecca Thompson. 2021. (ENG.). 34p. (J). *(978-0-2288-5422-7(9))*; pap. *(978-0-2288-5421-0(0))* Tellwell Talent.

C Is for Canada. Michael Ulmer. Illus. by Sylvie Daigneault. (ENG.). (J). (gr. 1-3). 2019. 22p. bds. 9.99 *(978-1-5341-1045-8(3), 204723)*; 2017. 32p. 16.99 *(978-1-58536-973-7(X), 204218)* Sleeping Bear Pr.

C Is for Car: An ABC Car Primer. Ashley Marie Mireles. Illus. by Volha Kaliaha. 2022. (ENG.). 20p. (J). (gr. -1 — 1). bds. 9.99 *(978-1-64170-725-1(9), 550725)* Familius LLC.

C Is for Cardinal, 1 vol. Stan Tekiela. 2016. (ENG., Illus.). 64p. (J). (-k). 8.95 *(978-1-59193-533-9(4),* Adventure Pubns.) AdventureKEEN.

C Is for Carter: Now I Know My ABCs & 123s Coloring & Activity Book with Writing & Spelling Exercises (Age 2-6) 128 Pages. Crawford House Learning Books. 2020. (ENG.). 130p. (J). pap. *(978-1-989828-53-3(1))*; pap. *(978-1-989828-78-6(7))* Crawford Hse.

C Is for Castle: A Medieval Alphabet, 1 vol. Illus. by Greg Paprocki. 2016. (BabyLit Ser.). (ENG.). 32p. (J). (— 1). bds. 9.99 *(978-1-4236-4281-7(3))* Gibbs Smith, Publisher.

C Is for Cat. Meg Gaertner. 2021. (Alphabet Fun Ser.). (ENG., Illus.). 24p. (J). (gr. k-1). pap. 8.95 *(978-1-64619-394-3(6))*; lib. bdg. 28.50 *(978-1-64619-367-7(9))* Little Blue Hse. (Little Blue Readers).

C Is for Chaseton: Now I Know My ABCs & 123s Coloring & Activity Book with Writing & Spelling Exercises (Age 2-6) 128 Pages. Crawford House Learning Books. 2020. (ENG.). 130p. (J). pap. *(978-1-989828-12-0(4))* Crawford Hse.

C Is for Chester Caterpillar. Tracey Conley Bray. 2019. (ENG.). 44p. (J). pap. 18.95 *(978-1-7947-2578-2(4))* Lulu Pr., Inc.

C Is for Chickasaw. Wiley Barnes. Illus. by Aaron K. Long. 2018. (MUL.). (J). pap. 14.95 *(978-1-935684-45-9(0))* BHHR Energies Group.

C Is for Chickasaw Coloring Book. Wiley Barnes. Illus. by Aaron K. Long. 2018. (MUL.). (J). pap. 4.95 *(978-1-935684-70-1(1))* BHHR Energies Group.

C Is for Chloe: Now I Know My ABCs & 123s Coloring & Activity Book with Writing & Spelling Exercises (Age 2-6) 128 Pages. Crawford House Learning Books. 2020. (ENG.). 130p. (J). pap. *(978-1-989828-48-9(5))* Crawford Hse.

C Is for Civil Rights: The African-American Civil Rights Movement Children's History Books. Baby Professor. 2017. (ENG., Illus.). (J). pap. 9.55 *(978-1-5419-3895-3(X),* Baby Professor (Education Kids)) Speedy Publishing LLC.

C Is for Colorado. Stephanie Miles & Christin Farley. Illus. by Volha Kaliaha. 2018. (ABC Regional Board Bks.). (ENG.). 20p. (J). (gr. -1 — 1). bds. 12.99 *(978-1-945547-86-7(3), 554786)* Familius LLC.

C Is for Colorado: Written by Kids for Kids. Boys & Girls Clubs of Metro Denver. 2018. (See-My-State Alphabet Book Ser.). (ENG., Illus.). 32p. (J). (gr. -1-3). 9.99 *(978-1-5132-6226-0(2),* West Winds Pr.) West Margin Pr.

C Is for Constitution - Us Government Book for Kids Children's Government Books. Baby Professor. 2017. (ENG., Illus.). (J). pap. 9.55 *(978-1-5419-1559-6(3),* Baby Professor (Education Kids)) Speedy Publishing LLC.

C Is for Cora: Now I Know My ABCs & 123s Coloring & Activity Book with Writing & Spelling Exercises (Age 2-6) 128 Pages. Crawford House Learning Books. 2020. (ENG.). 130p. (J). pap. *(978-1-989828-34-2(5))* Crawford Hse.

C Is for Country. Lil Nas Lil Nas X. Illus. by Theodore Taylor & Theodore Taylor, III. 2021. (ENG.). 40p. (J). (gr. -1-2). 18.99 *(978-0-593-30078-7(5),* Random Hse. Bks. for Young Readers) Random Hse. Children's Bks.

C Is for Country. Lil Nas Lil Nas X. Illus. by Theodore Taylor, III. 2021. (ENG.). 40p. (J). (gr. -1-2). 21.99 *(978-0-593-30079-4(3),* Random Hse. Bks. for Young Readers) Random Hse. Children's Bks.

C Is for Coyote: A Southwest Alphabet Book. Wolfe Jecan HELMAN. 2017. (Illus.). 32p. (J). (gr. k-3). bds. 7.95 *(978-1-63076-300-8(4))* Muddy Boots Pr.

C. J. & His Magic Socks. Cj Watson. Illus. by Cameron Wilson. 2023. (ENG.). 42p. (J). pap. 13.99 ***(978-1-0881-0719-5(2))*** Indy Pub.

C. J. 's Mystical Adventure: The Magic Beyond the Mist. Gillian Scott. 2020. (ENG.). 22p. (J). pap. 12.95 *(978-1-64654-114-0(6))*; 22.95 *(978-1-64654-937-5(6))* Fulton Bks.

C Jumped over Three Pots & a Pan & Landed Smack in the Garbage Can!, 1 vol. Pamela Jane. Illus. by Hina Imtiaz. 2019. (ENG.). 40p. (J). 14.99 *(978-0-7643-5795-4(6), 16293)* Schiffer Publishing, Ltd.

C. K. & the Worm of Wisdom. Tevin Hansen. 2016. (ENG.). 128p. (YA). pap. 6.99 *(978-1-941429-35-8(1))* Handersen Publishing.

C. L. A. I. R. E. Tara Williamson-Ward. 2019. (ENG.). 112p. (J). ***(978-0-244-10979-0(6))*** Lulu Pr., Inc.

C R I M S o N: Can She Survive? Olivia Scott. 2021. (ENG.). 232p. (YA). pap. 10.99 *(978-0-578-92874-6(4))* Lulu Pr., Inc.

C R o S S Dot Com. Alvin N. Dunn. 2023. (ENG.). 304p. (YA). pap. 18.99 ***(978-1-6628-8103-9(7))*** Salem Author Services.

C. S. Lewis: The Writer Who Found Joy. Dan DeWitt. Illus. by Marcin Piwowarski. 2023. (Here I Am! Biography Ser.). (ENG.). 32p. (J). (gr. -1-3). 14.99 *(978-1-0877-5923-4(4), 005836783,* B&H Kids) B&H Publishing Group.

C Train: A New Beginning. Meredith Rusu. Illus. by Ángela Atuesta. 2023. (ENG & SPA.). 32p. (J). 18.99 Circle Tales, The.

Ça Bouillonne, Je Me Questionne. Agnes De Bezenac & Salem De Bezenac. Illus. by Agnes De Bezenac. l.t. ed. 2020. (FRE.). 28p. (J). pap. 6.00 *(978-1-63474-363-1(6),* Kidible) iCharacter.org.

Ca?da Del Agua la Lluvia Cae, el Viaje de una Peque?a Semillita. Shona N. Conyers-Balderrama. 2018. (SPA.). 38p. (J). pap. *(978-0-359-09100-3(8))* Lulu Pr., Inc.

CA Ira! Or, Danton in the French Revolution. a Study. Laurence Gronlund. 2017. (ENG., Illus.). (J). pap. *(978-0-649-04233-3(6))* Trieste Publishing Pty Ltd.

Cab & Caboose (Classic Reprint) Kirk Munroe. 2018. (ENG., Illus.). 290p. (J). 29.88 *(978-0-364-40717-2(4))* Forgotten Bks.

Cab No. 44 (Classic Reprint) Robert Frederick Foster. (ENG., Illus.). (J). 2018. 330p. 30.70 *(978-0-483-98014-3(5))*; 2016. pap. 13.57 *(978-1-334-23751-5(4))* Forgotten Bks.

Cabalgata Nocturna de Sybil Ludington: Leveled Reader Book 70 Level P 6 Pack. Hmh Hmh. 2021. (SPA.). 24p. (J). pap. 74.40 *(978-0-358-08464-8(4))* Houghton Mifflin Harcourt Publishing Co.

Caballero de Terror: Leveled Reader Card Book 78 Level W 6 Pack. Hmh Hmh. 2021. (SPA.). (J). pap. 74.40 *(978-0-358-08642-0(6))* Houghton Mifflin Harcourt Publishing Co.

Caballero Ilustrado. Raul Antonio Capote. 2018. (SPA.). 254p. (J). pap. ***(978-1-7753671-2-3(6))*** Adalba Editions.

Caballero Nick y el Dragón. Rachel Ackland & Michelle Breen. 2017. (SPA.). 22p. (J). (gr. -1-2). 13.95 *(978-84-16648-91-7(3))* Ediciones Obelisco ESP. Dist: Spanish Pubs., LLC.

Caballito de Mar. Valerie Bodden. (Planeta Animal Ser.). 24p. (J). (gr. 1-3). 2023. (ENG., Illus.). pap. 10.99 *(978-1-68277-147-1(4), 23634,* Creative Paperbacks); 2019. (SPA.). *(978-1-64026-102-0(8), 18717)* Creative Co., The.

Caballitos de Mar (Seahorses), 1 vol. Grace Hansen. 2016. (Vida en el Océano (Ocean Life) Ser.). (SPA., Illus.). 24p. (J). (gr. -1-2). lib. bdg. 32.79 *(978-1-68080-748-6(X), 22658,* Abdo Kids) ABDO Publishing Co.

Caballo árabe (Arabian Horses) Grace Hansen. 2019. (Caballos (Horses) Ser.). (SPA., Illus.). 24p. (J). (gr. -1-2). lib. bdg. 32.79 *(978-1-0982-0102-9(7), 33078,* Abdo Kids) ABDO Publishing Co.

Caballo Cuarto de Milla (Quarter Horses) Grace Hansen. 2017. (Caballos (Horses) (Abdo Kids Jumbo) Ser.). (SPA.). 24p. (J). (gr. -1-2). lib. bdg. 32.79 *(978-1-5321-0205-9(4), 25236,* Abdo Kids) ABDO Publishing Co.

Caballo Gypsy (Gypsy Horses) Grace Hansen. 2017. (Caballos (Horses) (Abdo Kids Jumbo) Ser.). (SPA.). 24p. (J). (gr. -1-2). lib. bdg. 32.79 *(978-1-5321-0203-5(8), 25232,* Abdo Kids) ABDO Publishing Co.

Caballo Miniatura (Miniature Horses) Grace Hansen. 2017. (Caballos (Horses) (Abdo Kids Jumbo) Ser.). (SPA.). 24p. (J). (gr. -1-2). lib. bdg. 32.79 *(978-1-5321-0204-2(6), 25234,* Abdo Kids) ABDO Publishing Co.

Caballo Mustang (Mustang Horses) Grace Hansen. 2019. (Caballos (Horses) Ser.). (SPA., Illus.). 24p. (J). (gr. -1-2). lib. bdg. 32.79 *(978-1-0982-0104-3(3), 33082,* Abdo Kids) ABDO Publishing Co.

Caballo Palomino (Palomino Horses) Grace Hansen. 2019. (Caballos (Horses) Ser.). (SPA., Illus.). 24p. (J). (gr. -1-2). lib. bdg. 32.79 *(978-1-0982-0105-0(1), 33084,* Abdo Kids) ABDO Publishing Co.

Caballo Percherón (Clydesdale Horses) Grace Hansen. 2017. (Caballos (Horses) (Abdo Kids Jumbo) Ser.). (SPA.). 24p. (J). (gr. -1-2). lib. bdg. 32.79 *(978-1-5321-0202-8(X), 25230,* Abdo Kids) ABDO Publishing Co.

Caballo Pinto (American Paint Horses) Grace Hansen. 2017. (Caballos (Horses) (Abdo Kids Jumbo) Ser.). (SPA.). 24p. (J). (gr. -1-2). lib. bdg. 32.79 *(978-1-5321-0201-1(1), 25228,* Abdo Kids) ABDO Publishing Co.

Caballo Pío (Pinto Horses) Grace Hansen. 2019. (Caballos (Horses) Ser.). (SPA., Illus.). 24p. (J). (gr. -1-2). lib. bdg. 32.79 *(978-1-0982-0106-7(X), 33086,* Abdo Kids) ABDO Publishing Co.

Caballo Purasangre (Thoroughbred Horses) Grace Hansen. 2017. (Caballos (Horses) (Abdo Kids Jumbo) Ser.). (SPA.). 24p. (J). (gr. -1-2). lib. bdg. 32.79 *(978-1-5321-0206-6(2), 25238,* Abdo Kids) ABDO Publishing Co.

Caballo y Su Muchacho. C. S. Lewis. 2023. (Las Crónicas de Narnia Ser.: 3). (SPA.). 192p. (J). pap. 9.99 ***(978-1-4003-3462-9(4))*** Grupo Nelson.

Caballos. Amy Culliford. Tr. by Pablo de la Vega. 2021. (Animales de Granja Amistosos (Farm Animal Friends) Ser.). (SPA., Illus.). 16p. (J). (gr. -1-1). pap. *(978-1-4271-3282-6(8), 13903)* Crabtree Publishing Co.

Caballos: 101 Cosas Que Deberías Saber Sobre Los (Horses: 101 Facts) Editor. 2017. (101 Facts (Spanish Editions) Ser.). (ENG.). 48p. (J). pap. *(978-1-60745-837-1(3))* Lake Press.

Caballos Appaloosa. Cari Meister. 2018. (Razas de Caballos Favoritos Ser.). (SPA.). 24p. (J). (gr. 1-4). lib. bdg. *(978-1-68151-613-4(6), 15221)* Amicus.

Caballos árabes. Cari Meister. 2018. (Razas de Caballos Favoritos Ser.). (SPA.). 24p. (J). (gr. 1-4). lib. bdg. *(978-1-68151-614-1(4), 15222)* Amicus.

Caballos Clydesdale. Cari Meister. 2018. (Razas de Caballos Favoritos Ser.). (SPA.). 24p. (J). (gr. 1-4). lib. bdg. *(978-1-68151-615-8(2), 15223)* Amicus.

Caballos Cuarto de Milla Americanos. Cari Meister. 2018. (Razas de Caballos Favoritos Ser.). (SPA.). 24p. (J). (gr. 1-4). lib. bdg. *(978-1-68151-611-0(X), 15219)* Amicus.

Caballos (Horses) Julie Murray. 2016. (¡Me Gustan Los Animales! (I Like Animals!) Ser.). (SPA.). 24p. (J). (gr. -1-2). lib. bdg. 31.36 *(978-1-62402-632-4(X), 24768,* Abdo Kids) ABDO Publishing Co.

Caballos (Horses) Bilingual. Amy Culliford. 2022. (Animales de Granja Amistosos (Farm Animal Friends) Bilingual Ser.).Tr. of Caballos. (SPA.). 16p. (J). (gr. -1-1). pap. *(978-1-0396-2446-7(4), 19217)* Crabtree Publishing Co.

Caballos Morgan. Cari Meister. 2018. (Razas de Caballos Favoritos Ser.). (SPA.). 24p. (J). (gr. 1-4). lib. bdg. *(978-1-68151-616-5(0), 15224)* Amicus.

Caballos Paint Americanos. Cari Meister. 2018. (Razas de Caballos Favoritos Ser.). (SPA.). 24p. (J). (gr. 1-4). lib. bdg. *(978-1-68151-610-3(1), 15218)* Amicus.

Caballos Pura Sangre. Cari Meister. 2018. (Razas de Caballos Favoritos Ser.). (SPA.). 24p. (J). (gr. 1-4). lib. bdg. *(978-1-68151-617-2(9), 15225)* Amicus.

Caballos Set 2 (Horses Set 2) (Set), 6 vols. Grace Hansen. 2019. (Caballos (Horses) Ser.). (SPA.). 24p. (J). (gr. -1-2). lib. bdg. 196.74 *(978-1-0982-0101-2(9), 33076,* Abdo Kids) ABDO Publishing Co.

Caballos Silla Americanos. Cari Meister. 2018. (Razas de Caballos Favoritos Ser.). (SPA.). 24p. (J). (gr. 1-4). lib. bdg. *(978-1-68151-612-7(8), 15220)* Amicus.

Cabaña de Sugar. Stacy T. Snyder. Illus. by Anne M. Johnson. 2022. (ENG.). 34p. (J). 19.95 *(978-0-9600041-5-7(7))* Snyder, Stacy.

Cabana Del Tio Tom. Beecher Stowe. 2019. (SPA.). 88p. (J). (gr. 1-7). pap. 7.95 *(978-607-453-544-0(2))* Selector, S.A. de C.V. MEX. Dist: Spanish Pubs., LLC.

Cabaña Del Tio Tom. Harriet Stowe. 2017. (SPA., Illus.). 116p. (J). pap. *(978-9978-18-215-4(2))* Radmandi Editorial, Compania Ltd.

Cabbage the Golden Retriever. J. Arthur Thomas. 2022. (ENG.). 42p. (J). pap. 16.95 ***(978-1-63881-768-0(5))*** Newman Springs Publishing, Inc.

Cabbages & Kings (Classic Reprint) O. Henry. 2017. (ENG., Illus.). (J). 29.28 *(978-0-265-30237-8(4))* Forgotten Bks.

Cabbit Tale. Cindy Chisholm. Illus. by Mary Barrows. 2021. (ENG.). 124p. (J). 25.95 ***(978-1-958754-17-7(X))***; (gr. 4-7). pap. 13.95 *(978-1-953021-10-6(7))* Brandylane Pubs., Inc. (Belle Isle Bks.).

Cabeza, Hombros, Rodillas y Deditos de Los Pies/Head, Shoulders, Knees & Toes. Tr. by Yanitzia Canetti. Illus. by Annie Kubler & Sarah Dellow. 2022. (Baby Rhyme Time (Spanish/English) Ser.). (ENG.). 12p. (J). bds. *(978-1-78628-649-9(1))* Child's Play International Ltd.

Cabin. Natasha Preston. 2016. 336p. (YA). (gr. 8-12). pap. 10.99 *(978-1-4926-1855-3(1),* 9781492618553) Sourcebooks, Inc.

Cabin: La Barraca (Classic Reprint) Vicente Blasco Ibanez. 2017. (ENG., Illus.). (J). 30.29 *(978-0-331-90170-2(6))* Forgotten Bks.

Cabin & Parlor: Or, Slaves & Masters (Classic Reprint) J. Thornton Randolph. 2017. (ENG., Illus.). (J). 31.28 *(978-0-265-20013-1(X))*; pap. 13.97 *(978-0-243-31404-1(3))* Forgotten Bks.

Cabin Book: Or, National Characteristics (Classic Reprint) Charles Sealsfield. (ENG., Illus.). (J). 2018. 288p. 29.86 *(978-0-267-10322-5(3))*; 2017. pap. 13.57 *(978-0-282-43880-7(7))* Forgotten Bks.

Cabin Boy's Locker: Compiled Chiefly from the Volumes of the Sailor's Magazine (Classic Reprint) J. K. Davis. 2017. (ENG., Illus.). (J). 27.86 *(978-0-265-21666-8(4))* Forgotten Bks.

Cabin Boy's Story: A Semi-Nautical Romance, Founded on ACT (Classic Reprint) James A. Maitland. (ENG., Illus.). (J). 2018. 448p. 33.14 *(978-0-484-27996-3(3))*; 2016. pap. 16.57 *(978-1-333-77241-3(6))* Forgotten Bks.

Cabin Christmas. Glynnis Hood. Illus. by Ardis Cheng. 2022. (J). 32p. 20.00 *(978-1-77160-583-0(9))*; 40p. pap. 12.00 *(978-1-77160-584-7(7))* RMB Rocky Mountain Bks. CAN. Dist: Publishers Group West (PGW).

Cabin (Classic Reprint) Stewart Edward White. 2017. (ENG., Illus.). (J). 30.68 *(978-0-331-12524-5(2))*; 30.64 *(978-0-266-85801-0(5))* Forgotten Bks.

Cabin Courtship: A Comedy in Three Acts (Classic Reprint) Irene Jean Crandall. (ENG., Illus.). (J). 2018. 94p. 25.84 *(978-0-267-55366-2(8))*; 2016. pap. 9.57 *(978-1-333-60746-3(6))* Forgotten Bks.

Cabin Fever: A Novel (Classic Reprint) B. M. Bower. (ENG., Illus.). (J). 2018. 320p. 30.50 *(978-0-483-61679-0(6))*; 2017. pap. 13.57 *(978-0-243-28452-8(7))* Forgotten Bks.

Cabin Fever a Novel (Classic Reprint) B. M. Bower. 2018. (ENG., Illus.). 302p. (J). 30.15 *(978-0-483-63911-9(7))* Forgotten Bks.

Cabin Girl. Kristin Butcher. 2nd ed. 2020. (Orca Currents Ser.). (ENG.). 120p. (J). (gr. 4-7). pap. 10.95 *(978-1-4598-2735-6(X))* Orca Bk. Pubs. USA.

Cabin in the Woods: An Andrew & Laura Mystery. Nancy Elizabeth Lynn. 2018. (ENG., Illus.). 158p. (YA). pap. 13.95 *(978-1-64114-911-2(6))* Christian Faith Publishing.

Cabin on the Prairie (Classic Reprint) Charles Henry Pearson. 2017. (ENG., Illus.). (J). 30.41 *(978-0-265-20310-1(4))* Forgotten Bks.

Cabinet des Fées, Ou Collection Choisie des Contes des Fées, et Autres Contes Merveilleux, Vol. 14 (Classic Reprint) Charles-Joseph Mayer. 2018. (FRE., Illus.). 584p. (J). 35.94 *(978-0-666-68710-4(2))* Forgotten Bks.

Cabinet des Fees, Ou Collection Choisie des Contes des Fees, et Autres Contes Merveilleux, Vol. 17 (Classic Reprint) Charles-Joseph Mayer. 2017. (FRE., Illus.). (J). pap. 16.57 *(978-0-282-29918-7(1))* Forgotten Bks.

Cabinet des Fées, Ou Collection Choisie des Contes des Fées, et Autres Contes Merveilleux, Vol. 17 (Classic Reprint) Charles-Joseph Mayer. 2018. (FRE., Illus.). 488p. (J). 33.98 *(978-0-666-72348-2(6))* Forgotten Bks.

Cabinet des Fées, Ou Collection Choisie des Contes des Fées, et Autres Contes Merveilleux, Vol. 18 (Classic Reprint) Unknown Author. 2018. (FRE., Illus.). (J). 498p. 34.19 *(978-1-396-64328-6(1))*; 500p. pap. 16.57 *(978-1-391-37000-2(7))* Forgotten Bks.

Cabinet des Fées, Ou Collection Choisie des Contes des Fées, et Autres Contes Merveilleux, Vol. 18 (Classic Reprint) Charles-Joseph Mayer. 2018. (FRE., Illus.). (J). 500p. 34.23 *(978-0-365-30939-0(7))*; 502p. pap. 16.97 *(978-0-365-30925-3(7))* Forgotten Bks.

Cabinet des Fees, Ou Collection Choisie des Contes des Fees, et Autres Contes Merveilleux, Vol. 3 (Classic Reprint) Charles-Joseph Mayer. 2017. (FRE., Illus.). (J). pap. 19.57 *(978-0-243-00246-7(7))* Forgotten Bks.

Cabinet des Fees, Vol. 17 (Classic Reprint) Charles-Joseph Mayer. 2016. (FRE., Illus.). (J). pap. 16.57 *(978-1-333-14871-3(2))* Forgotten Bks.

Cabinet des Fées, Vol. 17 (Classic Reprint) Charles-Joseph Mayer. 2018. (FRE., Illus.). 490p. (J). 34.00 *(978-0-666-88837-2(X))* Forgotten Bks.

Cabinet des Fees, Vol. 18: Ou Collection Choisie des Contes des Fees, et Autres Contes Merveilleux (Classic Reprint) Charles-Joseph Mayer. 2017. (FRE., Illus.). (J). pap. 16.97 *(978-0-259-51966-9(9))* Forgotten Bks.

Cabinet des Fees, Vol. 18: Ou Collection Choisie des Contes des Fées, et Autres Contes Merveilleux (Classic Reprint) Charles-Joseph Mayer. 2018. (FRE., Illus.). 502p. (J). 34.27 *(978-0-666-90774-5(9))* Forgotten Bks.

Cabinet du Médecin. Alicia Rodriguez. Tr. by Annie Evearts. 2021. (Je découvre Ma Communauté (I Spy in My Community) Ser.). (FRE., Illus.). 16p. (J). (gr. -1-1). pap. *(978-1-0396-0498-8(6), 12700)* Crabtree Publishing Co.

Cabinet of Curiosities: Book One. Guy Smith. 2021. (ENG.). 170p. (YA). pap. ***(978-1-80094-276-9(1))*** Terence, Michael Publishing.

Cabinet of Gems: Short Stories from the English Annuals; Edited, with an Introduction & Notes (Classic Reprint) Bradford Allen Booth. 2017. (ENG., Illus.). (J). 32.48 *(978-0-331-50884-0(2))*; pap. 16.57 *(978-0-331-42137-8(2))* Forgotten Bks.

Cabinet of Irish Literature, Vol. 2: Selections from the Works of the Chief Poets, Orators, & Prose Writers of Ireland; with Biographical Sketches & Literary Notices (Classic Reprint) Charles Anderson Read. (ENG., Illus.). (J). 2018. 376p. 31.67 *(978-0-428-84400-4(6))*; 2018. 384p. 31.82 *(978-0-483-98286-4(5))*; 2016. pap. 13.97 *(978-1-334-10730-6(0))*; 2016. pap. 16.57 *(978-1-333-56897-9(5))* Forgotten Bks.

Cabinet of Irish Literature, Vol. 3: Selections from the Works of the Chief Poets, Orators, & Prose Writers of Ireland; with Biographical Sketches & Literary Notices (Classic Reprint) Charles Anderson Read. 2016. (ENG., Illus.). (J). pap. 16.57 *(978-1-333-56949-5(1))* Forgotten Bks.

Cabinet of Irish Literature, Vol. 4: Selections from the Works of the Chief Poets, Orators, & Prose Writers of Ireland; with Biographical Sketches & Literary Notices (Classic Reprint) Charles Anderson Read. (ENG., Illus.). (J). 2018. 428p. 32.72 *(978-0-428-78137-8(3))*; 2016. pap. 16.57 *(978-1-333-60101-0(8))* Forgotten Bks.

Cabinet of Literary Gems (Classic Reprint) Bernard Bowring. (ENG., Illus.). (J). 2018. 340p. 30.91 *(978-0-483-64138-9(3))*; 2017. pap. 13.57 *(978-0-243-32265-7(8))* Forgotten Bks.

Cabinet of Momus: A Choice Selection of Humorous Poems (Classic Reprint) Jun Momus. (ENG., Illus.). (J). 2018. 166p. 27.34 *(978-0-484-65579-7(0))*; 2016. pap. 9.97 *(978-1-333-62324-1(0))* Forgotten Bks.

Cabinet of Souls. Jo Ann Ferguson. ed. 2016. lib. bdg. 17.20 *(978-0-606-38787-3(0))* Turtleback.

Cabinet, or a Collection of Choice Things: Comprising the Beauties of American Miscellanies for the Last Thirty Years (Classic Reprint) A. Citizen of New York. 2018. (ENG., Illus.). 444p. (J). 33.05 *(978-0-483-80742-6(7))* Forgotten Bks.

Cabinet Secret, Vol. 1 of 3 (Classic Reprint) Leigh Spencer. (ENG., Illus.). (J). 2018. 324p. 30.58 *(978-0-483-89895-0(3))*; 2016. pap. 13.57 *(978-1-334-15319-8(1))* Forgotten Bks.

Cabinet Secret, Vol. 2 of 3 (Classic Reprint) Leigh Spencer. (ENG., Illus.). (J). 2018. 330p. 30.70 *(978-0-332-04758-4(X))*; 2016. pap. 13.57 *(978-1-334-15638-0(7))* Forgotten Bks.

Cable Car to Catastrophe: A QUIX Book. Robert Quackenbush. Illus. by Robert Quackenbush. 2019. (Miss Mallard Mystery Ser.). (ENG., Illus.). 80p. (J). (gr. k-3). 16.99 *(978-1-5344-1415-0(0))*; pap. 5.99 *(978-1-5344-1414-3(2))* Simon & Schuster Children's Publishing. (Aladdin).

282

The check digit for ISBN-10 appears in parentheses after the full ISBN-13

Cable Story Book. George Washington Cable & Lucy Leffingwell Cable Bikle. 2017. (ENG.). 198p. (J). pap. *(978-3-337-27556-3(7))* Creation Pubs.

Cable Story Book: Selections for School Reading (Classic Reprint) George Washington Cable. 2018. (ENG., Illus.). 206p. (J). 28.12 *(978-0-332-07398-9(X))* Forgotten Bks.

Cables of Cobweb (Classic Reprint) Paul Jordan-Smith. 2019. (ENG., Illus.). (J). 370p. 31.53 *(978-1-397-27391-8(7))*; 372p. pap. 13.97 *(978-1-397-27365-9(8))* Forgotten Bks.

Caboose the Moose & the Forest Avengers. Yoss. 2021. (ENG., Illus.). 40p. (J). pap. 15.95 *(978-1-6624-3330-6(1))* Page Publishing Inc.

Cabra Paisley. Rocio Monroy. Illus. by Eugene Ruble. l.t. ed. 2017. (SPA.). 16p. (J). pap. 9.95 *(978-1-61633-907-4(1))* Guardian Angel Publishing, Inc.

Cabras see Cabras (Goats) Bilingual

Cabras. Amy Culliford. Tr. by Pablo de la Vega. 2021. (Animales de Granja Amistosos (Farm Animal Friends) Ser.). (SPA., Illus.). 16p. (J). (gr. -1-1). pap. *(978-1-4271-3281-9(X)*, 13904) Crabtree Publishing Co.

Cabras (Goats) Bilingual. Amy Culliford. 2022. (Animales de Granja Amistosos (Farm Animal Friends) Bilingual Ser.).Tr. of Cabras. (SPA.). 16p. (J). (gr. -1-1). pap. *(978-1-0396-2445-0(6)*, 19220) Crabtree Publishing Co.

Cabrita Curiosa. Anabel Jurado. 2017. (SPA.). 12p. (J). (gr. -1). 5.95 *(978-607-748-055-6(X))* Ediciones Urano S. A. ESP. Dist: Spanish Pubs., LLC.

Caccia All'Arte. Lexi Rees. 2022. (ITA.). 124p. (J). pap. *(978-1-913799-08-3(5))* Outset Publishing Ltd.

Cacería en el Hielo: Leveled Reader Card Book 1 Level o 6 Pack. Hmh Hmh. 2021. (SPA.). (J). pap. 74.40 *(978-0-358-08484-6(9))* Houghton Mifflin Harcourt Publishing Co.

Cache la Poudre: The Romance of a Tenderfoot in the Days of Custer (Classic Reprint) Herbert Myrick. 2017. (ENG., Illus.). (J). 28.02 *(978-0-265-93877-5(5))* Forgotten Bks.

Cachorro Cariñoso (Snuggle Puppy!) Un Cantito de Amor. Sandra Boynton. Illus. by Sandra Boynton. 2023. (Boynton on Board Ser.). (SPA., Illus.). 24p. (J). (gr. -1-k). bds., bds. 7.99 ***(978-1-6659-2523-5(X))*** Simon & Schuster Children's Publishing.

Cachorros de Perros. Julie Murray. 2017. (Crías de Animales (Baby Animals) Ser.).Tr. of Puppies. (SPA.). 24p. (J). (gr. -1-2). lib. bdg. 31.36 *(978-1-5321-0619-4(X)*, 27210, Abdo Kids) ABDO Publishing Co.

Cachorros de Tigre (Tiger Cubs) Julie Murray. 2019. (Crías de Animales (Baby Animals) Ser.). (SPA.). 24p. (J). (gr. -1-2). lib. bdg. 31.36 *(978-1-5321-8722-3(X)*, 31292, Abdo Kids) ABDO Publishing Co.

Cachorros Vaqueros see Cow Puppies

Cacti. Rowena Rae. 2016. (Illus.). 24p. (J). *(978-1-5105-1405-8(8))* SmartBook Media, Inc.

Cacti Barely Need Water!, 1 vol. Tayler Cole. 2016. (World's Weirdest Plants Ser.). (ENG.). 24p. (J). (gr. 2-3). pap. 9.15 *(978-1-4824-5603-5(6)*, aeb958ea-0925-4307-a9bf-1eafe6fe66da) Stevens, Gareth Publishing LLLP.

Cactus, 1922, Vol. 4 (Classic Reprint) Marion High School. 2017. (ENG., Illus.). (J). 156p. 27.13 *(978-0-484-17950-8(0))*; pap. 9.57 *(978-0-259-97299-0(1))* Forgotten Bks.

Cactus & Flower: A Book about Life Cycles. Sarah Williamson. Illus. by Sarah Williamson. 2020. (ENG., Illus.). 40p. (J). (gr. -1-3). 16.99 *(978-1-4197-4337-5(6)*, 1683701, Abrams Bks. for Young Readers) Abrams, Inc.

Cactus & Stone Pony. Peter Landau. 2021. (ENG., Illus.). 30p. (J). pap. 14.95 *(978-1-6624-4963-5(1))* Page Publishing Inc.

Cactus & the Camel. Meredith Dennar. 2023. (ENG.). 26p. (J). pap. ***(978-1-83934-710-8(4))*** Olympia Publishers.

Cactus Center: Poems (Classic Reprint) Arthur Chapman. (ENG., Illus.). (J). 2017. 140p. 26.78 *(978-0-332-82591-5(4))*; 2016. pap. 9.57 *(978-1-333-35742-9(7))* Forgotten Bks.

Cactus Coloring Book for Children (6x9 Coloring Book / Activity Book) Sheba Blake. 2021. (ENG.). 22p. (J). pap. 9.99 *(978-1-222-29004-2(9))* Indy Pub.

Cactus Coloring Book for Children (8. 5x8. 5 Coloring Book / Activity Book) Sheba Blake. 2021. (ENG.). 22p. (J). pap. 12.99 *(978-1-222-29175-9(4))* Indy Pub.

Cactus Coloring Book for Children (8x10 Coloring Book / Activity Book) Sheba Blake. 2021. (ENG.). 22p. (J). pap. 14.99 *(978-1-222-29005-9(7))* Indy Pub.

Cactus Corral Children's Worship Program Guide. Second Baptist Church Houston. 2020. (28nineteen Ser.). (ENG.). (J). pap. 34.99 *(978-1-62862-958-3(4)*, 20_37524) Tyndale Hse. Pubs.

Cactus Corral Children's Worship Program Kit. Second Baptist Church Houston. 2020. (28nineteen Ser.). (ENG.). (J). 44.95 *(978-1-62862-953-8(3)*, 20_37490) Tyndale Hse. Pubs.

Cactus Corral Children's Worship Resource Disc. Second Baptist Church Houston. 2020. (28nineteen Ser.). (ENG.). (J). cd-rom 19.99 *(978-1-62862-959-0(2)*, 20_37484) Tyndale Hse. Pubs.

Cactus Corral Leader Resource Pack. Second Baptist Church Houston. 2020. (28nineteen Ser.). (ENG.). (J). 19.99 *(978-1-62862-957-6(6)*, 20_37506) Tyndale Hse. Pubs.

Cactus Corral Lower Elementary Kit. Second Baptist Church Houston. 2020. (28nineteen Ser.). (ENG.). (J). 39.99 *(978-1-62862-951-4(7)*, 20_37500) Tyndale Hse. Pubs.

Cactus Corral Upper Elementary Kit. Second Baptist Church Houston. 2020. (28nineteen Ser.). (ENG.). (J). pap. 39.99 *(978-1-62862-952-1(5)*, 20_37505) Tyndale Hse. Pubs.

Cactus Dance / la Danza Del Cactus. April Lesher. Illus. by Gabriela Vega. 2023. (ENG.). 36p. (J). 18.99 ***(978-1-956357-93-6(9))*** Lawley Enterprises.

Cactus Dance/ la Danza Del Cactus. April Lesher. Illus. by Gabriela Vega. 2023. (ENG.). 36p. (J). pap. 10.99 ***(978-1-956357-95-0(5))*** Lawley Enterprises.

Cactus Kids Neighborhood Patrol Undercover. Malinda Kachejian. Illus. by Malinda Kachejian. 2nd ed. 2020. (ENG.). 34p. (J). 20.99 *(978-1-7342941-3-2(2))* Kachejian, Malinda.

Cactus Kids Neighborhood Patrol Undercover: The Cactus Kids Neighborhood Patrol Undercover. Malinda Kachejian. Illus. by Malinda Kachejian. 2nd ed. 2020. (ENG.). 34p. (J). pap. 12.99 *(978-1-7342941-4-9(0))* Kachejian, Malinda.

Cactus Numbers Coloring Book for Children (6x9 Coloring Book / Activity Book) Sheba Blake. 2021. (ENG.). 24p. (J). pap. 9.99 *(978-1-222-28981-7(4))* Indy Pub.

Cactus Numbers Coloring Book for Children (8. 5x8. 5 Coloring Book / Activity Book) Sheba Blake. 2021. (ENG.). 24p. (J). pap. 12.99 *(978-1-222-29165-0(7))* Indy Pub.

Cactus Numbers Coloring Book for Children (8x10 Coloring Book / Activity Book) Sheba Blake. 2021. (ENG.). 24p. (J). pap. 14.99 *(978-1-222-28982-4(2))* Indy Pub.

Cactus the Wonder Dog: A New Leash on Life. Bill Neel. 2023. (ENG.). 68p. (YA). pap. 14.00 ***(978-1-935448-46-4(3))*** Lost Coast Pr.

Cada Dos Semanas. Abigail Johnson. 2021. (SPA.). 456p. (YA). (gr. 9-12). pap. 23.99 ***(978-84-18539-35-0(6))*** Ediciones Kiwi S.L. ESP. Dist: Lectorum Pubns., Inc.

Cadaver & Queen. Alisa Kwitney. 2018. (ENG.). 320p. (YA). 18.99 *(978-1-335-47046-1(8)*, Harlequin Teen) Harlequin Enterprises ULC CAN. Dist: HarperCollins Pubs.

Cadaver Dog. Alan Horsfield. Illus. by Nancy Bevington. 2017. (ENG.). 96p. (YA). pap. ***(978-0-6480270-0-3(7))*** Horsfield, Alan.

Caddie Woodlawn Novel Units Teacher Guide. Novel Units. 2019. (ENG.). (J). pap. 12.99 *(978-1-56137-255-3(2)*, Novel Units, Inc.) Classroom Library Co.

Caddo, or Cupid in the Gas Belt: A Story from Real Life (Classic Reprint) Charles J. Wayne. 2017. (ENG., Illus.). (J). 31.26 *(978-0-331-99286-1(8))*; pap. 13.97 *(978-0-331-99266-3(3))* Forgotten Bks.

Caddy - Sea Serpent of Cadboro Bay near Vancouver Island - Mythology for Kids - True Canadian Mythology, Legends & Folklore. Professor Beaver. 2021. (ENG.). 72p. (J). 24.99 *(978-0-2282-3603-0(7)*, Professor Beaver) Speedy Publishing LLC.

Caddy - Sea Serpent of Cadboro Bay near Vancouver Island Mythology for Kids True Canadian Mythology, Legends & Folklore. Professor Beaver. 2021. (ENG.). 72p. (J). pap. 14.99 *(978-0-2282-3560-6(X)*, Professor Beaver) Speedy Publishing LLC.

Caddy Chronicles: The Golden King. A. M. Hicks. 2021. (Caddy Chronicles Ser.: 1). (ENG.). 158p. (YA). pap. 20.00 *(978-1-0983-7962-9(4))* BookBaby.

Cadeau Promis à Tyler. M. C. Abushar. Illus. by M. C. Abushar. 2021. (FRE.). 24p. (J). 24.59 *(978-1-7368642-0-3(3))* Mary Christine Abushar Bks. LLC.

Cadeaux du Corbeau. Kung Jaadee. Tr. by Marie-Christine Payette. Illus. by Jessika von Innerebner. 2020. Orig. Title: Gifts from Raven. (FRE.). 28p. (J). (gr. -1-k). 11.95 *(978-1-989122-44-0(2))* Medicine Wheel Education CAN. Dist: Orca Bk. Pubs. USA.

Caden Shows Compassion. Joy Rose & Valerie Bouthyette. 2023. (ENG.). 84p. (J). pap. 12.99 ***(978-1-63073-434-3(9))*** Faithful Life Pubs.

Cadena Alimenticia de un Bosque. Alan Walker. Tr. by Pablo de la Vega. 2021. (Mis Primeros Libros de Ciencia (My First Science Books) Ser.). (SPA., Illus.). 24p. (J). (gr. k-2). pap. *(978-1-4271-3221-5(6)*, 15041); lib. bdg. *(978-1-4271-3210-9(0)*, 15024) Crabtree Publishing Co.

Cadena Alimenticia de un Desierto. Alan Walker. Tr. by Pablo de la Vega. 2021. (Mis Primeros Libros de Ciencia (My First Science Books) Ser.). (SPA.). 24p. (J). (gr. k-2). pap. *(978-1-4271-3220-8(8)*, 15042); lib. bdg. *(978-1-4271-3209-3(7)*, 15025) Crabtree Publishing Co.

Cadena Alimenticia (Food Chains) Grace Hansen. 2020. (Ciencia Básica: la Ecología (Beginning Science: Ecology) Ser.). (SPA.). 24p. (J). (gr. -1-2). lib. bdg. 32.79 *(978-1-0982-0433-4(6)*, 35356, Abdo Kids) ABDO Publishing Co.

Cadena de Hierro: Cazadores de Sombras. Las últimas Horas. Cassandra Clare. 2022. (SPA.). 720p. (YA). pap. 22.95 *(978-607-07-8340-1(9))* Editorial Planeta, S. A. ESP. Dist: Two Rivers Distribution.

Cadena de Oro: Cazadores de Sombras. Las últimas Horas (la Isla Del Tiempo Plus) Cassandra Clare. 2021. (SPA.). 656p. (YA). pap. 22.95 *(978-607-07-7455-3(8))* Editorial Planeta, S. A. ESP. Dist: Two Rivers Distribution.

Cadence. Dianne J. Wilson. 2019. (Spirit Walker Ser.: 3). (ENG.). 316p. (YA). (gr. 7). pap. 15.99 *(978-1-5223-0029-8(5))* Pelican Ventures, LLC.

Caden's Comet. Annabelle Jay. 2017. (ENG., Illus.). (YA). (gr. 7-12). (Sun Dragon Ser.: Vol. 4). 25.99 *(978-1-64080-334-3(3))*; (Sun Dragon Ser.: 4). 180p. pap. 14.99 *(978-1-63533-453-1(5))* Dreamspinner Pr. (Harmony Ink Pr.).

Cadet Bugler, Vol. 1: Nov. 15, 1934 (Classic Reprint) North Georgia College and State Uni. (ENG., Illus.). (J). 2018. 126p. 26.50 *(978-0-267-89023-1(0))*; 2017. pap. 9.57 *(978-0-259-83945-3(0))* Forgotten Bks.

Cadet Button: A Novel of American Army Life (Classic Reprint) Frederick Whittaker. 2017. (ENG., Illus.). (J). 31.32 *(978-0-265-75881-6(5))*; pap. 13.97 *(978-1-5277-3313-8(0))* Forgotten Bks.

Cadet Days: A Story of West Point (Classic Reprint) Charles King. 2017. (ENG., Illus.). (J). 31.28 *(978-0-265-17089-2(3))* Forgotten Bks.

Cadet of Belgium: A Story of Cavalry Daring, Bicycle & Armored Automobile Adventures (Classic Reprint) Allan Grant. (ENG., Illus.). (J). 2018. 310p. 30.08 *(978-0-267-13671-1(4))*; 2017. pap. 13.57 *(978-0-259-49513-0(1))* Forgotten Bks.

Cadet-Roussel: Comédie en Trois Actes, en Vers (Classic Reprint) Jacques Richepin. 2018. (FRE., Illus.). 200p. (J). 28.02 *(978-0-364-10485-9(6))* Forgotten Bks.

Cadets. Young Defenders Book 1: Jorgan's Story. Michelle L. Levigne. 2021. (ENG.). 156p. (J). pap. 12.99 *(978-1-952345-51-7(0))* Ye Olde Dragon Bks.

Cadillac Escalade ESV Platinum. Charles Piddock. 2018. (Vroom! Hot SUVs Ser.). (ENG., Illus.). 32p. (gr. 4-8). lib. bdg. 32.79 *(978-1-64156-475-5(X)*, 9781641564755) Rourke Educational Media.

Cadre Kids: Illusion. Mary Mulligan. 2020. (ENG.). 332p. (YA). pap. 17.95 *(978-1-7352954-2-8(6))* Keane, Sharon L.

Cadre Kids: Larceny. Mary Mulligan. 2020. (ENG.). 240p. (YA). pap. 16.95 *(978-1-7352954-0-4(X))* Keane, Sharon L.

Cady & the Bear Necklace: A Cady Whirlwind Thunder Mystery, 2nd Ed. Ann Dallman. 2nd ed. 2022. (ENG.). 134p. (YA). 26.95 *(978-1-61599-649-0(4))*; pap. 15.95 *(978-1-61599-648-3(6))* Loving Healing Pr., Inc. (Modern Software Pr.).

Caecilians - the Secretive Legless Amphibians - Biology for Kids - Children's Biological Science of Reptiles & Amphibians Books. Baby Iq Builder Books. 2016. (ENG., Illus.). (J). pap. 8.99 *(978-1-68374-695-9(3))* Examined Solutions PTE. Ltd.

Caedere: Killer Kids (Caedere: to Cut down, Strike, Kill, Beat; to Kill Self): a Short Story of Why Kids Kill. (GREEK/LATIN) Part 1. Michael J. Manley. 2020. (ENG.). 108p. (YA). pap. 10.95 *(978-1-949483-70-3(3))* Strategic Book Publishing & Rights Agency (SBPRA).

Cael Learns about Penicillin. Tracilyn George. 2023. (ENG.). 22p. (J). pap. 12.99 ***(978-1-77475-573-0(4))*** Draft2Digital.

Caerphilly Chronicles. Tracey Moberly et al. 2017. (ENG., Illus.). 52p. (J). pap. *(978-0-244-34233-3(4))* Lulu Pr., Inc.

Caesar & Cleopatra. George Bernard Shaw. 2022. (ENG.). (J). 150p. 19.95 *(978-1-63637-781-0(5))*; 148p. pap. 9.95 *(978-1-63637-780-3(7))* Bibliotech Pr.

Caesar & Reagan. Kate Nilson. Illus. by Inês Dinis. 2023. (ENG.). 32p. (J). 17.99 ***(978-1-958302-24-8(4))*** Lawley Enterprises.

Caesar & Reagan. Kate Nilson. Illus. by Inês Dines. l.t. ed. 2023. (ENG.). 32p. (J). pap. 10.99 ***(978-1-958302-26-2(0))*** Lawley Enterprises.

Caesar & the Bluebells. Cindy J. Smith. 2017. (ENG., Illus.). (J). pap. 20.00 *(978-1-387-18453-8(9))* Lulu Pr., Inc.

Caesar or Nothing (Classic Reprint) Pio Baroja. 2017. (ENG., Illus.). (J). 30.85 *(978-1-5282-6486-0(X))* Forgotten Bks.

Caesar the No Drama Llama. Bee Dugan. 2021. (ENG.). 32p. (J). *(978-1-0391-2013-6(X))*; pap. *(978-1-0391-2012-9(1))* FriesenPress.

Caesar the War Dog: Operation Black Shark. Stephen Dando-Collins. 2016. (Caesar the War Dog Ser.: 5). 304p. (J). (gr. 4-6). pap. 11.99 *(978-0-85798-863-8(8))* Random Hse. Australia AUS. Dist: Independent Pubs. Group.

Caesarea: A Glimpse at the Past of the Glorious City. Tamara Agnon. 2016. (ENG.). (J). pap. *(978-965-7607-40-4(X))* Intelecty Ltd.

Caesar's Column: A Story of the Twentieth Century (Classic Reprint) Edmund Boisgilbert. 2018. (ENG., Illus.). 382p. (J). 31.80 *(978-0-483-43671-8(2))* Forgotten Bks.

Cafe Competition. Nicola Colton. Illus. by Nicola Colton. 2022. (Jasper & Scruff Ser.: 4). (ENG., Illus.). 96p. (J). (gr. 1-4). pap. 6.99 *(978-1-6643-4012-1(2))* Tiger Tales.

Café con Lychee. Emery Lee. 2023. (ENG.). 320p. (YA). (gr. 8). pap. 15.99 *(978-0-06-321028-8(2)*, Quill Tree Bks.) HarperCollins Pubs.

Cafe con Lychee. Emery Lee. 2022. (ENG.). 320p. (YA). (gr. 8). 17.99 *(978-0-06-321027-1(4)*, Quill Tree Bks.) HarperCollins Pubs.

Cafe on the Nile. Bartle Bull. 2017. (ENG., Illus.). 482p. (J). pap. 19.95 *(978-1-62815-765-9(8))* Speaking Volumes, LLC.

Caffeinated Squirrel. Gwyneth Jane Page. Illus. by Emily Jane. 2020. (ENG.). 30p. (J). *(978-1-989302-07-1(6))*; pap. *(978-1-989302-06-4(8))* Gwyneth Jane Page.

Caffeinated Squirrel - Colouring Book. Gwyneth Jane Page. Illus. by Emily Jane. 2020. (ENG.). 30p. (J). pap. *(978-1-989302-05-7(X))* Gwyneth Jane Page.

Caffeine, 1 vol. Ed. by Amy Francis. 2016. (At Issue Ser.). (ENG.). 216p. (gr. 10-12). 41.03 *(978-0-7377-7380-4(4)*, 7ca50e2d-ca5b-492d-8de3-56167867ed9b, Greenhaven Publishing) Greenhaven Publishing LLC.

Cage. Megan Shepherd. 2016. (Cage Ser.: 1). (ENG.). 416p. (YA). (gr. 8). pap. 9.99 *(978-0-06-224306-5(3)*, Balzer & Bray) HarperCollins Pubs.

Cage & Chamber-Birds: Their Natural History, Habits, Food, Diseases, Management, & Modes of Capture; Translated from the German (Classic Reprint) Johann Matthäus Bechstein. (ENG., Illus.). (J). 2017. 576p. 35.80 *(978-0-332-17620-8(7))*; 2016. pap. 19.57 *(978-1-333-58141-6(6))* Forgotten Bks.

Cage (Classic Reprint) Charlotte Teller. 2018. (ENG., Illus.). 354p. (J). 31.20 *(978-0-364-73550-3(3))* Forgotten Bks.

Cage Novel Units Student Packet. Novel Units. 2019. (ENG.). (YA). pap., stu. ed. 13.99 *(978-1-58130-885-3(X)*, Novel Units, Inc.) Classroom Library Co.

Cage Novel Units Teacher Guide. Novel Units. 2019. (ENG.). (YA). pap., tchr. ed. 12.99 *(978-1-58130-884-6(1)*, Novel Units, Inc.) Classroom Library Co.

Cage of Dreams. Rebecca Schaeffer. 2023. (ENG.). 368p. (YA). (gr. 9). 19.99 ***(978-0-358-64554-2(9)***, Clarion Bks.) HarperCollins Pubs.

Cage Went in Search of a Bird, 1 vol. Cary Fagan. Illus. by Banafsheh Erfanian. 2017. (ENG.). 32p. (J). (gr. k-2). 18.95 *(978-1-55498-861-7(6))* Groundwood Bks. CAN. Dist: Publishers Group West (PGW).

Cage Without Bars, 1 vol. Anne Dublin. 2018. (ENG.). 154p. (J). (gr. 5-8). pap. 11.95 *(978-1-77260-069-8(5))* Second Story Pr. CAN. Dist: Orca Bk. Pubs. USA.

Caged, 1 vol. Duncan Annand. Illus. by Duncan Annand. 2020. (ENG.). 32p. (J). (gr. 1-2). pap. 11.00 *(978-1-4994-8649-0(9)*, 089ef190-2bda-4a89-a327-c9f4ddc74461); lib. bdg. 28.93 *(978-1-4994-8650-6(2)*, c02259d3-2791-4185-bbd1-90d2a93e5741) Rosen Publishing Group, Inc., The. (Windmill Bks.).

Caged. Rowena Fortuin. 2020. (ENG.). 86p. (YA). pap. 4.46 *(978-1-393-77822-6(4))* Draft2Digital.

Caged, 1 vol. Norah McClintock. 2017. (Orca Soundings Ser.). (ENG.). 120p. (YA). (gr. 8-12). pap. 9.95 *(978-1-4598-1499-8(1))* Orca Bk. Pubs. USA.

Caged Lion (Classic Reprint) Charlotte Mary Yonge. (ENG., Illus.). (J). 2018. 368p. 31.49 *(978-0-267-31500-0(7))*; 2016. pap. 13.97 *(978-1-333-44791-5(4))* Forgotten Bks.

Caged Queen. Kristen Ciccarelli. (Iskari Ser.: 2). (ENG.). (YA). (gr. 8). 2019. 416p. pap. 10.99 *(978-0-06-256802-1(7))*; 2018. 400p. 17.99 *(978-0-06-256801-4(9))* HarperCollins Pubs. (HarperTeen).

Cahier d'Activités Noël Pour Enfants 4-10 Ans: Un Livre d'Activité Plein de Plaisir et de Créativité, Labyrinths, Rechercher et Trouver, SUDOKU, Coloriages, Jeux des Differences, Plus de 100 Pages Avec des Activités et des Jeux, + BONUS!!! Snow Thome. 2020. (FRE.). 118p. (J). pap. 8.95 *(978-1-716-41470-1(9))* Lulu Pr., Inc.

Cahier d'Exercices Bahá'ís Pour Enfants. Sara Clarke-Habibi. Tr. by Bernadette Castricone & Martine Blyth. 2019. (FRE., Illus.). 160p. (J). (gr. k-6). pap. *(978-2-8399-2592-1(3))* Clarke-Habibi, Sara.

Cahokia. Contrib. by Robert Lerose. 2023. (Unsolved Mysteries Ser.). (ENG., Illus.). 32p. (J). (gr. 2-3). pap. 9.95 *(978-1-63738-458-9(0))*; lib. bdg. 31.35 *(978-1-63738-431-2(9))* North Star Editions. (Apex).

Cahoots: An Aldo Zelnick Comic Novel. Karla Oceanak. Illus. by Kendra Spanjer. 2016. (Aldo Zelnick Comic Novel Ser.: 3). (ENG.). 160p. (J). (gr. 1-8). pap. 8.95 *(978-1-934649-67-1(8))* Bailiwick Pr.

Caida de Porthos Embilea, El País de la Niebla 2. Jorge. Galán. 2023. (SPA.). 356p. (J). (gr. 4-7). pap. 17.95 ***(978-607-557-373-1(9))*** Editorial Oceano de Mexico MEX. Dist: Independent Pubs. Group.

Caii Plinii Secundi Historiae Naturalis, Libri XXXVII, Vol. 2: Pars Prior (Classic Reprint) Caius Plinius Secundus. 2017. (LAT., Illus.). (J). 32.21 *(978-0-331-98888-8(7))*; pap. 16.57 *(978-0-259-16496-8(8))* Forgotten Bks.

Caii Plinii Secundi Historiae Naturalis Libri XXXVII, Vol. 5: Ad Optimorum Librorum Fidem Editi Cum Indice Rerum; Lib. XXXV-XXXVII et Index (Classic Reprint) Caius Plinius Secundus. 2018. (LAT., Illus.). (J). 346p. 31.03 *(978-1-396-20681-8(7))*; 348p. pap. 13.57 *(978-1-390-35022-7(3))* Forgotten Bks.

Caillou. Joceline Sanschagrin. Illus. by Pierre Brignaud. ed. 2016. (Hand in Hand Ser.). (ENG.). 24p. (J). (gr. -1-k). bds. 12.99 *(978-2-89718-344-8(6))* Caillouet, Gerry.

Caillou: I Can Do It Myself! Christine L'Heureux. Illus. by Kary. 2019. (Caillou's Essentials Ser.). (ENG.). 24p. (J). (gr. -1-k). bds. 7.99 *(978-2-89718-488-9(4))* Caillouet, Gerry.

Caillou: Jouons Au Cirque! Rebecca Klevberg Klevberg Moeller. Illus. by Eric Sevigny. 2018. (Read with Caillou Ser.). (FRE.). 32p. (J). 4.95 *(978-2-89718-348-6(9))* Caillouet, Gerry.

Caillou: Le Jardin de Carottes. Illus. by Eric Sevigny. ed. 2017. (Lis Avec Caillou Ser.). (FRE.). 32p. (J). (gr. -1-1). 4.95 *(978-2-89718-365-3(9))* Caillouet, Gerry.

Caillou: On Stage - Read with Caillou, Level 3. Illus. by Eric Sevigny. ed. 2017. (Read with Caillou Ser.). (ENG.). 32p. (J). (gr. 1-3). 3.99 *(978-2-89718-447-6(7))* Caillouet, Gerry.

Caillou: Où Est Mon Chat? Rebecca Klevberg Klevberg Moeller. Illus. by Eric Sevigny. 2018. (Read with Caillou Ser.). (FRE.). 32p. (J). 4.95 *(978-2-89718-347-9(0))* Caillouet, Gerry.

Caillou: Petites Chaussures, Nouvelles Chaussures. Rebecca Klevberg Klevberg Moeller. Illus. by Eric Sevigny. 2018. (Read with Caillou Ser.). (ENG.). 32p. (J). 4.95 *(978-2-89718-346-2(2))* Caillouet, Gerry.

Caillou: Preschool Fun - 2 Stories Included. Illus. by Eric Sevigny. ed. 2018. (ENG.). 32p. (J). (gr. k-2). 7.99 *(978-2-89718-484-1(1))* Caillouet, Gerry.

Caillou: The Bike Lesson. Illus. by Eric Sevigny. ed. 2017. (Read with Caillou Ser.). (ENG.). 32p. (J). (gr. -1-1). 3.99 *(978-2-89718-366-0(7))* Caillouet, Gerry.

Caillou: The Carrot Patch. Illus. by Eric Sevigny. ed. 2017. (Read with Caillou Ser.). (ENG.). 32p. (J). (gr. -1-1). 3.99 *(978-2-89718-367-7(5))* Caillouet, Gerry.

Caillou - A Day at the Farm. Illus. by Pierre Pierre Brignaud. 2016. (Step by Step Ser.). (ENG.). 24p. (J). (gr. k-k). bds. 5.99 *(978-2-89718-254-0(7))* Caillouet, Gerry.

Caillou: a Special Friend - Read with Caillou, Level 3. Rebecca Klevberg Moeller. Illus. by Eric Sevigny. 2018. (Read with Caillou Ser.). (ENG.). 32p. (J). (gr. -1). 3.99 *(978-2-89718-473-5(6))* Caillouet, Gerry.

Caillou & Friends (Little Detectives) Illus. by Eric Sevigny. 2018. (ENG.). 14p. (J). (gr. -1-1). bds. 9.99 *(978-2-89718-494-0(9)*, CrackBoom! Bks.) Chouette Publishing CAN. Dist: Publishers Group West (PGW).

Caillou & the Puppies. Illus. by Mario Allard. 2017. (Clubhouse Ser.). (ENG.). 24p. (J). (gr. -1-1). 3.99 *(978-2-89718-445-2(0))* Caillouet, Gerry.

Caillou & the Puppies. Carine LaForest. ed. 2018. (Caillou 8x8 Bks). (ENG.). 24p. (J). (gr. -1-1). 13.89 *(978-1-64310-379-2(2))* Penworthy Co., LLC, The.

Caillou Asks Nicely. Danielle Patenaude. Illus. by Pierre Brignaud. 2021. (Caillou's Essentials Ser.). (ENG.). 24p. (J). (gr. -1-k). bds. 7.99 *(978-2-89718-608-1(9))* Caillouet, Gerry.

Caillou at the Sugar Shack. Illus. by Mario Allard. 2018. (Clubhouse Ser.). (ENG.). 24p. (J). (gr. -1-1). 3.99 *(978-2-89718-467-4(1))* Caillouet, Gerry.

Caillou at the Sugar Shack. Carine Laforest. ed. 2018. (Caillou 8x8 Bks). (ENG.). 24p. (J). (gr. -1-k). 13.89 *(978-1-64310-218-4(4))* Penworthy Co., LLC, The.

Caillou: ¡Buenas Noches! Tr. by Natalia Garcia Calvo. Illus. by Pierre Brignaud. 2023. (Caillou's Essentials Ser.). 24p. (J). (gr. -1-k). bds. 7.99 *(978-2-89718-640-1(2))* Caillouet, Gerry.

Caillou: Champion de Danse - Lis Avec Caillou, Niveau 1 (French Edition of Caillou: the Big Dance Contest) Lis Avec Caillou, Niveau 1. Illus. by Eric Sevigny. 2021. (Lis Avec Caillou Ser.). (FRE.). 22p. (J). (gr. -1). 4.95 *(978-2-89718-470-4(1))* Caillouet, Gerry.

Caillou: Chinese New Year: Dragon Mask & Mosaic Stickers Included. Illus. by Mario Allard. 2018. (Playtime Ser.). (ENG.). 24p. (J). (gr. -1-1). 4.99 *(978-2-89718-498-8(1))* Caillouet, Gerry.

Caillou, Circus Fun. Illus. by Eric Eric Sévigny. 2016. (Read with Caillou Ser.). (ENG.). 32p. (J). (gr. -1-1). 3.99 *(978-2-89718-343-1(8))* Caillouet, Gerry.

Caillou de Guérison de Trudy. Trudy Spiller. Tr. by Marie-Christine Payette. Illus. by Jessika von Innerebner. 2020. Orig. Title: Trudy's Healing Stone. (FRE.). 24p. (J). (gr. -1-k). 11.95 *(978-1-989122-47-1(7))* Medicine Wheel Education CAN. Dist: Orca Bk. Pubs. USA.

C

Caillou en Spectacle - Lis Avec Caillou, Niveau 3 (French édition of Caillou: on Stage) Illus. by Eric Sevigny. ed. 2017. (Lis Avec Caillou Ser.). (FRE.). 32p. (J). (gr. k-2). 4.95 *(978-2-89718-446-9(9))* Caillouet, Gerry.

Caillou: Es Hora de Ir Al Baño. Tr. by Carolina Venegas K. Illus. by Pierre Brignaud. 2023. (Caillou's Essentials Ser.). 24p. (J). (gr. -1-k). bds. 7.99 *(978-2-89718-639-5(9))* Caillouet, Gerry.

Caillou: Everything Will Be Fine: A Story about Viruses. Tr. by Robin Bright. Illus. by Eric Sevigny. 2020. (Playtime Ser.). (ENG.). 24p. (J). (gr. -1-1). 3.99 *(978-2-89718-603-6(8))* Caillouet, Gerry.

Caillou Fall Family Tradition: Picture Dominoes Included. Corinne Delporte. Illus. by Mario Allard. 2018. (Playtime Ser.). (ENG.). 24p. (J). (gr. -1-1). 4.99 *(978-2-89718-496-4(5))* Caillouet, Gerry.

Caillou: Getting Dressed with Daddy - Read with Caillou, Level 1. Rebecca Klevberg Moeller. Illus. by Eric Sevigny. 2018. (Read with Caillou Ser.). (ENG.). 32p. (J). (gr. -1). 3.99 *(978-2-89718-471-1(X))* Caillouet, Gerry.

Caillou Goes to Day Care. Illus. by Pierre Brignaud. 2019. (Caillou's Essentials Ser.). (ENG.). 24p. (J). (gr. -1-k). bds. 7.99 *(978-2-89718-490-2(6))* Caillouet, Gerry.

Caillou Goes to School. Anne Paradis. ed. 2018. (Caillou 8x8 Bks). (ENG.). 24p. (J). (gr. -1-1). 9.00 *(978-1-64310-424-9(1))* Penworthy Co., LLC, The.

Caillou: Good Night! Sleep Well: Nighttime. Gisèle Légaré & Christine L'Heureux. Illus. by Pierre Brignaud. ed. 2017. (Caillou's Essentials Ser.). (ENG.). 24p. (J). (gr. -1-k). bds. 7.99 *(978-2-89718-357-8(8))* Caillouet, Gerry.

Caillou: Happy Holidays! Marilyn Pleau-Murissi. Illus. by Eric Sévigny. ed. 2017. (ENG.). 56p. (J). (gr. -1). 14.95 *(978-2-89718-451-3(5))* Caillouet, Gerry.

Caillou: I Can Brush My Teeth: Healthy Toddler. Sarah Margaret Johanson. Illus. by Pierre Brignaud. ed. 2017. (Caillou's Essentials Ser.). (ENG.). 24p. (J). (gr. -1-k). bds. 7.99 *(978-2-89718-356-1(X))* Caillouet, Gerry.

Caillou: la leçon de Vélo - Lis Avec Caillou, Niveau 1 (French Edition of Caillou: the Bike Lesson) Lis Avec Caillou - Niveau 1. Illus. by Eric Sevigny. ed. 2021. (Lis Avec Caillou Ser.). (FRE.). 32p. (J). (gr. -1-1). 4.95 *(978-2-89718-364-6(0))* Caillouet, Gerry.

Caillou, le Mystère de la Chaussette: Lis Avec Caillou, Niveau 2. Illus. by Eric Sevigny. ed. 2017. (Lis Avec Caillou Ser.). (FRE.). 32p. (J). (gr. k-2). 4.95 *(978-2-89718-448-3(5))* Caillouet, Gerry.

Caillou Learns about Screen Time. Christine L'heureux. Illus. by Kary. 2021. (Caillou's Essentials Ser.). (ENG.). 24p. (J). (gr. -1-k). bds. 7.99 *(978-2-89718-587-9(2))* Caillouet, Gerry.

Caillou Loves His Daddy. Christine L'heureux. Illus. by Pierre Brignaud. ed. 2018. (Caillou's Essentials Ser.). (ENG.). 24p. (J). (gr. -1-k). bds. 7.99 *(978-2-89718-440-7(X))* Caillouet, Gerry.

Caillou Loves His Mommy. Christine L'heureux. Illus. by Pierre Brignaud. ed. 2018. (Caillou's Essentials Ser.). (ENG.). 24p. (J). (gr. -1-k). bds. 7.99 *(978-2-89718-441-4(8))* Caillouet, Gerry.

Caillou Makes a Meal. Anne Paradis. ed. 2018. (Caillou 8x8 Bks). (ENG.). 24p. (J). (gr. -1-1). 9.00 *(978-1-64310-415-7(2))* Penworthy Co., LLC, The.

Caillou Meets Sophie: a Story about Autism. Kim Thompson. Illus. by Mario Allard. 2019. (Playtime (Special Edition) Ser.). (ENG.). 24p. (J). (gr. -1-1). 7.95 *(978-2-89718-505-3(8))* Caillouet, Gerry.

Caillou, My First French Word Book: Learn a New Language with Caillou! Anne Anne Paradis. Illus. by Pierre Brignaud. 2016. (ENG.). 32p. (J). (gr. -1-k). 9.99 *(978-2-89718-305-9(5))* Caillouet, Gerry.

Caillou: My First Words: A Carry along Book. Illus. by Kary. 2017. (ENG.). 24p. (J). (gr. -1-1). bds. 7.99 *(978-2-89718-443-8(4))* Caillouet, Gerry.

Caillou: Mystery Valentine. Illus. by Eric Sévigny. 2016. (Clubhouse Ser.). (ENG.). 24p. (J). (gr. -1-1). pap. 4.99 *(978-2-89718-181-9(8))* Caillouet, Gerry.

Caillou, No More Diapers: STEP 2: Potty Training Series. Christine L'Heureux. Illus. by Pierre Brignaud. 2016. (Hand in Hand Ser.: 2). 24p. (J). (gr. -1-k). bds. 7.99 *(978-2-89718-296-0(2))* Caillouet, Gerry.

Caillou, Old Shoes, New Shoes. Illus. by Eric Eric Sévigny. 2016. (Read with Caillou Ser.). (ENG.). 32p. (J). (gr. -1-1). 3.99 *(978-2-89718-341-7(1))* Caillouet, Gerry.

Caillou Plays Hockey. Illus. by Mario Allard. 2017. (Clubhouse Ser.). (ENG.). 24p. (J). (gr. -1-1). 3.99 *(978-2-89718-407-0(8))* Caillouet, Gerry.

Caillou Plays Hockey. Anne Paradis. ed. 2018. (Caillou 8x8 Bks). (ENG.). 24p. (J). (gr. -1-1). 13.89 *(978-1-64310-461-4(6))* Penworthy Co., LLC, The.

Caillou: Potty Time: Potty Training Series, STEP 1. Joceline Sanschagrin. Illus. by Pierre Brignaud. 2016. (Hand in Hand Ser.: 1). (ENG.). 24p. (J). (gr. -1-k). bds. 7.99 *(978-2-89718-295-3(4))* Caillouet, Gerry.

Caillou Takes the Train. Illus. by Mario Allard. 2018. (Clubhouse Ser.). (ENG.). 24p. (J). (gr. -1-1). 3.99 *(978-2-89718-463-6(9))* Caillouet, Gerry.

Caillou Takes the Train. Anne Paradis. ed. 2018. (Caillou 8x8 Bks). (ENG.). 24p. (J). (gr. -1-k). 13.89 *(978-1-64310-219-1(2))* Penworthy Co., LLC, The.

Caillou: the Big Dance Contest - Read with Caillou, Level 1. Rebecca Klevberg Moeller. Illus. by Eric Sevigny. 2018. (Read with Caillou Ser.). (ENG.). 32p. (J). (gr. -1). 3.99 *(978-2-89718-469-8(8))* Caillouet, Gerry.

Caillou: the Dinosaur Museum. Illus. by Mario Allard. 2019. (Clubhouse Ser.). (ENG.). 24p. (J). (gr. -1-1). 3.99 *(978-2-89718-518-3(X))* Caillouet, Gerry.

Caillou, the Sock Mystery. Illus. by Eric Sevigny. ed. 2017. (Read with Caillou Ser.). (ENG.). 32p. (J). (gr. k-2). 3.99 *(978-2-89718-449-0(3))* Caillouet, Gerry.

Caillou Tries New Foods. Christine L'Heureux. Illus. by Kary. 2018. (Caillou's Essentials Ser.). (ENG.). 24p. (J). (gr. -1-k). bds. 7.99 *(978-2-89718-439-1(6))* Caillouet, Gerry.

Caillou Va À l'École. Illus. by Eric Sévigny. 2017. (Château de Cartes Ser.). (FRE.). 24p. (J). (gr. -1). 4.95 *(978-2-89718-314-1(4))* Caillouet, Gerry.

Caillou Waits for Santa Gift Set: Book with 2 Stories & Gilbert Plush. Illus. by Eric Sevigny. 2018. (ENG.). 48p. (J). (gr. -1). 19.99 *(978-2-89718-509-1(0))* Caillouet, Gerry.

Caillou, Where Is My Cat? Illus. by Eric Eric Sévigny. 2016. (Read with Caillou Ser.). (ENG.). 32p. (J). (gr. -1-1). 3.99 *(978-2-89718-342-4(X))* Caillouet, Gerry.

Caimán. Kate Riggs. 2021. (Planeta Animal Ser.). (SPA.). 24p. (J). (gr. 1-4). lib. bdg. *(978-1-64026-462-5(0)*, 17694) Creative Co., The.

Caimán Enano (Dwarf Caiman) Julie Murray. 2020. (Animales Miniatura (Mini Animals) Ser.). (SPA.). 24p. (J). (gr. -1-2). lib. bdg. 31.36 *(978-1-0982-0418-1(2)*, 35326, Abdo Kids) ABDO Publishing Co.

caimana. María Eugenia Manrique. 2019. (SPA.). 36p. (J). (gr. 1-3). 21.99 *(978-84-948859-8-3(7))* Ekare, Ediciones VEN. Dist: Lectorum Pubns., Inc.

Caimans. James Bow. 2023. (Reptiles Ser.). (ENG., Illus.). 32p. (J). pap. 9.95 ***(978-1-63738-596-8(X)**, Apex)* North Star Editions.

Caimans. Contrib. by James Bow. 2023. (Reptiles Ser.). (ENG., Illus.). 32p. (J). lib. bdg. 31.35 ***(978-1-63738-542-5(0)**, Apex)* North Star Editions.

Cainnt Scoile, (School Talk), Vol. 2: An Irish-English Conversation Book for Use in Elementary Schools & Gaelic League Classes (Classic Reprint) Tomas O'Haodha. 2017. (ENG., Illus.). (J). 24.54 *(978-0-266-85316-9(1)); pap. 7.97 (978-1-5285-2485-8(3))* Forgotten Bks.

Cairo's Christmas Journey. Janet L. Christensen. Illus. by Irene Renon. 2020. (ENG.). 34p. (J). 17.99 *(978-1-953456-06-9(5)); pap. 10.99 (978-1-953456-07-6(3))* Little Lamb Bks.

Caitlyn Jenner, 1 vol. Carla Mooney. 2016. (Transgender Pioneers Ser.). (ENG., Illus.). 112p. (J). (gr. 7-7). 38.80 *(978-1-5081-7158-4(0),* 8c902777-750d-4810-bf21-b5d7db5b8ea7) Rosen Publishing Group, Inc., The.

Caja de Carton Magica. Juan Jose Garrigos Sastre. 2017. (SPA., Illus.). (J). pap. 10.53 *(978-0-244-62552-8(2))* Lulu Pr., Inc.

Caja de Pandora. Rocío Romero García. 2022. (SPA.). 226p. (YA). pap. 14.00 *(978-1-4717-5356-5(5))* Lulu Pr., Inc.

Caja Del Cumpleaños: Leveled Reader Book 29 Level S 6 Pack. Hmh Hmh. 2021. (SPA.). 64p. (J). pap. 74.40 *(978-0-358-08598-0(5))* Houghton Mifflin Harcourt Publishing Co.

Cajita de Las Palabras Todas. Luis German Perdomo. 2016. (SPA.). 60p. (J). (gr. k-2). 12.99 *(978-958-30-5048-0(2))* Panamericana Editorial COL. Dist: Lectorum Pubns., Inc.

Cajun ABC. Rickey Pittman. Illus. by Alexis Braud. 2020. (ENG.). 32p. (J). (gr. k-4). 19.99 net. *(978-1-4556-2597-0(3)*, Pelican Publishing) Arcadia Publishing.

Cajun Cornbread Boy & the Buttermilk Biscuit Girl, 1 vol. Dianne de Las Casas. Illus. by Marita Gentry. 2017. (Cajun Tall Tales Ser.). (ENG.). 32p. (J). (gr. k-3). 16.99 *(978-1-4556-2311-2(3)*, Pelican Publishing) Arcadia Publishing.

Cajun Fisherman & His Wife, 1 vol. Connie Morgan. Illus. by Herb Leonhard. 2018. (ENG.). 32p. (gr. k-3). 16.99 *(978-1-4556-2366-2(0)*, Pelican Publishing) Arcadia Publishing.

Cajun Night Before Christmas 50th Anniversary Edition. James Rice & Trosclair. 50th ed. 2022. (ENG., Illus.). 56p. (J). 24.95 *(978-1-4556-2714-1(3)*, Pelican Publishing) Arcadia Publishing.

Cajun Tails: Alligator Fred Didn't Want to Go to Bed. Nicole Lewczynski. 2021. (ENG.). 20p. (J). pap. 13.99 ***(978-1-0879-9094-1(7))*** Indy Pub.

Cajun Tails: Raccoon Matt Comes to Play. Nicole Lewczynski. 2022. (ENG.). 22p. (J). pap. 13.99 *(978-1-0880-4223-6(6))* Indy Pub.

Cake. Sue Hendra & Paul Linnet. Illus. by Sue Hendra. 2019. (ENG., Illus.). 32p. (J). (gr. -1-3). 17.99 *(978-1-5344-2550-7(0)*, Aladdin) Simon & Schuster Children's Publishing.

Cake & Confessions. Laurel Remington. 2019. (Secret Recipe Book Ser.: 2). (ENG.). 304p. (J). (gr. 3-7). pap. 7.99 *(978-1-4926-6967-8(9))* Sourcebooks, Inc.

Cake & I Scream! ... being Bossy Isn't Sweet. Michael Genhart. Illus. by Steve Mack. 2017. 32p. (J). *(978-1-4338-2759-4(X)*, Magination Pr.) American Psychological Assn.

Cake Eater. Allyson Dahlin. (ENG.). 464p. (YA). (gr. 8). 2023. pap. 15.99 ***(978-0-06-309678-3(1))**; 2022. 18.99 (978-0-06-309677-6(3))* HarperCollins Pubs. (HarperTeen).

Cake for Breakfast: Padded Board Book. IglooBooks. Illus. by Francesca. De Luca. 2021. (ENG.). 24p. (J). (-k). bds. 8.99 *(978-1-80108-636-3(2))* Igloo Bks. GBR. Dist: Simon & Schuster, Inc.

Cake for Carl. Jenna Beyer. 2018. (Woodfall Friends Ser.: Vol. 2). (ENG., Illus.). 22p. (J). (gr. k-3). 12.00 *(978-1-7320529-0-1(5))* Teacup Pr.

Cake Forever! Zahara R. Khoushab. 2020. (ENG.). 24p. (J). pap. ***(978-1-716-88860-1(3))*** Lulu Pr., Inc.

Cake in My Shoe. Grace LaJoy Henderson. 2017. (Gracie Ser.). (ENG., Illus.). (J). (gr. k-5). 17.99 *(978-0-9987117-7-5(2)); pap. 11.99 (978-0-9987117-2-0(1))* Inspirations by Grace LaJoy.

Cake Mix: Learning to Love All Your Ingredients. Mikki Hernandez. Illus. by Victoria Lewis. 2021. (ENG.). 36p. (J). 17.99 *(978-1-7368802-0-3(9)); pap. 14.00 (978-1-7368802-1-0(7))* MixedKids&Co.

Cake Pop Crush: a Wish Novel. Suzanne Nelson. 2016. (ENG.). 256p. (J). (gr. 4-7). pap. 7.99 *(978-0-545-85734-5(1)*, Scholastic Paperbacks) Scholastic, Inc.

Cake That Wasn't a Cake. William Anthony. Illus. by Rosie Groom. 2023. (Level 11 - Lime Set Ser.). (ENG.). 48p. (J). (gr. 2-4). lib. bdg. 19.95 Bearport Publishing Co., Inc.

Cake vs. Pie. Sudipta Bardhan-Quallen. Illus. by Steph Stilwell. 2023. (ENG.). 32p. (J). (gr. -1-3). 19.99 *(978-0-358-55560-5(4)*, Clarion Bks.) HarperCollins Pubs.

Cakemates. Olivia Arlene. Illus. by Karen Gilstrap. 2020. (ENG.). 40p. (J). 24.00 *(978-1-0879-1977-5(0))* Indy Pub.

Cakemates Paperback. Olivia Arlene. 2019. (ENG.). 40p. (J). pap. 16.00 *(978-0-359-33461-2(X))* Lulu Pr., Inc.

Cakes & Ale at Woodbine: From Twelfth Night to New Year's Day (Classic Reprint) Barry Gray. 2018. (ENG., Illus.). 234p. (J). 28.74 *(978-0-483-11929-1(6))* Forgotten Bks.

Cakes & Ale (Classic Reprint) Douglas William Jerrold. 2018. (ENG., Illus.). 364p. (J). 31.42 *(978-0-365-50015-5(1))* Forgotten Bks.

Cakes for Snakes! Lacey L. Bakker. Illus. by Alex Goubar. 2021. (ENG.). 34p. (J). pap. *(978-1-989506-32-5(1))* Pandamonium Publishing Hse.

Calabacita Verde. Molly McNamara Carter. Tr. by Jaden Turley. 2023. (SPA.). 32p. (J). pap. 10.99 ***(978-1-956357-50-9(5))*** Lawley Enterprises.

Calabaza. Carmen Corriols. 2016. (Early Rising Readers Ser.). (SPA.). (J). (gr. -1). 6.67 *(978-1-4788-3685-8(7))* Newmark Learning LLC.

Calabaza - 6 Pack. Carmen Corriols. 2016. (Early Rising Readers Ser.). (SPA.). (J). (gr. 1). 40.00 net. *(978-1-4788-4628-4(3))* Newmark Learning LLC.

Calabaza Feliz (the Happy Pumpkin) Un Cuento de Halloween Sobre la Aceptación. DK. 2023. (First Seasonal Stories Ser.). (SPA.). 16p. (J). (-k). bds. 6.99 ***(978-0-7440-8916-5(6)**, DK Children)* Dorling Kindersley Publishing, Inc.

Calabazas, or Amusing Recollections of an Arizona City (Classic Reprint) J. Cabell Brown. 2018. (ENG., Illus.). 252p. (J). 29.11 *(978-0-267-52017-6(4))* Forgotten Bks.

Calamities & Cuddles. Beverley Smyth. Illus. by Cheryl Coville. 2021. (ENG.). 64p. (J). pap. *(978-1-5255-9937-8(2)); (978-1-5255-9938-5(0))* FriesenPress.

Calamitous Queen. Ian Irvine. 2nd ed. 2020. (Grim & Grimmer Ser.: Vol. 4). (ENG.). 204p. (J). pap. *(978-0-6481869-6-0(2))* Santhenar Trust, The.

Calamity. Carol E. Doxey. Illus. by Seth Fitts. 2018. (ENG.). 38p. (J). pap. 14.95 *(978-1-942766-57-5(2))* Vabella Publishing.

Calamity. Brandon Sanderson. 2016. (Reckoners Ser.: 3). (ENG.). 432p. (YA). (gr. 7-10). 19.99 *(978-0-385-74360-0(2)*, Delacorte Pr.) Random House Publishing Group.

Calamity. Brandon Sanderson. (Reckoners Ser.: 3). (ENG.). (YA). (gr. 7). 2020. 496p. 9.99 *(978-0-593-30714-4(3)*, Delacorte Pr.); 2017. 448p. pap. 11.99 *(978-0-385-74361-7(0)*, Ember) Random Hse. Children's Bks.

Calamity Football Strange & Quirky Beyond the Pitch. Caroline Elwood-Stokes. 2020. (ENG.). 96p. (YA). pap. 18.45 *(978-1-716-73912-5(8))* Lulu Pr., Inc.

Calamity Jane. Emily Dolbear. Illus. by Kathleen Petelinsek. 2021. (Tall Tales Ser.). (ENG.). 24p. (J). (gr. k-3). 32.79 *(978-1-5038-5004-0(8)*, 214853) Child's World, Inc, The.

Calamity Jane: How the West Began. Bryan Ney. 2016. (ENG., Illus.). (J). pap. 10.99 *(978-0-9977478-0-5(3))* Dragon Tree Bks.

Calamity Jane: Frontierswoman, 1 vol. Alicia Z. Klepeis. Illus. by Matías Lapegüe. 2016. (American Legends & Folktales Ser.). (ENG.). 32p. (gr. 3-3). pap. 11.58 *(978-1-5026-2200-6(9),* c37a9dbf-ec06-4c83-9eab-a41507a4d866); lib. bdg. 30.21 *(978-1-5026-2202-0(5),* be2713c3-ecd7-41e4-bc29-d72b9e97a177) Cavendish Square Publishing LLC.

Calamity Kite: And the Wayward Wind. Anita Powell. 2022. (Happy Hearts Club Ser.). (ENG., Illus.). 50p. (J). 27.95 *(978-1-63885-089-2(5)); pap. 16.95 (978-1-63885-087-8(9))* Covenant Bks.

Calamity (Spanish Edition) Brandon Sanderson. 2017. (Trilogía de Los Reckoners / the Reckoners Ser.). (SPA.). 416p. (gr. 7). pap. 25.95 *(978-84-666-5984-0(6))* Ediciones B ESP. Dist: Penguin Random Hse. LLC.

Calamity's Christmas. Meg Bolton Scott. 2016. (ENG., Illus.). (J). pap. 15.99 *(978-1-4834-6145-8(9))* Lulu Pr., Inc.

Calamus: A Series of Letters Written During the Years 1868-1880 by Walt Whitman to a Young Friend (Peter Doyle) (Classic Reprint) Richard Maurice Bucke. 2017. (ENG., Illus.). (J). 27.84 *(978-1-5279-6280-4(6))* Forgotten Bks.

Cálao Bicorne. Grace Hansen. 2022. (Animales Asiáticos Ser.). (SPA.). 24p. (J). (gr. -1-2). lib. bdg. 32.79 *(978-1-0982-6533-5(5)*, 41011, Abdo Kids) ABDO Publishing Co.

Calary Signi: Tale of Valeskie. Jason Gold. 2022. (ENG.). 37p. (J). pap. ***(978-1-387-79278-8(4))*** Lulu Pr., Inc.

Calcio: Libro Da Colorare per Bambini. Bold Illustrations. 2017. (ITA., Illus.). (J). pap. 8.35 *(978-1-64193-139-7(6)*, Bold Illustrations) FASTLANE LLC.

Calcio Libro Da Colorare per Bambini: Libro Da Colorare Carino per Tutti gli Amanti Del Calcio. Lenard Vinci Press. 2021. (ITA.). 100p. (J). pap. 10.99 *(978-1-716-26045-2(0))* Lulu Pr., Inc.

Calcium Educational Facts Children's Science Book. Bold Kids. 2022. (ENG.). 42p. (J). pap. 14.99 ***(978-1-0717-2110-0(0))*** FASTLANE LLC.

Calculated. Nova McBee. 2021. (ENG.). 380p. (YA). 28.00 *(978-1-953944-09-2(4))* Wise Wolf Bks.

Calculating & Graphing Speed Motion & Mechanics Self Taught Physics Science Grade 6 Children's Physics Books. Baby Professor. 2021. (ENG.). 72p. (J). 27.99 *(978-1-5419-8101-0(4)); pap. 16.99 (978-1-5419-4945-4(5))* Speedy Publishing LLC. (Baby Professor (Education Kids)).

Calculus: Graphical, Numerical, Algebraic. Jane Montgomery Gibson. Illus. by Jane Montgomery Gibson. 6th ed. 2019. (ENG., Illus.). (J). (gr. 10-11). 151.47 net. *(978-1-4183-0020-3(9))* Savvas Learning Co.

Calculus of Change. Jessie Hilb. 2018. (ENG.). 336p. (YA). (gr. 9). 17.99 *(978-0-544-95333-8(9)*, 1660557, Clarion Bks.) HarperCollins Pubs.

Caldani Discovers a Words (Berkeley Boys Books - el Caldani Missions) Elisha Berkeley et al. 2022. (ENG.). 30p. (J). pap. *(978-1-77850-015-2(3))* CM Berkeley Media Group.

Caldani Discovers Addition (Berkeley Boys Books - el Caldani Missions) Elisha Berkeley et al. 2022. (Berkeley Boys Books - el Caldani Missions Ser.). (ENG.). 26p. (J). pap. ***(978-1-77850-044-2(7))*** CM Berkeley Media Group.

Caldani Discovers B Words (Berkeley Boys Books - el Caldani Missions) Elisha Berkeley et al. 2022. (ENG.). 30p. (J). pap. *(978-1-77850-016-9(1))* CM Berkeley Media Group.

Caldani Discovers C Words (Berkeley Boys Books - el Caldani Missions) Elisha Berkeley et al. 2022. (ENG.). 30p. (J). pap. *(978-1-77850-017-6(X))* CM Berkeley Media Group.

Caldani Discovers Circles (Berkeley Boys Books - el Caldani Missions) Elisha Berkeley et al. 2022. (Berkeley Boys Books - el Caldani Missions Ser.). (ENG.). 30p. (J). pap. ***(978-1-77850-051-0(X))*** CM Berkeley Media Group.

Caldani Discovers d Words (Berkeley Boys Books - el Caldani Missions) Elisha Berkeley et al. 2022. (ENG.). 30p. (J). pap. *(978-1-77850-018-3(8))* CM Berkeley Media Group.

Caldani Discovers e Words (Berkeley Boys Books - el Caldani Missions) Elisha Berkeley et al. 2022. (ENG.). 30p. (J). pap. *(978-1-77850-019-0(6))* CM Berkeley Media Group.

Caldani Discovers F Words (Berkeley Boys Books - el Caldani Missions) Elisha Berkeley et al. 2022. (ENG.). 30p. (J). pap. *(978-1-77850-020-6(X))* CM Berkeley Media Group.

Caldani Discovers G Words (Berkeley Boys Books - el Caldani Missions) Elisha Berkeley et al. 2022. (ENG.). 30p. (J). pap. *(978-1-77850-021-3(8))* CM Berkeley Media Group.

Caldani Discovers H Words (Berkeley Boys Books - el Caldani Missions) Elisha Berkeley et al. 2022. (ENG.). 30p. (J). pap. *(978-1-77850-022-0(6))* CM Berkeley Media Group.

Caldani Discovers Hexagons (Berkeley Boys Books - el Caldani Missions) Elisha Berkeley et al. 2022. (Berkeley Boys Books - el Caldani Missions Ser.). (ENG.). 30p. (J). pap. ***(978-1-77850-054-1(4))*** CM Berkeley Media Group.

Caldani Discovers I Words (Berkeley Boys Books - el Caldani Missions) Elisha Berkeley et al. 2022. (ENG.). 30p. (J). pap. *(978-1-77850-023-7(4))* CM Berkeley Media Group.

Caldani Discovers J Words (Berkeley Boys Books - el Caldani Missions) Elisha Berkeley et al. 2022. (ENG.). 30p. (J). pap. *(978-1-77850-024-4(2))* CM Berkeley Media Group.

Caldani Discovers K Words (Berkeley Boys Books - el Caldani Missions) Elisha Berkeley et al. 2022. (ENG.). 30p. (J). pap. *(978-1-77850-025-1(0))* CM Berkeley Media Group.

Caldani Discovers l Words (Berkeley Boys Books - el Caldani Missions) Elisha Berkeley et al. 2022. (ENG.). 30p. (J). pap. *(978-1-77850-026-8(9))* CM Berkeley Media Group.

Caldani Discovers M Words (Berkeley Boys Books - el Caldani Missions) Elisha Berkeley et al. 2022. (ENG.). 30p. (J). pap. *(978-1-77850-027-5(7))* CM Berkeley Media Group.

Caldani Discovers Multiplication (Berkeley Boys Books - el Caldani Missions) Elisha Berkeley et al. 2022. (ENG.). 28p. (J). pap. ***(978-1-77850-042-8(0))*** CM Berkeley Media Group.

Caldani Discovers N Words (Berkeley Boys Books - el Caldani Missions) Elisha Berkeley et al. 2022. (ENG.). 30p. (J). pap. *(978-1-77850-028-2(5))* CM Berkeley Media Group.

Caldani Discovers o Words (Berkeley Boys Books - el Caldani Missions) Elisha Berkeley et al. 2022. (ENG.). 30p. (J). pap. *(978-1-77850-029-9(3))* CM Berkeley Media Group.

Caldani Discovers Ovals (Berkeley Boys Books - el Caldani Missions) Elisha Berkeley et al. 2022. (Berkeley Boys Books - el Caldani Missions Ser.). (ENG.). 30p. (J). pap. ***(978-1-77850-056-5(0))*** CM Berkeley Media Group.

Caldani Discovers P Words (Berkeley Boys Books - el Caldani Missions) Elisha Berkeley et al. 2022. (ENG.). 30p. (J). pap. *(978-1-77850-030-5(7))* CM Berkeley Media Group.

Caldani Discovers Pentagons (Berkeley Boys Books - el Caldani Missions) Elisha Berkeley et al. 2022. (Berkeley Boys Books - el Caldani Missions Ser.). (ENG.). 30p. (J). pap. ***(978-1-77850-055-8(2))*** CM Berkeley Media Group.

Caldani Discovers Q Words (Berkeley Boys Books - el Caldani Missions) Elisha Berkeley et al. 2022. (ENG.). 30p. (J). pap. *(978-1-77850-031-2(5))* CM Berkeley Media Group.

Caldani Discovers R Words (Berkeley Boys Books - el Caldani Missions) Elisha Berkeley et al. 2022. (ENG.). 30p. (J). pap. *(978-1-77850-032-9(3))* CM Berkeley Media Group.

Caldani Discovers Rectangles (Berkeley Boys Books - el Caldani Missions) Elisha Berkeley et al. 2022. (Berkeley Boys Books - el Caldani Missions Ser.). (ENG.). 30p. (J). pap. ***(978-1-77850-053-4(6))*** CM Berkeley Media Group.

Caldani Discovers S Words (Berkeley Boys Books - el Caldani Missions) Elisha Berkeley et al. 2022. (ENG.). 30p. (J). pap. *(978-1-77850-033-6(1))* CM Berkeley Media Group.

Caldani Discovers Shapes (Berkeley Boys Books - el Caldani Missions) Elisha Berkeley et al. 2022. (Berkeley Boys Books - el Caldani Missions Ser.). (ENG.). 26p. (J). pap. ***(978-1-77850-049-7(8))*** CM Berkeley Media Group.

Caldani Discovers Squares (Berkeley Boys Books - el Caldani Missions) Elisha Berkeley et al. 2022. (Berkeley Boys Books - el Caldani Missions Ser.). (ENG.). 30p. (J). pap. ***(978-1-77850-050-3(1))*** CM Berkeley Media Group.

Caldani Discovers Subtraction (Berkeley Boys Books - el Caldani Missions) Elisha Berkeley et al. 2022. (ENG.). 26p. (J). pap. ***(978-1-77850-043-5(9))*** CM Berkeley Media Group.

Caldani Discovers T Words (Berkeley Boys Books - el Caldani Missions) Elisha Berkeley et al. 2022. (ENG.). 30p. (J). pap. *(978-1-77850-034-3(X))* CM Berkeley Media Group.

Caldani Discovers Triangles (Berkeley Boys Books - el Caldani Missions) Elisha Berkeley et al. 2022. (Berkeley Boys Books - el Caldani Missions Ser.). (ENG.). 30p. (J). pap. ***(978-1-77850-052-7(8))*** CM Berkeley Media Group.

Caldani Discovers U Words (Berkeley Boys Books - el Caldani Missions) Elisha Berkeley et al. 2022. (ENG.).

30p. (J). pap. *(978-1-77850-035-0(8))* CM Berkeley Media Group.

Caldani Discovers V Words (Berkeley Boys Books - el Caldani Missions) Elisha Berkeley et al. 2022. (ENG.). 30p. (J). pap. *(978-1-77850-036-7(6))* CM Berkeley Media Group.

Caldani Discovers W Words (Berkeley Boys Books - el Caldani Missions) Elisha Berkeley et al. 2022. (ENG.). 30p. (J). pap. *(978-1-77850-037-4(4))* CM Berkeley Media Group.

Caldani Discovers X Words (Berkeley Boys Books - el Caldani Missions) Elisha Berkeley et al. 2022. (ENG.). 30p. (J). pap. *(978-1-77850-038-1(2))* CM Berkeley Media Group.

Caldani Discovers y Words (Berkeley Boys Books - el Caldani Missions) Elisha Berkeley et al. 2022. (ENG.). 30p. (J). pap. *(978-1-77850-039-8(0))* CM Berkeley Media Group.

Caldani Discovers Z Words (Berkeley Boys Books - el Caldani Missions) Elisha Berkeley et al. 2022. (ENG.). 30p. (J). pap. *(978-1-77850-040-4(4))* CM Berkeley Media Group.

Caldera. John Flanagan. 2018. (Brotherband Chronicles Ser.: 7). (ENG.). 384p. (J). (gr. 5). 9.99 *(978-0-14-242729-3(2),* Puffin Books) Penguin Young Readers Group.

Calderon's Prisoner (Classic Reprint) Alice Duer Miller. 2017. (ENG., Illus.). (J). 30.13 *(978-0-266-71735-5(7));* pap. 13.57 *(978-1-5276-7324-3(3))* Forgotten Bks.

Caldron, 1917 (Classic Reprint) Fort Wayne Manual Training School. 2018. (ENG., Illus.). 196p. (J). 27.94 *(978-0-267-53165-3(6))* Forgotten Bks.

Caldron Annual, 1919 (Classic Reprint) Fort Wayne High School. 2018. (ENG., Illus.). 146p. (J). 26.93 *(978-0-484-33759-5(9))* Forgotten Bks.

Caldron, Vol. 8: June, 1911 (Classic Reprint) Fort Wayne High School. 2018. (ENG., Illus.). 50p. (J). 24.93 *(978-0-267-29963-8(X))* Forgotten Bks.

Caldron, Vol. 9: June, 1912 (Classic Reprint) Marian Ingham. 2017. (ENG., Illus.). (J). 25.05 *(978-0-265-60663-6(2));* pap. 9.57 *(978-0-282-96709-3(5))* Forgotten Bks.

Cale the Corgi Learns Common Sense. H. M. Stryker. 2019. (ENG.). 28p. (J). pap. 13.95 *(978-1-64492-924-7(4))* Christian Faith Publishing.

Cale the Crab: Little Stories, Big Lessons. Jacqui Shepherd. 2018. (Sea Stories Ser.). (ENG., Illus.). 32p. (J). (gr. k-6). pap. *(978-1-77008-929-7(2))* Awareness Publishing.

Caleb Abbott (Classic Reprint) Dexter Vinton Pierce. 2018. (ENG., Illus.). 246p. (J). 28.97 *(978-0-483-59425-8(3))* Forgotten Bks.

Caleb & Kit. Beth Vrabel. 2019. (ENG., Illus.). 272p. (J). (gr. 3-7). 15.99 *(978-0-7624-9405-7(0),* Running Pr. Kids) Running Pr.

Caleb & the Lightshow. S. L. Mabe. Illus. by Mae Davidson. 2023. (ENG.). 24p. (J). (gr. -1-2). pap. 9.99 BookBaby.

Caleb Conover, Railroader (Classic Reprint) Albert Payson Terhune. 2017. (ENG., Illus.). 350p. (J). 31.12 *(978-0-332-31927-8(X))* Forgotten Bks.

Caleb in the Country: A Story for Children. Jacob Abbott. 2017. (ENG., Illus.). (J). 21.95 *(978-1-374-85884-8(6));* pap. 10.95 *(978-1-374-85883-1(8))* Capital Communications, Inc.

Caleb in the Country: A Story for Children (Classic Reprint) Jacob Abbott. (ENG., Illus.). (J). 2018. 366p. 31.45 *(978-0-656-76288-0(8));* 2018. 188p. 27.98 *(978-0-484-42235-6(8));* 2017. pap. 10.57 *(978-0-243-20936-1(3))* Forgotten Bks.

Caleb in Town: A Story for Children (Classic Reprint) Jacob Abbott. 2017. (ENG., Illus.). 184p. (J). 27.69 *(978-0-266-34284-7(1))* Forgotten Bks.

Caleb Krinkle: A Story of American Life (Classic Reprint) Charles Carleton Coffin. 2018. (ENG., Illus.). 512p. (J). 34.46 *(978-0-267-15917-8(X))* Forgotten Bks.

Caleb Matthews: An Idyl of the Maine Coast (Classic Reprint) Robert W. McLaughlin. 2018. (ENG., Illus.). 90p. (J). 25.77 *(978-0-267-23234-5(9))* Forgotten Bks.

Caleb on the North Pole Express. J. D. Green. Illus. by Joanne Partis. 2022. (North Pole Express Bears Ser.). (ENG.). 32p. (J). (gr. -1-3). 7.99 ***(978-1-7282-6918-4(0))*** Sourcebooks, Inc.

Caleb on the North Pole Express. J. D. Green. 2019. (North Pole Express Ser.). (ENG.). 32p. (J). (gr. -1-3). 7.99 ***(978-1-7282-0314-0(7))*** Sourcebooks, Inc.

Caleb Plays Piano. Tracilyn George. 2023. (ENG.). 26p. (J). pap. 12.99 ***(978-1-77475-843-4(1))*** Draft2Digital.

Caleb Plays Piano. Tracilyn George. 2021. (ENG.). 22p. (J). pap. 11.00 *(978-1-77475-269-2(7))* Lulu Pr., Inc.

Caleb Stukely (Classic Reprint) Unknown Author. 2018. (ENG., Illus.). 338p. (J). 30.89 *(978-0-267-22292-6(0))* Forgotten Bks.

Caleb Stukely, Vol. 1 of 3 (Classic Reprint) Samuel Phillips. (ENG., Illus.). (J). 2018. 328p. 30.68 *(978-0-267-34946-3(7));* 2016. pap. 13.57 *(978-1-333-72815-1(8))* Forgotten Bks.

Caleb Stukely, Vol. 2 of 3 (Classic Reprint) Samuel Phillips. (ENG., Illus.). (J). 2018. 294p. 29.98 *(978-0-483-49709-2(6));* 2016. pap. 13.57 *(978-1-334-25366-9(8))* Forgotten Bks.

Caleb Stukely, Vol. 3 of 3 (Classic Reprint) Samuel Phillips. (ENG., Illus.). (J). 2018. 342p. 30.97 *(978-0-332-62755-7(1));* 2016. pap. 13.57 *(978-1-334-15663-2(8))* Forgotten Bks.

Caleb, the Irrepressible (Classic Reprint) Mary Moncure Paynter. (ENG., Illus.). (J). 2018. 268p. 29.44 *(978-0-484-14479-7(0));* 2017. pap. 11.97 *(978-0-243-47477-6(6))* Forgotten Bks.

Caleb 'Twas the Night Before Christmas. Illus. by Lisa Alderson. 2019. (Night Before Christmas Ser.). (ENG.). 32p. (J). (gr. -1-3). 7.99 ***(978-1-7282-0207-5(8))*** Sourcebooks, Inc.

Caleb West. Francis Hopkinson Smith. (ENG.). (J). 2017. 408p. pap. *(978-3-337-39686-2(0));* 2017. 408p. pap. *(978-3-7446-5081-6(2));* 2016. 394p. pap. *(978-3-7433-5040-3(8))* Creation Pubs.

Caleb West: Master Diver (Classic Reprint) Francis Hopkinson Smith. 2018. (ENG., Illus.). 410p. (J). 32.37 *(978-0-656-96172-6(4))* Forgotten Bks.

Caleb Wright: A Story of the West (Classic Reprint) John Habberton. 2018. (ENG., Illus.). 464p. (J). 33.40 *(978-0-483-02029-0(X))* Forgotten Bks.

Caleb's Birthday Wish. David Villanueva Jr. 2016. (ENG., Illus.). 38p. (J). pap. *(978-1-365-36109-8(8))* Lulu Pr., Inc.

Caleb's Christmas Wish. Put Me In The Story & J. D. Green. Illus. by Julia Seal. 2018. (Christmas Wish Ser.). (ENG.). 32p. (J). (gr. k-3). 6.99 ***(978-1-4926-8512-8(7))*** Sourcebooks, Inc.

Caleb's Crop. Evelyn Rainey. Illus. by Susan Krupp. 2021. (ENG.). 42p. (J). pap. 12.99 *(978-1-946469-01-4(7))* Portals Publishing.

Caleb's Healing Story: An Interactive Story with Activities to Help Children to Overcome Challenges Arising from Trauma, Attachment Issues, Adoption or Fostering. Kathleen A. Chara & Tasha Lehner. 2016. (Illus.). 144p. (C). pap. 21.95 *(978-1-78592-702-7(7),* 693956) Kingsley, Jessica Pubs. GBR. Dist: Hachette UK Distribution.

Caleb's Kite. Karen F. Norton. 2019. (ENG.). 42p. (J). pap. 15.95 *(978-1-0980-1240-3(2))* Christian Faith Publishing.

Caleb's Lighthouse. Tracy Schuldt Helixon. 2017. (ENG., Illus.). (J). (gr. -1-4). pap. 10.95 *(978-1-61633-880-0(6))* Guardian Angel Publishing, Inc.

Caledonia: A Monthly Magazine of Literature, Antiquity,& Tradition; Chiefly Northern (Classic Reprint) Alexander Lowson. 2017. (ENG., Illus.). (J). 36.09 *(978-0-260-55042-2(6))* Forgotten Bks.

Calendar Days: An Entertainment in One Act (Classic Reprint) Harriette Wilbur. 2018. (ENG., Illus.). (J). 48p. 24.89 *(978-0-366-56602-0(4));* 50p. pap. 9.57 *(978-0-366-26633-3(0))* Forgotten Bks.

Calendar Fun: Countdown to Christmas: With a Fold-Out Advent Calendar. Roger Priddy. 2020. (ENG., Illus.). 8p. (J). bds. 9.99 *(978-1-68449-075-2(8),* 900223636) St. Martin's Pr.

Calendula Cool: MAS Adventure #44. Steve McManus. 2020. (ENG.). 216p. (J). pap. 14.99 *(978-0-9964485-7-4(8))* McManus, Steve.

Calendula Proof: MAS Adventure #45. Steve McManus. 2020. (ENG.). 394p. (J). pap. 15.99 *(978-1-7349083-0-5(0))* Southampton Publishing.

Calf in the Valley of the Whales ????? ?? ???? ??????? Jailan Abbas. Illus. by Aly ElZiny. 2022. (Egyptians & Their Treasures Ser.: 1). (ENG.). 36p. (J). 25.00 *(978-1-8383699-4-1(5))* BookBaby.

Calf Named Brian Higgins: An Adventure in Rural Kenya. Kristen Ball. 2018. (ENG., Illus.). 272p. (J). (gr. 4-7). 16.99 *(978-1-947159-00-6(3),* 72d4be57-b4fa-4b76-9ca1-59ba3105cc34, One Elm Books) Red Chair Pr.

Calftales Christmas. Karen B. Crumley. Illus. by Tiffani Crumley. 2017. (ENG.). 28p. (J). pap. 9.95 *(978-0-9836690-5-0(8))* Purple Sage Publishing.

Calftales Easter. Karen D. Crumley. Illus. by Tiffani Crumley. 2018. (ENG.). 32p. (J). pap. 10.00 *(978-0-9836690-6-7(6))* Purple Sage Publishing.

Calftales Halloween. Karen B. Crumley. Illus. by Tiffani Crumley. 2017. (ENG.). (J). pap. 9.95 *(978-0-9836690-4-3(X))* Purple Sage Publishing.

Calgary Flames. Dan Scifo. 2023. (NHL Teams Set 2 Ser.). (ENG., Illus.). 32p. (J). (gr. 3-4). pap. 9.95 *(978-1-63494-608-7(1));* lib. bdg. 31.35 *(978-1-63494-590-5(5))* Pr. Room Editions LLC.

Cali Boli Reed Makes Friends. Nancy Rogers-Reed. Illus. by Nicolaus McGarvey. 2021. (ENG.). 28p. (J). pap. 13.95 *(978-1-63903-855-8(8))* Christian Faith Publishing.

Cali Castle Presents: The Quarantine Kid: T. Cali Castle. l.t. ed. 2021. (ENG.). 22p. (J). 19.99 ***(978-1-0879-9145-0(5))*** Indy Pub.

Caliban (Classic Reprint) W. L. George. 2018. (ENG., Illus.). 326p. (J). 30.62 *(978-0-483-65372-6(1))* Forgotten Bks.

Calico & Patch: Just Like Me & Big Adventure. Tiffany a Riebel. 2017. (ENG., Illus.). 38p. (J). pap. *(978-1-387-38280-4(2))* Lulu Pr., Inc.

Calico Cat (Classic Reprint) Charles Miner Thompson. 2017. (ENG., Illus.). (J). 28.85 *(978-0-331-93870-8(7))* Forgotten Bks.

Calico Cats. Elizabeth Andrews. 2022. (Cats (CK) Ser.). (ENG., Illus.). 24p. (J). (gr. k-3). lib. bdg. 31.36 *(978-1-0982-4310-4(2),* 41195, Pop! Cody Koala) Pop!.

Calico Girl. Jerdine Nolen. ed. 2019. (Penworthy Picks Middle School Ser.). (ENG.). 164p. (J). (gr. 4-5). 20.36 *(978-1-64310-939-8(1))* Penworthy Co., LLC, The.

Calico Girl. Jerdine Nolen. (ENG.). (J). (gr. 3-7). 2018. 208p. pap. 8.99 *(978-1-4814-5982-2(1));* 2017. (Illus.). 192p. 18.99 *(978-1-4814-5981-5(3))* Simon & Schuster/Paula Wiseman Bks. (Simon & Schuster/Paula Wiseman Bks.).

Calico Girl. Jerdine Nolen. ed. 2018. lib. bdg. 18.40 *(978-0-606-40837-0(1))* Turtleback.

Calico Illustrated Classics, 8 vols., Set. Incl. Adventures of Robinson Crusoe. Daniel Dafoe. Illus. by Eric Scott Fisher. 38.50 *(978-1-60270-703-0(0),* 3959); Great Expectations. Charles Dickens. Illus. by Patricia Castelao. 38.50 *(978-1-60270-706-1(5),* 3965); Last of the Mohicans. James Fenimore Cooper. Illus. by Anthony VanArsdale. 38.50 *(978-1-60270-708-5(1),* 3969); Moby Dick. Herman. Melville. Illus. by Eric Scott Fisher. 38.50 *(978-1-60270-709-2(X),* 3971); Peter Pan. J. M. Barrie. Illus. by Shawna J. C. Tenney. 38.50 *(978-1-60270-710-8(3),* 3973); Red Badge of Courage. Stephen. Crane. Illus. by C. B. Canga. 38.50 *(978-1-60270-711-5(1),* 3975); Tale of Two Cities. Charles Dickens. Illus. by Ute Simon. 38.50 *(978-1-60270-712-2(X),* 3977); Tom Sawyer. Mark Twain, pseud. Illus. by Lisa Mullarkey & Howard McWilliam. 38.50 *(978-1-60270-704-7(9),* 3961); (J). (gr. 2-5). (Calico Illustrated Classics Ser.: 12). (ENG.). 112p. 2010. Set lib. bdg. 308.00 *(978-1-60270-701-6(4),* 3955); Set lib. bdg. 462.00 *(978-1-61641-100-8(7),* 4007) ABDO Publishing Co. (Calico Chapter Bks.).

Calico the Wonder Horse: Christmas Gift Edition: a Christmas Holiday Book for Kids. Virginia Lee Burton. gif. ed. 2016. (ENG., Illus.). 64p. (J). (gr. -1-3). 14.99 *(978-0-547-57572-8(6),* 1457867, Clarion Bks.) HarperCollins Pubs.

Caliente. Linda Koons. 2016. (Early Rising Readers Ser.). (SPA.). 16p. (J). (gr. 1). 6.67 *(978-1-4788-4206-4(7))* Newmark Learning LLC.

Caliente - 6 Pack. Linda Koons. 2016. (Early Rising Readers Ser.). (SPA.). (J). (gr. 1). 40.00 net. *(978-1-4788-4725-0(5))* Newmark Learning LLC.

Caliente y Frío (Hot & Cold) Julie Murray. 2019. (Contrarios (Opposites) Ser.). (SPA.). 24p. (J). (gr. -1-2). lib. bdg. 31.36 *(978-1-5321-8734-6(3),* 31316, Abdo Kids) ABDO Publishing Co.

California. Karen Durrie & Janice Parker. 2018. (Illus.). 24p. (J). *(978-1-4896-7409-8(8),* AV2 by Weigl) Weigl Pubs., Inc.

California, 1 vol. John Hamilton. 2016. (United States of America Ser.). (ENG., Illus.). 48p. (J). (gr. 5-9). 34.21 *(978-1-68078-307-0(6),* 21599, Abdo & Daughters) ABDO Publishing Co.

California. Richard Sebra. 2022. (Core Library of US States Ser.). (ENG., Illus.). 48p. (J). (gr. 4-8). lib. bdg. 35.64 *(978-1-5321-9746-8(2),* 39583) ABDO Publishing Co.

California. Sarah Tieck. 2019. (Explore the United States Ser.). (ENG., Illus.). 32p. (J). (gr. 2-5). lib. bdg. 34.21 *(978-1-5321-9108-4(1),* 33404, Big Buddy Bks.) ABDO Publishing Co.

California: A Pleasure Trip from Gotham to the Golden Gate, (April, May, June, 1877) (Classic Reprint) Frank Leslie. (ENG., Illus.). (J). 2017. 30.91 *(978-0-265-53097-9(0));* 2016. pap. 13.57 *(978-1-334-32356-0(9))* Forgotten Bks.

California: An Englishman's Impressions of the Golden State (Classic Reprint) Arthur Tysilio Johnson. 2017. (ENG., Illus.). (J). 462p. 33.43 *(978-0-484-22520-5(0));* pap. 16.57 *(978-0-282-00700-3(8))* Forgotten Bks.

California: Becoming a State. Elizabeth Anderson Lopez. rev. ed. 2017. (Social Studies: Informational Text Ser.). (ENG., Illus.). 32p. (J). (gr. 3-5). pap. 11.99 *(978-1-4258-3240-7(7))* Teacher Created Materials, Inc.

California: Children's American Local History with Facts & Pictures. Bold Kids. 2022. (ENG.). 46p. (J). pap. 14.99 *(978-1-0717-0908-5(9))* FASTLANE LLC.

California: The Golden State. Janice Parker. 2016. (J). (Illus.). 48p. *(978-1-5105-2083-7(X));* *(978-1-5105-0659-6(4))* SmartBook Media, Inc.

California: The Golden State. Janice Parker. 2016. (J). *(978-1-4896-4827-3(5))* Weigl Pubs., Inc.

California: The Golden State, 1 vol. Anna Maria Johnson et al. 4th ed. 2018. (It's My State! (Fourth Edition)(r) Ser.). (ENG.). 80p. (gr. 4-4). 35.93 *(978-1-5026-2625-7(X),* 8c0700ff-da91-4931-92fe-08682244ce96); pap. 18.64 *(978-1-5026-4438-1(X),* e492f17f-a268-4f37-813f-ef105520b4e4) Cavendish Square Publishing LLC.

California: Towns to Cities (California) Marilyn Iturri. rev. ed. 2017. (Social Studies: Informational Text Ser.). (ENG., Illus.). 32p. (J). (gr. 3-5). pap. 11.99 *(978-1-4258-3243-8(1))* Teacher Created Materials, Inc.

California 46 to 88 (Classic Reprint) Jacob Wright Harlan. 2018. (ENG., Illus.). 244p. (J). 28.93 *(978-0-656-13598-1(0))* Forgotten Bks.

California & Other Western Wildfires. Rachel Seigel. 2018. (Disaster Alert! Ser.). (Illus.). 48p. (J). (gr. 5-5). *(978-0-7787-5174-8(0))* Crabtree Publishing Co.

California (ARC Edition) The Golden State, 1 vol. Anna Maria Johnson et al. 2020. (It's My State! (Fourth Edition)(r) Ser.). (ENG.). 80p. (J). (gr. 4-4). pap. 18.64 *(978-1-5026-6210-1(8),* cc4759ed-4145-4cf2-b8bc-f826ed635a06) Cavendish Square Publishing LLC.

California Books for Kids Gift Set. Lily Jacobs & Sandra Magsamen. Illus. by Robert Dunn. 2020. (ENG.). (J). 29.99 *(978-1-7282-4189-0(8))* Sourcebooks, Inc.

California Condor. Amanda Lanser. 2016. (Back from near Extinction Ser.). (ENG., Illus.). 48p. (J). (gr. 4-8). lib. bdg. 35.64 *(978-1-68078-465-7(X),* 23867) ABDO Publishing Co.

California Condors. Rebecca Sabelko. 2018. (North American Animals Ser.). (ENG., Illus.). 24p. (J). (gr. k-3). lib. bdg. 26.95 *(978-1-62617-796-3(1),* Blastoff! Readers) Bellwether Media.

California Condors: Wide-Winged Soaring Birds. Laura Hamilton Waxman. 2016. (Comparing Animal Traits Ser.). (ENG., Illus.). 32p. (J). (gr. 2-4). pap. 8.99 *(978-1-4677-9639-2(5),* ed50e2e2-c24c-4baf-9948-42aead2e6ec4) Lerner Publishing Group.

California Desert Trails (Classic Reprint) Unknown Author. 2017. (ENG., Illus.). (J). 33.55 *(978-0-265-23120-3(5))* Forgotten Bks.

California Dreaming. Marissa Moss. 2016. (Mira's Diary Ser.). (ENG., Illus.). 190p. (J). (gr. 2-8). 12.99 *(978-1-939547-22-4(9),* 81279f26-461a-4e86-982f-55d09a0047cd) Creston Bks.

California Drought. Laura Perdew. 2017. (Ecological Disasters Ser.). (ENG., Illus.). 112p. (J). (gr. 6-12). lib. bdg. 41.36 *(978-1-5321-1020-7(0),* 25616, Essential Library) ABDO Publishing Co.

California Fairy (Classic Reprint) George H. Stipp. (ENG., Illus.). (J). 2018. 20p. 24.33 *(978-0-428-48868-0(4));* 2016. pap. 7.97 *(978-1-334-12089-3(7))* Forgotten Bks.

California Gold Rush: An Interactive History Adventure. Elizabeth Raum. rev. ed. 2016. (You Choose: History Ser.). (ENG., Illus.). 112p. (J). (gr. 3-7). pap. 6.95 *(978-1-5157-4254-8(7),* 134008, Capstone Pr.) Capstone.

California Gold Rush & The '49ers. Jean F. Blashfield. 2017. (Landmarks in U. S. History Ser.). (ENG., Illus.). 32p. (J). (gr. 3-6). lib. bdg. 27.99 *(978-1-5157-7116-6(4),* 135517, Capstone Pr.) Capstone.

California Idyl (Classic Reprint) Ernest McGaffey. 2018. (ENG., Illus.). (J). 26p. 24.45 *(978-0-366-68058-0(7));* 28p. pap. 7.97 *(978-0-366-68041-2(2))* Forgotten Bks.

California Idyle: Being an Appreciation of California from the Snow Line of the Sierras to the Orange Laden Breezes of the South (Classic Reprint) Jenny Sturtevant MacMillan. 2017. (ENG., Illus.). (J). 24.31 *(978-0-266-95542-9(8));* pap. 7.97 *(978-1-5279-0615-0(9))* Forgotten Bks.

California, in-Doors & Out: Or, How We Farm, Mine & Live Generally in the Golden State (Classic Reprint) Eliza W. Farnham. (ENG., Illus.). (J). 2018. 534p. 34.91 *(978-0-428-97484-8(8));* 2016. pap. 19.57 *(978-1-333-23249-8(7))* Forgotten Bks.

California in the 20th Century. Nicole M. Korte. rev. ed. 2017. (Social Studies: Informational Text Ser.). (ENG., Illus.). 32p. (J). (gr. 3-5). pap. 11.99 *(978-1-4258-3244-5(X))* Teacher Created Materials, Inc.

California Indians. Ben Nussbaum. rev. ed. 2018. (Social Studies: Informational Text Ser.). (ENG., Illus.). 32p. (J). (gr. 3-5). pap. 11.99 *(978-1-4258-2520-1(6))* Teacher Created Materials, Inc.

California Padres & Their Missions (Classic Reprint) Charles Francis Saunders. (ENG., Illus.). (J). 2017. 33.30 *(978-0-331-88181-3(0));* 2016. pap. 16.57 *(978-1-333-70309-7(0))* Forgotten Bks.

California Pilgrim: A Series of Lectures (Classic Reprint) Joseph Augustine Benton. 2018. (ENG., Illus.). 276p. (J). 29.61 *(978-0-483-21307-4(1))* Forgotten Bks.

California Play & Pageant (Classic Reprint) California University . English Club. 2018. (ENG., Illus.). 122p. (J). 26.41 *(978-0-666-83124-8(6))* Forgotten Bks.

California Quails. Julie Murray. 2021. (State Birds Ser.). (ENG., Illus.). 24p. (J). (gr. -1-2). lib. bdg. 31.36 *(978-1-0982-0714-4(9),* 37833, Abdo Kids) ABDO Publishing Co.

California Revisited: 1858-1897 (Classic Reprint) T. S. Kenderdine. 2017. (ENG., Illus.). (J). 30.95 *(978-0-260-09157-4(X))* Forgotten Bks.

California Screaming. Bryan Lee O'Malley & Leslie Hung. 2018. (ENG., Illus.). 136p. (YA). pap. 15.99 *(978-1-5343-0661-5(7),* 959a11ad-f93e-423e-a3b3-c4a8a5a24923) Image Comics.

California Sketches. O. P. Fitzgerald. 2017. (ENG., Illus.). (J). pap. *(978-0-649-38505-8(5))* Trieste Publishing Pty Ltd.

California Sketches. O. P. (Oscar Penn) Fitzgerald. 2017. (ENG.). 294p. (J). pap. *(978-3-337-01090-4(3))* Creation Pubs.

California Sketches: New & Old (Classic Reprint) O. P. Fitzgerald. 2017. (ENG., Illus.). (J). 30.95 *(978-0-260-83349-5(5));* 28.27 *(978-1-5283-8603-6(5))* Forgotten Bks.

California Standards Tests Grade 5 Science Success Strategies Study Guide: Cst Test Review for the California Standards Tests. Ed. by Cst Exam Secrets Test Prep. 2016. (ENG.). (J). pap. 40.99 *(978-1-5167-0060-8(0))* Mometrix Media LLC.

California Standards Tests Grade 8 Science Success Strategies Study Guide: Cst Test Review for the California Standards Tests. Ed. by Cst Exam Secrets Test Prep. 2016. (ENG.). (J). pap. 40.99 *(978-1-5167-0061-5(9))* Mometrix Media LLC.

California State Series. a Primer by Bryce & Spaulding. Catherine T. Bryce. 2017. (ENG., Illus.). (J). pap. *(978-0-649-50236-3(1))* Trieste Publishing Pty Ltd.

California State Series of School Text-Books. Advanced Arithmetic. State Board Of Education. 2017. (ENG., Illus.). (J). pap. *(978-0-649-03814-5(2))* Trieste Publishing Pty Ltd.

California State Series of School Text-Books; First Reader. State Board Of Education. 2017. (ENG., Illus.). (J). pap. *(978-0-649-52430-3(6))* Trieste Publishing Pty Ltd.

California Story Book (Classic Reprint) California University . English Club. 2017. (ENG., Illus.). 206p. (J). 28.17 *(978-0-484-31651-4(6))* Forgotten Bks.

California Tragedy (Classic Reprint) Jessy Quinn Thornton. 2017. (ENG., Illus.). (J). 176p. 27.55 *(978-0-484-66482-0(4));* pap. 9.97 *(978-0-282-45596-5(5))* Forgotten Bks.

California Trail: Yesterday & Today. William E. Hill. 2017. (Illus.). xviii, 343p. *(978-0-87004-604-9(7))* Caxton Pr.

California Tramp & Later Footprints, or Life on the Plains & in the Golden State Thirty Years Ago: With Miscellaneous Sketches in Prose & Verse (Classic Reprint) T. S. Kenderdine. (ENG., Illus.). (J). 2018. 438p. 32.93 *(978-0-666-44693-0(8));* 2016. pap. 16.57 *(978-1-333-65658-4(0))* Forgotten Bks.

California Trees & Wildflowers: A Folding Pocket Guide to Familiar Plants. James Kavanagh & Waterford Press Staff. Illus. by Raymond Leung. 2017. (Wildlife & Nature Identification Ser.). (ENG.). 12p. 7.95 *(978-1-58355-071-7(2))* Waterford Pr., Inc.

California Wildfires. Sue Gagliardi. 2019. (21st Century Disasters Ser.). (ENG., Illus.). 32p. (J). (gr. 2-3). pap. 9.95 *(978-1-64185-805-2(2),* 1641858052); lib. bdg. 31.35 *(978-1-64185-736-9(6),* 1641857366) North Star Editions. (Focus Readers).

Californias Redwood Forest. Christy Mihaly. 2018. (Natural Wonders of the World Ser.). (ENG., Illus.). 32p. (J). (gr. 3-5). pap. 9.95 *(978-1-63517-584-4(4),* 1635175844); lib. bdg. 31.35 *(978-1-63517-512-7(7),* 1635175127) North Star Editions. (Focus Readers).

Californiacs (Classic Reprint) Inez Haynes Irwin. 2018. (ENG., Illus.). 72p. (J). 25.40 *(978-0-484-52316-5(3))* Forgotten Bks.

Californian, 1880, Vol. 2: A Western Monthly Magazine (Classic Reprint) Unknown Author. 2018. (ENG., Illus.). 584p. (J). 35.94 *(978-0-484-62550-0(0))* Forgotten Bks.

Californian, 1881, Vol. 4: A Western Monthly Magazine (Classic Reprint) Chas H. Phelps. 2018. (ENG., Illus.). 544p. (J). 35.12 *(978-0-483-26172-3(6))* Forgotten Bks.

Californian, 1882, Vol. 6: A Western Monthly Magazine (Classic Reprint) Unknown Author. 2018. (ENG., Illus.). 584p. (J). 35.94 *(978-0-483-31783-3(7))* Forgotten Bks.

Californian Through Connecticut & the Berkshires (Classic Reprint) Russell Wright Osborn. 2017. (ENG., Illus.). (J). 24.97 *(978-0-265-20750-5(9))* Forgotten Bks.

Californian, Vol. 1: A Western Monthly Magazine; January June, 1800 (Classic Reprint) Unknown Author. 2018. (ENG., Illus.). 584p. (J). 35.94 *(978-0-484-38425-4(2))* Forgotten Bks.

Californian, Vol. 1: May 28, 1864 (Classic Reprint) Charles Henry Webb. (ENG., Illus.). (J). 2018. 446p. 33.10 *(978-0-267-85312-0(2));* 2017. pap. 16.57 *(978-0-243-25007-3(X))* Forgotten Bks.

Californian, Vol. 3: May 27, 1865 (Classic Reprint) Charles Henry Webb. 2018. (ENG., Illus.). (J). 440p. 32.97

C

(978-0-428-99409-9(1)); 442p. pap. 16.57 *(978-0-428-99379-5(6))* Forgotten Bks.

Californian, Vol. 5: An Illustrated Monthly Magazine, January June, 1882 (Classic Reprint) Unknown Author. 2018. (ENG., Illus.). 574p. (J). 35.74 *(978-0-483-39176-5(X))* Forgotten Bks.

Californian, Vol. 5: December 1893-April 1894 (Classic Reprint) Charles Frederick Holder. (ENG., Illus.). (J). 2018. 830p. 41.06 *(978-0-484-09447-4(5))*; 2017. pap. 23.57 *(978-1-334-92039-4(7))* Forgotten Bks.

Californians (Classic Reprint) Gertrude Franklin Horn Atherton. 2018. (ENG., Illus.). 364p. (J). 31.42 *(978-0-483-43577-3(5))* Forgotten Bks.

Californians Who Made a Difference. Heather L. Osial. rev. ed. 2017. (Social Studies: Informational Text Ser.). (ENG., Illus.). 32p. (J). (gr. 3-5). pap. 9.99 *(978-1-4258-3247-6(4))* Teacher Created Materials, Inc.

California's Indian Nations. Ben Nussbaum. rev. ed. 2017. (Social Studies: Informational Text Ser.). (ENG., Illus.). 32p. (J). (gr. 3-5). pap. 11.99 *(978-1-4258-3232-2(6))* Teacher Created Materials, Inc.

California's Spanish Missions. Lisa E. Greathouse. rev. ed. 2017. (Social Studies: Informational Text Ser.). (ENG., Illus.). 32p. (J). (gr. 3-5). pap. 11.99 *(978-1-4258-3234-6(2))* Teacher Created Materials, Inc.

Caligara. Talitha M. Brummel. 2022. (ENG., Illus.). 316p. (YA). 33.95 ***(978-1-6624-7882-6(8))***; pap. 22.95 ***(978-1-6624-7880-2(1))*** Page Publishing Inc.

Calila y Dimna: Fábulas; Antigua Version Castellana (Classic Reprint) Bidpai Bidpai. 2018. (SPA., Illus.). (J). 296p. 30.02 *(978-1-390-01795-3(8))*; 298p. pap. 13.57 *(978-1-390-01780-9(X))* Forgotten Bks.

Caliphs & Sultans: Being Tales Omitted in the Usual Editions of the Arabian Nights Entertainments (Classic Reprint) Sylvanus Hanley. 2018. (ENG., Illus.). 382p. (J). 31.78 *(978-0-483-14836-9(9))* Forgotten Bks.

Calisbury Christmas. Marisa Grace Porter. Illus. by Adrianna Vanderstelt. 2019. (ENG.). 32p. (J). (gr. k-5). 18.99 *(978-0-578-60516-6(3))* Porter, Marisa.

Calista Chase Time Sleuth: Blackbeard's Treasure. Thomas Lockhaven. Ed. by David Aretha & Andrea Vanryken. l.t. ed. 2020. (Calista Chase Time Sleuth Ser.: Vol. 1). (ENG.). 150p. (J). 19.97 *(978-1-947744-70-7(4))*; pap. 9.99 *(978-1-947744-69-1(0))* Twisted Key Publishing, LLC.

Calix & the Fire Demon. Ron Walters. 2022. (ENG.). 232p. (J). pap. 12.95 ***(978-1-958109-08-3(8))*** Owl Hollow Pr.

Call, 1923 (Classic Reprint) Saint Joseph School. 2018. (ENG., Illus.). 56p. (J). 25.05 *(978-0-428-25980-8(4))* Forgotten Bks.

Call, 1923 (Classic Reprint) Saint Joseph's Hospital Nursing School. 2017. (ENG., Illus.). (J). pap. 9.57 *(978-0-243-49543-6(9))* Forgotten Bks.

Call a Panda. Wendell Ing. 2017. (ENG., Illus.). 32p. (J). pap. *(978-1-387-39319-0(7))* Lulu Pr., Inc.

Call Across the Sea. Kathy Kacer. 2021. (Heroes Quartet Ser.: 4). 216p. (J). (gr. 4-7). (ENG.). 18.95 *(978-1-77321-478-8(0))*; pap. 9.95 *(978-1-77321-479-5(9))* Annick Pr., Ltd. CAN. Dist: Publishers Group West (PGW).

Call & Response: The Story of Black Lives Matter. Veronica Chambers. 2023. (ENG., Illus.). 160p. (J). (gr. 5). pap. 15.99 *(978-0-06-328493-7(6)*, Versify) HarperCollins Pubs.

Call & Response: the Story of Black Lives Matter. Veronica Chambers. 2021. (ENG., Illus.). 160p. (J). (gr. 5). 21.99 *(978-0-358-57341-8(6)*, 1810775, Versify) HarperCollins Pubs.

Call Anytime Love, Mum. Tracy Baker. Illus. by E. R. Clarke. 2023. 36p. (J). pap. 13.99 ***(978-1-6678-9206-1(1))*** BookBaby.

Call at Evening (Classic Reprint) Jessie Ward. (ENG., Illus.). (J). 2018. 434p. 32.87 *(978-0-428-75025-1(7))*; 2016. pap. 16.57 *(978-1-333-65031-5(0))* Forgotten Bks.

Call down the Hawk (the Dreamer Trilogy, Book 1) Maggie Stiefvater. (Dreamer Trilogy Ser.: 1). (ENG.). 480p. (gr. 7-7). 2021. (YA). pap. 12.99 *(978-1-338-18833-2(X))*; 2019. (J). 19.99 *(978-1-338-18832-5(1)*, Scholastic Pr.) Scholastic, Inc.

Call down the Storm (Classic Reprint) LeGette Blythe. 2017. (ENG., Illus.). (J). 30.58 *(978-1-5285-6044-3(2))*; pap. 13.57 *(978-0-243-48583-3(2))* Forgotten Bks.

Call from the Past, & Other Stories (Classic Reprint) Leonard Merrick. 2018. (ENG., Illus.). 298p. (J). 30.04 *(978-0-428-86370-8(1))* Forgotten Bks.

Call It Courage Novel Units Student Packet. Novel Units. 2019. (ENG.). (YA). pap. 13.99 *(978-1-56137-492-2(X)*, Novel Units, Inc.) Classroom Library Co.

Call It Courage Novel Units Teacher Guide. Novel Units. 2019. (ENG.). (YA). pap. 12.99 *(978-1-56137-245-4(5)*, Novel Units, Inc.) Classroom Library Co.

Call It What You Want. Brigid Kemmerer. (ENG.). 384p. (YA). 2020. pap. 10.99 *(978-1-68119-812-5(6)*, 900187431); 2019. 18.99 *(978-1-68119-809-5(6)*, 900187438) Bloomsbury Publishing USA. (Bloomsbury Young Adult).

Call Me Adnan. Reem Faruqi. 2023. (ENG.). 320p. (J). (gr. 3-7). 19.99 *(978-0-06-328494-4(4)*, HarperCollins) HarperCollins Pubs.

Call Me American (Adapted for Young Adults) The Extraordinary True Story of a Young Somali Immigrant. Abdi Nor Iftin. 2021. (ENG.). 272p. (YA). (gr. 7). pap. 9.99 *(978-1-9848-9713-8(6)*, Ember) Random Hse. Children's Bks.

Call Me Bill. Lynette Richards. 2022. (ENG., Illus.). 85p. (J). pap. 18.00 *(978-1-77262-078-8(5))* Conundrum Pr. CAN. Dist: Consortium Bk. Sales & Distribution.

Call Me Calvin. Mary Vander Plas. Illus. by André Ceolin. 2023. (ENG.). 32p. (J). (gr. -1-3). 18.99 *(978-0-8075-1044-5(0)*, 0807510440) Whitman, Albert & Co.

Call Me Doctor A: Time for My Checkup at the Pediatrician's Office. Olukemi Akinrinola. 2019. (ENG., Illus.). 28p. (J). (gr. k-6). 15.99 *(978-1-950320-22-6(7))* LightHse. Bks., The.

Call Me Floy. Joanna Cooke. 2020. (ENG., Illus.). 192p. (J). 17.99 *(978-1-930238-99-2(1))* Yosemite Conservancy.

Call Me Gorgeous. Giles Milton. Illus. by Alexandra Milton. 2022. (ENG.). 32p. (J). (gr. -1-1). 12.99 *(978-1-912757-95-4(8))* Boxer Bks., Ltd. GBR. Dist: Sterling Publishing Co., Inc.

Call Me Max: A Life in Radio. John Whitmarsh & Max Hunloke. 2017. (ENG.). 334p. (J). 26.95 *(978-1-78612-135-6(2)*, 0392d3e2-f460-4350-9195-94c74814d5d5) Austin Macauley Pubs. Ltd. GBR. Dist: Baker & Taylor Publisher Services (BTPS).

Call Me Miss Hamilton: One Woman's Case for Equality & Respect. Carole Boston Weatherford. Illus. by Jeffery Boston Weatherford. 2022. (ENG.). 40p. (J). (gr. 2-5). 19.99 *(978-1-5415-6040-6(X)*, 1a07b77e-4d4e-4263-b56a-ace9b03a8ccd, Millbrook Pr.) Lerner Publishing Group.

Call Me Obie. Ateret Haselkorn. 2022. (ENG.). 268p. (YA). pap. 14.99 ***(978-1-958901-09-0(1))*** Between the Lines Publishing.

Call Me Sometime. Ron Mueller. 2021. (ENG.). 30p. (J). pap. 5.99 *(978-1-68223-238-5(7))* Around the World Publishing LLC.

Call Me Sunflower. Miriam Spitzer Franklin. (ENG.). (J). (gr. 2-7). 2019. 256p. pap. 8.99 *(978-1-5107-3914-7(9))*; 2017. 272p. 15.99 *(978-1-5107-1179-2(1))* Skyhorse Publishing Co., Inc. (Sky Pony Pr.).

Call Mr. Fortune (Classic Reprint) Henry Christopher Bailey. (ENG., Illus.). (J). 2017. 29.47 *(978-0-260-16890-0(4))*; 2016. pap. 11.97 *(978-1-334-13005-2(1))* Forgotten Bks.

Call of Cthulhu. H. P. Lovecraft. 2018. (ENG., Illus.). 42p. (YA). 12.99 *(978-1-5154-2443-7(X))* Wilder Pubns., Corp.

Call of Cthulhu. H. P. Lovecraft. (ENG.). (YA). 2020. 40p. 25.94 *(978-1-716-44311-4(3))*; 2020. 40p. pap. 6.99 *(978-1-716-44316-9(4))*; 2017. 48p. pap. *(978-1-387-44317-8(8))* Lulu Pr., Inc.

Call of Cthulhu. H. P. Lovecraft. 2022. (ENG.). 78p. (YA). 15.99 ***(978-1-64594-155-2(8))*** Athanatos Publishing Group.

Call of Duty. Kenny Abdo. 2022. (Esports Ser.). (ENG., Illus.). 24p. (J). (gr. 2-2). pap. 8.95 *(978-1-64494-782-1(X))*; lib. bdg. 31.36 *(978-1-0982-2846-0(4)*, 39971) ABDO Publishing Co. (Abdo Zoom-Fly).

Call of Jeremiah Mcgill. Joseph Moore. 2023. (ENG.). 162p. (J). pap. 9.99 ***(978-1-6629-1935-0(2))*** Gatekeeper Pr.

Call of Kythshire. Missy Sheldrake. 2021. (Keepers of the Wellsprings Ser.: Vol. 1). (ENG.). 346p. (YA). 26.99 *(978-1-7345896-2-7(0))* Missy Sheldrake.

Call of the Bells. Dianne Sunda. 2023. (ENG.). 30p. (J). 15.99 ***(978-1-60571-562-9(X)***, Shires Press) Northshire Pr.

Call of the Bells: A Novel (Classic Reprint) Edmund Mitchell. 2017. (ENG., Illus.). (J). 32.54 *(978-0-265-52016-1(9))*; pap. 16.57 *(978-0-243-41966-1(X))* Forgotten Bks.

Call of the Blood (Classic Reprint) Robert Smythe Hichens. (ENG., Illus.). (J). 2017. 34.39 *(978-1-5279-8324-3(2))*; 2016. pap. 16.97 *(978-1-334-60594-9(7))* Forgotten Bks.

Call of the Canyon (Classic Reprint) Zane Grey. 2018. (ENG., Illus.). (J). 296p. 30.02 *(978-1-397-18234-0(2))*; 298p. pap. 13.57 *(978-1-397-18156-5(7))* Forgotten Bks.

Call of the Crow (Skyborn #2) Jessica Khoury. (Skyborn Ser.). (ENG.). 288p. (J). (gr. 3-7). 2023. pap. 7.99 *(978-1-338-65241-3(9))*; 2022. (Illus.). 16.99 *(978-1-338-65242-0(7)*, Scholastic Pr.) Scholastic, Inc.

Call of the Cumberlands. Charles Neville Buck. 2017. (ENG., Illus.). (J). 25.95 *(978-1-374-87930-0(4))*; pap. 15.95 *(978-1-374-87929-4(0))* Capital Communications, Inc.

Call of the Cumberlands (Classic Reprint) Charles Neville Buck. 2018. (ENG., Illus.). 378p. (J). 31.69 *(978-0-483-27146-3(2))* Forgotten Bks.

Call of the East: A Romance of Far Formosa (Classic Reprint) Thurlow Fraser. 2018. (ENG., Illus.). 364p. (J). 31.40 *(978-0-332-15005-5(4))* Forgotten Bks.

Call of the King. T. J. Green. 2020. (Rise of the King Ser.: Vol. 1). (ENG.). 224p. (YA). pap. *(978-1-990047-00-8(9))* Rare Design Ltd.

Call of the Last Survivor: An Unofficial Fortnite Novel. 2018. (ENG.). (J). pap. 9.99 *(978-1-63158-459-6(6)*, Racehorse Publishing) Skyhorse Publishing Co., Inc.

Call of the Last Survivor: An Unofficial Fortnite Novel. Ken A. Moore. 2018. (ENG.). 224p. (J). (gr. 6-12). pap. 9.99 *(978-1-5107-4486-8(X)*, Sky Pony Pr.) Skyhorse Publishing Co., Inc.

Call of the Mate (Classic Reprint) Claud Francis Burton. 2017. (ENG., Illus.). (J). 31.03 *(978-0-266-71811-6(6))*; pap. 13.57 *(978-1-5276-7460-8(6))* Forgotten Bks.

Call of the Rift: Crest. Jae Waller. 2021. (Call of the Rift Ser.: 3). (Illus.). 472p. (YA). 18.95 *(978-1-77041-458-7(4)*, cf6d2478-bfa7-4006-bf30-4b9e39883fb9) ECW Pr. CAN. Dist: Baker & Taylor Publisher Services (BTPS).

Call of the Rift: Wake. Jae Waller. 2023. (Call of the Rift Ser.: 4). 488p. (YA). pap. 18.95 *(978-1-77041-459-4(2)*, c92ea7b3-ac55-48f1-9730-8a9247b248ae) ECW Pr. CAN. Dist: Baker & Taylor Publisher Services (BTPS).

Call of the Sea. Amanda LaBonte. 2016. (Call of the Sea Ser.: Vol. 1). (ENG.). 324p. (YA). pap. *(978-1-989473-09-2(1))* Engen Bks.

Call of the Sea: Special Edition. Amanda LaBonte. 2019. (Call of the Sea Ser.: Vol. 1). (ENG.). 322p. (YA). pap. *(978-1-989473-11-5(3))* Engen Bks.

Call of the Siren. Sarah Elizabeth. 2020. Vol. 2. (ENG.). 314p. (YA). pap. 13.99 *(978-1-393-82742-9(X))* Draft2Digital.

Call of the Sound Dragon, 16. Tracey West. ed. 2020. (Branches Early Ch Bks). (ENG., Illus.). 90p. (J). (gr. 2-3). 15.36 *(978-1-64697-472-6(7))* Penworthy Co., LLC, The.

Call of the Sound Dragon: a Branches Book (Dragon Masters #16) Tracey West. Illus. by Matt Loveridge. 2020. (Dragon Masters Ser.: 16). (ENG.). 96p. (J). (gr. 1-3). pap. 5.99 *(978-1-338-54028-4(9))* Scholastic, Inc.

Call of the Sound Dragon: a Branches Book (Dragon Masters #16) (Library Edition) Tracey West. Illus. by Matt Loveridge. 2020. (Dragon Masters Ser.: 16). (ENG.). 96p. (J). (gr. 1-3). lib. bdg. 24.99 *(978-1-338-54029-1(7))* Scholastic, Inc.

Call of the South (Classic Reprint) Robert Lee Durham. 2017. (ENG., Illus.). (J). 33.86 *(978-1-5281-8860-9(8))* Forgotten Bks.

Call of the Southern Cross: A Romance of Australia (Classic Reprint) John Sandes. 2018. (ENG., Illus.). 158p. (J). 27.16 *(978-0-365-24328-1(0))* Forgotten Bks.

Call of the Swamp. Davide Calì. Illus. by Marco Somà. 2017. (ENG.). 32p. (J). 16.00 *(978-0-8028-5486-5(9)*, Eerdmans Bks For Young Readers) Eerdmans, William B. Publishing Co.

Call of the Unicorn. Bethany Wilson. 2018. (ENG.). 102p. (J). pap. 12.00 *(978-1-716-84783-7(4))* Lulu Pr., Inc.

Call Of The Wild 2016. (Call of the Wild Ser.). 32p. (gr. 3-3). pap. 63.48 *(978-1-5026-2050-7(2))*; (ENG.). lib. bdg. 181.26 *(978-1-5026-1730-9(7)*, efd94f58-e1ae-4139-ab52-eda6fddfe4e7) Cavendish Square Publishing LLC. (Cavendish Square).

Call of the Wild. Illus. by Adam Horsepool. 2021. (10 Minute Classics Ser.). (ENG.). 32p. (J). (gr. 1-5). 16.99 *(978-1-4867-1825-2(6)*, 0139739a-d69d-4170-8512-32594acbfd9d) Flowerpot Pr.

Call of the Wild. Jack. London. (ENG.). 112p. (J). 2020. (Arcturus Silhouette Classics Ser.: 5). 12.99 *(978-1-83857-752-0(1)*, 1c3a9d68-a902-4463-b6f9-dae3f0312daf); 2019. (Arcturus Children's Classics Ser.). pap. 6.99 *(978-1-78950-475-0(9)*, d530327a-8b25-4dd8-92ff-46ea2bd0d46d) Arcturus Publishing GBR. Dist: Baker & Taylor Publisher Services (BTPS).

Call of the Wild. Jack. London. 2020. (ENG.). (J). (gr. 6). 116p. 16.95 *(978-1-64799-423-5(3))*; 114p. pap. 8.95 *(978-1-64799-422-8(5))* Bibliotech Pr.

Call of the Wild. Jack. London. (ENG.). (J). 2020. 102p. pap. *(978-1-77426-017-3(4))*; 2019. 86p. (gr. 3-7). pap. *(978-1-989201-53-4(9))* East India Publishing Co.

Call of the Wild. Jack. London. 2018. (ENG., Illus.). 214p. (J). (gr. 3-7). pap. *(978-1-387-88088-1(8))* Lulu Pr., Inc.

Call of the Wild. Jack. London. 2018. (ENG., 100p. (J). (gr. 3-7). Illus.). *(978-1-77335-121-6(4))*; pap. *(978-1-77335-119-3(2))* Magdalene Pr.

Call of the Wild. Jack. London. 2020. (Green Puffin Classics Ser.). (Illus.). 160p. (J). pap. 15.99 *(978-0-241-44076-6(9)*, Puffin) Penguin Bks., Ltd. GBR. Dist: Independent Pubs. Group.

Call of the Wild. Jack. London. 2017. (ENG., Illus.). 102p. (YA). (gr. 7). pap. *(978-81-291-2053-3(4))* Rupa & Co.

Call of the Wild. Jack. London. Illus. by Oscar Dominguez. 2019. 176p. (J). (gr. 6-6). 14.99 *(978-1-63158-393-3(X)*, Racehorse Publishing) Skyhorse Publishing Co., Inc.

Call of the Wild. Jack. London. 2018. (ENG., Illus.). 96p. (YA). (gr. 7). pap. 11.99 *(978-1-5287-0566-0(1)*, Classic Bks. Library) The Editorium, LLC.

Call of the Wild. Jack. London. 2020. (Mint Editions — Grand Adventures Ser.). (ENG.). 68p. (J). (gr. 3-8). pap. 5.99 *(978-1-5132-6339-7(0)*, West Margin Pr.) West Margin Pr.

Call of the Wild. Jack. London. 2018. (ENG., Illus.). 76p. (J). 12.99 *(978-1-5154-2901-2(6))* Wilder Pubns., Corp.

Call of the Wild. Jack London. 2016. (ENG.). 72p. (J). (gr. 1-5). pap. *(978-1-329-82041-8(X))* Lulu Pr., Inc.

Call of the Wild. Jack London. 2021. (ENG.). 102p. (J). (gr. 1-5). pap. 18.98 *(978-1-7369762-8-9(1))* Work, Rare Bks.

Call of the Wild. Jack London. 2020. (ENG.). 88p. (J). pap. *(978-1-78982-235-9(1))* Andrews UK Ltd.

Call of the Wild. Jack London. 2022. (ENG.). 97p. (YA). (gr. 1-5). pap. ***(978-1-387-85222-2(1))*** Lulu Pr., Inc.

Call of the Wild. Jack London. Illus. by Sarah Whitley. 2022. (ENG.). 82p. (J). (gr. 1-5). pap. 10.00 *(978-1-6780-0159-9(7))* Lulu Pr., Inc.

Call of the Wild. Jack London & Grandma's Treasures. 2019. (ENG.). 94p. (J). (gr. 6). pap. *(978-0-359-53583-5(6))* Lulu Pr., Inc.

Call of the Wild. Grandma's Treasures & Jack. London. 2019. (ENG.). 94p. (J). *(978-0-359-53586-6(0))* Lulu Pr., Inc.

Call of the Wild: Beck's Tale. Jack. London & William Bott. 2020. (ENG.). 170p. (J). pap. 11.99 *(978-1-64538-144-0(7))* Orange Hat Publishing.

Call of the Wild: The Original 1903 Edition. Jack. London. 2017. (ENG.). 110p. (J). (gr. 6). 12.95 *(978-1-64594-009-8(8))* Athanatos Publishing Group.

Call of the Wild (100 Collector's Limited Edition) Jack. London. 2019. (ENG.). 80p. (YA). (gr. 7-12). *(978-1-77226-896-6(8))* AD Classic.

Call of the Wild (100 Copy Limited Edition) Jack. London. (ENG.). 80p. (YA). (gr. 7-12). 2019. *(978-1-77226-759-4(7))*; 2018. (Illus.). *(978-1-77226-592-7(6))* Engage Bks. (SF Classic).

Call of the Wild (1000 Copy Limited Edition) Jack. London. 2016. (ENG., Illus.). 80p. (J). *(978-1-77226-307-7(9))* AD Classic.

Call of the Wild & White Fang. Jack. London. 2017. (ENG.). 372p. 14.00 *(978-1-5098-4176-9(8)*, 900183884, Collector's Library, The) Pan Macmillan GBR. Dist: Macmillan.

Call of the Wild & White Fang. Jack. London. 2018. (ENG., Illus.). 244p. (J). (gr. 3-7). 24.99 *(978-1-5154-2900-5(8))* Wilder Pubns., Corp.

Call of the Wild & White Fang. Jack London. Illus. by Philip R. Goodwin & Charles Livingston Bull. 2021. (ENG.). 238p. (J). (gr. 3-7). pap. 9.99 *(978-1-4209-7549-9(8))* Digireads.com Publishing.

Call of the Wild & White Fang. Jack London. 2023. (Children's Signature Classics Ser.). 344p. (J). (gr. 7). pap. 9.99 *(978-1-4549-4881-0(7)*, Union Square Pr.) Sterling Publishing Co., Inc.

Call of the Wild & White Fang: Adventure Classics of the American North. Jack. London. 2019. (ENG.). 172p. (J). (gr. 3-7). pap. *(978-80-268-9210-6(0))* E-Artnow.

Call of the Wild Dot to Dot Activity Book. Activibooks For Kids. 2016. (ENG., Illus.). (J). pap. 9.20 *(978-1-68321-184-6(7))* Mimaxion.

Call of the Wild (Illustrated) Complete & Unabridged 1903 Illustrated Edition. Ed. by North 53 Press. Illus. by Philip R. Goodwin & Charles Livingston Bull. 2020. (ENG.). 148p. (J). pap. ***(978-1-9990713-1-8(X))*** North 53 Pr. Corp.

Call of the Wild (Large Print Illustrated Edition) Complete & Unabridged 1903 Illustrated Edition. Ed. by North 53 Press. Illus. by Philip R. Goodwin & Charles Livingston Bull. l.t. ed. 2020. (ENG.). 218p. (J). pap. ***(978-1-9990713-2-5(8))*** North 53 Pr. Corp.

Call of the Wild Novel Units Student Packet. Novel Units. 2019. (ENG.). (YA). pap., stu. ed., wbk. ed. 13.99 *(978-1-56137-529-5(2)*, Novel Units, Inc.) Classroom Library Co.

Call of the Wild (Royal Collector's Edition) Jack. London. 2021. (ENG.). 80p. (YA). *(978-1-77476-139-7(4))* AD Classic.

Call of the Witchling: Book One. Dessa Goodlett. 2022. (ENG.). 140p. (YA). pap. 15.95 *(978-1-6624-7150-6(5))* Page Publishing Inc.

Call of the Wolves: The Coloring Book. Kreative Kids. 2016. (ENG., Illus.). (J). pap. 9.20 *(978-1-68377-385-6(3))* Whlke, Traudl.

Call of the Wraith. Kevin Sands. (Blackthorn Key Ser.: 4). (ENG.). 512p. (J). (gr. 5-9). 2019. pap. 9.99 *(978-1-5344-2848-5(8))*; 2018. (Illus.). 19.99 *(978-1-5344-2847-8(X))* Simon & Schuster Children's Publishing. (Aladdin).

Call of Wohelo a Comedy Drama, in Three Acts, for Camp Fire Girls (Classic Reprint) Lindsey Barbee. 2019. (ENG., Illus.). 52p. (J). 24.97 *(978-0-365-10713-2(1))* Forgotten Bks.

Call the Puffins: Muffin's Big Adventure. Cath Howe. Illus. by Ella Okstad. 2023. (Call the Puffins Ser.: 1). (ENG.). 160p. (J). (gr. k-3). pap. 8.95 *(978-1-80130-051-3(8))* Welbeck Publishing Group Ltd. GBR. Dist: Two Rivers Distribution.

Call Them Dusk: Night, Day & Everything in Between. Mavis Sybil. 2021. (ENG.). 78p. (YA). pap. 10.99 *(978-1-0879-7661-7(8))* Indy Pub.

Call to a Quest: In the Eyes of the Beholder. Matthew Randolph. 2022. (ENG.). 126p. (YA). pap. 15.99 *(978-1-4583-1107-8(4))* Lulu Pr., Inc.

Call to Arms. Robert Kirkman. ed. 2016. (Walking Dead Ser.: 26). lib. bdg. 26.95 *(978-0-606-39079-8(0))* Turtleback.

Call to Listen: The Emergency Department Visit. Gene Dagnone. 2017. (ENG., Illus.). 250p. (J). 26.95 *(978-1-78629-387-9(0)*, 526ebda8-e101-41e6-b2ad-57929d2a2991) Austin Macauley Pubs. Ltd. GBR. Dist: Baker & Taylor Publisher Services (BTPS).

Call to Search Everywhen Box Set: The Call to Search Everywhen, Books 1 - 3. Chess Desalls. 2021. (ENG.). 654p. (YA). pap. 34.15 *(978-1-7371147-1-0(2))* Lore, Czidor LLC.

Call to the Colors (Classic Reprint) Charles Tenney Jackson. 2018. (ENG., Illus.). 340p. (J). 30.91 *(978-0-267-65041-5(8))* Forgotten Bks.

Call to the Fountain: To Turn from Shadow & Imitation & to Press after Substance; the Power That Quickens — the Life That Is Eternal. Addressed to All, Especially to Those of Every Class Professing to Be Friends. William Waring. 2017. (ENG., Illus.). (J). pap. *(978-0-649-45085-5(X))* Trieste Publishing Pty Ltd.

Call to the Fountain: To Turn from Shadow & Imitation, & to Press after Substance; the Power That Quickens the Life That Is Eternal (Classic Reprint) William Waring. 2018. (ENG., Illus.). 108p. (J). 26.14 *(978-0-666-78904-4(5))* Forgotten Bks.

Call upon Him, Little Ones. Gigi Bennett. 2017. (ENG., Illus.). (J). pap. 15.95 *(978-1-9736-0230-9(X)*, WestBow Pr.) Author Solutions, LLC.

Call Waiting. Evan Jacobs. 2020. (Vintage Rose Mysteries Ser.). (ENG.). 96p. (J). (gr. 6-8). pap. 10.95 *(978-1-68021-762-9(3))* Saddleback Educational Publishing, Inc.

Calla Cthulhu. Evan Dorkin & Sarah Dyer. Illus. by Erin Humiston et al. 2017. 136p. (J). (gr. 5-9). pap. 12.99 *(978-1-5067-0293-3(7)*, Dark Horse Books) Dark Horse Comics.

Calla Lily & Rose the Watering Can. Sofija Zlatanova. 2019. (ENG., Illus.). 64p. (YA). (gr. 7-12). 24.50 *(978-1-7338618-0-9(7))* Sofija Zlatanova.

Callabee's Colossal Feelings. Courtney D. Williams. 2022. (ENG.). 26p. (J). pap. 12.99 ***(978-1-0880-2742-4(3))*** Indy Pub.

Callaloo: Did You Know: Coloring & Activity Book. Ed. by Marjuan Canady. Illus. by Brittany Granville. 2016. (Callaloo: Did You Know Ser.: Vol. 1). (ENG.). (J). (gr. k-2). pap. 9.99 *(978-0-692-81373-7(X))* Bilal, Nabeeh.

Callaloo: La Leyenda Del Coqui Dorado. Marjuan Canady. 2017. (Callaloo Ser.). (SPA., Illus.). (J). (gr. k-2). pap. 5.95 *(978-0-692-91555-4(9))* Bilal, Nabeeh.

Callaloo: The Trickster & the Magic Quilt. Marjuan T. Canady. Illus. by Nabeeh Bilal. 2018. (ENG.). 54p. (J). pap. 7.99 *(978-0-692-13045-2(4))* Bilal, Nabeeh.

Calla's Story (Creepy Hollow Books 4, 5 & 6) Rachel Morgan. (Creepy Hollow Collection: Vol. 2). (ENG., Illus.). 702p. (YA). (gr. 7-12). 2022. ***(978-1-998988-02-0(3))***; 2019. *(978-1-928510-19-2(1))*; 2019. pap. *(978-1-928510-16-1(7))* Morgan, Rachel.

Callback. Maddie Ziegler. (Maddie Ziegler Ser.: 2). (ENG.). (J). (gr. 4-8). 2019. 272p. pap. 8.99 *(978-1-4814-8640-8(3))*; 2018. (Illus.). 256p. 17.99 *(978-1-4814-8639-2(X))* Simon & Schuster Children's Publishing. (Aladdin).

Called by Dragon's Song. N. M. Howell. 2019. (Return of the Dragonborn Ser.: Vol. 3). (ENG., Illus.). 300p. (YA). (gr. 7-12). pap. *(978-1-77348-009-1(X))* Dungeon Media Corp.

Called by God. Correce F. Gaitor. 2019. (ENG., Illus.). 230p. (YA). pap. 15.99 *(978-1-5456-3558-2(7))* Salem Author Services.

Called to Be a Soldier: Strategies of Victory in Spiritual Warfare. Akinbowale Adewumi. 2023. (ENG.). 168p. (J). pap. ***(978-1-716-53703-5(7))*** Lulu Pr., Inc.

Called to Defend: An Apologetics Handbook. Valerie Locklair. 2018. (ENG., Illus.). 262p. (gr. 9-12). 34.99 *(978-1-945978-64-7(3)*, 1945978643); pap. 19.95 *(978-1-945978-65-4(1)*, 1945978651) New Reformation Pubns.

Called to Duty - Book 1. Doug Murray. 2020. (ENG.). 250p. (YA). pap. *(978-1-78695-436-7(2))* Double Dragon ebooks.

Called to Duty - Book 2 - Paying the Piper. Doug Murray. 2020. (ENG.). 230p. (YA). pap. *(978-1-78695-437-4(0))* Double Dragon ebooks.

Called to Duty- Book 3 - the Shipping Problem. Doug Murray. 2020. (ENG.). 150p. (YA). pap. *(978-1-78695-438-1(9))* Double Dragon ebooks.

Called to Greatness: An Scripture Based Empowerment Journal for Boys. The Gabriel Ian Brand The Gabriel Ian Brand. 2023. (ENG.). 206p. (J). pap. ***(978-1-312-79910-3(2))*** Lulu Pr., Inc.

286 The check digit for ISBN-10 appears in parentheses after the full ISBN-13

Called to the Colors & Other Stories (Classic Reprint) Caroline Atwater Mason. (ENG., Illus.). (J). 2018. 208p. 28.19 *(978-0-267-60804-1(7))*; 2017. pap. 10.57 *(978-1-5276-5286-6(6))* Forgotten Bks.

Called to the Field: A Story of Virginia in the Civil War (Classic Reprint) Lucy M. Thruston. (ENG., Illus.). (J). 2017. 31.28 *(978-0-5283-7685-3(4))*; 2016. pap. 13.97 *(978-1-4400-9486-6(1))* Forgotten Bks.

Called Up. Steven Sandor. (Lorimer Sports Stories Ser.). (ENG.). 120p. (J). (gr. 5-8). 2020. lib. bdg. 27.99 *(978-1-4594-1366-5(0),* cf3728ec-2465-4d16-b39b-9b64fdf02091); 2018. pap. 9.95 *(978-1-4594-1364-1(4),* e7622245-f095-427c-9261-b635a93c2792) James Lorimer & Co. Ltd., Pubs. CAN. Dist: Lerner Publishing Group.

Calle's Determination. Lisa Mullins. 2021. (ENG., Illus.). 28p. (J). pap. 13.95 *(978-1-6624-4132-5(0))* Page Publishing Inc.

Callias. Alfred J. Church. 2016. (ENG.). 352p. (J). pap. *(978-3-7433-1821-2(0))* Creation Pubs.

Callias: A Tale of the Fall of Athens (Classic Reprint) Alfred J. Church. 2017. (ENG., Illus.). (J). 31.16 *(978-0-331-29547-4(4))* Forgotten Bks.

Callie & Poppy When the Rain Stops. Brittany Holiday. 2021. (ENG.). 18p. (J). 10.99 *(978-1-0878-6292-7(2))* Indy Pub.

Callie Cakes Finds Her Treasures. Sharon Smith. 2020. (ENG.). 28p. (J). pap. 13.95 *(978-1-64334-854-4(X))* Page Publishing Inc.

Callie Cakes Likes Pink Too! Sharon Smith. 2020. (ENG., Illus.). 30p. (J). pap. 13.95 *(978-1-6624-1081-9(6))* Page Publishing Inc.

Callie, the Cat with Nine Eyes. Sharon Schofill. 2022. (ENG., Illus.). 96p. (YA). pap. 17.95 *(978-1-63860-685-7(4))* Fulton Bks.

Callie's Quest for Herd Immunity. A. G. Wilder. Illus. by Jack Chu. 2022. 50p. (J). pap. 18.00 *(978-1-6678-1696-8(9))* BookBaby.

Calligraphy Practice Paper. Agnieszka Swiatkowska-Sulecka. 2022. (ENG.). 120p. (J). pap. *(978-1-4716-8766-2(X))* Lulu Pr., Inc.

Calling. Jasmine Fogwell. Illus. by Dorothea Schill. 2023. (ENG.). 86p. (J). pap. ***(978-0-9952650-7-3(0))*** Fogwell, Jasmine.

Calling. Brandy Hardy. 2019. (ENG.). 40p. (J). pap. 16.95 *(978-1-64191-770-4(9))* Christian Faith Publishing.

Calling. Michael L. Straley. 2021. (ENG., Illus.). 94p. (YA). pap. 19.95 *(978-1-0980-8623-7(6))* Christian Faith Publishing.

Calling: A Wake up Call for the Children of the Earth Young & Old. Elanda Ra Anderson. 2018. (ENG., Illus.). 38p. (J). (gr. k-6). pap. 10.75 *(978-0-9862361-2-9(8))* Eland' Ra.

Calling All Heroes! Maggie Testa. 2020. (PJ Masks Ser.). (ENG.). 12p. (J). (gr. -1-k). bds. 8.99 *(978-1-5344-8223-4(7),* Simon Spotlight) Simon Spotlight.

Calling All Innovators: A Career for You (Fall 2016 Set Of 4) 2016. (Calling All Innovators: a Career for You Ser.). (J). lib. bdg. 120.00 *(978-0-531-22057-3(5),* Children's Pr.) Scholastic Library Publishing.

Calling All Innovators: A Career for You (Spring 2016 Set Of 4) 2016. (Calling All Innovators: a Career for You Ser.). (J). lib. bdg. 120.00 *(978-0-531-21679-8(9),* Children's Pr.) Scholastic Library Publishing.

Calling All Minds: How to Think & Create Like an Inventor. Temple Grandin. 2019. (ENG.). 240p. (J). (gr. 3-7). pap. 10.99 *(978-1-5247-3822-8(0),* Puffin Books) Penguin Young Readers Group.

Calling All Streams. Karen Seelenbinder. 2018. (ENG., Illus.). 46p. (J). pap. 16.45 *(978-1-9736-1547-7(9),* WestBow Pr.) Author Solutions, LLC.

Calling All Witches! the Girls Who Left Their Mark on the Wizarding World (Harry Potter & Fantastic Beasts) Laurie Calkhoven. Illus. by Violet Tobacco. 2019. (ENG.). 96p. (J). (gr. 3-7). 14.99 *(978-1-338-32297-2(4))* Scholastic, Inc.

Calling Card of the King. Jeffery Warren Scott. 2018. (ENG., Illus.). 34p. (J). (gr. k-6). pap. 9.95 *(978-1-947532-35-9(9))* Virtualbookworm.com Publishing, Inc.

Calling Earth... Can Anyone Hear Me? Whispering from Far Highways - Teenage Poet. John T. Cullen. 2019. (ENG.). 200p. (J). pap. 12.95 *(978-0-7433-2265-2(7))* Clocktower Bks.

Calling His Shot: Babe Ruth's Legendary Home Run. Brandon Terrell. Illus. by Eduardo Garcia. 2018. (Greatest Sports Moments Ser.). (ENG.). 32p. (J). (gr. 3-9). lib. bdg. 31.32 *(978-1-5435-2868-8(6),* 138371, Capstone Pr.) Capstone.

Calling My Name. Liara Tamani. (ENG.). 320p. (YA). (gr. 9). 2018. pap. 15.99 *(978-0-06-265687-2(2))*; 2017. 17.99 *(978-0-06-265686-5(4))* HarperCollins Pubs. (Greenwillow Bks.).

Calling of Dan Matthews (Classic Reprint) E. R. Adams. 2017. (ENG., Illus.). (J). 24.58 *(978-0-265-84059-7(7))* Forgotten Bks.

Calling of the Trinity. Brittany Elise. 2020. (Trinity Cycle Ser.: Vol. 2). (ENG., Illus.). 298p. (YA). pap. 19.95 *(978-1-68433-532-9(9))* Black Rose Writing.

Calling Papa-Charlie. Andy Frazier. 2017. (ENG.). 234p. (J). 22.95 *(978-1-78612-059-5(3),* c9037788-91dc-4fe8-ab4f-7ac975885e2f) Austin Macauley Pubs. Ltd. GBR. Dist: Baker & Taylor Publisher Services (BTPS).

Calling the Moon: 16 Period Stories from BIPOC Authors. Ed. by Aida Salazar & Yamile Saied Mendez. 2023. (ENG.). 368p. (J). (gr. 5). 22.99 *(978-1-5362-1634-9(8))* Candlewick Pr.

Calling the Tune (Classic Reprint) Justin Huntly McCarthy. 2018. (ENG., Illus.). 316p. (J). 30.43 *(978-0-483-66336-7(0))* Forgotten Bks.

Calling the Water Drum, 1 vol. LaTisha Redding. Illus. by Aaron Boyd. (ENG.). 32p. (J). (gr. -1-5). 2022. 10.95 *(978-1-64379-599-7(6),* leelowbooks); 2016. 17.95 *(978-1-62014-194-6(9),* 1dbccc72-9d38-4d4a-8811-50b865e16029) Lee & Low Bks., Inc.

Calling to Fulfill: Reflections of a Missionary. Marion Lamar Simpson. 2021. (ENG.). 206p. (YA). pap. 25.95 *(978-1-6624-0312-5(7))* Page Publishing Inc.

Calliope Crow. Ebony Rae. 2017. (ENG., Illus.). 48p. (J). pap. *(978-1-387-29043-7(6))* Lulu Pr., Inc.

Calliope Crow Christmas. Ebony Rae. 2017. (ENG., Illus.). 54p. (J). pap. *(978-1-387-33746-0(7))* Lulu Pr., Inc.

Calliope the Muse. Joan Holub & Suzanne Williams. 2016. (Goddess Girls Ser.: 20). (ENG., Illus.). 256p. (J). (gr. 3-7). pap. 8.99 *(978-1-4814-5004-1(2),* Aladdin) Simon & Schuster Children's Publishing.

Calliope the Muse. Joan Holub & Suzanne Williams. 2016. (Goddess Girls Ser.: 20). (ENG., Illus.). 256p. (J). (gr. 3-7). 17.99 *(978-1-4814-5005-8(0),* Simon & Schuster/Paula Wiseman Bks.) Simon & Schuster/Paula Wiseman Bks.

Calliope the Muse. Joan Holub & Suzanne Williams. 2016. (Goddess Girls Ser.: 20). lib. bdg. 18.40 *(978-0-606-38972-3(5))* Turtleback.

Callista: A Sketch of the Third Century (Classic Reprint) John Henry Cardinal Newman. 2017. (ENG., Illus.). (J). 31.98 *(978-0-265-42638-8(3))* Forgotten Bks.

Callistus, or the Man of Fashion; & Sophronius, or the Country Gentleman: In Three Dialogues (Classic Reprint) Thomas Mulso. 2017. (ENG., Illus.). (J). 28.50 *(978-0-265-68099-5(9))*; pap. 10.97 *(978-1-5276-5179-1(7))* Forgotten Bks.

Callon: Educational. Honor Donohoe. Illus. by Patricia Chatterley. 2017. (Circular Wood Ser.: Vol. 1). (ENG.). 66p. (J). (gr. 2-4). pap. *(978-1-912521-00-5(8))* Cahar Pubns.

Calls of the Wild: Nighttime Animals. Paul Beck. 2016. (Calls of the Wild Ser.). (ENG., Illus.). 32p. (J). (gr. k). 24.95 *(978-1-62686-425-2(X),* Silver Dolphin Bks.) Readerlink Distribution Services, LLC.

Callum & the Mountain. Alan McClure. 2019. (ENG., Illus.). 228p. (J). pap. *(978-1-78645-326-6(6))* Beaten Track Publishing.

Callum & the Other. Alan McClure. 2022. (ENG.). 218p. (YA). pap. *(978-1-78645-530-7(7))* Beaten Track Publishing.

Callum Kindly & the Very Weird Child: A Story about Sharing Your Home with a New Child. Sarah Naish & Rosie Jefferies. Illus. by Megan Evans. 2017. (Therapeutic Parenting Bks.). (ENG.). 32p. (C). pap. 17.95 *(978-1-78592-300-5(5),* 696531) Kingsley, Jessica Pubs. GBR. Dist: Hachette UK Distribution.

Callum Takes Swimming Lessons. Marcia Stanley. Illus. by Sue Ann Erickson. 2022. (ENG.). 38p. (J). 16.95 *(978-1-7351716-4-7(6))* Dayton Publishing.

Callum Takes Swimming Lessons. Marcia Stanley & Sue Ann Erickson. 2022. (ENG.). 38p. (J). pap. 10.99 *(978-1-7351716-3-0(8))* Dayton Publishing.

Callum the Caterpillar & His Big Change. Millie Coton. 2017. (ENG., Illus.). 46p. (J). pap. 14.22 *(978-0-244-04984-3(5))* Lulu Pr., Inc.

Callum's Spellbook (the Dragon Prince) Tracey West. 2020. (ENG., Illus.). 160p. (J). (gr. 4-7). 9.99 *(978-1-338-62059-7(2))* Scholastic, Inc.

Cally Hart & the Fairy Sparks. Deanna Kweens. 2022. (ENG.). 108p. (J). *(978-1-0391-1905-5(0))*; pap. *(978-1-0391-1904-8(2))* FriesenPress.

Calm. Cynthia Morel-Pence. 2023. (ENG.). 20p. (J). ***(978-0-2288-8060-8(2))***; pap. ***(978-0-2288-8059-2(9))*** Tellwell Talent.

Calm. Jillian Roberts. 2022. (ENG., Illus.). 20p. (J). (— 1). bds. 10.95 *(978-1-4598-3097-4(0))* Orca Bk. Pubs. USA.

Calm: Mindfulness for Kids. Wynne Kinder. 2019. (Illus.). 72p. (J). *(978-1-7254-1976-6(9))* Dorling Kindersley Publishing, Inc.

Calm: Mindfulness for Kids. Wynne Kinder M.Ed. ed. 2020. (DK Mindfulness for Kids Ser.). (ENG., Illus.). 72p. (J). (gr. 2-3). 26.96 *(978-1-64697-401-6(8))* Penworthy Co., LLC, The.

Calm - Mindfulness Flash Cards for Kids: 40 Activities to Help You Learn to Live in the Moment. Wynne Kinder. 2019. (Mindfulness for Kids Ser.). (ENG.). 40p. (J). (gr. 1-4). 14.99 *(978-1-4654-9156-5(2),* DK Children) Dorling Kindersley Publishing, Inc.

Calm & Cozy Coloring Book: Relaxing Coloring Pages for Adults & Kids, Animals Nature, Flowers, Christmas & More Woderful Pages. Elli Steele. 2021. (ENG.). 106p. (YA). pap. 10.19 *(978-1-716-16976-2(3))* Lulu Pr., Inc.

Calm & Easy Mandala Relaxation Coloring Book. Kreativ Entspannen. 2016. (ENG., Illus.). (J). pap. 9.20 *(978-1-68377-386-3(1))* Whlke, Traudl.

Calm & Relaxing Coloring Book: Relaxing Coloring Pages for Adults & Kids, Animals Nature, Flowers, Christmas & More Woderful Pages. Elli Steele. 2021. (ENG.). 98p. (YA). pap. 9.79 *(978-1-716-16969-4(0))* Lulu Pr., Inc.

Calm & Relaxing Coloring Book for Adults: Trees Adult Coloring Images & Adult Coloring Book with Stress Relieving Trees Coloring Book Designs for Relaxation. Elli Steele. 2021. (ENG.). 52p. (YA). pap. 8.59 *(978-1-008-98766-1(2))* Lulu Pr., Inc.

Calm Anger: A Colorful Kids Picture Book for Temper Tantrums, Anger Management & Angry Children Age 2 to 6, 3 To 5. Adrian Laurent. 2022. (Feeling Big Emotions Picture Bks.). (ENG.). 28p. (J). pap. ***(978-0-473-58738-3(6))*** Bradem Press.

Calm at the Restaurant. Illus. by Jason Fruchter. 2019. (Daniel Tiger's Neighborhood Ser.). (ENG.). 16p. (J). (gr. -1-2). pap. 6.99 *(978-1-5344-5193-3(5),* Simon Spotlight) Simon Spotlight.

Calm Before an Earthquake: A California Tale. Felix Purat. 2023. (ENG.). 286p. (YA). pap. 16.68 ***(978-1-4710-0158-1(X))*** Lulu Pr., Inc.

Calm Book: Finding Your Quiet Place & Understanding Your Emotions. Alex Allan. Illus. by Anne Wilson. 2021. (ENG.). 32p. (J). (gr. k-3). pap. 9.95 *(978-1-78312-651-4(5))* Welbeck Publishing Group Ltd. GBR. Dist: Two Rivers Distribution.

Calm Buddha at Bedtime: Tales of Wisdom, Compassion & Mindfulness to Read with Your Child. Dharmachari Nagaraja. 2017. (Illus.). 128p. (J). (gr. -1-3). pap. 20.95 *(978-1-78678-080-5(1),* Watkins Publishing) Watkins Media Limited GBR. Dist: Penguin Random Hse. LLC.

Calm down, Cooper! Lily Murray & Anna Chernyshova. 2020. (ENG., Illus.). 32p. (J). (-k). pap. 9.99 *(978-1-78055-570-6(9),* Buster Bks.) O'Mara, Michael Bks., Ltd. GBR. Dist: Independent Pubs. Group.

Calm down Jar: A Social Emotional, Rhyming, Early Reader Kid's Book to Help Calm Anger & Anxiety. Jennifer Jones. 2022. (Teacher Tools Ser.: Vol. 1). (ENG.). 36p. (J). 21.99 ***(978-1-63731-537-8(6))*** Grow Grit Pr.

Calm-Down Time / Momento para Calmarse. Elizabeth Verdick. Illus. by Marieka Heinlen. 2016. (Toddler Tools(r) Ser.). (ENG.). 26p. (J). bds. 9.99 *(978-1-63198-093-0(9))* Free Spirit Publishing Inc.

Calm down, Zebra. Lou Kuenzler. Illus. by Julia Woolf. 2020. (ENG.). 32p. (J). (gr. 3-7). 16.95 *(978-0-571-35170-1(0))* Faber & Faber, Inc.

Calm: Mindfulness for Kids. Wynne Kinder. 2019. (Mindfulness for Kids Ser.). (ENG., Illus.). 72p. (J). (gr. 1-4). pap. 16.99 *(978-1-4654-7090-4(5),* DK Children) Dorling Kindersley Publishing, Inc.

Calm Monsters, Kind Monsters: A Sesame Street (r) Guide to Mindfulness. Karen Latchana Kenney. 2020. (ENG., Illus.). 32p. (J). (gr. -1-2). pap. 9.99 *(978-1-7284-1375-4(3),* 91797441-27a9-4379-92ad-b48c2239d886); lib. bdg. 27.99 *(978-1-5415-9000-7(7),* 9c894dfb-8993-4203-b45b-2b3b9dbb7ad7) Lerner Publishing Group. (Lerner Pubns.).

Calm Undone. Garth A. Fowler. 2021. (ENG., Illus.). 160p. (YA). (gr. 7). pap. 10.95 *(978-1-952782-18-3(X),* BQB Publishing) Boutique of Quality Books Publishing Co., Inc.

Calm with the Very Hungry Caterpillar. Eric Carle. Illus. by Eric Carle. 2019. (World of Eric Carle Ser.). (ENG., Illus.). 32p. (J). (-k). 9.99 *(978-1-5247-9218-3(7))* Penguin Young Readers Group.

Calm Workbook: A Kid's Activity Book for Relaxation & Mindfulness. Contrib. by Imogen Harrison & Amanda Ashman-Wymbs. 2023. (Big Feelings, Little Workbooks Ser.: 4). (ENG.). 128p. (J). (gr. 2-6). pap. 16.99 *(978-1-5107-7321-9(5),* Sky Pony Pr.) Skyhorse Publishing Co., Inc.

Calm Yoga Bear: A Social Emotional, Pose by Pose Yoga Book for Children, Teens, & Adults to Help Relieve Anxiety & Stress (Perfect for ADD, ADHD, & SPD) Mary Nhin. Illus. by Yuliia Zolotova. 2021. (ENG.). 38p. (J). 19.99 *(978-1-63731-222-3(9))* Grow Grit Pr.

Calm Your Anger with Liam, the Smart Rabbit. Azaliya Schulz. Illus. by Daria Volkova. 2023. (ENG.). 34p. (J). pap. 12.99 ***(978-1-7378727-9-5(X))*** Things That Matter LLC.

Calma y Serenidad/Calm & Soothe. Tr. by Yanitzia Canetti. Illus. by Sanja Rescek. ed. 2023. (Gimnasio de Bebé/Baby Gym Ser.: 4). (ENG.). 12p. (J). bds. *(978-1-78628-722-9(6))* Child's Play International Ltd.

Calme. Amy Culliford. Tr. by Annie Evearts. 2021. (Mes émotions (My Emotions) Ser.). (FRE., Illus.). 16p. (J). (gr. -1-1). pap. *(978-1-0396-0529-9(X),* 13326) Crabtree Publishing Co.

Calmer Kids in 7 Minutes or Less. Laura Sanders & Meredith Alexander. 2020. (ENG.). 122p. (J). pap. 19.99 *(978-1-952863-21-9(X))* Fountainbleau Media.

Calming Adventures Color by Number Nature Edition. Educando Kids. 2019. (ENG.). 42p. (J). pap. 8.55 *(978-1-64521-668-1(3),* Educando Kids) Editorial Imagen.

Calming Coloring: De-Stress with These Peaceful Images to Color. Tansy Willow. 2022. (ENG., Illus.). 128p. (J). pap. 7.99 *(978-1-3988-2032-6(6),* 160be1ac-f0c5-4c32-881b-b1e4d8ccc05b) Arcturus Publishing GBR. Dist: Baker & Taylor Publisher Services (BTPS).

Calming Dot to Dot Activity Book. Activity Book Zone for Kids. 2016. (ENG., Illus.). (J). pap. 7.55 *(978-1-68376-066-5(2))* Sabeels Publishing.

Calming Dot to Dot Experience Activity Book. Jupiter Kids. 2016. (ENG., Illus.). 106p. (J). pap. 12.55 *(978-1-68326-133-9(X),* Jupiter Kids (Childrens & Kids Fiction)) Speedy Publishing LLC.

Calming My Jitters Activity Book: Companion Book to the Award-Winning Sensory Picture Book. Lindsey Rowe Parker. 2023. (Calming My Jitters Ser.).Tr. of Wiggles, Stomps, & Squeezes - Calm My Jitters Down. (ENG.). 58p. (J). (gr. k-2). pap. 11.95 *(978-1-952782-98-5(8),* BQB Publishing) Boutique of Quality Books Publishing Co., Inc.

Calming Nature Patterns Coloring Book for Adults - Calming Coloring Nature Patterns Edition. Activibooks. 2016. (ENG., Illus.). (J). pap. 9.20 *(978-1-68321-006-1(9))* Mimaxion.

Calming Patterns: Coloring Activity Books for Teens Bundle, 2 vols. Speedy Publishing Books. 2019. (ENG.). 212p. (J). pap. 19.99 *(978-1-5419-7251-3(1))* Speedy Publishing LLC.

Calmire: Man & Nature (Classic Reprint) Henry Holt. 2017. (ENG., Illus.). (J). 39.41 *(978-1-5284-8563-0(7))* Forgotten Bks.

Calmly Creative Coloring Book for Kids: 23 Designs. Kristin Labuch. 2022. (ENG.). 48p. (J). 5.99 *(978-1-64124-180-9(2),* 1809) Fox Chapel Publishing Co., Inc.

Calnorsean, 1917, Vol. 5 (Classic Reprint) South Western Normal College. 2017. (ENG., Illus.). (J). 27.59 *(978-0-265-99834-2(4))*; pap. 9.97 *(978-1-5282-4546-3(6))* Forgotten Bks.

Calor (Heat) Grace Hansen. 2018. (Ciencia Básica (Beginning Science) Ser.). (SPA.). 24p. (J). (gr. -1-2). lib. bdg. 32.79 *(978-1-5321-8388-1(7),* 29969, Abdo Kids) ABDO Publishing Co.

Calthorpe; or Fallen Fortunes, Vol. 1 Of 3: A Novel (Classic Reprint) Thomas Gaspey. 2018. (ENG., Illus.). 332p. (J). 30.74 *(978-0-332-72663-2(0))* Forgotten Bks.

Calthorpe; or Fallen Fortunes, Vol. 2 Of 3: A Novel (Classic Reprint) Thomas Gaspey. 2018. (ENG., Illus.). 300p. (J). 30.10 *(978-0-483-97457-9(9))* Forgotten Bks.

Calthorpe; or Fallen Fortunes, Vol. 3 Of 3: A Novel (Classic Reprint) Thomas Gaspey. 2018. (ENG., Illus.). 350p. (J). 31.14 *(978-0-483-38024-0(5))* Forgotten Bks.

Calumet K (Classic Reprint) Samuel Merwin. 2018. (ENG., Illus.). 396p. (J). 32.06 *(978-0-364-81901-2(4))* Forgotten Bks.

Calum's Big Break, 44 vols. Danny Scott. Illus. by Alice A. Morentorn. 2016. (Scotland Stars FC Ser.). 144p. (J). pap. 6.95 *(978-1-78250-265-4(3),* Kelpies) Floris Bks. GBR. Dist: Consortium Bk. Sales & Distribution.

Calum's Cup Final, 34 vols. Danny Scott. Illus. by Alice A. Morentorn. 2016. (Scotland Stars FC Ser.). 144p. (J). pap. 6.95 *(978-1-78250-282-1(3),* Kelpies) Floris Bks. GBR. Dist: Consortium Bk. Sales & Distribution.

Calum's Hard Knock, 36 vols. Danny Scott. Illus. by Alice A. Morentorn. 2016. (Scotland Stars FC Ser.). 144p. (J). pap. 6.95 *(978-1-78250-280-7(7),* Kelpies) Floris Bks. GBR. Dist: Consortium Bk. Sales & Distribution.

Calum's New Boots, 44 vols. Danny Scott. Illus. by Alice A. Morentorn. 2016. (Scotland Stars FC Ser.). 144p. (J). pap. 6.95 *(978-1-78250-264-7(5),* Kelpies) Floris Bks. GBR. Dist: Consortium Bk. Sales & Distribution.

Calum's Tough Match, 36 vols. Danny Scott. Illus. by Alice A. Morentorn. 2016. (Scotland Stars FC Ser.). 144p. (J). pap. 6.95 *(978-1-78250-281-4(5),* Kelpies) Floris Bks. GBR. Dist: Consortium Bk. Sales & Distribution.

Calvary: Into the Crucible. James J. Boudon. 2021. (ENG.). 300p. (YA). pap. 14.95 *(978-1-6624-4690-0(X))* Page Publishing Inc.

Calvary (a Novel) (Classic Reprint) Octave Mirbeau. 2017. (ENG., Illus.). (J). 29.59 *(978-0-265-89407-1(7))* Forgotten Bks.

Calvary Alley (Classic Reprint) Alice Hegan Rice. (ENG., Illus.). (J). 2018. 452p. 33.24 *(978-0-483-66969-7(5))*; 2017. 32.74 *(978-0-266-19284-8(X))*; 2017. pap. 16.57 *(978-0-243-28578-5(7))* Forgotten Bks.

Calves. Julia Jaske. 2022. (So Cute! Baby Animals Ser.). (ENG., Illus.). 16p. (J). (gr. -1-2). pap. 11.36 *(978-1-6689-0880-8(8),* 220847, Cherry Blossom Press) Cherry Lake Publishing.

Calves. Anastasia Suen. 2019. (Spot Baby Farm Animals Ser.). (ENG.). 16p. (J). (gr. -1-2). lib. bdg. *(978-1-68151-528-1(8),* 14489) Amicus.

Calvin. J. R. Ford & Vanessa Ford. Illus. by Kayla Harren. 2021. 32p. (J). (gr. -1-3). 16.99 *(978-0-593-10867-3(1),* G.P. Putnam's Sons Books for Young Readers) Penguin Young Readers Group.

Calvin & the Beard Experiment. Ed. by Bobby Argenbright. 2019. (ENG., Illus.). 34p. (J). (gr. k-3). 14.99 *(978-0-578-60968-3(1))* Stone & Heath Publishing Hse.

Calvin & the Sugar Apples. Inês F. Oliveira. Illus. by Vanessa Balleza. 2023. (ENG.). 240p. (J). (gr. 3-6). 14.95 ***(978-1-68555-219-0(6))*** Collective Bk. Studio, The.

Calvin Coolidge. Heidi Elston. (United States Presidents Ser.). (ENG., Illus.). (J). 2020. 48p. (gr. 3-6). lib. bdg. 35.64 *(978-1-5321-9346-0(7),* 34849, Checkerboard Library); 2016. 40p. (gr. 2-5). 35.64 *(978-1-68078-090-1(5),* 21797, Big Buddy Bks.) ABDO Publishing Co.

Calvin Coolidge: Our 30th President. Melissa Maupin. 2020. (United States Presidents Ser.). (ENG.). 48p. (J). (gr. 3-6). lib. bdg. 41.36 *(978-1-5038-4421-6(8),* 214198) Child's World, Inc, The.

Calvin Gets the Last Word, 1 vol. Margo Sorenson. Illus. by Mike Deas. 2020. (ENG.). 32p. (J). (gr. 2-6). 17.95 *(978-0-88448-822-4(5),* 884822) Tilbury Hse. Pubs.

Calvin Graham's World War II Story. Katie Marsico. Illus. by Dave Hill. 2018. (Narrative Nonfiction: Kids in War Ser.). (ENG.). 32p. (J). (gr. 2-4). lib. bdg. 27.99 *(978-1-5124-5681-3(0),* 804aec63-24d9-46d5-80b8-cfeb552b88d1, Lerner Pubns.) Lerner Publishing Group.

Calvin Harris. Katie Lajiness. 2017. (Big Buddy Pop Biographies Set 3 Ser.). (ENG., Illus.). 32p. (J). (gr. 2-5). lib. bdg. 34.21 *(978-1-5321-1215-7(7),* 27567, Big Buddy Bks.) ABDO Publishing Co.

Calvin "Megatron" Johnson: Superstar Wide Receiver, 1 vol. Simone Payment. 2018. (Living Legends of Sports Ser.). (ENG.). 48p. (gr. 5-6). pap. 15.05 *(978-1-5081-0630-2(4),* 1172f9a6-6865-40b7-ad04-39e6ba0cdd2c, Britannica Educational Publishing) Rosen Publishing Group, Inc., The.

Calvin Spann: Daring Fighter Pilot. Duchess Harris & Samantha S. Bell. 2019. (Freedom's Promise Set 3 Ser.). (ENG., Illus.). 48p. (J). (gr. 4-8). lib. bdg. 35.64 *(978-1-5321-9079-7(4),* 33666) ABDO Publishing Co.

Calvin the Catfish. Calvin Carson. 2018. (ENG., Illus.). 34p. (J). 22.95 *(978-1-64138-864-1(1))* Page Publishing Inc.

Calvin the Swan Prince. Rose English. 2022. (Calvin the Swan Ser.: Vol. 1). (ENG.). 70p. (J). pap. *(978-1-9162826-2-9(8))* Gillan Bks.

Caly & Flo & the Fantastic Feather. Seymour Lavine. Illus. by Kelly Palmer. 2020. (Caly & Flo Ser.: Vol. 1). (ENG.). 34p. (J). pap. *(978-1-78926-475-3(8))* Independent Publishing Network.

Calypso's Forest. Addison Hope Guido. 2020. (Brightlings Bookcamp Ser.). (ENG.). 50p. (J). pap. 15.00 *(978-1-953507-01-3(8))* Brightlings.

Calyxianna's Night of Fright. Mari Ann Fortuna. 2021. (ENG.). 28p. (J). 24.00 *(978-1-0879-8429-2(7))* Indy Pub.

CAM Clarke (Classic Reprint) John H. Walsh. 2017. (ENG., Illus.). 324p. (J). 30.58 *(978-0-332-04661-7(3))* Forgotten Bks.

Cam Jansen & the Joke House Mystery, 34. David A. Adler. 2019. (Cam Jansen Mysteries Ch Bks). (ENG.). 53p. (J). (gr. 2-3). 14.96 *(978-0-87617-635-1(X))* Penworthy Co., LLC, The.

Cam-Mac Adventure Express. Stephanie Brazer. Illus. by Natalie Sorrenti. 2022. (ENG.). 44p. (J). pap. 16.95 ***(978-1-954819-55-9(2))***; 24.00 ***(978-1-954819-53-5(6))*** Briley & Baxter Publications.

Cam Newton. Elizabeth Raum. 2017. (Pro Sports Biographies Ser.). (ENG.). 24p. (J). (gr. 1-4). lib. bdg. 20.95 *(978-1-68151-137-5(1),* 14676) Amicus.

Cam Newton: Football Star. Marty Gitlin. 2017. (Biggest Names in Sports Ser.). (ENG., Illus.). 32p. (J). (gr. 3-5). pap. 9.95 *(978-1-63517-100-6(8),* 1635171008); lib. bdg. 31.35 *(978-1-63517-044-3(3),* 1635170443) North Star Editions. (Focus Readers).

Cam Newton: Trying to Win Them All, 1 vol. Jackie Friedman Stanmyre. 2017. (At the Top of Their Game Ser.). (ENG.). 112p. (YA). (gr. 9-9). lib. bdg. 44.50 *(978-1-5026-2835-0(X),* 68cc2c96-c169-449f-b6c2-4d20a7100577) Cavendish Square Publishing LLC.

Cam the Courageous Camaro: A Cute Book about Courage & Bravery for Boys & Girls Ages 2-4 5-6 7-8. K.

C

a Mulenga. 2022. (ENG.). 26p. (J). pap. **(978-1-7764245-2-8(2))** ALZuluBelle.
Cama: Your Special Friend. Cheryl Beck. Illus. by Melissa Charpentier. 2021. (ENG.). 48p. (J). (978-0-2288-3166-2(0)); pap. (978-0-2288-3165-5(2)) Tellwell Talent.
Camaleón. Aaron Carr. 2016. (Yo Soy Ser.). (SPA.). 24p. (J). pap. 31.41 (978-1-4896-4324-7(9)) Weigl Pubs., Inc.
Camaleón Enano (Leaf Chameleon) Julie Murray. 2020. (Animales Miniatura (Mini Animals) Ser.). (SPA.). 24p. (J). (gr. -1-2). lib. bdg. 31.36 (978-1-0982-0420-4(4), 35330, Abdo Kids) ABDO Publishing Co.
Cámara de Representantes. Simon Rose. 2020. (Nuestro Gobierno Federal Ser.). (SPA.). 32p. (J). lib. bdg. 22.99 (978-1-5105-4324-9(4)) SmartBook Media, Inc.
Cámara-Lenta: Leveled Reader Book 13 Level I 6 Pack. Hmh Hmh. 2021. (SPA.). 32p. (J). pap. 74.40 (978-0-358-08410-5(5)) Houghton Mifflin Harcourt Publishing Co.
Cámara Perdida y Encontrada: Leveled Reader Card Book 59 Level o 6 Pack. Hmh Hmh. 2021. (SPA.). (J). pap. 74.40 (978-0-358-08454-9(7)) Houghton Mifflin Harcourt Publishing Co.
Camaraderie, 1913 (Classic Reprint) Greenfield High School. (ENG., Illus.). (J). 2018. 112p. 26.23 (978-0-656-36672-9(9)); 2017. pap. 9.57 (978-0-259-95807-9(7)) Forgotten Bks.
Camaraderie 1916: The Annual of the Senior Class of Greenfield High School (Classic Reprint) Greenfield High School. 2017. (ENG., Illus.). (J). 166p. 27.34 (978-0-484-19902-5(1)); pap. 9.97 (978-0-259-94956-5(6)) Forgotten Bks.
Camaralzaman & Badoura: Or, the Peri Who Loved the Prince; an Extravacant Arabian Night's Entertainment, in Two Acts (Classic Reprint) Brothers Brough. 2018. (ENG., Illus.). 400p. (J). 32.15 (978-0-267-16455-4(6)) Forgotten Bks.
Cambia Carty, & Other Stories (Classic Reprint) William Buckley. 2018. (ENG., Illus.). 238p. (J). 28.81 (978-0-483-22753-8(6)) Forgotten Bks.
Cambiaria Mi Vida Su Tubiera Mas Tiempo! Doreen Virtue. 2018. (ENG & SPA.). 217p. (YA). pap. (978-607-415-827-4(4)) Grupo Editorial Tomo, S.A. de C.V.
Cambiemos la Marea de Las Tortugas: Leveled Reader Book 69 Level P 6 Pack. Hmh Hmh. 2021. (SPA.). 32p. (J). pap. 74.40 (978-0-358-08463-1(6)) Houghton Mifflin Harcourt Publishing Co.
Cambio de Guion. Lyla Lee. 2023. (SPA.). 272p. (YA). pap. 19.95 **(978-607-39-0081-2(3))** Editorial Planeta, S. A. ESP. Dist: Two Rivers Distribution.
Cambio de una Oruga en una Mariposa. Nick Rebman. 2017. (Ciclos de Vida Ser.). (SPA.). 16p. (J). (gr. -1-2). pap. 7.95 (978-1-68320-120-5(5), 16948) RiverStream Publishing.
¡Cambio el Mundo! I Change the World! Joshua Lawrence Patel Deutsch. Illus. by Vikas Upadhyay. 2023. (SPA.). 28p. (J). 24.50 **(978-1-0881-3790-1(3))** Indy Pub.
Cambio en Mi Vida. Mayrin N. Colon. 2023. (SPA.). 264p. (J). pap. 21.99 **(978-1-64131-683-5(7)**, Biblio Graficas) Biblio Services, Inc.
Cambodia. Alicia Z. Klepeis. 2019. (Country Profiles Ser.). (ENG., Illus.). 32p. (J). (gr. 3-8). lib. bdg. 27.95 (978-1-62617-959-2(X), Blastoff! Discovery) Bellwether Media.
Cambodia. Adam Markovics. 2018. (Countries We Come From Ser.). (ENG., Illus.). 32p. (J). (gr. k-3). lib. bdg. 19.95 (978-1-68402-690-6(3)) Bearport Publishing Co., Inc.
Cambodia, 1 vol. Caitlyn Miller et al. 3rd enl. rev. ed. 2016. (Cultures of the World (Third Edition)(r) Ser.). (ENG., Illus.). 144p. (J). (gr. 5-5). lib. bdg. 48.79 (978-1-5026-2229-7(7), 9f277ddb-d457-465f-9e42-ee2e72e968c8) Cavendish Square Publishing LLC.
Cambodia (Enchantment of the World) (Library Edition) Wil Mara. 2017. (Enchantment of the World. Second Ser.). (ENG., Illus.). 144p. (J). (gr. 5-9). lib. bdg. 40.00 (978-0-531-23573-7(4), Children's Pr.) Scholastic Library Publishing.
Cambrian Picture, or Every One Has Errors, Vol. 2 of 3 (Classic Reprint) Ann Julia Hatton. (ENG., Illus.). (J). 2018. 372p. 31.57 (978-0-484-08224-2(8)); 2016. pap. 13.97 (978-1-333-25880-1(1)) Forgotten Bks.
Cambrian Pictures, or Every One Has Errors, Vol. 3 of 3 (Classic Reprint) Ann Julia Hatton. 2018. (ENG., Illus.). 456p. (J). 33.30 (978-0-267-19733-0(0)) Forgotten Bks.
Cambrian Pictures, Vol. 1 Of 3: Or, Every One Has Errors (Classic Reprint) Ann Julia Hatton. 2018. (ENG., Illus.). 308p. (J). 30.25 (978-0-483-94087-1(9)) Forgotten Bks.
Cambric Mask: A Romance (Classic Reprint) Robert W. Chambers. (ENG., Illus.). (J). 2018. 338p. 30.87 (978-0-428-34996-7(X)); 2017. pap. 13.57 (978-0-243-10361-4(1)) Forgotten Bks.
Cambridge Book of Poetry & Songs: Selected from English & American Authors (Classic Reprint) Charlotte Fiske Bates. 2018. (ENG., Illus.). (J). 712p. 38.58 (978-0-366-55905-3(2)); 714p. pap. 20.97 (978-0-366-05409-1(0)) Forgotten Bks.
Cambridge Checkpoint Lower Secondary English Student's Book 9 Third Edition. John Reynolds. ed. 2021. (ENG.). 152p. (gr. 8-8). pap. 28.00 (978-1-3983-0189-4(2)) Hodder Education Group GBR. Dist: Ingram Publisher Services.
Cambridge Checkpoint Lower Secondary English Workbook 9. John Reynolds. 3rd rev. ed. 2021. (ENG.). 96p. (gr. 8-8). pap. 9.75 (978-1-3983-0136-8(1)) Hodder Education Group GBR. Dist: Ingram Publisher Services.
Cambridge Checkpoint Mathematics. Coursebook. Stage 7. Per le Scuole Superiori. Con Espansione Online, 1 vol. Byrd Greg. 2018. (ENG., Illus.). 200p. pap., E-Book 40.55 (978-1-108-61589-1(9)) Cambridge Univ. Pr.
Cambridge Dionysia: The Cambridge Dionysia (Classic Reprint) George Otto Trevelyan. (ENG., Illus.). (J). 2018. 22p. 24.37 (978-0-364-49875-0(7)); 2017. pap. 7.97 (978-0-259-50791-8(1)) Forgotten Bks.
Cambridge English Qualifications - Practice Tests for A1 Movers. Anna Osborn. 2018. (ENG., Illus.). 80p. pap. 19.95 (978-0-00-827487-0(8)) HarperCollins Pubs. Ltd. GBR. Dist: Independent Pubs. Group.
Cambridge Freshman: Or Memoirs of Mr. Golightly (Classic Reprint) Martin Legrand. 2017. (ENG., Illus.). (J). 32.27 (978-0-266-22126-5(2)) Forgotten Bks.
Cambridge Global English. Stage 9 Workbook. Chris Barker & Libby Mitchell. 2016. (ENG., Illus.). 128p. pap. 25.70 (978-1-107-63520-3(9)) Cambridge Univ. Pr.
Cambridge Grammar & Writing Skills, Bk. 1. Sarah Lindsay. ed. 2019. (Cambridge Grammar & Writing Skills Ser.). (ENG., Illus.). 88p. pap. 13.75 (978-1-108-73058-7(2)) Cambridge Univ. Pr.
Cambridge Igcse & o Level History 2nd Edition. Ben Walsh. 2018. (ENG.). 432p. (J). (gr. 9-10). pap. **(978-1-5104-2118-9(1))** Hodder Education Group.
Cambridge IGCSE(r) Combined & Co-Ordinated Sciences Coursebook with CD-ROM, 1 vol. Mary Jones. ed. 2017. (Cambridge International IGCSE Ser.). (ENG., Illus.). 680p. pap. 61.20 incl. cd-rom (978-1-316-63101-0(X)) Cambridge Univ. Pr.
Cambridge Igcse Core Mathematics Workbook. Ric Pimental & Mathews. 2018. (ENG.). 96p. (J). (gr. 9-10). pap. **(978-1-5104-2167-7(X))** Hodder Education Group.
Cambridge Igcse Enterprise. Coursebook. Per le Scuole Superiori. Houghton Medi. ed. 2018. (Cambridge International IGCSE Ser.). (ENG., Illus.). 198p. pap. 46.40 (978-1-108-44035-6(5)) Cambridge Univ. Pr.
Cambridge Igcse French As a Foreign Language. Per gli Esami Dal 2021. Coursebook. Per le Scuole Superiori. Con 2 CD-Audio, 1 vol. Danièle Bourdais. ed. 2019. (Cambridge International IGCSE Ser.). (Illus.). 232p. (J). pap. 45.85 incl. audio compact disk (978-1-108-59052-5(7)) Cambridge Univ. Pr.
Cambridge Igcse International Mathematics 2nd Edition. Ric Pimental & Powell. 2018. (ENG.). 466p. (J). (gr. 9-10). pap. **(978-1-5104-2140-0(8))** Hodder Education Group.
Cambridge Igcse Mathematics Core & Extended 4th Edition. Ric Pimental & Wall. 2018. (ENG.). 560p. (J). (gr. 9-10). pap. **(978-1-5104-2168-4(8))** Hodder Education Group.
Cambridge IGCSE Physics Explained: Colour Version. Kaleem Akbar. 2021. (ENG.). 332p. (YA). pap. **(978-1-9996611-6-8(9))** Pro Christo Publications.
Cambridge IGCSE Physics Revision Guide. Igcse Letts Cambridge. 2nd rev. ed. 2017. (Illus.). 144p. (YA). (gr. 9-11). pap. 16.99 (978-0-00-821033-5(0)) HarperCollins Pubs. Ltd. GBR. Dist: Independent Pubs. Group.
Cambridge IGCSE(tm) Biology Student's Book (Collins Cambridge IGCSE(tm)) Mike Smith et al. 3rd rev. ed. 2021. (ENG.). 568p. pap. 39.99 (978-0-00-843086-3(1)) HarperCollins Pubs. Ltd. GBR. Dist: Independent Pubs. Group.
Cambridge IGCSE(tm) Chemistry Revision Guide. Letts Cambridge IGCSE. 2nd rev. ed. 2017. (ENG., Illus.). 144p. (YA). (gr. 9-11). pap. 14.99 (978-0-00-821032-8(2)) HarperCollins Pubs. Ltd. GBR. Dist: Independent Pubs. Group.
Cambridge IGCSE(tm) English Revision Guide (Letts Cambridge IGCSE(tm) Revision) Letts Cambridge IGCSE. ed. 2017. (ENG.). 104p. (J). pap. 19.95 (978-0-00-821036-6(5)) HarperCollins Pubs. Ltd. GBR. Dist: Independent Pubs. Group.
Cambridge Igcse(tm) Español Como Primera Lengua Cuaderno de Ejercicios. Simon Barefoot et al. 2020. (ENG.). 664p. (J). (gr. 9-10). pap. **(978-1-5104-7854-1(X))** Hodder Education Group.
Cambridge IGCSE(tm) ICT Student's Book (Collins Cambridge IGCSE(tm)) Paul Clowrey & Colin Stobart. 3rd rev. ed. 2021. (ENG.). 376p. pap. 42.95 (978-0-00-843092-4(6)) HarperCollins Pubs. Ltd. GBR. Dist: Independent Pubs. Group.
Cambridge IGCSE(tm) ICT Teacher's Guide (Collins Cambridge IGCSE(tm)) Paul Clowrey & Colin Stobart. 3rd rev. ed. 2021. 272p. pap. 155.00 (978-0-00-843093-1(4)) HarperCollins Pubs. Ltd. GBR. Dist: Independent Pubs. Group.
Cambridge IGCSE(tm) Maths Revision Guide (Letts Cambridge IGCSE(tm) Revision) Letts Cambridge IGCSE. rev. ed. 2017. (ENG.). 168p. (YA). (gr. 9-11). pap. 18.99 (978-0-00-821034-2(9)) HarperCollins Pubs. Ltd. GBR. Dist: Independent Pubs. Group.
Cambridge IGCSE(tm) Physics Student's Book (Collins Cambridge IGCSE(tm)) Gurinder Chadha et al. 3rd rev. ed. 2021. (ENG.). 400p. pap. 39.99 (978-0-00-843090-0(X)) HarperCollins Pubs. Ltd. GBR. Dist: Independent Pubs. Group.
Cambridge IGCSE(tm) Spanish Student's Book (Collins Cambridge IGCSE(tm)) Libby Mitchell & Ana Kolkowska. ed. 2019. (Cambridge Assessment International Educa Ser.). (ENG.). 240p. (YA). (gr. 7-9). pap. 39.95 (978-0-00-830037-1(2)) HarperCollins Pubs. Ltd. GBR. Dist: Independent Pubs. Group.
Cambridge IGCSE(tm) Spanish Teacher's Guide (Collins Cambridge IGCSE(tm)) Katie Foufouti. ed. 2019. (Cambridge Assessment International Educa Ser.). (ENG.). 176p. pap. 155.00 (978-0-00-830038-8(0)) HarperCollins Pubs. Ltd. GBR. Dist: Independent Pubs. Group.
Cambridge IGCSE(tm) Spanish Workbook. Charonne Prosser. ed. 2019. (Cambridge Assessment International Educa Ser.). (SPA.). 96p. (YA). (gr. 7-9). pap. 16.95 (978-0-00-830039-5(9)) HarperCollins Pubs. Ltd. GBR. Dist: Independent Pubs. Group.
Cambridge in the Long Vacation: Poetically Described. Xtopher Twigum. 2017. (ENG., Illus.). (J). pap. (978-0-649-26694-4(3)) Trieste Publishing Pty Ltd.
Cambridge in the Long Vacation: Poetically Described (Classic Reprint) Xtopher Twigum. 2018. (ENG., Illus.). 36p. (J). 24.64 (978-0-332-34242-9(5)) Forgotten Bks.
Cambridge International AS & a Level Mathematics: Mechanics Coursebook. Jan Dangerfield. 2018. (ENG., Illus.). 246p. pap. 32.35 (978-1-108-40726-7(9)) Cambridge Univ. Pr.
Cambridge International AS & A Level Mathematics Pure Mathematics 1 Coursebook with Cambridge Online Mathematics (2 Years), 1 vol. Sue Pemberton. Ed. by Julian Gilbey. 2018. (ENG., Illus.). 332p. (J). pap., E-Book 50.35 (978-1-108-56289-8(2)) Cambridge Univ. Pr.
Cambridge International AS & a Level Physics Practical Skills Workbook. David Styles. ed. 2021. (ENG.). 96p. (gr. 11-12). pap. 16.00 (978-1-5104-8284-5(9)) Hodder Education Group GBR. Dist: Ingram Publisher Services.
Cambridge International As & a Level Physics. Practical Workbook. Per le Scuole Superiori. Con Espansione Online. David Sang. 2nd ed. 2020. (ENG., Illus.). 288p. (J). pap. 22.80 (978-1-108-79399-5(1)) Cambridge Univ. Pr.
Cambridge International AS & a Level Psychology Coursebook. Julia Russell et al. 2016. (ENG., Illus.). 368p. pap. 72.60 (978-1-316-60569-1(8)) Cambridge Univ. Pr.
Cambridge International As & a Level Sociology Coursebook. Chris Livesey & Jonathan Blundell. 2nd rev. ed. 2019. (ENG., Illus.). 334p. (J). pap. 62.00 (978-1-108-73981-8(4)) Cambridge Univ. Pr.
Cambridge International AS Level Information Technology Skills Workbook. Graham Brown & Brian Sargent. ed. 2022. (ENG.). 76p. (gr. 11-11). pap. 16.00 (978-1-5104-8306-4(3)) Hodder Education Group GBR. Dist: Ingram Publisher Services.
Cambridge Ms. DD. 4. 24. of Chaucer's Canterbury Tales (Classic Reprint) Geoffrey Chaucer. (ENG., Illus.). (J). 2018. 374p. 31.57 (978-0-484-89878-2(7)); 2016. pap. 13.97 (978-1-334-22458-4(7)) Forgotten Bks.
Cambridge Ms. (University Library, Gg. 4. 27) of Chaucer's Canterbury Tales (Classic Reprint) Frederick J. Furnivall. 2017. (ENG., Illus.). (J). 40.21 (978-0-265-36639-4(9)) Forgotten Bks.
Cambridge Ms. (University Library, Gg. 4. 27) of Chaucer's Canterbury Tales (Classic Reprint) Frederick James Furnivall. 2018. (ENG., Illus.). 832p. (J). pap. 23.57 (978-1-391-24983-4(6)) Forgotten Bks.
Cambridge Ms. (University Library, Gg. 4. 27) of Chaucer's Canterbury Tales, Vol. 1 (Classic Reprint) Geoffrey Chaucer. 2018. (ENG., Illus.). (J). 748p. 39.32 (978-1-396-18864-0(9)); 750p. pap. 23.57 (978-1-391-49851-5(8)) Forgotten Bks.
Cambridge Pre-U Mathematics Coursebook. Mark Hennings. 2017. (Pre-U Ser.). (ENG., Illus.). 788p. pap. 79.75 (978-1-316-63575-9(9)) Cambridge Univ. Pr.
Cambridge Primary Science Stage 4 Teacher's Resource with Cambridge Elevate, 1 vol. Fiona Baxter. 2019. (Cambridge Primary Science Ser.). (ENG., Illus.). 164p. (J). spiral bd., E-Book 46.90 (978-1-108-67831-5(9)) Cambridge Univ. Pr.
Cambridge Primary Science Stage 5 Teacher's Resource with Cambridge Elevate, 1 vol. Fiona Baxter. 2019. (Cambridge Primary Science Ser.). (ENG., Illus.). 198p. (J). spiral bd., E-Book 46.90 (978-1-108-67833-9(5)) Cambridge Univ. Pr.
Cambridge Primary Science Stage 6 Teacher's Resource with Cambridge Elevate, 1 vol. Fiona Baxter. 2019. (Cambridge Primary Science Ser.). (ENG., Illus.). 188p. (J). spiral bd., E-Book 46.90 (978-1-108-67834-6(3)) Cambridge Univ. Pr.
Cambridge Primary Science. Teacher's Resource Book. Stage 1. Per la Scuola Primaria, 1 vol. Joan Board. 2019. (Cambridge Primary Science Ser.). (ENG., Illus.). 150p. (J). spiral bd., E-Book 46.90 (978-1-108-67828-5(9)) Cambridge Univ. Pr.
Cambridge Primary Science. Teacher's Resource Book. Stage 2. Per la Scuola Primaria, 1 vol. Joan Board. 2019. (Cambridge Primary Science Ser.). (ENG., Illus.). 180p. (J). spiral bd., E-Book 46.90 (978-1-108-67829-2(7)) Cambridge Univ. Pr.
Cambridge Primary Science. Teacher's Resource Book. Stage 3. Per la Scuola Primaria, 1 vol. Joan Board. 2019. (Cambridge Primary Science Ser.). (ENG., Illus.). 166p. (J). spiral bd., E-Book 46.90 (978-1-108-67830-8(0)) Cambridge Univ. Pr.
Cambridge Punting. Pip Barber. Illus. by Charlie Spurrier. 2021. (ENG.). 22p. (J). (978-1-9999477-6-7(2)) Cambridge Children's Bks.
Cambridge Readings in Literature, Vol. 1 (Classic Reprint) George Sampson. 2018. (ENG., Illus.). 298p. (J). 30.10 (978-0-332-46205-9(6)) Forgotten Bks.
Cambridge Readings in Literature, Vol. 2 (Classic Reprint) George Sampson. (ENG., Illus.). (J). 2018. 298p. 30.04 (978-0-483-30001-9(2)); 2016. pap. 13.57 (978-1-333-62129-2(9)) Forgotten Bks.
Cambridge Readings in Literature, Vol. 4 (Classic Reprint) George Sampson. 2018. (ENG., Illus.). 340p. (J). 30.93 (978-0-483-30588-5(X)) Forgotten Bks.
Cambridge Readings in Literature, Vol. 5 (Classic Reprint) George Sampson. 2018. (ENG., Illus.). 356p. (J). 31.26 (978-0-483-43528-5(7)) Forgotten Bks.
Cambridge Staircase (Classic Reprint) George Nugent Bankes. 2018. (ENG., Illus.). 174p. (J). 27.51 (978-0-483-46055-3(9)) Forgotten Bks.
Cambridge Trifles: Or Splutterings from an Undergraduate Pen (Classic Reprint) Unknown Author. (ENG., Illus.). (J). 2017. 29.11 (978-0-265-20432-0(1)); 2016. pap. 11.57 (978-1-334-65592-0(8)) Forgotten Bks.
Camel Coloring Book: Coloring Books for Adults, Gifts for Camel Lovers, Floral Mandala Coloring Pages, Animal Coloring Book, Safari Animals. Illus. by Paperland Online Store. 2021. (ENG.). 42p. (J). pap. (978-1-365-79745-3(7)) Lulu Pr., Inc.
Camel Hockey. Barbara N. Clark. Illus. by Chrissy Chabot. 2022. (ENG.). 34p. (J). pap. 12.99 **(978-1-63984-192-9(X))** Pen It Pubns.
Camel Hunt: Narrative of Personal Adventure (Classic Reprint) J. W. Fabens. 2018. (ENG., Illus.). 228p. (J). 28.62 (978-0-483-72014-5(3)) Forgotten Bks.
Camel Story. Shwetha Subravati. Ed. by Sarah Khan. Illus. by Yamyamin. 2022. (ENG.). 38p. (J). (978-0-2288-6579-7(4)) Tellwell Talent.
Camel Story. Shwetha Subravati & Sarah Khan. Illus. by Floyd Ryan Yamyamin. 2022. (ENG.). 38p. (J). pap. (978-0-2288-6578-0(6)) Tellwell Talent.
Camel, the Deer, & the Horse. Allyson Desormeaux. 2023. (Decodables - Fables & Folktales Ser.). (ENG.). 24p. (J). (gr. 2-3). 27.93 **(978-1-68450-681-1(6))**; pap. 11.93 **(978-1-68404-910-3(5))** Norwood Hse. Pr.
Camel What? Laurie Tevlin-Klemow. 2023. (ENG.). 38p. (J). 17.95 **(978-1-63755-587-3(3)**, Mascot Kids) Amplify Publishing Group.
Camel Who Found Christmas: Christmas Mini Book. Alexa Tewkesbury. 2020. (ENG., Illus.). 32p. (J). pap. 3.99 (978-1-78951-273-1(5), c49a8d93-0ace-4ecb-ac8f-69b99ace0b5b) Crusade for World Revival GBR. Dist: Baker & Taylor Publisher Services (BTPS).
Camelot 2050: Black Knight. David Cartwright. 2018. (Camelot 2050 Ser.: Vol. 1). (ENG., Illus.). 490p. (YA). (gr. 8-11). pap. (978-1-5272-1901-4(1)) Cartwright, David.
Camelot 2050: Dark Magic. David Cartwright. 2019. (Camelot 2050 Ser.: Vol. 3). (ENG.). 568p. (YA). (gr. 9-12). pap. (978-1-5272-3855-8(5)) Cartwright, David.
Camelot 2050: Dragon Fire. David Cartwright. 2018. (Camelot 2050 Ser.: Vol. 2). (ENG., Illus.). 504p. (YA). (gr. 9-12). pap. (978-1-5272-2785-9(5)) Cartwright, David.
Camelot Betrayal. Kiersten White. (Camelot Rising Trilogy Ser.: 2). 384p. (YA). (gr. 7). 2021. pap. 10.99 (978-0-525-58174-1(X), Ember); 2020. (ENG.). lib. bdg. 21.99 (978-0-525-58172-7(3), Delacorte Pr.) Random Hse. Children's Bks.
Camelot Code: Geeks & the Holy Grail. Mari Mancusi. 2020. (Camelot Code Ser.: 2). (ENG.). 384p. (J). (gr. 3-7). pap. 7.99 (978-1-368-02310-8(X)) Hyperion Bks. for Children.
Camelot Code: the Once & Future Geek. Mari Mancusi. 2019. (Camelot Code Ser.: 1). (ENG.). 368p. (J). (gr. 3-7). pap. 7.99 (978-1-368-02309-2(6)) Little, Brown Bks. for Young Readers.
Camels, 1 vol. Cleo Bloom. 2017. (Wild & Woolly Ser.). (ENG.). 24p. (J). (gr. 3-3). 25.27 (978-1-5383-2527-8(6), 68f5c7b1-02f1-4ba2-a07e-56d0b88f47a5, PowerKids Pr.) Rosen Publishing Group, Inc., The.
Camels. Leo Statts. 2016. (Desert Animals Ser.). (ENG.). 24p. (J). (gr. -1-2). 49.94 (978-1-68079-346-8(2), 22967, Abdo Zoom-Launch) ABDO Publishing Co.
Camels: Desert Ecosystem Children's Book with Facts & Pictures. Bold Kids. 2022. (ENG.). 46p. (J). pap. 14.99 **(978-1-0717-0909-2(7))** FASTLANE LLC.
Camel's Lament: The Classic Edition. Charles E. Carryl. 2021. (Charles Santore Children's Classics Ser.). (ENG., Illus.). 32p. (J). 19.95 (978-1-64643-018-5(2), Applesauce Pr.) Cider Mill Pr. Bk. Pubs., LLC.
Cameo of the Empress (Classic Reprint) Sigmund Krausz. (ENG., Illus.). (J). 2018. 300p. 30.10 (978-0-666-48674-5(3)); 2017. pap. 13.57 (978-0-259-20764-1(0)) Forgotten Bks.
Cameo, the Street Pony. Kelly Wilson. 2018. (Showtym Adventures Ser.: 2). (Illus.). 176p. (J). (gr. 2-4). 9.99 (978-0-14-377220-0(1)) Penguin Group New Zealand, Ltd. NZL. Dist: Independent Pubs. Group.
Cameos: Short Stories (Classic Reprint) Marie Corelli. 2017. (ENG., Illus.). (J). 30.25 (978-0-266-45219-5(1)) Forgotten Bks.
Cameo's Capers. Carol Lehnert. 2021. (ENG.). 34p. (J). 22.95 (978-1-63302-187-7(4), Total Publishing & Media) Yorkshire Publishing Group.
Cameos (Classic Reprint) Marie Corelli. 2017. (ENG., Illus.). (J). 31.53 (978-0-331-87747-2(3)) Forgotten Bks.
Cameos of a Chinese City (Classic Reprint) Mary Darley. 2018. (ENG., Illus.). 244p. (J). 28.93 (978-0-483-56447-3(8)) Forgotten Bks.
Camera. Julie Murray. 2022. (Best Inventions Ser.). (ENG.). 24p. (J). (gr. k-4). lib. bdg. 31.36 (978-1-0982-8017-8(2), 41069, Abdo Zoom-Dash) ABDO Publishing Co.
Camera. Rabecca Sabelko & Rebecca Sabelko. 2019. (Inventions That Changed the World Ser.). (ENG., Illus.). 32p. (J). (gr. 3-8). pap. 8.99 (978-1-61891-510-8(X), 12160, Blastoff! Discovery) Bellwether Media.
Camera. Rebecca Sabelko. 2019. (Inventions That Changed the World Ser.). (ENG., Illus.). 32p. (J). (gr. 3-8). lib. bdg. 27.95 (978-1-62617-967-7(0), Blastoff! Discovery) Bellwether Media.
Camera Actress in the Wilds of Togoland: The Adventures, Observations & Experiences of a Cinematograph Actress in West African Forests Whilst Collecting Films Depicting Native Life & When Posing As the White Woman in Anglo-African Cinematograph DRAM. M. Gehrts. (ENG., Illus.). (J). 2018. 392p. 31.98 (978-0-267-55977-0(1)); 2016. pap. 16.57 (978-1-333-72195-4(1)) Forgotten Bks.
Camera Fiend (Classic Reprint) E. W. Hornung. 2018. (ENG., Illus.). 370p. (J). 31.53 (978-0-483-49999-7(4)) Forgotten Bks.
Camera Report on el Cerrito: A Typical Spanish-American Community in New Mexico (Classic Reprint) Irving Rusinow. 2017. (ENG., Illus.). (J). 26.58 (978-0-265-57023-4(9)); pap. 9.57 (978-0-282-83704-4(3)) Forgotten Bks.
Camera Tricks. Sara Green. 2018. (Movie Magic Ser.). (ENG., Illus.). 32p. (J). (gr. 3-8). lib. bdg. 27.95 (978-1-62617-846-5(1), Blastoff! Discovery) Bellwether Media.
Cameras: How They Work, Film, Digital, Filters, Effects - With 9 Easy-to-Do Experiments & 230 Exciting Pictures. Chris Oxlade. 2016. (Illus.). 64p. (J). (gr. -1-12). 12.99 (978-1-86147-663-0(9), Armadillo) Anness Publishing GBR. Dist: National Bk. Network.
Cameron Battle & the Escape Trials. Jamar J. Perry. 2023. (Cameron Battle Ser.: 2). (ENG.). 320p. (J). 17.99 (978-1-5476-0725-9(4), 900240187, Bloomsbury Children's Bks.) Bloomsbury Publishing USA.
Cameron Battle & the Hidden Kingdoms. Jamar J. Perry. 2022. (Cameron Battle Ser.: 1). (ENG.). 320p. (J). pap. 8.99 (978-1-5476-1131-7(6), 900279293); (Illus.). 16.99 (978-1-5476-0694-8(0), 900239010) Bloomsbury Publishing USA. (Bloomsbury Children's Bks.).
Cameron Goes to School. Sheletta Brundidge & Lily Coyle. Illus. by Darcy Bell-Myers. 2022. (ENG.). 26p. (J). pap. 9.95 (978-1-64343-697-5(X)) Beaver's Pond Pr., Inc.
Cameron Hall: A Story of the Civil War (Classic Reprint) M. A. C. 2018. (ENG., Illus.). 546p. (J). 35.18 (978-0-267-18823-9(4)) Forgotten Bks.
Cameron Hons Collection - Volume 2. Cameron Hons. 2021. (ENG.). 172p. (J). pap. 26.98 (978-1-4717-7238-2(1)) Lulu Pr., Inc.
Cameron Loves the Summer Olympics. Tracilyn George. 2021. (ENG.). 24p. (J). pap. 11.00 (978-1-77475-271-5(9)) Lulu Pr., Inc.

288 The check digit for ISBN-10 appears in parentheses after the full ISBN-13

TITLE INDEX CAMP

Cameron on the North Pole Express. J. D. Green. Illus. by Joanne Partis. 2022. (North Pole Express Bears Ser.). (ENG.). 32p. (J). (gr. -1-3). 7.99 ***(978-1-7282-6919-1(9))*** Sourcebooks, Inc.

Cameron on the North Pole Express. J. D. Green. 2019. (North Pole Express Ser.). (ENG.). 32p. (J). (gr. -1-3). 7.99 ***(978-1-7282-0315-7(5))*** Sourcebooks, Inc.

Cameron the Amazing Crocodile: An Early Reader Animal Adventure Book. K. M. Bowe. 2021. (Animal Antics Ser.: Vol. 1). (ENG., Illus.). 54p. (J). pap. *(978-0-6483224-8-1(3))* Karen Michelle Bks.

Cameron the Champion. Amber Hawthorne-Spratlen. Illus. by Bonnie Lemaire. 2023. (ENG.). 26p. (J). 20.95 ***(978-1-63765-426-2(X))***; pap. 13.95 ***(978-1-63765-425-5(1))*** Halo Publishing International.

Cameron the Crying Camera. Ross Willsher. Illus. by James Knowles. 2021. (ENG.). 28p. (J). pap. *(978-1-80031-027-8(7))* Authors OnLine, Ltd.

Cameron 'Twas the Night Before Christmas. Illus. by Lisa Alderson. 2019. (Night Before Christmas Ser.). (ENG.). 32p. (J). (gr. -1-3). 7.99 ***(978-1-7282-0208-2(6))*** Sourcebooks, Inc.

Cameronians, Vol. 1 Of 3: A Novel (Classic Reprint) James Grant. 2018. (ENG., Illus.). 328p. (J). 30.66 *(978-0-483-97705-1(5))* Forgotten Bks.

Cameronians, Vol. 2 Of 3: A Novel (Classic Reprint) James Grant. 2018. (ENG., Illus.). 318p. (J). 30.48 *(978-0-332-08130-4(3))* Forgotten Bks.

Cameronians, Vol. 3 Of 3: A Novel (Classic Reprint) James Grant. 2018. (ENG., Illus.). 318p. (J). 30.48 *(978-0-332-57508-7(X))* Forgotten Bks.

Cameron's Christmas Wish. Put Me In The Story & J. D. Green. Illus. by Julia Seal. 2018. (Christmas Wish Ser.). (ENG.). 32p. (J). (gr. k-3). 6.99 ***(978-1-4926-8513-5(5))*** Sourcebooks, Inc.

Cameron's Photo Album: Album 1: Full & Round Things. Y. Y. Lee. 2018. (ENG., Illus.). 34p. (J). pap. 13.95 *(978-1-64300-070-1(5))* Covenant Bks.

Cameron's Photo Album: Album 2: Things That Keep You Warm. Y. Y. Lee. 2018. (Cameron's Photo Album Ser.: Vol. 2). (ENG., Illus.). 34p. (J). pap. 13.95 *(978-1-64300-081-7(0))* Covenant Bks.

Cameron's Photo Album: Album 3: Black-And-White Animals. Y. Y. Lee. 2018. (Cameron's Photo Album Ser.: Vol. 3). (ENG., Illus.). 34p. (J). pap. 13.95 *(978-1-64300-090-9(X))* Covenant Bks.

Cameron's Photo Album: Album 4: Numbered Things. Y. Y. Lee. 2019. (ENG., Illus.). 34p. (J). pap. 13.95 *(978-1-64559-776-6(8))* Covenant Bks.

Cameron's Photo Album: Album 5: Things That Make Musical Sounds. Y. Y. Lee. 2019. (ENG., Illus.). 34p. (J). pap. 13.95 *(978-1-64559-802-2(0))* Covenant Bks.

Cameron's Photo Album: Album 6: Palindromes. Y. Y. Lee. 2019. (ENG., Illus.). 34p. (J). pap. 13.95 *(978-1-64559-905-0(1))* Covenant Bks.

Cameroon, 1 vol. Sean Sheehan et al. 3rd ed. 2019. (Cultures of the World (Third Edition)(r) Ser.). (ENG.). 144p. (gr. 5-5). lib. bdg. 48.79 *(978-1-5026-5070-2(3),* 6d1d3f7c-f6f7-4ac3-b847-e9d821823a78) Cavendish Square Publishing LLC.

Camerton Slope: A Story of Mining Life (Classic Reprint) R. F. Bishop. 2018. (ENG., Illus.). 346p. (J). 31.03 *(978-0-666-01291-3(1))* Forgotten Bks.

Camila Cabello. Kenny Abdo. 2018. (Star Biographies Ser.). (ENG., Illus.). 24p. (J). (gr. 2-8). lib. bdg. 31.36 *(978-1-5321-2542-3(9),* 30093, Abdo Zoom-Fly) ABDO Publishing Co.

Camila Cabello. Katie Lajiness. 2018. (Big Buddy Pop Biographies Ser.). (ENG.). 32p. (J). (gr. 2-5). lib. bdg. 34.21 *(978-1-5321-1798-5(1),* 30642, Big Buddy Bks.) ABDO Publishing Co.

Camila Cabello: Cuban American Singer. Rita Santos. 2019. (Junior Biographies Ser.). (ENG.). 24p. (gr. 3-4). 56.10 *(978-1-9785-0881-1(6))* Enslow Publishing, LLC.

Camila I Love You All Ways. Marianne Richmond. Illus. by Dubravka Kolanovic. 2023. (I Love You All Ways Ser.). (ENG.). 32p. (J). (gr. -1-3). 8.99 ***(978-1-7282-7339-6(0))*** Sourcebooks, Inc.

Camila on the North Pole Express. J. D. Green. Illus. by Joanne Partis. 2022. (North Pole Express Bears Ser.). (ENG.). 32p. (J). (gr. -1-3). 7.99 ***(978-1-7282-6920-7(2))*** Sourcebooks, Inc.

Camila Santa's Secret Elf. Put Me In The Story & Katherine Sully. Illus. by Julia Seal. 2018. (Santa's Secret Elf Ser.). (ENG.). 32p. (J). (gr. k-3). 5.99 *(978-1-4926-8127-4(X))* Sourcebooks, Inc.

Camila the Gaming Star. Alicia Salazar. Illus. by Thais Damiao. 2022. (Camila the Star Ser.). (ENG.). 32p. (J). 21.32 *(978-1-6639-5872-3(6),* 221421); pap. 5.95 *(978-1-6663-3119-6(8),* 221415) Capstone. (Picture Window Bks.).

Camila the Invention Star. Alicia Salazar. Illus. by Mario Gushiken. 2023. (Camila the Star Ser.). (ENG.). 32p. (J). 22.65 *(978-1-4846-7103-0(1),* 245867); pap. 6.99 *(978-1-4846-7099-6(X),* 245855) Capstone. (Picture Window Bks.).

Camila the Rodeo Star. Alicia Salazar. Illus. by Mario Gushiken. 2023. (Camila the Star Ser.). (ENG.). 32p. (J). 22.65 *(978-1-4846-7087-3(6),* 245847); pap. 6.99 *(978-1-4846-7083-5(3),* 245843) Capstone. (Picture Window Bks.).

Camila the Singing Star. Alicia Salazar. Illus. by Thais Damiao. 2022. (Camila the Star Ser.). (ENG.). 32p. (J). 21.32 *(978-1-6639-5870-9(X),* 222789); pap. 5.95 *(978-1-6663-3168-4(6),* 222771) Capstone. (Picture Window Bks.).

Camila the Soccer Star. Alicia Salazar. Illus. by Mario Gushiken. 2023. (Camila the Star Ser.). (ENG.). 32p. (J). 22.65 *(978-1-4846-7111-5(2),* 245868); pap. 6.99 *(978-1-4846-7107-8(4),* 245856) Capstone. (Picture Window Bks.).

Camila the Spelling Bee Star. Alicia Salazar. Illus. by Thais Damiao & Mario Gushiken. 2023. (Camila the Star Ser.). (ENG.). 32p. (J). 22.65 *(978-1-4846-7095-8(7),* 245866); pap. 6.99 *(978-1-4846-7091-0(4),* 245854) Capstone. (Picture Window Bks.).

Camila the Talent Show Star. Alicia Salazar. Illus. by Thais Damiao. 2022. (Camila the Star Ser.). (ENG.). 32p. (J). 21.32 *(978-1-6639-5871-6(8),* 222787); pap. 5.95 *(978-1-6663-3154-7(6),* 222769) Capstone. (Picture Window Bks.).

Camila 'Twas the Night Before Christmas. Illus. by Lisa Alderson. 2021. (Night Before Christmas Ser.). (ENG.). 32p. (J). (gr. -1-3). 7.99 ***(978-1-7282-5209-4(1))*** Sourcebooks, Inc.

Camila's Christmas Wish. Put Me In The Story & J. D. Green. Illus. by Julia Seal. 2018. (Christmas Wish Ser.). (ENG.). 32p. (J). (gr. k-3). 6.99 ***(978-1-4926-8312-4(4))*** Sourcebooks, Inc.

Camilla. Camilla Allsop. 2020. (ENG.). 26p. (J). pap. 15.00 *(978-1-953507-19-8(0))* Brightlings.

Camilla, Cartographer. Julie Dillemuth. Illus. by Laura Wood. 2019. (ENG.). 32p. (J). *(978-1-4338-3033-4(7),* Magination Pr.) American Psychological Assn.

Camilla or a Picture of Youth, Vol. 3 of 5 (Classic Reprint) Frances Burney. 2018. (ENG., Illus.). 474p. (J). 33.69 *(978-0-483-02628-5(X))* Forgotten Bks.

Camilla the Cupcake Fairy. Tim Bugbird. Illus. by Lara Ede. 2021. (ENG.). 32p. (J). pap. 6.99 *(978-1-80058-461-7(X))*; pap. 4.99 *(978-1-80058-336-8(2))* Make Believe Ideas GBR. Dist: Scholastic, Inc.

Camille the French Toad. C. Foster. 2020. (ENG.). 28p. (J). *(978-1-78830-821-2(2))*; pap. *(978-1-78830-572-3(8))* Olympia Publishers.

Camille's Mermaid Tale. Valerie Tripp. Illus. by Thu Thai. 2017. 100p. (J). *(978-1-5182-4321-9(5),* American Girl) American Girl Publishing, Inc.

Camillia Captures el Cuco, 1 vol. Lamar Coldwell. 2016. (Rosen REAL Readers: Social Studies Nonfiction / Fiction: Myself, My Community, My World Ser.). (ENG.). 12p. (gr. k-1). pap. 6.33 *(978-1-5081-2556-3(2),* 8c929133-0f19-49a6-952a-e62e55039db2, Rosen Classroom) Rosen Publishing Group, Inc., The.

Camillias: A Dream with Wings. Eneg Nivre. 2018. (ENG., Illus.). 94p. (J). 26.95 *(978-1-64114-259-5(6))*; pap. 16.95 *(978-1-64079-269-2(4))* Christian Faith Publishing.

Camilo the Owl That Was Scared of the Darkness. Manuela Orozco Franco & Fanny Patricia Franco Chavez. 2020. (ENG.). 48p. (J). pap. 16.95 *(978-1-6624-1564-7(8))*; (Illus.). 24.95 *(978-1-6624-3559-1(2))* Page Publishing Inc.

Camina Conmigo. Judy Kentor Schmauss. 2016. (Early Rising Readers Ser.). (SPA.). 16p. (J). (gr. 1). 6.67 *(978-1-4788-3736-7(5))* Newmark Learning LLC.

Camina Conmigo - 6 Pack. Judy Kentor Schmauss. 2016. (Early Rising Readers Ser.). (SPA.). (J). (gr. 1). 40.00 net. *(978-1-4788-4679-6(8))* Newmark Learning LLC.

Caminar. Skila Brown. 2016. (ENG.). 208p. (J). (gr. 5-9). pap. 8.99 *(978-0-7636-9094-6(5))* Candlewick Pr.

Caminar. Skila Brown. ed. 2016. (ENG.). 208p. (J). (gr. 5-9). 18.40 *(978-0-606-39096-5(0))* Turtleback.

Caminata. Judy Kentor Schmauss. Illus. by Luis Filella. 2016. (Early Rising Readers Ser.). (SPA.). (J). (gr. -1). 6.67 *(978-1-4788-3693-3(8))* Newmark Learning LLC.

Caminata - 6 Pack. Judy Kentor Schmauss. 2016. (Early Rising Readers Ser.). (SPA.). (J). (gr. 1). 40.00 net. *(978-1-4788-4636-9(4))* Newmark Learning LLC.

Camino. Mario Satz. Illus. by Yara Kono. 2020. (SPA.). 40p. (J). (gr. 2-4). pap. 17.95 *(978-84-17440-26-8(7))* Akiara Bks. ESP. Dist: Independent Pubs. Group.

Camino a la Escuela. Linda Koons. Illus. by J. J. Rudisill. 2016. (Early Rising Readers Ser.). (SPA.). 16p. (J). (gr. 1-1). 6.67 *(978-1-4788-3752-7(7))* Newmark Learning LLC.

Camino a la Escuela. Rosemary McCarney. 2017. (SPA.). 32p. (J). (gr. k-2). 18.99 *(978-84-261-4388-4(1))* Juventud, Editorial ESP. Dist: Lectorum Pubns., Inc.

Camino a la Escuela - 6 Pack. Linda Koons. 2016. (Early Rising Readers Ser.). (SPA.). (J). (gr. 1). 40.00 net. *(978-1-4788-4695-6(X))* Newmark Learning LLC.

Camino a la Escuela (on the Way to School) (Set), 8 vols. 2018. (Camino a la Escuela (on the Way to School) Ser.). (SPA., Illus.). 32p. (gr. 3-3). lib. bdg. 115.72 *(978-1-5081-9634-1(6),* e0f0b869-9eef-4243-8b24-978b28fa8c04, Windmill Bks.) Rosen Publishing Group, Inc., The.

Camino a Las Estrellas: Mi Recorrido de Girl Scout a Ingeniera Astronáutica (Path to the Stars Spanish Edition) Sylvia Acevedo. 2018. (SPA., Illus.). 352p. (J). (gr. 5-7). pap. 8.99 *(978-1-328-80957-5(9),* 1688047, Clarion Bks.) HarperCollins Pubs.

Camino a Las Estrellas (path to the Stars Spanish Edition) Mi Recorrido de Girl Scout a Ingeniera Astronáutica (Path to the Stars Spanish Edition) Sylvia Acevedo. 2018. (SPA., Illus.). 352p. (J). (gr. 5-7). 18.99 *(978-1-328-53481-1(2),* 1722628, Clarion Bks.) HarperCollins Pubs.

Camino de la Autodependencia: Tu Mejor Amigo Eres Tú. Jorge Bucay. 2020. (SPA.). 136p. (gr. 7). pap. 14.50 *(978-607-527-813-1(3))* Editorial Oceano de Mexico MEX. Dist: Independent Pubs. Group.

Camino de la Espiritualidad: Llegar a la Cima y Seguir Subiendo. Jorge Bucay. 2020. (SPA.). 336p. (gr. 7). pap. 18.50 *(978-607-527-818-6(4))* Editorial Oceano de Mexico MEX. Dist: Independent Pubs. Group.

Camino de la Felicidad: Un Desafío Personal. Jorge Bucay. 2020. (SPA.). 192p. (gr. 7). pap. 15.50 *(978-607-527-814-8(1))* Editorial Oceano de Mexico MEX. Dist: Independent Pubs. Group.

Camino de Las Lágrimas. Jorge Bucay. 2020. (SPA.). 244p. (gr. 7). pap. 17.50 *(978-607-527-817-9(6))* Editorial Oceano de Mexico MEX. Dist: Independent Pubs. Group.

Camino de Plata: Poesía para Niños. Gilda Rincón. Illus. by Bárbara Sansó. 2018. (SPA.). 128p. (J). (— 1). pap. 18.00 *(978-607-8469-42-0(8))* Nostra Ediciones MEX. Dist: Independent Pubs. Group.

Camino Del Encuentro: Un Ensayo Acerca Del Amor. Jorge Bucay. 2020. (SPA.). 244p. (gr. 7). pap. 15.95 *(978-607-527-791-2(9))* Editorial Oceano de Mexico MEX. Dist: Independent Pubs. Group.

Camino Peligroso: Leveled Reader Book 78 Level N 6 Pack. Hmh Hmh. 2021. (SPA.). 40p. (J). pap. 74.40 *(978-0-358-08386-3(9))* Houghton Mifflin Harcourt Publishing Co.

Caminoes Monstruo. Matt Doeden. 2019. (Todo Motor Ser.). (SPA., Illus.). 32p. (J). (gr. 3-9). lib. bdg. 27.32 *(978-1-5435-8254-3(0),* 141264) Capstone.

Camion Automobili e Aerei: Incredibile Libro Da Colorare per Bambini e Ragazzi Dai 3 Agli 8 Anni, Libro Da Colorare per Ragazzi e Ragazze, con Oltre 50 Illustrazioni Di Alta Qualità. Lenard Vinci Press. 2020. (ITA.). 114p. (J). pap. 10.99 *(978-1-716-29887-5(3))* Lulu Pr., Inc.

Camion Cartoons (Classic Reprint) Kirkland H. Day. 2018. (ENG., Illus.). 128p. (J). 26.54 *(978-0-332-12554-1(8))* Forgotten Bks.

Camion de Navidad. J. B. Blankenship. Tr. by Adela Salgado. Illus. by Cassandre Bolan. 2016. (SPA.). (J). pap. 10.95 *(978-0-9907434-5-3(4))* NarraGarden LLC.

Camión Grande. Mary Lindeen. Illus. by Bill Greenhead. 2016. (Early Rising Readers Ser.). (SPA.). (J). (gr. -1). 6.67 *(978-1-4788-3706-0(3))* Newmark Learning LLC.

Camión Grande - 6 Pack. Mary Lindeen. 2016. (Early Rising Readers Ser.). (SPA.). (J). (gr. 1). 40.00 net. *(978-1-4788-4649-9(6))* Newmark Learning LLC.

Camion Letters from American College Men: Volunteer Drivers of the American Field Service in France, 1917 (Classic Reprint) Martin Wright Sampson. (ENG., Illus.). (J). 2017. 27.09 *(978-0-331-82318-9(7))*; 2016. pap. 9.57 *(978-1-334-11801-2(9))* Forgotten Bks.

Camion Libro Da Colorare per Bambini 4-8 Anni: Grande Camion Libro Da Colorare per Ragazzi e Ragazze con Divertenti Illustrazioni Di Camion Dei Pompieri, Camion Di Costruzione, Camion Della Spazzatura, e Più. Emil Rana O'Neil. 2021. (ITA.). 76p. (J). pap. 10.99 *(978-1-716-82123-3(1))* Ridley Madison, LLC.

Camiones Autos y Aviones: Increíble Libro de Colorear para niños Pequeños y niños de 3 a 8 años, Libro de Colorear para niños y niñas, con Más de 50 Ilustraciones de Alta Calidad. Lenard Vinci Press. 2020. (SPA.). 114p. (J). pap. 10.99 *(978-1-716-29667-3(6))* Lulu Pr., Inc.

Camiones Libro de Ccolorear para Niños: Libro para Colorear de Grandes Camiones para niños y niñas de 4 a 8 años con Divertidas Ilustraciones de Camiones de Bomberos, Camiones de la Construcción, Camiones de la Basura y Otros. Emil Rana O'Neil. 2021. (SPA.). 76p. (J). pap. 10.99 ***(978-1-008-93910-3(2))*** Lulu Pr., Inc.

Camiones Monstruo en Acción (Monster Trucks on the Go) Kerry Dinmont. ed. 2017. (Bumba Books (r) en Español — Máquinas en Acción (Machines That Go) Ser.). (SPA., Illus.). 24p. (J). (gr. -1-1). E-Book 4.99 *(978-1-5124-3573-3(2),* 9781512435733); E-Book 39.99 *(978-1-5124-3574-0(0),* 9781512435740) Lerner Publishing Group. (Ediciones Lerner).

Camions Livre de Coloriage: Livre de Coloriage Camions Pour les Enfants de 4 à 8 Ans - Garçons et Filles - Illustrations Amusantes de Camions de Pompiers, de Camions de Construction, de Camions d'ordures et Plus Encore. Emil Rana O'Neil. 2021. (FRE., Illus.). 76p. (J). pap. 10.99 *(978-1-7947-1969-9(5))* Ridley Madison, LLC.

Camions Voitures et Avions: Livre de Coloriage Incroyable Pour les Tout-Petits et les Enfants âgés de 3 à 8 Ans, Livre de Coloriage Pour Garçons et Filles, Avec Plus de 50 Illustrations de Haute Qualité. Lenard Vinci Press. 2020. (FRE.). (J). pap. 10.99 *(978-1-716-29688-8(9))* Lulu Pr., Inc.

Camisard, or the Protestants of Languedoc, Vol. 1 Of 3: A Tale (Classic Reprint) Frances Clare Adeline Coxe. (ENG., Illus.). (J). 2018. 368p. 31.49 *(978-0-267-34305-8(1))*; 2016. pap. 13.97 *(978-1-333-66258-5(0))* Forgotten Bks.

Camisard, or the Protestants of Languedoc, Vol. 2: A Tale (Classic Reprint) Frances Clare Adeline Coxe. 2018. (ENG., Illus.). 412p. (J). 32.39 *(978-0-483-85480-2(8))* Forgotten Bks.

Camisard, or the Protestants of Languedoc, Vol. 3 Of 3: A Tale (Classic Reprint) Frances Clare Adeline Coxe. 2018. (ENG., Illus.). 450p. (J). 33.18 *(978-0-483-93669-0(3))* Forgotten Bks.

Cammie Takes Flight, 1 vol. Laura Best. 2017. (Cammie Ser.: 2). (ENG., Illus.). 224p. (J). (gr. 4-7). pap. 12.95 *(978-1-77108-467-3(7),* 2a3c6982-5ed9-4528-b90a-4df24775f8ea) Nimbus Publishing, Ltd. CAN. Dist: Baker & Taylor Publisher Services (BTPS).

Camo Joe's Bear Scare. Cathy L. Stewart. 2016. (ENG., Illus.). 26p. (J). pap. 9.99 *(978-0-692-06069-8(3))* Stewart, Cathy L.

Camoens: Dramma Lirico in Tre Atti, Da Rappresentarsi Nel Regio Teatro il Carnevale-Quaresima 1852, Alle Presenza Delle LL. SS. RR. MM (Classic Reprint) Unknown Author. 2018. (ITA., Illus.). 44p. (J). 24.80 *(978-0-428-67330-7(9))* Forgotten Bks.

Camomile: An Invention (Classic Reprint) Catherine Carswell. 2017. (ENG., Illus.). (J). 30.64 *(978-0-331-74368-5(X))*; pap. 13.57 *(978-0-243-44119-8(3))* Forgotten Bks.

Camosun, 1920, Vol. 12 (Classic Reprint) Victoria High School. (ENG., Illus.). (J). 2018. 46p. 24.85 *(978-0-666-38857-5(1))*; 2017. pap. 7.97 *(978-0-259-46226-2(8))* Forgotten Bks.

Camosun, 1940-1941, Vol. 33 (Classic Reprint) Bruce Bewell. 2017. (ENG., Illus.). (J). 96p. 25.88 *(978-0-484-51040-0(1))*; pap. 9.57 *(978-0-282-31265-7(X))* Forgotten Bks.

Camosun, 1942, Vol. 34 (Classic Reprint) Victoria High School. 2017. (ENG., Illus.). (J). 86p. 25.69 *(978-0-484-81230-6(0))*; pap. 9.57 *(978-0-259-98890-8(1))* Forgotten Bks.

Camosun, Vol. 1: January, 1906 (Classic Reprint) Geo C. Irving. (ENG., Illus.). (J). 2018. 24p. 24.41 *(978-0-365-22698-7(X))*; 2017. pap. 7.97 *(978-0-259-86927-6(9))* Forgotten Bks.

Camosun, Vol. 1: June 1909 (Classic Reprint) Victoria High School. 2017. (ENG., Illus.). (J). 24.41 *(978-0-260-83806-3(3))*; pap. 7.97 *(978-1-5285-9323-6(5))* Forgotten Bks.

Camosun, Vol. 1: May, 1906 (Classic Reprint) George C. Irving. (ENG., Illus.). (J). 2018. 20p. 24.31 *(978-0-666-43211-7(2))*; 2017. pap. 7.97 *(978-0-259-87468-3(X))* Forgotten Bks.

Camosun, Vol. 1: May, 1908 (Classic Reprint) Victoria College. 2018. (ENG., Illus.). 20p. (J). 24.31 *(978-0-267-52363-4(7))* Forgotten Bks.

Camosun, Vol. 1: November, 1908 (Classic Reprint) Victoria College. (ENG., Illus.). (J). 2018. 20p. 24.33 *(978-0-666-99949-8(X))*; 2017. pap. 7.97 *(978-0-243-49196-4(4))* Forgotten Bks.

Camosun, Vol. 1: Published by the Students of Victoria College; March, 1906 (Classic Reprint) Victoria College. (ENG., Illus.). (J). 2018. 20p. 24.31 *(978-0-483-06113-2(1))*; 2017. pap. 7.97 *(978-0-259-84421-1(7))* Forgotten Bks.

Camosun, Vol. 1: Published Monthly by the Students of Victoria College; December 1908 (Classic Reprint) H. A. Beckwith. (ENG., Illus.). (J). 2018. 20p. 24.31 *(978-0-666-14691-5(8))*; 2017. pap. 7.97 *(978-0-259-86174-4(X))* Forgotten Bks.

Camosun, Vol. 11: February, 1919 (Classic Reprint) Ursula Edwards. (ENG., Illus.). (J). 2018. 42p. 24.76 *(978-0-484-31569-2(2))*; 2017. pap. 7.97 *(978-0-243-04177-0(2))* Forgotten Bks.

Camosun, Vol. 13: December, 1920 (Classic Reprint) Victoria High School. (ENG., Illus.). (J). 2018. 56p. 25.05 *(978-0-666-99843-9(4))*; 2017. pap. 9.57 *(978-0-243-49273-2(1))* Forgotten Bks.

Camosun, Vol. 13: June, 1921 (Classic Reprint) Douglas Smith. (ENG., Illus.). (J). 2018. 58p. 25.09 *(978-0-365-17523-0(4))*; 2017. pap. 9.57 *(978-0-259-46232-3(2))* Forgotten Bks.

Camosun, Vol. 13: March, 1921 (Classic Reprint) Victoria High School. 2017. (ENG., Illus.). (J). pap. 9.57 *(978-0-259-82245-5(0))* Forgotten Bks.

Camosun, Vol. 14: December, 1921 (Classic Reprint) Jimmie McNamee. (ENG., Illus.). (J). 2018. 52p. 24.97 *(978-0-666-99899-6(X))*; 2017. pap. 9.57 *(978-0-243-49161-2(1))* Forgotten Bks.

Camosun, Vol. 14: June, 1922 (Classic Reprint) Jimmie McNamee. (ENG., Illus.). (J). 2018. 54p. 25.01 *(978-0-267-00194-1(0))*; 2017. pap. 9.57 *(978-0-243-52219-4(3))* Forgotten Bks.

Camosun, Vol. 14: March, 1922 (Classic Reprint) Jimmie McNamee. (ENG., Illus.). (J). 2018. 44p. 24.80 *(978-0-364-02582-6(4))*; 2017. pap. 7.97 *(978-0-243-54111-9(2))* Forgotten Bks.

Camosun, Vol. 15: April, 1923 (Classic Reprint) M. Maynard. (ENG., Illus.). (J). 2018. 54p. 25.01 *(978-0-364-00175-2(5))*; 2017. pap. 9.57 *(978-0-243-49793-5(8))* Forgotten Bks.

Camosun, Vol. 16: April, 1924 (Classic Reprint) Richard Diespecker. (ENG., Illus.). (J). 2018. 42p. 24.76 *(978-0-484-38609-8(3))*; 2017. pap. 7.97 *(978-0-243-49420-0(3))* Forgotten Bks.

Camosun, Vol. 16: December, 1923 (Classic Reprint) Richard Diespecker. 2017. (ENG., Illus.). (J). pap. 9.57 *(978-0-259-86448-6(X))* Forgotten Bks.

Camosun, Vol. 16: June, 1924 (Classic Reprint) Victoria High School. (ENG., Illus.). (J). 2018. 60p. 25.13 *(978-0-484-16791-8(X))*; 2017. pap. 9.57 *(978-0-243-51556-1(1))* Forgotten Bks.

Camosun, Vol. 19: June, 1927 (Classic Reprint) Jack Parnell. (ENG., Illus.). (J). 2018. 66p. 25.26 *(978-0-666-29226-1(4))*; 2016. pap. 9.57 *(978-1-334-12720-5(4))* Forgotten Bks.

Camosun, Vol. 21: Year 1928-1929 (Classic Reprint) James Moyes. 2017. (ENG., Illus.). (J). 100p. 25.96 *(978-0-484-22435-2(2))*; pap. 9.57 *(978-0-259-95127-8(7))* Forgotten Bks.

Camosun, Vol. 22: Year 1929-1930 (Classic Reprint) Victoria High School. (ENG., Illus.). (J). 2018. 106p. 26.10 *(978-0-656-65246-4(2))*; 2017. pap. 9.57 *(978-0-259-44631-6(9))* Forgotten Bks.

Camosun, Vol. 25: June, 1933 (Classic Reprint) Bernard Shipton. (ENG., Illus.). (J). 2018. 74p. 25.44 *(978-0-364-02604-5(9))*; 2017. pap. 9.57 *(978-0-243-54119-5(8))* Forgotten Bks.

Camosun, Vol. 30: June 1938 (Classic Reprint) Grant Willis. 2017. (ENG., Illus.). (J). 25.30 *(978-0-260-65045-0(5))*; pap. 9.57 *(978-0-266-01232-0(9))* Forgotten Bks.

Camosun, Vol. 6: April, 1914 (Classic Reprint) Victoria High School. (ENG., Illus.). (J). 2018. 38p. 24.70 *(978-0-332-35499-6(7))*; 2016. pap. 7.97 *(978-1-334-12508-9(2))* Forgotten Bks.

Camosun, Vol. 6: February, 1914 (Classic Reprint) John C. Stevenson. (ENG., Illus.). (J). 2018. 38p. 24.70 *(978-0-656-13464-9(X))*; 2017. pap. 7.97 *(978-0-259-97102-3(2))* Forgotten Bks.

Camosun, Vol. 7: February, 1915 (Classic Reprint) Victoria College. 2017. (ENG., Illus.). (J). 42p. 24.76 *(978-0-484-41329-9(5))*; pap. 7.97 *(978-0-259-46049-7(4))* Forgotten Bks.

Camosun, Vol. 8: February, 1916 (Classic Reprint) Walton Gilbert. (ENG., Illus.). (J). 2018. 38p. 24.68 *(978-0-428-19050-7(2))*; 2017. pap. 7.97 *(978-0-259-86203-1(7))* Forgotten Bks.

Camosun, Vol. 8: March, 1916 (Classic Reprint) Walton Gilbert. 2018. (ENG., Illus.) (J). 48p. 24.89 *(978-1-396-66890-6(X))*; 50p. pap. 9.57 *(978-1-391-60672-9(8))* Forgotten Bks.

Camouflage. American Museum American Museum of Natural History. 2016. (Science for Toddlers Ser.). (Illus.). 18p. (J). (gr. -1). bds. 7.95 *(978-1-4549-2079-3(3))* Sterling Publishing Co., Inc.

Camouflage. Renae Gilles & Warren Rylands. 2019. (Illus.). 24p. (J). *(978-1-4896-8017-4(9),* AV2 by Weigl) Weigl Pubs., Inc.

Camouflage. Jack Zayarny. 2016. (Illus.). 24p. (J). *(978-1-5105-0918-4(6))* SmartBook Media, Inc.

Camouflage: The Maple Leafs, the Original; the 4th Canadian Divisional Concert Party from France in Their Overseas Revue (Classic Reprint) Unknown Author. 2017. (ENG., Illus.). (J). 24.43 *(978-0-265-72514-6(3))*; pap. 7.97 *(978-1-5276-8600-7(0))* Forgotten Bks.

Camp. Kayla Miller. 2019. (Click Graphic Novel Ser.). (ENG., Illus.). 224p. (J). (gr. 3-7). 24.99 *(978-1-328-53081-3(7),*

C

1722263); pap. 12.99 *(978-1-328-53082-0(5),* 1722264) HarperCollins Pubs. (Clarion Bks.).

Camp. L. C. Rosen. (ENG.). (YA). (gr. 9-17). 2021. 416p. pap. 10.99 *(978-0-316-53777-3(2));* 2020. 384p. 17.99 *(978-0-316-53775-9(6))* Little, Brown Bks. for Young Readers.

Camp. Ahmad Tabbaa. 2020. (ENG.). 32p. (J). pap. *(978-1-78830-425-2(X))* Olympia Publishers.

Camp & Cabin. Rossiter W. Raymond. 2018. (ENG.). 248p. (J). pap. *(978-3-337-42303-2(5))* Creation Pubs.

Camp & Cabin: Sketches of Life & Travel in the West (Classic Reprint) Rossiter W. Raymond. 2017. (ENG., Illus.). 250p. (J). 29.05 *(978-0-332-47318-5(X))* Forgotten Bks.

Camp & Studio (Classic Reprint) Irving Montagu. (ENG., Illus.). (J). 2018. 480p. 33.80 *(978-0-267-72801-5(8));* 2016. pap. 16.57 *(978-1-333-69232-2(3))* Forgotten Bks.

Camp & Trail: A Story of the Maine Woods. Isabel Hornibrook. 2017. (ENG., Illus.). (J). 24.95 *(978-1-374-97757-0(8))* Capital Communications, Inc.

Camp & Trail: A Story of the Maine Woods (Classic Reprint) Isabel Hornibrook. 2018. (ENG., Illus.). 392p. (J). 32.00 *(978-0-484-26140-1(1))* Forgotten Bks.

Camp Arcady: The Story of Four Girls & Some Others, Who Kept House in a New York Flat (Classic Reprint) Floy Campbell. 2018. (ENG., Illus.). 182p. (J). 27.67 *(978-0-267-28932-5(4))* Forgotten Bks.

Camp Average. Craig Battle. 2020. (Camp Average Ser.: 1). (ENG.). 240p. (J). (gr. 2-6). pap. 9.95 *(978-1-77147-412-2(2))* Owlkids Bks. Inc. CAN. Dist: Publishers Group West (PGW).

Camp Average: Away Games. Craig Battle. (Camp Average Ser.: 3). (ENG.). 256p. (J). (gr. 2-7). 2022. pap. 9.95 *(978-1-77147-521-1(8));* 2021. 17.95 *(978-1-77147-405-4(X))* Owlkids Bks. Inc. CAN. Dist: Publishers Group West (PGW).

Camp Average: Double Foul. Craig Battle. (Camp Average Ser.: 2). (ENG.). 272p. (J). (gr. 2-6). 2021. pap. 9.95 *(978-1-77147-449-8(1));* 2020. 16.95 *(978-1-77147-309-5(6))* Owlkids Bks. Inc. CAN. Dist: Publishers Group West (PGW).

Camp Bob's Hill (Classic Reprint) Charles Pierce Burton. 2018. (ENG., Illus.). 326p. (J). 30.64 *(978-0-365-38013-9(X))* Forgotten Bks.

Camp Buddies: Leveled Reader Book 62 Level M 6 Pack. Hmh Hmh. 2021. (SPA.). 24p. (J). pap. 74.40 *(978-0-358-08120-3(3))* Houghton Mifflin Harcourt Publishing Co.

Camp by Copper River. Henry S. Spalding S J. 2020. (ENG., Illus.). 154p. (J). pap. 12.95 *(978-1-936639-52-6(1))* St. Augustine Academy Pr.

Camp Cozy: The Peysu Pals Elements of Adventure Guide. North Delta. 2023. (Peysu Pals Ser.). (ENG.). 52p. (J). pap. 8.99 ***(978-1-0880-9567-6(4))*** Indy Pub.

Camp Creature. Dianne Buffington. Illus. by Piper Koontz & Sharon Koontz. 2018. (ENG.). 32p. (J). pap. 16.95 *(978-1-9736-1784-6(6),* WestBow Pr.) Author Solutions, LLC.

Camp Creepy. Kiersten White. 2023. (Sinister Summer Ser.: 3). (ENG.). 288p. (J). (gr. 3-7). 8.99 ***(978-0-593-37915-8(2),*** Yearling) Random Hse. Children's Bks.

Camp Cretaceous: the Deluxe Junior Novelization Boxed Set (Jurassic World: Camp Cretaceous) Steve Behling. 2022. (ENG.). 576p. (J). (gr. 3-7). 39.96 *(978-0-593-56642-8(4),* Random Hse. Bks. for Young Readers) Random Hse. Children's Bks.

Camp Cretaceous, Volume Four: the Deluxe Junior Novelization (Jurassic World: Camp Cretaceous) Steve Behling. 2022. (ENG., Illus.). 144p. (J). (gr. 3-7). 9.99 *(978-0-593-43070-5(0),* Random Hse. Bks. for Young Readers) Random Hse. Children's Bks.

Camp Cretaceous, Volume One: the Deluxe Junior Novelization (Jurassic World: Camp Cretaceous) Steve Behling. 2020. (ENG.). 144p. (J). (gr. 3-7). 9.99 *(978-0-593-30338-2(5),* Random Hse. Bks. for Young Readers) Random Hse. Children's Bks.

Camp Cretaceous, Volume Three: the Deluxe Junior Novelization (Jurassic World: Camp Cretaceous) Steve Behling. 2021. (ENG.). 144p. (J). (gr. 3-7). 9.99 *(978-0-593-31027-4(6),* Random Hse. Bks. for Young Readers) Random Hse. Children's Bks.

Camp Cretaceous, Volume Two: the Deluxe Junior Novelization (Jurassic World: Camp Cretaceous) Steve Behling. 2021. (ENG.). 144p. (J). (gr. 3-7). 9.99 *(978-0-525-64390-6(7),* Random Hse. Bks. for Young Readers) Random Hse. Children's Bks.

Camp Daze (Garbage Pail Kids Book 3) R. L. Stine. Illus. by Jeff Zapata & Joe Simko. 2021. (Garbage Pail Kids Ser.). (ENG.). 208p. (J). (gr. 3-7). 14.99 *(978-1-4197-4365-8(1),* 1685601, Amulet Bks.) Abrams, Inc.

Camp Disaster, 1 vol. Frieda Wishinsky. 2016. (Orca Currents Ser.). (ENG.). 120p. (J). (gr. 4-7). pap. 9.95 *(978-1-4598-1114-0(3))* Orca Bk. Pubs. USA.

Camp Disaster. Frieda Wishinsky. 2016. (Orca Currents Ser.). lib. bdg. 20.80 *(978-0-606-38697-5(1))* Turtleback.

Camp Doctor: And Other Stories (Classic Reprint) E. Ryerson Young. (ENG., Illus.). (J). 2018. 354p. 31.22 *(978-0-483-66679-5(3));* 2016. pap. 13.57 *(978-1-334-15988-6(2))* Forgotten Bks.

Camp Dork. Beth Vrabel. (Pack of Dorks Ser.: 2). (ENG.). (J). 2018. 256p. (gr. 3-7). pap. 7.99 *(978-1-5107-3145-5(8));* 2016. 240p. (gr. 2-7). 16.99 *(978-1-63450-181-1(0))* Skyhorse Publishing Co., Inc. (Sky Pony Pr.).

Camp Famous. Jennifer Blecher. (ENG.). 272p. (J). (gr. 3-7). 2023. pap. 9.99 *(978-0-06-314069-1(1));* 2022. 16.99 *(978-0-06-314068-4(3))* HarperCollins Pubs. (Greenwillow Bks.).

Camp Fancy. Laurie Israel. ed. 2019. (Fancy Nancy 8x8 Bks). (ENG.). 24p. (J). (gr. k-1). 14.49 *(978-0-87617-534-7(5))* Penworthy Co., LLC, The.

Camp Fidelity Girls: A Comedy in Four Acts (Classic Reprint) Edith Lowell. 2018. (ENG., Illus.). 72p. (J). 25.38 *(978-0-483-05354-0(6))* Forgotten Bks.

Camp Fire Girls at School. Hildegard G. Frey. 2018. (ENG., Illus.). 170p. (YA). (gr. 7-12). pap. *(978-93-5297-314-9(3))* Alpha Editions.

Camp Fire Girls at School: Or, the Wohelo Weavers. Hildegard Gertrude Frey. 2017. (ENG., Illus.). (J). 23.95 *(978-1-374-85566-3(9));* pap. 13.95 *(978-1-374-85565-6(0))* Capital Communications, Inc.

Camp Fire Girls at Sunrise Hall. Margaret Vandercook. 2018. (ENG.). 134p. (J). pap. *(978-93-5297-324-8(0))* Alpha Editions.

Camp Fire Girls at Sunrise Hill: First of a Series. Margaret Vandercook. 2017. (ENG., Illus.). (J). 22.95 *(978-1-374-84066-9(1));* pap. 12.95 *(978-1-374-84065-2(3))* Capital Communications, Inc.

Camp Fire Girls Do Their Bit: Over the Top with the Winnebagos. Hildegard G. Frey. 2018. (ENG., Illus.). 160p. (YA). (gr. 7-12). pap. *(978-93-5297-315-6(1))* Alpha Editions.

Camp Fire Girls Go Motoring: Or, along the Road That Leads the Way. Hildegard G. Frey. 2017. (ENG., Illus.). (J). 23.95 *(978-1-374-90210-7(1));* pap. 13.95 *(978-1-374-90209-1(8))* Capital Communications, Inc.

Camp Fire Girls in after Years. Margaret Vandercook. 2018. (ENG., Illus.). 132p. (YA). (gr. 7-12). pap. *(978-93-5329-363-5(4))* Alpha Editions.

Camp Fire Girls in the Maine Woods: Or, the Winnebagos Go Camping. Hildegard Gertrude Frey. 2017. (ENG., Illus.). (J). 23.95 *(978-1-374-97005-2(0));* pap. 13.95 *(978-1-374-97004-5(2))* Capital Communications, Inc.

Camp Fire Girls in the Maine Woods: Or the Winnebagos Go Camping (Classic Reprint) Hildegarde Gertrude Frey. 2018. (ENG., Illus.). 252p. (J). 29.16 *(978-0-484-25079-5(5))* Forgotten Bks.

Camp Fire Girls in the Maine Woods: The Winnebagos Go Camping. Hildegard G. Frey. 2018. (ENG., Illus.). 150p. (YA). (gr. 7-12). pap. *(978-93-5297-316-3(X))* Alpha Editions.

Camp Fire Girls in the Outside World. Margaret Vandercook. 2018. (ENG.). 136p. (J). pap. *(978-93-5297-325-5(9))* Alpha Editions.

Camp Fire Girls on the Open Road, or Glorify Work (Classic Reprint) Hildegard G. Frey. 2018. (ENG., Illus.). 260p. (J). 29.26 *(978-0-484-41041-0(5))* Forgotten Bks.

Camp-Fire Musings: Life & Good Times in the Woods (Classic Reprint) William C. Gray. (ENG., Illus.). (J). 2018. 306p. 30.21 *(978-0-483-13369-3(8));* 2016. pap. 13.57 *(978-1-334-15509-3(7))* Forgotten Bks.

Camp Fire Stories: A Series of Sketches of the Union Army in the Southwest (Classic Reprint) Edward Anderson. 2017. (ENG., Illus.). (J). 30.04 *(978-1-5283-8641-8(8))* Forgotten Bks.

Camp-Fire Yarns (Classic Reprint) Frank Hobart Cheley. (ENG., Illus.). (J). 2018. 274p. 29.55 *(978-0-428-56537-4(9));* 2016. pap. 11.97 *(978-1-334-16124-7(0))* Forgotten Bks.

Camp Fires of the Wolf Patrol. Alan Douglas. 2018. (ENG., Illus.). 116p. (YA). (gr. 7-12). pap. *(978-93-5329-251-5(4))* Alpha Editions.

Camp Fires of the Wolf Patrol (Classic Reprint) Alan Douglas. (ENG., Illus.). (J). 2018. 170p. 27.42 *(978-0-484-11556-8(1));* 2016. pap. 9.97 *(978-1-334-16076-9(7))* Forgotten Bks.

Camp Follower: Containing the Following Stories: the Cock Fight' the Wife's Stratagem' How I Coated Sal, the Champion, Whar No Wood Is, Thar the Fire Goeth Out, & Many Other Humourous Sketches, Anecdotes, Poetry, etc, Designed for the Amusement of T. Unknown Author. 2018. (ENG., Illus.). 70p. (J). 25.30 *(978-0-484-67185-9(5))* Forgotten Bks.

Camp Ground: Or Injunctions a Specialty (Classic Reprint) George Washington Field. 2018. (ENG., Illus.). 98p. (J). 25.98 *(978-0-484-64173-9(5))* Forgotten Bks.

Camp Hero: Book One. Todd Gray. 2021. (ENG.). 358p. (J). pap. 13.00 ***(978-1-7376932-0-8(8))*** Stories of Grandma.

Camp Hero Double Trouble. Gina Bellisario. Illus. by Jessika von Innerebner. 2018. (Ellie Ultra Ser.). (ENG.). 128p. (J). (gr. 1-3). pap. 6.95 *(978-1-4965-6517-4(7),* 138521); lib. bdg. 25.99 *(978-1-4965-6513-6(4),* 138519) Capstone. (Stone Arch Bks.).

Camp in the Foot-Hills: Or Oscar on Horseback (Classic Reprint) Harry Castlemon. 2018. (ENG., Illus.). 430p. (J). 32.77 *(978-0-267-51656-8(8))* Forgotten Bks.

Camp Jolly: Or the Secret-Finders in the Grand Canon (Classic Reprint) Frances Little. (ENG., Illus.). (J). 2018. 274p. 29.57 *(978-0-365-46022-0(2));* 2017. pap. 11.97 *(978-0-259-54940-6(1))* Forgotten Bks.

Camp Jolly; or, the Secret-Finders in the Grand Canon; Pp. 1-265. Frances Little & C. M. Relyea. 2017. (ENG., Illus.). (J). pap. *(978-0-649-40818-4(7))* Trieste Publishing Pty Ltd.

Camp Koob (Koobville) Kristin Winovich. 2023. (Koobville Ser.). (ENG.). 56p. (J). pap. 14.99 ***(978-1-7334786-9-4(8))*** Koobville.

Camp Lenape. Timothy R. Baldwin. 2nd ed. 2019. (ENG., Illus.). 144p. (YA). (gr. 7-12). pap. 7.99 *(978-0-578-54791-6(0))* Timothy R. Baldwin.

Camp Life the Wilderness a Tale of the Richardson Lakes (Classic Reprint) Charles a Farrar. 2018. (ENG., Illus.). 244p. (J). 28.95 *(978-0-267-19495-7(1))* Forgotten Bks.

Camp Liverwurst & the Search for Bigfoot. Jim Badke. 2022. (ENG.). 136p. (J). pap. *(978-1-7777101-2-5(X))* Badke, James.

Camp Liverwurst & the Stray Compass. Jim Badke. 2023. (Camp Liverwurst Ser.: Vol. 2). (ENG.). 134p. (J). pap. ***(978-1-7777101-5-6(4))*** Badke, James.

Camp Mah Tovu #4. Yael Mermelstein. 2021. (American Horse Tales Ser.: 4). 160p. (J). (gr. 3-7). 7.99 *(978-0-593-22533-2(3),* Penguin Workshop) Penguin Young Readers Group.

Camp Maranatha Adventures: It's Not a Fairytale. Harvest White. 2019. (ENG.). 172p. (YA). pap. 14.49 *(978-1-5456-8135-0(X))* Salem Author Services.

Camp Mates in Michigan: Or with Pack & Paddle in the Pine Woods (Classic Reprint) George Rathborne. (ENG., Illus.). (J). 2018. 246p. 28.99 *(978-0-365-40665-5(1));* 2017. pap. 11.57 *(978-0-259-45954-5(2))* Forgotten Bks.

Camp Midnight. Steven T. Seagle. 2016. (ENG., Illus.). 248p. (J). pap. 16.99 *(978-1-63215-555-9(9),* 0271eebb-b439-453f-b914-d055515e39af) Image Comics.

Camp Midnight. Steven T. Seagle. ed. 2016. lib. bdg. 29.40 *(978-0-606-37808-6(1))* Turtleback.

Camp Midnight vs. Camp Daybright. Steven T. Seagle. 2019. (ENG., Illus.). 248p. (J). pap. 16.99 *(978-1-5343-1341-5(9),* 36aebb79-7892-4a60-a68e-8c9fffaacbcf) Image Comics.

Camp Murderface. Saundra Mitchell. 2021. (ENG.). 368p. (J). (gr. 3-7). pap. 7.99 *(978-0-06-287164-0(1),* HarperCollins) HarperCollins Pubs.

Camp Murderface. Saundra Mitchell & Josh Berk. 2020. (ENG., Illus.). 352p. (J). (gr. 3-7). 16.99 *(978-0-06-287163-3(3),* HarperCollins) HarperCollins Pubs.

Camp Murderface: Doom in the Deep. Saundra Mitchell. 2022. (ENG.). 432p. (J). (gr. 3-7). pap. 7.99 *(978-0-06-287167-1(6),* HarperCollins) HarperCollins Pubs.

Camp Murderface #2: Doom in the Deep. Saundra Mitchell. 2021. (ENG., Illus.). 432p. (J). (gr. 3-7). 16.99 *(978-0-06-287166-4(8),* HarperCollins) HarperCollins Pubs.

Camp Nowhere (Set), 4 vols. 2018. (Camp Nowhere Ser.). (ENG., Illus.). 48p. (J). (gr. 3-7). lib. bdg. 136.88 *(978-1-5321-3257-5(3),* 28469, Spellbound) Magic Wagon.

Camp on Poconnuck: A Story of the Connecticut Border (Classic Reprint) Edward O. Dyer. 2018. (ENG., Illus.). 48p. (J). 24.85 *(978-0-332-84918-8(X))* Forgotten Bks.

Camp Out!: a Graphix Chapters Book (Bug Scouts #2) Mike Lowery. Illus. by Mike Lowery. 2022. (ENG.). 64p. (J). (gr. 1-3). 22.99 *(978-1-338-72635-0(8));* pap. 7.99 *(978-1-338-72634-3(X))* Scholastic, Inc. (Graphix).

Camp Out Quest: Agents of H. E. A. R. T. Sam Hay. Illus. by Genevieve Kote. 2022. (Agents of H. E. A. R. T. Ser.: 2). (ENG.). 256p. (J). 17.99 *(978-1-250-79831-2(0),* 900240212); pap. 7.99 *(978-1-250-79832-9(9),* 900240213) Feiwel & Friends.

Camp Panda: Helping Cubs Return to the Wild. Catherine Thimmesh. (ENG.). 64p. (J). (gr. 5-7). 2022. pap. 9.99 *(978-0-358-73289-1(1));* 2018. (Illus.). 17.99 *(978-0-544-81891-0(1),* 1642679) HarperCollins Pubs. (Clarion Bks.).

Camp Piquaqua. Ashleigh Stevens. 2020. (ENG.). 142p. (YA). pap. 5.99 *(978-1-393-99402-2(4))* Draft2Digital.

Camp QUILTBAG. Nicole Melleby & A. J. Sass. 2023. (ENG.). 352p. (J). (gr. 3-7). pap. 7.99 *(978-1-5235-2402-0(2));* 16.99 *(978-1-64375-266-2(9),* 74266) Algonquin Young Readers.

Camp Quizzical. Rachel McMahon. 2022. (Ultimate Quick Quizzes Ser.). (Illus.). 64p. (J). (gr. 3-7). 6.99 *(978-0-593-38550-0(0),* Penguin Workshop) Penguin Young Readers Group.

Camp Rolling Hills: Book Two: Crossing Over, Bk. 2. Stacy Davidowitz. 2016. (Camp Rolling Hills Ser.: 2). (ENG., Illus.). 240p. (J). (gr. 3-7). pap. 8.95 *(978-1-4197-1880-9(0),* 1109903) Abrams, Inc.

Camp Rolling Hills (#1) Book One, Bk. 1. Stacy Davidowitz. 2016. (Camp Rolling Hills Ser.: 1). (ENG., Illus.). 256p. (J). (gr. 3-7). pap. 8.95 *(978-1-4197-1885-4(1),* 1110003, Amulet Bks.) Abrams, Inc.

Camp Runaway, 1 vol. Susan Hughes. 2018. (ENG., Illus.). 21p. (J). pap. *(978-1-77654-245-1(2),* Red Rocket Readers) Flying Start Bks.

Camp Scare. Delilah S. Dawson. 288p. (J). (gr. 5). 2023. 8.99 *(978-0-593-37329-3(4),* Yearling); 2022. 16.99 *(978-0-593-37326-2(X),* Delacorte Pr.) Random Hse. Children's Bks.

Camp Shady Crook. Lee Gjertsen Malone. (ENG.). (J). (gr. 3-7). 2020. 304p. pap. 7.99 *(978-1-5344-2227-8(7));* 2019. (Illus.). 288p. 17.99 *(978-1-5344-2226-1(9))* Simon & Schuster Children's Publishing. (Aladdin).

Camp Spirit. Axelle Lenoir. 2020. 208p. (YA). (gr. 8-12). pap. 19.99 *(978-1-60309-465-8(2))* Top Shelf Productions.

Camp Sweets: Monster Fun at Summer Camp. Nandini Nayar. 2018. (ENG., Illus.). 146p. (J). (gr. 4-6). pap. *(978-93-87693-53-1(8))* Speaking Tiger Publishing.

Camp Sylvania. Julie Murphy. 2023. (Camp Sylvania Ser.). (ENG.). 288p. (J). (gr. 3-7). pap. 18.99 *(978-0-06-311402-9(X),* Balzer & Bray) HarperCollins Pubs.

Camp Terror. Kenny Abdo. 2017. (Survive Ser.). (ENG.). 192p. (YA). (gr. 5-12). lib. bdg. 31.42 *(978-1-68076-729-2(1),* 25392, Epic Escape) EPIC Pr.

Camp Tiger. Susan Choi. Illus. by John Rocco. 2019. 40p. (J). (gr. -1-1). 17.99 *(978-0-399-17329-5(3),* G.P. Putnam's Sons Books for Young Readers) Penguin Young Readers Group.

Camp Time in California, 35. Mary Pope Osborne. ed. 2021. (Magic Tree House Ser.). (ENG., Illus.). 91p. (J). (gr. 2-3). 18.96 *(978-1-64697-714-7(9))* Penworthy Co., LLC, The.

Camp Time in California. Mary Pope Osborne. Illus. by A. G. Ford. (Magic Tree House (R) Ser.: 35). 112p. (J). (gr. 1-4). 2022. 6.99 *(978-0-593-17749-5(5));* 2021. 13.99 *(978-0-593-17746-4(0));* 2021. (ENG.). lib. bdg. 16.99 *(978-0-593-17747-1(9))* Random Hse. Children's Bks. (Random Hse. Bks. for Young Readers).

Camp Venture: A Story of the Virginia Mountains (Classic Reprint) George Cary Eggleston. 2018. (ENG., Illus.). 424p. (J). 32.62 *(978-0-484-57046-6(3))* Forgotten Bks.

Camp Wawanock for Girls, Jefferson, Maine (Classic Reprint) Wavus Camps. 2017. (ENG., Illus.). (J). 24.54 *(978-0-265-80567-1(8));* pap. 7.97 *(978-1-5278-3709-6(2))* Forgotten Bks.

Campagne: Recueil Descriptif et Littéraire; Chasse, Pêche, Études, Variétés, Poésie; Contenant Douze Livraisons Publiées Depuis Octobre 1859 Jusqu'à Septembre 1860 (Classic Reprint) Charles De Massas. 2018. (FRE., Illus.). 516p. (J). pap. 16.97 *(978-0-366-31431-7(9))* Forgotten Bks.

Campaign. Leila Sales. Illus. by Kim Balacuit. (ENG.). 288p. (YA). (gr. 3-7). 2023. pap. 8.99 *(978-1-4197-3975-0(1),* 1295203); 2020. 16.99 *(978-1-4197-3974-3(3),* 1295201) Abrams, Inc. (Amulet Bks.).

Campaign: With Liberty & Study Hall for All. Laurie Friedman. 2020. (ENG., Illus.). 208p. (J). (gr. 3-7). 25.00 *(978-0-7624-9624-2(X),* Running Pr. Kids) Running Pr.

Campaign Chaos! (the Loud House: Chapter Book) Mollie Freilich. 2020. (Loud House Ser.: 3). (ENG.). 144p. (J). (gr. 2-5). pap. 6.99 *(978-1-338-68153-6(2))* Scholastic, Inc.

Campaign Finance, 1 vol. Ed. by Kathryn Roberts. 2018. (Opposing Viewpoints Ser.). (ENG.). 200p. (gr. 10-12). 50.43 *(978-1-5345-0411-0(7),* d6e77827-fac0-4e08-a908-4a42297a04bf) Greenhaven Publishing LLC.

Campaign Story: The Superb Soldier's Horse Which My Uncle Did Not Buy, with Reason Why (Classic Reprint) James W. Bain. (ENG., Illus.). (J). 2018. 20p. 24.31 *(978-0-484-80551-3(7));* 2016. pap. 7.97 *(978-1-334-17083-6(5))* Forgotten Bks.

Campaigning with Crook & Stories of Army Life. Charles King. 2017. (ENG.). 340p. (J). pap. *(978-3-7447-4881-0(2))* Creation Pubs.

Campaigning with Crook & Stories of Army Life (Classic Reprint) Charles King. 2017. (ENG., Illus.). (J). 30.87 *(978-0-265-41523-8(3))* Forgotten Bks.

Campaigns & Intervals (Classic Reprint) Jean Giraudoux. 2019. (ENG., Illus.). 284p. (J). 29.75 *(978-0-365-22217-0(8))* Forgotten Bks.

Campaigns of a Non-Combatant & His Romaunt Abroad During the War. George Alfred Townsend. 2019. (ENG.). 372p. (J). pap. *(978-3-337-81379-6(8))* Creation Pubs.

Campaigns of a Non-Combatant, & His Romaunt Abroad During the War (Classic Reprint) George Alfred Townsend. 2018. (ENG., Illus.). 372p. (J). 31.57 *(978-0-484-33513-3(8))* Forgotten Bks.

Campaigns of Curiosity 1894: Journalistic Adventures of an American Girl in London (Classic Reprint) Elizabeth L. Banks. 2017. (ENG., Illus.). (J). 28.64 *(978-0-266-84532-4(0))* Forgotten Bks.

Campamento lo Siento: La Complicada Vida de Claudia Cristina Cortez. Diana G. Gallagher. Tr. by Aparicio Publishing Aparicio Publishing LLC. Illus. by Brann Garvey. 2020. (Claudia Cristina Cortez en Español Ser.). (SPA.). 88p. (J). (gr. 4-8). pap. 6.95 *(978-1-4965-9968-1(3),* 201661); lib. bdg. 27.32 *(978-1-4965-9806-6(7),* 200694) Capstone. (Stone Arch Bks.).

Campamento Miedo / Camp Fear. Jaime Alfonso Sandoval. 2020. (SPA.). 296p. (J). (gr. 3-7). pap. 14.95 *(978-607-31-8088-7(8),* Montena) Penguin Random House Grupo Editorial ESP. Dist: Penguin Random Hse. LLC.

Campana de la Libertad. Megan Kopp. 2017. (Los Símbolos Estadounidenses Ser.). (SPA.). 24p. (J). lib. bdg. 22.99 *(978-1-5105-2388-3(X))* SmartBook Media, Inc.

Campana de la Libertad (Liberty Bell) Julie Murray. (Símbolos de Los Estados Unidos Ser.). (SPA.). 24p. (J). 2020. (gr. k-k). pap. 8.95 *(978-1-64494-376-2(X),* 164494376X, Abdo Kids-Junior); 2019. (gr. -1-2). lib. bdg. 31.36 *(978-1-0982-0075-6(6),* 33024, Abdo Kids) ABDO Publishing Co.

Campbell & Her Knight: The First Annorelian Tale. Joan Dantes. 2019. (ENG.). 208p. (J). pap. *(978-0-359-33102-4(5))* Lulu Pr., Inc.

Camped Out, 1 vol. Daphne Greer. 2017. (Orca Currents Ser.). (ENG.). 144p. (J). (gr. 4-7). pap. 9.95 *(978-1-4598-1541-4(6))* Orca Bk. Pubs. USA.

Camper Fun. Nick Ackland & Clever Publishing. Illus. by Jackie Clarkson. 2019. (Wonder Wheels Ser.). (ENG.). 10p. (J). (gr. -1 — 1). bds. 8.99 *(978-1-948418-82-9(7))* Clever Media Group.

Camper Girl. Glenn Erick Miller. 2020. 184p. (YA). (gr. 7). pap. 14.95 *(978-1-64603-008-8(7))* Regal Hse. Publishing, LLC.

Camper Out, or the Right Path & the Wrong (Classic Reprint) Edward Sylvester Ellis. (ENG., Illus.). (J). 2018. 374p. 31.63 *(978-0-483-57083-2(4));* 2016. pap. 13.97 *(978-1-333-50154-9(4))* Forgotten Bks.

Camper Sweet Camper. Jennifer Wyse. 2021. (ENG.). 24p. (J). pap. 15.00 *(978-1-7363318-8-0(4))* CLC Publishing.

Camperdown: Or News from Our Neighbourhood; Being Sketches (Classic Reprint) Unknown Author. 2017. (ENG., Illus.). (J). 30.17 *(978-0-331-96320-5(5))* Forgotten Bks.

Camper's Guide to an Awesome Camping Trip. Marne Ventura. 2017. (Go-To Guides). (ENG., Illus.). 32p. (J). (gr. 3-9). lib. bdg. 28.65 *(978-1-5157-3662-2(8),* 133647, Capstone Pr.) Capstone.

Campfire. Shawn Sarles. 2020. (ENG.). 304p. (YA). (gr. 10-17). pap. 10.99 *(978-0-316-45197-0(5),* Jimmy Patterson) Little Brown & Co.

Campfire Bedtime Stories. Lisa Kennett Rudkin. Illus. by Kevin Collier. 2018. (ENG.). 58p. (J). pap. *(978-1-7750736-5-9(3))* Publishing Hse. Publishing.

Campfire Bedtime Stories. Lisa Kennet Rudkin. Illus. by Kevin Collier. 2018. (ENG.). 58p. (J). (gr. 2-4). *(978-1-7750736-6-6(1))* PageMaster Publication Services, Inc.

Campfire Cookies. Martha Freeman. 2016. (Secret Cookie Club Ser.). (ENG., Illus.). 288p. (J). (gr. 3-7). 16.99 *(978-1-4814-4821-5(8),* Simon & Schuster/Paula Wiseman Bks.) Simon & Schuster/Paula Wiseman Bks.

Campfire Cooking: Wild Eats for Outdoor Adventures. Blake Hoena. 2020. (Outdoor Adventure Guides). (ENG., Illus.). 48p. (J). (gr. 3-5). pap. 8.95 *(978-1-4966-6617-8(8),* 142325); lib. bdg. 33.99 *(978-1-5435-9033-3(0),* 141377) Capstone.

Campfire Ghost Stories: 75 Bone-Chilling Tales to Tell in the Dark. Applesauce Press. 2023. (ENG.). 208p. (J). pap. 16.95 ***(978-1-64643-406-0(4),*** Applesauce Pr.) Cider Mill Pr. Bk. Pubs., LLC.

Campfire Girls at Camp Keewaydin. Hildegard G. Frey. 2018. (ENG., Illus.). 160p. (YA). (gr. 7-12). pap. *(978-93-5297-313-2(5))* Alpha Editions.

Campfire Girls at Twin Lakes: The Quest of a Summer Vacation. Stella M. Francis. 2017. (ENG., Illus.). (J). 22.95 *(978-1-374-92998-2(0));* pap. 12.95 *(978-1-374-92997-5(2))* Capital Communications, Inc.

Campfire Girls at Twin Lakes the Quest of a Summer Vacation. Stella M Francis. 2018. (ENG.). 110p. (J). pap. *(978-93-5297-311-8(9))* Alpha Editions.

Campfire Girls Go Motoring: Along the Road That Leads the Way. Hildegard G. Frey. 2018. (ENG., Illus.). 156p. (YA). (gr. 7-12). pap. *(978-93-5297-317-0(8))* Alpha Editions.

Campfire Girls in the Allegheny Mountains: A Christmas Success Against Odds. Stella M. Francis. 2018. (ENG., Illus.). 108p. (YA). (gr. 7-12). pap. *(978-93-5297-312-5(7))* Alpha Editions.

Campfire Girls in the Allegheny Mountains: Or, a Christmas Success Against Odds. Stella M. Francis. 2017. (ENG., Illus.). (J). 22.95 *(978-1-374-98301-4(2));* pap.

TITLE INDEX CAN I HAVE A PET POLAR BEAR?

12.95 *(978-1-374-98300-7(4))* Capital Communications, Inc.
Campfire Girls Lake Camp or Searching for New Adventures (Classic Reprint) Irene Elliott Benson. 2018. (ENG., Illus.). 318p. (J). 30.46 *(978-0-483-90022-6(2))* Forgotten Bks.
Campfire Girls on a Hike: Or, Lost in the Great North Woods (Classic Reprint) Stella M. Francis. (ENG., Illus.). (J). 2018. 256p. 29.18 *(978-0-332-93649-9(X))*; 2016. pap. 11.57 *(978-1-333-41076-6(X))* Forgotten Bks.
Campfire Songs. Rose Nestling. Ed. by Cottage Door Press. Illus. by Chie Y. Boyd. 2019. (ENG.). 12p. (J). (gr. -1-2). bds. 19.99 *(978-1-68052-372-0(4)*, 1003370) Cottage Door Pr.
Campfire Stories. Andres Miedoso. Illus. by Victor Rivas. 2019. (Desmond Cole Ghost Patrol Ser.: 8). (ENG.). 128p. (J). (gr. k-4). 17.99 *(978-1-5344-3351-9(1))*; pap. 6.99 *(978-1-5344-3350-2(3))* Little Simon. (Little Simon).
Campfire Stories, 8. Andres Miedoso. 2019. (Desmond Cole Ghost Patrol Ser.). (ENG.). 121p. (J). (gr. 2-3). 15.36 *(978-0-87617-676-4(7))* Penworthy Co., LLC, The.
Campfire Stories: #8. Andres Miedoso. Illus. by Victor Rivas. 2021. (Desmond Cole Ghost Patrol Ser.). (ENG.). 128p. (J). (gr. 1-3). lib. bdg. 31.36 *(978-1-5321-4986-3(7)*, 36975, Chapter Bks.) Spotlight.
Campfire Stories for Kids: A Story Collection of Scary & Humorous Camp Fire Tales. Drake Quinn. 2022. (ENG.). 144p. (J). pap. ***(978-1-915510-95-2(3))*** Hope Bks., Ltd.
Campfire Stu & the Backwoods Jamboree. Mike Struwin. 2017. (ENG., Illus.). (J). (gr. -1-3). 14.95 *(978-1-68401-370-8(4))* Amplify Publishing Group.
Campfire Vampire. John Sazaklis. Illus. by Patrycja Fabicka. 2019. (Boo Bks.). (ENG.). 32p. (J). (gr. k-2). lib. bdg. 21.32 *(978-1-5158-4485-3(4)*, 140581, Picture Window Bks.) Capstone.
Campground Creature. Marty Kelley. 2018. (Molly Mac Ser.). (ENG., Illus.). 56p. (J). (gr. k-2). pap. 4.95 *(978-1-5158-2389-6(X)*, 137204); lib. bdg. 22.65 *(978-1-5158-2385-8(7)*, 137200) Capstone. (Picture Window Bks.).
Camping. Nessa Black. 2020. (Spot Outdoor Fun Ser.). (ENG.). 16p. (J). (gr. -1-2). lib. bdg. *(978-1-68151-808-4(2)*, 10682) Amicus.
Camping. Nate Frisch. 2017. (Odysseys in Outdoor Adventures Ser.). (ENG., Illus.). 80p. (J). (gr. 7-10). *(978-1-60818-685-3(7)*, 20318, Creative Education) Creative Co., The.
Camping. Donna B. McKinney. 2019. (Outdoor Adventures Ser.). (ENG.). 48p. (J). (gr. 3-9). lib. bdg. 34.21 *(978-1-5321-9047-6(6)*, 33604, SportsZone) ABDO Publishing Co.
Camping. Allan Morey. 2016. (Great Outdoors Ser.). (ENG.). 32p. (J). (gr. 2-5). lib. bdg. 20.95 *(978-1-60753-796-0(6)*, 15755) Amicus.
Camping. Contrib. by Lisa Owings. 2023. (Let's Get Outdoors! Ser.). (ENG., Illus.). (J). (gr. k-3). lib. bdg. 26.95 Bellwether Media.
Cámping. Xist Publishing. Tr. by Victor Santana. 2017. (Xist Kids Spanish Bks.). (SPA., Illus.). 28p. (J). (gr. -1-3). pap. 9.99 *(978-1-5324-0377-4(1))* Xist Publishing.
Camping. Penguin Young Readers Licenses. ed. 2022. (Bluey Ser.). (ENG.). 32p. (J). (gr. k-1). 16.96 ***(978-1-68505-420-5(X))*** Penworthy Co., LLC, The.
Camping / Cámping. Xist Publishing. 2017. (Xist Kids Bilingual Spanish English Ser.). (ENG & SPA.). 28p. (J). (gr. -1-3). pap. 9.99 *(978-1-5324-0299-9(6))* Xist Publishing.
Camping among Cannibals (Classic Reprint) Alfred St. Johnston. 2017. (ENG., Illus.). (J). 30.89 *(978-0-331-51052-2(9))*; pap. 13.57 *(978-0-259-58396-7(0))* Forgotten Bks.
Camping Anatomy Activities for Kids. Steve Lemig. ed. 2022. (ENG.). 94p. (J). (gr. 4-5). 26.46 ***(978-1-68505-425-0(0))*** Penworthy Co., LLC, The.
Camping & Hiking Encyclopedia. Contrib. by Kathryn Hulick. 2023. (Outdoor Encyclopedias Ser.). (ENG.). 192p. (J). (gr. 3-9). lib. bdg. 49.93 ***(978-1-0982-9132-7(8)***, 42092, Early Encyclopedias) ABDO Publishing Co.
Camping Chaos. L. M. Nicodemo. Illus. by Graham Ross. 2021. (Secret Games of Maximus Todd Ser.). (ENG.). 96p. (J). (gr. k-3). 16.99 *(978-1-4595-0583-4(2)*, adee78d6-e2f1-4843-b795-39066cd9573e) Formac Publishing Co., Ltd. CAN. Dist: Lerner Publishing Group.
Camping (Classic Reprint) Alexandra Guttman Lockwine. (ENG., Illus.). (J). 2018. 186p. 27.73 *(978-0-656-24723-3(1))*; 2016. pap. 10.57 *(978-1-333-70896-2(3))* Forgotten Bks.
Camping Dans les Bois Hantés (a Campout in the Haunted Woods) Laurie Friedman. Illus. by Jake Hill. 2022. (Camp du Lac Maudit (Camp Creepy Lake) Ser.).Tr. of Camping Dans les Bois Hantés. (FRE.). 48p. (J). (gr. 2-4). pap. *(978-1-0396-8804-9(7)*, 20289, Leaves Chapter Books) Crabtree Publishing Co.
Camping for Girls (Classic Reprint) Hortense Gardner Gregg. (ENG., Illus.). (J). 2018. 52p. 24.97 *(978-0-483-09771-1(3))*; 2016. pap. 9.57 *(978-1-332-70929-8(X))* Forgotten Bks.
Camping Fun Coloring & Activity Book. The Sports Player & V. S. S. 2022. (ENG.). 60p. (J). pap. ***(978-1-387-52651-2(0))*** Lulu Pr., Inc.
Camping Guide. Laura K. Murray. 2018. (Wild Jobs Ser.). (ENG.). 24p. (J). (gr. 1-4). pap. 9.99 *(978-1-62832-538-6(0)*, 19508, Creative Paperbacks); (Illus.). *(978-1-60818-922-9(8)*, 19510, Creative Education) Creative Co., The.
Camping, Here I Come! Keeping a Budget. Lisa Bullard. Illus. by Mike Byrne. 2021. (Money Smarts (Early Bird Stories (tm)) Ser.). (ENG.). 24p. (J). (gr. -1-3). pap. 9.99 *(978-1-7284-3854-2(3)*, 6084fee3-2b47-4c39-b0e5-f84ab5a375a8, Lerner Pubns.) Lerner Publishing Group.
Camping Is Fun: Book 11. Carole Crimeen & Suzanne Fletcher. 2023. (Sustainability Ser.). (ENG.). 16p. (J). (gr. -1-2). pap. 7.99 ***(978-1-922370-13-6(4)***, e215d295-9d24-4d48-876e-80d0b8b638b3) Knowledge Bks. & Software AUS. Dist: Lerner Publishing Group.
Camping Is Fun! a Maze Activity Book. Smarter Activity Books for Kids. 2016. (ENG., Illus.). (J). pap. 9.22 *(978-1-68374-202-9(8))* Examined Solutions PTE. Ltd.
Camping Letter 'Ayn: A Story about a Letter in the Arabic Alphabet. Nermeen Ahmed. Illus. by Nisreen Ibrahim. 2022. (ENG.). 34p. (J). pap. ***(978-1-4709-2394-5(7))*** Lulu Pr., Inc.
Camping on the Blue Ridge, near the Lick Log Tunnel (Classic Reprint) E. H. Amis. 2017. (ENG., Illus.). (J). 26.29 *(978-0-331-80300-6(3))*; pap. 9.57 *(978-0-282-06107-4(X))* Forgotten Bks.
Camping Out in California (Classic Reprint) J. B. Rideout. (ENG., Illus.). (J). 2018. 240p. 28.87 *(978-0-483-85129-0(9))*; 2016. pap. 11.57 *(978-1-333-74190-7(1))* Forgotten Bks.
Camping Tramping: With Roosevelt (Classic Reprint) John Burroughs. 2017. (ENG., Illus.). (J). 27.11 *(978-0-265-94434-9(1))* Forgotten Bks.
Camping Trip. Jennifer K. Mann. Illus. by Jennifer K. Mann. 2020. (ENG., Illus.). 56p. (J). (gr. -1-2). 17.99 *(978-1-5362-0736-1(5))* Candlewick Pr.
Camping with Daddy. Catherine LaChance. 2017. (ENG.). 32p. (J). pap. ***(978-1-387-07445-7(8))*** Lulu Pr., Inc.
Camping with Dear Dragon, 10 vols. Marla Conn. Illus. by David Schimmell. 2019. (Dear Dragon Developing Readers Ser.). (ENG.). 24p. (J). (gr. k-k). pap. 11.94 *(978-1-68404-306-4(9))* Norwood Hse. Pr.
Camping with Grandpa. Debbie Bigfoot. Illus. by Clarice Masajo. 2022. (ENG.). 28p. (J). pap. *(978-1-922795-84-7(4))* Library For All Limited.
Camping with Mr. Mcdoogle. Marie Whitton. 2019. (ENG., Illus.). 30p. (J). 22.00 *(978-0-578-48740-3(3))* Whitton Bks., LLC.
Camping with President Roosevelt (Classic Reprint) John Burroughs. (ENG., Illus.). (J). 2018. 62p. 25.18 *(978-0-267-27910-4(8))*; 2018. 30p. 24.54 *(978-0-484-76198-7(6))*; 2017. pap. 7.97 *(978-0-259-39257-6(X))* Forgotten Bks.
Camping with Unicorns, 11. Dana Simpson. ed. 2020. (Phoebe & Her Unicorn Adv Ser.). (ENG., Illus.). 174p. (J). (gr. 4-5). 21.96 *(978-1-64697-380-4(1))* Penworthy Co., LLC, The.
Camping with Unicorns: Another Phoebe & Her Unicorn Adventure, Volume 11. Dana Simpson. 2020. (Phoebe & Her Unicorn Ser.: 11). (ENG., Illus.). 176p. (J). pap. 11.99 *(978-1-5248-5558-1(8))* Andrews McMeel Publishing.
Campion Diamonds (Classic Reprint) Sophie May. 2018. (ENG., Illus.). 66p. (J). 25.26 *(978-0-483-71454-0(2))* Forgotten Bks.
Campmates. Kirk Munroe. 2016. (ENG.). 352p. (J). pap. *(978-3-7433-9875-7(3))* Creation Pubs.
Campmates: A Story of the Plains (Classic Reprint) Kirk Munroe. 2018. (ENG., Illus.). 348p. (J). 31.09 *(978-0-364-12248-8(X))* Forgotten Bks.
Campo. Baptiste Paul. Tr. by Lawrence Schimel. Illus. by Jacqueline Alcántara. 2021. (ENG.). 32p. (J). (gr. -1-3). 8.95 *(978-0-7358-4460-5(7))* North-South Bks., Inc.
Campo Flotante (the Floating Field) Cómo un Grupo de niños Tailandeses Construyó Su Propio Campo de Fútbol (How a Group of Thai Boys Built Their Own Soccer Field) Scott Riley. Illus. by Kim Lien & Nguyen Quang. 2023. (SPA.). 40p. (J). (gr. 2-5). pap. 12.99. lib. bdg. 19.99 Lerner Publishing Group.
Campos de Verano. Maria Garza. 2016. (SPA.). 34p. (J). pap. ***(978-1-365-29909-4(0))*** Lulu Pr., Inc.
Campout. Kirsten McDonald. Illus. by Fátima Anaya. 2019. (Carlos & Carmen Ser.). (ENG.). 32p. (J). (gr. -1-3). lib. bdg. 32.79 *(978-1-5321-3492-0(4)*, 31903, Calico Chapter Bks) Magic Wagon.
Campout Challenge. Lauren Forte. ed. 2018. (I Can Read! Level 2 Ser.). lib. bdg. 13.55 *(978-0-606-40851-6(7))* Turtleback.
Campout in the Haunted Woods, 1 vol. Laurie Friedman. Illus. by Jake Hill. 2022. (Camp Creepy Lake Ser.). (ENG.). 48p. (J). (gr. 2-4). lib. bdg. *(978-1-0396-4592-9(5)*, 16226, Leaves Chapter Books) Crabtree Publishing Co.
Campout in the Haunted Woods, 1 vol. Laurie Friedman & Jake Hill. 2022. (Camp Creepy Lake Ser.). (ENG.). 48p. (J). (gr. 2-4). pap. *(978-1-0396-4719-0(7)*, 17168, Leaves Chapter Books) Crabtree Publishing Co.
Camps & Tramps in the Adirondacks, & Grayling Fishing in Northern Michigan: A Record of Summer Vacations in the Wilderness (Classic Reprint) Ansel Judd Northrup. (ENG., Illus.). (J). 2017. 30.21 *(978-0-265-58914-4(2))*; 2016. pap. 13.57 *(978-1-333-77778-4(7))* Forgotten Bks.
Camps in the Caribbees. Frederick A. Ober & Frederick A. (Frederick Albion) Ober. 2017. (ENG.). 420p. (J). pap. *(978-3-7447-3948-1(1))* Creation Pubs.
Camps in the Caribbees: The Adventures of a Naturalist in the Lesser Antilles (Classic Reprint) Frederick A. Ober. 2018. (ENG., Illus.). 396p. (J). 32.06 *(978-0-365-12744-4(2))* Forgotten Bks.
Camps in the Rockies. William Adolph Baillie-Grohman. 2017. (ENG.). 456p. (J). pap. *(978-3-337-19713-1(2))* Creation Pubs.
Campus Days (Classic Reprint) Ralph Delahaye Paine. (ENG., Illus.). (J). 2018. 368p. 31.49 *(978-0-484-32255-3(9))*; 2017. pap. 13.97 *(978-0-259-01374-7(9))* Forgotten Bks.
Campus Explorers: The Search for Osceola & Renegade. Stuart Santos & Jon Smith. 2018. (ENG.). 38p. (J). 14.95 *(978-1-68401-202-2(3))* Amplify Publishing Group.
Campus on the River (Classic Reprint) William Van O'Connor. (ENG., Illus.). (J). 2018. 194p. 27.96 *(978-0-483-32351-3(9))*; 2017. pap. 10.57 *(978-0-243-46979-6(9))* Forgotten Bks.
Campus Sexual Violence, 1 vol. Ed. by Elizabeth Schmermund. 2016. (At Issue Ser.). (ENG.). 184p. (YA). (gr. 10-12). pap. 28.80 *(978-1-5345-0037-2(5)*, 48560665-0ddd-4234-bbcb-8fe28e6cf3cb); lib. bdg. 41.03 *(978-1-5345-0018-1(9)*, c91fb451-af3c-4f31-a2b1-9dca807c2709) Greenhaven Publishing LLC. (Greenhaven Publishing).
Campy Camper Day. Bill Scollon. ed. 2021. (World of Reading Ser.). (ENG., Illus.). 29p. (J). (gr. k-1). 14.36 *(978-1-64697-602-7(9))* Penworthy Co., LLC, The.
CamRon & Quarantina. Camron Peterson. 2020. (ENG.). 62p. (J). 19.99 *(978-1-0879-1966-9(5))*; pap. 9.99 *(978-1-0879-1848-8(0))* Indy Pub.
Camron 'Twas the Night Before Christmas. Illus. by Lisa Alderson. 2021. (Night Before Christmas Ser.). (ENG.). 32p. (J). (gr. -1-3). 7.99 ***(978-1-7282-5210-0(5))*** Sourcebooks, Inc.
Cam's Sneakers. Karen Pessoa. 2020. (ENG., Illus.). 42p. (J). *(978-0-2288-2629-3(2))*; pap. *(978-0-2288-2628-6(4))* Tellwell Talent.
Cam's Walk. Margo Gates. Illus. by Sarah Jennings. 2021. (My Community (Pull Ahead Readers — Fiction) Ser.). (ENG.). 16p. (J). (gr. -1-1). 27.99 *(978-1-5415-9018-2(X)*, c5990fd8-fbb4-47bc-8343-e7aed5ffc2b3, Lerner Pubns.) Lerner Publishing Group.
Camuflaje (Camouflage) Renae Gilles. 2021. (SPA.). 24p. (J). lib. bdg. 28.55 *(978-1-7911-3557-7(9))* Weigl Pubs., Inc.
Camy-Barrabás. Ricardo Cristales-Magarin. 2020. (SPA.). 166p. (YA). pap. 14.95 *(978-1-64334-678-6(4))* Page Publishing Inc.
Can a Cat Do That? Eric Carle. ed. 2021. (Ready-To-Read Ser.). (ENG., Illus.). 32p. (J). (gr. k-1). 14.96 *(978-1-64697-851-9(X))* Penworthy Co., LLC, The.
Can a Cat Do That?/Ready-To-Read Ready-to-Go! Eric Carle. Illus. by Eric Carle. 2018. (World of Eric Carle Ser.). (ENG., Illus.). 32p. (J). (gr. -1-k). 17.99 *(978-1-5344-2725-9(2))*; pap. 4.99 *(978-1-5344-2724-2(4))* Simon Spotlight. (Simon Spotlight).
Can a Leopard Change Its Spots? Kristi Ann Pawlowski. Illus. by Chloe Helms. 2021. (ENG.). 38p. (J). pap. 14.95 *(978-1-952725-26-5(7))* Butler, Kate Bks.
Can a Skeleton Have an X-Ray? Kyle Hughes-Odgers. Illus. by Kyle Hughes-Odgers. 2016. (Illus.). 32p. (J). (gr. -1-k). 16.99 *(978-1-925162-69-1(9))* Fremantle Pr. AUS. Dist: Independent Pubs. Group.
Can a Unicorn Help Me Deal with Bullying? A Cute Children Story to Teach Kids to Deal with Bullying in School. Steve Herman. 2019. (My Unicorn Bks.: Vol. 4). (ENG.). 50p. (J). (gr. k-6). 18.95 *(978-1-950280-17-9(9))*; (Illus.). pap. 12.95 *(978-1-950280-16-2(0))* Digital Golden Solutions LLC.
Can a Wolf Raise a Cat? Capstone Classroom & Tony Stead. 2017. (What's the Point? Reading & Writing Expository Text Ser.). (ENG., Illus.). 16p. (J). (gr. k-k). pap. 6.95 *(978-1-4966-0759-1(7)*, 132394, Capstone Classroom) Capstone.
Can a Zebra Change Its Stripes? Juliette Winningham & Tiffany Castagno. Illus. by Cristal Baldwin. 2020. (Bruno's Amazing Adventures Ser.: Vol. 5). (ENG.). 30p. (J). 24.99 *(978-1-7347701-8-6(X))* FreeBird Foundation of Evergreen, CO, The.
Can an Aardvark Bark? Melissa Stewart. Illus. by Steve Jenkins. 2017. (ENG.). 32p. (J). (gr. -1-3). 18.99 *(978-1-4814-5852-8(3)*, Beach Lane Bks.) Beach Lane Bks.
Can an Elephant Fit in a Box? a Size & Shape Book for Kids. Baby Professor. 2017. (ENG., Illus.). (J). pap. 7.89 *(978-1-5419-0335-7(8)*, Baby Professor (Education Kids)) Speedy Publishing LLC.
CAN & CAN't Believe in Themselves: Big Life Lessons for Little Kids. Brandy. 2017. (Illus.). 169p. (J). (gr. -1 — 1). 13.99 *(978-981-4771-29-0(5))* Marshall Cavendish International (Asia) Private Ltd. SGP. Dist: Independent Pubs. Group.
CAN & CAN't Believe in Themselves: Big Life Lessons for Little Kids. Brandy. 2023. (Big Life Lessons for Little Kids Ser.). (ENG.). 40p. (J). (gr. -1-k). pap. 9.99 ***(978-981-5044-93-5(1))*** Marshall Cavendish International (Asia) Private Ltd. SGP. Dist: Independent Pubs. Group.
Can Anyone Own a Gun?, 1 vol. Jeff Mapua. 2019. (Ask the Constitution Ser.). (ENG.). 48p. (gr. 5-5). 29.60 *(978-1-9785-0713-5(5)*, bfa11c2e-f5e2-46d9-829f-d66ec50df50c) Enslow Publishing, LLC.
Can Be Book. Kimberly Ponsky Sable & Angelina Valieva. 2018. (ENG., Illus.). 38p. (J). (gr. k-1). 15.00 *(978-1-64237-286-1(2))* Gatekeeper Pr.
Can Bears Ski? Raymond Antrobus. Illus. by Polly Dunbar. 2020. (ENG.). 40p. (J). (gr. -1-2). 16.99 *(978-1-5362-1266-2(0))* Candlewick Pr.
Can Bill Sell It? & Len in the Hot Sun. Robin Twiddy. Illus. by Danielle Webster-Jones. 2023. (Level 2 - Red Set Ser.). (ENG.). 32p. (J). (gr. k-2). lib. bdg. 19.95 Bearport Publishing Co., Inc.
Can Brothers Be Friends? Cherie Scheurich. 2019. (ENG., Illus.). 32p. (J). pap. 19.00 *(978-1-64610-432-1(3))* Dorrance Publishing Co., Inc.
Can Caravan. Richard O'Neill. Illus. by Cindy Kang. 2022. (Travellers Tales Ser.). (ENG.). 32p. (J). (gr. k-4). pap. *(978-1-78628-615-4(7))* Child's Play International Ltd.
Can Cat & Bird Be Friends? Coll Muir. Illus. by Coll Muir. 2019. (ENG., Illus.). 32p. (J). (gr. -1-3). 17.99 *(978-0-06-286593-9(5)*, HarperCollins) HarperCollins Pubs.
Can Cats Swim Even If They Don't Like Water? World Book Answers Your Questions about Pets & Other Animals. Contrib. by World Book, Inc. Staff. 2019. (Illus.). 96p. (J). *(978-0-7166-3825-4(8))* World Bk., Inc.
Can Certain Religions Be Outlawed?, 1 vol. Ty Schalter. 2019. (Ask the Constitution Ser.). (ENG.). 48p. (gr. 5-5). pap. 12.70 *(978-1-9785-0839-2(5)*, e5f3dae7-681e-4279-bd2c-991fc5f416b8) Enslow Publishing, LLC.
Can Clam Go? Ready-To-Read Pre-Level 1. Adam Lehrhaupt. Illus. by Pauline Gregory. 2022. (Shark Chums Ser.). (ENG.). 32p. (J). (gr. -1-k). 17.99 *(978-1-6659-0797-2(5))*; pap. 4.99 *(978-1-6659-0796-5(7))* Simon Spotlight. (Simon Spotlight).
Can Dad Dance? Steve Howson. Illus. by Ellie Oshea. 2022. (Early Bird Readers — Green (Early Bird Stories (tm)) Ser.). (ENG.). 32p. (J). (gr. k-3). pap. 9.99 *(978-1-7284-4840-4(9)*, ef4e16d2-c8c1-4a11-8f87-90af06278c31); lib. bdg. 30.65 *(978-1-7284-3888-7(8)*, 4774214d-05fd-413a-b006-23946617c197) Lerner Pubns. (Lerner Pubns.).
Can Do! Tallulah May. 2023. (Mighty Express Ser.). (ENG., Illus.). 12p. (J). (-k). bds. 7.99 *(978-0-593-52324-7(5)*, Penguin Young Readers Licenses) Penguin Young Readers Group.
Can-Do Kids' Journal for Superheroes: Discover Your Confidence Superpower! Sue Atkins. Illus. by Amy Bradley. ed. 2020. 144p. (J). 19.95 *(978-1-78775-271-9(2)*, 726042) Kingsley, Jessica Pubs. GBR. Dist: Hachette UK Distribution.
Can Grande's Castle (Classic Reprint) Amy Lowell. 2017. (ENG., Illus.). (J). 29.90 *(978-0-265-22123-5(4))* Forgotten Bks.
Can His Head Fit Through That Door? Coloring Book. Jupiter Kids. 2017. (ENG., Illus.). (J). pap. 9.20 *(978-1-68326-633-4(1)*, Jupiter Kids (Childrens & Kids Fiction)) Speedy Publishing LLC.
Can Humans Live in Mars? - Astronomy Book for Kids Grade 4 - Children's Astronomy & Space Books. Baby Professor. 2019. (ENG.). 72p. (J). pap. 14.72 *(978-1-5419-5332-1(0))*; 24.71 *(978-1-5419-7557-6(X))* Speedy Publishing LLC. (Baby Professor (Education Kids)).
Can I? F. Curnell. 2020. (ENG.). 24p. (J). pap. 12.45 *(978-1-4808-7577-7(5))* Archway Publishing.
Can I. Jessie Nagra. Illus. by Kurt Hershey. 2020. (ENG.). 36p. (J). *(978-1-5255-6337-9(8))*; pap. *(978-1-5255-6338-6(6))* FriesenPress.
Can I Be? Zinabu Maxwell. 2019. (ENG., Illus.). 30p. (J). 22.95 *(978-1-64670-042-4(2))*; pap. 12.95 *(978-1-64471-980-0(0))* Covenant Bks.
Can I Be a Storm Chaser? Jobs in Meteorology Meteorology Textbooks Grade 5 Children's Weather Books. Baby Professor. 2021. (ENG.). 72p. (J). 27.99 *(978-1-5419-8397-7(1))*; pap. 16.99 *(978-1-5419-6024-4(6))* Speedy Publishing LLC. (Baby Professor (Education Kids)).
Can I Be Your Dog? Troy Cummings. (Illus.). 40p. (J). (gr. -1-2). 2022. pap. 8.99 *(978-0-593-38006-2(1)*, Dragonfly Bks.); 2018. 17.99 *(978-0-399-55452-0(1)*, Random Hse. Bks. for Young Readers); 2018. (ENG., lib. bdg. 19.99 *(978-0-399-55453-7(X)*, Random Hse. Bks. for Young Readers) Random Hse. Children's Bks.
Can I Be Your Friend? Sophie Furlaud. 2018. (CHI.). (J). *(978-957-762-647-9(5))* Hsin Yi Pubns.
Can I Become a ____ Because I Like ____? Careers for Kids by Subjects Children's Jobs & Careers Reference Books. Baby Professor. 2017. (ENG., Illus.). 64p. (J). pap. 9.55 *(978-1-5419-1709-5(X)*, Baby Professor (Education Kids)) Speedy Publishing LLC.
Can I Build Sandcastles on a Snowy Day? Weather Workbooks for Kids Children's Weather Books. Baby Professor. 2017. (ENG., Illus.). (J). pap. 8.79 *(978-1-5419-4049-9(0)*, Baby Professor (Education Kids)) Speedy Publishing LLC.
Can I Catch a Cold from the Cold? a Children's Disease Book (Learning about Diseases) Baby Professor. 2017. (ENG., Illus.). (J). pap. 7.89 *(978-1-5419-0168-1(1)*, Baby Professor (Education Kids)) Speedy Publishing LLC.
Can I Come Too? Brian Patten. Illus. by Nicola Bayley. 2020. (ENG.). 32p. (J). (gr. -1-3). 7.99 *(978-1-68263-218-5(0))* Peachtree Publishing Co. Inc.
Can I Cross the Sahara Desert in One Day? - Explore the Desert Grade 4 Children's Geography & Cultures Books. Baby Professor. 2019. (ENG.). 72p. (J). pap. 14.72 *(978-1-5419-5352-9(5))*; 24.71 *(978-1-5419-7707-5(6))* Speedy Publishing LLC. (Baby Professor (Education Kids)).
Can I Dance on the Moon? All about Gravity - Physics Book Grade 6 Children's Physics Books. Baby Professor. 2017. (ENG., Illus.). (YA). pap. 8.79 *(978-1-5419-1132-1(6)*, Baby Professor (Education Kids)) Speedy Publishing LLC.
Can I Eat That? Joshua David Stein. 2016. (ENG., Illus.). 40p. 16.95 *(978-0-7148-7110-3(9))* Phaidon Pr., Inc.
Can I Give the Creator a Hug, a Kiss, or a Fancy Gift? Helping Our Children Understand Their Identity. Tabitha A. A-Disciple Israel. Illus. by Winda Mulyasari. 2020. (ENG.). 38p. (J). 20.00 *(978-1-7347778-1-9(8))* Israel, Tabitha Bks.
Can I Give You a Squish? Emily Neilson. 2020. (ENG., Illus.). 32p. (J). (gr. -1-2). 18.99 *(978-1-9848-1477-7(X)*, Dial Bks) Penguin Young Readers Group.
Can I Go Too? Amy Simon. 2016. (ENG., Illus.). (J). pap. 12.95 *(978-1-68197-033-2(3))* Christian Faith Publishing.
Can I Go Too? Amy Price Simon. 2016. (ENG., Illus.). (J). 21.95 *(978-1-63525-107-4(9))* Christian Faith Publishing.
Can I Have a Hug? Rosie Greening. Illus. by Lara Ede. 2021. (ENG.). 32p. (J). (— 1). pap. 6.99 *(978-1-80058-323-8(0))* Make Believe Ideas GBR. Dist: Scholastic, Inc.
Can I Have a Hug? Make Believe Ideas. 2021. (ENG.). (J). 9.99 *(978-1-80058-334-4(6))* Make Believe Ideas GBR. Dist: Scholastic, Inc.
Can I Have a Hug? Make Believe Ideas. Illus. by Lara Ede. 2021. (ENG.). (J). 32p. 14.99 *(978-1-80058-348-1(6))*; 12p. bds. 9.99 *(978-1-80058-264-4(1))* Make Believe Ideas GBR. Dist: Scholastic, Inc.
Can I Have a Pet Crocodile?, 1 vol. Michou Franco. 2018. (That's Not a Pet! Ser.). (ENG.). 24p. (gr. k-k). 24.27 *(978-1-5382-1780-1(5)*, 0ebec76a-6544-4ed1-ac07-f8adc6d1fece) Stevens, Gareth Publishing LLLP.
Can I Have a Pet Eagle?, 1 vol. Michou Franco. 2018. (That's Not a Pet! Ser.). (ENG.). 24p. (gr. k-k). 24.27 *(978-1-5382-1784-9(8)*, 3b6e676b-f6b9-41a2-81a3-05d5014796c5) Stevens, Gareth Publishing LLLP.
Can I Have a Pet Elephant?, 1 vol. Michou Franco. 2018. (That's Not a Pet! Ser.). (ENG.). 24p. (gr. k-k). 24.27 *(978-1-5382-1788-7(0)*, f6449710-a185-4425-b2dc-f0c1d44204bb) Stevens, Gareth Publishing LLLP.
Can I Have a Pet Giraffe?, 1 vol. Bert Wilberforce. 2018. (That's Not a Pet! Ser.). (ENG.). 24p. (gr. k-k). 24.27 *(978-1-5382-1792-4(9)*, c01caf04-6522-4ba5-a8ba-89b27a22399a) Stevens, Gareth Publishing LLLP.
Can I Have a Pet Gorilla?, 1 vol. Bert Wilberforce. 2018. (That's Not a Pet! Ser.). (ENG.). 24p. (gr. k-k). 24.27 *(978-1-5382-1796-2(1)*, 04d42cff-0eb4-4a58-b61c-0581da3dfaa3) Stevens, Gareth Publishing LLLP.
Can I Have a Pet Polar Bear?, 1 vol. Bert Wilberforce. 2018. (That's Not a Pet! Ser.). (ENG.). 24p. (gr. k-k). 24.27 *(978-1-5382-1800-6(3)*,

C

688efb45-2257-4e50-9257-632fdb7a50e8) Stevens, Gareth Publishing LLLP.

Can I Have a Snack?, 1 vol. Helena Markham. 2018. (Let's Eat Healthy! Ser.). (ENG.). 24p. (gr. 1-1). 25.27 (978-1-5081-6794-5(X), cd940784-7673-4707-a138-1b996972ad98); pap. 9.25 (978-1-5081-6796-9(6), 8e6ea39b-dbe9-4516-a543-015ae26f9956) Rosen Publishing Group, Inc., The. (PowerKids Pr.).

Can I Have a Turn? Norm Feuti. ed. 2022. (Acorn Early Readers Ser.). (ENG.). 44p. (J). (gr. k-1). 15.46 (978-1-68505-270-6(3)) Penworthy Co., LLC, The.

Can I Have Pancakes for Breakfast? Jessica Calic. Illus. by Jupiter's Muse. 2021. (ENG.). 40p. (J). (978-0-2288-6575-9(1)); pap. (978-0-2288-6574-2(3)) Tellwell Talent.

Can I Join Your Club? John Kelly. Illus. by Steph Laberis. 2017. (ENG.). 32p. (J). (978-1-84869-435-4(0)) Kane Miller.

Can I Keep It? Lisa Jobe. 2019. (ENG., Illus.). 32p. (J). 17.99 (978-1-62414-696-1(1), 900198607) Page Street Publishing Co.

Can I Keep It? Small Pets Guide: 39 Cool, Easy-To-Care-for Insects, Reptiles, Mammals, Amphibians, & More. Tanguy. 2020. (ENG., Illus.). 168p. (J). pap. 16.99 (978-1-62008-391-8(4), 3918Ca, CompanionHouse Bks.) Fox Chapel Publishing Co., Inc.

Can I Play Too? Samantha Cotterill. Illus. by Samantha Cotterill. 2020. (Little Senses Ser.). (Illus.). 32p. (J). (gr. -1-2). 18.99 (978-0-525-55346-5(0), Dial Bks) Penguin Young Readers Group.

Can I Pray for Little Things? Sandra Harmon. Illus. by Sandra Harmon. 2021. (ENG.). 32p. (J). 18.95 (978-1-7360742-3-7(7)) Sandy's Shelf Bks.

Can I Push You? A Story about a Forever Friendship, Standing up to Bullies, & an Act of Kindness. Juliette Gomez. Illus. by Emma Louise. 2022. (ENG.). 104p. (J). (978-0-2288-7252-8(9)); pap. (978-0-2288-7251-1(0)) Tellwell Talent.

Can I Recycle This? A Kid's Guide to Better Recycling & How to Reduce Single-Use Plastics. Jennie Romer. Illus. by Christie Young. 2023. (ENG.). 40p. (J). (gr. -1-3). 18.99 (978-0-593-20407-8(7), Viking Books for Young Readers) Penguin Young Readers Group.

Can I See Santa at the North Pole? Geography Lessons for 3rd Grade Children's Explore the World Books. Baby Professor. 2017. (ENG., Illus.). (J). pap. 9.55 (978-1-5419-1429-2(5), Baby Professor (Education Kids)) Speedy Publishing LLC.

Can I Talk to God? Hannah C. Hall. 2019. (ENG., Illus.). 24p. (J). (gr. -1 — 1). bds. 8.99 (978-1-5460-1203-0(6), Jelly Telly Pr.) FaithWords.

Can I Tell You a Secret? Anna Kang. Illus. by Christopher Weyant. 2016. (ENG.). 40p. (J). (gr. -1-3). 17.99 (978-0-06-239684-6(6), HarperCollins) HarperCollins Pubs.

Can I Tell You about Auditory Processing Disorder? A Guide for Friends, Family & Professionals. Alyson Mountjoy. Illus. by Kelly Davies. 2018. (Can I Tell You About...? Ser.). 56p. pap. 15.95 (978-1-78592-494-1(X), 696840) Kingsley, Jessica Pubs. GBR. Dist: Hachette UK Distribution.

Can I Tell You about Being a Young Carer? A Guide for Friends, Family & Professionals. Jo Aldridge. Illus. by Jack Aldridge Aldridge Deacon. 2018. (Can I Tell You About...? Ser.). 56p. (J). pap. 15.95 (978-1-78592-526-9(1), 696866) Kingsley, Jessica Pubs. GBR. Dist: Hachette UK Distribution.

Can I Tell You about Being Jewish? A Helpful Introduction for Everyone. Howard Cooper. Illus. by Catherine Pape. 2019. (Can I Tell You About...? Ser.). 88p. 15.95 (978-1-78592-491-0(5), 696828) Kingsley, Jessica Pubs. GBR. Dist: Hachette UK Distribution.

Can I Tell You about Friendship? A Helpful Introduction for Everyone. Bridget Knight. Illus. by Vikas Upadhyay. 2019. (Can I Tell You About...? Ser.). 80p. 15.95 (978-1-78592-543-6(1), 696891) Kingsley, Jessica Pubs. GBR. Dist: Hachette UK Distribution.

Can I Tell You about Gratitude? Liz Gulliford. 2018. (Can I Tell You About...? Ser.). (Illus.). 64p. (C). pap. 15.95 (978-1-78592-457-6(5), 696762) Kingsley, Jessica Pubs. GBR. Dist: Hachette UK Distribution.

Can I Tell You about Multiple Sclerosis? A Guide for Friends, Family & Professionals. Angela Amos. Illus. by Sophie Wiltshire. 2016. (Can I Tell You About...? Ser.). 48p. pap. 15.95 (978-1-78592-146-9(0), 696320) Kingsley, Jessica Pubs. GBR. Dist: Hachette UK Distribution.

Can I Tell You about My Brother? Rebecca Vaughn. 2023. (ENG.). 38p. (J). 18.95 (978-1-63755-024-3(3), Mascot Kids) Amplify Publishing Group.

Can I Tell You about Nystagmus? A Guide for Friends, Family & Professionals. Nadine Neckles. Illus. by Vikas Upadhyay. 2019. (Can I Tell You About...? Ser.). 80p. (J). 15.95 (978-1-78592-562-7(8), 696884) Kingsley, Jessica Pubs. GBR. Dist: Hachette UK Distribution.

Can I Tell You about Self-Harm? A Guide for Friends, Family & Professionals. Pooky Knightsmith. Illus. by Elise Evans. 2018. (Can I Tell You About...? Ser.). 72p. (J). pap. 15.95 (978-1-78592-428-6(1), 696716) Kingsley, Jessica Pubs. GBR. Dist: Hachette UK Distribution.

Can I Touch Your Hair? Poems of Race, Mistakes, & Friendship. Irene Latham & Charles Waters. Illus. by Selina Alko & Sean Qualls. 2018. (ENG.). 40p. (J). (gr. 3-6). 17.99 (978-1-5124-0442-5(X), ea8fdcca-1845-47b4-b2b5-64a86f1ee9b0, Carolrhoda Bks.) Lerner Publishing Group.

Can I Trust Her? Frances Lucas. 2022. (ENG.). 246p. (YA). (gr. 9-17). pap. 17.95 (978-1-64247-396-4(0)) Bella Bks., Inc.

Can I Use Your Phone? Clever Publishing & Elena Ulyeva. Illus. by Maria Bazykina. 2023. (First Skills Ser.). (ENG.). 20p. (J). (gr. -1-k). bds. 9.99 (978-1-956560-95-4(5)) Clever Media Group.

Can Jesus Tuck Me in Tonight? Amy Soch. 2022. (ENG., Illus.). 34p. (YA). pap. 14.95 (978-1-63874-787-1(3)) Christian Faith Publishing.

Can Man, 1 vol. Laura E. Williams. Illus. by Craig Orback. 2017. (ENG.). 40p. (J). (gr. k-5). 12.95 (978-1-62014-577-7(4), leelowbooks) Lee & Low Bks., Inc.

Can One Balloon Make an Elephant Fly? Dan Richards. Illus. by Jeff Newman. 2016. (ENG.). 40p. (J). (gr. -1-3). 17.99 (978-1-4424-5215-2(3)) Simon & Schuster Bks. For Young Readers.

Can People Ever Go Back in Time? Children's Physics of Energy. Baby Professor. 2017. (ENG., Illus.). (J). pap. 7.89 (978-1-5419-0265-7(3), Baby Professor (Education Kids)) Speedy Publishing LLC.

Can Pup Find the Pups? Vincent X. Kirsch. (I Like to Read Ser.). (Illus.). 32p. (J). (gr. -1-3). 2023. pap. 7.99 (978-0-8234-5330-6(8)); 2022. 15.99 (978-0-8234-4605-6(0)) Holiday Hse., Inc.

Can Rock Hill Forest Be Saved? Christine Soulliere. Illus. by Glen Hawkes. 2023. (Woodland Adventure Ser.: 3). 32p. (J). (gr. 2-8). 24.99 (978-1-7779348-3-5(4)) BookBaby.

Can Santa Change Christmas? a Historic Event! Book 1 of a 3 Book Series. Les E. Pierce a T G. 2021. (ENG.). 62p. (J). 34.95 (978-1-63630-991-0(7)); pap. 23.95 (978-1-68526-357-7(7)) Covenant Bks.

Can Snow Leopard Roar? Amelia Lionheart. 4th ed. 2021. (Jeacs Ser.: Vol. 1). (ENG.). 210p. (YA). pap. (978-0-9937493-6-0(4)) PageMaster Publication Services, Inc.

Can Somebody Please Scratch My Back? Jory John. Illus. by Liz Climo. 2018. 40p. (J). (gr. -1-3). 18.99 (978-0-7352-2854-2(X), Dial Bks) Penguin Young Readers Group.

Can Squirrels Waterski? Questions & Answers about Fantastic Feats. Adam Phillips & William Potter. Illus. by Luke Seguin-Magee. 2022. (ENG.). 128p. (J). pap. 6.99 (978-1-3988-1998-6(0), f15d8113-2be2-4ac0-a7fd-5c1cd6a5dfe3) Arcturus Publishing GBR. Dist: Baker & Taylor Publisher Services (BTPS).

Can Such Things Be? A Story of a White Slave (Classic Reprint) William Gleeson. 2018. (ENG., Illus.). 358p. (J). 31.30 (978-0-483-16072-9(5)) Forgotten Bks.

Can Surfers Surf on Tsunamis? Environment Books for Kids Children's Environment Books. Baby Professor. 2017. (ENG., Illus.). (J). pap. 8.79 (978-1-5419-3852-6(6), Baby Professor (Education Kids)) Speedy Publishing LLC.

Can the Lion Lick His Face? How Animals Survive. Vinay Dave. 2020. (ENG., Illus.). 90p. (J). pap. (978-1-83975-186-8(X)) Grosvenor Hse. Publishing Ltd.

Can the Lion Lick His Face? How Animals Survive. Dave Vinay. 2020. (ENG., Illus.). 90p. (J). (978-1-83975-187-5(8)) Grosvenor Hse. Publishing Ltd.

Can They Survive? How Plants & Animals Thrive in Their Environments Biology Diversity of Life Grade 4 Children's Biology Books. Baby Professor. 2020. (ENG.). 72p. (J). 24.99 (978-1-5419-8000-6(X)); pap. 14.99 (978-1-5419-7816-4(1)) Speedy Publishing LLC. (Baby Professor (Education Kids)).

Can This Be Love? (Classic Reprint) Louisa Parr. 2017. (ENG., Illus.). (J). 342p. 30.95 (978-0-332-35433-0(4)); pap. 13.57 (978-0-259-26991-5(3)) Forgotten Bks.

Can U Save the Day? Shannon Stocker. Illus. by Tom Disbury. 2019. (ENG.). 32p. (J). (gr. k-2). 16.99 (978-1-58536-404-6(5), 204759) Sleeping Bear Pr.

Can We Be Friends? Unexpected Animal Friendships from Around the World. Erica Sirotich. 2020. (ENG., Illus.). 32p. (J). (gr. -1-3). 17.99 (978-0-06-294158-9(5), HarperCollins) HarperCollins Pubs.

Can We Build It? Yes We Can! Adapted by Emily Sollinger. 2016. (Bob the Builder Ser.). (ENG., Illus.). 24p. (J). (gr. -1-1). 18.69 (978-1-4844-8804-1(0)) Little, Brown Bks. for Young Readers.

Can We Have a Puppy. Irene Lynch. Illus. by Daniel Oviedo. 2021. (ENG.). 32p. (J). pap. 12.99 (978-1-7361183-2-0(3)) Lynch Legacy.

Can We Keep a Bigfoot?, 1 vol. Ryan Wolf. 2021. (Creepy Critter Keepers Ser.). (ENG.). 64p. (J). (gr. 2-3). 23.25 (978-1-5383-8455-8(8), 184ac7b9-71b7-4195-9b30-971c3ae9b829); pap. 13.35 (978-1-5383-8456-5(6), 2daf69c0-f4c2-4159-b2fd-135417111d2f) Enslow Publishing, LLC. (West 44 Bks.).

Can We Keep a Werewolf?, 1 vol. Ryan Wolf. 2021. (Creepy Critter Keepers Ser.). (ENG.). 64p. (J). (gr. 2-3). 23.25 (978-1-5383-8458-9(2), 0c26e489-0c55-43bd-937d-e16b6c35551b); pap. 13.35 (978-1-5383-8459-6(0), 69440ac3-8844-4d67-bdf1-fe7bcbd2f7f5) Enslow Publishing, LLC. (West 44 Bks.).

Can We Keep an Alien?, 1 vol. Ryan Wolf. 2021. (Creepy Critter Keepers Ser.). (ENG.). 64p. (J). (gr. 2-3). 23.25 (978-1-5383-8452-7(3), 95098b31-f900-4a84-9029-1d93252524d0); pap. 13.35 (978-1-5383-8453-4(1), 77f875db-41d0-4117-8c0e-85b090b0a265) Enslow Publishing, LLC. (West 44 Bks.).

Can We Live on Mars? Astronomy for Kids 5th Grade Children's Astronomy & Space Books. Baby Professor. 2017. (ENG., Illus.). (J). pap. 9.55 (978-1-5419-1472-8(4), Baby Professor (Education Kids)) Speedy Publishing LLC.

Can We Play? Antonette Brooks. 2019. (ENG.). 20p. (J). 22.95 (978-1-64544-521-0(6)) Page Publishing Inc.

Can We Play Baseball Mr. Demille? Mark Angelo. Illus. by Patricia And Robin DeWitt. 2023. (ENG.). 40p. (J). (978-1-0391-5384-4(4)); pap. (978-1-0391-5383-7(6)) FriesenPress.

Can We Please Get a Dog? Katie Diaz. 2021. (ENG.). 48p. (J). pap. 12.99 (978-1-6629-0479-0(7)); 19.00 (978-1-6629-0478-3(9)) Gatekeeper Pr.

Can We Please Give the Police Department to the Grandmothers? Junauda Petrus. Illus. by Kristen Uroda. 2023. 32p. (J). (gr. -1-3). 18.99 (978-0-593-46233-1(5), Dutton Books for Young Readers) Penguin Young Readers Group.

Can We Save Them?: an Alphabet of Species in Danger. Vicki Malone. 2022. (ENG.). 64p. 19.95 (978-1-63755-346-6(3)) Amplify Publishing Group.

Can We Talk? Tyla-Nicole Hendricks. 2020. (ENG.). 59p. (YA). pap. (978-1-716-76887-3(X)) Lulu Pr., Inc.

Can We Talk about Consent? A Book about Freedom, Choices, & Agreement. Justin Hancock. Illus. by Fuchsia MacAree. 2021. (ENG.). 160p. (J). (gr. 9-12). pap. (978-0-7112-5656-9(X)) Frances Lincoln Childrens Bks.

Can We Throw the Colors Yet? Nital Subhas & Nivi Engineer. Illus. by Saija Shah. 2022. (ENG.). 30p. (J). pap. 9.99 (978-1-6629-2724-9(X)) Gatekeeper Pr.

Can You? Natalie Inman. Tr. by Pierre Jean Uziel. Illus. by Josie Quin. 2021. (MUL.). 34p. (J). pap. 14.85 (978-1-62880-236-8(7)) Published by Westview, Inc.

Can You?: a Food Allergy Story. Emily Duty. 2021. (ENG.). 38p. (J). 15.95 (978-1-64543-887-8(2)) Amplify Publishing Group.

Can You Arrange These Numbers in Ascending & Descending Order? - Math Books First Grade Children's Math Books. Baby Professor. 2017. (ENG., Illus.). (J). pap. 8.79 (978-1-5419-4063-5(6), Baby Professor (Education Kids)) Speedy Publishing LLC.

Can You Become a Pro Athlete? An Interactive Adventure. Matt Doeden. 2022. (You Choose: Chasing Fame & Fortune Ser.). (ENG.). 112p. (J). 34.65 (978-1-6639-5898-3(X), 225930); pap. 6.95 (978-1-6663-2385-6(3), 225912) Capstone. (Capstone Pr.).

Can You Become a Pro Gamer? An Interactive Adventure. Eric Braun. 2022. (You Choose: Chasing Fame & Fortune Ser.). (ENG.). 112p. (J). 34.65 (978-1-6639-5899-0(8), 225932); pap. 6.95 (978-1-6663-2392-4(6), 225914) Capstone. (Capstone Pr.).

Can You Become a Social Media Influencer? An Interactive Adventure. Eric Braun. 2022. (You Choose: Chasing Fame & Fortune Ser.). (ENG.). 112p. (J). 34.65 (978-1-6639-5900-3(5), 222493); pap. 6.95 (978-1-6663-2399-3(3), 222487) Capstone. (Capstone Pr.).

Can You Believe It? How to Spot Fake News & Find the Facts. Joyce Grant. Illus. by Kathleen Marcotte. 2022. (ENG.). 56p. (J). (gr. 4-7). 18.99 (978-1-5253-0322-7(8)) Kids Can Pr., Ltd. CAN. Dist: Hachette Bk. Group.

Can You Catch Me? Tutu & the Vehicles. Piotr Karski. 2023. (ENG.). 60p. (J). (gr. -1-1). 17.99 (978-1-914912-97-9(7)) Boxer Bks., Ltd. GBR. Dist: Sterling Publishing Co., Inc.

Can You Connect the Dots? Activity & Activity Book. Activibooks For Kids. 2016. (ENG., Illus.). (J). pap. 9.20 (978-1-68321-185-3(5)) Mimaxion.

Can You Connect Them? Connect the Dots for Adults. Activibooks. 2016. (ENG., Illus.). (J). pap. 9.20 (978-1-68321-186-0(3)) Mimaxion.

Can You Connect Them? Dot to Dot for Adults. Activibooks. 2016. (ENG., Illus.). (J). pap. 9.20 (978-1-68321-187-7(1)) Mimaxion.

Can You Copy Cat? Brett Long. 2023. (ENG.). 22p. (J). pap. 9.99 (978-1-6629-3532-9(3)); 16.99 (978-1-6629-3531-2(5)) Gatekeeper Pr.

Can You Count Backwards? Number Mastery for Kids Children's Math Books. Baby Professor. 2017. (ENG., Illus.). (J). pap. 9.25 (978-1-5419-0421-7(4), Baby Professor (Education Kids)) Speedy Publishing LLC.

Can You Count Real Good? Counting Puzzles Activity Book Age 6. Jupiter Kids. 2018. (ENG., Illus.). 106p. (J). pap. 12.55 (978-1-5419-3705-5(8), Jupiter Kids (Childrens & Kids Fiction)) Speedy Publishing LLC.

Can You Count the Critters? Stan Tekiela. 2019. (ENG., Illus.). 32p. (J). (-k). 8.95 (978-1-59193-819-4(8), Adventure Pubns.) AdventureKEEN.

Can You Count the Love? Georgina Wren. Illus. by Carrie Hennon. 2020. (Glow-In-the-Dark Bedtime Book Ser.). (ENG.). 10p. (J). (gr. -1-k). bds. 8.99 (978-1-78958-425-7(6)) Top That! Publishing PLC GBR. Dist: Independent Pubs. Group.

Can You Crack the Code? A Fascinating History of Ciphers & Cryptography. Ella Schwartz. Illus. by Lily Williams. 2019. (ENG.). 128p. (J). (978-1-68119-514-8(3), 472612, Bloomsbury Children's Bks.) Bloomsbury Publishing Plc.

Can You Dance Like a Peacock? Rekha Rajan. Illus. by Hannah Abbo. 2023. (ENG.). 40p. (J). (gr. -1-3). 18.99 (978-1-7282-6423-3(5)) Sourcebooks, Inc.

Can You Dance Like John? Jeff Kurrus. 2018. (ENG., Illus.). 48p. (YA). (gr. 4-6). 16.95 (978-1-4962-0667-1(3), Bison Bks.) Univ. of Nebraska Pr.

Can You Do the Activity? Book for Kids Age 4 up Edition. Bobo's Children Activity Books. 2016. (ENG., Illus.). (J). pap. 7.99 (978-1-68327-395-0(8)) Sunshine In My Soul Publishing.

Can You Do What Bearded Dragons Do? Stevie Buzbee. 2019. (ENG., Illus.). 36p. (J). (gr. k-2). 15.95 (978-0-578-61758-9(7)) Buzbee, Stephanie.

Can You Do What Leopard Geckos Do? Stephanie Buzbee. 2022. (ENG.). 30p. (J). 15.95 (978-1-0880-3660-0(0)) Buzbee, Stephanie.

Can You Even Do It? Challenging Connect the Dots for Adults. Creative Playbooks. 2016. (ENG., Illus.). (J). pap. 7.74 (978-1-68323-178-3(3)) Twin Flame Productions.

Can You Even Do It? Challenging Dot 2 Dot for Adults. Creative Playbooks. 2016. (ENG., Illus.). (J). pap. 7.74 (978-1-68323-179-0(1)) Twin Flame Productions.

Can You Find? An ABC Book. Sindy McKay. Illus. by Matt Loveridge. 2016. (We Both Read: Level PK-K Ser.). (ENG.). 44p. (J). (gr. -1-1). 18.69 (978-1-4844-8052-6(X)) Treasure Bay, Inc.

Can You Find All the Hearts? Valentine's Day Hidden Picture Activity Book. Activity Attic Books. 2016. (ENG., Illus.). (J). pap. 10.81 (978-1-68323-180-6(5)) Twin Flame Productions.

Can You Find It? Sarah L. Schuette et al. 2023. (Can You Find It? Ser.). (ENG.). 32p. (J). 355.84 (978-0-7565-7271-6(1), 247643); pap., pap., pap. 107.40 (978-0-7565-7276-1(2), 248547) Capstone. (Pebble).

Can You Find It? a Kids Picture Search Activity Book. Activity Attic Books. 2016. (ENG., Illus.). (J). pap. 10.81 (978-1-68323-181-3(3)) Twin Flame Productions.

Can You Find It? Hidden Picture to Find Activities for Adults. Creative Playbooks. 2016. (ENG., Illus.). (J). pap. 10.81 (978-1-68323-182-0(1)) Twin Flame Productions.

Can You Find It? Hidden Pictures Activity Book. Activity Attic Books. 2016. (ENG., Illus.). (J). pap. 10.81 (978-1-68323-183-7(X)) Twin Flame Productions.

Can You Find It? the Absolute Best Hidden Picture to Find Activities for Adults. Activity Attic Books. 2016. (ENG., Illus.). (J). pap. 10.81 (978-1-68323-184-4(8)) Twin Flame Productions.

Can You Find It? the Very Best Hidden Picture to Find Activities for Adults. Activity Attic Books. 2016. (ENG., Illus.). (J). pap. 10.81 (978-1-68323-185-1(6)) Twin Flame Productions.

Can You Find Me? Mariah Shepherd. 2018. (ENG.). 156p. (YA). 30.95 (978-1-4808-6415-3(3)); pap. 12.99 (978-1-4808-6414-6(5)) Archway Publishing.

Can You Find?/Puedes Hallarlo? Spanish/English Bilingual (We Both Read - Level Pk-K) An ABC Book. Sindy McKay. Illus. by Matt Loveridge. 2016. (We Both Read - Level Pk -K Ser.). (ENG & SPA.). (J). pap. 5.99 (978-1-60115-072-1(5)) Treasure Bay, Inc.

Can You Find the Dinosaurs? Seek & Find Activity Book. Activity Attic Books. 2016. (ENG., Illus.). (J). pap. 7.74 (978-1-68323-186-8(4)) Twin Flame Productions.

Can You Find the End? a Twisting Adventure Activity Book. Activity Attic Books. 2016. (ENG., Illus.). (J). pap. 7.74 (978-1-68323-187-5(2)) Twin Flame Productions.

Can You Find the Match? Matching Memory Activity Book. Activity Attic Books. 2016. (ENG., Illus.). (J). pap. 7.74 (978-1-68323-188-2(0)) Twin Flame Productions.

Can You Find the Phone? Shelley Moore. 2016. (ENG., Illus.). 18p. (J). pap. (978-1-77302-177-5(X)) Tellwell Talent.

Can You Find the Way? Maze Madness Challenge Activity Book. Activity Attic Books. 2016. (ENG., Illus.). (J). pap. 7.74 (978-1-68323-189-9(9)) Twin Flame Productions.

Can You Find These Animals? Hidden Picture Activity Book. Activity Attic Books. 2016. (ENG., Illus.). (J). pap. 7.74 (978-1-68323-190-5(2)) Twin Flame Productions.

Can You Find These Things? Seek & Find Activity Book. Smarter Activity Books for Kids. 2016. (ENG., Illus.). (J). pap. 8.99 (978-1-68374-203-6(6)) Examined Solutions PTE. Ltd.

Can You Find Us? the Help Three Lost Kittens Activity Book. Bobo's Children Activity Books. 2016. (ENG., Illus.). (J). pap. 7.99 (978-1-68327-396-7(6)) Sunshine In My Soul Publishing.

Can You Find Your Way Out of These Confusing Mazes? Activity Book 3rd Grade. Jupiter Kids. 2017. (ENG., Illus.). (J). pap. 9.20 (978-1-5419-0987-8(9), Jupiter Kids (Childrens & Kids Fiction)) Speedy Publishing LLC.

Can You Fly? Library for All. Illus. by Ennel John Espanola. 2021. (ENG.). 28p. (J). pap. (978-1-922750-05-1(0)) Library For All Limited.

Can You Fly? - Ko Kona ni Kiba? (Te Kiribati) Library for All. Illus. by Ennel John Espanola. 2022. (MIS.). 28p. (J). pap. (978-1-922918-70-3(9)) Library For All Limited.

Can You Forgive Her? [complete & Illustrated]. Anthony Trollope. 2019. (ENG., Illus.). 1004p. (J). (978-605-7861-65-8(5)); pap. (978-605-7566-54-6(8)) Uhrayoglu, Murat E Kitap Projesi.

Can You Forgive Her? (the Classic Unabridged Edition) Anthony Trollope. 2018. (ENG.). 456p. (J). pap. (978-80-268-9139-0(2)) E-Artnow.

Can You Forgive Her? (Unabridged) Victorian Classic. Anthony Trollope. 2018. (ENG.). 456p. (J). pap. (978-80-268-9083-6(3)) E-Artnow.

Can You Forgive Her?, Vol. 1 of 2 (Classic Reprint) Trollope. 2016. (ENG., Illus.). (J). pap. 23.57 (978-1-333-58693-5(0)) Forgotten Bks.

Can You Forgive Her?, Vol. 1 of 2 (Classic Reprint) Anthony Trollope. 2018. (ENG., Illus.). 736p. (J). 39.08 (978-0-267-33436-0(2)) Forgotten Bks.

Can You Forgive Her, Vol. 1 (Classic Reprint) Anthony Trollope. (ENG., Illus.). (J). 2018. 396p. 32.06 (978-0-267-45097-8(4)); 2017. pap. 16.57 (978-1-333-09992-3(4)) Forgotten Bks.

Can You Forgive Her, Vol. 2 (Classic Reprint) Anthony Trollope. 2017. (ENG., Illus.). (J). 31.45 (978-1-5279-8127-0(4)) Forgotten Bks.

Can You Forgive Her, Vol. 3 (Classic Reprint) Anthony Trollope. 2018. (ENG., Illus.). (J). 32.46 (978-0-331-99557-2(3)) Forgotten Bks.

Can You Get to Heaven on Roller-Skates? Knut. 2022. (ENG.). 48p. (J). 15.95 (978-1-0880-6367-5(5)) Indy Pub.

Can You Guess? Animal Sounds with the Very Hungry Caterpillar. Eric Carle. Illus. by Eric Carle. 2021. (World of Eric Carle Ser.). (Illus.). 14p. (J). (— 1). bds. 8.99 (978-0-593-22665-0(8)) Penguin Young Readers Group.

Can You Guess?: Animals with the Very Hungry Caterpillar. Eric Carle. Illus. by Eric Carle. 2020. (World of Eric Carle Ser.). (ENG., Illus.). 14p. (J). (-k). bds. 8.99 (978-1-5247-8636-6(5)) Penguin Young Readers Group.

Can You Guess?: Food with the Very Hungry Caterpillar. Eric Carle. Illus. by Eric Carle. 2020. (World of Eric Carle Ser.). (ENG., Illus.). 14p. (J). (-k). bds. 8.99 (978-1-5247-8637-3(3)) Penguin Young Readers Group.

Can You Guess What Might I Be? Ghosts & Monsters Halloween Coloring Book Kids Special. Educando Kids. 2019. (ENG.). 42p. (J). pap. 6.99 (978-1-64521-012-2(X), Educando Kids) Editorial Imagen.

Can You Guess Who I Am? Connect the Dots Books for Kids Age 5. Educando Kids. 2019. (ENG.). 42p. (J). pap. 8.55 (978-1-64521-692-6(6), Educando Kids) Editorial Imagen.

Can You Hear a Coo, Coo? Jamie Kiffel-Alcheh. Illus. by Marc Lumer. 2018. (ENG.). 12p. (J). (gr. -1 — 1). bds. 5.99 (978-1-5124-4443-8(X), 943a2e0b-1e25-486b-a196-9b5299a360f8, Kar-Ben Publishing) Lerner Publishing Group.

Can You Hear a Penguin Fart on Mars?, 1. Jim Benton. ed. 2021. (Jop & Blip Wanna Know Ser.). (ENG., Illus.). 87p. (J). (gr. 2-3). 19.86 (978-1-64697-944-8(3)) Penworthy Co., LLC, The.

Can You Hear Him Whisper? Eileen Kenny. Illus. by Kip Richmond. 2019. (ENG.). 34p. (J). (gr. k-4). 18.99 (978-0-578-54297-3(8)) In Eileens Words.

Can You Hear Me? Ekaterina Trukhan. 2021. (ENG., Illus.). 40p. (J). (gr. -1-k). 15.99 (978-1-990252-03-7(6)) Milky Way Picture Bks. CAN. Dist: Abrams, Inc.

Can You Hear Me in Heaven? Anna Ames. 2017. (ENG., Illus.). (J). pap. 16.95 (978-1-5043-7639-6(0), Balboa Pr.) Author Solutions, LLC.

Can You Hear the Diggers? Sounds at the Construction Site. Clay Sproles. Illus. by Mike Forshay. 2019. (ENG.).

292 The check digit for ISBN-10 appears in parentheses after the full ISBN-13

TITLE INDEX CANADA GEESE

32p. (J). (gr. k-2). 14.95 (978-1-7340097-5-0(6)) Cats Corner Publishing.

Can You Hear the Trees Talking? Discovering the Hidden Life of the Forest, 1 vol. Peter Wohlleben. 2019. (Illus.). 84p. (J). (gr. 3-5). 19.95 (978-1-77164-434-1(6), Greystone Kids) Greystone Books Ltd. CAN. Dist: Publishers Group West (PGW).

Can You Help Forgetful Fred? Fred Can't Remember Where He Left His Stuff. Samina Parkar. 2021. (ENG.). 48p. (J). pap. 10.99 (978-1-7378585-6-0(8)) Southampton Publishing.

Can You Help Me? My Pond Is Drying Up. Tricia Legg. 2022. (Junior Science Ser.: Vol. 1). (ENG.). 50p. (J). pap. (978-0-473-62724-9(8)) MTL Investments Ltd.

Can You Help Us Find Our Way? Maze Madness Activity Book. Activity Attic Books. 2016. (ENG., Illus.). (J). pap. 7.74 (978-1-68323-191-2(0)) Twin Flame Productions.

Can You Help Us Find the Way? Kids Maze Challenge Activity Book. Activity Attic Books. 2016. (ENG., Illus.). (J). pap. 7.74 (978-1-68323-192-9(9)) Twin Flame Productions.

Can You Help Us Find the Way? the Ultimate Maze Challenge for Kids Activity Book. Activity Attic Books. 2016. (ENG., Illus.). (J). pap. 7.74 (978-1-68323-193-6(7)) Twin Flame Productions.

Can You Hug a Forest? Frances Gilbert. Illus. by Amy Hevron. 2023. (ENG.). 32p. (J). (gr. -1-3). 18.99 (978-1-6659-0355-4(4), Beach Lane Bks.) Beach Lane Bks.

Can You Identify the Image Color by Number Book: Color by Number 1st Grade Edition. Activibooks For Kids. 2016. (ENG., Illus.). (J). pap. 9.25 (978-1-68321-143-3(X)) Mimaxion.

Can You Imagine? Bonnie Ferrante. 2019. (ENG.). 34p. (J). pap. (978-1-928064-46-6(9)) Gauvin, Jacques.

Can You Just Imagine? Bev Beck. 2019. (ENG., Illus.). 24p. (J). (gr. k-3). E-Book 12.99 (978-1-59095-378-5(9), ExamWise) Total Recall Learning, Inc.

Can You Keep a Secret? Timeless Rhymes to Share & Treasure. Mark Carthew. Illus. by Jobi Murphy. 2020. (ENG.). 200p. (YA). (978-0-6484467-0-5(0)) Carthew, Mark.

Can You Keep a Straight Face? Élisa Géhin & Bernard Duisit. 2017. (Flip Flap Pop-Up Ser.: 0). (ENG., Illus.). 16p. (J). (gr. -1-1). 14.95 (978-0-500-65091-2(8), 565091) Thames & Hudson.

Can You Locate the Missing Items? Kids Activity Book. Activity Attic Books. 2016. (ENG., Illus.). (J). pap. 10.81 (978-1-68323-194-3(5)) Twin Flame Productions.

Can You Make a Comic Story? Activity Book for Boys. Jupiter Kids. 2018. (ENG., Illus.). 106p. (J). pap. 12.55 (978-1-5419-3467-2(9), Jupiter Kids (Childrens & Kids Fiction)) Speedy Publishing LLC.

Can You Name These U. S. State Flags? Coloring Book. Activity Book Zone for Kids. 2016. (ENG., Illus.). (J). pap. 9.20 (978-1-68376-496-0(X)) Sabeels Publishing.

Can You Paint a Picture with Your Hair? Jeff Whitcher. 2017. (ENG., Illus.). 96p. (J). (978-1-365-74095-4(1)) Lulu Pr., Inc.

Can You Put Me to Bed? The Tale of the Not-So-Sleepy Sloth. Erin Guendelsberger. Illus. by AndoTwin. 2021. (ENG.). 40p. (J). (gr. k-3). 10.99 (978-1-7282-3082-5(9)) Sourcebooks, Inc.

Can You Read a Map? Rozanne Williams. 2017. (Learn-To-Read Ser.). (ENG., Illus.). (J). pap. 3.49 (978-1-68310-239-7(8)) Pacific Learning, Inc.

Can You Relate? How to Handle Parents, Friends, Boys, & More. Vicki Courtney. 2016. (ENG.). 208p. (J). (gr. 3-6). pap. 14.99 (978-1-4336-8785-3(2), 005745330, B&H Kids) B&H Publishing Group.

Can You Say Boo! Halloween Coloring Book Children's Halloween Books. Speedy Kids. 2017. (ENG., Illus.). (J). pap. 8.45 (978-1-5419-4713-9(4)) Speedy Publishing LLC.

Can You Say It, Too? Brrr! Brrr! Illus. by Sebastien Braun. 2017. (Can You Say It, Too? Ser.). (ENG.). 10p. (J). (— 1). bds. 8.99 (978-0-7636-9622-1(6)) Candlewick Pr.

Can You Say It, Too? Cheep! Cheep! Illus. by Sebastien Braun. 2017. (Can You Say It, Too? Ser.). (ENG.). 10p. (J). (— 1). bds. 9.99 (978-0-7636-9329-9(4)) Candlewick Pr.

Can You Say It, Too? Stomp! Stomp! Illus. by Sebastien Braun. 2018. (Can You Say It, Too? Ser.). (ENG.). 10p. (J). (— 1). bds. 8.99 (978-0-7636-9934-5(9)) Candlewick Pr.

Can You Say It, Too? Tweet! Tweet! Illus. by Sebastien Braun. 2019. (Can You Say It, Too? Ser.). (ENG.). 10p. (J). (— 1). bds. 8.99 (978-1-5362-0556-5(7)) Candlewick Pr.

Can You Say Peace? Karen Katz. ed. 2016. (J). lib. bdg. 18.40 (978-0-606-38444-5(8)) Turtleback.

Can You See? Still Can't See? Yoshitake Shinsuke. 2019. (CHI.). (J). (978-957-658-216-5(4)) Sun Color Cultural Publishing Co., Ltd.

Can You See a Circle?: Explore Shapes (Nature Numbers) (Library Edition) Ruth Musgrave. 2022. (Nature Numbers Ser.). (ENG., Illus.). 32p. (J). (gr. k-2). 25.00 (978-1-338-76515-1(9)); pap. 7.99 (978-1-338-76516-8(7)) Scholastic Library Publishing. (Children's Pr.).

Can You See Invisible Art? Connect the Dots Activity Book. Smarter Activity Books for Kids. 2016. (ENG., Illus.). (J). pap. 8.99 (978-1-68374-204-3(4)) Examined Solutions PTE. Ltd.

Can You See It? Activities for Children Activity Book. Activity Attic Books. 2016. (ENG., Illus.). (J). pap. 7.74 (978-1-68323-196-7(1)) Twin Flame Productions.

Can You See It? Activities for Kids Activity Book. Activity Attic Books. 2016. (ENG., Illus.). (J). pap. 7.74 (978-1-68323-197-4(X)) Twin Flame Productions.

Can You See Me? Mikhala Lantz-Simmons & Mohammad Rasoulipour. 2019. (ENG., Illus.). 40p. (J). 17.99 (978-1-5248-5372-3(0)) Andrews McMeel Publishing.

Can You See Me? Libby Scott & Rebecca Westcott. (ENG.). 368p. (J). (gr. 3-7). 2021. pap. 8.99 (978-1-338-60893-9(2)); 2020. 17.99 (978-1-338-60891-5(6), Scholastic Pr.) Scholastic, Inc.

Can You See Me? Bob Staake. 2019. (Beginner Books(R) Ser.). (ENG., Illus.). 40p. (J). (gr. -1-2). lib. bdg. 12.99 (978-0-375-97197-6(1), Random Hse. Bks. for Young Readers) Random Hse. Children's Bks.

Can You See Me? M. R. Williamson. 2017. (ENG.). 76p. (J). pap. 7.99 (978-1-0878-5027-6(4)) Alban Lake Publishing.

Can You See Me? A Book about Feeling Small. Gokce Irten. Illus. by Gokce Irten. 2021. (ENG.). 46p. (J). (gr. -1-3). 18.99 (978-1-5253-0837-6(8)) Kids Can Pr., Ltd. CAN. Dist: Hachette Bk. Group.

Can You See Me? Frog. YoYo YoYo Books. 2022. (ENG.). 12p. (J). (gr. -1 — 1). bds. 9.99 (978-94-6454-133-5(4)) YoYo Bks. BEL. Dist: Simon & Schuster, Inc.

Can You See My Daddy? Becky Davies. Illus. by Mel Armstrong. 2021. (ENG.). 20p. (J). (— 1). bds. 9.99 (978-0-593-30412-9(8), Random Hse. Bks. for Young Readers) Random Hse. Children's Bks.

Can You See My Mommy? Becky Davies. Illus. by Mel Armstrong. 2021. (ENG.). 20p. (J). (— 1). bds. 9.99 (978-0-593-30411-2(X), Random Hse. Bks. for Young Readers) Random Hse. Children's Bks.

Can You See Sound? - Characteristics of Sound - ABCs of Physics - General Science 3rd Grade - Children's Physics Books. Baby Professor. (ENG.). 76p. (J). 2020. pap. 15.06 (978-1-5419-4923-2(4)); 2019. 25.05 (978-1-5419-7514-9(6)) Speedy Publishing LLC. (Baby Professor (Education Kids)).

Can You See the Picture? a Dot to Dot Activity Book. Smarter Activity Books for Kids. 2016. (ENG., Illus.). (J). pap. 8.99 (978-1-68374-205-0(2)) Examined Solutions PTE. Ltd.

Can You See the Salamander? Traci Dibble. 2017. (1-3Y Animals Ser.). (ENG., Illus.). 12p. (J). pap. 9.60 (978-1-63437-667-9(6)) American Reading Co.

Can You See the Wind! Joseph Gonda-Catullo Sr. 2019. (ENG.). 112p. (J). pap. 13.95 (978-1-64462-338-1(2)) Page Publishing Inc.

Can You See What I See? — Hidden Pictures. Smarter Activity Books for Kids. 2016. (ENG., Illus.). (J). pap. 8.99 (978-1-68374-206-7(0)) Examined Solutions PTE. Ltd.

Can You See What I See? Big Book of Search-And-Find Fun. Walter Wick. ed. 2018. (ENG.). 160p. (J). (gr. -1-1). 23.96 (978-1-64310-467-6(5)) Penworthy Co., LLC, The.

Can You See What I See?: Hidden Wonders (from the Co-Creator of I Spy) Walter Wick. Illus. by Walter Wick. 2021. (Can You See What I See? Ser.). (ENG., Illus.). 40p. (J). (gr. -1-3). 14.99 (978-1-338-68671-5(2), Cartwheel Bks.) Scholastic, Inc.

Can You See Where They Are? Hidden Pictures Book: Four Seasons Edition. Speedy Kids. 2017. (ENG., Illus.). (J). pap. 8.33 (978-1-5419-3354-5(0)) Speedy Publishing LLC.

Can You See Where They're at? Hidden Pictures Book: Farm Animals Edition. Speedy Kids. 2017. (ENG., Illus.). (J). pap. 8.33 (978-1-5419-3353-8(2)) Speedy Publishing LLC.

Can You Share, Little Whale? Jonny Lambert. Illus. by Jonny Lambert. 2023. (ENG.). 32p. (J). (gr. -1-2). 18.99 (978-1-6643-0020-0(1)) Tiger Tales.

Can You Smell Breakfast? A Five Senses Book for Kids Series (Kids Food Book, Smell Kids Book) Edward Jazz. Ed. by Troon Harrison. Illus. by Gill Guile. 2022. (5 Senses Bks.: Vol. 1). (ENG.). 26p. (J). 16.98 (978-1-7373255-3-6(5)) Anthropology Major Publishing.

Can You Solve These Animal Mysteries? Bobbie Kalman. 2017. (My World Ser.). (Illus.). 24p. (J). (gr. 1-1). (978-0-7787-9594-0(2)); pap. (978-0-7787-9602-2(7)) Crabtree Publishing Co.

Can You Solve These Quick? Word Games for 5th Graders Bundle, 2 vols. Speedy Publishing Books. 2019. (ENG.). 212p. (J). pap. 19.99 (978-1-5419-7233-9(3)) Speedy Publishing LLC.

Can You Spot It? Puzzling Hidden Pictures Activity Book. Bobo's Children Activity Books. 2016. (ENG., Illus.). (J). pap. 10.81 (978-1-68327-005-8(3)) Sunshine In My Soul Publishing.

Can You Spot the Difference? a Boy's Activity Book. Bobo's Children Activity Books. 2016. (ENG., Illus.). (J). pap. 10.81 (978-1-68327-007-2(X)) Sunshine In My Soul Publishing.

Can You Spot the Difference? a Girl's Activity Book. Bobo's Children Activity Books. 2016. (ENG., Illus.). (J). pap. 10.81 (978-1-68327-009-6(6)) Sunshine In My Soul Publishing.

Can You Spot the Difference? an Activity Book. Bobo's Children Activity Books. 2016. (ENG., Illus.). (J). pap. 10.81 (978-1-68327-008-9(8)) Sunshine In My Soul Publishing.

Can You Spot the Difference Activity Book? Bobo's Children Activity Books. 2016. (ENG., Illus.). (J). pap. 10.81 (978-1-68327-006-5(1)) Sunshine In My Soul Publishing.

Can You Spot the Differences? an Engaging Activity Book. Bobo's Children Activity Books. 2016. (ENG., Illus.). (J). pap. 10.81 (978-1-68327-010-2(X)) Sunshine In My Soul Publishing.

Can You Spot Them? Look & Find Animals Edition. Creative Playbooks. 2016. (ENG., Illus.). (J). pap. 10.81 (978-1-68323-139-4(2)) Twin Flame Productions.

Can You Spot Them! a Fun Look & Find Book for Kids - Look & Find Books for Kids 2-4 Edition. Activibooks For Kids. 2016. (ENG., Illus.). (J). pap. 9.25 (978-1-68321-127-3(8)) Mimaxion.

Can You Stand Tall? Ellen Sallas. 2021. (ENG.). 34p. (J). pap. 10.00 (978-1-7359337-6-4(7)) Little Roni Pubs. LLC.

Can You Survive 20, 000 Leagues under the Sea? Deb Mercier. Illus. by Margaret Amy Salter. 2nd rev. ed. 2023. (Interactive Classic Literature Ser.). 152p. (J). (gr. 3-8). pap. 9.95 (978-1-940647-83-8(5)) Lake 7 Creative, LLC.

Can You Survive 20,000 Leagues under the Sea? A Choose Your Path Book. Deb Mercier. Illus. by Margaret Amy Salter. 2nd rev. ed. 2023. (Interactive Classic Literature Ser.). 152p. (J). (gr. 3-8). 24.95 (978-1-940647-85-2(1)) Lake 7 Creative, LLC.

Can You Survive a Supervolcano Eruption? An Interactive Doomsday Adventure. Blake Hoena. Illus. by Filippo Vanzo. 2016. (You Choose: Doomsday Ser.). (ENG.). 112p. (J). (gr. 3-7). lib. bdg. 32.65 (978-1-4914-8108-0(0), 130599, Capstone Pr.) Capstone.

Can You Survive an Aritificial Intelligence Uprising? An Interactive Doomsday Adventure. Matt Doeden. Illus. by Paul Fisher-Johnson. 2016. (You Choose: Doomsday Ser.). (ENG.). 112p. (J). (gr. 3-7). lib. bdg. 32.65 (978-1-4914-8107-3(2), 130598, Capstone Pr.) Capstone.

Can You Survive an Asteroid Strike? An Interactive Doomsday Adventure. Matt Doeden. Illus. by Paul Davidson. 2016. (You Choose: Doomsday Ser.). (ENG.). 112p. (J). (gr. 3-7). lib. bdg. 32.65 (978-1-4914-8109-7(9), 130600, Capstone Pr.) Capstone.

Can You Survive Dracula? A Choose Your Path Book. Ryan Jacobson. Illus. by Kat Baumann. 2nd rev. ed. 2022. (Interactive Classic Literature Ser.). 152p. (J). (gr. 3-8). 24.95 (978-1-940647-81-4(9)); pap. 9.95 (978-1-940647-69-2(X)) Lake 7 Creative, LLC.

Can You Survive the 1865 Sultana Disaster? An Interactive History Adventure. Eric Braun. 2023. (You Choose: Disasters in History Ser.). (ENG.). 112p. (J). 34.65 (978-1-6663-9085-8(2), 243745, Capstone Pr.) Capstone.

Can You Survive the 1865 Sultana Disaster? An Interactive History Adventure. Contrib. by Eric Braun. 2023. (You Choose: Disasters in History Ser.). (ENG.). 112p. (J). pap. 7.99 (978-1-6663-9084-1(4), 243733, Capstone Pr.) Capstone.

Can You Survive the 1900 Galveston Hurricane? An Interactive History Adventure. Jessica Gunderson. 2022. (You Choose: Disasters in History Ser.). (ENG.). 112p. (J). 34.65 (978-1-6639-5893-8(9), 223094); pap. 6.95 (978-1-6663-2350-4(0), 223076) Capstone. (Capstone Pr.).

Can You Survive the 1910 Big Burn? An Interactive History Adventure. Ailynn Collins. 2023. (You Choose: Disasters in History Ser.). (ENG.). 112p. (J). 34.65 (978-1-6663-9081-0(X), 243743, Capstone Pr.) Capstone.

Can You Survive the 1910 Big Burn? An Interactive History Adventure. Contrib. by Ailynn Collins. 2023. (You Choose: Disasters in History Ser.). (ENG.). 112p. (J). pap. 7.99 (978-1-6663-9080-3(1), 243731, Capstone Pr.) Capstone.

Can You Survive the 1918 Flu Pandemic? An Interactive History Adventure. Matthew K. Manning. 2023. (You Choose: Disasters in History Ser.). (ENG.). 112p. (J). 34.65 (978-1-6663-9083-4(6), 243744, Capstone Pr.) Capstone.

Can You Survive the 1918 Flu Pandemic? An Interactive History Adventure. Contrib. by Matthew K. Manning. 2023. (You Choose: Disasters in History Ser.). (ENG.). 112p. (J). pap. 7.99 (978-1-6663-9082-7(8), 243732, Capstone Pr.) Capstone.

Can You Survive the 1925 Tri-State Tornado? An Interactive History Adventure. Matthew K. Manning. 2023. (You Choose: Disasters in History Ser.). (ENG.). 112p. (J). 34.65 (978-1-6663-9079-7(8), 243725, Capstone Pr.) Capstone.

Can You Survive the 1925 Tri-State Tornado? An Interactive History Adventure. Contrib. by Matthew K. Manning. 2023. (You Choose: Disasters in History Ser.). (ENG.). 112p. (J). pap. 7.99 (978-1-6663-9078-0(X), 243721, Capstone Pr.) Capstone.

Can You Survive the Adventures of Perseus? A Choose Your Path Book. Blake Hoena. Illus. by Brandon Wind. 2nd rev. ed. 2023. (Interactive Classic Literature Ser.). 152p. (J). (gr. 4-8). 24.95 (978-1-960084-02-6(X)) Lake 7 Creative, LLC.

Can You Survive the Adventures of Sherlock Holmes? A Choose Your Path Book. Ryan Jacobson & Deb Mercier. 3rd rev. ed. 2022. (Interactive Classic Literature Ser.). (Illus.). 144p. (J). (gr. 3-8). 24.95 (978-1-940647-80-7(0)); pap. 9.95 (978-1-940647-67-8(3)) Lake 7 Creative, LLC.

Can You Survive the Call of the Wild? A Choose Your Path Book. Ryan Jacobson. Illus. by Kat Baumann. 2nd rev. ed. 2022. (Interactive Classic Literature Ser.). 144p. (J). (gr. 3-8). pap. 9.95 (978-1-940647-65-4(7)) Lake 7 Creative, LLC.

Can You Survive the Call of the Wild? A Choose Your Path Book. Ryan Jacobson. Illus. by Kat Baumann. 2nd rev. ed. 2022. (Interactive Classic Literature Ser.). 144p. (J). (gr. 3-8). 24.95 (978-1-940647-79-1(7)) Lake 7 Creative, LLC.

Can You Survive the Great San Francisco Earthquake? An Interactive History Adventure. Ailynn Collins. 2022. (You Choose: Disasters in History Ser.). (ENG.). 112p. (J). 34.65 (978-1-6639-5894-5(7), 222475); pap. 6.95 (978-1-6663-2357-3(8), 222469) Capstone. (Capstone Pr.).

Can You Survive the Johnstown Flood? An Interactive History Adventure. Steven Otfinoski. 2022. (You Choose: Disasters in History Ser.). (ENG.). 112p. (J). 34.65 (978-1-6639-5895-2(5), 223093); pap. 6.95 (978-1-6663-2364-1(0), 223075) Capstone. (Capstone Pr.).

Can You Survive the Schoolchildren's Blizzard? An Interactive History Adventure. Ailynn Collins. 2022. (You Choose: Disasters in History Ser.). (ENG.). 112p. (J). 34.65 (978-1-6639-5896-9(3), 223092); pap. 6.95 (978-1-6663-2371-9(3), 223074) Capstone. (Capstone Pr.).

Can You Survive the Wonderful Wizard of Oz? A Choose Your Path Book. Ryan Jacobson. Illus. by Y. Shane Nitzsche. 2022. (Interactive Classic Literature Ser.). 152p. (J). (gr. 3-8). 24.95 (978-1-940647-82-1(7)); pap. 9.95 (978-1-940647-71-5(1)) Lake 7 Creative, LLC.

Can You Tell What Doesn't Match? Activity Book. Bobo's Children Activity Books. 2016. (ENG., Illus.). (J). pap. 9.33 (978-1-68327-011-9(8)) Sunshine In My Soul Publishing.

Can You Tickle a Ghost? Bobbie Brooks. 2022. (Touch Feel & Tickle! Ser.). (ENG., Illus.). 8p. (J). (gr. -1-k). bds. 10.99 (978-1-80105-315-0(4)) Top That! Publishing PLC GBR. Dist: Independent Pubs. Group.

Can You Tickle a Monkey? Bobbie Brooks. Illus. by Carrie Hennon. 2021. (Touch Feel & Tickle! Ser.). (ENG.). 8p. (J). bds. 9.99 (978-1-78958-849-1(9)) Top That! Publishing PLC GBR. Dist: Independent Pubs. Group.

Can You Tickle a T. Rex? Bobbie Brooks. Illus. by Carrie Hennon. 2021. (Touch Feel & Tickle! Ser.). (ENG.). 8p. (J). bds. 9.99 (978-1-78958-850-7(2)) Top That! Publishing PLC GBR. Dist: Independent Pubs. Group.

Can You Tickle a T. Rex? Bobbie Brooks. Illus. by Carrie Hennon. 2022. (Touch Feel & Tickle! Ser.). (ENG.). 8p. (J). (— 1). bds. 9.99 (978-1-80105-411-9(8)) Top That! Publishing PLC GBR. Dist: Independent Pubs. Group.

Can You Tickle a Tiger? Bobbie Brooks. Illus. by Carrie Hennon. 2021. (Touch Feel & Tickle! Ser.). (ENG.). 8p. (J). bds. 9.99 (978-1-78958-851-4(0)) Top That! Publishing PLC GBR. Dist: Independent Pubs. Group.

Can You Tickle a Unicorn? Bobbie Brooks. Illus. by Carrie Hennon. 2021. (Touch Feel & Tickle! Ser.). (ENG.). 8p. (J). bds. 9.99 (978-1-78958-852-1(9)) Top That! Publishing PLC GBR. Dist: Independent Pubs. Group.

Can You Whistle, Johanna? Ulf Stark. Illus. by Anna Höglund. 2021. (ENG.). 80p. (J). (gr. k-5). 18.99 (978-1-77657-325-7(0), 96b55f20-9f89-4ecf-987d-fa58c2a8ff3b) Gecko Pr. NZL. Dist: Lerner Publishing Group.

Can Your Conversations Change the World?, 1 vol. Erinne Paisley. 2018. (PopActivism Ser.: 3). (ENG., Illus.). 160p. (YA). (gr. 8-12). pap. 14.95 (978-1-4598-1309-0(X)) Orca Bk. Pubs. USA.

Can Your Dog Do Your Homework? And Other Questions about Animals. Capstone Classroom & Tony Stead. 2017. (What's the Point? Reading & Writing Expository Text Ser.). (ENG., Illus.). 16p. (J). (gr. 1-1). pap. 6.95 (978-1-4966-0753-9(8), 132388, Capstone Classroom) Capstone.

Can Your Guts Get Tied in a Knot? a Children's Disease Book (Learning about Diseases) Baby Professor. 2017. (ENG., Illus.). (J). pap. 7.89 (978-1-5419-0242-8(4), Baby Professor (Education Kids)) Speedy Publishing LLC.

Can Your Smartphone Change the World?, 1 vol. Erinne Paisley. 2017. (PopActivism Ser.: 1). (ENG., Illus.). 144p. (YA). (gr. 8-12). pap. 14.95 (978-1-4598-1303-8(0)) Orca Bk. Pubs. USA.

Canada, 1 vol. William Anthony. 2020. (Welcome to My World Ser.). (ENG., Illus.). 32p. (J). (gr. 2-4). 21.99 (978-1-78637-687-9(3)) BookLife Publishing Ltd. GBR. Dist: Independent Pubs. Group.

Canada, 1 vol. Tracy Vonder Brink. 2022. (Exploring Countries Ser.). (ENG.). 24p. (J). (gr. k-2). lib. bdg. (978-1-0396-4459-5(7), 16259); (Illus.). pap. (978-1-0396-4650-6(6), 17201) Crabtree Publishing Co. (Crabtree Seedlings).

Canadá. Tracy Vonder Brink. 2022. (Explorando Países (Exploring Countries) Ser.). (SPA.). 24p. (J). (gr. k-2). pap. (978-1-0396-4936-1(X), 19880); lib. bdg. (978-1-0396-4809-8(6), 19879) Crabtree Publishing Co.

Canada. Jeri Cipriano. 2019. (Hello Neighbor (LOOK! Books (tm)) Ser.). (ENG., Illus.). 24p. (J). (gr. -1-3). pap. 8.99 (978-1-63440-369-6(X), e5936cb5-f2d1-4f94-9a9e-460168e71e05); lib. bdg. 25.32 (978-1-63440-327-6(4), 95df4851-bacc-4bae-83d1-8bb0982eaffa) Red Chair Pr.

C

Canada. Kaite Goldsworthy. 2017. (Illus.). 32p. (J). (978-1-5105-0826-2(0)) SmartBook Media, Inc.

Canada. Maria Koran. 2021. (ENG.). 24p. (J). lib. bdg. 28.55 (978-1-7911-4202-5(8)) Weigl Pubs., Inc.

Canada. Adam Markovics. 2016. (Countries We Come From Ser.). (ENG.). 32p. (J). (gr. -1-3). 28.50 (978-1-944998-27-1(6)) Bearport Publishing Co., Inc.

Canada. Emily Rose Oachs. 2017. (Country Profiles Ser.). (ENG., Illus.). 32p. (J). (gr. 3-8). lib. bdg. 27.95 (978-1-62617-677-5(9), Blastoff! Discovery) Bellwether Media.

Canada. R. L. Van. 2022. (Countries (BBB) Ser.). (ENG., Illus.). 32p. (J). (gr. 2-5). lib. bdg. 34.21 (978-1-5321-9956-1(2), 40701, Big Buddy Bks.) ABDO Publishing Co.

Canada: Children's Canada Book with Facts & Pictures. Bold Kids. 2022. (ENG.). 42p. (J). pap. 14.99 (978-1-0717-0910-8(0)) FASTLANE LLC.

Canada 123. Paul Covello. 2017. (ENG.). 30p. (J). (gr. -1-k). bds. 10.50 (978-1-4434-5381-3(1), Harper Trophy) HarperCollins Pubs.

Canada ABC. Paul Covello. 2016. (ENG.). 30p. (J). bds. 10.50 (978-1-4434-4884-0(2), HarperCollins) HarperCollins Pubs.

Canada Alphabet Book, 1 vol. Nicky Bird & Peter Duncan. 2016. (IThink Ser.: 1). (ENG., Illus.). 64p. (J). pap. 6.99 (978-1-897206-03-4(8), 18089e5c-ca26-4e90-8a8e-51789d555799) Folklore Publishing CAN. Dist: Lone Pine Publishing USA.

Canada Animals. Paul Covello. 2018. (ENG.). 30p. (J). (gr. -1-k). bds. 11.99 (978-1-4434-5383-7(8), HarperCollins) HarperCollins Pubs.

Canada Book of Prose & Verse, Vol. 1 (Classic Reprint) Lorne Pierce. (ENG., Illus.). (J). 2018. 424p. 32.66 (978-0-483-77608-1(4)); 2017. pap. 16.57 (978-0-243-30807-1(8)) Forgotten Bks.

Canada Book of Prose & Verse, Vol. 2 (Classic Reprint) Lorne Pierce. (ENG., Illus.). (J). 2018. 436p. 32.91 (978-0-483-77268-7(2)); 2017. pap. 16.57 (978-0-243-30701-2(2)) Forgotten Bks.

Canada Book of Prose & Verse, Vol. 3 (Classic Reprint) Lorne Pierce. (ENG., Illus.). (J). 2018. 530p. 34.83 (978-0-483-21103-2(6)); 2017. pap. 19.57 (978-0-259-22602-4(5)) Forgotten Bks.

Canada Book of Prose & Verse, Vol. 4 (Classic Reprint) C. L. Bennet. (ENG., Illus.). (J). 2018. 586p. 36.00 (978-0-483-78900-5(3)); 2017. pap. 19.57 (978-0-243-31085-2(4)) Forgotten Bks.

Canada (Enchantment of the World) (Library Edition) Wil Mara. 2017. (Enchantment of the World, Second Ser.). (ENG., Illus.). 144p. (J). (gr. 5-9). lib. bdg. 40.00 (978-0-531-23572-0(6), Children's Pr.) Scholastic Library Publishing.

Canada for Kids: People, Places & Cultures - Children Explore the World Books. Baby Professor. 2016. (ENG., Illus.). 42p. (J). pap. 11.65 (978-1-68305-609-6(4), Baby Professor (Education Kids)) Speedy Publishing LLC.

Canada from a to Z: Coloring Book. Tkachenko. 2021. (ENG.). 56p. (J). pap. (978-1-7778261-0-9(1)) Tkachenko, Olha.

Canada Fun! Paul Covello. 2020. (ENG.). 30p. (J). (gr. -1-k). bds. 11.99 (978-1-4434-5811-5(2), HarperCollins) HarperCollins Pubs.

Canada Geese. Megan Borgert-Spaniol. 2016. (North American Animals Ser.). (ENG., Illus.). 24p. (J). (gr. k-3). 26.95 (978-1-62617-401-6(6), Blastoff! Readers) Bellwether Media.

Canada Geese. Matt Lilley. 2019. (Pond Animals Ser.). (ENG., Illus.). 24p. (J). (gr. 1-1). pap. 8.95 (978-1-64185-576-1(2), 1641855762) North Star Editions.

Canada Geese. Matt Lilley. 2018. (Pond Animals Ser.). (ENG., Illus.). 24p. (J). (gr. k-3). lib. bdg. 31.36 (978-1-5321-6205-3(7), 30193, Pop! Cody Koala) Pop!.

Canada Goose Migration. Grace Hansen. 2020. (Animal Migration Ser.). (ENG., Illus.). 24p. (J). (gr. -1-2). lib. bdg. 32.79 *(978-1-0982-0229-3(5),* 34591, Abdo Kids) ABDO Publishing Co.

Canada Goose Poop or Duck Poop?, 1 vol. Colin Matthews. 2019. (Scoop on Poop! Ser.). (ENG.). 24p. (gr. 1-2). 24.27 *(978-1-5382-2952-1(8),* 41376a4d-4fd3-45e4-a24e-ad7e70196a8a) Stevens, Gareth Publishing LLLP.

Canada Goslings: Lilly & Scooter a Lesson Learned. Patricia A. Thorpe. 2018. (ENG., Illus.). 26p. (J). pap. 7.99 *(978-1-948304-64-1(3))* PageTurner: Pr. & Media.

Canada Heroique: Tableaux de la Cathedrale de Montreal (Classic Reprint) Georges Delfosse. 2017. (ENG., Illus.). (J). 24.91 *(978-0-266-82258-5(4));* pap. 9.57 *(978-1-5277-8147-4(X))* Forgotten Bks.

Canada in Khaki 1917: A Tribute to the Officers & Men Now Serving in the Canadian Expeditionary Force (Classic Reprint) Canadian War Records Office. 2017. (ENG., Illus.). (J). 29.51 *(978-0-331-42310-5(3));* pap. 11.97 *(978-0-243-45298-9(5))* Forgotten Bks.

Canada in War-Paint (Classic Reprint) Ralph W. Bell. (ENG., Illus.). (J). 2018. 214p. 28.33 *(978-0-484-32445-8(4));* 2016. pap. 10.97 *(978-1-334-15174-3(1))* Forgotten Bks.

Canada Lynx. Megan Borgert-Spaniol. 2017. (North American Animals Ser.). (ENG., Illus.). 24p. (J). (gr. k-3). lib. bdg. 26.95 *(978-1-62617-635-5(3),* Blastoff! Readers) Bellwether Media.

Canada Monthly, Vol. 11: November, 1911 (Classic Reprint) Western Canadian Immigratio Association. (ENG., Illus.). (J). 2018. 496p. 34.13 *(978-0-332-18831-7(0));* 2016. pap. 16.57 *(978-1-334-14928-3(3))* Forgotten Bks.

Canada Monthly, Vol. 12: May October, 1912 (Classic Reprint) Unknown Author. (ENG., Illus.). (J). 2018. 490p. 34.00 *(978-0-483-70793-1(7));* 2016. pap. 16.57 *(978-1-334-13737-2(4))* Forgotten Bks.

Canada Monthly, Vol. 13: November 1912 April 1913 (Classic Reprint) Unknown Author. 2018. (ENG., Illus.). 484p. (J). 33.98 *(978-0-483-16299-0(X))* Forgotten Bks.

Canada Monthly, Vol. 15: November, 1913 April, 1914 (Classic Reprint) Western Canadian Immigratio Association. (ENG., Illus.). (J). 2018. 400p. 32.15 *(978-0-364-39920-0(1));* 2016. pap. 16.57 *(978-1-334-14728-9(0))* Forgotten Bks.

Canada Monthly, Vol. 16: May-October, 1914 (Classic Reprint) Unknown Author. (ENG., Illus.). (J). 2018. 404p. 32.23 *(978-0-332-33789-0(8));* 2016. pap. 16.57 *(978-1-334-12618-5(6))* Forgotten Bks.

Canada Monthly, Vol. 17: November 1914-April 1915 (Classic Reprint) Western Canadian Immigratio Association. (ENG., Illus.). (J). 2018. 372p. 31.57 *(978-0-332-44586-1(0));* 2017. pap. 13.97 *(978-0-243-25661-7(2))* Forgotten Bks.

Canada Monthly, Vol. 18: May-October, 1915 (Classic Reprint) Western Canadian Immigratio Association. (ENG., Illus.). (J). 2018. 340p. 30.91 *(978-0-483-97565-1(6));* 2016. pap. 13.57 *(978-1-334-15462-1(7))* Forgotten Bks.

Canada Monthly, Vol. 19: November, 1915 April, 1916 (Classic Reprint) Western Canadian Immigration Ass. 2016. (ENG., Illus.). (J). pap. 13.57 *(978-1-334-14886-6(4))* Forgotten Bks.

Canada Monthly, Vol. 19: November, 1915-April, 1916 (Classic Reprint) Western Canadian Immigratio Association. 2018. (ENG., Illus.). (J). 30.74 *(978-0-331-09047-5(3))* Forgotten Bks.

Canada Monthly, Vol. 20: May, 1916 (Classic Reprint) Herbert Vanderhoof. (ENG., Illus.). (J). 2018. 374p. 31.61 *(978-0-428-91098-3(X));* 2016. pap. 13.97 *(978-1-334-14922-1(4))* Forgotten Bks.

Canada Monthly, Vol. 21: November, 1916 (Classic Reprint) Herbert Vanderhoof. (ENG., Illus.). (J). 2018. 312p. 30.33 *(978-0-483-44715-8(3));* 2016. pap. 13.57 *(978-1-334-14975-7(5))* Forgotten Bks.

Canada Monthly, Vol. 22: May October, 1917 (Classic Reprint) Western Canadian Immigratio Association. (ENG., Illus.). (J). 2018. 334p. 30.81 *(978-0-428-75708-3(1));* 2016. pap. 13.57 *(978-1-333-13614-7(5))* Forgotten Bks.

Canada Monthly, Vol. 4: November, 1910-October, 1910 (Classic Reprint) Herbert Vanderhoof. (ENG., Illus.). (J). 2018. 988p. 44.27 *(978-0-656-33493-3(2));* 2017. pap. 26.62 *(978-1-334-89936-2(3))* Forgotten Bks.

Canada Through Time. Kathleen Corrigan. 2016. (Canada Through Time Ser.). (ENG., Illus.). 32p. (J). (gr. 3-5). 163.25 *(978-1-4109-8133-2(9),* 24160, Raintree) Capstone.

Canada Today. Kathleen Corrigan. 2016. (Canada Through Time Ser.). (ENG., Illus.). 32p. (J). (gr. 3-5). lib. bdg. 32.65 *(978-1-4109-8122-6(3),* 131011, Raintree) Capstone.

Canada vs. Nebraska: A Refutation of Attacks Made on Canada by C. R. Shaller, Commissioner of the Missouri Railroad Company, in the People's Journal, of Dundee, Scotland (Classic Reprint) David Gardiner. 2017. (ENG., Illus.). (J). pap. 7.97 *(978-0-259-55072-3(8))* Forgotten Bks.

Canada-West Magazine, Vol. 3: November, 1907 (Classic Reprint) Herbert Vanderhoof. (ENG., Illus.). (J). 2018. 848p. 41.41 *(978-0-483-59908-6(5));* 2016. pap. 23.97 *(978-1-334-27637-8(4))* Forgotten Bks.

Canada West, Vol. 2: May, 1907 (Classic Reprint) Herbert Vanderhoof. (ENG., Illus.). (J). 2018. 464p. 33.47 *(978-0-267-76068-8(X));* 2016. pap. 16.57 *(978-1-334-14662-6(4))* Forgotten Bks.

Canada West, Vol. 5: November, 1908 (Classic Reprint) Herbert Vanderhoof. 2017. (ENG., Illus.). (J). 886p. 42.17 *(978-0-332-79958-2(1));* pap. 24.51 *(978-0-259-20009-3(3))* Forgotten Bks.

Canada West, Vol. 7: November, 1909 (Classic Reprint) Herbert Vanderhoof. (ENG., Illus.). (J). 2018. 976p. 44.03 *(978-0-428-83351-0(9));* 2017. pap. 26.37 *(978-1-334-91349-5(8))* Forgotten Bks.

Canada Wild: Animals Found Nowhere Else on Earth, 1 vol. Maria Birmingham. Illus. by Alex MacAskill. 2022. (ENG.). 56p. (J). pap. 12.95 ***(978-1-77471-113-2(3),*** 6a1f3541-03df-44e5-b118-33ff6063aa5d) Nimbus Publishing, Ltd. CAN. Dist: Baker & Taylor Publisher Services (BTPS).

Canada Year by Year. Elizabeth MacLeod. Illus. by Sydney Smith. 2016. (ENG.). 96p. (J). (gr. 3-7). 21.99 *(978-1-77138-397-4(6))* Kids Can Pr., Ltd. CAN. Dist: Hachette Bk. Group.

Canada's 150th Birthday. Kathy Middleton. 2017. (Celebrations in My World Ser.). (Illus.). 32p. (J). (gr. 1-2). *(978-0-7787-4108-4(7))* Crabtree Publishing Co.

Canada's Daughter: The Story of Captain Nichola Goddard. Sally Goddard. 2017. (ENG., Illus.). (YA). (gr. 7-12). pap. *(978-1-988908-03-8(5))* Underhill Bks.

Canada's Daughter: The Story of Nichola Goddard. Sally Goddard. 2017. (ENG., Illus.). (J). pap. *(978-0-9950270-7-7(2))* Underhill Bks.

Canada's Provinces & Territories. Ruth Solski. 2016. (ENG.). 146p. (J). pap. ***(978-1-77158-690-0(7))*** S & S Learning Material, Ltd.

Canadian Animal: Alphabet Book, 1 vol. Nicky Bird & Peter Duncan. 2016. (IThink Ser.: 2). (ENG., Illus.). 64p. (J). pap. 6.99 *(978-1-897206-07-2(0),* 5362b5b8-d6cf-4864-8a8e-50ea404349c5) Folklore Publishing CAN. Dist: Lone Pine Publishing USA.

Canadian Animals 123. Geraldo Valério & Geraldo Valério. 2018. (Canadian Concepts Ser.: 2). (ENG., Illus.). 22p. (J). (gr. -1-2). bds. 9.95 *(978-1-77147-347-7(9))* Owlkids Bks. Inc. CAN. Dist: Publishers Group West (PGW).

Canadian Animals ABC. Geraldo Valério & Geraldo Valério. 2018. (Canadian Concepts Ser.: 1). (ENG., Illus.). 36p. (J). (gr. -1-3). bds. 9.95 *(978-1-77147-346-0(0))* Owlkids Bks. Inc. CAN. Dist: Publishers Group West (PGW).

Canadian Animals in Colour. Geraldo Valério & Geraldo Valério. 2019. (Canadian Concepts Ser.: 3). (ENG., Illus.). 22p. (J). (gr. -1-1). bds. 9.95 *(978-1-77147-388-0(6))* Owlkids Bks. Inc. CAN. Dist: Publishers Group West (PGW).

Canadian Annual 1895: Devoted to Artistic Illustration, Stories, Humor, Statistics, & Valuable Information (Classic Reprint) Unknown Author. (ENG., Illus.). (J). 2018. 98p. 26.04 *(978-0-484-48767-2(1));* 2017. pap. 9.57 *(978-1-334-91666-3(7))* Forgotten Bks.

Canadian Archaeology: An Essay. William Kingsford. 2017. (ENG., Illus.). (J). pap. *(978-0-649-47561-2(5))* Trieste Publishing Pty Ltd.

Canadian Archeology: An Essay (Classic Reprint) William Kingsford. 2017. (ENG., Illus.). (J). 26.52 *(978-1-5282-8995-5(1))* Forgotten Bks.

Canadian Bankclerk (Classic Reprint) J. P. Buschlen. 2018. (ENG., Illus.). 372p. (J). 31.57 *(978-0-267-48799-8(1))* Forgotten Bks.

Canadian Beaver Tale. L. H. Lee. 2017. (ENG., Illus.). (J). pap. 11.49 *(978-0-9879732-4-5(X))* Balcony Bks.

Canadian Biographies Classroom Collection. Jennifer Sutoski & Chelsea Donaldson. 2021. (Canadian Biographies Ser.). (ENG.). 24p. (J). pap., pap., pap. 208.50 *(978-1-6663-9602-7(8),* 245963, Capstone Pr.) Capstone.

Canadian Boy Scout: A Handbook for Instruction in Good Citizenship (Classic Reprint) Robert Baden-Powell. (ENG., Illus.). (J). 2018. 368p. 31.49 *(978-0-331-67095-0(X));* 2017. pap. 13.97 *(978-0-259-47860-7(1))* Forgotten Bks.

Canadian Catholic Readers: Second Reader; Approved by the Education Department for Use in the Roman Catholic Separate Schools of Ontario (Classic Reprint) Unknown Author. 2018. (ENG., Illus.). 186p. (J). 27.73 *(978-0-364-43176-4(8))* Forgotten Bks.

Canadian Children's Own Readers: Fun & Frolic (Classic Reprint) Mary Elizabeth Pennell. (ENG., Illus.). (J). 2018. 162p. 27.26 *(978-0-483-68218-4(7));* 2017. pap. 9.97 *(978-0-259-84144-9(7))* Forgotten Bks.

Canadian Children's Own Readers, Vol. 3 (Classic Reprint) Mary E. Pennell. (ENG., Illus.). (J). 2018. 294p. 29.98 *(978-0-365-08642-0(8));* 2017. pap. 13.57 *(978-0-259-46515-7(1))* Forgotten Bks.

Canadian Crusoes: A Tale of the Rice Lake Plains (Classic Reprint) Catharine Parr Traill. 2017. (ENG., Illus.). (J). 32.39 *(978-0-331-55150-1(0));* pap. 16.57 *(978-0-243-33021-8(9))* Forgotten Bks.

Canadian Excursion, Summer of 1885 (Classic Reprint) Freeman C. Griswold. (ENG., Illus.). (J). 2018. 24p. 24.39 *(978-0-656-08493-7(6));* 2017. pap. 7.97 *(978-0-259-98540-2(6))* Forgotten Bks.

Canadian Fairy Tale: A Patriotic Play (Classic Reprint) Edith Lelean. (ENG., Illus.). (J). 2018. 36p. 24.66 *(978-0-365-24035-8(4));* 2017. pap. 7.97 *(978-0-259-87529-1(5))* Forgotten Bks.

Canadian Fairy Tales: [Illustrated Edition]. Cyrus MacMillan. Illus. by Marcia Lane Foster. 2019. (ENG.). 234p. (J). (gr. k-4). pap. *(978-605-7876-32-4(6))* Uhrayoglu, Murat E Kitap Projesi.

Canadian Fairy Tales: [Illustrated Edition]. Cyrus MacMillan. Illus. by Marcia Lane Foster. 2019. (ENG.). 234p. (J). (gr. k-4). *(978-605-7748-56-0(5))* Uhrayoglu, Murat E Kitap Projesi.

Canadian Fairy Tales (Classic Reprint) Cyrus MacMillan. 2018. (ENG., Illus.). 278p. (J). 29.65 *(978-0-484-41475-3(5))* Forgotten Bks.

Canadian Gem & Family Visitor, Vol. 2: October, 1849 (Classic Reprint) Joseph H. Leonard. (ENG., Illus.). (J). 2018. 28p. 24.47 *(978-0-666-99961-0(9));* 2017. pap. 7.97 *(978-0-243-49222-0(7))* Forgotten Bks.

Canadian Girl, or the Pirate of the Lakes: A Story of the Affections (Classic Reprint) Unknown Author. 2018. (ENG., Illus.). (J). 734p. 39.04 *(978-0-267-45388-7(4));* 736p. pap. 23.57 *(978-0-267-43365-0(4))* Forgotten Bks.

Canadian Home Boy (Classic Reprint) S. a Francis. (ENG., Illus.). (J). 2018. 168p. 27.36 *(978-0-484-68965-6(7));* 2017. pap. 9.97 *(978-0-243-38267-5(7))* Forgotten Bks.

Canadian Home Journal: July, 1911 (Classic Reprint) Jean Graham. 2018. (ENG., Illus.). 594p. (J). 36.15 *(978-0-656-34249-5(8))* Forgotten Bks.

Canadian Home Journal, Vol. 15: July, 1918 (Classic Reprint) William G. Rook. (ENG., Illus.). (J). 2018. 788p. 40.15 *(978-0-656-34248-8(X));* 2017. pap. 23.57 *(978-0-243-39360-2(1))* Forgotten Bks.

Canadian Home Journal, Vol. 17: May, 1920 (Classic Reprint) Unknown Author. (ENG., Illus.). (J). 2018. 860p. 41.65 *(978-0-656-34319-5(2));* 2017. pap. 24.00 *(978-0-243-39942-0(1))* Forgotten Bks.

Canadian Homes, or the Mystery Solved: A Christmas Tale (Classic Reprint) Maple Knot. (ENG., Illus.). (J). 2018. 152p. 27.05 *(978-0-483-96097-8(7));* 2017. pap. 9.57 *(978-0-243-43561-6(4))* Forgotten Bks.

Canadian Hospital News, 1916, Vol. 2: Official Organ of the Granville Canadian Special Hospital (Classic Reprint) Unknown Author. (ENG., Illus.). (J). 2018. 50p. 24.95 *(978-0-666-99362-5(9));* 2017. pap. 9.57 *(978-0-243-48636-6(7))* Forgotten Bks.

Canadian Illustrated Monthly, Vol. 4: February 1920 (Classic Reprint) Garnault Agassiz. 2017. (ENG., Illus.). (J). pap. 9.57 *(978-0-260-17964-7(7))* Forgotten Bks.

Canadian Illustrated Monthly, Vol. 6: April 1921 (Classic Reprint) Garnault Agassiz. 2017. (ENG., Illus.). (J). 25.38 *(978-0-331-15307-1(6));* pap. 9.57 *(978-0-260-12307-7(2))* Forgotten Bks.

Canadian Illustrated Monthly, Vol. 6: January, 1922 (Classic Reprint) Garnault Agassiz. 2017. (ENG., Illus.). (J). 25.22 *(978-0-331-15308-8(4));* pap. 9.57 *(978-0-260-12314-5(5))* Forgotten Bks.

Canadian Illustrated Monthly, Vol. 6: March 1921 (Classic Reprint) Garnault Agassiz. 2017. (ENG., Illus.). (J). 25.38 *(978-0-331-15572-3(9));* pap. 9.57 *(978-0-260-11723-6(4))* Forgotten Bks.

Canadian Illustrated Monthly, Vol. 6: Oct. -Nov. -Dec. , 1921 (Classic Reprint) Garnault Agassiz. 2017. (ENG., Illus.). (J). 25.42 *(978-0-331-17282-9(8));* pap. 9.57 *(978-0-260-06800-2(4))* Forgotten Bks.

Canadian Illustrated Monthly, Vol. 7: August, 1922 (Classic Reprint) Garnault Agassiz. 2017. (ENG., Illus.). (J). 25.03 *(978-0-331-15772-7(1));* pap. 9.57 *(978-0-260-11464-8(2))* Forgotten Bks.

Canadian Illustrated Monthly, Vol. 7: October 1922 (Classic Reprint) Garnault Agassiz. 2017. (ENG., Illus.). (J). 25.03 *(978-0-331-15165-7(0));* pap. 9.57 *(978-0-260-12426-5(5))* Forgotten Bks.

Canadian Illustrated Monthly, Vol. 7: September 1922 (Classic Reprint) Garnault Agassiz. 2017. (ENG., Illus.). (J). 24.95 *(978-0-331-15136-7(7));* pap. 9.57 *(978-0-260-12492-0(3))* Forgotten Bks.

Canadian Knights Entertainment (Classic Reprint) Andrew Thorburn Thompson. 2017. (ENG., Illus.). (J). 24.31 *(978-0-260-53378-4(5));* pap. 7.97 *(978-0-266-04955-5(9))* Forgotten Bks.

Canadian Life As I Found It: Four Years' Homesteading in the North-West Territories (Classic Reprint) Homesteader Homesteader. 2018. (ENG., Illus.). 146p. (J). 26.91 *(978-0-267-39186-8(2))* Forgotten Bks.

Canadian Magazine: Of Politics, Science, Art & Literature; November 1917, to April, 1918, Inclusive (Classic Reprint) Unknown Author. 2018. (ENG., Illus.). 548p. (J). 35.20 *(978-0-483-06549-9(8))* Forgotten Bks.

Canadian Magazine of Politics, Science, & Literature, Vol. 28: November, 1906 April, 1907, Inclusive (Classic Reprint) Unknown Author. (ENG., Illus.). (J). 2018. 638p. 37.06 *(978-0-483-30481-9(6));* 2016. pap. 19.57 *(978-1-334-16008-0(2))* Forgotten Bks.

Canadian Magazine of Politics, Science, Art & Literature, May 1907-October 1907, Vol. 29 (Classic Reprint) Unknown Author. 2018. (ENG., Illus.). 590p. (J). 36.07 *(978-0-428-92975-6(3))* Forgotten Bks.

Canadian Magazine of Politics, Science, Art & Literature, May-October 1900, Vol. 15 (Classic Reprint) Unknown Author. 2018. (ENG., Illus.). 580p. (J). 35.86 *(978-0-483-31785-7(3))* Forgotten Bks.

Canadian Magazine of Politics, Science, Art & Literature, May-October 1911, Vol. 37 (Classic Reprint) Unknown Author. 2018. (ENG., Illus.). 596p. (J). 36.19 *(978-0-483-62310-1(5))* Forgotten Bks.

Canadian Magazine of Politics, Science, Art & Literature, November 1899-April 1900, Vol. 14 (Classic Reprint) Unknown Author. 2018. (ENG., Illus.). 600p. (J). 36.27 *(978-0-483-53990-7(2))* Forgotten Bks.

Canadian Magazine of Politics, Science, Art & Literature, November 1901-April 1902, Vol. 18 (Classic Reprint) Unknown Author. 2018. (ENG., Illus.). 596p. (J). 36.19 *(978-0-267-21131-9(7))* Forgotten Bks.

Canadian Magazine of Politics, Science, Art & Literature, November 1914-April 1915, Vol. 44 (Classic Reprint) Unknown Author. 2018. (ENG., Illus.). 572p. (J). 35.69 *(978-0-483-75048-7(4))* Forgotten Bks.

Canadian Magazine of Politics, Science, Art & Literature, Vol. 11: May 1898, to October, 1898, Inclusive (Classic Reprint) Unknown Author. 2016. (ENG., Illus.). (J). pap. 19.57 *(978-1-333-14331-2(1))* Forgotten Bks.

Canadian Magazine of Politics, Science, Art & Literature, Vol. 13: May, 1899, to October, 1899, Inclusive (Classic Reprint) Unknown Author. (ENG., Illus.). (J). 2018. 590p. 36.07 *(978-0-483-43343-4(8));* 2016. pap. 19.57 *(978-1-334-14709-8(4))* Forgotten Bks.

Canadian Magazine of Politics, Science, Art & Literature, Vol. 16: November, 1900 to April, 1901, Inclusive (Classic Reprint) Unknown Author. 2018. (ENG., Illus.). 600p. (J). 36.27 *(978-0-483-37736-3(8))* Forgotten Bks.

Canadian Magazine of Politics, Science, Art & Literature, Vol. 2: November 1893-April 1894 (Classic Reprint) Unknown Author. 2018. (ENG., Illus.). 606p. (J). 36.40 *(978-0-267-19738-5(1))* Forgotten Bks.

Canadian Magazine of Politics, Science, Art & Literature, Vol. 24: November, 1904 April, 1905, Inclusive (Classic Reprint) Unknown Author. (ENG., Illus.). (J). 2018. 588p. 36.02 *(978-0-484-02410-5(8));* 2016. pap. 19.57 *(978-1-334-14742-5(6))* Forgotten Bks.

Canadian Magazine of Politics, Science, Art & Literature, Vol. 25: May, 1905 October, 1905, Inclusive (Classic Reprint) Unknown Author. 2018. (ENG., Illus.). 600p. (J). 36.27 *(978-0-483-37273-3(0))* Forgotten Bks.

Canadian Magazine of Politics, Science, Art & Literature, Vol. 30: November, 1907 April, 1908, Inclusive (Classic Reprint) Unknown Author. 2016. (ENG., Illus.). (J). pap. 19.57 *(978-1-334-09440-8(3))* Forgotten Bks.

Canadian Magazine of Politics, Science, Art & Literature, Vol. 31: May, 1908 October, 1908, Inclusive (Classic Reprint) Ontario Publishing Co Limited. (ENG., Illus.). (J). 2018. 592p. 36.11 *(978-0-484-48917-1(8));* 2016. pap. 19.57 *(978-1-334-15355-6(8))* Forgotten Bks.

Canadian Magazine of Politics, Science, Art & Literature, Vol. 34: November, 1909 April, 1910, Inclusive (Classic Reprint) Unknown Author. (ENG., Illus.). (J). 2018. 612p. 36.52 *(978-0-484-63687-2(1));* 2016. pap. 19.57 *(978-1-334-14641-1(1))* Forgotten Bks.

Canadian Magazine of Politics, Science, Art & Literature, Vol. 35: May, 1910 to Oct. 1910, Inclusive (Classic Reprint) Unknown Author. 2018. (ENG., Illus.). 594p. (J). 36.15 *(978-0-484-71258-3(6))* Forgotten Bks.

Canadian Magazine of Politics, Science, Art & Literature, Vol. 36: November, 1910, to April, 1911, Inclusive (Classic Reprint) Unknown Author. (ENG., Illus.). (J). 2018. 622p. 36.73 *(978-0-483-41291-0(0));* 2016. pap. 19.57 *(978-1-334-12350-4(0))* Forgotten Bks.

Canadian Magazine of Politics, Science, Art & Literature, Vol. 38: Nov;, 1911 to April, 1912, Inclusive (Classic Reprint) Unknown Author. 2018. (ENG., Illus.). 608p. (J). 36.40 *(978-0-484-92043-8(X))* Forgotten Bks.

Canadian Magazine of Politics, Science, Art & Literature, Vol. 47: May, 1916, to October, 1916, Inclusive (Classic Reprint) Unknown Author. (ENG., Illus.). (J). 2018. 524p. 34.70 *(978-0-332-87266-7(1));* 2016. pap. 19.57 *(978-1-334-39451-5(2))* Forgotten Bks.

Canadian Magazine of Politics, Science, Art & Literature, Vol. 48: November 1916-April 1917 (Classic Reprint) Unknown Author. 2018. (ENG., Illus.). 608p. (J). 36.44 *(978-0-484-27884-3(3))* Forgotten Bks.

Canadian Magazine of Politics, Science, Art & Literature, Vol. 49: May, 1917, to October, 1917, Inclusive (Classic Reprint) Unknown Author. (ENG., Illus.). (J). 2018. 616p. 36.64 *(978-0-332-89195-8(X));* 2016. pap. 19.57 *(978-1-334-14765-4(5))* Forgotten Bks.

Canadian Magazine of Politics, Science, Art & Literature, Vol. 52: November, 1918 to April, 1919, Inclusive (Classic Reprint) Unknown Author. 2016. (ENG., Illus.). (J). pap. 19.57 *(978-1-334-09935-9(9))* Forgotten Bks.

Canadian Magazine of Politics, Science, Art & Literature, Vol. 53: May, 1919 to October, 1919, Inclusive (Classic Reprint) Unknown Author. 2018. (ENG., Illus.). 538p. (J). 34.99 *(978-0-484-90992-1(4))* Forgotten Bks.

Canadian Magazine of Politics, Science, Art & Literature, Vol. 57: May, 1921, to October, 1921, Inclusive (Classic Reprint) Unknown Author. (ENG., Illus.). (J). 2018. 534p. 34.91 *(978-0-484-85641-6(3));* 2016. pap. 19.57 *(978-1-334-39587-1(X))* Forgotten Bks.

Canadian Magazine of Politics, Science, Art & Literature, Vol. 58: November, 1921 to April, 1922, Inclusive (Classic Reprint) Ontario Publishing Co Limited. (ENG., Illus.). (J). 2018. 560p. 35.45 *(978-0-332-83585-3(5));* 2016. pap. 19.57 *(978-1-334-15902-2(5))* Forgotten Bks.

Canadian Magazine, Vol. 27: Of Politics, Science, Art & Literature (Classic Reprint) Unknown Author. 2018. (ENG., Illus.). 592p. (J). 36.11 *(978-0-483-52180-3(9))* Forgotten Bks.

Canadian Magazine, Vol. 32: Of Politics, Science, Art & Literature (Classic Reprint) Unknown Author. 2018. (ENG., Illus.). 592p. (J). 36.11 *(978-0-483-27149-4(7))* Forgotten Bks.

Canadian Magazine, Vol. 33: Of Politics, Science, Art & Literature (Classic Reprint) Unknown Author. 2018. (ENG., Illus.). 568p. (J). 35.61 *(978-0-483-34977-3(1))* Forgotten Bks.

Canadian Magazine, Vol. 39: Of Politics, Science, Art & Literature; May, 1912, to October, 1912, Inclusive (Classic Reprint) Unknown Author. 2018. (ENG., Illus.). 596p. (J). 36.19 *(978-0-267-23077-8(X))* Forgotten Bks.

Canadian Magazine, Vol. 41: Of Politics, Science, Art & Literature (Classic Reprint) Unknown Author. 2018. (ENG., Illus.). 656p. (J). 37.43 *(978-0-428-87948-8(9))* Forgotten Bks.

Canadian Magazine, Vol. 42: Of Politics, Science, Art & Literature, November 1913 to April, 1914 (Classic Reprint) Unknown Author. 2018. (ENG., Illus.). 682p. (J). 37.96 *(978-0-483-15121-5(1))* Forgotten Bks.

Canadian Magazine, Vol. 43: Of Politics, Science, Art & Literature (Classic Reprint) Unknown Author. 2018. (ENG., Illus.). 642p. (J). 37.14 *(978-0-332-11029-5(X))* Forgotten Bks.

Canadian Magazine, Vol. 46: November 1915 (Classic Reprint) Unknown Author. 2018. (ENG., Illus.). 540p. (J). 35.03 *(978-0-484-74863-6(7))* Forgotten Bks.

Canadian Magazine, Vol. 55: Toronto, May, 1920; the Legal Minimum Wage (Classic Reprint) J. A. Walker. 2018. (ENG., Illus.). 532p. (J). 34.87 *(978-0-483-52350-0(X))* Forgotten Bks.

Canadian Magazine, Vol. 59: Of Politics, Science, Art & Literature; May to October 1922, Inclusive (Classic Reprint) Unknown Author. 2018. (ENG., Illus.). 534p. (J). 34.91 *(978-0-483-47159-7(3))* Forgotten Bks.

Canadian Nights (Classic Reprint) Albert Hickman. 2018. (ENG., Illus.). (J). 384p. 31.82 *(978-0-366-55757-8(2));* 386p. pap. 16.57 *(978-0-366-05246-2(2))* Forgotten Bks.

Canadian Railroader, Vol. 10: September, 1926 (Classic Reprint) Kennedy Crone. 2018. (ENG., Illus.). (J). 82p. 25.59 *(978-1-396-63256-3(5));* 84p. pap. 9.57 *(978-1-391-89916-9(4))* Forgotten Bks.

Canadian Railroader, Vol. 8: This Magazine Is Specially Devoted to Canadian Railroadmen Who Are Engineers, Conductors, Firemen, Switchmen & Brakemen, Maintenance of Way Men & Telegraphers; December 1924 (Classic Reprint) Kennedy Crone. 2018. (ENG., Illus.). (J). 96p. 25.88 *(978-1-396-63509-0(2));* 98p. pap. 9.57 *(978-1-391-90535-8(0))* Forgotten Bks.

Canadian Railroader, Vol. 9: December 1925 (Classic Reprint) Kennedy Crone. 2018. (ENG., Illus.). (J). 96p. 25.88 *(978-1-396-63250-1(6));* 98p. pap. 9.57 *(978-1-391-89915-2(6))* Forgotten Bks.

Canadian Railroader, Vol. 9: June 1925 (Classic Reprint) Kennedy Crone. 2018. (ENG., Illus.). (J). 96p. 25.88 *(978-1-396-75943-7(3));* 98p. pap. 9.57 *(978-1-396-75904-8(2))* Forgotten Bks.

Canadian Railroader, Vol. 9: March, 1925 (Classic Reprint) Kennedy Crone. 2018. (ENG., Illus.). (J). 94p. 25.84 *(978-1-396-63392-8(8));* 96p. pap. 9.57 *(978-1-391-90482-5(6))* Forgotten Bks.

Canadian Reader: Designed for the Use of Schools & Families (Classic Reprint) M. Randall Jr. (ENG., Illus.). (J). 2018. 314p. 30.37 *(978-0-666-41886-9(1));* 2017. pap. 13.57 *(978-0-259-18457-7(8))* Forgotten Bks.

294

The check digit for ISBN-10 appears in parentheses after the full ISBN-13

TITLE INDEX CANE TOADS

Canadian Reader: Designed for the Use of Schools & Families (Classic Reprint) M. Randall. (ENG., Illus.). (J). 2018. 314p. 30.37 (978-0-365-25268-9(9)); 2017. pap. 13.57 (978-1-5276-3914-0(2)) Forgotten Bks.

Canadian Reader 1834: Designed for the Use of Schools & Families (Classic Reprint) M. Randall Jr. (ENG., Illus.). (J). 2018. 318p. 30.46 (978-0-332-33539-1(9)); 2017. pap. 13.57 (978-1-334-91421-8(4)) Forgotten Bks.

Canadian Readers, 1931, Vol. 4 (Classic Reprint) John Miller Dow Meiklejohn. (ENG., Illus.). (J). 2018. 324p. 30.58 (978-0-483-74600-8(2)); 2017. pap. 13.57 (978-0-243-29995-9(8)) Forgotten Bks.

Canadian Readers, Vol. 1: A Primer & First Reader; Authorized for Use in the Public Schools of Manitoba, Saskatchewan, Alberta, & British Columbia (Classic Reprint) John Miller Dow Meiklejohn. (ENG., Illus.). (J). 2018. 166p. 27.32 (978-0-365-29239-5(7)); 2017. pap. 9.97 (978-0-259-46299-6(3)) Forgotten Bks.

Canadian Readers, Vol. 2: Authorized for Use in the Public Schools of Manitoba, Saskatchewan, Alberta, & British Columbia (Classic Reprint) John Miller Dow Meiklejohn. (ENG., Illus.). (J). 2018. 164p. 27.30 (978-0-365-02382-1(5)); 2017. pap. 9.97 (978-0-259-46345-0(0)) Forgotten Bks.

Canadian Readers, Vol. 3: Authorized for Use in the Public Schools of Manitoba, Saskatchewan, Alberta, & British Columbia (Classic Reprint) Unknown Author. (ENG., Illus.). (J). 2018. 244p. 28.93 (978-0-484-40513-3(6)); 2017. pap. 11.57 (978-0-243-29928-7(1)) Forgotten Bks.

Canadian Readers, Vol. 5: Authorized for Use in the Public Schools of Manitoba, Saskatchewan, Alberta, & British Columbia (Classic Reprint) John Miller Dow Meiklejohn. (ENG., Illus.). (J). 2018. 418p. 32.52 (978-0-483-74606-0(1)); 2017. pap. 16.57 (978-0-243-30166-9(9)) Forgotten Bks.

Canadian Subaltern (Classic Reprint) Unknown Author. 2018. (ENG., Illus.). 134p. (J). 26.68 (978-0-267-23706-7(5)) Forgotten Bks.

Canadian Taiga. Vicky Franchino. 2016. (Community Connections: Getting to Know Our Planet Ser.). (ENG., Illus.). 24p. (J). (gr. 2-5). 29.21 (978-1-63470-515-8(7), 207791) Cherry Lake Publishing.

Canadian Trails: Hither & Thither in the Great Dominion (Classic Reprint) Eldred G. F. Walker. (ENG., Illus.). (J). 2018. 216p. 28.35 (978-0-332-29547-3(8)); 2016. pap. 10.97 (978-1-334-14110-2(X)) Forgotten Bks.

Canadian Women Now & Then: More Than 100 Stories of Fearless Trailblazers. Elizabeth MacLeod. Illus. by Maia Faddoul. 2020. (ENG.). 80p. (J). (gr. 4-7). 19.99 (978-1-5253-0061-5(X)) Kids Can Pr., Ltd. CAN. Dist: Hachette Bk. Group.

Canadian Wonder Tales. Cyrus MacMillan. 2021. (ENG.). 132p. (J). (978-1-77441-753-9(7)) Westland, Brian.

Canadian Wonder Tales (Classic Reprint) Cyrus MacMillan. 2017. (ENG., Illus.). (J). 29.73 (978-0-331-55248-5(5)) Forgotten Bks.

Canadians of Old (Classic Reprint) Philippe Aubert De Gaspe. 2018. (ENG., Illus.). (J). 304p. 30.17 (978-0-331-57073-1(4)); 364p. 31.42 (978-0-666-88383-4(1)) Forgotten Bks.

Canal de Vero, el Grooming un Enemigo Invisible. Lisbeth Hernandez. 2021. (SPA.). 30p. (J). pap. 10.00 (978-1-0880-4866-5(8)) Indy Pub.

Canal Pirates. Tony O'Leary. Illus. by Zac Kelly. 2018. (ENG.). 216p. (J). pap. (978-1-9993063-0-4(9)) Mambi Bks. Ltd.

Canal Reminiscences. George William Bagby. 2017. (ENG.). 44p. (J). pap. (978-3-337-21066-3(X)) Creation Pubs.

Canal Reminiscences: Recollections of Travel in the Old Days on the James River & Kanawha Canal (Classic Reprint) George William Bagby. (ENG., Illus.). (J). 2018. 40p. 24.74 (978-0-666-52490-4(4)); 2017. pap. 7.97 (978-0-259-50545-7(5)) Forgotten Bks.

Canals. Paige V. Polinsky. 2017. (Engineering Super Structures Ser.). (ENG., Illus.). 24p. (J). (gr. -1-3). lib. bdg. 29.93 (978-1-5321-1102-0(9), 25780, SandCastle) ABDO Publishing Co.

Canards Aussi Ont des Sentiments! David Armentrout & Patricia Armentrout. 2021. (Être à Son Meilleur (Being Your Best) Ser.). (FRE.). 24p. (J). (gr. k-2). pap. (978-1-0396-0787-3(X), 12595) Crabtree Publishing Co.

Canaries Story of Forgiveness. David Wilkes. (ENG.). 164p. (YA). 2023. 23.99 (978-1-6628-7596-0(7)); 2022. pap. 15.49 (978-1-6628-3691-6(0)) Salem Author Services.

Canary Bird (Classic Reprint) Christoph Von Schmid. (ENG., Illus.). (J). 2017. 25.55 (978-0-260-25268-5(9)); 2016. pap. 9.57 (978-1-334-14188-1(6)) Forgotten Bks.

Canary Club. Sherry D. Ficklin. 2017. (ENG.). 332p. (YA). (gr. 7). pap. 12.95 (978-1-63422-436-9(1)) Clean Teen Publishing.

Canaux. Douglas Bender. Tr. by Annie Evearts. 2021. (Plans d'eau (Bodies of Water) Ser.). (FRE., Illus.). 16p. (J). (gr. -1-1). pap. (978-1-0396-0387-5(4), 13123) Crabtree Publishing Co.

Canaway & the Lustigs (Classic Reprint) Joseph Leiser. 2018. (ENG., Illus.). 142p. (J). 26.83 (978-0-666-72120-4(3)) Forgotten Bks.

Cancel Culture. Sue Bradford Edwards. 2021. (Special Reports). (ENG., Illus.). 112p. (YA). (gr. 6-12). lib. bdg. 41.36 (978-1-5321-9621-8(0), 38468, Essential Library) ABDO Publishing Co.

Cancelled Bonds, Vol. 1 of 3 (Classic Reprint) Henry Cresswell. 2018. (ENG., Illus.). 308p. (J). 30.25 (978-0-484-68783-6(2)) Forgotten Bks.

Cancelled Bonds, Vol. 2 of 3 (Classic Reprint) Henry Cresswell. 2018. (ENG., Illus.). 298p. (J). 30.04 (978-0-483-32425-1(6)) Forgotten Bks.

Cancer. Clever Publishing. Illus. by Alyona Achilova. 2021. (Clever Zodiac Signs Ser.: 4). (ENG.). 8p. (J). (gr. -1 — 1). bds. 8.99 (978-1-951100-64-3(6)) Clever Media Group.

Cancer: Book Four in the Zodiac Dozen Series. Oliver Bestul. 2022. (Zodiac Dozen Ser.: Vol. 4). (ENG.). 186p. (J). pap. 12.99 (978-1-64538-356-7(3)) Orange Hat Publishing.

Cancer & Sickle Cell Disease. Hilary W. Poole. 2018. (Illus.). 128p. (J). (978-1-4222-3752-6(4)) Mason Crest.

Cancer, Are You Listening? I Believe! Miracle Jones. Ed. by Iris M. Williams. 2016. (ENG., Illus.). (J). pap. 20.00 (978-1-942022-54-1(9)) Butterfly Typeface, The.

Cancer! Explaining Cancer to Kids - What Is It? - Children's Disease Books. Prodigy Wizard. 2016. (ENG., Illus.). (J). pap. 9.25 (978-1-68323-990-1(3)) Twin Flame Productions.

Cancer Hates Kisses. Jessica Reid Sliwerski. Illus. by Mika Song. 2017. 40p. (J). (-k). 18.99 (978-0-7352-2781-1(0), Dial Bks) Penguin Young Readers Group.

Cancer Malo de Mama. Tonya Echols Cole. 2016. (SPA.). (J). pap. 9.99 (978-0-692-92779-3(4)) Purposely Created Publishing Group.

Canción de la Corriente. Sarah Tolcser. 2018. (SPA.). 404p. (YA). (gr. 9-12). pap. 16.99 (978-987-747-394-0(1)) V&R Editoras.

Canción de Los Hermanos. T. J. Klune. 2022. (SPA.). 688p. (YA). (gr. 10-12). pap. 25.99 (978-607-8828-05-0(3)) V&R Editoras.

Cancion de Navidad. Charles Dickens. 2019.Tr. of Christmas Carol. (SPA.). 80p. (J). pap. (978-970-643-524-8(7)) Selector, S.A. de C.V.

Canción de Navidad. Illus. by Zafouko Yamamoto. 2023. (Ya Leo A... Ser.). (SPA.). 24p. (J). (gr. k-2). bds. 12.95 (978-84-18933-10-3(0)) Editorial Alma ESP. Dist: Independent Pubs. Group.

Canción Del Cambio: Himno para Niños. Amanda Gorman. Tr. by Jasminne Mendez. Illus. by Loren Long. 2022. (SPA.). 32p. (J). (gr. -1-3). 18.99 (978-0-593-52731-3(3), Viking Books for Young Readers) Penguin Young Readers Group.

Cancion Salvaje. Victoria Schwab. 2018. (SPA.). 416p. (YA). (gr. 9-12). 15.95 (978-84-96886-90-2(5)) Ediciones Urano S. A. ESP. Dist: Spanish Pubs., LLC.

Canciones con beso para las buenas noches: Incluye CD para escuchar, cantar y soñar. 2019. (SPA.). 96p. (J). (-k). 17.95 (978-84-488-5103-3(X), Beascoa) Penguin Random House Grupo Editorial ESP. Dist: Penguin Random Hse. LLC.

C&a Bks Adv of David 6pk, 6 vols. Warner Press. 2017. (ENG.). 16p. (J). pap. 13.74 (978-1-59317-953-3(7)) Warner Pr., Inc.

C&a Bks Armor God Lwr ELM 6pk, 6 vols. Warner Press. 2017. (ENG.). 16p. (J). pap. 13.74 (978-1-59317-950-2(2)) Warner Pr., Inc.

C&a Bks Hidden Pict 6cy, 6 vols. Warner Press. 2017. (ENG.). 16p. (J). pap. 13.74 (978-1-59317-949-6(9)) Warner Pr., Inc.

C&a Bks Jesus Is Born PS 6pk, 6 vols. Warner Press. 2017. (ENG.). 16p. (J). pap. 13.74 (978-1-59317-948-9(0)) Warner Pr., Inc.

C&a Bks Jesus Is Friend PS 6pk, 6 vols. Warner Press. 2017. (ENG.). 16p. (J). pap. 13.74 (978-1-59317-947-2(2)) Warner Pr., Inc.

C&a Bks Jesus Lvs Chldrn 6pk, 6 vols. Warner Press. 2017. (ENG.). 16p. (J). pap. 13.74 (978-1-59317-946-5(4)) Warner Pr., Inc.

C&a Bks Sunny Xmas Lwr ELM 6pk, 6 vols. Warner Press. 2017. (ENG.). 16p. (J). pap. 13.74 (978-1-59317-951-9(0)) Warner Pr., Inc.

C&a Bks the Bible Sys Wht 6cy. Warner Press. 2017. (ENG.). 16p. (J). pap. 13.74 (978-1-59317-952-6(9)) Warner Pr., Inc.

C&a Bks Xmas 1st Xmas 6pk, 6 vols. Warner Press. 2017. (ENG.). 16p. (J). pap. 13.74 (978-1-59317-954-0(5)) Warner Pr., Inc.

C&a Bks Xmas CC Lower Elem 6pk, 6 vols. Warner Press. 2017. (ENG.). 16p. (J). pap. 13.74 (978-1-59317-969-4(3)) Warner Pr., Inc.

Candace #1. Maggie Wells. 2016. (ENG., Illus.). (YA). (gr. 8-12). pap. 12.99 (978-1-68076-638-7(4), Epic Pr.) ABDO Publishing Co.

Candace Center Stage, 1 vol. Candace Cameron Bure. Illus. by Christine Battuz. 2018. (ENG.). 32p. (J). 17.99 (978-0-310-76287-4(1)) Zonderkidz.

Candace Mcfly: Undercover Spy Case #1 the Botched Beauty Pageant. Kathy Mansfield. 2022. (ENG., Illus.). 246p. (J). pap. 13.95 (978-1-6624-7503-0(9)) Page Publishing Inc.

Candace Parker. Mary R. Dunn & Rose Davin. 2016. (Women in Sports Ser.). (ENG., Illus.). 24p. (J). (gr. -1-2). lib. bdg. 27.32 (978-1-4914-7975-9(2), 130471, Capstone Pr.) Capstone.

Candace Parker. Heather Rule. 2022. (WNBA Superstars Ser.). (ENG., Illus.). 32p. (J). (gr. 3-5). pap. 9.95 (978-1-63739-123-5(4)); lib. bdg. 31.35 (978-1-63739-069-6(6)) North Star Editions. (Focus Readers).

Candace Parker: Basketball Star. Shane Frederick. 2020. (Stars of Sports Ser.). (ENG., Illus.). 32p. (J). (gr. 3-5). lib. bdg. 31.32 (978-1-5435-9176-7(0), 141564) Capstone.

Candace's Playful Puppy, 1 vol. Candace Cameron Bure. Illus. by Christine Battuz. 2021. (ENG.). 32p. (J). 18.99 (978-0-310-76902-6(7)) Zonderkidz.

Candalaria: A Heroine of the Wild West (Classic Reprint) J. A. Owen. 2018. (ENG., Illus.). 292p. (J). 29.92 (978-0-484-39720-9(6)) Forgotten Bks.

Candid Adventurer (Classic Reprint) Anna Coleman Ladd. 2017. (ENG., Illus.). (J). 30.62 (978-0-331-22765-9(7)) Forgotten Bks.

Candid Kid. John Beck. 2020. (ENG.). 494p. (YA). pap. 24.99 (978-1-716-13248-3(7)) Lulu Pr., Inc.

Candidate: A Political Romance (Classic Reprint) Joseph A. Altsheler. 2018. (ENG., Illus.). (J). 32.93 (978-0-331-98343-2(5)) Forgotten Bks.

Candidate for Favour: A Miscellaneous Collection of Original Poetry & Prose (Classic Reprint) Helen Hyams. 2018. (ENG., Illus.). 270p. (J). 29.49 (978-0-332-13202-0(1)) Forgotten Bks.

Candidates' Aid to the Lower & Higher Examinations in Urdu: With Copious Notes (Classic Reprint) Jawahir Singh. 2018. (ENG., Illus.). 168p. (J). 27.38 (978-0-267-70668-6(5)) Forgotten Bks.

Candide. Voltaire. 2018.Tr. of Candide, Ou L'Optimisme. (ENG., Illus.). 120p. (J). 22.98 (978-1-7317-0716-1(9)); 11.68 (978-1-7317-0385-9(6)); pap. 10.90 (978-1-7317-0717-8(7)); pap. 4.89 (978-1-7317-0386-6(4)); 9.96 (978-1-61382-592-1(7)); pap. 4.89 (978-1-61382-593-8(5)); pap. 4.89 (978-1-61382-314-9(2)) Simon & Brown.

Candide. Voltaire. 2020. (ENG.). (J). 82p. (978-1-78139-998-9(0)); 80p. pap. (978-1-78139-997-2(2)) Benediction Classics.

Candide: And Other Romances (Classic Reprint) Voltaire. (ENG., Illus.). (J). 2017. 29.98 (978-0-266-96984-6(4)); 2016. pap. 13.57 (978-1-334-12397-9(7)) Forgotten Bks.

Candide; or All for the Best: A New Translation from the French (Classic Reprint) Walter Jerrold. 2018. (ENG., Illus.). 192p. (J). 27.86 (978-0-267-24190-3(9)) Forgotten Bks.

Candide, Ou L'Optimisme see Candide

Candidly Cline. Kathryn Ormsbee. (ENG.). 320p. (J). (gr. 3-7). 2023. pap. 9.99 (978-0-06-306000-5(0)); 2021. 16.99 (978-0-06-305999-3(1)) HarperCollins Pubs. (HarperCollins).

Candies Save Christmas. James Patterson. Illus. by Andy Elkerton. 2017. (Candies Ser.). (ENG.). 24p. (J). (gr. -1 — 1). bds. 7.99 (978-0-316-43576-5(7), Jimmy Patterson) Little Brown & Co.

Candle & a Key. Norman Pineda. 2019. (ENG.). 84p. (J). pap. (978-0-359-96190-0(8)) Lulu Pr., Inc.

Candle & Crib (Classic Reprint) Katherine Frances Purdon. (ENG., Illus.). (J). 2018. 58p. 25.09 (978-0-332-06720-9(3)); 2016. pap. 9.57 (978-1-333-22883-5(X)) Forgotten Bks.

Candle & the Flame. Nafiza Azad. (ENG.). 416p. (YA). (gr. 7). 2020. pap. 10.99 (978-1-338-60834-2(7)); 2019. 18.99 (978-1-338-30604-0(9), Scholastic Pr.) Scholastic, Inc.

Candle Bible for Kids, 1 vol. Juliet David. Illus. by Jo Parry. 2018. 400p. (J). 16.99 (978-0-8254-5557-5(X)) Kregel Pubns.

Candle Bible for Toddlers, 1 vol. Juliet David. Illus. by Helen Prole. 2020. 400p. (J). 16.99 (978-0-8254-4684-9(8)) Kregel Pubns.

Candle Bible Quiz. Deborah Lock Tim Dowley. ed. 2023. (ENG., Illus.). 144p. (J). pap. 13.99 (978-1-78128-411-7(3), bf3c2923-04b3-4502-a775-026c63c78040, Candle Bks.) Lion Hudson PLC GBR. Dist: Baker & Taylor Publisher Services (BTPS).

Candle Dark: Book One - Ironbridge Gorge Series. Carole Anne Carr. 2022. (ENG.). 188p. (J). pap. (978-0-9931104-4-3(4)) Lane, Betty.

Candle Day by Day Bible, 1 vol. Juliet David. Illus. by Jane Heyes & Jane Heyes. ed. 2016. (ENG.). 368p. (J). spiral bd. 13.99 (978-1-78128-281-6(1), 37bf01ab-cd6c-49ad-bbc7-076dce78e865, Candle Bks.) Lion Hudson PLC GBR. Dist: Baker & Taylor Publisher Services (BTPS).

Candle Day by Day Bible & Prayers Gift Set, 1 vol. Juliet David. Illus. by Jane Heyes. 2017. (ENG.). 560p. (J). bds. 27.99 (978-1-78128-346-2(X), 76336733-3d2e-47ce-a160-826eb15c3fc9, Candle Bks.) Lion Hudson PLC GBR. Dist: Baker & Taylor Publisher Services (BTPS).

Candle in the Sea, or, Winter at Seal's Head. Edward A. Rand. 2017. (ENG.). 396p. (J). pap. (978-3-337-25369-1(5)) Creation Pubs.

Candle in the Sea, or Winter at Seal's Head (Classic Reprint) Edward A. Rand. (ENG., Illus.). (J). 2018. 402p. 32.19 (978-0-267-32284-8(4)); 2016. pap. 16.57 (978-1-333-50415-1(2)) Forgotten Bks.

Candle-Light: Leveled Reader Green Fiction Level 12 Grade 1-2. Hmh Hmh. 2019. (Rigby PM Ser.). (ENG.). 16p. (J). (gr. 1-2). pap. 11.00 (978-0-358-12047-6(0)) Houghton Mifflin Harcourt Publishing Co.

Candle Light (Classic Reprint) Georgia Roberts Durston. 2018. (ENG., Illus.). (J). 112p. 26.21 (978-1-396-41319-3(7)); 114p. pap. 9.57 (978-1-390-90100-9(9)) Forgotten Bks.

Candle-Lightin' Time. Paul Laurence Dunbar. 2017. (ENG., Illus.). (J). pap. (978-0-649-52116-6(1)) Trieste Publishing Pty Ltd.

Candle Point. Nancy Deas. Illus. by Mike Deas. 2023. (Sueño Bay Adventures Ser.: 4). (ENG.). 192p. (J). (gr. 1-3). pap. 16.95 (978-1-4598-3151-3(9), 1459831519) Orca Bk. Pubs. USA.

Candle Walk: A Bedtime Prayer to God. Karin Holsinger Sherman. 2019. (ENG., Illus.). 40p. (J). (gr. -1-6). 19.95 (978-1-64065-132-6(2), ddfb7d77-b548-4844-80df-cc6639f6a910) Church Publishing, Inc.

Candlelight. Jessica English. 2020. (ENG.). 66p. (YA). pap. (978-1-716-46681-6(4)) Lulu Pr., Inc.

Candlelight Days (Classic Reprint) Adeline Margaret Teskey. (ENG., Illus.). (J). 2018. 358p. 31.30 (978-0-483-61672-1(9)); 2017. pap. 13.97 (978-0-243-28447-4(0)) Forgotten Bks.

Candlelight Stories: Volume One. Mary Eleanor Wolfe. 2019. (ENG.). 88p. (J). pap. 14.95 (978-1-64416-075-6(7)) Christian Faith Publishing.

Candlelight Stories: Volume One. Mary Eleanor Wolfe. 2019. (ENG.). 88p. (J). 21.95 (978-1-64079-598-3(7)) Christian Faith Publishing.

Candlelight Stories: Volume Two. Mary Eleanor Wolfe. 2019. (ENG.). 88p. (J). 21.95 (978-1-64492-943-8(0)); pap. 14.95 (978-1-64492-940-7(6)) Christian Faith Publishing.

Candlemaker & the Moon. R. Anderson, Jr. 2021. (ENG.). 44p. (J). 22.00 (978-1-7325362-5-8(2)) Rogue Star Publishing LLC.

Candle's Beams: A Book of Poems for Children (Classic Reprint) Alison Brown. 2018. (ENG., Illus.). 30p. (J). 24.54 (978-0-483-91624-1(2)) Forgotten Bks.

Candles' Beams (Classic Reprint) Francis James Finn. 2017. (ENG., Illus.). (J). 29.14 (978-0-331-16408-4(6)); pap. 11.57 (978-0-243-47655-8(8)) Forgotten Bks.

Candlestone. Bryan Davis. 2021. (Dragons in Our Midst Ser.: 2). (ENG.). 400p. (YA). 24.99 (978-1-4964-5164-4(3), 20_35223); pap. 14.99 (978-1-4964-5165-1(1), 20_35224) Tyndale Hse. Pubs. (Wander).

Candma Goes to Heaven. Monica Burch. Illus. by Emily Zeiroth. 2019. (ENG.). 34p. (J). (gr. k-2). pap. 14.99 (978-0-578-51460-4(5)) Fifth Crown Pr.

Candy. Clara Cella. 2022. (Sweet Life Ser.). (ENG., Illus.). 24p. (J). (gr. k-2). lib. bdg. 26.65 (978-1-62920-944-9(9), 27fd3606-c4b3-487f-af15-3249a09ab106) Full Tilt Pr. NZL. Dist: Lerner Publishing Group.

Candy Apple Blessings, 1 vol. Illus. by Maddie Frost. 2018. (Sweet Blessings Ser.). (ENG.). 20p. (J). bds. 8.99 (978-1-4003-1779-0(7), Tommy Nelson) Nelson, Thomas Inc.

Candy Apple Witch & the Snorting Troll. Kathleen Thompson. 2022. (ENG.). 40p. (J). 22.99 (978-1-0880-5420-8(X)); pap. 14.99 (978-1-0880-6665-2(8)) Indy Pub.

Candy Apples. Cherice TyRhonda Peagler. 2021. (ENG., Illus.). 26p. (J). 24.95 (978-1-0980-5776-3(7)) Christian Faith Publishing.

Candy Ball. Paek Hui-Na. 2019. (CHI.). (J). (978-7-5448-6152-6(X)) Jieli Publishing Hse.

Candy Cane Culprit, 4. Jamie Mae. ed. 2020. (Isle of Misfits Ser.). (ENG.). 98p. (J). (gr. 2-3). 15.49 (978-1-64697-047-6(0)) Penworthy Co., LLC, The.

Candy Cane Lane. Steven Kenworthy. Illus. by Katie Hammerbeck. 2021. (ENG.). 54p. (J). pap. 15.95 (978-1-63885-072-4(0)) Covenant Bks.

Candy Cane Lane. Scott Santoro. Illus. by Scott Santoro. 2016. (ENG., Illus.). 48p. (J). (gr. -1-3). 17.99 (978-1-4814-5661-6(X), Simon & Schuster Bks. For Young Readers) Simon & Schuster Bks. For Young Readers.

Candy Canes & Gingerbread Houses! a Christmas Coloring Book. Bobo's Children Activity Books. 2016. (ENG., Illus.). (J). pap. 9.33 (978-1-68327-650-0(7)) Sunshine In My Soul Publishing.

Candy Canes, Snowflakes & Gingerbread Houses PLUS Coloring & Activity Fun. Amelia Griggs. Illus. by Winda Mulyasari & Amelia Griggs. 2020. (Bella & Friends Learning Ser.: Vol. 3). (ENG.). 52p. (J). pap. 6.99 (978-1-7330666-5-5(9)) Griggs, Amelia.

Candy Caper Case: A QUIX Book. Paul DuBois Jacobs & Jennifer Swender. Illus. by Karl West. 2020. (Mack Rhino, Private Eye Ser.: 2). (ENG.). 80p. (J). (gr. k-3). 17.99 (978-1-5344-4116-3(6)); pap. 5.99 (978-1-5344-4115-6(8)) Simon & Schuster Children's Publishing. (Aladdin).

Candy Contest! Melanie Demmer. 2022. (Illus.). 16p. (J). (— 1). bds. 7.99 (978-0-593-48545-3(9), Random Hse. Bks. for Young Readers) Random Hse. Children's Bks.

Candy Corn. Brick Puffinton. Ed. by Cottage Door Press. Illus. by Clémentine Derodit. 2021. (ENG.). 12p. (J). (gr. -1 — 1). bds. 7.99 (978-1-64638-194-4(7), 1006960) Cottage Door Pr.

Candy Corner Coloring Book. P. E. BLOOM. 2023. (ENG.). 100p. (YA). pap. (978-1-312-35317-6(1)) Lulu Pr., Inc.

Candy Country (Classic Reprint) Louisa Alcott. (ENG., Illus.). (J). 2018. 68p. 25.30 (978-0-483-33276-8(3)); 2016. pap. 9.57 (978-1-333-36282-9(X)) Forgotten Bks.

C

Candy Fairies 3-Books-In-1! #2: Cool Mint; Magic Hearts; the Sugar Ball, 3 bks. in 1. Helen Perelman. Illus. by Erica-Jane Waters. 2016. (Candy Fairies Ser.). (ENG.). 320p. (J). (gr. 2-5). pap. 8.99 (978-1-4814-8566-1(0), Simon & Schuster/Paula Wiseman Bks.) Simon & Schuster/Paula Wiseman Bks.

Candy Fairies Sweet-Tacular Collection Books 1-10 (Boxed Set) Chocolate Dreams; Rainbow Swirl; Caramel Moon; Cool Mint; Magic Hearts; the Sugar Ball; a Valentine's Surprise; Bubble Gum Rescue; Double Dip; Jelly Bean Jumble. Helen Perelman. Illus. by Erica-Jane Waters. ed. 2019. (Candy Fairies Ser.). (ENG.). 1280p. (J). (gr. 2-5). pap. 59.99 (978-1-5344-5572-6(8), Aladdin) Simon & Schuster Children's Publishing.

Candy for Breakfast. Drozda Jocelyn. Illus. by Drozda Jocelyn. 2018. (ENG., Illus.). 52p. (J). (gr. k-4). pap. (978-1-988001-38-8(2)) Ahelia Publishing, Inc.

Candy Kingdom Chaos. Carolyn Keene. Illus. by Peter Francis. 2017. (Nancy Drew Clue Book Ser.: 7). (ENG.). 96p. (J). (gr. 1-4). 17.99 (978-1-4814-5827-6(2)); pap. 5.99 (978-1-4814-5826-9(4)) Simon & Schuster/Paula Wiseman Bks. (Simon & Schuster/Paula Wiseman Bks.).

Candy Kisses (JoJo & BowBow Book #2) JoJo Siwa. 2019. (JoJo & BowBow Ser.). (ENG., Illus.). 152p. (J). (gr. 1-4). pap. 6.99 (978-1-4197-3600-1(0), 1269903, Amulet Bks.) Abrams, Inc.

Candy Land Is in Trouble! Leila O'Brien. 2017. (ENG.). (J). 14.95 (978-1-68401-457-6(3)) Amplify Publishing Group.

Candy Mafia. Lavie Tidhar. Illus. by Daniel Duncan. (ENG.). 296p. (J). (gr. 3-7). 2021. pap. 8.99 (978-1-68263-337-3(3)); 2020. 16.99 (978-1-68263-197-3(4)) Peachtree Publishing Co. Inc.

Candy Smash. Jacqueline Davies. 2022. (Lemonade War Ser.: 4). (ENG., Illus.). 240p. (J). (gr. 3-7). pap. 9.99 (978-0-544-22500-8(7), 1563385, Clarion Bks.) HarperCollins Pubs.

Candy Store. Amy Joy. 2020. (ENG., Illus.). 28p. (J). 23.95 (978-1-64670-611-2(0)); pap. 13.95 (978-1-64670-610-5(2)) Covenant Bks.

Candy the Caterpillar. Daniel Zanchetti. Illus. by Mary Jo Helchowski. 2022. 26p. (J). 22.00 (978-1-6678-4262-2(5)) BookBaby.

Candyland Imagine Ink Magic Ink Pictures (Value) Des. by Bendon. 2020. (ENG.). (J). 3.00 (978-1-6902-1175-4(X)) Bendon, Inc.

Candyland Mystery. Kimani SCOTT. 2023. (ENG.). 38p. (J). pap. (978-1-312-60515-2(4)) Lulu Pr., Inc.

Candyland Scratch Frantastic (Value) Des. by Bendon. 2020. (ENG.) (J). 3.00 (978-1-6902-1186-0(5)) Bendon, Inc.

Candymakers & the Great Chocolate Chase. Wendy Mass. (ENG.). (J). (gr. 3-7). 2017. 560p. pap. 9.99 (978-0-316-08918-0(4)); 2016. 544p. 18.99 (978-0-316-08919-7(2)) Little, Brown Bks. for Young Readers.

Cane: Revised Edition. H. Lee Childress. 2020. (ENG.). 78p. (J). pap. 11.49 (978-1-63129-364-1(8)) Salem Author Services.

Cane Di Nome Mitzvah: A Dog Named Mitzvah. Deborah Lee Prescott. 2017. (ITA., Illus.). (J). (gr. k-2). pap. 15.95 (978-1-940224-35-0(7)) Taylor and Seale Publishing.

Cane Libro Da Colorare: Libro Di Attività Del Cane per Bambini Dai 4 Agli 8 Anni Libro Da Colorare per Bambini Cani e Cuccioli: Cani Carini, Piccoli Cuccioli, Amici Soffici e Molti Altri. Fenny Nancy. 2021. (ITA.). 68p. (J). pap. 10.49 (978-0-401-61640-6(1)) Aldine Transaction.

Cane Toads. Barbara Ciletti. 2016. (Invasive Species Takeover Ser.). (ENG.). 32p. (J). (gr. 4-6). pap. 9.99 (978-1-64466-145-1(4), 10282); (Illus.). 31.35 (978-1-68072-018-1(X), 10281) Black Rabbit Bks. (Bolt).

Cane Warriors. Alex Wheatle. 2020. (ENG.). (YA). 192p. pap. 15.95 *(978-1-61775-855-3(8))*; 160p. (gr. 7-13). 33.95 *(978-1-61775-906-2(6))* Akashic Bks. (Black Sheep).

Canek. Emilio Abreu Gomez. 2017. (ENG & SPA.). 92p. (YA). pap. *(978-607-8473-42-7(5))* Epoca, Editorial, S.A. de C.V.

Cangrejo de Las Siete Patas: Un Viaje Imaginario a la Vida de Federica. Lilián Crisóstomo. 2020. (SPA.). 90p. (J). pap. 8.99 *(978-1-64086-668-3(X))* ibukku, LLC.

Cangrejo Ermitaño. Aaron Carr. 2016. (Me Encanta Mi Mascota Ser.). (SPA.). 24p. (J). pap. 31.41 *(978-1-4896-4360-5(5))* Weigl Pubs., Inc.

Cangrejo Ermitaño: Leveled Reader Book 82 Level e 6 Pack. Hmh Hmh. 2021. (SPA.). 16p. (J). pap. 74.40 *(978-0-358-08208-8(0))* Houghton Mifflin Harcourt Publishing Co.

Cangrejo y Ballena: Mindfulness para niños: la Introducción Más Fácil, Sencilla y Bella a la Atención Plena para Niños. Christiane Kerr. Tr. by Marcela Orrego. Illus. by James Cottell. 2019. (SPA.). 32p. (J). pap. *(978-1-9999378-1-2(3))* Mindful Storytime.

Cangrejos. Julie Murray. 2017. (¡Me Gustan Los Animales! (I Like Animals! Set 2) Ser.).Tr. of Crabs. (SPA.). 24p. (J). (gr. -1-2). lib. bdg. 31.36 *(978-1-5321-0180-9(5)*, 25186, Abdo Kids) ABDO Publishing Co.

Cangrejos: (Crabs) Xist Publishing. 2017. (Xist Kids Spanish Bks.). (SPA.). 28p. (J). (gr. -1-3). pap. 9.99 *(978-1-5324-0379-8(8))* Xist Publishing.

Canguro. Kate Riggs. 2021. (Planeta Animal Ser.). (SPA.). 24p. (J). (gr. 1-4). lib. bdg. *(978-1-64026-467-0(1)*, 17714) Creative Co., The.

Canguro Arborícola. Julie Murray. 2023. (Animales Interesantes Ser.). (SPA.). 24p. (J). (gr. -1-2). lib. bdg. 31.36 ***(978-1-0982-6749-0(4)***, 42717, Abdo Kids) ABDO Publishing Co.

Caniches (Poodles) Grace Hansen. 2016. (Perros (Dogs Set 2) Ser.). (SPA.). 24p. (J). (gr. -1-2). lib. bdg. 32.79 *(978-1-62402-703-1(2)*, 24910, Abdo Kids) ABDO Publishing Co.

Canine Athletes (Set), 6 vols. 2018. (Canine Athletes Ser.). (ENG.). 32p. (J). (gr. 3-6). lib. bdg. 196.74 *(978-1-5321-1735-0(3)*, 30758, SportsZone) ABDO Publishing Co.

Canine Capers. Sally Hurst. Illus. by Abbirose Adey. 2022. (ENG.). 142p. (J). pap. ***(978-1-913579-41-8(7))*** Pink Parties Pr.

Canine Crime. Steve Korté. Illus. by Mike Kunkel. 2023. (Amazing Adventures of the DC Super-Pets Ser.). (ENG.). 32p. (J). 22.65 *(978-1-4846-7196-2(1)*, 247376); pap. 6.99 *(978-1-4846-7192-4(9)*, 247364) Capstone. (Picture Window Bks.).

Canine Crisis. Steve Korté. Illus. by Mike Kunkel. 2022. (Amazing Adventures of the DC Super-Pets Ser.). (ENG.). 32p. (J). 22.65 *(978-1-6663-4440-0(0)*, 238396); pap. 5.95 *(978-1-6663-4444-8(3)*, 238381) Capstone. (Picture Window Bks.).

Canine Misfits First Encounter. Ralph and Pat Coppola. 2018. (ENG., Illus.). 20p. (J). pap. 10.99 *(978-1-387-95129-1(7))* Lulu Pr., Inc.

Canine Misfits Second Encounter. Ralph and Pat Coppola. 2018. (ENG., Illus.). 24p. (J). pap. 10.99 *(978-1-387-98659-0(7))* Lulu Pr., Inc.

Canine Misfits Third Encounter. Ralph and Pat Coppola. 2018. (ENG., Illus.). 22p. (J). *(978-0-359-05776-4(4))* Lulu Pr., Inc.

Canines in the Wild, 8 vols. 2022. (Canines in the Wild Ser.). (ENG.). 24p. (J). (gr. 2-3). lib. bdg. 97.08 *(978-1-5382-8142-0(2)*, d727a936-6d82-45d2-a523-24205120560d) Stevens, Gareth Publishing LLLP.

Canines of the World: A Dog Breed Coloring Book. Bobo's Children Activity Books. 2016. (ENG., Illus.). (J). pap. 9.33 *(978-1-68327-651-7(5))* Sunshine In My Soul Publishing.

Canis & Lupus: In the Land of Banba. Linda Miller Lentz. 2018. (ENG., Illus.). 64p. (YA). (gr. 7-9). pap. 12.00 *(978-1-937260-32-3(1))* Sleepytown Pr.

Canis Lupus Caller. Ada Osaji. 2021. (ENG.). 208p. (YA). 22.99 ***(978-1-0880-1547-6(6))*** Indy Pub.

Canker at the Heart: Being Studies from the Life of the Poor in the Year of Grace 1905 (Classic Reprint) L. Cope Cornford. 2018. (ENG., Illus.). 246p. (J). 28.97 *(978-0-483-72374-0(6))* Forgotten Bks.

Cannabis for Children. Alissa Lee. 2018. (ENG.). 16p. (J). pap. 9.99 *(978-1-387-70435-4(4))* Lulu Pr., Inc.

Cannabis Thinking. Clarke Simard & Alan Alexander. 2022. (ENG.). 54p. (J). pap. 18.02 *(978-1-4717-5638-2(6))* Lulu Pr., Inc.

Cannellonin Sirkus Perinteiden Pauloissa: Finnish Edition of Circus Cannelloni Invades Britain. Tuula Pere. 2nd ed. 2019. (Cannellonin Sirkus Ser.: Vol. 2). (FIN., Illus.). 146p. (J). (gr. 3-6). *(978-952-357-078-8(1))*; pap. *(978-952-357-077-1(3))* Wickwick oy.

Cannery Row Novel Units Student Packet. Novel Units. 2019. (ENG.). (YA). pap. 13.99 *(978-1-56137-507-3(1)*, Novel Units, Inc.) Classroom Library Co.

Cannibal Animals. John Perritano. 2020. (Red Rhino Nonfiction Ser.). (ENG., Illus.). 60p. (J). (gr. 4-7). pap. 11.95 *(978-1-68021-878-7(6))* Saddleback Educational Publishing, Inc.

Cannoli in Paris. Anthony J. Zaza. 2023. (ENG.). 44p. (J). ***(978-1-365-47864-2(5))*** Lulu Pr., Inc.

Cannonball. Sacha Cotter. Illus. by Josh Morgan. 2020. (ENG.). 40p. (J). (gr. k-4). 17.99 *(978-1-7282-1756-7(3)*, Sourcebooks Jabberwocky) Sourcebooks, Inc.

Cannon's Crash Course. Mon Trice. Illus. by Cbabi Bayoc. 2016. (ENG.). 30p. (J). pap. 9.99 *(978-0-9831631-0-7(3))* Pageway Publishing LLC.

Canntaireachd. Eflamm Caouissin. 2022. (FRE.). 200p. (YA). pap. ***(978-1-4716-4257-9(7))*** Lulu Pr., Inc.

Canoe. Nancy Gaselona Palmer. Illus. by John Maynard Balinggao. 2021. (ENG.). 26p. (J). pap. *(978-1-922750-04-4(2))* Library For All Limited.

Canoe Back in Time. Dorothy Downs. Illus. by Dorothy Downs. 2017. (ENG., Illus.). (J). (gr. 1-6). 70p. 20.00 *(978-1-5154-3909-7(7))*; pap. 16.95 *(978-1-5154-1709-5(3))* Wilder Pubns., Corp.

Canoe Boys & Campfires: Adventures on Winding Waters. William Murray Graydon. 2017. (ENG., Illus.). (J). 24.95 *(978-1-374-91218-2(2))*; pap. 14.95 *(978-1-374-91217-5(4))* Capital Communications, Inc.

Canoe Boys & Campfires, or Adventures on Winding Waters (Classic Reprint) William Murray Graydon. 2017. (ENG., Illus.). (J). 30.04 *(978-0-260-03353-6(7))*; pap. 13.57 *(978-1-5278-7828-0(7))* Forgotten Bks.

Canoeing. Nessa Black. 2020. (Spot Outdoor Fun Ser.). (ENG.). 16p. (J). (gr. -1-2). *(978-1-68151-809-1(0)*, 10683) Amicus.

Canoeing. Matt Doeden. 2016. (Great Outdoors Ser.). (ENG., Illus.). 32p. (J). (gr. 2-5). pap. 9.99 *(978-1-68152-076-6(1)*, 15762); lib. bdg. 20.95 *(978-1-60753-797-7(4)*, 15756) Amicus.

Canoeing. Joy Frisch-Schmoll. 2017. (Odysseys in Outdoor Adventures Ser.). (ENG., Illus.). 80p. (J). (gr. 7-10). *(978-1-60818-686-0(5)*, 20320, Creative Education) Creative Co., The.

Canoeing. Contrib. by Lisa Owings. 2023. (Let's Get Outdoors! Ser.). (ENG., Illus.). (J). (gr. k-3). lib. bdg. 26.95 Bellwether Media.

Canoeing & Kayaking. Stephanie Turnbull. 2016. (Adventure Sports Ser.). (ENG.). 24p. (J). (gr. 3-6). 28.50 *(978-1-62588-382-7(X)*, 17239) Black Rabbit Bks.

Canoeing in the Wilderness. Henry D. Thoreau. 2017. (ENG., Illus.). (J). pap. *(978-0-649-00620-5(8))*; pap. *(978-0-649-08663-4(5))* Trieste Publishing Pty Ltd.

Canoeing Tragedy in Canada's North. Allan Edward Jacobs. 2021. (ENG.). 512p. (YA). *(978-0-2288-5484-5(9))*; pap. *(978-0-2288-5483-8(0))* Tellwell Talent.

Canoeman Joe. Robin Radcliffe. Illus. by Consie Powell. 2019. (ENG.). 32p. (J). (gr. 3). 17.95 *(978-1-7328540-0-0(9))* Green Writers Pr.

Canoemates. Kirk Munroe. 2017. (ENG.). 384p. (J). pap. *(978-3-7447-4932-9(0))* Creation Pubs.

Canolles. John Esten Cooke. 2017. (ENG.). 320p. (J). pap. *(978-3-337-26692-9(4))* Creation Pubs.

Canolles: The Fortunes of a Partisan of '81 (Classic Reprint) John Esten Cooke. 2018. (ENG., Illus.). 318p. (J). 30.46 *(978-0-365-16780-8(0))* Forgotten Bks.

Canon in Residence (Classic Reprint) Victor Lorenzo Whitechurch. (ENG., Illus.). (J). 2017. 29.03 *(978-0-331-50793-5(5))*; 2016. pap. 11.57 *(978-1-333-61285-6(0))* Forgotten Bks.

CanonQuest. Christine H. Bailey. 2020. (Scroll Wars Ser.: Vol. 1). (ENG.). 244p. (J). (gr. 5-6). pap. 13.99 *(978-1-7341507-1-1(8))* Vinspire Publishing LLC.

Canon's Ward, Vol. 3 of 3 (Classic Reprint) James Payn. 2018. (ENG., Illus.). 32p. (J). 30.52 *(978-0-483-86539-6(7))* Forgotten Bks.

Canopy. D. M. Darroch. 2021. (Silvanus Saga Ser.: Vol. 1). (ENG.). 282p. (YA). pap. 14.99 *(978-1-890797-20-1(0))* Sleepy Cat Pr.

Canot Rouge. Leslie A. Davidson. Tr. by Rachel Martinez from ENG. Illus. by Laura Bifano. 2020. Orig. Title: In the Red Canoe. (FRE.). 32p. (J). (gr. -1-k). pap. 12.95 *(978-1-4598-2448-5(2))* Orca Bk. Pubs. USA.

Can't Be Tamed, 1. Yamile Saied Mendez. ed. 2022. (Horse Country Ser.). (ENG.). 212p. (J). (gr. 3-7). 18.46 ***(978-1-68505-611-7(3))*** Penworthy Co., LLC, The.

Can't Be Tamed (Horse Country #1) Yamile Saied Méndez. 2022. (Horse Country Ser.). (ENG.). 224p. (J). (gr. 3-7). pap. 7.99 *(978-1-338-74946-5(3))* Scholastic, Inc.

Can't Be Trusted: And Other Short Stories. Tawana Logan. 2019. (ENG.). 174p. (YA). pap. 15.95 *(978-1-64424-327-5(X))* Page Publishing Inc.

Can't Catch Me! Constanze V. Kitzing. Illus. by Constanze V. Kitzing. 2019. (ENG., Illus.). 32p. (J). (gr. -1 — 1). pap. *(978-1-78285-403-6(7))* Barefoot Bks., Ltd.

Can't Catch Me! Timothy Knapman. Illus. by Simona Ciraolo. 2017. (ENG.). 32p. (J). (-k). 15.99 *(978-0-7636-9496-8(7))* Candlewick Pr.

Can't Catch My Breath: A Standalone Romance. Sarah Sutton. 2021. (ENG.). 338p. (YA). pap. 11.99 *(978-1-7342322-7-1(7))* Golden Crown Publishing, LLC.

Can't Catch Santa! Peek & Pop. Emily Cunningham. Illus. by Steph Lew. 2020. (ENG.). 20p. (J). bds. 9.99 *(978-1-5037-5466-9(9)*, 3657, PI Kids) Phoenix International Publications, Inc.

Can't Get Enough Horse Stuff. Neil C. Cavanaugh. 2023. (Can't Get Enough Ser.). (Illus.). 128p. (J). (gr. 2-5). pap. 14.99 ***(978-1-4263-7391-6(0))***; (ENG., lib. bdg. 24.90 ***(978-1-4263-7436-4(4))*** Disney Publishing Worldwide. (National Geographic Kids).

Can't Help but Love Those Babies. Dawn Skinner. Illus. by Matthew M. West. 2018. (Dysfunctional Piggies Ser.). (ENG.). 48p. (J). pap. *(978-1-5255-1611-5(6))* FriesenPress.

Can't Keep up with These Animals! Coloring Book. Bobo's Children Activity Books. 2016. (ENG., Illus.). (J). pap. 9.33 *(978-1-68327-652-4(3))* Sunshine In My Soul Publishing.

Can't Let Go. Chrissy Brown. 2018. (Georgia Boys Ser.: Vol. 1). (ENG., Illus.). 296p. (J). pap. 19.99 *(978-0-692-18086-0(9))* Beggs, Christina.

Can't Monster. Christopher Howard. 2023. (ENG.). 40p. (J). pap. ***(978-1-83934-568-5(3))*** Olympia Publishers.

Can't Monster (Hardback) Christopher Howard. 2023. (ENG.). 40p. (J). ***(978-1-83934-570-8(5))*** Olympia Publishers.

Can't Never Could! Pat Sabiston. Illus. by Taylor Johnson. 2020. (ENG.). 34p. (J). 25.95 *(978-1-6642-0728-8(7))*; pap. 15.95 *(978-1-6642-0729-5(5))* Author Solutions, LLC. (WestBow Pr.).

Can't Stop Won't Stop (Young Adult Edition) A Hip-Hop History. Jeff Chang & Dave 'Davey D' Cook. 2021. (ENG., Illus.). 352p. (YA). 18.99 *(978-1-250-79051-4(4)*, 900238150, Wednesday Bks.) St. Martin's Pr.

Can't Take That Away. Steven Salvatore. (ENG.). (YA). 2022. 400p. pap. 10.99 *(978-1-5476-0866-9(8)*, 900250872); 2021. 384p. 17.99 *(978-1-5476-0530-9(8)*, 900226640) Bloomsbury Publishing USA. (Bloomsbury Young Adult).

Can't Transitions to Can: With a Friend Who's True Blue. Leah Irby. Illus. by Jessica Gamboa. 2021. (ENG.). 44p. (J). *(978-1-0391-1069-4(X))*; pap. *(978-1-0391-1068-7(1))* FriesenPress.

Can't Wait! Idella Pearl Edwards. 2017. (ENG., Illus.). (J). pap. 9.95 *(978-0-9986662-1-1(1))* Edwards, Idella.

Can't Wait to Show You. Jacqueline Boyle & Susan Lupone Stonis. Illus. by Laura Horton. 2018. (ENG.). 16p. (J). (gr. -1-k). bds. 9.99 *(978-1-68052-331-7(7)*, 1003070) Cottage Door Pr.

Can't You Make Them Behave, King George? Novel Units Teacher Guide. Novel Units. 2019. (ENG.). (J). pap., tchr. ed. 12.99 *(978-1-56137-402-1(4)*, Novel Units, Inc.) Classroom Library Co.

Canta Conmigo: la Historia de Selena Quintanilla. Diana López. Illus. by Teresa Martinez. 2021. 32p. (J). (gr. -1-3). 18.99 *(978-0-593-32330-4(0)*, Dial Bks) Penguin Young Readers Group.

Cantankerous Crow. Lennart Helsing & Poul Strøyer. 2016. (ENG., Illus.). 28p. (J). (gr. k-1). 19.95 *(978-0-500-65079-0(9)*, 565079) Thames & Hudson.

Cantante Súper Estrella. Jacqueline Jules. Illus. by Kim Smith. 2018. (Sofia Martinez en Español Ser.). (SPA.). 32p. (J). (gr. k-2). lib. bdg. 21.32 *(978-1-5158-2452-7(7)*, 137555, Picture Window Bks.) Capstone.

Cantar de Mio Cid. Anonymous. 2017. (ENG & SPA.). 298p. (YA). (gr. 8). pap. *(978-970-775-101-9(0))* Tomorrow's Guides, Ltd.

Canteen: Sacrifice & Community During World War II. Eric Groce. 2022. (Arcadia Children's Bks.). (ENG., Illus.). 112p. (J). (gr. 3-7). pap. 16.99 *(978-1-4671-9707-6(6))* Arcadia Publishing.

Canteeners (Classic Reprint) Agnes M. Dixon. 2017. (ENG., Illus.). (J). 28.43 *(978-0-260-84106-3(4))* Forgotten Bks.

Canteening Overseas: 1917-1919 (Classic Reprint) Marian Baldwin. 2017. (ENG., Illus.). (J). 28.64 *(978-0-331-50364-7(6))* Forgotten Bks.

Canteening under Two Flags: Letters of Doris Kellog (Classic Reprint) Doris Kellog. 2017. (ENG., Illus.). (J). 28.27 *(978-0-266-95788-1(9))* Forgotten Bks.

Canterbury Bells, or Scenes in the Belmont Family (Classic Reprint) Unknown Author. 2018. (ENG., Illus.). 432p. (J). 32.85 *(978-0-484-31033-8(X))* Forgotten Bks.

Canterbury Chimes, or Chaucer Tales Retold for Children (Classic Reprint) Geoffrey Chaucer. (ENG., Illus.). (J). 2018. 260p. 29.26 *(978-0-484-07555-8(1))*; 2016. pap. 11.97 *(978-1-334-14330-4(7))* Forgotten Bks.

Canterbury Pilgrimage (Classic Reprint) Joseph Pennell. 2018. (ENG., Illus.). 80p. (J). 25.57 *(978-0-267-50422-0(5))* Forgotten Bks.

Canterbury Pilgrims: Being Chaucer's Canterbury Tales Retold for Children. E. C. Oakden. 2017. (ENG., Illus.). (J). pap. 12.95 *(978-1-374-87385-8(3))* Capital Communications, Inc.

Canterbury Tales (Classic Reprint) Geoffrey Chaucer. (ENG., Illus.). (J). 2018. 386p. 31.88 *(978-0-332-03915-2(3))*; 2017. 28.70 *(978-0-331-94058-9(2))*; 2017. 610p. 36.48 *(978-0-484-28982-5(9))*; 2017. 36.68 *(978-0-266-99451-0(2))*; 2017. pap. 19.57 *(978-1-5281-0241-4(X))*; 2016. pap. 11.57 *(978-1-334-15136-1(9))*; 2016. pap. 16.57 *(978-1-334-32497-0(2))* Forgotten Bks.

Canterbury Tales (Classic Reprint) Sophia Lee. (ENG., Illus.). (J). 2018. 33.26 *(978-0-260-53947-2(3))*; 2016. pap. 16.57 *(978-1-334-27627-9(7))* Forgotten Bks.

Canterbury Tales Novel Units Student Packet. Novel Units. 2019. (ENG.). (YA). pap. 13.99 *(978-1-56137-920-0(4)*, Novel Units, Inc.) Classroom Library Co.

Canterbury Tales Novel Units Teacher Guide. Novel Units. 2019. (ENG.). (YA). pap. 12.99 *(978-1-56137-919-4(0)*, Novel Units, Inc.) Classroom Library Co.

Canterbury Tales of Chaucer, Vol. 1: With an Essay on His Language & Versification, an Introductory Discourse, Notes, & a Glossary (Classic Reprint) Geoffrey Chaucer. 2019. (ENG., Illus.). 408p. (J). 32.33 *(978-0-365-24518-6(6))* Forgotten Bks.

Canterbury Tales of Chaucer, Vol. 1 Of 3: To Which Are Added, an Essay on His Language & Versification, & an Introductory Discourse, Together with Notes & a Glossary; with Memoir & Critical Dissertation (Classic Reprint) Geoffrey Chaucer. (ENG., Illus.). (J). 2018. 376p. 31.67 *(978-0-267-59784-0(3))*; 2016. pap. 16.57 *(978-1-334-50927-8(1))* Forgotten Bks.

Canterbury Tales of Chaucer, Vol. 2: To Which Are Added, an Essay on His Language & Versification, an Introductory Discourse, & Notes (Classic Reprint) Geoffrey Chaucer. 2017. (ENG., Illus.). (J). 30.62 *(978-0-266-22022-0(3))* Forgotten Bks.

Canterbury Tales of Chaucer, Vol. 2 Of 3: Completed in a Modern Version (Classic Reprint) Geoffrey Chaucer. 2017. (ENG., Illus.). (J). pap. 13.57 *(978-0-243-17202-3(8))* Forgotten Bks.

Canterbury Tales of Chaucer, Vol. 3: To Which Are Added, an Essay upon His Language & Versification, an Introductory Discourse, & Notes (Classic Reprint) Geoffrey Chaucer. (ENG., Illus.). (J). 2018. 328p. 30.66 *(978-0-267-55682-3(9))*; 2016. pap. 13.57 *(978-1-333-67109-9(1))* Forgotten Bks.

Canterbury Tales of Chaucer, Vol. 3: With an Essay upon His Language & Versification, an Introductory Discourse, Notes, & a Glossary (Classic Reprint) T. Tyrwhitt. 2017. (ENG., Illus.). (J). 30.19 *(978-0-266-27678-4(4))* Forgotten Bks.

Canterbury Tales of Chaucer, Vol. 3 Of 3: Completed in a Modern Version (Classic Reprint) Unknown Author. 2017. (ENG., Illus.). (J). pap. 16.57 *(978-0-259-02860-4(6))* Forgotten Bks.

Canterbury Tales of Chaucer, Vol. 3 Of 3: To Which Are Added an Essay on His Language & Versification; & an Introductory Discourse, Together with Notes & a Glossary (Classic Reprint) Geoffrey Chaucer. 2018. (ENG., Illus.). 378p. (J). 31.71 *(978-0-483-89280-4(7))* Forgotten Bks.

Canterbury Tales of Chaucer, Vol. 4: With an Essay upon His Language & Versification, an Introductory Discourse, Notes, & a Glossary (Classic Reprint) Geoffrey Chaucer. 2017. (ENG., Illus.). (J). 31.16 *(978-0-265-22776-3(3))* Forgotten Bks.

Canterbury Tales of Chaucer, Vol. 5: With an Essay upon His Language & Versification, an Introductory Discourse, Notes, & a Glossary (Classic Reprint) T. Tyrwhitt. 2017. (ENG., Illus.). 316p. (J). 30.43 *(978-0-484-36085-2(X))* Forgotten Bks.

Canterbury Tales of Geoffrey Chaucer, Vol. 3: A New Text with Illustrative Notes (Classic Reprint) Geoffrey Chaucer. 2018. (ENG., Illus.). (J). 326p. 30.62 *(978-0-366-19084-3(9))*; 328p. pap. 13.57 *(978-0-366-19081-2(4))* Forgotten Bks.

Canterbury Tales, the (Worldview Edition) Geoffrey Chaucer. 2019. (ENG.). (YA). pap. 19.95 *(978-1-944503-73-4(0))* Canon Pr.

Canterbury Tales, Vol. 1 (Classic Reprint) Harriet Lee. (ENG., Illus.). (J). 2018. 432p. 32.81 *(978-0-483-29864-4(6))*; 2016. pap. 16.57 *(978-1-333-53065-5(X))* Forgotten Bks.

Canterbury Tales, Vol. 1 of 2 (Classic Reprint) Harriet Lee. (ENG., Illus.). (J). 2017. 31.38 *(978-0-266-51471-8(5))*; 2016. pap. 13.97 *(978-1-334-59806-7(1))* Forgotten Bks.

Canterbury Tales, Vol. 2: With an Essay upon His Language & Versification, an Introductory Discourse, Notes, & a Glossary (Classic Reprint) Geoffrey Chaucer. 2019. (ENG., Illus.). (J). 362p. 31.36 *(978-1-397-28480-8(3))*; 364p. pap. 13.97 *(978-1-397-28477-8(3))* Forgotten Bks.

Canterbury Tales, Vol. 2 (Classic Reprint) Sophia Lee. (ENG., Illus.). (J). 2018. 570p. 35.74 *(978-0-483-83839-0(X))*; 2016. pap. 19.57 *(978-1-333-11912-6(7))* Forgotten Bks.

Canterbury Tales, Vol. 3 (Classic Reprint) Sophia Lee. 2018. (ENG., Illus.). 540p. (J). 35.03 *(978-0-267-16761-6(X))* Forgotten Bks.

Canterbury Tales, Vol. 4 (Classic Reprint) Harriet Lee. 2018. (ENG., Illus.). 502p. (J). 34.25 *(978-0-332-98787-3(6))* Forgotten Bks.

Canterbury Tales, Vol. 5 (Classic Reprint) Harriet Lee. 2017. (ENG., Illus.). (J). 34.91 *(978-0-265-99228-9(1))* Forgotten Bks.

Canterville Ghost. Oscar. Wilde. 2022. (Read in English Ser.). (ENG & SPA.). 32p. (J). (gr. 2-4). pap. 3.95 *(978-607-21-2442-4(9))* Larousse, Ediciones, S. A. de C. V. MEX. Dist: Independent Pubs. Group.

Canterville Ghost. Oscar. Wilde. 2020. (ENG.). 32p. (J). pap. 14.99 *(978-1-6781-9970-8(2))* Lulu Pr., Inc.

Canterville Ghost. Oscar. Wilde. 2019. (ENG.). 82p. (J). *(978-93-89440-42-3(4))* Sumaiyah Distributors Pvt Ltd.

Canterville Ghost + CD. Collective. 2017. (Green Apple Ser.). (ENG.). 112p. (J). pap. 24.95 *(978-88-530-1511-2(X)*, Black Cat) Grove/Atlantic, Inc.

Canticos Elefantitos / Little Elephants (Bilingual) Susie Jaramillo. Ed. by Cottage Door Press. Illus. by Canticos Licensed Art. 2022. (ENG.). 12p. (J). (gr. -1-k). bds. 14.99 *(978-1-64638-646-8(9)*, 1008410) Cottage Door Pr.

Canticos Feliz! / Happy! (Bilingual) 8 Bilingual Songs. Susie Jaramillo. Ed. by Cottage Door Press. Illus. by Canticos. 2020. (ENG.). 18p. (J). (gr. -1-k). bds. 17.99 *(978-1-68052-947-0(1)*, 1005900) Cottage Door Pr.

Canticos Las Ruedas Del Bus / Wheels on the Bus (Bilingual) Susie Jaramillo. Ed. by Cottage Door Press. Illus. by Canticos. 2020. (ENG.). 12p. (J). (gr. -1-k). bds. 12.99 *(978-1-68052-941-8(2)*, 1005840) Cottage Door Pr.

Canticos Los Pollitos / Little Chickies (Bilingual) Susie Jaramillo. Ed. by Cottage Door Press. 2021. (ENG.). 12p. (J). (gr. -1-k). bds. 12.99 *(978-1-64638-341-2(9)*, 1007450) Cottage Door Pr.

Canticos ¡Mi Primer Cumpleaños! / My First Birthday! (Bilingual) ¡Mi Primer Cumpleaños! Susie Jaramillo. Ed. by Cottage Door Press. Illus. by Canticos Licensed Art. 2022. (Little Bird Greetings Ser.). (ENG.). 8p. (J). (gr. -1 — 1). bds. 7.99 *(978-1-64638-409-9(1)*, 1007700) Cottage Door Pr.

Canto. Jenny Fretland VanVoorst. 2016. (El Estudio del Artista (Artist's Studio)).Tr. of Singing. (SPA.). 24p. (J). (gr. k-2). lib. bdg. 25.65 *(978-1-62031-321-3(9)*, Bullfrog Bks.) Jump! Inc.

Canto de la Sirenita (the Little Mermaid's Song) Andy Mangels. Illus. by Lelo Alves. 2022. (Cuentos de Hadas Fracturados (Fractured Fairy Tales) Ser.). (SPA.). 32p. (J). (gr. 3-8). lib. bdg. 32.79 *(978-1-0982-3490-4(1)*, 39877, Graphic Planet - Fiction) Magic Wagon.

Canto de Los Elefantes / Singing with Elephants. Margarita Engle. Tr. by Alexis ROMAY. 2023. (SPA.). 232p. (J). (gr. 3-7). pap. 12.95 *(978-1-64473-590-9(3))* Penguin Random House Grupo Editorial ESP. Dist: Penguin Random Hse. LLC.

Cantora (Spanish Edition) Mercedes Sosa, la Voz de Latinoamérica. Melisa Fernández Nitsche. 2023. 48p. (J). (gr. -1-3). 18.99 ***(978-0-593-70499-8(1)***, Knopf Bks. for Young Readers) Random Hse. Children's Bks.

Cantos de Vida y Esperanza. Rubén Darío. 2021. (SPA.). 142p. (J). pap. 14.95 *(978-1-951088-30-9(1))* Floricanto Pr.

Cantos, Juegos, Adivinanzas y Más. Larousse Ediciones. 2021. (SPA.). 96p. (J). (gr. -1-k). pap. 2.95 *(978-607-21-1416-6(4))* Larousse, Ediciones, S. A. de C. V. MEX. Dist: Independent Pubs. Group.

¡Canto!/Sing! ¡Soy Sorprendente!/Amazing Me! Carol Thompson. Tr. by Teresa Mlawer. Illus. by Carol Thompson. ed. 2019. (Spanish/English Bilingual Editions Ser.). (ENG., Illus.). 12p. (J). (gr. k-k). bds. *(978-1-78628-300-9(X))* Child's Play International Ltd.

Canuck down South (Classic Reprint) Arthur Weir. 2018. (ENG., Illus.). 190p. (J). 27.82 *(978-0-483-38110-0(1))* Forgotten Bks.

Canvas Door (Classic Reprint) Mary Farley Sanborn. (ENG., Illus.). (J). 2018. 322p. 30.56 *(978-0-365-00548-3(7))*; 2017. pap. 13.57 *(978-1-5276-6323-7(X))* Forgotten Bks.

Canvas Floor for Dancing. Lola Blackwell. 2020. (ENG.). 18p. (J). pap. 11.95 *(978-1-64584-184-5(7))* Page Publishing Inc.

Canvassing: A Tale (Classic Reprint) John Banim. (ENG., Illus.). (J). 2018. 244p. 28.93 *(978-0-267-30182-9(0))*; 2016. pap. 11.57 *(978-1-333-12466-3(X))* Forgotten Bks.

Canyon. Christopher J. Holcroft. 2022. (ENG.). 170p. (J). pap. *(978-0-6455442-5-1(6))* DoctorZed Publishing.

Canyon Cathedral. Michelle Rene. 2020. (Witches of Tanglewood Ser.: Vol. 2). (ENG.). 204p. (YA). pap. 18.95 *(978-1-68433-592-3(2))* Black Rose Writing.

Canyon Echoes. Jerry B. Jenkins & Chris Fabry. 2020. (Red Rock Mysteries Ser.: 8). (ENG.). 240p. (J). pap. 6.99

296

The check digit for ISBN-10 appears in parentheses after the full ISBN-13

(978-1-4964-4247-5(4), 20_33656, Tyndale Kids) Tyndale Hse. Pubs.
Canyon of Giants, 2 vols. Illus. by Patricio Clarey. 2020. (Escape from Planet Alcatraz Ser.). (ENG.). (J). (gr. 3-7). 53.32 *(978-1-4965-9487-7(8)*, Stone Arch Bks.) Capstone.
Canyon of Giants. Michael Dahl. Illus. by Patricio Clarey. 2020. (Escape from Planet Alcatraz Ser.). (ENG.). 40p. (J). (gr. 3-6). pap. 5.95 *(978-1-4965-9304-7(9)*, 142316); lib. bdg. 24.65 *(978-1-4965-8677-3(8)*, 141426) Capstone. (Stone Arch Bks.).
Canyon of the Fools (Classic Reprint) Richard Matthews Hallet. 2017. (ENG., Illus.). (J). 32.70 *(978-1-5281-6800-7(3))* Forgotten Bks.
Canyon Quest. Jim Ware. 2021. (Last Chance Detectives Ser.: 1). (ENG.). 304p. (J). pap. 9.99 *(978-1-64607-050-3(X)*, 20_36348) Focus on the Family Publishing.
Canyon Songs (Classic Reprint) Yellowstone Park Company. 2017. (ENG., Illus.). (J). 20p. 24.31 *(978-0-484-45722-4(5))*; pap. 7.97 *(978-0-259-48289-5(7))* Forgotten Bks.
Canyons. Lisa J. Amstutz. 2020. (Earth's Landforms Ser.). (ENG.). 24p. (J). (gr. k-2). 6.95 *(978-1-9771-2634-4(0)*, 201614); (Illus.). lib. bdg. 27.99 *(978-1-9771-2458-6(5)*, 200469) Capstone. (Pebble).
Canyons, 1 vol. Kathy Furgang. 2019. (Investigate Earth Science Ser.). (ENG.). 24p. (gr. 2-2). 25.60 *(978-1-9785-0742-5(9)*, 462ead7d-4b2b-4aff-b1d5-1850ece9aa96) Enslow Publishing, LLC.
Canyons. Sara Gilbert. 2018. (Vive la Terre! Ser.). (FRE., Illus.). 24p. (J). *(978-1-77092-399-7(3)*, 19688) Creative Co., The.
Canyons. Sara Gilbert. 2018. (Earth Rocks! Ser.). (ENG., Illus.). 24p. (J). (gr. 1-4). *(978-1-60818-891-8(4)*, 19513, Creative Education) Creative Co., The.
Canyons. Sonja Olson. 2018. (Landforms Ser.). (ENG., Illus.). 32p. (J). (gr. 2-3). pap. 9.95 *(978-1-63517-991-0(2)*, 1635179912); lib. bdg. 31.35 *(978-1-63517-890-6(8)*, 1635178908) North Star Editions. (Focus Readers).
Canyon's Edge. Dusti Bowling. (ENG., Illus.). (J). (gr. 3-7). 2021. 336p. pap. 8.99 *(978-0-316-49467-0(4))*; 2020. 320p. 16.99 *(978-0-316-49469-4(0))* Little, Brown Bks. for Young Readers.
Canyons Novel Units Teacher Guide. Novel Units. 2019. (ENG.). (YA). pap. 12.99 *(978-1-56137-482-3(2)*, Novel Units, Inc.) Classroom Library Co.
Canzoni Rimaste in Silenzio. Francesco Calderoni. 2022. (ITA.). 101p. (J). pap. ***(978-1-4709-6503-7(8))*** Lulu Pr., Inc.
Cao Chong Pesa un Elefante. Songju Ma Daemicke. 2017. (SPA., Illus.). 32p. (J). (gr. 2-3). pap. 11.95 *(978-1-62855-905-7(5)*, 52746e76-ba2e-443d-a463-ac5fcee7d9e6) Arbordale Publishing.
Cao Chong Weighs an Elephant, 1 vol. Songju Ma Daemicke. Illus. by Christina Wald. 2017. (ENG.). 32p. (J). (gr. 2-3). 11.95 *(978-1-62855-904-0(7)*, 3ed30663-306b-4f30-8de0-5f0523a76e04) Arbordale Publishing.
Caóba, the Guerilla Chief. Peter Henry Emerson. 2017. (ENG.). 364p. (J). pap. *(978-3-337-34875-5(0))* Creation Pubs.
Caoba, the Guerilla Chief: A Real Romance of the Cuban Rebellion (Classic Reprint) Peter Henry Emerson. 2017. (ENG., Illus.). (J). pap. 16.57 *(978-0-259-31477-6(3))* Forgotten Bks.
CAóba, the Guerilla Chief: A Real Romance of the Cuban Rebellion (Classic Reprint) Peter Henry Emerson. 2018. (ENG., Illus.). 378p. (J). 31.71 *(978-0-364-10949-6(1))* Forgotten Bks.
Caolan et le Leprechaun. Adeline Ferrier. 2018. (FRE., Illus.). 36p. (J). pap. *(978-2-901123-03-3(1))* Ferrier, Adeline.
Caos de Película: Leveled Reader Card Book 39 Level T 6 Pack. Hmh Hmh. 2021. (SPA.). (J). pap. 74.40 *(978-0-358-08607-9(8))* Houghton Mifflin Harcourt Publishing Co.
Cap & Candle: The 1972 Yearbook of the Hospital of the Medical College of Pennsylvania School of Nursing (Classic Reprint) Pennsylvania School of Nursing. 2017. (ENG., Illus.). (J). 25.59 *(978-0-266-82361-2(0))*; pap. 9.57 *(978-1-5277-8239-6(5))* Forgotten Bks.
Cap & Candle, 1953 (Classic Reprint) Pennsylvania School of Nursing. 2017. (ENG., Illus.). (J). 46p. 24.87 *(978-0-260-89466-3(4))*; 48p. pap. 9.57 *(978-1-5283-9282-2(5))* Forgotten Bks.
Cap & Candle, 1956 (Classic Reprint) Hospital of the Woman's Medical College. 2017. (ENG., Illus.). (J). 25.15 *(978-0-260-33449-7(9))*; pap. 9.57 *(978-0-266-10826-9(1))* Forgotten Bks.
Cap & Candle, 1957 (Classic Reprint) Hospital Of the Woman College. 2017. (ENG., Illus.). (J). pap. 9.57 *(978-0-259-92079-3(7))* Forgotten Bks.
Cap & Candle, 1957 (Classic Reprint) Hospital of the Woman's Medical College. 2017. (ENG., Illus.). 68p. (J). 25.30 *(978-0-332-72258-0(9))* Forgotten Bks.
Cap & Candle, 1958 (Classic Reprint) Woman's Medical College Hospital. 2017. (ENG., Illus.). (J). 25.22 *(978-0-260-57112-0(1))*; pap. 9.57 *(978-0-266-03834-4(4))* Forgotten Bks.
Cap & Candle, 1960 (Classic Reprint) Pennsylvania School of Nursing. 2017. (ENG., Illus.). (J). 25.05 *(978-0-260-37107-2(6))*; pap. 9.57 *(978-0-266-09944-4(0))* Forgotten Bks.
Cap & Candle, 1962 (Classic Reprint) Pennsylvania School of Nursing Hospital. 2017. (ENG., Illus.). (J). 25.46 *(978-0-260-36424-1(X))*; pap. 9.57 *(978-0-266-10124-6(0))* Forgotten Bks.
Cap & Candle, 1964 (Classic Reprint) Woman's Medical College Hospital. (ENG., Illus.). (J). 2018. 70p. 25.36 *(978-0-365-13238-7(1))*; 2017. pap. 9.57 *(978-0-259-94018-0(6))* Forgotten Bks.
Cap & Candle, 1965 (Classic Reprint) Penna Woman's Medical College Hospital. 2017. (ENG., Illus.). (J). 25.53 *(978-0-260-43577-4(5))*; pap. 9.57 *(978-0-266-06181-4(9))* Forgotten Bks.
Cap & Candle 1966: Presented by Hospital of the Woman's Medical College School of Nursing (Classic Reprint) Woman's Medical College of Pennsylvania. (ENG., Illus.). (J). 2018. 70p. 25.36 *(978-0-666-18414-6(3))*; 2017. pap. 9.57 *(978-0-259-95019-6(X))* Forgotten Bks.
Cap & Candle, 1968 (Classic Reprint) Pennsylvania School of Nursing. (ENG., Illus.). (J). 2018. 98p. 25.92 *(978-0-365-46758-8(8))*; 2017. pap. 9.57 *(978-0-259-82824-2(6))* Forgotten Bks.
Cap & Candle, 1969 (Classic Reprint) Penna Woman's Medical College Hospital. 2018. (ENG., Illus.). (J). 88p. 25.73 *(978-1-396-27808-2(7))*; 90p. pap. 9.57 *(978-1-391-65710-3(1))* Forgotten Bks.
Cap & Candle, 1970 (Classic Reprint) Pennsylvania School of Nursing. (ENG., Illus.). (J). 2018. 88p. 25.71 *(978-0-484-41583-5(2))*; 2017. pap. 9.57 *(978-0-259-79812-5(6))* Forgotten Bks.
Cap & Candle, 1971 (Classic Reprint) Hospital of the Medical College Nursing. (ENG., Illus.). (J). 2018. 84p. 25.65 *(978-0-332-93583-6(3))*; 2016. pap. 9.57 *(978-1-332-89265-5(5))* Forgotten Bks.
Cap & Gown in Prose: Short Sketches Selected from Undergraduate Periodicals of Recent Years (Classic Reprint) R. L. Paget. 2018. (ENG., Illus.). 318p. (J). 30.48 *(978-0-267-24947-3(0))* Forgotten Bks.
Cap Sheaf: A Fresh Bundle (Classic Reprint) Lewis Myrtle. (ENG., Illus.). (J). 2018. 330p. 30.70 *(978-0-483-67299-4(8))*; 2016. pap. 13.57 *(978-1-333-28604-0(X))* Forgotten Bks.
Capacity (Math Counts: Updated Editions) (Library Edition) Henry Pluckrose. 2018. (Math Counts, New & Updated Ser.). (ENG., Illus.). 32p. (J). (gr. k-3). lib. bdg. 25.00 *(978-0-531-17506-4(5)*, Children's Pr.) Scholastic Library Publishing.
Cape. Kate Hannigan. Illus. by Patrick Spaziante. 2020. (League of Secret Heroes Ser.: 1). (ENG.). 352p. (J). (gr. 3-7). pap. 8.99 *(978-1-5344-3912-2(9)*, Aladdin) Simon & Schuster Children's Publishing.
Cape. Kate Hannigan. Illus. by Patrick Spaziante. 2019. (League of Secret Heroes Ser.: 1). (ENG.). 336p. (J). (gr. 3-7). 17.99 *(978-1-5344-3911-5(0)*, Simon & Schuster/Paula Wiseman Bks.) Simon & Schuster/Paula Wiseman Bks.
Cape. Kevin Johnson. Illus. by Kitt Thomas. 2023. (ENG.). 40p. (J). 18.99 *(978-1-250-84050-9(3)*, 900255258) Roaring Brook Pr.
Cape! Marty Kelley. Illus. by Marty Kelley. 2021. (ENG., Illus.). 32p. (J). (gr. k-3). 16.99 *(978-1-5341-1111-0(5)*, 205019) Sleeping Bear Pr.
Cape As I Found It (Classic Reprint) Beatrice M. Hicks. (ENG., Illus.). (J). 2018. 206p. 28.15 *(978-0-483-66746-4(3))*; 2017. pap. 10.57 *(978-0-243-89406-2(6))* Forgotten Bks.
Cape Breton Folk (Classic Reprint) C. H. Farnham. 2017. (ENG., Illus.). (J). 22p. 24.37 *(978-0-484-41444-9(5))*; pap. 7.97 *(978-0-259-51785-6(2))* Forgotten Bks.
Cape Breton Tales (Classic Reprint) Harry James Smith. 2018. (ENG., Illus.). 162p. (J). 27.24 *(978-0-364-30088-6(4))* Forgotten Bks.
Cape Buffalo & Oxpeckers. Kari Schuetz. 2019. (Animal Tag Teams Ser.). (ENG., Illus.). 24p. (J). (gr. k-3). lib. bdg. 26.95 *(978-1-62617-953-0(0)*, Blastoff! Readers) Bellwether Media.
Cape Cod. Henry David. Thoreau. 2021. (Cape Cod Classics Ser.). (ENG.). 184p. pap. 9.50 *(978-1-7327626-5-7(1))* Parnassus Bk. Service.
Cape Cod & All along Shore; Stories. Charles Nordhoff. 2017. (ENG., Illus.). (J). pap. *(978-0-649-26369-1(3))* Trieste Publishing Pty Ltd.
Cape Cod & All along Shore Stories: Stories (Classic Reprint) Charles Nordhoff. 2017. (ENG., Illus.). (J). 28.95 *(978-0-266-19608-2(X))* Forgotten Bks.
Cape Cod Folks (Classic Reprint) Sarah Pratt McLean Greene. 2017. (ENG., Illus.). (J). 32.41 *(978-1-5282-6881-3(4))* Forgotten Bks.
Cape Cod Fun. Eileen Crowley Sullivan. 2022. (ENG.). 38p. (J). 18.95 *(978-1-63755-481-4(8)*, Mascot Kids) Amplify Publishing Group.
Cape Cod Magazine: A Monthly Magazine Devoted to Cape Cod Interests; May, 1915 (Classic Reprint) Cape Cod Publishing Co. (ENG., Illus.). (J). 2018. 600p. 36.27 *(978-0-656-46742-6(8))*; 2016. pap. 19.57 *(978-1-333-49723-1(7))* Forgotten Bks.
Cape Cod Magazine, Vol. 2: January, 1917 (Classic Reprint) Lemuel C. Hall. (ENG., Illus.). (J). 2018. 536p. 34.95 *(978-0-332-33937-5(8))*; 2016. pap. 19.57 *(978-1-333-59445-9(3))* Forgotten Bks.
Cape Cod Stories: Formerly Published under the Title of the Old Home House (Classic Reprint) Joseph Crosby Lincoln. 2017. (ENG., Illus.). (J). 30.48 *(978-1-5282-8360-1(0))* Forgotten Bks.
Cape Currey (Classic Reprint) Réné Juta. 2018. (ENG., Illus.). 256p. (J). 29.20 *(978-0-428-48236-7(8))* Forgotten Bks.
Cape of Storms. Percival Pollard. 2016. (ENG.). 230p. (J). pap. *(978-3-7433-6741-8(6))* Creation Pubs.
Cape of Storms: A Novel (Classic Reprint) Percival Pollard. 2018. (ENG., Illus.). 228p. (J). 28.60 *(978-0-483-98596-4(1))* Forgotten Bks.
Cape Robin Chat. Sabina Mutangadura Seldon. Illus. by Elizabeth Sparg. 2022. (ENG.). 34p. (J). ***(978-1-77921-623-6(8))*** Human Rights Trust of Southern Africa.
Capel Sion (Classic Reprint) Caradoc Evans. 2017. (ENG., Illus.). 242p. (J). 28.89 *(978-0-260-01016-2(2))* Forgotten Bks.
Capelin Weather, 1 vol. Lori Doody. 2017. (ENG., Illus.). 36p. (J). (gr. -1-k). pap. 9.95 *(978-1-927917-09-1(3))* Running the Goat, Bks. & Broadsides CAN. Dist: Orca Bk. Pubs. USA.
Caper-Sauce. Fanny Fern. 2017. (ENG.). 316p. (J). pap. *(978-3-7446-5279-7(3))* Creation Pubs.
Caper-Sauce: A Volume of Chit-Chat about Men, Women, & Things (Classic Reprint) Fanny Fern. 2017. (ENG., Illus.). (J). 30.37 *(978-1-5283-8995-2(6))* Forgotten Bks.
Caperucita Roja. Nina Filipek. 2016. (SPA.). 32p. (J). (gr. -1-4). 9.95 *(978-84-16117-40-6(3))* Ediciones Obelisco ESP. Dist: Spanish Pubs., LLC.
Caperucita Roja. Margaret Hillert. Illus. by Winifred Barnum-Newman. 2018. (Beginning-To-Read Ser.).Tr. of Little Red Riding Hood. (SPA.). 32p. (J). (gr. k-2). pap. 13.26 *(978-1-68404-232-6(1))* Norwood Hse. Pr.
Caperucita Roja. Margaret Hillert. Illus. by Jack Pullan & Winifred Barnum-Newman. 2017. (BeginningtoRead Ser.).Tr. of Little Red Riding Hood. (ENG & SPA.). 32p. (J). (-2). 22.60 *(978-1-59953-846-4(6))*; pap. 11.94 *(978-1-68404-045-2(0))* Norwood Hse. Pr.
Caperucita Roja. Margaret Hillert et al. Illus. by Winifred Barnum-Newman. 2018. (BeginningtoRead Ser.).Tr. of Little Red Riding Hood. (SPA.). 32p. (J). (gr. -1-2). lib. bdg. 22.60 *(978-1-59953-948-5(9))* Norwood Hse. Pr.
Caperucita Roja: 3 Cuentos Predilectos de Alrededor Del Mundo. Jessica Gunderson. Tr. by Aparicio Publishing Aparicio Publishing LLC. Illus. by Carolina Farías et al. 2020. (Cuentos Multiculturales Ser.).Tr. of Little Red Riding Hood Stories Around the World. (SPA.). 32p. (J). (gr. k-2). pap. 6.95 *(978-1-5158-6070-9(1)*, 142291); lib. bdg. 29.99 *(978-1-5158-5712-9(3)*, 142073) Capstone. (Picture Window Bks.).
Caperucita Roja (Little Red Riding Hood) Jenna Mueller. Illus. by Roxanne Rainville. 2022. (Cuentos de Hadas Contados Por Clementina (Fairy Tales As Told by Clementine) Ser.). (SPA.). 32p. (J). (gr. -1-4). 32.79 *(978-1-0982-3478-2(2)*, 39909, Looking Glass Library) Magic Wagon.
Caperucita Roja. un Cuento Sobre la Autoestima / Little Red Riding Hood. a Story about Self-Esteem: Libros para niños en Español. Helen Anderton. Illus. by Stuart Lynch. 2020. (Cuentos con Valores Ser.: 3). (SPA.). 20p. (J). (gr. -1-2). bds. 10.95 *(978-1-64473-172-7(X)*, Beascoa) Penguin Random House Grupo Editorial ESP. Dist: Penguin Random Hse. LLC.
Caperucita y Los Colores. Pablo Zamboni. 2021. (Clasiquitos Ser.). (SPA & ENG.). 14p. (J). (gr. -1 — 1). bds. 6.99 *(978-987-48006-2-6(3))* Editorial EKEKA ARG. Dist: Independent Pubs. Group.
Caperuza. Beatriz Martín Vidal. 2018. (SPA.). 60p. (YA). (gr. 7). 17.95 *(978-84-16817-06-1(5))* Thule Ediciones, S. L. ESP. Dist: Independent Pubs. Group.
Caperuza Roja, la Superheroína: Una Novela Gráfica. Otis Frampton. Illus. by Otis Frampton. 2020. (Cuentos de Hadas Futuristas Ser.).Tr. of Red Riding Hood, Superhero: a Graphic Novel. (SPA.). 40p. (J). (gr. 3-6). pap. 5.95 *(978-1-4965-9959-9(4)*, 201605); lib. bdg. 25.32 *(978-1-4965-9813-4(X)*, 200701) Capstone. (Stone Arch Bks.).
Capes & Accessories: A Book about Superpowers. Assia El Moussawi. 2022. (ENG.). 20p. (J). *(978-0-2288-6954-2(4))*; pap. *(978-0-2288-6725-8(8))* Tellwell Talent.
Capibaras (Capybaras) Grace Hansen. 2016. (Especies Extraordinarias (Super Species) Ser.). (SPA.). 24p. (J). (gr. -1-2). lib. bdg. 32.79 *(978-1-62402-693-5(1)*, 24890, Abdo Kids) ABDO Publishing Co.
Capitaine Static. Alain M. Bergeron. Illus. by Sampar. 2021. (Capitaine Static Ser.: 1). (FRE.). 56p. (J). (gr. 1-3). pap. 12.95 *(978-2-7644-0568-0(5))* Quebec Amerique CAN. Dist: Orca Bk. Pubs. USA.
Capital Catch. David A. Kelly. ed. 2017. (Ballpark Mysteries Ser.: Bk. 13). lib. bdg. 14.75 *(978-0-606-39869-5(4))* Turtleback.
Capital Courtship (Classic Reprint) Alexander Black. 2018. (ENG., Illus.). 152p. (J). 27.03 *(978-0-267-20937-8(1))* Forgotten Bks.
Capital Kenosis: 7 Years Working in the City. Charles Hastings. 2021. (ENG.). 128p. (J). pap. *(978-1-6671-8487-6(3))* Lulu Pr., Inc.
Capital Letters ABC: Write & Practice Capital Letters a to Z Book for Kids (Writing Fun) Wonder House Books. 2018. (Writing Fun Ser.). (ENG.). 16p. (J). (gr. -1-k). pap. 1.99 ***(978-93-86538-62-8(8))*** Prakash Bk. Depot IND. Dist: Independent Pubs. Group.
Capital Punishment. Duchess Harris & Valerie Bodden. 2019. (History of Crime & Punishment Ser.). (ENG., Illus.). 112p. (J). (gr. 6-12). lib. bdg. 41.36 *(978-1-5321-1917-0(8)*, 32299, Essential Library) ABDO Publishing Co.
Capital Punishment, Vol. 20. Michael Kerrigan. Ed. by Manny Gomez. 2016. (Crime & Detection Ser.). (Illus.). 96p. (J). (gr. 7). 24.95 *(978-1-4222-3473-0(8))* Mason Crest.
Capital Stories by American Authors (Classic Reprint) Unknown Author. (ENG., Illus.). (J). 2018. 342p. 30.95 *(978-0-267-72747-6(X))*; 2016. pap. 13.57 *(978-1-333-67270-6(5))* Forgotten Bks.
Capitalism: Children's Politics & Government Book with Facts & Pictures. Bold Kids. 2022. (ENG.). 42p. (J). pap. 14.99 *(978-1-0717-0911-5(9))* FASTLANE LLC.
Capitalism: Discover Pictures & Facts about Capitalism for Kids! Bold Kids. 2022. (ENG.). 32p. (J). pap. 14.99 *(978-1-0717-0841-5(4))* FASTLANE LLC.
Capitalism & Moral Responsibility, 1 vol. Ed. by Lisa Idzikowski. 2019. (Introducing Issues with Opposing Viewpoints Ser.). (ENG.). 120p. (gr. 7-10). pap. 29.30 *(978-1-5345-0577-3(6)*, c6e91cff-80eb-4c6a-8948-5fae8475e1fb); lib. bdg. 43.63 *(978-1-5345-0576-6(8)*, 0d11b73e-67df-4959-9029-b18e0117d555) Greenhaven Publishing LLC.
Capitals. Taraneh Ghajar Jerven. Illus. by Nik Neves & Nina de Camargo. 2018. (Blueprint Editions Ser.). (ENG.). 64p. (J). (gr. 2-5). 21.99 *(978-1-4998-0696-0(5))* Little Bee Books Inc.
Capitán América: el Ejército Fantasma (Captain America: the Ghost Army) Alan Gratz. Illus. by Brent Schoonover. 2023. (SPA.). 176p. (J). (gr. 3-7). pap. 14.99 ***(978-1-339-01322-0(3)***, Scholastic en Espanol) Scholastic, Inc.
Capitán Valderrama: la Batalla de los Piratas Por Irse a la Cama. Sebastian Smith. Tr. by Santiago Ochoa. 2021. (Leo y Rimo (I Read-N-Rhyme) Ser.). Tr. of Captain Blarney: the Pirates' Battle for Bedtime. (SPA.). 28p. (J). (gr. -1-3). pap. *(978-1-4271-3108-9(2)*, 14625); lib. bdg. *(978-1-4271-3097-6(3)*, 14613) Crabtree Publishing Co.
Capitan Veneno: Captain (Venom/Poison) (Classic Reprint) New Zealand. 2018. (ENG., Illus.). 108p. (J). 26.12 *(978-0-267-38498-3(X))* Forgotten Bks.
Capitan Veneno: Estudio Del Natural (Classic Reprint) New Zealand. 2018. (SPA., Illus.). (J). 208p. 28.21 *(978-1-391-89907-7(5))*; 210p. pap. 10.57 *(978-1-390-60226-5(5))* Forgotten Bks.
Capitán Veneno: Novela (Classic Reprint) New Zealand. 2018. (SPA., Illus.). (J). (gr. 4-7). 180p. 27.63 *(978-1-391-34065-4(5))*; 182p. pap. 10.57 *(978-1-390-83084-2(5))* Forgotten Bks.
Capitana Del Barco: ¿Cuál Es el Problema?, 1 vol. Rosie McKee. 2017. (Computación Científica en el Mundo Real (Computer Science for the Real World) Ser.). (SPA.). 16p. (J). (gr. 2-3). pap. *(978-1-5383-5586-2(8)*, 0c52f353-511f-42c3-8ead-67c9f3e8158d, Rosen Classroom) Rosen Publishing Group, Inc., The.
Capitanes Intrépidos. Tavo de Armas. 2018. (SPA.). 78p. (J). pap. ***(978-0-244-99448-8(X))*** Lulu Pr., Inc.
Capitol: A Meet the Nation's Capitol Book. Lindsay Ward. Illus. by Lindsay Ward. 2022. (ENG., Illus.). 40p. (J). (gr. -1-3). 14.99 *(978-0-06-320380-8(4)*, HarperCollins) HarperCollins Pubs.
Capitol Building. Aaron Carr. 2017. (Symbols of America Ser.). (ENG.). 24p. (J). lib. bdg. 22.99 *(978-1-5105-2159-9(3))* SmartBook Media, Inc.
Capitol Crime. Carolyn Keene. 2021. (Nancy Drew Diaries: 22). (ENG.). 208p. (J). (gr. 3-7). 17.99 *(978-1-5344-4439-3(4))*; pap. 6.99 *(978-1-5344-4438-6(6))* Simon & Schuster Children's Publishing. (Aladdin).
Capitol Jokes of the Legislative Session of 1901 (Classic Reprint) F. Severance Johnson. 2018. (ENG., Illus.). 60p. (J). 25.13 *(978-0-483-78462-8(1))* Forgotten Bks.
Capitol Wand. Stephanie Perry Moore. Illus. by Anthony Ketuojor Ikediuba. 2023. (Magic Strong Ser.). (ENG.). 48p. (J). (gr. 2-6). pap. ***(978-1-0398-0112-7(9)***, 33098); lib. bdg. ***(978-1-0398-0053-3(X)***, 33097) Crabtree Publishing Co.
Capitolio. Aaron Carr. 2018. (Los Símbolos Estadounidenses Ser.). (SPA.). 24p. (J). lib. bdg. 22.99 *(978-1-5105-3372-1(9))* SmartBook Media, Inc.
Capitolio. Aaron Carr. 2016. (Iconos Americanos Ser.). (SPA.). 24p. (J). pap. 31.41 *(978-1-4896-4261-5(7))* Weigl Pubs., Inc.
Capitolio. Rebecca Pettiford. 2016. (Los Primeros Viajes Escolares (First Field Trips)).Tr. of State Capitol. (SPA.). 24p. (J). (gr. k-2). lib. bdg. 25.65 *(978-1-62031-328-2(6)*, Bullfrog Bks.) Jump! Inc.
Capitolio de Los Estados Unidos (United States Capitol) Julie Murray. 2017. (Lugares Simbólicos de Los Estados Unidos (US Landmarks) Ser.). (SPA.). 24p. (J). (gr. -1-2). lib. bdg. 31.36 *(978-1-5321-0191-5(0)*, 25208, Abdo Kids) ABDO Publishing Co.

C

Cap'n Abe, Storekeeper: A Story of Cape Cod (Classic Reprint) James A. Cooper. (ENG., Illus.). (J). 2018. 356p. 31.24 *(978-0-364-25437-0(8))*; 2017. pap. 13.97 *(978-1-5276-0410-0(1))* Forgotten Bks.
Capn Chadwick: Marblehead Skipper & Shoemaker (Classic Reprint) John White Chadwick. 2018. (ENG., Illus.). 90p. (J). 25.77 *(978-0-656-66741-3(9))* Forgotten Bks.
Cap'n Dan's Daughter (Classic Reprint) Joseph C. Lincoln. 2017. (ENG., Illus.). (J). 32.31 *(978-1-5285-8966-6(1))* Forgotten Bks.
Cap'n Eri. Joseph Crosby Lincoln. 2017. (ENG., Illus.). (J). 24.95 *(978-1-374-92226-6(9))*; pap. 14.95 *(978-1-374-92225-9(0))* Capital Communications, Inc.
Cap'n Eri: A Story of the Coast (Classic Reprint) Joseph Crosby Lincoln. 2018. (ENG., Illus.). 422p. (J). 32.60 *(978-0-666-76991-6(5))* Forgotten Bks.
Cap'n Gid (Classic Reprint) Elizabeth Lincoln Gould. (ENG., Illus.). (J). 2017. 29.01 *(978-0-265-39922-4(X))*; 2016. pap. 11.57 *(978-1-333-31468-2(X))* Forgotten Bks.
Cap'n Mcnasty's Pirate Guide, 1 vol. Michael Lewis. Illus. by Stan Jaskiel. 2020. (ENG.). 32p. (J). (gr. 3-4). 16.99 *(978-1-4556-2525-3(6)*, Pelican Publishing) Arcadia Publishing.
Cap'n Pratt (Classic Reprint) Tillie Johnson. 2018. (ENG., Illus.). 38p. (J). 24.68 *(978-0-656-00989-3(6))* Forgotten Bks.
Cap'n Warren's Wards (Classic Reprint) Joseph C. Lincoln. 2018. (ENG., Illus.). 398p. (J). 32.11 *(978-0-365-53453-2(6))* Forgotten Bks.
Capone Goes to Kindergarten. Anne Iodice. 2021. (ENG., Illus.). 24p. (J). pap. 7.95 *(978-1-6624-3453-2(7))* Page Publishing Inc.
Capone in the Big Apple. Anne Iodice. 2019. (ENG.). 20p. (J). pap. 7.95 *(978-1-64424-658-0(9))* Page Publishing Inc.
Cappy & the Whale. Kateryna Babkina. 2022. (Illus.). 64p. (J). (gr. k-3). 24.99 ***(978-0-241-61542-3(9)***, Puffin) Penguin Bks., Ltd. GBR. Dist: Independent Pubs. Group.
Cappy, the Arctic Tern. Ken Crawford. 2016. (Illus.). 64p. (J). pap. *(978-0-8163-6108-3(8))* Pacific Pr. Publishing Assn.
Capriccios (Classic Reprint) Duchess of Leeds. 2018. (ENG., Illus.). 354p. (J). 31.20 *(978-0-483-40255-3(9))* Forgotten Bks.
Caprice. Coe Booth. 2022. (ENG.). 256p. (J). (gr. 4-7). 17.99 *(978-0-545-93334-6(X))* Scholastic, Inc.
Caprice, or Anecdotes of the Listowel Family, Vol. 1 Of 3: An Irish Novel (Classic Reprint) Unknown Author. 2018. (ENG., Illus.). 294p. (J). 29.96 *(978-0-483-76351-7(9))* Forgotten Bks.
Caprice, or Anecdotes of the Listowel Family, Vol. 2 Of 3: An Irish Novel (Classic Reprint) Unknown Author. 2018. (ENG., Illus.). 354p. (J). 31.20 *(978-0-483-66057-1(4))* Forgotten Bks.
Caprice, or Anecdotes of the Listowel Family, Vol. 3 Of 3: An Irish Novel (Classic Reprint) Unknown Author. 2018. (ENG., Illus.). 384p. (J). 31.82 *(978-0-483-91926-6(8))* Forgotten Bks.
Capricious Caleb O'Connor. Betty Lou Rogers. 2017. (ENG., Illus.). 26p. (J). pap. 12.95 *(978-0-9985225-5-5(4))* Skookum Bks.
Capricorn. Clever Publishing. Illus. by Alyona Achilova. 2021. (Clever Zodiac Signs Ser.: 10). (ENG.). 8p. (J). (gr. -1 — 1). bds. 8.99 *(978-1-951100-70-4(0))* Clever Media Group.
Capricornia (Classic Reprint) Xavier Herbert. 2017. (ENG., Illus.). (J). 38.17 *(978-0-331-72389-2(1))*; pap. 20.57 *(978-0-243-32532-0(0))* Forgotten Bks.
Caps & Belles, 1903, Vol. 2 (Classic Reprint) Elizabeth College. 2017. (ENG., Illus.). (J). 27.22

(978-0-266-58903-7(0)); pap. 9.57 *(978-0-282-88622-6(2))* Forgotten Bks.

Caps & Capers: A Story of Boarding-School Life (Classic Reprint) Gabrielle Emilie Jackson. (ENG., Illus.). (J). 2018. 284p. 29.75 *(978-0-267-31538-3(4))*; 2016. pap. 13.57 *(978-1-333-45195-0(4))* Forgotten Bks.

Caps for Sale & the Mindful Monkeys. Esphyr Slobodkina & Ann Marie Mulhearn Sayer. Illus. by Esphyr Slobodkina. 2017. (ENG., Illus.). 48p. (J). (gr. -1-3). 17.99 *(978-0-06-249988-2(2))*, HarperCollins) HarperCollins Pubs.

Capsized! The Forgotten Story of the SS Eastland Disaster. Patricia Sutton. 2020. (ENG.). 176p. (J). (gr. 4-7). pap. 12.99 *(978-1-64160-312-6(7))* Chicago Review Pr., Inc.

Capsule. Mel Torrefranca. 2021. (ENG.). 314p. (YA). 22.99 *(978-1-7341745-5-7(2))* Lost Island Pr.

Capt. Anne of the Red Cross, or How the Militant Ghosts Saved Millville: A Red Cross Comedy for Girls (Classic Reprint) Merab Eberle. 2018. (ENG., Illus.). 26p. (J). 24.47 *(978-0-332-91722-1(3))* Forgotten Bks.

Capt. W. F. Brannan, Chief of Scouts: As Pilot to Emigrant & Government Trains, Across the Plains of the Wild West of Fifty Years Ago (Classic Reprint) William F. Drannan. (ENG., Illus.). (J). 2018. 408p. 32.31 *(978-0-267-37779-4(7))*; 2016. pap. 16.57 *(978-1-334-15667-0(0))* Forgotten Bks.

Captain a Wooing, Vol. 1 Of 3: A Novel by Frank Trollope, Qi of the Most Honourable, the Marchioness of Salisbury These Volumes Are, by Kind Permission & Profound Respect (Classic Reprint) Her Trollope. 2018. (ENG., Illus.). 312p. (J). 30.33 *(978-0-483-90619-8(0))* Forgotten Bks.

Captain Absolutely Revised & Expanded. Jesse Florea & Stephen O'Rear. rev. ed. 2022. (ENG., Illus.). 144p. (J). pap. 14.99 *(978-1-64607-057-2(7))*, 20_36639) Focus on the Family Publishing.

Captain America, 5 vols., Set. Mark Waid. Illus. by Jorge Molina. Incl. Pt. 1. Man Out of Time. lib. bdg. 31.36 *(978-1-59961-936-1(9))*, 4104); Pt. 2. Man Out of Time. lib. bdg. 31.36 *(978-1-59961-937-8(7))*, 4105); Pt. 3. Man Out of Time. lib. bdg. 31.36 *(978-1-59961-938-5(5))*, 4106); Pt. 4. Man Out of Time. lib. bdg. 31.36 *(978-1-59961-939-2(3))*, 4107); Pt. 5. Man Out of Time. lib. bdg. 31.36 *(978-1-59961-940-8(7))*, 4108); (Illus.). (J). (gr. 4-8). (Captain America Ser.: 5). (ENG.). 24p. 2011. Set lib. bdg. 156.80 *(978-1-59961-935-4(0))*, 4103, Marvel Age) Spotlight.

Captain America by Jack Kirby Omnibus [new Printing]. Jack Kirby. Illus. by Jack Kirby. 2021. (Illus.). 648p. (gr. 4-17). 100.00 *(978-1-302-92821-6(X))*, Marvel Universe) Marvel Worldwide, Inc.

Captain America Epic Collection: Justice Is Served. Mark Gruenwald et al. Illus. by Paul Neary. 2017. 512p. (gr. 4-17). pap. 39.99 *(978-1-302-90420-3(5))*, Marvel Universe) Marvel Worldwide, Inc.

Captain America Epic Collection - Hero or Hoax? Stan Lee & Marvel Various. Illus. by Marvel Various & John Romita, Sr. 2022. 472p. (gr. 4-17). pap. 44.99 *(978-1-302-94682-1(X))*, Marvel Universe) Marvel Worldwide, Inc.

Captain America Epic Collection: Monsters & Men. J. M. Dematteis & Marvel Various. Illus. by Marvel Various & Ron Wilson. 2020. 504p. (gr. 4-17). pap. 39.99 *(978-1-302-92323-5(4))*, Marvel Universe) Marvel Worldwide, Inc.

Captain America: My Mighty Marvel First Book. Marvel Entertainment. 2020. (Mighty Marvel First Book Ser.). (ENG., Illus.). 24p. (J). (gr. -1-17). bds. 10.99 *(978-1-4197-4659-8(6))*, 1700710) Abrams, Inc.

Captain America: the Ghost Army (Original Graphic Novel) Alan Gratz. Illus. by Brent Schoonover. 2023. (ENG.). 176p. (J). (gr. 3-7). 24.99 *(978-1-338-77590-7(1))*; pap. 14.99 *(978-1-338-77589-1(8))* Scholastic, Inc. (Graphix).

Captain America: the Winter Soldier: Falcon Takes Flight. Adam Davis et al. Illus. by Ron Lim et al. 2017. (World of Reading Level 2 (Leveled Readers) Ser.). (ENG.). 32p. (J). (gr. k-3). lib. bdg. 31.36 *(978-1-5321-4061-7(4))*, 25432) Spotlight.

Captain America: This Is Captain America. Brooke Dworkin. Illus. by Val Semeiks et al. 2017. (World of Reading Level 1 Ser.). (ENG.). 32p. (J). (gr. -1-3). lib. bdg. 31.36 *(978-1-5321-4051-8(7))*, 25422) Spotlight.

Captain Amyas: Being the Career of d'Arcy Amyas, R. Late Master (Classic Reprint) Dolf Wyllarde. 2017. (ENG., Illus.). (J). 30.17 *(978-1-5280-7847-4(0))* Forgotten Bks.

Captain & the Lady. Cecilia Johansen. 2022. (ENG.). 94p. (YA). pap. 11.95 *(978-1-6624-6293-1(X))* Page Publishing Inc.

Captain Aquatica. Jessica Cramp. 2019. (Illus.). 128p. (J). (gr. 3-7). 17.99 *(978-1-4263-3292-0(0))*, National Geographic Kids) Disney Publishing Worldwide.

Captain Aquatica. Grace Hill Smith. 2019. (ENG., Illus.). 128p. (J). (gr. 3-7). lib. bdg. 27.90 *(978-1-4263-3293-7(9))*, National Geographic Kids) Disney Publishing Worldwide.

Captain Awesome 4 Books in 1! No. 3: Captain Awesome & the Missing Elephants; Captain Awesome vs. the Evil Babysitter; Captain Awesome Gets a Hole-In-One; Captain Awesome Goes to Superhero Camp. Stan Kirby. Illus. by George O'Connor. 2022. (Captain Awesome Ser.). (ENG.). 496p. (J). (gr. k-4). 14.99 *(978-1-6659-1382-9(7))*, Little Simon) Little Simon.

Captain Awesome & the New Kid: #3. Stan Kirby. Illus. by George O'Connor. 2018. (Captain Awesome Ser.). (ENG.). 120p. (J). (gr. k-4). lib. bdg. 31.36 *(978-1-5321-4201-7(3))*, 28545, Chapter Bks.) Spotlight.

Captain Awesome & the Trapdoor. Stan Kirby. Illus. by George O'Connor. 2019. (Captain Awesome Ser.: 21). (ENG.). 128p. (J). (gr. k-4). 17.99 *(978-1-5344-3315-1(5))*; pap. 5.99 *(978-1-5344-3314-4(7))* Little Simon. (Little Simon).

Captain Awesome Collection No. 2 (Boxed Set) Captain Awesome, Soccer Star; Captain Awesome Saves the Winter Wonderland; Captain Awesome & the Ultimate Spelling Bee; Captain Awesome vs. the Spooky, Scary House. Stan Kirby. Illus. by George O'Connor. ed. 2022. (Captain Awesome Ser.). (ENG.). 512p. (J). (gr. k-4). pap. 23.99 *(978-1-6659-0523-7(9))*, Little Simon) Little Simon.

Captain Awesome for President. Stan Kirby. Illus. by George O'Connor. 2018. (Captain Awesome Ser.: 20). (ENG.). 128p. (J). (gr. k-4). 17.99 *(978-1-5344-2084-7(3))*; pap. 5.99 *(978-1-5344-2083-0(5))* Little Simon. (Little Simon).

Captain Awesome Has the Best Snow Day Ever? Stan Kirby. Illus. by George O'Connor. 2016. (Captain Awesome Ser.: 18). (ENG.). 128p. (J). (gr. k-4). 17.99 *(978-1-4814-7816-8(8))*, Little Simon) Little Simon.

Captain Awesome Is a Spy! Stan Kirby. Illus. by Doc Moran. 2023. (Captain Awesome Ser.: 25). (ENG.). 128p. (J). (gr. k-4). 17.99 ***(978-1-6659-3283-7(X))***; pap. 6.99 ***(978-1-6659-3282-0(1))*** Little Simon. (Little Simon).

Captain Awesome Meets Super Dude! Stan Kirby. 2016. (Captain Awesome Ser.: 17). lib. bdg. 16.00 *(978-0-606-38963-1(6))* Turtleback.

Captain Awesome Meets Super Dude! Super Special. Stan Kirby. Illus. by George O'Connor. 2016. (Captain Awesome Ser.: 17). (ENG.). 160p. (J). (gr. k-4). pap. 5.99 *(978-1-4814-6695-0(X))*, Little Simon) Little Simon.

Captain Awesome Saves the Winter Wonderland: #6. Stan Kirby. Illus. by George O'Connor. 2018. (Captain Awesome Ser.). (ENG.). 128p. (J). (gr. k-4). lib. bdg. 31.36 *(978-1-5321-4204-8(8))*, 28548, Chapter Bks.) Spotlight.

Captain Awesome Says the Magic Word. Stan Kirby. Illus. by George O'Connor. 2020. (Captain Awesome Ser.: 22). (ENG.). 128p. (J). (gr. k-4). 17.99 *(978-1-5344-6090-4(X))*; pap. 5.99 *(978-1-5344-6089-8(6))* Little Simon. (Little Simon).

Captain Awesome (Set), 6 vols. 2018. (Captain Awesome Ser.). (ENG.). 112p. (J). (gr. k-4). lib. bdg. 188.16 *(978-1-5321-4198-0(X))*, 28542, Chapter Bks.) Spotlight.

Captain Awesome, Soccer Star: #5. Stan Kirby. Illus. by George O'Connor. 2018. (Captain Awesome Ser.). (ENG.). 120p. (J). (gr. k-4). lib. bdg. 31.36 *(978-1-5321-4203-1(X))*, 28547, Chapter Bks.) Spotlight.

Captain Awesome Takes a Dive: #4. Stan Kirby. Illus. by George O'Connor. 2018. (Captain Awesome Ser.). (ENG.). 128p. (J). (gr. k-4). lib. bdg. 31.36 *(978-1-5321-4202-4(1))*, 28546, Chapter Bks.) Spotlight.

Captain Awesome Takes Flight. Stan Kirby. Illus. by George O'Connor. 2017. (Captain Awesome Ser.: 19). (ENG.). 128p. (J). (gr. k-4). pap. 5.99 *(978-1-4814-9441-0(4))*, Little Simon) Little Simon.

Captain Awesome Takes Flight. Stan Kirby. ed. 2017. (Captain Awesome Ser.: 19). lib. bdg. 16.00 *(978-0-606-40202-6(0))* Turtleback.

Captain Awesome Ten-Book Cool-Lection (Boxed Set) Captain Awesome to the Rescue!; vs. Nacho Cheese Man; & the New Kid; Takes a Dive; Soccer Star; Saves the Winter Wonderland; & the Ultimate Spelling Bee; vs. the Spooky, Scary House; Gets Crushed; & the Missing Elephants. Stan Kirby. Illus. by George O'Connor. ed. 2023. (Captain Awesome Ser.). (ENG.). 1280p. (J). (gr. k-4). pap. 59.99 *(978-1-6659-1694-3(X))*, Little Simon) Little Simon.

Captain Awesome, the Show Must Go On! Stan Kirby. Illus. by Doc Moran. 2021. (Captain Awesome Ser.: 23). (ENG.). 128p. (J). (gr. k-4). pap. 5.99 *(978-1-5344-9330-8(1))*; 17.99 *(978-1-5344-9331-5(X))* Little Simon. (Little Simon).

Captain Awesome to the Rescue! #1. Stan Kirby. Illus. by George O'Connor. 2018. (Captain Awesome Ser.). (ENG.). 112p. (J). (gr. k-4). lib. bdg. 31.36 *(978-1-5321-4199-7(8))*, 28543, Chapter Bks.) Spotlight.

Captain Awesome vs. Nacho Cheese Man: #2. Stan Kirby. Illus. by George O'Connor. 2018. (Captain Awesome Ser.). (ENG.). 120p. (J). (gr. k-4). lib. bdg. 31.36 *(978-1-5321-4200-0(5))*, 28544, Chapter Bks.) Spotlight.

Captain Awesome vs. the Evil Ice Cream Jingle. Stan Kirby. Illus. by Doc Moran. 2022. (Captain Awesome Ser.: 24). (ENG.). 128p. (J). (gr. k-4). 17.99 *(978-1-6659-1696-7(6))*; pap. 6.99 *(978-1-6659-1695-0(8))* Little Simon. (Little Simon).

Captain Awesome vs. the Sinister Substitute Teacher. Stan Kirby. Illus. by George O'Connor. 2016. (Captain Awesome Ser.: 16). (ENG.). 128p. (J). (gr. k-4). pap. 5.99 *(978-1-4814-5858-0(2))*, Little Simon) Little Simon.

Captain Awesome vs. the Sinister Substitute Teacher. Stan Kirby. ed. 2016. (Captain Awesome Ser.: 16). lib. bdg. 16.00 *(978-0-606-38247-2(X))* Turtleback.

Captain Barbara Ann's Adventures at Sea. Ann Blake. 2018. (ENG., Illus.). 46p. (J). pap. 14.95 *(978-1-64079-512-9(X))* Christian Faith Publishing.

Captain Bayley's Heir: A Tale of the Gold Fields of California. G. A. Henty. 2018. (ENG., Illus.). 300p. (YA). (gr. 7-12). pap. *(978-93-5329-266-9(2))* Alpha Editions.

Captain Bayley's Heir: A Tale of the Gold Fields of California (Classic Reprint) G. A. Henty. 2018. (ENG., Illus.). 442p. (J). 33.01 *(978-0-484-49419-9(8))* Forgotten Bks.

Captain Billy Finds a Friend. Boris Voitsehovskiy et al. Illus. by Elena Barenbaum. 2020. (Clever Storytime Ser.). (ENG.). 32p. (J). (gr. -1-2). 10.99 *(978-1-951100-02-5(6))* Clever Media Group.

Captain Black Shadow. Janina Franck. 2nd ed. 2019. (Chronicles of the Bat Ser.: 1). (ENG.). 326p. (YA). pap. 13.99 *(978-1-948661-28-7(4))* Snowy Wings Publishing.

Captain Blake (Classic Reprint) Charles King. 2017. (ENG., Illus.). (J). 34.56 *(978-1-5279-7747-1(1))* Forgotten Bks.

Captain Blarney: the Pirates' Battle for Bedtime see Capitán Valderrama: la Batalla de los Piratas Por Irse a la Cama

Captain Blarney: the Pirates' Battle for Bedtime. Sebastian Smith. 2021. (I Read-N-Rhyme Ser.). (ENG., Illus.). 28p. (J). (gr. -1-3). pap. *(978-1-4271-2930-7(4))*, 11017); lib. bdg. *(978-1-4271-2919-2(3))*, 11005) Crabtree Publishing Co.

Captain Bling's Christmas Plunder. Rebecca Colby. 2018. (2019 Av2 Fiction Ser.). (ENG.). 32p. (J). (gr. k-2). lib. bdg. 34.28 *(978-1-4896-8253-6(8))*, AV2 by Weigl) Weigl Pubs., Inc.

Captain Bling's Christmas Plunder. Rebecca Colby. Illus. by Rob McClurkan. 2017. (ENG.). 32p. (J). (gr. -1-3). 16.99 *(978-0-8075-1063-6(7))*, 807510637) Whitman, Albert & Co.

Captain Blood: His Odyssey. Rafael Sabatini. 2017. (ENG., Illus.). (J). pap. 16.95 *(978-1-374-83053-0(4))* Capital Communications, Inc.

Captain Blood: With Two Additional Maps of the Caribbean Region (Aziloth Books) Rafael Sabatini. 2017. (ENG., Illus.). (J). pap. *(978-1-911405-23-8(3))* Aziloth Bks.

Captain Blue Beard. Joshua Limbrick. Illus. by Ella Rousseau. 2023. (ENG.). 34p. (J). pap. ***(978-1-922851-07-9(8))*** Shawline Publishing Group.

Captain Bluitt (Classic Reprint) Max Adeler. (ENG., Illus.). (J). 2018. 478p. 33.76 *(978-0-483-62914-1(6))*; 2017. pap. 16.57 *(978-0-243-30212-3(6))* Forgotten Bks.

Captain Boy. John Thomson. 2022. (ENG.). 36p. (J). *(978-1-0391-2664-0(2))*; pap. *(978-1-0391-2663-3(4))* FriesenPress.

Captain Bun & Super Bonbon, 3. Jess Keating. ed. 2022. (Bunbun & Bonbon Ser.). (ENG.). 61p. (J). (gr. 2-3). 18.96 ***(978-1-68505-191-4(0))*** Penworthy Co., LLC, The.

Captain Bun & Super Bonbon: a Graphix Chapters Book (Bunbun & Bonbon #3) Jess Keating. Illus. by Jess Keating. 2021. (Bunbun & Bonbon Ser.: 3). (ENG.). 64p. (J). (gr. 1-3). 22.99 *(978-1-338-74593-1(X))*; pap. 7.99 *(978-1-338-74592-4(1))* Scholastic, Inc. (Graphix).

Captain Cake: Chasing the Rotten Tomatoes. Chris Skinner. 2022. (Captain Cake Ser.). (ENG.). 96p. (J). (gr. -1-k). pap. 15.99 *(978-981-4928-66-3(6))* Marshall Cavendish International (Asia) Private Ltd. SGP. Dist: Independent Pubs. Group.

Captain Cake: Commander Pickle Is in a Pickle. Chris Skinner. 2021. (Captain Cake Ser.). (ENG.). 96p. (J). pap. 14.99 *(978-981-4928-64-9(X))* Marshall Cavendish International (Asia) Private Ltd. SGP. Dist: Independent Pubs. Group.

Captain Cake: General Rock's Secret. Chris Skinner. 2022. (Captain Cake Ser.). (ENG.). 96p. (J). (gr. -1-k). pap. 15.99 *(978-981-4928-65-6(8))* Marshall Cavendish International (Asia) Private Ltd. SGP. Dist: Independent Pubs. Group.

Captain Cake: the Veggie Crew. Chris Skinner. 2022. (Captain Cake Ser.). (ENG.). 96p. (J). (gr. -1-k). pap. 15.99 *(978-981-4928-67-0(4))* Marshall Cavendish International (Asia) Private Ltd. SGP. Dist: Independent Pubs. Group.

Captain Canuck - S4 - Invasion. Jay Baruchel et al. 2021. (ENG., Illus.). 192p. (YA). pap. 24.99 *(978-1-988247-42-7(X))* Chapterhouse Comics CAN. Dist: Diamond Comic Distributors, Inc.

Captain Canuck - Season 0 - Sur Surray. Jay Baruchel et al. 2021. (ENG., Illus.). 168p. (YA). pap. 19.99 *(978-1-988247-40-3(3))* Chapterhouse Comics CAN. Dist: Diamond Comic Distributors, Inc.

Captain Canuck Novel - 'I' of the Needle. Dk Latta. 2022. (ENG., Illus.). 150p. (YA). pap. 14.99 *(978-1-988247-61-8(6))* Chapterhouse Comics CAN. Dist: Diamond Comic Distributors, Inc.

Captain Canuck Terror Birds. Neil Dougherty. 2017. (ENG., Illus.). 160p. (YA). pap. 9.95 *(978-1-988247-01-4(2))*, 785eb0ed-dd31-47d4-8e28-c392a68f38ab) Chapterhouse Comics CAN. Dist: Diamond Comic Distributors, Inc.

Captain Canuck Vol 01: Aleph. Kalman Andrasofszky. 2018. (ENG., Illus.). 128p. (YA). pap. 9.99 *(978-1-988247-27-4(6))*, 59ec9983-006b-4c88-8240-a137dbf04e9d) Chapterhouse Comics CAN. Dist: Diamond Comic Distributors, Inc.

Captain Canuck Vol 02: The Gauntlet. Kalman Andrasofszky. 2019. (ENG., Illus.). 128p. (YA). pap. 16.99 *(978-1-9950098-3-7(X))*, 3ef40381-886f-4dd8-a584-43053a191103) Chapterhouse Comics CAN. Dist: Diamond Comic Distributors, Inc.

Captain Canuck Vol 03: Agent of Pact. Kalman Andrasofszky. 2020. (ENG., Illus.). 128p. (YA). pap. 14.99 *(978-1-988247-28-1(4))*, 19ba75f2-8c66-438d-ab3e-2269228b710a) Chapterhouse Comics CAN. Dist: Diamond Comic Distributors, Inc.

Captain Cat & the Pirate Lunch. Emma J. Virjan. ed. 2022. (Ready-To-Read Ser.). (ENG.). 32p. (J). (gr. k-1). 16.46 ***(978-1-68505-212-6(6))*** Penworthy Co., LLC, The.

Captain Cat & the Pirate Lunch: Ready-To-Read Pre-Level 1. Emma J. Virjan. Illus. by Emma J. Virjan. 2021. (Captain Cat Ser.). (ENG., Illus.). 32p. (J). (gr. -1-k). 17.99 *(978-1-5344-9571-5(1))*; pap. 4.99 *(978-1-5344-9570-8(3))* Simon Spotlight. (Simon Spotlight).

Captain Cat Goes to Mars: Ready-To-Read Pre-Level 1. Emma J. Virjan. Illus. by Emma J. Virjan. 2022. (Captain Cat Ser.). (ENG., Illus.). 32p. (J). (gr. -1-k). 17.99 *(978-1-5344-9574-6(6))*; pap. 4.99 *(978-1-5344-9573-9(8))* Simon Spotlight. (Simon Spotlight).

Captain Chap: Or the Rolling Stones (Classic Reprint) Frank Richard Stockton. (ENG., Illus.). (J). 2017. 30.56 *(978-0-265-46446-5(3))*; 2016. pap. 13.57 *(978-1-334-14324-3(2))* Forgotten Bks.

Captain Chub (Classic Reprint) Ralph Henry Barbour. (ENG., Illus.). (J). 2017. 32.70 *(978-0-331-58577-3(4))*; 2016. pap. 16.57 *(978-1-334-27950-8(0))* Forgotten Bks.

Captain (Classic Reprint) Churchill Williams. 2018. (ENG., Illus.). 460p. (J). 33.38 *(978-0-483-31650-8(4))* Forgotten Bks.

Captain Clementine: Secret of the Star. Ginny Graham O'Donnell. Ed. by Cottage Door Press. Illus. by Laura Brenlla. 2023. (ENG.). 40p. (J). 16.99 ***(978-1-64638-828-8(3))***, 1009130) Cottage Door Pr.

Captain Close & Sergeant Croesus. Charles King. 2017. (ENG.). 252p. (J). pap. *(978-3-337-02282-2(0))* Creation Pubs.

Captain Close & Sergeant Croesus: Two Novels (Classic Reprint) Charles King. 2018. (ENG., Illus.). 248p. (J). 29.03 *(978-0-483-92418-5(0))* Forgotten Bks.

Captain Clutterbuck's Champagne 1862: A West Indian Reminiscence, Originally Published in Blackwood's Magazine (Classic Reprint) W. G. Hamley. 2018. (ENG., Illus.). 378p. (J). 31.69 *(978-0-428-46632-9(X))* Forgotten Bks.

Captain Courage's Superhero Boot Camp. Stacey Marshall. 2022. (ENG.). 34p. (J). 20.95 *(978-1-957723-24-2(6))*; pap. 12.99 *(978-1-957723-25-9(4))* Warren Publishing, Inc.

Captain Craig: A Book of Poems (Classic Reprint) Edwin Arlington Robinson. 2018. (ENG., Illus.). 198p. (J). 28.00 *(978-0-332-43748-4(5))* Forgotten Bks.

Captain Cranberry: A Cape Cod Comedy in Three Acts (Classic Reprint) Gladys Ruth Bridgham. 2018. (ENG., Illus.). (J). 25.36 *(978-0-260-71430-5(5))* Forgotten Bks.

Captain Crossbones in the Treasure Hunt. Victor Ramon Mojica. Illus. by Victor Ramon Mojica. 2017. (ENG., Illus.). 34p. (J). (gr. k-6). pap. 10.50 *(978-0-692-05160-3(0))* eugenus STUDIOS, LLC.

Captain CROSSBONES(R) in the Treasure Hunt. Victor Ramon Mojica. Illus. by Victor Ramon Mojica. 2022. (ENG.). 34p. (J). pap. 9.95 ***(978-1-7330671-9-5(1))*** eugenus STUDIOS, LLC.

Captain Cuddles: Saving the World One Hug at a Time! Maudie Powell-Tuck. Illus. by Julio Antonio Blasco. 2022. (ENG.). 24p. (J). (gr. -1-2). 17.99 *(978-1-68010-265-9(6))* Tiger Tales.

Captain Curious & the Invisible Boundary Line: Proverbial Kids(c) Karen Anderson Holcomb. 2017. (ENG., Illus.). (J). pap. 12.45 *(978-1-5127-9896-8(7))*, WestBow Pr.) Author Solutions, LLC.

Captain Danton's Daughters: A Novel (Classic Reprint) May Agnes Fleming. 2018. (ENG., Illus.). 438p. (J). 32.93 *(978-0-332-19363-2(2))* Forgotten Bks.

Captain Dom's Treasure. Terry Catasus Jennings. Illus. by Fatima Anaya. 2021. (Definitely Dominguita Ser.: 2). (ENG.). 144p. (J). (gr. 1-4). 17.99 *(978-1-5344-6506-0(5))*; pap. 5.99 *(978-1-5344-6505-3(7))* Simon & Schuster Children's Publishing. (Aladdin).

Captain Draggin's Unstoppable Flying Machine. Paul Chimera. Illus. by Cory Zayatz. 2019. (ENG.). 26p. (J). (gr. k-3). 19.95 *(978-1-7340139-4-8(X))* Primedia eLaunch LLC.

Captain Dreams: And Other Stories. Charles King. 2017. (ENG., Illus.). (J). pap. *(978-0-649-24233-7(5))* Trieste Publishing Pty Ltd.

Captain Dreams: And Other Stories. Charles King & Alvin Humphrey Sydenham. 2016. (ENG., Illus.). (J). pap. *(978-3-7433-3824-1(6))* Creation Pubs.

Captain Dreams: And Other Stories (Classic Reprint) Charles King. 2017. (ENG., Illus.). (J). 28.56 *(978-1-5280-7876-4(4))* Forgotten Bks.

Captain Fair-And-Square (Classic Reprint) William Heyliger. 2018. (ENG., Illus.). 220p. (J). 28.43 *(978-0-267-50762-7(3))* Forgotten Bks.

Captain Fingerman: the Evil Manfinger. Mauro Moro. 2022. (Captain Fingerman Ser.: 2). (ENG.). 200p. (J). pap. 28.99 *(978-981-4928-70-0(4))* Marshall Cavendish International (Asia) Private Ltd. SGP. Dist: Independent Pubs. Group.

Captain Fracasse: Translated from the French; with a Critical Introduction by F. C. de Sumichrast, of Harvard University (Classic Reprint) Theophile Gautier. 2017. (ENG., Illus.). (J). 33.88 *(978-1-5283-6452-2(X))* Forgotten Bks.

Captain Fracasse, Vol. 1 (Classic Reprint) The Ophile Gautier. 2016. (ENG., Illus.). (J). pap. 16.57 *(978-1-333-52017-5(4))* Forgotten Bks.

Captain Fracasse, Vol. 3: My Private Menagerie (Classic Reprint) The Ophile Gautier. 2016. (ENG., Illus.). (J). pap. 16.57 *(978-1-334-12867-7(7))* Forgotten Bks.

Captain Fracasse, Vol. 3: My Private Menagerie (Classic Reprint) Theophile Gautier. 2018. (ENG., Illus.). (J). 31.69 *(978-0-331-46281-4(8))* Forgotten Bks.

Captain Frank A. Erickson, USCG - Helicopter Pilot No. 1. James Burd Brewster. 2016. (Heroes of the Coast Guard Ser.: Vol. 1). (ENG., Illus.). (J). (gr. 3-6). 24.99 *(978-1-941927-37-3(8))* J2B Publishing LLC.

Captain Funny Pants Presents Clever Jokes for Clever Kids. Aaron T. Arthur. 2018. (ENG., Illus.). 102p. (J). (gr. 3-6). pap. *(978-0-9937106-7-4(0))* Mutch, Nathan.

Captain Gardiner of the International Police (Classic Reprint) Robert Allen. 2017. (ENG., Illus.). (J). 31.65 *(978-0-266-52246-1(7))*; pap. 16.57 *(978-0-259-37472-5(5))* Forgotten Bks.

Captain Gets in Shape! Lucy Ordoobadi. 2019. (ENG., Illus.). 28p. (J). (gr. k-4). pap. 9.95 *(978-0-9995096-3-0(2))* Captain the Big Dog Pr.

Captain Ginger. Stuart Moore. Illus. by June Brigman & Roy Richardson. 2019. (ENG.). 128p. pap. 15.99 *(978-0-9980442-1-7(0))*, 1c4b468d-5444-4ca0-a77b-ce988e8b5bc4) Ahoy Comics.

Captain Ginger's Fairy (Classic Reprint) Isabel Anderson. (ENG., Illus.). (J). 2018. 84p. 25.63 *(978-0-656-17100-2(6))*; 2017. pap. 9.57 *(978-0-259-47936-9(5))* Forgotten Bks.

Captain Glow. S. J. Flann. 2019. (ENG.). 366p. (YA). pap. 12.95 *(978-0-578-55814-1(9))* Scrivener Bks.

Captain Goes to School! Lucy Ordoobadi. 2017. (ENG., Illus.). (J). (gr. k-4). pap. 9.95 *(978-0-9995096-1-6(6))* Captain the Big Dog Pr.

Captain Green & the Plastic Scene. Evelyn Bookless. Illus. by Danny Deeptown. (Captain Green Ser.). 32p. (J). 2023. (ENG.). (gr. k-2). pap. 8.99 *(978-981-5044-87-4(7))*; 2019. (gr. -1-1). 14.99 *(978-981-4794-77-0(5))* Marshall Cavendish International (Asia) Private Ltd. SGP. Dist: Independent Pubs. Group.

Captain Green & the Tree Machine. Evelyn Bookless. Illus. by Danny Deeptown. (Captain Green Ser.). (ENG.). 32p. (J). 2023. (gr. 2-4). pap. 9.99 ***(978-981-5044-88-1(5))***; 2021. (gr. -1-1). 14.99 *(978-981-4893-20-6(X))* Marshall Cavendish International (Asia) Private Ltd. SGP. Dist: Independent Pubs. Group.

Captain Haverty's Wooing, Vol. 2 Of 3: A Novel (Classic Reprint) Frank Trollope. 2018. (ENG., Illus.). 284p. (J). 29.75 *(978-0-483-63578-4(2))* Forgotten Bks.

Captain Haverty's Wooing, Vol. 3 Of 3: A Novel (Classic Reprint) Frank Trollope. (ENG., Illus.). (J). 2018. 282p. 29.73 *(978-0-483-89218-7(1))*; 2016. pap. 13.57 *(978-1-333-35527-2(0))* Forgotten Bks.

Captain Herbert, Vol. 1 of 3 (Classic Reprint) Joseph Plass Victorian Liter Collection. 2018. (ENG., Illus.). 326p. (J). 30.62 *(978-0-484-37870-3(8))* Forgotten Bks.

Captain Herbert, Vol. 3 Of 3: A Sea Story (Classic Reprint) Joseph Plass Victorian Liter Collection. 2018. (ENG., Illus.). 336p. (J). 30.83 *(978-0-483-55514-3(2))* Forgotten Bks.

Captain Jack & the Pirates. Peter Bently. Illus. by Helen Oxenbury. 2016. (ENG.). 32p. (J). (-k). 18.99 *(978-0-525-42950-0(6))*, Dial Bks) Penguin Young Readers Group.

Captain Jack the Scout, or the Indian Wars about Old Fort Duquesne: An Historical Novel (Classic Reprint) Charles McKnight. (ENG., Illus.). (J). 2018. 534p. 34.91 *(978-0-331-65204-8(8))*; 2016. pap. 19.57 *(978-1-333-71264-8(2))* Forgotten Bks.

Captain Jack, the Scout; or, the Indian Wars about Old Fort Duquesne; an Historical Novel. Charles McKnight. 2019. (ENG.). 534p. (J). pap. *(978-93-5380-296-7(2))* Alpha Editions.

Captain Jack, the Union Spy, Vol. 3: Or in Vicksburg & Out (Classic Reprint) Harold T. Gray. 2018. (ENG., Illus.). 36p. (J). 24.64 *(978-0-267-46507-1(6))* Forgotten Bks.

Captain Jacobus (Classic Reprint) L. Cope Cornford. 2017. (ENG., Illus.). (J). 30.04 *(978-1-5284-6342-3(0))* Forgotten Bks.

Captain January (Classic Reprint) Laura E. Richards. 2018. (ENG., Illus.). 134p. (J). 26.68 *(978-0-484-16144-2(X))* Forgotten Bks.

Captain Jay & the Perfect Pet. Jason Antonucci. Illus. by Jason Antonucci. 2020. (ENG., Illus.). 24p. (J). (gr. k-3). pap. 15.00 *(978-0-578-66897-0(1))* Antonucci, Jason.

Captain Jeff: Or Frontier Life in Texas with the Texas Rangers (Classic Reprint) Unknown Author. 2017. (ENG., Illus.). 204p. (J). 28.10 *(978-0-265-41036-3(3))* Forgotten Bks.

Captain Jinks of the Horse Marines: A Fantastic Comedy in Three Acts (Classic Reprint) Clyde Fitch. 2017. (ENG., Illus.). (J). 28.39 *(978-0-331-13843-6(3))* Forgotten Bks.

Captain Kettle on the War-Path (Classic Reprint) C. J. Cutcliffe Hyne. 2017. (ENG., Illus.). (J). pap. 13.57 *(978-0-259-49961-9(7))* Forgotten Bks.

Captain Kid Volume 1. Mark Waid & Tom Peyer. Ed. by Marts Mike. 2017. (ENG., Illus.). 120p. (YA). pap. 14.99 *(978-1-935002-86-4(4)*, 7e7d1383-787c-4f47-b530-fbbeba11a35e) AfterShock Comics.

Captain Kidd: Jr. a Farcical Adventure in Three Acts New York Johnson Young November by Messrs. Cohan Present Harris, Kidd, by Samuel French All Rights Reserved Captain Kidd, Jr. a Farcical Adventure in Three Acts (Classic Reprint) Rida Johnson Young. 2018. (ENG., Illus.). 104p. (J). 26.04 *(978-0-267-48077-7(6))* Forgotten Bks.

Captain Klek: A Romance of Marseilles (Classic Reprint) Unknown Author. 2018. (ENG., Illus.). 252p. (J). 29.11 *(978-0-483-46508-4(9))* Forgotten Bks.

Captain Landon: A Story of Modern Rome (Classic Reprint) Richard Henry Savage. 2018. (ENG., Illus.). 412p. (J). 32.39 *(978-0-267-43313-1(1))* Forgotten Bks.

Captain Lightfoot, the Last of the New England Highwaymen: A Narrative of His Life & Adventures, with Some Account of the Notorious Captain Thunderbolt (Classic Reprint) Michael Martin. (ENG., Illus.). (J). 2018. 188p. 27.77 *(978-0-267-14509-6(8))*; 2017. pap. 10.57 *(978-0-282-38811-9(7))* Forgotten Bks.

Captain Lincoln's Way: An Indian Play for Boys (Classic Reprint) Rea Woodman. 2017. (ENG., Illus.). (J). 24.31 *(978-0-266-75796-2(0))*; pap. 7.97 *(978-1-5277-3268-1(1))* Forgotten Bks.

Captain Looroll. Matt Carr. 2023. (ENG., Illus.). 32p. (J). 9.99 ***(978-1-4052-9933-6(9))*** Farshore GBR. Dist: HarperCollins Pubs.

Captain Love; the History of a Most Romantic Event in the Life of an English Gentleman During the Reign of His Majesty George the First (Classic Reprint) G. E. Theodore Roberts. 2018. (ENG., Illus.). 324p. (J). 30.58 *(978-0-267-19484-1(6))* Forgotten Bks.

Captain Macedoine's Daughter (Classic Reprint) William McFee. 2017. (ENG., Illus.). (J). 31.18 *(978-1-5284-7746-8(4))* Forgotten Bks.

Captain Macklin: His Memoirs (Classic Reprint) Richard Harding Davis. 2017. (ENG., Illus.). (J). 31.22 *(978-1-5285-8106-6(7))* Forgotten Bks.

Captain Magic Beard & the Tiger Eel. Andy Winrow. 2021. (ENG.). 28p. (J). pap. *(978-1-80094-222-6(2))* Terence, Michael Publishing.

Captain Mansana & Mothers Hands. Bjornstjerne Bjornson. 2017. (ENG.). 246p. (J). pap. *(978-3-337-07666-5(1))* Creation Pubs.

Captain Mansana Mother's Hands (Classic Reprint) Bjornstjerne Bjornson. 2018. (ENG., Illus.). 246p. (J). 28.97 *(978-0-484-41346-6(5))* Forgotten Bks.

Captain Margaret: A Romance (Classic Reprint) Masefield. 2017. (ENG., Illus.). (J). 32.56 *(978-0-265-35318-9(1))* Forgotten Bks.

Captain Martha Mary (Classic Reprint) Avery Abbott. 2018. (ENG., Illus.). 222p. (J). 28.50 *(978-0-483-52006-6(3))* Forgotten Bks.

Captain Marvel - Civil War II, Vol. 2. Ruth Gage & Christos Gage. Illus. by Kris Anka & Marco Failla. 2017. 120p. pap. 16.99 ***(978-0-7851-9643-3(9)**, Marvel Universe)* Marvel Worldwide, Inc.

Captain Marvel: Beware the Flerken! Calliope Glass. ed. 2020. (ENG., Illus.). 32p. (J). (gr. -1-k). 12.99 *(978-1-368-05497-3(8))* Marvel Worldwide, Inc.

Captain Marvel: First Day of School! Sholly Fisch & Ty Templeton. Illus. by Ty Templeton et al. 2019. (Marvel Super Hero Adventures Graphic Novels Ser.). (ENG.). 24p. (J). (gr. 1-5). lib. bdg. 31.36 *(978-1-5321-4445-5(8)*, 33850, Marvel Age) Spotlight.

Captain Marvel: Frost Giants among Us! Joe Caramagna et al. Illus. by Ty Templeton et al. 2019. (Marvel Super Hero Adventures Graphic Novels Ser.). (ENG.). 24p. (J). (gr. 1-5). lib. bdg. 31.36 *(978-1-5321-4446-2(6)*, 33851, Marvel Age) Spotlight.

Captain Marvel: Higher, Further, Faster. Liza Palmer. ed. 2019. (ENG., Illus.). 256p. (YA). (gr. 7-12). 17.99 *(978-1-368-04780-7(7))* Marvel Worldwide, Inc.

Captain Marvel Little Golden Book (Marvel) John Sazaklis. Illus. by Penelope R. Gaylord. 2019. (Little Golden Book Ser.). (ENG.). 24p. (J). (-k). 4.99 *(978-1-5247-6870-6(7)*, Golden Bks.) Random Hse. Children's Bks.

Captain Marvel: What Makes a Hero. Pamela Bobowicz. ed. 2019. (ENG., Illus.). 32p. (J). (gr. 1-3). 12.99 *(978-1-368-04807-1(2))* Marvel Worldwide, Inc.

Captain Molly. Mary A. (Mary Andrews) Denison. 2017. (ENG., Illus.). 132p. (J). pap. *(978-3-337-14904-8(9))* Creation Pubs.

Captain Molly: A Love Story (Classic Reprint) Mary A. Denison. (ENG., Illus.). (J). 2018. 266p. 29.38 *(978-0-484-32798-5(4))*; 2016. pap. 11.97 *(978-1-334-22769-1(1))* Forgotten Bks.

Captain Monty Takes the Plunge. Jennifer Mook-Sang. Illus. by Liz Starin. 2017. (ENG.). 32p. (J). (gr. -1-2). 16.99 *(978-1-77138-626-5(6))* Kids Can Pr., Ltd. CAN. Dist: Hachette Bk. Group.

Captain Moose on the High Seas. Sarah Keyes & Hannah Keyes. 2016. (ENG., Illus.). 48p. (J). pap. *(978-1-365-30571-9(6))* Lulu Pr., Inc.

Captain Noah's Zoo. Michael Price. 2019. (ENG., Illus.). 44p. (J). pap. 14.95 *(978-1-64559-627-1(3))* Covenant Bks.

Captain of Company K (Classic Reprint) Joseph Kirkland. (ENG., Illus.). (J). 2018. 358p. 31.28 *(978-0-483-45026-4(X))*; 2016. pap. 13.97 *(978-1-334-16527-6(0))* Forgotten Bks.

Captain of Industry Being the Story of a Civilized Man (Classic Reprint) Upton Sinclair. 2017. (ENG., Illus.). (J). 26.97 *(978-1-5279-6866-0(9))* Forgotten Bks.

Captain of the Amaryllis (Classic Reprint) Stoughton Cooley. 2017. (ENG., Illus.). (J). 32.93 *(978-0-265-71226-9(2))*; pap. 16.57 *(978-1-5276-6577-4(1))* Forgotten Bks.

Captain of the Crew (Classic Reprint) Ralph Henry Barbour. 2017. (ENG., Illus.). (J). 30.21 *(978-0-266-67305-7(8))*; pap. 13.57 *(978-1-5276-4407-6(3))* Forgotten Bks.

Captain of the Gray-Horse Troop: A Novel (Classic Reprint) Hamlin Garland. 2018. (ENG., Illus.). 424p. (J). 32.66 *(978-0-483-40032-0(7))* Forgotten Bks.

Captain of the Guard (Classic Reprint) James Grant. 2018. (ENG., Illus.). 420p. (J). 32.56 *(978-0-484-65758-7(5))* Forgotten Bks.

Captain of the Host, the Supreme Test: Two Plays (Classic Reprint) Florence Elise Hyde. 2017. (ENG., Illus.). (J). 30.31 *(978-1-5285-6609-4(2))* Forgotten Bks.

Captain of the Nine (Classic Reprint) William Heyliger. (ENG., Illus.). (J). 2018. 294p. 29.98 *(978-0-365-46842-4(8))*; 2016. pap. 13.57 *(978-1-334-16300-5(6))* Forgotten Bks.

Captain of the School (Classic Reprint) Edith Robinson. (ENG., Illus.). (J). 2018. 276p. 29.59 *(978-0-267-41147-4(2))*; 2016. pap. 13.57 *(978-1-334-27560-9(2))* Forgotten Bks.

Captain of the School Team (Classic Reprint) John Prescott Earl. (ENG., Illus.). (J). 2018. 326p. 30.64 *(978-0-365-42870-1(1))*; 2017. pap. 13.57 *(978-0-259-25409-6(6))* Forgotten Bks.

Captain of the Ship: What's the Problem?, 1 vol. Rosie McKee. 2017. (Computer Science for the Real World Ser.). (ENG.). 16p. (gr. 2-3). pap. *(978-1-5383-5200-7(1)*, a47a7ec8-2707-4566-8a24-9a6d1d4209f1, Rosen Classroom) Rosen Publishing Group, Inc., The.

Captain of the Vultur: A Novel (Classic Reprint) Mary Elizabeth Braddon. (ENG., Illus.). (J). 2018. 326p. 30.62 *(978-0-331-57798-3(4))*; 2016. pap. 13.57 *(978-1-333-66574-6(1))* Forgotten Bks.

Captain of the Vulture. Mary Elizabeth Braddon. 2017. (ENG.). 324p. (J). pap. *(978-3-337-19763-6(9))* Creation Pubs.

Captain Pappy & the Snowman Crew. Kari Litscher. 2017. (ENG., Illus.). (J). pap. 7.99 *(978-0-9981307-5-0(3))* Mabela Publishing.

Captain Pete of Cortesana (Classic Reprint) James Cooper Wheeler. (ENG., Illus.). (J). 2018. 316p. 30.41 *(978-0-364-34111-7(4))*; 2017. pap. 13.57 *(978-1-5276-9352-4(X))* Forgotten Bks.

Captain Pete's Map to Heaven. Jennifer Mooney. 2016. (ENG., Illus.). 30p. (J). pap. 15.95 *(978-1-5127-5886-3(8)*, WestBow Pr.) Author Solutions, LLC.

Captain Phil. Martha McCannon Thomas. 2017. (ENG.). 398p. (J). pap. *(978-3-337-19705-6(1))* Creation Pubs.

Captain Phil: A Boy's Experience in the Western Army During the War of the Rebellion (Classic Reprint) Martha McCannon Thomas. (ENG., Illus.). (J). 2018. 388p. 31.92 *(978-0-483-81477-6(6))*; 2017. pap. 16.57 *(978-0-243-20777-0(8))* Forgotten Bks.

Captain Polly (Classic Reprint) Sophie Swett. 2018. (ENG., Illus.). 340p. (J). 30.91 *(978-0-484-13301-2(2))* Forgotten Bks.

Captain Pug. Laura James. Illus. by Églantine Ceulemans. 2016. (Adventures of Pug Ser.). (ENG.). 128p. (J). pap. *(978-1-4088-6636-8(6)*, 280814, Bloomsbury Children's Bks.) Bloomsbury Publishing Plc.

Captain Pug: The Dog Who Sailed the Seas. Laura James. ed. 2017. (Adventures of Pug Ser.: 1). (J). lib. bdg. 17.20 *(978-0-606-40346-7(9))* Turtleback.

Captain Random & the Eater of Souls. Hayden Gribble. 2019. (Captain Random Adventures Ser.: Vol. 2). (ENG., Illus.). 282p. (YA). (gr. 7-12). pap. *(978-1-9998659-3-1(6))* Gribble, Hayden.

Captain Random & the Rainbow Chasers. Hayden Gribble. 2021. (ENG.). 276p. (YA). pap. *(978-1-9998659-6-2(0))* Gribble, Hayden.

Captain Random & the Stratos Conundrum. Hayden Gribble. 2022. (ENG.). 278p. (YA). pap. *(978-1-9998659-7-9(9))* Gribble, Hayden.

Captain Random vs the Sandman. Hayden Gribble. 2018. (Captain Random Adventures Ser.: Vol. 1). (ENG., Illus.). 348p. (YA). (gr. 7-12). pap. *(978-1-9998659-2-4(8))* Gribble, Hayden.

Captain Raptor & the Perilous Planet. Kevin O'Malley & Patrick O'Brien. Illus. by Patrick O'Brien. 2018. (Captain Raptor Ser.: 3). (Illus.). 32p. (J). (gr. -1-3). lib. bdg. 17.99 *(978-1-58089-809-6(2))* Charlesbridge Publishing, Inc.

Captain Ravenshaw, or the Maid of Cheapside a Romance of Elizabethan London, Vol. 2 (Classic Reprint) Robert Neilson Stephens. 2018. (ENG., Illus.). 402p. (J). 32.19 *(978-0-483-52510-8(3))* Forgotten Bks.

Captain Rosalie. Timothee de Fombelle. Illus. by Isabelle Arsenault. 2019. (ENG.). 64p. (J). (gr. 3-7). 15.99 *(978-1-5362-0520-6(6))* Candlewick Pr.

Captain Sam. George Cary Eggleston. 2017. (ENG.). 220p. (J). pap. *(978-3-337-07571-2(1))* Creation Pubs.

Captain Sam & the Catamaran. C. C. Watson. 2017. (ENG., Illus.). (J). pap. 10.99 *(978-0-473-40077-4(4))* Watson Publishing.

Captain Shannon (Classic Reprint) Coulson Kernahan. 2017. (ENG., Illus.). (J). 32.06 *(978-1-5281-8332-1(0))* Forgotten Bks.

Captain Shays: A Populist of 1786 (Classic Reprint) George R. R. Rivers. 2018. (ENG., Illus.). 370p. (J). 31.53 *(978-0-484-79777-1(8))* Forgotten Bks.

Captain Shellfish & the Meanest Pirate on the Sea. D. P. Whitehead. 2017. (ENG., Illus.). 38p. (J). (gr. k-2). 15.95 *(978-0-9972943-5-4(3))* Whitehead, D. Literature.

Captain Small Pig, 1 vol. Martin Waddell. Illus. by Susan Varley. 2017. (ENG.). 32p. (J). (gr. -1-3). pap. 7.95 *(978-1-56145-982-7(8))* Peachtree Publishing Co. Inc.

Captain Snout & the Super Power Questions: Don't Let the Ants Steal Your Happiness, 1 vol. Daniel Amen. Illus. by Brendan Kearney. 2017. (ENG.). 40p. (J). 16.99 *(978-0-310-75832-7(7))* Zonderkidz.

Captain Squires' Commonoddities (Classic Reprint) Oliver P. M. Squires. 2018. (ENG., Illus.). 208p. (J). 28.21 *(978-0-483-73196-7(X))* Forgotten Bks.

Captain Starfish. Davina Bell. Illus. by Allison Colpoys. 2018. (ENG.). 40p. (J). (gr. -1-3). 16.99 *(978-1-4197-2837-2(7)*, 1196701, Abrams Bks. for Young Readers) Abrams, Inc.

Captain Stinky & Sailor Puss Visit Turtalia. Colin Fisher. 2021. (ENG.). 64p. (J). pap. *(978-0-9951295-2-8(5))* Fisher, Colin.

Captain Stone's Revenge. Carolyn Keene. 2023. (Nancy Drew Diaries: 24). (ENG.). 208p. (J). (gr. 3-7). 17.99 *(978-1-5344-6943-3(5))*; pap. 7.99 *(978-1-5344-6942-6(7))* Simon & Schuster Children's Publishing. (Aladdin).

Captain Sully's River Landing: The Hudson Hero of Flight 1549. Steven Otfinoski. 2019. (Tangled History Ser.). (ENG., Illus.). 112p. (J). (gr. 3-9). lib. bdg. 32.65 *(978-1-5435-4195-3(X)*, 139109) Capstone.

Captain Superlative. J. S. Puller. 2019. (ENG.). 256p. (J). (gr. 3-7). pap. 8.99 *(978-1-368-00563-0(2))* Little, Brown Bks. for Young Readers.

Captain Sylvia (Classic Reprint) Marion Ames Taggart. 2017. (ENG., Illus.). (J). 368p. 31.49 *(978-0-484-08008-8(3))*; pap. 13.97 *(978-0-259-35308-9(6))* Forgotten Bks.

Captain Takes a Vacation! Lucy Ordoobadi. 2017. (ENG., Illus.). 28p. (J). (gr. k-4). pap. 9.95 *(978-0-9995096-2-3(4))* Captain the Big Dog Pr.

Captain Tempesta. Emilio. Salgari. Tr. by Nico Lorenzutti. 2020. (ENG.). 232p. (J). pap. *(978-1-987886-60-3(7))* ROH Pr.

Captain the Brave & the Eagle of Kalamashoak. Richard Hales & Av. 2022. (ENG.). 62p. (J). pap. 21.95 *(978-1-6624-2904-0(5))* Page Publishing Inc.

Captain Tom Moore. Maria Isabel Sanchez Vegara. Illus. by Christophe Jacques. ed. 2020. (Little People, BIG DREAMS Ser.: 47). (ENG.). 32p. (J). (gr. -1-2). 15.99 ***(978-0-7112-6209-6(8)**, Frances Lincoln Children's Bks.)* Quarto Publishing Group UK GBR. Dist: Hachette Bk. Group.

Captain Underpants & the Attack of the Talking Toilets: Color Edition (Captain Underpants #2) (Color Edition) Dav Pilkey. Illus. by Dav Pilkey. 2023. (Captain Underpants Ser.). (ENG.). 160p. (J). (gr. 2). 12.99 *(978-1-338-86430-4(0))* Scholastic, Inc.

Captain Underpants & the Big, Bad Battle of the Bionic Booger Boy, Part 1: the Night of the Nasty Nostril Nuggets: Color Edition (Captain Underpants #6) (Color Edition) Dav Pilkey. Illus. by Dav Pilkey. 2023. (Captain Underpants Ser.). (ENG.). 176p. (J). (gr. 2). 12.99 *(978-1-338-86434-2(3))* Scholastic, Inc.

Captain Underpants & the Big, Bad Battle of the Bionic Booger Boy, Part 2: The Revenge of the Ridiculous Robo-Boogers see Capitán Calzoncillos y la Feroz Batalla Contra el niño Mocobionico 2ª Parte: la Venganza de Los Ridiculos Mocorobots (Captain Underpants #7), Pt. 2

Captain Underpants & the Big, Bad Battle of the Bionic Booger Boy, Part 2: the Revenge of the Ridiculous Robo-Boogers: Color Edition (Captain Underpants #7) (Color Edition) Dav Pilkey. Illus. by Dav Pilkey. 2023. (Captain Underpants Ser.). (ENG.). 176p. (J). (gr. 2). 12.99 *(978-1-338-86435-9(1))* Scholastic, Inc.

Captain Underpants & the Big, Bad Battle of the Bionic Booger Boy: the Night of the Nasty Nostril Nuggets see Capitán Calzoncillos y la Feroz Batalla Contra el Niño Mocobionico: La Parte - La Noche de los Mocos Vivientes

Captain Underpants & the Invasion of the Incredibly Naughty Cafeteria Ladies from Outer Space: Color Edition (Captain Underpants #3) (Color Edition) Dav Pilkey. Illus. by Dav Pilkey. 2023. (Captain Underpants Ser.). (ENG.). 160p. (J). (gr. 2). 12.99 *(978-1-338-86431-1(9))* Scholastic, Inc.

Captain Underpants & the Perilous Plot of Professor Poopypants: The Fourth Epic Novel. Jose Garibaldi. Illus. by Dav Pilkey. 2016. 149p. (J). *(978-1-5182-1145-4(3)*, 112964869) Scholastic, Inc.

Captain Underpants & the Perilous Plot of Professor Poopypants: Color Edition (Captain Underpants #4) (Color Edition) Dav Pilkey. Illus. by Dav Pilkey. 2023. (Captain Underpants Ser.). (ENG.). 160p. (J). (gr. 2). 12.99 *(978-1-338-86432-8(7))* Scholastic, Inc.

Captain Underpants & the Preposterous Plight of the Purple Potty People: Color Edition (Captain Underpants #8) (Color Edition) Dav Pilkey. Illus. by Dav Pilkey. 2023. (Captain Underpants Ser.). (ENG.). 176p. (J). (gr. 2). 12.99 *(978-1-338-86438-0(6))* Scholastic, Inc.

Captain Underpants & the Revolting Revenge of the Radioactive Robo-Boxers: Color Edition (Captain Underpants #10) (Color Edition) Dav Pilkey. Illus. by Dav Pilkey. 2020. (Captain Underpants Ser.: 10). (ENG., Illus.). 224p. (J). (gr. 2-2). 12.99 *(978-1-338-34723-4(3))* Scholastic, Inc.

Captain Underpants & the Sensational Saga of Sir Stinks-A-Lot: Color Edition (Captain Underpants #12) (Color Edition) Dav Pilkey. Illus. by Dav Pilkey. 2022. (Captain Underpants Ser.: 12). (ENG.). 208p. (J). (gr. 2-2). 12.99 *(978-1-338-34725-8(X))* Scholastic, Inc.

Captain Underpants & the Terrifying Return of Tippy Tinkletrousers: Color Edition (Captain Underpants #9) (Color Edition) Dav Pilkey. Illus. by Dav Pilkey. 2019. (Captain Underpants Ser.: 9). (ENG., Illus.). 304p. (J). (gr. 2). 12.99 *(978-1-338-34721-0(7))* Scholastic, Inc.

Captain Underpants & the Tyrannical Retaliation of the Turbo Toilet 2000: Color Edition (Captain Underpants #11) (Color Edition) Dav Pilkey. Illus. by Dav Pilkey. 2021. (Captain Underpants Ser.: 11). (ENG.). 224p. (J). (gr. 2-2). 12.99 *(978-1-338-34724-1(1))* Scholastic, Inc.

Captain Underpants & the Wrath of the Wicked Wedgie Woman. Dav Pilkey & Jose Garibaldi. Illus. by Dav Pilkey. 2018. (Illus.). 165p. (J). *(978-1-5444-0229-1(5))* Scholastic, Inc.

Captain Underpants & the Wrath of the Wicked Wedgie Woman (Color Edition) Dav Pilkey. ed. 2018. (Captain Underpants Color Edition Ser.: 5). lib. bdg. 20.85 *(978-0-606-41140-0(2))* Turtleback.

Captain Underpants & the Wrath of the Wicked Wedgie Woman: Color Edition (Captain Underpants #5) (Color Edition) Dav Pilkey. Illus. by Dav Pilkey. 2023. (Captain Underpants Ser.). (ENG.). 176p. (J). (gr. 2). 12.99 *(978-1-338-86433-5(5))* Scholastic, Inc.

Captain Underpants Double-Crunchy Book o' Fun: Color Edition (from the Creator of Dog Man) Dav Pilkey. Illus. by Dav Pilkey. 2022. (Captain Underpants Ser.). (ENG.). 128p. (J). (gr. 2). 12.99 *(978-1-338-81449-1(4))* Scholastic, Inc.

Captain Underpants, the First Epic Movie: Official Handbook. Kate Howard. 2017. (Illus.). 64p. (J). *(978-1-5379-5644-2(2))* Scholastic, Inc.

Captain Vertigo & ... Fart Man. Jules Wallace. 2023. (ENG.). 112p. (J). pap. ***(978-0-6451581-4-4(3))*** Lilly Pilly Publishing.

Captain Waltham: A Tale of Southern India (Classic Reprint) Joseph Scudder. 2018. (ENG., Illus.). 302p. (J). 30.15 *(978-0-267-17358-7(X))* Forgotten Bks.

Captain Waters, & Bill His Bo'son a Tale of the Ocean & the Farm (Classic Reprint) R. O. Sault. 2018. (ENG., Illus.). 298p. (J). 30.06 *(978-0-484-03313-8(1))* Forgotten Bks.

Captain Wheeler's Narrative of His Wanderings in Brazil, South America (Classic Reprint) George W. Wheeler. (ENG., Illus.). (J). 2018. 28p. 24.47 *(978-0-483-56131-1(2))*; 2017. pap. 7.97 *(978-0-259-43744-4(1))* Forgotten Bks.

Captain Wobbly. Laura Carter. Illus. by Gary Andrews. 2019. (Captain Wobbly Ser.: Vol. 1). (ENG.). 34p. (J). pap. *(978-0-9955109-0-6(3))* Wobbly Pr.

Captain Wobbly & the Invasion from Erm. Laura Carter. Illus. by Gary Andrews. 2020. (Captain Wobbly Ser.: Vol. 2). (ENG.). 34p. (J). pap. *(978-0-9955109-1-3(1))* Wobbly Pr.

Captain Wuzbee & the Search for Maryland's Lost Alphabet. Katie Rohe. 2023. (ENG.). 38p. (J). 18.95 ***(978-1-64543-028-5(6)**, Mascot Kids)* Amplify Publishing Group.

Captain Zillner: A Human Document (Classic Reprint) Rudolf Jeremias Kreutz. (ENG., Illus.). (J). 2018. 332p. 30.74 *(978-0-267-97987-5(8))*; 2016. pap. 13.57 *(978-1-334-12613-0(5))* Forgotten Bks.

Captains All: With Decorations & Ten Full Page Illustrations (Classic Reprint) W. W. Jacobs. 2018. (ENG., Illus.). 346p. (J). 31.03 *(978-0-365-02298-5(5))* Forgotten Bks.

Captain's Bargain (Classic Reprint) Julia McNair Wright. 2017. (ENG., Illus.). (J). 31.07 *(978-0-266-19678-5(0))* Forgotten Bks.

Captain's Boy: A Novel. Don Callaway. 2020. (ENG.). 288p. (YA). 19.95 *(978-1-61088-037-4(4)*, d54fe5ad-1341-407f-b80a-84fb6338bd37) Bancroft Pr.

Captain's Cat & the Stars of the Sea. Chele Castley. Illus. by Isabella Gagliano. 2023. (ENG.). 40p. (J). pap. ***(978-1-922851-25-3(6))*** Shawline Publishing Group.

Captains Courageous. Rudyard Kipling. 2018. (ENG., Illus.). 164p. (J). (gr. 3-6). pap. 5.95 *(978-1-68422-186-8(2))* Martino Fine Bks.

Captain's Daughter (Classic Reprint) Gwendolen Overton. 2017. (ENG., Illus.). (J). 29.67 *(978-1-5282-7953-6(0))* Forgotten Bks.

Captain's Daughter (Classic Reprint) Alexander L. M. Puschkin. (ENG., Illus.). (J). 2018. 164p. 27.30 *(978-0-484-76008-9(4))*; 2017. pap. 9.97 *(978-0-259-20730-6(6))* Forgotten Bks.

Captain's Dog. Louis Enault. 2017. (ENG., Illus.). (J). pap. *(978-0-649-50879-2(3))* Trieste Publishing Pty Ltd.

Captain's Dog (Classic Reprint) Louis Enault. 2017. (ENG., Illus.). (J). 27.03 *(978-0-266-71204-6(5))*; pap. 9.57 *(978-1-5276-6541-5(0))* Forgotten Bks.

Captain's Inkwell Anthology. Brian Bourner et al. 2020. (ENG.). 126p. (J). pap. *(978-1-716-94719-3(7))* Lulu Pr., Inc.

Captain's Log: Snowbound. Erin Dionne. Illus. by Jeffrey Ebbeler. 2018. (ENG.). 32p. (J). (gr. -1-3). lib. bdg. 17.99 *(978-1-58089-825-6(4))* Charlesbridge Publishing, Inc.

Captains of Industry or Men of Business Who Did Something Besides Making Money. James Parton. 2017. (ENG.). (J). 404p. pap. *(978-3-7447-9748-1(1))*; 428p. pap. *(978-3-7447-9749-8(X))* Creation Pubs.

Captains of the Big Planes, Famous Planes & Famous Pilots! - Children's Aeronautics & Astronautics Books. Baby Professor. 2017. (ENG., Illus.). (J). pap. 7.89 *(978-1-68326-893-2(8)*, Baby Professor (Education Kids)) Speedy Publishing LLC.

Captain's Predicament (Classic Reprint) Alice Gay Judd. 2018. (ENG., Illus.). 28p. (J). 24.47 *(978-0-483-90594-8(1))* Forgotten Bks.

Captain's Quandary. Rick A. Martinez. Illus. by Matt Pikarsky. 2021. (ENG.). 28p. (J). 15.95 *(978-1-7329511-4-3(4))* Martinez, Richard A.

Captain's Romance, or Tales of the Backwoods (Classic Reprint) Opie Read. (ENG., Illus.). (J). 2018. 322p. 30.54 *(978-0-365-16686-3(3))*; 2016. pap. 13.57 *(978-1-333-64627-1(5))* Forgotten Bks.

Captains Room, etc (Classic Reprint) Walter Besant. 2018. (ENG., Illus.). 446p. (J). 33.10 *(978-0-484-20206-0(5))* Forgotten Bks.

Captain's Room, etc (Classic Reprint) Walter Besant. 2017. (ENG., Illus.). (J). 32.39 *(978-0-265-66333-2(4))*; pap. 16.57 *(978-1-5276-3588-3(0))* Forgotten Bks.

Captains Room, etc, Vol. 1 of 3 (Classic Reprint) Walter Besant. 2018. (ENG., Illus.). 304p. (J). 30.19 *(978-0-483-64495-3(1))* Forgotten Bks.

C

Captains' Room, etc, Vol. 2 of 3 (Classic Reprint) Walter Besant. 2018. (ENG., Illus.). 318p. (J). 30.48 *(978-0-483-59974-1(3))* Forgotten Bks.

Captains Room, etc, Vol. 3 of 3 (Classic Reprint) Walter Besant. 2018. (ENG., Illus.). 324p. (J). 30.60 *(978-0-483-67582-7(2))* Forgotten Bks.

Captain's Toll-Gate (Classic Reprint) Frank R. Stockton. 2018. (ENG., Illus.). 422p. (J). 32.60 *(978-0-365-15056-5(8))* Forgotten Bks.

Captivate. Vanessa Garden. 2016. (Submerged Sun Ser.: Vol. 1). (ENG., Illus.). (YA). pap. *(978-0-6480358-0-0(8))* Vanessa Garden.

Captivating Coastal Creatures of Southwest Florida. Christine J. Relli-Kunz. 2022. (ENG.). 94p. (J). 26.95 *(978-1-63765-251-0(8))*; pap. 18.95 *(978-1-63765-236-7(4))* Halo Publishing International.

Captivating Mary Carstairs (Classic Reprint) Henry Sydnor Harrison. 2018. (ENG., Illus.). 366p. (J). 31.45 *(978-0-428-73995-9(4))* Forgotten Bks.

Captive. Melissa A. Craven. 2020. (ENG.). 378p. (YA). 21.99 *(978-1-970052-12-1(0))* United Bks. Publishing.

Captive. A. J. Grainger. 2016. (ENG.). 272p. (YA). (gr. 7). pap. 11.99 *(978-1-4814-2904-7(3))* Simon & Schuster Children's Publishing.

Captive, 1 vol. Donna J. Stoltzfus. 2018. (ENG.). 128p. (gr. 3-6). 12.99 *(978-0-7643-5551-6(1)*, 9859) Schiffer Publishing, Ltd.

Captive Animal Welfare. Jessie Alkire. 2017. (Animal Rights Ser.). (ENG., Illus.). 32p. (J). (gr. 3-6). lib. bdg. 32.79 *(978-1-5321-1258-4(0)*, 27575, Checkerboard Library) ABDO Publishing Co.

Captive at Carlsruhe: And Other German Prison Camps (Classic Reprint) Joseph Lee. 2018. (ENG., Illus.). 222p. (J). 28.48 *(978-0-267-84299-5(6))* Forgotten Bks.

Captive Cruise Ship. Penelope Dyan & Pamela Hillan. 2022. (ENG.). 96p. (YA). pap. 9.50 *(978-1-61477-591-1(5))* Bellissima Publishing, LLC.

Captive in Rome. Kathy Lee. 2016. (ENG., Illus.). 160p. (J). pap. 14.99 *(978-0-281-07633-8(2)*, 53bffe0c-1f13-4d3d-a979-2e9d129ad745) SPCK Publishing GBR. Dist: Baker & Taylor Publisher Services (BTPS).

Captive Kingdom (the Ascendance Series, Book 4), 1 vol. Jennifer A. Nielsen. (Ascendance Ser.: 4). (ENG.). (J). (gr. 3-7). 2021. 400p. pap. 8.99 *(978-1-338-55111-2(6))*; 2020. (Illus.). 384p. 18.99 *(978-1-338-55108-2(6)*, Scholastic Pr.) Scholastic, Inc.

Captive of Love: A Romance (Classic Reprint) Kyokutei Bakin. 2017. (ENG., Illus.). (J). 26.62 *(978-0-331-89501-8(3))* Forgotten Bks.

Captive of the Roman Eagles (Classic Reprint) Felix Dahn. 2018. (ENG., Illus.). 442p. (J). 33.01 *(978-0-483-31234-0(7))* Forgotten Bks.

Captive Princess (Classic Reprint) Richard Henry Savage. 2017. (ENG., Illus.). (J). 338p. 30.87 *(978-0-332-73474-3(9))*; 340p. pap. 13.57 *(978-0-332-49435-7(7))* Forgotten Bks.

Captive Royal Children (Classic Reprint) Grace I. Whitham. (ENG., Illus.). (J). 2018. 450p. 33.18 *(978-0-483-81190-4(4))*; 2016. pap. 16.57 *(978-1-334-15329-7(9))* Forgotten Bks.

Captive Singer (Classic Reprint) Marie Bjelke Petersen. 2018. (ENG., Illus.). 330p. (J). 30.70 *(978-0-267-15229-2(9))* Forgotten Bks.

Captive Sky-Lark, or Do As You Would Be Done By: A Tale (Classic Reprint) Clara de Chatelain. (ENG., Illus.). (J). 2018. 144p. 26.87 *(978-0-483-44837-7(0))*; 2016. pap. 9.57 *(978-1-333-77425-7(7))* Forgotten Bks.

Captives of Cupid: A Story of Old Detroit (Classic Reprint) Annetta Halliday Antona. 2018. (ENG., Illus.). 126p. (J). 26.50 *(978-0-428-39627-5(5))* Forgotten Bks.

Captives of Plautus. Titus Maccius Plautus. 2017. (ENG., Illus.). (J). pap. *(978-0-649-52369-6(5))* Trieste Publishing Pty Ltd.

Captives of Plautus: Translated into English Prose (Classic Reprint) Titus Maccius Plautus. (ENG., Illus.). (J). 2018. 114p. 26.27 *(978-0-365-39574-4(9))*; 2017. pap. 9.57 *(978-0-259-55548-3(7))* Forgotten Bks.

Captives of the Fern Queen: Montaland, Book One. S. G. Byrd. 2018. (Montaland Ser.: Vol. 1). (ENG., Illus.). 220p. (J). (gr. 3-6). pap. 16.99 *(978-1-61153-278-4(7)*, Torchflame Bks.) Light Messages Publishing.

Captives of the Reich (Set), 6 vols. 2022. (Captives of the Reich Ser.). (ENG.). 112p. (J). (gr. 4-9). lib. bdg. 231.00 *(978-1-0982-3340-2(9)*, 39857, Claw) ABDO Publishing Co.

Captives Three (Classic Reprint) James A. Braden. 2017. (ENG., Illus.). (J). 29.14 *(978-0-260-60492-7(5))* Forgotten Bks.

Captives, Vol. 1 Of 4: A Novel in Four Parts (Classic Reprint) Hugh Walpole. 2017. (ENG., Illus.). (J). 33.92 *(978-1-5281-6141-1(6))* Forgotten Bks.

Captivi of Plautus: With Introduction, Notes, & Vocabulary (Classic Reprint) Titus Maccius Plautus. 2017. (ENG., Illus.). (J). 27.42 *(978-0-265-67240-2(6))*; pap. 9.97 *(978-1-5276-4275-1(5))* Forgotten Bks.

Captivity & Escape (Classic Reprint) M. Jean Martin. 2017. (ENG., Illus.). (J). 28.50 *(978-0-266-97554-0(2))* Forgotten Bks.

Captivity of Two Russian Princesses in the Caucasus: Including a Seven Months' Residence in Shamil's Seraglio; Communicated by Themselves, & Translated from the Original Russian (Classic Reprint) H. Sutherland Edwards. (ENG., Illus.). (J). 2018. 370p. 31.53 *(978-0-365-27533-6(6))*; 2017. pap. 13.97 *(978-0-259-48718-0(X))* Forgotten Bks.

Capt'n Davy's Honeymoon. Hall Caine. 2017. (ENG.). 288p. (J). pap. *(978-3-337-10597-6(1))* Creation Pubs.

Capt'n Davy's Honeymoon: A Manx Yarn. Hall Caine. 2017. (ENG., Illus.). (J). pap. *(978-0-649-41279-2(6))* Trieste Publishing Pty Ltd.

Capt'n Davy's Honeymoon: A Manx Yarn (Classic Reprint) Hall Caine. (ENG., Illus.). (J). 2018. 210p. 28.25 *(978-0-364-27221-3(X))*; 2016. pap. 10.97 *(978-1-334-12998-8(3))* Forgotten Bks.

Capt'n Davy's Honeymoon: The Last Confession; & the Blind Mother (Classic Reprint) Hall Caine. 2018. (ENG., Illus.). 292p. (J). 29.94 *(978-0-656-60738-9(6))* Forgotten Bks.

Capture. Tom Isbell. 2016. (Prey Trilogy Ser.: 2). (ENG.). 448p. (YA). (gr. 8). 17.99 *(978-0-06-221605-2(8)*, HarperTeen) HarperCollins Pubs.

Capture of Black Bart: Gentleman Bandit of the Old West. Norman H. Finkelstein. 2018. (ENG., Illus.). 160p. (J). (gr. 5). 17.99 *(978-1-61373-995-2(8))* Chicago Review Pr., Inc.

Capture of Paul Beck (Classic Reprint) McDonnell Bodkin. 2017. (ENG., Illus.). (J). 30.60 *(978-0-331-97136-1(4))*; pap. 13.57 *(978-0-259-26108-7(4))* Forgotten Bks.

Capture of the Alamo. Hiram H. McLane. 2017. (ENG.). 108p. (J). pap. *(978-3-337-39748-7(4))* Creation Pubs.

Capture of the Alamo: A Historical Tragedy, Four Acts with Prologue (Classic Reprint) Hiram H. McLane. 2018. (ENG., Illus.). 106p. (J). 26.10 *(978-0-484-41021-2(0))* Forgotten Bks.

Capture of the Sloop Ranger. Gregory Duhamel. 2023. (ENG.). 152p. (YA). pap. 20.00 ***(978-1-716-75330-5(9))*** Lulu Pr., Inc.

Capture the Flag. Kara L. Laughlin. 2018. (Neighborhood Sports Ser.). (ENG.). 24p. (J). (gr. k-3). lib. bdg. 32.79 *(978-1-5038-2369-3(5)*, 212212) Child's World, Inc, The.

Captured. Michelle Areaux. 2019. (Runaway Ser.: Vol. 2). (ENG.). 172p. (YA). (gr. 7-12). pap. 9.99 *(978-1-64533-064-6(8))* Kingston Publishing Co.

Captured. Stephanie Nichole. 2019. (Dark Prophecy Ser.: Vol. 2). (ENG.). 312p. (YA). (gr. 7-12). pap. 9.99 *(978-1-64533-086-8(9))* Kingston Publishing Co.

Captured! Bringing in 9/11 Planner Khalid Sheik Mohammed, Vol. 8. Michael Burgan. 2018. (Special Forces Stories Ser.). 64p. (J). (gr. 7). 31.93 *(978-1-4222-4078-6(9))* Mason Crest.

Captured: Sixteen Months As a Prisoner of War (Classic Reprint) J. Harvey Douglas. 2018. (ENG., Illus.). 216p. (J). 28.37 *(978-0-364-25170-6(0))* Forgotten Bks.

Captured: The Finlays & the Fae. Lisa M. Birk. 2016. (Finlays & the Fae Ser.: Vol. 1). (ENG., Illus.). 348p. (YA). (gr. 7-12). 18.99 *(978-0-692-66880-1(2))* Tale Weaver Pr.

Captured: an American Prisoner of War in North Vietnam (Scholastic Focus) Alvin Townley. 2019. (ENG., Illus.). 256p. (YA). (gr. 7-7). 18.99 *(978-1-338-25566-9(5)*, Scholastic Nonfiction) Scholastic, Inc.

Captured by the Navajos (Classic Reprint) Charles Albert Curtis. 2018. (ENG., Illus.). 310p. (J). 30.29 *(978-0-365-12154-1(1))* Forgotten Bks.

Captured Eagle: A Choose Your Path Mystery. Deb Mercier. 2023. (Detective: You Ser.). (Illus.). 152p. (J). (gr. 4-8). 24.95 *(978-1-940647-88-3(6))*; pap. 9.95 *(978-1-940647-86-9(X))* Lake 7 Creative, LLC.

Captured History. Danielle Smith-Llera & Dan Elish. (Captured History Ser.). (ENG.). 64p. (J). 2022. 391.86 *(978-0-7565-7612-7(1)*, 256449); 2021. pap., pap., pap. 143.20 *(978-0-7565-7016-3(6)*, 237651) Capstone. (Compass Point Bks.).

Captured History, 4 vols., Set. Alexa Sandmann & Kathleen Baxter. Incl. Birmingham 1963: How a Photograph Rallied Civil Rights Support. Shelley Tougas. lib. bdg. 35.32 *(978-0-7565-4398-3(3)*, 113897); Migrant Mother: How a Photograph Defined the Great Depression. Don Nardo. (Illus.). lib. bdg. 35.32 *(978-0-7565-4397-6(5)*, 113896); (J). (gr. 5-7). (Captured History Ser.). (ENG.). 64p. 2010. 105.96 *(978-0-7565-4399-0(1)*, 170585, Compass Point Bks.) Capstone.

Captured in Paint. Ann M. Miller. 2021. (ENG.). 252p. (YA). pap. *(978-1-83943-940-7(8))* Totally Entwinded Group.

Captured; or the Old Maid's Triumph: Comedy (Classic Reprint) Wm L. Beck. 2018. (ENG., Illus.). 48p. (J). 24.89 *(978-0-484-53251-8(0))* Forgotten Bks.

Captured Santa Claus (Classic Reprint) Thomas Nelson Page. 2017. (ENG., Illus.). 100p. (J). 25.98 *(978-0-484-69689-0(0))* Forgotten Bks.

Captured Science History. Danielle Smith-Llera & Michael Burgan. 2021. (Captured Science History Ser.). (ENG.). 64p. (J). pap., pap., pap. 62.65 *(978-0-7565-7019-4(0)*, 240434, Compass Point Bks.) Capstone.

Captured Science History Classroom Collection. Danielle Smith-Llera & Michael Burgan. 2021. (Captured Science History Ser.). (ENG.). 64p. (J). pap., pap., pap. 375.90 *(978-0-7565-7018-7(2)*, 240433, Compass Point Bks.) Capstone.

Captured Television History 4D. Emma Bernay et al. (Captured Television History 4D Ser.). (ENG.). 64p. (J). 2021. pap., pap., pap. 71.92 *(978-0-7565-7017-0(4)*, 237652); 2019. (gr. 5-9). 319.92 *(978-0-7565-6010-2(1)*, 28738) Capstone. (Compass Point Bks.).

Captured the Story of Sandy Ray (Classic Reprint) Charles King. 2018. (ENG., Illus.). 362p. (J). 31.36 *(978-0-364-27275-6(9))* Forgotten Bks.

Captures (Classic Reprint) John Galsworthy. (ENG., Illus.). (J). 2018. 322p. 30.54 *(978-0-364-59426-1(8))*; 2017. pap. 13.57 *(978-0-243-33589-3(X))* Forgotten Bks.

Capturing Carbon with Fake Trees. Cecilia Pinto McCarthy. 2019. (Unconventional Science Ser.). (ENG., Illus.). 48p. (J). (gr. 4-8). lib. bdg. 35.64 *(978-1-5321-1896-8(1)*, 32661) ABDO Publishing Co.

Capturing Cow Farts & Burps. Erin Twamley. 2020. (ENG.). 48p. (J). pap. 6.99 *(978-1-64764-857-2(2))* Waldorf Publishing.

Capturing Cow Farts & Burps - Lesson Plan & Activity Folder. Erin Twamley. 2021. (ENG.). 24p. (J). pap. 6.99 *(978-1-63795-316-7(X))* Waldorf Publishing.

Capturing the Devil. Kerri Maniscalco. (Stalking Jack the Ripper Ser.: 4). (ENG.). (YA). 2020. 480p. pap. 12.99 *(978-0-316-48551-7(9))*; 2019. (Illus.). 464p. (gr. 10-17). 18.99 *(978-0-316-48554-8(3))* Little Brown & Co. (Jimmy Patterson).

Capybara. Natalie Lunis. 2018. (More SuperSized! Ser.). (ENG.). 24p. (J). (gr. k-3). 7.99 *(978-1-64280-078-4(3))* Bearport Publishing Co., Inc.

Capybara Adult Coloring Book: Capybara Owner Gift, Floral Mandala Coloring Pages, Doodle Animal Kingdom, Funny Quotes Coloring Book. Illus. by Paperland Online Store. 2021. (ENG.). 42p. (J). pap. *(978-1-008-95757-2(7))* Lulu Pr., Inc.

Capybara Is Friends with Everyone. Maddie Frost. 2022. (ENG., Illus.). 32p. (J). (gr. -1-3). 17.99 *(978-0-06-302102-0(1)*, HarperCollins) HarperCollins Pubs.

Capybaras. Rachel Grack. 2019. (Animals of the Rain Forest Ser.). (ENG., Illus.). 24p. (J). (gr. k-3). lib. bdg. 26.95 *(978-1-62617-948-6(4)*, Blastoff! Readers) Bellwether Media.

Capybaras, 1 vol. Grace Hansen. 2016. (Super Species Ser.). (ENG., Illus.). 24p. (J). (gr. -1-2). lib. bdg. 32.79 *(978-1-68080-543-7(6)*, 21366, Abdo Kids) ABDO Publishing Co.

Capybaras. Allan Morey. (Weird & Unusual Animals Ser.). (ENG.). 24p. (J). (gr. 1-4). 2018. pap. 8.99 *(978-1-68152-186-2(5)*, 16098); 2017. 20.95 *(978-1-68151-155-9(X)*, 14698) Amicus.

Capybaras. Martha E. H. Rustad. 2020. (Animals Ser.). (ENG.). 32p. (J). (gr. 1-3). pap. 6.95 *(978-1-9771-2647-4(2)*, 201632); (Illus.). lib. bdg. 31.32 *(978-1-9771-2313-8(9)*, 199488) Capstone. (Pebble).

Capybaras. Alfredo Soderguit. Illus. by Alfredo Soderguit. 2021. (Aldana Libros Ser.). (Illus.). 48p. (J). (gr. -1-3). 18.95 *(978-1-77164-782-3(5)*, Greystone Kids) Greystone Books Ltd. CAN. Dist: Publishers Group West (PGW).

Capybaras. Leo Statts. 2016. (Swamp Animals Ser.). (ENG.). 24p. (J). (gr. -1-2). 49.94 *(978-1-68079-375-8(6)*, 22996, Abdo Zoom-Launch) ABDO Publishing Co.

Caquita. Laurie Cohen. 2018. (SPA.). 32p. (J). (gr. k-2). 19.99 *(978-84-16578-82-5(6))* Tramuntana Editorial ESP. Dist: Lectorum Pubns., Inc.

Car Accident. Faye Richardson. 2018. (ENG., Illus.). 12p. (J). *(978-0-244-96519-8(6))* Lulu Pr., Inc.

Car & the Lady (Classic Reprint) Percy F. Megargel. 2017. (ENG., Illus.). (J). 29.80 *(978-0-266-65612-8(9))* Forgotten Bks.

Car Belongs to Mother (Classic Reprint) Priscilla Hovey Wright. 2018. (ENG., Illus.). 106p. (J). 26.08 *(978-0-267-50764-1(X))* Forgotten Bks.

Car, Car, Truck, Jeep. Katrina Charman. Illus. by Nick Sharratt. 2018. (New Nursery Rhymes Ser.). (ENG.). 24p. (J). bds. 7.99 *(978-1-68119-895-8(9)*, 900191674, Bloomsbury Children's Bks.) Bloomsbury Publishing USA.

Car Carriers, 1 vol. Luke Harasymiw. 2019. (Tons of Trucks! Ser.). (ENG.). 24p. (gr. k-k). pap. 9.15 *(978-1-5382-4501-9(9)*, e8426941-593b-4083-b2a8-62122e1efdbe) Stevens, Gareth Publishing LLLP.

Car (How It's Built) Becky Herrick. Illus. by Richard Watson. 2022. (How It's Built Ser.). (ENG.). 32p. (J). (gr. k-2). 26.00 *(978-1-338-80017-3(5))*; pap. 7.99 *(978-1-338-80018-0(3))* Scholastic Library Publishing. (Children's Pr.).

Car I Am #7days. Eva Ellis. 2021. (ENG.). 204p. (YA). 33.00 *(978-1-7773736-1-0(1))* Primedia eLaunch LLC.

Car Livery. Color Crush. 2022. (ENG.). 56p. (J). pap. 8.00 *(978-1-4717-2166-3(3))* Lulu Pr., Inc.

Car Mechanic: Working under the Hood. Christie Marlowe. 2019. (Illus.). 80p. (J). *(978-1-4222-4319-0(2))* Mason Crest.

Car Mechanic: Working under the Hood. Christie Marlowe & Andrew Morkes. 2019. (Careers with Earning Potential Ser.). (Illus.). 80p. (J). (gr. 12). lib. bdg. 34.60 *(978-1-4222-4322-0(2))* Mason Crest.

Car Named Charlie. Kay Blakely. 2022. (ENG.). 22p. (J). 16.99 ***(978-1-0880-5812-1(4))*** Indy Pub.

Car of Destiny: And Its Errand in Spain (Classic Reprint) C. N. Williamson. 2018. (ENG., Illus.). 384p. (J). 31.84 *(978-0-666-47949-5(6))* Forgotten Bks.

Car of Many Colors, 1 vol. Patricia Harris. 2017. (Colorful Cars Ser.). (ENG.). 24p. (gr. 1-1). pap. 9.25 *(978-1-5383-2087-7(8)*, 47d4dd1a-6377-4001-9c8f-f9af1c137d72, PowerKids Pr.) Rosen Publishing Group, Inc., The.

Car Race. Rachel Bach. 2016. (Let's Race Ser.). (ENG., Illus.). 16p. (J). (gr. -1-1). pap. 7.99 *(978-1-68152-131-2(8)*, 15497); lib. bdg. 17.95 *(978-1-60753-912-4(8)*, 15489) Amicus.

Car Racing Records Smashed! Brendan Flynn. 2023. (Sports Illustrated Kids: Record Smashers Ser.). (ENG.). 32p. (J). pap. 7.99 ***(978-1-6690-7155-6(3)***, 252992, Capstone Pr.) Capstone.

Car Record Breakers. Paul Virr. 2018. (Record Breakers Ser.). (ENG., Illus.). 112p. (J). (gr. 1-3). pap. 14.95 *(978-1-78312-380-3(X))* Carlton Kids GBR. Dist: Two Rivers Distribution.

Car Stars, 6 vols., Set. 2017. (Car Stars (Dash!) Ser.). (ENG., Illus.). 24p. (J). (gr. k-4). lib. bdg. 188.16 *(978-1-5321-2077-0(X)*, 26760, Abdo Zoom-Dash) ABDO Publishing Co.

Car Stars Set 2 (Set), 6 vols. Julie Murray. 2019. (Car Stars Ser.). (ENG.). 24p. (J). (gr. k-4). lib. bdg. 188.16 *(978-1-5321-2911-7(4)*, 33104, Abdo Zoom-Dash) ABDO Publishing Co.

Car That Went Abroad: Motoring Through the Golden Age (Classic Reprint) Albert Bigelow Paine. 2018. (ENG., Illus.). 372p. (J). 31.59 *(978-0-483-44707-3(2))* Forgotten Bks.

Car Theme Park. Brimoral Stories. 2022. (ENG.). 26p. (J). 2022. 18.99 ***(978-1-953581-35-8(8))***; 2020. (Illus.). 16.70 *(978-1-7332425-8-5(9))*; 2020. (Illus.). pap. 9.99 *(978-1-7332425-9-2(7))* BriMoral Stories.

Car Trip Fun! Boys' Activity Book. Smarter Activity Books for Kids. 2016. (ENG., Illus.). (J). pap. 8.99 *(978-1-68374-207-4(9))* Examined Solutions PTE. Ltd.

Car Trip Play Time! Fun & Quiet Children's Activity Book. Smarter Activity Books for Kids. 2016. (ENG., Illus.). (J). pap. 8.99 *(978-1-68374-208-1(7))* Examined Solutions PTE. Ltd.

Car Wash Crunch. Adapted by Lauren Forte. 2017. (Illus.). 32p. (J). *(978-1-5182-4445-2(9))* Little Brown & Co.

Cara a Cara (Face-Off) David Lawrence. Illus. by Paola Amormino & Siragusa Renato. 2020. (Métete Al Juego (Get in the Game) Ser.). (SPA.). 24p. (J). (gr. 3-8). lib. bdg. 32.79 *(978-1-5321-3788-4(5)*, 35408, Graphic Planet - Fiction) Magic Wagon.

Cara & Silverthief, 2. Alastair Chisholm. ed. 2022. (Dragon Storm Ser.). (ENG.). 150p. (J). (gr. 2-5). 17.46 ***(978-1-68505-604-9(0))*** Penworthy Co., LLC, The.

Cara & the Wizard: A Tale from Ireland. Liz Flanagan. Illus. by Valeria Docampo. 2019. (Stories from Around the World Ser.). (ENG.). 48p. (J). (gr. 1-5). pap. 6.99 *(978-1-78285-842-3(3))* Barefoot Bks., Inc.

¿Cara de Qué? Iván Kerner. Illus. by May Clerici. 2023. (SPA.). 20p. (J). (gr. -1-k). bds. 15.95 ***(978-987-637-804-8(X))*** Catapulta Pr.

Cara Takes Time. Megan Borgert-Spaniol. Illus. by Lisa Hunt. 2022. (I Care (Pull Ahead Readers People Smarts — Fiction) Ser.). (ENG.). 16p. (J). (gr. -1-1). pap. 8.99 *(978-1-7284-6297-4(5)*, 9d380557-949f-479c-8df2-a6cdaa1d49f0, Lerner Pubns.) Lerner Publishing Group.

Cara the Camel Can Do It! You Can Do It!, 1 vol. Simone Braxton. 2019. (Social & Emotional Learning for the Real World Ser.). (ENG.). 8p. (gr. k-1). pap. *(978-1-7253-5392-3(X)*, 74b0eae1-3049-4424-8a54-aa6dac6afe6e, Rosen Classroom) Rosen Publishing Group, Inc., The.

Cara the Cowgirl. Elizabeth Dale. Illus. by Serena Lombardo. 2021. (Early Bird Readers — Gold (Early Bird Stories (tm)) Ser.). (ENG.). 32p. (J). (gr. k-3). 30.65 *(978-1-5415-9007-6(4)*, 2c85c67a-e715-4717-9395-1ee97d95bee3); pap. 9.99 *(978-1-7284-1333-4(8)*, 468a01ea-d03b-4e91-89e9-e90499538ef6) Lerner Publishing Group. (Lerner Pubns.).

Carabella Snow: A Whisper in the Wind. Pamela Crescent Teel. 2022. (ENG.). 106p. (YA). pap. 14.99 ***(978-1-0878-9937-4(0))*** Indy Pub.

Caraboo a Narrative of a Singular Imposition, Practised upon the Benevolence of a Lady: Residing in the Vicinity of the City of Bristol, by a Young Woman of the Name of Mary Willcocks, Alias Baker, Alias Bakerstendht, Alias Caraboo, Princess of Javasu. John Mathew Gutch. (ENG., Illus.). (J). 2017. 25.46 *(978-0-260-81123-3(8))*; 2016. pap. 9.57 *(978-1-333-14891-1(7))* Forgotten Bks.

Caracal. Julie Murray. 2023. (Animales Interesantes Ser.). (SPA.). 24p. (J). (gr. -1-2). lib. bdg. 31.36 ***(978-1-0982-6745-2(1)***, 42705, Abdo Kids) ABDO Publishing Co.

Caracal Comes to Town. Anthony J. Zaza. 2022. (ENG.). 55p. (J). *(978-1-387-96291-4(4))* Lulu Pr., Inc.

Caracals. Julie Murray. 2022. (Interesting Animals Ser.). (ENG.). 24p. (J). (gr. -1-2). lib. bdg. 31.36 *(978-1-0982-6413-0(4)*, 40925, Abdo Kids) ABDO Publishing Co.

CARACOL QUE DETESTABA LA LLUVIA. Elisabeth Duval. 2018. (SPA.). 30p. (J). 17.95 *(978-84-9145-115-0(3)*, Picarona Editorial) Ediciones Obelisco ESP. Dist: Spanish Pubs., LLC.

Caracolito Valiente: Leveled Reader Book 79 Level d 6 Pack. Hmh Hmh. 2021. (SPA.). 16p. (J). pap. 74.40 *(978-0-358-08205-7(6))* Houghton Mifflin Harcourt Publishing Co.

Características Geográficas. Elise Wallace. rev. ed. 2019. (Social Studies: Informational Text Ser.). (SPA., Illus.). 32p. (J). (gr. 3-4). pap. 11.99 *(978-1-64290-117-7(2))* Teacher Created Materials, Inc.

Caradog the Friendly Welsh Dragon. David Holman-Hill Waters. 2022. (ENG.). 50p. (J). pap. *(978-1-914498-47-3(X))* Clink Street Publishing.

Carag's Transformation. Katja Brandis. Tr. by Rachel Ward. 2023. (Woodwalkers Ser.). (ENG.). 200p. (J). (gr. 4-8). 16.00 *(978-1-64690-020-6(0))* North-South Bks., Inc.

Caramba. Marie Louise Gay. 2022. (ENG., Illus.). 40p. (J). (gr. k-1). pap. 12.99 *(978-1-77306-879-4(2))* Groundwood Bks. CAN. Dist: Publishers Group West (PGW).

Carambole, la Fée des Aliments: Gagnant du Prix Choix des Mamans - Mom's Choice Awards(r) 2016. une Aventure Excitante Pour Illustrer le Rôle de la Nutrition Aux Enfants. Claudia Lemay Dt P. 2016. (FRE.). 42p. (J). pap. *(978-0-9949341-3-0(0))* Lemay, Claudia.

Caramel & Her Friends. Carina Wang. 2017. (ENG.). 50p. (J). pap. ***(978-1-365-66915-6(7))*** Lulu Pr., Inc.

Caramel Corn John. Robert M. Riley. 2020. (ENG.). 34p. (J). pap. 10.49 *(978-1-63129-961-2(1))* Salem Author Services.

Caramel Mystical. C. M. Taylor. 2017. (ENG., Illus.). (YA). (gr. 7-12). pap. 16.95 *(978-0-9824741-8-1(0))* Sojourner Publishing, Inc.

Caramelo Con Thomas Edison. Kyla Steinkraus. Illus. by Sally Garland. 2017. (Time Hop Sweets Shop Ser.).Tr. of Toffee with Thomas Edison. (SPA.). 32p. (gr. 1-3). pap. 7.95 *(978-1-68342-255-6(4)*, 9781683422556) Rourke Educational Media.

Cara's Carrot Cake. Florence Shearer. 2019. (ENG.). 36p. (J). pap. *(978-1-7947-0438-1(8))* Lulu Pr., Inc.

Caras de Animales. Judy Kentor Schmauss. 2016. (Early Rising Readers Ser.). (SPA.). 16p. (J). (gr. 1). 6.67 *(978-1-4788-4163-0(X))* Newmark Learning LLC.

Caras de Animales - 6 Pack. Judy Kentor Schmauss. 2016. (Early Rising Readers Ser.). (SPA.). (J). (gr. 1). 40.00 net. *(978-1-4788-4742-7(5))* Newmark Learning LLC.

Carassouna: Coming Home. Jen Hayes. 2018. (Carassouna Ser.: Vol. 1). (ENG., Illus.). 192p. (J). (gr. 5-6). pap. *(978-1-9993049-0-4(X))* Hayes Creative Publishing.

Caravaggio: Painter on the Run. Marissa Moss. 2016. (ENG., Illus.). 345p. (YA). (gr. 7-12). 16.95 *(978-1-939547-29-3(6)*, 1539c575-a382-4f0e-b72d-18c9c2260ca3) Creston Bks.

Caravaggio: Signed in Blood, 1 vol. Mark David Smith. 2016. (ENG., Illus.). 152p. (YA). (gr. 8-12). pap. 10.95 *(978-1-896580-05-0(X))* Tradewind Bks. CAN. Dist: Orca Bk. Pubs. USA.

Caraval. Stephanie Garber. Lt. ed. 2017. (Caraval Ser.). (ENG.). 510p. 24.95 *(978-1-4328-4221-5(8))* Cengage Gale.

Caraval. Stephanie Garber. (ENG.). (YA). 2018. (Caraval Ser.: 1). 448p. pap. 11.99 *(978-1-250-09526-8(3)*, 900160654); 2017. (gr. 8-12). pap. 11.99 *(978-1-250-14149-1(4))*; 2017. (Caraval Ser.: 1). 416p. 18.99 *(978-1-250-09525-1(5)*, 900160653) Flatiron Bks.

Caraval. Stephanie Garber. ed. 2018. (YA). lib. bdg. 22.10 *(978-0-606-41093-9(7))* Turtleback.

Caraval Boxed Set: Caraval, Legendary, Finale. Stephanie Garber. 2019. (Caraval Ser.). (ENG., Illus.). (YA). 59.97 *(978-1-250-22545-0(0)*, 900208520) Flatiron Bks.
Caraval Collector's Edition. Stephanie Garber. 2020. (Caraval Ser.: 1). (ENG., Illus.). 448p. (YA). 35.00 *(978-1-250-26497-8(9)*, 900221943) Flatiron Bks.
Caraval Paperback Boxed Set: Caraval, Legendary, Finale. Stephanie Garber. 2021. (Caraval Ser.). (ENG.). (YA). 35.97 *(978-1-250-25953-0(3)*, 900221049) Flatiron Bks.
Caravan at the Edge of Doom, Book 1. Jim Beckett. 2021. (Caravan at the Edge of Doom Ser.: 1). (ENG., Illus.). 320p. (J). 7.99 *(978-1-4052-9828-5(6))* Farshore GBR. Dist: HarperCollins Pubs.
Caravan at the Edge of Doom: Foul Prophecy (the Caravan at the Edge of Doom, Book 2), Book 2. Jim Beckett. Illus. by Olia Muza. 2022. (Caravan at the Edge of Doom Ser.: 2). (ENG.). 352p. (J). 8.99 *(978-1-4052-9829-2(4))* Farshore GBR. Dist: HarperCollins Pubs.
Caravan Days (Classic Reprint) Bertram Smith. 2018. (ENG., Illus.). 290p. (J). 29.88 *(978-0-364-21291-2(8))* Forgotten Bks.
Caravan Man (Classic Reprint) Ernest Goodwin. 2018. (ENG., Illus.). 374p. (J). 31.61 *(978-0-428-88549-6(7))* Forgotten Bks.
Caravan Tales: And Some Others (Classic Reprint) Wilhelm Hauff. 2018. (ENG., Illus.). 412p. (J). 32.39 *(978-0-483-61712-4(1))* Forgotten Bks.
Caravan to the North: Misael's Long Walk, 1 vol. Jorge Argueta. Tr. by Elizabeth Bell. Illus. by Manuel Monroy. 2019. (ENG.). 112p. (J). (gr. 4). 16.95 *(978-1-77306-329-4(4))* Groundwood Bks. CAN. Dist: Publishers Group West (PGW).
Caravana Al Norte: La Larga Caminata de Misael, 1 vol. Jorge Argueta. Illus. by Manuel Monroy. 2019. (ENG.). 112p. (J). (gr. 4). 16.95 *(978-1-77306-332-4(4))* Groundwood Bks. CAN. Dist: Publishers Group West (PGW).
Caravaners (Classic Reprint) Elizabeth Elizabeth. 2017. (ENG., Illus.). (J). 32.79 *(978-0-331-48474-8(9))* Forgotten Bks.
Carbohydrates As Necessary Nutrients. Amy C. Rea. 2022. (Necessary Nutrients Ser.). (ENG., Illus.). 32p. (J). (gr. 2-5). lib. bdg. 34.21 *(978-1-0982-9001-6(1)*, 40871, Kids Core) ABDO Publishing Co.
Carbohydrates! Foods That Give Positive Energy! - Healthy Eating for Kids - Children's Diet & Nutrition Books. Professor Gusto. 2016. (ENG., Illus.). (J). pap. 10.81 *(978-1-68321-905-7(8))* Mimaxion.
Carbon. Jane Gardner. 2018. (Elements of Chemistry Ser.). (ENG.). 48p. (J). lib. bdg. 34.99 *(978-1-5105-3851-1(8))* SmartBook Media, Inc.
Carbon. Jane P. Gardner. 2017. (Chemistry of Everyday Elements Ser.). (ENG.). (YA). (gr. 7-12). 23.95 *(978-1-4222-3839-4(3))* Mason Crest.
Carbon, 1 vol. Donna B. McKinney. 2018. (Exploring the Elements Ser.). (ENG.). 48p. (gr. 6-6). 29.60 *(978-0-7660-9905-0(9)*, 7c8196e7-2170-4744-a3ea-77a6006ad597) Enslow Publishing, LLC.
Carbon. Aj Eversley. 2nd ed. 2020. (Watcher Ser.: Vol. 2). (ENG.). 388p. (YA). pap. *(978-1-912775-23-1(9))* Aelurus Publishing.
Carbon: Book 22. Carole Crimeen & Suzanne Fletcher. 2023. (Sustainability Ser.). (ENG.). 16p. (J). (gr. -1-2). pap. 7.99 ***(978-1-922370-28-0(2)***, ede8e0ff-c760-457c-b198-6ee101e73e87) Knowledge Bks. & Software AUS. Dist: Lerner Publishing Group.
Carbon Chemistry - 6 Pack: Set of 6 Bridges Edition with Common Core Teacher Materials. Christine Caputo. 2016. (Prime Ser.). (J). (gr. 6-8). 69.00 *(978-1-5125-8835-4(0))* Benchmark Education Co.
Carbon Chemistry - 6 Pack: Set of 6 with Common Core Teacher Materials. Christine Caputo. 2016. (Prime Ser.). (YA). (gr. 6-8). 69.00 *(978-1-5125-8817-0(2))* Benchmark Education Co.
Carbon Cycle. Tyler Gieseke. 2022. (Earth Cycles Ser.). (ENG., Illus.). 32p. (J). (gr. 2-5). lib. bdg. 32.79 *(978-1-0982-4219-0(X)*, 40041, DiscoverRoo) Pop!.
Carbon Cycle. Laura Loria. 2017. (Let's Find Out! Our Dynamic Earth Ser.). (Illus.). 32p. (J). (gr. 6-10). 77.40 *(978-1-5383-0025-1(7))* Rosen Publishing Group, Inc., The.
Carbon Cycle: A 4D Book. Catherine Ipcizade. 2018. (Cycles of Nature Ser.). (ENG., Illus.). 24p. (J). (gr. -1-2). lib. bdg. 29.32 *(978-1-9771-0041-2(4)*, 138183, Capstone Pr.) Capstone.
Carbon Cycle: Children's Environment Book with Facts & Pictures. Bold Kids. 2022. (ENG.). 32p. (J). pap. 15.99 ***(978-1-0717-0912-2(7))*** FASTLANE LLC.
Carbon Cycle: Discover Pictures & Facts about Carbon Cycles for Kids! a Children's Science Book. Bold Kids. 2021. (ENG.). 32p. (J). pap. 11.99 *(978-1-0717-0802-6(3))* FASTLANE LLC.
Carbon Dating, 1 vol. Kaitlyn Duling. 2018. (Great Discoveries in Science Ser.). (ENG.). 128p. (YA). (gr. 9-9). lib. bdg. 47.36 *(978-1-5026-4383-4(9)*, da2a2b68-cf3d-4907-b241-d9f25b5edf04) Cavendish Square Publishing LLC.
Carbon Dioxide for Kids Learning about It Children's Earth Sciences Book. Bold Kids. 2022. (ENG.). 42p. (J). pap. 14.99 ***(978-1-0717-1726-4(X))*** FASTLANE LLC.
Carbonel: The King of the Cats. Barbara Sleigh. Illus. by V. H. Drummond. 2018. (ENG.). 192p. (J). (gr. 4-7). pap. 9.99 *(978-1-68137-305-8(X)*, NYRB Kids) New York Review of Bks., Inc., The.
Carbonel & Calidor. Barbara Sleigh. Illus. by Charles Front. 2022. (ENG.). 224p. (J). (gr. 4-7). pap. 12.99 *(978-1-68137-669-1(5)*, NYRB Kids) New York Review of Bks., Inc., The.
Carboniferous Morning. Carver Hound. 2019. (ENG., Illus.). 44p. (J). pap. 13.95 *(978-1-64559-676-9(1))* Covenant Bks.
Carcellini Emerald. Burton Harrison. 2017. (ENG.). 336p. (J). pap. *(978-3-337-02723-0(7))* Creation Pubs.
Carcellini Emerald: With Other Tales (Classic Reprint) Burton Harrison. (ENG., Illus.). (J). 2018. 338p. 30.89 *(978-0-483-37706-6(6))*; 2016. pap. 13.57 *(978-1-334-13328-2(X))* Forgotten Bks.
Card & Coin Magic to Shock & Amaze. Jessica Rusick. 2019. (Super Simple Magic & Illusions Ser.). (ENG., Illus.). 32p. (J). (gr. k-4). lib. bdg. 34.21 *(978-1-5321-9157-2(X)*, 33572, Super SandCastle) ABDO Publishing Co.
Card-Drawer, the Half-Sir, Suil Dhuv, the Coiner (Classic Reprint) Gerald Griffin. (ENG., Illus.). (J). 2018. 498p. 34.17 *(978-0-332-20795-7(1))*; 2016. pap. 16.57 *(978-1-334-15156-9(3))* Forgotten Bks.
Card Magic, 1 vol. John Wood. 2018. (Magic Tricks Ser.). (ENG.). 32p. (J). (gr. 3-4). lib. bdg. 28.27 *(978-1-5382-2595-0(6)*, 41e64d6c-194d-4809-9355-779bfc9a2168) Stevens, Gareth Publishing LLLP.
Card People: Part 1: the Scissors of Fate. James Sulzer. 2016. (ENG., Illus.). (J). pap. 9.99 *(978-0-9974956-7-6(7))* Fuze Publishing, LLC.
Cardboard: 5-Step Handicrafts for Kids, 8 vols. Anna Llimós. 2020. (5-Step Handicrafts for Kids Ser.: 5). (ENG.). 32p. (J). (gr. -1-3). 9.99 *(978-0-7643-6083-1(3)*, 18525) Schiffer Publishing, Ltd.
Cardboard Activity Lab. Jemma Westing. 2nd ed. 2023. (DK Activity Lab Ser.). (ENG.). 144p. (J). (gr. 4-7). 19.99 *(978-0-7440-7714-8(1)*, DK Children) Dorling Kindersley Publishing, Inc.
Cardboard Armor Challenge! Joanne Mattern. 2020. (Makerspace Cardboard Challenge! Ser.). (ENG., Illus.). 32p. (J). (gr. 2-5). lib. bdg. 32.79 *(978-1-5321-6790-4(3)*, 34741, DiscoverRoo); (gr. 3-3). pap. 9.95 *(978-1-64494-450-9(2))* Pop!.
Cardboard Box & Me. Mary Anderson Moody. 2021. (ENG.). 28p. (J). pap. 13.95 *(978-1-64654-735-7(7))*; (Illus.). 23.95 *(978-1-63710-551-1(7))* Fulton Bks.
Cardboard Box Engineering: Cool, Inventive Projects for Tinkerers, Makers & Future Scientists. Jonathan Adolph. 2020. (ENG., Illus.). 176p. (J). (gr. 4-9). pap. 16.99 *(978-1-63586-214-0(2)*, 626214) Storey Publishing, LLC.
CARDBOARD BOX ENGINEERING 5CC-PPK. Jonathan Adolph. 2022. (ENG.). pap. 84.75 *(978-1-63586-363-5(5))* Storey Publishing, LLC.
Cardboard Box Zoo: Craft Box Set for Kids. IglooBooks. Illus. by Hannah Wood. 2022. (ENG.). 24p. (J). (gr. k). pap. 14.99 *(978-1-80368-852-7(1))* Igloo Bks. GBR. Dist: Simon & Schuster, Inc.
Cardboard Castle Challenge! Sue Gagliardi. 2020. (Makerspace Cardboard Challenge! Ser.). (ENG., Illus.). 32p. (J). (gr. 2-5). lib. bdg. 32.79 *(978-1-5321-6791-1(1)*, 34743, DiscoverRoo); (gr. 3-3). pap. 9.95 *(978-1-64494-451-6(0))* Pop!.
Cardboard Castles. K. L. Young. 2018. (ENG., Illus.). 404p. (YA). (gr. 9-12). 18.99 *(978-0-692-10934-2(X))*; pap. 12.99 *(978-0-692-11865-8(9))* Graye Castle Pr.
Cardboard City. Katarina Jovanovic. 2023. (ENG.). 128p. (YA). (gr. 8-12). pap. 12.95 ***(978-1-990598-10-4(2))*** Tradewind Bks. CAN. Dist: Orca Bk. Pubs. USA.
Cardboard Creature Challenge! Joanne Mattern. 2020. (Makerspace Cardboard Challenge! Ser.). (ENG., Illus.). 32p. (J). (gr. 2-5). lib. bdg. 32.79 *(978-1-5321-6792-8(X)*, 34745, DiscoverRoo); (gr. 3-3). pap. 9.95 *(978-1-64494-452-3(9))* Pop!.
Cardboard Eco Activities. Louise Nelson. 2021. (Eco Activities Ser.). (ENG., Illus.). 24p. (J). (gr. 1-4). pap. *(978-1-4271-2863-8(4)*, 10688); lib. bdg. *(978-1-4271-2859-1(6)*, 10683) Crabtree Publishing Co. (Crabtree Classics).
Cardboard King in Oz. Gil S. Joel. 2018. (ENG., Illus.). 104p. (J). pap. *(978-1-387-81320-9(X))* Lulu Pr., Inc.
Cardboard Kingdom: (a Graphic Novel) Chad Sell. 2018. (Cardboard Kingdom Ser.: 1). (ENG., Illus.). 288p. (J). (gr. 4-7). 21.99 *(978-1-5247-1937-1(4))*; pap. 12.99 *(978-1-5247-1938-8(2))* Random Hse. Children's Bks. (Knopf Bks. for Young Readers).
Cardboard Kingdom #2: Roar of the Beast: (a Graphic Novel) Chad Sell. 2021. (Cardboard Kingdom Ser.: 2). (ENG., Illus.). 288p. (J). (gr. 4-7). 20.99 *(978-0-593-12554-0(1))*; pap. 12.99 *(978-0-593-12555-7(X))*; lib. bdg. 23.99 *(978-0-593-31024-3(1))* Random Hse. Children's Bks. (Knopf Bks. for Young Readers).
Cardboard Maker Magic. Allyssa Loya & Joshua A. Lincoln. 2020. (J). *(978-1-5415-8987-2(4))* Lerner Publishing Group.
Cardboard Robot Challenge! Sue Gagliardi. 2020. (Makerspace Cardboard Challenge! Ser.). (ENG., Illus.). 32p. (J). (gr. 2-5). lib. bdg. 32.79 *(978-1-5321-6793-5(8)*, 34747, DiscoverRoo); (gr. 3-3). pap. 9.95 *(978-1-64494-453-0(7))* Pop!.
Cardboard Rocket Challenge! Sue Gagliardi. 2020. (Makerspace Cardboard Challenge! Ser.). (ENG., Illus.). 32p. (J). (gr. 2-5). lib. bdg. 32.79 *(978-1-5321-6794-2(6)*, 34749, DiscoverRoo); (gr. 3-3). pap. 9.95 *(978-1-64494-454-7(5))* Pop!.
Cardboard Roller Coaster Challenge! Joanne Mattern. 2020. (Makerspace Cardboard Challenge! Ser.). (ENG., Illus.). 32p. (J). (gr. 2-5). lib. bdg. 32.79 *(978-1-5321-6795-9(4)*, 34751, DiscoverRoo); (gr. 3-3). pap. 9.95 *(978-1-64494-455-4(3))* Pop!.
Cardboard Sign: Laura's View. K. Y. Thompson. 2021. (Cardboard Sign Ser.: Vol. 2). (ENG.). 172p. (YA). pap. 14.99 *(978-1-393-51715-3(3))* Draft2Digital.
Cardboardia: This Side Up. Lucy Campagnolo. Illus. by Richard Fairgray. 2022. (Cardboardia Ser.: 2). 96p. (J). (gr. 3-5). 20.99 *(978-1-64595-041-7(7))*; pap. 12.99 *(978-1-64595-111-7(1))* Pixel+Ink.
Cardboardia 1: the Other Side of the Box. Lucy Campagnolo. Illus. by Richard Fairgray. 2021. (Cardboardia Ser.). 112p. (J). (gr. 3-5). 20.99 *(978-1-64595-040-0(9))*; (ENG.). pap. 10.99 *(978-1-64595-099-8(9))* Pixel+Ink.
Cardenal Rojo (Northern Cardinals) Julie Murray. 2022. (Aves Estatales (State Birds) Ser.). (ENG.). 24p. (J). (gr. -1-2). lib. bdg. 31.36 *(978-1-0982-6331-7(6)*, 39463, Abdo Kids) ABDO Publishing Co.
Cardi B. Stuart A. Kallen. 2020. (Giants of Rap & Hip-Hop Ser.). (ENG.). 64p. (YA). (gr. 6-12). 41.27 *(978-1-68282-775-8(5))* ReferencePoint Pr., Inc.
Cardi B, Vol. 11. Joe L. Morgan. 2018. (Hip-Hop & R & B: Culture, Music & Storytelling Ser.). (Illus.). 80p. (J). (gr. 7). lib. bdg. 33.27 *(978-1-4222-4186-8(6))* Mason Crest.
Cardi B: Breaking Boundaries & Records, 1 vol. Terri Kaye Duncan. 2019. (Hip-Hop Revolution Ser.). (ENG.). 32p. (gr. 5-5). 26.93 *(978-1-9785-0963-4(4)*, 3391de38-a74b-43d1-be3a-3ebd15a9a942) Enslow Publishing, LLC.
Cardi B: Rapper & Online Star, 1 vol. Terri Kaye Duncan. 2019. (Stars of Hip-Hop Ser.). (ENG.). 32p. (gr. 2-2). 26.93 *(978-1-9785-0955-9(3)*, 0c746c2f-783b-4862-b736-a7a912aa545d) Enslow Publishing, LLC.
Cardi B: Groundbreaking Rap Powerhouse. Audrey DeAngelis. 2019. (Hip-Hop Artists Ser.). (ENG., Illus.). 112p. (J). (gr. 6-12). lib. bdg. 41.36 *(978-1-5321-9018-6(2)*, 33356, Essential Library) ABDO Publishing Co.
Cardiff Castle Dragon Tale. Mary & Phil Mullett. Illus. by Hannah Byford. 2020. (ENG.). 18p. (J). pap. *(978-1-83975-141-7(X))* Grosvenor Hse. Publishing Ltd.
Cardiff, Notes: Picturesque & Biographical (Classic Reprint) J. Kyrle Fletcher. 2017. (ENG., Illus.). (J). 27.03 *(978-0-265-59995-2(4))* Forgotten Bks.
Cardinal. Felicia Carmelita Hardy. Illus. by Suzanne Horwitz. 2019. (ENG.). 24p. (J). pap. 12.95 *(978-1-946753-43-4(2))* Avant-garde Bks.
Cardinal & Gold, 1912 (Classic Reprint) Liberty High School. (ENG., Illus.). (J). 2018. 66p. 25.28 *(978-0-483-64780-0(2))*; 2016. pap. 9.57 *(978-1-334-14262-8(9))* Forgotten Bks.
Cardinal Connection: A Cardinal Is Near. Mike Resh, Jr. Illus. by Steven Kernen. 2020. (ENG.). 32p. 26.00 *(978-1-5326-8871-3(7))*; pap. 18.00 *(978-1-5326-8870-6(9))* Wipf & Stock Pubs. (Resource Pubns.(OR)).
Cardinal Crew & You. Cassie Brungarth. Illus. by Rebecca Anderson. 2021. (ENG.). 34p. (J). ***(978-1-7947-5437-9(7))*** Lulu Pr., Inc.
Cardinal Flower: And Other Tales (Classic Reprint) Joseph Alden. 2018. (ENG., Illus.). 118p. (J). 26.33 *(978-0-483-53684-5(9))* Forgotten Bks.
Cardinal Pole; or the Days of Philip & Mary: An Historical Romance (Classic Reprint) William Harrison Ainsworth. 2018. (ENG., Illus.). 432p. (J). 32.81 *(978-0-365-43682-9(8))* Forgotten Bks.
Cardinal War. Jennifer Tempest. 2021. (ENG.). 84p. (YA). *(978-0-2288-6205-5(1))*; pap. *(978-0-2288-6204-8(3))* Tellwell Talent.
Cardinals. Julie Murray. 2019. (Animal Kingdom Ser.). (ENG., Illus.). 32p. (J). (gr. 2-5). lib. bdg. 34.21 *(978-1-5321-1621-6(7)*, 32353, Big Buddy Bks.) ABDO Publishing Co.
Cardinals. Leo Statts. 2017. (Backyard Animals (Launch!) Ser.). (ENG., Illus.). 24p. (J). (gr. -1-2). lib. bdg. 31.36 *(978-1-5321-2002-2(8)*, 25268, Abdo Zoom-Launch) ABDO Publishing Co.
Cardinals Appear When Angels Are Near: A Story about How One Child Deals with the Loss & Grief of Losing Loved Ones. Cindy Biggins-Joseph. 2021. (ENG.). 36p. (YA). 24.95 *(978-1-64559-324-9(X))*; pap. 14.95 *(978-1-64559-323-2(1))* Covenant Bks.
Cardinals Caper. David A. Kelly. ed. 2018. (Ballpark Mysteries Ser.: 14). lib. bdg. 14.75 *(978-0-606-40921-6(1))* Turtleback.
Cardinal's Gift: A True Story of Finding Hope in Grief. Carole Heaney. Illus. by Marlo Garnsworthy. 2021. (ENG.). 36p. (J). 18.95 *(978-1-7367755-2-3(9))*; pap. 11.95 *(978-1-7367755-0-9(2))* In the Spirit of Healing.
Cardinal's Musketeer (Classic Reprint) Mary Imlay Taylor. (ENG., Illus.). (J). 2018. 360p. 31.32 *(978-0-267-00485-0(0))*; 2017. pap. 13.97 *(978-0-243-99106-8(1))* Forgotten Bks.
Cardinal's Rose: A Novel (Classic Reprint) Van Tassel Sutphen. 2017. (ENG., Illus.). (J). 30.35 *(978-1-5285-5159-5(1))* Forgotten Bks.
Cardinal's Snuff-Box (Classic Reprint) Henry Harland. 2017. (ENG., Illus.). (J). 30.50 *(978-0-265-21341-4(X))* Forgotten Bks.
Card's Creative Artistic Coloring Book. Allen M. Card. 2020. (ENG.). 154p. (J). pap. 13.99 *(978-1-0879-1816-7(2))* Indy Pub.
Cards of Character for Brave Boys: Shareable Devotions & Encouragement. Compiled by Compiled by Barbour Staff. 2021. (Brave Boys Ser.). (ENG.). 96p. (J). pap. 7.99 *(978-1-64352-736-9(3)*, Shiloh Kidz) Barbour Publishing, Inc.
Cards That Are Dealt. Nathan Peel. 2021. (Card Ser.: Vol. 2). (ENG.). 336p. (YA). pap. 17.00 *(978-1-7377428-0-7(2))* Nozithus Bks.
Cardslinger. M. G. Velasco. 2019. (ENG., Illus.). 360p. (J). (gr. 4-8). 17.99 *(978-1-5415-5464-1(7)*, daf09fa5-43d7-45d4-8097-588f77b22e4f, Carolrhoda Bks.) Lerner Publishing Group.
Care & Culture of Men. David Starr Jordan. 2017. (ENG.). 280p. (J). pap. *(978-3-337-40796-4(X))* Creation Pubs.
Care & Feeding of a Pet Black Hole. Michelle Cuevas. 2018. (ENG., Illus.). 224p. (J). (gr. 3-7). 8.99 *(978-0-399-53914-5(X)*, Puffin Books) Penguin Young Readers Group.
Care & Feeding of a Pet Black Hole. Michelle Cuevas. ed. 2019. (Penworthy Picks Middle School Ser.). (ENG.). 202p. (J). (gr. 4-5). 20.96 *(978-1-64310-928-2(6))* Penworthy Co., LLC, The.
Care & Keeping of Freddy. Susan Hill Long. 2022. (ENG.). 240p. (J). (gr. 3-7). pap. 7.99 *(978-1-5344-7520-5(6))*, Simon & Schuster/Paula Wiseman Bks.) Simon & Schuster/Paula Wiseman Bks.
Care & Keeping of Grandmas. Jennifer Mook-Sang. Illus. by Yong Ling Kang. 2023. 32p. (J). (gr. -1-2). 17.99 *(978-0-7352-7134-0(8)*, Tundra Bks.) Tundra Bks. CAN. Dist: Penguin Random Hse. LLC.
Care & Keeping of You: The Body Book for Younger Girls. Valorie Schaefer. Illus. by Josée Masse. 2016. spiral bd. 15.99 *(978-1-62654-354-6(2))* Echo Point Bks. & Media, LLC.
Care & Keeping of You 1: The Body Book for Younger Girls. Valorie Schaefer. 2016. (American Girl: the Care & Keeping of You Ser.). (ENG.). 104p. (gr. 4-7). 31.19 *(978-1-4844-9774-6(0))* American Girl Publishing, Inc.
Care Bears Vol. 2: Puzzling Path. Georgia Ball. 2017. (ENG., Illus.). 96p. (J). pap. 9.99 *(978-1-941302-33-0(5)*, 12d9f327-6983-4ca4-b685-ee5b0313bfdd, Lion Forge) Oni Pr., Inc.
Care for Your Body. Martha E. H. Rustad. 2020. (Health & My Body Ser.). (ENG., Illus.). 32p. (J). (gr. 1-3). pap. 7.95 *(978-1-9771-2689-4(8)*, 201723); lib. bdg. 31.32 *(978-1-9771-2389-3(9)*, 200399) Capstone. (Pebble).
Care for Your Teeth. Martha E. H. Rustad. 2020. (Health & My Body Ser.). (ENG., Illus.). 32p. (J). (gr. 1-3). pap. 7.95 *(978-1-9771-2688-7(X)*, 201722); lib. bdg. 31.32 *(978-1-9771-2388-6(0)*, 200398) Capstone. (Pebble).
Career As a Mobile App Developer, 1 vol. Jason Porterfield. 2017. (Essential Careers Ser.). (ENG., Illus.). 80p. (J). (gr. 6-6). pap. 16.30 *(978-1-5081-7872-9(0)*, 24477978-6c21-4013-96ff-39c040921fbd) Rosen Publishing Group, Inc., The.
Career As a Pipelayer, 1 vol. Amie Jane Leavitt. 2018. (Jobs for Rebuilding America Ser.). (ENG.). 80p. (gr. 6-6). 38.80 *(978-1-5081-7988-7(3)*, d15bede1-f004-4fcb-8945-c45a29c8efe9) Rosen Publishing Group, Inc., The.
Career As a Plumber, Pipefitter, or Steamfitter, 1 vol. Mary-Lane Kamberg. 2018. (Jobs for Rebuilding America Ser.). (ENG., Illus.). 80p. (J). (gr. 6-6). 38.80 *(978-1-5081-7991-7(3)*, 3974f796-b274-4764-9c50-512421c0f794) Rosen Publishing Group, Inc., The.
Career As a Senator: Understanding Government, 1 vol. Lela Lawson. 2018. (Civics for the Real World Ser.). (ENG.). 16p. (gr. 2-3). pap. *(978-1-5383-6515-1(4)*, d537219a-8fb2-4388-a2a4-8405f739e37a, Rosen Classroom) Rosen Publishing Group, Inc., The.
Career As a Social Media Manager, 1 vol. Jeff Mapua. 2017. (Essential Careers Ser.). (ENG., Illus.). 80p. (J). (gr. 6-6). pap. 16.30 *(978-1-5081-7873-6(9)*, b90ff288-6124-4b4b-9023-f99999137ccc) Rosen Publishing Group, Inc., The.
Career As an Aircraft Mechanic & Service Technician, 1 vol. Tamra Orr. 2018. (Jobs for Rebuilding America Ser.). (ENG.). 80p. (gr. 6-6). 38.80 *(978-1-5081-7994-8(8)*, 544bbf73-0090-4788-85aa-a680a8498083) Rosen Publishing Group, Inc., The.
Career As an Electrician, 1 vol. Jeff Mapua. 2018. (Jobs for Rebuilding America Ser.). (ENG.). 80p. (gr. 6-6). 38.80 *(978-1-5081-7996-2(4)*, 57bb46cb-0d13-41f1-8c01-779514caad66) Rosen Publishing Group, Inc., The.
Career Chose Me. Brandon Riley. 2017. (ENG., Illus.). (YA). pap. 12.49 *(978-1-5456-1734-2(1))* Salem Author Services.
Career Clues for Kids (Set), 8 vols. Diane Lindsey Reeves. 2023. (21st Century Skills Library: Career Clues for Kids Ser.). (ENG., Illus.). 32p. (J). (gr. 4-7). 256.56 *(978-1-6689-1876-0(5)*, 221854); pap., pap., pap. 113.68 *(978-1-6689-2006-0(9)*, 221984) Cherry Lake Publishing.
Career Compass: Divine Guide to a Successful Career. Oluwole Aderemi-Ata. 2022. (ENG., Illus.). 168p. (YA). pap. 16.95 *(978-1-68526-135-1(3))* Covenant Bks.
Career Crew: What Will You Do? Jeanine C. Avery. 2021. (ENG.). 62p. (J). 19.99 *(978-1-7362240-1-4(8))* IEM Publishing.
Career Exploration Guide: Career Guidance & Worksheets for High School Students. Patrice M. Foster. 2020. (ENG.). 202p. (J). pap. 9.99 *(978-1-7348657-2-1(5))* PatriceMFoster.com.
Career Genie, an Original Fiction Series: The Collection: Adventures of Hyungkyu & Park Min. Jason Changkyu Kim. 2021. (ENG.). 73p. (J). pap. ***(978-1-387-33152-9(3))*** Lulu Pr., Inc.
Career in Biomedical Engineering. Melissa Abramovitz. 2018. (Careers in Engineering Ser.). (ENG.). 64p. (YA). (gr. 6-12). 39.93 *(978-1-68282-343-9(1))* ReferencePoint Pr., Inc.
Career in Civil Engineering. James Roland. 2018. (Careers in Engineering Ser.). 64p. (YA). (gr. 6-12). 39.93 *(978-1-68282-345-3(8))* ReferencePoint Pr., Inc.
Career in Coding: Careers in Computers, 1 vol. Rory McCallum. 2017. (Computer Science for the Real World Ser.). (ENG.). 16p. (gr. 2-3). pap. *(978-1-5383-5251-9(6)*, 997d4540-4b9f-40dd-8cdc-2cff73ee35c9, Rosen Classroom) Rosen Publishing Group, Inc., The.
Career in Computer Engineering. Stuart A. Kallen. 2018. (Careers in Engineering Ser.). (ENG.). 64p. (J). (gr. 6-12). 39.93 *(978-1-68282-347-7(4))* ReferencePoint Pr., Inc.
Career in Electrical Engineering. Bonnie Szumski. 2018. (Careers in Engineering Ser.). (ENG.). 64p. (YA). (gr. 6-12). 39.93 *(978-1-68282-349-1(0))* ReferencePoint Pr., Inc.
Career in Environmental Engineering. Stuart A. Kallen. 2018. (Careers in Engineering Ser.). (ENG.). 64p. (YA). (gr. 6-12). 39.93 *(978-1-68282-351-4(2))* ReferencePoint Pr., Inc.
Career in Mechanical Engineering. Leanne Currie-McGhee. 2018. (Careers in Engineering Ser.). (ENG.). 64p. (J). (gr. 6-12). 39.93 *(978-1-68282-353-8(9))* ReferencePoint Pr., Inc.
Career in Mining & Logging, 1 vol. Jeanne Nagle. 2018. (Jobs for Rebuilding America Ser.). (ENG.). 80p. (gr. 6-6). 38.80 *(978-1-5081-7999-3(9)*, 43187897-4a54-4c22-8525-37e4cea72418) Rosen Publishing Group, Inc., The.
Career in Paving & Road Surfacing, 1 vol. Laura La Bella. 2018. (Jobs for Rebuilding America Ser.). (ENG.). 80p. (gr. 6-6). 38.80 *(978-1-5081-8002-9(4)*, d85011e8-1fd5-4d88-ac43-3b99e5b2cf29) Rosen Publishing Group, Inc., The.
Career in Transportation & Warehousing, 1 vol. Joe Greek. 2018. (Jobs for Rebuilding America Ser.). (ENG., Illus.). 80p. (J). (gr. 6-6). 38.80 *(978-1-5081-8005-0(9)*, bd33d587-7269-4bd3-9734-2695cd4362d3) Rosen Publishing Group, Inc., The.
Career of a Nihilist. S. Stepniak. 2017. (ENG.). 336p. (J). pap. *(978-3-337-04469-5(7))* Creation Pubs.
Career of a Nihilist: A Novel (Classic Reprint) S. Stepniak. 2017. (ENG., Illus.). (J). 32.15 *(978-1-5285-5363-6(2))* Forgotten Bks.

C

Career of Beauty Darling (Classic Reprint) Dolf Wyllarde. 2017. (ENG., Illus.). (J). 31.65 *(978-0-266-54279-7(4))*; pap. 16.57 *(978-0-282-75651-2(5))* Forgotten Bks.

Career of Candida (Classic Reprint) George Paston. 2018. (ENG., Illus.). 298p. (J). 30.06 *(978-0-483-61505-2(6))* Forgotten Bks.

Career of David Noble (Classic Reprint) Frances Parkinson Keyes. (ENG., Illus.). (J). 2018. 310p. 30.31 *(978-0-483-54045-3(5))*; 2016. pap. 13.57 *(978-1-334-20014-4(9))* Forgotten Bks.

Career of Mrs. Osborne (Classic Reprint) Carleton-Milecete Carleton-Milecete. (ENG., Illus.). (J). 2018. 244p. 28.95 *(978-0-267-37198-3(5))*; 2016. pap. 11.57 *(978-1-334-15965-7(3))* Forgotten Bks.

Career of the Stolen Boy, Charlie. Caroline Oakley. 2017. (ENG., Illus.). (J). pap. *(978-0-649-41296-9(6))*; pap. *(978-0-649-35797-0(3))* Trieste Publishing Pty Ltd.

Career of the Stolen Boy, Charlie (Classic Reprint) Caroline Oakley. 2018. (ENG., Illus.). 202p. (J). 28.06 *(978-0-267-68537-0(8))* Forgotten Bks.

Career Planning for High School Students: From a Christian Perspective. Adrian Gonzalez. 2018. (ENG.). 74p. (YA). pap. 13.95 *(978-1-9736-1181-3(3)*, WestBow Pr.) Author Solutions, LLC.

Careera Extrema. Jake Maddox. Tr. by Aparicio Publishing Aparicio Publishing LLC from ENG. Illus. by Eduardo Garcia. 2020. (Jake Maddox Novelas Gráficas Ser.). (SPA.). 72p. (J). (gr. 3-8). pap. 6.95 *(978-1-4965-9313-9(8)*, 142343); lib. bdg. 27.99 *(978-1-4965-9178-4(X)*, 142087) Capstone. (Stone Arch Bks.).

Careers: The Ultimate Guide to Planning Your Future. DK. 2022. (ENG., Illus.). 320p. (J). (gr. 7). pap. 19.99 *(978-0-7440-5172-8(X)*, DK Children) Dorling Kindersley Publishing, Inc.

Careers Set: Careers for a New Millennium, 9 vols. Incl. Careers as a Disc Jockey. Chris Weigsant. 192p. (YA). 1999. lib. bdg. 38.10 *(978-0-8239-3043-2(2)*, CADIJO); Careers in Banking & Finance. Patricia Haddock. 192p. (YA). 1997. lib. bdg. 18.95 *(978-0-8239-2533-9(1)*, CABAFI); Careers in Fiber Optics. Brian M. Smith. 192p. (YA). 1998. lib. bdg. 38.10 *(978-0-8239-2778-4(4)*, CAFIOP); Careers in Trucking. Donald D. Schauer. (YA). 2000. lib. bdg. 18.95 *(978-0-8239-3189-7(7)*, CATRUC); Careers in Video & Digital Video. Paul Limbert Allman. v, 144p. (J). 1997. lib. bdg. 18.95 *(978-0-8239-2542-1(0)*, CAVIDI); Exploring Careers in Cyberspace. Michael Fulton. 192p. (YA). 1998. lib. bdg. 38.10 *(978-0-8239-2633-6(8)*, CACYBE); Set. Careers in Teaching. Glen W. Cutlip & Robert J. Shockley. 192p. (YA). 1996. lib. bdg. 16.95 *(978-0-8239-2505-6(6))*; (gr. 7-12). (Illus.). Set lib. bdg. 152.55 *(978-0-8239-9033-7(8))* Rosen Publishing Group, Inc., The.

Careers Set: Promising Careers, 8 vols. Incl. Careers in Alternative Medicine. Alan Steinfeld. 192p. (YA). 2000. lib. bdg. 18.95 *(978-0-8239-2963-4(9)*, CAALME); Careers in Starting & Building Franchises. Carlienne A. Frisch. 192p. (YA). 1999. lib. bdg. 38.10 *(978-0-8239-2781-4(4)*, CAFRAN); Careers in the Fashion Industry. John Giacobello. 122p. (J). 1999. lib. bdg. 18.95 *(978-0-8239-2890-3(X)*, CAFASH); Exploring Careers in Social Work. Carolyn Simpson & Dwain Simpson. 192p. (YA). 1999. lib. bdg. 31.95 *(978-0-8239-2879-8(9)*, CASOWO); (gr. 7-12). (Illus.). Set lib. bdg. 135.60 *(978-0-8239-9085-6(0))* Rosen Publishing Group, Inc., The.

Careers & Opportunities: Great Career Opportunities, 6 vols., Set. Jean W. Spencer. Incl. Careers Inside the World of Technology. rev. ed. (Illus.). 64p. (YA). (gr. 7-12). 1998. lib. bdg. 16.95 *(978-0-8239-2821-7(7))*; (Illus.). Set lib. bdg. 101.70 *(978-0-8239-9084-9(2))* Rosen Publishing Group, Inc., The.

Careers Cut Short. Brian Hall. 2017. (Wild World of Sports Ser.). (ENG., Illus.). 48p. (J). (gr. 3-6). lib. bdg. 34.21 *(978-1-5321-1363-5(3)*, 27661, SportsZone) ABDO Publishing Co.

Careers for People Who Love Comics, Animation, & Manga, 1 vol. Siyavush Saidian. 2020. (Cool Careers Without College Ser.). (ENG., Illus.). 104p. (J). (gr. 7-7). lib. bdg. 41.12 *(978-1-4994-6871-7(7)*, 90c97640-dcd9-4066-ad72-e957fd3ae5e3) Rosen Publishing Group, Inc., The.

Careers for People Who Love Crafting, 1 vol. Siyavush Saidian. 2020. (Cool Careers Without College Ser.). (ENG., Illus.). 104p. (J). (gr. 7-7). lib. bdg. 41.12 *(978-1-4994-6877-9(6)*, 3180a9be-0b5d-4d2a-b8bc-3c4cb941754a) Rosen Publishing Group, Inc., The.

Careers for People Who Love Kids, 1 vol. Morgan Williams. 2020. (Cool Careers Without College Ser.). (ENG.). 104p. (J). (gr. 7-7). lib. bdg. 41.12 *(978-1-4994-6880-9(6)*, 696f843a-1ca3-4e0b-93eb-c35563ac27b7) Rosen Publishing Group, Inc., The.

Careers for People Who Love the Great Outdoors, 1 vol. Siyavush Saidian. 2020. (Cool Careers Without College Ser.). (ENG., Illus.). 104p. (J). (gr. 7-7). lib. bdg. 41.12 *(978-1-4994-6883-0(0)*, 25ec42da-e60a-4942-b02b-155abb74159d) Rosen Publishing Group, Inc., The.

Careers for People Who Love Traveling, 1 vol. Morgan Williams. 2020. (Cool Careers Without College Ser.). (ENG., Illus.). 104p. (J). (gr. 7-7). lib. bdg. 41.12 *(978-1-4994-6886-1(5)*, 9d06d791-4926-4579-ba7e-8b52cd02a507) Rosen Publishing Group, Inc., The.

Careers for Tech Girls in Audio Engineering, 1 vol. Jackson Nieuwland. 2018. (Tech Girls Ser.). (ENG.). 80p. (J). (gr. 7-7). 37.47 *(978-1-5081-8008-1(3)*, 4876acd2-d82a-4fd2-8455-5c0fb211ea85) Rosen Publishing Group, Inc., The.

Careers for Tech Girls in Digital Publishing, 1 vol. Hillary Dodge. 2018. (Tech Girls Ser.). (ENG.). 80p. (J). (gr. 7-7). 37.47 *(978-1-5081-8014-2(8)*, 696bb33a-044f-4013-85e3-e211c8c3573a); pap. 16.30 *(978-1-5081-8015-9(6)*, 4de7bbdb-bb84-4b1b-b45b-bb3e28e51ef7) Rosen Publishing Group, Inc., The. (Rosen Young Adult).

Careers for Tech Girls in E-Commerce, 1 vol. Jackson Nieuwland. 2018. (Tech Girls Ser.). (ENG.). 80p. (J). (gr. 7-7). 37.47 *(978-1-5081-8017-3(2)*, fad7bb4b-91dc-45e2-a432-ddd5aab7686e) Rosen Publishing Group, Inc., The.

Careers for Tech Girls in Graphic Design, 1 vol. Donna Bowen McKinney. 2018. (Tech Girls Ser.). (ENG.). 80p. (gr. 7-7). 37.47 *(978-1-5081-8011-1(3)*, cf70bab7-3a0c-476a-b412-2d216d17a745) Rosen Publishing Group, Inc., The.

Careers for Tech Girls in Hardware Engineering, 1 vol. Carla Mooney. 2018. (Tech Girls Ser.). (ENG.). 80p. (gr. 7-7). 37.47 *(978-1-5081-8020-3(2)*, a4a25604-4ecc-4a59-8713-dae4ba5a24b2) Rosen Publishing Group, Inc., The.

Careers for Tech Girls in Software Engineering, 1 vol. Sarah Rose Dahnke. 2018. (Tech Girls Ser.). (ENG.). 80p. (gr. 7-7). 37.47 *(978-1-5081-8023-4(7)*, 6ec27d3c-fd60-4cc7-9b17-3ee8c38c214b) Rosen Publishing Group, Inc., The.

Careers for Tech Girls in Web Development, 1 vol. Maryam Washington. 2018. (Tech Girls Ser.). (ENG.). 80p. (gr. 7-7). 37.47 *(978-1-5081-8026-5(1)*, 213d5da0-f645-4af0-9c13-3c14d5311ce6) Rosen Publishing Group, Inc., The.

Careers If You Like Animals. Toney Allman. 2017. (Career Discovery Ser.). (ENG., Illus.). 80p. (YA). (gr. 5-12). *(978-1-68282-134-3(X))* ReferencePoint Pr., Inc.

Careers If You Like Government & Politics. Michael V. Uschan. 2016. (ENG.). 80p. (J). (gr. 5-12). lib. bdg. *(978-1-68282-000-1(9))* ReferencePoint Pr., Inc.

Careers If You Like Helping People. Gail Snyder. 2017. (ENG.). 80p. (YA). (gr. 5-12). 39.93 *(978-1-68282-136-7(6))* ReferencePoint Pr., Inc.

Careers If You Like Math. Barbara Sheen. 2016. (ENG., Illus.). 80p. (J). (gr. 5-12). *(978-1-68282-004-9(1))* ReferencePoint Pr., Inc.

Careers If You Like Music. Laura Roberts. 2017. (ENG.). 80p. (YA). (gr. 5-12). *(978-1-68282-138-1(2))* ReferencePoint Pr., Inc.

Careers If You Like Problem Solving. James Roland. 2019. (Career Exploration Ser.). (ENG.). 80p. (J). (gr. 6-12). 41.27 *(978-1-68282-589-1(2))* ReferencePoint Pr., Inc.

Careers If You Like Research & Analysis. Barbara Sheen. 2019. (Career Exploration Ser.). (ENG.). 80p. (J). (gr. 6-12). 41.27 *(978-1-68282-591-4(4))* ReferencePoint Pr., Inc.

Careers If You Like Science. Gail Snyder. 2016. (ENG.). 80p. (J). (gr. 5-12). lib. bdg. *(978-1-68282-006-3(8))* ReferencePoint Pr., Inc.

Careers If You Like Social Interaction. Barbara Sheen. 2019. (Career Exploration Ser.). (ENG.). 80p. (J). (gr. 6-12). 41.27 *(978-1-68282-593-8(0))* ReferencePoint Pr., Inc.

Careers If You Like Sports. Stuart A. Kallen. 2017. (Career Discovery Ser.). (ENG.). 80p. (YA). (gr. 5-12). *(978-1-68282-142-8(0))* ReferencePoint Pr., Inc.

Careers If You Like the Arts. Stuart A. Kallen. 2016. (ENG.). 80p. (J). (gr. 5-12). lib. bdg. *(978-1-68282-008-7(4))* ReferencePoint Pr., Inc.

Careers If You Like the Creative Arts. Stuart A. Kallen. 2019. (Career Exploration Ser.). (ENG.). 80p. (J). (gr. 6-12). 41.27 *(978-1-68282-595-2(7))* ReferencePoint Pr., Inc.

Careers If You Like the Outdoors. Stuart A. Kallen. 2017. (ENG.). 80p. (YA). (gr. 5-12). 39.93 *(978-1-68282-140-4(4))* ReferencePoint Pr., Inc.

Careers If You Like to Travel. Peggy J. Parks. 2019. (Career Exploration Ser.). (ENG.). 80p. (J). (gr. 6-12). 41.27 *(978-1-68282-597-6(3))* ReferencePoint Pr., Inc.

Careers If You Like Video Games. Carla Mooney. 2017. (Career Discovery Ser.). (ENG.). 80p. (YA). (gr. 5-12). *(978-1-68282-144-2(7))* ReferencePoint Pr., Inc.

Careers If You Like Working with Your Hands. Toney Allman. 2019. (Career Exploration Ser.). (ENG.). 80p. (YA). (gr. 6-12). 41.27 *(978-1-68282-599-0(X))* ReferencePoint Pr., Inc.

Careers If You Like Writing. Robert Green. 2016. (ENG., Illus.). 80p. (YA). (gr. 5-12). lib. bdg. *(978-1-68282-010-0(6))* ReferencePoint Pr., Inc.

Careers in Animation & Comics. W. L. Kitts. 2019. (Careers for Creative People Ser.). (ENG.). 80p. (YA). (gr. 6-12). 41.27 *(978-1-68282-675-1(9))* ReferencePoint Pr., Inc.

Careers in Architecture & Construction. Barbara Sheen. 2016. (ENG.). 80p. (J). (gr. 5-12). 38.60 *(978-1-60152-806-3(X))* ReferencePoint Pr., Inc.

Careers in Artificial Intelligence. Joshua Gregory. 2018. (Bright Futures Press: Emerging Tech Careers Ser.). (ENG., Illus.). 32p. (J). (gr. 4-7). lib. bdg. 32.07 *(978-1-5341-2973-3(1)*, 211936) Cherry Lake Publishing.

Careers in Computer Science. Carla Mooney. 2017. (ENG.). 80p. (YA). (gr. 5-12). *(978-1-68282-194-7(3))* ReferencePoint Pr., Inc.

Careers in Dentistry, 1 vol. Ann Byers. 2017. (Essential Careers Ser.). (ENG.). 80p. (J). (gr. 6-6). 37.47 *(978-1-5383-8150-2(8)*, 6b576fba-2889-4169-8ca2-abf2abb05c1e); pap. 16.30 *(978-1-5081-7884-2(4)*, 7d5d69e3-aa23-4d4d-af9d-22a92cf18e88) Rosen Publishing Group, Inc., The.

Careers in Digital Media, 1 vol. Corona Brezina. 2017. (Essential Careers Ser.). (ENG., Illus.). 80p. (J). (gr. 6-6). pap. 16.30 *(978-1-5081-7874-3(7)*, 06f73835-6ebf-4c63-9c29-0e457e142955) Rosen Publishing Group, Inc., The.

Careers in Digital Media. Laura Roberts. 2017. (Exploring Careers Ser.). (ENG.). 80p. (J). (gr. 5-12). *(978-1-68282-196-1(X))* ReferencePoint Pr., Inc.

Careers in Drone Technology. Joshua Gregory. 2018. (Bright Futures Press: Emerging Tech Careers Ser.). (ENG., Illus.). 32p. (J). (gr. 4-7). lib. bdg. 32.07 *(978-1-5341-2974-0(X)*, 211940) Cherry Lake Publishing.

Careers in E-Commerce. Pat Rarus. 2019. (E-Careers Ser.). (ENG.). 80p. (J). (gr. 6-12). 41.27 *(978-1-68282-611-9(2))* ReferencePoint Pr., Inc.

Careers in Electronics, 1 vol. Tracy Brown Hamilton. 2019. (Makerspace Careers Ser.). (ENG., Illus.). 80p. (J). (gr. 7-7). pap. 16.30 *(978-1-5081-8800-1(9)*, 52c4591c-e1ce-43a7-aa44-09c03081c03f) Rosen Publishing Group, Inc., The.

Careers in Emergency Response. Christine Wilcox. 2017. (ENG., Illus.). 80p. (J). (gr. 5-12). lib. bdg. *(978-1-68282-104-6(8))* ReferencePoint Pr., Inc.

Careers in Entertainment. Stuart A. Kallen. 2017. (Exploring Careers Ser.). (ENG.). 80p. (YA). (gr. 5-12). *(978-1-68282-198-5(6))* ReferencePoint Pr., Inc.

Careers in Environmental & Energy Technology. John Allen. 2017. (ENG.). 80p. (J). (gr. 5-12). *(978-1-68282-110-7(2))* ReferencePoint Pr., Inc.

Careers in Environmental Conservation. Christine Wilcox. 2017. (ENG.). 80p. (YA). (gr. 5-12). *(978-1-68282-203-6(6))* ReferencePoint Pr., Inc.

Careers in Esports. Josh Gregory. 2020. (21st Century Skills Library: Esports LIVE Ser.). (ENG., Illus.). 32p. (J). (gr. 4-7). lib. bdg. 32.07 *(978-1-5341-6888-6(5)*, 215439) Cherry Lake Publishing.

Careers in Fashion. Peggy J. Parks. 2019. (Careers for Creative People Ser.). (ENG.). 80p. (YA). (gr. 6-12). 41.27 *(978-1-68282-679-9(1))* ReferencePoint Pr., Inc.

Careers in Film, TV, & Theater. Don Nardo. 2019. (Careers for Creative People Ser.). (ENG.). 80p. (J). (gr. 6-12). 41.27 *(978-1-68282-681-2(3))* ReferencePoint Pr., Inc.

Careers in Food & Agriculture. Stuart A. Kallen. 2018. (Exploring Careers Ser.). (ENG.). 80p. (YA). (gr. 5-12). lib. bdg. 39.93 *(978-1-68282-311-8(3))* ReferencePoint Pr., Inc.

Careers in Gaming. Laura Roberts. 2017. (ENG., Illus.). 80p. (YA). (gr. 5-12). *(978-1-68282-112-1(9))* ReferencePoint Pr., Inc.

Careers in Info Tech. Pat Rarus. 2019. (E-Careers Ser.). (ENG.). 80p. (YA). (gr. 6-12). 41.27 *(978-1-68282-613-3(9))* ReferencePoint Pr., Inc.

Careers in Interactive Media, 1 vol. Janet Harvey. 2019. (Makerspace Careers Ser.). (ENG., Illus.). 80p. (J). (gr. 7-7). pap. 16.30 *(978-1-5081-8803-2(3)*, e7b4b544-323c-46d2-8f52-1bcc776a8272) Rosen Publishing Group, Inc., The.

Careers in Internet Technology. Bradley Steffens. 2017. (ENG., Illus.). 80p. (J). (gr. 5-12). *(978-1-68282-114-5(5))* ReferencePoint Pr., Inc.

Careers in Law Enforcement. Michael V. Uschan. 2017. (ENG., Illus.). 80p. (J). (gr. 5-12). *(978-1-68282-106-0(4))* ReferencePoint Pr., Inc.

Careers in Machine Maintenance, 1 vol. Don Rauf. 2019. (Makerspace Careers Ser.). (ENG., Illus.). 80p. (J). (gr. 7-7). pap. 16.30 *(978-1-5081-8806-3(8)*, a0192b5f-34b6-4928-9d07-945b58b77d09) Rosen Publishing Group, Inc., The.

Careers in Manufacturing, 1 vol. Jessica Shaw. 2019. (Makerspace Careers Ser.). (ENG., Illus.). 80p. (J). (gr. 7-7). 37.47 *(978-1-5081-8810-0(6)*, 45533b31-b26d-46c9-8a78-73dbb10bef96) Rosen Publishing Group, Inc., The.

Careers in Medical Technology. Bradley Steffens. 2017. (ENG., Illus.). 80p. (YA). (gr. 5-12). *(978-1-68282-116-9(1))* ReferencePoint Pr., Inc.

Careers in Medicine. L. K. Currie-McGhee. 2017. (ENG.). 80p. (J). (gr. 5-12). *(978-1-68282-200-5(1))* ReferencePoint Pr., Inc.

Careers in Mental Health, 1 vol. Daniel E. Harmon. 2017. (Essential Careers Ser.). (ENG., Illus.). 80p. (J). (gr. 6-6). 37.47 *(978-1-5383-8154-0(0)*, 2c484112-d139-4e22-a03f-47499a552722); pap. 16.30 *(978-1-5081-7885-9(2)*, 78d4d143-f119-452a-bf44-648abc31601c) Rosen Publishing Group, Inc., The. (Rosen Young Adult).

Careers in Mental Health. James Roland. 2017. (ENG., Illus.). 80p. (J). (gr. 5-12). *(978-1-68282-108-4(0))* ReferencePoint Pr., Inc.

Careers in Music. Stuart A. Kallen. 2019. (Careers for Creative People Ser.). (ENG.). 80p. (J). (gr. 6-12). 41.27 *(978-1-68282-683-6(X))* ReferencePoint Pr., Inc.

Careers in Nanomedicine. Martin Gitlin. 2018. (Bright Futures Press: Emerging Tech Careers Ser.). (ENG., Illus.). 32p. (J). (gr. 4-7). lib. bdg. 32.07 *(978-1-5341-2975-7(8)*, 211944) Cherry Lake Publishing.

Careers in Personal Space Travel. Martin Gitlin. 2018. (Bright Futures Press: Emerging Tech Careers Ser.). (ENG., Illus.). 32p. (J). (gr. 4-7). lib. bdg. 32.07 *(978-1-5341-2976-4(6)*, 211948) Cherry Lake Publishing.

Careers in Renewable Energy. Don Nardo. 2018. (ENG.). 80p. (YA). (gr. 5-12). *(978-1-68282-315-6(6))* ReferencePoint Pr., Inc.

Careers in Robot Technology. Joshua Gregory. 2018. (Bright Futures Press: Emerging Tech Careers Ser.). (ENG., Illus.). 32p. (J). (gr. 4-7). lib. bdg. 32.07 *(978-1-5341-2977-1(4)*, 211952) Cherry Lake Publishing.

Careers in Robotics. Kathryn Hulick. 2017. (ENG.). 80p. (J). (gr. 5-12). *(978-1-68282-118-3(8))* ReferencePoint Pr., Inc.

Careers in Self-Driving Car Technology. Martin Gitlin. 2018. (Bright Futures Press: Emerging Tech Careers Ser.). (ENG., Illus.). 32p. (J). (gr. 4-7). lib. bdg. 32.07 *(978-1-5341-2978-8(2)*, 211956) Cherry Lake Publishing.

Careers in Social Media. Stuart A. Kallen. 2019. (E-Careers Ser.). (ENG.). 80p. (J). (gr. 6-12). 41.27 *(978-1-68282-617-1(1))* ReferencePoint Pr., Inc.

Careers in Sports & Fitness. Debra Schmidt. 2016. (Exploring Careers Ser.). (ENG., Illus.). 80p. (J). (gr. 5-12). 38.60 *(978-1-60152-814-8(0))* ReferencePoint Pr., Inc.

Careers in the Culinary Arts. Peggy J. Parks. 2019. (Careers for Creative People Ser.). (ENG.). 80p. (J). (gr. 6-12). 41.27 *(978-1-68282-677-5(5))* ReferencePoint Pr., Inc.

Careers in the Legal Profession. Carla Mooney. 2018. (ENG.). 80p. (YA). (gr. 5-12). *(978-1-68282-313-2(X))* ReferencePoint Pr., Inc.

Careers in Travel & Hospitality. Stuart A. Kallen. 2018. (Exploring Careers Ser.). (ENG.). 80p. (YA). (gr. 5-12). 39.93 *(978-1-68282-317-0(2))* ReferencePoint Pr., Inc.

Careers in Virtual Reality Technology. Joshua Gregory. 2018. (Bright Futures Press: Emerging Tech Careers Ser.). (ENG., Illus.). 32p. (J). (gr. 4-7). lib. bdg. 32.07 *(978-1-5341-2979-5(0)*, 211960) Cherry Lake Publishing.

Careers in Water Sports Coloring Book. Smarter Activity Books for Kids. 2016. (ENG., Illus.). (J). pap. 9.22 *(978-1-68374-535-8(3))* Examined Solutions PTE. Ltd.

Careers in Wearable Electronics. Martin Gitlin. 2018. (Bright Futures Press: Emerging Tech Careers Ser.). (ENG., Illus.). 32p. (J). (gr. 4-7). lib. bdg. 32.07 *(978-1-5341-2980-1(4)*, 211964) Cherry Lake Publishing.

Careers in Women's Health, 1 vol. Jeri Freedman. 2017. (Essential Careers Ser.). (ENG., Illus.). 80p. (J). (gr. 6-6). 37.47 *(978-1-5383-8158-8(3)*, 21ede09a-4955-4fbc-8ee4-9adb6793022f); pap. 16.30 *(978-1-5081-7875-0(5)*, 9d0700c4-5d4e-4f46-b2b4-f5ff0dbbfac4) Rosen Publishing Group, Inc., The. (Rosen Young Adult).

Careers in Your Community: Sets 1 - 2, 32 vols. 2018. (Careers in Your Community Ser.). (ENG.). (YA). (gr. 7-7). lib. bdg. 599.52 *(978-1-4994-6745-1(1)*, 7eb46ee0-0a89-415d-ae43-70666ea6bc04) Rosen Publishing Group, Inc., The.

Careers of Danger & Daring (Classic Reprint) Cleveland Moffett. 2018. (ENG., Illus.). 434p. (J). 32.87 *(978-0-267-41233-4(9))* Forgotten Bks.

Carefree, Like Me! Chapter 2: Sacra the Joyous. Rashad Malik Davis. 2019. (ENG.). 48p. (J). 14.95 *(978-1-64307-249-4(8))* Amplify Publishing Group.

Careful Rudolph or You'll Bump Your Nose! Christmas Coloring Books Kids. Educando Kids. 2019. (ENG.). 42p. (J). pap. 6.99 *(978-1-64521-038-2(3)*, Educando Kids) Editorial Imagen.

Careful What You Wish For. Mahtab Narsimhan. 2022. (Orca Anchor Ser.). (ENG.). 96p. (YA). (gr. 8-12). pap. 10.95 *(978-1-4598-3400-2(3))* Orca Bk. Pubs. USA.

Careful What You Wish For. Grace Suen. 2021. (ENG., Illus.). 40p. (J). (gr. k-4). 15.95 *(978-1-76036-140-2(2)*, ece94bc3-5ce6-43be-aaab-4038678b304d) Starfish Bay Publishing Pty Ltd. AUS. Dist: Baker & Taylor Publisher Services (BTPS).

Carefully Everywhere Descending. L. B. Bedford. 2016. (ENG., Illus.). (YA). 24.99 *(978-1-63477-946-3(0)*, Harmony Ink Pr.) Dreamspinner Pr.

Careless Jane, & Other Tales (Classic Reprint) Katharine Pyle. 2018. (ENG., Illus.). 114p. (J). 26.25 *(978-0-267-50765-8(8))* Forgotten Bks.

Careless Kate. Oliver Optic, pseud. 2017. (ENG., Illus.). (J). pap. *(978-3-7447-7111-5(3))* Creation Pubs.

Careless Kate: A Story for Little Folks (Classic Reprint) Oliver Optic, pseud. (ENG., Illus.). (J). 2018. 96p. 25.88 *(978-0-267-97846-5(4))*; 2016. pap. 9.57 *(978-1-333-52129-5(4))* Forgotten Bks.

Careless Little Boy (Classic Reprint) Cameron. 2018. (ENG., Illus.). 28p. (J). 24.49 *(978-0-267-28659-1(7))* Forgotten Bks.

Carers vs Crooks. Chip Colquhoun. Illus. by Korky Paul. 2023. (Chip Colquhoun & Korky Paul's Fables & Fairy Tales Ser.: Vol. 2). (ENG.). 92p. (J). pap. ***(978-1-915703-21-7(2))*** Snail Tales.

Carewes: A Tale of the Civil Wars, with Twenty-Four Illustrations (Classic Reprint) Mary Gillies. 2018. (ENG., Illus.). 336p. (J). 30.83 *(978-0-428-74634-6(9))* Forgotten Bks.

Carey Price. Todd Kortemeier. 2016. (Illus.). 32p. (J). *(978-1-62143-287-6(4))* Pr. Room Editions LLC.

Carey Price: How a First Nations Kid Became a Superstar Goaltender. Catherine Rondina. 2018. (Lorimer Recordbooks Ser.). (ENG., Illus.). 152p. (YA). (gr. 7-12). pap. 8.99 *(978-1-4594-1276-7(1)*, db9e8f7f-a144-453f-8289-f79033a73c2f) James Lorimer & Co. Ltd., Pubs. CAN. Dist: Lerner Publishing Group.

Cargo. Tom Gray. 2020. (ENG.). 130p. (YA). pap. *(978-1-9163622-4-6(9))* 1889 Bks.

Cargo. Adèle Tariel. Illus. by Jérôme Peyrat. 2023. Orig. Title: Cargo. (ENG.). 32p. (J). (gr. -1-k). 21.95 *(978-1-4598-3376-0(7))* Orca Bk. Pubs. USA.

Cari & the Talking Bird. l.t. ed. 2017. (Caribbean Vybes Ser.: Vol. 1). (ENG., Illus.). 38p. (J). pap. *(978-1-64204-229-0(3))* I-Landers.

Caribbean & Me. Kyana Bowen. 2020. (ENG.). 46p. (J). 25.00 *(978-1-7352545-0-0(9))* Bowen, Kyana.

Caribbean Chaos, the Unlikely Team, & Beans! Short Stories. Colin Hulme. 2017. (ENG., Illus.). (J). (gr. 4-6). 17.99 *(978-0-9991262-1-9(0))* Hulme Publishing.

Caribbean Today, 11 vols., Set. Incl. Bahamas. Colleen Madonna Flood Williams. (gr. 7-18). 21.95 *(978-1-4222-0620-1(3))*; Barbados. Tamra Orr. (gr. 9-12). 21.95 *(978-1-4222-0621-8(1))*; Caribbean Islands: Facts & Figures. Romel Hernandez. (gr. 9-12). 21.95 *(978-1-4222-0622-5(X))*; Cuba. Roger E. Hernández. (gr. 9-12). 21.95 *(978-1-4222-0623-2(8))*; Dominican Republic. Bob Temple. (gr. 9-12). 21.95 *(978-1-4222-0624-9(6))*; Haiti. Bob Temple. (gr. 9-12). 21.95 *(978-1-4222-0625-6(4))*; Jamaica. Colleen Madonna Flood Williams. (gr. 9-12). 21.95 *(978-1-4222-0626-3(2))*; Leeward Islands. Lisa Kozleski. (gr. 7-18). 21.95 *(978-1-4222-0627-0(0))*; Puerto Rico. Romel Hernandez. (gr. 9-12). 21.95 *(978-1-4222-0628-7(9))*; Trinidad & Tobago. Romel Hernandez. (gr. 9-12). 21.95 *(978-1-4222-0629-4(7))*; Windward Islands. Tamra Orr. (gr. 9-12). 21.95 *(978-1-4222-0630-0(0))*; (Illus.). 64p. (YA). 2010. Set lib. bdg. 241.45 *(978-1-4222-0619-5(X))*; Set pap. 109.45 *(978-1-4222-0686-7(6))* Mason Crest.

Caribe: English & Spanish Edition. Maria Urbina-Fauser. 2022. (ENG.). 144p. (J). pap. ***(978-0-2288-8162-9(5))*** Tellwell Talent.

Caribe: English Edition. Maria Urbina-Fauser. 2022. (ENG.). 144p. (YA). pap. ***(978-0-2288-8096-7(3))*** Tellwell Talent.

Cariboo Road (Classic Reprint) Alan Sullivan. 2018. (ENG., Illus.). 324p. (J). 30.60 *(978-0-267-44007-8(3))* Forgotten Bks.

Caribou. David Aglukark & Dorothy Aglukark. Illus. by Amiel Sandland. 2022. (Animaux Illustrés Ser.: 5). Orig. Title: Animals Illustrated: Caribou. (FRE.). 32p. (J). (gr. 1-3). 14.95 *(978-2-7644-4566-2(0))* Quebec Amerique CAN. Dist: Orca Bk. Pubs. USA.

Caribou. Megan Borgert-Spaniol. 2017. (North American Animals Ser.). (ENG., Illus.). 24p. (J). (gr. k-3). lib. bdg. 26.95 *(978-1-62617-636-2(1)*, Blastoff! Readers) Bellwether Media.

Caribou. Tammy Gagne. 2017. (Animals of North America Ser.). (ENG., Illus.). 32p. (J). (gr. 2-3). pap. 9.95 *(978-1-63517-089-4(3)*, 1635170893, Focus Readers) North Star Editions.

Caribou. Rachel Grack. 2018. (North American Animals Ser.). (ENG.). 24p. (J). (gr. 1-4). pap. 8.99 *(978-1-68152-336-1(1),* 15121); lib. bdg. *(978-1-68151-416-1(8),* 15113) Amicus.

Caribou. Contrib. by Rachel Grack. 2023. (Animals at Risk Ser.). (ENG., Illus.). (J). (gr. k-3). lib. bdg. 26.95 Bellwether Media.

Caribou. Leo Statts. 2016. (Polar Animals Ser.). (ENG.). 24p. (J). (gr. -1-2). 49.94 *(978-1-68079-355-0(1),* 22976, Abdo Zoom-Launch) ABDO Publishing Co.

Caribou: A Tundra Journey. Rebecca E. Hirsch. 2016. (Illus.). 32p. (J). *(978-1-4896-4513-5(6))* Weigl Pubs., Inc.

Caribou Are Awesome. Jaclyn Jaycox. 2019. (Polar Animals Ser.). (ENG., Illus.). 32p. (J). (gr. -1-2). 27.99 *(978-1-9771-0819-7(9),* 140447, Pebble) Capstone.

Caribou Migration. Susan H. Gray. 2020. (21st Century Junior Library: Marvelous Migrations Ser.). (ENG., Illus.). 24p. (J). (gr. 2-5). lib. bdg. 30.64 *(978-1-5341-6855-8(9),* 215307) Cherry Lake Publishing.

Caribou Migration. Grace Hansen. 2020. (Animal Migration Ser.). (ENG., Illus.). 24p. (J). (gr. -1-2). lib. bdg. 32.79 *(978-1-0982-0230-9(9),* 34593, Abdo Kids) ABDO Publishing Co.

Caribou Migration. Kari Schuetz. 2018. (Animals on the Move Ser.). (ENG., Illus.). 24p. (J). (gr. k-3). lib. bdg. 26.95 *(978-1-62617-814-4(3),* Blastoff! Readers) Bellwether Media.

Caribou of the Tundra. Amy B. Rogers. 2017. (Animals of the Tundra Ser.). 24p. (J). (gr. 1-2). 49.50 *(978-1-5345-2218-3(2),* KidHaven Publishing); (ENG.). pap. 9.25 *(978-1-5345-2229-9(8),* 87827249-6fbc-4d6e-809d-d9fe93a5d8c7); (ENG.). lib. bdg. 26.23 *(978-1-5345-2223-7(9),* 59eaff3f-2b60-4dbb-8dee-f8b3e48cd1d3) Greenhaven Publishing LLC.

Caribou Song, 1 vol. Tomson Highway. Illus. by John Rombough. 2016. (Songs of the North Wind Ser.). (ENG.). 32p. (J). (gr. 1-4). 14.95 *(978-1-927083-49-9(4),* 9d41b559-5302-4793-8992-0810706e2291) Fifth Hse. Pubs. CAN. Dist: Firefly Bks., Ltd.

Caribú. Rachel Grack. 2018. (Animales Norteamericanos Ser.). (SPA.). 24p. (J). (gr. 1-4). lib. bdg. *(978-1-68151-622-6(5),* 15230) Amicus.

Caribú de Peary (Peary Caribou) Grace Hansen. 2021. (Animales Del Ártico (Arctic Animals) Ser.). (SPA.). 24p. (J). (gr. -1-2). lib. bdg. 32.79 *(978-1-0982-0428-0(X),* 35346, Abdo Kids) ABDO Publishing Co.

Caricature: Wit & Humor of a Nation in Picture, Song & Story (Classic Reprint) Unknown Author. (ENG., Illus.). (J). 2018. 222p. 28.50 *(978-0-656-34175-7(0));* 2017. pap. 10.97 *(978-0-243-40092-8(6))* Forgotten Bks.

Caricature: Wit & Humor of a Nation in Picture, Song & Story (Classic Reprint) Judge Co. (ENG., Illus.). (J). 2018. 440p. 32.99 *(978-0-365-48699-2(X));* 2016. pap. 16.57 *(978-1-333-54679-3(3))* Forgotten Bks.

Caricature: Wit & Humor of a Nation in Picture, Song & Story (Classic Reprint) Burges Johnson. 2018. (ENG., Illus.). 322p. (J). 30.56 *(978-0-483-09211-2(8))* Forgotten Bks.

Caricature: Wit & Humor of a Nation in Picture, Song, & Story (Classic Reprint) Burges Johnson. (ENG., Illus.). (J). 2018. 218p. 28.39 *(978-0-656-79079-1(2));* 2017. pap. 10.97 *(978-0-259-27920-4(X))* Forgotten Bks.

Caricature: Wit & Humor of a Nation in Picture, Song & Story (Classic Reprint) Walt Mason. (ENG., Illus.). (J). 2018. 194p. 27.90 *(978-0-656-34184-9(X));* 2018. 142p. 26.83 *(978-0-332-87072-4(3));* 2017. pap. 10.57 *(978-0-243-38978-0(7));* 2016. pap. 9.57 *(978-1-333-40420-8(4))* Forgotten Bks.

Caricature 1911: Wit & Humor of a Nation, in Picture, Song, & Story (Classic Reprint) Unknown Author. (ENG., Illus.). (J). 2018. 214p. 28.35 *(978-0-484-44867-3(6));* 2017. pap. 10.97 *(978-0-243-31224-5(5))* Forgotten Bks.

Caricature Wit & Humor of a Nation in Picture, Song & Story (Classic Reprint) Unknown Author. 2018. (ENG., Illus.). 130p. (J). 26.58 *(978-0-483-40592-9(2))* Forgotten Bks.

Caricature Wit & Humor of a Nation in Picture, Song & Story (Classic Reprint) Grant E. Hamilton. 2018. (ENG., Illus.). 324p. (J). 30.58 *(978-0-428-77157-7(2))* Forgotten Bks.

caricia del infierno. Jennifer L. Armentrout. 2017. (SPA.). 472p. (YA). (gr. 9-12). pap. *(978-84-17002-26-8(X))* Plataforma Editorial SL ESP. Dist: Lectorum Pubns., Inc.

Caricias Sin Fin para Bubbins: La Historia de un Perro Rescatado. Jason Kraus. Illus. by Connor DeHaan. 2019. (Belly Rubbins for Bubbins Ser.: Vol. 1). (SPA.). 36p. (J). (gr. k-5). 24.99 *(978-1-0878-0760-7(3));* pap. 18.99 *(978-1-0878-0761-4(1))* Indy Pub.

Carina Felina. Carmen Agra Deedy. Illus. by Henry Cole. 2023. (ENG.). 48p. (J). (gr. -1-3). 19.99 *(978-1-338-74916-8(1),* Scholastic Pr.) Scholastic, Inc.

Carine: A Story of Sweden (Classic Reprint) Louis Enault. 2018. (ENG., Illus.). 244p. (J). 28.93 *(978-0-483-40876-0(X))* Forgotten Bks.

Caring. Lucia Raatma. 2019. (What I Value Ser.). (ENG.). 24p. (J). (gr. 2-3). lib. bdg. 22.99 *(978-1-5105-4578-6(6))* SmartBook Media, Inc.

Caring All Around Me. Tia Richardson. 2022. (ENG.). 36p. (J). 20.00 *(978-1-64538-951-4(0))* Orange Hat Publishing.

Caring All Around Me. Tia Richardson. Illus. by Tia Richardson. 2022. (ENG.). 36p. (J). pap. 15.00 *(978-1-64538-950-7(2))* Orange Hat Publishing.

Caring All Around Me: Coloring & Exercises for Healthy Relating. Tia Richardson. Illus. by Tia Richardson. 2022. (ENG.). 68p. (J). pap. 11.99 ***(978-1-64538-564-6(7))*** Orange Hat Publishing.

Caring (Berenstain Bears Gifts of the Spirit) Mike Berenstain. (Illus.). 32p. (J). (gr. -1-2). 2023. (Pictureback(R) Ser.: 1). pap. 5.99 *(978-0-593-30241-5(9));* 2021. (Berenstain Bears Gifts of the Spirit Ser.). 9.99 *(978-0-593-30240-8(0))* Random Hse. Children's Bks. (Random Hse. Bks. for Young Readers).

Caring Camels, 1 vol. Laurie Friedman. Illus. by Amanda Erb. 2021. (Trainer Tom Ser.). (ENG.). 32p. (J). (gr. -1-3). pap. *(978-1-4271-5346-3(9),* 12290); lib. bdg. *(978-1-4271-5340-1(X),* 12283) Crabtree Publishing Co.

Caring Classmates. Sierra Harimann. Illus. by Núria Aparicio. 2016. 32p. (J). *(978-1-338-03340-3(9))* Scholastic, Inc.

Caring Crab. Tuula Pere. Ed. by Susan Korman. Illus. by Roksolana Panchyshyn. 2018. (Colin the Crab Ser.: Vol. 1). (ENG.). 54p. (J). (gr. k-4). pap. *(978-952-7107-48-5(2))* Wickwick oy.

Caring for Animals Is Cool (My Book of Values) Sonia Mehta. 2017. (My Book of Values Ser.). (ENG.). 48p. (J). (gr. 2-4). pap. 8.99 *(978-0-14-344053-6(5),* Puffin) Penguin Bks. India PVT, Ltd IND. Dist: Independent Pubs. Group.

Caring for Cats: A 4D Book. Tammy Gagne. 2018. (Expert Pet Care Ser.). (ENG., Illus.). 24p. (J). (gr. 1-3). lib. bdg. 27.99 *(978-1-5435-2739-1(6),* 138197, Capstone Pr.) Capstone.

Caring for Dogs: A 4D Book. Tammy Gagne. 2018. (Expert Pet Care Ser.). (ENG., Illus.). 24p. (J). (gr. 1-3). lib. bdg. 27.99 *(978-1-5435-2738-4(8),* 138196, Capstone Pr.) Capstone.

Caring for Earth. Steffi Cavell-Clarke. 2018. (Our Values - Level 2 Ser.). 24p. (J). (gr. 2-3). *(978-0-7787-4729-1(8))* Crabtree Publishing Co.

Caring for Fish: A 4D Book. Tammy Gagne. 2018. (Expert Pet Care Ser.). (ENG., Illus.). 24p. (J). (gr. 1-3). lib. bdg. 27.99 *(978-1-5435-2741-4(8),* 138199, Capstone Pr.) Capstone.

Caring for Hamsters: A 4D Book. Tammy Gagne. 2018. (Expert Pet Care Ser.). (ENG., Illus.). 24p. (J). (gr. 1-3). lib. bdg. 27.99 *(978-1-5435-2740-7(X),* 138198, Capstone Pr.) Capstone.

Caring for Hermit Crabs: A 4D Book. Tammy Gagne. 2018. (Expert Pet Care Ser.). (ENG., Illus.). 24p. (J). (gr. 1-3). lib. bdg. 27.99 *(978-1-5435-2742-1(6),* 138200, Capstone Pr.) Capstone.

Caring for Mothers & Grandmothers Coloring Book. Smarter Activity Books for Kids. 2016. (ENG., Illus.). (J). pap. 9.22 *(978-1-68374-536-5(1))* Examined Solutions PTE. Ltd.

Caring for Orphans: Good Manners & Character. Ali Gator. 2019. (Akhlaaq Building Ser.). (ENG., Illus.). 24p. (J). 6.95 *(978-1-921772-36-8(0))* Ali Gator AUS. Dist: Consortium Bk. Sales & Distribution.

Caring for Our Lizard. Rozanne Williams. 2017. (Learn-To-Read Ser.). (ENG., Illus.). (J). pap. 3.49 *(978-1-68310-297-7(5))* Pacific Learning, Inc.

Caring for Rabbits: A 4D Book. Tammy Gagne. 2018. (Expert Pet Care Ser.). (ENG., Illus.). 24p. (J). (gr. 1-3). lib. bdg. 27.99 *(978-1-5435-2743-8(4),* 138201, Capstone Pr.) Capstone.

Caring for Wild Animals. Rae Simons. 2016. (ENG., Illus.). (J). pap. 19.99 *(978-1-62524-454-3(1),* Village Earth Pr.) Harding Hse. Publishing Sebice Inc.

Caring for Your Clown Book One: Aliens Are Real. Oleander Blume. l.t. ed. 2021. (ENG.). 234p. (YA). (Caring for Your Clown Ser.: Vol. 1). pap. 11.00 *(978-1-7379463-3-5(5));* 25.00 *(978-1-7379463-2-8(7))* Shaky Alien Pubns.

Caring for Your Clown Book Two: Oleander Blume. Blume. l.t. ed. 2023. (ENG.). 274p. (YA). pap. 12.00 ***(978-1-7379463-5-9(1))*** Shaky Alien Pubns.

Caring for Your Clown Book Two: Trial & Error. Oleander Blume. l.t. ed. 2022. (ENG.). 274p. (YA). 25.00 ***(978-1-7379463-4-2(3))*** Shaky Alien Pubns.

Caring for Your Mental Health. Mari Schuh. 2022. (Take Care of Yourself Ser.). (ENG.). 24p. (J). 29.99 *(978-1-6639-7682-6(1),* 229122); pap. 6.95 *(978-1-6663-2683-3(6),* 229092) Capstone. (Pebble).

Caring for Your Teeth. Mari Schuh. 2022. (Take Care of Yourself Ser.). (ENG.). 24p. (J). pap. 6.95 *(978-1-6663-2667-3(4),* 229090, Pebble) Capstone.

Caring in Sports. Todd Kortemeier. 2018. (Sports Build Character Ser.). (ENG., Illus.). 32p. (J). (gr. 2-3). pap. 9.95 *(978-1-63517-601-8(8),* 1635176018); lib. bdg. 31.35 *(978-1-63517-529-5(1),* 1635175291) North Star Editions. (Focus Readers).

Caring Ninja: A Social Emotional Learning Book for Kids about Developing Care & Respect for Others. Mary Nhin. Illus. by Jelena Stupar. 2021. (Ninja Life Hacks Ser.: Vol. 49). (ENG.). 36p. (J). 19.99 *(978-1-63731-156-1(7))* Grow Grit Pr.

Caring Trees: An Encounter with the Divine. Vince Nyman. 2019. (ENG., Illus.). 68p. (J). 25.95 *(978-1-64471-521-5(X));* pap. 16.95 *(978-1-64471-545-1(7))* Covenant Bks.

Caring with Bert & Ernie: A Book about Empathy. Marie-Therese Miller. 2021. (Sesame Street (r) Character Guides). (ENG., Illus.). 24p. (J). (gr. -1-2). pap. 8.99 *(978-1-7284-2377-7(5),* e6fb4328-1786-4e38-a749-2648b1924a71); lib. bdg. 29.32 *(978-1-7284-0391-5(X),* 404f7f05-6f45-485a-81be-ded57fa38bff) Lerner Publishing Group. (Lerner Pubns.).

Carini Animali Libro Da Colorare per Bambini Dai 4 Agli 8 Anni: 55 Illustrazioni Uniche Da Colorare, Meraviglioso Libro Di Animali per Adolescenti, Ragazzi e Bambini, Grande Libro Di Attività Sugli Animali per Bambini e Ragazzi. Amelia Yardley. 2021. (ITA.). 112p. (J). pap. *(978-1-907560-42-2(4))* Lulu.com.

Carissima: A Modern Grotesque (Classic Reprint) Lucas Malet. 2018. (ENG., Illus.). 344p. (J). 31.01 *(978-0-666-17761-2(9))* Forgotten Bks.

Carita: A Cuban Romance. Louis Pendleton. 2017. (ENG., Illus.). (J). pap. *(978-0-649-41303-4(2))* Trieste Publishing Pty Ltd.

Carita: A Cuban Romance (Classic Reprint) Louis Pendleton. 2017. (ENG., Illus.). (J). 258p. 29.24 *(978-0-332-52246-3(6));* pap. 11.97 *(978-0-259-27598-5(0))* Forgotten Bks.

Carità (Classic Reprint) Margaret O. W. Oliphant. 2018. (ENG., Illus.). 432p. (J). 32.81 *(978-0-484-84589-2(6))* Forgotten Bks.

Carità, Vol. 1 of 3 (Classic Reprint) Margaret Oliphant. 2018. (ENG., Illus.). 318p. (J). 30.46 *(978-0-332-19375-5(6))* Forgotten Bks.

Carita, Vol. 1 of 3 (Classic Reprint) Margaret O. W. Oliphant. 2016. (ENG., Illus.). (J). pap. 13.57 *(978-1-333-53569-8(4))* Forgotten Bks.

Carita, Vol. 2 of 3 (Classic Reprint) Margaret Oliphant. 2018. (ENG., Illus.). 312p. (J). 30.35 *(978-0-484-06331-9(6))* Forgotten Bks.

Carita, Vol. 2 of 3 (Classic Reprint) Margaret O. W. Oliphant. 2016. (ENG., Illus.). (J). pap. 13.57 *(978-1-333-31860-4(X))* Forgotten Bks.

Carita, Vol. 3 of 3 (Classic Reprint) Margaret O. W. Oliphant. 2018. (ENG., Illus.). 292p. (J). 29.92 *(978-0-484-67154-5(5))* Forgotten Bks.

Carl & Jocko, or the Adventures of the Little Italian Boy & His Monkey (Classic Reprint) Jacob Abbott. 2017. (ENG., Illus.). (J). 27.36 *(978-0-265-74462-8(8));* pap. 9.97 *(978-1-5277-1152-5(8))* Forgotten Bks.

Carl & Scooter Bean: Making New Friends. Mathew Konopinski. 2021. (ENG.). 26p. (J). 24.43 *(978-1-6678-0225-1(9))* BookBaby.

Carl & the Meaning of Life. Deborah Freedman. 2019. (Illus.). 48p. (J). (-k). 18.99 *(978-0-451-47498-8(8),* Viking Books for Young Readers) Penguin Young Readers Group.

Carl Bartlett, or What Can I Do? (Classic Reprint) D. S. Erickson. (ENG., Illus.). (J). 2018. 326p. 30.62 *(978-0-365-31360-1(2));* 2017. pap. 13.57 *(978-0-259-30407-4(7))* Forgotten Bks.

Carl Bartlett, or What Can I Do? (Classic Reprint) D. S. Erikson. (ENG., Illus.). (J). 2018. 326p. 30.64 *(978-0-483-93490-0(9));* 2017. pap. 13.57 *(978-0-243-39449-4(7))* Forgotten Bks.

Carl Deuker Collection 4-Book Boxed Set, 4 bks., Set. Carl Deuker. 2021. (ENG., Illus.). 1072p. (YA). (gr. 7). pap. 35.99 *(978-0-358-57735-5(7),* 1811728, Clarion Bks.) HarperCollins Pubs.

Carl Friedrich Gauss Werke, Vol. 3 (Classic Reprint) Carl Friedrich Gauss. 2018. (GER., Illus.). 506p. (J). 34.35 *(978-0-666-91683-9(7))* Forgotten Bks.

Carl Friedrich Gauss Werke, Vol. 9 (Classic Reprint) Carl Friedrich Gauss. 2018. (GER., Illus.). (J). 536p. 34.95 *(978-1-391-28098-1(9));* 538p. pap. 19.57 *(978-1-390-77688-1(3))* Forgotten Bks.

Carl Goes to Mouse World. R. J. Richards. 2019. (ENG.). 150p. (J). (gr. 2-6). pap. 9.99 *(978-0-578-45210-4(3))* Randy Jay Richards.

Carl Hall of Tait (Classic Reprint) Everett T. Tomlinson. 2018. (ENG., Illus.). 306p. (J). 30.23 *(978-0-484-62606-4(X))* Forgotten Bks.

Carl Is a Car. Jason Dagley. 2023. (ENG.). 28p. (J). pap. 8.99 ***(978-1-958895-61-0(X))*** Authorunit.

Carl Keeps Calm. Breana Garratt-Johnson. 2021. (ENG.). 30p. (J). pap. *(978-1-922550-42-2(6))* Library For All Limited.

Carl Keeps Calm - Carlos Mantein Kalma. Breana Garratt-Johnson. 2021. (TET.). 30p. (J). pap. *(978-1-922591-40-1(8))* Library For All Limited.

Carl Krinken: Or, the Christmas Stocking (Classic Reprint) Susan Warner. 2017. (ENG., Illus.). (J). 29.84 *(978-0-265-98073-6(9))* Forgotten Bks.

Carl Sagan: Celebrated Cosmos Scholar. Rebecca Felix. 2018. (Space Crusaders Ser.). (ENG., Illus.). 32p. (J). (gr. 3-6). lib. bdg. 32.79 *(978-1-5321-1705-3(1),* 30698, Checkerboard Library) ABDO Publishing Co.

Carl the Carpenter Tools of the Trade Activity Book. Bobo's Children Activity Books. 2016. (ENG., Illus.). (J). pap. 7.99 *(978-1-68327-397-4(4))* Sunshine In My Soul Publishing.

Carl the Christmas Carp, 1 vol. Ian Krykorka. Illus. by Vladyana Krykorka. 2016. (ENG.). 32p. (J). (gr. -1-k). 15.95 *(978-1-4598-1377-9(4))* Orca Bk. Pubs. USA.

Carl the Counting Catfish: Carl Counts Animals. Bill Dowell. 2018. (ENG., Illus.). 30p. (J). pap. 12.95 *(978-1-64214-329-4(4))* Page Publishing Inc.

Carl the Misunderstood Crocodile. Kimberly Wylie. 2021. (ENG.). 34p. (J). pap. 19.99 *(978-1-0879-5637-4(4))* Indy Pub.

Carl the Trailer (Classic Reprint) Harry Castlemon. (ENG., Illus.). (J). 2018. 408p. 32.33 *(978-0-484-87424-3(1));* 2017. pap. 16.57 *(978-0-259-52765-7(3))* Forgotten Bks.

Carl Went to the Library: The Inspiration of a Young Carl Sagan. M. J. Mouton. Illus. by Jezreel S. Cuevas. 2018. (Tiny Thinkers Ser.). 24p. (J). (gr. k-4). 16.95 *(978-0-9983147-9-2(X))* Rare Bird Bks.

Carl Werner, an Imaginative Story, Vol. 1 Of 2: With Other Tales of Imagination (Classic Reprint) William Gilmore Simms. (ENG., Illus.). (J). 2018. 472p. 33.63 *(978-0-484-21879-5(4));* 2018. 260p. 29.28 *(978-0-483-52364-7(X));* 2017. pap. 11.97 *(978-0-243-10158-0(9));* 2016. pap. 16.57 *(978-1-334-35634-6(3))* Forgotten Bks.

Carl Werner, an Imaginative Story, Vol. 2 Of 2: With Other Tales of Imagination (Classic Reprint) William Gilmore Simms. 2018. (ENG., Illus.). 218p. (J). 28.39 *(978-0-484-29804-9(6))* Forgotten Bks.

Carl Werner, an Imaginative Story; with Other Tales of Imagination; Vol. II. William Gilmore Simms. 2017. (ENG., Illus.). (J). pap. *(978-0-649-41305-8(9))* Trieste Publishing Pty Ltd.

Carla Hayden: Librarian of Congress. Kate Moening. 2020. (Women Leading the Way Ser.). (ENG., Illus.). 24p. (J). (gr. k-3). pap. 7.99 *(978-1-68103-832-2(3),* 12921); lib. bdg. 26.95 *(978-1-64487-208-6(0))* Bellwether Media. (Blastoff! Readers).

Carla Wenckebach: Pioneer (Classic Reprint) Margarethe Muller. 2017. (ENG., Illus.). (J). 30.58 *(978-0-331-69306-5(2))* Forgotten Bks.

Carla Wenckebach, Pioneer (Classic Reprint) Margarethe Muller. 2018. (ENG., Illus.). 322p. (J). 30.54 *(978-0-483-69711-9(7))* Forgotten Bks.

Carlee the Princess Dragon. Jimmie Barr. 2022. (ENG., Illus.). 30p. (J). 24.95 *(978-1-63985-596-4(3));* pap. 14.95 *(978-1-63860-224-8(7))* Fulton Bks.

Carleigh & Friends. Pamela Sandiford. 2022. (ENG.). 52p. (J). pap. 12.95 *(978-1-6624-7629-7(9))* Page Publishing Inc.

Carleigh Calls. Tracilyn George. 2020. (ENG.). 20p. (J). pap. 11.00 *(978-1-990153-59-4(3))* Lulu Pr., Inc.

Carleton Grange, Vol. 1 Of 3: A Novel (Classic Reprint) Ross Neil. 2018. (ENG., Illus.). 324p. (J). 30.58 *(978-0-484-67742-4(X))* Forgotten Bks.

Carletons: A Novel (Classic Reprint) Robert Grant. 2018. (ENG., Illus.). (J). 338p. 30.87 *(978-1-396-43257-6(4));* 340p. pap. 13.57 *(978-1-390-90141-2(6))* Forgotten Bks.

Carleton's Stories of Irish Life (Classic Reprint) Unknown Author. 2018. (ENG., Illus.). 410p. (J). 32.35 *(978-0-267-26110-9(1))* Forgotten Bks.

Carli Lloyd. Krystyna Poray Goddu. 2019. (Player Profiles Ser.). (ENG., Illus.). 32p. (J). (gr. 4-6). lib. bdg. *(978-1-68072-873-6(3),* 12772, Bolt) Black Rabbit Bks.

Carli Lloyd. Elizabeth Raum. 2017. (Pro Sports Biographies Ser.). (ENG.). 24p. (J). (gr. 1-4). 20.95 *(978-1-68151-132-0(0),* 14677) Amicus.

Carli Lloyd: Soccer Star. Heather E. Schwartz. 2018. (Women Sports Stars Ser.). (ENG., Illus.). 32p. (J). (gr. 3-9). lib. bdg. 28.65 *(978-1-5157-9710-4(4),* 136858, Capstone Pr.) Capstone.

Carlin. BiVi Ariel. Illus. by Nicola Spencer. 2018. (ENG.). 30p. (J). pap. *(978-1-9996490-1-2(X))* Blossom Spring Publishing.

Carlino: And Other Stories (Classic Reprint) John Ruffini. (ENG., Illus.). (J). 2018. 286p. 29.82 *(978-0-365-23146-2(0));* 2017. pap. 13.57 *(978-0-259-17241-3(3))* Forgotten Bks.

Carlo (Classic Reprint) Arthur Burdett Frost. (ENG., Illus.). (J). 2017. 26.21 *(978-0-260-62101-6(3));* 2016. pap. 9.57 *(978-1-333-30858-2(2))* Forgotten Bks.

Carlos & Carmen Set 2, 4 vols. Kirsten McDonald. Illus. by Erika Meza. 2016. (Carlos & Carmen Ser.). (ENG.). 32p. (J). (gr. -1-3). 131.16 *(978-1-62402-141-1(7),* 21549, Calico Chapter Bks) Magic Wagon.

Carlos & Carmen Set 2 (Spanish Version) (Set), 4 vols. 2018. (Carlos & Carmen (Spanish Version) (Calico Kid) Ser.). (SPA., Illus.). 32p. (J). (gr. -1-3). lib. bdg. 131.16 *(978-1-5321-3320-6(0),* 28503, Calico Chapter Bks) Magic Wagon.

Carlos & Carmen Set 4 (Set), 4 vols. 2019. (Carlos & Carmen (Spanish Version) (Calico Kid) Ser.). (SPA., Illus.). 32p. (J). (gr. -1-3). lib. bdg. 131.16 *(978-1-5321-3605-4(6),* 31949, Calico Chapter Bks) Magic Wagon.

Carlos & Carmen Set 5 (Set), 4 vols. 2019. (Carlos & Carmen Ser.). (ENG., Illus.). 32p. (J). (gr. -1-3). lib. bdg. 131.16 *(978-1-5321-3490-6(8),* 31899, Calico Chapter Bks) Magic Wagon.

Carlos & Carmen (Spanish Version) (Set), 4 vols. Kirsten McDonald. Illus. by Fátima Anaya. 2021. (Carlos & Carmen (Spanish Version) (Calico Kid) Ser.). (SPA.). 32p. (J). (gr. -1-3). lib. bdg. 131.16 *(978-1-0982-3138-5(4),* 37725, Calico Chapter Bks) Magic Wagon.

C

Carlos & Diego: A Tale from Peru, 1 vol. Sara Mitchell. Illus. by Natalia Vasquez. 2016. (ENG.). 24p. (J). pap. 9.95 *(978-1-927244-57-9(9))* Flying Start Bks. NZL. Dist: Flying Start Bks.

Carlos & Diego (Big Book Edition) A Tale from Peru, 1 vol. Sara Mitchell. Illus. by Natalia Vasquez. 2016. (ENG.). 24p. (J). pap. *(978-1-927244-67-8(6))* Flying Start Bks.

Carlos Es Responsable. Rosario Reyes. Illus. by Marc Monés. 2023. (SPA.). 16p. (J). (gr. -1-1). pap. 5.75 *(978-1-4788-1969-1(3),* eea14927-37ab-4d76-b3ed-797087fc0f49); pap. 36.00 *(978-1-4788-2314-8(3),* ac602a38-3c0c-4bbe-8b21-b78c11397bcc) Newmark Learning LLC.

Carlos Gets the Sneezes. Judy Katschke. ed. 2019. (Branches Early Ch Bks). (ENG.). 96p. (J). (gr. 2-4). 15.96 *(978-1-64310-824-7(7))* Penworthy Co., LLC, The.

Carlos Gets the Sneezes. Judy Katschke. Illus. by Artful Doodlers Ltd. Staff. 2018. (Magic School Bus Rides Again Ser.: 3). (ENG.). 96p. (J). (gr. 2-5). lib. bdg. 15.99 *(978-1-338-23212-7(6))* Scholastic, Inc.

Carlos Gets the Sneezes. Judy Katschke. ed. 2018. (Magic School Bus Rides Again — Branches Ser.: 2). lib. bdg. 14.75 *(978-0-606-41171-4(2))* Turtleback.

Carlos Gomez Freestyles... Heavy on the Style. Chuck Gonzalez. 2022. (ENG.). 192p. (J). pap. 8.95 *(978-1-4788-7413-3(9))* Newmark Learning LLC.

Carlos Keeps His Cool at School, 1 vol. Jill Andersen. 2016. (Rosen REAL Readers: Social Studies Nonfiction / Fiction: Myself, My Community, My World Ser.). (ENG.). 12p. (gr. k-1). pap. 6.33 *(978-1-5081-2533-4(3),* 9c4285bc-bfe9-4655-95da-3953500ff03c, Rosen Classroom) Rosen Publishing Group, Inc., The.

Carlos Solo. Michelle St Claire. Ed. by Msb Editing Services. 2019. (Beautifully Unbroken Ser.: Vol. 9). (ENG.). 170p. (YA). (gr. 7-12). 23.98 *(978-1-945891-57-1(2))* May 3rd Bks., Inc.

Carlos, the Fairy Boy: Carlos, el niño Hada. Juan A. Ríos Vega. (ENG., Illus.). 40p. (J). 2021. pap. 13.95 *(978-1-945289-20-0(1));* 2020. 19.95 *(978-1-945289-19-4(8))* Reflection Pr.

Carlos Va de Campamento: Leveled Reader Book 66 Level d 6 Pack. Hmh Hmh. 2021. (SPA.). 16p. (J). pap. 74.40 *(978-0-358-08193-7(9))* Houghton Mifflin Harcourt Publishing Co.

Carlota's Jungle Friends. Donald Yates. 2021. (ENG.). 56p. (J). 18.95 *(978-1-931079-43-3(9))* Condor Publishing, Inc.

Carlotta's Intended: And Other Tales (Classic Reprint) Ruth McEnery Stuart. 2017. (ENG., Illus.). (J). 30.37 *(978-1-5285-8934-5(3))* Forgotten Bks.

Carlotta's Intended (Classic Reprint) Ruth McEnery Stuart. 2018. (ENG., Illus.). 114p. (J). 26.25 *(978-0-267-22254-4(8))* Forgotten Bks.

Carlowrie, or among Lothian Folk (Classic Reprint) Annie S. Swan. 2017. (ENG., Illus.). (J). 30.64 *(978-0-265-39259-1(4))* Forgotten Bks.

Carl's Fish Farm: An Introduction to Aquaculture: a Children's Educational, Rhyming Picture Book. K. Michelle Edge. Ed. by Robin Katz & Lor Bingham. 2022. (ENG.). 36p. (J). pap. 12.99 *(978-1-63944-321-5(5))* Southampton Publishing.

Carl's Quest. Linda Ballard. 2020. (ENG.). 198p. (YA). pap. 16.95 *(978-1-64544-161-8(X))* Page Publishing Inc.

Carlton Crumple Creature Catcher 1: Catch the Munchies! David Fremont. 2020. (Carlton Crumple Creature Catcher Ser.: 1). (Illus.). 128p. (J). (gr. 3-7). 12.99 *(978-1-64595-001-1(8))* Pixel+Ink.

Carlton Crumple Creature Catcher 2: Tater Invaders! David Fremont. 2021. (Carlton Crumple Creature Catcher Ser.: 2).

(Illus.). 136p. (J). (gr. 3-7). 12.99 *(978-1-64595-006-6(9))* Pixel+Ink.

Carlton Crumple Creature Catcher 3: Reptoids from Space! David Fremont. 2021. (Carlton Crumple Creature Catcher Ser.: 3). (Illus.). 128p. (J). (gr. 3-7). 12.99 *(978-1-64595-008-0(5))* Pixel+Ink.

Carly. Ny M. Jones. 2020. (ENG.). 110p. (YA). pap. *(978-1-9164291-8-5(1))* Paper Pages Publishing Ltd.

Carly Likes Blue. Martina M. Thompson. 2021. (ENG.). 36p. (J). 16.99 *(978-1-0879-5188-1(7))* Indy Pub.

Carly Shares Her Story. Eve Collins & Morgan Carew. Illus. by Cyndy Wahlgren. 2020. (ENG.). 42p. (J). pap. 5.35 *(978-1-63337-419-5(X))* Columbus Pr.

Carly the Copycat. Belinda Diaz-Perez. 2019. (ENG.). 38p. (J). 14.95 *(978-1-63177-440-9(9))* Amplify Publishing Group.

Carlyles a Story of the Fall of the Confederacy (Classic Reprint) Burton Harrison. 2018. (ENG., Illus.). 296p. (J). 30.00 *(978-0-332-48991-9(4))* Forgotten Bks.

Carlyon's Year. James Payn. 2017. (ENG., Illus.). 92p. (J). pap. *(978-3-337-03952-3(9))* Creation Pubs.

Carlyon's Year: A Novel (Classic Reprint) James Payn. 2018. (ENG., Illus.). 90p. (J). 25.75 *(978-0-666-54158-1(2))* Forgotten Bks.

Carlyon's Year, Vol. 1 of 2 (Classic Reprint) Unknown Author. 2018. (ENG., Illus.). 318p. (J). 30.46 *(978-0-483-93726-0(6))* Forgotten Bks.

Carlyon's Year, Vol. 2 of 2 (Classic Reprint) Unknown Author. 2018. (ENG., Illus.). 294p. (J). 29.96 *(978-0-267-19482-7(X))* Forgotten Bks.

Carly's Incredible Dream. Pauline Holyoak. Illus. by Nina Marie Rothfuss. 2020. (ENG.). 40p. (J). pap. 14.99 *(978-1-942922-55-1(8))* Wee Creek Pr. LLC.

Carma Comes Home. Thomas Kingsley Troupe. Illus. by Amit Tayal. 2017. (Star Belchers Ser.). (ENG.). 128p. (J). (gr. 3-6). pap. 7.95 *(978-1-4965-4877-1(9)*, 135642); lib. bdg. 25.99 *(978-1-4965-4873-3(6)*, 135638) Capstone. (Stone Arch Bks.).

Carmakers from Around the Globe, Vol. 5. Norm Geddis. 2018. (World of Automobiles Ser.). (Illus.). 80p. (J). (gr. 7). lib. bdg. 33.27 *(978-1-4222-4087-8(8))* Mason Crest.

Carmela Full of Wishes. Matt de la Peña. Illus. by Christian Robinson. 2018. 40p. (J). (gr. -1-3). 18.99 *(978-0-399-54904-5(8)*, G.P. Putnam's Sons Books for Young Readers) Penguin Young Readers Group.

Carmelita's Adventure. Carmen Milagros Robreno. 2022. (ENG.). 26p. (J). 22.95 *(978-1-63710-734-8(X))*; pap. 12.95 *(978-1-63985-871-2(7))* Fulton Bks.

Carmella the Camel Gets a Home. Diane Orr. Illus. by Chrissy Chabot. 2022. (ENG.). 36p. (J). pap. 12.99 *(978-1-63984-168-4(7))* Pen It Pubns.

Carmen: A Story of Inconceivable Grace. Dree Christiano. 2020. (ENG.). 80p. (YA). pap. 9.95 *(978-1-9736-8693-4(7)*, WestBow Pr.) Author Solutions, LLC.

Carmen & the House That Gaudí Built. Susan Hughes. Illus. by Marianne Ferrer. 2021. (ENG.). 32p. (J). (gr. k-5). 17.95 *(978-1-77147-392-7(4))* Owlkids Bks. Inc. CAN. Dist: Publishers Group West (PGW).

Carmen Ariza (Classic Reprint) Charles Francis Stocking. (ENG., Illus.). (J). 2018. 998p. 44.48 *(978-0-483-58100-5(3))*; 2017. pap. 26.86 *(978-0-243-22568-2(7))* Forgotten Bks.

Carmen (Classic Reprint) Prosper Merimee. 2018. (ENG., Illus.). 128p. (J). 26.54 *(978-0-483-15489-6(X))* Forgotten Bks.

Carmen Sandiego 8bk Box Set Costco. Rebecca Tinker. 2021. (Carmen Sandiego Ser.). (ENG.). 256p. (J). (gr. 5-7). pap. 10.30 *(978-0-358-64731-7(2)*, Clarion Bks.) HarperCollins Pubs.

Carmen Sylva: And Sketches from the Orient (Classic Reprint) Pierre Loti. 2017. (ENG., Illus.). (J). 28.76 *(978-0-331-66713-4(4))* Forgotten Bks.

Carmen the Cheerleading Fairy. Daisy Meadows. 2017. (Illus.). 145p. (J). *(978-1-5182-3956-4(0))* Scholastic, Inc.

Carmen the Cheerleading Fairy. Daisy Meadows. ed. 2017. (Rainbow Magic — Special Edition Ser.). lib. bdg. 17.20 *(978-0-606-40166-1(0))* Turtleback.

Carmencita, the Pearl of Seville (Classic Reprint) James Ramirez. 2018. (ENG., Illus.). 158p. (J). 27.18 *(978-0-364-93996-3(6))* Forgotten Bks.

Carmen's Messenger (Classic Reprint) Harold Bindloss. 2018. (ENG., Illus.). 358p. (J). 31.30 *(978-0-483-97325-1(4))* Forgotten Bks.

Carmer & Grit, Book One: the Wingsnatchers, Volume 1. Sarah Jean Horwitz. 2018. (Carmer & Grit Ser.). (ENG.). 368p. (gr. 5-9). pap. 8.99 *(978-1-61620-802-8(3)*, 73802) Algonquin Young Readers.

Carmer & Grit, Book Two: the Crooked Castle. Sarah Jean Horwitz. 2019. (Carmer & Grit Ser.). (ENG.). 368p. (gr. 4-9). pap. 8.95 *(978-1-61620-925-4(9)*, 73925) Algonquin Young Readers.

Carmichael (Classic Reprint) Anison North. 2017. (ENG., Illus.). (J). 31.47 *(978-1-5282-8759-3(2))* Forgotten Bks.

Carmilla. Joseph Sheridan Le Fanu. 2017. (ENG., Illus.). (J). (gr. 3-6). pap. *(978-81-932906-8-2(2))* Pathan, Fiza.

Carmilla: Abridged with New Black & White Illustrations. Joseph Sheridan Le Fanu. abr. ed. 2019. (Rare Classics Ser.: Vol. 3). (ENG., Illus.). 80p. (J). (gr. 3-6). *(978-81-938201-5-5(0))*; pap. *(978-81-938201-6-2(9))* Pathan, Fiza.

Carmina Gadelica: Hymns & Incantations with Illustrative Notes on Words, Rites, & Customs, Dying & Obsolete; Orally Collected in the Highlands & Islands of Scotland & Translated into English, Vol. I. Alexander Carmichael. 2017. (ENG., Illus.). (J). pap. *(978-0-649-41308-9(3))* Trieste Publishing Pty Ltd.

Carnac's Folly (Classic Reprint) Gilbert Parker. 2018. (ENG., Illus.). 322p. (J). 30.54 *(978-0-267-25295-4(1))* Forgotten Bks.

Carnaval a Media Luz. Mary Pope Osborne et al. Illus. by Sal Murdocca. 2016. (SPA.). 113p. (J). (gr. 2-4). pap. 6.99 *(978-1-63245-643-4(5))* Lectorum Pubns., Inc.

Carnaval de Mi Bisabuela (Bisa's Carnaval) Joana Pastro. Illus. by Carolina Coroa. 2022. (SPA.). 40p. (J). (gr. -1-k). pap. 7.99 *(978-1-338-79819-7(7)*, Scholastic en Espanol) Scholastic, Inc.

Carnavales Del Mundo. Grace Hansen. 2023. (Festivales Del Mundo Ser.). (SPA.). 24p. (J). (gr. -1-2). lib. bdg. 32.79 ***(978-1-0982-6765-0(6)***, 42765, Abdo Kids) ABDO Publishing Co.

Carne y el Pescado. Samantha Nugent. 2016. (Aprendamos Sobre Los Alimentos Ser.). (SPA.). 24p. (J). pap. 31.41 *(978-1-4896-4393-3(1))* Weigl Pubs., Inc.

Carnelian Caper. Donald Lindquist. 2022. (ENG.). 100p. (J). pap. 13.95 *(978-1-63885-582-8(X))* Covenant Bks.

Carnero Comilón: Set of 6 with Common Core Teacher Materials. Godofredo. Daireaux & Benchmark Education Co., LLC Staff. 2017. (Classic Tales Ser.). (SPA.). (J). (gr. 1). 46.00 net. *(978-1-5125-0659-4(1))* Benchmark Education Co.

Carnet Blanc a Qui Dois-Je Mon Chic ? Illus. by Eugene Oge. 2016. (Bnf Affiches Ser.). (FRE.). (J). pap. *(978-2-01-116955-6(0))* Hachette Groupe Livre.

Carnet Blanc Absinthe Parisienne. Illus. by Malteste. 2016. (Bnf Affiches Ser.). (FRE.). (J). pap. *(978-2-01-116958-7(5))* Hachette Groupe Livre.

Carnet Blanc, Bateaux a Helices. Illus. by Hugo D'Alesi. 2016. (Bnf Monuments Ser.). (FRE.). (J). pap. *(978-2-01-116968-6(2))* Hachette Groupe Livre.

Carnet Blanc Biere de L'Eclair. Illus. by Eugene Oge-E. 2016. (Bnf Affiches Ser.). (FRE.). (J). pap. *(978-2-01-116961-7(5))* Hachette Groupe Livre.

Carnet Blanc Chemin de Fer D'Orleans. Illus. by Theophile Poilpot. 2016. (Bnf Monuments Ser.). (FRE.). (J). pap. *(978-2-01-116964-8(X))* Hachette Groupe Livre.

Carnet Blanc Chemin de Fer Paris-Lyon. Illus. by Hugo Alesi. 2016. (Bnf Monuments Ser.). (FRE.). (J). pap. *(978-2-01-116952-5(6))* Hachette Groupe Livre.

Carnet Blanc Chemins de Fer du MIDI. Illus. by Hugo Alesi. 2016. (Bnf Monuments Ser.). (FRE.). (J). pap. *(978-2-01-116965-5(8))* Hachette Groupe Livre.

Carnet Blanc Chemins de Fer P. L. M. Illus. by Hugo Alesi. 2016. (Bnf Monuments Ser.). (FRE.). (J). pap. *(978-2-01-116963-1(1))* Hachette Groupe Livre.

Carnet Blanc Compagnie des Paquebots. Illus. by Charles Pensee. 2016. (Bnf Monuments Ser.). (FRE.). (J). pap. *(978-2-01-116962-4(3))* Hachette Groupe Livre.

Carnet Blanc Folies-Bergere. Ceretti. Illus. by Ceretti. 2016. (Bnf Affiches Ser.). (FRE.). (J). pap. *(978-2-01-116959-4(3))* Hachette Groupe Livre.

Carnet Blanc la Risette. Illus. by Mich. 2016. (Bnf Affiches Ser.). (FRE.). (J). pap. *(978-2-01-116956-3(9))* Hachette Groupe Livre.

Carnet Blanc le Roi des Cinemas. Illus. by Pichon. 2016. (Bnf Affiches Ser.). (FRE.). (J). pap. *(978-2-01-116974-7(7))* Hachette Groupe Livre.

Carnet Blanc Ligue Maritime Bordeaux. Illus. by Non Identifie. 2016. (Bnf Monuments Ser.). (FRE.). (J). pap. *(978-2-01-116969-3(0))* Hachette Groupe Livre.

Carnet Blanc, Papillons le Porte-Miroir. Contrib. by Claude Aubriet. 2016. (Bnf Animaux Ser.). (FRE., Illus.). (J). pap. *(978-2-01-116792-7(2))* Hachette Groupe Livre.

Carnet Blanc Paris-Lyon, Dauphine. Illus. by Hugo Alesi. 2016. (Bnf Monuments Ser.). (FRE.). (J). pap. *(978-2-01-116953-2(4))* Hachette Groupe Livre.

Carnet Blanc Projection Cinema. Illus. by H-P. 2016. (Bnf Affiches Ser.). (FRE.). (J). pap. *(978-2-01-116975-4(5))* Hachette Groupe Livre.

Carnet Blanc Route des Pyrenees. Contrib. by Louis Tauzin. 2016. (Bnf Monuments Ser.). (FRE., Illus.). (J). pap. *(978-2-01-116966-2(6))* Hachette Groupe Livre.

Carnet Blanc Skieur. Illus. by Non Identifie. 2016. (Bnf Sports Ser.). (FRE.). (J). pap. *(978-2-01-116947-1(X))*; pap. *(978-2-01-116972-3(0))* Hachette Groupe Livre.

Carnet Blanc Sous-Vetements Hygieniques. Illus. by Leonetto Capiello. 2016. (Bnf Affiches Ser.). (FRE.). (J). pap. *(978-2-01-116954-9(2))* Hachette Groupe Livre.

Carnet Blanc Sport D'Hiver. Illus. by Tony-George Roux. 2016. (Bnf Sports Ser.). (FRE.). (J). pap. *(978-2-01-116971-6(2))* Hachette Groupe Livre.

Carnet Blanc St Valery en Caux. Illus. by Charles Brun. 2016. (Bnf Monuments Ser.). (FRE.). (J). pap. *(978-2-01-116970-9(4))* Hachette Groupe Livre.

Carnet Blanc Statue de la Liberte. Illus. by Sem. 2016. (Bnf Affiches Ser.). (FRE.). (J). pap. *(978-2-01-116960-0(7))* Hachette Groupe Livre.

Carnet Blanc Voilier la France. Photos by Agence Rol. 2016. (Bnf. Monum. Franc Ser.). (FRE., Illus.). (J). pap. *(978-2-01-126435-0(9))* Hachette Groupe Livre.

Carnet Blanc Voilier Peking Sur la Tamise. Photos by Louis Planet. 2016. (Bnf. Monum. Franc Ser.). (FRE., Illus.). (J). pap. *(978-2-01-126432-9(4))* Hachette Groupe Livre.

Carnet de Musique. Olivier DEMARLE. 2021. (FRE.). 116p. (J). pap. ***(978-1-716-32217-4(0))*** Lulu Pr., Inc.

Carnet Ligne a Qui Dois-Je Mon Chic ? Illus. by Eugene Oge. 2016. (Bnf Affiches Ser.). (FRE.). (J). pap. *(978-2-01-116980-8(1))* Hachette Groupe Livre.

Carnet Ligne Absinthe Parisienne. Illus. by Malteste. 2016. (Bnf Affiches Ser.). (FRE.). (J). pap. *(978-2-01-116935-8(6))* Hachette Groupe Livre.

Carnet Ligne Biere de L'Eclair. Illus. by Eugene Oge-E. 2016. (Bnf Affiches Ser.). (FRE.). (J). pap. *(978-2-01-116938-9(0))* Hachette Groupe Livre.

Carnet Ligne Chemin de Fer D'Orleans. Illus. by Theophile Poilpot. 2016. (Bnf Monuments Ser.). (FRE.). (J). pap. *(978-2-01-116941-9(0))* Hachette Groupe Livre.

Carnet Ligne Chemin de Fer Paris-Lyon. Illus. by Hugo Alesi. 2016. (Bnf Monuments Ser.). (FRE.). (J). pap. *(978-2-01-116977-8(1))* Hachette Groupe Livre.

Carnet Ligne Chemins de Fer du MIDI. Illus. by Hugo Alesi. 2016. (Bnf Monuments Ser.). (FRE.). (J). pap. *(978-2-01-116942-6(9))* Hachette Groupe Livre.

Carnet Ligne Chemins de Fer P. L. M. Illus. by Hugo Alesi. 2016. (Bnf Monuments Ser.). (FRE.). (J). pap. *(978-2-01-116940-2(2))* Hachette Groupe Livre.

Carnet Ligne Compagnie des Paquebots. Illus. by Charles Pensee. 2016. (Bnf Monuments Ser.). (FRE.). (J). pap. *(978-2-01-116939-6(9))* Hachette Groupe Livre.

Carnet Ligne Folies-Bergere. Ceretti. Illus. by Ceretti. 2016. (Bnf Affiches Ser.). (FRE.). (J). pap. *(978-2-01-116936-5(4))* Hachette Groupe Livre.

Carnet Ligne la Risette. Illus. by Mich. 2016. (Bnf Affiches Ser.). (FRE.). (J). pap. *(978-2-01-116981-5(X))* Hachette Groupe Livre.

Carnet Ligne le Roi des Cinemas. Illus. by Pichon. 2016. (Bnf Affiches Ser.). (FRE.). (J). pap. *(978-2-01-116949-5(6))* Hachette Groupe Livre.

Carnet Ligne Ligue Maritime Bordeaux. Illus. by Non Identifie. 2016. (Bnf Monuments Ser.). (FRE.). (J). pap. *(978-2-01-116944-0(5))* Hachette Groupe Livre.

Carnet Ligne Paris-Lyon, Dauphine. Illus. by Hugo Alesi. 2016. (Bnf Monuments Ser.). (FRE.). (J). pap. *(978-2-01-116978-5(X))* Hachette Groupe Livre.

Carnet Ligne Projection Cinema. Illus. by H-P. 2016. (Bnf Affiches Ser.). (FRE.). (J). pap. *(978-2-01-116950-1(X))* Hachette Groupe Livre.

Carnet Ligne Route des Pyrenees. Contrib. by Louis Tauzin. 2016. (Bnf Monuments Ser.). (FRE., Illus.). (J). pap. *(978-2-01-116943-3(7))* Hachette Groupe Livre.

Carnet Ligne Sous-Vetements Hygieniques. Illus. by Leonetto Capiello. 2016. (Bnf Affiches Ser.). (FRE.). (J). pap. *(978-2-01-116979-2(8))* Hachette Groupe Livre.

Carnet Ligne Sport D'Hiver. Illus. by Tony-George Roux. 2016. (Bnf Sports Ser.). (FRE.). (J). pap. *(978-2-01-116946-4(1))* Hachette Groupe Livre.

Carnet Ligne St Valery en Caux. Illus. by Charles Brun. 2016. (Bnf Monuments Ser.). (FRE.). (J). pap. *(978-2-01-116945-7(3))* Hachette Groupe Livre.

Carnet Ligne Statue de la Liberte. Illus. by Sem. 2016. (Bnf Affiches Ser.). (FRE.). (J). pap. *(978-2-01-116937-2(2))* Hachette Groupe Livre.

Carnet Ligne Voilier la France: Librairie Dialogues Brest. Photos by Agence Rol. 2016. (Bnf Monuments Ser.). (FRE., Illus.). (J). pap. *(978-2-01-359561-2(1))* Hachette Groupe Livre.

Carnet Ligne Voilier Peking Sur la Tamise: Librairie Dialogues Brest. Photos by Louis Planet. 2016. (Bnf Monuments Ser.). (FRE., Illus.). (J). pap. *(978-2-01-359894-1(7))* Hachette Groupe Livre.

Carnie Vore Helps with Chores. Athena Z. Phillips. Illus. by Meredith E. Mills. 2019. (Carnie Vore Ser.: Vol. 1). (ENG.). 28p. (J). (gr. k-2). 18.99 *(978-1-7331879-1-6(X))*; pap. 8.99 *(978-1-7331879-0-9(1))* Wicked Stepsister Productions.

Carnival. Grace Hansen. 2022. (World Festivals Ser.). (ENG.). 24p. (J). (gr. -1-2). lib. bdg. 32.79 *(978-1-0982-6174-0(7)*, 40965, Abdo Kids) ABDO Publishing Co.

Carnival. Norma Iris Pagan Morales. 2023. (ENG.). 184p. (YA). pap. 10.99 ***(978-1-959895-76-3(1))*** Print & Media, Westpoint.

Carnival, Vol. 10. Betsy Richardson. 2018. (Celebrating Holidays & Festivals Around the World Ser.). (Illus.). 96p. (J). (gr. 7). lib. bdg. 34.60 *(978-1-4222-4144-8(0))* Mason Crest.

Carnival - Chattanooga. Zoe Lynne. 2016. (ENG., Illus.). (J). 24.99 *(978-1-63477-947-0(9)*, Harmony Ink Pr.) Dreamspinner Pr.

Carnival - Decatur. Zoe Lynne. 2016. (ENG., Illus.). (J). 24.99 *(978-1-63477-948-7(7)*, Harmony Ink Pr.) Dreamspinner Pr.

Carnival Caper: An Interactive Mystery Adventure. Steve Brezenoff. Illus. by Marcos Calo. 2017. (You Choose Stories: Field Trip Mysteries Ser.). (ENG.). 112p. (J). (gr. 3-7). lib. bdg. 32.65 *(978-1-4965-2645-8(7)*, 131209, Stone Arch Bks.) Capstone.

Carnival Capers! Eric Esquivel. ed. 2018. (Scholastic Readers Ser.). (ENG.). 32p. (J). (gr. 1-3). 9.00 *(978-1-64310-774-5(7))* Penworthy Co., LLC, The.

Carnival Capers! Eric Esquivel. 2016. (LEGO DC Super Heroes Ser.). (Illus.). (J). lib. bdg. 13.55 *(978-0-606-38829-0(X))* Turtleback.

Carnival Chaos (Cutiecorns #4) Shannon Penney. 2021. (Cutiecorns Ser.: 4). (ENG.). 112p. (J). (gr. 2-5). pap. 5.99 *(978-1-338-54048-2(3))* Scholastic, Inc.

Carnival (Classic Reprint) Compton Mackenzie. 2017. (ENG., Illus.). (J). 32.56 *(978-0-266-59072-9(1))* Forgotten Bks.

Carnival Dogs: Dreams of the Wilderness. Thurston Jones. 2022. (Dog Tales Ser.). (ENG.). 30p. (J). pap. ***(978-1-80068-657-1(9))*** Independent Publishing Network.

Carnival Magic. Amy Ephron. 2019. (Other Side Ser.). (Illus.). 288p. (J). (gr. 3-7). 8.99 *(978-1-5247-4023-8(3)*, Puffin Books) Penguin Young Readers Group.

Carnival of Contagion. Judy Diamond et al. 2017. (ENG., Illus.). 48p. (YA). pap. 14.95 *(978-1-4962-0596-4(0))* Univ. of Nebraska Pr.

Carnival of Destiny (Classic Reprint) Vance Thompson. 2018. (ENG., Illus.). 320p. (J). 30.50 *(978-0-484-73366-3(4))* Forgotten Bks.

Carnival of Fear. Evan Jacobs. 2022. (Vintage Rose Mysteries Ser.). (ENG.). 92p. (J). (gr. 5-8). pap. 10.95 *(978-1-63889-047-8(1))* Saddleback Educational Publishing, Inc.

Carnival of Fear: The Baron's Wasteland. Christopher Mark Stokes. Illus. by Christopher Mark Stokes. 2021. (ENG.). 190p. (J). *(978-1-008-98077-8(3))* Lulu Pr., Inc.

Carnival of the Animals. Michael Morpurgo. 2021. (ENG., Illus.). 96p. (J). 17.99 ***(978-0-00-845982-6(7)***, HarperCollins Children's Bks.) HarperCollins Pubs. Ltd. GBR. Dist: HarperCollins Pubs.

Carnival of Wishes & Dreams. Jenny Lundquist. 2019. (ENG.). 304p. (J). (gr. 3-7). 17.99 *(978-1-5344-1692-5(7))*; (Illus.). pap. 7.99 *(978-1-5344-1691-8(9))* Simon & Schuster Children's Publishing. (Aladdin).

Carnival on Neptune (Book 5) Jeff Dinardo. Illus. by Dave Clegg. 2019. (Funny Bone Books (tm) First Chapters — the Jupiter Twins Ser.). (ENG.). 32p. (J). (gr. k-2). 19.99 *(978-1-63440-750-2(4)*, 4294d24d-50ab-4521-b65f-1ebf74bc477d) Red Chair Pr.

Carnivores. S. L. Hamilton. 2017. (Xtreme Dinosaurs Ser.). (ENG., Illus.). 32p. (J). (gr. 3-9). lib. bdg. 32.79 *(978-1-5321-1293-5(9)*, 27501, Abdo & Daughters) ABDO Publishing Co.

Carnivorous Plants. Joyce Markovics. 2021. (Beware! Killer Plants Ser.). (ENG., Illus.). 24p. (J). (gr. 3-6). pap. 12.79 *(978-1-5341-8906-5(8)*, 219335); lib. bdg. 30.64 *(978-1-5341-8766-5(9)*, 219334) Cherry Lake Publishing.

Carnivorous Plants. John Willis. 2016. (Illus.). 24p. (J). *(978-1-5105-1407-2(4))* SmartBook Media, Inc.

Carnivorous Plants: Leveled Reader Book 14 Level o 6 Pack. Hmh Hmh. 2021. (SPA.). 24p. (J). pap. 74.40 *(978-0-358-08126-5(2))* Houghton Mifflin Harcourt Publishing Co.

Carnotaurus. Grace Hansen. 2020. (Dinosaurs (Abdo Kids Jumbo) Ser.). (ENG., Illus.). 24p. (J). (gr. -1-2). lib. bdg. 32.79 *(978-1-0982-0242-2(2)*, 34617, Abdo Kids) ABDO Publishing Co.

Carnotaurus & Other Odd Meat-Eaters: The Need-To-Know Facts. Janet Riehecky. Illus. by Jon Hughes. 2016. (Dinosaur Fact Dig Ser.). (ENG.). 32p. (J). (gr. -1-2). lib. bdg. 27.99 *(978-1-5157-2695-1(9)*, 133124, Capstone Pr.) Capstone.

Carnotaurus (Carnotaurus) Grace Hansen. 2022. (Dinosaurios Ser.). (ENG., Illus.). 24p. (J). (gr. -1-2). lib. bdg. 32.79 *(978-1-0982-6335-5(9)*, 39373, Abdo Kids) ABDO Publishing Co.

Carol: Being a Ghost Story of Christmas. Darin Kennedy. 2020. (ENG.). 406p. (YA). 29.99 *(978-1-943748-02-0(0))* 64Square Publishing.

Carol & Santa. Karen Cotton. Ed. by Dave Shelles. 2018. (ENG., Illus.). 102p. (J). (gr. 2-6). pap. 7.99 *(978-0-578-40033-4(2))* Cotton, Karen O.

Carol & the Pickle-Toad. Esmé Shapiro. 2021. (ENG.). 48p. (J). (gr. -1-3). 18.99 *(978-0-7352-6398-7(1)*, Tundra Bks.) Tundra Bks. CAN. Dist: Penguin Random Hse. LLC.

Carol Burnett: a Little Golden Book Biography. Andrea Posner-Sanchez. Illus. by Kelly Kennedy. 2023. (Little Golden Book Ser.). 24p. (J). (gr. -1-3). 5.99 *(978-0-593-48191-2(7)*, Golden Bks.) Random Hse. Children's Bks.

Carol Moseley Braun: Politician & Leader. Duchess Harris & Tammy Gagne. 2019. (Freedom's Promise Ser.). (ENG., Illus.). 48p. (J). (gr. 4-8). lib. bdg. 35.64 *(978-1-5321-1871-5(6)*, 32611) ABDO Publishing Co.

Carolina Boll Weevil, 1922-1923, Vol. 1: The Student College Comic of the University of North Carolina (Classic Reprint) J. J. Wade. 2018. (ENG., Illus.). (J). 322p. 30.56 *(978-1-396-74550-8(5))*; 324p. pap. 13.57 *(978-1-391-98413-1(7))* Forgotten Bks.

Carolina Boll Weevil, 1923-1924, Vol. 2: Freshman Number (Classic Reprint) University of North Carolina. 2018. (ENG., Illus.). (J). 292p. 29.92 *(978-0-428-61831-5(6))*; 294p. pap. 13.57 *(978-0-428-14690-0(2))* Forgotten Bks.

Carolina Carol. William Gohlke. 2019. (ENG.). 66p. (J). (gr. 5-6). pap. 10.00 *(978-1-64426-690-8(3))* Dorrance Publishing Co., Inc.

Carolina Cavalier: A Romance of the American Revolution (Classic Reprint) George Cary Eggleston. 2017. (ENG., Illus.). (J). 33.40 *(978-1-5280-7522-0(6))* Forgotten Bks.

Carolina Dawn. Guy L. Pace. Ed. by J. C. Wing. 2018. (Spirit Mission Ser.: Vol. 3). (ENG., Illus.). 182p. (YA). (gr. 7-12). pap. 10.95 *(978-0-9978669-4-0(2))* BugBear Bks.

Carolina Folk-Plays: Edited, with an Introduction on Folk-Play Making (Classic Reprint) Frederick Henry Koch. 2017. (ENG., Illus.). (J). 88p. 25.71 *(978-0-484-56786-2(1))*; pap. 9.57 *(978-0-259-56695-3(0))* Forgotten Bks.

Carolina Folk-Plays (Classic Reprint) Frederick H. Koch. 2018. (ENG., Illus.). 210p. (J). 28.17 *(978-0-484-37716-4(7))* Forgotten Bks.

Carolina Hurricanes. Ted Coleman. 2023. (NHL Teams Set 2 Ser.). (ENG., Illus.). 32p. (J). (gr. 3-4). pap. 9.95 *(978-1-63494-609-4(X))*; lib. bdg. 31.35 *(978-1-63494-591-2(3))* Pr. Room Editions LLC.

Carolina Lee (Classic Reprint) Lilian Bell. 2018. (ENG., Illus.). 360p. (J). 31.32 *(978-0-666-55012-5(3))* Forgotten Bks.

Carolina Mag: October, 1945 (Classic Reprint) Connie Hendren. (ENG., Illus.). (J). 2018. 112p. 26.23 *(978-0-332-47784-8(3))*; 2017. pap. 9.57 *(978-0-243-49380-7(0))* Forgotten Bks.

Carolina Magazaine, Vol. 58: October, 1927 (Classic Reprint) D. S. Gardner. (ENG., Illus.). (J). 2018. 312p. 30.33 *(978-0-483-60238-0(8))*; 2017. pap. 13.57 *(978-0-243-26718-7(5))* Forgotten Bks.

Carolina Magazine: October, 1941 (Classic Reprint) University of North Carolina. (ENG., Illus.). (J). 2018. 278p. 29.63 *(978-0-364-10950-2(5))*; 2017. pap. 13.57 *(978-0-259-34773-6(6))* Forgotten Bks.

Carolina Magazine: October, 1942 (Classic Reprint) Sylvan Meyer. (ENG., Illus.). (J). 2018. 254p. 29.14 *(978-0-483-62916-5(2))*; 2017. pap. 11.57 *(978-0-243-30237-6(1))* Forgotten Bks.

Carolina Magazine: October, 1944 (Classic Reprint) Shirley Hartzell. (ENG., Illus.). (J). 2018. 168p. 27.36 *(978-0-483-62433-7(0))*; 2017. pap. 9.97 *(978-0-243-27789-6(X))* Forgotten Bks.

Carolina Magazine: October, 1946 (Classic Reprint) University of North Carolina. (ENG., Illus.). (J). 2018. 290p. 29.88 *(978-0-428-94617-3(8))*; 2017. pap. 13.57 *(978-1-334-93960-0(8))* Forgotten Bks.

Carolina Magazine: October, 1947 (Classic Reprint) Fred Jacobson. (ENG., Illus.). (J). 2018. 280p. 29.69 *(978-0-332-63029-8(3))*; 2016. pap. 13.57 *(978-1-334-12091-6(9))* Forgotten Bks.

Carolina Magazine, Vol. 101: The University of North Carolina Periodical of Campus Life, September, 1943 (Classic Reprint) Lois Ribelin. 2017. (ENG., Illus.). (J). 224p. 28.54 *(978-0-332-30698-8(4))*; 226p. pap. 10.97 *(978-0-332-26430-1(0))* Forgotten Bks.

Carolina Magazine, Vol. 2: Official Literary Organ of the Student Body of the University of North Carolina; October 7, 1930-May 22, 1931 (Classic Reprint) J. C. Williams. (ENG., Illus.). (J). 2018. 132p. 26.62 *(978-0-483-07792-8(5))*; 2017. pap. 9.57 *(978-1-334-92185-8(7))* Forgotten Bks.

Carolina Magazine, Vol. 56: October, 1925 (Classic Reprint) W. T. Couch. (ENG., Illus.). (J). 2018. 284p. 29.75 *(978-0-483-66886-7(9))*; 2017. pap. 13.57 *(978-1-334-97618-6(X))* Forgotten Bks.

Carolina Magazine, Vol. 57: October, 1926-May, 1927 (Classic Reprint) Julian Starr Jr. (ENG., Illus.). (J). 2018. 336p. 30.83 *(978-0-483-83470-5(X))*; 2017. pap. 13.57 *(978-0-243-32545-0(2))* Forgotten Bks.

Carolina Magazine, Vol. 59: October, 1928 (Classic Reprint) John Marshall. (ENG., Illus.). (J). 2018. 270p.

The check digit for ISBN-10 appears in parentheses after the full ISBN-13

29.47 *(978-0-483-46618-0(2))*; 2016. pap. 11.97 *(978-1-334-11591-2(5))* Forgotten Bks.

Carolina Magazine, Vol. 61: Daily Tar Heel Supplement; October 4, 1931 (Classic Reprint) D. C. McClure. (ENG., Illus.). (J). 2018. 116p. 26.29 *(978-0-483-62333-0(4))*; 2017. pap. 9.57 *(978-0-243-29234-9(1))* Forgotten Bks.

Carolina Magazine, Vol. 62: Daily Tar Heel Supplement; October 9, 1932 (Classic Reprint) University of North Carolina. (ENG., Illus.). (J). 2018. 116p. 26.29 *(978-0-332-73776-8(4))*; 2017. pap. 9.57 *(978-1-334-91830-8(9))* Forgotten Bks.

Carolina Magazine, Vol. 66: October, 1936 (Classic Reprint) James Daniel. 2017. (ENG., Illus.). (J). 29.84 *(978-0-265-65951-9(5))*; pap. 13.57 *(978-1-5276-3308-7(X))* Forgotten Bks.

Carolina Magazine, Vol. 67: October, 1937 (Classic Reprint) University of North Carolina. 2017. (ENG., Illus.). (J). 286p. 29.82 *(978-0-484-78399-6(8))*; pap. 13.57 *(978-0-259-39285-9(5))* Forgotten Bks.

Carolina Magazine, Vol. 68: October, 1938 (Classic Reprint) John Creedy. (ENG., Illus.). (J). 2018. 292p. 29.92 *(978-0-364-04251-9(6))*; 2017. pap. 13.57 *(978-0-259-17653-4(2))* Forgotten Bks.

Carolina Magazine, Vol. 69: October, 1939 (Classic Reprint) University of North Carolina. (ENG., Illus.). (J). 2018. 290p. 29.88 *(978-0-484-22820-6(X))*; 2017. pap. 13.57 *(978-1-334-98165-4(5))* Forgotten Bks.

Carolina Magazine, Vol. 70: October, 1940 (Classic Reprint) Adrian Spies. (ENG., Illus.). (J). 2018. 290p. 29.88 *(978-0-666-70113-8(X))*; 2017. pap. 13.57 *(978-0-259-34508-4(3))* Forgotten Bks.

Carolina Mountains (Classic Reprint) Margaret W. Morley. 2017. (ENG., Illus.). (J). 33.32 *(978-0-265-35032-4(8))* Forgotten Bks.

Carolina Panthers. Kenny Abdo. 2021. (NFL Teams Ser.). (ENG., Illus.). 32p. (J). (gr. 2-8). lib. bdg. 32.79 *(978-1-0982-2455-4(8)*, 37144, Abdo Zoom-Fly) ABDO Publishing Co.

Carolina Panthers. Contrib. by Thomas K. Adamson. 2023. (NFL Team Profiles Ser.). (ENG., Illus.). (J). (gr. 3-7). lib. bdg. 26.95 Bellwether Media.

Carolina Panthers. Josh Anderson. 2022. (Professional Football Teams Ser.). (ENG.). 32p. (J). (gr. 2-5). lib. bdg. 35.64 *(978-1-5038-5788-9(3)*, 215762, Stride) Child's World, Inc, The.

Carolina Panthers, 1 vol. Todd Kortemeier. 2016. (NFL up Close Ser.). (ENG., Illus.). 32p. (J). (gr. 3-9). lib. bdg. 32.79 *(978-1-68078-210-3(X)*, 22021, SportsZone) ABDO Publishing Co.

Carolina Panthers. Katie Lajiness. 2016. (NFL's Greatest Teams Set 3 Ser.). (ENG., Illus.). 32p. (J). (gr. 2-5). lib. bdg. 34.21 *(978-1-68078-530-2(3)*, 23623, Big Buddy Bks.) ABDO Publishing Co.

Carolina Panthers. Todd Ryan. 2019. (Inside the NFL Ser.). (ENG.). 48p. (J). (gr. 3-6). lib. bdg. 34.21 *(978-1-5321-1840-1(6)*, 32549, SportsZone) ABDO Publishing Co.

Carolina Panthers. Jim Whiting. rev. ed. 2019. (NFL Today Ser.). (ENG.). 48p. (J). (gr. 4-7). pap. 12.00 *(978-1-62832-697-0(2)*, 19005, Creative Paperbacks) Creative Co., The.

Carolina Panthers All-Time Greats. Ted Coleman. 2022. (NFL All-Time Greats Set 2 Ser.). (ENG., Illus.). 24p. (J). (gr. 3-3). pap. 8.95 *(978-1-63494-439-7(9))*; lib. bdg. 28.50 *(978-1-63494-422-9(4))* Pr. Room Editions LLC.

Carolina Panthers Story. Larry Mack. 2016. (NFL Teams Ser.). (ENG., Illus.). 32p. (J). (gr. 3-7). lib. bdg. 26.95 *(978-1-62617-359-0(1)*, Torque Bks.) Bellwether Media.

Carolina Piccolina - Taking Back the Mountains of Globo. Patricia Greeley. 2018. (ENG.). 158p. (J). pap. 14.49 *(978-1-5456-4876-6(X))* Salem Author Services.

Caroline: A Franconia Story (Classic Reprint) Jacob Abbott. 2018. (ENG., Illus.). 224p. (J). 28.54 *(978-0-267-16585-8(4))* Forgotten Bks.

Caroline & Mordecai the Gand: A Fantasy. Jeff Gunhus. 2021. (ENG.). 140p. (J). pap. 9.95 *(978-1-0879-8271-7(5))* Seven Guns Pr.

Caroline Arnold's Habitats. Caroline Arnold. Illus. by Caroline Arnold. 2023. (Caroline Arnold's Habitats Ser.). (ENG.). 24p. (J). pap., pap., pap. 31.80 ***(978-1-4846-9653-8(0)***, 265175, Picture Window Bks.) Capstone.

Caroline Has a Mole. Gina Lambert. 2021. (ENG.). 40p. (J). 19.99 *(978-1-7334206-8-6(1))* Photography in Pearls LLC.

Caroline Herschel: Astronomer & Cataloger of the Sky, 1 vol. Kevin McCombs. 2016. (Women in Science Ser.). (ENG.). 128p. (YA). (gr. 9-9). lib. bdg. 47.36 *(978-1-5026-2317-1(X)*, 525abd0b-2b7e-4efa-87fc-d67115999e32) Cavendish Square Publishing LLC.

Caroline of Lichtfield, Vol. 1: A Novel (Classic Reprint) Isabelle de Montolieu. 2018. (ENG., Illus.). 304p. (J). 30.19 *(978-0-267-52733-5(0))* Forgotten Bks.

Caroline of Lichtfield, Vol. 2: A Novel, Translated from the French, by Thomas Holcroft (Classic Reprint) Isabelle Montolieu. 2018. (ENG., Illus.). 312p. (J). 30.35 *(978-0-428-99396-2(6))* Forgotten Bks.

Caroline of Lichtfield, Vol. 3: A Novel, Translated from the French (Classic Reprint) Isabelle de Montolieu. 2018. (ENG., Illus.). 306p. (J). 30.23 *(978-0-428-91998-6(7))* Forgotten Bks.

Caroline on the North Pole Express. J. D. Green. 2019. (North Pole Express Ser.). (ENG.). 32p. (J). (gr. -1-3). 7.99 ***(978-1-7282-0316-4(3))*** Sourcebooks, Inc.

Caroline the Caribou. Steve KOLTER. Ed. by Lauren BLUML. Illus. by Jonathan SHAW. 2022. (Original Animal Achievement Ser.: 1). 30p. (J). pap. 12.95 *(978-1-6678-4656-9(6))* BookBaby.

Caroline 'Twas the Night Before Christmas. Illus. by Lisa Alderson. 2019. (Night Before Christmas Ser.). (ENG.). 32p. (J). (gr. -1-3). 7.99 ***(978-1-7282-0209-9(4))*** Sourcebooks, Inc.

Caroline vs. the Universe (and Everything Beyond) Hayl Townsend. 2021. (ENG.). 342p. (YA). pap. *(978-1-716-26056-8(6))* Lulu Pr., Inc.

Caroline's Birthday Dream Comes True. Catherine Acree. 2018. (ENG., Illus.). 32p. (J). pap. *(978-0-359-19065-2(0))* Lulu Pr., Inc.

Caroline's Career (Classic Reprint) Lela Horn Richards. 2019. (ENG., Illus.). (J). 312p. 30.33 *(978-1-397-29229-2(6))*; 314p. pap. 13.57 *(978-1-397-29227-8(X))* Forgotten Bks.

Caroline's Christmas Wish. Put Me In The Story & J. D. Green. Illus. by Julia Seal. 2018. (Christmas Wish Ser.). (ENG.). 32p. (J). (gr. k-3). 6.99 ***(978-1-4926-8514-2(3))*** Sourcebooks, Inc.

Caroline's Comets: A True Story. Emily Arnold McCully. 40p. (J). (gr. 1-4). 2020. pap. 8.99 *(978-0-8234-4676-6(X))*; 2017. (ENG.). 16.95 *(978-0-8234-3664-4(0))* Holiday Hse., Inc.

Caroline's Purpose. Erica Zaborac. 2021. (ENG.). 222p. (YA). pap. 15.99 *(978-1-61153-392-7(9)*, Torchflame Bks.) Light Messages Publishing.

Caroling in the Philippines. Eva R. Iaconis. Illus. by Simoan Leonard. 2023. (ENG.). 36p. (J). 22.99 ***(978-1-0879-2162-4(7))*** Indy Pub.

Carolinian, 1909, Vol. 1 (Classic Reprint) North Carolina College For Women. 2018. (ENG., Illus.). 218p. (J). 28.39 *(978-0-267-47958-0(1))* Forgotten Bks.

Carolinian, 1910, Vol. 2 (Classic Reprint) North Carolina College For Women. (ENG., Illus.). (J). 2018. 252p. 29.09 *(978-0-267-61202-4(8))*; 2016. pap. 11.57 *(978-1-334-12109-8(5))* Forgotten Bks.

Carolinian, 1911, Vol. 3 (Classic Reprint) North Carolina College For Women. (ENG., Illus.). (J). 2018. 248p. 29.01 *(978-0-656-70173-5(0))*; 2016. pap. 11.57 *(978-1-334-16507-8(6))* Forgotten Bks.

Carolinians an Old-Fashioned Love Story of Stirring Times in the Early Colony of Carolina (Classic Reprint) Annie L. Sloan. 2018. (ENG., Illus.). 378p. (J). 31.67 *(978-0-484-73821-7(6))* Forgotten Bks.

Carols & Crushes. Natalie Blitt. 2016. 243p. (J). pap. *(978-1-338-08780-2(0))* Scholastic, Inc.

Carols & Poems from the Fifteenth Century to the Present Time. Arthur Henry Bullen. 2017. (ENG.). 312p. (J). pap. *(978-3-7447-6595-4(4))* Creation Pubs.

Carol's Christmas Request. Mariliz Ischi. 2021. (ENG.). 144p. (YA). pap. 14.95 *(978-1-0980-7778-5(4))* Christian Faith Publishing.

Carolus Linnaeus: The Life & Works of the Father of Modern Taxonomy Naming the World Grade 5 Children's Biographies. Dissected Lives. 2020. (ENG.). 74p. (J). 24.99 *(978-1-5419-7954-3(0))*; pap. 14.99 *(978-1-5419-5387-1(8))* Speedy Publishing LLC. (Dissected Lives (Auto Biographies)).

Carolyn; a Completed Life: Memorial of Carolyn Styles Adams (Classic Reprint) W. I. Lincoln Adams. (ENG., Illus.). (J). 2018. 106p. 26.10 *(978-0-332-50414-8(X))*; 2016. pap. 9.57 *(978-1-333-50221-8(4))* Forgotten Bks.

Carolyn of the Corners (Classic Reprint) Ruth Belmore Endicott. 2018. (ENG., Illus.). 342p. (J). pap. 13.57 *(978-1-391-59397-5(9))* Forgotten Bks.

Carolyn Wells Year Book of Old Favorites & New Fancies for 1909 (Classic Reprint) Carolyn Wells. (ENG., Illus.). (J). 2018. 158p. 27.18 *(978-0-484-69270-0(4))*; 2016. pap. 9.57 *(978-1-334-12049-7(8))* Forgotten Bks.

Carontawan: Alias the Little Town on the Hill (Classic Reprint) Unknown Author. 2018. (ENG., Illus.). 164p. (J). 27.28 *(978-0-484-77273-0(2))* Forgotten Bks.

Carontawan, 1918 (Classic Reprint) Mansfield State Normal School. (ENG., Illus.). (J). 2018. 218p. 28.41 *(978-0-267-78577-3(1))*; 2016. pap. 10.97 *(978-1-334-32518-2(9))* Forgotten Bks.

Carontawan 1919: Alias the Little Town on the Hill (Classic Reprint) Catherine Urell. (ENG., Illus.). (J). 2018. 174p. 27.49 *(978-0-666-62072-9(5))*; 2017. pap. 9.97 *(978-0-259-83400-7(9))* Forgotten Bks.

Carontawan 1923: Alias the Little Town on the Hill (Classic Reprint) Alvin E. Lake. 2017. (ENG., Illus.). (J). 188p. 27.79 *(978-0-484-02612-3(7))*; pap. 10.57 *(978-0-259-95271-8(0))* Forgotten Bks.

Carontawan, 1928 (Classic Reprint) Mansfield State Teachers College. (ENG., Illus.). (J). 2018. 262p. 29.30 *(978-0-365-51249-3(4))*; 2017. pap. 11.97 *(978-0-259-29940-0(5))* Forgotten Bks.

Carontawan, Alias the Little Town on the Hill, 1920 (Classic Reprint) Mansfield State Normal School. (ENG., Illus.). (J). 2018. 170p. 27.82 *(978-0-428-89859-5(9))*; 2016. pap. 9.97 *(978-1-334-11897-5(3))* Forgotten Bks.

Carousel Lion. Mariya Anderson. Illus. by Lera Derkach. 2020. (ENG.). 70p. (J). 27.99 *(978-0-578-76132-9(7))* Anderson, Mariya.

Carousel of Animals. Gérard Lo Monaco. 2018. (ENG.). 10p. (J). (gr. k-12). 19.95 *(978-3-89955-801-2(4))* Die Gestalten Verlag DEU. Dist: Ingram Publisher Services.

Carousel Unicorns: Coloring Book. Illus. by Nicolle R. Murray. 2022. (ENG.). 46p. (J). pap. ***(978-1-387-82305-5(1))*** Lulu Pr., Inc.

Carousels. Grace Hansen. 2018. (Amusement Park Rides Ser.). (ENG., Illus.). 24p. (J). (gr. -1-2). lib. bdg. 32.79 *(978-1-5321-0800-6(1)*, 28161, Abdo Kids) ABDO Publishing Co.

Carpe Diem, Seize the Day, 1997 (Classic Reprint) Marple Newtown Senior High School. 2017. (ENG., Illus.). (J). 28.08 *(978-0-331-17594-3(0))*; pap. 10.57 *(978-0-260-05535-4(2))* Forgotten Bks.

Carpenter, 1 vol. Bruna Barros. 2017. (ENG., Illus.). 40p. (J). 12.99 *(978-1-4236-4676-1(2))* Gibbs Smith, Publisher.

Carpenter. Ellen Labrecque. 2016. (21st Century Skills Library: Cool Vocational Careers Ser.). (ENG., Illus.). 32p. (J). (gr. 4-7). 32.07 *(978-1-63471-059-6(2)*, 208316) Cherry Lake Publishing.

Carpenter, Vol. 10. Andrew Morkes. 2018. (Careers in the Building Trades: a Growing Demand Ser.). 80p. (J). (gr. 7). lib. bdg. 33.27 *(978-1-4222-4112-7(2))* Mason Crest.

Carpenter: A Children's Christmas Story. Terry Martin. 2018. (ENG., Illus.). 34p. (J). pap. 13.95 *(978-1-64191-154-2(9))* Christian Faith Publishing.

Carpenter & His Family: Also, Pride Subdued (Classic Reprint) Unknown Author. 2018. (ENG., Illus.). 124p. (J). 26.45 *(978-0-428-66043-7(6))* Forgotten Bks.

Carpenters. Kieran Downs. 2020. (Community Helpers Ser.). (ENG., Illus.). 24p. (J). (gr. k-3). pap. 7.99 *(978-1-68103-817-9(X)*, 12906); lib. bdg. 26.95 *(978-1-64487-193-5(9))* Bellwether Media. (Blastoff! Readers).

Carpenters & Catapults: A Girls Can Do Anything Book. Carmen Petro. Illus. by Sarah Gledhill. 2019. (Girls Can Do Anything Ser.: Vol. 2). (ENG.). 36p. (J). (gr. 2-6). pap. 12.99 *(978-1-64516-660-3(0))* Primedia eLaunch LLC.

Carpenter's Helper. Sybil Rosen. Illus. by Camille Garoche. 2021. 40p. (J). (gr. -1-2). 17.99 *(978-0-593-12320-1(4))*; (ENG.). lib. bdg. 20.99 *(978-0-593-12321-8(2))* Random Hse. Children's Bks. (Schwartz & Wade Bks.).

Carpenters on the Job. Janie Havemeyer. 2020. (Exploring Trade Jobs Ser.). (ENG.). 32p. (J). (gr. 3-6). lib. bdg. 35.64 *(978-1-5038-3547-4(2)*, 213379, MOMENTUM) Child's World, Inc, The.

Carpenter's Son: AKA Someday. Wendy Harris-Eason. 2021. (ENG.). 129p. (YA). pap. ***(978-1-387-13138-9(9))*** Lulu Pr., Inc.

Carpenter's Son: The Early Life of Jesus Children's Jesus Book. Baby Professor. 2017. (ENG., Illus.). (J). pap. 7.89 *(978-1-5419-0165-0(7)*, Baby Professor (Education Kids)) Speedy Publishing LLC.

Carpet: an Afghan Family Story. Dezh Azaad. Illus. by Nan Cao. 2023. (ENG.). 32p. (J). (gr. -1-3). 18.99 *(978-1-4197-6361-8(X)*, 1783601, Abrams Bks. for Young Readers) Abrams, Inc.

Carpet Courtship: A Story; of Some Imperfect Persons (Classic Reprint) Thomas Cobb. 2018. (ENG., Illus.). 178p. (J). 27.57 *(978-0-483-56012-3(X))* Forgotten Bks.

Carpet from Bagdad (Classic Reprint) Harold Macgrath. 2017. (ENG., Illus.). (J). 32.35 *(978-0-266-17816-3(2))* Forgotten Bks.

Carpet Knight. Harford Flemming. 2017. (ENG.). 444p. (J). pap. *(978-3-337-02692-9(3))* Creation Pubs.

Carpet Knight: A Novel (Classic Reprint) Harford Flemming. 2018. (ENG., Illus.). 454p. (J). 33.26 *(978-0-484-10981-9(2))* Forgotten Bks.

Carpetbagger. Opie Read & Frank Pixley. 2017. (ENG.). 328p. (J). pap. *(978-3-337-04185-4(X))* Creation Pubs.

Carpetbagger: A Novel (Classic Reprint) Opie Read. 2018. (ENG., Illus.). 324p. (J). 30.58 *(978-0-666-41810-4(1))* Forgotten Bks.

Carrageen: And Other Legends (Classic Reprint) K. M. Loudon. (ENG., Illus.). (J). 2018. 182p. 27.67 *(978-0-365-13898-3(3))*; 2017. pap. 10.57 *(978-1-5276-0834-4(4))* Forgotten Bks.

Carragher: From the Playground to the Pitch. Matt Oldfield. 2017. (Ultimate Sports Heroes Ser.). (ENG.). 176p. (J). (gr. 4-8). pap. 9.99 *(978-1-78606-463-9(4))* Blake, John Publishing, Ltd. GBR. Dist: Independent Pubs. Group.

Carrefour Curse. Dianne K. Salerni. 2023. 224p. (J). (gr. 3-7). 18.99 *(978-0-8234-5267-5(0))* Holiday Hse., Inc.

Carrera de Patinetas: Leveled Reader Book 30 Level J 6 Pack. Hmh Hmh. 2021. (SPA.). 16p. (J). pap. 74.40 *(978-0-358-08342-9(7))* Houghton Mifflin Harcourt Publishing Co.

Carrera de Trineos de Alaska, Iditarod. Grace Hansen. 2023. (Festivales Del Mundo Ser.). (SPA.). 24p. (J). (gr. -1-2). lib. bdg. 32.79 ***(978-1-0982-6769-8(9)***, 42777, Abdo Kids) ABDO Publishing Co.

Carrera en Programación: Carreras en Computación, 1 vol. Rory McCallum. 2017. (Computación Científica en el Mundo Real (Computer Science for the Real World) Ser.). (SPA.). 16p. (J). (gr. 2-3). pap. *(978-1-5383-5649-4(X)*, 89407478-8124-4dfa-889e-ee9605482e1d, Rosen Classroom) Rosen Publishing Group, Inc., The.

Carreras de Larga Distancia: Leveled Reader Book 2 Level o 6 Pack. Hmh Hmh. 2021. (SPA.). 24p. (J). pap. 74.40 *(978-0-358-08485-3(7))* Houghton Mifflin Harcourt Publishing Co.

Carrie & the Great Storm: A Galveston Hurricane Survival Story. Jessica Gunderson. Illus. by Matt Forsyth. 2019. (Girls Survive Ser.). (ENG.). 112p. (J). (gr. 3-7). pap. 7.95 *(978-1-4965-8447-2(3)*, 140972); lib. bdg. 26.65 *(978-1-4965-8385-7(X)*, 140681) Capstone. (Stone Arch Bks.).

Carrie & the Little Rose. Lenny Yokiel. 2023. (ENG., Illus.). 30p. (J). pap. 13.95 ***(978-1-68526-981-4(8))*** Covenant Bks.

Carrie Fisher: Leia Forever: Filmstars Volume 1. Emily Pullman. 2017. (ENG., Illus.). (J). pap. 9.99 *(978-1-938438-79-0(5))* Creative Media Publishing.

Carrie Underwood. Katie Lajiness. 2017. (Big Buddy Pop Biographies Set 2 Ser.). (ENG., Illus.). 32p. (J). (gr. 2-5). lib. bdg. 34.21 *(978-1-5321-1064-1(2)*, 25704, Big Buddy Bks.) ABDO Publishing Co.

Carrie Underwood. E. Merwin & Starshine Roshell. 2018. (Amazing Americans: Country Music Stars Ser.). (ENG.). 24p. (J). (gr. -1-3). lib. bdg. 18.45 *(978-1-68402-683-8(0))* Bearport Publishing Co., Inc.

Carried & Cuddled: Consentido y Cargado. Editors at Platypus. Illus. by Mike Speiser. 2018. (ENG.). 32p. (J). (gr. -1-k). 14.95 *(978-1-930775-96-1(2))* Platypus Media, L.L.C.

Carried by Storm. May Agnes Early Fleming. 2017. (ENG.). 412p. (J). pap. *(978-3-337-02924-1(8))* Creation Pubs.

Carried by Storm: A Novel (Classic Reprint) May Agnes Fleming. 2018. (ENG., Illus.). 412p. (J). 32.35 *(978-0-428-49475-9(7))* Forgotten Bks.

Carried on a Christmas Wind (hardcover) Kaitlyn King. 2019. (ENG.). 32p. (J). *(978-1-716-39522-2(4))* Lulu Pr., Inc.

Carrier Down. Jim Corrigan. Illus. by Kev Hopgood. 2021. (Invisible Six Ser.). (ENG.). 112p. (J). (gr. 4-9). lib. bdg. 38.50 *(978-1-0982-3044-9(2)*, 37705, Claw) ABDO Publishing Co.

Carrier Down. Jim Corrigan. Illus. by Kev Hopgood. 2021. (Invisible Six Ser.). (ENG.). 112p. (J). (gr. 5-5). pap. 11.95 *(978-1-64494-575-9(4))* North Star Editions.

Carrier Pigeon. John Lane. 2017. (ENG., Illus.). 30p. (J). 21.95 *(978-1-64082-375-4(1))* Page Publishing Inc.

Carrier Pigeon, & Other Tales: Illustrating the Rewards of Virtue & the Punishment of Vice (Classic Reprint) Colman. 2018. (ENG., Illus.). 72p. (J). 25.38 *(978-0-267-45955-1(6))* Forgotten Bks.

Carrier Pigeon (Classic Reprint) Christoph Von Schmid. 2018. (ENG., Illus.). 72p. (J). 25.38 *(978-0-666-74053-3(4))* Forgotten Bks.

Carrie's Cavity Catastrophe. Cassandra Beebe. Illus. by Blake Wade. 2022. (ENG.). 24p. (J). 17.95 ***(978-1-0880-4468-1(9))*** Indy Pub.

Carrigmore or Light & Shade, in West Kerry (Classic Reprint) Rev John J. Kennedy. 2018. (ENG., Illus.). 140p. (J). 26.78 *(978-0-267-28903-5(0))* Forgotten Bks.

Carrimebac, the Town That Walked. David Barclay Moore. Illus. by John Holyfield. 2022. (ENG.). 40p. (J). (gr. 1-4). 18.99 *(978-1-5362-1369-0(1))* Candlewick Pr.

Carrington Pulitzer: The Revelation Chronicles Online Extended Playpack. Elise Abram. 2018. (ENG., Illus.). 228p. (J). pap. *(978-1-988843-28-5(6))* EMSA Publishing.

Carringtons of High Hill: An Old Virginia Chronicle (Classic Reprint) Marion Harland. 2018. (ENG., Illus.). 316p. (J). 30.41 *(978-0-484-20094-3(1))* Forgotten Bks.

Carriston's Gift: And Other Tales (Classic Reprint) Hugh Conway. 2017. (ENG., Illus.). (J). 320p. 30.52 *(978-0-332-69545-7(X))*; pap. 13.57 *(978-0-259-39627-7(3))* Forgotten Bks.

Carrito Del Pony. Gail Gritts. Illus. by Javier Duarte. 2020. (Reba & Katherine Ser.: Vol. 3). (ENG.). 44p. (J). pap. 9.99 *(978-1-951772-06-2(7))* Kids Bk. Pr.

Carrito Verde: Leveled Reader Book 20 Level d 6 Pack. Hmh Hmh. 2021. (SPA.). 16p. (J). pap. 74.40 *(978-0-358-08235-4(8))* Houghton Mifflin Harcourt Publishing Co.

Carro Es Rápido. Milagros Liriano & McK. 2017. (13A Colores Ser.). (SPA.). 16p. (J). pap. 9.60 *(978-1-64053-200-7(5)*, ARC Pr. Bks.) American Reading Co.

Carroll & Brooks Readers: A First Reader (Classic Reprint) Clarence Franklin Carroll. (ENG., Illus.). (J). 2017. 146p. 26.91 *(978-0-484-39637-0(4))*; 2016. pap. 9.57 *(978-1-333-43852-4(4))* Forgotten Bks.

Carroll O'Donoghue: A Tale of the Irish Struggles of 1866, & of Recent Times (Classic Reprint) Christine Faber. (ENG., Illus.). (J). 2018. 504p. 34.31 *(978-0-483-69842-0(3))*; 2016. pap. 16.97 *(978-1-334-33912-7(0))* Forgotten Bks.

Carros de Juguete. Judy Kentor Schmauss. 2016. (Early Rising Readers Ser.). (SPA.). (J). (gr. -1). 6.67 *(978-1-4788-3667-4(9))* Newmark Learning LLC.

Carros de Juguete - 6 Pack. Judy Kentor Schmauss. 2016. (Early Rising Readers Ser.). (SPA.). (J). (gr. 1). 40.00 net. *(978-1-4788-4610-9(0))* Newmark Learning LLC.

C

Carros de Policía en Acción (Police Cars on the Go) Anne J. Spaight. 2017. (Bumba Books (r) en Español — Máquinas en Acción (Machines That Go) Ser.). (SPA., Illus.). 24p. (J). (gr. -1-1). 26.65 *(978-1-5124-2880-3(9)*, da1bb92e-ee4c-49fa-b7ca-126fc3c8f9ed); E-Book 4.99 *(978-1-5124-3576-4(7)*, 9781512435764); E-Book 39.99 *(978-1-5124-3575-7(9)*, 9781512435757) Lerner Publishing Group. (Ediciones Lerner).

Carros Del Pasado, el Presente y el Futuro: Leveled Reader Book 36 Level T 6 Pack. Hmh Hmh. 2021. (SPA.). 32p. (J). pap. 74.40 *(978-0-358-08605-5(1))* Houghton Mifflin Harcourt Publishing Co.

Carrot. Jumoke Jackson. 2017. (ENG., Illus.). 36p. (J). *(978-1-387-30602-2(2))* Lulu Pr., Inc.

Carrot & Pea: An Unlikely Friendship. Morag Hood. Illus. by Morag Hood. 2017. (ENG., Illus.). 32p. (J). (gr. -1-3). 16.99 *(978-0-544-86842-7(0)*, 1648802, Clarion Bks.) HarperCollins Pubs.

Carrot Cake: Practicing the Hard C - K Sound, Vol. 1. Amber King. 2016. (Rosen Phonics Readers Ser.). (ENG.). 8p. (J). (gr. -1-2). pap. *(978-1-5081-3261-5(5)*, 5a7fc36e-cf49-4f0f-baff-2a04a98bfa26, Rosen Classroom) Rosen Publishing Group, Inc., The.

Carrot Monster. Jeff Patmore. Illus. by Mary Estelle Ryckman. 2022. (ENG.). 48p. (J). 19.99 *(978-1-6629-2649-5(9))*; pap. 11.99 *(978-1-6629-2650-1(2))* Gatekeeper Pr.

Carrot Seed: 75th Anniversary. Ruth Krauss. Illus. by Crockett Johnson. 60th anniv. ed. 2020. (ENG.). 32p. (J). (gr. -1-3). 17.99 *(978-0-06-023350-1(8))*; pap. 7.99 *(978-0-06-443210-8(6))* HarperCollins Pubs. (HarperCollins).

Carrot Seed Board Book: 75th Anniversary. Ruth Krauss. Illus. by Crockett Johnson. 2020. (ENG.). 12p. (J). (gr. -1 — 1). bds. 6.99 *(978-0-694-00492-8(8)*, HarperFestival) HarperCollins Pubs.

Carrot Wagon. Lucy Kenny Redmond. 2023. (ENG.). 24p. (J). pap. ***(978-1-915502-30-8(6))*** Orla Kelly Self Publishing Services.

Carrots. Molesworth. 2017. (ENG.). 416p. (J). pap. *(978-3-337-03040-7(8))* Creation Pubs.

Carrots: Just a Little Boy. Molesworth. 2017. (ENG., Illus.). (J). pap. *(978-0-649-13539-4(3))* Trieste Publishing Pty Ltd.

Carrots: Just a Little Boy (Classic Reprint) Molesworth. 2018. (ENG., Illus.). 284p. (J). 29.75 *(978-0-365-00735-7(8))* Forgotten Bks.

Carrot's Family - Senoura Nia Familia. Mayra Walsh. Illus. by Ayan Saha. 2021. (TET.). 30p. (J). pap. *(978-1-922591-94-4(7))* Library For All Limited.

Carrots, Just a Little Boy: And Other Stories (Classic Reprint) Molesworth. (ENG., Illus.). (J). 2018. 852p. 41.47 *(978-0-332-79663-5(9))*; 2017. pap. 23.97 *(978-0-243-44912-5(7))* Forgotten Bks.

Carrots, Just a Little Boy & a Christmas Child (Classic Reprint) Molesworth. 2018. (ENG., Illus.). 424p. (J). 32.64 *(978-0-483-83883-3(7))* Forgotten Bks.

Carrots, Sticks, & Scarves: Decorating Your Snowman Coloring Book. Activibooks For Kids. 2016. (ENG., Illus.). (J). pap. 9.20 *(978-1-68321-760-2(8))* Mimaxion.

Carry along Tab Book: My Busy Backpack. Roger Priddy. 2023. (Carry along Tab Bks.). (ENG., Illus.). 10p. (J). bds. 8.99 *(978-1-68449-299-2(8)*, 900281359) St. Martin's Pr.

Carry-Along Tab Book: My Easter Basket. Roger Priddy. 2019. (Lift-The-Flap Tab Bks.). (ENG., Illus.). 10p. (J). bds. 8.99 *(978-0-312-52791-4(8)*, 900194740) St. Martin's Pr.

Carry-Along Tab Book: My Trick-or-Treat Bag. Roger Priddy. 2021. (Carry along Tab Bks.). (ENG., Illus.). 10p. (J). bds. 8.99 *(978-1-68449-146-9(0)*, 900237950) St. Martin's Pr.

Carry-Along Tab Book: Santa's Sleigh. Roger Priddy. 2021. (Carry along Tab Bks.). (ENG., Illus.). 10p. (J). bds. 8.99 *(978-1-68449-167-4(3),* 900240850) St. Martin's Pr.

Carry & Play: Pumpkin. Bloomsbury USA. 2016. (ENG., Illus.). 10p. (J). bds. 6.99 *(978-1-61963-982-9(3),* 900154186, Bloomsbury Activity Bks.) Bloomsbury Publishing USA.

Carry & Play: Snowman. Bloomsbury. 2016. (ENG.). 10p. (J). bds. 6.99 *(978-1-68119-096-9(6),* 900158418, Bloomsbury Activity Bks.) Bloomsbury Publishing USA.

Carry & Play: Spring Friends. Bloomsbury USA. 2016. (ENG., Illus.). 10p. (J). (— 1). bds. 6.99 *(978-1-61963-828-0(2),* 900150128, Bloomsbury Activity Bks.) Bloomsbury Publishing USA.

Carry Me see Llevame

Carry Me Home. Janet Fox. (ENG.). 208p. (J). (gr. 3-7). 2022. pap. 8.99 *(978-1-5344-8509-9(0));* 2021. 18.99 *(978-1-5344-8508-2(2))* Simon & Schuster Bks. For Young Readers. (Simon & Schuster Bks. For Young Readers).

Carry Me Papa. Inesia Mendonca. 2017. (ENG., Illus.). (J). pap. *(978-0-9959405-0-5(9))* Mendonca, Inesia.

Carry My Secret to Your Grave (Murder, She Wrote #2) Stephanie Kuehn. 2023. (ENG.). 304p. (YA). (gr. 7). pap. 12.99 ***(978-1-338-76458-1(6),*** Scholastic Pr.) Scholastic, Inc.

Carry On. Asper Reynolds. 2019. (ENG.). 106p. (J). pap. 13.95 *(978-1-63338-924-3(3))* Fulton Bks.

Carry On: Bookshelf Edition. Rainbow Rowell. 2021. (Simon Snow Trilogy Ser.: 1). (ENG., Illus.). 528p. (YA). 19.99 *(978-1-250-80691-8(7),* 900244620, Wednesday Bks.) St. Martin's Pr.

Carry On: Poetry by Young Immigrants. Illus. by Rogé Girard. 2021. (ENG.). 36p. (J). (gr. 4-8). 17.95 *(978-1-77147-416-0(5))* Owlkids Bks. Inc. CAN. Dist: Publishers Group West (PGW).

Carry on Letters in War-Time (Classic Reprint) Coningsby Dawson. 2017. (ENG., Illus.). (J). 26.78 *(978-1-5284-7570-9(4))* Forgotten Bks.

Carry Out. Kali Gadomski. 2021. (ENG.). 324p. (YA). pap. 14.99 *(978-1-7367342-0-9(2))* Mindstir Media.

Carrying a Tune in Tzefat. Miriam Yerushalmi. Illus. by Esther Ito Perez. 2019. (ENG.). 46p. (J). 20.00 *(978-0-578-44234-1(5))* Sane.

Carrying a Tune in Tzefat (Yiddish) Miriam Yerushalmi. Illus. by Esther Ito Perez. 2019. (YID.). 46p. (J). 20.00 *(978-0-578-45117-6(4))* Sane.

Cars. Sophie Dussaussois. Illus. by Pierre Caillou & Pierre Caillou. 2023. (ENG.). 12p. (J). (gr. k-17). 18.99 Editions Tourbillon FRA. Dist: Hachette Bk. Group.

Cars. Kaitlyn Duling & Kaitlyn Duling. 2022. (How It Works). (ENG., Illus.). 24p. (J). (gr. k-3). pap. 7.99 *(978-1-64834-673-6(1),* 21385, Blastoff! Readers) Bellwether Media.

Cars. Peter Lafferty. 2016. (Wise Up Ser.). 32p. (gr. 2-6). 31.35 *(978-1-62588-338-4(2),* Smart Apple Media) Black Rabbit Bks.

Cars. Cari Meister. 2019. (Transportation in My Community Ser.). (ENG., Illus.). 32p. (J). (gr. -1-2). lib. bdg. 27.99 *(978-1-9771-0248-5(4),* 139254, Pebble) Capstone.

Cars. Julie Murray. 2016. (Transportation Ser.). (ENG., Illus.). 24p. (J). (gr. -1-2). pap. 7.95 *(978-1-4966-1021-8(0),* 134926, Capstone Classroom) Capstone.

Cars. Alessandro Sisti. Illus. by Antonello Dalena. 2020. (Disney & Pixar Movies Ser.). (ENG.). 52p. (J). (gr. 2-6). lib. bdg. 32.79 *(978-1-5321-4546-9(2),* 35193, Graphic Novels) Spotlight.

Cars, 6 bks., Set. Michael Bradley. Incl. Corvette. (Illus.). (J). lib. bdg. 28.50 *(978-0-7614-2976-0(X));* Ferrari. lib. bdg. 28.50 *(978-0-7614-2978-4(6));* Ford Truck. lib. bdg. 28.50 *(978-0-7614-2979-1(4));* Hummer. (Illus.). (J). lib. bdg. 28.50 *(978-0-7614-2981-4(6));* Mustang. lib. bdg. 28.50 *(978-0-7614-2982-1(4));* Thunderbird. lib. bdg. 28.50 *(978-0-7614-2983-8(2));* 32p. (gr. 3-18). (Cars Ser.). 2008. Set lib. bdg. 171.00 *(978-0-7614-2975-3(1))* Marshall Cavendish Corp.

Cars: An Amazing Fact File & Hands-On Project Book. Peter Harrison. 2016. (Illus.). 64p. (J). (gr. -1-12). 12.99 *(978-1-86147-642-5(6),* Armadillo) Anness Publishing GBR. Dist: National Bk. Network.

Cars: Fun with Friends. Ed. by Publications International Ltd. Staff. 2018. (Play-A-Sound Ser.). (ENG.). 8p. (J). bds. *(978-1-60553-038-3(7),* 0256ed99-819a-402b-991d-eafaf60c9e6c, PI Kids) Phoenix International Publications, Inc.

Cars - Read It Yourself with Ladybird (non-Fiction) Level 1. Ladybird. 2016. (Read It Yourself with Ladybird Ser.). (ENG.). 32p. (J). 5.99 *(978-0-241-24444-9(7))* Penguin Bks., Ltd. GBR. Dist: Independent Pubs. Group.

Cars / Coches. Xist Publishing. Tr. by Victor Santana. 2017. (Xist Kids Bilingual Spanish English Ser.). (ENG & SPA., Illus.). 28p. (J). (gr. -1-3). pap. 9.99 *(978-1-5324-0301-9(1))* Xist Publishing.

Cars 2. Alessandro Ferrari. Illus. by Valentino Forlini et al. 2021. (Disney & Pixar Movies Ser.). (ENG.). 60p. (J). (gr. 2-6). lib. bdg. 32.79 *(978-1-5321-4808-8(9),* 37019, Graphic Novels) Spotlight.

Cars 3. Alessandro Ferrari. Illus. by Luca Bertelè & Stefano Simeone. 2021. (Disney & Pixar Movies Ser.). (ENG.). 52p. (J). (gr. 2-6). lib. bdg. 32.79 *(978-1-5321-4809-5(7),* 37020, Graphic Novels) Spotlight.

Cars 3 Little Golden Book (Disney/Pixar Cars 3) Victoria Saxon. Illus. by Vivien Wu. 2017. (Little Golden Book Ser.). (ENG.). 24p. (J). (-k). 4.99 *(978-0-7364-3730-1(4),* Golden/Disney) Random Hse. Children's Bks.

Cars Activity Book. A. Green. 2021. (ENG.). 100p. (J). pap. 8.50 *(978-1-716-88946-2(4))* Lulu Pr., Inc.

Cars & Monster Trucks Coloring Book for Kids Ages 3 & Up: Fun Coloring Book with Amazing Cars & Monster Trucks for Kids, Toddlers. Anastasia Reece. 2021. (ENG.). 75p. (J). pap. *(978-1-105-78159-9(3))* Lulu Pr., Inc.

Cars & Motorbikes. Tamara Fonteyn. 2016. (My Word Colouring Book Ser.). (ENG.). (J). pap. *(978-1-910538-53-1(1))* Nanook Bks. Ltd.

Cars & Trucks. Katie Lajiness. 2016. (First Drawings (Big Buddy Books) Ser.). (ENG., Illus.). 32p. (J). (gr. 2-5). lib. bdg. 34.21 *(978-1-68078-520-3(6),* 23603, Big Buddy Bks.) ABDO Publishing Co.

Cars & Trucks & Things That Go Coloring Book for Kids: Art Supplies for Kids 4-8, 9-12. Young Dreamers Press. Illus. by Anastasiia Saikova. 2020. (Coloring Books for Kids Ser.: Vol. 5). (ENG.). 66p. (J). (gr. 1-6). pap. *(978-1-989790-09-0(7))* EnemyOne.

Cars & Trucks Book. todd Parr. 2018. (ENG., Illus.). 32p. (J). (gr. -1-1). 18.99 *(978-0-316-50662-5(1))* Little, Brown Bks. for Young Readers.

Cars, Cars, Cars. Melissa Abramovitz & Barbara Alpert. 2022. (Cars, Cars, Cars Ser.). (ENG.). 24p. (J). 87.96 *(978-1-6690-2073-8(8),* 251170, Capstone Pr.) Capstone.

Cars! Cars! Cars! Featuring Cars from the Collection of the Museum of Modern Art. Weart Kimi. 2021. (ENG., Illus.). 40p. (J). (gr. -1-3). 18.95 *(978-1-63345-131-5(3))* Museum of Modern Art.

Cars Coloring Book. Suellen Molviolet. 2021. (ENG.). 102p. (J). pap. 11.39 *(978-0-04-358848-2(4))* Lulu Pr., Inc.

Cars Coloring Book: Amazing Coloring Book for Kids & Adults with Beautiful Cars Illustrations, New Cars, Vintage Cars & Much More! Shirley L. Maguire. 2020. (ENG.). 88p. (J). pap. 8.99 *(978-1-716-37872-0(9))* Lulu Pr., Inc.

Cars Coloring Book: Cars Coloring Book| Toddler Books| Coloring Books for Kids Ages 2-4| Coloring Books for Boys| the Car | 38 Pages | 8. 5 X8. 5. Gabriela Swan. 2021. (ENG.). 38p. (YA). pap. ***(978-1-008-90397-5(3))*** Lulu Pr., Inc.

Cars Coloring Book: Coloring Book for Boys, Girls, Cool Cars & Vehicles, Fun & Original Paperback. H. Elliott. 2021. (ENG.). 48p. (J). pap. 7.99 *(978-1-716-21005-1(4))* Lulu Pr., Inc.

Cars Coloring Book for Children Aged 4 To 8 (Cars) A Cars Coloring (Colouring) Book with 30 Coloring Pages That Gradually Progress in Difficulty: This Book Can Be Downloaded As a PDF & Printed Out to Color Individual Pages. James Manning. 2019. (Cars Coloring Book for Children Aged 4 To 8 (Cars) Ser.: Vol. 3). (ENG., Illus.). 62p. (J). pap. *(978-1-83856-409-4(8))* Coloring Pages.

Cars Coloring Book for Kids. Deeasy Books. 2020. (ENG.). 102p. (J). pap. 12.00 *(978-1-716-27928-7(3))* Indy Pub.

Cars Coloring Book for Kids. A. Green. 2020. (ENG.). 102p. (J). pap. 8.00 *(978-1-716-44124-0(2))* Lulu Pr., Inc.

Cars Coloring Book for Kids 3 - 8: A Cars Coloring (Colouring) Book with 30 Coloring Pages That Gradually Progress in Difficulty: This Book Can Be Downloaded As a PDF & Printed Out to Color Individual Pages. James Manning. 2019. (Cars Coloring Book for Kids 3 - 8 Ser.: Vol. 3). (ENG., Illus.). 62p. (J). pap. *(978-1-83856-394-3(6))* Coloring Pages.

Cars Coloring Book for Kids & Adults: Amazing Coloring Book for Kids & Adults with Beautiful Cars Illustrations - Sport Cars Coloring Book, Racing Cars Coloring Book, Stress Relieving & Relaxation Coloring Book. Shirley L. Maguire. 2020. (ENG.). 38p. (J). pap. 6.99 *(978-1-716-37739-6(0))* Lulu Pr., Inc.

Cars Coloring Books for Boys: A Cars Coloring (Colouring) Book with 30 Coloring Pages That Gradually Progress in Difficulty: This Book Can Be Downloaded As a PDF & Printed Out to Color Individual Pag. James Manning. 2019. (Cars Coloring Books for Boys Ser.: Vol. 5). (ENG., Illus.). 62p. (J). pap. *(978-1-83856-398-1(9))* Coloring Pages.

Cars Coloring Books for Kids 3 - 8: A Cars Coloring (Colouring) Book with 30 Coloring Pages That Gradually Progress in Difficulty: This Book Can Be Downloaded As a PDF & Printed Out to Color Individual Pages. James Manning. 2019. (Cars Coloring Books for Kids 3 - 8 Ser.: Vol. 3). (ENG., Illus.). 62p. (J). pap. *(978-1-83856-396-7(2))* Coloring Pages.

Cars Coloring Books for Kids 4 - 8: A Cars Coloring (Colouring) Book with 30 Coloring Pages That Gradually Progress in Difficulty: This Book Can Be Downloaded As a PDF & Printed Out to Color Individual Pages. James Manning. 2019. (Cars Coloring Books for Kids Ser.: Vol. 4). (ENG., Illus.). 62p. (J). pap. *(978-1-83856-397-4(0))* Coloring Pages.

Cars Coloring Pages: A Cars Coloring (Colouring) Book with 30 Coloring Pages That Gradually Progress in Difficulty: This Book Can Be Downloaded As a PDF & Printed Out to Color Individual Pages. James Manning. 2019. (Cars Coloring Pages Ser.: Vol. 6). (ENG., Illus.). 62p. (J). pap. *(978-1-83856-399-8(7))* Coloring Pages.

Cars Colouring Books for Children (Cars) A Cars Coloring (Colouring) Book with 30 Coloring Pages That Gradually Progress in Difficulty: This Book Can Be Downloaded As a PDF & Printed Out to Color Individual Pages. James Manning. 2019. (Cars Colouring Books for Children (Cars) Ser.: Vol. 3). (ENG., Illus.). 62p. (J). pap. *(978-1-83856-413-1(6))* Coloring Pages.

Cars Get You to Places: Cars Jumbo Coloring Book. Jupiter Kids. 2016. (ENG., Illus.). 106p. (J). pap. 12.55 *(978-1-68305-155-8(6),* Jupiter Kids (Childrens & Kids Fiction)) Speedy Publishing LLC.

Cars Go! Miranda Kelly. 2022. (My First Transportation Bks.). (ENG.). 24p. (J). (gr. k-2). pap. *(978-1-0396-6206-3(4),* 20867); lib. bdg. *(978-1-0396-6011-3(8),* 20866) Crabtree Publishing Co.

Cars Go. Steve Light. 2016. (Vehicles Go! Ser.: 4). (ENG., Illus.). 16p. (J). (gr. -1 — 1). bds. 9.99 *(978-1-4521-5067-3(2))* Chronicle Bks. LLC.

Cars Go!, 1 vol. John Matthew Williams. 2017. (Ways to Go Ser.). (ENG.). 24p. (J). (gr. k-k). pap. 9.15 *(978-1-5382-1017-8(7),* ddb41905-d68d-4d5a-b8df-385b221530a0); lib. bdg. 24.27 *(978-1-5382-1018-5(5),* a1062043-a189-4408-9f96-b9f453288b69) Stevens, Gareth Publishing LLLP.

Cars Lift a Flap Look & Find O/P. Kids PI. 2017. (Look & Find Ser.). (ENG.). 14p. (J). *(978-1-5037-1900-2(6),* dcbcd172-b9d0-4573-8ba5-e83e36129bd4, PI Kids) Phoenix International Publications, Inc.

Cars Little Golden Book Favorites (Disney/Pixar Cars) 2017. (ENG., Illus.). 80p. (J). (-k). 7.99 *(978-0-7364-3679-3(0),* Golden/Disney) Random Hse. Children's Bks.

Cars on the Road (Disney/Pixar Cars on the Road) RH Disney. Illus. by Disney Storybook Disney Storybook Art Team. 2022. (Pictureback(R) Ser.). (ENG.). 48p. (J). (gr. -1-2). 6.99 *(978-0-7364-4346-3(0),* RH/Disney) Random Hse. Children's Bks.

Cars Past, Present & Future: Leveled Reader Sapphire Level 29. Rg Rg. 2019. (PM Ser.). (ENG.). 32p. (J). (gr. 4-5). pap. 11.00 *(978-0-544-89312-2(3))* Rigby Education.

Cars, Signs, & Porcupines! Happy County Book 3. Ethan Long. Illus. by Ethan Long. 2021. (Happy County Ser.: 3). (ENG., Illus.). 48p. (J). 18.99 *(978-1-250-76598-7(6),* 900232387, Holt, Henry & Co. Bks. For Young Readers) Holt, Henry & Co.

Cars Top 10s: It's Drive Time! Mary Lindeen. 2019. (My Top 10 Disney Ser.). (ENG., Illus.). 32p. (J). (gr. 1-4). pap. 8.99 *(978-1-5415-4659-2(8),* Lerner Pubns.) Lerner Publishing Group.

Cars, Trains, & Planes Coloring Book. Jupiter Kids. 2017. (ENG., Illus.). (J). pap. 9.20 *(978-1-68326-634-1(X),* Jupiter Kids (Childrens & Kids Fiction)) Speedy Publishing LLC.

Cars, Trains, Planes & More Connect the Dots for Kids: (Ages 4-8) Dot to Dot Activity Book for Kids with 5 Difficulty Levels! (1-5, 1-10, 1-15, 1-20, 1-25 Cars, Trains, Planes & More Dot-To-Dot Puzzles) Engage Books. 2021. (ENG.). 64p. (J). pap. *(978-1-77476-115-1(7))* AD Classic.

Cars, Trucks & Planes Activity Book for Kids Ages 4-8: 50 Fun Puzzles, Mazes, Coloring Pages, & More. Miracle Activity Books. 2019. (ENG., Illus.). 72p. (J). pap. 5.95 *(978-1-0878-1761-3(7))* Indy Pub.

Cars, Trucks, Bikes & Buses Activity Book. Bobo's Children Activity Books. 2016. (ENG., Illus.). (J). pap. 7.99 *(978-1-68327-398-1(2))* Sunshine In My Soul Publishing.

Cars, Trucks, Trains, & Planes Pre-K Workbook: Letter & Number Tracing, Sight Words, Counting Practice, & More Awesome Activities & Worksheets to Get Ready for Kindergarten (for Kids Ages 3-5) Celeste Meiergerd. 2020. (Books for Teachers Ser.). (ENG., Illus.). 160p. (J). pap. 12.95 *(978-1-64604-038-4(4))* Ulysses Pr.

Cars Zoom. Rebecca Glaser. 2016. (Illus.). 14p. (J). (gr. -1 — 1). bds. 7.99 *(978-1-68152-121-3(0),* 15810) Amicus.

Carson Chooses Forgiveness: A Team Dungy Story about Basketball. Tony Dungy & Lauren Dungy. 2019. (Team Dungy Ser.). (ENG., Illus.). 32p. (J). (gr. 1-4). 16.99 *(978-0-7369-7322-9(2),* 6973229) Harvest Hse. Pubs.

Carson Crosses Canada. Linda Bailey. Illus. by Kass Reich. 2020. (ENG.). 36p. (J). (gr. -1-3). pap. 8.99 *(978-0-7352-6635-3(2),* Tundra Bks.) Tundra Bks. CAN. Dist: Penguin Random Hse. LLC.

Carson Goes to Work. Jason K. Macomson. 2018. (ENG., Illus.). 64p. (J). pap. *(978-1-387-52700-7(2))* Lulu Pr., Inc.

Carson Wentz. Anthony K. Hewson. 2019. (Sports All-Stars (Lerner (tm) Sports) Ser.). (ENG., Illus.). 32p. (J). (gr. 2-5). pap. 9.99 *(978-1-5415-7448-9(6),* d74a8e84-ee12-40a5-843c-d76fdc699748); lib. bdg. 29.32 *(978-1-5415-5612-6(7),* 6899ff76-0911-4583-a281-16ebdda807c7) Lerner Publishing Group. (Lerner Pubns.).

Carson Wentz: Football Star. Matt Scheff. 2018. (Biggest Names in Sports Set 3 Ser.). (ENG., Illus.). 32p. (J). (gr. 3-5). pap. 9.95 *(978-1-63517-971-2(8),* 1635179718); lib. bdg. 31.35 *(978-1-63517-870-8(3),* 1635178703) North Star Editions. (Focus Readers).

Carson's Zoo Adventure: A Lesson on Love. Taylor Moore. Illus. by Hailey Campbell. 2020. (ENG.). 28p. (J). 20.00 *(978-1-7334913-4-1(1))* Grassleaf Publishing.

Carstensz Pyramid. Tamra Orr. 2019. (Illus.). 31p. (J). *(978-1-7911-1415-2(6),* AV2 by Weigl) Weigl Pubs., Inc.

Carstone Rectory, Vol. 3 Of 3: A Story (Classic Reprint) George Graham. (ENG., Illus.). (J). 2019. 340p. 30.91 *(978-0-365-28671-4(0));* 2017. pap. 13.57 *(978-0-259-31242-0(8))* Forgotten Bks.

Cart-A-Log of the Eighth Annual Exhibition, 1899 (Classic Reprint) Society of American Fakirs. 2018. (ENG., Illus.). 36p. (J). 24.76 *(978-0-428-97533-3(X))* Forgotten Bks.

Cart of Many Colors a Story of Italy (Classic Reprint) Nannine Lavilla Meiklejohn. 2018. (ENG., Illus.). 304p. (J). 30.19 *(978-0-483-34533-1(4))* Forgotten Bks.

Cart That Carried Martin. Eve Bunting. Illus. by Don Tate. 2018. (ENG.). 32p. (J). (gr. 1-4). 7.99 *(978-1-58089-388-6(0))* Charlesbridge Publishing, Inc.

Carta Al Padre. Franz Kafka. 2018. (SPA.). 96p. (YA). (gr. 8-12). pap. 6.95 *(978-607-453-453-5(5))* Selector, S.A. de C.V. MEX. Dist: Spanish Pubs., LLC.

Carta de Ivy Aberdeen Al Mundo. Ashley Herring Blake. 2018. (SPA.). 256p. (YA). (gr. 4-8). 15.95 *(978-84-96886-98-8(0))* Ediciones Urano S. A. ESP. Dist: Spanish Pubs., LLC.

Carta, la Bruja y el Anillo / the Letter, the Witch, & the Ring. John Bellairs. 2019. (Los Casos de Lewis Barnavelt Ser.: 3). (SPA.). 200p. (J). (gr. 3-7). pap. 14.95 *(978-607-31-8172-3(8),* Alfaguara) Penguin Random House Grupo Editorial ESP. Dist: Penguin Random Hse. LLC.

Cartas a Los Perdidos. Brigid Kemmerer. 2017. (SPA.). 560p. (YA). (gr. 9-12). pap. *(978-987-747-269-1(4))* V&R Editoras.

Cartas para Claudia: Palabras de un Psicoterapeuta Gestáltico a una Amiga. Jorge Bucay. 2020. (SPA.). 252p. (gr. 7). pap. 15.95 *(978-607-527-789-9(7))* Editorial Oceano de Mexico MEX. Dist: Independent Pubs. Group.

Cartas para Lluvia. Alberto Chimal. 2018. (SPA.). (J). pap. 8.95 *(978-607-748-092-1(4))* Ediciones Urano S. A. ESP. Dist: Spanish Pubs., LLC.

Carte Postale d'Australie (a Postcard from Australia) Laurie Friedman. Illus. by Roberta Ravasio. 2022. (Cartes Postales Magiques (Magic Postcards) Ser.).Tr. of Carte Postale D'Australie. (FRE.). 32p. (J). (gr. -1-3). pap. *(978-1-0396-8830-8(6),* 20404, Crabtree Blossoms) Crabtree Publishing Co.

Carte Postale de Costa Rica see Carte Postale de Costa Rica (a Postcard from Costa Rica)

Carte Postale de Costa Rica (a Postcard from Costa Rica) Laurie Friedman. Illus. by Roberta Ravasio. 2022. (Cartes Postales Magiques (Magic Postcards) Ser.).Tr. of Carte Postale de Costa Rica. (FRE.). 32p. (J). (gr. -1-3). pap. *(978-1-0396-8831-5(4),* 20414, Crabtree Blossoms) Crabtree Publishing Co.

Carte Postale de France see Carte Postale de France (a Postcard from France)

Carte Postale de France (a Postcard from France) Laurie Friedman. Illus. by Roberta Ravasio. 2022. (Cartes Postales Magiques (Magic Postcards) Ser.).Tr. of Carte Postale de France. (FRE.). 32p. (J). (gr. -1-3). pap. *(978-1-0396-8828-5(4),* 20419, Crabtree Blossoms) Crabtree Publishing Co.

Carte Postale D'Italie see Carte Postale d'Italie (a Postcard from Italy)

Carte Postale d'Italie (a Postcard from Italy) Laurie Friedman. Illus. by Roberta Ravasio. 2022. (Cartes Postales Magiques (Magic Postcards) Ser.).Tr. of Carte Postale D'Italie. (FRE.). 32p. (J). (gr. -1-3). pap. *(978-1-0396-8832-2(2),* 20409, Crabtree Blossoms) Crabtree Publishing Co.

Carte Postale du Canada see Carte Postale du Canada (a Postcard from Canada)

Carte Postale du Canada (a Postcard from Canada) Laurie Friedman. Illus. by Roberta Ravasio. 2022. (Cartes Postales Magiques (Magic Postcards) Ser.).Tr. of Carte Postale du Canada. (FRE.). 32p. (J). (gr. -1-3). pap. *(978-1-0396-8833-9(0),* 20424, Crabtree Blossoms) Crabtree Publishing Co.

Carte Postale du Japon see Carte Postale du Japon (a Postcard from Japan)

Carte Postale du Japon (a Postcard from Japan) Laurie Friedman. Illus. by Roberta Ravasio. 2022. (Cartes Postales Magiques (Magic Postcards) Ser.).Tr. of Carte Postale du Japon. (FRE.). 32p. (J). (gr. -1-3). pap. *(978-1-0396-8829-2(2),* 20429, Crabtree Blossoms) Crabtree Publishing Co.

Carte Vers le Monde (a Map into the World) Kao Kalia Yang. Illus. by Seo Kim. 2021. (FRE.). 40p. (J). (gr. k-3). 17.99 *(978-1-7284-4890-9(5),* c83ee484-1842-48de-bb87-d03a5e805382, Carolrhoda Bks.) Lerner Publishing Group.

Carteis: Paraíso's Warriors Series. B. K. Miller. 2018. (ENG.). 176p. (YA). 30.95 *(978-1-9736-1847-8(8));* pap. 13.95 *(978-1-9736-1848-5(6))* Author Solutions, LLC. (WestBow Pr.).

Carteles de Seguridad. Mary Lindeen. Illus. by Pam Thayer. 2016. (Early Rising Readers Ser.). (SPA.). 16p. (J). (gr. 1-1). 6.67 *(978-1-4788-4188-3(5))* Newmark Learning LLC.

Carteles de Seguridad - 6 Pack. Mary Lindeen. 2016. (Early Rising Readers Ser.). (SPA.). (J). (gr. 1). 40.00 net. *(978-1-4788-4767-0(0))* Newmark Learning LLC.

Carter & Other People (Classic Reprint) Don Marquis. 2018. (ENG., Illus.). 324p. (J). 30.58 *(978-0-483-79477-1(5))* Forgotten Bks.

Carter & the Curious Maze: Weird Stories Gone Wrong. Philippa Dowding. 2016. (Weird Stories Gone Wrong Ser.: 3). (ENG., Illus.). 136p. (J). pap. 9.99 *(978-1-4597-3249-0(9))* Dundurn Pr. CAN. Dist: Publishers Group West (PGW).

Carter Crow & Friends: A Children's Story from the Old Oak Kingdom. David C. Morgan. Illus. by Aleksandra Bobrek. 2018. (Old Oak Kingdom Ser.: Vol. 1). (ENG.). 34p. (J). pap. *(978-1-9164767-0-7(8))* Morgan, David C.

Carter Goes to Space. Gina Lambert. 2020. (ENG.). 40p. (J). 17.99 *(978-1-7334206-7-9(3))* Photography in Pearls LLC.

Carter Goes to the Aquarium. Gina Lambert. 2021. (ENG.). 50p. (J). 19.99 *(978-1-7334206-5-5(7))* Photography in Pearls LLC.

Carter Grows a Garden. Gina Lambert. 2022. (ENG.). 38p. (J). 20.00 ***(978-1-7334206-9-3(X))*** Photography in Pearls LLC.

Carter I Love You All Ways. Marianne Richmond. Illus. by Dubravka Kolanovic. 2023. (I Love You All Ways Ser.). (ENG.). 32p. (J). (gr. -1-3). 8.99 ***(978-1-7282-7340-2(4))*** Sourcebooks, Inc.

Carter Intermediate Readers, Vol. 1 (Classic Reprint) Anna H. Carter. (ENG., Illus.). (J). 2018. 296p. 30.02 *(978-0-483-84041-6(6));* 2017. pap. 13.57 *(978-0-243-85285-7(1))* Forgotten Bks.

Carter Intermediate Readers, Vol. 2 (Classic Reprint) Anna H. Carter. 2018. (ENG., Illus.). 320p. (J). 30.50 *(978-0-483-32036-9(6))* Forgotten Bks.

Carter Intermediate Readers, Vol. 3 (Classic Reprint) Anna H. Carter. 2017. (ENG., Illus.). (J). 31.12 *(978-0-266-67285-2(X));* pap. 13.57 *(978-1-5276-4399-4(9))* Forgotten Bks.

Carter, King of the Pharaohs & the Transatlantic Voyage. Nicolas Craven. 2020. (ENG.). 78p. (J). pap. 19.95 *(978-1-64531-213-0(5))* Newman Springs Publishing, Inc.

Carter Marches in the Pride Parade. Tanya Mills. Illus. by Jessie MORI. 2023. 26p. (J). 24.99 ***(978-1-6678-7493-7(4))*** BookBaby.

Carter Meets His New Brother. Vinh Ta. 2018. (ENG., Illus.). 18p. (J). pap. 11.95 *(978-1-64096-144-9(5))* Newman Springs Publishing, Inc.

Carter on the North Pole Express. J. D. Green. Illus. by Joanne Partis. 2022. (North Pole Express Bears Ser.). (ENG.). 32p. (J). (gr. -1-3). 7.99 ***(978-1-7282-6921-4(0))*** Sourcebooks, Inc.

Carter on the North Pole Express. J. D. Green. 2019. (North Pole Express Ser.). (ENG.). 32p. (J). (gr. -1-3). 7.99 ***(978-1-7282-0317-1(1))*** Sourcebooks, Inc.

Carter Project. Kevin Herrmann. 2021. (ENG.). 296p. (YA). 23.99 ***(978-1-0879-9996-8(0))*** Indy Pub.

Carter Quarterman. William M. (William Mumford) Baker. 2017. (ENG.). 158p. (J). pap. *(978-3-337-03093-3(9))* Creation Pubs.

Carter Quarterman: A Novel (Classic Reprint) William M. Baker. 2018. (ENG., Illus.). 160p. (J). 27.20 *(978-0-484-11015-0(2))* Forgotten Bks.

Carter Reads the Newspaper. Deborah Hopkinson. Illus. by Don Tate. 2019. 36p. (J). (gr. 1-4). 17.99 *(978-1-56145-934-6(8))* Peachtree Publishing Co. Inc.

Carter Reads the Newspaper. Deborah Hopkinson. ed. 2022. (ENG., Illus.). 34p. (J). (gr. k-1). 21.46 *(978-1-68505-124-2(3))* Penworthy Co., LLC, The.

Carter Reads the Newspaper: The Story of Carter G. Woodson, Founder of Black History Month, 1 vol. Deborah Hopkinson. Illus. by Don Tate. 2021. 36p. (J). (gr.

306

The check digit for ISBN-10 appears in parentheses after the full ISBN-13

1-4). 8.99 *(978-1-68263-332-8(2))* Peachtree Publishing Co. Inc.

Carter Santa's Secret Elf. Put Me In The Story & Katherine Sully. Illus. by Julia Seal. 2018. (Santa's Secret Elf Ser.). (ENG.). 32p. (J). (gr. k-3). 5.99 *(978-1-4926-8128-1(8))* Sourcebooks, Inc.

Carter 'Twas the Night Before Christmas. Illus. by Lisa Alderson. 2019. (Night Before Christmas Ser.). (ENG.). 32p. (J). (gr. -1-3). 7.99 ***(978-1-7282-0210-5(8))*** Sourcebooks, Inc.

Cartera de la Conversacion en Ingles con la Pronunciacion Figurada (Classic Reprint) Luis Felipe Mantilla. 2018. (ENG., Illus.). 278p. (J). 29.63 *(978-0-656-62911-4(8))* Forgotten Bks.

Carteras y Carteros. Caracolino. Illus. by Canizales. 2020. (SPA.). 18p. (J). bds. 9.95 *(978-84-17673-46-8(6))* NubeOcho Ediciones ESP. Dist: Consortium Bk. Sales & Distribution.

Carterbug's Awesome Adventure. David B. McKinney. 2020. (ENG.). 100p. (J). 22.99 *(978-1-0879-2886-9(9))* Indy Pub.

Carter's Christmas Wish. Put Me In The Story & J. D. Green. Illus. by Julia Seal. 2018. (Christmas Wish Ser.). (ENG.). 32p. (J). (gr. k-3). 6.99 ***(978-1-4926-8313-1(2))*** Sourcebooks, Inc.

Carter's Snow Day. Mimi Castleberry. 2019. (ENG.). 34p. (J). 21.95 *(978-1-64462-605-4(5))* Page Publishing Inc.

Carthusian, Vol. 1 Of 2: A Miscellany in Prose & Verse (Classic Reprint) Charterhouse Charterhouse. 2018. (ENG., Illus.). 192p. (J). 27.86 *(978-0-365-29873-1(5))* Forgotten Bks.

Cartographers. Amy Zhang. 2023. (ENG.). 288p. (YA). (gr. 9). 19.99 *(978-0-06-238307-5(8)*, Greenwillow Bks.) HarperCollins Pubs.

Cartographer's Presence: An Adventure in Aratae'Tor. Stephen Reed. 2023. (ENG.). 124p. (J). pap. 16.99 ***(978-1-78893-294-3(3)***, 136323) Authentic Media.

Cartoon Animals Coloring Book. Jim Stevens. 2016. (ENG.). 78p. (J). pap. 14.99 *(978-1-68411-129-9(3)*, 6e26b0d2-3ff4-4e29-92da-d41c1d517fcf) Revival Waves of Glory.

Cartoon Animals Coloring Book for Children (6x9 Coloring Book / Activity Book) Sheba Blake. 2021. (ENG.). 44p. (J). pap. 9.99 *(978-1-222-28975-6(X))* Indy Pub.

Cartoon Animals Coloring Book for Children (8. 5x8. 5 Coloring Book / Activity Book) Sheba Blake. 2021. (ENG.). 44p. (J). pap. 12.99 *(978-1-222-29162-9(2))* Indy Pub.

Cartoon Animals Coloring Book for Children (8x10 Coloring Book / Activity Book) Sheba Blake. 2021. (ENG.). 44p. (J). pap. 14.99 *(978-1-222-28976-3(8))* Indy Pub.

Cartoon Animals, Cute Wacky Animals Coloring Books Jumbo Edition. Creative Playbooks. 2016. (ENG., Illus.). (J). pap. 7.74 *(978-1-68323-006-9(X))* Twin Flame Productions.

Cartoon Butterflies to Color, a Coloring Book. Jupiter Kids. 2017. (ENG., Illus.). (J). pap. 9.20 *(978-1-68326-661-7(7)*, Jupiter Kids (Childrens & Kids Fiction)) Speedy Publishing LLC.

Cartoon Cottages Coloring Book. P. E. BLOOM. 2023. (ENG.). 100p. (YA). pap. ***(978-1-312-50208-6(8))*** Lulu Pr., Inc.

Cartoon Cut Outs Activities Activity Book. Bobo's Children Activity Books. 2016. (ENG., Illus.). (J). pap. 10.81 *(978-1-68327-012-6(6))* Sunshine In My Soul Publishing.

Cartoon Cut Outs for Boys Activity Book. Bobo's Children Activity Books. 2016. (ENG., Illus.). (J). pap. 10.81 *(978-1-68327-013-3(4))* Sunshine In My Soul Publishing.

Cartoon Cut Outs for Girls Activity Book. Bobo's Children Activity Books. 2016. (ENG., Illus.). (J). pap. 10.81 *(978-1-68327-014-0(2))* Sunshine In My Soul Publishing.

Cartoon Monster Trucks Coloring Book: For Kids Ages 3 Years Old & Up. Beatrice Harrison. 2020. (ENG.). 34p. (J). pap. 7.25 *(978-1-6781-5564-3(0))* Lulu Pr., Inc.

Cartoon Nation. 2022. (Cartoon Nation Ser.). (ENG.). 32p. (J). 199.92 *(978-1-6690-6069-7(1)*, 257610, Capstone Pr.) Capstone.

Cartoon Nation, 6 bks., Set. Michael Bailey. Incl. Citizenship. Jason Skog. Illus. by Kelly Brown. 31.32 *(978-1-4296-1331-6(9)*, 94598); Political Elections. Davis Worth Miller & Katherine M. Brevard. Illus. by Charles Barnett, III. 31.32 *(978-1-4296-1333-0(5)*, 94604); Political Parties. Michael Burgan & Blake A. Hoena. Illus. by Charles Barnett et al. lib. bdg. 31.32 *(978-1-4296-1334-7(3)*, 94607); 32p. (J). (gr. 3-9). (Cartoon Nation Ser.). (ENG.). 2008. 93.96 *(978-1-4296-1675-1(X)*, 166725, Capstone Pr.) Capstone.

Cartoon World of Jeff Kinney. Christine Webster. 2016. (Great Storytellers Ser.). (ENG., Illus.). 32p. (J). lib. bdg. 22.99 *(978-1-5105-1222-1(5))* SmartBook Media, Inc.

Cartoons by Halladay (Classic Reprint) M. R. Halladay. (ENG., Illus.). (J). 2018. 106p. 26.10 *(978-0-364-56650-3(7))*; 2017. pap. 9.57 *(978-0-259-94606-9(0))* Forgotten Bks.

Cartoons by Mccutcheon: A Selection of One Hundred Drawings (Classic Reprint) John T. McCutcheon. 2016. (ENG., Illus.). (J). pap. 10.97 *(978-1-333-58823-6(2))* Forgotten Bks.

Cartoons by Mccutcheon: A Selection of One Hundred Drawings (Classic Reprint) John Tinney McCutcheon. (ENG., Illus.). (J). 2018. 216p. 28.39 *(978-0-484-33724-3(6))*; 2017. pap. 9.57 *(978-1-5283-9626-4(X))* Forgotten Bks.

Cartoons Magazine, Vol. 15: April, 1919 (Classic Reprint) Henry Haven Windsor. (ENG., Illus.). (J). 2018. 180p. 27.63 *(978-0-332-74364-6(0))*; 2017. pap. 10.57 *(978-1-334-93453-7(3))* Forgotten Bks.

Cartoons Magazine, Vol. 17: February, 1920 (Classic Reprint) Henry Haven Windsor. 2017. (ENG., Illus.). (J). 180p. 27.63 *(978-0-332-69432-0(1))*; pap. 10.57 *(978-0-259-27699-9(5))* Forgotten Bks.

Cartoons Magazine, Vol. 19: February, 1921 (Classic Reprint) Henry Haven Windsor. (ENG., Illus.). (J). 2018. 198p. 28.00 *(978-0-484-10537-8(X))*; 2017. pap. 10.57 *(978-0-259-27756-9(8))* Forgotten Bks.

Cartoons of Our War with Spain. Charles Nelan. 2017. (ENG., Illus.). 70p. (J). pap. *(978-3-337-24576-4(5))* Creation Pubs.

Cartoons of Our War with Spain (Classic Reprint) Charles Nelan. 2017. (ENG., Illus.). (J). 25.15 *(978-0-265-74230-3(7))*; 25.24 *(978-0-265-81946-3(6))*; pap. 9.57 *(978-1-5277-0880-8(2))*; pap. 9.57 *(978-1-5278-1830-9(6))* Forgotten Bks.

Cartouche (Classic Reprint) Frances Mary Peard. (ENG., Illus.). (J). 2018. 298p. 30.06 *(978-0-365-22236-1(4))*; 2017. pap. 13.57 *(978-1-5276-5953-7(4))* Forgotten Bks.

Cartouche T1 la Coquille D'or. Jean Ollivier. 2022. (FRE.). 33p. (J). pap. ***(978-1-4717-1427-6(6))*** Lulu Pr., Inc.

Cartouche, the Celebrated French Robber, Vol. 2 of 3 (Classic Reprint) Richard Brinsley Peake. (ENG., Illus.). (J). 2018. 284p. 29.77 *(978-0-483-52297-8(X))*; 2016. pap. 13.57 *(978-1-333-71071-2(2))* Forgotten Bks.

Cartouche, the Celebrated French, Vol. 1 of 3 (Classic Reprint) Richard Brinsley Peake. 2018. (ENG., Illus.). 312p. (J). 30.35 *(978-0-267-27130-6(1))* Forgotten Bks.

Cartwheeling in Thunderstorms. Katherine Rundell. ed. 2018. (Penworthy Picks Middle School Ser.). (ENG.). 248p. (J). (gr. 5-7). 19.96 *(978-1-64310-284-9(2))* Penworthy Co., LLC, The.

Carty the Shopping Cart: Helps Save Christmas. Joseph Demichele. 2021. (ENG.). 38p. (J). 19.99 *(978-1-6629-1567-3(5))* Gatekeeper Pr.

Carty the Shopping Cart: Helps Save Christmas. Joseph Demichele & Adela Demichele. 2021. (ENG.). 38p. (J). pap. 10.99 *(978-1-6629-1568-0(3))* Gatekeeper Pr.

Carty the Shopping Cart: Lost & Found. Joseph Demichele & Adela Demichele. (ENG., Illus.). 34p. (J). (gr. 1-2). 2020. pap. 10.99 *(978-1-64237-862-7(3))*; 2019. 17.99 *(978-1-64237-861-0(5))* Gatekeeper Pr.

Carty the Shopping Cart: Under the Weather. Joseph Demichele & Adela Demichele. 2020. (ENG.). 28p. (J). (gr. 1-2). 17.99 *(978-1-6629-0173-7(9))*; pap. 10.99 *(978-1-6629-0174-4(7))* Gatekeeper Pr.

Carve the Mark. Veronica Roth. 2017. (Carve the Mark Ser.: 1). (ENG.). (YA). (gr. 9). 512p. pap. 12.99 *(978-0-06-234864-7(7))*; (Illus.). 480p. 22.99 *(978-0-06-234863-0(9))* HarperCollins Pubs. (Tegen, Katherine Bks).

Carve the Mark. Veronica Roth. ed. 2018. (YA). lib. bdg. 24.50 *(978-0-606-41030-4(9))* Turtleback.

Carve the Mark 2-Book Paperback Box Set: Carve the Mark & the Fates Divide. Veronica Roth. 2019. (Carve the Mark Ser.). (ENG.). 992p. (YA). (gr. 9). pap. 25.98 *(978-0-06-289511-0(7)*, Tegen, Katherine Bks) HarperCollins Pubs.

Carved by Time. Contrib. by World Book, Inc. Staff. 2017. (Illus.). 40p. (J). *(978-0-7166-3365-5(5))* World Bk.-Childcraft International.

Carved Cartoon: A Picture of the Past (Classic Reprint) Austin Clare. 2017. (ENG., Illus.). (J). 29.71 *(978-0-265-67418-5(2))* Forgotten Bks.

Carved Cupboard (Classic Reprint) Amy Le Feuvre. 2018. (ENG., Illus.). 258p. (J). 29.22 *(978-0-364-28423-0(4))* Forgotten Bks.

Carver. Jacob Devlin. 2nd ed. 2018. (Order of the Bell Ser.: Vol. 1). (ENG., Illus.). 354p. (YA). (gr. 7-12). pap. 9.99 *(978-1-7324984-0-2(7))* Devlin, Jacob.

Carving a Jack-O'-Lantern. Meg Gaertner. 2019. (Sequencing Stories Ser.). (ENG.). 24p. (J). (gr. -1-2). lib. bdg. 32.79 *(978-1-5038-3507-8(3)*, 213046) Child's World, Inc, The.

Carvolth's Fables. Stories by William Ferris Carvolth & Retold by Abby Parsons. 2018. (ENG., Illus.). 90p. (J). 26.49 *(978-1-5456-3334-2(7))*; pap. 15.49 *(978-1-5456-3333-5(9))* Salem Author Services.

Carwell, or Crime & Sorrow (Classic Reprint) Caroline Henrietta Sheridan. 2017. (ENG., Illus.). (J). 366p. 31.45 *(978-0-484-32599-8(X))*; pap. 13.97 *(978-0-259-43590-7(2))* Forgotten Bks.

Carwin, the Biloquist, & Other American Tales & Pieces, Vol. 3 of 3 (Classic Reprint) Charles Brockden Brown. (ENG., Illus.). (J). 2018. 266p. 29.38 *(978-0-365-38848-7(3))*; 2017. pap. 11.97 *(978-0-259-39704-5(0))* Forgotten Bks.

Cary Letters, Edited at the Request of the Family (Classic Reprint) Caroline Gardiner Curtis. (ENG., Illus.). (J). 2018. 102p. 26.02 *(978-0-267-61611-4(2))*; 2016. pap. 13.97 *(978-1-334-11706-0(3))* Forgotten Bks.

Cary Sisters (Classic Reprint) Jennie M. Day. 2018. (ENG., Illus.). 52p. (J). 24.97 *(978-0-267-24969-5(1))* Forgotten Bks.

Casa. Judy Kentor Schmauss. 2016. (Early Rising Readers Ser.). (SPA.). (J). (gr. -1). 6.67 *(978-1-4788-3681-0(4))* Newmark Learning LLC.

Casa. Katrina Streza & Ariana Vargas. Illus. by Brenda Ponnay. 2023. (Little Lectores Ser.: Vol. 6). (SPA.). 20p. (J). 24.99 ***(978-1-5324-3472-3(3))***; pap. 12.99 ***(978-1-5324-3121-0(X))*** Xist Publishing.

Casa. Pierdomenico Zapelli. 2021. (ITA.). 286p. (YA). pap. ***(978-1-387-53813-3(6))*** Lulu Pr., Inc.

Casa - 6 Pack. Judy Kentor Schmauss. 2016. (Early Rising Readers Ser.). (SPA.). (J). (gr. 1). 40.00 net. *(978-1-4788-4624-6(0))* Newmark Learning LLC.

Casa Andante Del Mago Van Dongen. Xan Lopez Dominguez. 2019. (SPA.). 56p. (J). pap. 13.99 *(978-607-746-580-5(1))* Progreso, Editorial, S. A. MEX. Dist: Lectorum Pubns., Inc.

Casa Braccio (Classic Reprint) F. Marion Crawford. 2018. (ENG., Illus.). 398p. (J). 32.11 *(978-0-428-89134-3(9))* Forgotten Bks.

Casa Braccio, Vol. 1 of 2 (Classic Reprint) F. Marion Crawford. 2017. (ENG., Illus.). (J). 31.32 *(978-0-266-20482-4(1))* Forgotten Bks.

Casa de Algún Día. Julia Durango. Illus. by Bianca Diaz. 2020. 32p. (J). (gr. -1-2). (SPA.). 16.99 *(978-1-62354-231-3(6))*; pap. 8.99 *(978-1-62354-135-4(2))* Charlesbridge Publishing, Inc.

Casa de Cielo y Aliento / House of Sky & Breath. Sarah J. Maas. 2022. (Ciudad Medialuna Ser.: 2). (SPA.). 1024p. (gr. 9-12). pap. 19.95 *(978-607-38-1397-6(X)*, Alfaguara) Penguin Random House Grupo Editorial ESP. Dist: Penguin Random Hse. LLC.

Casa de Galletitas. Margaret Hillert. Illus. by Gabhor Utomo. 2018. (Beginning-To-Read Ser.).Tr. of Cookie House. (SPA.). 32p. (J). (gr. k-2). pap. 13.26 *(978-1-68404-237-1(2))* Norwood Hse. Pr.

Casa de Galletitas. Margaret Hillert. Illus. by Jack Pullan & Gabhor Utomo. 2017. (BeginningtoRead Ser.).Tr. of Cookie House. (ENG & SPA.). 32p. (J). (-2). 22.60 *(978-1-59953-842-6(3))*; pap. 11.94 *(978-1-68404-041-4(8))* Norwood Hse. Pr.

Casa de Galletitas. Margaret Hillert et al. Illus. by Gabhor Utomo. 2018. (BeginningtoRead Ser.).Tr. of Cookie House. (SPA.). 32p. (J). (gr. -1-2). lib. bdg. 22.60 *(978-1-59953-953-9(5))* Norwood Hse. Pr.

Casa de la Mosca Fosca. Eva Mejuto. 2017. (Libros para Soñar Ser.). (SPA., Illus.). 36p. (J). (gr. k-2). *(978-84-8464-143-8(0))* Kalandraka Ediciones Andalucía, S.L. ESP. Dist: Lectorum Pubns., Inc.

Casa de Las Grietas. Krystal Sutherland. 2023. (SPA.). 344p. (YA). (gr. 11). pap. 19.95 ***(978-607-557-581-0(2))*** Editorial Oceano de Mexico MEX. Dist: Independent Pubs. Group.

Casa de Los Tres Perros. Agustin Cadena Rubio. 2017. (la Orilla Del Viento Ser.). (SPA.). (J). pap. 7.99 *(978-607-16-4991-1(9))* Fondo de Cultura Economica USA.

Casa de Luci. Jane Clarke. 2018. (SPA.). 24p. (J). (gr. k-2). 21.99 *(978-84-261-4468-3(3))* Juventud, Editorial ESP. Dist: Lectorum Pubns., Inc.

Casa de Tierra y Sangre / House of Earth & Blood. Sarah Maas. 2020. (Ciudad Medialuna Ser.: 1). (SPA.). 536p. (gr. 7-12). pap. 19.95 *(978-607-31-9594-2(X)*, Alfaguara) Penguin Random House Grupo Editorial ESP. Dist: Penguin Random Hse. LLC.

Casa Del Peligro/ House of Danger. R. A. Montgomery. 2022. (Elige Tu Propia Aventura Ser.: 6). (SPA.). 128p. (J). (gr. 3-7). pap. 10.95 *(978-607-38-1292-4(2))* Penguin Random House Grupo Editorial ESP. Dist: Penguin Random Hse. LLC.

Casa en el Mar Más Azul. T. J. Klune. 2022. (SPA.). 496p. (YA). pap. 26.95 ***(978-607-07-9145-1(2))*** Editorial Planeta, S. A. ESP. Dist: Two Rivers Distribution.

Casa en Hoarder Hill 1. Mikki Lish & Kelly Ngai. 2021. (SPA.). 328p. (J). pap. 18.95 *(978-607-07-7986-2(X))* Editorial Planeta, S. A. ESP. Dist: Two Rivers Distribution.

Casa Grande: A California Pastoral (Classic Reprint) Charles Duff Stuart. 2017. (ENG., Illus.). (J). 31.94 *(978-0-266-21739-8(7))* Forgotten Bks.

Casa para Tom. Leo Timmers. 2018. (SPA.). 50p. (J). (gr. k-2). 25.99 *(978-84-9142-130-6(0))* Algar Editorial, Feditres, S.L. ESP. Dist: Lectorum Pubns., Inc.

Casa Que Fue. Julie Fogliano. 2018. (Álbumes Ser.). (SPA.). 40p. (J). (gr. k-2). 14.50 *(978-607-527-662-5(9))* Editorial Oceano de Mexico MEX. Dist: Independent Pubs. Group.

Casa sull'albero see Casa del Arbol

Casadh an Tsugain, or the Twisting of the Rope (Classic Reprint) Douglas Hyde. 2018. (ENG., Illus.). 28p. (J). 24.49 *(978-0-267-67917-1(3))* Forgotten Bks.

Casagrandes #1: We're All Familia. The Loud The Loud House Creative Team. 2021. (Loud House Ser.: 1). (ENG.). 64p. (J). 12.99 *(978-1-5458-0622-7(5)*, 900232790); pap. 7.99 *(978-1-5458-0623-4(3)*, 900232791) Mad Cave Studios. (Papercutz).

Casagrandes #2. The Loud The Loud House Creative Team. 2022. (Loud House Ser.: 2). (ENG., Illus.). 64p. (J). 12.99 *(978-1-5458-0862-7(7)*, 900250828); pap. 7.99 *(978-1-5458-0863-4(5)*, 900250829) Mad Cave Studios. (Papercutz).

Casagrandes #3: Brand Stinkin New. The Loud The Loud House Creative Team. 2022. (Loud House Ser.: 3). (ENG., Illus.). 64p. (J). 12.99 *(978-1-5458-0910-5(0)*, 900256810); pap. 7.99 *(978-1-5458-0911-2(9)*, 900256811) Mad Cave Studios. (Papercutz).

Casagrandes 3 In 1 #1: Collecting Were All Familia, Everything for Family, & Brand Stinkin New The Loud The Loud House Creative Team. 2022. (Loud House Ser.: 1). (ENG.). 160p. (J). pap. 14.99 *(978-1-5458-0972-3(0)*, 900260151, Papercutz) Mad Cave Studios.

Casagrandes #4: Friends & Family. The Loud The Loud House Creative Team. 2022. (Loud House Ser.: 4). (ENG.). 64p. (J). 12.99 *(978-1-5458-0964-8(X)*, 900259359); pap. 7.99 *(978-1-5458-0963-1(1)*, 900259360) Mad Cave Studios. (Papercutz).

Casagrandes Vol. 5: Going Out of Business, Vol. 5. The Loud The Loud House Creative Team. 2023. (Loud House Ser.: 5). (ENG.). 64p. (J). 12.99 *(978-1-5458-1047-7(8)*, 900282049); pap. 7.99 *(978-1-5458-1048-4(6)*, 900282050) Mad Cave Studios. (Papercutz).

Casanova's Homecoming (Classic Reprint) Arthur Schnitzler. 2018. (ENG., Illus.). 208p. (J). 28.27 *(978-0-332-40049-5(2))* Forgotten Bks.

Casas. Didier Cornille. 2017. (SPA.). 86p. (J). (gr. 3-5). *(978-958-8954-42-4(8))* Babel Libros COL. Dist: Lectorum Pubns., Inc.

Casas. Areli Wray. 2022. (SPA.). 32p. (J). 25.78 ***(978-1-4709-5852-7(X))*** Lulu Pr., Inc.

Casas de Animales, 6 vols. Julie Murray. 2020. (Casas de Animales Ser.).Tr. of Animal Homes. (SPA.). 144p. (J). (gr. k-k). pap. 53.70 *(978-1-64494-367-0(0)*, 1644943670, Abdo Kids-Junior) ABDO Publishing Co.

Casas de Animales (Animal Homes) (Set), 6 vols. Julie Murray. 2019. (Casas de Animales (Animal Homes) Ser.). (SPA.). 24p. (J). (gr. -1-2). lib. bdg. 188.16 *(978-1-0982-0059-6(4)*, 32992, Abdo Kids) ABDO Publishing Co.

Casas Del Terror (Haunted Houses) Grace Hansen. 2018. (En el Parque de Atracciones (Amusement Park Rides) Ser.). (SPA.). 24p. (J). (gr. -1-2). lib. bdg. 32.79 *(978-1-5321-8382-9(8)*, 29957, Abdo Kids) ABDO Publishing Co.

Casas Flotantes: Leveled Reader Book 83 Level W 6 Pack. Hmh Hmh. 2021. (SPA.). 32p. (J). pap. 74.40 *(978-0-358-08647-5(7))* Houghton Mifflin Harcourt Publishing Co.

Cascadia Saves the Day (Mermaids to the Rescue #4) Lisa Ann Scott. 2019. (Mermaids to the Rescue Ser.: 4). (ENG., Illus.). 128p. (J). (gr. 2-5). pap. 5.99 *(978-1-338-26705-1(1)*, Scholastic Paperbacks) Scholastic, Inc.

Cascading Petals. Jane C. Brady. 2017. (ENG., Illus.). 266p. (J). pap. *(978-1-7750676-3-4(7))* Huntson Pr. Inc.

Cascanueces: Para Ninos. E. T. A. Hoffmann. 2018. (SPA., Illus.). 80p. (J). (gr. 3-6). pap. 5.95 *(978-607-453-322-4(9))* Selector, S.A. de C.V. MEX. Dist: Spanish Pubs., LLC.

Cascanueces. Bilingue. E. T. A. Hoffmann. 2018. (SPA.). 80p. (J). (gr. 3-6). pap. 7.95 *(978-607-453-520-4(5))* Selector, S.A. de C.V. MEX. Dist: Spanish Pubs., LLC.

Cascanueces y el Lago de Los Cisnes. Piotr Ilich Chaikovsky & E. T. A. Hoffman. 2019. (SPA.). 160p. (J). (gr. 1-7). pap. 8.95 *(978-607-453-479-5(9))* Selector, S.A. de C.V. MEX. Dist: Spanish Pubs., LLC.

Case & the Girl (Classic Reprint) Randall Parrish. (ENG., Illus.). (J). 2018. 352p. 31.18 *(978-0-364-26323-5(7))*; 2017. pap. 13.57 *(978-0-259-21210-2(5))* Forgotten Bks.

Case Closed: Danger on the Dig, Vol. 4. Lauren Magaziner. 2022. (Case Closed Ser.: 4). (ENG., Illus.). 448p. (J). (gr. 3-7). pap. 7.99 *(978-0-06-320735-6(4)*, Tegen, Katherine Bks) HarperCollins Pubs.

Case Closed #1: Mystery in the Mansion. Lauren Magaziner. (Case Closed Ser.: 1). (ENG.). 400p. (J). (gr. 3-7). 2019. pap. 7.99 *(978-0-06-267628-3(8))*; 2018. (Illus.). 16.99 *(978-0-06-267627-6(X))* HarperCollins Pubs. (Tegen, Katherine Bks).

Case Closed #2: Stolen from the Studio. Lauren Magaziner. (Case Closed Ser.: 2). (ENG.). 480p. (J). (gr. 3-7). 2020. pap. 7.99 *(978-0-06-267631-3(8))*; 2019. (Illus.). 16.99 *(978-0-06-267630-6(X))* HarperCollins Pubs. (Tegen, Katherine Bks).

Case Closed #4: Danger on the Dig, Vol. 4. Lauren Magaziner. 2022. (Case Closed Ser.: 4). (ENG., Illus.). 448p. (J). (gr. 3-7). 17.99 *(978-0-06-320736-3(2)*, Tegen, Katherine Bks) HarperCollins Pubs.

Case de l'Oncle Tom (Classic Reprint) Harriet Stowe. 2016. (FRE., Illus.). (J). pap. 13.57 *(978-1-334-49000-2(7))* Forgotten Bks.

Case File 13 #4: Curse of the Mummy's Uncle. J. Scott Savage. Illus. by Doug Holgate. 2016. (Case File 13 Ser.: 4). (ENG.). 272p. (J). (gr. 3-7). pap. 7.99 *(978-0-06-232407-8(1)*, HarperCollins) HarperCollins Pubs.

Case Files of the Supernatural. Kathryn Cockrill. Illus. by Isobel Rushman. 2018. (ENG.). 218p. (J). pap. *(978-1-988853-12-3(5))* Schreyer Ink Publishing.

Case for Christ Devotions for Kids: 365 Days with Jesus, 1 vol. Lee Strobel. 2021. (Case for... Series for Kids Ser.). (ENG., Illus.). 384p. (J). 17.99 *(978-0-310-77013-8(0))* Zonderkidz.

Case for Christ Young Reader's Edition: Investigating the Toughest Questions about Jesus, 1 vol. Lee Strobel. 2020. (Case for ... Series for Young Readers Ser.). (ENG.). 160p. (J). 16.99 *(978-0-310-77004-6(1))* Zonderkidz.

Case for Faith for Kids. Lee Strobel. rev. ed. 2022. (Case for... Series for Kids Ser.). (ENG., Illus.). 144p. (J). pap. 9.99 *(978-0-310-77119-7(6))* Zonderkidz.

Case for Faith Student Edition: A Journalist Investigates the Toughest Objections to Christianity. Lee Strobel. rev. ed. 2022. (Case for ... Series for Students Ser.). (ENG.). 128p. (YA). pap. 16.99 *(978-0-310-77121-0(8))* Zondervan.

Case for Heaven Young Reader's Edition: Investigating What Happens after Our Life on Earth. Lee Strobel. 2022. (Case for ... Series for Young Readers Ser.). (ENG.). 160p. (J). 16.99 *(978-0-310-77017-6(3))* Zonderkidz.

Case for Jamie. Brittany Cavallaro. (Charlotte Holmes Novel Ser.: 3). (ENG.). (YA). (gr. 8). 2019. 384p. pap. 11.99 *(978-0-06-239898-7(9))*; 2018. (Illus.). 368p. 17.99 *(978-0-06-239897-0(0))* HarperCollins Pubs. (Tegen, Katherine Bks).

Case for Miracles for Kids, 1 vol. Lee Strobel. 2018. (Case for... Series for Kids Ser.). (ENG.). 160p. (J). pap. 8.99 *(978-0-310-74864-9(X))* Zonderkidz.

Case for Miracles Student Edition: A Journalist Explores the Evidence for the Supernatural, 1 vol. Lee Strobel. 2018. (Case for ... Series for Students Ser.). (ENG.). 160p. (YA). pap. 16.99 *(978-0-310-74636-2(1))* Zondervan.

Case for Mrs. Surratt (Classic Reprint) Helen Jones Campbell. (ENG., Illus.). (J). 2018. 288p. 29.84 *(978-0-656-34735-3(X))*; 2017. pap. 13.57 *(978-0-243-43588-3(6))* Forgotten Bks.

Case History of a Movie (Classic Reprint) Dore Schary. (ENG., Illus.). (J). 2018. 276p. 29.59 *(978-0-267-57441-4(X))*; 2016. pap. 11.97 *(978-1-334-16428-6(2))* Forgotten Bks.

Case in Camera (Classic Reprint) Oliver Onions. 2017. (ENG., Illus.). (J). 30.58 *(978-0-331-87490-7(3))*; pap. 13.57 *(978-0-243-88848-1(1))* Forgotten Bks.

Case in Equity (Classic Reprint) Francis Lynde. 2017. (ENG., Illus.). (J). 88p. 25.71 *(978-0-331-85099-4(0))*; pap. 9.57 *(978-0-243-14335-1(4))* Forgotten Bks.

Case of False Identity. Karin-Ann Tesdorf. 2018. (ENG., Illus.). 90p. (J). pap. 6.14 *(978-0-244-62044-8(X))* Lulu Pr., Inc.

Case of General Ople & Lady Camper (Classic Reprint) George Meredith. (ENG., Illus.). (J). 2017. 128p. 26.54 *(978-0-332-85167-9(2))*; 2016. pap. 9.57 *(978-1-333-44903-2(8))* Forgotten Bks.

Case of Grave Danger (the Violet Veil Mysteries) Sophie Cleverly. Illus. by Hannah Peck. 2021. (Violet Veil Mysteries Ser.). (ENG.). 336p. (J). 7.99 *(978-0-00-847967-1(4)*, HarperCollins Children's Bks.) HarperCollins Pubs. Ltd. GBR. Dist: HarperCollins Pubs.

Case of Mary Sherman: A Novel (Classic Reprint) Jasper Ewing Brady. (ENG., Illus.). (J). 2018. 358p. 31.28 *(978-0-484-70254-6(8))*; 2018. 342p. 30.97 *(978-0-666-04067-1(2))*; 2016. pap. 13.97 *(978-1-334-44792-1(6))* Forgotten Bks.

Case of Misfortune (the Violet Veil Mysteries, Book 2) Sophie Cleverly. 2022. (Violet Veil Mysteries Ser.: 2). (ENG.). 336p. (J). pap. 7.99 *(978-0-00-849250-2(6)*, HarperCollins Children's Bks.) HarperCollins Pubs. Ltd. GBR. Dist: HarperCollins Pubs.

Case of Missing Person Sam Mcharold. Steve Gardino. 2018. (ENG., Illus.). 274p. (YA). pap. 14.95 *(978-1-5069-0689-8(3))* First Edition Design Publishing.

Case of Mistaken Identity. Francesca Hepton. Ed. by Daniel Chan. Illus. by Aya Suarjaya. 2023. (ENG.). 80p. (J). (gr. 1-2). pap. ***(978-1-8383005-5-5(4))*** Babili Bks.

Case of Mr. Lucraft: And Other Tales (Classic Reprint) Walter Besant. (ENG., Illus.). (J). 2018. 342p. 30.97

C

(978-0-428-83008-3(0)); 2016. pap. 16.57 *(978-1-334-14741-8(8))* Forgotten Bks.

Case of Mr. Lucraft, & Other Tales. in Two Volumes, Vol. I. Sir Besant & James Rice. 2017. (ENG., Illus.). (J). pap. *(978-0-649-41332-4(6))* Trieste Publishing Pty Ltd.

Case of Mr. Lucraft, & Other Tales, Vol. 1 (Classic Reprint) Sir Besant. 2018. (ENG., Illus.). 308p. (J). 30.25 *(978-0-332-90560-0(8))* Forgotten Bks.

Case of Mr. Lucraft, & Other Tales, Vol. 2 of 2 (Classic Reprint) Sir Besant. 2018. (ENG., Illus.). 298p. (J). 30.04 *(978-0-428-97120-5(2))* Forgotten Bks.

Case of Piggy's Bank (Detective Paw of the Law: Time to Read, Level 3) Dosh Archer. Illus. by Dosh Archer. (Time to Read Ser.). (ENG., Illus.). 48p. (J). (gr. k-2). 2019. pap. 3.99 *(978-0-8075-1564-8(7)*, 807515647); 2018. 12.99 *(978-0-8075-1557-0(4)*, 807515574) Whitman, Albert & Co.

Case of Richard Meynell (Classic Reprint) Humphry Ward. 2018. (ENG., Illus.). 658p. (J). 37.47 *(978-0-365-40616-7(3))* Forgotten Bks.

Case of Samuel Mohawk, an Indian of the Seneca Tribe, Charged with the Murder of the Wigton Family, in Butler County, Penna: With the Charge of the Court, As Reported for the Spirit of the Age (Classic Reprint) Unknown Author. 2018. (ENG., Illus.). 28p. (J). 24.47 *(978-0-267-27921-0(3))* Forgotten Bks.

Case of Sardines: A Story of the Maine Coast (Classic Reprint) Charles Poole Cleaves. 2018. (ENG., Illus.). 338p. (J). pap. 13.57 *(978-0-428-53475-2(9))* Forgotten Bks.

Case of Sense, 1 vol. Songju Ma Daemicke. Illus. by Shennen Bersani. 2016. (ENG.). 32p. (J). (gr. k-3). 17.95 *(978-1-62855-852-4(0))* Arbordale Publishing.

Case of Sir Edward Talbot. Valentine Goldie. 2017. (ENG., Illus.). (J). pap. *(978-0-649-24333-4(1))* Trieste Publishing Pty Ltd.

Case of Sir Edward Talbot (Classic Reprint) Valentine Goldie. (ENG., Illus.). (J). 2018. 280p. 29.67 *(978-0-428-98316-1(2))*; 2016. pap. 13.57 *(978-1-334-12135-7(4))* Forgotten Bks.

Case of Suspension: A Comedietta in One Act (Classic Reprint) Louise Latham Wilson. 2018. (ENG., Illus.). 28p. (J). 24.47 *(978-0-483-97169-1(3))* Forgotten Bks.

Case of the Abandoned Sea Otters: Magic Seashell Mysteries #1. Katie Pelon. 2023. (ENG.). 172p. (J). pap. 9.99 ***(978-1-0880-9773-1(1))*** Indy Pub.

Case of the Bad Apples: A Wilcox & Griswold Mystery. Robin Newman. Illus. by Deborah Zemke. 2020. (Wilcox & Griswold Mysteries Ser.). (ENG.). 48p. (J). (gr. k-5). 18.99 *(978-1-939547-76-7(8)*, a9534017-470b-4b42-be82-0eee3fbb11d6) Creston Bks.

Case of the Bad Seed (Detective), 1 vol. Anne Schraff. 2017. (Pageturners Ser.). (ENG.). 76p. (YA). (gr. 9-12). 10.75 *(978-1-68021-383-6(0))* Saddleback Educational Publishing, Inc.

Case of the Big Fish. Cecilia Minden. 2019. (Little Blossom Stories Ser.). (ENG., Illus.). 16p. (J). (gr. -1-2). pap. 11.36 *(978-1-5341-4972-4(4)*, 213205, Cherry Blossom Press) Cherry Lake Publishing.

Case of the Black-Hooded Hangmans. John R. Erickson. Illus. by Gerald L. Holmes. 2017. (Hank the Cowdog Ser.: Vol. 24). (ENG.). 113p. (J). (gr. 3-6). 15.99 *(978-1-59188-224-4(9))* Maverick Bks., Inc.

Case of the Blazing Sky. John R. Erickson. Illus. by Gerald L. Holmes. 2017. (Hank the Cowdog Ser.: Vol. 51). (ENG.). 129p. (J). (gr. 3-6). 15.99 *(978-1-59188-251-0(6))* Maverick Bks., Inc.

Case of the Booby-Trapped Pickup. John R. Erickson. Illus. by Gerald L. Holmes. 2017. (Hank the Cowdog Ser.: Vol. 49). (ENG.). 129p. (J). (gr. 3-6). 15.99 *(978-1-59188-249-7(4))* Maverick Bks., Inc.

Case of the Bungling Boat & the Case of the Stolen Sister: A Mystery Series Anthology. Joann Klusmeyer. 2021. (ENG.). 116p. (YA). pap. 12.95 *(978-1-61314-655-2(8))* Innovo Publishing, LLC.

Case of the Burgled Bundle. Michael Hutchinson. 2021. (Mighty Muskrats Mystery Ser.: 3). (ENG.). 208p. (J). (gr. 4-7). pap. 10.95 *(978-1-77260-166-4(7))* Second Story Pr. CAN. Dist: Orca Bk. Pubs. USA.

Case of the Buried Deer. John R. Erickson. Illus. by Gerald L. Holmes. 2019. (Hank the Cowdog Ser.: Vol. 73). (ENG.). 129p. (J). (gr. 3-7). 15.99 *(978-1-59188-273-2(7))*; pap. 5.99 *(978-1-59188-173-5(0))* Maverick Bks., Inc.

Case of the Buried Deer, 73. John R. Erickson. 2019. (Hank the Cowdog Ser.). (ENG.). 117p. (J). (gr. 4-5). 16.96 *(978-0-87617-624-5(4))* Penworthy Co., LLC, The.

Case of the Burrowing Robot. John R. Erickson. Illus. by Gerald L. Holmes. 2017. (Hank the Cowdog Ser.: Vol. 42). (ENG.). 125p. (J). (gr. 3-6). 15.99 *(978-1-59188-242-8(7))* Maverick Bks., Inc.

Case of the Buzzing Honey Makers: A Gumboot Kids Nature Mystery. Eric Hogan & Tara Hungerford. 2020. (Gumboot Kids Ser.). (ENG., Illus.). 32p. (J). (gr. -1-2). 19.95 *(978-0-2281-0282-3(0)*, 5c70d824-cb23-4939-8fde-61de1419c4c2); pap. 6.99 *(978-0-2281-0281-6(2)*, d7dba5f2-00d9-4f1c-8956-0ae2cf96e353) Firefly Bks., Ltd.

Case of the Can-Dos!, 1 vol. Jill Keppeler. Illus. by Rachel A. DiNunzio. 2020. (ENG.). 32p. (J). (gr. -1-2). pap. 11.00 *(978-1-7253-9417-9(0)*, 0ec8e122-60f5-4b59-845e-dab5e2abb123); lib. bdg. 28.93 *(978-1-7253-9419-3(7)*, 8e865740-13ff-4634-93e8-72ba620df9e4) Rosen Publishing Group, Inc., The. (Windmill Bks.).

Case of the Car-Barkaholic Dog. John R. Erickson. Illus. by Gerald L. Holmes. 2017. (Hank the Cowdog Ser.: Vol. 17). (ENG.). 115p. (J). (gr. 3-6). 15.99 *(978-1-59188-217-6(6))* Maverick Bks., Inc.

Case of the Cereal Artist. Zulebia Esmail. 2021. (ENG.). 24p. (J). *(978-1-5255-7906-6(1))*; pap. *(978-1-5255-7907-3(X))* FriesenPress.

Case of the China Shop Bull. Gregg Cockrill. Illus. by Stef St Denis. 2021. (ENG.). 34p. (J). *(978-0-2288-2073-4(1))*; pap. *(978-0-2288-2072-7(3))* Tellwell Talent.

Case of the Clicking Clock: Solving Mysteries Through Science, Technology, Engineering, Art & Math. Ken Bowser. Illus. by Ken Bowser. 2020. (Jesse Steam Mysteries Ser.). (ENG., Illus.). 64p. (J). (gr. 2-5). pap. 8.99 *(978-1-63440-946-9(9)*, 6f907f0c-0a3b-45ec-84fd-96d7658a5da8); lib. bdg. 26.65 *(978-1-63440-945-2(0)*, 545b196a-c583-4e9f-8076-6b5aba52c14d) Red Chair Pr.

Case of the Climbing Cat see Caso del Gato Escalador

Case of the Clones. Ada Hopper. Illus. by Sam Ricks. 2016. (DATA Set Ser.: 5). (ENG.). 128p. (J). (gr. k-4). pap. 5.99 *(978-1-4814-7113-8(9)*, Little Simon) Little Simon.

Case of the Clones. Ada Hopper. Illus. by Sam Ricks. ed. 2018. 127p. (J). (gr. 1-4). 15.96 *(978-1-64310-201-6(X))* Penworthy Co., LLC, The.

Case of the Clown Carnival. Laurie S. Sutton. Illus. by Scott Neely. 2017. (You Choose Stories: Scooby-Doo Ser.). (ENG.). 112p. (J). (gr. 2-6). lib. bdg. 32.65 *(978-1-4965-4333-2(5)*, 134222, Stone Arch Bks.) Capstone.

Case of the Counterfeit Painting, 2 vols. Steve Brezenoff. Illus. by Lisa K. Weber. 2016. (Museum Mysteries Ser.). (ENG.). (J). (gr. 2-3). 53.32 *(978-1-4965-4536-7(2))*; 128p. pap. 42.70 *(978-1-4965-2530-7(2)*, 23936); 128p. (gr. 3-6). pap. 6.95 *(978-1-4965-2522-2(1)*, 130495); 128p. (gr. 3-6). lib. bdg. 26.65 *(978-1-4965-2518-5(3)*, 130491) Capstone. (Stone Arch Bks.).

Case of the Coyote Invasion. John R. Erickson. Illus. by Gerald L. Holmes. 2017. (Hank the Cowdog Ser.: Vol. 56). (ENG.). 132p. (J). (gr. 3-6). 15.99 *(978-1-59188-256-5(7))* Maverick Bks., Inc.

Case of the Cracked Compass. Brigitte Henry Cooper. Illus. by Cecilia Messina. 2022. (Phantom Finders Ser.). (ENG.). 48p. (J). (gr. 3-7). lib. bdg. 34.21 *(978-1-0982-3320-4(4)*, 39915, Spellbound) Magic Wagon.

Case of the Cracked Compass. Brigitte Henry Cooper. Illus. by Cecilia Messina. 2022. (Phantom Finders Ser.). (ENG.). 48p. (J). (gr. 2-2). pap. 11.95 *(978-1-64494-827-9(3)*, Spellbound) ABDO Publishing Co.

Case of the Cunning Cat & the Case of the Hairy Hiding Place: A Mystery Series Anthology. Joann Klusmeyer. 2021. (Wentworth Triplets Mystery Series for Young Teens Ser.). (ENG.). 116p. (YA). pap. 12.95 *(978-1-61314-654-5(X))* Innovo Publishing, LLC.

Case of the Curious Scouts. Veronica Mang. 2022. (Secret Spy Society Ser.: 2). (Illus.). 96p. (J). (gr. k-4). 13.99 *(978-0-593-20438-2(7)*, Viking Books for Young Readers) Penguin Young Readers Group.

Case of the Cursed Chalet (Detective), 1 vol. Anne Schraff. 2017. (Pageturners Ser.). (ENG.). 76p. (YA). (gr. 9-12). 10.75 *(978-1-68021-384-3(9))* Saddleback Educational Publishing, Inc.

Case of the Cursed Clock Tower. Brigitte Henry Cooper. Illus. by Cecilia Messina. 2022. (Phantom Finders Ser.). (ENG.). 48p. (J). (gr. 3-7). lib. bdg. 34.21 *(978-1-0982-3321-1(2)*, 39917, Spellbound) Magic Wagon.

Case of the Cursed Clock Tower. Brigitte Henry Cooper. Illus. by Cecilia Messina. 2022. (Phantom Finders Ser.). (ENG.). 48p. (J). (gr. 2-2). pap. 11.95 *(978-1-64494-828-6(1)*, Spellbound) ABDO Publishing Co.

Case of the Cursed Crop. Michael Anthony Steele. Illus. by Dario Brizuela. 2021. (Batman & Scooby-Doo! Mysteries Ser.). (ENG.). 72p. (J). 27.32 *(978-1-6639-1038-7(3)*, 212474); pap. 6.95 *(978-1-6639-2019-5(2)*, 212468) Capstone. (Stone Arch Bks.).

Case of the Dead Duck (Detective), 1 vol. Anne Schraff. 2017. (Pageturners Ser.). (ENG.). 76p. (YA). (gr. 9-12). 10.75 *(978-1-68021-385-0(7))* Saddleback Educational Publishing, Inc.

Case of the Deadly Ha-Ha Game. John R. Erickson. Illus. by Gerald L. Holmes. 2017. (Hank the Cowdog Ser.: Vol. 37). (ENG.). 128p. (J). (gr. 3-6). 15.99 *(978-1-59188-237-4(0))* Maverick Bks., Inc.

Case of the Dinosaur Birds. John R. Erickson. Illus. by Gerald L. Holmes. 2017. (Hank the Cowdog Ser.: Vol. 54). (ENG.). 125p. (J). (gr. 3-6). 15.99 *(978-1-59188-254-1(0))* Maverick Bks., Inc.

Case of the Disappearing Elephant. Edward de Bono. Illus. by Josiah de Bono. 2022. (ENG.). 105p. (J). pap. ***(978-1-4716-7828-8(8))*** Lulu Pr., Inc.

Case of the Disappearing Yarn. Charlotte M. Mokry. Illus. by Shannon L. Mokry. 2023. (Bff Detective Files Ser.: Vol. 2). (ENG.). 36p. (J). 12.95 ***(978-1-951521-87-5(0))***; pap. 6.99 ***(978-1-951521-88-2(9))*** Sillygeese Publishing, LLC.

Case of the Double Bumblebee Sting. John R. Erickson. Illus. by Gerald L. Holmes. 2017. (Hank the Cowdog Ser.: Vol. 22). (ENG.). 114p. (J). (gr. 3-6). 15.99 *(978-1-59188-222-0(2))* Maverick Bks., Inc.

Case of the Eerie Heirloom. Brigitte Henry Cooper. Illus. by Cecilia Messina. 2022. (Phantom Finders Ser.). (ENG.). 48p. (J). (gr. 3-7). lib. bdg. 34.21 *(978-1-0982-3322-8(0)*, 39919, Spellbound) Magic Wagon.

Case of the Eerie Heirloom. Brigitte Henry Cooper. Illus. by Cecilia Messina. 2022. (Phantom Finders Ser.). (ENG.). 48p. (J). (gr. 2-2). pap. 11.95 *(978-1-64494-829-3(X)*, Spellbound) ABDO Publishing Co.

Case of the Falling Sky. John R. Erickson. Illus. by Gerald L. Holmes. 2017. (Hank the Cowdog Ser.: Vol. 45). (ENG.). 129p. (J). (gr. 3-6). 15.99 *(978-1-59188-245-9(1))* Maverick Bks., Inc.

Case of the Feathered Mask: The Mysteries of Maisie Hitchins, Book 4. Holly Webb. Illus. by Marion Lindsay. 2017. (Mysteries of Maisie Hitchins Ser.: 4). (ENG.). 176p. (J). (gr. 3-7). pap. 5.99 *(978-0-544-94884-6(X)*, 1660308, Clarion Bks.) HarperCollins Pubs.

Case of the Fiddle-Playing Fox. John R. Erickson. Illus. by Gerald L. Holmes. 2017. (Hank the Cowdog Ser.: Vol. 12). (ENG.). 113p. (J). (gr. 3-6). 15.99 *(978-1-59188-212-1(5))* Maverick Bks., Inc.

Case of the Flat Hat. Cecilia Minden. 2019. (Little Blossom Stories Ser.). (ENG., Illus.). 16p. (J). (gr. -1-2). pap. 11.36 *(978-1-5341-4970-0(8)*, 213199, Cherry Blossom Press) Cherry Lake Publishing.

Case of the Fright Flight. Michael Anthony Steele. Illus. by Scott Neely. 2016. (You Choose Stories: Scooby-Doo Ser.). (ENG.). 112p. (J). (gr. 2-6). lib. bdg. 32.65 *(978-1-4965-2662-5(7)*, 131221, Stone Arch Bks.) Capstone.

Case of the Ghostly Teenager. Carolyn Kissinger. 2017. (ENG., Illus.). 30p. (YA). pap. 9.95 *(978-1-64138-534-3(0))* Page Publishing Inc.

Case of the Growing Bird Feeder: A Gumboot Kids Nature Mystery. Eric Hogan & Tara Hungerford. 2019. (Gumboot Kids Ser.). (ENG., Illus.). 32p. (J). (gr. -1-2). 19.95 *(978-0-2281-0189-5(1)*, d03b879f-a482-442a-8369-7b6dea6c0ab5); pap. 6.99 *(978-0-2281-0190-1(5)*, 219bcd38-2c33-4a04-bd34-3c92c2b6ca34) Firefly Bks., Ltd.

Case of the Halloween Ghost. John R. Erickson. Illus. by Gerald L. Holmes. 2017. (Hank the Cowdog Ser.: Vol. 9). (ENG.). 123p. (J). (gr. 3-6). 15.99 *(978-1-59188-209-1(5))* Maverick Bks., Inc.

Case of the Hanging Food Catcher: A Gumboot Kids Nature Mystery. Eric Hogan & Tara Hungerford. 2021. (Gumboot Kids Ser.). (ENG.). 32p. (J). (gr. -1-2). 19.95 *(978-0-2281-0337-0(1)*, 7db576d2-1078-4916-8358-fe0815790434); (Illus.). pap. 6.99 *(978-0-2281-0338-7(X)*, 264189b1-e084-469b-9acf-231702d6b576) Firefly Bks., Ltd.

Case of the Haystack Kitties. John R. Erickson. Illus. by Gerald L. Holmes. 2017. (Hank the Cowdog Ser.: Vol. 30). (ENG.). 123p. (J). (gr. 3-6). 15.99 *(978-1-59188-230-5(3))* Maverick Bks., Inc.

Case of the Hidden Hound. William H. Jenkins. 2020. (Private Investigators Club Ser.: Vol. 8). (ENG.). 114p. (J). pap. *(978-1-928164-00-5(5))* Your ESL Story Pubs. Ltd.

Case of the Highland Princess. Gregg Cockrill. 2021. (ENG.). 32p. (J). *(978-0-2288-4102-9(X))*; pap. *(978-0-2288-4101-2(1))* Tellwell Talent.

Case of the Hollow Hill & the Case of the Tumbling Triplet: A Mystery Series Anthology. Joann Klusmeyer. 2021. (ENG.). 116p. (YA). pap. 12.95 *(978-1-61314-656-9(6))* Innovo Publishing, LLC.

Case of the Hooking Bull. John R. Erickson. Illus. by Gerald L. Holmes. 2017. (Hank the Cowdog Ser.: Vol. 18). (ENG.). 119p. (J). (gr. 3-6). 15.99 *(978-1-59188-218-3(4))* Maverick Bks., Inc.

Case of the Icky Ice Cream (Detective Paw of the Law: Time to Read, Level 3) Dosh Archer. Illus. by Dosh Archer. 2020. (Time to Read Ser.). (ENG., Illus.). 48p. (J). (gr. k-2). pap. 3.99 *(978-0-8075-1584-6(1)*, 0807515841); 12.99 *(978-0-8075-1571-6(X)*, 080751571X) Whitman, Albert & Co.

Case of the Kidnapped Collie. John R. Erickson. Illus. by Gerald L. Holmes. 2017. (Hank the Cowdog Ser.: Vol. 26). (ENG.). 113p. (J). (gr. 3-6). 15.99 *(978-1-59188-226-8(5))* Maverick Bks., Inc.

Case of the Lost Camp. John R Erickson. Illus. by Nikki Earley. 2021. (Hank the Cowdog (Hardcover) Ser.: Vol. 77). (ENG.). 114p. (J). (gr. 3-7). 15.99 *(978-1-59188-277-0(X))*; pap. 6.99 *(978-1-59188-177-3(3))* Maverick Bks., Inc.

Case of the Lost Cat. Cecilia Minden. Illus. by Becky Down. 2019. (Little Blossom Stories Ser.). (ENG.). 16p. (J). (gr. -1-2). pap. 11.36 *(978-1-5341-3909-1(5)*, 212477, Cherry Blossom Press) Cherry Lake Publishing.

Case of the Lost Frog. Cecilia Minden. Illus. by Becky Down. 2019. (Little Blossom Stories Ser.). (ENG.). 16p. (J). (gr. -1-2). pap. 11.36 *(978-1-5341-3910-7(9)*, 212480, Cherry Blossom Press) Cherry Lake Publishing.

Case of the Lost Hen. Cecilia Minden. Illus. by Becky Down. 2019. (Little Blossom Stories Ser.). (ENG.). 16p. (J). (gr. -1-2). pap. 11.36 *(978-1-5341-3911-4(7)*, 212483, Cherry Blossom Press) Cherry Lake Publishing.

Case of the Lost Pig. Cecilia Minden. Illus. by Becky Down. 2019. (Little Blossom Stories Ser.). (ENG.). 16p. (J). (gr. -1-2). pap. 11.36 *(978-1-5341-3912-1(5)*, 212486, Cherry Blossom Press) Cherry Lake Publishing.

Case of the Lost Pup. Cecilia Minden. Illus. by Becky Down. 2019. (Little Blossom Stories Ser.). (ENG.). 16p. (J). (gr. -1-2). pap. 11.36 *(978-1-5341-3913-8(3)*, 212489, Cherry Blossom Press) Cherry Lake Publishing.

Case of the Lost Ticket. Brigitte Henry Cooper. Illus. by Cecilia Messina. 2022. (Phantom Finders Ser.). (ENG.). 48p. (J). (gr. 3-7). lib. bdg. 34.21 *(978-1-0982-3323-5(9)*, 39921, Spellbound) Magic Wagon.

Case of the Lost Ticket. Brigitte Henry Cooper. Illus. by Cecilia Messina. 2022. (Phantom Finders Ser.). (ENG.). 48p. (J). (gr. 2-2). pap. 11.95 *(978-1-64494-830-9(3)*, Spellbound) ABDO Publishing Co.

Case of the Magnetic Rocket Fuel. Cindy Cipriano. (ENG.). 194p. (J). 2022. (Miller's Island Mysteries Ser.: Vol. 3). pap. 12.18 *(978-1-83919-265-4(8))*; 2018. (Illus.). pap. 9.99 *(978-1-912701-22-3(7))* Vulpine Pr.

Case of the Measled Cowboy. John R. Erickson. Illus. by Gerald L. Holmes. 2017. (Hank the Cowdog Ser.: Vol. 33). (ENG.). 126p. (J). (gr. 3-6). 15.99 *(978-1-59188-233-6(8))* Maverick Bks., Inc.

Case of the Midnight Rustler. John R. Erickson. Illus. by Gerald L. Holmes. 2017. (Hank the Cowdog Ser.: Vol. 19). (ENG.). 113p. (J). (gr. 3-6). 15.99 *(978-1-59188-219-0(2))* Maverick Bks., Inc.

Case of the Mirrored Cat. Cindy Cipriano. (Miller's Island Mysteries Ser.: Vol. 4). (ENG.). 180p. (J). 2022. pap. 10.79 *(978-1-83919-278-4(X))*; 2018. (Illus.). pap. 10.99 *(978-1-912701-50-6(2))* Vulpine Pr.

Case of the Missing Auntie. Michael Hutchinson. 2020. (Mighty Muskrats Mystery Ser.: 2). (ENG.). 192p. (J). (gr. 4-7). pap. 11.95 *(978-1-77260-117-6(9))* Second Story Pr. CAN. Dist: Orca Bk. Pubs. USA.

Case of the Missing Baseball Glove. Shara Puglisi Katsos & Shara Puglisi Katsos. 2018. (Series Book Ser.: Vol. 3). (ENG., Illus.). (gr. 2-5). pap. 7.95 *(978-1-5323-3276-0(9))* Independent Pub.

Case of the Missing Baseball Glove! Shara Puglisi Katsos & Shara Puglisi Katsos. 2018. (ENG., Illus.). (gr. 2-5). pap. 9.95 *(978-1-5323-3277-7(7))* Independent Pub.

Case of the Missing Bicycles: Ready-To-Read Graphics Level 3. Milo Stone et al. Illus. by Christopher Jordan. 2022. (Judge Kim & the Kids' Court Ser.). (ENG.). 64p. (J). (gr. 1-3). 17.99 *(978-1-6659-1964-7(7))*; pap. 6.99 *(978-1-6659-1963-0(9))* Simon Spotlight. (Simon Spotlight).

Case of the Missing Bird Dog. John R. Erickson. Illus. by Gerald L. Holmes. 2017. (Hank the Cowdog Ser.: Vol. 40). (ENG.). 126p. (J). (gr. 3-6). 15.99 *(978-1-59188-240-4(0))* Maverick Bks., Inc.

Case of the Missing Cake (the Casagrandes Chapter Book #1) Daniel Mauleon. 2022. (ENG., Illus.). 128p. (J). (gr. 2-5). pap. 6.99 *(978-1-338-77554-9(5))* Scholastic, Inc.

Case of the Missing Carp. Karen Slotta. 2018. (ENG., Illus.). 30p. (J). pap. 12.95 *(978-1-64079-867-0(6))* Christian Faith Publishing.

Case of the Missing Cat. John R. Erickson. Illus. by Gerald L. Holmes. 2017. (Hank the Cowdog Ser.: Vol. 15). (ENG.). 114p. (J). (gr. 3-6). 15.99 *(978-1-59188-215-2(X))* Maverick Bks., Inc.

Case of the Missing Cheetah. Veronica Mang. 2021. (Secret Spy Society Ser.: 1). (Illus.). 96p. (J). (gr. k-4). 13.99 *(978-0-593-20435-1(2)*, Viking Books for Young Readers) Penguin Young Readers Group.

Case of the Missing Chocolate Frogs. Janey Gaston. Illus. by Anil Tortop. 2021. (Detective LB & Hopper Ser.). (ENG.). 32p. (J). (gr. -1-k). pap. 9.99 *(978-1-912678-19-8(5))* Little Steps Bks AUS. Dist: Independent Pubs. Group.

Case of the Missing Cubby. Jacqueline Johnson Goon & Karen Goon Thomas. 2021. (Baby Detectives Ser.: Vol. 1). (ENG., Illus.). 40p. (J). pap. 12.95 *(978-1-0980-6537-9(9))* Christian Faith Publishing.

Case of the Missing Girl. Christa Banks. 2018. (ENG., Illus.). 50p. (J). pap. 12.95 *(978-1-64350-795-8(8))* Page Publishing Inc.

Case of the Missing Kiddush Cup. Judy Press. 2018. (J). *(978-1-5415-0015-0(6)*, Kar-Ben Publishing) Lerner Publishing Group.

Case of the Missing Moose. Gregg Cockrill. Illus. by Stef St Denis. 2021. (ENG.). 40p. (J). *(978-0-2288-3229-4(2))*; pap. *(978-0-2288-3228-7(4))* Tellwell Talent.

Case of the Missing Moustache. Fernanda Lazzaro. Illus. by Qi Zhan. 2019. (Tillsonbugger Adventures Ser.). (ENG.). 28p. (J). *(978-1-5255-5556-5(1))*; pap. *(978-1-5255-5557-2(X))* FriesenPress.

Case of the Missing Newspapers. S. A. Barber. 2020. (C. B. Detective Agency Ser.). (ENG., Illus.). 44p. (J). pap. 11.95 *(978-1-0980-6442-6(9))* Christian Faith Publishing.

Case of the Missing Overworld Villain (for Fans of Creepers) An Unofficial Minecrafters Mysteries Series, Book Four, Book Four. Winter Morgan. 2018. (Unofficial Minecraft Mysteries Ser.: 4). (ENG.). 112p. (J). (gr. 4-6). pap. 7.99 *(978-1-5107-3190-5(3)*, Sky Pony Pr.) Skyhorse Publishing Co., Inc.

Case of the Missing Painting (Detective Paw of the Law: Time to Read, Level 3) Dosh Archer. Illus. by Dosh Archer. (Time to Read Ser.). (ENG., Illus.). 48p. (J). (gr. k-2). 2020. pap. 3.99 *(978-0-8075-1570-9(1)*, 807515701); 2019. 12.99 *(978-0-8075-1559-4(0)*, 807515590) Whitman, Albert & Co.

Case of the Missing Pendant! Shara Puglisi Katsos & Shara Puglisi Katsos. 2018. (ENG., Illus.). (gr. 2-5). pap. 9.95 *(978-1-5323-3878-6(3))* Independent Pub.

Case of the Missing Socks, 2. Tadgh Bentley. ed. 2022. (Dino Detective . Awesome Possum Ser.). (ENG., Illus.). 76p. (J). (gr. k-1). 19.46 *(978-1-68505-128-0(6))* Penworthy Co., LLC, The.

Case of the Missing Socks #2. Tadgh Bentley. Illus. by Tadgh Bentley. 2021. (Dino Detective & Awesome Possum, Private Eyes Ser.: 2). (Illus.). 80p. (J). (gr. 1-3). 6.99 *(978-0-593-09352-8(6)*, Penguin Workshop) Penguin Young Readers Group.

Case of the Missing Tarts. Christee Curran-Bauer. 2023. (Pigeon Private Detectives Ser.: 1). 80p. (J). (gr. 1-4). 13.99 ***(978-1-4549-4361-7(0)***, Union Square Pr.) Sterling Publishing Co., Inc.

Case of the Missing Teeth. John R. Erickson & Nikki Earley. 2021. (ENG., Illus.). 120p. (J). 15.99 *(978-1-59188-276-3(1))*; pap. 5.99 *(978-1-59188-176-6(5))* Maverick Bks., Inc.

Case of the Missing Tiger's Eye. Walker Styles. Illus. by Ben Whitehouse. 2016. (Rider Woofson Ser.: 1). (ENG.). 128p. (J). (gr. k-4). 16.99 *(978-1-4814-5738-5(1)*, Little Simon) Little Simon.

Case of the Missing Tiger's Eye. Walker Styles. ed. 2016. (Rider Woofson Ser.: 1). lib. bdg. 16.00 *(978-0-606-38262-5(3))* Turtleback.

Case of the Missing Title. Debi Novotny. Illus. by Summer Parico. 2023. (ENG.). 32p. (J). pap. 10.99 ***(978-1-958302-71-2(6))***; 16.99 ***(978-1-958302-69-9(4))*** Lawley Enterprises.

Case of the Missing Train: The Owl & Officer Smitty. Carrie Heflin. Ed. by Cottage Door Press. Illus. by Laura Brenlla. 2020. (Owl & Officer Smitty Ser.). (ENG.). 32p. (J). (gr. -1-2). 10.99 *(978-1-68052-943-2(9)*, 1005860) Cottage Door Pr.

Case of the Mixed Socks. Cecilia Minden. 2019. (Little Blossom Stories Ser.). (ENG., Illus.). 16p. (J). (gr. -1-2). pap. 11.36 *(978-1-5341-4973-1(2)*, 213208, Cherry Blossom Press) Cherry Lake Publishing.

Case of the Monkey Burglar. John R. Erickson. Illus. by Gerald L. Holmes. 2017. (Hank the Cowdog Ser.: Vol. 48). (ENG.). 129p. (J). (gr. 3-6). 15.99 *(978-1-59188-248-0(6))* Maverick Bks., Inc.

Case of the Monster Fire. John R. Erickson. Illus. by Gerald L. Holmes. 2018. (Hank the Cowdog Ser.: Vol. 71). (ENG.). 115p. (J). (gr. 3-7). 15.99 *(978-1-59188-271-8(0))*; pap. 5.99 *(978-1-59188-171-1(4))* Maverick Bks., Inc.

Case of the Monster Fire, 71. John R. Erickson. 2019. (Hank the Cowdog Ser.). (ENG.). 116p. (J). (gr. 4-5). 16.96 *(978-0-87617-625-2(2))* Penworthy Co., LLC, The.

Case of the Most Ancient Bone. John R. Erickson. Illus. by Gerald L. Holmes. 2017. (Hank the Cowdog Ser.: Vol. 50). (ENG.). 239p. (J). (gr. 3-6). 16.99 *(978-1-59188-250-3(8))* Maverick Bks., Inc.

Case of the Mouthy Monkey. Gregg Cockrill. Illus. by Stef St Denis. 2021. (ENG.). 34p. (J). *(978-0-2288-2079-6(0))*; pap. *(978-0-2288-2080-2(4))* Tellwell Talent.

Case of the Murdered Mouse. Gregg Cockrill. Illus. by Stef St Denis. 2021. (ENG.). 28p. (J). *(978-0-2288-2077-2(4))*; pap. *(978-0-2288-2078-9(2))* Tellwell Talent.

Case of the Musical Mishap. Veronica Mang. 2023. (Secret Spy Society Ser.: 3). (Illus.). 96p. (J). (gr. k-4). 14.99 *(978-0-593-20441-2(7)*, Viking Books for Young Readers) Penguin Young Readers Group.

Case of the Mysterious Future. Cindy Cipriano. 2022. (Miller's Island Mysteries Ser.: Vol. 2). (ENG.). 186p. (J). pap. 10.96 *(978-1-83919-254-8(2))* Vulpine Pr.

Case of the Mysterious Voice. John R. Erickson. Illus. by Gerald L. Holmes. 2017. (Hank the Cowdog Ser.: Vol. 58). (ENG.). 123p. (J). (gr. 3-6). 15.99 *(978-1-59188-258-9(3))* Maverick Bks., Inc.

Case of the New Professor. Steve Brezenoff. Illus. by Lisa K. Weber. 2019. (Museum Mysteries Ser.). (ENG.). 128p. (J). (gr. 3-6). lib. bdg. 26.65 *(978-1-4965-7818-1(X)*, 139246, Stone Arch Bks.) Capstone.

Case of the Nibbled Pizza, 1. Tadgh Bentley. ed. 2022. (Dino Detective. . Awesome Possum Ser.). (ENG., Illus.). 78p. (J). (gr. k-1). 19.46 *(978-1-68505-129-7(4))* Penworthy Co., LLC, The.

Case of the Nibbled Pizza #1. Tadgh Bentley. Illus. by Tadgh Bentley. 2021. (Dino Detective & Awesome Possum, Private Eyes Ser.: 1). (Illus.). 80p. (J). (gr. 1-3). 6.99 *(978-0-593-09349-8(6)*, Penguin Workshop) Penguin Young Readers Group.

Case of the Night Sneaker. Shawna Strickland. Illus. by Jeannette Dillard Rath. 2021. (ENG.). 34p. (J). 24.99 ***(978-0-578-94017-5(5))*** Indy Pub.

Case of the Night-Stalking Bone Monster. John R. Erickson. Illus. by Gerald L. Holmes. 2017. (Hank the Cowdog Ser.: Vol. 27). (ENG.). 115p. (J). (gr. 3-6). 15.99 *(978-1-59188-227-5(3))* Maverick Bks., Inc.

Case of the Nosy (the Superlative Supersleuths: Book 3) Archit Taneja. 2022. (ENG.). 200p. (J). (gr. 4-7). pap. 9.99 *(978-0-14-345136-5(7))* Penguin Bks. India PVT, Ltd IND. Dist: Independent Pubs. Group.

Case of the One-Eyed Killer Stud Horse. John R. Erickson. Illus. by Gerald L. Holmes. 2017. (Hank the Cowdog Ser.: Vol. 8). (ENG.). 120p. (J). (gr. 3-6). 15.99 *(978-1-59188-208-4(7))* Maverick Bks., Inc.

Case of the Peculiar Portrait. Brigitte Henry Cooper. Illus. by Cecilia Messina. 2022. (Phantom Finders Ser.). (ENG.). 48p. (J). (gr. 3-7). lib. bdg. 34.21 *(978-1-0982-3324-2(7)*, 39923, Spellbound) Magic Wagon.

Case of the Peculiar Portrait. Brigitte Henry Cooper. Illus. by Cecilia Messina. 2022. (Phantom Finders Ser.). (ENG.). 48p. (J). (gr. 2-2). pap. 11.95 *(978-1-64494-831-6(1)*, Spellbound) ABDO Publishing Co.

Case of the Pencil Problem. Thomas K. Adamson & Heather Adamson. Illus. by Charlie Alder. 2022. (Mini Math Mysteries Ser.). (ENG.). 24p. (J). (gr. 1-3). pap. 9.99 *(978-1-68152-649-2(2)*, 10131); 29.95 *(978-1-64549-007-4(6)*, 10179) Amicus.

Case of the Perilous Palace (the Wollstonecraft Detective Agency, Book 4) Jordan Stratford. Illus. by Kelly Murphy. 2018. (Wollstonecraft Detective Agency Ser.: 4). 224p. (J). (gr. 3-7). 16.99 *(978-0-553-53644-7(3)*, Knopf Bks. for Young Readers) Random Hse. Children's Bks.

Case of the Plastic Rings: The Adventures of Planetman. Karen Cioffi. Illus. by Thomas Deisboeck. 2020. (Adventures of Planetman Ser.: Vol. 1). (ENG.). 48p. (J). 21.99 *(978-1-950074-18-1(8))*; pap. 17.99 *(978-1-950074-17-4(X))* 4RV Pub.

Case of the Poached Egg: A Wilcox & Griswold Mystery. Robin Newman. Illus. by Deborah Zemke. 2017. (Wilcox & Griswold Mysteries Ser.). (ENG.). 48p. (J). (gr. k-5). 15.95 *(978-1-939547-30-9(X)*, cbab25a3-2b05-4789-9d4c-891ebca2b9b7) Creston Bks.

Case of the Raging Rottweiler. John R. Erickson. Illus. by Gerald L. Holmes. 2017. (Hank the Cowdog Ser.: Vol. 36). (ENG.). 131p. (J). (gr. 3-6). 15.99 *(978-1-59188-236-7(2))* Maverick Bks., Inc.

Case of the Rascally Raccoon, 2. P. J. Gardner. ed. 2023. (Horace & Bunwinkle Ser.). (ENG.). 200p. (J). (gr. 3-7). 20.96 ***(978-1-68505-788-6(8))*** Penworthy Co., LLC, The.

Case of the Red Rubber Ball. John R. Erickson. 2020. (Hank the Cowdog Ser.: Vol. 75). (ENG., Illus.). 118p. (J). 15.99 *(978-1-59188-275-6(3))*; pap. 5.99 *(978-1-59188-175-9(7))* Maverick Bks., Inc.

Case of the Rigged Race. Michael Hutchinson. 2022. (Mighty Muskrats Mystery Ser.: 4). (ENG.). 232p. (J). (gr. 4-7). pap. 11.95 *(978-1-77260-221-0(3))* Second Story Pr. CAN. Dist: Orca Bk. Pubs. USA.

Case of the Saddle House Robbery. John R. Erickson. Illus. by Gerald L. Holmes. 2017. (Hank the Cowdog Ser.: Vol. 35). (ENG.). 125p. (J). (gr. 3-6). 15.99 *(978-1-59188-235-0(4))* Maverick Bks., Inc.

Case of the School Store Thief. Thomas K. Adamson & Heather Adamson. Illus. by Charlie Alder. 2022. (Mini Math Mysteries Ser.). (ENG.). 24p. (J). (gr. 1-3). pap. 9.99 *(978-1-68152-650-8(6)*, 10132); 29.95 *(978-1-64549-008-1(4)*, 10180) Amicus.

Case of the Secret Admirer. Sandy Heitmeier Thompson. 2020. (ENG., Illus.). 38p. (J). 23.95 *(978-1-63630-824-1(4))*; pap. 13.95 *(978-1-64670-680-8(3))* Covenant Bks.

Case of the Secret Weapon. John R. Erickson. Illus. by Gerald L. Holmes. 2017. (Hank the Cowdog Ser.: Vol. 55). (ENG.). 125p. (J). (gr. 3-6). 15.99 *(978-1-59188-255-8(9))* Maverick Bks., Inc.

Case of the Shipwrecked Tree. John R. Erickson. Illus. by Gerald L. Holmes. 2017. (Hank the Cowdog Ser.: Vol. 41). (ENG.). 119p. (J). (gr. 3-6). 15.99 *(978-1-59188-241-1(9))* Maverick Bks., Inc.

Case of the Shrinking Friend: A Gumboot Kids Nature Mystery. Eric Hogan & Tara Hungerford. 2021. (Gumboot Kids Ser.). (ENG., Illus.). 32p. (J). (gr. -1-2). 19.95 *(978-0-2281-0335-6(5)*, 8be3abab-c72c-4006-a721-60ef19a08e2a); pap. 6.99 *(978-0-2281-0336-3(3)*, 92a2d4fd-70eb-47f0-955b-80d10fda78ba) Firefly Bks., Ltd.

Case of the Singing Ocean: A Gumboot Kids Nature Mystery. Eric Hogan & Tara Hungerford. 2020. (Gumboot Kids Ser.). (ENG., Illus.). 32p. (J). (gr. -1-2). 19.95 *(978-0-2281-0285-4(5)*, 1fb9634f-3773-44a9-a7be-58f78a7efbff); pap. 6.99 *(978-0-2281-0284-7(7)*, 72f157fe-d7c3-439d-b392-bb1809a0d3a3) Firefly Bks., Ltd.

Case of the Skeleton Key. Brigitte Henry Cooper. Illus. by Cecilia Messina. 2022. (Phantom Finders Ser.). (ENG.). 48p. (J). (gr. 3-7). lib. bdg. 34.21 *(978-1-0982-3325-9(5)*, 39925, Spellbound) Magic Wagon.

Case of the Skeleton Key. Brigitte Henry Cooper. Illus. by Cecilia Messina. 2022. (Phantom Finders Ser.). (ENG.). 48p. (J). (gr. 2-2). pap. 11.95 *(978-1-64494-832-3(X)*, Spellbound) ABDO Publishing Co.

Case of the Slimy Goo: The Adventures of Planetman. Karen Cioffi. Illus. by Thomas Deisboeck. 2021. (ENG.). 48p. (J). 21.99 *(978-1-950074-30-3(7))*; pap. 17.99 *(978-1-950074-29-7(3))* 4RV Pub.

Case of the Smuggler's Curse: The after School Detective Club: Book One. Mark Dawson. Illus. by Ben Mantle. 2022. (after School Detective Club Ser.: 1). (ENG.). 256p. (J). (gr. 3-7). pap. 8.95 *(978-1-80130-010-0(0))* Welbeck Publishing Group Ltd. GBR. Dist: Two Rivers Distribution.

Case of the Soldier's Ghost. Steve Brezenoff. Illus. by Lisa K. Weber. 2016. (Museum Mysteries Ser.). (ENG.). 128p. (J). pap. 42.70 *(978-1-4965-2531-4(0)*, 23937); (gr. 3-6). pap. 6.95 *(978-1-4965-2523-9(X)*, 130496); (gr. 3-6). lib. bdg. 26.65 *(978-1-4965-2519-2(1)*, 130492) Capstone. (Stone Arch Bks.).

Case of the Spoilsports: Doping in Sport. Mychailo Kazybrid & Edward Chatelier. 2017. (Case of Spoilsports Ser.: Vol. 221). (ENG., Illus.). (YA). (gr. 7-12). pap. *(978-0-9569731-9-1(1))* Edge Group.

Case of the Spy's Revenge. Charles E. Morgan, III. 2018. (ENG.). 198p. (J). pap. ***(978-0-359-05790-0(X))*** Lulu Pr., Inc.

Case of the Spy's Revenge. I. I. I. Charles E. Morgan. 2018. (ENG.). 202p. (J). *(978-1-387-41428-4(3))* Lulu Pr., Inc.

Case of the Stinky Smell. Roger F. Hartwich. 2022. (ENG.). 50p. (J). pap. 19.99 *(978-1-7362828-2-3(4))* RFH-RLP Real Life Publishing, LLC.

Case of the Stinky Stench. Josh Funk. Illus. by Brendan Kearney. 2017. (Lady Pancake & Sir French Toast Ser.: 2). 40p. (J). (gr. -1-3). 18.99 *(978-1-4549-1960-5(4))* Sterling Publishing Co., Inc.

Case of the Stolen Crown. Paula Harrison. Illus. by Michelle Ouellette. 2017. 129p. (J). *(978-1-338-20498-8(X))* Scholastic, Inc.

Case of the Stolen Drumsticks (Detective Paw of the Law: Time to Read, Level 3) Dosh Archer. Illus. by Dosh Archer. (Time to Read Ser.). (ENG., Illus.). 48p. (J). (gr. k-2). 2019. pap. 3.99 *(978-0-8075-1563-1(9)*, 807515639); 2018. 12.99 *(978-0-8075-1556-3(6)*, 807515566) Whitman, Albert & Co.

Case of the Stolen Space Suit. Steven Brezenoff. Illus. by Lisa K. Weber. 2016. (Museum Mysteries Ser.). (ENG.). 128p. (J). (gr. 3-6). 26.65 *(978-1-4965-2516-1(7)*, 130489, Stone Arch Bks.) Capstone.

Case of the Story Rock: A Gumboot Kids Nature Mystery. Eric Hogan & Tara Hungerford. 2019. (Gumboot Kids Ser.). (ENG., Illus.). 32p. (J). (gr. -1-2). 19.95 *(978-0-2281-0191-8(3)*, 39ece779-319d-436a-8a29-95a1e050eb98); pap. 6.99 *(978-0-2281-0192-5(1)*, 60e1f9fa-ca38-40ca-9a2a-1c7fb6f9fb8c) Firefly Bks., Ltd.

Case of the Stuck Truck. Cecilia Minden. 2019. (Little Blossom Stories Ser.). (ENG., Illus.). 16p. (J). (gr. -1-2). pap. 11.36 *(978-1-5341-4974-8(0)*, 213211, Cherry Blossom Press) Cherry Lake Publishing.

Case of the Swirling Killer Tornado. John R. Erickson. Illus. by Gerald L. Holmes. 2017. (Hank the Cowdog Ser.: Vol. 25). (ENG.). 112p. (J). (gr. 3-6). 15.99 *(978-1-59188-225-1(7))* Maverick Bks., Inc.

Case of the Tender Cheeping Chickies. John R. Erickson. Illus. by Gerald L. Holmes. 2017. (Hank the Cowdog Ser.: Vol. 47). (ENG.). 129p. (J). (gr. 3-6). 15.99 *(978-1-59188-247-3(8))* Maverick Bks., Inc.

Case of the Three Kings / el Caso de Los Reyes Magos: The Flaca Files / Los Expedientes de Flaca. Alidis Vicente. 2016. (Flaca Files / Los Expedientes de Flaca Ser.). (MUL, ENG & SPA., Illus.). 96p. (J). (gr. 3-6). pap. 9.95 *(978-1-55885-822-0(9)*, Piñata Books) Arte Publico Pr.

Case of the Three-Toed Tree Sloth. John R. Erickson. Illus. by Gerald L. Holmes. 2018. (Hank the Cowdog Ser.: Vol. 72). (ENG.). 119p. (J). (gr. 3-7). 15.99 *(978-1-59188-272-5(9))*; pap. 5.99 *(978-1-59188-172-8(2))* Maverick Bks., Inc.

Case of the Three-Toed Tree Sloth, 72. John R. Erickson. 2019. (Hank the Cowdog Ser.). (ENG.). 119p. (J). (gr. 4-5). 16.96 *(978-0-87617-626-9(0))* Penworthy Co., LLC, The.

Case of the Toxic River. Cindy Cipriano. 2022. (Miller's Island Mysteries Ser.: Vol. 1). (ENG.). 194p. (J). pap. 12.18 *(978-1-83919-238-8(0))* Vulpine Pr.

Case of the Treacherous Tunnel. Cindy Cipriano. (Miller's Island Mysteries Ser.: Vol. 5). (ENG.). 178p. (J). 2022. pap. 10.96 *(978-1-83919-297-5(6))*; 2019. pap. 9.99 *(978-1-912701-88-9(X))* Vulpine Pr.

Case of the Tricky Trap. John R. Erickson. Illus. by Gerald L. Holmes. 2017. (Hank the Cowdog Ser.: Vol. 46). (ENG.). 126p. (J). (gr. 3-6). 15.99 *(978-1-59188-246-6(X))* Maverick Bks., Inc.

Case of the Troublesome Lady. John Erickson. 2017. (Hank the Cowdog Ser.: Vol. 70). (ENG.). (J). (gr. 3-7). pap. 5.99 *(978-1-59188-170-4(6))*; (Illus.). 15.99 *(978-1-59188-270-1(2))* Maverick Bks., Inc.

Case of the Troublesome Lady, 70. John R. Erickson. 2019. (Hank the Cowdog Ser.). (ENG.). 117p. (J). (gr. 4-5). 16.96 *(978-0-87617-627-6(9))* Penworthy Co., LLC, The.

Case of the Twisted Kitty. John R. Erickson. Illus. by Gerald L. Holmes. 2017. (Hank the Cowdog Ser.: Vol. 43). (ENG.). 131p. (J). (gr. 3-6). 15.99 *(978-1-59188-243-5(5))* Maverick Bks., Inc.

Case of the Vampire Cat. John R. Erickson. Illus. by Gerald L. Holmes. 2017. (Hank the Cowdog Ser.: Vol. 21). (ENG.). 115p. (J). (gr. 3-6). 15.99 *(978-1-59188-221-3(4))* Maverick Bks., Inc.

Case of the Vampire Vacuum Sweeper. John R. Erickson. Illus. by Gerald L. Holmes. 2017. (Hank the Cowdog Ser.: Vol. 29). (ENG.). 119p. (J). (gr. 3-6). 15.99 *(978-1-59188-229-9(X))* Maverick Bks., Inc.

Case of the Vanishing Caterpillar: A Gumboot Kids Nature Mystery. Eric Hogan & Tara Hungerford. 2019. (Gumboot Kids Ser.). (ENG., Illus.). 32p. (J). (gr. -1-2). 19.95 *(978-0-2281-0193-2(X)*, 0a5adb94-c423-4c49-80c9-477d9bba935a); pap. 6.99 *(978-0-2281-0194-9(8)*, 292a0e3b-65a8-4a3f-96e1-2af5120d90ce) Firefly Bks., Ltd.

Case of the Vanishing Emerald: The Mysteries of Maisie Hitchins Book 2. Holly Webb. Illus. by Marion Lindsay. 2016. (Mysteries of Maisie Hitchins Ser.: 2). (ENG.). 176p. (J). (gr. 3-7). pap. 6.99 *(978-0-544-66851-5(0)*, 1625474, Clarion Bks.) HarperCollins Pubs.

Case of the Vanishing Fishhook. John R. Erickson. Illus. by Gerald L. Holmes. 2017. (Hank the Cowdog Ser.: Vol. 31). (ENG.). 124p. (J). (gr. 3-6). 15.99 *(978-1-59188-231-2(1))* Maverick Bks., Inc.

Case of the Vanishing Little Brown Bats: A Scientific Mystery. Sandra Markle. 2023. (Sandra Markle's Science Discoveries Ser.). (ENG., Illus.). 48p. (J). (gr. 4-6). pap. 11.99 Lerner Publishing Group.

Case of the Vanishing Mail: A Booger & Beans Mystery. Ali LaVecchia. 2021. (Booger & Beans Mystery Ser.: 9). (ENG.). 202p. (J). pap. 12.99 *(978-1-0983-8828-7(3))* BookBaby.

Case of the Wandering Goats, 69. John R. Erickson. 2019. (Hank the Cowdog Ser.). (ENG.). 115p. (J). (gr. 4-5). 16.96 *(978-0-87617-628-3(7))* Penworthy Co., LLC, The.

Case of the Wanted Man (Detective), 1 vol. Anne Schraff. 2017. (Pageturners Ser.). (ENG.). 76p. (YA). (gr. 9-12). 10.75 *(978-1-68021-386-7(5))* Saddleback Educational Publishing, Inc.

Case of the Water Crisis. Ed Chatelier. Illus. by Mychailo Kazybrid. 2016. (ENG.). (J). pap. *(978-0-9569731-8-4(3))* Edge Group.

Case of the Watery Grave (Detective), 1 vol. Anne Schraff. 2017. (Pageturners Ser.). (ENG.). 76p. (YA). (gr. 9-12). 10.75 *(978-1-68021-387-4(3))* Saddleback Educational Publishing, Inc.

Case of the Weird Blue Chicken. Doreen Cronin. 2016. (Chicken Squad Ser.: 2). lib. bdg. 16.00 *(978-0-606-38495-7(2))* Turtleback.

Case of the Weird Tomato Bite. Charlotte Mae Mokry & Shannon L. Mokry. (ENG.). 42p. (J). 2023. 12.95 ***(978-1-951521-98-1(6))***; 2020. pap. 6.99 *(978-1-951521-89-9(7))* Sillygeese Publishing, LLC.

Case of the Wet Pet. Cecilia Minden. 2019. (Little Blossom Stories Ser.). (ENG., Illus.). 16p. (J). (gr. -1-2). pap. 11.36 *(978-1-5341-4971-7(6)*, 213202, Cherry Blossom Press) Cherry Lake Publishing.

Case of the Wooden Timekeeper: A Gumboot Kids Nature Mystery. Eric Hogan & Tara Hungerford. 2019. (Gumboot Kids Ser.). (ENG., Illus.). 32p. (J). (gr. -1-2). 19.95 *(978-0-2281-0195-6(6)*, a2e6614f-1a57-492a-8c70-8303cdffe2fd); pap. 6.99 *(978-0-2281-0196-3(4)*, dff4feec-4bf4-4ace-b8c0-ed7079682f57) Firefly Bks., Ltd.

Case of Windy Lake, 1 vol. Michael Hutchinson. 2019. (Mighty Muskrats Mystery Ser.: 1). (ENG.). 160p. (J). (gr. 4-7). pap. 11.95 *(978-1-77260-085-8(7)*, 1772600857) Second Story Pr. CAN. Dist: Orca Bk. Pubs. USA.

Case Studies of Mentally & Morally Abnormal Types (Classic Reprint) William Healy. (ENG., Illus.). (J). 2018. 146p. 26.91 *(978-0-428-99576-8(4))*; 2017. pap. 9.57 *(978-0-259-19968-7(0))* Forgotten Bks.

Casebook of Sheared-Locks Holmes. Tab. 2022. (ENG.). 30p. (J). pap. ***(978-1-3984-0956-9(1))*** Austin Macauley Pubs. Ltd.

Casella, or the Children of the Valleys (Classic Reprint) Martha Farquharson. 2017. (ENG., Illus.). (J). 32.00 *(978-0-260-02018-5(4))*; pap. 16.57 *(978-0-243-25433-0(4))* Forgotten Bks.

Casey & Aon - a Cybersafety Chapter Book for Kids. Amanda Greenslade. 2017. (ENG., Illus.). (J). pap. *(978-1-925635-01-0(5)*, Tigerace Bks.) Australian EBk. Pub.

Casey & Dilyn's London Christmas. Jane Sarah Staffier. Illus. by Jane Sarah Staffier. 2020. (ENG.). 34p. (J). pap. 10.00 *(978-1-63684-872-3(9))* Primedia eLaunch LLC.

Casey & Max: The Magic of Friendship. Kimberly Bray. 2020. (ENG., Illus.). 30p. (J). pap. 12.95 *(978-1-64654-901-6(5))* Fulton Bks.

Casey Canine Valentine: Based on a True Story. Lisa M. Bauman. 2022. (ENG.). 26p. (J). 22.95 *(978-1-63814-476-2(1))*; pap. 12.95 *(978-1-63814-475-5(3))* Covenant Bks.

Casey Cole & Her Chuckling Chinchilla Coloring Book. Bobo's Children Activity Books. 2016. (ENG., Illus.). (J). pap. 9.33 *(978-1-68327-529-9(2))* Sunshine In My Soul Publishing.

Casey Jones. M. J. York. Illus. by Michael Garland. 2021. (Tall Tales Ser.). (ENG.). 24p. (J). (gr. k-3). 32.79 *(978-1-5038-4999-0(6)*, 214848) Child's World, Inc, The.

Casey Ryan (Classic Reprint) B. M. Bower. 2018. (ENG., Illus.). 254p. (J). 29.18 *(978-0-483-27961-2(7))* Forgotten Bks.

Casey the Container: And Her First Day in Port. Kristina Bowden. Illus. by Marcia Verkaik. 2019. (ENG.). 24p. (J). 17.99 *(978-1-7324014-0-2(3))*; pap. 8.99 *(978-1-7324014-1-9(1))* Twin 20 Publishing.

Casey's Adventure. Darla R. Williams. 2018. (ENG., Illus.). 32p. (J). *(978-1-5255-1969-7(7))*; pap. *(978-1-5255-1970-3(0))* FriesenPress.

Casey's Ball. Kit Yan. Illus. by Holly McGillis. 2019. (ENG.). 28p. (J). (gr. 1-3). 15.95 *(978-1-7750870-7-5(8))* Flamingo Rampant! CAN. Dist: Orca Bk. Pubs. USA.

Casey's Great Escape. Nancy Jo Shaw. Illus. by D. C. Ice. 2016. (ENG.). (J). 18.95 *(978-1-59298-774-0(5))* Beaver's Pond Pr., Inc.

Casey's Greatest Birthday Ever! Cindy Bloemsma. 2018. (ENG., Illus.). 30p. (J). pap. 12.95 *(978-1-64140-473-0(6))* Christian Faith Publishing.

Casey's Greatness Wings: Teaching Mindfulness, Connection & Courage to Children. Tammi Van Hollander. 2018. (Illus.). 62p. pap. 24.99 *(978-1-64316-778-7(2))* Primedia eLaunch LLC.

Casey's North Pole Adventure. Trautie Stoop. 2018. (ENG., Illus.). 28p. (J). pap. *(978-0-2288-0568-7(6))* Tellwell Talent.

Cash & Carrie Book 2: Summer Sleuths! Shawn Pryor & Giulie Speziani. 2019. (ENG., Illus.). 96p. (J). pap. 9.99 *(978-1-63229-491-3(5)*, 4a62e8ef-6dd4-46a0-b34c-634896db65b5) Action Lab Entertainment.

Cash Boy. Horatio Alger. 2019. (ENG.). 108p. (YA). (gr. 7-12). pap. *(978-93-5329-582-0(3))* Alpha Editions.

Cash in on Your Skills, 14 vols. 2019. (Cash in on Your Skills Ser.). (ENG.). 80p. (YA). (gr. 7-7). lib. bdg. 263.20 *(978-1-9785-1583-3(9)*, fb6ad9d2-e6af-457c-a057-528c4b072218) Enslow Publishing, LLC.

Cash Intrigue: A Fantastic Melodrama of Modern Finance (Classic Reprint) George R. Chester. 2018. (ENG., Illus.). 412p. (J). 32.41 *(978-0-483-90760-7(X))* Forgotten Bks.

Cash Is Queen: A Girl's Guide to Securing, Spending & Stashing Cash. Davinia Tomlinson. Illus. by Andrea Oerter. 2023. (ENG.). 160p. (YA). (gr. 9-12). pap. ***(978-0-7112-7636-9(6))*** Frances Lincoln Childrens Bks.

Cash Kat, 1 vol. Linda Joy Singleton. Illus. by Christina Wald. 2016. 39p. (J). (gr. k-1). (SPA.). pap. 11.95 *(978-1-62855-742-8(7)*, 6feabda1-c792-415b-93f3-672f5c32d488); (ENG.). 17.95 *(978-1-62855-728-2(1))* Arbordale Publishing.

Cash Money see Crack Head

Cashel Byron's Profession. George Bernard Shaw. 2017. (ENG., Illus.). (J). 24.95 *(978-1-374-87942-3(8))* Capital Communications, Inc.

Cashel Byron's Profession: A Novel (Classic Reprint) George Bernard Shaw. 2018. (ENG., Illus.). 404p. (J). 32.21 *(978-0-428-99264-4(1))* Forgotten Bks.

Cashew the Flying Cow. Dwayne Bowen. 2017. (ENG., Illus.). (J). 19.95 *(978-1-4566-2848-2(8))*; pap. 14.95 *(978-1-4566-2845-1(3))* eBookit.com.

Cashews. Emma Bassier. 2021. (How Foods Grow Ser.). (ENG., Illus.). 24p. (J). (gr. k-3). lib. bdg. 31.36 *(978-1-5321-6977-9(9)*, 38031, Pop! Cody Koala) Pop!.

Cashiers. Kate Moening. 2021. (Community Helpers Ser.). (ENG., Illus.). 24p. (J). (gr. k-3). pap. 7.99 *(978-1-64834-239-4(6)*, 20350); lib. bdg. 26.95 *(978-1-64487-399-1(0))* Bellwether Media. (Blastoff! Readers).

Cashing in Your Money Knowledge - Role of Economics in Today's Society - Social Studies Grade 4 - Children's Government Books. Biz Hub. 2019. (ENG.). 78p. (J). pap. 15.23 *(978-1-5419-4993-5(5))*; 25.22 *(978-1-5419-7616-0(9))* Speedy Publishing LLC. (Biz Hub (Business & Investing)).

Cashmere Cat. Diana Marquez Brayton. 2018. (ENG., Illus.). 30p. (J). pap. 12.95 *(978-1-64350-479-7(7))* Page Publishing Inc.

Cashmere Goats, 1 vol. Sadie Woods. 2017. (Wild & Woolly Ser.). (ENG.). 24p. (J). (gr. 3-3). 25.27 *(978-1-5383-2529-2(2)*, 0dbc5d94-cbbb-4288-838c-3064a06cc4f1, PowerKids Pr.) Rosen Publishing Group, Inc., The.

Casi Alcanzar Todo (Barely Missing Everything) Matt Mendez. Tr. by Juan Tovar. 2020. (SPA.). 336p. (YA). (gr. 9). 19.99 *(978-1-5344-6156-7(6))*; pap. 11.99 *(978-1-5344-6155-0(8))* Simon & Schuster Children's Publishing. (Atheneum/Caitlyn Dlouhy Books).

C

Casi Hermanas / Almost Sisters. Ana Romero. 2021. (SPA.). 256p. (J). (gr. 4-7). pap. 14.95 *(978-607-31-9524-9(9)*, Montena) Penguin Random House Grupo Editorial ESP. Dist: Penguin Random Hse. LLC.

Casi Todos Los Días. Jairo. Buitrago. 2017. (SPA.). 40p. (J). (gr. k-1). pap. 13.99 *(978-958-30-5227-9(2))* Panamericana Editorial COL. Dist: Lectorum Pubns., Inc.

Casina & the Time Portals. C. A. Martin. 2017. (ENG.). 80p. (J). pap. ***(978-0-244-31309-8(1))*** Lulu Pr., Inc.

Casino for Gods: The Allies of Theo Book Three. David E. Dresner. 2021. (ENG.). 398p. (YA). pap. *(978-1-913340-98-8(8))* Clink Street Publishing.

Casita Del árbol. Mary Lindeen. Illus. by Erika Meza. 2016. (Early Rising Readers Ser.). (SPA.). (J). (gr. -1). 6.67 *(978-1-4788-3708-4(X))* Newmark Learning LLC.

Casita Del árbol - 6 Pack. Mary Lindeen. 2016. (Early Rising Readers Ser.). (SPA.). (J). (gr. 1). 40.00 net. *(978-1-4788-4651-2(8))* Newmark Learning LLC.

Cask of Amontillado. Edgar Allan Poe. 2019. (ENG.). 22p. (YA). (gr. 9-12). pap. *(978-605-7861-02-3(7))* Uhrayoglu, Murat E Kitap Projesi.

Cask of Amontillado: Fifteen of Edgar Allan Poe's Greatest Stories. Edgar Allan Poe. 2018. (ENG., Illus.). 210p. (YA). (gr. 9-12). 14.95 *(978-1-947844-59-9(8))* Athanatos Publishing Group.

Casket: Gift Book for All Seasons (Classic Reprint) Unknown Author. 2018. (ENG., Illus.). 344p. (J). 30.99 *(978-0-365-41028-7(4))* Forgotten Bks.

Casket, & Philadelphia Monthly Magazine, Vol. 15: Embracing Every Department of Literature, Embellished with Engravings, the Quarterly Fashions, an Music, Arranged for the Piano Forte, Harp & Guitar; January 1839 (Classic Reprint) Samuel Coate Atkinson. (ENG., Illus.). (J). 2018. 634p. 36.97 *(978-0-483-78753-7(1))*; 2017. pap. 19.57 *(978-0-243-58346-1(X))* Forgotten Bks.

Casket of Gems (Classic Reprint) Alexander Anderson. 2018. (ENG., Illus.). 290p. (J). 29.88 *(978-0-267-24065-4(1))* Forgotten Bks.

Casket of Prose, Poetry & Pictures: For the Improvement of the Young; a Juvenile Forget-Me-Not; with Fine Engravings (Classic Reprint) Unknown Author. 2018. (ENG., Illus.). 264p. (J). 29.34 *(978-0-332-07404-7(8))* Forgotten Bks.

Casket of Time. Andri Sner Magnason. Tr. by Bjorg Arnadottir & Andrew Cauthery. 2019. (ENG.). 240p. (YA). (gr. 5). 17.99 *(978-1-63206-205-5(4))* Restless Bks.

caso Cobra - Libros para niños de 10 años de detectives: Con lupa descifradora - Cada capítulo es un caso distinto para resolver. Ursel Scheffler. 2022. (Comisario Caramba Ser.). (SPA.). 132p. (J). (gr. 1-2). 11.99 *(978-84-17210-36-6(9))* Editorial el Pirata ESP. Dist: Independent Pubs. Group.

Caso con Sentido Común. Songju Ma Daemicke. Illus. by Shennen Bersani. 2016. (SPA.). 32p. (J). (gr. 2-3). pap. 11.95 *(978-1-62855-854-8(7)*, 9ed6ede5-966f-45a4-b222-84955b3bd9f7) Arbordale Publishing.

Caso de la Dama Zurda / the Case of the Left-Handed Lady. Nancy Springer. 2022. (Enola Holmes Ser.: 2). (SPA.). 256p. (J). (gr. 3-7). pap. 14.95 *(978-607-38-0869-9(0))* Penguin Random House Grupo Editorial ESP. Dist: Penguin Random Hse. LLC.

Caso de Los Extraños Ramos de Flores / the Case of the Bizarre Bouquets. Nancy Springer. 2022. (Enola Holmes Ser.: 3). (SPA.). 208p. (J). (gr. 3-7). pap. 14.95 *(978-607-38-1181-1(0))* Penguin Random House Grupo Editorial ESP. Dist: Penguin Random Hse. LLC.

Caso Del Abanico Rosa / the Case of the Peculiar Pink Fan. Nancy Springer. 2022. (Enola Holmes Ser.: 4). (SPA.). 224p. (J). (gr. 3-7). pap. 14.95 *(978-607-38-1184-2(5))* Penguin Random House Grupo Editorial ESP. Dist: Penguin Random Hse. LLC.

Caso Del Marqués Desaparecido/ the Case of the Missing Marquess. Nancy Springer. 2022. (Enola Holmes Ser.: 1). (SPA.). 224p. (J). (gr. 3-7). pap. 14.95 *(978-607-38-0840-8(2))* Penguin Random House Grupo Editorial ESP. Dist: Penguin Random Hse. LLC.

Caso Del Mensaje de Despedida / the Case of the Gypsy Goodbye. Nancy Springer. 2022. (Enola Holmes Ser.: 6). (SPA.). 208p. (J). (gr. 3-7). pap. 14.95 *(978-607-38-1221-4(3))* Penguin Random House Grupo Editorial ESP. Dist: Penguin Random Hse. LLC.

Caso Del Pictograma / the Case of the Cryptic Crinoline. Nancy Springer. 2022. (Enola Holmes Ser.: 5). (SPA.). 192p. (J). (gr. 3-7). pap. 14.95 *(978-607-38-1220-7(5))* Penguin Random House Grupo Editorial ESP. Dist: Penguin Random Hse. LLC.

Casos Extremos de Luz Solar. Dona Herweck Rice. 2019. (Smithsonian Readers Ser.). (SPA.). 32p. (J). lib. bdg. 21.80 *(978-1-6636-2801-5(7))* Perfection Learning Corp.

Caspar Hauser: An Account of an Individual Kept in a Dungeon, Separated from All Communication with the World, from Early Childhood to about the Age of Seventeen, Drawn up from Legal Documents (Classic Reprint) Anselm Von Feuerbach. 2017. (ENG., Illus.). (J). 27.69 *(978-0-331-83670-7(X))* Forgotten Bks.

Casper & Daisy's Big Day at the Park. Ryan Dykta. 2021. (ENG., Illus.). 32p. (J). pap. *(978-0-241-54428-0(9))* Dorling Kindersley Publishing, Inc.

Casper the Caterpillar. Mari Sail. 2020. (ENG.). 34p. (J). pap. *(978-1-5272-8167-7(1))* Lane, Betty.

Casper the Friendly Ghost Classics, Vol. 1. Lars Bourne. 2018. (ENG., Illus.). 144p. (J). pap. 19.99 *(978-1-945205-09-5(1)*, 6f3c8c7d-7cb9-4da7-9e6e-6fe4a68f7ef1) American Mythology Productions.

Casper, the Spirited Arabian. Kelly Wilson. 2019. (Showtym Adventures Ser.: 3). (Illus.). 176p. (J). (gr. 2-4). 10.99 *(978-0-14-377224-8(4))* Penguin Group New Zealand, Ltd. NZL. Dist: Independent Pubs. Group.

Casper Tock & the Everdark Wings. Abi Elphinstone. 2021. (Unmapped Chronicles Ser.: 1). (ENG.). 400p. (J). (gr. 3-7). pap. 8.99 *(978-1-5344-4308-2(8)*, Aladdin) Simon & Schuster Children's Publishing.

Caspian Finds a Friend: (Picture Book about Friendship for Kids, Bear Book for Children) Jacqueline Veissid. Illus. by Merrilees Brown. 2019. (ENG.). 36p. (J). (gr. k-3). 17.99 *(978-1-4521-3780-3(3))* Chronicle Bks. LLC.

Caspian the Brave. Anna Jean Nelson. 2017. (ENG.). 56p. (J). pap. *(978-1-365-80485-4(2))* Lulu Pr., Inc.

Casque's Lark: Or Victoria, the Mother of the Camps, a Tale (Classic Reprint) Eugene Sue. 2018. (ENG., Illus.). 300p. (J). 30.08 *(978-0-267-45957-5(2))* Forgotten Bks.

Casquet of Literary Gems, Vol. 1 of 2 (Classic Reprint) Alexander Whitelaw. (ENG., Illus.). (J). 2018. 32.27 *(978-0-265-49521-6(0))*; 2016. pap. 16.57 *(978-1-334-12370-2(5))* Forgotten Bks.

Casquet of Literary Gems, Vol. 2 of 2 (Classic Reprint) Alexander Whitelaw. (ENG., Illus.). (J). 2018. 382p. 31.78 *(978-0-483-58001-5(5))*; 2016. pap. 16.57 *(978-1-334-14689-3(6))* Forgotten Bks.

Casquet of Literature, Vol. 5 Of 6: Being a Selection in Poetry & Prose from the Works of the Most Admired Authors (Classic Reprint) Charles Gibbon. 2018. (ENG., Illus.). 410p. (J). 32.35 *(978-0-428-90194-3(8))* Forgotten Bks.

Cass & Keith: A Young Adult Mystery/Thriller. Cagey Magee. Ed. by Lane Diamond. 2022. (Northwatch Ser.: Vol. 4). (ENG.). 384p. (YA). pap. 19.95 ***(978-1-62253-460-9(3))*** Evolved Publishing.

Cass & Logan: A Young Adult Mystery/Thriller. Cagey Magee. Ed. by Lane Diamond. 2020. (Northwatch Ser.: Vol. 2). (ENG.). 392p. (YA). (gr. 7-12). pap. 18.95 *(978-1-62253-464-7(6))* Evolved Publishing.

Cass & Nat: A Young Adult Mystery/Thriller. Cagey Magee. Ed. by Lane Diamond. 2020. (Northwatch Ser.: Vol. 3). (ENG.). 380p. (YA). pap. 18.95 *(978-1-62253-466-1(2))* Evolved Publishing.

Cass & Wat: A Young Adult Mystery/Thriller. Cagey Magee. Ed. by Lane Diamond. 2019. (Northwatch Ser.: Vol. 1). (ENG.). 336p. (YA). (gr. 7-12). pap. 17.95 *(978-1-62253-462-3(X))* Evolved Publishing.

Cassandra & the Night Sky. Amy Jackson. 2018. (ENG., Illus.). 32p. (J). pap. 10.95 *(978-1-942945-74-1(4)*, 050c55fd-3ef5-48dd-9731-52687da7d266) Night Heron Media.

Cassandra & the Night Sky. Amy Jackson. Illus. by Donna Paredes. 2017. (ENG.). 32p. (J). 18.95 *(978-1-942945-40-6(X)*, cfabfbd7-de57-4a43-a5b5-40be4e93f2f3) Night Heron Media.

Cassandra the Adventurous Mouse. Sheryl White. 2021. (ENG.). 24p. (J). 22.95 *(978-1-63630-269-0(6))*; pap. 12.95 *(978-1-63630-271-3(8))* Covenant Bks.

Cassandra's Castle. D. L. Gardner. (ENG.). (YA). (gr. 10-12). 2018. 308p. pap. 21.99 *(978-1-5401-2347-3(2))*; 2017. (Ian's Realm Saga Ser.: Vol. 3). (Illus.). pap. 16.99 *(978-0-692-92874-5(X))* Gardner, Dianne Lynn.

Cassell's Family Magazine 1886: Illustrated (Classic Reprint) Unknown Author. (ENG., Illus.). (J). 2018. 720p. 38.77 *(978-0-365-27454-4(2))*; 2017. pap. 23.57 *(978-0-259-19421-7(2))* Forgotten Bks.

Cassell's Illustrated Readings (Classic Reprint) Tom Hood. (ENG., Illus.). (J). 2018. 450p. 33.20 *(978-0-483-49547-0(6))*; 2016. pap. 16.57 *(978-1-334-14392-2(7))* Forgotten Bks.

Casserole Monster. Robin Glenn. 2022. (ENG.). 24p. (J). pap. 8.99 ***(978-1-0880-2728-8(8))*** Indy Pub.

Cassie & Charm. Kelly McKain. ed. 2021. (Pony Camp Diaries). (ENG., Illus.). 99p. (J). (gr. 2-3). 15.49 *(978-1-64697-560-0(X))* Penworthy Co., LLC, The.

Cassie & Charm. Kelly McKain. Illus. by Mandy Stanley. 2019. (Pony Camp Diaries). (ENG.). 128p. (J). (gr. 1-4). 4.99 *(978-1-68010-442-4(X))* Tiger Tales.

Cassie & Jasper: Kidnapped Cattle. Bryn Fleming. 2016. (Range Riders Ser.). (ENG.). 147p. (J). 24.99 *(978-1-943328-66-6(8))*; pap. 10.99 *(978-1-941821-95-4(2))* West Margin Pr. (West Winds Pr.).

Cassie & Savannah Meet Again. Cindy Robinson-Brown. Illus. by Cindy Robinson-Brown & T. Angela. 2022. (ENG.). 54p. (J). pap. 10.99 *(978-1-6628-3162-1(5))* Salem Author Services.

Cassie Catches Butterflies. Tracilyn George. 2020. (ENG.). (J). 22p. pap. 11.00 *(978-1-7774435-6-6(3))*; 24p. pap. 11.63 *(978-1-716-03750-4(6))* Lulu Pr., Inc.

Cassie Chases Butterflies. Tracilyn George. Illus. by Aria Jones. 2020. (ENG.). 24p. (J). pap. 17.14 *(978-1-716-62199-4(2))* Lulu Pr., Inc.

Cassie Comes Through. Shana Muldoon Zappa et al. 2016. 147p. (J). *(978-1-4806-9840-6(7))* Disney Publishing Worldwide.

Cassie Meets Savannah & the Lunch Crew. Cindy Robinson-Brown. 2017. (ENG., Illus.). (J). pap. 12.49 *(978-1-5456-1708-3(2))* Salem Author Services.

Cassie Pup Takes the Cake. Sheri Poe-Pape. 2022. (ENG.). 34p. (J). 14.99 ***(978-1-0880-3185-8(4))*** Indy Pub.

Cassie Pup's Favorite Ladybug & Snake Stories. Sheri Poe-Pape. Illus. by Harry Aveira. 2020. (ENG.). 34p. (J). 14.99 *(978-1-0878-8708-1(9))* Indy Pub.

Cassie's Big Change: Going from the Living Room to the Classroom. Tamera Foley. Illus. by Gaurav Bhatnagar. 2021. (ENG.). 44p. (J). 24.57 *(978-1-7355502-6-8(4))*; pap. 14.99 *(978-1-7355502-2-0(1))* Garwell Publishing LLC.

Cassie's Big Change How COVID-19 Changed the Way We Learn. Tamera Foley. Illus. by Aria Jones. 2020. (ENG.). 54p. (J). 24.57 *(978-1-7355502-7-5(2))* Garwell Publishing LLC.

Cassie's Hunting Adventure. Lee Hickinbotham. Illus. by Irene Montoya Bronner. 2022. (ENG.). 26p. (J). 26.99 *(978-1-6628-4166-8(3))*; pap. 20.99 *(978-1-6628-3570-4(1))* Salem Author Services.

Cassini: Unlocking the Secrets of Saturn. John Hamilton. 2017. (Xtreme Spacecraft Ser.). (ENG., Illus.). 32p. (J). (gr. 3-9). lib. bdg. 32.79 *(978-1-5321-1011-5(1)*, 25598, Abdo & Daughters) ABDO Publishing Co.

Cassini Mission. Marty Gitlin. 2018. lib. bdg. 29.95 *(978-1-68020-170-3(0))* Mitchell Lane Pubs.

Cassique of Kiawah: A Colonial Romance (Classic Reprint) William Gilmore Simms. (ENG., Illus.). (J). 2018. 600p. 36.27 *(978-0-483-58464-8(9))*; 2016. pap. 19.57 *(978-1-333-34432-0(5))* Forgotten Bks.

Cassowary. Jenna Grodzicki. 2022. (Library of Awesome Animals Set Three Ser.). (ENG.). (J). (gr. 2-5). lib. bdg. 26.99 Bearport Publishing Co., Inc.

Cassowary. Connor Stratton. 2022. (Deadliest Animals Ser.). (ENG., Illus.). 32p. (J). (gr. 2-3). pap. 9.95 *(978-1-63738-318-6(5))*; lib. bdg. 31.35 *(978-1-63738-282-0(0))* North Star Editions. (Apex).

Cassowary: What Chanced in the Cleft Mountains (Classic Reprint) Stanley Waterloo. (ENG., Illus.). (J). 2018. 436p. 32.89 *(978-0-484-53047-7(X))*; 2016. pap. 16.57 *(978-1-333-51476-1(X))* Forgotten Bks.

Cassowary's Egg. Garry Fleming. Illus. by Garry Fleming. 2016. (ENG., Illus.). 244p. (J). (gr. k-2). pap. 12.99 *(978-0-9775720-6-9(4))*, Brolly Bks.) Borghesi & Adam Pubs. Pty Ltd AUS. Dist: Independent Pubs. Group.

Cast Adrift (Classic Reprint) T. S. Arthur. 2018. (ENG., Illus.). 382p. (J). 31.78 *(978-0-483-55041-4(8))* Forgotten Bks.

Cast Away. Lynne Cairns. 2018. (ENG., Illus.). 154p. (J). (gr. 4-6). pap. *(978-0-6484376-0-4(4))* Cairns, Lynne.

Cast Away: Poems for Our Time. Naomi Shihab Nye. 2020. (ENG.). 176p. (J). (gr. 3-7). 16.99 *(978-0-06-290769-1(7)*, Greenwillow Bks.) HarperCollins Pubs.

Cast Away: Poems of Our Time. Naomi Shihab Nye. 2021. (ENG.). 176p. (J). (gr. 3-7). pap. 7.99 *(978-0-06-290770-7(0)*, Greenwillow Bks.) HarperCollins Pubs.

Cast Away in the Cold: An Old Man's Story of a Young Man's Adventures, As Related by Captain John Hardy, Mariner (Classic Reprint) I. i. Hayes. 2017. (ENG., Illus.). (J). 29.84 *(978-0-265-87680-0(X))* Forgotten Bks.

Cast in Fire. Zora Marie. 2021. (Phoenix of Hope Ser.: Vol. 1). (ENG.). 262p. (YA). pap. 15.00 *(978-1-0878-7600-9(1))* Starcatcher Pr.

Cast in Firelight. Dana Swift. (Wickery Ser.: 1). (Illus.). (YA). (gr. 7). 2022. 464p. pap. 10.99 *(978-0-593-12424-6(3)*, Ember); 2021. (ENG.). 448p. lib. bdg. 21.99 *(978-0-593-12422-2(7)*, Delacorte Pr.) Random Hse. Children's Bks.

Cast in Secrets & Shadow. Andrea Robertson. 2021. (Loresmith Ser.: 2). (ENG., Illus.). 368p. (YA). (gr. 9). 18.99 *(978-0-399-16423-1(5)*, Philomel Bks.) Penguin Young Readers Group.

Cast No Shadow. Nick Tapalansky. ed. 2017. (Illus.). 212p. (J). lib. bdg. 29.40 *(978-0-606-40591-1(7))* Turtleback.

Cast of Characters: Breadcrumbs Volume 2. Harrison Doyle. 2022. (ENG.). 199p. (J). ***(978-1-387-81666-8(7))*** Lulu Pr., Inc.

Cast Out Stars of the Sky. Stefanie Kate M. Watchorna. Illus. by Hannah M. Watchorna. 2022. 32p. (J). 27.00 *(978-1-6678-5752-7(5))* BookBaby.

Cast Shadow. Konrad Daempfle. 2021. (ENG.). 142p. (YA). pap. 15.99 *(978-1-7947-0989-8(4))* Lulu Pr., Inc.

Cast the First Stone (Classic Reprint) John M. Murtagh. 2018. (ENG., Illus.). (J). 322p. 30.56 *(978-0-365-65802-3(2))*; 324p. pap. 13.57 *(978-0-365-65801-6(4))* Forgotten Bks.

Cast up by the Sea (Classic Reprint) Samuel W. Baker. 2017. (ENG., Illus.). (J). 31.40 *(978-0-260-56839-7(2))* Forgotten Bks.

Cast upon the Breakers. Horatio Alger. 2019. (ENG.). 222p. (YA). (gr. 7-12). pap. *(978-93-5329-583-7(1))* Alpha Editions.

Cast upon the Breakers. Horatio Alger Jr. 2017. (ENG., Illus.). (J). 24.95 *(978-1-374-95919-4(7))*; pap. 14.95 *(978-1-374-95918-7(9))* Capital Communications, Inc.

Cast Your Cares. Kristina Gipe. 2018. (ENG.). 38p. (J). 14.95 *(978-1-68401-906-9(0))* Amplify Publishing Group.

Castaway Crown: (Matthew & Anna's Undersea Adventure) Rosanna Gartley. 2017. (ENG., Illus.). (YA). (gr. 7-12). pap. 11.95 *(978-1-59095-353-2(3)*, ExamWise) Total Recall Learning, Inc.

Castaway, Vol. 1: A Novel (Classic Reprint) Edmund Hodgson Yates. 2018. (ENG., Illus.). 282p. (J). 29.71 *(978-0-483-46191-8(1))* Forgotten Bks.

Castaway, Vol. 2 Of 3: A Novel (Classic Reprint) Edmund Yates. 2018. (ENG., Illus.). 306p. (J). 30.21 *(978-0-483-25634-7(X))* Forgotten Bks.

Castaway, Vol. 3 Of 3: A Novel (Classic Reprint) Edmund Yates. (ENG., Illus.). (J). 2018. 320p. 30.52 *(978-0-332-47326-0(0))*; 2016. pap. 13.57 *(978-1-334-09186-5(2))* Forgotten Bks.

Castaways. Harry Collingwood. 2017. (ENG., Illus.). (J). 24.95 *(978-1-374-98145-4(1))*; pap. 14.95 *(978-1-374-98144-7(3))* Capital Communications, Inc.

Castaways. Mayne Reid. 2017. (ENG.). 248p. (J). pap. *(978-3-7447-3421-9(8))* Creation Pubs.

Castaways (Classic Reprint) W. W. Jacobs. 2018. (ENG., Illus.). 312p. (J). 30.33 *(978-0-365-45243-0(2))* Forgotten Bks.

Castaways of Pete's Patch: A Sequel to the Adopting of Rosa Marie. Carroll Watson Rankin. 2018. (ENG., Illus.). 160p. (YA). (gr. 7-12). pap. *(978-93-5329-344-4(8))* Alpha Editions.

Castaways on Heron Island. John Patience. Illus. by John Patience. 2022. (Tales from Fern Hollow Ser.). (ENG.). 26p. (J). *(978-1-7398518-2-8(X))* Talewater Pr.

Caste: A Novel (Classic Reprint) Emily Jolly. 2018. (ENG., Illus.). 400p. (J). 32.15 *(978-0-365-05474-0(7))* Forgotten Bks.

Caste: A Story of Republican Equality (Classic Reprint) Mary Hayden Green Pike. (ENG., Illus.). (J). 2018. 562p. 35.57 *(978-0-332-47283-6(3))*; 2016. pap. 19.57 *(978-1-333-66385-8(4))* Forgotten Bks.

Caste (Adapted for Young Adults) Contrib. by Isabel Wilkerson. 2023. (ENG.). 352p. (YA). (gr. 7). pap. 12.99 ***(978-0-593-42797-2(1)***, Ember) Random Hse. Children's Bks.

Caste (Adapted for Young Adults) Isabel Wilkerson. 2022. (ENG.). 352p. (YA). (gr. 7). 18.99 *(978-0-593-42794-1(7))*; lib. bdg. 21.99 *(978-0-593-42795-8(5))* Random Hse. Children's Bks. (Delacorte Pr.).

Caste Three (Classic Reprint) Gertrude M. Shields. 2017. (ENG., Illus.). (J). 33.43 *(978-0-266-20875-4(4))* Forgotten Bks.

Castellinaria: And Other Sicilian Diversions (Classic Reprint) Henry Festing Jones. 2018. (ENG., Illus.). 314p. (J). 30.37 *(978-0-483-69681-5(1))* Forgotten Bks.

Castigo Del Penseque. Tirso de Molina. 2017. (SPA., Illus.). (J). 22.95 *(978-1-374-93766-6(5))*; pap. 12.95 *(978-1-374-93765-9(7))* Capital Communications, Inc.

Castillo de la Mariposa. Nancy Hahn. 2017. (SPA., Illus.). (J). pap. 14.99 *(978-1-61813-276-5(8))* eBooks2go Inc.

Castillos: (Castles) Xist Publishing. Tr. by Victor Santana. 2017. (Xist Kids Spanish Bks.). (SPA., Illus.). 28p. (J). (gr. -1-3). pap. 9.99 *(978-1-5324-0381-1(X))* Xist Publishing.

Castillos de Arena: Leveled Reader Book 76 Level d 6 Pack. Hmh Hmh. 2021. (SPA.). 16p. (J). pap. 74.40 *(978-0-358-08202-6(1))* Houghton Mifflin Harcourt Publishing Co.

Castillos en el Aire: Leveled Reader Book 52 Level o 6 Pack. Hmh Hmh. 2021. (SPA.). 40p. (J). pap. 74.40 *(978-0-358-08447-1(4))* Houghton Mifflin Harcourt Publishing Co.

Casting Away of Mrs. Lecks & Mrs. Aleshine. Frank Richard Stockton. 2017. (ENG.). 228p. (J). pap. *(978-3-7447-0857-9(8))* Creation Pubs.

Casting Away of Mrs. Lecks & Mrs. Aleshine (Classic Reprint) Frank R. Stockton. 2018. (ENG., Illus.). 132p. (J). 26.62 *(978-0-364-00815-7(6))* Forgotten Bks.

Casting Away of Mrs. Lecks & Mrs. Aleshine (Classic Reprint) Frank Richard Stockton. 2018. (ENG., Illus.). 256p. (J). 29.18 *(978-0-483-33183-9(X))* Forgotten Bks.

Casting Call: The Saltwater Twins Book II. Nancy Hoffman. Illus. by Roger Hoffman. 2019. (Saltwater Kids Ser.: Vol. 2). (ENG.). 140p. (J). (gr. 4-6). pap. 5.95 *(978-1-7323345-1-9(X))* Reader Publishing Group.

Casting Lily, 1 vol. Holly Bennett. 2018. (Orca Limelights Ser.). (ENG.). 144p. (J). (gr. 4-7). pap. 9.95 *(978-1-4598-1450-9(9))* Orca Bk. Pubs. USA.

Casting Magic. C. D. Gorri. 2019. (ENG.). 80p. (YA). pap. 6.99 *(978-1-393-85198-1(3))* Draft2Digital.

Casting of Crowns. Betsy Borchardt. 2018. (ENG., Illus.). 188p. (YA). pap. 14.95 *(978-1-5069-0672-0(9))* First Edition Design Publishing.

Casting Stones Too. Derrick Johnson. 2023. (ENG.). 96p. (YA). pap. ***(978-1-329-13324-2(2))*** Lulu Pr., Inc.

Castle: Build & Garrison Your Own Castle. Steven Fryer. 2022. (ENG.). 42p. pap. 9.99 *(978-1-911093-69-5(X))* Tarquin Pubns. GBR. Dist: Independent Pubs. Group.

Castle Attack: Make Your Own Medieval Battlefield. Rob Ives. Illus. by John Paul de Quay. 2016. (Tabletop Wars Ser.). (ENG.). 32p. (J). (gr. 3-6). 27.99 *(978-1-5124-0639-9(2)*, 81a92a1a-b0f0-4473-af08-b8b8d667cdd7, Hungry Tomato (r)) Lerner Publishing Group.

Castle Avon, Vol. 1 of 2 (Classic Reprint) Anne Marsh-Caldwell. 2017. (ENG., Illus.). (J). 30.91 *(978-0-266-73640-0(8))*; pap. 13.57 *(978-1-5277-0044-4(5))* Forgotten Bks.

Castle Avon, Vol. 1 of 3 (Classic Reprint) Anne Marsh-Caldwell. 2018. (ENG., Illus.). 302p. (J). 30.15 *(978-0-428-90557-6(9))* Forgotten Bks.

Castle Avon, Vol. 2 of 3 (Classic Reprint) Anne Marsh-Caldwell. (ENG., Illus.). (J). 2018. 304p. 30.17 *(978-0-483-58204-0(2))*; 2017. pap. 13.57 *(978-0-243-22719-8(1))* Forgotten Bks.

Castle Avon, Vol. 3 of 3 (Classic Reprint) Anne Marsh-Caldwell. (ENG., Illus.). (J). 2017. 30.17 *(978-0-331-65246-8(3))*; 2016. pap. 13.57 *(978-1-333-34408-5(2))* Forgotten Bks.

Castle Builder (Classic Reprint) Nephi Anderson. 2017. (ENG., Illus.). 242p. (J). 28.91 *(978-0-332-51930-2(9))* Forgotten Bks.

Castle Builders (Classic Reprint) Charles Clark Munn. 2018. (ENG., Illus.). 562p. (J). 35.49 *(978-0-666-84253-4(1))* Forgotten Bks.

Castle Builders (Classic Reprint) Charlotte Mary Yonge. 2017. (ENG., Illus.). (J). 30.50 *(978-0-265-54947-6(7))* Forgotten Bks.

Castle by the Sea. Josephine Virginia Fanta. 2021. (ENG.). 26p. (J). 24.95 *(978-1-63814-265-2(3))* Covenant Bks.

Castle by the Sea (Classic Reprint) H. B. Marriott Watson. 2018. (ENG., Illus.). 326p. (J). 30.62 *(978-0-483-34060-2(X))* Forgotten Bks.

Castle Charity Ride & the Connemara Pony - the Coral Cove Horses Series. Elaine Heney. 2023. (Coral Cove Horse Adventures for Girls & Boys Ser.: Vol. 4). (ENG.). 168p. (J). ***(978-1-915542-53-3(7))***; pap. ***(978-1-915542-30-4(8))*** Irish Natural Horsemanship.

Castle Craneycrow (Classic Reprint) George Barr McCutcheon. 2018. (ENG., Illus.). 398p. (J). 32.11 *(978-0-267-14510-2(1))* Forgotten Bks.

Castle Czvargas. Archibald Birt. 2017. (ENG.). 312p. (J). pap. *(978-3-7447-3548-3(6))* Creation Pubs.

Castle Czvargas: A Romance Being a Plain Story of the Romantic Adventures of Two Brothers, Told by the Younger of Them (Classic Reprint) Archibald Birt. 2018. (ENG., Illus.). 336p. (J). 30.83 *(978-0-484-05659-5(X))* Forgotten Bks.

Castle Daly: The Story of an Irish Home Thirty Years Ago (Classic Reprint) Annie Keary. 2017. (ENG., Illus.). (J). 36.11 *(978-0-260-91652-5(8))*; pap. 19.57 *(978-1-5284-5706-4(4))* Forgotten Bks.

Castle Dangerous, Appendix, Etc: Early Poems & the Lay of the Last Minstrel (Classic Reprint) Walter Scott. 2017. (ENG., Illus.). (J). 41.30 *(978-0-331-80694-6(0))*; pap. 23.97 *(978-0-243-31432-4(9))* Forgotten Bks.

Castle Foam; or the Heir of Meerschaum: A Russian Story (Classic Reprint) H. W. French. 2018. (ENG., Illus.). 374p. (J). 31.63 *(978-0-428-84375-5(1))* Forgotten Bks.

Castle Gesundheit. Mark Fearing. Illus. by Mark Fearing. 2021. (ENG.). 40p. (J). (gr. -1-2). 17.99 *(978-1-5362-1412-3(4))* Candlewick Pr.

Castle Gregory: A Story of the Western Reserve Woods in the Olden Times. Albert Gallatin Riddle. 2017. (ENG., Illus.). (J). pap. *(978-0-649-44069-6(2))* Trieste Publishing Pty Ltd.

Castle Gregory: A Story of the Western Reserve Woods in the Olden Times (Classic Reprint) Albert Gallatin Riddle. (ENG., Illus.). (J). 2018. 104p. 26.06 *(978-0-666-34117-4(6))*; 2017. pap. 9.57 *(978-1-5276-4338-3(7))* Forgotten Bks.

Castle Hangnail. Ursula Vernon. 2016. lib. bdg. 19.65 *(978-0-606-38388-2(3))* Turtleback.

Castle in Medieval Europe, 1 vol. Danielle Watson. 2016. (Life in Medieval Europe Ser.). (ENG., Illus.). 80p. (gr. 6-6). 37.36 *(978-1-5026-1878-8(8)*, 2ca93be3-fb06-4b0b-b36d-b3f30eb06bb4) Cavendish Square Publishing LLC.

Castle in Spain. James De Mille. 2017. (ENG., Illus.). (J). pap. *(978-0-649-03470-3(8))* Trieste Publishing Pty Ltd.

Castle in Spain: A Novel (Classic Reprint) James De Mille. 2017. (ENG., Illus.). 236p. (J). 28.76 *(978-0-484-69427-8(8))* Forgotten Bks.

Castle in Spain: Being Certain Memoirs, Thus Entitled, of Robin Lois, Ex-Major of His Majesty's 109th Regiment of Foot (Classic Reprint) Bernard Edward Joseph Capes. 2017. (ENG., Illus.). (J). 31.32 *(978-0-260-30270-0(8))*; pap. 13.97 *(978-0-260-30264-9(3))* Forgotten Bks.

Castle in the Attic (35th Anniversary Edition) Elizabeth Winthrop. 35th ed. 2019. (Illus.). 192p. (J). (gr. 3-7). 18.99 *(978-0-8234-4424-3(4))* Holiday Hse., Inc.

Castle in the Attic Novel Units Student Packet. Novel Units. 2019. (ENG.). (J). pap. 13.99 *(978-1-56137-830-2(5)*, Novel Units, Inc.) Classroom Library Co.

Castle in the Attic Novel Units Teacher Guide. Novel Units. 2019. (ENG.). (J). pap. 12.99 *(978-1-56137-371-0(0)*, Novel Units, Inc.) Classroom Library Co.

Castle in the Clouds. Kerstin Gier. Tr. by Romy Fursland. 2020. (ENG.). 336p. (YA). 19.99 *(978-1-250-30019-5(3)*, 900196442, Holt, Henry & Co. Bks. For Young Readers) Holt, Henry & Co.

Castle in the Forest. Tom Souza. 2021. (ENG.). 32p. (J). 23.95 *(978-1-63630-871-5(6))*; pap. 13.95 *(978-1-63630-870-8(8))* Covenant Bks.

Castle in the Mist. Amy Ephron. 2018. (Other Side Ser.). 208p. (J). (gr. 3-7). 8.99 *(978-0-399-54700-3(2)*, Puffin Books) Penguin Young Readers Group.

Castle in the Mist. Amy Ephron. ed. 2018. lib. bdg. 19.65 *(978-0-606-40870-7(3))* Turtleback.

Castle in the Sea. Mardi McConnochie. 2019. (Flooded Earth Ser.: 2). (ENG.). 304p. (J). (gr. 4-7). 17.95 *(978-1-77278-083-3(9))* Pajama Pr. CAN. Dist: Publishers Group West (PGW).

Castle in the Sky. Stacey Broadbent. 2017. (ENG., Illus.). (J). pap. *(978-0-473-40508-3(3))* Broadbent, Stacey.

Castle in the Sky. Stacey Jayne. Illus. by Eli Broadbent. 2019. (ENG.). 30p. (J). pap. *(978-0-473-46963-4(4))* Broadbent, Stacey.

Castle in the Stars: the Space Race Of 1869. Alex Alice. 2017. (Castle in the Stars Ser.: 1). (ENG., Illus.). 64p. (J). 21.99 *(978-1-62672-493-8(8)*, 900158826, First Second Bks.) Roaring Brook Pr.

Castle Inn. Stanley J. Weyman. 2017. (ENG., Illus.). (J). 26.95 *(978-1-374-91650-0(1))* Capital Communications, Inc.

Castle Inn. Stanley J. Weyman. 2017. (ENG.). (J). 404p. pap. *(978-3-7447-3425-7(0))*; 392p. pap. *(978-3-7447-3050-1(6))* Creation Pubs.

Castle Inn: Illustrated by Walter Appleton Clark (Classic Reprint) Stanley J. Weyman. 2017. (ENG., Illus.). 408p. (J). 32.31 *(978-0-332-47780-0(0))* Forgotten Bks.

Castle Lochwind the Savage Bloodline - the Shifters. Debra Rudolph. 2018. (ENG., Illus.). 218p. (YA). pap. 15.95 *(978-1-64298-213-8(X))* Page Publishing Inc.

Castle Meadow: A Story of Norwich a Hundred Years Ago (Classic Reprint) Emma Marshall. 2017. (ENG., Illus.). (J). 300p. 30.08 *(978-0-484-55315-5(1))*; pap. 13.57 *(978-0-259-51729-0(1))* Forgotten Bks.

Castle Nowhere. Constance Fenimore Woolson. 2017. (ENG., Illus.). (J). 22.95 *(978-1-374-82128-6(4))*; pap. 12.95 *(978-1-374-82127-9(6))* Capital Communications, Inc.

Castle Nowhere: Lake-Country Sketches (Classic Reprint) Constance Fenimore Woolson. 2018. (ENG., Illus.). 390p. (J). 31.94 *(978-0-428-72884-7(7))* Forgotten Bks.

Castle of Bitter Thorn. Kay L. Moody. 2021. (Fae of Bitter Thorn Ser.: Vol. 2). (ENG.). 324p. (YA). pap. 13.99 *(978-1-954335-00-4(8))* Marten Pr.

Castle of Books. Alessandro Sanna. 2020. (ENG., Illus.). 48p. (J). (gr. -1-17). 17.95 *(978-1-84976-668-5(1))* Tate Publishing, Ltd. GBR. Dist: Abrams, Inc.

Castle of Caithness, Vol. 1 Of 2: A Romance of the Thirteenth Century (Classic Reprint) F. H. P. 2017. (ENG., Illus.). (J). 28.70 *(978-0-331-19519-4(4))* Forgotten Bks.

Castle of Cheer (Classic Reprint) Charles Henry Lerrigo. 2018. (ENG., Illus.). 308p. (J). 30.25 *(978-0-666-79057-6(4))* Forgotten Bks.

Castle of Cyborgs. Adrian C. Bott. Illus. by Andy Isaac. 2019. (ENG.). 144p. (J). pap. 5.99 *(978-1-61067-851-3(6))* Kane Miller.

Castle of Dawn, Vol. 1 (Classic Reprint) Harold Morton Kramer. 2018. (ENG., Illus.). 492p. (J). 34.06 *(978-0-666-92368-4(X))* Forgotten Bks.

Castle of Doom: Your Brain Is My Birthstone. Sarina Hossain. 2016. (ENG., Illus.). 51p. (J). pap. *(978-1-84897-561-3(9))* Olympia Publishers.

Castle of Doubt (Classic Reprint) John H. Whitson. 2018. (ENG., Illus.). 304p. (J). 30.17 *(978-0-483-71054-2(7))* Forgotten Bks.

Castle of Ehrenstein, Vol. 1 Of 3: Its Lords, Spiritual & Temporal; Its Inhabitants, Earthly & Unearthly (Classic Reprint) George Payne Rainsford James. 2018. (ENG., Illus.). 310p. (J). 30.29 *(978-0-483-04655-9(8))* Forgotten Bks.

Castle of Evilness. Tristan Myers. 2018. (ENG.). 76p. (J). pap. ***(978-1-387-60077-9(X))*** Lulu Pr., Inc.

Castle of Grumpy Grouch: A Fairy Story (Classic Reprint) Mary Dickerson Donahey. 2017. (ENG., Illus.). (J). 27.73 *(978-0-265-29551-9(3))*; pap. 10.57 *(978-0-243-28050-6(5))* Forgotten Bks.

Castle of Imagination. Michal Yair. 2023. (ENG.). 38p. (J). 44.60 ***(978-1-312-46955-6(2))***; pap. ***(978-1-312-56041-3(X))*** Lulu Pr., Inc.

Castle of Refuge, 1 vol. Melanie Dickerson. 2021. (Dericott Tale Ser.: 2). (ENG.). 336p. (YA). 18.99 *(978-0-7852-3404-3(7))* Nelson, Thomas Inc.

Castle of Strathmay, Vol. 2 Of 2: Or, Scenes in the North; Illustrative of Scottish Manners & Society, a Tale (Classic Reprint) Unknown Author. 2018. (ENG., Illus.). 184p. (J). 27.73 *(978-0-666-86373-7(3))* Forgotten Bks.

Castle of the Skull. Richard Fenwick. Illus. by Kathryn Azarpay. 2017. (ENG.). 144p. (J). pap. *(978-0-9935355-8-1(5))* RedSox Pr.

Castle of the Thousand Doors. Lvelez. 2020. (ENG.). 44p. (YA). pap. 11.95 *(978-1-0980-2070-5(7))* Christian Faith Publishing.

Castle on the Lake. F. G. Eva W. 2018. (ENG., Illus.). 180p. (YA). 27.95 *(978-1-64350-347-9(2))*; pap. 14.95 *(978-1-64138-357-8(7))* Page Publishing Inc.

Castle Rackrent: An Hibernian Tale, Taken from Facts, & from the Manners of the Irish Squires, Before the Year 1782 (Classic Reprint) Maria Edgeworth. 2017. (ENG., Illus.). (J). 28.68 *(978-0-266-67513-6(1))*; pap. 11.57 *(978-1-5276-4725-1(0))* Forgotten Bks.

Castle School for Troubled Girls. Alyssa Sheinmel. 2022. (ENG.). 400p. (YA). (gr. 8-12). pap. 10.99 *(978-1-7282-3915-6(X))* Sourcebooks, Inc.

Castle to Let (Classic Reprint) Baillie Reynolds. (ENG., Illus.). (J). 2018. 358p. 31.28 *(978-0-332-30656-8(9))*; 2016. pap. 13.97 *(978-1-334-15423-2(6))* Forgotten Bks.

Castle Vane a Romance of Bushranging on the Upper Hunter in the Olden Days (Classic Reprint) J. H. M. Abbott. 2018. (ENG., Illus.). 246p. (J). 28.97 *(978-0-483-19875-3(7))* Forgotten Bks.

Castle, Vol. 2 Of 4: A Novel (Classic Reprint) Croffts. (ENG., Illus.). (J). 2018. 264p. 29.34 *(978-0-267-31856-8(1))*; 2016. pap. 11.97 *(978-1-333-47595-6(0))* Forgotten Bks.

Castlecourt Diamond Case: Being a Compilation of the Statements Made by the Various Participants in This Curious Case Now, for the First Time, Given to the Public (Classic Reprint) Geraldine Bonner. 2018. (ENG., Illus.). 228p. (J). 28.62 *(978-0-428-93924-3(4))* Forgotten Bks.

Castles. Tedd Arnold. ed. 2017. (Fly Guy Presents Ser.). lib. bdg. 13.55 *(978-0-606-39716-2(7))* Turtleback.

Castles / Castillos. Xist Publishing. Tr. by Victor Santana. 2017. (Xist Kids Bilingual Spanish English Ser.). (ENG & SPA., Illus.). 28p. (J). (gr. -1-3). pap. 9.99 *(978-1-5324-0303-3(8))* Xist Publishing.

Castles & Cathedrals, 1 vol. Margaux Baum & David Hilliam. 2016. (Life in the Middle Ages Ser.). (ENG.). 64p. (J). (gr. 5-5). 36.13 *(978-1-5081-7318-2(4),* a3c632ec-56ad-46d2-8a47-cfdae7632284) Rosen Publishing Group, Inc., The.

Castles & Dragons Coloring Books 10 Year Olds Edition. Creative Playbooks. 2016. (ENG., Illus.). (J). pap. 7.74 *(978-1-68323-113-4(9))* Twin Flame Productions.

Castles & Fortresses, 1 vol. Robert Snedden. 2016. (Engineering Eurekas Ser.). (ENG.). 32p. (J). (gr. 3-4). pap. 11.00 *(978-1-4994-3093-6(0),* 98b45eb6-a86b-422d-a5d6-62d771eac3f1, PowerKids Pr.) Rosen Publishing Group, Inc., The.

Castles & Great Buildings: AI Generated Fun with Old Building Designs. George-Aurelian Manea. 2023. (ENG.). 60p. (J). pap. ***(978-1-4478-2182-3(3))*** Lulu Pr., Inc.

Castles & Knights, 1 vol. Tamara Hartson. 2019. (Super Explorers Ser.). (ENG., Illus.). 64p. (J). pap. 6.99 *(978-1-926700-98-4(8),* 3ece1447-c74b-4987-b954-428830e9150b) Blue Bike Bks. CAN. Dist: Lone Pine Publishing USA.

Castles Fit for a Princess Coloring Book. Kreative Kids. 2016. (ENG., Illus.). (J). pap. 9.20 *(978-1-68377-535-5(X))* Whlke, Traudl.

Castles in the Air. Ola Cohn. 2016. (ENG., Illus.). (J). pap. *(978-0-9873052-5-1(5))* Strugnell, Robert.

Castles in the Air: A Novel (Classic Reprint) Catherine Gore. 2017. (ENG., Illus.). (J). 442p. 33.01 *(978-0-266-71138-4(3))*; 444p. pap. 16.57 *(978-1-5276-6423-4(6))* Forgotten Bks.

Castles, Knights & Dragons Coloring Book. Smarter Activity Books for Kids. 2016. (ENG., Illus.). (J). pap. 9.22 *(978-1-68374-424-5(1))* Examined Solutions PTE. Ltd.

Castles Magnified: With a 3x Magnifying Glass! David Long. Illus. by Harry Bloom. 2019. (Magnified Ser.). (ENG.). 48p. (J). (gr. k-5). ***(978-1-78603-325-3(9)***, Wide Eyed Editions) Quarto Publishing Group UK.

Castles of Athlin & Dunbayne: A Highland Story (Classic Reprint) Ann Ward Radcliffe. 2017. (ENG., Illus.). (J). 29.80 *(978-0-266-73007-1(8))*; pap. 13.57 *(978-1-5276-9081-3(4))* Forgotten Bks.

Castles of Rosemont. Joey Donato. 2021. (ENG.). 204p. (YA). *(978-1-329-40529-5(3))* Lulu Pr., Inc.

Castoffs Vol. 2: Into the Wastelands. M. K. Reed & Brian "Smitty" Smith. Illus. by Wyeth Yates. 2017. (ENG.). 144p. (YA). pap. 12.99 *(978-1-941302-32-3(4),* dceb3c67-8be6-4d46-8fff-224e0e7b9db1, Lion Forge) Oni Pr., Inc.

Castoffs Vol. 3: Rise of the Machines. M. K. Reed & Brian "Smitty" Smith. Illus. by Wyeth Yates. 2018. (ENG.). 136p. (YA). pap. 12.99 *(978-1-941302-73-6(4),* 07e3e1de-d3fd-4b4f-ad0a-9855b730c0ed, Lion Forge) Oni Pr., Inc.

Castoiement, Ou Instruction du Pere À Son Fils: Ouvrage Moral en Vers, Compose Dans le Treizième Siècle; Suivi de Quelques Pieces Historiques, et Morales Aussi en Vers et du Même Siècle; le Tout Précédé d'une Dissertation Sur la Langue des Celt. Étienne Barbazan. 2018. (FRE., Illus.). (J). 360p. 31.34 *(978-0-366-09498-1(X))*; 362p. pap. 13.97 *(978-0-366-03495-6(2))* Forgotten Bks.

Castor. Shaun Young. 2016. (ENG., Illus.). (YA). 24.99 *(978-1-63477-949-4(5))*; 25.99 *(978-1-64080-352-7(1))*; 230p. pap. 14.99 *(978-1-63476-886-3(8))* Dreamspinner Pr. (Harmony Ink Pr.).

Castor et Sa Hutte. Elizabeth Raum. Illus. by Romina Martí. 2017. (Animaux Architectes Ser.). (FRE.). 24p. (J). (gr. 1-4). *(978-1-77092-379-9(9),* 17610) Amicus.

Castor Sastre. Lars Klinting.Tr. of Beaver the Tailor. (SPA., Illus.). 202p. (J). *(978-84-89675-28-5(7),* LEC5287) Zendrera Zariquiey, Editorial.

Castor Syr. see Beaver the Tailor: A How-to Picture Book

Casuals in the Caucasus: The Diary of a Sporting Holiday (Classic Reprint) Agnes Herbert. 2017. (ENG., Illus.). (J). 32.48 *(978-1-5283-6103-3(2))* Forgotten Bks.

Casuals of the Sea: The Voyage of a Soul (Classic Reprint) William McFee. 2017. (ENG., Illus.). (J). 34.04 *(978-0-266-54126-4(7))* Forgotten Bks.

Casualties of War, 1 vol. Ed. by he New York Times. 2019. (In the Headlines Ser.). (ENG.). 224p. (gr. 9-9). 54.93 *(978-1-64282-303-5(1),* 6c0f5ab1-647a-4d12-8d9d-2c32690f7dba, New York Times Educational Publishing) Rosen Publishing Group, Inc., The.

Casualties of War, 1 vol. Ed. by The New York Times Editorial Staff. 2019. (In the Headlines Ser.). (ENG.). 224p. (gr. 9-9). pap. 24.47 *(978-1-64282-302-8(3),* 834f5969-149b-4a09-b43a-d822a92b1788, New York Times Educational Publishing) Rosen Publishing Group, Inc., The.

Casualties, Vol. 1: A Novel (Classic Reprint) Mary Goldsmith. 2018. (ENG., Illus.). 200p. (J). 28.02 *(978-0-428-64921-0(1))* Forgotten Bks.

Casualties, Vol. 2 Of 2: A Novel (Classic Reprint) Mary Goldsmith. 2018. (ENG., Illus.). 164p. (J). 27.28 *(978-0-332-14755-0(X))* Forgotten Bks.

Caswell News, Vol. 1: March, 1936 (Classic Reprint) F. M. Register. (ENG., Illus.). (J). 2018. 380p. 31.75 *(978-0-267-41155-9(3))*; 2017. pap. 16.57 *(978-0-259-49759-2(2))* Forgotten Bks.

Cat. Lisa Beere. Illus. by Billi-Jo Rempel & Desireah Lascelles. 2018. (Cats Ser.: Vol. 2). (ENG.). 36p. (J). (gr. k-4). pap. 9.99 *(978-1-68160-622-4(4))* Crimson Cloak Publishing.

Cat. Douglas Bender. 2022. (My First Pet Ser.). (ENG.). 16p. (J). (gr. -1-1). pap. 7.95 *(978-1-63897-545-8(0),* 20803); lib. bdg. 25.27 *(978-1-63897-430-7(6),* 20802) Seahorse Publishing.

Cat. Barry Cole. 2019. (My Pet Ser.). (ENG.). 16p. (J). (gr. -1-2). pap. 9.95 *(978-1-7316-0407-1(6),* 9781731604071) Rourke Educational Media.

Cat. DK. 2022. (DK Eyewitness Ser.). (ENG., Illus.). 72p. (J). (gr. 3-7). pap. 9.99 *(978-0-7440-5072-1(3),* DK Children) Dorling Kindersley Publishing, Inc.

Cat. Leshelle B. Flagg. Illus. by Abigail Tan. 2021. (ENG.). 30p. (J). 21.99 *(978-1-7377725-2-1(3))* LeShelle B. Flagg.

Cat. August Hoeft. (I See Animals Ser.). (ENG.). (J). (gr. k-1). 2022. 20p. 24.99 ***(978-1-5324-3391-7(3))***; 2022. 20p. pap. 12.99 ***(978-1-5324-4194-3(0))***; 2020. 12p. pap. 5.99 *(978-1-5324-1472-5(2))* Xist Publishing.

Cat. Cecilia Minden. 2018. (Learn about Animals Ser.). (ENG., Illus.). 16p. (J). (gr. -1-2). pap. 11.36 *(978-1-5341-2395-3(4),* 210574) Cherry Lake Publishing.

Cat. Susan Ring & Katie Gillespie. 2019. (J). *(978-1-7911-1912-6(3),* AV2 by Weigl) Weigl Pubs., Inc.

Cat. Juliet Clutton-Brock. ed. 2022. (DK Eyewitness Ser.). (ENG.). 72p. (J). (gr. 4-5). 22.46 ***(978-1-68505-484-7(6))*** Penworthy Co., LLC, The.

Cat: Being a Record of the Endearments & Invectives Lavished by Many Writers upon an Animal Much Loved & Much Abhorred (Classic Reprint) Agnes Repplier. 2017. (ENG., Illus.). (J). 27.84 *(978-1-5281-8556-1(0))* Forgotten Bks.

Cat a' Mhinisteir. Cairistiona Nicmhathain. 2017. (GLA., Illus.). 37p. (J). pap. *(978-1-907165-29-0(0))* Akerbeltz.

Cat about Town. Léa Decan. 2022. (ENG., Illus.). 44p. (J). (gr. -1-k). 16.99 *(978-1-84976-759-0(9))* Tate Publishing, Ltd. GBR. Dist: Abrams, Inc.

Cat among the Pigeons: Cat Goes to School. Julia Golding. 2019. (Cat Royal Ser.: Vol. 2). (ENG.). 344p. (J). (gr. 5-9). pap. *(978-1-910426-27-2(X))* Frost Wolf.

Cat & a Dog / un Gato y un Perro. Claire Masurel. Illus. by Bob Kolar. 2018. (ENG.). 32p. (J). (gr. -1-2). pap. 8.95 *(978-0-7358-4354-7(6))* North-South Bks., Inc.

Cat & Bird Stories from the Spectator. John St Loe Strachey. 2017. (ENG.). 300p. (J). pap. *(978-3-7447-4642-7(9))* Creation Pubs.

Cat & Bird Stories from the Spectator: To Which Are Added Sundry Anecdotes of Horses, Donkeys, Cows, Apes, Bears, & Other Animals, As Well As of Insects & Reptiles (Classic Reprint) John St Loe Strachey. (ENG., Illus.). (J). 2018. 296p. 30.02 *(978-0-666-43861-4(7))*; 2016. pap. 13.57 *(978-1-333-52164-6(2))* Forgotten Bks.

Cat & Buffalo: Why Can't Tomorrow Be Today. Will Young. 2023. (Cat & Buffalo Ser.: 1). (Illus.). 28p. (J). pap. 14.99 ***(978-1-6678-8664-0(9))*** BookBaby.

Cat & Bug: It's Snacktime! Rebecca Purcell. 2023. (Illus.). 22p. (J). (gr. -1-2). bds. 8.95 *(978-1-80036-037-2(1),* 2f01823c-7d79-4708-9131-2d168cb75180) Starfish Bay Publishing Pty Ltd. AUS. Dist: Baker & Taylor Publisher Services (BTPS).

Cat & Bug: It's Playtime! Rebecca Purcell. 2023. (Illus.). 22p. (J). (gr. -1-3). bds. 8.95 *(978-1-80036-036-5(3),* ee773bc5-aa35-47a8-9bc5-de15be4edb1a) Starfish Bay Publishing Pty Ltd. AUS. Dist: Baker & Taylor Publisher Services (BTPS).

Cat & Bug: the Scary Monster. Rebecca Purcell. 2023. (Illus.). 22p. (J). (gr. -1-2). bds. 8.95 *(978-1-80036-039-6(8),* a19a2109-340b-4ce2-b09b-e9148812da4a) Starfish Bay Publishing Pty Ltd. AUS. Dist: Baker & Taylor Publisher Services (BTPS).

Cat & Cat #1: Girl Meets Cat. Christophe Cazenove & Ramon. 2020. (Cat & Cat Ser.: 1). (ENG., Illus.). 96p. (J). 14.99 *(978-1-5458-0427-8(3),* 900211581); pap. 9.99 *(978-1-5458-0428-5(1),* 900211582) Mad Cave Studios. (Papercutz).

Cat & Cat #2: Cat Out of Water. Christophe Cazenove. 2020. (Cat & Cat Ser.: 2). (ENG., Illus.). 96p. (J). 14.99 *(978-1-5458-0478-0(8),* 900219621); pap. 9.99 *(978-1-5458-0479-7(6),* 900219622) Mad Cave Studios. (Papercutz).

Cat & Cat #3: My Dad's Got a Date... Ew! Christophe Cazenove & Ramon. 2020. (Cat & Cat Ser.: 3). (ENG., Illus.). 96p. (J). 14.99 *(978-1-5458-0551-0(2),* 900225130); pap. 9.99 *(978-1-5458-0552-7(0),* 900225131) Mad Cave Studios. (Papercutz).

Cat & Cat #4: Scaredy Cat. Christophe Cazenove & Ramon. 2021. (Cat & Cat Ser.: 4). (ENG., Illus.). 96p. (J). 14.99 *(978-1-5458-0700-2(0),* 900235853); pap. 9.99 *(978-1-5458-0701-9(9),* 900235854) Mad Cave Studios. (Papercutz).

Cat & Cat #5: Kitty Farm. Christophe Cazenove & Hervé Richez. Illus. by Yrgane Ramon. 2023. (Cat & Cat Ser.: 5). (ENG.). 72p. (J). 14.99 *(978-1-5458-1019-4(2),* 900278805); pap. 9.99 *(978-1-5458-1020-0(6),* 900278806) Mad Cave Studios. (Papercutz).

Cat & Cat Adventures: Journey into Unibear City. Susie Yi. Illus. by Susie Yi. 2023. (Cat & Cat Adventures Ser.: 3). (ENG., Illus.). 96p. (J). (gr. 1-5). 15.99 *(978-0-06-308387-5(6))*; pap. 8.99 *(978-0-06-308386-8(8))* HarperCollins Pubs. (HarperAlley).

Cat & Cat Adventures: The Goblet of Infinity. Susie Yi. 2022. (Cat & Cat Adventures Ser.: 2). (ENG., Illus.). 96p. (J). (gr. 1-5). 15.99 *(978-0-06-308384-4(1))*; pap. 8.99 *(978-0-06-308383-7(3))* HarperCollins Pubs. (HarperAlley).

Cat & Cat Adventures: The Quest for Snacks. Susie Yi. 2021. (Cat & Cat Adventures Ser.: 1).Tr. of Graphic Novel. (ENG., Illus.). 96p. (J). (gr. 1-5). 15.99 *(978-0-06-308381-3(7),* HarperAlley) HarperCollins Pubs.

Cat & Cat Adventures: the Quest for Snacks. Susie Yi. Illus. by Susie Yi. 2021. (Cat & Cat Adventures Ser.: 1). (ENG., Illus.). 96p. (J). (gr. 1-5). pap. 10.99 *(978-0-06-308380-6(9),* HarperAlley) HarperCollins Pubs.

Cat & Dog. Jonathan Bentley. 2021. (ENG., Illus.). 24p. (J). (gr. -1-1). pap. 7.99 *(978-1-338-68470-4(1),* Scholastic Pr.) Scholastic, Inc.

Cat & Dog. Helen Oswald. Illus. by Zoe Waring. 2016. (ENG.). 32p. (J). (gr. -1-1). pap. 8.99 *(978-1-78445-286-5(6))* Top That! Publishing PLC GBR. Dist: Independent Pubs. Group.

Cat & Dog. Helen Oswald. Illus. by Zoe Waring. 2018. (Picture Bks.). (ENG.). 32p. (J). (gr. -1-k). 16.99 *(978-1-78700-455-9(4))* Willow Tree Bks. GBR. Dist: Independent Pubs. Group.

Cat & Dog. Else Holmelund Minarik. Illus. by Fritz Siebel. 60th ed. 2017. (My First I Can Read Ser.). (ENG.). 40p. (J). (gr. -1-3). 9.99 *(978-0-06-265174-7(9),* HarperCollins) HarperCollins Pubs.

Cat & Dog at School. Rozanne Williams. 2017. (Learn-To-Read Ser.). (ENG., Illus.). (J). pap. 3.49 *(978-1-68310-256-4(8))* Pacific Learning, Inc.

Cat & Dog Go Bananas. Jonathan Bentley. 2020. (Cat & Dog Ser.). (ENG., Illus.). 24p. (J). 17.99 *(978-1-76050-554-7(4))* Hardie Grant Children?s Publishing AUS. Dist: Independent Pubs. Group.

Cat & Dog Go Shopping. Rosa Drew. 2017. (Learn-To-Read Ser.). (ENG., Illus.). (J). pap. 3.49 *(978-1-68310-276-2(2))* Pacific Learning, Inc.

Cat & Dog Have Fun with Science. Rozanne Williams. 2017. (Learn-To-Read Ser.). (ENG., Illus.). (J). pap. 3.49 *(978-1-68310-277-9(0))* Pacific Learning, Inc.

Cat & Dog Make a Super Snack. Kimberlee Graves. 2017. (Learn-To-Read Ser.). (ENG., Illus.). (J). pap. 3.49 *(978-1-68310-273-1(8))* Pacific Learning, Inc.

Cat & Dog Make the Biggest, Best Sandwich. Rozanne Williams. 2017. (Learn-To-Read Ser.). (ENG., Illus.). (J). pap. 3.49 *(978-1-68310-278-6(9))* Pacific Learning, Inc.

Cat & Dog on Playground Patrol. Rozanne Williams. 2017. (Learn-To-Read Ser.). (ENG., Illus.). (J). pap. 3.49 *(978-1-68310-271-7(1))* Pacific Learning, Inc.

Cat & Dog, or Memoirs of Puss & the Captain: A Story Founded on Fact (Classic Reprint) Julia Charlotte Maitland. 2017. (ENG., Illus.). (J). 26.41 *(978-0-331-91269-2(4))* Forgotten Bks.

Cat & Dog's Alphabet. Diane Fox. Illus. by Christyan Fox. 2020. (ENG.). 32p. (J). (gr. -1-3). 16.99 *(978-0-8075-1096-4(3),* 807510963) Whitman, Albert & Co.

Cat & Fiddle Book: Eight Dramatised Nursery Rhymes for Nursery Performers (Classic Reprint) Florence Bell. (ENG., Illus.). (J). 2018. 48p. 24.91 *(978-0-483-87662-0(3))*; 2016. pap. 9.57 *(978-1-334-13243-8(7))* Forgotten Bks.

Cat & Lily Pray for Workers: Children's Prayer Poems. Keith Barry L. Garcia. 2020. (ENG., Illus.). 44p. (J). 24.95 *(978-1-64559-785-8(7))*; pap. 14.95 *(978-1-64559-784-1(9))* Covenant Bks.

Cat & Lily Seasons! Keith Barry L. Garcia. 2022. (Cat & Lily Ser.). (ENG., Illus.). 46p. (J). 25.95 *(978-1-63630-862-3(7))*; pap. 15.95 *(978-1-63630-861-6(9))* Covenant Bks.

Cat & Mouse. Britta Teckentrup. 2019. (ENG., Illus.). 24p. (J). (— 1). bds. 14.95 *(978-3-7913-7374-4(9))* Prestel Verlag GmbH & Co KG. DEU. Dist: Penguin Random Hse. LLC.

Cat & Rat: Practicing the Short a Sound, 1 vol. Timea Thompson. 2016. (Rosen Phonics Readers Ser.). (ENG., Illus.). 8p. (J). (gr. -1-2). pap. *(978-1-5081-3073-4(6),* c8773ce3-d954-497a-af7a-7d615731d17f, Rosen Classroom) Rosen Publishing Group, Inc., The.

Cat & Squirrel. Kippy Dalton. 2016. (Spring Forward Ser.). (J). (gr. 1). *(978-1-4900-3714-1(4))* Benchmark Education Co.

Cat & the Canary (Classic Reprint) Margaret Cameron. (ENG., Illus.). (J). 2018. 82p. 25.59 *(978-0-267-30813-2(2))*; 2016. pap. 9.57 *(978-1-333-35695-8(1))* Forgotten Bks.

Cat & the Cherub: A Play in One (Classic Reprint) C. B. Fernald. 2018. (ENG., Illus.). 38p. (J). 24.70 *(978-0-267-27776-6(8))* Forgotten Bks.

Cat & the Cherub: And Other Stories (Classic Reprint) Chester B. Fernald. 2018. (ENG., Illus.). 262p. (J). 29.30 *(978-0-484-77478-9(6))* Forgotten Bks.

Cat & the Convict. Judie Cross. Illus. by Paul Galy. 2017. (ENG.). (J). *(978-0-6481315-9-5(9))* Beck Shnidman & Alexa Publishing Pty, Ltd.

Cat & the Coracle. Leo Osborne. 2020. (ENG.). 86p. (J). (gr. 1-5). pap. 23.95 *(978-0-578-55184-5(5))* McMillan, Carol.

Cat & the Dog, 1 vol. Patricia Harris. 2017. (Farmyard Tales Ser.). (ENG.). 24p. (gr. 1-1). pap. 9.25 *(978-1-5383-2178-2(5),* 11d0a013-a680-4b61-82f0-720329dbe9e5, PowerKids Pr.) Rosen Publishing Group, Inc., The.

Cat & the Hat. Illus. by Larry Friedlander. 2022. (ENG.). 32p. (J). pap. ***(978-1-922827-40-1(1))*** Library For All Limited.

Cat & the Moon. John Peaseland. 2017. (ENG., Illus.). (J). pap. 12.17 *(978-0-244-60565-0(3))* Lulu Pr., Inc.

Cat & the Rat & the Hat. Em Lynas. Illus. by Matt Hunt. 2021. (ENG.). 32p. (J). (gr. -1-2). 17.99 *(978-1-5362-2310-1(7))* Candlewick Pr.

Cat-Astrophic. Sue C. Dugan. 2023. (Cat with Nine Lives Ser.: Vol. 1). (ENG.). 318p. (YA). pap. 18.99 ***(978-1-5092-4754-7(8))*** Wild Rose Pr., Inc., The.

Cat Behavior. Christina Mia Gardeski. 2016. (Cats, Cats, Cats Ser.). (ENG., Illus.). 24p. (J). (gr. -1-2). lib. bdg. 27.32 *(978-1-5157-0956-5(6),* 132279, Capstone Pr.) Capstone.

Cat Behavior. Contrib. by Marie Pearson. 2023. (Animal Behavior Ser.). (ENG.). 32p. (J). (gr. 2-5). lib. bdg. 34.21 ***(978-1-0982-9101-3(8)***, 41999, Kids Core) ABDO Publishing Co.

C

Cat Between Two Worlds. Lesley Renton. 2017. (ENG., Illus.). 330p. (J). *(978-1-5255-0992-6(6))*; pap. *(978-1-5255-0993-3(4))* FriesenPress.

Cat-Bird (Classic Reprint) Rupert Hughes. 2018. (ENG., Illus.). 92p. (J). 25.81 *(978-0-267-20837-1(5))* Forgotten Bks.

Cat Board & the Cardboard Caper. Kevin Coolidge. Illus. by Jubal Lee. 2022. (Cat Board Ser.: Vol. 1). (ENG.). 40p. (J). pap. 6.99 ***(978-1-0880-7155-7(4))*** From My Shelf Bks. & Gifts.

Cat Book: A Minibombo Book. Silvia Borando. Illus. by Silvia Borando. 2017. (Minibombo Ser.). (ENG., Illus.). 32p. (J). (-k). 9.99 *(978-0-7636-9472-2(X))* Candlewick Pr.

Cat Boy Rise. Grace Tuttle. 2021. (ENG., Illus.). 46p. (J). pap. 15.95 *(978-1-0980-4696-5(X))* Christian Faith Publishing.

Cat Breed Guide: A Complete Reference to Your Purr-Fect Best Friend. Gary Weitzman. 2019. (Illus.). 288p. (J). (gr. 3-7). 19.99 *(978-1-4263-3439-9(7),* National Geographic Kids) Disney Publishing Worldwide.

Cat Burglar & the Banana Moon. Pamela Claire. 2022. (ENG., Illus.). 32p. (J). 22.95 *(978-1-68570-877-1(3))*; pap. 12.95 *(978-1-63874-522-8(6))* Christian Faith Publishing.

Cat Burglars. Gary Spack. 2018. (ENG., Illus.). 32p. (J). (gr. k-6). pap. 13.95 *(978-1-948260-76-3(X))* Strategic Book Publishing & Rights Agency (SBPRA).

Cat Called Cat. Lynda Franklin. 2018. (ENG., Illus.). 52p. (J). (gr. 1-3). *(978-1-5289-2503-7(3))*; pap. *(978-1-5289-2504-4(1))* Austin Macauley Pubs. Ltd.

Cat Called Cat. Lynda Franklin. 2017. (ENG., Illus.). 52p. 23.95 *(978-1-78612-727-3(X),* e6356529-4928-4d95-9a8e-cc23bbaa912f); pap. 15.95 *(978-1-78612-726-6(1),* 90c44df7-6c4f-4518-acbb-ea895bbf1137) Austin Macauley Pubs. Ltd. GBR. Dist: Baker & Taylor Publisher Services (BTPS).

Cat Came Back. Cordell Barker. 2017. (ENG., Illus.). 48p. (J). (gr. k-3). 19.95 *(978-1-77085-929-6(2),* 1b87e8cf-82b4-43af-beda-42e8330a3f67) Firefly Bks., Ltd.

Cat Came By: Cat Came By 2. Kaarina Brooks. 2016. (ENG.). 34p. (J). pap. 14.95 *(978-0-9735152-3-7(6))* Villa Wisteria Pubns.

Cat Can Fly. Rebecca Purcell. 2020. (Cat & Friends Ser.). (Illus.). 24p. (J). (gr. -1-k). bds. 7.95 *(978-1-80036-000-6(2),* 19ea3d05-f776-416d-a8d7-097d894384a2) Starfish Bay Publishing Pty Ltd. AUS. Dist: Baker & Taylor Publisher Services (BTPS).

Cat Can Swim. Rebecca Purcell. 2020. (Cat & Friends Ser.). (Illus.). 24p. (J). (gr. -1-k). bds. 7.95 *(978-1-80036-004-4(5),* c6543c08-4b0e-4fe8-a423-b227f3cf0b83) Starfish Bay Publishing Pty Ltd. AUS. Dist: Baker & Taylor Publisher Services (BTPS).

Cat Care. Christina Mia Gardeski. 2016. (Cats, Cats, Cats Ser.). (ENG., Illus.). 24p. (J). (gr. -1-2). lib. bdg. 27.32 *(978-1-5157-0957-2(4),* 132280, Capstone Pr.) Capstone.

Cat Care: Nutrition, Exercise, Grooming, & More. Carly J. Bacon. 2016. (Cats Rule! Ser.). (ENG., Illus.). 32p. (J). (gr. 3-9). lib. bdg. 28.65 *(978-1-4914-8399-2(7),* 130837, Capstone Pr.) Capstone.

Cat Casey Turns Brownies into a Business. Mara Williams. 2021. (Little Books of Big Business Ser.: Vol. 1). (ENG.). 54p. (J). pap. 6.99 *(978-1-7356784-0-5(6))* Success Hse. Publishing.

Cat (Classic Reprint) Violet Hunt. 2017. (ENG., Illus.). (J). 29.11 *(978-0-265-20283-8(3))* Forgotten Bks.

Cat Claws to Thumbtacks. Jennifer Colby. 2019. (21st Century Junior Library: Tech from Nature Ser.). (ENG.).

24p. (J). (gr. 2-5). pap. 12.79 *(978-1-5341-3951-0(6)*, 212633); (Illus.). lib. bdg. 30.64 *(978-1-5341-4295-4(9)*, 212632) Cherry Lake Publishing.

Cat Coloring Book for Adults: Adult Coloring Book for Cat Lovers & Stress Relief & Relaxation. Elli Steele. 2020. (ENG.). 92p. (YA). pap. 9.75 *(978-1-716-32725-4(3))* Lulu Pr., Inc.

Cat Coloring Book for Kids Ages 4-8: Cute & Adorable Cartoon Cats & Kittens. Young Dreamers Press. Illus. by Fairy Crocs. 2022. (ENG.). 70p. (J). pap. *(978-1-990136-70-2(2))* EnemyOne.

Cat Competition: West Dean Summer Fete 1935. Luke M. J. McEwen. 2016. (ENG., Illus.). (J). pap. *(978-1-910304-04-4(2))* Unchained Pen Ltd.

Cat, Dog & the Tooth Fairy. Rozanne Williams. 2017. (Learn-To-Read Ser.). (ENG., Illus.). (J). pap. 3.49 *(978-1-68310-270-0(3))* Pacific Learning, Inc.

Cat Dog Dog: The Story of a Blended Family. Nelly Buchet. Illus. by Andrea Zuill. 2020. 40p. (J). (gr. -1-2). 17.99 *(978-1-9848-4899-4(2))*; (ENG.). lib. bdg. 20.99 *(978-1-9848-4900-7(X))* Random Hse. Children's Bks. (Schwartz & Wade Bks.).

Cat Ears on Elizabeth. Rachel Vail. Illus. by Paige Keiser. 2021. (Is for Elizabeth Ser.: 3). (ENG.). 128p. (J). pap. 6.99 *(978-1-250-79172-6(3)*, 900186223) Square Fish.

Cat Encyclopedia Merriam Garcia. 2020. (Animal Encyclopedias Ser.). (ENG., Illus.). 192p. (J). (gr. 4-8). lib. bdg. 49.93 *(978-1-5321-9299-9(1)*, 34783, Early Encyclopedias) ABDO Publishing Co.

Cat Encyclopedia for Kids. Joanne Mattern. ed. 2018. (ENG., Illus.). 208p. (J). (gr. 3-9). pap., pap., pap. 14.95 *(978-1-62370-937-2(7)*, 136814, Capstone Young Readers) Capstone.

Cat Eyes. Laura G. Lee. 2018. (ENG., Illus.). 44p. (J). (gr. k-2). 17.99 *(978-0-9990249-4-2(9))* Ripple Grove Pr.

Cat Family. Billy Lee. 2017. (ENG., Illus.). (J). pap. 14.95 *(978-1-63525-534-8(1))* Christian Faith Publishing.

Cat Family at the Museum. Lucy Brownridge. Illus. by Eunyoung Seo. 2023. (Cat Family Ser.). (ENG.). 24p. (J). (gr. -1-1). 22.99 ***(978-0-7112-8328-2(1)***, Frances Lincoln Children's Bks.) Quarto Publishing Group UK GBR. Dist: Hachette Bk. Group.

Cat Family Christmas: A Lift-The-flap Advent Book - with over 140 Flaps. Lucy Brownridge. Illus. by Eunyoung Seo. 2022. (Cat Family Ser.). (ENG.). 24p. (J). (gr. -1-1). ***(978-0-7112-7492-1(4)***, Frances Lincoln Children's Bks.) Quarto Publishing Group UK.

Cat Flies a Kite. Rebecca Purcell. 2021. (Cat & Friends Ser.). (Illus.). 24p. (J). (gr. -1-2). bds. 7.95 *(978-1-80036-016-7(9)*, 70df4ea9-b1f6-4eef-838e-bf6bbe892f89) Starfish Bay Publishing Pty Ltd. AUS. Dist: Baker & Taylor Publisher Services (BTPS).

Cat Food. Katrina O'Hara. 2017. (ENG., Illus.). (J). pap. 18.99 *(978-1-312-97517-0(2))* Lulu Pr., Inc.

Cat Food for Jesus. Roy Nelson Shaulis. 2021. (ENG.). 30p. (J). pap. 14.95 *(978-1-6624-2543-1(0))* Page Publishing Inc.

Cat for Christmas. Diane Marquis. 2018. (ENG., Illus.). 24p. (J). 19.95 *(978-1-64096-137-1(2))* Newman Springs Publishing, Inc.

Cat for William. Pamela Garcia. 2017. (ENG., Illus.). 52p. (J). pap. 11.59 *(978-1-948060-00-4(0))* Star Dust Dream.

Cat Gets Mad. Lara Cain Gray. Illus. by Graham Evans. 2021. (ENG.). 26p. (J). pap. *(978-1-922750-29-7(8))* Library For All Limited.

Cat Gets Mad - e a un Te Katamwa (Te Kiribati) Lara Cain Gray. Illus. by Graham Evans. 2022. (MIS.). 26p. (J). pap. ***(978-1-922918-31-4(8))*** Library For All Limited.

Cat Girl. Layah Vasser. 2016. (ENG.). 50p. (J). pap. ***(978-1-329-90522-1(9))*** Lulu Pr., Inc.

Cat Goes Fast. Rebecca Purcell. 2020. (Cat & Friends Ser.). (Illus.). 24p. (J). (gr. -1-k). bds. 7.95 *(978-1-80036-002-0(9)*, e748f742-dfa7-46a4-8c01-555bc6cb0b01) Starfish Bay Publishing Pty Ltd. AUS. Dist: Baker & Taylor Publisher Services (BTPS).

Cat Got a Lot. Steve Henry. 2018. (I Like to Read Ser.). (Illus.). 32p. (J). (gr. -1-3). pap. 4.99 *(978-0-8234-3990-4(9))* Holiday Hse., Inc.

Cat Got a Lot. Steve Henry. ed. 2018. (I Like to Read Ser.). (ENG.). 28p. (J). (gr. -1-1). 10.00 *(978-1-64310-624-3(4))* Penworthy Co., LLC, The.

Cat Got Your Tongue? ed. 2022. (Batman Adventures Ser.). (ENG.). 135p. (J). (gr. 2-3). 22.99 ***(978-1-68505-180-8(4))*** Penworthy Co., LLC, The.

Cat Has 22 Whiskers a Counting Book. Left Brain Kids. 2016. (ENG., Illus.). (J). pap. 7.51 *(978-1-68376-713-8(6))* Sabeels Publishing.

Cat Has a Plan. Laura Gehl. ed. 2020. (Ready-To-Read Ser.). (ENG., Illus.). 32p. (J). (gr. k-1). 13.96 *(978-1-64697-484-9(0))* Penworthy Co., LLC, The.

Cat Has a Plan: Ready-To-Read Ready-to-Go! Laura Gehl. Illus. by Fred Blunt. 2020. (Ready-To-Read Ser.). (ENG.). 32p. (J). (gr. -1-k). 17.99 *(978-1-5344-5411-8(X))*; pap. 4.99 *(978-1-5344-5410-1(1))* Simon Spotlight. (Simon Spotlight).

Cat Has One Shoe. Rebecca Purcell. 2021. (Cat & Friends Ser.). (Illus.). 24p. (J). (gr. k-1). bds. 7.95 *(978-1-80036-010-5(X)*, fba1706e-b1a4-4aba-be11-5ca462528a52) Starfish Bay Publishing Pty Ltd. AUS. Dist: Baker & Taylor Publisher Services (BTPS).

Cat Heads. Christine Rasmussen. 2021. (ENG.). 28p. (J). *(978-1-5255-8190-8(2))*; pap. *(978-1-5255-8191-5(0))* FriesenPress.

Cat Hears a Roar! Rebecca Purcell. 2021. (Cat & Friends Ser.). (Illus.). 24p. (J). (gr. -1-3). bds. 7.95 *(978-1-80036-012-9(6)*, 2ceb0528-e632-4e05-bff4-c60296055e49) Starfish Bay Publishing Pty Ltd. AUS. Dist: Baker & Taylor Publisher Services (BTPS).

Cat I Never Named: A True Story of Love, War, & Survival. Amra Sabic-El-Rayess & Laura L. Sullivan. 2020. (ENG., Illus.). 384p. (YA). 19.99 *(978-1-5476-0453-1(0)*, 900225749, Bloomsbury Young Adult) Bloomsbury Publishing USA.

Cat in a Crate. Cecilia Minden. Illus. by Kelsey Collings. 2021. (Little Blossom Stories Ser.). (ENG.). 16p. (J). (gr. -1-2). pap. 11.36 *(978-1-5341-8805-1(3)*, 218973, Cherry Blossom Press) Cherry Lake Publishing.

Cat in the Box. Chris Ferrie. 2019. (Illus.). 48p. 17.99 *(978-1-4926-7123-7(1))* Sourcebooks, Inc.

Cat in the Cap & the Better World. Shoshannah Brombacher. 2021. (ENG.). 88p. (J). pap. 14.00 *(978-1-64883-094-5(3)*, ExamWise) Total Recall Learning, Inc.

CAT in the Cathedral. C. M. Millen. 2021. (ENG.). 32p. (J). 16.95 *(978-0-8091-6799-9(9))* Paulist Pr.

Cat in the Clouds. Eric Pinder. 2017. (ENG., Illus.). 32p. (J). (gr. 1-3). 29.99 *(978-1-4671-3848-2(7)*, History Pr., The) Arcadia Publishing.

Cat in the Hat Comes Back. Seuss. ed. 2019. (Dr. Seuss Beginner Bks.). (ENG.). 61p. (J). (gr. k-1). 17.49 *(978-0-87617-602-3(3))* Penworthy Co., LLC, The.

Cat in the Hat Knows a Lot about That 5-Minute Stories Collection (Dr. Seuss /the Cat in the Hat Knows a Lot about That) Random House. Illus. by Random House. 2021. (ENG., Illus.). 160p. (J). (gr. -1-2). 14.99 *(978-0-593-37354-5(5)*, Random Hse. Bks. for Young Readers) Random Hse. Children's Bks.

Cat in the Hat Songbook: 50th Anniversary Edition. Seuss. 2017. (Classic Seuss Ser.). (ENG., Illus.). 72p. (J). (gr. 2-12). 16.99 *(978-0-394-81695-1(1)*, Random Hse. Bks. for Young Readers) Random Hse. Children's Bks.

Cat in the Hat/el Gato Ensombrerado see Cat in the Hat/el Gato Ensombrerado (the Cat in the Hat Spanish Edition): Bilingual Edition

Cat in the Hat's Learning Library Favorites: There's No Place Like Space!; Oh Say Can You Say Di-No-saur?; Inside Your Outside!; Hark! a Shark!, 4 vols. 2020. (Cat in the Hat's Learning Library). (ENG.). 192p. (J). (gr. k-3). 39.96 *(978-0-593-37545-7(9)*, Random Hse. Bks. for Young Readers) Random Hse. Children's Bks.

Cat in the Hat's Learning Library Super-Dee-Dooper Book of Animal Facts. Courtney Carbone. 2022. (Cat in the Hat's Learning Library). (ENG., Illus.). 128p. (J). (gr. k-3). 19.99 *(978-0-525-58164-2(2))*; lib. bdg. 22.99 *(978-0-525-58165-9(0))* Random Hse. Children's Bks. (Random Hse. Bks. for Young Readers).

Cat in the Meadow. Bonnie Ross. 2021. (ENG.). 24p. (J). 22.95 *(978-1-63692-235-5(X))* Newman Springs Publishing, Inc.

Cat Inspector. Katy Fryd. 2022. (ENG.). 32p. (J). pap. ***(978-1-4716-9949-8(8))*** Lulu Pr., Inc.

Cat Is Better. Linda Joy Singleton. Illus. by Jorge Martin. 2017. (ENG.). 32p. (J). (gr. -1-3). 16.99 *(978-1-4998-0278-8(1))* Little Bee Books Inc.

Cat Jobs: A Cat's Day in Haiku. Clifton C. Foster. 2023. (ENG.). 32p. (J). pap. 11.99 ***(978-1-7334967-2-8(6))*** Turquoise Rose Publishing.

Cat Jokes vs. Dog Jokes/Dog Jokes vs. Cat Jokes: A Read-From-Both-Sides Comic Book. David Lewman & John McNamee. 2023. (ENG.). 128p. (J). (gr. 2-6). pap. 9.99 ***(978-1-5235-1205-8(9))*** Workman Publishing Co., Inc.

Cat Kid Comic Club: a Graphic Novel (Cat Kid Comic Club #1): from the Creator of Dog Man. Dav Pilkey. Illus. by Dav Pilkey. 2020. (Cat Kid Comic Club Ser.). (ENG., Illus.). 176p. (J). (gr. 2-2). 12.99 *(978-1-338-71276-6(4)*, Graphix) Scholastic, Inc.

Cat Kid Comic Club: a Graphic Novel (Cat Kid Comic Club #1): from the Creator of Dog Man (Library Edition) Dav Pilkey. Illus. by Dav Pilkey. 2020. (Cat Kid Comic Club Ser.).Tr. of from the Creator of Dog Man. (ENG., Illus.). 176p. (J). (gr. 2-2). 24.99 *(978-1-338-71277-3(2)*, Graphix) Scholastic, Inc.

Cat Kid Comic Club: Collaborations: a Graphic Novel (Cat Kid Comic Club #4): from the Creator of Dog Man. Dav Pilkey. Illus. by Dav Pilkey. 2022. (Cat Kid Comic Club Ser.). (ENG., Illus.). 224p. (J). (gr. 2). 12.99 *(978-1-338-84662-1(0)*, Graphix) Scholastic, Inc.

Cat Kid Comic Club: Collaborations: a Graphic Novel (Cat Kid Comic Club #4): from the Creator of Dog Man (Library Edition) Dav Pilkey. Illus. by Dav Pilkey. 2022. (Cat Kid Comic Club Ser.). (ENG.). 224p. (J). (gr. 2). 24.99 *(978-1-338-84663-8(9)*, Graphix) Scholastic, Inc.

Cat Kid Comic Club Collection: from the Creator of Dog Man (Cat Kid Comic Club #1-3 Boxed Set), 1 vol. Dav Pilkey. Illus. by Dav Pilkey. 2022. (Cat Kid Comic Club Ser.).Tr. of Cat Kid Comic Club #1-3 Boxed Set. (ENG.). 624p. (J). (gr. 2). 38.97 *(978-1-338-86439-7(4)*, Graphix) Scholastic, Inc.

Cat Kid Comic Club: on Purpose: a Graphic Novel (Cat Kid Comic Club #3): from the Creator of Dog Man, 1 vol. Dav Pilkey. Illus. by Dav Pilkey. 2022. (Cat Kid Comic Club Ser.). (ENG., Illus.). 224p. (J). (gr. 2). 12.99 *(978-1-338-80194-1(5)*, Graphix) Scholastic, Inc.

Cat Kid Comic Club: on Purpose: a Graphic Novel (Cat Kid Comic Club #3): from the Creator of Dog Man (Library Edition) Dav Pilkey. Illus. by Dav Pilkey. 2022. (Cat Kid Comic Club Ser.). (ENG.). 224p. (J). (gr. 2). 24.99 *(978-1-338-80195-8(3)*, Graphix) Scholastic, Inc.

Cat Kid Comic Club: Perspectives: a Graphic Novel (Cat Kid Comic Club #2): from the Creator of Dog Man. Dav Pilkey. Illus. by Dav Pilkey. 2021. (Cat Kid Comic Club Ser.). (ENG., Illus.). 224p. (J). (gr. 2). 12.99 *(978-1-338-78485-5(4)*, Graphix) Scholastic, Inc.

Cat Kid Comic Club: Perspectives: a Graphic Novel (Cat Kid Comic Club #2): from the Creator of Dog Man (Library Edition) Dav Pilkey. Illus. by Dav Pilkey. 2021. (Cat Kid Comic Club Ser.). (ENG.). 224p. (J). (gr. 2). 24.99 *(978-1-338-78486-2(2)*, Graphix) Scholastic, Inc.

Cat King of Havana. Tom Crosshill. 2016. (ENG.). 368p. (YA). (gr. 8). 17.99 *(978-0-06-242283-5(9)*, Tegen, Katherine Bks) HarperCollins Pubs.

Cat King's Quest. James Sprayberry. 2021. (ENG., Illus.). 40p. (J). pap. 15.95 *(978-1-6624-4625-2(X))* Page Publishing Inc.

Cat Ladies. Susi Schaefer. Illus. by Susi Schaefer. 2020. (ENG., Illus.). 32p. (J). (gr. -1-3). 16.99 *(978-1-4197-4082-4(2)*, 1285801, Abrams Bks. for Young Readers) Abrams, Inc.

Cat Like That. Isla Rose Coghill. 2020. (ENG.). 42p. (J). pap. *(978-1-716-01842-8(0))* Lulu Pr., Inc.

Cat Likes Red. Christopher Russo. (I Like to Read Ser.). (Illus.). 32p. (J). (gr. -1-3). 2022. pap. 7.99 *(978-0-8234-5125-8(9))*; 2021. 15.99 *(978-0-8234-4587-5(9))* Holiday Hse., Inc.

Cat Litter Cake & Other Horrifying Desserts. Ali Vega. 2017. (Little Kitchen of Horrors Ser.). (ENG., Illus.). 32p. (J). (gr. 2-5). 26.65 *(978-1-5124-2574-1(5)*, 03b0f085-a2d9-4685-98ba-2137ba4b4367); E-Book 39.99 *(978-1-5124-3767-6(0)*, 9781512437676); E-Book 6.99 *(978-1-5124-3768-3(9)*, 9781512437683) Lerner Publishing Group. (Lerner Pubns.).

Cat Mandoo: The Feline Who Flew. Alexis Kasden. 2019. (ENG.). 44p. (J). pap. 14.95 *(978-1-68456-340-1(2))* Page Publishing Inc.

Cat Mazes: 29 Colorful Mazes. Clever Publishing & Nora Watkins. Illus. by Inna Anikeeva. 2023. (Clever Mazes Ser.). (ENG.). 32p. (J). (gr. -1-3). pap. 5.99 *(978-1-956560-50-3(5))* Clever Media Group.

Cat Morgan. T. S. Eliot. 2019. (Old Possum Picture Bks.). (ENG., Illus.). 32p. pap. 9.95 *(978-0-571-34582-3(4)*, Faber & Faber Children's Bks.) Faber & Faber, Inc.

Cat Must Go! Sydney Patton. 2021. (ENG.). 36p. (J). 14.95 *(978-0-578-92793-0(4))* SDP Publishing.

Cat Named Denali, Book Two: Arlington! Gretchen Schuyler Brenckle. 2016. (Cat Named Denali Ser.). (ENG., Illus.). (J). (gr. -1-3). 14.95 *(978-1-63177-788-2(2))* Amplify Publishing Group.

Cat Named Don Gato. Carol Amaya. 2020. (ENG.). 34p. (J). pap. 14.95 *(978-1-64628-641-6(3))* Page Publishing Inc.

Cat Named Ron. Kelly Jean Lietaert. 2019. (ENG.). 38p. (J). 14.95 *(978-1-64307-573-0(X))* Amplify Publishing Group.

Cat Named Swan. Holly Hobbie. 2017. (Illus.). 32p. (J). (gr. -1-2). 17.99 *(978-0-553-53744-4(X)*, Random Hse. Bks. for Young Readers) Random Hse. Children's Bks.

Cat Named Tim & Other Stories. John Martz. 2021. (Illus.). 60p. (J). (gr. -1-3). 18.99 *(978-0-7352-7098-5(8)*, Tundra Bks.) Tundra Bks. CAN. Dist: Penguin Random Hse. LLC.

Cat Named Tree: The Little Netherton Books. Mary Ann Netherton. 2019. (Little Netherton Bks.: Vol. 2). (ENG., Illus.). 28p. (J). 19.99 *(978-1-950454-03-7(7))* Pen It Pubns.

Cat Named Whalebone. Jacqueline Edwards. 2019. (ENG., Illus.). 36p. (J). pap. *(978-1-9997107-1-2(1))* Sphinx Hse.

Cat Nap. Toni Yuly. 2017. (ENG., Illus.). 32p. (J). bds. 9.99 *(978-1-250-11261-3(3)*, 900170501) Feiwel & Friends.

Cat Needs a Purpose: As Told by Brownee the Story Lizard. Sharon Lee Brown. Illus. by Sharon Revell. 2018. (Brownee the Story Lizard Ser.: Vol. 3). (ENG.). 38p. (J). (gr. k-4). 14.95 *(978-0-692-08944-6(6))* Starla Enterprises, Inc.

Cat Ninja. Matthew Cody. Illus. by Yehudi Mercado. 2020. (Cat Ninja Ser.: 1). (ENG.). 160p. (J). 13.99 *(978-1-5248-6138-4(3))*;Volume 1. pap. 9.99 *(978-1-5248-6094-3(8))* Andrews McMeel Publishing.

Cat Ninja, 1. Matthew Cody. ed. 2022. (Cat Ninja Ser.). (ENG.). 148p. (J). (gr. 2-3). 21.46 ***(978-1-68505-202-7(9))*** Penworthy Co., LLC, The.

Cat Ninja Box Set: Books 1-3. Matthew Cody et al. Illus. by Yehudi Mercado et al. 2022. (Cat Ninja Ser.). (ENG.). 496p. (J). pap. 29.99 *(978-1-5248-7684-5(4))* Andrews McMeel Publishing.

Cat Ninja: Time Heist. Matthew Cody. Illus. by Chad Thomas. 2021. (Cat Ninja Ser.: 2). (ENG.). 160p. (J). 13.99 *(978-1-5248-6808-6(6))*;Volume 2. pap. 9.99 *(978-1-5248-6758-4(6))* Andrews McMeel Publishing.

Cat Ninja: Wanted. Matthew Cody et al. Illus. by Chad Thomas et al. 2022. (Cat Ninja Ser.: 3). (ENG.). 176p. (J). 13.99 *(978-1-5248-7534-3(1))*; pap. 9.99 *(978-1-5248-7510-7(4))* Andrews McMeel Publishing.

Cat Ninja: Welcome to The 'Burbs, Volume 4. Matthew Cody. Illus. by Chad Thomas & Warren Wucinich. 2022. (Cat Ninja Ser.: 4). (ENG.). 160p. (J). 21.99 *(978-1-5248-7936-5(3))*; pap. 12.99 *(978-1-5248-7585-5(6))* Andrews McMeel Publishing.

Cat of Bubastes. G. A. Henty. 2018. (ENG., Illus.). 286p. (J). 24.99 *(978-1-5154-3201-2(7))* Wilder Pubns., Corp.

Cat of Bubastes: A Tale of Ancient Egypt. G. A. Henty. 2018. (ENG., Illus.). 188p. (J). pap. *(978-1-387-82902-6(5))* Lulu Pr., Inc.

Cat of Bubastes: A Tale of Ancient Egypt. G. A. Henty. 2019. (ENG.). 400p. (J). pap. *(978-93-5329-998-9(5))* Alpha Editions.

Cat of Bubastes: A Tale of Ancient Egypt (Classic Reprint) G. A. Henty. 2018. (ENG., Illus.). 404p. (J). 32.23 *(978-0-364-08660-5(2))* Forgotten Bks.

Cat of Bubastes: A Tale of Ancient Egypt (Hardcover) G. A. Henty. 2018. (ENG., Illus.). 188p. (J). *(978-1-387-82903-3(3))* Lulu Pr., Inc.

Cat-Ographies, 6 vols., Set. Incl. Abyssinians: Egyptian Royalty? Dawn Bluemel Oldfield. (J). lib. bdg. 26.99 *(978-1-61772-145-8(X))*; American Shorthairs: Pioneers. Jessica Rudolph. (YA). lib. bdg. 26.99 *(978-1-61772-143-4(3))*; Maine Coons: Super Big. Nancy White. (J). lib. bdg. 26.99 *(978-1-61772-142-7(5))*; Persians: Long-Haired Friends. Joyce L. Markovics. (YA). lib. bdg. 26.99 *(978-1-61772-141-0(7))*; Ragdolls: Alien Cats. Judith Bauer Stamper. (YA). lib. bdg. 26.99 *(978-1-61772-146-5(8))*; Siamese: Talk to Me! Nancy White. (J). lib. bdg. 26.99 *(978-1-61772-144-1(1))*; (gr. 2-5). 24p. 2011. Set lib. bdg. 135.66 *(978-1-61772-140-3(9))* Bearport Publishing Co., Inc.

Cat on Sean's Balcony. J. J. Shetland. 2018. (ENG., Illus.). 164p. (J). pap. *(978-0-244-11800-6(0))* Lulu Pr., Inc.

Cat on the Bus. Aram Kim. 2018. (Illus.). 32p. (J). (-k). pap. 7.99 *(978-0-8234-4037-5(0))* Holiday Hse., Inc.

Cat on the Bus. Aram Kim & Aram Kim. 2016. (ENG., Illus.). 32p. (J). (gr. -1-k). 16.95 *(978-0-8234-3647-7(0))* Holiday Hse., Inc.

Cat on the Catamaran: A Christmas Tale. John Martin. Illus. by Carol Clemons. 2020. (ENG.). 28p. (J). 14.99 *(978-1-935688-36-5(7))* Winged Lion Pr., LLC.

Cat on the Mat: All about Mindfulness. Bonnie Worth. Illus. by Aristides Ruiz. 2021. (Cat in the Hat's Learning Library). (ENG.). 48p. (J). (gr. k-4). 9.99 *(978-0-593-37935-6(7))*; lib. bdg. 12.99 *(978-0-593-37936-3(5))* Random Hse. Children's Bks. (Random Hse. Bks. for Young Readers).

Cat on the Run in Cat of Death! (Cat on the Run #1) - from the Creator of the Bad Guys, Vol .1. Aaron Blabey. 2023. (ENG.). 192p. (J). (gr. 2-5). pap. 7.99 ***(978-1-338-83182-5(8)***, Scholastic Paperbacks) Scholastic, Inc.

Cat o'Nine Tails. Julia Golding. 2018. (ENG., Illus.). 374p. (J). (gr. 5-9). pap. *(978-1-910426-18-0(0))* Frost Wolf.

Cat or Tiger (Wild World: Pets & Wild Animals) Brenna Maloney. 2023. (Wild World Ser.). (ENG.). 32p. (J). (gr. k-2). 25.00 ***(978-1-338-89977-1(5))***; pap. 6.99 ***(978-1-338-89978-8(3))*** Scholastic Library Publishing. (Children's Pr.).

Cat Pack after Lunch. Adrienne L. Stemen. Illus. by Mariana Hnatenko. 2022. (Cat Pack Ser.: 1). 30p. (J). (gr. -1-k). pap. 11.99 *(978-1-6678-4463-3(6))* BookBaby.

Cat Pack Power (PAW Patrol) Courtney Carbone. Illus. by Fabrizio Petrossi. 2023. (Little Golden Book Ser.). (ENG.). 24p. (J). (-k). 5.99 *(978-0-593-64725-7(4)*, Golden Bks.) Random Hse. Children's Bks.

Cat Pals. Pat Jacobs. 2017. (Pet Pals Ser.). (Illus.). 32p. (J). (gr. 3-3). *(978-0-7787-3550-2(8))* Crabtree Publishing Co.

Cat Parade. Jp Rogers. 2021. (ENG.). 28p. (J). pap. 9.98 *(978-1-7378966-0-9(5))* Southampton Publishing.

Cat Plays a Drum. Rebecca Purcell. 2021. (Cat & Friends Ser.). (Illus.). 24p. (J). (gr. -1-2). bds. 7.95 *(978-1-80036-018-1(5)*, e4ca940d-23a9-43a3-997a-13586fb13e9c) Starfish Bay Publishing Pty Ltd. AUS. Dist: Baker & Taylor Publisher Services (BTPS).

Cat Poop or Rabbit Poop?, 1 vol. Colin Matthews. 2019. (Scoop on Poop! Ser.). (ENG.). 24p. (gr. 1-2). 24.27 *(978-1-5382-2953-8(6)*, 2634076d-3da2-4cdc-84e1-e51126e3d121) Stevens, Gareth Publishing LLLP.

Cat Princess. Arianna Thapaliya. 2023. (ENG.). 42p. (J). pap. 9.99 ***(978-1-0879-6063-0(0))*** Indy Pub.

Cat Problems. Jory John. Illus. by Lane Smith. 2021. (Animal Problems Ser.). (ENG.). 48p. (J). (gr. -1-2). 18.99 *(978-0-593-30213-2(3))*; lib. bdg. 20.99 *(978-0-593-30214-9(1))* Random Hse. Children's Bks.

Cat Proposed. Dento Hayane. 2021. (Illus.). 256p. (gr. 10-1). pap. 14.99 *(978-1-4278-6748-3(8)*, 2fc57d8c-96a0-4c7f-9770-17dc473a350b) TOKYOPOP, Inc.

Cat Quest: The Crystal of Power. Fjs Creative Writing Club. 2022. (ENG.). 80p. (J). pap. *(978-1-4716-3417-8(5))* Lulu Pr., Inc.

Cat Rule! Maureen Webster & Carly J. Bacon. 2016. (Cats Rule! Ser.). (ENG., Illus.). 32p. (J). (gr. 3-9). 122.60 *(978-1-4914-8419-7(5)*, 24085, Capstone Pr.) Capstone.

Cat Says Meow: Caring for Your Cat for Kids - Pet Books for Kids - Children's Animal Care & Pets Books. Pfiffikus. 2016. (ENG., Illus.). (J). pap. 10.81 *(978-1-68377-584-3(8))* Whlke, Traudl.

Cat Science Unleashed. Jodi Wheeler-Toppen. ed. 2020. (Nat'l Geo Kids Hands-On Science Ser.). (ENG., Illus.). 80p. (J). (gr. 4-5). 25.96 *(978-1-64697-154-1(X))* Penworthy Co., LLC, The.

Cat Science Unleashed: Fun Activities to Do with Your Feline Friend. Jodi Wheeler-Toppen. 2019. (Illus.). 80p. (J). (gr. 3-7). pap. 12.99 *(978-1-4263-3441-2(9))*; (ENG.). lib. bdg. 22.90 *(978-1-4263-3442-9(7))* Disney Publishing Worldwide. (National Geographic Kids).

Cat Sees Snow: Ready-To-Read Ready-to-Go! Laura Gehl. Illus. by Fred Blunt. 2023. (Ready-To-Read Ser.). (ENG.). 32p. (J). (gr. -1-k). 17.99 ***(978-1-6659-2040-7(8))***; pap. 4.99 ***(978-1-6659-2039-1(4))*** Simon Spotlight. (Simon Spotlight).

Cat Show (Garfield) Golden Books. Illus. by Golden Books. 2022. (Little Golden Book Ser.). (ENG., Illus.). 24p. (J). (-k). 5.99 *(978-0-593-43064-4(6)*, Golden Bks.) Random Hse. Children's Bks.

Cat Shows: Competing for Top Prize. Rebecca Rissman. 2016. (Cats Rule! Ser.). (ENG., Illus.). 32p. (J). (gr. 3-9). lib. bdg. 28.65 *(978-1-4914-8401-2(2)*, 130839, Capstone Pr.) Capstone.

Cat Speak: Revealing Answers to the Strangest Cat Behaviors. Maureen Webster. 2016. (Cats Rule! Ser.). (ENG., Illus.). 32p. (J). (gr. 3-9). lib. bdg. 28.65 *(978-1-4914-8400-5(4)*, 130838, Capstone Pr.) Capstone.

Cat Spies Mouse, 1 vol. Rina Foti. Illus. by Dave Atze. 2019. (ENG.). 32p. (J). (gr. -1-2). pap. 11.00 *(978-1-7253-9370-7(0)*, 3578a2f4-81aa-4a80-9025-a6fe10bd3ae3); lib. bdg. 28.93 *(978-1-7253-9372-1(7)*, 8985c7fe-5063-4620-bb92-88bf019da10e) Rosen Publishing Group, Inc., The. (Windmill Bks.).

Cat-Stane, Edinburghshire: Is It Not the Tombstone of the Grandfather of Hengist & Horsa? (Classic Reprint) James Young Simpson. 2017. (ENG., Illus.). (J). 56p. 25.07 *(978-0-484-90190-1(7))*; pap. 9.57 *(978-0-282-03469-6(2))* Forgotten Bks.

Cat Stepped in the Pumpkin Pie Coloring Book. Smarter Activity Books for Kids. 2016. (ENG., Illus.). (J). pap. 9.22 *(978-1-68374-425-2(X))* Examined Solutions PTE. Ltd.

Cat Stole My Pants. Stephan Pastis. 2017. (Illus.). 304p. (J). *(978-1-4063-7716-3(3))* Candlewick Pr.

Cat Stories: Letters from a Cat; Mammy Tittleback & Her Family; the Hunter Cats of Connorloa (Classic Reprint) Helen Jackson. 2017. (ENG., Illus.). (J). 32.31 *(978-0-260-08787-4(4))* Forgotten Bks.

Cat Story. Ursula Murray Husted. 2020. (ENG., Illus.). 192p. (J). (gr. 3-7). 22.99 *(978-0-06-293205-1(5)*, Quill Tree Bks.) HarperCollins Pubs.

Cat Story: Graphic Novel. Ursula Murray Husted. 2020. (ENG., Illus.). 192p. (J). (gr. 3-7). pap. 12.99 *(978-0-06-293204-4(7)*, Quill Tree Bks.) HarperCollins Pubs.

Cat-Tailed Rabbit & Other Stories. Tang Tang. Ed. by Rebecca Moesta. Illus. by Lü Qiumei. 2022. (ENG.). 84p. (J). 27.99 *(978-1-68057-304-6(7))* WordFire Pr.

Cat Tails. Peggy Lee Tremper. 2016. (ENG., Illus.). 48p. (J). pap. *(978-1-365-24060-7(6))* Lulu Pr., Inc.

Cat Tails. Tony Ridgway. I.t. ed. 2017. (ENG., Illus.). (J). (gr. 2-6). 17.95 *(978-1-61477-296-5(7))* Bellissima Publishing, LLC.

Cat-Tails: And Other Tales (Classic Reprint) Mary H. Howliston. 2018. (ENG., Illus.). 198p. (J). 27.98 *(978-0-483-35115-8(6))* Forgotten Bks.

Cat Tale. Barbara M. Tegeder. Illus. by Ernest Tegeder. 2021. (ENG.). 34p. (J). pap. 16.95 *(978-1-63844-851-8(5))* Christian Faith Publishing.

Cat Tales. Don Halstead & Gramsy Halstead. 2022. (ENG., Illus.). 34p. (J). pap. 13.95 *(978-1-6624-7091-2(6))* Page Publishing Inc.

Cat Tales: True Stories of Fantastic Felines. Penelope Rich. Illus. by Isabel Muñoz. 2021. (ENG.). 96p. (J). pap. 9.99 *(978-1-83940-615-7(1),* 010fe455-1913-4318-a273-fd0e53a0c5e0) Arcturus Publishing GBR. Dist: Baker & Taylor Publisher Services (BTPS).

Cat Tales: True Stories of Kindness & Companionship with Kitties. Aline Alexander Newman. 2017. (Illus.). 160p. (J). (gr. -1-7). 12.99 *(978-1-4263-2734-6(X),* National Geographic Kids) Disney Publishing Worldwide.

Cat Tales in Verse (Classic Reprint) Elliot Walker. (ENG., Illus.). (J). 2018. 60p. 25.13 *(978-0-483-76066-0(8));* 2016. pap. 9.57 *(978-1-333-35338-4(3))* Forgotten Bks.

Cat-Tastic Heroes to the Rescue (Gabby's Dollhouse Storybook), 1 vol. Gabhi Martins. 2021. (ENG.). 24p. (J). (gr. -1-k). pap. 5.99 *(978-1-338-64158-5(1))* Scholastic, Inc.

Cat That Came Back. Erlene Pritchard Hudson. 2017. (ENG., Illus.). (J). pap. 15.95 *(978-1-5127-9471-7(6),* WestBow Pr.) Author Solutions, LLC.

Cat That Came with the House. R. Scott Exum. Illus. by Whitney Lyn Froelich. 2022. (ENG.). 26p. (J). 19.75 *(978-1-6629-1069-2(X));* pap. 9.50 *(978-1-6629-1070-8(3))* Gatekeeper Pr.

Cat That Grew & Grew. Robin Twiddy. Illus. by Angela Mayers. 2023. (Level 8 - Purple Set Ser.). (ENG.). 32p. (J). (gr. 1-4). lib. bdg. 19.95 Bearport Publishing Co., Inc.

Cat the Fiddle & Me: A Magical Songbook Journey. Larry L. Keen & Jim M. Copacino. Illus. by Colleen Taylor. 2019. (Colorful Illustrative Lyrical Song Book Ser.: Vol. 1). (ENG.). 44p. (J). (gr. k-6). 26.99 *(978-0-578-52021-6(4))* Taylor, Colleen.

Cat, the Owl & the Fresh Fish. Nadine Robert. Illus. by Sang Miao. 2023. (ENG.). 36p. (J). (gr. -1-2). 18.99 *(978-1-990252-17-4(6))* Milky Way Picture Bks. CAN. Dist: Abrams, Inc.

CAT, the RAT, & ME. 2020. (ENG., Illus.). 26p. (J). pap. 7.99 *(978-1-951469-39-9(9))* Bookwhip.

Cat They Call Goofball. Kathryn Parker. 2019. (ENG., Illus.). 30p. (J). 23.95 *(978-1-64559-255-6(3));* pap. 13.95 *(978-1-64559-254-9(5))* Covenant Bks.

Cat to Bat. Joyce Markovics. 2019. (Read & Rhyme Level 1 Ser.). (ENG., Illus.). 16p. (J). (gr. -1-1). 24.21 *(978-1-64280-538-3(6))* Bearport Publishing Co., Inc.

Cat vs. Vac: Ready-To-Read Level 1. Kaz Windness. Illus. by Kaz Windness. 2023. (Ready-To-Read Ser.). (ENG., Illus.). 32p. (J). (gr. -1-1). 17.99 ***(978-1-6659-3718-4(1));*** pap. 4.99 ***(978-1-6659-3717-7(3))*** Simon Spotlight. (Simon Spotlight).

Cat Wants Cuddles. P. Crumble. Illus. by Lucinda Gifford. 2021. (ENG.). 32p. (J). (gr. -1-k). pap. 7.99 *(978-1-338-74122-3(5),* Orchard Bks.) Scholastic, Inc.

Cat Wants Kittens. P. Crumble. ed. 2022. (Cat Wants... Ser.). (ENG.). 32p. (J). (gr. k-1). 20.46 ***(978-1-68505-407-6(2))*** Penworthy Co., LLC, The.

Cat Wants Kittens. P. Crumble. Illus. by Lucinda Gifford. 2022. (ENG.). 32p. (J). (gr. -1-k). pap. 7.99 *(978-1-338-74123-0(3),* Scholastic Pr.) Scholastic, Inc.

Cat Who Ate Asparagus. Bonnie Sandman & Chrissy Sandman. Ed. by Dan Sandman. Illus. by Caitlyn Notaro. 2021. 24p. (J). pap. 15.00 *(978-1-0983-5277-6(7))* BookBaby.

Cat Who Ate Christmas. Lil Chase. Illus. by Thomas Docherty. 2018. (ENG.). 96p. (J). (gr. 1-5). 13.99 *(978-0-7624-6475-3(5),* Running Pr. Kids) Running Pr.

Cat Who Ate Christmas. Lil Chase. 2018. (Illus.). 91p. (J). pap. *(978-0-7624-6476-0(3),* Running Pr.) Running Pr.

Cat Who Came Back from the Dead. Gillian Rogerson. 2019. (ENG.). 94p. (J). pap. 8.99 *(978-1-393-91531-7(0))* Draft2Digital.

Cat Who Came by Plane. Hannelore U. Ramanayake. 2021. (ENG.). 48p. (J). 23.99 *(978-1-954095-79-3(1))* Yorkshire Publishing Group.

Cat Who Couldn't Purr. Rosie B. 2021. (ENG.). 24p. (J). pap. *(978-0-2288-5509-5(8))* Tellwell Talent.

Cat Who Lived with Anne Frank. David Lee Miller & Steven Jay Rubin. Illus. by Elizabeth Baddeley. 2019. (ENG.). 40p. (J). (gr. -1-3). 18.99 *(978-1-5247-4150-1(7),* Philomel Bks.) Penguin Young Readers Group.

Cat Who Lost His Whiskers, an Odyssey. Harlee Newman. Illus. by Mary Lotorto-Soroka. 2020. (ENG.). 42p. (J). pap. 7.99 *(978-1-0878-5923-1(9))* Indy Pub.

Cat Who Loved the Moon. Jennifer Lea Reynolds. 2020. (ENG.). 24p. (J). 15.99 *(978-1-7344892-6-2(X))* Mindstir Media.

Cat Who Ruled the Town: Ready-To-Read Level 2. May Nakamura. Illus. by Rachel Sanson. 2019. (Tails from History Ser.). (ENG.). 32p. (J). (gr. k-2). 17.99 *(978-1-5344-3643-5(X));* pap. 4.99 *(978-1-5344-3642-8(1))* Simon Spotlight. (Simon Spotlight).

Cat Who Thinks She Is a Pig & Other Stories We Write Together: Once upon a Pancake: for the Youngest Storytellers. Rick Benger. 2023. (ENG.). 64p. (J). (gr. -1-k). pap. 13.00 ***(978-1-4434-7099-5(6),*** Collins) HarperCollins Canada, Ltd. CAN. Dist: HarperCollins Pubs.

Cat Wishes. Calista Brill & Kenard Pak. 2018. (ENG., Illus.). 32p. (J). (gr. -1-3). 17.99 *(978-0-544-61055-2(5),* 1617393, Clarion Bks.) HarperCollins Pubs.

Cat with No Name: A Story about Sadness. Kochka. Illus. by Marie Leghima. 2021. (What a Feeling Ser.). (ENG.). 32p. (J). (gr. -1-1). ***(978-0-7112-5865-5(1),*** Words & Pictures) Quarto Publishing Group UK.

Cat with the Crooked Tail: A Dance-It-Out Creative Movement Story for Young Movers. Once Upon A Dance. Illus. by Tkachenko. 2021. (ENG.). 40p. (J). 19.99 *(978-1-955555-06-7(0));* (Dance-It-Out! Creative Movement Stories for Young Movers Ser.: Vol. 5). pap. 9.99 *(978-1-955555-04-3(4))* Once Upon a Dance.

Cat with the Hemingway Paw. Mare Wisma. Illus. by Bruno Cruz. 2019. (ENG.). 30p. (J). (gr. k-3). 16.50 *(978-1-7324576-3-8(8))* Abdullah, Mary.

Cat with the Question Mark Tail. Robert H. Thompson. 2019. (ENG.). 30p. (J). pap. 13.95 *(978-1-0980-0982-3(7))* Christian Faith Publishing.

Cat with Twenty Toes. Tony Lovitt. Illus. by Izzy Bean. 2021. (ENG.). 30p. (J). 19.95 *(978-1-7345039-9-9(8))* TALENT.

Cataclysm. Z. A. G. Entertainment et al. 2017. (ENG., Illus.). 192p. (J). pap. 9.99 *(978-1-63229-277-3(7),* b914e727-76cf-4777-80d9-7775276815fa) Action Lab Entertainment.

Cataclysm of Age Earth. Raymond Bradley. 2018. (ENG., Illus.). 130p. (YA). pap. 11.95 *(978-1-64214-730-8(3))* Page Publishing Inc.

Catacombs of Chaos: A Lottie Lipton Adventure. Dan Metcalf. Illus. by Rachelle Panagarry. 2017. (Adventures of Lottie Lipton Ser.). (ENG.). 80p. (J). (gr. 2-5). pap. 6.99 *(978-1-5124-8185-3(8),* bf98dbb4-ffb2-40d9-baa2-c10e0ea72223, Darby Creek) Lerner Publishing Group.

Catafal's Crow. Mere Joyce. 2021. (ENG.). 320p. (J). pap. *(978-0-3695-0349-7(X))* Evernight Publishing.

Catalejo Lacado / the Amber Spyglass. Philip Pullman. Tr. by Dolors Gallart & Camila Batlles. 2019. (Materia Oscura/ His Dark Materials Ser.). (SPA.). 498p. (J). (gr. 5-12). pap. 16.95 *(978-84-18014-02-4(4))* Penguin Random House Grupo Editorial ESP. Dist: Penguin Random Hse. LLC.

Catalejo Lacado/ the Amber Spyglass. Philip Pullman. Tr. by Dolors Gallart & Camila Batlles. 2017. (Materia Oscura/ His Dark Materials Ser.). (SPA.). 498p. (J). (gr. 5). 17.95 *(978-84-17092-58-0(7))* Penguin Random House Grupo Editorial ESP. Dist: Penguin Random Hse. LLC.

Catalina, 1 vol. Lori Doody. 2021. (ENG., Illus.). 40p. (J). (gr. -1-k). pap. 9.95 *(978-1-927917-41-1(7))* Running the Goat, Bks. & Broadsides CAN. Dist: Orca Bk. Pubs. USA.

Catalina & the King's Wall. Patricia Costello. Illus. by Diane Cojocaru. 2018. (ENG.). 34p. (J). (gr. k-5). pap. 9.99 *(978-1-63233-101-4(2))* Eifrig Publishing.

Catalog of Copyright Entries, Third Series, Parts 7-11 a, Number 1, Vol. 2: Works of Art; Reproductions of Works of Art; Scientific & Technical Drawings; Photographic Works; Prints & Pictorial Illustrations; January-June, 1948 (Classic Reprint) Library Of Congress Copyright Office. 2016. (ENG., Illus.). (J). pap. 11.97 *(978-1-334-16761-4(3))* Forgotten Bks.

Catalog of Copyright Entries, Vol. 3: Part 6; Maps; January-June, 1949 (Classic Reprint) Library Of Congress Copyright Office. 2017. (ENG., Illus.). (J). pap. 9.57 *(978-0-259-07957-6(X))* Forgotten Bks.

Catalog of Copyright Entries, Vol. 4: Engravings, Cuts, & Prints; Chromos & Lithographs; Photographs; Fine Arts; January, 1909 (Classic Reprint) Library Of Congress Copyright Office. 2017. (ENG., Illus.). (J). pap. 19.57 *(978-0-259-95517-7(5))* Forgotten Bks.

Catalog of Copyright Entries, Vol. 41: Part 4; Works of Art; Reproductions of a Work of Art; Drawings of Plastic Works of a Scientific or Technical Character; Photographs; Prints & Pictorial Illustrations, Including Prints & Labels Used for Articles O. Library Of Congress Copyright Office. (ENG., Illus.). (J). 2018. 800p. 40.40 *(978-0-428-93277-0(0));* 2017. pap. 23.57 *(978-0-243-30337-3(8))* Forgotten Bks.

Catalog of General Publications & Appliances, 1932 (Classic Reprint) Unknown Author. (ENG., Illus.). (J). 2018. 144p. 26.89 *(978-0-365-41586-2(3));* 2017. pap. 9.57 *(978-0-259-91223-1(9))* Forgotten Bks.

Catalog of General Publications & Appliances, 1937 (Classic Reprint) Unknown Author. 2017. (ENG., Illus.). (J). 26.04 *(978-0-265-91938-5(X));* pap. 9.57 *(978-1-5284-1190-5(0))* Forgotten Bks.

Catalog of Kodascope Talking-Film Library (Classic Reprint) Kodascope Libraries Inc. (ENG., Illus.). (J). 2018. 94p. 25.86 *(978-0-365-13063-5(X));* 2017. pap. 9.57 *(978-0-259-45891-3(0))* Forgotten Bks.

Catalog of Library Books Recommended for School Districts in the State of Montana, 1920 (Classic Reprint) May Trumper. (ENG., Illus.). (J). 2018. 140p. 26.78 *(978-0-483-59125-7(4));* 2017. pap. 9.57 *(978-0-259-97369-0(6))* Forgotten Bks.

Catalog of Pathex Motion Pictures for the Home, 1927 (Classic Reprint) Pathex Firm. (ENG., Illus.). (J). 2018. 70p. 25.34 *(978-0-331-67091-2(7));* 2017. pap. 9.57 *(978-0-259-42028-6(X))* Forgotten Bks.

Catalog of Talking Books for Juvenile Readers (Classic Reprint) Division For the Blind. (ENG., Illus.). (J). 2018. 124p. 26.47 *(978-0-364-95577-2(5));* 2017. pap. 9.57 *(978-0-259-86316-8(5))* Forgotten Bks.

Catalogue & Bibliography of North American Mesozoic Invertebrata (Classic Reprint) Cornelius Breckinridge Boyle. 2017. (ENG., Illus.). (J). pap. 13.57 *(978-0-331-79504-2(3))* Forgotten Bks.

Catalogue de Livres d'Estampes et de Figures en Taille-Douce. Avec un Denombrement des Pieces. De Marolles-M. 2016. (Generalites Ser.). (FRE., Illus.). (J). pap. *(978-2-01-957866-4(2))* Hachette Groupe Livre.

Catalogue des Coquilles de l'Ile de Corse, 1848 (Classic Reprint) Esprit Requien. 2018. (FRE., Illus.). (J). 108p. 26.14 *(978-1-391-73257-2(X));* 110p. pap. 9.57 *(978-1-390-79616-2(7))* Forgotten Bks.

Catalogue des Végétaux Ligneux du Canada Pour Servir à l'Intelligence des Collections de Bois Économiques: Envoyées à l'Exposition Universelle de Paris, 1867 (Classic Reprint) Ovide Brunet. 2018. (FRE., Illus.). 72p. (J). 25.38 *(978-0-656-95870-2(7))* Forgotten Bks.

Catalogue of 1905 Stars for the Equinox 1865-0: From Observations Made at the Royal Observatory, Cape of Good Hope, During the Years 1861 to 1870 (Classic Reprint) Thomas Maclear. 2017. (ENG., Illus.). (J). 26.97 *(978-0-331-30610-1(7))* Forgotten Bks.

Catalogue of 1905 Stars for the Equinox 1865. 0: From Observations Made at the Royal Observatory, Cape of Good Hope, During the Years 1861 to 1870, under the Direction of Sir Thomas Maclear, Knt. , F. R. S. , Her Majesty's Astronomer at the Cape. Thomas Maclear. 2016. (ENG., Illus.). (J). pap. 9.57 *(978-1-334-03397-1(8))* Forgotten Bks.

Catalogue of a Collection of American & Foreign Silver & Copper Coins, Formerly the Property of J. M. Wilbur, & Sold for Account of Messrs. E. J. Farmer & Co. , of Cleveland, Ohio: To Be Sold Without Reserve by Bangs, Merwin & Co. , 694 Broadway, Edward Cogan. 2018. (ENG., Illus.). (J). 50p. 24.95 *(978-0-267-04593-8(X));* 52p. pap. 9.57 *(978-0-483-59629-0(9))* Forgotten Bks.

Catalogue of a Group Exhibition of Water Color Paintings by American Artists: November 8-December 18 Inclusive, 1921 (Classic Reprint) Brooklyn Museum. 2018. (ENG., Illus.). (J). 32p. 24.58 *(978-1-396-73010-8(9));* 34p. pap. 7.97 *(978-1-391-75025-5(X))* Forgotten Bks.

Catalogue of All the Books Printed in England since the Dreadful Fire of London, in 1666, to the End of Michaelmas Term 1672: Together with the Titles of Publick Acts of Parliament; the Texts of Single Sermons, with the Authors Names; Playes, Acted At. Robert Clavel. (ENG., Illus.). (J). 2018. 86p. 25.69 *(978-0-483-60172-7(1));* 2016. pap. 9.57 *(978-1-334-14463-9(X))* Forgotten Bks.

Catalogue of Amherst Baptist Sabbath School Library, 1888 (Classic Reprint) Amherst Baptist Sabbath School Library. 2017. (ENG., Illus.). (J). 24.39 *(978-0-260-58775-6(3));* pap. 7.97 *(978-0-266-03291-5(5))* Forgotten Bks.

Catalogue of an Exhibition of Lithographs of War Work in the United States (Classic Reprint) Joseph Pennell. 2017. (ENG., Illus.). 20p. (J). 24.31 *(978-0-484-61598-3(X))* Forgotten Bks.

Catalogue of an Unique Collection of Ancient English Broadside Ballads Printed Entirely in the Black Letter (Classic Reprint) John Russell Smith. 2017. (ENG., Illus.). (J). 27.11 *(978-0-266-54360-2(X));* pap. 9.57 *(978-0-282-76090-8(3))* Forgotten Bks.

Catalogue of Books & Papers Relating to Electricity, Magnetism, the Electric Telegraph, &C: Including the Ronald's Library (Classic Reprint) Francis Ronalds. 2017. (ENG., Illus.). (J). 35.38 *(978-0-331-34894-1(2))* Forgotten Bks.

Catalogue of Books Belonging to the First Congregational Sabbath School Library, Dover, N. H (Classic Reprint) First Congregational Church in Dover. (ENG., Illus.). (J). 2018. 32p. 24.56 *(978-0-267-78071-6(0));* 2016. pap. 7.97 *(978-1-334-11578-3(8))* Forgotten Bks.

Catalogue of Books (Classic Reprint) Carnegie Library Of Pittsburgh. annot. ed. 2018. (ENG., Illus.). 334p. (J). 30.81 *(978-0-267-42893-9(6))* Forgotten Bks.

Catalogue of Books for Public School Libraries in the City of New York: Graded & Annotated (Classic Reprint) New York Department of Education. annot. ed. (ENG., Illus.). (J). 2018. 242p. 28.89 *(978-0-666-82326-7(X));* 2017. pap. 11.57 *(978-0-259-97792-6(6))* Forgotten Bks.

Catalogue of Books for Public School Libraries in the City of New York, 1904 (Classic Reprint) New York. Education Department. 2018. (ENG., Illus.). (J). 764p. 39.67 *(978-0-366-57040-9(4));* 766p. pap. 23.57 *(978-0-366-56077-6(8))* Forgotten Bks.

Catalogue of Books in English, French & German, Belonging to the Class of Prose Fiction, in the Public Library of Cincinnati (Classic Reprint) Public Library Of Cincinnati. 2017. (ENG., Illus.). (J). 410p. 32.37 *(978-0-332-73584-9(2));* 412p. pap. 16.57 *(978-0-332-49868-3(9))* Forgotten Bks.

Catalogue of Books in the Children's Department of the Carnegie Library of Pittsburgh (Classic Reprint) Carnegie Library Of Pittsburgh. 2018. (ENG., Illus.). 606p. (J). 36.40 *(978-0-267-97974-5(6))* Forgotten Bks.

Catalogue of Books in the Children's Department of the Carnegie Library of Pittsburgh, Vol. 1 (Classic Reprint) Unknown Author. annot. ed. 2018. (ENG., Illus.). 470p. (J). 33.61 *(978-0-365-25218-4(2))* Forgotten Bks.

Catalogue of Books in the Children's Department of the Carnegie Library of Pittsburgh, Vol. 2 (Classic Reprint) Carnegie Library Of Pittsburgh. (ENG., Illus.). (J). 2017. 30.87 *(978-0-266-43027-8(9));* 2016. pap. 13.57 *(978-1-334-16204-6(2))* Forgotten Bks.

Catalogue of Books in the Newburgh Public Library: Issued January, 1902 (Classic Reprint) Newburg Public Library. 2017. (ENG., Illus.). (J). 25.40 *(978-0-265-73934-1(9));* pap. 9.57 *(978-1-5277-0633-0(8))* Forgotten Bks.

Catalogue of Books Recommended for Public & Separate School Libraries (Classic Reprint) Ontario Department of Education. (ENG., Illus.). (J). 2018. 196p. 27.98 *(978-0-484-63201-0(9));* 2016. pap. 10.57 *(978-1-334-14978-8(X))* Forgotten Bks.

Catalogue of British Fossorial Hymenoptera, Formicidae, & Vespidae, in the Collection of the British Museum. Frederick Smith. 2017. (ENG., Illus.). (J). pap. *(978-0-649-41375-1(X))* Trieste Publishing Pty Ltd.

Catalogue of Children's Books Recommended for Public Libraries; Alphabetically Arranged by Authors, Giving Title, Publisher & Price (Classic Reprint) Ontario Library Association. (ENG., Illus.). (J). 2018. 38p. 24.68 *(978-0-656-95886-3(3));* 2016. pap. 7.97 *(978-1-333-72145-9(5))* Forgotten Bks.

Catalogue of Copyright Entries, Vol. 10: Part 4; for the Year 1915; Nos. 1-4 (Classic Reprint) Library Of Congress Copyright Office. 2017. (ENG., Illus.). (J). pap. 20.97 *(978-0-259-92080-9(0))* Forgotten Bks.

Catalogue of Earthquakes on the Pacific Coast, 1769-1897 (Classic Reprint) Edward Singleton Holden. 2017. (ENG., Illus.). (J). 29.49 *(978-1-5263-6924-4(6));* pap. 11.97 *(978-1-5278-3043-1(8))* Forgotten Bks.

Catalogue of Emmanuel Church Sunday School Library (Classic Reprint) Emmanuel Church. 2018. (ENG., Illus.). (J). 28p. 24.49 *(978-1-391-99771-1(9));* 30p. pap. 7.97 *(978-1-390-52456-7(6))* Forgotten Bks.

Catalogue of English Fiction, 1899 (Classic Reprint) Cambridge Public Library. (ENG., Illus.). (J). 2018. 416p. 32.50 *(978-0-656-80817-5(9));* 2016. pap. 16.57 *(978-1-334-12842-4(1))* Forgotten Bks.

Catalogue of English Prose Fiction: January, 1901; Part I. Authors, Part II. Titles (Classic Reprint) Brookline Public Library. (ENG., Illus.). (J). 2018. 346p. 31.05 *(978-0-267-60660-3(5));* 2016. pap. 13.57 *(978-1-334-13053-3(1))* Forgotten Bks.

Catalogue of English Prose Fiction & Books for the Young in the Lower Hall of the Boston Public Library: With an Appendix Containing Additions & Corrections; August, 1885 (Classic Reprint) Boston Public Library. (ENG., Illus.). (J). 2018. 238p. 28.81 *(978-0-666-84619-8(7));* 2017. pap. 11.57 *(978-0-259-59526-1(3))* Forgotten Bks.

Catalogue of English Prose Fiction & Books for the Young in the Lower Hall of the Public Library of the City of Boston (Classic Reprint) Boston Public Library. (ENG., Illus.). (J). 2018. 202p. 28.06 *(978-0-666-88735-1(7));* 2016. pap. 10.57 *(978-1-334-12541-6(4))* Forgotten Bks.

Catalogue of English Prose Fiction & Juvenile Books in the Chicago Public Library (Classic Reprint) Chicago Public Library. (ENG., Illus.). (J). 2018. 394p. 32.02 *(978-0-364-28508-4(7));* 2018. 190p. 27.82 *(978-0-364-99299-9(9));* 2016. pap. 16.57 *(978-1-334-15439-3(2));* 2016. pap. 10.57 *(978-1-333-51807-3(2))* Forgotten Bks.

Catalogue of English Prose Fiction (Classic Reprint) Aurora Public Library. 2018. (ENG., Illus.). 156p. (J). 27.13 *(978-0-267-50293-6(1))* Forgotten Bks.

Catalogue of English Prose Fiction in the Brookline Public Library, January 1895: Arranged Alphabetically by Authors & Titles, with Historical & Juvenile Works Indicated (Classic Reprint) Brookline Public Library. (ENG., Illus.). (J). 2018. 306p. 30.21 *(978-0-267-94787-4(9));* 2016. pap. 13.57 *(978-1-334-12937-7(1))* Forgotten Bks.

Catalogue of English Prose Fiction in the Mercantile Library of the City of New York: To July, 1876 (Classic Reprint) New York Mercantile Library. (ENG., Illus.). (J). 2019. 126p. 26.52 *(978-0-365-20747-4(0));* 2017. pap. 9.57 *(978-0-282-06570-6(9))* Forgotten Bks.

Catalogue of Exhibition of Oil Paintings, Water Color, Pastel, Black & White, Sculpture, Pottery, Jewelry, Bookbinding, Weaving, Basketry & Leather Work: November 1 to November 29, Nineteen Hundred & Fourteen (Classic Reprint) Worcester Art Museum. 2017. (ENG., Illus.). (J). 24.33 *(978-0-266-85821-8(X));* pap. 7.97 *(978-1-5283-2407-6(2))* Forgotten Bks.

Catalogue of Fine Steel Engravings, Chromos, Lithographs, Stereoscopic Views, Picture & Looking Glass Frames, etc;, etc;, etc (Classic Reprint) Perine and Moore. (ENG., Illus.). (J). 2018. 62p. 25.20 *(978-0-267-54735-7(8));* 2016. pap. 9.57 *(978-1-333-49978-5(7))* Forgotten Bks.

Catalogue of Fossils, Found in the British Isles: Forming the Private Collection of James Tennant, F. G. S (Classic Reprint) James Tennant. 2018. (ENG., Illus.). 192p. (J). 27.86 *(978-0-428-45258-2(2))* Forgotten Bks.

Catalogue of Hugs. Joshua David Stein & Augustus Heeren Stein. Illus. by Elizabeth Lilly. 2022. 56p. (J). (-k). 16.99 *(978-0-593-52179-3(X))* Penguin Young Readers Group.

Catalogue of Hymenopterous Insects in the Collection of the British Museum, Vol. 6 (Classic Reprint) Frederick Smith. 2018. (ENG., Illus.). 366p. (J). 31.45 *(978-0-656-40345-5(4))* Forgotten Bks.

Catalogue of Library Books for School Districts in the State of Montana (Classic Reprint) H. a Davee. 2018. (ENG., Illus.). (J). 114p. 26.25 *(978-1-396-83003-7(0));* 116p. pap. 9.57 *(978-1-396-83001-3(4))* Forgotten Bks.

Catalogue of Modern Pictures & Drawings: From Numerous Private Collections & Different Sources (Classic Reprint) Unknown Author. (ENG., Illus.). (J). 2018. 22p. 24.35 *(978-0-267-13580-6(7));* 2016. pap. 7.97 *(978-1-333-31893-2(6))* Forgotten Bks.

Catalogue of New & Popular Works, & of Books for Children, Suitable for Presents & School Prizes (Classic Reprint) Griffith And Farran. 2017. (ENG., Illus.). (J). 24.64 *(978-0-266-87345-7(6));* pap. 7.97 *(978-1-5281-2149-1(X))* Forgotten Bks.

Catalogue of Pathepictures 1925: Selected for Educational, Religious & Social Groups (Classic Reprint) Pathe Exchange Firm. 2018. (ENG., Illus.). (J). 25.28 *(978-0-331-68872-6(7))* Forgotten Bks.

Catalogue of Play Equipment. Jean Lee Hunt. 2018. (ENG., Illus.). 54p. (YA). (gr. 7-12). pap. *(978-93-5329-188-4(7))* Alpha Editions.

Catalogue of Political & Personal Satires, Preserved in the Department of Prints & Drawings in the British Museum, Vol. 10: 1820-1827 (Classic Reprint) Mary Dorothy George. 2017. (ENG., Illus.). (J). 41.94 *(978-0-266-77228-6(5));* pap. 24.28 *(978-1-5277-5144-6(9))* Forgotten Bks.

Catalogue of Political & Personal Satires Preserved in the Department of Prints & Drawings in the British Museum, Vol. 5: 1771-1783 (Classic Reprint) Mary Dorothy George. 2018. (ENG., Illus.). (J). 922p. 42.93 *(978-1-396-42530-1(6));* 924p. pap. 25.27 *(978-1-390-93896-8(4))* Forgotten Bks.

Catalogue of Political & Personal Satires Preserved in the Department of Prints & Drawings in the British Museum, Vol. 6: 1784-1792 (Classic Reprint) Mary Dorothy George. 2017. (ENG., Illus.). (J). 47.10 *(978-0-266-94105-7(2));* pap. 29.44 *(978-1-5278-3033-2(0))* Forgotten Bks.

Catalogue of Political & Personal Satires Preserved in the Department of Prints & Drawings in the British Museum, Vol. 9: 1811-1819 (Classic Reprint) Mary Dorothy George. 2017. (ENG., Illus.). (J). 47.92 *(978-0-265-84919-4(5));* pap. 30.27 *(978-1-5278-0447-0(X))* Forgotten Bks.

Catalogue of Political & Personal Satires, Vol. 7: Preserved in the Department of Prints & Drawings in the British Museum, 1793-1800 (Classic Reprint) Mary Dorothy George. 2018. (ENG., Illus.). 796p. (J). 40.33 *(978-0-365-51123-6(4))* Forgotten Bks.

Catalogue of Proper Motion Stars (Classic Reprint) Jermain G. Porter. 2018. (ENG., Illus.). (J). 80p. 25.55 *(978-0-364-98503-8(8));* 82p. pap. 9.57 *(978-0-656-59499-3(3))* Forgotten Bks.

Catalogue of Stars of the British Association for the Advancement of Science: Containing the Mean Right Ascensions & North Polar Distances of Eight Thousand Three Hundred & Seventy-Seven Fixed Stars, Reduced to January 1, 1850 (Classic Reprint) Francis Baily. 2016. (ENG., Illus.). (J). pap. 19.57 *(978-1-333-48464-4(X))* Forgotten Bks.

Catalogue of Stars of the British Association for the Advancement of Science: Containing the Mean Right Ascensions & North Polar Distances of Eight

C

Thousand Three Hundred & Seventy-Seven Fixed Stars, Reduced to January 1, 1850; Together with Their. Francis Baily. 2017. (ENG., Illus.). (J). 35.16 (978-0-331-85757-3(X)) Forgotten Bks.

Catalogue of the Books (Classic Reprint) Rorburghe Club. 2018. (ENG., Illus.). 292p. (J). 29.92 (978-0-666-09161-1(7)) Forgotten Bks.

Catalogue of the Books in the Department of English Prose Fiction, Which Belong to the Public Library of Cincinnati (Classic Reprint) Cincinnati and Hamilton Public Library. 2017. (ENG., Illus.). (J). 258p. 29.24 (978-0-260-16144-4(6)); 260p. pap. 11.97 (978-1-5279-0375-3(3)) Forgotten Bks.

Catalogue of the Clarksburg Public Library: For the Year 1915 (Classic Reprint) Clarksburg Public Library. 2017. (ENG., Illus.). (J). 24.39 (978-0-260-57611-8(5)); pap. 7.97 (978-0-266-03659-3(7)) Forgotten Bks.

Catalogue of the Clarksburg Public Library (Classic Reprint) Clarksburg Public Library. 2018. (ENG., Illus.). 22p. (J). pap. 7.97 (978-0-428-69804-1(2)) Forgotten Bks.

Catalogue of the Collection of Choice Water-Colour Drawings & Modern Pictures of L. B. Harris, Esq., Deceased, Late of 157 Victoria Street: Which (by Order of the Executors) Will Be Sold by Auction by Messrs. Christie, Manson & Woods, at Their Great R. Christie Manson and Woods. 2017. (ENG., Illus.). (J). 24.33 (978-0-266-91102-9(1)); pap. 7.97 (978-1-5281-1350-2(0)) Forgotten Bks.

Catalogue of the Collection of the Late Royal W. Hutchins, of Lowell, Massachusetts: For Sale by Chas. Steigerwalt, 130 East King St., Lancaster, Pa (Classic Reprint) Charles Steigerwalt. 2017. (ENG., Illus.). (J). 24.47 (978-0-265-93132-5(0)); pap. 7.97 (978-1-5282-0961-8(3)) Forgotten Bks.

Catalogue of the Emmanuel Baptist Church Sunday School Library, Albany, N. y (Classic Reprint) Martha Thorne Wheeler. 2017. (ENG., Illus.). (J). 25.40 (978-0-265-55188-2(9)); pap. 9.57 (978-0-282-78875-9(1)) Forgotten Bks.

Catalogue of the English, German, French, & Italian Chromos, Lithographs, Engravings, Oil Paintings, Decalomanie, Drawing-Books, &C., &C., &C. of the Importation & Publication of Max Jacoby & Zeller (Classic Reprint) Max Jacoby and Zeller. 2018. (ENG., Illus.). 36p. (J). 24.64 (978-0-332-87338-1(2)) Forgotten Bks.

Catalogue of the Further Portion of the Valuable Collection of Modern Pictures & Water-Colour Drawings of Mr. Henry Wallis, Deceased, Late of the French Gallery, 120 Pall Mall, & Effra Road, Brixton: Which Will Be Sold by Auction (Classic Reprint) Christie Manson and Woods. (ENG., Illus.). (J). 2018. 42p. 24.76 (978-0-656-20930-9(5)); 2016. pap. 7.97 (978-1-333-64864-0(2)) Forgotten Bks.

Catalogue of the Genera & Subgenera of Birds Contained in the British Museum (Classic Reprint) George Robert Gray. 2018. (ENG., Illus.). (J). 204p. 28.12 (978-1-391-19239-0(7)); 206p. pap. 10.57 (978-1-390-82169-7(2)) Forgotten Bks.

Catalogue of the Library of Lawrence Academy, Groton, Mass., 1850 (Classic Reprint) Lawrence Academy. 2018. (ENG., Illus.). (J). pap. 10.57 (978-0-331-95134-9(7)) Forgotten Bks.

Catalogue of the Library of Lawrence Academy, Groton, Mass. 1850. Lawrence Academy. 2017. (ENG., Illus.). (J). pap. (978-0-649-41402-4(0)) Trieste Publishing Pty Ltd.

Catalogue of the Marsupialia & Monotremata in the Collection of the British Museum (Natural History) (Classic Reprint) Oldfield Thomas. 2016. (ENG., Illus.). (J). pap. 16.57 (978-1-334-63011-8(9)) Forgotten Bks.

Catalogue of the National Film Library of Sixteen Millimeter Motion Pictures (Classic Reprint) National Film Library. (ENG., Illus.). (J). 2018. 102p. 26.02 (978-0-656-65900-5(9)); 2017. pap. 9.57 (978-0-259-88106-3(6)) Forgotten Bks.

Catalogue of the Netherlands Exhibition from the Panama-Pacific International Exposition: April, 1917 (Classic Reprint) Toledo Museum Of Art. (ENG., Illus.). (J). 2018. 22p. 24.35 (978-0-484-54287-6(7)); 2016. pap. 7.97 (978-1-334-11612-4(1)) Forgotten Bks.

Catalogue of the Phaenogamous & Vascular Cryptogamous Plants of Worcester County, Massachusetts. Joseph Jackson. 2017. (ENG., Illus.). (J). pap. (978-0-649-19571-8(X)) Trieste Publishing Pty Ltd.

Catalogue of the PHæNogamous & Vascular Cryptogamous Plants of Worcester County, Massachusetts (Classic Reprint) Joseph Jackson. 2018. (ENG., Illus.). 52p. (J). 25.03 (978-0-428-98146-4(1)) Forgotten Bks.

Catalogue of the Pictures, Sculptures, Designs in Architecture, Models, Drawings, Prints, Etc: Exhibited at the Great Room in Spring-Garden, Charing-Cross, May the First, 1769, by the Royal Incorporated Society of Artists of Great-Britain. Incorporated Society of Artists. 2018. (ENG., Illus.). (J). 28p. 24.49 (978-0-366-28688-1(9)); 30p. pap. 7.97 (978-0-366-28685-0(4)) Forgotten Bks.

Catalogue of the Snakes in the British Museum (Natural History), Vol. 1: Containing the Families Typhlopidae, Glauconidae, Boidae, Ilysiidae, Uropeltidae, Xenopeltidae, & Colubridae Aglyphae, Part (Classic Reprint) George Albert Boulenger. 2018. (ENG., Illus.). 540p. (J). 35.03 (978-0-332-15341-4(X)) Forgotten Bks.

Catalogue of the Snakes in the British Museum (Natural History), Vol. 2: Containing the Conclusion of the Colubridae Aglyphae (Classic Reprint) George Albert Boulenger. 2017. (ENG., Illus.). 462p. (J). 33.34 (978-0-332-24689-5(2)) Forgotten Bks.

Catalogue of the Snakes in the British Museum (Natural History), Vol. 3: Containing the Colubridae (Opisthoglyphae & Proteroglyphae), Amblycephalidae, & Viperidae (Classic Reprint) George Albert Boulenger. 2016. (ENG., Illus.). (J). pap. 23.57 (978-1-334-74537-9(4)) Forgotten Bks.

Catalogue of the Very Celebrated Collection of Pictures of Jeremiah Harman, Esq. Deceased, & Removed from Higham House, Woodford: Which (by Order of the Executors) Will Be Sold by Auction, by Messrs. Christie & Manson, at Their Great Room, 8, King Str. Christie and Manson. 2017. (ENG., Illus.). (J). 24.47 (978-0-266-58625-8(2)) Forgotten Bks.

Catalogue of the Very Celebrated Collection of Pictures, the Works of the Most Distinguished Modern English Painters, Formed by George Knott, Esq., Deceased, & Removed from Bohun Lodge, East Barnet: Also, Some Drawings, in Water-Colours, & a Few Pictu. Christie and Manson. 2017. (ENG., Illus.). (J). 24.31 (978-0-266-75481-7(3)); pap. 7.97 (978-1-5277-2842-4(0)) Forgotten Bks.

Catalogue of the Ward-Coonley Collection of Meteorites (Classic Reprint) Henry Augustus Ward. 2017. (ENG., Illus.). (J). 26.56 (978-0-260-28448-8(3)) Forgotten Bks.

Catalogue of Unitarian Sabbath School Library, March, 1869 (Classic Reprint) Unitarian Society. (ENG., Illus.). (J). 2018. 22p. 24.37 (978-0-364-07432-9(9)); 2017. pap. 7.97 (978-0-259-99103-8(1)) Forgotten Bks.

Catalogues of Supplementary Reading Library & of Picture Library, 1917 (Classic Reprint) Iowa School for the Deaf. 2018. (ENG., Illus.). (J). 44p. 24.82 (978-0-428-62044-8(2)); 46p. pap. 7.97 (978-0-428-14871-3(9)) Forgotten Bks.

Catalogues of Various Small Libraries (Classic Reprint) Boston Public Library. (ENG., Illus.). (J). 2018. 22p. 24.37 (978-0-656-21523-2(2)); 2016. pap. 7.97 (978-1-333-78249-8(7)) Forgotten Bks.

Catalogus Plantarum Horti Regii Parisiensis: Cum Annotationibus de Plantis Novis Aut Minus Cognitis (Classic Reprint) René Louiche Desfontaines. (LAT., Illus.). (J). 2018. 506p. 34.33 (978-0-332-33423-3(6)); 2017. pap. 16.97 (978-0-243-53730-3(1)) Forgotten Bks.

Catalyst. Sarah Beth Durst. (ENG.). 288p. (J). 2021. (gr. 3-7). pap. 7.99 (978-0-358-45462-5(X), 1794426); 2020. (gr. 5-7). 16.99 (978-0-358-06502-9(X), 1743836) HarperCollins Pubs. (Clarion Bks.).

Catalyst. Sarah Beth Durst. ed. 2021. (Penworthy Picks YA Fiction Ser.). (ENG., Illus.). 279p. (J). (gr. 4-5). 19.46 (978-1-68505-040-5(9)) Penworthy Co., LLC, The.

Catalyst: The Union Saga: Part One. Mathias Invictus. 2020. (Union Saga Ser.: Vol. 1). (ENG., Illus.). (YA). 348p. pap. 14.99 (978-1-7347835-2-0(4)); 404p. 27.99 (978-1-7347835-0-6(8)) Luminade Publishing.

Cataqueria Island. Tabatha Taylor. 2020. (ENG.). 204p. (YA). pap. (978-1-78222-757-1(1)) Paragon Publishing, Rothersthorpe.

Catarina Está Cómoda: Leveled Reader Book 47 Level C 6 Pack. Hmh Hmh. 2021. (SPA.). 16p. (J). pap. 74.40 (978-0-358-08176-0(9)) Houghton Mifflin Harcourt Publishing Co.

Catarina Freytas y el Anillo Perdido. Raymond Vollmond. Ed. by Publicaciones Lola. 2022. (SPA.). 336p. (YA). pap. 21.95 (978-1-0880-6963-9(0)) Indy Pub.

Catarrhal & Suppurative Diseases of the Accessory Sinuses of the Nose (Classic Reprint) Ross Hall Skillern. 2017. (ENG., Illus.). (J). 32.58 (978-0-265-23403-7(4)) Forgotten Bks.

Catastrofe Del 16 de Agosto de 1906 en la Republica de Chile (Classic Reprint) Alfredo Rodriguez Rozas. 2017. (SPA., Illus.). (J). 31.36 (978-0-265-35745-3(4)); pap. 13.97 (978-0-259-30489-0(1)) Forgotten Bks.

Catastrophe, 1. Sherri Winston. ed. 2022. (Wednesday & Woof Ser.). (ENG.). 88p. (J). (gr. 2-3). 18.46 (978-1-68505-521-9(4)) Penworthy Co., LLC, The.

Catastrophe by the Sea. Illus. by Ed Young. 2019. (ENG.). 32p. (J). (gr. 1-4). 16.99 (978-1-5132-6234-5(3), West Margin Pr.) West Margin Pr.

Catastrophe of Randomere Island. Willow George. 2022. (ENG.). 457p. (YA). pap. (978-1-4710-3886-0(6)) Lulu Pr., Inc.

Catastrophes. Hilary W. Poole. 2017. (Illus.). 48p. (J). (978-1-4222-3721-2(4)) Mason Crest.

Catastrophes in the Twenty-First Century. Carolyn Williams-Noren. 2019. (Defining Events of the Twenty-First Century Ser.). (ENG.). 80p. (YA). (gr. 6-12). 41.27 (978-1-68282-601-0(5)) ReferencePoint Pr., Inc.

Catatonic Smile. Julian Aguirre. 2021. (ENG.). 188p. (YA). pap. 16.95 (978-1-64654-538-4(9)) Fulton Bks.

Catawampus Cat. Jason Carter Eaton. Illus. by Gus Gordon. 2017. (ENG.). 32p. (J). (gr. -1-3). 16.99 (978-0-553-50971-7(3), Crown Books For Young Readers) Random Hse. Children's Bks.

Catawampus Collection. Catawampus Writing and Critique Group. 2020. (ENG.). 70p. (J). pap. 25.34 (978-1-716-39411-9(2)) Lulu Pr., Inc.

CatBook. Zoe Burke. 2016. (ENG., Illus.). 24p. (J). bds. 10.95 (978-0-7649-7371-0(1), POMEGRANATE KIDS) Pomegranate Communications, Inc.

Catboy Does It Again. Adapted by Maggie Testa. 2018. (PJ Masks Ser.). (ENG.). 16p. (J). (gr. -1-2). pap. 5.99 (978-1-5344-1763-2(X), Simon Spotlight) Simon Spotlight.

Catch 22: The Neverending, Magical Story Of 22. Eric Desio. 2020. (ENG., Illus.). 28p. (J). (gr. k-4). 14.95 (978-1-952637-10-0(4)); pap. 8.95 (978-1-952637-11-7(2)) Be You Bks.

Catch a Barra! Margaret James. 2021. (ENG.). 34p. (J). pap. (978-1-922591-72-2(6)) Library For All Limited.

Catch a Crayfish, Count the Stars: Fun Projects, Skills, & Adventures for Outdoor Kids. Steven Rinella. Illus. by Max Temescu. 2023. 368p. (gr. 3-7). 26.99 (978-0-593-44897-7(9), Random House) Random House Publishing Group.

Catch a Falling Angel Coloring Book. Kreative Kids. 2016. (ENG., Illus.). (J). pap. 9.20 (978-1-68377-306-1(3)) Whlke, Traudl.

Catch a Kiss. Deborah Diesen. Illus. by Kris Aro McLeod. (ENG.). (J). (gr. k-2). 2021. 16p. bds. 9.99 (978-1-5341-1154-7(9), 205165); 2016. 32p. 15.99 (978-1-58536-961-4(6), 204037) Sleeping Bear Pr.

Catch a Wave in Tappitidoo. Sue Boothroyd. Ed. by Deborah K. Bates. Illus. by Peter W. Letts. 2019. (Tappitidoo Ser.: Vol. 1). (ENM.). 38p. (J). (gr. k-3). pap. 16.20 (978-1-64669-429-7(5)) Primedia eLaunch LLC.

Catch a Winner Leaves Ranch - Bilingual. Patricia Taylor. 2020. (ENG., Illus.). 56p. (J). (gr. 3-6). 23.95 (978-1-7344586-9-5(0)) Independent Pub.

Catch a Wishing Star (Shimmer & Shine) Tex Huntley. Illus. by Cartobaleno. 2017. (Little Golden Book Ser.). (ENG.). 24p. (J). (-k). 4.99 (978-1-5247-1667-7(7), Golden Bks.) Random Hse. Children's Bks.

Catch & Release. Kathy Bradshaw. 2019. (ENG., Illus.). 42p. (J). pap. 14.95 (978-1-64559-643-1(5)) Covenant Bks.

Catch Caisie's Smile. Thea Langford. Illus. by Floyd Bradbrooke. l.t. ed. 2019. (ENG.). 26p. (J). (978-1-910301-69-2(8)) AESOP Pubns.

Catch It, Jess! & Cat Nap. Katie Dale. Illus. by Kasia Dudziuk. 2020. (Early Bird Readers — Red (Early Bird Stories (tm)) Ser.). (ENG.). 32p. (J). (gr. -1-2). pap. 9.99 (978-1-5415-8729-8(4), 89c5634c-2209-446a-9292-6f7eb5d337af, Lerner Pubns.) Lerner Publishing Group.

Catch Me. Shade Owens. 2021. (ENG.). 318p. (YA). pap. 12.99 (978-1-990271-20-5(0)) Red Raven Publishing.

Catch Me: a Sneak-And-Find Book (Search & Find Books for Kids, Interactive Dog Books for Kids, Interactive Toddler Book) Anders Arhoj. 2019. (Find Me, Catch Me Ser.). (ENG., Illus.). 40p. (J). (gr. k-3). 17.99 (978-1-4521-6649-0(8)) Chronicle Bks. LLC.

Catch Me If I Fall. Barry Jonsberg. 2023. (ENG.). 280p. (J). (gr. 4-7). pap. 17.99 (978-1-77306-891-6(1)) Groundwood Bks. CAN. Dist: Publishers Group West (PGW).

Catch Me If I Fall. Daniele Lanzarotta. Ed. by Amanda Sorrells-Larsen. 2016. (ENG., Illus.). (YA). pap. 17.99 (978-1-945355-47-9(6)) Rocket Science Productions, LLC.

Catch Me If You Can. Cindy Jin. Illus. by Stephan Lomp. 2017. (ENG.). 16p. (J). (gr. -1 — 1). bds. 6.99 (978-1-4814-9218-8(7), Little Simon) Little Simon.

Catch Me If You Can! a Search & Find Adventure Activity Book. Bobo's Children Activity Books. 2016. (ENG., Illus.). (J). pap. 10.81 (978-1-68327-015-7(0)) Sunshine In My Soul Publishing.

Catch My Kiss: The Forever Ride. Kimberly Divita Smith. Illus. by Heather Workman. 2019. (Catch My Kiss Ser.: Vol. 3). (ENG.). 34p. (J). (gr. k-4). pap. 12.99 (978-0-578-59896-3(5)) Kimberly DiVita Smith.

Catch Soccer's Beat. Jake Maddox. Illus. by Eduardo Garcia. 2020. (Jake Maddox Graphic Novels Ser.). (ENG.). 72p. (J). (gr. 3-6). pap. 6.95 (978-1-4965-9922-3(5), 201333); lib. bdg. 26.65 (978-1-4965-9712-0(5), 199335) Capstone. (Stone Arch Bks.).

Catch That Chicken! Atinuke. Illus. by Angela Brooksbank. (ENG.). 32p. (J). (-k). 2022. bds. 8.99 (978-1-5362-2804-5(4)); 2020. 17.99 (978-1-5362-1268-6(7)) Candlewick Pr.

Catch That Crook! (DC Super Friends) Laura Hitchcock. Illus. by Elisabetta Melaranci & Giulia Priori. 2018. (Beginner Books(R) Ser.). (ENG.). 48p. (J). (gr. -1-2). 9.99 (978-0-525-64600-6(0), Random Hse. Bks. for Young Readers) Random Hse. Children's Bks.

Catch That Dog! Will Taylor. 2022. (ENG., Illus.). 240p. (J). (gr. 3-7). 17.99 (978-1-338-74595-5(6), Scholastic Pr.) Scholastic, Inc.

Catch That Ducky! (DC Batman: Batwheels) Random House. Illus. by Random House. 2023. (Pictureback(R) Ser.). (ENG., Illus.). 24p. (J). (gr. -1-2). pap. 5.99 (978-0-593-64737-0(8), Random Hse. Bks. for Young Readers) Random Hse. Children's Bks.

Catch That Easter Bunny! Easter Coloring Book Children's Easter Books. Speedy Kids. 2017. (ENG., Illus.). (J). pap. 8.45 (978-1-5419-4734-4(7)) Speedy Publishing LLC.

Catch That Fairy! Maze Books for Kids 8-10. Jupiter Kids. 2018. (ENG., Illus.). 106p. (J). pap. 12.55 (978-1-5419-3601-0(9), Jupiter Kids (Childrens & Kids Fiction)) Speedy Publishing LLC.

Catch That Fish! / ¡Atrapa Ese Pez! (English-Spanish) (Disney Junior: Mickey & the Roadster Racers) Tr. by Laura Collado Piriz. Illus. by Disney Storybook Art Team. 2018. (Disney Bilingual Ser.: 11). (ENG.). 24p. (J). (gr. -1-2). pap. 4.99 (978-1-4998-0797-4(X), BuzzPop) Little Bee Books Inc.

Catch That Mouse! Mazes Books for Kids Ages 4-8. Educando Kids. 2019. (ENG.). 42p. (J). pap. 8.55 (978-1-64521-604-9(7), Educando Kids) Editorial Imagen.

Catch That Plane! (Giant Size) A First Reading Adventure Book. Nicola Baxter. Illus. by Peter Glover. 2016. (ENG.). 24p. (J). (gr. -1-12). pap. 6.99 (978-1-86147-755-2(4), Armadillo) Anness Publishing GBR. Dist: National Bk. Network.

Catch the Bus to Drowsytown. Jay Morehart. 2019. (ENG., Illus.). 22p. (J). pap. 9.99 (978-1-970063-17-2(3)) Braughler Bks. LLC.

Catch the Creeper! (Minecraft) Stephanie Milton. Illus. by Random House. 2020. (ENG.). 48p. (J). (gr. 1-4). 12.99 (978-0-593-17312-1(0), Random Hse. Bks. for Young Readers) Random Hse. Children's Bks.

Catch the Light. Kate Sweeney. (YA). 2023. (ENG.). 368p. (gr. 7). pap. 11.99 (978-0-593-35025-6(1), Viking Books for Young Readers); 2021. 352p. (978-0-593-46401-4(X), Philomel Bks.) Penguin Young Readers Group.

Catch the Sky: Playful Poems on the Air We Share. Robert Heidbreder. Illus. by Emily Dove. 2020. 40p. (J). (gr. -1-4). 17.95 (978-1-77164-631-4(2), Greystone Kids) Greystone Books Ltd. CAN. Dist: Publishers Group West (PGW).

Catch This Phrase! - Fallen Words Activity Book for Teens Volume 3. Jupiter Kids. 2018. (ENG., Illus.). 106p. (J). pap. 12.55 (978-1-5419-3525-9(X), Jupiter Kids (Childrens & Kids Fiction)) Speedy Publishing LLC.

Catch You Later, Traitor. Avi. 2016. (ENG.). 304p. (J). (gr. 3-7). pap. 8.99 (978-1-61620-587-4(3), 73587) Algonquin Young Readers.

Catcher in the Rye Novel Units Student Packet. Novel Units. 2019. (ENG.). (YA). pap. 13.99 (978-1-56137-450-2(4), NU4504SP, Novel Units, Inc.) Classroom Library Co.

Catches a Cheat. Carolyn Eldridge-Alfonzetti. Illus. by Julia Weston. 2021. (Trudie Cooper, Super Foodie Ser.: 3). (ENG.). 44p. (J). (gr. 2-4). pap. 9.99 (978-1-922418-02-9(1), Brolly Bks.) Borghesi & Adam Pubs. Pty Ltd AUS. Dist: Independent Pubs. Group.

Catching a Russian Spy: Agent Les Wiser Jr. & the Case of Aldrich Ames. Bryan Denson. 2020. (FBI Files Ser.: 2). (ENG., Illus.). 176p. (J). pap. 12.99 (978-1-250-19917-1(4), 900194787) Roaring Brook Pr.

Catching a Storyfish. Janice N. Harrington. 2016. (ENG.). 224p. (J). (gr. 3-7). 17.99 (978-1-62979-429-7(5), Wordsong) Highlights Pr., c/o Highlights for Children, Inc.

Catching a Wave - a Child's Understanding of Sounds for Kids - Children's Acoustics & Sound Books. Baby Professor. 2017. (ENG., Illus.). (J). pap. 7.89 (978-1-68326-888-8(1), Baby Professor (Education Kids)) Speedy Publishing LLC.

Catching Air: Taking the Leap with Gliding Animals, 1 vol. Sneed B. Collard III. (How Nature Works: 0). (ENG.). (J). (gr. 3-7). 2021. 48p. pap. 9.95 (978-0-88448-883-5(7), 884883); 2017. (Illus.). 40p. 17.95 (978-0-88448-496-7(3), 884496) Tilbury Hse. Pubs.

Catching Bait. Jason Lee. Illus. by Jason Lee. 2022. (ENG.). 26p. (J). pap. (978-1-922835-69-7(2)) Library For All Limited.

Catching Canaries in My Room. Elizabeth Johnson. 2022. (ENG., Illus.). 36p. (J). pap. 14.95 (978-1-68526-430-7(1)) Covenant Bks.

Catching Cinders. Kendra Merritt. 2019. (Mark of the Least Ser.). (ENG.). 432p. (YA). (gr. 8-12). pap. 14.99 (978-1-951009-00-7(2)) Blue Fyre Pr.

Catching Confidence. Jake Maddox. 2018. (Jake Maddox JV Girls Ser.). (ENG., Illus.). 96p. (J). (gr. 4-8). lib. bdg. 26.65 (978-1-4965-5915-9(0), 137122, Stone Arch Bks.) Capstone.

Catching Fireflies. Cristina Guarneri. 2017. (ENG., Illus.). (J). pap. 15.94 (978-1-365-96420-6(5)) Lulu Pr., Inc.

Catching Fish Full Moon. Om Wolf. 2023. (ENG.). 34p. (J). pap. 12.99 (978-1-0880-9962-9(9)) Indy Pub.

Catching Flo. Devarious Christian. 2021. (ENG.). 26p. (J). (978-1-387-18160-5(2)) Lulu Pr., Inc.

Catching Ivy. Eliza Tilton. 2018. (Dreamscapes Novel Ser.: Vol. 1). (ENG.). 218p. (J). pap. 10.99 (978-1-945519-18-5(5)) Blaze Publishing, LLC.

Catching Stars. Cayla Keenan. 2018. (SPA., Illus.). 352p. (YA). (gr. 7-12). pap. (978-1-9999633-9-2(3)) Oftomes Publishing.

Catching the Jigglypuff Thief. Alex Polan. ed. 2016. (Unofficial Adventures for Pokemon GO Players Ser.: 1). lib. bdg. 18.40 (978-0-606-39657-8(8)) Turtleback.

Catching the Light. Linda Trott Dickman. 2022. (ENG.). 102p. (J). pap. 9.99 (978-1-63777-213-3(0)) Red Penguin Bks.

Catching the Wind: Math Reader 5 Grade 6. Hmh Hmh. 2018. (SPA.). 8p. (J). pap. 9.27 (978-1-328-57723-8(6)) Houghton Mifflin Harcourt Publishing Co.

Catching the Wind: Math Reader Grade 6. Hmh Hmh. 2017. (Math Expressions Ser.). (ENG.). 8p. (J). (gr. 6). pap. 8.67 (978-1-328-77209-1(8)) Houghton Mifflin Harcourt Publishing Co.

Catching Tiny Reef Fish - Te Tau Bwatua (Te Kiribati) Ruiti Tomoa. Illus. by Giward Musa. 2023. (ENG.). 26p. (J). pap. (978-1-922795-80-9(1)) Library For All Limited.

Cate for Kids. Esther Deborah Stephen. 2023. 214p. (J). (gr. 2-8). pap. 31.85 BookBaby.

Cate the Cat Cares: Caring for Others, 1 vol. Vanessa Flores. 2019. (Social & Emotional Learning for the Real World Ser.). (ENG.). 8p. (gr. k-1). pap. (978-1-7253-5351-0(2), 47954732-396d-4bd9-a27f-1f17b53f2155, Rosen Classroom) Rosen Publishing Group, Inc., The.

Catechism in Examples, Vol. 2 Of 5: Hope: Prayer (Classic Reprint) D. Chisholm. 2017. (ENG., Illus.). (J). 33.34 (978-1-5282-4792-4(2)) Forgotten Bks.

Catechism of the Seven Sacraments: Building Blocks of Faith Series. Kevin O'Neill. 2023. (ENG.). 296p. (J). 34.95 (978-1-64413-732-1(1)) Sophia Institute Pr.

Category Five. Ann Davila Cardinal. 2021. (Five Midnights Ser.: 2). (ENG.). 240p. (YA). pap. 11.99 (978-1-250-29614-6(5), 900195618, Tor Teen) Doherty, Tom Assocs., LLC.

Catering Workshop: Feeding a Hungry Crowd: Feeding a Hungry Crowd. Contrib. by Megan Borgert-Spaniol. 2023. (Kitchen to Career Ser.). (ENG.). 64p. (J). (gr. 5-9). lib. bdg. 35.64 (978-1-0982-9138-9(7), 41741, Abdo & Daughters) ABDO Publishing Co.

Caterpillar & Bean: A First Science Storybook. Martin Jenkins. Illus. by Hannah Tolson. 2019. (ENG.). 32p. (J). (-k). 16.99 (978-1-5362-0170-3(7)) Candlewick Pr.

Caterpillar & Butterfly (Classic Reprint) Elizabeth Harrison. (ENG., Illus.). (J). 2018. 20p. 24.33 (978-0-483-69625-9(0)); 2016. pap. 7.97 (978-1-333-48253-4(1)) Forgotten Bks.

Caterpillar & Caterpillar. Various Authors. 2018. (JPN.). (J). (978-4-09-217223-4(0)) Shogakukan.

Caterpillar & the Angel. Robert Lazenby III. 2016. (ENG., Illus.). (J). 21.95 (978-1-63575-350-9(3)); pap. 12.95 (978-1-63525-831-8(6)) Christian Faith Publishing.

Caterpillar & the Big Worm. Modesta Mata. 2022. (ENG.). 30p. (J). 38.99 (978-1-68574-122-8(3)) ibukku, LLC.

Caterpillar & the Black Cherry Tree. Carmel M. Walter. 2018. (ENG., Illus.). 34p. (J). pap. 12.95 (978-1-64003-156-2(1)) Covenant Bks.

Caterpillar & the Butterfly. Claudette Griffith. 2023. 24p. (J). (-3). pap. 9.99 BookBaby.

Caterpillar & the Butterfly. Ruth Lieberherr. Illus. by Ruth Lieberherr. 2nd ed. 2019. (ENG., Illus.). 30p. (J). (gr. k-6). 24.95 (978-1-7328877-5-6(6)); pap. 15.95 (978-1-7328877-4-9(8)) Lieberherr, Ruth.

Caterpillar & the Mosquito. Karen Tabla. 2022. (ENG.). 28p. (J). pap. 16.95 (978-1-958877-88-3(3)) Booklocker.com, Inc.

Caterpillar & the Polliwog. Jack Kent. Illus. by Jack Kent. 2018. (Classic Board Bks.). (ENG., Illus.). 34p. (J). (gr. -1-k). bds. 7.99 (978-1-5344-1377-1(4), Little Simon) Little Simon.

Caterpillar Cat. Kristi Anderson. Illus. by Courtney Crider. 2022. (ENG.). 38p. (J). pap. 15.00 (978-1-0880-0394-7(X)) Indy Pub.

Caterpillar City. Dorothy Cristantiello. 2020. (ENG., Illus.). 30p. (J). pap. 13.95 (978-1-64701-367-7(4)) Page Publishing Inc.

Caterpillar Coloring Book for Kids! Discover This Unique Collection of Coloring Pages. Bold Illustrations. 2018. (ENG., Illus.). 60p. (J). (gr. k-6). pap. 11.99 (978-1-64193-894-5(3), Bold Illustrations) FASTLANE LLC.

314

The check digit for ISBN-10 appears in parentheses after the full ISBN-13

TITLE INDEX CATS

Caterpillar Dreams. Clive McFarland. Illus. by Clive McFarland. 2017. (ENG., Illus.). 32p. (J). (gr. -1-3). 17.99 *(978-0-06-238636-6(0)*, HarperCollins) HarperCollins Pubs.
Caterpillar Face. Christie Parkinson. 2022. (ENG., Illus.). 22p. (J). pap. 14.95 *(978-1-6624-5278-9(0))* Page Publishing Inc.
Caterpillar Finds Her Wings: A Caterpillar's Story. Melinda Eplin Griffith. 2022. (ENG., Illus.). 20p. (J). pap. 14.95 *(978-1-63814-982-8(8))* Covenant Bks.
Caterpillar Summer. Gillian McDunn. (ENG.). (J). 2020. 320p. pap. 7.99 *(978-1-5476-0314-5(3)*, 900211246); 2019. (Illus.). 304p. 16.99 *(978-1-68119-743-2(X)*, 900184196) Bloomsbury Publishing USA. (Bloomsbury Children's Bks.).
Caterpillar That Learned to Fly: A Children's Nature Picture Book, a Fun Caterpillar & Butterfly Story for Kids. Sharon Clark. 2016. (Educational Science (Insect) Ser.: Vol. 3). (ENG., Illus.). (J). (gr. k-4). *(978-0-9952303-5-4(8))* Clark, Sharon.
Caterpillar That Learned to Fly: A Children's Nature Picture Book, a Fun Caterpillar & Butterfly Story for Kids. Sharon Clark. Illus. by Roberto Gonzalez. 2016. (Insect Ser.: Vol. 3). (ENG.). (J). (gr. 1-4). pap. *(978-0-9952303-4-7(X))* Clark, Sharon.
Caterpillar to Butterfly. Melissa Stewart. 2016. (Science for Toddlers Ser.). (Illus.). 24p. (J). (gr. -1 — 1). bds. 8.99 *(978-1-4549-1406-8(8))* Sterling Publishing Co., Inc.
Caterpillar to Butterfly: Fold Out & Find Out. Frances Barry. Illus. by Frances Barry. 2019. (Fold Out & Find Out Ser.). (ENG., Illus.). 32p. (J). (gr. -1-2). 11.99 *(978-0-7636-4261-7(4))* Candlewick Pr.
Caterpillar to Butterfly (Growing up) (Library Edition) Stephanie Fitzgerald. 2021. (Growing Up Ser.). (ENG., Illus.). 32p. (J). (gr. 1-2). lib. bdg. 25.00 *(978-0-531-13697-3(3)*, Children's Pr.) Scholastic Library Publishing.
Caterpillar Weebee Book 10. R. M. Price-Mohr. 2021. (ENG., Illus.). 34p. (J). pap. *(978-1-913946-29-6(0))* Crossbridge Bks.
Caterpillar Weebee Book 10a. R. M. Price-Mohr. 2021. (ENG.). 34p. (J). pap. *(978-1-913946-38-8(X))* Crossbridge Bks.
Caterpillar Who Fancies a New Name. John H. Martin. 2023. 28p. (J). (-2). 24.93 BookBaby.
Caterpillar Who Was Afraid of the Dark. Stan Preece. 2017. (ENG., Illus.). (J). 22.95 *(978-1-63575-870-2(X))*; pap. 12.95 *(978-1-63575-868-9(8))* Christian Faith Publishing.
Caterpillar Who Wasn't: A Children's Story about the Miracle of Metamorphosis. Allene Carol Holland Med. 2022. (ENG., Illus.). 30p. (J). pap. 14.95 *(978-1-68517-892-5(8))* Christian Faith Publishing.
Caterpillar Who Went to a Slumber Party Alone. J. Arvid Ellison. 2018. (ENG., Illus.). 26p. (J). pap. 8.95 *(978-1-948282-69-7(0))* Yorkshire Publishing Group.
Caterpillars, 1 vol. Anika Abraham. 2018. (Creepy Crawlers Ser.). (ENG.). 24p. (J). (gr. 1-1). pap. 9.22 *(978-1-5026-4168-7(2)*, 8ee2c4aa-0c66-432b-915f-8a7244ff3c8b) Cavendish Square Publishing LLC.
Caterpillars: Backyard Bugs & Creepy-Crawlies (Engaging Readers, Level Pre-1) Ava Podmorow. Ed. by Sarah Harvey. 2022. (Backyard Bugs & Creepy-Crawlies Ser.: Vol. 3). (ENG., Illus.). 32p. (J). ***(978-1-77476-728-3(7))***; pap. ***(978-1-77476-729-0(5))*** AD Classic.
Caterpillars & Butterflies: Children's Biology Insect Book. Bold Kids. 2022. (ENG.). 42p. (J). pap. 14.99 *(978-1-0717-0914-6(3))* FASTLANE LLC.
Caterpillars & Butterflies: Make Your Own Model! Annabel Savery. Illus. by Laura Deo. 2022. 1. (ENG.). 10p. (J). bds. 9.99 *(978-1-3988-0904-8(7)*, aa42405d-9ed3-40d0-972a-d423c10e832f) Arcturus Publishing GBR. Dist: Baker & Taylor Publisher Services (BTPS).
Caterpillars Can Fly. Dino Nicholas. 2018. (ENG., Illus.). 34p. (J). pap. 15.00 *(978-1-387-92139-3(8))* Lulu Pr., Inc.
Caterpillars Can't Fly. Coleen Lindgren. 2018. (ENG., Illus.). 44p. (J). pap. 14.95 *(978-1-64349-230-8(6))* Christian Faith Publishing.
Caterpillars Can't Swim, 1 vol. Liane Shaw. 2017. (ENG.). 256p. (YA). (gr. 8-12). pap. 13.95 *(978-1-77260-053-7(9))* Second Story Pr. CAN. Dist: Orca Bk. Pubs. USA.
Caterpillars Crawl Their Way to the Sky. Robbie Byerly. 2016. (1B Bugs Ser.). (ENG., Illus.). 24p. (J). pap. 9.60 *(978-1-63437-101-8(1))* American Reading Co.
Caterpillar's Day Out. Anna Bradshaw. 2018. (ENG., Illus.). 30p. (J). (gr. k-2). 14.95 *(978-1-64299-781-1(1))*; pap. 11.95 *(978-1-64299-779-8(X))* Christian Faith Publishing.
Caterpillars Eat Their Skin!, 1 vol. Bert Wilberforce. 2017. (Nature's Grossest Ser.). (ENG.). 24p. (J). (gr. 1-2). pap. 9.15 *(978-1-5382-0937-0(3)*, 156830ea-862d-4189-93b0-29aa0d1d13b3) Stevens, Gareth Publishing LLLP.
Caterpillars Love to Eat (FSTK ONLY) Traci Dibble. 2017. (1g Fstk Ser.). (ENG.). 20p. (J). pap. 8.00 *(978-1-63437-636-5(6))* American Reading Co.
Caterpillar's Surprise. Janet Halfmann. Illus. by Emily Krueger. 2021. (ENG.). 34p. (J). 20.95 *(978-1-68433-867-2(0))*; pap. 15.95 *(978-1-68433-845-0(X))* Black Rose Writing.
Caterpillar's Surprise. Sheila Murray-Nellis. 2018. (ENG.). 68p. (J). pap. ***(978-0-9951941-4-4(9))*** Eva Nova Pr.
Caterpillar's Tent, 1 vol. Arthur Best. 2018. (Animal Homes Ser.). (ENG.). 24p. (J). (gr. 1-1). 27.36 *(978-1-5026-3650-8(6)*, 1ce3ea81-dee4-4a37-b17d-62a223cee482) Cavendish Square Publishing LLC.
Caterpiller Caterpiller. Kimberly Renslow. 2021. (ENG., Illus.). 30p. (J). pap. 12.95 *(978-1-63860-070-1(8))* Fulton Bks.
Cate's Christmas. Olivia Higgins. 2022. (ENG.). 48p. (J). 17.99 ***(978-1-0880-5157-3(X))*** Indy Pub.
Catfish. Leo Statts. 2018. (Freshwater Fish Ser.). (ENG., Illus.). 24p. (J). (gr. -1-2). lib. bdg. 31.36 *(978-1-5321-2288-0(8)*, 28343, Abdo Zoom-Launch) ABDO Publishing Co.
Catfish (Classic Reprint) Charles Marriott. 2018. (ENG., Illus.). 414p. (J). 32.44 *(978-0-484-84924-1(7))* Forgotten Bks.
Catfishing on CatNet. Naomi Kritzer. 2021. (CatNet Novel Ser.: 1). (ENG.). 304p. (YA). pap. 14.99 *(978-1-250-16509-1(1)*, 900186939, Tor Teen) Doherty, Tom Assocs., LLC.
Catharine Cole's Book: With an Introduction (Classic Reprint) Martha Reinhard Smallwood Field. 2017. (ENG., Illus.). (J). 31.84 *(978-0-265-67285-3(6))*; pap. 16.57 *(978-1-5276-4395-6(6))* Forgotten Bks.
Catharine Furze (Classic Reprint) Mark Rutherford. 2018. (ENG., Illus.). 376p. (J). 31.65 *(978-0-484-58466-1(9))* Forgotten Bks.
Catharine Furze, Vol. 1 of 2 (Classic Reprint) Mark Rutherford. 2018. (ENG., Illus.). 184p. (J). 27.71 *(978-0-483-82867-4(X))* Forgotten Bks.
Catharine Furze, Vol. 2 of 2 (Classic Reprint) Mark Rutherford. 2018. (ENG., Illus.). 192p. (J). 27.88 *(978-0-483-68906-0(8))* Forgotten Bks.
Catharine Grace Loch: Royal Red Cross, Senior Lady Superintendent, Queen Alexandra's Military Nursing Service for India; a Memoir, with an Introduction (Classic Reprint) Catharine Grace Loch. (ENG., Illus.). (J). 2017. 31.78 *(978-0-266-50669-0(0))*; 2016. pap. 16.57 *(978-1-334-14077-8(4))* Forgotten Bks.
Catharine's Peril, Or the Little Russian Girl Lost in a Forest & Other Stories. M. E. Bewsher. 2019. (ENG., Illus.). 34p. (YA). pap. *(978-93-5329-483-0(5))* Alpha Editions.
Catharine's Proxy (Classic Reprint) Myra Sawyer Hamlin. (ENG., Illus.). (J). 2018. 246p. 28.97 *(978-0-332-96909-1(6))*; 2017. pap. 11.57 *(978-0-243-39738-9(0))* Forgotten Bks.
Cathas & the Squirrel Incident. Tessa Bremner. Ed. by Eloise De Sousa. Illus. by Tessa Bremner. 2021. (ENG.). 35p. (J). pap. ***(978-1-4477-9250-5(5))*** Lulu Pr., Inc.
Cathawyr: Odan Terridor Trilogy: Book Three. Savannah Goins. 2021. (ENG.). 276p. (YA). pap. 14.99 *(978-0-9986455-8-2(3))*; 19.99 *(978-0-9986455-9-9(1))* Mason Mill Publishing Hse.
Cathedral. James Russell Lowell. 2017. (ENG., Illus.). (J). pap. *(978-0-649-31021-0(7))* Trieste Publishing Pty Ltd.
Cathedral. Hugh Walpole. 2017. (ENG., Illus.). (J). pap. 18.95 *(978-1-374-87889-1(8))* Capital Communications, Inc.
Cathedral: A Novel (Classic Reprint) Hugh Walpole. 2018. (ENG., Illus.). 460p. (J). 33.40 *(978-0-365-20497-8(8))* Forgotten Bks.
Cathedral Cat. Robin Darkmere. 2020. (ENG.). 74p. (YA). pap. *(978-1-5289-8658-8(X))* Austin Macauley Pubs. Ltd.
Cathedral Courtship & Penelope's Eng Lish Experiences: With Illustrations by Clifford Carleton (Classic Reprint) Kate Douglas Wiggin. 2018. (ENG., Illus.). 192p. (J). 27.88 *(978-0-267-48236-8(1))* Forgotten Bks.
Cathedral Courtship & Penelope's English Experiences. Kate Douglas Wiggin. 2017. (ENG., Illus.). (J). pap. *(978-0-649-49135-3(1))* Trieste Publishing Pty Ltd.
Cathedral Courtship & Penelope's English Experiences (Classic Reprint) Kate Douglas Wiggin. (ENG., Illus.). (J). 2018. 192p. 27.86 *(978-0-332-11295-4(0))*; 2016. pap. 10.57 *(978-1-334-15898-8(3))* Forgotten Bks.
Cathedral Courtship (Classic Reprint) Kate Douglas Wiggin. 2017. (ENG., Illus.). (J). 26.66 *(978-0-260-17852-7(7))*; pap. 9.57 *(978-1-5284-0412-9(2))* Forgotten Bks.
Cathedral Days. Anna Bowman Dodd & E. Eldon Deane. 2017. (ENG.). 444p. (J). pap. *(978-3-337-21303-9(0))*; pap. *(978-3-337-00513-9(6))* Creation Pubs.
Cathedral Days: A Tour in Southern England (Classic Reprint) Anna Bowman Dodd. 2017. (ENG., Illus.). (J). 33.12 *(978-0-331-68903-7(0))* Forgotten Bks.
Cathedral of Bones. A. J. Steiger. (ENG.). 368p. (J). (gr. 3-7). 2022. pap. 7.99 *(978-0-06-293480-2(5))*; 2021. 16.99 *(978-0-06-293479-6(1))* HarperCollins Pubs. (HarperCollins).
Cathedral of Light Stained Glass Coloring Book. Smarter Activity Books. 2016. (ENG., Illus.). (J). pap. 9.22 *(978-1-68374-426-9(8))* Examined Solutions PTE. Ltd.
Cathedral Singer. James Lane Allen. 2023. (ENG.). 60p. (YA). pap. 12.99 ***(978-1-0881-0152-0(6))*** Indy Pub.
Cathedral Singer (Classic Reprint) James Lane Allen. 2018. (ENG., Illus.). 152p. (J). 27.03 *(978-0-483-25608-8(0))* Forgotten Bks.
Catherine: A Sheppard Carter Family Story. Heidi Bensley. 2023. (ENG.). 331p. (YA). pap. ***(978-1-387-29435-0(0))*** Lulu Pr., Inc.
Catherine a Shabby Genteel Story: The Second Funeral of Napoleon; & Miscellanies, 1840 I (Classic Reprint) William Makepeace Thackeray. 2018. (ENG., Illus.). 588p. (J). 36.02 *(978-0-267-42803-8(0))* Forgotten Bks.
Catherine, a Story; Little Travels; the Fitz-Boodle Papers (Classic Reprint) William Makepeace Thackeray. (ENG., Illus.). (J). 2018. 412p. 32.39 *(978-0-666-20841-5(7))*; 2017. pap. 16.57 *(978-0-259-20143-4(X))* Forgotten Bks.
Catherine a Story; Little Travels; the Fitz-Boodle Papers; Reviews; the Wolves (Classic Reprint) William Makepeace Thackeray. 2018. (ENG., Illus.). 412p. (J). 32.39 *(978-0-656-90449-5(6))* Forgotten Bks.
Catherine, and, Lovel the Widower, etc (Classic Reprint) William Makepeace Thackeray. 2017. (ENG., Illus.). (J). 36.52 *(978-0-266-71486-6(2))*; pap. 19.57 *(978-1-5276-7018-1(X))* Forgotten Bks.
Catherine, Called Birdy *see* **Libro de Catherine**
Catherine, Called Birdy: A Newbery Honor Award Winner. Karen Cushman. 2019. (ENG.). 192p. (J). (gr. 3-7). pap. 9.99 *(978-1-328-63111-4(7)*, 1734955, Clarion Bks.) HarperCollins Pubs.
Catherine, Called Birdy Movie Tie-In Edition. Karen Cushman. 2022. (ENG.). 192p. (J). (gr. 3-7). pap. 7.99 *(978-0-06-328901-7(6)*, Clarion Bks.) HarperCollins Pubs.
Catherine, Called Birdy Novel Units Student Packet. Novel Units. 2019. (ENG.). (J). pap. 13.99 *(978-1-56137-793-0(7)*, Novel Units, Inc.) Classroom Library Co.
Catherine de Medicis, or the Queen-Mother: A Romance (Classic Reprint) Louisa Stuart Costello. (ENG., Illus.). (J). 2018. 482p. 33.84 *(978-0-267-78812-5(6))*; 2016. pap. 16.57 *(978-1-334-38762-3(1))* Forgotten Bks.
Catherine Horeton: An Australian Story (Classic Reprint) William Sabelberg. (ENG., Illus.). (J). 2018. 274p. 29.55 *(978-0-483-54366-9(7))*; 2016. pap. 11.97 *(978-1-333-80624-8(8))* Forgotten Bks.
Catherine; Lovel the Widower; Denis Duval; Ballads; etc (Classic Reprint) William Makepeace Thackeray. (ENG., Illus.). (J). 2017. 704p. 38.44 *(978-0-484-54540-2(X))*; 2016. pap. 20.97 *(978-1-334-14948-1(8))* Forgotten Bks.
Catherine; Major Gahagan; etc (Classic Reprint) William Makepeace Thackeray. (ENG., Illus.). (J). 2018. 488p. 33.98 *(978-0-484-18896-8(8))*; 2016. pap. 16.57 *(978-1-333-11680-4(2))* Forgotten Bks.
Catherine Sidney (Classic Reprint) Francis Deming Hoyt. (ENG., Illus.). (J). 2018. 362p. 31.38 *(978-0-267-94621-1(X))*; 2017. pap. 13.97 *(978-0-259-26570-2(5))* Forgotten Bks.
Catherine's Child (Classic Reprint) Henry De La Pasture. 2018. (ENG., Illus.). 402p. (J). 32.19 *(978-0-267-62300-6(3))* Forgotten Bks.
Catherine's War. Julia Billet. Tr. by Ivanka Hahnenberger. Illus. by Claire Fauvel. 2020. (ENG.). 176p. (J). (gr. 3-7). 21.99 *(978-0-06-291560-3(6))*; pap. 12.99 *(978-0-06-291559-7(2))* HarperCollins Pubs. (HarperAlley).
Cathie's Special Tree. Ruth y Collett. 2018. (ENG., Illus.). 28p. (J). pap. *(978-0-6481647-0-8(5))* Morris Publishing Australia.
Catholic Bible Chronicles. Welborn Amy Lavoy Michael. 2021. (ENG.). (J). 24.95 *(978-1-950784-71-4(1))* Ascension Pr.
Catholic Children's Bible. Saint Mary's Press Staff. rev. ed. 2018. (ENG.). (J). (gr. 1-4). 2000p. 41.95 *(978-1-59982-929-6(0))*; 2002p. pap. 32.95 *(978-1-59982-919-7(3))* Saint Mary's Press of Minnesota.
Catholic Children's Bible Coloring Book: Read It! Live It! Love It! Color It! Saint Mary's Press Staff. 2017. (Catholic Children's Bible Ser.). (ENG.). 40p. (J). (gr. k-4). pap. 6.95 *(978-1-59982-869-5(3))* Saint Mary's Press of Minnesota.
Catholic Faith from a to Z. Sophie De Mullenheim. 2017. (ENG.). 176p. (YA). (gr. 4-10). 19.99 *(978-1-62164-176-6(7))* Ignatius Pr.
Catholic Faith Teaching Manual - Level 3: Intermediary Level. Raymond Taouk. I.t. ed. 2021. (ENG.). 154p. (J). pap. *(978-0-6450219-2-9(X))* JMJ Catholic Products.
Catholic Faith Teaching Manual - Level 4. Raymond Taouk. I.t. ed. 2021. (ENG.). 152p. (J). pap. *(978-0-6450219-4-3(6))* JMJ Catholic Products.
Catholic Faith Teaching Manual - Level 5: Confirmation. Raymond Taouk. I.t. ed. 2021. (ENG.). 182p. (J). pap. *(978-0-6450219-3-6(8))* JMJ Catholic Products.
Catholic Faith Teaching Manual, Level: Level 2 - Post Communion. Raymond Taouk. I.t. ed. 2021. (ENG.). 160p. (J). pap. *(978-0-6450219-1-2(1))* JMJ Catholic Products.
Catholic Immigrants: In Their Shoes. Jeanne Marie Ford. 2019. (Immigrant Experiences Ser.). (ENG.). 32p. (J). (gr. 3-6). lib. bdg. 35.64 *(978-1-5038-2794-3(1)*, 212601, MOMENTUM) Child's World, Inc, The.
Catholic Nursery Rhymes: A Life of Our Blessed Lord in Verse for Young Children. Sister Mary Gertrude. 2018. (ENG., Illus.). 32p. (J). (gr. k-2). 17.95 *(978-1-64051-070-8(2))* St. Augustine Academy Pr.
Catholic Puppies: Bernadette Gets Lost in the Holy Land. Isabella Velasquez. 2020. (ENG.). 92p. (J). pap. 6.99 *(978-1-7947-6477-4(1))* Lulu Pr., Inc.
Catholic Puppies: Therese & the Golden Bible. Isabella Velasquez. 2018. (ENG., Illus.). 70p. (J). pap. 6.99 *(978-1-387-88140-6(X))* Lulu Pr., Inc.
Catholic Puppies * Lucy's Big Adventure. Isabella Velasquez. 2017. (ENG., Illus.). 82p. (J). pap. *(978-1-387-24501-7(5))* Lulu Pr., Inc.
Catholic Stories for Boys & Girls Volumes 1-4 (Student Workbook) TAN Books. 2022. (ENG.). 104p. (J). (gr. k-6). pap. 16.95 ***(978-1-5051-2715-7(7)***, 3134) TAN Bks.
Catholic Stories for Boys & Girls Volumes 1-4 (Teacher's Manual) TAN Books. 2022. (ENG.). 104p. (J). (gr. k-6). pap. 16.95 ***(978-1-5051-2716-4(5)***, 3138) TAN Bks.
Catholic Treasury of Prayers & Verses. Illus. by Adalee Hude. 2020. (ENG.). 56p. (J). 17.95 *(978-1-64585-066-3(8))* Emmaus Road Publishing.
Catholic World, Vol. 19: A Monthly Magazine of General Literature & Science; April, 1874, to September, 1874 (Classic Reprint) Unknown Author. 2017. (ENG., Illus.). (J). 41.86 *(978-0-266-51733-7(1))*; pap. 24.20 *(978-1-334-90046-4(9))* Forgotten Bks.
Cathy Rossiter (Classic Reprint) Victor Rickard. (ENG., Illus.). (J). 2018. 382p. 31.78 *(978-0-332-19768-5(9))*; 2016. pap. 16.57 *(978-1-333-56983-9(1))* Forgotten Bks.
Cathy's Adventures: Book 2. Jada Waite. 2022. (ENG.). 108p. (J). pap. ***(978-0-2288-7407-2(6))*** Tellwell Talent.
Cati y el Festival de Natación: Leveled Reader Card Book 47 Level R 6 Pack. Hmh Hmh. 2021. (SPA.). (J). pap. 74.40 *(978-0-358-08527-0(6))* Houghton Mifflin Harcourt Publishing Co.
Caticorn Coloring Book: 40 Unique, Super Cute Designs to Color Caticorn Coloring Book Amazing Unicorn Magical Caticorns Caticorn Coloring Book for Girls. Penciol Press. 2021. (ENG.). 84p. (J). pap. 9.00 *(978-1-716-16972-4(0))* Lulu Pr., Inc.
Caticorn Coloring Book: A Beautiful Coloring Book for Boys & Girls 4-8 Ages with Wonderful Caticorns. Colleen Solaris. 2021. (ENG.). 84p. (J). pap. 10.90 *(978-1-915100-65-8(8)*, GoPublish) Visual Adjectives.
Caticorn Coloring Book: Cat Unicorn Coloring Book for Toddlers. Pia Pucinka. 2023. (ENG.). 103p. (J). pap. ***(978-1-4478-8825-3(1))*** Lulu Pr., Inc.
Caticorn Coloring Book: Caticorn Colouring Book for Kindergartener, Preschooler & 4-8 Years. Reena Zam. 2022. (ENG.). 100p. (J). pap. ***(978-1-387-88948-8(6))*** Lulu Pr., Inc.
Caticorn Coloring Book: For Kids Ages 4-8, 45 Unique Illustration to Color, Perfect Caticorn Book for Kids, Boys & Girls. Wonderful Cat Coloring Book for Children & Toddlers Who Love to Play & Enjoy with Cute Cats. Amelia Yardley. 2021. (ENG.). 94p. (J). pap. *(978-1-008-94247-9(2))* Lulu.com.
Caticorn Coloring Book for Kids! Discover Caticorn Coloring Pages for Children! Bold Illustrations. 2022. (ENG.). 82p. (J). pap. 14.99 *(978-1-0717-0653-4(5)*, Bold Illustrations) FASTLANE LLC.
Caticorn Libro Da Colorare: Per Bambini Dai 4 Agli 8 Anni, 45 Illustrazioni Uniche Da Colorare, Libro Di Gatti Perfetto per Bambini, Ragazzi e Ragazze, Meraviglioso Libro Da Colorare Di Gatti per Bambini e Ragazzi. Amelia Yardley. 2021. (ITA.). 94p. (J). pap. *(978-1-008-94194-6(8))* Lulu.com.
Caticorn Libro para Colorear: Para niños de 4 a 8 años, 45 Ilustraciones únicas para Colorear, Libro de Gatos Perfecto para niños y niñas. Maravilloso Libro para Colorear de Gatos para niños y Jóvenes Que les Encanta Jugar y Divertirse con Lindos Gatos. Amelia Yardley. 2021. (SPA.). 94p. (J). pap. *(978-1-008-94234-9(0))* Lulu.com.
Caticorn Livre de Coloriage: Pour les Enfants âgés de 4 à 8 Ans, 45 Illustrations Uniques à Colorier, un Livre de Chat Parfait Pour les Enfants, Garçons et Filles. un Merveilleux Livre de Coloriage de Chats Pour les Enfants et les Tout-Petits. Amelia Yardley. 2021. (FRE.). 94p. (J). pap. *(978-1-008-94223-3(5))* Lulu.com.
Caticorn Malbuch: Für Kinder Im Alter Von 4-8 Jahren, 45 Einzigartige Illustrationen Zum Ausmalen, Perfektes Katzenbuch Für Kinder, Jungen und Mädchen. Wunderbare Katze Malbuch Für Kinder und Kleinkinder, Die Liebe Zu Spielen und Genießen Mit Niedlichen K. Amelia Yardley. 2021. (GER.). 94p. (J). pap. *(978-1-008-94243-1(X))* Lulu.com.
Catie the Caterpillar. Monica Campbell. 2018. (ENG.). 20p. (J). 21.95 *(978-1-64458-607-5(X))*; (Illus.). pap. 11.95 *(978-1-64299-474-2(X))* Christian Faith Publishing.
Catie's First Day of School. Richard Basile. 2017. (ENG., Illus.). (J). pap. 10.95 *(978-1-4624-1216-7(5)*, Inspiring Voices) Author Solutions, LLC.
Catkwondo. Lisl H. Detlefsen. Illus. by Erin Hunting. 2020. (ENG.). 32p. (J). (gr. k-2). 17.99 *(978-1-68446-100-4(6)*, 141335, Capstone Editions) Capstone.
Catlantis. Anna Starobinets. Tr. by Jane Bugaeva. Illus. by Andrzej Klimowski. 2016. (ENG.). 136p. (J). (gr. 3-7). 16.95 *(978-1-68137-000-2(X)*, NYR Children's Collection) New York Review of Bks., Inc., The.
Catlin's Notes of Eight Years' Travels & Residence in Europe with His North American Indian Collection. in Two Volumes, Octavo. Vol. I. George Catlin. 2017. (ENG., Illus.). (J). pap. *(978-0-649-41469-7(1))* Trieste Publishing Pty Ltd.
Catlin's Notes of Eight Years' Travels & Residence in Europe, with His North American Indian Collection, Vol. 2 Of 2: With Anecdotes & Incidents of the Travels & Adventures of Three Different Parties of American Indians Whom He Introduced to the Cou. George Catlin. (ENG., Illus.). (J). 2018. 384p. 31.82 *(978-0-483-76506-1(6))*; 2016. pap. 16.57 *(978-1-333-37973-5(0))* Forgotten Bks.
Caton & Bradbury's Mathematical Series. Lessons in Number. Francis Cogswell. 2017. (ENG., Illus.). (J). pap. *(978-0-649-63018-9(1))* Trieste Publishing Pty Ltd.
Catoninetales: A Domestic Epic Comprising a Very True & Dismal Pathetic Narration of the Ends of a Most Worthy Cat Kok Robyn Beginning with His First Death & Burial & the Inquest Thereupon (Classic Reprint) H. B. 2017. (ENG., Illus.). (J). 26.17 *(978-0-265-22078-8(5))* Forgotten Bks.
Catrina: Emotions/Emociones, 1 vol. Gibbs Smith. 2018. (SPA., Illus.). 22p. (J). (gr. -1-k). bds. 9.99 *(978-0-9861099-6-6(7))* Little Libros, LLC.
Catrina & the New Geographer. Amelia Hansen. 2018. (ENG., Illus.). 30p. (J). *(978-0-359-03312-6(1))* Lulu Pr., Inc.
Catrina & the Tree World. Amelia Hansen. 2018. (ENG., Illus.). 28p. (J). pap. 12.49 *(978-1-387-90530-0(9))* Lulu Pr., Inc.
Catrina: Colors / Colores: A Bilingual Book on Colors. Patty Rodriguez & Ariana Stein. Illus. by Citlali Reyes. 2021. (Lil' Libros Ser.). (ENG.). 22p. (J). bds. 9.99 *(978-1-947971-74-5(3))* Little Libros, LLC.
Catrina: Numbers / Numeros: A Bilingual Book on Numbers. Patty Rodriguez & Ariana Stein. Illus. by Citlali Reyes. 2021. (Lil' Libros Ser.). (ENG.). 22p. (J). bds. 9.99 *(978-1-947971-75-2(1))* Little Libros, LLC.
Catrina: Vowels / Vocales: A Bilingual Book on Vowels. Patty Rodriguez & Ariana Stein. Illus. by Citlali Reyes. 2021. (Lil' Libros Ser.). (ENG.). 22p. (J). (-k). bds. 9.99 *(978-1-947971-73-8(5))* Little Libros, LLC.
Catrina's Family Tree. Amelia Hansen. 2018. (ENG., Illus.). 14p. (J). *(978-1-387-55198-9(1))* Lulu Pr., Inc.
Catriona. Robert Louis Stevenson. 2017.Tr. of David Balfour. (ENG., Illus.). (J). 25.95 *(978-1-374-88892-0(3))*; pap. 15.95 *(978-1-374-88891-3(5))* Capital Communications, Inc.
Catriona a Sequel to Kidnapped Being Memoirs of the Further Adventures of David Balfour at Home & Abroad (Classic Reprint) Robert Louis Stevenson. 2017. (ENG., Illus.). 438p. (J). 32.93 *(978-0-484-83766-8(4))* Forgotten Bks.
Cats. Lisa J. Amstutz. 2018. (Our Pets Ser.). (ENG.). 24p. (J). pap. 41.70 *(978-1-5435-0189-6(3)*, 27578, Capstone Pr.); (Illus.). (gr. -1-2). lib. bdg. 22.65 *(978-1-5435-0160-5(5)*, 137101, Pebble) Capstone.
Cats. Contrib. by Alexis Burling. 2023. (Essential Pets Ser.). (ENG.). 112p. (YA). (gr. 6-12). lib. bdg. 41.36 ***(978-1-0982-9052-8(6)***, 41783, Essential Library) ABDO Publishing Co.
Cats. Sophie Geister-Jones. 2019. (Pets Ser.). (ENG., Illus.). 24p. (J). (gr. k-3). lib. bdg. 31.36 *(978-1-5321-6568-9(4)*, 33238, Pop! Cody Koala) Pop!.
Cats. Katie Lajiness. 2016. (First Drawings (Big Buddy Books) Ser.). (ENG., Illus.). 32p. (J). (gr. 2-5). lib. bdg. 34.21 *(978-1-68078-521-0(4)*, 23605, Big Buddy Bks.) ABDO Publishing Co.
Cats. Christina Leaf. 2020. (Favorite Pets Ser.). (ENG., Illus.). 24p. (J). (gr. -1-2). pap. 7.99 *(978-1-68103-800-1(5)*, 12889); lib. bdg. 25.95 *(978-1-64487-313-7(3))* Bellwether Media. (Blastoff! Readers).
Cats. Kathy MacMillan. 2022. (Early Animal Encyclopedias Ser.). (ENG., Illus.). 128p. (J). (gr. -1-4). lib. bdg. 47.07 ***(978-1-0982-9039-9(9)***, 40885, Early Encyclopedias) ABDO Publishing Co.
Cats. Nick Rebman. 2018. (Animals Ser.). (ENG., Illus.). 16p. (J). (gr. k-1). pap. 7.95 *(978-1-63517-947-7(5)*,

C

1635179475); lib. bdg. 25.64 (978-1-63517-846-3(0), 1635178460) North Star Editions. (Focus Readers).

Cats. Marcus Schneck & Jill Caravan. 2019. (Pet Library). (Illus.). 72p. (J). (gr. 12). lib. bdg. 34.60 (978-1-4222-4314-5(1)) Mason Crest.

Cats. Mari Schuh. 2018. (Spot Pets Ser.). (ENG.). 16p. (J). (gr. -1-2). (978-1-68151-365-2(X), 14945); pap. 9.99 (978-1-68152-285-2(3), 14953) Amicus.

Cats, 1 vol. Dawn Titmus. 2018. (Cool Pets for Kids Ser.). (ENG.). 32p. (J). (gr. 3-3). 27.93 (978-1-5383-3866-7(1), 24f7f3ca-7161-465e-9348-75b5c58db75c, PowerKids Pr.) Rosen Publishing Group, Inc., The.

Cats. Joan Galat. ed. 2018. (National Geographic Readers Ser.). (ENG.). 47p. (J). (gr. -1-1). 13.89 (978-1-64310-355-6(5)) Penworthy Co., LLC, The.

Cats, Vol. 12. Claire Horton-Bussey. 2016. (Understanding & Caring for Your Pet Ser.: Vol. 12). (ENG., Illus.). 128p. (J). (gr. 5-8). 25.95 (978-1-4222-3693-2(5)) Mason Crest.

Cats: A Children's Animal Book for Kids. Bold Kids. 2022. (ENG.). 42p. (J). pap. 14.99 (978-1-0717-0913-9(5)) FASTLANE LLC.

Cats: A Picture Book of Cats for Children. Bold Kids. 2022. (ENG.). 48p. (J). pap. 14.99 (978-1-0717-0858-3(9)) FASTLANE LLC.

Cats: Animals in the City (Engaging Readers, Level Pre-1) Ava Podmorow. Ed. by Sarah Harvey. l.t. ed. 2022. (Animals in the City Ser.: Vol. 1). (ENG., Illus.). 32p. (J). (978-1-77476-756-6(2)); pap. (978-1-77476-757-3(0)) AD Classic.

Cats: Bilingual (English/Filipino) (Ingles/Filipino) Mga Pusa - Animals in the City (Engaging Readers, Level Pre-1) Ava Podmorow. Ed. by Sarah Harvey. l.t. ed. 2023. (Animals in the City Ser.: Vol. 1). (FIL., Illus.). 32p. (J). (978-1-77878-042-4(3)); pap. (978-1-77878-043-1(1)) AD Classic.

Cats: Fold & Play, 1 vol. SK & IK. 2020. (Origanimo Ser.: 1). (ENG.). 32p. (J). (gr. -1-3). pap. 9.99 (978-0-7643-5951-4(7), 20625) Schiffer Publishing, Ltd.

Cats: Questions & Answers. Christina Mia Gardeski. 2016. (Pet Questions & Answers Ser.). (ENG., Illus.). 24p. (J). (gr. -1-2). lib. bdg. 27.32 (978-1-5157-0356-3(8), 131990, Capstone Pr.) Capstone.

Cats: Their Points & Characteristics, with Curiosities of Cat Life, & a Chapter on Feline Ailments (Classic Reprint) W. Gordon Stables. 2017. (ENG., Illus.). (J). 34.46 (978-0-331-10200-0(5)) Forgotten Bks.

Cats / Gatos. Erin Falligant. Illus. by Suzie Mason. 2018. (Pets! / ¡Las Mascotas! Ser.). (MUL.). 24p. (J). (gr. -1-2). lib. bdg. 33.99 (978-1-68410-248-8(0), 138446) Cantata Learning.

Cats / Gatos. Xist Publishing. 2017. (Xist Kids Bilingual Spanish English Ser.). (ENG & SPA.). 28p. (J). (gr. -1-3). pap. 9.99 (978-1-5324-0305-7(4)) Xist Publishing.

Cats All Dressed up / Gatos Bien Vestidos. Xist Publishing. 2017. (Xist Kids Bilingual Spanish English Ser.). (ENG & SPA.). 28p. (J). (gr. -1-3). pap. 9.99 (978-1-5324-0307-1(0)) Xist Publishing.

Cats & Dogs. Des. by Stephanie Meyers. 2019. (Animal Lovers Ser.). (ENG.). 20p. (J). (gr. -1 — 1). bds. 7.99 (978-1-4867-1582-4(6), fe224f94-fba4-4f92-8e12-6e98c6486e0b) Flowerpot Pr.

Cats & Dogs!, 1 vol. Andrea Palmer. 2017. (Animals in My World Ser.). (ENG.). 24p. (gr. 1-1). pap. 9.25 (978-1-5383-2189-8(0), 57426f11-1888-4b77-8894-7e5434529c0d, PowerKids Pr.) Rosen Publishing Group, Inc., The.

Cats & Dogs Adult Coloring Book: Coloring Pages for Relaxation & Stress Relief- Coloring Pages for Adults- Lions, Elephants, Horses, Dogs, Cats, & Many More- Increasing Positive Emotions- 8. 5 X11. Over The Rainbow Publishing. 2020. (ENG.). 82p. (J). pap. 11.75 (978-1-716-28825-8(8)) Google.

Cats & Dogs & Hamsters, Too Pets Coloring Books for Girls. Educando Kids. 2019. (ENG.). 42p. (J). pap. 6.99 (978-1-64521-050-4(2), Educando Kids) Editorial Imagen.

Cats & Dogs Are My Furry Friends: Activity & Coloring Books for Kids Ages 6-10 Bundle, 2 vols. Speedy Publishing Books. 2019. (ENG.). 212p. (J). pap. 19.99 (978-1-5419-7270-4(8)) Speedy Publishing LLC.

Cats & Dogs Picture Puzzle Book. 2017. (Picture Puzzle Bks.). (ENG.). (J). bds. 14.99 (978-0-7945-3925-2(4), Usborne) EDC Publishing.

Cats & Dogs Seek & Find Activity Book. Bobo's Children Activity Books. 2016. (ENG., Illus.). (J). pap. 10.81 (978-1-68327-016-4(9)) Sunshine In My Soul Publishing.

Cats & Dogs Smiling Coloring Book. Activibooks For Kids. 2016. (ENG., Illus.). (J). pap. 9.20 (978-1-68321-577-6(X)) Mimaxion.

Cats & Kittens. Annabelle Lynch. 2017. (Animals & Their Babies Ser.). (Illus.). 24p. (gr. k-3). 28.50 (978-1-62588-415-2(X), Smart Apple Media) Black Rabbit Bks.

Cats & Kittens. Caryn Jenner. ed. 2021. (DK Readers Ser.). (ENG., Illus.). 48p. (J). (gr. 2-3). 14.96 (978-1-64697-727-7(0)) Penworthy Co., LLC, The.

Cats & Kittens: Learn to Draw Using Basic Shapes — Step by Step!, Vol. 3. Emily Fellah. 2022. (I Can Draw Ser.: 3). (ENG., Illus.). 32p. (J). (gr. -1-2). pap. 6.99 (978-1-60058-958-4(8), 346597, Walter Foster Jr) Quarto Publishing Group USA.

Cats & the Cake. Martha Hamilton & Mitch Weiss. Illus. by Steve Henry. (I Like to Read Ser.). 32p. (J). (gr. -1-3). 2023. pap. 7.99 (978-0-8234-5333-7(2)); 2022. 15.99 (978-0-8234-4756-5(1)) Holiday Hse., Inc.

Cats' Arabian Nights, or King Grimalkum (Classic Reprint) Abby Morton Diaz. (ENG., Illus.). (J). 2018. 230p. 28.66 (978-0-364-85190-6(2)); 2017. pap. 11.57 (978-0-259-51837-2(9)) Forgotten Bks.

Cats Are a Liquid. Rebecca Donnelly. Illus. by Misa Saburi. 2019. (ENG.). 32p. (J). 17.99 (978-1-250-20659-6(6), 900201486, Holt, Henry & Co. Bks. For Young Readers) Holt, Henry & Co.

Cats Are Cats. Valeri Gorbachev. 2019. (I Like to Read Ser.). (Illus.). 32p. (J). (gr. -1-3). pap. 7.99 (978-0-8234-4524-0(0)) Holiday Hse., Inc.

Cats Are Cats. Valeri Gorbachev. ed. 2020. (I Like to Read Ser.). (ENG.). 28p. (J). (gr. k-1). 17.96 (978-1-64697-274-6(0)) Penworthy Co., LLC, The.

Cats Are Good Pets. Cecilia Minden. Illus. by Sam Loman. 2023. (In Bloom Ser.). (ENG.). (J). (gr. 2-4). 24p. pap. 12.79 (978-1-6689-1896-8(X), 221874); 23p. lib. bdg. 30.64 (978-1-6689-2643-7(1), 222620) Cherry Lake Publishing. (Cherry Blossom Press).

Cats Are Particular! John R. Scannell. 2022. (ENG.). 32p. (J). pap. 15.95 (978-0-578-27778-3(6)) Wutherwood Pr.

Cat's Best Friend. Megan Roth. ed. 2021. (I Can Read Ser.). (ENG., Illus.). 31p. (J). (gr. k-1). 14.96 (978-1-64697-538-9(3)) Penworthy Co., LLC, The.

CATS by the Numbers. Steve Dambrosio. Illus. by Michael Willis. 2020. (ENG.). 26p. (J). 14.95 (978-0-9969094-2-6(7)) Lyrical Cat Publishing.

Cats Can. Roseanne Greenfield Thong. Illus. by Ebony Glenn. 2022. 32p. (J). (gr. -1-2). 17.99 (978-0-593-11559-6(7), Viking Books for Young Readers) Penguin Young Readers Group.

Cats Can Be Musicians Too! Coloring Book. Kreative Kids. 2016. (ENG., Illus.). (J). pap. 9.20 (978-1-68377-387-0(X)) Whike, Traudl.

Cats, Cats, Cats! Rebecca Felix. 2020. (Internet Animal Stars Ser.). (ENG., Illus.). 32p. (J). (gr. 1-4). 27.99 (978-1-5415-9713-6(3), f49c30ec-c87f-4282-8147-4877bb3efedd, Lerner Pubns.) Lerner Publishing Group.

Cats, Cats, Cats. Christina Mia Gardeski. 2016. (Cats, Cats, Cats Ser.). (ENG., Illus.). 24p. (J). (gr. -1-2). 117.28 (978-1-5157-1365-4(2), 24870, Capstone Pr.) Capstone.

Cat's Christmas Carol. Sam Hay & Helen Shoesmith. 2020. (ENG., Illus.). 32p. (J). 11.00 (978-1-4711-8379-9(3), Simon & Schuster Children's) Simon & Schuster, Ltd. GBR. Dist: Simon & Schuster, Inc.

Cats Coloring Book. Cristie Publishing. 2021. (ENG.). 60p. (J). pap. 8.50 (978-1-716-26525-9(8)) Lulu Pr., Inc.

Cats Coloring Book for Kids. Deeasy Books. 2020. (ENG.). 102p. (J). pap. 13.00 (978-1-716-32407-9(6)) Indy Pub.

Cat's Colors. Airlie Anderson. Illus. by Airlie Anderson. 2021. (Child's Play Library). (ENG., Illus.). 32p. (J). (gr. k-2). pap. (978-1-78628-220-0(8)) Child's Play International Ltd.

Cat's Colours. Airlie Anderson. Illus. by Airlie Anderson. 2016. (Child's Play Library). (Illus.). 32p. (J). pap. (978-1-84643-760-1(1)) Child's Play International Ltd.

Cats Convention (Classic Reprint) Eunice Gibbs Allyn. 2018. (ENG., Illus.). 286p. (J). 29.82 (978-0-483-59300-8(1)) Forgotten Bks.

Cat's Cradle: And 8 Other Fantastic String Games. Elizabeth Encarnacion. 2019. (ENG.). 48p. (J). 14.95 (978-1-60433-868-3(7), Applesauce Pr.) Cider Mill Pr. Bk. Pubs., LLC.

Cat's Cradle: Cat in Scotland. Julia Golding. 2018. (ENG., Illus.). 374p. (J). pap. (978-1-910426-13-5(X)) Frost Wolf.

Cat's Cradle: A Book of String Figures see Juegos con una Cuerda

Cat's Cradle: the Golden Twine. Jo Rioux. 2022. (Cat's Cradle Ser.: 1). (ENG., Illus.). 128p. (J). 21.99 (978-1-250-62535-9(1), 900224356); pap. 14.99 (978-1-250-62536-6(X), 900224357) Roaring Brook Pr. (First Second Bks.).

Cat's Cradle: the Mole King's Lair. Jo Rioux. 2023. (Cat's Cradle Ser.: 2). (ENG., Illus.). 256p. (J). 23.99 (978-1-250-62537-3(8), 900224358); pap. 15.99 (978-1-250-62538-0(6), 900224359) Roaring Brook Pr. (First Second Bks.).

Cats Don't Take Karate. Rachael Payne. 2017. (ENG., Illus.). 34p. (J). pap. 14.97 (978-1-387-46847-8(2)) Lulu Pr., Inc.

Cats Everywhere. Heather Hueging. Illus. by Amanda Nachbauer. 2016. (ENG.). (J). (978-1-4602-9479-6(3)); pap. (978-1-4602-9480-2(7)) FriesenPress.

Cat's Eyes to Reflectors. Jennifer Colby. 2019. (21st Century Junior Library: Tech from Nature Ser.). (ENG., Illus.). 24p. (J). (gr. 2-5). pap. 12.79 (978-1-5341-3947-3(8), 212617); lib. bdg. 30.64 (978-1-5341-4291-6(6), 212616) Cherry Lake Publishing.

Cat's First Baby: A Board Book. Natalie Nelson. 2022. (Illus.). 28p. (J). (-k). bds. 9.99 (978-1-68369-293-5(4)) Quirk Bks.

Cats from Head to Tail, 1 vol. Tristan Noe. 2016. (Animals from Head to Tail Ser.). (ENG., Illus.). 24p. (J). (gr. k-2). lib. bdg. 24.27 (978-1-4824-4536-7(0), 04ddfdf9-8b82-4297-b7be-44811f838ed8) Stevens, Gareth Publishing LLLP.

Cat's Girl Large Print. Amanda J. Harrington. l.t. ed. 2019. (ENG.). 194p. (J). pap. 13.44 (978-0-244-54145-3(0)) Lulu Pr., Inc.

Cats! Girlfriends & Catfriends. Frederic Brremaud. Illus. by Paola Antista & Cecilia Giumento. 2022. 144p. (J). (gr. 3-7). pap. 14.99 (978-1-5067-2614-4(3), Dark Horse Books) Dark Horse Comics.

Cat's Guide to the Night Sky. Stuart Atkinson. Illus. by Brendan Kearney. 2018. (ENG.). 64p. (J). (gr. 2-6). 19.99 (978-1-78627-073-3(0), King, Laurence Publishing) Orion Publishing Group, Ltd. GBR. Dist: Hachette Bk. Group.

Cats Here, Cats There, Cats Everywhere. Renée Vajko Srch. Illus. by Faythe Payol. 2020. (ENG.). 34p. (J). 20.99 (978-1-952894-18-3(2)) Pen It Pubns.

Cats in Provence: Inca Book Series 3. R F Kristi. 2017. (ENG., Illus.). (J). pap. 32.43 (978-1-4828-8333-6(3)) Partridge Pub.

Cats in Space. Laura Kate Genevish. Illus. by Bethany Genevish. 2020. (ENG.). 34p. (J). pap. 9.95 (978-1-7358728-0-3(6)) Laura Kate Genevish.

Cats in the Crater: My FANGtastically Evil Vampire Pet. Mo O'Hara. Illus. by Marek Jagucki. 2021. (My FANGtastically Evil Vampire Pet Ser.: 3). (ENG.). 192p. (J). pap. 8.99 (978-1-250-76265-8(0), 900175683) Square Fish.

Cats in the Night Sky. L. A. DeLuce. 2018. (ENG., Illus.). 190p. (J). (gr. 4-6). pap. 9.99 (978-1-9994827-0-1(0)) Cliffhanger Bks.

Cat's Journey Finding Joy: Finding Joy. Marietta Litton. 2021. (Cat's Journey Ser.: Vol. 1). (ENG.). 108p. (J). pap. 6.99 (978-1-0879-5149-2(6)) Indy Pub.

Cats Love Their Naps Coloring Book. Jupiter Kids. 2016. (ENG., Illus.). 106p. (J). pap. 12.55 (978-1-68326-239-8(5), Jupiter Kids (Childrens & Kids Fiction)) Speedy Publishing LLC.

Cats Memorials in Russia & World. Elena Pankey. 2018. (ENG., Illus.). 50p. (J). pap. 14.96 (978-0-359-14134-0(X)) Lulu Pr., Inc.

Cats' Meow. C. B. Jones. Illus. by Chris Green. 2017. (Bog Hollow Boys Ser.). (ENG.). 72p. (J). (gr. 4-8). lib. bdg. 25.32 (978-1-4965-4057-7(3), 133365, Stone Arch Bks.) Capstone.

Cat's Meow: Baby's First Book of Animals. Carolyn Scrace. ed. 2018. (ENG., Illus.). 10p. (J). (— 1). bds. 6.95 (978-1-912233-53-3(3), Scribblers) Book Hse. GBR. Dist: Sterling Publishing Co., Inc.

Cat's New Hat. Rebecca Purcell. 2020. (Cat & Friends Ser.). (Illus.). 24p. (J). (gr. -1-k). bds. 7.95 (978-1-80036-006-8(1), 3c8a4243-7b71-4582-84a5-aafed1fa2145) Starfish Bay Publishing Pty Ltd. AUS. Dist: Baker & Taylor Publisher Services (BTPS).

Cats Next Door F&g. Hahn. 2021. (ENG.). (J). 16.99 (978-0-358-53167-8(5), HarperCollins) HarperCollins Pubs.

Cats of Ansouis. Jerry Chappell. Illus. by Christine Chappell. 2020. (ENG.). (J). 38p. 24.95 (978-1-7334683-1-2(5)); 48p. pap. 14.95 (978-1-7334683-0-5(7)) Propos Bks., A.

Cats of Colwick Coloring Book: Volume One. Stefani Milan. Illus. by Matt Williams. 2017. (ENG.). 34p. (J). pap. 9.99 (978-0-9991251-8-2(4)) Starseed Universe Pr.

Cats of Laughing Thunder: Fritz's Weather Favorites. S. S. Curtis. 2018. (ENG.). 68p. (J). pap. 9.99 (978-1-7323299-5-9(8)) ThinkerBlox, LLC.

Cats of Presidents. Grace Hansen. (Pets of Presidents Ser.). (ENG., Illus.). 24p. (J). 2022. (gr. k-k). pap. 8.95 (978-1-64494-689-3(0), Abdo Kids-Junior); 2021. (gr. -1-2). lib. bdg. 31.36 (978-1-0982-0924-7(9), 38280, Abdo Kids) ABDO Publishing Co.

Cats of the Riverlands: The Golden Statue. Lisa Flaum. 2016. (ENG., Illus.). (J). pap. (978-0-620-60993-7(1)) ALZuluBelle.

Cats on Halloween Night. Lindsay Derollo. Ed. by Melanie Lopata. Illus. by Denny Poliquit. 2022. (ENG.). 26p. (J). pap. 9.99 (978-1-0880-5652-3(0)) Indy Pub.

Cats Pajamas. Bj Moore. 2016. (ENG., Illus.). (J). 25.95 (978-1-4808-3244-2(8)); pap. 16.95 (978-1-4808-3243-5(X)) Archway Publishing.

Cat's-Paw (Classic Reprint) Bithia Mary Croker. 2017. (ENG., Illus.). (J). 32.02 (978-0-266-74812-0(0)); pap. 16.57 (978-1-5277-1647-6(3)) Forgotten Bks.

Cat's Paw (Classic Reprint) Natalie Sumner Lincoln. 2018. (ENG., Illus.). 316p. (J). 30.41 (978-0-332-36178-9(0)) Forgotten Bks.

Cat's Pyjamas. Catherine Foreman. 2018. (My Arabic Library). (ARA.). 32p. (J). pap. 7.99 (978-1-338-26781-5(7)) Scholastic, Inc.

Cats R Amazing! Markus Baker. Ed. by Adam Galvin & Mark Baker. 2019. (ENG.). 46p. (J). pap. (978-1-9161450-7-8(8)) R-and-Q.com.

Cats Retire to Arizona. Jones. 2019. (ENG.). 40p. (J). pap. (978-0-359-85178-2(9)) Lulu Pr., Inc.

Cats Rock! Steve Foxe. ed. 2021. (I Can Read Ser.). (ENG., Illus.). 32p. (J). (gr. k-1). 14.96 (978-1-64697-539-6(1)) Penworthy Co., LLC, The.

Cats Say Nau. Philip Bunting. 2021. (ENG.). 24p. (J). (gr. -1-k). bds. 12.99 (978-1-76050-562-2(5)) Little Hare Bks. AUS. Dist: Independent Pubs. Group.

Cat's Seasons. Airlie Anderson. Illus. by Airlie Anderson. 2023. (Child's Play Library). (Illus.). 32p. (J). (978-1-78628-624-6(6)); pap. (978-1-78628-623-9(8)) Child's Play International Ltd.

Cats (Set), 6 vols. 2019. (Cats (AZ) Ser.). (ENG.). 24p. (J). (gr. -1-2). lib. bdg. 188.16 (978-1-5321-2708-3(1), 31623, Abdo Zoom-Launch) ABDO Publishing Co.

Cats (Set), 6 vols. 2022. (Cats (CK) Ser.). (ENG.). 24p. (J). (gr. k-3). lib. bdg. 188.16 (978-1-0982-4309-8(9), 41193, Pop! Cody Koala) Pop!.

Cats Tale. Viktoriya Ustemchuk. 2022. (ENG.). 126p. (J). 64.99 (978-1-6628-4531-4(6)); pap. 54.99 (978-1-6628-4524-6(3)) Salem Author Services.

Cat's Tale: Up, up & Away. Debra Palmen. 2021. (ENG.). 40p. (J). 20.00 (978-1-64764-354-6(6)) Primedia eLaunch LLC.

Cat's Tale - Sink or Swim. Debra Palmen. Illus. by Judy K. 2020. (Cat's Tale Ser.: 1). (ENG.). 30p. (J). 25.00 (978-1-64570-471-3(8)) Primedia eLaunch LLC.

Cat's Taxi. Rebecca Purcell. 2021. (Cat & Friends Ser.). (Illus.). 24p. (J). (gr. -1-3). bds. 7.95 (978-1-80036-014-3(2), 1f691206-c161-4f89-ab11-154dc92204ff) Starfish Bay Publishing Pty Ltd. AUS. Dist: Baker & Taylor Publisher Services (BTPS).

Cats vs. Robots #1: This Is War. Margaret Stohl & Lewis Peterson. Illus. by Kay Peterson. (ENG.). (J). (gr. 3-7). 2019. 336p. pap. 6.99 (978-0-06-266571-3(5)); 2018. 320p. 16.99 (978-0-06-266570-6(7)) HarperCollins Pubs. (Tegen, Katherine Bks).

Cats vs. Robots #2: Now with Fleas! Margaret Stohl & Lewis Peterson. Illus. by Kay Peterson. (ENG.). 352p. (J). (gr. 3-7). 2020. pap. 7.99 (978-0-06-266574-4(X)); 2019. 16.99 (978-0-06-266573-7(1)) HarperCollins Pubs. (Tegen, Katherine Bks).

Cat's Whiskers. Madeline Tyler. Illus. by Lynne Feng. 2023. (Level 4/5 - Blue/Green Set Ser.). (ENG.). 32p. (J). (gr. 1-3). lib. bdg. 19.95 Bearport Publishing Co., Inc.

Cats Who Brought Presents. Eulyn Thomas. 2021. (ENG.). 44p. (J). pap. 15.95 (978-1-64952-745-5(4)); (Illus.). 25.95 (978-1-63710-885-7(0)) Fulton Bks.

Cats Who Like Bats. Helen E. Dhue. Illus. by Julia Lopresti. 2021. (ENG.). 32p. (J). 19.99 (978-1-0878-8837-8(9)) Indy Pub.

Cat's World: Coloring Book Cat. Jupiter Kids. 2016. (ENG., Illus.). 106p. (J). pap. 12.55 (978-1-68305-104-6(1), Jupiter Kids (Childrens & Kids Fiction)) Speedy Publishing LLC.

Catside up, Catside Down: A Book of Prepositions. Anna Hrachovec. 2023. (ENG., Illus.). 32p. (J). 18.99 (978-1-250-84126-1(7), 900255597) Feiwel & Friends.

Catskill Fairies (Classic Reprint) Virginia W. Johnson. (ENG., Illus.). (J). 2018. 178p. 27.57 (978-0-331-90308-9(3)); 2017. pap. 9.57 (978-0-243-31297-9(0)) Forgotten Bks.

Catskills (Classic Reprint) T. Morris Longstreth. 2017. (ENG., Illus.). (J). 30.85 (978-0-260-42272-9(X)) Forgotten Bks.

Catsmania! Helen Hancock. 2020. (ENG.). 28p. (J). pap. 12.49 (978-1-63221-333-4(8)) Salem Author Services.

CatStronauts: Mission Moon. Drew Brockington. ed. 2017. (CatStronauts Ser.: 1). (J). lib. bdg. 18.40 (978-0-606-39900-5(3)) Turtleback.

CatStronauts: Race to Mars. Drew Brockington. ed. 2017. (CatStronauts Ser.: 2). (J). lib. bdg. 18.40 (978-0-606-39901-2(1)) Turtleback.

CatStronauts: Robot Rescue. Drew Brockington. ed. 2018. (CatStronauts Ser.: 4). (J). lib. bdg. 19.65 (978-0-606-40982-7(3)) Turtleback.

CatStronauts: Space Station Situation. Drew Brockington. ed. 2017. (CatStronauts Ser.: 3). (J). lib. bdg. 18.40 (978-0-606-40640-6(9)) Turtleback.

CatStronauts: Digital Disaster. Drew Brockington. 2020. (CatStronauts Ser.: 6). (ENG., Illus.). 192p. (J). (gr. 1-5). pap. 8.99 (978-0-316-45127-7(4)) Little, Brown Bks. for Young Readers.

CatStronauts: Mission Moon. Drew Brockington. 2017. (CatStronauts Ser.: 1). (ENG., Illus.). 160p. (J). (gr. 1-5). pap. 9.99 (978-0-316-30745-1(9)) Little, Brown Bks. for Young Readers.

CatStronauts: Robot Rescue. Drew Brockington. 2018. (CatStronauts Ser.: 4). (ENG., Illus.). 184p. (J). (gr. 1-5). pap. 9.99 (978-0-316-30756-7(4)) Little, Brown Bks. for Young Readers.

CatStronauts: Slapdash Science. Drew Brockington. 2019. (CatStronauts Ser.: 5). (ENG., Illus.). 192p. (J). (gr. 1-5). pap. 9.99 (978-0-316-45126-0(6)) Little, Brown Bks. for Young Readers.

CatStronauts: Space Station Situation. Drew Brockington. 2017. (CatStronauts Ser.: 3). (ENG., Illus.). 168p. (J). (gr. 1-5). pap. 9.99 (978-0-316-30753-6(X)) Little, Brown Bks. for Young Readers.

Cattitude. Dane Bjorklund. 2016. (Illus.). 48p. (J). (978-1-338-11148-4(5)) Scholastic, Inc.

Cattle. Kathleen Reitmann. 2019. (J). (978-1-7911-1636-1(1), AV2 by Weigl) Weigl Pubs., Inc.

Cattle-Baron's Daughter (Classic Reprint) Harold Bindloss. 2017. (ENG., Illus.). (J). 32.17 (978-0-266-22201-9(3)) Forgotten Bks.

Cattle Battle. Joshua Lawrence Patel Deutsch. Illus. by Afzal Khan. l.t. ed. 2022. (ENG.). 36p. (J). 24.99 (978-1-0880-6068-1(4)) Indy Pub.

Cattle Brands (Classic Reprint) Andy Adams. 2017. (ENG., Illus.). (J). 31.03 (978-0-331-72502-5(9)) Forgotten Bks.

Cattle-Ranch to College: The True Tale of a Boy's Adventures in the Far West (Classic Reprint) Russell Doubleday. 2017. (ENG., Illus.). (J). 32.37 (978-1-5280-7444-5(0)) Forgotten Bks.

Cattle Round-Up: Working the Farm Coloring Book. Smarter Activity Books for Kids. 2016. (ENG., Illus.). (J). pap. 9.22 (978-1-68374-405-4(5)) Examined Solutions PTE. Ltd.

Cattywampus. Ash Van Otterloo. 2022. (ENG.). 288p. (J). (gr. 3-7). pap. 7.99 (978-1-338-56160-9(X), Scholastic Pr.) Scholastic, Inc.

Catus Malbuch: Alle Offiziell Registrierten Katzenrassen der Welt. Nuesret Kaymak. 2019. (Atelier Kaymak's Kreativ- & Studienbücher Ser.: Vol. 1). (GER.). 294p. (J). pap. (978-3-96183-018-3(5)) Kaymak, Nuesret. Atelier Kaymak.

Catwoman: Soulstealer. Sarah J. Maas. (DC Icons Ser.). (ENG.). (YA). (gr. 7). 2019. 400p. pap. 11.99 (978-0-399-54972-4(2), Ember); 2018. 384p. 18.99 (978-0-399-54969-4(2), Random Hse. Bks. for Young Readers) Random Hse. Children's Bks.

Catwoman: Soulstealer (Spanish Edition) Sarah J. Maas. 2019. (Dc Icons Ser.: 3). (SPA.). 368p. (YA). (gr. 8-12). pap. 16.95 (978-607-31-7188-5(9), Montena) Penguin Random House Grupo Editorial ESP. Dist: Penguin Random Hse. LLC.

Catwoman: Soulstealer (the Graphic Novel) Sarah J. Maas. Illus. by Samantha Dodge. 2021. 208p. (J). (gr. 9). pap. 16.99 (978-1-4012-9641-4(6)) DC Comics.

Catwoman's Crooked Contest. Steve Brezenoff. Illus. by Sarah Leuver. 2022. (Harley Quinn's Madcap Capers Ser.). (ENG.). 72p. 27.32 (978-1-6639-7533-1(7), 226352); pap. 6.95 (978-1-6663-2973-5(8), 226334) Capstone. (Stone Arch Bks.).

Catwoman's Halloween Heist. Eric Fein. Illus. by Erik Doescher. 2019. (Batman Ser.). (ENG.). 56p. (J). (gr. 3-6). pap. 6.95 (978-1-4965-8660-5(3), 141345); lib. bdg. 27.32 (978-1-4965-8647-6(6), 141338) Capstone. (Stone Arch Bks.).

Catwoman's Purrfect Plot. Sarah Hines Stephens. Illus. by Luciano Vecchio. 2017. (Batman & Robin Adventures Ser.). (ENG.). 88p. (J). (gr. 2-6). lib. bdg. 26.65 (978-1-4965-4349-3(9)), 136291, Stone Arch Bks.) Capstone.

Caty the Coder. Jen Selinsky. 2018. (ENG.). 28p. (J). pap. 15.99 (978-1-948390-77-4(9)) Pen It Pubns.

Catz & Snackz. Valerie Wheatley. 2022. (ENG.). 56p. (J). pap. (978-1-387-84976-5(X)) Lulu Pr., Inc.

Caught. Jenny Jenkins. 2022. (ENG.). 228p. (J). pap. (978-0-473-62157-5(6)) Jenny Jenkins.

Caught. Robbie Michaels. 2016. (ENG., Illus.). (J). 24.99 (978-1-63477-950-0(9), Harmony Ink Pr.) Dreamspinner Pr.

Caught Between Layers: -Poems- Emiliano Martín. 2022. (ENG.). 107p. (J). pap. (978-1-716-04961-3(X)) Lulu Pr., Inc.

Caught Between Two Worlds. Gail Fluker Cheatam. Ed. by Ingrid Zacharias. 2018. (ENG., Illus.). 180p. (J). pap. 15.95 (978-1-947656-04-8(X)) Butterfly Typeface, The.

Caught Between Worlds: Tom, Mikhail & Alexander the Great. Therèse Tappouni. 2020. 250p. (J). pap. 16.95 (978-1-0983-1039-4(X)) BookBaby.

Caught in a Trap, Vol. 1 Of 3: A Novel (Classic Reprint) John C. Hutcheson. (ENG., Illus.). (J). 2018. 868p. 41.80 (978-0-483-97912-3(0)); 2017. pap. 24.14 (978-0-243-47631-2(0)) Forgotten Bks.

Caught in the Middle. Robbie Michaels. 2016. (Caught in the ACT Ser.: Vol. 2). (ENG., Illus.). (YA). 24.99 (978-1-63477-951-7(7), Harmony Ink Pr.) Dreamspinner Pr.

TITLE INDEX CAXTONS

Caught in the Rebel Camp: Introducing Frederick Douglass. Dave Jackson & Neta Jackson. 2016. (ENG., Illus.). (J). pap. 7.99 *(978-0-9982107-0-4(6))* Castle Rock Creative, Inc.

Caught in the Ripples. S. McPherson. 2016. (ENG., Illus.). 360p. (J). pap. *(978-0-9933605-3-4(X))* Lane, Betty.

Caught in the Ripples. S. McPherson. 2018. (Last Elentrice Ser.: Vol. 2). (ENG., Illus.). 370p. (YA). pap. *(978-0-9933605-5-8(6))* McPherson, S Bks.

Caught in the Storm. Jai Schelbach. 2021. (ENG.). 40p. (J). pap. *(978-0-6488904-6-1(5))* Schelbach, Jai.

Caught Offside, 2. Andrea Montalbano. ed. 2019. (Soccer Sisters Ser.). (ENG.). 170p. (J). (gr. 4-5). 18.96 *(978-0-87617-329-9(6))* Penworthy Co., LLC, The.

Caught Offside. Andrea Montalbano. 2017. (Soccer Sisters Ser.: 2). 176p. (J). (gr. 3-7). pap. 7.99 *(978-1-4926-4484-2(6))* Sourcebooks, Inc.

Caught Red-Handed - Me Pescaron con Las Maños en la Maza. Vickie A. Smith. Illus. by Derrick Lowrie. 2018. (MUL.). 68p. (J). pap. 16.95 *(978-1-64140-977-3(0))* Christian Faith Publishing.

Cauld Jonnie & Brer Bunny & the Tar Bunny. Chip Colquhoun. Illus. by Korky Paul. 2022. (Chip Colquhoun & Korky Paul's Fables & Fairy Tales Ser.: Vol. 15). (ENG.). 74p. (J). pap. ***(978-1-915703-15-6(8))*** Snail Tales.

Cauldron Cup: A Story of Witches & Their Favourite Game. Kathryn M. Holgate. 2021. (ENG.). 118p. (J). pap. *(978-1-78645-526-0(9))* Beaten Track Publishing.

Cauldron of Bats. Michael Buxton. 2020. (First Book of Collective Nouns Ser.). (ENG.). 12p. (J). (gr. -1-k). bds. 9.99 *(978-1-76068-069-5(9))* Little Hare Bks. AUS. Dist: Independent Pubs. Group.

Cauldron of Hope & Sorrows: A Young Adult Epic Fae Fantasy. J. C. Lucas. 2020. (Four Keys Ser.: Vol. 2). (ENG.). 230p. (YA). 24.99 *(978-1-7350764-8-5(1))*; pap. 16.99 *(978-1-7350764-9-2(X))* Hamner, Shannon.

Causas de la Guerra Civil. Susan Buckley. 2017. (Vitales Ser.). (SPA.). (YA). (gr. 6-8). pap. *(978-1-5021-6880-1(4))* Benchmark Education Co.

Causas de la Guerra Civil - 6 Pack: Set of 6 Common Core Edition. Susan Buckley. 2017. (Vitales Ser.). (SPA.). (YA). (gr. 6-8). 75.00 *(978-1-5021-7102-3(3))* Benchmark Education Co.

Cause & Effect: Ancient China. John Allen. 2017. (Cause & Effect: Ancient Civilizations Ser.). (ENG.). 80p. (YA). (gr. 5-12). 39.93 *(978-1-68282-148-0(X))* ReferencePoint Pr., Inc.

Cause & Effect: Ancient Egypt. Don Nardo. 2017. (ENG., Illus.). 80p. (J). (gr. 5-12). 39.93 *(978-1-68282-150-3(1))* ReferencePoint Pr., Inc.

Cause & Effect: Ancient Greece. Don Nardo. 2017. (ENG., Illus.). 80p. (J). (gr. 5-12). 39.93 *(978-1-68282-152-7(8))* ReferencePoint Pr., Inc.

Cause & Effect: Ancient Rome. Don Nardo. 2017. (ENG.). 80p. (J). (gr. 5-12). 39.93 *(978-1-68282-160-2(9))* ReferencePoint Pr., Inc.

Cause & Effect: The Korean War. Craig E. Blohm. 2017. (ENG.). 80p. (YA). (gr. 5-12). *(978-1-68282-164-0(1))* ReferencePoint Pr., Inc.

Cause & Effect: The War on Terror. Don Nardo. 2017. (ENG.). 80p. (YA). (gr. 5-12). *(978-1-68282-170-1(6))* ReferencePoint Pr., Inc.

Cause & Effect: World War I. Don Nardo. 2017. (ENG.). 80p. (YA). (gr. 5-12). *(978-1-68282-172-5(2))* ReferencePoint Pr., Inc.

Cause & Effect: World War II. Hal Marcovitz. 2017. (ENG.). 80p. (YA). (gr. 5-12). *(978-1-68282-174-9(9))* ReferencePoint Pr., Inc.

Cause & Effect: the Bill of Rights. Kirsten W. Larson et al. 2017. (Cause & Effect: the Bill of Rights Ser.). (ENG., Illus.). 32p. (J). (gr. 3-6). pap., pap., pap. 31.80 *(978-1-5157-7193-7(8),* 26682, Capstone Pr.) Capstone.

Cause & Effect: the Bill of Rights. John Micklos Jr. et al. 2017. (Cause & Effect: the Bill of Rights Ser.). (ENG., Illus.). 32p. (J). (gr. 3-6). 119.96 *(978-1-5157-7166-1(0),* 26679, Capstone Pr.) Capstone.

Causerie: From the Boston Evening Transcript (Classic Reprint) William Alfred Hovey. 2018. (ENG., Illus.). 204p. (J). 28.17 *(978-0-428-96666-9(7))* Forgotten Bks.

Causeries Avec les Enfants (Classic Reprint) Lambert Sauveur. 2017. (FRE., Illus.). (J). 27.26 *(978-0-266-32913-8(6))* Forgotten Bks.

Causes of Climate Change. Tracy Sue Walker. 2022. (Searchlight Books (tm) — Spotlight on Climate Change Ser.). (ENG., Illus.). 32p. (J). (gr. 3-5). pap. 9.99 *(978-1-7284-6390-2(4),* b328ebb8-a32c-43b0-b264-ee7a49fcf634); lib. bdg. 30.65 *(978-1-7284-5791-8(2),* 44a809d4-ba2c-471c-b9d8-08093be06ea3) Lerner Publishing Group. (Lerner Pubns.).

Causes of Drug Use, Vol. 13. Michael Centore. Ed. by Sara Becker. 2016. (Drug Addiction & Recovery Ser.). (Illus.). 64p. (J). (gr. 7). 23.95 *(978-1-4222-3600-0(5))* Mason Crest.

Causes of the Civil War. Jennifer L. Rowan. 2019. (Rare Glimpses of Slave Life Ser.). 80p. (J). (gr. 12). lib. bdg. 34.60 *(978-1-4222-4403-6(2))* Mason Crest.

Causes of the Civil War: A House Divided. Heather E. Schwartz. rev. ed. 2017. (Social Studies: Informational Text Ser.). (ENG., Illus.). 32p. (gr. 4-8). pap. 11.99 *(978-1-4938-3803-5(2))* Teacher Created Materials, Inc.

Causes of the Civil War - 6 Pack: Set of 6 Bridges Edition with Common Core Teacher Materials. Susan Buckley. 2016. (Prime Ser.). (YA). (gr. 6-8). 69.00 *(978-1-5125-8871-2(7))* Benchmark Education Co.

Causes of the Civil War - 6 Pack: Set of 6 with Common Core Teacher Materials. Susan Buckley. 2016. (Prime Ser.). (YA). (gr. 6-8). 69.00 *(978-1-5125-8853-8(9))* Benchmark Education Co.

Causes of World War II. Jeanne Marie Ford. 2022. (World War II Ser.). (ENG., Illus.). 48p. (J). (gr. 5-6). pap. 11.95 *(978-1-63739-333-8(4))*; lib. bdg. 34.21 *(978-1-63739-281-2(8))* North Star Editions. (Focus Readers).

Caution: Dinosaurs & You! Rachel Chlebowski. ed. 2022. (Jurassic World Ser.). (ENG.). 24p. (J). (gr. k-1). 17.46 ***(978-1-68505-460-1(9))*** Penworthy Co., LLC, The.

Caution: Dinosaurs & You! (Jurassic World Dominion) Rachel Chlebowski. Illus. by Random House. 2022. (Pictureback(R) Ser.). (ENG.). 24p. (J). (gr. -1-2). 5.99 *(978-0-593-37309-5(X),* Random Hse. Bks. for Young Readers) Random Hse. Children's Bks.

Caution! Entering Coloring Zone: Crayons Required. Bobo's Children Activity Books. 2016. (ENG., Illus.). (J). pap. 9.33 *(978-1-68327-530-5(6))* Sunshine In My Soul Publishing.

Caution! Fun Construction Coloring Ahead! Coloring Book. Kreative Kids. 2016. (ENG., Illus.). (J). pap. 9.20 *(978-1-68377-388-7(8))* Whlke, Traudl.

Caution! Road Signs Ahead. Toni Buzzeo. Illus. by Chi Birmingham. 2021. 84p. (J). (— 1). bds. 17.99 *(978-0-593-22432-8(9))* Penguin Young Readers Group.

Caution Witch in Progress: Witch in Progress. Lynne North. (ENG., Illus.). (J). (gr. 3-6). 2017. pap. 12.25 *(978-1-68160-014-7(5))*; 2016. pap. 13.99 *(978-1-68160-194-6(X))* Crimson Cloak Publishing.

Cautionary Stories. Virginia Loh-Hagan. 2019. (Stone Circle Stories: Culture & Folktales Ser.). (ENG.). 32p. (J). (gr. 4-8). pap. 14.21 *(978-1-5341-4001-1(8),* 212833); (Illus.). lib. bdg. 32.07 *(978-1-5341-4345-6(9),* 212832) Cherry Lake Publishing. (45th Parallel Press).

Cautionary Tale of Mr. Oliver Owl & Ruben Rabbit. D. Devereoux. 2020. (ENG.). 32p. (J). pap. *(978-1-78830-311-8(3))* Olympia Publishers.

Cautionary Tales for Children. Hilaire Belloc. 2016. (ENG., Illus.). (J). pap. 9.57 *(978-1-334-13964-2(4))* Forgotten Bks.

Cautionary Tales for Children. Hilaire Belloc. 2023. (ENG.). 40p. (J). pap. ***(978-1-312-76832-1(0))***; (YA). ***(978-1-312-76828-4(2))*** Lulu Pr., Inc.

Cautionary Tales for Children: Designed for the Admonition of Children Between the Ages of Eight & Fourteen Years. Hilaire Belloc. Illus. by Basil Temple Blackwood & B. T. B. 2018. (ENG.). 80p. (J). (gr. 3-6). pap. 6.95 *(978-1-68422-284-1(2))* Martino Fine Bks.

Cautionary Tales for Children: Designed for the Admonition of Children Between the Ages of Eight & Fourteen Years (Classic Reprint) Hilaire Belloc. 2018. (ENG., Illus.). 80p. (J). 25.57 *(978-0-267-76656-7(4))* Forgotten Bks.

Cautionary Tales for Kidults. Mark Tunstall. 2019. (ENG.). 42p. (J). pap. *(978-3-7103-3380-4(6))* united p.c. Verlag.

Cautious. Aaron J. Duckworth. 2022. (ENG.). 122p. (YA). pap. 14.95 *(978-1-0980-9472-0(7))* Christian Faith Publishing.

¡Cava! ¡Descarga! ¡Construye! - Dig It! Dump It! Build It! Ed. by Parragon Books. Illus. by Tommy Doyle. ed. 2023. (SPA.). 12p. (J). (gr. -1-2). 14.99 *(978-1-64638-782-3(1),* 1008080-SLA, Parragon Books) Cottage Door Pr.

Cava, or Recollections of the Neapolitans (Classic Reprint) Unknown Author. (ENG., Illus.). (J). 2018. 344p. 30.99 *(978-0-428-93591-7(5))*; 2017. pap. 13.57 *(978-1-334-94373-7(7))* Forgotten Bks.

Cavachon: Cavalier King Charles Spaniels Meet Bichon Frises! Paula M. Wilson. 2019. (Top Hybrid Dogs Ser.). (ENG., Illus.). 32p. (J). (gr. 3-9). lib. bdg. 28.65 *(978-1-5435-5521-9(7),* 139383, Capstone Pr.) Capstone.

Cavalier: An Historical Novel (Classic Reprint) George Payne Rainsford James. (ENG., Illus.). (J). 2018. 404p. 32.25 *(978-0-483-98980-1(0))*; 2017. pap. 16.57 *(978-0-243-38794-6(6))* Forgotten Bks.

Cavalier: Virginia Beach, Virginia (Classic Reprint) Unknown Author. 2017. (ENG., Illus.). (J). 27.84 *(978-0-266-56021-0(0))*; pap. 10.57 *(978-0-282-94727-9(2))* Forgotten Bks.

Cavalier Cat: The Story of Pretzel, a Much Loved Stray from Uva. Barbara W Morin. 2018. (ENG.). 38p. (J). 14.95 *(978-1-68401-578-8(2))* Amplify Publishing Group.

Cavalier (Classic Reprint) George W. Cable. 2018. (ENG., Illus.). 346p. (J). 31.03 *(978-0-656-99768-8(0))* Forgotten Bks.

Cavalier (Classic Reprint) George Washington Cable. (ENG., Illus.). (J). 2018. 350p. 31.14 *(978-0-483-64125-9(1))*; 2017. pap. 13.57 *(978-0-243-28239-5(7))* Forgotten Bks.

Cavalier King Charles Spaniel. Lucy Koster. 2017. (Dog Lover's Guides: Vol. 18). (ENG., Illus.). 128p. (J). (gr. 3-7). 26.95 *(978-1-4222-3852-3(0))* Mason Crest.

Cavalier King Charles Spaniels. Paige V. Polinsky. 2018. (Awesome Dogs Ser.). (ENG., Illus.). 24p. (J). (gr. k-3). lib. bdg. 26.95 *(978-1-62617-741-3(4),* Blastoff! Readers) Bellwether Media.

Cavalier Maid (Classic Reprint) Emilie Benson Knipe. 2018. (ENG., Illus.). 280p. (J). 29.67 *(978-0-483-67290-1(4))* Forgotten Bks.

Cavalier of Fortune (Classic Reprint) Escott Lynn. (ENG., Illus.). (J). 2018. 356p. 31.24 *(978-0-483-62332-3(6))*; 2017. pap. 13.97 *(978-0-243-29122-9(1))* Forgotten Bks.

Cavaliers (Classic Reprint) Samuel Robert Keightley. (ENG., Illus.). (J). 2018. 364p. 31.40 *(978-0-428-54912-1(8))*; 2017. pap. 13.97 *(978-0-259-47563-7(7))* Forgotten Bks.

Cavaliers of Virginia, or the Recluse of Jamestown, Vol. 1 Of 2: An Historical Romance of the Old Dominion (Classic Reprint) William Alexander Caruthers. 2017. (ENG., Illus.). (J). 28.68 *(978-1-5284-7249-4(7))* Forgotten Bks.

Cavaliers of Virginia, or the Recluse of Jamestown, Vol. 2 Of 2: An Historical Romance of the Old Dominion (Classic Reprint) William Alexander Caruthers. 2018. (ENG., Illus.). 248p. (J). 29.07 *(978-0-484-62726-9(0))* Forgotten Bks.

Cavall in Camelot #1: a Dog in King Arthur's Court. Audrey Mackaman. 2019. (ENG.). 272p. (J). (gr. 3-7). pap. 6.99 *(978-0-06-249449-8(X),* HarperCollins) HarperCollins Pubs.

Cavall in Camelot #2: Quest for the Grail. Audrey Mackaman. 2019. (ENG., Illus.). 256p. (J). (gr. 3-7). 17.99 *(978-0-06-249453-5(8),* HarperCollins) HarperCollins Pubs.

Cavalry Curt, Vol. 1: Or, the Wizard Scout of the Army (Classic Reprint) G. Waldo Browne. 2018. (ENG., Illus.). 36p. (J). 24.64 *(978-0-483-19036-8(5))* Forgotten Bks.

Cavalry Hero: Casimir Pulaski. Dorothy Adams. Illus. by Irena Lorentowicz. 2018. 195p. (J). (gr. 8-18). pap. 14.95 *(978-1-932350-74-6(8))* Bethlehem Bks.

Cavalry in the Civil War, 1 vol. Ed. by Joanne Randolph. 2018. (Civil War & Reconstruction: Rebellion & Rebuilding Ser.). (ENG., Illus.). 32p. (J). (gr. 4-5). 27.93 *(978-1-5383-4085-1(2),* a4607f6b-d1f5-4748-ab82-51fa38bd3270, PowerKids Pr.) Rosen Publishing Group, Inc., The.

Cavalry Life, or Sketches & Stories in Barracks & Out (Classic Reprint) J. S. Winter. (ENG., Illus.). (J). 2018. 366p. 31.47 *(978-0-484-63094-8(6))*; 2017. pap. 13.97 *(978-0-259-40750-8(X))* Forgotten Bks.

Cavalry Life, Vol. 1 Of 2: Or Sketches & Stories in Barracks & Out (Classic Reprint) John Strange Winter. 2018. (ENG., Illus.). 276p. (J). 29.59 *(978-0-483-28515-6(3))* Forgotten Bks.

Cavalry Life, Vol. 2 Of 2: Or Sketches & Stories in Barracks & Out (Classic Reprint) John Strange Winter. 2018. (ENG., Illus.). 296p. (J). 29.96 *(978-0-483-07468-2(3))* Forgotten Bks.

Cavanagh, Forest Ranger: A Romance of the Mountain West (Classic Reprint) Hamlin Garland. 2018. (ENG., Illus.). 314p. (J). 30.39 *(978-0-666-19855-6(1))* Forgotten Bks.

Cavanagh of Kultann (Classic Reprint) Joan Sutherland. 2018. (ENG., Illus.). 428p. (J). 32.72 *(978-0-483-49581-4(6))* Forgotten Bks.

Cave. Noelani Burroughs. 2016. (ENG., Illus.). 12p. (J). *(978-1-365-15568-9(X))* Lulu Pr., Inc.

Cave. Susan Gray. Illus. by Jeff Bane. 2022. (My Early Library: My Guide to Earth's Habitats Ser.). (ENG.). 24p. (J). (gr. k-1). pap. 12.79 *(978-1-6689-1055-9(1),* 221000); lib. bdg. 30.64 *(978-1-6689-0895-2(6),* 220862) Cherry Lake Publishing.

Cave (a Comedy in Three Acts), and, the Woman's Masquerade (a Comedy in One Act) (Classic Reprint) Nora Del Smith. 2017. (ENG., Illus.). (J). 24.85 *(978-0-266-25555-0(8))* Forgotten Bks.

Cave at Devils Elbow. Saul Isler. 2019. (ENG.). 220p. (J). pap. 16.95 *(978-0-9984790-4-0(7))* Pocamug Pr.

Cave at the End of the World 4 Voyagers. Chris Powling. Illus. by Amerigo Pinelli. ed. 2017. (Cambridge Reading Adventures Ser.). (ENG.). 32p. pap. 8.30 *(978-1-108-43979-4(9))* Cambridge Univ. Pr.

Cave Boy: Of the Age of Stone. Margaret McIntyre. 2019. (ENG.). 132p. (J). pap. *(978-0-359-90958-2(2))* Lulu Pr., Inc.

Cave Boy, of the Age of Stone (Classic Reprint) Margaret A. McIntyre. 2018. (ENG., Illus.). 170p. (J). 27.42 *(978-0-267-67921-8(1))* Forgotten Bks.

Cave by the Beech Fork: A Story of Kentucky (Classic Reprint) Henry S. Spalding. (ENG., Illus.). (J). 2018. 248p. 29.01 *(978-0-484-25127-3(9))*; 2017. pap. 11.57 *(978-0-259-53833-2(7))* Forgotten Bks.

Cave Canem. Mario Iannelli. 2022. (ITA.). 358p. (J). pap. ***(978-1-4716-1262-6(7))*** Lulu Pr., Inc.

Cave Challenge. Bear Grylls. ed. 2021. (Bear Grylls Adventures Ser.). (ENG., Illus.). 117p. (J). (gr. 2-3). 14.96 *(978-1-64697-717-8(3))* Penworthy Co., LLC, The.

Cave Dada. Brandon Reese. 2020. (ENG., Illus.). 40p. (J). (gr. -1-k). 16.99 *(978-1-4521-7994-0(8))* Chronicle Bks. LLC.

Cave Diving, 1 vol. Hal Garrison. 2017. (Daredevil Sports Ser.). (ENG.). 32p. (J). (gr. 1-2). pap. 11.50 *(978-1-5382-1113-7(0),* d8fcf5ef-d4c0-4247-b515-baf44457828e) Stevens, Gareth Publishing LLLP.

Cave Explorer. Laura K. Murray. 2018. (Wild Jobs Ser.). (ENG., Illus.). 24p. (J). (gr. 1-4). *(978-1-60818-923-6(6),* 19516, Creative Education); pap. 9.99 *(978-1-62832-539-3(9),* 19514, Creative Paperbacks) Creative Co., The.

Cave in Joseph's Yard. Juanita B. Ellis. Illus. by Parker G. Sharon. 2018. (ENG.). 26p. (J). (gr. k-6). pap. 12.95 *(978-0-692-74049-1(X))* Parsons Porch Bks.

Cave in the Clouds: A Young Woman's Escape from ISIS. Badeeah Hassan Ahmed. 2019. (ENG., Illus.). 248p. (YA). (gr. 11). 18.95 *(978-1-77321-235-7(4))* Annick Pr., Ltd. CAN. Dist: Publishers Group West (PGW).

Cave in the Clouds: A Young Woman's Escape from ISIS. Badeeah Hassan Ahmed & Susan Elizabeth McClelland. 2019. (ENG., Illus.). 248p. (YA). (gr. 11). pap. 9.95 *(978-1-77321-234-0(6))* Annick Pr., Ltd. CAN. Dist: Publishers Group West (PGW).

Cave in the Rock. Josef Bastian. Illus. by Patrick McEvoy. 2nd ed. 2022. (Excerpts from an Unknown Guidebook Ser.: 2). (ENG.). 248p. (J). (gr. 4-7). pap. 11.99 *(978-1-7353051-2-7(X))* Scribe Publishing Co.

Cave Man: A Play of the Redwoods (Classic Reprint) Charles K. Field. 2018. (ENG., Illus.). 92p. (J). 25.81 *(978-0-267-12932-4(7))* Forgotten Bks.

Cave Man (Classic Reprint) John Corbin. 2018. (ENG., Illus.). (J). 31.98 *(978-0-331-97571-0(8))* Forgotten Bks.

Cave of Altamira. Emily Rose Oachs. 2019. (Digging up the Past Ser.). (ENG., Illus.). 24p. (J). (gr. 3-7). lib. bdg. 26.95 *(978-1-64487-066-2(5),* Torque Bks.) Bellwether Media.

Cave of Crystals. Martha London. 2020. (Engineered by Nature Ser.). (ENG., Illus.). 32p. (J). (gr. 2-5). lib. bdg. 34.21 *(978-1-5321-9284-5(3),* 35031, Kids Core) ABDO Publishing Co.

Cave of Gold: A Tale of California in '49 (Classic Reprint) Everett McNeil. (ENG., Illus.). (J). 2018. 406p. 32.27 *(978-0-267-54406-6(5))*; 2016. pap. 16.57 *(978-1-333-44394-8(3))* Forgotten Bks.

Cave of Kryptonite. Steve Korté. Illus. by Art Baltazar. 2020. (Amazing Adventures of the DC Super-Pets Ser.). (ENG.). 32p. (J). (gr. k-2). pap. 6.95 *(978-1-5158-7321-1(8),* 201626); lib. bdg. 22.65 *(978-1-5158-7176-7(2),* 200566) Capstone. (Picture Window Bks.).

Cave of Mystery. L.A. Williams. 2019. (ENG.). 74p. (J). pap. 11.95 *(978-1-64082-665-6(3))* Page Publishing Inc.

Cave of Secrets. K. H. Mezek. 2017. (ENG., Illus.). (J). pap. *(978-1-77339-216-5(6))* Evernight Publishing.

Cave of Stars (Thea Stilton #36) Thea Stilton. 2023. (Thea Stilton Ser.). (ENG.). 176p. (J). (gr. 2-5). pap. 8.99 *(978-1-338-84804-5(6),* Scholastic Paperbacks) Scholastic, Inc.

Cave of Time. Tru Crossley-Brook. 2019. (ENG.). 132p. (J). pap. *(978-0-244-46938-2(5))* Lulu Pr., Inc.

Cave to Call Home. Sarah McKeon. Illus. by Sarah McKeon. 2020. (ENG.). 30p. (J). pap. 14.00 *(978-1-7354856-1-4(6))*; 20.00 *(978-1-7354856-0-7(8))* Thureos Bks.

Cave Twins (Classic Reprint) Lucy Fitch Perkins. 2017. (ENG., Illus.). (J). 27.96 *(978-0-265-60286-7(6))* Forgotten Bks.

Cave Woman (Classic Reprint) Norval Richardson. (ENG., Illus.). (J). 2017. 29.59 *(978-0-265-99346-0(6))*; 2016. pap. 11.97 *(978-1-334-51051-9(2))* Forgotten Bks.

Caveboy Crush. Beth Ferry. Illus. by Joseph Kuefler. 2019. (ENG.). 48p. (J). (gr. -1-3). 17.99 *(978-1-4197-3656-8(6),* 1242301) Abrams, Inc.

Caveboy Dave: More Scrawny Than Brawny. Aaron Reynolds. Illus. by Phil McAndrew. 2016. (Caveboy Dave Ser.: 1). 256p. (J). (gr. 3-7). bds. 13.99 *(978-0-14-751658-9(7),* Viking Books for Young Readers) Penguin Young Readers Group.

Caveboy Dave: Not So Faboo. Aaron Reynolds. Illus. by Phil McAndrew. 2018. (Caveboy Dave Ser.: 2). 256p. (J). (gr. 3-7). pap. 13.99 *(978-0-14-751659-6(5),* Viking Books for Young Readers) Penguin Young Readers Group.

Cavekid Birthday. Cathy Breisacher. Illus. by Roland GARRIGUE. 2019. 32p. (J). (gr. -1-3). lib. bdg. 16.99 *(978-1-58089-876-8(9))* Charlesbridge Publishing, Inc.

Caveman Capers Activity Fun. Lisa Regan & Trudi Webb. Illus. by Barry Green. 2019. (Dover Kids Activity Bks.). (ENG.). 48p. (J). (gr. 1-4). pap. 7.99 *(978-0-486-83291-3(0),* 832910) Dover Pubns., Inc.

Caveman Dave (Set), 6 vols. 2022. (Caveman Dave Ser.). (ENG.). 112p. (J). (gr. 2-5). lib. bdg. 231.00 *(978-1-0982-3585-7(1),* 41151, Calico Chapter Bks.) ABDO Publishing Co.

Cavern of Roseville, or the Two Sisters: A Tale (Classic Reprint) F. Herbster. 2018. (ENG., Illus.). 188p. (J). 27.77 *(978-0-332-15576-0(5))* Forgotten Bks.

Cavern of the Holy Lance. J. H. Hipsher. 2021. (Order of the Flaming Sword Duology Ser.: Vol. 2). (ENG.). 282p. (YA). pap. 19.95 *(978-1-68433-758-3(5))* Black Rose Writing.

Caverns of Crail: A Novel (Classic Reprint) Thomas Sawyer Spivey. 2018. (ENG., Illus.). 310p. (J). 30.31 *(978-0-483-26045-0(2))* Forgotten Bks.

Caverns of Dawn (Classic Reprint) James Paxton Voorhees. (ENG., Illus.). (J). 2018. 532p. 35.03 *(978-0-484-61261-6(1))*; 2016. pap. 19.57 *(978-1-333-38894-2(2))* Forgotten Bks.

Caverns of Kalte: Lone Wolf #3. Joe Dever. 2023. (Lone Wolf Ser.: 3). (Illus.). 416p. (J). (gr. 4-11). pap. 11.99 *(978-1-915586-02-5(0))* Holmgard Pr. GBR. Dist: Independent Pubs. Group.

Caverns of the Deep. Jeanette O'Hagan. 2020. (Under the Mountain Ser.: Vol. 5). (ENG., Illus.). 240p. (YA). pap. *(978-0-6481640-7-4(1))* By the Light Bks.

Caves *see* **Cuevas**

C

Caves. Lisa J. Amstutz. 2020. (Earth's Landforms Ser.). (ENG.). 24p. (J). (gr. k-2). 6.95 *(978-1-9771-2635-1(9),* 201615); (Illus.). lib. bdg. 27.99 *(978-1-9771-2459-3(3),* 200470) Capstone. (Pebble).

Caves. Nell Cross Beckerman. Illus. by Kalen Chock. 2022. (ENG.). 40p. (J). (gr. -1-3). 19.99 *(978-1-338-72662-6(5),* Orchard Bks.) Scholastic, Inc.

Caves. Valerie Bodden. 2017. (Creep Out Ser.). (ENG., Illus.). 24p. (J). (gr. 1-4). *(978-1-60818-805-5(1),* 20180, Creative Education) Creative Co., The.

Caves. Julie Murray. 2019. (Animal Homes (AK) Ser.). (ENG., Illus.). 24p. (J). (gr. -1-2). lib. bdg. 31.36 *(978-1-5321-8522-9(7),* 31382, Abdo Kids) ABDO Publishing Co.

Caves. Sonja Olson. 2018. (Landforms Ser.). (ENG., Illus.). 32p. (J). (gr. 2-3). pap. 9.95 *(978-1-63517-992-7(0),* 1635179920); lib. bdg. 31.35 *(978-1-63517-891-3(6),* 1635178916) North Star Editions. (Focus Readers).

Caves. Jared Siemens. 2018. (Habitats Ser.). (ENG.). 24p. (J). lib. bdg. 22.99 *(978-1-5105-3815-3(1))* SmartBook Media, Inc.

Caves: Children's Prehistoric Book. Bold Kids. 2022. (ENG.). 42p. (J). pap. 14.99 *(978-1-0717-0915-3(1))* FASTLANE LLC.

Caves, Mines & Other Dwarven Places Coloring Book. Smarter Activity Books for Kids. 2016. (ENG., Illus.). (J). pap. 9.22 *(978-1-68374-538-9(8))* Examined Solutions PTE. Ltd.

Caves of Fire. K. Berklund-Page. 2018. (ENG., Illus.). 264p. (YA). (gr. 7-12). pap. *(978-1-4866-1592-6(9))* Word Alive Pr.

Caves of Shend (Classic Reprint) David Hennessey. 2018. (ENG., Illus.). 308p. (J). 30.27 *(978-0-483-38104-9(7))* Forgotten Bks.

Caves of Titan. Debby Feo. 2nd ed. 2019. (ENG.). 212p. (YA). pap. 8.99 *(978-1-0878-5030-6(4))* Alban Lake Publishing.

Caviar: the Hollywood Star: World of Claris, Volume 3. Megan Hess. 2023. (ENG., Illus.). 40p. (J). (gr. -1-17). 17.99 *(978-1-76121-086-0(6))* Hardie Grant Bks. AUS. Dist: Hachette Bk. Group.

Caviare (Classic Reprint) Grant Richards. 2018. (ENG., Illus.). 386p. (J). 31.86 *(978-0-483-69413-2(4))* Forgotten Bks.

Caving. Stephanie Turnbull. 2016. (Adventure Sports Ser.). (ENG.). 24p. (J). (gr. 3-6). 28.50 *(978-1-62588-383-4(8),* 17240) Black Rabbit Bks.

Caving. Jim Whiting. 2017. (Odysseys in Outdoor Adventures Ser.). (ENG., Illus.). 80p. (J). (gr. 7-10). *(978-1-60818-690-7(3),* 20322, Creative Education) Creative Co., The.

Cavour. Countess Evelyn Martinengo-Cesaresco. 2017. (ENG., Illus.). (J). 23.95 *(978-1-374-94399-5(1))*; pap. 13.95 *(978-1-374-94398-8(3))* Capital Communications, Inc.

Cavoy, Cavah, Cavoo! Cal Devney. Illus. by Olko Vladi. 2022. (ENG.). 38p. (J). pap. ***(978-0-2288-8480-4(2))*** Tellwell Talent.

Caxtons. Edward Bulwer Lytton. 2017. (ENG., Illus.). (J). 32.95 *(978-1-374-87966-9(5))*; pap. 23.95 *(978-1-374-87965-2(7))* Capital Communications, Inc.

Caxtons: A Family Picture (Classic Reprint) Edward Bulwer Lytton. (ENG., Illus.). (J). 2018. 740p. 39.16 *(978-0-428-91764-7(X))*; 2018. 746p. 39.30 *(978-0-267-38410-5(6))*; 2017. 34.54 *(978-0-265-51735-2(4))*; 2017. 40.48 *(978-1-5283-6453-9(8))*; 2017. pap. 13.57 *(978-1-334-94768-1(6))*; 2016. pap. 23.57

(978-1-334-15058-6(3)); 2016. pap. 23.57 *(978-1-333-60592-6(7))* Forgotten Bks.
Caxtons, Vol. 1 Of 2: A Family Picture (Classic Reprint) Edward Bulwer Lytton. 2017. (ENG., Illus.). (J). 31.78 *(978-1-5282-8887-3(4))* Forgotten Bks.
Caxtons, Vol. 2: A Family Picture (Classic Reprint) E. Bulwer Lytton. 2018. (ENG., Illus.). 352p. (J). 31.16 *(978-0-483-99973-2(3))* Forgotten Bks.
Caxtons, Vol. 2 Of 2: A Family Picture (Classic Reprint) Edward Bulwer Lytton. 2017. (ENG., Illus.). (J). 396p. 32.08 *(978-0-332-60615-6(5))*; 31.01 *(978-1-5279-7126-4(0))* Forgotten Bks.
Caxtons, Vol. 3: A Family Picture (Classic Reprint) Edward Bulwer Lytton. (ENG., Illus.). (J). 2018. 314p. 30.37 *(978-0-483-02842-5(8))*; 2016. pap. 13.57 *(978-1-334-14234-5(3))* Forgotten Bks.
Cay & Adlee Find Their Voice. Cali Quaglia et al. 2017. (ENG., Illus.). 48p. pap. 15.95 *(978-1-4166-2505-6(4)*, P685539) Association for Supervision & Curriculum Development.
Cay Novel Units Student Packet. Novel Units. 2019. (ENG.). (YA). pap. 13.99 *(978-1-56137-412-0(1)*, Novel Units, Inc.) Classroom Library Co.
Caybigan (Classic Reprint) James Marie Hopper. 2018. (ENG., Illus.). 354p. (J). 31.20 *(978-0-483-57210-2(1))* Forgotten Bks.
Cayden & Mrs. Jules. Yvonne G. Williams. 2019. (Anna's Friends Ser.: Vol. 7). (ENG.). 170p. (J). pap. 10.95 *(978-1-7325002-7-3(4))* Anna's Friends.
Caz & the Lucky Necklace. Kitria Stewart. Illus. by Blueberry Illustrations. 2017. (ENG.). (J). pap. 12.00 *(978-0-692-82924-0(5))* Read More! Run More!.
Caza Del Snark / the Hunting of the Snark. Lewis Carroll, pseud & Juan Gedovius. 2022. (SPA.). 72p. (J). (gr. 4-7). 18.95 *(978-607-38-1212-2(4)*, Alfaguara) Penguin Random House Grupo Editorial ESP. Dist: Penguin Random Hse. LLC.
Cazadora: A Novel. Romina Garber. 2021. (Wolves of No World Ser.: 2). (ENG., Illus.). 416p. (YA). 18.99 *(978-1-250-23915-0(X)*, 900211155, Wednesday Bks.) St. Martin's Pr.
Cazadores de Arte. Lexi Rees. 2023. (SPA.). 124p. (J). pap. ***(978-1-913799-09-0(3))*** Outset Publishing Ltd.
Cazadores de Aventuras: El Cáliz de Las Almas - Quest Chasers: the Chalice of Souls. Grace Lockhaven & Thomas Lockhaven. l.t. ed. 2023. (Cazadores de Aventuras Ser.: Vol. 3). (SPA.). 246p. (J). 19.97 ***(978-1-63911-054-4(2))***; pap. 12.99 ***(978-1-63911-057-5(7))*** Twisted Key Publishing, LLC.
Cazadores de Aventuras: La Caverna de la Muerte. Grace Lockhaven & Thomas Lockhaven. Ed. by David Aretha. l.t. ed. 2020. (Cazadores de Aventuras Ser.: Vol. 1). (SPA.). 198p. (J). 19.97 *(978-1-947744-79-0(8))* Twisted Key Publishing, LLC.
Cazadores de Aventuras: La Caverna de la Muerte - Quest Chasers: the Deadly Cavern (Spanish Edition) Grace Lockhaven & Thomas Lockhaven. Ed. by David Aretha. l.t. ed. 2020. (Cazadores de Aventuras Ser.: Vol. 1). (SPA.). 198p. (J). pap. 12.99 *(978-1-947744-78-3(X))* Twisted Key Publishing, LLC.
Cazadores de Aventuras: La Momia Rugiente - Quest Chasers: the Screaming Mummy (Spanish Edition) Grace Lockhaven & Thomas Lockhaven. Ed. by David Aretha. l.t. ed. 2021. (SPA.). 194p. (J). 19.97 *(978-1-63911-017-9(8))*; pap. 12.99 *(978-1-63911-016-2(X))* Twisted Key Publishing, LLC.
Cazadores de Microbios (Bilingue) Paul de Kruif. 2020. (SPA.). 88p. (J). pap. *(978-607-453-661-4(9))* Selector, S.A. de C.V.
Cazadores de Sombras. Los Manuscritos Rojos de La. Cassandra Clare. 2020. (SPA.). 376p. (YA). pap. 21.95 *(978-607-07-6863-7(9))* Editorial Planeta, S. A. ESP. Dist: Two Rivers Distribution.
CBT Doodling for Kids: 50 Illustrated Handouts to Help Build Confidence & Emotional Resilience in Children Aged 6-11. Tanja Sharpe. 2018. (Illus.). 112p. pap. 26.95 *(978-1-78592-537-5(7)*, 696875) Kingsley, Jessica Pubs. GBR. Dist: Hachette UK Distribution.
Cc. Bela Davis. 2016. (Alphabet Ser.). (ENG., Illus.). 24p. (J). (gr. -1-2). lib. bdg. 31.36 *(978-1-68080-879-7(6)*, 23233, Abdo Kids) ABDO Publishing Co.
Cc (Spanish Language) Maria Puchol. 2017. (Abecedario (the Alphabet) Ser.). (SPA.). 24p. (J). (gr. -1-2). lib. bdg. 31.36 *(978-1-5321-0302-5(6)*, 27177, Abdo Kids) ABDO Publishing Co.
CC's Road Home. Leah B. Eskine. 2021. (ENG.). 258p. (YA). pap. 19.95 *(978-1-68433-609-8(0))* Black Rose Writing.
Ce la Posso Fare! (I Got This!) un Libro Sui Draghi per Insegnare Ai Bambini Che Possono Affrontare Qualsiasi Problema. una Simpatica Storia per Bambini, per Conferire Loro la Sicurezza in Se Stessi Necessaria a Gestire le Situazioni Difficili. Steve Herman. 2020. (My Dragon Books Italiano Ser.: Vol. 8). (ITA.). 50p. (J). (gr. k-4). 18.95 *(978-1-950280-74-2(8))*; pap. 12.95 *(978-1-950280-73-5(X))* Digital Golden Solutions LLC.
Ce Que Je Pense, Est-Il Vrai? Lynn McLaughlin. 2022. (FRE.). 36p. (J). pap. ***(978-1-7780741-8-9(9))*** Steering Through It.
Cease Firing (Classic Reprint) Mary Johnston. 2017. (ENG., Illus.). 478p. (J). 33.76 *(978-0-266-53771-7(5))* Forgotten Bks.
Cebra (Zebra) Grace Hansen. 2018. (Animales Africanos (African Animals) Ser.). (SPA.). 24p. (J). (gr. -1-2). lib. bdg. 32.79 *(978-1-5321-8034-7(9)*, 28283, Abdo Kids) ABDO Publishing Co.
Cebras Bebés. Kate Riggs. 2021. (Principio de Los Ser.). (SPA.). 16p. (J). (gr. -1-k). pap. 7.99 *(978-1-62832-996-4(3)*, 18043, Creative Paperbacks) Creative Co., The.
Cece & Roxy: A Day in the Life of Roxy. Pascha Adamo. 2019. (ENG.). 14p. (J). bds. 9.95 *(978-1-64307-048-3(7))* Amplify Publishing Group.
Cece Loves Science. Kimberly Derting & Shelli R. Johannes. Illus. by Vashti Harrison. (Loves Science Ser.: 1). (ENG.). 40p. (J). (gr. -1-3). 2020. pap. 7.99 *(978-0-06-249961-5(0))*; 2018. 17.99 *(978-0-06-249960-8(2))* HarperCollins Pubs. (Greenwillow Bks.).
Cece Loves Science. Kimberly Derting et al. ed. 2021. (Cece Loves Science Ser.). (ENG., Illus.). 32p. (J). (gr. k-1). 21.46 *(978-1-64697-881-6(1))* Penworthy Co., LLC, The.
Cece Loves Science & Adventure. Kimberly Derting & Shelli R. Johannes. Illus. by Vashti Harrison. (Loves Science Ser.: 2). (ENG.). 40p. (J). (gr. -1-3). 2021. pap. 8.99 *(978-0-06-249963-9(7))*; 2019. 17.99 *(978-0-06-249962-2(9))* HarperCollins Pubs. (Greenwillow Bks.).
Cece Loves Science & Adventure. Kimberly Derting et al. ed. 2021. (Cece Loves Science Ser.). (ENG., Illus.). 32p. (J). (gr. k-1). 21.46 *(978-1-64697-882-3(X))* Penworthy Co., LLC, The.
Cece Loves Science: Push & Pull. Kimberly Derting & Shelli R. Johannes. Illus. by Vashti Harrison. 2020. (I Can Read Level 3 Ser.). (ENG.). 40p. (J). (gr. -1-3). 16.99 *(978-0-06-294609-6(9))*; pap. 5.99 *(978-0-06-294608-9(0))* HarperCollins Pubs. (Greenwillow Bks.).
Cece Rios & the Desert of Souls. Kaela Rivera. (Cece Rios Ser.: 1). (ENG.). (J). (gr. 3-7). 2022. 368p. pap. 9.99 *(978-0-06-294756-7(7))*; 2021. 352p. 19.99 *(978-0-06-294755-0(9))* HarperCollins Pubs. (HarperCollins).
Cece Rios & the King of Fears. Kaela Rivera. (Cece Rios Ser.: 2). (ENG.). 336p. (J). (gr. 3-7). 2023. pap. 9.99 ***(978-0-06-321390-6(2))***; 2022. (Illus.). 16.99 *(978-0-06-321389-0(3))* HarperCollins Pubs. (HarperCollins).
Cece Saves the Planet. Ashley Keller. Illus. by Jesús Gallardo. 2020. (ENG.). 34p. (J). pap. 10.97 *(978-1-7345680-5-9(4)*, Fig Factor Media LLC) Fig Factor Media Publishing.
Cecelia. Lilly Simoes. 2022. (ENG.). 34p. (J). 22.99 ***(978-1-6629-1822-3(4))***; pap. 11.99 ***(978-1-6629-2646-4(4))*** Gatekeeper Pr.
Ceciljs Tryst, Vol. 2 of 3 (Classic Reprint) James Payn. 2018. (ENG., Illus.). 268p. (J). 29.44 *(978-0-483-70989-8(1))* Forgotten Bks.
Cecil Aldin's Merry Party: Containing an Account of Forager's Hunt Breakfast, Rags' Garden Party, Master Quack's Water Picnic, Tabitha's Tea Party, Peter's Dinner Party, & Humpty & Dumpty's Fancy Dress Ball (Classic Reprint) May Clarissa Gillington Byron. (ENG., Illus.). (J). 2017. 28.31 *(978-0-260-52447-8(6))*; 2016. pap. 10.97 *(978-1-333-60500-1(5))* Forgotten Bks.
Cecil & Cedric & the Crooked, Crickety Christmas Tree. Patricia A. Gummeson. 2017. (ENG., Illus.). 26p. (J). pap. 13.95 *(978-1-64114-273-1(1))* Christian Faith Publishing.
Cecil & Psalm 23. Andrew McDonough. 2020. (Lost Sheep Ser.: 12). (ENG., Illus.). 32p. (J). (gr. 2-7). pap. 7.99 *(978-1-912863-11-2(1)*, 677a0a10-b088-46a5-972e-cd8999db063c, Sarah Grace Publishing) Malcolm Down Publishing Ltd. GBR. Dist: Baker & Taylor Publisher Services (BTPS).
Cecil Beaton's New York: Illustrated from Drawings by the Author & from Photographs by the Author & Others (Classic Reprint) Cecil Beaton. (ENG., Illus.). (J). 2018. 270p. 29.49 *(978-0-267-12666-8(2))*; 2017. pap. 11.97 *(978-0-282-29597-4(6))* Forgotten Bks.
Cecil Castlemaine's Gage: And Other Novelettes (Classic Reprint) Ouida Ouida. (ENG., Illus.). (J). 2018. 484p. 33.88 *(978-0-267-18059-2(4))*; 2017. 30.06 *(978-0-265-41376-0(1))*; 2017. pap. 13.57 *(978-0-243-31430-0(2))* Forgotten Bks.
Cecil Castlemaine's Gage, and, Lady Marabout's Troubles: And Other Stories (Classic Reprint) Ouida Ouida. 2017. (ENG., Illus.). (J). 388p. 31.92 *(978-0-265-51852-6(0))*; pap. 16.57 *(978-0-243-08694-8(6))* Forgotten Bks.
Cecil, or the Adventures of a Coxcomb: A Novel (Classic Reprint) Gore. 2017. (ENG., Illus.). (J). 32.27 *(978-0-265-81369-0(7))* Forgotten Bks.
Cecil, or the Adventures of a Coxcomb, Vol. 1 Of 3: A Novel (Classic Reprint) Gore. 2018. (ENG., Illus.). 332p. (J). 30.74 *(978-0-483-44763-9(3))* Forgotten Bks.
Cecil, or the Adventures of a Coxcomb, Vol. 2 Of 3: A Novel (Classic Reprint) Gore. 2018. (ENG., Illus.). 330p. (J). 30.70 *(978-0-484-65098-4(X))* Forgotten Bks.
Cecil Singer Cicada. Michelle Cox. 2020. (ENG.). 32p. (J). *(978-1-5289-0862-7(7))*; pap. *(978-1-5289-0861-0(9))* Austin Macauley Pubs. Ltd.
Cecil, the Orphan, Vol. 1: Or the Reward of Virtue; a Tale for the Young (Classic Reprint) Ellen Pickering. 2018. (ENG., Illus.). 158p. (J). 27.16 *(978-0-483-91288-5(3))* Forgotten Bks.
Cecile & the Kingdom of Belamor. Marilyn F. Churchill. 2017. (Mystic Heroine Adventures / Parts 1, 2, 3 Ser.). (ENG., Illus.). (J). (gr. 2-6). pap. 16.95 *(978-1-68419-042-3(8))* Primedia eLaunch LLC.
Cecile, Vol. 1 Of 3: Or Modern Idolaters (Classic Reprint) Hawley Smart. 2018. (ENG., Illus.). 314p. (J). 30.37 *(978-0-267-19480-3(3))* Forgotten Bks.
Cecile, Vol. 2 Of 3: Or, Modern Idolaters (Classic Reprint) Hawley Smart. 2018. (ENG., Illus.). 290p. (J). 29.90 *(978-0-428-71059-0(X))* Forgotten Bks.
Cecilia de Noel (Classic Reprint) Lanoe Falconer. 2018. (ENG., Illus.). (J). 262p. 29.30 *(978-0-267-53093-9(5))*; 226p. 28.56 *(978-0-267-12234-9(9))* Forgotten Bks.
Cecilia de Noël (Classic Reprint) Lanoe Falconer. 2018. (ENG., Illus.). 256p. (J). 29.20 *(978-0-364-62877-5(4))* Forgotten Bks.
Cecilia Goes to Shadow Town. Simone Tulloch-Foley. 2019. (ENG.). 38p. (J). *(978-1-78693-770-4(0))*; pap. *(978-1-78693-769-8(7))* Austin Macauley Pubs. Ltd.
Cecilia of the Pink Roses (Classic Reprint) Katharine Haviland Taylor. (ENG., Illus.). (J). 2018. 292p. 29.94 *(978-0-364-01800-2(3))*; 2017. pap. 13.57 *(978-0-243-52131-9(6))* Forgotten Bks.
Cecilia, Vol. 1 Of 5: Or Memoirs of an Heiress (Classic Reprint) Frances Burney. (ENG., Illus.). (J). 2018. 308p. 30.27 *(978-0-483-47914-2(4))*; 2017. pap. 13.57 *(978-1-334-92989-2(0))* Forgotten Bks.
Cecilia, Vol. 3 Of 5: Or Memoirs of an Heiress (Classic Reprint) Frances Burney. 2017. (ENG., Illus.). (J). 30.70 *(978-0-266-65237-3(9))*; pap. 13.57 *(978-1-5276-0156-7(0))* Forgotten Bks.
Cecilia y Miguel Son Mejores Amigos see Cecilia & Miguel Are Best Friends
Cecilian Series of Study & Song, Vol. 1: For One Voice; Comprising, Study in Tune & Time, with Songs for Practice & Recreation (Classic Reprint) John W. Tufts. (ENG., Illus.). (J). 2018. 100p. 25.96 *(978-0-483-09863-3(9))*; 2017. pap. 9.57 *(978-0-259-19419-4(0))* Forgotten Bks.
Cecil's Books of Natural History: Part I. -Beasts; Part II. -Birds; Part III. -Insects (Classic Reprint) Selim Hobart Peabody. 2018. (ENG., Illus.). 766p. (J). 39.70 *(978-0-656-10068-2(0))* Forgotten Bks.
Cecil's Magnifico Adventure: A Tale of Triumph. Jim Barber. 2019. (ENG.). 96p. (J). pap. 12.95 *(978-1-64416-238-5(5))* Christian Faith Publishing.
Cecil's Tryst. James Payn. 2017. (ENG.). (J). 276p. pap. *(978-3-337-34647-8(2))*; 272p. pap. *(978-3-337-34648-5(0))*; 270p. pap. *(978-3-337-34649-2(9))* Creation Pubs.
Cecil's Tryst: A Novel (Classic Reprint) James Payn. (ENG., Illus.). (J). 2018. 406p. 32.27 *(978-0-364-31358-9(7))*; 2017. pap. 16.57 *(978-0-259-29825-0(5))* Forgotten Bks.
Cecil's Tryst, Vol. 1 Of 3: A Novel (Classic Reprint) James Payn. (ENG., Illus.). (J). 2018. 276p. 29.59 *(978-0-483-87891-4(X))*; 2016. pap. 11.97 *(978-1-333-33477-2(X))* Forgotten Bks.
Cecil's Tryst, Vol. 3 Of 3: A Novel (Classic Reprint) James Payn. (ENG., Illus.). (J). 2018. 280p. 29.67 *(978-0-332-54200-3(9))*; 2016. pap. 13.57 *(978-1-334-19444-3(0))* Forgotten Bks.
Cecily Moonlight & the Purple Hand Gang. Bob Andrews. 2020. (ENG.). 386p. (YA). pap. *(978-1-84914-982-2(8))* CompletelyNovel.com.
Cecily Parsley's Nursery Rhymes. Beatrix Potter. Illus. by Beatrix Potter. 2016. (Beatrix Potter Classics Ser.). (ENG., Illus.). 34p. (J). (gr. -1-2). pap. 12.99 *(978-1-5324-0028-5(4))* Xist Publishing.
Cecily Parsley's Nursery Rhymes (Classic Reprint) Beatrix Potter. (ENG., Illus.). (J). 2017. 25.30 *(978-0-266-34377-6(5))*; 2016. pap. 9.57 *(978-1-333-53099-0(4))* Forgotten Bks.
Cedar Brook Stories, or the Clifford Children: Frank Gone to the War (Classic Reprint) A. S. Moffat. (ENG., Illus.). (J). 2018. 196p. 27.92 *(978-0-484-59430-1(3))*; 2016. pap. 10.57 *(978-1-334-16234-3(4))* Forgotten Bks.
Cedar Brook Stories, Vol. 4: Or the Clifford Children (Classic Reprint) A. S. M. (ENG., Illus.). (J). 2018. 248p. 29.03 *(978-0-483-59476-0(8))*; 2017. pap. 11.57 *(978-1-5276-6795-2(2))* Forgotten Bks.
Cedar Creek: From the Shanty to the Settlement; a Tale of Canadian Life (Classic Reprint) Elizabeth Hely Walshe. 2018. (ENG., Illus.). 310p. (J). 30.29 *(978-0-483-31278-4(9))* Forgotten Bks.
Cedar Dance. Monica Nawrocki. 2019. (ENG.). 128p. (J). (gr. 3-7). pap. 8.95 *(978-1-77337-016-3(2)*, Yellow Dog) Great Plains Pubns. CAN. Dist: Independent Pubs. Group.
Cedar Island Dreams. Tj Radcliffe. Illus. by Hilary Farmer. 2020. (Inner Islands Trilogy Ser.: Vol. 1). (ENG.). 164p. (J). (gr. 3-6). pap. *(978-0-9937543-4-0(1))* Siduri Pr.
Cedar Star (Classic Reprint) Mary E. Mann. 2018. (ENG., Illus.). 322p. (J). 30.54 *(978-0-365-26339-5(7))* Forgotten Bks.
Cedars, 1903 (Classic Reprint) Lebanon College for Young Ladies. 2017. (ENG., Illus.). (J). 25.92 *(978-0-331-78082-6(8))* Forgotten Bks.
Cedric: Isn't It Past Your Bedtime? Cauvin & Raoul Cauvin. 2021. (Cedric Ser.: Volume 7). (Illus.). 48p. (J). (gr. 3-6). pap. 11.95 *(978-1-80044-025-8(1))* CineBook GBR. Dist: National Bk. Network.
Cedric & the Golden Chalice of Mercia. Matthew Noonan. 2022. (ENG.). 322p. (YA). pap. *(978-1-922788-00-9(7))* Vivid Publishing.
Cedric the Bulge. Neal Wooten. 2019. (ENG.). 238p. (YA). pap. 11.00 *(978-1-61225-431-9(4))* Mirror Publishing.
Ceegee's Gift. Joy H. Selak. 2019. (ENG., Illus.). 228p. (YA). 21.95 *(978-1-7322831-1-4(7))* JoyWrites.
CeeJay Declares a Beach Day. Bealouise Picazio. 2022. (ENG., Illus.). 30p. (J). pap. 14.95 ***(978-1-68517-954-0(1))*** Christian Faith Publishing.
Ceiling Made of Eggshells. Gail Carson Levine. (ENG.). (J). (gr. 3-7). 2021. 416p. pap. 7.99 *(978-0-06-287821-2(2))*; 2020. 400p. 17.99 *(978-0-06-287819-9(0))*; 2020. 400p. lib. bdg. 18.89 *(978-0-06-287820-5(4))* HarperCollins Pubs. (Quill Tree Bks.).
¡Celebra el día de Los Muertos! (Celebrate the Day of the Dead Spanish Edition) Diane de Anda. Illus. by Gloria Félix. 2023. 28p. (J). (— 1). bds. 9.99 ***(978-0-593-70380-9(4)***, Crown Books For Young Readers) Random Hse. Children's Bks.
Celebraciones (Celebrations) 2017. (Celebraciones (Celebrations) Ser.). (SPA., Illus.). 24p. (J). 198.00 *(978-1-4994-2819-3(7)*, PowerKids Pr.) Rosen Publishing Group, Inc., The.
Celebrate! A Happy Book of Firsts. Janet Lawler. Illus. by Brittany Baugus. 2022. (ENG.). 32p. (J). 18.99 *(978-1-250-80686-4(0)*, 900244451) Feiwel & Friends.
Celebrate! Changing Seasons. Sophia Day & Megan Johnson. Illus. by Stephanie Strouse. 2019. (Celebrate! Ser.: 19). (ENG.). 28p. (J). bds. 7.99 *(978-1-64440-860-5(0)*, b722ddb2-7f43-4641-9241-8e81bd62f8fe) MVP Kids Media.
Celebrate Constitution Day. Yvonne Pearson. 2019. (U. S. Holidays Ser.). (ENG., Illus.). 24p. (J). (gr. 1-3). lib. bdg. 25.99 *(978-1-9771-0268-3(9)*, 139268, Capstone Pr.) Capstone.
Celebrate! Feelings. Megan Johnson. Illus. by Stephanie Strouse. 2020. (Celebrate! Ser.: 20). 28p. (J). bds. 7.99 *(978-1-64440-861-2(9)*, 04e7e89d-a27c-4133-8832-cf5e6faec2f1) MVP Kids Media.
Celebrate Independence Day. Sally Lee. 2019. (U. S. Holidays Ser.). (ENG., Illus.). 24p. (J). (gr. 1-3). lib. bdg. 25.99 *(978-1-9771-0279-9(4)*, 139274, Capstone Pr.) Capstone.
Celebrate Kwanzaa. Carolyn Otto. 2017. (Holidays Around the World Ser.). (Illus.). 32p. (J). (gr. 1-3). pap. 7.99 *(978-1-4263-2849-7(4)*, National Geographic Kids) Disney Publishing Worldwide.
Celebrate Love Day! Illus. by Jason Fruchter. 2021. (Daniel Tiger's Neighborhood Ser.). (ENG.). 16p. (J). (gr. -1-2). pap. 6.99 *(978-1-5344-9594-4(0)*, Simon Spotlight) Simon Spotlight.
Celebrate Martin Luther King Jr. Day. Sally Lee. 2019. (U. S. Holidays Ser.). (ENG., Illus.). 24p. (J). (gr. 1-3). lib. bdg. 25.99 *(978-1-9771-0277-5(8)*, 139273, Capstone Pr.) Capstone.
Celebrate Memorial Day. Melissa Ferguson. 2019. (U. S. Holidays Ser.). (ENG., Illus.). 24p. (J). (gr. 1-3). lib. bdg. 25.99 *(978-1-9771-0266-9(2)*, 139266, Capstone Pr.) Capstone.
Celebrate! My Growing Family. Sophia Day & Megan Johnson. Illus. by Stephanie Strouse. 2020. (Celebrate! Ser.: 24). (ENG.). 28p. (J). bds. 7.99 *(978-1-64516-969-7(3)*, 274649b2-3b14-4247-a987-50870d500055) MVP Kids Media.
Celebrate! My Senses. Sophie Day & Megan Johnson. Illus. by Stephanie Strouse. 2020. (Celebrate! Ser.: 28). 28p. (J). bds. 7.99 *(978-1-64516-982-6(0)*, e34bc64b-ae10-421a-9836-b59236aae3c0) MVP Kids Media.
Celebrate! Our Community. Sophia Day & Megan Johnson. Illus. by Stephanie Strouse. 2021. (Celebrate! Ser.: 30). (ENG.). 28p. (J). bds. 7.99 *(978-1-64999-995-5(X)*, ede8f054-bd74-4ef9-acbb-018f72dc0d9d) MVP Kids Media.
Celebrate Our Differences: A Story about Different Abilities, Special Needs, & Inclusion. Steve Herman. 2021. (ENG.). 48p. (J). 18.95 *(978-1-64916-117-8(4))*; pap. 12.95 *(978-1-64916-116-1(6))* Digital Golden Solutions LLC.
Celebrate Presidents' Day. Yvonne Pearson. 2019. (U. S. Holidays Ser.). (ENG., Illus.). 24p. (J). (gr. 1-3). lib. bdg. 25.99 *(978-1-9771-0271-3(9)*, 139271, Capstone Pr.) Capstone.
Celebrate! Shapes in the Sea. Sophia Day & Megan Johnson. Illus. by Stephanie Strouse. 2022. (Celebrate! Ser.: 20). (ENG.). 28p. (J). bds. 7.99 *(978-1-63795-949-7(4)*, a5ef5e53-be06-4808-86b8-e1f1e39aa06c) MVP Kids Media.
Celebrate Spring. Kathryn Clay. 2016. (Celebrate Spring Ser.). (ENG., Illus.). 24p. (J). (gr. -1-2). 98.60 *(978-1-4914-8318-3(0)*, 24037, Pebble) Capstone.
Celebrate the Day of the Dead! Diane de Anda. Illus. by Gloria Félix. 2023. 28p. (J). (— 1). bds. 9.99 ***(978-0-593-64766-0(1)***, Crown Books For Young Readers) Random Hse. Children's Bks.
Celebrate the Season: Home for the Holidays. Taylor Garland. 2018. (Celebrate the Season Ser.: 4). (ENG.). 176p. (J). (gr. 3-7). pap. 6.99 *(978-0-316-41299-5(6))* Little, Brown Bks. for Young Readers.
Celebrate the Season: Let It Snow! Taylor Garland. 2018. (Celebrate the Season Ser.: 3). (ENG.). 176p. (J). (gr. 3-7). pap. 6.99 *(978-0-316-41297-1(X))* Little, Brown Bks. for Young Readers.
Celebrate the Season: Secret Snowflake. Taylor Garland. 2017. (Celebrate the Season Ser.: 1). (ENG.). 176p. (J). (gr. 3-7). pap. 6.99 *(978-0-316-47248-7(4))* Little, Brown Bks. for Young Readers.
Celebrate the Season: the Twelve Pets of Christmas. Taylor Garland. 2017. (Celebrate the Season Ser.: 2). (ENG.). 176p. (J). (gr. 3-7). pap. 6.99 *(978-0-316-47253-1(0))* Little, Brown Bks. for Young Readers.
Celebrate the States - Group 5, 10 vols., Set. 2nd ed. Incl. Minnesota. Martin Schwabacher & Patricia K. Kummer. lib. bdg. 39.79 *(978-0-7614-2716-2(3)*, 9daa6308-da8b-4f23-a60a-de71b989ce87); Ohio. Victoria Sherrow. lib. bdg. 39.79 *(978-0-7614-2558-8(6)*, 27bd0007-e74c-4e9a-82c9-7f3cbbf2db2e); Rhode Island. Ted Klein. lib. bdg. 39.79 *(978-0-7614-2560-1(8)*, 69dd7142-6f70-43e4-a302-e5f83652cfdc); Washington. Rebecca Stefoff. lib. bdg. 39.79 *(978-0-7614-2561-8(6)*, 05d27159-fa4c-4f86-a326-1ecfbaec0c3d); West Virginia. Nancy Hoffman & Joyce Hart. lib. bdg. 39.79 *(978-0-7614-2562-5(4)*, efe44c3f-7b8a-43b3-b895-df0252139f7c); 144p. (gr. 6-6). (Celebrate the States (Second Edition) Ser.). (ENG.). 2008. Set lib. bdg. 198.95 *(978-0-7614-2557-1(8)*, 4120130f-859e-4777-ac3a-67a1a0336bcf, Cavendish Square) Cavendish Square Publishing LLC.
Celebrate the States - Group 6, 10 vols., Set. 2nd rev. ed. Incl. Kentucky. Tracy Barrett. lib. bdg. 39.79 *(978-0-7614-2715-5(5)*, ecb4eb9a-b8c2-4c34-bbec-fa4d7c2a0d91); Mississippi. David Shirley & Patricia K. Kummer. lib. bdg. 39.79 *(978-0-7614-2717-9(1)*, 90a00d0c-5b41-4180-b968-7fbeef5d17f0); New Hampshire. Steven Otfinoski. lib. bdg. 39.79 *(978-0-7614-2718-6(X)*, d4b8d275-783a-437d-847e-8c8889d4f813); New Mexico. Melissa Mcdaniel. lib. bdg. 39.79 *(978-0-7614-2719-3(8)*, 7a72205b-adec-4f29-a429-fa58f8b9a73f); Wyoming. Guy Baldwin & Joyce Hart. lib. bdg. 39.79 *(978-0-7614-2563-2(2)*, db5b7f01-ec60-4570-b18a-9fe0aa702a14); (gr. 6-6). (Celebrate the States (Second Edition) Ser.). (ENG.). 144p. 2008. Set lib. bdg. 198.95 *(978-0-7614-2714-8(7)*, 2f63b384-70a7-4e4e-8aa6-a70a501a818a, Cavendish Square) Cavendish Square Publishing LLC.
Celebrate the States - Group 7, 10 vols., Set. 2nd rev. ed. Incl. Arkansas. Linda Jacobs Altman. lib. bdg. 39.79 *(978-0-7614-3001-8(6)*, 6d5caadc-3287-4bd3-9334-b55c8548c5c1); Idaho. Rebecca Stefoff. lib. bdg. 39.79 *(978-0-7614-3003-2(2)*, 621169b5-395d-4e53-afe4-633d74831354); Maryland. Leslie Pietrzyk & Martha Kneib. lib. bdg. 39.79 *(978-0-7614-3004-9(0)*, 14d2469d-638c-46e1-97f4-9b6577a17792); Massachusetts. Suzanne LeVert & Tamra B. Orr. lib. bdg.

318 The check digit for ISBN-10 appears in parentheses after the full ISBN-13

39.79 *(978-0-7614-3005-6(9),* 35891fa0-4a8f-492e-be4a-874fd890fc94); New Jersey. Wendy Moragne. lib. bdg. 39.79 *(978-0-7614-3006-3(7),* 9e599e6f-f25f-48d3-965e-92c07a7f7d35); (gr. 6-6). (Celebrate the States (Second Edition) Ser.). (ENG.). 144p. 2009. Set lib. bdg. 198.95 *(978-0-7614-3000-1(8),* f6e5327b-8709-4965-adf3-fa68667217ee, Cavendish Square) Cavendish Square Publishing LLC.

Celebrate the States - Group 8, 5 bks., Set. 2nd rev. ed. Incl. Alabama. David Shirley & Joyce Hart. lib. bdg. 39.79 *(978-0-7614-3397-2(X),* d0044dc1-1db1-4a77-9db7-aea7c4e3a786); Arizona. Melissa Mcdaniel & Wendy Mead. lib. bdg. 39.79 *(978-0-7614-3398-9(8),* 9d363c5b-3f13-4c8f-822a-84a6be6d2c7e); Delaware. Michael A. Schuman & Marlee Richards. lib. bdg. 39.79 *(978-0-7614-3399-6(6),* 2139823b-f143-490d-a129-c2a8fb090f15); Kansas. Ruth Bjorklund & Trudi Strain Trueit. lib. bdg. 39.79 *(978-0-7614-3400-9(3),* cb603466-f653-4661-92df-ecf9e597bc69); Pennsylvania. Stephen Peters & Joyce Hart. lib. bdg. 39.79 *(978-0-7614-3403-0(8),* 46fee572-0ef6-4d9b-b7ce-95855be7f74f); (gr. 6-6). 2009. (Celebrate the States 8 Ser.). 144p. 2008. Set lib. bdg. 149.75 net. *(978-0-7614-3395-8(3),* Cavendish Square) Cavendish Square Publishing LLC.

Celebrate the States Group 3, 10 vols., Set. 2nd rev. ed. Incl. Alaska. Rebecca Stefoff. lib. bdg. 39.79 *(978-0-7614-2153-5(X),* eb91c713-61e2-43d8-9c64-9fc5a1bf4ecf); Connecticut. Victoria Sherrow. lib. bdg. 39.79 *(978-0-7614-2155-9(6),* bb79359a-bfcc-43e7-bea6-09b2d05d98a8); South Dakota. Melissa Mcdaniel. lib. bdg. 39.79 *(978-0-7614-2156-6(4),* 18d64417-4340-4aa6-9df5-d3765b159ba4); Tennessee. Tracy Barrett. lib. bdg. 39.79 *(978-0-7614-2151-1(3),* d1e4aa04-d839-47c6-b608-025245be4d52); Wisconsin. Karen Zeinert & Joyce Hart. lib. bdg. 39.79 *(978-0-7614-2157-3(2),* 017a0ad0-b23c-42a0-980e-f8c756700f3d); (Illus.). (gr. 6-6). (Celebrate the States (Second Edition) Ser.). (ENG.). 144p. 2007. Set lib. bdg. 198.95 *(978-0-7614-2150-4(5),* 6ba5e786-9f8b-4ae7-ae03-24707887e38c, Cavendish Square) Cavendish Square Publishing LLC.

Celebrate the States Group 4, 10 vols., Set. 2nd rev. ed. Incl. Florida. Perry Chang & Joyce Hart. lib. bdg. 39.79 *(978-0-7614-2348-5(6),* 69f44607-8a2b-46ee-a933-69daaddbfde3); Hawaii. Jake Goldberg & Joyce Hart. lib. bdg. 39.79 *(978-0-7614-2349-2(4),* c0f4ae0a-4cc9-4a64-80c0-09f5363ceb32); Iowa. Polly Alison Morrice & Joyce Hart. lib. bdg. 39.79 *(978-0-7614-2350-8(8),* f05f5962-92fa-430a-8306-2930eff9b612); Michigan. Marlene Targ Brill. lib. bdg. 39.79 *(978-0-7614-2351-5(6),* d7634b0a-ead6-456c-836c-fdc4df8c9986); Washington, D. C. Dan Elish. lib. bdg. 39.79 *(978-0-7614-2352-2(4),* 263a3d6a-e664-4694-a069-92bce1a8f41b); (Illus.). (gr. 6-6). (Celebrate the States (Second Edition) Ser.). (ENG.). 144p. 2007. Set lib. bdg. 198.95 *(978-0-7614-2347-8(8),* affd6324-e4c0-414f-8a2b-6468c782aff2, Cavendish Square) Cavendish Square Publishing LLC.

Celebrate! Tis the Season. Amber Florenza. 2016. (ENG.). 228p. (J). pap. ***(978-1-326-64606-6(0))*** Lulu Pr., Inc.

Celebrate with Jasmine: Plan an Aladdin Party. Niki Ahrens. Photos by Niki Ahrens. 2020. (Disney Princess Celebrations Ser.). (ENG., Illus.). 32p. (J). (gr. 1-4). 27.99 *(978-1-5415-7275-1(0),* Lerner Pubns.) Lerner Publishing Group.

Celebrate with Me! Recipes, Crafts, & Holiday Fun from Around the World. Ed. by Laura Gladwin. Illus. by Dawn M. Cardona. 2022. (ENG.). 64p. (J). (gr. 3-8). 22.99 *(978-1-4197-6301-4(6),* 1780301) Magic Cat GBR. Dist: Abrams, Inc.

Celebrate You! Sherri Duskey Rinker. Illus. by A. N. Kang. 2019. (ENG.). 40p. (J). (gr. -1-3). 17.99 *(978-0-06-256402-3(1),* Balzer & Bray) HarperCollins Pubs.

Celebrate You! (Boxed Set) Do Your Happy Dance!; Be Kind, Be Brave, Be You! Charles M. Schulz. Illus. by Scott Jeralds. ed. 2020. (Peanuts Ser.). (ENG.). 60p. (J). (gr. -1). bds. 15.99 *(978-1-5344-8281-4(4),* Simon Spotlight) Simon Spotlight.

Celebrate Your Brilliance! 30-Day Journal for Teens. Rosie Hampton-Quiller. 2023. (ENG.). 79p. (YA). pap. ***(978-1-312-42092-2(8))*** Lulu Pr., Inc.

Celebrated Children of All Ages & Nations (Classic Reprint) Michel Masson. (ENG., Illus.). (J). 2018. 484p. 33.90 *(978-0-267-53467-8(1));* 2016. pap. 16.57 *(978-1-333-26226-6(4))* Forgotten Bks.

Celebrated Crimes, Vol. 4: Karl Ludwig Sand; Urbain Grandier; Nisida (Classic Reprint) Alexandre Dumas. 2019. (ENG., Illus.). 348p. (J). 31.09 *(978-0-365-31154-6(5))* Forgotten Bks.

Celebrated Crimes, Vol. 6: Joan of Naples; the Man in the Iron Mask; Martin Guerre (Classic Reprint) Dumas. 2016. (ENG., Illus.). (J). pap. 13.57 *(978-1-333-73832-7(3))* Forgotten Bks.

Celebrated Crimes, Vol. 6: Joan of Naples; the Man in the Iron Mask; Martin Guerre (Classic Reprint) Alexandre Dumas. 2018. (ENG., Illus.). 340p. (J). 30.93 *(978-0-267-56254-1(3))* Forgotten Bks.

Celebrated Crimes, Vol. 6 (Classic Reprint) Alexandre Dumas. 2017. (ENG., Illus.). (J). 30.58 *(978-1-5280-5356-3(7))* Forgotten Bks.

Celebrated Jumping Frog of Calaveras County: And Other Sketches (Classic Reprint) Twain. 2016. (ENG., Illus.). (J). pap. 10.57 *(978-1-333-67893-7(2))* Forgotten Bks.

Celebrated Jumping Frog of Calaveras County: And Other Sketches (Classic Reprint) Mark Twain, pseud. 2017. (ENG., Illus.). (J). 28.06 *(978-0-266-86146-1(6))* Forgotten Bks.

Celebrated Treatise of Joach. Fortius Ringelbergius de Ratione Studii: Translated from the Edition of Van Erpe. G. B. Earp. 2017. (ENG., Illus.). (J). pap. *(978-0-649-45033-6(7))* Trieste Publishing Pty Ltd.

Celebratih with Me/Celebra Conmigo, 4 vols., Set. Tr. by Eida de la Vega. Incl. Christmas/Navidad. Christmas Hinman. lib. bdg. 25.70 *(978-1-58415-864-6(6));* Independence Day/Dia de la Independencia. Elizabeth Scholl. lib. bdg. 25.70 *(978-1-58415-862-2(X));* Memorial Day/Dia de los Caidos. Tamra Orr. lib. bdg. 25.70 *(978-1-58415-863-9(8));* Thanksgiving/Accion de Gracias. Bonnie Hinman. lib. bdg. 25.70 *(978-1-58415-861-5(1));* (Illus.). 32p. (J). (gr. -1-2). 2010. (SPA.). 2010. Set lib. bdg. 102.00 *(978-1-58415-865-3(4))* Mitchell Lane Pubs.

Celebrating a Christ-Centered Christmas: Children's Edition. Emily Belle Freeman & David Butler. Illus. by Ryan Jeppesen. 2017. (ENG.). 32p. (J). (gr. k-3). 17.99 *(978-1-62972-357-0(6),* 5182310, Ensign Peak) Shadow Mountain Publishing.

Celebrating a Christ-Centered Easter: Children's Edition. Emily Belle Freeman & David Butler. Illus. by Ryan Jeppesen. 2018. (ENG.). 32p. (J). (gr. k-3). 17.99 *(978-1-62972-418-8(1),* 5194501, Ensign Peak) Shadow Mountain Publishing.

Celebrating Bentley. Dana Ciafone. 2020. (ENG.). 28p. (J). 19.99 *(978-1-6629-0325-0(1));* pap. 9.99 *(978-1-6629-0326-7(X))* Gatekeeper Pr.

Celebrating Black Artists: Set 1, 16 vols. 2019. (Celebrating Black Artists Ser.). (ENG.). 104p. (YA). (gr. 7-7). lib. bdg. 311.44 *(978-1-9785-0575-9(2),* b7f11e61-025e-4f92-95b9-fab5b661c905) Enslow Publishing, LLC.

Celebrating Black Artists: Set 2, 12 vols. 2019. (Celebrating Black Artists Ser.). (ENG.). 104p. (YA). (gr. 7-7). lib. bdg. 233.58 *(978-1-9785-1584-0(7),* e4375123-76c9-452b-a532-9b89773bf88e) Enslow Publishing, LLC.

Celebrating Black Artists: Sets 1 - 2. 2019. (Celebrating Black Artists Ser.). (ENG.). (YA). pap. 293.30 *(978-1-9785-1617-5(7));* (gr. 7-7). lib. bdg. 545.05 *(978-1-9785-1585-7(5),* 49390cf1-c531-482d-8e86-757a282ccf47) Enslow Publishing, LLC.

Celebrating Carnival!, 1 vol. Marisa Orgullo. 2018. (Viva! Latino Celebrations Ser.). (ENG., Illus.). 24p. (J). (gr. 2-2). pap. 9.25 *(978-1-5383-4204-6(9),* e8052df1-6a94-444f-afe5-ceedbc6748bb, PowerKids Pr.) Rosen Publishing Group, Inc., The.

Celebrating Chinese New Year. Ann Heinrichs. Illus. by Benrei Huang. 2021. (Celebrating Holidays Ser.). (ENG.). 32p. (J). (gr. k-3). lib. bdg. 35.64 *(978-1-5038-5382-9(9),* 215247) Child's World, Inc, The.

Celebrating Christmas!, 1 vol. Marisa Orgullo. 2018. (Viva! Latino Celebrations Ser.). (ENG.). 24p. (J). (gr. 2-2). pap. 9.25 *(978-1-5383-4208-4(1),* c4ceca5f-3d8a-488e-b160-a5c11e7f043d, PowerKids Pr.) Rosen Publishing Group, Inc., The.

Celebrating Christmas. Trudi Strain Trueit. Illus. by Jan Bryan-Hunt. 2021. (Celebrating Holidays Ser.). (ENG.). 32p. (J). (gr. k-3). lib. bdg. 35.64 *(978-1-5038-5392-8(6),* 215269) Child's World, Inc, The.

Celebrating Cinco de Mayo. Ann Heinrichs. Illus. by Kathleen Petelinsek. 2021. (Celebrating Holidays Ser.). (ENG.). 32p. (J). (gr. k-3). lib. bdg. 35.64 *(978-1-5038-5381-2(0),* 215246) Child's World, Inc, The.

Celebrating Day of the Dead!, 1 vol. Marisa Orgullo. 2018. (Viva! Latino Celebrations Ser.). (ENG., Illus.). 24p. (J). (gr. 2-2). pap. 9.25 *(978-1-5383-4212-1(X),* 5cfbee1a-df06-42f9-af86-d3e473a653a6, PowerKids Pr.) Rosen Publishing Group, Inc., The.

Celebrating Dia de Los Muertos. Ann Heinrichs. Illus. by Mernie Gallagher-Cole. 2021. (Celebrating Holidays Ser.). (ENG.). 32p. (J). (gr. k-3). lib. bdg. 35.64 *(978-1-5038-5380-5(2),* 215245) Child's World, Inc, The.

Celebrating Difference: A Whole-School Approach to LGBT+ Inclusion. Shaun Dellenty. 2019. (ENG., Illus.). 208p. pap. 27.00 *(978-1-4729-6150-1(1),* 900224509) Bloomsbury Academic & Professional.

Celebrating Different Beliefs. Steffi Cavell-Clarke. 2017. (Our Values - Level 2 Ser.). (Illus.). 24p. (J). (gr. 2-3). *(978-0-7787-3261-7(4))* Crabtree Publishing Co.

Celebrating Diversity in My Classroom (Set), 14 vols. 2018. (21st Century Junior Library: Celebrating Diversity in My Classroom Ser.). (ENG., Illus.). 24p. (J). (gr. 2-4). 428.96 *(978-1-5341-2847-6(6),* 211448); pap., pap., pap. 179.00 *(978-1-5341-3183-5(3),* 211449) Cherry Lake Publishing.

Celebrating Earth Day, 1 vol. Barbara Linde. 2019. (History of Our Holidays Ser.). (ENG.). 24p. (gr. 1-2). pap. 9.15 *(978-1-5382-3858-5(6),* 26e7181c-dc01-4edf-960d-30f49c9c5b54) Stevens, Gareth Publishing LLLP.

Celebrating Earth Day. M. J. York. 2017. (Welcoming the Seasons Ser.). (ENG.). 24p. (J). (gr. -1-2). lib. bdg. 32.79 *(978-1-5038-1652-7(4),* 211504) Child's World, Inc, The.

Celebrating Easter. Trudi Strain Trueit. Illus. by Benrei Huang. 2021. (Celebrating Holidays Ser.). (ENG.). 32p. (J). (gr. k-3). lib. bdg. 35.64 *(978-1-5038-5393-5(4),* 215270) Child's World, Inc, The.

Celebrating Father's Day. Ann Heinrichs. Illus. by R. W. Alley. 2021. (Celebrating Holidays Ser.). (ENG.). 32p. (J). (gr. k-3). lib. bdg. 35.64 *(978-1-5038-5383-6(7),* 215248) Child's World, Inc, The.

Celebrating Four Season with Topsy & Sunshine: A Companion Book to the Adventures of Topsy & Sunshine. Beverly Annette Miller. 2022. (ENG.). 66p. (J). pap. 18.95 ***(978-1-947589-51-3(2))*** Waldenhouse Pubs., Inc.

Celebrating Halloween. Ann Heinrichs. Illus. by Teri Weidner. 2021. (Celebrating Holidays Ser.). (ENG.). 32p. (J). (gr. k-3). lib. bdg. 35.64 *(978-1-5038-5384-3(5),* 215249) Child's World, Inc, The.

Celebrating Hanukkah. Trudi Strain Trueit. Illus. by Rebecca Thornburgh. 2021. (Celebrating Holidays Ser.). (ENG.). 32p. (J). (gr. k-3). lib. bdg. 35.64 *(978-1-5038-5394-2(2),* 215271) Child's World, Inc, The.

Celebrating Hispanic Diversity, 12 vols. 2017. (Celebrating Hispanic Diversity Ser.). (ENG.). 32p. (J). (gr. 4-5). lib. bdg. 167.58 *(978-1-5081-6300-8(6),* 35dee94d-f7de-4582-854f-c45769fa5cc7, PowerKids Pr.) Rosen Publishing Group, Inc., The.

Celebrating Hispanic Heritage Month!, 1 vol. Marisa Orgullo. 2018. (Viva! Latino Celebrations Ser.). (ENG., Illus.). 24p. (J). (gr. 2-2). pap. 9.25 *(978-1-5383-4216-9(2),* 8a90bd0b-7acf-471b-8fbb-659b1a0ee2db, PowerKids Pr.) Rosen Publishing Group, Inc., The.

Celebrating Holidays (Set), 18 vols. 2021. (Celebrating Holidays Ser.). (ENG.). 32p. (J). (gr. k-3). lib. bdg. 641.52 *(978-1-5038-5671-4(2),* 215475) Child's World, Inc, The.

Celebrating Independence Day. Ann Heinrichs. Illus. by Robert Squier. 2021. (Celebrating Holidays Ser.). (ENG.). 32p. (J). (gr. k-3). lib. bdg. 35.64 *(978-1-5038-5385-0(3),* 215250) Child's World, Inc, The.

Celebrating Island Nations Through Flags Coloring Book. Kreative Kids. 2016. (ENG., Illus.). (J). pap. 9.20 *(978-1-68377-389-4(6))* Whlke, Traudl.

Celebrating Juneteenth. Jody Jensen Shaffer. Illus. by Kathleen Petelinsek. 2021. (Celebrating Holidays Ser.). (ENG.). 32p. (J). (gr. k-3). lib. bdg. 35.64 *(978-1-5038-5389-8(6),* 215254) Child's World, Inc, The.

Celebrating Kwanzaa, 1 vol. Barbara Linde. 2019. (History of Our Holidays Ser.). (ENG.). 24p. (gr. 1-2). pap. 9.15 *(978-1-5382-3878-3(0),* 43ff72ba-17b4-4ac9-a08a-de37dae32bee) Stevens, Gareth Publishing LLLP.

Celebrating Louisiana: 50 States to Celebrate. Jane Kurtz. Illus. by C. B. Canga. 2016. (ENG.). 40p. (J). (gr. 1-4). pap. 4.99 *(978-0-544-51827-8(6),* 1606225, Clarion Bks.) HarperCollins Pubs.

Celebrating Mardi Gras. Ann Heinrichs. Illus. by Jan Bryan-Hunt. 2021. (Celebrating Holidays Ser.). (ENG.). 32p. (J). (gr. k-3). lib. bdg. 35.64 *(978-1-5038-5386-7(1),* 215251) Child's World, Inc, The.

Celebrating Martin Luther King Jr. Day. Trudi Strain Trueit. Illus. by Joel Snyder. 2021. (Celebrating Holidays Ser.). (ENG.). 32p. (J). (gr. k-3). lib. bdg. 35.64 *(978-1-5038-5395-9(0),* 215272) Child's World, Inc, The.

Celebrating Memorial Day. Trudi Strain Trueit. Illus. by Ronnie Rooney. 2021. (Celebrating Holidays Ser.). (ENG.). 32p. (J). (gr. k-3). lib. bdg. 35.64 *(978-1-5038-5396-6(9),* 215273) Child's World, Inc, The.

Celebrating Mother's Day. Ann Heinrichs. Illus. by R. W. Alley. 2021. (Celebrating Holidays Ser.). (ENG.). 32p. (J). (gr. k-3). lib. bdg. 35.64 *(978-1-5038-5387-4(X),* 215252) Child's World, Inc, The.

Celebrating Our Holidays, 18 vols. 2022. (Celebrating Our Holidays Ser.). (ENG.). 32p. (J). (gr. 4-4). lib. bdg. 271.89 *(978-1-5026-6640-6(5),* f008eaa5-dfd6-4381-8b48-59cbe977b96d) Cavendish Square Publishing LLC.

Celebrating Presidents' Day. Trudi Strain Trueit. Illus. by Michelle Dorenkamp. 2021. (Celebrating Holidays Ser.). (ENG.). 32p. (J). (gr. k-3). lib. bdg. 35.64 *(978-1-5038-5397-3(7),* 215274) Child's World, Inc, The.

Celebrating Saint Patrick's Day. Ann Heinrichs. Illus. by Joel Snyder. 2021. (Celebrating Holidays Ser.). (ENG.). 32p. (J). (gr. k-3). lib. bdg. 35.64 *(978-1-5038-5388-1(8),* 215253) Child's World, Inc, The.

Celebrating St. Patrick's Day. M. J. York. 2017. (Welcoming the Seasons Ser.). (ENG.). 24p. (J). (gr. -1-2). lib. bdg. 32.79 *(978-1-5038-1655-8(9),* 211505) Child's World, Inc, The.

Celebrating Thanksgiving. Jenna Lee Gleisner. 2017. (Welcoming the Seasons Ser.). (ENG.). 24p. (J). (gr. -1-2). lib. bdg. 32.79 *(978-1-5038-1662-6(1),* 211498) Child's World, Inc, The.

Celebrating Thanksgiving. Ann Heinrichs. Illus. by Charles Jordan. 2021. (Celebrating Holidays Ser.). (ENG.). 32p. (J). (gr. k-3). lib. bdg. 35.64 *(978-1-5038-5390-4(X),* 215255) Child's World, Inc, The.

Celebrating the Chinese New Year, 1 vol. Barbara Linde. 2019. (History of Our Holidays Ser.). (ENG.). 24p. (gr. 1-2). 24.27 *(978-1-5382-3864-6(0),* b761220b-9fff-4169-9476-4b596b43d210) Stevens, Gareth Publishing LLLP.

Celebrating the Fourth of July. Maddie Spalding. 2018. (Welcoming the Seasons Ser.). (ENG., Illus.). 24p. (J). (gr. -1-2). lib. bdg. 32.79 *(978-1-5038-2378-5(4),* 212221) Child's World, Inc, The.

Celebrating the Voice of Others. Earnest J. Lewis. 2020. (ENG.). 62p. (J). 14.99 *(978-1-6635-9239-2(X))* Barnes & Noble Pr.

Celebrating U. S. Holidays, 1 vol. Charlotte Taylor. 2020. (Being a U. S. Citizen Ser.). (ENG.). 24p. (gr. 1-2). pap. 10.35 *(978-1-9785-1739-4(4),* 65c63c7f-46f7-4ef4-9545-bd4a293a198a) Enslow Publishing, LLC.

Celebrating U. S. Holidays (Set), 16 vols. 2018. (Celebrating U. S. Holidays Ser.). (ENG.). 24p. (gr. 1-1). lib. bdg. 202.16 *(978-1-5383-3200-9(0),* fe851a3d-ee49-4045-ba2d-1711a9b77c09, PowerKids Pr.) Rosen Publishing Group, Inc., The.

Celebrating Valentine's Day. Jenna Lee Gleisner. 2018. (Welcoming the Seasons Ser.). (ENG.). 24p. (J). (gr. -1-2). lib. bdg. 32.79 *(978-1-5038-2387-7(3),* 212230) Child's World, Inc, The.

Celebrating Valentine's Day. Ann Heinrichs. Illus. by Sharon Holm. 2021. (Celebrating Holidays Ser.). (ENG.). 32p. (J). (gr. k-3). lib. bdg. 35.64 *(978-1-5038-5391-1(8),* 215256) Child's World, Inc, The.

Celebrating Virtually. Shannon Stocker. 2021. (21st Century Junior Library: Together We Can: Pandemic Ser.). (ENG., Illus.). 24p. (J). (gr. 2-5). lib. bdg. 30.64 *(978-1-5341-8011-6(7),* 218324) Cherry Lake Publishing.

Celebrating You Happy 1st Birthday Guinness. Kelley Chaplain. 2017. (ENG., Illus.). (J). pap. 13.95 *(978-1-5043-7673-0(0),* Balboa Pr.) Author Solutions, LLC.

Celebrating Your Birthday with Color: An Eventful Coloring Book. Bobo's Children Activity Books. 2016. (ENG., Illus.). (J). pap. 9.33 *(978-1-68327-531-2(4))* Sunshine In My Soul Publishing.

Celebration for Zenya. Gwen Gates. 2022. (ENG.). 26p. (J). ***(978-1-4583-0104-8(4))*** Lulu Pr., Inc.

Celebration of Madness. Bailey Adlowitz et al. 2022. (ENG.). 40p. (YA). pap. ***(978-1-387-94749-2(4))*** Lulu Pr., Inc.

Celebration of the American Flag. Dain Taylor. 2022. (ENG.). 26p. (J). pap. 15.00 ***(978-1-954116-12-2(8))*** Winters Publishing.

Celebration Place. Dorena Williamson. Illus. by Erin Susanne Banks. 2021. (ENG.). 32p. (J). 18.00 *(978-1-5140-0258-2(2),* IVP Kids) InterVarsity Pr.

Celebrations. (Celebrations Ser.). (ENG., (J). 2017. Illus.). 24p. 198.00 *(978-1-4994-2628-1(3));* 2016. 00024p. (gr. 1-1). 101.08 *(978-1-4994-2627-4(5),* 9e9b55c1-8ecd-44b0-87d8-43fcb5a41176) Rosen Publishing Group, Inc., The. (PowerKids Pr.).

Celebrations & Parties: Holiday Coloring Book. Jupiter Kids. 2016. (ENG., Illus.). 106p. (J). pap. 12.55 *(978-1-68305-157-2(2),* Jupiter Kids (Childrens & Kids Fiction)) Speedy Publishing LLC.

Celebrations Around the World. Katy Duffield. 2018. (Let's Find Out Ser.). (ENG., Illus.). 16p. (gr. -1-2). lib. bdg. 28.50 *(978-1-64156-194-5(7),* 9781641561945) Rourke Educational Media.

Celebrations Around the World. Charles Murphy. 2017. (Adventures in Culture Ser.). (ENG.). 24p. (J). (gr. -1-2). 19.95 *(978-1-5311-8870-2(2))* Perfection Learning Corp.

Celebrations Around the World, 1 vol. Charles Murphy. 2016. (Adventures in Culture Ser.). (ENG., Illus.). 24p. (J). (gr. 1-2). pap. 9.15 *(978-1-4824-5575-5(7),* dc2fd717-a633-4afb-97b3-589752ed88dc) Stevens, Gareth Publishing LLLP.

Celebrations Around the World: The Fabulous Celebrations You Won't Want to Miss. Katy Halford. Illus. by Katy Halford. 2019. (ENG., Illus.). 48p. (J). (gr. -1-1). 14.99 *(978-1-4654-8390-4(X),* DK Children) Dorling Kindersley Publishing, Inc.

Celebrations (Bilingual) see Celebraciones / Celebrations: Dias Feriados de Los Estados Unidos y Mexico

Celebremos la Diversidad Hispana (Celebrating Hispanic Diversity), 12 vols. 2017. (Celebremos la Diversidad Hispana (Celebrating Hispanic Diversity) Ser.). (SPA.). 32p. (J). (gr. 4-5). lib. bdg. 167.58 *(978-1-5081-6299-5(9),* b59ecfcc-465c-4623-b15f-e448cabe1100, PowerKids Pr.) Rosen Publishing Group, Inc., The.

Celebremos Las Fiestas Estadounidenses / Celebrating U. S. Holidays (Set), 16 vols. 2018. (Celebremos Las Fiestas Estadounidenses / Celebrating U. S. Holidays Ser.). (ENG & SPA.). 24p. (gr. 1-1). lib. bdg. 202.16 *(978-1-5383-3654-0(5),* 58e7ebaf-0198-44c8-954d-3c103f8122d5, PowerKids Pr.) Rosen Publishing Group, Inc., The.

Celebremos Las Fiestas Estadounidenses (Celebrating U. S. Holidays) (Set), 16 vols. 2018. (Celebremos Las Fiestas Estadounidenses (Celebrating U. S. Holidays) Ser.). (SPA.). 24p. (gr. 1-1). lib. bdg. 202.16 *(978-1-5383-3417-1(8),* 95f3946e-094a-4dd4-bea1-d20a0f87375d, PowerKids Pr.) Rosen Publishing Group, Inc., The.

Celebrities & I (Classic Reprint) Henriette Corkran. 2017. (ENG., Illus.). (J). 382p. 31.78 *(978-0-484-32559-2(0));* pap. 16.57 *(978-0-259-40720-1(8))* Forgotten Bks.

Celebrities in Politics, 1 vol. Ed. by Lisa Idzikowski. 2019. (At Issue Ser.). (ENG.). 128p. (gr. 10-12). pap. 28.80 *(978-1-5345-0519-3(9),* 903513f2-5e4f-43ab-b93d-c1c1f7df18b0) Greenhaven Publishing LLC.

Celebrity: An Episode (Classic Reprint) Winston Churchill. 2018. (ENG., Illus.). 322p. (J). 30.54 *(978-0-365-42117-7(0))* Forgotten Bks.

Celebrity Activists, 10 vols., Set. Incl. Al Gore & Global Warming. Daniel E. Harmon. lib. bdg. 39.80 *(978-1-4042-1761-4(4),* 1dd7378e-da81-4373-8d20-b638db2fbe65); Bono: Fighting World Hunger & Poverty. Mary-Lane Kamberg. lib. bdg. 39.80 *(978-1-4042-1760-7(6),* 28bf93ac-7a11-4a16-b03f-af526f48b122); George Clooney & the Crisis in Darfur. Tamra Orr. lib. bdg. 39.80 *(978-1-4042-1763-8(0),* 32b8431e-ad53-4ad2-b1da-61e865078bd4); Leonardo DiCaprio: Environmental Champion. Kathy Furgang & Adam Furgang. lib. bdg. 39.80 *(978-1-4042-1764-5(9),* 720e144e-969f-4f1d-9dc0-d244cc68aba0); Michael J. Fox: Parkinson's Disease Research Advocate. Simone Payment. lib. bdg. 39.80 *(978-1-4042-1765-2(7),* 2c78e4de-060d-44be-acf6-7fa72276192f); (Illus.). 112p. (YA). (gr. 8-8). 2008. (Celebrity Activists Ser.). (ENG.). 2008. Set lib. bdg. 199.00 *(978-1-4042-1883-3(1),* 1934e2a2-5306-4cbe-858f-c9a4ec990317) Rosen Publishing Group, Inc., The.

Celebrity at Home (Classic Reprint) Violet Hunt. 2018. (ENG., Illus.). 328p. (J). 30.66 *(978-0-483-06791-2(1))* Forgotten Bks.

Celebrity Cat Caper. Created by Gertrude Chandler Warner. 2016. (Boxcar Children Mysteries Ser.: 143). (ENG., Illus.). 128p. (J). (gr. 2-5). 15.99 *(978-0-8075-0711-7(3),* 807507113, Random Hse. Bks. for Young Readers) Random Hse. Children's Bks.

Celebrity Chefs: Set 2, 8 vols. 2016. (Celebrity Chefs Ser.). (ENG.). 128p. (gr. 6-6). lib. bdg. 155.72 *(978-0-7660-7509-2(5),* 56fe7378-5d01-464c-b2d5-5f4eba8da2b1) Enslow Publishing, LLC.

Celebrity Chefs: Sets 1 - 2, 16 vols. 2016. (Celebrity Chefs Ser.). (ENG.). (J). (gr. 6-6). lib. bdg. 311.44 *(978-0-7660-7938-0(4),* b19ae0d7-8ecf-4f53-8476-dc93ceabbfb7) Enslow Publishing, LLC.

Celery Brown & the Ancient Door. Karen Rosario Ingerslev. 2021. (Supernatural Adventures of Celery Brown Ser.: Vol. 6). (ENG.). 154p. (J). pap. *(978-1-9162131-8-0(9))* Pure and Fire.

Celery Brown & the Angel's Song. Karen Rosario Ingerslev. 2021. (Supernatural Adventures of Celery Brown Ser.: Vol. 5). (ENG.). 136p. (J). pap. *(978-1-9162131-6-6(2))* Pure and Fire.

Celery Brown & the Courts of Heaven. Karen Rosario Ingerslev. 2020. (Supernatural Adventures of Celery Brown Ser.: Vol. 4). (ENG.). 142p. (J). (gr. 3-6). pap. *(978-1-9162131-4-2(6))* Pure and Fire.

Celery Brown & the Dancing Tree. Karen Rosario Ingerslev. 2019. (Supernatural Adventures of Celery Brown Ser.: Vol. 2). (ENG.). 148p. (J). (gr. 3-6). pap. *(978-1-9162131-0-4(3))* Pure and Fire.

Celery Brown & the End of the World. Karen Rosario Ingerslev. 2022. (Supernatural Adventures of Celery Brown Ser.: Vol. 9). (ENG.). 152p. (J). pap. *(978-1-9989998-4-2(X))* Pure and Fire.

C

Celery Brown & the Girl Who Isn't Frightened. Karen Rosario Ingerslev. 2019. (Supernatural Adventures of Celery Brown Ser.: Vol. 1). (ENG.). 150p. (J). (gr. 3-6). pap. *(978-0-9934327-8-1(6))* Pure and Fire.

Celery Brown & the King of England. Karen Rosario Ingerslev. 2022. (Supernatural Adventures of Celery Brown Ser.: Vol. 8). (ENG.). 144p. (J). pap. *(978-1-9989998-2-8(3))* Pure and Fire.

Celery Brown & the Message from Gabriel. Karen Rosario Ingerslev. 2020. (Supernatural Adventures of Celery Brown Ser.: Vol. 3). (ENG.). 142p. (J). (gr. 3-6). pap. *(978-1-9162131-2-8(X))* Pure and Fire.

Celery Brown & the Sword of Joy. Karen Rosario Ingerslev. 2021. (Supernatural Adventures of Celery Brown Ser.: Vol. 7). (ENG.). 140p. (J). pap. *(978-1-9989998-0-4(7))* Pure and Fire.

Celery Stalks. Patrick Rooks. 2021. (ENG., Illus.). 124p. (YA). pap. 14.99 *(978-1-988247-59-5(4))* Chapterhouse Comics CAN. Dist: Diamond Comic Distributors, Inc.

Celestall. Laura Kerry. 2021. (ENG.). 66p. (YA). pap. 14.00 *(978-1-716-17888-7(6))* Lulu Pr., Inc.

Celeste & Her Nest. Joyce Miriam Friedman. Illus. by Ellie Norton. 2018. (ENG.). 40p. (J). pap. 8.99 *(978-0-578-41520-8(8))* Joyce Miriam Friedman.

Celestial. Bárbara Anderson. 2016. (ENG., Illus.). (J). pap. 24.99 *(978-1-365-51359-6(9))* Lulu Pr., Inc.

Celestial. S. E. Anderson. 2021. (Starstruck Saga Ser.: Vol. 4). (ENG.). 346p. (YA). *(978-1-912996-93-3(6))* Asteri Pr.

Celestial Affair. Nautica Blue. Ed. by Madeline August. 2020. (ENG.). 338p. (YA). pap. 18.00 *(978-1-716-72861-7(4))* Lulu Pr., Inc.

Celestial Motions: A Handy Book of Astronomy. William Thynne Lynn. 2017. (ENG., Illus.). (J). pap. *(978-0-649-40756-9(3))*; pap. *(978-0-649-40947-1(7))* Trieste Publishing Pty Ltd.

Celestial Motions: A Handy Book of Astronomy (Classic Reprint) William Thynne Lynn. 2016. (ENG., Illus.). (J). pap. 9.57 *(978-1-334-03346-9(3))* Forgotten Bks.

Celestial Omnibus & Other Stories (Classic Reprint) E. M. Forster. 2017. (ENG., Illus.). (J). 27.55 *(978-0-331-49638-3(0))* Forgotten Bks.

Celestial Railroad (Classic Reprint) Nathanial Hawthorne. 2017. (ENG., Illus.). (J). 24.72 *(978-0-266-80180-1(3))* Forgotten Bks.

Celestial Seven. Lisa Finley. Illus. by Joan Dabrowski. 2021. (ENG.). 36p. (J). pap. 12.49 *(978-1-6628-0435-9(0))* Salem Author Services.

Celestial Squid. Alex Goubar. Illus. by Alex Goubar. 2020. (ENG.). 34p. (J). pap. *(978-1-989506-23-3(2))* Pandamonium Publishing Hse.

Celestial Surgeon (Classic Reprint) Frances Frederica Montresor. (ENG., Illus.). (J). 2018. 410p. 32.35 *(978-0-365-24268-0(3))*; 2017. pap. 16.57 *(978-0-259-17230-7(8))* Forgotten Bks.

Celestials: Book 1. Bianca K. Gray. 2022. (Asynithis Chronicles Ser.). (ENG.). 332p. (YA). 21.99 ***(978-1-0879-2941-5(5))***; pap. 14.99 ***(978-1-0879-2978-1(4))*** Indy Pub.

Celestina. Fernando Rojas. 2018. (SPA.). 96p. (YA). (gr. 8-12). pap. 6.95 *(978-607-453-158-9(7))* Selector, S.A. de C.V. MEX. Dist: Spanish Pubs., LLC.

Celestina, Vol. 1 Of 4: A Novel (Classic Reprint) Charlotte Smith. 2017. (ENG., Illus.). (J). 278p. 29.65 *(978-0-484-52196-3(9))*; pap. 13.57 *(978-0-259-43994-3(0))* Forgotten Bks.

Celestina, Vol. 2 Of 4: A Novel (Classic Reprint) Charlotte Turner Smith. (ENG., Illus.). (J). 2018. 320p. 30.52 *(978-0-365-14652-0(8))*; 2017. pap. 13.57 *(978-0-259-27623-4(5))* Forgotten Bks.

Celestina, Vol. 3 Of 4: A Novel (Classic Reprint) Charlotte Smith. (ENG., Illus.). (J). 2018. 304p. 30.19 *(978-0-332-79758-8(9))*; 2017. pap. 13.57 *(978-0-243-51798-5(X))* Forgotten Bks.

Celestina, Vol. 4 Of 4: A Novel (Classic Reprint) Charlotte Smith. 2018. (ENG., Illus.). 364p. (J). 31.40 *(978-0-428-87168-0(2))* Forgotten Bks.

Celestine & the Hare: Bertram Likes to Sew. Karin Celestine. Illus. by Karin Celestine. 2018. (Celestine & the Hare Ser.). (ENG., Illus.). 48p. (J). (gr. k-2). 9.99 *(978-1-912213-61-0(3))* Graffeg Limited GBR. Dist: Independent Pubs. Group.

Celestine & the Hare: Bert's Garden. Karin Celestine. 2018. (Celestine & the Hare Ser.). (ENG., Illus.). 48p. (J). (gr. k-2). 9.99 *(978-1-912213-62-7(1))* Graffeg Limited GBR. Dist: Independent Pubs. Group.

Celia & the Glue Man: A Girl's Journey to Becoming Gluten-Free & Happy. Maggy Williams. Illus. by Elizabeth Agresta. 2018. (J). pap. *(978-1-61599-390-1(8))* Loving Healing Pr., Inc.

Celia Once Again (Classic Reprint) Ethel Brunner. (ENG., Illus.). (J). 2018. 480p. 33.80 *(978-0-483-65311-5(X))*; 2016. pap. 16.57 *(978-1-334-16984-7(5))* Forgotten Bks.

Celia Planted a Garden: The Story of Celia Thaxter & Her Island Garden. Phyllis Root & Gary D. Schmidt. Illus. by Melissa Sweet. 2022. (ENG.). 40p. (J). (gr. k-4). 18.99 *(978-1-5362-0429-2(3))* Candlewick Pr.

Celia the Tiger. Anne McRae & Neil Morris. Illus. by Daniela De Luca. 2017. 31p. (J). *(978-0-7166-3524-6(0))* World Bk., Inc.

Celibacy: A Novel (Classic Reprint) Leon Ralph Jacobs. (ENG., Illus.). (J). 2018. 230p. 28.64 *(978-0-484-91742-1(0))*; 2017. pap. 11.57 *(978-0-259-50341-5(X))* Forgotten Bks.

Celibates (Classic Reprint) George Moore. 2017. (ENG., Illus.). (J). 35.82 *(978-1-5283-8728-6(7))* Forgotten Bks.

Celibates Club (Classic Reprint) Israel Zangwill. 2018. (ENG., Illus.). 662p. (J). 37.55 *(978-0-483-43175-1(3))* Forgotten Bks.

Celina, or the Widowed Bride, Vol. 1 Of 3: A Novel, Founded on Facts (Classic Reprint) Sarah Ann Hook. 2018. (ENG., Illus.). 252p. (J). 29.09 *(978-0-267-29287-5(2))* Forgotten Bks.

Celina, or the Widowed Bride, Vol. 2 Of 3: A Novel; Founded on Facts (Classic Reprint) Sarah Ann Hook. (ENG., Illus.). (J). 2018. 242p. 28.89 *(978-0-483-89680-2(2))*; 2016. pap. 11.57 *(978-1-333-46928-3(4))* Forgotten Bks.

Celina, or the Widowed Bride, Vol. 3 Of 3: A Novel, Founded on Facts (Classic Reprint) Sarah Ann Hook. (ENG., Illus.). (J). 2018. 224p. 28.52 *(978-0-484-08632-5(4))*; 2016. pap. 10.97 *(978-1-333-33511-3(3))* Forgotten Bks.

Celina's Idea. Renata Shafe. Illus. by Ana Corina. 2023. (ENG.). 40p. (J). ***(978-1-80381-458-2(6))***; pap. ***(978-1-80381-457-5(8))*** Grosvenor Hse. Publishing Ltd.

Celio, or New York above-Ground & under-Ground (Classic Reprint) George G. Foster. (ENG., Illus.). (J). 2018. 150p. 26.99 *(978-0-483-75604-5(0))*; 2017. pap. 9.57 *(978-0-243-31038-8(2))* Forgotten Bks.

Cell & Division Biology for Kids Children's Biology Books. Baby Professor. 2017. (ENG., Illus.). (J). pap. 9.25 *(978-1-5419-0526-9(1))*, Baby Professor (Education Kids)) Speedy Publishing LLC.

Cell Biology 7th Grade Textbook Children's Biology Books. Baby Professor. 2017. (ENG., Illus.). (J). pap. 9.25 *(978-1-5419-0544-3(X))*, Baby Professor (Education Kids)) Speedy Publishing LLC.

Cell Cycle. Joseph Midthun. Illus. by Samuel Hiti. 2022. (ENG.). 42p. (J). pap. ***(978-0-7166-4846-8(6))*** World Bk.-Childcraft International.

Cell Phone Addiction. Bradley Steffens. 2019. (Emerging Issues in Public Health Ser.). (ENG.). 80p. (YA). (gr. 6-12). 41.27 *(978-1-68282-665-2(1))* ReferencePoint Pr., Inc.

Cell Phone Privacy. Heather C. Hudak. 2019. (Privacy in the Digital Age Ser.). (ENG.). 48p. (J). (gr. 4-8). lib. bdg. 35.64 *(978-1-5321-1889-0(9)*, 32647) ABDO Publishing Co.

Cell Phones. Kaitlyn Duling & Kaitlyn Duling. 2022. (How It Works). (ENG., Illus.). 24p. (J). (gr. k-3). pap. 7.99 *(978-1-64834-674-3(X)*, 21386, Blastoff! Readers) Bellwether Media.

Cell Phones. Andrea C. Nakaya. 2016. (Matters of Opinion Ser.). (ENG., Illus.). 64p. (J). (gr. 4-6). pap. 14.60 *(978-1-60357-858-5(7))*; lib. bdg. 27.93 *(978-1-59953-755-9(9))* Norwood Hse. Pr.

Cell Phones for Soldiers: Charities Started by Kids! Melissa Sherman Pearl & David A. Sherman. 2017. (Community Connections: How Do They Help? Ser.). (ENG., Illus.). 24p. (J). (gr. 2-5). lib. bdg. 29.21 *(978-1-63472-842-3(4)*, 209794) Cherry Lake Publishing.

Cell Processes a Variety of Facts Children's Earth Sciences Book. Bold Kids. 2022. (ENG.). 42p. (J). pap. 14.99 ***(978-1-0717-1894-0(0))*** FASTLANE LLC.

Cell Theory: The Structure & Function of Cells, 1 vol. Carol Hand. 2018. (Great Discoveries in Science Ser.). (ENG.). 128p. (gr. 9-9). lib. bdg. 47.36 *(978-1-5026-4380-3(4)*, deeb2293-9e98-45ec-b762-ae3220e8b88c) Cavendish Square Publishing LLC.

Cell Theory - Biology's Core Principle - Biology Book - Science Grade 7 - Children's Biology Books. Baby Professor. 2019. (ENG.). 76p. (J). pap. 15.06 *(978-1-5419-4953-9(6))*; 25.05 *(978-1-5419-7456-2(5))* Speedy Publishing LLC. (Baby Professor (Education Kids)).

Cellar-House of Pervyse: A Tale of Uncommon Things from the Journals & Letters of the Baroness T'Serclaes & Mairi Chisholm (Classic Reprint) Geraldine Edith Mitton. 2017. (ENG., Illus.). (J). 30.35 *(978-0-260-85679-1(7))* Forgotten Bks.

Cellies Vol. 1. Joe Flood & David Steward, II. 2019. (ENG., Illus.). 128p. (YA). pap. 14.99 *(978-1-941302-94-1(7)*, af964032-95d9-4455-910b-00d2274de2b8, Lion Forge) Oni Pr., Inc.

Cellist's Notebook. Kittie Lambton. 2020. (ENG.). 68p. (J). pap. *(978-1-913136-99-4(X))* Clink Street Publishing.

Cello Comes Home: Born to Rewild. Simon Mills. 2021. (ENG.). 32p. (J). (gr. 4-6). 14.99 *(978-1-953652-61-4(1))* Imagine & Wonder.

Cellos. Kathryn Stevens. 2019. (Musical Instruments Ser.). (ENG.). 24p. (J). (gr. 3-6). lib. bdg. 32.79 *(978-1-5038-3187-2(6)*, 213314) Child's World, Inc, The.

Cellphone Call of the Wild. Katherine Blohm. Illus. by Chris Harrington. 2016. (ENG.). (J). pap. 9.99 *(978-0-9861143-1-1(6))* Pentland Pr., Inc.

Cells. Martha London. 2021. (Discover Biology Ser.). (ENG., Illus.). 32p. (J). (gr. 2-5). lib. bdg. 34.21 *(978-1-5321-9530-3(3)*, 37510, Kids Core) ABDO Publishing Co.

Cells: An Owner's Handbook. Carolyn Fisher. Illus. by Carolyn Fisher. 2019. (ENG., Illus.). 48p. (J). (gr. -1-3). 17.99 *(978-1-5344-5185-8(4)*, Beach Lane Bks.) Beach Lane Bks.

Cells & Systems: Living Machines. Heather Ayala. 2022. (Foundations of Science Ser.). (ENG.). (J). (gr. 1-8). pap. 29.95 ***(978-1-5051-2624-2(X)***, 3093) TAN Bks.

Cells & Systems: Living Machines Workbook. TAN Books. 2022. (Foundations of Science Ser.). (ENG.). (J). (gr. 1-5). pap. 14.95 ***(978-1-5051-2625-9(8)***, 3094) TAN Bks.

Cells Educational Facts Children's Science Book. Bold Kids. 2022. (ENG.). 42p. (J). pap. 14.99 ***(978-1-0717-1622-9(0))*** FASTLANE LLC.

Cells, Tissues & Organs, Vol. 6. James Shoals. 2018. (Science of the Human Body Ser.). (Illus.). 80p. (J). (gr. 7). lib. bdg. 33.27 *(978-1-4222-4193-6(9))* Mason Crest.

Cells to Organ Systems. Joseph Midthun. Illus. by Samuel Hiti. 2016. (Building Blocks of Life Science 1/Soft Cover Ser.: Vol. 1). (ENG.). 34p. (J). (gr. 3-7). pap. *(978-0-7166-7868-7(3))* World Bk.-Childcraft International.

Cells to Organ Systems. Joseph Midthun. Illus. by Samuel Hiti. 2022. (ENG.). 42p. (J). pap. ***(978-0-7166-5064-5(9))*** World Bk.-Childcraft International.

Celosa de Elsa. Paul Leveno. Illus. by Helen Poole. 2023. (SPA.). 16p. (J). (gr. -1-1). pap. 5.75 *(978-1-4788-1964-6(2)*, 8ef1eff3-b195-4b5c-aca7-6bbac5c454e2); pap. 36.00 *(978-1-4788-2309-4(7)*, 6d8f071f-6c8d-4116-9f60-18d29160ddef) Newmark Learning LLC.

Celoso de Las Plumas. Amy Culliford. Illus. by John Joseph. 2022. (Fénix y Ganso (Phoenix & Goose) Ser.). (SPA.). 16p. (J). (gr. -1-3). pap. *(978-1-0396-4972-9(6)*, 19958); lib. bdg. *(978-1-0396-4845-6(2)*, 19957) Crabtree Publishing Co. (Crabtree Blossoms).

Celt & Saxon (Classic Reprint) George Meredith. (ENG., Illus.). (J). 2018. 260p. 29.26 *(978-0-428-39629-9(1))*; 2018. 310p. 30.52 *(978-0-428-60093-8(X))*; 2017. pap. 13.57 *(978-0-243-28482-5(9))* Forgotten Bks.

Celtic Art Designs to Color: Celtic Design Coloring Book. Activibooks For Kids. 2016. (ENG., Illus.). (J). pap. 9.20 *(978-1-68321-111-2(1))* Mimaxion.

Celtic Deception: A Jump in Time Novel, Book 2. Andrew Varga. unabr. ed. 2023. (Jump in Time Ser.: 2). 302p. (YA). (gr. 8-13). 19.99 ***(978-1-945501-86-9(3))***; pap. 15.99 ***(978-1-945501-89-0(8))*** Imbrifex Bks.

Celtic Fairy Tales. Joseph Jacobs. 2017. (ENG., Illus.). (J). 24.95 *(978-1-374-93044-5(X))* Capital Communications, Inc.

Celtic Fairy Tales: 20 Classic Stories Including the Black Cat, Lutey & the Mermaid, & the Fiddler in the Cave. Illus. by Isabelle Brent. 2021. 144p. (J). (gr. -1-12). 16.00 *(978-1-86147-875-7(5)*, Armadillo) Anness Publishing GBR. Dist: National Bk. Network.

Celtic Fairy Tales: Sixteen Mystical Myths & Legends from the Celtic Lands. Retold by Philip Wilson. 2020. (Illus.). 96p. (J). (gr. -1-12). 15.00 *(978-1-86147-869-6(0)*, Armadillo) Anness Publishing GBR. Dist: National Bk. Network.

Celtic Gods, Heroes, & Mythology. June Smalls. 2018. (Gods, Heroes, & Mythology Ser.). (ENG., Illus.). 48p. (J). (gr. 4-8). lib. bdg. 35.64 *(978-1-5321-1779-4(5)*, 30846) ABDO Publishing Co.

Celtic Legends: The Search for the White Bear Talisman. R. B. Butler. 2022. (ENG.). 198p. (YA). *(978-1-80381-040-9(8))*; pap. *(978-1-80381-041-6(6))* Grosvenor Hse. Publishing Ltd.

Celtic Myths & Legends, 1 vol. Ed. by Joanne Randolph. 2017. (Mythology & Legends Around the World Ser.). (ENG.). 64p. (gr. 4-4). lib. bdg. 35.93 *(978-1-5026-3281-4(0)*, a6df76b2-f963-43aa-931e-27c2ba0e3d9a) Cavendish Square Publishing LLC.

Celtic Tree Astrology. Virginia Loh-Hagan. 2020. (Who Are You? Ser.). (ENG., Illus.). 32p. (J). (gr. 4-8). lib. bdg. 32.07 *(978-1-5341-6920-3(2)*, 215567, 45th Parallel Press) Cherry Lake Publishing.

Celtic Twilight (Classic Reprint) W. B. Yeats. 2017. (ENG., Illus.). (J). 29.67 *(978-0-266-30633-7(0))* Forgotten Bks.

Celts & All That. Alan Burnett & Allan Burnett. Illus. by Scoular Anderson. 2016. (and All That Ser.). 112p. (gr. 4-8). pap. 7.95 *(978-1-78027-392-1(4)*, BC Bks.) Birlinn, Ltd. GBR. Dist: Casemate Pubs. & Bk. Distributors, LLC.

Cement Mixer's ABC: Goodnight, Goodnight, Construction Site. Sherri Duskey Rinker. Illus. by Tom Lichtenheld & Ethan Long. 2018. (Goodnight, Goodnight, Construc Ser.). (ENG.). 20p. (J). (gr. -1 — 1). bds. 6.99 *(978-1-4521-5318-6(3))* Chronicle Bks. LLC.

Cementerio de Bachelor's Grove y Otros Lugares Embrujados Del Medio Oeste. Matt Chandler. Tr. by Aparicio Publishing Aparicio Publishing LLC. 2020. (América Embrujada Ser.).Tr. of Bachelor's Grove Cemetery & Other Haunted Places of the Midwest. (SPA., Illus.). 32p. (J). (gr. 3-9). lib. bdg. 30.65 *(978-1-4966-8510-0(5)*, 200616, Capstone Pr.) Capstone.

Cementerios de Dinosaurios (Dinosaur Graveyards) (Set), 6 vols. 2022. (Cementerios de Dinosaurios Ser.). (ENG.). 24p. (J). (gr. -1-2). lib. bdg. 196.74 *(978-1-0982-6341-6(3)*, 39385, Abdo Kids) ABDO Publishing Co.

Cementerios de Dinosaurios en África (Dinosaur Graveyards in Africa) Grace Hansen. 2022. (Cementerios de Dinosaurios Ser.). (ENG.). 24p. (J). (gr. -1-2). lib. bdg. 32.79 *(978-1-0982-6342-3(1)*, 39387, Abdo Kids) ABDO Publishing Co.

Cementerios de Dinosaurios en Asia (Dinosaur Graveyards in Asia) Grace Hansen. 2022. (Cementerios de Dinosaurios Ser.). (ENG.). 24p. (J). (gr. -1-2). lib. bdg. 32.79 *(978-1-0982-6343-0(X)*, 39389, Abdo Kids) ABDO Publishing Co.

Cementerios de Dinosaurios en Europa (Dinosaur Graveyards in Europe) Grace Hansen. 2022. (Cementerios de Dinosaurios Ser.). (ENG.). 24p. (J). (gr. -1-2). lib. bdg. 32.79 *(978-1-0982-6345-4(6)*, 39393, Abdo Kids) ABDO Publishing Co.

Cementerios de Dinosaurios en Norteamérica (Dinosaur Graveyards in North America) Grace Hansen. 2022. (Cementerios de Dinosaurios Ser.). (ENG.). 24p. (J). (gr. -1-2). lib. bdg. 32.79 *(978-1-0982-6346-1(4)*, 39395, Abdo Kids) ABDO Publishing Co.

Cementerios de Dinosaurios en Oceanía (Dinosaur Graveyards in Australia) Grace Hansen. 2022. (Cementerios de Dinosaurios Ser.). (ENG.). 24p. (J). (gr. -1-2). lib. bdg. 32.79 *(978-1-0982-6344-7(8)*, 39391, Abdo Kids) ABDO Publishing Co.

Cementerios de Dinosaurios en Sudamérica (Dinosaur Graveyards in South America) Grace Hansen. 2022. (Cementerios de Dinosaurios Ser.). (ENG.). 24p. (J). (gr. -1-2). lib. bdg. 32.79 *(978-1-0982-6347-8(2)*, 39397, Abdo Kids) ABDO Publishing Co.

Cemeteries. Valerie Bodden. 2017. (Creep Out Ser.). (ENG., Illus.). 24p. (J). (gr. 1-4). *(978-1-60818-806-2(X)*, 20182, Creative Education) Creative Co., The.

Cemetery. Megan Atwood. Illus. by Amerigo Pinelli. 2023. (Return to Ravens Pass Ser.). (ENG.). 72p. (J). pap. 6.99 ***(978-1-6690-3388-2(0)***, 252315, Stone Arch Bks.) Capstone.

Cemetery Boys. Heather Brewer. 2016. (ENG.). 304p. (YA). (gr. 8). pap. 9.99 *(978-0-06-230789-7(4)*, HarperTeen) HarperCollins Pubs.

Cemetery Boys. Aiden Thomas. 2020. (ENG.). 352p. (YA). 17.99 *(978-1-250-25046-9(3)*, 900215107) Feiwel & Friends.

Cemetery Boys. Heather Brewer. ed. 2016. (YA). lib. bdg. 20.85 *(978-0-606-38741-5(2))* Turtleback.

Cemetery for Zooey: A Novella. Ashe Woodward. 2021. (ENG.). 102p. (YA). *(978-1-0391-1396-1(6))*; pap. *(978-1-0391-1395-4(8))* FriesenPress.

Cemetery Jamboree, 1 vol. Deborah Kadiar Thomas. Illus. by Deborah Kadiar Thomas. 2016. (ENG., Illus.). 32p. (J). (gr. k-5). pap. 9.95 *(978-1-4556-2239-9(7)*, Pelican Publishing) Arcadia Publishing.

Cemí Mágico: La Increíble Historia de Isabella y Su Viaje en el Tiempo. Walter Feshold Rodríguez. Illus. by Jason Velázquez. 2022. (SPA.). 46p. (J). 19.99 ***(978-1-7379864-9-2(3))***; pap. 14.99 ***(978-1-7379864-5-4(0))*** ChurchToast.

Cena. Judy Kentor Schmauss. 2016. (Early Rising Readers Ser.). (SPA.). 16p. (J). (gr. 1). 6.67 *(978-1-4788-4204-0(0))* Newmark Learning LLC.

Cena - 6 Pack. Judy Kentor Schmauss. 2016. (Early Rising Readers Ser.). (SPA.). (J). (gr. 1). 40.00 net. *(978-1-4788-4723-6(9))* Newmark Learning LLC.

Cena Deliciosa / Dinner Is Delicious, 1 vol. Jamal Hendricks. Tr. by Esther Ortiz. 2018. (¡a Comer Sano! / Let's Eat Healthy! Ser.). (ENG & SPA.). 24p. (gr. 1-1). 25.27 *(978-1-5383-3308-2(2)*, 1df26b69-aba1-4e77-8640-25d66f988bb2, PowerKids Pr.) Rosen Publishing Group, Inc., The.

Cena Deliciosa (Dinner Is Delicious), 1 vol. Jamal Hendricks. Tr. by Esther Ortiz. 2018. (¡a Comer Sano! (Let's Eat Healthy!) Ser.). (SPA.). 24p. (gr. 1-1). 25.27 *(978-1-5383-3578-9(6)*, df3633f8-d78b-48b1-9e35-fb54082d3d1a); pap. 9.25 *(978-1-5383-3576-5(X)*, f83c6d9c-a5ee-4eb1-aa23-449b4af591c6) Rosen Publishing Group, Inc., The. (PowerKids Pr.).

Ceni Cienta (Cindy Rella) Andy Mangels. Illus. by Lelo Alves. 2022. (Cuentos de Hadas Fracturados (Fractured Fairy Tales) Ser.). (SPA.). 32p. (J). (gr. 3-8). lib. bdg. 32.79 *(978-1-0982-3489-8(8)*, 39875, Graphic Planet - Fiction) Magic Wagon.

Cenicienta: 4 Cuentos Predilectos de Alrededor Del Mundo. Cari Meister. Tr. by Aparicio Publishing Aparicio Publishing LLC. Illus. by Carolina Farias et al. 2020. (Cuentos Multiculturales Ser.).Tr. of Cinderella Stories Around the World. (SPA.). 32p. (J). (gr. k-2). pap. 6.95 *(978-1-5158-6068-6(X)*, 142289); lib. bdg. 29.99 *(978-1-5158-5710-5(7)*, 142072) Capstone. (Picture Window Bks.).

Cenicienta (Cinderella) Jenna Mueller. Illus. by Roxanne Rainville. 2022. (Cuentos de Hadas Contados Por Clementina (Fairy Tales As Told by Clementine) Ser.). (SPA.). 32p. (J). (gr. -1-4). 32.79 *(978-1-0982-3474-4(X)*, 39901, Looking Glass Library) Magic Wagon.

Cenicienta en el Baile. Margaret Hillert. Illus. by Juan Caminador. 2018. (Beginning-To-Read Ser.).Tr. of Cinderella at the Ball. (SPA.). 32p. (J). (gr. k-2). pap. 13.26 *(978-1-68404-233-3(X))* Norwood Hse. Pr.

Cenicienta en el Baile. Margaret Hillert. Illus. by Jack Pullan & Juan Caminador. 2017. (BeginningtoRead Ser.).Tr. of Cinderella at the Ball. (ENG & SPA.). 32p. (J). (-2). 22.60 *(978-1-59953-841-9(5))*; pap. 11.94 *(978-1-68404-040-7(X))* Norwood Hse. Pr.

Cenicienta en el Baile. Margaret Hillert et al. Illus. by Juan Caminador. 2018. (BeginningtoRead Ser.).Tr. of Cinderella at the Ball. (SPA.). 32p. (J). (gr. -1-2). lib. bdg. 22.60 *(978-1-59953-949-2(7))* Norwood Hse. Pr.

Cenicienta. un Cuento Sobre la Perseverancia / Cinderella. a Story about Perseverance: Libros para niños en Español. Helen Anderton. 2020. (Cuentos con Valores Ser.: 2). (SPA.). 20p. (J). (gr. -1-2). bds. 10.95 *(978-1-64473-175-8(4)*, Beascoa) Penguin Random House Grupo Editorial ESP. Dist: Penguin Random Hse. LLC.

Cenicienta(Cinderella Picture Book) Susanna Davidson. 2019. (Picture Bks.). (SPA.). 24p. (J). 9.99 *(978-0-7945-4620-5(X)*, Usborne) EDC Publishing.

Cenni Sugli Ultimi Perfezionamenti Delle Macchine a Vapore Locomotive: Preceduti Da Alcuni Principi Generali Di Termodinamica (Classic Reprint) Leonardo Carpi. 2018. (ITA., Illus.). (J). 138p. 26.74 *(978-1-391-08924-9(3))*; 140p. pap. 9.57 *(978-1-391-02888-0(0))* Forgotten Bks.

Cension a Sketch from Paso Del Norte (Classic Reprint) Maude Mason Austin. 2018. (ENG., Illus.). 178p. (J). 27.59 *(978-0-267-35159-6(3))* Forgotten Bks.

Censoria Lictoria: Or, What I Think of You, from the Notes & Minutes of Miss. Betsey Trotwood's Official Tour. Louise Elemjay. 2017. (ENG., Illus.). (J). pap. *(978-0-649-35580-8(6))* Trieste Publishing Pty Ltd.

Censoria Lictoria: Or, What I Think of You, from the Notes & Minutes of Miss. Betsey Trotwood's Official Tour (Classic Reprint) Louise Elemjay. 2018. (ENG., Illus.). 82p. (J). 25.59 *(978-0-267-26048-5(2))* Forgotten Bks.

Censorship & Privacy. Charlie Ogden. 2018. (Our Values - Level 3 Ser.). 32p. (J). (gr. 5-6). *(978-0-7787-4731-4(X))* Crabtree Publishing Co.

Cent Nouvelles Nouvelles, Vol. 1: Suivent les Cent Nouvelles; Contenant les Cent Histoires Nouveaux, Qui Sont Moult Plaisans a Raconter, en Toutes Bonnes Compagnies; Par Maniere de Joyeusete (Classic Reprint) Romeyn de Hooghe. 2017. (FRE., Illus.). (J). pap. 16.57 *(978-0-243-02927-3(6))* Forgotten Bks.

Cent Nouvelles Nouvelles, Vol. 1: Suivent les Cent Nouvelles; Contenant les Cent Histoires Nouveaux, Qui Sont Moult Plaisans À Raconter, en Toutes Bonnes Compagnies; Par Manière de Joyeuseté (Classic Reprint) Romeyn de Hooghe. 2018. (FRE., Illus.). 430p. (J). 32.79 *(978-0-656-43875-4(4))* Forgotten Bks.

Cent Nouvelles Nouvelles, Vol. 2: Suivent les Cent Nouvelles Contenant; les Cent Histoires Nouveaux, Qui Sont Moult Plaisans a Raconter, en Toutes Bonnes Compagnies; Par Maniere de Joyeusete (Classic Reprint) Romeyn de Hooghe. 2017. (FRE., Illus.). (J). 32.48 *(978-0-331-99097-3(0))*; pap. 16.57 *(978-0-259-12521-1(0))* Forgotten Bks.

Cent per Cent: A Story Written upon a Bill Stamp (Classic Reprint) Blanchard Jerrold. (ENG., Illus.). (J). 2018. 304p. 30.17 *(978-0-267-16896-5(9))*; 2016. pap. 13.57 *(978-1-334-24711-8(0))* Forgotten Bks.

Centaur. Samantha S. Bell. 2021. (Greek Mythology Ser.). (ENG., Illus.). 32p. (J). (gr. 2-5). lib. bdg. 34.21 *(978-1-5321-9676-8(8)*, 38384, Kids Core) ABDO Publishing Co.

Centaur. Christine Ha. 2021. (Legendary Beasts Ser.). (ENG., Illus.). 32p. (J). (gr. 2-3). pap. 9.95 *(978-1-63738-055-0(0))*; lib. bdg. 31.35 *(978-1-63738-019-2(4))* North Star Editions. (Apex).

Centaur School. Lucy Coats. 2016. (Beasts of Olympus Ser.: 5). lib. bdg. 17.20 *(978-0-606-38410-0(3))* Turtleback.

Centaur School #5. Lucy Coats. Illus. by Brett Bean. 2016. (Beasts of Olympus Ser.: 5). (ENG.). 144p. (J). (gr. 2-4). 6.99 *(978-1-101-99505-1(X)*, Grosset & Dunlap) Penguin Young Readers Group.

320 The check digit for ISBN-10 appears in parentheses after the full ISBN-13

Centaurs. Thomas Kingsley Troupe. 2020. (Mythical Creatures Ser.). (ENG., Illus.). 24p. (J). (gr. 3-7). lib. bdg. 26.95 *(978-1-64487-272-7(2))* Bellwether Media.

Centenary at Old First (Classic Reprint) Harvey Reeves Calkins. (ENG., Illus.). (J). 2018. 368p. 31.51 *(978-0-483-96051-0(9))*; 2016. pap. 13.97 *(978-1-334-16458-3(4))* Forgotten Bks.

Centennial Magazine, Vol. 2: An Australian Monthly; August, 1889 to July, 1890 (Classic Reprint) Unknown Author. 2017. (ENG., Illus.). (J). 43.78 *(978-0-260-08832-1(3))*; pap. 26.12 *(978-1-5278-9582-9(3))* Forgotten Bks.

Centennial Movement: 1876, a Comedy in Five Acts (Classic Reprint) Nathan Appleton. 2018. (ENG., Illus.). 70p. (J). 25.36 *(978-0-332-50885-6(4))* Forgotten Bks.

Center. Lt Kodzo. 2019. (Center Trilogy Ser.: Vol. 1). (ENG.). 342p. (J). pap. 14.99 *(978-1-943960-80-4(1))* Kodzo Bks.

Center Line, Vol. 3: April 1940 (Classic Reprint) Montana Highway Department. 2017. (ENG., Illus.). (J). 24.80 *(978-0-266-54153-0(4))* Forgotten Bks.

Center Line, Vol. 3: February, 1940 (Classic Reprint) Montana Highway Department. 2018. (ENG., Illus.). 46p. (J). 24.87 *(978-0-666-46255-8(0))* Forgotten Bks.

Center Line, Vol. 3: January 1940 (Classic Reprint) Montana Highway Department. (ENG., Illus.). (J). 2018. 36p. 24.66 *(978-0-365-23490-6(7))*; 2017. pap. 7.97 *(978-0-282-40831-2(2))* Forgotten Bks.

Center of Attention see Centro de Atencion

Center of Detention: Spirits Suspended. Jason M. Burns. Illus. by Dustin Evans. 2023. (Nightmares of Nightmute Ser.: 4). (ENG.). 32p. (J). (gr. 4-8). pap. 14.21 *(978-1-6689-2092-3(1)*, 222070); lib. bdg. 32.07 *(978-1-6689-1990-3(7)*, 221968) Cherry Lake Publishing. (Torch Graphic Press).

Center of Gravity. Shaunta Grimes. 2021. (ENG., Illus.). 240p. (J). pap. 7.99 *(978-1-250-76307-5(X)*, 900192883) Square Fish.

Center Rush Rowland (Classic Reprint) Ralph Henry Barbour. 2018. (ENG., Illus.). (J). 30.74 *(978-0-331-97350-1(2))* Forgotten Bks.

Center Stage. Katharine Holabird. Illus. by Helen Craig. 2019. (Angelina Ballerina Ser.). (ENG.). 16p. (J). (gr. -1-3). 6.99 *(978-1-5344-5482-8(9)*, Simon Spotlight) Simon Spotlight.

Center Stage with Millie Bobby Brown. Heather DiLorenzo Williams. 2021. (Teen Strong Ser.). (ENG., Illus.). 32p. (J). (gr. 5-8). lib. bdg. 27.99 *(978-1-62920-905-0(8)*, 5537c878-68bd-4587-959e-1071fdbc3fc2) Full Tilt Pr. NZL. Dist: Lerner Publishing Group.

Centerville, 1 vol. Jeff Rud. 2016. (Orca Sports Ser.). (ENG.). 176p. (J). (gr. 4-7). pap. 10.95 *(978-1-4598-1031-0(7))* Orca Bk. Pubs. USA.

Centerville. Jeff Rud. ed. 2016. (Orca Sports Ser.). lib. bdg. 20.80 *(978-0-606-38688-3(2))* Turtleback.

Centerville Is the Title of This Book: The Stories in It Are about a Town Called Centerville (Classic Reprint) Paul Robert Hanna. (ENG., Illus.). (J). 2018. 292p. 29.96 *(978-0-483-56077-2(4))*; 2016. pap. 13.57 *(978-1-333-84721-0(1))* Forgotten Bks.

Centipede Dragon a Benevolent Creature Versus the Rascally Reptillion. Alice Y. Chen. 2017. (ENG., Illus.). (J). 21.95 *(978-0-692-84099-3(0))* AY Chen Illustration & Design.

Centipedes. Gail Radley. 2019. (Crawly Creatures Ser.). (ENG.). 32p. (J). (gr. 4-6). pap. 9.99 *(978-1-64466-020-1(2)*, 12669); (Illus.). lib. bdg. *(978-1-68072-809-5(1)*, 12668) Black Rabbit Bks. (Bolt).

Centipedes. Jared Siemens. 2017. (Illus.). 24p. (J). *(978-1-5105-0629-9(2))* SmartBook Media, Inc.

Centipedes & Millipedes. Susie Williams. Illus. by Hannah Tolson. 2020. 32p. (J). *(978-0-7787-7387-0(6))* Crabtree Publishing Co.

Central. Andrew Zellgert. Ed. by Sam Wright & Laina Burris. 2022. (Adventures of Randy Ser.: Vol. 3). (ENG.). 158p. (YA). pap. 13.95 ***(978-1-0880-7593-7(2))*** Indy Pub.

Central African Republic a Variety of Facts Children's People & Places Book. Bold Kids. 2022. (ENG.). 42p. (J). pap. 11.99 ***(978-1-0717-1930-5(0))*** FASTLANE LLC.

Central America. Emma Huddleston. 2021. (World Studies). (ENG., Illus.). 48p. (J). (gr. 5-6). pap. 11.95 *(978-1-64493-474-6(4)*, 1644934744); lib. bdg. 34.21 *(978-1-64493-398-5(5)*, 1644933985) North Star Editions. (Focus Readers).

Central America & the Caribbean, Vol. 10. Judy Boyd. 2016. (Social Progress & Sustainability Ser.). (Illus.). 80p. (J). (gr. 7). 24.95 *(978-1-4222-3493-8(2))* Mason Crest.

Central America Today, 8 vols., Set. Charles J. Shields. Incl. Belize. (YA). pap. 9.95 *(978-1-4222-0711-6(0))*; Central America: Facts & Figures. (YA). pap. 9.95 *(978-1-4222-0712-3(9))*; Costa Rica. (YA). pap. 9.95 *(978-1-4222-0713-0(7))*; Guatemala. (Illus.). (J). pap. 9.95 *(978-1-4222-0715-4(3))*; Honduras. (YA). pap. 9.95 *(978-1-4222-0716-1(1))*; Nicaragua. (YA). pap. 9.95 *(978-1-4222-0717-8(X))*; Panama. (YA). pap. 9.95 *(978-1-4222-0718-5(8))*; Salvador. (YA). pap. 9.95 *(978-1-4222-0714-7(5))*; 63p. (gr. 7-18). 2010. Set pap. 79.60 *(978-1-4222-1443-5(5))*; Set lib. bdg. 175.60 *(978-1-4222-1442-8(7))* Mason Crest.

Central American Immigrants: In Their Shoes. Patricia Hutchison. 2019. (Immigrant Experiences Ser.). (ENG.). 32p. (J). (gr. 3-6). lib. bdg. 35.64 *(978-1-5038-2795-0(X)*, 212602, MOMENTUM) Child's World, Inc, The.

Central American Journey (Classic Reprint) Roger Ward Babson. 2017. (ENG., Illus.). 236p. (J). 28.76 *(978-0-484-75818-5(7))* Forgotten Bks.

Central Division (Set), 5 vols. 2019. (Insider's Guide to Pro Basketball Ser.). (ENG.). (J). (gr. 1-4). lib. bdg. 178.20 *(978-1-5038-4028-7(X)*, 213618) Child's World, Inc, The.

Central Intelligence Agency. Maria Koran. 2019. (Power, Authority, & Governance Ser.). (ENG.). 32p. (J). lib. bdg. 29.99 *(978-1-5105-4680-6(4))* SmartBook Media, Inc.

Central Pacific Railroad Co. Its Relations to the Government. Oral Argument of Creed Haymond. Creed Haymond & James L. Andem. 2017. (ENG., Illus.). (J). pap. *(978-0-649-41531-1(0))* Trieste Publishing Pty Ltd.

Central Station, 1 vol. Lavie Tidhar. unabr. ed. 2017. (ENG.). 9.99 *(978-1-5436-2453-3(7)*, 9781543624533, Audible Studios on Brilliance Audio) Brilliance Publishing, Inc.

Centralia Mine Disaster. Julie Knutson. 2021. (21st Century Skills Library: Unnatural Disasters: Human Error, Design Flaws, & Bad Decisions Ser.). (ENG., Illus.). 32p. (J). (gr. 3-6). lib. bdg. 32.07 *(978-1-5341-8015-4(X)*, 218340) Cherry Lake Publishing.

Centrally Heated Knickers. Michael Rosen. 2018. (Illus.). 160p. (J). (gr. 4-6). pap. 12.99 *(978-0-14-138896-0(X))* Penguin Bks., Ltd. GBR. Dist: Independent Pubs. Group.

Centre Table (Classic Reprint) Unknown Author. (ENG., Illus.). (J). 2018. 454p. 33.26 *(978-0-331-97195-8(X))*; 2016. pap. 16.57 *(978-1-333-60208-6(1))* Forgotten Bks.

Centros de Rescate Animal: Leveled Reader Card Book 3 Level I 6 Pack. Hmh Hmh. 2021. (SPA.). (J). pap. 74.40 *(978-0-358-08401-3(6))* Houghton Mifflin Harcourt Publishing Co.

Centurie de Nostradamus, Deterree Par un Savant Antiquaire du Club d'Alencon, et Presentee Par un Comite de Dames Citoyennes, a Tres-Gros et Tres-Puissant Fessier, Eveque de l'Orne, le Jour de Son Installation (Classic Reprint) Unknown Author. 2017. (FRE., Illus.). (J). pap. 7.97 *(978-0-243-91137-0(8))* Forgotten Bks.

Centurie de Nostradamus, déterrée Par un Savant Antiquaire du Club d'Alençon, et PRésentée Par un Comité de Dames Citoyennes, a Très-Gros et Très-Puissant Fessier, Eveque de l'Orne, le Jour de Son Installation (Classic Reprint) Unknown Author. 2018. (FRE., Illus.). 22p. (J). 24.35 *(978-0-267-09769-2(7))* Forgotten Bks.

Century Book for Young Americans: Showing How a Party of Boys & Girls Who Knew How to Use Their Eyes & Ears Found Out All about the Government of the Unites States (Classic Reprint) Elbridge S. Brooks. (ENG., Illus.). (J). 2018. 258p. 29.24 *(978-0-484-55152-6(3))*; 2016. pap. 11.97 *(978-1-333-49429-2(7))* Forgotten Bks.

Century Book of Famous Americans. Elbridge S. Brooks. 2017. (ENG.). 192p. (J). pap. *(978-3-337-29954-5(7))* Creation Pubs.

Century Book of Famous Americans: The Story of a Young People's Pilgrimage to Historic Homes (Classic Reprint) Elbridge S. Brooks. 2017. (ENG., Illus.). 264p. (J). 29.36 *(978-0-484-74626-7(X))* Forgotten Bks.

Century Book of the American Colonies: The Story of the Pilgrimage of a Party of Young People to the Sites of the Earliest American Colonies (Classic Reprint) Elbridge S. Brooks. 2018. (ENG., Illus.). 246p. (J). 28.99 *(978-0-483-29077-8(7))* Forgotten Bks.

Century Book of the American Revolution: The Story of the Pilgrimage of a Party of Young People to the Battle-Fields of the American Revolution. Elbridge S. Brooks. 2017. (ENG., Illus.). (J). pap. *(978-0-649-11517-4(1))* Trieste Publishing Pty Ltd.

Century Book of the American Revolution: The Story of the Pilgrimage of a Party of Young People to the Battlefields of the American Revolution (Classic Reprint) Elbridge S. Brooks. (ENG., Illus.). (J). 2018. 260p. 29.28 *(978-0-365-16088-5(1))*; 2016. pap. 11.97 *(978-1-334-11812-8(4))* Forgotten Bks.

Century Illustrated Magazine, Vol. 56: May, 1898, to October, 1898 (Classic Reprint) Unknown Author. 2018. (ENG., Illus.). (J). 972p. 43.94 *(978-0-366-55621-2(5))*; 974p. pap. 26.29 *(978-0-365-99184-7(8))* Forgotten Bks.

Century Illustrated Monthly Magazine, Vol. 101: New Series, Vol. LXXIX; November 1920, to April, 1921 (Classic Reprint) Unknown Author. (ENG., Illus.). (J). 2018. 830p. 41.02 *(978-0-483-64114-3(6))*; 2017. pap. 23.57 *(978-1-334-91489-8(3))* Forgotten Bks.

Century Illustrated Monthly Magazine, Vol. 103: November, 1921, to April, 1922 (Classic Reprint) Unknown Author. 2017. (ENG., Illus.). (J). 43.33 *(978-0-266-52141-9(X))*; pap. 26.45 *(978-0-243-90431-0(2))* Forgotten Bks.

Century Illustrated Monthly Magazine, Vol. 104: May to October, 1922 (Classic Reprint) Unknown Author. (ENG., Illus.). (J). 2018. 968p. 43.88 *(978-0-428-26758-2(0))*; 2017. pap. 26.22 *(978-0-243-90432-7(0))* Forgotten Bks.

Century Illustrated Monthly Magazine, Vol. 29: November 1884 to April 1885 (Classic Reprint) Unknown Author. (ENG., Illus.). (J). 2018. 972p. 43.94 *(978-0-483-45506-1(7))*; 2016. pap. 26.29 *(978-1-334-78065-3(X))* Forgotten Bks.

Century Illustrated Monthly Magazine, Vol. 39: November, 1889, to April, 1890 (Classic Reprint) Unknown Author. (ENG., Illus.). (J). 2018. 972p. 43.94 *(978-0-483-45274-9(2))*; 2017. pap. 26.29 *(978-1-334-86562-6(0))* Forgotten Bks.

Century Illustrated Monthly Magazine, Vol. 44: May 1892 to October 1892 (Classic Reprint) T. Fisher Unwin. 2018. (ENG., Illus.). (J). 970p. 43.90 *(978-0-428-63191-8(6))*; 972p. pap. 26.24 *(978-0-428-15700-5(9))* Forgotten Bks.

Century Illustrated Monthly Magazine, Vol. 44: September, 1892 (Classic Reprint) Unknown Author. (ENG., Illus.). (J). 2018. 630p. 29.26 *(978-0-484-06280-0(8))*; 2016. pap. 11.97 *(978-1-334-17000-3(2))* Forgotten Bks.

Century Illustrated Monthly Magazine, Vol. 46: May 1893, to October 1893 (Classic Reprint) Unknown Author. (ENG., Illus.). (J). 2018. 970p. 43.90 *(978-0-428-97071-0(0))*; 2017. pap. 26.24 *(978-0-243-24979-4(9))* Forgotten Bks.

Century Illustrated Monthly Magazine, Vol. 51: November, 1895, to April, 1896 (Classic Reprint) Unknown Author. 2018. (ENG., Illus.). 968p. (J). 43.86 *(978-0-483-96966-7(4))* Forgotten Bks.

Century Illustrated Monthly Magazine, Vol. 52: May, 1896, to October, 1896 (Classic Reprint) Unknown Author. 2017. (ENG., Illus.). (J). 43.94 *(978-0-260-15517-7(9))*; pap. 26.29 *(978-1-5280-1518-9(5))* Forgotten Bks.

Century Illustrated Monthly Magazine, Vol. 53: November, 1896, to April, 1897 (Classic Reprint) Unknown Author. 2017. (ENG., Illus.). (J). 43.94 *(978-0-260-12620-7(9))*; pap. 26.29 *(978-1-5284-0176-0(X))* Forgotten Bks.

Century Illustrated Monthly Magazine, Vol. 54: May, 1897, to October, 1897 (Classic Reprint) Unknown Author. 2017. (ENG., Illus.). (J). 47.33 *(978-0-331-69151-1(5))*; pap. 29.67 *(978-0-243-60242-1(1))* Forgotten Bks.

Century Illustrated Monthly Magazine, Vol. 55: November, 1897, to April, 1898 (Classic Reprint) T. Fisher Unwin. (ENG., Illus.). (J). 2018. 972p. 43.94 *(978-0-364-58562-7(5))*; 2017. pap. 26.29 *(978-0-243-09198-0(2))* Forgotten Bks.

Century Illustrated Monthly Magazine, Vol. 60: May, 1900, to October, 1900 (Classic Reprint) Thomas Fisher Unwin. 2017. (ENG., Illus.). (J). 44.23 *(978-0-331-08694-2(8))*; pap. 26.57 *(978-1-5279-9624-3(7))* Forgotten Bks.

Century Illustrated Monthly Magazine, Vol. 65: November, 1902, to April, 1903 (Classic Reprint) Unknown Author. 2017. (ENG., Illus.). (J). 44.52 *(978-0-260-28151-7(4))*; pap. 26.86 *(978-1-5283-0970-7(7))* Forgotten Bks.

Century Illustrated Monthly Magazine, Vol. 72: May, 1906, to October, 1906 (Classic Reprint) Unknown Author. 2017. (ENG., Illus.). (J). 44.56 *(978-0-266-71921-2(X))*; pap. 26.90 *(978-1-5276-7576-6(9))* Forgotten Bks.

Century Illustrated Monthly Magazine, Vol. 77: Lincoln Centennial Number; February, 1909 (Classic Reprint) Unknown Author. 2018. (ENG., Illus.). 258p. (J). 29.22 *(978-0-483-45914-4(3))* Forgotten Bks.

Century Illustrated Monthly Magazine, Vol. 78: May to October, 1909 (Classic Reprint) Unknown Author. 2017. (ENG., Illus.). (J). 988p. 44.27 *(978-0-484-03904-8(0))*; pap. 26.62 *(978-0-259-20719-1(5))* Forgotten Bks.

Century Illustrated Monthly Magazine, Vol. 80: May to October, 1910 (Classic Reprint) Unknown Author. 2017. (ENG., Illus.). (J). 43.99 *(978-0-260-98107-3(9))*; pap. 26.33 *(978-1-5283-7870-3(9))* Forgotten Bks.

Century Illustrated Monthly Magazine, Vol. 83: November 1911 to April 1912 (Classic Reprint) Making Of America Project. 2017. (ENG., Illus.). (J). 966p. 43.82 *(978-0-332-72543-7(X))*; 968p. pap. 26.16 *(978-0-332-46525-8(X))* Forgotten Bks.

Century Illustrated Monthly Magazine, Vol. 84: May to October, 1912 (Classic Reprint) Unknown Author. (ENG., Illus.). (J). 2018. 1032p. 45.30 *(978-0-483-88283-6(6))*; 2017. pap. 27.54 *(978-0-243-89622-6(0))* Forgotten Bks.

Century Illustrated Monthly Magazine, Vol. 85: November, 1912, to April, 1913 (Classic Reprint) Unknown Author. 2017. (ENG., Illus.). (J). 44.15 *(978-0-260-94039-1(9))*; pap. 26.49 *(978-1-5285-5952-2(5))* Forgotten Bks.

Century Illustrated Monthly Magazine, Vol. 86: May to October, 1913 (Classic Reprint) Unknown Author. 2017. (ENG., Illus.). (J). 1024p. 45.02 *(978-0-484-79586-9(4))*; pap. 27.36 *(978-0-243-02922-8(5))* Forgotten Bks.

Century Illustrated Monthly Magazine, Vol. 88: May, 1914, to October, 1914 (Classic Reprint) Unknown Author. 2017. (ENG., Illus.). (J). 45.06 *(978-0-266-52117-4(7))*; pap. 27.40 *(978-0-243-60241-4(3))* Forgotten Bks.

Century Illustrated Monthly Magazine, Vol. 89: November, 1914, to April, 1915 (Classic Reprint) Unknown Author. 2017. (ENG., Illus.). (J). 44.73 *(978-0-260-13623-7(9))*; pap. 27.07 *(978-1-5285-0208-5(6))* Forgotten Bks.

Century Illustrated Monthly Magazine, Vol. 93: November, 1916, to April, 1917; New Series, Vol. LXXI (Classic Reprint) Unknown Author. (ENG., Illus.). (J). 2018. 1010p. 44.75 *(978-0-483-46482-7(1))*; 2017. pap. 27.09 *(978-1-334-89889-1(8))* Forgotten Bks.

Century Kids, 10 vols. Dorothy Hoobler & Thomas Hoobler. Illus. by Robin Hoffman. Incl. 1940s: Secrets. (J). 2001. lib. bdg. 22.90 *(978-0-7613-1604-6(3))*; 1950's: Music. (J). 2001. lib. bdg. 22.90 *(978-0-7613-1605-3(1))*; 1960's: Rebels. (J). 2001. lib. bdg. 22.90 *(978-0-7613-1606-0(X))*; 1970's: Arguments. 2002. lib. bdg. 22.90 *(978-0-7613-1607-7(8))*; 1980s: Earthsong. 2002. lib. bdg. 22.90 *(978-0-7613-1608-4(6))*; 1990s: Families. 2002. lib. bdg. 22.90 *(978-0-7613-1609-1(4))*; 160p. (gr. 5-8). (Illus.). 2004. 229.00 *(978-0-7613-2985-5(4)*, Twenty-First Century Bks.) Lerner Publishing Group.

Century Magazine, Vol. 105: November, 1922-April, 1923 (Classic Reprint) Glenn Frank. (ENG., Illus.). (J). 2018. 986p. 44.25 *(978-0-428-92850-6(1))*; 2017. pap. 26.59 *(978-1-334-92578-8(X))* Forgotten Bks.

Century Magazine, Vol. 66: August, 1903 (Classic Reprint) Unknown Author. 2017. (ENG., Illus.). (J). 170p. 27.40 *(978-0-332-84310-0(6))*; pap. 9.97 *(978-0-259-17799-9(7))* Forgotten Bks.

Century Magazine, Vol. 82: May to October, 1911 (Classic Reprint) Unknown Author. 2017. (ENG., Illus.). (J). 43.80 *(978-0-265-52117-5(3))*; pap. 28.02 *(978-0-243-59882-3(3))* Forgotten Bks.

Century of Caste (Classic Reprint) A. N. Waterman. 2018. (ENG., Illus.). 88p. (J). 25.73 *(978-0-483-95392-5(X))* Forgotten Bks.

Century of Children's Books (Classic Reprint) Florence V. Barry. 2018. (ENG., Illus.). 276p. (J). 29.59 *(978-0-365-13186-1(5))* Forgotten Bks.

Century of Fables. in Verse. W.R. Evans. 2017. (ENG., Illus.). (J). pap. *(978-0-649-51426-7(2))* Trieste Publishing Pty Ltd.

Century of Fables in Verse: For the Most Part Paraphrased or Imitated from Various Languages (Classic Reprint) W.R. Evans. 2018. (ENG., Illus.). 170p. (J). 27.42 *(978-0-484-39569-4(6))* Forgotten Bks.

Century of Family Letters, 1792-1896, Vol. 2 of 2 (Classic Reprint) Emma Darwin. (ENG., Illus.). (J). 2018. 372p. 31.59 *(978-0-483-66722-8(6))*; 2016. pap. 13.97 *(978-1-334-14319-9(6))* Forgotten Bks.

Century of Gossip: Or the Real & the Seeming (Classic Reprint) Willard Glover Nash. 2018. (ENG., Illus.). 356p. (J). 31.24 *(978-0-484-03757-0(9))* Forgotten Bks.

Century of New Fables (Classic Reprint) Antoine Houdar La Motte. 2018. (ENG., Illus.). (J). 406p. pap. 16.57 *(978-0-365-72841-2(1))*; 404p. 32.23 *(978-0-366-24008-1(0))* Forgotten Bks.

Century of Science in America: With Special Reference to the American Journal of Science, 1818-1918 (Classic Reprint) Edward Salisbury Dana. (ENG., Illus.). (J). 2017. 508p. 34.37 *(978-0-484-28210-9(7))*; 2016. pap. 16.97 *(978-1-334-45290-1(3))* Forgotten Bks.

Century of Serving: A Centennial Celebration Cookbook. Contrib. by Junior League of Omaha Staff. 2018. (Illus.). 239p. *(978-0-87197-601-7(3))* Junior League of Omaha.

Century Readings for a Course in English Literature (Classic Reprint) John William Cunliffe. 2018. (ENG., Illus.). 644p. (J). (gr. -1-3). 37.20 *(978-0-483-45827-7(9))* Forgotten Bks.

Century Too Soon (Classic Reprint) John R. Musick. 2018. (ENG., Illus.). 440p. (J). 32.97 *(978-0-365-22254-5(2))* Forgotten Bks.

Century, Vol. 23: Illustrated Monthly Magazine; November 1881, to April 1822 (Classic Reprint) Unknown Author. (ENG., Illus.). (J). 2018. 980p. 44.21 *(978-0-332-15279-0(0))*; 2017. pap. 26.45 *(978-1-334-90286-4(0))* Forgotten Bks.

Century, Vol. 24: Illustrated Monthly Magazine; May 1882, to October 1882 (Classic Reprint) Unknown Author. (ENG., Illus.). (J). 2018. 980p. 44.11 *(978-0-483-87132-8(X))*; 2017. pap. 26.45 *(978-1-334-91090-6(1))* Forgotten Bks.

Century, Vol. 26: Illustrated Monthly Magazine; May to October, 1883 (Classic Reprint) Unknown Author. (ENG., Illus.). (J). 2018. 974p. 44.01 *(978-0-656-19098-0(1))*; 2017. pap. 26.29 *(978-1-334-92534-4(8))* Forgotten Bks.

Century, Vol. 27: Illustrated Monthly Magazine; November 1883 to April 1884 (Classic Reprint) Unknown Author. (ENG., Illus.). (J). 2018. 972p. 43.96 *(978-0-332-94201-8(5))*; 2017. pap. 26.31 *(978-1-334-91029-6(4))* Forgotten Bks.

Century, Vol. 31: Illustrated Monthly Magazine; November 1885 to April 1886 (Classic Reprint) Unknown Author. (ENG., Illus.). (J). 2018. 978p. 44.07 *(978-0-483-47279-2(4))*; 2017. pap. 26.41 *(978-1-334-91169-9(X))* Forgotten Bks.

Century, Vol. 32: Illustrated Monthly Magazine; May 1886, to October 1886 (Classic Reprint) Unknown Author. (ENG., Illus.). (J). 2018. 974p. 43.99 *(978-0-483-59911-6(5))*; 2016. pap. 26.33 *(978-1-334-78664-8(X))* Forgotten Bks.

Century, Vol. 44: Illustrated Monthly Magazine; May 1892, to October 1892 (Classic Reprint) Unknown Author. (ENG., Illus.). (J). 2018. 970p. 43.90 *(978-0-428-34337-8(6))*; 2017. pap. 26.24 *(978-1-334-90416-5(2))* Forgotten Bks.

Century, Vol. 45: Illustrated Monthly Magazine; November, 1892, to April, 1893 (Classic Reprint) Unknown Author. (ENG., Illus.). (J). 2018. 972p. 43.94 *(978-0-483-99442-3(1))*; 2017. pap. 26.24 *(978-1-334-91053-1(7))* Forgotten Bks.

Century, Vol. 47: Illustrated Monthly Magazine; November 1893, to April 1894 (Classic Reprint) Fred Mustard Stewart. 2018. (ENG., Illus.). (J). 830p. 41.02 *(978-0-366-55597-0(9))*; 832p. pap. 23.57 *(978-0-365-97926-5(0))* Forgotten Bks.

Century, Vol. 48: Illustrated Monthly Magazine; May 1894, to October 1894 (Classic Reprint) Unknown Author. 2017. (ENG., Illus.). (J). 44.67 *(978-0-260-56010-0(3))*; pap. 27.01 *(978-1-5283-2241-6(X))* Forgotten Bks.

Century, Vol. 58: May, 1899, to October, 1899 (Classic Reprint) Unknown Author. (ENG., Illus.). (J). 2018. 1000p. 44.52 *(978-0-428-37366-5(6))*; 2017. pap. 28.55 *(978-0-243-55861-2(9))* Forgotten Bks.

Century, Vol. 63: Illustrated Monthly Magazine; November, 1901, to April, 1902 (Classic Reprint) Unknown Author. 2017. (ENG., Illus.). (J). 44.07 *(978-0-331-19897-3(5))*; pap. 26.41 *(978-0-265-01420-2(4))* Forgotten Bks.

Century, Vol. 64: Illustrated Monthly Magazine; May, 1902, to October, 1902 (Classic Reprint) Maxfield Parrish. 2017. (ENG., Illus.). (J). 980p. 44.13 *(978-0-484-47425-2(1))*; pap. 26.47 *(978-0-243-60166-0(2))* Forgotten Bks.

Century, Vol. 66: Illustrated Monthly Magazine; May, 1903, to October, 1903 (Classic Reprint) Unknown Author. (ENG., Illus.). (J). 2018. 984p. 44.19 *(978-0-656-37561-5(2))*; 2017. pap. 26.53 *(978-1-334-92504-7(6))* Forgotten Bks.

Century, Vol. 69: Illustrated Monthly Magazine, November, 1904, to April, 1905 (Classic Reprint) Richard Watson Gilder. 2017. (ENG., Illus.). (J). 43.99 *(978-0-331-19996-3(3))*; pap. 26.33 *(978-1-334-95289-0(2))* Forgotten Bks.

Century, Vol. 70: Illustrated Monthly Magazine; May, 1905, to October, 1905 (Classic Reprint) Unknown Author. (ENG., Illus.). (J). 2018. 994p. 44.40 *(978-0-483-98761-6(1))*; 2017. pap. 26.74 *(978-1-334-92570-2(4))* Forgotten Bks.

Century, Vol. 71: Illustrated Monthly Magazine; New Series, Vol. XLIX; November, 1905, to April, 1906 (Classic Reprint) Unknown Author. (ENG., Illus.). (J). 2018. 984p. 44.19 *(978-0-484-19097-8(0))*; 2017. pap. 26.53 *(978-0-243-89258-7(6))* Forgotten Bks.

Century, Vol. 74: Illustrated Monthly Magazine; May to October, 1907 (Classic Reprint) Unknown Author. (ENG., Illus.). (J). 2018. 966p. 43.84 *(978-0-483-96994-0(X))*; 2017. pap. 26.18 *(978-0-243-92703-6(7))* Forgotten Bks.

Century, Vol. 75: Illustrated Monthly Magazine; November, 1907, to April, 1908 (Classic Reprint) Making Of America Project. (ENG., Illus.). (J). 2018. 972p. 43.94 *(978-0-428-76404-3(5))*; 2017. pap. 26.29 *(978-0-243-57331-8(6))* Forgotten Bks.

Century, Vol. 76: Illustrated Monthly Magazine; May to October, 1908 (Classic Reprint) Unknown Author. 2017. (ENG., Illus.). (J). 43.92 *(978-0-266-52143-3(6))*; pap. 26.26 *(978-0-243-91284-1(6))* Forgotten Bks.

Century, Vol. 81: Illustrated Monthly Magazine; November, 1910, to April, 1911 (Classic Reprint) Making Of America Project. (ENG., Illus.). (J). 2018. 1038p. 45.31 *(978-0-428-94639-5(9))*; 2017. pap. 27.65 *(978-0-243-57835-1(0))* Forgotten Bks.

Century, Vol. 87: Illustrated Monthly Magazine; November, 1913, to April, 1914 (Classic Reprint) R. S. Yard. 2018. (ENG., Illus.). (J). 1158p. 47.78 *(978-0-428-63192-5(4))*; 1160p. pap. 30.12 *(978-0-428-15702-9(5))* Forgotten Bks.

Century, Vol. 89: Illustrated Monthly Magazine; November, 1914, to April, 1915 (Classic Reprint) Unknown Author. (ENG., Illus.). (J). 2018. 1018p. 44.91 *(978-0-483-66893-5(1))*; 2017. pap. 27.25 *(978-1-334-97622-3(8))* Forgotten Bks.

Century, Vol. 90: May to October, 1915 (Classic Reprint) Unknown Author. (ENG., Illus.). (J). 2018. 1066p. 45.90 *(978-0-332-04101-8(8))*; 2017. pap. 28.24 *(978-1-334-90216-1(X))* Forgotten Bks.

C

Century, Vol. 91: Illustrated Monthly Magazine; New Series, Vol. LIX; November, 1915, to April, 1916 (Classic Reprint) Unknown Author. (ENG., Illus.). (J). 2018. 1038p. 45.31 *(978-0-666-19472-5(6))*; 2017. pap. 27.65 *(978-1-334-89859-4(6))* Forgotten Bks.

Century, Vol. 92: Illustrated Monthly Magazine; May to October, 1916 (Classic Reprint) Unknown Author. 2017. (ENG., Illus.). (J). 45.10 *(978-0-266-51749-8(8))*; pap. 27.42 *(978-1-334-89945-4(2))* Forgotten Bks.

Century, Vol. 94: Illustrated Monthly Magazine; May to October, 1917 (Classic Reprint) Unknown Author. (ENG., Illus.). (J). 2018. 990p. 44.34 *(978-0-267-13751-0(6))*; 2017. pap. 26.68 *(978-0-259-55960-3(1))* Forgotten Bks.

Century, Vol. 95: Illustrated Monthly Magazine; November, 1917, to April, 1918 (Classic Reprint) Unknown Author. (ENG., Illus.). (J). 2018. 958p. 43.66 *(978-0-483-44850-6(8))*; 2017. pap. 25.96 *(978-1-334-91268-9(8))* Forgotten Bks.

Century, Vol. 96: Illustrated Monthly Magazine; May to October, 1918 (Classic Reprint) Unknown Author. 2017. (ENG., Illus.). (J). pap. 24.68 *(978-0-243-90042-8(2))* Forgotten Bks.

Century, Vol. 97: November, 1918, to April, 1919 (Classic Reprint) Unknown Author. (ENG., Illus.). (J). 2018. 888p. 42.21 *(978-0-483-48435-1(0))*; 2017. pap. 24.55 *(978-1-334-96220-2(0))* Forgotten Bks.

Century World's Fair Book for Boys & Girls. Tudor Jenks. 2017. (ENG.). 264p. (J). pap. *(978-3-337-34017-9(2))* Creation Pubs.

Century World's Fair Book, for Boys & Girls, Being the Adventures of Harry & Philip: With Their Tutor, Mr. Douglass, at the World's Columbian Exposition (Classic Reprint) Tudor Jenks. 2018. (ENG., Illus.). (J). 29.30 *(978-0-260-82820-0(3))* Forgotten Bks.

Cenzontle Norteño (Northern Mockingbirds) Julie Murray. 2022. (Aves Estatales (State Birds) Ser.). (ENG.). 24p. (J). (gr. -1-2). lib. bdg. 31.36 *(978-1-0982-6332-4(4))*, 39465, Abdo Kids) ABDO Publishing Co.

Cenzontle/Mockingbird (YA Edition) Songs of Empowerment (Poetry * Drama) Daniel Garcia Ordaz. Illus. by Gabriel Martinez. 2018. (ENG.). 104p. (J). pap. 30.00 *(978-1-7328106-0-0(5))* El Zarape Pr.

Cepillamos Los Caballos / We Brush the Horses, 1 vol. Marigold Brooks. 2017. (Vivo en una Granja / I Live on a Farm Ser.). (ENG & SPA., Illus.). 24p. (J). (gr. 1-1). lib. bdg. 25.27 *(978-1-5081-6333-6(2),* c7b47397-c5c4-4fdc-9432-358d3eb1ed97, PowerKids Pr.) Rosen Publishing Group, Inc., The.

Cepillamos Los Caballos (We Brush the Horses), 1 vol. Marigold Brooks. 2017. (Vivo en una Granja (I Live on a Farm) Ser.). (SPA.). 24p. (J). (gr. 1-1). pap. 9.25 *(978-1-5383-2814-9(3),* 5e76818f-0858-48ce-8efb-00bf7ad98d79); (Illus.). lib. bdg. 25.27 *(978-1-5081-6329-9(4),* 5c4efcc5-3222-46ee-b4ff-4032c0dfa265) Rosen Publishing Group, Inc., The. (PowerKids Pr.).

Cera Del Oído (Earwax) Earwax. Grace Hansen. 2021. (Ciencia Básica: Las Funciones Físicas Del Cuerpo (Beginning Science: Gross Body Functions) Ser.). (SPA.). 24p. (J). (gr. -1-2). lib. bdg. 32.79 *(978-1-0982-6080-4(5),* 38262, Abdo Kids) ABDO Publishing Co.

Ceramons. Patrick de Lachevrotiere. 2018. (Ceramons Ser.: Vol. 1). (ENG., Illus.). 164p. (J). pap. *(978-2-9817096-2-2(3))* Provencher, Marie-Eve.

Cerca / Close. Juan Felipe Herrera. Illus. by Blanca Gómez. 2019. (ENG.). 14p. (J). (-k). bds. 7.99 *(978-0-7636-9062-5(7))* Candlewick Pr.

Cerca y Lejos. Amy Culliford. 2022. (Direcciones en Mi Mundo (Directions in My World) Ser.). (SPA & ENG.). 16p. (J). (gr. -1-1). lib. bdg. *(978-1-0396-4784-8(7),* 19737) Crabtree Publishing Co.

Cerca y Lejos: Near & Far. Amy Culliford. 2022. (Direcciones en Mi Mundo (Directions in My World) Ser.). (SPA & ENG.). 16p. (J). (gr. -1-1). pap. *(978-1-0396-4911-8(4),* 19738) Crabtree Publishing Co.

Cercano: Salmo 139, 1 vol. Sally Lloyd-Jones. Illus. by Jago. 2021. (SPA.). 20p. (J). bds. 9.99 *(978-0-8297-7071-1(2))* Vida Pubs.

Cerchi 1: Libro Da Colorare per Bambini. Bold Illustrations. 2017. (ITA., Illus.). (J). pap. 8.35 *(978-1-64193-132-8(9),* Bold Illustrations) FASTLANE LLC.

Cerchi 2: Libro Da Colorare per Bambini. Bold Illustrations. 2017. (ITA., Illus.). (J). pap. 8.35 *(978-1-64193-133-5(7),* Bold Illustrations) FASTLANE LLC.

Cercle d'aide et de Partage. Theresa Larsen-Jonasson. Tr. by Marie-Christine Payette. Illus. by Jessika von Innerebner. 2020. Orig. Title: The Circle of Caring & Sharing. (FRE.). 24p. (J). (gr. -1-k). 11.95 *(978-1-989122-45-7(0))* Medicine Wheel Education CAN. Dist: Orca Bk. Pubs. USA.

Cercles 1: Livre Coloriage Pour Enfants. Bold Illustrations. 2017. (FRE., Illus.). 82p. (J). pap. 8.35 *(978-1-64193-058-1(6),* Bold Illustrations) FASTLANE LLC.

Cercles 2: Livre Coloriage Pour Enfants. Bold Illustrations. 2017. (FRE., Illus.). (J). pap. 8.35 *(978-1-64193-059-8(4),* Bold Illustrations) FASTLANE LLC.

Cerdito de Navidad / the Christmas Pig. J. K. Rowling. Illus. by Jim Field. 2021. (SPA.). 320p. (J). (gr. 3-6). pap. 18.95 *(978-1-64473-466-7(4))* Publicaciones y Ediciones Salamandra, S.A. ESP. Dist: Penguin Random Hse. LLC.

Cerdos see Cerdos (Pigs) Bilingual

Cerdos. Amy Culliford. Tr. by Pablo de la Vega. 2021. (Animales de Granja Amistosos (Farm Animal Friends) Ser.). (SPA., Illus.). 16p. (J). (gr. -1-1). pap. *(978-1-4271-3283-3(6),* 13905) Crabtree Publishing Co.

Cerdos (Pigs) Bilingual. Amy Culliford. 2022. (Animales de Granja Amistosos (Farm Animal Friends) Bilingual Ser.).Tr. of Cerdos. (SPA.). 16p. (J). (gr. -1-1). pap. *(978-1-0396-2447-4(2),* 19223) Crabtree Publishing Co.

Cerebral Labyrinth. K. B. Wal. 2018. (ENG., Illus.). 160p. (YA). (gr. 7-12). pap. 12.99 *(978-0-9990431-9-6(6))* November Media Publishing and Consulting Firm.

Cerebral Mazes Await! the Heady Challenge Activity Book. Bobo's Children Activity Books. 2016. (ENG., Illus.). (J). pap. 9.33 *(978-1-68327-017-1(7))* Sunshine In My Soul Publishing.

Cerebral Palsy & Other Traumatic Brain Disorders. Rebecca Sherman. 2018. (Illus.). 128p. (J). *(978-1-4222-3753-3(2))* Mason Crest.

Cerebro: La Gran Máquina de Pensar. Illus. by Alex Graudins & Tory Woollcott. 2021. (Cómics de Ciencia Ser.). (SPA.). 40p. (J). (gr. 4-7). pap. 13.95 *(978-607-557-178-2(7))* Editorial Oceano de Mexico MEX. Dist: Independent Pubs. Group.

Ceremony of Leaving Someone You Love. Pirgaru. 2022. (ENG.). 414p. (J). pap. ***(978-1-4357-8739-1(0))*** Lulu Pr., Inc.

Cereza y Kiwi. Didi Grau. 2018. (SPA.). 32p. (J). pap. 11.99 *(978-607-746-344-3(2))* Progreso, Editorial, S. A. MEX. Dist: Lectorum Pubns., Inc.

Cerf-Volant de Mon Père. Veronica D. Slater. Illus. by Valentina Migliore. 2019. (FRE.). 34p. (J). pap. *(978-1-9990247-2-7(9))* Gauvin, Jacques.

Cerillas Mentales II: RELACIONES INTERPERSONALES y AMOR: Quien Piensa Gana. Jose Quintano. 2023. (SPA.). 142p. (YA). pap. ***(978-1-4709-0831-7(X))*** Lulu Pr., Inc.

Cerise: A Tale of the Eighteenth Century (Classic Reprint) G. J. Whyte-Melville. 2017. (ENG., Illus.). 556p. (J). 35.38 *(978-0-332-54523-3(7))* Forgotten Bks.

Cerise, Vol. 1 Of 3: A Tale of the Last Century (Classic Reprint) G. J. Whyte-Melville. 2018. (ENG., Illus.). 318p. (J). 30.46 *(978-0-332-38564-8(7))* Forgotten Bks.

Cerise, Vol. 3 Of 3: A Tale of the Last Century (Classic Reprint) G. J. Whyte Melville. 2018. (ENG., Illus.). 328p. (J). 30.66 *(978-0-332-97674-7(2))* Forgotten Bks.

Certain Country Doctor (Classic Reprint) J. W. Echols. 2018. (ENG., Illus.). 104p. (J). 26.04 *(978-0-267-25941-0(7))* Forgotten Bks.

Certain Delightful English Towns: With Glimpses of the Pleasant Country Between (Classic Reprint) W. D. Howells. 2018. (ENG., Illus.). 396p. (J). 32.06 *(978-0-332-43966-2(6))* Forgotten Bks.

Certain Dutiful Son's Lamentation for the Death of a Certain Right Reverend: With the Certain Particulars of Certain Sums, & Goods That Are Bequeath'd Him, Which We Will Most Certainly Part with in a Certain Time; Written in Hudibrastick Verse. Unknown Author. 2018. (ENG., Illus.). (J). 28p. 24.49 *(978-0-365-44654-5(8))*; 30p. pap. 7.97 *(978-0-365-44651-4(3))* Forgotten Bks.

Certain Hour (Dizain des Poetes) (Classic Reprint) James Branch Cabell. 2018. (ENG., Illus.). 254p. (J). 29.16 *(978-0-428-95287-7(9))* Forgotten Bks.

Certain Inducements to Well Minded People Who Are Here Straitned in Their Estates or Otherwise: Or, Such As Are Willing, Out of Noble & Publike Principles, to Transport Themselves or Some Servants, or Agents for Them into the West Indies, for the Propag. Unknown Author. 2018. (ENG., Illus.). 28p. (J). 24.47 *(978-0-267-50537-1(X))* Forgotten Bks.

Certain Magical Index, Vol. 12 (light Novel) Kazuma Kamachi. Illus. by Kiyotaka Haimura. 2017. (Certain Magical Index Ser.: 12). (ENG.). 192p. (gr. 8-17). pap. 14.00 *(978-0-316-36002-9(3),* Yen Pr.) Yen Pr. LLC.

Certain Magical Index, Vol. 13 (light Novel) Kazuma Kamachi. Illus. by Kiyotaka Haimura. 2017. (Certain Magical Index Ser.: 13). (ENG.). 256p. (gr. 8-17). pap. 14.00 *(978-0-316-44267-1(4),* Yen Pr.) Yen Pr. LLC.

Certain Magical Index, Vol. 14 (light Novel) Kazuma Kamachi. Illus. by Kiyotaka Haimura. 2018. (Certain Magical Index Ser.: 14). (ENG.). 192p. (gr. 8-17). pap. 14.00 *(978-0-316-44270-1(4),* Yen Pr.) Yen Pr. LLC.

Certain Magical Index, Vol. 15 (light Novel) Kazuma Kamachi. Illus. by Kiyotaka Haimura. 2018. (Certain Magical Index Ser.: 15). (ENG.). 224p. (gr. 8-17). pap. 14.00 *(978-0-316-44272-5(0),* Yen Pr.) Yen Pr. LLC.

Certain People of Importance (Classic Reprint) Kathleen Norris. 2017. (ENG., Illus.). (J). 34.13 *(978-1-5281-8953-8(1))* Forgotten Bks.

Certain Rich Man (Classic Reprint) William Allen White. 2017. (ENG., Illus.). (J). 33.10 *(978-0-266-19691-4(8))* Forgotten Bks.

Certain Twist in Time. Anita K. Grimm. 2019. (ENG.). 240p. (J). pap. 13.99 *(978-1-68291-893-7(9))* Soul Mate Publishing.

Certainty. Penelope Dyan. Illus. by Penelope Dyan. l.t. ed. 2022. (ENG.). 34p. (J). pap. 12.60 *(978-1-61477-596-6(6))* Bellissima Publishing, LLC.

Cerulean. Amy Ewing. (ENG.). (YA). (gr. 9). 2020. 512p. pap. 11.99 *(978-0-06-249000-1(1))*; 2019. 496p. 17.99 *(978-0-06-248998-2(4))* HarperCollins Pubs. (HarperTeen).

Cerulia. Lisa Pinkham. 2016. (ENG., Illus.). (J). pap. 9.99 *(978-1-62522-082-0(0))* Indie Artist Pr.

Cerveau. Québec Amérique. 2023. (Savoir - Corps Humain Ser.: 1). (FRE., Illus.). 32p. (J). (gr. 4-7). 18.95 *(978-2-7644-4738-3(8))* Quebec Amerique CAN. Dist: Orca Bk. Pubs. USA.

Cesar Chavez, 2 vols. Christine Juarez. 2016. (Great Hispanic & Latino Americans Ser.). (ENG.). (J). (gr. k-1). 53.32 *(978-1-5157-5658-3(0))* Capstone.

Cesar Chavez, 1 vol. Joan Stoltman. 2017. (Little Biographies of Big People Ser.). (ENG.). 24p. (J). (gr. 1-2). pap. 9.15 *(978-1-5382-0919-6(5),* a98adc72-6756-45de-8966-b5f3f57f927a); lib. bdg. 24.27 *(978-1-5382-0921-9(7),* 2e81a573-8a97-4a3f-83e4-2e9ff53d32de) Stevens, Gareth Publishing LLLP.

Cesar Chavez. Jennifer Strand. 2016. (Legendary Leaders Ser.). (ENG.). 24p. (J). (gr. -1-2). 49.94 *(978-1-68079-404-5(3),* 23025, Abdo Zoom-Launch) ABDO Publishing Co.

Cesar Chávez: Activista Por Los Derechos Civiles Latinoamericanos (Cesar Chavez: Latino American Civil Rights Activist) (Spanish Version) Grace Hansen. 2016. (Biografías: Personas Que Han Hecho Historia (History Maker Biographies Set 2) Ser.). (SPA.). 24p. (J). (gr. -1-2). lib. bdg. 32.79 *(978-1-62402-679-9(6),* 24862, Abdo Kids) ABDO Publishing Co.

César Chávez: Fighting for Migrant Farmworkers, 1 vol. Kathlyn Gay. 2017. (Rebels with a Cause Ser.). (ENG.). 128p. (gr. 8-8). lib. bdg. 38.93 *(978-0-7660-8951-8(7),* e2b2d68f-f299-4b3b-b1d2-aee8b9baba8e) Enslow Publishing, LLC.

Cesar Chavez: Friend to Farm Workers. Jeri Cipriano. Illus. by Nigel Dobbyn. 2020. (Beginner Biography (LOOK! Books (tm)) Ser.). (ENG.). 24p. (J). (gr. k-2). pap. 8.99 *(978-1-63440-970-4(1),* f310a0df-8979-4ec3-849e-471da347bd52); lib. bdg. 25.32 *(978-1-63440-969-8(8),* d5e85d58-c601-4085-b26c-bce0db5a4365) Red Chair Pr.

Cesar Chavez: Get to Know the Leader Who Won Rights for Workers. Rebecca Langston-George. 2019. (People You Should Know Ser.). (ENG., Illus.). 32p. (J). (gr. 3-6). lib. bdg. 27.99 *(978-1-5435-5522-6(5),* 139384, Capstone Pr.) Capstone.

Cesar Chavez: Labor Rights Activist, 1 vol. Joanne Mattern. 2019. (Barrier-Breaker Bios Ser.). (ENG.). 32p. (gr. 2-2). pap. 11.58 *(978-1-5026-4952-2(7),* ff86fa33-8ac1-4442-8faf-3a7210156900) Cavendish Square Publishing LLC.

César Chávez (Cesar Chavez), 1 vol. Joan Stoltman. Tr. by Ana Maria Garcia. 2017. (Pequeñas Biografías de Grandes Personajes (Little Biographies of Big People) Ser.). (SPA.). 24p. (J). (gr. 1-2). pap. 9.15 *(978-1-5382-1557-9(8),* c75f06e4-e94b-4e4d-9329-409b44e84f26); lib. bdg. 24.27 *(978-1-5382-1530-2(6),* afbd1349-d177-4dcf-b3f8-9223f5f0d735) Stevens, Gareth Publishing LLLP.

César Chávez el Amigo de Los Campesinos: Leveled Reader Book 41 Level N 6 Pack. Hmh Hmh. 2021. (SPA.). 16p. (J). pap. 74.40 *(978-0-358-08437-2(7))* Houghton Mifflin Harcourt Publishing Co.

César y Reagan. Kate Nilson & Inês Dinis. Tr. by Jaden Turley. 2023. (SPA.). 32p. (J). pap. 10.99 ***(978-1-958302-45-3(7))*** Lawley Enterprises.

C'Est l'Heure du Bain, Lou ! - Lou It's Time to Wash. Dominique Curtiss. Tr. by Dmitry Prokofyev. Illus. by Muriel Gestin. 2018. (Lou & Teddy Ser.: Vol. 2). (FRE.). 44p. (J). (gr. k-3). pap. *(978-2-89687-753-9(3))* chouetteditions.com.

C'est Mon Piano, Monsieur! Wolfgang Amadeus Mozart. Ana Gerhard. Illus. by Marie Lafrance. 2021. (Petites Histoires de Grands Compositeurs Ser.). (ENG.). 32p. (J). (gr. 2-4). 16.95 *(978-2-924774-89-2(6))* Secret Mountain CAN. Dist: Independent Pubs. Group.

Cesta de Gatitos. Erika M. Szabo. l.t. ed. 2021. (SPA.). 42p. (J). pap. 13.95 ***(978-1-0879-8961-7(2))*** Indy Pub.

Cetojuan, '20, Vol. 2 (Classic Reprint) Cecil Township High School. (ENG., Illus.). (J). 2018. 76p. 25.46 *(978-0-365-16374-9(0))*; 2017. pap. 9.57 *(978-0-259-84208-8(7))* Forgotten Bks.

CEV Children's Illustrated New Testament: Contemporary English Version. Tr. by American Bible Society. 2016. (ENG., Illus.). (J). pap. 7.99 *(978-1-941448-80-9(1))* American Bible Society.

Ceylon: The Paradise of Adam; the Record of Seven Years' Residence in the Island (Classic Reprint) Caroline Corner. 2017. (ENG., Illus.). (J). 31.98 *(978-0-260-62840-4(9))* Forgotten Bks.

CF Montreal. Brian Trusdell. 2021. (Inside MLS Ser.). (ENG., Illus.). 48p. (J). (gr. 3-6). lib. bdg. 34.21 *(978-1-5321-9476-4(5),* 37450, SportsZone) ABDO Publishing Co.

Cg Advent Novelty Hc. Rey. 2023. (ENG.). (J). pap. 29.99 ***(978-0-358-41223-6(4),*** HarperCollins) HarperCollins Pubs.

Ch. Contrib. by Pam Scheunemann. 2023. (Blends & Digraphs Ser.). (ENG.). 24p. (J). (gr. -1-2). lib. bdg. 31.36 ***(978-1-0982-8254-7(X),*** 42212, Abdo Zoom-Launch) ABDO Publishing Co.

Ch Ch (Spanish Language) Maria Puchol. 2017. (Abecedario (the Alphabet) Ser.). (SPA.). 24p. (J). (gr. -1-2). lib. bdg. 31.36 *(978-1-5321-0327-8(1),* 27202, Abdo Kids) ABDO Publishing Co.

Cha-cha-chá en la selva. Stella Blackstone. Illus. by Debbie Harter. 2022. (SPA.). 32p. (J). (gr. -1-2). pap. 9.99 *(978-1-64686-505-5(7))* Barefoot Bks., Inc.

Cha Cha's Big Race. Titus Rozier. 2019. (ENG.). 30p. (J). pap. 12.95 *(978-1-64584-056-5(5))* Page Publishing Inc.

Chabelita's Heart: El Corazón de Chabelita. Isabel Millán. 2022. (ENG.). 44p. (J). 19.95 *(978-1-945289-24-8(4))*; pap. 13.95 *(978-1-945289-25-5(2))* Reflection Pr.

Chachita una niña Latina (colección) María Magdalena. 2019. (SPA.). 40p. (YA). 23.95 *(978-1-64334-068-5(9))* Page Publishing Inc.

Chad Checks: The Sound of CH. Peg Ballard. 2017. (Consonant Blends Ser.). (ENG.). 24p. (J). (gr. -1-2). lib. bdg. 32.79 *(978-1-5038-1932-0(9),* 211534) Child's World, Inc, The.

Chad the Cat: (Step 1) Sound Out Books (systematic Decodable) Help Developing Readers, Including Those with Dyslexia, Learn to Read with Phonics. Pamela Brookes. 2020. (Dog on a Log Let's Go! Books: Vol. 3). (ENG., Illus.). 40p. (J). 14.99 *(978-1-64831-053-9(2),* DOG ON A LOG Bks.) Jojoba Pr.

Chad the Cat Chapter Book: (Step 1) Sound Out Books (systematic Decodable) Help Developing Readers, Including Those with Dyslexia, Learn to Read with Phonics. Pamela Brookes. 2020. (Dog on a Log Chapter Books: Vol. 3). (ENG., Illus.). 42p. (J). 14.99 *(978-1-64831-010-2(9),* DOG ON A LOG Bks.) Jojoba Pr.

Chad's Chickens: Practicing the Ch Sound, 1 vol. Rafael Moya. 2016. (Rosen Phonics Readers Ser.). (ENG., Illus.). 12p. (J). (gr. -1-2). pap. *(978-1-5081-3055-0(8),* ea17404f-58fb-4959-a21d-288f41c22027, Rosen Classroom) Rosen Publishing Group, Inc., The.

Chadwick Activity Book, 1 vol. Priscilla Cummings & Alan R. Cohen. 2020. (ENG.). 48p. (J). (gr. -1-3). pap. 12.99 *(978-0-7643-5911-8(9),* 17480) Schiffer Publishing, Ltd.

Chadwick & Friends: A Lift-The-Flap Board Book, 1 vol. Priscilla Cummings. Illus. by A. R. Cohen. 2018. (ENG.). 22p. (J). bds. 12.99 *(978-0-7643-5579-0(1),* 16206) Schiffer Publishing, Ltd.

Chadwick Boseman. Emma Huddleston. 2020. (Superhero Superstars Ser.). (ENG., Illus.). 32p. (J). (gr. 2-3). pap. 9.95 *(978-1-64493-442-5(6),* 1644934426); lib. bdg. 31.35 *(978-1-64493-366-4(7),* 1644933667) North Star Editions. (Focus Readers).

Chadwick Boseman. Aubrey Zalewski. 2019. (Influential People Ser.). (ENG., Illus.). 32p. (J). (gr. 4-6). lib. bdg. 30.65 *(978-1-5435-7133-2(6),* 140413) Capstone.

Chadwick Boseman: Actor & Activist. Rachel Rose. 2023. (Bearport Biographies (set 2) Ser.). (ENG.). 24p. (J). (gr. 2-5). lib. bdg. 19.95 Bearport Publishing Co., Inc.

Chadwick Boseman: Superstar of Black Panther, 1 vol. Rita Santos. 2019. (Junior Biographies Ser.). (ENG.). 24p. (gr. 3-4). 24.27 *(978-1-9785-0750-0(X),* 5b0ed80f-b674-4c94-ac7a-8da9fb4242f9) Enslow Publishing, LLC.

Chadwick Boseman: Acting Superstar. Megan Borgert-Spaniol. 2021. (Superstars Ser.). (ENG., Illus.). 32p. (J). (gr. 2-5). lib. bdg. 34.21 *(978-1-5321-9564-8(8),* 37378, Big Buddy Bks.) ABDO Publishing Co.

Chadwick Boseman Is Black Panther(r), 1 vol. Katie Kawa. 2019. (Human Behind the Hero Ser.). (ENG.). 32p. (gr. 1-2). pap. 11.50 *(978-1-5382-4823-2(9),* dbcc2124-914e-42d2-b735-17a3fc1d6881) Stevens, Gareth Publishing LLLP.

Chadwick Treasury: The Four Classic Stories of an Adventurous Blue Crab & His Chesapeake Bay Friends, 1 vol. Priscilla Cummings. Illus. by A. R. Cohen. 2019. (ENG.). 128p. 26.99 *(978-0-7643-5704-6(2),* 16398) Schiffer Publishing, Ltd.

Chadwick's Epic Revenge. Lisa Doan. Illus. by Natalie Andrewson. 2018. (ENG.). 288p. (J). 27.99 *(978-1-250-15409-5(X),* 900184346) Roaring Brook Pr.

Chaff: Scars of the Past. Bryan David Sandberg. 2021. (Chaff Ser.). (ENG.). 324p. (YA). *(978-1-0391-1608-5(6))*; pap. *(978-1-0391-1607-8(8))* FriesenPress.

Chahta Leksikon: A Choctaw in English Definition, for the Choctaw Academies & Schools (Classic Reprint) Allen Wright. (ENG., Illus.). (J). 2018. 314p. 30.37 *(978-0-365-20818-1(3))*; 2017. pap. 13.57 *(978-0-282-35744-3(0))* Forgotten Bks.

Chai Spy - a Visual Journey Through Jewish Life. Ellen Filreis. 2016. (ENG., Illus.). (J). pap. 19.99 *(978-1-365-52038-9(2))* Lulu Pr., Inc.

Chain: A Novel (Classic Reprint) Charles Hanson Towne. (ENG., Illus.). (J). 2018. 380p. 31.73 *(978-0-484-45165-9(0))*; 2016. pap. 16.57 *(978-1-333-21557-6(6))* Forgotten Bks.

Chain Hat. Bree Ann Prezioso. Illus. by Alexander Prezioso. 2022. (ENG.). (J). 34p. 34.99 ***(978-1-387-58202-0(X))***; 33p. pap. ***(978-1-387-58203-7(8))*** Lulu Pr., Inc.

Chain Hat. Bree Ann Prezioso. 2019. (ENG.). 38p. (J). 25.95 *(978-1-64628-725-3(8))*; pap. 17.95 *(978-1-64462-512-5(1))* Page Publishing Inc.

Chain Letter. Stephen Simpson. 2019. (ENG.). 122p. (J). pap. 9.99 *(978-1-393-44691-0(4))* Draft2Digital.

Chain of Gold. Cassandra Clare. (Last Hours Ser.: 1). (ENG., Illus.). 624p. (YA). (gr. 9). 2021. pap. 14.99 *(978-1-4814-3188-0(9))*; 2020. 24.99 *(978-1-4814-3187-3(0))* McElderry, Margaret K. Bks. (McElderry, Margaret K. Bks.).

Chain of Gold: A Tale of Adventure on the West Coast of Ireland (Classic Reprint) Standish O'Grady. 2018. (ENG., Illus.). 314p. (J). 30.37 *(978-0-483-55931-8(8))* Forgotten Bks.

Chain of Iron. Cassandra Clare. (Last Hours Ser.: 2). (ENG.). (YA). (gr. 9). 2023. 688p. pap. 14.99 *(978-1-4814-3191-0(9))*; 2021. (Illus.). 656p. 24.99 *(978-1-4814-3190-3(0))* McElderry, Margaret K. Bks. (McElderry, Margaret K. Bks.).

Chain of Thorns. Cassandra Clare. 2023. (Last Hours Ser.: 3). (ENG., Illus.). 784p. (YA). (gr. 9). 24.99 *(978-1-4814-3193-4(5),* McElderry, Margaret K. Bks.) McElderry, Margaret K. Bks.

Chain Reactions: Poems from the Catalyst. David M. Briggs. 2021. (ENG.). 44p. (YA). pap. *(978-1-300-84278-1(4))* Lulu Pr., Inc.

Chainbearer, or the Littlepage Manuscripts (Classic Reprint) J. Fenimore Cooper. 2017. (ENG., Illus.). 478p. (J). 33.78 *(978-0-484-71436-5(8))* Forgotten Bks.

Chainbreaker. Tara Sim. 2018. (Timekeeper Ser.: 2). (Illus.). (YA). (gr. 9-9). 504p. pap. 10.99 *(978-1-5107-3873-7(8))*; 488p. 18.99 *(978-1-5107-0619-4(4))* Skyhorse Publishing Co., Inc. (Sky Pony Pr.).

Chaîne Alimentaire Dans la Forêt. Alan Walker. Tr. by Claire Savard. 2021. (Mes Premiers Livres de Science (My First Science Books) Ser.). (FRE.). 24p. (J). (gr. k-2). pap. *(978-1-4271-3681-7(5),* 13369) Crabtree Publishing Co.

Chaîne Alimentaire Dans la forêt (Food Chain in a Forest) Alan Walker. Tr. by Claire Savard. 2021. (FRE.). 24p. (J). (gr. k-2). lib. bdg. ***(978-1-4271-5061-5(3))*** Crabtree Publishing Co.

Chaîne Alimentaire Dans le Désert. Alan Walker. Tr. by Claire Savard. 2021. (Mes Premiers Livres de Science (My First Science Books) Ser.). (FRE.). 24p. (J). (gr. k-2). pap. *(978-1-4271-3680-0(7),* 13370) Crabtree Publishing Co.

Chaîne Alimentaire Dans le désert (Food Chain in a Desert) Alan Walker. Tr. by Claire Savard. 2021. (FRE.). 24p. (J). (gr. k-2). lib. bdg. ***(978-1-4271-5060-8(5))*** Crabtree Publishing Co.

Chained Lightning: A Story of Adventure in Mexico (Classic Reprint) Ralph Graham Taber. (ENG., Illus.). (J). 2018. 308p. 30.27 *(978-0-484-36474-4(X))*; 2016. pap. 13.57 *(978-1-333-15631-2(6))* Forgotten Bks.

Chains. Laurie Halse Anderson. l.t. ed. 2017. (Seeds of America Ser.). (ENG.). 442p. 22.99 *(978-1-4104-9917-2(0))* Cengage Gale.

Chains: A Play, in Four Acts (Classic Reprint) Elizabeth Baker. 2017. (ENG., Illus.). (J). 25.65 *(978-1-5284-7712-3(X))* Forgotten Bks.

Chains & Freedom; or the Life & Adventures of Peter Wheeler: A Colored Man yet Living; a Slave in Chains, a Sailor on the Deep, a Sinner at the Cross (Classic Reprint) Edwards Lester the Mountain Wild Flower. 2018. (ENG., Illus.). 264p. (J). 29.34 *(978-0-483-32169-4(9))* Forgotten Bks.

Chains of Enduring Faith. Victor L. Sabadus. 2018. (ENG.). 184p. (YA). pap. 17.99 *(978-1-5456-5226-8(0))* Salem Author Services.

Chains of Gwyndorr. Joan Campbell. 2022. (ENG.). 274p. (YA). pap. *(978-1-991222-91-6(2))* African Public Policy & Research Institute, The.

Chair in the Middle of Nowhere: The Adventures of Will & His Lucky Striped Socks. A. M. Mulligan. Illus. by Kurt

Hershey. 2021. (ENG.). 24p. (J). *(978-1-5255-6520-5(6))*; pap. *(978-1-5255-6521-2(4))* FriesenPress.

Chair on the Boulevard. Leonard Merrick. 2023. (ENG.). 224p. (YA). pap. 18.99 ***(978-1-0881-0168-1(2))*** Indy Pub.

Chair on the Boulevard (Classic Reprint) Leonard Merrick. 2018. (ENG., Illus.). 392p. (J). 31.98 *(978-0-364-07959-1(2))* Forgotten Bks.

Chair-Pulpit, or Six Little Sermons for Little Hearers (Classic Reprint) Neil Forest. (ENG., Illus.). (J). 2018. 100p. 25.96 *(978-0-483-90060-8(5))*; 2017. pap. 9.57 *(978-0-243-40004-1(7))* Forgotten Bks.

Chairolas, Prince of Paida (Classic Reprint) Edward Bulwer Lytton. 2017. (ENG., Illus.). (J). 28.52 *(978-0-265-74187-0(4))*; pap. 10.97 *(978-1-5277-0823-5(3))* Forgotten Bks.

Chairs on Strike: A Funny, Rhyming, Read Aloud Kid's Book for Preschool, Kindergarten, 1st Grade, 2nd Grade, 3rd Grade, 4th Grade, or Early Readers. Jennifer Jones. 2021. (ENG.). 34p. (J). 19.99 *(978-1-63731-225-4(3))* Grow Grit Pr.

Chaiwala! Priti Birla Maheshwari. Illus. by Ashley Barron. 2021. (ENG.). 24p. (J). (gr. 2-2). 17.95 *(978-1-77147-368-2(1))* Owlkids Bks. Inc. CAN. Dist: Publishers Group West (PGW).

Chakra Healing for Cats: Energy Work for a Happy & Healthy Feline Friends. Lynn McKenzie. 2022. (Chakra Healing for Pets Ser.: 1). (ENG., Illus.). 144p. (gr. 7). 14.95 *(978-1-83861-088-3(X)*, Mortimer Children's Bks.) Welbeck Publishing Group Ltd. GBR. Dist: Two Rivers Distribution.

Chal de Tal. Israel S. Gonzalez. 2020. (SPA.). 36p. (J). pap. *(978-1-6780-3388-0(X))* Lulu Pr., Inc.

Chaldean Magician: An Adventure in Rome in the Reign of the Emperor Diocletian (Classic Reprint) Ernst Eckstein. 2017. (ENG., Illus.). (J). 26.50 *(978-0-331-92197-7(9))*; pap. 9.57 *(978-0-282-08622-0(6))* Forgotten Bks.

Chalice. Steven Hary. 2021. (ENG.). 34p. (J). pap. 10.00 *(978-1-68470-627-3(0))* Lulu Pr., Inc.

Chalice of Courage: A Romance of Colorado (Classic Reprint) Cyrus Townsend Brady. 2018. (ENG., Illus.). 412p. (J). 32.39 *(978-0-483-46533-6(X))* Forgotten Bks.

Chalice of Jupiter. Lynne North. 2017. (ENG., Illus.). (J). (gr. 4-6). pap. 11.99 *(978-1-68160-249-3(0))* Crimson Cloak Publishing.

Chalice of the Chipped Ruby (Classic Reprint) J. Christian Bay. 2018. (ENG., Illus.). 92p. (J). 25.81 *(978-0-267-67485-5(6))* Forgotten Bks.

Chalice of the Goddess: First in the Sandstone Series. Tracey Grace. Ed. by Susan Snowden. Illus. by Tracey Grace. 2023. (ENG., Illus.). 313p. (YA). per. 17.95 *(978-0-9719628-4-2(7))* Amazing Dreams Publishing.

Chalice of the Gods 9-Copy Floor Display. Rick Riordan. 2023. (J). (gr. 3-7). 179.91 ***(978-1-368-10399-2(5)*** Disney-Hyperion) Disney Publishing Worldwide.

Chalice of the Gods INDIE SIGNED 9-Copy Floor Display. Rick Riordan. 2023. (J). (gr. 3-7). 179.91 ***(978-1-368-10096-0(1)***, Disney-Hyperion) Disney Publishing Worldwide.

Chalice Well. S. B. Postlewhite. 2023. (Dumnonian Compass Ser.: Vol. 2). (ENG.). 274p. (YA). pap. ***(978-1-922993-64-9(6))*** Shawline Publishing Group.

Chalise, Master of Maps, 1 vol. Wayan James. 2016. (Rosen REAL Readers: Social Studies Nonfiction / Fiction: Myself, My Community, My World Ser.). (ENG.). 12p. (gr. k-1). pap. 6.33 *(978-1-5081-2571-6(6)*, b31b70ae-c03d-44fb-8ec1-23df2a64c8d4, Rosen Classroom) Rosen Publishing Group, Inc., The.

Chalk Art Handbook: How to Create Masterpieces on Driveways & Sidewalks & in Playgrounds. David Zinn. 2021. 192p. (J). 19.99 *(978-1-5107-6441-5(0))* Skyhorse Publishing Co., Inc.

Chalk Boy. Margaret Wild. Illus. by Mandy Ord. 2019. (ENG.). 32p. (J). (gr. k-2). 16.99 *(978-1-76063-068-3(3))* Allen & Unwin AUS. Dist: Independent Pubs. Group.

Chalk Giraffe. Kirsty Paxton. Illus. by Megan Lotter. 2020. (ENG.). 32p. (J). (gr. -1-1). 17.95 *(978-1-68446-096-0(4)*, 141333, Capstone Editions) Capstone.

Chalk It Up: A How to Draw for Budding Artists. Bobo's Children Activity Books. 2016. (ENG., Illus.). (J). pap. 9.33 *(978-1-68327-018-8(5))* Sunshine In My Soul Publishing.

Chalk Rainbow. Deborah Kelly. Illus. by Gwynneth Jones. 2017. (ENG.). 32p. (J). (gr. -1-3). 17.99 *(978-1-925335-45-3(3)*, 317135, EK Bks.) Exisle Publishing Pty Ltd. AUS. Dist: Hachette UK Distribution.

Challah That Took over the House. Melissa Berg. 2017. (ENG., Illus.). (J). (gr. 1-6). pap. *(978-0-9921637-5-4(7))* Berg, Melissa.

Challah That Took over the House. Melissa Berg. Illus. by Shiela a Marie. 2019. (ENG.). 64p. (J). (gr. k-4). *(978-1-9995167-5-8(3))* Heartlab Pr.

Challah vs. Matza. Berg Melissa. Illus. by Alejandro Shiela. 2017. (ENG.). (J). (gr. k-6). pap. *(978-0-9921637-6-1(5))* Berg, Melissa.

Challenge. Sherif Sadek. 2019. (ENG.). 48p. (J). (gr. k-2). pap. *(978-1-9995742-1-5(4))* Gauvin, Jacques.

Challenge. Sherif Sadek. (ENG., Illus.). (J). (gr. k-2). 2020. 48p. pap. ***(978-1-7770682-4-0(X))***; 2019. 28p. pap. ***(978-1-9995742-8-4(1))*** Yakootah.

Challenge Accepted. Jaqueline Snowe. (ENG.). 346p. (YA). 2021. pap. *(978-1-83943-737-3(5))*; 2017. (Cleat Chasers Ser.: Vol. 1). pap. *(978-1-78651-965-8(8))* Totally Entwinded Group.

Challenge (Classic Reprint) Harold Begbie. 2018. (ENG., Illus.). 320p. (J). 30.52 *(978-0-483-52952-6(4))* Forgotten Bks.

Challenge Everything: an Extinction Rebellion Youth Guide to Saving the Planet. Blue Sandford & Extinction Rebellion. 2020. (ENG., Illus.). 144p. (J). (gr. 7). pap. 9.95 *(978-1-84365-464-3(4)*, Pavilion Children's Books) Pavilion Bks. GBR. Dist: HarperCollins Pubs.

Challenge of Common Knowledge II. Barbara A. Pierce. 2019. (ENG.). 80p. (J). 17.99 *(978-1-970072-51-8(2))*; pap. 8.99 *(978-1-970072-50-1(4))* New Leaf Media, LLC.

Challenge of SUDOKU 6x6 PUZZLE BOOK: Large Print Sudoku Puzzle Book for KIDS, Brain Trainer EASY. Yoshi Sakamoto. l.t. ed. 2021. (ENG.). 68p. (J). *(978-1-326-86045-5(3))*; pap. *(978-1-326-84515-5(2))* Lulu.com.

Challenge of the North. James B. Hendryx. 2017. (ENG., Illus.). (J). 22.95 *(978-1-374-87416-9(7))*; pap. 12.95 *(978-1-374-87415-2(9))* Capital Communications, Inc.

Challenge the Mind Kids Activity Book. Bobo's Children Activity Books. 2016. (ENG., Illus.). (J). (gr. 3-6). pap. 7.99 *(978-1-68327-399-8(0))* Sunshine In My Soul Publishing.

Challenge to Adventure (Classic Reprint) Irving Curtis. (ENG., Illus.). (J). 2018. 352p. 31.16 *(978-0-483-58361-0(8))*; 2016. pap. 13.57 *(978-1-334-13015-1(9))* Forgotten Bks.

Challenge to Sirius (Classic Reprint) Sheila Kaye-Smith. 2018. (ENG., Illus.). 450p. (J). 33.18 *(978-0-483-71068-9(7))* Forgotten Bks.

Challenge Word Searches Workbook Grades K-1 - Ages 5 To 7. Baby Iq Builder Books. 2016. (ENG., Illus.). (J). pap. 8.99 *(978-1-68374-730-7(5))* Examined Solutions PTE. Ltd.

Challenger: Contender Book 2. Taran Matharu. 2021. (Contender Ser.: 2). (ENG., Illus.). 416p. (YA). pap. 10.99 *(978-1-250-79193-1(6)*, 900179182) Square Fish.

Challenger Deep. Neal Shusterman. ed. 2016. (YA). lib. bdg. 20.85 *(978-0-606-38734-7(X))* Turtleback.

Challenger Explosion. Valerie Bodden. 2018. (Disasters for All Time Ser.). (ENG.). 48p. (J). (gr. 4-7). pap. 12.00 *(978-1-62832-547-8(X)*, 19724, Creative Paperbacks) Creative Co., The.

Challenger SRT Hellcat. Julia Garstecki. 2019. (Epic Cars Ser.). (ENG.). 32p. (J). (gr. 4-6). pap. 9.99 *(978-1-64466-034-8(2)*, 12725); (Illus.). lib. bdg. *(978-1-68072-835-4(0)*, 12724) Black Rabbit Bks. (Bolt).

Challenger SRT Hellcat. Julia Garstecki. 2019. (Coches épicos Ser.). (SPA.). 32p. (J). (gr. 4-6). *(978-1-62310-212-8(X)*, 12882, Bolt) Black Rabbit Bks.

Challenges for 6-Year-Old Problem Solvers: Mazes & Connect the Dots Activity Pack for Kids, 2 vols. Speedy Publishing Books. 2019. (ENG.). 212p. (J). pap. 19.99 *(978-1-5419-7215-5(5))* Speedy Publishing LLC.

Challenges for LGBTQ Teens. Martha Lundin. 2020. (Teen Problems Ser.). (ENG.). 80p. (YA). (gr. 6-12). 41.27 *(978-1-68282-963-9(4))* ReferencePoint Pr., Inc.

Challenges for Smart Kids Activity Book 6th Grade. Educando Kids. 2019. (ENG.). 42p. (J). pap. 8.55 *(978-1-64521-766-4(3)*, Educando Kids) Editorial Imagen.

Challenging Book of Connect the Dots! Activity Book. Kreative Kids. 2016. (ENG., Illus.). (J). pap. 10.81 *(978-1-68377-095-4(1))* Whlke, Traudl.

Challenging but Entertaining Mazes for Kids Age 8-10. Educando Kids. 2019. (ENG.). 42p. (J). pap. 8.55 *(978-1-64521-605-6(5)*, Educando Kids) Editorial Imagen.

Challenging Dot to Dot Puzzles for Kids. Speedy Kids. 2017. (ENG., Illus.). (J). pap. 9.20 *(978-1-5419-0966-3(6))* Speedy Publishing LLC.

Challenging Find the Difference Puzzle Books for Kids. Educando Kids. 2019. (ENG.). 42p. (J). pap. 8.55 *(978-1-64521-641-4(1)*, Educando Kids) Editorial Imagen.

Challenging Hidden Picture Books for Children Age 8. Jupiter Kids. 2018. (ENG., Illus.). 106p. (J). pap. 12.55 *(978-1-5419-3623-2(X)*, Jupiter Kids (Childrens & Kids Fiction)) Speedy Publishing LLC.

Challenging How to Draw Activity Book for Kids Activity Book. Activity Book Zone for Kids. 2016. (ENG., Illus.). (J). pap. 9.20 *(978-1-68376-067-2(0))* Sabeels Publishing.

Challenging Mazes: 80 Timed Mazes to Test Your Skill! Illus. by Lisa Mallet & Marc Parchow. 2016. (Challenging... Bks.). (ENG.). 96p. (J). (gr. 3-7). pap. 8.99 *(978-1-4380-0788-5(4))* Sourcebooks, Inc.

Challenging Mazes for Clever Kids. 2022. (ENG.). 64p. (J). pap. 5.99 *(978-1-4413-3939-3(6)*, 6fa18d7b-0723-40cd-a07d-67832eee360a) Peter Pauper Pr. Inc.

Challenging Mazes for Kids Ages 4-8: Maze Activity Book 4-6, 6-8 - Brain Bending Puzzles. Penciol Press. 2021. (ENG.). 105p. (J). pap. *(978-1-291-32900-1(5))* Lulu Pr., Inc.

Challenging Spot the Difference Activity Book for Older Kids. Bobo's Children Activity Books. 2016. (ENG., Illus.). (J). pap. 10.81 *(978-1-68327-019-5(3))* Sunshine In My Soul Publishing.

Challenging Stereotypes & Prejudices, 1 vol. Jeanne Marie Ford. 2017. (Active Citizenship Today Ser.). (ENG.). 32p. (gr. 3-3). pap. 11.58 *(978-1-5026-2916-6(X)*, fbb62af8-e662-4ac3-87ed-4874cfbcf064) Cavendish Square Publishing LLC.

Challenging Sudoku Puzzles for Elementary Students. Speedy Kids. 2017. (ENG., Illus.). (J). pap. 9.20 *(978-1-5419-3358-3(3))* Speedy Publishing LLC.

Challenging the Fires of Chaos: The Legacy of Zyanthia - Book Four. Chantelle Griffin. 2019. (Legacy of Zyanthia Ser.: Vol. 4). (ENG.). (YA). (gr. 7-12). 252p. *(978-0-9943921-9-0(2))*; 314p. pap. *(978-0-6487305-0-7(6))* Griffin, Chantelle.

Challoners (Classic Reprint) E. F. Benson. 2017. (ENG., Illus.). (J). 31.22 *(978-0-331-75286-1(7))* Forgotten Bks.

Chalmers Comes Back (Classic Reprint) William James Dawson. (ENG., Illus.). (J). 2018. 332p. 30.74 *(978-0-483-60905-1(6))*; 2017. 30.46 *(978-1-5280-6426-2(7))*; 2017. pap. 13.57 *(978-0-243-27741-4(5))*; 2016. pap. 13.57 *(978-1-333-85027-2(1))* Forgotten Bks.

Chamarilero. Lourdes Gutiérrez. 2020. (Mirador Bolsillo Ser.). (SPA.). 24p. (J). (gr. k-2). pap. 7.95 *(978-607-8469-80-2(0))* Nostra Ediciones MEX. Dist: Independent Pubs. Group.

Chamber. John Grisham. 2017. (ENG., Illus.). (J). 34.13 *(978-0-265-19470-6(9))* Forgotten Bks.

Chamber Comedies: A Collection of Plays & Monologues, for the Drawing Room (Classic Reprint) Florence Hugh Bell Olliffe Bell. 2018. (ENG., Illus.). 348p. (J). 31.07 *(978-0-267-23655-8(7))* Forgotten Bks.

Chamber of Truth. James Erith. 2018. (Eden Chronicles Ser.: Vol. 3). (ENG., Illus.). 278p. (YA). (gr. 7-12). pap. *(978-1-910134-11-5(2))* Jerico Pr.

Chambermaid's Diary, Vol. 9 (Classic Reprint) Octave Mirbeau. 2018. (ENG., Illus.). 460p. (J). 33.38 *(978-0-484-54040-7(8))* Forgotten Bks.

Chambers Edinburgh Journal, Vol. 11: January-June, 1849 (Classic Reprint) William Chambers. 2017. (ENG., Illus.). (J). 41.43 *(978-0-265-51728-4(1))* Forgotten Bks.

Chambers' Home Book, or Pocket Miscellany, Vol. 1 Of 6: Containing a Choice Selection of Interesting & Instructive Reading for the Old & the Young (Classic Reprint) Unknown Author. (ENG., Illus.). (J). 2018. 382p. 31.78 *(978-0-483-83732-4(6))*; 2017. pap. 16.57 *(978-0-243-58831-2(3))* Forgotten Bks.

Chamber's Home Book or Pocket Miscellany, Vol. 6 (Classic Reprint) William Chambers Robert Chambers. (ENG., Illus.). (J). 2018. 366p. 31.45 *(978-0-365-33479-8(0))*; 2017. pap. 13.97 *(978-0-259-30652-8(5))* Forgotten Bks.

Chambers's Edinburgh Journal 1850: Volumes 13-14 (Classic Reprint) William Chambers. (ENG., Illus.). (J). 2018. 846p. 41.49 *(978-0-484-88526-3(X))*; 2017. pap. 23.97 *(978-0-243-22504-0(0))* Forgotten Bks.

Chambers's Edinburgh Journal, Vol. 1: Nos. 1 to 26, January June, 1844 (Classic Reprint) William Chambers. 2017. (ENG., Illus.). (J). pap. 23.97 *(978-0-243-32432-3(4))* Forgotten Bks.

Chambers's Edinburgh Journal, Vol. 11: January-June, 1849 (Classic Reprint) William Chambers. 2017. (ENG., Illus.). (J). 41.39 *(978-0-260-33047-5(7))*; pap. 23.97 *(978-1-5282-1231-1(2))* Forgotten Bks.

Chambers's Edinburgh Journal, Vol. 11: Nos. 262 to 287; January-June, 1849 (Classic Reprint) William Chambers. 2017. (ENG., Illus.). (J). 844p. 41.32 *(978-0-332-75804-6(4))*; 846p. pap. 23.97 *(978-0-332-56331-2(6))* Forgotten Bks.

Chambers's Edinburgh Journal, Vol. 15: January to June, 1832 (Classic Reprint) William Chambers. (ENG., Illus.). (J). 2018. 848p. 41.39 *(978-0-656-32493-4(7))*; 2017. pap. 23.97 *(978-1-334-93770-5(2))* Forgotten Bks.

Chambers's Edinburgh Journal, Vol. 2: Nos. 27 to 52; July-December, 1844 (Classic Reprint) William Chambers. 2017. (ENG., Illus.). (J). pap. 16.57 *(978-0-243-27278-5(2))* Forgotten Bks.

Chambers's Edinburgh Journal, Vol. 3: Nos. 53 to 78; January-June 1845 (Classic Reprint) William Chambers. 2018. (ENG., Illus.). 850p. (J). pap. 23.97 *(978-0-428-15699-2(1))* Forgotten Bks.

Chambers's Edinburgh Journal, Vol. 7: January-June, 1847 (Classic Reprint) William Chambers. (ENG., Illus.). (J). 2018. 41.39 *(978-0-265-51916-5(0))*; 2017. pap. 23.97 *(978-0-243-19891-7(4))* Forgotten Bks.

Chambers's Edinburgh Journal, Vol. 9: Nos. 209 to 234, January-June, 1848 (Classic Reprint) William Chambers. (ENG., Illus.). (J). 2018. 862p. 41.68 *(978-0-267-00292-4(0))*; 2017. pap. 24.02 *(978-0-243-94752-2(6))* Forgotten Bks.

Chambers's Graduated Readers, Vol. 5 (Classic Reprint) Unknown Author. (ENG., Illus.). (J). 2018. 262p. 29.30 *(978-0-484-66462-2(X))*; 2017. pap. 11.97 *(978-0-282-42618-7(3))* Forgotten Bks.

Chambers's Journal of Popular Literature, Science, & Art, 1883, Vol. 20 (Classic Reprint) William Chambers. (ENG., Illus.). (J). 2018. 842p. 41.28 *(978-0-483-44148-4(1))*; 2017. pap. 23.97 *(978-1-334-92169-8(5))* Forgotten Bks.

Chambers's Journal of Popular Literature, Science & Arts: Volume IX, Nos. 209-234, January-June, 1858; Volume X, Nos. 235-260, July-December, 1858 (Classic Reprint) William Chambers. (ENG., Illus.). (J). 2018. 830p. 41.04 *(978-0-666-23007-2(2))*; 2017. pap. 23.57 *(978-1-334-91976-3(3))* Forgotten Bks.

Chambers's Journal of Popular Literature, Science & Arts, 1866 (Classic Reprint) William Chambers. (ENG., Illus.). (J). 2018. 876p. 41.96 *(978-0-332-19557-5(0))*; 2017. pap. 24.31 *(978-1-334-92631-0(X))* Forgotten Bks.

Chambers's Journal of Popular Literature, Science & Arts, 1875 (Classic Reprint) Unknown Author. (ENG., Illus.). (J). 2018. 842p. 41.26 *(978-0-483-45306-7(4))*; 2017. pap. 23.97 *(978-1-334-91009-8(X))* Forgotten Bks.

Chambers's Journal of Popular Literature, Science & Arts, 1877 (Classic Reprint) William Chambers. (ENG., Illus.). (J). 2018. 844p. 41.32 *(978-0-484-40914-8(X))*; 2017. pap. 23.97 *(978-0-243-89261-7(6))* Forgotten Bks.

Chambers's Journal of Popular Literature, Science & Arts, 1888, Vol. 5 (Classic Reprint) Ronertchambers Ronertchambers. (ENG., Illus.). (J). 2018. 842p. 41.26 *(978-0-428-87747-7(8))*; 2017. pap. 23.97 *(978-1-334-92806-2(1))* Forgotten Bks.

Chambers's Journal of Popular Literature, Science & Arts, 1889, Vol. 6 (Classic Reprint) William Chambers. (ENG., Illus.). (J). 2018. 860p. 41.63 *(978-0-484-53122-1(0))*; 2017. pap. 23.98 *(978-1-334-91920-6(8))* Forgotten Bks.

Chambers's Journal of Popular Literature, Science & Arts, Vol. 1: No. 1 to 25; January-June, 1854 (Classic Reprint) William Chambers. 2017. (ENG., Illus.). (J). 41.28 *(978-0-260-37989-4(1))*; pap. 23.97 *(978-1-5279-1512-1(3))* Forgotten Bks.

Chambers's Journal of Popular Literature, Science & Arts, Vol. 6: Nos. 131-156; July-December 1856 (Classic Reprint) William Chambers. (ENG., Illus.). (J). 2018. 426p. 32.68 *(978-0-332-73456-9(0))*; 2017. pap. 16.57 *(978-1-334-92545-0(3))* Forgotten Bks.

Chambers's Journal of Popular Literature, Science & Arts, Vol. 7: January-June, 1857 (Classic Reprint) William Chambers. 2017. (ENG., Illus.). (J). 41.39 *(978-0-260-44329-8(8))*; pap. 23.97 *(978-1-5282-1760-6(8))* Forgotten Bks.

Chambers's Miscellany of Useful & Entertaining Knowledge, Vol. 3 (Classic Reprint) Robert Chambers. (ENG., Illus.). (J). 2018. 876p. 41.96 *(978-0-483-86049-0(2))*; 2017. pap. 24.28 *(978-0-243-31504-8(X))* Forgotten Bks.

Chambers's Miscellany of Useful & Entertaining Tracts (Classic Reprint) William Chambers. (ENG., Illus.). (J). 2018. 522p. 34.66 *(978-0-365-45824-1(4))*; 2018. 254p. 29.11 *(978-0-332-93661-1(9))*; 2018. 590p. 36.07 *(978-0-483-50045-7(3))*; 2018. 268p. 29.42 *(978-0-483-93139-4(4))*; 2017. pap. 19.57 *(978-0-259-45965-1(8))*; 2017. pap. 11.97 *(978-0-243-25716-4(3))*; 2016. pap. 19.57 *(978-1-334-24571-8(1))* Forgotten Bks.

Chambers's Miscellany of Useful & Entertaining Tracts, Vol. 1 (Classic Reprint) William Chambers. (ENG., Illus.). (J). 2018. 556p. 35.36 *(978-0-483-65329-0(2))*; 2017. pap. 19.57 *(978-0-243-26649-4(9))* Forgotten Bks.

Chambers's Miscellany of Useful & Entertaining Tracts, Vol. 15 (Classic Reprint) William Chambers. 2018. (ENG., Illus.). 576p. (J). 35.78 *(978-0-267-78753-1(7))* Forgotten Bks.

Chambers's Miscellany of Useful & Entertaining Tracts, Vol. 3 (Classic Reprint) William Chambers. 2018. (ENG., Illus.). 588p. (J). 36.02 *(978-0-267-46590-3(4))* Forgotten Bks.

Chambers's Miscellany of Useful & Entertaining Tracts, Vol. 7 (Classic Reprint) William Chambers. 2016. (ENG., Illus.). (J). pap. 19.57 *(978-1-333-63287-8(8))* Forgotten Bks.

Chambers's Miscellany of Useful & Entertaining Tracts, Vol. 9 (Classic Reprint) William Chambers. (ENG., Illus.). (J). 2018. 556p. 35.36 *(978-0-332-51459-8(5))*; 2016. pap. 19.57 *(978-1-333-61504-8(3))* Forgotten Bks.

Chambers's New Reciter (Classic Reprint) Israel Zangwill. 2018. (ENG., Illus.). 516p. (J). 34.54 *(978-0-483-05436-3(4))* Forgotten Bks.

Chambers's Pocket Miscellany, Vol. 13 (Classic Reprint) William Chambers. (ENG., Illus.). (J). 2018. 392p. 31.98 *(978-0-267-00462-1(1))*; 2017. pap. 16.57 *(978-0-243-97452-8(3))* Forgotten Bks.

Chambers's Pocket Miscellany, Vol. 15 (Classic Reprint) William Chambers. 2017. (ENG., Illus.). (J). pap. 10.57 *(978-0-282-10999-8(4))* Forgotten Bks.

Chambers's Pocket Miscellany, Vol. 17 (Classic Reprint) William Chambers. 2017. (ENG., Illus.). (J). pap. 16.57 *(978-0-259-51022-2(X))* Forgotten Bks.

Chambers's Pocket Miscellany, Vol. 19 (Classic Reprint) Unknown Author. 2018. (ENG., Illus.). 386p. (J). 31.86 *(978-0-483-11600-9(9))* Forgotten Bks.

Chambers's Pocket Miscellany, Vol. 21 (Classic Reprint) Unknown Author. (ENG., Illus.). (J). 2018. 390p. 31.94 *(978-0-365-52372-7(0))*; 2017. pap. 16.57 *(978-1-5276-4666-7(1))* Forgotten Bks.

Chambers's Pocket Miscellany, Vol. 23 (Classic Reprint) W. Chambers. (ENG., Illus.). (J). 2018. 394p. 32.02 *(978-0-483-63715-3(7))*; 2017. pap. 16.57 *(978-0-243-32507-8(X))* Forgotten Bks.

Chambers's Pocket Miscellany, Vol. 3 (Classic Reprint) William Chambers Robert Chambers. 2018. (ENG., Illus.). 360p. (J). 31.32 *(978-0-364-44334-7(0))* Forgotten Bks.

Chambers's Pocket Miscellany, Vol. 5 (Classic Reprint) William Chambers. (ENG., Illus.). (J). 2018. 390p. 31.94 *(978-0-332-16527-1(2))*; 2016. pap. 16.57 *(978-1-333-15515-5(8))* Forgotten Bks.

Chambers's Pocket Miscellany, Vol. 7 (Classic Reprint) William Chambers. 2018. (ENG., Illus.). 392p. (J). 31.98 *(978-0-267-47896-5(8))* Forgotten Bks.

Chambers's Pocket Miscellany, Vol. 9 (Classic Reprint) William Chambers. 2018. (ENG., Illus.). 390p. (J). 31.94 *(978-0-365-17333-5(9))* Forgotten Bks.

Chambers's Repository of Instructing & Amusing Tracts (Classic Reprint) William Chambers. 2017. (ENG., Illus.). (J). pap. 23.57 *(978-0-243-86124-8(9))* Forgotten Bks.

Chameleon: A Comedy in Three Acts. Josephine Preston Peabody. 2017. (ENG., Illus.). (J). pap. *(978-0-649-34513-7(4))* Trieste Publishing Pty Ltd.

Chameleon: A Comedy in Three Acts (Classic Reprint) Josephine Preston Peabody. 2018. (ENG., Illus.). 76p. (J). 25.48 *(978-0-364-69642-2(7))* Forgotten Bks.

Chameleon: A Seek & Find Book, 1 vol. Miyauni. 2019. (ENG.). 32p. (J). (gr. -1-3). 16.99 *(978-0-7643-5771-8(9)*, 17514) Schiffer Publishing, Ltd.

Chameleon: Children's Reptile & Amphibian Book with Facts. Bold Kids. 2022. (ENG.). 46p. (J). pap. 14.99 *(978-1-0717-0916-0(X))* FASTLANE LLC.

Chameleon, 1922, Vol. 1 (Classic Reprint) Belmont High School. 2017. (ENG., Illus.). (J). 26.02 *(978-0-266-58906-8(5))*; pap. 9.57 *(978-0-282-89710-9(0))* Forgotten Bks.

Chameleon, 1924, Vol. 3 (Classic Reprint) Belmont High School. (ENG., Illus.). (J). 2018. 84p. 25.63 *(978-0-656-22262-9(X))*; 2017. pap. 9.57 *(978-0-259-53241-5(X))* Forgotten Bks.

Chameleon, 1927, Vol. 6 (Classic Reprint) Paul Walker. 2017. (ENG., Illus.). (J). 146p. 26.93 *(978-0-484-19652-9(9))*; pap. 9.57 *(978-0-259-53043-5(3))* Forgotten Bks.

Chameleon (Classic Reprint) James Weber Linn. (ENG., Illus.). (J). 2018. 434p. 32.85 *(978-0-483-93941-7(2))*; 2016. pap. 16.57 *(978-1-334-13242-1(9))* Forgotten Bks.

Chameleon Kid & the Shock: Lunch Is Served. Emilie Dufresne. Illus. by Katy Jones. 2023. (Level 9 - Gold Set Ser.). (ENG.). 32p. (J). (gr. 2-4). lib. bdg. 19.95 Bearport Publishing Co., Inc.

Chameleon Thief. Mat Larkin. 2023. (ENG.). 288p. (J). (— 1). pap. 16.99 ***(978-1-76050-285-0(5))*** Hardie Grant Children?s Publishing AUS. Dist: Independent Pubs. Group.

Chameleon Who Couldn't Change Colour. Gail Clarke. 2017. (ENG., Illus.). (J). (gr. k-3). *(978-1-912406-23-4(3))*; (gr. 1-4). pap. *(978-1-912406-16-6(0))* Gupole Pubns.

Chameleons. Valerie Bodden. 2016. (Illus.). 24p. (J). 28.50 *(978-1-60818-609-9(1)*, Creative Education) Creative Co., The.

Chameleons. Contrib. by Megan Gendell. 2023. (Reptiles Ser.). (ENG., Illus.). 32p. (J). pap. 9.95 ***(978-1-63738-597-5(8))***; lib. bdg. 31.35 ***(978-1-63738-543-2(9))*** North Star Editions. (Apex).

Chameleons. Ashley Gish. 2019. (X-Books: Reptiles Ser.). (ENG.). 32p. (J). (gr. 3-5). pap. 9.99 *(978-1-62832-667-3(0)*, 18868, Creative Paperbacks); *(978-1-64026-079-5(X)*, 18867) Creative Co., The.

Chameleons. Golriz Golkar. 2018. (Rain Forest Animals Ser.). (ENG., Illus.). 24p. (J). (gr. 1-1). pap. 8.95 *(978-1-63517-820-3(7)*, 1635178207) North Star Editions.

Chameleons. Golriz Golkar. 2018. (Rain Forest Animals (Cody Koala) Ser.). (ENG., Illus.). 24p. (J). (gr. k-3). lib. bdg. 31.36 *(978-1-5321-6025-7(9)*, 28682, Pop! Cody Koala) Pop!.

C

Chameleons. Imogen Kingsley. 2019. (Lizards in the Wild Ser.). (ENG.). 24p. (J). (gr. 1-4). lib. bdg. *(978-1-68151-555-7(5)*, 14516) Amicus.

Chameleons. Julie Murray. 2021. (Animals with Camo Ser.). (ENG.). 24p. (J). (gr. k-4). lib. bdg. 31.36 *(978-1-0982-2437-0(X)*, 37080, Abdo Zoom-Dash) ABDO Publishing Co.

Chameleons. Leo Statts. 2016. (Desert Animals Ser.). (ENG.). 24p. (J). (gr. -1-2). 49.94 *(978-1-68079-347-5(0)*, 22968, Abdo Zoom-Launch) ABDO Publishing Co.

Chameleons Change Color!, 1 vol. Elise Tobler. 2020. (Reptiles Rock! Ser.). (ENG.). 32p. (gr. 2-3). pap. 11.53 *(978-1-9785-1812-4(9)*, 714b6e2f-fc8a-4431-a995-028e44bb3a65) Enslow Publishing, LLC.

Chameleon's Colors. Harriet Evans. Illus. by Jo Rooks. 2021. (ENG.). 16p. (J). (-k). bds. 9.99 *(978-1-68010-616-9(3))* Tiger Tales.

Chamilla's Discovery. Eyleen French. 2019. (ENG.). 32p. (J). pap. 14.95 *(978-1-64424-960-4(X))* Page Publishing Inc.

Chamo: Leveled Reader Book 51 Level H 6 Pack. Hmh Hmh. 2021. (SPA.). 16p. (J). pap. 74.40 *(978-0-358-08268-2(4))* Houghton Mifflin Harcourt Publishing Co.

Chamois Hunting Mountains of Bavaria (Classic Reprint) Charles Boner. 2017. (ENG., Illus.). (J). 33.84 *(978-0-260-98926-0(6))* Forgotten Bks.

Champ. Delia Laboni. 2022. (ENG.). 46p. (J). pap. 15.99 ***(978-1-0879-1820-4(0))*** Indy Pub.

Champ. Ellen Miles. 2016. 84p. (J). *(978-1-5182-2778-3(3))* Scholastic, Inc.

Champ. Ellen Miles. ed. 2016. (Puppy Place Ser.: 43). (ENG.). 96p. (J). (gr. 2-5). 14.75 *(978-0-606-39138-2(X))* Turtleback.

Champ (the Puppy Place #43) Ellen Miles. 2018. (Follow Me Around... Ser.: 43). (ENG.). 96p. (J). (gr. 3-4). E-Book 7.95 *(978-0-545-86365-0(1)*, Scholastic Paperbacks) Scholastic, Inc.

Champagne Standard (Classic Reprint) John Lane. 2018. (ENG., Illus.). 352p. (J). 31.16 *(978-0-483-75671-7(7))* Forgotten Bks.

ChampIAN STEWARTnova: Supporting the Northern Ireland Football Team 1980 - 2009. Jonny Blair. 2023. (ENG.). 254p. (YA). pap. ***(978-1-4478-7754-7(3))*** Lulu Pr., Inc.

Champion: Contender Book 3. Taran Matharu. 2022. (Contender Ser.: 3). (ENG.). 384p. (YA). pap. 11.99 *(978-1-250-83306-8(X)*, 900179183) Square Fish.

Champion: The Graphic Novel. Marie Lu. ed. 2017. (Legend Graphic Novels Ser.: 3). lib. bdg. 26.95 *(978-0-606-39796-4(5))* Turtleback.

Champion: The Story of a Kart Racer. Thomas Horton. 2017. (ENG., Illus.). (YA). pap. *(978-1-78723-058-3(9))* CompletelyNovel.com.

Champion: The Story of Muhammad Ali. Jim Haskins. Illus. by Eric Velasquez. 2018. (ENG.). 40p. (J). 18.99 *(978-1-68119-588-9(7)*, 900179015, Bloomsbury USA Childrens) Bloomsbury Publishing USA.

Champion Charlies 4: The Grand Finale. Adrian Beck. 2018. (Champion Charlies Ser.: 4). (ENG.). 176p. (J). (gr. k-2). 15.99 *(978-0-14-379130-0(3))* Random Hse. Australia AUS. Dist: Independent Pubs. Group.

Champion Chompers, Super Stinkers & Other Poems by Extraordinary Animals. Linda Ashman. Illus. by Aparna Varma. 2023. (ENG.). 48p. (J). (gr. 1-4). 19.99 ***(978-1-5253-0350-0(3))*** Kids Can Pr., Ltd. CAN. Dist: Hachette Bk. Group.

Champion (Classic Reprint) Charles Egbert Craddock. 2018. (ENG., Illus.). 268p. (J). 29.44 *(978-0-483-28891-1(8))* Forgotten Bks.

Champion (Classic Reprint) John Colin Dane. 2018. (ENG., Illus.). 338p. (J). 30.87 *(978-0-365-48432-5(6))* Forgotten Bks.

Champion in the Seventies (Classic Reprint) Edith A. Barnett. (ENG., Illus.). (J). 2018. 374p. 31.63 *(978-0-483-56964-5(X))*; 2017. pap. 16.57 *(978-0-243-20832-6(4))* Forgotten Bks.

Champion of Fate. Kendare Blake. 2023. (Heromaker Ser.: 1). (ENG.). 480p. (YA). (gr. 9). 19.99 ***(978-0-06-297720-5(2)***, Quill Tree Bks.) HarperCollins Pubs.

Champion of the Foothills (Classic Reprint) Lewis Edwin Theiss. (ENG., Illus.). (J). 2018. 360p. 31.34 *(978-0-483-80767-9(2))*; 2017. pap. 13.97 *(978-0-243-09128-7(1))* Forgotten Bks.

Champion of the Titan Games, vol. 4. Brandon Mull. 2020. (Dragonwatch Ser.: 4). (ENG., Illus.). 544p. (J). (gr. 5). 19.99 *(978-1-62972-788-2(1)*, 5240661) Deseret Bk. Co.

Champion of the Titan Games: A Fablehaven Adventure. Brandon Mull. 2021. (Dragonwatch Ser.: 4). (ENG., Illus.). 544p. (J). (gr. 3-8). pap. 9.99 *(978-1-4814-8508-1(3)*, Aladdin) Simon & Schuster Children's Publishing.

Champion of Valdeor. Sandra L. Hanley. 2021. (ENG.). 304p. (YA). pap. 17.99 *(978-1-7377398-0-7(1))* Sandralena Hanley.

Champion: the Graphic Novel. Marie Lu. 2017. (Legend Ser.: 3). (ENG., Illus.). 160p. (YA). (gr. 7). pap. 15.99 *(978-0-451-53434-7(4)*, G.P. Putnam's Sons Books for Young Readers) Penguin Young Readers Group.

Championess. Kelly Zekas & Tarun Shanker. 2021. (ENG., Illus.). 232p. (YA). (gr. 7). pap. 21.99 *(978-1-68116-076-4(5))* Legendary Comics.

Champions: Blame It on the Train. Ron Marz & David A. Rodriguez. Illus. by Salvatore Costanza et al. 2018. (Skylanders Ser.). (ENG.). 24p. (J). (gr. 1-5). lib. bdg. 31.36 *(978-1-5321-4243-7(9)*, 28571, Graphic Novels) Spotlight.

Champions: I Am Legendary. Ron Marz & David A. Rodriguez. Illus. by Massimo Asaro et al. 2018. (Skylanders Ser.). (ENG.). 24p. (J). (gr. 1-5). lib. bdg. 31.36 *(978-1-5321-4245-1(5)*, 28573, Graphic Novels) Spotlight.

Champions - Worlds Collide. Mark Waid. Illus. by Humberto Ramos. 2021. 200p. (J). (gr. 5-9). pap. 12.99 ***(978-1-302-92326-6(9)***, Outreach/New Reader) Marvel Worldwide, Inc.

Champions by Jim Zu: Give & Take, Vol. 2. Jim Zub. Illus. by Steven Cummings. 2019. (Champions Ser.: 2). 112p. (gr. 8-17). pap. 15.99 *(978-1-302-91672-5(6)*, Marvel Universe) Marvel Worldwide, Inc.

Champions: déjà Vu All over Again & Again. Ron Marz & David A. Rodriguez. Illus. by Aurelio Mazzara et al. 2018. (Skylanders Ser.). (ENG.). 24p. (J). (gr. 1-5). lib. bdg. 31.36 *(978-1-5321-4244-4(7)*, 28572, Graphic Novels) Spotlight.

Champions for Women's Rights: Matilda Joslyn Gage, Julia Ward Howe, Lucretia Mott, & Lucy Stone, 1 vol. Lynn Barber. 2016. (Heroes of the Women's Suffrage Movement Ser.). (ENG., Illus.). 128p. (gr. 6-6). 38.93 *(978-0-7660-7891-8(4)*, eaa758a8-6dcc-4701-9fbb-ec0b9d1106c4) Enslow Publishing, LLC.

Champions League Legends. Jonathan Avise. 2018. (Super Soccer Ser.). (ENG., Illus.). 32p. (J). (gr. 3-6). lib. bdg. 32.79 *(978-1-5321-1743-5(4)*, 30774, SportsZone) ABDO Publishing Co.

Champions of the Blade: Paladero Book 4, Volume 4. Steven Lochran. 2020. (Paladero Ser.: 4). (ENG.). 352p. (J). (gr. 4-7). pap. 11.99 *(978-1-76012-473-1(7))* Hardie Grant Children?s Publishing AUS. Dist: Independent Pubs. Group.

Champions of Women's Soccer. Ann Killion. 2019. 276p. (J). (gr. 3-7). 8.99 *(978-0-399-54903-8(X)*, Puffin Books) Penguin Young Readers Group.

Champions, Volume 1: Change the World, Vol. 1. Mark Waid. ed. 2017. (J). lib. bdg. 28.15 *(978-0-606-40327-6(2))* Turtleback.

Championship Coaches, 12 vols. 2019. (Championship Coaches Ser.). (ENG.). 112p. (YA). (gr. 7-7). lib. bdg. 241.62 *(978-1-9785-0012-9(2)*, 66ec399e-7337-4d4e-89fc-dced27a05f2a) Enslow Publishing, LLC.

Championship Colors! (Blaze & the Monster Machines) Golden Books. Illus. by Golden Books. 2017. (ENG., Illus.). 224p. (J). (gr. -1-2). pap. 6.99 *(978-1-5247-6558-3(9)*, Golden Bks.) Random Hse. Children's Bks.

Champlain Monster. Jeff Danziger. 2019. (ENG., Illus.). 96p. (J). (gr. 1-1). 24.95 *(978-1-7322662-9-2(8))* Green Writers Pr.

Chance: A Tale in Two Parts (Classic Reprint) Joseph Conrad. 2017. (ENG., Illus.). (J). 33.61 *(978-1-5285-3404-8(2))* Forgotten Bks.

Chance: Escape from the Holocaust. Uri Shulevitz. 2020. (ENG., Illus.). 336p. (J). 34.99 *(978-0-374-31371-5(7)*, 900219796, Farrar, Straus & Giroux (BYR)) Farrar, Straus & Giroux.

Chance Acquaintance. William Dean Howells. 2017. (ENG.). 288p. (J). pap. *(978-3-7446-6074-7(5))* Creation Pubs.

Chance Acquaintance (Classic Reprint) William Dean Howells. 2017. (ENG., Illus.). 288p. (J). 29.84 *(978-0-484-68712-6(3))* Forgotten Bks.

Chance & His Backyard Buddies. Rh Helm. 2019. (ENG.). 62p. (J). 27.95 *(978-1-64569-860-9(2))*; pap. 17.95 *(978-1-64569-074-0(1))* Christian Faith Publishing.

Chance Encounters (Classic Reprint) Maxwell Struthers Burt. (ENG., Illus.). (J). 2018. 300p. 30.10 *(978-0-666-17489-5(X))*; 2017. pap. 13.57 *(978-0-243-93665-6(6))* Forgotten Bks.

Chance Explores the Farm. Laurie Gifford Adams. Illus. by Nissa Burch. 2023. (Chance Adventure Ser.: Vol. 1). (ENG.). 34p. (J). pap. 10.95 ***(978-0-9904647-8-5(4))*** Windswept Publishing.

Chance for Himself, or Jack Hazard & His Treasure (Classic Reprint) J. T. Trowbridge. 2017. (ENG., Illus.). (J). pap. 11.97 *(978-0-243-40283-0(X))* Forgotten Bks.

Chance for Himself, or Jack Hazard & His Treasure (Classic Reprint) John Townsend Trowbridge. 2017. (ENG., Illus.). (J). 29.47 *(978-0-260-27283-6(3))* Forgotten Bks.

Chance for Solinea. Genene Stradling. 2019. (ENG.). 42p. (J). pap. 11.95 *(978-1-64584-377-1(7))* Page Publishing Inc.

Chance Hits (Classic Reprint) Norman H. Chance. (ENG., Illus.). (J). 2018. 156p. 27.13 *(978-0-656-76887-5(8))*; 2017. pap. 9.57 *(978-0-259-21848-7(0))* Forgotten Bks.

Chance in Chains. Guy Thorne. 2018. (ENG., Illus.). 98p. (J). pap. *(978-3-7326-3069-1(2))* Klassik Literatur. ein Imprint der Salzwasser Verlag GmbH.

Chance in Chains: A Story of Monte Carlo. Guy Thorne. 2017. (ENG., Illus.). (J). pap. *(978-0-649-48986-2(1))* Trieste Publishing Pty Ltd.

Chance in Chains: A Story of Monte Carlo (Classic Reprint) Guy Thorne. 2018. (ENG., Illus.). 188p. (J). 27.77 *(978-0-267-16257-4(X))* Forgotten Bks.

Chance in the World (Young Readers Edition) An Orphan Boy, a Mysterious Past, & How He Found a Place Called Home, 1 vol. Steve Pemberton. 2021. (ENG.). 256p. (J). pap. 15.99 *(978-1-4002-2514-9(0)*, Tommy Nelson) Nelson, Thomas Inc.

Chance of a Lifetime & Reality Check: Izzy Folau Bindup 1. Israel Folau & David Harding. 2016. (Izzy Folau Ser.). (ENG., Illus.). 352p. (YA). (gr. 7-9). pap. 18.95 *(978-0-14-378092-2(1))* Random Hse. Australia AUS. Dist: Independent Pubs. Group.

Chance Striker: One in a Million. Salwa Emerson. 2019. (ENG., Illus.). 224p. (J). pap. 12.99 *(978-1-7323603-0-3(8))* EmersonInk.

Chance, the Idol: A Play in Four Acts (Classic Reprint) Henry Arthur Jones. 2018. (ENG., Illus.). 106p. (J). 26.08 *(978-0-267-49704-1(0))* Forgotten Bks.

Chance, the Incredible, Wonderful, Three-Legged Dog & Making Friends. Carolyn Sullivan Moore. 2016. (SPA., Illus.). (J). pap. 12.95 *(978-1-5069-0294-4(4))* First Edition Design Publishing.

Chance the Rapper, Vol. 11. Joe L. Morgan. 2018. (Hip-Hop & R & B: Culture, Music & Storytelling Ser.). (Illus.). 80p. (J). (gr. 7). lib. bdg. 33.27 *(978-1-4222-4179-0(3))* Mason Crest.

Chance the Rapper: Hip-Hop Artist, 1 vol. Heather Moore Niver. 2018. (Junior Biographies Ser.). (ENG.). 24p. (gr. 3-4). 24.27 *(978-0-7660-9715-5(3)*, c4910d85-7d77-4e64-9da1-8c77c0e1782b) Enslow Publishing, LLC.

Chance the Rapper: Independent Innovator. Diane Bailey. 2017. (Hip-Hop Artists Ser.). (ENG., Illus.). 112p. (J). (gr. 6-12). lib. bdg. 41.36 *(978-1-5321-1325-3(0)*, 27533, Essential Library) ABDO Publishing Co.

Chance the Rapper: Independent Master of Hip-Hop Flow. Jamie Hudalla. 2020. (Movers, Shakers, & History Makers Ser.). (ENG.). 48p. (J). (gr. 3-5). pap. 8.95 *(978-1-4966-8816-3(3)*, 201749); (Illus.). lib. bdg. 31.99 *(978-1-4966-8474-5(5)*, 200350) Capstone. (Capstone Pr.).

Chance the Rapper: Musician & Activist, 1 vol. Tom Head & Deirdre Head. 2019. (Stars of Hip-Hop Ser.). (ENG.). 32p. (gr. 2-2). pap. 11.53 *(978-1-9785-1003-6(9)*, 12fdb770-3c6d-4a9c-b35e-f008a9022ee9) Enslow Publishing, LLC.

Chance the Rapper: Rapping Superstar. Rebecca Felix. 2021. (Superstars Ser.). (ENG.). 32p. (J). (gr. 2-5). lib. bdg. 34.21 *(978-1-5321-9565-5(6)*, 37380, Big Buddy Bks.) ABDO Publishing Co.

Chance to Be ME. Margaret Gregory. 2023. (ENG.). 258p. (YA). pap. ***(978-1-922695-45-1(9))*** Tried and Trusted Indie Publishing.

Chance to Dance: Keisha Goes to Dance School. Keisha Bussey. Illus. by Tyrus Goshay & Myunique C. Green. 2021. (ENG.). 36p. (J). pap. 14.99 *(978-1-6780-8222-2(8))* Lulu Pr., Inc.

Chance to Fly. Ali Stroker & Stacy Davidowitz. 2021. (Chance to Fly Ser.). (ENG.). 288p. (J). (gr. 3-7). 16.99 *(978-1-4197-4393-1(7)*, 1687601, Amulet Bks.) Abrams, Inc.

Chance to Live: With a Foreword (Classic Reprint) Zoë Beckley. 2017. (ENG., Illus.). (J). 31.07 *(978-0-265-74619-6(1))*; pap. 13.57 *(978-1-5277-1450-2(0))* Forgotten Bks.

Chance to Rescue. Cassie Douglas. Ed. by Lorelei Noire. 2020. (ENG.). 28p. (J). pap. 12.00 *(978-1-0879-3026-8(X))* Indy Pub.

Chance, Vol. 2 Of 2: A Tale in Two Parts (Classic Reprint) Joseph Conrad. 2017. (ENG., Illus.). (J). 29.24 *(978-0-266-72521-3(X))*; pap. 11.97 *(978-1-5276-8482-9(2))* Forgotten Bks.

Chancellor of the Tyrol, Vol. 2 (Classic Reprint) Herman Schmid. (ENG., Illus.). (J). 2018. 362p. 31.36 *(978-0-332-81652-4(4))*; 2017. pap. 13.97 *(978-0-243-41796-4(9))* Forgotten Bks.

Chancery Suit (Classic Reprint) Richard Brinsley Peake. 2017. (ENG., Illus.). (J). 25.53 *(978-0-331-16679-8(8))* Forgotten Bks.

Chances. Rose King. Ed. by Leah Olajide. Illus. by Dan Henderson. 2022. (ENG.). 26p. (J). 19.99 ***(978-1-7362060-9-6(5))*** Author Pubns.

Chances. Rose King. Ed. by Leah Olajide. Illus. by Dan Henderson. 2022. (ENG.). 26p. (J). pap. 19.99 ***(978-1-7362060-7-2(9))*** King, Rose.

Chances & Changes: My Journey with Molly. Valerie Tripp. 2018. 177p. (J). *(978-1-5444-0749-4(1)*, American Girl) American Girl Publishing, Inc.

Chances & Changes, Vol. 1 Of 3: A Domestic Story (Classic Reprint) Unknown Author. 2018. (ENG., Illus.). 306p. (J). 30.13 *(978-0-332-04190-2(5))* Forgotten Bks.

Chances Are. Trish Dulka. 2023. (ENG.). 246p. (YA). pap. ***(978-1-923020-03-0(X)***, Bk. Reality Experience, The) Leschenault Pr.

Chances Are. William C. Howard. 2019. (ENG.). 58p. (YA). pap. 12.95 *(978-1-64544-143-4(1))* Page Publishing Inc.

Chances in Disguise. Diana J. Noble. 2021. (ENG.). 262p. (YA). pap. 14.95 *(978-1-55885-930-2(6)*, Piñata Books) Arte Publico Pr.

Chance's Way. Nancy M. Bell. 2021. (ENG.). 220p. (YA). pap. *(978-0-2286-1918-5(1))* Books We Love Publishing Partners.

Chancho el Campeón (Pig the Winner) Aaron Blabey. Illus. by Aaron Blabey. 2018. (Chancho el Pug Ser.).Tr. of Pig the Winner. (SPA., Illus.). 32p. (J). (gr. -1-k). pap. 4.99 *(978-1-338-32967-4(7)*, Scholastic en Espanol) Scholastic, Inc.

Chancho el Mentiroso (Pig the Fibber) Aaron Blabey. Illus. by Aaron Blabey. 2020. (Chancho el Pug Ser.).Tr. of Pig the Fibber. (SPA., Illus.). 32p. (J). (gr. -1-k). pap. 5.99 *(978-1-338-63101-2(2)*, Scholastic en Espanol) Scholastic, Inc.

Chancho el Pug (Pig the Pug) Aaron Blabey. Illus. by Aaron Blabey. 2018. (Chancho el Pug Ser.). (SPA., Illus.). 32p. (J). (gr. -1-k). pap. 4.99 *(978-1-338-29953-3(0)*, Scholastic en Espanol) Scholastic, Inc.

Chancho el Rebelde (Pig the Rebel) Aaron Blabey. Illus. by Aaron Blabey. 2023. (Chancho el Pug Ser.). (SPA.). 32p. (J). (gr. -1-k). pap. 7.99 *(978-1-338-87410-5(1)*, Scholastic en Espanol) Scholastic, Inc.

Chancho la Estrella (Pig the Star) Aaron Blabey. Illus. by Aaron Blabey. 2019. (Chancho el Pug Ser.).Tr. of Pig the Star. (SPA., Illus.). 32p. (J). (gr. -1-k). pap. 4.99 *(978-1-338-35909-1(6)*, Scholastic en Espanol) Scholastic, Inc.

Chanda Mama. Mona Ahuja & Sid Veloria. 2016. (ENG., Illus.). (J). pap. 8.95 *(978-1-937675-20-2(3))* Lekha Pubs., LLC.

Chandail de Hockey see Hockey Sweater

Chandail Orange de Phyllis. Phyllis Webstad. Tr. by Marie-Christine Payette. Illus. by Brock Nicol. 2020. Orig. Title: Phyllis's Orange Shirt. (FRE.). 28p. (J). (gr. -1-k). 11.95 *(978-1-989122-48-8(5))* Medicine Wheel Education CAN. Dist: Orca Bk. Pubs. USA.

Chandeliea. R. Anderson, Jr. 2023. (ENG.). 72p. (J). 22.99 ***(978-1-7325362-8-9(7))*** Rogue Star Publishing LLC.

Chandler: A Story of Friendship. Nerissa Reaves. 2021. (ENG.). 32p. pap. *(978-1-716-86319-6(8))*; *(978-1-716-62734-7(6))* Lulu Pr., Inc.

Chandler Legacies. Abdi Nazemian. (ENG.). (YA). (gr. 8). 2023. 352p. pap. 15.99 *(978-0-06-303933-9(8))*; 2022. 336p. 17.99 *(978-0-06-303932-2(X))* HarperCollins Pubs. (Balzer & Bray).

Chandler the Handler... YOU CAN't BULLY ME!!! How to Be Proactive. Kem Frasier. 2022. (ENG.). 54p. (J). 17.99 ***(978-1-959071-46-4(7))***; pap. 8.99 ***(978-1-955531-70-2(6))*** New Age Literary Agency.

Chandu & the Super Set of Parents. Roopa Raveendran-Menon. 2021. 146p. (J). (gr. 2-4). pap. 13.95 *(978-1-64603-014-9(1))* Regal Hse. Publishing, LLC.

Ch'ang Hon Taekwon-Do Hosinsul: Self Defence Techniques from Ch'ang Hon (Itf) Taekwon-Do. Stuart Paul Anslow. 2017. (Ch'ang Hon Taekwon-Do Ser.: Vol. 7). (ENG., Illus.). (J). 978-1-906628-74-1(2)) Checkpoint Pr.

Changdinho. Fernando. Rivera. 2020. (ENG., Illus.). 22p. (J). pap. 12.50 *(978-1-64531-620-6(3))* Newman Springs Publishing, Inc.

Change. Bradley Caffee. 2022. (ENG.). 256p. (YA). pap. 12.99 ***(978-1-953957-09-2(9))*** Mountain Brook Ink.

Change. L. F. Radley. 2016. (ENG., Illus.). (J). pap. *(978-0-9585487-9-3(X))* Creative 30 Publishing.

Chang'e: Goddess of the Moon. Jean Kuo Lee. 2022. (Chinese Mythology Ser.). (ENG.). 32p. (J). (gr. 2-5). lib. bdg. 34.21 *(978-1-5321-9992-9(9)*, 40853, Kids Core) ABDO Publishing Co.

Change & Resilience. Holly Duhig. 2018. (Our Values - Level 3 Ser.). (Illus.). 32p. (J). (gr. 5-6). *(978-0-7787-5433-6(2))* Crabtree Publishing Co.

Change-Change Game see Juego del Cambia-Cambia

Change Child. Jane Louise Curry. 2017. (ENG., Illus.). (J). pap. 19.99 *(978-1-62524-321-8(9)*, Candlewood Pr.) Harding Hse. Publishing Sebice Inc.

Change (Classic Reprint) J. O. Francis. 2018. (ENG., Illus.). 172p. (J). 27.46 *(978-0-666-72259-1(5))* Forgotten Bks.

Change in Fate. Angélique Jones. 2023. (Covens Ser.). (ENG.). 228p. (YA). ***(978-1-0391-6558-8(3))***; pap. ***(978-1-0391-6557-1(5))*** FriesenPress.

Change Inside: A Call to Change. Mary Tymchuk. 2020. (ENG.). 144p. (YA). pap. 11.30 *(978-1-716-33395-8(4))* Lulu Pr., Inc.

Change of Air & a Man of Mark (Classic Reprint) Anthony Hope. 2017. (ENG., Illus.). (J). 31.90 *(978-0-265-54529-4(3))*; pap. 16.57 *(978-0-282-76665-8(0))* Forgotten Bks.

Change of Climate (Classic Reprint) Alice A. Methley. 2018. (ENG., Illus.). 358p. (J). 31.28 *(978-0-267-17224-5(9))* Forgotten Bks.

Change of Heart, 1 vol. Alice Walsh. Illus. by Erin Bennett Banks. 2018. (ENG.). 32p. (J). pap. 12.95 *(978-1-77108-564-9(9)*, 99931dea-92fc-432b-960d-a95aea5b649a) Nimbus Publishing, Ltd. CAN. Dist: Baker & Taylor Publisher Services (BTPS).

Change of Plans for Elmo!: Sesame Street Monster Meditation in Collaboration with Headspace. Random House. Illus. by Random House. 2023. (Monster Meditation Ser.). (ENG., Illus.). 26p. (J). (-k). bds. 8.99 *(978-0-593-48252-0(2)*, Random Hse. Bks. for Young Readers) Random Hse. Children's Bks.

Change Places with Me. Lois Metzger. 2016. (ENG.). 224p. (YA). (gr. 9). 17.99 *(978-0-06-238553-6(4)*, Balzer & Bray) HarperCollins Pubs.

Change Rising. John Guzzardo. 2020. (ENG.). 246p. (YA). pap. 10.99 *(978-1-68160-408-4(6))* Crimson Cloak Publishing.

Change Signals: A Story of the New Football (Classic Reprint) Ralph Henry Barbour. (ENG., Illus.). (J). 2018. 354p. 31.20 *(978-0-332-14780-2(0))*; 2017. pap. 13.57 *(978-0-243-28537-2(X))* Forgotten Bks.

Change Sings: A Children's Anthem. Amanda Gorman. Illus. by Loren Long. 2021. (ENG.). 32p. (J). (gr. -1-3). 18.99 *(978-0-593-20322-4(4)*, Viking Books for Young Readers) Penguin Young Readers Group.

Change Starts with Us. Sophie Beer. 2021. (ENG.). 26p. (J). (— 1). bds. 11.99 *(978-0-593-40610-6(9)*, Dial Bks) Penguin Young Readers Group.

Change the Tide. Brandon Killpack. 2021. (ENG.). 348p. (YA). 30.00 *(978-1-0879-3726-7(4))* Indy Pub.

Change the World: 10 Daring Women of God. Shirley Raye Redmond. 2022. (Courageous World Changers Ser.). (ENG., Illus.). 20p. (J). (— 1). bds. 9.99 *(978-0-7369-8615-1(4)*, 6986151, Harvest Kids) Harvest Hse. Pubs.

Change the World Before Bedtime, 1 vol. Mark Kimball Moulton et al. 2nd rev. ed. 2018. (ENG., Illus.). 40p. (J). (gr. -1-3). 16.99 *(978-0-7643-5581-3(3)*, 16191) Schiffer Publishing, Ltd.

Change Up. Derek Jeter. 2016. (Jeter Publishing Ser.). (ENG., Illus.). 176p. (J). (gr. 3-7). 17.99 *(978-1-4814-6445-1(0)*, Simon & Schuster/Paula Wiseman Bks.) Simon & Schuster/Paula Wiseman Bks.

Change with the Seasons or an Episode of Castle Crags: A Novel (Classic Reprint) Duncan Cumming. 2018. (ENG., Illus.). 180p. (J). 27.63 *(978-0-483-35089-2(3))* Forgotten Bks.

Change Would Do You Good: Manhattan Girls. J.D. Fitzgerald. Ed. by Valerie Valentine. l.t. ed. 2021. (ENG.). 124p. (YA). *(978-1-68564-958-6(0))* Orchid.

Change Would Do You Good: Manhattan Girls. J.D. Fitzgerald. l.t. ed. 2020. (ENG.). 160p. (YA). pap. *(978-1-63760-607-0(9))* Orchid.

Change Your Name & Disappear. Rosie Malezer. 2017. (ENG.). 363p. (J). 26.95 *(978-1-78554-875-8(1)*, e4955187-540f-410e-9959-054246d045) Austin Macauley Pubs. Ltd. GBR. Dist: Baker & Taylor Publisher Services (BTPS).

Changed Brides (Classic Reprint) E. D. E. N. Southworth. (ENG., Illus.). (J). 2017. 34.23 *(978-0-331-74230-5(6))*; 2016. pap. 16.97 *(978-1-333-86746-1(8))* Forgotten Bks.

Changed for Good: My Journey to Jesus. Wanda Lynn. 2019. (ENG.). 136p. (YA). 28.95 *(978-1-9736-7353-8(3))*; pap. 11.95 *(978-1-9736-7354-5(1))* Author Solutions, LLC. (WestBow Pr.).

Changed Man. Thomas Hardy. Ed. by Sheba Blake. 2020. (ENG.). 274p. (YA). pap. 13.99 *(978-1-222-29308-1(0))* Indy Pub.

Changed Man, the Waiting Supper, & Other Tales: Concluding with the Romantic Adventures of a Milkmaid (Classic Reprint) Thomas Hardy. 2017. (ENG., Illus.). (J). 32.66 *(978-0-331-75485-8(1))* Forgotten Bks.

Changed Valentines: And Other Plays for St. Valentine's Day (Classic Reprint) Elizabeth F. Guptill. (ENG., Illus.). (J). 2018. 70p. 25.36 *(978-0-267-38290-3(1))*; 2016. pap. 9.57 *(978-1-334-15254-2(3))* Forgotten Bks.

Changeling. Walter Besant. 2017. (ENG.). 388p. (J). pap. *(978-3-337-11242-4(0))* Creation Pubs.

Changeling: A Novel (Classic Reprint) Walter Besant. 2018. (ENG., Illus.). 326p. (J). 30.62 *(978-0-656-91663-4(X))* Forgotten Bks.

Changeling: And Other Stories (Classic Reprint) Donn Byrne. (ENG., Illus.). (J). 2018. 440p. 32.97

TITLE INDEX

CHAP-BOOKS & FOLK-LORE TRACTS; THE

C

(978-0-428-36334-5(2)); 2017. pap. 16.57 (978-0-243-38210-1(3)) Forgotten Bks.

Changeling of Fenlen Forest. Katherine Magyarody. 2019. (ENG.). 208p. (YA). pap. 11.95 (978-1-77337-019-4(7), Yellow Dog) Great Plains Pubns. CAN. Dist: Independent Pubs. Group.

Changelings. Virginia Loh-Hagan. 2018. (Magic, Myth, & Mystery Ser.). (ENG., Illus.). 32p. (J). (gr. 4-8). lib. bdg. 32.07 (978-1-5341-2940-5(5), 211804, 45th Parallel Press) Cherry Lake Publishing.

Changelings. Christina Soontornvat. 2017. (Changelings Ser.: 1). (ENG.). 304p. (J). (gr. 5-8). pap. 8.99 (978-1-4926-4795-9(0)) Sourcebooks, Inc.

Changeling's Child. Rachael Lindsay. 2016. (ENG., Illus.). (J). pap. (978-1-907552-87-8(1), Nightingale Books) Pegasus Elliot Mackenzie Pubs.

Changeling's Choice: Book II of the Troutespond Series. Elizabeth Priest. 2019. (Troutespond Ser.: Vol. 2). (ENG., Illus.). 182p. (YA). (gr. 8-12). pap. (978-1-911143-43-7(3)) Luna Pr. Publishing.

Changelings (Classic Reprint) Lucy M. Ross. (ENG., Illus.). (J). 2018. 34p. 24.66 (978-0-332-57661-9(2)); 2016. pap. 7.97 (978-1-334-15767-7(7)) Forgotten Bks.

Changeling's Daughter. R. Chris Reeder. 2018. (ENG., Illus.). 306p. (YA). (gr. 7-12). pap. 20.95 (978-1-68433-181-9(1)) Black Rose Writing.

Changement de Cap Tome 1 Je Prends les Choses en Main. Gwendoline Macqret-Dumaine. 2016. (FRE., Illus.). 164p. (J). pap. (978-1-326-87428-5(4)) Lulu Pr., Inc.

Changer. Tatiana Strelkoff. 2019. (Changer Trilogy Ser.: 1). (Illus.). 62p. (gr. 4-6). pap. 12.95 (978-0-945522-03-4(7)) BookBaby.

Changer War. H. K. Varian. 2017. (Hidden World of Changers Ser.: 8). (ENG.). 176p. (J). (gr. 3-7). 17.99 (978-1-5344-0146-4(6)); (Illus.). pap. 6.99 (978-1-5344-0145-7(8)) Simon Spotlight. (Simon Spotlight).

Changers Book Four: Forever. T. Cooper & Allison Glock-Cooper. 2018. (Changers Ser.). (ENG.). (J). 284p. 35.95 (978-1-61775-733-4(0)); 280p. pap. 12.95 (978-1-61775-528-6(1)) Akashic Bks. (Black Sheep).

Changers Book Three: Kim. T. Cooper & Allison Glock-Cooper. 2016. (Changers Ser.). (ENG.). 296p. (J). (gr. 6). pap. 21.95 (978-1-61775-489-0(7), Black Sheep) Akashic Bks.

Changes. Globe-Fearon Staff. (YA). pap. 12.95 (978-0-8359-0922-8(0)) Globe Fearon Educational Publishing.

Changes & Distances see Cambios y Distancias

Changes Facing Rosie. Christine Thompson-Wells. 2022. (ENG.). 86p. (J). pap. **(978-0-6450890-2-8(8))** Books for Reading Online.

Changes in Latitudes. Jen Malone. 2017. (ENG.). 384p. (YA). (gr. 8). pap. 9.99 (978-0-06-238017-3(6), HarperTeen) HarperCollins Pubs.

Changes in Matter - Physical & Chemical Change - Chemistry Books - 4th Grade Science - Science, Nature & How It Works. Baby Professor. (ENG.). 72p. (J). 2020. pap. 14.72 (978-1-5419-4933-1(1)); 2019. 24.71 (978-1-5419-7521-7(9)) Speedy Publishing LLC. (Baby Professor (Education Kids)).

Changes in the Kitchen. Alison Adams. 2017. (Text Connections Guided Close Reading Ser.). (J). (gr. 1). (978-1-4900-1803-4(4)) Benchmark Education Co.

Changes in the Seasons: English Edition. Lucy Palituq. Illus. by Lenny Lishchenko. 2022. (Nunavummi Reading Ser.). 24p. (J). (gr. k-2). pap. 9.95 (978-1-77450-540-3(1)) Inhabit Education Bks. Inc. CAN. Dist: Consortium Bk. Sales & Distribution.

Changes, Life, & Death: Loss of a Grandmother. Neva Rogers. l.t. ed. 2022. (Changes, Life, & Death Ser.: Vol. 1). (ENG.). 36p. (J). 22.99 **(978-1-0880-5491-8(9))** Indy Pub.

Changes upon Church Bells (Classic Reprint) Charles Sumner Harington. (ENG., Illus.). (J). 2018. 138p. 26.74 (978-0-483-60120-8(9)); 2017. pap. 9.57 (978-0-243-26395-0(3)) Forgotten Bks.

Changi Book. Ed. by Lachlan Grant. 2016. (Illus.). 352p. 59.99 (978-1-74223-161-7(6), UNSW Press) NewSouth Publishing AUS. Dist: Independent Pubs. Group.

Changing Animals, 6 vols. Grace Hansen. 2016. (Changing Animals Ser.). (ENG.). 24p. (J). (gr. -1-2). lib. bdg. 196.74 (978-1-68080-506-2(1), 21292, Abdo Kids) ABDO Publishing Co.

Changing Animals Set 2 (Set), 6 vols. 2018. (Changing Animals Ser.). (ENG.). 24p. (J). (gr. -1-2). lib. bdg. 196.74 (978-1-5321-0813-6(3), 28187, Abdo Kids) ABDO Publishing Co.

Changing Beautiful. R. Anderson, Jr. 2021. (ENG.). 56p. (J). 23.00 (978-1-7325362-4-1(4)) Rogue Star Publishing LLC.

Changing Climate 3 Explorers. Jon Hughes. ed. 2017. (Cambridge Reading Adventures Ser.). (ENG., Illus.). 32p. pap. 8.60 (978-1-108-40578-2(9)) Cambridge Univ. Pr.

Changing Coastline Environments, 1 vol. Jenna Tolli. 2019. (Human Impact on Earth: Cause & Effect Ser.). (ENG.). 32p. (gr. 4-5). pap. 11.00 (978-1-7253-0016-3(8), 4108a758-714f-4003-afdb-5d70bc011315, PowerKids Pr.) Rosen Publishing Group, Inc., The.

Changing Colours. Maureen Angella Gordon. 2022. (ENG.). 28p. (J). pap. **(978-1-9999675-5-0(0))** Gordon, Maureen.

Changing Desert Environments, 1 vol. Lisa A. McPartland. 2019. (Human Impact on Earth: Cause & Effect Ser.). (ENG.). 32p. (gr. 4-5). pap. 11.00 (978-1-7253-0020-0(6), 1e8cd114-a2ad-462d-8bb6-30c3e9e9f6e5, PowerKids Pr.) Rosen Publishing Group, Inc., The.

Changing Environments Educational Facts Children's Earth Sciences Book. Bold Kids. 2022. (ENG.). 42p. (J). pap. 14.99 **(978-1-0717-1682-3(4))** FASTLANE LLC.

Changing Face of Maps. Tim Cooke. 2017. (Mapping in the Modern World Ser.). (Illus.). 32p. (J). (gr. 5-5). (978-0-7787-3221-1(5)) Crabtree Publishing Co.

Changing Face of Modern Families, 14 vols., Set. Incl. Adoptive Parents. Rae Simons. (gr. 5-18). lib. bdg. 22.95 (978-1-4222-1502-9(4)); Blended Families. Rae Simons. (gr. 6-18). 22.95 (978-1-4222-1492-3(3)); Celebrity Families. Sheila Stewart. (gr. 6-18). lib. bdg. 22.95 (978-1-4222-1503-6(2)); First-Generation Immigrant Families. Julianna Fields. (gr. 6-18). lib. bdg. 22.95 (978-1-4222-1499-2(0)); Foster Families. Julianna Fields. (gr. 5-18). lib. bdg. 22.95 (978-1-4222-1497-8(4)); Gay & Lesbian Parents. Julianna Fields. (gr. 5-18). lib. bdg. 22.95 (978-1-4222-1495-4(8)); Grandparents Raising Kids. Rae Simons. (gr. 6-18). lib. bdg. 22.95 (978-1-4222-1496-1(6)); Growing up in Religious Communities. Sheila Stewart. (gr. 6-18). lib. bdg. 22.95 (978-1-4222-1500-5(8)); Kids Growing up Without a Home. Julianna Fields. (gr. 5-18). lib. bdg. 22.95 (978-1-4222-1498-5(2)); Multiracial Families. Julianna Fields. (gr. 5-18). lib. bdg. 22.95 (978-1-4222-1494-7(X)); Single Parents. Rae Simons. (gr. 6-18). 22.95 (978-1-4222-1493-0(1)); Teen Parents. Rae Simons. (gr. 5-18). lib. bdg. 22.95 (978-1-4222-1491-6(5)); What Is a Family? Sheila Stewart. (gr. 6-18). lib. bdg. 22.95 (978-1-4222-1528-9(8)); (YA). 2010. (Illus.). 64p. 2010. 321.30 (978-1-4222-1490-9(7)) Mason Crest.

Changing for the Better. Henry Katsikis. 2023. (ENG.). 90p. (YA). pap. 8.00 **(978-1-312-50187-4(1))** Lulu Pr., Inc.

Changing from Boys to Men: The Importance of Mentoring African American Boys. Eric T. Ferguson. Photos by Albert Lee. 2016. (ENG., Illus.). (J). (gr. k-6). pap. 12.99 (978-0-692-72880-2(5)) Kingdom Builders Pubn.

Changing Jamie. Dakota Chase. 2nd ed. 2017. (ENG., Illus.). (YA). 25.99 (978-1-64080-347-3(5), Harmony Ink Pr.) Dreamspinner Pr.

Changing Laws: Politics of the Civil Rights Era. Judy Dodge Cummings. 2020. (the Civil Rights Era Ser.). (ENG., Illus.). 112p. (J). (gr. 7-9). 22.95 (978-1-61930-924-1(6), 38678458-fadc-4c9e-8352-7853340fa9ee); pap. 15.95 (978-1-61930-927-2(0), b49f579b-94d0-498a-9118-fb9f5e696250) Nomad Pr.

Changing Lives Through 3-D Printing. Don Nardo. 2020. (Tech Effect Ser.). (ENG.). 80p. (YA). (gr. 6-12). 41.27 (978-1-68282-847-2(6)) ReferencePoint Pr., Inc.

Changing Lives Through Artificial Intelligence. Stuart A. Kallen. 2020. (Tech Effect Ser.). (ENG.). 80p. (YA). (gr. 6-12). 41.27 (978-1-68282-839-7(5)) ReferencePoint Pr., Inc.

Changing Lives Through Genetic Engineering. Toney Allman. 2020. (Tech Effect Ser.). (ENG.). 80p. (YA). (gr. 6-12). 41.27 (978-1-68282-841-0(7)) ReferencePoint Pr., Inc.

Changing Lives Through Robotics. Don Nardo. 2020. (Tech Effect Ser.). (ENG.). 80p. (YA). (gr. 6-12). 41.27 (978-1-68282-843-4(3)) ReferencePoint Pr., Inc.

Changing Lives Through Self-Driving Cars. Hal Marcovitz. 2020. (Tech Effect Ser.). (ENG.). 80p. (YA). (gr. 6-12). 41.27 (978-1-68282-845-8(X)) ReferencePoint Pr., Inc.

Changing Man. Tomi Oyemakinde. 2023. (ENG.). 384p. (YA). 19.99 **(978-1-250-86813-8(0)**, 900278687) Feiwel & Friends.

Changing Matter in My Makerspace. Rebecca Sjonger. 2018. (Matter & Materials in My Makerspace Ser.). 32p. (J). (gr. 2-3). (978-0-7787-4606-5(2)) Crabtree Publishing Co.

Changing Mountain Environments. Daniel R. Faust. 2019. (Human Impact on Earth: Cause & Effect Ser.). (ENG.). 32p. (gr. 4-5). 60.00 (978-1-7253-0025-5(7), PowerKids Pr.) Rosen Publishing Group, Inc., The.

Changing My Direction: Are You Lost in Life, Don't Know Which Way to Go? Here Is Your First Step. Ta'bitha Dorcas Haney. 2019. (ENG.). 138p. (YA). pap. 13.49 (978-1-5456-6809-2(4)) Salem Author Services.

Changing Perspectives: Set, 12 vols. 2018. (Changing Perspectives Ser.). (ENG.). 224p. (YA). (gr. 9-9). lib. bdg. 329.58 (978-1-64282-074-4(1), 951992c8-d06d-497e-be06-d74674206683, New York Times Educational Publishing) Rosen Publishing Group, Inc., The.

Changing Perspectives: Set 3, 12 vols. 2019. (Changing Perspectives Ser.). (ENG.). 224p. (YA). (gr. 9-9). lib. bdg. 329.58 (978-1-64282-276-2(0), c2559bcc-7f1e-4768-accd-83bb4e9a7904, New York Times Educational Publishing) Rosen Publishing Group, Inc., The.

Changing Perspectives: Sets 1 - 2. 2018. (Changing Perspectives Ser.). (ENG.). (YA). pap. 293.64 (978-1-64282-188-8(8)); (gr. 9-9). lib. bdg. 659.16 (978-1-64282-159-8(4), 5b6eb0f1-de2b-4bd1-a29d-c3087d99b757) Rosen Publishing Group, Inc., The. (New York Times Educational Publishing).

Changing Perspectives: Sets 1 - 3. 2019. (Changing Perspectives Ser.). (ENG.). (YA). pap. 440.46 (978-1-64282-286-1(8)); (gr. 9-9). lib. bdg. 988.74 (978-1-64282-277-9(9), 26f9d001-434f-4bdb-a76c-f3fa5fe8e436) Rosen Publishing Group, Inc., The. (New York Times Educational Publishing).

Changing Picture Book: Big Tractor. Roger Priddy. 2021. (Changing Picture Book Ser.: 1). (ENG., Illus.). 10p. (J). bds. 9.99 (978-1-68449-121-6(5), 900229403) St. Martin's Pr.

Changing Picture Book: Chirp, Chirp. Roger Priddy. 2020. (Changing Picture Ser.). (ENG., Illus.). 10p. (J). bds. 9.99 (978-0-312-52973-4(2), 900209899) St. Martin's Pr.

Changing Picture Book: Christmas Surprise: A Changing Picture Book. Roger Priddy. 2019. (Changing Picture Ser.). (ENG., Illus.). 10p. (J). bds. 9.99 (978-0-312-52928-4(7), 900203519) St. Martin's Pr.

Changing Picture Book: Dinosaur Galore! Roger Priddy. 2018. (Changing Picture Ser.). (ENG., Illus.). 10p. (J). bds. 9.99 (978-0-312-52658-0(X), 900185564) St. Martin's Pr.

Changing Picture Book: Peek a Boo Pumpkin. Roger Priddy. 2020. (Changing Picture Ser.). (ENG., Illus.). 10p. (J). (gr. -1). bds. 9.99 (978-0-312-53020-4(X), 900218646) St. Martin's Pr.

Changing Picture Book: Red Car, Green Car: A Changing Colors Book. Roger Priddy. 2017. (Changing Picture Ser.). (ENG., Illus.). 10p. (J). bds. 9.99 (978-0-312-52161-5(8), 900170060) St. Martin's Pr.

Changing Plains Environments, 1 vol. Lisa Idzikowski. 2019. (Human Impact on Earth: Cause & Effect Ser.). (ENG.). 32p. (gr. 4-5). 27.93 (978-1-7253-0134-4(2), 55bc0ec9-b87d-450c-922e-49b24954e3f9, PowerKids Pr.) Rosen Publishing Group, Inc., The.

Changing Rain Forest Environments, 12 vols. 2019. (Human Impact on Earth: Cause & Effect Ser.). (ENG.). 32p. (J). (gr. 4-5). lib. bdg. 167.58 (978-1-7253-0175-7(X), ca8cc792-1546-44d6-909c-dbaafa6d9012, PowerKids Pr.) Rosen Publishing Group, Inc., The.

Changing Rain Forest Environments. Tanya Dellaccio. 2019. (Human Impact on Earth: Cause & Effect Ser.). (ENG.). 32p. (gr. 4-5). 60.00 (978-1-7253-0137-5(7), PowerKids Pr.) Rosen Publishing Group, Inc., The.

Changing Russia (Classic Reprint) Stephen Graham. 2017. (ENG., Illus.). (J). 31.49 (978-0-265-67241-9(4)) Forgotten Bks.

Changing Spaces (Set), 8 vols. Julie Knutson. 2020. (21st Century Skills Library: Changing Spaces Ser.). (ENG., Illus.). 32p. (J). (gr. 4-7). 256.56 (978-1-5341-6810-7(9), 215141); pap., pap., pap. 113.71 (978-1-5341-6992-0(X), 215142) Cherry Lake Publishing.

Changing the Equation: 50+ US Black Women in STEM. Tonya Bolden. 2020. (ENG., Illus.). 208p. (J). (gr. 5-9). 19.99 (978-1-4197-0734-6(5), 1056501, Abrams Bks. for Young Readers) Abrams, Inc.

Changing Tides. Sonja L. Myburgh. 2021. (ENG.). 242p. (YA). pap. 19.99 **(978-1-393-44492-3(X))** Draft2Digital.

Changing Tundra Environments, 1 vol. Elizabeth Krajnik. 2019. (Human Impact on Earth: Cause & Effect Ser.). (ENG.). 32p. (gr. 4-5). 27.93 (978-1-7253-0142-9(3), 67885588-130d-4fc8-9b50-2a7565bb2eff, PowerKids Pr.) Rosen Publishing Group, Inc., The.

Changing up Christmas. Penny Quillan. 2017. (ENG., Illus.). (J). pap. 12.95 (978-1-63525-406-8(X)) Christian Faith Publishing.

Changing Values of English Speech (Classic Reprint) Ralcy Husted Bell. 2017. (ENG., Illus.). 314p. (J). 30.37 (978-0-484-86746-7(6)) Forgotten Bks.

Changing Water. Katie Peters. 2019. (Science All Around Me (Pull Ahead Readers — Nonfiction) Ser.). (ENG., Illus.). 16p. (J). (gr. -1-1). pap. 8.99 (978-1-5415-7332-1(3), 118cc92f-3cfa-4c1d-b740-17b5aa8cccf2); lib. bdg. 27.99 (978-1-5415-5847-2(2), 3d1a77ca-d9c8-4745-b9b6-eba71b7f4550) Lerner Publishing Group. (Lerner Pubns.).

Changing Winds: A Novel (Classic Reprint) St. John G. Ervine. 2018. (ENG., Illus.). 584p. (J). 35.96 (978-0-364-18713-5(1)) Forgotten Bks.

Changing with the Times Mutation, Variation & Adaptation Encyclopedia Kids Books Grade 7 Children's Biology Books. Baby Professor. 2020. (ENG.). 72p. (J). 24.99 (978-1-5419-8031-0(X)); pap. 14.99 (978-1-5419-4958-4(7)) Speedy Publishing LLC. (Baby Professor (Education Kids)).

Changing World: Cold Data for a Warming Planet. David Gibson. 2023. (ENG., Illus.). 112p. (YA). 19.99 (978-1-80066-028-1(6)) Cicada Bks. GBR. Dist: Consortium Bk. Sales & Distribution.

Chanice Visits the Children's Museum, 1 vol. Jill Andersen. 2016. (Rosen REAL Readers: Social Studies Nonfiction / Fiction: Myself, My Community, My World Ser.). (ENG.). 8p. (gr. k-1). pap. 5.46 (978-1-5081-2482-5(5), 0172e499-1457-48bc-a6db-680ffe8d3677, Rosen Classroom) Rosen Publishing Group, Inc., The.

Channel Islands a Variety of Facts 2nd Grade Children's Book. Bold Kids. 2023. (ENG.). 42p. (J). pap. 14.99 **(978-1-0717-1932-9(7))** FASTLANE LLC.

Channel Islands, or a Peep at Our Neighbours (Classic Reprint) Unknown Author. (ENG., Illus.). (J). 2018. 390p. 31.96 (978-0-483-46226-7(8)); 2016. pap. 16.57 (978-1-334-12185-2(0)) Forgotten Bks.

Channel Kindness: Stories of Kindness & Community. Born This Way Foundation Reporters & Lady Gaga. 2020. (ENG.). 304p. (YA). 24.99 (978-1-250-24558-8(3), 900212605) Feiwel & Friends.

Channel Your Inner Superstar. Jennifer Butler Ellis. 2017. (ENG.). 32p. (J). (gr. k-3). 24.99 (978-1-61984-734-7(5)); pap. 9.99 **(978-1-61984-733-0(7))** Gatekeeper Pr.

Chan's Wife a Story (Classic Reprint) Jessie Anderson Chase. 2018. (ENG., Illus.). 236p. (J). 28.78 (978-0-483-58596-6(3)) Forgotten Bks.

Chanson de Roland: Genauer Abdruck der Venetianer Handschrift IV (Classic Reprint) Eugen Kolbing. 2018. (FRE., Illus.). (J). 182p. 27.67 (978-0-267-03584-7(5)); 184p. pap. 10.57 (978-0-483-56883-9(X)) Forgotten Bks.

Chanson des Saxons, Vol. 1 (Classic Reprint) Jean Bodel. (FRE., Illus.). (J). 2018. 358p. 31.28 (978-0-267-10094-1(9)); 2017. pap. 13.97 (978-0-243-87640-2(8)) Forgotten Bks.

Chanson des Saxons, Vol. 2 (Classic Reprint) Jean Bodel. (FRE., Illus.). (J). 2018. 218p. 28.39 (978-0-666-25579-2(2)); 2017. 218p. 28.39 (978-0-332-77102-1(4)); 2017. pap. 10.97 (978-1-332-66305-7(2)) Forgotten Bks.

Chansons D'Autrefois: Vieux Chants Populaires de Nos Peres (Classic Reprint) Charles Malo. 2017. (FRE., Illus.). (J). pap. 16.57 (978-0-243-54131-7(7)) Forgotten Bks.

Chansons D'Autrefois: Vieux Chants Populaires de Nos Pères (Classic Reprint) Charles Malo. 2018. (FRE., Illus.). 448p. (J). 33.14 (978-0-267-84388-6(7)) Forgotten Bks.

Chansons de France: Transcrites Avec Accompagnement de Piano, Notes Historiques et Explicatives, et Guide de Prononciation (Classic Reprint) Marcel Vigneras. 2018. (FRE., Illus.). (J). 70p. 25.34 (978-1-396-74830-1(X)); 72p. pap. 9.57 (978-1-391-77649-1(6)) Forgotten Bks.

Chansons D'Enfants: Avec Texte Explicatif; Op. 42; Partition Chant et Piano (Classic Reprint) Émile Jaques-Dalcroze. 2017. (FRE., Illus.). (J). 25.38 (978-0-331-88404-3(6)); pap. 9.57 (978-0-259-11402-4(2)) Forgotten Bks.

Chansons et Rondes Enfantines: Avec Notices et Accompagnement de Piano (Classic Reprint) Jean-Baptiste Weckerlin. (FRE., Illus.). (J). 2018. 132p. 26.62 (978-0-666-18128-2(4)); 2017. pap. 9.57 (978-1-332-68285-0(5)) Forgotten Bks.

Chansons Populaires Romandes et Enfantines (Classic Reprint) Émile Jaques-Dalcroze. (FRE., Illus.). (J). 2018. 108p. 26.14 (978-0-666-99461-5(7)); 2017. pap. 9.57 (978-0-259-32690-8(9)) Forgotten Bks.

Chant du Loup. Guillaume Dufrénoy. 2019. (FRE.). 134p. (YA). pap. **(978-0-244-78558-1(9))** Lulu Pr., Inc.

Chantecler: Play in Four Acts (Classic Reprint) Edmond Rostand. 2018. (ENG., Illus.). 300p. (J). 30.10 (978-0-364-17022-9(0)) Forgotten Bks.

Chanteuse Sleigh Ride: Let Heaven & Nature Sing. Robin Macblane & Larry Whitler. Illus. by Larry Whitler. 2019. (Robin & the Giant Ser.: Vol. 3). (ENG., Illus.). 32p. (J). (gr. k-4). 24.95 (978-0-578-55701-4(0)) Robin & The Giant.

Chanticleer: A Pastoral Romance (Classic Reprint) Violette Hall. 2018. (ENG., Illus.). 318p. (J). 30.46 (978-0-332-20219-8(4)) Forgotten Bks.

Chanticleer, 1924 (Classic Reprint) Albert E. Widdifield. 2017. (ENG., Illus.). (J). 25.22 (978-0-260-49629-4(4)); pap. 9.57 (978-0-266-06196-0(6)) Forgotten Bks.

Chanticleer a Thanksgiving Story of the Peabody Family (Classic Reprint) Cornelius Mathews. 2018. (ENG., Illus.). 156p. (J). 27.13 (978-0-483-17450-4(5)) Forgotten Bks.

Chanting Wheels: A Novel (Classic Reprint) Hubbard Hutchinson. 2018. (ENG., Illus.). 312p. (J). 30.35 (978-0-267-15415-9(1)) Forgotten Bks.

Chantry House (Classic Reprint) Charlotte Mary Yonge. 2017. (ENG., Illus.). (J). 34.21 (978-0-331-63710-6(3)) Forgotten Bks.

Chantry House, Vol. 1 of 2 (Classic Reprint) Charlotte Mary Yonge. 2018. (ENG., Illus.). 250p. (J). 29.09 (978-0-484-38796-5(0)) Forgotten Bks.

Chantry House, Vol. 2 of 2 (Classic Reprint) Charlotte M. Yonge. 2018. (ENG., Illus.). 244p. (J). 28.93 (978-0-483-94936-2(1)) Forgotten Bks.

Chaos. Lexis Sixel. 2018. (ENG.). 460p. (YA). pap. 28.99 (978-1-4808-6790-1(X)) Archway Publishing.

Chaos & Flame. Tessa Gratton & Justina Ireland. 2023. (ENG.). 336p. (YA). (gr. 9). 19.99 (978-0-593-35332-5(3), Razorbill) Penguin Young Readers Group.

Chaos & Patterns Coloring Book: Chunky & Teeny Spaces. Andrea Warzlow. 2021. (ENG.). 71p. (J). pap. **(978-1-7948-8145-7(X))** Lulu Pr., Inc.

Chaos at Keoladeo. Priya Fonseca. 2019. (ENG.). 96p. (J). pap. 11.99 (978-0-14-344202-8(3), Puffin) Penguin Bks. India PVT, Ltd IND. Dist: Independent Pubs. Group.

Chaos at the Castle. Disney Press Editors. ed. 2016. (Star Wars: World of Reading Ser.). (Illus.). 29p. (J). lib. bdg. 13.55 (978-0-606-38340-0(9)) Turtleback.

Chaos at the Castle. Nate Millici. ed. 2018. (World of Reading Ser.). (ENG.). 29p. (J). (gr. -1-1). 13.89 (978-1-64310-776-9(3)) Penworthy Co., LLC, The.

Chaos at the Zoo. Janice Taylor. Illus. by Leslie Weaver. 2022. (ENG.). 46p. (J). pap. 13.99 (978-1-63984-167-7(9)) Pen It Pubns.

Chaos Circus. Renee Dugan. 2020. (ENG.). 208p. (YA). (gr. 7-12). 19.99 (978-1-7339255-3-2(8)) Dugan, Renee.

Chaos City. Jim Corrigan. Illus. by Kev Hopgood. 2021. (Invisible Six Ser.). (ENG.). 112p. (J). (gr. 4-9). lib. bdg. 38.50 (978-1-0982-3045-6(0), 37707, Claw) ABDO Publishing Co.

Chaos City. Jim Corrigan. Illus. by Kev Hopgood. 2021. (Invisible Six Ser.). (ENG.). 112p. (J). (gr. 5-5). pap. 11.95 (978-1-64494-576-6(2)) North Star Editions.

Chaos Curse (Kiranmala & the Kingdom Beyond #3) Sayantani DasGupta. Illus. by Sayantani DasGupta. (Kiranmala & the Kingdom Beyond Ser.: 3). (ENG.). 400p. (J). (gr. 3-7). 2021. pap. 8.99 (978-1-338-35590-1(2)); 2020. (Illus.). 17.99 (978-1-338-35589-5(9)) Scholastic, Inc. (Scholastic Pr.).

Chaos in the Cosmos: A Magic Islands Story. Irene Edwards. Illus. by Tony Paultyn. 2020. (Magic Islands Ser.: Vol. 2). (ENG.). 276p. (J). pap. (978-1-8380752-1-7(6)) Cambria Bks.

Chaos Monster (Secrets of the Sky #1), Bk. 1. Sayantani DasGupta. 2023. (Secrets of the Sky Ser.). (ENG.). 240p. (J). (gr. 3-7). 17.99 (978-1-338-76673-8(2), Scholastic Pr.) Scholastic, Inc.

Chaos of Now. Erin Jade Lange. 2018. (ENG.). 352p. (YA). 17.99 (978-1-61963-502-9(X), 900138604, Bloomsbury Young Adult) Bloomsbury Publishing USA.

Chaos of Standing Still. Jessica Brody. (ENG.). (YA). (gr. 9). 2019. 432p. pap. 12.99 (978-1-4814-9919-4(X)); 2017. (Illus.). 416p. 17.99 (978-1-4814-9918-7(1)) Simon Pulse. (Simon Pulse).

Chaos on CatNet: Sequel to Catfishing on CatNet. Naomi Kritzer. 2022. (CatNet Novel Ser.: 2). (ENG.). 304p. (YA). pap. 10.99 (978-1-250-16521-3(0), 900186980, Tor Teen) Doherty, Tom Assocs., LLC.

Chaos Theory. Nic Stone. 2023. (ENG.). 288p. (YA). (gr. 9). 18.99 (978-0-593-30770-0(4)); lib. bdg. 21.99 (978-0-593-30771-7(2)) Random Hse. Children's Bks. (Crown Books For Young Readers).

Chaos Walking Movie Tie-In Edition: the Knife of Never Letting Go. Patrick Ness. 2020. (Chaos Walking Ser.: 1). (ENG.). 496p. (YA). (gr. 9). pap. 12.00 (978-1-5362-0052-2(2)) Candlewick Pr.

Chaos Walking: the Complete Trilogy: Books 1-3, 3 vols. Patrick Ness. 2018. (Chaos Walking Ser.). (ENG.). 1744p. (YA). (gr. 9). pap. 36.00 (978-1-5362-0706-4(3)) Candlewick Pr.

Chaotic & Critically Damaged. Kennedy L. Champitto. 2021. (ENG.). 56p. (YA). pap. 12.99 (978-1-7363027-0-5(1)) Nymeria Publishing.

Chaotic Chores. Renee Conoulty et al. 2019. (ENG.). 70p. (J). pap. 6.99 (978-1-393-92591-0(X)) Draft2Digital.

Chaotic Good. Whitney Gardner. 2019. 256p. (YA). (gr. 7). pap. 9.99 (978-1-5247-2083-4(6), Ember) Random Hse. Children's Bks.

Chap-Book, Vol. 3: Semi-Monthly; May 15, 1895 (Classic Reprint) Unknown Author. (ENG., Illus.). (J). 2018. 492p. 34.06 (978-0-484-20934-2(5)); 2017. pap. 16.57 (978-0-243-42077-3(3)) Forgotten Bks.

Chap-Book, Vol. 4: Semi-Monthly; November 15, 1895 (Classic Reprint) Unknown Author. (ENG., Illus.). (J). 2018. 704p. 38.42 (978-0-483-43764-7(6)); 2017. pap. 20.97 (978-1-334-95749-9(5)) Forgotten Bks.

Chap-Book, Vol. 5: Semi-Monthly; May 15, 1896 (Classic Reprint) Unknown Author. (ENG., Illus.). (J). 2018. 790p. 40.21 (978-0-483-01813-6(9)); 2017. pap. 23.57 (978-1-334-94421-5(0)) Forgotten Bks.

Chap-Books & Folk-Lore Tracts (Classic Reprint) G. I. Gomme. 2018. (ENG., Illus.). 90p. (J). 25.77 (978-0-428-31773-7(1)) Forgotten Bks.

Chap-Books & Folk-Lore Tracts; the History of Sir Richard Whittington. G. I. Gomme & H. B. Wheatley. 2017. (ENG.,

Illus.). 98p. (J). pap. *(978-0-649-75156-3(6))* Trieste Publishing Pty Ltd.

Chap-Books of the Eighteenth Century: With Facsimiles, Notes, & Introduction (Classic Reprint) John Ashton. (ENG., Illus.). (J). 2018. 502p. 34.27 *(978-0-331-92581-4(8))*; 2018. 504p. 34.31 *(978-0-332-65239-9(4))*; 2018. 512p. 34.48 *(978-0-483-88270-6(4))*; 2017. pap. 16.97 *(978-0-259-49412-6(7))*; 2017. pap. 16.97 *(978-0-243-89444-4(9))* Forgotten Bks.

Chaparrals. Michael De Medeiros. 2016. (Illus.). 32p. (J). *(978-1-5105-0864-4(3))* SmartBook Media, Inc.

Chaparrals. Samantha Nugent. 2018. (Habitats Ser.). (ENG.). 24p. (J). lib. bdg. 22.99 *(978-1-5105-3813-9(5))* SmartBook Media, Inc.

Chapel: The Story of a Welsh Family (Classic Reprint) Miles Lewis. 2017. (ENG., Illus.). (J). 31.34 *(978-0-266-17013-6(7))*; pap. 13.57 *(978-1-5276-3050-5(1))* Forgotten Bks.

Chapel Island, or an Adventure on Ulverstone Sands (Classic Reprint) Edwin Waugh. (ENG., Illus.). (J). 2018. 26p. 24.43 *(978-0-267-61874-3(3))*; 2016. pap. 7.97 *(978-1-334-20019-9(X))* Forgotten Bks.

Chapel of St. Mary (Classic Reprint) Clara M. Thompson. 2018. (ENG., Illus.). 400p. (J). 32.15 *(978-0-267-23254-3(3))* Forgotten Bks.

Chapenga's White Man: A Story of Central Africa (Classic Reprint) Alice Werner. 2018. (ENG., Illus.). 276p. (J). 29.59 *(978-0-484-75836-9(5))* Forgotten Bks.

Chaperone. M. Hendrix. 2023. (ENG.). 448p. (YA). (gr. 8-12). pap. 11.99 *(978-1-7282-6000-6(0))*; 18.99 ***(978-1-7282-8485-9(6))*** Sourcebooks, Inc.

Chaperoning Adrienne: A Tale of the Yellowstone National Park (Classic Reprint) Alice Harriman-Browne. 2018. (ENG., Illus.). 98p. (J). 25.92 *(978-0-364-42347-9(1))* Forgotten Bks.

Chaplain of the Fleet a Novel, Vol. 1 of 3 (Classic Reprint) Walter Besant. 2017. (ENG., Illus.). (J). 30.87 *(978-0-331-56838-7(1))* Forgotten Bks.

Chaplain of the Fleet (Classic Reprint) Walter Besant. 2018. (ENG., Illus.). 482p. (J). 33.84 *(978-0-332-60184-7(6))* Forgotten Bks.

Chaplain of the Fleet, Vol. 2 Of 3: A Novel (Classic Reprint) Walter Besant. (ENG., Illus.). (J). 2017. 29.80 *(978-0-331-80837-7(4))*; 2016. pap. 13.57 *(978-1-333-14693-1(0))* Forgotten Bks.

Chaplain of the Fleet, Vol. 3 Of 3: A Novel (Classic Reprint) Walter Besant. 2017. (ENG., Illus.). 268p. (J). 29.42 *(978-0-331-74401-9(5))* Forgotten Bks.

Chaplet of Pearls (Classic Reprint) Charlotte M. Yonge. 2017. (ENG., Illus.). (J). 32.02 *(978-0-266-17631-2(3))* Forgotten Bks.

Chaplet of Pearls, Vol. 1 Of 2: Or, the White & Black Ribaumont (Classic Reprint) Charlotte Mary Yonge. 2018. (ENG., Illus.). 336p. (J). 30.83 *(978-0-483-91441-4(X))* Forgotten Bks.

Chaplet of Pearls, Vol. 2 Of 2: Or, the White & Black Ribaumont (Classic Reprint) Charlotte Mary Yonge. 2018. (ENG., Illus.). 298p. (J). 30.06 *(978-0-484-86072-7(0))* Forgotten Bks.

Chap's Nap. Patty Mete. 2022. (Dinosaur Island Ser.: 1). (Illus.). 32p. (J). (-k). pap. 12.99 ***(978-1-6678-6346-7(0))*** BookBaby.

Chapter Assessments Student Edition Grade 1. Hmh Hmh. 2018. (Go Math! Ser.). (ENG.). 56p. (J). (gr. 1). pap. 7.13 *(978-1-328-85062-1(5))* Houghton Mifflin Harcourt Publishing Co.

Chapter Assessments Student Edition Grade 2. Hmh Hmh. 2018. (Go Math! Ser.). (ENG.). 60p. (J). (gr. 2). pap. 7.13 *(978-1-328-85063-8(3))* Houghton Mifflin Harcourt Publishing Co.

Chapter Assessments Student Edition Grade 3. Hmh Hmh. 2018. (Go Math! Ser.). (ENG.). 84p. (J). (gr. 3). pap. 7.13 *(978-1-328-85064-5(1))* Houghton Mifflin Harcourt Publishing Co.

Chapter Assessments Student Edition Grade 4. Hmh Hmh. 2018. (Go Math! Ser.). (ENG.). 96p. (J). (gr. 4). pap. 7.13 *(978-1-328-85065-2(X))* Houghton Mifflin Harcourt Publishing Co.

Chapter Assessments Student Edition Grade 5. Hmh Hmh. 2018. (Go Math! Ser.). (ENG.). 76p. (J). (gr. 5). pap. 7.13 *(978-1-328-85066-9(8))* Houghton Mifflin Harcourt Publishing Co.

Chapter Assessments Student Edition Grade K. Hmh Hmh. 2018. (Go Math! Ser.). (ENG.). 56p. (J). (gr. k). pap. 7.13 *(978-1-328-85061-4(7))* Houghton Mifflin Harcourt Publishing Co.

Chapter from the Insect World: Butterflies & Moths (Classic Reprint) William Osburn. 2017. (ENG., Illus.). (J). 24.89 *(978-1-5281-6836-6(4))* Forgotten Bks.

Chapter of Adventures. G. A. Henty. 2018. (ENG., Illus.). 166p. (YA). (gr. 7-12). pap. *(978-93-5329-265-2(4))* Alpha Editions.

Chapter Two Is Missing. Josh Lieb. Illus. by Kevin Cornell. 2019. (ENG.). 48p. (J). (gr. -1-1). 17.99 *(978-1-9848-3548-2(3)*, Razorbill) Penguin Young Readers Group.

Chapters at the English Lakes (Classic Reprint) H. D. Rawnsley. 2017. (ENG., Illus.). 290p. (J). 29.90 *(978-0-332-68421-5(0))* Forgotten Bks.

Chapters from Childhood: Reminiscences of an Artist's Granddaughter (Classic Reprint) Juliet M. Soskice. 2018. (ENG., Illus.). 264p. (J). 29.36 *(978-0-484-82518-4(6))* Forgotten Bks.

Chapters from Some Unwritten Memoirs. Anne Thackeray Ritchie. 2017. (ENG., Illus.). (J). pap. *(978-0-649-41587-8(6))*; pap. *(978-0-649-20733-6(5))*; pap. *(978-0-649-29183-0(2))* Trieste Publishing Pty Ltd.

Chapters from Some Unwritten Memoirs (Classic Reprint) Anne Thackeray Ritchie. 2017. (ENG., Illus.). (J). 28.54 *(978-0-266-18068-5(X))* Forgotten Bks.

Chapters of Jason West: The Compass & the Crown. Dusten Martin. 2017. (ENG., Illus.). (YA). pap. 19.95 *(978-1-68394-689-2(8))* America Star Bks.

Chapters on Animals. Philip Gilbert Hamerton. 2017. (ENG.). (J). 264p. pap. *(978-3-337-24062-2(3))*; 304p. pap. *(978-3-337-17645-7(3))*; 284p. pap. *(978-3-337-17653-2(4))* Creation Pubs.

Chapters on Churchyards (Classic Reprint) Caroline Southey. 2017. (ENG., Illus.). 406p. (J). 32.27 *(978-0-484-20077-6(1))* Forgotten Bks.

Chapters on Churchyards, Vol. 1 of 2 (Classic Reprint) Caroline Bowles Southey. 2018. (ENG., Illus.). 314p. (J). 30.39 *(978-0-483-63745-0(9))* Forgotten Bks.

Chapters on Churchyards, Vol. 2 of 2 (Classic Reprint) Caroline Bowles Southey. (ENG., Illus.). (J). 2018. 326p. 30.62 *(978-0-483-95876-0(X))*; 2016. pap. 13.57 *(978-1-334-20789-1(5))* Forgotten Bks.

Chapters on Electricity: An Introductory Text-Book for Students in College (Classic Reprint) Samuel Sheldon. (ENG., Illus.). (J). 2018. 132p. 26.62 *(978-0-666-32096-4(9))*; 2016. pap. 9.57 *(978-1-333-35571-5(8))* Forgotten Bks.

Chapters on Wives (Classic Reprint) Sarah Ellis. (ENG., Illus.). (J). 2018. 364p. 31.40 *(978-0-656-65956-2(4))*; 2017. pap. 13.97 *(978-0-259-81832-8(1))* Forgotten Bks.

CHAR-I Adult Education Intensive Phonics Workpack Activities see Discover Intensive Phonics for Yourself: Student Involvement Material

Character. Samuel Smiles. 2020. (ENG., Illus.). (J). 266p. 19.95 *(978-1-64799-152-4(8))*; 264p. pap. 11.95 *(978-1-64799-151-7(X))* Bibliotech Pr.

Character. Samuel Smiles. 2017. (ENG., Illus.). (J). 26.95 *(978-1-374-97557-6(5))*; pap. 16.95 *(978-1-374-97556-9(7))* Capital Communications, Inc.

Character a to Z. Fred Tudor, Jr. 2022. (ENG.). 140p. (YA). pap. 14.95 *(978-1-68526-449-9(2))* Covenant Bks.

Character & Comedy (Classic Reprint) E. V. Lucas. 2017. (ENG., Illus.). (J). 29.14 *(978-0-265-47144-9(3))* Forgotten Bks.

Character Building ABCs. Candy Moore Myers. 2020. (ENG., Illus.). 34p. (J). 18.99 *(978-1-0879-1961-4(4))* Indy Pub.

Character Building Book: Set 4: Inspirational Role Models, 6 bks. Brenn Jones. Incl. Learning about Equal Rights from the Life of Ruth Bader Ginsburg. lib. bdg. 25.60 *(978-0-8239-5781-1(0)*, b85a8ea9-5b7b-4117-b1ff-03d136707bec); Learning about Love from the Life of Mother Teresa. lib. bdg. 25.60 *(978-0-8239-5777-4(2)*, 8f2a456c-f9f2-4d7b-995f-26de48038843); Learning about Public Service from the Life of John F. Kennedy, Jr. lib. bdg. 25.60 *(978-0-8239-5776-7(4)*, 1a427f8d-057f-4394-8634-8b5a65357bca); Learning about Resilience from the Life of Lance Armstrong. lib. bdg. 25.60 *(978-0-8239-5779-8(9)*, 93b51ebe-af98-4243-9085-f7c18bf77743); 24p. (J). (gr. 2-3). 2001. (Illus.). Set lib. bdg. 73.80 *(978-0-8239-7136-7(8)*, PowerKids Pr.) Rosen Publishing Group, Inc., The.

Character Building in Kashmir (Classic Reprint) C. E. Tyndale-Biscoe. 2016. (ENG., Illus.). (J). pap. 9.57 *(978-1-334-20911-6(1))* Forgotten Bks.

Character Building in Kashmir (Classic Reprint) Cecil Earle Tyndale-Biscoe. 2017. (ENG., Illus.). (J). 26.43 *(978-0-265-92993-3(8))* Forgotten Bks.

Character Building Readers (Classic Reprint) Ellen E. Kenyon-Warner. (ENG., Illus.). (J). 2018. 290p. 29.88 *(978-0-331-66023-4(7))*; 2017. 30.04 *(978-0-331-22926-4(9))*; 2017. 29.71 *(978-0-265-54991-9(4))*; 2017. pap. 13.57 *(978-1-5276-6079-3(6))*; 2017. pap. 9.97 *(978-0-259-20814-3(0))* Forgotten Bks.

Character Building Readers, Vol. 2: Second Reader; Courage (Classic Reprint) Ellen E. Kenyon-Warner. 2017. (ENG., Illus.). (J). 28.56 *(978-0-266-66359-1(1))*; pap. 10.97 *(978-1-5276-3624-8(0))* Forgotten Bks.

Character Building Through Christian Education for Youth. Culbert Delisle Blenman. 2018. (ENG., Illus.). 198p. (J). pap. 9.99 *(978-1-64376-099-5(8))* PageTurner: Pr. & Media.

Character Building Through Christian Education for Youth: Family Life. Culbert Delisle Blenman. 2019. (ENG.). 142p. (J). pap. 9.99 *(978-1-64376-172-5(2))* PageTurner: Pr. & Media.

Character Education (Set), 6 vols. 2017. (Character Education (Abdo Kids Junior) Ser.). (ENG.). 24p. (J). (gr. -1-2). lib. bdg. 188.16 *(978-1-5321-0007-9(8)*, 25076, Abdo Kids) ABDO Publishing Co.

Character Education Set 2 (Set), 6 vols. Julie Murray. 2019. (Character Education Ser.). (ENG.). 24p. (J). (gr. -1-2). lib. bdg. 188.16 *(978-1-5321-8863-3(3)*, 32894, Abdo Kids) ABDO Publishing Co.

Character Education Set 2 (Set Of 6) Julie Murray. 2020. (Character Education Set 2 Ser.). (ENG.). 144p. (J). (gr. k-k). pap. 53.70 *(978-1-64494-271-0(2)*, 1644942712, Abdo Kids-Junior) ABDO Publishing Co.

Character, Juvenile & Other Poems (Classic Reprint) Levi Wilbur Pollard. 2018. (ENG., Illus.). 242p. (J). 28.89 *(978-0-484-67697-7(0))* Forgotten Bks.

Character Matters. Emily James. 2017. (Character Matters Ser.). (ENG.). 32p. (J). (gr. -1-2). 119.96 *(978-1-5157-7238-5(1)*, 26691, Capstone Pr.) Capstone.

Character of a Town-Miss. (Classic Reprint) Unknown Author. 2017. (ENG., Illus.). (J). pap. 9.57 *(978-0-243-08600-9(8))* Forgotten Bks.

Character of Don Sacheverellio, Knight of the Firebrand: In a Letter to Isaac Bickerstaff, Esq., Censor of Great Britain (Classic Reprint) John Distaff. 2018. (ENG., Illus.). 20p. (J). 24.31 *(978-0-267-87221-3(6))* Forgotten Bks.

Character Portraits from Dickens (Classic Reprint) Charles Dickens. 2017. (ENG., Illus.). (J). 31.32 *(978-0-331-67912-0(4))* Forgotten Bks.

Character Sketch Entertainment Entitled Afternoon Tea in Friendly Village 1862 (Classic Reprint) Clara E. Anderson. (ENG., Illus.). (J). 2018. 48p. 24.89 *(978-0-365-32399-0(3))*; 2017. pap. 9.57 *(978-0-259-82912-6(9))* Forgotten Bks.

Character Sketch Entertainment for Ladies' & Young Peoples' Societies, Bible Classes, Choirs & Other Church Organizations, Entitled the Young Village Doctor (Classic Reprint) Clara E. Anderson. (ENG., Illus.). (J). 2018. 48p. 24.89 *(978-0-267-00145-3(2))*; 2017. pap. 9.57 *(978-0-243-50173-1(0))* Forgotten Bks.

Character Sketch Entertainment for Young People's Societies, Bible Classes & Other Church Organizations Entitled the Minister's Bride (Classic Reprint) Clara E. Anderson. 2017. (ENG., Illus.). (J). 24.54 *(978-0-265-52089-5(4))*; pap. 9.57 *(978-0-243-51101-3(9))* Forgotten Bks.

Character Sketches & Development Drawings (Classic Reprint) Charles Henry Bennett. (ENG., Illus.). (J). 2018. 404p. 32.23 *(978-0-483-94672-9(9))*; 2017. pap. 16.57 *(978-0-243-45246-0(2))* Forgotten Bks.

Character Sketches (Classic Reprint) Norman MacLeod. (ENG., Illus.). (J). 2018. 380p. 31.73 *(978-0-267-30418-9(8))*; 2016. pap. 16.57 *(978-1-333-27000-1(3))* Forgotten Bks.

Character Sketches of Romance, Fiction & the Drama, Vol. 3: A Revised American Edition of the Reader's Handbook (Classic Reprint) E. Cobham Brewer. 2018. (ENG., Illus.). 458p. (J). 33.34 *(978-0-267-65563-2(0))* Forgotten Bks.

Character Sketches of Romance, Fiction & the Drama, Vol. 7: A Revised American Edition of the Reader's Handbook (Classic Reprint) Ebenezer Cobham Brewer. (ENG., Illus.). (J). 2018. 370p. 31.55 *(978-0-267-75635-3(6))*; 2016. pap. 13.97 *(978-1-334-14785-2(X))* Forgotten Bks.

Character Sketches of Romance, Fiction & the Drama, Vol. 8 (Classic Reprint) Ebenezer Cobham Brewer. 2016. (ENG., Illus.). (J). pap. 13.97 *(978-1-334-39848-3(8))* Forgotten Bks.

Characterie: An Arte of Shorte, Swifte, & Secrete Writing by Character (Classic Reprint) Timothe Bright. (ENG., Illus.). (J). 2017. 29.26 *(978-0-331-75670-8(6))*; 2016. pap. 11.97 *(978-1-334-16787-4(7))* Forgotten Bks.

Characteristic Conversations of Curly Kate (Classic Reprint) E. M. Gardner. (ENG., Illus.). (J). 2018. 48p. 24.91 *(978-0-365-50731-4(8))*; 2017. pap. 9.57 *(978-0-259-84505-8(1))* Forgotten Bks.

Characteristics: A Novel (Classic Reprint) S. Weir Mitchell. 2017. (ENG., Illus.). (J). 30.39 *(978-1-5285-4756-7(X))* Forgotten Bks.

Characteristics of Electricity Children's Earth Sciences Book. Bold Kids. 2023. (ENG.). 42p. (J). pap. 14.99 ***(978-1-0717-1771-4(5))*** FASTLANE LLC.

Characters from the Ninja Kids Movie Coloring Book. Smarter Activity Books for Kids. 2016. (ENG., Illus.). (J). pap. 9.22 *(978-1-68374-539-6(6))* Examined Solutions PTE. Ltd.

Characters in Roblox. Josh Gregory. 2020. (21st Century Skills Innovation Library: Unofficial Guides Junior Ser.). (ENG., Illus.). 24p. (J). (gr. 2-5). lib. bdg. 30.64 *(978-1-5341-6967-8(9)*, 215755) Cherry Lake Publishing.

Characters Like Me- Blurred Vision. Schertevear Q. Watkins & Essence Watkins. 2016. (ENG., Illus.). (J). pap. 12.99 *(978-0-9982231-3-1(1))* Baobab Publishing.

Characters Like Me- Marisa's First Day at Cocoa Beach Elementary. Schertevear Q. Watkins & Essence Watkins. 2016. (ENG., Illus.). (J). pap. 12.99 *(978-0-9982231-2-4(3))* Baobab Publishing.

Characters Like Me-Catching Fish. Schertevear Q. Watkins. 2016. (ENG., Illus.). (J). pap. 12.99 *(978-0-9982231-1-7(5))* Baobab Publishing.

Characters of Creation: The Men, Women, Creatures, & Serpent Present at the Beginning of the World. Daniel Darling. 2022. (ENG.). 192p. (gr. 3). pap. 14.99 *(978-0-8024-2501-0(1))* Moody Pubs.

Characters of Letterworld. Adam Sebestyen. Illus. by Adam Sebestyen. 2019. (Letterworld Ser.: Vol. 1). (ENG., Illus.). 62p. (J). *(978-1-83853-034-1(7))* Independent Publishing Network.

Characters on Wheels (Classic Reprint) Rex Thompson. 2018. (ENG., Illus.). 192p. (J). 27.86 *(978-0-484-85963-9(3))* Forgotten Bks.

Charades, Enigmas, & Riddles, Collected by a Cantab (Classic Reprint) Unknown Author. (ENG., Illus.). (J). 2018. 100p. 25.98 *(978-0-483-58251-4(4))*; 2017. pap. 9.57 *(978-0-243-22630-6(6))* Forgotten Bks.

Charango Chords for Kids... & Big Kids Too! Nancy Eriksson. 2016. (Fretted Friends Beginners Ser.: Vol. 2). (ENG., Illus.). (J). pap. *(978-1-906207-83-0(6))* Cabot Bks.

Charcoal, 1 vol. Alix Wood. 2018. (Make a Masterpiece Ser.). (ENG.). 32p. (J). (gr. 3-4). pap. 11.50 *(978-1-5382-3583-6(8)*, aa00c41f-786a-492d-9bae-d36bc9712293); lib. bdg. 28.27 *(978-1-5382-3595-9(1)*, 23aee118-05d0-4fc0-871e-53f671cdd497) Stevens, Gareth Publishing LLLP.

Charcoal Boys. Roger Mello. Tr. by Daniel Hahn. Illus. by Roger Mello. 2019. (ENG., Illus.). 46p. (J). (gr. k-3). 20.00 *(978-1-939810-19-9(1)*, Elsewhere Editions) Steerforth Pr.

Charcoal Sketches: Or Scenes in a Metropolis (Classic Reprint) Joseph C. Neal. 2017. (ENG., Illus.). (J). 28.68 *(978-0-331-64245-2(X))* Forgotten Bks.

Charcoal Sketches (Classic Reprint) Joseph C. Neal. 2018. (ENG., Illus.). (J). 380p. 31.73 *(978-0-428-63156-7(8))*; 382p. pap. 16.57 *(978-0-428-15695-4(9))* Forgotten Bks.

Charcoal Sketches, Three Books Complete in One: Containing the Whole of His Famous Charcoal Sketches; Peter Faber's Misfortunes; Peter Ploddy's Dream; As Well As His Original Papers of the Lions of Society; Olympus Pump; & Music Mad (Classic Reprint) Felix O. C. Darley. 2017. (ENG., Illus.). (J). 37.08 *(978-0-265-19376-1(1))* Forgotten Bks.

Charcoals of New & Old New York: Pictures & Text (Classic Reprint) F Hopkinson Smith. 2017. (ENG., Illus.). 160p. (J). 27.22 *(978-0-332-01508-8(4))* Forgotten Bks.

Charge It or Keeping up with Harry: A Story of Fashionable Extravagance & of (Classic Reprint) Irving Bacheller. 2018. (ENG., Illus.). 220p. (J). 28.43 *(978-0-365-40062-2(9))* Forgotten Bks.

Charge of J P to the Grand Jury of M X, on Saturday May 22, 1736 (Classic Reprint) Unknown Author. (ENG., Illus.). (J). 2018. 20p. 24.31 *(978-0-483-30684-4(3))*; 2016. pap. 7.97 *(978-1-334-15373-0(6))* Forgotten Bks.

Charge of the Consul (Classic Reprint) Ella Florence Padon. 2018. (ENG., Illus.). 40p. (J). 24.74 *(978-0-484-84735-3(X))* Forgotten Bks.

Charge of the Lightning Bugs: #8. Troy Cummings. Illus. by Troy Cummings. 2018. (Notebook of Doom Ser.). (ENG., Illus.). 96p. (J). (gr. 2-5). lib. bdg. 31.36 *(978-1-5321-4279-6(X)*, 31096, Chapter Bks.) Spotlight.

Charge of the Lord Chief Justice of England in the Case of the Queen Against Thomas Castro, Otherwise Arthur Orton, Otherwise Sir Roger Tichborne, Vol. 1 Of 2: Reprinted from the Official Copy Taken from the Shorthand Writer's Notes; Corrected by the Lord. Great Britain. Court Of King'S Bench. (ENG., Illus.). (J). 2018. 826p. 40.93 *(978-0-483-77995-2(4))*; 2017. pap. 23.57 *(978-0-243-39468-5(3))* Forgotten Bks.

Charge of the Lord Chief Justice of England, in the Case of the Queen Against Thomas Castro, Otherwise Arthur Orton, Otherwise Sir Roger Tichborne, Vol. 2 Of 2: Reprinted from the Official Copy Taken from the Shorthand Writer's Notes (Classic Reprint) Great Britain. Court Of King'S Bench. (ENG., Illus.). (J). 2018. 918p. 42.85 *(978-0-364-00096-0(1))*; 2017. pap. 25.19 *(978-0-243-49725-6(3))* Forgotten Bks.

Charing Cross to St. Paul's (Classic Reprint) Justin McCarthy. 2018. (ENG., Illus.). 284p. (J). 29.75 *(978-0-483-00256-2(9))* Forgotten Bks.

Chariot at Dusk. Swati Teerdhala. (Tiger at Midnight Ser.: 3). (ENG.). 432p. (YA). (gr. 8). 2022. pap. 11.99 *(978-0-06-286928-9(0))*; 2021. (Illus.). 18.99 *(978-0-06-286927-2(2))* HarperCollins Pubs. (Tegen, Katherine Bks).

Chariot de Terre Cuite (Mricchakatika), Vol. 2: Drame Sanscrit Attribue Au Roi Cudraka, Traduit et Annote des Scolies Inedites de Lalla Dikshita (Classic Reprint) Paul Regnaud. 2017. (FRE., Illus.). (J). pap. 9.57 *(978-0-243-95558-9(8))* Forgotten Bks.

Chariot de Terre Cuite (Mricchakatika), Vol. 2: Drame Sanscrit Attribué Au Roi Çûdraka, Traduit et Annoté des Scolies inédites de Lallâ dîkshita (Classic Reprint) Paul Regnaud. 2018. (FRE., Illus.). 144p. (J). 26.89 *(978-0-666-94672-0(8))* Forgotten Bks.

Chariot de Terre Cuite (Mricchakatika), Vol. 3: Drame Sanscrit Attribue Au Roi Cudraka, Traduit et Annote des Scolies Inedites de Lalla Dikshita (Classic Reprint) Paul Regnaud. 2017. (FRE., Illus.). (J). pap. 9.57 *(978-1-5276-1161-0(2))* Forgotten Bks.

Chariot of Fire (Classic Reprint) Elizabeth Stuart Phelps. 2017. (ENG., Illus.). (J). 25.15 *(978-0-266-24996-2(5))* Forgotten Bks.

Chariot of the Flesh (Classic Reprint) Hedley Peek. 2018. (ENG., Illus.). 342p. (J). 30.95 *(978-0-483-36237-6(9))* Forgotten Bks.

Chariot of the Sun: A Fantasy (Classic Reprint) Roger Pocock. (ENG., Illus.). (J). 2018. 322p. 30.54 *(978-0-267-36278-3(1))*; 2016. pap. 13.57 *(978-1-334-16811-6(3))* Forgotten Bks.

Chariot-Race from Ben-Hur. Lew Wallace. 2017. (ENG., Illus.). (J). pap. *(978-0-649-45534-8(7))* Trieste Publishing Pty Ltd.

Chariot-Race from Ben-Hur (Classic Reprint) Lew Wallace. (ENG., Illus.). (J). 2018. 150p. 27.01 *(978-0-267-54780-7(3))*; 2017. pap. 9.57 *(978-0-259-40570-2(1))* Forgotten Bks.

Chariots & Champions: A Roman Play. Julia Donaldson. Illus. by Thomas Docherty. 2022. (ENG.). 64p. (J). *(978-1-4449-5259-9(5)*, Hodder Children's Books) Hachette Children's Group.

Charity & the Beautiful White Dove. Brian James Conover. 2020. (ENG., Illus.). 30p. (J). pap. 13.95 *(978-1-0980-4450-3(9))* Christian Faith Publishing.

Charity Angel's Gratitude for Life Journal. Charity Angel. 2020. (ENG.). 123p. (YA). *(978-1-716-60855-1(4))* Lulu Pr., Inc.

Charity Ball: A Comedy Drama in Four Acts (Classic Reprint) David Belasco. (ENG., Illus.). (J). 2018. 296p. 30.02 *(978-0-267-59625-6(1))*; 2016. pap. 13.57 *(978-1-334-14757-9(4))* Forgotten Bks.

Charity Chance (Classic Reprint) Walter Raymond. 2018. (ENG., Illus.). 268p. (J). 29.42 *(978-0-332-98926-6(7))* Forgotten Bks.

Charity (Classic Reprint) R. B. Cunninghame Graham. 2018. (ENG., Illus.). 280p. (J). 29.69 *(978-0-483-62369-9(5))* Forgotten Bks.

Charity That Began at Home: A Comedy in Four Acts (Classic Reprint) John Hankin. (ENG., Illus.). (J). 2018. 122p. 26.43 *(978-0-364-35045-4(8))*; 2016. pap. 9.57 *(978-1-333-40963-0(X))* Forgotten Bks.

Charity That Began at Home. a Comedy in Four Acts. John Hankin. 2017. (ENG., Illus.). (J). pap. *(978-0-649-45894-3(X))* Trieste Publishing Pty Ltd.

Charla:: Entendiendo la Pubertad, la Pornografía, el Sexo y el Matrimonio. Joel Chelliah. Illus. by Wayne Marlow. 2019. (SPA.). 34p. (J). (gr. 2-5). 20.00 *(978-1-945454-13-4(X))* Holloway, Greg.

Charlatans (Classic Reprint) Bert Leston Taylor. 2018. (ENG., Illus.). 428p. (J). 32.74 *(978-0-656-39668-9(7))* Forgotten Bks.

Charlee Lebeau & the Gambler's Promise. C. V. Gauthier. 2019. (Charlee Lebeau Ser.). (ENG.). 318p. (YA). *(978-1-5255-5096-6(9))*; pap. *(978-1-5255-5097-3(7))* FriesenPress.

Charlee Lebeau & the Salish Wind. C. V. Gauthier. 2021. (Charlee Lebeau Ser.). (ENG.). 324p. (YA). *(978-1-5255-9293-5(9))*; pap. *(978-1-5255-9292-8(0))* FriesenPress.

Charlemagne. Tammy Gagne. 2017. (Junior Biography From Ancient Civilization Ser.). (Illus.). 48p. (J). (gr. 4-6). 29.95 *(978-1-68020-020-1(8))* Mitchell Lane Pubs.

Charlemagne: Or Romance of the Middle Ages (Classic Reprint) Thomas Bulfinch. 2018. (ENG., Illus.). 256p. (J). 29.18 *(978-0-666-56139-8(7))* Forgotten Bks.

Charlemont; or the Pride of the Village: A Tale of Kentucky (Classic Reprint) William Gilmore Simms. 2018. (ENG., Illus.). 456p. (J). 33.30 *(978-0-365-17832-3(2))* Forgotten Bks.

Charlene Stiletto & Her Search for a Fabulous Pair of Shoes. Melanie Farrar. 2nd ed. 2023. (ENG.). 40p. (J).

326

The check digit for ISBN-10 appears in parentheses after the full ISBN-13

TITLE INDEX CHARLIE & EMMET SNOWY DAY

(978-1-0391-4465-1(9)); pap. ***(978-1-0391-4464-4(0))*** FriesenPress.
Charlene the Mean Queen. Aubrey Clarke. Illus. by Mary Monette Barbaso-Crall. 2018. (ENG.). 32p. (J). (gr. k-6). *(978-1-988785-07-3(3))*; pap. *(978-1-988785-06-6(5))* Envision Urban.
Charlene the Mean Queen. Aubrey G. Clarke. 2018. (ENG., Illus.). 32p. (J). pap. *(978-1-988785-05-9(7))* Envision Urban.
Charles & Eugenia (Classic Reprint) Madame de Renneville. 2018. (ENG., Illus.). 242p. (J). 28.89 *(978-0-484-32477-9(2))* Forgotten Bks.
Charles Auchester: A Memorial (Classic Reprint) Elizabeth Sara Sheppard. 2018. (ENG., Illus.). 448p. (J). 33.16 *(978-0-267-10855-8(9))* Forgotten Bks.
Charles Auchester, Vol. 1 of 2 (Classic Reprint) Elizabeth Sheppard. 2018. (ENG., Illus.). 324p. (J). 30.58 *(978-0-656-87306-7(X))* Forgotten Bks.
Charles Auchester, Vol. 2 (Classic Reprint) Elizabeth Sheppard. 2018. (ENG., Illus.). 322p. (J). 30.56 *(978-0-365-25977-0(2))* Forgotten Bks.
Charles Babbage & ADA Lovelace: The Pen Pals Who Imagined the First Computer. Eileen Lucas. 2020. (J). pap. *(978-1-9785-1449-2(2))* Enslow Publishing, LLC.
Charles Babbage & ADA Lovelace: the Pen Pals Who Imagined the First Computer, 1 vol. Eileen Lucas. 2020. (Scientific Collaboration Ser.). (ENG., Illus.). 80p. (J). (gr. 7-7). pap. 16.30 *(978-1-7253-4225-5(1)*, 3cdd9b0a-2009-41a1-a0d8-b7687fcf90dc) Rosen Publishing Group, Inc., The.
Charles Babbage & the Curious Computer: The Time-Twisters Series. Fiona Veitch Smith. Illus. by Laura Borio. 2021. (Time-Twisters Ser.). (ENG.). 48p. (J). pap. 14.99 *(978-0-281-08297-1(9)*, 29b3a05f-0f55-4287-8ae7-d27295d88f0d) SPCK Publishing GBR. Dist: Baker & Taylor Publisher Services (BTPS).
Charles Boardman Hawes Super Pack. Charles Boardman Hawes. 2019. (ENG.). 684p. (YA). (gr. 7-12). 24.99 *(978-1-5154-4220-2(9))*; pap. 19.99 *(978-1-5154-4221-9(7))* Wilder Pubns., Corp.
Charles Boner's Book (Classic Reprint) Charles Boner. 2017. (ENG., Illus.). (J). 170p. 27.42 *(978-0-332-09057-3(4))*; pap. 9.97 *(978-0-282-53929-0(8))* Forgotten Bks.
Charles Chesterfield, or the Adventures of a Youth of Genius, Vol. 1 of 3 (Classic Reprint) Frances Milton Trollope. 2018. (ENG., Illus.). 340p. (J). 30.91 *(978-0-483-99119-4(8))* Forgotten Bks.
Charles Chesterfield, or the Adventures of a Youth of Genius, Vol. 2 of 3 (Classic Reprint) Frances Milton Trollope. (ENG., Illus.). (J). 2018. 338p. 30.87 *(978-0-483-73974-1(X))*; 2016. pap. 13.57 *(978-1-333-35418-3(5))* Forgotten Bks.
Charles Clifford, or the Children at River Bank (Classic Reprint) James W. Alex. 2018. (ENG., Illus.). 430p. (J). 32.79 *(978-0-483-69563-4(7))* Forgotten Bks.
Charles Darwin. Czeena Devera. Illus. by Jeff Bane. 2018. (My Early Library: My Itty-Bitty Bio Ser.). (ENG.). 24p. (J). (gr. k-1). lib. bdg. 30.64 *(978-1-5341-2887-3(5)*, 211592) Cherry Lake Publishing.
Charles Darwin. Jane Kent. 2020. (SPA.). 44p. (J). (gr. 2-4). 18.99 *(978-84-682-7040-1(7))* Vicens-Vives, Editorial, S.A. ESP. Dist: Lectorum Pubns., Inc.
Charles Darwin. Maria Isabel Sanchez Vegara. Illus. by Mark Hoffmann. 2021. (Little People, BIG DREAMS Ser.). (ENG.). 32p. (J). (gr. -1-2). 15.99 ***(978-0-7112-5771-9(X)***, Frances Lincoln Children's Bks.) Quarto Publishing Group UK GBR. Dist: Hachette Bk. Group.
Charles Darwin, Vol. 11. Bradley Sneddon. 2018. (Scientists & Their Discoveries Ser.). (Illus.). 96p. (J). (gr. 7). lib. bdg. 34.60 *(978-1-4222-4028-1(2))* Mason Crest.
Charles Darwin: Naturalist, 1 vol. Alexandra Hanson-Harding. 2017. (Britannica Beginner Bios Ser.). (ENG., Illus.). 32p. (J). (gr. 2-3). pap. 13.90 *(978-1-68048-800-5(7)*, fb80dc85-949c-4fc3-8f50-6cca5156868c) Rosen Publishing Group, Inc., The.
Charles Darwin: Naturalist, 1 vol. Stephen Webster. 2016. (History Makers Ser.). (ENG., Illus.). 144p. (J). (gr. 9-9). 47.36 *(978-1-5026-1916-7(4)*, 6291d6e7-0874-4d67-b411-4bf540b5a78d) Cavendish Square Publishing LLC.
Charles Darwin - Evolution Theories for Kids (Homo Habilis to Homo Sapien) - Children's Biological Science of Apes & Monkeys Books. Professor Gusto. 2016. (ENG., Illus.). (J). pap. 10.81 *(978-1-68321-981-1(3))* Mimaxion.
Charles Darwin & the Origin of Species, 1 vol. Eileen S. Coates. 2018. (STEM Milestones: Historic Inventions & Discoveries Ser.). (ENG.). 24p. (J). (gr. 3-3). 25.27 *(978-1-5383-4355-5(X)*, eb5c4eda-2b83-4135-9a93-da10d3bd05f9, PowerKids Pr.) Rosen Publishing Group, Inc., The.
Charles Darwin & the Voyage of the Beagle. Ruth Ashby. 2020. (Illus.). 128p. (J). (gr. 2-5). pap. 7.99 *(978-1-68263-127-0(3))* Peachtree Publishing Co. Inc.
Charles Darwin's Around-The-World Adventure. Jennifer Thermes. 2016. (ENG., Illus.). 48p. (J). (gr. k-2). 19.99 *(978-1-4197-2120-5(8)*, 1117901, Abrams Bks. for Young Readers) Abrams, Inc.
Charles Darwin's on the Origin of Species. Charles Darwin. Illus. by Teagan White. 2018. 170p. (J). pap. *(978-1-4814-6250-1(4)*, Atheneum Bks. for Young Readers) Simon & Schuster Children's Publishing.
Charles Darwin's on the Origin of Species. Illus. Sabina Radeva. Adapted by Sabina Radeva. 2019. (ENG.). 64p. (J). (gr. -1-3). 18.99 *(978-1-9848-9491-5(9)*, Crown Books For Young Readers) Random Hse. Children's Bks.
Charles Darwin's on the Origin of Species: Words That Changed the World. Anna Brett. 2021. (ENG.). 64p. (J). (gr. 2-6). 22.99 *(978-1-78627-886-9(3)*, King, Laurence Publishing) Orion Publishing Group, Ltd. GBR. Dist: Hachette Bk. Group.
Charles Dickens, 1 vol. Anita Croy. 2019. (Writers Who Changed the World Ser.). (ENG.). 64p. (gr. 6-7). pap. 16.28 *(978-1-5345-6587-6(6)*, 51b4e38a-98dd-4a4a-b7a0-0022f85693cc); lib. bdg. 36.56 *(978-1-5345-6588-3(4)*, c69747ad-619e-4e25-bce9-f7d0540cc71b) Greenhaven Publishing LLC. (Lucent Pr.).
Charles Dickens. Maria Isabel Sánchez Vegara. Illus. by Isobel Ross. 2021. (Little People, BIG DREAMS Ser.: 69). (ENG.). 32p. (J). (gr. -1-2). 15.99 ***(978-0-7112-5896-9(1)***, Frances Lincoln Children's Bks.) Quarto Publishing Group UK GBR. Dist: Hachette Bk. Group.
Charles Dickens: And His Girl Heroines (Classic Reprint) Belle Moses. 2017. (ENG., Illus.). (J). 31.01 *(978-1-5282-4626-2(8))* Forgotten Bks.
Charles Dickens: The Courageous Kids Series. Wanda Kay Knight. 2020. (ENG.). 48p. (J). pap. 6.99 *(978-1-64764-931-9(5))* Waldorf Publishing.
Charles Dickens: a Christmas Carol. Illus. by Pipi Sposito. 2020. (Sweet Cherry Easy Classics Ser.: 1). (ENG.). 96p. (Orig.). (J). 6.95 *(978-1-78226-749-2(2)*, c60695b0-dd0c-41b4-8758-f6bc6143a773) Sweet Cherry Publishing GBR. Dist: Baker & Taylor Publisher Services (BTPS).
Charles Dickens: a Tale of Two Cities. Illus. by Pipi Sposito. 2021. (Sweet Cherry Easy Classics Ser.: 2). (ENG.). 96p. (J). 6.95 *(978-1-78226-747-8(6)*, 380faea5-285c-4e35-992a-a5ac97f6d4b7) Sweet Cherry Publishing GBR. Dist: Baker & Taylor Publisher Services (BTPS).
Charles Dickens & Rochester (Classic Reprint) Robert Langton. 2018. (ENG., Illus.). 52p. (J). 24.97 *(978-0-267-48139-2(X))* Forgotten Bks.
Charles Dickens & the Street Children of London. Andrea Warren. 2017. (ENG., Illus.). 160p. (YA). (gr. 7). pap. 9.99 *(978-0-544-93260-9(9)*, 1657974, Clarion Bks.) HarperCollins Pubs.
Charles Dickens: Bleak House. Illus. by Pipi Sposito. 2021. (Sweet Cherry Easy Classics Ser.: 2). (ENG.). 96p. (J). 6.95 *(978-1-78226-750-8(6)*, 2270410e-a4ad-49a2-8f09-0701cc4028e1) Sweet Cherry Publishing GBR. Dist: Baker & Taylor Publisher Services (BTPS).
Charles Dickens: David Copperfield. Illus. by Pipi Sposito. 2021. (Sweet Cherry Easy Classics Ser.: 2). (ENG.). 96p. (J). 6.95 *(978-1-78226-748-5(4)*, b46e8a27-fdb7-4445-b93c-656f041bf624) Sweet Cherry Publishing GBR. Dist: Baker & Taylor Publisher Services (BTPS).
Charles Dickens: Great Expectations. Illus. by Pipi Sposito. 2021. (Sweet Cherry Easy Classics Ser.: 2). (ENG.). 96p. (J). 6.95 *(978-1-78226-744-7(1)*, aae9966f-3007-42ff-b8c1-f8dedf20addc) Sweet Cherry Publishing GBR. Dist: Baker & Taylor Publisher Services (BTPS).
Charles Dickens: Hard Times. Illus. by Pipi Sposito. 2021. (Sweet Cherry Easy Classics Ser.: 2). (ENG.). 96p. (J). 6.95 *(978-1-78226-746-1(8)*, c45e9dcf-9689-4e0e-862b-f00e43b98e2a) Sweet Cherry Publishing GBR. Dist: Baker & Taylor Publisher Services (BTPS).
Charles Dickens: Little Dorrit. Illus. by Pipi Sposito. 2021. (Sweet Cherry Easy Classics Ser.: 2). (ENG.). 96p. (J). 6.95 *(978-1-78226-751-5(4)*, 982357f8-f31e-4dfd-a771-c0a8e2903d04) Sweet Cherry Publishing GBR. Dist: Baker & Taylor Publisher Services (BTPS).
Charles Dickens: Nicholas Nickleby. Illus. by Pipi Sposito. 2021. (Sweet Cherry Easy Classics Ser.: 2). (ENG.). 96p. (J). 6.95 *(978-1-78226-745-4(X)*, 425bf62d-ccf4-4061-9872-a05c8dba50f5) Sweet Cherry Publishing GBR. Dist: Baker & Taylor Publisher Services (BTPS).
Charles Dickens: Oliver Twist. Illus. by Pipi Sposito. 2021. (Sweet Cherry Easy Classics Ser.: 2). (ENG.). 96p. (J). 6.95 *(978-1-78226-742-3(5)*, 9e3dd27d-e7ed-41c8-b3cf-7b7f8be87f14) Sweet Cherry Publishing GBR. Dist: Baker & Taylor Publisher Services (BTPS).
Charles Dickens: the Old Curiosity Shop. Illus. by Pipi Sposito. 2021. (Sweet Cherry Easy Classics Ser.: 2). (ENG.). 96p. (J). 6.95 *(978-1-78226-743-0(3)*, f224097d-3edd-417b-a6f4-9303e7679e97) Sweet Cherry Publishing GBR. Dist: Baker & Taylor Publisher Services (BTPS).
Charles Drew. Katie Marsico. Illus. by Jeff Bane. 2018. (My Early Library: My Itty-Bitty Bio Ser.). (ENG.). 24p. (J). (gr. k-1). lib. bdg. 30.64 *(978-1-5341-2879-8(4)*, 211560) Cherry Lake Publishing.
Charles Drew: the Innovator of the Blood Bank (Bright Minds) Aaron Talley. Illus. by Subi Bosa. 2023. (Bright Minds Ser.). (ENG.). 40p. (J). (gr. 3-4). 29.00 *(978-1-338-86534-9(X))*; pap. 8.99 *(978-1-338-86535-6(8))* Scholastic Library Publishing. (Children's Pr.).
Charles Goodyear & the Invention of Rubber - U. S. Economy in the Mid-1800s - Biography 5th Grade - Children's Biographies. Dissected Lives. 2019. (ENG.). 76p. (J). pap. 15.06 *(978-1-5419-5082-5(8))*; 25.05 *(978-1-5419-7531-6(6))* Speedy Publishing LLC. (Dissected Lives (Auto Biographies)).
Charles Hartland: The Village Missionary (Classic Reprint) Wm A. Alcott. 2018. (ENG., Illus.). 212p. (J). 28.27 *(978-0-267-49364-7(9))* Forgotten Bks.
Charles Hurt Himself Playing: Broken Arm. Nicole Audet. Illus. by Mylène Villeneuve. 2017. (ENG.). 26p. (J). pap. 9.99 *(978-1-989041-03-1(5))* Nicole Publishing.
Charles I Love You All Ways. Marianne Richmond. Illus. by Dubravka Kolanovic. 2023. (I Love You All Ways Ser.). (ENG.). 32p. (J). (gr. -1-3). 8.99 ***(978-1-7282-7341-9(2))*** Sourcebooks, Inc.
Charles Knight: A Sketch (Classic Reprint) Alice A. Clowes. 2018. (ENG., Illus.). 282p. (J). 29.73 *(978-0-483-56786-3(8))* Forgotten Bks.
Charles Kuonen Suspension Bridge. Julie Murray. 2018. (Super Structures Ser.). (ENG., Illus.). 24p. (J). (gr. k-4). lib. bdg. 31.36 *(978-1-5321-2310-8(8)*, 28387, Abdo Zoom-Dash) ABDO Publishing Co.
Charles Lamb (Classic Reprint) Flora Masson. 2018. (ENG., Illus.). 104p. (J). 25.92 *(978-0-267-72870-1(0))* Forgotten Bks.
Charles M. Schulz' Snoopy. Charles M. Schulz & Jason Cooper. Illus. by Vicki Scott & Paige Braddock. 2017. (Peanuts Ser.). (ENG.). 96p. (J). (gr. 3). 14.99 *(978-1-68415-161-5(9))* BOOM! Studios.
Charles M. Schulz's Linus. Created by Charles M. Schulz. 2019. (Peanuts Ser.). (ENG., Illus.). 96p. (J). 14.99 *(978-1-68415-402-9(2))* BOOM! Studios.
Charles M. Schulz's Lucy. Jason Cooper. Illus. by Vicki Scott & Paige Braddock. 2019. (Peanuts Ser.). (ENG.). 96p. (J). 14.99 *(978-1-68415-296-4(8))* BOOM! Studios.
Charles Men, Vol. 1 (Classic Reprint) Verner von Heidenstam. 2018. (ENG., Illus.). 298p. (J). 30.06 *(978-0-666-86689-9(9))* Forgotten Bks.
Charles Men, Vol. 2 (Classic Reprint) Verner von Heidenstam. 2017. (ENG., Illus.). (J). 30.33 *(978-0-266-18559-8(2))* Forgotten Bks.
Charles o'Malley, the Irish Dragon (Classic Reprint) Charles Lever. 2018. (ENG., Illus.). 772p. (J). 39.82 *(978-0-666-49850-2(4))* Forgotten Bks.
Charles o'Malley, Vol. 1 Of 2: The Irish Dragoon (Classic Reprint) Charles Lever. 2017. (ENG., Illus.). (J). 33.98 *(978-1-5280-8018-7(1))* Forgotten Bks.
Charles o'Malley, Vol. 2 Of 2: The Irish Dragoon (Classic Reprint) Charles Lever. 2017. (ENG., Illus.). (J). 34.75 *(978-0-266-70996-1(6))*; pap. 19.57 *(978-1-5276-6097-7(4))* Forgotten Bks.
Charles o'Malley, Vol. 2 Of 2: The Irish Dragoon (Classic Reprint) Charles James Lever. 2017. (ENG., Illus.). (J). 34.42 *(978-1-5280-7805-4(5))* Forgotten Bks.
Charles R. Knight Was an Amazing Artist in Many Ways. Cynthia Swain et al. 2017. (Text Connections Guided Close Reading Ser.). (J). (gr. 2). *(978-1-4900-1844-7(1))* Benchmark Education Co.
Charles Reade As I Knew Him (Classic Reprint) John Coleman. 2018. (ENG., Illus.). 494p. (J). 34.09 *(978-0-365-20247-9(9))* Forgotten Bks.
Charles Rex (Classic Reprint) Ethel M. Dell. 2018. (ENG., Illus.). 396p. (J). 32.06 *(978-0-332-17185-2(X))* Forgotten Bks.
Charles Schulz. Julie Murray. 2021. (Children's Authors Ser.). (ENG.). 24p. (J). (gr. -1-2). lib. bdg. 32.79 *(978-1-0982-0720-5(3)*, 38202, Abdo Kids) ABDO Publishing Co.
Charles Schulz. Jennifer Strand. 2016. (Amazing Authors Ser.). (ENG.). 24p. (J). (gr. -1-2). 49.94 *(978-1-68079-381-9(0)*, 23002, Abdo Zoom-Launch) ABDO Publishing Co.
Charles Schulz: Cartoonist & Writer, 1 vol. Michael A. Schuman. 2018. (Influential Lives Ser.). (ENG.). 128p. (gr. 7-7). 40.27 *(978-0-7660-9209-9(7)*, 1dd0314c-bf50-45f0-9e54-9dfca036eaed) Enslow Publishing, LLC.
Charles Sees Kenya. Lacey Harris. 2019. (ENG.). 38p. (J). 14.95 *(978-1-64307-040-7(1))* Amplify Publishing Group.
Charles S'Est Blessé en Jouant: Bras Cassé. Nicole Audet. Illus. by Mylene Villeuve. 2018. (FRE.). 30p. (J). pap. *(978-1-989041-17-8(5))* Dr. Nicole Publishing.
Charles Simeon: For Christ in Cambridge. George MacLean. 2022. (ENG.). 144p. (J). pap. 9.99 *(978-1-5271-0841-7(4)*, 1fa537e7-e60b-437f-9425-13e41b52e4c2, CF4Kids) Christian Focus Pubns. GBR. Dist: Baker & Taylor Publisher Services (BTPS).
Charles Spurgeon: Who Is the Greatest? Catherine MacKenzie. rev. ed. 2019. (Little Lights Ser.). (ENG., Illus.). 24p. (J). 7.99 *(978-1-5271-0393-1(5)*, 870399b1-d06e-4547-917d-389d8206bf5a, CF4Kids) Christian Focus Pubns. GBR. Dist: Baker & Taylor Publisher Services (BTPS).
Charles Stanley, Vol. 2 Of 3: A Novel (Classic Reprint) Louisa Keir Grant. 2018. (ENG., Illus.). 316p. (J). 30.41 *(978-0-332-67923-5(3))* Forgotten Bks.
Charles Stanly, Vol. 1 Of 3: A Novel (Classic Reprint) Louisa Keir Grant. (ENG., Illus.). (J). 2018. 340p. 30.91 *(978-0-267-31400-3(0))*; 2016. pap. 13.57 *(978-1-333-43571-4(1))* Forgotten Bks.
Charles Stewart Parnell, Vol. 1: His Love Story & Political Life (Classic Reprint) Katharine O'Shea. 2018. (ENG., Illus.). 296p. (J). 30.02 *(978-0-483-46531-2(3))* Forgotten Bks.
Charles, Superhéros. Alain M. Bergeron. Illus. by Mika. 2020. (Classe de Madame Isabelle Ser.: 6). (FRE.). 64p. (J). (gr. 1-3). pap. 12.95 *(978-2-7644-4097-1(9))* Quebec Amerique CAN. Dist: Orca Bk. Pubs. USA.
Charles the Chauffeur (Classic Reprint) Samuel Ellsworth Kiser. (ENG., Illus.). (J). 2018. 190p. 27.84 *(978-0-332-33942-9(4))*; 2017. pap. 10.57 *(978-0-243-09225-3(3))* Forgotten Bks.
Charles the Counting Cat: A Laugh & Learn Adventure! R. J. Brown. 2022. 46p. (J). pap. 19.99 *(978-1-6678-2291-4(8))* BookBaby.
Charles the Twelfth, King of Sweden (Classic Reprint) Carl Gustafson Klingspor. (ENG., Illus.). (J). 2018. 420p. 32.58 *(978-0-666-21801-8(3))*; 2016. pap. 16.57 *(978-1-334-14794-4(9))* Forgotten Bks.
Charles Tyrrell, or the Bitter Blood (Classic Reprint) G. P. R. James. 2016. (ENG., Illus.). (J). pap. 11.97 *(978-1-334-14795-1(7))* Forgotten Bks.
Charles Tyrrell, or the Bitter Blood (Classic Reprint) George Payne Rainsford James. 2018. (ENG., Illus.). 262p. (J). 29.30 *(978-0-483-86389-7(0))* Forgotten Bks.
Charles Tyrrell, or the Bitter Blood, Vol. 1 of 2 (Classic Reprint) G. P. R. James. 2016. (ENG., Illus.). (J). pap. 10.57 *(978-1-332-70913-7(3))* Forgotten Bks.
Charles Tyrrell, or the Bitter Blood, Vol. 1 of 2 (Classic Reprint) George Payne Rainsford James. 2018. (ENG., Illus.). 198p. (J). 28.00 *(978-0-483-67551-3(2))* Forgotten Bks.
Charles Tyrrell, Vol. 1 of 3 (Classic Reprint) G. P. R. James. 2017. (ENG., Illus.). (J). pap. 11.57 *(978-0-243-95277-9(5))* Forgotten Bks.
Charles Tyrrell, Vol. 1 of 3 (Classic Reprint) George Payne Rainsford James. 2018. (ENG., Illus.). 242p. (J). 28.91 *(978-0-484-71293-4(4))* Forgotten Bks.
Charles Tyrrell, Vol. 2 of 3 (Classic Reprint) George Payne Rainsford James. (ENG., Illus.). (J). 2018. 244p. 28.95 *(978-0-483-95853-1(0))*; 2017. pap. 11.57 *(978-0-243-91686-3(8))* Forgotten Bks.
Charles Tyrrell, Vol. 3 of 3 (Classic Reprint) George Payne Rainsford James. (ENG., Illus.). (J). 2018. 242p. 28.89 *(978-0-483-13074-6(5))*; 2017. pap. 11.57 *(978-0-243-87528-3(2))* Forgotten Bks.
Charles Vernon a Transatlantic Tale, Vol. 1 (Classic Reprint) Henry Senior. 2018. (ENG., Illus.). 300p. (J). 30.08 *(978-0-483-44933-6(4))* Forgotten Bks.
Charles Vincent, or the Two Clerks, Vol. 1 Of 2: A Tale of Commercial Life (Classic Reprint) W. N. Willet. (ENG., Illus.). (J). 2018. 234p. 28.72 *(978-0-483-76234-3(2))*; 2017. pap. 11.57 *(978-0-243-51972-9(5))* Forgotten Bks.
Charles Vincent, or the Two Clerks, Vol. 2 Of 2: A Tale of Commercial Life (Classic Reprint) W. N. Willet. 2017. (ENG., Illus.). (J). 29.75 *(978-0-266-68067-3(4))*; pap. 13.57 *(978-1-5276-5093-0(6))* Forgotten Bks.
Charles W. Quantrell: A True History of His Guerrilla Warfare on the Missouri & Kansas Border, During the Civil War of 1861 to 1865 (Classic Reprint) John P. Burch. (ENG., Illus.). (J). 2018. 272p. 29.51 *(978-0-666-57112-0(0))*; 2017. pap. 11.97 *(978-0-282-44614-7(1))* Forgotten Bks.
Charles Waterton: His Home, Habits, & Handiwork; Reminiscences of an Intimate & Most Confiding Personal Association for Nearly Thirty Years (Classic Reprint) Richard Hobson. 2017. (ENG., Illus.). (J). 32.99 *(978-0-266-37146-5(9))* Forgotten Bks.
Charles's Bridge. Sandra Novacek. Illus. by Nicole Lapointe. 2021. (ENG.). 36p. (J). 18.95 *(978-0-9854151-3-6(4))* 1021 Pr.
Charles's Christmas Wish. Put Me In The Story & J. D. Green. Illus. by Julia Seal. 2018. (Christmas Wish Ser.). (ENG.). 32p. (J). (gr. k-3). 6.99 ***(978-1-4926-8515-9(1))*** Sourcebooks, Inc.
Charles's Journey to France, & Other Tales (Classic Reprint) (Anna Letitia) Barbauld. (ENG., Illus.). (J). 2018. 82p. 25.59 *(978-0-656-71423-0(9))*; 2017. pap. 9.57 *(978-0-259-88252-7(6))* Forgotten Bks.
Charleston. Eric Reeder. 2020. (J). *(978-1-7911-1586-9(1)*, AV2 by Weigl) Weigl Pubs., Inc.
Charleston Earthquake: Spectacular Drama, in Three Acts (Classic Reprint) E. Optebeeck. (ENG., Illus.). (J). 2018. 24p. 24.41 *(978-0-267-12143-4(1))*; 2016. pap. 7.97 *(978-1-333-39577-3(9))* Forgotten Bks.
Charley & Amanda Meet Rusty the Rodeo Clown. Gail Woerner. Illus. by Gail Gandolfi. 2021. (ENG.). 34p. (J). pap. 12.99 *(978-1-68179-222-4(2)*, Eakin Pr.) Eakin Pr.
Charley & the Blind Man: And Other Stories (Classic Reprint) Unknown Author. (ENG., Illus.). (J). 2018. 130p. 26.58 *(978-0-483-84704-0(6))*; 2017. pap. 9.57 *(978-0-243-41441-3(2))* Forgotten Bks.
Charley, Cara, & the New Puppy. Emily Acevedo. 2021. (ENG.). 30p. (J). pap. 13.95 *(978-1-63338-958-8(8))* Fulton Bks.
Charley Chatty & the Disappearing Pennies: A Story about Lying & Stealing. Sarah Naish & Rosie Jefferies. Illus. by Megan Evans. 2017. (Therapeutic Parenting Bks.). (ENG.). 32p. (C). pap. 17.95 *(978-1-78592-303-6(X)*, 696533) Kingsley, Jessica Pubs. GBR. Dist: Hachette UK Distribution.
Charley Chipmunk & the Chipmunk Race. Matt Lincoln. 2019. (ENG., Illus.). 36p. (J). 21.95 *(978-1-64096-923-0(3))*; pap. 11.95 *(978-1-64096-074-9(0))* Newman Springs Publishing, Inc.
Charley Goes to Rome. Tracilyn George. 2020. (ENG.). 22p. (J). pap. 11.00 *(978-1-7774435-7-3(1))* Lulu Pr., Inc.
Charley Is My Darling (Classic Reprint) Joyce Cary. 2017. (ENG., Illus.). (J). pap. 13.57 *(978-0-243-48863-6(7))* Forgotten Bks.
Charley, Tie Your Shoes. Charles Edwards. Ed. by Kayla Druce. Illus. by Amelia Detwiler. 2022. 24p. (J). 21.39 *(978-1-6678-4856-3(9))* BookBaby.
Charley's Calico Rooster (Classic Reprint) May. 2018. (ENG., Illus.). 186p. (J). 27.73 *(978-0-483-78627-1(6))* Forgotten Bks.
Charley's Coming to the World. Teresa Richardson. 2021. (ENG.). 20p. (J). 22.95 *(978-1-64468-938-7(3))*; pap. 12.95 *(978-1-64468-937-0(5))* Covenant Bks.
Charley's Museum: A Story for Young People (Classic Reprint) Unknown Author. 2018. (ENG., Illus.). 100p. (J). 25.96 *(978-0-267-18506-1(5))* Forgotten Bks.
Charley's Trail. Patti Burton. 2018. (ENG., Illus.). 28p. (J). pap. 12.95 *(978-1-64140-505-8(8))* Christian Faith Publishing.
Charli & the Christmas Bush. Leanne Murner. 2021. (Australian Bush Ser.: Vol. 1). (ENG.). 28p. (J). ***(978-0-6451762-2-3(2))*** Karen Mc Dermott.
Charli Comet Book I. Eddie Zayas. 2018. (ENG.). 32p. (J). pap. *(978-0-359-26649-4(5))* Lulu Pr., Inc.
Charli the Cat, Lost in Key West. Theresa Schopler. 2023. (Charli the Cat Ser.: 2). 48p. (J). 23.42 ***(978-1-6678-9881-0(7))*** BookBaby.
Charlie. Nicholas Cavalier. 2019. (ENG.). 62p. (J). pap. *(978-3-7103-3889-2(1))* united p.c. Verlag.
Charlie. Veronica Lloyd. 2017. (ENG., Illus.). (J). (gr. k-3). *(978-0-9951879-3-1(2))* V Lloyd.
Charlie. Lisa Mullarkey. Illus. by Paula Franco. 2019. (Pony Girls Ser.). (ENG.). 112p. (J). (gr. 2-5). lib. bdg. 38.50 *(978-1-5321-3646-7(3)*, 33738, Calico Chapter Bks.) ABDO Publishing Co.
Charlie: The Brave Little Teddy Bear. Amy Baird Middleton. Illus. by Amy Baird Middleton. 2017. (ENG., Illus.). 38p. (J). (gr. k-3). 20.00 *(978-0-9915467-2-5(5)*, Wren's Nest Productions LLC) Struminger, Alexander.
Charlie - the Giant Banana Slug. Charlie Bananaslug. 2022. (ENG.). 22p. (J). pap. 5.99 ***(978-1-0879-6670-0(1))*** Indy Pub.
Charlie & a Dog's Tale. Ben Haddon. 2022. (ENG.). 118p. (J). pap. ***(978-1-915338-55-6(7))*** UK Bk. Publishing.
Charlie & Chocolate's Furry Forgiveness. J. Suthern Hicks. Ed. by Diane Bryan. Illus. by Tatiana Minina. 2018. (ENG.). 30p. (J). pap. 9.99 *(978-0-9970778-1-0(6))* Shophar So Good.
Charlie & Emmet Snowy Day. Lori Ries. Illus. by Thomas Bender. 2022. (ENG.). 36p. (J). 17.99 *(978-1-956357-68-4(8))* Lawley Enterprises.

C

Charlie & Emmet Surgery Day. Lori Ries. Illus. by Thomas Bender. 2021. (ENG.). 36p. (J). 17.99 (978-1-952209-93-2(5)) Lawley Enterprises.

Charlie & Friends: Designed for Comfort. Laura Sheehy. Ed. by Jamie Robash. Illus. by Laura Sheehy. 2021. (ENG.). 57p. (J). pap. (978-1-387-95603-6(5)) Lulu Pr., Inc.

Charlie & Frog: the Boney Hand: A Mystery. Karen Kane. 2020. (Charlie & Frog Ser.: 2). (ENG.). 288p. (J). (gr. 3-7). pap. 7.99 (978-1-368-00629-3(9)) Hyperion Bks. for Children.

Charlie & His Buddies: Charlie Stays up Late. N. J. Erakat. Illus. by Maria Khe. 2020. (ENG.). 24p. (J). (978-1-5255-8893-8(1)); pap. (978-1-5255-8892-1(3)) FriesenPress.

Charlie & His Kitten Topsy (Classic Reprint) Helen Hill. 2017. (ENG., Illus.). (J). 26.33 (978-0-331-47397-1(6)); pap. 9.57 (978-0-259-54108-0(7)) Forgotten Bks.

Charlie & Lola: Charlie & Lola a Very Shiny Wipe-Clean Letters Activity Book. Lauren Child. 2019. (Charlie & Lola Ser.). (ENG.). 16p. (J). (gr. -1-1). pap. 9.99 (978-1-4083-5056-0(4), Orchard Bks.) Hachette Children's Group GBR. Dist: Hachette Bk. Group.

Charlie & Lola: Exactly One Numbers Sticker Activity Book. Lauren Child. 2019. (Charlie & Lola Ser.). (ENG.). 16p. (J). (gr. -1-1). pap. 7.99 (978-1-4083-4905-2(1), Orchard Bks.) Hachette Children's Group GBR. Dist: Hachette Bk. Group.

Charlie & Me: 421 Miles from Home. Mark Lowery. 2018. (ENG.). 320p. (J). (gr. 4-9). 16.99 (978-1-4998-0756-1(2), Yellow Jacket) Bonnier Publishing USA.

Charlie & Molly Coloring & Word Search Book for Kids: Dog Coloring Book for Ages 5 & up. (Us Version) C. Selbherr. Illus. by M. Kahn. 2018. (ENG.). 68p. (J). pap. (978-3-947677-08-5(1)) Selbherr., Charlotte Harlescott Bks.

Charlie & Mouse & Grumpy: Book 2 (Grandpa Books for Grandchildren, Beginner Chapter Books) Laurel Snyder. Illus. by Emily Hughes. 2019. (Charlie & Mouse Ser.: 2). (ENG.). 60p. (J). (gr. 1-4). pap. 7.99 (978-1-4521-7264-4(1)) Chronicle Bks. LLC.

Charlie & Mouse & Grumpy: Book 2 (Beginner Chapter Books, Charlie & Mouse Book Series) Laurel Snyder. Illus. by Emily Hughes. 2017. (Charlie & Mouse Ser.: 2). (ENG.). 48p. (J). (gr. 1-4). 14.99 (978-1-4521-3748-3(X)) Chronicle Bks. LLC.

Charlie & Mouse: Book 1 (Classic Children's Book, Illustrated Books for Children) Laurel Snyder. Illus. by Emily Hughes. (Charlie & Mouse Ser.: 1). (ENG.). (J). 2019. 60p. (gr. 1-4). pap. 7.99 (978-1-4521-7263-7(3)); 2017. 48p. 14.99 (978-1-4521-3153-5(8)) Chronicle Bks. LLC.

Charlie & Mouse Even Better: Book 3. Laurel Snyder. Illus. by Emily Hughes. 2020. (Charlie & Mouse Ser.: 3). (ENG.). 60p. (J). (gr. 1-4). pap. 7.99 (978-1-4521-8342-8(2)) Chronicle Bks. LLC.

Charlie & Mouse Even Better: Book 3 in the Charlie & Mouse Series (Beginning Chapter Books, Beginning Chapter Book Series, Funny Books for Kids, Kids Book Series), Bk. 3. Laurel Snyder. Illus. by Emily Hughes. 2019. (Charlie & Mouse Ser.: 3). (ENG.). 40p. (J). (gr. 1-4). 14.99 (978-1-4521-7065-7(7)) Chronicle Bks. LLC.

Charlie & Mouse Outdoors: Book 4 (Classic Children's Book, Beginning Chapter Book, Illustrated Books for Children), Bk. 4. Laurel Snyder. Illus. by Emily Hughes. 2020. (Charlie & Mouse Ser.: 4). (ENG.). 48p. (J). (gr. 1-4). 14.99 (978-1-4521-7066-4(5)) Chronicle Bks. LLC.

Charlie & the Champ. Royal C. Darrah. 2020. (ENG., Illus.). 214p. (YA). (gr. 7-12). pap. 18.95 (978-1-68433-454-4(3)) Black Rose Writing.

Charlie & the Cheerful Hearts. Darla Day & Jenson Day. Illus. by Chad Day. 2022. (ENG.). 24p. (J). pap. 15.99 (978-1-6678-1409-4(5)) BookBaby.

Charlie & the Chocolate Factory: The Golden Edition. Roald Dahl. Illus. by Quentin Blake. 2021. (ENG.). 192p. (J). (gr. 3-7). 8.99 (978-0-593-34966-3(0), Puffin Books) Penguin Young Readers Group.

Charlie & the Chocolate Factory Mad Libs: World's Greatest Word Game. Roald Dahl & Leigh Olsen. 2018. (Mad Libs Ser.). (ENG.). 48p. (J). (gr. 3-7). pap. 4.99 (978-1-5247-8715-8(9), Mad Libs) Penguin Young Readers Group.

Charlie & the Chocolate Factory Novel Units Student Packet. Novel Units. 2019. (ENG.). (J). pap. 13.99 (978-1-56137-702-2(3), Novel Units, Inc.) Classroom Library Co.

Charlie & the Dog Who Came to Stay: A Book about Depression. Ruth Spence. Illus. by Kimiya Pahlevan. 2021. (ENG.). 26p. (J). pap. (978-1-913615-07-9(3)); (978-1-915680-55-6(7)) Trigger Publishing.

Charlie & the Elephant. Loretta Beacham. Illus. by Yvette Ivanic. 2020.Tr. of ????? ? ????. (ENG.). 40p. (J). (978-1-5255-5856-6(0)); pap. (978-1-5255-5857-3(9)) FriesenPress.

Charlie & the Germ. Janice Perry-Kennedy Lmft. 2022. (ENG.). 34p. (J). 23.95 (978-1-68526-212-9(0)); pap. 13.95 (978-1-63630-668-1(3)) Covenant Bks.

Charlie & the Great Glass Elevator see **Charlie y el Gran Ascensor de Cristal**

Charlie & the Great Maskarade. Joy Barber. Illus. by Sarah Turner. 2021. (ENG.). 32p. (J). 18.99 (978-0-578-89567-3(6)) Barber.

Charlie & the Great Move. Angela Iremonger. 2022. (ENG.). 48p. (J). pap. (978-1-80042-214-8(8)) SilverWood Bks.

Charlie & the Purple Roses. Robin Rotenberg. Illus. by Patrick Carlson. 2020. (ENG.). 24p. (J). 15.99 (978-0-578-75415-4(0)) Rotenberg Consulting LLC.

Charlie & the Tire Swing: How It Began. Diann Floyd Boehm. 2022. (Charlie & the Tire Swing Ser.: Vol. 1). (ENG.). 44p. (J). pap. (978-1-989833-22-3(5)) OC Publishing.

Charlie & the Tire Swing: How It Began. Diann Floyd Boehm. Illus. by Judy Gaudet. 2022. (Charlie & the Tire Swing Ser.: Vol. 1). (ENG.). 44p. (J). (978-1-989833-23-0(3)) OC Publishing.

Charlie Ant: The Cake. Andy Huxtable. 2020. (ENG.). 44p. (J). (978-1-5289-1657-8(3)); pap. (978-1-5289-1656-1(5)) Austin Macauley Pubs. Ltd.

Charlie Bear Goes to School. C. W. Martin. 2020. (ENG., Illus.). 32p. (J). 25.95 (978-1-64096-336-8(7)); pap. 15.95 (978-1-64096-999-5(3)) Newman Springs Publishing, Inc.

Charlie Bell: The Waif of ELM Island (Classic Reprint) Elijah Kellogg. 2018. (ENG., Illus.). 338p. (J). 30.89 (978-0-483-92251-8(X)) Forgotten Bks.

Charlie Borrows My Dream. Robert Smiley. 2020. (ENG.). 26p. (J). pap. 14.95 (978-1-64462-102-8(9)) Page Publishing Inc.

Charlie Brown: All Tied up (PEANUTS AMP Series Book 13) Charles M. Schulz. 2019. (Peanuts Kids Ser.: Vol. 13). (ENG., Illus.). 178p. (J). (gr. 3-6). 45.99 (978-1-5248-5579-6(0)) Andrews McMeel Publishing.

Charlie Brown: Here We Go Again: a Peanuts Collection. Charles M. Schulz. 2016. (Peanuts Kids Ser.: Vol. 7). (ENG., Illus.). (J). (gr. 3-6). 33.99 (978-1-4494-8498-9(0)) Andrews McMeel Publishing.

Charlie Brown: POW!: a Peanuts Collection. Charles M. Schulz. 2016. (Peanuts Kids Ser.: Vol. 3). (ENG., Illus.). (J). 29.99 (978-1-4494-7385-3(7)) Andrews McMeel Publishing.

Charlie Brown & Friends: A Peanuts Collection. Charles M. Schulz. 2016. (Peanuts Kids Ser.: Vol. 2). (ENG., Illus.). (J). 29.99 (978-1-4494-7384-6(9)) Andrews McMeel Publishing.

Charlie Brown Christmas: Deluxe Edition. Charles M. Schulz. Illus. by Vicki Scott. 2017. (Peanuts Ser.). (ENG.). 48p. (J). (gr. -1). 19.99 (978-1-5344-0455-7(4), Simon Spotlight) Simon Spotlight.

Charlie Brown Christmas: Pop-Up Edition. Charles M. Schulz. Illus. by Vicki Scott. 2020. (Peanuts Ser.). (ENG.). 12p. (J). (gr. -1-3). 29.99 (978-1-5344-7087-3(5), Simon Spotlight) Simon Spotlight.

Charlie Brown Christmas: Book & Tree Kit: With Music! Charles M. Schulz. 2021. (RP Minis Ser.). (ENG., Illus.). 72p. pap. 14.95 (978-0-7624-7374-8(6), Running Pr. Miniature Editions) Running Pr.

Charlie Brown Thanksgiving. Charles M. Schulz. Illus. by Scott Jeralds. 2016. (Peanuts Ser.). (ENG.). 32p. (J). (gr. -1). 7.99 (978-1-4814-6805-3(7), Simon Spotlight) Simon Spotlight.

Charlie Brown Valentine. Natalie Shaw. ed. 2018. (Peanuts Holiday Pic Bks). (ENG.). 24p. (J). (gr. -1-1). 19.36 (978-1-64310-388-4(1)) Penworthy Co., LLC, The.

Charlie Bumpers vs. His Big Blabby Mouth. Bill Harley. Illus. by Adam Gustavson. 2018. (Charlie Bumpers Ser.: 6). 192p. (J). (gr. 2-5). pap. 7.99 (978-1-68263-064-8(1)) Peachtree Publishing Co. Inc.

Charlie Bumpers vs. the End of the Year, 1 vol. Bill Harley. Illus. by Adam Gustavson. (Charlie Bumpers Ser.: 7). 208p. (J). (gr. 2-5). 2020. pap. 7.99 (978-1-68263-162-1(1)); 2019. 14.95 (978-1-68263-042-6(0)) Peachtree Publishing Co. Inc.

Charlie Bumpers vs. the Perfect Little Turkey, 1 vol. Bill Harley. Illus. by Adam Gustavson. 2016. (Charlie Bumpers Ser.: 4). 176p. (J). (gr. 2-5). pap. 6.95 (978-1-56145-963-6(1)) Peachtree Publishing Co. Inc.

Charlie Bumpers vs. the Puny Pirates, 1 vol. Bill Harley. Illus. by Adam Gustavson. 2017. (Charlie Bumpers Ser.: 5). 176p. (J). (gr. 2-5). pap. 6.95 (978-1-68263-001-3(3)) Peachtree Publishing Co. Inc.

Charlie Calf. R. Macwhirter. 2019. (ENG.). 28p. (J). (978-0-2288-1686-7(6)); pap. (978-0-2288-0277-8(6)) Tellwell Talent.

Charlie Cat Does Not Like Halloween. Michelle a Ristuccia. 2016. (ENG., Illus.). (J). pap. 9.99 (978-0-9976634-4-0(8)) Willis, E.B. Bks.

Charlie Changes Everything: A Good Book for Kids. R. J. Cregan. 2017. (ENG., Illus.). 218p. (J). (gr. 5-6). pap. (978-0-9955752-0-2(7)) Little French Train Ltd.

Charlie Chaplin's Own Story: Being the Faithful Recital of a Romantic Career, Beginning with Early Recollections of Boyhood in London & Closing with the Signing of His Latest Motion-Picture Contract (Classic Reprint) Charlie Chaplin. (ENG., Illus.). (J). 2017. 29.80 (978-0-265-22451-9(9)); 2016. pap. 13.57 (978-1-333-58818-2(6)) Forgotten Bks.

Charlie Chatterton: A Montreal Story; with Canadian & Other Poems (Classic Reprint) John Rutherford. 2018. (ENG., Illus.). 138p. (J). 26.76 (978-0-483-57029-0(X)) Forgotten Bks.

Charlie Chick Finds an Egg. Nick Denchfield & Nick Denchdfield. Illus. by Ant Parker. 2017. (Charlie Chick Ser.: 5). (ENG.). 16p. (J). (gr. -1-k). 11.99 (978-1-5098-2883-8(4), Campbell Bks.) Pan Macmillan GBR. Dist: Independent Pubs. Group.

Charlie Chooses. Lou Peacock. Illus. by Nicola Slater. 2021. (ENG.). 32p. (J). (gr. -1-2). 17.99 (978-1-5362-1727-8(1)) Candlewick Pr.

Charlie Chooses & Instrument - e Rinea Ana Bwai ni Katangitang Charlie (Te Kiribati) Rhianne Conway & Ryan Conway. Illus. by Ryan Conway. 2023. (ENG.). 32p. (J). pap. (978-1-922835-57-4(9)) Library For All Limited.

Charlie Clawson Series: Integrity & Trust. R. C. Nolte. 2019. (ENG., Illus.). 194p. (J). pap. 14.99 (978-1-5456-5706-5(8)) Salem Author Services.

Charlie Clawson Series: Wisdom & Courage. R. C. Nolte. 2018. (ENG., Illus.). 212p. (J). pap. 15.49 (978-1-5456-2274-2(4)) Salem Author Services.

Charlie Codman's Cruise a Story for Boys (Classic Reprint) Horatio Alger. 2018. (ENG., Illus.). 324p. (J). 30.58 (978-0-267-20041-2(2)) Forgotten Bks.

Charlie Crane & the Sock Monsters. F. H. Wallace. 2018. (ENG., Illus.). 56p. (J). pap. (978-0-359-21935-3(7)) Lulu Pr., Inc.

Charlie Dryden & the Stolen Roman Standard. Carol Dean. 2017. (ENG.). 60p. (J). pap. (978-1-326-80017-8(5)) Lulu.com.

Charlie Drydens Cricket Ball. Carol Dean. 2017. (ENG.). 60p. (J). pap. (978-1-326-66375-9(5)) Lulu.com.

Charlie Dupuits L'Elue. Rebecca Sorriaux. 2016. (FRE., Illus.). 214p. (J). pap. (978-1-326-74708-4(8)) Lulu Pr., Inc.

Charlie Enzo Needs a Home. Amy Baklund. Illus. by Vanessa Kretzschmar. l.t. ed. 2021. (ENG.). 30p. (J). pap. 9.99 (978-1-0879-4242-1(X)) Indy Pub.

Charlie Es una Estrella. Terry Milne. 2020. (SPA.). 36p. (J). 13.99 (978-958-30-6001-4(1)) Panamericana Editorial COL. Dist: Lectorum Pubns., Inc.

Charlie Files. Kerrilee Burkhardt. 2019. (Adventures of Leapsneak Ser.: Vol. 1). (ENG.). 72p. (J). pap. (978-0-6484826-5-9(0)) HardtHse.

Charlie Finds Love. Walker Jean Mills. 2021. (ENG.). 38p. (J). 19.95 (978-1-64468-037-7(8)); pap. 10.95 (978-1-64468-036-0(X)) Covenant Bks.

Charlie Goes to the Doctor. Donnel Dockery M D(c) et al. 2021. (Get Healthy Kids Ser.). (ENG.). 68p. (J). pap. 19.95 (978-0-9973379-4-5(X)) Get Healthy With Dr Cooper / Cooper Internal Medicine.

Charlie Goes to the Doctor. Anne Thomas-Newman. Illus. by Cindy Nedved. 2019. (Charlie & Mr. Bunny Ser.: Vol. 2). (ENG.). 40p. (J). (gr. k-6). 19.95 (978-1-945338-63-2(6)) United Writers Pr.

Charlie Grant; or, How to Do Right: A Story for the Nursery (Classic Reprint) American Sunday School Union. 2017. (ENG., Illus.). (J). 25.59 (978-0-260-69952-7(7)) Forgotten Bks.

Charlie Hernández & the Castle of Bones. Ryan Calejo. 2019. (Charlie Hernández Ser.: 2). (ENG., Illus.). 608p. (J). (gr. 5-9). 19.99 (978-1-5344-2661-0(2), Aladdin) Simon & Schuster Children's Publishing.

Charlie Hernández & the Golden Dooms. Ryan Calejo. 2022. (Charlie Hernández Ser.: 3). (ENG.). 384p. (J). (gr. 5-9). 18.99 (978-1-5344-8421-4(3), Aladdin) Simon & Schuster Children's Publishing.

Charlie Hernández & the League of Shadows. Ryan Calejo. (Charlie Hernández Ser.: 1). (ENG.). (J). (gr. 5-9). 2019. 352p. pap. 8.99 (978-1-5344-2659-7(0)); 2018. (Illus.). 336p. 18.99 (978-1-5344-2658-0(2)) Simon & Schuster Children's Publishing. (Aladdin).

Charlie Hernández Mythic Collection (Boxed Set) Charlie Hernández & the League of Shadows; Charlie Hernández & the Castle of Bones; Charlie Hernández & the Golden Dooms. Ryan Calejo. ed. (Charlie Hernández Ser.). (ENG.). (J). (gr. 5-9). 2023. 1360p. pap. 27.99 (978-1-6659-2984-4(7)); 2022. 1328p. 57.99 (978-1-6659-1802-2(0)) Simon & Schuster Children's Publishing. (Aladdin).

Charlie Horse: Friends for Life. Gary Leavitt. Illus. by Alexandra Sevigny. 2019. (Friends for Life Ser.: Vol. 1). (ENG.). 34p. (J). (gr. k-4). 23.95 (978-1-64237-585-5(3)) Gatekeeper Pr.

Charlie Is Responsible. Ellen Garcia. Illus. by Marc Monés. 2023. (ENG.). 16p. (J). (gr. -1-1). pap. 33.00 (978-1-4788-0507-6(2), 9e56f37b-a1ae-4484-8104-85548973df29) Newmark Learning LLC.

Charlie Jack. David Stringer. 2018. (ENG., Illus.). 48p. (J). pap. (978-1-78830-149-7(8)) Olympia Publishers.

Charlie Joe Jackson's Guide to Not Growing Up. Tommy Greenwald. Illus. by J. P. Coovert. 2018. (Charlie Joe Jackson Ser.: 6). (ENG.). 208p. (J). pap. 12.99 (978-1-250-15835-2(4), 900185487) Square Fish.

Charlie la Chauve-Souris et l'orignal Mal Pris. Grant Lawrence. Tr. by Rachel Martinez from ENG. Illus. by Noémie Gionet Landry. 2021. Orig. Title: Bailey the Bat & the Tangled Moose. (FRE.). 48p. (J). (gr. 1-3). 19.95 (978-1-4598-3190-2(X)) Orca Bk. Pubs. USA.

Charlie le Lapin Fait une Pizza: Charlie Rabbit Makes a Pizza. Mandie Davis. Ed. by Badger Davis. Illus. by Alain Blancbec. 2017. (Charlie le Lapin Ser.: Vol. 2). (FRE.). 74p. (J). pap. (978-0-9954653-3-6(9)) Davis, Mandie.

Charlie Lou Goes to the Rodeo. E. Alan Fleischauer. Ed. by John Fox. Illus. by Pia Reyes. 2021. (ENG.). 36p. (J). (978-1-5255-7609-6(7)); pap. (978-1-5255-7610-2(0)) FriesenPress.

Charlie Maidly & the Kink-Konk of Mars. Craig Smith. 2017. (Charlie Maidly Stories Ser.: Vol. 1). (ENG., Illus.). 412p. (J). (gr. 4-6). pap. (978-1-9998291-0-0(7)) Charlie Maidly Bks.

Charlie Makes a Donut. Dolly Letourneau. Illus. by Mihaela Dodan. 2018. (ENG.). 34p. (J). 15.99 (978-0-692-07912-6(2)) Letourneau.

Charlie Makes a Friend: Join in Charlie's Adventures As He Searches for a Playmate. Book 2 from 'the Charlie & Molly Book Collection'. Bedtime Story, Rhyming Books, Picture Books, Dog Books. C. Selbherr. Illus. by M. Kahn. 2018. (ENG.). 34p. (J). pap. (978-3-947677-03-0(0)) Selbherr., Charlotte Harlescott Bks.

Charlie Makes a Splash! Holly Robinson Peete & Shane W. Evans. Illus. by Shane W. Evans. 2022. (ENG.). 40p. (J). (gr. -1-3). 18.99 (978-1-338-68726-2(3), Scholastic Pr.) Scholastic, Inc.

Charlie Numbers & the Man in the Moon. Ben Mezrich & Tonya Mezrich. 2017. (Charlie Numbers Adventures Ser.). (ENG., Illus.). 208p. (J). (gr. 3-7). 16.99 (978-1-4814-4847-5(1), Simon & Schuster Bks. For Young Readers) Simon & Schuster Bks. For Young Readers.

Charlie Numbers & the UFO Bash. Ben Mezrich & Tonya Mezrich. 2023. (Charlie Numbers Adventures Ser.). (ENG.). 192p. (J). (gr. 3-7). 17.99 (978-1-5344-4106-4(9), Simon & Schuster Bks. For Young Readers) Simon & Schuster Bks. For Young Readers.

Charlie Numbers & the Woolly Mammoth. Ben Mezrich & Tonya Mezrich. 2020. (Charlie Numbers Adventures Ser.). (ENG.). 192p. (J). (gr. 3-7). pap. 8.99 (978-1-5344-4101-9(8), Simon & Schuster Bks. For Young Readers) Simon & Schuster Bks. For Young Readers.

Charlie Piechart & the Case of the Missing Dog. Marilyn Sadler & Eric Comstock. Illus. by Eric Comstock. 2018. (Charlie Piechart Ser.). (ENG., Illus.). 40p. (J). (gr. -1-3). 17.99 (978-0-06-237058-7(8), HarperCollins) HarperCollins Pubs.

Charlie Piechart & the Case of the Missing Hat. Marilyn Sadler & Eric Comstock. Illus. by Eric Comstock. 2016. (Charlie Piechart Ser.). (ENG., Illus.). 40p. (J). (gr. -1-3). 17.99 (978-0-06-237056-3(1), HarperCollins) HarperCollins Pubs.

Charlie Poons Pomes. Robin Hawdon. 2017. (ENG., Illus.). (J). pap. (978-1-912262-43-4(6)) Clink Street Publishing.

Charlie, Presumed Dead. Anne Heltzel. 2016. (ENG.). 272p. (YA). (gr. 9). pap. 8.99 (978-0-544-66869-0(3), 1625496, Clarion Bks.) HarperCollins Pubs.

Charlie Puth. Katie Lajiness. 2018. (Big Buddy Pop Biographies Ser.). (ENG.). 32p. (J). (gr. 2-5). lib. bdg. 34.21 (978-1-5321-1802-9(3), 30650, Big Buddy Bks.) ABDO Publishing Co.

Charlie Rabbit Takes a Bath. Brad Bott. Illus. by Savannah Horton. 2021. (ENG.). 26p. (J). 20.99 (978-1-63984-049-6(4)); pap. 12.99 (978-1-63984-048-9(6)) Pen It Pubns.

Charlie Rides: Planes, Trains, Bikes, & More! Bob Bianchini. 2017. (ENG., Illus.). 20p. (J). (gr. -1-k). bds. 8.95 (978-1-4197-2292-9(1), 1156010, Abrams Appleseed) Abrams, Inc.

Charlie Snufflesnout. Cat Fisher. 2016. (ENG., Illus.). (J). pap. (978-0-9956127-1-6(4)) Snufflesnout Hse. Bks.

Charlie Sparrow & the Book of Flight. D. F. Anderson. Illus. by Daniel McCloskey. 2018. (Tales of Tree City Ser.: Vol. 2). (ENG.). 170p. (J). (gr. 1-4). pap. (978-0-9918003-7-7(0)) Underdog Bks.

Charlie Sparrow & the Secret of Flight. D. F. Anderson. Illus. by Daniel McCloskey. 2nd ed. 2018. (Tales of Tree City Ser.: Vol. 1). (ENG.). 86p. (J). (gr. 1-4). pap. (978-0-9918003-5-3(4)) Underdog Bks.

Charlie Stories. Zach Boehm & Becca Gaunch. 2017. (ENG.). 36p. (J). (978-1-387-39179-0(8)) Lulu Pr., Inc.

Charlie Takes His Shot: How Charlie Sifford Broke the Color Barrier in Golf. Nancy Churnin. Illus. by John Joven. (ENG.). 32p. (J). (gr. -1-3). 2021. pap. 7.99 (978-0-8075-1125-1(0), 807511250); 2018. 16.99 (978-0-8075-1128-2(5), 807511285) Whitman, Albert & Co.

Charlie Takes the Lead. Margaret Warbrick. 2018. (ENG., Illus.). 30p. (J). pap. (978-1-5289-2419-1(3)) Austin Macauley Pubs. Ltd.

Charlie the Bat Saves Halloween. Timothy Babcock. 2021. (ENG.). 44p. (J). 24.95 (978-1-63814-455-7(9)); pap. 14.95 (978-1-63814-454-0(0)) Covenant Bks.

Charlie the Betta. Jyoti Malhi & Mallorie Greiner. Illus. by Heather Acklin. 2021. (ENG.). 18p. (J). 19.99 (978-1-0878-6793-9(2)) Indy Pub.

Charlie the Cat. Lanette Ross. 2017. (ENG., Illus.). (J). pap. 12.95 (978-1-64028-853-9(8)) Christian Faith Publishing.

Charlie the Caterpillar Needs a New Pair of Shoes. Tiger Lilly. 2021. (ENG., Illus.). 28p. (J). pap. 13.95 (978-1-6624-3169-2(4)) Page Publishing Inc.

Charlie the Catfish: The Adventures of Coal & Andy. Mark M. Dean. Illus. by Kelly Lincoln. 2017. (ENG.). (J). (gr. 2-6). 16.99 (978-0-692-96396-8(0)) Monday Creek Publishing.

Charlie the Cheerleader. Krista Barclay. 2021. (ENG.). 30p. (J). pap. (978-0-2288-4636-9(6)) Tellwell Talent.

Charlie the Cheetah's Choice: Making the Best Choice, 1 vol. Sloane Gould. 2019. (Social & Emotional Learning for the Real World Ser.). (ENG.). 8p. (gr. k-1). pap. (978-1-7253-5446-3(2), bd26c1fb-ec15-42ec-a6ed-eb304e30b6d0, Rosen Classroom) Rosen Publishing Group, Inc., The.

Charlie the Chihuahua. Brant Means. Illus. by Lynn Mohney. 2020. (ENG.). 26p. (J). 19.99 (978-1-945620-71-3(4)); pap. 11.99 (978-1-945620-69-0(2)) Hear My Heart Publishing.

Charlie the Chipmunk. Dan Meyer. Illus. by Crina Magalio. 2022. (ENG.). 32p. (J). pap. 7.00 (978-1-300-76720-6(0)) Lulu Pr., Inc.

Charlie the Chomp'ion: When Winning Comes with a Consequence. Julia E. Giancaspro. 2021. (ENG.). 24p. (J). (978-0-2288-7148-4(4)); pap. (978-0-2288-5150-9(5)) Tellwell Talent.

Charlie the Choo-Choo: From the World of the Dark Tower. Beryl Evans. Illus. by Ned Dameron. 2016. (ENG.). 24p. (J). (gr. -1). 17.99 (978-1-5344-0123-5(7), Simon & Schuster Bks. For Young Readers) Simon & Schuster Bks. For Young Readers.

Charlie the Chopper & the Greatest Toymaker. Daniel Yuen. Illus. by Tim Davis. 2021. (ENG.). 26p. (J). pap. 12.99 (978-1-954095-24-3(4)) Yorkshire Publishing Group.

Charlie the Crab. Elvis Cruz. 2018. (ENG., Illus.). 22p. (J). 19.95 (978-1-64096-100-5(3)) Newman Springs Publishing, Inc.

Charlie the Duck. Josephine Cosco. Illus. by Lorraine Shulba. 2021. (ENG.). 32p. (J). pap. (978-0-2288-0507-6(4)) Tellwell Talent.

Charlie the Goose. Alexander Prezioso. Illus. by Alexander Prezioso. 2022. (ENG.). 32p. (J). pap. (978-1-387-62912-1(3)) Lulu Pr., Inc.

Charlie the Goose. Alexander Prezioso. (ENG.). 32p. (J). 2022. pap. 11.99 (978-1-716-88897-7(2)); 2020. pap. 14.99 (978-1-7948-1470-7(1)) Lulu Pr., Inc.

Charlie the Greedy Rug Moth. Maureen Gordon. 2023. (ENG.). 30p. (J). pap. (978-1-9999675-9-8(3)) Gordon, Maureen.

Charlie... the Merry Christmoose. John Sherwood. Illus. by Blueberry Illustrations. 2018. (Children's Christmas Book Ser.). (ENG.). 36p. (J). (gr. k-3). 17.99 (978-0-578-42731-7(1)) Charlie Co.

Charlie the Monster Omnibus. Ashleigh Whyte. 2017. (ENG.). 102p. (J). pap. (978-1-326-91874-3(5)) Lulu Pr., Inc.

Charlie the Red-Tailed Hawk. William Grimes. 2022. (ENG.). 22p. (J). pap. 12.95 (978-1-68517-634-1(8)) Christian Faith Publishing.

Charlie the Seizure Response Dog. Charlie Houston. 2017. (ENG., Illus.). 32p. (J). pap. (978-1-365-95451-1(X)) Lulu Pr., Inc.

Charlie the Time Traveler: A Future Memphis. Charlie Crenshaw IV. 2018. (ENG., Illus.). 24p. (J). (978-1-387-63211-4(6)) Lulu Pr., Inc.

Charlie the Tramp. Russell Hoban. Illus. by Lillian Hoban. 2016. (ENG.). 48p. 16.00 (978-0-87486-780-0(0)) Plough Publishing Hse.

Charlie the Unicorn in the Beginning. Stacey McPherson. 2016. (ENG.). 50p. (J). pap. (978-1-365-54438-5(9)) Lulu Pr., Inc.

Charlie Thorne & the Curse of Cleopatra. Stuart Gibbs. (Charlie Thorne Ser.). (ENG.). (J). (gr. 5). 2023. 416p. pap. 8.99 (978-1-5344-9935-5(0)); 2022. 400p. 17.99 (978-1-5344-9934-8(2)) Simon & Schuster Bks. For Young Readers. (Simon & Schuster Bks. For Young Readers).

Charlie Thorne & the Last Equation. Stuart Gibbs. (Charlie Thorne Ser.). (ENG., Illus.). (J). (gr. 5). 2020. 416p. pap. 8.99 (978-1-5344-2477-7(6)); 2019. 400p. 17.99 (978-1-5344-2476-0(8)); 2019. 400p. E-Book

(978-1-5344-2478-4(4)) Simon & Schuster Bks. For Young Readers. (Simon & Schuster Bks. For Young Readers).

Charlie Thorne & the Last Equation, 1. Stuart Gibbs. 2020. (Charlie Thorne Ser.). (ENG.). 416p. (gr. 5-8). 24.94 *(978-1-5364-6985-1(8))* Simon & Schuster, Inc.

Charlie Thorne & the Lost City. Stuart Gibbs. (Charlie Thorne Ser.). (ENG.). (J). (gr. 5). 2022. 416p. pap. 8.99 *(978-1-5344-4382-2(7))*; 2021. (Illus.). 384p. 17.99 *(978-1-5344-4381-5(9))* Simon & Schuster Bks. For Young Readers. (Simon & Schuster Bks. For Young Readers).

Charlie Thorne & the Lost City, 2. Stuart Gibbs. 2022. (Charlie Thorne Ser.). (ENG.). 416p. (gr. 5-8). 24.94 *(978-1-5364-7253-0(0))* Simon & Schuster, Inc.

Charlie Thorne Collection: Charlie Thorne & the Last Equation; Charlie Thorne & the Lost City; Charlie Thorne & the Curse of Cleopatra. Stuart Gibbs. ed. 2022. (Charlie Thorne Ser.). (ENG.). 1184p. (J). (gr. 5). 53.99 *(978-1-6659-1370-6(3)*, Simon & Schuster Bks. For Young Readers) Simon & Schuster Bks. For Young Readers.

Charlie Thornhill; or, the Dunce of the Family. Charles Clarke. 2017. (ENG.). 314p. (J). pap. *(978-3-337-25028-7(9))* Creation Pubs.

Charlie Thornhill, or, the Dunce of the Family. Charles Clarke. 2017. (ENG.). 412p. (J). pap. *(978-3-337-05664-3(4))* Creation Pubs.

Charlie Thornhill, or the Dunce of the Family, Vol. 2 Of 3: A Novel (Classic Reprint) Charles Clarke. (ENG., Illus.). (J). 2018. 314p. 30.37 *(978-0-483-02448-9(1))*; 2016. pap. 13.57 *(978-1-333-58629-4(9))* Forgotten Bks.

Charlie Thornhill, the Dunce of the Family. Charles Clarke. 2017. (ENG.). (J). 306p. pap. *(978-3-337-10110-7(0))*; 304p. pap. *(978-3-337-10112-1(7))* Creation Pubs.

Charlie Thornhill, Vol. 1 Of 3: Or the Dunce of the Family, a Novel (Classic Reprint) Charles Clarke. 2018. (ENG., Illus.). 304p. (J). 30.17 *(978-0-484-91470-3(7))* Forgotten Bks.

Charlie Thornhill, Vol. 3 Of 3: Or the Dunce of the Family, a Novel (Classic Reprint) Charles Clarke. 2018. (ENG., Illus.). 304p. (J). 30.19 *(978-0-428-26494-9(8))* Forgotten Bks.

Charlie to the Rescue. Robert Michael Ballantyne. 2019. (ENG.). 280p. (J). pap. *(978-93-5329-675-9(7))* Alpha Editions.

Charlie to the Rescue. Robert Michael Ballantyne. 2017. (ENG.). 440p. (J). pap. *(978-3-337-07263-6(1))* Creation Pubs.

Charlie to the Rescue! Kara Maria. 2019. (ENG., Illus.). 30p. (J). (gr. k-2). 18.99 *(978-0-9980358-0-2(7))* Vegan Kids Pr.

Charlie to the Rescue: A Tale of the Sea & the Rockies (Classic Reprint) R. M. Ballantyne. 2018. (ENG., Illus.). 444p. (J). 33.07 *(978-0-365-30340-4(2))* Forgotten Bks.

Charlie Tractor & Pickles. Carrie Weyler & Katie Weyler. 2018. (ENG.). 38p. (J). 14.95 *(978-1-68401-435-4(2))* Amplify Publishing Group.

Charlie Tractor & the Big Fish. Katie Weyler & Carrie Weyler. 2018. (ENG.). 38p. (J). 14.95 *(978-1-68401-436-1(0))* Amplify Publishing Group.

Charlie Tractor & the Garden. Carrie Weyler & Katie Weyler. 2019. (ENG.). 38p. (J). 14.95 *(978-1-64307-271-5(4))* Amplify Publishing Group.

Charlie Vega Tiene un Problema Gordo. Crystal Maldonado. 2022. (SPA.). 368p. (YA). (gr. 9). pap. 12.99 *(978-0-8234-5260-6(3))* Holiday Hse., Inc.

Charlie Villars at Cambridge, Vol. 1 of 2 (Classic Reprint) George Loftus Tottenham. (ENG., Illus.). (J). 2018. 334p. 30.79 *(978-0-483-64068-9(9))*; 2016. pap. 13.57 *(978-1-333-61418-8(7))* Forgotten Bks.

Charlie Villars at Cambridge, Vol. 2 of 2 (Classic Reprint) George L. Tottenham. 2018. (ENG., Illus.). 372p. (J). 31.57 *(978-0-267-20936-1(3))* Forgotten Bks.

Charlie, Vol. 1 Of 3: A Waif's History, Told by Himself (Classic Reprint) Woodward. 2018. (ENG., Illus.). 258p. (J). 29.22 *(978-0-483-92504-5(7))* Forgotten Bks.

Charlie y la Fábrica de Chocolate / Charlie & the Chocolate Factory. Roald Dahl. 2018. (Colección Roald Dahl Ser.). (SPA.). 200p. (J). (gr. 3-7). pap. 11.95 *(978-1-947783-35-5(1)*, Alfaguara) Penguin Random House Grupo Editorial ESP. Dist: Penguin Random Hse. LLC.

Charlie y la Fabrica de Chocolate (Charlie & the Chocolate Factory) Novel Units Teacher Guide. Novel Units. 2019.Tr. of Charlie & the Chocolate Factory. (ENG.). (YA). (gr. 5-8). pap. 12.99 *(978-1-56137-556-1(X)*, NU6116, Novel Units, Inc.) Classroom Library Co.

Charlie's Apple. Jeff Proctor. 2019. (ENG., Illus.). 20p. (J). pap. 8.99 *(978-1-950034-12-3(7))* Yorkshire Publishing Group.

Charlie's Belly Button Is Missing! Jill Smith. Illus. by Nancy Forney. 2023. (ENG.). 26p. (J). pap. 12.99 ***(978-1-6657-4572-7(X))*** Archway Publishing.

Charlie's Big Book of Feelings. Lmft Janice Perry-Kennedy. 2022. (ENG.). 36p. (J). 25.95 ***(978-1-63814-823-4(6))***; pap. 15.95 ***(978-1-63814-821-0(X))*** Covenant Bks.

Charlie's Cake Shop Caper! Michael Draper. 2021. (ENG.). 28p. (J). pap. *(978-1-64969-748-6(1))* Tablo Publishing.

Charlie's Chatter. Lisa Campbell. Illus. by Lisa Williams. 2022. (ENG.). 28p. (J). pap. *(978-1-83975-724-2(8))* Grosvenor Hse. Publishing Ltd.

Charlies Cheeky Chickens: Making Alliteration Fun for All Types. Nicky Gaymer-Jones. 2020. (Alliteration Ser.: Vol. 3). (ENG.). 40p. (J). pap. 10.00 *(978-1-7355013-0-7(1))* Southampton Publishing.

Charlie's Christmas Carol. A. P. Maddox. 2017. (ENG., Illus.). (J). pap. 9.95 *(978-0-9994781-1-0(7))* Little CAB Pr.

Charlie's Cukoo Little Choo-Choo. Patricia A. Gummeson. 2017. (ENG., Illus.). 22p. (J). pap. 13.95 *(978-1-64114-299-1(5))* Christian Faith Publishing.

Charlie's Great BMX Race! Michael Draper. 2021. (ENG.). 22p. (J). pap. *(978-1-64969-758-5(9))* Tablo Publishing.

Charlie's House: A Tale for Young Children (Classic Reprint) Alexander John Ellis. 2017. (ENG., Illus.). (J). 26.00 *(978-0-265-82247-0(5))*; pap. 9.57 *(978-1-5278-9049-7(X))* Forgotten Bks.

Charlie's Journey Home. Rachael Payne. 2017. (ENG., Illus.). 28p. (J). pap. *(978-1-387-46863-8(4))* Lulu Pr., Inc.

Charlie's Magic Glasses. Kate Beeman. Illus. by Kate Beeman. 2016. (ENG., Illus.). (J). pap. 11.95 *(978-0-692-78475-4(6))* Salty Sea Publishing.

Charlie's Magical Carnival, 28 vols. Marit Tornqvist. 2018. Orig. Title: Fabiens Feest. (Illus.). 32p. (J). 17.95 *(978-1-78250-460-3(5))* Floris Bks. GBR. Dist: Consortium Bk. Sales & Distribution.

Charlie's Muddy, Yucky, Smelly Day. Denise Laura Voshell. 2019. (ENG., Illus.). 44p. (J). 23.95 *(978-1-64300-926-1(5))*; pap. 17.95 *(978-1-64300-925-4(7))* Covenant Bks.

Charlie's Shell: The Tale of a Little Snail & the Greatest Shell There Ever Was. Marina Zlatanova. 2022. (ENG.). 32p. (J). (gr. k-2). pap. 9.99 *(978-1-76079-344-9(2))* New Holland Pubs. Pty, Ltd. AUS. Dist: Independent Pubs. Group.

Charlie's Shell: The Tale of a Little Snail & the Greatest Shell There Ever Was. Zlatanova Marina. 2020. (ENG.). 32p. (J). (gr. k-2). 12.99 *(978-1-76079-137-7(7))* New Holland Pubs. Pty, Ltd. AUS. Dist: Independent Pubs. Group.

Charlie's Story: First Contact. Ann R. McNicol. 2022. (ENG.). 194p. (YA). pap. 9.99 ***(978-1-0879-5189-8(5))*** Indy Pub.

Charlie's Summer Season. J. E. Solinski. 2022. (ENG.). 292p. (J). pap. 14.99 ***(978-0-9989096-9-1(6))*** JE Solinski.

Charlie's Truth. Alistair Rainey. 2022. (Charlie Hipkiss Mysteries Ser.: Vol. 1). (ENG.). 342p. (J). pap. *(978-1-80381-092-8(0))* Grosvenor Hse. Publishing Ltd.

Charlotte. Emanuela Choppin de Janvry. Illus. by Hermine de Clauzade. 2022. (ENG.). 102p. (YA). pap. ***(978-1-5289-3386-5(9))*** Austin Macauley Pubs. Ltd.

Charlotte. Kathryn Sherry. Illus. by Cristal Baldwin. 2017. (ENG.). (J). pap. 9.99 *(978-0-692-85277-4(8))* Old Scout Pr.

Charlotte: Learns to Forgive. Maria Symeou. Illus. by Joseph Craveiro. 2022. (Charlotte Learning Collection: Vol. 1). (ENG.). 36p. (J). pap. ***(978-1-80381-100-0(5))*** Grosvenor Hse. Publishing Ltd.

Charlotte: Learns to Share. Maria Symeou. Illus. by Joseph Craveiro. 2023. (Charlotte Learning Collection: Vol. 2). (ENG.). 30p. (J). pap. ***(978-1-80381-459-9(4))*** Grosvenor Hse. Publishing Ltd.

Charlotte & the Police Officer. Colleen Baxter Sullivan. 2020. (ENG.). 36p. (J). (gr. k-2). pap. 5.99 *(978-1-64764-942-5(0))* Waldorf Publishing.

Charlotte & the Rock. Stephen W. Martin. Illus. by Samantha Cotterill. 2017. (ENG.). 32p. (J). (-k). 18.99 *(978-1-101-99389-7(8)*, Dial Bks) Penguin Young Readers Group.

Charlotte & the White House Adventures. Stephen Andreoni. 2021. (ENG.). 50p. (J). pap. 14.99 *(978-1-7367113-0-9(X))* andreoni, stephen.

Charlotte Bee. Noelle Piche McCarney. Illus. by Veronika Hipolito. 2023. (ENG.). 24p. (J). ***(978-0-2288-7183-5(2))***; pap. ***(978-0-2288-7182-8(4))*** Tellwell Talent.

Charlotte Bronte: Band 18/Pearl (Collins Big Cat) Harriet Castor. Illus. by Ismael Pinteño. 2016. (Collins Big Cat Ser.). (ENG.). 80p. (J). (gr. 5-6). pap. 12.99 *(978-0-00-816405-8(3))* HarperCollins Pubs. Ltd. GBR. Dist: Independent Pubs. Group.

Charlotte Brontë Before Jane Eyre. Glynnis Fawkes. Illus. by Glynnis Fawkes. 2019. (Center for Cartoon Studies Presents Ser.). (ENG., Illus.). 112p. (J). (gr. 5-9). 17.99 *(978-1-368-02329-0(0))*; pap. 12.99 *(978-1-368-04582-7(0))* Little, Brown Bks. for Young Readers.

Charlotte (Classic Reprint) Lucy Bethia Walford. 2017. (ENG., Illus.). (J). 396p. 32.08 *(978-0-332-14036-0(9))*; pap. 16.57 *(978-0-259-19503-0(0))* Forgotten Bks.

Charlotte Diamond's Animal Friends: A Collection of Songs. Charlotte Diamond. Illus. by Eunji Jung. 2022. (ENG.). 32p. (J). (gr. -1-k). 21.95 *(978-1-4598-2894-0(1))* Orca Bk. Pubs. USA.

Charlotte Flair: Bow to Your Queen. Teddy Borth. 2017. (Wrestling Biographies Ser.). (ENG., Illus.). 24p. (J). (gr. 2-8). lib. bdg. 31.36 *(978-1-5321-2107-4(5)*, 26790, Abdo Zoom-Fly) ABDO Publishing Co.

Charlotte Grace O'Brien: Selections from Her Writings & Correspondence (Classic Reprint) Stephen Gwynn. 2018. (ENG., Illus.). 256p. (J). 29.18 *(978-0-483-22344-8(1))* Forgotten Bks.

Charlotte Hanbury: An Autobiography (Classic Reprint) Charlotte Hanbury. (ENG., Illus.). (J). 2018. 258p. 29.24 *(978-0-666-65891-3(9))*; 2017. pap. 11.97 *(978-0-259-24588-9(7))* Forgotten Bks.

Charlotte Hornets. David J. Clarke. 2022. (Inside the NBA (2023) Ser.). (ENG., Illus.). 48p. (J). (gr. 3-6). lib. bdg. 34.22 *(978-1-5321-9821-2(3)*, 39747, SportsZone) ABDO Publishing Co.

Charlotte Hornets. Steph Giedd. 2023. (NBA All-Time Greats Set 3 Ser.). (ENG., Illus.). 24p. (J). lib. bdg. 28.50 ***(978-1-63494-660-5(X))*** Pr. Room Editions LLC.

Charlotte Hornets. Contrib. by Steph Giedd. 2023. (NBA All-Time Greats Set 3 Ser.). (ENG., Illus.). 24p. (J). pap. 8.95 ***(978-1-63494-684-1(7))*** Pr. Room Editions LLC.

Charlotte Hornets. Jim Gigliotti. 2019. (Insider's Guide to Pro Basketball Ser.). (ENG.). 32p. (J). (gr. 1-4). lib. bdg. 35.64 *(978-1-5038-2456-0(X)*, 212273) Child's World, Inc, The.

Charlotte Hornets. Jim Whiting. 2017. (NBA: a History of Hoops Ser.). (ENG., Illus.). 48p. (J). (gr. 4-7). *(978-1-60818-838-3(8)*, 20219, Creative Education); 2nd ed. pap. 12.00 *(978-1-62832-441-9(4)*, 20220, Creative Paperbacks) Creative Co., The.

Charlotte I Love You All Ways. Marianne Richmond. Illus. by Dubravka Kolanovic. 2023. (I Love You All Ways Ser.). (ENG.). 32p. (J). (gr. -1-3). 8.99 ***(978-1-7282-7342-6(0))*** Sourcebooks, Inc.

Charlotte Learns to Write. Kathryn Sherry. Illus. by Cristal Baldwin. 2018. (ENG.). 28p. (J). pap. 9.99 *(978-0-692-11902-0(7))* Old Scout Pr.

Charlotte Mary Yonge, Her Life & Letters. Christabel Coleridge. 2019. (ENG.). 438p. (J). pap. *(978-93-5392-456-0(1))* Alpha Editions.

Charlotte Mary Yonge, Her Life & Letters (Classic Reprint) Christabel Coleridge. (ENG., Illus.). (J). 2018. 436p. 32.91 *(978-0-267-38802-8(0))*; 2016. pap. 16.57 *(978-1-334-14331-1(5))* Forgotten Bks.

Charlotte Mason: The Teacher Who Revealed Worlds of Wonder. Lanaya Gore. Illus. by Twila Farmer. 2022. (ENG.). 42p. (J). pap. 18.95 *(978-1-944435-26-4(3))* Blue Sky Daisies.

Charlotte Misunderstood. Kara Flathouse. Illus. by Scott Flathouse. 2021. (ENG.). 24p. (J). 19.99 ***(978-1-7362501-0-5(8))*** Flathouse, Kara.

Charlotte Morgan & the Lemonade Stand. Martin Tiller. 2019. (Number Investigators Ser.: Vol. 2). (ENG.). 84p. (J). pap. 8.95 *(978-0-9996879-2-5(1))* Seven Lions Publishing.

Charlotte on the North Pole Express. J. D. Green. Illus. by Joanne Partis. 2022. (North Pole Express Bears Ser.). (ENG.). 32p. (J). (gr. -1-3). 7.99 ***(978-1-7282-6922-1(9))*** Sourcebooks, Inc.

Charlotte on the North Pole Express. J. D. Green. 2019. (North Pole Express Ser.). (ENG.). 32p. (J). (gr. -1-3). 7.99 ***(978-1-7282-0318-8(X))*** Sourcebooks, Inc.

Charlotte Santa's Secret Elf. Put Me In The Story & Katherine Sully. Illus. by Julia Seal. 2018. (Santa's Secret Elf Ser.). (ENG.). 32p. (J). (gr. k-3). 5.99 *(978-1-4926-8129-8(6))* Sourcebooks, Inc.

Charlotte Shares Her Feelings. David Wermuth. 2023. (ENG.). 38p. (J). 19.95 ***(978-1-63755-803-4(1)***, Mascot Kids) Amplify Publishing Group.

Charlotte Sometimes. Penelope Farmer. 2017. (ENG., Illus.). 208p. (J). (gr. 7-9). pap. 11.99 *(978-1-68137-104-7(9)*, NYRB Kids) New York Review of Bks., Inc., The.

Charlotte Speaks: The Joy of Getting What You Want, & More! Frederick W. James. 2017. (ENG., Illus.). (J). pap. 11.97 *(978-1-64133-048-0(1))* MainSpringBks.

Charlotte Spies for Justice: A Civil War Survival Story. Nikki Shannon Smith. Illus. by Alessia Trunfio. 2019. (Girls Survive Ser.). (ENG.). 112p. (J). (gr. 3-7). pap. 7.95 *(978-1-4965-8446-5(5)*, 140971); E-Book 4.95 *(978-1-4965-8389-5(2)*, 186555) Capstone. (Stone Arch Bks.).

Charlotte Temple: A Tale of Truth (Classic Reprint) Rowson. (ENG., Illus.). (J). 2018. 152p. 27.05 *(978-0-666-98626-9(6))*; 2017. 25.90 *(978-0-265-62340-4(5))*; 2017. pap. 9.57 *(978-0-243-47159-1(9))* Forgotten Bks.

Charlotte Temple: A Tale of Truth (Classic Reprint) Susanna Rowson. 2017. (ENG., Illus.). (J). 26.39 *(978-0-260-80317-7(0))* Forgotten Bks.

Charlotte Temple: A Tale of Truth (Classic Reprint) Susanna Haswell Rowson. 2018. (ENG., Illus.). (J). 430p. 32.77 *(978-1-397-19769-6(2))*; 432p. pap. 16.57 *(978-1-397-19767-2(6))*; 274p. 29.55 *(978-0-484-33656-7(8))* Forgotten Bks.

Charlotte Temple (Classic Reprint) Rowson. 2018. (ENG., Illus.). 250p. (J). 29.07 *(978-0-484-45613-5(X))* Forgotten Bks.

Charlotte Temple, Vol. 1: A Tale of Truth (Classic Reprint) Rowson. (ENG., Illus.). (J). 2018. 202p. 28.10 *(978-0-483-10744-1(1))*; 2016. pap. 10.57 *(978-1-334-16745-4(1))* Forgotten Bks.

Charlotte the Scientist Finds a Cure. Camille Andros. Illus. by Brianne Farley. 2019. (Charlotte the Scientist Ser.). (ENG.). 40p. (J). (gr. -1-3). 17.99 *(978-0-544-81376-2(6)*, 1642033, Clarion Bks.) HarperCollins Pubs.

Charlotte the Scientist Is Squished. Camille Andros. Illus. by Brianne Farley. 2017. (Charlotte the Scientist Ser.). (ENG.). 40p. (J). (gr. -1-3). 17.99 *(978-0-544-78583-0(5)*, 1638581, Clarion Bks.) HarperCollins Pubs.

Charlotte 'Twas the Night Before Christmas. Illus. by Lisa Alderson. 2019. (Night Before Christmas Ser.). (ENG.). 32p. (J). (gr. -1-3). 7.99 ***(978-1-7282-0211-2(6))*** Sourcebooks, Inc.

Charlotte's Bones: The Beluga Whale in a Farmer's Field. Erin Rounds. Illus. by Alison Carver. 2020. (Tilbury House Nature Book Ser.: 0). (ENG.). 36p. (J). (gr. 1-5). pap. 9.95 *(978-0-88448-860-6(8)*, 884860) Tilbury Hse. Pubs.

Charlotte's Christmas Wish. Put Me In The Story & J. D. Green. Illus. by Julia Seal. 2018. (Christmas Wish Ser.). (ENG.). 32p. (J). (gr. k-3). 6.99 ***(978-1-4926-8314-8(0))*** Sourcebooks, Inc.

Charlotte's Inheritance: A Novel (Classic Reprint) Mary Elizabeth (Braddon) Maxwell. (ENG., Illus.). (J). 2018. 346p. 31.03 *(978-0-267-35077-3(5))*; 2016. pap. 13.57 *(978-1-333-74029-0(8))* Forgotten Bks.

Charlotte's Inheritance, Vol. 2 Of 3: A Novel (Classic Reprint) Mary Elizabeth Braddon. (ENG., Illus.). (J). 2018. 306p. 30.21 *(978-0-267-34369-0(8))*; 2016. pap. 13.57 *(978-1-333-66965-2(8))* Forgotten Bks.

Charlotte's Inheritance, Vol. 3 Of 3: A Novel (Classic Reprint) M. E. Braddon. 2018. (ENG., Illus.). 294p. (J). 29.96 *(978-0-332-96915-2(0))* Forgotten Bks.

Charlotte's New York Adventure: A Girl Takes the Lead. Lese Dunton. Illus. by Ena Hodzic. 2018. (ENG.). 28p. (J). pap. 11.99 *(978-0-578-40647-3(0))* Dunton Publishing.

Charlotte's Web. E. B. White. 2018. (ENG., Illus.). 166p. (J). (gr. -1-3). pap. *(978-93-5304-060-4(4))* Rupa & Co.

Charlotte's Web: a Harper Classic. E. B. White & Kate DiCamillo. Illus. by Garth Williams. 2017. (Harper Classic Ser.). (ENG.). 208p. (J). (gr. 3-7). 16.99 *(978-0-06-265875-3(1)*, HarperCollins) HarperCollins Pubs.

Charlotte's Web Novel Units Student Packet. Novel Units. 2019. (ENG.). (J). pap. 13.99 *(978-1-56137-630-8(2)*, NU6302SP, Novel Units, Inc.) Classroom Library Co.

Charlotte's Webster: A Vary Very Little Dictionary. Charlotte Burgin. 2021. (ENG.). 36p. (J). 17.99 *(978-1-6629-1340-2(0))*; pap. 9.99 *(978-1-6629-1324-2(9))* Gatekeeper Pr.

Charlottesville Protests. Michael Capek & Duchess Harris. 2018. (Special Reports). (ENG., Illus.). 112p. (J). (gr. 6-12). lib. bdg. 41.36 *(978-1-5321-1676-6(4)*, 30604, Essential Library) ABDO Publishing Co.

Charm. Tracy Wolff. 2022. (Crave Ser.: 5). (ENG.). 600p. (YA). 19.99 *(978-1-64937-149-2(7)*, 900254422) Entangled Publishing, LLC.

Charm Bracelet. M. J. Foreman. 2021. (ENG.). 110p. (J). pap. 25.99 ***(978-1-954868-43-4(X))*** Pen It Pubns.

Charm (Classic Reprint) Catherine T. Bryce. 2018. (ENG., Illus.). 22p. (J). 24.35 *(978-0-267-27925-8(6))* Forgotten Bks.

Charm of Gardens (Classic Reprint) Dion Clayton Calthrop. (ENG., Illus.). (J). 2017. 30.46 *(978-0-260-23958-7(5))*; 2016. pap. 13.57 *(978-1-334-16062-2(7))* Forgotten Bks.

Charm of Ireland (Classic Reprint) Burton Egbert Stevenson. 2017. (ENG., Illus.). (J). 38.13 *(978-0-266-17776-0(X))* Forgotten Bks.

Charm of Scandinavia (Classic Reprint) Francis E. Clark. (ENG., Illus.). (J). 2018. 412p. 32.39 *(978-0-365-46038-1(9))*; 2016. pap. 16.57 *(978-1-333-49632-6(X))* Forgotten Bks.

Charm of the Middle Kingdom (Classic Reprint) James Reid Marsh. 2018. (ENG., Illus.). 334p. (J). 30.79 *(978-0-483-71012-2(1))* Forgotten Bks.

Charm of the Road: England & Wales (Classic Reprint) James John Hissey. (ENG., Illus.). (J). 2018. 510p. 34.42 *(978-0-267-90199-9(2))*; 2016. pap. 16.97 *(978-1-333-71538-0(2))* Forgotten Bks.

Charm School (Classic Reprint) Alice Duer Miller. (ENG., Illus.). (J). 2018. 200p. 28.02 *(978-0-656-39896-6(5))*; 2017. pap. 10.57 *(978-0-259-20126-7(X))* Forgotten Bks.

Charm Seekers of the Golden Bible. Novene Thomas. 2018. (ENG., Illus.). 122p. (YA). (gr. 7-12). pap. 11.00 *(978-1-63135-150-1(8))* Strategic Book Publishing & Rights Agency (SBPRA).

Charmed Children of Rookskill Castle. Janet Fox. 2017. 400p. (J). (gr. 5). 9.99 *(978-0-14-751713-5(3)*, Puffin Books) Penguin Young Readers Group.

Charmed Children of Rookskill Castle. Janet Fox. ed. 2017. lib. bdg. 19.65 *(978-0-606-39785-8(X))* Turtleback.

Charmed Circle: A Comedy (Classic Reprint) Edward Alden Jewell. (ENG., Illus.). (J). 2018. 300p. 30.10 *(978-0-484-36492-8(8))*; 2017. pap. 13.57 *(978-0-243-53334-3(9))* Forgotten Bks.

Charmed Fawn: A New & Original Fairy Extravaganza in One Act (Classic Reprint) G. F. Thomson. 2018. (ENG., Illus.). 34p. (J). 24.62 *(978-0-484-44799-7(8))* Forgotten Bks.

Charmed, I'm Sure. Sarah Darer Littman. 2016. (ENG., Illus.). 208p. (J). (gr. 3-7). 17.99 *(978-1-4814-5127-7(8)*, Aladdin) Simon & Schuster Children's Publishing.

Charmed, I'm Sure. Sarah Darer Littman. 2017. (ENG., Illus.). 224p. (J). (gr. 3-7). pap. 8.99 *(978-1-4814-5126-0(X)*, Simon & Schuster/Paula Wiseman Bks.) Simon & Schuster/Paula Wiseman Bks.

Charmed Life / una Vida con Suerte. Gladys Barbieri. Illus. by Lisa Field. 2016. (MUL, ENG & SPA.). 32p. (J). (gr. k-3). 17.95 *(978-1-55885-827-5(X)*, Piñata Books) Arte Publico Pr.

Charmed Life of Buddy Tom Mcboo. Cammie McDaris Black. 2019. (ENG.). 32p. (J). pap. *(978-0-359-26555-8(3))* Lulu Pr., Inc.

Charmed Life of Miss. Austin (Classic Reprint) Samuel Merwin. 2018. (ENG., Illus.). 332p. (J). 30.74 *(978-0-484-45765-1(9))* Forgotten Bks.

Charmed Life (Wildseed Witch Book 2) Marti Dumas. 2023. (Wildseed Witch Ser.). (ENG.). 384p. (YA). (gr. 5-9). 18.99 *(978-1-4197-5563-7(3)*, 1739901, Amulet Bks.) Abrams, Inc.

Charmed List. Julie Abe. 2022. (ENG., Illus.). 304p. (YA). 18.99 *(978-1-250-83009-8(5)*, 900252758, Wednesday Bks.) St. Martin's Pr.

Charmed Memories: A Princess of Valendria Novel. Mary Waibel. 2016. (ENG., Illus.). (J). pap. *(978-1-77127-884-3(6))* MuseItUp Publishing.

Charmed Sea: A Tale (Classic Reprint) Harriet Martineau. 2017. (ENG., Illus.). (J). 26.83 *(978-0-265-68257-9(6))*; pap. 9.57 *(978-1-5276-5582-9(2))* Forgotten Bks.

Charmed: the Illustrated Storybook: (TV Book, Pop Culture Picture Book) Paul Ruditis. Illus. by Ria Maria Lee. 2022. (Illustrated Storybooks Ser.). (ENG.). 40p. (J). 19.99 *(978-1-64722-684-8(8))* Insight Editions.

Charmed Thirds: A Jessica Darling Novel. Megan McCafferty. 2021. (Jessica Darling Ser.: 3). (ENG.). 528p. (YA). pap. 13.99 *(978-1-250-78183-3(3)*, 900236427, Wednesday Bks.) St. Martin's Pr.

Charmer Girls Rock! Meredith Rusu. 2016. (Scholastic Reader, Level 1 Ser.). (ENG.). 32p. (J). (gr. -1-1). pap. 5.99 *(978-1-338-03730-2(7))* Scholastic, Inc.

Charming. Mette Bach. (Lorimer Real Love Ser.). (ENG.). 176p. (YA). (gr. 9-12). 2019. lib. bdg. 27.99 *(978-1-4594-1389-4(X)*, 64a3b812-9ec1-4656-93c1-1bf43a1f2fe8); 2018. pap. 8.99 *(978-1-4594-1387-0(3)*, 1f030bc6-7fc0-4c7a-aea8-048ed05d3965) James Lorimer & Co. Ltd., Pubs. CAN. Dist: Lerner Publishing Group.

Charming As a Verb. Ben Philippe. (ENG.). 336p. (YA). (gr. 8). 2022. pap. 11.99 *(978-0-06-282426-4(0))*; 2020. 18.99 *(978-0-06-282414-1(7))* HarperCollins Pubs. (Balzer & Bray).

Charming Charli CEO. Charli Southall & Deanna Lewis. Illus. by Darrien Lindsey. 2021. (ENG.). 36p. (J). pap. 14.99 *(978-1-56229-523-3(3)*, Christian Living Books, Inc.) Pneuma Life Publishing, Inc.

Charming Charlie & the Spectacular Sophia Student Workbook. Fiona Ware. 2017. (ENG., Illus.). (J). (gr. 3-5). pap. *(978-0-6481083-3-7(3))* FW Publishing.

Charming Fellow, Vol. 1 of 3 (Classic Reprint) Frances Eleanor Trollope. 2018. (ENG., Illus.). 286p. (J). 29.82 *(978-0-483-74964-1(8))* Forgotten Bks.

Charming Fellow, Vol. 2 of 3 (Classic Reprint) Frances Eleanor Trollope. 2018. (ENG., Illus.). 286p. (J). 29.80 *(978-0-483-23446-8(X))* Forgotten Bks.

Charming Fellow, Vol. 3 of 3 (Classic Reprint) Frances Eleanor Trollope. 2018. (ENG., Illus.). 314p. (J). 30.37 *(978-0-428-80560-9(4))* Forgotten Bks.

Charming Humbug (Classic Reprint) Imogen Clark. 2018. (ENG., Illus.). (J). 300p. 30.08 *(978-0-366-00565-9(0))*; 302p. pap. 13.57 *(978-0-366-00164-4(7))* Forgotten Bks.

Charming Life of Izzy Malone. Jenny Lundquist. 2017. (ENG., Illus.). 304p. (J). (gr. 3-7). pap. 8.99 *(978-1-4814-6031-6(5)*, Aladdin) Simon & Schuster Children's Publishing.

Charming Life of Izzy Malone. Jenny Lundquist. 2016. (ENG., Illus.). 288p. (J). (gr. 3-7). 17.99 *(978-1-4814-6032-3(3)*, Simon & Schuster/Paula Wiseman Bks.) Simon & Schuster/Paula Wiseman Bks.

C

Charming of Estercel (Classic Reprint) Grace Little Rhys. 2018. (ENG., Illus.). 326p. (J). 30.62 *(978-0-483-46744-6(8))* Forgotten Bks.

Charming Princesses Coloring Book: An Adult Coloring Book Features over 30 Pages of Giant Super Jumbo Large Designs of Attractive & Beautiful Princesses to Color for Stress Relief. Beatrice Harrison. 2020. (ENG.). 34p. (YA). pap. 7.86 *(978-1-716-71364-4(1))* Lulu Pr., Inc.

Charms & Counter-Charms (Classic Reprint) Maria J. McIntosh. 2018. (ENG., Illus.). 412p. (J). 32.39 *(978-0-364-93788-4(2))* Forgotten Bks.

Chart: Aqua Oasis Birthdays. Scholastic. 2018. (Chart Ser.). (ENG.). (gr. -1-6). 3.49 *(978-1-338-23640-8(7))* Teacher's Friend Pubns., Inc.

Chart: Aqua Oasis Class Expectations. Scholastic. 2018. (Chart Ser.). (ENG.). (gr. -1-6). 3.49 *(978-1-338-23639-2(3))* Teacher's Friend Pubns., Inc.

Chart: Aqua Oasis Incentive. Scholastic. 2018. (Chart Ser.). (ENG.). (gr. -1-6). 3.49 *(978-1-338-23641-5(5))* Teacher's Friend Pubns., Inc.

Chart: Aqua Oasis Welcome. Scholastic. 2018. (Chart Ser.). (ENG.). (gr. -1-6). 3.49 *(978-1-338-23638-5(5))* Teacher's Friend Pubns., Inc.

Chart-Primer (Classic Reprint) E. H. Butler. 2017. (ENG., Illus.). (J). 24.78 *(978-0-265-24079-3(4))*; pap. 7.97 *(978-1-5277-4638-1(0))* Forgotten Bks.

Charter House Play, or Bubble & Squeak (Classic Reprint) Edmund Anthony Harley Lechmere. (ENG., Illus.). (J). 2018. 76p. 25.48 *(978-0-483-82425-6(9))*; 2017. pap. 9.57 *(978-0-259-09363-3(7))* Forgotten Bks.

Charter Schools & School Vouchers, 1 vol. Ed. by Pete Schauer. 2018. (Introducing Issues with Opposing Viewpoints Ser.). (ENG.). 120p. (gr. 7-10). 43.63 *(978-1-5345-0355-7(2)*, 54b7e27c-d139-42e1-8aae-9ded28fab03e) Greenhaven Publishing LLC.

Chartreuse de Parme, Vol. 1 of 3 (Classic Reprint) Marie-Henri Beyle. 2018. (ENG., Illus.). 386p. (J). 31.86 *(978-0-483-28671-9(0))* Forgotten Bks.

Chas. W. Poole's New Myriorama & Trips Abroad: Illustrated Vocally, Musically & Pictorially (Classic Reprint) Charles W. Poole. 2018. (ENG., Illus.). 24p. (J). 24.39 *(978-0-267-52624-6(5))* Forgotten Bks.

Chase. Linwood Barclay. 2019. (Chase Ser.). (ENG.). 256p. (J). (gr. 4-7). 10.99 *(978-1-5101-0219-4(1)*, Orion Children's Bks.) Hachette Children's Group GBR. Dist: Hachette Bk. Group.

Chase. Julia Hallmark. 2022. (ENG., Illus.). 28p. (J). pap. 14.95 *(978-1-68570-077-5(2))* Christian Faith Publishing.

Chase. Adeline Sergeant & Jules Lermina. 2017. (ENG.). 358p. (J). pap. *(978-3-337-00417-0(2))* Creation Pubs.

Chase. Mark T. Sneed. 2021. (ENG.). 250p. (YA). pap. 14.99 *(978-1-7366698-3-9(4))* ABM Pubns. Inc.

Chase. Bobbi Thies. 2019. (ENG., Illus.). 24p. (J). (gr. k-2). 17.99 *(978-0-578-47690-2(8))* Thies, Roberta A.

Chase: A Bird's Tale. Andrew O. Pruett. 2021. (ENG.). 102p. (YA). pap. 22.95 *(978-1-6624-1979-9(1))* Page Publishing Inc.

Chase: A Tale of the Southern States (Classic Reprint) Adeline Sergeant. 2017. (ENG., Illus.). (J). 550p. 35.26 *(978-0-332-53965-2(2))*; pap. 19.57 *(978-1-5276-5429-7(X))* Forgotten Bks.

Chase: A Tale of the Southern States, from the French of Jules Lermina (Classic Reprint) Adeline Sergeant. 2018. (ENG., Illus.). 356p. (J). 31.24 *(978-0-483-19527-1(8))* Forgotten Bks.

Chase: The Simple Step-by-Step Formula for Making Women Obsess over You! Texting Guide to Attract Jaw Dropping Women. Max Smith. 2020. (ENG.). 51p. (J). pap. *(978-1-716-98961-2(2))* Lulu Pr., Inc.

Chase - Te Ikakiokio (Te Kiribati) Toreka Tabwaa. Illus. by Giward Musa. 2022. (MIS.). 36p. (J). pap. ***(978-1-922918-60-4(1))*** Library For All Limited.

Chase & His Dinosaur Friend Called Cute. Paul Weightman. 2019. (ENG.). 72p. (J). pap. 9.38 *(978-0-244-17449-1(0))* Lulu Pr., Inc.

Chase Chomps Cheeseburgers. Tracilyn George. 2020. (ENG.). 22p. (J). pap. 11.00 *(978-1-7774435-8-0(X))* Lulu Pr., Inc.

Chase Chomps Cheeseburgers. Tracilyn George. Illus. by Aria Jones. 2020. (ENG.). 24p. (J). pap. 17.14 *(978-1-716-62195-6(X))* Lulu Pr., Inc.

Chase Chomps Cheeseburgers. Tracilyn George. 2020. (ENG.). 24p. (J). pap. 11.32 *(978-1-716-03752-8(2))* Lulu Pr., Inc.

Chase D. Zombee Book 1. Brittany K. Fonte. 2019. (ENG.). 70p. (J). pap. 12.00 *(978-0-359-92164-5(7))* Lulu Pr., Inc.

Chase Found Grit: Fostering Resilience During Virtual Learning. Jeanne Evelyn. 2020. (ENG.). 32p. (J). 9.99 *(978-1-0879-4116-5(4))* Indy Pub.

Chase Is in the Maze! Maze Activity Book Age 6. Jupiter Kids. 2018. (ENG., Illus.). 106p. (J). pap. 12.55 *(978-1-5419-3706-2(6)*, Jupiter Kids (Childrens & Kids Fiction)) Speedy Publishing LLC.

Chase of Saint-Castin: And Other Stories of the French in the New World (Classic Reprint) Mary Hartwell Catherwood. 2017. (ENG., Illus.). (J). 29.55 *(978-0-265-21573-9(0))* Forgotten Bks.

Chase of the Golden Plate (Classic Reprint) Jacques Futrelle. (ENG., Illus.). (J). 2018. (Harlequin Super Romance Ser.: Vol. 1164). 232p. 28.68 *(978-0-656-13699-5(5))*; 2017. pap. 11.57 *(978-0-259-17264-2(2))* Forgotten Bks.

Chase of the Meteor. Edwin Lassetter Bynner. 2017. (ENG.). 228p. (J). pap. *(978-3-337-00629-7(9))* Creation Pubs.

Chase of the Meteor: And Other Stories (Classic Reprint) Edwin Lassetter Bynner. 2018. (ENG., Illus.). 232p. (J). 28.70 *(978-0-483-41794-6(7))* Forgotten Bks.

Chase Ryder Series: Complete Series. Jo Ho. 2019. (Chase Ryder Ser.). (ENG.). 1050p. (YA). pap. *(978-1-9164890-8-0(7))* Ho, Jo.

Chase That Car! A First Reading Adventure Book. Nicola Baxter. Illus. by Peter Glover. 2016. (ENG.). 24p. (J). (gr. -1-12). pap. 6.99 *(978-1-86147-756-9(2)*, Armadillo) Anness Publishing GBR. Dist: National Bk. Network.

Chase That Polar Bear Out of the House! Michelle Marcotte. Illus. by Annely So. 2023. (ENG.). 30p. (J). pap. 14.99 ***(978-1-6657-4348-8(4))*** Archway Publishing.

Chase Those Witches! Elizabeth Dale. Illus. by Sian Roberts. 2021. (ENG.). 32p. (J). (gr. -1-1). 16.95 *(978-1-913971-18-2(X)*, Scribblers) Book Hse. GBR. Dist: Sterling Publishing Co., Inc.

Chase Your Dreams: How Soccer Taught Me Strength, Perseverance, & Leadership. Julie Ertz. 2019. (ENG.). 176p. (J). (gr. 2-7). 16.99 *(978-0-7369-7932-0(8)*, 6979320) Harvest Hse. Pubs.

Chase Your Goal. B. Hellard & L. Gibbs. 2016. (Netball Gems Ser.: 2). 160p. (J). (gr. 4-7). pap. 10.99 *(978-0-85798-766-2(6))* Random Hse. Australia AUS. Dist: Independent Pubs. Group.

Chased Away. Mel Kratz. 2020. (ENG.). 120p. (YA). *(978-1-5255-3395-2(9))*; pap. *(978-1-5255-3396-9(7))* FriesenPress.

Chased by Men in Black: Protecting the Secrets Of 'Oumuamua. Jason M. Burns. Illus. by Dustin Evans. 2022. (Declassified: the et Files Ser.). (ENG.). 32p. (J). (gr. 4-8). pap. 14.21 *(978-1-6689-1148-8(5)*, 221093); lib. bdg. 32.07 *(978-1-6689-0988-1(X)*, 220955) Cherry Lake Publishing. (Torch Graphic Press).

Chased by Ten Cute Chimpanzees: Coloring Book. Tawanda Marbury Ed S. 2023. (ENG.). 52p. (J). pap. 13.49 ***(978-1-7367719-7-6(3))*** Marbury, Tawanda.

Chaser: A Young Adult / New Adult Fantasy Novel. Joanne Wadsworth. 2020. (Princesses of Myth Ser.: Vol. 5). (ENG.). 208p. (YA). pap. *(978-1-990034-19-0(5))* Wadsworth, Joanne.

Chase's Loose Tooth! (PAW Patrol) Casey Neumann. Illus. by Random House. 2018. (Pictureback(R) Ser.). (ENG.). 24p. (J). (gr. -1-2). pap. 6.99 *(978-1-5247-7271-0(2)*, Random Hse. Bks. for Young Readers) Random Hse. Children's Bks.

Chase's Space Case. Kristen L. Depken. 2016. (Step into Reading - Level 1 Ser.). lib. bdg. 14.75 *(978-0-606-38480-3(4))* Turtleback.

Chase's Space Case (Paw Patrol) Kristen L. Depken. Illus. by Mike Jackson. 2016. (Step into Reading Ser.). (ENG.). 24p. (J). (gr. -1-1). 4.99 *(978-0-553-53886-1(1)*, Random Hse. Bks. for Young Readers) Random Hse. Children's Bks.

Chasing a Serial Killer: Be a Criminal Profiler. Alix Wood. 2017. (Crime Solvers Ser.). 48p. (gr. 6-6). pap. 84.30 *(978-1-5382-0618-8(8))* Stevens, Gareth Publishing LLLP.

Chasing after Knight. Heather Buchta. 2022. 352p. (YA). (gr. 7). pap. 10.99 *(978-0-593-38495-4(4)*, Penguin Workshop) Penguin Young Readers Group.

Chasing an Iron Horse or a Boy's Adventures in the Civil War (Classic Reprint) Edward Robins. 2018. (ENG., Illus.). 308p. (J). 30.27 *(978-0-483-96129-6(9))* Forgotten Bks.

Chasing at the Surface: A Novel. Sharon Mentyka. 2016. (ENG., Illus.). 228p. (J). 23.99 *(978-1-943328-62-8(5))*; (gr. 3-7). pap. 12.99 *(978-1-943328-60-4(9))* West Margin Pr. (West Winds Pr.).

Chasing Augustus. Kimberly Newton Fusco. 2019. (ENG.). 336p. (J). (gr. 3-7). 8.99 *(978-0-385-75404-0(3)*, Yearling) Random Hse. Children's Bks.

Chasing Bats & Tracking Rats: Urban Ecology, Community Science, & How We Share Our Cities. Cylita Guy. Illus. by Cornelia Li. 2021. 108p. (J). (gr. 4-7). 19.95 *(978-1-77321-538-9(8))*; pap. 12.95 *(978-1-77321-539-6(6))* Annick Pr., Ltd. CAN. Dist: Publishers Group West (PGW).

Chasing Butterflies with Stuart & Athena. Annette Jackson. Illus. by Lucy S. 2022. (ENG.). 36p. (J). pap. ***(978-1-387-61701-2(X))*** Lulu Pr., Inc.

Chasing Butterfree. Alex Polan. ed. 2016. (Unofficial Adventures for Pokemon GO Players Ser.: 3). lib. bdg. 18.40 *(978-0-606-39655-4(1))* Turtleback.

Chasing Caper. Houghton Mifflin Harcourt. 2020. (Carmen Sandiego Graphic Novels Ser.). (ENG.). 144p. (J). (gr. 3-7). lib. bdg. 21.80 *(978-1-6636-3071-1(2))* Perfection Learning Corp.

Chasing Cars. Adriana Kelly. 2017. (ENG., Illus.). 316p. (J). pap. *(978-1-387-01948-9(1))* Lulu Pr., Inc.

Chasing Checkers. Christopher Hinchcliffe. 2017. (ENG., Illus.). (YA). (gr. 7-12). pap. *(978-0-9952415-0-3(3))* Hinchcliffe, Christopher.

Chasing Checkers: Acceleration. Christopher Hinchcliffe. Ed. by Rachel Small. 2018. (Chasing Checkers Ser.: Vol. 2). (ENG., Illus.). 384p. (YA). (gr. 7-12). pap. *(978-0-9952415-2-7(X))* Hinchcliffe, Christopher.

Chasing Clouds. Emily Ashcroft. Illus. by Cindy Sonians. 2022. (ENG.). 32p. (J). 26.95 ***(978-1-958877-17-3(4))***; pap. 18.40 ***(978-1-958877-16-6(6))*** Booklocker.com, Inc.

Chasing Comets, Asteroids, & Mysterious Space Objects. Nancy Dickmann. 2019. (Mission: Space Science Ser.). (Illus.). 48p. (J). (gr. 5-5). *(978-0-7787-5392-6(1))*; pap. *(978-0-7787-5398-8(0))* Crabtree Publishing Co.

Chasing Daylight. Katie Craddock. 2021. (ENG.). 152p. (J). pap. 14.99 *(978-1-956267-18-1(2))* Freiling Publishing.

Chasing Extreme Weather, 1 vol. Christine Honders. 2018. (Spotlight on Weather & Natural Disasters Ser.). (ENG.). 24p. (gr. 4-6). 27.93 *(978-1-5081-6876-8(6)*, 096b4c8a-99e0-4504-9cd3-edb0ab25b6ce, PowerKids Pr.) Rosen Publishing Group, Inc., The.

Chasing Ghosts: An Arctic Adventure. Nicola Pierce. 2020. (ENG.). 320p. (YA). 12.99 *(978-1-78849-017-7(7))* O'Brien Pr., Ltd., The IRL. Dist: Casemate Pubs. & Bk. Distributors, LLC.

Chasing Helicity: First She Has to Face the Storm. Ginger Zee. 2018. *(978-1-368-02030-5(5))* Disney Publishing Worldwide.

Chasing Helicity: Force of Nature-Chasing Helicity, Book One. Ginger Zee. 2019. (Chasing Helicity Ser.: 1). 48p. (J). (gr. 3-7). pap. 7.99 ***(978-1-368-04964-1(8)***, Disney-Hyperion) Disney Publishing Worldwide.

Chasing Helicity: Chasing Helicity-Chasing Helicity, Book 1. Ginger Zee. 2018. (Chasing Helicity Ser.: 1). 40p. (J). (gr. 3-7). 16.99 ***(978-1-4847-8038-1(8)***, Disney-Hyperion) Disney Publishing Worldwide.

Chasing Herobrine: An Unofficial Graphic Novel for Minecrafters, #5. Cara J. Stevens. 2017. (Unofficial Graphic Novel for Minecrafters Ser.). (ENG., Illus.). 192p. (J). (gr. 2-7). pap. 11.99 *(978-1-5107-1818-0(4)*, Sky Pony Pr.) Skyhorse Publishing Co., Inc.

Chasing Jaguars (Wild Survival #3) Melissa Cristina Márquez. 2022. (Wild Survival Ser.). (ENG.). 256p. (J). (gr. 3-7). 26.99 *(978-1-338-63513-3(1))*; pap. 8.99 *(978-1-338-63511-9(5))* Scholastic, Inc. (Scholastic Paperbacks).

Chasing King's Killer: the Hunt for Martin Luther King, Jr. 's Assassin. James L. Swanson. 2018. (ENG., Illus.). 384p. (YA). (gr. 7). 19.99 *(978-0-545-72333-6(7)*, Scholastic Pr.) Scholastic, Inc.

Chasing Lines & Exits Activity Book 12 Year Old. Educando Kids. 2019. (ENG.). 42p. (J). pap. 8.55 *(978-1-64521-768-8(X)*, Educando Kids) Editorial Imagen.

Chasing Lucky. Jenn Bennett. 2020. (ENG.). 416p. (YA). (gr. 9). 19.99 *(978-1-5344-2517-0(9))*; pap. 12.99 *(978-1-5344-2518-7(7))* Simon Pulse. (Simon Pulse).

Chasing Midnight. Courtney King Walker. 2016. 250p. (YA). pap. 16.99 *(978-1-4621-1763-5(5))* Cedar Fort, Inc./CFI Distribution.

Chasing My Dreams of Becoming an Astronaut. Buffie Biddle. Illus. by Buffie Biddle. 2021. (ENG.). 26p. (J). 21.99 *(978-1-63837-419-0(8))*; pap. 14.99 *(978-1-63837-420-6(1))* Palmetto Publishing.

Chasing Neve: Snow White Reimagined. K. A. Last. 2020. (Happily Ever After Ser.: Vol. 2). (ENG., Illus.). 292p. (YA). pap. *(978-0-6488153-0-3(7))* Last, K. A.

Chasing Pacquiao. Rod Pulido. 2023. 272p. (YA). (gr. 7). 18.99 *(978-0-593-52673-6(2)*, Viking Books for Young Readers) Penguin Young Readers Group.

Chasing Paper Cape: A Graphic Novel. Houghton Mifflin Harcourt. 2020. (Carmen Sandiego Graphic Novels Ser.). (ENG., Illus.). 144p. (J). (gr. 3-7). pap. 10.99 *(978-0-358-38018-4(9)*, 1786360, Clarion Bks.) HarperCollins Pubs.

Chasing Paper Caper. Clarion Clarion Books. 2020. (Carmen Sandiego Graphic Novels Ser.). (ENG., Illus.). 144p. (J). (gr. 3-7). 21.99 *(978-0-358-38019-1(7)*, 1786361, Clarion Bks.) HarperCollins Pubs.

Chasing Rainbows. Gabby Grant. 2022. (ENG., Illus.). 32p. (J). (gr. -1-3). 16.99 *(978-1-84976-760-6(2))* Tate Publishing, Ltd. GBR. Dist: Abrams, Inc.

Chasing Red. Lauren Winder Farnsworth. 2017. 233p. (YA). pap. 15.99 *(978-1-4621-2003-1(2)*, Horizon Pubs.) Cedar Fort, Inc./CFI Distribution.

Chasing Space. Leland Melvin. 2017. (Illus.). 226p. (J). *(978-1-5490-6710-5(9))* Follett School Solutions.

Chasing Space Young Readers' Edition. Leland Melvin. 2017. (ENG., Illus.). 240p. (J). (gr. 3-7). 17.99 *(978-0-06-266592-8(8)*, Amistad) HarperCollins Pubs.

Chasing Space [Young Readers' Edition]. Leland Melvin. 2018. (ENG., Illus.). 240p. (J). (gr. 3-7). pap. 7.99 *(978-0-06-266593-5(6)*, Amistad) HarperCollins Pubs.

Chasing Starlight. Teri Bailey Black. 2021. (ENG.). 336p. (YA). pap. 11.99 *(978-0-7653-9952-6(0)*, 900185204, Tor Teen) Doherty, Tom Assocs., LLC.

Chasing Stars. Helen Douglas. 2016. (ENG.). 352p. (YA). 17.99 *(978-1-61963-410-7(4)*, 900135715, Bloomsbury USA Childrens) Bloomsbury Publishing USA.

Chasing Storms & Other Weather Disturbances - Weather for Kids Children's Earth Sciences Books. Baby Professor. 2017. (ENG., Illus.). (J). pap. 8.79 *(978-1-5419-4011-6(3)*, Baby Professor (Education Kids)) Speedy Publishing LLC.

Chasing Sunsets. Kendra Andrus. Illus. by Sorinel Carstiuc. 2017. (ENG.). 36p. (J). pap. 11.95 *(978-0-9995444-0-2(3))* Wild Willow Pr.

Chasing the Blues (Classic Reprint) Rube Goldberg. (ENG., Illus.). (J). 2018. 98p. 25.92 *(978-0-267-22730-3(2))*; 2017. pap. 9.57 *(978-0-259-26525-2(X))* Forgotten Bks.

Chasing the Grimm Reaper: Choose the Way Adventure. Katharina Gerlach. 2017. (ENG., Illus.). (J). pap. *(978-3-95681-088-6(0))* Kolata, Katharina. Independent Bookworm.

Chasing the Moon. Melanie Hooyenga. 2022. (Campfire Ser.: Vol. 3). (ENG.). 258p. (YA). pap. 12.99 ***(978-1-0880-6821-2(9))*** Melanie Hooyenga.

Chasing the Moon. Sheri Lyn. 2022. (ENG.). 38p. (J). pap. ***(978-1-63829-187-9(X))*** Austin Macauley Pubs. Ltd.

Chasing the Moon: A Grazi Kelly Novel 5. C. D. Gorri. 2018. (ENG.). 70p. (YA). pap. 8.99 *(978-1-393-51237-0(2))* Draft2Digital.

Chasing the Moon: The Drawing Book. Josue D. Rodriguez. Illus. by Steven Bybyk & Natalie Khmelovska. 2016. (ENG.). (J). (gr. 2-6). pap. 15.99 *(978-1-63587-619-2(2))* Rodriguez, Josue D.

Chasing the Moon's Shadow. Carolyn Macy. 2018. (ENG., Illus.). 34p. (J). (gr. k-6). 29.99 *(978-1-7328604-1-4(6))*; pap. 19.99 *(978-1-7328604-0-7(8))* Macy, Carolyn.

Chasing the New Dawn: A Trilogy. Kate Dobrowolska. 2017. (ENG., Illus.). (J). (gr. k-4). pap. *(978-1-78222-518-8(8))* Paragon Publishing, Rothersthorpe.

Chasing the Spotlight. Doris Greenberg & Pandré Shandley. 2021. (ENG.). 276p. (YA). pap. 15.95 *(978-1-64538-223-2(0)*, TEN16 Pr.) Orange Hat Publishing.

Chasing the Spotlight. Sarah Anne Sumpolec. Ed. by Lissa Halls Johnson. 2021. (Riverbend Friends Ser.: 4). (ENG.). 240p. (YA). pap. 14.99 *(978-1-58997-650-4(9)*, 20_34671) Focus on the Family Publishing.

Chasing the Sprinter: A Young Adult Superhero Adventure. Eliza Scalia. 2023. (ENG.). 146p. (YA). pap. 12.99 ***(978-1-0881-8171-3(6))*** Winged Pubns.

Chasing the Stars. Melanie Hooyenga. 2021. (ENG.). 250p. (YA). pap. 11.99 *(978-1-0879-8577-0(3))* Melanie Hooyenga.

Chasing the Sun. Melanie Hooyenga. 2020. (Campfire Ser.: Vol. 1). (ENG.). 234p. (YA). pap. 12.99 *(978-1-0879-0327-9(0))* Indy Pub.

Chasing the Sun or Rambles in Norway (Classic Reprint) R. M. Ballantyne. 2018. (ENG., Illus.). 190p. (J). 27.82 *(978-0-484-29559-8(4))* Forgotten Bks.

Chasing the Taillights. Kate Larkindale. 2021. (ENG.). 258p. (J). pap. *(978-0-3695-0350-3(3))* Evernight Publishing.

Chasing the Tiger: The Second Alex & James Eco-Adventure in Nepal. Jane Wilson-Howarth. 2017. (Alex & James Eco-Adventure in Nepal Ser.: Vol. 2). (ENG., Illus.). (J). (gr. 3-6). pap. 9.99 *(978-1-63233-103-8(9))* Eifrig Publishing.

Chasing the Truth: a Young Journalist's Guide to Investigative Reporting: She Said Young Readers Edition. Jodi Kantor & Megan Twohey. (ENG.). 272p. (YA). (gr. 7). 2022. pap. 10.99 *(978-0-593-32700-5(4))*; 2021. 17.99 *(978-0-593-32699-2(7))* Penguin Young Readers Group. (Philomel Bks.).

Chasing Through the Mazes Activity Book. Jupiter Kids. 2016. (ENG., Illus.). 108p. (J). pap. 12.55 *(978-1-68326-072-1(4)*, Jupiter Kids (Childrens & Kids Fiction)) Speedy Publishing LLC.

Chasing Time. Montana Wakefield. 2022. (Adrielle Maddox Ser.: Vol. 1). (ENG.). 230p. (YA). pap. 18.95 ***(978-1-949290-96-7(4))*** Bedazzled Ink Publishing Co.

Chasm: A Novel (Classic Reprint) George Cram Cook. 2018. (ENG., Illus.). 388p. (J). 31.94 *(978-0-484-51758-4(9))* Forgotten Bks.

Chasm of Acheron. Kimm Reid. 2016. (Beyond Solstice Gates Ser.: Vol. 7). (ENG., Illus.). (YA). (gr. 7-12). pap. *(978-1-988001-03-6(X))* Ahelia Publishing, Inc.

Chasm Walkers. Raquel Byrnes. 2018. (Blackburn Chronicles Ser.: 3). (ENG.). 380p. (YA). (gr. 7). pap. 16.99 *(978-1-61116-942-3(9))* Pelican Ventures, LLC.

Chasquea, Cruje y Fluye: Set of 6 Common Core Edition. Kathy French & Benchmark Education Company, LLC Staff. 2016. (Navigators Ser.). (SPA.). (J). (gr. 4). 58.00 net. *(978-1-5125-0783-6(0))* Benchmark Education Co.

Chasse Ennuy, Ou l'Honneste Entretien des Bonnes Compagnies: Divise en Cinq Centuries (Classic Reprint) Louis Garon. 2017. (FRE., Illus.). (J). pap. 19.57 *(978-0-259-56843-8(0))* Forgotten Bks.

Chasse Ennuy, Ou l'Honneste Entretien des Bonnes Compagnies: Divisé en Cinq Centuries (Classic Reprint) Louis Garon. 2018. (FRE., Illus.). 570p. (J). 35.65 *(978-0-364-13429-0(1))* Forgotten Bks.

Chasse Galerie: And Other Canadian Stories (Classic Reprint) Honoré Beaugrand. (ENG., Illus.). (J). 2017. 26.25 *(978-0-331-57095-3(5))*; 2016. pap. 9.57 *(978-1-333-61867-4(0))* Forgotten Bks.

Chasse Galerie: Legendes Canadiennes (Classic Reprint) Honoré Beaugrand. 2017. (FRE., Illus.). (J). pap. 9.57 *(978-0-259-34813-9(9))* Forgotten Bks.

Chaste As Ice, Pure As Snow: A Novel (Classic Reprint) M. C. Despard. 2018. (ENG., Illus.). 466p. (J). 33.51 *(978-0-483-63363-6(1))* Forgotten Bks.

Chaste Man (Classic Reprint) Louis Wilkinson. (ENG., Illus.). (J). 2018. 336p. 30.83 *(978-0-483-73392-3(X))*; 2016. pap. 13.57 *(978-1-333-68442-6(8))* Forgotten Bks.

Chaste Wife (Classic Reprint) Frank Swinnerton. 2018. (ENG., Illus.). 420p. (J). 32.56 *(978-0-483-86017-9(4))* Forgotten Bks.

Chastelaine de Vergi: Poeme du Xiiie Siecle (Classic Reprint) Gaston Raynaud. 2017. (FRE., Illus.). (J). pap. 9.57 *(978-1-5276-1279-2(1))* Forgotten Bks.

Chastelaine de Vergi: Poème du Xiiie Siècle (Classic Reprint) Gaston Raynaud. 2018. (FRE., Illus.). 54p. (J). 25.01 *(978-0-666-62567-0(0))* Forgotten Bks.

Chat: Histoire Naturelle, Hygiène, Maladies (Classic Reprint) Gaston Percheron. 2018. (FRE., Illus.). (J). 278p. 29.63 *(978-0-366-18457-6(1))*; 280p. pap. 13.57 *(978-0-366-04904-2(6))* Forgotten Bks.

Chat: Understanding Puberty, Pornography, Sex & Marriage. Joel Chelliah. I.t. ed. 2019. (ENG., Illus.). 34p. (J). (gr. 3-5). 20.00 *(978-1-945454-11-0(3))* Holloway, Greg.

Chat, 1942 (Classic Reprint) Chatham High School. 2018. (ENG., Illus.). (J). 44p. 24.80 *(978-0-428-86938-0(6))*; 46p. pap. 7.97 *(978-0-428-26976-0(1))* Forgotten Bks.

Chat Bot Mystery, 1 vol. C. R. McKay. Illus. by Joel Gennari. 2018. (Power Coders Ser.). (ENG.). 32p. (J). (gr. 5-5). 27.93 *(978-1-5383-4009-7(7)*, bbed548f-c961-4bae-96c7-e4bc390ffb78, PowerKids Pr.) Rosen Publishing Group, Inc., The.

Chat et le Cherubin: Drame en un Acte et Trois Parties (Classic Reprint) Jean Bernac. (FRE., Illus.). (J). 2018. 52p. 24.99 *(978-0-656-40967-9(3))*; 2017. pap. 9.57 *(978-1-332-66579-2(9))* Forgotten Bks.

Chat Pas Moi Qu'est un Menteur. Sophie Mouillot. Illus. by Samanta Bednarczyk. 2019. (FRE.). 36p. (J). pap. *(978-2-917822-65-4(1))* Pgcom Editions.

Chat Unchained: A Wireless Love Story. C. a Gadsden. 2019. (ENG.). 212p. (YA). pap. 16.95 *(978-1-68456-402-6(6))* Page Publishing Inc.

Chateau & Country: Life in France (Classic Reprint) Mary King Waddington. 2017. (ENG., Illus.). 394p. (J). 32.04 *(978-0-332-59572-6(2))* Forgotten Bks.

Château Arc-En-Ciel. Souhila. Ed. by Junior Editions La Liseuse. 2018. (FRE., Illus.). 50p. (J). pap. *(978-2-37108-099-7(3))* L@ Liseuse.

Château du Roi Bocana. Sophie Garrec. Illus. by Laurent Donoyan. 2019. (FRE.). 38p. (J). pap. *(978-2-9555174-4-4(5))* Bekalle-Akwe (Henri Junior).

Chateau Royal (Classic Reprint) James Henry Yoxall. 2016. (ENG., Illus.). (J). pap. 13.57 *(978-1-334-12239-2(3))* Forgotten Bks.

Château Royal (Classic Reprint) James Henry Yoxall. 2018. (ENG., Illus.). 358p. (J). 31.28 *(978-0-267-40117-8(5))* Forgotten Bks.

Chatelaine of la Trinite (Classic Reprint) Henry B. Fuller. 2017. (ENG., Illus.). (J). 27.75 *(978-0-266-19292-3(0))* Forgotten Bks.

Chatelaine of the Roses: A Romance of St. Bartholomew's Night, & Other Tales (Classic Reprint) Maurice Francis Egan. 2017. (ENG., Illus.). (J). 218p. 28.39 *(978-0-484-28002-0(3))*; pap. 10.97 *(978-0-259-19370-8(4))* Forgotten Bks.

Chats: Histoire, Moeurs, Observations, Anecdotes (Classic Reprint) Champfleury Champfleury. (FRE., Illus.). (J). 2018. 336p. 30.85 *(978-0-666-56674-4(7))*; 2017. pap. 13.57 *(978-0-259-85777-8(7))* Forgotten Bks.

Chats: Now Talked of This & Then of That (Classic Reprint) G. Hamlen. 2017. (ENG., Illus.). (J). 29.90 *(978-0-266-35904-3(3))* Forgotten Bks.

Chats in Chinese: A Translation of the T'an a Translation Pien (Classic Reprint) Guopu Jin Brewitt-Taylor. 2018. (ENG., Illus.). 260p. (J). 29.28 *(978-0-332-59835-2(7))* Forgotten Bks.

Chats in the Book-Room (Classic Reprint) Horace N. Pym. (ENG., Illus.). (J). 2017. 27.73 *(978-0-265-41018-9(5))*; 2016. pap. 10.57 *(978-1-333-52268-1(1))* Forgotten Bks.
Chats over a Pipe: A Tale of Two Brothers (Classic Reprint) James Glass. 2017. (ENG., Illus.). (J). 30.52 *(978-0-331-25611-6(8))* Forgotten Bks.
Chats with Children of the Church (Classic Reprint) James M. Farrar. 2018. (ENG., Illus.). 272p. (J). 29.51 *(978-0-483-08208-3(2))* Forgotten Bks.
Chats with the Little Ones (Classic Reprint) Lambert Sauveur. 2018. (ENG., Illus.). 184p. (J). 27.71 *(978-0-267-83761-8(5))* Forgotten Bks.
Chatsworth or the Romance of a Week, Vol. 1 of 3 (Classic Reprint) P. G. Patmore. 2017. (ENG., Illus.). (J). 29.94 *(978-1-5279-7744-0(7))* Forgotten Bks.
Chatsworth or the Romance of a Week, Vol. 3 of 3 (Classic Reprint) P. G. Patmore. 2018. (ENG., Illus.). 318p. (J). 30.46 *(978-0-483-92771-1(6))* Forgotten Bks.
Chattanooga: A Romance of the American Civil War (Classic Reprint) F. A. Mitchel. 2018. (ENG., Illus.). 242p. (J). 28.89 *(978-0-483-53930-3(9))* Forgotten Bks.
Chattanooga (Classic Reprint) John Jolliffe. (ENG., Illus.). (J). 2018. 402p. 32.19 *(978-0-332-57800-2(3))*; 2016. pap. 16.57 *(978-1-334-14038-9(3))* Forgotten Bks.
Chatterbook of Pretty Stories (Classic Reprint) Unknown Author. (ENG., Illus.). (J). 2018. 288p. 29.84 *(978-0-483-62985-1(5))*; 2017. pap. 13.57 *(978-0-243-30395-3(5))* Forgotten Bks.
Chatterbox Bear. Pippa Curnick. 2022. (ENG., Illus.). 32p. (J). (gr. -1-k). pap. 10.99 *(978-1-4449-4412-9(6))* Hachette Children's Group GBR. Dist: Hachette Bk. Group.
Chatterbox, Vol. 1: April, 1907 (Classic Reprint) Littleton College. 2018. (ENG., Illus.). 52p. (J). pap. 9.57 *(978-0-366-10497-0(7))* Forgotten Bks.
Chatterbox, Vol. 1: May, 1907 (Classic Reprint) Littleton College. 2018. (ENG., Illus.). (J). 56p. 25.07 *(978-0-366-16132-4(6))*; 58p. pap. 9.57 *(978-0-366-16120-1(2))* Forgotten Bks.
Chatterbox, Vol. 2: May, 1908 (Classic Reprint) Littleton College. (ENG., Illus.). (J). 2018. 94p. 25.86 *(978-0-332-79628-4(0))*; 2017. pap. 9.57 *(978-0-243-43740-5(4))* Forgotten Bks.
Chatterbox, Vol. 2: November, 1907 (Classic Reprint) Littleton College. 2018. (ENG., Illus.). (J). 56p. 25.05 *(978-0-366-56111-7(1))*; 58p. pap. 9.57 *(978-0-366-06400-7(2))* Forgotten Bks.
Chatterbox, Vol. 2: October 1907 (Classic Reprint) Littleton College. 2018. (ENG., Illus.). (J). 38p. 24.70 *(978-1-396-74801-1(6))*; 40p. pap. 7.97 *(978-1-396-00412-4(2))* Forgotten Bks.
Chattering at School: Nature Poems for Children. Edward Forde Hickey. Illus. by Jackie Tee. 2022. (ENG.). 74p. (J). pap. ***(978-1-80381-192-5(7))*** Grosvenor Hse. Publishing Ltd.
Chatterton, the Black Death, & Meriwether Lewis, Three Plays by Charles Reznikoff (Classic Reprint) Charles Reznikoff. 2018. (ENG., Illus.). 50p. (J). 24.93 *(978-0-267-27129-0(8))* Forgotten Bks.
Chatty Letters from the East & West (Classic Reprint) A. H. Wylie. (ENG., Illus.). (J). 2018. 238p. 28.81 *(978-0-332-18686-3(5))*; 2017. pap. 11.57 *(978-0-259-42965-4(1))* Forgotten Bks.
Chatty Patty's School Trip. Cheryl M. Charles. Illus. by Chouette. 2021. (Messy Marvyn & Friends: Chatty Patty's School Trip Ser.: Vol. 2). (ENG.). 142p. (J). pap. *(978-0-2288-4736-6(2))* Tellwell Talent.
Chatur Chanakya & the Himalayan Problem. Radhakrishnan Pillai. 2017. (ENG., Illus.). 128p. (J). (gr. 3-7). pap. 8.99 *(978-0-14-344164-9(7))*, Puffin) Penguin Bks. India PVT, Ltd IND. Dist: Independent Pubs. Group.
Chatur Chanakya vs the World Wide Web. Radhakrishnan Pillai. 2022. (ENG.). 104p. (J). pap. 9.99 *(978-0-14-344165-6(5))*, Puffin) Penguin Bks. India PVT, Ltd IND. Dist: Independent Pubs. Group.
Chaucer. Geoffrey Chaucer & Walter William Skeat. 2017. (ENG.). 434p. (J). pap. *(978-3-337-07900-0(8))* Creation Pubs.
Chaucer. Richard Morris & Geoffrey Chaucer. 2017. (ENG.). 278p. (J). pap. *(978-3-337-07918-5(0))* Creation Pubs.
Chaucer. Richard Morris et al. 2017. (ENG.). 342p. (J). pap. *(978-3-337-07495-1(2))* Creation Pubs.
Chaucer: Canterbury Tales: the Prologue & the Man of Law's Tale (Classic Reprint) Geoffrey Chaucer. 2017. (ENG., Illus.). (J). 28.45 *(978-1-5279-7140-0(6))* Forgotten Bks.
Chaucer: The Legend of Good Women (Classic Reprint) Geoffrey Chaucer. 2018. (ENG., Illus.). 288p. (J). 29.86 *(978-0-666-18736-9(3))* Forgotten Bks.
Chaucer: The Minor Poems (Classic Reprint) Walter W. Skeat. 2017. (ENG., Illus.). 554p. (J). 35.32 *(978-0-484-18894-4(1))* Forgotten Bks.
Chaucer: The Prologue, the Knightes Tale the Nonne Preestes Tale from Canterbury Tales (Classic Reprint) Richard Morris. 2018. (ENG., Illus.). 332p. (J). 30.76 *(978-0-365-20498-5(6))* Forgotten Bks.
Chaucer: The Prologue; the Knightes Tale; the Nonne Prestes Tale; from the Canterbury Tales, a Revised Text (Classic Reprint) Geoffrey Chaucer. 2019. (ENG., Illus.). 280p. (J). 29.69 *(978-0-365-09213-1(4))* Forgotten Bks.
Chaucer Devant la Critique en Angleterre et en France: Depuis Son Temps Jusqu'a Nos Jours (Classic Reprint) Caroline F. E. Spurgeon. 2017. (FRE., Illus.). (J). pap. 16.57 *(978-0-282-95581-6(X))* Forgotten Bks.
Chaucer Devant la Critique en Angleterre et en France: Depuis Son Temps Jusqu'à Nos Jours (Classic Reprint) Caroline F. E. Spurgeon. 2018. (FRE., Illus.). 440p. (J). 32.99 *(978-0-364-21649-1(2))* Forgotten Bks.
Chaucer for Children: A Golden Key (Classic Reprint) H. R. Haweis. 2017. (ENG., Illus.). (J). 26.99 *(978-1-5279-6379-5(9))* Forgotten Bks.
Chaucer for Children: A Golden Key (Yesterday's Classics) H. R. Haweis. 2023. (ENG.). 148p. (YA). pap. 21.95 ***(978-1-63334-233-0(6))*** Yesterday's Classics.
Chaucer His Poetry (Classic Reprint) Edward William Edmunds. 2018. (ENG., Illus.). 222p. (J). 28.50 *(978-0-483-75616-8(4))* Forgotten Bks.
Chaucer Story Book (Classic Reprint) Geoffrey Chaucer. 2018. (ENG., Illus.). 224p. (J). 28.54 *(978-0-332-20859-6(1))* Forgotten Bks.
Chaucer und der Rosenroman: Eine Litterargeschichtliche Studie (Classic Reprint) Max Kaluza. 2017. (ENG., Illus.). 264p. (J). 29.36 *(978-0-332-41806-3(5))* Forgotten Bks.
Chaucer's 'boece' Englisht from Anicii Manlii Severini Boetii Philosophiæ Consolationis Libri Cinque (Classic Reprint) F. J. Furnivall. 2018. (ENG., Illus.). (J). 186p. 27.73 *(978-0-366-41060-6(1))*; 188p. pap. 10.57 *(978-0-365-81936-3(0))* Forgotten Bks.
Chaucer's Canterbury Tales. Geoffrey Chaucer. 2017. (ENG.). 420p. (J). pap. *(978-3-337-13704-5(0))* Creation Pubs.
Chaucer's Canterbury Tales: For the Modern Reader (Classic Reprint) Arthur Burrell. 2018. (ENG., Illus.). 540p. (J). 35.05 *(978-0-364-25936-8(1))* Forgotten Bks.
Chaucer's Canterbury Tales: The Knight's Tale. Alfred W. Pollard. 2017. (ENG., Illus.). (J). pap. *(978-0-649-08023-6(8))* Trieste Publishing Pty Ltd.
Chaucer's Canterbury Tales: The Prologue (Classic Reprint) Alfred W. Pollard. 2018. (ENG., Illus.). 194p. (J). 27.90 *(978-0-656-15472-2(1))* Forgotten Bks.
Chaucer's Canterbury Tales: The Squire's Tale (Classic Reprint) Geoffrey Chaucer. (ENG., Illus.). (J). 2018. 84p. 25.65 *(978-0-365-10289-2(X))*; 2017. pap. 9.57 *(978-1-334-15198-9(9))* Forgotten Bks.
Chaucer's Canterbury Tales for Children. M. E. Haweis. 2021. (ENG.). 238p. (J). pap. 12.95 *(978-1-6780-9413-3(7))*; pap. 19.50 *(978-1-6780-9522-2(2))* Lulu Pr., Inc.
Chaucer's Canterbury Tales, Vol. 1 (Classic Reprint) Alfred W. Pollard. 2017. (ENG., Illus.). (J). 34.25 *(978-0-265-61519-5(4))*; pap. 16.97 *(978-0-265-61456-3(2))* Forgotten Bks.
Chaucer's Canterbury Tales, Vol. 2: Edited with Notes & Introduction (Classic Reprint) Alfred W. Pollard. 2017. (ENG., Illus.). (J). 33.96 *(978-0-331-35301-3(6))* Forgotten Bks.
Chaucer's Caper: The Nutscapade. Emma Dixon. 2018. (ENG., Illus.). 28p. (J). pap. 9.99 *(978-0-692-95138-5(5))* Dixon, Emma.
Chaucer's Legende of Goode Women (Classic Reprint) Hiram Chaucer. 2017. (ENG., Illus.). (J). 27.75 *(978-0-266-25891-9(3))* Forgotten Bks.
Chaucer's Stories Simply Told. Mary Seymour. 2022. (ENG.). 180p. (J). pap. 14.95 ***(978-1-955402-09-5(4))*** Hillside Education.
Chaucer's the Prologue & the Knightes Tale (Classic Reprint) Geoffrey Chaucer. 2017. (ENG., Illus.). (J). 27.24 *(978-0-266-83355-0(1))* Forgotten Bks.
Chaucer's Translation of Boethius's de Consolatione Philosophiae: Edited from the Additional Ms. 10, 340 in the British Museum; Collated with the Cambridge Univ. Libr. Ms. II. 3. 21 (Classic Reprint) Anicius Manlius Severinus Boethius. 2017. (ENG., Illus.). (J). 28.78 *(978-0-266-36790-1(9))* Forgotten Bks.
Chaucer's Translation of Boethius's de Consolatione Philosophiae (Classic Reprint) Anicius Manlius Severinus Boethius. 2017. (ENG., Illus.). (J). 28.78 *(978-0-331-54954-6(9))*; pap. 11.57 *(978-0-331-54951-5(4))* Forgotten Bks.
Chaucer's Translation of Boethius's de Consolatione Philosphiæ: Edited from Additional Ms. 10, 340 in the British Museum (Classic Reprint) Boethius Boethius. 2018. (ENG., Illus.). 414p. (J). 32.44 *(978-0-666-67296-4(2))* Forgotten Bks.
Chaucer's Translation of Boethius's de Consolatione Philosphiae: Edited from Additional Ms. 10, 340 in the British Museum (Classic Reprint) Anicius Manlius Severinus Boethius. 2016. (ENG., Illus.). (J). pap. 16.57 *(978-1-334-32558-8(8))* Forgotten Bks.
Chauffeur Chaff or Automobilia (Classic Reprint) Charles Welsh. 2018. (ENG., Illus.). 102p. (J). 26.00 *(978-0-267-50436-7(5))* Forgotten Bks.
Chausson de Venise. Louise Bankhead. 2017. (FRE., Illus.). 38p. (J). pap. *(978-1-326-92144-6(4))* Lulu Pr., Inc.
Chautauqua Girls at Home (Classic Reprint) Pansy Pansy. (ENG., Illus.). (J). 2018. 484p. 33.90 *(978-0-332-77974-4(2))*; 2016. pap. 16.57 *(978-1-333-30760-8(8))* Forgotten Bks.
Chautauqua Idyl (Classic Reprint) Grace Livingston. (ENG., Illus.). (J). 2018. 124p. 26.45 *(978-0-666-04318-4(3))*; 2017. pap. 9.57 *(978-0-243-38916-2(7))* Forgotten Bks.
Chaux et Froid. Amy Culliford. Tr. by Annie Evearts. 2021. (Contraires Autour de Moi! (Opposites All Around Me!) Ser.). (FRE., Illus.). 16p. (J). (gr. -1-1). pap. *(978-1-0396-0585-5(0)*, 12907) Crabtree Publishing Co.
Chaz Bono, 1 vol. Martin Gitlin. 2016. (Transgender Pioneers Ser.). (ENG., Illus.). 112p. (J). (gr. 7-7). 38.80 *(978-1-5081-7157-7(2)*, 80aa16a0-c36f-49c7-bb3a-774de0ab3d61) Rosen Publishing Group, Inc., The.
Che Cos'è la Felicità? Parte 1. Stefano Lacarpia. Ed. by Stefano Lacarpia LULU BOOK. 2022. (ITA.). 50p. (YA). pap. ***(978-1-4710-7509-4(5))*** Lulu Pr., Inc.
Che Guevara's Face: How a Cuban Photographer's Image Became a Cultural Icon. Danielle Smith-Llera. 2016. (Captured World History Ser.). (ENG., Illus.). 64p. (J). (gr. 5-9). lib. bdg. 35.32 *(978-0-7565-5440-8(3)*, 132575, Compass Point Bks.) Capstone.
Cheap & Concise Dictionary, Vol. 2 Of 2: Ojibway Indian Language; Ojibway-English; Compiled & Abridged from Larger Editions by English & French Authors (Classic Reprint) Unknown Author. abr. ed. 2017. (ENG., Illus.). (J). 27.63 *(978-0-331-58417-2(4))*; pap. 10.57 *(978-0-259-50711-6(3))* Forgotten Bks.
Cheap Craft for Kids (Paper Town - Create Your Own Town Using 20 Templates) 20 Full-Color Kindergarten Cut & Paste Activity Sheets Designed to Create Your Own Paper Houses. the Price of This Book Includes 12 Printable PDF Kindergarten Workbooks. James Manning & Christabelle Manning. 2019. (Cheap Craft for Kids Ser.: Vol. 46). (ENG., Illus.). 42p. (J). (gr. 4-6). pap. *(978-1-83897-946-1(8))* West Suffolk CBT Service Ltd., The.
Cheap Eats. Katrina Jorgensen. 2020. (Easy Eats Ser.). (ENG., Illus.). 32p. (J). (gr. 3-5). lib. bdg. 33.99 *(978-1-4966-8100-3(2)*, 199227, Capstone Pr.) Capstone.
Cheap Jack Zita (Classic Reprint) S. Baring-Gould. 2017. (ENG., Illus.). (J). 33.61 *(978-0-265-20249-4(3))* Forgotten Bks.
Cheap Jack Zita, Vol. 1 of 3 (Classic Reprint) S. Baring Gould. 2018. (ENG., Illus.). 210p. (J). 28.25 *(978-0-483-74822-4(6))* Forgotten Bks.
Cheap Jack Zita, Vol. 2 of 3 (Classic Reprint) S. Baring Gould. 2018. (ENG., Illus.). 202p. (J). 28.06 *(978-0-483-51102-6(1))* Forgotten Bks.
Cheap Jack Zita, Vol. 3 of 3 (Classic Reprint) S. Baring Gould. 2018. (ENG., Illus.). 226p. (J). 28.56 *(978-0-483-55596-9(7))* Forgotten Bks.
Cheap Jack Zita. Vol. II. S. Baring Gould. 2017. (ENG., Illus.). (J). pap. *(978-0-649-36379-7(5))* Trieste Publishing Pty Ltd.
Cheap Justice. Michelle St Claire. Ed. by Msb Editing Services. 2019. (Beautifully Unbroken Ser.: Vol. 5). (ENG.). 206p. (YA). (gr. 7-12). 24.98 *(978-1-945891-64-9(5))* May 3rd Bks., Inc.
Cheap Justice: Beautifully Unbroken - Book 5. Michelle St Claire. 2016. (Beautifully Unbroken (TM) Ser.: 5). (ENG., Illus.). (YA). (gr. 7-12). pap. 15.98 *(978-1-945891-12-0(2))* May 3rd Bks., Inc.
Cheap Living: A Comedy, in Five Acts, As It Is Performed at the Theatre-Royal, Drury-Lane (Classic Reprint) Frederick Reynolds. 2018. (ENG., Illus.). 88p. (J). 25.71 *(978-0-267-19126-0(X))* Forgotten Bks.
Cheap Repository Tracts: Entertaining, Moral, & Religious (Classic Reprint) Unknown Author. 2017. (ENG., Illus.). (J). 32.97 *(978-0-265-67279-2(1))*; pap. 16.57 *(978-1-5276-4393-2(X))* Forgotten Bks.
Cheaper by the Dozen. Frank B. Gilbreth, Jr. et al. 2019. (ENG.). 224p. (gr. 7-18). pap. 16.99 *(978-0-06-008460-8(X)*, Harper Perennial Modern Classics) HarperCollins Pubs.
Cheapside Apprentice (Classic Reprint) Unknown Author. 2018. (ENG., Illus.). 42p. (J). 24.76 *(978-0-267-67528-9(3))* Forgotten Bks.
Cheat. Sarah Richman. 2019. (Do-Over Ser.). (ENG.). 104p. (YA). (gr. 6-12). pap. 7.99 *(978-1-5415-4548-9(6)*, 454f3086-d325-4e5f-997e-dc9eae8bf025); 26.65 *(978-1-5415-4034-7(4)*, 97b36653-876d-44d0-b498-83efc9981311) Lerner Publishing Group. (Darby Creek).
Cheat. Kristin Butcher. 2nd ed. 2021. (Orca Currents Ser.). (ENG.). 112p. (J). (gr. 4-7). pap. 10.95 *(978-1-4598-3082-0(2))* Orca Bk. Pubs. USA.
Cheat Code: A Mother's G. P. S for the Love of Her Son. Jaivyn Winfield & Tamra T. Bush. 2022. (ENG.). 112p. (J). pap. 14.99 *(978-1-952756-52-8(9))* Victorious You Pr.
Cheaters Never Prosper, Volume 4. Julia Cook. Illus. by Anita DuFalla. ed. 2016. (Responsible Me! Ser.). (ENG.). 32p. (J). (gr. k-6). pap. 10.95 *(978-1-944882-08-2(1))* Boys Town Pr.
Cheating. Joy Berry. 2018. (Help Me Be Good Ser.). (ENG.). 34p. (J). (gr. k-2). pap. 8.99 *(978-0-7396-0317-8(5))* Inspired Studios Inc.
Cheating in E-Sports. Marcia Amidon Lüsted. 2018. (ESports: Game On! Ser.). (ENG., Illus.). 48p. (J). (gr. 5-8). 29.27 *(978-1-59953-963-8(2))* Norwood Hse. Pr.
Check In: Being Present. Virginia Loh-Hagan. 2020. (Just Breathe Ser.). (ENG., Illus.). 32p. (J). (gr. 4-8). pap. 14.21 *(978-1-5341-6177-1(5)*, 214708); lib. bdg. 32.07 *(978-1-5341-5947-1(9)*, 214707) Cherry Lake Publishing. (45th Parallel Press).
Check-In Journal for Kids SB. Nicole Joyce. 2022. (ENG.). 121p. (J). pap. ***(978-1-387-52535-5(2))*** Lulu Pr., Inc.
Check-List of North American Batrachia & Reptilia: With a Systematic List of the Higher Groups, & an Essay on Geographical Distribution, Based on the Specimens Contained in the U. S. National Museum. Edward Drinker Cope. 2020. (ENG.). 116p. (J). pap. *(978-3-337-88684-4(1))* Creation Pubs.
Check-List of North American Batrachia & Reptilia: With a Systematic List of the Higher Groups, & an Essay on Geographical Distribution Based on the Specimens Contained in the U. S. National Museum (Classic Reprint) Edward Drinker Cope. 2017. (ENG., Illus.). (J). 33.10 *(978-0-266-84697-0(1))* Forgotten Bks.
Check List of North American Birds. Elliott Coues. 2019. (ENG.). 152p. (J). pap. *(978-3-337-71714-8(4))* Creation Pubs.
Check List of North American Birds (Classic Reprint) Elliott Coues. 2019. (ENG., Illus.). (J). 152p. 27.03 *(978-1-397-26466-4(7))*; 154p. pap. 9.57 *(978-1-397-26431-2(4))* Forgotten Bks.
Check-List of Recorded Songs in the English Language in the Archive of American Folk Song to July 1940: Alphabetical List with Geographical Index (Classic Reprint) United States Archive of Folk Song. 2018. (ENG., Illus.). 144p. (J). 26.89 *(978-0-267-52553-9(2))* Forgotten Bks.
Check List of the Coleoptera of America, North of Mexico. George Herbert Crotch. 2017. (ENG.). 208p. (J). pap. *(978-3-337-32206-9(9))* Creation Pubs.
Check List of the Coleoptera of America, North of Mexico (Classic Reprint) George Herbert Crotch. 2017. (ENG., Illus.). (J). 28.27 *(978-0-260-86951-7(1))*; pap. 10.97 *(978-0-260-34444-1(3))* Forgotten Bks.
Check List of the Coleoptera of America, North of Mexico (Classic Reprint) George Robert Crotch. 2017. (ENG., Illus.). (J). 28.17 *(978-0-260-84939-7(1))*; pap. 10.57 *(978-0-260-35328-3(0))* Forgotten Bks.
Check List of the Forest Trees of the United States, Their Names & Ranges (Classic Reprint) George Bishop Sudworth. 2017. (ENG., Illus.). (J). 26.95 *(978-0-265-36948-7(7))*; 30.23 *(978-0-265-88589-5(2))*; pap. 13.57 *(978-1-5284-1898-0(0))* Forgotten Bks.
Check Number 2134 (Classic Reprint) Edward Sylvester Ellis. (ENG., Illus.). (J). 2018. 294p. 29.96 *(978-0-332-82062-0(9))*; 2017. pap. 13.57 *(978-0-259-06153-3(0))* Forgotten Bks.
Check Out Animals in the Jungle! Coloring Book for Kids. Bold Illustrations. 2018. (ENG., Illus.). 84p. (J). pap. 6.92 *(978-1-64193-986-7(9)*, Bold Illustrations) FASTLANE LLC.
Check Out the Library Weenies: And Other Warped & Creepy Tales. David Lubar. 2019. (Weenies Stories Ser.). (ENG.). 224p. (J). pap. 7.99 *(978-0-7653-9707-2(2)*, 900180766, Starscape) Doherty, Tom Assocs., LLC.
Check, Please!: # Hockey, Bk. 1. Ngozi Ukazu. 2018. (Check, Please! Ser.: 1). (ENG., Illus.). 288p. (YA). pap. 17.99 *(978-1-250-17796-4(0)*, 900189800, First Second Bks.) Roaring Brook Pr.
Check, Please! Book 2: Sticks & Scones. Ngozi Ukazu. Illus. by Ngozi Ukazu. 2020. (Check, Please! Ser.: 2). (ENG., Illus.). 352p. (YA). pap. 17.99 *(978-1-250-17950-0(5)*, 900189953, First Second Bks.) Roaring Brook Pr.
Check the Chooks! (Hardback) Nanette Hanna. 2023. (ENG.). 42p. (J). ***(978-1-83934-860-0(7))*** Olympia Publishers.
Check up with the Doctor: Celebrate! Doctors. Sophia Day & Megan Johnson. Illus. by Stephanie Strouse. 2019. (Celebrate! Ser.: 22). (ENG.). 32p. (J). pap. 4.99 *(978-1-64255-234-8(8)*, 58c12fb9-3e2b-4ced-a6c9-1f4eca940913) MVP Kids Media.
Checked. Cynthia Kadohata. Illus. by Maurizio Zorat. 2018. (ENG.). 416p. (J). (gr. 5-9). 17.99 *(978-1-4814-4661-7(4)*, Atheneum/Caitlyn Dlouhy Books) Simon & Schuster Children's Publishing.
Checked Love Affair, & the Cortelyou Feud (Classic Reprint) Paul Leicester Ford. 2018. (ENG., Illus.). (J). 138p. 26.74 *(978-0-366-56927-4(9))*; 140p. pap. 9.57 *(978-0-366-49610-5(7))*; 128p. 26.54 *(978-0-483-60579-4(4))*; 116p. 26.31 *(978-0-267-28688-1(0))* Forgotten Bks.
Checked Through Missing, Trunk No; 17580: A Story on New York City Life (Classic Reprint) Richard Henry Savage. 2018. (ENG., Illus.). 332p. (J). 30.76 *(978-0-483-19992-7(3))* Forgotten Bks.
Checkerberry (Classic Reprint) Lucretia S. McDonald. 2018. (ENG., Illus.). 280p. (J). 29.67 *(978-0-483-63490-9(5))* Forgotten Bks.
Checkerboard Biographies (Set), 8 vols. 2019. (Checkerboard Biographies Ser.). (ENG.). 32p. (J). (gr. 3-6). lib. bdg. 262.32 *(978-1-5321-1935-4(6)*, 32451, Checkerboard Library) ABDO Publishing Co.
Checkerboard Biographies Set 2 (Set), 8 vols. Jessica Rusick et al. 2021. (Checkerboard Biographies Ser.). (ENG.). 32p. (J). (gr. 3-6). lib. bdg. 262.32 *(978-1-5321-9595-2(8)*, 37404, Checkerboard Library) ABDO Publishing Co.
Checkered Career of 1903 (Classic Reprint) Bryn Mawr College. 2018. (ENG., Illus.). (J). 134p. 26.68 *(978-1-396-41044-4(9))*; 136p. pap. 9.57 *(978-1-391-00317-7(9))* Forgotten Bks.
Checking In. Emily Arrow. Illus. by Shelley Couvillian & Joy Steuerwald. 2019. (My Feelings, My Choices Ser.). (ENG.). 24p. (J). (gr. -1-2). 33.99 *(978-1-68410-404-8(1)*, 141214) Cantata Learning.
Checkmate! The Wonderful World of Chess. John Foley. 2023. (ENG.). 112p. (J). (gr. 3-7). 14.95 ***(978-1-83935-248-5(5))*** Welbeck Publishing Group Ltd. GBR. Dist: Two Rivers Distribution.
Checkmate #6. Owen B. Greenwald. 2016. (ENG., Illus.). (J). pap. 12.99 *(978-1-68076-594-6(9)*, Epic Pr.) ABDO Publishing Co.
Checkmate Castle: Malia & Teacup 3. Molly Barrow. 2019. (Malia & Teacup Ser.: Vol. 3). (ENG., Illus.). 318p. (J). (gr. 3-6). pap. 15.95 *(978-1-7339837-0-9(8))* Barringer Publishing.
Checkmate (Classic Reprint) Joseph Sheridan Le Fanu. 2018. (ENG., Illus.). 426p. (J). 32.70 *(978-0-484-91176-4(7))* Forgotten Bks.
Checkmate (Classic Reprint) Sidney McElroy. 2018. (ENG., Illus.). 24p. (J). 24.41 *(978-0-267-81116-8(0))* Forgotten Bks.
Checkmate, Vol. 3 of 3 (Classic Reprint) J. Sheridan Le Fanu. (ENG., Illus.). (J). 2018. 358p. 31.28 *(978-0-267-00007-4(3))*; 2017. pap. 13.97 *(978-0-243-33016-4(2))* Forgotten Bks.
Checks & Balances. Karen Latchana Kenney. 2022. (U. S. Government: Need to Know Ser.). (ENG., Illus.). 32p. (J). (gr. 5-7). lib. bdg. 28.50 *(978-1-63691-597-5(3)*, 18664, SilverTip Books) Bearport Publishing Co., Inc.
Checks & Balances in the U. S. Government (Set), 8 vols. 2018. (Checks & Balances in the U. S. Government Ser.). (ENG.). 128p. (gr. 10-10). lib. bdg. 156.00 *(978-1-5383-0315-3(9)*, 1ae534e4-2259-46c3-bc2b-6f1938b9a5e2) Rosen Publishing Group, Inc., The.
Checkup & the Fish & Chip Shop. Georgie Tennant. Illus. by Drue Rintoul. 2023. (Level 3 - Yellow Set Ser.). (ENG.). 32p. (J). (gr. k-2). lib. bdg. 19.95 Bearport Publishing Co., Inc.
Cheddar the Wild Cheese: The Tales of a Sandwich. Anna Guidry. 2020. (ENG., Illus.). 24p. (YA). pap. 13.95 *(978-1-64670-773-7(7))* Covenant Bks.
Chee-Kee: a Panda in Bearland. Sujean Rim. 2017. (ENG., Illus.). 40p. (J). (gr. -1-3). 17.99 *(978-0-316-40744-1(5))* Little, Brown Bks. for Young Readers.
Cheechako in Alaska & Yukon (Classic Reprint) Charlotte Cameron. (ENG., Illus.). (J). 2018. 346p. 31.03 *(978-0-267-77502-6(4))*; 2016. pap. 13.57 *(978-1-334-12383-2(7))* Forgotten Bks.
Cheekee the Chick Who Shouldn't Be. Linda K. 2020. (ENG.). 26p. (J). *(978-0-2288-2682-8(9))*; pap. *(978-0-2288-2681-1(0))* Tellwell Talent.
Cheeky Charlie. Mat Waugh & Olga Zhuravlova. 2018. (ENG., Illus.). 122p. (J). (gr. 2-4). pap. *(978-1-912883-06-6(6))* Big Red Button Bks.
Cheeky Charlie: Bugs & Bananas. Mat Waugh. Illus. by Olga Zhuravlova. 2018. (ENG.). 150p. (J). (gr. 2-4). pap. *(978-1-912883-07-3(4))* Big Red Button Bks.
Cheeky Charlie: He Didn't Mean It. Mat Waugh. Illus. by Olga Zhuravlova. 2018. (Cheeky Charlie Ser.: Vol. 4). (ENG.). 140p. (J). (gr. 2-4). pap. *(978-1-912883-09-7(0))* Big Red Button Bks.
Cheeky Charlie: King of Chaos. Mat Waugh. Illus. by Olga Zhuravlova. 2018. (ENG.). 156p. (J). (gr. 2-4). pap. *(978-1-912883-08-0(2))* Big Red Button Bks.

C

Cheeky Charlie: Out of Bounds. Mat Waugh. 2019. (Cheeky Charlie Ser.: Vol. 6). (ENG., Illus.). 134p. (J). (gr. 1-5). pap. *(978-1-912883-05-9(8))* Big Red Button Bks.
Cheeky Charlie: Who Did That? Mat Waugh & Olga Zhuravlova. 2018. (ENG., Illus.). 142p. (J). (gr. 2-4). pap. *(978-1-912883-04-2(X))* Big Red Button Bks.
Cheeky Chimp City - the Great Paris Banana Mystery. Barrett Lynda & Barrett Andy. 2020. (ENG., Illus.). 64p. (J). pap. *(978-1-913179-71-7(0))* UK Bk. Publishing.
Cheeky Cuties: Hamster. Felicia Macheske. 2017. (Guess What Ser.). (ENG., Illus.). 24p. (J). (gr. k-2). lib. bdg. 30.64 *(978-1-63472-855-3(6)*, 209846) Cherry Lake Publishing.
Cheeky Dog Duke. Sarah Peel. Illus. by Gb Faelnar. 2021. (ENG.). 22p. (J). pap. *(978-0-2288-6657-2(X))* Tellwell Talent.
Cheeky Dogs: to Lake Nash & Back. Johanna Bell. Illus. by Dion Beasley. 2019. (ENG.). 128p. (J). (gr. 3-5). 22.99 *(978-1-76052-811-9(0)*, A&U Children's) Allen & Unwin AUS. Dist: Independent Pubs. Group.
Cheeky Frog. Jane Wolfe. Illus. by Tors Benham. 2016. 8p. (J). (gr. -1-12). bds. 6.99 *(978-1-84322-718-2(5)*, Armadillo) Anness Publishing GBR. Dist: National Bk. Network.
Cheeky Maneeky Coloring Book: Part II. Valerie Doshier. Illus. by Joshua Finley. 2020. (ENG.). 40p. (J). pap. 7.99 *(978-1-7352093-0-2(9))* Dream In Magic Publishing.
Cheeky Monkey. Zehra Hicks. 2022. (ENG., Illus.). 32p. (J). (gr. -1-k). pap. 10.99 *(978-1-4449-5002-1(9))* Hachette Children's Group GBR. Dist: Hachette Bk. Group.
Cheeky Monkey. Richard Smith. 2018. (ENG., Illus.). 20p. (J). *(978-1-78693-372-0(1))*; pap. *(978-1-78693-371-3(3))* Austin Macauley Pubs. Ltd.
Cheeky Pandas Activity Book. Pete James. 2023. (Cheeky Pandas Ser.). (ENG.). 24p. (J). pap. 9.99 ***(978-1-78128-457-5(1)***, 1b6710df-5ee2-4b9b-a939-cf31085efdda, Candle Bks.) Lion Hudson PLC GBR. Dist: Baker & Taylor Publisher Services (BTPS).
Cheeky Pandas: the Best Present Ever: A Story about Christmas. Pete James. 2022. (ENG., Illus.). 32p. (J). 13.99 *(978-1-78128-452-0(0)*, 224a2e10-5153-4b0b-8557-05340b1800b3, Candle Bks.) Lion Hudson PLC GBR. Dist: Baker & Taylor Publisher Services (BTPS).
Cheeky Pandas: the Bouncy Castle: A Story about Faithfulness. Pete James et al. Illus. by Kristina Stephenson et al. 2022. (ENG.). 32p. (J). pap. 9.99 *(978-1-78128-455-1(5)*, ea2ac791-2d6e-430b-91b6-5541d45e2c0c, Candle Bks.) Lion Hudson PLC GBR. Dist: Baker & Taylor Publisher Services (BTPS).
Cheeky Pandas: the Day Off: A Story about Love. Pete James. 2022. (ENG., Illus.). 32p. (J). 13.99 *(978-1-78128-453-7(9)*, d16f8120-9c40-4b6d-ac06-1b1a371bc8a5, Candle Bks.) Lion Hudson PLC GBR. Dist: Baker & Taylor Publisher Services (BTPS).
Cheeky Worries: A Story to Help Children Talk about & Manage Scary Thoughts & Everyday Worries. Patrick Davey & Anna Smith. Illus. by Anne Wilson. ed. 2022. 48p. (J). 15.95 *(978-1-83997-211-9(4)*, 837934) Kingsley, Jessica Pubs. GBR. Dist: Hachette UK Distribution.
Cheep & Chatter, or, Lessons from Field & Tree. Alice Banks. 2017. (ENG., Illus.). (J). pap. *(978-0-649-51193-8(X))* Trieste Publishing Pty Ltd.
Cheep, Cheep! Slide-And-Seek. Isabel Otter. Illus. by Sophie Ledesma. 2021. (ENG.). 12p. (J). (-k). bds. 8.99 *(978-1-68010-643-5(0))* Tiger Tales.
Cheep! Cheep! Chick. DK. 2021. (Super Noisy Bks.). (ENG.). 12p. (J). (— 1). bds. 7.99 *(978-0-7440-2644-3(X)*, DK Children) Dorling Kindersley Publishing, Inc.
Cheep Cheep! Chirp Chirp! Guide to Keeping a Bird! Pet Books for Kids - Children's Animal Care & Pets Books. Left Brain Kids. 2016. (ENG., Illus.). (J). pap. 7.51 *(978-1-68376-603-2(2))* Sabeels Publishing.
Cheep Cheep Drip Drip. Lubaina Bandukwala. Illus. by Zainab Tambawalla. 2022. (ENG.). 30p. (J). pap. ***(978-1-922918-89-5(X))*** Library For All Limited.
Cheer: A Book to Celebrate Community. Uncle Ian Aurora. Illus. by Natalia Moore. 2020. (ENG.). 32p. (J). (gr. k-2). 16.99 *(978-1-4867-1808-5(6)*, 280d64d3-36ec-45b2-8351-fa0c7c7fca9f) Flowerpot Pr.
Cheer: Dating Manual. Nancy Ridgley. 2023. (ENG.). 24p. (YA). pap. 7.99 ***(978-1-957262-75-8(3))*** Yorkshire Publishing Group.
Cheer Fears. Jake Maddox. 2022. (Jake Maddox JV Mysteries Ser.). (ENG.). 96p. (J). 25.99 *(978-1-6639-7514-0(0)*, 226402); pap. 5.95 *(978-1-6663-3014-4(0)*, 226384) Capstone. (Stone Arch Bks.).
Cheer Team Trouble. Jake Maddox. 2018. (Jake Maddox JV Girls Ser.). (ENG., Illus.). 96p. (J). (gr. 4-8). lib. bdg. 25.99 *(978-1-4965-6344-6(1)*, 138068, Stone Arch Bks.) Capstone.
Cheer Up. Heather Ayris Burnell. ed. 2020. (Acorn Early Readers Ser.). (ENG., Illus.). 56p. (J). (gr. k-1). 14.96 *(978-1-64697-469-6(7))* Penworthy Co., LLC, The.
Cheer up (Classic Reprint) Charles Battell Loomis. 2018. (ENG., Illus.). 246p. (J). 28.99 *(978-0-364-18210-9(5))* Forgotten Bks.
Cheer-Up Letters, from a Private with Pershing. Torrey Ford. 2017. (ENG., Illus.). (J). pap. *(978-0-649-07631-4(1))* Trieste Publishing Pty Ltd.
Cheer-Up Letters from a Private with Pershing (Classic Reprint) Torrey Ford. 2018. (ENG., Illus.). 198p. (J). 27.98 *(978-0-267-46136-3(4))* Forgotten Bks.
Cheerful Americans (Classic Reprint) Charles Battell Loomis. (ENG., Illus.). (J). 2018. 368p. 31.49 *(978-0-483-91078-2(3))*; 2016. pap. 13.97 *(978-1-333-77527-8(X))* Forgotten Bks.
Cheerful Blackguard (Classic Reprint) Roger Pocock. (ENG., Illus.). (J). 2018. 428p. 32.72 *(978-0-332-90001-8(0))*; 2017. pap. 16.57 *(978-0-282-38422-7(7))* Forgotten Bks.
Cheerful Blackguard (Classic Reprint) Roger S. Pocock. (ENG., Illus.). (J). 2018. 410p. 32.35 *(978-0-656-85953-5(9))*; 2017. pap. 16.57 *(978-0-259-40420-0(9))* Forgotten Bks.
Cheerful by Request (Classic Reprint) Edna Ferber. 2017. (ENG., Illus.). (J). 31.65 *(978-1-5280-8534-2(5))* Forgotten Bks.
Cheerful Chick. Martha Brockenbrough. Illus. by Brian Won. 2019. (ENG.). 40p. (J). (gr. -1-3). 17.99 *(978-1-338-13418-6(3)*, Levine, Arthur A. Bks.) Scholastic, Inc.
Cheerful Chirpers: Parakeet. Felicia Macheske. 2017. (Guess What Ser.). (ENG., Illus.). 24p. (J). (gr. k-2). lib. bdg. 30.64 *(978-1-63472-856-0(4)*, 209850) Cherry Lake Publishing.
Cheerful Heart: Or, a Silver Lining to Every Cloud (Classic Reprint) Unknown Author. 2018. (ENG., Illus.). 166p. (J). 27.34 *(978-0-267-46589-7(0))* Forgotten Bks.
Cheerful Smugglers (Classic Reprint) Ellis Parker Butler. 2018. (ENG., Illus.). (J). 29.98 *(978-0-331-99546-6(8))* Forgotten Bks.
Cheerful Warbler: Or Juvenile Song Book (Classic Reprint) J. Kendrew. 2018. (ENG., Illus.). (J). 20p. 24.31 *(978-0-656-04661-4(9))*; 22p. pap. 7.97 *(978-1-332-97789-5(8))* Forgotten Bks.
Cheerfulness - Games & Activities: Games & Activities to Help Build Moral Character. Agnes De Bezenac & Salem De Bezenac. Illus. by Agnes De Bezenac. 2017. (Cut Out & Play Ser.: Vol. 9). (ENG., Illus.). (J). (gr. k-2). pap. 6.45 *(978-1-62387-627-2(3)*, Kidible) iCharacter.org.
Cheerio! (Classic Reprint) Harold M. Hays. 2018. (ENG., Illus.). 300p. (J). 30.10 *(978-0-666-10280-5(5))* Forgotten Bks.
Cheerios the Canada Goose. Kristi Argyle. 2021. (ENG.). 30p. (J). 24.95 *(978-1-63630-874-6(0))*; pap. 14.95 *(978-1-63630-873-9(2))* Covenant Bks.
Cheerleaders. Kara Thomas. 2019. (ENG.). 400p. (YA). (gr. 9). pap. 12.99 *(978-1-5247-1835-0(1)*, Ember) Random Hse. Children's Bks.
Cheerleading. Contrib. by Christina Leaf. 2023. (Sports Fun! Ser.). (ENG., Illus.). (J). (gr. -1-2). lib. bdg. 25.95 Bellwether Media.
Cheerleading. Mari Schuh. (Spot Sports Ser.). (ENG.). 16p. (J). (gr. -1-2). 2021. 27.10 *(978-1-68151-934-0(8)*, 11327); 2020. pap. 7.99 *(978-1-68152-581-5(X)*, 11249) Amicus.
Cheerleading. Jill Sherman. 2019. (Let's Play Sports! Ser.). (ENG., Illus.). 24p. (J). (gr. k-3). lib. bdg. 26.95 *(978-1-60014-999-3(5)*, Blastoff! Readers) Bellwether Media.
Cheerleading, 1 vol. Thomas Kingsley Troupe. 2022. (Top High School Sports Ser.). (ENG.). 32p. (J). (gr. 3-9). pap. *(978-1-0396-4729-9(4)*, 17336); lib. bdg. *(978-1-0396-4602-5(6)*, 16330) Crabtree Publishing Co. (Crabtree Branches).
Cheerleading: Techniques for Performing. Peter Douglas. 2017. (Preparing for Game Day Ser.: Vol. 10). (ENG., Illus.). 79p. (J). (gr. 7-12). 24.95 *(978-1-4222-3915-5(2))* Mason Crest.
Cheerleading Basics. Candice Letkeman. 2019. (Illus.). 24p. (J). *(978-1-7911-0982-0(9)*, AV2 by Weigl) Weigl Pubs., Inc.
Cheerleading Camps. Leah Kaminski. 2019. (Illus.). 24p. (J). *(978-1-7911-0986-8(1)*, AV2 by Weigl) Weigl Pubs., Inc.
Cheerleading Competitions. Candice Letkeman. 2019. (Illus.). 24p. (J). *(978-1-7911-0990-5(X)*, AV2 by Weigl) Weigl Pubs., Inc.
Cheerleading Squads. Candice Letkeman. 2019. 24p. (J). *(978-1-7911-0998-1(5)*, AV2 by Weigl) Weigl Pubs., Inc.
Cheerleading Tryouts. Leah Kaminski. 2019. (Illus.). 24p. (J). *(978-1-7911-1002-4(9)*, AV2 by Weigl) Weigl Pubs., Inc.
Cheers (Classic Reprint) Yvonne Jack. 2018. (ENG., Illus.). 80p. (J). 25.55 *(978-0-483-28852-2(7))* Forgotten Bks.
Cheers for Gymnastics. Cari Meister. Illus. by Geneviève Kote. 2020. (Kids' Sports Stories Ser.). (ENG.). 32p. (J). (gr. k-2). pap. 5.95 *(978-1-5158-5877-5(4)*, 142133); lib. bdg. 21.32 *(978-1-5158-4804-2(3)*, 141419) Capstone. (Picture Window Bks.).
Cheers to Our Volunteers. Jiji Talmas. 2020. (ENG.). 30p. (J). pap. 11.99 *(978-1-7771579-1-3(9))* CanamBks. Pubs.
CheerVentures of Patty Pom-Poms: Making the Grades. Alise Cayen. 2020. (ENG., Illus.). 24p. (YA). (gr. 7-12). pap. 13.50 *(978-1-951530-69-3(1))* Strategic Book Publishing & Rights Agency (SBPRA).
Cheery Animals & Their Friends Coloring Book. Jupiter Kids. 2017. (ENG., Illus.). (J). pap. 9.20 *(978-1-68326-662-4(5)*, Jupiter Kids (Childrens & Kids Fiction)) Speedy Publishing LLC.
Cheery Cherry & the Gang Coloring Book. Jupiter Kids. 2017. (ENG., Illus.). (J). pap. 9.20 *(978-1-68326-663-1(3)*, Jupiter Kids (Childrens & Kids Fiction)) Speedy Publishing LLC.
Cheery Girl Brightens the Day. Jaclyn Chabot. 2021. (Adventures of Little Man Ser.). (ENG.). 36p. (J). *(978-1-5255-9302-4(1))*; pap. *(978-1-5255-9301-7(3))* FriesenPress.
Cheese: a Combo of Oggie Cooder & Oggie Cooder, Party Animal, 1 vol. Sarah Weeks. 2016. (ENG.). 352p. (J). (gr. 2-5). pap. 9.99 *(978-0-545-93957-7(7)*, Scholastic Pr.) Scholastic, Inc.
Cheese & Cucumbers & Lollipops. Laila Boisselle. Illus. by Maya Lilova. 2018. (ENG.). 42p. (J). (gr. 3-6). pap. *(978-9948-24-380-9(3))* Boisselle, Laila Ingram Spark.
Cheese & Cucumbers & Lollipops. Laila Boisselle. Illus. by Maya Lilova. 2018. (ENG.). 42p. (J). (gr. 3-6). *(978-0-9779716-9-5(4))* Boisselle, Laila Ingram Spark.
Cheese & Quackers. Alina Ghervase & Rosie Amazing. Illus. by Ioana Balcan. 2020. (ENG.). 28p. (J). pap. *(978-1-7771360-0-0(8))* Annelid Pr.
Cheese Experiment. Gerónimo Stilton & Lidia Morson Tramontozzi. Illus. by Andrea De Negri. 2016. 103p. (J). *(978-1-5182-1588-9(2))* Scholastic, Inc.
Cheese Factory Fiasco. Aaron Shoap. 2022. (ENG.). 30p. (J). pap. 15.00 ***(978-1-0880-7283-7(6))*** Indy Pub.
Cheese Maker. Josh Gregory. 2021. (21st Century Skills Library: Makers & Artisans Ser.). (ENG., Illus.). 32p. (J). (gr. 4-7). pap. 14.21 *(978-1-5341-8864-8(9)*, 219167); lib. bdg. 32.07 *(978-1-5341-8724-5(3)*, 219166) Cherry Lake Publishing.
Cheese Song: All Aboard the Orphan Train. Lisa Gammon Olson. Illus. by Lauren Rutledge. 2019. (Tales from American Herstory Ser.: Vol. 3). (ENG.). 38p. (J). (gr. k-5). pap. 9.99 *(978-1-63233-166-3(7))* Elfrig Publishing.
Cheesus Was Here. J. C. Davis. 2017. (ENG.). 272p. (YA). (gr. 6-6). 17.99 *(978-1-5107-1929-3(6)*, Sky Pony Pr.) Skyhorse Publishing Co., Inc.
Cheetah, 1 vol. Meredith Costain. Illus. by Mick Posen. 2016. (Wild World Ser.). (ENG.). 32p. (J). (gr. 1-2). pap. 11.00 *(978-1-4994-8203-4(5)*, c2ae6a81-41a7-409c-bd02-cd05cb0d74e4, Windmill Bks.) Rosen Publishing Group, Inc., The.
Cheetah. August Hoeft. (I See Animals Ser.). (ENG.). (J). (gr. k-1). 2022. 20p. 24.99 ***(978-1-5324-3392-4(1))***; 2022. 20p. pap. 12.99 ***(978-1-5324-4195-0(9))***; 2020. 12p. pap. 5.99 *(978-1-5324-1473-2(0))* Xist Publishing.
Cheetah: Children's Zoology Book with Facts. Bold Kids. 2022. (ENG.). 46p. (J). pap. 14.99 *(978-1-0717-0917-7(8))* FASTLANE LLC.
Cheetah Coloring Book: Wonderful Cheetah Book for Kids, Boys & Girls, Ideal Leopard Coloring Book for Children & Toddlers Who Love to Play & Enjoy with Cute Wild Animals. Amelia Yardley. 2021. (ENG.). 44p. (J). pap. *(978-1-716-44936-5(7))* Lulu.com.
Cheetah Cubs. Susan H. Gray. 2020. (21st Century Basic Skills Library: Level 3: Babies at the Zoo Ser.). (ENG., Illus.). 24p. (J). (gr. k-3). pap. 12.79 *(978-1-5341-6119-1(8)*, 214476); lib. bdg. 30.64 *(978-1-5341-5889-4(8)*, 214475) Cherry Lake Publishing.
Cheetah Dreams, 1 vol. Linda Stanek. Illus. by Shennen Bersani. 2018. (ENG.). 32p. (J). (gr. k-3). 17.95 *(978-1-60718-727-1(2)*, 9781607187271) Arbordale Publishing.
Cheetah or Leopard? Kirsten Chang. 2019. (Spotting Differences Ser.). (ENG., Illus.). 24p. (J). (gr. k-3). lib. bdg. 26.95 *(978-1-64487-033-4(9)*, Blastoff! Readers) Bellwether Media.
Cheetah Unleashed. Brandon T. Snider. Illus. by Luciano Vecchio. 2018. (Wonder Woman the Amazing Amazon Ser.). (ENG.). 88p. (J). (gr. 2-7). lib. bdg. 24.65 *(978-1-4965-6529-7(0)*, 138543, Stone Arch Bks.) Capstone.
Cheetah vs. Tortoise. Eric Braun. 2018. (Versus! Ser.). (ENG.). 24p. (J). (gr. 4-6). pap. 9.99 *(978-1-64466-329-5(5)*, 12151); (Illus.). lib. bdg. *(978-1-68072-346-5(4)*, 12150) Black Rabbit Bks. (Hi Jinx).
Cheetahs. Sophie Geister-Jones. 2021. (Wild Cats Ser.). (ENG., Illus.). 32p. (J). (gr. 2-3). pap. 9.95 *(978-1-63738-064-2(X))*; lib. bdg. 31.35 *(978-1-63738-028-4(3))* North Star Editions. (Apex).
Cheetahs. Jaclyn Jaycox. 2020. (Animals Ser.). (ENG.). 32p. (J). (gr. 1-3). pap. 6.95 *(978-1-9771-2648-1(0)*, 201631); (Illus.). lib. bdg. 31.32 *(978-1-9771-2314-5(7)*, 199489) Capstone. (Pebble).
Cheetahs. Mary Ellen Klukow. 2019. (Spot African Animals Ser.). (ENG.). 16p. (J). (gr. -1-2). lib. bdg. *(978-1-68151-636-3(5)*, 10768) Amicus.
Cheetahs. Mary Meinking. 2017. (Animals of Africa Ser.). (ENG., Illus.). 32p. (J). (gr. 2-3). pap. 9.95 *(978-1-63517-325-3(6)*, 1635173256); lib. bdg. 31.35 *(978-1-63517-260-7(8)*, 1635172608) North Star Editions. (Focus Readers).
Cheetahs. Julie Murray. 2019. (Animal Kingdom Ser.). (ENG., Illus.). 32p. (J). (gr. 2-5). lib. bdg. 34.21 *(978-1-5321-1622-3(5)*, 32355, Big Buddy Bks.) ABDO Publishing Co.
Cheetahs. Leo Statts. 2016. (Savanna Animals Ser.). (ENG.). 24p. (J). (gr. -1-2). 49.94 *(978-1-68079-367-3(5)*, 22988, Abdo Zoom-Launch) ABDO Publishing Co.
Cheetahs (1 Hardcover/1 CD) Laura Marsh. 2017. (National Geographic Kids Ser.). (ENG.). (J). 29.95 *(978-1-4301-2673-7(6))* Live Oak Media.
Cheetahs (1 Paperback/1 CD) Laura Marsh. 2017. (National Geographic Kids Ser.). (ENG.). (J). pap. 19.95 *(978-1-4301-2672-0(8))* Live Oak Media.
Cheetahs (4 Paperbacks/1 CD) Laura Marsh. 2017. (National Geographic Kids Ser.). (ENG.). (J). pap. 31.95 *(978-1-4301-2674-4(4))* Live Oak Media.
Cheetahs Are Hunters (FSTK ONLY) Jayson Fleischer. 2016. (2b Fstk Ser.). (ENG.). 32p. (J). pap. 8.00 *(978-1-63437-661-7(7))* American Reading Co.
Cheetah's Cubs. Sarai Meyerink. 2019. (ENG.). 28p. (J). pap. *(978-1-5289-8629-8(6))* Austin Macauley Pubs. Ltd.
Cheetahs (Nature's Children) (Library Edition) Cynthia Unwin. 2019. (Nature's Children, Fourth Ser.). (ENG., Illus.). 48p. (J). (gr. 3-5). lib. bdg. 30.00 *(978-0-531-12715-5(X)*, Children's Pr.) Scholastic Library Publishing.
Cheetah's World. Katie Gillespie. 2018. (Illus.). 24p. (J). *(978-1-4896-5644-5(8)*, AV2 by Weigl) Weigl Pubs., Inc.
Chef. Ellen Labrecque. 2016. (21st Century Skills Library: Cool Vocational Careers Ser.). (ENG., Illus.). 32p. (J). (gr. 4-7). 32.07 *(978-1-63471-060-2(6)*, 208320) Cherry Lake Publishing.
Chef. Jared Siemens. 2018. (People in My Neighborhood Ser.). (ENG.). 24p. (J). lib. bdg. 22.99 *(978-1-5105-3827-6(5))* SmartBook Media, Inc.
Chef. Stephanie Turnbull. 2016. (How to Be ... Ser.). (ENG.). 24p. (J). (gr. 2-5). 28.50 *(978-1-62588-366-7(8)*, 17297) Black Rabbit Bks.
Chef: A Culinary Artist. Christie Marlowe & Andrew Morkes. 2019. (Careers with Earning Potential Ser.). (Illus.). 80p. (J). (gr. 12). lib. bdg. 34.60 *(978-1-4222-4323-7(0))* Mason Crest.
Chef & Gnome Book Series. Valerie R. Yanez. Illus. by Antonio A. Yanez. 2023. (ENG.). 78p. (J). 22.00 ***(978-1-0881-4180-9(3))*** Indy Pub.
Chef Cuisinier. Connie Colwell Miller. Illus. by Silvia Baroncelli. 2016. (Plus Tard, Je Serai... Ser.). (FRE.). 24p. (J). (gr. 1-4). *(978-1-77092-353-9(5)*, 17616) Amicus.
Chef Gino's Taste Test Challenge: 100+ Winning Recipes That Any Kid Can Cook. Gino Campagna. Illus. by Mike Lowery. 2017. 192p. (J). (gr. 3-7). 19.99 *(978-1-62336-886-9(3)*, 9781623368869, Rodale Kids) Random Hse. Children's Bks.
Chef Junior: 100 Super Delicious Recipes by Kids for Kids! Anthony Spears et al. 2020. (Illus.). 208p. (J). (gr. 4-7). 19.95 *(978-1-4549-3361-8(5)*, Sterling Epicure) Sterling Publishing Co., Inc.
Chef Kate's Burger-And-Fries Surprise, 1 vol. Laurie Friedman. Illus. by Gal Weizman. 2022. (Chef Kate's Kitchen Ser.). (ENG.). 24p. (J). (gr. -1-3). lib. bdg. *(978-1-0396-4505-9(4)*, 16232); pap. *(978-1-0396-4696-4(4)*, 17174) Crabtree Publishing Co. (Crabtree Blossoms).
Chef Kate's Cake Tower, 1 vol. Laurie Friedman. Illus. by Gal Weizman. 2022. (Chef Kate's Kitchen Ser.). (ENG.). 24p. (J). (gr. -1-3). lib. bdg. *(978-1-0396-4507-3(0)*, 16233); pap. *(978-1-0396-4698-8(0)*, 17175) Crabtree Publishing Co. (Crabtree Blossoms).
Chef Kate's Campfire Stew, 1 vol. Laurie Friedman. Illus. by Gal Weizman. 2022. (Chef Kate's Kitchen Ser.). (ENG.). 24p. (J). (gr. -1-3). lib. bdg. *(978-1-0396-4506-6(2)*, 16234); pap. *(978-1-0396-4697-1(2)*, 17176) Crabtree Publishing Co. (Crabtree Blossoms).
Chef Kate's Can't-Wait-To-Try Pie, 1 vol. Laurie Friedman. Illus. by Gal Weizman. 2022. (Chef Kate's Kitchen Ser.). (ENG.). 24p. (J). (gr. -1-3). lib. bdg. *(978-1-0396-4510-3(0)*, 16235); pap. *(978-1-0396-4701-5(4)*, 17177) Crabtree Publishing Co. (Crabtree Blossoms).
Chef Kate's Mac-And-Say-Cheese see Macarrones y «Digan Queso» de la Chef Kate
Chef Kate's Mac-And-Say-Cheese, 1 vol. Laurie Friedman. Illus. by Gal Weizman. 2022. (Chef Kate's Kitchen Ser.). (ENG.). 24p. (J). (gr. -1-3). lib. bdg. *(978-1-0396-4508-0(9)*, 16236); pap. *(978-1-0396-4699-5(9)*, 17178) Crabtree Publishing Co. (Crabtree Blossoms).
Chef Kate's Magic Bean Soup, 1 vol. Laurie Friedman. Illus. by Gal Weizman. 2022. (Chef Kate's Kitchen Ser.). (ENG.). 24p. (J). (gr. -1-3). lib. bdg. *(978-1-0396-4509-7(7)*, 16237); pap. *(978-1-0396-4700-8(6)*, 17179) Crabtree Publishing Co. (Crabtree Blossoms).
Chef Mootza Rella. Dawn Ventola. 2019. (ENG.). 38p. (J). 16.95 *(978-1-64307-169-5(6))* Amplify Publishing Group.
Chef Polly the Poodle's Noodle Caboodle. Tera Lewis-Roberts. 2021. (ENG.). 26p. (J). ***(978-1-300-95262-6(8))*** Lulu Pr., Inc.
Chef Roy Choi & the Street Food Remix (1 Hardcover/1 CD) Jacqueline Briggs Martin. 2018. (ENG.). (J). (gr. k-4). 31.95 *(978-1-4301-3100-7(4))* Live Oak Media.
Chef Shelbert. Bonnie J. Meyer. Illus. by Matt Stinnett. 2021. (ENG.). 44p. (J). pap. 15.00 *(978-1-61170-310-8(7))* Robertson Publishing.
Chef Toussaint. David Christopher Miller. Illus. by C. J. Love. 2021. (ENG.). 40p. (J). pap. 12.00 *(978-0-578-84273-8(4))* Dare To Be King Project.
Chef Yasmina & the Potato Panic. Wauter Mannaert. 2021. (ENG., Illus.). 160p. (J). 22.99 *(978-1-250-62204-4(2)*, 900223552); pap. 14.99 *(978-1-250-62205-1(0)*, 900223553) Roaring Brook Pr. (First Second Bks.).
Chefs. Emma Less. 2018. (Real-Life Superheroes Ser.). (ENG.). 16p. (J). (gr. k-2). pap. 7.99 *(978-1-68152-272-2(1)*, 14911) Amicus.
Chefs. Kate Moening. 2019. (Community Helpers Ser.). (ENG., Illus.). 24p. (J). (gr. k-3). lib. bdg. 26.95 *(978-1-62617-901-1(8)*, Blastoff! Readers) Bellwether Media.
Chefs. Julie Murray. 2020. (My Community: Jobs Ser.). (ENG., Illus.). 24p. (J). (gr. -1-2). lib. bdg. 31.36 *(978-1-0982-0578-2(2)*, 36343, Abdo Kids) ABDO Publishing Co.
Chefs. Emily Raij. 2020. (Jobs People Do Ser.). (ENG., Illus.). 32p. (J). (gr. 1-3). pap. 6.95 *(978-1-9771-1813-4(5)*, 142174); lib. bdg. 29.32 *(978-1-9771-1378-8(8)*, 141482) Capstone. (Pebble).
Chef's Workspace Kitchen Tools Coloring Book. Bobo's Children Activity Books. 2016. (ENG., Illus.). (J). pap. 9.33 *(978-1-68327-532-9(2))* Sunshine In My Soul Publishing.
Chelela. Andrea B. Lamoureux. 2018. (ENG., Illus.). 226p. (J). pap. *(978-1-7751006-3-8(4))* Lamoureux, Andrea B.
Chelm for the Holidays. Valerie Estelle Frankel. Illus. by Sonja Wimmer. 2019. (ENG.). 72p. (J). (gr. 3-9). pap. 8.99 *(978-1-5415-5462-7(0)*, afdf6bb4-341d-400d-b5f2-173f45c6a355, Kar-Ben Publishing) Lerner Publishing Group.
Chelsea Clinton: Democratic Campaigner & Advocate, 1 vol. Cathleen Small. 2017. (Leading Women Ser.). (ENG.). 112p. (YA). (gr. 7-7). 41.64 *(978-1-5026-3172-5(5)*, da57d652-8999-4cc1-a3e4-d7d243f5444f); pap. 20.99 *(978-1-5026-3411-5(2)*, d2b58a0e-2005-44eb-8811-d4a34f20115b) Cavendish Square Publishing LLC.
Chelsea F. C. Mark Stewart. 2017. (First Touch Soccer Ser.). (ENG., Illus.). 24p. (J). (gr. k-3). 23.93 *(978-1-59953-858-7(X))* Norwood Hse. Pr.
Chelsea FC. Jeff Seidel. 2017. (Europe's Best Soccer Clubs Ser.). (ENG., Illus.). 48p. (J). (gr. 3-6). lib. bdg. 34.21 *(978-1-5321-1133-4(9)*, 25842, SportsZone) ABDO Publishing Co.
Chelsea FC, 1 vol. Fiona Young-Brown. 2019. (Soccer's Greatest Clubs Ser.). (ENG.). 64p. (gr. 5-5). pap. 16.28 *(978-1-5026-5267-6(6)*, 7274b7ab-c5bd-41e3-b38f-8e9a49810bdf) Cavendish Square Publishing LLC.
Chelsea High (Chelsea High Series, Book 1), Book 1. Jenny Oliver. 2020. (Chelsea High Ser.: 1). (ENG., Illus.). 336p. (J). pap. 9.99 *(978-1-4052-9504-8(X)*, Electric Monkey) Farshore GBR. Dist: HarperCollins Pubs.
Chelsea Manning: Intelligence Analyst, 1 vol. Cathleen Small. 2018. (Hero or Villain? Claims & Counterclaims Ser.). (ENG.). 112p. (YA). (gr. 8-8). lib. bdg. 45.93 *(978-1-5026-3535-8(6)*, 4ec726a6-867b-419e-8e9f-3bea2012cdb3) Cavendish Square Publishing LLC.
Chelsea Morning. Joni Mitchell. Illus. by Brian Froud. 2023. (ENG.). 34p. (J). (gr. -1-3). pap. 12.95 ***(978-1-59687-688-0(3)***, ipicturebooks) ibooks, Inc.
Chelsea Parker's Pity Party. Mike Sauve. 2020. (ENG.). 392p. (J). pap. 17.95 *(978-1-940233-68-0(2))* Montag Pr.
Chelsea Pensioners, Vol. 1 of 3 (Classic Reprint) G. R. Gleig. 2017. (ENG., Illus.). (J). 30.58 *(978-0-265-81776-3(9))* Forgotten Bks.
Chelsea's Day at the Zoo. Yolanda Ifill. 2017. (ENG., Illus.). (J). pap. 17.50 *(978-1-365-61793-5(9))* Lulu Pr., Inc.
Chelsea's Forever Garden. Laura Lamb. 2021. (ENG.). 32p. (J). pap. 16.95 *(978-1-7375344-0-2(1))* Lamb, Laura.
Chelsea's New Beginning. Daniel Keith Austin & Melissa Nettleship. 2019. (ENG.). 38p. (J). pap. 19.07 ***(978-1-951690-01-4(X))*** Chelsea The Golden Retriever.

332 The check digit for ISBN-10 appears in parentheses after the full ISBN-13

Chelsea's Tea Party. Brianna Berry. Illus. by Cameron Wilson. 2021. (ENG.). 28p. (J). 15.00 ***(978-1-0879-1371-1(3))*** Indy Pub.

Chelsey Chip for President. Adrienne Lombard. 2021. (ENG.). 60p. (J). 40.00 *(978-1-7947-8626-4(0))* Lulu Pr., Inc.

Chelsey Chip for President: A Fun, Interactive Book for Teachers & Students. Adrienne Lombard. 2021. (ENG.). 46p. (J). 40.00 *(978-1-304-07513-0(3))* Lulu Pr., Inc.

Chemical Basis of the Animal Body. Arthur Sheridan Lea. 2017. (ENG.). 492p. (J). pap. *(978-3-337-22882-8(8))* Creation Pubs.

Chemical Catastrophes. Danielle Haynes. 2017. (Unnatural Disasters Ser.). 32p. (J). (gr. 4-5). pap. 63.00 *(978-1-5382-0417-7(7))* Stevens, Gareth Publishing LLLP.

Chemical Catechism: With Notes, Illustrations, & Experiments (Classic Reprint) Samuel Parkes. 2017. (ENG., Illus.). (J). pap. 19.57 *(978-0-282-61234-4(3))* Forgotten Bks.

Chemical Changes in Matter Matter Books for Kids Grade 4 Children's Physics Books. Baby Professor. 2020. (ENG.). 74p. (J). 24.99 *(978-1-5419-8041-9(7))*; pap. 14.99 *(978-1-5419-5943-9(4))* Speedy Publishing LLC. (Baby Professor (Education Kids)).

Chemical Compounds & Reactions. William D. Adams. 2023. (Building Blocks of Chemistry Ser.). (ENG.). 42p. (J). pap. ***(978-0-7166-4851-2(2))*** World Bk.-Childcraft International.

Chemical Cover: Smells & Poisons, 1 vol. Emma Carlson Berne & Susan K. Mitchell. 2019. (Animal Defense! Ser.). (ENG.). 48p. (J). (gr. 3-4). 29.60 *(978-1-9785-0715-9(1),* 5bb2ba60-8dc3-4aae-8775-917f56b997b5) Enslow Publishing, LLC.

Chemical Engineering Made Simple: Process to Progress. Diana Tran. 2021. (ENG.). 34p. (YA). pap. *(978-0-6452398-0-5(1))* Tran, Diana.

Chemical Experiments: Prepared to Accompany Remsen's Introduction to the Study of Chemistry (Classic Reprint) Ira Remsen. 2017. (ENG., Illus.). (J). 27.61 *(978-1-5282-5101-3(6))* Forgotten Bks.

Chemical Hearts. Krystal Sutherland. (ENG.). 368p. (YA). (gr. 9). 2022. pap. 6.99 *(978-0-593-61638-3(3),* G.P. Putnam's Sons Books for Young Readers); 2020. pap. 10.99 *(978-0-593-10967-0(8),* Penguin Books) Penguin Young Readers Group.

Chemical Helix: Make a Three Dimensional Model of the Periodic Table. Gerald Jenkins. 2nd ed. 2021. (ENG.). 32p. (J). (gr. 4-7). pap. 9.99 *(978-1-913565-53-4(X))* Tarquin Pubns. GBR. Dist: Independent Pubs. Group.

Chemical Lecture Notes: Taken from Prof. C. o Curtman's Lectures at the St. Louis College of Pharmacy (Classic Reprint) Henry Milton Whelpley. 2017. (ENG., Illus.). (J). 28.60 *(978-1-5280-4946-7(2))*; pap. 10.97 *(978-1-5277-3732-7(2))* Forgotten Bks.

Chemical Primer. Simeon Pease Meads. 2017. (ENG.). 172p. (J). pap. *(978-3-337-27571-6(0))* Creation Pubs.

Chemical Primer: An Elementary Work for Use in High Schools, Academies, & Medical Colleges. Simeon Pease Meads. 2017. (ENG.). 168p. (J). pap. *(978-3-337-15676-3(2))* Creation Pubs.

Chemical Reactions. Daniel R. Faust. 2023. (Intro to Chemistry: Need to Know Ser.). (ENG.). 32p. (J). (gr. 5-7). lib. bdg. 28.50 Bearport Publishing Co., Inc.

Chemical Reactions Educational Facts Children's Science Book. Bold Kids. 2022. (ENG.). 42p. (J). pap. 14.99 ***(978-1-0717-1623-6(9))*** FASTLANE LLC.

Chemical World: Science in Our Daily Lives. Rowena Rae. 2020. (Orca Footprints Ser.: 17). (ENG., Illus.). 48p. (J). (gr. 4-7). 19.95 *(978-1-4598-2157-6(2))* Orca Bk. Pubs. USA.

Chemist, or Reporter of Chemical Discoveries & Improvements, & Protector of the Rights of the Chemist & Chemical Manufacturer, Vol. 6 (Classic Reprint) Charles Watt. (ENG., Illus.). (J). 2018. 562p. 35.49 *(978-0-267-10608-0(4))*; 2016. pap. 19.57 *(978-1-334-33260-9(6))* Forgotten Bks.

Chemistry. Jane Dunne. 2019. (Women in Stem Ser.). (ENG.). 24p. (J). lib. bdg. 22.99 *(978-1-5105-4425-3(9))* SmartBook Media, Inc.

Chemistry. Tom Jackson. 2017. (21st Century Science Ser.). (ENG.). 48p. (J). lib. bdg. 34.99 *(978-1-5105-1887-2(8))* SmartBook Media, Inc.

Chemistry, & Familiar Science: Containing, in a Condensed Form, the Elementary Principles, & All the Most Important Facts of the Science (Classic Reprint) J. Davy. (ENG., Illus.). (J). 2018. 362p. 31.36 *(978-0-656-68635-3(9))*; 2017. 254p. 29.16 *(978-0-332-63454-8(X))*; 2017. pap. 13.97 *(978-0-282-63176-5(3))* Forgotten Bks.

Chemistry & Matter. Cassie Meyer. 2023. (Building Blocks of Chemistry Ser.). (ENG.). 42p. (J). pap. ***(978-0-7166-4852-9(0))*** World Bk.-Childcraft International.

Chemistry, Earth, & Space Science. Tim Cook. 2018. (Scientific Breakthroughs Ser.). (ENG.). 48p. (J). lib. bdg. 34.99 *(978-1-5105-4009-5(1))* SmartBook Media, Inc.

Chemistry Everywhere! William D. Adams. 2023. (Building Blocks of Chemistry Ser.). (ENG.). 42p. (J). pap. ***(978-0-7166-4853-6(9))*** World Bk.-Childcraft International.

Chemistry Experiments. Jeff de la Rosa. 2023. (Building Blocks of Chemistry Ser.). (ENG.). 42p. (J). pap. ***(978-0-7166-4854-3(7))*** World Bk.-Childcraft International.

Chemistry Experiments. Jeff de la Rosa. Illus. by Maxine Lee-MacKie. 2022. (Building Blocks of Chemistry Ser.). (ENG.). 42p. (J). ***(978-0-7166-4378-4(2))*** World Bk.-Childcraft International.

Chemistry for Curious Kids: An Illustrated Introduction to Atoms, Elements, Chemical Reactions, & More! Lynn Huggins-Cooper. Illus. by Alex Foster. 2021. (Curious Kids Ser.: 2). (ENG.). 128p. (J). 14.99 *(978-1-3988-0267-4(0),* 59d1743c-883e-4481-a419-89f241317fe7) Arcturus Publishing GBR. Dist: Baker & Taylor Publisher Services (BTPS).

Chemistry for Kids Elements, Acid-Base Reactions & Metals Quiz Book for Kids Children's Questions & Answer Game Books. Dot Edu. 2017. (ENG., Illus.). 64p. (J). pap. 9.52 *(978-1-5419-1688-3(3),* Dot EDU (Educational & Textbooks)) Speedy Publishing LLC.

Chemistry for Schools: An Introduction to the Practical Study of Chemistry (Classic Reprint) C. Haughton Gill. (ENG., Illus.). (J). 2018. 322p. 30.87 *(978-0-484-23251-7(7))*; 2016. pap. 13.57 *(978-1-334-33731-4(4))* Forgotten Bks.

Chemistry in Your Everyday Life, 1 vol. Thomas R. Rybolt. 2019. (Real World Science Ser.). (ENG.). 64p. (gr. 6-6). pap. 16.24 *(978-1-9785-0945-0(6),* 677415b2-ef99-407f-9be5-6945fedeafb0) Enslow Publishing, LLC.

Chemistry Is Explosive, 1 vol. Lisa Regan. 2016. (Amazing World of Science & Math Ser.). (ENG.). 48p. (gr. 5-5). pap. 15.05 *(978-1-4824-4990-7(0),* 46816fb0-068d-444b-b3f6-660cd5945453) Stevens, Gareth Publishing LLLP.

Chemistry Lab Mysteries, Fun Laboratory Tools! Chemistry for Kids - Children's Analytic Chemistry Books. Baby Professor. 2017. (ENG., Illus.). (J). pap. 7.89 *(978-1-68326-999-1(3),* Baby Professor (Education Kids)) Speedy Publishing LLC.

Chemistry Lessons. Meredith Goldstein. (ENG.). (YA). (gr. 7). 2021. 272p. pap. 9.99 *(978-0-358-34892-4(7),* 1782805); 2018. 256p. 17.99 *(978-1-328-76464-5(8),* 1681106) HarperCollins Pubs. (Clarion Bks.).

Chemistry of Creation: Being a Sketch of the Chemical Phenomena of the Earth, the Air, the Ocean. Robert Ellis. 2019. (ENG.). 526p. (J). pap. *(978-93-5380-148-9(6))* Alpha Editions.

Chemistry of Disgusting Things. Contrib. by Mattia Crivellini & Rossella Trionfetti. 2023. (Let's Experiment! Ser.). (ENG., Illus.). 48p. (J). (gr. 2). 9.99 ***(978-88-544-1727-4(0))*** White Star Publishers ITA. Dist: Sterling Publishing Co., Inc.

Chemistry of Food. Carla Mooney. Illus. by Traci Van Wagoner. 2021. (Inquire & Investigate Ser.). (ENG.). 128p. (J). (gr. 6-11). 22.95 *(978-1-64741-023-0(1),* eba36e5b-8fe7-4292-a323-0df4e926518d); pap. 17.95 *(978-1-64741-026-1(6),* 571d9661-0024-4218-973e-00c46e05d4f7) Nomad Pr.

Chemistry of Hat Manufacturing: Lectures Delivered Before the Hat Manufacturers' Association. Watson Smith. 2017. (ENG., Illus.). (J). 22.95 *(978-1-374-87580-7(5))*; pap. 12.95 *(978-1-374-87579-1(1))* Capital Communications, Inc.

Chemistry of Hat Manufacturing: Lectures Delivered Before the Hat Manufacturers' Association. Watson Smith. 2017. (ENG., Illus.). (J). pap. *(978-0-649-42624-9(X))* Trieste Publishing Pty Ltd.

Chemistry of Hat Manufacturing: Lectures Delivered Before the Hat Manufacturers' Association (Classic Reprint) Watson Smith. 2018. (ENG., Illus.). 162p. (J). 27.24 *(978-0-656-12398-8(2))* Forgotten Bks.

Chemistry of Living Things. William D. Adams. 2023. (Building Blocks of Chemistry Ser.). (ENG.). 42p. (J). pap. ***(978-0-7166-4855-0(5))*** World Bk.-Childcraft International.

Chemistry of Soaps & Salts - Chemistry Book for Beginners Children's Chemistry Books. Baby Professor. 2017. (ENG., Illus.). (J). pap. 8.79 *(978-1-5419-1077-5(X),* Baby Professor (Education Kids)) Speedy Publishing LLC.

Chemistry of the Four Ancient Elements, Fire, Air, Earth, & Water: An Essay Founded upon Lectures Delivered Before Her Most Gracious Majesty the Queen (Classic Reprint) Thomas Griffiths. (ENG., Illus.). (J). 2018. 134p. 26.68 *(978-0-484-18186-0(6))*; 2016. pap. 9.57 *(978-1-334-33534-1(6))* Forgotten Bks.

Chemistry Projects to Build On: 4D an Augmented Reading Experience. Marne Ventura. 2019. (Take Making to the Next Level 4D Ser.). (ENG., Illus.). 48p. (J). (gr. 3-5). lib. bdg. 33.99 *(978-1-5435-2848-0(1),* 138338, Capstone Classroom) Capstone.

Chemistry You Can Chomp. Jessie Alkire. 2018. (Super Simple Science You Can Snack On Ser.). (ENG., Illus.). 32p. (J). (gr. k-4). lib. bdg. 34.21 *(978-1-5321-1723-7(X),* 30734, Super SandCastle) ABDO Publishing Co.

Chemists at Work, 1 vol. Sara Howell. 2017. (Scientists at Work Ser.). (ENG., Illus.). 32p. (J). (gr. 2-3). pap. 13.90 *(978-1-68048-753-4(1),* b206361e-53b0-4c7b-b91a-bdbefac396d8, Britannica Educational Publishing) Rosen Publishing Group, Inc., The.

Chemists in Action. James Bow. 2018. (Scientists in Action Ser.). (Illus.). 32p. (J). (gr. 5-5). *(978-0-7787-5205-9(4))* Crabtree Publishing Co.

Chemtastrophe!, 6 vols., Set. Incl. Body Care Chemistry. Rachel Eagen. (Illus.). pap. *(978-0-7787-5288-2(7))*; Chemistry Around the House. Erin Knight. pap. *(978-0-7787-5300-1(X))*; Cleaning Chemistry. Jon Eben Field. pap. *(978-0-7787-5301-8(8))*; Environmental Chemistry. Rachel Eagen. pap. *(978-0-7787-5302-5(6))*; Kitchen Chemistry. Jon Eben Field. pap. *(978-0-7787-5303-2(4))*; Medicine Cabinet Chemistry. Jon Eben Field. pap. *(978-0-7787-5304-9(2))*; (J). (gr. 5-8). 2011. (ENG.). 32p. 2010. Set pap. *(978-0-7787-5280-6(1))*; Set lib. bdg. *(978-0-7787-5281-3(X))* Crabtree Publishing Co.

Cheng Yu Gu Shi Yi Ben Tong (Ping Zhuang Ban) Compiled by You Fu Bian Ji Bu. 2016. (CHI.). 320p. (J). pap. *(978-986-243-495-6(3))* Yow Fwu Culture Co., Ltd.

Chengdu Can Do. Barney Saltzberg. Illus. by Barney Saltzberg. 2017. (Chengdu Ser.: 1). (ENG., Illus.). 48p. (J). (gr. -1-3). 16.99 *(978-1-4847-5847-2(1))* Little, Brown Bks. for Young Readers.

Chengdu, China: Discover More with the Panda Family. M. C. House. 2018. (ENG., Illus.). 48p. (J). *(978-1-78623-270-0(7))* Grosvenor Hse. Publishing Ltd.

Chengdu Could Not Would Not Fall Asleep. Barney Saltzberg. Illus. by Barney Saltzberg. 2017. (Chengdu Ser.: 1). (ENG., Illus.). 32p. (J). (gr. -1 — 1). bds. 6.99 *(978-1-4847-7565-3(1))* Little, Brown Bks. for Young Readers.

Chenodia, or the Classical Mother Goose (Classic Reprint) Jacob Bigelow. 2017. (ENG., Illus.). (J). 24.54 *(978-0-331-33373-2(2))*; pap. 7.97 *(978-0-331-01483-9(1))* Forgotten Bks.

Chenoo. Troy Townsin. Illus. by Trish Glab. 2021. (ENG.). 34p. (J). pap. *(978-1-928131-53-3(0))* Polyglot Publishing.

Chequer-Board (Classic Reprint) Sybil Grant. 2018. (ENG., Illus.). 288p. (J). 29.84 *(978-0-483-31410-8(2))* Forgotten Bks.

Chequer-Work (Classic Reprint) Thomas G. Appleton. 2018. (ENG., Illus.). 394p. (J). 32.04 *(978-0-483-19606-3(1))* Forgotten Bks.

Chequered Career, or Fifteen Years Experiences in Australia & New Zealand (Classic Reprint) Unknown Author. 2018. (ENG., Illus.). 388p. (J). 31.90 *(978-0-267-16404-2(1))* Forgotten Bks.

Chequered Leaves from Siam (Classic Reprint) Eric Reid. 2018. (ENG., Illus.). 254p. (J). 29.14 *(978-0-483-94605-7(2))* Forgotten Bks.

Chera Adventure: Girls of India Series. Preetha Leela Chockalingam. 2023. (Girls of India Ser.). (ENG., Illus.). 224p. (J). pap. 16.99 *(978-0-14-345464-9(1),* Puffin) Penguin Bks. India PVT, Ltd IND. Dist: Independent Pubs. Group.

Cheri: A Not So Standard Poodle! Cathy Smith. 2019. (ENG.). 34p. (J). 22.95 *(978-1-64492-984-1(8))* Christian Faith Publishing.

Cheri, and, the Last of Cheri (Classic Reprint) Colette Colette. (ENG., Illus.). (J). 2017. 30.08 *(978-0-265-20739-0(8))*; 2016. pap. 13.57 *(978-1-334-11901-9(5))* Forgotten Bks.

Cherish. Tracy Wolff. 2023. (Crave Ser.: 6). (ENG.). 592p. (YA). 21.99 *(978-1-64937-316-8(3),* 900280436) Entangled Publishing, LLC.

Cherished & Shared of Old (Classic Reprint) Susan Glaspell. 2017. (ENG., Illus.). (J). 48p. 24.89 *(978-0-332-09391-8(3))*; pap. 9.57 *(978-0-259-44256-1(9))* Forgotten Bks.

Cherished Memories of Old Lancaster-Town & Shire (Classic Reprint) William Riddle. 2018. (ENG., Illus.). 408p. (J). 32.31 *(978-0-267-31600-7(3))* Forgotten Bks.

Chernobyl. Todd Kortemeier. 2019. (Engineering Disasters Ser.). (ENG., Illus.). 48p. (J). (gr. 4-8). lib. bdg. 35.64 *(978-1-5321-9071-1(9),* 33652) ABDO Publishing Co.

Chernobyl. Contrib. by Julie Murray. 2023. (Historical Disasters Ser.). (ENG.). 24p. (J). (gr. k-4). lib. bdg. 31.36 ***(978-1-0982-8121-2(7),*** 42338, Abdo Zoom-Dash) ABDO Publishing Co.

Chernobyl: First Love. Ilinda Markova. 2019. (ENG.). 270p. (YA). pap. *(978-1-925993-14-1(0))* Tablo Publishing.

Chernobyl Explosion: How a Deadly Nuclear Accident Frightened the World. Michael Burgan. 2018. (Captured Science History Ser.). (ENG., Illus.). 64p. (J). (gr. 5-9). lib. bdg. 35.32 *(978-0-7565-5744-7(5),* 137540, Compass Point Bks.) Capstone.

Cherokee. F. A. Bird. 2021. (Native American Nations Ser.). (ENG., Illus.). 32p. (J). (gr. 3-6). lib. bdg. 32.79 *(978-1-5321-9716-1(0),* 38444, Checkerboard Library) ABDO Publishing Co.

Cherokee. Rennay Craats. 2017. (Native American Art & Culture Ser.). (ENG.). 32p. (J). lib. bdg. 22.99 *(978-1-5105-2340-1(5))* SmartBook Media, Inc.

Cherokee. Thomas Kingsley Troupe. 2023. (Nations of North America Ser.). (ENG.). (J). (gr. 3-5). 32p. lib. bdg. 30.60 ***(978-1-63897-990-6(1),*** 33361); (Illus.). pap. 9.95 Seahorse Publishing.

Cherokee Indians: A Children's Native American Book with Facts. Bold Kids. 2022. (ENG.). 46p. (J). pap. 14.99 *(978-1-0717-0918-4(6))* FASTLANE LLC.

Cherokees. Ona Knoxsah. 2023. (Native American Nations Ser.). (ENG., Illus.). 32p. (J). (gr. 3-8). lib. bdg. 27.95 Bellwether Media.

Cherries in the Summer. Kevin Carroll. Illus. by Vivian Nguyen. 2021. (ENG.). 30p. (J). pap. 13.95 *(978-1-9822-7467-2(0),* Balboa Pr.) Author Solutions, LLC.

Cherries-Just Right! Jennifer Johnson. 2017. (ENG., Illus.). (J). pap. *(978-1-4602-9956-2(6))* FriesenPress.

Cherrington Academy. Rebecca J. Caffery. 2020. (ENG.). 272p. (YA). pap. *(978-1-9163373-4-3(1))* SRL Publishing Ltd.

Cherry. Lindsey Rosin. 2016. (ENG., Illus.). 400p. (YA). (gr. 9). 17.99 *(978-1-4814-5908-2(2),* Simon Pulse) Simon Pulse.

Cherry Ames, Jungle Nurse. Helen Wells. 2020. (Cherry Ames Nurse Stories, 18 Ser.). 224p. (J). (gr. 4-9). pap. 5.99 *(978-0-8261-5594-8(4))* Springer Publishing Co., Inc.

Cherry Ames, Veteran's Nurse. Helen Wells. 2020. (Cherry Ames Nurse Stories, 6 Ser.). 224p. (J). (gr. 4-9). pap. 5.99 *(978-0-8261-6895-5(7))* Springer Publishing Co., Inc.

Cherry & Violet: A Tale of the Great Plague (Classic Reprint) Anne Manning. (ENG., Illus.). (J). 2018. 392p. 31.98 *(978-0-267-38743-4(1))*; 2016. pap. 16.57 *(978-1-334-14326-7(9))* Forgotten Bks.

Cherry Berry. Dantè Racioppo. 2022. (ENG.). 36p. (J). ***(978-0-2288-7139-2(5))*** Tellwell Talent.

Cherry Blossom & Paper Planes, 23 vols. Jef Aerts. Illus. by Sanne te Loo. 2020. 48p. (J). 17.95 *(978-1-78250-561-7(X)* Floris Bks. GBR. Dist: Consortium Bk. Sales & Distribution.

Cherry (Classic Reprint) Booth Tarkington. 2017. (ENG., Illus.). (J). 28.06 *(978-1-5285-6353-6(0))* Forgotten Bks.

Cherry Feasts for Barbarous Fourths (Classic Reprint) Asenath Carver Coolidge. (ENG., Illus.). (J). 2018. 40p. 24.76 *(978-0-483-80603-0(X))*; 2016. pap. 7.97 *(978-1-334-12671-0(2))* Forgotten Bks.

Cherry Isle (Classic Reprint) Evelyne Close. 2017. (ENG., Illus.). (J). 30.33 *(978-0-331-50075-2(2))*; pap. 13.57 *(978-0-331-26022-9(0))* Forgotten Bks.

Cherry Moon: Little Poems Big Ideas Mindful of Nature. Zaro Weil. Illus. by Junli Song. 2023. (ENG.). 188p. (J). (gr. -1-2). 24.95 *(978-1-80338-083-4(7))* Welbeck Publishing Group Ltd. GBR. Dist: Two Rivers Distribution.

Cherry Pie. Robyn Lynn Moss. 2018. (Cherry Andrews Ser.: Vol. 1). (ENG., Illus.). 136p. (YA). pap. 13.95 *(978-1-64349-249-0(7))* Christian Faith Publishing.

Cherry Pie Princess. Vivian French. Illus. by Marta Kissi. 2018. (ENG.). 176p. (J). pap. 5.99 *(978-1-61067-733-2(1))* Kane Miller.

Cherry Princess. Tatjana Ol'mak. 2019. (ENG.). 36p. (J). pap. *(978-0-244-23197-2(4))* Lulu Pr., Inc.

Cherry Ribband (Classic Reprint) S. R. Crockett. 2018. (ENG., Illus.). 432p. (J). 32.81 *(978-0-365-07132-7(3))* Forgotten Bks.

Cherry Ripe! Helen Mathers. 2017. (ENG.). 302p. (J). pap. *(978-3-337-35102-1(6))* Creation Pubs.

Cherry Ripe! A Romance (Classic Reprint) Helen Mathers. (ENG., Illus.). (J). 2018. 476p. 33.71 *(978-0-483-11704-4(8))*; 2017. pap. 16.57 *(978-0-243-94869-7(7))* Forgotten Bks.

Cherry Ripe! a Romance, Vol. 2 of 3 (Classic Reprint) Helen Mathers. 2018. (ENG., Illus.). 334p. (J). 30.79 *(978-0-483-49310-0(4))* Forgotten Bks.

Cherry Ripe! a Romance, Vol. 3 of 3 (Classic Reprint) Helen Mathers. 2018. (ENG., Illus.). 324p. (J). 30.58 *(978-0-483-67370-0(6))* Forgotten Bks.

Cherry Ripe!, Vol. 1 Of 3: A Romance (Classic Reprint) Helen Mathers. (ENG., Illus.). (J). 2018. 300p. 30.08 *(978-0-428-97987-4(4))*; 2016. pap. 13.57 *(978-1-333-51784-7(X))* Forgotten Bks.

Cherry Violet: A Tale of the Great Plague (Classic Reprint) Mary Powell. 2018. (ENG., Illus.). 658p. (J). 37.47 *(978-0-483-25895-2(4))* Forgotten Bks.

Cherryfield Hall: An Episode in the Career of an Adventuress (Classic Reprint) Frederic Henry Balfour. 2017. (ENG., Illus.). (J). 32.97 *(978-0-266-74196-1(7))*; pap. 16.57 *(978-1-5277-0839-6(X))* Forgotten Bks.

Cherry's Child: A Novel (Classic Reprint) John Strange Winter. 2017. (ENG., Illus.). (J). 30.54 *(978-0-265-66796-5(8))*; pap. 13.57 *(978-1-5276-3734-4(4))* Forgotten Bks.

CHERUB: Class a: the Graphic Novel: Book 2. Robert Muchamore. Illus. by David Combet & Baptiste Payen. 2021. (Cherub Ser.). (ENG.). 128p. (J). (gr. 6-17). pap. 15.99 *(978-1-4449-3978-1(5))* Hachette Children's Group GBR. Dist: Hachette Bk. Group.

CHERUB Complete Collection Books 1-12: The Recruit; the Dealer; Maximum Security; the Killing; Divine Madness; Man vs. Beast; the Fall; Mad Dogs; the Sleepwalker; the General; Brigands M. C.; Shadow Wave. Robert Muchamore. ed. 2017. (Cherub Ser.). (ENG.). 4368p. (YA). (gr. 7). pap. 139.99 *(978-1-4814-9951-4(3),* Simon Pulse) Simon Pulse.

Cherub Devine: A Novel (Classic Reprint) Sewell Ford. 2017. (ENG., Illus.). (J). 32.17 *(978-0-265-51897-7(0))*; pap. 16.57 *(978-0-243-17563-5(9))* Forgotten Bks.

CHERUB: Lone Wolf: Book 16, Bk. 16. Robert Muchamore. 2021. (Cherub Ser.). (ENG.). 352p. (J). (gr. 7-12). pap. 11.99 *(978-1-4449-1411-5(1))* Hachette Children's Group GBR. Dist: Hachette Bk. Group.

CHERUB: New Guard: Book 17, Bk. 17. Robert Muchamore. 2017. (Cherub Ser.). (ENG.). 320p. (J). (gr. 7-17). 11.99 *(978-1-4449-1414-6(6))* Hachette Children's Group GBR. Dist: Hachette Bk. Group.

Cherubs Come in Many Sizes Coloring Book. Activity Book Zone for Kids. 2016. (ENG., Illus.). (J). pap. 9.20 *(978-1-68376-397-0(1))* Sabeels Publishing.

Cherubs Wings & Halos Coloring Book. Bobo's Children Activity Books. 2016. (ENG., Illus.). (J). pap. 9.33 *(978-1-68327-608-1(6))* Sunshine In My Soul Publishing.

Chesapeake Station: Evil Never Sleeps. Don Hussey. 2016. (Episode One Ser.). (ENG., Illus.). (YA). (gr. 7-12). pap. 12.95 *(978-0-9893324-3-9(8))* Seawall Bks., Inc.

Cheshire Crossing. Andy Weir. 2019. (ENG.). 117p. (J). (gr. 4-5). 25.96 *(978-0-87617-915-4(4))* Penworthy Co., LLC, The.

Cheshire Crossing: [a Graphic Novel]. Andy Weir. Illus. by Sarah Andersen. 2019. 128p. (YA). (gr. 7-7). pap. 14.99 *(978-0-399-58207-3(X),* Ten Speed Pr.) Potter/Ten Speed/Harmony/Rodale.

Chess. Mari Bolte. 2021. (Great Game! Ser.). (ENG.). 48p. (J). (gr. 3-5). 30.60 *(978-1-68450-832-7(0))*; pap. 14.60 *(978-1-68404-646-1(7))* Norwood Hse. Pr.

Chess: Be the King! Ellisiv Reppen. Illus. by Flu Hartberg. 2016. 176p. (J). (gr. 6-6). pap. 14.99 *(978-1-63450-160-6(8),* Sky Pony Pr.) Skyhorse Publishing Co., Inc.

Chess Book (was Chess Activity Book) IR (consignment) 2017. (Chess Ser.). (ENG.). (J). spiral bd. 9.99 *(978-0-7945-3732-6(4),* Usborne) EDC Publishing.

Chess Concepts & Coloring Book for Kids. Todd Bardwick. 2019. (ENG.). 108p. (J). pap. 14.95 *(978-0-9761962-5-9(5))* Chess Detective Pr.

Chess Endgame Workbook for Kids. John Nunn. 2019. (ENG., Illus.). 128p. (YA). (gr. 3-17). 16.95 *(978-1-911465-38-6(4))* Gambit Pubns., Ltd. GBR. Dist: Two Rivers Distribution.

Chess Fairy Tales. Azat Kadyrov. 2018. (ENG., Illus.). 52p. (J). pap. 15.99 *(978-0-359-08918-5(6))* Lulu Pr., Inc.

Chess for Children *see* **Ajedrez Infantil: Diviertete Con el Juego Mas Inteligente!**

Chess Notebook: Chess Games Score Tracking Scorebook to Record 100+ Matches Move, Outcome, Strategy, & Duration for Chess Players Chess Journal to ... Your Tactics & Practice for Tournament. Maxim Kasum. 2021. (ENG.). 102p. (YA). pap. 10.89 *(978-1-716-06714-3(6))* Lulu Pr., Inc.

Chess Opening Traps for Kids. Graham Burgess. 2018. (ENG., Illus.). 128p. (YA). (gr. 3-17). 16.95 *(978-1-911465-27-0(9))* Gambit Pubns., Ltd. GBR. Dist: Two Rivers Distribution.

Chess Opening Workbook for Kids. Graham Burgess. 2019. (ENG., Illus.). 128p. (YA). (gr. 4-17). 16.95 *(978-1-911465-37-9(6))* Gambit Pubns., Ltd. GBR. Dist: Two Rivers Distribution.

Chess Primer the Matrix Unleashed. Charles A. Smith. Ed. by Gerald A. Larson. 2021. (ENG.). 42p. (J). pap. 12.99 *(978-1-7361539-0-1(0))* WinningwithCAS.

Chess Scorebook: Chess Match Log Book, Chess Recording Book, Chess Score Pad, Chess Notebook, Record Your Games, Log Wins Moves, Tactics & Strategy, Cute Winter Skiing Cover. Mangy Maxim. 2021. (ENG.). 102p. (J). pap. 9.89 *(978-1-716-06712-9(X))* Lulu Pr., Inc.

Chess Scorebook: Chess Match Log Book, Chess Recording Book, Chess Score Pad, Chess Notebook, Record Your Games, Log Wins Moves, Tactics & Strategy, Minimalist Black Cover. Mellow Maxim. 2021. (ENG.). 102p. (J). pap. 9.99 *(978-1-716-06861-4(4))* Lulu Pr., Inc.

Chess Tactics Workbook for Kids. John Nunn. 2019. (ENG., Illus.). 128p. (YA). (gr. 3-17). wbk. ed. 16.95 *(978-1-911465-31-7(7))* Gambit Pubns., Ltd. GBR. Dist: Two Rivers Distribution.

C

Chessboxer. Stephen Davies. 2021. (ENG.). 320p. (YA). (gr. 7). pap. 9.99 *(978-1-78344-840-1(7))* Andersen Pr. GBR. Dist: Independent Pubs. Group.

Chessie. Troy Townsin. Illus. by Trish Glab. 2021. (ENG.). 34p. (J). pap. *(978-1-928131-61-8(1))* Polyglot Publishing.

Chessie Dentley, Student of the Month. Lisa Tucker. Illus. by Malik Whitaker. 2022. (ENG.). 31p. (J). ***(978-1-387-56153-7(7))*** Lulu Pr., Inc.

Chessy, the Welsh Pony. Kelly Wilson. 2019. (Showtym Adventures Ser.: 4). (Illus.). 176p. (J). (gr. 2-4). 10.99 *(978-0-14-377262-0(7))* Penguin Group New Zealand, Ltd. NZL. Dist: Independent Pubs. Group.

Chest of Spells. Ayn O'Reilly Walters. 2023. (Between the Trees Ser.: Vol. 3). (ENG.). 240p. (J). pap. ***(978-1-80381-391-2(1))*** Grosvenor Hse. Publishing Ltd.

Chest of Visions: New Pathways 'cross Broken Highways. Tim Ferguson. Illus. by Jose Carlos Gutierrez. 2020. (ENG.). 192p. 37.00 *(978-1-7252-7958-2(4))*; pap. 22.00 *(978-1-7252-7957-5(6))* Wipf & Stock Pubs. (Resource Pubns.(OR)).

Chest of Visions: Secrets of Caperston. Tim Ferguson. 2020. (ENG.). 100p. 27.00 *(978-1-7252-7961-2(4))*; pap. 12.00 *(978-1-7252-7960-5(6))* Wipf & Stock Pubs. (Resource Pubns.(OR)).

Chester. Donna Woods. 2019. (ENG.). 26p. (J). 22.95 *(978-1-64515-368-9(1))*; pap. 13.95 *(978-1-64515-366-5(5))* Christian Faith Publishing.

Chester A. Arthur: Our 21st President. Carol Brunelli. 2020. (United States Presidents Ser.). (ENG.). 48p. (J). (gr. 3-6). lib. bdg. 41.36 *(978-1-5038-4413-1(7)*, 214190) Child's World, Inc, The.

Chester & Gus. Cammie McGovern. (ENG.). 272p. (J). (gr. 3-7). 2018. pap. 7.99 *(978-0-06-233069-7(1))*; 2017. 16.99 *(978-0-06-233068-0(3))* HarperCollins Pubs. (HarperCollins).

Chester & the Magic 8 Ball. Lynn Katz. 2023. (ENG.). 210p. (J). pap. 19.95 ***(978-1-68513-134-0(4))*** Black Rose Writing.

Chester Arthur. Heidi Elston. (United States Presidents Ser.). (ENG., (J). 2020. Illus.). 48p. (gr. 3-6). lib. bdg. 35.64 *(978-1-5321-9339-2(4)*, 34835, Checkerboard Library); 2016. 40p. (gr. 2-5). 35.64 *(978-1-68078-083-3(2)*, 21783, Big Buddy Bks.) ABDO Publishing Co.

Chester Chipmunk Will Not Sleep. Kathleen George. Illus. by Louisa Mae. 2020. (ENG.). 32p. (J). (gr. -1-3). 21.95 *(978-1-947860-77-3(1)*, Belle Isle Bks.) Brandylane Pubs., Inc.

Chester Keene Cracks the Code. Kekla Magoon. 2022. (ENG.). 304p. (J). (gr. 3-7). 16.99 *(978-1-5247-1599-1(9))*; lib. bdg. 19.99 *(978-1-5247-1600-4(6))* Random Hse. Children's Bks. (Lamb, Wendy Bks.).

Chester Nez & the Unbreakable Code: A Navajo Code Talker's Story. Joseph Bruchac. Illus. by Liz Amini-Holmes. 2018. (ENG.). 32p. (J). (gr. 1-5). 17.99 *(978-0-8075-0007-1(0)*, 807500070) Whitman, Albert & Co.

Chester Raccoon & the Almost Perfect Sleepover. Audrey Penn. Illus. by Barbara Gibson. 2017. (Kissing Hand Ser.). (ENG.). 32p. (J). (gr. -1-3). 16.95 *(978-1-939100-11-5(9))* Tanglewood Pr.

Chester Rand: Or, a New Path to Fortune (Classic Reprint) Horatio Alger. 2018. (ENG., Illus.). 400p. (J). 32.17 *(978-0-267-49130-8(1))* Forgotten Bks.

Chester Rand: Or, the New Path to Fortune. Horatio Alger Jr. 2017. (ENG., Illus.). (J). 24.95 *(978-1-374-97825-6(6))*; pap. 14.95 *(978-1-374-97824-9(8))* Capital Communications, Inc.

Chester Rand: The New Path to Fortune. Horatio Alger. 2019. (ENG.). 230p. (J). pap. *(978-93-5329-584-4(X))* Alpha Editions.

Chester the (Almost) Pirate. Ann P. Bormann. Illus. by Tracee Guzman. 2022. (ENG.). 32p. (J). pap. 10.99 *(978-1-956357-61-5(0))* Lawley Enterprises.

Chester the (Almost) Pirate. Ann P. Borrmann. Illus. by Tracee Guzman. 2022. (ENG.). 32p. (J). 17.99 *(978-1-956357-59-2(9))* Lawley Enterprises.

Chester the Chipmunk: A Chesapeake Bay Adventure. Cindy Freland. Illus. by Duarte Javier. 2016. (ENG.). (J). (gr. k-1). 18.00 *(978-1-941927-85-4(8))*; pap. 12.00 *(978-1-941927-84-7(X))* Maryland Secretarial Services, Inc.

Chesteria's World. Chesteria Dixon. 2017. (ENG., Illus.). (J). pap. 10.95 *(978-0-9864033-2-3(6))* Dixon, Nell.

Chester's Adventures in Savannah. Elaine Farmer & Joe Lee. 2021. (Chester Ser.: Vol. 3). (ENG.). 72p. (J). pap. 5.99 *(978-0-9960343-7-1(4))* Southampton Publishing.

Chester's Masterpiece. Mélanie Watt. Illus. by Mélanie Watt. 2020. (Chester Ser.). (ENG., Illus.). 32p. (J). (gr. -1-3). pap. 8.99 *(978-1-55453-354-1(6))* Kids Can Pr., Ltd. CAN. Dist: Hachette Bk. Group.

Chester's Masterpiece. Mélanie Watt. ed. 2021. (Chester Pic Bks). (ENG., Illus.). 30p. (J). (gr. k-1). 19.96 *(978-1-64697-599-0(5))* Penworthy Co., LLC, The.

Chester's Quest. Jamie Stucky. 2020. (ENG.). 32p. (J). 23.95 *(978-1-64670-874-1(1))* Covenant Bks.

Chestnut. Jennifer Li Shotz. 2020. (American Dog Ser.). (ENG.). 336p. (J). (gr. 2-5). pap. 7.99 *(978-0-358-10874-0(8)*, 1748824, Clarion Bks.) HarperCollins Pubs.

Chestnut Burr, 1914 (Classic Reprint) Kent State University. (ENG., Illus.). (J). 2018. 80p. 25.55 *(978-0-267-61311-3(3))*; 2016. pap. 9.57 *(978-1-334-11988-0(0))* Forgotten Bks.

Chestnut Burr, 1917 (Classic Reprint) Kent State Normal College. 2018. (ENG., Illus.). 292p. (J). 29.92 *(978-0-332-91659-0(6))* Forgotten Bks.

Chestnut Burr, 1918 (Classic Reprint) Kent State Normal College. (ENG., Illus.). (J). 2018. 142p. 26.85 *(978-0-267-78383-0(3))*; 2016. pap. 9.57 *(978-1-334-28755-8(4))* Forgotten Bks.

Chestnut Burr, 1919 (Classic Reprint) Kent State University. (ENG., Illus.). (J). 2018. 144p. 26.87 *(978-0-267-61504-9(3))*; 2016. pap. 9.57 *(978-1-334-11792-3(6))* Forgotten Bks.

Chestnut Burr 1922: A Year Book (Classic Reprint) Kent State Normal College. (ENG., Illus.). (J). 2018. 146p. 26.93 *(978-0-656-20188-4(6))*; 2016. pap. 9.57 *(978-1-333-45776-1(6))* Forgotten Bks.

Chestnut Burr (Classic Reprint) Unknown Author. 2018. (ENG., Illus.). 226p. (J). 28.58 *(978-0-267-23861-3(4))* Forgotten Bks.

Chestnut Mare. Marion Day. 2017. (ENG., Illus.). 104p. (J). pap. *(978-0-9941227-8-0(0))* CreateBooks Ltd.

Chestnut the Pup: The Series, It's All about Me. Anelda L. Attaway. Ed. by Anelda L. Attaway. 2020. (ENG.). 42p. (J). (gr. k-6). 30.00 *(978-1-7357874-5-9(0))* Jazzy Kitty Pubns.

Chestnut the Pup: What I Would Say If I Could Talk. Anelda L. Attaway. Ed. by Angel Charlemagne. 2018. (ENG., Illus.). 34p. (J). (gr. k-6). pap. 18.99 *(978-1-7324523-1-2(8))* Jazzy Kitty Pubns.

Chet (Classic Reprint) Katherine M. Yates. 2018. (ENG., Illus.). 370p. (J). 31.55 *(978-0-483-46662-3(X))* Forgotten Bks.

Chetham College England the Oldest Free Library in the World (Classic Reprint) Robert Blatchford Bodleian Socie Boston. 2018. (ENG., Illus.). 40p. (J). 24.72 *(978-0-267-30815-6(9))* Forgotten Bks.

Chetigne Island: A Novel (Classic Reprint) Margaret McLaren. (ENG., Illus.). (J). 2018. 96p. 25.88 *(978-0-483-62205-0(2))*; 2017. pap. 9.57 *(978-0-243-28868-7(9))* Forgotten Bks.

Cheval Magique: French-Arabic Edition. Idries Shah. Illus. by Julie Freeman. 2018. (Hoopoe Teaching-Stories Ser.). (FRE.). 40p. (J). (gr. 3-6). pap. 9.99 *(978-1-949358-48-3(8)*, Hoopoe Bks.) I S H K.

Chevalerie Vivien, Vol. 1: Chanson de Geste; Textes (Classic Reprint) Adolphe Louis Terracher. (FRE., Illus.). (J). 2018. 302p. 30.15 *(978-0-332-34782-0(6))*; 2016. pap. 13.57 *(978-1-333-19713-1(6))* Forgotten Bks.

Chevalier d'Auriac (Classic Reprint) S. Levett-Yeats. 2018. (ENG., Illus.). 360p. (J). 31.32 *(978-0-483-06896-4(9))* Forgotten Bks.

Chevalier de Maison-Rouge (Classic Reprint) Alexandre Dumas. 2017. (ENG., Illus.). (J). 35.08 *(978-0-265-99423-8(3))* Forgotten Bks.

Chevalier de Maison Rouge, Vol. 1 (Classic Reprint) Alexandre Dumas. 2017. (ENG., Illus.). (J). 286p. 29.82 *(978-0-484-60793-3(6))*; pap. 13.57 *(978-0-259-27773-6(8))* Forgotten Bks.

Chevalier de Maison Rouge, Vol. 2 (Classic Reprint) Dumas. 2016. (ENG., Illus.). (J). pap. 11.57 *(978-1-334-12482-2(5))* Forgotten Bks.

Chevalier de Maison-Rouge, Vol. 2 (Classic Reprint) Dumas. 2017. (FRE., Illus.). (J). pap. 13.57 *(978-1-334-97469-4(1))* Forgotten Bks.

Chevalier de Maison-Rouge, Vol. 2 (Classic Reprint) Alexandre Dumas. 2017. (FRE., Illus.). (J). 30.25 *(978-0-266-44259-2(5))* Forgotten Bks.

Chevalier de Maison Rouge, Vol. 2 (Classic Reprint) Alexandre Dumas. 2017. (ENG., Illus.). 254p. (J). 29.14 *(978-0-484-31445-9(9))* Forgotten Bks.

Chevalier Delibere (Classic Reprint) Olivier De La Marche. 2018. (ENG., Illus.). 92p. (J). 25.79 *(978-0-428-29641-4(6))* Forgotten Bks.

Chevalier Errant: Pour Supplément du Zopire François (Classic Reprint) J. L. P. S. 2018. (FRE., Illus.). (J). 26p. 24.43 *(978-1-391-45417-7(0))*; 28p. pap. 7.97 *(978-0-282-34638-6(4))* Forgotten Bks.

Chevalier Patouille. Vinie B Hoarau. 2019. (FRE.). 40p. (J). *(978-0-244-16493-5(2))* Lulu Pr., Inc.

Chevalier the Queen's Mouseketeer: A Coloring Book for Kids. Darryl Hughes. 2023. (ENG.). 34p. (J). pap. 8.99 ***(978-1-0880-9941-4(6))*** Brand X Bks.

Chevalier's Daughter: Being One of the Stanton Corbet Chronicles (Classic Reprint) Lucy Ellen Guernsey. 2017. (ENG., Illus.). (J). 33.82 *(978-0-331-41713-5(8))* Forgotten Bks.

Chevaux du Sahara et les Moeurs du désert (Classic Reprint) Eugene Daumas. 2018. (FRE., Illus.). 724p. (J). pap. 23.57 *(978-1-391-15293-6(X))* Forgotten Bks.

Cheveley, or the Man of Honour, Vol. 1 of 3 (Classic Reprint) Rosina Bulwer Lytton. (ENG., Illus.). (J). 2018. 320p. 30.50 *(978-0-483-17782-6(2))*; 2016. pap. 13.57 *(978-1-333-51925-4(7))* Forgotten Bks.

Cheveley, or the Man of Honour, Vol. 2 of 2 (Classic Reprint) Rosina Bulwer Lytton. (ENG., Illus.). (J). 2018. 284p. 29.77 *(978-0-267-49083-7(6))*; 2016. pap. 13.57 *(978-1-334-16291-6(3))* Forgotten Bks.

Cheveley, or the Man of Honour, Vol. 3 of 3 (Classic Reprint) Rosina Bulwer Lytton. (ENG., Illus.). (J). 2018. 342p. 30.97 *(978-0-483-92270-9(6))*; 2016. pap. 13.57 *(978-1-333-39918-4(9))* Forgotten Bks.

Cheveley, Vol. 1 Of 2: Or, the Man of Honour (Classic Reprint) Lytton Bulwer. 2018. (ENG., Illus.). 246p. (J). 28.97 *(978-0-365-36196-1(8))* Forgotten Bks.

Cheveley, Vol. 2 Of 3: Or, the Man of Honour (Classic Reprint) Lytton Bulwer. 2018. (ENG., Illus.). 376p. (J). 31.67 *(978-0-483-32339-1(X))* Forgotten Bks.

Chèvre aux Boucles Lilas et les Trois Ours. Alicia Rodriguez. Illus. by Srimalie Bassani. 2021. (Contes de Fées de la Ferme (Farmyard Fairy Tales) Ser.).Tr. of Goatlilocks & the Three Bears. (FRE.). 16p. (J). (gr. -1-3). pap. *(978-1-0396-0172-7(3)*, 12467) Crabtree Publishing Co.

Chevrolet Camaro. Jessica Rusick. 2020. (Mighty Muscle Cars Ser.). (ENG., Illus.). 32p. (J). (gr. 2-5). lib. bdg. 34.21 *(978-1-5321-9323-1(8)*, 34803, Big Buddy Bks.) ABDO Publishing Co.

Chevrolet Camaro Z28. Emily Rose Oachs. 2017. (Car Crazy Ser.). (ENG., Illus.). 24p. (J). (gr. 3-7). lib. bdg. 26.95 *(978-1-62617-576-1(4)*, Torque Bks.) Bellwether Media.

Chevrolet Corvette. Megan Borgert-Spaniol. 2020. (Mighty Muscle Cars Ser.). (ENG., Illus.). 32p. (J). (gr. 2-5). lib. bdg. 34.21 *(978-1-5321-9324-8(6)*, 34805, Big Buddy Bks.) ABDO Publishing Co.

Chevrolet Corvette. Julie Murray. 2017. (Car Stars (Dash!) Ser.). (ENG., Illus.). 24p. (J). (gr. k-4). lib. bdg. 31.36 *(978-1-5321-2079-4(6)*, 26762, Abdo Zoom-Dash) ABDO Publishing Co.

Chevrolet Corvette Z06. Janie Havemeyer. 2019. (Ultimate Supercars Ser.). (ENG., Illus.). 32p. (J). (gr. 3-3). pap. 9.95 *(978-1-64494-233-8(X)*, 164494233X) Bigfoot Bks. GBR. Dist: North Star Editions.

Chevrolet Silverado. Larry Mack. 2018. (Tough Trucks Ser.). (ENG., Illus.). 24p. (J). (gr. 3-7). lib. bdg. 26.95 *(978-1-62617-891-5(7)*, Torque Bks.) Bellwether Media.

Chevrolet Trucks, 1 vol. Seth Lynch. 2018. (Tough Trucks Ser.). (ENG.). 32p. (gr. 1-2). 28.27 *(978-1-5382-3035-0(6)*, 874ff60c-28bf-41c0-b3fd-ab18a9dcbd44) Stevens, Gareth Publishing LLLP.

Chevy: The Big Blue Truck. Ann Elizabeth Bentley. Illus. by John Ashton. 2019. (ENG.). 60p. (J). (gr. k-3). pap. *(978-1-912358-04-5(2))* Stellium Ltd.

Chevy, the Perfect Pet. Jill O. Patrick. Illus. by Helen H. Wu. 2018. (ENG.). 62p. (J). 20.95 *(978-1-947656-61-1(9))* Butterfly Typeface, The.

Chevy, the Perfect Pet. Jill O. Patrick. 2017. (ENG., Illus.). (J). pap. 12.98 *(978-1-947656-00-0(7))* Butterfly Typeface, The.

Chevy, the Perfect Pet (Activity Book) Jill O. Patrick. Ed. by J. "E" M. 2018. (ENG., Illus.). 32p. (J). pap. 10.95 *(978-1-947656-35-2(X))* Butterfly Typeface, The.

Chewie & the Courageous Kid. Nate Millici. ed. 2019. (Star Wars 8x8 Bks). (ENG.). 24p. (J). (gr. k-1). 14.89 *(978-1-64310-902-2(2))* Penworthy Co., LLC, The.

Chewing Gum Cindy. Melanie Sallis. 2017. (ENG., Illus.). (J). pap. *(978-1-5255-0651-2(X))* FriesenPress.

Chewoo in Nut Sweet Nut. Sylvia M. Medina. Illus. by Joy Eagle. 2017. (Green Kids Club / Yoohoo & Firends Ser.: Vol. 4). (ENG.). 28p. (J). (gr. k-2). pap. 9.99 *(978-1-939871-57-2(3))* Green Kids Club, Inc.

Chewoo in Nut Sweet Nut - Paperback US 2nd. Sylvia M. Medina. Illus. by Joy Eagle & Samantha Tavcar. 2nd ed. 2019. (ENG.). 28p. (J). (gr. k-3). pap. 9.99 *(978-1-939871-82-4(4))* Green Kids Club, Inc.

Chews Your Destiny. Rhode Montijo. ed. 2017. (Gum Girl Ser.: 1). (J). lib. bdg. 16.00 *(978-0-606-39969-2(0))* Turtleback.

Chewy & Luke. Cecilia Minden. Illus. by Anna Jones. 2022. (Little Blossom Stories Ser.). (ENG.). 16p. (J). (gr. -1-2). pap. 11.36 *(978-1-5341-9882-1(2)*, 220087, Cherry Blossom Press) Cherry Lake Publishing.

Chewy el Cachorro Come Cacas / Chewy the Poop-Eating Pup: Bilingüe (Español - Ingles) / Bilingual (Spanish - English) Maria de Lourdes Victoria. Illus. by Adriana Morales Marin. 2020. (SPA.). 54p. (J). pap. 11.50 *(978-0-9847349-7-9(X))* Southampton Publishing.

Chewy the Poop-Eating Pup / Chewy el Cachorro Comecacas: Bilingual (English - Spanish) / Bilingüe (Ingles - Español) Maria de Lourdes Victoria. Illus. by Adriana Morales Marin. 2020. (ENG.). 54p. (J). pap. 11.50 *(978-0-9847349-6-2(1))* Southampton Publishing.

Chewy the Woodchuck: Based on a True Story Seen by the the Author In 1957. Peter S. Vinal & Joan B. Vinal. 2021. (ENG.). 26p. (J). 24.95 *(978-1-64801-921-0(8))* Newman Springs Publishing, Inc.

Chewy's Day. Andrea Tyrrell. 2019. (ENG.). 22p. (J). pap. 11.99 *(978-1-64237-707-1(4))* Gatekeeper Pr.

Cheyanne: And Other Tales from Underground. Casia Schreyer. Illus. by Andreas Ganz. 2019. (Underground Ser.: Vol. 8). (ENG.). 112p. (J). pap. *(978-1-988853-37-6(0))* Schreyer Ink Publishing.

Cheyenne. Quinn M. Arnold. 2020. (First Peoples Ser.). (ENG.). 24p. (J). (gr. 1-4). *(978-1-64026-223-2(7)*, 18193, Creative Education) Creative Co., The.

Cheyenne. F. A. Bird. 2021. (Native American Nations Ser.). (ENG., Illus.). 32p. (J). (gr. 3-6). lib. bdg. 32.79 *(978-1-5321-9717-8(9)*, 38446, Checkerboard Library) ABDO Publishing Co.

Cheyenne. Valerie Bodden. (First Peoples Ser.). (ENG.). (J). 2020. 24p. (gr. 1-3). 9.99 *(978-1-62832-786-1(3)*, 18194, Creative Paperbacks); 2018. 48p. (gr. 4-7). *(978-1-60818-963-2(5)*, 19899, Creative Education) Creative Co., The.

Cheyenne. Thomas Kingsley Troupe. 2023. (Nations of North America Ser.). (ENG.). (J). (gr. 3-5). 32p. lib. bdg. 30.60 ***(978-1-63897-994-4(4)***, 33365); (Illus.). pap. 9.95 Seahorse Publishing.

Chez Mamie. Mary Clements. Illus. by George Wastle. 2022. (ENG.). 32p. (J). *(978-1-0391-2520-9(4))*; pap. *(978-1-0391-2519-3(0))* FriesenPress.

Chez Moi: An Introduction to Commonly Used French Words & Phrases Around the Home, with 500 Lively Photographs. Veronique Leroy-Bennett. 2016. (Illus.). 64p. (J). (gr. -1-12). 12.99 *(978-1-86147-696-8(5)*, Armadillo) Anness Publishing GBR. Dist: National Bk. Network.

Chez Nancy. Adapted by Nancy Parent. 2018. (Illus.). 32p. (J). *(978-1-5444-0825-5(0))* Harper & Row Ltd.

Chezzles: A Story (Classic Reprint) Lucy Gibbons Morse. 2018. (ENG., Illus.). 292p. (J). 29.92 *(978-0-483-76987-8(8))* Forgotten Bks.

Chi Ha Mangiato il Gelato?! David Cuccia. 2022. (ITA.). 90p. (J). pap. 19.99 *(978-1-63337-605-2(2))* Columbus Pr.

Chia & the Fox Man: An Alaskan Dena'ina Fable. Illus. by Mindy Dwyer. 2020. (ENG.). 32p. (J). (gr. k-2). 16.99 *(978-1-5132-6267-3(X)*, Alaska Northwest Bks.) West Margin Pr.

Chiaroscuro, Vol. 2: 1908 (Classic Reprint) Alabama Girls' Industrial School. 2018. (ENG., Illus.). 142p. (J). 26.95 *(978-0-332-08155-7(9))* Forgotten Bks.

Chiave Del Metodo Di Ollendorff Ossia Traduzione Del Temi Della Grammatica (Classic Reprint) Egone Cunradi. 2018. (ENG., Illus.). 232p. (J). 28.68 *(978-0-483-77741-5(2))* Forgotten Bks.

Chibi Creepy Coloring Book-Cute Scary Fun at the Fun-Fare: Delightfully Spooky Chibi Characters Await You in This Creepy Coloring Book. Ruva Publishers. 2023. (ENG.). 92p. (YA). pap. ***(978-1-4477-2762-0(2))*** Lulu Pr., Inc.

Chibi Girls: A Children's Coloring Book 100 Chibi Girls Coloring Pages 4 Years & Up (Edition:5) Beatrice Harrison. 2022. (ENG.). 102p. (J). pap. 14.71 ***(978-1-387-46756-3(5))*** Lulu Pr., Inc.

Chibi Girls Coloring Book: 26 Chibi Coloring Pages - Kawaii Manga Chibi Anime Girls for Kids & Adults. Penciol Press. 2021. (ENG.). 56p. (J). pap. 9.00 *(978-1-82693-882-1(6))* Lulu Pr., Inc.

Chibi Girls Coloring Book: Anime Coloring for Kids Ages 6-8, 9-12. Young Dreamers Press. Illus. by Fairy Crocs. 2020. (Coloring Books for Kids Ser.: Vol. 9). (ENG.). 68p. (J). pap. *(978-1-989790-93-9(3))* EnemyOne.

Chibi Girls Coloring Book: For Kids with Cute Lovable Kawaii Characters in Fun Fantasy Anime, Manga Scenes. Magnificent Maxim. 2021. (ENG.). 52p. (J). pap. 8.99 *(978-1-6780-9594-9(X))* Lulu Pr., Inc.

Chibi Girls Coloring Cute Anime: For Kids Gorgeous Cute Anime Girls Set in Fun Fantasy Manga Scenes. Mellow Maxim. 2021. (ENG.). 52p. (J). pap. 11.99 *(978-1-6780-7275-9(3))* Lulu Pr., Inc.

Chibi Mädchen Malbuch: Anime Malbuch Für Kinder Im Alter Von 6-8, 9-12. Young Dreamers Press. 2020. (Malbücher Für Kinder Ser.: Vol. 10). (GER., Illus.). 68p. (J). pap. *(978-1-989790-98-4(4))* EnemyOne.

Chibi Samurai Wants a Pet: An Adventure with Little Kunoichi the Ninja Girl. Sanae Ishida. 2017. (Little Kunoichi the Ninja Girl Ser.). (Illus.). 32p. (J). (gr. -1-2). 16.99 *(978-1-63217-117-7(1)*, Little Bigfoot) Sasquatch Bks.

Chic Designs & Patterns: Detailed Coloring Book. Jupiter Kids. 2016. (ENG., Illus.). 106p. (YA). pap. 12.55 *(978-1-68305-158-9(0)*, Jupiter Kids (Childrens & Kids Fiction)) Speedy Publishing LLC.

Chic Paisley Patterns: Paisley Designs Coloring Book. Jupiter Kids. 2016. (ENG., Illus.). 106p. (J). pap. 12.55 *(978-1-68305-159-6(9)*, Jupiter Kids (Childrens & Kids Fiction)) Speedy Publishing LLC.

Chic Patterns & Designs - Relaxing Coloring Pages. Activibooks. 2016. (ENG., Illus.). (J). pap. 9.20 *(978-1-68321-002-3(6))* Mimaxion.

Chica Burbujas. Luis Tome Ariz. 2020. (SPA.). 60p. (J). pap. *(978-1-716-88915-8(4))* Lulu Pr., Inc.

Chica Chica Bum Bum (Chicka Chicka Boom Boom) Bill Martin Jr & John Archambault. Illus. by Lois Ehlert. 2018. (Chicka Chicka Book Ser.). (SPA.). 36p. (J). (gr. -1 — 1). bds. 7.99 *(978-1-5344-1837-0(7)*, Libros Para Ninos) Libros Para Ninos.

Chica Chica uno Dos Tres (Chicka Chicka 1 2 3) Bill Martin Jr & Michael Sampson. Illus. by Lois Ehlert. 2020. (Chicka Chicka Book Ser.). (SPA.). 36p. (J). (— 1). bds. 8.99 *(978-1-5344-7347-8(5)*, Libros Para Ninos) Libros Para Ninos.

Chica Evanescente. Laura Thalassa. Tr. by Ana Alcaina. 2020. (Vanishing Girl Ser.: 1). (SPA.). 320p. (YA). (gr. 7-12). pap. 14.95 *(978-2-49670-302-3(3)*, 9782496703023, AmazonCrossing) Amazon Publishing.

Chica Ingeniosa: Leveled Reader Book 63 Level S 6 Pack. Hmh Hmh. 2021. (SPA.). 48p. (J). pap. 74.40 *(978-0-358-08543-0(8))* Houghton Mifflin Harcourt Publishing Co.

Chica Que Puede. Martha Lumatete. 2022. (SPA.). 38p. (J). pap. 14.99 *(978-1-0880-1213-0(2))* Indy Pub.

Chicago. Jacqueline S. Cotton. 2017. (Illus.). 24p. (J). *(978-1-4896-7295-7(8)*, AV2 by Weigl) Weigl Pubs., Inc.

Chicago. Jessica Rudolph. 2017. (Citified! Ser.). (ENG.). 24p. (J). (gr. k-3). lib. bdg. 17.95 *(978-1-68402-234-2(7))* Bearport Publishing Co., Inc.

Chicago ABC: a Larry Gets Lost Book. John Skewes. 2016. (Larry Gets Lost Ser.). (Illus.). 32p. (J). (-k). 14.99 *(978-1-57061-993-9(X)*, Little Bigfoot) Sasquatch Bks.

Chicago Bears. Kenny Abdo. 2021. (NFL Teams Ser.). (ENG., Illus.). 32p. (J). (gr. 2-8). lib. bdg. 32.79 *(978-1-0982-2456-1(6)*, 37146, Abdo Zoom-Fly) ABDO Publishing Co.

Chicago Bears. Contrib. by Thomas K. Adamson. 2023. (NFL Team Profiles Ser.). (ENG., Illus.). (J). (gr. 3-7). lib. bdg. 26.95 Bellwether Media.

Chicago Bears. Josh Anderson. 2022. (Professional Football Teams Ser.). (ENG.). 32p. (J). (gr. 2-5). lib. bdg. 35.64 *(978-1-5038-5761-2(1)*, 215735, Stride) Child's World, Inc, The.

Chicago Bears. Robert Cooper. 2019. (Inside the NFL Ser.). (ENG.). 48p. (J). (gr. 3-6). lib. bdg. 34.21 *(978-1-5321-1841-8(4)*, 32551, SportsZone) ABDO Publishing Co.

Chicago Bears. Amy Sawyer. 2018. (Illus.). 24p. (J). *(978-1-4896-5492-2(5)*, AV2 by Weigl) Weigl Pubs., Inc.

Chicago Bears. Jim Whiting. 2019. (NFL Today Ser.). (ENG.). 48p. (J). (gr. 3-6). *(978-1-64026-135-8(4)*, 19012, Creative Education) Creative Co., The.

Chicago Bears, 1 vol. Andres Ybarra. 2016. (NFL up Close Ser.). (ENG., Illus.). 32p. (J). (gr. 3-9). lib. bdg. 32.79 *(978-1-68078-211-0(8)*, 22023, SportsZone) ABDO Publishing Co.

Chicago Bears All-Time Greats. Ted Coleman. 2021. (NFL All-Time Greats Ser.). (ENG., Illus.). 24p. (J). (gr. 3-3). pap. 8.95 *(978-1-63494-370-3(8))*; lib. bdg. 28.50 *(978-1-63494-353-6(8))* Pr. Room Editions LLC.

Chicago Bears Story. Allan Morey. 2016. (NFL Teams Ser.). (ENG., Illus.). 32p. (J). (gr. 3-7). lib. bdg. 26.95 *(978-1-62617-360-6(5)*, Torque Bks.) Bellwether Media.

Chicago Blackhawks. Todd Kortemeier. 2022. (NHL Teams Ser.). (ENG., Illus.). 32p. (J). (gr. 3-4). pap. 9.95 *(978-1-63494-515-8(8))*; lib. bdg. 31.35 *(978-1-63494-489-2(5))* Pr. Room Editions LLC.

Chicago Blackhawks. Eric Zweig. (Illus.). 32p. (J). 2018. *(978-1-4271-1922-3(8))*; 2017. (gr. 5-5). *(978-0-7787-3427-7(7))* Crabtree Publishing Co.

Chicago Bulls. Nicki Clausen-Grace & Jeff Grace. 2020. (Team Stats — Basketball Edition Ser.). (ENG.). 32p. (J). (gr. 4-6). pap. 9.99 *(978-1-64466-385-1(6)*, 13217, Bolt) Black Rabbit Bks.

Chicago Bulls. Jim Gigliotti. 2019. (Insider's Guide to Pro Basketball Ser.). (ENG.). 32p. (J). (gr. 1-4). lib. bdg. 35.64 *(978-1-5038-2450-8(0)*, 212257) Child's World, Inc, The.

Chicago Bulls. Michael E. Goodman. 2018. (NBA Champions Ser.). (ENG.). 24p. (J). (gr. 1-4). pap. 8.99 *(978-1-62832-570-6(4)*, 19817, Creative Paperbacks) Creative Co., The.

Chicago Bulls. Todd Kortemeier. 2022. (Inside the NBA (2023) Ser.). (ENG., Illus.). 48p. (J). (gr. 3-6). lib. bdg. 34.22 *(978-1-5321-9822-9(1)*, 39749, SportsZone) ABDO Publishing Co.

Chicago Bulls. Jim Whiting. 2017. (NBA: a History of Hoops Ser.). (ENG., Illus.). 48p. (J). (gr. 4-7). *(978-1-60818-839-0(6)*, 20222, Creative Education) Creative Co., The.

Chicago Bulls All-Time Greats. Brendan Flynn. 2020. (NBA All-Time Greats Ser.). (ENG., Illus.). 24p. (J). (gr. 3-3). pap. 8.95 *(978-1-63494-164-8(0)*, 1634941640); lib. bdg. 28.50 *(978-1-63494-151-8(9)*, 1634941519) Pr. Room Editions LLC.

Chicago Challenge Activity Book. George Toufexis. 2016. (Dover Kids Activity Books: U. S. A. Ser.). (ENG.). 48p. (J).

334

The check digit for ISBN-10 appears in parentheses after the full ISBN-13

TITLE INDEX CHICKENOLOGY

(gr. 2-5). 4.99 *(978-0-486-79927-8(1),* 799271) Dover Pubns., Inc.

Chicago City of Big Shoulders. Pamela Dell. 2016. (Spring Forward Ser.). (J). (gr. 2). *(978-1-4900-9460-1(1))* Benchmark Education Co.

Chicago Cubs. Anthony K. Hewson. 2022. (Inside MLB Ser.). (ENG., Illus.). 48p. (J). (gr. 3-6). lib. bdg. 34.21 *(978-1-0982-9012-2(7),* 40781, SportsZone) ABDO Publishing Co.

Chicago Cubs. K. C. Kelley. 2019. (Major League Baseball Teams Ser.). (ENG.). 32p. (J). (gr. 2-5). lib. bdg. 35.64 *(978-1-5038-2818-6(2),* 212625) Child's World, Inc, The.

Chicago Cubs. K. C. Kelley. 2016. (Illus.). 31p. (J). *(978-1-4896-5938-5(2),* AV2 by Weigl) Weigl Pubs., Inc.

Chicago Cubs. Katie Lajiness. 2018. (MLB's Greatest Teams Ser.). (ENG., Illus.). 32p. (J). (gr. 2-5). lib. bdg. 34.21 *(978-1-5321-1515-8(6),* 28866, Big Buddy Bks.) ABDO Publishing Co.

Chicago Cubs. Jim Whiting. 2020. (Creative Sports: Veterans Ser.). (ENG.). 32p. (J). (gr. 3-5). pap. 9.99 *(978-1-62832-830-1(4),* 17751, Creative Paperbacks) Creative Co., The.

Chicago Cubs All-Time Greats. Brendan Flynn. 2021. (MLB All-Time Greats Ser.). (ENG., Illus.). 24p. (J). (gr. 3-3). pap. 8.95 *(978-1-63494-308-6(2));* lib. bdg. 28.50 *(978-1-63494-290-4(6))* Pr. Room Editions LLC.

Chicago Fire FC. Anthony K. Hewson. 2021. (Inside MLS Ser.). (ENG., Illus.). 48p. (J). (gr. 3-6). lib. bdg. 34.21 *(978-1-5321-9470-2(6),* 37452, SportsZone) ABDO Publishing Co.

Chicago Fire FC. Anthony K. Hewson. 2021. (Inside MLS Ser.). (ENG., Illus.). 48p. (J). (gr. 4-4). pap. 11.95 *(978-1-64494-562-9(2),* SportsZone) ABDO Publishing Co.

Chicago Gang Wars in Pictures: X Marks the Spot (Classic Reprint) Unknown Author. (ENG., Illus.). (J). 2018. 66p. 25.26 *(978-0-365-18554-3(X));* 2017. pap. 9.57 *(978-0-282-44780-9(6))* Forgotten Bks.

Chicago, I Have a Dream Too! Cohort #6. Ed. by DeLisa New Williams. 2020. (ENG.). 106p. (YA). pap. 15.99 *(978-1-0879-1770-2(0))* Indy Pub.

Chicago in Tears & Smiles (Classic Reprint) Wilhelm Vom Strande. 2018. (ENG., Illus.). 218p. (J). 28.39 *(978-0-332-17922-3(2))* Forgotten Bks.

Chicago Main Drainage Channel: A Description of the Machinery Used & Methods of Work Adopted in Excavating the 28-Mile Drainage Canal from Chicago to Lockport, Ill (Classic Reprint) Charles Shattuck Hill. 2017. (ENG., Illus.). (J). 27.28 *(978-0-266-24763-0(6));* pap. 9.97 *(978-1-5277-6264-0(5))* Forgotten Bks.

Chicago Monsters: A Search-And-find Book. Carine Laforest & Lucile Danis Drouot. 2017. (ENG., Illus.). 22p. (J). (gr. -1). bds. 9.99 *(978-2-924734-01-8(0))* City Monsters Bks. CAN. Dist: Publishers Group West (PGW).

Chicago Princess (Classic Reprint) Robert Barr. 2018. (ENG., Illus.). 328p. (J). 30.66 *(978-0-483-45829-1(5))* Forgotten Bks.

Chicago Sensations: Or, Leaves from the Note Book of a Chicago Reporter & Detective (Classic Reprint) Unknown Author. 2017. (ENG., Illus.). (J). 27.30 *(978-0-265-17836-2(3))* Forgotten Bks.

Chicago Stories (Classic Reprint) George Ade. (ENG., Illus.). (J). 2018. 310p. 30.29 *(978-0-483-90993-9(9));* 2017. pap. 13.57 *(978-0-243-16629-9(X))* Forgotten Bks.

Chicago White Sox. Douglas Carl. 2022. (Inside MLB Ser.). (ENG., Illus.). 48p. (J). (gr. 3-6). lib. bdg. 34.21 *(978-1-0982-9013-9(5),* 40783, SportsZone) ABDO Publishing Co.

Chicago White Sox. Dennis St. Sauver. 2018. (MLB's Greatest Teams Ser.). (ENG., Illus.). 32p. (J). (gr. 2-5). lib. bdg. 34.21 *(978-1-5321-1807-4(4),* 30660, Big Buddy Bks.) ABDO Publishing Co.

Chicago White Sox. Jim Whiting. (Creative Sports: Major League Baseball Ser.). (ENG.). 32p. (J). 2021. (gr. 4-7). *(978-1-64026-299-7(7),* 17754, Creative Education); 2020. (gr. 3-5). pap. 9.99 *(978-1-62832-831-8(2),* 17755, Creative Paperbacks) Creative Co., The.

Chicago White Sox: All-Time Greats. Ted Coleman. 2022. (MLB All-Time Greats Set 2 Ser.). (ENG., Illus.). 24p. (J). (gr. 3-3). pap. 8.95 *(978-1-63494-528-8(X));* lib. bdg. 28.50 *(978-1-63494-502-8(6))* Pr. Room Editions LLC.

Chicagoland Stories: Backyard Brain. Steven W. Smidesang. 2020. (ENG.). 358p. (YA). pap. 21.95 *(978-1-64701-707-1(6))* Page Publishing Inc.

Chicago's First Crime King: Michael Cassius Mcdonald. Kelly Pucci. 2019. (ENG.). 114p. (J). (gr. 3-7). 30.99 *(978-1-5402-3841-2(5),* History Pr., The) Arcadia Publishing.

Chicana's Lens: Brown Girl Poetry. Melanie Hernandez. 2023. (ENG.). 77p. (YA). pap. ***(978-1-329-23172-6(4))*** Lulu Pr., Inc.

Chicas Como Nosotras. Dana Mele. 2018. (SPA.). 352p. (YA). (gr. 7-12). pap. 15.95 *(978-84-96886-86-5(7))* Ediciones Urano S. A. ESP. Dist: Spanish Pubs., LLC.

Chicas de Nieve y Cristal. Melissa Bashardoust. 2018. (SPA.). 536p. (YA). pap. 20.99 *(978-607-7547-91-4(3))* V&R Editoras.

Chicas en la Luna. Janet McNally. 2017. (SPA.). 432p. (YA). (gr. 7). pap. 19.95 *(978-607-527-130-9(9))* Editorial Oceano de Mexico MEX. Dist: Independent Pubs. Group.

Chicatita & the Magic Stone. Elisa M. Olvera. 2020. (ENG.). 80p. (YA). 18.95 *(978-1-61244-940-1(9));* pap. 12.95 *(978-1-61244-931-9(X))* Halo Publishing International.

Chicharito. Michael Decker. (World's Greatest Soccer Players Ser.). (ENG., Illus.). 32p. (J). 2020. (gr. 4-4). pap. 9.95 *(978-1-64494-340-3(9),* 1644943409); 2019. (gr. 3-9). lib. bdg. 32.79 *(978-1-5321-9061-2(1),* 33632) ABDO Publishing Co. (SportsZone).

Chichén Itzá. Sara Green. 2020. (Seven Wonders of the Modern World Ser.). (ENG., Illus.). 32p. (J). (gr. 3-8). lib. bdg. 27.95 *(978-1-64487-265-9(X),* Blastoff! Readers) Bellwether Media.

Chick-A-Boo! Amanda Brandon. Illus. by Natasha Rimmington. 2023. (Early Bird Readers — Yellow (Early Bird Stories (tm)) Ser.). (ENG.). 32p. (J). (gr. -1-2). pap. 9.99 Lerner Publishing Group.

Chick-A-Dee, Bad Hair Day. Shirley Harrell. Ed. by Beyonce Harrell Pilar. Illus. by Silver Star. 2022. (ENG.). 28p. (J). 20.00 *(978-1-7363045-8-7(5))* Honey Bee.

Chick-A-Dee, Chick-a-Dee, What Color Do You See? Shirley Harrell. Ed. by Beyonce Pilar. Illus. by Shalini Saha. 2021. (ENG.). 26p. (J). 15.00 *(978-1-7363045-5-6(0))* Honey Bee.

Chick & Brain: Egg or Eyeball? Cece Bell. Illus. by Cece Bell. 2020. (Chick & Brain Ser.). (ENG., Illus.). 72p. (J). (gr. -1-3). 12.99 *(978-1-5362-0439-1(0))* Candlewick Pr.

Chick & Brain: Smell My Foot! Cece Bell. Illus. by Cece Bell. (Chick & Brain Ser.). (ENG.). 72p. (J). (gr. -1-3). 2021. pap. 5.99 *(978-1-5362-1551-9(1));* 2019. (Illus.). 12.99 *(978-0-7636-7936-1(4))* Candlewick Pr.

Chick & Brain Smell My Foot! Cece Bell. Illus. by Cece Bell. 2019. (Chick & Brain Ser.). (ENG.). 72p. (J). (gr. -1-3). lib. bdg. 16.80 *(978-1-6636-3017-9(8))* Perfection Learning Corp.

Chick Chat. Janie Bynum. 2021. (ENG., Illus.). 40p. (J). (gr. -1-2). 17.95 *(978-0-7358-4409-4(7))* North-South Bks., Inc.

Chick, Chick, Peep, Peep, Peep. Xiao Mao. 2022. (ENG.). 32p. (J). pap. 7.95 *(978-1-4788-7066-1(4))* Newmark Learning LLC.

Chick: Lister. Alex Van Tol. 2nd ed. 2020. (Orca Currents Ser.). (ENG.). 128p. (J). (gr. 4-7). pap. 10.95 *(978-1-4598-2822-3(4))* Orca Bk. Pubs. USA.

Chicka Chicka ABCs & 123s Collection (Boxed Set) Chicka Chicka ABC; Chicka Chicka 1, 2, 3; Words. Bill Martin Jr et al. Illus. by Lois Ehlert. ed. 2018. (Chicka Chicka Book Ser.). (ENG.). 66p. (J). (gr. -1 — 1). bds. 21.99 *(978-1-5344-2520-0(9),* Little Simon) Little Simon.

Chicka Chicka Boom Boom: Classroom Edition. Bill Martin, Jr. & John Archambault. Illus. by Lois Ehlert. 2020. (Chicka Chicka Book Ser.). (ENG.). 40p. (J). (gr. -1-3). 29.99 *(978-1-5344-5711-9(9),* Simon & Schuster Bks. For Young Readers) Simon & Schuster Bks. For Young Readers.

Chicka Chicka Boom Boom: Storytime Together. Bill Martin, Jr. & John Archambault. Illus. by Lois Ehlert. 2022. (Chicka Chicka Book Ser.). (ENG.). 34p. (J). (gr. -1-k). spiral bd. 9.99 *(978-1-6659-1398-0(3),* Little Simon) Little Simon.

Chickadee: Criminal Mastermind. Monica Silvie. Illus. by Elina Ellis. 2022. (ENG.). 36p. (J). (gr. -1-2). 18.99 *(978-1-5253-0338-8(4))* Kids Can Pr., Ltd. CAN. Dist: Hachette Bk. Group.

Chickadee-Dee & His Friends (Classic Reprint) Lyle Ward Sanderson. (ENG., Illus.). (J). 2018. 194p. 27.90 *(978-0-483-58325-2(1));* 2017. pap. 10.57 *(978-0-243-22980-2(1))* Forgotten Bks.

Chickadee Like Me. Holly Kerr-Fernandez. 2022. (ENG., Illus.). 30p. (J). 23.00 *(978-1-63764-099-9(4))* Dorrance Publishing Co., Inc.

Chickamauga a Romance of the American Civil War (Classic Reprint) F. A. Mitchel. 2018. (ENG., Illus.). 298p. (J). 30.15 *(978-0-267-09464-6(7))* Forgotten Bks.

Chickasaw, 1 vol. Katie Lajiness. 2016. (Native Americans Ser.). (ENG., Illus.). 32p. (J). (gr. 2-5). 34.21 *(978-1-68078-197-7(9),* 21761, Big Buddy Bks.) ABDO Publishing Co.

Chickasaw Adventures: The Complete Collection. Illus. by Tom Lyle. 2019. (ENG.). (YA). 34.95 *(978-1-935684-79-4(5));* pap. 24.95 *(978-1-935684-80-0(9))* BHHR Energies Group.

Chicken. August Hoeft. (I See Animals Ser.). (ENG.). (J). (gr. k-1). 2022. 20p. 24.99 ***(978-1-5324-3393-1(X))***; 2022. 20p. pap. 12.99 ***(978-1-5324-4196-7(7))***; 2020. 12p. pap. 5.99 *(978-1-5324-1474-9(9))* Xist Publishing.

Chicken. Joyce L. Markovics. 2016. (See Them Grow Ser.). (ENG., Illus.). 24p. (J). (gr. -1-3). 26.99 *(978-1-68402-042-3(5))* Bearport Publishing Co., Inc.

Chicken & Millipede - Kuku Na Jongoo. Winny Asara. Illus. by Magriet Brink. 2023. (SWA.). 32p. (J). pap. ***(978-1-922876-29-4(1))*** Library For All Limited.

Chicken & Millipede - Poule et Mille-Pattes. Winny Asara. Illus. by Magriet Brink. 2022. (FRE.). 32p. (J). pap. ***(978-1-922849-73-1(1))*** Library For All Limited.

Chicken & the Egg: A Comprehensive Guide to the World of Chickens. Ann Desborough. 2017. (ENG., Illus.). 160p. (J). pap. *(978-1-86151-845-3(5)),* Mereo Bks.) Mereo Bks.

Chicken Book (Classic Reprint) Garth Williams. (ENG., Illus.). (J). 2017. 40p. 24.74 *(978-0-265-31345-9(7));* 2016. pap. 7.97 *(978-1-334-16366-1(9))* Forgotten Bks.

Chicken Boots: Bad Dog! / MGA Botang Pangmanok: Salbaheng Aso!: Babl Children's Books in Tagalog & English. Sarah Barrera. l.t. ed. 2017. (ENG., Illus.). (J). 14.99 *(978-1-68304-259-4(X))* Babl Books, Incorporated.

Chicken Boots / Bottes de Poulet: Babl Children's Books in French & English. Sarah Barrera. l.t. ed. 2018. (FRE., Illus.). 36p. (J). 14.99 *(978-1-68304-277-8(8))* Babl Books, Incorporated.

Chicken Boots / MGA Botang Pangmanok: Babl Children's Books in Tagalog & English. Sarah Barrera. l.t. ed. 2017. (ENG., Illus.). (J). 14.99 *(978-1-68304-258-7(1))* Babl Books, Incorporated.

Chicken Britches! Donald W. Kruse. Illus. by Billy Barron. 2016. (ENG.). (J). (gr. k-6). pap. 12.95 *(978-0-9969964-6-4(X))* Zaccheus Entertainment Co.

Chicken Bumps see Piel de Gallina

Chicken Bus Express to the Redo Shop Chapter Book: Sound-Out Phonics Books Help Developing Readers, Including Students with Dyslexia, Learn to Read (Step 10 in a Systematic Series of Decodable Books) Pamela Brookes. 2021. (ENG., Illus.). 96p. (J). 15.99 *(978-1-64831-077-5(X),* DOG ON A LOG Bks.) Jojoba Pr.

Chicken Called Doris. Gedling Day Services. 2017. (ENG., Illus.). (J). (gr. k-3). pap. *(978-1-78719-531-8(7))* Authors OnLine, Ltd.

Chicken Chickens. Valeri Gorbachev. 2021. (ENG., Illus.). 40p. (J). (gr. -1-3). 17.95 *(978-0-7358-4462-9(3))* North-South Bks., Inc.

Chicken Coloring Book: Adult Coloring Book, Backyard Chicken Owner Gift, Floral Mandala Coloring Pages, Doodle Animal Kingdom, Funny Quotes. Illus. by Paperland Online Store. 2021. (ENG.). 42p. (YA). pap. *(978-1-300-34163-5(7))* Lulu Pr., Inc.

Chicken Dance. Tammi Sauer. Illus. by Dan Santat. 2023. 44p. (J). (-k). 8.99 *(978-1-4549-4657-1(1),* Union Square Pr.) Sterling Publishing Co., Inc.

Chicken Farm. Jane Finch. Illus. by Jack Foster. 2018. (Chickens Laugh Out Loud Ser.: Vol. 1). (ENG.). 38p. (J). (gr. k-4). pap. 9.99 *(978-1-68160-611-8(9))* Crimson Cloak Publishing.

Chicken Forever. William Bak & Bak Nguyen. 2021. (ENG.). 80p. (J). pap. *(978-1-989536-62-9(X))* Nguyen, Ba Khoa.

Chicken Girl. Bonnie Rosario. 2019. (ENG.). 38p. (J). 14.95 *(978-1-64307-270-8(6))* Amplify Publishing Group.

Chicken Girl. Heather Smith. 240p. (YA). (gr. 7). 2020. (ENG.). pap. 10.99 *(978-0-14-319870-3(X));* 2019. 16.99 *(978-0-14-319868-0(8))* PRH Canada Young Readers CAN. (Penguin Teen). Dist: Penguin Random Hse. LLC.

Chicken Girls: Rhyme & the Runaway Twins. Brat. 2019. (ENG.). 192p. (J). (gr. 3-7). 12.99 *(978-1-5107-4218-5(2),* Sky Pony Pr.) Skyhorse Publishing Co., Inc.

Chicken Goon. Jacki Wilson. 2023. (ENG.). 38p. (J). 20.95 ***(978-1-63755-553-8(9)***, Mascot Kids) Amplify Publishing Group.

Chicken House. Doreen Cronin. ed. 2021. (Ready-To-Read Ser.). (ENG., Illus.). 32p. (J). (gr. 2-3). 15.46 *(978-1-68505-061-0(1))* Penworthy Co., LLC, The.

Chicken in Charge. Adam Lehrhaupt. Illus. by Shahar Kober. 2019. (I Can Read Level 1 Ser.). (ENG.). 32p. (J). (gr. -1-3). 16.99 *(978-0-06-236425-8(1));* pap. 4.99 *(978-0-06-236424-1(3))* HarperCollins Pubs. (HarperCollins).

Chicken in Charge. Adam Lehrhaupt. 2019. (I Can Read Ser.). (ENG.). 32p. (J). (gr. k-1). 14.96 *(978-0-87617-614-6(7))* Penworthy Co., LLC, The.

Chicken in Mittens. Adam Lehrhaupt. Illus. by Shahar Kober. 2017. (I Can Read Level 1 Ser.). (ENG.). 32p. (J). (gr. -1-3). 16.99 *(978-0-06-236415-9(4));* pap. 4.99 *(978-0-06-236414-2(6))* HarperCollins Pubs. (HarperCollins).

Chicken in Mittens. Adam Lehrhaupt. ed. 2018. (I Can Read Ser.). (ENG.). 32p. (J). (gr. -1-1). 13.89 *(978-1-64310-310-5(5))* Penworthy Co., LLC, The.

Chicken in School. Adam Lehrhaupt. Illus. by Shahar Kober. 2017. (ENG.). 40p. (J). (gr. -1-3). 17.99 *(978-0-06-236413-5(8),* HarperCollins) HarperCollins Pubs.

Chicken in Space. Adam Lehrhaupt. Illus. by Shahar Kober. 2016. (ENG.). 40p. (J). (gr. -1-3). 17.99 *(978-0-06-236412-8(X),* HarperCollins) HarperCollins Pubs.

Chicken in the City. C. L. Kovacik. 2022. (Chicken in the City Ser.: Vol. 1). (ENG.). 40p. (J). pap. 5.99 ***(978-1-956851-55-7(0))*** TouchPoint Pr.

Chicken Karaoke: Ready-To-Read Level 1. Heidi E. Y. Stemple. Illus. by Aaron Spurgeon. 2023. (Ready-To-Read Ser.). (ENG.). 32p. (J). (gr. -1-1). 17.99 *(978-1-6659-1390-4(8));* pap. 4.99 *(978-1-6659-1389-8(4))* Simon Spotlight. (Simon Spotlight).

Chicken King. Robbie Brown. 2019. (ENG., Illus.). 32p. (J). (gr. k-6). 12.95 *(978-1-64515-505-8(6));* 22.95 *(978-1-64458-597-9(9))* Christian Faith Publishing.

Chicken Liberation Army. Melanie Ifield. 2022. (ENG.). 138p. (J). pap. ***(978-0-9944198-9-7(9))*** Ifield, Melanie.

Chicken Licken & Foxy Loxy: Fairytales with a Twist. Farzana Sarup. 2019. (ENG.). 16p. (J). (gr. -1-k). pap. 1.99 ***(978-93-88810-41-8(4))*** Prakash Bk. Depot IND. Dist: Independent Pubs. Group.

Chicken Lips. Kristy Hamby. 2018. (ENG.). 38p. (J). 14.95 *(978-1-68401-878-9(1))* Amplify Publishing Group.

Chicken Little. Illus. by Bea Moritz. 2017. (5 Minute Storytime Ser.). (ENG.). 32p. (J). (gr. k-3). 6.99 *(978-1-4867-1276-2(2),* 77eb428a-5290-4d48-9b89-0093ce66aaca) Flowerpot Pr.

Chicken Little. Roberto Recchioni. Illus. by Elisabetta Melaranci. 2021. (Disney Classics Ser.). (ENG.). 48p. (J). (gr. 2-6). lib. bdg. 32.79 *(978-1-5321-4799-9(6),* 37010, Graphic Novels) Spotlight.

Chicken Little. Tiger Tales. Illus. by Nick East. 2016. (My First Fairy Tales Ser.). (ENG.). 32p. (J). (gr. -1-2). pap. 8.99 *(978-1-58925-476-3(7))* Tiger Tales.

Chicken Little & the Big Bad Wolf (the Real Chicken Little) Sam Wedelich. Illus. by Sam Wedelich. 2021. (ENG., Illus.). 40p. (J). (gr. -1-3). 17.99 *(978-1-338-35900-8(2),* Scholastic Pr.) Scholastic, Inc.

Chicken Little Jane. Lily Munsell Ritchie. 2017. (ENG., Illus.). (J). 24.95 *(978-1-374-98625-1(9));* pap. 14.95 *(978-1-374-98624-4(0))* Capital Communications, Inc.

Chicken Little: the Real & Totally True Tale (the Real Chicken Little) Sam Wedelich. Illus. by Sam Wedelich. 2020. (ENG., Illus.). 40p. (J). (gr. -1-3). 17.99 *(978-1-338-35901-5(0),* Scholastic Pr.) Scholastic, Inc.

Chicken Livers & Artichokes. Pina Bird. 2022. (ENG.). 38p. (J). 24.95 *(978-1-7370682-0-4(6))* Pina Bird Bks. LLC.

Chicken Market: And Other Fairy Tales (Classic Reprint) Henry Morley. 2018. (ENG., Illus.). 378p. (J). 31.69 *(978-0-483-67034-1(0))* Forgotten Bks.

Chicken Mission: Chaos in Cluckbridge. Jennifer Gray. Illus. by Hannah George. 2016. (ENG.). 192p. (J). pap. 8.50 *(978-0-571-29831-0(1),* Faber & Faber Children's Bks.) Faber & Faber, Inc.

Chicken Mission: the Mystery of Stormy Island. Jennifer Gray. Illus. by Hannah George. 2016. (ENG.). 192p. (J). pap. 8.50 *(978-0-571-29833-4(8),* Faber & Faber Children's Bks.) Faber & Faber, Inc.

Chicken Nugget Ambush. Mark Lowery. 2016. (Roman Garstang Disaster Ser.). (ENG.). 224p. (J). (gr. 4-7). pap. 8.99 *(978-1-84812-484-4(8))* Bonnier Publishing GBR. Dist: Independent Pubs. Group.

Chicken Nugget Love: A True Story of a Boy & His Love for Chicken Nuggets. Steven M. Roper. Illus. by Thakshi Dissanayake. 2022. (ENG.). 28p. (J). pap. 14.99 ***(978-1-0880-5293-8(2))*** Indy Pub.

Chicken Nuggets. Ellis M. Reed. 2019. (Favorite Foods Ser.). (ENG., Illus.). 24p. (J). (gr. 1-1). pap. 8.95 *(978-1-64185-557-0(6),* 1641855576) North Star Editions.

Chicken Nuggets. Ellis M. Reed. 2018. (Favorite Foods Ser.). (ENG., Illus.). 24p. (J). (gr. k-3). lib. bdg. 31.36 *(978-1-5321-6186-5(7),* 30155, Pop! Cody Koala) Pop!.

Chicken of the Sea. Viet Thanh Nguyen. 2019. (Illus.). (J). 18.99 *(978-1-944211-73-8(X),* 177a637d-de49-4ee5-8900-fe4f63369d61) McSweeney's Publishing.

Chicken on a Broom. Adam Lehrhaupt. Illus. by Shahar Kober. 2019. (I Can Read Level 1 Ser.). (ENG.). 32p. (J). (gr. -1-3). 16.99 *(978-0-06-236422-7(7));* pap. 4.99 *(978-0-06-236421-0(9))* HarperCollins Pubs. (HarperCollins).

Chicken on a Broom. Adam Lehrhaupt. 2019. (I Can Read Ser.). (ENG., Illus.). 32p. (J). (gr. k-1). 14.96 *(978-0-87617-615-3(5))* Penworthy Co., LLC, The.

Chicken on the Moon. Jana L. Farris. 2023. (ENG.). 34p. (J). 18.99 ***(978-1-64538-509-7(4))***; pap. 12.99 ***(978-1-64538-508-0(6))*** Orange Hat Publishing.

Chicken on Vacation. Adam Lehrhaupt. Illus. by Shahar Kober. 2018. (I Can Read Level 1 Ser.). (ENG.). 32p. (J). (gr. -1-3). 16.99 *(978-0-06-236419-7(7));* pap. 4.99 *(978-0-06-236418-0(9))* HarperCollins Pubs. (HarperCollins).

Chicken on Vacation. Adam Lehrhaupt. 2019. (I Can Read Ser.). (ENG.). 32p. (J). (gr. k-1). 14.96 *(978-0-87617-616-0(3))* Penworthy Co., LLC, The.

Chicken or Egg: Who Comes First? Brenda S. Miles & Susan D. Sweet. Illus. by Melon + Mandarina. 2017. (ENG.). 32p. (J). *(978-1-4338-2719-8(0))* American Psychological Assn.

Chicken Soup, Chicken Soup. Pamela Mayer. Illus. by Deborah Melmon. 2016. (ENG.). 32p. (J). (gr. -1-3). 17.99 *(978-1-4677-8934-9(8),* d1826602-2ac3-41a4-ba03-fbb1f5545a02, Kar-Ben Publishing) Lerner Publishing Group.

Chicken Soup for the Preteen Soul 21st Anniversary Edition: An Update of the 2000 Classic. Amy Newmark. 21st ed. 2021. 368p. (J). pap. 14.95 *(978-1-61159-080-7(9))* Chicken Soup for the Soul Publishing, LLC.

Chicken Soup for the Soul BABIES: Everyone Says Please (Except Cat) A Book about Manners. Jamie Michalak. Illus. by Katie Mazeika. 2021. (Chicken Soup for the Soul BABIES Ser.). 24p. (J). (— 1). bds. 8.99 *(978-1-62354-277-1(4))* Charlesbridge Publishing, Inc.

Chicken Soup for the Soul BABIES: Everyone Shares (Except Cat) A Book about Sharing. Jamie Michalak. Illus. by Katie Mazeika. 2021. (Chicken Soup for the Soul BABIES Ser.). 24p. (J). (— 1). bds. 8.99 *(978-1-62354-276-4(6))* Charlesbridge Publishing, Inc.

Chicken Soup for the Soul BABIES: Stuck! (Help Please!) Karol Ruth Silverstein. Illus. by Greg Paprocki. 2022. (Chicken Soup for the Soul BABIES Ser.). 22p. (J). (— 1). bds. 8.99 *(978-1-62354-285-6(5))* Charlesbridge Publishing, Inc.

Chicken Soup for the Soul KIDS: Oliver Powers Through: Helping Out at Home. Janay Brown-Wood. Illus. by Lorian Lorian Tu. 2022. (Chicken Soup for the Soul KIDS Ser.). 32p. (J). (gr. -1-2). 12.99 *(978-1-62354-278-8(2))* Charlesbridge Publishing, Inc.

Chicken Soup for the Soul KIDS: Sophie & the Tiny Dognapping: A Book about Doing the Right Thing. Jamie Michalak. Illus. by Lorian Lorian Tu. 2021. (Chicken Soup for the Soul KIDS Ser.). 32p. (J). (gr. -1-2). 12.99 *(978-1-62354-275-7(8))* Charlesbridge Publishing, Inc.

Chicken Soup for the Soul KIDS: the Sunshine Squad: Discovering What Makes You Special. Jamie Michalak. Illus. by Lorian Lorian Tu. 2021. (Chicken Soup for the Soul KIDS Ser.). 32p. (J). (gr. -1-2). 12.99 *(978-1-62354-274-0(X))* Charlesbridge Publishing, Inc.

Chicken Soup for the Teenage Soul 25th Anniversary Edition: An Update of the 1997 Classic. Amy Newmark. 25th ed. 2021. (Illus.). 368p. (YA). pap. 14.95 *(978-1-61159-081-4(7))* Chicken Soup for the Soul Publishing, LLC.

Chicken Soup with Rice: A Book of Months. Maurice Sendak. Illus. by Maurice Sendak. 2018. (ENG., Illus.). 32p. (J). (gr. -1-3). pap. 9.95 *(978-0-06-285440-7(2),* HarperCollins) HarperCollins Pubs.

Chicken Soup with Rice Board Book: A Book of Months. Maurice Sendak. Illus. by Maurice Sendak. 2017. (ENG., Illus.). 32p. (J). (gr. -1 — 1). bds. 7.95 *(978-0-06-266808-0(0),* HarperCollins) HarperCollins Pubs.

Chicken Stories: Our Stories with Grandma. Renice Townsend. 2019. (ENG., Illus.). 34p. (J). *(978-0-2288-0869-5(3));* pap. *(978-0-2288-0868-8(5))* Tellwell Talent.

Chicken Story Time. Sandy Asher. Illus. by Mark Fearing. 2016. (ENG.). 40p. (J). (-k). 18.99 *(978-0-8037-3944-4(3),* Dial Bks) Penguin Young Readers Group.

Chicken Talk. Patricia MacLachlan. Illus. by Jarrett J. Krosoczka. 2019. (ENG.). 32p. (J). (gr. -1-3). 17.99 *(978-0-06-239864-2(4),* Tegen, Katherine Bks) HarperCollins Pubs.

Chicken Talk Around the World. Carole Lexa Schaefer. Illus. by Pierr Morgan. 2021. 32p. (J). (gr. -1-3). 17.99 *(978-1-63217-291-4(7),* Little Bigfoot) Sasquatch Bks.

Chicken Wants a Nap. Tracy Marchini. Illus. by Monique Felix. 2017. 24p. (J). (gr. 1-3). 17.99 *(978-1-56846-308-7(1),* 20169, Creative Editions) Creative Co., The.

Chicken Who Ate Cheese off of China. Lora Jagla Welsh. 2019. (ENG., Illus.). 30p. (J). pap. 13.95 *(978-1-64471-046-3(3))* Covenant Bks.

Chicken Who Couldn't. Jan Thomas. Illus. by Jan Thomas. 2020. (ENG., Illus.). 56p. (J). (gr. -1-k). 18.99 *(978-1-4169-9699-6(0),* Beach Lane Bks.) Beach Lane Bks.

Chickenbit Is Brave. Tami Corbett. 2022. 40p. (J). pap. 14.99 *(978-1-6678-4063-5(0))* BookBaby.

Chickenfriend. Penny S. Roth. Illus. by Alyssa Busse. 2018. (ENG.). 32p. (J). (gr. -1). pap. 12.95 *(978-1-943027-27-9(7),* 164283) Electric Moon Publishing.

Chickenhare Volume 1: the House of Klaus. Chris Grine. Illus. by Chris Grine. 2022. (Chickenhare Ser.: 1). (ENG.). 160p. (J). (gr. 5-7). pap. 12.99 *(978-0-9895744-6-4(6))* Th3rd World Studios.

Chickenology: The Ultimate Encyclopedia. Barbara Sandri & Francesco Giubbilini. Illus. by Camilla Pintonato. 2021. (Farm Animal Ser.). (ENG.). 80p. (J). (gr. k-4). 19.95 *(978-1-61689-908-0(5))* Princeton Architectural Pr.

C

Chickens. Quinn M. Arnold. 2020. (Grow with Me Ser.). (ENG.). 32p. (J). (gr. 3-6). *(978-1-64026-229-4(6)*, 18217, Creative Education) Creative Co., The.

Chickens. Amy Culliford. 2021. (Farm Animal Friends Ser.). (ENG., Illus.). 16p. (J). (gr. -1-1). pap. *(978-1-4271-3245-1(3)*, 10704) Crabtree Publishing Co.

Chickens. Ruth Daly. 2019. (World Languages Ser.). (ENG.). 24p. (J). (gr. 3-7). lib. bdg. 35.70 *(978-1-4896-6911-7(6)*, AV2 by Weigl) Weigl Pubs., Inc.

Chickens. Lori Dittmer. 2020. (Grow with Me Ser.). (ENG.). 32p. (J). (gr. 3-6). pap. 12.00 *(978-1-62832-792-2(8)*, 18218, Creative Paperbacks) Creative Co., The.

Chickens. Kerri Mazzarella. 2023. (Who Lives in a Barn? Ser.). (ENG.). (J). (gr. k-2). 24p. lib. bdg. 27.93 ***(978-1-63897-961-6(8)***, 33577); (Illus.). pap. 8.95 Seahorse Publishing.

Chickens. Kate Riggs. 2017. (Seedlings Ser.). (ENG., Illus.). 24p. (J). (gr. -1-k). *(978-1-60818-783-6(7)*, 20125, Creative Education) Creative Co., The.

Chickens. Kari Schuetz. 2018. (Animals on the Farm Ser.). (ENG., Illus.). 24p. (J). (gr. k-1). lib. bdg. 26.95 *(978-1-62617-720-8(1)*, Blastoff! Readers) Bellwether Media.

Chickens. Jared Siemens. 2018. pap. *(978-1-4896-9525-3(7)*, AV2 by Weigl) Weigl Pubs., Inc.

Chickens. Leo Statts. 2016. (Farm Animals Ser.). (ENG., Illus.). 24p. (J). (gr. -1-2). lib. bdg. 31.36 *(978-1-68079-903-3(7)*, 24110, Abdo Zoom-Launch) ABDO Publishing Co.

Chickens: A Children's Farming & Agriculture Book with Facts! Bold Kids. 2022. (ENG.). 48p. (J). pap. 14.99 *(978-1-0717-0919-1(4))* FASTLANE LLC.

Chickens Come Home to Roost. L. B. Hilles. 2017. (ENG.). (J). 332p. pap. *(978-3-337-02678-3(8))*; 338p. pap. *(978-3-337-04140-3(X))* Creation Pubs.

Chickens Come Home to Roost: A Novel (Classic Reprint) L. B. Hilles. 2017. (ENG., Illus.). (J). 30.83 *(978-0-265-83466-4(X))* Forgotten Bks.

Chickens Don't Live in Tree Houses! Laura Willingham. 2022. (Lily Saves the Day Book Ser.: Vol. 3). (ENG.). 28p. (J). 19.95 *(978-1-68433-970-9(7))* Black Rose Writing.

Chickens Don't Swim! Laura Willingham. 2022. (Lily Saves the Day Book Ser.: Vol. 4). (ENG.). 30p. (J). 19.95 ***(978-1-68513-078-7(X))*** Black Rose Writing.

Chickens! Free-Range Coloring for Everyone - Drilled. Racehorse Publishing. 2021. (ENG.). 80p. (J). (gr. -1-4). pap. 6.99 *(978-1-63158-677-4(7)*, Racehorse Publishing) Skyhorse Publishing Co., Inc.

Chickens in the Attic Chapter Book: (Step 8) Sound Out Books (systematic Decodable) Help Developing Readers, Including Those with Dyslexia, Learn to Read with Phonics. Pamela Brookes. 2020. (Dog on a Log Chapter Books: Vol. 40). (ENG., Illus.). 96p. (J). (gr. 2-6). 15.99 *(978-1-64831-046-1(X)*, DOG ON A LOG Bks.) Jojoba Pr.

Chickens in the Bus: More Thoughts on Cultural Differences. Joseph Mbele. 2021. (ENG.). 43p. pap. *(978-1-312-15956-3(1))* Lulu Pr., Inc.

Chickens of Fowl Farm: A Story (Classic Reprint) Lena E. Barksdale. 2018. (ENG., Illus.). 38p. (J). 24.70 *(978-0-484-90057-7(9))* Forgotten Bks.

Chickens on the Loose. Jane Kurtz. Illus. by John Joseph. 2021. 32p. (J). (gr. -1-3). 17.99 *(978-1-5132-6724-1(8)*, West Margin Pr.) West Margin Pr.

Chickensaurus. James Foley. 2021. (S. Tinker Inc Ser.). 200p. (J). 9.95 *(978-1-925815-78-8(1))* Fremantle Pr. AUS. Dist: Independent Pubs. Group.

Chickentown Mystery. Albert Arrayás. Illus. by Albert Arrayás. 2021. (ENG., Illus.). 48p. (J). (gr. -1). 17.95 *(978-2-89802-274-6(8)*, CrackBoom! Bks.) Chouette Publishing CAN. Dist: Publishers Group West (PGW).

Chickin Fishin. M. C. Grant. 2018. (ENG., Illus.). 30p. (J). pap. 12.95 *(978-1-64082-766-0(8))* Page Publishing Inc.

CHICKnapped! Danielle Gallagher. 2022. (ENG.). 46p. (J). pap. 15.00 *(978-1-953507-76-1(X))* Brightlings.

Chicks. Kelsey Jopp. 2019. (Animal Babies Ser.). (ENG., Illus.). 16p. (J). (gr. k-1). pap. 7.95 *(978-1-64185-813-7(3)*, 1641858133, Focus Readers) North Star Editions.

Chicks. Anastasia Suen. 2019. (Spot Baby Farm Animals Ser.). (ENG.). 16p. (J). (gr. -1-2). lib. bdg. *(978-1-68151-529-8(6)*, 14490) Amicus.

Chicks 2, 4, 6: A Baby Animals Counting by Twos Book. Martha E. H. Rustad. 2016. (1, 2, 3 Count with Me Ser.). (ENG., Illus.). 24p. (J). (gr. k-2). pap. 8.99 *(978-1-68152-111-4(3)*, 15522); lib. bdg. 20.95 *(978-1-60753-920-9(9)*, 15516) Amicus.

Chicks Bee Heroes. Jazmyn McGhee. Illus. by Brittany Raffin. 2021. 36p. (J). pap. 16.00 *(978-1-6678-1161-1(4))* BookBaby.

Chicks Don't Eat Candy: A Light-Hearted Book on What Flavors Chicks Can Taste. Kelly Tills. 2022. (Awesome Animals Ser.). (ENG.). 28p. (J). 19.99 *(978-1-955758-71-0(9))*; pap. 11.49 *(978-1-955758-36-9(0))* FDI Publishing.

Chicks, Ducklings & Other Baby Birds Coloring Book. Smarter Activity Books for Kids. 2016. (ENG., Illus.). (J). pap. 9.22 *(978-1-68374-540-2(X))* Examined Solutions PTE. Ltd.

Chicks Eat Puke!, 1 vol. Bert Wilberforce. 2017. (Nature's Grossest Ser.). (ENG.). 24p. (J). (gr. 1-2). pap. 9.15 *(978-1-5382-0941-7(1)*, a67f1a5c-536d-47d5-bbc4-52c5f9264d63) Stevens, Gareth Publishing LLLP.

Chicks in the Barn. Aly Fronis. Illus. by Jannie Ho. 2018. (ENG.). 16p. (J). (gr. -1-k). bds. 5.99 *(978-1-4998-0483-6(0))* Little Bee Books Inc.

Chicks Rock! Sudipta Bardhan-Quallen. 2021. (ENG., Illus.). 40p. (J). (gr. -1-3). 16.99 *(978-1-4197-4570-6(0)*, 1696301) Abrams, Inc.

Chicks Rule! Sudipta Bardhan-Quallen & Renée Kurilla. 2019. (ENG., Illus.). 40p. (J). (gr. -1-3). 16.99 *(978-1-4197-3414-4(8)*, 1210501, Abrams Bks. for Young Readers) Abrams, Inc.

Chicky's Fund. J. Gayle Hays. 2019. (ENG.). 94p. (J). pap. 8.99 *(978-1-68471-253-3(X))* Lulu Pr., Inc.

Chico: Leveled Reader Book 68 Level d 6 Pack. Hmh Hmh. 2021. (SPA.). 16p. (J). pap. 74.40 *(978-0-358-08195-1(5))* Houghton Mifflin Harcourt Publishing Co.

Chico Bear's Big Texas Adventure. Vanesa Salinas-Diaz. 2016. (ENG., Illus.). (J). pap. 19.99 *(978-1-4834-3437-7(0))* Lulu Pr., Inc.

Chico Bon Bon & the Egg-Mergency! Tina Gallo. ed. 2022. (Chico Bon Bon 8x8 Bks). (ENG.). 24p. (J). (gr. k-1). 15.96 ***(978-1-68505-278-2(9))*** Penworthy Co., LLC, The.

Chico Bon Bon & the Egg-Mergency! Adapted by Tina Gallo. 2021. (Chico Bon Bon: Monkey with a Tool Belt Ser.). (ENG.). 24p. (J). (gr. -1-2). pap. 4.99 *(978-1-6659-0482-7(8)*, Simon Spotlight) Simon Spotlight.

Chico de la Flecha. Espido Freire. 2017. (SPA., Illus.). 239p. (J). (gr. 7-9). pap. 19.99 *(978-84-698-0907-5(5))* Grupo Anaya, S.A. ESP. Dist: Lectorum Pubns., Inc.

Chico de Las Estrellas (nueva Edición) Chris Pueyo. 2023. (SPA.). 224p. (YA). pap. 17.95 ***(978-607-07-9469-8(9))*** Editorial Planeta, S. A. ESP. Dist: Two Rivers Distribution.

Chico de lo Más Normal / Ungifted. Gordon Korman. 2021. (SPA.). 264p. (J). (gr. 4-7). pap. 13.95 *(978-1-64473-437-7(0)*, B De Blook) Penguin Random House Grupo Editorial ESP. Dist: Penguin Random Hse. LLC.

Chico Más Veloz Del Mundo. Elisabeth Laird. 2017. (Jóvenes Lectores Ser.). (SPA.). 152p. (J). (gr. 4-7). pap. 8.95 *(978-84-8343-404-8(0)*, Bambu, Editorial) Combel Editorial, S.A. ESP. Dist: Independent Pubs. Group.

Chico Que lo Sabía (Carlo Acutis) Corinna Turner. Tr. by Juliana Benavides. 2020. (Amigos en Las Alturas Ser.: Vol. 1). (SPA.). 100p. (YA). pap. *(978-1-910806-48-7(X))* Zephyr Publishing.

chico que nadaba con las pirañas. David Almond. 2017. (Jóvenes Lectores Ser.). (SPA.). 232p. (J). (gr. 4-7). pap. 9.95 *(978-84-8343-401-7(6)*, Bambu, Editorial) Combel Editorial, S.A. ESP. Dist: Independent Pubs. Group.

Chico the Story of a Homing Pigeon (Classic Reprint) Lucy M. Blanchard. 2018. (ENG., Illus.). 146p. (J). 26.93 *(978-0-267-20444-1(2))* Forgotten Bks.

Chicory & Roux: The Creole Mouse & the Cajun Mouse, 1 vol. Todd-Michael St. Pierre. Illus. by Lee Brandt Randall. 2017. (ENG.). 32p. (J). (gr. k-3). 17.99 *(978-1-4556-2237-5(0)*, Pelican Publishing) Arcadia Publishing.

Chicos Mindful. Whitney Stewart. Illus. by Mina Braun. 2020. (Barefoot Books Activity Decks Ser.). (SPA.). 50p. (J). (gr. k-5). 16.99 *(978-1-64686-074-6(8))* Barefoot Bks., Inc.

Chicos Típicamente Americanos. Jason Reynolds & Brendan Kiely. 2019. (SPA.). 280p. (YA). pap. 14.99 *(978-987-747-466-4(2))* V&R Editoras.

Chicot, the Jester (la Dame de Monsoreau) A Sequel to Marguerite de Valois (Classic Reprint) Alexandre Dumas. 2018. (ENG., Illus.). 470p. (J). 33.59 *(978-0-364-31173-8(8))* Forgotten Bks.

Chief, 1915 (Classic Reprint) Lowell White. (ENG., Illus.). (J). 2018. 114p. 26.25 *(978-0-364-79599-6(9))*; 2017. pap. 9.57 *(978-0-259-98361-3(6))* Forgotten Bks.

Chief Ancient Philosophies: The Ethics of Aristotle. I. Gregory Smith. 2017. (ENG., Illus.). (J). pap. *(978-0-649-44935-4(5))* Trieste Publishing Pty Ltd.

Chief Ancient Philosophies; the Ethics of Aristotle. I. Gregory Smith. 2017. (ENG., Illus.). (J). pap. *(978-0-649-47812-5(6))* Trieste Publishing Pty Ltd.

Chief (Classic Reprint) Greenville High School. 2018. (ENG., Illus.). 130p. (J). 26.58 *(978-0-332-13844-2(5))* Forgotten Bks.

Chief Dan George - Poet, Actor & Public Speaker of the Tsleil-Waututh Tribe Canadian History for Kids True Canadian Heroes - Indigenous People of Canada Edition. Professor Beaver. 2021. (ENG.). 74p. (J). 24.99 *(978-0-2282-3589-7(8))*; pap. 14.99 *(978-0-2282-3532-3(4))* Speedy Publishing LLC. (Professor Beaver).

Chief Enos, the First of the Modoc Massacres: A Tragedy in Four Acts (Classic Reprint) William Chacey Avery. (ENG., Illus.). (J). 2018. 34p. 24.62 *(978-0-656-75421-2(4))*; 2017. pap. 7.97 *(978-0-259-79666-4(2))* Forgotten Bks.

Chief Joseph. Jennifer Strand. 2017. (Native American Leaders Ser.). (ENG., Illus.). 24p. (J). (gr. -1-2). lib. bdg. 31.36 *(978-1-5321-2022-0(2)*, 25308, Abdo Zoom-Launch) ABDO Publishing Co.

Chief Legatee (Classic Reprint) Anna Katharine Green. 2018. (ENG., Illus.). 336p. (J). 30.85 *(978-0-365-01571-0(7))* Forgotten Bks.

Chief, Vol. 11: Published by the Senior Class of the Greenville High School; May 1921 (Classic Reprint) Harry E. Culbertson. 2017. (ENG., Illus.). (J). 146p. 26.91 *(978-0-332-45220-3(4))*; pap. 9.57 *(978-0-259-86148-5(0))* Forgotten Bks.

Chief, Vol. 12: May, 1922 (Classic Reprint) Greenville High School. 2017. (ENG., Illus.). (J). 148p. 26.95 *(978-0-484-89730-3(6))*; pap. 9.57 *(978-0-259-80738-4(9))* Forgotten Bks.

Chief, Vol. 13: May, 1923 (Classic Reprint) Greenville High School. (ENG., Illus.). (J). 2018. 164p. 27.30 *(978-0-666-36273-5(4))*; 2017. pap. 9.97 *(978-0-259-94183-5(2))* Forgotten Bks.

Chief, Vol. 7: May, 1917 (Classic Reprint) Erwin Trittschuh. 2017. (ENG., Illus.). (J). 26.17 *(978-0-260-35948-3(3))*; pap. 9.57 *(978-0-265-10228-2(6))* Forgotten Bks.

Chief, Vol. 8: May, 1918 (Classic Reprint) Greenville High School. (ENG., Illus.). (J). 2018. 114p. 26.27 *(978-0-332-93863-9(8))*; 2017. pap. 9.57 *(978-0-259-89211-3(4))* Forgotten Bks.

Chiefs & Cities of Central Africa, Across Lake Chad by Way of British, French, & German Territories. Olive MacLeod. 2019. (ENG.). 486p. (J). pap. *(978-93-89169-36-2(4))* Alpha Editions.

Chiefs & Cities of Central Africa, Across Lake Chad by Way of British, French, & German Territories (Classic Reprint) Olive MacLeod. 2017. (ENG., Illus.). (J). 34.06 *(978-0-331-78480-0(7))* Forgotten Bks.

Chieftain's Daughter: Violet Moon Series Book 2. Alisa Hope Wagner. 2019. (Violet Moon Ser.: 2). (ENG., Illus.). 358p. (J). pap. 16.99 *(978-1-7334333-2-7(5))* Marked Writers Publishing.

Chien: Histoire Naturelle; Races d'Utilite et d'Agrement, Reproduction, Education, Hygiene, Maladies, Legislation (Classic Reprint) Eugene Gayot. 2017. (FRE., Illus.). (J). pap. 20.57 *(978-0-282-92758-5(1))* Forgotten Bks.

Chien-Shiung Wu: Nuclear Physicist. Nel Yomtov. 2017. (Women in Science Ser.). (ENG., Illus.). 112p. (J). (gr. 6-12). lib. bdg. 41.36 *(978-1-5321-1046-7(4)*, 25668, Essential Library) ABDO Publishing Co.

Chien-Shiung Wu: Physicist. Connor Stratton. 2021. (Important Women Ser.). (ENG., Illus.). 32p. (J). (gr. 2-3). pap. 9.95 *(978-1-64493-729-7(8))*; lib. bdg. 31.35 *(978-1-64493-693-1(3))* North Star Editions. (Focus Readers).

Chien-Shiung Wu: First Lady of Physics. Alexis David. 2022. (Blue Delta Biographies Ser.). (ENG.). 48p. (YA). (gr. 8-12). pap. 12.95 *(978-1-63889-007-2(2))* Saddleback Educational Publishing, Inc.

Chievous: I Choose Me. A a Sanchez. 2022. (ENG., Illus.). 144p. (J). pap. 16.95 ***(978-1-6624-8124-6(1))*** Page Publishing Inc.

Chiffon's Marriage (Classic Reprint) G. y P. 2017. (ENG., Illus.). 234p. (J). 28.72 *(978-0-484-03852-2(4))* Forgotten Bks.

Chiffres. Douglas Bender. Tr. by Annie Evearts. 2021. (S'amuser Avec les Maths (Fun with Math) Ser.).Tr. of Numbers. (FRE., Illus.). 16p. (J). (gr. -1-1). pap. *(978-1-0396-0420-9(X)*, 13607) Crabtree Publishing Co.

Chiffres de Maya. Martine Latulippe. Illus. by Fabrice Boulanger. 2019. (Mondes de Maya Ser.: 1). (FRE.). 24p. (J). (gr. -1 — 1). 19.95 *(978-2-7644-3913-5(X))* Quebec Amerique CAN. Dist: Orca Bk. Pubs. USA.

Chihuahua. Christine Davies. 2017. (Dog Lover's Guides: Vol. 18). (ENG., Illus.). 128p. (J). (gr. 3-7). 26.95 *(978-1-4222-3853-0(9))* Mason Crest.

Chihuahuas. Valerie Bodden. 2018. (Fetch! Ser.). (ENG.). 24p. (J). (gr. 1-4). *(978-1-60818-898-7(1)*, 19522, Creative Education); pap. 8.99 *(978-1-62832-514-0(3)*, 19520, Creative Paperbacks) Creative Co., The.

Chihuahuas. Sarah Frank. 2019. (Lightning Bolt Books (r) — Who's a Good Dog? Ser.). (ENG., Illus.). 24p. (J). (gr. 1-3). 29.32 *(978-1-5415-5573-0(2)*, bd698133-3718-44c4-b25a-c1cacab77633); pap. 9.99 *(978-1-5415-7465-6(6)*, b753a9da-40ed-429d-8bfa-17e4fa9ef91c) Lerner Publishing Group. (Lerner Pubns.).

Chihuahuas. Grace Hansen. 2021. (Dogs (Abdo Kids Jumbo) Ser.). (ENG.). 24p. (J). (gr. -1-2). lib. bdg. 32.79 *(978-1-0982-0600-0(2)*, 37847, Abdo Kids) ABDO Publishing Co.

Chihuahuas. Margaret Mincks. 2017. (Doggie Data Ser.). (ENG., 32p. (J). Illus.). (gr. 2-7). 9.95 *(978-1-68072-454-7(1))*; (gr. 4-6). pap. 9.99 *(978-1-64466-191-8(8)*, 11430); (Illus.). (gr. 4-6). lib. bdg. *(978-1-68072-151-5(8)*, 10486) Black Rabbit Bks. (Bolt).

Chihuahuas. Mari Schuh. 2016. (Awesome Dogs Ser.). (ENG., Illus.). 24p. (J). (gr. k-3). lib. bdg. 26.95 *(978-1-62617-305-7(2)*, Blastoff! Readers) Bellwether Media.

Chihuahuas. Marysa Storm. 2022. (Our Favorite Dogs Ser.). (ENG.). 24p. (J). (gr. k-3). *(978-1-62310-468-9(8)*, 13560, Bolt Jr.) Black Rabbit Bks.

Chihuahuas, Pomeranians, & Other Toy Dogs. Tammy Gagne. 2016. (Dog Encyclopedias Ser.). (ENG., Illus.). 32p. (J). (gr. 3-9). lib. bdg. 28.65 *(978-1-5157-0300-6(2)*, 131938, Capstone Pr.) Capstone.

Chika the Chicken Eats Alphabet Soup. Valorie L. Cochrane. 2018. (ENG., Illus.). 32p. (J). (gr. k-4). 19.99 *(978-0-9992841-3-1(4))*; pap. 9.99 *(978-0-9992841-4-8(2))* Cochrane Farms.

Chikasha Holisso Holba: Chickasaw Picture & Coloring Book. Vinne May Humes. 2019. (ENG.). (J). pap. 5.95 *(978-1-935684-81-7(7))* BHHR Energies Group.

Chikki Bites - Koyal's Concert & Other Short Stories. Sunil Shivasale. 2022. (ENG.). 86p. (J). pap. 6.00 *(978-1-63640-591-9(6)*, White Falcon Publishing) White Falcon Publishing.

Chikki Bites - Koyal's Concert & Other Short Stories (Hardcover) Sunil Shivasale. 2022. (ENG.). 86p. (J). 12.99 *(978-1-63640-592-6(4)*, White Falcon Publishing) White Falcon Publishing.

Chikkin Hazard: A Novel by Charles Readit & Dion Bounceycore (Classic Reprint) Francis Cowley Burnand. 2018. (ENG., Illus.). 130p. (J). 26.58 *(978-0-483-75638-0(5))* Forgotten Bks.

Chikorita Challenge (Pokémon Classic Chapter Book #11) Tracey West. 2018. (Pokémon Chapter Bks.: 21). (ENG.). 96p. (J). (gr. 2-5). pap. 4.99 *(978-1-338-28408-9(8))* Scholastic, Inc.

Chilah. Anthony Nelson. (ENG., Illus.). 40p. (J). 2022. pap. 15.95 *(978-1-68498-490-9(4))*; 2019. 24.95 *(978-1-64531-064-8(7))* Newman Springs Publishing, Inc.

Child & Childhood in Folk-Thought: Studies of the Activities & Influences of the Child among Primitive Peoples, Their Analogues & Survivals in the Civilization of To-Day. Alexander F. Chamber. 2017. (ENG., Illus.). (J). 31.95 *(978-1-374-87920-1(7))*; pap. 22.95 *(978-1-374-87919-5(3))* Capital Communications, Inc.

Child & the Aspen Tree. Angela Tarrant. 2016. (ENG.). 38p. (J). pap. ***(978-1-365-43718-2(3))*** Lulu Pr., Inc.

Child Andrea (Classic Reprint) Karin Michaelis. 2018. (ENG., Illus.). 148p. (J). 26.95 *(978-0-364-98999-9(8))* Forgotten Bks.

Child-Angel, & Angel Lily (Classic Reprint) Mary A. Denison. 2018. (ENG., Illus.). 50p. (J). 24.95 *(978-0-483-99550-5(9))* Forgotten Bks.

Child As a Peacemaker. John Nga'sike. Illus. by Jacob Kono. 2022. (ENG.). 32p. (J). pap. ***(978-1-922910-85-1(6))*** Library For All Limited.

Child As a Peacemaker - Mtoto Aliyeleta Amani. John Nga'sike. Illus. by Jacob Kono. 2023. (SWA.). 32p. (J). pap. ***(978-1-922910-27-1(9))*** Library For All Limited.

Child at Home, or the Principles of Filial Duty: Familiarly Illustrated (Classic Reprint) John S. C. Abbott. (ENG., Illus.). (J). 2018. 322p. 30.54 *(978-0-428-74255-3(6))*; 2017. pap. 13.57 *(978-0-243-31747-9(6))* Forgotten Bks.

Child at Home, or the Principles of Filial Duty Familiarly Illustrated (Classic Reprint) John Stevens Cabot Abbott. (ENG., Illus.). (J). 2018. 176p. 27.55 *(978-0-332-81878-8(0))*; 2017. pap. 9.97 *(978-0-243-47364-9(8))* Forgotten Bks.

Child (Classic Reprint) Hope Farm Man. 2018. (ENG., Illus.). 192p. (J). 27.86 *(978-0-483-64755-8(1))* Forgotten Bks.

Child Classics: The Fifth Reader (Classic Reprint) Georgia Alexander. 2017. (ENG., Illus.). (J). 390p. 31.94 *(978-0-484-39076-7(7))*; pap. 16.57 *(978-0-259-24370-0(1))* Forgotten Bks.

Child Classics: The First Reader (Classic Reprint) Georgia Alexander. 2018. (ENG., Illus.). 124p. (J). 26.45 *(978-0-267-27153-5(0))* Forgotten Bks.

Child Classics: The Fourth Reader. Georgia Alexander. 2017. (ENG., Illus.). (J). pap. *(978-0-649-54637-4(7))* Trieste Publishing Pty Ltd.

Child Classics: The Primer (Classic Reprint) Georgia Alexander. 2017. (ENG., Illus.). (J). 25.92 *(978-0-265-59769-9(2))*; pap. 9.57 *(978-0-282-99788-5(1))* Forgotten Bks.

Child Classics: The Sixth Reader (Classic Reprint) Georgia Alexander. (ENG., Illus.). (J). 2018. 374p. 31.63 *(978-0-365-40661-7(9))*; 2017. pap. 16.57 *(978-1-5276-7688-6(9))* Forgotten Bks.

Child Classics: The Third Reader. Georgia Alexander. 2017. (ENG., Illus.). (J). pap. *(978-0-649-52861-5(1))* Trieste Publishing Pty Ltd.

Child Classics: The Third Reader (Classic Reprint) Georgia Alexander. 2017. (ENG., Illus.). (J). 29.42 *(978-0-265-71417-1(6))*; pap. 11.97 *(978-1-5276-6878-2(9))* Forgotten Bks.

Child Classics; the Fourth Reader (Classic Reprint) Georgia Alexander. (ENG., Illus.). (J). 2018. 298p. 30.04 *(978-0-332-43013-3(8))*; 2017. pap. 13.57 *(978-0-243-93918-3(3))* Forgotten Bks.

Child Development Readers: Fifth Grade Manual to Accompany Tales & Travel (Classic Reprint) Julia Letheld Hahn. 2017. (ENG., Illus.). (J). 284p. 29.77 *(978-0-484-61492-4(4))*; pap. 13.57 *(978-0-259-86643-5(1))* Forgotten Bks.

Child Development Readers: Meeting Our Neighbors (Classic Reprint) Jennie Wahlert. (ENG., Illus.). (J). 2018. 374p. 31.61 *(978-0-484-84302-7(8))*; 2017. pap. 13.97 *(978-0-243-38035-0(6))* Forgotten Bks.

Child Dialect Verse (Classic Reprint) Adelaide Pugh Smith. (ENG., Illus.). (J). 2018. 36p. 24.66 *(978-0-332-49189-9(7))*; 2016. pap. 7.97 *(978-1-334-20344-2(X))* Forgotten Bks.

Child Far Away. Jason Ray Forbus. Illus. by Pompeo Di Mambro. (ENG.). (J). 2020. 50p. *(978-88-3346-507-4(1))*; 2018. 46p. pap. *(978-88-3346-109-0(2))* Ali Ribelli Edizioni.

Child Focus Test: Hidden Picture Books for Children Age 5. Jupiter Kids. 2018. (ENG., Illus.). 64p. (J). pap. 12.55 *(978-1-5419-3624-9(8)*, Jupiter Kids (Childrens & Kids Fiction)) Speedy Publishing LLC.

Child-Friendly Sudoku - Easy to Medium Puzzle Special. Senor Sudoku. 2019. (ENG.). 78p. (J). pap. 7.99 *(978-1-64521-470-0(2))* Editorial Imagen.

Child-Garden of Story, Song, & Play, Vol. 2: Kindergarten Magazine for Children, December, 1893 December, 1894 (Classic Reprint) Unknown Author. 2017. (ENG., Illus.). (J). 422p. 32.60 *(978-0-332-65553-6(9))*; pap. 16.57 *(978-0-259-40254-1(0))* Forgotten Bks.

Child Horizons, 10 vols, Set. Incl. Bible Story Hour. Louisa M. Johnson. (gr. k-4). 1996. 22.95 *(978-0-87392-002-5(3))*; Parade of Stories. Ed. by Anne Neigoff. (gr. k-4). 1996. 22.95 *(978-0-87392-005-6(8))*; Plant & Animal Ways. Margaret Murphy. (gr. 4-6). 1996. 22.95 *(978-0-87392-114-5(3))*; Questions Children Ask. Edith Bonhivert & Ernest Bonhivert. (gr. 2-4). 1997. 22.95 *(978-0-87392-010-0(4))*; Story Hour. Ester M. Bjoland. (gr. k-4). 1996. 22.95 *(978-0-87392-003-2(1))*; Words to Know. Harry Bricker & Yvonne Beckwith. (gr. k-3). 1997. 22.95 *(978-0-87392-011-7(2))*; (J). 200.00 *(978-0-87392-500-6(9)*, Ferguson Publishing Company) Infobase Holdings, Inc.

Child in Child City: A True Story. Laura Ricard. 2021. (ENG.). 42p. (J). *(978-1-5255-8767-2(6))*; pap. *(978-1-5255-8766-5(8))* FriesenPress.

Child in the Temple (Classic Reprint) Frank James Mathew. 2017. (ENG., Illus.). 202p. (J). 28.06 *(978-0-332-41155-2(9))* Forgotten Bks.

Child Inside: Holiday Memories & Seasonal Poetry for Children. Crystal Lee. 2020. (ENG., Illus.). 86p. (J). pap. 16.95 *(978-1-64584-039-8(5))* Page Publishing Inc.

Child Jesus: And Other Talks to the Children (Classic Reprint) Alexander MacLeod. 2017. (ENG., Illus.). (J). 29.98 *(978-0-266-68070-3(4))*; pap. 13.57 *(978-1-5276-5091-6(X))* Forgotten Bks.

Child-Land: Picture-Pages for the Little Ones; Containing Nearly 200 Designs (Classic Reprint) Oscar Pletch. 2018. (ENG., Illus.). 200p. (J). 28.02 *(978-0-267-87178-0(3))* Forgotten Bks.

Child-Library Readers: Primer (Classic Reprint) William Harris Elson. 2019. (ENG., Illus.). (J). 148p. 26.95 *(978-1-397-28226-2(6))*; 150p. pap. 9.57 *(978-1-397-28123-4(5))* Forgotten Bks.

Child Life Fifth Reader (Classic Reprint) Etta Austin Blaisdell. 2017. (ENG., Illus.). (J). 31.82 *(978-1-5285-7980-3(1))* Forgotten Bks.

Child-Life in Egypt (Classic Reprint) M. L. Whately. (ENG., Illus.). (J). 2018. 330p. 30.70 *(978-0-484-32130-3(7))*; 2017. pap. 13.57 *(978-0-243-50933-1(2))* Forgotten Bks.

Child-Life in Italy. Emily H. Watson. 2018. (ENG.). 372p. (J). pap. *(978-3-337-42006-2(0))* Creation Pubs.

Child-Life in Italy: A Story of Six Years Abroad (Classic Reprint) Emily H. Watson. (ENG., Illus.). (J). 2017. 370p. 31.55 *(978-0-484-03059-5(0))*; 2016. pap. 13.97 *(978-1-333-57554-0(8))* Forgotten Bks.

Child-Life in Japan & Japanese Child-Stories. Matilda Chaplin Ayrton. 2017. (ENG.). 172p. (J). pap. *(978-3-337-16440-9(4))* Creation Pubs.

Child-Life in Japan & Japanese Child Stories (Classic Reprint) Matilda Chaplin Ayrton. 2018. (ENG., Illus.). 162p. (J). 27.26 *(978-0-483-94472-5(6))* Forgotten Bks.

Child Life in Literature: A Fourth Reader (Classic Reprint) Etta Austin Blaisdell. 2018. (ENG., Illus.). 252p. (J). 29.05 *(978-0-484-61959-2(4))* Forgotten Bks.

336 The check digit for ISBN-10 appears in parentheses after the full ISBN-13

TITLE INDEX — CHILDREN COLORING BOOK. INTRICATE ANIMAL

Child Life in Many Lands: A Third Reader (Classic Reprint) Etta Austin Blaisdell. 2017. (ENG., Illus.). (J). 28.02 (978-0-266-21197-6(6)) Forgotten Bks.

Child Life in Many Lands: a Third Reader. Etta Austin Blaisdell. 2017. (ENG., Illus.). (J). pap. (978-0-649-21015-2(8)) Trieste Publishing Pty Ltd.

Child Life in Prose (Classic Reprint) John G. Whittier. 2018. (ENG., Illus.). 304p. (J). 30.19 (978-0-483-57030-8(3)) Forgotten Bks.

Child Life in Tale & Fable: A Second Reader (Classic Reprint) Etta Austin Blaisdell. 2017. (ENG., Illus.). (J). 27.26 (978-0-331-12354-2(4)). pap. 9.97 (978-0-243-94051-6(3)) Forgotten Bks.

Child Life in the Colonies: New Amsterdam (Classic Reprint) Virginia Baker. 2017. (ENG., Illus.). (J). 24.66 (978-0-266-62875-7(2)) Forgotten Bks.

Child Like You. Na'ima Robert. Illus. by Nadine Kaadan. 2023. (ENG.). 32p. (J). 18.95 (978-1-63217-723-0(0)). Crocodile Bks.) Interlink Publishing Group, Inc.

Child-Lore Dramatic Reader (Classic Reprint) Catherine T. Bryce. (ENG., Illus.). (J). 2018. 128p. 26.56 (978-0-483-19242-3(2)). 2016. pap. 9.57 (978-1-334-15903-3(7)) Forgotten Bks.

Child Observations: First Series: Imitation & Allied Activities, Made by the Students, & Published under the Auspices of the Graduates' Association, of the State Normal School at Worcester, Mass (Classic Reprint) Ellen M. Haskell. 2018. (ENG., Illus.). 306p. (J). 30.23 (978-0-365-03087-2(9)) Forgotten Bks.

Child of an Elle: A Forbidden Island Novella. Lianne Simon. 2021. (ENG.). 90p. (J). pap. 7.99 (978-0-63851-482-7-(6)) Fate Miss.

Child of Books. Oliver Jeffers & Sam Winston. Illus. by Oliver Jeffers & Sam Winston. (ENG.). 40p. (J). (gr. 1-4). 2021. 9.99 (978-1-5362-2192-3(9)). 2016. (Illus.). 19.99 (978-0-7636-9077-9(5)) Candlewick Pr.

Child of Chaos. Glen R. Dahlgren. 2020. (ENG.). 350p. (YA). 29.99 (978-1-0879-1600-2(5)) Indy Pub.

Child of Destiny (Classic Reprint) William J. Fischer. 2018. (ENG., Illus.). (J). 286p. 30.04 (978-0-366-47326-7(3)). 300p. pap. 13.57 (978-0-366-47311-3(5)) Forgotten Bks.

Child of Galaxies. Blake Nuto. Illus. by Charlotte Ager. 2020. (ENG.). 40p. (J). (4). 18.95 (978-1-912497-42-4(3)) Flying Eye Bks. GBR. Dist: Penguin Random Hse. LLC.

Child of Genius: A Sketch Book for Winter Evenings, & Summer Afternoons (Classic Reprint) Jerome James Wood. 2018. (ENG., Illus.). 106p. (J). 26.10 (978-0-666-22044-8(1)) Forgotten Bks.

Child of Glass. Beatrice Alemagna. 2019. (Illus.). 52p. (gr. 1-5). 18.95 (978-1-59270-303-6(8)) Enchanted Lion Bks., LLC.

Child of God: Or What Comes of Our Baptism (Classic Reprint) Mary Loyola. 2018. (ENG., Illus.). 312p. (J). 30.35 (978-0-332-63801-5(4)) Forgotten Bks.

Child of Light, Divine You Are. Stefanie Hart. Illus. by Fenny Fu. 2020. (ENG.). 46p. (J). pap. 14.99 (978-1-6625-0107-9(2)) CreateSpace Prt.

Child of My Wife (Classic Reprint) Charles Paul de Kock. 2017. (ENG., Illus.). (J). 29.61 (978-0-265-37782-6(0)) Forgotten Bks.

Child of Nature. Robert Williams Buchanan. 2017. (ENG.). 324p. (J). pap. (978-3-337-04907-2(9)) Creativ Publishing.

Child of Nature: A Romance (Classic Reprint) Robert Williams Buchanan. 2017. (ENG., Illus.). (J). 30.58 (978-0-331-90391-7(4)) Forgotten Bks.

Child of Pleasure (Classic Reprint) Gabriel D'Annunzio. 2018. (ENG., Illus.). 336p. (J). 30.91 (978-0-265-94976-6(0)) Forgotten Bks.

Child of Prophecy. Kartik Rathore. 2021. (ENG.). 158p. (YA). pap. 14.99 (978-1-68487-195-7(6)) Notion Pr., Inc.

Child of Spring, 1 vol. Farhana Zia. 2016. (Illus.). 192p. (J). (gr. 3-7). 16.95 (978-1-56145-904-9(6)) Peachtree Publishing Co. Inc.

Child of St Kilda. Beth Waters. Illus. by Beth Waters. 2019. (Child's Play Library). (ENG., Illus.). 64p. (J). (978-1-78628-188-3(0)) Child's Play International Ltd.

Child of Stafferton: A Chapter from a Family Chronicle (Classic Reprint) William John Knox Little. 2017. (ENG., Illus.). (J). pap. 13.57 (978-0-259-28843-5(8)) Forgotten Bks.

Child of Storm (Classic Reprint) H. Rider Haggard. 2017. (ENG., Illus.). (J). 31.90 (978-0-265-20840-3(8)) Forgotten Bks.

Child of the Age (Classic Reprint) Francis Adams. 2018. (ENG., Illus.). 292p. (J). 29.92 (978-0-365-27501-5(8)) Forgotten Bks.

Child of the Alps (Classic Reprint) Margaret Symonds. 2018. (ENG., Illus.). (J). 31.45 (978-0-331-18623-9(3)) Forgotten Bks.

Child of the Desert, Vol. 1 of 3 (Classic Reprint) the Hon C. S. Vereker. 2018. (ENG., Illus.). 278p. (J). 29.63 (978-0-267-21036-7(1)) Forgotten Bks.

Child of the Desert, Vol. 2 of 3 (Classic Reprint) the Hon C. S. Vereker. 2018. (ENG., Illus.). 316p. (J). 30.41 (978-0-332-62406-8(4)) Forgotten Bks.

Child of the Desert, Vol. 3 of 3 (Classic Reprint) the Hon C. S. Vereker. 2018. (ENG., Illus.). 354p. (J). 31.20 (978-0-483-47154-2(2)) Forgotten Bks.

Child of the Dream (a Memoir Of 1963) Sharon Robinson. (ENG.). 240p. (J). (gr. 3-7). 2020. pap. 7.99 (978-1-338-28281-8(6)); 2019. (Illus.). 16.99 (978-1-338-28280-1(8)) Scholastic, Inc. (Scholastic Pr.).

Child of the Flower-Song People: Luz Jiménez, Daughter of the Nahua. Gloria Amescua. Illus. by Duncan Tonatiuh. 2021. (ENG.). 48p. (J). (gr. 1-5). 18.99 (978-1-4197-4020-6(2), 1299001, Abrams Bks. for Young Readers) Abrams, Inc.

Child of the Frontier: An One Act Play about Abraham Lincoln (Classic Reprint) Elma E. Levinger. (ENG., Illus.). (J). 2018. 40p. 24.74 (978-0-364-43796-4(0)); 2017. pap. 7.97 (978-0-259-88327-2(1)) Forgotten Bks.

Child of the Ganges: A Tale of the Judson Mission (Classic Reprint) Rev Robt N. Barrett. 2018. (ENG., Illus.). 364p. (J). 31.40 (978-0-483-34197-5(5)) Forgotten Bks.

Child of the Island Glen (Classic Reprint) Elijah Kellogg. 2018. (ENG., Illus.). 356p. (J). 31.24 (978-0-483-65678-9(X)) Forgotten Bks.

Child of the Jago (Classic Reprint) Arthur Morrison. 2017. (ENG., Illus.). (J). 31.47 (978-0-331-76534-2(9)) Forgotten Bks.

Child of the Kingdom (Classic Reprint) Margaret Frazer Barbour. 2018. (ENG., Illus.). 210p. (J). 28.25 (978-0-484-34249-9(0)) Forgotten Bks.

Child of the Log Cabin. Angelyn Joy. Illus. by Andrea Castelani. 2018. (ENG.). 120p. (YA). pap. 9.99 (978-1-7047-6542-6(9)) Lulu Pr., Inc.

Child of the Menhir, Vol. 1: A Novel (Classic Reprint) Austin Clare. 2018. (ENG., Illus.). 236p. (J). 28.76 (978-0-484-64962-4(2)) Forgotten Bks.

Child of the Menhir, Vol. 1 of 3: A Novel (Classic Reprint) Austin Clare. (ENG., Illus.). (J). 2018. 678p. 37.88 (978-0-656-01272-2(5)); 2017. pap. 20.57 (978-1-5276-5433-4(8)) Forgotten Bks.

Child of the Menhir, Vol. 2: A Novel (Classic Reprint) Austin Clare. 2018. (ENG., Illus.). 270p. (J). 29.47 (978-0-483-34709-3(2)) Forgotten Bks.

Child of the Menhir, Vol. 3: A Novel (Classic Reprint) Austin Clare. 2018. (ENG., Illus.). 176p. (J). 27.53 (978-0-483-73533-7(2)) Forgotten Bks.

Child of the Must: A Story for Girls, 1957. A. 4 (Classic Reprint) Ian B. Stoughton Holborn. 2017. (ENG., Illus.). (J). 32.50 (978-0-265-59857-1(6)) Forgotten Bks.

Child of the Orient (Classic Reprint) Demetra Vaka. 2017. (ENG., Illus.). (J). 30.25 (978-1-5286-4745-0(1)) Forgotten Bks.

Child of the Outcast: Special Edition. Elizabeth Dunlap. 2020. (ENG.). 252p. (YA). (gr. 9-12). pap. 14.99 (978-1-393-06782-5(4)) Draft2Digital.

Child of the Revolution: A Novel (Classic Reprint) Margaret E. Ferns. (ENG., Illus.). (J). 2018. 216p. 28.39 (978-0-484-61509-3(8)); 2017. pap. 10.97 (978-1-5276-3821-1(9)) Forgotten Bks.

Child of the Revolution (Classic Reprint) Margaret Roberts. 2017. (ENG., Illus.). (J). 28.76 (978-0-265-66698-7(8)). pap. 11.57 (978-1-5276-9414-5(0)) Forgotten Bks.

Child of the Riftgate. Tim Cove. 2020. (Riftgate Odyssey Ser., Vol. 1). (ENG.). 484p. (YA). pap. (978-0-6489693-4-8(3)) Cove, Tim.

Child of the Sacred Earth. Alicia Michaels. 2020. (ENG.). 24p. (YA). pap. 13.99 (978-1-946816-37(1)) Snokey Dragon.

Child of the Sea. Janie Prichard Duggan. 2017. (ENG., Illus.). (J). pap. (978-0-649-18992-2(2)) Trieste Publishing Pty Ltd.

Child of the Sea. Maxine Schur. Illus. by Marica Remington. 2022. (ENG.). 36p. (J). pap. 11.99 (978-1-95637-325-5(7)). 17.99 (978-1-95637-325-5(7)). 17.99 (978-1-95637-05-6(8)) Lawley Enterprises.

Child of the Sea: And Life among the Mormons (Classic Reprint) Elizabeth Whitney Williams. 2018. (ENG., Illus.). 250p. (J). 29.03 (978-0-332-62482-2(4)) Forgotten Bks.

Child of the Sea: The Chronicle of Porto Rico (Classic Reprint) Day Kellogg Lee. 2018. (ENG., Illus.). 280p. (J). 29.57 (978-0-364-84831-7(2)) Forgotten Bks.

Child of the Slums: A Romantic Story of the Same Name Based upon Martin J. Dixon's Play of the Same Name (Classic Reprint) Grace Miles White. (ENG., Illus.). (J). 2018. 196p. 27.92 (978-0-365-33845-1(6)). 2016. pap. 10.57 (978-1-334-13316-9(6)) Forgotten Bks.

Child of the Slums (Classic Reprint) Heart of Clark. (ENG., Illus.). (J). 2018. 174p. 27.18 (978-0-364-07230-5(5)). 2017. pap. 9.97 (978-0-282-07562-2(2)) Forgotten Bks.

Child of the Sun (Classic Reprint) Charles Eugene Banks. 2018. (ENG., Illus.). 120p. (J). 28.17 (978-0-265-53563-4(0)) Forgotten Bks.

Child of the Third Reich: How We Lived & Survived see Child of War: How We Lived & Survived under the Third Reich

Child of the Tide (Classic Reprint) Edrah D. Cheney. 2018. (ENG., Illus.). 236p. (J). 28.76 (978-0-484-51008-0(8)) Forgotten Bks.

Child of the Universe. Ray Jayawardhana. Illus. by Raúl Colón. 2020. 40p. (J). (gr. -1-2). 17.99 (978-1-5247-1754-4(1)). (ENG.). lib. bdg. 20.99 (978-1-5247-1755-1(X)) Random Hse. Children's Bks. (Knopf Bks. for Young Readers).

Child of the Wind. Sharon Lee Wander. Ed. by William C. Even. Illus. by Karen Marie Genovese. 2018. (ENG.). 36p. (J). (gr. k-6). pap. 12.95 (978-0-9971276-4-5(3)) Media Hatchery.

Child of This Earth. Jules Wilson. 2017. (ENG., Illus.). vi, 214p. (J). pap. (978-1-78623-077-5(1)) Grosvenor Hse. Publishing Ltd.

Child of Tuscany (Classic Reprint) Marguerite Bouvet. 2018. (ENG., Illus.). 208p. (J). 28.21 (978-0-483-27326-9(0)) Forgotten Bks.

Child of Urbino & Mouthpiece of Zola (Classic Reprint) 2017. (ENG., Illus.). (J). Forgotten Bks.

Child of Want & a Child of Plenty. Terrie Berns. 2022. (ENG.). 28p. (J). 19.99 (978-1-6629-2339-9(5)). pap. 12.99 (978-1-6629-2540-5(9)) Gatekeeper Pr.

Child of Wonder. Marty Haugen. Illus. by Stephen Nesser. 2018. (ENG.). 32p. (J). (gr. k-2). 16.95 (978-1-62277-285-8(7)) G I A Pubns., Inc.

Child-Pictures from Dickens (Classic Reprint) S. Eytinge. (ENG., Illus.). (J). 2018. 208p. 29.40 (978-0-267-22244-5(0)). 2017. pap. 11.97 (978-0-259-18696-0(1)) Forgotten Bks.

Child-Rhymes & Other Recollections (Classic Reprint) Satella Jaques Penman. 2018. (ENG., Illus.). (J). 27.73 (978-0-260-21915-2(0)) Forgotten Bks.

Child Rowanda, Little Dragon. Carole Walker Carter. 2018. (ENG., Illus.). 118p. (J). pap. 8.95 (978-1-9417-3790-9-0(3)) Walker Carter Publishing, LLC.

Child S World. Hetty S. Browne. 2017. (ENG., Illus.). (J). 24.95 (978-1-374-96171-5(0)). pap. 14.95 (978-1-374-96170-8(1)) Capricorn Communications, Inc.

Child-Slaves of Britain (Classic Reprint) Robert Harborough Sherard. 2017. (ENG., Illus.). (J). 30.41 (978-0-260-71331-5(7)) Forgotten Bks.

Child Soldier: When Boys & Girls Are Used in War. Michel Chikwanine et al. Illus. by Claudia Dávila. 2020. (CitizenKid Ser.). (ENG.). 48p. (J). (gr. 5-9). pap. 10.99 (978-1-5253-0405-7(4)) Kids Can Pr., Ltd. CAN. Hachette Bk. Group.

Child Stories: Being a Collection of Stories of Child Life for Both Old & Young (Classic Reprint) Rudyard Kipling. 2018. (ENG., Illus.). 216p. (J). 28.39 (978-0-332-82153-5(6)) Forgotten Bks.

Child That Toiled in Salem: The Story of a Government Investigation, That Was Suppressed (Classic Reprint) Thomas Robinson Dawley. 2017. (ENG., Illus.). (J). 0.342 (978-0-331-74522-1(4)) Forgotten Bks.

Child Toilets of Beaten Streets (Classic Reprint) Emma E. Brown. 2018. (ENG., Illus.). 164p. (J). 27.28 (978-0-483-17128-0(4)) Forgotten Bks.

Child Training (Classic Reprint) Angelo Patri. 2018. (ENG., Illus.). 448p. (J). 33.14 (978-0-484-22717-9(3)) Forgotten Bks.

Child, Unwanted (Margaret of Castelle) Corinna C. Turner. 2021. (ENG.). 180p. (YA). pap. (978-1-910806-26-5(9)) Zephyr Publishing.

Child Vision: Being a Study of Mental Development & Expression (Classic Reprint) Dorothy Tudor Owen. 2018. (ENG., Illus.). 236p. (J). 28.76 (978-0-365-49033-3(4)) Forgotten Bks.

Child Who Never Was: A Brownie Mystery. Erin Roberts. 2018. (Brownie Browne Ser.: Vol. 11). (ENG., Illus.). 322p. (YA). (gr. 7-9). pap. 12.99 (978-0-692-18743-2(0X)) Erin Kelly Forbes.

Child Who Owned the Magic Socks. Geraldine Moig. 2019. (ENG.). 32p. (J). pap. 19.96 (978-1-484-9973-4(1)) Wright Group.

Child Wife (Classic Reprint) Mayne Reid. (ENG., Illus.). (J). 2017. 32.19 (978-0-265-17229-2(2)). 2016. pap. 16.57 (978-1-334-26663-8(8)) Forgotten Bks.

Child-Wife from David Copperfield. Charles Dickens. 2017. (ENG., Illus.). (J). pap. (978-0-649-48629-7(0)) Trieste Publishing Pty Ltd.

Child-Wife from David Copperfield (Classic Reprint) Charles Dickens. 2017. (ENG., Illus.). 114p. (J). 27.42 (978-0-332-03936-6(4)). pap. 9.97 (978-1-5276-8764-6(3)) Forgotten Bks.

Child Wife, Vol. 1 Of 3: A Tale of the Two Worlds (Classic Reprint) Mayne Reid. (ENG., Illus.). (J). 2018. 329p. 30.68 (978-0-483-83116-2(6)). 2016. pap. 13.57 (978-0-334-13474-8(4)) Forgotten Bks.

Child Wife, Vol. 2 Of 3: A Tale of the Two Worlds (Classic Reprint) Mayne Reid. (ENG., Illus.). (J). 2018. 316p. 30.43 (978-0-332-18913-0(9)). 2016. pap. 13.57 (978-1-333-95533-2(0)) Forgotten Bks.

Child Wife, Vol. 3 Of 3: A Tale of the Two Worlds (Classic Reprint) Mayne Reid. (ENG., Illus.). (J). 2018. 289p. 30.06 (978-0-483-41327-6(3)). 2018. pap. (978-0-483-23527-3(5)) Forgotten Bks.

Child World (Classic Reprint) James Whitcomb Riley. 2018. (ENG., Illus.). 226p. (J). 28.56 (978-0-267-60256-8(1)) Forgotten Bks.

Child World Primer (Classic Reprint) Ays Elza Bentley. 2018. (ENG., Illus.). (J). 2018. 136p. 28.72 (978-0-265-94024-3(0)). 2017. pap. 9.57 (978-0-266-14024-3(0)). 2017. pap. 9.57 (978-1-334-13387-1(0)) Forgotten Bks.

Child World, Vol. 2 (Classic Reprint) Gail Hamilton. 2017. (ENG., Illus.). 2016p. 28.37 (978-0-267-57929-0(7)). 2016. pap. 10.97 (978-1-333-02837-7(6)) Forgotten Bks.

Childcare Professionals: A Practical Career Guide. Tracy Brown Hamilton. 2022. (Practical Career Guides). (ENG.). 96p. (YA). (gr. 8-17). pap. 35.03 (978-1-5381-5269-3(2)) Rowman & Littlefield Pubs., Inc.

Childcraft: The Text-Book of the Age, for Parents, Pastors & Teachers, & All Lovers of Childhood (Classic Reprint) (ENG., Illus.). (J). 2018. 252p. 29.72 (978-0-483-47707-0(1)). 2017. pap. 13.57 (978-0-243-93964-0(7)) Forgotten Bks.

Childhood (Classic Reprint) Leo Tolstoi. 2017. (ENG., Illus.). (J). 23.95 (978-1-374-83443-1(0)). pap. 13.95 (978-1-374-83543-4(3)) Capital Communications, Inc.

Childhood, Boyhood, & Youth (Classic Reprint) Leo Tolstoi. 2017. (ENG., Illus.). (J). pap. (978-0-649-33731-5(3)) Trieste Publishing Pty Ltd.

Childhood, Boyhood, Youth (Classic Reprint) Leo Tolstoi. 2017. (ENG., Illus.). (J). 23.19 (978-0-331-83730-4(3)) Forgotten Bks.

Childhood, Boyhood, Youth (Classic Reprint) N Y Tolstoi. (ENG., Illus.). (J). 2018. 644p. 37.18 (978-0-332-61756-5(0)). 2017. pap. 19.57 (978-1-334-90003-7(5)) Forgotten Bks.

Childhood; Boyhood; Youth: the Incursion; a Landed Proprietor; Sevastopol. Sevastopol (Classic Reprint) Len N. Tolstoy. (ENG., Illus.). (J). 2018. 1052p. 45.59 (978-0-483-57343-9(2)). 2017. pap. 27.94 (978-0-243-08622-(0)) Forgotten Bks.

Childhood (Classic Reprint) Ivan Turgenev. 2018. (ENG., Illus.). 114p. (J). 25.27 (978-0-483-40753-4(4)) Forgotten Bks.

Childhood (Classic Reprint) Alice Meynell. 2017. (ENG., Illus.). (J). 23.58 (978-0-260-81497-5(0)) Forgotten Bks.

Childhood Conversions (Classic Reprint) Grace Wesier Davis. (ENG., Illus.). (J). 2018. 144p. 26.87 (978-0-483-66936-9(1)). 2016. pap. (978-0-243-08821-4(0)) Forgotten Bks.

Childhood in Brittany Eighty Years Ago. Anne Douglas Sedgwick. 2017. (ENG., Illus.). (J). pap. (978-0-649-20635-3(7)) Trieste Publishing Pty Ltd.

Childhood in Brittany Eighty Years Ago (Classic Reprint) Anne Douglas Sedgwick. 2018. (ENG., Illus.). 234p. (J). 28.21 (978-0-365-50665-3(9)) Forgotten Bks.

Childhood Memories & Hocker Family Stories (2021) Robert Rose. 2021. (ENG.). 58p. (YA). pap. 13.56 (978-1-387-12232-4(3)) Lulu.com.

Childhood Stories & Personal Experiences. John Torbert. 2021. (ENG., Illus.). (J). 40p. (YA). pap. (978-1-922-44936-2(8)) Lulu.com.

Childhood Obesity. Vd. 39. Denise E. Wilfey et al. 2018. (Illus.). 80p. pap. 29.80 (978-0-88937-405-5(6)) Hogrefe Publishing.

Childhood of David Copperfield: The Early Chapters of the Author's Novel, with an Introduction & Notes. (Classic Reprint) Charles Dickens. 2018. (ENG., Illus.). (J). (J). 0.4.02 (978-0-483-45627-2(9)) Forgotten Bks.

Childhood of King Erik Menved: An Historical Romance (Classic Reprint) B. S. Ingemann. (ENG., Illus.). (J). 2018. 344p. 32.23 (978-0-483-51618-3(5)). 2017. pap. (978-0-243-09103-0(5)) Forgotten Bks.

Childhood of Rome (Classic Reprint) Louise Lamprey. 2017. (ENG., Illus.). (J). 29.63 (978-0-266-73997-5(0)). pap. 13.57 (978-1-5277-0425-1(4)) Forgotten Bks.

Childhood of Walter de Maris. Nerecia de Botz. 2019. (Illus.). by André Beretta. 2018. (ENG.). 82p. (J). pap. 18.00 (978-1-9496686-0-2(4)) Underbine Publishing LLC.

Childhood Regained: American Schools Edition. Jode Renner et al. 2016. (ENG., Illus.). (J). pap. (978-0-9529970-2-9(6)) Clonlara Bks.

Childhood Regained: Canadian Edition. (ENG., Illus.). (J). pap. (978-0-9529970-7-0(9)) Clonlara Bks.

Childhood Regained: Canadian Teachers' Edition. (ENG., Illus.). (J). pap. (978-0-9807676-1-2(0)) Clonlara Bks.

Childhood Regained: Student Edition, Grades 4 To 6. Jode Renner et al. 2016. (ENG., Illus.). (J). pap. (978-0-0930704-4-4(9)) Clonlara Bks.

Childhood Regained: Student Edition, Grades 6 To 8. Jode Renner et al. 2016. (ENG., Illus.). (J). pap. (978-0-9529970-5-2(8)) Clonlara Bks.

Childhood Trauma. Peggy L. Pearl. 2019. (ENG., Illus.). (J). (Public Health Ser.). (ENG.). 80p. (J). 61.21 (978-1-68282-667-6(8)) ReferencePoint Pr.

Childhoods Favourites & Fairy Stories (Classic Reprint) 2018. (ENG., Illus.). 338p. (YA). (J). 17.72. pap. (978-93-5297-198-6(4)) Alpha Editions.

Childhood's Morning: Forgathered Use In Sunday Morning. Elizabeth M. Martello. 2017. (ENG., Illus.). (J). pap. (978-0-649-30925-2(1)) Trieste Publishing Pty Ltd.

Childhood's Morning: Forgathered Use In Sunday School. 2018. (ENG., Illus.). 64p. (J). 25.22 (978-0-428-93903-4(3)) Forgotten Bks.

Childish People. Tomas Tuma. 2019. (ENG., Illus.). 48p. (J). 14.95 (978-80-00-05629-2(8)) Albatros. Nakladatelstvi dot cz est. sol. Consortium Bk. Sales & Dist.

Childish Gambino: Illustrated. Artist, Laura K. Murray. 2019. (Hip-Hop Artists Ser.). (ENG., Illus.). 112p. (J). (gr. 6-12). lib. bdg. 41.38 (978-1-5321-5466-6(3)) Creative Education. Theodorus Legend. 2016. Pap. Bks. Ser.: Vol. 2. (ENG.). 154p. (YA). pap. 11.99 (978-1-364-71329-0(6)) Lulu.com.

Childishness & Brutality of the Time. Hargrave Jennings. 2017. (ENG.). 135p. (B). pap. (978-1-3947-3494-5(1)) Lulu.com.

Childishness & Brutality of the Time: Some Plain Truths in Plain Language, Supplemented by Sundry Curious Considerations (Classic Reprint) Hargrave Jennings. 2018. (ENG., Illus.). (J). 23.58 (978-0-260-25269-2(5)) Forgotten Bks.

Childism: Confronting Prejudice against Children. Elisabeth Young-Bruehl. (ENG.). (J). 2013. pap. 24.00 (978-0-300-17354-0(1)). 2012. 28.00 (978-0-300-16895-9(4)) Yale Univ. Pr.

Children. Robert Coles. Illus. by Robert Coles. 2020. (ENG.). (J). (gr. 3-9). pap. 12.95 (978-1-935-08436-7(5)) Sorin Bks., (Ave Maria Pr.).

Children. Mary E. Martin. Patricia I. Elize. 2020. (ENG.). (J). (gr. 3-9). pap. 11.49 (978-0-6484-5724-6(2)) Salem Author Solutions.

Children & Rhymes. Steve Douglas. 2019. (Illus.). 213p. (J). (978-0-3528-9798-1(4)) Xlibris Corp.

Children Activity: Ag 4-6 Animals Coloring, Matching Games. Stacia Friedman. (Illus.). (J). The Dots & Coloring Exercises: Hours of Good, Clean Fun. over 200 Pgs. (ENG.). 2020. pap. (978-1-652-79936-6(5)). 212p. pap. (978-1-5085-0568-4(3)). 2019. pap. & Numbers, Labelled. 2017. (ENG.). 120p. (J). pap. (978-1-5267-1541-9-478-4(4)). Jupiter Kids & Crafts Books. 2017. (ENG.). 214p.

Children Activity Books: How to Draw Symbols of Christmas Around the World. Work Pages Included For Coloring, Coloring & Color Copy Xmas Edition. Merry Activity Book for All Kids of All Ages. Speedy Kids. 2017. (ENG., Illus.). (J). pap.

Children & Classics (Classic Reprint) Alice Miller Mitchell. 2017. (ENG., Illus.). (J). pap. (978-0-265-87865-7(8)) Forgotten Bks.

Children & Puppets Are Sorta the Same, July Guttierrez. 2020. (ENG.). pap. (978-1-63161-026-5(8)) Tate Publishing.

Children & the Pictures (Classic Reprint) Pamelia N. 2017. (ENG., Illus.). (J). 30.17 (978-0-266-40727-4(6)). pap. (978-0-259-93528-5(3)) (978-1-3276-6466-5(8)) Forgotten Bks.

Children Are Gifted God, Darman. 2018. (ENG.). pap. (978-0-939-52539-9(7)) Lulu Pr., Inc.

Children Are Like Cupcakes. Angela Sarazin. 2019. (ENG., Illus.). pap. (978-1-5144-9668-3(4)) Children Publishing.

Children Are What They Eat a Child's Food Guide for Parents. Craig Ramini. 2017. (ENG.). 120p. (J). pap. 12.29 (978-1-0878-0854-3(6)) Independently Published.

Children at Play: And Enchanted Gate. Patricia I. Elize. 2020. (ENG.). (J). (gr. 3-9). pap. 11.49 (978-0-6484-5724-6(2)) Salem Author Solutions.

Children at the Palmhearty: A Familiar Dialogue on Correct Behaviour, & Etiquette. Ella Sarazin's Book, vol. 39. 2018. (ENG., Illus.). (J). (978-1-0878-5120-6(5)) CreateSpace.

Children Be Wise with Your Dollars & Sense. Christine Sullivan. (ENG., Illus.). (J). (gr. 5-9). 13.95 (978-1-0215-0416-6(2)) Independently Published.

Childhood (Classic Reprint) Alice Meynell. 2018. (ENG., Illus.). (J). pap. (978-0-267-27371-4(0)) Forgotten Bks.

Children Coloring Book. Intricate Animal Mandalas Designs. Coloring Animals for Stress Relax & Fun Learning. Perfect for Older Kids & Teens. Jupiter Kids. 2017. (ENG., Illus.). (J). pap. (978-0-9907676-1-2(0)) Clonlara Bks.

Children Counting Stars. Wulin An. Tr. by Dan Wang. 2022. (ENG.). 120p. (J). (gr. k-2). 25.95 *(978-1-84464-710-1(2))* Paths International, Ltd. GBR. Dist: Independent Pubs. Group.

Children Counting Stars. Contrib. by An Wulin. 2022. (ENG.). 120p. (J). (gr. k-2). pap. 18.95 *(978-1-84464-711-8(0))* Paths International, Ltd. GBR. Dist: Independent Pubs. Group.

Children Doing Physics: How to Foster the Natural Scientific Instincts in Children. John Hauptman & E. J. Bahng. 2nd ed. 2019. (ENG.). 358p. pap. 118.95 *(978-1-5165-4886-6(8)*, P625349) Cognella, Inc.

Children During the Civil War. Clara MacCarald. 2018. (Children in History Ser.). (ENG., Illus.). 48p. (J). (gr. 5-6). pap. 11.95 *(978-1-63517-973-6(4)*, 1635179734); lib. bdg. 34.21 *(978-1-63517-872-2(X)*, 163517872X) North Star Editions. (Focus Readers).

Children Have Basic Rights, 1 vol. Elliot Paderewski. 2016. (Rosen REAL Readers: Social Studies Nonfiction / Fiction: Myself, My Community, My World Ser.). (ENG.). 12p. (gr. k-1). pap. 6.33 *(978-1-5081-2320-0(9)*, baaa2d89-8b23-48fc-a40a-766fbfc95623, Rosen Classroom) Rosen Publishing Group, Inc., The.

Children in Art. Janice Anderson. 2017. (Art Collections: Vol. 7). (ENG., Illus.). 128p. (YA). (gr. 9-12). 26.95 *(978-1-4222-3933-9(0))* Mason Crest.

Children in Colonial America. Lydia Bjornlund. 2018. (Children in History Ser.). (ENG., Illus.). 48p. (J). (gr. 5-6). pap. 11.95 *(978-1-63517-975-0(0)*, 1635179750); lib. bdg. 34.21 *(978-1-63517-874-6(6)*, 1635178746) North Star Editions. (Focus Readers).

Children in History, 8 vols. 2018. (Children in History Ser.). (ENG., Illus.). 384p. (J). (gr. 5-6). pap. 95.60 *(978-1-63517-972-9(6)*, 1635179726); lib. bdg. 273.68 *(978-1-63517-871-5(1)*, 1635178711) North Star Editions. (Focus Readers).

Children in Japanese American Confinement Camps. Clara MacCarald. 2018. (Children in History Ser.). (ENG., Illus.). 48p. (J). (gr. 5-6). pap. 11.95 *(978-1-63517-976-7(9)*, 1635179769); lib. bdg. 34.21 *(978-1-63517-875-3(4)*, 1635178754) North Star Editions. (Focus Readers).

Children in Literature: Selections from the Works of Victor Hugo, Charles Dickens, & George Eliot. Mary H. Husted. 2017. (ENG., Illus.). (J). pap. *(978-0-649-52230-9(3))* Trieste Publishing Pty Ltd.

Children in Literature: Selections from the Works of Victor Hugo, Charles Dickens, & George Eliot (Classic Reprint) Mary H. Husted. (ENG., Illus.). (J). 2018. 194p. 27.90 *(978-0-484-26806-6(6))*; 2017. pap. 10.57 *(978-0-259-00501-8(0))* Forgotten Bks.

Children in the Box. Steppie Morris. Illus. by Robin DeWitt & Patricia Dewitt-Grush. 2021. (ENG.). 40p. (J). 18.99 *(978-1-952209-99-4(4))* Lawley Enterprises.

Children in the Civil Rights Era. Sheila Llanas. 2018. (Children in History Ser.). (ENG., Illus.). 48p. (J). (gr. 5-6). pap. 11.95 *(978-1-63517-974-3(2)*, 1635179742); lib. bdg. 34.21 *(978-1-63517-873-9(8)*, 1635178738) North Star Editions. (Focus Readers).

Children in the Holocaust. Samantha S. Bell. 2018. (Children in History Ser.). (ENG., Illus.). 48p. (J). (gr. 5-6). pap. 11.95 *(978-1-63517-977-4(7)*, 1635179777); lib. bdg. 34.21 *(978-1-63517-876-0(2)*, 1635178762) North Star Editions. (Focus Readers).

Children in the Industrial Revolution. Russell Roberts. 2018. (Children in History Ser.). (ENG., Illus.). 48p. (J). (gr. 5-6). pap. 11.95 *(978-1-63517-978-1(5)*, 1635179785); lib. bdg. 34.21 *(978-1-63517-877-7(0)*, 1635178770) North Star Editions. (Focus Readers).

Children in the Mist a Warwickshire Lad: Emmy Lou's Road to Grace Selina (Classic Reprint) George Madden Martin. (ENG., Illus.). (J). 2018. 292p. 29.94 *(978-0-364-65630-3(1))*; 2017. pap. 13.57 *(978-0-259-02862-8(2))* Forgotten Bks.

Children in the Wood: An Instructive Tale (Classic Reprint) Clara English. 2018. (ENG., Illus.). 68p. (J). 25.30 *(978-0-267-20261-4(X))* Forgotten Bks.

Children in the Wood: Embellished with 7 Wood Cuts (Classic Reprint) Unknown Author. 2018. (ENG., Illus.). 20p. (J). 24.31 *(978-0-267-87137-7(6))* Forgotten Bks.

Children in the Wood: With Engravings by Thompson, Nesbit, S. Williams, Jackson, & Branston & Wright (Classic Reprint) William Harvey. (ENG., Illus.). (J). 2018. 42p. 24.76 *(978-0-267-73410-8(7))*; 2016. pap. 9.57 *(978-1-333-19294-5(0))* Forgotten Bks.

Children in the Wood (Classic Reprint) Unknown Author. 2018. (ENG., Illus.). 20p. (J). 24.31 *(978-0-428-18683-8(1))* Forgotten Bks.

Children in the Wood, or the Norfolk Gentleman's Last Will & Testament: With Twelve Copper-Plates (Classic Reprint) Unknown Author. (ENG., Illus.). (J). 2018. 28p. 24.49 *(978-0-267-90878-3(4))*; 2016. pap. 7.97 *(978-1-334-16332-6(4))* Forgotten Bks.

Children Just Like Me: A New Celebration of Children Around the World. DK. 2016. (Children Just Like Me Ser.). (ENG., Illus.). 80p. (J). (gr. 2-5). 19.99 *(978-1-4654-5392-1(X)*, DK Children) Dorling Kindersley Publishing, Inc.

Children Keep Their Promises. Rosemary Kuhn. Illus. by Rosemary Kuhn. l.t. ed. 2016. (ENG., Illus.). (J). (gr. k-3). pap. 10.95 *(978-1-61633-787-2(7))* Guardian Angel Publishing, Inc.

Children Learn Animals. Yvonne Marlene Grose. Illus. by I. Cenizal. 2021. (ENG.). 18p. (J). pap. *(978-0-2288-4009-1(0))* Tellwell Talent.

Children Living Life in Their Own Color Coloring Book. Bobo's Children Activity Books. 2016. (ENG., Illus.). (J). pap. 9.33 *(978-1-68327-533-6(0))* Sunshine In My Soul Publishing.

Children Love to Sing. Bernard Levine. 2018. (ENG.). 96p. (YA). pap. 10.99 *(978-1-393-28955-5(X))* Draft2Digital.

Children of Alsace (les Oberles) René Bazin. 2017. (ENG., Illus.). (J). pap. *(978-0-649-27298-3(6))* Trieste Publishing Pty Ltd.

Children of Alsace (les Oberles) (Classic Reprint) René Bazin. (ENG., Illus.). (J). 2017. 29.34 *(978-0-331-73608-3(X))*; 2016. pap. 11.97 *(978-1-334-11865-4(5))* Forgotten Bks.

Children of Amity Court (Classic Reprint) Louise M. Thurston. 2018. (ENG., Illus.). 248p. (J). 29.01 *(978-0-483-82321-1(X))* Forgotten Bks.

Children of Atlantis. Artemisa Coti. 2019. (ENG.). 32p. (J). *(978-1-5289-0204-5(1))*; pap. *(978-1-5289-2642-3(0))* Austin Macauley Pubs. Ltd.

Children of Banishment (Classic Reprint) Francis William Sullivan. (ENG., Illus.). (J). 2018. 388p. 31.90 *(978-0-365-31653-4(9))*; 2017. pap. 16.57 *(978-1-5276-7113-3(5))* Forgotten Bks.

Children of Blood & Bone. Tomi Adeyemi. 2019. (KOR.). (YA). (gr. 9-12). pap. *(978-89-7478-418-8(1))* Daseot Sure.

Children of Blood & Bone. Tomi Adeyemi. 2018. (Legacy of Orisha Ser.). (ENG.). (YA). (gr. 9-13). pap. 10.99 *(978-1-250-19412-1(1))*; (Illus.). 544p. 21.99 *(978-1-250-17097-2(4)*, 900188178, Holt, Henry & Co. Bks. For Young Readers) Holt, Henry & Co.

Children of Cathay: A Story of the China of to-Day (Classic Reprint) Jennie Beckingsale. 2018. (ENG., Illus.). 216p. (J). 28.35 *(978-0-483-36103-4(8))* Forgotten Bks.

Children of China (Classic Reprint) Colin Campbell Brown. 2018. (ENG., Illus.). 130p. (J). 26.58 *(978-0-483-49144-1(6))* Forgotten Bks.

Children of Circumstance: A Novel (Classic Reprint) Iota Iota. 2017. (ENG., Illus.). (J). 376p. 31.65 *(978-0-484-67358-7(0))*; pap. 16.57 *(978-0-259-24378-6(7))* Forgotten Bks.

Children of Colminon. Cassandra Ida Marie Jensen. Ed. by Emily Baker. 2021. (ENG.). 266p. (YA). 25.00 *(978-1-0879-4652-8(2))* Indy Pub.

Children of Colminon: Dragons of Moonlight. Cassandra Jensen. Ed. by Ashely Oliver. Illus. by Ivey Eckhardt. 2022. (Children of Colminon Ser.: Vol. 2). (ENG.). 248p. (YA). 25.00 ***(978-1-0880-6392-7(6))*** Indy Pub.

Children of Creemore Creek. Derek Jenkins. 2018. (ENG., Illus.). 372p. (J). *(978-1-5255-2428-8(3))*; pap. *(978-1-5255-2429-5(1))* FriesenPress.

Children of Daedala. Caighlan Smith. 2018. (ENG.). 336p. (YA). (gr. 9-12). lib. bdg. 17.95 *(978-1-63079-086-8(9)*, 134856, Switch Pr.) Capstone.

Children of Destiny: A Play in Four Acts (Classic Reprint) Sydney Rosenfeld. 2018. (ENG., Illus.). 130p. (J). 26.60 *(978-0-332-91464-0(X))* Forgotten Bks.

Children of Destiny (Classic Reprint) Fletcher Chenault. (ENG., Illus.). (J). 2018. 160p. 27.20 *(978-0-484-78894-6(9))*; 2017. pap. 9.57 *(978-0-259-84450-1(0))* Forgotten Bks.

Children of Destiny (Classic Reprint) Molly Elliot Seawell. 2018. (ENG., Illus.). 362p. (J). 31.36 *(978-0-483-27016-9(4))* Forgotten Bks.

Children of Earth: A Play of New England. Alice Brown. 2017. (ENG., Illus.). (J). pap. *(978-0-649-54657-2(1))* Trieste Publishing Pty Ltd.

Children of Earth: A Play of New England (Classic Reprint) Alice Brown. 2018. (ENG., Illus.). (J). 238p. 28.83 *(978-0-666-01454-2(X))*; 236p. 28.78 *(978-0-267-29787-0(4))* Forgotten Bks.

Children of Earth (Classic Reprint) Darrell Figgis. 2018. (ENG., Illus.). (J). 30.35 *(978-0-260-08464-4(6))* Forgotten Bks.

Children of Eden: A Novel. Joey Graceffa. 2017. (Children of Eden Ser.: 1). (ENG.). 288p. (gr. 7-12). pap. 12.99 *(978-1-5011-4990-0(3)*, Atria Bks.) Simon & Schuster.

Children of Eve (Classic Reprint) Isabel Constance Clarke. 2017. (ENG., Illus.). (J). 426p. 32.70 *(978-0-484-52931-0(5))*; pap. 16.57 *(978-0-259-26151-3(3))* Forgotten Bks.

Children of Exile. Margaret Peterson Haddix. 2016. (Children of Exile Ser.: 1). (ENG., Illus.). 304p. (J). (gr. 5). 18.99 *(978-1-4424-5003-5(7)*, Simon & Schuster Bks. For Young Readers) Simon & Schuster Bks. For Young Readers.

Children of Far Cathay: A Social & Political Novel (Classic Reprint) Charles J. H. Halcombe. (ENG., Illus.). (J). 2018. 486p. 33.92 *(978-0-484-11960-3(5))*; 2017. pap. 16.57 *(978-0-243-22299-5(8))* Forgotten Bks.

Children of Fate: A Story of Passion (Classic Reprint) Adolphe Danziger. 2017. (ENG., Illus.). (J). 31.07 *(978-1-5284-7623-2(9))* Forgotten Bks.

Children of France: And the Red Cross (Classic Reprint) June Richardson Lucas. 2017. (ENG., Illus.). (J). 28.66 *(978-0-260-82554-4(9))* Forgotten Bks.

Children of Funbeam (Classic Reprint) Flo Lancester. 2017. (ENG., Illus.). (J). 96p. 25.90 *(978-0-332-43933-4(X))*; pap. 9.57 *(978-0-259-48159-1(9))* Forgotten Bks.

Children of Gibeon: A Novel (Classic Reprint) Walter Besant. 2017. (ENG., Illus.). (J). 460p. 33.38 *(978-0-484-72672-6(2))*; pap. 16.57 *(978-0-282-00937-3(X))* Forgotten Bks.

Children of Gibeon (Classic Reprint) Walter Besant. 2018. (ENG., Illus.). 712p. (J). 38.58 *(978-0-483-65030-5(7))* Forgotten Bks.

Children of Gibeon, Vol. 1 of 3 (Classic Reprint) Walter Besant. 2017. (ENG., Illus.). (J). 30.66 *(978-0-260-73668-0(6))* Forgotten Bks.

Children of Gibeon, Vol. 2 of 3 (Classic Reprint) Walter Besant. 2017. (ENG., Illus.). (J). 31.09 *(978-0-260-32634-8(8))* Forgotten Bks.

Children of Gibeon, Vol. 3 of 3 (Classic Reprint) Walter Besant. 2017. (ENG., Illus.). (J). 30.89 *(978-0-331-82418-6(3))* Forgotten Bks.

Children of God & Winged Things (Classic Reprint) Anne Moore. 2018. (ENG., Illus.). 128p. (J). 26.54 *(978-0-483-58777-9(X))* Forgotten Bks.

Children of Gods. Ash Turner. 2020. (Children of Gods Ser.: Vol. 1). (ENG., Illus.). 370p. (YA). pap. 19.99 ***(978-1-0878-7985-7(X))*** Indy Pub.

Children of Harbymonk. F Edwards. 2018. (ENG.). 130p. (J). pap. *(978-3-7103-3659-1(7))* united p.c. Verlag.

Children of Hope: A Novel (Classic Reprint) Stephen Whitman. (ENG., Illus.). (J). 2018. 516p. 34.56 *(978-0-483-46523-7(2))*; 2017. pap. 16.97 *(978-1-334-93860-3(1))* Forgotten Bks.

Children of Horseshoe Hideout. Rebecca Vorkapich. 2020. (ENG.). 190p. (J). (gr. 3-5). pap. 10.99 *(978-0-578-79338-2(5))* Vorkapich, Rebecca.

Children of Icarus. Caighlan Smith. 2016. (ENG.). 312p. (YA). (gr. 9-12). 16.95 *(978-1-63079-057-8(5)*, 132186, Switch Pr.) Capstone.

Children of India: Written for the Children of England (Classic Reprint) Annie Westland Marston. 2018. (ENG., Illus.). 180p. (J). 27.61 *(978-0-483-50693-0(1))* Forgotten Bks.

Children of Innocence. Allison Claire. 2020. (ENG.). 104p. (YA). 35.95 *(978-1-59713-228-2(4))*; (J). pap. 14.95 *(978-1-59713-214-5(4))* Goose River Pr.

Children of la Salette. Windeatt. 2017. (ENG., Illus.). (J). (gr. 3-6). pap. 16.95 *(978-1-5051-1106-4(4))* St. Benedict Pr., LLC.

Children of Light (Classic Reprint) Florence Converse. 2018. (ENG., Illus.). 320p. (J). 30.50 *(978-0-332-34190-3(9))* Forgotten Bks.

Children of Lir: Ireland's Favourite Legend. Laura Ruth Maher. Illus. by Conor Busuttil. 2019. (ENG.). 32p. 19.99 *(978-1-78849-106-8(8))* O'Brien Pr., Ltd., The IRL. Dist: Casemate Pubs. & Bk. Distributors, LLC.

Children of Men (Classic Reprint) Bruno Lessing. (ENG., Illus.). (J). 2018. 324p. 30.58 *(978-0-656-44346-8(4))*; 2016. pap. 13.57 *(978-1-334-11821-0(3))* Forgotten Bks.

Children of Moonstone Beach. F. V. C. Miller. 2021. (ENG.). 190p. (J). pap. *(978-1-913962-91-3(1))* Clink Street Publishing.

Children of Mrs. Dominion: How They Quarrelled & What Came of It (Classic Reprint) Unknown Author. (ENG., Illus.). (J). 2018. 34p. 24.60 *(978-0-483-13060-9(5))*; 2017. pap. 7.97 *(978-0-259-83282-9(0))* Forgotten Bks.

Children of Mu: The Calling. Daniele Azara. Tr. by Francesca T. Barbini. 2019. (ENG., Illus.). 262p. (YA). (gr. 7-12). pap. *(978-1-911143-77-2(8))* Luna Pr. Publishing.

Children of Nature: A Story of Modern London (Classic Reprint) William Cuffe. (ENG., Illus.). (J). 2018. 332p. 30.76 *(978-0-365-31382-3(3))*; 2017. pap. 13.57 *(978-0-259-37402-2(4))* Forgotten Bks.

Children of Oakford Farm (Classic Reprint) Protestant Episcopal Society Knowledge. 2017. (ENG., Illus.). 164p. (J). 27.28 *(978-0-332-82259-4(1))* Forgotten Bks.

Children of Odin. Padraic Colum. 2019. (ENG.). 300p. (J). (gr. 5-9). pap. *(978-93-5389-368-2(2))* Alpha Editions.

Children of Odin. Padraic Colum. 2017. (ENG., Illus.). (J). 24.95 *(978-1-375-01067-2(0))* Capital Communications, Inc.

Children of Odin. Padraic Colum. Illus. by Willy Pogany. 2019. (ENG.). 166p. (J). (gr. 5-9). pap. 8.99 *(978-1-4209-6159-1(4))* Digireads.com Publishing.

Children of Odin. Padraic Colum & Grandma's Treasures. 2020. (ENG.). 188p. (J). (gr. 5-9). pap. *(978-1-7948-4695-1(6))*; ***(978-1-7948-4667-8(0))*** Lulu Pr., Inc.

Children of Odin: The Book of Northern Myths. Padraic Colum. Illus. by Willy Pogany. 2016. (ENG.). (J). pap. 6.95 *(978-1-68422-041-0(6))* Martino Fine Bks.

Children of Odin: The Book of Northern Myths. Padraic Colum. Illus. by Willy Pogany. 2019. (ENG.). 288p. (J). (gr. 5-9). 18.99 *(978-1-5344-5038-7(6)*, Aladdin) Simon & Schuster Children's Publishing.

Children of Old Park's Tavern: A Story of the South Shore (Classic Reprint) Frances A. Humphrey. (ENG., Illus.). (J). 2018. 290p. 29.88 *(978-0-656-33748-4(6))*; 2017. pap. 13.57 *(978-0-243-27894-7(2))* Forgotten Bks.

Children of Other Lands (Classic Reprint) Watty Piper. 2017. (ENG., Illus.). 92p. (J). 25.79 *(978-0-266-19228-2(9))* Forgotten Bks.

Children of Passage (Classic Reprint) Unknown Author. 2018. (ENG., Illus.). 322p. (J). 30.54 *(978-0-332-85675-9(5))* Forgotten Bks.

Children of Refuge. Margaret Peterson Haddix. (Children of Exile Ser.: 2). (ENG.). (J). (gr. 5). 2018. 288p. pap. 7.99 *(978-1-4424-5007-3(X))*; 2017. (Illus.). 272p. 18.99 *(978-1-4424-5006-6(1))* Simon & Schuster Bks. For Young Readers. (Simon & Schuster Bks. For Young Readers).

Children of Ruin. James Alfred McCann. 2018. (ENG., Illus.). 254p. (YA). (gr. 8-12). pap. *(978-0-9937486-4-6(3))* Iron Mask Pr.

Children of Seven Climates. Halil Ibrahim Balkas. 2021. (ENG.). 196p. (YA). pap. *(978-1-913961-07-7(9))* Pr. Dionysus Ltd.

Children of Sirphan. D. M. Wiltshire. 2017. (ENG., Illus.). (J). pap. *(978-0-9950367-3-4(X))* Wiltshire, Deanna.

Children of Slowville - Book 3 / les Enfants de Slowville - Tome 3. Madly Chatterjee. Illus. by Madly Chatterjee. 2022. (ENG & FRE., Illus.). 46p. (J). pap. 10.95 *(978-1-9160491-6-1(8))* Peacock Tree Publishing.

Children of Slowville Activity Book: Activity & Colouring Book Bilingual English/French. Madly Chatterjee. Illus. by Madly Chatterjee. 2019. (Children of Slowville Ser.). (ENG., Illus.). 44p. (J). (gr. 1-3). pap. 9.95 *(978-1-9160491-2-3(5))* Peacock Tree Publishing.

Children of Slowville Book 2: Les Enfants de Slowville Tome 2. Madly Chatterjee. Illus. by Madly Chatterjee. 2019. (Book Ser.: Vol. 2). (ENG., Illus.). 46p. (J). (gr. 1-3). pap. 10.95 *(978-1-7257-7657-9(X))* Peacock Tree Publishing.

Children of Slowville Book 3 - English Edition. Madly Chatterjee. Illus. by Madly Chatterjee. 2022. (ENG., Illus.). 46p. (J). pap. 9.95 ***(978-1-9160491-7-8(6))*** Peacock Tree Publishing.

Children of Stardust. Edudzi Adodo. 2022. (ENG.). 288p. (J). (gr. 4-7). 18.95 *(978-1-324-03077-5(1)*, 343077, Norton Young Readers) Norton, W. W. & Co., Inc.

Children of Storm (Classic Reprint) Ida Alexa Ross Wylie. (ENG., Illus.). (J). 2018. 426p. 32.68 *(978-0-484-15759-9(0))*; 2017. pap. 16.57 *(978-0-243-11776-5(0))* Forgotten Bks.

Children of Summer: Henri Fabre's Insects. Margaret J. Anderson. Illus. by Marie Le Glatin Keis. 2022. (ENG.). 102p. (J). pap. 14.95 ***(978-1-955402-15-6(9))*** Hillside Education.

Children of Summerbrook: Scenes of Village Life, Described in Simple Verse (Classic Reprint) Sewell. 2017. (ENG., Illus.). (J). 26.29 *(978-0-265-96512-2(8))* Forgotten Bks.

Children of the Abbey: A Tale (Classic Reprint) Regina Maria Roche. 2017. (ENG., Illus.). (J). 37.10 *(978-0-265-37544-0(4))* Forgotten Bks.

Children of the Abbey (Classic Reprint) Regina Maria Roche. 2017. (ENG., Illus.). (J). 36.33 *(978-0-266-72404-9(3))*; pap. 19.57 *(978-1-5276-8271-9(4))* Forgotten Bks.

Children of the Arctic (Classic Reprint) Josephine Peary. 2017. (ENG., Illus.). (J). 26.39 *(978-0-265-67544-1(8))* Forgotten Bks.

Children of the Bible. Margaret McAllister. Illus. by Alida Massari. ed. 2019. (ENG.). 48p. (J). (gr. 2-4). pap. 14.99 *(978-0-7459-7829-1(0)*, 321205d7-a166-4331-a22f-7c3a655858ef, Lion Children's) Lion Hudson PLC GBR. Dist: Baker & Taylor Publisher Services (BTPS).

Children of the Bible (Classic Reprint) Unknown Author. 2018. (ENG., Illus.). 96p. (J). 25.90 *(978-0-483-34705-2(1))* Forgotten Bks.

Children of the Black Glass. Anthony Peckham. 2023. (Children of the Black Glass Ser.: 1). (ENG.). 368p. (J). (gr. 5-9). 17.99 *(978-1-6659-1313-3(4)*, Atheneum/Caitlyn Dlouhy Books) Simon & Schuster Children's Publishing.

Children of the Bloodlands: The Realms of Ancient, Book 2. S. M. Beiko. (Realms of Ancient Ser.: 2). (YA). 2019. 520p. pap. 13.95 *(978-1-77041-432-7(0)*, 2bed09a3-3cbc-4024-9f30-61b4b7970037); 2018. 504p. 18.95 *(978-1-77041-358-0(8)*, 95536aca-98d3-46c0-a818-64dff3dd3aad) ECW Pr. CAN. Dist: Baker & Taylor Publisher Services (BTPS).

Children of the Bush (Classic Reprint) Henry Lawson. 2018. (ENG., Illus.). (J). 31.14 *(978-0-260-46116-2(4))* Forgotten Bks.

Children of the Chapel (Classic Reprint) Disney Leith. 2018. (ENG., Illus.). 192p. (J). 27.88 *(978-0-267-49236-7(7))* Forgotten Bks.

Children of the Cliff (Classic Reprint) Belle Wiley. 2018. (ENG., Illus.). 98p. (J). 25.92 *(978-0-267-49061-5(5))* Forgotten Bks.

Children of the Cloven Hoof (Classic Reprint) Albert Dorrington. 2018. (ENG., Illus.). 326p. (J). 30.62 *(978-0-267-49295-4(2))* Forgotten Bks.

Children of the Dear Cotswolds (Classic Reprint) L. Allen Harker. 2018. (ENG., Illus.). 348p. (J). 31.09 *(978-0-267-20832-6(4))* Forgotten Bks.

Children of the Desert (Classic Reprint) Louis Dodge. 2018. (ENG., Illus.). 324p. (J). 30.58 *(978-0-484-68654-9(2))* Forgotten Bks.

Children of the Desert (Classic Reprint) Marion F. Smithes. 2018. (ENG., Illus.). 88p. (J). 25.73 *(978-0-656-35236-4(1))* Forgotten Bks.

Children of the Different. Stuart Flynn. Illus. by Eric Nyquist. 2016. (ENG.). (J). pap. *(978-0-9543118-6-5(8))* Agape Publications.

Children of the Dryads. Raina Nightingale. 2021. (Legend of the Singer Ser.: 1). (ENG.). 242p. (YA). pap. 12.99 *(978-1-952176-12-8(3))* Raina Nightingale.

Children of the Father: A Manual for the Religious Instruction of Children of Primary Grade (Classic Reprint) Frances May Dadmun. (ENG., Illus.). (J). 2017. 262p. 29.32 *(978-0-332-18643-6(1))*; 2016. pap. 11.97 *(978-1-334-10890-7(0))* Forgotten Bks.

Children of the First People: Fresh Voices of Alaska's Native Kids. Photos by Roy Corral. 2019. (ENG., Illus.). (J). 48p. (gr. 1-5). 24.99 *(978-1-5132-6198-0(3))*; 52p. (gr. 3-5). pap. 13.99 *(978-1-5132-6197-3(5))* West Margin Pr. (Alaska Northwest Bks.).

Children of the Flying City. Jason Sheehan. 416p. (J). 2023. (gr. 5). 9.99 *(978-0-593-10953-3(8))*; 2022. (gr. 5). 17.99 *(978-0-593-10951-9(1))*; 2022. ***(978-0-593-40768-4(7))*** Penguin Young Readers Group. (Dutton Books for Young Readers).

Children of the Forest: A Story of Indian Love (Classic Reprint) Egerton Ryerson Young. 2017. (ENG., Illus.). 320p. (J). 30.52 *(978-0-260-22588-7(6))* Forgotten Bks.

Children of the Fox. Kevin Sands. 2021. (Thieves of Shadow Ser.: 1). (ENG.). 416p. (J). (gr. 3-7). 18.99 *(978-0-593-32751-7(9)*, Viking Books for Young Readers) Penguin Young Readers Group.

Children of the Future. P. A. Moran. 2018. (ENG., Illus.). 264p. (J). pap. *(978-0-244-37584-3(4))* Lulu Pr., Inc.

Children of the Ghetto. Israel Zangwill. 2017. (ENG.). 456p. (J). pap. *(978-3-337-21446-3(0))* Creation Pubs.

Children of the Ghetto. Israel Zangwill. 2017. (ENG., Illus.). 514p. (J). *(978-3-7326-1711-1(4))* Klassik Literatur. ein Imprint der Salzwasser Verlag GmbH.

Children of the Ghetto: A Study of a Peculiar People (Classic Reprint) Israel Zangwill. (ENG., Illus.). (J). 2018. 576p. 35.80 *(978-0-666-77689-1(X))*; 2017. 29.20 *(978-0-260-25987-5(X))* Forgotten Bks.

Children of the Ghetto, Vol. 1: Being Pictures of a Peculiar People (Classic Reprint) Israel Zangwill. 2017. (ENG., Illus.). (J). 33.40 *(978-0-266-17444-8(2))* Forgotten Bks.

Children of the Ghetto, Vol. 1 of 3 (Classic Reprint) I. Zangwill. (ENG., Illus.). (J). 2018. 322p. 30.54 *(978-0-267-00672-4(1))*; 2017. pap. 13.57 *(978-0-259-06107-6(7))* Forgotten Bks.

Children of the Gods: The Invasion. Semisi Pule. 2020. (ENG.). 94p. (J). pap. *(978-1-988511-95-5(X))* Rainbow Enterprises.

Children of the Great King: A Story of the Crimean War (Classic Reprint) M. H. 2018. (ENG., Illus.). 226p. (J). 28.58 *(978-0-483-77258-8(5))* Forgotten Bks.

Children of the Highest (Classic Reprint) Isaac Marshall Page. (ENG., Illus.). (J). 2018. 162p. 27.26 *(978-0-267-31099-9(4))*; 2016. pap. 9.97 *(978-1-333-39484-4(5))* Forgotten Bks.

Children of the Kalahari: A Story of Africa (Classic Reprint) Annie Maria Barnes. 2018. (ENG., Illus.). 364p. (J). 31.40 *(978-0-483-51125-5(0))* Forgotten Bks.

Children of the King: A Tale of Southern Italy. F. Marion Crawford. 2017. (ENG., Illus.). (J). 23.95 *(978-1-374-97135-6(9))*; pap. 13.95 *(978-1-374-97134-9(0))* Capital Communications, Inc.

Children of the King: A Tale of Southern Italy (Classic Reprint) F. Marion Crawford. 2017. (ENG., Illus.). (J). 30.91 *(978-1-5279-7689-4(0))* Forgotten Bks.

Children of the King: A Tale of Southern Italy. in Two Volumes. Vol. I. F. Marion Crawford. 2017. (ENG., Illus.). (J). pap. *(978-0-649-54661-9(X))* Trieste Publishing Pty Ltd.

338

The check digit for ISBN-10 appears in parentheses after the full ISBN-13

Children of the King, Vol. 1 Of 2: A Tale of Southern Italy (Classic Reprint) Francis Marion Crawford. 2018. (ENG., Illus.). 240p. (J). 28.85 *(978-0-483-26239-3(0))* Forgotten Bks.

Children of the King, Vol. 2 Of 2: A Tale of Southern Italy (Classic Reprint) F. Marion Crawford. 2018. (ENG., Illus.). 240p. (J). 28.87 *(978-0-483-20369-3(6))* Forgotten Bks.

Children of the Mist (Classic Reprint) Eden Phillpotts. 2017. (ENG., Illus.). (J). 34.52 *(978-1-5285-8952-9(1))* Forgotten Bks.

Children of the New Forest. Frederick Marryat. 2017. (ENG., Illus.). (J). 26.95 *(978-1-374-93888-5(2))*; pap. 16.95 *(978-1-374-93887-8(4))* Capital Communications, Inc.

Children of the New Forest. Frederick Marryat. 2022. (Mint Editions — The Children's Library). (ENG.). 276p. (J). 18.99 *(978-1-5131-3361-4(6)*, West Margin Pr.) West Margin Pr.

Children of the New Forest (Classic Reprint) Frederick Marryat. 2017. (ENG., Illus.). (J). 31.45 *(978-1-5282-6212-5(3))* Forgotten Bks.

Children of the Night (Classic Reprint) Mary Hulbert Rogers. 2018. (ENG., Illus.). 278p. (J). 29.65 *(978-0-483-36302-1(2))* Forgotten Bks.

Children of the Nile (Classic Reprint) Marmaduke Pickthall. 2018. (ENG., Illus.). 332p. (J). 30.76 *(978-0-483-01615-6(2))* Forgotten Bks.

Children of the Old Stone House (Classic Reprint) Lucy Colton Wells. 2018. (ENG., Illus.). 248p. (J). 29.03 *(978-0-483-70536-4(5))* Forgotten Bks.

Children of the Parsonage: A True Story of Long Ago. Caroline Stetson Allen. 2017. (ENG., Illus.). (J). pap. *(978-0-649-03069-9(9))*; pap. *(978-0-649-54666-4(0))* Trieste Publishing Pty Ltd.

Children of the Parsonage: A True Story of Long Ago (Classic Reprint) Caroline Stetson Allen. 2017. (ENG., Illus.). (J). 26.64 *(978-1-5279-7881-2(8))* Forgotten Bks.

Children of the Past: Archaeology & the Lives of Kids. Lois Miner Huey. 2017. (ENG., Illus.). 56p. (J). (gr. 4-8). 31.99 *(978-1-5124-1316-8(X)*, 3d8176ca-3ba4-4f2b-93b0-5117f81e3877); E-Book 9.99 *(978-1-5124-3878-9(2)*, 9781512438789); E-Book 47.99 *(978-1-5124-3879-6(0)*, 9781512438796) Lerner Publishing Group. (Millbrook Pr.).

Children of the Quicksands, 1 vol. Efua Traoré. 2022. (ENG.). 304p. (J). (gr. 3-7). 18.99 *(978-1-338-78192-2(8)*, Chicken Hse., The) Scholastic, Inc.

Children of the Reverie Hour II. Briana J. Dobson. 2022. (ENG.). 158p. (YA). 29.99 *(978-0-578-35003-5(3))* Couronne et Croix.

Children of the Soil (Classic Reprint) Henryk Sienkiewicz. 2016. (ENG., Illus.). (J). pap. 20.97 *(978-1-333-46061-7(9))*; pap. 20.57 *(978-1-333-25035-5(5))* Forgotten Bks.

Children of the Soil (Classic Reprint) Henryk Sienkiewicz. 2018. (ENG., Illus.). (J). 690p. 38.15 *(978-0-267-45402-0(3))*; 700p. 38.33 *(978-0-483-46095-9(8))* Forgotten Bks.

Children of the Stone City. Beverley Naidoo. 2022. (ENG.). 240p. (J). (gr. 5). 16.99 *(978-0-06-309696-7(X)*, Quill Tree Bks.) HarperCollins Pubs.

Children of the Sun. Kabir Gupta. 2018. (ENG., Illus.). 50p. (J). pap. *(978-1-387-57131-4(1))* Lulu Pr., Inc.

Children of the Sun: Prelude to Bereavement. Anthony Ferguson. 2023. (ENG.). 392p. (YA). pap. 25.95 ***(978-1-6624-6358-7(8))*** Page Publishing Inc.

Children of the Sun: Stories of Black Youth. Booker McCain. 2020. (ENG.). 122p. (J). pap. 10.25 *(978-0-359-58692-9(9))* Lulu Pr., Inc.

Children of the Sun: Stories of Black Youth Special Cover Edition. Booker McCain. 2020. (ENG.). 122p. (J). pap. 10.25 *(978-1-7948-4092-8(3))* Lulu Pr., Inc.

Children of the Sun, etc. , etc. , Etc: Poems for the Young. Caroline M. Gemmer. 2017. (ENG., Illus.). (J). pap. *(978-0-649-48260-3(3))* Trieste Publishing Pty Ltd.

Children of the Tenements (Classic Reprint) Jacob A. Riis. 2017. (ENG., Illus.). (J). 32.52 *(978-0-265-17631-3(X))* Forgotten Bks.

Children of the Valley. Harriet Prescott Spofford. 2019. (ENG., Illus.). 62p. (YA). (gr. 7-12). pap. *(978-93-5329-439-7(8))* Alpha Editions.

Children of the Valley (Classic Reprint) Harriet Prescott Spofford. (ENG., Illus.). (J). 2018. 100p. 25.96 *(978-0-483-46810-8(X))*; 2016. pap. 9.57 *(978-1-334-17488-9(1))* Forgotten Bks.

Children of the Village (Classic Reprint) Mary Russell Mitford. 2018. (ENG., Illus.). 146p. (J). 26.91 *(978-0-484-46051-4(X))* Forgotten Bks.

Children of the Volcano: A Young Adult Fantasy Adventure. Parris Sheets. Ed. by Darren Todd. 2021. (Essence of Ohr Ser.: Vol. 2). (ENG.). 284p. (YA). pap. 16.95 *(978-1-62253-655-9(X))* Evolved Publishing.

Children of the Week 1886: Being the Honest & Only Authentic Account of Certain Stories, As Related by the Red Indian, to Alexander Selkirk, Jr. (Classic Reprint) William Theodore Peters. 2018. (ENG., Illus.). (J). 158p. 27.18 *(978-0-366-56548-1(6))*; 160p. pap. 9.57 *(978-0-366-23042-6(5))* Forgotten Bks.

Children of the Wigwam (Classic Reprint) Annie Chase. (ENG., Illus.). (J). 2018. 154p. 27.07 *(978-0-267-38917-9(5))*; 2016. pap. 9.57 *(978-1-334-14080-8(4))* Forgotten Bks.

Children of the Wild: With Numerous Full-Page Colour-Plates after Paintings in Water-Colour Together with Illustrations in Black-And-White (Classic Reprint) Edwin Willard Deming. 2018. (ENG., Illus.). 38p. (J). 24.80 *(978-0-483-04522-4(5))* Forgotten Bks.

Children of the Wild (Classic Reprint) Charles G. D. Roberts. 2018. (ENG., Illus.). (J). 30.66 *(978-0-265-94678-7(6))* Forgotten Bks.

Children of the Wilds. Hannah Conrad. 2020. (ENG.). 176p. (YA). pap. 11.99 *(978-1-386-84634-5(1))* Draft2Digital.

Children of the Wind (Classic Reprint) Matthew Phipps Shiel. 2017. (ENG., Illus.). (J). 304p. 30.19 *(978-0-331-57972-7(3))*; pap. 13.57 *(978-0-243-33662-3(4))* Forgotten Bks.

Children of the Wolf (Classic Reprint) Alfred Duggan. 2017. (ENG., Illus.). (J). 29.82 *(978-0-331-52730-8(8))*; pap. 13.57 *(978-0-243-39571-2(X))* Forgotten Bks.

Children of the World. Nicola Edwards. Illus. by Andrea Stegmaier. 2022. (ENG.). 64p. (J). (gr. 2). 17.99 *(978-1-944530-40-2(1)*, 360 Degrees) Tiger Tales.

Children of the World, Vol. 1 Of 3: A Novel (Classic Reprint) Paul Heyse. (ENG., Illus.). (J). 2017. 292p. 29.92 *(978-0-331-87542-3(X))*; 2016. pap. 13.57 *(978-1-334-51311-4(2))* Forgotten Bks.

Children of to-Morrow (Classic Reprint) Clara Elizabeth Laughlin. (ENG., Illus.). (J). 2018. 464p. 33.49 *(978-0-483-66855-3(9))*; 2016. pap. 16.57 *(978-1-334-36929-2(1))* Forgotten Bks.

Children of Vaaylor. Patricia McLaughlin. Illus. by Jenny Zhu. 2020. (ENG.). 40p. (J). 15.99 *(978-1-64858-691-0(0))*; pap. 9.99 *(978-1-64858-690-3(2))* Matchstick Literary.

Children of Virtue & Vengeance. Tomi Adeyemi. 2019. (Legacy of Orisha Ser.: 2). (ENG.). 416p. (YA). 19.99 *(978-1-250-17099-6(0)*, 900188182, Holt, Henry & Co. Bks. For Young Readers) Holt, Henry & Co.

Children of Wax - les Enfants de Cire. Southern African Folktale. Illus. by Wiehan de Jager. 2022. (FRE.). 30p. (J). pap. ***(978-1-922849-74-8(X))*** Library For All Limited.

Children of Wax - Watoto Wa Nta. Illus. by Wiehan de Jager. 2023. (SWA.). 30p. (J). pap. ***(978-1-922876-30-0(5))*** Library For All Limited.

Children of Willesden Lane: A True Story of Hope & Survival During World War II (Young Readers Edition) Mona Golabek & Lee Cohen. 2017. (ENG., Illus.). 224p. (J). E-Book *(978-0-316-55489-3(8))* Little Brown & Co.

Children on the American Frontier. Rachel Hamby. 2018. (Children in History Ser.). (ENG., Illus.). 48p. (J). (gr. 5-6). pap. 11.95 *(978-1-63517-979-8(3)*, 1635179793); lib. bdg. 34.21 *(978-1-63517-878-4(9)*, 1635178789) North Star Editions. (Focus Readers).

Children on the Plains: A Story of Travel & Adventure from the Missouri to the Rocky Mountains (Classic Reprint) Sarah S. Baker. 2018. (ENG., Illus.). 130p. (J). 26.60 *(978-0-267-44166-2(5))* Forgotten Bks.

Children Part Four. Charles J. Labelle. 2017. (ENG., Illus.). (J). pap. *(978-1-896710-67-9(0))* Storyteller.

Children Passing (Classic Reprint) Richard Emil Braun. (ENG., Illus.). (J). 2018. 52p. 24.97 *(978-0-483-62204-3(4))*; 2017. pap. 7.97 *(978-0-243-28867-0(0))* Forgotten Bks.

Children Soldiers of ISIS, 1 vol. Bridey Heing. 2017. (Crimes of ISIS Ser.). (ENG.). 104p. (gr. 8-8). 38.93 *(978-0-7660-9211-2(9)*, b02bce7e-1f6e-4774-a4f3-8c9d65714a04); pap. 20.95 *(978-0-7660-9580-9(0)*, a0925f5f-024d-4e7d-90ec-860cd03151a9) Enslow Publishing, LLC.

Children Stories: Christian Tales to Remember. Bill Vincent. 2019. (ENG.). 190p. (J). ***(978-1-0878-1646-3(7))***; (Illus.). ***(978-0-359-33646-3(9))*** Lulu.com.

Children Touching Heaven: A Poetic Book of Prayers. Lataunya Smith. 2021. (ENG., Illus.). 30p. (J). pap. 13.95 *(978-1-0980-6128-9(4))* Christian Faith Publishing.

Children Toy Trucks & Cars Coloring Book: For Kid's Ages 4 Years Old & Up. Beatrice Harrison. 2017. (ENG., Illus.). (J). pap. 6.75 *(978-1-365-75083-0(3))* Lulu Pr., Inc.

Children Were with Me in the Woods Today. Kimball Love. 2020. (ENG., Illus.). 46p. (J). 22.95 *(978-1-5069-0916-5(7))*; pap. 15.95 *(978-1-5069-0917-2(5))* First Edition Design Publishing.

Children Who, Followed the Piper (Classic Reprint) Padraic Colum. 2017. (ENG., Illus.). (J). 27.77 *(978-0-266-45218-8(3))* Forgotten Bks.

Children Will Save You. Anne Peck. 2019. (ENG.). 42p. (J). pap. *(978-1-78830-417-7(9))* Olympia Publishers.

Children Working the Fields. Anita Yasuda. 2018. (Children in History Ser.). (ENG., Illus.). 48p. (J). (gr. 5-6). pap. 11.95 *(978-1-63517-980-4(7)*, 1635179807); lib. bdg. 34.21 *(978-1-63517-879-1(7)*, 1635178797) North Star Editions. (Focus Readers).

Childrenos - Short Stories - for A. M. Research. Bugs2writes. 2017. (ENG., Illus.). 284p. (J). pap. *(978-0-244-62255-8(8))* Lulu Pr., Inc.

Children's a to Z Encyclopedia. Editors of Kingfisher. 2018. (Kingfisher Encyclopedias Ser.). (ENG.). 500p. (J). 34.99 *(978-0-7534-7465-5(4)*, 900193823, Kingfisher) Roaring Brook Pr.

Children's Activity Bible: For Children Ages 4-7, 1 vol. Jensen Leyah & Isabelle Gao. Illus. by Jose Perez Montero. 2018. 232p. (J). pap. 15.99 *(978-0-8254-4586-6(8))* Kregel Pubns.

Children's Activity Bible: For Children Ages 7 & Up, 1 vol. L. M. Alex. Illus. by Jose Perez Montero. 2018. 232p. (J). pap. 15.99 *(978-0-8254-4587-3(6))* Kregel Pubns.

Children's Activity Books. Knights vs. Vikings vs. Pirates: Whose Side Are You On? Connect the Dots & Coloring Exercises. Creative Boosters for Kids of All Ages. Jupiter Kids. 2017. (ENG., Illus.). 200p. (J). pap. 12.26 *(978-1-5419-4790-0(8)*, Jupiter Kids (Childrens & Kids Fiction)) Speedy Publishing LLC.

Children's Activity Workbook. Candi Thomas. 2022. (ENG.). 130p. (J). pap. ***(978-1-387-56544-3(3))*** Lulu Pr., Inc.

Children's Album of Pictures & Stories: Abridged (Classic Reprint) Asa Bullard. abr. ed. 2018. (ENG., Illus.). 164p. (J). 27.28 *(978-0-483-87166-3(4))* Forgotten Bks.

Children's Anthologies Collection: 3-Book Box Set for Kids Ages 6-8, Featuring 300+ Animal, Dinosaur, & Space Topics. DK et al. 2023. (DK Children's Anthologies Ser.). (ENG.). 672p. (J). (gr. 2-4). 65.99 *(978-0-7440-7940-1(3)*, DK Children) Dorling Kindersley Publishing, Inc.

Children's Authors (Set), 6 vols. Julie Murray. 2021. (Children's Authors Ser.). (ENG.). 24p. (J). (gr. -1-2). lib. bdg. 196.74 *(978-1-0982-0719-9(X)*, 38200, Abdo Kids) ABDO Publishing Co.

Children's Baking Kit. Fiona Patchett. 2018. (Activity Kits Ser.). (ENG.). 32p. 22.99 *(978-0-7945-4234-4(4)*, Usborne) EDC Publishing.

Children's Ballads from History & Folklore (Classic Reprint) Clara Doty Bates. 2018. (ENG., Illus.). 80p. (J). 25.57 *(978-0-484-49918-7(1))* Forgotten Bks.

Children's Bible. Charles Foster Kent. 2017. (ENG., Illus.). (J). 28.95 *(978-1-374-98181-2(8))* Capital Communications, Inc.

Children's Bible. Charles Foster Kent. 2022. (ENG.). 384p. (J). pap. ***(978-1-387-84665-8(5))*** Lulu Pr., Inc.

Children's Bible: Deluxe Slip-Case Edition. Arcturus Publishing. 2020. (ENG.). 256p. (J). 24.99 *(978-1-3988-0296-4(4)*, ca52d350-a597-45bb-a8b4-402421c45fc4) Arcturus Publishing GBR. Dist: Baker & Taylor Publisher Services (BTPS).

Children's Bible Stories. DK. 2021. (DK Bibles & Bible Guides). (ENG., Illus.). 320p. (J). (gr. 4-7). 25.99 *(978-0-7440-2877-5(9)*, DK Children) Dorling Kindersley Publishing, Inc.

Children's Bible Stories: With 29 Beloved Stories. IglooBooks. Illus. by Diane Le Feyer. 2021. (ENG.). 256p. (J). (gr. k-2). 15.99 *(978-1-83903-781-8(4))* Igloo Bks. GBR. Dist: Simon & Schuster, Inc.

Children's Blizzard Of 1888: A Cause-And-Effect Investigation. Nel Yomtov. 2016. (Cause-And-Effect Disasters Ser.). (ENG., Illus.). 40p. (J). (gr. 4-6). lib. bdg. 30.65 *(978-1-5124-1118-8(3)*, af5bc601-6032-4d4b-9f15-d9c74ebbb667); E-Book 46.65 *(978-1-5124-1129-4(9))* Lerner Publishing Group. (Lerner Pubns.).

Children's Blue Bird (Classic Reprint) Georgette LeBlanc. 2017. (ENG., Illus.). (J). 27.82 *(978-0-266-56954-1(4))* Forgotten Bks.

Children's Book. Augusta Joyce Crocheron. 2017. (ENG.). (J). 298p. pap. *(978-3-337-29767-1(6))*; 300p. pap. *(978-3-7447-1228-6(1))* Creation Pubs.

Children's Book: A Collection of Short Stories & Poems; a Mormon Book (Classic Reprint) Augusta Joyce Crocheron. 2018. (ENG., Illus.). 298p. (J). 30.04 *(978-0-483-52936-6(2))* Forgotten Bks.

Children's Book: A Collection of the Best & Most Famous Stories & Poems in the English Language (Classic Reprint) Horace Elisha Scudder. (ENG., Illus.). (J). 2018. 454p. 33.26 *(978-0-331-82454-4(X))*; 2018. 454p. 33.26 *(978-0-483-79704-8(9))*; 2017. pap. 16.57 *(978-0-243-38162-3(X))* Forgotten Bks.

Children's Book about Germany: Germania & the Roman Empire - Children's Ancient History Books. Left Brain Kids. 2016. (ENG., Illus.). (J). pap. 7.51 *(978-1-68376-600-1(8))* Sabeels Publishing.

Children's Book (Classic Reprint) Frances Burnett. 2018. (ENG., Illus.). 190p. (J). 27.82 *(978-0-484-37936-6(4))* Forgotten Bks.

Children's Book Collection: Library of the University of the California Los Angeles (Classic Reprint) Unknown Author. 2018. (ENG., Illus.). 88p. (J). 25.73 *(978-0-267-26816-0(5))* Forgotten Bks.

Children's Book Collection (Classic Reprint) Unknown Author. (ENG., Illus.). (J). 2018. 34p. 24.60 *(978-0-267-69685-7(X))*; 2018. 56p. 25.05 *(978-0-484-25975-0(X))*; 2017. 24p. 24.39 *(978-0-484-59253-6(X))* Forgotten Bks.

Children's Book of Art. DK. 2023. (ENG.). 152p. (J). (gr. 2-6). 24.99 *(978-0-7440-8276-0(5)*, DK Children) Dorling Kindersley Publishing, Inc.

Children's Book of Birds (Classic Reprint) Olive Thorne Miller. 2018. (ENG., Illus.). 466p. (J). 33.51 *(978-0-267-28636-2(8))* Forgotten Bks.

Children's Book of Birdwatching: Nature-Friendly Tips for Spotting Birds. Dan Rouse. 2023. (ENG., Illus.). 96p. (J). (gr. k-4). 12.99 *(978-0-7440-7280-8(8)*, DK Children) Dorling Kindersley Publishing, Inc.

Children's Book of Christmas (Classic Reprint) J. C. Dier. (ENG., Illus.). (J). 2017. 190p. 27.84 *(978-0-332-53983-6(0))*; 2016. pap. 9.97 *(978-1-333-16145-3(X))* Forgotten Bks.

Children's Book of Christmas Stories. 2022. (ENG.). 256p. (J). pap. 34.06 *(978-1-4583-3293-6(4))* Lulu Pr., Inc.

Children's Book of Christmas Stories (Classic Reprint) Asa Don Dickinson. 2017. (ENG., Illus.). (J). 31.14 *(978-0-331-67431-6(9))* Forgotten Bks.

Children's Book of Etiquette: The Adventures of Forkman. Tiffany Caldwell & Wr MacKenzie. 2018. (ENG.). 38p. (J). 14.95 *(978-1-68401-426-2(3))* Amplify Publishing Group.

Children's Book of Imaginary Stories. Kelly Stecchino. 2019. (ENG.). 58p. (J). pap. 14.95 *(978-1-64531-000-6(0))* Newman Springs Publishing, Inc.

Children's Book of Islam: Part One: Part One. Muhammad Manazir Ahsan. 2016. (ENG., Illus.). 64p. pap. 5.95 *(978-0-86037-484-8(X))* Kube Publishing Ltd. GBR. Dist: Consortium Bk. Sales & Distribution.

Children's Book of Islam: Part Two: Part Two, Pt. 2. Muhammad Manazir Ahsan. 2016. (ENG., Illus.). 72p. pap. 5.95 *(978-0-86037-037-6(2))* Kube Publishing Ltd. GBR. Dist: Consortium Bk. Sales & Distribution.

Children's Book of Moral Lessons (Classic Reprint) Frederick James Gould. (ENG., Illus.). (J). 2018. 230p. 28.66 *(978-0-483-36706-7(0))*; 2016. pap. 11.57 *(978-1-333-48614-3(6))* Forgotten Bks.

Children's Book of Music. DK. 2023. (ENG.). 144p. (J). (gr. 4-7). 24.99 *(978-0-7440-8277-7(3)*, DK Children) Dorling Kindersley Publishing, Inc.

Children's Book of Mythical Beasts & Magical Monsters. DK. 2018. (DK Children's Book Of Ser.). (ENG.). 144p. (J). (gr. 2-5). pap. 16.99 *(978-1-4654-7462-9(5)*, DK Children) Dorling Kindersley Publishing, Inc.

Children's Book of Mythical Beasts & Magical Monsters. Dorling Kindersley Publishing Staff. ed. 2018. lib. bdg. 29.40 *(978-0-606-41338-1(3))* Turtleback.

Children's Book of Patriotic Stories: The Spirit of 76 (Classic Reprint) Asa Don Dickinson. 2017. (ENG., Illus.). (J). 30.52 *(978-0-331-21491-8(1))* Forgotten Bks.

Children's Book of Poetry: Carefully Selected from the Works of the Best & Most Popular Writers for Children (Classic Reprint) Henry Troth Coates. (ENG., Illus.). (J). 2017. 35.34 *(978-0-331-72912-2(1))*; 2016. pap. 19.57 *(978-1-333-51905-6(2))* Forgotten Bks.

Children's Book of Thanksgiving Stories (Classic Reprint) Asa Don Dickinson. 2018. (ENG., Illus.). 354p. (J). 31.20 *(978-0-365-50318-7(5))* Forgotten Bks.

Children's Book of Treasures: Songs, Stories & Nursery Rhymes. Ed. by Tiffany Riebel. 2022. (ENG.). 170p. (J). pap. ***(978-1-4583-1314-0(X))*** Lulu Pr., Inc.

Children's Books about Self-Esteem: This Book Will Be Helpful to Parents, Therapists, Counsellors, Carers, Teachers & Social Workers Who Are Working with or Looking after Children Struggling with Low Self-Worth or Low Self-Esteem. James Manning & Nicola Ridgeway. 2018. (ENG., Illus.). 74p. (J). pap. *(978-1-78917-384-0(1))* Sketchbook, Sketch Pad, Art Bk., Drawing Paper, and Writing Paper Publishing Co., The.

Children's Books Age 5-6. Cats & Dogs Are Best of Friends. Rewarding Coloring & Dot to Dot Children's Books Age 5-6. Lessons on Numbers & Colors Included! Speedy Kids. 2017. (ENG., Illus.). 200p. (J). pap. 12.26 *(978-1-5419-4793-1(2))* Speedy Publishing LLC.

Children's Books & International Goodwill: Report & Book List (Classic Reprint) International Bureau of Education. (ENG., Illus.). (J). 2018. 84p. 25.65 *(978-0-332-89516-1(5))*; 2017. pap. 9.57 *(978-0-259-98068-1(4))* Forgotten Bks.

Children's Books for Christmas Gifts: Recommended by the Louisville Free Public Library (Classic Reprint) Louisville Free Public Library. 2019. (ENG., Illus.). (J). 20p. 24.33 *(978-1-397-27724-4(6))*; 22p. pap. 7.97 *(978-1-397-27706-0(8))* Forgotten Bks.

Children's Books for First Purchase: Recommended by the Wisconsin Free Library Commission (Classic Reprint) Wisconsin Free Library Commission. 2018. (ENG., Illus.). 128p. (J). 26.56 *(978-0-428-82246-0(0))* Forgotten Bks.

Children's Bread: Short Sermons to Children (Classic Reprint) Harry John Wilmot-Buxton. (ENG., Illus.). (J). 2018. 152p. 27.03 *(978-0-483-67783-8(3))*; 2017. pap. 9.57 *(978-0-243-27642-4(7))* Forgotten Bks.

Children's Bread; an One Act Play, Being a Tragedy or a Farce: According, to How You Look at It (Classic Reprint) Blamire Young. 2018. (ENG., Illus.). 34p. (J). 24.62 *(978-0-484-33381-8(X))* Forgotten Bks.

Children's Bread (Classic Reprint) John Edgar Park. (ENG., Illus.). (J). 2018. 136p. 26.72 *(978-0-483-56771-9(X))*; 2017. pap. 9.57 *(978-0-243-20620-9(8))* Forgotten Bks.

Children's Catalog: Books in the Library Suitable for Young People; January, 1908 (Classic Reprint) Detroit Public Library. 2018. (ENG., Illus.). 226p. (J). 28.41 *(978-0-267-29705-4(X))* Forgotten Bks.

Children's Catalog of Thirty-Five Hundred Books: A Guide to the Best Reading for Boys & Girls (Classic Reprint) Corinne Bacon. 2018. (ENG., Illus.). 540p. (J). 35.05 *(978-0-483-07247-3(8))* Forgotten Bks.

Children's Children, Vol. 1 Of 3: A Story of Two Generations (Classic Reprint) Alan Muir. 2018. (ENG., Illus.). 278p. (J). 29.65 *(978-0-483-34123-4(1))* Forgotten Bks.

Children's Children, Vol. 2 Of 3: A Story of Two Generations (Classic Reprint) Alan Muir. 2018. (ENG., Illus.). 306p. (J). 30.21 *(978-0-267-18218-3(X))* Forgotten Bks.

Children's Children, Vol. 3 Of 3: A Story of Two Generations (Classic Reprint) Alan Muir. 2018. (ENG., Illus.). 282p. (J). 29.71 *(978-0-484-43327-3(X))* Forgotten Bks.

Children's Christmas Rhymes. Maddison Giles. 2022. (ENG.). 26p. (J). ***(978-1-3984-6815-3(0))***; pap. ***(978-1-3984-6814-6(2))*** Austin Macauley Pubs. Ltd.

Children's City (Classic Reprint) Esther Singleton. 2018. (ENG., Illus.). 370p. (J). 31.55 *(978-0-332-11289-3(6))* Forgotten Bks.

Children's Classic Rhymes. 2017. (ENG.). 138p. (J). pap. *(978-81-935458-0-5(X))* Sumaiyah Distributors Pvt Ltd.

Children's Classic Stories. Aniesha Brahma. 2017. (ENG.). 114p. (J). pap. *(978-81-935458-1-2(8))* Sumaiyah Distributors Pvt Ltd.

Children's Classics Collection. Lewis Carroll, pseud et al. 2018. (ENG., Illus.). 1432p. 48.00 *(978-1-5098-9474-1(8)*, 900196815, Collector's Library, The) Pan Macmillan GBR. Dist: Macmillan.

Children's Classics in Dramatic Form. Augusta Stevenson. 2017. (ENG., Illus.). (J). 23.95 *(978-1-374-89266-8(1))*; pap. 13.95 *(978-1-374-89265-1(3))* Capital Communications, Inc.

Children's Classics in Dramatic Form, Book Two. Augusta Stevenson. 2017. (ENG., Illus.). (J). pap. *(978-0-649-48533-8(5))* Trieste Publishing Pty Ltd.

Children's Classics in Dramatic Form, Vol. 1 (Classic Reprint) Augusta Stevenson. 2018. (ENG., Illus.). 136p. (J). 26.72 *(978-0-365-42756-8(X))* Forgotten Bks.

Children's Classics in Dramatic Form, Vol. 2 (Classic Reprint) Augusta Stevenson. 2018. (ENG., Illus.). 142p. (J). 26.83 *(978-0-365-47781-5(8))* Forgotten Bks.

Children's Classics in Dramatic Form, Vol. 3 (Classic Reprint) Augusta Stevenson. 2018. (ENG., Illus.). 198p. (J). 28.00 *(978-0-365-49280-1(9))* Forgotten Bks.

Children's Classics in Dramatic Form, Vol. 5 (Classic Reprint) Augusta Stevenson. 2018. (ENG., Illus.). 340p. (J). 30.91 *(978-0-365-49812-4(2))* Forgotten Bks.

Children's Coloring Book of the Saints & Leavened & Unleavened Bread. Yvonne Young. 2017. (ENG., Illus.). (J). pap. 8.99 *(978-1-365-80907-1(2))* Lulu Pr., Inc.

Childrens Coloring Books Ages 4 - 8 (Big Trucks) A Big Trucks Coloring (Colouring) Book with 30 Coloring Pages That Gradually Progress in Difficulty: This Book Can Be Downloaded As a PDF & Printed Out to Color Individual Pages. James Manning. 2019. (Childrens Coloring Books Ages 4 - 8 Ser.: Vol. 2). (ENG., Illus.). 62p. (J). pap. *(978-1-83856-671-5(6))* Coloring Pages.

Childrens Coloring Books Ages 4 - 8 (Cars) A Cars Coloring (Colouring) Book with 30 Coloring Pages That Gradually Progress in Difficulty: This Book Can Be Downloaded As a PDF & Printed Out to Color Individual Pages. James Manning. 2019. (Childrens Coloring Books Ages 4 - 8 (Cars) Ser.: Vol. 3). (ENG., Illus.). 62p. (J). pap. *(978-1-83856-407-0(1))* West Suffolk CBT Service Ltd., The.

Children's Coloring Books Ages 6 - 8 (Do What You Love) 36 Coloring Pages to Boost Confidence in Girls. James Manning. 2019. (Children's Coloring Books Ages 6 - 8 Ser.: Vol. 1). (ENG., Illus.). 74p. (J). pap. *(978-1-83856-780-4(1))* Coloring Pages.

Children's Coloring Books Ages 6 - 8 (Unicorn Coloring Book) A Unicorn Coloring (Colouring) Book with 30

C

Coloring Pages That Gradually Progress in Difficulty: This Book Can Be Downloaded As a PDF & Printed Out to Color Individual Pages. James Manning. 2019. (Children's Coloring Books Ages 6 - 8 Ser.: Vol. 3). (ENG., Illus.). 62p. (J). pap. *(978-1-83856-645-6(7))* Coloring Pages.

Childrens Coloring Books by Age 10 (Do What You Love) 36 Coloring Pages to Boost Confidence in Girls. James Manning. 2019. (Childrens Coloring Books by Age 10 Ser.: Vol. 1). (ENG., Illus.). 74p. (J). pap. *(978-1-83856-506-0(X))* Coloring Pages.

Childrens Coloring Books by Age 5 - 8 (Big Trucks) A Big Trucks Coloring (Colouring) Book with 30 Coloring Pages That Gradually Progress in Difficulty: This Book Can Be Downloaded As a PDF & Printed Out to Color Individual Pages. James Manning. 2019. (Childrens Coloring Books by Age 5 - 8 Ser.: Vol. 2). (ENG., Illus.). 62p. (J). pap. *(978-1-83856-670-8(8))* Coloring Pages.

Childrens Coloring Books by Age 5 - 8 (Cars) A Cars Coloring (Colouring) Book with 30 Coloring Pages That Gradually Progress in Difficulty: This Book Can Be Downloaded As a PDF & Printed Out to Color Individual Pages. James Manning. 2019. (Childrens Coloring Books by Age 5 - 8 (Cars) Ser.: Vol. 3). (ENG., Illus.). 62p. (J). pap. *(978-1-83856-406-3(3))* Coloring Pages.

Childrens Coloring Books by Age 5 - 8 (Unicorn Coloring Book) A Unicorn Coloring (Colouring) Book with 30 Coloring Pages That Gradually Progress in Difficulty: This Book Can Be Downloaded As a PDF & Printed Out to Color Individual Pages. James Manning. 2019. (Childrens Coloring Books by Age 5 - 8 Ser.: Vol. 21). (ENG., Illus.). 62p. (J). pap. *(978-1-83856-637-1(6))*; pap. *(978-1-83856-638-8(4))* Coloring Pages.

Childrens Coloring Books by Age 6 - 8 (Cars) A Cars Coloring (Colouring) Book with 30 Coloring Pages That Gradually Progress in Difficulty: This Book Can Be Downloaded As a PDF & Printed Out to Color Individual Pages. James Manning. 2019. (Childrens Coloring Books by Age 6 - 8 (Cars) Ser.: Vol. 3). (ENG., Illus.). 62p. (J). pap. *(978-1-83856-408-7(X))* Coloring Pages.

Childrens Coloring Books by Age 6 8 (Big Trucks) A Big Trucks Coloring (Colouring) Book with 30 Coloring Pages That Gradually Progress in Difficulty: This Book Can Be Downloaded As a PDF & Printed Out to Color Individual Pages. James Manning. 2019. (Childrens Coloring Books by Age 6 8 Ser.: Vol. 2). (ENG., Illus.). 62p. (J). pap. *(978-1-83856-672-2(4))* Coloring Pages.

Childrens Coloring Books by Ages 4 - 8 (Do What You Love) 36 Coloring Pages to Boost Confidence in Girls. James Manning. 2019. (Childrens Coloring Books by Ages 4 - 8 Ser.: Vol. 1). (ENG., Illus.). 74p. (J). pap. *(978-1-83856-505-3(1))* Coloring Pages.

Childrens Coloring Books by Ages 5 - 8 (Do What You Love) 36 Coloring Pages to Boost Confidence in Girls. James Manning. 2019. (Childrens Coloring Books by Ages 5 - 8 Ser.: Vol. 1). (ENG., Illus.). 74p. (J). pap. *(978-1-83856-504-6(3))* Coloring Pages.

Children's Coloring Books (Do What You Love) 36 Coloring Pages to Boost Confidence in Girls. James Manning. 2019. (ENG., Illus.). 74p. (J). pap. *(978-1-83856-470-4(5))* Coloring Pages.

Children's Coloring Books (Fashion Coloring Book) 40 Fashion Coloring Pages. James Manning. 2019. (ENG., Illus.). 82p. (J). pap. *(978-1-83856-307-3(5))* Coloring Pages.

Childrens Coloring Books (Fashion Coloring Book) 40 Fashion Coloring Pages. James Manning. 2019. (ENG., Illus.). 82p. (J). pap. *(978-1-83856-309-7(1))* Coloring Pages.

Childrens Coloring Books (Unicorn Coloring Book) A Unicorn Coloring (Colouring) Book with 30 Coloring Pages That Gradually Progress in Difficulty: This Book Can Be Downloaded As a PDF & Printed Out to Color Individual Pages. James Manning. 2019. (Childrens Coloring Bks.: Vol. 3). (ENG., Illus.). 62p. (J). pap. *(978-1-83856-636-4(8))* Coloring Pages.

Children's Colouring Book. Dandi Palmer. 2017. (ENG., Illus.). (J). pap. *(978-1-906442-68-2(1))* Dodo Bks.

Childrens Colouring Books Age 4 (Cars) A Cars Coloring (Colouring) Book with 30 Coloring Pages That Gradually Progress in Difficulty: This Book Can Be Downloaded As a PDF & Printed Out to Color Individual Pages. James Manning. 2019. (Childrens Colouring Books Age 4 (Cars) Ser.: Vol. 3). (ENG., Illus.). 62p. (J). pap. *(978-1-83856-412-4(8))* Coloring Pages.

Childrens Colouring Books Age 5 - 7 (Big Trucks) A Big Trucks Coloring (Colouring) Book with 30 Coloring Pages That Gradually Progress in Difficulty: This Book Can Be Downloaded As a PDF & Printed Out to Color Individual Pages. James Manning. 2019. (Childrens Colouring Books Age 5 - 7 Ser.: Vol. 2). (ENG., Illus.). 62p. (J). pap. *(978-1-83856-675-3(9))* Coloring Pages.

Childrens Colouring Books Age 5 - 7 (Cars) A Cars Coloring (Colouring) Book with 30 Coloring Pages That Gradually Progress in Difficulty: This Book Can Be Downloaded As a PDF & Printed Out to Color Individual Pages. James Manning. 2019. (Childrens Colouring Books Age 5 - 7 (Cars) Ser.: Vol. 3). (ENG., Illus.). 62p. (J). pap. *(978-1-83856-411-7(X))* Coloring Pages.

Childrens Colouring Books (Big Trucks) A Big Trucks Coloring (Colouring) Book with 30 Coloring Pages That Gradually Progress in Difficulty: This Book Can Be Downloaded As a PDF & Printed Out to Color Individual Pages. James Manning. 2019. (Childrens Colouring Books (Big Trucks) Ser.: Vol. 2). (ENG., Illus.). 62p. (J). pap. *(978-1-83856-674-6(0))* Coloring Pages.

Childrens Colouring Books (Cars) A Cars Coloring (Colouring) Book with 30 Coloring Pages That Gradually Progress in Difficulty: This Book Can Be Downloaded As a PDF & Printed Out to Color Individual Pages. James Manning. 2019. (Childrens Colouring Books (Cars) Ser.: Vol. 3). (ENG., Illus.). 62p. (J). pap. *(978-1-83856-410-0(1))* Coloring Pages.

Children's Companion (Classic Reprint) M. Berquin. (ENG., Illus.). (J). 2018. 576p. 35.78 *(978-0-332-16568-4(X))*; 2017. pap. 19.57 *(978-0-243-94031-8(9))* Forgotten Bks.

Children's Corner (Classic Reprint) R. H. Elkin. (ENG., Illus.). (J). 2018. 34p. 24.62 *(978-0-267-54174-4(0))*; 2016. pap. 7.97 *(978-1-333-40523-6(5))* Forgotten Bks.

Children's Creative Craft Projects. 2019. (Illus.). 128p. (J). (— 1). pap. 21.95 *(978-605-9192-58-3(0))* Tuva Publishing TUR. Dist: Independent Pubs. Group.

Children's Creative Escape: Fun Activity Book. Smarter Activity Books for Kids. 2016. (ENG., Illus.). (J). pap. 8.99 *(978-1-68374-209-8(5))* Examined Solutions PTE. Ltd.

Children's Crusade of 1963 Boosts Civil Rights. Heather Adamson. 2018. (Events That Changed America Ser.). (ENG.). 32p. (J). (gr. 3-6). lib. bdg. 35.64 *(978-1-5038-2521-5(3)*, 212329, MOMENTUM) Child's World, Inc, The.

Children's Day. Thelma B. Thompson. 2019. (ENG.). 24p. (J). pap. 12.60 *(978-1-950543-59-5(5))* Legaia Bks. USA.

Children's Dictionary: 3,000 Words, Pictures, & Definitions. Martin Manser. 2018. 128p. (J). (gr. 2-6). 12.99 *(978-1-63158-273-8(9)*, Racehorse Publishing) Skyhorse Publishing Co., Inc.

Children's Dictionary: Illustrated Dictionary for Ages 7+ (Collins Children's Dictionaries) Collins Dictionaries. Illus. by Maria Herbert-Liew. 2018. (ENG.). 472p. (J). (gr. 4). 18.99 *(978-0-00-827117-6(8))* HarperCollins Pubs. Ltd. GBR. Dist: Independent Pubs. Group.

Children's Dot to Dot: 48 Dot to Dot Puzzles for Kids Aged 4 To 6. James Manning. 2018. (Children's Dot to Dot Ser.: Vol. 2). (ENG., Illus.). 52p. (J). (gr. k-2). pap. *(978-1-78917-630-8(1))* Sketchbook, Sketch Pad, Art Bk., Drawing Paper, and Writing Paper Publishing Co., The.

Children's Dragon Stories see **Cuentos de Dragones para Ninos**

Children's Encyclopedia - Life of Earth. A. H. Hashmi. rev. ed. 2016. (ENG., Illus.). 72p. pap. *(978-93-5057-673-1(2))* V&S Pubs.

Children's Encyclopedia - Life Sciences. Vohra Manasvi. rev. ed. 2017. (HIN., Illus.). 112p. pap. *(978-93-5057-874-2(3))* V&S Pubs.

Children's Encyclopedia - Physics. Manasvi Vohra. rev. ed. 2017. (HIN., Illus.). 80p. pap. *(978-93-5057-895-7(6))* V&S Pubs.

Children's Encyclopedia - Space Science. Manasvi Vohra. rev. ed. 2017. (HIN., Illus.). 72p. pap. *(978-93-5057-911-4(1))* V&S Pubs.

Children's Encyclopedia - the Earth. Manasvi Vohra. rev. ed. 2017. (HIN., Illus.). 72p. pap. *(978-93-5057-914-5(6))* V&S Pubs.

Children's Encyclopedia - Transportation. Manasvi Vohra. rev. ed. 2017. (HIN., Illus.). 72p. pap. *(978-93-5057-918-3(9))* V&S Pubs.

Children's Encyclopedia of Ancient History: Step Back in Time to Discover the Wonders of the Stone Age, Ancient Egypt, Ancient Greece, Ancient Rome, the Aztecs & Maya, the Incas, Ancient China & Ancient Japan. Philip Steele. 2019. (Illus.). 512p. (J). (gr. -1-12). 35.00 *(978-1-86147-873-3(9)*, Armadillo) Anness Publishing GBR. Dist: National Bk. Network.

Children's Encyclopedia of Animals. Michael Leach & Meriel Lland. 2018. (Arcturus Children's Reference Library: 3). (ENG.). 128p. (J). 14.99 *(978-1-78828-506-3(9)*, f3fd19ab-1c3d-40c4-a679-33b26d51e1bb) Arcturus Publishing GBR. Dist: Baker & Taylor Publisher Services (BTPS).

Children's Encyclopedia of Birds. Claudia Martin. 2020. (Arcturus Children's Reference Library: 9). (ENG.). 128p. (J). 14.99 *(978-1-78950-600-6(X)*, cb9d6bbe-41dc-4805-a5a4-920cbacd1002) Arcturus Publishing GBR. Dist: Baker & Taylor Publisher Services (BTPS).

Children's Encyclopedia of Dinosaurs. Clare Hibbert. 2017. (Arcturus Children's Reference Library: 1). (ENG.). 128p. (J). (gr. 3-7). 14.99 *(978-1-78428-466-4(1)*, 45f4a3da-9d33-4e71-962e-3de2e9ecffa6) Arcturus Publishing GBR. Dist: Baker & Taylor Publisher Services (BTPS).

Children's Encyclopedia of Knights & Castles. Sean Sheehan et al. 2021. 14. (ENG.). 128p. (J). 14.99 *(978-1-3988-0942-0(X)*, 43c0b4f2-c90d-4c94-8579-c45a9b955516) Arcturus Publishing GBR. Dist: Baker & Taylor Publisher Services (BTPS).

Children's Encyclopedia of Math. Tim Collins. 2021. (Arcturus Children's Reference Library: 13). (ENG.). 128p. (J). 14.99 *(978-1-83940-606-5(2)*, cf4d2ccc-5a28-4ec7-9bc1-7d60cc0b4c14) Arcturus Publishing GBR. Dist: Baker & Taylor Publisher Services (BTPS).

Children's Encyclopedia of Natural Disasters. Anne Rooney & Anita Ganeri. 2023. (ENG., Illus.). 128p. (J). 16.99 *(978-1-3988-2024-1(5)*, f7db04c9-e181-41aa-9f41-08b4b49370c5) Arcturus Publishing GBR. Dist: Baker & Taylor Publisher Services (BTPS).

Children's Encyclopedia of Ocean Life. Claudia Martin. 2020. (Arcturus Children's Reference Library: 10). (ENG., Illus.). 128p. (J). 14.99 *(978-1-78950-601-3(8)*, 7e59cc8b-d217-4382-9fa8-d6d3794c10ce) Arcturus Publishing GBR. Dist: Baker & Taylor Publisher Services (BTPS).

Children's Encyclopedia of Predators. Alex Woolf & Claire Philip. 2022. (Arcturus Children's Reference Library: 17). (ENG., Illus.). 128p. (J). 14.99 *(978-1-3988-1459-2(8)*, c43c3713-5e87-4645-866b-b7fbfefd6559) Arcturus Publishing GBR. Dist: Baker & Taylor Publisher Services (BTPS).

Children's Encyclopedia of Questions & Answers: Space, Planet Earth, Animals, Human Body, Science, Technology. Lisa Regan. 2023. (ENG., Illus.). 128p. (J). 14.99 *(978-1-3988-1999-3(9)*, 79008ee7-112c-4040-aa27-34dcf5319445) Arcturus Publishing GBR. Dist: Baker & Taylor Publisher Services (BTPS).

Children's Encyclopedia of Rocks & Fossils. Claudia Martin. 2019. (Arcturus Children's Reference Library: 7). (ENG.). 128p. (J). 14.99 *(978-1-78950-595-5(X)*, 384b9d7a-5672-4e07-a368-c86a77d658ff) Arcturus Publishing GBR. Dist: Baker & Taylor Publisher Services (BTPS).

Children's Encyclopedia of Science. Giles Sparrow. 2018. (Arcturus Children's Reference Library: 4). (ENG.). 128p. (J). 14.99 *(978-1-78828-507-0(7)*, 0fa8bdfd-84ef-4bcd-8710-3c5900791d31) Arcturus Publishing GBR. Dist: Baker & Taylor Publisher Services (BTPS).

Children's Encyclopedia of Science Experiments. Thomas Canavan. Illus. by Joe Wilkins. 2020. (Arcturus Children's Reference Library: 11). (ENG.). 128p. (J). 14.99 *(978-1-83857-680-6(0)*, 417bbf37-d83b-43c6-a31e-75286cb4a44a) Arcturus Publishing GBR. Dist: Baker & Taylor Publisher Services (BTPS).

Children's Encyclopedia of Sharks. Claudia Martin. 2022. (ENG., Illus.). 128p. (J). 14.99 *(978-1-3988-2017-3(2)*, f7668baf-35a2-4534-8f0d-dc3a46b9877e) Arcturus Publishing GBR. Dist: Baker & Taylor Publisher Services (BTPS).

Children's Encyclopedia of Space. Giles Sparrow. 2017. (Arcturus Children's Reference Library: 2). (ENG.). 128p. (J). (gr. 3-7). 14.99 *(978-1-78428-467-1(X)*, 315022a6-f99b-478f-9f14-74b395f4aa80) Arcturus Publishing GBR. Dist: Baker & Taylor Publisher Services (BTPS).

Children's Encyclopedia of Technology. Anita Loughrey & Alex Woolf. 2019. (Arcturus Children's Reference Library: 8). (ENG.). 128p. (J). 14.99 *(978-1-78950-596-2(8)*, 62eb413d-337f-41b3-a120-86ec6f41260a) Arcturus Publishing GBR. Dist: Baker & Taylor Publisher Services (BTPS).

Children's Encyclopedia of the Environment. Helen Dwyer et al. 2023. (ENG., Illus.). 128p. (J). 14.99 *(978-1-3988-2000-5(8)*, 928ab726-a2ad-4a0f-b742-24114577c26e) Arcturus Publishing GBR. Dist: Baker & Taylor Publisher Services (BTPS).

Children's Encyclopedia of Unexplained Mysteries. Stuart Webb. 2021. 15. (ENG.). 128p. (J). 14.99 *(978-1-3988-0943-7(8)*, 66078b4c-71d1-4bac-845d-df9f54e793e2) Arcturus Publishing GBR. Dist: Baker & Taylor Publisher Services (BTPS).

Children's Favorite Pets & Animals - Amazing Sight Words for Kids. Left Brain Kids. 2016. (ENG., Illus.). (J). pap. 7.51 *(978-1-68376-674-2(1))* Sabeels Publishing.

Children's First Animal Encyclopedia. Claudia Martin. 2020. (Arcturus First Encyclopedias Ser.: 1). (ENG.). 96p. (J). 14.99 *(978-1-83857-652-3(5)*, ddaef106-121f-47ec-8ed5-2f00ddc78763) Arcturus Publishing GBR. Dist: Baker & Taylor Publisher Services (BTPS).

Children's First Book of Chess. Natalie Shevando & Matthew McMillion. l.t. ed. 2021. (ENG.). 64p. (YA). ***(978-1-914337-24-6(7))*** Glagoslav Pubns.

Children's First Book of Poetry (Classic Reprint) Emilie Kip Baker. 2017. (ENG., Illus.). (J). 28.64 *(978-0-265-81258-7(5))* Forgotten Bks.

Children's First Dinosaur Encyclopedia. Claudia Martin. Illus. by Mat Edwards. 2021. 3. (ENG.). 96p. (J). 14.99 *(978-1-3988-0250-6(6)*, dcb73f20-a7ca-4232-89a5-7c87f78f3be5) Arcturus Publishing GBR. Dist: Baker & Taylor Publisher Services (BTPS).

Children's First Planet Earth Encyclopedia. Claudia Martin. 2021. (Arcturus First Encyclopedias Ser.: 2). (ENG.). 96p. (J). 14.99 *(978-1-83940-599-0(6)*, 89b966a4-b21e-42d4-8e2a-cd951eade7eb) Arcturus Publishing GBR. Dist: Baker & Taylor Publisher Services (BTPS).

Children's First Reader: Compiled by the State Text-Book Committee & Approved by the State Board of Education (Classic Reprint) Ellen M. Cyr. 2017. (ENG., Illus.). (J). 26.76 *(978-0-331-80747-9(5))*; pap. 9.57 *(978-0-259-53362-7(9))* Forgotten Bks.

Children's First Reader (Classic Reprint) Ellen M. Cyr. (ENG., Illus.). (J). 2018. 132p. 26.62 *(978-0-666-04850-9(9))*; 2017. 136p. 26.70 *(978-0-484-77756-8(4))*; 2017. pap. 9.57 *(978-0-259-20240-0(1))*; 2017. pap. 9.57 *(978-0-243-40518-3(9))* Forgotten Bks.

Children's First Reader (Classic Reprint) Ellen M. Cyr California State Education. (ENG., Illus.). (J). 2018. 294p. 29.98 *(978-0-364-26091-3(2))*; 2017. pap. 11.57 *(978-0-243-10282-2(8))* Forgotten Bks.

Children's First Space Encyclopedia. Claudia Martin. 2022. (ENG., Illus.). 96p. (J). 14.99 *(978-1-3988-1995-5(6)*, 773ba7c8-15fb-4be8-8295-8d85bf395e27) Arcturus Publishing GBR. Dist: Baker & Taylor Publisher Services (BTPS).

Children's Friend, 1910, Vol. 9: Organ of the Primary Associations of the Church of Jesus Christ of Latter-Day Saints (Classic Reprint) Primary Association. (ENG., Illus.). (J). 2018. 718p. 38.71 *(978-0-483-61611-0(7))*; 2016. pap. 23.57 *(978-1-333-26956-2(0))* Forgotten Bks.

Children's Friend, 1913, Vol. 12: Organ of the Primary Associations of the Church of Jesus Christ of Latter-Day Saints (Classic Reprint) Latter-Day Saints Church. (ENG., Illus.). (J). 2018. 716p. 38.68 *(978-0-267-22691-7(8))*; 2017. pap. 23.57 *(978-0-259-24578-0(X))* Forgotten Bks.

Children's Friend, Vol. 1: Organ of the Primary Associations of the Church of Jesus Christ of Latter-Day Saints (Classic Reprint) Primary Association. 2017. (ENG., Illus.). (J). 420p. 32.56 *(978-0-484-38655-5(7))*; pap. 16.57 *(978-1-5276-1704-9(1))* Forgotten Bks.

Children's Friend, Vol. 1 of 2 (Classic Reprint) Arnaud Berquin. (ENG., Illus.). (J). 2018. 332p. 30.74 *(978-0-484-51881-9(X))*; 2018. 680p. 37.92 *(978-0-484-05716-5(2))*; 2017. pap. 13.57 *(978-0-259-20515-9(X))*; 2016. pap. 20.57 *(978-1-334-12174-6(5))* Forgotten Bks.

Children's Friend, Vol. 1 of 4 (Classic Reprint) Alexander Anderson. (ENG., Illus.). (J). 2018. 376p. 31.65 *(978-0-666-75871-2(9))*; 2017. pap. 16.57 *(978-0-259-40785-0(2))* Forgotten Bks.

Children's Friend, Vol. 1 of 4 (Classic Reprint) M. Berquin. 2018. (ENG., Illus.). 420p. (J). 32.56 *(978-0-267-25659-4(0))* Forgotten Bks.

Children's Friend, Vol. 15: For the Year 1838 (Classic Reprint) William Carus Wilson. (ENG., Illus.). (J). 2018. 290p. 29.88 *(978-0-365-52288-1(0))*; 2017. pap. 13.57 *(978-0-259-30524-8(3))* Forgotten Bks.

Children's Friend, Vol. 2: Translated from the French (Classic Reprint) Arnaud Berquin. (ENG., Illus.). (J). 2018. 296p. 30.00 *(978-0-666-98559-0(6))*; 2017. pap. 13.57 *(978-0-243-46632-0(3))* Forgotten Bks.

Children's Friend, Vol. 2 (Classic Reprint) Primary Association. (ENG., Illus.). (J). 2018. 472p. 33.63 *(978-0-656-68877-7(7))*; 2017. pap. 16.57 *(978-0-282-98164-8(0))* Forgotten Bks.

Children's Friend, Vol. 2 of 2 (Classic Reprint) Arnaud Berquin. 2017. (ENG., Illus.). (J). 31.07 *(978-0-265-52204-2(8))*; pap. 13.57 *(978-0-259-22265-1(8))* Forgotten Bks.

Children's Friend, Vol. 3: Translated from the French (Classic Reprint) Arnaud Berquin. 2018. (ENG., Illus.). (J). 326p. 30.62 *(978-1-396-57057-5(8))*; 328p. pap. 13.57 *(978-1-391-59436-1(3))* Forgotten Bks.

Children's Friend, Vol. 3 of 4 (Classic Reprint) M. Berquin. 2018. (ENG., Illus.). 478p. (J). 33.76 *(978-0-267-25939-7(5))* Forgotten Bks.

Children's Friend, Vol. 4: Translated from the French of M. Berquin (Classic Reprint) Arnaud Berquin. 2017. (ENG., Illus.). (J). 30.62 *(978-0-331-09850-1(4))*; pap. 13.57 *(978-0-260-23023-2(5))* Forgotten Bks.

Children's Friend, Vol. 4 Of 6: Translated from the French (Classic Reprint) Arnaud Berquin. 2017. (ENG., Illus.). (J). 346p. 31.03 *(978-0-332-63459-3(0))*; pap. 13.57 *(978-0-259-28548-9(X))* Forgotten Bks.

Children's Friend, Vol. 5: Organ of the Primary Associations of the Church of Jesus Christ of Latter-Day Saints (Classic Reprint) Unknown Author. 2018. (ENG., Illus.). 490p. (J). 34.00 *(978-0-484-51724-9(4))* Forgotten Bks.

Children's Friend, Vol. 6: Organ of the Primary Associations of the Church of Jesus Christ of Latter-Day Saints (Classic Reprint) Jesus Christ of Latter Church. 2018. (ENG., Illus.). 538p. (J). 34.99 *(978-0-428-98621-6(8))* Forgotten Bks.

Children's Friend, Vol. 6: Organ of the Primary Associations of the Church of Jesus Christ of Latter-Day Saints (Classic Reprint) Jesus Christ of Latter-Day Saint Church. 2016. (ENG., Illus.). (J). pap. 19.57 *(978-1-333-24401-9(0))* Forgotten Bks.

Children's Friend, Vol. 7 (Classic Reprint) Primary Association. 2018. (ENG., Illus.). 552p. (J). 35.28 *(978-0-483-75400-3(5))* Forgotten Bks.

Children's Friend, Vol. 8: Organ of the Primary Associations of the Church of Jesus Christ of Latter-Day Saints (Classic Reprint) Unknown Author. 2017. (ENG., Illus.). (J). 548p. 35.20 *(978-0-484-08588-5(3))*; pap. 19.57 *(978-1-5276-4347-5(6))* Forgotten Bks.

Children's Fun Dot to Dots: Connect the Dots Preschool. Jupiter Kids. 2016. (ENG., Illus.). 76p. (J). pap. 13.75 *(978-1-68305-429-0(6)*, Jupiter Kids (Childrens & Kids Fiction)) Speedy Publishing LLC.

Children's Garden: Growing Food in the City. Carole Lexa Schaefer. Illus. by Pierr Morgan. 2017. 32p. (J). (gr. -1-3). 16.99 *(978-1-57061-984-7(0)*, Little Bigfoot) Sasquatch Bks.

Children's Garden (Classic Reprint) Eleanor Withey Willard. (ENG., Illus.). (J). 2018. 42p. 24.78 *(978-0-267-39259-9(1))*; 2016. pap. 7.97 *(978-1-334-13605-4(X))* Forgotten Bks.

Childrens Gardening Basics & Vocabulary Knowledge. Tiffany Lewis. 2018. (ENG.). 20p. (J). pap. 12.99 *(978-1-4834-8336-8(3))* Lulu Pr., Inc.

Children's Garland. Coventry Kersey Dighton Patmore. 2019. (ENG.). 364p. (J). pap. *(978-3-337-77804-0(6))* Creation Pubs.

Children's Garland from the Best Poets: Selected & Arranged (Classic Reprint) Coventry Kersey Dighton Patmore. 2018. (ENG., Illus.). 364p. (J). 31.40 *(978-0-364-00060-1(0))* Forgotten Bks.

Children's Gospel Story-Sermons (Classic Reprint) Hugh Thomson Kerr. 2018. (ENG., Illus.). (J). 180p. 27.61 *(978-0-366-16541-4(0))*; 182p. pap. 9.97 *(978-0-365-82329-2(5))* Forgotten Bks.

Children's Great Texts of the Bible, Vol. 1: Genesis to Joshua (Classic Reprint) James Hastings. 2018. (ENG., Illus.). 342p. (J). 30.97 *(978-0-483-96598-0(7))* Forgotten Bks.

Children's Great Texts of the Bible, Vol. 2 (Classic Reprint) James Hastings. 2017. (ENG., Illus.). (J). 30.99 *(978-0-266-21646-9(3))* Forgotten Bks.

Children's Great Texts of the Bible, Vol. 4 (Classic Reprint) James Hastings. 2018. (ENG., Illus.). 340p. (J). 30.93 *(978-0-483-76880-2(4))* Forgotten Bks.

Children's Great Texts of the Bible, Vol. 6: Acts to Revelation (Classic Reprint) James Hastings. 2018. (ENG., Illus.). 332p. (J). 30.74 *(978-0-365-34616-6(0))* Forgotten Bks.

Children's Guide to Arctic Butterflies. 1 vol. Mia Pelletier. Illus. by Danny Christopher. 2019. (ENG.). 40p. (J). (gr. 1-3). 16.95 *(978-1-77227-177-5(2))* Inhabit Media Inc. CAN. Dist: Consortium Bk. Sales & Distribution.

Children's Handwriting Practice for Picture Perfect Printing Printing Practice for Kids. Left Brain Kids. 2016. (ENG., Illus.). (J). pap. 7.51 *(978-1-68376-675-9(X))* Sabeels Publishing.

Children's History of Portugal. Sérgio Luís de Carvalho. Tr. by Inês Lima. Illus. by António Salvador. 2017. (Non-Series Titles from Tagus Press Ser.). (ENG.). 52p. (J). (gr. 3-6). 20.00 *(978-1-933227-79-5(6))* Tagus Pr.

Children's History of the Church: From the Day of Pentecost to the Council of Chalcedon (A. D. 29-A. d 451) John Mason Neale. 2017. (ENG., Illus.). (J). pap. 22.95 *(978-0-9749900-7-1(8))* Paidea Classics.

Children's History of the Society of Friends: Chiefly Compiled from Sewell's History. William Sewel. 2017. (ENG., Illus.). (J). pap. *(978-0-649-54681-7(4))* Trieste Publishing Pty Ltd.

Children's History of the Society of Friends: Chiefly Compiled from Sewell's History (Classic Reprint) William Sewel. (ENG., Illus.). (J). 2018. 200p. 27.94 *(978-0-484-78912-7(0))*; 2016. pap. 10.57 *(978-1-334-07775-3(4))* Forgotten Bks.

Childrens Holidays: A Poem for Christmas, Easter, & Whitsuntide (Classic Reprint) Tommy Tell-Truth. (ENG., Illus.). (J). 2018. 100p. 25.96 *(978-0-483-72699-4(0))*; 2017. pap. 9.57 *(978-0-243-40448-3(4))* Forgotten Bks.

Childrens' Holidays: A Story-Book for the Whole Year (Classic Reprint) Unknown Author. 2018. (ENG., Illus.). 212p. (J). 28.27 *(978-0-267-18046-2(2))* Forgotten Bks.

Children's Home Care Series - Baking. Heron Books. 2021. (ENG.). 58p. (J). pap. ***(978-0-89739-260-0(4)***, Heron Bks.) Quercus.

Children's Homer: The Adventures of Odysseus & the Tale of Troy. Padraic Colum. Illus. by Willy Pogany. 2019. (ENG.). 256p. (J). (gr. 5-9). 18.99 *(978-1-5344-5037-0(8)*, Aladdin) Simon & Schuster Children's Publishing.

Children's Hour: A Magazine for the Little Ones, May, 1874 (Classic Reprint) T. S. Arthur. (ENG., Illus.). (J). 2018. 36p. 24.64 *(978-0-483-89930-8(5))*; 2016. pap. 7.97 *(978-1-334-11976-7(7))* Forgotten Bks.

Children's Hour: Containing Dialogues, Speeches, Motion Songs, Tableaux, Charades, Blackboard Exercises, Juvenile Comedies, & Other Entertainments; for Primary Schools, Kindergartens, & Juvenile Home Entertainments (Classic Reprint) Mary B. C. Slade. (ENG., Illus.). (J). 2018. 140p. 26.78 *(978-0-483-43381-6(0))*; 2017. pap. 9.57 *(978-0-243-43719-1(6))* Forgotten Bks.

Children's Hour: Four Short Stories. Sciantel Crista. 2023. (ENG.). 38p. (J). pap. ***(978-1-387-29335-3(4))*** Lulu Pr., Inc.

Children's Hour: Stories from Seven Old Favorites; Volume V. Eva March Tappan. 2017. (ENG., Illus.). (J). 26.95 *(978-1-374-95225-6(7))*; pap. 16.95 *(978-1-374-95224-9(9))* Capital Communications, Inc.

Children's Hour (Classic Reprint) T. S. Arthur. 2018. (ENG., Illus.). 386p. (J). 31.86 *(978-0-267-20588-2(0))* Forgotten Bks.

Children's Hour (Classic Reprint) Unknown Author. 2017. (ENG., Illus.). (J). 24.99 *(978-0-331-57321-3(0))*; pap. 9.57 *(978-0-259-59740-7(6))* Forgotten Bks.

Children's Hour (Classic Reprint) E. W. S. 2018. (ENG., Illus.). 134p. (J). 26.66 *(978-0-332-14379-8(1))* Forgotten Bks.

Children's Hour; Volume 3. 2017. (ENG., Illus.). (J). 27.95 *(978-1-374-95943-9(X))*; pap. 17.95 *(978-1-374-95942-2(1))* Capital Communications, Inc.

Children's Human Body Encyclopedia. Clare Hibbert. 2019. (Arcturus Children's Reference Library: 5). (ENG.). 128p. (J). 14.99 *(978-1-78888-164-7(8)*, 89528397-c49f-4e99-8b77-e44875167937f) Arcturus Publishing GBR. Dist: Baker & Taylor Publisher Services (BTPS).

Children's Illustrated Animal Atlas. DK. 2017. (Children's Illustrated Atlas Ser.). (ENG., Illus.). 96p. (J). (gr. 1-3). 17.99 *(978-1-4654-6203-9(1)*, DK Children) Dorling Kindersley Publishing, Inc.

Children's Illustrated Atlas see Atlas Illustré

Children's Illustrated Atlas. DK. 2016. (Children's Illustrated Atlas Ser.). (ENG., Illus.). 128p. (J). (gr. 3-7). 18.99 *(978-1-4654-3555-2(7)*, DK Children) Dorling Kindersley Publishing, Inc.

Children's Illustrated Atlas: Revised & Updated Edition. DK. 2nd ed. 2023. (Children's Illustrated Atlas Ser.). (ENG.). 128p. (J). (gr. 2-4). 18.99 *(978-0-7440-7388-1(X)*, DK Children) Dorling Kindersley Publishing, Inc.

Children's Illustrated Bible. DK. 2021. (DK Bibles & Bible Guides). (Illus.). 320p. (J). (gr. 4-7). 25.99 *(978-0-7440-3962-7(2)*, DK Children) Dorling Kindersley Publishing, Inc.

Children's Illustrated Bible: The Most Famous & Treasured Passages from the Old & New Testaments, Simply Told & Brought to Life with 1500 Classic Illustrations & Context Notes. Retold by Victoria Parker. 2017. (Illus.). 512p. (J). (gr. 1-11). 35.00 *(978-1-86147-837-5(2)*, Armadillo) Anness Publishing GBR. Dist: National Bk. Network.

Children's Illustrated Bible Primer with Commentary. Karen Pansler Lam M a J D. 2018. (ENG., Illus.). 64p. (J). pap. 16.95 *(978-1-64140-971-1(1))* Christian Faith Publishing.

Children's Illustrated History Atlas. DK. 2018. (Children's Illustrated Atlas Ser.). (ENG.). 96p. (J). (gr. 3-7). 17.99 *(978-1-4654-7031-7(X)*, DK Children) Dorling Kindersley Publishing, Inc.

Children's Illustrated Jewish Bible. DK. 2020. (Illus.). 192p. (J). ***(978-0-241-41284-8(6))*** Dorling Kindersley Publishing, Inc.

Children's Illustrated Jewish Bible. Laaren Brown & Lenny Hort. rev. ed. 2020. (DK Bibles & Bible Guides). (Illus.). 192p. (J). (gr. 4-7). 24.99 *(978-1-4654-9106-0(6)*, DK Children) Dorling Kindersley Publishing, Inc.

Children's Illustrated Thesaurus. DK. 2017. (DK Children's Illustrated Reference Ser.). (ENG., Illus.). 256p. (J). (gr. 4-7). 21.99 *(978-1-4654-6237-4(6)*, DK Children) Dorling Kindersley Publishing, Inc.

Children's Illustrated World Atlas. DK. 2017. (DK Children's Illustrated Reference Ser.). (ENG., Illus.). 144p. (J). (gr. 3-7). 17.99 *(978-1-4654-6238-1(4)*, DK Children) Dorling Kindersley Publishing, Inc.

Children's Lark (Classic Reprint) Leila France. (ENG., Illus.). (J). 2018. 46p. 24.85 *(978-0-666-56323-1(3))*; 2016. pap. 7.97 *(978-1-334-12070-1(6))* Forgotten Bks.

Children's Leadership Series: Book 1: Lilly the Leader Gets Ready for School. E. T. Vera. 2018. (Children's Leadership Ser.: Vol. 1). (ENG., Illus.). 30p. (J). pap. 12.95 *(978-1-64300-393-1(3))* Covenant Bks.

Children's Letters: A Collection of Letters Written to Children by Famous Men & Women (Classic Reprint) Elizabeth Colson. 2018. (ENG., Illus.). 166p. (J). 27.34 *(978-0-365-39994-0(9))* Forgotten Bks.

Children's Library (Classic Reprint) May Humphrey Prentice. 2018. (ENG., Illus.). 86p. (J). 25.67 *(978-0-364-17111-0(1))* Forgotten Bks.

Children's Life of the Bee (Classic Reprint) Maurice Maeterlinck. 2018. (ENG., Illus.). 202p. (J). (gr. 3-7). 28.06 *(978-0-483-09973-9(2))* Forgotten Bks.

Childrens Literary Christmas A. Library British. 2020. (ENG.). 160p. (J). (gr. 3-7). 19.99 *(978-0-7123-5279-6(1))* British Library, The GBR. Dist: Independent Pubs. Group.

Children's Literature: A Textbook of Sources for Teachers & Teacher-Training Classes (Classic Reprint) Charles Madison Curry. 2017. (ENG., Illus.). (J). 38.48 *(978-1-5283-8306-6(0))* Forgotten Bks.

Children's Literature: A Textbook of Sources for Teachers & Teacher-Training Classes; Edited, with Introductions, Notes, & Bibliographie (Classic Reprint) Charles Madison Curry. (ENG., Illus.). (J). 2018. 716p. 38.68 *(978-0-483-42969-7(4))*; 2016. pap. 23.57 *(978-1-334-57669-0(6))* Forgotten Bks.

Children's Literature (Classic Reprint) Los Angeles Normal School. (ENG., Illus.). (J). 2018. 102p. 26.00 *(978-0-484-38497-1(X))*; 2016. pap. 9.57 *(978-1-333-68588-1(2))* Forgotten Bks.

Children's Little Advent Book: Daily Reflections & Coloring Pages for Children Ages 4-7. Tj Burdick. 2019. (ENG.). (J). pap. 11.95 *(978-1-68192-517-2(6))* Our Sunday Visitor, Publishing Div.

Children's Living Poems. Melvine Groves. 2017. (ENG., Illus.). (J). pap. 7.99 *(978-1-64133-157-9(7))* MainSpringBks.

Children's Miscellany: In Which Is Included the History of Little Jack (Classic Reprint) Thomas Day. 2018. (ENG., Illus.). 340p. (J). 30.91 *(978-0-483-75682-3(2))* Forgotten Bks.

Children's Miscellany, Vol. 2: Consisting of Select Stories, Fables, & Dialogues, for the Instruction & Amusement of Young Persons (Classic Reprint) Maria Edgeworth. 2018. (ENG., Illus.). 76p. (J). 25.46 *(978-0-483-97180-6(4))* Forgotten Bks.

Children's Miscellany, Vol. 3: Consisting of Select Stories, Fables, & Dialogues, for the Instruction & Amusement of Young Persons (Classic Reprint) Maria Edgeworth. 2018. (ENG., Illus.). 76p. (J). 25.46 *(978-0-483-90474-3(0))* Forgotten Bks.

Children's Miscellany, Vol. 4: Consisting of Select Stories, Fables, & Dialogues, for the Instruction & Amusement of Young Persons (Classic Reprint) Maria Edgeworth. 2018. (ENG., Illus.). 76p. (J). 25.46 *(978-0-267-29528-9(6))* Forgotten Bks.

Children's Missionary Story-Sermons. Hugh T. Kerr. 2017. (ENG., Illus.). (J). pap. *(978-0-649-09291-8(0))* Trieste Publishing Pty Ltd.

Children's Missionary Story-Sermons (Classic Reprint) Hugh T. Kerr. 2018. (ENG., Illus.). 224p. (J). 28.52 *(978-0-483-66334-3(4))* Forgotten Bks.

Children's Moon. Judy Cook. Illus. by Sonia Nadeau. 2021. (ENG.). 52p. (J). pap. *(978-1-5255-7805-2(7))* FriesenPress.

Children's Museum. Julie Murray. 2019. (Field Trips Ser.). (ENG., Illus.). 24p. (J). (gr. -1-2). lib. bdg. 31.36 *(978-1-5321-8873-2(0)*, 32914, Abdo Kids) ABDO Publishing Co.

Children's Museums. Emma Bassier. 2019. (Places in My Community Ser.). (ENG., Illus.). 24p. (J). (gr. k-3). lib. bdg. 31.36 *(978-1-5321-6346-3(0)*, 32007, Pop! Cody Koala) Pop!.

Children's Music Dictionary see Diccionario Juvenil de Musica

Children's Nonsense Book: Tales & Rhymes of Fun, Nonsense, & Absurdity (Classic Reprint) Favorite Fun-Makers. 2018. (ENG., Illus.). 372p. (J). 31.57 *(978-0-483-61507-6(2))* Forgotten Bks.

Children's Object Story-Sermons (Classic Reprint) Otis Tiffany Barnes. 2018. (ENG., Illus.). 160p. (J). 27.22 *(978-0-483-74262-8(7))* Forgotten Bks.

Children's Own Library, Vol. 10 (Classic Reprint) J. Ellis Burdick. 2018. (ENG., Illus.). 414p. (J). 32.46 *(978-0-484-30410-8(0))* Forgotten Bks.

Children's Own Readers (Classic Reprint) Mary Elizabeth Pennell. 2018. (ENG., Illus.). (J). 432p. 32.83 *(978-0-331-50219-0(4))*; 434p. pap. 16.57 *(978-0-331-28765-3(X))* Forgotten Bks.

Children's Own Story Book (Classic Reprint) Normia Bright Carson. (ENG., Illus.). (J). 2018. 162p. 27.24 *(978-0-365-22572-0(X))*; 2017. pap. 9.97 *(978-0-259-47238-4(7))* Forgotten Bks.

Children's Parties for Sunday School & Home (Classic Reprint) Lottie Emmogene Fitch. (ENG., Illus.). (J). 2018. 140p. 26.80 *(978-0-267-40429-2(8))*; 2016. pap. 9.57 *(978-1-334-11938-5(4))* Forgotten Bks.

Children's Perceptions, Vol. 12: An Experimental Study of Observations & Reports in School Children (Classic Reprint) W. H. Winch. 2017. (ENG., Illus.). 256p. (J). 29.20 *(978-0-484-48331-5(5))* Forgotten Bks.

Children's Picture Atlas. Julia Adams. Illus. by Amelia Herbertson. 2022. (ENG.). 48p. (J). 9.99 *(978-1-3988-1442-4(3)*, a57df8c7-cc3b-406c-a80b-1ab00844c6de) Arcturus Publishing GBR. Dist: Baker & Taylor Publisher Services (BTPS).

Children's Picture Dictionary. Dejana Enbashi. 2018. (ENG., Illus.). 106p. (J). 20.99 *(978-1-64254-455-8(8))*; pap. 17.99 *(978-1-64254-454-1(X))* BookPatch LLC, The.

Children's Picture Fable-Book: Containing One Hundred & Sixty Fables (Classic Reprint) Harrison Weir. 2018. (ENG., Illus.). 292p. (J). 29.92 *(978-0-267-42551-8(1))* Forgotten Bks.

Children's Pilgrimage. L. T. Meade. 2017. (ENG., Illus.). (J). 25.95 *(978-1-374-91664-7(1))*; pap. 15.95 *(978-1-374-91663-0(3))* Capital Communications, Inc.

Children's Planet Earth Encyclopedia. Clare Hibbert. 2019. (Arcturus Children's Reference Library: 6). (ENG.). 128p. (J). 14.99 *(978-1-78888-163-0(X)*, 0b828a9e-2cc5-40df-b0e5-29c69cfe39b8) Arcturus Publishing GBR. Dist: Baker & Taylor Publisher Services (BTPS).

Children's Plays (Classic Reprint) Eleanor Louise Skinner. 2017. (ENG., Illus.). (J). 29.80 *(978-0-331-78847-1(0))*; pap. 13.57 *(978-0-282-55442-2(4))* Forgotten Bks.

Children's Plutarch (Plutarch's Lives Told in Simple Lanuage) with an Index Which Adapts the Stories to the Purpose of Moral Instruction (Classic Reprint) Plutarch. 2017. (ENG., Illus.). (J). 30.10 *(978-0-331-73880-3(5))* Forgotten Bks.

Children's Pocket Bible. Selina Hastings. Illus. by Eric Thomas. 2022. (DK Bibles & Bible Guides). (ENG.). 320p. (J). (gr. 2-4). 12.99 *(978-0-7440-4850-6(8)*, DK Children) Dorling Kindersley Publishing, Inc.

Children's Poems & Stories (Text & Color Photos) Elizabeth a Sedgewick MS. 2017. (ENG., Illus.). (J). pap. 9.99 *(978-0-9968178-0-6(8))* sedgewick eye Assocs., P.C.

Children's Poems & Stories (Text Only) Elizabeth a Sedgewick MS. 2017. (ENG., Illus.). (J). pap. 5.99 *(978-0-9968178-2-0(4))* sedgewick eye Assocs., P.C.

Children's Poems to Enjoy. John Nandy. 2016. (ENG., Illus.). (J). pap. 11.59 *(978-1-4834-5348-4(0))* Lulu Pr., Inc.

Childrens Poetry see Poemas Clasicos Para Jovenes

Children's Portion. 2017. (ENG., Illus.). (J). 23.95 *(978-1-374-90360-9(4))*; pap. 13.95 *(978-1-374-90359-3(0))* Capital Communications, Inc.

Children's Portion: Entertaining, Instructive & Elevating Stories (Classic Reprint) Robert W. Shoppell. (ENG., Illus.). (J). 2018. 284p. 29.77 *(978-0-483-52113-1(2))*; 2016. pap. 13.57 *(978-1-333-45239-1(X))* Forgotten Bks.

Children's Praise Book. William Reid. 2017. (ENG., Illus.). (J). pap. *(978-0-649-52839-4(5))* Trieste Publishing Pty Ltd.

Children's Prayers to Thank God for His Blessings - Children's Christian Prayer Books. Baby Professor. 2017. (ENG., Illus.). (J). pap. 7.89 *(978-1-5419-0243-5(2)*, Baby Professor (Education Kids)) Speedy Publishing LLC.

Children's Preacher. J. Reid Howatt. 2017. (ENG.). 260p. (J). pap. *(978-3-7447-5694-5(7))* Creation Pubs.

Children's Preacher: A Year's Addresses & Parables for the Young (Classic Reprint) J. Reid Howatt. 2018. (ENG., Illus.). 254p. (J). 29.16 *(978-0-483-27199-9(3))* Forgotten Bks.

Children's Primer (Classic Reprint) Ellen M. Cyr. (ENG., Illus.). (J). 2018. 130p. 26.58 *(978-0-666-66867-7(1))*; 2017. 26.62 *(978-0-331-64493-7(2))*; 2016. pap. 9.57 *(978-1-334-14563-6(6))*; 2016. pap. 9.57 *(978-1-333-28764-1(X))* Forgotten Bks.

Children's Programming Collection see Puppet Production - Old Testament Programs (Russian)

Children's Pulpit (Classic Reprint) Edwin Hallock Byington. 2017. (ENG., Illus.). (J). 26.39 *(978-0-266-22331-3(1))*; pap. 9.57 *(978-0-243-46762-4(1))* Forgotten Bks.

Children's Quick & Easy Cookbook: Over 60 Simple Recipes. Angela Wilkes. 2023. (ENG.). 96p. (J). (gr. k-2). 19.99 *(978-0-7440-7398-0(7)*, DK Children) Dorling Kindersley Publishing, Inc.

Children's Reading (Classic Reprint) Frances Jenkins Olcott. 2018. (ENG., Illus.). 360p. (J). 31.32 *(978-0-484-15938-8(0))* Forgotten Bks.

Children's Rhymes. Elliott Nightingale. 2018. (Children's Rhymes Ser.: Vol. 1). (ENG., Illus.). 60p. (J). *(978-1-78623-381-3(9))*; pap. *(978-1-78623-390-5(8))* Grosvenor Hse. Publishing Ltd.

Children's Rhymes & Verses (Classic Reprint) Retta Lawrence De Lany. 2018. (ENG., Illus.). 68p. (J). 25.30 *(978-0-365-21705-3(0))* Forgotten Bks.

Children's Rhymes, Children's Games, Children's Songs, Children's Stories: A Book for Bairns & Big Folk (Classic Reprint) Robert Ford. 2017. (ENG., Illus.). 296p. (J). 30.00 *(978-0-266-88496-5(2))* Forgotten Bks.

Children's Rhyming Bible. Courtney Emmerson-Hicks. Ed. by Janice Emmerson-Hicks. 2017. (Kidz General Ser.). (ENG., Illus.). 72p. 14.99 *(978-1-62862-499-1(X)*, 20_42433, Tyndale Kids) Tyndale Hse. Pubs.

Children's Rights - Inaomataia Ataei (Te Kiribati) Kym Simoncini. 2023. (ENG.). 42p. (J). pap. ***(978-1-922827-71-5(1))*** Library For All Limited.

Children's Rights & Others: A Book of Nursery Logic. Kate Douglas Smith Wiggin. 2017. (ENG., Illus.). (J). 22.95 *(978-1-374-83196-4(4))*; pap. 12.95 *(978-1-374-83195-7(6))* Capital Communications, Inc.

Children's Sayings: With a Digression on the Small People (Classic Reprint) William Canton. 2018. (ENG., Illus.). (J). 27.28 *(978-0-260-07992-3(8))* Forgotten Bks.

Children's Science Experiments: For Ages 3-11. Ginger Green. 2023. (ENG.). 66p. (J). pap. ***(978-1-312-66155-4(0))*** Lulu Pr., Inc.

Children's Seasons of Delight. Tonya V. Burke. 2016. (ENG., Illus.). (J). pap. 12.95 *(978-1-68348-086-0(4))* Page Publishing Inc.

Children's Second Reader (Classic Reprint) Ellen M. Cyr. (ENG., Illus.). (J). 2018. 214p. 28.33 *(978-0-267-53065-6(X))*; 2016. pap. 10.97 *(978-1-334-13849-2(4))* Forgotten Bks.

Children's Shakespeare. E. Nesbit. 2017. (ENG., Illus.). (J). pap. *(978-1-76057-293-8(4))* Trieste Publishing Pty Ltd.

Children's Six Minutes (Classic Reprint) Bruce S. Wright. 2018. (ENG., Illus.). (J). 116p. 26.31 *(978-0-366-51076-4(2))*; 118p. pap. 9.57 *(978-0-365-82790-0(8))* Forgotten Bks.

Children's Speaker: Short Pieces Suitable for Recitation by Children from Four to Eight Years of Age, Including Well Selected Pieces for Special & Holiday Occasions (Classic Reprint) A. Parramore. (ENG., Illus.). (J). 2018. 102p. 26.00 *(978-0-483-88574-5(6))*; 2017. pap. 9.57 *(978-0-243-39817-1(4))* Forgotten Bks.

Children's Stories. Margarita Debayle de Pallais. 2023. (ENG.). 62p. (J). pap. 13.95 ***(978-1-6624-9537-3(4))*** Page Publishing Inc.

Children's Stories. Sharon Ohlms. 2019. (ENG., Illus.). 172p. (J). 40.95 *(978-1-64471-826-1(X))* Covenant Bks.

Children's Stories: And How to Tell Them (Classic Reprint) J. Berg Esenwein. 2017. (ENG., Illus.). (J). 31.57 *(978-0-266-17993-1(2))* Forgotten Bks.

Children's Stories - a Journey Called Life. Daria Kathleen Sherman. 2019. (ENG.). 78p. (J). pap. 28.00 *(978-0-359-57694-4(X))* Lulu Pr., Inc.

Children's Stories by Grandma Dee Dee. Delores Dee Ray. 2022. (ENG.). 126p. (J). pap. 12.99 ***(978-1-64133-790-8(7))*** Mainspring Foundations Publishing.

Children's Stories for Adults see Children's Stories for ALmost Everyone

Children's Stories From 1857. R. Sirius Kname. 2021. (ENG.). 160p. (J). pap. *(978-1-6671-8697-9(3))* Lulu Pr., Inc.

Children's Stories from Myths & Legends: Classic Tales from Around the World. Ronne Randall. Illus. by Graham Howells. 2017. 128p. (J). (gr. 3-12). 16.99 *(978-1-86147-852-8(6)*, Armadillo) Anness Publishing GBR. Dist: National Bk. Network.

Children's Stories in Dual Language French & English: Raise Your Child to Be Bilingual in French & English + Audio Download. Ideal for Kids Ages 7-12. Frederic Bibard & Talk in French. Illus. by Laurence Jenkins. 2022. (ENG.). 96p. (J). pap. 18.90 *(978-1-68489-282-2(1))* Primedia eLaunch LLC.

Children's Stories in Dual Language German & English: Raise Your Child to Be Bilingual in German & English + Audio Download. Ideal for Kids Ages 7-12. My Daily German & Frederic Bibard. Illus. by Laurence Jenkins. 2022. (ENG.). 96p. (J). pap. 18.90 *(978-1-68489-280-8(5))* Primedia eLaunch LLC.

Children's Stories in Dual Language Spanish & English: Raise Your Child to Be Bilingual in Spanish & English + Audio Download. Ideal for Kids Ages 7-12. Frederic Bibard & My Daily Spanish. 2022. (ENG.). 96p. (J). pap. 18.90 *(978-1-68489-283-9(X))* Primedia eLaunch LLC.

Children's Story Book. Pattimari Sheets-Cacciolfi. 2019. (ENG.). 74p. (J). pap. 5.88 *(978-0-359-56349-4(X))* Lulu Pr., Inc.

Children's Story of the Bee (Classic Reprint) S. L. Bensusan. 2018. (ENG., Illus.). 274p. (J). 29.55 *(978-0-267-41954-8(6))* Forgotten Bks.

Children's Story-Sermons (Classic Reprint) Hugh Thomson Kerr. 2017. (ENG., Illus.). (J). 28.56 *(978-1-5280-7430-8(0))* Forgotten Bks.

Children's Tabernacle: Hand-Work & Heart-Work. A L O E. 2019. (ENG., Illus.). 124p. (YA). (gr. 7-12). pap. *(978-93-5329-440-3(1))* Alpha Editions.

Children's Tabernacle, or Hand-Work & Heart-Work (Classic Reprint) Charlotte Maria Tucker. 2017. (ENG., Illus.). (J). 30.74 *(978-0-266-72781-1(6))*; pap. 13.57 *(978-1-5276-8798-1(8))* Forgotten Bks.

Children's Ten Commandments. Golden Cherubim. 2023. (ENG., Illus.). 216p. (J). pap. 32.95 ***(978-1-68526-743-8(2))*** Covenant Bks.

Children's Thesaurus: Illustrated Thesaurus for Ages 7+ (Collins Children's Dictionaries) Collins Dictionaries. Illus. by Maria Herbert-Liew. 2018. (ENG.). 388p. (YA). (gr. 7-9). 21.99 *(978-0-00-827118-3(6))* HarperCollins Pubs. Ltd. GBR. Dist: Independent Pubs. Group.

Children's Treasury. L. Frank Baum. 2018. (ENG., Illus.). 792p. (J). 29.99 *(978-1-5154-3801-4(5))* Wilder Pubns., Corp.

Children's Trials, or the Little Rope-Dancers, & Other Tales: Translated from the German (Classic Reprint) Auguste Linden. 2017. (ENG., Illus.). (J). 29.09 *(978-0-266-18974-9(1))*; pap. 11.57 *(978-1-5277-0323-0(1))* Forgotten Bks.

Children's Vaudeville: An Entertainment in Six Scenes (Classic Reprint) Willis Newton Bugbee. (ENG., Illus.). (J). 2018. 38p. 24.70 *(978-0-364-89007-3(X))*; 2017. pap. 7.97 *(978-0-259-87572-7(4))* Forgotten Bks.

Children's Week (Classic Reprint) Susan Anne Livingston Ridley Sedgwick. (ENG., Illus.). (J). 2018. 142p. 26.85 *(978-0-484-71983-4(1))*; 2017. pap. 9.57 *(978-0-259-50331-6(2))* Forgotten Bks.

Children's World Atlas. Richard Kelly. 2017. (ENG.). 112p. (J). 19.95 *(978-1-78617-086-6(8))* Miles Kelly Publishing, Ltd. GBR. Dist: Parkwest Pubns., Inc.

Children's World Atlas. Claudia Martin. Illus. by Lovell Johns. 2021. (Arcturus Children's Reference Library: 12). (ENG.). 128p. (J). 14.99 *(978-1-83857-639-4(8)*, 4e2e9077-9935-4685-b6a3-75ccb98019ac) Arcturus Publishing GBR. Dist: Baker & Taylor Publisher Services (BTPS).

Children's World Atlas. Malcolm Watson. Ed. by Richard Kelly. 2017. (ENG.). 112p. (J). pap. 15.95 *(978-1-78617-085-9(X))* Miles Kelly Publishing, Ltd. GBR. Dist: Parkwest Pubns., Inc.

Children's World Atlas: An Interesting & Informatiive Atlas Explaining Every Corner of Our Planet. IglooBooks. 2016. (ENG.). 128p. (J). 12.99 *(978-1-78557-416-0(7))* Igloo Bks. GBR. Dist: Simon & Schuster, Inc.

Children's Worship: A Book of Sacred Song for Home & School (Classic Reprint) Henry Allon. 2018. (ENG., Illus.). 198p. (J). 27.98 *(978-0-332-63974-1(6))* Forgotten Bks.

Children's Writing Prompt & Activity Journal: Over 200 Pages of Unique Writing Prompts & Activities for Children of All Ages. Natascha & Lori Graham. 2021. (ENG.). 110p. (J). pap. *(978-1-008-99404-1(9))* Lulu Pr., Inc.

Children's Year: Short & Simple Songs for Very Little Children in School & at Home (Classic Reprint) Grace Wilbur Conant. 2017. (ENG., Illus.). (J). 60p. 25.13 *(978-0-484-87954-5(5))*; pap. 9.57 *(978-0-259-96929-7(X))* Forgotten Bks.

Child's Alphabet: Emblematically Described & Embellished, by Twenty-Four Pictures, & Brought into Easy Verse for the Tender Capacities of Young Readers; the Whole Contrived to Allure Children into the Love of Learning (Classic Reprint) Unknown Author. (ENG., Illus.). (J). 2018. 22p. 24.35 *(978-0-364-81995-1(2))*; 2016. pap. 7.97 *(978-1-334-16800-0(8))* Forgotten Bks.

Child's Annual, 1834 (Classic Reprint) Allen Ticknor Tuttle and Weeks. 2018. (ENG., Illus.). 232p. (J). 28.68 *(978-0-428-96803-8(1))* Forgotten Bks.

Child's Anti-Slavery Book: Containing a Few Words about American Slave Children & Stories of Slave-Life. 2017. (ENG., Illus.). (J). 21.95 *(978-1-374-87214-1(8))*; pap. 10.95 *(978-1-374-87213-4(X))* Capital Communications, Inc.

Child's Bedtime Prayer. Christina Williamson. Illus. by Jay Carter. 2021. (ENG.). 28p. (J). 16.99 *(978-1-6629-0642-8(0))* Gatekeeper Pr.

Child's Bible. Rose Mediana. Illus. by Silvia Columbo. 2019. (ENG.). 232p. (J). pap. 16.95 *(978-0-8091-6791-3(3))* Paulist Pr.

Child's Bible. Sally Ann Wright. Illus. by Honor Ayres. 2021. (ENG.). 144p. (J). (gr. -1-3). 19.99 *(978-1-64060-757-6(9))* Paraclete Pr., Inc.

Child's Bijou (Classic Reprint) J. H. B. (ENG., Illus.). (J). 2017. 100p. 25.96 *(978-0-332-70937-6(X))*; 2016. pap. 9.57 *(978-1-334-16385-2(5))* Forgotten Bks.

Child's Book: The Consisting of Original Articles, in Prose & Poetry (Classic Reprint) L. H. Sigourney. 2018. (ENG., Illus.). 164p. (J). 27.30 *(978-0-267-24695-3(1))* Forgotten Bks.

Child's Book of American Biography (Classic Reprint) Mary Stoyell Stimpson. 2018. (ENG., Illus.). 276p. (J). 29.61 *(978-0-484-67917-6(1))* Forgotten Bks.

Child's Book of American History (Classic Reprint) Albert F. Blaisdell. 2017. (ENG., Illus.). (J). 28.89 *(978-0-260-53548-1(6))* Forgotten Bks.

Child's Book of Bible Stories, Vol. 1: With Practical Illustrations & Remarks; on the Fall (Classic Reprint) Thomas Hopkins Gallaudet. 2017. (ENG., Illus.). (J). 25.86 *(978-0-331-26433-3(1))*; pap. 9.57 *(978-0-243-45983-4(1))* Forgotten Bks.

Child's Book of Common Things: For the Use of Primary Schools (Classic Reprint) Worthington Hooker. 2018. (ENG., Illus.). 178p. (J). 27.57 *(978-0-267-60437-4(3))* Forgotten Bks.

Child's Book of Holiday Plays (Classic Reprint) Frances Gillespy Wickes. 2018. (ENG., Illus.). 226p. (J). 28.62 *(978-0-332-44749-0(9))* Forgotten Bks.

Child's Book of Nature: For the Use of Families & Schools, Intended to Aid Mothers & Teachers in Training Children in the Observation of the Nature (Classic Reprint) Worthington Hooker. 2018. (ENG., Illus.). 548p. (J). (gr. 4-7). 35.20 *(978-0-364-16895-0(1))* Forgotten Bks.

Child's Book of Poems, Prose & Blessings. Barbara Bickmann. 2020. (ENG., Illus.). 46p. (J). pap. *(978-1-83975-118-9(5))* Grosvenor Hse. Publishing Ltd.

Child's Book on the Soul, Vol. 2 (Classic Reprint) Thomas Hopkins Gallaudet. (ENG., Illus.). (J). 2018. 170p. 27.40 *(978-0-656-21100-5(8))*; 2017. pap. 9.97 *(978-0-259-20285-1(1))* Forgotten Bks.

Child's Bookshelf: Suggestions on Children's Reading, with an Annotated, List of Books on Heroism, Service, Patriotism, Friendliness, Joy & Beauty (Classic Reprint) Lilian Stevenson. annot. ed. 2017. (ENG., Illus.). 154p. (J). 27.09 *(978-0-484-48749-8(3))* Forgotten Bks.

Child's Calendar (20th Anniversary Edition) John Updike. Illus. by Trina Schart Hyman. 32p. (J). (gr. -1-3). 2020. pap. 8.99 *(978-0-8234-4534-9(8))*; 20th ed. 2019. 18.99 *(978-0-8234-3956-0(9))* Holiday Hse., Inc.

Child's Casket: With Fine Engravings (Classic Reprint) Unknown Author. (ENG., Illus.). (J). 2017. 24.52 *(978-0-260-67630-6(6))*; 2016. pap. 7.97 *(978-1-334-16182-7(8))* Forgotten Bks.

Child's Casket of Instructive Stories: For Good Boys & Girls (Classic Reprint) Unknown Author. (ENG., Illus.). (J). 2018. 30p. 24.52 *(978-0-332-84355-1(6))*; 2016. pap. 7.97 *(978-1-334-11745-9(4))* Forgotten Bks.

Child's Christ-Tales (Classic Reprint) Andrea Hofer. 2017. (ENG., Illus.). (J). 134p. 26.66 *(978-0-484-14774-3(9))*; pap. 9.57 *(978-0-259-21079-5(X))* Forgotten Bks.

Child's Christ-Tales, Vol. 3 (Classic Reprint) Andrea Hofer Proudfoot. 2018. (ENG., Illus.). 166p. (J). 27.34 *(978-0-484-26366-5(8))* Forgotten Bks.

Child's Christmas Counting Book. Paul Thigpen. Illus. by John Folley. 2021. (ENG.). 24p. (J). (gr. -1-4). 19.95 *(978-1-5051-1632-8(5)*, 2862) TAN Bks.

Child's Christmas in Wales. Dylan Thomas. 2022. (ENG., Illus.). 48p. (gr. k-12). pap. 9.95 *(978-0-8112-3187-9(9)*, 23187) New Directions Publishing Corp.

Child's Christmas in Wales: Gift Edition. Dylan Thomas. Illus. by Trina Schart Hyman. ed. 2017. (ENG.). 48p. (J). (gr. 3-7). 14.99 *(978-0-8234-3870-9(8))* Holiday Hse., Inc.

Child's Collection of Mazes: Kids Activity Book. Activity Book Zone for Kids. 2016. (ENG., Illus.). (J). pap. 7.55 *(978-1-68376-180-8(4))* Sabeels Publishing.

Child's Coloured Gift Book: With One Hundred Illustrations (Classic Reprint) Edward Dalziel. 2017. (ENG., Illus.). (J). 29.30 *(978-0-331-55540-0(9))* Forgotten Bks.

Child's Companion: Being a Concise Spelling-Book, Containing a Selection of Words, in Modern Use, Properly Arranged, & Divided in Such a Manner, As Will Most Naturally Lead the Learner to a Right Pronunciation (Classic Reprint) Caleb Bingham. (ENG., Illus.). (J). 2018. 90p. 25.75 *(978-0-331-68458-2(6))*; 2017. pap. 9.57 *(978-0-259-48961-0(1))* Forgotten Bks.

Child's Companion: Being a Concise Spelling-Book; Containing a Selection of Words, in Modern Use, Properly Arranged & Divided in Such a Manner, As Will Most Naturally Lead the Learner to a Right Pronunciation (Classic Reprint) Caleb Bingham. 2017. (ENG., Illus.). (J). 25.22 *(978-0-260-45144-6(4))*; pap. 9.57 *(978-0-265-07731-3(1))* Forgotten Bks.

Child's Companion: Being a Concise Spelling-Book, Containing a Selection of Words, in Modern Use, Properly Arranged, & Divided in Such a Manner, As Will Most Naturally Lead the Learner to a Right Pronunciation; Together with a Variety of Lessons For. Caleb Bingham. 2017. (ENG., Illus.). (J). 25.75 *(978-0-331-15903-5(1))*; pap. 9.57 *(978-0-260-11222-4(4))* Forgotten Bks.

Child's Curiosity Book: Embellished with Cuts (Classic Reprint) Unknown Author. 2018. (ENG., Illus.). 22p. (J). 24.39 *(978-0-428-54021-0(X))* Forgotten Bks.

Child's Day. Woods Hutchinson. 2017. (ENG., Illus.). (J). 23.95 *(978-1-374-93128-2(4))*; pap. 13.95 *(978-1-374-93127-5(6))* Capital Communications, Inc.

Child's Day: A Book of Rhymes (Classic Reprint) Wlater De La Mare. 2017. (ENG., Illus.). (J). 26.02 *(978-0-260-35013-8(3))* Forgotten Bks.

Child's Dream of a Star. Charles Dickens. 2017. (ENG., Illus.). (J). pap. *(978-3-337-03241-8(9))* Creation Pubs.

Child's Dream of a Star: And the Child's Story (Classic Reprint) Charles Dickens. 2018. (ENG., Illus.). 68p. (J). 25.30 *(978-0-267-49627-3(3))* Forgotten Bks.

Child's Dream of a Star (Classic Reprint) Charles Dickens. 2018. (ENG., Illus.). (J). 50p. 24.95 *(978-0-365-54253-7(9))*; 52p. pap. 9.57 *(978-0-365-54251-3(2))* Forgotten Bks.

Child's Dream of a Star, Vol. 1 (Classic Reprint) Charles Dickens. 2018. (ENG., Illus.). 72p. (J). 25.40 *(978-0-428-67883-8(1))* Forgotten Bks.

Child's Eden (Classic Reprint) E. L. Morris. 2018. (ENG., Illus.). 34p. (J). 24.60 *(978-0-483-21029-5(3))* Forgotten Bks.

Childs Fairy Library (Classic Reprint) Unknown Author. 2018. (ENG., Illus.). 336p. (J). 30.85 *(978-0-332-15829-7(2))* Forgotten Bks.

Child's Favorite: A Gift for the Young (Classic Reprint) George S. Appleton. (ENG., Illus.). (J). 2018. 232p. 28.68 *(978-0-364-95095-1(1))*; 2017. pap. 11.57 *(978-0-259-49405-8(4))* Forgotten Bks.

Child's First Bedtime Prayers: 25 Heart-to-Heart Talks with Jesus. Dandi Daley Mackall. Illus. by Cee Biscoe. 2022. (Child's First Bible Ser.). (ENG.). 192p. (J). 12.99 *(978-1-4964-5421-8(9)*, 20_35648, Tyndale Kids) Tyndale Hse. Pubs.

Child's First Bible Learn with Me Set with Carrying Case. Dandi Daley Mackall. Illus. by Elena Kucharik. 2022. (Child's First Bible Ser.). (ENG.). 96p. (J). bds. 19.99 *(978-1-4964-5120-0(1)*, 20_35188, Tyndale Kids) Tyndale Hse. Pubs.

Child's First Book about Birds (Classic Reprint) Unknown Author. 2017. (ENG., Illus.). (J). 26.70 *(978-0-260-02261-5(6))*; pap. 9.57 *(978-1-5278-7399-5(4))* Forgotten Bks.

Child's First Book about Marriage: God's Way Is Always Best. Jani Ortlund. rev. ed. 2018. (ENG., Illus.). 44p. (J). 12.99 *(978-1-5271-0030-5(8)*, 1a92cc9b-6412-4691-9b61-bf19b664d9b3, CF4Kids) Christian Focus Pubns. GBR. Dist: Baker & Taylor Publisher Services (BTPS).

Child's First Book (Classic Reprint) William A. Campbell. (ENG., Illus.). (J). 2018. 56p. 25.05 *(978-0-364-15516-5(7))*; 2016. pap. 9.57 *(978-1-333-76209-4(7))* Forgotten Bks.

Child's First Library of Learning, 30 bks. Incl. Animal Friends. Time-Life Staff. (Illus.). 88p. (gr. -1-4). 1999. 14.95 *(978-0-8094-4849-4(1))*; Animals in Action. (Illus.). 88p. (gr. -1-2). 1999. 14.95 *(978-0-8094-4869-2(6))*; Dangerous Animals. Time-Life Books Editors. Ed. by Karin Kinney. (Illus.). 88p. (gr. -1-3). 1996. 16.00 *(978-0-8094-9480-4(9))*; Everyday Life. Cfl. (Illus.). 88p. (gr. -1-4). 1999. 14.95 *(978-0-8094-4865-4(3))*; Explorers & Adventurers. Time-Life Books Editors. Ed. by Allan Fallow. (Illus.). 88p. (gr. -1-3). 1996. lib. bdg. *(978-0-8094-9482-8(5))*; Famous Places. Gakken Co. Ltd. Editors. Tr. by Time-Life Books Editors. (Illus.). 88p. (gr. 1-4). 1999. 14.95 *(978-0-8094-4893-7(9))*; Feelings & Manners. Time-Life Books Editors. Ed. by Allan Fallow. (Illus.). 88p. (gr. -1-3). 1997. 14.95 *(978-0-8094-9483-5(3))*; Flowers & Trees. Time-Life Staff. (Illus.). 88p. (gr. 1-4). 1999. 14.95 *(978-0-8094-4857-9(2))*; Health & Safety. Time-Life Books Editors. 1996. *(978-0-8094-9479-8(5))*; How Things Work in Your Home. Time-Life Books Editors. (Illus.). 88p. (gr. 1-4). 1999. 14.95 *(978-0-8094-4873-9(4))*; Insect World. Time-Life Books Editors. (Illus.). 88p. (gr. -1-3). 1999. 14.95 *(978-0-8094-4841-8(6))*; Science Starter. Time-Life Books Editors. (Illus.). 88p. (gr. 1-4). 1999. 14.95 *(978-0-8094-4881-4(5))*; Sky & Earth. Time-Life Books Editors. (Illus.). 88p. (gr. 1-4). 1999. 14.95 *(978-0-8094-4837-1(8))*; Things Around Us. Time-Life Staff. (Illus.). 88p. (gr. -1-2). 1999. 14.95 *(978-0-8094-4845-6(9))*; Things to Do. Gakken Co. Ltd. Editors & Time-Life Books Editors. (Illus.). 88p. (gr. 1-4). 1999. 14.95 *(978-0-8094-4897-5(1))*; Wheels & Wings. Gakken Co. Ltd. Editors. Tr. by Time-Life Books Editors. (Illus.). 88p. (gr. 1-4). 1999. 14.95 *(978-0-8094-4861-6(0))*; Where Things Come From. Time-Life Books Editors. Ed. by Allan Fallow. (Illus.). 88p. (gr. -1-3). 1997. *(978-0-8094-9484-2(1))*; Wind & Weather. Gakken Co. Ltd. Editors. Tr. by Time-Life Books Editors. (Illus.). 88p. (gr. 1-4). 1999. 14.95 *(978-0-8094-4829-6(7))*; World We Live In. Gakken Co. Ltd. Editors. Tr. by Time-Life Books Editors (Illus.). 88p. (gr. 1-4). 1999. 14.95 *(978-0-8094-4885-2(8))*; (J). 403.88 *(978-0-8094-9499-6(X))* Time-Life, Inc.

Child's Fourth Book: Containing Easy Lessons in Spelling & Reading; Being the Fourth of a Series, Complete in Six Numbers (Classic Reprint) Oliver Angell. 2017. (ENG., Illus.). (J). 29.26 *(978-0-265-66335-6(0))*; pap. 11.97 *(978-1-5276-3597-5(X))* Forgotten Bks.

Child's Friend: Being an Entirely New, & Systematic Arrangement of All the Sounds, Combinations of Characters, & Exceptions in the English Language; Calculated to Facilitate Its Easy & Early Acquisition (Classic Reprint) William Draper. (ENG., Illus.). (J). 2018. 172p. 27.44 *(978-0-666-53528-3(0))*; 2017. pap. 9.97 *(978-0-282-05507-3(X))* Forgotten Bks.

Child's Friend: Being Selections from the Various Works of Arnaud Berquin, Adapted to the Use of American Readers, with a Sketch of His Life & Writings (Classic Reprint) Arnaud Berquin. 2017. (ENG., Illus.). (J). 29.22 *(978-0-266-73570-0(3))*; pap. 11.57 *(978-1-5276-9933-5(1))* Forgotten Bks.

Child's Garden of Religion Stories. Rev Patrick Henry Matimore. Illus. by Carl Michael Boog. 2018. (Madonna Ser.: Vol. 1). (ENG.). 294p. (J). (gr. 3-4). pap. 14.95 *(978-1-64051-071-5(0))* St. Augustine Academy Pr.

Child's Garden of Verses. Robert Louis Stevenson. Illus. by Jessie Willcox Smith. 2021. (ENG.). 100p. (J). (gr. -1-3). pap. 6.99 *(978-1-4209-7604-5(4))* Digireads.com Publishing.

Child's Garden of Verses. Robert Louis Stevenson. Illus. by Charles Robinson. 2020. (Children's Classic Collections). 96p. (J). (gr. -1-3). 14.99 *(978-1-63158-364-3(6)*, Racehorse Publishing) Skyhorse Publishing Co., Inc.

Child's Garden of Verses. Robert Louis Stevenson. 2017. (ENG., Illus.). (J). (gr. k). pap. *(978-0-649-49594-8(2))*; (gr. 1-4). pap. *(978-0-649-09891-0(9))* Trieste Publishing Pty Ltd.

Child's Garden of Verses. Robert Louis Stevenson. Illus. by Michael Foreman. rev. ed. 2017. (ENG.). 128p. (J). (gr. k-5). 24.99 *(978-1-910959-10-7(3))* Otter-Barry Bks. GBR. Dist: Independent Pubs. Group.

Child's Garden of Verses. Robert Louis Stevenson. Illus. by Michael Foreman. 2nd ed. 2023. (ENG.). 128p. (J). (gr. k-2). pap. 19.99 ***(978-1-913074-38-8(2))*** Otter-Barry Bks. GBR. Dist: Independent Pubs. Group.

Child's Garden of Verses & Underwoods. Robert Louis Stevenson. 2017. (ENG., Illus.). (J). pap. *(978-0-649-03544-1(5))* Trieste Publishing Pty Ltd.

Child's Garden of Verses & Underwoods (Classic Reprint) Robert Louis Stevenson. 2017. (ENG., Illus.). (J). 29.26 *(978-0-331-76360-7(5))* Forgotten Bks.

Child's Garden of Verses (Classic Reprint) Robert Louis Stevenson. (ENG., Illus.). (J). 2018. 190p. 27.82 *(978-0-365-28358-4(4))*; 2017. 25.77 *(978-0-266-43504-4(1))*; 2017. 146p. 26.91 *(978-0-265-33267-2(2))*; 2017. 26.54 *(978-0-331-82721-7(2))*; 2017. 26.52 *(978-0-331-85046-8(X))*; 2017. 28.04 *(978-0-265-31253-7(1))*; 2017. 26.00 *(978-0-266-41655-5(1))*; 2017. 27.69 *(978-1-5284-6140-5(1))*; 2017. pap. 9.57 *(978-0-243-30688-6(1))*; 2016. pap. 9.57 *(978-1-334-13121-9(X))*; 2016. pap. 9.57 *(978-1-333-72648-5(1))* Forgotten Bks.

Child's Geography of the World. V. M. Hillyer. (ENG.). 492p. (J). 2022. 35.00 ***(978-1-946963-60-4(7))***; 2021. pap. 16.95 *(978-1-946963-50-5(X))* Albatross Pubs.

Child's Geography of the World. V. M. Hillyer. 2021. (ENG.). 494p. (J). 39.99 *(978-1-63823-287-2(3))*; pap. 24.99 *(978-1-63823-312-1(8))* Meirovich, Igal.

Child's Guide. 2017. (ENG., Illus.). (J). pap. 11.99 *(978-1-5358-1225-2(7))* Cengage Gale.

Child's Guide to Capitalism - Social Studies Book Grade 6 Children's Government Books. Baby Professor. 2017. (ENG., Illus.). 64p. (J). pap. 9.52 *(978-1-5419-1285-4(3)*, Baby Professor (Education Kids)) Speedy Publishing LLC.

Child's Guide to Confession. Illus. by Nicholas Malara. 2019. (ENG.). 104p. (J). pap. 19.95 *(978-1-944967-45-1(1))* Ancient Faith Publishing.

Child's Guide to Heaven (Classic Reprint) Edward Payson Hammond. (ENG., Illus.). (J). 2018. 78p. 25.53 *(978-0-483-93195-4(0))*; 2016. pap. 9.57 *(978-1-334-22927-5(9))* Forgotten Bks.

Child's Guide to the Seashore. John L. D. Barnett. 2017. (ENG., Illus.). (J). (gr. k-6). pap. 8.49 *(978-1-68160-458-9(2))* Crimson Cloak Publishing.

Child's Guide to Wisdom. Everton Robinson. 2020. (ENG.). 76p. (YA). pap. 9.99 *(978-1-64908-660-0(1))* PageTurner: Pr. & Media.

Child's Hanukkah Starter Kit: Coloring Activity Books Bundle, 2 vols. Speedy Publishing Books. 2019. (ENG.). 172p. (J). pap. 19.99 *(978-1-5419-7189-9(2))* Speedy Publishing LLC.

Child's Health Primer for Primary Classes: With Special Reference to the Effects of Alcoholic Drinks, Stimulants, & Narcotics upon the Human System. Jane Andrews. 2019. (ENG., Illus.). 92p. (YA). pap. *(978-93-5329-484-7(3))* Alpha Editions.

Child's Heart. Viola Shafer. 2019. (ENG.). 68p. (J). 26.95 *(978-1-64492-824-0(8))*; pap. 17.95 *(978-1-64492-681-9(4))* Christian Faith Publishing.

Child's History of England. Charles Dickens. 2018. (Victorian Epic Ser.). (ENG., Illus.). 388p. (J). pap. 23.99 *(978-1-78724-569-3(1))* Adelphi Pr.

Child's History of England. Charles Dickens. 2023. (ENG.). 392p. (J). pap. 27.99 ***(978-1-0881-2612-7(X))*** Indy Pub.

Child's History of England. Charles Dickens. Ed. by Sheba Blake. 2020. (ENG.). 432p. (J). pap. 17.99 *(978-1-222-30105-2(9))* Indy Pub.

Child's History of England: (world Classics, Unabridged) Charles Dickens. 2018. (ENG., Illus.). 312p. (J). pap. *(978-93-86423-67-2(7))* Alpha Editions.

Child's History of England; American Notes; Pictures from Italy; Miscellanies (Classic Reprint) Charles Dickens. (ENG., Illus.). (J). 2018. 962p. 43.70 *(978-0-483-01970-6(4))*; 2017. pap. 26.08 *(978-1-334-92151-3(2))* Forgotten Bks.

Child's History of England (Classic Reprint) Charles Dickens. (ENG., Illus.). (J). 2018. 230p. 28.64 *(978-0-484-03124-0(4))*; 2017. 41.32 *(978-0-266-38083-2(2))*; 2017. 34.31 *(978-0-331-62940-8(2))*; 2017. 42.97 *(978-0-265-55502-6(7))*; 2017. pap. 16.97 *(978-0-282-45404-3(7))*; 2017. pap. 25.32 *(978-0-243-31773-8(5))* Forgotten Bks.

Child's History of England, the Holly-Tree Inn, & Other Stories (Classic Reprint) Charles Dickens. 2017. (ENG., Illus.). (J). 46.34 *(978-0-265-76999-7(X))*; pap. 28.68 *(978-1-5277-4760-9(3))* Forgotten Bks.

Child's History of England, Vol. 2: And Miscellanies (Classic Reprint) Charles Dickens. (ENG., Illus.). (J). 2018. 448p. 33.14 *(978-0-483-38750-8(9))*; 2016. pap. 16.57 *(978-1-333-41583-9(4))* Forgotten Bks.

Child's History of the United States, Vol. 1 of 2 (Classic Reprint) John Bonner. (ENG., Illus.). (J). 2018. 312p. 30.33 *(978-0-332-40257-4(6))*; 2016. pap. 13.57 *(978-1-333-45119-6(9))* Forgotten Bks.

Child's History of the United States, Vol. 2 of 2 (Classic Reprint) John Bonner. 2016. (ENG., Illus.). (J). pap. 13.57 *(978-1-334-22978-7(3))* Forgotten Bks.

Child's History of the World. V. M. Hillyer. (ENG.). 510p. (J). (gr. 3-6). 2022. 23.95 *(978-1-68422-723-5(2))*; 2020. (Illus.). pap. 15.95 *(978-1-68422-429-6(2))* Martino Fine Bks.

Child's History of the World. V. M. Hillyer. 2021. (ENG.). 458p. (J). (gr. 3-6). pap. *(978-1-77464-138-5(0))* Rehak, David.

Child's Instructor: Consisting of Easy Lessons for Children, on Subjects Which Are Familiar to Them, in Language Adapted to Their Capacities (Classic Reprint) Unknown Author. 2017. (ENG., Illus.). (J). 124p. 26.45 *(978-0-484-49825-8(8))*; pap. 9.57 *(978-0-259-18691-5(0))* Forgotten Bks.

Child's Instructor: Consisting of Easy Lessons for Children on Subjects Which Are Familiar (Classic Reprint) John Ely. (ENG., Illus.). (J). 2018. 42p. 24.76 *(978-0-484-45473-5(0))*; 2017. pap. 7.97 *(978-0-243-30855-2(8))* Forgotten Bks.

Child's Instructor: Consisting of Easy Lessons for Children on Subjects Which Are Familiar to Them, in Language Adapted to Their Capacities (Classic Reprint) Unknown Author. 2018. (ENG., Illus.). 112p. (J). 26.21 *(978-0-484-50393-8(6))* Forgotten Bks.

Childs' Instructor: Or Learning Made Easy by Means of Toys, Pictures & Stories (Classic Reprint) Unknown Author. 2018. (ENG., Illus.). 638p. (J). 37.06 *(978-0-483-33785-5(4))* Forgotten Bks.

Child's Introduction to African American History: The Experiences, People, & Events That Shaped Our Country. Jabari Asim. Illus. by Lynn Gaines. 2018. (Child's Introduction Ser.). (ENG.). 96p. (J). (gr. 3-7). 19.99 *(978-0-316-43642-7(9)*, Black Dog & Leventhal Pubs. Inc.) Running Pr.

Child's Introduction to Ballet (Revised & Updated) The Stories, Music, & Magic of Classical Dance. Laura Lee. Illus. by Meredith Hamilton. rev. ed. 2020. (Child's Introduction Ser.). (ENG.). 96p. (J). (gr. 3-7). 19.99 *(978-0-7624-6907-9(2)*, Black Dog & Leventhal Pubs. Inc.) Running Pr.

Child's Introduction to Egyptology: The Mummies, Pyramids, Pharaohs, Gods, & Goddesses of Ancient Egypt. Heather Alexander. Illus. by Sara Mulvanny. 2021. (Child's Introduction Ser.). (ENG.). 96p. (J). (gr. 3-7). 19.99 *(978-0-7624-7157-7(3)*, Black Dog & Leventhal Pubs. Inc.) Running Pr.

Child's Introduction to Jazz: The Musicians, Culture, & Roots of the World's Coolest Music. Jabari Asim. Illus. by Jerrard K. Polk. 2022. (Child's Introduction Ser.). (ENG.). 96p. (J). (gr. 3-7). 19.99 *(978-0-7624-7941-2(8)*, Black Dog & Leventhal Pubs. Inc.) Running Pr.

Child's Introduction to Natural History: The Story of Our Living Earth-From Amazing Animals & Plants to Fascinating Fossils & Gems. Heather Alexander. Illus. by Meredith Hamilton. 2016. (Child's Introduction Ser.). (ENG.). 96p. (J). (gr. 3-7). 19.99 *(978-0-316-31136-6(7)*, Black Dog & Leventhal Pubs. Inc.) Running Pr.

Child's Introduction to Norse Mythology: Odin, Thor, Loki, & Other Viking Gods, Goddesses, Giants, & Monsters. Heather Alexander. Illus. by Meredith Hamilton. 2018. (Child's Introduction Ser.). (ENG.). 96p. (J). (gr. 3-7). 19.99 *(978-0-316-48215-8(3)*, Black Dog & Leventhal Pubs. Inc.) Running Pr.

Child's Introduction to Poetry (Revised & Updated) Listen While You Learn about the Magic Words That Have Moved Mountains, Won Battles, & Made Us Laugh & Cry. Michael Driscoll & Michael Driscoll. Illus. by Meredith Hamilton & Meredith Hamilton. rev. ed. 2020. (Child's Introduction Ser.). (ENG.). 96p. (J). (gr. 3-7). 19.99 *(978-0-7624-6910-9(2)*, Black Dog & Leventhal Pubs. Inc.) Running Pr.

Child's Introduction to the Environment: The Air, Earth, & Sea Around Us — Plus Experiments, Projects, & Activities YOU Can Do to Help Our Planet! Michael Driscoll & Dennis Driscoll. rev. ed. 2021. (Child's Introduction Ser.). (ENG., Illus.). 96p. (J). (gr. 3-7). 19.99 *(978-0-7624-9948-9(6)*, Black Dog & Leventhal Pubs. Inc.) Running Pr.

Child's Introduction to the Nutcracker: The Story, Music, Costumes, & Choreography of the Fairy Tale Ballet. Heather Alexander. Illus. by Amelie Videlo. 2021. (Child's Introduction Ser.). (ENG.). 96p. (J). (gr. 3-7). 19.99 *(978-0-7624-7512-4(9)*, Black Dog & Leventhal Pubs. Inc.) Running Pr.

Child's Introduction to the Orchestra (Revised & Updated) Listen to 37 Selections While You Learn about the Instruments, the Music, & the Composers Who Wrote the Music! Robert Levine. Illus. by Meredith Hamilton. rev. ed. 2019. (Child's Introduction Ser.). (ENG.). 96p. (J). (gr. 3-7). 19.99 *(978-0-7624-9547-4(2)*, Black Dog & Leventhal Pubs. Inc.) Running Pr.

Child's Journey with Dickens (Classic Reprint) Kate Douglas Wiggin. 2017. (ENG., Illus.). (J). 24.89 *(978-1-5283-4792-1(7))* Forgotten Bks.

Child's Letter. Judy Rainbow. 2021. (ENG., Illus.). 28p. (J). pap. 13.95 *(978-1-63692-503-5(0))* Newman Springs Publishing, Inc.

Child's Machiavelli: A Primer on Power (2019 Edition) Claudia Hart. 2019. (ENG., Illus.). 102p. (J). 24.00 ***(978-0-578-61405-2(7))*** Reynolds, Patrick.

Child's Magazine, 1846, Vol. 15 (Classic Reprint) Methodist Episcopal Church. (ENG., Illus.). (J). 2018. 130p. 26.58 *(978-0-484-64522-5(5))*; 2017. pap. 9.57 *(978-0-243-29940-9(0))* Forgotten Bks.

Child's Magazine, & Sunday-Scholar's Companion: August, 1832 (Classic Reprint) Unknown Author. 2019. (ENG., Illus.). (J). 36p. 24.66 *(978-1-397-29571-2(6))*; 38p. pap. 7.97 *(978-1-397-29537-8(6))* Forgotten Bks.

Child's Magazine, & Sunday-Scholar's Companion, Vol. 9: February, 1832 (Classic Reprint) Unknown Author. 2019. (ENG., Illus.). (J). 36p. 24.66 *(978-1-397-29607-8(0))*; 38p. pap. 7.97 *(978-1-397-29594-1(5))* Forgotten Bks.

Child's Magazine, & Sunday-Scholar's Companion, Vol. 9: January, 1832 (Classic Reprint) Unknown Author. 2019. (ENG., Illus.). (J). 40p. 24.72 *(978-1-397-29610-8(0))*; 42p. pap. 7.97 *(978-1-397-29593-4(7))* Forgotten Bks.

Child's Magazine, & Sunday-Scholar's Companion, Vol. 9: May, 1832 (Classic Reprint) Unknown Author. 2019. (ENG., Illus.). (J). 36p. 24.66 *(978-1-397-29577-4(5))*; 38p. pap. 7.97 *(978-1-397-29547-7(3))* Forgotten Bks.

Child's Magazine, for 1827-28, Vol. 1 (Classic Reprint) Methodist Episcopal Church. (ENG., Illus.). (J). 2018. 30p. 24.52 *(978-0-364-00591-0(2))*; 2017. pap. 7.97 *(978-0-243-50102-1(1))* Forgotten Bks.

Child's New Story Book, or Tales & Dialogues for Little Folks (Classic Reprint) S. Babcock. (ENG., Illus.). (J). 2018. 22p. 24.35 *(978-0-364-16757-1(2))*; 2016. pap. 7.97 *(978-1-334-16275-6(1))* Forgotten Bks.

Child's Own English Book: An Elementary English Grammar (Classic Reprint) Alice E. Ball. 2017. (ENG., Illus.). (J). 27.57 *(978-1-5279-6829-5(4))* Forgotten Bks.

Child's Own Music Book: The Largest Collection of Mothers' & Childrens' Songs, Musical Games & Piano

342
The check digit for ISBN-10 appears in parentheses after the full ISBN-13

TITLE INDEX CHINA

Music Ever Published, Covering Completely All Phases of Child Life (Classic Reprint) Albert Ernest Wier. 2018. (ENG., Illus.). 538p. (J). 34.99 *(978-0-364-17898-0(1))* Forgotten Bks.

Child's Own Speaker: Composed of Recitations, Dialogues, Motion Songs & Tableaux for Children of Six Years (Classic Reprint) Emma Cecilia Rook. (ENG., Illus.). (J). 2017. 26.41 *(978-0-331-86603-2(X))*; 2016. pap. 9.57 *(978-1-334-16993-9(4))* Forgotten Bks.

Child's Own Story Book: Or Simple Tales (Classic Reprint) Unknown Author. (ENG., Illus.). (J). 2018. 24p. 24.39 *(978-0-267-56823-9(1))*; 2016. pap. 7.97 *(978-1-334-17078-2(9))* Forgotten Bks.

Child's Own Story Book: Or, Tales & Dialogues for the Nursery (Classic Reprint) Jerram. 2018. (ENG., Illus.). 224p. (J). 28.52 *(978-0-365-12711-6(5))* Forgotten Bks.

Child's Own Story Book; or, Tales & Dialogues for the Nursery. Jane Elizabeth Holmes. 2017. (ENG., Illus.). (J). pap. *(978-0-649-54707-4(1))* Trieste Publishing Pty Ltd.

Child's Own Way Series: Surprise Stories, a First Reader (Classic Reprint) Marjorie Hardy. 2017. (ENG., Illus.). (J). 146p. 26.91 *(978-0-266-58570-1(1))*; 148p. pap. 9.57 *(978-0-282-89251-7(6))* Forgotten Bks.

Child's Paradise: Stories & Musings for Parents & Teachers (Classic Reprint) James L. Hughes. 2018. (ENG., Illus.). 134p. (J). 26.68 *(978-0-483-99777-6(3))* Forgotten Bks.

Childs Pictorial Preceptor (Classic Reprint) E. B. and E. C. Kellogg. 2018. (ENG., Illus.). (J). 50p. 24.95 *(978-0-366-86310-5(X))*; 52p. pap. 9.57 *(978-0-366-86209-2(X))* Forgotten Bks.

Child's Picture Book (Classic Reprint) Unknown Author. (ENG., Illus.). (J). 2018. 22p. 24.35 *(978-0-483-00302-6(6))*; 2017. 24.35 *(978-0-332-00013-8(3))*; 2016. pap. 7.97 *(978-1-334-16226-8(3))* Forgotten Bks.

Child's Pictures (Classic Reprint) Unknown Author. 2018. (ENG., Illus.). (J). 54p. 25.01 *(978-1-396-36122-7(7))*; 56p. pap. 9.57 *(978-1-390-97652-6(1))* Forgotten Bks.

Child's Pilgrim's Progress, Vol. 2: Christiana & Her Children (Classic Reprint) John Bunyan. 2017. (ENG., Illus.). (J). 27.94 *(978-0-331-90089-7(0))* Forgotten Bks.

Child's Play see Pop-Out Play Pak: Solar System

Child's Play. Ramiro Jose Peralta. Tr. by Jon Brokenbrow Jon Brokenbrow. Illus. by Blanca Millan. 2020. (ENG.). 28p. (J). (gr. k-3). 16.95 *(978-84-16733-76-7(7))* Cuento de Luz SL ESP. Dist: Publishers Group West (PGW).

Child's Prayer. Ima Dobetter. 2018. (ENG., Illus.). 20p. (J). 21.95 *(978-1-64003-328-3(9))* Covenant Bks.

Child's Reader in Verse. Emma L. Eldridge. 2017. (ENG., Illus.). (J). pap. *(978-0-649-49619-8(1))*; pap. *(978-0-649-45080-0(9))* Trieste Publishing Pty Ltd.

Child's Reader in Verse (Classic Reprint) Emma L. Eldridge. (ENG., Illus.). (J). 2018. 122p. 26.41 *(978-0-364-93627-6(4))*; 2017. pap. 9.57 *(978-0-259-18573-4(6))* Forgotten Bks.

Child's Recollections of Tennyson (Classic Reprint) Edith Nicholl Ellison. 2018. (ENG., Illus.). 144p. (J). 26.87 *(978-0-428-30597-0(0))* Forgotten Bks.

Child's Romance, Vol. 1 (Classic Reprint) Pierre Loti. 2017. (ENG., Illus.). (J). 30.00 *(978-1-5280-6877-2(7))* Forgotten Bks.

Child's Song & Game Book: A Collection of Original Songs & Games for Children (Classic Reprint) H. Keatley Moore. (ENG., Illus.). (J). 2018. 96p. 25.88 *(978-0-267-69091-6(6))*; 2017. pap. 9.57 *(978-0-259-83322-2(3))* Forgotten Bks.

Child's Song Book: For Primary Schools & the Home Circle (Classic Reprint) Mary H. Howliston. 2017. (ENG., Illus.). (J). pap. 9.57 *(978-0-259-88178-0(3))* Forgotten Bks.

Child's Speaker: Being a Collection of Pieces for Recital in Primary Schools (Classic Reprint) Charles Northend. 2017. (ENG., Illus.). (J). 180p. 27.61 *(978-0-332-76882-3(1))*; 182p. pap. 9.97 *(978-0-332-61733-6(5))* Forgotten Bks.

Child's Story Book: A Holiday Gift (Classic Reprint) Amerel Amerel. 2018. (ENG., Illus.). 106p. (J). 26.10 *(978-0-267-19580-0(X))* Forgotten Bks.

Child's Story-Book (Classic Reprint) Unknown Author. (ENG., Illus.). (J). 2018. 24p. 24.39 *(978-0-428-70505-3(7))*; 2016. pap. 7.97 *(978-1-334-16111-7(9))* Forgotten Bks.

Child's Story of Hans Christian Andersen (Classic Reprint) Paul Harboe. (ENG., Illus.). (J). 2018. 300p. 30.08 *(978-0-484-24932-4(0))*; 2016. pap. 13.57 *(978-1-333-55570-2(9))* Forgotten Bks.

Child's Story of the Life of Christ (Classic Reprint) Helen Brown Hoyt. 2017. (ENG., Illus.). 242p. (J). 28.91 *(978-0-332-15184-7(0))* Forgotten Bks.

Child's Toy Book (Classic Reprint) Unknown Author. 2019. (ENG., Illus.). (J). 26p. 24.43 *(978-1-397-29517-0(1))*; 28p. pap. 7.97 *(978-1-397-29489-0(2))* Forgotten Bks.

Child's Treasury of Nursery Rhymes. Kady MacDonald Denton. 2018. (ENG.). 96p. (J). 14.99 *(978-0-7534-7490-7(5)*, 900197793, Kingfisher) Roaring Brook Pr.

Child's True Story of Jesus, Book 1. Ed. by Lisa Bergman. 2019. (ENG., Illus.). 152p. (J). (gr. k-1). pap. 12.95 *(978-1-64051-066-1(4))* St. Augustine Academy Pr.

Child's True Story of Jesus, Book 2. Ed. by Lisa Bergman. 2018. (ENG., Illus.). 268p. (J). (gr. 1-3). pap. 18.95 *(978-1-64051-067-8(2))* St. Augustine Academy Pr.

Child's Universalist Companion: Consisting of Stories, Hymns, &C.; Designed to Illustrate the Nature & Tendency of the Doctrine of Universal Salvation (Classic Reprint) Daniel D. Smith. 2017. (ENG., Illus.). (J). 28.60 *(978-0-266-70944-2(3))*; pap. 10.97 *(978-1-5276-6041-0(9))* Forgotten Bks.

Child's Version of Aesop's Fables: With a Supplement Containing Fables from la Fontaine & Krilof (Classic Reprint) J. H. Stickney. 2018. (ENG., Illus.). 226p. (J). 28.60 *(978-0-332-82684-4(8))* Forgotten Bks.

Child's Version of Aesop's Fables, with a Supplement Containing Fables from la Fontaine & Krilof. J. H. Stickney. 2017. (ENG., Illus.). (J). pap. *(978-0-649-03546-5(1))* Trieste Publishing Pty Ltd.

Child's World: Fifth Reader (Classic Reprint) W. K. Tate. 2018. (ENG., Illus.). 426p. (J). 32.68 *(978-0-332-36429-2(1))* Forgotten Bks.

Child's World: First Reader (Classic Reprint) Sarah Withers. (ENG., Illus.). (J). 2017. 26.95 *(978-0-331-67533-7(1))*; 2016. pap. 9.57 *(978-1-334-13855-3(9))* Forgotten Bks.

Child's World: Fourth Reader (Classic Reprint) William Knox Tate. (ENG., Illus.). (J). 2018. 332p. 30.74 *(978-0-484-20405-7(X))*; 2016. pap. 13.57 *(978-1-334-12591-1(0))* Forgotten Bks.

Child's World: Primer (Classic Reprint) Sarah Withers. 2017. (ENG., Illus.). (J). 26.31 *(978-0-265-22977-4(4))* Forgotten Bks.

Child's World: Second Reader (Classic Reprint) Hetty S. Browne. (ENG., Illus.). (J). 2018. 198p. 28.00 *(978-0-428-51658-1(0))*; 2017. pap. 10.57 *(978-0-259-45508-0(3))* Forgotten Bks.

Child's World: Third Reader (Classic Reprint) Sarah Withers. (ENG., Illus.). (J). 2018. 274p. 29.57 *(978-0-483-51804-9(2))*; 2017. pap. 11.97 *(978-0-243-08994-9(5))* Forgotten Bks.

Child's Year with Nature - Being Fifty-Two Primary Talks - with Numerous Illustrations by the Author. Margery Haining Briggs. 2018. (ENG., Illus.). 358p. (J). pap. *(978-1-5287-0574-5(2))* Freeman Pr.

Chile. Kevin Blake. 2019. (Countries We Come From Ser.). (ENG., Illus.). 32p. (J). (gr. k-3). lib. bdg. 19.95 *(978-1-64280-526-0(2))* Bearport Publishing Co., Inc.

Chilean Mining Accident. John Hamilton. 2020. (Xtreme Rescues Ser.). (ENG., Illus.). 32p. (J). (gr. 4-4). pap. 9.95 *(978-1-64494-349-6(2)*, 1644494492, A&D Xtreme) ABDO Publishing Co.

Chilean Mining Accident. S. L. Hamilton. 2019. (Xtreme Rescues Ser.). (ENG., Illus.). 32p. (J). (gr. 3-9). lib. bdg. 32.79 *(978-1-5321-9001-8(8)*, 33322, Abdo & Daughters) ABDO Publishing Co.

Chili Chinchilla. Donna MacLeod. 2023. (ENG.). 28p. (J). 24.95 ***(978-1-954819-98-6(6))*** Briley & Baxter Publications.

Chili Pepper Mine: A Story about a Boy & His Dog. Sharon L. Johnson-Gala. 2019. (ENG., Illus.). 108p. (J). pap. 12.95 *(978-1-64300-836-3(6))* Covenant Bks.

Chili Time, Y'all! How Texas Found Its State Cuisine. Jennifer Coleman & Kay Meadows. 2022. (ENG., Illus.). 32p. (J). 19.99 *(978-1-4556-2692-2(9)*, Pelican Publishing) Arcadia Publishing.

Chill, Chomp, Chill! Chris Ayala-Kronos. Illus. by Paco Sordo. 2021. (ENG.). 32p. (J). (gr. -1-3). 17.99 *(978-0-358-41098-0(3)*, 1790427, Clarion Bks.) HarperCollins Pubs.

Chill Coco. Desiree L. Williams. 2021. (ENG.). 34p. (J). pap. 10.99 *(978-0-578-33695-4(2))* Williams, Desiree.

Chill Hours (Classic Reprint) Helen MacKay. 2018. (ENG., Illus.). 202p. (J). 28.08 *(978-0-483-40618-6(X))* Forgotten Bks.

Chill of the Ice Dragon, 9. Tracey West. ed. 2019. (Branches Early Ch Bks). (ENG.). 89p. (J). (gr. 2-3). 15.36 *(978-0-87617-974-1(X))* Penworthy Co., LLC, The.

Chill of the Ice Dragon, 9. Tracey West. 2018. (Branches: Dragon Masters Ser.). (ENG.). 96p. (gr. 1-4). 18.69 *(978-1-5364-3194-0(X))* Scholastic, Inc.

Chill of the Ice Dragon: a Branches Book (Dragon Masters #9), 1 vol. Tracey West. Illus. by Nina de Polonia. 2018. (Dragon Masters Ser.: 9). (ENG.). 96p. (J). (gr. 1-3). pap. 5.99 *(978-1-338-16986-7(6))* Scholastic, Inc.

Chill Out: Practicing Calm. Virginia Loh-Hagan. 2020. (Just Breathe Ser.). (ENG., Illus.). 32p. (J). (gr. 4-8). pap. 14.21 *(978-1-5341-6179-5(1)*, 214716); lib. bdg. 32.07 *(978-1-5341-5949-5(5)*, 214715) Cherry Lake Publishing. (45th Parallel Press).

Chillagoe Charlie (Classic Reprint) Robert M. MacDonald. 2018. (ENG., Illus.). 384p. (J). 31.84 *(978-0-332-13297-6(8))* Forgotten Bks.

Chilled to the Bones. Linda Lee Kane. 2023. (ENG.). 114p. (YA). pap. ***(978-1-915660-53-4(X))*** TSL Pubns.

Chilling Adventures of Sabrina. Roberto Aguirre-Sacasa. Illus. by Robert Hack. 2016. (Chilling Adventures of Sabrina Ser.: 1). 160p. pap. 17.99 *(978-1-62738-987-7(3))* Archie Comic Pubns., Inc.

Chilling Ancient Curses. Tracy Nelson Maurer. 2017. (Searchlight Books (tm) — Fear Fest Ser.). (ENG., Illus.). 32p. (J). (gr. 3-5). 30.65 *(978-1-5124-3403-3(5)*, 6a03d50a-51f0-4a35-8568-28812bfa4dce, Lerner Pubns.) Lerner Publishing Group.

Chilling Cemeteries. Joyce L. Markovics. 2016. (Tiptoe into Scary Places Ser.). (ENG., Illus.). 24p. (J). (gr. k-3). 26.99 *(978-1-68402-048-5(4))* Bearport Publishing Co., Inc.

Chilling Ghost Tales. Sequoia Kids Media Sequoia Kids Media. 2022. (Super Spooky Stories for Kids Ser.). (ENG.). 24p. (J). (gr. -1-2). pap. 9.50 ***(978-1-64996-757-2(6)***, 17139, Sequoia Kids Media) Sequoia Children's Bks.

Chilling Ice Rink Escapade. Michael Anthony Steele. Illus. by Dario Brizuela. 2021. (Batman & Scooby-Doo! Mysteries Ser.). (ENG.). 72p. (J). 27.32 *(978-1-6639-1042-4(1)*, 212494); pap. 6.95 *(978-1-6639-2020-1(6)*, 212476) Capstone. (Stone Arch Bks.).

Chilling with Ghosts: A Totally Factual Field Guide to the Supernatural. Insha Fitzpatrick. 2023. (Totally Factual Field Guide to the Supernatural Ser.: 2). 128p. (J). (gr. 3-7). pap. 14.99 ***(978-1-68369-345-1(0))*** Quirk Bks.

Chilliwack Pioneer Ladies (Classic Reprint) Charles Henry Evans. 2017. (ENG., Illus.). (J). pap. 7.97 *(978-0-259-85741-9(6))* Forgotten Bks.

Chillon; or Protestants of the Sixteenth Century, Vol. 2 Of 2: An Historical Tale (Classic Reprint) Jane Louisa Willyams. 2018. (ENG., Illus.). 334p. (J). 30.81 *(978-0-483-31948-6(1))* Forgotten Bks.

Chillon, Vol. 1 Of 2: A Tale of the Great Reformation of the Sixteenth Century (Classic Reprint) Jane Louisa Willyams. 2018. (ENG., Illus.). 322p. (J). 30.54 *(978-0-483-26293-5(5))* Forgotten Bks.

Chills & Thrills: Death, Demons & Detention. E. Scares. (ENG.). 2022. 147p. (YA). pap. ***(978-1-4710-8643-4(7))***; 2020. 106p. (J). pap. 8.99 *(978-1-716-55857-3(3))* Lulu Pr., Inc.

Chills & Thrills: Marshmallows & Monsters! E. Scares. (ENG.). 2022. 120p. (YA). pap. ***(978-1-4710-8637-3(2))***; 2020. 108p. (J). pap. 8.99 *(978-1-716-55776-7(3))* Lulu Pr., Inc.

Chills & Thrills: The Bloodstained House at the End of Our Road. E. Scares. 2020. (ENG.). 160p. (J). pap. 10.99 *(978-1-716-55863-4(8))* Lulu Pr., Inc.

Chills & Thrills: The Bloodstained House at the End of the Road. Matt Shaw. 2022. (ENG.). 217p. (YA). pap. ***(978-1-4710-8644-1(5))*** Lulu Pr., Inc.

Chills & Thrills: The Vampire's Treaty. E. Scares. 2020. (ENG.). 212p. (YA). pap. *(978-1-716-57982-0(1))* Lulu Pr., Inc.

Chilly! Creepy! Bumps! Josey & the Haunted House. Alee B. 2018. (ENG., Illus.). 28p. (J). pap. 12.95 *(978-1-64298-180-3(X))* Page Publishing Inc.

Chilly Da Vinci. J. Rutland. 2018. (ENG., Illus.). 48p. (J). (gr. -1-2). 18.95 *(978-0-7358-4283-0(3))* North-South Bks., Inc.

Chilly Goes to Australia. Michael Rosenberg. 2018. (ENG., Illus.). 28p. (J). (gr. k-6). pap. 12.95 *(978-1-948260-07-7(7))* Strategic Book Publishing & Rights Agency (SBPRA).

Chilly Goes to Peru. Michael Rosenberg. 2018. (ENG., Illus.). 32p. (J). (gr. k-6). pap. 13.95 *(978-1-948260-06-0(9))* Strategic Book Publishing & Rights Agency (SBPRA).

Chilly Penguin. Constanze V. Kitzing. Illus. by Constanze V. Kitzing. 2018. (ENG., Illus.). 24p. (J). (gr. -1-k). bds. 8.99 *(978-1-78285-406-7(1))* Barefoot Bks., Inc.

Chillywing the Faithful Flying Chicken. Ryan Kranz. 2022. (ENG.). 40p. (J). pap. 16.95 ***(978-1-63903-086-6(7))*** Christian Faith Publishing.

Chilula Texts (Classic Reprint) Pliny Earle Goddard. (ENG., Illus.). (J). 2017. 26.00 *(978-0-260-06008-2(9))*; 2016. pap. 9.57 *(978-1-334-12621-5(6))* Forgotten Bks.

Chim. Madeleine Vinton Dahlgren. 2017. (ENG.). 340p. (J). pap. *(978-3-337-25043-0(2))* Creation Pubs.

Chim: His Washington Winter (Classic Reprint) Madeleine Vinton Dahlgren. (ENG., Illus.). (J). 2018. 336p. 30.83 *(978-0-267-59333-0(3))*; 2016. pap. 13.57 *(978-1-334-15296-2(9))* Forgotten Bks.

Chimamanda Ngozi Adichie. Katlin Sarantou. Illus. by Jeff Bane. 2019. (My Early Library: My Itty-Bitty Bio Ser.). (ENG.). 24p. (J). (gr. k-1). pap. 12.79 *(978-1-5341-4983-0(X)*, 213239); lib. bdg. 30.64 *(978-1-5341-4697-6(0)*, 213238) Cherry Lake Publishing.

Chimera Skies. Sharlene Healy. 2021. (ENG.). (YA). 188p. 25.99 *(978-1-0879-5994-8(2))*; (Chimera Skies Ser.: Vol. 1). 238p. pap. 14.99 *(978-1-0879-5993-1(4))* Indy Pub.

Chimera Witch. Cherise Briscoe. 2022. (ENG.). 437p. (YA). ***(978-1-4583-6961-1(7))*** Lulu Pr., Inc.

Chimes. Sasha Madsen. 2021. (ENG.). 126p. (YA). pap. 15.95 *(978-1-63985-382-3(0))* Fulton Bks.

Chimes: A Goblin Story of Some Bells That Rang an Old Year Out & a New Year in (Classic Reprint) Charles Dickens. 2017. (ENG., Illus.). (J). 28.68 *(978-0-265-88569-7(8))* Forgotten Bks.

Chimes & Rhymes for Youthful Times (Classic Reprint) Oscar Pletsch. 2018. (ENG., Illus.). 144p. (J). 26.87 *(978-0-483-25643-9(9))* Forgotten Bks.

Chimes from a Jester's Bells. Robert Jones Burdette. 2016. (ENG.). 328p. (J). pap. *(978-3-7433-6725-8(4))* Creation Pubs.

Chimes from a Jester's Bells: Stories & Sketches (Classic Reprint) Robert Jones Burdette. (ENG., Illus.). (J). 2017. 30.70 *(978-0-266-51208-0(9))*; 2016. pap. 13.57 *(978-1-334-36978-0(X))* Forgotten Bks.

Chimes Rung by the University District Herald (Classic Reprint) Alice Rollit Coe. (ENG., Illus.). (J). 2018. 26p. 24.43 *(978-0-483-84680-7(5))*; 2016. pap. 7.97 *(978-1-333-45344-2(2))* Forgotten Bks.

Chimes, Vol. 1: December, 1936 (Classic Reprint) Ward-Belmont School. (ENG., Illus.). (J). 2018. 136p. 26.70 *(978-0-483-58512-6(2))*; 2017. pap. 9.57 *(978-0-243-23399-1(X))* Forgotten Bks.

Chimes, Vol. 4: December, 1939 (Classic Reprint) Suzanne MacDonald. (ENG., Illus.). (J). 2018. 246p. 28.97 *(978-0-428-77397-7(4))*; 2017. pap. 11.57 *(978-0-259-19388-3(7))* Forgotten Bks.

Chimes, Vol. 7: December, 1943 (Classic Reprint) Ward-Belmont College. (ENG., Illus.). (J). 2018. 200p. 28.04 *(978-0-483-56402-2(8))*; 2017. pap. 10.57 *(978-0-243-20305-5(5))* Forgotten Bks.

Chimmie Fadden: Major Max; & Other Stories (Classic Reprint) Edward W. Townsend. 2018. (ENG., Illus.). 372p. (J). 31.57 *(978-0-364-16086-2(1))* Forgotten Bks.

Chimmie Fadden Explains: Major Max Expounds (Classic Reprint) Edward Waterman Townsend. 2018. (ENG., Illus.). 270p. (J). 29.47 *(978-0-267-48614-4(6))* Forgotten Bks.

Chimney Corner (Classic Reprint) Edwin Waugh. 2018. (ENG., Illus.). 304p. (J). 30.19 *(978-0-484-42094-5(1))* Forgotten Bks.

Chimney Corner Stories (Yesterday's Classics) Veronica S. Hutchinson. Illus. by Lois Lenski. 2022. (ENG.). 168p. (J). pap. 22.95 *(978-1-63334-176-0(3))* Yesterday's Classics.

Chimney or Not, Here I Come! Marilyn Magness. Ed. by Molly Krauthoefer. Illus. by Clint Nye. 2020. 32p. (J). 23.00 *(978-1-0983-2855-9(8))*; pap. 10.00 *(978-1-0983-2856-6(6))* BookBaby.

Chimney Piece: A Farce, in One Act (Classic Reprint) G. Herbert Rodwell. 2018. (ENG., Illus.). 38p. (J). 24.70 *(978-0-267-29922-5(2))* Forgotten Bks.

Chimney Piece, or the Married Maid: A Laughable Farce, in One Act (Classic Reprint) George Herbert Rodwell. 2017. (ENG., Illus.). 32p. (J). 24.56 *(978-0-484-04847-7(3))* Forgotten Bks.

Chimney-Pot Papers (Classic Reprint) Charles S. Brooks. 2018. (ENG., Illus.). 188p. (J). 27.77 *(978-0-332-70450-0(5))* Forgotten Bks.

Chimpanzee & Me. Ben Garrod. (ENG.). 256p. 2020. 11.95 *(978-1-78854-761-1(6)*, 667944); 2019. (Illus.). 24.95 *(978-1-78854-760-4(8))* Head of Zeus GBR. (Zephyr). Dist: Bloomsbury Publishing Plc, Independent Pubs. Group.

Chimpanzee Babies. Susan H. Gray. 2020. (21st Century Basic Skills Library: Level 3: Babies at the Zoo Ser.). (ENG., Illus.). 24p. (J). (gr. k-3). pap. 12.79 *(978-1-5341-6120-7(1)*, 214480); lib. bdg. 30.64 *(978-1-5341-5890-0(1)*, 214479) Cherry Lake Publishing.

Chimpanzee Coloring Book: Adult Coloring Book, Animal Coloring Book, Floral Mandala Coloring, Quotes Coloring Book, Chimpanzee Lover Gifts. Illus. by Paperland Online Store. 2021. (ENG.). 42p. (J). pap. *(978-1-716-10076-5(3))* Lulu Pr., Inc.

Chimpanzee Lady: Jane Goodall - Biography Book Series for Kids Children's Biography Books. Dissected Lives. 2017. (ENG., Illus.). 64p. (J). pap. 9.52 *(978-1-5419-1242-7(X)*, Dissected Lives (Auto Biographies)) Speedy Publishing LLC.

Chimpanzee Nests. Christopher Forest. 2018. (Animal Engineers Ser.). (ENG., Illus.). 32p. (J). (gr. 2-3). pap. 9.95 *(978-1-63517-961-3(0)*, 1635179610); lib. bdg. 31.35 *(978-1-63517-860-9(6)*, 1635178606) North Star Editions. (Focus Readers).

Chimpanzees. Nancy Dickmann. 2019. (Animals in Danger Ser.). (ENG.). 24p. (J). (gr. 2-4). lib. bdg. *(978-1-78121-441-1(7)*, 16559) Brown Bear Bks.

Chimpanzees. Rachel Grack. 2019. (Animals of the Rain Forest Ser.). (ENG., Illus.). 24p. (J). (gr. k-3). lib. bdg. 26.95 *(978-1-62617-949-3(2)*, Blastoff! Readers) Bellwether Media.

Chimpanzees. Joanne Mattern. 2020. (World's Smartest Animals Ser.). (ENG., Illus.). 24p. (J). (gr. k-3). lib. bdg. 26.95 *(978-1-64487-237-6(4)*, Blastoff! Readers) Bellwether Media.

Chimpanzees. Julie Murray. 2019. (Animal Kingdom Ser.). (ENG., Illus.). 32p. (J). (gr. 2-5). lib. bdg. 34.21 *(978-1-5321-1623-0(3)*, 32357, Big Buddy Bks.) ABDO Publishing Co.

Chimpanzees. Kate Riggs. 2016. (Amazing Animals Ser.). (Illus.). 24p. (J). (ENG.). (gr. 1-3). pap. 9.99 *(978-1-62832-216-3(0)*, 23034, Creative Paperbacks); 28.50 *(978-1-60818-610-5(5)*, Creative Education) Creative Co., The.

Chimpanzees. Leo Statts. 2016. (Rain Forest Animals Ser.). (ENG.). 24p. (J). (gr. -1-2). 49.94 *(978-1-68079-361-1(6)*, 22982, Abdo Zoom-Launch) ABDO Publishing Co.

Chimpanzees: A 4D Book. Kathryn Clay. 2018. (Mammals in the Wild Ser.). (ENG., Illus.). 24p. (J). (gr. -1-2). lib. bdg. 24.65 *(978-1-9771-0081-8(3)*, 138287, Pebble) Capstone.

Chimpanzees! an Animal Encyclopedia for Kids (Monkey Kingdom) - Children's Biological Science of Apes & Monkeys Books. Professor Gusto. 2016. (ENG., Illus.). (J). pap. 10.81 *(978-1-68321-983-5(X))* Mimaxion.

Chin: Our Little Siamese Cousin (Classic Reprint) Mary Hazelton Wade. 2018. (ENG., Illus.). 142p. (J). 26.78 *(978-0-483-33312-3(3))* Forgotten Bks.

Chin-Chin: A Musical Fantasy in Three Acts (Classic Reprint) Anne Caldwell. (ENG., Illus.). (J). 2018. 168p. 27.38 *(978-0-656-84793-8(X))*; 2016. pap. 9.97 *(978-1-333-87335-6(2))* Forgotten Bks.

Chin Hsing (Forward March) in China. Edith Hart. 2017. (ENG., Illus.). (J). pap. *(978-0-649-47819-4(3))* Trieste Publishing Pty Ltd.

Chin Hsing (Forward March) in China (Classic Reprint) Edith Hart. (ENG., Illus.). (J). 2018. 128p. 26.54 *(978-0-364-24481-4(X))*; 2016. pap. 9.57 *(978-1-334-03542-5(3))* Forgotten Bks.

Chin Up. Naomi Firestone. Illus. by Laura Catrinella. 2019. (ENG.). 32p. (J). *(978-1-5255-3593-2(5))*; pap. *(978-1-5255-3594-9(3))* FriesenPress.

China. Jennifer Brown. 2019. (Asian Countries Today Ser.). (Illus.). 96p. (J). (gr. 12). lib. bdg. 34.60 *(978-1-4222-4264-3(1))* Mason Crest.

China, 1 vol. Steffi Cavell-Clarke. 2017. (World Adventures Ser.). (ENG.). 24p. (J). (gr. 1-2). pap. 9.25 *(978-1-5345-2403-3(7)*, 31bf4dfd-9f6b-4987-b0ef-aebb892a7a0b); lib. bdg. 26.23 *(978-1-5345-2402-6(9)*, a085eb24-2dd6-49b8-b140-f82f3780dc26) Greenhaven Publishing LLC.

China. Lori Dittmer. 2019. (Ancient Times Ser.). (ENG.). 24p. (J). (gr. 1-4). *(978-1-64026-112-9(5)*, 18917, Creative Education); pap. 9.99 *(978-1-62832-675-8(1)*, 18918, Creative Paperbacks) Creative Co., The.

China. Racquel Foran. 2022. (Essential Library of Countries Ser.). (ENG., Illus.). 112p. (YA). (gr. 6-12). lib. bdg. 41.36 *(978-1-5321-9938-7(4)*, 40665, Essential Library) ABDO Publishing Co.

China. Steve Goldsworthy. 2017. (Illus.). 32p. (J). *(978-1-5105-0829-3(5))* SmartBook Media, Inc.

China. Emily Rose Oachs. 2017. (Country Profiles Ser.). (ENG., Illus.). 32p. (J). (gr. 3-8). lib. bdg. 27.95 *(978-1-62617-678-2(7)*, Blastoff! Discovery) Bellwether Media.

China. R. L. Van. 2022. (Countries (BBB) Ser.). (ENG., Illus.). 32p. (J). (gr. 2-5). lib. bdg. 34.21 *(978-1-5321-9957-8(0)*, 40703, Big Buddy Bks.) ABDO Publishing Co.

China. Heather DiLorenzo Williams & Warren Rylands. 2019. (Illus.). 24p. (J). *(978-1-4896-8049-5(7)*, AV2 by Weigl) Weigl Pubs., Inc.

China. David Wilson. 2019. (Nations in the News Ser.). (Illus.). 112p. (J). (gr. 12). lib. bdg. 35.93 *(978-1-4222-4244-5(7))* Mason Crest.

China: Children's Asia Book with Facts! Bold Kids. 2022. (ENG.). 46p. (J). pap. 14.99 *(978-1-0717-0920-7(8))* FASTLANE LLC.

China: (China) Xist Publishing. Tr. by Victor Santana. 2017. (Xist Kids Spanish Bks.). (SPA., Illus.). 28p. (J). (gr. -1-3). pap. 9.99 *(978-1-5324-0383-5(6))* Xist Publishing.

China: Land, Life, & Culture, 6 bks., Set. John Tidey & Jackie Tidey. Incl. Arts & Culture. 2009. lib. bdg. 21.27 *(978-0-7614-3154-1(3)*, a1d8fb30-a10c-420b-b9e8-e76832241aeb); History & Government. 2009. lib. bdg. 21.27 *(978-0-7614-3155-8(1)*, 036e4965-5912-4572-9d4c-8f00b65ff223); Land & Climate. 2008. lib. bdg. 21.27 *(978-0-7614-3156-5(X)*, 43fae8b3-a4a2-4899-b443-719ba24fb162); People & Cities. (Illus.). (J). 2008. lib. bdg. 21.27 *(978-0-7614-3158-9(6)*, 68c9f8a3-5fb2-4c17-a614-532bbeaa5a1e); Plants. 2008. lib. bdg. 21.27 *(978-0-7614-3159-6(4)*, ac65e368-66d6-4477-991c-4c706aab3646); Wildlife. 2008. lib. bdg. 21.27 *(978-0-7614-3161-9(6)*, e90b612a-5391-46e1-a7c6-00e5030000b5); 32p. (gr. 5-5). (China: Land, Life, & Culture Ser.). 2008. Set lib. bdg. 119.70 net. *(978-0-7614-3152-7(7)*, Cavendish Square) Cavendish Square Publishing LLC.

C

China - Behind the Mask. Gregory McEnnally. 2017. (ENG., Illus.). 466p. (J). 27.95 (978-1-78612-156-1(5), 7d959c32-8188-4509-8abe-6c3bd15949aa) Austin Macauley Pubs. Ltd. GBR. Dist: Baker & Taylor Publisher Services (BTPS).

China / China. Xist Publishing. 2017. (Xist Kids Bilingual Spanish English Ser.). (ENG & SPA.). 28p. (J). (gr. -1-3). pap. 9.99 (978-1-5324-0309-5(7)) Xist Publishing.

China a Variety of Facts 4th Grade Children's Book. Bold Kids. 2023. (ENG.). 42p. (J). pap. 14.99 **(978-1-0717-1934-3(3))** FASTLANE LLC.

China & Japan (Classic Reprint) Emma P. K. Trawick. 2018. (ENG., Illus.). 188p. (J). 27.79 (978-0-267-41277-8(0)) Forgotten Bks.

China & the Great Wall: 2nd Grade History Book Children's Ancient History Edition. Baby Professor. 2016. (ENG., Illus.). 42p. (J). pap. 11.65 (978-1-68305-501-3(2), Baby Professor (Education Kids)) Speedy Publishing LLC.

China Anne Mcclain: Actress, Singer, & Songwriter, 1 vol. Kristen Rajczak Nelson. 2016. (Junior Biographies Ser.). (ENG.). 24p. (gr. 3-4). pap. 10.35 (978-0-7660-8184-0(2), 4ae7f475-4d94-4da0-b37c-2ca3d5b2459c) Enslow Publishing, LLC.

China! Cities of China with Fun Facts. Baby Professor. 2017. (ENG., Illus.). (J). pap. 9.25 (978-1-5419-0163-6(0), Baby Professor (Education Kids)) Speedy Publishing LLC.

China (Classic Reprint) Lena E. Johnston. (ENG., Illus.). (J). 2018. 134p. 26.66 (978-0-267-54021-1(3)); 2016. pap. 9.57 (978-1-333-37887-5(4)) Forgotten Bks.

China Coast Tales (Classic Reprint) Lise Boehm. (ENG., Illus.). (J). 2018. 262p. 29.32 (978-0-332-88076-1(1)); 2017. 28.85 (978-0-266-48324-3(0)); 2017. 27.42 (978-0-266-72382-0(9)) Forgotten Bks.

China Coast Tales (Classic Reprint) Elise Williamina Edersheim Giles. 2017. (ENG., Illus.). (J). 34.42 (978-0-331-30720-7(0)) Forgotten Bks.

China Dahl. Paula Parton. Illus. by Paula Parton. l.t. ed. 2018. (ENG., Illus.). 32p. (J). (gr. k-6). pap. 12.60 (978-1-61477-347-4(5)) Bellissima Publishing, LLC.

China (Enchantment of the World) (Library Edition) Nel Yomtov. 2017. (Enchantment of the World. Second Ser.). (ENG., Illus.). 144p. (J). (gr. 5-9). lib. bdg. 40.00 (978-0-531-23571-3(8), Children's Pr.) Scholastic Library Publishing.

China (Follow Me Around) (Library Edition) Wiley Blevins. 2017. (Follow Me Around... Ser.). (ENG., Illus.). 32p. (J). (gr. 3-4). lib. bdg. 27.00 (978-0-531-23707-6(9), Children's Pr.) Scholastic Library Publishing.

China Hunters Club (Classic Reprint) Youngest Member. 2018. (ENG., Illus.). 280p. (J). 29.67 (978-0-267-24945-9(4)) Forgotten Bks.

China in Legend & Story (Classic Reprint) Colin Campbell Brown. (ENG., Illus.). (J). 2017. 29.63 (978-0-266-40391-3(3)); 2016. pap. 13.57 (978-1-333-39821-7(2)) Forgotten Bks.

China Shop (Classic Reprint) G. B. Stern. 2017. (ENG., Illus.). (J). 29.88 (978-0-266-21917-0(9)) Forgotten Bks.

Chinaberry Summer: On the Other Side. Carroll S. Taylor. 2017. (ENG., Illus.). (J). pap. 21.95 (978-0-9986857-2-4(0)) Summerfield Publishing/New Plains Press.

Chinago: And Other Stories (Classic Reprint) Jack. London. (ENG., Illus.). (J). 2018. 174p. 27.51 (978-0-484-44358-6(5)); 2016. pap. 9.97 (978-1-333-52909-3(0)) Forgotten Bks.

Chinaman: In His Own Stories (Classic Reprint) Thomas G. Selby. 2018. (ENG., Illus.). 212p. (J). 28.27 (978-0-365-40160-5(9)) Forgotten Bks.

China's Book of Martyrs: A Record of Heroic Martyrdoms & Marvelous Deliverances of Chinese Christians During the Summer of 1900 (Classic Reprint) Luella Miner. 2018. (ENG., Illus.). (J). 580p. 35.86 (978-0-483-40431-1(4)); 560p. 35.45 (978-0-366-56797-3(7)); 562p. pap. 19.57 (978-0-366-43165-6(X)) Forgotten Bks.

China's Golden Dynasties Chinese Ancient History Grade 6 Children's Ancient History. Baby Professor. 2022. (ENG.). 72p. (J). 31.99 **(978-1-5419-8654-1(7))**; pap. 19.99 **(978-1-5419-5475-5(0))** Speedy Publishing LLC. (Baby Professor (Education Kids)).

China's Last Emperor Was 2 Years Old! History Books for Kids Children's Asian History. Baby Professor. 2017. (ENG., Illus.). 64p. (J). pap. 9.52 (978-1-5419-1598-5(4), Baby Professor (Education Kids)) Speedy Publishing LLC.

China's Tianzi Mountain. Debbie Vilardi. 2020. (Nature's Mysteries Ser.). (ENG., Illus.). 32p. (J). (gr. 2-5). lib. bdg. 32.79 (978-1-5321-6917-5(5), 36455, DiscoverRoo) Popl.

Chinatown. William Low. Illus. by William Low. 2023. (ENG., Illus.). 20p. (J). bds. 8.99 (978-1-250-84199-5(2), 900255899, Holt, Henry & Co. Bks. For Young Readers) Holt, Henry & Co.

Chinatown Ballads (Classic Reprint) Wallace Irwin. 2017. (ENG., Illus.). (J). 25.90 (978-0-331-69850-3(1)) Forgotten Bks.

Chinchilla. August Hoeft. (I See Animals Ser.). (ENG.). (J). (gr. k-1). 2022. 20p. 24.99 **(978-1-5324-3394-8(8))**; 2022. 20p. pap. 12.99 **(978-1-5324-4197-4(5))**; 2020. 12p. pap. 5.99 (978-1-5324-1475-6(7)) Xist Publishing.

Chineasy(r) for Children. ShaoLan. 2018. (ENG., Illus.). 80p. (J). (gr. k-3). 16.95 (978-0-500-65121-6(3), 565121) Thames & Hudson.

Chinese. Blaine Wiseman. 2016. (Illus.). 32p. (J). (978-1-5105-1096-8(6)) SmartBook Media, Inc.

Chinese: Or, Some Short Accounts of the Country & People of China (Classic Reprint) Adam Adam. 2018. (ENG., Illus.). 142p. (J). 26.83 (978-0-483-92217-4(X)) Forgotten Bks.

Chinese Americans. Elizabeth Andrews. 2021. (Our Neighbors Ser.). (ENG., Illus.). 32p. (J). (gr. 2-3). pap. 9.95 (978-1-64494-596-4(7)); lib. bdg. 32.79 (978-1-0982-4002-8(2), 38065, DiscoverRoo) Popl.

Chinese & English Nursery Rhymes: Little Mouse & Other Charming Chinese Rhymes (Audio Disc in Chinese & English Included) Faye-Lynn Wu. Illus. by Kieren Dutcher. ed. 2018. 32p. (J). (gr. -1-3). 12.99 (978-0-8048-4999-9(4)) Tuttle Publishing.

Chinese & English Phrase Book & Dictionary (Classic Reprint) Unknown Author. 2017. (ENG., Illus.). (J). 32.52 (978-0-266-75331-5(0)); pap. 16.57 (978-1-5277-2562-1(6)) Forgotten Bks.

Chinese & English Phrase Book in the Canton Dialect: Or Dialogues on Ordinary & Familiar Subjects for the Use of the Chinese Resident in America, & of Americans Desirous of Learning the Chinese Language (Classic Reprint) Thomas Lathrop Stedman. 2017. (ENG., Illus.). (J). 28.43 (978-0-266-92740-2(8)) Forgotten Bks.

Chinese & English Phrase Book in the Canton Dialect, or Dialogues on Ordinary & Familiar Subjects for the Use of the Chinese Resident in America, & of Americans Desirous of Learning the Chinese Language: With the Pronunciation of Each Word Indicat. Thomas Lathrop Stedman. 2017. (ENG., Illus.). (J). 28.48 (978-0-265-83266-0(7)); pap. 10.97 (978-1-5278-8679-7(4)) Forgotten Bks.

Chinese & English Pocket Dictionary (Classic Reprint) G. C. Stent. 2017. (ENG., Illus.). (J). 29.22 (978-0-331-90602-8(3)) Forgotten Bks.

Chinese & English Vocabulary in the Pekinese Dialect (Classic Reprint) George Carter Stent. 2017. (ENG., Illus.). (J). 38.42 (978-0-265-61207-1(1)); pap. 20.97 (978-0-282-98517-2(4)) Forgotten Bks.

Chinese Boy & Girl (Classic Reprint) Isaac Taylor Headland. 2017. (ENG., Illus.). 180p. (J). 27.61 (978-0-484-05818-6(5)) Forgotten Bks.

Chinese Celebrations for Children: Families, Feasts & Fireworks! Susan Miho Nunes. Illus. by Patrick Yee. 2023. 48p. (J). (gr. k-5). 16.99 (978-0-8048-4116-0(0)) Tuttle Publishing.

Chinese Children's Favorite Stories: Fables, Myths & Fairy Tales. Mingmei Yip. 2020. (Favorite Children's Stories Ser.). (Illus.). 80p. (J). (gr. k-5). 14.99 (978-0-8048-5149-7(2)) Tuttle Publishing.

Chinese Children's Favorite Stories: Fables, Myths & Fairy Tales. Mingmei Yip. Illus. by Mingmei Yip. 2018. (Favorite Children's Stories Ser.). (ENG., Illus.). 96p. (J). (gr. k-8). 12.99 (978-0-8048-5017-9(8)) Tuttle Publishing.

Chinese Child's Day (Classic Reprint) Anice Morris Stockton Terhune. 2018. (ENG., Illus.). 46p. (J). 24.87 (978-0-656-41811-4(7)) Forgotten Bks.

Chinese Cinderella Novel Units Student Packet. Novel Units. 2019. (ENG.). (YA). pap. 13.99 (978-1-58130-887-7(6), Novel Units, Inc.) Classroom Library Co.

Chinese Cinderella Novel Units Teacher Guide. Novel Units. 2019. (ENG.). (YA). pap. 12.99 (978-1-58130-886-0(8), Novel Units, Inc.) Classroom Library Co.

Chinese Coat (Classic Reprint) Jennette Lee. 2018. (ENG., Illus.). 208p. (J). 28.19 (978-0-483-28329-9(0)) Forgotten Bks.

Chinese Command: A Story of Adventure in Eastern Seas. Harry Collingwood. 2017. (ENG., Illus.). (J). 25.95 (978-1-374-97837-9(X)); pap. 15.95 (978-1-374-97836-2(1)) Capital Communications, Inc.

Chinese Courtship, in Verse: To Which Is Added, an Appendix, Treating of the Revenue of China, &C (Classic Reprint) Peter Perring Thoms. 2017. (ENG., Illus.). (J). 358p. 31.30 (978-0-265-54470-9(X)); 360p. pap. 13.97 (978-0-282-76420-3(8)) Forgotten Bks.

Chinese Ditties (Classic Reprint) E. T. C. Werner. 2017. (ENG., Illus.). (J). pap. 9.57 (978-0-259-55047-1(7)) Forgotten Bks.

Chinese Ditties (Classic Reprint) Edward Theodore Chalmers Werner. 2018. (ENG., Illus.). 66p. (J). 25.26 (978-0-364-04803-0(4)) Forgotten Bks.

Chinese Dynasties! Ancient History for Kids: Emperors of China - Children's Ancient History Books. Left Brain Kids. 2016. (ENG., Illus.). (J). pap. 7.51 (978-1-68376-592-9(3)) Sabeels Publishing.

Chinese Emperor's New Clothes. Ying Compestine. Illus. by David Roberts. 2017. (ENG.). 32p. (J). (gr. 1-4). 17.99 (978-1-4197-2542-5(4), 1068801) Abrams, Inc.

Chinese-English Dictionary: Comprising over 3, 800 Characters with Translations, Explanations, Pronunciations (Classic Reprint) Unknown Author. 2017. (ENG., Illus.). (J). 31.61 (978-0-266-81569-3(3)) Forgotten Bks.

Chinese-English Mandarin Phrase Book: Peking Dialect (Classic Reprint) Thomas Cosby Fulton. (ENG., Illus.). (J). 2017. 29.01 (978-0-331-63395-5(7)); 2016. pap. 11.57 (978-1-334-15780-6(4)) Forgotten Bks.

Chinese-English Phrase Book in the Canton Dialect, or Dialogues on Ordinary & Familiar Subjects: For the Use of Chinese Resident in America & of Americans Desirous of Learning the Chinese Language; with the Pronunciation of Each Word Indicated in Chin. Thomas Lathrop Stedman. 2017. (ENG., Illus.). (J). 28.15 (978-0-265-92378-8(6)); pap. 10.57 (978-1-5280-1103-7(1)) Forgotten Bks.

Chinese Exclusion Act & Its Relevance Today. Duchess Harris & Kate Conley. 2019. (Freedom's Promise Set 3 Ser.). (ENG., Illus.). 48p. (J). (gr. 4-8). lib. bdg. 35.64 (978-1-5321-9080-3(8), 33668) ABDO Publishing Co.

Chinese Fables & Folk Stories (Classic Reprint) Mary Hayes Davis. 2017. (ENG., Illus.). (J). 28.39 (978-0-331-38280-8(6)) Forgotten Bks.

Chinese Fairy Stories (Classic Reprint) Norman Hinsdale Pitman. (ENG., Illus.). (J). 2018. 204p. 28.12 (978-0-483-53323-3(8)); 2016. pap. 10.57 (978-1-333-58889-2(5)) Forgotten Bks.

Chinese Fairy Tales (Classic Reprint) Herbert Allen Giles. 2017. (ENG., Illus.). (J). 25.03 (978-0-331-66443-0(7)) Forgotten Bks.

Chinese Family Table, Vol. 11. Kathryn Hulick. 2018. (Connecting Cultures Through Family & Food Ser.). (Illus.). 64p. (J). (gr. 7). 31.93 (978-1-4222-4043-4(6)) Mason Crest.

Chinese Festivals - Ancient China Life, Myth & Art Children's Ancient History. Baby Professor. 2017. (ENG., Illus.). (J). pap. 8.79 (978-1-5419-1126-0(1), Baby Professor (Education Kids)) Speedy Publishing LLC.

Chinese Folk-Lore (Classic Reprint) J. Macgowan. 2018. (ENG., Illus.). 250p. (J). 29.07 (978-0-267-15117-2(9)) Forgotten Bks.

Chinese Folk Tales. Rongrong Ren. 2016. (Illus.). (J). (978-1-62246-025-0(1)) Homa & Sekey Bks.

Chinese Folk Tales: Volume 2. Ed. by Rongrong Ren. 2017. (Treasures of China Ser.: Vol. 2). (ENG., Illus.). (J). (gr. 2-6). 29.95 (978-1-62246-026-7(X)) Homa & Sekey Bks.

Chinese Folklore. Guido Vitale. 2017. (ENG.). 242p. (J). pap. (978-3-337-26441-3(7)) Creation Pubs.

Chinese Folklore: Pekinese Rhymes (Classic Reprint) Guido Vitale. (ENG., Illus.). (J). 2018. 240p. 28.85 (978-0-267-13891-3(1)); 2016. pap. 11.57 (978-1-334-30565-8(X)) Forgotten Bks.

Chinese Folktales: The Dragon Slayer & Other Timeless Tales. Shiho S. Nunes. Illus. by Lak-Khee Tay-Audouard. 2021. 64p. (J). (gr. 3-6). 14.99 (978-0-8048-5475-7(0)) Tuttle Publishing.

Chinese Gods, Heroes, & Mythology. Tammy Gagne. 2018. (Gods, Heroes, & Mythology Ser.). (ENG., Illus.). 48p. (J). (gr. 4-8). lib. bdg. 35.64 (978-1-5321-1780-0(9), 30848) ABDO Publishing Co.

Chinese Heart-Throbs (Classic Reprint) Jennie V. Hughes. 2017. (ENG., Illus.). (J). 28.23 (978-0-331-86105-1(4)) Forgotten Bks.

Chinese Heritage. Tamra Orr. 2018. (21st Century Junior Library: Celebrating Diversity in My Classroom Ser.). (ENG., Illus.). 24p. (J). (gr. 2-4). pap. 12.79 (978-1-5341-0833-2(5), 210696); lib. bdg. 30.64 (978-1-5341-0734-2(7), 210695) Cherry Lake Publishing.

Chinese Immigrants: In Their Shoes. Janie Havemeyer. 2019. (Immigrant Experiences Ser.). (ENG.). 32p. (J). (gr. 3-6). lib. bdg. 35.64 (978-1-5038-2796-7(8), 212603, MOMENTUM) Child's World, Inc, The.

Chinese Is My Superpower: A Social Emotional, Rhyming Kid's Book about Being Bilingual & Speaking Chinese. Jennifer Jones. 2023. (Teacher Tools Ser.: Vol. 5). (ENG.). 38p. (J). 22.99 **(978-1-63731-729-7(8))** Grow Grit Pr.

Chinese Kite Festival. Richard Lo. ed. 2021. (Illus.). 40p. (J). (gr. -1-3). 18.99 (978-0-8234-4764-0(2)) Holiday Hse., Inc.

Chinese Kitten (Classic Reprint) Edna A. Brown. 2017. (ENG., Illus.). (J). 242p. 28.89 (978-0-484-78639-3(3)); pap. 11.57 (978-0-259-53542-3(7)) Forgotten Bks.

Chinese Label (Classic Reprint) J. Frank Davis. 2017. (ENG., Illus.). (J). 30.37 (978-1-5281-8336-9(3)) Forgotten Bks.

Chinese Lantern: A Play in Three Acts (Classic Reprint) Laurence Housman. 2018. (ENG., Illus.). 112p. (J). 26.21 (978-0-267-89898-5(3)) Forgotten Bks.

Chinese Literature: Comprising the Analects of Confucius, the Shi-King, the Sayings of Mencius, the Sorrows of Han, & the Travels of Fa-Hien (Classic Reprint) Epiphanius Wilson. 2017. (ENG., Illus.). (J). 33.78 (978-0-331-75265-6(4)) Forgotten Bks.

Chinese Love (Classic Reprint) Clare Kummer. 2018. (ENG., Illus.). 32p. (J). 24.56 (978-0-267-42140-4(0)) Forgotten Bks.

Chinese Manichean Texts: English Translation. Ed. by Juventino Manzano. Tr. by Oscar Manzano. 2023. (ENG.). 152p. (J). pap. **(978-1-312-77277-9(8))** Lulu Pr., Inc.

Chinese Merry Tales (Classic Reprint) Y. T. Woo. 2018. (ENG., Illus.). 70p. (J). 25.36 (978-0-267-49143-8(3)) Forgotten Bks.

Chinese Mother Goose Rhymes: Translated & Illustrated (Classic Reprint) Isaac Taylor Headland. (ENG., Illus.). (J). 2018. 158p. 27.34 (978-0-484-70397-0(8)); 2016. pap. 9.57 (978-1-333-48450-7(X)) Forgotten Bks.

Chinese Mother Goose Rhymes (Classic Reprint) Isaac Taylor Headland. 2018. (ENG., Illus.). (J). 170p. 27.42 (978-1-397-24152-8(7)); 172p. pap. 9.97 (978-1-397-24133-7(0)) Forgotten Bks.

Chinese Mythology. Don Nardo. 2020. (World Mythology Ser.). (ENG.). 80p. (YA). (gr. 6-12). 41.27 (978-1-68282-809-0(3)) ReferencePoint Pr., Inc.

Chinese Mythology (Set), 8 vols. 2022. (Chinese Mythology Ser.). (ENG.). 32p. (J). (gr. 2-5). lib. bdg. 273.76 (978-1-5321-9991-2(0), 40851, Kids Core) ABDO Publishing Co.

Chinese Myths & Legends: The Monkey King & Other Adventures. Shelley Fu. Illus. by Patrick Yee. 2018. 128p. (J). (gr. k-8). 17.99 (978-0-8048-5027-8(5)) Tuttle Publishing.

Chinese Myths for Early Childhood — Houyi Shot the Suns. 2022. (Day in the Life of the Gods Ser.). (ENG.). 40p. (J). (gr. k-2). pap. 9.95 (978-1-4878-0993-5(X)) Royal Collins Publishing Group Inc. CAN. Dist: Independent Pubs. Group.

Chinese Myths for Early Childhood — Kuafu Chased the Sun. 2022. (Day in the Life of the Gods Ser.). (ENG.). 40p. (J). (gr. k-2). pap. 9.95 (978-1-4878-0991-1(3)) Royal Collins Publishing Group Inc. CAN. Dist: Independent Pubs. Group.

Chinese Myths for Early Childhood — Nügua Created Humans. 2022. (Day in the Life of the Gods Ser.). (ENG.). 40p. (J). (gr. k-2). pap. 9.95 (978-1-4878-0995-9(6)) Royal Collins Publishing Group Inc. CAN. Dist: Independent Pubs. Group.

Chinese Myths for Early Childhood — Pangu Split Heaven & Earth. 2022. (Day in the Life of the Gods Ser.). (ENG.). 40p. (J). (gr. k-2). pap. 9.95 (978-1-4878-0990-4(5)) Royal Collins Publishing Group Inc. CAN. Dist: Independent Pubs. Group.

Chinese Myths for Early Childhood — Shen Nong Tasted Herbs. 2022. (Day in the Life of the Gods Ser.). (ENG.). 40p. (J). (gr. k-2). pap. 9.95 (978-1-4878-0992-8(1)) Royal Collins Publishing Group Inc. CAN. Dist: Independent Pubs. Group.

Chinese Myths for Early Childhood — The Yellow Emperor Beat Chiyou. 2022. (Day in the Life of the Gods Ser.). (ENG.). 40p. (J). (gr. k-2). pap. 9.95 (978-1-4878-0994-2(8)) Royal Collins Publishing Group Inc. CAN. Dist: Independent Pubs. Group.

Chinese New Year see **Año Nuevo Chino**

Chinese New Year. Aaron Carr. 2016. (Illus.). 24p. (J). (978-1-5105-1002-9(8)) Lightbox, The.

Chinese New Year. Carole Crimeen & Suzanne Fletcher. 2023. (Celebrations & Events Ser.). (ENG., Illus.). 16p. (J). (gr. -1-2). pap. 7.99 **(978-1-925398-36-6(6)**, 87946848-b851-497d-9ec1-c0e14ef592fe) Knowledge Bks. & Software AUS. Dist: Lerner Publishing Group.

Chinese New Year. Rachel Grack. 2017. (Celebrating Holidays Ser.). (ENG., Illus.). 24p. (J). (gr. k-3). pap. 7.99 (978-1-61891-270-1(4), 12059); lib. bdg. 26.95 (978-1-62617-591-4(8)) Bellwether Media. (Blastoff! Readers).

Chinese New Year. Grace Jones. 2019. (Festivals Around the World Ser.). (ENG.). 24p. (J). (gr. k-2). pap. 9.99 (978-1-78637-819-4(1)) BookLife Publishing Ltd. GBR. Dist: Independent Pubs. Group.

Chinese New Year. Michelle Lee. 2016. (World's Greatest Celebrations Ser.). (ENG., Illus.). 32p. (gr. 3-8). 27.99 (978-1-62920-566-3(4)) Scobre Pr. Corp.

Chinese New Year. Julie Murray. 2018. (Holidays (Abdo Kids Junior) Ser.). (ENG., Illus.). 24p. (J). (gr. -1-2). lib. bdg. 31.36 (978-1-5321-8170-2(1), 29813, Abdo Kids) ABDO Publishing Co.

Chinese New Year, 1 vol. Fay Robinson & Joanna Ponto. 2016. (Story of Our Holidays Ser.). (ENG., Illus.). 32p. (gr. 3-3). pap. 11.52 (978-0-7660-8324-0(1), a6a654db-902b-4288-b6a8-d7315640049c) Enslow Publishing, LLC.

Chinese New Year: A Celebration for Everyone. Jen Sookfong Lee. 2021. (Orca Origins Ser.: 4). (ENG., Illus.). 88p. (J). (gr. 4-7). pap. 12.95 (978-1-4598-2643-4(4)) Orca Bk. Pubs. USA.

Chinese New Year: a Mr. Men Little Miss Book. Adam Hargreaves. 2020. (Mr. Men & Little Miss Ser.). (ENG.). 32p. (J). (-k). pap. 4.99 (978-0-593-22224-9(5), Grosset & Dunlap) Penguin Young Readers Group.

Chinese New Year Colors. Richard Lo. ed. (Illus.). (J). (gr. -1-2). 2022. 32p. pap. 8.99 (978-0-8234-5242-2(5)); 2019. 26p. bds. 7.99 (978-0-8234-4751-0(0)); 2019. 40p. 18.99 (978-0-8234-4371-0(X)) Holiday Hse., Inc.

Chinese New Year Festival - Chinese New Year Coloring Book Children's Chinese New Year Books. Speedy Kids. 2017. (ENG., Illus.). (J). pap. 8.45 (978-1-5419-4731-3(2)) Speedy Publishing LLC.

Chinese Nights' Entertainment: Forty Stories Told by Almond-Eyed Folk Actors in the Romance of the Strayed Arrow (Classic Reprint) Adele M. Fielde. 2018. (ENG., Illus.). 216p. (J). 28.35 (978-0-267-42479-5(5)) Forgotten Bks.

Chinese Nights Entertainments: Stories of Old China (Classic Reprint) Brian Brown. 2018. (ENG., Illus.). 306p. (J). 30.21 (978-0-484-65778-5(X)) Forgotten Bks.

Chinese Pie: Stories & Articles by People Who Have Lived in China (Classic Reprint) L. L. Loyd. (ENG., Illus.). (J). 2018. 64p. 25.22 (978-0-484-51276-3(5)); 2016. pap. 9.57 (978-1-333-61905-3(7)) Forgotten Bks.

Chinese Playmates, or the Boy Gleaners (Classic Reprint) Norman Hinsdale Pitman. (ENG., Illus.). (J). 2018. 174p. 27.49 (978-0-484-23175-6(8)); 2016. pap. 9.97 (978-1-333-65571-6(1)) Forgotten Bks.

Chinese Salamander: The Largest Amphibian, 14 vols. 2019. (Animal Record Breakers Ser.). (ENG.). 24p. (J). (gr. 2-3). lib. bdg. 176.89 (978-1-7253-1194-7(1), 69707a5d-4571-439d-a7b2-26ca83a776d8, PowerKids Pr.) Rosen Publishing Group, Inc., The.

Chinese Salamander: The Largest Amphibian, 1 vol. Rachael Morlock. 2019. (Animal Record Breakers Ser.). (ENG.). 24p. (gr. 2-3). pap. 9.25 (978-1-7253-0866-4(5), 9c539dbf-b1c0-4302-8622-6a83bd681477, PowerKids Pr.) Rosen Publishing Group, Inc., The.

Chinese Shar-Peis. Chris Bowman. 2019. (Awesome Dogs Ser.). (ENG., Illus.). 24p. (J). (gr. k-3). lib. bdg. 26.95 (978-1-64487-006-8(1), Blastoff! Readers) Bellwether Media.

Chinese Slave-Girl: A Story of Woman's Life in China (Classic Reprint) John Angell Davis. (ENG., Illus.). (J). 2018. 404p. 32.29 (978-0-484-35502-5(3)); 2016. pap. 16.57 (978-1-334-12769-4(7)) Forgotten Bks.

Chinese Stories (Classic Reprint) Robert Kennaway Douglas. 2017. (ENG., Illus.). (J). 32.81 (978-0-331-35207-8(9)) Forgotten Bks.

Chinese Stories for Boys & Girls. Arthur Evans Moule. 2017. (ENG., Illus.). 100p. (J). pap. (978-3-337-16848-3(5)) Creation Pubs.

Chinese Stories for Boys & Girls: And Chinese Wisdom for Old & Young (Classic Reprint) Arthur Evans Moule. 2018. (ENG., Illus.). 98p. (J). 25.92 (978-0-267-42371-2(3)) Forgotten Bks.

Chinese Wonder Book: [Illustrated Edition]. Norman Hinsdale Pitman. Illus. by Li Chu T'Ang. 2019. (ENG.). 194p. (J). (gr. k-3). (978-605-7748-53-9(0)) Uhrayoglu, Murat E Kitap Projesi.

Chinese Wonder Book (Classic Reprint) Norman Hinsdale Pitman. 2017. (ENG., Illus.). (J). 29.03 (978-0-266-72515-2(5)); pap. 11.57 (978-1-5276-8473-7(3)) Forgotten Bks.

Chinese Zodiac. Virginia Loh-Hagan. 2020. (Who Are You? Ser.). (ENG., Illus.). 32p. (J). (gr. 4-8). lib. bdg. 32.07 (978-1-5341-6916-6(4), 215551, 45th Parallel Press) Cherry Lake Publishing.

Chinese Zodiac. X. I. Wang. 2017. (ENG., Illus.). 40p. (J). pap. (978-1-365-79808-5(9)) Lulu Pr., Inc.

Ching Shih: The World's Most Successful Pirate. Christina Leaf. Illus. by Tate Yotter. 2020. (Pirate Tales Ser.). (ENG.). 24p. (J). (gr. 3-8). pap. 8.99 (978-1-68103-841-4(2), 12930); lib. bdg. 29.95 (978-1-64487-302-1(8)) Bellwether Media. (Black Sheep).

Chink-A-Pen Mystery: The Mountain Zombie & Finding Mr. Bones. Janice Bearden. 2019. (ENG.). 116p. (YA). pap. 12.95 (978-1-64492-857-8(4)) Christian Faith Publishing.

Chinook: First Acting Edition (Classic Reprint) Florens Folsom. 2018. (ENG., Illus.). 36p. (J). 24.66 (978-0-483-84134-5(X)) Forgotten Bks.

Chinook, 1914 (Classic Reprint) Montana State Normal College. (ENG., Illus.). (J). 2018. 178p. 27.59 (978-0-365-49409-6(7)); 2016. pap. 9.97 (978-1-333-54061-6(2)) Forgotten Bks.

Chinook 1916: Annual of the Montana State Normal School College (Classic Reprint) Edith Johnson. 2017.

344

The check digit for ISBN-10 appears in parentheses after the full ISBN-13

(ENG., Illus.). (J). 178p. 27.59 *(978-0-332-26119-5(0))*; pap. 9.97 *(978-0-259-95310-4(5))* Forgotten Bks.

Chinook & Winter, 1 vol. Rhonda Hunter. Illus. by Jayce Lamontagne. 2017. (ENG.). 40p. (J). (gr. 2-4). pap. 10.95 *(978-1-926506-01-2(4),* 33c8a013-2ae3-492b-874e-3f5d42bd7279) Pemmican Pubns., Inc. CAN. Dist: Firefly Bks., Ltd.

Chinook As Spoken by the Indians of Washington Territory, British Columbia & Alaska: For the Use of Traders, Tourists & Others Who Have Business Intercourse with the Indians; Chinook-English; English-Chinook (Classic Reprint) C. M. Tate. 2018. (ENG., Illus.). 56p. (J). 25.05 *(978-0-267-11699-7(3))* Forgotten Bks.

Chinook (Classic Reprint) Unknown Author. 2018. (ENG., Illus.). 186p. (J). 27.73 *(978-0-483-98624-4(0))* Forgotten Bks.

Chinook: King of the North. P. J. Wesley. 2022. 186p. (J). pap. 11.99 *(978-1-6678-0736-2(6))* BookBaby.

Chinta Ke Maai. Tulika Singh. 2022. (HIN.). 42p. (YA). pap. 11.00 ***(978-1-63640-585-8(1)***, White Falcon Publishing) White Falcon Publishing.

Chinyere. Joy Ufomadu. Illus. by Marvin Hollman. 2019. (ENG.). 22p. (YA). (gr. 7-12). 13.00 ***(978-0-9790022-9-8(X))*** Ufomadu Consulting & Publishing.

Chinyere's Brother. Joy Ufomadu. Illus. by Uzo Njoku. 2020. (ENG.). 24p. (J). 14.99 *(978-1-7331255-1-2(5))* Ufomadu Consulting & Publishing.

Chiots Berger Allemand. David Armentrout & Patricia Armentrout. 2021. (Nos Amis les Chiots (Puppy Pals) Ser.). (FRE.). 24p. (J). (gr. k-2). pap. *(978-1-0396-0902-0(3),* 13525) Crabtree Publishing Co.

Chiots Bouledogue Français. David Armentrout & Patricia Armentrout. 2021. (Nos Amis les Chiots (Puppy Pals) Ser.). (FRE.). 24p. (J). (gr. k-2). pap. *(978-1-0396-0901-3(5),* 13526) Crabtree Publishing Co.

Chiots Caniche. David Armentrout & Patricia Armentrout. 2021. (Nos Amis les Chiots (Puppy Pals) Ser.). (FRE.). 24p. (J). (gr. k-2). pap. *(978-1-0396-0904-4(X),* 13527) Crabtree Publishing Co.

Chiots Labrador Retriever. David Armentrout & Patricia Armentrout. 2021. (Nos Amis les Chiots (Puppy Pals) Ser.). (FRE.). 24p. (J). (gr. k-2). pap. *(978-1-0396-0903-7(1),* 13528) Crabtree Publishing Co.

Chiots Rottweiler. David Armentrout & Patricia Armentrout. 2021. (Nos Amis les Chiots (Puppy Pals) Ser.). (FRE.). 24p. (J). (gr. k-2). pap. *(978-1-0396-0905-1(8),* 13529) Crabtree Publishing Co.

Chiots Yorkshire-Terrier. David Armentrout & Patricia Armentrout. 2021. (Nos Amis les Chiots (Puppy Pals) Ser.). (FRE.). 24p. (J). (gr. k-2). pap. *(978-1-0396-0906-8(6),* 13530) Crabtree Publishing Co.

Chip: A 21st Century Hero with Super Abilities. George Jack. 2019. (Book Ser.: Vol. 2). (ENG.). 200p. (YA). pap. 16.95 *(978-1-68456-393-7(3))* Page Publishing Inc.

Chip: A Shadow the Black Lab Tale #4. Jt Therrien. 2017. (ENG., Illus.). (J). pap. *(978-0-921473-32-9(X))* Fine Form Pr.

Chip & Curly: The Great Potato Race. Cathy Breisacher. Illus. by Joshua Heinsz. 2019. (ENG.). 32p. (J). (gr. k-3). 16.99 *(978-1-58536-408-4(8),* 204660) Sleeping Bear Pr.

Chip Blip, 1 vol. Cameron Macintosh. Illus. by Dave Atze. 2021. (Max Booth: Future Sleuth Ser.). (ENG.). 120p. (J). (gr. 4-4). pap. 16.35 *(978-1-5383-8477-0(9),* 9b773758-d575-4d91-b9de-e97b94c92a55); lib. bdg. 25.80 *(978-1-5383-8476-3(0),* d5888cf2-9c27-419a-a453-4c93491ce48a) Enslow Publishing, LLC. (West 44 Bks.).

Chip Boy of the Dry Dock: A Local Moral Story (Classic Reprint) Samuel Canty. (ENG., Illus.). (J). 2018. 118p. 26.33 *(978-0-483-94156-4(5))*; 2017. pap. 9.57 *(978-0-243-44035-1(9))* Forgotten Bks.

Chip, of the Flying U (Classic Reprint) B. M. Bower. 2017. (ENG., Illus.). (J). 270p. 29.47 *(978-0-484-91428-4(6))*; pap. 11.97 *(978-0-259-24565-0(8))* Forgotten Bks.

Chip off the Old Block. Jody Jensen Shaffer. Illus. by Daniel Miyares. 2018. 32p. (J). (gr. k-3). 17.99 *(978-0-399-17388-2(9),* Nancy Paulsen Books) Penguin Young Readers Group.

Chipmunk. August Hoeft. (I See Animals Ser.). (ENG.). (J). (gr. k-1). 2022. 20p. 24.99 ***(978-1-5324-3395-5(6))***; 2022. 20p. pap. 12.99 ***(978-1-5324-4198-1(3))***; 2020. 12p. pap. 5.99 *(978-1-5324-1476-3(5))* Xist Publishing.

Chipmunk Cheeks & Other Cute Animal Traits Coloring Book. Kreative Kids. 2016. (ENG., Illus.). (J). pap. 9.20 *(978-1-68377-536-2(8))* Whlke, Traudl.

Chipmunks. Martha London. 2020. (Underground Animals Ser.). (ENG., Illus.). 24p. (J). (gr. k-3). lib. bdg. 31.36 *(978-1-5321-6760-7(1),* 34681, Pop! Cody Koala) Pop!.

Chipmunks. Amy McDonald. 2020. (Animals in My Yard Ser.). (ENG.). 24p. (J). (gr. -1-2). lib. bdg. 25.95 *(978-1-64487-306-9(0))*; (Illus.). pap. 7.99 *(978-1-68103-793-6(9),* 12882) Bellwether Media. (Blastoff! Readers).

Chipmunks. Lindsy O'Brien. 2016. (In My Backyard Ser.). (ENG., Illus.). 24p. (J). (gr. 1-3). *(978-1-60818-697-6(0),* 20587, Creative Education) Creative Co., The.

Chipmunks. Lindsy J. O'Brien. 2016. (In My Backyard Ser.). (ENG., Illus.). 24p. (J). (gr. 1-3). pap. 8.99 *(978-1-62832-293-4(4),* 20585, Creative Paperbacks) Creative Co., The.

Chipmunks. Kate Riggs. 2018. (Seedlings: Backyard Animals Ser.). (ENG.). 24p. (J). (gr. k-2). pap. 8.99 *(978-1-62832-596-6(8),* 19925, Creative Paperbacks); (gr. -1-k). *(978-1-60818-969-4(4),* 19917) Creative Co., The.

Chipmunks. Mari Schuh. 2019. (Spot Backyard Animals Ser.). (ENG.). 16p. (J). (gr. -1-2). lib. bdg. *(978-1-68151-542-7(3),* 14503) Amicus.

Chipmunks. Mari Schuh. 2016. (My First Animal Library). (Illus.). 24p. (J). (gr. k-2). lib. bdg. 25.65 *(978-1-62031-288-9(3),* Bullfrog Bks.) Jump! Inc.

Chipmunks Are Lovable & Trainable. Robert H. Sippel. 2017. (ENG., Illus.). (J). (gr. k-6). 14.99 *(978-0-692-84050-4(8))* Sippel, Robert.

Chippendales (Classic Reprint) Robert Grant. 2018. (ENG., Illus.). 614p. (J). 36.56 *(978-0-365-24468-4(6))* Forgotten Bks.

Chipper & the Little Sick Calf. Daniel Brown. 2020. (Adventures of Chipper Ser.: Vol. 9). (ENG.). 34p. (J). pap. 5.99 *(978-1-941622-62-9(3))* Story and Logic Media Group.

Chipper J's Springtime Adventure. Julie Akard. 2022. (ENG., Illus.). 30p. (J). pap. 14.95 ***(978-1-63985-559-9(9))*** Fulton Bks.

Chippinge Borough (Classic Reprint) Stanley J. Weyman. (ENG., Illus.). (J). 2018. 402p. 32.21 *(978-0-364-01455-4(5))*; 2017. pap. 16.57 *(978-0-243-51416-8(6))* Forgotten Bks.

Chippinge (Classic Reprint) Stanley J. Weyman. 2018. (ENG., Illus.). 490p. (J). 34.00 *(978-0-656-80683-6(4))* Forgotten Bks.

Chippy & Little Chipper Junior's Great Picnic Race. Lorraine Rusnak McKean. 2017. (ENG., Illus.). (J). 22.95 *(978-1-63575-765-1(7))*; pap. 13.95 *(978-1-63575-763-7(0))* Christian Faith Publishing.

Chippy's Family Helping Others. Linda Stoner. 2023. (ENG.). 36p. (J). ***(978-1-0391-6466-6(8))***; pap. ***(978-1-0391-6465-9(X))*** FriesenPress.

Chip's Adventures: First Day of School. Khaled Sinjab & Richard Kozler. Illus. by Jenevie Valdehueza. (Chip's Adventures Ser.: Vol. 1). (ENG.). 30p. (J). 2022. pap. 12.00 *(978-1-6629-2014-1(8))*; 2021. 22.50 *(978-1-6629-2013-4(X))* Gatekeeper Pr.

Chip's Adventures: First Time Baking. Khaled Sinjab & Richard Kozler. Illus. by Jenevie Valdehueza. 2023. (Chip's Adventures Ser.: Vol. 2). (ENG.). 26p. (J). 22.50 ***(978-1-6629-3729-3(6))*** Gatekeeper Pr.

Chips & Threads. Tuck McClure. 2020. 24p. (J). 25.99 *(978-1-0983-2064-5(6))* BookBaby.

Chips for the Chimney Corner (Classic Reprint) Frank Munsell. (ENG., Illus.). (J). 2018. 192p. 27.86 *(978-0-483-85594-6(4))*; 2017. pap. 10.57 *(978-0-243-88460-5(5))* Forgotten Bks.

Chipstead of the Lone Hand (Classic Reprint) Sydney Horler. (ENG., Illus.). (J). 2018. 320p. 30.50 *(978-0-483-66706-8(4))*; 2016. pap. 13.57 *(978-1-334-15017-3(6))* Forgotten Bks.

Chiquita an American Novel; the Romance of an Ute Chief's Daughter (Classic Reprint) Merrill Tileston. (ENG., Illus.). (J). 2018. 326p. 30.64 *(978-0-267-17058-6(0))*; 2016. pap. 13.57 *(978-1-334-45372-4(1))* Forgotten Bks.

Chirmi Chasers (hOle Books) Arefa Tehsin. 2021. (HOle Bks.). (ENG.). 72p. (J). (gr. 2-4). pap. 7.99 *(978-0-14-345172-3(3))* Penguin Bks. India PVT, Ltd IND. Dist: Independent Pubs. Group.

Chirp. Kate Messner. (ENG.). (J). 2021. 256p. pap. 8.99 *(978-1-5476-0570-5(7),* 900232470); 2020. 240p. 17.99 *(978-1-5476-0281-0(3),* 900210016) Bloomsbury Publishing USA. (Bloomsbury Children's Bks.).

Chirp. Mary Murphy. Illus. by Mary Murphy. 2022. (ENG.). 32p. (J). (-k). 17.99 *(978-1-5362-1769-8(7))* Candlewick Pr.

Chirp! Chipmunk Sings for a Friend. Jamie A. Swenson. Illus. by Scott Magoon. 2021. (ENG.). 40p. (J). (gr. -1-3). 17.99 *(978-1-5344-7002-6(6),* Simon & Schuster/Paula Wiseman Bks.) Simon & Schuster/Paula Wiseman Bks.

Chirping Birds Connect the Dots Large Print. Educando Kids. 2019. (ENG.). 42p. (J). pap. 8.55 *(978-1-64521-687-2(X),* Educando Kids) Editorial Imagen.

Chirpy the Alarm Clock Bluebird: Featuring Huey the Great-Horned Owl. Gerelyn Terzo. 2020. (Chirpy's World Ser.: Vol. 1). (ENG.). 28p. (J). 24.99 *(978-1-0878-9409-6(3))* Indy Pub.

Chirri & Chirra. Kaya Doi. Tr. by Yuki Kaneko. 2016. (Chirri & Chirra Ser.: 1). (Illus.). 40p. (J). (gr. -1-3). 16.95 *(978-1-59270-199-5(X))* Enchanted Lion Bks., LLC.

Chirri & Chirra, in the Tall Grass. Tr. by Yuki Kaneko. 2017. (Chirri & Chirra Ser.: 2). (Illus.). 40p. (J). (-3). 16.95 *(978-1-59270-225-1(2))* Enchanted Lion Bks., LLC.

Chirri & Chirra, the Rainy Day. Kaya Doi. Tr. by David Boyd. 2021. (Chirri & Chirra Ser.: 7). (Illus.). 40p. (J). (gr. -1-3). 16.95 *(978-1-59270-307-4(0))* Enchanted Lion Bks., LLC.

Chirri & Chirra, the Snowy Day. Kaya Doi. Tr. by Yuki Kaneko. 2017. (Chirri & Chirra Ser.: 3). (Illus.). 36p. (J). (gr. -1-3). 16.95 *(978-1-59270-203-9(1))* Enchanted Lion Bks., LLC.

Chirri & Chirra, under the Sea. Kaya Doi. Tr. by David Boyd. 2020. (Chirri & Chirra Ser.: 6). (Illus.). 36p. (J). 16.95 *(978-1-59270-302-9(X))* Enchanted Lion Bks., LLC.

Chisel a Grey Stone. Michael Roughton. 2020. (ENG., Illus.). 52p. (J). 22.99 *(978-1-6629-0083-9(X))*; pap. 14.99 *(978-1-6629-0084-6(8))* Gatekeeper Pr.

Chit-Chat Nirvana: The Searchlight (Classic Reprint) Matt J. Holt. 2018. (ENG., Illus.). 282p. (J). 29.73 *(978-0-267-48423-2(2))* Forgotten Bks.

Chit-Chat, or Short Tales in Short Words: With Sixteen Engravings (Classic Reprint) Maria Elizabeth Budden. 2018. (ENG., Illus.). 234p. (J). 28.74 *(978-0-484-12092-0(1))* Forgotten Bks.

Chit-Chat, or Short Tales in Short Words: With Thirty-Nine Engravings (Classic Reprint) Maria Elizabeth Budden. 2018. (ENG., Illus.). 164p. (J). 27.28 *(978-0-483-92411-6(3))* Forgotten Bks.

Chitterville. Phy Tizzeey. 2020. (ENG.). 310p. (YA). pap. 14.99 *(978-1-952011-45-0(0))* Pen It Pubns.

Chitti's Travelling Book Box (hOle Book) Kavitha Punniyamurthi. Illus. by Niveditha Subramaniam. 2023. (ENG.). 80p. (J). (gr. 2). pap. 8.99 ***(978-0-14-345840-1(X))*** Penguin Bks. India PVT, Ltd IND. Dist: Independent Pubs. Group.

Chiushingura or the Loyal League, a Japanese Romance (Classic Reprint) Frederick Victor Dickins. 2018. (ENG., Illus.). 210p. (J). 28.25 *(978-0-364-14117-5(4))* Forgotten Bks.

Chivalric Days, & the Boys & Girls Who Helped to Make Them (Classic Reprint) Elbridge Streeter Brooks. 2017. (ENG., Illus.). (J). 30.50 *(978-0-331-16766-5(2))*; pap. 13.57 *(978-0-266-00522-3(5))* Forgotten Bks.

Chivalry of Keith Leicester a Romance of British Columbia (Classic Reprint) Robert Allison Hood. 2018. (ENG., Illus.). 368p. (J). 31.51 *(978-0-483-67065-5(0))* Forgotten Bks.

Chizi's Tale. Jack Jones. Illus. by Jacqui Taylor. 2nd ed. 2016. (ENG.). 28p. (J). (gr. k-2). pap. 3.99 *(978-1-943154-00-5(7))* Peek-A-Boo Publishing.

Chlo-Jo's Friends Around the World. Linnea V. Rawls. Illus. by Csongor Veres. 2017. (ENG.). 26p. (J). (gr. k-3). 14.99 *(978-0-692-95364-8(7))* Adventure Ahead Pubn.

Chloe. Cadence Seymour. 2018. (ENG.). 80p. (J). pap. *(978-0-359-09255-0(1))* Lulu Pr., Inc.

Chloe. Janie Veach. 2018. (ENG., Illus.). 30p. (J). pap. 12.95 *(978-1-64350-531-2(9))* Page Publishing Inc.

Chloe. P. D. Workman. 2017. (ENG., Illus.). (J). 413p. pap. *(978-1-988390-45-1(1))*; (Between the Cracks Ser.: Vol. 4). *(978-1-988390-50-5(8))*; (Between the Cracks Ser.: Vol. 4). pap. *(978-1-988390-49-9(4))* PD Workman.

Chloe #2: The Queen of High School. Greg Tessier & Greg Tessier. Illus. by Amandine Amandine & Amandine Amandine. 2017. (Chloe Ser.: 2). (ENG.). 112p. (J). 14.99 *(978-1-62991-834-1(2),* 900181007); pap. 9.99 *(978-1-62991-833-4(4),* 900181008) Mad Cave Studios. (Papercutz).

Chloe #3: Frenemies. Greg Tessier. Illus. by Amandine Amandine. 2018. (Chloe Ser.: 3). (ENG.). 112p. (J). 14.99 *(978-1-62991-859-4(8),* 900185399); pap. 9.99 *(978-1-62991-858-7(X),* 900185400) Mad Cave Studios. (Papercutz).

Chloe 3 in 1 Vol. 1: Collecting the New Girl, the Queen of Middle School, And Frenemies, Vol. 1. Greg Tessier. Illus. by Amandine Amandine. 2022. (Chloe Ser.: 1). (ENG.). 336p. (J). pap. 17.99 *(978-1-5458-0985-3(2),* 900260342, Papercutz) Mad Cave Studios.

Chloe 3 in 1 Vol. 2, Vol. 2. Greg Tessier. 2023. (Chloe Ser.: 2). (ENG., Illus.). 336p. (J). pap. 17.99 ***(978-1-5458-1126-9(1)***, Papercutz) Mad Cave Studios.

Chloe #5: Carnival Party. Greg Tessier & Greg Tessier. Illus. by Amandine Amandine & Amandine Amandine. 2020. (Chloe Ser.: 5). (ENG.). 112p. (J). 14.99 *(978-1-5458-0142-0(8),* 900194331, Papercutz) Mad Cave Studios.

Chloe #6: Green Thumb. Greg Tessier. Illus. by Amandine Amandine. 2022. (Chloe Ser.: 6). (ENG.). 112p. (J). 14.99 *(978-1-5458-0869-6(4),* 900249508); pap. 9.99 *(978-1-5458-0870-2(8),* 900249509) Mad Cave Studios. (Papercutz).

Chloe & Cartoon. Greg Tessier. Illus. by Amandine Amandine. 2020. (Chloe & Her Cat Ser.: 1). (ENG.). 72p. (J). 13.99 *(978-1-5458-0430-8(3),* 900221685); pap. 8.99 *(978-1-5458-0431-5(1),* 900221686) Mad Cave Studios. (Papercutz).

Chloe & Cartoon #2: It's a Cat Thing. Greg Tessier. Illus. by Amandine Amandine. 2021. (Chloe & Her Cat Ser.: 2). (ENG.). 72p. (J). 13.99 *(978-1-5458-0688-3(8),* 900235406); pap. 8.99 *(978-1-5458-0689-0(6),* 900235407) Mad Cave Studios. (Papercutz).

Chloe & the Kaishao Boys. Mae Coyiuto. 2023. (ENG.). 352p. (YA). (gr. 7). 18.99 *(978-0-593-46163-1(0),* G.P. Putnam's Sons Books for Young Readers) Penguin Young Readers Group.

Chloe & Tuts the Ladybug: It's Ok to Be Different. Lajoyce A Brent. 2019. (ENG.). 28p. (J). 23.95 *(978-1-64628-369-9(4))*; pap. 13.95 *(978-1-64462-344-2(7))* Page Publishing Inc.

Chloe Centre Stage. Holly Webb. 2020. (ENG., Illus.). 160p. (J). pap. 17.99 *(978-1-84715-949-6(4))* Kane Miller.

Chloe Cha Chas in London. Caroline Orlovsky & Corky Ballas. 2022. (ENG.). 40p. (J). 19.99 *(978-1-63755-283-4(1),* Mascot Kids) Amplify Publishing Group.

Chloé et l'incroyable Escalade du Mont-Blanc. Patrick Huet. 2022. (FRE.). 44p. (J). pap. ***(978-1-4709-5087-3(1))*** Lulu Pr., Inc.

Chloe I Love You All Ways. Marianne Richmond. Illus. by Dubravka Kolanovic. 2023. (I Love You All Ways Ser.). (ENG.). 32p. (J). (gr. -1-3). 8.99 ***(978-1-7282-7343-3(9))*** Sourcebooks, Inc.

Chloe Kim. Kenny Abdo. 2022. (Sports Biographies Ser.). (ENG., Illus.). 24p. (J). (gr. 2-8). lib. bdg. 31.36 *(978-1-0982-8022-2(9),* 41079, Abdo Zoom-Fly) ABDO Publishing Co.

Chloe Kim. Contrib. by Golriz Golkar. 2023. (Sports Superstars Ser.). (ENG., Illus.). (J). (gr. 3-7). lib. bdg. 26.95 Bellwether Media.

Chloe Kim. Grace Hansen. 2018. (Olympic Biographies Ser.). (ENG., Illus.). 24p. (J). (gr. -1-2). lib. bdg. 32.79 *(978-1-5321-8143-6(4),* 29772, Abdo Kids) ABDO Publishing Co.

Chloe Kim. Derek Moon. 2018. (Olympic Stars Ser.). (ENG., Illus.). 32p. (J). (gr. 3-9). lib. bdg. 32.79 *(978-1-5321-1607-0(1),* 29798, SportsZone) ABDO Publishing Co.

Chloe Kim. Meeg Pincus. Illus. by Jeff Bane. 2020. (My Early Library: My Itty-Bitty Bio Ser.). (ENG.). 24p. (J). (gr. k-1). lib. bdg. 30.64 *(978-1-5341-6841-1(9),* 215251) Cherry Lake Publishing.

Chloe Kim. Elizabeth Raum. 2017. (Pro Sports Biographies Ser.). (ENG., Illus.). 24p. (J). (gr. 1-4). lib. bdg. 20.95 *(978-1-68151-134-4(7),* 14678) Amicus.

Chloe Kim: A Kid's Book about Sacrifice & Hard Work. Mary Nhin. Illus. by Yuliia Zolotova. 2022. (Mini Movers & Shakers Ser.: Vol. 26). (ENG.). 36p. (J). 19.99 ***(978-1-63731-445-6(0))*** Grow Grit Pr.

Chloe Kim: Gold-Medal Snowboarder. Matt Chandler. 2020. (Stars of Sports Ser.). (ENG., Illus.). 32p. (J). (gr. 3-5). lib. bdg. 31.32 *(978-1-5435-9174-3(4),* 141562) Capstone.

Chloe Lankton, or Light Beyond the Clouds: A Story of Real Life (Classic Reprint) Harriet Georgia Atwell. (ENG., Illus.). (J). 2017. 29.42 *(978-0-266-21833-3(4))*; 2016. pap. 11.97 *(978-1-333-68416-7(9))* Forgotten Bks.

Chloe Malone (Classic Reprint) Fannie Heaslip Lea. 2018. (ENG., Illus.). 314p. (J). 30.39 *(978-0-484-18391-8(5))* Forgotten Bks.

Chloe on Fifth Avenue. Kate Kamanga. 2017. (ENG., Illus.). (J). pap. 12.95 *(978-0-692-92176-0(1))* CKNY Paw Productions.

Chloe on the Bright Side. Courtney Sheinmel. ed. 2017. (Kindness Club Ser.: 1). (J). lib. bdg. 18.40 *(978-0-606-40597-3(6))* Turtleback.

Chloe on the North Pole Express. J. D. Green. Illus. by Joanne Partis. 2022. (North Pole Express Bears Ser.). (ENG.). 32p. (J). (gr. -1-3). 7.99 ***(978-1-7282-6923-8(7))*** Sourcebooks, Inc.

Chloe on the North Pole Express. J. D. Green. 2019. (North Pole Express Ser.). (ENG.). 32p. (J). (gr. -1-3). 7.99 ***(978-1-7282-0319-5(8))*** Sourcebooks, Inc.

Chloe Santa's Secret Elf. Put Me In The Story & Katherine Sully. Illus. by Julia Seal. 2018. (Santa's Secret Elf Ser.). (ENG.). 32p. (J). (gr. k-3). 5.99 *(978-1-4926-8130-4(X))* Sourcebooks, Inc.

Chloe Slipperslide's Secret. Daisy Meadows. 2016. (Magic Animal Friends Ser.: 11). lib. bdg. 14.75 *(978-0-606-38801-6(X))* Turtleback.

Chloe, the Mom Doctor: Chloe, la Doctora de Las Mamás. Chelsea Foster. Ed. by Jelissa Gonzalez. Illus. by Cindy Grey. 2021. (ENG.). 26p. (J). pap. 15.00 *(978-1-7362864-3-2(9))* Stories of Grandma.

Chloe the Pink Elephant. Marquise Elder. 2018. (ENG., Illus.). 32p. (J). pap. *(978-1-387-90344-3(6))* Lulu Pr., Inc.

Chloe the Rescue Puppy. Carl Gabbard. 2019. (ENG., Illus.). 24p. (J). (gr. -1-3). pap. *(978-1-78830-605-8(8))* Olympia Publishers.

Chloe the Unfeathered Parrot. Regan W. H. Macaulay. Illus. by Wei Lu. 2022. (ENG.). 28p. (J). pap. 12.99 *(978-1-61225-481-4(0))* Mirror Publishing.

Chloe, the Wiener Dog: Inspired by a True Story. F. G. Carroll. 2019. (ENG., Illus.). 36p. (J). pap. 13.95 *(978-1-64471-563-5(5))* Covenant Bks.

Chloe 'Twas the Night Before Christmas. Illus. by Lisa Alderson. 2019. (Night Before Christmas Ser.). (ENG.). 32p. (J). (gr. -1-3). 7.99 ***(978-1-7282-0212-9(4))*** Sourcebooks, Inc.

Chloé Wonders (Single-Copy Set) Stories That Encourage Children to Ask Questions & Solve Problems, 1 vol. Jamie Hector & Alaine Roberson. 2023. (ENG.). (J). (gr. 1-2). pap., pap., pap. 24.99 *(978-1-338-82321-9(3))* Scholastic, Inc.

Chloee Mcgue Has Lost Her Shoes! Courtnee R. Morris. Illus. by Rick Mack. 2020. (ENG.). 36p. (J). pap. 15.00 *(978-1-950490-89-9(0))* Mack N' Morris Entertainment.

Chloe's Adventure to Merlantis. Sophie Hibberd. Illus. by Marianne Constable. 2023. (Level 8 - Purple Set Ser.). (ENG.). 32p. (J). (gr. 1-4). lib. bdg. 19.95 Bearport Publishing Co., Inc.

Chloe's Christmas Wish. Put Me In The Story & J. D. Green. Illus. by Julia Seal. 2018. (Christmas Wish Ser.). (ENG.). 32p. (J). (gr. k-3). 6.99 ***(978-1-4926-8315-5(9))*** Sourcebooks, Inc.

Chloe's Day. Traci Lane. 2017. (ENG., Illus.). 24p. (J). 21.95 *(978-1-64082-415-7(4))*; pap. 12.95 *(978-1-64082-410-2(3))* Page Publishing Inc.

Chloe's Journey. Julie Belmont. 2020. (ENG.). 46p. (J). pap. 11.99 *(978-0-9755984-0-5(6))* Night Raven Publishing.

Chloe's Lunar New Year. Lily LaMotte. Illus. by Michelle Lee. 2023. (ENG.). 40p. (J). (gr. -1-3). 18.99 *(978-0-06-307651-8(9),* HarperCollins) HarperCollins Pubs.

Chloe's Toy Race Car. Bernadette Fleming. 2018. (ENG.). 38p. (J). 14.95 *(978-1-68401-636-5(3))* Amplify Publishing Group.

Chlorella Pyrenoidosa - Funktionell Föda - Superfood. Stig Arne Levin. 2020. (SWE.). 463p. (YA). pap. *(978-1-716-44215-5(X))* Lulu Pr., Inc.

Chlorine, 1 vol. Jeff Mapua. 2018. (Exploring the Elements Ser.). (ENG.). 48p. (gr. 6-6). lib. bdg. 29.60 *(978-1-9785-0363-2(6),* 56cfcf8e-fee4-4673-828a-b4928bc1834f) Enslow Publishing, LLC.

Chlorine Educational Facts Children's Science Book. Bold Kids. 2023. (ENG.). 42p. (J). pap. 14.99 ***(978-1-0717-2108-7(9))*** FASTLANE LLC.

Chlorine Sky. Mahogany L. Browne. 2021. 192p. (YA). (gr. 9). 17.99 *(978-0-593-17639-9(1))*; (ENG.). lib. bdg. 20.99 *(978-0-593-17640-5(5))* Random Hse. Children's Bks. (Crown Books For Young Readers).

Chloris of the Island: A Novel (Classic Reprint) H. B. Marriott Watson. (ENG., Illus.). (J). 2018. 378p. 31.69 *(978-0-332-01206-3(9))*; 2017. pap. 16.57 *(978-0-243-28054-4(8))* Forgotten Bks.

Cho Ak Fret (Hot & Cold) Amy Culliford. Tr. by Jean Pierre Gaston. 2021. (Bagay Ki Opoze Youn Ak lòt Ki Tout Otou Mwen! (Opposites All Around Me!) Ser.). (CRP., Illus.). (J). (gr. -1-1). pap. ***(978-1-0396-2254-8(2)***, 10001, Crabtree Roots) Crabtree Publishing Co.

Cho-Cho & the Health Fairy: Six Stories (Classic Reprint) Eleanor Glendower Griffith. 2018. (ENG., Illus.). 44p. (J). 24.80 *(978-0-267-26945-7(5))* Forgotten Bks.

Cho Rider Boys: Along the Border (Classic Reprint) Frank Fowler. 2017. (ENG., Illus.). (J). 29.30 *(978-0-266-18673-1(4))* Forgotten Bks.

Choc Shock: EJ12 Girl Hero. Susannah McFarlane. 2017. 128p. (J). pap. 5.99 *(978-1-61067-506-2(1))* Kane Miller.

Chock Full of Mazes! Mega Maze Book. Smarter Activity Books for Kids. 2016. (ENG., Illus.). (J). pap. 8.99 *(978-1-68374-210-4(9))* Examined Solutions PTE. Ltd.

Chockie. Ken Luchterhand. 2020. (ENG.). 240p. (YA). pap. 11.99 *(978-0-578-68619-6(8))* Luchterhand, Kenneth R.

Choco. Citlali Zavala Fernandez. 2018. (ENG., Illus.). 34p. (J). *(978-0-2288-0943-2(6))*; pap. *(978-0-2288-0852-7(9))* Tellwell Talent.

Chocolate. Contrib. by World Book, Inc. Staff. 2019. (Illus.). 48p. (J). *(978-0-7166-2859-0(7))* World Bk., Inc.

Chocolate. Vera Worthy. (ENG., 30p. (J). 2021. Illus.). 23.95 *(978-1-6624-5405-9(8))*; 2020. pap. 13.95 *(978-1-64628-914-1(5))* Page Publishing Inc.

Chocolate Angel. Myles Schrag. 2016. (ENG.). (J). (gr. -1-3). 14.95 *(978-1-63177-595-6(2))* Amplify Publishing Group.

Chocolate Bear: Chicken & Garlic Knots. Lori Gargonnu. 2022. (ENG.). 40p. (J). pap. 15.00 ***(978-1-950861-69-9(4))*** His Glory Creations Publishing, LLC.

Chocolate Bunnies & Candy Eggs Coloring Book. Kreative Kids. 2016. (ENG., Illus.). (J). pap. 9.20 *(978-1-68377-390-0(X))* Whlke, Traudl.

Chocolate Cake Birthday. Angela Hogben. Illus. by Pia Reyes. 2022. (ENG.). 28p. (J). ***(978-1-0391-3624-3(9))***; pap. ***(978-1-0391-3623-6(0))*** FriesenPress.

Chocolate Challenge: A QUIX Book. Helen Perelman. Illus. by Olivia Chin Mueller. 2020. (Royal Sweets Ser.: 5). (ENG.). 80p. (J). (gr. k-3). 17.99 *(978-1-5344-5506-1(X))*; pap. 5.99 *(978-1-5344-5505-4(1))* Simon & Schuster Children's Publishing. (Aladdin).

C

Chocolate Chase, 67. Gerónimo Stilton. ed. 2018. (Geronimo Stilton Ser.). (ENG.). 105p. (J). (gr. 2-3). 18.36 *(978-1-64310-221-4(4))* Penworthy Co., LLC, The.
Chocolate Chip Cookies. Catherine C. Finan. 2023. (Oops! Accidental Inventions Ser.). (ENG.). 24p. (J). (gr. k-1). lib. bdg. 26.99 Bearport Publishing Co., Inc.
Chocolate Chip Cookies. Joanne Mattern. 2020. (Our Favorite Foods Ser.). (ENG., Illus.). 24p. (J). (gr. k-3). lib. bdg. 26.95 *(978-1-64487-143-0(2)*, Blastoff! Readers) Bellwether Media.
Chocolate Chip Cookies. Candice Ransom. 2019. (Favorite Foods Ser.). (ENG., Illus.). 24p. (J). (gr. 1-1). pap. 8.95 *(978-1-64185-558-7(4)*, 1641855584) North Star Editions.
Chocolate Chip Cookies. Candice Ransom. 2018. (Favorite Foods Ser.). (ENG., Illus.). 24p. (J). (gr. k-3). lib. bdg. 31.36 *(978-1-5321-6187-2(5)*, 30157, Pop! Cody Koala) Pop!.
Chocolate Chirp Cookies. Jenny Goebel. Illus. by Angie Alape & Marc Mones Cera. 2022. 32p. (J). (gr. -1-3). 17.99 *(978-0-8075-1143-5(9)*, 0807511439) Whitman, Albert & Co.
Chocolate Chunk & Lollipop. Corina U. Epperly. 2017. (ENG., Illus.). (J). (gr. 4-7). pap. 14.95 *(978-1-63568-385-1(8))* Page Publishing Inc.
Chocolate Covered Courage with Blessings on Top. Nikki Cooper. 2021. (ENG., Illus.). 38p. (J). 15.99 *(978-1-947928-62-6(7))*; pap. 12.99 *(978-1-947928-93-0(7))* VMH Publishing.
Chocolate Covered Cream-Filled: The Donut Gospel. Skip Baldridge. 2021. (ENG.). 122p. (YA). pap. 9.99 *(978-1-62880-221-4(9))* Published by Westview, Inc.
Chocolate Covered Gratitude with Blessings on Top. Nikki Cooper. 2019. (ENG., Illus.). 32p. (J). (gr. k-4). 14.99 *(978-1-947928-58-9(9))*; (gr. 2-4). 11.99 *(978-1-947928-59-6(7))* VMH Publishing.
Chocolate Fever Novel Units Student Packet. Novel Units. 2019. (ENG.). (J). pap. 13.99 *(978-1-56137-703-9(1)*, Novel Units, Inc.) Classroom Library Co.
Chocolate Fever Novel Units Teacher Guide. Novel Units. 2019. (ENG.). (J). pap. 12.99 *(978-1-56137-176-1(9)*, Novel Units, Inc.) Classroom Library Co.
Chocolate Fudge Saves the Sugar Dog. Robbie Cheadle & Michael Cheadle. 2021. (ENG.). 36p. (J). pap. *(978-1-914245-53-4(9))*; pap. *(978-1-914245-54-1(7))* TSL Pubns.
Chocolate Gossip Party: The Haunting of Plate Eyes. Rebecca Carr Schrodt. 2020. (Chocolate Gossip Party Ser.). (ENG.). 216p. (J). (gr. 3-6). 22.95 *(978-0-9993323-4-4(1))* Home For Words.
Chocolate Gossip Party: The Haunting of Plate Eyes. Rebecca Carr Schrodt. Illus. by Josh Tufts. 2020. (Chocolate Gossip Party Ser.). (ENG.). 216p. (J). (gr. 3-6). pap. 11.95 *(978-0-9993323-1-3(7))* Home For Words.
Chocolate Heart. M. T. Boulton. 2016. (ENG., Illus.). (J). pap. 4.52 *(978-1-326-82750-2(2))* Lulu Pr., Inc.
Chocolate Heart Celebratory Edition. M. T. Boulton. 2016. (ENG., Illus.). (J). pap. 4.61 *(978-1-326-76285-8(0))* Lulu Pr., Inc.
Chocolate Heart Classic Edition. M. T. Boulton. 2016. (ENG., Illus.). 96p. (J). pap. *(978-1-326-78510-9(9))* Lulu Pr., Inc.
Chocolate Heart Front-To-Back Edition. M. T. Boulton. 2016. (ENG., Illus.). (J). pap. 4.52 *(978-1-326-82925-4(4))* Lulu Pr., Inc.
Chocolate Helicopter Adventure. Rhys Manus Clark Bonner. 2023. (ENG.). 28p. (J). pap. 9.99 ***(978-1-3999-5807-3(0))*** Lulu Pr., Inc.
Chocolate Is Better: Part 2. Lynn Vern. 2020. (ENG.). 264p. (YA). (gr. 7-12). pap. 18.00 *(978-1-950015-27-6(0))* Strategic Book Publishing & Rights Agency (SBPRA).
Chocolate Lab (the Chocolate Lab #1) Eric Luper. 2017. (Chocolate Lab Ser.: 1). (ENG.). 112p. (J). (gr. 2-5). pap. 4.99 *(978-0-545-60166-5(5)*, Scholastic Paperbacks) Scholastic, Inc.
Chocolate Me! Book & CD Storytime Set: Book & CD Storytime Set. Taye Diggs. Illus. by Shane W. Evans. unabr. ed. 2019. (ENG.). 1p. (J). 12.99 *(978-1-250-22256-5(7)*, 900208043) Feiwel & Friends.
Chocolate Monster. Pip Jones. Illus. by Laura Hughes. 2019. (Ruby Roo Ser.: 2). (ENG.). 32p. pap. 9.95 *(978-0-571-32751-5(6)*, Faber & Faber Children's Bks.) Faber & Faber, Inc.
Chocolate Planet. Beverly Brumfield. 2018. (ENG., Illus.). 38p. (J). 23.95 *(978-1-64028-310-7(2))*; pap. 13.95 *(978-1-64028-308-4(0))* Christian Faith Publishing.
$chocolate Riche$ Your Dreams Can Come True. Bey Non Assumpst for Bobby Bosco Faust. Ed. by Andrea Schobergh & Kimberly Faust-Bey. 2018. (ENG., Illus.). 54p. (J). pap. 9.99 *(978-1-7329452-1-0(7))* Galactic Pr.
Chocolate Touch Novel Units Student Packet. Novel Units. 2019. (ENG.). (J). pap. 13.99 *(978-1-56137-825-8(9)*, Novel Units, Inc.) Classroom Library Co.
Chocolate War Novel Units Student Packet. Novel Units. 2019. (ENG.). (YA). pap. 13.99 *(978-1-56137-629-2(9)*, Novel Units, Inc.) Classroom Library Co.
Chocolate War Novel Units Teacher Guide. Novel Units. 2019. (ENG.). (J). (gr. 7-12). pap. 12.99 *(978-1-56137-206-5(4)*, BK8125, Novel Units, Inc.) Classroom Library Co.
Chocorua's Tenants. Frank Bolles. 2016. (ENG., Illus.). (J). pap. *(978-3-7433-0344-7(2))* Creation Pubs.
Chocorua's Tenants. Frank Bolles. 2017. (ENG., Illus.). (J). pap. *(978-0-649-42237-1(6))* Trieste Publishing Pty Ltd.
Choctaw. Connie Squiers. l.t. ed. 2021. (ENG.). 118p. (J). pap. 8.00 *(978-1-64970-004-9(0))* Primedia eLaunch LLC.
Choice. Bradley Caffee. 2022. 2. (ENG.). 258p. (YA). pap. 13.99 *(978-1-953957-15-3(3)*, Mountain Brook Fire) Mountain Brook Ink.
Choice. Cindy Cipriano. (Sidhe Ser.: Vol. 2). (ENG.). 210p. (J). 2022. pap. 9.60 ***(978-1-83919-288-3(7))***; 2020. pap. 11.99 *(978-1-912701-70-4(7))* Vulpine Pr.
Choice. Deborah Snyder. 2018. (ENG., Illus.). 40p. (J). 23.95 *(978-1-64349-145-5(8))*; pap. 13.95 *(978-1-64258-026-6(0))* Christian Faith Publishing.
Choice: A Play in Three Acts (Classic Reprint) Octavine Lopez Dreeben. (ENG., Illus.). (J). 2018. 36p. 24.64 *(978-0-267-40558-9(8))*; 2016. pap. 7.97 *(978-1-334-11813-5(2))* Forgotten Bks.
Choice - for Young Readers. Philly McMahon. 2022. (ENG.). 320p. (J). pap. 17.95 *(978-0-7171-9286-1(5))* Gill Bks. IRL. Dist: Casemate Pubs. & Bk. Distributors, LLC.
Choice (Classic Reprint) Maurice Weyl. (ENG., Illus.). (J). 2018. 360p. 31.32 *(978-0-483-41353-5(4))*; 2016. pap. 13.97 *(978-1-334-12071-8(4))* Forgotten Bks.
Choice Dialect: And Other Characterizations for Reading & Recitation (Classic Reprint) Charles C. Shoemaker. 2018. (ENG., Illus.). 218p. (J). 28.43 *(978-0-483-09665-3(2))* Forgotten Bks.
Choice Dialogues: A Collection of New & Original Dialogues for School & Social Entertainment (Classic Reprint) J. W. Shoemaker. 2018. (ENG., Illus.). 202p. (J). 28.06 *(978-0-484-52099-7(7))* Forgotten Bks.
Choice Gleanings from the Book of Romans, 1 vol. Agness Chisanga Tembo. 2020. (ENG.). 72p. (YA). pap. 6.99 *(978-1-4003-2595-5(1))* Elm Hill.
Choice Humor: For Reading & Recitation (Classic Reprint) Charles Chalmers Shoemaker. 2018. (ENG., Illus.). 206p. (J). 28.15 *(978-0-267-32841-3(9))* Forgotten Bks.
Choice Is Yours: I'm Not Just a Pretty F. A. C. e - I AM Intelligent Too. Yasmine Ben Salmi. Illus. by Lashai Ben Salmi. 2021. (ENG.). 154p. (J). pap. *(978-1-913310-56-1(6))* Dreaming Big Together Pub.
Choice Is Yours: Your Thinking C. A. P for Living & Loving Life Part 2. Illus. by Prasanthika Mihirani. 2019. (ENG.). 140p. (J). pap. *(978-1-913310-16-5(7))* Dreaming Big Together Pub.
Choice Library for Young People: Tales for Youth (Classic Reprint) Unknown Author. (ENG., Illus.). (J). 2018. 248p. 29.03 *(978-0-483-52898-7(6))*; 2016. pap. 11.57 *(978-1-334-13093-9(0))* Forgotten Bks.
Choice Literature: Book Two, for Primary Grades. Sherman Williams. 2017. (ENG., Illus.). (J). pap. *(978-0-649-54743-2(8))* Trieste Publishing Pty Ltd.
Choice Literature Book Two (Classic Reprint) Sherman Williams. 2018. (ENG., Illus.). (J). 158p. 27.16 *(978-0-428-59787-0(4))*; 160p. pap. 9.57 *(978-0-428-59779-5(3))* Forgotten Bks.
Choice Literature, Vol. 1: For Grammar Grades (Classic Reprint) Sherman Williams. 2017. (ENG., Illus.). 340p. (J). 30.91 *(978-0-484-22402-4(6))* Forgotten Bks.
Choice Literature, Vol. 1: For Intermediate Grades (Classic Reprint) Sherman Williams. 2017. (ENG., Illus.). (J). 194p. 27.92 *(978-0-484-02140-1(0))*; pap. 10.57 *(978-0-259-52332-1(1))* Forgotten Bks.
Choice Literature, Vol. 1: For Primary Grades (Classic Reprint) Sherman Williams. 2017. (ENG., Illus.). (J). 27.01 *(978-0-265-51373-6(1))*; pap. 9.57 *(978-0-243-55871-1(6))* Forgotten Bks.
Choice Literature, Vol. 2: For Grammar Grades (Classic Reprint) Sherman Williams. (ENG., Illus.). (J). 2018. 516p. 34.54 *(978-1-396-82247-6(X))*; 2018. 518p. pap. 16.97 *(978-1-396-82233-9(X))*; 2018. 510p. 34.42 *(978-0-656-69576-8(5))*; 2017. pap. 16.97 *(978-0-259-20130-4(8))* Forgotten Bks.
Choice Literature, Vol. 2: For Intermediate Grades (Classic Reprint) Sherman Williams. 2017. (ENG., Illus.). (J). 32.23 *(978-0-331-37871-9(X))*; pap. 11.97 *(978-1-334-92625-9(5))* Forgotten Bks.
Choice Literature, Vol. 2: For Primary Grades (Classic Reprint) Sherman Williams. (ENG., Illus.). (J). 2017. 27.32 *(978-0-266-21411-3(8))*; 2016. pap. 9.97 *(978-1-334-38406-6(1))* Forgotten Bks.
Choice Literature, Vol. 3 (Classic Reprint) Sherman Williams. 2018. (ENG., Illus.). 192p. (J). pap. 10.57 *(978-1-391-10183-5(9))* Forgotten Bks.
Choice Literature, Vol. 4 (Classic Reprint) Sherman Williams. 2017. (ENG., Illus.). (J). 29.28 *(978-0-266-51865-5(6))*; pap. 11.57 *(978-0-243-09924-5(X))* Forgotten Bks.
Choice Literature, Vol. 5 (Classic Reprint) Sherman Williams. (ENG., Illus.). (J). 2018. 328p. 30.66 *(978-0-483-33828-9(1))*; 2016. pap. 13.57 *(978-1-334-13967-3(9))* Forgotten Bks.
Choice Medley (Classic Reprint) Unknown Author. 2018. (ENG., Illus.). 30p. (J). 24.43 *(978-0-483-87984-3(3))* Forgotten Bks.
Choice of a Lifetime. Arielle Hana Lackritz. Illus. by Arielle Hana Lackritz. 2019. (ENG., Illus.). 60p. (J). pap. 9.00 *(978-0-578-58440-9(9))* Horn, Jonathan.
Choice of Evils, Vol. 1 Of 3: A Novel (Classic Reprint) Alexander. 2018. (ENG., Illus.). 268p. (J). 29.42 *(978-0-483-92977-7(8))* Forgotten Bks.
Choice of Evils, Vol. 2 Of 3: A Novel (Classic Reprint) Alexander. 2018. (ENG., Illus.). 248p. (J). 29.01 *(978-0-483-88999-6(7))* Forgotten Bks.
Choice of Evils, Vol. 3 Of 3: A Novel (Classic Reprint) Alexander. 2019. (ENG., Illus.). 274p. (J). 29.55 *(978-0-267-19039-3(5))* Forgotten Bks.
Choice of Life (Classic Reprint) Georgette LeBlanc. (ENG., Illus.). (J). 2018. 292p. 29.92 *(978-0-332-94486-9(7))*; 2017. pap. 13.57 *(978-0-243-18663-1(0))* Forgotten Bks.
Choice of the Mighty: Chronicles of Stephen. Kenyon T. Henry. (Chronicles of Stephen Ser.: Vol. 1). (ENG., Illus.). (YA). 2018. 288p. (gr. 7-12). 25.99 *(978-0-692-08213-3(1))*; 2017. pap. 12.49 *(978-0-692-85894-3(6))* KTH Investment Group.
Choice Readings: Being Complete Works by Ten Celebrated Writers; Selected, Edited, & Annotated for Use in Schools (Classic Reprint) Charles Wadsworth Cole. annot. ed. 2017. (ENG., Illus.). (J). 352p. 31.18 *(978-0-484-82715-7(4))*; pap. 13.57 *(978-0-259-35538-0(0))* Forgotten Bks.
Choice Readings & Recitations (Classic Reprint) J. H. Paul. 2018. (ENG., Illus.). 162p. (J). 27.24 *(978-0-428-21100-4(3))* Forgotten Bks.
Choice Stories, or Religion Exemplified (Classic Reprint) Unknown Author. 2018. (ENG., Illus.). 148p. (J). 26.95 *(978-0-483-90672-3(7))* Forgotten Bks.
Choice Tales: For the Improvement of Youth of Both Sexes (Classic Reprint) Elizabeth Somerville. 2018. (ENG., Illus.). 78p. (J). 25.51 *(978-0-267-12199-1(7))* Forgotten Bks.
Choice Temperance Recitations: Together with Ninety-Nine Other Choice Readings & Recitations (Classic Reprint) Unknown Author. (ENG., Illus.). (J). 2018. 162p. 27.24 *(978-0-483-78513-7(X))*; 2017. pap. 9.57 *(978-0-243-41426-0(9))* Forgotten Bks.
Choice Works of Bret Harte in Prose & Verse: With Portrait & Forty Illustrations (Classic Reprint) Bret Harte. (ENG., Illus.). (J). 2018. 714p. 38.62 *(978-0-428-74051-1(0))*; 2017. pap. 20.97 *(978-1-334-90442-4(1))* Forgotten Bks.
Choice Works of Dean Swift: In Prose & Verse; Carefully Reprinted from the Original Editions (Classic Reprint) Jonathan Swift. 2018. (ENG., Illus.). 780p. (J). 40.05 *(978-0-484-24933-1(9))* Forgotten Bks.
Choice Works of Thomas Hood, in Prose & Verse: Including the Cream of the Comic Annuals (Classic Reprint) Thomas Hood. 2018. (ENG., Illus.). 794p. (J). 40.29 *(978-0-666-96553-0(6))* Forgotten Bks.
Choice Works of Thomas Hood, Vol. 2: Whimsicalities; Whims & Oddities (Classic Reprint) Unknown Author. (ENG., Illus.). (J). 2018. 438p. 32.95 *(978-0-332-98368-4(4))*; 2017. pap. 16.57 *(978-1-5276-8840-7(2))* Forgotten Bks.
Choice Works, Vol. 4 (Classic Reprint) Thomas Hood. 2017. (ENG., Illus.). (J). 33.55 *(978-1-5280-6713-3(4))* Forgotten Bks.
Choices. Cindi Jasa. 2017. (ENG., Illus.). (J). pap. 7.99 *(978-0-9982931-4-1(8))* YOLT Publishing.
Choices. Jamie Mayfield. 2016. (ENG., Illus.). (J). 27.99 *(978-1-63477-953-1(3)*, Harmony Ink Pr.) Dreamspinner Pr.
Choices. Roozeboos. Illus. by Roozeboos. 2021. (Child's Play Library). (Illus.). 32p. (J). *(978-1-78628-565-2(7))*; pap. *(978-1-78628-564-5(9))* Child's Play International Ltd.
Choices. Vanessa Lyman Withers. 2019. (ENG.). 34p. (J). pap. 20.00 ***(978-1-0880-8815-9(5))*** Indy Pub.
Choices: What Will You Choose? Alicia Henderson. 2021. (ENG., Illus.). 38p. (J). 25.95 *(978-1-63881-906-6(8))*; pap. 14.95 *(978-1-63692-838-8(2))* Newman Springs Publishing, Inc.
Choices I Make. Michael Gordon. 2021. (ENG.). 40p. (J). 14.99 *(978-1-7344674-4-4(4))* Kids Bk. Pr.
Choices We Make. Nikki Cole. 2022. (ENG.). 54p. (J). pap. 16.95 ***(978-1-0980-8780-7(1))*** Christian Faith Publishing.
Choir Boy. Kelsie Ann Deschenes. 2019. (ENG., Illus.). 120p. (YA). pap. 13.95 *(978-1-64471-443-0(4))* Covenant Bks.
Choir Invisible (Classic Reprint) James Lane Allen. 2017. (ENG., Illus.). (J). 31.59 *(978-1-5285-5440-4(X))* Forgotten Bks.
Choisy: A Novel (Classic Reprint) James P. Story. (ENG., Illus.). (J). 2018. 134p. 26.68 *(978-0-484-22951-7(6))*; 2016. pap. 9.57 *(978-1-334-76280-2(5))* Forgotten Bks.
Choix de Fables de la Fontaine: Contenant les Fables les Plus Faciles et les Plus Connues Classées Par Ordre de Difficulté Avec Notice en Tête de Chaque Fable, Notes, Gravures, Carte, Portrait et Fac-Similé l'Écriture de la Fontaine. Jean de la Fontaine. 2018. (FRE., Illus.). (J). 156p. 27.11 *(978-0-366-00150-7(7))*; 158p. pap. 9.57 *(978-0-365-94391-4(6))* Forgotten Bks.
Choker. Bob Moseley. 2019. (ENG.). 220p. (J). (gr. 6). pap. 11.95 *(978-1-945448-28-7(8))* Boutique of Quality Books Publishing Co., Inc.
Cholent Brigade. Michael Herman. Illus. by Sharon Harmer. 2017. (ENG.). 24p. (J). (gr. -1-2). 17.99 *(978-1-5124-0844-7(1)*, b722c6c0-cad2-413d-b91b-0dc341c18f8f, Kar-Ben Publishing) Lerner Publishing Group.
Cholera: How the Blue Death Changed History. Mark K. Lewis. 2019. (Infected! Ser.). (ENG., Illus.). 32p. (J). (gr. 3-9). 28.65 *(978-1-5435-7238-4(3)*, 140584) Capstone.
Chollerton: A Tale of Our Own Times (Classic Reprint) Cecilia Frances Tilley. (ENG., Illus.). (J). 2018. 390p. 31.94 *(978-0-484-68981-6(9))*; 2017. pap. 16.57 *(978-0-243-40584-8(7))* Forgotten Bks.
Chomp! Fierce Facts about the BITE FORCE, CRUSHING JAWS, & MIGHTY TEETH of Earth's Champion Chewers. Brady Barr. 2017. (ENG., Illus.). 96p. (J). (gr. 3-7). lib. bdg. 22.90 *(978-1-4263-2840-4(0)*, National Geographic Kids) Disney Publishing Worldwide.
Chomp: a Shark Romp. Michael Michael Paul. 2019. 40p. (J). (-k). (ENG.). lib. bdg. 19.99 *(978-1-5247-6703-7(4))*; (Illus.). 16.99 *(978-1-5247-6702-0(6))* Random Hse. Children's Bks. (Crown Books For Young Readers).
Chomp Chomp Dino. Brick Puffinton. Ed. by Cottage Door Press. Illus. by Josh Cleland. 2022. (ENG.). 10p. (J). (gr. -1 — 1). bds. 11.99 *(978-1-64638-339-9(7)*, 1007430) Cottage Door Pr.
Chomp! Chomp! I'm a Shark! Jo Lodge. Illus. by Jo Lodge. 2022. (ENG.). 10p. (J). (gr. -1 — 1). 9.99 *(978-1-338-79243-0(1)*, Cartwheel Bks.) Scholastic, Inc.
Chomp Chomp Shark. Brick Puffinton. Ed. by Cottage Door Press. Illus. by Tommy Doyle. 2022. (ENG.). 10p. (J). (gr. -1 — 1). bds. 11.99 *(978-1-64638-340-5(0)*, 1007440) Cottage Door Pr.
Chomp Goes the Alligator. Matthew Van Fleet. Illus. by Matthew Van Fleet. 2018. (ENG., Illus.). 26p. (J). (gr. -1). 19.99 *(978-1-5344-2677-1(9)*, Simon & Schuster/Paula Wiseman Bks.) Simon & Schuster/Paula Wiseman Bks.
Chomp of the Meat-Eating Vegetables: #4. Troy Cummings. Illus. by Troy Cummings. 2018. (Notebook of Doom Ser.). (ENG., Illus.). 96p. (J). (gr. 2-5). lib. bdg. 31.36 *(978-1-5321-4275-8(7)*, 31092, Chapter Bks.) Spotlight.
Chomper: The Second Beach Sealion. Anne Alecia Sickavish-Schweitzer. Illus. by Christine Cook. 2022. (ENG.). 66p. (J). *(978-0-2288-8113-1(7))*; pap. *(978-0-2288-8112-4(9))* Tellwell Talent.
Chomper My Bearded Dragon. Carmen D. Swick. Ed. by Page Lambert. Illus. by Joey Manfre. 2020. (ENG.). 38p. (J). 15.99 *(978-0-9831380-3-7(6))*; pap. 12.99 *(978-0-9831380-6-8(0))* Presbeau Publishing, Inc.
Chomping, Chomping, Clean Plates Club. Daniela Bezat. 2020. (ENG.). 34p. (J). pap. 12.60 *(978-1-6781-0652-2(6))* Lulu Pr., Inc.
Chompsey Chomps Books. Candice Marley Conner. 2021. (ENG.). 34p. (J). 19.99 *(978-1-64372-491-1(6))* MacLaren-Cochrane Publishing.
Chompy Has a Friend for Lunch: an Interactive Picture Book. Created by Mark Satterthwaite & Pedro Eboli. ed. 2023. (ENG., Illus.). 32p. (J). (gr. -1-1). 17.99 *(978-1-338-84706-2(6))* Scholastic, Inc.
Chompy the Velociraptor. J. S. Morley. Illus. by Kate Andrew. 2019. (ENG.). 26p. (J). pap. *(978-1-78645-384-6(3))* Beaten Track Publishing.
¡Chones, Por Favor! - Undies, Please! Sumana Seeboruth. Illus. by Ashleigh Corrin. ed. 2022. (Feelings & Firsts Ser.). (SPA.). 26p. (J). (gr. 1-4). bds. 7.99 ***(978-1-64686-806-3(4))*** Barefoot Bks., Inc.
Chonita a Story of the Mexican Mines (Classic Reprint) Annie Maria Barnes. 2018. (ENG., Illus.). 104p. (J). 26.04 *(978-0-483-82593-2(X))* Forgotten Bks.
Choo Choo. Virginia Lee Burton. 2017. (ENG., Illus.). 48p. (J). (gr. -1-3). 17.99 *(978-0-544-74984-9(7)*, 1633380, Clarion Bks.) HarperCollins Pubs.
Choo Choo / Chuu Chuu. Petr Horacek. Illus. by Petr Horacek. ed. 2019. (Illus.). 16p. (J). (-k). bds. 6.99 *(978-1-5362-0351-6(3))* Candlewick Pr.
Choo-Choo Clock & the Donkey. Stan St Clair & Scott St Clair. Illus. by Stan St Clair. 2017. (ENG., Illus.). 38p. (J). pap. 14.95 *(978-1-935786-92-4(X))* St. Clair Pubns.
Choo-Choo School: All Aboard for the First Day of School. Amy Krouse Rosenthal. Illus. by Mike Yamada. (ENG.). (J). 2022. 30p. (— 1). bds. 8.99 *(978-1-5362-2407-8(3))*; 2020. 40p. (gr. -1-2). 14.99 *(978-0-7636-9742-6(7))* Candlewick Pr.
Choo Choo! the Trains Coloring Book. Smarter Activity Books for Kids. 2016. (ENG., Illus.). (J). pap. 9.22 *(978-1-68374-541-9(8))* Examined Solutions PTE. Ltd.
Choo Choo Trains Coloring Books for Kids Edition. Creative Playbooks. 2016. (ENG., Illus.). (J). pap. 7.74 *(978-1-68323-101-1(5))* Twin Flame Productions.
Choo... mantar. Geeta Dharmarajan. 2017. (ENG.). 32p. (J). pap. *(978-93-82454-67-0(5))* Katha.
Choose a Career Adventure at NASA. Don Rauf. 2016. (Bright Futures Press: Choose a Career Adventure Ser.). (ENG., Illus.). 32p. (J). (gr. 4-6). 32.07 *(978-1-63471-913-1(1)*, 208973) Cherry Lake Publishing.
Choose a Career Adventure at the Olympics. K. C. Kelley. 2016. (Bright Futures Press: Choose a Career Adventure Ser.). (ENG., Illus.). 32p. (J). (gr. 4-6). 32.07 *(978-1-63471-914-8(X)*, 208977) Cherry Lake Publishing.
Choose a Career Adventure at the Super Bowl. K. C. Kelley. 2016. (Bright Futures Press: Choose a Career Adventure Ser.). (ENG., Illus.). 32p. (J). (gr. 4-6). 32.07 *(978-1-63471-915-5(8)*, 208981) Cherry Lake Publishing.
Choose a Career Adventure at the White House. Diane Lindsey Reeves & Kelly White. 2016. (Bright Futures Press: Choose a Career Adventure Ser.). (ENG., Illus.). 32p. (J). (gr. 4-6). 32.07 *(978-1-63471-916-2(6)*, 208985) Cherry Lake Publishing.
Choose a Career Adventure in Hollywood. Don Rauf. 2016. (Bright Futures Press: Choose a Career Adventure Ser.). (ENG., Illus.). 32p. (J). (gr. 4-6). 32.07 *(978-1-63471-911-7(5)*, 208965) Cherry Lake Publishing.
Choose a Career Adventure in the Military. Diane Lindsey Reeves. 2016. (Bright Futures Press: Choose a Career Adventure Ser.). (ENG., Illus.). 32p. (J). (gr. 4-6). 32.07 *(978-1-63471-912-4(3)*, 208969) Cherry Lake Publishing.
Choose a Career Adventure on a Cruise Ship. Monique Vescia. 2016. (Bright Futures Press: Choose a Career Adventure Ser.). (ENG., Illus.). 32p. (J). (gr. 4-6). 32.07 *(978-1-63471-910-0(7)*, 208961) Cherry Lake Publishing.
Choose a Career Adventure on Broadway. Monique Vescia. 2016. (Bright Futures Press: Choose a Career Adventure Ser.). (ENG., Illus.). 32p. (J). (gr. 4-6). 32.07 *(978-1-63471-909-4(3)*, 208957) Cherry Lake Publishing.
Choose Confidence: 3-Minute Devotions for Teen Girls. April Frazier. 2022. (3-Minute Devotions Ser.). (ENG.). 192p. (YA). pap. 5.99 *(978-1-63609-434-2(1))* Barbour Publishing, Inc.
Choose Happy, in the Place Where Trees Sleep: Book 3. Micheal Kitchens. 2023. (In the Place Where Trees Sleep Ser.). (ENG.). 44p. (J). (gr. -1-5). 24.95. pap. 11.95 BookBaby.
Choose Kindness. Kathy Nash et al. 2020. (ENG.). 48p. *(978-1-716-92901-4(6))*; pap. *(978-1-716-92900-7(8))* Lulu Pr., Inc.
Choose Kindness - Teen Girls' Devotional, Volume 3: 30 Devotions for Cultivating a Kind Heart. Lifeway Students. 2021. (Lifeway Students Devotions Ser.). (ENG.). 80p. (YA). pap. 8.99 *(978-1-0877-4256-4(0))* Lifeway Christian Resources.
Choose Kindness: 3-Minute Devotional Inspiration for Kids. JoAnne Simmons. 2019. (3-Minute Devotions Ser.). (ENG.). 192p. (J). pap. 5.99 *(978-1-64352-180-0(2)*, Barbour Bks.) Barbour Publishing, Inc.
Choose Kindness: 3-Minute Devotions for Teen Girls. Kristin Weber. 2019. (3-Minute Devotions Ser.). (ENG.). 192p. (YA). pap. 5.99 *(978-1-64352-188-6(8)*, Barbour Bks.) Barbour Publishing, Inc.
Choose Love. Jodi L. Leffingwell. 2022. (ENG.). 33p. (J). pap. ***(978-1-387-48123-1(1))*** Lulu Pr., Inc.
Choose Your Cheer. BreAnn Fennell. 2021. (ENG.). 26p. (J). pap. 15.99 *(978-1-953852-41-0(6))* EduMatch.
Choose Your Days, 1 vol. Illus. by Paula Wallace. 2016. (ENG.). 32p. (J). (gr. -1-2). 17.95 *(978-1-941026-37-3(0)*, 6a2ae482-8e37-4a04-ba57-f8f57f711845, Cinco Puntos Press) Lee & Low Bks., Inc.
Choose Your Own Adventure Blank Book. R. A. Montgomery. 2020. (ENG.). 128p. (J). (gr. 4-8). pap. 7.99 *(978-1-937133-85-6(0))* Chooseco LLC.
Choose Your Own Adventure Eighth Grade Witch. Andrew E. C. Gaska et al. Illus. by Valerio Chiola. 2021. (Choose Your Own Adventure Ser.). (ENG.). 144p. pap. 12.99 *(978-1-62010-941-0(7))* Oni Pr., Inc.
Choose Your Own Adventure: Journey under the Sea. Andrew E. C. Gaska & E. L. Thomas. Illus. by Dani Bolinho. 2022. (Choose Your Own Adventure Ser.). (ENG.). 134p. (J). pap. 12.99 *(978-1-62010-984-7(0))* Oni Pr., Inc.
Choose Your Own Journey. Susie Brooks. Illus. by Tracy Cottingham. 2017. (J). 11.99 *(978-1-61067-537-6(1))* Kane Miller.
Choose Your Path! a Maze Activity Book. Jupiter Kids. 2016. (ENG., Illus.). 108p. (J). pap. 12.55 *(978-1-68326-073-8(2)*, Jupiter Kids (Childrens & Kids Fiction)) Speedy Publishing LLC.
Choosing. Ellie Klipp. 2020. (ENG.). 278p. (J). (gr. k-6). 19.99 *(978-1-0878-6360-3(0))* Indy Pub.

Choosing: Cliques, Classes & Climate Crises, Drugs & Dating- Yeah, Yeah. But... Ellie Klipp. 2021. (ENG.). 278p. (J). 19.99 *(978-1-0879-8126-0(3))* Indy Pub.
Choosing a Puppy: Leveled Reader Yellow Fiction Level 7 Grade 1. Hmh Hmh. 2019. (Rigby PM Ser.). (ENG.). 16p. (J). (gr. 1). pap. 11.00 *(978-0-358-12163-3(9))* Houghton Mifflin Harcourt Publishing Co.
Choosing Abe Lincoln Captain: And Other Stories (Classic Reprint) Unknown Author. 2018. (ENG., Illus.). 50p. (J). 24.95 *(978-0-267-28762-8(3))* Forgotten Bks.
Choosing Brave: How Mamie till-Mobley & Emmett till Sparked the Civil Rights Movement. Angela Joy. Illus. by Janelle Washington. 2022. (ENG.). 64p. (J). 19.99 *(978-1-250-22095-0(5),* 900207669) Roaring Brook Pr.
Choosing Charters: Better Schools or More Segregation? Iris C. Rotberg. Ed. by Joshua L. Glazer. 2018. (ENG., Illus.). 264p. pap. 36.95 *(978-0-8077-5899-1(X),* P570868) Teachers College Pr., Teachers College, Columbia Univ.
Choosing Courage: Inspiring True Stories of What It Means to Be a Hero. Peter Collier. 2016. (ENG., Illus.). 272p. (J). (gr. 4-7). pap. 8.95 *(978-1-57965-705-5(2),* 85705) Artisan.
Choosing Fun Colorful Accessories Children's Fashion Books. Baby Professor. 2017. (ENG., Illus.). (YA). pap. 7.89 *(978-1-5419-0297-8(1),* Baby Professor (Education Kids)) Speedy Publishing LLC.
Choosing Joi: An Adoptee's Journey & Finding Belonging. Joi R. Fisher-Griffin. Illus. by Sameer Kassar. 2021. (ENG.). 32p. (J). pap. 14.99 *(978-1-7336314-1-9(0))* MindThrive Pubs.
Choosing Sides. Alex Morgan. 2018. (Kicks Ser.). (ENG., Illus.). 112p. (J). (gr. 3-7). 17.99 *(978-1-4814-8156-4(8),* Simon & Schuster Bks. For Young Readers) Simon & Schuster Bks. For Young Readers.
Choosing Sides. Alex Morgan. 2021. (Kicks Ser.). (ENG.). 112p. (J). (gr. 3-7). lib. bdg. 31.36 *(978-1-5321-4990-0(5),* 36986, Chapter Bks.) Spotlight.
Choosing the Right. Thomas Jones. Illus. by Zack Healt. 2020. (ENG.). 20p. (J). pap. 10.95 *(978-1-0980-3458-0(9))* Christian Faith Publishing.
Choosing to Live, Choosing to Die: The Complexities of Assisted Dying, 1 vol. Nikki Tate. Illus. by Belle Wuthrich. 2019. (Orca Issues Ser.: 3). (ENG.). 176p. (YA). (gr. 8-12). pap. 19.95 *(978-1-4598-1889-7(X))* Orca Bk. Pubs. USA.
Chop, Chop, Chop! Book 16. Carole Crimeen & Suzanne Fletcher. 2023. (Comic Decoders Ser.). (ENG., Illus.). 16p. (J). (gr. -1-k). pap. 7.99 ***(978-1-76127-096-3(6),*** a2383215-958e-4289-9350-845fd3f829f5) Knowledge Bks. & Software AUS. Dist: Lerner Publishing Group.
Chop, Cook, Yum! Recipes from the Cool Food School. Deirdre Doyle. Photos by Joanne Murphy. 2022. (ENG., Illus.). 128p. (J). 21.99 *(978-1-78849-274-4(9))* O'Brien Pr., Ltd., The IRL. Dist: Casemate Pubs. & Bk. Distributors, LLC.
ChopChop I Made This! Snacks. Sally Sampson. Ed. by Cottage Door Press. Illus. by Danielle Mudd. 2022. (ENG.). 24p. (J). (gr. -1-k). bds. 8.99 *(978-1-64638-659-8(0),* 1008530) Cottage Door Pr.
Chopin with Coco. Miranda Spijker-Keuter. 2022. (ENG.). 34p. (J). pap. *(978-1-78878-883-0(4));* pap. *(978-1-78878-882-3(6))* Austin Macauley Pubs. Ltd.
Choppers. Peter Bodensteiner. 2016. (Passion Mécanique Ser.). (FRE., Illus.). 32p. (J). (gr. 4-6). *(978-1-77092-365-2(9),* 10438, Bolt) Black Rabbit Bks.
Choppers. Peter Bodensteiner. 2016. (Gearhead Garage Ser.). (ENG.). 32p. (J). (gr. 4-6). pap. 9.99 *(978-1-64466-124-6(1),* 10201); (Illus.). 31.35 *(978-1-68072-028-0(7),* 10200) Black Rabbit Bks. (Bolt).
Choppers. Wendy Hinote Lanier. 2017. (Let's Roll Ser.). (ENG., Illus.). 32p. (J). (gr. 2-3). pap. 9.95 *(978-1-63517-110-5(5),* 1635171105); lib. bdg. 31.35 *(978-1-63517-054-2(0),* 1635170540) North Star Editions. (Focus Readers).
Choppers. Mandy R. Marx. 2018. (Horsepower Ser.). (ENG., Illus.). 32p. (J). (gr. 3-9). pap. 7.95 *(978-1-5435-2470-3(2),* 137978); lib. bdg. 27.32 *(978-1-5435-2462-8(1),* 137970) Capstone. (Capstone Pr.).
Choppers. Mandy R. Marx. Tr. by Aparicio Publishing Aparicio Publishing LLC from ENG. 2019. (Todo Motor Ser.). (SPA., Illus.). 32p. (J). (gr. 3-9). lib. bdg. 27.32 *(978-1-5435-8255-0(9),* 141265) Capstone.
Choppy's Bath Time: A Children's Book about Friendship, Trust & Overcoming Fears. Michelle Leach. Illus. by Jupiters Muse. 2023. (ENG.). 28p. (J). ***(978-0-2288-8127-8(7));*** pap. ***(978-0-2288-8126-1(9))*** Tellwell Talent.
Chopsticks the Pelican. Kristi Argyle. 2021. (ENG., Illus.). 32p. (J). pap. 15.95 *(978-1-64952-937-4(6))* Fulton Bks.
Choral Readings for Fun & Recreation (Classic Reprint) Helen a Brown. 2018. (ENG., Illus.). 66p. (J). 25.28 *(978-0-267-51514-1(6))* Forgotten Bks.
Choral Service of the United Church of England & Ireland: Being an Enquiry into the Liturgical System of the Cathedral & Collegiate Foundations of the Anglican Communion (Classic Reprint) John Jebb. 2017. (ENG., Illus.). (J). 35.55 *(978-0-265-58776-8(X));* pap. 19.57 *(978-0-282-88354-6(1))* Forgotten Bks.
Chords for Kids (Pick up & Play) Quick Start, Easy Diagrams. Jake Jackson. ed. 2018. (Pick up & Play Ser.). (ENG., Illus.). 176p. spiral bd. 15.99 *(978-1-78664-801-3(6),* ae4faeda-16e2-419a-9b6a-6fc8848f7480) Flame Tree Publishing GBR. Dist: Atlas Bks.
Chore Boy of Camp Kippewa (Classic Reprint) James Macdonald Oxley. 2018. (ENG., Illus.). (J). 274p. 29.55 *(978-1-396-21526-1(3));* 276p. pap. 11.97 *(978-1-391-59335-7(9))* Forgotten Bks.
Choreography & Dance in Theater, 1 vol. Don Rauf. 2017. (Exploring Theater Ser.). (ENG.). 96p. (YA). (gr. 7-7). pap. 20.99 *(978-1-5026-3428-3(7),* b429eef7-467e-4462-88f6-9b6fb1ac1bfa); lib. bdg. 44.50 *(978-1-5026-3001-8(X),* f25c6ded-2050-456b-862b-8d351edcb56f) Cavendish Square Publishing LLC.
Chores. Angelia Luker. 2021. (ENG.). 28p. (J). 23.95 *(978-1-6624-4371-8(4));* (Illus.). pap. 13.95 *(978-1-6624-2623-0(2))* Page Publishing Inc.
Chores & Bores Made Fun Coloring Book. Jupiter Kids. 2017. (ENG., Illus.). (J). pap. 9.20 *(978-1-68326-664-8(1),* Jupiter Kids (Childrens & Kids Fiction)) Speedy Publishing LLC.
Chores & Responsibilities: A Child's Guide- Children's Family Life Books. Baby Professor. 2017. (ENG., Illus.). (J). pap. 7.89 *(978-1-5419-0178-0(9),* Baby Professor (Education Kids)) Speedy Publishing LLC.
Chorus: A Tale of Love & Folly (Classic Reprint) Sylvia Dryhurst Lynd. (ENG., Illus.). (J). 2018. 328p. 30.66 *(978-0-483-89955-1(0));* 2016. pap. 13.57 *(978-1-334-25002-6(2))* Forgotten Bks.
Chorus Girl: And Other Stories (Classic Reprint) Anton Chekov. (ENG., Illus.). (J). 2017. 312p. 30.35 *(978-0-484-41170-7(5));* 2016. pap. 13.57 *(978-1-334-31792-7(5))* Forgotten Bks.
Chorus Lady (Classic Reprint) James Forbes. (ENG., Illus.). (J). 2018. 352p. 31.16 *(978-0-483-85842-8(0));* 2017. pap. 13.97 *(978-0-259-02861-1(4))* Forgotten Bks.
Chorus Rises: A Song below Water Novel. Bethany C. Morrow. (Song below Water Ser.: 2). (ENG.). 272p. (YA). 2022. pap. 9.99 *(978-1-250-31604-2(9),* 900199736); 2021. 17.99 *(978-1-250-31603-5(0),* 900199735) Doherty, Tom Assocs., LLC. (Tor Teen).
Chosen. Katrina Cope. 2019. (Valkyrie Academy Dragon Alliance Ser.: Vol. 1). (ENG., Illus.). 108p. (YA). pap. *(978-0-6486613-0-6(X))* Cosy Burrow Bks.
Chosen. Elisa Dominguez. 2021. (ENG.). 64p. (J). pap. 16.95 *(978-1-6624-5551-3(8))* Page Publishing Inc.
Chosen. Michele Fernandes. 2017. (ENG., Illus.). (J). 22.95 *(978-1-4808-4613-5(9));* pap. 12.45 *(978-1-4808-4615-9(5))* Archway Publishing.
Chosen. Elwood Johnson. 2018. (ENG., Illus.). 390p. (J). pap. 13.99 *(978-0-9962753-0-9(4))* Oak Valley Publishing.
Chosen. Shade Owens. 2022. (Immortal Ones Ser.: Vol. 1). (ENG.). 352p. (YA). pap. 13.99 ***(978-1-990271-89-2(8))*** Red Raven Publishing.
Chosen. Deborah Snyder. 2019. (ENG.). 44p. (J). 25.95 *(978-1-0980-0358-6(6));* pap. 15.95 *(978-1-64515-750-2(4))* Christian Faith Publishing.
Chosen. Ivory Z. Ward. Illus. by Lora Look. 2022. (ENG.). 30p. (J). 27.49 *(978-1-6628-4395-2(X));* pap. 17.99 *(978-1-6628-4394-5(1))* Salem Author Services.
Chosen. Kiersten White & Kekai Kotaki. 67th ed. 2020. (ENG.). 368p. (YA). pap. 10.99 *(978-1-5344-6694-4(0))* Simon Pulse.
Chosen: Claiming Your Kingdom Purpose. Emily Assell. Illus. by Lauren Copple. 2020. (Generation Claimed Ser.). (ENG.). 20p. (J). bds. 7.99 *(978-1-4964-3625-2(3),* 20_32347, Tyndale Kids) Tyndale Hse. Pubs.
Chosen: Contender Book 1. Taran Matharu. 2020. (Contender Ser.: 1). (ENG., Illus.). 384p. (YA). pap. 10.99 *(978-1-250-25100-8(1),* 900179181) Square Fish.
Chosen Bride: The Adventures of Esther. Pip Reid. 2020. (Defenders of the Faith Ser.: Vol. 15). (ENG.). 40p. (J). pap. *(978-0-473-39516-2(9))* Bible Pathway Adventures.
Chosen by the Blade. S. R. Sereda. 2023. (By the Blade Ser.). (ENG.). 282p. (YA). ***(978-1-0391-7790-1(5))*** FriesenPress.
Chosen Few: Short Stories (Classic Reprint) Frank R. Stockton. 2017. (ENG., Illus.). (J). 29.22 *(978-0-266-49125-5(1))* Forgotten Bks.
Chosen Novel Units Student Packet. Novel Units. 2019. (ENG.). (YA). pap. 13.99 *(978-1-56137-747-3(3),* Novel Units, Inc.) Classroom Library Co.
Chosen Novel Units Teacher Guide. Novel Units. 2019. (ENG.). (YA). pap. 12.99 *(978-1-56137-746-6(5),* Novel Units, Inc.) Classroom Library Co.
Chosen One. Crystal Fontanez. 2019. (ENG.). 388p. (J). pap. *(978-0-359-48343-3(7))* Lulu Pr., Inc.
Chosen One. James Riley. 2021. (Revenge of Magic Ser.: 5). (ENG.). 480p. (J). (gr. 3-7). pap. 8.99 *(978-1-5344-2585-9(3));* 18.99 *(978-1-5344-2584-2(5))* Simon & Schuster Children's Publishing. (Aladdin).
Chosen Ones. Scarlett Thomas. 2018. (Worldquake Ser.: 2). (ENG., Illus.). 384p. (J). (gr. 4-7). 17.99 *(978-1-4814-9787-9(1),* Simon & Schuster Bks. For Young Readers) Simon & Schuster Bks. For Young Readers.
Chosen Valley (Classic Reprint) Mary Hallock Foote. 2018. (ENG., Illus.). 324p. (J). 30.58 *(978-0-483-47667-7(6))* Forgotten Bks.
Chouans & the Conscript (Classic Reprint) Honore de Balzac. 2017. (ENG., Illus.). (J). 31.96 *(978-1-5284-8626-2(9))* Forgotten Bks.
Chouans, and, the Country Doctor (Classic Reprint) Honore de Balzac. 2018. (ENG., Illus.). 640p. (J). 37.10 *(978-0-332-87833-1(3))* Forgotten Bks.
Chouans (Classic Reprint) Honore de Balzac. 2017. (ENG., Illus.). (J). 32.77 *(978-0-260-77938-0(5));* pap. 16.57 *(978-0-243-09048-8(X))* Forgotten Bks.
Chow the Cow. Deirdre Molloy. 2022. (ENG.). 22p. (J). pap. ***(978-1-3984-3680-0(1))*** Austin Macauley Pubs. Ltd.
Chowanoka: Annual of Chowan College, Murfreesboro, N. C., 1915 (Classic Reprint) Chowan College. 2018. (ENG., Illus.). 116p. (J). 26.31 *(978-0-332-11993-9(9))* Forgotten Bks.
Chowanoka, 1913 (Classic Reprint) Rennie Spivey. 2017. (ENG., Illus.). (J). 26.23 *(978-0-265-93839-3(2));* pap. 9.57 *(978-1-5278-2929-9(4))* Forgotten Bks.
Chowanoka, 1914 (Classic Reprint) Chowan College. (ENG., Illus.). (J). 2018. 134p. 26.68 *(978-0-483-98703-6(4));* 2016. pap. 9.57 *(978-1-334-17291-5(9))* Forgotten Bks.
Chowanoka, 1916, Vol. 5 (Classic Reprint) Chowan College. (ENG., Illus.). (J). 2018. 110p. 26.19 *(978-0-656-45642-0(6));* 2016. pap. 9.57 *(978-1-334-16939-7(X))* Forgotten Bks.
Chowanoka, 1917, Vol. 6 (Classic Reprint) Chowan University N. C. (ENG., Illus.). (J). 2018. 128p. 26.56 *(978-0-267-57367-7(7));* 2016. pap. 9.57 *(978-1-334-16540-5(8))* Forgotten Bks.
Chowanoka, 1921, Vol. 7 (Classic Reprint) Susie M. Brett. 2018. (ENG., Illus.). 114p. (J). 26.27 *(978-0-656-39738-9(1))* Forgotten Bks.
Chowanoka, 1930, Vol. 19 (Classic Reprint) Joseph F. Merrill. (ENG., Illus.). (J). 2018. 150p. 26.99 *(978-0-428-69938-3(3));* 2017. pap. 9.57 *(978-0-259-96145-1(0))* Forgotten Bks.
Chowder Rules! The True Story of an Epic Food Fight, 1 vol. Anna Crowley Redding. Illus. by Vita Lane. 2020. (ENG.). 32p. (J). 17.95 *(978-1-944762-82-7(5),* 18a1d54b-af40-4760-bba6-fdfce6a4f74b) Islandport Pr., Inc.
Chowpatty Cooking Club (Series: Songs of Freedom) Lubaina Bandukwala. 2022. (ENG.). 144p. (J). pap. 9.99 *(978-0-14-345425-0(0))* Penguin Bks. India PVT, Ltd IND. Dist: Independent Pubs. Group.
Choy Susan & Other Stories (Classic Reprint) William Henry Bishop. (ENG., Illus.). (J). 2018. 376p. 31.65 *(978-0-365-34268-7(8));* 2017. pap. 16.57 *(978-1-5276-3071-0(4))* Forgotten Bks.
Chrestomathie de l'Ancien Français (Ixe-Xve Siècles) À l'Usage des Classes; Précédée d'un Tableau Sommaire de la Littérature Française Au Moyen Age et Suivie d'un Glossaire Étymologique détaillé (Classic Reprint) Leopold Constans. 2018. (FRE., Illus.). (J). 428p. 32.72 *(978-0-366-25708-9(0));* 430p. pap. 16.57 *(978-0-366-25706-5(4))* Forgotten Bks.
Chriatians Physiologist: A Night at Sea (Classic Reprint) Gerald Griffin. 2018. (ENG., Illus.). 400p. (J). 32.17 *(978-0-483-57510-3(0))* Forgotten Bks.
Chris & Otho: The Pansies & Orange-Blossoms They Found in Roaring River & Rosenbloom; a Sequel to Widow Goldsmith's Daughter (Classic Reprint) Julie P. Smith. (ENG., Illus.). (J). 2018. 530p. 34.83 *(978-0-267-61482-0(9));* 2017. pap. 19.57 *(978-0-259-27447-6(X))* Forgotten Bks.
Chris Crumb's FAR-OUT! Adventures. Carey Wilson. Illus. by Tuly Akter. 2022. (ENG.). 58p. (J). pap. 13.99 ***(978-1-387-63669-3(3))*** Lulu Pr., Inc.
Chris Earns His MBA in Manners, Behavior, Attitude. Betty Lou Rogers. 2016. (ENG., Illus.). (J). pap. 12.95 *(978-0-9983078-1-7(5))* Skookum Bks.
Chris Evans. Jen Jones. 2016. (Hollywood Action Heroes Ser.). (ENG., Illus.). 32p. (J). (gr. 3-9). lib. bdg. 28.65 *(978-1-5157-1238-1(9),* 132315) Capstone.
Chris Froome. John Murray. 2018. (Ultimate Sports Heroes Ser.). (ENG.). 176p. (J). (gr. 4-8). pap. 10.99 *(978-1-78606-466-0(9))* Blake, John Publishing, Ltd. GBR. Dist: Independent Pubs. Group.
Chris Hemsworth. Martha London. 2020. (Superhero Superstars Ser.). (ENG., Illus.). 32p. (J). (gr. 2-3). pap. 9.95 *(978-1-64493-445-6(0),* 1644934450); lib. bdg. 31.35 *(978-1-64493-369-5(1),* 1644933691) North Star Editions. (Focus Readers).
Chris in Canada. George Frederick Clarke. Ed. by Mary Bernard. 2021. (ENG.). 198p. (YA). pap. *(978-1-988299-35-8(7))* Chapel Street Editions.
Chris MacTree: The Christmas Tree. Brendan Furlotte. Illus. by Stefanie St Denis. 2021. (ENG.). 28p. (J). *(978-0-2288-4392-4(8));* pap. *(978-0-2288-4391-7(X))* Tellwell Talent.
Chris of All-Sorts (Classic Reprint) S. Baring-Gould. (ENG., Illus.). (J). 2018. 352p. 31.16 *(978-0-364-33574-1(2));* 2017. pap. 13.57 *(978-0-243-33017-1(0))* Forgotten Bks.
Chris Paul. Jon M. Fishman. 2020. (Sports All-Stars (Lerner (tm) Sports) Ser.). (ENG., Illus.). 32p. (J). (gr. 2-5). pap. 9.99 *(978-1-5415-8952-0(1),* 0efe4995-6054-401e-b2ce-a4e4808fee6e); lib. bdg. 29.32 *(978-1-5415-7730-5(2),* 6ab3b9a6-1d4b-4493-a48e-f943c7fc5f79) Lerner Publishing Group. (Lerner Pubns.).
Chris Paul. Donald Parker. 2019. (Hardwood Greats: Pro Basketball's Best Players Ser.). (Illus.). 80p. (J). (gr. 12). lib. bdg. 34.60 *(978-1-4222-4346-6(X))* Mason Crest.
Chris Pratt. Kenny Abdo. 2018. (Star Biographies Ser.). (ENG., Illus.). 24p. (J). (gr. 2-8). lib. bdg. 31.36 *(978-1-5321-2543-0(7),* 30095, Abdo Zoom-Fly) ABDO Publishing Co.
Chris Pratt. Martha London. 2020. (Superhero Superstars Ser.). (ENG., Illus.). 32p. (J). (gr. 2-3). pap. 9.95 *(978-1-64493-450-0(7),* 1644934507); lib. bdg. 31.35 *(978-1-64493-374-9(8),* 1644933748) North Star Editions. (Focus Readers).
Chris Rock: Comedian & Actor, 1 vol. Philip Wolny. 2018. (Influential Lives Ser.). (ENG.). 128p. (gr. 7-7). 40.27 *(978-1-9785-0344-1(X),* 378439b0-41bc-4018-a450-e3a80c903fd5) Enslow Publishing, LLC.
Chris Stapleton. Tammy Gagne. 2018. 25.70 *(978-1-68020-154-3(9))* Mitchell Lane Pubs.
Chris Van Allsburg. Chris Bowman. 2017. (Children's Storytellers Ser.). (ENG., Illus.). 24p. (J). (gr. 2-5). lib. bdg. 26.95 *(978-1-62617-549-5(7),* Blastoff! Readers) Bellwether Media.
Chrismas Would You Rather? Festive Fun, Facts & Jokes. Catherine Brereton. Illus. by Steve James. 2022. (ENG.). 96p. (J). 8.99 ***(978-0-00-852442-5(4),*** Red Shed) Farshore GBR. Dist: HarperCollins Pubs.
Chris's Fables. Chris Spence. 2017. (ENG., Illus.). 60p. (J). 26.95 *(978-1-78629-238-4(6),* 828c079a-31f4-4ccc-8195-92c8dd500aed) Austin Macauley Pubs. Ltd. GBR. Dist: Baker & Taylor Publisher Services (BTPS).
Chrissie & the Crust Monster. Amy Van Duyn. Illus. by Lizy J. Campbell. 2018. (ENG.). 50p. (J). pap. 14.99 *(978-1-949609-41-7(3))* Pen It Pubns.
Chrissy's Candy Shop. Melanie Lopata. Ed. by Nay Merrill. Illus. by Denny Poliquit. 2022. (ENG.). 36p. (J). pap. 9.99 ***(978-1-0880-5682-0(2))*** Lopata, Melanie ~ Author.
Chrissy's Holiday. Vicki Yabuku. 2022. (ENG.). 30p. (J). pap. 15.99 ***(978-1-957369-46-4(9))*** Kudu.
Christ-Child (Classic Reprint) T. F. 2018. (ENG., Illus.). 52p. (J). 24.97 *(978-0-267-24617-5(X))* Forgotten Bks.
Christ Died for Me? but Why? L. R. Wells. 2021. (ENG.). 30p. (YA). 21.95 *(978-1-63630-529-5(6));* pap. 11.95 *(978-1-63630-528-8(8))* Covenant Bks.
Christ Is God the Son: New Testament Volume 34: Hebrews, Part 1. R. Iona Lyster et al. 2019. (Visualized Bible Ser.: Vol. 1034). (ENG.). 30p. (J). pap. 15.00 *(978-1-64104-062-4(9))* Bible Visuals International, Inc.
Christ Legends (Classic Reprint) Selma Lagerlöf. 2017. (ENG., Illus.). (J). 29.88 *(978-0-260-72624-7(9));* 24.93 *(978-0-260-77419-4(7))* Forgotten Bks.
Christ of Christmas: An Age-Old Story with a New Family Tradition. Marc Sikma. Illus. by Rita Tan. 2023. (ENG.). 64p. (J). (gr. 1-5). 14.99 ***(978-1-0877-7821-1(2),*** 005840901, B&H Kids) B&H Publishing Group.
Christ Speaks: An Illustrated Contemplation. The Elder Brothers Of Humanity. 2020. (ENG.). 56p. (J). *(978-1-716-49744-5(2));* pap. *(978-1-716-49753-7(1))* Lulu Pr., Inc.
Christ, the Head of the Church: New Testament Volume 31: Colossians. R. Iona Lyster & Bible Visuals International. 2019. (Visualized Bible Series 1031-Acs Ser.: Vol. 1031). (ENG.). 30p. (J). pap. 15.00 *(978-1-64104-059-4(9))* Bible Visuals International, Inc.
Christ the Redeemer. Elizabeth Noll. 2020. (Seven Wonders of the Modern World Ser.). (ENG., Illus.). 32p. (J). (gr. 3-8). lib. bdg. 27.95 *(978-1-64487-266-6(8),* Blastoff! Readers) Bellwether Media.
Christ, the Son of God. Constant Henri Fouard. 2017. (ENG.). 436p. (J). pap. *(978-3-7446-6272-7(1))* Creation Pubs.
Christian. Hall Caine. 2017. (ENG.). (J). 480p. pap. *(978-3-337-26094-1(2));* 482p. pap. *(978-3-7447-4966-4(5))* Creation Pubs.
Christian: A Drama, in Four Acts (Classic Reprint) Hall Caine. 2018. (ENG., Illus.). 194p. (J). 27.90 *(978-0-483-96174-6(4))* Forgotten Bks.
Christian: A Story (Classic Reprint) Hall Caine. 2017. (ENG., Illus.). (J). 35.36 *(978-1-5284-4357-9(8))* Forgotten Bks.
Christian Athlete: A Sermon Story (Classic Reprint) Aquilla Webb. 2018. (ENG., Illus.). 182p. (J). 27.65 *(978-0-267-17425-6(X))* Forgotten Bks.
Christian Athlete Training Journal: A 12 Week Workout, Nutrition, & Spiritual Logbook. Kori Carter. 2016. (ENG., Illus.). (YA). (gr. 7-12). pap. 15.99 *(978-1-945918-00-1(4))* KC13 Corp.
Christian Baby. Peeterson Mentor & Lory Mentor. 2022. (ENG., Illus.). 32p. (J). pap. 14.95 *(978-1-0980-4073-4(2))* Christian Faith Publishing.
Christian, Christian WHERE ARE YOU? Karen Barber. Illus. by M. Isnaeni. 2022. (ENG.). 22p. (J). 15.00 ***(978-1-0879-8258-8(8))*** Indy Pub.
Christian Critters. August Mack. 2018. (ENG., Illus.). 36p. (J). pap. 11.95 *(978-1-64458-309-8(7))* Christian Faith Publishing.
Christian Experience: Or a Guide to the Perplexed (Classic Reprint) Robert Philip. 2018. (ENG., Illus.). 220p. (J). 28.43 *(978-0-483-84833-7(6))* Forgotten Bks.
Christian Focus Story Bible. Carine MacKenzie. rev. ed. 2021. (ENG.). 160p. (J). 17.99 *(978-1-5271-0704-5(3),* 30d29f54-5a56-4e2c-a4e7-ebfaa4288052, CF4Kids) Christian Focus Pubns. GBR. Dist: Baker & Taylor Publisher Services (BTPS).
Christian Gellert: And Other Sketches (Classic Reprint) Berthold Auerbach. (ENG., Illus.). (J). 2018. 200p. 28.02 *(978-0-332-98298-4(X));* 2016. pap. 10.57 *(978-1-334-53027-2(0))* Forgotten Bks.
Christian Grace. Terence Houston. Ed. by Tierra Destiny Reid. Illus. by Laura Acosta. 2018. (Chronicles of Christian Grace Ser.: Vol. 1). (ENG.). 26p. (J). pap. 14.95 *(978-1-947574-29-8(9))* TDR Brands Publishing.
Christian Hatherley's Childhood: A Tale (Classic Reprint) C. E. B. 2018. (ENG., Illus.). 186p. (J). 27.73 *(978-0-483-74451-6(4))* Forgotten Bks.
Christian Heroes: Just Like You. Catherine MacKenzie. 2021. (Biography Ser.). (ENG.). 176p. (J). 13.99 *(978-1-5271-0678-9(0),* 8dd02e7e-3fd5-49b3-9e48-9c579cd51a01, CF4Kids) Christian Focus Pubns. GBR. Dist: Baker & Taylor Publisher Services (BTPS).
Christian Heroes - Then & Now - Norman Grubb: Mission Builder. Janet & Geoff Benge. 2019. (ENG.). 208p. (J). pap. 11.99 *(978-1-57658-915-1(3))* YWAM Publishing.
Christian Heroes - Then & Now - Richard Wurmbrand: Love Your Enemies. Janet & Geoff Benge. 2017. 208p. (YA). pap. 11.99 *(978-1-57658-987-8(0))* YWAM Publishing.
Christian Heroines: Just Like You. Catherine MacKenzie. 2021. (Biography Ser.). (ENG.). 176p. (J). 13.99 *(978-1-5271-0734-2(5),* 8daa231a-ad94-4a88-bba7-7032d6a265ea, CF4Kids) Christian Focus Pubns. GBR. Dist: Baker & Taylor Publisher Services (BTPS).
Christian Leah,& Other Ghetto Stories (Classic Reprint) Leopold Kompert. 2018. (ENG., Illus.). 262p. (J). 29.32 *(978-0-332-83526-6(X))* Forgotten Bks.
Christian Life of a Young Adult: Thirty Devotions for Teens & Young Adults. George Lott. 2018. (ENG., Illus.). 68p. (YA). pap. 12.95 *(978-1-64140-665-9(8))* Christian Faith Publishing.
Christian Love Contrasted with the Love of the World: In an Epistolary Narrative (Classic Reprint) M. H. Maxwell. (ENG., Illus.). (J). 2018. 108p. 26.12 *(978-0-484-71114-2(8));* 2017. pap. 9.57 *(978-0-243-42039-1(0))* Forgotten Bks.
Christian Ludwig's Teutschenglisches Lexikon, Worin Nicht Allein Die Einzelnen Worter, Sondern Auch Die Ganzen, Die Eigenen Spruchwortlichen und Verblumten Redensarten Zu Finden Sind: Aus Den Besten Schriftstellern und Vorhandenen Worterbuchern Mit. Christian Ludwig. 2017. (ENG., Illus.). (J). 1192p. 48.48 *(978-0-332-30220-1(2));* 1194p. pap. 30.82 *(978-0-332-24073-2(8))* Forgotten Bks.
Christian Mccaffrey. Keith Elliot Greenberg. 2021. (Sports All-Stars (Lerner (tm) Sports) Ser.). (ENG., Illus.). 32p. (J). (gr. 2-5). pap. 9.99 *(978-1-7284-3668-5(0),* dcb15b02-6805-4a73-a4cf-7bd0f1c1eb1b, Lerner Pubns.) Lerner Publishing Group.
Christian Mccaffrey: NFL Star. Douglas Lynne. 2020. (Pro Sports Stars Ser.). (ENG.). 24p. (J). (gr. 3-3). pap. 8.95 *(978-1-63494-240-9(X),* 163494240X); lib. bdg. 28.50 *(978-1-63494-222-5(1),* 1634942221) Pr. Room Editions LLC.
Christian Memoirs, or a Review of the Present State of Religion in England: In the Form of a New Pilgrimage to

C

the Heavenly Jerusalem; Containing, by Way of Allegorical Narrative, a Great Variety of Dialogues on the Most Interesting Subjects, Adventures O. W. Shrubsole. (ENG., Illus.). (J). 2018. 400p. 32.15 *(978-0-483-61138-2(7))*; 2016. pap. 16.57 *(978-1-333-59388-9(0))* Forgotten Bks.

Christian Parent's Assistant: Or Tales, for the Moral & Religious Instruction of Youth (Classic Reprint) Virginia Cary. (ENG., Illus.). (J). 2017. 28.45 *(978-0-331-41415-8(5))*; 2016. pap. 10.97 *(978-1-334-12418-1(3))* Forgotten Bks.

Christian Peace, or the Third Fruit of the Spirit: Illustrated by Scenes from Real Life (Classic Reprint) D. P. Kidder. (ENG., Illus.). (J). 2018. 154p. 27.09 *(978-0-483-85509-0(X))*; 2016. pap. 9.57 *(978-1-333-32996-9(2))* Forgotten Bks.

Christian Piano. Aisha Hammah. 2023. (ENG.). 22p. (J). pap. ***(978-1-77831-040-9(0))*** WTL International.

Christian Piano: African Favourites. Aisha Hammah. 2023. (ENG.). 20p. (J). pap. ***(978-1-77831-041-6(9))*** WTL International.

Christian Pulisic. Jon M. Fishman. 2021. (Sports All-Stars (Lerner (tm) Sports) Ser.). (ENG., Illus.). 32p. (J). (gr. 2-5). pap. 9.99 *(978-1-7284-2311-1(2))*, c318d887-ff7d-400d-9c91-af1bb7340454, Lerner Pubns.) Lerner Publishing Group.

Christian Pulisic. Todd Kortemeier. (World's Greatest Soccer Players Ser.). (ENG., Illus.). 32p. (J). 2020. (gr. 4-4). pap. 9.95 *(978-1-64494-346-5(8))*, 1644943468); 2019. (gr. 3-9). lib. bdg. 32.79 *(978-1-5321-9067-4(0))*, 33644) ABDO Publishing Co. (SportsZone).

Christian Songs & Rhymes for Children Children's Jesus Book. Baby Professor. 2017. (ENG., Illus.). (J). pap. 7.89 *(978-1-5419-0279-4(3))*, Baby Professor (Education Kids)) Speedy Publishing LLC.

Christian the Princess. Terence Houston. Ed. by Tierra Destiny Reid. Illus. by Laura Acosta. 2018. (Chronicles of Christian Grace Ser.: Vol. 1). (ENG.). 26p. (J). pap. 14.95 *(978-1-947574-27-4(2))* TDR Brands Publishing.

Christian, Vol. 1 Of 2: A Story (Classic Reprint) Hall Caine. 2018. (ENG., Illus.). 348p. (J). 31.07 *(978-0-483-19509-7(X))* Forgotten Bks.

Christian, Vol. 2 Of 2: A Story (Classic Reprint) Hall Caine. 2018. (ENG., Illus.). 350p. (J). 31.18 *(978-0-484-88691-8(6))* Forgotten Bks.

Christian Wilderness Weather Kids: Stormi Rain & Layla Lightning's Big Foot Country Tale. Regina Risner Arnold. 2017. (ENG., Illus.). (J). pap. 13.95 *(978-1-63575-553-4(0))* Christian Faith Publishing.

Christian Work in Zulu Land (Classic Reprint) Katharine Parker Lloyd. (ENG., Illus.). (J). 2018. 84p. 25.65 *(978-0-483-35065-6(6))*; 2017. pap. 9.57 *(978-0-243-25698-3(1))* Forgotten Bks.

Christian Yelich. Jon M. Fishman. 2020. (Sports All-Stars (Lerner (tm) Sports) Ser.). (ENG., Illus.). 32p. (J). (gr. 2-5). pap. 9.99 *(978-1-5415-9791-4(5))*, 3398aa2f-334d-4d30-95f6-413d23f88b46); lib. bdg. 29.32 *(978-1-5415-9790-7(7))*, f2876e76-b558-47c3-90ee-58cb59979ef3) Lerner Publishing Group. (Lerner Pubns.).

Christian Yelich: Baseball Star. Lee Patrick. 2020. (Biggest Names in Sports Set 5 Ser.). (ENG., Illus.). 32p. (J). (gr. 3-5). 31.35 *(978-1-64493-057-1(9))*, 1644930579, Focus Readers) North Star Editions.

Christianity. Contrib. by Elizabeth Andrews. 2023. (World Religions Ser.). (ENG.). 32p. (J). (gr. 2-5). lib. bdg. 32.79 ***(978-1-0982-4444-6(3))***, 42509, DiscoverRoo) Pop!.

Christianity. Aaron Bowen. 2017. (Illus.). 64p. (J). *(978-1-4222-3817-2(2))* Mason Crest.

Christianity. Rita Faelli. 2018. (Religion Studies). (ENG.). 32p. (J). lib. bdg. 22.99 *(978-1-5105-3781-1(3))* SmartBook Media, Inc.

Christianity. Katie Marsico. 2017. (21st Century Skills Library: Global Citizens: World Religions Ser.). (ENG., Illus.). 32p. (J). (gr. 4-7). lib. bdg. 32.07 *(978-1-63472-155-4(1))*, 209192) Cherry Lake Publishing.

Christianity, 1 vol. Lynnae D. Steinberg. 2018. (Let's Find Out! Religion Ser.). (ENG., Illus.). 32p. (J). (gr. 2-3). lib. bdg. 26.06 *(978-1-5081-0684-5(3))*, e92244e5-d403-44d7-ab40-ab246cc32606, Britannica Educational Publishing) Rosen Publishing Group, Inc., The.

Christianity. Robert Orme. ed. 2017. (ENG., Illus.). 40p. (J). (gr. 6-9). pap. 11.99 *(978-0-00-822770-8(5))* HarperCollins Pubs. Ltd. GBR. Dist: Independent Pubs. Group.

Christianity: Children's Christian Book with Facts! Bold Kids. 2022. (ENG.). 46p. (J). pap. 14.99 *(978-1-0717-0921-4(6))* FASTLANE LLC.

Christianity & World Economy. Li Jin Wei. 2022. (ENG.). 141p. pap. *(978-1-387-78677-0(6))* Lulu Pr., Inc.

Christianity: Is It True? Answering Questions Through Real Lives. David J. Randall. rev. ed. 2018. (ENG.). 128p. (J). 9.99 *(978-1-5271-0236-1(X))*, 86e68a97-881f-4f11-8ccc-ccc1b11a2dbe, CF4Kids) Christian Focus Pubns. GBR. Dist: Baker & Taylor Publisher Services (BTPS).

Christians & Courtship: Helping Young People to Live a Dating in Holiness & with Purpose. César Donaldo Arzú. 2019. (ENG.). 90p. (YA). pap. 9.95 *(978-1-9736-5141-3(6))*, WestBow Pr.) Author Solutions, LLC.

Christian's Christmas Wish. Put Me In The Story & J. D. Green. Illus. by Julia Seal. 2018. (Christmas Wish Ser.). (ENG.). 32p. (J). (gr. k-3). 6.99 ***(978-1-4926-8516-6(X))*** Sourcebooks, Inc.

Christian's Curious Adventure to the Special Room. Chrissy Thompson. 2019. (Church House Mouse Ser.: Vol. 2). (ENG., Illus.). 30p. (J). pap. 12.95 *(978-1-64559-596-0(X))* Covenant Bks.

Christian's Mistake (Classic Reprint) Unknown Author. 2017. (ENG., Illus.). (J). 31.12 *(978-0-266-20126-7(1))* Forgotten Bks.

Christian's Secret to a Happy Life. Hannah Whitall Smith. 2017. (Read & Reflect with the Classics Ser.). (ENG.). 320p. 14.99 *(978-1-4336-4999-8(3))*, 005791861, B&H Bks.) B&H Publishing Group.

Christie & Agatha's Detective Agency: a Discovery Disappears. Pip Murphy. Illus. by Roberta Tedeschi. 2022. 1. (ENG.). 128p. (J). pap. 6.99 *(978-1-78226-796-6(4))*, 248288e9-4e25-4080-a13f-bd79694e4caf) Sweet Cherry Publishing GBR. Dist: Baker & Taylor Publisher Services (BTPS).

Christie & Agatha's Detective Agency: of Mountains & Motors. Pip Murphy. Illus. by Roberta Tedeschi. 2022. (Christie & Agatha's Detective Agency (US Edition) Ser.). (ENG.). 128p. (J). pap. 6.99 *(978-1-78226-830-7(8))*, b53bebb1-6362-45e0-8dfa-b600a07046a9) Sweet Cherry Publishing GBR. Dist: Baker & Taylor Publisher Services (BTPS).

Christie & Agatha's Detective Agency: Tombful of Trouble. Pip Murphy. Illus. by Roberta Tedeschi. 2022. (ENG.). 144p. (J). pap. 6.99 *(978-1-80263-043-5(0))*, 331a3376-1c1c-489e-91ea-cd35acb819eb) Sweet Cherry Publishing GBR. Dist: Baker & Taylor Publisher Services (BTPS).

Christie Elwood & Her Friends (Classic Reprint) Unknown Author. 2017. (ENG., Illus.). (J). 29.38 *(978-0-266-71285-5(1))*; pap. 11.97 *(978-1-5276-6956-7(4))* Forgotten Bks.

Christie Johnstone: A Novel (Classic Reprint) Charles Reade. 2018. (ENG., Illus.). 344p. (J). 30.99 *(978-0-364-28652-4(0))* Forgotten Bks.

Christie Johnstone & Singleheart & Doubleface (Classic Reprint) Charles Reade. (ENG., Illus.). (J). 2018. 354p. 31.20 *(978-0-483-46029-4(X))*; 2016. pap. 13.57 *(978-1-334-13713-6(7))* Forgotten Bks.

Christie's Choice (Classic Reprint) Ellery Sinclair. (ENG., Illus.). (J). 2018. 302p. 30.13 *(978-0-483-76340-1(3))*; 2017. pap. 13.57 *(978-0-243-39481-4(0))* Forgotten Bks.

Christie's Faith (Classic Reprint) Frederick William Robinson. (ENG., Illus.). (J). 2018. 532p. 34.87 *(978-0-483-49560-9(3))*; 2016. pap. 19.57 *(978-1-334-14012-9(X))* Forgotten Bks.

Christie's Next Thing (Classic Reprint) Minnie E. Kenney. 2018. (ENG., Illus.). 274p. (J). 29.57 *(978-0-484-36568-0(1))* Forgotten Bks.

Christie's Old Organ: Or Home, Sweet Home (Classic Reprint) Amy Catherine Walton. 2017. (ENG., Illus.). (J). 26.58 *(978-0-266-86505-6(4))* Forgotten Bks.

Christina & Marianna's Wild Hair Adventure. Patricia Schaller. Illus. by Yan Gabriella. 2021. (ENG.). 30p. (J). *(978-1-64536-928-8(5))*; pap. *(978-1-64536-927-1(7))* Austin Macauley Pubs. Ltd.

Christina North, Vol. 1 of 2 (Classic Reprint) E. M. Archer. 2018. (ENG., Illus.). 316p. (J). 30.41 *(978-0-267-19991-4(0))* Forgotten Bks.

Christina North, Vol. 2 of 2 (Classic Reprint) E. M. Archer. 2018. (ENG., Illus.). 362p. (J). 31.38 *(978-0-484-05158-3(X))* Forgotten Bks.

Christina Studies Laws. Mindy Huffman. 2018. (Computer Science for the Real World Ser.). (ENG.). 24p. (J). (gr. 3-4). 19.60 *(978-1-5311-8672-2(6))* Perfection Learning Corp.

Christina's Ghost. Betty Ren Wright. 2018. 112p. (J). (gr. 3-7). pap. 8.99 *(978-0-8234-3991-1(7))* Holiday Hse., Inc.

Christine (Classic Reprint) Amelia Edith Huddleston Barr. 2018. (ENG., Illus.). 382p. (J). 31.80 *(978-0-483-32031-4(5))* Forgotten Bks.

Christine (Classic Reprint) Alice Cholmondeley. (ENG., Illus.). (J). 2018. 268p. 29.44 *(978-0-484-86813-6(6))*; 2017. 29.53 *(978-0-265-71718-9(3))*; 2017. pap. 11.97 *(978-1-5276-7302-1(2))* Forgotten Bks.

Christine of the Young Heart (Classic Reprint) Louise Breitenbach Clancy. 2018. (ENG., Illus.). 352p. (J). 31.18 *(978-0-483-95089-4(0))* Forgotten Bks.

Christine the Clairvoyant. Tracy Blom. Illus. by Sang Nguyen. 2018. (ENG.). 28p. (J). 19.99 *(978-0-578-40953-5(4))*; pap. 14.99 *(978-0-578-41236-8(5))* Blom Pubns.

Christine's Career. Pauline King. 2017. (ENG.). 292p. (J). pap. *(978-3-337-06275-0(X))* Creation Pubs.

Christine's Career: A Story for Girls (Classic Reprint) Pauline King. 2018. (ENG., Illus.). 294p. (J). 29.98 *(978-0-484-38630-2(1))* Forgotten Bks.

Christine's Inspiration (Classic Reprint) Barbara Yechton. 2018. (ENG., Illus.). 34p. (J). 24.60 *(978-0-483-98607-7(0))* Forgotten Bks.

Christmas. Lisa J. Amstutz. 2017. (Holidays Around the World Ser.). (ENG., Illus.). 24p. (J). (gr. -1-2). lib. bdg. 22.65 *(978-1-5157-4852-6(9))*, 134458, Pebble) Capstone.

Christmas. Elanor Best. Illus. by Dawn Machell. 2020. (ENG.). 42p. (J). (gr. -1-7). pap. 6.99 *(978-1-78947-715-3(8))* Make Believe Ideas GBR. Dist: Scholastic, Inc.

Christmas. Carole Crimeen & Suzanne Fletcher. 2023. (Celebrations & Events Ser.). (ENG., Illus.). 16p. (J). (gr. -1-2). pap. 7.99 ***(978-1-922370-19-8(3))***, 1e1d1598-1df2-4049-88f3-00e9e1f90839) Knowledge Bks. & Software AUS. Dist: Lerner Publishing Group.

Christmas. Lori Dittmer. (Seedlings Ser.). (ENG.). 24p. (J). (gr. -1-k). 2021. *(978-1-64026-325-3(X))*, 17858, Creative Education); 2020. pap. 8.99 *(978-1-62832-857-8(6))*, 17859, Creative Paperbacks) Creative Co., The.

Christmas. Kit Elliot. Illus. by Barry Green. 2020. (Scratch & Draw Card Wallet Format Ser.). (ENG.). 34p. (J). (gr. k-3). pap. 9.99 *(978-1-78958-652-7(6))* Top That! Publishing PLC GBR. Dist: Independent Pubs. Group.

Christmas. Katie Gillespie. 2019. (Holidays Around the World Ser.). (ENG.). 24p. (J). lib. bdg. 22.99 *(978-1-5105-4500-7(X))* SmartBook Media, Inc.

Christmas. Rachel Grack. 2017. (Celebrating Holidays Ser.). (ENG., Illus.). 24p. (J). (gr. k-3). pap. 7.99 *(978-1-61891-271-8(2))*, 12060); lib. bdg. 26.95 *(978-1-62617-592-1(6))* Bellwether Media. (Blastoff! Readers).

Christmas. Rachel Hamby. 2020. (Cultural Celebrations Ser.). (ENG., Illus.). 32p. (J). (gr. 2-5). lib. bdg. 32.79 *(978-1-5321-6767-6(9))*, 34695, DiscoverRoo) Pop!.

Christmas. Grace Jones. 2019. (Festivals Around the World Ser.). (ENG.). 24p. (J). (gr. k-2). pap. 9.99 *(978-1-78637-821-7(3))* BookLife Publishing Ltd. GBR. Dist: Independent Pubs. Group.

Christmas. Pearl Markovics. 2018. (Happy Holidays! Ser.). (ENG., Illus.). 16p. (J). (gr. -1-1). 6.99 *(978-1-64280-148-4(8))* Bearport Publishing Co., Inc.

Christmas. Allan Morey. Illus. by Steph Hinton. 2018. (Holidays in Rhythm & Rhyme Ser.). (ENG.). 24p. (J). (gr. -1-3). lib. bdg. 33.99 *(978-1-68410-380-5(0))*, 140353) Cantata Learning.

Christmas. Julie Murray. 2018. (Holidays (Abdo Kids Junior) Ser.). (ENG., Illus.). 24p. (J). (gr. -1-2). lib. bdg. 31.36 *(978-1-5321-8171-9(X))*, 29815, Abdo Kids) ABDO Publishing Co.

Christmas, 1 vol. Joanna Ponto & Arlene Erlbach. 2016. (Story of Our Holidays Ser.). (ENG., Illus.). 32p. (gr. 3-3). pap. 11.52 *(978-0-7660-7617-4(2))*, c2cbe6bd-130b-4233-865e-77a18927b902) Enslow Publishing, LLC.

Christmas. Rebecca Sabelko. 2022. (Happy Holidays! Ser.). (ENG., Illus.). 24p. (J). (gr. -1-2). pap. 7.99 *(978-1-64834-849-5(1))*, 21703, Blastoff! Readers) Bellwether Media.

Christmas. Mari Schuh. 2020. (Spot Holidays Ser.). (ENG.). 16p. (J). (gr. -1-2). lib. bdg. *(978-1-68151-801-5(5))*, 10675) Amicus.

Christmas! Penelope Dyan. Illus. by Penelope Dyan. l.t. ed. 2022. (ENG.). 34p. (J). pap. 12.60 ***(978-1-61477-628-4(8))*** Bellissima Publishing, LLC.

Christmas: 5-Step Handicrafts for Kids, 8 vols. Anna Llimós. 2021. (5-Step Handicrafts for Kids Ser.: 8). (ENG., Illus.). 32p. (J). (gr. -1-3). 9.99 *(978-0-7643-6215-6(1))*, 17492) Schiffer Publishing, Ltd.

Christmas: A Peek-Through Christmas Book of Counting. Harriet Evans. Illus. by Fiona Galloway. 2021. (My Little World Ser.). (ENG.). 16p. (J). (-k). bds. 8.99 *(978-1-6643-5001-4(2))* Tiger Tales.

Christmas: A Story (Classic Reprint) Zona Gale. 2017. (ENG., Illus.). (J). 29.47 *(978-1-5281-6554-9(3))* Forgotten Bks.

Christmas: An Annual Present for Young Persons (Classic Reprint) Thomas Crofton Croker. (ENG., Illus.). (J). 2018. 248p. 29.01 *(978-0-483-53550-3(8))*; 2017. pap. 11.57 *(978-0-243-33082-9(0))* Forgotten Bks.

Christmas: Christmas Stories. Pamela Rose Rasmussen. 2022. (ENG.). 44p. (YA). pap. *(978-0-2288-7881-0(0))* Tellwell Talent.

Christmas: Classic Christmas Story. Zona Gale. 2022. (ENG.). 100p. (J). pap. ***(978-1-80547-050-2(7))*** Nasionale Boekhandel.

Christmas: From Solstice to Santa, 1 vol. Nikki Tate & Dani Tate-Stratton. 2018. (Orca Origins Ser.: 6). (ENG., Illus.). 80p. (J). (gr. 4-7). 24.95 *(978-1-4598-1355-7(3))* Orca Bk. Pubs. USA.

Christmas: Jesus Is Born! Marilyn Monge. Illus. by Lisa M. Griffin. 2018. 32p. (J). pap. *(978-0-8198-1670-2(1))* Pauline Bks. & Media.

Christmas 3 in 1 Activity Workbook. Cristie Dozaz. 2020. (ENG.). 82p. (J). pap. 14.00 *(978-1-716-38234-5(3))* Lulu Pr., Inc.

Christmas, a Happy Time: A Tale, Calculated for the Amusement & Instruction of Young Persons (Classic Reprint) Alicia Catherine Mant. 2016. (ENG., Illus.). (J). pap. 9.57 *(978-1-333-42090-1(0))* Forgotten Bks.

Christmas ABC. Illus. by Jannie Ho. 2018. (ENG.). 26p. (J). (— 1). bds. 6.99 *(978-1-5362-0249-6(5))* Candlewick Pr.

Christmas ABCs: a Golden Alphabet Book. Andrea Posner-Sanchez. 2020. (Illus.). 36p. (J). (-k). 9.99 *(978-0-593-12610-3(6))*, Golden Bks.) Random Hse. Children's Bks.

Christmas Accident & Other Stories. Annie Eliot Trumbull. 2019. (ENG.). 152p. (J). (gr. k-4). pap. *(978-625-7959-07-0(1))* Unrayoglu, Murat E Kitap Projesi.

Christmas Accident, & Other Stories (Classic Reprint) Annie Eliot Trumbull. 2018. (ENG., Illus.). 248p. (J). 29.01 *(978-0-483-91292-2(1))* Forgotten Bks.

Christmas Activities with Khloe Koala. Maria Campbell. 2016. (ENG., Illus.). 66p. (J). pap. *(978-1-365-50973-5(7))* Lulu Pr., Inc.

Christmas Activity & Coloring Book for Kids: Amazing Christmas Activity & Coloring Book for All the Kids in the World - Cute Christmas Gift for Toddlers & Kids - a Perfect Holiday, Drawing, Coloring, Maze, Games, & Puzzle Art Activities Boo. Kiddo's Christmas. 2020. (ENG.). 110p. (J). pap. 9.99 *(978-1-716-35361-1(0))* Lulu Pr., Inc.

Christmas Activity Book. Amy Boxshall. Illus. by Jess Moorhouse. 2021. (ENG.). 42p. (J). pap. 6.99 *(978-1-80058-530-0(6))* Make Believe Ideas GBR. Dist: Scholastic, Inc.

Christmas Activity Book. Alina Cooper. 2021. (ENG.). 102p. (J). pap. 8.00 *(978-1-716-34134-2(5))* Lulu Pr., Inc.

Christmas Activity Book. A. Green. 2021. (ENG.). 102p. (J). pap. 11.50 *(978-1-716-34125-0(6))* Lulu Pr., Inc.

Christmas Activity Book. Callie Rachell. 2020. (ENG.). 66p. (J). pap. 6.38 *(978-1-716-34798-6(X))* Lulu Pr., Inc.

Christmas Activity Book: Creative Activity Book for Children: Tic Tac Toe, Hangman, Dots & Boxes & Coloring Activity All in One Book. Wonder Books. 2020. (ENG.). 162p. (J). pap. 7.00 *(978-1-716-37627-6(0))* Lulu Pr., Inc.

Christmas Activity Book for Children: Creative Activity Book for Children: Tic Tac Toe, Hangman, Dots & Boxes & Coloring Activity All in One Book. Wonder Books. 2020. (ENG.). 108p. (J). pap. 5.99 *(978-1-716-36696-3(8))* Lulu Pr., Inc.

Christmas Activity Book for Kids. Cristie Dozaz. 2020. (ENG.). 70p. (J). pap. 13.99 *(978-1-716-38836-1(8))*; pap. 13.99 *(978-1-716-40633-1(1))* Lulu Pr., Inc.

Christmas Activity Book for Kids, Raz McOvoo. 2021. (ENG.). 76p. (J). pap. 11.00 *(978-1-716-23655-6(X))* Lulu Pr., Inc.

Christmas Activity Book for Kids. Callie Rachell. 2020. (ENG.). 94p. (J). pap. 5.99 *(978-1-716-31759-0(2))* Lulu Pr., Inc.

Christmas Activity Book for Kids. Matt Rios. l.t. ed. 2020. (ENG.). 94p. (J). pap. 10.90 *(978-1-716-35286-7(X))* Lulu Pr., Inc.

Christmas Activity Book for Kids: 35 Fun Puzzles, Mazes, Games & Coloring Pages. Miracle Activity Books. 2019. (ENG., Illus.). 50p. (J). pap. 5.95 *(978-1-0878-1647-0(5))* Indy Pub.

Christmas Activity Book for Kids: Activity Book for Kids Ages 4-8 Years - Coloring Pages- Mazes - Sudoku- Word Search - 102 Pages, 85 X11 Inches. 2020. (ENG.). 102p. (J). pap. 9.90 *(978-1-716-36986-5(X))* Lulu Pr., Inc.

Christmas Activity Book for Kids: Fun & Educational Christmas Activities for Kids Ages 7-12 & for Entire Family, Coloring Pages, Mazes, Word Search, Word Puzzle, Hangman, the Perfect Gift for Christmas! Maggie C. Love. 2020. (ENG.). 82p. (J). pap. 9.99 *(978-1-716-33537-2(X))* Lulu Pr., Inc.

Christmas Activity Book for Kids: Mazes, Dot to Dots, Coloring, Word Searches, Spot the Differences, & More for Ages 4 - 8. Zoey Bird. 2023. (ENG.). 210p. (J). 59.99 ***(978-1-989588-90-1(5))***; pap. 34.99 ***(978-1-989588-89-5(1))*** Wise Writer Publishing.

Christmas Activity Book for Kids Ages 3-5: Preschool Workbook for Children Ages 3, 4, 5: Coloring, Dot to Dot, Tracing, Mazes Games, Logic Puzzles, for Boys & Girls. Estelle Designs. 2022. (ENG.). 102p. (J). pap. 9.99 ***(978-1-80400-602-3(5))***, GoPublish) Visual Adjectives.

Christmas Activity Book for Kids Ages 4-10: A Full of Fun & Creative Coloring, Count by Images, Search & Find, Mazes, Word Search, Copy Images Book & More, over 100 Pages with Activities & Games, Includes a Big Bonus! Snow Thome. 2020. (ENG.). 118p. (J). pap. 8.95 *(978-1-716-41891-4(7))* Lulu Pr., Inc.

Christmas Activity Book for Kids Ages 4-6: Workbook for Children Boys & Girls with 150 Activities: Coloring, Dot to Dot, Tracing, Mazes Games, Logic Puzzles, Cut & Paste. Estelle Designs. 2022. (ENG.). 108p. (J). pap. 9.99 ***(978-1-80400-601-6(7))***, GoPublish) Visual Adjectives.

Christmas Activity Book for Kids Ages 4-8. Esel Press. 2020. (ENG.). (J). 138p. pap. 11.75 *(978-1-716-39123-1(7))*; 102p. pap. 9.75 *(978-1-716-39125-5(3))* Lulu Pr., Inc.

Christmas Activity Book for Kids Ages 4-8: Amazing Christmas Activity Coloring Book for All the Kids in the World - Cute Christmas Gift for Toddlers & Kids - a Perfect Holiday, Drawing, Coloring, Maze, Games, & Puzzle Art Activities Book for Boys & Girls Age. Kiddo's Christmas. 2020. (ENG.). 84p. (J). pap. 6.50 *(978-1-716-37923-9(7))* Lulu Pr., Inc.

Christmas Activity Book for Kids Ages 4-8: Mazes, Word Search, Coloring Pages, Sudoku, & a Special Gift for Your Little Ones (Activity Books for Kids) Hector England. 2020. (ENG.). 120p. (J). pap. 10.00 *(978-1-716-31553-4(0))* Lulu Pr., Inc.

Christmas Activity Book for Kids Ages 4-8: Over 70 Unique Christmas Activity Pages for Kids Ages 4-8, 8-12, Including Word Search, Mazes, Crosswords, Dot Tracing, Missing Letters, Find the Differences, I Spy, Matching Game, Word Scramble & Coloring Pa. Anna M. Yardley. 2020. (ENG.). 176p. (J). pap. 8.99 *(978-1-716-42470-0(4))* Lulu Pr., Inc.

Christmas Activity Book for Kids Ages 4-8: The Ultimate Christmas Theme Gift Book for Boys & Girls Filled with Learning, Coloring, Spot the Difference, Dot to Dot, Mazes, Word Search & Many More! Happy Harper. 2019. (ENG.). 76p. (J). pap. *(978-1-989543-51-1(0))*, Happy Harper) Gill, Karanvir.

Christmas Activity Book for Kids Ages 5-7: 120 Fun Activities: Coloring, Logic Puzzle, Maze Game, Word Search, Tracing, Crossword, Dot to Dot Gift for Girls or Boys. Estelle Designs. 2022. (ENG.). 112p. (J). pap. 9.99 ***(978-1-80400-607-8(6))***, GoPublish) Visual Adjectives.

Christmas Activity Book for Kids Ages 5-9: The Ultimate Christmas Activity Gift Book for Children with over 50 Pages of Activities Including Coloring, Dot to Dot, Puzzles, Word Search & More! Happy Harper. 2020. (ENG.). 118p. (J). pap. *(978-1-989543-61-0(8))*, Happy Harper) Gill, Karanvir.

Christmas Activity Book for Kids Ages 6-10: A Fun & Relaxing Christmas Gift Workbook for Boys & Girls with Coloring, Learning, Dot to Dot, Puzzles, Word Search & Much More! - Kids Version (w/o Answer Sheets) Happy Harper. 2020. (ENG.). 74p. (J). pap. *(978-1-989543-53-5(7))*, Happy Harper) Gill, Karanvir.

Christmas Activity Book for Kids Ages 6-12: 100 Fun Activities: Coloring Pages, Sudoku Puzzle, Maze Game Book, Word Search, Dot to Dot Holiday Best Gift Ideas for Girls Boys Kids. Estelle Designs. 2022. (ENG.). 104p. (J). pap. 9.99 ***(978-1-80400-600-9(9))***, GoPublish) Visual Adjectives.

Christmas Activity Book for Kids Ages 6-8: Christmas Coloring Book, Dot to Dot, Maze Book, Kid Games, & Kids Activities. Young Dreamers Press. Illus. by Fairy Crocs. 2020. (Fun Activities for Kids Ser.: Vol. 1). (ENG.). 64p. (J). pap. *(978-1-989790-96-0(8))* EnemyOne.

Christmas Activity Fun: Pack Of 5. Tim Dowley. ed. 2021. (Candle Activity Fun Ser.). (ENG.). 64p. (J). pap. 17.99 *(978-1-78128-383-7(4))*, 4fb1c47f-863d-4bf2-8c09-c90f06f71367, Candle Bks.) Lion Hudson PLC GBR. Dist: Baker & Taylor Publisher Services (BTPS).

Christmas Activity Workbook. Beth Costanzo. 2019. (ENG.). 32p. (J). pap. 13.00 *(978-1-7947-9652-2(5))* Lulu Pr., Inc.

Christmas Activity Workbook for Kids. Beth Costanzo. 2021. (ENG.). 30p. (J). pap. 8.99 *(978-1-0879-9257-0(5))* Adventures of Scuba Jack Pubs., The.

Christmas Activity Workbook for Kids 2-6. Beth Costanzo. 2022. (ENG.). 26p. (J). pap. 7.99 ***(978-1-0880-7941-6(5))*** Adventures of Scuba Jack Pubs., The.

Christmas Adult Coloring Book: Christmas Adult Coloring Book for Adult Relaxation. 2020. (ENG.). 104p. (YA). pap. 11.00 *(978-1-716-36822-6(7))* Lulu Pr., Inc.

Christmas Advent Story. Ivy Snow. Illus. by Hannah Tolson. 2018. (ENG.). 32p. (J). 14.99 *(978-1-68119-851-4(7))*, 900189419, Bloomsbury Children's Bks.) Bloomsbury Publishing USA.

Christmas Adventure. Stephen Moore. Ed. by Lynne Moore. Illus. by Luigi A. Cannavicci. 2019. (ENG.). 56p. (J). *(978-0-2288-2195-3(9))*; pap. *(978-0-2288-2194-6(0))* Tellwell Talent.

Christmas Adventures & Activities: A Collection of Stories, Rhymes & Picture Puzzles. David Mead. Illus. by Chris Sharp. 2020. (ENG.). 128p. (J). pap. 14.99 *(978-1-68279-371-8(0))* Creative Communications for the Parish.

Christmas Again. Disney Books. 2021. (ENG., Illus.). 128p. (J). (gr. 3-7). pap. 6.99 *(978-1-368-07281-6(X)*, Disney Press Books) Disney Publishing Worldwide.
Christmas Alligator. Sarah Alexander Darby. 2017. (ENG., Illus.). 34p. (J). pap. *(978-1-387-36507-4(X))* Lulu Pr., Inc.
Christmas Alphabet. Barbara Haig. 2017. (ENG., Illus.). (J). pap. 12.95 *(978-1-68197-887-1(3))* Christian Faith Publishing.
Christmas Alphabet Dot to Dot Mazes & Coloring Book. Jocelyn Smirnova. 2020. (ENG., Illus.). 124p. (J). pap. 10.95 *(978-1-716-33748-2(8))* Lulu Pr., Inc.
Christmas & Hanukkah, Vol. 10. Betsy Richardson. 2018. (Celebrating Holidays & Festivals Around the World Ser.). (Illus.). 112p. (J). (gr. 7). lib. bdg. 34.60 *(978-1-4222-4145-5(9))* Mason Crest.
Christmas Angel. Abbie Farwell Brown. Illus. by Reginal Birch. 2019. (ENG.). 96p. (J). (gr. k-4). pap. *(978-625-7959-24-7(1))* Uhrayoglu, Murat E Kitap Projesi.
Christmas Angel. Abbie Farwell Brown. 2018. (ENG., Illus.). 54p. (J). 12.99 *(978-1-5154-2930-2(X))* Wilder Pubns., Corp.
Christmas Angel. Wendy Beck Messner. Illus. by Sharon B. Pardew. 2020. (ENG.). 24p. (J). *(978-1-5255-9245-4(9))*; pap. *(978-1-5255-9244-7(0))* FriesenPress.
Christmas Angel: Embark on a Journey with a Christmas Angel Ornament As She Attempts to Discover the Reason Why So Many People Celebrate the Season, While Discarding the Trappings of the Holiday on Her Way to Discovering the True Meaning of Christmas. Richard E. Doyle. 2017. (ENG.). 44p. (J). pap. 10.00 ***(978-0-9853216-0-4(1))*** Doyle Arts.
Christmas Angel (Classic Reprint) Abbie Farwell Brown. (ENG., Illus.). (J). 2018. 116p. 26.29 *(978-0-364-01764-7(3))*; 2017. 26.17 *(978-0-265-21914-0(0))*; 2017. pap. 9.57 *(978-0-243-51754-1(8))* Forgotten Bks.
Christmas Angel (Classic Reprint) Katharine Pyle. 2018. (ENG., Illus.). 152p. (J). 27.03 *(978-0-483-23566-3(0))* Forgotten Bks.
Christmas Angel (Illustrated) Abbie Farwell Brown & Reginald Bathurst Birch. 2018. (ENG.). 48p. (YA). pap. *(978-80-268-9172-7(4))* E-Artnow.
Christmas Angels. Rachelle Castor. Illus. by Alycia Pace. 2018. (ENG.). 32p. (J). (gr. k-3). 14.99 *(978-1-4621-2263-9(9))* Cedar Fort, Inc./CFI Distribution.
Christmas Angels, 30 vols. Else Wenz-Viëtor. 2nd rev. ed. 2023. Orig. Title: Die Weihnachtsengelein. (Illus.). 32p. (J). 19.95 ***(978-1-78250-827-4(9))*** Floris Bks. GBR. Dist: Consortium Bk. Sales & Distribution.
Christmas Angels Coloring Book for Kids 4-8: Amazing Angels Illustrations - Christmas Coloring Pages for Kids, Boys & Girls - Christmas Gift for Toddlers & Kids to Enjoy the Holiday Season - Cute, Easy & Fun Angels Pages for Little Hands to Color. Molly Osborne. 2020. (ENG., Illus.). 104p. (J). pap. 9.50 *(978-1-716-36961-2(4))* Lulu Pr., Inc.
Christmas Around the World: An Advent Book. Susan Rowsell. 2020. (ENG.). 172p. (J). *(978-1-5255-8193-9(7))*; pap. *(978-1-5255-8194-6(5))* FriesenPress.
Christmas at Kolosori. Nancy Gaselona Palmer. Illus. by Michael Magpantay. 2021. (ENG.). 22p. (J). pap. *(978-1-922621-72-6(2))* Library For All Limited.
Christmas at Mccarthy's (Classic Reprint) Elizabeth F. Guptill. 2018. (ENG., Illus.). 26p. (J). 24.45 *(978-0-267-50620-0(1))* Forgotten Bks.
Christmas at Mole Run: A Daily Advent Story for Children. Kevin MacMillan & Anne MacMillan. 2018. (ENG., Illus.). 112p. (J). (gr. k-3). pap. *(978-1-4866-1514-8(7))* Word Alive Pr.
Christmas at My Grandma's House. Illus. by Hazel Quintanilla. 2022. (My Grandma's House Ser.). (ENG.). 48p. (J). (gr. -1-3). pap. 9.99 *(978-1-7282-6065-5(5)*, Hometown World) Sourcebooks, Inc.
Christmas at Nana's House. Clever Publishing & Larissa Juliano. Illus. by Francesca. De Luca. 2023. (Board Book Clever Ser.). (ENG.). 20p. (J). (gr. -1 — 1). bds. 9.99 ***(978-1-954738-04-1(8))*** Clever Media Group.
Christmas at Number 61. Ruby Molly Hawkins. 2018. (ENG., Illus.). 28p. (J). (gr. 1-3). *(978-1-5289-2413-9(4))*; pap. *(978-1-5289-2414-6(2))* Austin Macauley Pubs. Ltd.
Christmas at Old Court: A Fireside Book (Classic Reprint) Charles B. Tayler. 2018. (ENG., Illus.). 292p. (J). 29.92 *(978-0-484-23905-9(8))* Forgotten Bks.
Christmas at Punkin Holler: A Christmas Play (Classic Reprint) Elizabeth F. Guptill. 2018. (ENG., Illus.). 32p. (J). 24.56 *(978-0-267-68650-6(1))* Forgotten Bks.
Christmas at Saddle Creek: The Saddle Creek Series. Shelley Peterson. 2017. (Saddle Creek Ser.: 5). (ENG., Illus.). 176p. (YA). pap. 12.99 *(978-1-4597-4026-6(2))* Dundurn Pr. CAN. Dist: Publishers Group West (PGW).
Christmas at Stebbinses' (Classic Reprint) Marie Irish. 2018. (ENG., Illus.). 38p. (J). 24.70 *(978-0-267-50786-3(0))* Forgotten Bks.
Christmas at Thompson Hall (Classic Reprint) Anthony Trollope. 2017. (ENG., Illus.). (J). 25.84 *(978-0-266-87147-7(X))* Forgotten Bks.
Christmas Attic. Terri Dill. 2018. (ENG., Illus.). 38p. (J). 22.95 *(978-1-64350-874-0(1))* Page Publishing Inc.
Christmas Ball. April Godbold. 2022. (ENG., Illus.). 28p. (J). pap. 13.95 *(978-1-63903-583-0(4))* Christian Faith Publishing.
Christmas Balloon. Christopher Lambert. 2022. (ENG.). 24p. (J). 16.99 *(978-1-0879-3759-5(0))* Indy Pub.
Christmas Bard. Jonathan Sud. Illus. by Daisy Sud. 2021. (ENG.). 60p. (J). 17.99 ***(978-1-7348461-3-3(5))*** Stirred Creations.
Christmas Barn. John Churchman & Jennifer Churchman. 2020. (ENG., Illus.). 48p. (J). (gr. -1-3). 18.99 *(978-1-4998-1019-6(9))* Little Bee Books Inc.
Christmas Bear. Mandy Archer. Illus. by Lucy Boden. 2019. (ENG.). 20p. (J). 16.99 *(978-1-989219-54-6(3))* Rainstorm Pr.
Christmas Bedtime Stories for Kids: Funny & Relaxing Christmas Stories for Children to Help Them Feel Calm, Fall Asleep Fast & Avoid Night Awakenings. Sarah Amon. 2020. (ENG.). 114p. (J). pap. ***(978-1-80125-546-2(6))*** Charlie Creative Lab.
Christmas Bells Are Ringing! Happy Holidays Coloring Book. Smarter Activity Books for Kids. 2016. (ENG., Illus.). (J). pap. 9.22 *(978-1-68374-542-6(6))* Examined Solutions PTE. Ltd.
Christmas Bird. Elizabeth K. Howell. (ENG.). (J). 2020. 44p. 22.99 *(978-1-63221-514-7(4))*; 2019. 42p. pap. 12.49 *(978-1-5456-7649-3(6))* Salem Author Services.
Christmas Birthday. Andrew Wade. 2021. (ENG.). 52p. (J). 29.99 *(978-1-7367917-3-8(7))* Niedermaier, Andrew.
Christmas Blanket. Ed Damiano. 2018. (ENG.). 38p. (J). 14.95 *(978-1-64307-323-1(0))* Amplify Publishing Group.
Christmas Blessing: A One-Of-a-Kind Nativity Story about the Love That Brings Us Together. Erin Guendelsberger. Illus. by Gail Yerrill. 2021. 40p. (J). (gr. k-3). 10.99 *(978-1-7282-4049-7(2))* Sourcebooks, Inc.
Christmas Blessings, 1 vol. Bonnie Rickner Jensen. 2017. (Really Woolly Ser.). (ENG., Illus.). 40p. (J). bds. 9.99 *(978-0-7180-9741-7(6)*, Tommy Nelson) Nelson, Thomas Inc.
Christmas Blessings. Robert Phelps. 2021. (ENG.). 84p. (J). pap. *(978-1-300-02963-2(3))* Lulu Pr., Inc.
Christmas Blossoms, & New Year's Wreath: For 1848 (Classic Reprint) Thomas Thomas. 2017. (ENG., Illus.). (J). 27.61 *(978-0-331-99856-6(4))*; pap. 9.97 *(978-0-331-99835-1(1))* Forgotten Bks.
Christmas Blossoms, & New Year's Wreath, for 1847 (Classic Reprint) Unknown Author. 2018. (ENG., Illus.). (J). 180p. 27.61 *(978-0-366-56163-6(4))*; 182p. pap. 9.97 *(978-0-366-07815-8(1))* Forgotten Bks.
Christmas Blossoms, & New Year's Wreath, for 1849 (Classic Reprint) Unknown Author. 2017. (ENG., Illus.). (J). 27.61 *(978-0-260-91550-4(5))*; pap. 9.97 *(978-1-5284-5700-2(5))* Forgotten Bks.
Christmas Blossoms, & New Year's Wreath, for 1850 (Classic Reprint) Unknown Author. 2018. (ENG., Illus.). (J). 178p. 27.57 *(978-0-366-56731-7(4))*; 180p. pap. 9.97 *(978-0-366-41000-2(8))* Forgotten Bks.
Christmas Blossoms, & New-Year's Wreath, for 1852 (Classic Reprint) Unknown Author. (ENG., Illus.). (J). 2018. 254p. 29.14 *(978-0-483-60345-5(7))*; 2017. pap. 11.57 *(978-0-243-27170-2(0))* Forgotten Bks.
Christmas Blossoms, & New-Year's Wreath, for 1854 (Classic Reprint) Uncle Thomas. 2017. (ENG., Illus.). (J). 29.14 *(978-0-266-66323-2(0))*; pap. 11.57 *(978-1-5276-3573-9(2))* Forgotten Bks.
Christmas (board Book) B&H Kids Editorial Staff. Illus. by Holli Conger. 2016. (Little Words Matter(tm) Ser.). (ENG.). 24p. (J). (gr. -1 — 1). bds. 8.99 *(978-1-4336-4454-2(1)*, 005787712, B&H Kids) B&H Publishing Group.
Christmas Book. Patty Tiffner Defoor. 2019. (ENG., Illus.). 40p. (J). pap. 14.95 *(978-1-64471-635-9(6))* Covenant Bks.
Christmas Book. Eleonora Seymour. 2017. (ENG., Illus.). 26p. (J). pap. *(978-80-7499-284-1(5))* Animedia Co.
Christmas Books: A Reprint of the First Editions, with the Illustrations, & Introduction, Biographical & Bibliographical, by Charles Dickens the Younger (Classic Reprint) Charles Dickens. 2018. (ENG., Illus.). 456p. (J). 33.30 *(978-0-656-71864-1(1))* Forgotten Bks.
Christmas Books: The Uncommercial Traveller (Classic Reprint) Charles Dickens. 2017. (ENG., Illus.). (J). 43.86 *(978-0-265-36020-0(X))* Forgotten Bks.
Christmas Books & Hard Times (Classic Reprint) Charles Dickens. (ENG., Illus.). (J). 2018. 630p. 36.89 *(978-0-484-25659-9(9))*; 2016. pap. 19.57 *(978-1-333-22810-1(4))* Forgotten Bks.
Christmas Books, and, Pictures from Italy: With Introduction, Critical Comments, Notes, etc (Classic Reprint) Charles Dickens. 2017. (ENG., Illus.). (J). 37.92 *(978-0-266-71064-6(6))*; pap. 20.57 *(978-1-5276-6281-0(0))* Forgotten Bks.
Christmas Books, & Sketches by Boz: Illustrative of Every-Day Life & Every-Day People (Classic Reprint) Charles Dickens. (ENG., Illus.). (J). 2018. 604p. 36.37 *(978-0-484-00435-0(2))*; 2016. pap. 19.57 *(978-1-334-14604-6(7))* Forgotten Bks.
Christmas Books, and, Sketches by Boz: Illustrative of Every-Day Life & Every-Day People (Classic Reprint) Charles Dickens. (ENG., Illus.). (J). 2018. 538p. 35.01 *(978-0-483-83475-0(0))*; 2017. pap. 19.57 *(978-0-243-41107-8(3))* Forgotten Bks.
Christmas Books & Stories (Classic Reprint) Charles Dickens. 2017. (ENG., Illus.). (J). 30.74 *(978-1-5282-8669-5(3))* Forgotten Bks.
Christmas Books & Stories, Vol. 3 (Classic Reprint) Charles Dickens. (ENG., Illus.). (J). 2018. 404p. 32.25 *(978-0-483-84347-9(4))*; 2016. pap. 16.57 *(978-1-333-50703-9(8))* Forgotten Bks.
Christmas Books (Classic Reprint) Charles Dickens. (ENG., Illus.). (J). 2018. 934p. 43.18 *(978-0-364-02626-7(X))*; 2017. pap. 25.52 *(978-0-243-55480-5(X))* Forgotten Bks.
Christmas Books of Charles Dickens (Classic Reprint) Charles Dickens. 2017. (ENG., Illus.). (J). 34.87 *(978-1-5281-7767-2(3))* Forgotten Bks.
Christmas Books of Mr. M. A. Titmarsh: Mrs. Perkins's Ball, Our Street, Dr. Birch & His Young Friends, Rebecca & Rowena, the Kickleburys on the Rhine (Classic Reprint) William Makepeace Thackeray. (ENG., Illus.). (J). 2017. 30.50 *(978-0-331-97435-5(5))*; 2016. pap. 16.57 *(978-1-334-14260-4(2))* Forgotten Bks.
Christmas Books of Mr. M. A. Titmarsh: Mrs. Perkins's Ball, Our Street, Dr. Birch & His Young Friends, the Kickleburys on the Rhine, the Rose & the Ring (Classic Reprint) William Makepeace Thackeray. 2018. (ENG., Illus.). (J). 392p. 32.00 *(978-1-396-81923-0(1))*; 394p. pap. 16.57 *(978-1-396-81916-2(9))* Forgotten Bks.
Christmas Books of Mr. M. A. Titmarsh: Mrs. Perkins's Ball; Our Street; Dr. Birch; the Kickleburys on the Rhine; the Rose & the Ring; Ballads (Classic Reprint) William Makepeace Thackeray. 2017. (ENG., Illus.). (J). 378p. 31.69 *(978-0-484-21195-6(1))*; pap. 13.97 *(978-0-243-50021-5(1))* Forgotten Bks.
Christmas Books of Mr. M. a Titmarsh: Mrs. Perkins's Ball; Our Street; Dr. Birch; the Kickleburys on the Rhine; the Rose & the Ring (Classic Reprint) William Makepeace Thackeray. 2017. (ENG., Illus.). (J). 36.77 *(978-0-266-50563-1(5))* Forgotten Bks.
Christmas Books of Mr. M. A. Titmarsh, Vol. 2 of 2 (Classic Reprint) William Makepeace Thackeray. (ENG., Illus.). (J). 2018. 272p. 29.51 *(978-0-483-61743-8(1))*; 2016. pap. 11.97 *(978-1-334-12914-8(2))* Forgotten Bks.
Christmas Books; Rebecca & Rowena; Later Minor Papers, 1849-1861 (Classic Reprint) William Makepeace Thackeray. (ENG., Illus.). (J). 2018. 704p. 38.42 *(978-0-267-38772-4(5))*; 2016. pap. 20.97 *(978-1-334-14371-7(4))* Forgotten Bks.
Christmas Books, Vol. 1 (Classic Reprint) Charles Dickens. 2017. (ENG., Illus.). (J). 28.78 *(978-0-266-88903-8(4))* Forgotten Bks.
Christmas Boot. Lisa Wheeler. Illus. by Jerry Pinkney. 2016. 32p. (J). (gr. -1-3). 18.99 *(978-0-8037-4134-8(0)*, Dial Bks) Penguin Young Readers Group.
Christmas Box, or Collection of Instruction & Amusement (Classic Reprint) Unknown Author. 2017. (ENG., Illus.). (J). 27.77 *(978-0-266-56286-3(8))*; pap. 10.57 *(978-0-282-82243-9(7))* Forgotten Bks.
Christmas Builders (Classic Reprint) Charles-Edward Jefferson. 2018. (ENG., Illus.). 46p. (J). 24.85 *(978-0-483-96169-2(8))* Forgotten Bks.
Christmas Bunco Score Sheets: Special Edition Christmas Bunco Score Sheets for Game Night. Helen Warren. 2022. (ENG.). 121p. (J). pap. ***(978-1-387-52749-6(5))*** Lulu Pr., Inc.
Christmas Burglar: A Play in One Act (Classic Reprint) Mary H. Flanner. 2018. (ENG., Illus.). 24p. (J). 24.39 *(978-0-267-85084-6(0))* Forgotten Bks.
Christmas Cake Tin. Hazel Larcombe. 2020. (ENG.). 48p. (J). *(978-1-5255-8635-4(1))*; pap. *(978-1-5255-8634-7(3))* FriesenPress.
Christmas Camera. Alta Halverson Seymour. Illus. by Lorence F. Bjorklund. 2021. (Christmas Around the World Ser.: Vol. 1). (ENG.). 132p. (J). pap. 9.99 *(978-1-948959-33-9(X))* Purple Hse. Pr.
Christmas Candles: Plays for Boys & Girls (Classic Reprint) Elsie Hobart Carter. 2017. (ENG., Illus.). (J). 31.40 *(978-0-266-51890-7(7))* Forgotten Bks.
Christmas Cards Mad Libs: Fun Cards to Fill Out & Send. P. Sean O'Kane. 2020. (Mad Libs Ser.). 48p. (J). (gr. 3-7). pap. 6.99 *(978-0-593-22209-6(1)*, Mad Libs) Penguin Young Readers Group.
Christmas Cards to Color: 44 Tear Out Cards! Clever Publishing. 2020. (Clever Greetings Ser.). (ENG.). 44p. (J). (gr. -1-3). pap. 8.99 *(978-1-951100-23-0(9))* Clever Media Group.
Christmas Carillons: And Other Poems (Classic Reprint) Annie Chambers Ketchum. 2018. (ENG., Illus.). 228p. (J). 28.62 *(978-0-484-22087-3(6))* Forgotten Bks.
Christmas Carol see Cancion de Navidad
Christmas Carol. Campbell Books. Illus. by Jean Claude. 2023. (First Stories Ser.). (ENG.). 10p. (J). bds. 8.99 ***(978-1-0350-1611-2(7)***, 900292761, Campbell Bks.) Pan Macmillan GBR. Dist: Macmillan.
Christmas Carol. Charles Dickens. 2020. (ENG.). (Orig.). (J). (gr. 1-6). 112p. 16.95 *(978-1-61895-948-5(4))*; 110p. pap. 9.95 *(978-1-61895-947-8(6))* Bibliotech Pr.
Christmas Carol. Charles Dickens. 2017. (ENG., Illus.). (Orig.). (J). (gr. 3-7). 21.95 *(978-1-374-99055-5(8))*; pap. 10.95 *(978-1-374-99054-8(X))* Capital Communications, Inc.
Christmas Carol. Charles Dickens. 2021. (ENG.). 62p. (Orig.). (J). (gr. 4-6). pap. 5.99 *(978-1-4209-7495-9(5))* Digireads.com Publishing.
Christmas Carol. Charles Dickens. 2020. (ENG.). 160p. (Orig.). (J). pap. 8.95 *(978-0-571-35586-0(2))* Faber & Faber, Inc.
Christmas Carol. Charles Dickens. 2021. (ENG.). 82p. (Orig.). (J). (gr. 4-6). pap. *(978-1-80302-165-2(9))* FeedARead.com.
Christmas Carol. Charles Dickens. 2022. (ENG.). 152p. (Orig.). (J). (gr. 4-6). pap. 14.95 *(978-1-64720-529-4(8))* Fiction Hse. Pr.
Christmas Carol. Charles Dickens. 2021. (ENG.). 34p. (Orig.). (J). (gr. 4-6). pap. *(978-1-396-32132-0(2))* Forgotten Bks.
Christmas Carol. Charles Dickens. 2020. (ENG.). 144p. (Orig.). (J). (gr. 4-6). 5.99 *(978-1-5101-0820-2(3)*, Orion Children's Bks.) Hachette Children's Group GBR. Dist: Hachette Bk. Group.
Christmas Carol. Charles Dickens. 2023. (ENG.). 80p. (Orig.). (J). (gr. 4-6). pap. 13.99 ***(978-1-0881-2623-3(5))*** Indy Pub.
Christmas Carol. Charles Dickens. Ed. by Sheba Blake. 2020. (ENG.). 82p. (Orig.). (J). (gr. 4-6). pap. 9.99 *(978-1-222-29309-8(9))* Indy Pub.
Christmas Carol. Charles Dickens. 2018. (ENG., Illus.). 24p. (Orig.). (J). (gr. k-2). pap. 8.99 *(978-0-7396-0245-4(4))* Inspired Studios Inc.
Christmas Carol. Charles Dickens. Illus. by Lisbeth Zwerger. 2021. (ENG.). 112p. (Orig.). (J). (gr. -1-2). 25.00 *(978-0-7358-4421-6(6))* North-South Bks., Inc.
Christmas Carol. Charles Dickens. 2019. (ENG.). 100p. (Orig.). (J). (gr. 1-6). pap. *(978-81-291-1571-3(9))* Rupa & Co.
Christmas Carol. Charles Dickens. (ENG.). (Orig.). (J). (gr. 1-6). 2019. 136p. *(978-93-89157-97-0(8))*; 2017. 130p. pap. *(978-81-935458-7-4(7))* Sumaiyah Distributors Pvt Ltd.
Christmas Carol. Charles Dickens. 2017. (ENG., Illus.). (Orig.). (J). (gr. 3-7). pap. 13.99 *(978-1-948026-01-7(5))* Write Integrity Pr.
Christmas Carol. Charles Dickens. Illus. by Bianca Milacic. 2018. (ENG.). 36p. (J). (gr. k-2). 19.99 *(978-1-948131-26-1(9))* Whaler, Norman / Beneath Another Sky Bks.
Christmas Carol. Charles Dickens & Grandma's Treasures. 2019. (ENG.). 98p. (Orig.). (J). (gr. 1-6). *(978-0-359-94787-4(5))*; pap. *(978-0-359-94670-9(4))* Lulu Pr., Inc.
Christmas Carol. Tony Mitton. Illus. by Mike Redman. 2020. (ENG.). 32p. (J). (gr. -1-k). pap. 10.99 *(978-1-4083-5172-7(2)*, Orchard Bks.) Hachette Children's Group GBR. Dist: Hachette Bk. Group.
Christmas Carol. Sarah Powell. 2017. (Seek & Find Classics Ser.). (ENG., Illus.). 48p. (J). (gr. 3). 9.99 *(978-1-4998-0624-3(8))* Little Bee Books Inc.
Christmas Carol: A 1843 Novella by Charles Dickens. Charles Dickens. 2020. (ENG.). 68p. (J). (gr. 1-6). pap. 17.51 *(978-1-6781-1217-2(8))* Lulu Pr., Inc.
Christmas Carol: A Facsimile of the Original 1843 Edition in Full Color. Charles Dickens. Illus. by John Leech. 2016. (ENG.). 186p. (J). (gr. 1-6). 19.95 *(978-1-64594-038-8(1))* Athanatos Publishing Group.
Christmas Carol: A Ghost Story of Christmas. Charles Dickens. 2018. (ENG., Illus.). 68p. (J). 14.99 *(978-1-5154-3738-3(8))* Wilder Pubns., Corp.
Christmas Carol: A Ghost Story of Christmas (World Classics, Unabridged) Charles Dickens. 2017. (ENG.). 100p. (J). (gr. 1-6). pap. *(978-93-86423-56-6(1))* Alpha Editions.
Christmas Carol: Being a Ghost Story of Christmas (Classic Reprint) Charles Dickens. 2017. (ENG., Illus.). (J). 25.24 *(978-0-331-08888-5(6))*; pap. 9.57 *(978-0-259-06082-6(8))* Forgotten Bks.
Christmas Carol: Compact Pocket Edition of 1843 Original. Charles Dickens. Illus. by John Leech. 2018. (ENG.). 74p. (J). pap. 4.50 *(978-1-947844-82-7(2))* Athanatos Publishing Group.
Christmas Carol: The Original Christmas Story. Charles Dickens. Illus. by Ángel Domínguez. 2019. (ENG.). 128p. (J). (gr. 1-6). 14.99 *(978-1-63158-453-4(7)*, Racehorse Publishing) Skyhorse Publishing Co., Inc.
Christmas Carol: Unabridged Edition with Introduction & Commentary. Charles Dickens. 2018. (ENG., Illus.). 130p. (J). pap. *(978-0-244-39331-1(1))* Lulu Pr., Inc.
Christmas Carol: With Original Illustrations. Charles Dickens. Illus. by John Leech. 2016. (ENG.). (J). (gr. 1-4). pap. 9.00 *(978-1-936830-89-3(2))* Athanatos Publishing Group.
Christmas Carol: With Original Illustrations in Full Color. Charles Dickens. Illus. by John Leech. 2016. (ENG.). (J). (gr. 1-4). 17.00 *(978-1-936830-88-6(4))* Athanatos Publishing Group.
Christmas Carol: With Original Illustrations in Full Color. Charles Dickens & John Leech. 2016. (ENG., Illus.). (J). (gr. 1-4). pap. 9.00 *(978-1-936830-91-6(4))* Athanatos Publishing Group.
Christmas Carol & the Cricket on the Hearth. Charles Dickens. 2017. (ENG., Illus.). (J). pap. 14.99 *(978-0-649-03551-9(8))* Trieste Publishing Pty Ltd.
Christmas Carol, and, the Cricket on the Hearth (Classic Reprint) Charles Dickens. (ENG., Illus.). (J). 2017. 30.99 *(978-0-266-90743-5(1))*; 2016. pap. 11.57 *(978-1-334-12347-4(0))* Forgotten Bks.
Christmas Carol & the Defenders of Claus. Robert L. Fouch. 2017. (Christmas Carol Adventure Ser.: 1). (ENG.). 256p. (J). 15.99 *(978-1-5107-2452-5(4)*, Sky Pony Pr.) Skyhorse Publishing Co., Inc.
Christmas Carol, and, the King of the Golden River (Classic Reprint) Charles Dickens. (ENG., Illus.). (J). 2018. 172p. 27.46 *(978-0-364-01120-1(3))*; 2017. pap. 9.97 *(978-0-243-51102-0(7))* Forgotten Bks.
Christmas Carol & the Shimmering Elf. Robert L. Fouch. 2019. (Christmas Carol Adventure Ser.: 2). (ENG.). 256p. (J). (gr. 2-6). 15.99 *(978-1-5107-5099-9(1)*, Sky Pony Pr.) Skyhorse Publishing Co., Inc.
Christmas Carol (Annotated) Charles Dickens. l.t. ed. 2020. (Sastrugi Press Classics Ser.). (ENG.). 88p. (J). 14.95 *(978-1-64922-049-3(9))*; pap. 7.95 *(978-1-64922-050-9(2))* Sastrugi Pr.
Christmas Carol Child's Tale. Derek M. Lamb. Illus. by Adam Croft. 2022. (ENG.). 48p. (J). pap. 12.99 ***(978-1-0880-7311-7(5))*** Indy Pub.
Christmas Carol (Classic Reprint) Charles Dickens. 2016. (ENG., Illus.). (J). pap. 9.57 *(978-1-334-16967-0(5))* Forgotten Bks.
Christmas Carol Coloring Book for Children (6x9 Coloring Book / Activity Book) Sheba Blake. 2021. (ENG.). 30p. (J). pap. 9.99 *(978-1-222-29268-8(5))* Indy Pub.
Christmas Carol Coloring Book for Children (8. 5x8. 5 Coloring Book / Activity Book) Sheba Blake. 2021. (ENG.). 30p. (J). pap. 12.99 *(978-1-222-29296-1(3))* Indy Pub.
Christmas Carol Coloring Book for Children (8x10 Coloring Book / Activity Book) Sheba Blake. 2021. (ENG.). 30p. (J). pap. 14.99 *(978-1-222-29269-5(6))* Indy Pub.
Christmas Carol for Evie. Andrew Taylor. 2016. (ENG., Illus.). 46p. (J). (gr. k-3). pap. *(978-1-906852-37-5(5))* Mosaique Pr.
Christmas Carol For Keeng Troyius. Patrenia Turner. 2016. (Illus.). pap. *(978-0-578-18261-2(0))* Royalty Patrenia Turner Publications.
Christmas Carol Illustrated. Charles Dickens. 2019. (ENG., Illus.). 158p. (J). (gr. 1-6). pap. *(978-0-244-23169-9(9))* Lulu Pr., Inc.
Christmas Carol in Prose. Charles Dickens. 2017. (ENG.). (J). 160p. pap. *(978-3-337-38026-7(3))*; 152p. pap. *(978-3-7446-9236-6(1))* Creation Pubs.
Christmas Carol in Prose: Being a Ghost Story of Christmas (Classic Reprint) Charles Dickens. (ENG., Illus.). (J). 2017. 27.73 *(978-0-266-40920-5(2))*; 2016. pap. 10.57 *(978-1-333-70752-1(5))* Forgotten Bks.
Christmas Carol (Large Print, Annotated) Charles Dickens. l.t. ed. 2021. (Sastrugi Press Classics Ser.). (ENG.). 126p. (J). (gr. 3). 15.95 *(978-1-64922-051-6(0))*; pap. 9.95 *(978-1-64922-052-3(9))* Sastrugi Pr.
Christmas Carol... Slimed. Elias Zapple. Illus. by Reimarie Cabalu. 2018. (ENG.). 52p. (J). (gr. 4-6). pap. *(978-1-912704-13-2(7))* Heads or Tales Pr.
Christmas Carol... Slimed: American-English Edition. Elias Zapple. Illus. by Reimarie Cabalu. 2018. (ENG.). 52p. (J). (gr. 4-6). pap. *(978-1-912704-12-5(9))* Heads or Tales Pr.
Christmas Carol; the Wreck of the Golden Army; Richard Doubledick; the Cricket on the Hearth (Classic Reprint) Charles Dickens. 2017. (ENG., Illus.). (J). pap. 13.57 *(978-0-259-40683-9(X))* Forgotten Bks.
Christmas Caroling Classics. Colleen L. Reece. l.t. ed. 2017. (Colleen Reece Chapbook Ser.: Vol. 2). (ENG., Illus.). (J). pap. 8.95 *(978-1-61633-872-5(5))* Guardian Angel Publishing, Inc.

C

Christmas Carollin' (Classic Reprint) Carolyn Wells. 2018. (ENG., Illus.). (J). 25.26 *(978-0-265-92365-8(4))* Forgotten Bks.

Christmas Carols. Corinne Malvern. 2018. (Little Golden Book Ser.). (Illus.). 24p. (J). (-k). 5.99 *(978-1-5247-7175-1(9),* Golden Bks.) Random Hse. Children's Bks.

Christmas Carols, Ancient & Modern (Classic Reprint) John Camden Hotten. 2017. (ENG., Illus.). (J). 27.16 *(978-0-331-47544-9(8))* Forgotten Bks.

Christmas Carols, Ancient & Modern; Including the Most Popular in the West of England, & the Airs to Which They Are Sung: Also Specimens of French Provincial Carols, with an Introduction & Notes (Classic Reprint) William Sandys. 2017. (ENG., Illus.). (J). 30.79 *(978-0-266-31929-0(7))* Forgotten Bks.

Christmas Carols for Kids: Early to Mid-Elementary Level. Carolyn C. Setliff. 2017. (ENG.). 24p. pap. 9.99 *(978-1-4950-9728-7(5),* 00237250) Willis Music Co.

Christmas Catastrophe: A North Pole Fairy Elf Adventure. Octavia Ashburn. 2018. (ENG.). 38p. (J). 14.95 *(978-1-64307-254-8(4))* Amplify Publishing Group.

Christmas Cats Care for the Bear. Constance Corcoran Wilson. Illus. by Gary McCluskey. 2016. (Christmas Cats Ser.: Vol. 5). (ENG.). (J). (gr. k-4). 12.99 *(978-0-9863898-3-2(8))* Quad City Pr.

Christmas Cats Care for the Bear. Constance Corcoran Wilson. Illus. by McCluskey Gary. 2016. (Christmas Cats Ser.: Vol. 5). (ENG.). (J). (gr. k-4). pap. 6.99 *(978-0-9863898-2-5(X))* Quad City Pr.

Christmas Cats Flee the Bee. Constance Cocoran Wilson. 2019. (Christmas Cats Ser.: Vol. 6). (ENG., Illus.). 68p. (J). (gr. k-6). pap. 8.99 *(978-0-9863898-4-9(6))* Quad City Pr.

Christmas Chameleon: A Colorful Tail. Anne Boykin. 2017. (ENG., Illus.). 30p. (J). pap. 11.99 *(978-0-9761301-0-9(6))* Left - Write Ink.

Christmas Chance. Stephanie Lamothe. Illus. by Tanya Bosse. 2022. (ENG.). 24p. (J). 24.99 ***(978-1-0880-6732-1(8))*** Indy Pub.

Christmas Cheer. Sue Fliess. Illus. by Jay Fleck. 2020. (ENG.). 18p. (J). (gr. -1 — 1). 6.99 *(978-1-338-34958-0(9),* Cartwheel Bks.) Scholastic, Inc.

Christmas Cheer, 1 vol. Make Believe Ideas. Illus. by Lara Ede. 2016. (ENG.). 54p. (J). (gr. -1-7). pap. 6.99 *(978-1-78598-447-1(0))* Make Believe Ideas GBR. Dist: Scholastic, Inc.

Christmas Cheer - Christmas Coloring Books for Kids Children's Christmas Books. Speedy Kids. 2017. (ENG., Illus.). (J). pap. 8.45 *(978-1-5419-4724-5(X))* Speedy Publishing LLC.

Christmas Cheer for the Grouchy Ladybug: A Christmas Holiday Book for Kids. Eric Carle. Illus. by Eric Carle. 2019. (ENG., Illus.). 32p. (J). (gr. -1-3). 9.99 *(978-0-06-293226-6(8),* HarperCollins) HarperCollins Pubs.

Christmas Cheer Mad Libs: World's Greatest Word Game. Mad Libs. 2019. (Mad Libs Ser.). 192p. (J). (gr. 3-7). pap. 8.99 *(978-1-5247-9338-8(8),* Mad Libs) Penguin Young Readers Group.

Christmas Chicken: A True Christmas Story. Amy Everett Colyer. Ed. by Danielle Marie Zimmerman. 2020. (ENG.). 48p. (J). pap. 12.99 *(978-1-7355074-3-9(1))* Susso.

Christmas Child (Classic Reprint) Molesworth MacMillan Co Walt Crane. (ENG., Illus.). (J). 2018. 278p. 29.65 *(978-0-332-38234-0(6))*; 2017. pap. 13.57 *(978-0-243-31448-5(5))* Forgotten Bks.

Christmas Child (Illustrated) Children's Classic. Hesba Stretton. 2018. (ENG.). 30p. (YA). pap. *(978-80-268-9173-4(2))* E-Artnow.

Christmas Chills: Have You Locked the Door? Mavis Sybil. 2021. (ENG.). 78p. (J). pap. 9.99 *(978-1-0879-0004-9(2))* Indy Pub.

Christmas Chills: Have You Locked the Door? Mavis Sybil. 2021. (ENG.). 76p. (J). *(978-1-312-83301-2(7))* Lulu Pr., Inc.

Christmas Chimney Challenge: Action Adventure Story for Kids. Chris Stead. (Wild Imagination of Willy Nilly Ser.: Vol. 4). (ENG., Illus.). 52p. (J). 2021. *(978-1-925638-92-9(8))*; 2018. pap. *(978-1-925638-28-8(6))* Old Mate Media.

Christmas Choice. Fred Phillips. 2017. (ENG., Illus.). (J). pap. *(978-1-5255-0111-1(9))* FriesenPress.

Christmas Chronicles. Nigel Slater. 2018. (ENG.). 464p. 35.00 *(978-0-00-829849-4(1),* Fourth Estate) HarperCollins Pubs. Ltd. GBR. Dist: HarperCollins Pubs.

Christmas Chronicles. John Townsend. Illus. by James Newman Gray. ed. 2021. (ENG.). 96p. (J). (gr. k). 16.99 *(978-1-913971-33-5(3),* Scribblers) Book Hse. GBR. Dist: Sterling Publishing Co., Inc.

Christmas Clash. Suzanne Park. 2022. (ENG.). 368p. (YA). (gr. 8-12). pap. 10.99 *(978-1-7282-4801-1(9))* Sourcebooks, Inc.

Christmas Clock, a Christmas Poem: A Christmas Poem. Debbie Brewer. 2020. (ENG.). 78p. (J). pap. *(978-1-716-43077-0(1))* Lulu Pr., Inc.

Christmas Clover. Jianing Cai. 2020. (ENG., Illus.). 26p. (J). pap. 10.95 *(978-1-5069-0962-2(0))* First Edition Design Publishing.

Christmas Clue. Nat Bickel. Illus. by Abira Das. 2021. (ENG.). 74p. (J). pap. 16.99 *(978-1-63984-150-9(4))* Pen It Pubns.

Christmas Clue. Nat Bickel. Illus. by Abira Das. 2021. (ENG.). 74p. (J). 27.99 *(978-1-63984-154-7(7))* Pen It Pubns.

Christmas Clue Coloring Book. Nat Bickel. Illus. by Abira Das. 2022. (ENG.). 72p. (J). pap. 10.99 *(978-1-63984-178-3(4))* Pen It Pubns.

Christmas Coat: Memories of My Sioux Childhood. Virginia Driving Hawk & Ellen Bier. 2019. (ENG., Illus.). 32p. pap. 9.95 *(978-1-941813-25-6(9),* P625449) South Dakota Historical Society Pr.

Christmas Coat Miracle. A. J. Nuvallie Sr. 2019. (ENG., Illus.). 26p. (J). pap. 12.95 *(978-1-64559-280-8(4))* Covenant Bks.

Christmas Collection. Concordia Publishing House. 2022. (Arch Books Treasury Ser.). (ENG.). 416p. (J). 15.99 *(978-0-7586-7305-3(1))* Concordia Publishing Hse.

Christmas Color by Numbers. Georgie Fearns. 2022. (ENG., Illus.). 128p. (J). pap. 12.99 *(978-1-3988-2063-0(6),* b41c60a9-7674-4ab7-9915-08eef2c85551) Arcturus Publishing GBR. Dist: Baker & Taylor Publisher Services (BTPS).

Christmas Coloring Book. Cristie Dozaz. 2020. (ENG.). 70p. (J). pap. 13.00 *(978-1-716-41256-1(0))* Lulu Pr., Inc.

Christmas Coloring Book. A. Green. 2021. (ENG.). 110p. (J). pap. 8.00 *(978-1-716-34121-2(3))* Lulu Pr., Inc.

Christmas Coloring Book: Amazing Christmas Coloring Book for Children or Toddlers Ages 3-8, Beautiful Designs of Santa Claus, Snowman, & More! Snow Thome. 2020. (ENG.). 104p. (J). pap. 10.45 *(978-1-716-42928-6(5))* Lulu Pr., Inc.

Christmas Coloring Book: Amazing Coloring Book for Christmas - Perfect Christmas Story Coloring Book for Kids - Christmas Colorig Pages with Santa, Christmas Trees, Reindeer, Snowman & More! Irene Eva Toth. 2020. (ENG.). 56p. (J). pap. 7.99 *(978-1-716-34183-0(3))* Lulu Pr., Inc.

Christmas Coloring Book: Christmas Activity Coloring Book for Kids: 100 Christmas Coloring Pages Super Cute, Big & Easy Designs with Santas, Snowmen, Reindeer, Ornaments, Toys, Gifts. Laura Bidden. l.t. ed. 2022. (ENG.). 108p. (J). pap. ***(978-1-5271-4363-0(5))*** Christian Focus Pubns.

Christmas Coloring Book for Adults: Winter Scenes Coloring Book/an Adult Coloring Book with Fun, Easy, & Relaxing Designs. Ava Garza. 2021. (ENG.). 52p. (YA). pap. *(978-1-80326-028-0(9))* Lulu.com.

Christmas Coloring Book for Children (6x9 Coloring Book / Activity Book) Sheba Blake. 2020. (Christmas Coloring Bks.: Vol. 1). (ENG.). (J). 62p. pap. 9.99 *(978-1-222-28442-3(1))*; 64p. pap. 9.99 *(978-1-222-28444-7(8))*; 64p. pap. 9.99 *(978-1-222-28446-1(4))* Indy Pub.

Christmas Coloring Book for Children (8. 5x8. 5 Coloring Book / Activity Book) Sheba Blake. 2020. (Christmas Coloring Bks.: Vol. 1). (ENG.). (J). 62p. pap. 12.99 *(978-1-222-28762-2(5))*; 64p. pap. 12.99 *(978-1-222-28763-9(3))*; 64p. pap. 12.99 *(978-1-222-28764-6(1))* Indy Pub.

Christmas Coloring Book for Children (8x10 Coloring Book / Activity Book) Sheba Blake. 2020. (Christmas Coloring Bks.: Vol. 1). (ENG.). (J). 62p. pap. 14.99 *(978-1-222-28443-0(X))*; 64p. pap. 14.99 *(978-1-222-28445-4(6))*; 64p. pap. 14.99 *(978-1-222-28447-8(2))* Indy Pub.

Christmas Coloring Book for Children Ages 4-8. Callie Rachell. 2020. (ENG.). 66p. (J). pap. 5.49 *(978-1-716-33336-1(9))* Lulu Pr., Inc.

Christmas Coloring Book for Kids. Deeasy Books. 2021. (ENG.). (J). 102p. pap. 13.00 *(978-1-716-26076-6(0))*; 104p. pap. 12.00 *(978-1-716-26526-6(6))* Indy Pub.

Christmas Coloring Book for Kids. Eightidd Ge Press. 2020. (ENG.). 114p. (J). pap. 10.99 *(978-1-716-34573-9(1))* Lulu Pr., Inc.

Christmas Coloring Book for Kids. Kid District Press. 2020. (ENG.). 126p. (J). pap. 11.99 *(978-1-716-38547-6(4))* Lulu Pr., Inc.

Christmas Coloring Book for Kids. Callie Rachell. 2020. (ENG.). 66p. (J). pap. 5.49 *(978-1-716-33378-1(4))* Lulu Pr., Inc.

Christmas Coloring Book for Kids. Matt Rios. l.t. ed. 2020. (ENG.). 96p. (J). pap. 10.99 *(978-1-716-35086-3(7))* Lulu Pr., Inc.

Christmas Coloring Book for Kids: 42 Christmas Coloring Pages for Kids. Penelope Moore. 2021. (ENG.). 44p. (J). pap. 9.79 *(978-1-80353-703-0(5))* Baker & Taylor Bks.

Christmas Coloring Book for Kids: 50 Cute & Beautiful Christmas Coloring Pages for Toddlers, Children & Preschoolers. Dalia Gray. 2020. (ENG.). 104p. (J). pap. 9.55 *(978-1-716-29456-3(8))* Lulu Pr., Inc.

Christmas Coloring Book for Kids: 50 Holiday Unique Designs for Girls & Boys Ages 4-8; Beautiful Pages to Color with Santa Claus, Christmas Tree, Snowmen & More! Christmas Gift for Toddlers, Children & Preschoolers to Enjoy This Holiday Season ! Fuzz Harriete. 2021. (ENG.). 108p. (J). *(978-1-716-07845-3(8))* Lulu.com.

Christmas Coloring Book for Kids: 60 Unique Coloring Designs Fun & Creative for Children, Kids & Toddlers with a Christmas Gift! Hector England. 2020. (ENG.). 126p. (J). pap. 10.00 *(978-1-716-31514-5(X))* Lulu Pr., Inc.

Christmas Coloring Book for Kids: A Fun Christmas Themed Coloring Gift Book for Boys & Girls to Celebrate Their Favorite Winter Holiday! Happy Harper. 2019. (ENG., Illus.). 94p. (J). pap. *(978-1-989543-47-4(2),* Happy Harper) Gill, Karanvir.

Christmas Coloring Book for Kids: Ages 4-12 50 Easy Christmas Pages to Color with Santa Claus, Reindeer, Snowman, Christmas Tree & More! Esel Press. 2020. (ENG.). 102p. (J). pap. 9.65 *(978-1-716-38868-2(6))* Lulu Pr., Inc.

Christmas Coloring Book for Kids: Amazing Christmas Books for Children, Fun Christmas ColorinBook for Toddlers & Kids, Page Large 8. 5 X 11 , over 40 Pages. Elma Angels. 2020. (ENM.). 86p. (J). pap. 9.79 *(978-1-716-32733-9(4))* Lulu Pr., Inc.

Christmas Coloring Book for Kids: Amazing Christmas Coloring Book for Kids - Beautiful Christmas Gift for Toddlers & Kids - a Perfect Holiday Coloring Book for Boys, Girls, & Kids of All Ages. Kiddo's Christmas. 2020. (ENG.). 128p. (J). pap. 7.50 *(978-1-716-38104-1(5))* Lulu Pr., Inc.

Christmas Coloring Book for Kids: Amazing Christmas Coloring Book for Kids with 60 Unique Designs for Your Children to Learn Coloring & Enjoy. - This Book Is Suitable for Kids 4-8 with Santa Claus, Reindeer, Snowmen, Christmas Tree & Many More! Malkovich Rickblood. 2020. (ENG.). 126p. (J). pap. 6.99 *(978-1-716-30483-5(0))* Lulu Pr., Inc.

Christmas Coloring Book for Kids: Amazing Christmas Coloring Pages for Kids, Boys & Girls - Christmas Gift for Kids, Children & Preschoolers to Enjoy the Holiday Season - Beautiful Pages to Color with Santa, Snowmen, Reindeer & Much More! Cute, Ea. Molly Osborne. 2020. (ENG., Illus.). 120p. (J). pap. 9.99 *(978-1-716-36953-7(3))* Lulu Pr., Inc.

Christmas Coloring Book for Kids: Christmas Book for Children Ages 4-8, 9-12. Young Dreamers Press. Illus. by Fairy Crocs. 2020. (Coloring Books for Kids Ser.: Vol. 12). (ENG.). 66p. (J). pap. *(978-1-7773753-3-1(9))* EnemyOne.

Christmas Coloring Book for Kids: Christmas Coloring Book for Boys & Girls, Ages 4-8 for Toddlers, Preschoolers- 50 Cute & Easy Christmas Coloring Pages -50 Beautiful Pages to Color with Santa Claus, Snowmen & More -Fun Children's Christmas Gift. Joyful Thoughts Publishing. 2020. (ENG.). 126p. (J). pap. 10.49 *(978-1-716-27724-5(8))* Lulu Pr., Inc.

Christmas Coloring Book for Kids: Christmas Gift or Present for Toddlers & Kids. Esel Press. 2020. (ENG.). 102p. (J). pap. 9.75 *(978-1-716-38983-2(6))* Lulu Pr., Inc.

Christmas Coloring Book for Kids: Cute Christmas Coloring Book for Kids - Beautiful Christmas Gift for Toddlers Kids - a Perfect Holiday Coloring Book for Boys, Girls, & Kids of All Ages. Kiddo's Christmas. 2020. (ENG.). 146p. (J). pap. 11.50 *(978-1-716-38424-0(9))* Lulu Pr., Inc.

Christmas Coloring Book for Kids: Easy & Cute Christmas Coloring Book for Kids with 60 Unique Designs for Your Children to Learn Coloring & Enjoy. - This Book Is Suitable for Kids 4-8 with Santa Claus, Reindeer, Snowmen, Christmas Tree & Many More! Malkovich Rickblood. 2020. (ENG.). 126p. (J). pap. 6.99 *(978-1-716-30485-9(7))* Lulu Pr., Inc.

Christmas Coloring Book for Kids: Fun & Easy Christmas Pages to Color with Santa Claus, Reindeer, Snowman, Christmas Tree & More! Esel Press. 2020. (ENG.). 100p. (J). pap. 11.75 *(978-1-716-38877-4(5))* Lulu Pr., Inc.

Christmas Coloring Book for Kids: Fun & Relaxing Children's Christmas Gift for Toddlers; Kids- 60 Beautiful Pages to Color with Santa, Snowmen; More. Pappel20. 2020. (ENG.). 126p. (J). pap. 11.00 *(978-1-716-36857-8(X))* Lulu Pr., Inc.

Christmas Coloring Book for Kids: Fun Children's Christmas - 55 Outstanding Christmas Coloring Pages with Santa Claus, Reindeer, Snowmen & More. Happykids Publishing. 2020. (ENG.). 116p. (J). pap. 9.98 *(978-1-716-33459-7(4))* Lulu Pr., Inc.

Christmas Coloring Book for Kids: Fun Silly & Unique Designs for Boys & Girls Ages 4-8; 50 Beautiful Pages to Color with Santa Claus, Reindeer, Snowmen & More!; Christmas Gift for Toddlers, Children, & Preschoolers to Enjoy This Holiday Season! Fuzz Harriete. 2021. (ENG.). 108p. (J). pap. *(978-0-221-75774-7(0))* Lulu.com.

Christmas Coloring Book for Kids: Fun Silly & Unique Designs for Boys & Girls Ages 4-8; 50 Beautiful Pages to Color with Santa Claus, Reindeer, Snowmen & More! Christmas Gift for Toddlers, Children, & Preschoolers to Enjoy This Holiday Season! Fuzz Harriete. 2021. (ENG.). 108p. (J). *(978-1-716-07852-1(0))* Lulu.com.

Christmas Coloring Book for Kids: Perfect for Toddlers 4-8 Years. 2020. (ENG.). 126p. (J). pap. 11.00 *(978-1-716-36861-5(8))* Lulu Pr., Inc.

Christmas Coloring Book for Kids 4-8 Ages: Xmas Symbols to Color for Children. Alexandru Stepanenco. 2022. (ENG.). 53p. (J). pap. ***(978-1-4717-0218-1(9))*** Lulu Pr., Inc.

Christmas Coloring Book for Kids Ages 4-8! Engage Books. 2020. (ENG.). 80p. (J). pap. *(978-1-77437-836-6(1))* AD Classic.

Christmas Coloring Book for Kids Ages 4-8: A Fun, Easy & Relaxing Holiday Themed Coloring Book for Boys & Girls (Christmas Gift Idea for Children & Toddlers) Happy Harper. 2019. (ENG., Illus.). 98p. (J). pap. *(978-1-989543-50-4(2),* Happy Harper) Gill, Karanvir.

Christmas Coloring Book for Kids Ages 4-8: CHRISTMAS Activity Book for Boys & Girls | CHRISTMAS Coloring Book for Kids Ages (1-4 , 2-4 , 2-8) | Fun & Entertaining CHRISTMAS Coloring Book. POPACOLOR. 2021. (ENG.). 32p. (J). pap. ***(978-1-4717-9243-4(9))*** Lulu Pr., Inc.

Christmas Coloring Book for Kids Ages 4-8: Over 70 Christmas Unique Coloring Pages for Kids Ages 4-8, 8-12, Including Santa Claus, Reindeer, Snowmen, Christmas Trees, Snow Mandalas & More! Anna M. Yardley. 2020. (ENG.). 170p. (J). pap. 7.99 *(978-1-716-42463-2(1))* Lulu Pr., Inc.

Christmas Coloring Book for Kids Ages 4-8! Discover a Variety of Pages to Color. Bold Illustrations. 2021. (ENG.). 82p. (J). pap. 11.99 *(978-1-0717-0722-7(1),* Bold Illustrations) FASTLANE LLC.

Christmas Coloring Book for Kids by Jocelyn Smirnova. Jocelyn Smirnova. 2020. (ENG.). 120p. (J). pap. 7.35 *(978-1-716-34582-1(0))* Lulu Pr., Inc.

Christmas Coloring Book for Kids! Discover a Variety of Christmas Coloring Pages for Children! Bold Illustrations. 2021. (ENG.). 82p. (J). pap. 11.99 *(978-1-0717-0720-3(5),* Bold Illustrations) FASTLANE LLC.

Christmas Coloring Book for Toddler. Irene Eva Toth. 2020. (ENG.). 100p. (J). pap. 9.99 *(978-1-716-33704-8(6))* Lulu Pr., Inc.

Christmas Coloring Book for Toddlers: Coloring Book for Kids Ages 2-4. Young Dreamers Press. Illus. by Olena Shkoliar. 2021. (ENG.). 106p. (J). pap. *(978-1-990136-35-1(4))* EnemyOne.

Christmas Coloring Book for Toddlers: The Ultimate Collection of Fun & Easy Christmas Coloring Pages Including Color by Number for Kids Ages 2-6 & Preschoolers (Christmas Gift & Stocking Stuffer Ideas for Boys & Girls) Happy Harper. 2019. (ENG., Illus.). 96p. (J). pap. *(978-1-989543-49-8(9),* Happy Harper) Gill, Karanvir.

Christmas Coloring Book for Toddlers! Discover a Variety of Christmas Coloring Pages for Children! Bold Illustrations. 2021. (ENG.). 82p. (J). pap. 11.99 *(978-1-0717-0721-0(3),* Bold Illustrations) FASTLANE LLC.

Christmas Coloring for Toddlers: Coloring Books for Kids Ages 2-4, 4-8. Young Dreamers Press. 2019. (Coloring Books for Kids Ser.: Vol. 11). (ENG., Illus.). 66p. (J). (gr. k-3). pap. *(978-1-989387-87-0(X))* EnemyOne.

Christmas Coloring Fun. Compiled by Compiled by Barbour Staff. Illus. by Mark Ammerman. 2020. (ENG.). 192p. (J). pap. 4.99 *(978-1-64352-549-5(2),* Shiloh Kidz) Barbour Publishing, Inc.

Christmas Colors & Counting. Barbara Barbieri McGrath. Illus. by Peggy Tagel. 2016. (First Celebrations Ser.: 3). 12p. (J). (— 1). bds. 6.95 *(978-1-58089-531-6(X))* Charlesbridge Publishing, Inc.

Christmas Colouring Book. Jenny Jones. 2016. (UKR., Illus.). (J). pap. 3.62 *(978-1-326-80700-9(5))* Lulu Pr., Inc.

Christmas Colouring Book for Kids: Suitable for Ages 4+ Marcelline Hubble. 2022. (ENG.). 50p. (J). pap. ***(978-1-4710-7744-9(6))*** Lulu Pr., Inc.

Christmas Comes but Once a Year: Showing What Mr. Brown Did, Thought, & Intended to Do, During That Festive Season (Classic Reprint) Luke Limner. 2018. (ENG., Illus.). 158p. (J). 27.16 *(978-0-364-51857-1(X))* Forgotten Bks.

Christmas Comes to Crabley Creek. M. J. Sutton. 2019. (ENG.). 30p. (J). pap. *(978-1-5289-7386-1(0))* Austin Macauley Pubs. Ltd.

Christmas Comes to Koyuk. Rosemary Kuhn. Illus. by Rosemary Kuhn. l.t. ed. 2017. (ENG., Illus.). (J). (gr. k-3). pap. 9.95 *(978-1-61633-884-8(9))* Guardian Angel Publishing, Inc.

Christmas Comes to Moominvalley. Tove Jansson. 2023. (Moomin Ser.). (ENG.). 40p. (J). (gr. -1-3). 17.99 ***(978-1-914912-67-2(5))*** Boxer Bks., Ltd. GBR. Dist: Sterling Publishing Co., Inc.

Christmas Comes to Prairie Dog Village: A Christmas Adventure Story. Rick Zuroweste. 2018. (ENG.). 112p. (J). pap. 11.95 *(978-1-64307-251-7(X))* Amplify Publishing Group.

Christmas Compass. Alta Halverson Seymour. Illus. by W. T. Mars. 2021. (Christmas Around the World Ser.: Vol. 2). (ENG.). 132p. (J). pap. 9.99 *(978-1-948959-34-6(8))* Purple Hse. Pr.

Christmas Competition (the Christmas Carrolls, Book 2), Book 2. Mel Taylor-Bessent. Illus. by Selom Sunu. 2022. (Christmas Carrolls Ser.: 2). (ENG.). 368p. (J). 9.99 ***(978-0-7555-0374-2(0))*** Farshore GBR. Dist: HarperCollins Pubs.

Christmas Composition Notebook. Monica Freeman. 2020. (ENG.). 106p. (YA). pap. 5.99 *(978-1-716-35968-2(6))* Lulu Pr., Inc.

Christmas Connemara Pony - the Coral Cove Horses Series. Heney. 2023. (Coral Cove Horse Adventures for Girls & Boys Ser.: Vol. 6). (ENG.). 156p. (J). ***(978-1-915542-55-7(3))*** Irish Natural Horsemanship.

Christmas Connemara Pony - the Coral Cove Horses Series. Elaine Heney. 2023. (ENG.). 156p. (J). pap. ***(978-1-915542-32-8(4))*** Irish Natural Horsemanship.

Christmas Cookie Day!, 1 vol. Tara Knudson. Illus. by Pauline Siewert. 2018. (ENG.). 16p. (J). bds. 9.99 *(978-0-310-76289-8(8))* Zonderkidz.

Christmas Cookies. 2016. (ENG., Illus.). (J). (gr. k-4). 15.00 *(978-0-692-79823-2(4))* BRIGHT IDEAS GRAPHICS.

Christmas Coral. Nina Leipold. Ed. by Nina Leipold. 2023. (ENG.). 40p. (J). pap. 12.99 ***(978-1-0880-9499-0(6))*** Indy Pub.

Christmas Cottage. Christel Jensen. 2017. (ENG., Illus.). (J). *(978-82-93383-07-9(0))* Object Production.

Christmas Cottages Coloring Book: An Adult Coloring Book Featuring over 30 Pages of Giant Super Jumbo Large Designs of the Most Beautiful Christmas Cottages for Stress Relief. Beatrice Harrison. 2020. (ENG.). 34p. (YA). pap. 7.86 *(978-1-716-57642-3(3))* Lulu Pr., Inc.

Christmas Countdown: An Adventivity Book - Build One House a Day to Create Your Own Christmas Village! 25 Cut-Out Houses & Activities Inside! Clever Publishing. 2020. (ENG.). 80p. (J). (gr. -1-3). pap. 8.99 *(978-1-951100-22-3(0))* Clever Media Group.

Christmas Countdown Gift Set: Storybook & Elf Plush Toy. Kim Thompson. Illus. by Élodie Duhameau. 2018. (ENG.). 48p. (J). (gr. -1). 19.99 *(978-2-924786-72-7(X),* CrackBoom! Bks.) Chouette Publishing CAN. Dist: Publishers Group West (PGW).

Christmas Cracker. Clare Bevan. 2021. (ENG.). 240p. (J). pap. *(978-1-80031-129-9(X))* Authors OnLine, Ltd.

Christmas Cradle. Meadow Rue Merrill. Illus. by Drew Krevi. 2018. (Lantern Hill Farm Ser.). (ENG.). (J). 32p. 11.99 *(978-1-62862-788-6(3),* 20_41323); 24p. bds. 11.99 *(978-1-62862-789-3(1),* 20_41313) Tyndale Hse. Pubs. (Tyndale Kids).

Christmas Crafts. Mirella S. Miller. Illus. by Mernie Gallagher-Cole. 2016. (Holiday Crafts Ser.). (ENG.). 24p. (J). (gr. k-3). 32.79 *(978-1-5038-0816-4(5),* 210652) Child's World, Inc, The.

Christmas Creature. Reyna Young. 2017. (ENG., Illus.). 106p. (J). pap. 9.98 *(978-1-946874-09-2(4))* Black Bed Sheet Bks.

Christmas Crosswords. Phillip Clarke. 2017. (Activity Puzzle Bks.). (ENG.). 112p. pap. 4.99 *(978-0-7945-4141-5(0),* Usborne) EDC Publishing.

Christmas Crumb. Lou Treleaven. Illus. by Alex Willmore. 2021. (ENG.). 32p. (J). (gr. -1-3). 19.99 *(978-1-84886-776-5(X),* 44781111-f934-43fc-adbe-46434533b0c8) Maverick Arts Publishing GBR. Dist: Lerner Publishing Group.

Christmas Cut Out for Little Boys & Girls - Activity Book Age 8. Speedy Kids. 2018. (ENG., Illus.). 64p. (J). pap. 12.55 *(978-1-5419-3503-7(9))* Speedy Publishing LLC.

Christmas Day! Andrew Critelli. (ENG.). (J). 2020. (Club Jeffery Book Ser.: Vol. 5). 34p. pap. *(978-1-989822-04-3(5))*; 2019. 32p. pap. *(978-0-9952595-7-7(7))* Infinite Abundance.

Christmas Day (Classic Reprint) Washington. Irving. 2018. (ENG., Illus.). 36p. (J). 24.64 *(978-0-267-51559-2(6))* Forgotten Bks.

Christmas Delivery. Sarah Robinson. Illus. by Tom Burchell. l.t. ed. 2021. (ENG.). 36p. (J). pap. *(978-1-80094-249-3(4))* Terence, Michael Publishing.

Christmas Dilemma (Classic Reprint) Katherine Van Etten Lyford. 2018. (ENG., Illus.). 22p. (J). 24.35 *(978-0-267-29059-8(4))* Forgotten Bks.

Christmas Dinner of Souls. Ross Montgomery. 2017. (ENG., Illus.). 240p. (J). 12.50 *(978-0-571-31797-4(9),* Faber & Faber Children's Bks.) Faber & Faber, Inc.

Christmas Doll: a Repair Shop Story. Amy Sparkes. Illus. by Katie Hickey. 2023. (ENG.). 32p. (J). (gr. 2-4). 17.99

350 The check digit for ISBN-10 appears in parentheses after the full ISBN-13

(978-1-5362-3136-6(3), Candlewick Entertainment) Candlewick Pr.

Christmas Dolls' House. Janet Doolaege. 2021. (ENG.). 120p. (J). pap. *(978-1-80369-069-8(0))* Authors OnLine, Ltd.

Christmas Donkey. Alta Halverson Seymour. Illus. by W. T. Mars. 2021. (Christmas Around the World Ser.: Vol. 3). (ENG.). 132p. (J). pap. 9.99 *(978-1-948959-35-3(6))* Purple Hse. Pr.

Christmas Dragon. Martha Barnes. 2023. (ENG.). 56p. (J). 19.99 ***(978-1-0881-4569-2(8))***; pap. 9.99 ***(978-1-0880-0384-8(2))*** Martha Barnes.

Christmas Dragon. Larry McCloskey. 2018. (ENG., Illus.). 178p. (J). pap. *(978-1-7753525-2-5(8))* Dog-eared Bks.

Christmas Dream. Jessica Bitner. Illus. by Corey Wolfe. 2020. (ENG.). 32p. (J). pap. 17.99 *(978-1-0983-4268-5(2))* BookBaby.

Christmas Dream & Other Christmas Stories by Louisa May Alcott: Merry Christmas, What the Bell Saw & Said, Becky's Christmas Dream, the Abbot's Ghost, Kitty's Class Day & Other Tales & Poems. Louisa Alcott. 2018. (ENG.). 88p. (J). pap. *(978-80-268-9184-0(8))* E-Artnow.

Christmas Dresses & Accessories Coloring Book. Kreative Kids. 2016. (ENG., Illus.). (J). pap. 9.20 *(978-1-68377-391-7(8))* Whike, Traudl.

Christmas Elf. Ginger Covert Colla. Illus. by Judith Gosse. 2021. 32p. (J). pap. 12.99 *(978-1-0983-8102-8(5))* BookBaby.

Christmas Encounter, 1 vol. J. M. Dickson. 2019. (ENG.). 44p. (J). 28.99 *(978-1-4003-2765-2(2))*; pap. 17.99 *(978-1-4003-2764-5(4))* Elm Hill.

Christmas Entertainment. Alice Maude Kellogg. 2017. (ENG.). 102p. (J). pap. *(978-3-337-37972-8(9))* Creation Pubs.

Christmas Entertainments: Containing Fancy Drills, Acrostics, Motion Songs, Tableaux, Short Plays, Recitations in Costume, for Children of Five to Fifteen Years (Classic Reprint) Alice Maude Kellogg. (ENG., Illus.). (J). 2018. 104p. 26.04 *(978-0-483-97627-6(X))*; 2016. pap. 9.57 *(978-1-334-12782-3(4))* Forgotten Bks.

Christmas Evans: The Preacher of Wild Wales; His Country, His Times, & His Contemporaries (Classic Reprint) Paxton Hood. 2018. (ENG., Illus.). 440p. (J). (gr. -1-3). 32.97 *(978-0-483-45652-5(7))* Forgotten Bks.

Christmas Eve Activity Book for Kids: Word Search, Dot to Dot, Scissors Skills, Sudoku, & Many More Activities - Creative Book for Creative Kids. Happykids Publishing. 2020. (ENG.). 80p. (J). pap. 8.59 *(978-1-716-33468-9(3))* Lulu Pr., Inc.

Christmas Eve Adventure: Finding the Light of the World. Kathleen Lockwood. 2021. (ENG.). 42p. (J). 21.98 ***(978-0-9642128-3-1(8))*** Diotima Pr.

Christmas Eve & Christmas Day. Edward E. Hale. 2016. (ENG.). 324p. (J). pap. *(978-3-7433-8426-2(4))* Creation Pubs.

Christmas Eve & Christmas Day: Ten Christmas Stories. Edward E. Hale & F. O. C. Darley. 2019. (ENG.). 232p. (J). (gr. k-4). pap. *(978-625-7959-16-2(0))* Uhrayoglu, Murat E Kitap Projesi.

Christmas Eve & Christmas Day: Ten Christmas Stories (Classic Reprint) Edward Everett Hale. 2018. (ENG., Illus.). 326p. (J). 30.62 *(978-0-483-36248-2(4))* Forgotten Bks.

Christmas-Eve & Easter-Day. Robert Browning & Heloise E. Hersey. 2017. (ENG.). 180p. (J). pap. *(978-3-337-38063-2(8))* Creation Pubs.

Christmas Eve at Mulligan's (Classic Reprint) Marie Irish. 2018. (ENG., Illus.). 26p. (J). 24.43 *(978-0-267-50789-4(5))* Forgotten Bks.

Christmas Eve at Swamp's End (Classic Reprint) Norman Duncan. (ENG., Illus.). (J). 2018. 36p. 24.64 *(978-0-656-10554-0(2))*; 2016. pap. 7.97 *(978-1-334-14632-9(2))* Forgotten Bks.

Christmas Eve at the Mellops', the Mellops Go Diving for Treasure, the Mellops Go Spelunking, the Mellops Strike Oil, the Mellops Go Flying - 5 Volumes. Tomi Ungerer. 2017. (CHI.). (J). *(978-7-5562-3015-0(5))* Hunan Juvenile and Children's Publishing Hse.

Christmas Eve at Topmast Tickle (Classic Reprint) Norman Duncan. (ENG., Illus.). (J). 2018. 46p. 24.85 *(978-0-364-60251-5(1))*; 2017. pap. 7.97 *(978-0-259-83478-6(5))* Forgotten Bks.

Christmas Eve Eve: A Dr. Seuss-Like Christmas Story. Vincent Calandra. 2017. (ENG., Illus.). (J). pap. 16.95 *(978-1-5043-8642-5(6)*, Balboa Pr.) Author Solutions, LLC.

Christmas Eve Journey. Joe Moore. Illus. by Mary Moore. 2021. (ENG.). 46p. (J). (gr. k-6). pap. 14.95 *(978-1-7336761-9-9(8))* North Pole Pr.

Christmas Eve on Lonesome: And Other Stories (Classic Reprint) John Fox, Jr. 2018. (ENG., Illus.). 268p. (J). 29.42 *(978-0-364-33169-9(0))* Forgotten Bks.

Christmas Eve on Lonesome, and, Hell-Fer-Sartain: And Other Stories (Classic Reprint) John Fox, Jr. 2018. (ENG., Illus.). 272p. (J). 29.53 *(978-0-365-29229-6(X))* Forgotten Bks.

Christmas Eve on Lonesome; Hell-Fer-Sartain; in Happy Valley (Classic Reprint) John Fox, Jr. 2018. (ENG., Illus.). 304p. (J). 30.19 *(978-0-364-01863-7(1))* Forgotten Bks.

Christmas Eve on Lonesome; Hell-Fer-Sartain; in Happy Valley (Classic Reprint) John Fox Jr. 2017. (ENG., Illus.). (J). pap. 13.57 *(978-0-243-51891-3(9))* Forgotten Bks.

Christmas Eve, or the Story of Poor Anthony (Classic Reprint) Christoph Von Schmid. 2018. (ENG., Illus.). 112p. (J). 26.21 *(978-0-483-36134-8(8))* Forgotten Bks.

Christmas Eve Tale. C. F. Draper. Illus. by L. S. Rowe. 2019. (ENG.). 42p. (J). pap. *(978-1-78830-426-9(8))* Olympia Publishers.

Christmas Eve Tree. Delia Huddy. Illus. by Emily Sutton. 2016. (ENG.). 40p. (J). (gr. k-3). 16.99 *(978-0-7636-7917-0(8))* Candlewick Pr.

Christmas Every Day: And Other Stories, Told for Children (Classic Reprint) W. D. Howells. 2018. (ENG., Illus.). 164p. (J). 27.28 *(978-0-364-78768-7(6))* Forgotten Bks.

Christmas Every Day, & Other Stories. William Dean Howells. 2017. (ENG.). 164p. (YA). pap. *(978-3-7447-4747-9(6))* Creation Pubs.

Christmas Every Day & Other Stories (Illustrated) Humorous Children's Stories for the Holiday Season. William Dean Howells. 2018. (ENG.). 40p. (YA). pap. *(978-80-268-9183-3(X))* E-Artnow.

Christmas Eve's Bedtime Bible Story. Breddan Budderman. Illus. by Doina Paraschiv. 2021. (ENG.). 26p. (J). 21.95 *(978-1-7367539-0-3(8))*; pap. 16.95 *(978-1-7367539-1-0(6))* Reaching Higher Pr. LLC.

Christmas Experience, bk. 5. Doc Goodheart. Illus. by Tommy Sutanto. 2022. (Adventures of Greasy & Grimy Ser.: 5). (ENG.). 28p. (J). pap. 11.99 ***(978-1-953604-36-1(6))*** Southampton Publishing.

Christmas Fairies for Ouma. Lindsey McDivitt. Illus. by Katarzyna Bukiert. 2022. (ENG.). 32p. (J). (gr. -1-1). 17.99 *(978-1-64170-734-3(8)*, 550734) Familius LLC.

Christmas Fairy. Anne Booth. Illus. by Rosalind Beardshaw. 2017. (ENG.). 32p. (J). (gr. -1-2). 15.99 *(978-0-7636-9629-0(3))* Candlewick Pr.

Christmas Fairy & Other Stories. John Strange Winter et al. 2019. (ENG., Illus.). 42p. (YA). (gr. 7-12). pap. *(978-93-5329-441-0(X))* Alpha Editions.

Christmas Fairy (Classic Reprint) John Strange Winter. 2018. (ENG., Illus.). 52p. (J). 24.97 *(978-0-267-22801-0(5))* Forgotten Bks.

Christmas Fairy Gets a Ride. Laurie Friedman. 2022. (Fairy Friends Ser.). (ENG.). 32p. (J). (gr. k-2). pap. 9.50 *(978-1-63897-642-4(2)*, 19918); lib. bdg. 30.00 *(978-1-63897-527-4(2)*, 19917) Seahorse Publishing.

Christmas Family: Silly Santa Book 2. A. P. Cooper. 2022. (Silly Santa Ser.: Vol. 2). (ENG.). 36p. (J). pap. ***(978-1-7399849-5-3(1))*** Lane, Betty.

Christmas Festivities: Tales, Sketches, & Characters, with Beauties of the Modern Drama (Classic Reprint) John Poole. 2018. (ENG., Illus.). 362p. (J). 31.36 *(978-0-483-63803-7(X))* Forgotten Bks.

Christmas Find the Difference Activity Book for Children. Educando Kids. 2019. (ENG.). 42p. (J). pap. 8.55 *(978-1-64521-656-8(X)*, Educando Kids) Editorial Imagen.

Christmas Fire-Side: Or the Juvenile Critics (Classic Reprint) Sarah Wheatley. 2018. (ENG., Illus.). 206p. (J). 28.15 *(978-0-267-23519-3(4))* Forgotten Bks.

Christmas First Words (a Tuffy Book) Holly Berry-Byrd. Ed. by Cottage Door Press. Illus. by Charlotte Archer. 2021. (Tuffy Book Ser.). (ENG.). 10p. (J). (gr. -1 — 1). 8.99 *(978-1-64638-292-7(7)*, 1007190) Cottage Door Pr.

Christmas Flash Couldn't Even. Kari Ann Martindale. Illus. by Aaron Parrott. 2017. (ENG.). (J). (gr. k-3). pap. 10.95 *(978-0-9994504-1-3(7))* karilogue.

Christmas Flowers Coloring Book: An Adult Coloring Book Featuring over 30 Pages of Giant Super Jumbo Large Designs of the Most Beautiful Christmas Flowers for Relaxation. Beatrice Harrison. 2020. (ENG.). 34p. (YA). pap. 7.86 *(978-1-716-57661-4(X))* Lulu Pr., Inc.

Christmas for Bear. Bonny Becker. Illus. by Kady MacDonald Denton. 2017. (Bear & Mouse Ser.). (ENG.). 48p. (J). (gr. k-4). 17.99 *(978-0-7636-4923-4(6))* Candlewick Pr.

Christmas for Tad: A Story of Mary & Abraham Lincoln (Classic Reprint) Helen Topping Miller. (ENG., Illus.). (J). 2017. 26.00 *(978-0-331-40673-3(X))*; 2016. pap. 9.57 *(978-1-334-13218-6(5))* Forgotten Bks.

Christmas Fox. Anik McGrory. 2016. (Illus.). 32p. (J). (gr. -1-2). 18.99 *(978-1-101-93500-2(6)*, Knopf Bks. for Young Readers) Random Hse. Children's Bks.

Christmas Friend. Brittani Arentz. 2021. (ENG., Illus.). 34p. (J). pap. 14.95 *(978-1-63844-931-7(7))* Christian Faith Publishing.

Christmas from Both Worlds! Dineo Dowd. Ed. by Margaret Wolfe Miller. Illus. by Meaow Studio. l.t. ed. 2021. (ENG.). 22p. (J). 18.99 ***(978-1-0879-9722-3(4))*** Indy Pub.

Christmas F@%T. Jacklyn Thrapp. 2020. (ENG.). 54p. (YA). pap. *(978-1-716-60832-2(5))* Lulu Pr., Inc.

Christmas Fun. Created by Highlights. 2023. (Holiday Fun Activity Bks.). 48p. (J). (-k). pap. 8.99 ***(978-1-63962-083-8(4)*** , Highlights) Highlights Pr., c/o Highlights for Children, Inc.

Christmas Fun. Make Believe Ideas. Illus. by Make Believe Ideas. 2020. (ENG.). 48p. (J). (gr. -1 — 1). pap. 6.99 *(978-1-78947-703-0(4))* Make Believe Ideas GBR. Dist: Scholastic, Inc.

Christmas Fun: Bring Everyday Objects to Life. Danielle McLean. Illus. by Julie Clough. 2021. (Crazy Stickers Ser.). (ENG.). 24p. (J). (gr. -1-2). pap. 4.99 *(978-1-6643-4022-0(X))* Tiger Tales.

Christmas Fun Activity & Colouring Book. Jean Shaw. 2017. (ENG., Illus.). 44p. (J). pap. *(978-1-9999339-0-6(7))* Jeans Jottings.

Christmas Fun (Colorforms) Holly Berry Byrd. Ed. by Cottage Door Press. 2021. (Colorforms Ser.). (ENG.). 12p. (J). (gr. -1-2). bds. 11.99 *(978-1-64638-299-6(4)*, 1007260) Cottage Door Pr.

Christmas! Fun Things to Make & Do. Christina Goodings. Illus. by Christina Goodings. ed. 2016. (ENG., Illus.). 104p. (J). (gr. k-2). spiral bd. 10.99 *(978-0-7459-7616-7(6)*, c2cd2a8c-71bf-46c7-8243-4d1112dc85aa, Lion Books) Lion Hudson PLC GBR. Dist: Baker & Taylor Publisher Services (BTPS).

Christmas Garland (Classic Reprint) Max Beerbohm. 2018. (ENG., Illus.). 210p. (J). 28.23 *(978-0-364-81068-2(8))* Forgotten Bks.

Christmas Giant Sticker Activity Pad. The The Wiggles. 2020. (Wiggles Ser.). (ENG.). 48p. (J). (-k). pap. 9.99 *(978-1-922385-43-7(3))* Bonnier Publishing GBR. Dist: Independent Pubs. Group.

Christmas Gift for Little One. Sandra Magsamen. 2022. (Welcome Little One Baby Gift Collection). (J). 24p. (— 1). bds. 7.99 *(978-1-7282-4482-2(X))*; 40p. (gr. -1-k). 17.99 *(978-1-7282-4497-6(8))* Sourcebooks, Inc.

Christmas Gift for Santa: A Bedtime Book, 1 vol. J. Theron Elkins. Illus. by Ag Jatkowska. 2019. (ENG.). 32p. (J). 17.99 *(978-0-310-72961-7(0))* Zonderkidz.

Christmas Gift for Santa: A Bedtime Book for Little Ones, 1 vol. J. Theron Elkins. Illus. by Ag Jatkowska. 2021. (ENG.). 24p. (J). bds. 9.99 *(978-0-310-76443-4(2))* Zonderkidz.

Christmas Gift from Fairy Land (Classic Reprint) James Kirke Paulding. 2018. (ENG., Illus.). (J). 27.90 *(978-0-260-63892-2(7))* Forgotten Bks.

Christmas Gift from Santa. Sophia Asmah. 2019. (Maths Fiction Ser.: Vol. 3). (ENG.). 82p. (J). pap. *(978-9988-54-719-6(6))* Asmah, Sophia.

Christmas Gnomes: 20 Stickers. Teresa Goodridge. 2023. (Dover Little Activity Books Stickers Ser.). (ENG., Illus.). 4p. pap. 2.50 ***(978-0-486-85213-3(X)***, 85213X) Dover Pubns., Inc.

Christmas Greeting (Classic Reprint) Charles O. Dowst. (ENG., Illus.). (J). 2018. 20p. 24.33 *(978-0-484-08471-0(2))*; 2017. pap. 7.97 *(978-0-259-09496-8(X))* Forgotten Bks.

Christmas Hamm: How Porkington Found the Holiday Spirit. Margaret Rodeheaver. 2022. (ENG.). 174p. (J). pap. 8.99 *(978-1-7370203-5-6(1))* Pares Forma Pr. Will Way Bks., Inc.

Christmas Hamper. 2019. (ENG., Illus.). 52p. (J). (gr. k-3). pap. *(978-625-7959-08-7(X))* Uhrayoglu, Murat E Kitap Projesi.

Christmas Hamper: A Volume of Pictures & Stories for Little Folks. 2019. (ENG., Illus.). 44p. (YA). pap. *(978-93-5329-469-4(X))* Alpha Editions.

Christmas Hangman Activity Book for Children (6x9 Puzzle Book / Activity Book) Sheba Blake. 2020. (ENG.). 104p. (J). pap. 9.99 *(978-1-222-28588-8(6))* Indy Pub.

Christmas Hangman Activity Book for Children (8x10 Puzzle Book / Activity Book) Sheba Blake. 2020. (ENG.). 104p. (J). pap. 14.99 *(978-1-222-28589-5(4))* Indy Pub.

Christmas Hares. John Holshoe. 2018. (ENG., Illus.). 12p. (J). *(978-0-359-00260-3(9))* Lulu Pr., Inc.

Christmas, Here I Come! D. J. Steinberg. Illus. by Laurie Stansfield. 2021. (Here I Come! Ser.). 32p. (J). (gr. -1-1). pap. 5.99 *(978-0-593-09424-2(7)*, Grosset & Dunlap) Penguin Young Readers Group.

Christmas, Here I Come! D. J. Steinberg. ed. 2021. (Here I Come Ser.). (ENG., Illus.). 32p. (J). (gr. k-1). 17.46 *(978-1-68505-086-3(7))* Penworthy Co., LLC, The.

Christmas Heroes. Cindy Fenton. 2022. (ENG., Illus.). 32p. (J). pap. 12.95 *(978-1-63985-704-3(4))* Fulton Bks.

Christmas Heroes! (PAW Patrol) Random House. Illus. by Random House. 2018. (ENG., Illus.). 22p. (J). (gr. -1-2). bds. 7.99 *(978-0-525-58185-7(5)*, Random Hse. Bks. for Young Readers) Random Hse. Children's Bks.

Christmas Hidden Pictures Puffy Sticker Playscenes. Created by Highlights. 2020. (Highlights Puffy Sticker Playscenes Ser.). 48p. (J). (-k). pap. 8.99 *(978-1-64472-117-9(1)*, Highlights) Highlights Pr., c/o Highlights for Children, Inc.

Christmas Hidden Pictures Puzzles to Highlight. Created by Highlights. 2020. (Highlights Hidden Pictures Puzzles to Highlight Activity Bks.). 32p. (J). (gr. 1-4). pap. 6.99 *(978-1-64472-122-3(8)*, Highlights) Highlights Pr., c/o Highlights for Children, Inc.

Christmas Hirelings (Classic Reprint) M. E. Braddon. 2018. (ENG., Illus.). 272p. (J). 29.51 *(978-0-332-94234-6(1))* Forgotten Bks.

Christmas Holiday Animals: An Adult Coloring Book Featuring over 30 Pages of Giant Super Jumbo Large Designs of the Most Beautiful Christmas Animals for Stress Relief. Beatrice Harrison. 2020. (ENG.). 34p. (YA). pap. 7.86 *(978-1-716-57917-2(1))* Lulu Pr., Inc.

Christmas Holidays at Merryvale the Merryvale Boys. Alice Hale Burnett. 2018. (ENG., Illus.). 32p. (YA). (gr. 7-12). pap. *(978-93-5297-458-0(1))* Alpha Editions.

Christmas Holidays, or a Visit at Home: Written for the American Sunday School Union (Classic Reprint) American Sunday School Union. 2018. (ENG., Illus.). (J). 40p. 24.74 *(978-0-366-40475-9(X))*; 42p. pap. 7.97 *(978-0-365-89269-4(6))* Forgotten Bks.

Christmas Holly (Classic Reprint) Marion Harland. 2018. (ENG., Illus.). 94p. (J). 25.86 *(978-0-267-23614-5(X))* Forgotten Bks.

Christmas Honeymoon. Frances Aymar Mathews. 2017. (ENG., Illus.). (J). pap. *(978-0-649-48333-4(2))* Trieste Publishing Pty Ltd.

Christmas Honeymoon (Classic Reprint) Frances Aymar Mathews. (ENG., Illus.). (J). 2018. 172p. 27.46 *(978-0-267-14590-4(X))*; 2017. pap. 9.97 *(978-1-5276-1691-2(6))* Forgotten Bks.

Christmas Horror Coloring Book: An Adult Horror Coloring Book Featuring over 30 Pages of Giant Super Jumbo Designs of Christmas Nightmare Horror Scenes to Color for Relaxation & Fun. Beatrice Harrison. 2020. (ENG.). 34p. (YA). pap. 7.86 *(978-1-716-53077-7(6))* Lulu Pr., Inc.

Christmas Horse & the Three Wise Men. Isabelle Brent. 2016. (Illus.). 28p. (J). (gr. k-3). 17.95 *(978-1-937786-61-8(7)*, Wisdom Tales) World Wisdom, Inc.

Christmas HP Puzzles to Highlight 12C Clip Strip, 12 vols. Highlights. 2020. (J). (gr. 1-4). pap. 83.88 *(978-1-64472-356-2(5)*, Highlights) Highlights Pr., c/o Highlights for Children, Inc.

Christmas in a Manger: The Story of the Birth of Jesus Told by an Animal in the Stable. Lillian Trebilco. 2023. (ENG.). 34p. (J). pap. ***(978-0-473-67328-4(2))*** HookMedia Co. Ltd.

Christmas in Amazing Grace Acres. Kristi M. Butler. l.t. ed. 2017. (Amazing Grace Acres Ser.: Vol. 2). (ENG., Illus.). (J). (gr. k-4). pap. 10.95 *(978-1-61633-878-7(4))* Guardian Angel Publishing, Inc.

Christmas in Australia. Christina Earley. 2022. (Christmas Around the World Ser.). (ENG.). 24p. (J). (gr. k-2). pap. 8.95 *(978-1-63897-561-8(2)*, 19546); lib. bdg. 27.93 *(978-1-63897-446-8(2)*, 19545) Seahorse Publishing.

Christmas in Bermuda: The Purple Grumblies. Mike Marsh. Illus. by Priti Jain. 2016. (Purple Grumblies Ser.: Vol. 15). (ENG.). (J). (gr. k-1). pap. *(978-1-927506-46-2(8))* Yellow Toadstool Pr.

Christmas in Cornelius. Ly Honeychurch. 2018. (ENG., Illus.). 228p. (J). pap. *(978-1-78623-403-2(3))* Grosvenor Hse. Publishing Ltd.

Christmas in Cornwall: 60 Years Ago (Classic Reprint) E. Bonham. 2018. (ENG., Illus.). 86p. (J). 25.67 *(978-0-428-76966-6(7))* Forgotten Bks.

Christmas in French Canada (Classic Reprint) Louis Frechette. 2018. (ENG., Illus.). 332p. (J). 30.74 *(978-0-364-02499-7(2))* Forgotten Bks.

Christmas in Germany. Christina Earley. 2022. (Christmas Around the World Ser.). (ENG.). 24p. (J). (gr. k-2). pap. 8.95 *(978-1-63897-557-1(4)*, 19550); lib. bdg. 27.93 *(978-1-63897-442-0(X)*, 19549) Seahorse Publishing.

Christmas in Italy. Christina Earley. 2022. (Christmas Around the World Ser.). (ENG.). 24p. (J). (gr. k-2). pap. 8.95 *(978-1-63897-558-8(2)*, 19554); lib. bdg. 27.93 *(978-1-63897-443-7(8)*, 19553) Seahorse Publishing.

Christmas in Lagos. Sharon Abimbola Salu. 2019. (ENG., Illus.). 44p. (J). (gr. k-6). 24.99 *(978-1-0878-5817-3(8))* Indy Pub.

Christmas in Legend & Story: A Book for Boys & Girls (Classic Reprint) Elva Sophronia Smith. 2017. (ENG., Illus.). (J). 30.72 *(978-0-331-87143-2(2))* Forgotten Bks.

Christmas in Mexico. Christina Earley. 2022. (Christmas Around the World Ser.). (ENG.). 24p. (J). (gr. k-2). pap. 8.95 *(978-1-63897-556-4(6)*, 19558); lib. bdg. 27.93 *(978-1-63897-441-3(1)*, 19557) Seahorse Publishing.

Christmas in Narragansett (Classic Reprint) Edward Everett Hale. 2018. (ENG., Illus.). 306p. (J). 30.21 *(978-0-483-27255-2(8))* Forgotten Bks.

Christmas in Snokkervitzville: Tales of Snokkervitzville Told by Hilda Holgenson. Julia M. McCallie. 2017. (Tales of Snokkervitzville Ser.: Vol. 1). (ENG.). 32p. (J). pap. 10.99 *(978-0-9980665-1-6(6))* McCallie, Julia M.

Christmas in the Adirondacks. Judith Ryan Higel. 2021. (ENG., Illus.). 40p. (J). pap. 15.95 *(978-1-64952-684-7(9))* Fulton Bks.

Christmas in the Air! (Thomas & Friends) A Scratch & Sniff Story. Christy Webster. 2019. (ENG., Illus.). 24p. (J). (gr. -1-2). 9.99 *(978-0-525-58093-5(X)*, Random Hse. Bks. for Young Readers) Random Hse. Children's Bks.

Christmas in the Barn. Margaret Wise Brown. Illus. by Anna Dewdney. 2016. (ENG.). 40p. (J). (gr. -1-3). 17.99 *(978-0-06-237986-3(0)*, HarperCollins) HarperCollins Pubs.

Christmas in the Big Woods. Laura Ingalls Wilder. ed. 2018. (ENG.). 32p. (J). (gr. -1-1). 11.00 *(978-1-64310-486-7(1))* Penworthy Co., LLC, The.

Christmas in The 'Burg. Reed Graf. Illus. by Jayden Ellsworth. 2022. (ENG.). 38p. (J). 25.00 ***(978-1-64538-456-4(X))***; pap. 15.00 ***(978-1-64538-458-8(6))*** Orange Hat Publishing.

Christmas in the Country. Barbara Collyer & John R. Foley. Illus. by Retta Worcester. 2020. (Little Golden Book Ser.). 24p. (J). (-k). 5.99 *(978-0-593-11995-2(9)*, Golden Bks.) Random Hse. Children's Bks.

Christmas in the Forest. Edward Alan Kurtz. Illus. by Adobe Stock. 2nd ed. 2016. (ENG.). 62p. (J). (gr. k-2). pap. *(978-1-910370-90-2(8))* Stergiou Ltd.

Christmas in the Kingdom of Kool. Joan Harris. 2016. (ENG., Illus.). (J). (gr. k-3). 15.95 *(978-1-943789-40-5(1))*; pap. 11.95 *(978-1-943789-30-6(4))* Taylor and Seale Publishing.

Christmas in the Manger Padded Board Book: A Christmas Holiday Book for Kids. Nola Buck. Illus. by Felicia Bond. 2018. (ENG.). 18p. (J). (gr. -1 — 1). bds. 10.99 *(978-0-06-286347-8(9)*, HarperCollins) HarperCollins Pubs.

Christmas in the North Woods. Cricket Rohman. 2017. (ENG., Illus.). (J). pap. 9.99 *(978-0-9975270-6-3(4))* Cricket Rohman.

Christmas in the Spring. Nicole W. White. 2022. (ENG.). 30p. (J). pap. ***(978-1-0880-8019-1(7))*** White, Nicole.

Christmas in the Stable (Touch-And-Feel Board Book) Rhonda Gowler Greene. Illus. by Virginia Allyn. 2021. (ENG.). 10p. (J). (gr. -1 — 1). 9.99 *(978-1-338-71454-8(6)*, Little Shepherd) Scholastic, Inc.

Christmas in the United States. Christina Earley. 2022. (Christmas Around the World Ser.). (ENG.). 24p. (J). (gr. k-2). pap. 8.95 *(978-1-63897-559-5(0)*, 19562); lib. bdg. 27.93 *(978-1-63897-444-4(6)*, 19561) Seahorse Publishing.

Christmas in Uganda. Paul Fair & Miranda Fair. Illus. by Sonya Korobkova. 2021. (ENG.). 34p. (J). 19.99 *(978-0-578-97634-1(X))* StoriePr. LLC.

Christmas in Venezuela. Christina Earley. 2022. (Christmas Around the World Ser.). (ENG.). 24p. (J). (gr. k-2). pap. 8.95 *(978-1-63897-560-1(4)*, 19566); lib. bdg. 27.93 *(978-1-63897-445-1(4)*, 19565) Seahorse Publishing.

Christmas-Inspired Hidden Pictures Activity Book for Kids. Speedy Kids. 2017. (ENG., Illus.). (J). pap. 8.33 *(978-1-5419-3380-4(X))* Speedy Publishing LLC.

Christmas Is Awesome! (a Hello!Lucky Book) Hello!Lucky. 2019. (Hello!Lucky Book Ser.). (ENG., Illus.). 24p. (J). (gr. -1 — 1). bds. 7.99 *(978-1-4197-3427-4(X)*, 1265610, Abrams Appleseed) Abrams, Inc.

Christmas Is Coming! Tama Fortner. Illus. by Wazza Pink. 2020. (ENG.). 24p. (J). (gr. -1-1). bds. 9.99 *(978-1-0877-1378-6(1)*, 005826466, B&H Kids) B&H Publishing Group.

Christmas Is Coming. Jodi Horton Hurst. Illus. by C. E. Dale. 2020. (ENG.). 88p. (J). 26.00 *(978-1-950074-23-5(4))*; pap. 19.00 *(978-1-950074-24-2(2))* 4RV Pub.

Christmas Is Coming! An Advent Book with 24 Flaps with Stories, Crafts, Recipes, & More! Claudia Bordin. 2023. (ENG.). 20p. (J). (gr. k). 14.99 ***(978-88-544-1816-5(1))*** White Star Publishers ITA. Dist: Sterling Publishing Co., Inc.

Christmas Is Coming! Celebrate the Holiday with Art, Stories, Poems, Songs, & Recipes. Metropolitan Museum of Art, The. 2019. (ENG., Illus.). 168p. (J). (gr. 3-17). 24.99 *(978-1-4197-3749-7(X)*, 1281301, Abrams, Inc.

Christmas Is Coming: Traditions from Around the World. Monika Utnik. Tr. by Antonia Lloyd-Jones. Illus. by Ewa Poklewska-Koziello. 2021. (ENG.). 136p. (J). (gr. -1). 25.00 *(978-0-7358-4443-8(7))* North-South Bks., Inc.

Christmas Is Coming! an Advent Book: Crafts, Games, Recipes, Stories, & More! (Christmas Calendar, Advent Calendar for Families, Family Craft & Holiday Activity Book) Chronicle Books. Illus. by Katie Hickey. 2019. (ENG.). 72p. (J). (gr. k-5). 17.99 *(978-1-4521-7407-5(5))* Chronicle Bks. LLC.

Christmas Is Coming! (PAW Patrol) Hollis James. Illus. by Random House. 2022. (ENG.). 24p. (J). (gr. -1-2). 12.99

C

(978-0-593-38081-9(9), Random Hse. Bks. for Young Readers) Random Hse. Children's Bks.

Christmas Is Coming Soon! My Maze Activity Book. Smarter Activity Books for Kids. 2016. (ENG., Illus.). (J). pap. 9.22 (978-1-68374-211-1(7)) Examined Solutions PTE. Ltd.

Christmas Is Every Day. Isabel Otter. Illus. by Alicia Más. import ed. 2020. (Every Day Together Book Ser.). (ENG.). 32p. (J). (gr. -1-2). 10.99 (978-0-593-17896-6(3), Rodale Kids) Random Hse. Children's Bks.

Christmas Is for Little Kids: Bundle Coloring Activity Books for Children, 2 vols. Speedy Publishing Books. 2019. (ENG.). 174p. (J). pap. 19.99 (978-1-5419-7187-5(6)) Speedy Publishing LLC.

Christmas Is Fun Coloring Pages: Christmas Activity Book. Jupiter Kids. 2016. (ENG., Illus.). 76p. (J). pap. 13.75 (978-1-68305-386-6(9), Jupiter Kids (Childrens & Kids Fiction)) Speedy Publishing LLC.

Christmas Is Here! Comment by Ximena Hastings. 2019. (Ready-To-Read Ser.). (ENG.). 32p. (J). (gr. k-1). 13.96 (978-0-87617-777-8(1)) Penworthy Co., LLC, The.

Christmas Is Here! Ready-To-Read Level 2. Charles M. Schulz. Illus. by Robert Pope. 2019. (Peanuts Ser.). (ENG.). 32p. (J). (gr. k-2). 17.99 (978-1-5344-5056-1(4)); pap. 4.99 (978-1-5344-5055-4(6)) Simon Spotlight. (Simon Spotlight).

Christmas Is Here So Let's Color a Christmas Coloring Book. Smarter Activity Books for Kids. 2016. (ENG., Illus.). (J). pap. 9.22 (978-1-68374-543-3(4)) Examined Solutions PTE. Ltd.

Christmas Is Joy. Emma Dodd. Illus. by Emma Dodd. (Emma Dodd's Love You Bks.). (ENG.). (J). (— 1). 2022. 22p. bds. 10.99 (978-1-5362-2668-3(8)); 2020. 24p. 16.99 (978-1-5362-1545-8(7)) Candlewick Pr. (Templar).

Christmas Is Love: #2 of the Magical Forest Series. Dawn Kittle. Illus. by Kim Sawyer. 2022. (Magical Forest Ser.: Vol. 2). (ENG.). 18p. (J). pap. 14.99 (978-1-6628-6023-2(4)) Salem Author Services.

Christmas Is Special! - Coloring/Activity Book (Ages 2-4) Created by Warner Press. 2022. (ENG.). 16p. (J). pap. 4.01 (978-1-68434-396-6(8)) Warner Pr., Inc.

Christmas Island Red Crab Migration. Kari Schuetz. 2018. (Animals on the Move Ser.). (ENG., Illus.). 24p. (J). (gr. k-3). lib. bdg. 26.95 (978-1-62617-815-1(1), Blastoff! Readers) Bellwether Media.

Christmas Isn't the Same Without You. Kyle Selby. 2020. (ENG.). 44p. (J). 17.99 (978-1-7361816-0-7(2)); pap. 12.99 (978-1-7361816-1-4(0)) Selby, Kyle.

Christmas Jingle & Find (I Spy with My Little Eye) Holly Berry-Byrd. Ed. by Cottage Door Press. Illus. by Katya Longhi. 2021. (I Spy with My Little Eye Ser.). (ENG.). 32p. (J). (gr. -1-3). 8.99 (978-1-64638-330-6(3), 1007340) Cottage Door Pr.

Christmas Jingle Bunny: A Children's Christmas Musical. Inc Resurrection Rabbit et al. 2018. (ENG., Illus.). 22p. (J). (gr. k-5). pap. 9.95 (978-1-61633-946-3(2)) Guardian Angel Publishing, Inc.

Christmas Joke Book for Funny Kids. Imogen Currell-Williams & Andrew Pinder. 2020. (Buster Laugh-A-lot Bks.). (ENG., Illus.). 128p. (gr. 2-4). pap. 8.99 (978-1-78055-708-3(6), Buster Bks.) O'Mara, Michael Bks., Ltd. GBR. Dist: Independent Pubs. Group.

Christmas Jokes for Christmas Folks. Daniel Roberts. Illus. by Daniel Roberts. 2021. (ENG.). 36p. (J). (978-1-6671-1040-0(3)) Lulu Pr., Inc.

Christmas Jokes for Christmas Folks. Daniel Roberts. 2021. (ENG.). 36p. (J). pap. (978-1-6671-0906-0(5)) Lulu Pr., Inc.

Christmas Kalends of Provence: And Some Other Provencal Festivals (Classic Reprint) Thomas A. Janvier. 2018. (ENG., Illus.). 302p. (J). 30.13 (978-0-364-33867-4(9)) Forgotten Bks.

Christmas Key. Anna Valencia Tillery. 2021. (ENG.). 28p. (J). pap. 14.95 (978-1-63765-063-9(9)) Halo Publishing International.

Christmas Kibble. Saad Jallad. 2022. (ENG.). 40p. (J). 19.99 (978-1-0880-8126-6(6)) Indy Pub.

Christmas Kids' Activity Book (4 - 7 Years) Sherley Grace. 2016. (ENG., Illus.). (J). pap. (978-1-988225-39-5(6)) simplyDONE Publishing.

Christmas Kindergarten Writing Paper with Lines for Kids: Amazing Christmas Kindergartner Handwriting Practice Paper with Lines for Kids - Christmas Theme Kindergarten Writing Paper with Lines for ABC Kids Handwriting - 120+ Blank Practice. Kiddo Life. 2020. (ENG.). 126p. (J). pap. 7.15 (978-1-716-37734-1(X)) Lulu Pr., Inc.

Christmas Kindness. Cheryl C. Malandrinos. 2nd ed. (ENG., Illus.). 52p. (J). 2020. pap. 15.99 (978-1-950074-11-2(0)); 2019. 19.99 (978-1-950074-12-9(9)) 4RV Pub.

Christmas Kitten. Paul F. Cookson. 2017. (ENG., Illus.). 37p. (J). pap. 13.95 (978-1-78823-841-0(9), bf55931d-e785-42ff-aed1-e95b5a42c825) Austin Macauley Pubs. Ltd. GBR. Dist: Baker & Taylor Publisher Services (BTPS).

Christmas Kitten: A Touch-And-feel Book. Rosie Adams. Illus. by Lucy Barnard. 2022. (ENG.). 10p. (J). (-k). bds. 7.99 (978-1-6643-5026-7(8)) Tiger Tales.

Christmas Kitties. Cam Beals. 2022. (ENG.). 48p. (J). pap. (978-1-7388176-0-3(1)) Beals, Cam.

Christmas Knight. C. M. Suglian. (ENG.). 28p. (J). 2022. (978-0-2288-8436-1(5)); 2021. pap. (978-0-2288-5238-4(2)) Tellwell Talent.

Christmas Land. Lois Crandall. 2017. (ENG., Illus.). (YA). 22.95 (978-1-64082-712-7(9)) Page Publishing Inc.

Christmas Lemonade. Dorothy K. Fletcher. 2021. (ENG.). 52p. (J). pap. 14.95 (978-1-950613-23-6(2)) Taylor and Seale Publishing.

Christmas Light. J. J. Dandino. 2020. (ENG., Illus.). 26p. (J). 19.95 (978-1-6624-1019-2(0)); pap. 11.95 (978-1-6624-1017-8(4)) Page Publishing Inc.

Christmas Light (Classic Reprint) Ethel Calvert Phillips. 2018. (ENG., Illus.). 140p. (J). 26.78 (978-0-267-09621-3(6)) Forgotten Bks.

Christmas Lights up Brazil. Contrib. by World Book, Inc. Staff. 2017. (Illus.). 76p. (J). (978-0-7166-0835-6(9)) World Bk., Inc.

Christmas Looky Book. Donovan Bixley. 2023. (ENG., Illus.). 24p. (J). (gr. k-17). pap. 15.99 (978-1-86971-345-4(1)) Hachette Australia AUS. Dist: Hachette Bk. Group.

Christmas Lost & Found. T. J. Martini. Illus. by Magdalenea Kiejna. 2022. 80p. (J). 24.95 (978-0-9705018-7-5(0)) Rivertree Media.

Christmas Lost, Christmas Found. Bruce C. Kusch. 2022. (ENG., Illus.). 26p. (J). pap. 13.95 (978-1-68526-802-2(1)) Covenant Bks.

Christmas Love Letters from God: Bible Stories, 1 vol. Glenys Nellist. Illus. by Rachel Clowes. 2016. (Love Letters from God Ser.). (ENG.). 32p. (J). 17.99 (978-0-310-74824-3(0)) Zonderkidz.

Christmas Magic. Elanor Best. Illus. by Danielle Mudd. 2022. (ENG.). 14p. (J). bds. 9.99 (978-1-80058-524-9(1)) Make Believe Ideas GBR. Dist: Scholastic, Inc.

Christmas Magic. Jason R. Van Pelt. 2022. (ENG.). 56p. (J). pap. 16.99 (978-1-7371572-2-9(5)) J.R.V.P.

Christmas Magic: Short Stories from Award-Winning Fantasy Writers. Ed. by David G. Hartwell. 2016. (ENG.). 496p. (Orig.). pap. 22.99 (978-0-7653-1580-9(7), 900038089, Tor Bks.) Doherty, Tom Assocs., LLC.

Christmas Magic! (Frosty the Snowman) Golden Books. Illus. by Golden Books. 2016. (ENG., Illus.). 128p. (J). (gr. -1-2). pap. 9.99 (978-0-399-55224-3(3), Golden Bks.) Random Hse. Children's Bks.

Christmas Magic Time Coloring Book for Happy Kids: Amazing & Funny Christmas Coloring Book Gift for Kids, the Perfect Present for Your Toddlers, Girls or Boys, 4-9 Ages, with More Than 80 Cheerful, Easy & Relaxing Drawings to Color with Santa Claus, Snowmen, Christmas Tree, Toys, Reindeer & More. Maggie C. Love. 2020. (ENG.). 54p. (J). pap. 8.49 (978-1-716-34633-0(9)) Lulu Pr., Inc.

Christmas Mandala Coloring Book for Kids. Anna O'Annabelle. I.t. ed. 2020. (ENG.). 106p. (J). pap. 11.49 (978-1-716-42698-8(7)) Lulu Pr., Inc.

Christmas Mandalas Coloring Book: Amazing Mind Relaxing Mandalas Adult Coloring Books - Containing 50 Christmas & New Year Mandalas with Festive Winter Designs, Page Size 8,5x11. Almi Forever. 2020. (ENG.). 106p. (J). pap. 9.99 (978-1-716-41393-3(1)) Lulu Pr., Inc.

Christmas Mayhem! Opening All Presents Coloring Book. Kreative Kids. 2016. (ENG., Illus.). (J). pap. 9.20 (978-1-68377-537-9(6)) Whike, Traudl.

Christmas Mazes for Kids Age 5. Educando Kids. 2019. (ENG.). 42p. (J). pap. 8.55 (978-1-64521-617-9(9), Educando Kids) Editorial Imagen.

Christmas Memories - the Tree Hunt. Judy Kiel McKain. 2019. (ENG., Illus.). 40p. (J). 22.99 (978-1-949609-65-3(0)) Pen It Pubns.

Christmas Memories in America, 1900 to Now. Contrib. by World Book, Inc. Staff. 2019. (Illus.). 80p. (J). (978-0-7166-0838-7(3)) World Bk., Inc.

Christmas Miracle at Ground Zero. Judith M. Ackerman. 2021. (ENG.). 38p. (J). pap. 12.99 (978-0-9980439-6-8(6)) BookBaby.

Christmas Miracle for Mother Goose. Amy Ammerman. 2017. (ENG., Illus.). 24p. (J). pap. 12.95 (978-1-64114-852-8(7)) Christian Faith Publishing.

Christmas Mitzvah. Jeff Gottesfeld. Illus. by Michelle Laurentia Agatha. 2021. (ENG.). 40p. (J). (gr. -1-2). 18.99 (978-1-939547-94-1(6), 4a04cb07-9639-4e5d-834a-8b30c4f5d9b6) Creston Bks.

Christmas Monster. Damian C. King. 2022. (ENG.). 50p. (J). pap. (978-1-83875-253-8(6), Nightingale Books) Pegasus Elliot Mackenzie Pubs.

Christmas Moose. Susanne Sparks. 2018. (ENG., Illus.). 68p. (J). 26.95 (978-1-64299-426-1(X)) Christian Faith Publishing.

Christmas Mouse. Sequoia Children's Publishing. 2019. (ENG.). 16p. (J). 2.99 (978-1-64269-140-5(2), 4014, Sequoia Publishing & Media LLC) Phoenix International Publications, Inc.

Christmas Mystery: The Story of Three Wise Men (Classic Reprint) William John Locke. 2018. (ENG., Illus.). 58p. (J). 25.15 (978-0-428-99764-9(3)) Forgotten Bks.

Christmas Mystery Mazes for Bright Kids 8-12. Tat Puzzles. 2021. (ENG.). 110p. (J). pap. (978-1-922695-01-7(7)) Tried and Trusted Indie Publishing.

Christmas Naughty Letter. Sandy Winnette. Illus. by Greg Wray. 2016. (ENG.). 32p. pap. 13.95 (978-1-5043-6394-5(9), Balboa Pr.) Author Solutions, LLC.

Christmas-Night in the Quarters: And Other Poems (Classic Reprint) Irwin Russell. 2018. (ENG., Illus.). 226p. (J). 28.56 (978-0-267-82789-3(X)) Forgotten Bks.

Christmas-Night in the Quarters (Classic Reprint) Irwin Russell. 2018. (ENG., Illus.). 34p. (J). 24.62 (978-0-267-48951-0(X)) Forgotten Bks.

Christmas Nisse. Patrick Nielsen. 2017. (ENG.). 132p. (J). pap. (978-1-78808-824-4(7)) Epilogue Bks.

Christmas Nisse: A Family Christmas Tradition. Rikke Melgaard Liffiton. 2021. (ENG.). 40p. (J). (978-1-5255-7834-2(0)); pap. (978-1-5255-7835-9(9)) FriesenPress.

Christmas on Cuddlebug Lane. Holly Berry Byrd. Ed. by Cottage Door Press. Illus. by Sanja Rescek. 2021. (ENG.). 12p. (J). (gr. -1 — 1). bds. 8.99 (978-1-64638-297-2(8), 1007240) Cottage Door Pr.

Christmas on the Ward. Simone Colwill & Dave Windett. 2020. (Sick Mom Ser.: Vol. 1). (ENG., Illus.). 36p. (J). (gr. k-6). pap. (978-0-473-49874-0(X)) Sick Mom.

Christmas on Time Now & Forever. Richard Real. 2020. (ENG.). 26p. (J). pap. 12.95 (978-1-64801-325-6(2)) Newman Springs Publishing, Inc.

Christmas on Wheels (Classic Reprint) Willis Boyd Allen. 2018. (ENG., Illus.). 22p. (J). 24.37 (978-0-267-50788-7(7)) Forgotten Bks.

Christmas Owl: Based on the True Story of a Little Owl Named Rockefeller. Gideon Sterer & Ellen Kalish. Illus. by Ramona Kaulitzki. 2021. (ENG.). 40p. (J). (gr. -1-3). 18.99 (978-0-316-29912-1(X)) Little, Brown Bks. for Young Readers.

Christmas Parade. Sandra Boynton. Illus. by Sandra Boynton. 2020. (ENG., Illus.). 32p. (J). (gr. -1-k). bds. 8.99 (978-1-5344-7806-0(X)) Simon & Schuster, Inc.

Christmas Parade. Madeline A. Hawthorne. 2021. (ENG.). 42p. (J). pap. (978-1-83934-418-3(0)) Olympia Publishers.

Christmas Patterns to Color IR. Emily Bone. 2017. (Art Patterns to Color Ser.). (ENG.). 32p. pap. 5.99 (978-0-7945-4101-9(1), Usborne) EDC Publishing.

Christmas Peg. Cameron Williams. Illus. by Matthew Martin. 2018. 32p. (J). (gr. -1-k). 14.99 (978-0-14-378576-7(1)) Random Hse. Australia AUS. Dist: Independent Pubs. Group.

Christmas Penguin's Wish. Lenny M. Hill. Illus. by Lisa McDermott & Jessica Koebel. 2020. (ENG.). 32p. (J). (978-1-5255-6829-9(9)); pap. (978-1-5255-6830-5(2)) FriesenPress.

Christmas Pickle. Aldous Bunting. (ENG., 34p. (J). 2019. Illus.). (gr. 1-6). 14.99 (978-1-7321263-6-7(4)); 2018. (Illus.). pap. 9.99 (978-1-7321263-9-8(9)); 2018. (gr. 1-6). pap. 9.99 (978-1-7354329-0-8(3)) PenLit Publishing.

Christmas Picture see **Foto de Navidad**

Christmas Pig. J. K. Rowling. Illus. by Jim Field. 2021. (ENG.). 288p. (J). (gr. 3). 24.99 (978-1-338-79023-8(4)) Scholastic, Inc.

Christmas Pine. Julia Donaldson. Illus. by Victoria Sandoy. 2022. (ENG.). 32p. (J). (gr. -1-3). 17.99 (978-1-338-82927-3(0), Scholastic Pr.) Scholastic, Inc.

Christmas Pitch. Jacklyn Thrapp. 2020. (ENG.). 57p. (J). pap. (978-1-716-62495-7(9)) Lulu Pr., Inc.

Christmas Play Rehearsal. Wickstead Sue. 2018. (ENG., Illus.). 40p. (J). (gr. 1-2). pap. (978-0-9930737-7-9(8)) Wickstead, Sue.

Christmas Plays for Children (Classic Reprint) May Pemberton. (ENG., Illus.). (J). 2017. 26.27 (978-0-266-37773-3(4)); 2016. pap. 9.57 (978-1-333-62759-1(9)) Forgotten Bks.

Christmas Porringer. Evaleen Stein. 2019. (ENG.). 80p. (J). (gr. k-5). pap. (978-625-7959-25-4(X)) Ulrayoglu, Murat E Kitap Projesi.

Christmas Portfolio (Classic Reprint) James Macdonald Oxley. (ENG., Illus.). (J). 2019. 142p. 26.83 (978-0-267-38374-0(6)); 2016. pap. 9.57 (978-1-334-15176-7(8)) Forgotten Bks.

Christmas Posy. Molesworth & Walter Crane. 2017. (ENG., Illus.). (J). pap. (978-0-649-03553-3(4)) Trieste Publishing Pty Ltd.

Christmas Posy. Mary Louisa Stewart Molesworth. 2019. (ENG., Illus.). 134p. (YA). (gr. 7-12). pap. (978-93-5329-304-8(9)) Alpha Editions.

Christmas Present Hunt: With Lots of Flaps to Look Under. Beatrix Potter. 2022. (Peter Rabbit Ser.). (ENG.). 24p. (J). (-k). 8.99 (978-0-241-47069-5(2), Warne) Penguin Young Readers Group.

Christmas Presents. Luiza Mkhitaryan. 2020. (ENG.). 50p. (J). 25.95 (978-1-64468-950-9(2)); pap. 16.95 (978-1-64468-949-3(9)) Covenant Bks.

Christmas Princess. Mariah Carey & Michaela Angela Davis. Illus. by Fuuji Takashi. 2022. (ENG.). 48p. (J). 18.99 (978-1-250-83711-0(1), 900254625, Holt, Henry & Co. Bks. For Young Readers) Holt, Henry & Co.

Christmas Princess Coloring Book: An Adult Coloring Book Featuring over 30 Pages of Giant Super Jumbo Large Designs of Charming Christmas Princesses to Color for Fun & Relaxation. Beatrice Harrison. 2020. (ENG.). 34p. (YA). pap. 7.86 (978-1-716-76445-5(9)) Lulu Pr., Inc.

Christmas Promise Board Book. Alison Mitchell. Illus. by Catalina Echeverri. 2019. (Tales That Tell the Truth Ser.). (ENG.). 16p. (J). bds. (978-1-78498-439-7(6)) Good Bk. Co., The.

Christmas Puppy: A Wag My Tail Book. Salina Yoon. Illus. by Salina Yoon. 2019. (Wag My Tail Book Ser.). (ENG., Illus.). 12p. (J). (gr. -1). bds. 7.99 (978-1-5344-4343-3(6), Little Simon) Little Simon.

Christmas Puzzle Pad. Simon Tudhope. 2017. (Tear-Off Pads Ser.). (ENG.). 204p. pap. 5.99 (978-0-7945-4140-8(2), Usborne) EDC Publishing.

Christmas Puzzles. Created by Highlights. 2018. (Highlights Puzzlemania Activity Bks.). (Illus.). 144p. (J). (gr. 1-4). pap. 10.99 (978-1-62979-830-1(4), Highlights) Highlights Pr., c/o Highlights for Children, Inc.

Christmas Puzzles: Minkie Monster Saves Christmas. Ceri Clark. 2016. (ENG., Illus.). (J). pap. 9.99 (978-1-68063-054-1(7)) Myrddin Publishing Group.

Christmas Puzzles Deluxe. Created by Highlights. 2022. (Highlights Hidden Pictures Ser.). (Illus.). 96p. (J). (gr. -1-3). pap. 12.99 (978-1-64472-841-3(9), Highlights) Highlights Pr., c/o Highlights for Children, Inc.

Christmas Puzzles for the Family: Word Search, Mazes, Cryptograms, Dot-To-Dot, Scrambled Words & More. Cindy Robertson. 2021. (ENG.). 200p. (J). pap. 10.99 (978-1-0879-1949-2(5)) Indy Pub.

Christmas Quest. Janet Surette. 2021. (ENG., Illus.). 20p. (J). (gr. -1-1). bds. 9.99 (978-1-0877-4641-8(8), 005832080, B&H Kids) B&H Publishing Group.

Christmas Rainbow. Wayne a Evans. 2018. (ENG.). 30p. (J). pap. 12.95 (978-1-64299-449-0(9)) Christian Faith Publishing.

Christmas Reindeer. Thornton W Burgess & Grandma's Treasures. 2022. (ENG.). 94p. (J). (978-1-387-56683-9(0)); pap. (978-1-387-56374-6(2)) Lulu Pr., Inc.

Christmas Reindeer Food Mishap. Nicole Antoinette. Illus. by Justo Borrero. 2018. (ENG.). 48p. (J). 19.99 (978-1-939761-05-7(0)) Faith Bks. & MORE.

Christmas Reindeer (Yesterday's Classics) Thornton W. Burgess. Illus. by Rhoda Chase. 2022. (ENG.). 114p. (J). pap. 11.95 (978-1-63334-186-9(0)) Yesterday's Classics.

Christmas Robin (Classic Reprint) Mary Wallace Brooks. (ENG., Illus.). (J). 2018. 62p. 25.18 (978-0-267-00159-0(2)); 2017. pap. 9.57 (978-0-243-51701-5(7)) Forgotten Bks.

Christmas Robot. Sheila Heath. 2019. (ENG.). 20p. (J). 22.95 (978-1-68456-579-5(0)); pap. 12.95 (978-1-68456-577-1(4)) Page Publishing Inc.

Christmas Rocks! Lori C. Froeb. 2020. (ENG.). 32p. (J). (gr. 3-7). pap. 15.99 (978-1-64517-280-2(5), Silver Dolphin Bks.) Printers Row Publishing Group.

Christmas Rose (Classic Reprint) H. J. Wood. (ENG., Illus.). (J). 2018. 56p. 25.05 (978-0-483-51184-2(6)); 2016. pap. 9.57 (978-1-334-11711-4(X)) Forgotten Bks.

Christmas Roses, & New Year's Gift for 1849 (Classic Reprint) Unknown Author. 2018. (ENG., Illus.). (J). 27.82 (978-0-260-59855-4(0)) Forgotten Bks.

Christmas Roses, & Other Stories (Classic Reprint) Anne Douglas Sedgwick. 2018. (ENG., Illus.). 336p. (J). 30.83 (978-0-484-24449-7(3)) Forgotten Bks.

Christmas Roses (Classic Reprint) Lizzie Lawson. (ENG., Illus.). (J). 2018. 30p. 24.54 (978-0-483-58380-1(4)); 2016. pap. 7.97 (978-1-334-16394-4(4)) Forgotten Bks.

Christmas Santa Coloring Book: An Adult Coloring Book Featuring over 30 Pages of Giant Super Jumbo Large Designs of Christmas Santa, Snowman, Elves, & Animals for Stress Relief. Beatrice Harrison. 2020. (ENG.). 34p. (YA). pap. 7.86 (978-1-716-50970-4(X)) Lulu Pr., Inc.

Christmas Santa Coloring Book: An Adult Coloring Book Featuring over 30 Pages of Giant Super Jumbo Large Designs of Christmas Santa, Snowman, Elves, & Animals for Stress Relief (Book Edition:2) Beatrice Harrison. 2020. (ENG.). 34p. (YA). pap. 7.86 (978-1-716-50967-4(X)) Lulu Pr., Inc.

Christmas Scripture Word Search - Coloring/Activity Book (Ages 8-10) Created by Warner Press. 2022. (ENG.). 16p. (J). pap. 4.01 (978-1-68434-400-0(X)) Warner Pr., Inc.

Christmas Season in Scandinavia. 2018. (Illus.). 80p. (J). (978-0-7166-0836-3(7)) World Bk., Inc.

Christmas Secret. Barbara W. Urquhart. 2020. (ENG.). 172p. (J). 26.99 (978-1-0878-9499-7(9)) Indy Pub.

Christmas Selections: For Readings & Recitations (Classic Reprint) Rosamond Livingstone McNaught. 2018. (ENG., Illus.). 208p. (J). 28.21 (978-0-483-32112-0(5)) Forgotten Bks.

Christmas Shoes. Cecilia Jones. 2021. (ENG., Illus.). 26p. (J). pap. 13.95 (978-1-64628-251-7(5)) Page Publishing Inc.

Christmas Snowflake. Susan Reed-Tichenor. 2019. (ENG.). 34p. (J). pap. 13.95 (978-1-64458-586-3(3)) Christian Faith Publishing.

Christmas Snowflake: A Rhyme for Children (Classic Reprint) Anna J. Granniss. 2018. (ENG., Illus.). 34p. (J). 24.60 (978-0-656-49335-7(6)) Forgotten Bks.

Christmas Songbook: Sing along to Eight Classic Carols. Amy Adele. 2023. (ENG.). 24p. (J). (gr. k-17). 24.99 (978-1-4197-7106-4(X), 1828601) Magic Cat GBR. Dist: Abrams, Inc.

Christmas Speakin' at Skaggs's Skule (Classic Reprint) Marie Irish. 2018. (ENG., Illus.). 30p. (J). 24.52 (978-0-267-84921-5(4)) Forgotten Bks.

Christmas Spirit. Comment by Wes Adams. 2019. (Pout-Pout Fish 8x8 Bks). (ENG.). 24p. (J). (gr. k-1). 14.96 (978-0-87617-787-7(9)) Penworthy Co., LLC, The.

Christmas Spirit: A Past-Your-Bedtime Story. Anthony Mazzone. 2020. (ENG.). 60p. (J). pap. 16.95 (978-1-64670-916-8(0)) Covenant Bks.

Christmas Spirit Bug. Lucy Lee. Illus. by Liz Borowski. 2020. (ENG.). 38p. (J). 23.95 (978-1-64468-462-7(4)); pap. 13.95 (978-1-64468-461-0(6)) Covenant Bks.

Christmas Spryte Encounter: Bad Behavior. Nanette Crighton. 2016. (ENG., Illus.). (J). pap. 10.95 (978-1-5127-6668-4(2), WestBow Pr.) Author Solutions, LLC.

Christmas Spryte Encounter: Package Peeking. Nanette Crighton. 2017. (ENG., Illus.). (J). 13.99 (978-1-64133-057-2(0)); pap. 8.99 (978-1-64133-058-9(9)) MainSpringBks.

Christmas Star. Jamin Bingham. 2020. (ENG.). (J). pap. 12.99 (978-1-4621-3588-2(9), Horizon Pubs.) Cedar Fort, Inc./CFI Distribution.

Christmas Star. Marcus Pfister. 2017. (ENG.). 32p. (J). (gr. -1-3). 17.95 (978-0-7358-4299-1(X)) North-South Bks., Inc.

Christmas Star. Christina Roach. Illus. by Rebecca Spear. 2016. (ENG.). (J). (gr. k-5). 17.95 (978-0-9982115-0-3(8)) CR Publishing.

Christmas Star. Alta Halverson Seymour. Illus. by Frank Nicholas. 2021. (Christmas Around the World Ser.: Vol. 5). (ENG.). 114p. (J). pap. 9.99 (978-1-948959-36-0(4)) Purple Hse. Pr.

Christmas Star. Chandra Felisa Wallace. 2019. (ENG., Illus.). 54p. (J). (gr. -1-3). pap. 16.95 (978-1-64258-281-9(6)) Christian Faith Publishing.

Christmas Star Wish. V. L. Marsell & Lucie Greasley. 2016. (ENG., Illus.). (J). pap. 14.99 (978-1-365-43895-0(3)) Lulu Pr., Inc.

Christmas Stocking. Annie Flint. 2017. (ENG.). 164p. (J). pap. (978-3-337-38236-0(3)) Creation Pubs.

Christmas Stocking: A Choice Collection of Charming Stories (Classic Reprint) Annie Flint. 2017. (ENG., Illus.). (J). 27.26 (978-0-331-69240-2(6)) Forgotten Bks.

Christmas Stocking Joke Book. Shoo Rayner. 2017. (ENG., Illus.). (J). (gr. 2-6). pap. (978-1-908944-32-0(3)) Rayner, Shoo.

Christmas Stories, 1 vol. Glenys Nellist. Illus. by Cee Biscoe. 2017. (Snuggle Time Padded Board Book Ser.). (ENG.). 26p. (J). bds. 9.99 (978-0-310-76132-7(8)) Zonderkidz.

Christmas Stories: Adpated from the Little House Books by Laura Ingalls Wilder. Heather Henson & Laura Ingalls Wilder. Illus. by Ji-Hyuk Kim. 2017. 103p. (J). (978-1-5379-9556-4(1)) HarperCollins Pubs.

Christmas Stories: Containing John Wildgoose the Poacher, the Smuggler & Good-Nature; or Parish Matters (Classic Reprint) Edward Berens. 2018. (ENG., Illus.). 218p. (J). 28.39 (978-0-267-26103-1(9)) Forgotten Bks.

Christmas Stories: From Household Words & All the Year Round (Classic Reprint) Charles Dickens. (ENG., Illus.). (J). 2018. 918p. 42.83 (978-0-656-34145-0(9)); 2017. pap. 25.13 (978-0-243-38715-1(6)) Forgotten Bks.

Christmas Stories: Reillustrated Edition: a Christmas Holiday Book for Kids. Laura Ingalls Wilder. Illus. by Ji-Hyuk Kim. 2017. (Little House Chapter Book Ser.: 5). (ENG.). 112p. (J). (gr. 1-5). pap. 4.99 (978-0-06-237714-2(0), HarperCollins) HarperCollins Pubs.

Christmas Stories & Legends. Compiled by Phebe A. Curtiss. 2017. (ENG., Illus.). (YA). (gr. 7-12). pap. (978-93-86367-98-3(X)) Alpha Editions.

352

The check digit for ISBN-10 appears in parentheses after the full ISBN-13

Christmas Stories, & Other Stories (Classic Reprint) Charles Dickens. 2018. (ENG., Illus.). (J). 448p. 33.16 *(978-1-397-24844-2(0))*; 450p. pap. 16.57 *(978-1-397-24834-3(3))* Forgotten Bks.

Christmas Stories & Poems: For the Little Ones (Classic Reprint) C. Emma Cheney. 2018. (ENG., Illus.). 84p. (J). 25.63 *(978-0-365-37128-1(9))* Forgotten Bks.

Christmas Stories; Ballads & Other Poems; Tales (Classic Reprint) William Makepeace Thackeray. (ENG., Illus.). (J). 2018. 544p. 35.12 *(978-0-483-88632-2(7))*; 2016. pap. 19.57 *(978-1-334-12202-6(4))* Forgotten Bks.

Christmas Stories (Classic Reprint) Charles Dickens. (ENG., Illus.). (J). 2018. 858p. 41.59 *(978-0-428-96848-9(1))*; 2017. pap. 23.97 *(978-1-334-91401-0(X))* Forgotten Bks.

Christmas Stories (Classic Reprint) Mary Jane Holmes. 2017. (ENG., Illus.). (J). 31.63 *(978-0-331-68088-1(2))*; pap. 16.57 *(978-0-243-38867-7(5))* Forgotten Bks.

Christmas Stories (Classic Reprint) Jacob A. Riis. (ENG., Illus.). (J). 2018. 202p. 28.06 *(978-0-484-09810-6(1))*; 2017. pap. 10.57 *(978-0-243-22909-3(7))* Forgotten Bks.

Christmas Stories for My Sister's Children: Personal Reminiscences of a Not Uneventful Life (Classic Reprint) Charles O. Shepard. 2017. (ENG., Illus.). (J). 26.70 *(978-0-331-65084-6(3))* Forgotten Bks.

Christmas Stories from French & Spanish Writers. Antoinette Ogden. 2016. (ENG.). 268p. (J). pap. *(978-3-7433-8368-5(3))* Creation Pubs.

Christmas Stories from French & Spanish Writers. Antoinette Ogden. 2019. (ENG.). 210p. (J). (gr. k-6). pap. *(978-625-7959-17-9(9))* Uhrayoglu, Murat E Kitap Projesi.

Christmas Stories from French & Spanish Writers (Classic Reprint) Antoinette Ogden. 2018. (ENG., Illus.). 272p. (J). 29.53 *(978-0-483-38277-0(9))* Forgotten Bks.

Christmas Stories from Household Words & All the Year Round (Classic Reprint) Charles Dickens. 2017. (ENG., Illus.). (J). 538p. 34.99 *(978-0-332-74072-0(2))*; pap. 19.57 *(978-1-334-91444-7(3))* Forgotten Bks.

Christmas Stories from Household Words & All the Year Round, Vol. 2 of 2 (Classic Reprint) Charles Dickens. 2017. (ENG., Illus.). (J). 34.25 *(978-0-265-36339-3(X))* Forgotten Bks.

Christmas Stories Keepsake Collection. Sequoia Children's Publishing. 2020. (ENG.). 96p. (J). 14.99 *(978-1-64269-206-8(9))*, 4045, Sequoia Publishing & Media LLC) Phoenix International Publications, Inc.

Christmas Stories Vintage 8-Book Boxed Set (Vintage Storybook) Ed. by Cottage Door Press. 2021. (Vintage Storybook Ser.). (ENG.). 256p. (J). (gr. -1-2). 28.99 *(978-1-64638-356-6(7))*, 9003450) Cottage Door Pr.

Christmas Stories, Vol. 1 Of 2: From Household Words & All the Year Round (Classic Reprint) Charles Dickens. 2017. (ENG., Illus.). (J). 33.80 *(978-1-5285-8395-4(7))* Forgotten Bks.

Christmas Story. Karen C. Seguin. 2020. (ENG.). 40p. (J). *(978-1-5255-6075-0(1))*; pap. *(978-1-5255-6076-7(X))* FriesenPress.

Christmas Story, 1 vol. Juliet David. Illus. by Elina Ellis. ed. 2016. (99 Stories from the Bible Ser.). (ENG.). 24p. (J). (gr. k-3). 7.99 *(978-1-78128-282-3(X)*, 6c214623-2042-49ba-85fc-363e557d832b, Candle Bks.) Lion Hudson PLC GBR. Dist: Baker & Taylor Publisher Services (BTPS).

Christmas Story. Karen Williamson. Illus. by Marie Allen. ed. 2021. (ENG.). 112p. (J). (gr. -1-k). 10.99 *(978-1-78128-402-5(4)*, 7d225677-2bd7-45d1-bdb6-0192c7ff3c02, Candle Bks.) Lion Hudson PLC GBR. Dist: Baker & Taylor Publisher Services (BTPS).

Christmas Story: Experience the Magic of the First Christmas. DK. 2020. (ENG., Illus.). 16p. (J). (— 1). bds. 12.99 *(978-1-4654-9973-8(3))*, DK Children) Dorling Kindersley Publishing, Inc.

Christmas Story: Mary & Joseph in Bethlehem. John A. Jillions. Illus. by Will Irwin. 2020. (ENG.). 28p. (J). (gr. -1-3). 12.99 *(978-1-5324-1567-8(2))*; pap. 12.99 *(978-1-5324-1566-1(4))* Xist Publishing.

Christmas Story: Pack Of 10. Juliet David. Illus. by Jo Parry. ed. 2021. (Candle Bible for Kids Ser.). (ENG.). 24p. (J). pap. 34.99 *(978-1-78128-379-0(6)*, 06507865-ea37-4a5e-bb32-ffebd620225f, Candle Bks.) Lion Hudson PLC GBR. Dist: Baker & Taylor Publisher Services (BTPS).

Christmas Story (5-7) Warner Press. 2018. (ENG.). 16p. (J). pap. 2.39 *(978-1-68434-047-7(0))* Warner Pr., Inc.

Christmas Story (Classic Reprint) Unknown Author. 2017. (ENG., Illus.). (J). 28.25 *(978-0-266-71631-0(8))*; pap. 10.97 *(978-1-5276-7164-5(X))* Forgotten Bks.

Christmas Story (Classic Reprint) H. L. Mencken. (ENG., Illus.). (J). 2017. 24.60 *(978-0-260-21428-7(0))*; 2016. pap. 7.97 *(978-1-334-46953-4(9))* Forgotten Bks.

Christmas Story [Deluxe Edition]. The Metropolitan Museum of Art. deluxe ed. 2017. (ENG., Illus.). 32p. (J). (gr. -1-2). 19.95 *(978-1-4197-2307-0(3))*, 668502, Abrams Bks. for Young Readers) Abrams, Inc.

Christmas Story from David Harum (Classic Reprint) Edward Noyes Westcott. 2017. (ENG., Illus.). (J). 26.43 *(978-1-5280-4930-6(6))* Forgotten Bks.

Christmas Story of Light. Ora Smith. Illus. by Ora Smith. 2018. (ENG., Illus.). 34p. (J). (gr. k-2). 21.99 *(978-0-9980410-0-1(9))*; 12.99 *(978-0-9980410-1-8(7))* Lighten Pr., LLC.

Christmas Story Sticker Activity Book. Elanor Best. Illus. by Shannon Hays. 2021. (ENG.). 48p. (J). pap. 6.99 *(978-1-80058-528-7(4))* Make Believe Ideas GBR. Dist: Scholastic, Inc.

Christmas Stove. Alta Halverson Seymour. 2021. (Christmas Around the World Ser.: Vol. 4). (ENG.). 96p. (J). pap. 9.99 *(978-1-948959-37-7(2))* Purple Hse. Pr.

Christmas Street. Jonathan Emmett. Illus. by Ingela P. Arrhenius. 2022. (ENG.). 26p. (J). (-k). bds. 17.99 *(978-1-5362-2752-9(8))* Candlewick Pr.

Christmas Super Puffy Stickers! Christmas Fun! Maggie Fischer. Illus. by Samantha Meredith. 2022. (Super Puffy Stickers! Ser.). (ENG.). 32p. (J). (gr. -1-k). pap. 6.99 *(978-1-6672-0097-2(6))*, Silver Dolphin Bks.) Printers Row Publishing Group.

Christmas Surprise. Steph Williams. 2022. (ENG., Illus.). 24p. (J). *(978-1-78498-779-4(4))* Good Bk. Co., The.

Christmas Surprises Book 3. Dorothy Fallows-Thompson. 2019. (ENG.). 56p. (J). pap. *(978-0-244-76694-8(0))* Lulu Pr., Inc.

Christmas Sweater for Nina. Cecilia Heikkilä. 2020. (ENG., Illus.). 32p. (J). pap. 8.95 *(978-1-62371-948-7(8))*, Crocodile Bks.) Interlink Publishing Group, Inc.

Christmas Switcheroo. Tuula Pere. Ed. by Susan Korman. Tr. by Paivi Vuoriaro. 2018. (ENG., Illus.). 56p. (J). *(978-952-357-030-6(7))*; pap. *(978-952-325-079-6(5))* Wickwick oy.

Christmas Symbols Dot to Dots for Kids. Educando Kids. 2019. (ENG.). 42p. (J). pap. 8.55 *(978-1-64521-681-0(0))*, Educando Kids) Editorial Imagen.

Christmas Tail. Al Myers. 2023. (ENG.). 40p. (J). pap. 14.95 ***(978-1-63903-712-4(8))*** Christian Faith Publishing.

Christmas Tales. Created by Highlights. 2018. (Highlights Hidden Pictures Silly Sticker Stories Ser.). 48p. (J). (gr. 1-4). pap. 7.99 *(978-1-62979-838-7(X))*, Highlights) Highlights Pr., c/o Highlights for Children, Inc.

Christmas Tales & Christmas Verse (Classic Reprint) Eugene Field. 2018. (ENG., Illus.). 140p. (J). 26.80 *(978-0-483-42434-0(X))* Forgotten Bks.

Christmas Tales of Flanders: Illustrated (Classic Reprint) Jean de Bosschere. (ENG., Illus.). (J). 2018. 204p. 28.12 *(978-0-267-30521-6(4))*; 2016. pap. 10.57 *(978-1-333-30173-6(1))* Forgotten Bks.

Christmas Teddy. Sequoia Children's Publishing. 2019. (ENG.). 10p. (YA). bds. 5.99 *(978-1-64269-143-6(7))*, 4017, Sequoia Publishing & Media LLC) Phoenix International Publications, Inc.

Christmas That Almost Wasn't. Tim Malven. 2017. (ENG., Illus.). 28p. (J). (gr. 2-6). 19.99 *(978-1-950543-31-1(5))* Legaia Bks. USA.

Christmas, the Mystery & the Wonder. Michael E. Russell. Illus. by Sr Ellen Lacapria. 2016. (ENG.). (J). (gr. k-6). pap. 19.99 *(978-0-692-75285-2(4))* Thomas More Publishing.

Christmas the Whales Sang & Danced. Dee Kamp. 2018. (ENG., Illus.). 32p. (J). pap. 12.95 *(978-1-64349-487-6(2))* Christian Faith Publishing.

Christmas Thingy. F. Paul Wilson. Illus. by Alan M. Clark. 2020. (ENG.). 32p. (J). pap. 15.00 *(978-1-7342978-7-4(5))* I F D Publishing.

Christmas Thorn: And Other Stories (Classic Reprint) Louise Stockton. (ENG., Illus.). (J). 2018. 100p. 25.98 *(978-0-428-27196-1(0))*; 2017. pap. 9.57 *(978-0-243-56884-0(3))* Forgotten Bks.

Christmas-Tide (Classic Reprint) Elizabeth Harrison. 2017. (ENG., Illus.). (J). (gr. 1-4). 29.32 *(978-1-5279-7545-3(2))* Forgotten Bks.

Christmas Ties. Margie Woods. 2022. (ENG.). 106p. (YA). pap. *(978-1-63829-511-2(5))* Austin Macauley Pubs. Ltd.

Christmas Time. Cecilia Smith. 2022. (Entry Level Readers Ser.). (ENG.). (J). 20p. pap. 12.99 ***(978-1-5324-4164-6(9))***; 16p. (gr. -1-2). 24.99 ***(978-1-5324-3878-3(8))***; 16p. (gr. -1-2). pap. 12.99 ***(978-1-5324-2773-2(5))*** Xist Publishing.

Christmas Time: A Children's Christmas Coloring Book for Ages 3 Years Old & Up. Rodney Harrison. 2022. (ENG.). 50p. (J). pap. ***(978-1-387-52220-0(5))*** Lulu Pr., Inc.

Christmas Time Coloring Book for Kids. Cristie Dozaz. 2020. (ENG.). 52p. (J). pap. 8.00 *(978-1-716-42942-2(0))* Lulu Pr., Inc.

Christmas Time Travelers. L. M. Haynes. 2022. (ENG., Illus.). (J). 2018. 28p. 22.95 *(978-1-64299-260-1(7))*; 2017. pap. 12.95 *(978-1-64079-364-4(X))* Christian Faith Publishing.

Christmas Time Travelers 2: The Professor's Journey. L. M. Haynes. 2022. (ENG.). 26p. (YA). 20.00 *(978-1-0880-2459-1(9))*; (Christmas Time Travelers Ser.: Vol. 2). pap. 9.99 *(978-1-0880-2452-2(1))* Indy Pub.

Christmas Traditions Around the World. Ann Ingalls. Illus. by Elisa Chavarri. 2021. (Traditions Around the World Ser.). (ENG.). 32p. (J). (gr. k-3). lib. bdg. 35.64 *(978-1-5038-5012-5(9))*, 214860) Child's World, Inc, The.

Christmas Train. M. J. Foreman. 2018. (ENG., Illus.). 40p. (J). pap. 12.99 *(978-1-949609-48-6(0))* Pen It Pubns.

Christmas Train. David Miles. 2019. (On-Track Learning Ser.). (ENG., Illus.). 14p. (J). (gr. k-1). bds. 12.99 *(978-1-64170-165-5(X))*, 550165) Familius LLC.

Christmas Treasure Hunt. Leslie Hoolaeff & Tyler Hoolaeff. 2021. (ENG.). 32p. (J). *(978-0-2288-5701-3(5))*; pap. *(978-0-2288-5700-6(7))* Tellwell Talent.

Christmas Treats: Contains 29 Classic Blyton Tales. Enid Blyton. 2018. (Bumper Short Story Collections). (ENG.). 352p. (J). (gr. 1-6). 13.99 *(978-1-4449-3668-1(9))* Hachette Children's Group GBR. Dist: Hachette Bk. Group.

Christmas Tree. Charles Dickens. 2019. (ENG.). 36p. (J). (gr. k-6). pap. *(978-625-7959-12-4(8))* Uhrayoglu, Murat E Kitap Projesi.

Christmas Tree. Marna Roszak. 2021. (ENG.). 30p. (J). 23.95 *(978-1-63814-012-2(X))*; pap. 13.95 *(978-1-63814-011-5(1))* Covenant Bks.

Christmas Tree. Sequoia Children's Publishing. 2019. (ENG.). 10p. (YA). bds. 5.99 *(978-1-64269-146-7(1))*, 4020, Sequoia Publishing & Media LLC) Phoenix International Publications, Inc.

Christmas Tree Disaster. Tami Johnson. 2021. (ENG.). 30p. (J). 23.95 *(978-1-63885-213-1(8))*; pap. 13.95 *(978-1-63885-212-4(X))* Covenant Bks.

Christmas Tree for Jesus: Celebrating God's Gift to Us. Susan Jones. Illus. by Lee Holland. 2021. (Forest of Faith Bks.). 32p. (J). (gr. -1-2). 12.99 *(978-1-68099-753-8(X))*, Good Bks.) Skyhorse Publishing Co., Inc.

Christmas-Tree Land (Classic Reprint) Molesworth. (ENG., Illus.). (J). 2018. 232p. 28.70 *(978-0-483-43870-5(7))*; 2016. pap. 11.57 *(978-1-333-47506-2(3))* Forgotten Bks.

Christmas-Tree Land (Illustrated) The Adventures in a Fairy Tale Land (Children's Classic) Mary Louisa Molesworth & Walter Crane. 2018. (ENG.). 86p. (YA). pap. *(978-80-268-9175-8(9))* E-Artnow.

Christmas Tree That Nobody Wanted. Jerry Rosenstein. 2017. (ENG., Illus.). (J). (gr. k-6). 19.95 *(978-1-61244-587-8(X))*; pap. 12.95 *(978-1-61244-586-1(1))* Halo Publishing International.

Christmas Tree Valley. Meridee Mary Dixon. 2018. (ENG., Illus.). 34p. (J). pap. 13.95 *(978-1-64300-276-7(7))* Covenant Bks.

Christmas Tree Who Loved Trains: A Christmas Holiday Book for Kids. Annie Silvestro. Illus. by Paola Zakimi. 2018. (ENG.). 32p. (J). (gr. -1-3). 17.99 *(978-0-06-256168-8(5))*, HarperCollins) HarperCollins Pubs.

Christmas Tree Wish. Karen Inglis. Illus. by Anne Swift. 2019. (ENG.). 34p. (J). (gr. k). *(978-0-9954543-7-8(X))*; pap. *(978-0-9954543-6-1(1))* Well Said Pr.

Christmas Trees Are Funny Things. Brittany Parker. 2021. (ENG.). 32p. (J). 15.99 *(978-0-578-94645-0(9))* Palmetto Publishing.

Christmas Trees Are the Best! Christmas Coloring Books Children's Christmas Books. Speedy Kids. 2017. (ENG., Illus.). (J). pap. 8.45 *(978-1-5419-4723-8(1))* Speedy Publishing LLC.

Christmas Truce: A Story of World War 1. Aaron Shepard. 2017. (ENG., Illus.). (J). (gr. 3-6). 16.00 *(978-1-62035-547-3(7))*, Skyhook Pr.) Shepard Pubns.

Christmas Truce: A Story of World War 1. Aaron Shepard. Illus. by Wendy Edelson. 2016. (ENG.). (J). (gr. 3-6). pap. 10.00 *(978-1-62035-505-3(1))*, Skyhook Pr.) Shepard Pubns.

Christmas Truck, 1 vol. Illus. by Alex Willmore. 2019. (ENG.). 12p. (J). bds. 8.99 *(978-1-4002-1645-1(1))*, Tommy Nelson) Nelson, Thomas Inc.

Christmas under the Fiery Star. Tim Greathouse. 2018. (ENG., Illus.). 26p. (J). pap. 12.95 *(978-1-64349-374-9(4))* Christian Faith Publishing.

Christmas under Three Flags: Being Memories of Holiday Festivities in the White House with Old Hickory, in the Palace of Prince of Prussia, Afterwards Emperor William I, & at the Alamo with the Alcalde's Daughter (Classic Reprint) Mary Emily Donelson Wilcox. 2017. (ENG., Illus.). 96p. (J). 25.90 *(978-0-484-19565-2(4))* Forgotten Bks.

Christmas Unicorn Coloring Book. Cristie Publishing. 2020. (ENG.). 62p. (J). pap. 8.50 *(978-1-716-33466-5(7))* Lulu Pr., Inc.

Christmas Unicorn Rescue. Aaron Shreve. 2022. (ENG.). 50p. (J). 29.95 ***(978-1-6624-7667-9(1))***; (Illus.). pap. 17.95 ***(978-1-6624-7665-5(5))*** Page Publishing Inc.

Christmas Visitors. Deborah Lock. Illus. by Martina Peluso. ed. 2021. (ENG.). 32p. (J). (gr. -1-k). 14.99 *(978-0-7459-7930-4(0)*, 0d7584b7-a0cc-4e56-9b9c-ae860ea2a4c9, Lion Children's) Lion Hudson PLC GBR. Dist: Baker & Taylor Publisher Services (BTPS).

Christmas Vs: Fourth of July (Classic Reprint) Asenath Carver Coolidge. 2018. (ENG., Illus.). 40p. (J). 24.74 *(978-0-267-21117-3(1))* Forgotten Bks.

Christmas Walk. Sam Handley. 2016. (ENG., Illus.). 86p. (J). pap. *(978-1-326-87262-5(1))* Lulu Pr., Inc.

Christmas Week at Bigler's Mill: A Sketch in Black & White (Classic Reprint) Dora E. W. Spratt. (ENG., Illus.). (J). 2018. 88p. 25.71 *(978-0-483-83443-9(2))*; 2016. pap. 9.57 *(978-1-333-42261-5(X))* Forgotten Bks.

Christmas When the West Was Young. Cyrus Townsend Brady. 2017. (ENG., Illus.). (J). pap. *(978-0-649-37544-8(0))* Trieste Publishing Pty Ltd.

Christmas When the West Was Young (Classic Reprint) Cyrus Townsend Brady. 2018. (ENG., Illus.). 78p. (J). 25.51 *(978-0-267-26751-4(7))* Forgotten Bks.

Christmas Wipe-Clean Activity Book. Scholastic. 2018. (ENG.). 56p. (gr. -1-1). spiral bd. 9.99 *(978-1-338-31496-0(3))* Scholastic, Inc.

Christmas Wish: A Peter Rabbit Tale. Beatrix Potter. Illus. by Eleanor Taylor. 2017. (Peter Rabbit Ser.). (ENG.). 16p. (J). (— 1). bds. 7.99 *(978-0-241-29334-8(0))*, Warne) Penguin Young Readers Group.

Christmas Wish: Johnny & Tommy's Story (a Short Story) Jamie Jennings. 2021. (ENG.). 26p. (J). 19.00 *(978-1-008-90974-8(2))* Lulu Pr., Inc.

Christmas Wish for Corduroy. B. G. Hennessy. Illus. by Jody Wheeler. 2017. (Corduroy Ser.). 34p. (J). (— 1). bds. 8.99 *(978-0-425-28875-7(7))*, Viking Books for Young Readers) Penguin Young Readers Group.

Christmas Wishes. Illus. by Jason Fruchter. 2018. (PJ Masks Ser.). (ENG.). 26p. (J). (gr. -1-2). 12.99 *(978-1-5344-2059-5(2))*, Simon Spotlight) Simon Spotlight.

Christmas Wishing Angel. Lesley A. Wood. 2021. (ENG.). 34p. (J). pap. 10.99 *(978-1-8384832-3-4(3))* Ormond, Jennifer.

Christmas Witch. Jaime Katusha. 2022. (ENG.). 64p. (J). pap. 12.99 ***(978-1-63988-563-3(3))*** Primedia eLaunch LLC.

Christmas Witch. Jaime Katusha. Illus. by Dakotah Kad Andreatta. 2022. (ENG.). 64p. (J). 22.99 ***(978-1-63988-553-4(6))*** Primedia eLaunch LLC.

Christmas Witch: Safe Haven. Theresa Pelegano. 2019. (Christmas Witch Ser.: Vol. 2). (ENG.). 220p. (YA). (gr. 7-12). 21.99 ***(978-1-64764-977-3(5))*** Primedia eLaunch LLC.

Christmas Witch: Safe Haven. Theresa a Pelegano. 2019. (Christmas Witch Ser.: Vol. 2). (ENG.). 220p. (YA). (gr. 7-12). pap. 11.99 ***(978-1-64764-993-7(5))*** Primedia eLaunch LLC.

Christmas Witch, an Italian Legend: Level 3. Joanne Oppenheim. Illus. by Annie Mitra. 2020. (Bank Street Ready-To-Read Ser.). (ENG.). 50p. (J). 17.95 *(978-1-876967-25-3(0))*; pap. 11.95 *(978-1-876966-72-0(6))* ibooks, Inc.

Christmas with Anne of Green Gables & Other Stories. L. M. Montgomery. 2018. (ENG., Illus.). 100p. (J). 19.99 *(978-1-5154-2207-5(0))* Wilder Pubns., Corp.

Christmas with Auntie. Helen Foster James. Illus. by Petra Brown. 2022. (ENG.). 32p. (J). (gr. -1-1). 17.99 *(978-1-5341-1173-8(5))*, 205272) Sleeping Bear Pr.

Christmas with Grandma Elsie. Martha Finley. 2018. (ENG., Illus.). 212p. (YA). (gr. 7-12). pap. *(978-93-5297-350-7(X))* Alpha Editions.

Christmas with Grandma Elsie (Classic Reprint) Martha Finley. 2018. (ENG., Illus.). 322p. (J). 30.56 *(978-0-267-48941-1(2))* Forgotten Bks.

Christmas with Grandma Elsie (Unabridged) Children's Classic. Martha Finley. 2018. (ENG.). 120p. (YA). pap. *(978-80-268-9174-1(0))* E-Artnow.

Christmas with Maddy. Charlene M. Cavers. Illus. by Margaret Cavers May. 2018. (Maddy Chronicles Ser.). (ENG.). 24p. (J). *(978-1-5255-4243-5(5))*; pap. *(978-1-5255-4244-2(3))* FriesenPress.

Christmas with Marco: A Chesapeake Bay Adventure. Cindy Freland. Illus. by Hammaker Gabby. 2016. (ENG.). (J). (gr. 1-4). 18.00 *(978-1-941927-87-8(4))*; pap. 12.00 *(978-1-941927-86-1(6))* Maryland Secretarial Services, Inc.

Christmas with Papa & Momuski. Carol Nash. Illus. by LaToya Peoples. 2017. (Train up a Child Ser.: Vol. 1). (ENG.). 42p. (J). 16.95 *(978-0-692-98200-6(0))* Kingdom Builders Pubn.

Christmas with Peppa (Peppa Pig: Board Book) Scholastic. Illus. by EOne. 2017. (ENG.). 16p. (J). (gr. -1-k). 7.99 *(978-1-338-15898-4(8))* Scholastic, Inc.

Christmas with Snowman Paul. Yossi Lapid. Illus. by Joanna Pasek. 2018. (Snowman Paul Ser.: Vol. 7). (ENG.). 42p. (J). (gr. k-2). 24.99 *(978-1-949091-60-1(0))* Lapid, Yosef.

Christmas with the Animals - a Full-Page Coloring Book for Little Children. Jupiter Kids. 2018. (ENG., Illus.). 106p. (J). pap. 12.55 *(978-1-5419-3547-1(0))*, Jupiter Kids (Childrens & Kids Fiction)) Speedy Publishing LLC.

Christmas with the Golden Girls Mad Libs: World's Greatest Word Game. Karl Jones. 2019. (Golden Girls Ser.). (ENG.). 48p. (J). (gr. 3-7). pap. 4.99 *(978-1-5247-9337-1(X))*, Mad Libs) Penguin Young Readers Group.

Christmas with the Poets: A Collection of Songs, Carols, & Descriptive Verses Relating to the Festival of Christmas. Henry Vizetelly. 2017. (ENG., Illus.). (J). pap. *(978-0-649-54873-6(6))* Trieste Publishing Pty Ltd.

Christmas with the Poets: A Collection of Songs, Carols, & Descriptive Verses Relating to the Festival of Christmas, from the Anglo-Normand Period to the Present Time (Classic Reprint) Henry Vizetelly. (ENG., Illus.). (J). 2018. 222p. 28.48 *(978-0-483-97870-6(1))*; 2017. pap. 10.97 *(978-0-259-89865-8(1))* Forgotten Bks.

Christmas with the Presidents: Holiday Lessons for Today's Kids from America's Leaders. Mike Henry. 2017. (Illus.). 188p. 79.00 *(978-1-4758-3782-7(8))* Rowman & Littlefield Publishers, Inc.

Christmas with the Rural Mail, 1 vol. Illus. by Maud Lewis. 2017. (ENG.). 32p. (J). (gr. -1-k). pap. 12.95 *(978-1-55109-530-1(0)*, aedcf380-4ee3-4be8-a89f-2df2b7c1b4c2) Nimbus Publishing, Ltd. CAN. Dist: Baker & Taylor Publisher Services (BTPS).

Christmas with Theo. Illus. by Marc Moignard. 2020. (ENG.). 48p. (J). pap. 25.00 *(978-1-716-35242-3(8))* Lulu Pr., Inc.

Christmas Wood: A Play for Children in Two Acts (Classic Reprint) Elizabeth F. Guptill. (ENG., Illus.). (J). 2018. 34p. 24.60 *(978-0-267-30425-7(0))*; 2016. pap. 7.97 *(978-1-333-27291-3(X))* Forgotten Bks.

Christmas Word Search Puzzle Book - Easy Level (6x9 Puzzle Book / Activity Book) Sheba Blake. 2020. (ENG.). (YA). 70p. pap. 9.99 *(978-1-222-28566-6(5))*; 64p. pap. 9.99 *(978-1-222-28590-1(8))* Indy Pub.

Christmas Word Search Puzzle Book - Easy Level (8x10 Puzzle Book / Activity Book) Sheba Blake. 2020. (ENG.). (YA). 70p. pap. 14.99 *(978-1-222-28567-3(3))*; 64p. pap. 14.99 *(978-1-222-28591-8(6))* Indy Pub.

Christmas Word Search Puzzle Book - Hard Level (6x9 Puzzle Book / Activity Book) Sheba Blake. 2020. (ENG.). (YA). 70p. pap. 9.99 *(978-1-222-28570-3(3))*; 64p. pap. 9.99 *(978-1-222-28594-9(0))* Indy Pub.

Christmas Word Search Puzzle Book - Hard Level (8x10 Puzzle Book / Activity Book) Sheba Blake. 2020. (ENG.). (YA). 70p. pap. 14.99 *(978-1-222-28571-0(1))*; 64p. pap. 14.99 *(978-1-222-28595-6(9))* Indy Pub.

Christmas Word Search Puzzle Book - Medium Level (6x9 Puzzle Book / Activity Book) Sheba Blake. 2020. (ENG.). (YA). 70p. pap. 9.99 *(978-1-222-28568-0(1))*; 64p. pap. 9.99 *(978-1-222-28592-5(4))* Indy Pub.

Christmas Word Search Puzzle Book - Medium Level (8x10 Puzzle Book / Activity Book) Sheba Blake. 2020. (ENG.). (YA). 70p. pap. 14.99 *(978-1-222-28569-7(X))*; 64p. pap. 14.99 *(978-1-222-28593-2(2))* Indy Pub.

Christmas Word Search Puzzle Book (6x9 Puzzle Book / Activity Book) Sheba Blake. 2020. (ENG.). 56p. (YA). pap. 9.99 *(978-1-222-28472-0(3))* Indy Pub.

Christmas Word Search Puzzle Book (8x10 Puzzle Book / Activity Book) Sheba Blake. 2020. (ENG.). 56p. (YA). pap. 14.99 *(978-1-222-28473-7(1))* Indy Pub.

Christmas Word Search Word Search Puzzle Book for Adults & Kids. Esel Press. 2020. (ENG.). 54p. (J). pap. 7.65 *(978-1-716-40963-9(2))* Lulu Pr., Inc.

Christmas Wordsearches for Clever Kids(r). Gareth Moore & Chris Dickason. 2020. (Buster Brain Games Ser.: 14). (ENG., Illus.). 192p. (J). (gr. 4-6). pap. 8.99 *(978-1-78055-656-7(3))*, Buster Bks.) O'Mara, Michael Bks., Ltd. GBR. Dist: Independent Pubs. Group.

Christmas Wrapping Paper. Jule Pryke. 2017. (ENG., Illus.). (J). pap. *(978-1-78645-172-9(7))* Beaten Track Publishing.

Christmas Wreath: For Little People (Classic Reprint) Ella Rodman. 2018. (ENG., Illus.). 224p. (J). 28.54 *(978-0-484-19363-4(5))* Forgotten Bks.

Christmasaurus. Tom Fletcher. Illus. by Shane Devries. (ENG.). (J). 2022. 32p. (gr. -1-2). 18.99 *(978-0-593-56616-9(5))*, Random Hse. Bks. for Young Readers); 2020. 400p. (gr. 3-7). 8.99 *(978-1-5247-7333-5(6))*, Yearling); 2018. 384p. (gr. 3-7). 13.99 *(978-1-5247-7330-4(1))*, Random Hse. Bks. for Young Readers) Random Hse. Children's Bks.

Christmas's Birthday. Cecilia Tuppermann. 2022. (ENG.). 44p. (J). pap. 10.99 ***(978-1-0880-7432-9(4))*** Indy Pub.

Christmassy Cactus. Beth Ferry. Illus. by A. N. Kang. 2023. (ENG.). 40p. (J). (gr. -1-3). 18.99 ***(978-0-06-303964-3(8))***, HarperCollins) HarperCollins Pubs.

Christmastime in Winterland. Josef Silvia. 2018. (ENG., Illus.). 42p. (J). pap. 7.50 *(978-0-359-20195-2(4))* Lulu Pr., Inc.

Christmastime with Santa. Desda Deanne Brown. Illus. by Joan Coleman. 2023. (ENG.). 40p. (J). 26.99 ***(978-1-6628-7368-3(9))***; pap. 14.99 ***(978-1-6628-7362-1(X))*** Salem Author Services.

Christmouse Tales. Caroline Way. 2019. (ENG.). 36p. (J). pap. *(978-0-244-84525-4(5))* Lulu Pr., Inc.

C

For book reviews, descriptive annotations, tables of contents, cover images, author biographies & additional information, updated daily, subscribe to www.booksinprint.com 353

Christo & Jeanne-Claude Wrap the World: the Story of Two Groundbreaking Environmental Artists. G. Neri. Illus. by Elizabeth Haidle. 2023. (ENG.). 48p. (J). (gr. 1-4). 18.99 *(978-1-5362-1661-5(5))* Candlewick Pr.

Christopher & Columbus (Classic Reprint) Elizabeth Elizabeth. 2018. (ENG., Illus.). 448p. (J). 33.14 *(978-0-484-84590-8(X))* Forgotten Bks.

Christopher Charges. Tracilyn George. 2023. (ENG.). 22p. (J). pap. 12.99 *(978-1-77475-422-1(3))* Draft2Digital.

Christopher (Classic Reprint) Richard Pryce. (ENG., Illus.). (J). 2018. 366p. 31.45 *(978-0-364-01796-8(1))*; 2018. 384p. 31.90 *(978-0-332-84293-6(2))*; 2017. pap. 13.97 *(978-0-243-52125-8(1))* Forgotten Bks.

Christopher Columbus: Controversial Explorer of the Americas, 1 vol. Christopher Brink. 2018. (Hero or Villain? Claims & Counterclaims Ser.). (ENG.). 112p. (YA). (gr. 8-8). 45.93 *(978-1-5026-3523-5(2),* 0d315b57-3cd6-4e8b-837d-5402b93cd53e) Cavendish Square Publishing LLC.

Christopher Columbus & the Americas: Separating Fact from Fiction. Peter Mavrikis. 2021. (Fact vs. Fiction in U. S. History Ser.). (ENG.). 32p. (J). 31.32 *(978-1-4966-9563-5(1),* 206277); pap. 7.95 *(978-1-4966-9673-1(5),* 206247) Capstone.

Christopher Columbus: Explorer & Colonist. Stephen Krensky. 2020. (Step into Reading Ser.). (Illus.). 48p. (J). (gr. k-3). pap. 4.99 *(978-0-593-18173-7(5))*; (ENG., lib. bdg. 14.99 *(978-0-593-18174-4(3))* Random Hse. Children's Bks. (Random Hse. Bks. for Young Readers).

Christopher Cricket on Cats, with Observations & Deductions for the Enlightenment of the Human Race from Infancy to Maturity & Even Old Age: Optically Exemplified by the Author, with an Introduction by Wallace Irwin (Classic Reprint) Anthony Henderson Euwer. 2017. (ENG., Illus.). (J). 24.87 *(978-0-260-89972-9(0))* Forgotten Bks.

Christopher Hibbault Roadmaker (Classic Reprint) Marguerite Bryant. 2018. (ENG., Illus.). 392p. (J). 32.00 *(978-0-267-44352-9(8))* Forgotten Bks.

Christopher I Love You All Ways. Marianne Richmond. Illus. by Dubravka Kolanovic. 2023. (I Love You All Ways Ser.). (ENG.). 32p. (J). (gr. -1-3). 8.99 *(978-1-7282-7344-0(7))* Sourcebooks, Inc.

Christopher Kenrick, His Life & Adventures (Classic Reprint) Joseph Hatton. (ENG., Illus.). (J). 2018. 408p. 32.31 *(978-0-666-75600-8(7))*; 2017. pap. 16.57 *(978-0-259-19522-1(7))* Forgotten Bks.

Christopher Laird (Classic Reprint) Sidney McCall. 2018. (ENG., Illus.). 352p. (J). 31.18 *(978-0-332-17369-6(0))* Forgotten Bks.

Christopher Mot & Fidgit. Michael Bread. 2020. (ENG.). 398p. (J). pap. *(978-1-914195-04-4(3))* UK Bk. Publishing.

Christopher on the North Pole Express. J. D. Green. 2019. (North Pole Express Ser.). (ENG.). 32p. (J). (gr. -1-3). 7.99 *(978-1-7282-0320-1(1))* Sourcebooks, Inc.

Christopher Paul Curtis. Chris Bowman. 2017. (Children's Storytellers Ser.). (ENG., Illus.). 24p. (J). (gr. 2-5). lib. bdg. 26.95 *(978-1-62617-550-1(0),* Blastoff! Readers) Bellwether Media.

Christopher Paul Curtis 3-Book Boxed Set: The Watsons Go to Birmingham — 1963; Bud, Not Buddy; the Mighty Miss Malone. Christopher Paul Curtis. 2021. (ENG.). (J). (gr. 5). 25.97 *(978-0-593-48719-8(2),* Yearling) Random Hse. Children's Bks.

Christopher Pumpkin. Sue Hendra & Paul Linnet. Illus. by Nick East. 2020. (ENG.). (J). (gr. -1 — 1). 30p. bds. 8.99 *(978-0-316-42756-2(X))*; 32p. 17.99 *(978-0-316-42755-5(1))* Little, Brown Bks. for Young Readers.

Christopher Quarles: College Professor & Master Detective (Classic Reprint) Percy James Brebner. 2018. (ENG., Illus.). 306p. (J). (gr. -1-3). 30.23 *(978-0-483-45152-0(5))* Forgotten Bks.

Christopher Robin: the Little Book of Poohisms: With Help from Piglet, Eeyore, Rabbit, Owl, & Tigger, Too! Brittany Rubiano & Disney Books. ed. 2018. (ENG., Illus.). 216p. (gr. 3-7). pap. 9.99 *(978-1-368-02589-8(7),* Disney Press Books) Disney Publishing Worldwide.

Christopher Robin: the Novelization. Elizabeth Rudnick & Disney Books. ed. 2018. (ENG.). 288p. (J). (gr. 3-7). pap. 8.99 *(978-1-368-02590-4(0),* Disney Press Books) Disney Publishing Worldwide.

Christopher Santa's Secret Elf. Put Me In The Story & Katherine Sully. Illus. by Julia Seal. 2018. (Santa's Secret Elf Ser.). (ENG.). 32p. (J). (gr. k-3). 5.99 *(978-1-4926-8131-1(8))* Sourcebooks, Inc.

Christopher Sproyngeez & Deedlekin Doll. Ron Charach. Illus. by Laura Catrinella. 2021. (ENG.). 28p. (J). pap. *(978-1-0391-1991-8(3))* FriesenPress.

Christopher, the Holy Giant. Tomie dePaola. 2023. (ENG.). 32p. (J). (gr. -1). 14.99 *(978-1-62164-620-4(3))* Ignatius Pr.

Christopher 'Twas the Night Before Christmas. Illus. by Lisa Alderson. 2019. (Night Before Christmas Ser.). (ENG.). 32p. (J). (gr. -1-3). 7.99 *(978-1-7282-0213-6(2))* Sourcebooks, Inc.

Christopher, Where's Kitty? Alessandro Bozzo. Illus. by Annie Wang. 2019. (ENG.). 28p. (J). *(978-1-5255-5523-7(5))*; pap. *(978-1-5255-5524-4(3))* FriesenPress.

Christopher's Christmas Wish. Put Me In The Story & J. D. Green. Illus. by Julia Seal. 2018. (Christmas Wish Ser.). (ENG.). 32p. (J). (gr. k-3). 6.99 *(978-1-4926-8316-2(7))* Sourcebooks, Inc.

Christopher's Coloring Challenge: Activity Book for Children, 50 Coloring Pages, Ages 4-8. Easy, Large Picture for Coloring with Farm Animals, Kids, Dinosaurs, Castle, & Lots More. Great Gift for Boys & Girls. Christopher Morrison. 2021. (ENG.). 104p. (J). pap. *(978-1-6671-9499-8(2))* Lulu.com.

Christopher's Cranky Teacher. Gwin Williams. 2017. (ENG., Illus.). (J). pap. 12.95 *(978-1-64028-354-1(4))* Christian Faith Publishing.

Christopher's Garden, 24 vols. Elsa Beskow. 2nd rev. ed. 2016. Orig. Title: Lasse-Liten I Trädgården. (Illus.). 32p. (J). 19.95 *(978-1-78250-349-1(8))* Floris Bks. GBR. Dist: Consortium Bk. Sales & Distribution.

Christopher's Tornado. G. Lamar Wilkie. Illus. by Wd Smith. 2016. (ENG.). 42p. (J). pap. 9.75 *(978-0-9971141-1-9(8))* G. Lamar Wilkie.

Christopher's WORD SEARCH: Activity Book for Children, 50 WORD SEARCH PUZZLES for KIDS, Ages 6-8, 8-12, Easy, Large Format. Great Gift for Boys & Girls. Christopher Norris. 2021. (ENG.). 68p. (J). pap. *(978-1-008-97148-6(0))* Lulu.com.

Christowell: A Dartmoor Tale (Classic Reprint) R. D. Blackmore. (ENG., Illus.). (J). 2018. 420p. 32.56 *(978-0-365-52466-3(2))*; 2017. pap. 16.57 *(978-0-259-24409-7(0))* Forgotten Bks.

Christowell, Vol. 1 Of 3: A Dartmoor Tale (Classic Reprint) R. D. Blackmore. 2017. (ENG., Illus.). (J). 30.29 *(978-0-331-80184-2(7))* Forgotten Bks.

Christowell, Vol. 2 Of 3: A Dartmoor Tale (Classic Reprint) R. D. Blackmore. 2018. (ENG., Illus.). 308p. (J). 30.25 *(978-0-483-44968-8(7))* Forgotten Bks.

Christ's Folk in the Apennine. Francesca Alexander. 2017. (ENG.). 308p. (J). pap. *(978-3-337-16550-5(8))* Creation Pubs.

Christ's Folk in the Apennine: Reminiscences of Her Friends among the Tuscan Peasantry (Classic Reprint) Francesca Alexander. 2018. (ENG., Illus.). 300p. (J). 30.08 *(978-0-364-43175-7(X))* Forgotten Bks.

Christy, Katy, John, & the Time Machine: Dancing with Running Deer. Robert H. Wellington. 2021. (ENG.). 106p. (YA). pap. 25.99 *(978-1-68547-039-5(4))* Paperchase Solution.

Christy, Katy, John & the Time Machine: Dancing with Running Deer. Robert H. Wellington. 2021. (ENG.). 106p. (YA). 37.99 *(978-1-68547-040-1(8))* Paperchase Solution.

Chromium Educational Facts Children's Science Book. Bold Kids. 2023. (ENG.). 42p. (J). pap. 14.99 *(978-1-0717-2111-7(9))* FASTLANE LLC.

Chron. Michaela Love. 2021. (ENG.). 392p. (YA). pap. 23.95 *(978-1-6624-4144-8(4))* Page Publishing Inc.

Chronic Loafer (Classic Reprint) Nelson Lloyd. 2018. (ENG., Illus.). 276p. (J). 29.61 *(978-0-483-35011-3(7))* Forgotten Bks.

Chronic Pain: An Invisible Illness, 1 vol. Kelly Gurnett. 2017. (Diseases & Disorders Ser.). (ENG.). 104p. (YA). (gr. 7-7). pap. 20.99 *(978-1-5345-6284-4(2),* 0b286ed2-c098-41cd-a0c0-5a16bdb80733); lib. bdg. 41.53 *(978-1-5345-6196-0(X),* c97bf5e6-3cdc-42ef-bb49-2280080c3249) Greenhaven Publishing LLC. (Lucent Pr.).

Chronic Pain & Illness Workbook for Teens: CBT & Mindfulness-Based Practices to Turn the Volume down on Pain. Rachel Zoffness. 2019. (ENG.). 176p. (YA). (gr. 6-12). pap. 21.95 *(978-1-68403-352-2(7),* 43522, Instant Help Books) New Harbinger Pubns.

Chronic Pain & Prescription Painkillers. Grace Ferguson. 2017. (Opioids & Opiates: the Silent Epidemic* Ser.: Vol. 5). (ENG., Illus.). 64p. (YA). (gr. 7-12). 23.95 *(978-1-4222-3823-3(7))* Mason Crest.

Chronicle Baby: Welcome to Shape School! Beginning Baby. Chronicle Books. 2021. (Beginning Baby Ser.). (ENG., Illus.). 20p. (J). (gr. -1 — 1). bds. 12.99 *(978-1-4521-7093-0(2))* Chronicle Bks. LLC.

Chronicle Gate: Ethereal. N. Lang. 2020. Vol. 1. (ENG.). 182p. (J). pap. 7.99 *(978-1-393-64593-1(3))* Draft2Digital.

Chronicle of a New Kid. Pedro Villanueva. 2017. (Text Connections Guided Close Reading Ser.). (J). (gr. 1). *(978-1-4900-1825-6(5))* Benchmark Education Co.

Chronicle of a Pilgrimage: Paris to Milan on Foot (Classic Reprint) Harold Monro. 2017. (ENG., Illus.). (J). 26.95 *(978-0-331-22848-3(3))* Forgotten Bks.

Chronicle of an Old Town: A Novel (Classic Reprint) Albert Benjamin Cunningham. (ENG., Illus.). (J). 2018. 328p. 30.68 *(978-0-267-00533-8(4))*; 2017. pap. 13.57 *(978-0-259-00171-3(6))* Forgotten Bks.

Chronicle of Conquest (Classic Reprint) Frances C. Sparhawk. 2018. (ENG., Illus.). 252p. (J). 29.11 *(978-0-484-86734-4(2))* Forgotten Bks.

Chronicle of Ethelfled (Classic Reprint) Anne Manning. 2017. (ENG., Illus.). (J). 28.43 *(978-0-331-86598-1(X))*; pap. 11.57 *(978-0-243-49767-6(9))* Forgotten Bks.

Chronicle of Froissart, Vol. 1 (Classic Reprint) Jean Froissart. 2017. (ENG., Illus.). (J). 34.29 *(978-0-266-25903-9(0))* Forgotten Bks.

Chronicle of Froissart, Vol. 3 (Classic Reprint) Jean Froissart. 2017. (ENG., Illus.). (J). 34.64 *(978-0-266-22795-3(3))* Forgotten Bks.

Chronicle of Magica. Yannis Lignos. 2023. (ENG.). 262p. (YA). pap. *(978-1-3984-6941-9(6))* Austin Macauley Pubs. Ltd.

Chronicle of Small Beer (Classic Reprint) John Reid. 2018. (ENG., Illus.). 226p. (J). 28.56 *(978-0-483-59900-0(X))* Forgotten Bks.

Chronicle of the Fermors, Vol. 1 Of 2: Horace Walpole in Love (Classic Reprint) Matthew Stradling. 2018. (ENG., Illus.). (J). 354p. 31.20 *(978-0-366-55907-7(9))*; 356p. pap. 13.57 *(978-0-366-06090-0(2))* Forgotten Bks.

Chronicle, Vol. 23: September, 1924 (Classic Reprint) Clemson University. (ENG., Illus.). (J). 2018. 286p. 29.80 *(978-0-483-71304-8(X))*; 2017. pap. 13.57 *(978-0-243-38717-5(2))* Forgotten Bks.

Chronicle, Vol. 24: October, 1925 (Classic Reprint) Fred Leitzsey. 2018. (ENG., Illus.). 132p. (J). 26.62 *(978-0-656-34398-0(2))* Forgotten Bks.

Chronicle, Vol. 25: December, 1926 (Classic Reprint) J. E. Youngblood. (ENG., Illus.). (J). 2018. 80p. 25.55 *(978-0-483-71216-4(7))*; 2017. pap. 9.57 *(978-1-334-12321-4(7))* Forgotten Bks.

Chronicle, Vol. 26: October, 1927 (Classic Reprint) M. A. Jones. (ENG., Illus.). (J). 2018. 180p. 27.63 *(978-0-483-86048-3(4))*; 2017. pap. 10.57 *(978-0-243-29231-8(7))* Forgotten Bks.

Chronicles of a Barnyard Life: Smile Mr. Cow! Priya Sun. Illus. by Ana Santos. 2017. (ENG.). (J). (gr. k-2). 16.99 *(978-0-692-83659-0(4))* Derry Lane Publishing.

Chronicles of a Child. Pearl Allen. 2016. (ENG., Illus.). (J). pap. 11.95 *(978-1-68409-050-1(4))* Page Publishing Inc.

Chronicles of a Kentucky Settlement (Classic Reprint) William Courtney Watts. 2017. (ENG., Illus.). (J). 34.37 *(978-0-266-66802-2(X))* Forgotten Bks.

Chronicles of a Swordsman: The Handmaiden's Diary. Ian Z. Gray. 2023. (ENG.). 108p. (YA). pap. *(978-1-0881-5277-5(5))* Brindal Bks.

Chronicles of Adapa & Ketchura: The Search for the Blue Crystal Diamond. Ning Ning. Illus. by Alexis Mendez. 2021. (Chronicles of Adapa & Ketchura Ser.: Vol. 1). (ENG.). 120p. (YA). *(978-0-2288-4479-2(7))*; pap. *(978-0-2288-4478-5(9))* Tellwell Talent.

Chronicles of Adventures- Life of a Torch. Elisabeth De Duarte. 2016. (ENG., Illus.). (J). pap. *(978-1-84914-986-0(0))* CompletelyNovel.com.

Chronicles Of Álfara: Book One: the Lights of the North. Millie Hardy-Sims. 2022. (ENG.). 292p. (J). pap. *(978-1-4709-6088-9(5))* Lulu Pr., Inc.

Chronicles of Arax: Book 2 the Siege of Corell. Benjamin Sanford. 2022. (ENG., Illus.). 612p. (YA). pap. 31.95 *(978-1-6624-5736-4(7))* Page Publishing Inc.

Chronicles of Arax Book Three: The Battle of Yatin. Ben Sanford. 2023. (ENG., Illus.). 612p. (YA). pap. 33.95 *(978-1-6624-8144-4(6))* Page Publishing Inc.

Chronicles of Avonlea (Classic Reprint) L. M. Montgomery. 2017. (ENG., Illus.). (J). 30.74 *(978-0-266-48040-2(3))* Forgotten Bks.

Chronicles of Avonlea, in Which Anne Shirley of Green Gables & Avonlea Plays Some Part . . L. M. Montgomery. 2018. (ENG., Illus.). 202p. (YA). 24.99 *(978-1-5287-0649-0(8),* Classic Bks. Library) The Editorium, LLC.

Chronicles of Belteshazzar. David Lantz. 2021. (ENG.). 156p. (YA). pap. 14.99 *(978-1-7376114-0-0(6))* David L. Lantz.

Chronicles of Break o' Day (Classic Reprint) E. Everett Howe. 2018. (ENG., Illus.). 356p. (J). 31.24 *(978-0-332-98673-9(X))* Forgotten Bks.

Chronicles of Captain Shelly Manhar. Nabila Fairuz. 2016. (ENG., Illus.). (YA). pap. 16.95 *(978-1-61296-765-3(5))* Black Rose Writing.

Chronicles of Carlingford: A Novel (Classic Reprint) Oliphant Oliphant. (ENG., Illus.). (J). 2018. 310p. 30.29 *(978-0-267-49288-6(X))*; 2017. pap. 13.57 *(978-1-334-95931-8(5))* Forgotten Bks.

Chronicles of Carlingford, Vol. 3: Miss. Marjoribanks (Classic Reprint) Margaret O. Oliphant. 2018. (ENG., Illus.). 460p. (J). 33.40 *(978-0-666-96859-3(4))* Forgotten Bks.

Chronicles of Carlingford, Vol. 3: Miss. Marjoribanks (Classic Reprint) Margaret O. W. Oliphant. 2016. (ENG., Illus.). (J). pap. 16.57 *(978-1-334-13969-7(5))* Forgotten Bks.

Chronicles of Castle Cloyne, Vol. 1 Of 3: Or, Pictures of the Munster People (Classic Reprint) M. W. Brew. (ENG., Illus.). (J). 2018. 340p. 30.91 *(978-0-483-66929-1(6))*; 2017. pap. 13.57 *(978-0-243-27434-5(3))* Forgotten Bks.

Chronicles of Castle Cloyne, Vol. 2 Of 3: Or Pictures of the Munster People (Classic Reprint) M. W. Brew. 2017. (ENG., Illus.). (J). 30.95 *(978-0-331-70461-7(7))* Forgotten Bks.

Chronicles of Castle Cloyne, Vol. 3 Of 3: Or Pictures of the Munster People (Classic Reprint) M. W. Brew. 2018. (ENG., Illus.). 308p. (J). 30.31 *(978-0-332-84996-6(1))* Forgotten Bks.

Chronicles of Chicora Wood (Classic Reprint) Elizabeth W. Allston Pringle. 2017. (ENG., Illus.). (J). 32.06 *(978-1-5279-6016-9(1))* Forgotten Bks.

Chronicles of Chloe: Frozen Eden: a Book about Increasing Self-Confidence, Coping with Bullying & Building Friendships. Melissa Berg. Illus. by Sam Abad. 2020. (Chronicles of Chloe Ser.: Vol. 2). (ENG.). 54p. (J). pap. *(978-1-7770306-0-5(9))* Berg, Melissa.

Chronicles of Chloe: Mean Girls Exodus. Melissa Berg. Illus. by Sam Abad. 2019. (Chronicles of Chloe Ser.: Vol. 1). (ENG.). 78p. (J). pap. *(978-1-9995167-7-2(X))* Berg, Melissa.

Chronicles of Chrestomanci, Vol. I. Diana Wynne Jones. 2021. (Chronicles of Chrestomanci Ser.: 1). (ENG.). 608p. (J). (gr. 3-7). pap. 10.99 *(978-0-06-306703-5(X),* Greenwillow Bks.) HarperCollins Pubs.

Chronicles of Chrestomanci, Vol. II. Diana Wynne Jones. 2021. (Chronicles of Chrestomanci Ser.: 2). (ENG.). 560p. (J). (gr. 3-7). pap. 8.99 *(978-0-06-306704-2(8),* Greenwillow Bks.) HarperCollins Pubs.

Chronicles of Chrestomanci, Vol. III. Diana Wynne Jones. 2021. (Chronicles of Chrestomanci Ser.: 3). (ENG.). 688p. (J). (gr. 3-7). pap. 8.99 *(978-0-06-306705-9(6),* Greenwillow Bks.) HarperCollins Pubs.

Chronicles of Clovernook: With Some Account of the Hermit of Bellyfulle (Classic Reprint) Douglas Jerrold. 2017. (ENG., Illus.). (J). 27.96 *(978-0-266-21113-6(5))* Forgotten Bks.

Chronicles of Clovis (Classic Reprint) Saki Saki. 2018. (ENG., Illus.). 302p. (J). 30.13 *(978-0-483-32029-1(3))* Forgotten Bks.

Chronicles of Collateria: Finding the Plan. April Mae. 2019. (Chronicles of Collateria Ser.: Vol. 2). (ENG., Illus.). 42p. (J). pap. 11.95 *(978-1-64471-702-8(6))* Covenant Bks.

Chronicles of Dawnhope (Classic Reprint) G. F. Bradby. 2018. (ENG., Illus.). (J). 28.85 *(978-0-331-97938-1(1))* Forgotten Bks.

Chronicles of Deltovia, Volume 1. Olivia Jaimes. 2022. (Very Genius Notebooks Ser.: 1). (ENG., Illus.). 224p. (J). pap. 11.99 *(978-1-5248-7156-7(7))* Andrews McMeel Publishing.

Chronicles of Dustypore: A Tale of Modern Anglo-Indian Society (Classic Reprint) H.S. Cunningham. 2018. (ENG., Illus.). 384p. (J). 31.84 *(978-0-428-76418-0(5))* Forgotten Bks.

Chronicles of Dustypore, Vol. 1 Of 2: A Tale of Modern Anglo-Indian Society (Classic Reprint) H.S. Cunningham. 2018. (ENG., Illus.). 312p. (J). 30.33 *(978-0-267-18760-7(2))* Forgotten Bks.

Chronicles of Dustypore, Vol. 2 Of 2: A Tale of Modern Anglo-Indian Society (Classic Reprint) H.S. Cunningham. 2018. (ENG., Illus.). 300p. (J). 30.08 *(978-0-483-38172-8(1))* Forgotten Bks.

Chronicles of Fairy Land (Classic Reprint) Fergus Hume. 2018. (ENG., Illus.). (J). 210p. 28.25 *(978-1-391-60246-2(3))*; 212p. pap. 10.97 *(978-1-391-59347-0(2))* Forgotten Bks.

Chronicles of Glenbuckie (Classic Reprint) Henry Johnston. 2018. (ENG., Illus.). 300p. (J). 30.10 *(978-0-428-41805-2(8))* Forgotten Bks.

Chronicles of Levi Jones: Book One. Ryan Crawford. 2021. (Discovery Ser.). (ENG.). 80p. (YA). pap. 12.95 *(978-1-63710-474-3(X))* Fulton Bks.

Chronicles of Manuel Alanus: A True Story of Old San Francisco (Classic Reprint) Leopold Ernest Wyneken. 2018. (ENG., Illus.). 448p. (J). 33.16 *(978-0-483-83720-1(2))* Forgotten Bks.

Chronicles of Martin Hewitt (Classic Reprint) Arthur. Morrison. 2017. (ENG., Illus.). (J). 29.92 *(978-0-266-71414-9(5))* Forgotten Bks.

Chronicles of Mike Bike Hall. Mike Howard. Illus. by Andrew Syder. 2016. (ENG.). (J). (gr. 1-5). pap. *(978-1-78222-488-4(2))* Paragon Publishing, Rothersthorpe.

Chronicles of Mike Bike Hall: Book Two. Mike Howard. Illus. by Andrew Syder. 2017. (ENG.). (J). (gr. 1-2). pap. *(978-1-78222-552-2(8))* Paragon Publishing, Rothersthorpe.

Chronicles of Moses. Luis Ramos. 2017. (ENG., Illus.). 42p. (J). pap. *(978-1-365-69142-3(X))* Lulu Pr., Inc.

Chronicles of NANIE. N. C. Memeh. 2019. (ENG.). 32p. (J). pap. 11.99 *(978-1-7327876-1-2(1))* Nanie C. Memeh.

Chronicles of Old Riverby (Classic Reprint) Jane Felton Sampson. (ENG., Illus.). (J). 2018. 186p. 27.73 *(978-0-483-37712-7(0))*; 2016. pap. 10.57 *(978-1-334-13330-5(1))* Forgotten Bks.

Chronicles of Ollie & Raven: The Beginning. D. C. Whitlock. 2021. (ENG., Illus.). 76p. (J). pap. 17.95 *(978-1-64952-943-5(0))* Fulton Bks.

Chronicles of Pillowcase. Lupe Simpson. Illus. by Ruth Heras. 2017. (ENG.). (J). 27.49 *(978-1-5456-1277-4(3))*; pap. 16.49 *(978-1-5456-1276-7(5))* Salem Author Services.

Chronicles of Pineville: Embracing Sketches of Georgia Scenes, Incidents, & Characters (Classic Reprint) William Tappan Thompson. 2017. (ENG., Illus.). (J). 27.77 *(978-0-266-71539-9(7))*; pap. 10.57 *(978-1-5276-7068-6(6))* Forgotten Bks.

Chronicles of Rhoda. Florence Tinsley Cox. 2019. (ENG., Illus.). 120p. (YA). (gr. 7-12). pap. *(978-93-5329-442-7(8))* Alpha Editions.

Chronicles of Rhoda (Classic Reprint) Unknown Author. 2017. (ENG., Illus.). (J). 30.19 *(978-0-265-20282-1(5))* Forgotten Bks.

Chronicles of Service Life in Malta (Classic Reprint) Arthur T. Stuart. 2018. (ENG., Illus.). 400p. (J). 32.15 *(978-0-484-57451-8(5))* Forgotten Bks.

Chronicles of Sir Benedict: The Cult of Levi. Kenton E. Biffert. 2019. (ENG., Illus.). 262p. (J). (gr. 2-6). pap. *(978-1-78465-433-7(7))* Vanguard Pr.

Chronicles of Southport In 1845: With a Variety of Other Miscellaneous Pieces, Written Expressly for the Southport Visiter (Classic Reprint) George Wilkinson. (ENG., Illus.). (J). 2018. 182p. 27.65 *(978-0-267-00089-0(8))*; 2017. pap. 10.57 *(978-0-243-41541-0(9))* Forgotten Bks.

Chronicles of St. Mary's (Classic Reprint) S. D. N. (ENG., Illus.). (J). 2018. 426p. 32.68 *(978-0-428-28184-7(2))*; 2017. pap. 16.57 *(978-0-259-27331-8(7))* Forgotten Bks.

Chronicles of St. Tid (Classic Reprint) Eden Phillpotts. 2018. (ENG., Illus.). 292p. (J). 29.92 *(978-0-483-50624-4(9))* Forgotten Bks.

Chronicles of Stanley the Pug. Charles Newhall, III. 2021. (ENG.). 60p. (J). 32.95 *(978-1-64663-624-2(4))*; pap. 21.95 *(978-1-64663-622-8(8))* Koehler Bks.

Chronicles of the Black Tulip #2: The Dragon's Gate. Barry Wolverton. 2017. (Chronicles of the Black Tulip Ser.: 2). (ENG., Illus.). 352p. (J). (gr. 3-7). pap. 6.99 *(978-0-06-222194-0(9),* Waldon Pond Pr.) HarperCollins Pubs.

Chronicles of the Canongate (Classic Reprint) Walter Scott. 2017. (ENG., Illus.). 466p. (J). 33.51 *(978-0-484-82196-4(2))* Forgotten Bks.

Chronicles of the Canongate, Vol. 1 of 2 (Classic Reprint) Walter Scott. 2017. (ENG., Illus.). (J). 34.31 *(978-0-266-72254-0(7))*; pap. 16.97 *(978-1-5276-8007-4(X))* Forgotten Bks.

Chronicles of the Canongate, Vol. 1 of 3 (Classic Reprint) Waverley Waverley. 2018. (ENG., Illus.). 348p. (J). 31.07 *(978-0-483-83879-6(9))* Forgotten Bks.

Chronicles of the Caribbean Pea: Based on a True Story. Dayana Núñez. 2022. (ENG.). 36p. (J). pap. 10.99 *(978-1-6628-4695-3(9))* Salem Author Services.

Chronicles of the City of Gotham, from the Papers of a Retired Common Councilman (Classic Reprint) James Kirke Paulding. 2018. (ENG., Illus.). 280p. (J). 29.67 *(978-0-483-41169-2(8))* Forgotten Bks.

Chronicles of the Crutch (Classic Reprint) Blanchard Jerrold. 2018. (ENG., Illus.). 284p. (J). 29.75 *(978-0-428-76730-3(3))* Forgotten Bks.

Chronicles of the Dragonlord: A Furry's Journey. J. J. Doyle. 2020. (ENG.). 80p. (J). pap. 12.95 *(978-1-64350-762-0(1))* Page Publishing Inc.

Chronicles of the Imagination: The Emperor's Passage. David Scott Fields, II. 2022. (Chronicles of the Imagination Ser.: Vol. 6). (ENG.). 238p. (J). pap. 9.99 *(978-1-945995-05-7(X))* Thrive Christian Pr.

Chronicles of the Last Legend: The Last Legend Trilogy. Joshua B. Wichterich. 2020. (Last Legend Ser.: Vol. 1). (ENG.). 772p. (YA). pap. 25.00 *(978-0-578-71535-3(X))* Joshua B. Wichterich.

Chronicles of the Last Liturian: Book Three, Infinite Truths & Impossible Lies. Kenneth Rogers, Jr. 2018. (ENG., Illus.). 150p. (YA). (gr. 7-12). pap. 12.50 *(978-1-946540-90-4(0))* Strategic Book Publishing & Rights Agency (SBPRA).

Chronicles of the Last Liturian - Book Two: Love & Fear. Jr Kenneth Rogers. 2016. (ENG., Illus.). (YA). (gr. 12). pap. 13.50 *(978-1-68181-817-7(5))* Strategic Book Publishing & Rights Agency (SBPRA).

Chronicles of the Little Tot (Classic Reprint) Edmund Vance Cooke. 2018. (ENG., Illus.). 130p. (J). 26.60 *(978-0-484-11136-2(1))* Forgotten Bks.

354

The check digit for ISBN-10 appears in parentheses after the full ISBN-13

Chronicles of the Schonberg-Cotta Family, Vol. 1 of 2 (Classic Reprint) Elizabeth Rundle Charles. 2017. (ENG., Illus.). (J). 30.50 *(978-1-5279-8636-7(5))* Forgotten Bks.
Chronicles of the Velveteen Preacher: The Dark City & World of Sin & Other Woeful Tales: the Dark City & World of Sin & Other Woeful Tales: the Dark City & World of Sin & Other Woeful Tales: the Dark City & World of Sin & Other Woefull. B. L. Blankenship. 2023. (ENG.). 42p. (J). pap. 10.00 ***(978-1-0881-2683-7(9))*** Indy Pub.
Chronicles of Those Always Starving for Something Better. Students Verdugo Hills High School. 2018. (ENG., Illus.). 82p. (J). pap. *(978-1-387-83952-0(7))* Lulu Pr., Inc.
Chronicles of Time. Jeffrey K. Martinovic. 2017. (ENG., Illus.). (J). *(978-1-5255-0624-6(2))*; pap. *(978-1-5255-0625-3(0))* FriesenPress.
Chronicles of Tokermon 7: Afterlife Goes On. Ray Carnell. 2020. (ENG.). 198p. (YA). pap. 22.00 *(978-1-716-95487-0(8))* Lulu Pr., Inc.
Chronicles of Waltham, Vol. 1 of 3 (Classic Reprint) Author of the Subaltern. 2018. (ENG., Illus.). 328p. (J). 30.66 *(978-0-365-15443-3(1))* Forgotten Bks.
Chronicles of Waltham, Vol. 2 of 3 (Classic Reprint) Unknown Author. 2018. (ENG., Illus.). 334p. (J). 30.79 *(978-0-483-55582-2(7))* Forgotten Bks.
Chronicles of Westerly, Vol. 1 Of 3: A Provincial Sketch (Classic Reprint) J. F. Fuller. 2018. (ENG., Illus.). 272p. (J). 29.51 *(978-0-483-21091-2(9))* Forgotten Bks.
Chronicles of Westerly, Vol. 2 Of 3: A Provincial Sketch (Classic Reprint) J. F. Fuller. 2018. (ENG., Illus.). 282p. (J). 29.71 *(978-0-267-25294-7(3))* Forgotten Bks.
Chronicles of Wolfert's Roost: And Other Papers (Classic Reprint) Washington. Irving. 2017. (ENG., Illus.). (J). 33.20 *(978-1-5283-4920-8(2))* Forgotten Bks.
Chroniques de Zar'a yâ'eqôb et de Ba'eda Mâryâm, Rois d'Éthiopie de 1434 a 1478 (Texte Éthiopien et Traduction) Précédées d'une Introduction (Classic Reprint) Jules Perruchon. 2018. (FRE., Illus.). (J). 860p. 41.63 *(978-1-391-35016-5(2))*; 862p. pap. 23.98 *(978-1-390-18698-7(9))* Forgotten Bks.
Chrono-Cat. Stu Perrins. 2022. (ENG.). 68p. (J). pap. *(978-1-914926-64-8(1))* Markosia Enterprises, Ltd.
Chronology for Kids - Understanding Time & Timelines Timelines for Kids 3rd Grade Social Studies. Baby Professor. 2017. (ENG., Illus.). 64p. (J). pap. 9.52 *(978-1-5419-1743-9(X)*, Baby Professor (Education Kids)) Speedy Publishing LLC.
Chronology of U.S. Special Ops. Michael Burgan. 2016. (U. S. Special Ops Ser.). (ENG., Illus.). 48p. (J). (gr. 3-6). lib. bdg. 29.99 *(978-1-5157-1850-5(6)*, 132573, Stone Arch Bks.) Capstone.
Chrysal, or the Adventure of a Guinea, Vol. 1 Of 2: Containing Curious & Interesting Anecdotes, of the Most Noted Persons in Every Rank of Life Whose Hands It Passed Through, in America, England, Holland, Germany & Portugal (Classic Reprint) Charles Johnstone. (ENG., Illus.). (J). 2018. 286p. 29.82 *(978-0-365-24975-7(0))*; 2017. pap. 13.57 *(978-0-259-37914-0(X))* Forgotten Bks.
Chrysal, or the Adventures of a Guinea, Vol. 1: Wherein Are Exhibited Views of Several Striking Scenes, with Curious & Interesting Anecdotes, of the Most Noted Persons in Every Rank of Life, Whose Hands It Passed Through, in America, England, Holland, G. Charles Johnstone. 2017. (ENG., Illus.). (J). 30.13 *(978-0-331-11483-6(6))*; pap. 13.57 *(978-0-265-00608-5(2))* Forgotten Bks.
Chrysal, or the Adventures of a Guinea, Vol. 1: Wherein Are Exhibited Views of Several Striking Scenes, with Curious & Interesting Anecdotes of the Most Noted Persons in Every Rank of Life, Whose Hands It Passed-Through, in America, England, Holland, GE. Charles Johnstone. 2018. (ENG., Illus.). (J). 28.43 *(978-0-331-66640-3(5))* Forgotten Bks.
Chrysal, or the Adventures of a Guinea, Vol. 1: Wherein Are Exhibited Views of Several Striking Scenes, with Curious & Interesting Anecdotes of the Most Noted Persons in Every Rank of Life, Whose Hands It Passed Through in America, England, Holland, Ger. Charles Johnstone. 2018. (ENG., Illus.). (J). 29.84 *(978-0-331-66576-5(X))* Forgotten Bks.
Chrysal, or the Adventures of a Guinea, Vol. 1 of 3 (Classic Reprint) Charles Johnstone. (ENG., Illus.). (J). 2018. 332p. 30.76 *(978-0-484-91353-9(0))*; 2017. pap. 13.57 *(978-0-259-19217-6(1))* Forgotten Bks.
Chrysal, or the Adventures of a Guinea, Vol. 1 Of 4: Wherein Are Exhibited Views of Several Striking Scenes, with Curious & Interesting Anecdotes, of the Most Noted Persons in Every Rank of Life, Whose Hands It Passed Through, in America, England, Holla. Charles Johnstone. 2017. (ENG., Illus.). (J). 32.91 *(978-0-266-65165-9(8))*; pap. 16.57 *(978-0-282-99671-0(0))* Forgotten Bks.
Chrysal, or the Adventures of a Guinea, Vol. 2: Wherein Are Exhibited Views of Several Striking Scenes, with Curious & Interesting Anecdotes of the Most Noted Persons in Every Rank of Life, Whose Hands It Passed Through, in America, England, Holland, GE. Charles Johnstone. (ENG., Illus.). (J). 2018. 230p. 28.66 *(978-0-267-00553-6(9))*; 2017. 30.35 *(978-0-331-66638-0(3))* Forgotten Bks.
Chrysal, or the Adventures of a Guinea, Vol. 3: Wherein Are Exhibited Views of Several Striking Scenes, with Curious & Interesting Anecdotes of the Most Noted Persons in Every Rank of Life, Whose Hands It Passed Through, in America, England, Holland, GE. Unknown Author. 2017. (ENG., Illus.). (J). pap. 13.57 *(978-1-5276-8867-4(4))* Forgotten Bks.
Chrysal, or the Adventures of a Guinea, Vol. 3: Wherein Are Exhibited Views of Several Striking Scenes, with Curious & Interesting Anecdotes of the Most Noted Persons in Every Rank of Life, Whose Hands It Passed Through, in America, England, Holland, GE. Charles Johnstone. 2017. (ENG., Illus.). (J). 30.13 *(978-0-331-66639-7(1))* Forgotten Bks.
Chrysal, or the Adventures of a Guinea, Vol. 3 Of 3: Wherein Are Exhibited Views of Several Striking Scenes, with Interesting Anecdotes of the Most Noted Persons in Every Rank of Life, Through Whose Hands It Has Passed (Classic Reprint) Charles Johnstone. 2018. (ENG., Illus.). (J). 348p. 31.09 *(978-1-396-64211-1(0))*; 350p. pap. 13.57 *(978-1-391-59459-0(2))* Forgotten Bks.
Chrysal, or the Adventures of a Guinea, Vol. 3 Of 4: Wherein Are Exhibited Views of Several Striking Scenes, with Curious & Interesting Anecdotes, of the Most Noted Persons in Every Rank of Life, Whose Hands It Passed Through, in America, England, Holla. Charles Johnstone. 2017. (ENG., Illus.). (J). 31.03 *(978-0-331-04012-8(3))*; pap. 13.57 *(978-1-5284-9364-2(8))* Forgotten Bks.
Chrysal, or the Adventures of a Guinea, Vol. 4: Wherein Are Exhibited Views of Several Striking Scenes, with Curious & Interesting Anecdotes of the Most Noted Persons in Every Rank of Life, Whose Hands It Passed Through; in America, England, Holland, GE. Charles Johnstone. 2017. (ENG., Illus.). (J). pap. 10.57 *(978-0-259-49775-2(4))* Forgotten Bks.
Chrysal, or the Adventures of a Guinea, Vol. 4: Wherein Are Exhibited Views of Several Striking Scenes, with Curious & Interesting Anecdotes of the Most Noted Persons in Every Rank of Life, Whose Hands It Passed Through, in America, England, Holland, GE. Charles Johnstone. 2017. (ENG., Illus.). (J). 30.15 *(978-0-265-67513-7(8))*; pap. 13.57 *(978-1-5276-4735-0(8))* Forgotten Bks.
Chrysalis. Ed. by Loria Harris. 2023. (ENG.). 60p. (J). pap. 7.00 ***(978-1-312-56273-8(0))*** Lulu Pr., Inc.
Chrysalis. Brendan Reichs. (Project Nemesis Ser.: 3). (ENG.). 416p. (YA). (gr. 7). 2020. pap. 11.99 *(978-0-525-51707-8(3)*, Penguin Books); 2019. 18.99 *(978-0-525-51705-4(7)*, G.P. Putnam's Sons Books for Young Readers) Penguin Young Readers Group.
Chrysalis (Classic Reprint) Harold Morton Kramer. (ENG., Illus.). (J). 2018. 446p. 33.12 *(978-0-483-49881-5(5))*; 2018. 458p. 33.36 *(978-0-483-60595-4(6))*; 2017. pap. 16.57 *(978-0-243-27644-8(3))* Forgotten Bks.
Chrysanthemum: A First Day of School Book for Kids. Kevin Henkes. Illus. by Kevin Henkes. 2020. (ENG., Illus.). 32p. (J). (gr. -1-3). pap. 9.99 *(978-0-06-298337-4(7)*, Greenwillow Bks.) HarperCollins Pubs.
Chryseid & Other Poems. Will McCourtie. 2017. (ENG., Illus.). (J). pap. *(978-0-649-32540-5(0))* Trieste Publishing Pty Ltd.
Chrystal: The Newest of Women (Classic Reprint) Unknown Author. (ENG., Illus.). (J). 2018. 228p. 28.60 *(978-0-267-38362-7(2))*; 2016. pap. 10.97 *(978-1-333-13283-5(2))* Forgotten Bks.
Chto Byvalo I Drugie Rasskazy. Boris Zhitkov. Illus. by V. Mineev. 2017. (RUS.). 124p. (J). *(978-5-389-09223-5(6))* RosmYn-Press, Izdatel'stvo.
Chubby & Cute Animal Art Coloring Book. Kreative Kids. 2016. (ENG., Illus.). (J). pap. 9.20 *(978-1-68377-538-6(4))* Whike, Traudl.
Chubby & Cute Fish Species Coloring Book. Kreative Kids. 2016. (ENG., Illus.). (J). pap. 9.20 *(978-1-68377-539-3(2))* Whike, Traudl.
Chubby Baby Wild Animals Coloring Book. Kreative Kids. 2016. (ENG., Illus.). (J). pap. 9.20 *(978-1-68377-540-9(6))* Whike, Traudl.
Chubby Chicken's Lucky Break. Kaarina Brooks. 2017. (ENG., Illus.). (J). pap. 9.95 *(978-1-988763-03-3(7))* Villa Wisteria Pubns.
Chubby Pets Stuck in Odd Places Coloring Book. Kreative Kids. 2016. (ENG., Illus.). (J). pap. 9.20 *(978-1-68377-541-6(4))* Whike, Traudl.
Chubby the Chill Cat. Vickie R. Johnson. 2023. (ENG.). 24p. (J). ***(978-1-329-74181-2(1))*** Lulu Pr., Inc.
Chubby the Owl & Her Friends Coloring Book. Smarter Activity Books for Kids. 2016. (ENG., Illus.). (J). pap. 9.22 *(978-1-68374-427-6(6))* Examined Solutions PTE. Ltd.
Chubby Wubbles & Coco: 2 Missing Ferrets. M. J. Abrams. 2023. (ENG.). 30p. (J). pap. 10.00 ***(978-1-955531-42-9(0))*** New Age Literary Agency.
Chuck & Alfonzo. Jeff Yager. Illus. by Nancy Batra. 2022. (ENG.). 40p. (J). pap. 13.95 ***(978-1-938998-60-7(X))*** Hannacroix Creek Bks., Inc.
Chuck & Woodchuck. Cece Bell. Illus. by Cece Bell. 2016. (ENG., Illus.). 32p. (J). (gr. -1-3). 15.99 *(978-0-7636-7524-0(5))* Candlewick Pr.
Chuck Book: An Interactive ABC Storybook for Everyone. Cody Vandezande. 2018. (ENG.). 56p. (J). 19.95 *(978-1-64307-118-3(1))* Amplify Publishing Group.
Chuck Purdy: The Story of a New York Boy (Classic Reprint) William Osborn Stoddard. (ENG., Illus.). (J). 2018. 328p. 30.66 *(978-0-483-59903-1(4))*; 2016. pap. 13.57 *(978-1-334-12264-4(4))* Forgotten Bks.
Chuck Taylor: Sneaker Sensation. Rebecca Felix. 2017. (First in Fashion Ser.). (ENG., Illus.). 32p. (J). (gr. 3-6). lib. bdg. 32.79 *(978-1-5321-1078-8(2)*, 25732, Checkerboard Library) ABDO Publishing Co.
Chuck Taylor & the Hormiguita. Cheryl Carvajal. Illus. by Cisco Carvajal. 2016. 32p. (J). pap. 10.00 *(978-1-939696-16-8(X))* Blue Dragon Publishing.
Chuck the Ninja GOD: The Adventures of Charles the Cat with the Question Mark Tail. Elaine Florence Singleton. Ed. by David W. Eckert. Illus. by Jasmine Duarte-Oskrdal. 2020. (Adventures of Charles the Cat with the Questio Ser.: Vol. 3). (ENG.). 48p. (J). *(978-0-2288-2542-5(3))*; pap. *(978-0-2288-2541-8(5))* Tellwell Talent.
Chuckles: The Little Dog with Big Thoughts. Cleo Gold. Illus. by Jeremy Wells. 2022. 42p. (J). pap. 13.99 *(978-1-6678-5165-5(9))* BookBaby.
Chuckles & Boomerang. Stephen Massey. Illus. by Steven Johnson. 2018. (Chuckles & Boomerang Ser.: Vol. 1). (ENG.). 58p. (J). pap. *(978-1-7752964-0-9(7))* Massey, Stephen.
Chuckles & Smiles: Children's Poems. Raven Howell. 2020. (ENG., Illus.). 34p. (J). pap. 9.99 *(978-1-7350915-6-3(1))* Warren Publishing, Inc.
Chuckles (Classic Reprint) John Carver Alden. 2018. (ENG., Illus.). 84p. (J). 25.65 *(978-0-267-50438-1(1))* Forgotten Bks.
Chuckling Chickens! Henhouse Shenanigans Coloring Book. Creative. 2016. (ENG., Illus.). (J). pap. 7.74 *(978-1-68323-653-5(X))* Twin Flame Productions.
Chuck's Band. Peggy Perry Anderson. ed. 2018. (Green Light Readers Ser.). (ENG.). 32p. (J). (gr. -1-1). 12.89 *(978-1-64310-751-6(8))* Penworthy Co., LLC, The.
Chuck's Truck. Peggy Perry Anderson. ed. 2018. (Green Light Readers Ser.). (ENG.). 32p. (J). (gr. -1-1). 13.89 *(978-1-64310-634-2(1))* Penworthy Co., LLC, The.
Chucky. Kenny Abdo. 2019. (Hollywood Monsters Ser.). (ENG.). 24p. (J). (gr. 2-8). lib. bdg. 31.36 *(978-1-5321-2744-1(8)*, 31695, Abdo Zoom-Fly) ABDO Publishing Co.
Chucky the Black Squirrel: A Lesson Learned. Patricia A. Thorpe. 2018. (ENG., Illus.). 24p. (J). pap. 7.99 *(978-1-948304-42-9(2))* PageTurner: Pr. & Media.
Chucky's Unbelievable Discovery. LeJoyce Adams. Illus. by Analyn Abello. 2017. (ENG.). (J). pap. 12.95 *(978-1-68197-982-3(9))* Christian Faith Publishing.
Chug a Lug Beetle Bug. Melissa Crew Jeffrey. (ENG., Illus.). 38p. (J). 2021. 28.95 *(978-1-6624-6725-7(7))*; 2020. pap. 18.95 *(978-1-64298-541-2(4))* Page Publishing Inc.
Chug & Thug Ride Trike. Gemal K. Seede. Illus. by David Macedo. 2018. (Chug & Thug Ser.: Vol. 2). (ENG.). 36p. (J). (gr. k-3). *(978-1-7752871-0-0(6))* Mumin Media Inc.
Chug the Tractor: Leveled Reader Blue Fiction Level 10 Grade 1. Hmh Hmh. 2019. (Rigby PM Ser.). (ENG.). 16p. (J). (gr. 1). pap. 11.00 *(978-0-358-00080-8(7))* Houghton Mifflin Harcourt Publishing Co.
Chugga Chugga Choo Choo. Emma Garcia. 2018. (All about Sounds Ser.). (ENG.). 26p. (J). (— 1). bds. 8.99 *(978-1-910716-74-8(X))* Boxer Bks., Ltd. GBR. Dist: Sterling Publishing Co., Inc.
Chum! A Bear Story. Dawn Rymer. 2016. (ENG., Illus.). (J). pap. *(978-1-4602-8403-2(8))* FriesenPress.
Chumash, 1 vol. Dorothy Jennings. 2017. (Spotlight on the American Indians of California Ser.). (ENG.). 32p. (J). (gr. 4-5). 27.93 *(978-1-5383-2451-6(2)*, 8d453f08-0d65-49f7-8fb5-f7b668a0fc3e, PowerKids Pr.) Rosen Publishing Group, Inc., The.
Chumash: The Past & Present of California's Seashell People. Danielle Smith-Llera. 2016. (American Indian Life Ser.). (ENG., Illus.). 32p. (J). (gr. 3-6). lib. bdg. 27.99 *(978-1-5157-0237-5(5)*, 131894, Capstone Pr.) Capstone.
Chumki & the Elephants (hOle Books) Lesley D. Biswas. 2021. (HOle Bks.). (ENG.). 80p. (J). (gr. 2-4). pap. 7.99 *(978-0-14-345116-7(2))* Penguin Bks. India PVT, Ltd IND. Dist: Independent Pubs. Group.
Chumki & the Pangolin (hOle Books) Lesley D. Biswas. Illus. by Anupama Ajinkye Apte. 2022. (ENG.). 72p. (J). (gr. 2-4). pap. 7.99 *(978-0-14-345318-5(1))* Penguin Bks. India PVT, Ltd IND. Dist: Independent Pubs. Group.
Chumley's Post: A Story of the Pawnee Trail (Classic Reprint) William Osborn Stoddard. 2017. (ENG., Illus.). (J). 31.73 *(978-0-331-64566-8(1))*; pap. 16.57 *(978-0-243-26023-2(7))* Forgotten Bks.
Chummy the Friendly Chameleon. David Barton. Illus. by Doris Noble. 2022. (ENG.). 28p. (J). pap. *(978-1-80381-023-2(8))* Grosvenor Hse. Publishing Ltd.
Chums: A Tale of the Queen's Navy, Vol. 2 (Classic Reprint) Unknown Author. 2018. (ENG., Illus.). 264p. (J). 29.34 *(978-0-483-97380-0(7))* Forgotten Bks.
Chums: Or an Experiment in Economics (Classic Reprint) D. R. C. 2018. (ENG., Illus.). 322p. (J). 30.56 *(978-0-267-46488-3(6))* Forgotten Bks.
Chums of Scranton High: Hugh Morgan's Uphill Fight. Donald Ferguson. 2017. (ENG., Illus.). (J). 22.95 *(978-1-374-98435-6(3))* Capital Communications, Inc.
Chums of Scranton High, or Hugh Morgan's Uphill Fight (Classic Reprint) Donald Ferguson. (ENG., Illus.). (J). 2018. 180p. 27.63 *(978-0-484-62169-4(6))*; 2017. pap. 10.57 *(978-0-243-14372-6(9))* Forgotten Bks.
Chums of Scranton High or Hugh Morgan's Uphill Figth. Donald Ferguson. 2017. (ENG., Illus.). (J). pap. *(978-0-649-54920-7(1))* Trieste Publishing Pty Ltd.
Chums of the Camp Fire. Lawrence J. Leslie. 2017. (ENG., Illus.). (J). 22.95 *(978-1-374-91178-9(X))*; pap. 12.95 *(978-1-374-91177-2(1))* Capital Communications, Inc.
Chums, Vol. 1 Of 3: A Tale of the Queen's Navy (Classic Reprint) Unknown Author. (ENG., Illus.). (J). 2018. 280p. 29.69 *(978-0-483-93913-4(7))*; 2016. pap. 13.57 *(978-1-334-23824-6(3))* Forgotten Bks.
Chums, Vol. 3 Of 3: A Tale of the Queen's Navy (Classic Reprint) Unknown Author. (ENG., Illus.). (J). 2018. 250p. 29.05 *(978-0-483-82061-6(X))*; 2016. pap. 11.57 *(978-1-333-33437-6(0))* Forgotten Bks.
Chun & Si-Ling: An Historical Romance; in Which Is Introduced Some Account of the Customs, Manners, & Moral Conduct of the Chinese; Designed for the Instruction & Amusement of Youth (Classic Reprint) Unknown Author. 2018. (ENG., Illus.). 190p. (J). 27.84 *(978-0-483-41034-3(9))* Forgotten Bks.
Chun Ti-Kung: His Life & Adventures. a Novel. Claude A. Rees. 2017. (ENG., Illus.). (J). pap. *(978-0-649-54921-4(X))* Trieste Publishing Pty Ltd.
Chun Ti-Kung: His Life & Adventures; a Novel (Classic Reprint) Claude A. Rees. 2018. (ENG., Illus.). 258p. (J). 29.24 *(978-0-267-44625-4(X))* Forgotten Bks.
Chunda a Story of the Navajos (Classic Reprint) Horatio Oliver Ladd. 2018. (ENG., Illus.). 280p. (J). 29.69 *(978-0-656-50460-2(9))* Forgotten Bks.
Chunky. Yehudi Mercado. Illus. by Yehudi Mercado. 2021. (ENG., Illus.). 208p. (J). (gr. 3-7). 22.99 *(978-0-06-297279-8(0))*; pap. 15.99 *(978-0-06-297278-1(2))* HarperCollins Pubs. (Tegen, Katherine Bks).
Chunky Goes to Camp. Yehudi Mercado. Illus. by Yehudi Mercado. 2022. (ENG., Illus.). 208p. (J). (gr. 3-7). 21.99 *(978-0-06-297282-8(0))*; pap. 12.99 *(978-0-06-297281-1(2))* HarperCollins Pubs. (Tegen, Katherine Bks).
Chunky Pack: Easter: Hop-Hop!, Happy Easter!, & Quack-Quack! Roger Priddy. 2016. (Chunky 3 Pack Ser.). (ENG., Illus.). 12p. (J). bds. 4.99 *(978-0-312-51953-7(2)*, 900153443) St. Martin's Pr.
Chunky Pack: Valentine: I Love You!, Be Mine, & True Love. Roger Priddy. 2016. (Chunky 3 Pack Ser.). (ENG.). 12p. (J). bds. 4.99 *(978-0-312-52054-0(9)*, 900160378) St. Martin's Pr.
Chunky Set: Play Tractor: Colors, 123, Animals. Roger Priddy. 2020. (Chunky 3 Pack Ser.: 1). (ENG.). 10p. (J). bds. 7.99 *(978-0-312-52978-9(3)*, 900209946) St. Martin's Pr.
Chupacabra. Christine Ha. 2021. (Legendary Beasts Ser.). (ENG., Illus.). 32p. (J). (gr. 2-3). pap. 9.95 *(978-1-63738-056-7(9))*; lib. bdg. 31.35 *(978-1-63738-020-8(8))* North Star Editions. (Apex).
Chupacabra. Laura K. Murray. 2017. (Are They Real? Ser.). (ENG., Illus.). 24p. (J). (gr. 1-4). pap. 8.99 *(978-1-62832-370-2(1)*, 20060, Creative Paperbacks); *(978-1-60818-762-1(4)*, 20062, Creative Education) Creative Co., The.
Chupacabra Ate the Candelabra. Marc Tyler Nobleman. Illus. by Ana. Aranda. 2017. (ENG.). 32p. (J). (gr. k-3). 18.99 *(978-0-399-17443-8(5)*, Nancy Paulsen Books) Penguin Young Readers Group.
Chupacabra: Latin America's Bloodthirsty Predator: Latin America's Bloodthirsty Predator. Elizabeth Andrews. 2022. (Creatures of Legend Ser.). (ENG., Illus.). 32p. (J). (gr. 2-5). lib. bdg. 32.79 *(978-1-0982-4233-6(5)*, 40027, DiscoverRoo) Pop!.
Chupacabra the Bloodsucker & Other Legendary Creatures of Latin America, 1 vol. Craig Boutland. 2018. (Cryptozoologist's Guide to Curious Creatures Ser.). (ENG.). 32p. (gr. 4-5). lib. bdg. 28.27 *(978-1-5382-2698-8(7)*, 98320155-cf90-4b37-8506-ac5f1e2cab70) Stevens, Gareth Publishing LLLP.
Chupacabras. Adam Rubin. Illus. by Crash McCreery. ed. 2018. 48p. (J). (gr. -1-3). 17.99 *(978-0-399-53929-9(8)*, Dial Bks) Penguin Young Readers Group.
Chupacabras of the Rio Grande. Adam Gidwitz & David Bowles. Illus. by Hatem Aly. (Unicorn Rescue Society Ser.: 4). (J). (gr. 2-5). 2020. 224p. 8.99 *(978-0-7352-3181-8(8)*, Puffin Books); 2019. 192p. 14.99 *(978-0-7352-3179-5(6)*, Dutton Books for Young Readers) Penguin Young Readers Group.
Chupacabras of the Rio Grande. Adam Gidwitz et al. ed. 2020. (Unicorn Rescue Society Ser.). (ENG.). 211p. (J). (gr. 4-5). 18.96 *(978-1-64697-156-5(6))* Penworthy Co., LLC, The.
Chupacarta, Ladro Di Compiti. Stefania Contardi. 2017. (ITA., Illus.). 46p. (J). pap. *(978-1-326-98636-0(8))* Lulu Pr., Inc.
ChupaCarter. George Lopez & Ryan Calejo. Illus. by Santy Gutierrez. 2022. (ChupaCarter Ser.: 1). 272p. (J). (gr. 3-7). 16.99 *(978-0-593-46597-4(0)*, Viking Books for Young Readers) Penguin Young Readers Group.
ChupaCarter & the Haunted Piñata. George Lopez & Ryan Calejo. Illus. by Santy Gutierrez. 2023. (ChupaCarter Ser.: 2). 320p. (J). (gr. 3-7). 17.99 *(978-0-593-46600-1(4)*, Viking Books for Young Readers) Penguin Young Readers Group.
Chupetes Fuera. Esther Burgueño. 2021. (Pasito a Pasito Me Hago Grandecito Ser.). (SPA.). 10p. (J). (— 1). bds. 7.99 *(978-84-17210-86-1(5))* Editorial el Pirata ESP. Dist: Independent Pubs. Group.
Church. Megan Cuthbert. 2019. (World Languages Ser.). (ENG.). 24p. (J). (gr. 3-7). lib. bdg. 35.70 *(978-1-4896-6949-0(3)*, AV2 by Weigl) Weigl Pubs., Inc.
Church & State: Is a True Separation Possible?, 1 vol. Erin L. McCoy & Karen Judson. 2018. (Today's Debates Ser.). (ENG.). 144p. (gr. 7-7). pap. 22.16 *(978-1-5026-4319-3(7)*, d1b6a203-d241-41a6-9eee-7b342d7548ec) Cavendish Square Publishing LLC.
Church & Sunday School Influence (Classic Reprint) Annie Nelles Dumond. (ENG., Illus.). (J). 2018. 260p. 29.26 *(978-0-332-16683-4(X))*; 2017. pap. 11.97 *(978-0-259-53528-7(1))* Forgotten Bks.
Church Bazaar at Mulberry Corners: An Entertainment in One Scene (Classic Reprint) Ward MacAuley. (ENG., Illus.). (J). 2018. 24.72 *(978-0-331-99330-1(9))*; 2017. pap. 7.97 *(978-0-243-26198-7(5))* Forgotten Bks.
Church Colleges; Their History, Position & Importance: With Some Account of the Church Schools. Sydney G. Fisher. 2017. (ENG., Illus.). (J). pap. *(978-0-649-43595-1(8))* Trieste Publishing Pty Ltd.
Church Dog. Tracy Mattes. Illus. by Justin Greenly. 2020. (Church Dog Ser.: Vol. 1). (ENG.). 52p. (J). pap. 14.99 *(978-1-0983-3285-3(7))* BookBaby.
Church Dog. Tracy Mattes. Illus. by Justin Greenly. 2020. (Church Dog Ser.: Vol. 1). (ENG.). 52p. (J). 19.99 *(978-1-0983-1803-1(X))* Indy Pub.
Church Dog & the Big Bad Bug. Tracy Mattes. 2021. (ENG.). 54p. (J). 19.99 *(978-1-0879-4834-8(7))* Indy Pub.
Church Dog & the Big Bad Bug: Big Bad Bug. Tracy Mattes. Illus. by Justin Greenly. 2021. (Church Dog Ser.: Vol. 2). (ENG.). 54p. (J). pap. 14.99 *(978-1-0878-5706-0(6))* Indy Pub.
Church Dog & the Invisible Man. Mattes. Illus. by Justin Greenly. 2021. (ENG.). 46p. (J). 19.99 *(978-1-0879-8581-7(1))* Indy Pub.
Church Dog & the Invisible Man. Tracy Mattes. 2021. (ENG.). 46p. (J). pap. 14.99 *(978-1-0879-8578-7(1))* Indy Pub.
Church Dog & the Prayer Pumpkin. Tracy Mattes. Illus. by Justin Greenly. 2022. (ENG.). 44p. (J). 19.99 ***(978-1-0880-5144-3(8))*** Indy Pub.
Church Dog & the Shiny Royal Christmas Box. Tracy Mattes. 2021. (ENG.). 58p. (J). 19.99 *(978-1-0880-0324-4(9))* Indy Pub.
Church Dog & the Shiny, Royal Christmas Box. Tracy Mattes. Illus. by Justin Greenly. 2021. (ENG.). 58p. (J). pap. 14.99 *(978-1-0880-1773-9(8))* Indy Pub.
Church Dog & the World's First Zoo. Tracy Mattes. Illus. by Justin Greenly. 2022. (ENG.). 50p. (J). 19.99 *(978-1-0880-4671-5(1))* Indy Pub.
Church Dog Meets a Marshmallow. Mattes. 2022. (ENG.). 48p. (J). 19.99 *(978-1-0879-3012-1(X))* Indy Pub.
Church Family: The Holidays. Clifton Elliott. 2021. (ENG.). 72p. (YA). pap. 12.95 *(978-1-6624-4994-9(1))* Page Publishing Inc.
Church for All. Gayle E. Pitman. 2018. (2019 Av2 Fiction Ser.). (ENG.). 32p. (J). (gr. -1-k). lib. bdg. 34.28 *(978-1-4896-8245-1(7)*, AV2 by Weigl) Weigl Pubs., Inc.

Church for All. Gayle E. Pitman. Illus. by Laure Fournier. 2018. (ENG.). 32p. (J). (gr. -1-3). 16.99 *(978-0-8075-1179-4(X),* 080751179X) Whitman, Albert & Co.

Church for All. Gayle E. Pitman. Illus. by Laure Fournier. 2021. 32p. (J). (gr. -1-3). pap. 7.99 *(978-0-8075-1182-4(X),* 080751182X) Whitman, Albert & Co.

Church in the Woods: Black & White Edition. M. J. Foreman. 2018. (ENG.). 152p. (J). pap. 9.99 *(978-1-949609-05-9(7))* Pen It Pubns.

Church Pigeon. Dorothea H. Gamble. 2019. (ENG.). 82p. (J). pap. 5.50 *(978-1-7338052-2-3(2))* Rich Gamble Assocs.

Church Rambles & Scrambles (Classic Reprint) Unknown Author. (ENG., Illus.). (J). 2018. 284p. 29.75 *(978-0-484-57708-3(5));* 2016. pap. 13.57 *(978-1-334-12428-0(0))* Forgotten Bks.

Church Rock Uranium Mine Disaster. Julie Knutson. 2021. (21st Century Skills Library: Unnatural Disasters: Human Error, Design Flaws, & Bad Decisions Ser.). (ENG., Illus.). 32p. (J). (gr. 3-6). lib. bdg. 32.07 *(978-1-5341-8016-1(8),* 218344) Cherry Lake Publishing.

Church Rocks! A History of the Catholic Church for Kids & Their Parents & Teachers. Mary Lea Hill. 2017. (Illus.). 253p. (J). pap. *(978-0-8198-1657-3(4))* Pauline Bks. & Media.

Church Street: Stories of American Village Life (Classic Reprint) Jean Carter Cochran. 2017. (ENG., Illus.). (J). 29.20 *(978-0-265-19646-5(9))* Forgotten Bks.

Church Yard Story (Classic Reprint) B. Carradine. 2018. (ENG., Illus.). 258p. (J). 29.22 *(978-0-267-41676-9(8))* Forgotten Bks.

Church Year Sermons for Children (Classic Reprint) Phillips Endecott Osgood. 2018. (ENG., Illus.). 268p. (J). 29.42 *(978-0-484-88856-1(0))* Forgotten Bks.

Churches Can Be Fun Too! Mazes, Matching & Dot to Dot Activity Book for Kids. Speedy Kids. 2017. (ENG., Illus.). (J). pap. 8.33 *(978-1-5419-3446-7(6))* Speedy Publishing LLC.

Churchill's S. O. C. K. s: Special Operations Cadet Kids. Mez Blume. 2020. (ENG.). 296p. (J). pap. *(978-1-8380079-0-4(3))* River Otter Bks.

Churchill's Tale of Tails, 1 vol. Anca Sandu. 2016. (ENG., Illus.). 32p. (J). (gr. -1-3). pap. 7.99 *(978-1-56145-782-3(5))* Peachtree Publishing Co. Inc.

Churro & the Magician. Gastón Caba. 2022. (ENG., Illus.). 32p. (J). (gr. -1-3). 14.99 *(978-0-358-46773-1(X),* 1798126); pap. 7.99 *(978-0-358-46775-5(6),* 1798128) HarperCollins Pubs. (Clarion Bks.).

Chu's Day at the Beach Board Book. Neil Gaiman. Illus. by Adam Rex. 2016. (ENG.). 36p. (J). (gr. -1 — 1). bds. 7.99 *(978-0-06-238124-8(5),* HarperFestival) HarperCollins Pubs.

Chwal. Amy Culliford. Tr. by Jean Pierre Gaston. 2021. (Zannimo Pak Yo (Farm Animal Friends) Ser.). (CRP., Illus.). 16p. (J). (gr. -1-1). pap. *(978-1-4271-3809-5(5),* 10219) Crabtree Publishing Co.

Chymie Expérimentale et Raisonnée, Vol. 1 (Classic Reprint) Antoine Baume. 2018. (FRE., Illus.). (J). 660p. 37.51 *(978-1-391-58627-4(1));* 662p. pap. 19.97 *(978-1-390-74246-6(6))* Forgotten Bks.

Chymie Experimentale et Raisonnee, Vol. 2 (Classic Reprint) Antoine Baume. 2017. (FRE., Illus.). 682p. (J). pap. 20.57 *(978-0-332-46368-1(0))* Forgotten Bks.

Chymie Expérimentale et Raisonnée, Vol. 3 (Classic Reprint) Antoine Baume. 2018. (FRE., Illus.). 708p. (J). pap. 20.97 *(978-1-391-13625-7(X))* Forgotten Bks.

Chymie Experimentale et Raisonnee, Vol. 3 (Classic Reprint) Antoine Baume. 2017. (FRE., Illus.). (J). pap. 20.97 *(978-0-243-84946-8(X))* Forgotten Bks.

CIA. Kirsten W. Larson. 2016. (Protecting Our People Ser.). (ENG., Illus.). 32p. (J). (gr. 2-5). lib. bdg. 20.95 *(978-1-60753-982-7(9),* 15773) Amicus.

CIA Agents. Kathryn N. Clapper et al. 2018. (U. S. Federal Agents Ser.). (ENG., Illus.). 32p. (J). (gr. 3-9). lib. bdg. 27.32 *(978-1-5435-0142-1(7),* 137079, Capstone Pr.) Capstone.

Ciao, Baby! in the Park. Carole Lexa Schaefer. Illus. by Lauren Tobia. 2018. (ENG.). 28p. (J). (— 1). bds. 7.99 *(978-0-7636-8398-6(1))* Candlewick Pr.

Ciao, Baby! Ready for a Ride. Carole Lexa Schaefer. Illus. by Lauren Tobia. 2018. (ENG.). 28p. (J). (— 1). bds. 7.99 *(978-0-7636-8397-9(3))* Candlewick Pr.

Ciara & Misty's Connemara Pony Adventures the Coral Cove Horses Series Collection - Books 1 To 3. Elaine Heney. 2023. (ENG.). 406p. (J). pap. *(978-1-915542-28-1(6))* Irish Natural Horsemanship.

Ciaran: And the Troll Bully. Meadow Griffin. Illus. by Meadow Griffin. 2017. (Ciaran Ser.: Vol. 1). (ENG., Illus.). (J). (gr. k-2). 20.00 *(978-0-9996189-0-5(3))* Legends of Erin.

Ciaran & the Crystal Spheres. Kathleen Nelson. 2021. (ENG.). 182p. (J). pap. *(978-1-913962-74-6(1))* Clink Street Publishing.

Ciberimpostora. Hiram Sánchez Martínez. 2016. (SPA.). 112p. (J). pap. 9.99 *(978-1-7360963-3-8(8))* LETRA 2 EDITORES.

Ciberseguridad: Protege Tu Identidad y Tus Datos (Cybersecurity: Protecting Your Identity & Data), 1 vol. Mary-Lane Kamberg. Tr. by Alberto Jiménez. 2017. (Cultura Digital y de la Información (Digital & Information Literacy) Ser.). (SPA.). 48p. (J). (gr. 6-6). pap. 12.75 *(978-1-4994-3978-6(4),* cd2b8ffc-411b-4bc9-b36e-fc3be5abfd18); lib. bdg. 33.47 *(978-1-4777-8998-8(7),* cfbcdf23-742b-43c2-9b0a-83c2dc947f8b) Rosen Publishing Group, Inc., The. (Rosen Reference).

Cica Csoport Kalandjai. Hevesi Eva. 2019. (HUN.). 64p. (J). pap. *(978-3-7103-4374-2(7))* united p.c. Verlag.

Cicada. Shaun Tan. Illus. by Shaun Tan. 2019. (ENG., Illus.). 32p. (J). (gr. 7-7). 19.99 *(978-1-338-29839-0(9),* Levine, Arthur A. Bks.) Scholastic, Inc.

Cicada Concert: Leveled Reader Gold Level 21. Rg Rg. 2016. (PM Ser.). (ENG.). 24p. (J). (gr. 2-3). pap. 11.00 *(978-0-544-89231-6(3))* Rigby Education.

Cicada Says. Beverly Messmer. 2022. (ENG.). 24p. (J). pap. 12.95 *(978-1-6657-2487-6(0))* Archway Publishing.

Cicadas, 1 vol. Linda Buellis. 2016. (Dig Deep! Bugs That Live Underground Ser.). (ENG., Illus.). 24p. (J). (gr. 3-3). pap. 9.25 *(978-1-4994-2050-0(1),* 20d02830-cff8-463c-b11b-ca65c57c78ac, PowerKids Pr.) Rosen Publishing Group, Inc., The.

Cicadas. Ashley Gish. 2018. (X-Books: Insects Ser.). (ENG.). 32p. (J). (gr. 3-5). pap. 9.99 *(978-1-62832-616-1(6),* 20005, Creative Paperbacks); *(978-1-60818-989-2(9),* 19997, Creative Education) Creative Co., The.

Cicadas. Christina Leaf. 2017. (Insects up Close Ser.). (ENG., Illus.). 24p. (J). (gr. k-3). lib. bdg. 26.95 *(978-1-62617-660-7(4),* Blastoff! Readers) Bellwether Media.

Cicadas Don't Bug Me. Christen M. Jeschke. 2021. (ENG.). 20p. (J). 20.99 *(978-1-950948-95-6(1));* pap. 13.99 *(978-1-950948-74-1(9))* Freiling Publishing.

Cicely: A Tale of the Georgia March (Classic Reprint) Sara Beaumont Kennedy. 2018. (ENG., Illus.). 386p. (J). 31.86 *(978-0-332-52459-7(0))* Forgotten Bks.

Cicely: And Other Stories (Classic Reprint) Annie Fellows Johnston. 2018. (ENG., Illus.). 148p. (J). 26.95 *(978-0-666-43208-7(2))* Forgotten Bks.

Cicely: The Life Journey of a Great Thespian. Otis D. Alexander. 2021. (ENG.). 66p. (J). pap. 9.95 *(978-1-63652-035-3(9))* btb.

Cicely Frome, the Captain's Daughter. Bessie Marchant. 2017. (ENG., Illus.). (J). pap. *(978-0-649-12478-7(2))* Trieste Publishing Pty Ltd.

Cicely Frome, the Captain's Daughter (Classic Reprint) Bessie Marchant. 2018. (ENG., Illus.). 288p. (J). 29.84 *(978-0-484-09829-8(2))* Forgotten Bks.

Cicely in Ceylon (Classic Reprint) F. A. Symons. 2018. (ENG., Illus.). 308p. (J). 30.25 *(978-0-483-26950-7(6))* Forgotten Bks.

Cicero, 1 vol. Zoe Lowery & Fiona Forsyth. 2016. (Leaders of the Ancient World Ser.). (ENG., Illus.). 112p. (J). (gr. 6-6). 38.80 *(978-1-5081-7258-1(7),* 381f80e6-0929-49e6-a725-c4b0d60d45ba) Rosen Publishing Group, Inc., The.

Cici's Journal. Joris Chamblain. Illus. by Aurélie Neyret & Aurélie Neyret. 2021. (Cici's Journal Ser.). (ENG.). 160p. (J). pap. 16.99 *(978-1-62672-247-7(1),* 900146948, First Second Bks.) Roaring Brook Pr.

Cici's Journal: The Adventures of a Writer-In-Training. Joris Chamblain. Illus. by Aurélie Neyret & Aurélie Neyret. 2017. (Cici's Journal Ser.). (ENG.). 160p. (J). 23.99 *(978-1-62672-248-4(X),* 900146951, First Second Bks.) Roaring Brook Pr.

Cici's Journal: Lost & Found. Joris Chamblain. Illus. by Aurélie Neyret. 2021. (Cici's Journal Ser.). (ENG.). 240p. (J). pap. 15.99 *(978-1-250-76340-2(1),* 900231946, First Second Bks.) Roaring Brook Pr.

Ciclistas de Las Pequeñas Estrellas. Taylor Farley. Tr. by Pablo de la Vega. 2021. (Pequeñas Estrellas (Little Stars) Ser.).Tr. of Little Stars BMX Bikes. (SPA., Illus.). 24p. (J). (gr. k-2). pap. *(978-1-4271-3176-8(7),* 15157); lib. bdg. *(978-1-4271-3158-4(9),* 15138) Crabtree Publishing Co.

Ciclo de la Luna Roja Libro 1: la Cosecha de Samhein. José Antonio Cotrina. 2020. (SPA.). 288p. (YA). (gr. 8-12). pap. 14.99 *(978-1-5067-1798-2(5),* Dark Horse Books) Dark Horse Comics.

Ciclo de la Luna Roja Libro 2: Los Hijos de Las Tinieblas. José Antonio Cotrina. 2021. (SPA.). 472p. (YA). (gr. 7). pap. 14.99 *(978-1-5067-1946-7(5),* Dark Horse Books) Dark Horse Comics.

Ciclo de la Luna Roja Libro 3: la Sombra de la Luna. José Antonio Cotrina. 2021. (SPA.). 560p. (YA). (gr. 8-12). pap. 14.99 *(978-1-5067-1947-4(3),* Dark Horse Books) Dark Horse Comics.

Ciclo de Las Rocas. Melanie Ostopowich. 2018. (Geología Ser.). (SPA.). 24p. (J). lib. bdg. 29.99 *(978-1-5105-3452-0(0))* SmartBook Media, Inc.

Ciclo de Vida de un Manzano: Una y Otra Vez, 1 vol. Gillian Clifton. 2017. (Computación Científica en el Mundo Real (Computer Science for the Real World) Ser.). (SPA.). 16p. (J). (gr. 2-3). pap. *(978-1-5081-3814-3(1),* a768223f-9f94-4bc4-bb86-b6e67a88633d, Rosen Classroom) Rosen Publishing Group, Inc., The.

Ciclo Del Agua. Frances Purslow. 2016. (Agua de la Tierra Ser.). (SPA.). 24p. (J). lib. bdg. 24.99 *(978-1-5105-2431-6(2))* SmartBook Media, Inc.

Ciclo Del Eterno Emperador / the Cycle of the Eternal Emperor. Laura Gallego. 2021. (SPA.). 480p. (YA). (gr. 8-12). pap. 18.95 *(978-1-64473-464-3(8),* Montena) Penguin Random House Grupo Editorial ESP. Dist: Penguin Random Hse. LLC.

Ciclo Hidrológico: Leveled Reader Book 87 Level Q 6 Pack. Hmh Hmh. 2021. (SPA.). 32p. (J). pap. 74.40 *(978-0-358-08480-8(6))* Houghton Mifflin Harcourt Publishing Co.

Ciclocirco. Bicicletas Por Africa. Joseba Gomez. 2017. (Integral Ser.: Vol. 1). (SPA., Illus.). (YA). (gr. 7-12). *(978-84-16197-89-7(X))* Saure, Jean-Francois Editor.

Ciclocirco. Bicicletas Por America. Joseba Gomez. 2017. (Integral Ser.: Vol. 2). (SPA., Illus.). (YA). (gr. 7-12). *(978-84-16197-90-3(3))* Saure, Jean-Francois Editor.

Cidade DOS Poetas de Sião. Marcelo Leite Ferraz. 2017. (POR.). 114p. (J). pap. *(978-85-7893-274-9(9))* Biblioteca 24 horas.

Ciel. Sophie Labelle. Tr. by David Homel from FRE. 2020. (Ciel Ser.: 1). (ENG.). 192p. (J). (gr. 4-7). pap. 10.95 *(978-1-77260-136-7(5))* Second Story Pr. CAN. Dist: Orca Bk. Pubs. USA.

Ciel in All Directions. Sophie Labelle. Tr. by Andrea Zanin from FRE. 2021. (Ciel Ser.: 2). Orig. Title: Ciel Tome 2 - Dans Toutes les Directions. (ENG.). 192p. (J). (gr. 4-7). pap. 11.95 *(978-1-77260-203-6(5))* Second Story Pr. CAN. Dist: Orca Bk. Pubs. USA.

Cielo Ardiente. Sherry Thomas. 2017. 512p. (YA). (gr. 9-12). pap. 20.99 *(978-987-747-241-7(4))* V&R Editoras.

Cielo de Noche: Leveled Reader Book 65 Level S 6 Pack. Hmh Hmh. 2021. (SPA.). 32p. (J). pap. 74.40 *(978-0-358-08545-4(4))* Houghton Mifflin Harcourt Publishing Co.

Cielo de Noche: Leveled Reader Card Book 17 Level S 6 Pack. Hmh Hmh. 2021. (SPA.). (J). pap. 74.40 *(978-0-358-08586-7(1))* Houghton Mifflin Harcourt Publishing Co.

Cielo de Sofa / Sophia's Sky (Buenas Noches) Elena Dreser. 2017. (Buenas Noches Ser.). (ENG & SPA., Illus.). (J). (gr. -1-2). pap. *(978-607-13-0453-7(9))* Norma Ediciones, S.A.

Cielo de Susana. Lulú Buck. Illus. by Chrys Zyx. 2022. (ENG.). 28p. (J). *(978-1-0391-4894-9(8));* pap. *(978-1-0391-4893-2(X))* FriesenPress.

Cielo, el Aire y el Viento / the Sky, the Air, & the Wind. Jean-Pierre Verdet. 2018. (SPA.). 32p. (J). (gr. 3-7). pap. 10.99 *(978-1-949061-09-3(4),* Altea) Penguin Random House Grupo Editorial ESP. Dist: Penguin Random Hse. LLC.

Cielo la Patinadora (Skater Cielo) Rachel Katstaller. Illus. by Rachel Katstaller. 2023. (SPA.). 40p. (J). (gr. -1-3). pap. 7.99 *(978-1-338-87411-2(X),* Scholastic en Espanol) Scholastic, Inc.

Cielo, Las Estrellas y la Noche / the Sky, the Stars, & the Night Jean-Pierre Verdet. 2018. (Altea Benjamín Ser.). (SPA.). 32p. (J). (gr. 3-7). pap. 10.99 *(978-1-947783-57-7(2),* Altea) Penguin Random House Grupo Editorial ESP. Dist: Penguin Random Hse. LLC.

Cien Dragones y una Niña. Ana Romero. 2022. (SPA.). 96p. (J). pap. 11.95 *(978-607-07-4554-6(X))* Editorial Planeta, S. A. ESP. Dist: Two Rivers Distribution.

Ciencia. Xist Publishing. 2018. (Xist Kids Spanish Bks.). (SPA., Illus.). 28p. (J). (gr. -1-3). pap. 9.99 *(978-1-5324-0778-9(5))* Xist Publishing.

Ciencia a lo Grande (Mammoth Science) El Mundo Explicado Por Mamuts. DK. 2020. (DK David Macaulay How Things Work Ser.). (SPA.). 160p. (J). (gr. 3-7). 19.99 *(978-0-7440-2567-5(2),* DK Children) Dorling Kindersley Publishing, Inc.

Ciencia Básica (Beginning Science) (Set), 6 vols. 2018. (Ciencia Básica (Beginning Science) Ser.). (SPA.). 24p. (J). (gr. -1-2). lib. bdg. 196.74 *(978-1-5321-8386-7(0),* 29965, Abdo Kids) ABDO Publishing Co.

Ciencia Básica: el Cuerpo Humano (Beginning Science: Body Systems) (Set), 6 vols. 2019. (Ciencia Básica: el Cuerpo Humano (Beginning Science: Body Systems) Ser.). (SPA.). 24p. (J). (gr. -1-2). lib. bdg. 196.74 *(978-1-5321-8737-7(8),* 31322, Abdo Kids) ABDO Publishing Co.

Ciencia Básica: la Ecología (Beginning Science: Ecology) (Set), 6 vols. Grace Hansen. 2020. (Ciencia Básica: la Ecología (Beginning Science: Ecology) Ser.). (SPA.). 24p. (J). (gr. -1-2). lib. bdg. 196.74 *(978-1-0982-0430-3(1),* 35350, Abdo Kids) ABDO Publishing Co.

Ciencia Básica: Las Funciones Físicas Del Cuerpo (Beginning Science: Gross Body Functions) (Set), 6 vols. Grace Hansen. 2021. (Ciencia Básica: Las Funciones Físicas Del Cuerpo (Beginning Science: Gross Body Functions) Ser.).Tr. of Beginning Science: Gross Body Functions. (SPA.). 24p. (J). (gr. -1-2). lib. bdg. 196.74 *(978-1-0982-6077-4(5),* 38256, Abdo Kids) ABDO Publishing Co.

Ciencia de Computación: Conceptos Esenciales (Essential Concepts in Computer Science) (Set), 12 vols. 2018. (Ciencia de Computación: Conceptos Esenciales (Essential Concepts in Computer Science) Ser.). (SPA.). 32p. (gr. 4-5). lib. bdg. 167.58 *(978-1-5383-3483-6(6),* ee123064-4aff-4e8f-b38f-7d5045baec18, PowerKids Pr.) Rosen Publishing Group, Inc., The.

Ciencia de la Caca y Los Pedos. Alex Woolf. 2019. (SPA.). 32p. (J). (gr. 2-4). 21.99 *(978-84-9142-361-4(3))* Algar Editorial, Feditres, S.L. ESP. Dist: Lectorum Pubns., Inc.

Ciencia de la Mitología: El Gran Mito Ctónico-Solar (Classic Reprint) Alejandro Guichot Y. Sierra. 2018. (SPA., Illus.). (J). 510p. 34.44 *(978-1-391-39605-7(7));* 512p. pap. 16.97 *(978-1-390-20879-5(6))* Forgotten Bks.

Ciencia Del Tiempo. Ian Graham. 2019. (SPA.). 32p. (J). (gr. 2-4). 21.99 *(978-84-9142-362-1(1))* Algar Editorial, Feditres, S.L. ESP. Dist: Lectorum Pubns., Inc.

Ciencia Domain Set. 2016. (Early Rising Readers Ser.). (SPA.). (J). (gr. 1). 1370.00 net. *(978-1-4788-4777-9(8))* Newmark Learning LLC.

Ciencia Está en el Huevo. Laurent Simon et al. 2021. (Actividades Ser.). (SPA.). 32p. (J). (gr. k-2). 11.50 *(978-607-557-079-2(9))* Editorial Oceano de Mexico MEX. Dist: Independent Pubs. Group.

Ciencia Está en el Limón. Jack Guichard & Cécile Jugra. Illus. by Laurent Simon. 2021. (Actividades Ser.). (SPA.). 32p. (J). (gr. k-2). 11.50 *(978-607-557-080-8(2))* Editorial Oceano de Mexico MEX. Dist: Independent Pubs. Group.

¡Ciencia! (Knowledge Encyclopedia Science!) DK. 2019. (DK Knowledge Encyclopedias Ser.). Orig. Title: Science!. (SPA.). 208p. (J). (gr. 3-7). 24.99 *(978-1-4654-8281-5(4),* DK Children) Dorling Kindersley Publishing, Inc.

Ciencia, la Tecnología y la COVID-19 (STEM & COVID-19) Grace Hansen. 2020. (Coronavirus (the Coronavirus) Ser.). (SPA.). 24p. (J). (gr. -1-2). lib. bdg. 32.79 *(978-1-0982-0872-1(2),* 36914, Abdo Kids) ABDO Publishing Co.

Ciencia para Niños. 2018. (SPA.). 140p. (J). 17.99 *(978-958-30-5660-4(X))* Panamericana Editorial COL. Dist: Lectorum Pubns., Inc.

Ciencia Theme Level a Book Set. 2016. (Early Rising Readers Ser.). (SPA.). (J). (gr. 1-2). 359.00 *(978-1-4788-5198-1(8))* Newmark Learning LLC.

Ciencia Theme Level AA Book Set. 2016. (Early Rising Readers Ser.). (SPA.). (J). (gr. 1-2). 359.00 *(978-1-4788-5197-4(X))* Newmark Learning LLC.

Ciencia Theme Level B Book Set. 2016. (Early Rising Readers Ser.). (SPA.). (J). (gr. 1-2). 359.00 *(978-1-4788-5199-8(6))* Newmark Learning LLC.

Ciencias en la Cocina: Leveled Reader Book 74 Level M 6 Pack. Hmh Hmh. 2020. (SPA.). 16p. (J). pap. 74.40 *(978-0-358-08382-5(6))* Houghton Mifflin Harcourt Publishing Co.

Ciencias Monstruosas. Agnieszka Biskup. Illus. by Diego Coglitore. 2019. (Ciencias Monstruosas Ser.). (SPA.). 32p. (J). (gr. 3-9). 166.60 *(978-1-5435-8290-1(7),* 29729) Capstone.

Cigares du Pharaon. Hergé.Tr. of Cigars of the Pharaoh. (FRE., Illus.). 62p. (J). 19.95 *(978-0-8288-5020-9(8))* French & European Pubns., Inc.

Cigares du Pharoan see Cigars of the Pharaoh

Cigarette Daydreams: A Short Story. Kylie Eileen. 2021. (ENG.). 76p. (YA). pap. ***(978-1-7948-1493-6(0))*** Lulu Pr., Inc.

Cigarette-Maker's Romance, and, Khaled, a Tale of Arabia (Classic Reprint) F. Marion Crawford. 2018. (ENG., Illus.). 484p. (J). 33.88 *(978-0-483-47488-8(6))* Forgotten Bks.

Cigarette-Maker's Romance (Classic Reprint) F. Marion Crawford. 2017. (ENG., Illus.). (J). 30.56 *(978-1-5283-6898-8(3))* Forgotten Bks.

Cigarette-Maker's Romance (Classic Reprint) Francis Marion Crawford. 2018. (ENG., Illus.). (J). 252p. 29.11 *(978-1-396-80054-2(9));* 254p. pap. 11.57 *(978-1-396-80050-4(6))* Forgotten Bks.

Cigarettes & Tobacco Products: The Predatory Drug. Eric Benac. 2021. (Smoking & Vaping Addiction Ser.). (ENG., Illus.). 96p. (YA). (gr. 7-12). 34.60 *(978-1-4222-4580-4(2))* Mason Crest.

Cigarra y la Hormiga. Jean de la Fontaine. 2021. (SPA.). 16p. (J). (gr. -1-k). pap. 1.95 *(978-607-21-1092-2(4))* Larousse, Ediciones, S. A. de C. V. MEX. Dist: Independent Pubs. Group.

Cigarros del Faraon. Hergé. (SPA., Illus.). 62p. (J). 19.95 *(978-0-8288-5019-3(4))* French & European Pubns., Inc.

Cigars of the Pharaoh see Cigares du Pharaon

Cilla Lee-Jenkins: Future Author Extraordinaire. Susan Tan. Illus. by Dana Wulfekotte. 2018. (Cilla Lee-Jenkins Ser.: 1). (ENG.). 272p. (J). pap. 8.99 *(978-1-250-14400-3(0),* 900160969) Square Fish.

Cilla Lee-Jenkins: the Epic Story. Susan Tan. Illus. by Dana Wulfekotte. 2019. (Cilla Lee-Jenkins Ser.: 3). (ENG.). 272p. (J). 16.99 *(978-1-250-18363-7(4),* 900190936) Roaring Brook Pr.

Cilla Lee-Jenkins: the Epic Story. Susan Tan. Illus. by Dana Wulfekotte. 2020. (Cilla Lee-Jenkins Ser.: 3). (ENG.). 272p. (J). pap. 7.99 *(978-1-250-23342-4(9),* 900190937) Square Fish.

Cilla Lee-Jenkins: This Book Is a Classic. Susan Tan. Illus. by Dana Wulfekotte. 2018. (Cilla Lee-Jenkins Ser.: 2). (ENG.). 272p. (J). 16.99 *(978-1-62672-553-9(5),* 900160971) Roaring Brook Pr.

Cilla Lee-Jenkins: This Book Is a Classic. Susan Tan. Illus. by Dana Wulfekotte. 2019. (Cilla Lee-Jenkins Ser.: 2). (ENG.). 288p. (J). pap. 7.99 *(978-1-250-29435-7(5),* 900160972) Square Fish.

Cimetières et les Temples Hantés (Haunted Graveyards & Temples) Thomas Kingsley Troupe. Tr. by Annie Evearts. 2021. (Lieux Hantés! (the Haunted!) Ser.). (FRE.). (J). (gr. 3-9). pap. ***(978-1-0396-0369-1(6),*** 13073, Crabtree Branches) Crabtree Publishing Co.

Cinch: And Other Stories Tales of Tennessee (Classic Reprint) Will Allen Dromgoole. 2018. (ENG., Illus.). 364p. (J). 31.40 *(978-0-483-67854-5(6))* Forgotten Bks.

Cincinnati Bengals. Kenny Abdo. 2021. (NFL Teams Ser.). (ENG., Illus.). 32p. (J). (gr. 2-8). lib. bdg. 32.79 *(978-1-0982-2457-8(4),* 37148, Abdo Zoom-Fly) ABDO Publishing Co.

Cincinnati Bengals. Josh Anderson. 2022. (Professional Football Teams Ser.). (ENG.). 32p. (J). (gr. 2-5). lib. bdg. 35.64 *(978-1-5038-5775-9(1),* 215749, Stride) Child's World, Inc, The.

Cincinnati Bengals. Contrib. by Kieran Downs. 2023. (NFL Team Profiles Ser.). (ENG., Illus.). (J). (gr. 3-7). lib. bdg. 26.95 Bellwether Media.

Cincinnati Bengals. Katie Lajiness. 2016. (NFL's Greatest Teams Set 3 Ser.). (ENG., Illus.). 32p. (J). (gr. 2-5). lib. bdg. 34.21 *(978-1-68078-531-9(1),* 23625, Big Buddy Bks.) ABDO Publishing Co.

Cincinnati Bengals, 1 vol. Tyler Mason. 2016. (NFL up Close Ser.). (ENG., Illus.). 32p. (J). (gr. 3-9). lib. bdg. 32.79 *(978-1-68078-212-7(6),* 22025, SportsZone) ABDO Publishing Co.

Cincinnati Bengals. William Meier. 2019. (Inside the NFL Ser.). (ENG.). 48p. (J). (gr. 3-6). lib. bdg. 34.21 *(978-1-5321-1842-5(2),* 32553, SportsZone) ABDO Publishing Co.

Cincinnati Bengals. Jim Whiting. rev. ed. 2019. (NFL Today Ser.). (ENG.). 48p. (J). (gr. 4-7). pap. 12.00 *(978-1-62832-699-4(9),* 19013, Creative Paperbacks) Creative Co., The.

Cincinnati Bengals All-Time Greats. Ted Coleman. 2022. (NFL All-Time Greats Set 2 Ser.). (ENG., Illus.). 24p. (J). (gr. 3-3). pap. 8.95 *(978-1-63494-440-3(2));* lib. bdg. 28.50 *(978-1-63494-423-6(2))* Pr. Room Editions LLC.

Cincinnati Bengals Story. Allan Morey. 2016. (NFL Teams Ser.). (ENG., Illus.). 32p. (J). (gr. 3-7). lib. bdg. 26.95 *(978-1-62617-361-3(3),* Torque Bks.) Bellwether Media.

Cincinnati Kid: A Novel (Classic Reprint) Richard Jessup. 2017. (ENG., Illus.). (J). 27.28 *(978-0-260-40945-4(6));* pap. 9.97 *(978-0-243-25380-7(X))* Forgotten Bks.

Cincinnati Reds. Anthony K. Hewson. 2022. (Inside MLB Ser.). (ENG., Illus.). 48p. (J). (gr. 3-6). lib. bdg. 34.21 *(978-1-0982-9014-6(3),* 40785, SportsZone) ABDO Publishing Co.

Cincinnati Reds. Katie Lajiness. 2018. (MLB's Greatest Teams Ser.). (ENG., Illus.). 32p. (J). (gr. 2-5). lib. bdg. 34.21 *(978-1-5321-1516-5(4),* 28868, Big Buddy Bks.) ABDO Publishing Co.

Cincinnati Reds. Jim Whiting. (Creative Sports: Major League Baseball Ser.). (ENG.). 32p. (J). 2021. (gr. 4-7). *(978-1-64026-300-0(4),* 17758, Creative Education); 2020. (gr. 3-5). pap. 9.99 *(978-1-62832-832-5(0),* 17759, Creative Paperbacks) Creative Co., The.

Cincinnati Reds: All-Time Greats. Ted Coleman. 2022. (MLB All-Time Greats Set 2 Ser.). (ENG., Illus.). 24p. (J). (gr. 3-3). pap. 8.95 *(978-1-63494-529-5(8));* lib. bdg. 28.50 *(978-1-63494-503-5(4))* Pr. Room Editions LLC.

Cincinnati Reds 101: My First Team-Board-Book. Brad M. Epstein. 2019. (Major League Baseball 101 Board Bks.). (ENG.). (J). bds. 12.95 *(978-1-60730-255-1(1))* Michaelson Entertainment.

Cinco de Mayo. Emma Bernay & Emma Carlson Berne. Illus. by Geraldine Rodriguez. 2018. (Holidays in Rhythm & Rhyme Ser.). (ENG.). 24p. (J). (gr. k-2). lib. bdg. 33.99 *(978-1-68410-397-3(5),* 140360) Cantata Learning.

Cinco de Mayo. Aaron Carr. 2016. (Great American Holidays Ser.). (ENG., Illus.). 24p. (J). lib. bdg. 22.99 *(978-1-5105-1004-3(4))* SmartBook Media, Inc.

Cinco de Mayo. Aaron Carr. 2017. (Las Grandes Fechas Patrias Estadounidenses Ser.). (SPA.). 24p. (J). lib. bdg. 23.99 *(978-1-5105-2405-7(3))* SmartBook Media, Inc.

Cinco de Mayo, 1 vol. Carol Gnojewski & Joanna Ponto. 2016. (Story of Our Holidays Ser.). (ENG., Illus.). 32p. (gr. 3-3). pap. 11.52 *(978-0-7660-8328-8(4),* 8fc1e87a-a030-4687-8be3-323f7331f4d7) Enslow Publishing, LLC.

Cinco de Mayo. Rachel Grack. 2017. (Celebrating Holidays Ser.). (ENG.). 24p. (J). (gr. k-3). lib. bdg. 26.95 *(978-1-62617-617-1(5),* Blastoff! Readers) Bellwether Media.

Cinco de Mayo. Julie Murray. 2018. (Holidays (Abdo Kids Junior) Ser.). (ENG., Illus.). 24p. (J). (gr. -1-2). lib. bdg. 31.36 *(978-1-5321-8172-6(8),* 29817, Abdo Kids) ABDO Publishing Co.

Cinco de Mayo. Betsy Rathburn. 2023. (Happy Holidays! Ser.). (ENG., Illus.). (J). (gr. -1-2). pap. 7.99 Bellwether Media.

Cinco de Mayo. Contrib. by Betsy Rathburn. 2023. (Happy Holidays! Ser.). (ENG., Illus.). (J). (gr. -1-2). lib. bdg. 25.95 Bellwether Media.

Cinco de Mayo. Leia Tait. 2016. (Las Fechas Patrias Estadounidenses 2017 Ser.). (SPA.). 24p. (J). lib. bdg. 22.99 *(978-1-5105-2446-0(0))* SmartBook Media, Inc.

Cinco de Mayo (Cinco de Mayo) Julie Murray. 2019. (Fiestas (Holidays) Ser.). (SPA.). 24p. (J). (gr. -1-2). lib. bdg. 31.36 *(978-1-5321-8726-1(2),* 31300, Abdo Kids) ABDO Publishing Co.

Cinco Destinos Oscuros. Kendare Blake. 2021. (Tres Coronas Oscuras Ser.: 4). (SPA.). 416p. (YA). (gr. 7). pap. 22.00 *(978-987-609-776-5(8))* Editorial de Nuevo Extremo S.A. ARG. Dist: Independent Pubs. Group.

Cinco Patitos/Five Little Ducks. Tr. by Yanitzia Canetti. Illus. by Annie Kubler & Sarah Dellow. 2022. (Baby Rhyme Time (Spanish/English) Ser.). (ENG.). 12p. (J). bds. *(978-1-78628-650-5(5))* Child's Play International Ltd.

Cinco Pies de Ti / Five Feet Apart. Rachael Lippincott. 2019. (SPA.). 320p. (YA). (gr. 8-12). pap. 16.95 *(978-1-64473-016-4(2),* Nube De Tinta) Penguin Random House Grupo Editorial ESP. Dist: Penguin Random Hse. LLC.

Cinco Variaciones de la Cancion Del Shiretoko. Mizu-Shin (el Espiritu Del Agua) La Montaña de la Iluminación Vol. 40. Antonio Mariñez. 2021. (SPA.). 99p. (J). pap. *(978-1-716-23575-7(8))* Lulu Pr., Inc.

Cinder: Book One of the Lunar Chronicles. Marissa Meyer. 2020. (Lunar Chronicles Ser.: 1). (ENG.). 448p. (YA). pap. 11.99 *(978-1-250-76888-9(8),* 900233163) Square Fish.

Cinder & Glass. Melissa de la Cruz. (YA). (gr. 7). 2023. (ENG.). 352p. pap. 11.99 *(978-0-593-32666-4(0))*; 2022. 336p. 18.99 *(978-0-593-32665-7(2))* Penguin Young Readers Group. (G.P. Putnam's Sons Books for Young Readers).

Cinder & the Prince of Midnight. Susan Ee. 2019. (Midnight Tales Ser.). (ENG.). 206p. (YA). (gr. 7-12). pap. 11.99 *(978-0-9835970-4-9(9))* Dream, Feral LLC.

Cinder Buggy: A Fable in Iron, & Steel (Classic Reprint) Garet Garrett. 2017. (ENG., Illus.). (J). 31.42 *(978-1-5279-8835-4(X))* Forgotten Bks.

Cinder Collector's Edition: Book One of the Lunar Chronicles. Marissa Meyer. 2022. (Lunar Chronicles Ser.: 1). (ENG.). 448p. (YA). 35.00 *(978-1-250-85103-1(3),* 900258276) Feiwel & Friends.

Cinder-Gorilla. Gareth P. Jones. Illus. by Loretta Schauer. 2021. (Fairy Tales for the Fearless Ser.). (ENG.). 32p. (J). pap. 6.99 *(978-1-4052-9884-1(7))* Farshore GBR. Dist: HarperCollins Pubs.

Cinder Maid. Martin Sorensen. 2017. (ENG.). 92p. (J). ***(978-1-387-26690-6(X))*** Lulu Pr., Inc.

Cinder Pond (Classic Reprint) Carroll Watson Rankin. 2018. (ENG., Illus.). 330p. (J). 30.70 *(978-0-666-20870-5(0))* Forgotten Bks.

Cinder y el Principe de Medianoche. Susan Ee. 2021. (SPA.). 248p. (YA). (gr. 7). pap. 15.50 *(978-607-557-113-3(2))* Editorial Oceano de Mexico MEX. Dist: Independent Pubs. Group.

Cinder Yeti. Precious McKenzie. Illus. by Edward Tanzosh. 2019. (ENG.). 34p. (J). (gr. k-2). 22.95 *(978-1-7333092-9-5(2))*; pap. 11.95 *(978-1-7341065-0-3(6))* BeaLu Bks.

Cinderella. Jennifer Lee Fandel. Illus. by Michelle Simpson. 2020. (Discover Graphics: Fairy Tales Ser.). (ENG.). 32p. (J). (gr. k-2). pap. 6.95 *(978-1-5158-7272-6(6),* 201231); lib. bdg. 21.32 *(978-1-5158-7116-3(9),* 199334) Capstone. (Picture Window Bks.).

Cinderella. Régis Maine. Illus. by Mario Cortés. 2020. (Disney Princesses Ser.). (ENG.). 48p. (J). (gr. 2-6). lib. bdg. 32.79 *(978-1-5321-4560-5(8),* 35207, Graphic Novels) Spotlight.

Cinderella. Ulysses Moore. 2016. (VIE.). 218p. (J). pap. *(978-604-2-07046-1(0))* Kim Dong Publishing Hse.

Cinderella. Jenna Mueller. Illus. by Roxanne Rainville. 2020. (Fairy Tales As Told by Clementine Ser.). (ENG.). 32p. (J). (gr. -1-4). 32.79 *(978-1-5321-3807-2(5),* 35224, Looking Glass Library) Magic Wagon.

Cinderella, 1 vol. Susan Purcell. 2017. (Fairy-Tale Phonics Ser.). (ENG.). 24p. (J). (gr. 1-1). 26.27 *(978-1-5081-9380-7(0),* ee78bd70-ed40-4912-8fbe-fb1c93265e72); pap. 9.25 *(978-1-5081-9446-0(7),* 7aa3a753-3f6c-4e2a-abb7-fb2f08ce7c6f) Rosen Publishing Group, Inc., The. (Windmill Bks.).

Cinderella. Illus. by Annabel Spenceley. 2016. 24p. (J). (gr. -1-12). pap. 7.99 *(978-1-86147-813-9(5),* Armadillo) Anness Publishing GBR. Dist: National Bk. Network.

Cinderella. Dan Taylor. 2016. (CHI.). 8p. (J). *(978-986-212-307-2(9))* Shan Jen Publishing Co., Ltd.

Cinderella: A Drama (Classic Reprint) Minnie H. Tanner. (ENG., Illus.). (J). 2018. 20p. 24.31 *(978-0-267-59280-7(9))*; 2016. pap. 7.97 *(978-1-334-15428-7(7))* Forgotten Bks.

Cinderella: A Little Apple Classic. Mill press Cider. 2021. (Little Apple Bks.). (ENG., Illus.). 28p. (J). 4.99 *(978-1-64643-036-9(0),* Applesauce Pr.) Cider Mill Pr. Bk. Pubs., LLC.

Cinderella: A Novel (Classic Reprint) Samuel Rutherford Crockett. 2017. (ENG., Illus.). (J). 32.48 *(978-0-331-79312-3(1))*; pap. 16.57 *(978-0-243-51132-7(9))* Forgotten Bks.

Cinderella: A Parlour Pantomime (Classic Reprint) Unknown Author. 2018. (ENG., Illus.). 52p. (J). 24.99 *(978-0-267-26787-3(8))* Forgotten Bks.

Cinderella: And Other Stories (Classic Reprint) Richard Harding Davis. 2018. (ENG., Illus.). 224p. (J). 28.52 *(978-0-483-03404-4(5))* Forgotten Bks.

Cinderella: Or, the Little Glass Slipper. Anonymous. 2017. (ENG., Illus.). (J). 22.95 *(978-1-374-87258-5(X))*; pap. 12.95 *(978-1-374-87257-8(1))* Capital Communications, Inc.

Cinderella: Redemption of a Princess. Melissa Frost. 2021. (ENG.). 160p. (J). pap. *(978-0-3695-0378-7(3))* Evernight Publishing.

Cinderella: The Next Chapter. Cathy Kwon & Terri Edmund. Illus. by Katie Williams. 2022. (ENG.). 37p. (J). pap. *(978-1-257-01890-1(6))* Lulu Pr., Inc.

Cinderella — With Dogs! Linda Bailey. Illus. by Freya Hartas. 2023. 32p. (J). (gr. -1-2). 18.99 *(978-1-9848-1382-4(X),* Nancy Paulsen Books) Penguin Young Readers Group.

Cinderella: a Nosy Crow Fairy Tale. Illus. by Ed Bryan. 2016. (ENG.). 32p. (J). (gr. -1-2). 9.99 *(978-0-7636-8654-3(9))* Candlewick Pr.

Cinderella & a Mouse Called Fred. Deborah Hopkinson. Illus. by Paul O. Zelinsky. 2023. 48p. (J). (gr. -1-3). 18.99 ***(978-0-593-48003-8(1))***; (ENG.). lib. bdg. 21.99 ***(978-0-593-48004-5(X))*** Random Hse. Children's Bks. (Schwartz & Wade Bks.).

Cinderella & Beyond Children's European Folktales. Baby Professor. 2017. (ENG., Illus.). (J). pap. 7.89 *(978-1-5419-0212-1(2),* Baby Professor (Education Kids)) Speedy Publishing LLC.

Cinderella & the Furry Slippers. Davide Cali. Illus. by Raphaelle Barbanegre. 2017. 32p. (J). (gr. -1-2). 17.99 *(978-1-101-91898-2(5),* Tundra Bks.) Tundra Bks. CAN. Dist: Penguin Random Hse. LLC.

Cinderella & the Lion. Zack Margolis. 2019. (ENG.). 64p. (J). 19.99 *(978-1-7332346-6-5(7))* Mindstir Media.

Cinderella & the Vampire Prince. Wiley Blevins. Illus. by Steve Cox. 2016. (Scary Tales Retold Ser.). (ENG.). 24p. (J). (gr. k-3). lib. bdg. 27.99 *(978-1-63440-090-9(9),* 36876e97-b32f-433d-82e1-3754e7a21e9e) Red Chair Pr.

Cinderella at the Ball. Margaret Hillert. Illus. by Juan Caminador. 2016. (BeginningtoRead Ser.). (ENG.). 32p. (J). (-2). lib. bdg. 22.60 *(978-1-59953-778-8(8))* Norwood Hse. Pr.

Cinderella Atlas. Cindy Peattie. Illus. by Karl Mountford. 2017. (Text Connections Guided Close Reading Ser.). (J). (gr. 1). *(978-1-4900-1819-5(0))* Benchmark Education Co.

Cinderella Book & Jigsaw Puzzle. Susanna Davidson. 2019. (Book & Jigsaw Box Sets Ser.). (ENG.). 24 page book anp. (J). 14.99 *(978-0-7945-4239-9(5),* Usborne) EDC Publishing.

Cinderella, Cendrillon: A Play for Children in Four Scenes (Classic Reprint) Caroline Wasson Thomason. 2017. (ENG., Illus.). (J). 24.99 *(978-0-266-87416-4(9))* Forgotten Bks.

Cinderella (Classic Reprint) S. R. Crockett. 2017. (ENG., Illus.). 460p. (J). 33.40 *(978-0-484-50443-0(6))* Forgotten Bks.

Cinderella (Classic Reprint) B. a Field. 2018. (ENG., Illus.). 34p. (J). 24.70 *(978-0-483-19232-4(5))* Forgotten Bks.

Cinderella Coloring Book for Children (6x9 Coloring Book / Activity Book) Sheba Blake. 2021. (ENG.). 30p. (J). pap. 9.99 *(978-1-222-29034-9(0))* Indy Pub.

Cinderella Coloring Book for Children (8. 5x8. 5 Coloring Book / Activity Book) Sheba Blake. 2021. (ENG.). 30p. (J). pap. 12.99 *(978-1-222-29189-6(4))* Indy Pub.

Cinderella Coloring Book for Children (8x10 Coloring Book / Activity Book) Sheba Blake. 2021. (ENG.). 30p. (J). pap. 14.99 *(978-1-222-29035-6(9))* Indy Pub.

Cinderella Dressed in Yellow. Adapted by Rozanne Williams. 2017. (Learn-To-Read Ser.). (ENG., Illus.). (J). pap. 3.49 *(978-1-68310-209-0(6))* Pacific Learning, Inc.

Cinderella in Flowerland, or the Lost Lady's Slipper: Operetta for Children (Classic Reprint) Marion Loder. (ENG., Illus.). (J). 2018. 38p. 24.68 *(978-0-428-56211-3(6))*; 2017. pap. 7.97 *(978-0-259-48471-9(X))* Forgotten Bks.

Cinderella in the South: South African Tales (Classic Reprint) Arthur Shearly Cripps. 2018. (ENG., Illus.). 288p. (J). 29.84 *(978-0-483-20398-3(X))* Forgotten Bks.

Cinderella in the South: Twenty-Five South African Tales. Arthur Shearly Cripps. 2018. (ENG., Illus.). 188p. (J). pap. *(978-93-5329-008-5(2))* Alpha Editions.

Cinderella in the South: Twenty-Five South African Tales. Arthur Shearly Cripps. 2017. (ENG., Illus.). (J). 24.95 *(978-1-374-87428-2(0))* Capital Communications, Inc.

Cinderella Is Dead. Kalynn Bayron. (ENG.). (YA). 2021. 416p. pap. 10.99 *(978-1-5476-0664-1(9),* 900237159); 2020. 400p. 18.99 *(978-1-5476-0387-9(9),* 900218885) Bloomsbury Publishing USA. (Bloomsbury Young Adult).

Cinderella Jane (Classic Reprint) Marjorie Benton Cooke. 2018. (ENG., Illus.). (J). 30.54 *(978-0-260-66832-5(X))* Forgotten Bks.

Cinderella: Ladybird Readers Level 1, Vol. 1. Ladybird. 2016. (Ladybird Readers Ser.). (Illus.). 48p. (J). (gr. 2-4). pap. 9.99 *(978-0-241-25407-3(8))* Penguin Bks., Ltd. GBR. Dist: Independent Pubs. Group.

Cinderella Liberator. Rebecca Solnit. Illus. by Arthur Rackham. 2019. (Fairy Tale Revolution Ser.). (ENG.). 32p. 17.95 *(978-1-60846-596-5(9))* Haymarket Bks.

Cinderella-Man: A Comedy in Four Acts (Classic Reprint) Edward Childs Carpenter. 2018. (ENG., Illus.). 106p. (J). 26.08 *(978-0-267-50793-1(3))* Forgotten Bks.

Cinderella Man: A Romance of Youth (Classic Reprint) Helen K. Carpenter. 2018. (ENG., Illus.). 324p. (J). 30.58 *(978-0-484-53812-1(8))* Forgotten Bks.

Cinderella of Skookum Creek (Classic Reprint) Frederick Niven. (ENG., Illus.). (J). 2018. 332p. 30.76 *(978-0-428-72340-8(3))*; 2017. pap. 13.57 *(978-1-334-91088-3(X))* Forgotten Bks.

Cinderella of the Storm (Classic Reprint) Maude Fulton. 2018. (ENG., Illus.). 148p. (J). 26.95 *(978-0-483-85689-9(4))* Forgotten Bks.

Cinderella, or the Little Glass Slipper: And Jack & the Bean-Stalk (Classic Reprint) Grace Rhys. (ENG., Illus.). (J). 2018. 72p. 25.40 *(978-0-267-82933-0(7))*; 2017. pap. 9.57 *(978-0-259-83849-4(7))* Forgotten Bks.

Cinderella, or the Little Glass Slipper: Embellished with Neat Engravings (Classic Reprint) Unknown Author. 2017. (ENG., Illus.). (J). 24.60 *(978-0-266-63066-1(9))* Forgotten Bks.

Cinderella, or the Little Glass Slipper (Classic Reprint) Unknown Author. 2017. (ENG., Illus.). (J). 24.64 *(978-0-265-96611-2(6))* Forgotten Bks.

Cinderella, or the Little Glass Slipper (Classic Reprint) John R. Neill. 2017. (ENG., Illus.). (J). 60p. 25.15 *(978-0-484-43820-9(4))*; pap. 9.57 *(978-0-259-81906-6(9))* Forgotten Bks.

Cinderella Picture Book: Containing Cinderella; Puss in Boots; Valentine & Orson (Classic Reprint) Walter Crane. (ENG., Illus.). (J). 2017. 24.66 *(978-0-266-57028-8(3))*; 2016. pap. 7.97 *(978-1-333-62160-5(4))* Forgotten Bks.

Cinderella Rex (Once Before Time Book 1) Christy Webster. Illus. by Holly Hatam. 2019. (Once Before Time Ser.: 1). (ENG.). 32p. (J). bds. 8.99 *(978-1-5248-5516-1(2))* Andrews McMeel Publishing.

Cinderella Sarah: 14 Classroom Read Alouds, Fun Bedtime Stories & Short Stories for Kids. Karen M. Cossey. 3rd ed. 2020. (ENG.). 74p. (J). pap. ***(978-0-473-52317-6(5))*** Stolen Moments.

Cinderella Speaks Up: An Untraditional Graphic Novel. Mari Bolte. Illus. by Braden Hallett. 2023. (I Fell into a Fairy Tale Ser.). (ENG.). 32p. (J). 25.32 *(978-1-6690-1393-8(6),* 245397); pap. 6.99 *(978-1-6690-1497-3(5),* 245392) Capstone. (Stone Arch Bks.).

Cinderella Takes the Stage. Disney Editors. ed. 2017. (Disney Princess Beginnings Ser.). lib. bdg. 17.20 *(978-0-606-39857-2(0))* Turtleback.

Cinderella Takes the Stage, 5. Tessa Roehl. ed. 2021. (Disney Before the Story Ser.). (ENG., Illus.). 125p. (J). (gr. 2-3). 16.96 *(978-1-64697-668-3(1))* Penworthy Co., LLC, The.

Cinderella's Ballet Shoes: A Story about Kindness. Sue Nicholson. Illus. by Flavia Sorrentino. 2019. (Fairytale Friends Ser.). (ENG.). 24p. (J). (gr. -1-k). lib. bdg. 27.99 *(978-1-78603-565-3(0),* 7bc7e9a1-0046-4e04-a083-e76598e7e3c1) QEB Publishing Inc.

Cinderella's Best Creations/Snow White & the Three Giants (Disney Princess) RH Disney. Illus. by RH Disney. 2016. (Pictureback(R) Ser.). (ENG., Illus.). 48p. (J). (gr. -1-2). pap. 5.99 *(978-0-7364-3734-9(7),* RH/Disney) Random Hse. Children's Bks.

Cinderfella. Bessie Jones. 2022. (ENG.). (YA). 136p. 23.48 *(978-1-4583-8311-2(3))*; 134p. pap. 14.38 *(978-1-6781-1198-4(8))* Lulu Pr., Inc.

Cinderilla: Or the Little Glass Slipper (Classic Reprint) Unknown Author. 2018. (ENG., Illus.). 20p. (J). 24.31 *(978-0-267-83185-2(4))* Forgotten Bks.

Cinders. Mette Bach. (Lorimer Real Love Ser.). (ENG.). 168p. (YA). (gr. 9-12). 2019. lib. bdg. 27.99 *(978-1-4594-1385-6(7),* 95865eef-4a8c-4cbf-8a0c-2e9b8b685b46); 2018. pap. 8.99 *(978-1-4594-1383-2(0),* faedff1a-5a49-4ac3-8578-711351ef0edf) James Lorimer & Co. Ltd., Pubs. CAN. Dist: Lerner Publishing Group.

Cinders: A Novel (Classic Reprint) Helen Mathers. (ENG., Illus.). (J). 2018. 356p. 31.26 *(978-0-483-87450-3(7))*; 2017. pap. 13.57 *(978-0-243-88585-5(7))* Forgotten Bks.

Cinders & Rime. Ila Quinn. 2021. (ENG.). 342p. (YA). pap. *(978-1-914225-23-9(6))* Orla Kelly Self Publishing Services.

Cinders & Sparks #1: Magic at Midnight. Lindsey Kelk. Illus. by Pippa Curnick. 2021. (Cinders & Sparks Ser.: 1). (ENG.). 224p. (J). (gr. 3-7). pap. 7.99 *(978-0-06-300669-0(3),* HarperCollins) HarperCollins Pubs.

Cinders & Sparks #2: Fairies in the Forest. Lindsey Kelk. Illus. by Pippa Curnick. 2021. (Cinders & Sparks Ser.: 2). (ENG.). 208p. (J). (gr. 3-7). pap. 7.99 *(978-0-06-300671-3(5),* HarperCollins) HarperCollins Pubs.

Cinders & Sparks #3: Goblins & Gold. Lindsey Kelk. Illus. by Pippa Curnick. 2022. (Cinders & Sparks Ser.: 3). (ENG.). 160p. (J). (gr. 3-7). pap. 7.99 *(978-0-06-300674-4(X),* HarperCollins) HarperCollins Pubs.

Cinders & Sparrows. Stefan Bachmann. (ENG.). 368p. (J). (gr. 3-7). 2021. pap. 7.99 *(978-0-06-228996-4(9))*; 2020. (Illus.). 16.99 *(978-0-06-228995-7(0))* HarperCollins Pubs. (Greenwillow Bks.).

Cinders (Classic Reprint) Lily Tinsley. (ENG., Illus.). (J). 2018. 28p. 24.47 *(978-0-267-40329-5(1))*; 2016. pap. 7.97 *(978-1-334-12010-7(2))* Forgotten Bks.

Cinderstella: A Tale of Planets Not Princes. Brenda S. Miles & Susan D. Sweet. Illus. by Valeria Docampo. 2016. 32p. (J). *(978-1-4338-2270-4(9),* Magination Pr.) American Psychological Assn.

Cindi & Sparkles Howl-Oween Ghoulfriends. Beverley Reichman. Illus. by Janine Rhodes. 2021. (Cindi the Teenie Chiweenie Ser.: 3). (ENG.). 30p. (J). pap. 12.99 *(978-1-0983-9687-9(1))* BookBaby.

Cindi the Teenie Chiweenie. Beverley Reichman. 2020. (ENG., Illus.). 44p. (J). pap. 15.95 *(978-1-64531-915-3(6))* Newman Springs Publishing, Inc.

Cindis Chocolate Valentine. Beverley Reichman. Illus. by Janine Rhodes. 2022. (Cindi the Teenie Chiweenie Ser.: 4). (ENG.). 36p. (J). pap. 11.99 *(978-1-6678-2057-6(5))* BookBaby.

Cindis Christmas Kitten Surprise. Beverley Reichman. Illus. by Janine Rhodes. 2021. (Cindi the Teenie Chiweenie Ser.: 2). (ENG.). 28p. (J). pap. 14.99 *(978-1-0983-6695-7(6))* BookBaby.

Cindra Comes to Visit. Susan W. Lester. 2021. (ENG.). 34p. (J). 23.95 *(978-1-63630-214-0(9))*; pap. 13.95 *(978-1-63630-213-3(0))* Covenant Bks.

Cindy & Biscuit Vol. 1: We Love Trouble. Dan White. 2023. (Cindy & Biscuit Ser.: 1). (ENG.). 192p. (J). pap. 19.99 ***(978-1-63715-214-0(0))*** Oni Pr., Inc.

Cindy & Jane: And Other Short Stories. Jacquelyn E. Hightower. 2017. (ENG., Illus.). (J). pap. 16.95 *(978-1-4808-5338-6(0))* Archway Publishing.

Cindy & Panda. Benson Shum. 2023. (ENG., Illus.). 40p. (J). (gr. -1-3). 19.99 ***(978-0-06-324818-2(2),*** Clarion Bks.) HarperCollins Pubs.

Cindy & the Magic Pumpkin. Suzanne Horwitz & C. Chérie Hardy. 2021. (ENG.). 52p. (J). pap. 12.95 *(978-1-946753-61-8(0))* Avant-garde Bks.

Cindy et la Clef des Reves. Claire Gilbert. 2017. (FRE., Illus.). (J). pap. *(978-2-917822-52-4(X))* Pgcom Editions.

Cindy Finds a Home. Marie Rickert. 2019. (ENG.). 36p. (J). pap. 15.95 *(978-1-64492-373-3(4))* Christian Faith Publishing.

Cindy Is My Name, First Horse Ever. Basil Robert Oickle. Illus. by Jupiters Muse. 2022. (ENG.). 48p. (J). pap. *(978-0-2288-3707-7(3))*; (Horse in Lunenburg Ser.: Vol. 1). *(978-0-2288-3708-4(1))* Tellwell Talent.

Cindy Rella. Andy Mangels. 2020. (Fractured Fairy Tales Ser.). (ENG., Illus.). 24p. (J). (gr. 3-8). lib. bdg. 32.79 *(978-1-5321-3974-1(8),* 36505, Graphic Planet - Fiction) Magic Wagon.

Cinema a Scacchi: Partite a Scacchi Nei Film Famosi. Salvatore M. Ruggiero. 2021. (ITA.). 67p. (YA). pap. *(978-1-105-52512-4(0))* Lulu Pr., Inc.

Cinnamon. Neil Gaiman. Illus. by Divya Srinivasan. 2017. (ENG.). 40p. (J). (gr. -1-3). 19.99 *(978-0-06-239961-8(6),* HarperCollins) HarperCollins Pubs.

Cinnamon. Amy C. Rea. 2021. (How Foods Grow Ser.). (ENG.). 24p. (J). (gr. k-3). lib. bdg. 31.36 *(978-1-5321-6978-6(7),* 38033, Pop! Cody Koala) Pop!.

Cinnamon Bun Besties: A Swirl Novel. Stacia Deutsch. 2018. (Swirl Ser.: 3). (ENG.). 240p. (J). (gr. 3-7). 7.99 *(978-1-5107-3009-0(5))*; 16.99 *(978-1-5107-3047-2(8))* Skyhorse Publishing Co., Inc. (Sky Pony Pr.).

Cinnamon Isle Boy (Classic Reprint) E. C. Hutchings. 2018. (ENG., Illus.). 178p. (J). 27.57 *(978-0-267-49363-0(0))* Forgotten Bks.

CINNAMON, the Cat on the James Webb Telescope CANNELLE, le Chat Sur le TÉLESCOPE James Webb. Genny Heywood. 2022. (FRE.). 46p. (J). pap. 25.99 *(978-1-6628-4356-3(9))* Salem Author Services.

Cinq Mois Au Pays des Somalis: Suivi de la Faune Somalie et d'une Liste des Plantes (Classic Reprint) Nicolas D. Ghika. 2018. (FRE., Illus.). 224p. (J). 28.52 *(978-0-364-37931-8(6))* Forgotten Bks.

Cinq Pixs de Plus. Muriel Tronc. 2022. (FRE.). 290p. (J). pap. 12.01 *(978-1-7345593-1-6(4))* Tronc, Muriel.

Cinquain Poems. Ruthie Van Oosbree & Lauren Kukla. 2022. (Poetry Power (BB) Ser.). (ENG.). 32p. (J). (gr. 2-5). lib. bdg. 34.21 *(978-1-5321-9892-2(2),* 39549, Big Buddy Bks.) ABDO Publishing Co.

Cinquantaine: SCène Populaire en un Acte (Classic Reprint) Georges Courteline. 2018. (FRE., Illus.). (J). 20p. 24.33 *(978-0-666-85134-5(4))*; 22p. pap. 7.97 *(978-0-259-22676-5(9))* Forgotten Bks.

Cinturon. Mary Lindeen. Illus. by Lydia Mba Blazquez. 2016. (Early Rising Readers Ser.). (SPA.). 16p. (J). (gr. 1-1). 6.67 *(978-1-4788-3728-2(4))* Newmark Learning LLC.

Cinturón - 6 Pack. Mary Lindeen. 2016. (Early Rising Readers Ser.). (SPA.). (J). (gr. 1). 40.00 net. *(978-1-4788-4671-0(2))* Newmark Learning LLC.

Ciphers (Classic Reprint) Ellen Olney Kirk. 2018. (ENG., Illus.). 318p. (J). 30.46 *(978-0-483-97244-5(4))* Forgotten Bks.

Ciphers, Codes, Algorithms, & Keys, 1 vol. Laura La Bella. 2016. (Cryptography: Code Making & Code Breaking Ser.). (ENG., Illus.). 64p. (J). (gr. 8-8). 36.13 *(978-1-5081-7306-9(0),* 27ebe4fd-e020-42c5-88cc-2b07bb73acf0) Rosen Publishing Group, Inc., The.

Cippi e Marghe. Vito Robbiani et al. 2019. (ITA.). 36p. (J). pap. ***(978-0-244-19409-3(2))*** Lulu Pr., Inc.

Circe's Dark Reign. Brandon T. Snider. Illus. by Luciano Vecchio. 2018. (Wonder Woman the Amazing Amazon Ser.). (ENG.). 88p. (J). (gr. 2-7). lib. bdg. 24.65 *(978-1-4965-6530-3(4),* 138544, Stone Arch Bks.) Capstone.

Circe's Thrall: A Leafy Tom Adventure. Robin Buckallew. 2022. (ENG.). 163p. (YA). pap. ***(978-1-387-75314-7(2))*** Lulu Pr., Inc.

Circle. Jeannie Baker. Illus. by Jeannie Baker. 2020. (ENG., Illus.). 48p. (J). (gr. k-3). 9.99 *(978-1-5362-1057-6(9))* Candlewick Pr.

Circle. Mac Barnett. Illus. by Jon Klassen. (Shapes Trilogy Ser.: 3). (ENG.). 48p. (J). (gr. k-4). 2023. 9.99 *(978-1-5362-2877-9(X))*; 2019. 15.99 *(978-0-7636-9608-5(0))* Candlewick Pr.

Circle. Cindy Cipriano. (Sidhe Ser.: Vol. 1). (ENG.). 210p. (J). (gr. 4-7). 2022. pap. 9.60 ***(978-1-83919-287-6(9))***; 2019. pap. 11.99 *(978-1-912701-68-1(5))* Vulpine Pr.

Circle. T. C. H. The Author. 2019. (ENG.). 74p. (YA). pap. 40.00 ***(978-0-9985032-2-6(3))*** Your Vision LLC.

Circle. Xist Publishing. 2019. (Discover Shapes Ser.). (ENG.). 8p. (J). (gr. -1-2). pap. 5.99 *(978-1-5324-0993-6(1))* Xist Publishing.

Circle, 1923 (Classic Reprint) Abbot Academy. (ENG., Illus.). (J). 2018. 100p. 25.96 *(978-0-365-11186-3(4))*; 2017. pap. 9.57 *(978-0-259-97189-4(8))* Forgotten Bks.

Circle, 1924 (Classic Reprint) Abbot Academy. 2018. (ENG., Illus.). (J). 140p. 26.78 *(978-1-396-32761-2(4))*; 142p. pap. 9.57 *(978-1-390-90387-4(7))* Forgotten Bks.

Circle, 1925 (Classic Reprint) Abbot Academy. 2017. (ENG., Illus.). (J). 26.14 *(978-0-260-86865-7(5))*; pap. 9.57 *(978-1-5281-9259-0(1))* Forgotten Bks.

Circle, 1926 (Classic Reprint) Abbot Academy. 2017. (ENG., Illus.). (J). 26.27 *(978-0-260-49287-6(6))*; pap. 9.57 *(978-0-266-06279-0(2))* Forgotten Bks.

Circle, 1927 (Classic Reprint) Abbot Academy. (ENG., Illus.). (J). 2018. 130p. 26.60 *(978-0-666-46765-2(X))*; 2017. pap. 9.57 *(978-0-259-97332-4(7))* Forgotten Bks.

Circle, 1928 (Classic Reprint) Abbot Academy. 2017. (ENG., Illus.). (J). 26.62 *(978-0-260-56702-4(7))*; pap. 9.57 *(978-0-265-03996-0(7))* Forgotten Bks.

Circle, 1930 (Classic Reprint) Abbot Academy. (ENG., Illus.). (J). 2018. 140p. 26.78 *(978-0-428-25488-9(8))*; 2016. pap. 9.57 *(978-1-334-12189-0(3))* Forgotten Bks.

Circle, 1931 (Classic Reprint) Abbot Academy. 2017. (ENG., Illus.). (J). 26.68 *(978-0-260-68948-1(3))*; pap. 9.57 *(978-0-265-00164-6(1))* Forgotten Bks.

Circle, 1932 (Classic Reprint) Abbot Academy. 2017. (ENG., Illus.). (J). 26.27 *(978-0-260-75079-2(4))*; pap. 9.57 *(978-1-5282-9699-1(0))* Forgotten Bks.

C

For book reviews, descriptive annotations, tables of contents, cover images, author biographies & additional information, updated daily, subscribe to **www.booksinprint.com** 357

Circle, 1933 (Classic Reprint) Abbot Academy. 2017. (ENG., Illus.). (J). 25.96 *(978-0-260-64542-5(7))*; pap. 9.57 *(978-0-266-01397-6(X))* Forgotten Bks.

Circle, 1934 (Classic Reprint) Abbot Academy. 2017. (ENG., Illus.). (J). 25.90 *(978-0-260-55906-7(7))*; pap. 9.57 *(978-0-265-04196-3(1))* Forgotten Bks.

Circle & Double Mazes for Kids. Deeasy Books. 2021. (ENG.). 204p. (J). pap. 14.00 *(978-1-008-99463-8(4))* Indy Pub.

Circle & Square. Jenny Copper. 2020. (Touch, Feel, Explore! Ser.). (ENG.). 10p. (J). 7.99 *(978-1-78958-205-5(9))* Top That! Publishing PLC GBR. Dist: Independent Pubs. Group.

Circle B Ranch. Deliska. 2018. (ENG., Illus.). 204p. (YA). pap. 15.49 *(978-1-5456-2324-4(4))* Salem Author Services.

Circle C Beginnings, 6-Book Set. Susan K. Marlow. 2023. (ENG.). 496p. (J). 32.50 ***(978-0-8254-4997-0(9))*** Kregel Pubns.

Circle C Milestones, 6-Book Set. Susan K. Marlow. 2023. (ENG.). 1248p. (J). 64.99 ***(978-0-8254-4998-7(7))*** Kregel Pubns.

Circle in the Square: The Story of a New Battle on Old Fields (Classic Reprint) Baldwin Sears. (ENG., Illus.). (J). 2018. 408p. 32.31 *(978-0-364-88036-4(8))*; 2017. pap. 16.57 *(978-0-259-38457-1(7))* Forgotten Bks.

Circle Line. Sarah Stevens. 2018. (ENG., Illus.). 96p. (YA). pap. *(978-1-912551-21-7(7))* Conscious Dreams Publishing.

Circle Needs a Ball Gown. Lisa Rose. 2018. (ENG., Illus.). 34p. (J). pap. 10.95 *(978-0-692-06053-7(7))* Rose, Lisa Writes.

Circle of a Century (Classic Reprint) Burton Harrison. 2017. (ENG., Illus.). (J). 28.72 *(978-1-5279-8691-6(8))* Forgotten Bks.

Circle of Blessing. Alfred Gatty. 2016. (ENG.). 162p. (J). pap. *(978-3-7433-7378-5(5))* Creation Pubs.

Circle of Blessing: And Other Parables from Nature (Classic Reprint) Alfred Gatty. 2018. (ENG., Illus.). 160p. (J). 27.22 *(978-0-484-76460-5(8))* Forgotten Bks.

Circle of Friendship. Kylie Baisa. 2020. (ENG.). 44p. (J). pap. 15.00 *(978-1-953507-25-9(5))* Brightlings.

Circle of Lies. Crystal Velasquez. 2016. (Hunters of Chaos Ser.: 2). (ENG., Illus.). 240p. (J). (gr. 3-7). pap. 7.99 *(978-1-4814-2456-1(4))*; 16.99 *(978-1-4814-2455-4(6))* Simon & Schuster Children's Publishing. (Aladdin).

Circle of Shadows. Evelyn Skye. 2019. (YA). (Circle of Shadows Ser.: 1). (ENG.). 480p. (gr. 8). pap. 10.99 *(978-0-06-264373-5(8))*; (Illus.). 464p. *(978-0-06-291540-5(1))*; (Circle of Shadows Ser.: 1). (ENG., Illus.). 464p. (gr. 8). 17.99 *(978-0-06-264372-8(X))* HarperCollins Pubs. (Balzer & Bray).

Circle of Sun. Corinne Luck. 2022. (ENG.). 38p. (J). 14.95 *(978-1-63755-096-0(0)*, Mascot Kids) Amplify Publishing Group.

Circle of Ter-ROAR. Vera Strange. 2023. (Disney Chills Ser.: 7). (ENG.). 368p. (J). (gr. 3-7). pap. 6.99 ***(978-1-368-07592-3(4)**,* Disney-Hyperion) Disney Publishing Worldwide.

Circle of the Day: A Novel (Classic Reprint) Helen Howe. (ENG., Illus.). (J). 2018. 282p. 29.71 *(978-0-364-01237-6(4))*; 2017. pap. 13.57 *(978-0-243-51043-6(8))* Forgotten Bks.

Circle of the Year (Classic Reprint) Elizabeth Sanderson. 2018. (ENG., Illus.). 52p. (J). 24.97 *(978-0-483-44710-3(2))* Forgotten Bks.

Circle Rolls. Barbara Kanninen. 2018. (ENG., Illus.). 32p. (gr. -1-k). 16.95 *(978-0-7148-7630-6(5))* Phaidon Pr., Inc.

CIRCLE ROUND 8CC MIXED-PPK. Rebecca Sheir. Illus. by Chaaya Prabhat. 2022. (ENG.). 119.60 *(978-1-63586-569-1(7))* Storey Publishing, LLC.

Circle! Sphere! Grace Lin. Illus. by Grace Lin. 2020. (Storytelling Math Ser.). (Illus.). 16p. (J). (— 1). bds. 7.99 *(978-1-62354-124-8(7))* Charlesbridge Publishing, Inc.

Circle Three Sees a Vision (Classic Reprint) Belle B. Clokey. (ENG., Illus.). (J). 2018. 20p. 24.33 *(978-0-332-89303-7(0))*; 2016. pap. 7.97 *(978-1-333-41472-6(2))* Forgotten Bks.

Circle with a Point. Jesse Lee Nikkel. Ed. by Hae Kwang Kim. Illus. by Kayla Nikkel. 2022. (ENG.). 40p. (J). ***(978-1-0391-1399-2(0))***; pap. ***(978-1-0391-1398-5(2))*** FriesenPress.

Circlemaker. Maxine Rose Schur. Illus. by Polina Solomodenko. 2023. (ENG.). 204p. (J). pap. 12.99 ***(978-1-958302-55-2(4))***; 16.99 ***(978-1-958302-53-8(8))*** Lawley Enterprises.

Circles. David A. Adler. Illus. by Edward Miller. (ENG.). 32p. (J). (gr. 1-4). 2017. 7.99 *(978-0-8234-3883-9(X))*; 2016. 17.95 *(978-0-8234-3642-2(X))* Holiday Hse., Inc.

Circles All Around Us. Brad Montague. Illus. by Brad Montague & Kristi Montague. 2021. 32p. (J). (-k). 18.99 *(978-0-593-32318-2(1)*, Dial Bks) Penguin Young Readers Group.

Circles in the Sky. Karl James Mountford. Illus. by Karl James Mountford. 2022. (ENG.). 40p. (J). (gr. -1-2). 18.99 *(978-1-5362-2498-6(7))* Candlewick Pr.

Circles of Seven. Bryan Davis. 2021. (Dragons in Our Midst Ser.: 3). (ENG.). 480p. (YA). 24.99 *(978-1-4964-5169-9(4)*, 20_35228); pap. 14.99 *(978-1-4964-5170-5(8)*, 20_35229) Tyndale Hse. Pubs. (Wander).

Circles, Squares, Triangles, & Rectangles: I Can Find Them All Around Me - Baby & Toddler Size & Shape Books. Baby Professor. 2017. (ENG., Illus.). (J). pap. 7.89 *(978-1-68326-785-0(0)*, Baby Professor (Education Kids)) Speedy Publishing LLC.

Circles the Dinosaur. Rosie Amazing. Illus. by Andreea Togoe. 2021. (ENG.). 28p. (J). pap. *(978-1-7772203-8-9(6))* Annelid Pr.

Circlet Half Drawn. Jessie Biggs. 2016. (ENG., Illus.). (J). pap. 13.99 *(978-0-9984597-0-7(4))* Quill & Hearth Publishing Hse.

Circo: (Circus) Xist Publishing. 2017. (Xist Kids Spanish Bks.). (SPA.). 28p. (J). (gr. -1-3). pap. 9.99 *(978-1-5324-0385-9(2))* Xist Publishing.

Circuit Clay: the Easiest Way to Learn about Electricity. Editors of Klutz. 2017. (ENG.). 52p. (J). (gr. 2-7). 21.99 *(978-1-338-10636-7(8))* Klutz.

Circuit Companions (Classic Reprint) Henry Potts. 2018. (ENG., Illus.). 294p. (J). 29.96 *(978-0-267-24257-3(3))* Forgotten Bks.

Circuit Creations 4D. Chris Harbo & Sarah Schuette. 2019. (Circuit Creations 4D Ser.). (ENG.). 48p. (J). (gr. 3-5). 135.96 *(978-1-5435-4000-0(7)*, 28691); pap., pap., pap. 31.80 *(978-1-5435-4001-7(5)*, 28692) Capstone.

Circuit of Cancer, or Frank Reade, Jr. 's Novel Trip Around the World with His New Air-Ship, the Flight (Classic Reprint) Luis Senarens. 2018. (ENG., Illus.). (J). 20p. 24.31 *(978-1-391-93046-6(0))*; 22p. pap. 7.97 *(978-1-391-92981-1(0))* Forgotten Bks.

Circuit Rider. Edward Eggleston. 2017. (ENG.). (J). 352p. pap. *(978-3-337-13775-5(X))*; 344p. pap. *(978-3-337-17394-4(2))*; 352p. pap. *(978-3-337-06860-8(X))*; 346p. pap. *(978-3-337-02311-9(8))*; 260p. pap. *(978-3-337-02345-4(2))* Creation Pubs.

Circuit Rider: A Tale of the Heroic Age (Classic Reprint) Edward Eggleston. 2017. (ENG., Illus.). (J). 30.95 *(978-1-5282-8975-7(7))* Forgotten Bks.

Circuitos de Carreras: 101 Cosas Que Deberias Saber Sobre Los (Racing Tracks: 101 Facts) Editor. 2017. (101 Facts (Spanish Editions) Ser.). (ENG.). 48p. (J). pap. *(978-1-60745-865-4(9))* Lake Press.

Circular Saws (Classic Reprint) Humbert Wolfe. (ENG., Illus.). (J). 2018. 142p. 26.83 *(978-0-364-02030-2(X))*; 2017. pap. 9.57 *(978-0-243-51949-1(4))* Forgotten Bks.

Circular Squares. Rushi Nimmala. 2021. (ENG.). 32p. (J). pap. 10.99 *(978-1-68487-004-2(6))* Notion Pr., Inc.

Circulation. Tamra B. Orr. 2018. (Super Cool Science Experiments Ser.). (ENG.). 32p. (J). (gr. 4-8). lib. bdg. 22.99 *(978-1-5105-3684-5(1))* SmartBook Media, Inc.

Circulation of the Blood: The Circulatory System for Young Scientists. Created by Heron Books. 2021. (ENG.). 78p. (J). pap. *(978-0-89739-242-6(6)*, Heron Bks.) Quercus.

Circulatory System. Grace Hansen. 2018. (Beginning Science: Body Systems Ser.). (ENG., Illus.). 24p. (J). (gr. -1-2). lib. bdg. 32.79 *(978-1-5321-8184-9(1)*, 29841, Abdo Kids) ABDO Publishing Co.

Circulatory System. Joseph Midthun. Illus. by Samuel Hiti. 2016. (Building Blocks of Life Science 1/Hardcover Ser.: Vol. 2). (ENG.). 34p. (J). *(978-0-7166-7861-8(6))* World Bk.-Childcraft International.

Circulatory System. Joseph Midthun. Illus. by Samuel Hiti. 2022. (ENG.). 42p. (J). pap. ***(978-0-7166-5066-9(5))*** World Bk.-Childcraft International.

Circulatory System. Rebecca Pettiford. 2019. (Your Body Systems Ser.). (ENG., Illus.). 24p. (J). (gr. k-3). pap. 7.99 *(978-1-61891-751-5(X)*, 12308, Blastoff! Readers) Bellwether Media.

Circulatory System. Simon Rose. 2018. 32p. (J). pap. *(978-1-4896-9936-7(8)*, AV2 by Weigl) Weigl Pubs., Inc.

Circulatory System. Roxanne Troup. 2022. (Body Systems Ser.). (ENG.). 32p. (J). (gr. 2-5). lib. bdg. 34.21 *(978-1-5321-9856-4(6)*, 40835, Kids Core) ABDO Publishing Co.

Circulatory System: Children's Anatomy Book with Facts! Bold Kids. 2022. (ENG.). 46p. (J). pap. 14.99 *(978-1-0717-0922-1(4))* FASTLANE LLC.

Círculo Ártico: Leveled Reader Book 72 Level P 6 Pack. Hmh Hmh. 2021. (SPA.). 32p. (J). pap. 74.40 *(978-0-358-08466-2(0))* Houghton Mifflin Harcourt Publishing Co.

Circulos 1: Libro para Colorear Ninos. Bold Illustrations. 2017. (SPA., Illus.). 82p. (J). pap. 8.35 *(978-1-64193-095-6(0)*, Bold Illustrations) FASTLANE LLC.

Circulos 2: Libro para Colorear Ninos. Bold Illustrations. 2017. (SPA., Illus.). (J). pap. 8.35 *(978-1-64193-096-3(9)*, Bold Illustrations) FASTLANE LLC.

Circulos a la orilla del Mar see Seaside Circles/Círculos a la orilla del Mar

Círculos y Cuadrados. Judy Kentor Schmauss. 2016. (Early Rising Readers Ser.). (SPA.). (J). (gr. -1). 6.67 *(978-1-4788-3653-7(9))* Newmark Learning LLC.

Círculos y Cuadrados - 6 Pack. Judy Kentor Schmauss. 2016. (Early Rising Readers Ser.). (SPA.). (J). (gr. 1). 40.00 net. *(978-1-4788-4596-6(1))* Newmark Learning LLC.

Circumstance (Classic Reprint) S. Weir Mitchell. 2018. (ENG., Illus.). 502p. (J). 34.27 *(978-0-267-21654-3(8))* Forgotten Bks.

Circumstances Respecting the Late Charles Montford, Esq. (Classic Reprint) George Davies Harley. 2018. (ENG., Illus.). 282p. (J). 29.71 *(978-0-484-29973-2(5))* Forgotten Bks.

Circumstantial Wallowing of Allister the Alligator. James R. Pelkey II. Illus. by Jeanne M. Laugherty. 2018. (ENG.). 28p. (J). pap. 10.00 *(978-0-9981870-0-6(3))* Dreighton Pubns.

Circus see Circo

Circus. Olivia Levez. 2017. (ENG.). 304p. (J). (gr. 7). pap. 11.99 *(978-1-78607-094-4(4)*, 1786070944, Rock the Boat) Oneworld Pubns. GBR. Dist: Grantham Bk. Services.

Circus: And Other Essays (Classic Reprint) Joyce Kilmer. 2018. (ENG., Illus.). 88p. (J). 25.73 *(978-0-483-78043-9(X))* Forgotten Bks.

Circus / Circo. Xist Publishing. Tr. by Victor Santana. 2017. (Xist Kids Bilingual Spanish English Ser.). (ENG & SPA., Illus.). 28p. (J). (gr. -1-3). pap. 9.99 *(978-1-5324-0311-8(9))* Xist Publishing.

Circus at the End of the Sea. Lori R. Snyder. (ENG.). 304p. (J). (gr. 3-7). 2022. pap. 7.99 *(978-0-06-304711-2(X))*; 2021. 16.99 *(978-0-06-304710-5(1))* HarperCollins Pubs. (HarperCollins).

Circus Boys in Dixie Land: Or Winning the Plaudits of the Sunny South (Classic Reprint) Edgar B. P. Darlington. 2018. (ENG., Illus.). 268p. (J). 29.42 *(978-0-267-28525-9(6))* Forgotten Bks.

Circus Cannelloni Invades Britain. Tuula Pere. Ed. by Susan Korman. Tr. by Paivi Vuoriaro. 2nd ed. 2019. (Cannelloni Ser.: Vol. 2). (ENG., Illus.). 146p. (J). (gr. 3-6). *(978-952-357-076-4(5))* Wickwick oy.

Circus Cannelloni Invades Britain: English Edition. Tuula Pere. Ed. by Susan Korman. Tr. by Paivi Vuoriaro. 2019. (Cannelloni Ser.: Vol. 2). (ENG., Illus.). 146p. (J). (gr. 3-6). *(978-952-325-395-7(6))* Wickwick oy.

Circus Comes to the Village. Yutaka Kobayashi. 2019. (Yamo's Village Ser.). (ENG.). 41p. (J). (gr. k-2). 17.99 *(978-1-940842-27-1(1))* Museyon.

Circus Comes to Town. Lebbeus Mitchell. 2018. (ENG., Illus.). 120p. (YA). (gr. 7-12). pap. *(978-93-5329-303-1(0))* Alpha Editions.

Circus Comes to Town. Lebbeus Mitchell. 2017. (ENG., Illus.). (J). 22.95 *(978-1-374-81750-0(3))* Capital Communications, Inc.

Circus Comes to Town (Classic Reprint) Lebbeus Mitchell. (ENG., Illus.). (J). 2018. 220p. 28.43 *(978-0-483-93474-0(7))*; 2017. pap. 10.97 *(978-0-243-39777-8(1))* Forgotten Bks.

Circus Day (Classic Reprint) George Ade. 2018. (ENG., Illus.). (J). 114p. 26.25 *(978-0-332-75231-0(3))*; 70p. 25.36 *(978-0-332-84975-1(9))* Forgotten Bks.

Circus Day in Japan: Bilingual English & Japanese Text. Eleanor Coerr. Tr. by Yumi Matsunari. Illus. by Eleanor Coerr. ed. 2016. (Illus.). 48p. (J). (gr. -1-3). 9.95 *(978-0-8048-4743-8(6))* Tuttle Publishing.

Circus Doctor (Classic Reprint) J. Y. Henderson. 2017. (ENG., Illus.). (J). 29.26 *(978-0-331-55359-8(7))*; pap. 11.97 *(978-0-282-45929-1(4))* Forgotten Bks.

Circus Dogs Roscoe & Rolly. Tuula Pere. Ed. by Susan Korman. Illus. by Francesco Orazzini. 2018. (ENG.). 40p. (J). (gr. k-4). pap. *(978-952-7107-63-8(6))* Wickwick oy.

Circus Farfelle & the Case of the Missing Monkey. Cordelia Kelly. 2023. (ENG.). 66p. (J). pap. ***(978-1-7388633-4-1(4))*** LoGreco, Bruno.

Circus Fun. Margaret Hillert. Illus. by Bob Masheris. 2016. (BeginningtoRead Ser.). (ENG.). 32p. (J). (gr. k-2). 22.60 *(978-1-59953-796-2(6))* Norwood Hse. Pr.

Circus Fun. Margaret Hillert. Illus. by Bob Masheris. 2016. (Beginning-To-Read Ser.). (ENG.). 32p. (J). (gr. k-2). pap. 13.26 *(978-1-60357-937-7(0))* Norwood Hse. Pr.

Circus Fun! Add up To 9. Marty Epstein. 2017. (ENG., Illus.). (J). pap. 6.95 *(978-0-9971266-1-7(2))* Purple Peaks Pr.

Circus Fun (Grade 1) Dona Herweck Rice. 2018. (See Me Read! Everyday Words Ser.). (ENG., Illus.). 12p. (J). (gr. k-1). 6.99 *(978-1-4938-9854-1(X))* Teacher Created Materials, Inc.

Circus Girl. Jana Novotny Hunter. Illus. by Joaquín Camp. 2020. (Child's Play Library). 32p. (J). *(978-1-78628-298-9(4))*; pap. *(978-1-78628-297-2(6))* Child's Play International Ltd.

Circus in the Attic: And Other Stories (Classic Reprint) Robert Penn Warren. 2017. (ENG., Illus.). (J). 30.00 *(978-0-331-29916-8(X))*; pap. 13.57 *(978-0-243-38158-6(1))* Forgotten Bks.

Circus Is Coming to Town: Kiki & Friends. Francesca Hepton. 2020. (ENG.). 76p. (J). pap. *(978-1-9999126-8-3(X))* Babili Bks.

Circus Kings: Our Ringling Family Story (Classic Reprint) Henry Ringling North. 2017. (ENG., Illus.). (J). 32.23 *(978-0-331-54949-2(2))*; pap. 16.57 *(978-0-282-53680-0(9))* Forgotten Bks.

Circus Memoirs (Classic Reprint) George Middleton. 2018. (ENG., Illus.). 130p. (J). 26.58 *(978-0-267-23842-2(8))* Forgotten Bks.

Circus Mirandus. Cassie Beasley. 2016. (SPA.). 25.99 *(978-84-246-5686-7(5))* La Galera, S.A. Editorial ESP. Dist: Lectorum Pubns., Inc.

Circus Mirandus. Cassie Beasley. 2016. (ENG., Illus.). 320p. (J). (gr. 4-7). pap. 8.99 *(978-0-14-751554-4(8)*, Puffin Books) Penguin Young Readers Group.

Circus Mirandus. Cassie Beasley. l.t. ed. 2020. (ENG.). lib. bdg. 22.99 *(978-1-4328-7834-4(4))* Thorndike Pr.

Circus Mirandus. Cassie Beasley. ed. 2016. (ENG.). 304p. (J). (gr. 3-7). 19.65 *(978-0-606-39311-9(0))* Turtleback.

Circus of Pufins. Michael Buxton. 2020. (First Book of Collective Nouns Ser.). (ENG.). 12p. (J). (gr. -1-k). bds. 9.99 *(978-1-76068-070-1(2))* Little Hare Bks. AUS. Dist: Independent Pubs. Group.

Circus of Stolen Dreams. Lorelei Savaryn. (ENG.). (J). (gr. 5). 2021. 320p. 8.99 *(978-0-593-20207-4(4))*; 2020. 304p. 16.99 *(978-0-593-20206-7(6))* Penguin Young Readers Group. (Philomel Bks.).

Circus of Thieves & the Comeback Caper. William Sutcliffe. Illus. by David Tazzyman. 2017. (ENG.). 272p. (J). pap. 7.99 *(978-1-4711-4535-3(2)*, Simon & Schuster Children's) Simon & Schuster, Ltd. GBR. Dist: Simon & Schuster, Inc.

Circus of Thieves & the Raffle of Doom. William Sutcliffe. Illus. by David Tazzyman. 2016. (ENG.). 224p. (J). pap. 7.99 *(978-1-4711-2023-7(6)*, Simon & Schuster Children's) Simon & Schuster, Ltd. GBR. Dist: Simon & Schuster, Inc.

Circus of Thieves on the Rampage. William Sutcliffe. Illus. by David Tazzyman. 2017. (ENG.). 288p. (J). pap. 7.99 *(978-1-4711-2025-1(2)*, Simon & Schuster Children's) Simon & Schuster, Ltd. GBR. Dist: Simon & Schuster, Inc.

Circus Rose. Betsy Cornwell. 2020. (ENG.). 288p. (YA). (gr. 7). 17.99 *(978-1-328-63950-9(9)*, 1736133, Clarion Bks.) HarperCollins Pubs.

Circus Science. Wil Mara et al. 2017. (Circus Science Ser.). (ENG., Illus.). 32p. (J). (gr. 3-9). 122.60 *(978-1-5157-7297-2(7)*, 26715, Capstone Pr.) Capstone.

Circus Star. Stephanie Turnbull. 2016. (How to Be ... Ser.). (ENG.). 24p. (J). (gr. 2-5). 28.50 *(978-1-62588-367-4(6)*, 17298) Black Rabbit Bks.

Circus Thief. Alane Adams. Illus. by Lauren Gallegos. 2018. (ENG.). 32p. (J). (gr. 1-2). 15.00 *(978-1-943006-75-5(X))* SparkPr. (a Bks.parks Imprint).

Circus Time! (Hotdog #3) Anh Do. Illus. by Dan McGuiness. 2020. (Hotdog! Ser.). (ENG.). 128p. (J). (gr. 2-4). pap. 5.99 *(978-1-338-58722-7(6))* Scholastic, Inc.

Circus Web. Stephanie Perry Moore. Illus. by Anthony Ketuojor Ikediuba. 2023. (Magic Strong Ser.). (ENG.). 48p. (J). (gr. 2-6). pap. ***(978-1-0398-0109-7(9)**,* 33102); lib. bdg. ***(978-1-0398-0050-2(5)**,* 33101) Crabtree Publishing Co.

Cirkus Cannelloni I Traditionens Snara: Swedish Edition of Circus Cannelloni Invades Britain. Tuula Pere. Tr. by Mai-Le Wahlstrom. 2nd ed. 2019. (Circus Cannelloni Ser.: Vol. 2). (SWE., Illus.). 146p. (J). (gr. 3-6). *(978-952-357-080-1(3))*; pap. *(978-952-357-079-5(X))* Wickwick oy.

Cirkushundarna Rufus Och Ruffe: Swedish Edition of Circus Dogs Roscoe & Rolly. Tuula Pere. Tr. by Angelika Nikolowski-Bogomoloff. Illus. by Francesco Orazzini. 2018. (SWE.). 40p. (J). (gr. k-4). pap. *(978-952-7107-65-2(2))* Wickwick oy.

Cirque. Brooklynn Langston. 2020. (ENG., Illus.). 278p. (YA). pap. 16.99 *(978-0-578-76411-5(3))* Langston Publishing.

Cirque du Freak: the Manga, Vol. 3: Omnibus Edition. Darren Shan. 2021. (Cirque du Freak: the Manga Omnibus Edition Ser.: 3). (ENG., Illus.). 388p. (gr. 8-17). pap., pap. 24.00 *(978-1-9753-2155-0(3)*, Yen Pr.) Yen Pr. LLC.

Cisne de Chatarra: La Limpieza de un Río. Joanne Linden. Illus. by Estrellita Caracol. 2023. (SPA.). 32p. (J). (gr. -1-1). pap. 9.99 ***(978-1-64686-877-3(3))*** Barefoot Bks., Inc.

Citadel. David Anderson. 2019. (Beachhead Ser.: Vol. 3). (ENG.). 220p. (YA). (gr. 7-12). pap. *(978-0-2286-1074-8(5))* Books We Love Publishing Partners.

Citadel. A. J. Cronin. 2017. (ENG., Illus.). (J). 32.56 *(978-1-5280-6237-4(X))*; pap. 16.57 *(978-1-334-89985-0(1))* Forgotten Bks.

Cité des Héritiers Métaphysiques du Dr Frankenstein. Marc Morreale. 2019. (FRE.). 350p. (YA). pap. ***(978-0-244-45186-8(9))*** Lulu Pr., Inc.

Cité d'or SAISON 5 Sur l'île Qui N'était Pas Si Petite. Emmanuelle WARTEL. 2021. (FRE.). 47p. (J). pap. ***(978-1-4357-7877-1(4))*** Lulu Pr., Inc.

Cited: Identifying Credible Information Online. Larry Gerber. 2017. (Digital & Information Literacy Ser.). 48p. (J). (gr. 10-13). 70.50 *(978-1-4994-3904-5(0))* Rosen Publishing Group, Inc., The.

Cited! Identifying Credible Information Online, 1 vol. Larry Gerber. 2nd ed. 2017. (Digital & Information Literacy Ser.). (ENG.). 48p. (J). (gr. 6-6). pap. 12.75 *(978-1-4994-3903-8(2)*, 66007a78-4aeb-4ee4-84e9-08f559e8a247) Rosen Publishing Group, Inc., The.

Cities. 2019. (J). *(978-0-7166-3763-9(4))*; *(978-0-7166-3761-5(8))* World Bk., Inc.

Cities. Catherine C. Finan. 2022. (X-Treme Facts: Engineering Ser.). (ENG.). (J). (gr. 3-5). lib. bdg. 28.50 Bearport Publishing Co., Inc.

Cities: How Humans Live Together. Megan Clendenan. Illus. by Suharu Ogawa. 2023. (Orca Timeline Ser.: 3). (ENG.). 96p. (J). (gr. 8-12). 29.95 *(978-1-4598-3146-9(2))* Orca Bk. Pubs. USA.

Cities & Sea-Coasts & Islands (Classic Reprint) Arthur Symons. 2018. (ENG., Illus.). 362p. (J). 31.38 *(978-0-365-51105-2(6))* Forgotten Bks.

Cities Around the World. Kathleen Leslie. 2017. (Steck-Vaughn Pair-It Books Fluency Stage 4 Ser.). (ENG.). 24p. (gr. 2-3). pap. 9.00 *(978-0-8172-7281-4(X))* Houghton Mifflin Harcourt Publishing Co.

Cities in Layers. Philip Steele. Illus. by Andrés Lozano. 2020. (ENG.). 64p. (J). (gr. 3-7). 22.00 *(978-1-5362-0310-3(6)*, Big Picture Press) Candlewick Pr.

Cities of Refuge: A Novel (Classic Reprint) Philip Gibbs. (ENG., Illus.). (J). 2018. 498p. 34.17 *(978-0-483-55337-8(9))*; 2016. pap. 16.57 *(978-1-334-14806-4(6))* Forgotten Bks.

Cities of Texas, 1 vol. José Luis Quezada. 2018. (Explore Texas Ser.). (ENG.). 24p. (gr. 9-12). 26.27 *(978-1-5081-8661-8(8)*, 586ba272-cb28-4468-bf74-ddbc73b84c12, Rosen Young Adult) Rosen Publishing Group, Inc., The.

Cities of the Deep. Darcy Pattison. 2018. (Deep Ser.: 2). (ENG., Illus.). 82p. (YA). (gr. 7-12). 18.99 *(978-1-62944-112-2(0))*; pap. 8.99 *(978-1-62944-113-9(9))* Mims Hse.

Cities of the Sun: Stories of Ancient America Founded on Historical Incidents in the Book of Mormon. Elizabeth Rachel Cannon. 2017. (ENG., Illus.). (J). pap. *(978-0-649-51478-6(5))* Trieste Publishing Pty Ltd.

Cities of the Sun: Stories of Ancient America Founded on Historical Incidents in the Book of Mormon (Classic Reprint) Elizabeth Rachel Cannon. 2018. (ENG., Illus.). 160p. (J). 27.20 *(978-0-484-56842-5(6))* Forgotten Bks.

Cities of the War: And Other Stories (Classic Reprint) Unknown Author. 2018. (ENG., Illus.). 236p. (J). 28.76 *(978-0-484-00719-1(X))* Forgotten Bks.

Cities of the World Activity Book: Explore Incredible Places with Puzzles, Mazes, & More! Gemma Barder. Illus. by Jenny Wren. 2021. 1. (ENG.). 96p. (J). pap. 9.99 *(978-1-83940-621-8(6)*, f53bcb44-1bf2-42ee-a065-5ac27611e415) Arcturus Publishing GBR. Dist: Baker & Taylor Publisher Services (BTPS).

Citizen: A Hudibrastic Poem, in Five Cantos (Classic Reprint) Edward Montague. (ENG., Illus.). (J). 2018. 182p. 27.65 *(978-0-483-91986-0(1))*; 2016. pap. 10.57 *(978-1-334-12558-4(9))* Forgotten Bks.

Citizen Bird. Mabel Osgood Wright. 2017. (ENG., Illus.). (J). 27.95 *(978-1-375-00483-1(2))*; pap. 17.95 *(978-1-375-00482-4(4))* Capital Communications, Inc.

Citizen Bird: Scenes from Bird-Life in Plain English for Beginners (Classic Reprint) Mabel Osgood Wright. 2018. (ENG., Illus.). 452p. (J). 33.24 *(978-0-666-65197-6(3))* Forgotten Bks.

Citizen Dan of the Junior Republic (Classic Reprint) Ida T. Thurston. 2018. (ENG., Illus.). 326p. (J). 30.64 *(978-0-483-54541-0(4))* Forgotten Bks.

Citizen Dog see Ciudadano Can

Citizen I. H. G. Wilson. 2020. (ENG.). 280p. (YA). (gr. 7-12). pap. *(978-1-78465-645-4(3)*, Vanguard Press) Pegasus Elliot Mackenzie Pubs.

Citizen Science. Kristin Fontichiaro. 2017. (21st Century Skills Library: Data Geek Ser.). (ENG., Illus.). 32p. (J). (gr. 4-7). lib. bdg. 32.07 *(978-1-63472-712-9(6)*, 210106) Cherry Lake Publishing.

Citizen Science: How Anyone Can Contribute to Scientific Discovery. Kathryn Hulick. 2019. (YA). (ENG.). 80p. (gr. 6-12). 41.27 *(978-1-68282-735-2(6))*; *(978-1-68282-736-9(4))* ReferencePoint Pr., Inc.

Citizen Scientist, 8 vols. 2022. (Citizen Scientist Ser.). (ENG.). 32p. (J). (gr. 4-5). lib. bdg. 111.72 *(978-1-5383-8737-5(9)*, 61f73780-2ada-40d1-9ec2-bd0b2411a2ff, PowerKids Pr.) Rosen Publishing Group, Inc., The.

Citizen She! The Global Campaign for Women's Voting Rights. Caroline Stevan. Tr. by Michelle Ballat-Jones. Illus. by Elina Braslina. 2022. 144p. (J). (gr. 6-7). 19.99

TITLE INDEX

CITY OF SKIES

(978-3-907293-72-0(X)) Helvetiq, RedCut Sarl CHE. Dist: Consortium Bk. Sales & Distribution.

Citizen Soldiers: The National Guard. Michael Kerrigan. 2017. (Illus.). 80p. (J). *(978-1-4222-3760-1(5))* Mason Crest.

Citizen, Vol. 1: A Monthly Journal of Politics, Literature, & Art; November, 1839 May, 1840 (Classic Reprint) Unknown Author. (ENG., Illus.). (J). 2018. 568p. 35.61 *(978-0-484-62603-3(5))*; 2016. pap. 19.57 *(978-1-334-12167-8(2))* Forgotten Bks.

Citizens Imprisoned: Japanese Internment Camps. Virginia Loh-Hagan. 2020. (Behind the Curtain Ser.). (ENG., Illus.). 32p. (J). (gr. 4-8). pap. 14.21 *(978-1-5341-6171-9(6)*, 214684); lib. bdg. 32.07 *(978-1-5341-5941-9(X)*, 214683) Cherry Lake Publishing. (45th Parallel Press).

Citizens of the World - 6 Pack: Set of 6 Bridges Edition with Common Core Teacher Materials. Lisa C. Moran. 2016. (Prime Ser.). (YA). (gr. 6-8). 69.00 *(978-1-5125-8872-9(5))* Benchmark Education Co.

Citizens of the World - 6 Pack: Set of 6 with Common Core Teacher Materials. Lisa C. Moran. 2016. (Prime Ser.). (YA). (gr. 6-8). 69.00 *(978-1-5125-8854-5(7))* Benchmark Education Co.

Citizens Vote in a Democracy, 1 vol. Nancy Anderson. 2016. (Rosen REAL Readers: Social Studies Nonfiction / Fiction: Myself, My Community, My World Ser.). (ENG.). 12p. (gr. k-1). pap. 6.33 *(978-1-5081-2350-7(0)*, 5617f342-9371-4593-83e5-2d79a52cc1ae, Rosen Classroom) Rosen Publishing Group, Inc., The.

Citizenship. Alison Adams. 2017. (Text Connections Guided Close Reading Ser.). (J). (gr. 1). *(978-1-4900-1815-7(8))* Benchmark Education Co.

Citizenship. Julie Murray. (Character Education Set 2 Ser.). (ENG.). 24p. (J). 2020. (gr. k-k). pap. 8.95 *(978-1-64494-272-7(0)*, 1644942720, Abdo Kids-Junior); 2019. (gr. -1-2). lib. bdg. 31.36 *(978-1-5321-8864-0(1)*, 32896, Abdo Kids) ABDO Publishing Co.

Citizenship. Lucia Raatma. 2019. (What I Value Ser.). (ENG.). 24p. (J). (gr. 1-4). lib. bdg. 22.99 *(978-1-5105-4593-9(X))* SmartBook Media, Inc.

Citizenship, 7 vols., Set. Cassie Mayer. Illus. by Mark Beech. Incl. Being a Leader. pap. 6.29 *(978-1-4034-9494-8(0)*, 96162); Being Fair. pap. 6.29 *(978-1-4034-9491-7(6)*, 96159); Being Helpful. pap. 6.29 *(978-1-4034-9493-1(2)*, 96161); Being Honest. pap. 6.29 *(978-1-4034-9492-4(4)*, 96160); Being Responsible. pap. 6.29 *(978-1-4034-9497-9(5)*, 96165); Following Rules. pap. 6.29 *(978-1-4034-9495-5(9)*, 96163); (Illus.). (J). (gr. -1-1). 2007. (Citizenship Ser.). (ENG.). 24p. 2007. pap., pap., pap. 37.74 *(978-1-4034-9498-6(3)*, 12449, Heinemann) Capstone.

Citizenship & Immigration, Vol. 8. Tom Lansford. Ed. by Tom Lansford. 2016. (Foundations of Democracy Ser.). (Illus.). 64p. (J). (gr. 7). 23.95 *(978-1-4222-3626-0(9))* Mason Crest.

Citizenship & Immigration. Tom Lansford. 2018. (Foundations of Democracy Ser.). (ENG.). 48p. (YA). lib. bdg. 34.99 *(978-1-5105-3869-6(0))* SmartBook Media, Inc.

Citizenship at School: Understanding Citizenship, 1 vol. Corina Jeffries. 2018. (Civics for the Real World Ser.). (ENG.). 12p. (gr. 1-2). pap. *(978-1-5383-6452-9(2)*, 51987a17-89e1-4e36-b08e-f1c9f0102653, Rosen Classroom) Rosen Publishing Group, Inc., The.

Citizenship in Ancient Times - 6 Pack: Set of 6 Bridges Edition with Common Core Teacher Materials. Barbara Brooks Simons. 2016. (Prime Ser.). (YA). (gr. 6-8). 69.00 *(978-1-5125-8873-6(3))* Benchmark Education Co.

Citizenship in Ancient Times - 6 Pack: Set of 6 with Common Core Teacher Materials. Barbara Brooks Simons. 2016. (Prime Ser.). (YA). (gr. 6-8). 69.00 *(978-1-5125-8855-2(5))* Benchmark Education Co.

Citizenship in Sports. Todd Kortemeier. 2018. (Sports Build Character Ser.). (ENG., Illus.). 32p. (J). (gr. 2-3). pap. 9.95 *(978-1-63517-602-5(6)*, 1635176026); lib. bdg. 31.35 *(978-1-63517-530-1(5)*, 1635175305) North Star Editions. (Focus Readers).

Citizenship in the 21st Century, 1 vol. Ed. by Martin Gitlin. 2019. (Global Viewpoints Ser.). (ENG.). 176p. (gr. 10-12). 47.83 *(978-1-5345-0551-3(2)*, eeefe166-5300-44d5-8e9c-7c58818a7cb5) Greenhaven Publishing LLC.

Citizenship Plays: A Dramatic Reader for Upper Grades (Classic Reprint) Eleanore Hubbard. (ENG., Illus.). (J). 2018. 322p. 30.54 *(978-0-267-54839-2(7))*; 2016. pap. 13.57 *(978-1-333-51824-0(2))* Forgotten Bks.

Citizenship, Race, & the Law. Duchess Harris & Kate Conley. 2019. (Race & American Law Ser.). (ENG., Illus.). 112p. (J). (gr. 6-12). lib. bdg. 41.36 *(978-1-5321-9024-7(7)*, 33368, Essential Library) ABDO Publishing Co.

Citoyenne Jacqueline: A Woman's Lot in the Great French Revolution (Classic Reprint) Sarah Tytler. 2018. (ENG., Illus.). 514p. (J). 34.52 *(978-0-484-17243-1(3))* Forgotten Bks.

Citoyenne Jacqueline, Vol. 1: A Woman's Lot in the Great French Revolution (Classic Reprint) Sarah Tytler. 2018. (ENG., Illus.). 252p. (J). 29.09 *(978-0-483-81825-5(9))* Forgotten Bks.

Citoyenne Jacqueline, Vol. 2 Of 3: A Woman's Lot in the Great French Revolution (Classic Reprint) Sarah Tytler. 2018. (ENG., Illus.). 280p. (J). 29.67 *(978-0-483-85610-3(X))* Forgotten Bks.

Citoyenne Jacqueline, Vol. 3: A Woman's Lot in the Great French Revolution (Classic Reprint) Sarah Tytler. (ENG., Illus.). (J). 2018. 258p. 29.22 *(978-0-332-86982-7(2))*; 2016. pap. 11.57 *(978-1-333-38215-5(4))* Forgotten Bks.

Citrouille Vraiment Effrayante. Joel Verbauwhede. 2017. (FRE., Illus.). 62p. (J). pap. *(978-2-9561506-0-2(X))* Joël, Verbauwhede.

Citrouille Vraiment Effrayante - Version Dys. Joel Verbauwhede. 2017. (FRE., Illus.). 86p. (J). pap. *(978-2-9561506-8-8(5))* Joël, Verbauwhede.

City. Ingela P. Arrhenius. Illus. by Ingela P. Arrhenius. 2018. (ENG., Illus.). 40p. (J). (gr. -1-2). 22.00 *(978-1-5362-0257-1(6))* Candlewick Pr.

City. Child's Play. Illus. by Cocoretto. 2017. (Wheels at Work (US Edition) Ser.: 4). (ENG.). 12p. (J). bds. *(978-1-78628-081-7(7))* Child's Play International Ltd.

City. Illus. by Abi Hall. 2020. (Making Tracks 2 Ser.: 4). 12p. (J). bds. *(978-1-78628-414-3(6))* Child's Play International Ltd.

City: A Modern Play of American Life in Three Acts (Classic Reprint) Clyde Fitch. 2018. (ENG., Illus.). (J). 198p. 27.98 *(978-0-366-52540-9(9))*; 200p. pap. 10.57 *(978-0-365-84745-8(3))* Forgotten Bks.

City 3. Keiichi Arawi. 2018. (City Ser.: 3). (ENG., Illus.). 160p. (gr. 8-12). pap. 12.95 *(978-1-947194-18-2(6)*, Vertical Comics) Vertical, Inc.

City 4. Keiichi Arawi. 2018. (City Ser.: 4). (ENG., Illus.). 160p. (gr. 8-12). pap. 12.95 *(978-1-947194-26-7(7)*, Vertical Comics) Vertical, Inc.

City Across Time. Peter Kent. 2019. (ENG.). 48p. (J). 16.99 *(978-0-7534-7520-1(0)*, 900207695, Kingfisher) Roaring Brook Pr.

City & Citadel. Heather Newby. 2021. (ENG.). 296p. (YA). pap. *(978-1-78465-929-5(0)*, Vanguard Press) Pegasus Elliot Mackenzie Pubs.

City & Country. Jody Jensen Shaffer. ed. 2018. (National Geographic Readers Ser.). (ENG.). 47p. (J). (gr. -1-1). 13.89 *(978-1-64310-440-9(3))* Penworthy Co., LLC, The.

City & Country Life: Or Moderate Better Than Rapid Gains (Classic Reprint) Mary Ide Torrey. (ENG., Illus.). (J). 2018. 328p. 30.66 *(978-0-364-80789-7(X))*; 2017. pap. 13.57 *(978-0-259-31273-4(8))* Forgotten Bks.

City & Suburb: A Novel (Classic Reprint) J. H. Riddell. (ENG., Illus.). (J). 2017. 34.42 *(978-0-331-89157-7(3))*; 2016. pap. 16.97 *(978-1-334-17146-8(7))* Forgotten Bks.

City & the City. China Mieville. 2018. (CHI.). (YA). pap. *(978-986-359-571-7(3))* Ecus Publishing Hse.

City & the Dungeon: And Those Who Dwell & Delve Within. Matthew P. Schmidt. (City & the Dungeon Ser.: Vol. 1). (ENG.). 262p. (YA). (gr. 7-10). 2018. 29.95 *(978-0-9960057-5-3(7))*; 2nd ed. 2019. pap. 13.99 *(978-0-9960057-6-0(5))* O & H Bks.

City & the Sea: With Other Cambridge Contributions in Aid of the Hospital Fund (Classic Reprint) Helen Leah Reed. 2017. (ENG., Illus.). (J). 27.94 *(978-0-265-85397-9(4))* Forgotten Bks.

City & Town: A Fourth Reader (Classic Reprint) Pauline Frost Rafter. 2018. (ENG., Illus.). (J). 280p. 29.67 *(978-1-396-30330-2(8))*; 282p. pap. 13.57 *(978-1-390-90048-4(7))* Forgotten Bks.

City & Town: A Third Reader (Classic Reprint) Pauline Frost Rafter. (ENG., Illus.). (J). 2018. 312p. 30.33 *(978-0-483-13744-8(8))*; 2017. pap. 13.57 *(978-0-243-91876-8(3))* Forgotten Bks.

City Animals: An Alien's Guide. Alex Francis. 2020. (Early Bird Nonfiction Readers — Silver (Early Bird Stories (tm)) Ser.). (ENG., Illus.). 32p. (J). (gr. k-3). pap. 9.99 *(978-1-7284-1521-5(7)*, f852f106-23f0-4edb-8b98-c03912db239e); lib. bdg. 29.32 *(978-1-7284-1505-5(5)*, 3c1fc5e7-09c7-4d67-8e91-95a4974259d1) Lerner Publishing Group. (Lerner Pubns.).

City Atlas. Federica Magrin. Illus. by Giulia Lombardo. 2019. (ENG.). 96p. (J). (gr. 3). 16.95 *(978-88-544-1463-1(8))* White Star Publishers ITA. Dist: Sterling Publishing Co., Inc.

City Baby. Laurie Elmquist. Illus. by Ashley Barron. 2021. (ENG.). 20p. (J). (gr. -1 — 1). bds. 10.95 *(978-1-4598-2592-5(6))* Orca Bk. Pubs. USA.

City Baby Crinkle Fabric Stroller Book. Mudpuppy. Illus. by Mochi Kids. 2023. (ENG.). 8p. (J). (gr. -1 — 1). 12.99 *(978-0-7353-7741-7(3))* Mudpuppy Pr.

City Beautiful. Aden Polydoros. (ENG.). (YA). 2022. 464p. pap. 11.99 *(978-1-335-45274-0(5))*; 2021. 480p. 19.99 *(978-1-335-40250-9(0))* Harlequin Enterprises ULC CAN. Dist: HarperCollins Pubs.

City Beet. Tziporah Cohen. Illus. by Udayana Lugo. 2023. (ENG.). 40p. (J). (gr. k-3). 18.99 *(978-1-5341-1271-1(5)*, 205366) Sleeping Bear Pr.

City Block (Classic Reprint) Waldo Frank. 2017. (ENG., Illus.). (J). 30.54 *(978-0-265-20962-2(5))* Forgotten Bks.

City Boys in the Woods: Or a Trapping Venture in Maine (Classic Reprint) Henry P. Wells. 2018. (ENG., Illus.). 300p. (J). 30.08 *(978-0-267-27928-9(0))* Forgotten Bks.

City Brigade: The Entire Story. Tim Gerard. 2020. (ENG.). 184p. (YA). pap. 15.99 ***(978-1-0878-8037-2(8))*** Indy Pub.

City Bugs. Antonia Banyard. 2018. (ENG., Illus.). 18p. (J). (gr. -1-k). bds. 7.99 *(978-1-77321-069-8(6))* Annick Pr., Ltd. CAN. Dist: Publishers Group West (PGW).

City Characters: Or, Familiar Scenes in Town (Classic Reprint) Van Daube. 2018. (ENG., Illus.). 114p. (J). 26.25 *(978-0-267-50131-1(5))* Forgotten Bks.

City Cops. Kevin Blake. 2016. (Police: Search & Rescue! Ser.). (ENG., Illus.). 32p. (J). (gr. 2-7). 28.50 *(978-1-943553-11-2(4))* Bearport Publishing Co., Inc.

City Cousins: A Sequel to Annie Sherwood (Classic Reprint) Helen Cross Knight. 2017. (ENG., Illus.). (J). 292p. 29.92 *(978-0-484-56272-0(X))*; pap. 13.57 *(978-0-259-19374-6(7))* Forgotten Bks.

City Cousins: A Story for Children (Classic Reprint) W. J. Hays. (ENG., Illus.). (J). 2018. 224p. 28.56 *(978-0-484-16686-7(7))*; 2017. pap. 10.97 *(978-0-243-44302-4(1))* Forgotten Bks.

City Cousins Spend the Summer: Kids Discovering Perry County History. Debra Kay Noye. 2021. (Perry County, Pennsylvania Ser.: Vol. 2). (ENG., Illus.). 174p. (J). pap. 25.00 *(978-1-945169-64-9(8))* Orison Pubs.

City Cries; or, a Peep at Scenes in Town: By an Observer (Classic Reprint) Croome Croome. 2017. (ENG., Illus.). (J). 26.45 *(978-0-266-79380-9(0))* Forgotten Bks.

City Curious. Jean De Boschere. 2017. (ENG., Illus.). (J). pap. *(978-0-649-54992-4(9))*; pap. *(978-0-649-13789-3(2))* Trieste Publishing Pty Ltd.

City Curious (Classic Reprint) Jean de Bosschere. 2017. (ENG., Illus.). (J). 28.48 *(978-0-265-23563-8(4))* Forgotten Bks.

City Day. Glenn Brucker. 2022. (ENG., Illus.). 32p. (J). 18.95 *(978-1-77162-308-7(X))* Douglas and McIntyre (2013) Ltd. CAN. Dist: Publishers Group West (PGW).

City Dog. Sally Gould. Illus. by Leanne Argent. 2021. 40p. (J). (gr. 2-3). 16.95 *(978-1-76036-132-7(1)*, 12bbfc5f-a114-428d-aef4-f1de1ebaeffb) Starfish Bay Publishing Pty Ltd. AUS. Dist: Baker & Taylor Publisher Services (BTPS).

City Feet. 2023. (ENG.). 32p. (J). 17.95 ***(978-1-4788-8184-1(4))*** Newmark Learning LLC.

City Feller: A Three-ACT Comedy of Rural Life (Classic Reprint) Lillian Mortimer. 2018. (ENG., Illus.). 92p. (J). 25.75 *(978-0-332-14003-2(2))* Forgotten Bks.

City Fish, Country Fish: How Fish Adapt to Tropical Seas & Cold Oceans, 1 vol. Mary Cerullo. Illus. by Jeffrey Rotman. 2nd ed. 2017. (How Nature Works: 0). (ENG.). 48p. (J). (gr. 3-7). 17.95 *(978-0-88448-529-2(3)*, 884529) Tilbury Hse. Pubs.

City Fun. Margaret Hillert. Illus. by Karen Lewis. 2016. (Beginning-To-Read Ser.). (ENG.). 32p. (J). (gr. k-2). pap. 13.26 *(978-1-60357-975-9(3))* Norwood Hse. Pr.

City Fun. Margaret Hillert. Illus. by K. E. Lewis. 21st ed. 2016. (BeginningtoRead Ser.). (ENG.). 32p. (J). (gr. k-2). 22.60 *(978-1-59953-813-6(X))* Norwood Hse. Pr.

City Girl: A Realistic Story. Margaret Harkness. Ed. by Tabitha Sparks. 2017. (Broadview Editions Ser.). (ENG.). 184p. pap. 20.95 *(978-1-55481-270-7(4)*, P534587) Broadview Pr. CAN. Dist: Eurospan Group, The.

City Girl Paper Doll: Cut Out & Dress Up. Illus. by ArtDeko Co. 2022. (ENG.). 30p. (J). ***(978-1-4717-5899-7(0))*** Lulu Pr., Inc.

City Green. DyAnne DiSalvo-Ryan. Illus. by DyAnne DiSalvo-Ryan. 2019. (ENG., Illus.). 32p. (J). (gr. -1-3). pap. 8.99 *(978-0-06-290614-4(3)*, HarperCollins) HarperCollins Pubs.

City Hall. Megan Cuthbert & Jared Siemens. 2016. (Illus.). 24p. (J). *(978-1-5105-1881-0(9))* SmartBook Media, Inc.

City in Medieval Europe, 1 vol. Danielle Watson. 2016. (Life in Medieval Europe Ser.). (ENG., Illus.). 80p. (gr. 6-6). 37.36 *(978-1-5026-1880-1(X)*, 4084fbe8-6f64-45ff-b865-2992df74ff4e) Cavendish Square Publishing LLC.

City in the Clouds (Classic Reprint) C. Ranger Gull. 2018. (ENG., Illus.). 300p. (J). 30.10 *(978-0-332-13108-5(4))* Forgotten Bks.

City in the Roman Empire, 1 vol. Daniel Mackley. 2016. (Life in the Roman Empire Ser.). (ENG., Illus.). 80p. (J). (gr. 6-6). 37.36 *(978-1-5026-2259-4(9)*, a59a4860-698c-4051-b32e-289a1b7dffec) Cavendish Square Publishing LLC.

City Lights. Jenna Layne Overmeer. 2017. (ENG., Illus.). (YA). (gr. 7-12). pap. 11.99 *(978-0-692-85825-7(3))* Primrose Layne Pr.

City Love. Susane Colasanti. 2016. (City Love Ser.: 1). (ENG.). 352p. (YA). (gr. 9). pap. 9.99 *(978-0-06-230770-5(3)*, Tegen, Katherine Bks) HarperCollins Pubs.

City Mayor. Amy Kortuem. 2020. (U. S. Government Ser.). (ENG., Illus.). 32p. (J). (gr. 1-3). pap. 6.95 *(978-1-9771-1819-6(4)*, 142179); lib. bdg. 31.32 *(978-1-9771-1394-8(X)*, 141489) Capstone. (Pebble).

City Mazes Around the World. Stephanie Babin & Stephanie Babin. Illus. by Antoine Corbineau. 2020. (TW Game & Activity Ser.). (ENG.). 36p. (J). (gr. k-3). 18.99 *(978-2-408-01967-9(2))* Éditions Tourbillon FRA. Dist: Hachette Bk. Group.

City Moon. Rachael Cole. 2018. (KOR.). (J). (gr. -1-2). *(978-89-7938-122-1(0))* Dasan Publishing Hse.

City Moon. Rachael Cole. Illus. by Blanca Gómez. 2017. 40p. (J). (gr. -1-2). 18.99 *(978-0-553-49707-6(3))* Random Hse. Children's Bks.

City Mouse & Country Mouse. Rozanne Williams. 2017. (Learn-To-Read Ser.). (ENG., Illus.). (J). pap. 3.49 *(978-1-68310-202-1(9))* Pacific Learning, Inc.

City Mouse & the Country Mouse. Mary Berendes. Illus. by Kathleen Petelinsek. 2022. (Aesop's Fables: Timeless Moral Stories Ser.). (ENG.). 24p. (J). (gr. k-3). 32.79 *(978-1-5038-5859-6(6)*, 215725) Child's World, Inc, The.

City Mouse, Country Mouse. Maggie Rudy. 2017. (ENG., Illus.). 40p. (J). 18.99 *(978-1-62779-616-3(9)*, 900156976, Holt, Henry & Co. Bks. For Young Readers) Holt, Henry & Co.

City Mouse Hop! Bonnie Tarbert. 2022. (ENG.). 24p. (J). pap. 13.99 ***(978-1-0880-6805-2(7))*** Indy Pub.

City of Abundance. Mance Ian Wright. 2018. (ENG., Illus.). 106p. (J). (gr. 1-6). 28.00 *(978-0-578-42961-8(6))* Mance Ian Wright.

City of Beasts. Corrie Wang. 2020. (ENG.). 400p. (YA). (gr. 9-17). pap. 9.99 *(978-1-368-04530-8(8))* Disney Publishing Worldwide.

City of Beautiful Nonsense (Classic Reprint) E. Temple Thurston. 2018. (ENG., Illus.). 530p. (J). 34.83 *(978-0-483-36288-8(3))* Forgotten Bks.

City of Bones. Cassandra Clare. 2018. (Mortal Instruments Ser.: 1). (ENG., Illus.). 720p. (gr. 9). mass mkt. 9.99 *(978-1-5344-3178-2(0))* Pocket Books.

City of Comrades (Classic Reprint) Basil King. (ENG., Illus.). (J). 2018. 160p. 27.22 *(978-0-332-20211-2(9))*; 2018. 426p. 32.68 *(978-0-483-27085-5(7))*; 2016. pap. 9.57 *(978-1-334-14096-9(0))* Forgotten Bks.

City of Delight: A Love Drama of the Siege & Fall of Jerusalem. Elizabeth Miller. 2017. (ENG., Illus.). (J). 25.95 *(978-1-374-96689-5(4))* Capital Communications, Inc.

City of Delight: A Love Drama of the Siege & Fall of Jerusalem (Classic Reprint) Elizabeth Miller. 2017. (ENG., Illus.). (J). 34.09 *(978-0-265-51975-2(6))*; pap. 16.57 *(978-0-243-27506-9(4))* Forgotten Bks.

City of Dreadful Night, & Other Sketches (Classic Reprint) Rudyard Kipling. 2018. (ENG., Illus.). 296p. (J). 30.02 *(978-0-483-70363-6(X))* Forgotten Bks.

City of Dreadful Night (Classic Reprint) Rudyard Kipling. 2018. (ENG., Illus.). 102p. (J). 26.00 *(978-0-483-42654-2(7))* Forgotten Bks.

City of Dreams: Atlanta. Wright Ashalah. 2017. (City of Dreams Ser.: Vol. 1). (ENG., Illus.). (J). (gr. k-6). pap. 15.99 *(978-0-9989702-3-3(9))* 13th & Joan.

City of Ember Complete Boxed Set: The City of Ember; the People of Sparks; the Diamond of Darkhold; the Prophet of Yonwood, 4 vols. Jeanne DuPrau. 2016. (City of Ember Ser.). (ENG.). 352p. (J). (gr. 3-7). 35.96 *(978-0-399-55164-2(6)*, Yearling) Random Hse. Children's Bks.

City of Fire (Classic Reprint) Grace Livingston Hill. 2018. (ENG., Illus.). 338p. (J). 30.87 *(978-0-332-83405-4(0))* Forgotten Bks.

City of Ghosts. Victoria Schwab & V. E. Schwab. (City of Ghosts Ser.: 1). (ENG.). (J). (gr. 4-7). 2019. 320p. pap. 8.99 *(978-1-338-11102-6(7))*; 2018. (Illus.). 304p. 17.99 *(978-1-338-11100-2(0)*, Scholastic Pr.) Scholastic, Inc.

City of Gold. Will Hobbs. (ENG.). 256p. (J). (gr. 5). 2021. pap. 7.99 *(978-0-06-170883-1(6)*, Quill Tree Bks.); 2020. (Illus.). 16.99 *(978-0-06-170881-7(X)*, HarperCollins) HarperCollins Pubs.

City of Gold Book 1: The Prince & the Flying Fox & the Prince & the White Swan. Rookmin Cassim. 2018. (City of Gold Stories Ser.: Vol. 1). (ENG., Illus.). 40p. (J). (gr. k-2). pap. *(978-1-909465-79-4(8))* Cloister Hse. Pr., The.

City of Gold Book 2: The Prince & the Blue Rose & the Prince in the Land of Plenty. Rookmin Cassim. 2018. (City of Gold Stories Ser.: Vol. 2). (ENG., Illus.). 38p. (J). (gr. k-2). pap. *(978-1-909465-80-0(1))* Cloister Hse. Pr., The.

City of Greed & Wealth. Mayank Kumar. 2021. (ENG.). 90p. (YA). pap. 9.99 *(978-1-68487-144-5(1))* Notion Pr., Inc.

City of Ho Hum. Elizabeth Eichelberger & Penny Estelle. 2020. (ENG.). 38p. (J). pap. 14.80 *(978-1-7948-6360-6(5))* Lulu Pr., Inc.

City of Ho Hum. Penny Estelle. Illus. by Elizabeth Eichelberger. 2021. (ENG.). 36p. (J). pap. ***(978-1-7948-3250-3(5))*** Lulu Pr., Inc.

City of Hooks & Scars-City of Villains, Book 2. Estelle Laure. 2022. (City of Villains Ser.: 2). (ENG.). 240p. (YA). (gr. 9-12). 17.99 *(978-1-368-04939-9(7)*, Disney-Hyperion) Disney Publishing Worldwide.

City of Illusion. Victoria Ying. Illus. by Victoria Ying. 2021. (Illus.). 256p. (J). (gr. 3-7). pap. 14.99 *(978-0-593-11452-0(3)*, Viking Books for Young Readers) Penguin Young Readers Group.

City of Inmates: Conquest, Rebellion, & the Rise of Human Caging in Los Angeles, 1771-1965. Kelly Lytle Hernández. 2020. (Justice, Power, & Politics Ser.). (ENG., Illus.). 312p. pap. 34.95 *(978-1-4696-5919-0(0)*, 01PODPB) Univ. of North Carolina Pr.

City of Islands. Kali Wallace. 2018. (ENG., Illus.). 336p. (J). (gr. 3-7). 16.99 *(978-0-06-249981-3(5)*, Tegen, Katherine Bks) HarperCollins Pubs.

City of Light. Theodore Bikel & Aimee Ginsburg Bikel. Illus. by Noah Phillips. 2019. (MomentBooks Ser.). (ENG.). 64p. (J). 16.95 *(978-1-942134-61-9(4)*, Moment Bks.) Mandel Vilar Pr.

City of Light. M. Marinan. 2023. (Across Time & Space Ser.: Vol. 7). (ENG.). 282p. (YA). pap. ***(978-1-990014-30-7(5))*** Silversmith Publishing.

City of Lost Fortunes. Bryan Camp. 2018. (Crescent City Novel Ser.). (ENG., Illus.). 384p. 24.00 *(978-1-328-81079-3(8)*, 1687328, Harper Voyager) HarperCollins Pubs.

City of Magic. Kyra Dune. 2017. (ENG.). 138p. (YA). pap. 12.99 *(978-1-393-60082-4(4))* Draft2Digital.

City of Masks (Classic Reprint) George Barr McCutcheon. (ENG., Illus.). (J). 2018. 338p. 30.87 *(978-0-483-14903-8(9))*; 2017. 30.60 *(978-1-5285-8461-6(9))*; 2017. pap. 13.57 *(978-1-334-93744-6(3))* Forgotten Bks.

City of Neighbors. Andrea Curtis. Illus. by Katy Dockrill. 2023. (ThinkCities Ser.: 4). 40p. (J). (gr. 3-6). 19.99 *(978-1-77306-816-9(4))* Groundwood Bks. CAN. Dist: Publishers Group West (PGW).

City of Nightmares. Rebecca Schaeffer. 2023. (ENG.). 384p. (YA). (gr. 9). pap. 15.99 ***(978-0-06-330894-7(0)***, HarperCollins); 18.99 *(978-0-358-64730-0(4)*, Clarion Bks.) HarperCollins Pubs.

City of Numbered Days (Classic Reprint) Francis Lynde. 2018. (ENG., Illus.). 400p. (J). 32.15 *(978-0-483-00450-4(2))* Forgotten Bks.

City of Only Children. Christine Warugaba. Illus. by Peter Gitego. 2017. (ENG.). 26p. (J). pap. *(978-99977-772-6-3(3))* FURAHA Pubs. Ltd.

City of Pleasure: A Fantasia on Modern Themes (Classic Reprint) Arnold Bennett. 2017. (ENG., Illus.). (J). 30.64 *(978-0-266-51975-1(X))*; pap. 13.57 *(978-0-243-27763-6(6))* Forgotten Bks.

City of Pleasure, a Fantasia: On Modern Themes (Classic Reprint) Arnold Bennett. 2018. (ENG., Illus.). 358p. (J). 31.28 *(978-0-483-45079-0(0))* Forgotten Bks.

City of Refuge: A Novel (Classic Reprint) Walter Besant. 2017. (ENG., Illus.). (J). 30.64 *(978-0-265-66592-3(2))*; pap. 13.57 *(978-1-5276-4010-8(8))* Forgotten Bks.

City of Refuge (Classic Reprint) Walter Besant. 2018. (ENG., Illus.). 356p. (J). 31.24 *(978-0-483-08951-8(6))* Forgotten Bks.

City of Refuge, Vol. 1 of 3 (Classic Reprint) Walter Besant. 2018. (ENG., Illus.). 230p. (J). 28.68 *(978-0-332-79024-4(X))* Forgotten Bks.

City of Refuge, Vol. 3 of 3 (Classic Reprint) Walter Besant. (ENG., Illus.). (J). 2018. 258p. 29.22 *(978-0-267-37727-5(4))*; 2016. pap. 11.97 *(978-1-334-15696-0(4))* Forgotten Bks.

City of Ruby. Justine Alley Dowsett. 2023. (Crimson Winter Ser.: Vol. 3). (ENG.). 432p. (YA). pap. ***(978-1-987976-93-9(2))*** Mirror World Publishing.

City of Saints & Thieves. Natalie C. Anderson. 2018. (ENG.). 432p. (YA). (gr. 7). pap. 11.99 *(978-0-399-54759-1(2)*, Speak) Penguin Young Readers Group.

City of Saints & Thieves. Natalie Anderson. ed. 2018. lib. bdg. 22.10 *(978-0-606-41306-0(5))* Turtleback.

City of Secrets. Misha Herwin. 2018. (Adventures of Letty Parker Ser.: Vol. 1). (ENG., Illus.). 244p. (J). (gr. 4-6). pap. *(978-0-9930008-7-4(8))* Penkhull Pr.

City of Secrets. Victoria Ying. 2020. (Illus.). 256p. (J). (gr. 3-7). 22.99 *(978-0-593-11448-3(5))*; pap. 14.99 *(978-0-593-11449-0(3))* Penguin Young Readers Group. (Viking Books for Young Readers).

City of Shattered Light. Claire Winn. 2021. (Requiem Dark Ser.). (ENG.). 416p. (YA). (gr. 9-12). pap. 11.99 *(978-1-63583-071-2(0)*, Flux) North Star Editions.

City of Six (Classic Reprint) Chauncey L. Canfield. 2017. (ENG., Illus.). (J). 31.73 *(978-0-265-36794-0(8))* Forgotten Bks.

City of Skies. Farah Cook. 2017. (Viking Assassin Ser.: Vol. 1). (ENG., Illus.). (YA). pap. *(978-1-912425-01-3(7))* Lindhart Publishing Ltd.

C

City of Souls. Susan R. Savoie. 2017. (ENG., Illus.). (J). pap. 10.95 *(978-1-5043-7786-7(9),* Balboa Pr.) Author Solutions, LLC.

City of Sound & Light. Dave Walker. 2020. (Spark Ser.: Vol. 1). (ENG.). 380p. (YA). (gr. 8-12). pap. 12.99 ***(978-1-0878-7018-2(6))*** Indy Pub.

City of Speed (Battle Dragons #2) Alex London. 2022. (Battle Dragons Ser.). (ENG.). 272p. (J). (gr. 3-7). 17.99 *(978-1-338-71657-3(3),* Scholastic Pr.) Scholastic, Inc.

City of Stone & Silence. Django Wexler. 2021. (Wells of Sorcery Trilogy Ser.: 2). (ENG., Illus.). 368p. (YA). pap. 18.99 *(978-0-7653-9729-4(3),* 900181155, Tor Teen) Doherty, Tom Assocs., LLC.

City of Sunshine a Novel, Vol. 2 of 3 (Classic Reprint) Alex Allardyce. 2018. (ENG., Illus.). 308p. (J). 30.27 *(978-0-332-85848-7(0))* Forgotten Bks.

City of Sunshine, Vol. 1 Of 3: A Novel (Classic Reprint) Alexander Allardyce. 2018. (ENG., Illus.). 316p. (J). 30.43 *(978-0-365-32825-4(1))* Forgotten Bks.

City of Sunshine, Vol. 3 Of 3: A Novel (Classic Reprint) Alex Allardyce. 2018. (ENG., Illus.). 310p. (J). 30.29 *(978-0-483-19909-5(5))* Forgotten Bks.

City of the Dawn (Classic Reprint) Robert Keable. 2018. (ENG., Illus.). 294p. (J). 29.96 *(978-0-364-34944-1(1))* Forgotten Bks.

City of the Dead. James Ponti. 2023. (City Spies Ser.: 4). (ENG.). 400p. (J). (gr. 3-7). 18.99 *(978-1-6659-1157-3(3),* Aladdin) Simon & Schuster Children's Publishing.

City of the Discreet (Classic Reprint) Pio Baroja. 2017. (ENG., Illus.). (J). 31.40 *(978-0-265-19608-3(6))* Forgotten Bks.

City of the Uncommon Thief. Lynne Bertrand. 2022. 400p. (YA). (gr. 9). pap. 11.99 *(978-0-525-55534-6(X),* Dutton Books for Young Readers) Penguin Young Readers Group.

City of Thieves (Battle Dragons #1) Alex London. (Battle Dragons Ser.). (ENG.). 272p. (J). (gr. 3-7). 2022. pap. 7.99 *(978-1-338-71656-6(5));* 2021. 17.99 *(978-1-338-71654-2(9),* Scholastic Pr.) Scholastic, Inc.

City of Vicious Night. Claire Winn. 2023. (Requiem Dark Ser.). (ENG.). (YA). (gr. 9-12). pap. 14.99 *(978-1-63583-084-2(2),* Flux) North Star Editions.

City of Villains-City of Villains, Book 1. Estelle Laure. 2022. (City of Villains Ser.: 1). (ENG.). 240p. (YA). (gr. 9-12). pap. 9.99 *(978-1-368-05032-6(8),* Disney-Hyperion) Disney Publishing Worldwide.

City of Water, 1 vol. Andrea Curtis. Illus. by Katy Dockrill. 2021. (ThinkCities Ser.: 2). 40p. (J). (gr. 3-7). 19.95 *(978-1-77306-144-3(5))* Groundwood Bks. CAN. Dist: Publishers Group West (PGW).

City of Werewolves. Christina Hill. Illus. by Jared Sams. 2021. (Secret Society of Monster Hunters Ser.). (ENG.). 32p. (J). (gr. 5-8). pap. 14.21 *(978-1-5341-8923-2(8),* 219403); lib. bdg. 32.07 *(978-1-5341-8783-2(9),* 219402) Cherry Lake Publishing. (Torch Graphic Press).

City of Wind. Jordan Rivet. 2021. (ENG.). 436p. (YA). 24.99 *(978-1-0879-9371-3(7))* Indy Pub.

City on Fire! The Great Chicago Fire 1871. Nancy Dickmann. 2023. (Doomed History (set 2) Ser.). (ENG.). 32p. (J). (gr. 3-7). lib. bdg. 28.50 Bearport Publishing Co., Inc.

City on Strike, 1 vol. Harriet Zaidman. 2019. (ENG.). 200p. (J). (gr. 5-12). pap. 14.95 *(978-0-88995-574-5(3),* d8afe537-dedd-4877-889c-647d92260a41) Red Deer Pr. CAN. Dist: Firefly Bks., Ltd.

City on the Other Side. Mairghread Scott. 2018. (ENG., Illus.). 224p. (J). pap. 18.99 *(978-1-62672-457-0(1),* 900158088, First Second Bks.) Roaring Brook Pr.

City Pig Misses the Bus. Jason Geiselhart. 2023. (ENG.). 30p. (J). pap. ***(978-1-83934-649-1(3))*** Olympia Publishers.

City Reader for the Fourth Year (Classic Reprint) Abby Porter Leland. 2018. (ENG., Illus.). 300p. (J). 30.08 *(978-0-428-77541-4(1))* Forgotten Bks.

City Shapes. Diana Murray. Illus. by Bryan Collier. 2016. (ENG.). 40p. (J). (gr. -1-3). 18.99 *(978-0-316-37092-9(4))* Little, Brown Bks. for Young Readers.

City Sights. Ali Bovis. Illus. by Ada Abigael Aco. 2022. (Leela's Sweet Treats Ser.). (ENG.). 32p. (J). (gr. -1-3). lib. bdg. 32.79 *(978-1-0982-3580-2(0),* 41141, Calico Chapter Bks) Magic Wagon.

City Skyline Is Awake at Night! Coloring Book for Teens. Jupiter Kids. 2018. (ENG., Illus.). 106p. (J). pap. 12.55 *(978-1-5419-3492-4(X),* Jupiter Kids (Childrens & Kids Fiction)) Speedy Publishing LLC.

City Sparrows, & Who Fed Them (Classic Reprint) Ruth Lynn. (ENG., Illus.). (J). 2018. 208p. 28.25 *(978-0-332-83990-5(7));* 2016. pap. 10.57 *(978-1-334-15600-7(X))* Forgotten Bks.

City Spies, 1. James Ponti. 2021. (City Spies Ser.). (ENG.). 400p. (gr. 4-7). 26.19 *(978-1-5364-6774-1(X),* Aladdin) Simon & Schuster Children's Publishing.

City Spies. James Ponti. (City Spies Ser.: 1). (ENG., Illus.). (J). (gr. 3-7). 2021. 400p. pap. 9.99 *(978-1-5344-1492-1(4));* 2020. 384p. 18.99 *(978-1-5344-1491-4(6))* Simon & Schuster/Paula Wiseman Bks. (Simon & Schuster/Paula Wiseman Bks.).

City Spies Classified Collection (Boxed Set) City Spies; Golden Gate; Forbidden City. James Ponti. ed. (City Spies Ser.). (ENG.). (J). (gr. 3-7). 2023. 1312p. pap. 27.99 ***(978-1-6659-4672-8(5));*** 2022. 1264p. 54.99 *(978-1-6659-0264-9(7))* Simon & Schuster Children's Publishing. (Aladdin).

City-States in Ancient Greece - Government Books for Kids Children's Government Books. Baby Professor. 2017. (ENG., Illus.). (J). pap. 8.79 *(978-1-5419-1303-5(5),* Baby Professor (Education Kids)) Speedy Publishing LLC.

City Streets Are for People. Andrea Curtis. Illus. by Emma FitzGerald. 2022. (ThinkCities Ser.: 3). 40p. (J). (gr. 3-7). 19.99 *(978-1-77306-465-9(7))* Groundwood Bks. CAN. Dist: Publishers Group West (PGW).

City Trains. Christina Leighton. 2017. (Amazing Trains Ser.). (ENG., Illus.). 24p. (J). (gr. k-3). lib. bdg. 26.95 *(978-1-62617-669-0(8),* Blastoff! Readers) Bellwether Media.

City Tree. Shira Boss. Illus. by Lorena Alvarez. 2023. (ENG.). 40p. (J). (gr. -1-3). 19.99 *(978-0-358-42341-6(4),* Clarion Bks.) HarperCollins Pubs.

City Trucks. Julie Murray. 2023. (Trucks at Work Ser.). (ENG.). 24p. (J). (gr. -1-2). lib. bdg. 31.36 ***(978-1-0982-6611-0(0),*** 42128, Abdo Kids) ABDO Publishing Co.

City Types: A Book of Monologues, Sketching the City Woman (Classic Reprint) Marian Bowlan. 2018. (ENG., Illus.). 292p. (J). 29.92 *(978-0-483-57058-0(3))* Forgotten Bks.

City under the Back Steps. Evelyn Sibley Lampman. 2022. (ENG.). 204p. (J). pap. 14.99 *(978-1-948959-75-9(5))* Purple Hse. Pr.

City Without Heroes. Tanya Lisle. (ENG., Illus.). 2019. 262p. (YA). pap. *(978-1-988911-17-5(6));* 2017. (J). pap. *(978-1-988911-04-5(4))* Scrap Paper Entertainment.

City Workers During COVID-19. Robin Johnson. 2021. (Community Helpers During COVID-19 Ser.). (ENG., Illus.). 24p. (J). (gr. k-4). pap. *(978-1-4271-2835-5(9),* 10456); lib. bdg. *(978-1-4271-2831-7(6),* 10451) Crabtree Publishing Co. (Crabtree Classics).

Cityblock (an Abrams Block Book) Christopher Franceschelli. 2016. (Abrams Block Book Ser.). (ENG., Illus.). 96p. (J). (gr. -1-k). bds. 16.95 *(978-1-4197-2189-2(5),* 1146210) Abrams, Inc.

Cityscape: Where Science & Art Meet. April Pulley Sayre. Illus. by April Pulley Sayre. 2020. (ENG., Illus.). 40p. (J). (gr. -1-3). 17.99 *(978-0-06-289331-4(9),* Greenwillow Bks.) HarperCollins Pubs.

Ciudad. Jared Siemens. 2016. (¿dónde Vives? Ser.). (SPA.). 24p. (J). pap. 31.41 *(978-1-4896-4477-0(6))* Weigl Pubs., Inc.

Ciudad de Los Fantasmas. Victoria Schwab. 2019. (SPA.). 256p. (YA). pap. 15.95 *(978-84-92918-25-6(X),* Puck) Ediciones Urano S. A. ESP. Dist: Spanish Pubs., LLC.

Ciudad Miedo / Fear City. Jaime Alfonso Sandoval. 2022. (SPA.). 352p. (J). (gr. 3-7). pap. 14.95 *(978-607-38-0458-5(X),* Montena) Penguin Random House Grupo Editorial ESP. Dist: Penguin Random Hse. LLC.

Ciudad Secreta. C. J. Daugherty & Carina Rozenfeld. 2018. (SPA.). 360p. (YA). pap. 17.99 *(978-987-747-305-6(4))* V&R Editoras.

Ciudadanos Que Marcaron una Diferencia: Set of 6 Common Core Edition. Carol Domblewski & Benchmark Education Company, LLC Staff. 2016. (Navigators Ser.). (SPA.). (J). (gr. 3). 54.00 net. *(978-1-5125-0784-3(9))* Benchmark Education Co.

Ciudades de Papel / Paper Towns. John Green. 2019. (SPA.). 368p. (YA). (gr. 7). pap. 13.95 *(978-1-64473-058-4(8),* Debolsillo) Penguin Random House Grupo Editorial ESP. Dist: Penguin Random Hse. LLC.

Ciudades Deshabitadas. E. Merwin. 2018. (De Puntillas en Lugares Escalofriantes/Tiptoe into Scary Places Ser.). (SPA.). 24p. (J). (gr. k-3). 18.95 *(978-1-68402-612-8(1))* Bearport Publishing Co., Inc.

Ciudades Perdidas: Set of 6 Common Core Edition. Rebecca Weber & Benchmark Education Company, LLC Staff. 2016. (Navigators Ser.). (SPA.). (J). (gr. 4). 58.00 net. *(978-1-5125-0785-0(7))* Benchmark Education Co.

Civic Engagement: How Individuals & Institutions Interact. Joyce McCormick. 2018. (Spotlight on Civic Action Ser.). (ENG.). 32p. (J). (gr. 3-6). 22.55 *(978-1-5311-8617-3(3))* Perfection Learning Corp.

Civic Engagement: How Individuals & Institutions Interact, 1 vol. Joyce McCormick. 2017. (Spotlight on Civic Action Ser.). (ENG.). 32p. (J). (gr. 4-5). pap. 12.75 *(978-1-5383-2787-6(2),* fc6719bb-51dd-4243-8fb3-0f7e890cb315); lib. bdg. 27.93 *(978-1-5081-6397-8(9),* c7dfb88f-6156-4faa-99c1-76822a29fd18) Rosen Publishing Group, Inc., The. (PowerKids Pr.).

Civic Participation: Fighting for Rights. 2017. (Civic Participation: Fighting for Rights Ser.). (ENG.). 32p. (J). 360.00 *(978-1-4994-2631-1(3),* PowerKids Pr.) Rosen Publishing Group, Inc., The.

Civic Participation: Working for Civil Rights, 12 vols. 2016. (Civic Participation: Working for Civil Rights Ser.). (ENG.). 00032p. (J). (gr. 5-5). 167.58 *(978-1-4994-2630-4(5),* 5bb7e01d-3b8c-4d2f-8298-9a82b3065f68, PowerKids Pr.) Rosen Publishing Group, Inc., The.

Civic Roles in the Community: How Citizens Get Involved. Cassandra Richards. 2018. (Spotlight on Civic Action Ser.). (ENG.). 32p. (J). (gr. 3-6). 22.55 *(978-1-5311-8616-6(5))* Perfection Learning Corp.

Civic Roles in the Community: How Citizens Get Involved, 1 vol. Cassandra Richards. 2017. (Spotlight on Civic Action Ser.). (ENG.). 32p. (J). (gr. 4-5). pap. 12.75 *(978-1-5383-2788-3(0),* f2a15928-98ae-4542-a667-d449dcbdc8f8); lib. bdg. 27.93 *(978-1-5081-6404-3(5),* e8aee749-a464-4a2c-8885-405f1427bd8e) Rosen Publishing Group, Inc., The. (PowerKids Pr.).

Civic Skills & Values (Set Of 10) 2023. (Civic Skills & Values Ser.). (ENG., Illus.). 10p. (J). pap. 89.50 ***(978-1-64619-843-6(3));*** lib. bdg. 285.00 ***(978-1-64619-814-6(X))*** Little Blue Hse.

Civic Values, 16 vols. 2017. (Civic Values Ser.). (ENG.). (J). (gr. 3-3). lib. bdg. 241.68 *(978-1-5026-3213-5(6),* 357824d3-12d0-4024-9a28-210f482f49cd) Cavendish Square Publishing LLC.

Civic Virtue: Honesty, Mutual Respect, & Cooperation, 1 vol. Gerard van Ark. 2017. (Spotlight on Civic Action Ser.). (ENG.). 32p. (J). (gr. 4-5). 27.93 *(978-1-5081-6400-5(2),* 840a2ce0-3f2d-4bc6-ac04-24dfbc64f0f0, PowerKids Pr.) Rosen Publishing Group, Inc., The.

Civic Virtue: Let's Work Together: Set, 12 vols. 2018. (Civic Virtue: Let's Work Together Ser.). (ENG.). 24p. (gr. 3-3). lib. bdg. 151.62 *(978-1-5383-3201-6(9),* e0904b28-85ac-4ed6-8c63-a4da0050bfd6, PowerKids Pr.) Rosen Publishing Group, Inc., The.

Civics: Student Guided Reading Workbook. Houghton Mifflin Harcourt. 2017. (Hmh Social Studies Civics Ser.). (ENG.). 256p. (J). (gr. 7-10). pap. 6.65 *(978-0-544-97287-2(2))* Houghton Mifflin Harcourt Publishing Co.

Civil Disobedience. William E. Scheuerman. 2018. (Key Concepts Ser.). (ENG.). 216p. 67.50 *(978-1-5095-1862-3(2))* Polity Pr. GBR. Dist: Wiley, John & Sons, Inc.

Civil Disobedience, 1 vol. Ed. by Elizabeth Schmermund. 2017. (At Issue Ser.). (ENG.). 144p. (gr. 10-12). pap. 28.80 *(978-1-5345-0063-1(4),* ef2e7d46-2303-43bf-baa6-814f18377289) Greenhaven Publishing LLC.

Civil Engineer. Tammy Gagne. 2020. (J). *(978-1-7911-1680-4(9),* AV2 by Weigl) Weigl Pubs., Inc.

Civil Liberties: The Fight for Personal Freedom, 1 vol. Allison Krumsiek. 2017. (Hot Topics Ser.). (ENG.). 112p. (gr. 7-7). lib. bdg. 41.03 *(978-1-5345-6145-8(5),* b58f80ba-a123-4b81-9192-986374144bc5, Lucent Pr.) Greenhaven Publishing LLC.

Civil Rights: Children's American History Book with Facts. Bold Kids. 2022. (ENG.). 44p. (J). pap. 14.99 *(978-1-0717-0923-8(2))* FASTLANE LLC.

Civil Rights: Discover Pictures & Facts about the Civil Rights for Kids! a Children's American History Book. Bold Kids. 2022. (ENG.). 26p. (J). pap. 14.99 *(978-1-0717-0840-8(6))* FASTLANE LLC.

Civil Rights Era: 4-Book Hardcover Set. 2020. (Civil Rights Era Ser.). (ENG., Illus.). 448p. (YA). (gr. 7-9). 89.95 ***(978-1-61930-928-9(9),*** 0418760c-1581-464e-a0ae-1de35e7aab00) Nomad Pr.

Civil Rights Leaders, 12 vols., Set. Melody S. Mis. Incl. Meet Al Sharpton. lib. bdg. 26.27 *(978-1-4042-4213-5(9),* 98a6ed84-b3cf-4724-8502-4b7661d70999); Meet Coretta Scott King. lib. bdg. 26.27 *(978-1-4042-4211-1(2),* 6665c8c6-5932-449a-ba9d-55d71f765f26); Meet Jesse Jackson. lib. bdg. 26.27 *(978-1-4042-4212-8(0),* 7f13a688-1352-4455-9287-50c573805ee0); Meet Malcolm X. lib. bdg. 26.27 *(978-1-4042-4214-2(7),* 46796c58-721e-437d-97d9-595c2e45b237); Meet Martin Luther King Jr. lib. bdg. 26.27 *(978-1-4042-4209-8(0),* a4ce3b17-20e4-45f2-82ea-b24cbcab11c3); Meet Rosa Parks. lib. bdg. 26.27 *(978-1-4042-4210-4(4),* 4b44a5af-168d-44aa-9566-8c251e274076); (Illus.). 24p. (YA). (gr. 2-3). (Civil Rights Leaders Ser.). (ENG.). 2007. Set lib. bdg. 157.62 *(978-1-4042-4240-1(6),* f1458a8f-0a9c-4d59-9db6-e380deaeb82f) Rosen Publishing Group, Inc., The.

Civil Rights Leaders, bks. 13, vol. 13. Incl. A. Philip Randolph & the African American Labor Movement. Calvin Craig Miller. (Illus.). 160p. (YA). (gr. 6-12). 2005. 26.95 *(978-1-931798-50-1(8));* Eternal Vigilance: The Story of Ida B. Wells-Barnett. Bonnie Hinman. 128p. (gr. 6-10). 2011. lib. bdg. 28.95 *(978-1-59935-111-7(0));* Freedom Cannot Rest: Ella Baker & the Civil Rights Movement. Lisa Frederiksen Bohannon. (Illus.). 176p. (YA). (gr. 6-12). 2005. lib. bdg. 26.95 *(978-1-931798-71-6(0));* Liberator: The Story of William Lloyd Garrison. Amos Esty. 144p. 2011. 28.95 *(978-1-59935-137-7(4));* No Compromise: The Story of Harvey Milk. David Aretha. 100p. (YA). (gr. 5-9). 2009. lib. bdg. 28.95 *(978-1-59935-129-2(3));* No Easy Answers: Bayard Rustin & the Civil Rights Movement. (Illus.). 160p. (J). (gr. 6-12). 2005. 26.95 *(978-1-931798-43-3(5));* Roy Wilkins: Leader of the NAACP. Calvin Craig Miller. (Illus.). 176p. (YA). (gr. 6-12). 2005. 26.95 *(978-1-931798-49-5(4));* Stranger in My Own House: The Story of W. E. B. du Bois. Bonnie Hinman. (Illus.). 176p. (gr. 6-12). 2005. 28.95 *(978-1-931798-45-7(1));* Unbound & Unbroken: The Story of Frederick Douglass. Amos Esty. (Illus.). 144p. (gr. 8-10). 2011. 28.95 *(978-1-59935-136-0(6));* 2008. Set lib. bdg. 376.35 *(978-1-931798-99-0(0))* Reynolds, Morgan Inc.

Civil Rights Movement. Erinn Banting. 2019. (Black History Ser.). (ENG.). 48p. (J). lib. bdg. 29.99 *(978-1-5105-4395-9(3))* SmartBook Media, Inc.

Civil Rights Movement. Craig E. Blohm. 2018. (Push for Social Change Ser.). (ENG.). 80p. (YA). (gr. 6-12). 39.93 *(978-1-68282-419-1(5))* ReferencePoint Pr., Inc.

Civil Rights Movement. Nancy Ohlin. Illus. by Roger Simó. 2017. (Blast Back! Ser.). (ENG.). 112p. (J). (gr. 2-5). 16.99 *(978-1-4998-0455-3(5));* pap. 5.99 *(978-1-4998-0454-6(7))* Little Bee Books Inc.

Civil Rights Movement, 1 vol. John O'Mara. 2019. (Look at U. S. History Ser.). (ENG.). 32p. (gr. 2-2). pap. 11.50 *(978-1-5382-4867-6(0),* 9bb66a72-549e-4505-90cf-d6a8ea754731) Stevens, Gareth Publishing LLLP.

Civil Rights Movement. Rose Venable. 2021. (Black American Journey Ser.). (ENG.). 32p. (J). (gr. 4-7). lib. bdg. 35.64 *(978-1-5038-5369-0(1),* 215258) Child's World, Inc, The.

Civil Rights Movement: Advocating for Equality, 1 vol. Tamra B. Orr. 2018. (American History Ser.). (ENG.). 104p. (gr. 7-7). 41.03 *(978-1-5345-6418-3(7),* 424c8eec-7528-4285-ac78-2f8121be0f47, Lucent Pr.) Greenhaven Publishing LLC.

Civil Rights Movement: An Interactive History Adventure. Heather Adamson. rev. ed. 2016. (You Choose: History Ser.). (ENG., Illus.). 112p. (J). (gr. 3-7). pap. 6.95 *(978-1-5157-4263-0(6),* 134017, Capstone Pr.) Capstone.

Civil Rights Movement: Then & Now. Lucia Raatma et al. 2018. (America: 50 Years of Change Ser.). (ENG., Illus.). 64p. (J). (gr. 5-9). lib. bdg. 34.65 *(978-1-5435-0387-6(X),* 137216, Capstone Pr.) Capstone.

Civil Rights Movement: a Coloring & Activity Book. Deidra Moore. 2023. (ENG.). 80p. (J). pap. 12.95 ***(978-1-64543-854-0(6),*** Mascot Kids) Amplify Publishing Group.

Civil Rights Movement (a Step into History) (Library Edition) Olugbemisola Rhuday-Perkovich. 2018. (Step into History Ser.). (ENG., Illus.). 144p. (J). (gr. 5-8). lib. bdg. 36.00 *(978-0-531-22688-9(3),* Children's Pr.) Scholastic Library Publishing.

Civil Rights Movement Set, vols. 13, vol. 13. Incl. Black Power. David Aretha. (Illus.). 128p. (gr. 7-12). 2011. 28.95 *(978-1-59935-164-3(1));* Freedom Summer. David Aretha. (Illus.). 128p. (J). (gr. 3-7). 2007. lib. bdg. 27.95 *(978-1-59935-059-2(9));* Marching in Birmingham. William J. Boerst. (Illus.). 112p. (J). (gr. 3-7). 2007. lib. bdg. 27.95 *(978-1-59935-055-4(6));* Murder of Emmett Till. David Aretha. (Illus.). 160p. (J). (gr. 3-7). 2007. lib. bdg. 27.95 *(978-1-59935-057-8(2));* Selma & the Voting Rights Act. David Aretha. (Illus.). 128p. (J). (gr. 3-7). 2007. lib. bdg. 27.95 *(978-1-59935-056-1(4));* Sit-Ins & Freedom Rides. David Aretha. 128p. (J). (gr. 4-7). 2009. 28.95 *(978-1-59935-098-1(X));* Trial of the Scottsboro Boys. David Aretha. (Illus.). 128p. (J). (gr. 4-7). 2007. lib. bdg. 27.95 *(978-1-59935-058-5(0));* 2007. Set lib. bdg. 376.35 *(978-1-59935-073-8(4))* Reynolds, Morgan Inc.

Civil Rights Sit-Ins. Duchess Harris. 2017. (Protest Movements Ser.). (ENG., Illus.). 48p. (J). (gr. 4-8). lib. bdg. 35.64 *(978-1-5321-1396-3(X),* 27694) ABDO Publishing Co.

Civil Rights: Women Who Made a Difference (Super SHEroes of History) Janel Rodriguez. 2022. (Super SHEroes of History Ser.). (ENG., Illus.). 48p. (J). (gr. 3-5). 29.00 *(978-1-338-84062-9(2));* pap. 7.99 *(978-1-338-84063-6(0))* Scholastic Library Publishing. (Children's Pr.).

Civil Secrets. T. L. Batey. 2019. (ENG.). 274p. (YA). 35.95 *(978-1-4808-7258-5(X));* pap. 17.99 *(978-1-4808-7257-8(1))* Archway Publishing.

Civil Service an American Drama in Three Acts: A Play with a Punch (Classic Reprint) Walter Ben Hare. 2018. (ENG., Illus.). 76p. (J). 25.46 *(978-0-484-35909-2(6))* Forgotten Bks.

Civil War. Thomas K. Adamson. 2017. (J). *(978-1-5105-3502-2(0))* SmartBook Media, Inc.

Civil War, 1 vol. Peter Castellano. 2017. (Look at U. S. History Ser.). (ENG., Illus.). 32p. (J). (gr. 2-2). pap. 11.50 *(978-1-4824-6027-8(0),* 114f911a-3013-4bce-a422-d6e974440f03) Stevens, Gareth Publishing LLLP.

Civil War. Megan Kopp. 2018. (Uncovering the Past: Analyzing Primary Sources Ser.). (Illus.). 48p. (J). (gr. 5-6). *(978-0-7787-4814-4(6))* Crabtree Publishing Co.

Civil War. Nancy Ohlin. Illus. by Adam Larkum. 2016. (Blast Back! Ser.). (ENG.). 112p. (J). (gr. 2-5). pap. 5.99 *(978-1-4998-0120-0(3))* Little Bee Books Inc.

Civil War, 1 vol. Donna Reynolds. 2020. (Turning Points Ser.). (ENG.). 104p. (J). (gr. 7-7). pap. 20.99 *(978-1-5026-5762-6(7),* db20a2d6-63fa-4e08-91d7-d4bfb2938472) Cavendish Square Publishing LLC.

Civil War. Contrib. by John STanchak. 2023. (DK Eyewitness Ser.). (ENG.). 72p. (J). (gr. 3-7). pap. 9.99 *(978-0-7440-6250-2(0),* DK Children) Dorling Kindersley Publishing, Inc.

Civil War, 1 vol., Set. Don Nardo. Incl. Bull Run to Gettysburg: Early Battles of the Civil War. (ENG.). 64p. (J). (gr. 5-9). 2010. lib. bdg. 34.65 *(978-0-7565-4368-6(1),* 103325, Compass Point Bks.); (Civil War Ser.). (ENG.). 64p. 2010. 101.97 *(978-0-7565-4371-6(1),* Compass Point Bks.) Capstone.

Civil War: A Nation Divided, 1 vol. Therese M. Shea & Don Nardo. 2016. (American History Ser.). (ENG.). 104p. (YA). (gr. 7-7). lib. bdg. 41.03 *(978-1-5345-6045-1(9),* ebfdd485-f1bc-4ec1-b91b-e692a97753db, Lucent Pr.) Greenhaven Publishing LLC.

Civil War: An Interactive History Adventure. Matt Doeden. rev. ed. 2016. (You Choose: History Ser.). (ENG., Illus.). 112p. (J). (gr. 3-7). pap. 6.95 *(978-1-5157-3389-8(0),* 133376); lib. bdg. 32.65 *(978-1-5157-3386-7(6),* 133373) Capstone. (Capstone Pr.).

Civil War: Brother Against Brother. Michelle Ablard. rev. ed. 2017. (Social Studies: Informational Text Ser.). (ENG., Illus.). 32p. (gr. 4-8). pap. 11.99 *(978-1-4938-3804-2(0))* Teacher Created Materials, Inc.

Civil War: The Conflict Between the States. Judy Dodge Cummings. Illus. by Sam Carbaugh. 2017. (Inquire & Investigate Ser.). (ENG.). 128p. (J). (gr. 7-9). 22.95 *(978-1-61930-602-8(6),* fdce0859-eb76-426c-a9ca-dc8165603816); pap. 17.95 *(978-1-61930-606-6(9),* 921d03bb-1aa0-46e4-aef2-d39c1f4fe06f) Nomad Pr.

Civil War: 12 Things to Know. Patricia Hutchison. 2017. (America at War Ser.). (ENG., Illus.). 32p. (J). (gr. 3-6). 32.80 *(978-1-63235-265-1(6),* 11704, 12-Story Library) Bookstaves, LLC.

Civil War (1860/1865) Wesley Windsor. 2018. (J). *(978-1-5105-3602-9(7))* SmartBook Media, Inc.

Civil War Aftermath & Reconstruction, 1 vol. Susan E. Hamen. 2016. (Essential Library of the Civil War Ser.). (ENG., Illus.). 112p. (J). (gr. 8-12). lib. bdg. 41.36 *(978-1-68078-274-5(6),* 21703, Essential Library) ABDO Publishing Co.

Civil War & Reconstruction. Heather Kissock. 2016. (Illus.). 48p. (J). *(978-1-5105-1280-1(2))* SmartBook Media, Inc.

Civil War & Reconstruction in Florida. Kelly Rodgers. rev. ed. 2016. (Social Studies: Informational Text Ser.). (ENG.). 32p. (gr. 3-8). pap. 11.99 *(978-1-4938-3539-3(4))* Teacher Created Materials, Inc.

Civil War & the Underground Railroad. Carole Marsh. 2018. (Dbq Lessons & Activities Ser.). (ENG.). 54p. (J). pap. 9.99 *(978-0-635-12628-3(1))* Gallopade International.

Civil War Causes, 1 vol. Michael Capek. 2016. (Essential Library of the Civil War Ser.). (ENG., Illus.). 112p. (J). (gr. 8-12). lib. bdg. 41.36 *(978-1-68078-275-2(4),* 21705, Essential Library) ABDO Publishing Co.

Civil War Cooking: The Confederacy. Susan Dosier. 2016. (Exploring History Through Food Ser.). (ENG., Illus.). 32p. (J). (gr. 3-6). lib. bdg. 27.99 *(978-1-5157-2354-7(2),* 132788, Capstone Pr.) Capstone.

Civil War Cooking: The Union. Susan Dosier. 2016. (Exploring History Through Food Ser.). (ENG., Illus.). 32p. (J). (gr. 3-6). lib. bdg. 27.99 *(978-1-5157-2353-0(4),* 132787, Capstone Pr.) Capstone.

Civil War Diary of Freeman Colby: 1862: a New Hampshire Teacher Goes to War. Marek Bennett. 2016. (ENG.). 354p. (YA). (gr. 7-12). pap. 19.95 *(978-0-9824153-5-1(4))* Comics Workshop.

Civil War Diary of Freeman Colby (Hardcover) 1862: a New Hampshire Teacher Goes to War. Marek Bennett. 2019. (Civil War Diary of Freeman Colby Ser.: Vol. 1). (ENG., Illus.). 354p. (YA). (gr. 7-12). 29.95 *(978-0-9824153-6-8(2))* Comics Workshop.

Civil War Diary of Freeman Colby, Volume 2: 1863. Marek Bennett. 2019. (Civil War Diary of Freeman Colby Ser.: Vol. 2). (ENG., Illus.). 550p. (YA). (gr. 7-12). pap. 24.95 *(978-0-9824153-7-5(0))* Comics Workshop.

Civil War Diary of Freeman Colby, Volume 2 (Hardcover) 1863. Marek Bennett. 2019. (Civil War Diary of Freeman Colby Ser.: Vol. 2). (ENG., Illus.). 550p. (YA). (gr. 7-12). 34.95 *(978-0-9824153-9-9(7))* Comics Workshop.

Civil War Diary of Henry B. Sparks, Company C, 3rd Indiana Cavalry 1864: Owned in the 1960s by Arlington High School, Indianapolis (Classic Reprint) Henry B. Sparks. 2017. (ENG., Illus.). (J). 24.31 *(978-0-331-55832-6(7))*; pap. 7.97 *(978-0-259-42022-4(0))* Forgotten Bks.

Civil War Episodes: Civil War 1863; Excerpts from Newspapers & Other Sources (Classic Reprint) Lincoln Financial Foundation. (ENG., Illus.). (J). 2018. 22p. 24.35 *(978-0-666-93489-5(4))*; 2017. pap. 7.97 *(978-0-282-41495-5(9))* Forgotten Bks.

Civil War for Kids: Children's American Civil War Era History Book with Facts! Bold Kids. 2022. (ENG.). 42p. (J). pap. 14.99 *(978-1-0717-0924-5(0))* FASTLANE LLC.

Civil War in Song & Story: 1860-1865 (Classic Reprint) Frank Moore. 2017. (ENG., Illus.). (J). 36.09 *(978-0-331-76066-8(5))*; pap. 19.57 *(978-0-282-25187-1(1))* Forgotten Bks.

Civil War in Song & Story 1860-1865. Frank Moore. 2019. (ENG.). 588p. (J). pap. 19.57 *(978-93-5370-387-5(5))* Alpha Editions.

Civil War in Song & Story, 1860-1865 (Classic Reprint) Frank Moore. 2017. (ENG., Illus.). (J). 584p. 35.94 *(978-0-484-68441-5(8))*; pap. 19.57 *(978-0-282-22423-3(8))* Forgotten Bks.

Civil War Leaders, 1 vol. Judy Dodge Cummings. 2016. (Essential Library of the Civil War Ser.). (ENG., Illus.). 112p. (J). (gr. 8-12). lib. bdg. 41.36 *(978-1-68078-276-9(2)*, 21707, Essential Library) ABDO Publishing Co.

Civil War of Amos Abernathy. Michael Leali. (ENG.). (J). (gr. 3-7). 2023. 320p. pap. 9.99 *(978-0-06-311987-1(0))*; 2022. 304p. 16.99 *(978-0-06-311986-4(2))* HarperCollins Pubs. (HarperCollins).

Civil War on Sunday, 21. Mary Pope Osborne. 2019. (Magic Tree House Ser.). (ENG.). 72p. (J). (gr. 2-3). 16.96 *(978-0-87617-710-5(0))* Penworthy Co., LLC, The.

Civil War (Set Of 8) Compiled by North Star North Star Editions. 2020. (Civil War Ser.). (ENG.). 384p. (J). (gr. 5-6). pap. 95.60 *(978-1-64493-156-1(7)*, 1644931567); lib. bdg. 273.68 *(978-1-64493-077-9(3)*, 1644930773) North Star Editions. (Focus Readers).

Civil War Spies, 1 vol. Robert Grayson. 2016. (Essential Library of the Civil War Ser.). (ENG., Illus.). 112p. (J). (gr. 8-12). lib. bdg. 41.36 *(978-1-68078-277-6(0)*, 21709, Essential Library) ABDO Publishing Co.

Civil War Spy Stories. Emma Huddleston. 2021. (True Spy Stories Ser.). (ENG.). 32p. (J). (gr. 3-6). lib. bdg. 35.64 *(978-1-5038-4480-3(3)*, 214247, MOMENTUM) Child's World, Inc, The.

Civil War State Flags Coloring Book. Activibooks. 2016. (ENG., Illus.). (J). pap. 9.20 *(978-1-68321-602-5(4))* Mimaxion.

Civil War Technology. Tammy Gagne. 2017. (War Technology Ser.). (ENG., Illus.). 48p. (J). (gr. 4-8). lib. bdg. 35.64 *(978-1-5321-1189-1(4)*, 25954) ABDO Publishing Co.

Civil War Victory & the Costly Aftermath. Jonathan Sutherland. 2017. (Civil War Ser.: Vol. 5). (ENG., Illus.). 79p. (YA). (gr. 7-12). 24.95 *(978-1-4222-3886-8(5))* Mason Crest.

Civil War Visual Encyclopedia. DK. 2021. (DK Children's Visual Encyclopedias Ser.). (ENG., Illus.). 160p. (J). (gr. 4-7). 16.99 *(978-0-7440-2845-4(0)*, DK Children) Dorling Kindersley Publishing, Inc.

Civil War Weapons. Nel Yomtov. 2016. (Essential Library of the Civil War Ser.). (ENG., Illus.). 112p. (J). (gr. 8-12). 59.93 *(978-1-68077-467-2(0)*, 22358); lib. bdg. 41.36 *(978-1-68078-278-3(9)*, 21711) ABDO Publishing Co. (Essential Library).

Civil Wars of Granada: And the History of the Factions of the Zegries & Abencerrages, Two Noble Families of That City, to the Final Conquest by Ferdinand & Isabella (Classic Reprint) Ginés Pérez De Hita. 2017. (ENG., Illus.). (J). 33.43 *(978-0-266-70139-2(6))* Forgotten Bks.

Civilian Casualties in War, 1 vol. Ed. by Barbara Krasner. 2018. (Global Viewpoints Ser.). (ENG.). 200p. (gr. 10-12). 47.83 *(978-1-5345-0337-3(4)*, 0a4013e6-2770-4431-99c7-816202833a91) Greenhaven Publishing LLC.

Civilian's South India: Some Places & People in Madras. Civilian. 2017. (ENG., Illus.). (J). pap. *(978-0-649-55015-9(3))* Trieste Publishing Pty Ltd.

Civilian's South India: Some Places & People in Madras (Classic Reprint) Unknown Author. 2017. (ENG., Illus.). (J). 252p. 29.09 *(978-0-332-15244-8(8))*; pap. 11.57 *(978-0-259-57538-2(0))* Forgotten Bks.

Civilisation: 1914-1917 (Classic Reprint) Georges Duhamel. 2017. (FRE., Illus.). (J). 30.62 *(978-0-260-77838-3(9))*; pap. 13.57 *(978-1-5283-9550-2(6))* Forgotten Bks.

Civilisation: 1914-1918 (Classic Reprint) Georges Duhamel. (ENG., Illus.). (J). 2018. 258p. 29.22 *(978-0-483-42040-3(9))*; 2016. pap. 11.57 *(978-1-334-19678-2(8))* Forgotten Bks.

Civilisation de L'amour. Ed. by Georges Boreal. 2020. (FRE.). 54p. (YA). pap. *(978-1-716-82500-2(8))* Lulu Pr., Inc.

Civilite Puerile (Classic Reprint) Erasme de Rotterdam. 2017. (FRE., Illus.). (J). 28.48 *(978-0-265-49673-2(X))*; pap. 10.97 *(978-0-243-97201-2(6))* Forgotten Bks.

Civilization: Tales of the Orient (Classic Reprint) Ellen N. La Motte. 2019. (ENG., Illus.). 268p. (J). 29.44 *(978-0-365-27995-2(1))* Forgotten Bks.

Civilization Was Reset. V. C. Thompson. 2022. (Conspiracy Theories: DEBUNKED Ser.). (ENG., Illus.). 32p. (J). (gr. 4-8). pap. 14.21 *(978-1-6689-1108-2(6)*, 221053); lib. bdg. 32.07 *(978-1-6689-0948-5(0)*, 220915) Cherry Lake Publishing. (45th Parallel Press).

Civilization's Beginning in Ancient Mesopotamia -Children's Ancient History Books. Baby Professor. 2017. (ENG., Illus.). (J). pap. 7.89 *(978-1-5419-0313-5(7)*, Baby Professor (Education Kids)) Speedy Publishing LLC.

Civilizations of the World, 12 vols., Set. 2016. (Civilizations of the World Ser.). (ENG.). 144p. (J). (gr. 8-8). lib. bdg. 286.80 *(978-1-4994-6378-1(2)*, 32f1c443-789e-46f7-8a01-a4f1753ab8a2) Rosen Publishing Group, Inc., The.

Civilizations of the World (Set Of 8) 2019. (Civilizations of the World Ser.). (ENG.). 256p. (J). (gr. 3-5). pap. 79.60 *(978-1-64185-820-5(6)*, 1641858206); lib. bdg. 250.80 *(978-1-64185-751-2(X)*, 164185751X) North Star Editions. (Focus Readers).

Civilizing Mountain Men, or Sketches of Mission Work among the Karens (Classic Reprint) Ellen Huntly Bullard Mason. (ENG., Illus.). (J). 2017. 32.23 *(978-0-265-40446-1(0))*; 2016. pap. 16.57 *(978-1-333-48872-7(6))* Forgotten Bks.

Civismo, Set. Cassie Mayer. Incl. Hacer Amigos. pap. 6.29 *(978-1-4329-0411-1(6)*, 97246); Seguir Las Reglas. pap. 6.29 *(978-1-4329-0410-4(8)*, 97247); Ser Honesto. pap. 6.29 *(978-1-4329-0406-7(X)*, 97248); Ser Responsable. pap. 6.29 *(978-1-4329-0409-8(4)*, 97251); Ser Servicial. pap. 6.29 *(978-1-4329-0407-4(8)*, 97252); Ser un Líder. pap. 6.29 *(978-1-4329-0408-1(6)*, 97253); (Illus.). (J). (gr. -1-1). 2007. (Civismo Ser.). (SPA.). 24p. 2007. pap., pap., pap. 37.74 *(978-1-4329-0404-3(3)*, 12677, Heinemann) Capstone.

Civismo (Citizenship) Julie Murray. 2020. (Nuestra Personalidad (Character Education) Ser.). (SPA.). 24p. (J). (gr. -1-2). lib. bdg. 31.36 *(978-1-0982-0403-7(4)*, 35296, Abdo Kids) ABDO Publishing Co.

Cixi: One of the Last Empresses. Rachel Bubb. 2021. (ENG.). 57p. pap. ***(978-1-329-73715-0(6))*** Lulu Pr., Inc.

CJ & Sassy Discover CHRISTMAS. Donna L. Hicks. 2019. (ENG.). 26p. (J). pap. 12.49 *(978-1-5456-6722-4(5))* Salem Author Services.

CJ & SASSY DISCOVER EASTER: A Resurrection Day Miracle. Donna L. Hicks & Brad Hicks. 2020. (ENG.). 22p. (J). pap. 12.49 *(978-1-63050-922-4(1))* Salem Author Services.

CJ's Big Dream. C. J. Watson. Illus. by Cameron Wilson. 2019. (Cj's Big Dream Ser.: Vol. 1). (ENG.). 26p. (J). (gr. 1-5). 10.99 *(978-1-0878-5477-9(6))* Indy Pub.

CJ's Big Moment. C. J. Watson. Illus. by Cameron Wilson. l.t. ed. 2020. (ENG.). 30p. (J). pap. 12.99 *(978-1-0879-0368-2(8))* Indy Pub.

CJ's Big Project. Cj Watson. Illus. by Cameron Wilson. 2020. (ENG.). 28p. (J). (gr. 1-5). pap. 12.99 *(978-1-0878-7048-9(8))* Indy Pub.

Clackety Track: Poems about Trains. Skila Brown. Illus. by Jamey Christoph. 2019. (ENG.). 32p. (J). (gr. k-3). 18.99 *(978-0-7636-9047-2(3))* Candlewick Pr.

Clackity. Lora Senf. 2022. (Blight Harbor Ser.). (ENG.). 288p. (J). (gr. 5-7). 17.99 *(978-1-6659-0267-0(1)*, Atheneum Bks. for Young Readers) Simon & Schuster Children's Publishing.

Claflin's Red Book of Rambles (Classic Reprint) Sumner F. Claflin. 2018. (ENG., Illus.). 126p. (J). 26.50 *(978-0-267-47033-4(9))* Forgotten Bks.

Claim Allowed (Classic Reprint) Oliver Perry Parker. 2018. (ENG., Illus.). 38p. (J). 24.68 *(978-0-428-60621-3(0))* Forgotten Bks.

Claim Jumpers: A Romance (Classic Reprint) Stewart Edward White. 2018. (ENG., Illus.). 308p. (J). 30.25 *(978-0-364-10218-3(7))* Forgotten Bks.

Claim Ninety-Six. Leo Ware. 2017. (ENG.). 48p. (J). pap. *(978-3-337-34312-5(0))* Creation Pubs.

Claim Ninety-Six: A Border Drama in Five Acts (Classic Reprint) Leo Ware. 2018. (ENG., Illus.). 54p. (J). 25.03 *(978-0-267-18302-9(X))* Forgotten Bks.

Claim Number One (Classic Reprint) George W. Ogden. 2018. (ENG., Illus.). 362p. (J). 31.32 *(978-0-332-15011-6(9))* Forgotten Bks.

Claim on Klondyke. Edward Roper. 2017. (ENG.). 342p. (J). pap. *(978-3-7446-7402-7(9))* Creation Pubs.

Claim on Klondyke: A Romance of the Arctic el Dorado (Classic Reprint) Edward Roper. 2018. (ENG., Illus.). 374p. (J). 31.63 *(978-0-267-19400-1(5))* Forgotten Bks.

Claim to Fame see Lucha por la Fama

Claim Your Crown: Walking in Confidence & Worth As a Daughter of the King. Tarah-Lynn Saint-Elien. 2020. (ENG.). 224p. (YA). pap. 15.99 *(978-0-8007-3695-8(8))* Revell.

Claimed. A. D. Martins. 2018. (ENG., Illus.). 246p. (gr. 9-12). pap. 13.99 *(978-1-78955-290-4(7))* New Generation Publishing GBR. Dist: Independent Pubs. Group.

Claiming. J. A. Nielsen. 2023. (Fractured Kingdoms Ser.: Vol. 1). (ENG.). 328p. (YA). pap. 18.99 ***(978-1-5092-4622-9(3))*** Wild Rose Pr., Inc., The.

Claiming Time. J. M. Gasilla Barrios. 2020. (ENG.). 286p. (YA). pap. 13.99 *(978-1-952011-70-2(1))* Pen It Pubns.

Claims & Counterclaims (Classic Reprint) Maud Wilder Goodwin. 2018. (ENG., Illus.). 366p. (J). 31.45 *(978-0-484-48989-8(5))* Forgotten Bks.

Clair de Lune (Classic Reprint) Agnes Russell Weekes. 2017. (ENG., Illus.). (J). 31.53 *(978-1-5281-8775-6(X))* Forgotten Bks.

Claire. Munch Eléa. 2020. (FRE.). 247p. (YA). pap. ***(978-1-716-43675-8(3))*** Lulu Pr., Inc.

Claire: A Romance of American Nursehood (Classic Reprint) Edwin Kirkman Hart. (ENG., Illus.). (J). 2018. 286p. 29.80 *(978-0-484-73495-0(4))*; 2017. pap. 13.57 *(978-0-243-44368-0(4))* Forgotten Bks.

Claire & the Dragons. Wander Antunes. 2022. (ENG.). 76p. (J). pap. 9.99 *(978-1-63969-105-0(7))* Scout Comics.

Claire-Bear. Richard S. Banwell. 2018. (ENG., Illus.). 16p. (J). *(978-1-387-57768-0(3))* Lulu Pr., Inc.

Claire Braids May's Tail. Cecilia Minden. Illus. by Rob Parkinson. 2022. (Little Blossom Stories Ser.). (ENG.). 16p. (J). (gr. -1-2). pap. 11.36 *(978-1-5341-9865-4(2)*, 220070, Cherry Blossom Press) Cherry Lake Publishing.

Claire (Classic Reprint) Leslie Burton Blades. 2017. (ENG., Illus.). (J). 29.59 *(978-0-265-67363-8(1))*; pap. 11.97 *(978-1-5276-4889-0(3))* Forgotten Bks.

Claire on the North Pole Express. J. D. Green. Illus. by Joanne Partis. 2022. (North Pole Express Bears Ser.). (ENG.). 32p. (J). (gr. -1-3). 7.99 ***(978-1-7282-6924-5(5))*** Sourcebooks, Inc.

Claire on the North Pole Express. J. D. Green. 2019. (North Pole Express Ser.). (ENG.). 32p. (J). (gr. -1-3). 7.99 ***(978-1-7282-0321-8(X))*** Sourcebooks, Inc.

Claire the Bear with the Barely-There Hair. Troy Powell. Illus. by Gabriella Frame. 2023. (ENG.). 26p. (J). 24.99 ***(978-1-960810-25-0(1))***; pap. 12.99 ***(978-1-960810-30-4(8))*** Yorkshire Publishing Group.

Claire 'Twas the Night Before Christmas. Illus. by Lisa Alderson. 2019. (Night Before Christmas Ser.). (ENG.). 32p. (J). (gr. -1-3). 7.99 ***(978-1-7282-0214-3(0))*** Sourcebooks, Inc.

Claire Winteringham's Alphabet Parade. Illus. by Claire Winteringham. 2017. 24p. (J). bds. 10.95 *(978-0-7649-7659-9(1)*, POMEGRANATE KIDS) Pomegranate Communications, Inc.

Claire's Christmas Wish. Put Me In The Story & J. D. Green. Illus. by Julia Seal. 2018. (Christmas Wish Ser.). (ENG.). 32p. (J). (gr. k-3). 6.99 ***(978-1-4926-8517-3(8))*** Sourcebooks, Inc.

Claire's Cursed Camping Trip. Wendy L. Brandes. Illus. by Eleonora Lorenzet. 2016. (Summer Camp Ser.). (ENG.). 96p. (J). (gr. 4-6). lib. bdg. 25.32 *(978-1-4965-2600-7(7)*, 130729, Stone Arch Bks.) Capstone.

Claire's Hair: A Tale of Hair, Heart, & Humor. Mary Bleckwehl. Illus. by Sara J. Weingartner. 2017. (ENG.). 32p. (J). 16.95 *(978-1-59298-800-6(8))* Beaver's Pond Pr., Inc.

Claire's Stairs. Barbara Wolf Varrato. Illus. by Swapan Debnath. 2023. (ENG.). 28p. (J). pap. 12.99 ***(978-1-61225-495-1(0))*** Mirror Publishing.

Clairvoyant Claire (Set), 4 vols. Jenny Scott. Illus. by Billy Yong. 2019. (Clairvoyant Claire Ser.). (ENG.). 48p. (J). (gr. 3-7). lib. bdg. 136.88 *(978-1-5321-3655-9(2)*, 33756, Spellbound) Magic Wagon.

Clammer & the Submarine (Classic Reprint) William John Hopkins. (ENG., Illus.). (J). 2017. 31.22 *(978-0-266-19596-2(2))*; 2016. pap. 13.57 *(978-1-334-23326-5(8))* Forgotten Bks.

Clammer (Classic Reprint) William John Hopkins. 2018. (ENG., Illus.). 268p. (J). 29.42 *(978-0-365-24193-5(8))* Forgotten Bks.

Clams All Year / MGA Kabibe Sa Buong Taon: Babl Children's Books in Tagalog & English. Maryann Cocca-Leffler. l.t. ed. 2017. (ENG., Illus.). (J). 14.99 *(978-1-68304-261-7(1))* Babl Books, Incorporated.

Clams All Year / Mon So Quanh Nam: Babl Children's Books in Vietnamese & English. Maryann Cocca-Leffler. l.t. ed. 2017. (ENG., Illus.). (J). 14.99 *(978-1-68304-209-9(3))* Babl Books, Incorporated.

Clams in the Sand, 1 vol. Kirsten Lake. 2017. (Critters by the Sea Ser.). (ENG.). 24p. (J). (gr. 3-3). pap. 9.25 *(978-1-5081-6297-1(2)*, 9d97d8f3-eedd-4f88-9b6c-2779f9e977e1, PowerKids Pr.) Rosen Publishing Group, Inc., The.

Clams, Oysters, & Snails Coloring Book. Jupiter Kids. 2017. (ENG., Illus.). (J). pap. 9.20 *(978-1-68326-665-5(X)*, Jupiter Kids (Childrens & Kids Fiction)) Speedy Publishing LLC.

Clamshell Show (Mermaid School #2) Lucy Courtenay. Illus. by Sheena Dempsey. 2020. (Mermaid School Ser.). (ENG.). 128p. (J). (gr. 1-4). 14.99 *(978-1-4197-4520-1(4)*, 1695001); pap. 6.99 *(978-1-4197-4521-8(2)*, 1695003) Abrams, Inc. (Amulet Bks.).

Clan. Sigmund Brouwer. (ENG.). 256p. (J). (gr. 4-7). 2021. pap. 10.99 *(978-0-7352-6933-0(5))*; 2020. 16.99 *(978-1-101-91849-4(7))* Tundra Bks. CAN. (Tundra Bks.). Dist: Penguin Random Hse. LLC.

Clan-Albin, Vol. 1 Of 4: A National Tale (Classic Reprint) C. I. Johnstone. 2018. (ENG., Illus.). 312p. (J). 30.33 *(978-0-267-20111-2(7))* Forgotten Bks.

Clan-Albin, Vol. 2 Of 4: A National Tale (Classic Reprint) C. I. Johnstone. 2018. (ENG., Illus.). 334p. (J). 30.79 *(978-0-267-16941-2(8))* Forgotten Bks.

Clan Call (Classic Reprint) Hapsburg Liebe. 2018. (ENG., Illus.). 250p. (J). 29.07 *(978-0-484-91763-6(3))* Forgotten Bks.

Clan Castles 2: Upgrade Pack. Evan Jacobs. ed. 2016. (Red Rhino Ser.). (J). lib. bdg. 18.40 *(978-0-606-38948-8(2))* Turtleback.

Clan Castles 2: Upgrade Pack. Evan Jacobs. 2020. (Red Rhino Ser.). (ENG.). 70p. (J). (gr. 4-7). pap. 9.95 *(978-1-68021-743-8(7))* Saddleback Educational Publishing, Inc.

Clan Castles 3: Epic Fail. Evan Jacobs. 2020. (Red Rhino Ser.). (ENG.). 76p. (J). (gr. 4-7). pap. 9.95 *(978-1-68021-753-7(4))* Saddleback Educational Publishing, Inc.

Clan-Destine. Sam Ableton. 2020. (ENG.). 426p. (YA). *(978-1-716-94645-5(X))* Lulu Pr., Inc.

Clan of Two. Brooke Vitale. ed. 2021. (Star Wars 8x8 Ser.). (ENG., Illus.). 24p. (J). (gr. k-1). 14.96 *(978-1-64697-672-0(X))* Penworthy Co., LLC, The.

Clancey Kids: A Comedy in Two Acts (Classic Reprint) Thacher Howland Guild. (ENG., Illus.). (J). 2018. 44p. 24.80 *(978-0-267-88716-3(7))*; 2017. pap. 7.97 *(978-0-259-80480-2(0))* Forgotten Bks.

Clancy the Lonesome Little Donkey. John R. Tweedy. 2017. (ENG., Illus.). (J). 22.95 *(978-1-4808-4076-8(9))*; pap. 12.45 *(978-1-4808-4075-1(0))* Archway Publishing.

Clandestine. Kristen Larsen Spere. 2022. (ENG.). 258p. (YA). pap. 17.95 *(978-1-63885-148-6(4))* Covenant Bks.

Clandestine Marriage, & the Sisters, Vol. 1 of 3 (Classic Reprint) Ellen Wallace. (ENG., Illus.). (J). 2018. 316p. 30.41 *(978-0-484-15088-0(X))*; 2016. pap. 13.57 *(978-1-333-33107-8(X))* Forgotten Bks.

Clandestine Marriage & the Sisters, Vol. 2 of 3 (Classic Reprint) Ellen Wallace. 2018. (ENG., Illus.). 346p. (J). 31.03 *(978-0-332-41114-9(1))* Forgotten Bks.

Clandestine Marriage, Vol. 3 Of 3: And the Sisters (Classic Reprint) Ellen Wallace. 2018. (ENG., Illus.). 296p. (J). 30.00 *(978-0-428-85987-9(9))* Forgotten Bks.

Clang! Wile E. Coyote Experiments with Magnetism. Mark Weakland & Warner Bros. Illus. by Loic Billiau & Paco Sordo. 2017. (Wile E. Coyote, Physical Science Genius Ser.). (ENG.). 32p. (J). (gr. 3-5). lib. bdg. 31.32 *(978-1-5157-3731-5(4)*, 133675, Capstone Pr.) Capstone.

Clanking of Chains (Classic Reprint) Brinsley MacNamara. 2018. (ENG., Illus.). 280p. (J). 29.67 *(978-0-483-88309-3(3))* Forgotten Bks.

Clansman: An Historical Romance of the Ku Klux Klan (Classic Reprint) Thomas Dixon Jr. (ENG., Illus.). (J). 2018. 404p. 32.25 *(978-0-666-17542-7(X))*; 2017. 32.39 *(978-1-5283-6218-4(7))*; 2017. pap. 16.57 *(978-0-282-54030-2(X))* Forgotten Bks.

Clap. Uncle Ian Aurora. Illus. by Natalia Moore. 2017. (ENG.). 32p. (J). (gr. k-4). *(978-1-4867-1278-6(9))* Flowerpot Children's Pr. Inc.

Clap for the Helpers. Patty Michaels. Illus. by Jason Fruchter. 2021. (Daniel Tiger's Neighborhood Ser.). (ENG.). 12p. (J). (gr. -1-1). bds., bds. 12.99 *(978-1-5344-9600-2(9)*, Simon Spotlight) Simon Spotlight.

Clap on the 2 And 4. The Great Amundo. Illus. by Olivia Camille. 2021. (ENG.). 14p. (J). bds. 7.99 *(978-0-7643-6242-2(9)*, 26921) Schiffer Publishing, Ltd.

Clap, Sing, Dance! A Book about Praising God. Jennifer Hilton & Kristen McCurry. Illus. by Natasha Rimmington. 2017. (Frolic First Faith Ser.). 22p. (J). 6.99 *(978-1-5064-1783-7(3)*, Sparkhouse Family) 1517 Media.

Clap When You Land. Elizabeth Acevedo. (ENG.). (YA). (gr. 9). 2022. 448p. pap. 15.99 *(978-0-06-288277-6(5))*; 2020. 432p. 18.99 *(978-0-06-288276-9(7))* HarperCollins Pubs. (Quill Tree Bks.).

Clap Your Hands: A Celebration of Gospel, 1 vol. Toyomi Igus. Illus. by Michele Wood. 2019. (ENG.). 40p. (J). 16.99 *(978-0-310-76947-7(7))* Zonderkidz.

Clapper Stick Concert (Spirit Rangers) JohnTom Knight. Illus. by Random House. 2023. (Pictureback(R) Ser.). 24p. (J). (gr. -1-2). pap. 5.99 *(978-0-593-57101-9(0)*, Random Hse. Bks. for Young Readers) Random Hse. Children's Bks.

Clara & the Magic Circles. Cavan Mahony. 2020. (ENG.). (J). 58p. *(978-0-6450371-0-4(9))*; 76p. pap. *(978-0-6450371-3-5(3))* Karen Mc Dermott.

Clara Barton. Stephen Krensky. Illus. by Bobbie Houser. 2022. (Before They Were Famous Ser.). (ENG.). 32p. (J). (gr. 3-5). pap. *(978-1-0396-6257-5(9)*, 19308); lib. bdg. *(978-1-0396-6062-5(2)*, 19307) Crabtree Publishing Co.

Clara Clutter. Heidi Lulloff. 2021. (ENG.). 30p. (J). 21.95 *(978-1-63710-027-1(2))*; (Illus.). pap. 13.95 *(978-1-63710-025-7(6))* Fulton Bks.

Clara Fane, Vol. 1 Of 3: Or, the Contracts of a Life (Classic Reprint) Louisa Stuart Costello. 2018. (ENG., Illus.). 306p. (J). 30.23 *(978-0-483-98341-0(1))* Forgotten Bks.

Clara Fane, Vol. 2 Of 3: Or, the Contracts of a Life (Classic Reprint) Louisa Stuart Costello. 2018. (ENG., Illus.). 294p. (J). 29.96 *(978-0-483-33085-5(3))* Forgotten Bks.

Clara Gazul, or Honi Soit Qui Mal y Pense, Vol. 1 of 2 (Classic Reprint) Harriette Wilson. (ENG., Illus.). (J). 2018. 244p. 28.93 *(978-0-483-57919-4(X))*; 2016. pap. 11.57 *(978-1-333-24679-2(X))* Forgotten Bks.

Clara Gazul, or Honi Soit Qui Mal y Pense, Vol. 2 of 3 (Classic Reprint) Harriette Wilson. 2018. (ENG., Illus.). 316p. (J). 30.43 *(978-0-332-08226-4(1))* Forgotten Bks.

Clara Gazul, or Honi Soit Qui Mal y Pense, Vol. 3 of 3 (Classic Reprint) Harriette Wilson. 2018. (ENG., Illus.). 294p. (J). 29.96 *(978-0-267-18068-4(3))* Forgotten Bks.

Clara Gazul, Vol. 1 Of 3: Or Honi Soit Qui Mal y Pense (Classic Reprint) Harriette Wilson. 2018. (ENG., Illus.). 306p. (J). 30.21 *(978-0-484-17534-0(3))* Forgotten Bks.

Clara Hopgood (Classic Reprint) Mark Rutherford. 2018. (ENG., Illus.). 308p. (J). 30.25 *(978-0-483-21429-3(9))* Forgotten Bks.

Clara Hughes - the Only Canadian Athlete Who Won Medals at Two Olympic Games - Canadian History for Kids - True Canadian Heroes. Professor Beaver. 2021. (ENG.). 90p. (J). 26.99 *(978-0-2282-3601-6(0)*, Professor Beaver) Speedy Publishing LLC.

Clara Hughes - the Only Canadian Athlete Who Won Medals at Two Olympic Games Canadian History for Kids True Canadian Heroes. Professor Beaver. 2021. (ENG.). 90p. (J). pap. 15.99 *(978-0-2282-3556-9(1)*, Professor Beaver) Speedy Publishing LLC.

Clara Humble & the Kitten Caboodle. Anna Humphrey. Illus. by Lisa Cinar. 2020. (Clara Humble Ser.: 3). (ENG.). 232p. (J). (gr. 2-6). pap. 11.95 *(978-1-77147-423-8(8))* Owlkids Bks. Inc. CAN. Dist: Publishers Group West (PGW).

Clara Humble: Quiz Whiz. Anna Humphrey. Illus. by Lisa Cinar. 2020. (Clara Humble Ser.: 2). (ENG.). 240p. (J). (gr. 1-5). pap. 10.95 *(978-1-77147-401-6(7))* Owlkids Bks. Inc. CAN. Dist: Publishers Group West (PGW).

Clara in Blunderland (Classic Reprint) Caroline Lewis. 2017. (ENG., Illus.). (J). 27.38 *(978-0-331-59664-9(4))*; pap. 9.97 *(978-0-243-11793-2(0))* Forgotten Bks.

Clara Is a Chicken. Hoss Lefevere. 2018. (ENG., Illus.). 36p. (J). 23.95 *(978-1-64003-236-1(3))*; pap. 13.95 *(978-1-64003-235-4(5))* Covenant Bks.

Clara Learns to Fly. Naika C. Gabriel. 2017. (ENG., Illus.). (J). pap. 16.95 *(978-1-5043-8401-8(6)*, Balboa Pr.) Author Solutions, LLC.

Clara Morison, Vol. 2 Of 2: A Tale of South Australia During the Gold Fever (Classic Reprint) Catherine Helen Spence. (ENG., Illus.). (J). 2018. 290p. 29.90 *(978-0-483-12700-5(0))*; 2017. pap. 13.57 *(978-0-259-10141-3(9))* Forgotten Bks.

Clara, or Slave Life in Europe: With a Preface (Classic Reprint) Friedrich Wilhelm Hackländer. (ENG., Illus.). (J). 2018. 544p. 35.12 *(978-0-483-94991-1(4))*; 2017. pap. 19.57 *(978-0-259-39161-6(1))* Forgotten Bks.

Clara Perseveres. Cindy Phan Wong. 2021. (ENG.). 36p. (J). pap. 15.99 *(978-1-953852-09-0(2))* EduMatch.

Clara Poole & the Long Way Round. Taylor Tyng. 2023. (Clara Poole Ser.). 384p. (J). (gr. 3-7). 17.99 *(978-1-64595-159-9(6))* Pixel+Ink.

Clara Schumann, Pianist & Composer. Janet Nichols Lynch. 2021. (ENG.). 72p. (J). pap. 9.95 *(978-1-949290-49-3(2))* Bedazzled Ink Publishing Co.

Clara the Calf. Abbie Nicholson. 2022. (ENG.). 28p. (J). pap. *(978-1-5289-9800-0(6))* Austin Macauley Pubs. Ltd.

Clara the Heavy-Hearted Pug. Darren Chaitman. Illus. by Karolina Assadova. 2018. (ENG.). 28p. (J). (gr. k-1). *(978-0-6483762-2-4(2))*; pap. *(978-0-6483762-0-0(6))* Dragon King's Daughter, The.

Clara the Rhino. Katrin Hirt. Illus. by Laura Fuchs. 2020. (ENG.). 48p. (J). (gr. -1-2). 18.95 *(978-0-7358-4395-0(3))* North-South Bks., Inc.

Clara Vaughan, Vol. 1 Of 3: A Novel (Classic Reprint) R. D. Blackmore. 2018. (ENG., Illus.). (J). 316p. 30.41

C

(978-0-428-98660-5(9)); 654p. 37.41 (978-0-483-67041-9(3)) Forgotten Bks.

Clara Vaughan, Vol. 2 Of 3: A Novel (Classic Reprint) R. D. Blackmore. 2018. (ENG., Illus.). 348p. (J). 31.07 (978-0-428-81129-7(9)) Forgotten Bks.

Clara Vaughan, Vol. 3 Of 3: A Novel (Classic Reprint) R. D. Blackmore. 2018. (ENG., Illus.). 348p. (J). 31.07 (978-0-483-44935-0(0)) Forgotten Bks.

Clara Voyant. Rachelle Delaney. (ENG.). (J). (gr. 3-7). 2019. 192p. pap. 7.99 (978-0-14-319854-3(8)); 2018. 224p. 16.99 (978-0-14-319853-6(X)) PRH Canada Young Readers CAN. (Puffin Canada). Dist: Penguin Random Hse. LLC.

Clarabow's True Beauty. Melodie Browe. 2020. (ENG., Illus.). 24p. (J). 23.95 (978-1-64559-150-4(6)); pap. 13.95 (978-1-64559-149-8(2)) Covenant Bks.

Clara's Amusements (Classic Reprint) Anna Bache. 2018. (ENG., Illus.). 196p. (J). 27.94 (978-0-483-98186-7(9)) Forgotten Bks.

Clara's Geni-Ous Plan. Gill Belchetz. 2021. (ENG.). 72p. (J). pap. (978-1-914560-08-6(6)) Fisher King Publishing.

Clare Abbey, or the Trials of Youth, Vol. 1 of 2 (Classic Reprint) Emily Ponsonby. 2016. (ENG., Illus.). (J). pap. 13.57 (978-1-333-72292-0(3)) Forgotten Bks.

Clare Abbey, or the Trials of Youth, Vol. 1 of 2 (Classic Reprint) Emily Charlotte Mary Ponsonby. 2018. (ENG., Illus.). 320p. (J). 30.50 (978-0-484-05839-1(8)) Forgotten Bks.

Clare & the Apple Faerie, & the Bad Troll. P. J. Roscoe. Illus. by Elizabeth Monks. 2018. (Adventures of Faerie Folk Ser.: Vol. 3). (ENG.). 36p. (J). (gr. 1-5). pap. 9.99 (978-1-68160-559-3(7)) Crimson Cloak Publishing.

Clare the Caring Fairy. Daisy Meadows. 2017. (Illus.). 65p. (J). (978-1-5379-1839-6(7)) Scholastic, Inc.

Clare the Caring Fairy. Daisy Meadows. ed. 2017. (Rainbow Magic — Friendship Fairies Ser.: 4). (Illus.). 65p. (J). lib. bdg. 14.75 (978-0-606-40178-4(4)) Turtleback.

Clarence. Liz Prince. ed. 2016. lib. bdg. 26.95 (978-0-606-39003-3(0)) Turtleback.

Clarence: A Story of an Italian Boy with Big Ears & Big Problems. Stephanie Baruffi. 2018. (ENG.). (J). 14.95 (978-1-68401-642-6(8)) Amplify Publishing Group.

Clarence: The Story of a Mine (Classic Reprint) Bret Harte. 2018. (ENG., Illus.). 492p. (J). 34.06 (978-0-483-45077-6(4)) Forgotten Bks.

Clarence Catches a Cold. Suzanne C. De Board. Illus. by Suzanne C. De Board. 2019. (ENG.). 32p. (J). pap. 10.99 (978-0-9989905-4-5(X)) Pen Pearls.

Clarence Christopher Purdy. Bonnie Doane. Illus. by Aiden Malecky. 2020. (ENG.). 42p. (J). 24.95 (978-1-0980-2837-4(6)); pap. 14.95 (978-1-0980-2835-0(X)) Christian Faith Publishing.

Clarence or, a Tale of Our Own Times - Volume I. Catharine Maria Sedgwick. 2017. (ENG., Illus.). (J). pap. (978-1-4733-3786-2(0)) Freeman Pr.

Clarence, or a Tale of Our Own Times, Vol. 1 of 2 (Classic Reprint) Catharine Maria Sedgwick. (ENG., Illus.). (J). 2018. 306p. 30.21 (978-0-666-87090-2(X)); 2017. 35.78 (978-0-266-40000-4(0)); 2016. pap. 19.57 (978-1-333-32274-8(7)) Forgotten Bks.

Clarence the Clam. Susan Dodd Lambert. 2017. (ENG., Illus.). (J). (gr. k-3). 12.95 (978-0-9984606-4-2(8)) Borgo Publishing.

Clarence the Clumsy Monster. Maggie Crackles. 2023. (ENG.). 28p. (J). pap. (978-1-3984-9749-8(5)) Austin Macauley Pubs. Ltd.

Clarence the Cockerel. Izzy Wheeldon. 2020. (ENG., Illus.). 32p. (J). pap. (978-1-83975-174-5(6)) Grosvenor Hse. Publishing Ltd.

Clarence the Coffee Bean. Jill Saynor. 2018. (ENG., Illus.). 24p. (J). pap. (978-1-78623-329-5(0)) Grosvenor Hse. Publishing Ltd.

Clarence Thomas: Conservative Supreme Court Justice, 1 vol. Ann Byers. 2019. (African American Trailblazers Ser.). (ENG.). 128p. (gr. 9-9). pap. 22.16 (978-1-5026-4554-8(8), ea5122e5-b0a0-4a2b-863b-4b3f321e20c8) Cavendish Square Publishing LLC.

Clarence Thomas: The Things He Learned. L. D. Hicks. 2021. (ENG.). 48p. (J). 17.00 (978-1-64293-619-3(7)) Post Hill Pr.

Clarence's Big Secret. Roy MacGregor & Christine MacGregor Cation. Illus. by Mathilde Cinq-Mars. 2020. (ENG.). 32p. (J). (gr. k-5). 17.95 (978-1-77147-331-6(2)) Owlkids Bks. Inc. CAN. Dist: Publishers Group West (PGW).

Clarence's Topsy-Turvy Shabbat. Jennifer Tzivia MacLeod. Illus. by Jennie Poh. 2020. (ENG.). 24p. (J). (gr. -1-2). 17.99 (978-1-5415-4242-6(8), a59457c9-b897-422f-8a06-ed82fd018826, Kar-Ben Publishing) Lerner Publishing Group.

Clarentine, Vol. 1 Of 2: A Novel (Classic Reprint) Burney. Burney. 2018. (ENG., Illus.). 268p. (J). 29.44 (978-0-484-82516-0(X)) Forgotten Bks.

Clarentine, Vol. 2: A Novel (Classic Reprint) Sarah Harriet Burney. 2018. (ENG., Illus.). 254p. (J). 29.16 (978-0-332-04504-7(8)) Forgotten Bks.

Clare's Goodbye. Libby Gleeson. Illus. by Anna Pignataro. (ENG.). 32p. (J). (gr. -1-k). 2020. pap. 10.99 (978-1-76050-381-9(9)); 2018. 17.99 (978-1-76012-752-7(3)) Little Hare Bks. AUS. Dist: Independent Pubs. Group.

Clare's Tomato. Ed Keller. 2016. (ENG., Illus.). (J). pap. 13.95 (978-1-4808-3302-9(9)) Archway Publishing.

Clare's Tomato. Ed Keller. 2020. (ENG.). 38p. (J). (gr. k-6). 16.99 (978-1-7347439-1-3(3)); pap. 9.99 (978-1-7347439-0-6(5)) Keller, Ed.

Claret & Olives: From the Garonne to the Rhone; or Notes, Social, Picturesque, & Legendary, by the Way (Classic Reprint) Angus B. Reach. 2017. (ENG., Illus.). (J). 29.59 (978-0-266-17615-2(1)) Forgotten Bks.

Clarice Bean, Scram! The Story of How We Got Our Dog. Lauren Child. Illus. by Lauren Child. 2023. (Clarice Bean Ser.). (ENG.). 176p. (J). (gr. 3-7). 18.99 (978-1-5362-3112-0(6)) Candlewick Pr.

Clarice Bean, Think Like an Elf. Lauren Child. Illus. by Lauren Child. 2022. (Clarice Bean Ser.: 4). (ENG.). 240p. (J). (gr. 3-7). 19.99 (978-1-5362-2365-1(4)) Candlewick Pr.

Clarice the Brave. Lisa McMann. (Illus.). (J). (gr. 3-7). 2023. (ENG.). 288p. 8.99 (978-0-593-32338-0(6)); 2021. 272p. 17.99 (978-0-593-32337-3(8)) Penguin Young Readers Group. (G.P. Putnam's Sons Books for Young Readers).

Clarimonde: A Tale of New Orleans Life, & of the Present War (Classic Reprint) Unknown Author. (ENG., Illus.). (J). 2018. 90p. 25.75 (978-0-483-33416-8(2)); 2016. pap. 9.57 (978-1-334-16951-9(9)) Forgotten Bks.

Clarinet. Matilda James. 2021. (Discover Musical Instruments Ser.). (ENG.). 20p. (J). (gr. k-3). 9.99 (978-1-5324-1663-7(6)); pap. 9.99 (978-1-5324-1662-0(8)) Xist Publishing.

Clarinet & Trumpet. Melanie Ellsworth. Illus. by John Herzog. 2021. (ENG.). 32p. (J). (gr. -1-3). 14.99 (978-0-358-10747-7(4), 1749220, Clarion Bks.) HarperCollins Pubs.

Clarinets. Ruth Daly. 2020. (J). (978-1-7911-1624-8(8), AV2 by Weigl) Weigl Pubs., Inc.

Clarinets. Pamela K. Harris. 2019. (Musical Instruments Ser.). (ENG.). 24p. (J). (gr. 3-6). lib. bdg. 32.79 (978-1-5038-3189-6(2), 213315) Child's World, Inc, The.

Clarion: Class of 1931 (Classic Reprint) University High School. 2018. (ENG., Illus.). (J). 154p. 27.07 (978-1-396-69701-2(2)); 156p. pap. 9.57 (978-1-396-16081-3(7)) Forgotten Bks.

Clarion (Classic Reprint) Samuel Hopkins Adams. 2018. (ENG., Illus.). 442p. (J). 33.01 (978-0-483-76918-2(5)) Forgotten Bks.

Claris Vol. 2: The Chicest Mouse in Paris, Volume 1. Megan Hess. 2018. (Claris Ser.: Bk. 1). (ENG., Illus.). 48p. (J). (gr. -1-3). 17.99 (978-1-76050-259-1(6)) Hardie Grant Bks. AUS. Dist: Hachette Bk. Group.

Claris: a Tres Chic Activity Book: Claris: the Chicest Mouse in Paris. Megan Hess. 2021. (ENG.). 80p. (J). (gr. -1-3). pap. 9.99 (978-1-76050-895-1(0)) Hardie Grant Bks. AUS. Dist: Hachette Bk. Group.

Claris: a Tres Chic Activity Book Volume #2: Claris: the Chicest Mouse in Paris, Volume 2. Megan Hess. 2022. (Claris Ser.: 2). (ENG., Illus.). 64p. (J). (gr. -1-17). pap. 9.99 (978-1-76121-091-4(2)) Hardie Grant Bks. AUS. Dist: Hachette Bk. Group.

Claris: Bonjour Riviera, Volume 3. Megan Hess. 2020. (Claris Ser.). (ENG., Illus.). 48p. (J). (gr. -1-3). 17.99 (978-1-76050-493-9(9)) Hardie Grant Bks. AUS. Dist: Hachette Bk. Group.

Claris: Book & Headband Gift Set: Claris: Fashion Show Fiasco, 1 vol. Megan Hess. 2021. (ENG.). 48p. (J). (gr. -1-2). 19.99 (978-1-76050-897-5(7)) Hardie Grant Bks. AUS. Dist: Hachette Bk. Group.

Claris: Holiday Heist: The Chicest Mouse in Paris, Volume 4. Megan Hess. 2020. (ENG., Illus.). 48p. (J). (gr. -1-3). 17.99 (978-1-76050-495-3(5)) Hardie Grant Bks. AUS. Dist: Hachette Bk. Group.

Claris: Palace Party: The Chicest Mouse in Paris, Volume 5. Megan Hess. 2021. (ENG., Illus.). 48p. (J). (gr. -1-2). 17.99 (978-1-76050-497-7(1)) Hardie Grant Bks. AUS. Dist: Hachette Bk. Group.

Claris: the Secret Crown: The Chicest Mouse in Paris, Volume 6. Megan Hess. 2022. (Claris Ser.: 6). (ENG., Illus.). 48p. (J). (gr. -1-17). 17.99 (978-1-76050-771-8(7)) Hardie Grant Bks. AUS. Dist: Hachette Bk. Group.

Clarissa Harlowe, Vol. 6 Of 9: Or the History of a Young Lady (Classic Reprint) Samuel Richardson. (ENG., Illus.). (J). 2018. 360p. 31.30 (978-0-484-70439-7(7)); 2016. pap. 13.97 (978-1-334-61445-3(8)) Forgotten Bks.

Clarissa in the Clouds. Stephanie Fyhrie. 2017. (ENG., Illus.). (J). (gr. k-6). pap. 14.99 (978-0-9989821-0-6(5)) Fyhrie, Stephanie.

Clarissa, or the History of a Young Lady, Vol. 1 Of 4: Comprehending the Most Important Concerns of Private Life, & Particularly Shewing the Distresses That May Attend the Misconduct Both of Parents & Children, in Relation to Marriage. Samuel Richardson. 2017. (ENG., Illus.). (J). pap. 16.57 (978-0-259-35853-4(3)) Forgotten Bks.

Clarissa, or the History of a Young Lady, Vol. 1 Of 4: Comprehending the Most Important Concerns of Private Life; & Particularly Shewing the Distresses That May Attend the Misconduct Both of Parents & Children, in Relation to Marriage. Samuel Richardson. 2017. (ENG., Illus.). (J). 33.18 (978-0-266-67037-7(7)); pap. 16.57 (978-1-5276-4174-7(0)) Forgotten Bks.

Clarissa, or the History of a Young Lady, Vol. 2 Of 4: Comprehending the Most Important Concerns of Private Life; & Particularly Shewing the Distresses That May Attend the Misconduct Both of Parents & Children, in Relation to Marriage. Samuel Richardson. (ENG., Illus.). (J). 2018. 498p. 34.17 (978-0-483-93212-8(4)); 2016. pap. 16.57 (978-1-334-59810-4(X)) Forgotten Bks.

Clarissa, or the History of a Young Lady, Vol. 3 Of 4: Comprehending the Most Important Concerns of Private Life, & Particularly Shewing the Distresses That May Attend the Misconduct Both of Parents & Children, in Relation to Marriage. Samuel Richardson. (ENG., Illus.). (J). 2018. 488p. 33.96 (978-0-666-24767-4(6)); 2017. pap. 16.57 (978-0-259-30559-0(6)) Forgotten Bks.

Clarissa; or the History of a Young Lady, Vol. 3 Of 8: Comprehending the Most Important Concerns of Private Life; & Particularly Shewing the Distresses That May Attend the Misconduct Both of Parents & Children, in Relation to Marriage. Samuel Richardson. 2018. (ENG., Illus.). 400p. (J). 32.15 (978-0-365-12018-6(9)) Forgotten Bks.

Clarissa, or the History of a Young Lady, Vol. 4 Of 4: Comprehending the Most Important Concerns of Private Life; & Particularly Shewing the Distresses That May Attend the Misconduct Both of Parents & Children, in Relation to Marriage. Samuel Richardson. 2017. (ENG., Illus.). (J). pap. 16.97 (978-1-5277-8064-4(3)) Forgotten Bks.

Clarissa; or the History of a Young Lady, Vol. 5 Of 8: Comprehending the Most Important Concerns of Private Life; & Particularly Shewing the Distresses That May Attend the Misconduct Both of Parents & Children, in Relation to Marriage. Samuel Richardson. 2018. (ENG., Illus.). 358p. (J). 31.30 (978-0-656-48797-4(6)) Forgotten Bks.

Clarissa, Vol. 2: A Novel (Classic Reprint) Samuel Richardson. (ENG., Illus.). (J). 2018. 378p. 31.69 (978-0-666-81584-2(4)); 2017. pap. 16.57 (978-0-259-37505-0(5)) Forgotten Bks.

Clarissa, Vol. 6 Of 8: Or, the History of a Young Lady; Comprehending the Most Important Concerns of Private Life, & Particularly Showing the Distresses That May Attend the Misconduct Both of Parents & Children in Relation to Marriage. Unknown Author. 2018. (ENG., Illus.). 348p. (J). 31.09 (978-0-483-73188-2(9)) Forgotten Bks.

Clarissa's Disappointment: And Resources for Families, Teachers & Counselors of Children of Incarcerated Parents. Megan Sullivan. Illus. by Daniel Jay. 2017. (ENG.). (J). (gr. 4-6). pap. 14.00 (978-0-9861597-5-6(1), Shining Hall) Twelve Winters Pr.

Clark & Lex. Brendan Reichs. Illus. by Jerry Gaylord. 2023. 160p. (J). (gr. 3-7). pap. 12.99 (978-1-77950-210-0(9)) DC Comics.

Clark County Hard Cover Student Edition with Gratis Nevada 2014. Hmh Hmh. 2016. (Hmh Algebra 1 Ser.). (ENG.). (YA). (gr. 9-12). pap. 131.40 (978-0-544-97027-4(6)); pap. 134.07 (978-0-544-97029-8(2)) Houghton Mifflin Harcourt Publishing Co.

Clark County Premium Student Resource Package with 1 Year Digital 2018. Hmh Hmh. 2018. (Science Dimensions Biology Ser.). (ENG.). (J). (gr. 9-12). pap. 173.20 (978-1-328-63132-9(X)) Houghton Mifflin Harcourt Publishing Co.

Clark County Premium Student Resource Package with 7 Year Digital 2018. Hmh Hmh. 2018. (Science Dimensions Biology Ser.). (ENG.). (J). (gr. 9-12). pap. 192.93 (978-1-328-49580-8(9)) Houghton Mifflin Harcourt Publishing Co.

Clark the Clam: The Sound of CL. Marv Alinas. 2017. (Consonant Blends Ser.). (ENG.). 24p. (J). (gr. -1-2). lib. bdg. 32.79 (978-1-5038-1938-2(8), 211535) Child's World, Inc, The.

Clark the Colorblind Chameleon. Asha Hossain & Anita K. Newman. 2023. (ENG.). 32p. (J). (gr. k-2). 17.95 (978-1-950584-65-9(8)) Green Writers Pr.

Clark the Shark. Bruce Hale. ed. 2016. (Clark the Shark: I Can Read Level 1 Ser.). (J). lib. bdg. 13.55 (978-0-606-38774-3(9)) Turtleback.

Clark the Shark: Friends Forever. Bruce Hale. Illus. by Guy Francis. 2022. (I Can Read Level 2 Ser.). (ENG.). 32p. (J). (gr. -1-3). 16.99 (978-0-06-291259-6(3)); pap. 4.99 (978-0-06-291258-9(5)) HarperCollins Pubs. (HarperCollins).

Clark the Shark: Lost & Found. Bruce Hale. Illus. by Guy Francis. 2016. (I Can Read Level 1 Ser.). (ENG.). 32p. (J). (gr. -1-3). pap. 4.99 (978-0-06-227910-1(6), HarperCollins) HarperCollins Pubs.

Clark the Shark & the Big Book Report. Bruce Hale. Illus. by Guy Francis. 2017. (I Can Read Level 1 Ser.). 32p. (J). (ENG.). (gr. -1-3). pap. 4.99 (978-0-06-227912-5(2), HarperCollins); (978-1-5182-4609-8(5)) HarperCollins Pubs.

Clark the Shark & the School Sing. Bruce Hale. Illus. by Guy Francis. 2021. (I Can Read Comics Level 1 Ser.). (ENG.). 32p. (J). (gr. -1-3). 16.99 (978-0-06-291257-2(7)); pap. 5.99 (978-0-06-291256-5(9)) HarperCollins Pubs. (HarperAlley).

Clark the Shark & the School Sing. Bruce Hale. ed. 2021. (I Can Read Comics Ser.). (ENG., Illus.). 31p. (J). (gr. k-1). 16.46 (978-1-64697-941-7(9)) Penworthy Co., LLC, The.

Clark the Shark Gets a Pet. Bruce Hale. Illus. by Guy Francis. 2020. (I Can Read Level 1 Ser.). (ENG.). 32p. (J). (gr. -1-3). 16.99 (978-0-06-291255-8(0)); pap. 4.99 (978-0-06-291254-1(2)) HarperCollins Pubs. (HarperCollins).

Clark the Shark Gets a Pet. Bruce Hale. ed. 2021. (I Can Read Ser.). (ENG., Illus.). 32p. (J). (gr. k-1). 14.96 (978-1-64697-540-2(5)) Penworthy Co., LLC, The.

Clark the Shark Loves Christmas: A Christmas Holiday Book for Kids. Bruce Hale. Illus. by Guy Francis. 2016. (Clark the Shark Ser.). (ENG.). 32p. (J). (gr. -1-3). 18.99 (978-0-06-237452-3(4), HarperCollins) HarperCollins Pubs.

Clark the Shark: Too Many Treats. Bruce Hale. Illus. by Guy Francis. 2019. (I Can Read Level 1 Ser.). (ENG.). 32p. (J). (gr. -1-3). 16.99 (978-0-06-227917-0(3)); pap. 4.99 (978-0-06-227916-3(5)) HarperCollins Pubs. (HarperCollins).

Clark's Definite Shorthand: Introduced by Muscular Movement, Composed of Four Length Vowel Strokes & Very Small Consonant Circles; Half Circles & Very Slight Ticks, Is So Simple That Any Child in the Second Grade, Can Learn & Use It Opposite the Spe. Francis Chadwick Clark. 2017. (ENG., Illus.). (J). 26.83 (978-0-265-45398-8(4)) Forgotten Bks.

Clark's Field (Classic Reprint) Robert Herrick. 2018. (ENG., Illus.). 500p. (J). 34.23 (978-0-267-61955-9(3)) Forgotten Bks.

Clark's Tangible Shorthand Self-Instructor: The Only System Free of Word Signs a Purely Phonetic System of 100 Characters & 12 Rules (Classic Reprint) Francis Chadwick Clark. 2018. (ENG., Illus.). 160p. (J). 27.20 (978-0-656-02308-0(2)) Forgotten Bks.

Claro de Luna, 1 vol. Elizabeth Santiago. Tr. by Cecilia Molinari. Illus. by McKenzie Mayle. 2023. (SPA.). 384p. (YA). (gr. 8-12). 24.95 (978-1-64379-651-2(8), leelowtu, Tu Bks.) Lee & Low Bks., Inc.

Claro de Luna (Moonlight) Grace Hansen. 2021. (Luces en el Firmamento (Sky Lights) Ser.). (SPA.). 24p. (J). (gr. -1-2). lib. bdg. 32.79 (978-1-0982-0447-1(6), 35384, Abdo Kids) ABDO Publishing Co.

Claro y Oscuro en la Clase de Arte / Light & Dark in Art Class, 1 vol. Patrick Hely. 2017. (Opuestos en la Escuela / Opposites at School Ser.). (ENG & SPA., Illus.). 24p. (J). (gr. 1-1). lib. bdg. 25.27 (978-1-5081-6350-3(2), 7b04fa63-37fe-456d-b0b8-a944045b9675, PowerKids Pr.) Rosen Publishing Group, Inc., The.

Claro y Oscuro en la Clase de Arte (Light & Dark in Art Class), 1 vol. Patrick Hely. 2017. (Opuestos en la Escuela (Opposites at School) Ser.). (SPA.). 24p. (J). (gr. 1-1). pap. 9.25 (978-1-5383-2715-9(5), c6967f55-b4e3-4993-8b28-4398278dac5a); (Illus.). lib. bdg. 25.27 (978-1-5081-6346-6(4), 0ead4903-9df2-4721-8abb-00e229338b48) Rosen Publishing Group, Inc., The. (PowerKids Pr.).

Claro y Oscuro (Light & Dark) Julie Murray. 2019. (Contrarios (Opposites) Ser.). (SPA.). 24p. (J). (gr. -1-2). lib. bdg. 31.36 (978-1-5321-8735-3(1), 31318, Abdo Kids) ABDO Publishing Co.

Clarrie's Pig Day Out. Jen Storer. Illus. by Sue deGennaro. 2019. 32p. pap. 6.99 (978-0-7333-3445-0(8)) ABC Bks. AUS. Dist: HarperCollins Pubs.

Clase de Música. Katrina Streza & Ariana Vargas. Illus. by Brenda Ponnay. 2023. (Little Lectores Ser.: Vol. 20). (SPA.). 20p. (J). 24.99 (978-1-5324-3484-6(7)); pap. 12.99 (978-1-5324-3302-3(6)) Xist Publishing.

Clash, 1 vol. Brian J. Bowe. 2018. (Bands That Rock! Ser.). (ENG.). 112p. (YA). (gr. 7-7). pap. 20.95 (978-1-9785-0522-3(1), 2d3dbc2c-d513-4c3e-937e-47ebc4882ea7) Enslow Publishing, LLC.

Clash. O. R. Van Holten. 2019. (ENG.). 258p. (YA). (gr. 8-12). pap. (978-1-78955-559-2(0)) Authors OnLine, Ltd.

Clash. Kayla Miller. Illus. by Kayla Miller. 2021. (Click Graphic Novel Ser.). (ENG., Illus.). 224p. (J). (gr. 3-7). pap. 12.99 (978-0-358-24219-2(3), 1767110); 24.99 (978-0-358-24220-8(7), 1767111) HarperCollins Pubs. (Clarion Bks.).

Clash: Weimar Classicism & Buchenwald Barbarism. Thomas Lehner. 2016. (ENG.). 546p. (J). 27.95 (978-1-78629-975-8(5), 332804fc-dec9-49aa-a6e7-723ed780d5c4) Austin Macauley Pubs. Ltd. GBR. Dist: Baker & Taylor Publisher Services (BTPS).

Clash at Fatal Fields: An Unofficial Novel for Fans of Fortnite. Devin Hunter. 2018. (Trapped in Battle Royale Ser.). (ENG.). 112p. (J). (gr. 1-5). pap. 7.99 (978-1-5107-4263-5(8), Sky Pony Pr.) Skyhorse Publishing Co., Inc.

Clash in the Underwater World. Danica Davidson. ed. 2018. (Unofficial Overworld Heroes Adventure Ser.: 4). lib. bdg. 18.40 (978-0-606-41300-8(6)) Turtleback.

Clash in the Underwater World: An Unofficial Overworld Heroes Adventure, Book Four. Danica Davidson. 2018. (Unofficial Overworld Heroes Adventure Ser.: 4). (ENG.). 112p. (J). (gr. 3-8). 16.99 (978-1-5107-3349-7(3)); pap. 7.99 (978-1-5107-3348-0(5)) Skyhorse Publishing Co., Inc. (Sky Pony Pr.).

Clash of Fate & Fury. Rachel Menard. 2023. (Labors of Gen Ser.). (ENG.). 400p. (YA). (gr. 9-12). pap. 14.99 (978-1-63583-082-8(6), Flux) North Star Editions.

Clash of Heroes: Nath Dragon Meets the Darkslayer (Book 3 Of 3) Craig Halloran. 2021. (ENG.). 220p. (J). pap. 12.99 (978-1-946218-27-8(8)) Southampton Publishing.

Clash of Heroes Special Edition. Craig Halloran. 2018. (ENG., Illus.). 464p. (J). 24.99 (978-1-946218-54-4(5)) Two-Ten Bk. Pr., Inc.

Clash of Powers: The President Versus Congress. Meryl Loonin. 2022. (Challenges for Democracy Ser.). (ENG., Illus.). 64p. (J). (gr. 6-12). 43.93 (978-1-6782-0302-3(5)) ReferencePoint Pr., Inc.

Clash of Sky Palace Vol 1: English Comic Manga Graphic Novel. Reed Ru. 3rd ed. 2023. (Tales of Terra Ocean Ser.). (ENG.). 124p. (YA). pap. (978-1-926470-73-3(7)) CS Publish.

Clash of Sky Palace Vol 2: English Comic Manga Graphic Novel. Reed Ru. 3rd ed. 2023. (Tales of Terra Ocean Ser.). (ENG.). 140p. (YA). pap. (978-1-926470-74-0(5)) CS Publish.

Clash of Steel: a Treasure Island Remix. C. B. Lee. 2021. (Remixed Classics Ser.: 1). (ENG., Illus.). 432p. (YA). 18.99 (978-1-250-75037-2(7), 900224653) Feiwel & Friends.

Clash of Steel (Classic Reprint) Carl Reutti Mason. 2018. (ENG., Illus.). 208p. (J). 28.08 (978-0-484-07901-3(8)) Forgotten Bks.

Clash of Swords in Scotland. Karyn Collett. 2017. (ENG., Illus.). (J). pap. (978-0-620-76834-4(7)) ALZuluBelle.

Clash of the Scarlest Beings in Space Monsters vs. Aliens Coloring Book for Kids. Educando Kids. 2019. (ENG.). 42p. (J). pap. 6.99 (978-1-64521-094-8(4), Educando Kids) Editorial Imagen.

Clash of Time: Book 1: the Missing Piece. K. Simmons. 2017. (ENG., Illus.). 68p. (YA). (gr. 7-12). 21.95 (978-1-63498-614-4(8)); pap. 11.95 (978-1-63498-613-7(X)) Bookstand Publishing.

Clásicos en Cómic Usborne Drácula(Dracula) Russell Punter. 2019. (Usborne Graphic Classics Ser.). (SPA.). 104p. (J). pap. 9.99 (978-0-7945-4634-2(X), Usborne) EDC Publishing.

Clasificado (Classified) La Carrera Secreta de Mary Golda Ross, Ingeniera Aeroespacial Cheroquí (the Secret Career of Mary Golda Ross, Cherokee Aerospace Engineer) Traci Sorell. Illus. by Natasha Donovan. 2023. (SPA.). 32p. (J). (gr. 2-5). 11.99 (978-1-7284-9293-3(9), f7b72041-b499-4baf-a03c-5f425a6f7f6a, Millbrook Pr.) Lerner Publishing Group.

Clasp for Heirs (a Throne for Sisters-Book Eight) Morgan Rice. 2018. (Throne for Sisters Ser.: Vol. 8). (ENG., Illus.). 192p. (YA). (gr. 7-12). pap. 12.99 (978-1-64029-488-2(0)) Morgan Rice Bks.

Class. Boni Ashburn. Illus. by Kimberly Gee. 2016. (ENG.). 40p. (J). (gr. -1-3). 17.99 (978-1-4424-2248-3(3), Beach Lane Bks.) Beach Lane Bks.

Class. Frances O'Roark Dowell. 2019. (ENG., Illus.). 320p. (J). (gr. 4-8). 18.99 (978-1-4814-8179-3(7)) Simon & Schuster Children's Publishing.

Class Act. Jerry Craft. ed. 2021. (New Kid Ser.). (ENG., Illus.). 249p. (J). (gr. 4-5). 24.19 (978-1-64697-624-9(X)) Penworthy Co., LLC, The.

Class Act: A Graphic Novel. Jerry Craft. Illus. by Jerry Craft. 2020. (ENG., Illus.). 256p. (J). (gr. 3-7). 22.99 (978-0-06-288551-7(0)); pap. 12.99 (978-0-06-288550-0(2)) HarperCollins Pubs. (Quill Tree Bks.).

Class Act #2. Kelly Starling Lyons. Illus. by Vanessa Brantley-Newton. 2017. (Jada Jones Ser.: 2). 96p. (J). (gr. 1-3). (ENG.). 6.99 (978-0-451-53427-9(1)); lib. bdg. 15.99 (978-0-451-53428-6(X)) Penguin Young Readers Group. (Penguin Workshop).

Class Action. Steven B. Frank. (ENG.). (J). (gr. 5-7). 2019. 288p. pap. 7.99 *(978-0-358-11802-2(6),* 1750753); 2018. 272p. 16.99 *(978-1-328-79920-3(4),* 1685687) HarperCollins Pubs. (Clarion Bks.).

Class Action. Judy Schachner. ed. 2017. (Skippyjon Jones Ser.). lib. bdg. 19.65 *(978-0-606-40104-3(0))* Turtleback.

Class & Education. Duchess Harris Jd & A. W. Buckey. 2018. (Class in America Ser.). (ENG.). 112p. (J). (gr. 6-12). lib. bdg. 41.36 *(978-1-5321-1405-2(2),* 28792, Essential Library) ABDO Publishing Co.

Class & Race. Duchess Harris Jd & Laura K. Murray. 2018. (Class in America Ser.). (ENG., Illus.). 112p. (J). (gr. 6-12). lib. bdg. 41.36 *(978-1-5321-1406-9(0),* 28794, Essential Library) ABDO Publishing Co.

Class at Professor Cizek's: Subject Autumn (Classic Reprint) Francesca M. Wilson. 2017. (ENG., Illus.). (J). 24.68 *(978-0-331-69577-9(4))* Forgotten Bks.

Class Book: June, 1917; Published by the Class of 1917, Fitchburg High School (Classic Reprint) Edward Ignatius. (ENG., Illus.). (J). 2018. 192p. 27.88 *(978-0-364-02721-9(5));* 2017. pap. 10.57 *(978-0-259-98422-1(1))* Forgotten Bks.

Class Book, '09 (Classic Reprint) Fitchburg High School. (ENG., Illus.). (J). 2018. 110p. 26.17 *(978-0-365-47507-1(6));* 2017. pap. 9.57 *(978-0-259-93427-1(5))* Forgotten Bks.

Class Book 1900: Published by Members of the Senior Class of Abbot Academy, Andover, Massachusetts (Classic Reprint) Gertrude May Lawrence. 2017. (ENG., Illus.). (J). 25.34 *(978-0-266-93564-3(8));* pap. 9.57 *(978-1-5278-2897-1(2))* Forgotten Bks.

Class Book 1902: Published by the Members of the Senior Class of Abbot Academy, Andover, Massachusetts (Classic Reprint) Honora Spalding. 2017. (ENG., Illus.). (J). 60p. 25.15 *(978-0-332-02514-8(4));* 62p. pap. 9.57 *(978-0-332-02483-7(0))* Forgotten Bks.

Class Book, 1908 (Classic Reprint) Oliver Kendall Robbins. (ENG., Illus.). (J). 2018. 116p. 26.31 *(978-0-365-49306-8(6));* 2017. pap. 9.57 *(978-0-259-95640-2(6))* Forgotten Bks.

Class Book, 1908 (Classic Reprint) Salem Normal School. (ENG., Illus.). (J). 2018. 50p. 24.93 *(978-0-364-13450-4(X));* 2017. pap. 9.57 *(978-0-259-80869-5(5))* Forgotten Bks.

Class Book, 1911 (Classic Reprint) Salem Normal School. (ENG., Illus.). (J). 2018. 62p. 25.20 *(978-0-483-98424-0(8));* 2017. pap. 9.57 *(978-0-243-44144-0(4))* Forgotten Bks.

Class Book 1919: State Normal School for Women (Classic Reprint) State Normal School For Women. (ENG., Illus.). (J). 2018. 58p. 25.09 *(978-0-267-55603-8(9));* 2016. pap. 9.57 *(978-1-333-16193-4(X))* Forgotten Bks.

Class Book, 1919 (Classic Reprint) Fitchburg High School. 2017. (ENG., Illus.). (J). 88p. 25.73 *(978-0-484-28851-4(2));* pap. 9.57 *(978-0-259-98575-4(9))* Forgotten Bks.

Class Book 1920: Ad Summum (Classic Reprint) George Llewellyn Shepard. (ENG., Illus.). (J). 2018. 102p. 26.00 *(978-0-364-63314-4(X));* 2017. pap. 9.57 *(978-0-259-47090-8(2))* Forgotten Bks.

Class Book, 1920 (Classic Reprint) State Normal School For Women. (ENG., Illus.). (J). 2018. 76p. 25.48 *(978-0-267-54973-3(3));* 2016. pap. 9.57 *(978-1-333-53990-0(8))* Forgotten Bks.

Class Book, 1924 (Classic Reprint) Fitchburg High School. (ENG., Illus.). (J). 2018. 126p. 26.50 *(978-0-364-71963-3(X));* 2017. pap. 9.57 *(978-0-259-96037-9(3))* Forgotten Bks.

Class Book, 1927 (Classic Reprint) Fitchburg High School. (ENG., Illus.). (J). 2018. 136p. 26.70 *(978-0-365-13263-9(2));* 2017. pap. 9.57 *(978-0-259-98551-8(1))* Forgotten Bks.

Class Book, 1928 (Classic Reprint) Fitchburg High School. 2017. (ENG., Illus.). (J). 26.64 *(978-0-266-73213-6(5));* pap. 9.57 *(978-1-5276-9532-0(8))* Forgotten Bks.

Class Book, 1930 (Classic Reprint) Edward F. Searles High School. (ENG., Illus.). (J). 2018. 106p. 26.10 *(978-0-365-21389-5(6));* 2017. pap. 9.57 *(978-0-259-98489-4(2))* Forgotten Bks.

Class Book, 1931 (Classic Reprint) Bettina Heslam. 2017. (ENG., Illus.). (J). 126p. 26.52 *(978-0-332-78764-0(8));* pap. 9.57 *(978-0-259-96511-4(1))* Forgotten Bks.

Class Book, 1931 (Classic Reprint) Edward F. Searles High School. 2017. (ENG., Illus.). (J). 26.00 *(978-0-260-47526-8(2));* pap. 9.57 *(978-0-265-06884-7(3))* Forgotten Bks.

Class Book, 1937 (Classic Reprint) Edward F. Searles High School Methuen. 2017. (ENG., Illus.). (J). 25.69 *(978-0-266-81994-3(X));* pap. 9.57 *(978-1-5278-1762-3(8))* Forgotten Bks.

Class Book, 1938 (Classic Reprint) Edward F. Searles High School. 2017. (ENG., Illus.). (J). 25.51 *(978-0-260-58501-1(7));* pap. 9.57 *(978-0-265-03805-5(7))* Forgotten Bks.

Class Book, 1939 (Classic Reprint) Edward F. Searles High School. 2017. (ENG., Illus.). (J). 25.57 *(978-0-260-62379-9(2));* pap. 9.57 *(978-0-265-02106-4(5))* Forgotten Bks.

Class Book, 1940 (Classic Reprint) Edward F. Searles High School. 2017. (ENG., Illus.). (J). 25.84 *(978-0-260-67447-0(8));* pap. 9.57 *(978-0-266-00510-0(1))* Forgotten Bks.

Class Book, 1941, Edward F. Searles High School, Methuen, Massachusetts (Classic Reprint) Edward F. Searles High School. 2018. (ENG., Illus.). (J). 94p. 25.84 *(978-0-366-57009-6(9));* 96p. pap. 9.57 *(978-0-366-52967-4(6))* Forgotten Bks.

Class Book, 1942 (Classic Reprint) Edward F. Searles High School. (ENG., Illus.). (J). 2018. 92p. 25.79 *(978-0-656-94159-9(6));* 2017. pap. 9.57 *(978-0-282-54214-6(0))* Forgotten Bks.

Class Book 1943: Edward J. Searles High School, Methuen, Massachusetts (Classic Reprint) Ruth Dean. 2017. (ENG., Illus.). (J). 25.61 *(978-0-260-57924-9(6));* pap. 9.57 *(978-0-266-03577-0(9))* Forgotten Bks.

Class Book, 1944 (Classic Reprint) Edward F. Searles High School. 2018. (ENG., Illus.). (J). 84p. 25.65 *(978-0-366-57038-6(2));* 86p. pap. 9.57 *(978-0-366-55467-6(0))* Forgotten Bks.

Class Book for 1903 (Classic Reprint) Cora Ethel Dyer. (ENG., Illus.). (J). 2018. 244p. 28.93 *(978-0-364-16568-3(5));* 2017. pap. 11.57 *(978-0-259-85461-6(1))* Forgotten Bks.

Class Book of 1907 (Classic Reprint) Fitchburg High School. (ENG., Illus.). (J). 2018. 98p. 25.92 *(978-0-364-98642-4(5));* 2017. pap. 9.57 *(978-0-259-84847-9(6))* Forgotten Bks.

Class Book of 1910 (Classic Reprint) Fitchburg High School. 2017. (ENG., Illus.). (J). 120p. 26.39 *(978-0-484-61567-9(X));* pap. 9.57 *(978-0-259-98409-2(4))* Forgotten Bks.

Class Book of 1913 (Classic Reprint) Fitchburg High School. 2017. (ENG., Illus.). (J). 116p. 26.31 *(978-0-332-63312-1(8));* 118p. pap. 9.57 *(978-0-259-99252-3(6))* Forgotten Bks.

Class Book of 1925 a (Classic Reprint) Weaver High School. 2019. (ENG., Illus.). (J). 68p. 25.32 *(978-1-397-29345-9(4));* 70p. pap. 9.57 *(978-1-397-29320-6(9))* Forgotten Bks.

Class Book of 1925 B (Classic Reprint) Weaver High School. 2019. (ENG., Illus.). (J). 66p. 25.28 *(978-1-397-29342-8(X));* 68p. pap. 9.57 *(978-1-397-29319-0(5))* Forgotten Bks.

Class Book of 1926a (Classic Reprint) Weaver High School. 2019. (ENG., Illus.). (J). 70p. 25.36 *(978-1-397-29339-8(X));* 72p. pap. 9.57 *(978-1-397-29315-2(2))* Forgotten Bks.

Class Book of 1926b (Classic Reprint) Weaver High School. 2019. (ENG., Illus.). 88p. (J). pap. 9.57 *(978-1-397-29316-9(0))* Forgotten Bks.

Class Book of 1940 (Classic Reprint) Wilmington High School. 2017. (ENG., Illus.). (J). 25.13 *(978-0-331-43969-4(7));* pap. 9.57 *(978-0-260-44481-3(2))* Forgotten Bks.

Class-Book of Comparative Idioms: English Part (Classic Reprint) Jules Bue. (ENG., Illus.). (J). 2018. 174p. 27.49 *(978-0-267-13536-3(X));* 2017. pap. 9.97 *(978-0-259-39770-0(9))* Forgotten Bks.

Class-Book of Geology. Archibald Geikie. 2017. (ENG.). 428p. (J). pap. *(978-3-337-17684-6(4))* Creation Pubs.

Class Clown. Robert Munsch. Illus. by Michael Martchenko. 2019. (ENG.). 32p. (J). pap. 7.99 *(978-0-439-93594-4(6))* Scholastic Canada, Ltd. CAN. Dist: Publishers Group West (PGW).

Class Clown Fish, 2. Kevin Sherry. ed. 2021. (Squidding Around Ser.). (ENG., Illus.). 95p. (J). (gr. 2-3). 18.99 *(978-1-64697-963-9(X))* Penworthy Co., LLC, The.

Class Clown Fish: a Graphix Chapters Book (Squidding Around #2) Kevin Sherry. 2021. (Squidding Around Ser.). (ENG., Illus.). 96p. (J). (gr. 1-3). 22.99 *(978-1-338-63671-0(5));* pap. 7.99 *(978-1-338-63670-3(7))* Scholastic, Inc. (Graphix).

Class Clown Joke Book. HarperCollins Publishers Ltd. Staff. 2020. (ENG.). 304p. (J). (gr. k-4). pap. 11.50 *(978-1-4434-6058-3(3),* HarperCollins) HarperCollins Pubs.

Class Dismissed. Allan Woodrow. 2017. (ENG.). 272p. (J). (gr. 3-7). pap. 6.99 *(978-0-545-80072-3(2),* Scholastic Paperbacks) Scholastic, Inc.

Class in America (Set), 8 vols. 2018. (Class in America Ser.). (ENG.). 112p. (J). (gr. 6-12). lib. bdg. 330.88 *(978-1-5321-1402-1(8),* 28786, Essential Library) ABDO Publishing Co.

Class Is Exciting. Ha Xuan. 2018. (VIE., Illus.). (J). pap. *(978-604-963-536-6(6))* Van hoc.

Class: Joyride. Patrick Ness & Guy Adams. 2017. (Class Ser.: 2). (ENG.). 256p. (YA). (gr. 8). 17.99 *(978-0-06-266620-8(7),* Quill Tree Bks.) HarperCollins Pubs.

Class Mobility. Duchess Harris Jd & Elisabeth Herschbach. 2018. (Class in America Ser.). (ENG., Illus.). 112p. (J). (gr. 6-12). lib. bdg. 41.36 *(978-1-5321-1407-6(9),* 28796, Essential Library) ABDO Publishing Co.

Class of 1902 (Classic Reprint) Bryn Mawr College. (ENG., Illus.). (J). 2018. 116p. 26.31 *(978-0-267-53584-2(8));* 2016. pap. 9.57 *(978-1-333-29663-6(0))* Forgotten Bks.

Class One Farmyard Fun. Julia Jarman. Illus. by Lynne Chapman. 2018. (Class One, Two & Three Ser.). (ENG.). 32p. (J). (gr. -1-k). 9.99 *(978-1-4449-2716-0(7))* Hachette Children's Group GBR. Dist: Hachette Bk. Group.

Class Pest: A QUIX Book. Davy Ocean. Illus. by Aaron Blecha. 2023. (Harvey Hammer Ser.: 2). (ENG.). 64p. (J). (gr. k-3). 17.99 ***(978-1-5344-5516-0(7));*** pap. 5.99 ***(978-1-5344-5515-3(9))*** Simon & Schuster Children's Publishing. (Aladdin).

Class Pet. Lori Mortensen. 2016. (Spring Forward Ser.). (J). (gr. 1). *(978-1-4900-2228-4(7))* Benchmark Education Co.

Class Pet: a Touch-And-Feel Storybook (Peppa Pig) Illus. by EOne. 2023. (ENG.). 10p. (J). (gr. -1-k). 10.99 *(978-1-338-84476-4(8))* Scholastic, Inc.

Class Pet Catastrophe. Bruce Coville. Illus. by Glen Mullaly. 2021. (Sixth-Grade Alien Ser.: 6). (ENG.). 176p. (J). (gr. 3-7). 17.99 *(978-1-5344-6808-5(0));* pap. 6.99 *(978-1-5344-6807-8(2))* Simon & Schuster Children's Publishing. (Aladdin).

Class Pet... (S) Megan Dyer Planey. 2018. (ENG., Illus.). 52p. (J). pap. 12.95 *(978-1-64082-491-1(X))* Page Publishing Inc.

Class Picture Day from the Black Lagoon. Mike Thaler. Illus. by Jared Lee. 2016. (Black Lagoon Adventures Set 4 Ser.). (ENG.). 64p. (J). (gr. 2-6). lib. bdg. 31.36 *(978-1-61479-602-2(5),* 24335, Chapter Bks.) Spotlight.

Class-Room Conversation Book (Classic Reprint) Fong F. SEC. (ENG., Illus.). (J). 2018. 152p. 27.05 *(978-0-267-00421-8(4));* 2017. pap. 9.57 *(978-0-243-97341-5(1))* Forgotten Bks.

Class Set Classroom Package 1 Year Print/8 Year Digital 2019. Hmh Hmh. 2018. (Modern World History Ser.). (ENG.). (YA). (gr. 10). pap. 9165.20 *(978-1-328-83823-0(4))* Houghton Mifflin Harcourt Publishing Co.

Class Set Classroom Package 2 Year Print/8 Year Digital 2019. Hmh Hmh. 2018. (American History: Reconstruction to the Present Ser.). (ENG.). (YA). (gr. 11). pap. 9165.13 *(978-1-328-83804-9(8))* Houghton Mifflin Harcourt Publishing Co.

Class Set Classroom Package with 1 Year Digital 2018. Hmh Hmh. 2017. (Modern World History Ser.). (ENG.). (J). (gr. 9-12). pap. 7918.53 *(978-0-544-95281-2(2))* Houghton Mifflin Harcourt Publishing Co.

Class Set Classroom Resource Package with 5 Year Digital 2018. Hmh Hmh. 2017. (United States Government Ser.). (ENG.). (YA). (gr. 9-12). pap. 7585.00 *(978-1-328-70492-4(0));* pap. 8010.00 *(978-1-328-70550-1(1))* Houghton Mifflin Harcourt Publishing Co.

Class Set Classroom Resource Package with 5 Year Digital 2019. Hmh Hmh. 2019. (Civics & the World Ser.). (ENG.). (J). (gr. 6-8). pap. 8941.00 *(978-0-358-14101-3(X))* Houghton Mifflin Harcourt Publishing Co.

Class Set Student Resource Package 1 Year Print/8 Year Digital. Hmh Hmh. 2018. (Modern World History Ser.). (ENG.). (YA). (gr. 10). pap. 85.00 *(978-1-328-83824-7(2))* Houghton Mifflin Harcourt Publishing Co.

Class Set Student Resource Package 2 Year Print/8 Year Digital. Hmh Hmh. 2018. (American History: Reconstruction to the Present Ser.). (ENG.). (YA). (gr. 11). pap. 85.00 *(978-1-328-83805-6(6))* Houghton Mifflin Harcourt Publishing Co.

Class Set Student Resource Package Grade 10 with 1 Year Digital 2017. Hmh Hmh. 2020. (ENG.). (YA). pap. 41.80 *(978-0-358-47550-7(3));* pap. 41.80 *(978-0-358-47652-8(6))* Houghton Mifflin Harcourt Publishing Co.

Class Set Student Resource Package Grade 11 with 1 Year Digital 2017. Hmh Hmh. 2020. (ENG.). (YA). pap. 41.80 *(978-0-358-47553-8(8));* pap. 41.80 *(978-0-358-47655-9(0))* Houghton Mifflin Harcourt Publishing Co.

Class Set Student Resource Package Grade 6 with 1 Year Digital 2017. Hmh Hmh. 2020. (ENG.). (J). pap. 37.93 *(978-0-358-47537-8(6));* pap. 37.93 *(978-0-358-47640-5(2))* Houghton Mifflin Harcourt Publishing Co.

Class Set Student Resource Package Grade 7 with 1 Year Digital. Hmh Hmh. 2017. (Civics in Practice Integrated: Civics, Economics, & Geography Ser.). (ENG.). (J). (gr. 7). 52.93 *(978-0-544-94923-2(4))* Houghton Mifflin Harcourt Publishing Co.

Class Set Student Resource Package Grade 7 with 1 Year Digital 2017. Hmh Hmh. 2020. (ENG.). (YA). pap. 37.93 *(978-0-358-47541-5(4));* pap. 37.93 *(978-0-358-47643-6(7))* Houghton Mifflin Harcourt Publishing Co.

Class Set Student Resource Package Grade 8 with 1 Year Digital 2017. Hmh Hmh. 2020. (ENG.). (YA). pap. 37.93 *(978-0-358-47544-6(9));* pap. 37.93 *(978-0-358-47646-7(1))* Houghton Mifflin Harcourt Publishing Co.

Class Set Student Resource Package Grade 9 with 1 Year Digital 2017. Hmh Hmh. 2020. (ENG.). (YA). pap. 41.80 *(978-0-358-47547-7(3));* pap. 41.80 *(978-0-358-47649-8(6))* Houghton Mifflin Harcourt Publishing Co.

Class Set Student Resource Package Grades 6-8 with 1 Year Digital. Hmh Hmh. 2017. (United States History: Beginnings To 1877 Ser.). (ENG.). (J). (gr. 6-8). pap. 55.33 *(978-0-544-94977-5(3))* Houghton Mifflin Harcourt Publishing Co.

Class Set Student Resource Package (per Student) Grade 7 with 1 Year Digital 2015. Hmh Hmh. 2020. (ENG.). (YA). pap. 49.40 *(978-0-358-47459-3(0))* Houghton Mifflin Harcourt Publishing Co.

Class Set Student Resource Package (per Student) Grade 8 with 1 Year Digital 2015. Hmh Hmh. 2020. (ENG.). (YA). pap. 49.40 *(978-0-358-47462-3(0))* Houghton Mifflin Harcourt Publishing Co.

Class Set Student Resource Package per Students Grade 6 with 1 Year Digital 2015. Hmh Hmh. 2020. (ENG.). (J). pap. 49.40 *(978-0-358-47452-4(3))* Houghton Mifflin Harcourt Publishing Co.

Class Set Student Resource Package with 1 Year Digital. Hmh Hmh. (Modern World History Ser.). (ENG.). 2020. (YA). (gr. 10). pap. 77.67 *(978-0-358-32403-4(3));* 2020. (J). (gr. 6). pap. 61.47 *(978-0-358-32334-1(7));* 2020. (YA). (gr. 7). pap. 61.47 *(978-0-358-32310-5(X));* 2020. (YA). (gr. 8). pap. 73.00 *(978-0-358-32357-0(6));* 2020. (YA). (gr. 9-12). pap. 73.33 *(978-0-358-31443-1(7));* 2020. (YA). (gr. 9-12). pap. 73.33 *(978-0-358-31465-3(8));* 2020. (YA). (gr. 9-12). pap. 73.20 *(978-0-358-31934-4(X));* 2018. (YA). (gr. 9-12). pap. 80.27 *(978-1-328-83043-2(8));* 2018. (YA). (gr. 9-12). pap. 80.33 *(978-1-328-83019-7(5));* 2018. (YA). (gr. 9-12). pap. 80.93 *(978-1-328-82910-8(3));* 2017. (J). (gr. 9-12). 62.60 *(978-0-544-95286-7(3));* 2017. (YA). (gr. 9-12). pap. 79.80 *(978-1-328-78550-3(5));* 2017. (YA). (gr. 9-12). pap. 75.67 *(978-1-328-78577-0(7));* 2017. (YA). (gr. 9-12). pap. 77.67 *(978-1-328-78604-3(8));* 2017. (YA). (gr. 9-12). pap. 78.73 *(978-1-328-80004-6(0));* 2017. (YA). (gr. 9-12). pap. 75.13 *(978-1-328-80022-0(9));* 2017. (YA). (gr. 9-12). pap. 77.33 *(978-1-328-80040-4(7));* 2016. (YA). (gr. 9-12). pap. 79.60 *(978-0-544-85278-5(8));* 2016. (YA). (gr. 9-12). pap. 82.33 *(978-0-544-85281-5(8));* 2016. (YA). (gr. 9-12). pap. 80.87 *(978-0-544-85349-2(0))* Houghton Mifflin Harcourt Publishing Co.

Class Set Student Resource Package with 1 Year Digital 2018. Hmh Hmh. (Economics Ser.). (ENG.). (gr. 9-12). 2019. (YA). pap. 86.40 *(978-0-358-28224-2(1));* 2017. (J). 60.80 *(978-0-544-95282-9(0))* Houghton Mifflin Harcourt Publishing Co.

Class Set Student Resource Package with 5 Year Digital. Hmh Hmh. 2017. (United States Government Ser.). (ENG.). (YA). (gr. 9-12). pap. 68.93 *(978-1-328-70496-2(3));* pap. 75.13 *(978-1-328-70554-9(4))* Houghton Mifflin Harcourt Publishing Co.

Class Set Student Resource Package with 5 Year Digital 2019. Hmh Hmh. 2019. (Civics & the World Ser.). (ENG.). (J). (gr. 6-8). pap. 81.27 *(978-0-358-14103-7(6))* Houghton Mifflin Harcourt Publishing Co.

Class Set Teacher Resource Package with 1 Year Digital 2018. Hmh Hmh. 2017. (Modern World History Ser.). (ENG.). (J). (gr. 9-12). pap. 3368.07 *(978-0-544-95283-6(9))* Houghton Mifflin Harcourt Publishing Co.

Class Slide Show: Leveled Reader Turquoise Level 18. Rg Rg. 2016. (PM Ser.). (ENG.). 16p. (J). (gr. 2). pap. 11.00 *(978-0-544-89183-8(X))* Rigby Education.

Class: the Stone House. Patrick Ness & A. K. Benedict. 2017. (Class Ser.: 1). (ENG.). (YA). (gr. 8). 288p. pap. 9.99 *(978-0-06-266618-5(5));* 272p. 17.99 *(978-0-06-266617-8(7))* HarperCollins Pubs. (Quill Tree Bks.).

Class Trip. Ali Bovis. Illus. by Ada Abigael Aco. 2022. (Leela's Sweet Treats Ser.). (ENG.). 32p. (J). (gr. -1-3). lib. bdg. 32.79 *(978-1-0982-3581-9(9),* 41143, Calico Chapter Bks) Magic Wagon.

Class Trip, 9 vols., Set. Incl. Boston. Patrice Sherman. 2009. lib. bdg. 29.95 *(978-1-58415-806-6(9));* Chicago. Claire O'Neal. 2010. lib. bdg. 29.95 *(978-1-58415-881-3(6));* New York City. Elizabeth Scholl. 2009. lib. bdg. 29.95 *(978-1-58415-808-0(5));* Philadelphia. Russell Roberts. 2009. lib. bdg. 29.95 *(978-1-58415-807-3(7));* San Antonio. Karen Gibson. 2009. lib. bdg. 29.95 *(978-1-58415-811-0(5));* San Diego. Kathleen Tracy. 2009. lib. bdg. 29.95 *(978-1-58415-810-3(7));* Seattle. Kathleen Tracy. 2010. lib. bdg. 29.95 *(978-1-58415-880-6(8));* St. Augustine. Doug Dillon. 2010. lib. bdg. 29.95 *(978-1-58415-882-0(4));* Washington, D. C. Claire O'Neal. 2009. lib. bdg. 29.95 *(978-1-58415-809-7(3));* (Illus.). 48p. (J). (gr. 2-5). 2010. Set lib. bdg. 269.55 *(978-1-58415-883-7(2))* Mitchell Lane Pubs.

Class Trip (Peppa Pig) Scholastic. 2018. (ENG.). 24p. (J). (gr. -1-k). pap. 4.99 *(978-1-338-32775-5(5))* Scholastic, Inc.

Class: What She Does Next Will Astound You. Patrick Ness & James Goss. 2018. (Class Ser.: 3). (ENG.). 320p. (YA). (gr. 8). 17.99 *(978-0-06-266623-9(1),* Quill Tree Bks.) HarperCollins Pubs.

Classbook of 1925 (Classic Reprint) Bryn Mawr College. (ENG., Illus.). (J). 2018. 124p. 26.45 *(978-0-666-90357-0(3));* 2017. pap. 9.57 *(978-0-259-96965-5(6))* Forgotten Bks.

Classe en Anglais: D'Apres la Methode Directe (Classic Reprint) Freres de L. Chretienne. 2018. (ENG., Illus.). 496p. (J). 34.13 *(978-0-332-92538-7(2))* Forgotten Bks.

Classes & Masses, or Ned & Nell: A Play in Five Acts (Classic Reprint) George Lansing Raymond. (ENG., Illus.). (J). 2018. 86p. 25.67 *(978-0-483-81119-5(X));* 2016. pap. 9.57 *(978-1-333-29882-1(X))* Forgotten Bks.

Classes Are Canceled! Jack Chabert. ed. 2017. (Eerie Elementary — Branches Ser.: 7). (J). lib. bdg. 14.75 *(978-0-606-40669-7(7))* Turtleback.

C

Classes Are Canceled!: a Branches Book (Eerie Elementary #7) Jack Chabert. Illus. by Matt Loveridge. 2017. (Eerie Elementary Ser.: 7). (ENG.). 96p. (J). (gr. 1-3). pap. 5.99 *(978-1-338-18180-7(7))* Scholastic, Inc.

Classes for Gifted Children: An Experimental Study of Methods of Selection & Instruction (Classic Reprint) Guy Montrose Whipple. (ENG., Illus.). (J). 2017. 27.09 *(978-0-265-40598-7(X));* 2016. pap. 9.57 *(978-1-333-44284-2(X))* Forgotten Bks.

Classic Accessories: Coloring Vintage Ornaments. Smarter Activity Books. 2016. (ENG., Illus.). (J). pap. 9.22 *(978-1-68374-428-3(4))* Examined Solutions PTE. Ltd.

Classic & Regular Sudoku for Kids Age 8. Senor Sudoku. 2019. (ENG.). 78p. (J). pap. 10.99 *(978-1-64521-570-7(9))* Editorial Imagen.

Classic Bedtime Stories. Scott Gustafson. ed. 2016. (ENG., Illus.). 84p. (J). (gr. k-3). 20.00 *(978-1-57965-760-4(5),* 85760) Artisan.

Classic Cars. Rob Colson. 2022. (Motormania Ser.). (ENG.). 32p. (J). (gr. 4-8). pap. *(978-1-0396-4772-5(3),* 17121); lib. bdg. *(978-1-0396-4756-5(1),* 16208) Crabtree Publishing Co. (Crabtree Classics).

Classic Cars Coloring Book for Adults: Vintage Car Lovers Stress Relieving Designs for Relaxation & Fun. Rhea Stokes. 2021. (ENG.). 80p. (YA). pap. 9.65 *(978-0-229-79527-7(7))* Lulu Pr., Inc.

Classic Chapter Book Collection (Pokémon), 1 vol., Volume 15. S. E. Heller et al. 2017. (Pokémon Chapter Bks.). (ENG.). 1536p. (J). (gr. 2-5). pap., pap., pap. 39.92 *(978-1-338-19309-1(0))* Scholastic, Inc.

Classic Chevelles, 1 vol. Claire Romaine. 2020. (Classic Rides Ser.). (ENG.). 32p. (J). (gr. 2-3). pap. 11.53 *(978-1-9785-1795-0(5),* 5d73e9cd-d2f8-4363-8d67-a2ef08999e18) Enslow Publishing, LLC.

Classic Children's Songs (Set), 16 vols. 2023. (Classic Children's Songs Ser.). (ENG.). (J). (gr. -1-2). 478.88 *(978-1-5038-6992-9(X),* 216811) Child's World, Inc, The.

Classic Collection of Mother Goose Nursery Rhymes: Over 100 Cherished Poems & Rhymes for Kids & Families. Gina Baek. 2018. (Classic Edition Ser.: 12). (ENG., Illus.). 128p. (J). (gr. -1). 19.95 *(978-1-60433-745-7(1),* Applesauce Pr.) Cider Mill Pr. Bk. Pubs., LLC.

Classic Collector's Handbook: An Official Guide to the First 151 Pokemon. Scholastic Editors. ed. 2016. lib. bdg. 19.65 *(978-0-606-39550-2(4))* Turtleback.

Classic Collector's Handbook: an Official Guide to the First 151 Pokémon (Pokémon) Silje Watson et al. 2016.Tr. of (Pokémon). (ENG., Illus.). 128p. (J). (gr. k-6). pap. 8.99 *(978-1-338-15823-6(6))* Scholastic, Inc.

Classic Corvettes, 1 vol. Claire Romaine. 2020. (Classic Rides Ser.). (ENG.). 32p. (J). (gr. 2-3). pap. 11.53 *(978-1-9785-1799-8(8),* 84c50394-28ec-4154-a803-5a91d2eb2774) Enslow Publishing, LLC.

Classic Designs: Ornaments of the Past Coloring Book. Jupiter Kids. 2017. (ENG., Illus.). (J). pap. 9.20 *(978-1-68326-666-2(8),* Jupiter Kids (Childrens & Kids Fiction)) Speedy Publishing LLC.

Classic Fables: Selected & Edited for Primary Grades (Classic Reprint) Edna Henry Lee Turpin. 2017. (ENG., Illus.). (J). 130p. 26.60 *(978-0-332-76014-8(6));* 132p. pap. 9.57 *(978-0-332-58183-5(7))* Forgotten Bks.

Classic Fairy & Folk Tales Collection: Deluxe 6-Book Hardcover Boxed Set, 6 vols. Jacob Grimm et al. 2019. (Arcturus Collector's Classics Ser.: 9). (ENG.). 59.99 *(978-1-78950-549-8(6),* 726e075b-b1b1-4536-801b-0b07cc98ffd4) Arcturus

Publishing GBR. Dist: Baker & Taylor Publisher Services (BTPS).

Classic Fairy Tales. Bárbara Anderson. 2016. (ENG., Illus.). (J). pap. 16.99 *(978-1-365-45982-5(9))*; pap. 24.99 *(978-1-365-46002-9(9))* Lulu Pr., Inc.

Classic Fiction. David Rodriguez et al. Tr. by Trusted Trusted Translations. Illus. by Pietro et al. 2022. (Classic Fiction Ser.). (ENG.). 72p. (J). pap., pap., pap. 62.55 *(978-1-6690-6065-9(9)*, 257606, Stone Arch Bks.) Capstone.

Classic Ford: A Coloring Book. Kreative Kids. 2016. (ENG., Illus.). (J). pap. 9.20 *(978-1-68377-307-8(1))* Whlke, Traudl.

Classic GTOs, 1 vol. Claire Romaine. 2020. (Classic Rides Ser.). (ENG.). 32p. (J). (gr. 2-3). pap. 11.53 *(978-1-9785-1803-2(X)*, 75de3180-6405-4940-88f6-e072728463ab) Enslow Publishing, LLC.

Classic Horror Stories on Stage. Julie Meighan. 2023. (On Stage Bks.: Vol. 20). (ENG.). 44p. (J). pap. ***(978-1-9163195-9-2(9))*** JemBks.

Classic Ink: A Tattoo Coloring Book. Activibooks. 2016. (ENG., Illus.). (J). pap. 9.20 *(978-1-68321-761-9(6))* Mimaxion.

Classic Lit a to Z: A BabyLit(TM) Alphabet Primer, 1 vol. Jennifer Adams. Illus. by Alison Oliver. 2017. (BabyLit Ser.). 32p. (J). (— 1). bds. 12.99 *(978-1-4236-4805-5(6))* Gibbs Smith, Publisher.

Classic Literature. Valerie Bodden. 2016. (Essential Literary Genres Ser.). (ENG., Illus.). 112p. (J). (gr. 6-12). lib. bdg. 41.36 *(978-1-68078-377-3(7)*, 23519, Essential Library) ABDO Publishing Co.

Classic Magic, 1 vol. John Wood. 2018. (Magic Tricks Ser.). (ENG.). 32p. (J). (gr. 3-4). lib. bdg. 28.27 *(978-1-5382-2591-2(3)*, 15886394-8e2b-4113-ad81-f90c21d68d22) Stevens, Gareth Publishing LLLP.

Classic Maze Collection - Children's Maze Activity Book. Activity Book Zone for Kids. 2016. (ENG., Illus.). (J). pap. 7.55 *(978-1-68376-181-5(2))* Sabeels Publishing.

Classic Mother Goose Nursery Rhymes (Board Book) The Classic Edition. Mother Mother Goose. Illus. by Gina Baek. 2019. (ENG.). 24p. (J). bds. 8.95 *(978-1-60433-861-4(X)*, Applesauce Pr.) Cider Mill Pr. Bk. Pubs., LLC.

Classic Mother Goose Rhymes (Set), 12 vols. 2022. (Classic Mother Goose Rhymes Ser.). (ENG.). (J). (gr. -1-2). 359.16 *(978-1-5038-5907-4(X)*, 215785) Child's World, Inc, The.

Classic Munsch - ABC. Robert Munsch. Illus. by Michael Martchenko. 2018. (Classic Munsch Concepts Ser.). (ENG.). 28p. (J). (gr. -1). bds. 12.99 *(978-1-77321-092-6(0))* Annick Pr., Ltd. CAN. Dist: Publishers Group West (PGW).

Classic Munsch 123. Robert Munsch. Illus. by Michael Martchenko. 2019. (Classic Munsch Concepts Ser.). (ENG.). 32p. (J). (gr. -1-k). bds. 12.99 *(978-1-77321-246-3(X))* Annick Pr., Ltd. CAN. Dist: Publishers Group West (PGW).

Classic Munsch Moods. Robert Munsch. Illus. by Michael Martchenko. 2019. (Classic Munsch Concepts Ser.). (ENG.). 34p. (J). (gr. -1-k). bds. 12.99 *(978-1-77321-300-2(8))* Annick Pr., Ltd. CAN. Dist: Publishers Group West (PGW).

Classic NFL Games: 12 Thrillers from NFL History. Matt Scheff. 2016. (NFL at a Glance Ser.). (ENG., Illus.). 32p. (J). (gr. 3-6). 32.80 *(978-1-63235-154-8(4)*, 11951, 12-Story Library) Bookstaves, LLC.

Classic Nursery Rhymes: A Collection of Limericks & Rhymes for Children. Thomas Nelson. Illus. by Gina Baek. 2022. (ENG.). 24p. (J). bds. 8.95 *(978-1-64643-265-3(7)*, Applesauce Pr.) Cider Mill Pr. Bk. Pubs., LLC.

Classic Recipes, 1 vol. Claudia Martin. 2018. (Cooking Skills Ser.). (ENG.). 48p. (J). (gr. 5-5). pap. 12.70 *(978-1-9785-0663-3(5)*, 68e617eb-80d3-4a65-bd85-17ebf32a89b2); lib. bdg. 29.60 *(978-1-9785-0636-7(8)*, 427eed4a-106e-4a9f-a01a-040d05bd8d65) Enslow Publishing, LLC.

Classic Retelling of Snow White: A Fairytale in Three Parts. Gabriele Rose de Ginant. 2022. (ENG.). 56p. (J). 29.95 *(978-1-63860-844-8(X))* Fulton Bks.

Classic Rock Bands (Set), 6 vols. Judy Dodge Cummings et al. 2021. (Classic Rock Bands Ser.). (ENG.). 112p. (J). (gr. 6-12). lib. bdg. 248.16 *(978-1-5321-9198-5(7)*, 34943, Essential Library) ABDO Publishing Co.

Classic Starts(r): Alice in Wonderland & Through the Looking-Glass. Lewis Carroll, pseud. 2023. (Classic Starts(r) Ser.). 160p. (J). (gr. 2-4). 9.99 ***(978-1-4549-4837-7(X)***, Union Square Pr.) Sterling Publishing Co., Inc.

Classic Starts: Anne of Green Gables. L Montgomery. Illus. by Lucy Corvino. 2020. (Classic Starts(r) Ser.). 160p. (J). (gr. 2-4). pap. 6.95 *(978-1-4549-3794-4(7))* Sterling Publishing Co., Inc.

Classic Starts(r): Anne of Green Gables. Lucy Maud Montgomery. Illus. by Karl James Mountford. 2023. (Classic Starts(r) Ser.). 160p. (J). (gr. 2-4). 9.99 *(978-1-4549-4535-2(4)*, Union Square Pr.) Sterling Publishing Co., Inc.

Classic Starts(r): Black Beauty. Anna Sewell. Illus. by Karl James Mountford. 2023. (Classic Starts(r) Ser.). 160p. (J). (gr. 2-4). 9.99 *(978-1-4549-4536-9(2)*, Union Square Pr.) Sterling Publishing Co., Inc.

Classic Starts: Heidi. J. Spyri. Illus. by Jamel Akib. 2020. (Classic Starts(r) Ser.). 160p. (J). (gr. 2-4). pap. 6.95 *(978-1-4549-3796-8(3))* Sterling Publishing Co., Inc.

Classic Starts(r): Heidi. Johanna Spyri. Illus. by Karl James Mountford. 2023. (Classic Starts(r) Ser.). 160p. (J). (gr. 2-4). 9.99 *(978-1-4549-4537-6(0)*, Union Square Pr.) Sterling Publishing Co., Inc.

Classic Starts(r): Little Women. Louisa May Alcott. Illus. by Karl James Mountford. 2023. (Classic Starts(r) Ser.). 160p. (J). (gr. 2-4). 9.99 *(978-1-4549-4538-3(9)*, Union Square Pr.) Sterling Publishing Co., Inc.

Classic Starts(r): Peter Pan. J. M. Barrie. 2023. (Classic Starts(r) Ser.). 160p. (J). (gr. 2-4). 9.99 ***(978-1-4549-4801-8(9)***, Union Square Pr.) Sterling Publishing Co., Inc.

Classic Starts: the Adventures of Huckleberry Finn. M. Twain. Illus. by Dan Andreasen. 2020. (Classic Starts(r) Ser.). 160p. (J). (gr. 2-4). pap. 6.95 *(978-1-4549-3799-9(8))* Sterling Publishing Co., Inc.

Classic Starts(r): the Adventures of Robin Hood. Howard Pyle. Illus. by Karl James Mountford. 2022. (Classic Starts(r) Ser.). 160p. (J). (gr. 2-4). 9.99 *(978-1-4549-4534-5(6))* Sterling Publishing Co., Inc.

Classic Starts(r): the Adventures of Sherlock Holmes. Arthur Conan Doyle. Illus. by Karl James Mountford. 2022. (Classic Starts(r) Ser.). 160p. (J). (gr. 2-4). 9.99 *(978-1-4549-4532-1(X))* Sterling Publishing Co., Inc.

Classic Starts: the Adventures of Tom Sawyer. M. Twain. Illus. by Lucy Corvino. 2020. (Classic Starts(r) Ser.). 160p. (J). (gr. 2-4). pap. 6.95 *(978-1-4549-3802-6(1))* Sterling Publishing Co., Inc.

Classic Starts(r): the Call of the Wild. Jack London. Illus. by Karl James Mountford. 2022. (Classic Starts(r) Ser.). 160p. (J). (gr. 2-4). 9.99 *(978-1-4549-4530-7(3))* Sterling Publishing Co., Inc.

Classic Starts(r): the Secret Garden. Frances Hodgson Burnett. Illus. by Karl James Mountford. 2023. (Classic Starts(r) Ser.). 160p. (J). (gr. 2-4). 9.99 *(978-1-4549-4539-0(7)*, Union Square Pr.) Sterling Publishing Co., Inc.

Classic Starts: the Secret Garden. Burnett F. Hodgson. Illus. by Lucy Corvino. 2020. (Classic Starts(r) Ser.). 160p. (J). (gr. 2-4). pap. 6.95 *(978-1-4549-3804-0(8))* Sterling Publishing Co., Inc.

Classic Starts(r): the Story of King Arthur & His Knights. Howard Pyle. Illus. by Karl James Mountford. 2022. (Classic Starts(r) Ser.). 160p. (J). (gr. 2-4). 9.99 *(978-1-4549-4531-4(1))* Sterling Publishing Co., Inc.

Classic Starts: the Story of King Arthur & His Knights. Howard Pyle. Illus. by Dan Andreasen. 2020. (Classic Starts(r) Ser.). 160p. (J). (gr. 2-4). pap. 6.95 *(978-1-4549-3805-7(6))* Sterling Publishing Co., Inc.

Classic Starts(r): the Swiss Family Robinson. Johann David Wyss. Illus. by Karl James Mountford. 2022. (Classic Starts(r) Ser.). 160p. (J). (gr. 2-4). 9.99 *(978-1-4549-4533-8(8))* Sterling Publishing Co., Inc.

Classic Starts(r): the Three Musketeers. Alexandre Dumas. 2023. (Classic Starts(r) Ser.). 160p. (J). (gr. 2-4). 9.99 ***(978-1-4549-4838-4(8)***, Union Square Pr.) Sterling Publishing Co., Inc.

Classic Starts: the Three Musketeers. Alexandre Dumas. Illus. by Jamel Akib. 2020. (Classic Starts(r) Ser.). 160p. (J). (gr. 2-4). pap. 6.95 *(978-1-4549-3807-1(2))* Sterling Publishing Co., Inc.

Classic Starts(r): the Time Machine. H. G. Wells. 2023. (Classic Starts(r) Ser.). 160p. (J). (gr. 2-4). 9.99 ***(978-1-4549-4839-1(6)***, Union Square Pr.) Sterling Publishing Co., Inc.

Classic Starts(r): Treasure Island. Robert Louis Stevenson. 2023. (Classic Starts(r) Ser.). 160p. (J). (gr. 2-4). 9.99 ***(978-1-4549-4840-7(X)***, Union Square Pr.) Sterling Publishing Co., Inc.

Classic Stories. Miles Kelly. Ed. by Richard Kelly. 2017. 512p. (J). pap. 23.95 *(978-1-78209-904-8(2))* Miles Kelly Publishing, Ltd. GBR. Dist: Parkwest Pubns., Inc.

Classic Stories for the Little Ones: Adapted from the Tales of Andersen, Grimm Brothers & Others (Classic Reprint) Lida Brown McMurry. 2018. (ENG., Illus.). 146p. (J). 26.93 *(978-0-656-80212-8(X))* Forgotten Bks.

Classic Stories in Verse see Cuentos Clasicos en Verso

Classic Stories of Charles Dickens & Jack London. Abridged Version. rev. ed. 2017. (HIN., Illus.). 48p. pap. *(978-93-5057-809-4(3))* V&S Pubs.

Classic Stories of Saki. Abridged Version. rev. ed. 2017. (HIN., Illus.). 104p. pap. *(978-93-5057-811-7(5))* V&S Pubs.

Classic Storybook Fables: Including Beauty & the Beast & Other Favorites. Scott Gustafson. 2017. (ENG., Illus.). 84p. (J). (gr. -1-17). 20.00 *(978-1-57965-704-8(4)*, 85704) Artisan.

Classic Storytellers, 16 vols., Set. Incl. Beverly Cleary. Michele Griskey. (gr. 4-7). 2006. lib. bdg. 29.95 *(978-1-58415-457-0(8)*, 1259543); E. B. White. Rebecca Thatcher Murcia. (gr. 4-8). 2004. lib. bdg. 29.95 *(978-1-58415-273-6(7))*; Edgar Allan Poe. Jim Whiting. (gr. 4-8). 2005. lib. bdg. 29.95 *(978-1-58415-373-3(3))*; Ernest Hemingway. Jim Whiting. (gr. 6-8). 2005. lib. bdg. 29.95 *(978-1-58415-376-4(8))*; F. Scott Fitzgerald. John Bankston. (gr. 4-8). 2004. lib. bdg. 29.95 *(978-1-58415-249-1(4))*; Harriet Beecher Stowe. Michele Griskey. (gr. 4-8). 2005. lib. bdg. 29.95 *(978-1-58415-375-7(X))*; Jack London. John Bankston. (gr. 4-8). 2004. lib. bdg. 29.95 *(978-1-58415-263-7(X))*; Jacqueline Woodson. Kaa Vonia Hinton. (gr. 4-8). 2007. lib. bdg. 29.95 *(978-1-58415-533-1(7))*; John Steinbeck. Kathleen Tracy. (gr. 4-8). 2004. lib. bdg. 29.95 *(978-1-58415-271-2(0))*; Judy Blume. Kathleen Tracy. (gr. 4-8). 2005. lib. bdg. 29.95 *(978-1-58415-377-1(6))*; Katherine Paterson. Marylou Kjelle. (gr. 4-8). 2004. lib. bdg. 29.95 *(978-1-58415-268-2(0))*; Mark Twain. Josepha Sherman. (gr. 4-8). 2005. lib. bdg. 29.95 *(978-1-58415-374-0(1))*; Mildred Taylor. Mélina Mangal. (gr. 4-8). 2004. lib. bdg. 29.95 *(978-1-58415-311-5(3))*; Nathaniel Hawthorne. Russell Roberts. (gr. 3-7). 2006. lib. bdg. 29.95 *(978-1-58415-454-9(3)*, 1259541); Ray Bradbury. Michele Griskey. (gr. 3-7). 2006. lib. bdg. 29.95 *(978-1-58415-455-6(1)*, 1259542); Stephen Crane. Caroline Kepnes. (gr. 4-8). 2004. lib. bdg. 29.95 *(978-1-58415-272-9(9))*; (Illus.). 48p. (J). 2007. Set lib. bdg. 479.20 *(978-1-58415-536-2(1))* Mitchell Lane Pubs.

Classic Tale of Benjamin Bunny Oversized Padded Board Book: The Classic Edition by #1 New York Times Bestselling Illustrator, Vol. 1. Beatrix Potter. 2020. (Oversized Padded Board Bks.). (ENG., Illus.). 20p. (J). bds. 12.95 *(978-1-60433-939-0(X)*, Applesauce Pr.) Cider Mill Pr. Bk. Pubs., LLC.

Classic Tale of Peter Rabbit: A Little Apple Classic. Charles Santore. 2019. (Little Apple Bks.). (ENG., Illus.). 28p. (J). (gr. -1). 4.99 *(978-1-60433-922-2(5)*, Applesauce Pr.) Cider Mill Pr. Bk. Pubs., LLC.

Classic Tale of Peter Rabbit: The Collectible Leather Edition. Beatrix Potter. 2023. (ENG., Illus.). 66p. (J). 29.95 *(978-1-64643-398-8(X)*, Applesauce Pr.) Cider Mill Pr. Bk. Pubs., LLC.

Classic Tale of Peter Rabbit 200-Piece Jigsaw Puzzle & Book: A 200-Piece Family Jigsaw Puzzle Featuring the Classic Tale of Peter Rabbit. Beatrix Potter. Illus. by Charles Santore. 2021. (Classic Edition Ser.). (ENG.). 24p. (J). (gr. -1). 19.95 *(978-1-64643-079-6(4)*, Applesauce Pr.) Cider Mill Pr. Bk. Pubs., LLC.

Classic Tale of Peter Rabbit Board Book (the Revised Edition) Illustrated by New York Times Bestselling Artist, Charles Santore. Beatrix Potter. Illus. by Charles Santore. 2022. (Classic Edition Ser.). (ENG.). 24p. (J). (gr. -1). bds. 8.95 *(978-1-64643-233-2(9)*, Applesauce Pr.) Cider Mill Pr. Bk. Pubs., LLC.

Classic Tale of Peter Rabbit Classic Heirloom Edition: The Classic Edition Hardcover with Slipcase & Ribbon Marker. Charles Santore. 2022. (Classic Edition Ser.). (ENG., Illus.). 48p. (J). (gr. -1). 24.95 *(978-1-64643-053-6(0)*, Applesauce Pr.) Cider Mill Pr. Bk. Pubs., LLC.

Classic Tale of Peter Rabbit Heirloom Edition: The Classic Edition Hardcover with Audio Cd Narrated by Jeff Bridges. Beatrix Potter. 2023. (ENG., Illus.). 48p. (J). 24.95 *(978-1-64643-357-5(2)*, Applesauce Pr.) Cider Mill Pr. Bk. Pubs., LLC.

Classic Tale of Peter Rabbit Touch & Feel Board Book: A Touch & Feel Lift the Flap Board Book. Beatrix Potter. 2020. (Classic Edition Ser.). (ENG., Illus.). 16p. (J). (gr. -1). bds. 14.95 *(978-1-60433-944-4(6)*, Applesauce Pr.) Cider Mill Pr. Bk. Pubs., LLC.

Classic Tale of the Flopsy Bunnies Oversized Padded Board Book: The Classic Edition by #1 New York Times Bestselling Illustrator, Vol. 1. Beatrix Potter. 2020. (Oversized Padded Board Bks.). (ENG., Illus.). 20p. (J). bds. 12.95 *(978-1-60433-940-6(3)*, Applesauce Pr.) Cider Mill Pr. Bk. Pubs., LLC.

Classic Tales by Famous Authors: Containing Complete Selections from the World's Best Authors (Classic Reprint) Frederick B. De Berard. 2017. (ENG., Illus.). (J). 31.01 *(978-0-265-21107-6(7))* Forgotten Bks.

Classic Tales by Famous Authors: Containing Complete Selections from the World's Best Authors with Prefatory, Biographical & Synoptical Notes (Classic Reprint) Frederick B. De Berard. (ENG., Illus.). (J). 2018. 316p. 30.46 *(978-0-484-66630-5(4))*; 2016. pap. 13.57 *(978-1-333-63609-8(1))* Forgotten Bks.

Classic Tales by Famous Authors: Containing Complete Selections from the World's Best Authors with Prefatory Biographical & Synoptical Notes (Classic Reprint) Frederick Brigham De Berard. 2018. (ENG., Illus.). (J). 304p. 30.19 *(978-0-267-61625-1(2))*; 282p. 29.71 *(978-0-666-23397-4(7))* Forgotten Bks.

Classic Tales by Famous Authors: Containing Complete Selections from the World's Best Authors with Prefatory Biographical & Synoptical Notes (Classic Reprint) Bodleian Society. 2017. (ENG., Illus.). (J). 268p. 29.44 *(978-0-332-86400-6(6))*; pap. 11.97 *(978-0-259-17540-7(4))* Forgotten Bks.

Classic Tales by Famous Authors, Vol. 1 Of 20: Containing Complete Selections from the World's Best Authors with Prefatory Biographical & Synoptical Notes (Classic Reprint) Frederick Brigham De Berard. 2018. (ENG., Illus.). 372p. (J). 31.59 *(978-0-364-32381-6(7))* Forgotten Bks.

Classic Tales by Famous Authors, Vol. 10 Of 20: Containing Complete Selections from the World's Best Authors with Prefatory Biographical & Synoptical Notes (Classic Reprint) Frederick Brigham De Berard. 2017. (ENG., Illus.). (J). 30.19 *(978-0-265-38062-8(6))* Forgotten Bks.

Classic Tales by Famous Authors, Vol. 12 of 20 (Classic Reprint) De Berard. 2018. (ENG., Illus.). 362p. (J). 31.36 *(978-0-484-41974-1(9))* Forgotten Bks.

Classic Tales by Famous Authors, Vol. 19 Of 20: Containing Complete Selections from the World's Best Authors with Prefatory Biographical & Synoptical Notes (Classic Reprint) Frederick B. De Berard. 2017. (ENG., Illus.). (J). 31.20 *(978-0-266-75101-4(6))*; pap. 13.57 *(978-1-5277-2167-8(1))* Forgotten Bks.

Classic Tales by Famous Authors, Vol. 2 Of 20: Containing Complete Selections from the World's Best Authors with Prefatory Biographical & Synoptical Notes (Classic Reprint) Frederick Brigham De Berard. 2018. (ENG., Illus.). 334p. (J). 30.79 *(978-0-267-29831-0(5))* Forgotten Bks.

Classic Tales by Famous Authors, Vol. 3 Of 20: Containing Complete Selections from the World's Best Authors with Prefatory Biographical & Synoptical Notes (Classic Reprint) Frederick Brigham De Berard. 2018. (ENG., Illus.). 336p. (J). 30.83 *(978-0-483-41643-7(6))* Forgotten Bks.

Classic Tales by Famous Authors, Vol. 6 Of 20: Containing Complete Selections from the World's Best Authors with Prefatory Biographical & Synoptical Notes (Classic Reprint) Frederick B. De Berard. 2018. (ENG., Illus.). 326p. (J). 30.62 *(978-0-484-44690-7(8))* Forgotten Bks.

Classic Tales by Famous Authors, Vol. 8 Of 20: Containing Complete Selections from the World's Best Authors with Prefatory Biographical & Synoptical Notes (Classic Reprint) Frederick Brigham De Berard. (ENG., Illus.). (J). 2018. 332p. 30.76 *(978-0-267-54659-6(9))*; 2016. pap. 13.57 *(978-1-333-14038-0(X))* Forgotten Bks.

Classic Tales (Classic Reprint) Maria Edgeworth. 2018. (ENG., Illus.). 384p. (J). 31.82 *(978-0-483-66237-7(2))* Forgotten Bks.

Classic Tales from India: How Ganesh Got His Elephant Head & Other Stories. Vatsala Sperling & Harish Johari. Illus. by Pieter Weltevrede et al. 2020. (ENG.). 240p. (J). (gr. -1-6). pap. 18.99 *(978-1-59143-386-6(X)*, Bear Cub Bks.) Bear & Co.

Classic Tales Retold: Stories from the Doll's Storybook. Peggy Stuart. 2022. (Stories from the Doll's Storybook Ser.: 3). (Illus.). 70p. (J). pap. 16.95 ***(978-1-6678-7027-4(0))*** BookBaby.

Classic Tales, Serious & Lively, Vol. 1: With Critical Essays on the Merits & Reputation of the Authors (Classic Reprint) Leigh Hunt. 2018. (ENG., Illus.). 334p. (J). 30.81 *(978-0-483-59639-9(6))* Forgotten Bks.

Classic Tales, Serious & Lively, Vol. 2: With Critical Essays on the Merits & Reputation of the Authors (Classic Reprint) Leigh Hunt. (ENG., Illus.). (J). 2018. 336p. 30.79 *(978-0-428-74880-7(5))*; 2018. 338p. 30.87 *(978-0-483-41277-4(5))*; 2017. pap. 13.57 *(978-0-243-38645-1(1))*; 2016. pap. 13.57 *(978-1-333-60731-9(8))* Forgotten Bks.

Classic Tales, Serious & Lively, Vol. 4: With Critical Essays on the Merits & Reputation of the Authors (Classic Reprint) Leigh Hunt. 2017. (ENG., Illus.). (J). 330p. 30.72 *(978-0-332-09218-8(6))*; pap. 13.57 *(978-0-259-39623-9(0))* Forgotten Bks.

Classic Tales, Serious & Lively, Vol. 5: With Critical Essays on the Merits & Reputation of the Authors (Classic Reprint) Leigh Hunt. 2018. (ENG., Illus.). 340p. (J). 30.91 *(978-0-483-60373-8(2))* Forgotten Bks.

Classic Thanksgiving Stories. Meaningful Moments. 2018. (ENG., Illus.). 146p. (J). pap. *(978-0-359-14798-4(4))* Lulu Pr., Inc.

Classic Treasury. Nick Butterworth. Illus. by Nick Butterworth. 2022. (Percy the Park Keeper Ser.). (ENG., Illus.). 240p. (J). (gr. k-2). 34.99 *(978-0-00-721137-1(6)*, HarperCollins Children's Bks.) HarperCollins Pubs. Ltd. GBR. Dist: HarperCollins Pubs.

Classic Treasury of Nursery Rhymes: The Mother Goose Collection. Thomas Nelson. Illus. by Gina Baek. 2022. (ENG.). 128p. (J). 19.95 *(978-1-64643-264-6(9)*, Applesauce Pr.) Cider Mill Pr. Bk. Pubs., LLC.

Classic Warfare, 8 vols. 2017. (Classic Warfare Ser.). (ENG.). (J). (gr. 8-8). lib. bdg. 149.44 *(978-1-5026-3269-2(1)*, 857f8e39-0c8b-422c-a171-a16483e30310) Cavendish Square Publishing LLC.

Classic Writing Notebook: Wide Ruled Pages for Kids. Journals and Notebooks. 2019. (ENG.). 120p. (J). pap. 12.99 *(978-1-5419-6597-3(3)*, @ Journals & NoteBks.) Speedy Publishing LLC.

Classical Architecture. Joyce Markovics. 2023. (Building Big Ser.). (ENG., Illus.). 32p. (J). (gr. 4-6). pap. 14.21 *(978-1-6689-2084-8(0)*, 222062); lib. bdg. 32.07 *(978-1-6689-1982-8(6)*, 221960) Cherry Lake Publishing.

Classical Composers Complete Set, vols. 6, vol. 6. Incl. Antonio Vivaldi & the Baroque Tradition. Donna Getzinger & Daniel Felsenfeld. 144p. (gr. 6-12). 2004. lib. bdg. 28.95 *(978-1-931798-20-4(6))*; George Frideric Handel & Music for Voices. Donna Getzinger & Daniel Felsenfeld. 144p. (YA). (gr. 6-12). 2004. lib. bdg. 26.95 *(978-1-931798-23-5(0))*; Gifted Sister: The Story of Fanny Mendelssohn. 128p. (YA). (gr. 7-9). 2007. lib. bdg. 27.95 *(978-1-59935-038-7(6))*; Giuseppe Verdi & Italian Opera. William Schoell. 128p. (J). (gr. 3-7). 2007. lib. bdg. 27.95 *(978-1-59935-041-7(6))*; Johann Sebastian Bach & the Art of Baroque Music. Donna Getzinger & Daniel Felsenfeld. 144p. (YA). (gr. 6-12). 2004. lib. bdg. 26.95 *(978-1-931798-22-8(2))*; Joy of Creation: The Story of Clara Schumann. Sandra H. Shichtman & Dorothy Indenbaum. 159p. 2011. lib. bdg. 28.95 *(978-1-59935-123-0(4))*; (Illus.). 2010. Set lib. bdg. 185.70 *(978-1-59935-001-1(7))* Reynolds, Morgan Inc.

Classical Dictionary of the Vulgar Tongue. Francis Grose. 2017. (ENG., Illus.). (J). pap. *(978-1-76057-402-4(3))* Trieste Publishing Pty Ltd.

Classical Dictionary of the Vulgar Tongue (Classic Reprint) Francis Grose. (ENG., Illus.). (J). 2018. 248p. 29.03 *(978-0-331-69959-3(1))*; 2017. 29.59 *(978-0-331-39062-9(0))*; 2017. pap. 11.57 *(978-0-282-40677-6(8))*; 2017. pap. 11.97 *(978-0-282-58623-2(7))* Forgotten Bks.

Classical Impressionist Era Art Coloring Book. Denise McGill. 2019. (ENG.). 50p. (J). pap. 13.50 *(978-0-359-40709-5(9))* Lulu Pr., Inc.

Classical Music Paradise. Takeisha Hardaway. 2021. (ENG.). 29p. (C). *(978-1-716-20241-4(8))* Lulu Pr., Inc.

Classical Renaissance Art Coloring Book. Denise McGill. 2019. (ENG.). 48p. (J). pap. ***(978-0-359-40366-0(2))*** Lulu Pr., Inc.

Classical Romantic Era Art Coloring Book. Denise McGill. 2019. (ENG.). 54p. (J). pap. ***(978-0-359-40507-7(X))*** Lulu Pr., Inc.

Classical World 500 Bce-600 Ce. Tim Cook. 2017. (World History Ser.). (ENG.). 48p. (J). lib. bdg. 34.99 *(978-1-5105-2187-2(9))* SmartBook Media, Inc.

Classics for the Kansas Schools: Eighth Grade (Classic Reprint) A. M. Thoroman. 2018. (ENG., Illus.). 548p. (J). 35.20 *(978-0-428-78258-0(2))* Forgotten Bks.

Classics Old & New: A Series of School Readers: a Fifth Reader. Edwin a Alderman. 2017. (ENG., Illus.). (J). pap. *(978-0-649-55048-7(X))* Trieste Publishing Pty Ltd.

Classics Old & New: A Series of School Readers; a Fifth Reader (Classic Reprint) Edwin an Alderman. (ENG., Illus.). (J). 2018. 274p. 29.57 *(978-0-484-69444-5(8))*; 2016. pap. 11.97 *(978-1-334-13837-9(0))* Forgotten Bks.

Classics Old & New: A Series of School Readers; a Second Reader (Classic Reprint) Edwin Anderson Alderman. 2017. (ENG., Illus.). (J). 27.11 *(978-0-265-71187-3(8))*; pap. 9.57 *(978-1-5276-6597-2(6))* Forgotten Bks.

Classics Old & New: A Series of School Readers. a Third Reader. Edwin a Alderman. 2017. (ENG., Illus.). (J). pap. *(978-0-649-55049-4(8))* Trieste Publishing Pty Ltd.

Classics Old & New: A Series of School Readers; a Third Reader (Classic Reprint) Edwin Anderson Alderman. 2017. (ENG., Illus.). (J). 28.43 *(978-0-266-72328-8(4))*; pap. 10.97 *(978-1-5276-8148-4(3))* Forgotten Bks.

Classics Old & New: A Series of School Readers (Classic Reprint) Edwin a Alderman. 2017. (ENG., Illus.). (J). 29.34 *(978-1-5285-8039-7(7))* Forgotten Bks.

Classics to Color: the Adventures of Huckleberry Finn. Racehorse Publishing & Mark Twain. 2016. (ENG., Illus.). 80p. (J). (gr. 1-6). pap. 8.99 *(978-1-944686-99-4(1)*, Racehorse Publishing) Skyhorse Publishing Co., Inc.

Classics to Color: the Tale of Peter Rabbit. Beatrix Potter. Illus. by Diego Jourdan Pereira. 2018. (ENG.). 80p. (J). (gr. -1-5). pap. 8.99 *(978-1-63158-170-0(8),* Racehorse Publishing) Skyhorse Publishing Co., Inc.
Classics to Color: the Wind in the Willows. Racehorse Publishing & Kenneth Grahame. 2016. (ENG., Illus.). 80p. (J). (gr. 1-6). pap. 8.99 *(978-1-63158-114-4(7),* Racehorse Publishing) Skyhorse Publishing Co., Inc.
Classification Adopt'e Pour la Collection des Roches du Mus'um d'Histoire Naturelle de Paris (Classic Reprint) Auguste Daubr'e. 2018. (FRE., Illus.). 62p. (J). 25.18 *(978-0-267-62848-3(X))* Forgotten Bks.
Classification Adoptee Pour la Collection des Roches du Museum d'Histoire Naturelle de Paris (Classic Reprint) Auguste Daubree. 2017. (FRE., Illus.). (J). pap. 9.57 *(978-0-259-13019-2(2))* Forgotten Bks.
Classification of Clouds Atmosphere, Weather & Climate Grade 5 Children's Science Education Books. Baby Professor. 2021. (ENG.). 72p. (J). 27.99 *(978-1-5419-8402-8(1));* pap. 16.99 *(978-1-5419-6020-6(3))* Speedy Publishing LLC. (Baby Professor (Education Kids)).
Classified: The Secret Career of Mary Golda Ross, Cherokee Aerospace Engineer. Traci Sorell. Illus. by Natasha Donovan. 2021. (ENG.). 32p. (J). (gr. 2-5). 19.99 *(978-1-5415-7914-9(3),* a7272d35-f2fc-46a9-a153-a66ceb8e185c, Millbrook Pr.) Lerner Publishing Group.
Classified Intelligence & Leaks, 1 vol. Ed. by Lisa Idzikowski. 2018. (Introducing Issues with Opposing Viewpoints Ser.). (ENG.). 120p. (gr. 7-10). 43.63 *(978-1-5345-0357-1(9),* 122f51c4-1aa4-4291-8d18-9918e31cb5a9) Greenhaven Publishing LLC.
Classified List of Books for Young People, with Author Index, 1891 (Classic Reprint) Thomas Crane Public Library. 2018. (ENG., Illus.). (J). 86p. 25.67 *(978-0-366-71088-1(5));* 88p. pap. 9.57 *(978-0-366-71062-1(1))* Forgotten Bks.
Classified List of Books for Younger Readers (Classic Reprint) Ann Arbor Public Library. (ENG., Illus.). (J). 2018. 72p. 25.38 *(978-0-483-06666-3(4));* 2017. pap. 9.57 *(978-0-259-89995-2(X))* Forgotten Bks.
Classified: Secrets You're Not Supposed to Know, 12 vols. 2018. (Classified: Secrets You're Not Supposed to Know Ser.). (ENG.). 48p. (gr. 6-6). lib. bdg. 211.38 *(978-1-5345-6454-1(3),* 7703f0a5-2d55-4cf1-91ab-abc4c82f5b2b) Greenhaven Publishing LLC.
Classifying Animals. Christina Earley. 2022. (Life Science Ser.). (ENG.). 24p. (J). (gr. 3-6). pap. 8.95 *(978-1-63897-606-6(6),* 20503); lib. bdg. 27.93 *(978-1-63897-491-8(8),* 20502) Seahorse Publishing.
Classifying Animals. Kira Freed. 2017. (Text Connections Guided Close Reading Ser.). (J). (gr. 1). *(978-1-4900-1799-0(2))* Benchmark Education Co.
Classifying Animals into Vertebrates & Invertebrates - Animal Book for 8 Year Olds Children's Animal Books. Baby Professor. 2017. (ENG., Illus.). (J). pap. 9.55 *(978-1-5419-3880-9(1),* Baby Professor (Education Kids)) Speedy Publishing LLC.
Classifying the Solar System Astronomy 5th Grade Astronomy & Space Science. Baby Professor. 2017. (ENG., Illus.). (J). pap. 9.25 *(978-1-5419-0545-0(8),* Baby Professor (Education Kids)) Speedy Publishing LLC.
Classroom 13: 3 Books in 1! Honest Lee & Matthew J. Gilbert. 2020. (ENG., Illus.). 384p. (J). (gr. 1-5). pap. 8.99 *(978-0-316-42483-7(8))* Little, Brown Bks. for Young Readers.
Classroom Awards Postcards. Scholastic. 2019. (ENG.). (J). (gr. k-5). 7.49 *(978-1-338-34516-2(8))* Teacher's Friend Pubns., Inc.
Classroom Bullies. Mark Leonard Robinson. 2021. (ENG.). 64p. (J). *(978-1-0391-0745-8(1));* pap. *(978-1-0391-0744-1(3))* FriesenPress.
Classroom Conundrum: #5. Mike Allegra. Illus. by Kiersten Eagan. 2021. (Kimmie Tuttle Ser.). (ENG.). 112p. (J). (gr. 2-5). lib. bdg. 38.50 *(978-1-0982-3168-2(6),* 38720, Calico Chapter Bks.) ABDO Publishing Co.
Classroom Libraries for Public Schools (Classic Reprint) Buffalo Public Library. 2017. (ENG., Illus.). (J). 25.18 *(978-0-266-77707-6(4));* pap. 9.57 *(978-1-5277-5618-2(1))* Forgotten Bks.
Classroom Manipulatives Kit Grade 1 2020. Hmh Hmh. 2020. (ENG.). (J). pap. 1194.73 *(978-0-358-39093-0(1))* Houghton Mifflin Harcourt Publishing Co.
Classroom Manipulatives Kit Grade 2 2020. Hmh Hmh. 2020. (ENG.). (J). pap. 1321.40 *(978-0-358-39094-7(X))* Houghton Mifflin Harcourt Publishing Co.
Classroom Manipulatives Kit Grade 3 2020. Hmh Hmh. 2020. (ENG.). (J). pap. 1124.20 *(978-0-358-39095-4(8))* Houghton Mifflin Harcourt Publishing Co.
Classroom Manipulatives Kit Grade 4 2020. Hmh Hmh. 2020. (ENG.). (J). pap. 1318.93 *(978-0-358-39096-1(6))* Houghton Mifflin Harcourt Publishing Co.
Classroom Manipulatives Kit Grade 5 2020. Hmh Hmh. 2020. (ENG.). (J). pap. 802.93 *(978-0-358-39097-8(4))* Houghton Mifflin Harcourt Publishing Co.
Classroom Manipulatives Kit Grade K 2020. Hmh Hmh. 2020. (ENG.). (J). pap. 840.73 *(978-0-358-39100-5(8))* Houghton Mifflin Harcourt Publishing Co.
Classroom Pets, 12 vols., Set. Joanne Randolph. Incl. Fish. lib. bdg. 26.27 *(978-1-4042-3681-3(3),* ae488853-c828-467e-a777-b7fa2b84bd43); Guinea Pigs. lib. bdg. 26.27 *(978-1-4042-3676-9(7),* b46088c2-a14f-402e-8365-ad0f5bbd7b35); Rabbits. lib. bdg. 26.27 *(978-1-4042-3680-6(5),* 677ff52e-bb45-46e3-9322-fd2ba4f6e629); Snakes. lib. bdg. 26.27 *(978-1-4042-3679-0(1),* a3440aa5-262a-4d5b-bd82-05bd08f7de04); Tarantulas. lib. bdg. 26.27 *(978-1-4042-3678-3(3),* d606a576-9005-425a-a0a2-968259d1afd7); Turtles. lib. bdg. 26.27 *(978-1-4042-3677-6(5),* 08610ce0-8943-482b-bc7f-aa563c1e7c3b); (Illus.). 24p. (J). (gr. 2-3). (Classroom Pets Ser.). (ENG.). 2006. Set lib. bdg. 157.62 *(978-1-4042-3608-0(2),* 783c73fc-de18-49f7-be64-e197652cc3b7, PowerKids Pr.) Rosen Publishing Group, Inc., The.
Classroom to Career: Set, 8 vols. 2021. (Classroom to Career Ser.). (ENG.). 32p. (J). (gr. 4-5). lib. bdg. 111.72 *(978-1-7253-3655-1(3),* 475a8eab-49b0-40ef-80cf-1a0fce200f58, PowerKids Pr.) Rosen Publishing Group, Inc., The.
Classroom up Close. Kari A. Cornell. 2016. (Illus.). 24p. (J). *(978-0-87659-704-0(5))* Gryphon Hse., Inc.
Classy Crooks Club. Alison Cherry. 2016. (ENG., Illus.). 336p. (J). (gr. 3-7). 16.99 *(978-1-4814-4637-2(1),* Aladdin) Simon & Schuster Children's Publishing.
Claude: The True Story of a White Alligator. Emma Bland Smith. Illus. by Jennifer M. Potter. 2020. 32p. (J). (gr. -1-3). 18.99 *(978-1-63217-269-3(0),* Little Bigfoot) Sasquatch Bks.
Claude at the Circus, 1 vol. Alex T. Smith. 2017. (Claude Ser.: 2). (ENG., Illus.). 96p. (J). (gr. 2-4). pap. 7.95 *(978-1-56145-980-3(1))* Peachtree Publishing Co. Inc.
Claude Lightfoot: Or How the Problem Was Solved (Classic Reprint) Francis J. Finn. 2018. (ENG., Illus.). 260p. (J). 29.26 *(978-0-364-91092-4(5))* Forgotten Bks.
Claude Melnotte As a Detective & Other Stories (Classic Reprint) Allan Pinkerton. 2018. (ENG., Illus.). 340p. (J). 30.93 *(978-0-267-18804-8(8))* Forgotten Bks.
Claude Monet. Michelle Lomberg. 2016. (Illus.). 32p. (J). *(978-1-4896-4619-4(1))* Weigl Pubs., Inc.
Claude on the Big Screen, 1 vol. Alex T. Smith. 2017. (Claude Ser.: 7). (ENG., Illus.). 96p. (J). (gr. 2-4). 12.95 *(978-1-68263-009-9(9))* Peachtree Publishing Co. Inc.
Claude on the Slopes, 1 vol. Alex T. Smith. 2016. (Claude Ser.: 4). (ENG., Illus.). 96p. (J). (gr. 2-4). pap. 7.95 *(978-1-56145-923-0(2))* Peachtree Publishing Co. Inc.
Claudette Colvin. Martha London. 2019. (Amazing Young People Ser.). (ENG., Illus.). 32p. (J). (gr. 3-3). pap. 9.95 *(978-1-64494-038-9(8),* 1644940388) North Star Editions.
Claudette Colvin. Martha London. 2019. (Amazing Young People Ser.). (ENG., Illus.). 32p. (J). (gr. 2-5). lib. bdg. 32.79 *(978-1-5321-6365-4(7),* 32045, DiscoverRoo) Pop!.
Claudette Colvin: Civil Rights Activist, 1 vol. Cathleen Small. 2019. (Barrier-Breaker Bios Ser.). (ENG.). 32p. (gr. 2-2). pap. 11.58 *(978-1-5026-4956-0(X),* 3fff8b88-4cbf-4e22-b670-d6ec27bbd590) Cavendish Square Publishing LLC.
Claudette Colvin Refuses to Move: Courageous Kid of the Civil Rights Movement. Ebony Joy Wilkins. Illus. by Mark Simmons. 2020. (Courageous Kids Ser.). (ENG.). 32p. (J). (gr. 3-5). pap. 7.95 *(978-1-4966-8803-3(1),* 201688); lib. bdg. 31.32 *(978-1-4966-8502-5(4),* 200558) Capstone. (Capstone Pr.).
Claudia & Crazy Peaches (the Baby-Sitters Club #78) Ann M. Martin. 2018. (True Book (Relaunch) Ser.: 78). (ENG.). 160p. (J). (gr. 3-7). E-Book 31.00 *(978-0-545-76848-1(9),* Scholastic Paperbacks) Scholastic, Inc.
Claudia & Mean Janine. Ann M. Martin & M. Martin Ann. Illus. by Raina Telgemeier. 2016. (Baby-Sitters Club Graphix Ser.: 4). (ENG.). 176p. (J). (gr. 3-7). lib. bdg. 22.10 *(978-0-606-38056-0(6))* Turtleback.
Claudia & Mean Janine, 4. Raina Telgemeier. ed. 2020. (Baby-Sitters Club Ser.). (ENG.). 161p. (J). (gr. 4-5). 21.96 *(978-0-87617-886-7(7))* Penworthy Co., LLC, The.
Claudia & Mean Janine: a Graphic Novel: Full-Color Edition (the Baby-Sitters Club #4), Vol. 4. Ann M. Martin. Illus. by Raina Telgemeier. ed. 2016. (Baby-Sitters Club Graphix Ser.: 4). (ENG.). 176p. (J). (gr. 3-7). 24.99 *(978-0-545-88623-9(6),* Graphix) Scholastic, Inc.
Claudia & Mean Janine: a Graphic Novel (the Baby-Sitters Club #4) Ann M. Martin. Illus. by Raina Telgemeier. 2023. (Baby-Sitters Club Graphix Ser.).Tr. of (the Baby-Sitters Club #4) (Full Color Edition). (ENG.). 176p. (J). (gr. 3-7). pap. 12.99 *(978-1-338-88826-3(9),* Graphix) Scholastic, Inc.
Claudia & Mean Janine (the Baby-Sitters Club #7) Ann M. Martin. 2020. (Baby-Sitters Club Ser.: 7). (ENG.). 160p. (J). (gr. 3-7). pap. 6.99 *(978-1-338-64227-8(8),* Scholastic Paperbacks) Scholastic, Inc.
Claudia & Mean Janine (the Baby-Sitters Club #7) (Library Edition) Ann M. Martin. 2020. (Baby-Sitters Club Ser.: 7). (ENG.). 160p. (J). (gr. 3-7). lib. bdg. 25.99 *(978-1-338-65124-9(2))* Scholastic, Inc.
Claudia & the Bad Joke (the Baby-Sitters Club #19) Ann M. Martin. 2022. (Baby-Sitters Club Ser.: 19). (ENG.). 160p. (J). (gr. 3-7). pap. 6.99 *(978-1-338-75555-8(2))* Scholastic, Inc.
Claudia & the New Girl see Claudia y la Nueva Alumna
Claudia & the New Girl, 9. Martin Ann M. ed. 2021. (Baby-Sitters Club Ser.). (ENG., Illus.). 164p. (J). (gr. 4-5). 22.96 *(978-1-64697-957-8(5))* Penworthy Co., LLC, The.
Claudia & the New Girl: a Graphic Novel (the Baby-Sitters Club #9), Vol. 9. Ann M. Martin. Illus. by Gabriela Epstein. 2021. (Baby-Sitters Club Graphix Ser.: 9). (ENG.). 176p. (J). (gr. 3-7). 24.99 *(978-1-338-30458-9(5));* pap. 12.99 *(978-1-338-30457-2(7))* Scholastic, Inc. (Graphix).
Claudia & the New Girl (Baby-Sitters Club Graphic Novel #9) Ann M. Martin. Illus. by Gabriela Epstein. 2019. (Baby-Sitters Club Graphix Ser.). (ENG.). 176p. (J). (gr. 3-7). lib. bdg. 24.50 *(978-1-6636-2481-9(X))* Perfection Learning Corp.
Claudia & the New Girl (the Baby-Sitters Club #12) Ann M. Martin. 2020. (Baby-Sitters Club Ser.: 12). (ENG.). 160p. (J). (gr. 3-7). pap. 7.99 *(978-1-338-68493-3(0))* Scholastic, Inc.
Claudia & the New Girl (the Baby-Sitters Club #12) (Library Edition) Ann M. Martin. 2020. (Baby-Sitters Club Ser.: 12). (ENG.). 160p. (J). (gr. 3-7). lib. bdg. 25.99 *(978-1-338-68494-0(9))* Scholastic, Inc.
Claudia & the Phantom Phone Calls (the Baby-Sitters Club #2) Ann M. Martin. 2020. (Baby-Sitters Club Ser.: 2). (ENG.). 176p. (J). (gr. 3-7). pap. 6.99 *(978-1-338-64221-6(9),* Scholastic Paperbacks) Scholastic, Inc.
Claudia & the Phantom Phone Calls (the Baby-Sitters Club #2) (Library Edition) Ann M. Martin. 2020. (Baby-Sitters Club Ser.: 2). (ENG.). 176p. (J). (gr. 3-7). lib. bdg. 25.99 *(978-1-338-65116-4(1))* Scholastic, Inc.
Claudia & the Post Box. Fred Schreuder. 2020. (ENG.). 278p. (YA). (gr. 7-12). pap. *(978-1-78465-666-9(6),* Vanguard Press) Pegasus Elliot Mackenzie Pubs.
Claudia & the Sad Good-Bye see Claudia y la Triste Despedida
Claudia & the Sad Good-Bye (the Baby-sitters Club #26), Vol. 6. Ann M. Martin. 2023. (Baby-Sitters Club Ser.). (ENG.). 160p. (J). (gr. 3-7). pap. 7.99 *(978-1-338-87565-2(5))* Scholastic, Inc.
Claudia Cristina Cortez see Claudia Cristina Cortez en Español
Claudia Cristina Cortez en Español. Diana G. Gallagher. Illus. by Brann Garvey. 2020. (Claudia Cristina Cortez en Español Ser.).Tr. of Claudia Cristina Cortez. (SPA.). 88p. (J). (gr. 4-8). 218.56 *(978-1-4965-9828-8(8),* 200728); pap., pap., pap. 55.60 *(978-1-5158-7347-1(1),* 201804) Capstone. (Stone Arch Bks.).
Claudia Hyde: A Novel (Classic Reprint) Frances Courtenay Baylor. (ENG., Illus.). (J). 2018. 448p. 33.14 *(978-0-365-01689-2(6));* 2017. pap. 16.57 *(978-1-334-91765-3(5))* Forgotten Bks.
Claudia the Caterpillar. Andrew McDonough. 2022. (Lost Sheep Ser.). (ENG., Illus.). 32p. (J). (gr. -1-2). pap. 8.99 *(978-1-915046-12-3(2),* 3e00fdb5-0090-40e5-9b1f-633af4a18bc6, Sarah Grace Publishing) Malcolm Down Publishing Ltd. GBR. Dist: Baker & Taylor Publisher Services (BTPS).
Claudia's Dream. Marta Morros. Illus. by Simona Mulazzani. 2022. (ENG.). 40p. (J). 15.99 *(978-84-18599-32-3(4))* NubeOcho Ediciones ESP. Dist: Consortium Bk. Sales & Distribution.
Claudine, or Humility, the Basis of All the Virtues: A Swiss Tale (Classic Reprint) Maria Elizabeth Budden. 2018. (ENG., Illus.). 178p. (J). 27.57 *(978-0-267-14712-0(0))* Forgotten Bks.
Claus of Many Colors: Skinny Claus. Michael Maleski. Illus. by Sarah Isaac-Samuel. 2019. (ENG.). 36p. (J). 22.99 *(978-1-5456-7085-9(4));* pap. 12.49 *(978-1-5456-7084-2(6))* Salem Author Services.
Clave de Los Ejercicios Del Maestro de Ingles, Metodo Practico para Aprender a Leer, Escribir y Hablar la Lengua Inglesa: Segun el Sistema de Ollendorff (Classic Reprint) Francisco Javier Vingut. (ENG., Illus.). (J). 2018. 180p. 27.63 *(978-0-332-87058-8(8));* 2017. pap. 10.57 *(978-0-259-82137-3(3))* Forgotten Bks.
Clave Secreta Del Universo: una Maravillosa Aventura Por el Cosmos / George's Secret Key to the Universe. Lucy Hawking & Stephen Hawking. 2022. (Clave Secreta Del Universo Ser.: 1). (SPA.). 232p. (J). (gr. 4-7). pap. 14.95 *(978-1-64473-673-9(X),* Debolsillo) Penguin Random House Grupo Editorial ESP. Dist: Penguin Random Hse. LLC.
Clavis Catalog Spring 2019. 2018. (ENG.). (J). pap. 0.01 *(978-1-60537-474-1(1))* Clavis Publishing.
Clavius: The Hapless Tooth Fairy. Adrienne Smith. 2020. (ENG.). 36p. (J). pap. *(978-1-5289-0133-8(9))* Austin Macauley Pubs. Ltd.
Claw (Classic Reprint) Katherine Elspeth Oliver. 2017. (ENG., Illus.). (J). 32.11 *(978-0-266-18249-8(6))* Forgotten Bks.
Claw (Classic Reprint) Cynthia Stockley. (ENG., Illus.). (J). 2017. 466p. 33.53 *(978-0-332-31929-2(6));* 2016. pap. 16.57 *(978-1-333-34363-7(9))* Forgotten Bks.
Clawed. Tonya Coffey. 2020. (Panther's Pride Saga Ser.: Vol. 1). (ENG.). 204p. (YA). pap. 12.00 ***(978-1-0878-8861-3(1))*** Saguaro Bks,. LLC.
Claws & Effect. Chris Kientz & Steve Hockensmith. Illus. by Lee Nielsen. 2016. (Secret Smithsonian Adventures Ser.: 2). 64p. (gr. 4-7). pap. 10.95 *(978-1-58834-567-7(X),* Smithsonian Bks.) Smithsonian Institution Scholarly Pr.
Claws & Paws. MacKenzie Duncan. 2019. (ENG.). 62p. (J). pap. *(978-0-359-51323-9(9))* Lulu Pr., Inc.
Claws & Steel: Dragon Wars - Book 12. Craig Halloran. 2020. (Dragon Wars Ser.: Vol. 1). (ENG.). 274p. (J). 19.99 *(978-1-946218-91-9(X))* Two-Ten Bk. Pr., Inc.
Claws, Nails, & Hooves, 1 vol. Heather Funk Gotlib. 2018. (Animal Structures Ser.). (ENG.). 24p. (gr. 1-1). pap. 9.22 *(978-1-5026-4172-4(0),* e58c7c82-d950-4448-96b6-d1ff268ad9f5) Cavendish Square Publishing LLC.
Claws of Rage: A Beastly Crimes Book (#3) Anna Starobinets. Tr. by Jane Bugaeva. Illus. by Marie Muravski. 2019. (ENG.). 208p. (gr. 2-6). 16.99 *(978-0-486-82952-4(9),* 829529) Dover Pubns., Inc.
Claws of the Tiger (Classic Reprint) Gouverneur Morris. (ENG., Illus.). (J). 2018. 32p. 24.58 *(978-0-483-94266-0(9));* 2017. pap. 7.97 *(978-0-243-43697-2(1))* Forgotten Bks.
Claws Out. Jeremy Zag. 2017. (ENG., Illus.). 192p. (J). pap. 9.99 *(978-1-63229-257-5(2),* 0a148c05-333e-4411-8597-9a645bca23f2) Action Lab Entertainment.
Claws to the Rescue: A Gentle Introduction to the Second Amendment. Amanda Elizabeth. Illus. by Rachel Phillips. 2023. (ENG.). 34p. (J). pap. 14.99 ***(978-1-6628-7708-7(0),*** Liberty Hill Publishing) Salem Author Services.
Clay: 5-Step Handicrafts for Kids, 8 vols. Anna Llimós & Anna Llimós. 2018. (5-Step Handicrafts for Kids Ser.: 1). (ENG., Illus.). 32p. (J). (gr. -1-3). 9.99 *(978-0-7643-5644-5(5),* 9939) Schiffer Publishing, Ltd.
Clay: Homer & Shakespeare Start a Pottery. Catherine Kirkbride Keenan. 2022. (ENG., Illus.). 44p. (J). 28.95 ***(978-1-63985-806-4(7))*** Fulton Bks.
Clay Allison of the Washita: First a Cow Man & Then an Extinguisher of Bad Man, Recollections of Colorado, New Mexico & the Texas Panhandle (Classic Reprint) Unknown Author. 2017. (ENG., Illus.). (J). 26.74 *(978-0-331-92855-6(8))* Forgotten Bks.
Clay & Rainbows: A Novel (Classic Reprint) Dion Clayton Calthrop. 2018. (ENG., Illus.). (J). 326p. 30.62 *(978-1-391-60287-5(0));* 328p. pap. 13.57 *(978-1-391-59344-9(8))* Forgotten Bks.
Clay Encuentra un Hogar para Siempre: En el Corazón de Marian. Marian Wynkoop. 2018. (Clay Bks.: Vol. 1). (SPA., Illus.). 26p. (J). (gr. k-6). pap. 9.99 *(978-1-941876-01-5(3))* Podengo Publishing.
Clay Lab for Kids: 52 Projects to Make, Model, & Mold with Air-Dry, Polymer, & Homemade Clay, Volume 12. Cassie Stephens. 2017. (Lab for Kids Ser.: 12). (ENG., Illus.). 144p. (J). (gr. -1-5). pap. 24.99 *(978-1-63159-270-6(X),* 224271, Quarry Bks.) Quarto Publishing Group USA.
Clay Marble Novel Units Student Packet. Novel Units. 2019. (ENG.). (J). pap. 13.99 *(978-1-58130-889-1(2),* Novel Units, Inc.) Classroom Library Co.
Clay Marble Novel Units Teacher Guide. Novel Units. 2019. (ENG.). (J). pap. 12.99 *(978-1-58130-888-4(4),* Novel Units, Inc.) Classroom Library Co.
Clay Modelling for Schools: A Progressive Course for Primary & Grammar Grades. Anna M. Holland. 2017. (ENG., Illus.). (J). pap. *(978-0-649-30538-4(8))* Trieste Publishing Pty Ltd.
Clay Play! Animal Favorites. Terry Taylor. 2020. (ENG.). 80p. (J). (gr. 2). pap. 12.99 *(978-0-486-83791-8(2),* 837912) Dover Pubns., Inc.
Clay Play! JEWELRY. Terry Taylor. 2016. (ENG., Illus.). 80p. (J). (gr. 3-6). pap. 12.99 *(978-0-486-79944-5(1),* 799441) Dover Pubns., Inc.
Clay Play! Whimsical Gardens: Create over 30 Magical Miniatures! Contrib. by Terry Taylor. 2023. (ENG., Illus.). 80p. (J). (gr. 3). pap. 12.99 *(978-0-486-85045-0(5),* 850455) Dover Pubns., Inc.
Claybornes: A Romance of the Civil War (Classic Reprint) William Sage. 2017. (ENG., Illus.). (J). 32.48 *(978-1-5283-6977-0(7))* Forgotten Bks.
Clayface Returns. John Sazaklis. Illus. by Ethen Beavers. 2016. (You Choose Stories: Batman Ser.). (ENG.). 112p. (J). (gr. 2-6). lib. bdg. 32.65 *(978-1-4965-3089-9(6),* 131974, Stone Arch Bks.) Capstone.
Clayhanger (Classic Reprint) Arnold Bennett. (ENG., Illus.). (J). 2018. 598p. 36.23 *(978-0-267-87333-3(6));* 2017. 588p. 36.02 *(978-0-484-45261-8(4));* 2017. pap. 19.57 *(978-0-259-20342-1(4));* 2016. pap. 19.57 *(978-1-334-15380-8(9))* Forgotten Bks.
Claymates. Devorah Petty. 2017. (Claymates Ser.: 1). (ENG., Illus.). 40p. (J). (gr. -1-3). 18.99 *(978-0-316-30311-8(9))* Little, Brown Bks. for Young Readers.
Claymation Sensation, 12 vols. 2016. (Claymation Sensation Ser.). 32p. (gr. 3-3). (ENG.). 181.62 *(978-1-4994-8096-2(2),* c7f86336-4ddd-47bc-ba1a-a8a76055c935); pap. 70.50 *(978-1-5081-9271-8(5))* Rosen Publishing Group, Inc., The. (Windmill Bks.).
Clayton Byrd Goes Underground. Rita Williams-Garcia. Illus. by Frank Morrison. (ENG.). 176p. (J). (gr. 3-7). 2018. pap. 9.99 *(978-0-06-221593-2(0));* 2017. 16.99 *(978-0-06-221591-8(4));* 2017. E-Book *(978-0-06-221594-9(9),* 9780062215949) HarperCollins Pubs. (Quill Tree Bks.).
Clayton Byrd Goes Underground. Rita Williams-Garcia. ed. 2019. (Penworthy Picks Middle School Ser.). (ENG.). 166p. (J). (gr. 4-5). 18.49 *(978-1-64310-913-8(8))* Penworthy Co., LLC, The.
Clayton Halowell (Classic Reprint) Francis Wells Van Praag. (ENG., Illus.). (J). 2018. 324p. 30.58 *(978-0-483-97789-1(6));* 2016. pap. 13.57 *(978-1-334-11749-7(7))* Forgotten Bks.
Clayton's Mackintosh. David Lee Ross. 2017. (ENG., Illus.). 40p. (J). pap. *(978-1-326-85068-5(7))* Lulu Pr., Inc.
Clé à Molette see WrenchLa Clé à Molette
Clean Air, 1 vol. Jill Sherman. 2017. (Let's Learn about Natural Resources Ser.). (ENG.). 24p. (gr. 1-2). pap. 10.35 *(978-0-7660-9143-6(0),* 9f07ec66-182d-4c07-aa61-5a2ce00e326a) Enslow Publishing, LLC.
Clean Air & Our Future, 1 vol. Kathy Furgang. 2021. (Spotlight on Our Future Ser.). (ENG.). 32p. (J). (gr. 3-4). pap. 11.60 *(978-1-7253-2369-8(9),* 16251741-3248-4253-af9f-ce17059e8e27); lib. bdg. 27.93 *(978-1-7253-2372-8(9),* 43f849de-d7db-477e-bf5f-53ddb754113f) Rosen Publishing Group, Inc., The. (PowerKids Pr.).
Clean & Dirty. Kelsey Jopp. 2019. (Opposites Ser.). (ENG., Illus.). 16p. (J). (gr. k-1). 25.64 *(978-1-64185-344-6(1),* 1641853441, Focus Readers) North Star Editions.
Clean & Unclean Activity Book. Pip Reid. 2020. (Beginners Ser.: Vol. 10). (ENG.). 54p. (J). (gr. k-2). pap. *(978-1-988585-39-0(2))* Bible Pathway Adventures.
Clean Energy: The Economics of a Growing Market, 1 vol. Ed. by he New York Times. 2018. (Looking Forward Ser.). (ENG.). 224p. (YA). (gr. 9-9). lib. bdg. 54.93 *(978-1-64282-078-2(4),* aa58169c-9cae-433b-a124-59d2cb650644, New York Times Educational Publishing) Rosen Publishing Group, Inc., The.
Clean Energy Technicians: A Practical Career Guide. Marcia Santore. 2020. (Practical Career Guides). (Illus.). 150p. (YA). (gr. 8-17). pap. 39.00 *(978-1-5381-4168-7(X))* Rowman & Littlefield Publishers, Inc.
Clean Getaway. Nic Stone. (ENG., Illus.). 240p. (J). (gr. 3-7). 2021. 7.99 *(978-1-9848-9300-0(9),* Yearling); 2020. 16.99 *(978-1-9848-9297-3(5),* Crown Books For Young Readers) Random Hse. Children's Bks.
Clean, Green Rescue! (PAW Patrol) Cara Stevens. Illus. by Heather Martinez. 2021. (ENG.). 48p. (J). (gr. -1-2). 10.99 *(978-0-593-30992-6(8),* Random Hse. Bks. for Young Readers) Random Hse. Children's Bks.
Clean Heart (Classic Reprint) Arthur Stuart-Menteth Hutchinson. 2017. (ENG., Illus.). (J). 32.46 *(978-0-331-70281-1(9))* Forgotten Bks.
Clean House with Kids. Tricia Regar. 2016. (ENG.). 48p. (J). pap. ***(978-1-329-99188-0(5))*** Lulu Pr., Inc.
Clean It Up! Mary Boone. 2020. (Saving Our Planet Ser.). (ENG., Illus.). 32p. (J). (gr. 1-3). pap. 7.95 *(978-1-9771-2595-8(6),* 201147); lib. bdg. 31.32 *(978-1-9771-2581-1(6),* 201120) Capstone. (Pebble).
Clean Monster! Fight Germs & Viruses. Gina Bellisario. Illus. by Holli Conger. 2021. (Health Smarts (Early Bird Stories (tm)) Ser.). (ENG.). 24p. (J). (gr. k-2). pap. 9.99 *(978-1-7284-3129-1(8),* 42af9e1c-75aa-4c63-a86f-7f1b0a54b565); lib. bdg. 29.32 *(978-1-7284-2832-1(7),* e9f5b8bc-f750-4c3c-95d5-201893644813) Lerner Publishing Group. (Lerner Pubns.).

C

Clean Ocean. Lisa Muse. 2021. (ENG.). 24p. (J). *(978-1-5255-5619-7(3))*; pap. *(978-1-5255-5620-3(7))* FriesenPress.

Clean Street, 1 vol. Charmaine Robertson. 2016. (Rosen REAL Readers: Social Studies Nonfiction / Fiction: Myself, My Community, My World Ser.). (ENG.). 12p. (gr. k-1). pap. 6.33 *(978-1-5081-2527-3(9),* b8334f52-9730-4e18-a103-5c1a63d7fc8f, Rosen Classroom) Rosen Publishing Group, Inc., The.

Clean Sweep! Frank Zamboni's Ice Machine: Great Idea Series. Monica Kulling. Illus. by Renné Benoit. (Great Idea Ser.: 8). 32p. (J). (gr. k-3). 2017. pap. 6.99 *(978-1-77049-796-2(X))*; 2016. 17.99 *(978-1-77049-795-5(1))* Tundra Bks. CAN. (Tundra Bks.). Dist: Penguin Random Hse. LLC.

Clean-Up Crew. Finn Coyle. Illus. by Srimalie Bassani. 2019. (Finn's Fun Trucks Ser.). (ENG.). 32p. (J). (gr. k-2). 6.99 *(978-1-4867-1575-6(3),* af3eaf5d-2ddc-41a2-b1a1-65d026fdf05e) Flowerpot Pr.

Clean-Up Crew. Finn Coyle. 2019. (Finn's Fun Trucks Ser.). (ENG.). 29p. (J). (gr. k-1). 15.96 *(978-1-64310-965-7(0))* Penworthy Co., LLC, The.

Clean-Up Crew. Sandra Wilson. 2020. (ENG.). 48p. (J). pap. ***(978-0-9919177-1-6(5))*** Wilson, Sandra.

Clean-Up Crew: A Lift-The-Page Truck Book. Finn Coyle. Illus. by Srimalie Bassani. 2018. (Finn's Fun Trucks Ser.). (ENG.). 14p. (J). (gr. k-2). bds. 8.99 *(978-1-4867-1388-2(2),* 8bd48137-42e2-4c99-9241-aafac3a440a3) Flowerpot Pr.

Clean up, Everybody. Stacey Sparks. Illus. by Julia Patton. 2023. (ENG.). 16p. (J). (gr. -1-1). pap. 33.00 *(978-1-4788-0514-4(5),* fa7e6329-84ab-48b9-994d-11613d7564fb) Newmark Learning LLC.

Clean up! Our Earth Day Project - 6 Pack: Set of 6 with Teacher Materials Common Core Edition. Alison Adams. Illus. by Dan Chernett. 2017. (Text Connections Guided Close Reading Ser.). (J). (gr. k-1). 40.00 *(978-1-5021-5484-2(6))* Benchmark Education Co.

Clean-Up Time. W. Harry Kim & Clever Publishing. Illus. by Rachael McLean. 2019. (Animal Families Ser.). (ENG.). 20p. (J). (gr. -1 — 1). bds. 8.99 *(978-1-948418-70-6(3),* 331765) Clever Media Group.

Clean-Up Time! Patty Michaels. ed. 2021. (Ready-To-Read Ser.). (ENG., Illus.). 32p. (J). (gr. k-1). 13.96 *(978-1-64697-750-5(5))* Penworthy Co., LLC, The.

Clean-Up Time! Ready-To-Read Pre-Level 1. Illus. by Jason Fruchter. 2020. (Daniel Tiger's Neighborhood Ser.). (ENG.). 32p. (J). (gr. -1-k). 17.99 *(978-1-5344-7987-6(2))*; pap. 4.99 *(978-1-5344-7986-9(4))* Simon Spotlight. (Simon Spotlight).

Clean-Up Time / Momento de Arreglar. Elizabeth Verdick. Illus. by Marieka Heinlen. 2017. (Toddler Tools(r) Ser.). (ENG.). 26p. (J). (— 1). bds. 9.99 *(978-1-63198-154-8(4),* 81548) Free Spirit Publishing Inc.

Clean Water. Ellen Labrecque. 2017. (21st Century Skills Library: Global Citizens: Environmentalism Ser.). (ENG., Illus.). 32p. (J). (gr. 4-7). lib. bdg. 32.07 *(978-1-63472-870-6(X),* 209906) Cherry Lake Publishing.

Clean Water: Book 9. Carole Crimeen & Suzanne Fletcher. 2023. (Sustainability Ser.). (ENG.). 16p. (J). (gr. -1-2). pap. 7.99 ***(978-1-922370-04-4(5),*** 41be9d8-6023-45a3-afd4-5cc667328e38) Knowledge Bks. & Software AUS. Dist: Lerner Publishing Group.

Clean Water Comes to Karui's Home. Nkuchia M. M'Ikanatha. Illus. by Thelma I. Davis. 2019. (ENG.). 42p. (J). pap. 14.80 *(978-0-578-52032-2(X))* Water for the Village Pr.

Clean Water in Infographics. Renae Gilles. 2020. (21st Century Skills Library: Enviro-Graphics Ser.). (ENG., Illus.). 32p. (J). (gr. 4-8). lib. bdg. 32.07 *(978-1-5341-6951-7(2),* 215691) Cherry Lake Publishing.

Clean Water Pond; a Long, Safe Life. Adriana Diaz-Donoso. Illus. by Jovan Carl Segura. 2022. (ENG.). 24p. (J). pap. ***(978-1-922827-44-9(4))*** Library For All Limited.

Clean Your Boots, Sir? or, the History of Robert Rightheart. Author Unknown. 2023. (ENG.). 78p. (YA). pap. ***(978-1-927077-58-0(3))*** Soul Care Publishing.

Clean Your Desk! Katrina Streza. Illus. by Brenda Ponnay. 2023. (Little Readers Ser.: Vol. 21). (ENG.). 20p. (J). 24.99 ***(978-1-5324-3508-9(8))***; pap. 12.99 ***(978-1-5324-3311-5(5))*** Xist Publishing.

Cleaning Day. Constance Newman. Illus. by Brett Curzon. 2017. (My Adventures Ser.). (ENG.). 24p. (gr. -1-2). pap. 9.95 *(978-1-68342-751-3(3),* 9781683427513) Rourke Educational Media.

Cleaning Up. Leanne Lieberman. 2023. (ENG.). 208p. (J). (gr. 7-12). 19.99 *(978-1-77306-806-0(7))* Groundwood Bks. CAN. Dist: Publishers Group West (PGW).

Cleaning Up. Cecilia Minden & Joanne Meier. Illus. by Bob Ostrom. 2022. (Bear Essential Readers Ser.). (ENG.). 32p. (J). (gr. -1-2). lib. bdg. 35.64 *(978-1-5038-5922-7(3),* 215820, First Steps) Child's World, Inc, The.

Cleaning up Plastic with Artificial Coastlines. Douglas Hustad. 2019. (Unconventional Science Ser.). (ENG., Illus.). 48p. (J). (gr. 4-8). lib. bdg. 35.64 *(978-1-5321-1897-5(X),* 32663) ABDO Publishing Co.

Cleaning up the Quill Lakes' Catastrophe: (ayden's Adventure) Rosanna Gartley. 2018. (ENG., Illus.). 94p. (J). (gr. 3-6). pap. 11.95 *(978-1-59095-354-9(1),* ExamWise) Total Recall Learning, Inc.

Cleaning up Transportation: It's Time to Take Eco Action! Robyn Hardyman. 2023. (Eco Action Ser.). (ENG., Illus.). 48p. (J). (gr. 5-8). pap. 10.99 *(978-1-915153-63-0(8),* 336909b7-acba-415f-877c-cb50ca099714); lib. bdg. 31.99 *(978-1-914383-79-3(6),* 9a6951b9-ac41-492c-a688-d5fd066fcaef) Cheriton Children's Bks. GBR. Dist: Lerner Publishing Group.

Cleaning Water. Rebecca Olien. 2016. (Water in Our World Ser.). (ENG., Illus.). 24p. (J). (gr. 1-3). lib. bdg. 27.99 *(978-1-4914-8278-0(8),* 130763, Capstone Pr.) Capstone.

Cleaning with the Creeps. Carolyn Bagnall. (ENG.). (J). 2019. 44p. *(978-0-2288-1081-0(7))*; 2016. (Illus.). pap. *(978-1-77302-185-0(0))* Tellwell Talent.

Cleansing the World: Flood Myths Around the World. Blake Hoena. Illus. by Silvio dB. 2017. (Universal Myths Ser.). (ENG.). 48p. (J). (gr. 3-9). lib. bdg. 31.32 *(978-1-5157-6627-8(6),* 135198, Capstone Pr.) Capstone.

Clear & Comprehensive View of the Being, Nature, & Attributes of God: Formed Not Only upon the Divine Authority of the Holy Scriptures, but the Solid Reasonings & Testimonies of the Best Authors, Both Heathen & Christian, Which Have Writ upon Th. Joseph Smith. 2017. (ENG., Illus.). (J). 30.27 *(978-0-265-66924-2(3))*; pap. 13.57 *(978-1-5276-4115-0(5))* Forgotten Bks.

Clear Blue Sky. Josh Greenfield. 2017. (ENG., Illus.). 18p. (J). *(978-1-365-89267-7(0))* Lulu Pr., Inc.

Clear Blue Sky. Penguin India. 2020. (ENG.). 120p. (J). pap. 8.99 *(978-0-14-345103-7(0),* Puffin) Penguin Bks. India PVT, Ltd IND. Dist: Independent Pubs. Group.

Clear Colors. June Lowenberg. 2019. (ENG.). 216p. (YA). pap. 15.95 *(978-1-64350-817-7(2))* Page Publishing Inc.

Clear Skies, 1 vol. Jessica Scott Kerrin. 2019. (ENG.). 144p. (J). (gr. 3-6). 16.95 *(978-1-77306-240-2(9))* Groundwood Bks. CAN. Dist: Publishers Group West (PGW).

Clearing. Samantha Cook. 2021. (ENG.). 268p. (J). pap. *(978-0-3695-0376-3(7))* Evernight Publishing.

Clearing. Tom Deady. 2021. (ENG.). 264p. (YA). (gr. 7). pap. 15.95 *(978-1-64548-071-6(2))* Vesuvian Bks.

Clearing Weather. Cornelia Meigs. 2018. (ENG., Illus.). 320p. (YA). (gr. 2-6). pap. 8.99 *(978-0-486-81742-2(3),* 817423) Dover Pubns., Inc.

Cleek of Scotland Yard: Detective Stories (Classic Reprint) T. P. Hanshew. 2018. (ENG., Illus.). 370p. (J). 31.53 *(978-0-484-42468-4(8))* Forgotten Bks.

Cleek, the Man of the Forty Faces: Or Cleek, the Master Detective (Classic Reprint) Thomas W. Hanshew. 2017. (ENG., Illus.). (J). 31.05 *(978-0-266-65296-0(4))*; pap. 13.57 *(978-1-5276-0267-0(2))* Forgotten Bks.

Cleek, the Man of the Forty Faces (Classic Reprint) Thomas W. Hanshew. 2018. (ENG., Illus.). 312p. (J). 30.35 *(978-0-483-88073-3(6))* Forgotten Bks.

Cleekim Inn. James C. Dibdin. 2017. (ENG.). 208p. (J). pap. *(978-3-337-07134-9(1))* Creation Pubs.

Cleekim Inn: A Tale of Smuggling in the 45 (Classic Reprint) James C. Dibdin. 2017. (ENG., Illus.). (J). 28.12 *(978-0-266-91683-3(X))* Forgotten Bks.

Cleek's Government Cases (Classic Reprint) Thomas W. Hanshew. (ENG., Illus.). (J). 2018. 352p. 31.16 *(978-0-484-02813-4(8))*; 2017. pap. 13.57 *(978-0-243-52147-0(2))* Forgotten Bks.

Clef de la Nouvelle Methode Pour Apprendre a Lire, Ecrire et a Parler une Langue en Six Mois, Appliquee a l'Anglais (Classic Reprint) H. G. Ollendorff. (ENG., Illus.). (J). 2017. 27.44 *(978-0-265-46996-5(1))*; 2016. pap. 9.97 *(978-1-334-14300-7(5))* Forgotten Bks.

Clef des Exercices du Nouveau Cours de Langue Anglaise Selon la Methode D'Ollendorff: A l'Usage des Ecoles, Academies, Pensionnats et Colleges (Classic Reprint) Antonin Nantel. 2018. (ENG., Illus.). 136p. (J). 26.70 *(978-0-267-52917-9(1))* Forgotten Bks.

Clef des Exercices du Nouveau Cours de Langue Anglaise Selon la Methode D'Ollendorff: A l'Usage des Ecoles, Academies, Pensionnats et Colleges (Classic Reprint) Antonin Nantel. (ENG., Illus.). (J). 2018. 136p. 26.72 *(978-0-483-95818-0(2))*; 2017. pap. 9.57 *(978-0-259-38413-7(5))*; 2017. pap. 9.57 *(978-0-243-51403-8(4))* Forgotten Bks.

Clef des Exercices du Nouveau Cours de Langue Anglaise Selon la Méthode D'Ollendorff: À l'Usage des Écoles, Académies, Pensionnats et Collèges (Classic Reprint) Antonin Nantel. 2018. (ENG., Illus.). 88p. (J). 25.73 *(978-0-365-35095-8(8))* Forgotten Bks.

Clef des Exercices du Nouveau Cours de Langue Anglaise Selon la Methode d'Ollendorff a l'Usage des Ecoles, Academies, Pensionnats et Colleges (Classic Reprint) Antonin Nantel. (ENG., Illus.). (J). 2018. 132p. 26.64 *(978-0-267-38659-8(1))*; 2016. pap. 9.57 *(978-1-334-14531-5(8))* Forgotten Bks.

Cleg Kelly: Arab of the City (Classic Reprint) S. R. Crockett. 2017. (ENG., Illus.). (J). 32.52 *(978-1-5285-7934-6(8))* Forgotten Bks.

Cleg Kelly, Vol. 2 Of 2: Arab of the City (Classic Reprint) Samuel Rutherford Crockett. 2018. (ENG., Illus.). 290p. (J). 29.88 *(978-0-484-89941-3(4))* Forgotten Bks.

Clem & Crab. Fiona Lumbers. Illus. by Fiona Lumbers. 2020. (ENG., Illus.). 32p. (J). (gr. -1-3). 17.99 *(978-1-5415-9619-1(6),* 67290c65-d069-4076-9fbf-9724f33274d3) Lerner Publishing Group.

Clem (Classic Reprint) Edna Kenton. (ENG., Illus.). (J). 2018. 282p. 29.73 *(978-0-483-92632-5(9))*; 2016. pap. 13.57 *(978-1-333-62490-3(5))* Forgotten Bks.

Clem Hetherington & the Ironwood Race. Jen Breach. Illus. by Douglas Holgate. 2018. (Clem Hetherington Ser.: 1). (ENG.). 208p. (J). (gr. 3-7). pap. 14.99 *(978-0-545-81446-1(4),* Graphix) Scholastic, Inc.

Clem Hetherington & the Ironwood Race. Jen Breach. ed. 2018. lib. bdg. 26.95 *(978-0-606-41056-4(2))* Turtleback.

Clematis (Classic Reprint) Bertha B. Cobb. (ENG., Illus.). (J). 2018. 272p. 29.51 *(978-0-484-51662-4(0))*; 2017. pap. 11.97 *(978-0-243-48451-5(8))* Forgotten Bks.

Clemencia. Ignacio Manuel Altamirano. 2018. (SPA.). 96p. (YA). (gr. 8-12). pap. 6.95 *(978-607-453-241-8(9))* Selector, S.A. de C.V. MEX. Dist: Spanish Pubs., LLC.

Clemencia's Crisis (Classic Reprint) Edith Ogden Harrison. 2017. (ENG., Illus.). (J). 29.40 *(978-1-5284-6476-5(1))* Forgotten Bks.

Clemency Franklyn, Vol. 1 of 2 (Classic Reprint) Annie Keary. (ENG., Illus.). (J). 2018. 320p. 30.52 *(978-0-483-36702-9(8))*; 2016. pap. 13.57 *(978-1-333-48558-0(1))* Forgotten Bks.

Clemency Franklyn, Vol. 2 of 2 (Classic Reprint) Annie Keary. (ENG., Illus.). (J). 2018. 342p. 30.95 *(978-0-483-37634-2(5))*; 2016. pap. 13.57 *(978-1-334-13429-6(4))* Forgotten Bks.

Clement: Or True Stories about Conscience (Classic Reprint) American Sunday School Union. (ENG., Illus.). (J). 2018. 60p. 25.13 *(978-0-666-61238-0(2))*; 2017. pap. 9.57 *(978-0-259-29496-2(9))* Forgotten Bks.

Clement & Oscar's American Adventure. Ian Laurence Brown. 2017. (ENG., Illus.). 84p. (J). 21.95 *(978-1-78629-996-3(8),* 2554a1b4-3bd3-4d4a-bf9b-78409f56650b) Austin Macauley Pubs. Ltd. GBR. Dist: Baker & Taylor Publisher Services (BTPS).

Clement Lorimer, or the Book with the Iron Clasps: A Romance (Classic Reprint) Angus B. Reach. (ENG., Illus.). (J). 2018. 328p. 30.66 *(978-0-428-73605-7(X))*; 2016. pap. 13.57 *(978-1-333-52525-5(7))* Forgotten Bks.

Clemente Ball. Brian J. Croasmun. Ed. by Jolene Perry. 2019. (ENG.). 192p. (J). (gr. 5-6). 19.95 ***(978-1-7331651-2-9(6))*** Game Time Bks.

Clementina (Clementine) Sara Pennypacker. ed. 2018. (Clementine Ser.). lib. bdg. 24.50 *(978-0-606-41424-1(X))* Turtleback.

Clementina's Highwayman: A Romance (Classic Reprint) Robert Neilson Stephens. (ENG., Illus.). (J). 2018. 368p. 31.49 *(978-0-483-44248-1(8))*; 2016. pap. 13.97 *(978-1-334-13896-6(6))* Forgotten Bks.

Clementina's Mirror: Or, Six Glimpses of Lite (Classic Reprint) Nellie Grahame. 2018. (ENG., Illus.). 184p. (J). 27.69 *(978-0-267-22828-7(7))* Forgotten Bks.

Clementine. Ann Hood. 2023. 320p. (J). (gr. 5). 17.99 *(978-0-593-09410-5(7),* Penguin Workshop) Penguin Young Readers Group.

Clementine & Danny Save the World (and Each Other) Livia Blackburne. 2023. (ENG.). 336p. (YA). (gr. 8). 19.99 ***(978-0-06-322989-1(7)***, Quill Tree Bks.) HarperCollins Pubs.

Clementine & the Best Sleepover. Taliah Hall. 2021. (ENG., Illus.). 30p. (J). pap. 13.95 *(978-1-63630-021-4(9))* Covenant Bks.

Clementine & the Cookie Queen: From Why-Do to How-To. Sweet Charity Smith. 2017. (ENG.). (J). 14.95 *(978-1-68401-031-8(4))* Amplify Publishing Group.

Clementine & the Lion. Zoey Abbott. Illus. by Zoey Abbott. 2022. (ENG., Illus.). 48p. (J). (gr. -1-3). 18.99 *(978-1-5253-0562-7(X))* Kids Can Pr., Ltd. CAN. Dist: Hachette Bk. Group.

Clementine Fox & the Great Island Adventure: a Graphic Novel (Clementine Fox #1) Leigh Luna. Illus. by Leigh Luna. 2023. (ENG.). 208p. (J). (gr. 2-5). 22.99 *(978-1-338-35625-0(9))*; pap. 12.99 *(978-1-338-35624-3(0))* Scholastic, Inc. (Graphix).

Clementine Rose & the Bake-Off Dilemma 14. Jacqueline Harvey. 2021. (Clementine Rose Ser.: 14). (Illus.). 160p. (J). (gr. 2-4). 9.99 *(978-1-76089-197-8(5),* Puffin) Penguin Random Hse. AUS. Dist: Independent Pubs. Group.

Clementine Rose & the Ballet Break-In 8. Jacqueline Harvey. 2020. (Clementine Rose Ser.: 8). 160p. (J). (gr. 1-3). 14.99 *(978-1-76089-198-5(3),* Puffin) Penguin Random Hse. AUS. Dist: Independent Pubs. Group.

Clementine Rose & the Best News Yet 15. Jacqueline Harvey. 2021. (Clementine Rose Ser.: 15). 176p. (J). (gr. 1-3). 9.99 *(978-0-14-378605-4(9,* Puffin) Penguin Random Hse. AUS. Dist: Independent Pubs. Group.

Clementine Rose & the Birthday Emergency. Jacqueline Harvey. 2016. (Clementine Rose Ser.: 10). (Illus.). 160p. (J). (gr. 1-3). 8.99 *(978-0-85798-516-3(7))* Random Hse. Australia AUS. Dist: Independent Pubs. Group.

Clementine Rose & the Birthday Emergency 10. Jacqueline Harvey. 2020. (Clementine Rose Ser.: 10). 160p. (J). (gr. 1-3). 9.99 *(978-1-76089-199-2(1),* Puffin) Penguin Random Hse. AUS. Dist: Independent Pubs. Group.

Clementine Rose & the Famous Friend 7. Jacqueline Harvey. 2020. (Clementine Rose Ser.: 7). 160p. (J). (gr. 1-3). 9.99 *(978-1-76089-200-5(9),* Puffin) Penguin Random Hse. AUS. Dist: Independent Pubs. Group.

Clementine Rose & the Farm Fiasco 4. Jacqueline Harvey. 2020. (Clementine Rose Ser.: 4). 160p. (J). (gr. 1-3). 9.99 *(978-1-76089-201-2(7),* Puffin) Penguin Random Hse. AUS. Dist: Independent Pubs. Group.

Clementine Rose & the Movie Magic 9. Jacqueline Harvey. 2020. (Clementine Rose Ser.: 9). 160p. (J). (gr. 1-3). 9.99 *(978-1-76089-202-9(5),* Puffin) Penguin Random Hse. AUS. Dist: Independent Pubs. Group.

Clementine Rose & the Paris Puzzle. Jacqueline Harvey. 2016. (Clementine Rose Ser.: 12). 160p. (J). (gr. 1-3). pap. 8.99 *(978-0-85798-784-6(7))* Random Hse. Australia AUS. Dist: Independent Pubs. Group.

Clementine Rose & the Paris Puzzle 12. Jacqueline Harvey. 2020. (Clementine Rose Ser.: 12). 160p. (J). (gr. 4-6). 9.99 *(978-1-76089-203-6(3),* Puffin) Penguin Random Hse. AUS. Dist: Independent Pubs. Group.

Clementine Rose & the Perfect Present 3. Jacqueline Harvey. 2020. (Clementine Rose Ser.: 3). 160p. (J). (gr. 1-3). 9.99 *(978-1-76089-204-3(1),* Puffin) Penguin Random Hse. AUS. Dist: Independent Pubs. Group.

Clementine Rose & the Pet Day Disaster 2. Jacqueline Harvey. 2020. (Clementine Rose Ser.: 2). 160p. (J). (gr. 1-3). 9.99 *(978-1-76089-205-0(X),* Puffin) Penguin Random Hse. AUS. Dist: Independent Pubs. Group.

Clementine Rose & the Seaside Escape 5. Jacqueline Harvey. 2020. (Clementine Rose Ser.: 5). 160p. (J). (gr. 1-3). 14.99 *(978-1-76089-206-7(8),* Puffin) Penguin Random Hse. AUS. Dist: Independent Pubs. Group.

Clementine Rose & the Special Promise 11. Jacqueline Harvey. 2020. (Clementine Rose Ser.: 11). 160p. (J). (gr. 4-6). 9.99 *(978-1-76089-207-4(6),* Puffin) Penguin Random Hse. AUS. Dist: Independent Pubs. Group.

Clementine Rose & the Surprise Visitor 1. Jacqueline Harvey. 2020. (Clementine Rose Ser.: 1). 144p. (J). (gr. 1-3). 9.99 *(978-1-76089-208-1(4),* Puffin) Penguin Random Hse. AUS. Dist: Independent Pubs. Group.

Clementine Rose & the Treasure Box 6. Jacqueline Harvey. 2020. (Clementine Rose Ser.: 6). 160p. (J). (gr. 1-3). 9.99 *(978-1-76089-209-8(2),* Puffin) Penguin Random Hse. AUS. Dist: Independent Pubs. Group.

Clementine Rose & the Wedding Wobbles. Jacqueline Harvey. 2017. (Clementine Rose Ser.: 13). (ENG.). 160p. (J). (gr. 2-4). 8.99 *(978-0-85798-790-7(9))* Random Hse. Australia AUS. Dist: Independent Pubs. Group.

Clementine Rose & the Wedding Wobbles 13. Jacqueline Harvey. 2020. (Clementine Rose Ser.: 13). 160p. (J). (gr. 1-3). 9.99 *(978-1-76089-210-4(6),* Puffin) Penguin Random Hse. AUS. Dist: Independent Pubs. Group.

Clementine Rose Bindup 2. Jacqueline Harvey. 2017. (Clementine Rose Ser.: 2). (ENG.). 198p. (J). (gr. 1-3). 18.99 *(978-0-14-378865-2(5))* Random Hse. Australia AUS. Dist: Independent Pubs. Group.

Clementine Rose Collection Five. Jacqueline Harvey. 2020. (Clementine Rose Ser.). 464p. (J). (gr. k-2). 19.99 *(978-1-76089-743-7(4),* Puffin) Penguin Random Hse. AUS. Dist: Independent Pubs. Group.

Clementine Rose Collection Four. Jacqueline Harvey. 2018. (Clementine Rose Ser.: 4). 464p. (J). (gr. 1-3). 18.99 *(978-0-14-379020-4(X))* Random Hse. Australia AUS. Dist: Independent Pubs. Group.

Clementine Rose Collection One. Jacqueline Harvey. 2020. (Clementine Rose Ser.). 448p. (J). (gr. 1-3). 19.99 *(978-1-76089-213-5(0),* Puffin) Penguin Random Hse. AUS. Dist: Independent Pubs. Group.

Clementine Rose Collection Three. Jacqueline Harvey. 2018. (Clementine Rose Ser.: 3). 448p. (J). (gr. 1-3). 18.99 *(978-0-14-379019-8(6))* Random Hse. Australia AUS. Dist: Independent Pubs. Group.

Clementine Rose Collection Two. Jacqueline Harvey. 2020. (Clementine Rose Ser.). 464p. (J). (gr. 1-3). 19.99 *(978-1-76089-214-2(9),* Puffin) Penguin Random Hse. AUS. Dist: Independent Pubs. Group.

Clemons Van Forer's Freedom. Joshua A. Clemons. Illus. by Lamont Wayne. 2021. (ENG.). 40p. (J). 18.99 *(978-1-7347595-9-4(3))* McClure Publishing Inc.

Clemson College Chronicle, Vol. 1: October, 1897 (Classic Reprint) Clemson College. 2018. (ENG., Illus.). 390p. (J). 31.94 *(978-0-332-07603-4(2))* Forgotten Bks.

Clemson College Chronicle, Vol. 20: October, 1921 (Classic Reprint) Clemson College. (ENG., Illus.). (J). 2018. 174p. 27.49 *(978-0-483-95025-2(4))*; 2017. pap. 9.97 *(978-0-243-51602-5(9))* Forgotten Bks.

Clemson College Chronicle, Vol. 21: October, 1922 (Classic Reprint) S. C. Rice. (ENG., Illus.). (J). 2018. 108p. 26.14 *(978-0-332-29929-7(5))*; 2017. pap. 9.57 *(978-0-243-43305-6(0))* Forgotten Bks.

Clemson College Chronicle, Vol. 22: October, 1923 (Classic Reprint) E. D. Plowden. (ENG., Illus.). (J). 2018. 310p. 30.29 *(978-0-483-32418-3(3))*; 2017. pap. 13.57 *(978-0-243-48484-3(4))* Forgotten Bks.

Clemson Tigers. Robert Cooper. 2020. (Inside College Football Ser.). (ENG.). 48p. (J). (gr. 4-4). pap. 11.95 *(978-1-64494-466-0(9))*; (Illus.). lib. bdg. 34.21 *(978-1-5321-9251-7(7),* 35093) ABDO Publishing Co. (SportsZone).

Clemson Tigers. K. C. Kelley. 2021. (College Football Teams Ser.). (ENG.). 24p. (J). (gr. 3-6). lib. bdg. 32.79 *(978-1-5038-5032-3(3),* 214880) Child's World, Inc, The.

Clemy's Purple Turtle House. Kevin M. Mooney & Kayleigh M. Mooney. 2020. (ENG.). 38p. (J). pap. 10.00 *(978-0-578-80519-1(7))* New-Wolf Moon Publishing.

Cleo: Confessions of a Street Dog. Anjali Venkatesh. 2018. (ENG., Illus.). 100p. (J). pap. 8.99 *(978-1-64249-654-3(5))* Notion Pr., Inc.

CLEO: Under the Surface. C. T. Barney. 2019. (ENG.). 256p. (J). *(978-0-359-60339-8(4))* Lulu Pr., Inc.

Cleo & Cornelius: A Tale of Two Cities & Two Kitties. Elizabeth Nicholson et al. Illus. by Michelle Thies. 2018. (ENG.). 32p. (J). (gr. -1-k). 16.99 *(978-1-947440-03-6(9),* 1323401) Getty Pubns.

Cleo & Cuquin Family Fun! 3D Shapes Math Kit & App: Spanish/English, Bilingual Education, Preschool Ages 3-5, Kindergarten Readiness, Learn Shapes with Stories, Activities, Games, Drawing, Video & AR. Hitn / HITN / Hispanic Information and Telecommunications Network. 2018. (Cleo & Cuquin Family Fun! Ser.). (ENG.). 36p. (J). (gr. -1-k). pap. 24.95 *(978-1-64094-000-0(6))* HITN.

Cleo & Cuquin Family Fun! Counting Math Kit & App: Spanish/English, Bilingual Education, Preschool Ages 3-5, Kindergarten Readiness, Learn Counting with Stories, Activities, Games, Drawing, Video & AR. Hitn / HITN / Hispanic Information and Telecommunications Network. 2018. (Cleo & Cuquin Family Fun! Ser.). (ENG.). 36p. (J). (gr. -1-k). pap. 24.95 *(978-1-64094-020-8(0))* HITN.

Cleo & Cuquin Family Fun! Sorting Math Kit & App: Spanish/English, Bilingual Education, Preschool Ages 3-5, Kindergarten Readiness, Learn Sorting with Stories, Activities, Games, Drawing, Video & AR. Hitn / HITN / Hispanic Information and Telecommunications Network. 2018. (Cleo & Cuquin Family Fun! Ser.). (ENG.). 36p. (J). (gr. -1-k). pap. 24.95 *(978-1-64094-040-6(5))* HITN.

Cleo & Olive Go to School. Jan Hurd & Jennifer Hurd Tucker. 2016. (Cleo & Olive Ser.: Vol. 2). (ENG., Illus.). 32p. (J). (gr. k-5). 17.95 *(978-0-692-75647-8(7))* Cleo and Olive.

Cleo & Roger Discover Columbus, Indiana. Kimberly S. Hoffman. 2019. (Cleo & Roger Ser.: Vol. 1). (ENG., Illus.). 102p. (J). 30.99 *(978-1-951263-88-1(X))*; pap. 23.99 *(978-1-950454-79-2(7))* Pen It Pubns.

Cleo & Roger Discover Columbus, Indiana: Coloring Book. Kimberly S. Hoffman. 2019. (Cleo & Roger Ser.: Vol. 1). (ENG., Illus.). 100p. (J). pap. 10.99 *(978-1-951263-87-4(1))* Pen It Pubns.

Cleo & Roger Discover the Art of Columbus, Indiana. Kimberly S. Hoffman. 2020. (Cleo & Roger Ser.: Vol. 2). (ENG., Illus.). 124p. (J). 33.99 *(978-1-954868-24-3(3))*; pap. 25.99 *(978-1-954868-23-6(5))* Pen It Pubns.

Cleo & Roger Discover the Art of Columbus, Indiana Coloring Book: Coloring Book. Kimberly S. Hoffman. 2020. (Cleo & Roger Ser.: Vol. 2). (ENG., Illus.). 124p. (J). pap. 11.99 *(978-1-954868-25-0(1))* Pen It Pubns.

Cleo Finds a Friend. Stella Blackstone. Illus. by Caroline Mockford. 2022. (Cleo the Cat Ser.). (ENG.). 26p. (J). (gr. 1-4). bds. 8.99 *(978-1-64686-515-4(4))* Barefoot Bks., Inc.

Cleo Finds Her Voice. Maureen McHugh. 2022. (ENG.). 158p. (J). pap. 9.99 ***(978-1-6629-2555-9(7))*** Gatekeeper Pr.

Cleo Porter & the Body Electric. Jake Burt. 2020. (ENG., Illus.). 288p. (J). 16.99 *(978-1-250-23655-5(X),* 900210567) Feiwel & Friends.

Cleo Porter & the Body Electric. Jake Burt. 2022. (ENG., Illus.). 288p. (J). pap. 7.99 *(978-1-250-80272-9(5),* 900210568) Square Fish.

Cleo the Crocodile Activity Book for Children Who Are Afraid to Get Close: A Therapeutic Story with Creative Activities about Trust, Anger, & Relationships for

366
The check digit for ISBN-10 appears in parentheses after the full ISBN-13

Children Aged 5-10. Karen Treisman. Illus. by Sarah Peacock. 2019. (Therapeutic Treasures Collection). 160p. (C). 29.95 *(978-1-78592-551-1(2),* 696894) Kingsley, Jessica Pubs. GBR. Dist: Hachette UK Distribution.

Cleo the Crocodile's New Home: A Story to Help Kids after Trauma. Karen Treisman. Illus. by Sarah Peacock. ed. 2021. (Dr. Treisman's Big Feelings Stories Ser.). 40p. (J). 14.95 *(978-1-83997-027-6(8),* 828516) Kingsley, Jessica Pubs. GBR. Dist: Hachette UK Distribution.

Cleo the Magnificent, or the Muse of the Real: A Novel (Classic Reprint) Louis Zangwill. (ENG., Illus.). (J). 2017. 30.60 *(978-0-266-44809-9(7));* 2016. pap. 13.57 *(978-1-334-15012-8(5))* Forgotten Bks.

Cleonardo, the Little Inventor. Mary GrandPré. Illus. by Mary GrandPré. 2016. (ENG., Illus.). 48p. (J). (gr. -1-3). 18.99 *(978-0-439-35764-7(0),* Levine, Arthur A. Bks.) Scholastic, Inc.

Cleopatra. Jacob Abbott. 2019. (J). pap. *(978-1-947644-17-5(3))* Canon Pr.

Cleopatra. Helena Kraljic & Peter Skerl. 2017. (SPA.). 32p. (J). (gr. 1-4). 16.95 *(978-84-9145-008-5(4))* Ediciones Obelisco ESP. Dist: Spanish Pubs., LLC.

Cleopatra, 1 vol. Zoe Lowery & Julian Morgan. 2016. (Leaders of the Ancient World Ser.). (ENG.). 112p. (J). (gr. 6-6). 38.80 *(978-1-5081-7254-3(4),* 1614daeb-6b6f-4e20-bb05-8386ddb83b69) Rosen Publishing Group, Inc., The.

Cleopatra. Don Nardo. 2016. (ENG.). 80p. (J). 38.60 *(978-1-60152-948-0(1))* ReferencePoint Pr., Inc.

Cleopatra. Christine Platt. 2020. (Sheroes Ser.). (ENG., Illus.). 32p. (J). (gr. 2-2). pap. 9.95 *(978-1-64494-307-6(7),* 1644943077, Calico Kid) ABDO Publishing Co.

Cleopatra. Christine Platt. Illus. by Addy Rivera. 2019. (Sheroes Ser.). (ENG.). 32p. (J). (gr. -1-3). lib. bdg. 32.79 *(978-1-5321-3641-2(2),* 33728, Calico Chapter Bks) Magic Wagon.

Cleopatra: Queen of Egypt, 1 vol. Xina M. Uhl. 2017. (Women Who Changed History Ser.). (ENG., Illus.). 48p. (J). (gr. 6-7). 28.41 *(978-1-68048-639-1(X),* a122930c-51d1-4423-9e50-440ed921805d, Britannica Educational Publishing) Rosen Publishing Group, Inc., The.

Cleopatra & Ancient Egypt for Kids: Her Life & World, with 21 Activities. Simonetta Carr. 2018. (For Kids Ser.: 69). (Illus.). 144p. (J). (gr. 4). pap. 18.99 *(978-1-61373-975-4(3))* Chicago Review Pr., Inc.

Cleopatra Tells All! Chris Naunton. Illus. by Guilherme Karsten. 2022. (ENG.). 48p. (J). (gr. 1-3). 16.95 ***(978-0-500-65256-5(2),*** 565256) Thames & Hudson.

Cleopatra VII: The Last Pharaoh of Ancient Egypt - History Picture Books Children's Ancient History. Baby Professor. 2017. (ENG., Illus.). (J). pap. 9.55 *(978-1-5419-1171-0(7),* Baby Professor (Education Kids)) Speedy Publishing LLC.

Cleopatra, Vol. 1 (Classic Reprint) Georg Ebers. 2018. (ENG., Illus.). 616p. (J). 36.60 *(978-0-483-40468-7(3))* Forgotten Bks.

Cleopatra, Vol. 1 Of 2: A Romance (Classic Reprint) Georg Ebers. (ENG., Illus.). (J). 2018. 326p. 30.62 *(978-0-483-37080-7(0));* 2016. pap. 13.57 *(978-1-334-15768-4(5))* Forgotten Bks.

Cleopatra, Vol. 2 Of 2: A Romance (Classic Reprint) Georg Ebers. 2018. (ENG., Illus.). 302p. (J). 30.13 *(978-0-484-12289-4(4))* Forgotten Bks.

Cleopatra's Tomb & the Regit Tigers of Egypt. J. W. S. Getty. 2023. (ENG.). 356p. (YA). pap. ***(978-0-2288-8049-3(1)); (978-0-2288-8050-9(5))*** Tellwell Talent.

Cleo's Adventure. Stella Blackstone. Illus. by Caroline Mockford. 2022. (Cleo the Cat Ser.). (ENG.). 26p. (J). (gr. 1-4). bds. 8.99 *(978-1-64686-514-7(6))* Barefoot Bks., Inc.

Cleo's Big Ideas: Onward & Upward! Janice Milusich. Illus. by Jennifer Ball. 2020. (ENG.). 98p. (J). pap. 7.99 *(978-1-63233-239-4(6))* Eifrig Publishing.

Clergyman's Orphan, or the Child of Providence: A Tale Founded upon Facts (Classic Reprint) Unknown Author. (ENG., Illus.). (J). 2018. 220p. 28.43 *(978-0-483-56170-0(3));* 2016. pap. 10.97 *(978-1-334-16477-4(0))* Forgotten Bks.

Clergyman's Widow, & Her Young Family (Classic Reprint) Barbara Hofland. (ENG., Illus.). (J). 2018. 206p. 28.15 *(978-0-483-87314-8(4));* 2016. pap. 10.57 *(978-1-334-17096-6(7))* Forgotten Bks.

Clerical Error: A Comedy in One Act (Classic Reprint) Henry Arthur Jones. (ENG., Illus.). (J). 2018. 28p. 24.49 *(978-0-365-46199-9(7));* 2017. pap. 7.97 *(978-0-259-54131-8(1))* Forgotten Bks.

Clerk of Oxford: And His Adventures in the Baron's War (Classic Reprint) E. Everett Green. (ENG., Illus.). (J). 2018. 476p. 33.71 *(978-0-483-60750-7(9));* 2016. pap. 16.57 *(978-1-333-46271-0(9))* Forgotten Bks.

Clerk of the Woods (Classic Reprint) Bradford Torrey. 2018. (ENG., Illus.). 296p. (J). 30.00 *(978-0-332-93253-8(2))* Forgotten Bks.

Clerk's Tale (Classic Reprint) Geoffrey Chaucer. 2017. (ENG., Illus.). (J). 24.85 *(978-0-331-52138-2(5));* pap. 7.97 *(978-0-331-52122-1(9))* Forgotten Bks.

Cletus, the Little Loggerhead Turtle: The Beginning Adventure. Lindalouise. Illus. by Kerrie Robertson. 2021. (ENG.). 52p. (J). pap. 19.99 *(978-1-7345917-4-3(9))* Palmetto Publishing.

Cleve Hall (Classic Reprint) Elizabeth M. Sewell. 2018. (ENG., Illus.). 486p. (J). 33.94 *(978-0-364-30434-1(0))* Forgotten Bks.

Cleve Hall, Vol. 1 of 2 (Classic Reprint) Elizabeth Missing Sewell. (ENG., Illus.). (J). 2018. 416p. 32.48 *(978-0-483-87737-5(9));* 2016. pap. 16.57 *(978-1-333-76223-0(2))* Forgotten Bks.

Cleve Hall, Vol. 2 of 2 (Classic Reprint) Elizabeth Missing Sewell. (ENG., Illus.). (J). 2018. 400p. 32.17 *(978-0-267-40546-6(4));* 2016. pap. 16.57 *(978-1-334-11793-0(4))* Forgotten Bks.

Cleveland Browns. Kenny Abdo. 2021. (NFL Teams Ser.). (ENG., Illus.). 32p. (J). (gr. 2-8). lib. bdg. 32.79 *(978-1-0982-2458-5(2),* 37150, Abdo Zoom-Fly) ABDO Publishing Co.

Cleveland Browns. Thomas K. Adamson. 2023. (NFL Team Profiles Ser.). (ENG., Illus.). (J). (gr. 3-7). lib. bdg. 26.95 Bellwether Media.

Cleveland Browns. Josh Anderson. 2022. (Professional Football Teams Ser.). (ENG.). 32p. (J). (gr. 2-5). lib. bdg. 35.64 *(978-1-5038-5776-6(X),* 215750, Stride) Child's World, Inc, The.

Cleveland Browns. Tony Hunter. 2019. (Inside the NFL Ser.). (ENG.). 48p. (J). (gr. 3-6). lib. bdg. 34.21 *(978-1-5321-1843-2(0),* 32555, SportsZone) ABDO Publishing Co.

Cleveland Browns. Katie Lajiness. 2016. (NFL's Greatest Teams Set 3 Ser.). (ENG., Illus.). 32p. (J). (gr. 2-5). lib. bdg. 34.21 *(978-1-68078-532-6(X),* 23627, Big Buddy Bks.) ABDO Publishing Co.

Cleveland Browns, 1 vol. Matt Tustison. 2016. (NFL up Close Ser.). (ENG., Illus.). 32p. (J). (gr. 3-9). lib. bdg. 32.79 *(978-1-68078-213-4(4),* 22027, SportsZone) ABDO Publishing Co.

Cleveland Browns. Jim Whiting. 2019. (NFL Today Ser.). (ENG.). 48p. (J). (gr. 3-6). *(978-1-64026-137-2(0),* 19020, Creative Education) Creative Co., The.

Cleveland Browns All-Time Greats. Ted Coleman. 2022. (NFL All-Time Greats Set 2 Ser.). (ENG., Illus.). 24p. (J). (gr. 3-3). pap. 8.95 *(978-1-63494-441-0(0));* lib. bdg. 28.50 *(978-1-63494-424-3(0))* Pr. Room Editions LLC.

Cleveland Browns Story. Allan Morey. 2016. (NFL Teams Ser.). (ENG., Illus.). 32p. (J). (gr. 3-7). lib. bdg. 26.95 *(978-1-62617-362-0(1),* Torque Bks.) Bellwether Media.

Cleveland Cavaliers. Jim Gigliotti. 2019. (Insider's Guide to Pro Basketball Ser.). (ENG.). 32p. (J). (gr. 1-4). lib. bdg. 35.64 *(978-1-5038-2451-5(9),* 212258) Child's World, Inc, The.

Cleveland Cavaliers. Marty Gitlin. 2022. (Inside the NBA (2023) Ser.). (ENG., Illus.). 48p. (J). (gr. 3-6). lib. bdg. 34.22 *(978-1-5321-9823-6(X),* 39751, SportsZone) ABDO Publishing Co.

Cleveland Cavaliers. Michael E. Goodman. 2018. (NBA Champions Ser.). (ENG.). 24p. (J). (gr. 1-4). pap. 8.99 *(978-1-62832-571-3(2),* 19818, Creative Paperbacks) Creative Co., The.

Cleveland Cavaliers. Jim Whiting. 2017. (NBA: a History of Hoops Ser.). (ENG.). 48p. (J). (gr. 4-7). *(978-1-60818-840-6(X),* 20225, Creative Education) Creative Co., The.

Cleveland Cavaliers All-Time Greats. Ted Coleman. 2023. (NBA All-Time Greats Set 2 Ser.). (ENG.). 24p. (J). (gr. 3-3). pap. 8.95 *(978-1-63494-619-3(7))* Pr. Room Editions LLC.

Cleveland Cavaliers All-Time Greats. Contrib. by Ted Coleman. 2023. (NBA All-Time Greats Set 2 Ser.). (ENG., Illus.). 24p. (J). (gr. 3-3). lib. bdg. 28.50 *(978-1-63494-601-8(4))* Pr. Room Editions LLC.

Cleveland Guardians. Contrib. by Anthony K. Hewson. 2022. (Inside MLB Ser.). (ENG., Illus.). 48p. (J). (gr. 3-6). lib. bdg. 34.21 *(978-1-0982-9015-3(1),* 40787, SportsZone) ABDO Publishing Co.

Cleveland Indians. Jim Whiting. 2020. (Creative Sports: Veterans Ser.). (ENG.). 32p. (J). (gr. 3-5). pap. 9.99 *(978-1-62832-833-2(9),* 17763, Creative Paperbacks) Creative Co., The.

Cleveland Nights (Classic Reprint) Ralph Johnson. 2018. (ENG., Illus.). 180p. (J). 27.61 *(978-0-483-23404-8(4))* Forgotten Bks.

Clevelanders (Classic Reprint) Archie Bell. 2018. (ENG., Illus.). 162p. (J). 27.22 *(978-0-332-59005-9(4))* Forgotten Bks.

Clever Antelope. Sean McCollum. Illus. by Sam Valentino. 2022. (ENG.). 24p. (J). pap. ***(978-1-922835-36-9(6))*** Library For All Limited.

Clever Atami. Vicky Bureau. 2022. (Stories Just for You Ser.). (ENG.). 24p. (J). (gr. 2-4). pap. 8.95 *(978-1-63897-627-1(9),* 21718); lib. bdg. 27.93 *(978-1-63897-512-0(4),* 21717) Seahorse Publishing.

Clever Auswandern. Theo Scribus. 2022. (GER.). 52p. (YA). pap. 10.74 ***(978-1-4716-7093-0(7))*** Lulu Pr., Inc.

Clever Babies Love Art: Wild Animals. Lauren Farnsworth. 2016. (Clever Babies Love Art Ser.). (ENG., Illus.). 14p. (J). (— 1). bds. 7.99 *(978-1-78055-397-9(8),* Buster Bks.) O'Mara, Michael Bks., Ltd. GBR. Dist: Independent Pubs. Group.

Clever Baby: 9 Mini Board Book Box Set. Clever Publishing. Illus. by Ekaterina Elkina. 2019. (Clever Mini Board Bks.). (ENG.). 54p. (J). (gr. -1 — 1). bds. 16.99 *(978-1-948418-51-5(7),* 321907) Clever Media Group.

Clever Betsy a Novel (Classic Reprint) Clara Louise Burnham. 2018. (ENG., Illus.). 420p. (J). 32.56 *(978-0-666-88944-7(9))* Forgotten Bks.

Clever Boy & a Terrible, Dangerous Animal: English-Dari Edition. Idries Shah. Illus. by Rose Mary Santiago. 2017. (Hoopoe Teaching-Stories Ser.). (ENG.). (J). (gr. k-6). pap. 9.99 *(978-1-946270-10-8(5),* Hoopoe Bks.) I S H K.

Clever Boy & the Terrible, Dangerous Animal: Bilingual English-Polish Edition. Idries. Shah. Illus. by Rose Mary Santiago. 2022. (Teaching Stories Ser.). (ENG.). 36p. (J). pap. 11.90 *(978-1-958289-07-5(8),* Hoopoe Bks.) I S H K.

Clever Boy & the Terrible, Dangerous Animal: Bilingual English-Turkish Edition. Idries. Shah. Illus. by Rose Mary Santiago. 2022. (Teaching Stories Ser.). (ENG.). 36p. (J). pap. 11.90 *(978-1-953292-99-5(2),* Hoopoe Bks.) I S H K.

Clever Boy & the Terrible Dangerous Animal: English-Pashto Edition. Idries Shah. Illus. by Rose Mary Santiago. 2017. (Hoopoe Teaching-Stories Ser.). (ENG.). (J). (gr. 1-6). pap. 9.99 *(978-1-944493-55-4(7),* Hoopoe Bks.) I S H K.

Clever Boy & the Terrible, Dangerous Animal: English-Ukrainian Edition. Idries. Shah. Illus. by Rose Mary Santiago. 2022. (Teaching Stories Ser.). (ENG & UKR.). 36p. (J). pap. 11.90 *(978-1-953292-71-1(2),* Hoopoe Bks.) I S H K.

Clever Boy & the Terrible, Dangerous Animal / de Slimme Jongen en Het Verschrikkelijk Gevaarlijke Dier: Bilingual English-Dutch Edition / Tweetalige Engels-Nederlands Editie. Idries. Shah. Illus. by Rose Mary Santiago. 2022. (Teaching Stories Ser.). (ENG.). 36p. (J). pap. 11.90 ***(978-1-958289-14-3(0),*** Hoopoe Bks.) I S H K.

Clever Business Sketches (Classic Reprint) Albert Stoll. (ENG., Illus.). (J). 2018. 254p. 29.16 *(978-0-483-78933-3(X));* 2016. pap. 11.57 *(978-1-333-20014-5(5))* Forgotten Bks.

Clever Camouflage: Unseen Animals, 1 vol. Jennifer Reed & Susan K. Mitchell. 2019. (Animal Defense! Ser.). (ENG.). 48p. (gr. 3-4). 29.60 *(978-1-9785-0725-8(9),* 1fb9874f-3a78-4905-946a-3fb1098783c0) Enslow Publishing, LLC.

Clever Carmel. Henrietta Nwagwu-Rochford. 2017. (ENG., Illus.). 35p. (J). pap. *(978-1-9998091-1-9(4))* Conscious Dreams Publishing.

Clever Carp. Cath Jones. Illus. by Kurnia Dewi Hernawan. 2022. (Early Bird Readers — Blue (Early Bird Stories (tm)) Ser.). (ENG.). 32p. (J). (gr. -1-2). pap. 9.99 *(978-1-7284-4829-9(8),* c252c188-80eb-4278-91cd-8ee1bad19733); lib. bdg. 30.65 *(978-1-7284-3841-2(1),* a8523ceb-432b-47d3-b5be-b90a78fd51a4) Lerner Publishing Group. (Lerner Pubns.).

Clever Chrissie & the Mango Stories. Yishebah Baht Gavriel. 2022. (ENG.). 34p. (J). pap. *(978-1-913674-96-0(7))* Conscious Dreams Publishing.

Clever Colors Photo Book: 700 Things to Learn. Clever Publishing & Olga Utkina. 2018. (Clever Search & Count Ser.). (ENG.). 22p. (J). (gr. -1 — 1). 14.99 *(978-1-948418-37-9(1))* Clever Media Group.

Clever Computers Turquoise Band. Jonathan Emmett. ed. 2016. (Cambridge Reading Adventures Ser.). (ENG., Illus.). 24p. pap. 8.80 *(978-1-316-50331-7(3))* Cambridge Univ. Pr.

Clever Cori & the Bramble Fox. Travis Talburt. 2022. (ENG.). 30p. (J). 24.99 ***(978-1-0880-7942-3(3))*** Indy Pub.

Clever Critters. Vicky Willows. 2016. (Illus.). 32p. (J). pap. *(978-0-545-93913-3(5))* Scholastic, Inc.

Clever Cub & the Case of the Worries. Bob Hartman. Illus. by Steve Brown. 2023. (Clever Cub Bible Stories Ser.: 9). (ENG.). 24p. (J). (gr. -1-1). pap. 5.99 *(978-0-8307-8468-4(3),* 153361) Cook, David C.

Clever Cub & the Easter Surprise. Bob Hartman. Illus. by Steve Brown. 2022. (Clever Cub Bible Stories Ser.: 6). (ENG.). 24p. (J). (gr. -1-1). pap. 5.99 *(978-0-8307-8254-2(4),* 151345) Cook, David C.

Clever Cub Explores God's Creation. Bob Hartman. Illus. by Steve Brown. 2021. (Clever Cub Bible Stories Ser.: 1). (ENG.). 24p. (J). (gr. -1-1). pap. 5.99 *(978-0-8307-8153-9(6),* 150516) Cook, David C.

Clever Cub Forgives a Friend. Bob Hartman. Illus. by Steve Brown. 2023. (Clever Cub Bible Stories Ser.). (ENG.). 24p. (J). (gr. -1-1). pap. 5.99 ***(978-0-8307-8470-7(5),*** 153363) Cook, David C.

Clever Cub Gives Thanks to God. Bob Hartman. Illus. by Steve Brown. 2021. (Clever Cub Bible Stories Ser.: 3). (ENG.). 24p. (J). (gr. -1-1). pap. 5.99 *(978-0-8307-8155-3(2),* 150518) Cook, David C.

Clever Cub Invites Someone New. Bob Hartman. Illus. by Steve Brown. 2023. (Clever Cub Bible Stories Ser.). (ENG.). 24p. (J). (gr. -1-1). pap. 5.99 ***(978-0-8307-8471-4(3),*** 153364) Cook, David C.

Clever Cub Learns about Love. Bob Hartman. Illus. by Steve Brown. 2022. (Clever Cub Bible Stories Ser.: 5). (ENG.). 24p. (J). (gr. -1-1). pap. 5.99 *(978-0-8307-8253-6(2),* 151344) Cook, David C.

Clever Cub Learns to Share. Bob Hartman. Illus. by Steve Brown. 2022. (Clever Cub Bible Stories Ser.: 7). (ENG.). 24p. (J). (gr. -1-2). pap. 5.99 *(978-0-8307-8255-0(9),* 151346) Cook, David C.

Clever Cub Sings to God. Bob Hartman. Illus. by Steve Brown. 2021. (Clever Cub Bible Stories Ser.: 2). (ENG.). 24p. (J). (gr. -1-1). pap. 5.99 *(978-0-8307-8154-6(4),* 150517) Cook, David C.

Clever Cub Tells the Truth. Bob Hartman. Illus. by Steve Brown. 2023. (Clever Cub Bible Stories Ser.: 10). (ENG.). 24p. (J). (gr. -1-1). pap. 5.99 *(978-0-8307-8469-1(1),* 153362) Cook, David C.

Clever Cub Trusts God. Bob Hartman. Illus. by Steve Brown. 2022. (Clever Cub Bible Stories Ser.: 8). (ENG.). 24p. (J). (gr. -1-2). pap. 5.99 *(978-0-8307-8256-7(7),* 151347) Cook, David C.

Clever Cub Welcomes Baby Jesus. Bob Hartman. Illus. by Steve Brown. 2021. (Clever Cub Bible Stories Ser.: 4). (ENG.). 24p. (J). (gr. -1-1). pap. 5.99 *(978-0-8307-8156-0(0),* 150519) Cook, David C.

Clever Doctor Adapted (Classic Reprint) Hannah Rea Woodman. 2018. (ENG., Illus.). 42p. (J). 24.76 *(978-0-483-98126-3(5))* Forgotten Bks.

Clever Dog, Kip! Benedict Blathwayt. 2019. (ENG., Illus.). 24p. (J). 11.95 *(978-1-78027-615-1(X),* BC Bks.) Birlinn, Ltd. GBR. Dist: Casemate Pubs. & Bk. Distributors, LLC.

Clever Friend. Kim Kane. Illus. by Jon Davis. 2018. (Ginger Green, Playdate Queen Ser.). (ENG.). 64p. (J). (gr. 1-3). pap. 5.95 *(978-1-5158-2013-0(0),* 136660, Picture Window Bks.) Capstone.

Clever Hans: The True Story of the Counting, Adding, & Time-Telling Horse. Kerri Kokias. Illus. by Mike Lowery. 2020. 32p. (J). (gr. -1-3). 17.99 *(978-0-525-51498-5(8),* G.P. Putnam's Sons Books for Young Readers) Penguin Young Readers Group.

Clever Little Witch. Muon Thi Van. Illus. by Hyewon Yum. 2019. (ENG.). 40p. (J). (gr. -1-1). 17.99 *(978-1-4814-8171-7(1));* E-Book *(978-1-4814-8172-4(X))* McElderry, Margaret K. Bks. (McElderry, Margaret K. Bks.).

Clever Penguins: Leveled Reader Green Fiction Level 12 Grade 1-2. Hmh Hmh. 2019. (Rigby PM Ser.). (ENG.). 16p. (J). (gr. 1-2). pap. 11.00 *(978-0-358-12048-3(9))* Houghton Mifflin Harcourt Publishing Co.

Clever Rabbit: An Iranian Graphic Folktale. Golriz Golkar. Illus. by Yeganeh Yaghoobnezhad. 2023. (Discover Graphics: Global Folktales Ser.). (ENG.). 32p. (J). 22.65 *(978-1-4846-7282-2(8),* 244054); pap. 6.95 *(978-1-4846-7277-8(1),* 244029) Capstone. (Picture Window Bks.).

Clever Sarah. M. A. Brown. 2018. (ENG., Illus.). 28p. (J). *(978-1-5255-1256-8(0));* pap. *(978-1-5255-1257-5(9))* FriesenPress.

Clever Scenarios for Clever Kids: Thinking Questions for Kids, a Would You Rather Children's Game Book for Kids 8-12. Myles O'Smiles. Illus. by Camilo Luis Berneri. 2018. (ENG.). 94p. (J). (gr. 4-6). *(978-1-988650-61-6(5));* pap. *(978-1-988650-60-9(7))* Crimson Hill Bks.

Clever Stories of Many Nations. John G. Saxe. 2017. (ENG., Illus.). (J). pap. *(978-0-649-14871-4(1))* Trieste Publishing Pty Ltd.

Clever Stories of Many Nations (Classic Reprint) John G. Saxe. 2018. (ENG., Illus.). 196p. (J). 27.94 *(978-0-483-35214-8(4))* Forgotten Bks.

Clever Tales: Ludovic Halevy, Auguste Strindberg, Vsevolod Garshin, Villiers de l'Isle Adam, Alexander Kielland, Jakub Arbes (Classic Reprint) Charlotte Porter. 2017. (ENG., Illus.). (J). 29.11 *(978-0-265-66892-4(1));* pap. 11.57 *(978-1-5276-4069-6(8))* Forgotten Bks.

Clever Trevor's Stupendous Inventions. Andrew Weldon. 2016. 96p. (J). (gr. 2-4). 9.99 *(978-0-14-330915-4(3))* Random Hse. Australia AUS. Dist: Independent Pubs. Group.

Clever, Vol. 1: December, 1903 (Classic Reprint) Unknown Author. (ENG., Illus.). (J). 2018. 20p. 24.31 *(978-0-483-89775-5(2));* 2016. pap. 7.97 *(978-1-333-51486-0(7))* Forgotten Bks.

Clever Wife: A Kyrgyz Folktale. Rukhsana Khan. Illus. by Ayesha Gamiet. 2022. 40p. (J). (gr. k-3). 17.95 *(978-1-937786-93-9(5),* Wisdom Tales) World Wisdom, Inc.

Cleverdale Mystery: Or, the Machine & Its Wheels; a Story of American Life (Classic Reprint) W. A. Wilkins. 2018. (ENG., Illus.). 300p. (J). 30.08 *(978-0-428-59565-4(0))* Forgotten Bks.

Clic, Clac, Muu (Click, Clack, Moo) Vacas Que Escriben a Máquina. Doreen Cronin. Tr. by Alexis Romay. Illus. by Betsy Lewin. 2022. (Click Clack Book Ser.). (SPA.). 34p. (J). (gr. -1-k). bds., bds. 7.99 *(978-1-6659-2720-8(8),* Libros Para Ninos) Libros Para Ninos.

Click. Kayla Miller. Illus. by Kayla Miller. 2019. (Click Graphic Novel Ser.). (ENG., Illus.). 192p. (J). (gr. 3-7). pap. 12.99 *(978-1-328-91112-4(8),* 1701780); (gr. 4-6). 24.99 *(978-1-328-70735-2(0),* 1673033) HarperCollins Pubs. (Clarion Bks.).

Click! Lori Mortensen. 2016. (Spring Forward Ser.). (J). (gr. 1). *(978-1-4900-9402-1(4))* Benchmark Education Co.

Click -N- Clock, Plink -n- Plonk. Lauri Houghton-Todd. 2020. (ENG.). 26p. 24.00 *(978-1-7252-5850-1(1));* pap. 18.00 *(978-1-7252-5849-5(8))* Wipf & Stock Pubs. (Resource Pubns.(OR)).

Click 4-Book Boxed Set. Kayla Miller. Illus. by Kayla Miller. 2021. (Click Graphic Novel Ser.). (ENG., Illus.). 832p. (J). (gr. 3-7). pap. 49.99 *(978-0-358-56614-4(2),* 1809767, Clarion Bks.) HarperCollins Pubs.

Click & Camp Boxed Set. Kayla Miller. 2019. (Click Graphic Novel Ser.). (ENG., Illus.). 416p. (J). (gr. 3-7). pap. 24.99 *(978-0-358-27264-9(5),* 1771922, Clarion Bks.) HarperCollins Pubs.

Click & Camp Boxed Set B&n Edition. Kayla Miller. 2019. (Click Graphic Novel Ser.). (ENG.). 416p. (J). (gr. 3-7). pap. 24.99 *(978-0-358-27274-8(2),* Clarion Bks.) HarperCollins Pubs.

Click & Grow Rich: The Proven Formula for Starting & Growing a Successful & Wildly Profitable Business Online. Brett Fogle & E. Daniel Miller. 2019. (ENG.). 300p. (J). pap. 19.95 *(978-1-64279-436-6(8))* Morgan James Publishing.

Click, Clack, Boo! Doreen Cronin. ed. 2018. (Simon & Schuster Ready-To-Read Level 2 Ser.). lib. bdg. 14.75 *(978-0-606-41415-9(0))* Turtleback.

Click, Clack, Boo! A Tricky Treat. Doreen Cronin. Illus. by Betsy Lewin. 2019. (Click Clack Book Ser.). (ENG.). 40p. (J). (gr. -1). bds. 8.99 *(978-1-5344-5012-7(2),* Little Simon) Little Simon.

Click, Clack, Boo! Lap Edition. Doreen Cronin. Illus. by Betsy Lewin. 2020. (Click Clack Book Ser.). (ENG.). 40p. (J). (gr. -1). bds. 12.99 *(978-1-5344-5013-4(0),* Little Simon) Little Simon.

Click, Clack, Boo!/Ready-To-Read Level 2: A Tricky Treat. Doreen Cronin. Illus. by Betsy Lewin. 2018. (Click Clack Book Ser.). (ENG.). 40p. (J). (gr. k-2). 17.99 *(978-1-5344-1380-1(4));* pap. 4.99 *(978-1-5344-1379-5(0))* Simon Spotlight. (Simon Spotlight).

Click, Clack, Go! (Boxed Set) Click, Clack, Moo; Giggle, Giggle, Quack; Dooby Dooby Moo; Click, Clack, Boo!; Click, Clack, Peep!; Click, Clack, Surprise! Doreen Cronin. Illus. by Betsy Lewin. ed. 2019. (Click Clack Book Ser.). (ENG.). 224p. (J). (gr. k-2). pap. 17.99 *(978-1-5344-5091-2(2),* Simon Spotlight) Simon Spotlight.

Click, Clack, Good Night. Doreen Cronin. Illus. by Betsy Lewin. 2020. (Click Clack Book Ser.). (ENG.). 32p. (J). (gr. -1-3). 17.99 *(978-1-5344-5108-7(0),* Atheneum/Caitlyn Dlouhy Books) Simon & Schuster Children's Publishing.

Click, Clack, Ho! Ho! Ho! Doreen Cronin. Illus. by Betsy Lewin. 2020. (Doreen Cronin: Click, Clack & More Ser.). (ENG.). 40p. (J). (gr. -1-3). 31.36 *(978-1-5321-4464-6(4),* 35154, Picture Bk.) Spotlight.

Click, Clack, Holiday Pack: Click, Clack, Moo I Love You!; Click, Clack, Peep!; Click, Clack, Boo!; Click, Clack, Ho, Ho, Ho! Doreen Cronin. Illus. by Betsy Lewin. ed. 2018. (Click Clack Book Ser.). (ENG.). 160p. (J). (gr. -1-3). 71.99 *(978-1-5344-3980-1(3),* Atheneum Bks. for Young Readers) Simon & Schuster Children's Publishing.

Click, Clack, Moo. Doreen Cronin. Illus. by Betsy Lewin. ed. 2018. 30p. (J). (gr. 1-4). 13.89 *(978-1-64310-126-2(9))* Penworthy Co., LLC, The.

Click, Clack, Moo. Doreen Cronin. ed. 2016. (Simon & Schuster Ready-To-Read Level 2 Ser.). (Illus.). (J). lib. bdg. 13.55 *(978-0-606-39751-3(5))* Turtleback.

Click, Clack, Moo: Cows That Type. Doreen Cronin. Illus. by Betsy Lewin. 2016. (J). *(978-0-605-96664-2(8),* Simon Spotlight) Simon Spotlight.

Click, Clack, Moo: Cows That Type (Storytime Together Edition) Doreen Cronin. Illus. by Betsy Lewin. 2022. (Click Clack Book Ser.). (ENG.). 34p. (J). (gr. -1-3). spiral bd. 9.99 *(978-1-6659-2158-9(7),* Little Simon) Little Simon.

Click, Clack, Moo 20th Anniversary Edition: Cows That Type. Doreen Cronin. Illus. by Betsy Lewin. ed. 2020. (Click Clack Book Ser.). (ENG.). 32p. (J). (gr. -1-3). 18.99 *(978-1-5344-6302-8(X),* Atheneum/Caitlyn Dlouhy Books) Simon & Schuster Children's Publishing.

Click, Clack, Moo I Love You! Doreen Cronin. Illus. by Betsy Lewin. 2017. (Click Clack Book Ser.). (ENG.). 40p. (J). (gr.

C

-1-3). 17.99 *(978-1-4814-4496-5(4)*, Atheneum/Caitlyn Dlouhy Books) Simon & Schuster Children's Publishing.

Click, Clack, Moo I Love You! Doreen Cronin. Illus. by Betsy Lewin. 2020. (Doreen Cronin: Click, Clack & More Ser.). (ENG.). 36p. (J). (gr. -1-3). 31.36 *(978-1-5321-4465-3(2)*, 35155, Picture Bk.) Spotlight.

Click, Clack, Moo/Ready-To-Read Level 2: Cows That Type. Doreen Cronin. Illus. by Betsy Lewin. 2016. (Click Clack Book Ser.). (ENG.). 32p. (J). (gr. k-2). pap. 4.99 *(978-1-4814-6540-3(6)*, Simon Spotlight) Simon Spotlight.

Click, Clack, Peep! Doreen Cronin. ed. 2019. (Ready-To-Read Ser.). (ENG.). 37p. (J). (gr. k-1). 13.96 *(978-0-87617-991-8(X))* Penworthy Co., LLC, The.

Click, Clack, Peep! Doreen Cronin. Illus. by Betsy Lewin. 2020. (Doreen Cronin: Click, Clack & More Ser.). (ENG.). 40p. (J). (gr. -1-3). 31.36 *(978-1-5321-4466-0(0)*, 35156, Picture Bk.) Spotlight.

Click, Clack, Peep!/Ready-To-Read Level 2. Doreen Cronin. Illus. by Betsy Lewin. 2019. (Click Clack Book Ser.). (ENG.). 40p. (J). (gr. k-2). 17.99 *(978-1-5344-1386-3(3))*; pap. 4.99 *(978-1-5344-1385-6(5))* Simon Spotlight. (Simon Spotlight).

Click, Clack, Quack to School! Doreen Cronin. Illus. by Betsy Lewin. 2018. (Click Clack Book Ser.). (ENG.). 40p. (J). (gr. -1-3). 17.99 *(978-1-5344-1449-5(5)*, Atheneum/Caitlyn Dlouhy Books) Simon & Schuster Children's Publishing.

Click, Clack, Quack to School! Doreen Cronin. Illus. by Betsy Lewin. 2020. (Doreen Cronin: Click, Clack & More Ser.). (ENG.). 40p. (J). (gr. -1-3). 31.36 *(978-1-5321-4467-7(9)*, 35157, Picture Bk.) Spotlight.

Click, Clack Rainy Day/Ready-To-Read Level 2. Doreen Cronin. Illus. by Betsy Lewin. 2022. (Click Clack Book Ser.). (ENG.). 32p. (J). (gr. k-2). 17.99 *(978-1-6659-1115-3(8))*; pap. 4.99 *(978-1-6659-1114-6(X))* Simon Spotlight. (Simon Spotlight).

Click, Clack! Ready-To-Read Value Pack: Click, Clack, Moo; Giggle, Giggle, Quack; Dooby Dooby Moo; Click, Clack, Boo!; Click, Clack, Peep!; Click, Clack, Surprise! Doreen Cronin. Illus. by Betsy Lewin. 2019. (Click Clack Book Ser.). (ENG.). 224p. (J). (gr. k-2). pap. 17.96 *(978-1-5344-5768-3(2)*, Simon Spotlight) Simon Spotlight.

Click, Clack, Surprise! Doreen Cronin. ed. 2019. (Ready-To-Read Ser.). (ENG.). 38p. (J). (gr. k-1). 13.96 *(978-0-87617-586-6(8))* Penworthy Co., LLC, The.

Click, Clack, Surprise! Doreen Cronin. Illus. by Betsy Lewin. 2016. (Click Clack Book Ser.). (ENG.). 40p. (J). (gr. -1-3). 17.99 *(978-1-4814-7031-5(0)*, Atheneum/Caitlyn Dlouhy Books) Simon & Schuster Children's Publishing.

Click, Clack, Surprise! Doreen Cronin. Illus. by Betsy Lewin. 2020. (Doreen Cronin: Click, Clack & More Ser.). (ENG.). 40p. (J). (gr. -1-3). 31.36 *(978-1-5321-4468-4(7)*, 35158, Picture Bk.) Spotlight.

Click, Clack, Surprise!/Ready-To-Read Level 2. Doreen Cronin. Illus. by Betsy Lewin. 2019. (Click Clack Book Ser.). (ENG.). 40p. (J). (gr. k-2). 17.99 *(978-1-5344-1383-2(9))*; pap. 4.99 *(978-1-5344-1382-5(0))* Simon Spotlight. (Simon Spotlight).

Click Here to Start (a Novel) Denis Markell. 2017. 320p. (J). (gr. 5). 9.99 *(978-1-101-93190-5(6)*, Yearling) Random Hse. Children's Bks.

Clicker the Cat Coloring & Activity Book: Teaching Children to Manage Their Screen Time & Be Safe Online. Kyla Cullinane. 2018. (Clicker the Cat Ser.: Vol. 6). (ENG.). 30p. (J). pap. 5.99 *(978-1-7327314-2-4(X))* Digital Kidz Publishing Hse.

Client Profile Book: 134 Page Clients, Record Customers Information, Client Data Organizer for Stylists, Nail Salon & Small Business. Mellow Maxim. 2021. (ENG.). 138p. (YA). pap. 12.99 *(978-1-716-06673-3(5))* Lulu Pr., Inc.

Cliff Dreamers. Jacqui Wood. 2017. (ENG., Illus.). 302p. (J). 25.95 *(978-1-78693-910-4(X)*, bb3a06e6-831c-46e7-8609-f8cc539a650b) Austin Macauley Pubs. Ltd. GBR. Dist: Baker & Taylor Publisher Services (BTPS).

Cliff-Dwellers: A Novel (Classic Reprint) Henry B. Fuller. 2017. (ENG., Illus.). (J). 31.98 *(978-1-5281-6033-9(9))* Forgotten Bks.

Cliff Dweller's Daughter, or How He Loved Her: An Indian Romance of Prehistoric Times (Classic Reprint) Charles T. Abbott. (ENG., Illus.). (J). 2018. 308p. 30.27 *(978-0-365-39523-2(4))*; 2017. pap. 13.57 *(978-0-259-45955-2(0))* Forgotten Bks.

Cliff Jumpers. Sara Zimmerman. 2019. (ENG.). 242p. (YA). (gr. 9-12). pap. 16.99 *(978-0-578-52782-6(0))* Pendleton Publishing.

CliFF the Failed Troll: (Warning: There Be Pirates in This Book!) Barbara Davis-Pyles. Illus. by Justin Hillgrove. 2021. 32p. (J). (gr. -1-3). 17.99 *(978-1-63217-246-4(1)*, Little Bigfoot) Sasquatch Bks.

Clifford Goes to Kindergarten. Norman Bridwell. Illus. by Norman Bridwell. 2020. (ENG., Illus.). 32p. (J). (gr. -1-k). 16.99 *(978-1-338-61934-8(9))* Scholastic, Inc.

Clifford Loves. Illus. by Jennifer Oxley. 2020. (ENG.). 10p. (J). (gr. -1-k). bds. 8.99 *(978-1-338-71590-3(9))* Scholastic, Inc.

Clifford Takes a Swim. Illus. by Norman Bridwell. 2016. (J). *(978-1-338-08716-1(9))* Scholastic, Inc.

Clifford the Big Red Dog. Norman Bridwell. 2018. (VIE.). (J). (gr. -1-k). pap. *(978-604-88-5578-9(8))* Dan tri Publishing Hse.

Clifford the Big Red Dog. Norman Bridwell. Illus. by Norman Bridwell. 2018. (ENG., Illus.). 32p. (J). (gr. -1-k). 16.99 *(978-1-338-30473-2(9))* Scholastic, Inc.

Clifford the Big Red Dog: Color Facsimile of 1963 First Edition. Norman Bridwell. Illus. by Norman Bridwell. 2019. (ENG., Illus.). 46p. (J). (gr. -1-k). pap. 3.95 *(978-1-68422-347-3(4))* Martino Fine Bks.

Clifford the Big Red Dog (Board Book) Norman Bridwell. Illus. by Norman Bridwell. 2021. (ENG.). 20p. (J). (gr. -1-k). bds. 7.99 *(978-1-338-76088-0(2))* Scholastic, Inc.

Clifford the Big Red Dog: the Movie Graphic Novel. Georgia Ball. Illus. by Chi Ngo. 2021. (ENG.). 96p. (J). (gr. 2-5). pap. 8.99 *(978-1-338-66510-9(3)*, Graphix) Scholastic, Inc.

Clifford the Big Red Dog: the Movie Graphic Novel (Library Edition) Georgia Ball. Illus. by Chi Ngo. 2021. (ENG.). 96p. (J). (gr. 2-5). 24.99 *(978-1-338-66511-6(1)*, Graphix) Scholastic, Inc.

Clifford the Firehouse Dog see Clifford the Firehouse Dog (Classic Storybook)

Clifford Va a Kindergarten (Clifford Goes to Kindergarten) Norman Bridwell. Illus. by Norman Bridwell. 2017. (SPA., Illus.). 32p. (J). (gr. -1-1). 3.99 *(978-1-338-04504-8(0)*, Scholastic en Espanol) Scholastic, Inc.

Clifford's Animal Sounds see Clifford's Animal Sounds / Clifford y Los Sonidos de Los Animales (Bilingual) (Bilingual Edition)

Clifford's Halloween: Vintage Hardcover Edition. Norman Bridwell. Illus. by Norman Bridwell. 2017. (ENG., Illus.). 48p. (J). (gr. -1-k). 8.99 *(978-1-338-18831-8(3))* Scholastic, Inc.

Clifford's Happy Easter (Board Book) Norman Bridwell. Illus. by Norman Bridwell. 2022. (ENG., Illus.). 20p. (J). (gr. -1-k). bds. 8.99 *(978-1-338-85006-2(7))* Scholastic, Inc.

Clifford's Snow Day. Reika Chan. ed. 2021. (Clifford 8x8 Bks). (ENG., Illus.). 22p. (J). (gr. k-1). 15.46 *(978-1-68505-098-6(0))* Penworthy Co., LLC, The.

Clifford's Snow Day (Clifford the Big Red Dog Storybook) Reika Chan. 2021. (ENG.). 24p. (J). (gr. -1-k). pap. 5.99 *(978-1-338-76475-8(6))* Scholastic, Inc.

Clifford's Thanksgiving Visit (Classic Storybook), 1 vol. Norman Bridwell. Illus. by Norman Bridwell. 2023. (ENG.). 32p. (J). (gr. -1-k). pap. 6.99 ***(978-1-339-01115-8(8))*** Scholastic, Inc.

Cliffs, 7. Scott Cawthon et al. ed. 2021. (Five Nights at Freddy's Ser.). (ENG., Illus.). 194p. (J). (gr. 6-8). 21.46 *(978-1-68505-014-6(X))* Penworthy Co., LLC, The.

Cliffs: an AFK Book (Five Nights at Freddy's: Fazbear Frights #7), 1 vol., Vol. 7. Scott Cawthon. 2021. (Five Nights at Freddy's Ser.: 7). (ENG.). 224p. (YA). (gr. 7-7). pap. 9.99 *(978-1-338-70391-7(9))* Scholastic, Inc.

Clifton Grey, or Love & War: A Tale of the Present Day (Classic Reprint) Pierce Egan. (ENG., Illus.). (J). 2018. 300p. 30.08 *(978-0-267-38289-7(8))*; 2016. pap. 13.57 *(978-1-334-15247-4(0))* Forgotten Bks.

Clifton Picture. George James Atkinson Coulson. 2017. (ENG.). 318p. (J). pap. *(978-3-337-06503-4(1))* Creation Pubs.

Clifton Picture: A Novel (Classic Reprint) George James Atkinson Coulson. (ENG., Illus.). (J). 2018. 316p. 30.41 *(978-0-483-67876-7(7))*; 2016. pap. 13.57 *(978-1-334-16473-6(8))* Forgotten Bks.

Clifton's Book of Selection from the Good & Wise, Vol. 1 (Classic Reprint) W. D. Dillard. 2017. (ENG., Illus.). (J). 32.11 *(978-0-265-72126-1(1))* Forgotten Bks.

CLIL Essentials for Secondary School Teachers: The Cambridge Teacher Series. Peeter Mehisto. 2017. (ENG., Illus.). 312p. pap. 64.40 *(978-1-108-40084-8(1))* Cambridge Univ. Pr.

Clima: Ciencia Theme. 2016. (Early Rising Readers Ser.). (SPA.). (J). (gr. 1-2). 109.00 *(978-1-4788-5168-4(6))* Newmark Learning LLC.

Clima: Desarrollo Fisico Theme. 2016. (Early Rising Readers Ser.). (SPA.). (J). (gr. 1-2). 109.00 *(978-1-4788-5138-7(4))* Newmark Learning LLC.

Clima: Desarrollo Social y Emocional Theme. 2016. (Early Rising Readers Ser.). (SPA.). (J). (gr. 1-2). 109.00 *(978-1-4788-5128-8(7))* Newmark Learning LLC.

Clima: Estudios Sociales Theme. 2016. (Early Rising Readers Ser.). (SPA.). (J). (gr. 1-2). 109.00 *(978-1-4788-5158-5(9))* Newmark Learning LLC.

Clima: Expresión Creativa Theme. 2016. (Early Rising Readers Ser.). (SPA.). (J). (gr. 1-2). 109.00 *(978-1-4788-5178-3(3))* Newmark Learning LLC.

Clima: Matemática Theme. 2016. (Early Rising Readers Ser.). (SPA.). (J). (gr. 1-2). 109.00 *(978-1-4788-5148-6(1))* Newmark Learning LLC.

Clima Cambiante. Sharon Coan. 2nd rev. ed. 2016. (TIME for KIDS(r): Informational Text Ser.). (SPA., Illus.). 12p. (gr. -1-k). 7.99 *(978-1-4938-2963-7(7))* Teacher Created Materials, Inc.

Clima de Otoño. Julie Murray. 2023. (Las Estaciones: ¡Llega el Otoño! Ser.). (SPA.). 24p. (J). (gr. -1-2). lib. bdg. 31.36 ***(978-1-0982-6756-8(7)***, 42738, Abdo Kids) ABDO Publishing Co.

Clima en la Tierra. Hilary Maybaum. 2017. (Vitales Ser.). (SPA.). (YA). (gr. 6-8). pap. *(978-1-5021-6882-5(0))* Benchmark Education Co.

Clima en la Tierra - 6 Pack: Set of 6 Common Core Edition. Hilary Maybaum. 2017. (Vitales Ser.). (SPA.). (YA). (gr. 6-8). 75.00 *(978-1-5021-7104-7(X))* Benchmark Education Co.

Climate. Heron Books. 2022. (ENG.). 114p. (YA). pap. ***(978-0-89739-289-1(2)***, Heron Bks.) Quercus.

Climate: Our Changing World. Andy Sima. Illus. by Jenny Miriam. 2023. (Science in Action Ser.). (ENG.). 192p. (J). (gr. 3-7). pap. 10.99 *(978-0-8075-1203-6(6)*, 0807512036) Whitman, Albert & Co.

Climate: Our Changing World. Contrib. by Andy Sima. 2023. (Science in Action Ser.). (ENG., Illus.). 192p. (J). (gr. 3-7). 19.99 *(978-0-8075-1206-7(0)*, 0807512060) Whitman, Albert & Co.

Climate - 6 Pack: Set of 6 Bridges Edition with Common Core Teacher Materials. Hilary Maybaum. 2016. (Prime Ser.). (YA). (gr. 6-8). 69.00 *(978-1-5125-8836-1(9))* Benchmark Education Co.

Climate - 6 Pack: Set of 6 with Common Core Teacher Materials. Hilary Maybaum. 2016. (Prime Ser.). (YA). (gr. 6-8). 69.00 *(978-1-5125-8818-7(0))* Benchmark Education Co.

Climate Action: The Future Is in Our Hands. Georgina Stevens. Illus. by Katie Rewse. 2021. (ENG.). 64p. (J). (gr. 2). 24.99 *(978-1-944530-36-5(3)*, 360 Degrees) Tiger Tales.

Climate Action: What Happened & What We Can Do. Seymour Simon. 2021. (ENG., Illus.). 48p. (J). (gr. 1-5). 18.99 *(978-0-06-294331-6(6))*; pap. 8.99 *(978-0-06-294330-9(8))* HarperCollins Pubs. (HarperCollins).

Climate & Environmental Injustice. Gail Terp. 2022. (Exploring Social Injustice Ser.). (ENG.). 64p. (YA). (gr. 6-12). 43.93 *(978-1-6782-0394-8(7)*, BrightPoint Pr.) ReferencePoint Pr., Inc.

Climate & Time in Their Geological Relations: A Theory of Secular Changes of the Earth's Climate (Classic Reprint) James Croll. 2017. (ENG., Illus.). (J). 36.77 *(978-1-5284-7173-2(3))* Forgotten Bks.

Climate & Weather: What's the Difference? - Instruments & Forecasts - Children's Books on Weather Grade 5 - Children's Weather Books. Baby Professor. 2019. (ENG.). 72p. (J). pap. 14.72 *(978-1-5419-4942-3(0))*; 24.71 *(978-1-5419-7455-5(7))* Speedy Publishing LLC. (Baby Professor (Education Kids)).

Climate & Weather Books for Kids Children's Earth Sciences Books. Baby Professor. 2017. (ENG., Illus.). (J). pap. 8.79 *(978-1-5419-4015-4(6)*, Baby Professor (Education Kids)) Speedy Publishing LLC.

Climate Champions: 15 Women Fighting for Your Future. Contrib. by Rachel Sarah. 2023. (Women of Power Ser.: 10). 224p. (YA). (gr. 7). 16.99 *(978-1-64160-700-1(9))* Chicago Review Pr., Inc.

Climate Change, 1 vol. Harriet Brundle. 2019. (Environmental Issues Ser.). (ENG.). 24p. (gr. 2-3). pap. 9.25 *(978-1-5345-3070-6(3)*, de56895c-6bdf-476f-bd85-fbc49d4e4473); lib. bdg. 26.23 *(978-1-5345-3033-1(9)*, 5500c94c-c367-4cd0-949c-e27c0f1d88f3) Greenhaven Publishing LLC. (KidHaven Publishing).

Climate Change. Wendy Conway-Lamb. 2021. (ENG.). 30p. (J). pap. *(978-1-922550-57-6(4))* Library For All Limited.

Climate Change. Nancy Dickmann. 2023. (Science Starters Ser.). (ENG., Illus.). 24p. (J). (gr. 5-7). pap. 10.99 *(978-1-78121-820-4(X)*, 23958) Black Rabbit Bks.

Climate Change, 1 vol. Ed. by he New York Times. 2018. (Changing Perspectives Ser.). (ENG.). 224p. (YA). (gr. 9-9). lib. bdg. 54.93 *(978-1-64282-007-2(5)*, 73846c43-523b-42ff-9ae5-2d652c81bf05, New York Times Educational Publishing) Rosen Publishing Group, Inc., The.

Climate Change. Heather C. Hudak. 2018. (Get Informed — Stay Informed Ser.). (Illus.). 48p. (J). (gr. 5-6). *(978-0-7787-4959-2(2))* Crabtree Publishing Co.

Climate Change. Tom Jackson. Illus. by Cristina Guitian. 2020. (What's the Issue? Ser.: Vol. 3). (ENG.). 96p. (J). (gr. 4-7). pap. 16.95 ***(978-0-7112-5030-7(8))*** QEB Publishing Inc.

Climate Change. Emily Kington. 2022. (Earth in Danger Ser.). (ENG., Illus.). 32p. (J). (gr. 3-6). lib. bdg. 29.32 *(978-1-914087-63-9(1)*, f8e2c191-f1bf-4e2e-bef7-801ae248e480, Hungry Tomato (r)) Lerner Publishing Group.

Climate Change. Ellen Labrecque. 2017. (21st Century Skills Library: Global Citizens: Environmentalism Ser.). (ENG., Illus.). 32p. (J). (gr. 4-7). lib. bdg. 32.07 *(978-1-63472-869-0(6)*, 209902) Cherry Lake Publishing.

Climate Change, 1 vol. Char Light. 2020. (Rosen Verified: Current Issues Ser.). (ENG.). 48p. (YA). (gr. 3-3). pap. 13.95 *(978-1-4994-6831-1(8)*, 4d980264-b3a0-43cb-afd9-2e09f2f40a88); lib. bdg. 33.47 *(978-1-4994-6832-8(6)*, c9eec514-32fd-4efa-b294-5349b2afc1f0) Rosen Publishing Group, Inc., The.

Climate Change. Lisa Owings. 2019. (It's the End of the World! Ser.). (ENG., Illus.). 24p. (J). (gr. 3-7). lib. bdg. 26.95 *(978-1-64487-080-8(0)*, Torque Bks.) Bellwether Media.

Climate Change. Trevor Smith. 2016. (Worldviews Ser.). (ENG.). 48p. (J). lib. bdg. 34.99 *(978-1-5105-1192-7(X))* SmartBook Media, Inc.

Climate Change. John Woodward. ed. 2022. (DK Eyewitness Ser.). (ENG., Illus.). 72p. (J). (gr. 4-5). 22.46 *(978-1-68505-125-9(1))* Penworthy Co., LLC, The.

Climate Change. DK & John Woodward. rev. ed. 2021. (DK Eyewitness Ser.). (ENG., Illus.). 72p. (J). (gr. 4-7). pap. 9.99 *(978-0-7440-3906-1(1)*, DK Children) Dorling Kindersley Publishing, Inc.

Climate Change: A Children's Environment Book with Facts! Bold Kids. 2022. (ENG.). 42p. (J). pap. 14.99 *(978-1-0717-0925-2(9))* FASTLANE LLC.

Climate Change: Our Changing Planet (Engaging Readers, Level 3) Sarah Harvey. Ed. by Alexis Roumanis. l.t. ed. 2023. (Our Changing Planet Ser.: Vol. 2). (ENG., Illus.). 32p. (J). ***(978-1-77476-883-9(6))***; pap. ***(978-1-77476-884-6(4))*** AD Classic.

Climate Change: Our Impact on Earth (Set) Harriet Brundle. 2018. (Climate Change: Our Impact on Earth Ser.). (ENG.). (J). (gr. 3-6). pap. 42.00 *(978-1-5345-2534-4(3))* Greenhaven Publishing LLC.

Climate Change: The Real Problem & What We Can Do to Fix It. Illus. by Andrés Lozano. 2021. (ENG.). 64p. (J). (gr. 4-7). 14.95 *(978-1-4549-4277-1(0))* Sterling Publishing Co., Inc.

Climate Change: The Science Behind Melting Glaciers & Warming Oceans with Hands-On Science Activities. Josh Sneideman & Erin Twamley. Illus. by Alexis Cornell. 2020. (Build It Yourself Ser.). (ENG.). 128p. (J). (gr. 4-7). 22.95 *(978-1-61930-896-1(7)*, f7126532-b702-4c68-bc0e-70f2f925b749); pap. 17.95 *(978-1-61930-899-2(1)*, 723f3980-ab89-4d0d-b5e9-cb8802bc27dc) Nomad Pr.

Climate Change - Mudansa Klimátika. Wendy Conway-Lamb. 2021. (TET.). 32p. (J). pap. *(978-1-922591-15-9(7))* Library For All Limited.

Climate Change Activism. Tracy Sue Walker. 2022. (Searchlight Books (tm) — Spotlight on Climate Change Ser.). (ENG., Illus.). 32p. (J). (gr. 3-5). pap. 9.99 *(978-1-7284-6391-9(2)*, 7cefa126-f34a-4c8e-8de9-ac34768081e6); lib. bdg. 30.65 *(978-1-7284-5790-1(4)*, 584f41f1-101f-40ac-8367-8457c7c7807b) Lerner Publishing Group. (Lerner Pubns.).

Climate Change & Air Quality. Linda Crotta Brennan. 2019. (Searchlight Books (tm) — Climate Change Ser.). (ENG., Illus.). 32p. (J). (gr. 3-5). 30.65 *(978-1-5415-3864-1(1)*, e1805402-e08b-4779-85ff-7aa4e5bf8886, Lerner Pubns.) Lerner Publishing Group.

Climate Change & Earth's Population, 1 vol. Shannon H. Harts. 2021. (Spotlight on Global Issues Ser.). (ENG., Illus.). 32p. (J). (gr. 6-7). lib. bdg. 28.93 *(978-1-7253-2312-4(5)*, 003dc855-6833-47d1-9acf-5d94abeb671f) Rosen Publishing Group, Inc., The.

Climate Change & Energy Technology. Rebecca E. Hirsch. 2019. (Searchlight Books (tm) — Climate Change Ser.). (ENG., Illus.). 32p. (J). (gr. 3-5). 30.65 *(978-1-5415-3866-5(8)*, e17f0af9-52a2-4396-843a-cc6cd9165416, Lerner Pubns.) Lerner Publishing Group.

Climate Change & Extreme Storms. Mary Dykstra. 2019. (Searchlight Books (tm) — Climate Change Ser.). (ENG., Illus.). 32p. (J). (gr. 3-5). 30.65 *(978-1-5415-3863-4(3)*, d9f0e235-217e-4100-a6d1-8953897fc604, Lerner Pubns.); pap. 9.99 *(978-1-5415-4591-5(5)*, b4770dd6-2489-44f1-8f84-30a2e64ed1f2) Lerner Publishing Group.

Climate Change & Extreme Weather. Isaac Kerry. 2022. (Searchlight Books (tm) — Spotlight on Climate Change Ser.). (ENG., Illus.). 32p. (J). (gr. 3-5). pap. 9.99 *(978-1-7284-6392-6(0)*, 3967a54b-9ea5-4976-a6ad-2c2b9a83d099); lib. bdg. 30.65 *(978-1-7284-5795-6(5)*, cc89967d-98f8-4b9a-8bd8-7500e2f84046) Lerner Publishing Group. (Lerner Pubns.).

Climate Change & Food Production. Jodie Mangor. 2018. (Taking Earth's Temperature Ser.). (ENG., Illus.). 48p. (gr. 4-8). lib. bdg. 35.64 *(978-1-64156-450-2(4)*, 9781641564502) Rourke Educational Media.

Climate Change & Life on Earth. Chinwe Onuoha. 2019. (Searchlight Books (tm) — Climate Change Ser.). (ENG., Illus.). 32p. (J). (gr. 3-5). 30.65 *(978-1-5415-3867-2(6)*, d2c6c2aa-cf80-4a8e-8f8c-d4c51884cfe1, Lerner Pubns.) Lerner Publishing Group.

Climate Change & Politics. Martha London. (Climate Change Ser.). (ENG., Illus.). 48p. (J). (gr. 4-5). 2021. pap. 11.95 *(978-1-64494-425-7(1)*, Core Library); 2020. lib. bdg. 35.64 *(978-1-5321-9272-2(X)*, 34933) ABDO Publishing Co.

Climate Change & Population Displacement, 1 vol. Ed. by Marcia Amidon Lusted. 2019. (Global Viewpoints Ser.). (ENG.). 200p. (gr. 10-12). 47.83 *(978-1-5345-0554-4(7)*, 49850032-01b5-4880-ad91-1a34dab9d097) Greenhaven Publishing LLC.

Climate Change & Rising Sea Levels. Kevin Kurtz. 2019. (Searchlight Books (tm) — Climate Change Ser.). (ENG., Illus.). 32p. (J). (gr. 3-5). pap. 9.99 *(978-1-5415-4593-9(1)*, acef0e05-12cc-4d39-a739-7106bbd7eea8); lib. bdg. 30.65 *(978-1-5415-3865-8(X)*, 89962ae4-c14e-4ad3-8bff-87373bdaa73f, Lerner Pubns.) Lerner Publishing Group.

Climate Change & Rising Temperatures. Kevin Kurtz. 2019. (Searchlight Books (tm) — Climate Change Ser.). (ENG., Illus.). 32p. (J). (gr. 3-5). 30.65 *(978-1-5415-3862-7(5)*, 7b092650-b1ed-451c-a047-d7b92f22458a, Lerner Pubns.); pap. 9.99 *(978-1-5415-4594-6(X)*, c150120d-3477-4c82-b1c5-3c973e76e6f2) Lerner Publishing Group.

Climate Change & the Polar Regions. Michael Burgan. 2017. (Exploring the Polar Regions Today Ser.: Vol. 8). (ENG., Illus.). 64p. (J). (gr. 7-12). 23.95 *(978-1-4222-3868-4(7))* Mason Crest.

Climate Change & You: How Climate Change Affects Your Life. Emily Raij. 2020. (Weather & Climate Ser.). (ENG., Illus.). 32p. (J). (gr. 3-5). pap. 7.95 *(978-1-4966-5779-4(9)*, 142187); lib. bdg. 28.65 *(978-1-5435-9157-6(4)*, 141555) Capstone.

Climate Change Eco Facts. Izzi Howell. 2019. (Eco Facts Ser.). (ENG.). 32p. (J). (gr. 5-5). pap. *(978-0-7787-6357-4(9)*, e8769ca0-a843-470e-aa23-9e539fea9b08); lib. bdg. *(978-0-7787-6345-1(5)*, b7ccb22e-33db-4809-af20-fb1bc93c9929) Crabtree Publishing Co.

Climate Change Educational Facts Children's Earth Sciences Book. Bold Kids. 2023. (ENG.). 42p. (J). pap. 14.99 ***(978-1-0717-1713-4(8))*** FASTLANE LLC.

Climate Change for Babies. Chris Ferrie & Katherina Petrou. 2020. (Baby University Ser.). (Illus.). 24p. (J). (gr. -1-k). bds. 9.99 *(978-1-4926-8082-6(6))* Sourcebooks, Inc.

Climate Change in Infographics. Renae Gilles. 2020. (21st Century Skills Library: Enviro-Graphics Ser.). (ENG., Illus.). 32p. (J). (gr. 4-8). lib. bdg. 32.07 *(978-1-5341-6946-3(6)*, 215671) Cherry Lake Publishing.

Climate Change Migrants. Isaac Kerry. 2022. (Searchlight Books (tm) — Spotlight on Climate Change Ser.). (ENG., Illus.). 32p. (J). (gr. 3-5). pap. 9.99 *(978-1-7284-6393-3(9)*, b85afc1a-f443-47c9-8d41-8e39fe99f2fe); lib. bdg. 30.65 *(978-1-7284-5794-9(7)*, d8dde4f9-e5ed-46e5-b1d0-0a761e47e8fc) Lerner Publishing Group. (Lerner Pubns.).

Climate Change: Our Impact on Earth, 8 vols. 2017. (Climate Change: Our Impact on Earth Ser.). (ENG.). 32p. (J). (gr. 5-5). lib. bdg. 115.52 *(978-1-5345-2451-4(7)*, ead56704-8a9a-4506-9a29-fb09b6df06ad) Greenhaven Publishing LLC.

Climate Change (Set), 6 vols. 2020. (Climate Change Ser.). (ENG.). 48p. (J). (gr. 4-8). lib. bdg. 213.84 *(978-1-5321-9270-8(3)*, 34929) ABDO Publishing Co.

Climate Change (Set Of 6) 2021. (Climate Change Ser.). (ENG.). 288p. (J). (gr. 4-5). pap. 71.70 *(978-1-64494-423-3(5)*, Core Library) ABDO Publishing Co.

Climate Change Solutions. Abbe L. Starr. 2022. (Searchlight Books (tm) — Spotlight on Climate Change Ser.). (ENG., Illus.). 32p. (J). (gr. 3-5). pap. 9.99 *(978-1-7284-6394-0(7)*, 33b7f899-3acb-47ae-9f32-5b9a74dcab0f); lib. bdg. 30.65 *(978-1-7284-5793-2(9)*, ced55788-0752-4868-89be-8dd22a37c924) Lerner Publishing Group. (Lerner Pubns.).

Climate Crisis. Cynthia Kennedy Henzel. 2022. (Focus on Current Events Ser.). (ENG., Illus.). 48p. (J). (gr. 5-6). pap. 11.95 *(978-1-63739-129-7(3))*; lib. bdg. 34.21 *(978-1-63739-075-7(0))* North Star Editions. (Focus Readers).

Climate Crisis: Our Planet in Peril. Don Nardo. 2022. (ENG., Illus.). 64p. (J). (gr. 6-12). 43.93 *(978-1-6782-0456-3(0))* ReferencePoint Pr., Inc.

Climate Crisis in America (Set Of 10) 2023. (Climate Crisis in America Ser.). (ENG.). (J). pap. 99.50 ***(978-1-63739-685-8(6))***; lib. bdg. 313.50 ***(978-1-63739-628-5(7))*** North Star Editions. (Focus Readers).

Climate Crisis in Hawaii & Us Island Territories. Contrib. by Mary Bates. 2023. (Climate Crisis in America Ser.). (ENG.,

Illus.). 32p. (J). lib. bdg. 31.35 *(978-1-63739-629-2(5)*, Focus Readers) North Star Editions.

Climate Crisis in Hawaii & US Island Territories. Brienna Rossiter & Mary Bates. 2023. (Climate Crisis in America Ser.). (ENG., Illus.). 32p. (J). pap. 9.95 *(978-1-63739-686-5(4)*, Focus Readers) North Star Editions.

Climate Crisis in the Northeast. Susan B. Katz & Laura Perdew. 2023. (Climate Crisis in America Ser.). (ENG., Illus.). 32p. (J). pap. 9.95 *(978-1-63739-687-2(2))*; lib. bdg. 31.35 *(978-1-63739-630-8(9))* North Star Editions. (Focus Readers).

Climate Crisis in the Northern Rockies & Plains. Contrib. by Julie Kentner. 2023. (Climate Crisis in America Ser.). (ENG., Illus.). 32p. (J). lib. bdg. 31.35 *(978-1-63739-631-5(7)*, Focus Readers) North Star Editions.

Climate Crisis in the Northern Rockies & Plains. Brienna Rossiter & Julie Kentner. 2023. (Climate Crisis in America Ser.). (ENG., Illus.). 32p. (J). pap. 9.95 *(978-1-63739-688-9(0)*, Focus Readers) North Star Editions.

Climate Crisis in the Northwest & Alaska. Carollyne Hutter & Brienna Rossiter. 2023. (Climate Crisis in America Ser.). (ENG., Illus.). 32p. (J). pap. 9.95 *(978-1-63739-689-6(9)*, Focus Readers) North Star Editions.

Climate Crisis in the Northwest & Alaska. Contrib. by Brienna Rossiter. 2023. (Climate Crisis in America Ser.). (ENG., Illus.). 32p. (J). lib. bdg. 31.35 *(978-1-63739-632-2(5)*, Focus Readers) North Star Editions.

Climate Crisis in the Ohio Valley. Julie Kentner & Barbara Lowell. 2023. (Climate Crisis in America Ser.). (ENG., Illus.). 32p. (J). pap. 9.95 *(978-1-63739-690-2(2)*, Focus Readers) North Star Editions.

Climate Crisis in the Ohio Valley. Contrib. by Barbara Lowell. 2023. (Climate Crisis in America Ser.). (ENG., Illus.). 32p. (J). lib. bdg. 31.35 *(978-1-63739-633-9(3)*, Focus Readers) North Star Editions.

Climate Crisis in the South. Contrib. by Carollyne Hutter. 2023. (Climate Crisis in America Ser.). (ENG., Illus.). 32p. (J). pap. 9.95 *(978-1-63739-691-9(0))*; lib. bdg. 31.35 *(978-1-63739-634-6(1))* North Star Editions. (Focus Readers).

Climate Crisis in the Southeast. Barbara Lowell & Heather C. Morris. 2023. (Climate Crisis in America Ser.). (ENG., Illus.). 32p. (J). pap. 9.95 *(978-1-63739-692-6(9))*; lib. bdg. 31.35 *(978-1-63739-635-3(X))* North Star Editions. (Focus Readers).

Climate Crisis in the Southwest. Heather C. Morris & Brienna Rossiter. 2023. (Climate Crisis in America Ser.). (ENG., Illus.). 32p. (J). pap. 9.95 *(978-1-63739-693-3(7)*, Focus Readers) North Star Editions.

Climate Crisis in the Southwest. Contrib. by Brienna Rossiter. 2023. (Climate Crisis in America Ser.). (ENG., Illus.). 32p. (J). lib. bdg. 31.35 *(978-1-63739-636-0(8)*, Focus Readers) North Star Editions.

Climate Crisis in the Upper Midwest. Contrib. by Julie Kentner. 2023. (Climate Crisis in America Ser.). (ENG., Illus.). 32p. (J). lib. bdg. 31.35 *(978-1-63739-637-7(6)*, Focus Readers) North Star Editions.

Climate Crisis in the Upper Midwest. Laura Perdew & Julie Kentner. 2023. (Climate Crisis in America Ser.). (ENG., Illus.). 32p. (J). pap. 9.95 *(978-1-63739-694-0(5)*, Focus Readers) North Star Editions.

Climate Crisis in the West. Mary Bates & Susan B. Katz. 2023. (Climate Crisis in America Ser.). (ENG., Illus.). 32p. (J). pap. 9.95 *(978-1-63739-695-7(3)*, Focus Readers) North Star Editions.

Climate Crisis in the West. Contrib. by Susan B. Katz. 2023. (Climate Crisis in America Ser.). (ENG., Illus.). 32p. (J). lib. bdg. 31.35 *(978-1-63739-638-4(4)*, Focus Readers) North Star Editions.

Climate Emergency Atlas: What's Happening - What We Can Do. Dan Hooke. 2020. (DK Where on Earth? Atlases Ser.). (ENG., Illus.). 96p. (J). (gr. 4-7). 19.99 *(978-0-7440-2183-7(9)*, DK Children) Dorling Kindersley Publishing, Inc.

Climate Maps. Samantha S. Bell. 2019. (All about Maps Ser.). (ENG.). 24p. (J). (gr. 1-4). lib. bdg. 32.79 *(978-1-5038-2772-1(0)*, 212585) Child's World, Inc, The.

Climate Migrants: On the Move in a Warming World. Rebecca E. Hirsch. 2016. (ENG., Illus.). 88p. (YA). (gr. 6-12). 35.99 *(978-1-4677-9341-4(8)*, e23fc847-247d-4c54-af8f-8205e51cc741); E-Book 54.65 *(978-1-5124-1145-4(0))* Lerner Publishing Group. (Twenty-First Century Bks.).

Climate Rebels. Ben Lerwill. 2020. 96p. (J). 24.99 *(978-0-241-44042-1(4)*, Puffin) Penguin Bks., Ltd. GBR. Dist: Independent Pubs. Group.

Climate Refugees: How Global Change Is Displacing Millions. 1 vol. Ed. by he New York Times. 2018. (In the Headlines Ser.). (ENG.). 224p. (YA). (gr. 9-9). lib. bdg. 54.93 *(978-1-64282-009-6(1)*, 36bb2115-a4dd-4627-8498-7cf510f0c416, New York Times Educational Publishing) Rosen Publishing Group, Inc., The.

Climate Scientists. Carol Hand. 2019. (Science Adventurers Ser.). (ENG., Illus.). 112p. (J). (gr. 6-12). lib. bdg. 41.36 *(978-1-5321-9033-9(6)*, 33386, Essential Library) ABDO Publishing Co.

Climate Scientists at Work. Rebecca E. Hirsch. 2018. (Taking Earth's Temperature Ser.). (ENG., Illus.). 48p. (gr. 4-8). pap. 10.95 *(978-1-64156-578-3(0)*, 9781641565783) Rourke Educational Media.

Climate Warriors: Fourteen Scientists & Fourteen Ways We Can Save Our Planet. Laura Gehl. 2023. (ENG., Illus.). 72p. (J). (gr. 4-8). lib. bdg. 33.32 *(978-1-7284-6040-6(9)*, 315549cb-f03c-4ccd-bdf3-879fbcb43057, Millbrook Pr.) Lerner Publishing Group.

Climate Zones Amazing & Intriguing Facts Children's Science Book. Bold Kids. 2022. (ENG.). 42p. (J). pap. 14.99 *(978-1-0717-1837-7(1))* FASTLANE LLC.

Climax (Classic Reprint) George C. Jenks. 2018. (ENG., Illus.). 348p. (J). 31.07 *(978-0-483-85846-6(3))* Forgotten Bks.

Climb: A One Year Devotional for Teens & Young Adults. Ruth Chesney. 2020. (ENG., Illus.). 210p. (YA). 14.99 *(978-1-912522-96-5(9)*, 4e399110-f01f-4d4d-88c2-66949cefd7e5) Ritchie, John Ltd. GBR. Dist: Baker & Taylor Publisher Services (BTPS).

Climb: A Story about Trials. Suzanne Earl. 2020. (ENG.). 34p. (J). pap. 13.95 *(978-1-64468-690-4(2))* Covenant Bks.

Climb a Tower? 2018. (J). *(978-0-7166-2180-5(0))* World Bk., Inc.

Climb, Koala! Jennifer Szymanski. ed. 2018. (National Geographic Readers Ser.). (ENG.). 23p. (J). (gr. -1-1). 13.89 *(978-1-64310-392-1(X))* Penworthy Co., LLC, The.

Climb On. Anna Palfreyman. 2017. (ENG., Illus.). (J). pap. 10.00 *(978-0-9991261-0-3(5))* Sundie Enterprises.

Climb On! Baptiste Paul. Illus. by Jacqueline Alcántara. 2022. (ENG.). 32p. (J). (gr. -1-3). 18.95 *(978-0-7358-4481-0(X))* North-South Bks., Inc.

Climb or Die. Edward Myers. 2nd ed. 2016. 154p. (J). pap. *(978-1-932727-12-8(4))* Montemayor Pr.

Climber & Friends: God Made Me This Way. Wendy Grant. 2018. (ENG., Illus.). 32p. (J). (gr. -1-3). pap. 9.99 *(978-1-5456-2341-1(4))* Salem Author Services.

Climber (Classic Reprint) E. F. Benson. 2017. (ENG., Illus.). (J). 31.20 *(978-1-5285-8358-9(2))* Forgotten Bks.

Climber in New Zealand (Classic Reprint) Malcolm Ross. 2017. (ENG., Illus.). (J). 31.98 *(978-0-260-30000-3(4))* Forgotten Bks.

Climbing. David Armentrout & Patricia Armentrout. 2022. (Exciting & Safe Outdoor Fun Ser.). (ENG.). 24p. (J). (gr. k-2). pap. *(978-1-0396-6202-5(1)*, 19850); lib. bdg. *(978-1-0396-6007-6(X)*, 19849) Crabtree Publishing Co.

Climbing Boy: A Comic Drama (Classic Reprint) Richard Brinsley Peake. 2018. (ENG., Illus.). 82p. (J). 25.61 *(978-0-484-87861-6(1))* Forgotten Bks.

Climbing Courvatels (Classic Reprint) Edward W. Townsend. (ENG., Illus.). (J). 2018. 324p. 30.58 *(978-0-484-81143-9(6))*; 2016. pap. 13.57 *(978-1-334-62275-5(2))* Forgotten Bks.

Climbing, Creeping, Muddy Jeeping! Beth A. Simpson. 2021. (ENG., Illus.). 20p. (J). pap. 14.95 *(978-1-6624-1495-4(1))* Page Publishing Inc.

Climbing Lincoln's Steps: The African American Journey. Suzanne Slade. Illus. by Colin Bootman. 2016. (ENG.). 32p. (J). (gr. -1-3). pap. 7.99 *(978-0-8075-1205-0(2)*, 807512052) Whitman, Albert & Co.

Climbing Strong. Jake Maddox. 2019. (Jake Maddox JV Ser.). (ENG.). 96p. (J). (gr. 4-6). lib. bdg. 25.99 *(978-1-4965-7524-1(5)*, 139146, Stone Arch Bks.) Capstone.

Climbing the Happiness Mountain. Ethan Indi & Amal Indi. Illus. by Csongor Veres. 2020. (ENG.). 38p. (J). pap. 12.99 *(978-1-7340687-1-9(X))* Southampton Publishing.

Climbing Tree. Erin Mary McLain. Illus. by Betsy Hoyt Feinberg. 2020. (ENG.). 64p. (J). pap. 11.65 *(978-1-64764-419-2(4))* Primedia eLaunch LLC.

Climbing Tree. John Stith. Illus. by Yuliya Pieletskaya. 2019. (ENG.). 32p. (J). (gr. -1-2). pap. 17.99 *(978-1-57687-934-4(8)*, powerHouse Bks.) powerHse. Bks.

Climbing Trees & Muddy Knees: The Kids Guide to Getting Unplugged & Getting Outside. Chris Oxlade. Illus. by Eva Sassin. 2020. (ENG.). 96p. (J). (gr. 2-6). 19.99 *(978-1-913077-18-1(7)*, c7f73dcc-8f38-49da-a0cd-93c0e2806261, Beetle Bks.) Hungry Tomato Ltd. GBR. Dist: Baker & Taylor Publisher Services (BTPS).

Climbs in the New Zealand Alps: Being an Account of Travel & Discovery (Classic Reprint) Edward Arthur Fitzgerald. (ENG., Illus.). (J). 2018. 566p. 35.59 *(978-0-267-43238-7(0))*; 2017. pap. 19.57 *(978-0-282-02898-5(6))* Forgotten Bks.

Climb!/¡Trepa! Carol Thompson. Tr. by Teresa Mlawer. Illus. by Carol Thompson. ed. 2020. (Little Movers (Bilingual) Ser.: 4). (ENG., Illus.). 12p. (J). bds. *(978-1-78628-487-7(1))* Child's Play International Ltd.

Clinging to the Future: Yarn of Destiny Book 3. Rebekah Nance. 2022. (Yarn of Destiny Ser.: Vol. 3). (ENG.). 124p. (YA). 37.99 *(978-1-0880-5571-7(0))* Indy Pub.

Clinical & Medical Laboratory Scientists. Samantha Simon. 2017. (Careers in Healthcare Ser.: Vol. 13). (ENG., Illus.). 64p. (J). (gr. 7-12). 23.95 *(978-1-4222-3796-0(6))* Mason Crest.

Clinical Manual of the Diseases of the Ear (Classic Reprint) Laurence Turnbull. (ENG., Illus.). (J). 2018. 574p. 35.76 *(978-0-656-90321-4(X))*; 2017. pap. 19.57 *(978-0-282-01819-1(0))* Forgotten Bks.

Clinical Sonnets (Classic Reprint) Merrill Moore. 2017. (ENG., Illus.). (J). 25.61 *(978-0-331-62115-0(0))*; pap. 9.57 *(978-0-243-25422-4(9))* Forgotten Bks.

Clink of the Ice: And Other Poems Worth Reading (Classic Reprint) Eugene Field. (ENG., Illus.). (J). 2017. 128p. 26.54 *(978-0-332-03547-5(6))*; 2016. pap. 9.57 *(978-1-333-45495-1(3))* Forgotten Bks.

Clinton: Or, Boy-Life in the Country (Classic Reprint) Walter Aimwell. 2018. (ENG., Illus.). 292p. (J). 29.92 *(978-0-484-12760-8(8))* Forgotten Bks.

Clinton & the Tree of Life: A Kids for Saving Earth Adventure. Claudia J. Carroll. 2021. (ENG.). 72p. (J). pap. 10.00 *(978-1-716-60803-2(1))* Lulu Pr., Inc.

Clinton Forrest: Or the Power of Kindness, a Story for the Home Circle (Classic Reprint) Minnie S. Davis. 2018. (ENG., Illus.). 270p. (J). 29.49 *(978-0-483-77127-7(9))* Forgotten Bks.

Clintons: And Others (Classic Reprint) Archibald Marshall. 2017. (ENG., Illus.). (J). 32.50 *(978-1-5280-8886-2(7))* Forgotten Bks.

Clinton's Tree of Life: From Kids for Saving Earth by Claudia Carroll Consultant/Editor/Illustrator Tessa Hill. Claudia Carroll. Illus. by Tessa Hill. 2022. (ENG.). 158p. (J). pap. *(978-1-6780-0572-6(X))* Lulu Pr., Inc.

Clip & Create! Cut Out Activities for Parents to Do with Kids. Jupiter Kids. 2016. (ENG., Illus.). 106p. (J). pap. 12.55 *(978-1-68326-074-5(0)*, Jupiter Kids (Childrens & Kids Fiction)) Speedy Publishing LLC.

Clip the Crab. Samantha Stovell. 2018. (ENG., Illus.). 32p. (J). pap. *(978-0-244-96341-5(X))* Lulu Pr., Inc.

Clipped Wings: A Novel (Classic Reprint) Rupert Hughes. 2017. (ENG., Illus.). (J). 32.52 *(978-1-5280-7246-5(4))* Forgotten Bks.

Clipped Wings: Book I - the Calliope. Wick P. Crow. 2021. (ENG.). 646p. (YA). pap. 30.95 *(978-1-64628-182-4(9))* Page Publishing Inc.

Clipped Wings (Classic Reprint) Lottie McAlister. (ENG., Illus.). (J). 2018. 190p. 27.82 *(978-0-267-81913-3(7))*; 2017. pap. 10.57 *(978-1-5276-5221-7(1))* Forgotten Bks.

Clipped Wings; or Birds of Passage: A Comic Concoction Three in Acts (Classic Reprint) Fennimore Harrison. 2018. (ENG., Illus.). 42p. (J). 24.76 *(978-0-267-48295-5(7))* Forgotten Bks.

Clippety Clippety Clop. Nina Tamar Marano. 2018. (ENG., Illus.). 30p. (J). 22.95 *(978-1-64138-531-2(6))*; pap. 12.95 *(978-1-64138-529-9(4))* Page Publishing Inc.

Clippity-Cloppity Carnival. Valerie Tripp. Illus. by Thu Thai. 2018. (American Girl(r) WellieWishers(tm) Ser.). (J). (ENG.). 96p. pap. 5.99 *(978-1-68337-085-7(6))*; 91p. *(978-1-5444-0756-2(4)*, American Girl) American Girl Publishing, Inc.

Clippy the Curious Caribou Calf. Leslie Klebesadel. Illus. by Shant Klebesadel. 2023. 72p. (J). (-5). 29.50 BookBaby.

Clique Bait. Ann Valett. 2020. (ENG.). 368p. (YA). (gr. 9). 18.99 *(978-0-06-291808-6(7)*, HarperTeen) HarperCollins Pubs.

Clique Here: a Wish Novel. Anna Staniszewski. 2021. (ENG.). 288p. (J). (gr. 3-7). pap. 7.99 *(978-1-338-68027-0(7))* Scholastic, Inc.

Clique of Gold. Émile Gaboriau. 2017. (ENG., Illus.). 464p. (J). (gr. k-12). pap. *(978-93-86780-08-9(9))* Alpha Editions.

Cliques, Phonies & Other Baloney. Trevor Romain & Elizabeth Verdick. Illus. by Steve Mark. rev. ed. 2018. (Laugh & Learn(r) Ser.). (ENG.). 128p. (J). (gr. 3-8). pap. 10.99 *(978-1-63198-242-2(7)*, 82422) Free Spirit Publishing Inc.

Clive & His Art. Jessica Spanyol. Illus. by Jessica Spanyol. 2016. (All about Clive Ser.: 4). (Illus.). 14p. (J). spiral bd. *(978-1-84643-883-7(7))* Child's Play International Ltd.

Clive & His Babies. Jessica Spanyol. Illus. by Jessica Spanyol. 2016. (All about Clive Ser.). (Illus.). 14p. (J). spiral bd. *(978-1-84643-882-0(9))* Child's Play International Ltd.

Clive & His Bags. Jessica Spanyol. Illus. by Jessica Spanyol. 2016. (All about Clive Ser.). (Illus.). 14p. (J). spiral bd. *(978-1-84643-884-4(5))* Child's Play International Ltd.

Clive & His Hats. Jessica Spanyol. Illus. by Jessica Spanyol. 2016. (All about Clive Ser.). (Illus.). 14p. (J). spiral bd. *(978-1-84643-885-1(3))* Child's Play International Ltd.

Clive Forrester's Gold (Classic Reprint) Charles Richard Kenyon. (ENG., Illus.). (J). 2018. 202p. 28.06 *(978-0-483-75349-5(1))*; 2017. pap. 10.57 *(978-0-259-20063-5(8))* Forgotten Bks.

Clive Is a Librarian. Jessica Spanyol. Illus. by Jessica Spanyol. 2017. (Clive's Jobs Ser.: 4). (Illus.). 14p. (J). spiral bd. *(978-1-84643-989-6(2))* Child's Play International Ltd.

Clive Is a Nurse. Jessica Spanyol. Illus. by Jessica Spanyol. 2017. (Clive's Jobs Ser.: 4). (Illus.). 14p. (J). spiral bd. *(978-1-84643-991-9(4))* Child's Play International Ltd.

Clive Is a Teacher. Jessica Spanyol. Illus. by Jessica Spanyol. 2017. (Clive's Jobs Ser.: 4). (Illus.). 14p. (J). spiral bd. *(978-1-84643-990-2(6))* Child's Play International Ltd.

Clive Is a Waiter. Jessica Spanyol. Illus. by Jessica Spanyol. 2017. (Clive's Jobs Ser.: 4). (Illus.). 14p. (J). spiral bd. *(978-1-84643-992-6(2))* Child's Play International Ltd.

Clive the Dancing Dragon. Stacy L. Lowry. 2018. (ENG., Illus.). 22p. (J). 21.95 *(978-1-64191-676-9(1))*; pap. 11.95 *(978-1-64028-713-6(2))* Christian Faith Publishing.

Cloak of Friendship (Classic Reprint) Laurence Housman. 2017. (ENG., Illus.). (J). 204p. 28.10 *(978-0-332-02686-2(8))*; pap. 10.57 *(978-1-5276-6410-4(4))* Forgotten Bks.

Cloak of Night. Evelyn Skye. 2020. (Circle of Shadows Ser.: 2). (ENG., Illus.). 416p. (YA). (gr. 8). 18.99 *(978-0-06-264375-9(4)*, Balzer & Bray) HarperCollins Pubs.

Cloak of Scarlet. Melanie Dickerson. 2023. (Dericott Tale Ser.: 5). (ENG.). 336p. (YA). 19.99 *(978-0-8407-0819-9(X))* Nelson, Thomas Inc.

Cloak Room Thief: And Other Stories about Schools (Classic Reprint) C. w. Bardeen. 2018. (ENG., Illus.). 232p. (J). 28.70 *(978-0-267-22827-0(9))* Forgotten Bks.

Cloaked in Shadow. Ben Alderson. 2017. (Dragori Ser.: Vol. 1). (ENG., Illus.). (YA). (gr. 7-12). pap. *(978-1-9997068-6-9(2))* Oftomes Publishing.

Cloakers. Alexandra Lapointe. 2021. (ENG.). 320p. (YA). pap. 18.99 *(978-1-63752-875-4(2))* Primedia eLaunch LLC.

Cloaks of Shadow. Jennifer Claire. 2021. (ENG.). 390p. (YA). *(978-1-0391-2268-0(X))*; pap. *(978-1-0391-2267-3(1))* FriesenPress.

Cloches de Corneville, (the Bells of Corneville) Opéra Comique en 3 Actes (Classic Reprint) Robert Planquette. 2018. (ENG., Illus.). (J). 92p. 25.81 *(978-0-366-90203-3(2))*; 94p. pap. 9.57 *(978-0-366-90193-7(1))* Forgotten Bks.

Clock-A-Doodle-Do! - Tell Time for Kids: Children's Money & Saving Reference. Baby Professor. 2016. (ENG., Illus.). 40p. (J). pap. 11.65 *(978-1-68326-378-4(2)*, Baby Professor (Education Kids)) Speedy Publishing LLC.

Clock & the Key (Classic Reprint) Arthur Henry Vesey. 2017. (ENG., Illus.). (J). 316p. 30.41 *(978-0-332-81287-8(1))*; pap. 13.57 *(978-0-259-19494-1(8))* Forgotten Bks.

Clock & the Thousands of Colours. Anna Isolani. Tr. by Rebecca Green. 2021. (ENG.). 54p. (J). pap. *(978-1-83975-623-8(3))* Grosvenor Hse. Publishing Ltd.

Clock of the Universe (Clock Winders Book Four) J. H. Sweet. 2016. (ENG., Illus.). (YA). (gr. 7-12). 23.79 *(978-1-936660-19-3(9))* Sweet, Joanne.

Clock Strikes: A YA Romantic Suspense Mystery Novel. Sorboni Banerjee & Dominique Richardson. 2023. (Everbeach Ser.: Vol. 4). (ENG.). 346p. (YA). 27.99 *(978-1-957548-76-0(2))* Wise Wolf Bks.

Clock Strikes: A YA Romantic Suspense Mystery Novel. Sorboni Banerjee & Dominique Richardson. 2023. (Everbeach Ser.: Vol. 4). (ENG.). 372p. (YA). pap. 16.99 *(978-1-957548-75-3(4))* Wise Wolf Bks.

Clock That Lost Its Tick & Other Tales. Terry H. Watson. Illus. by Lynda Freeman. 2016. (ENG.). (J). pap. *(978-0-9956807-0-8(1))* Ramoan Pr.

Clock to Sock. Joyce Markovics. 2019. (Read & Rhyme Level 1 Ser.). (ENG., Illus.). 16p. (J). (gr. -1-1). 24.21 *(978-1-64280-543-7(2))* Bearport Publishing Co., Inc.

Clock with Feet. Miss Henny. 2019. (ENG., Illus.). 98p. (J). pap. 21.95 *(978-1-64559-033-0(X))* Covenant Bks.

Clockbreakers. Kate Ristau. 2016. (ENG., Illus.). (J). pap. 11.95 *(978-1-63066-455-8(3))* Indigo Sea Pr., LLC.

Clocked! Lisa Harkrader. 2021. (Misadventures of Nobbin Swill Ser.). (ENG.). 272p. (J). (gr. 2-5). 17.99 *(978-1-4998-0975-6(1)*, Yellow Jacket) Bonnier Publishing USA.

Clockmaker: Or, the Sayings & Doings of Samuel Slick, of Slickville (Classic Reprint) Thomas Haliburton. 2017. (ENG., Illus.). (J). 30.62 *(978-0-265-55714-3(3))* Forgotten Bks.

Clockmaker: Sayings & Doings of Samuel Slick of Slickville (Classic Reprint) Thomas Haliburton. 2018. (ENG., Illus.). 298p. (J). 30.06 *(978-0-656-63628-0(9))* Forgotten Bks.

Clockmaker, or the Sayings & Doings of Sam Slick, of Slickville: To Which Is Added, the Bubbles of Canada (Classic Reprint) Thomas Haliburton. (ENG., Illus.). (J). 2018. 434p. 32.87 *(978-0-428-96344-6(7))*; 2017. pap. 16.57 *(978-1-334-93032-4(5))* Forgotten Bks.

Clockmaker, or the Sayings & Doings of Samuel Slick, of Slickville (Classic Reprint) Thomas Haliburton. (ENG., Illus.). (J). 2018. 544p. 35.14 *(978-0-365-40115-5(3))*; 2018. 274p. 29.57 *(978-0-483-12547-6(4))*; 2017. pap. 11.97 *(978-0-259-51106-9(4))*; 2017. pap. 19.57 *(978-0-243-24994-7(2))* Forgotten Bks.

Clockmaker, or the Sayings & Doings of Samuel Slick, of Slickville, Vol. 2 of 3 (Classic Reprint) Thomas Haliburton. 2018. (ENG.). 388p. (J). 31.90 *(978-0-666-17490-1(3))* Forgotten Bks.

Clocks' Holiday. Belinda Derr Illustrated by J. Mpagazehe. Illus. by Joshua N. Mpagazehe. 2016. (ENG.). (J). pap. 19.99 *(978-1-4984-8773-3(4))* Salem Author Services.

Clocks of Rondaine: Other Stories (Classic Reprint) Frank R. Stockton. 2017. (ENG., Illus.). (J). 28.15 *(978-0-265-34978-6(8))* Forgotten Bks.

Clocktower Charm, Bk. 5. Jessica Ennis-Hill. Illus. by Elen Caldecott. 2022. (Evie's Magic Bracelet Ser.). (ENG.). 144p. (J). (gr. 2-4). pap. 9.99 *(978-1-4449-3443-4(0))* Hachette Children's Group GBR. Dist: Hachette Bk. Group.

Clockwala's Clues (hOle Books) Varsha Seshan. 2021. (HOle Bks.). (ENG.). 72p. (J). (gr. 2-4). pap. 7.99 *(978-0-14-345115-0(4))* Penguin Bks. India PVT, Ltd IND. Dist: Independent Pubs. Group.

Clockwise: A Young Adult Time Travel Romance. Elle Lee Strauss & Lee Strauss. 2018. (Clockwise Collection: Vol. 1). (ENG.). 248p. (YA). (gr. 7-12). pap. *(978-1-988677-26-2(2))* Strauss, Elle Bks.

Clockwiser: A Young Adult Time Travel Romance. Elle Strauss. 2016. (Clockwise Collection: Vol. 2). (ENG., Illus.). 244p. (J). pap. *(978-0-9878078-8-5(9))* Strauss, Elle Bks.

ClockwiseR: A Young Adult Time Travel Romance. Elle Lee Strauss & Lee Strauss. 2018. (Clockwise Collection: Vol. 2). (ENG.). 244p. (YA). (gr. 7-12). pap. *(978-1-988677-34-7(3))* Strauss, Elle Bks.

Clockwork Crazy: A Young Adult Time Travel Romance. Elle Lee Strauss & Lee Strauss. 2018. (Clockwise Collection: Vol. 5). (ENG.). 216p. (YA). (gr. 7-12). pap. *(978-1-988677-37-8(8))* Strauss, Elle Bks.

Clockwork Crow. Catherine Fisher. (ENG.). 208p. (J). (gr. 4-7). 2021. pap. 7.99 *(978-1-5362-2292-0(5))*; 2020. 16.99 *(978-1-5362-1491-8(4))* Candlewick Pr.

Clockwork Dragon. James R. Hannibal. 2019. (Section 13 Ser.: 3). (ENG., Illus.). 432p. (J). (gr. 3-7). 17.99 *(978-1-4814-6715-5(8)*, Simon & Schuster Bks. For Young Readers) Simon & Schuster Bks. For Young Readers.

Clockwork Dragon: Book IV of the Troutespond Series. Elizabeth Priest. 2020. (ENG.). 204p. (YA). (gr. 9-12). pap. *(978-1-913387-08-2(9))* Luna Pr. Publishing.

Clockwork Queen. Michael Burnside. 2018. (ENG.). 76p. (YA). pap. 5.95 *(978-1-0878-0605-1(4))* Alban Lake Publishing.

Clockwork Witch. McKenzie Odom. 2019. (ENG.). 170p. (YA). pap. 16.99 *(978-1-64633-086-7(2))* Primedia eLaunch LLC.

Clod Makes a Friend. David J. Pedersen. Ed. by Bryan Thomas Schmidt & Danielle Fine. 2018. (ENG., Illus.). (YA). (gr. 7-12). 126p. 17.99 *(978-0-692-98154-2(3))*; 174p. pap. 9.99 *(978-0-692-04566-4(X))* Odysia Pr.

Clodagh & Ozzie's Connemara Pony Adventures the Connemara Horse Adventures Series Collection - Books 1 To 3. Elaine Heney. 2023. (ENG.). 404p. (J). pap. *(978-1-915542-27-4(8))* Irish Natural Horsemanship.

Clodagh & Ozzie's Connemara Pony Adventures the Connemara Horse Adventures Series Collection - Books 4 To 6. Elaine Heney. 2023. (ENG.). 454p. (J). pap. *(978-1-915542-29-8(4))* Irish Natural Horsemanship.

Clodpole Papers (Classic Reprint) Christopher Clodpole. 2018. (ENG., Illus.). 68p. (J). 25.30 *(978-0-483-65284-2(9))* Forgotten Bks.

Clog Shop Chronicles (Classic Reprint) John Ackworth. (ENG., Illus.). (J). 2018. 414p. 32.44 *(978-0-267-38269-9(3))*; 2016. pap. 16.57 *(978-1-334-15351-8(5))* Forgotten Bks.

Cloister & the Hearth (Classic Reprint) Charles Reade. 2017. (ENG., Illus.). (J). 37.45 *(978-1-5285-6950-7(4))* Forgotten Bks.

Cloister & the Hearth, Vol. 1 Of 2: A Tale of the Middle Ages (Classic Reprint) Charles Reade. 2017. (ENG., Illus.). (J). 37.94 *(978-0-331-84860-1(0))* Forgotten Bks.

Cloister & the Hearth, Vol. 2 Of 4: A Tale of the Middle Ages (Classic Reprint) Charles Reade. 2017. (ENG., Illus.). (J). 31.47 *(978-0-265-17622-1(0))* Forgotten Bks.

Cloister & the Hearth, Vol. 3 Of 4: A Tale of the Middle Ages (Classic Reprint) Charles Reade. (ENG., Illus.). (J). 2018. 366p. 31.47 *(978-0-484-04120-1(7))*; 2017. pap. 13.97 *(978-0-243-24935-0(7))* Forgotten Bks.

Cloister & the Hearth, Vol. 4 (Classic Reprint) Charles Reade. 2017. (ENG., Illus.). (J). 31.49

C

(978-0-265-18924-5(1)); pap. 16.57 *(978-0-243-98917-1(2))* Forgotten Bks.

Cloister the Hearth, Vol. 1: Or Maid, Wife, & Widow; a Matter-Of-Fact Romance (Classic Reprint) Charles Reade. 2017. (ENG., Illus.). (J). 33.94 *(978-1-5281-6951-6(4))* Forgotten Bks.

Cloister Wendhusen (Classic Reprint) W. Heimburg. 2017. (ENG., Illus.). (J). 29.16 *(978-1-5285-8531-6(3))* Forgotten Bks.

Cloistering of Ursula: Being Certain Chapters from the Memoirs of Andrea, Marquis of Uccelli, & Count of Castelpulchio, Done into English (Classic Reprint) Clinton Scollard. 2018. (ENG., Illus.). 320p. (J). 30.52 *(978-0-483-23304-1(8))* Forgotten Bks.

Clondike & Mudo's Adventure. M. C. Armbruster. 2017. (ENG., Illus.). (J). (gr. -1-3). 25.95 *(978-1-4808-4903-7(0))*; pap. 16.95 *(978-1-4808-4902-0(2))* Archway Publishing.

Clone Camp! B. A. Frade. 2017. (Tales from the Scaremaster Ser.: 3). (ENG.). 176p. (J). (gr. 3-7). pap. 11.99 *(978-0-316-31727-6(6))* Little, Brown Bks. for Young Readers.

Clone Camp! Stacia Deutsch. ed. 2018. 162p. (J). (gr. 3-7). 16.96 *(978-1-64310-190-3(0))* Penworthy Co., LLC, The.

Clone Catastrophe: Emperor of the Universe. David Lubar. 2021. (Emperor of the Universe Ser.: 2). (ENG., Illus.). 240p. (J). 14.99 *(978-1-250-18933-2(0)*, 900192229, Starscape) Doherty, Tom Assocs., LLC.

Clone Trouble. Shawn Pryor. Illus. by Francesca Ficorilli. 2022. (Gamer Ser.). (ENG.). 40p. (J). 24.65 *(978-1-6663-4821-7(X)*, 238759); pap. 5.95 *(978-1-6663-4822-4(8)*, 238741) Capstone. (Stone Arch Bks.).

Clone Wars: Ahsoka vs. Maul (Star Wars) Random House. 2023. (Screen Comix Ser.). (ENG.). 80p. (J). (gr. 1-4). pap. 7.99 ***(978-0-7364-4356-2(8)***, Random Hse. Bks. for Young Readers) Random Hse. Children's Bks.

Clone Wars: Season 7: Volume 1 (Star Wars) RH Disney. 2020. (Screen Comix Ser.). (ENG., Illus.). 320p. (J). (gr. 3-7). pap. 14.99 *(978-0-7364-4164-3(6)*, Random Hse. Bks. for Young Readers) Random Hse. Children's Bks.

Cloning. Susan Henneberg. 2021. (Red Rhino Nonfiction Ser.). (ENG., Illus.). 60p. (J). (gr. 4-7). pap. 11.95 *(978-1-68021-888-6(3))* Saddleback Educational Publishing, Inc.

Cloning, 1 vol. Cathleen Small. 2018. (Great Discoveries in Science Ser.). (ENG.). 128p. (gr. 9-9). lib. bdg. 47.36 *(978-1-5026-4385-8(5)*, 98de4063-634b-4b85-9e8a-2a02f2ac2db9) Cavendish Square Publishing LLC.

Cloning Humans. Leah Kaminski. (STEM Body Ser.). (ENG., Illus.). 32p. (J). (gr. 5-8). 2021. pap. 8.99 *(978-1-62920-918-0(X)*, 3413d038-245f-4fdb-9a10-df9cb45c81c5); 2020. lib. bdg. 27.99 *(978-1-62920-837-4(X)*, 96442629-30c7-4aca-878f-8429a0a51989) Full Tilt Pr. NZL. Dist: Lerner Publishing Group.

Clorinda Walks in Heaven: Tales (Classic Reprint) Alfred Edgar Coppard. (ENG., Illus.). (J). 2018. 132p. 26.62 *(978-0-483-46144-4(X))*; 2016. pap. 9.57 *(978-1-333-60000-6(3))* Forgotten Bks.

Close Call (Classic Reprint) O'Hara Baynes. 2017. (ENG., Illus.). (J). 24.33 *(978-0-260-58184-6(4))*; pap. 7.97 *(978-0-265-03497-2(3))* Forgotten Bks.

Close Calls: How Eleven US Presidents Escaped from the Brink of Death. Michael P. Spradlin. 2020. (ENG., Illus.). 128p. (J). 18.99 *(978-1-5476-0023-6(3)*, 900195172, Bloomsbury Children's Bks.) Bloomsbury Publishing USA.

Close Encounter: The Alien Abduction of Betty Andreasson, 1 vol. Raymond E. Fowler. 2017. (Alien Encounters Ser.). (ENG., Illus.). 280p. (YA). (gr. 8-8). 41.47 *(978-1-5081-7629-9(9)*, 47cf4041-6dcf-4d0e-a268-f7ee93bb2971, Rosen Young Adult) Rosen Publishing Group, Inc., The.

Close Encounters. C. M. Johnson. 2017. (Origins: Urban Legends Ser.). (ENG., Illus.). 48p. (J). (gr. 5-8). 27.99 *(978-1-62920-611-0(3)*, 241ee7ac-76ee-4add-bac2-6b1598cb43b5) Full Tilt Pr. NZL. Dist: Lerner Publishing Group.

Close Encounters: The Aliens Are Here. Jason M. Burns. Illus. by Dustin Evans. 2022. (Declassified: the et Files Ser.). (ENG.). 32p. (J). (gr. 4-8). pap. 14.21 *(978-1-6689-1149-5(3)*, 221094); lib. bdg. 32.07 *(978-1-6689-0989-8(8)*, 220956) Cherry Lake Publishing. (Torch Graphic Press).

Close Encounters of the Nerd Kind (Gamer Squad 2) Gamer Squad #2. Kim Harrington. 2017. (Gamer Squad Ser.). 208p. (J). (gr. 3-7). pap. 6.95 *(978-1-4549-2613-9(9))* Sterling Publishing Co., Inc.

Close Encounters of the Wild Kind, 2 vols., Set. Sue Hamilton. Incl. Bitten by a Rattlesnake. 32.79 *(978-1-60453-930-1(5)*, 310); Swarmed by Bees. 32.79 *(978-1-60453-933-2(X)*, 316); (J). (gr. 5-9). (Close Encounters of the Wild Kind Ser.). (ENG.). 32p. 2010. Set lib. bdg. 98.37 *(978-1-60453-927-1(5)*, 304, Abdo & Daughters) ABDO Publishing Co.

Close Friends. Joyetta Murphy & De'zyre Williams. 2018. (ENG.). (J). (gr. -1-2). 14.95 *(978-1-68401-718-8(1))* Amplify Publishing Group.

Close Friends: Friends Who Love Each Other. De'zyre Williams. 2019. (ENG.). 38p. (J). 14.95 *(978-1-64307-193-0(9))* Amplify Publishing Group.

Close of the Day (Classic Reprint) Frank H. Spearman. 2018. (ENG., Illus.). 240p. (J). 28.85 *(978-0-428-60937-5(6))* Forgotten Bks.

Close Reader Bundle Spanish Grade 6 2017. Hmh Hmh. 2016. (Collections). (SPA.). (J). (gr. 6). pap. 556.47 *(978-0-544-88979-8(7))* Houghton Mifflin Harcourt Publishing Co.

Close Reader Bundle Spanish Grade 7 2017. Hmh Hmh. 2016. (Collections). (SPA.). (YA). (gr. 7). pap. 556.47 *(978-0-544-88980-4(0))* Houghton Mifflin Harcourt Publishing Co.

Close Reader Bundle Spanish Grade 8 2017. Hmh Hmh. 2016. (Collections). (SPA.). (YA). (gr. 8). pap. 556.47 *(978-0-544-88981-1(9))* Houghton Mifflin Harcourt Publishing Co.

Close Reading Using Text-Dependent Questions Grade 4. Ruth Foster. 2017. (ENG.). 96p. (J). (-4). pap. 13.99 *(978-1-57690-737-5(6))* Teacher Created Resources, Inc.

Close Reading Using Text-Dependent Questions Grade 6. Ruth Foster. 2017. (ENG.). 96p. (J). (-4). pap. 13.99 *(978-1-57690-739-9(2))* Teacher Created Resources, Inc.

Close Shave: A Farce in One Act (Classic Reprint) George M. Baker. (ENG., Illus.). (J). 2018. 28p. 24.47 *(978-0-267-39860-7(3))*; 2016. pap. 7.97 *(978-1-334-12612-3(7))* Forgotten Bks.

Close the Window Stefan. R. M. Mace. 2018. (ENG.). 122p. (J). (gr. 3-6). pap. *(978-0-9569089-8-8(5))* Crossbridge Bks.

Close the Window Stefan (dyslexia-Friendly Edition) R. M. Mace. 2021. (ENG.). 146p. (YA). pap. *(978-1-913946-21-0(5))* Crossbridge Bks.

Close to Home, 1 vol. Pam Holden. 2016. (ENG., Illus.). 16p. (-1). pap. *(978-1-77654-167-6(7)*, Red Rocket Readers) Flying Start Bks.

Close to Home - BIG BOOK, 1 vol. Pam Holden. 2016. (ENG.). 16p. (-1). pap. *(978-1-77654-161-4(8)*, Red Rocket Readers) Flying Start Bks.

Close to the Wind. Jon Walter. 2017. (ENG.). 320p. (J). (gr. 5-7). pap. 8.99 *(978-0-545-82275-6(0))* Scholastic, Inc.

Close to You: A Novel. Kara Isaac. 2016. (ENG.). 384p. pap. 14.99 *(978-1-5011-1732-9(7)*, Howard Bks.) Howard Bks.

Close-Up on War: The Story of Pioneering Photojournalist Catherine Leroy in Vietnam. Mary Cronk Farrell. 2022. (ENG., Illus.). 320p. (J). (gr. 5-17). 22.99 *(978-1-4197-4661-1(8)*, 1700801, Amulet Bks.) Abrams, Inc.

Close Your Eyes: A Book of Sleepiness. Lori Haskins Houran. Illus. by Sydney Hanson. 2021. (ENG.). 32p. (J). (gr. -1-3). 16.99 *(978-0-8075-1271-5(0)*, 807512710) Whitman, Albert & Co.

Closed Balcony (Classic Reprint) Anne Gardner Hale. 2018. (ENG., Illus.). 378p. (J). 31.69 *(978-0-267-22283-4(1))* Forgotten Bks.

Closed Book: Concerning the Secret of the Borgias (Classic Reprint) William Le Queux. 2018. (ENG., Illus.). 356p. (J). 31.24 *(978-0-484-68557-3(0))* Forgotten Bks.

Closed Doors: Studies of Deaf & Blind Children (Classic Reprint) Margaret Prescott Montague. (ENG., Illus.). (J). 2018. 196p. 27.96 *(978-0-364-73325-7(X))*; 2017. pap. 10.57 *(978-0-243-41199-3(5))* Forgotten Bks.

Closer. Cal Ripken Jr. 2017. (Cal Ripken Jr.'s All Stars Ser.: 6). (ENG.). 208p. (J). (gr. 3-7). pap. 6.99 *(978-1-4847-2788-1(6))* Hyperion Bks. for Children.

Closer - Teen Bible Study: How to Be a Student Who Makes Disciples. Robby Gallaty. 2017. (ENG.). (YA). (gr. 7-12). pap. 11.99 *(978-1-4627-4884-6(8))* Lifeway Christian Resources.

Closer Look at Living Things. (Closer Look at Living Things Ser.). (ENG.). (J). 2017. 198.00 *(978-1-5345-2115-5(1))*; 2016. 24p. (gr. 2-2). lib. bdg. 104.92 *(978-1-5345-2113-1(5)*, 0897e078-8f5c-4eb5-ad84-09541055a07e) Greenhaven Publishing LLC. (KidHaven Publishing).

Closer Look at Living Things (Set) 2017. (Closer Look at Living Things Ser.). (ENG.). (J). pap. 33.00 *(978-1-5345-2116-2(X)*, KidHaven Publishing) Greenhaven Publishing LLC.

Closer Look at Silicon - Chemistry Book for Elementary Children's Chemistry Books. Baby Professor. 2017. (ENG., Illus.). (YA). pap. 8.79 *(978-1-5419-1372-1(8)*, Baby Professor (Education Kids)) Speedy Publishing LLC.

Closer Look at the Law of Supply & Demand Economic System Supply & Demand Book Grade 5 Economics. Biz Hub. 2022. (ENG.). 74p. (J). 31.99 ***(978-1-5419-8616-9(4))***; pap. 20.99 ***(978-1-5419-6090-9(4))*** Speedy Publishing LLC. (Biz Hub (Business & Investing)).

Closer Than Expected: The Jack Sampson Mysteries. Henry Cline. 2022. (Jack Sampson Mysteries Ser.: 3). (ENG.). 180p. (YA). pap. 14.99 *(978-1-990066-12-2(7))* Sands Pr. CAN. Dist: Independent Pubs. Group.

Closer to Nowhere. Ellen Hopkins. (ENG.). (J). (gr. 5). 2021. 448p. 9.99 *(978-0-593-10863-5(9))*; 2020. 416p. 17.99 *(978-0-593-10861-1(2))* Penguin Young Readers Group. (G.P. Putnam's Sons Books for Young Readers).

Closest I've Come. Fred Aceves. (ENG.). (YA). (gr. 9). 2020. 336p. pap. 11.99 *(978-0-06-248854-1(6))*; 2017. 320p. 17.99 *(978-0-06-248853-4(8))* HarperCollins Pubs. (HarperTeen).

Closet Ghosts, 1 vol. Uma Krishnaswami. Illus. by Shiraaz Bhabha. 2022. (ENG.). 32p. (J). (gr. 1-3). pap. 11.95 *(978-0-89239-467-8(6)*, leelowcbp, Children's Book Press) Lee & Low Bks., Inc.

Closet Monster. Trevor Murray. 2017. (ENG., Illus.). (J). (gr. -1-3). pap. 8.95 *(978-1-64133-104-3(6))* MainSpringBks.

Closet Police. Garrett Raymond. Illus. by Savannah Horton. 2020. (ENG.). 58p. (J). pap. 17.99 *(978-1-952011-29-0(9))* Pen It Pubns.

Closet Space. Kathy Lang. Illus. by Sue Lynn Cotton. 2022. (ENG.). 26p. (J). 22.95 *(978-1-61493-806-4(7))*; pap. 14.95 *(978-1-61493-803-3(2))* Peppertree Pr., The.

Closet Tears. Greg Maxton. Ed. by Ellen Keeble. 2020. (ENG.). 138p. (J). pap. *(978-0-9919891-5-7(5))* LoGreco, Bruno.

Closing Day at Beanville School (Classic Reprint) Willis N. Bugbee. (ENG., Illus.). (J). 2018. 20p. 24.33 *(978-0-267-61573-5(6))*; 2016. pap. 7.97 *(978-1-334-11731-2(4))* Forgotten Bks.

Closing Day Entertainments (Classic Reprint) Joseph Charles Sindelar. (ENG., Illus.). (J). 2018. 134p. 26.66 *(978-0-365-52322-2(4))*; 2017. pap. 9.57 *(978-0-259-40156-8(0))* Forgotten Bks.

Closing Doors. Heidi Louise Williams. 2021. (Leaf's Key Ser.: Vol. 4). (ENG.). 324p. (YA). pap. 13.36 *(978-1-64970-946-2(3))* Primedia eLaunch LLC.

Closing down Heaven, 1 vol. Lesley Choyce. 2016. (ENG., Illus.). 176p. (gr. 7-12). pap. 12.95 *(978-0-88995-543-1(3)*, 6f5cc81e-d905-4ce7-90fe-7c7a0cf039a2) Trifolium Bks., Inc. CAN. Dist: Firefly Bks., Ltd.

Closing Net (Classic Reprint) Henry Cottrell Rowland. 2018. (ENG., Illus.). 360p. (J). 31.32 *(978-0-666-98657-3(6))* Forgotten Bks.

Closing Scene. Thomas Buchanan Read. 2017. (ENG., Illus.). (J). pap. *(978-0-649-22374-9(8))* Trieste Publishing Pty Ltd.

Clotelle or the Colored Heroine; a Tale of the Southern States (Classic Reprint) William Wells Brown. 2018. (ENG., Illus.). 118p. (J). 26.33 *(978-0-483-72043-5(7))* Forgotten Bks.

Cloth. Andrea Rivera. 2017. (Materials Ser.). (ENG., Illus.). 24p. (J). (gr. -1-2). lib. bdg. 31.36 *(978-1-5321-2029-9(X)*, 25294, Abdo Zoom-Launch) ABDO Publishing Co.

Cloth: 5-Step Handicrafts for Kids, 8 vols. Anna Llimós & Anna Llimós. 2018. (5-Step Handicrafts for Kids Ser.: 2). (ENG., Illus.). 32p. (J). (gr. -1-3). 9.99 *(978-0-7643-5645-2(3)*, 9938) Schiffer Publishing, Ltd.

Cloth Lullaby: The Woven Life of Louise Bourgeois. Amy Novesky. Illus. by Isabelle Arsenault. 2016. (ENG.). 40p. (J). (gr. k-2). 19.99 *(978-1-4197-1881-6(9)*, 1097501) Abrams, Inc.

Clothes Around the World. Meg Gaertner. 2020. (Around the World Ser.). (ENG., Illus.). 24p. (J). (gr. k-1). pap. 8.95 *(978-1-64619-216-8(8)*, 1646192168); lib. bdg. 28.50 *(978-1-64619-182-6(X)*, 164619182X) Little Blue Hse. (Little Blue Readers).

Clothes Designer: Cut, Color, Make & Create! Nancy Lambert. Illus. by Diane Le Feyer. 2016. (My Fashion Studio Ser.). (ENG.). 144p. (J). (gr. 3). pap. 12.99 *(978-1-78445-642-9(X))* Top That! Publishing PLC GBR. Dist: Independent Pubs. Group.

Clothes Friends: Go to the Farm. Olga Beaman. Illus. by A. Tasha Goins. 2021. (Clothes Friends Adventures Ser.: Vol. 1). (ENG.). 36p. (J). pap. 14.99 *(978-1-6628-2156-1(5))* Salem Author Services.

Clothes Friends: Stretch the Truth. Olga Beaman. Illus. by A. Tasha Goins. 2022. (ENG.). 34p. (J). pap. 14.99 ***(978-1-6628-5060-8(3))*** Salem Author Services.

Clothes in Many Cultures. Heather Adamson. rev. ed. 2016. (Life Around the World Ser.). (ENG.). 24p. (J). (gr. -1-2). pap. 7.29 *(978-1-5157-4237-1(7)*, 133996, Capstone Pr.) Capstone.

Clothes We Wear. Ellen Lawrence. 2018. (About Our World Ser.). (ENG.). 24p. (J). lib. bdg. 22.99 *(978-1-5105-3550-3(0))* SmartBook Media, Inc.

Clothes We Wear (Classic Reprint) Frank George Carpenter. 2017. (ENG., Illus.). (J). 212p. 28.27 *(978-0-484-27478-4(3))*; pap. 10.97 *(978-0-282-57487-1(5))* Forgotten Bks.

Clothes/la Ropa. Sterling Sterling Children's. ed. 2016. (Say & Play Ser.). (ENG., Illus.). 28p. (J). (— 1). bds. 4.95 *(978-1-4549-1997-1(3))* Sterling Publishing Co., Inc.

Clothesline. Orbie. Tr. by Karen Li from FRE. 2019. (ENG., Illus.). 64p. (J). (gr. k-4). 16.95 *(978-1-77147-390-3(8))* Owlkids Bks. Inc. CAN. Dist: Publishers Group West (PGW).

Clothesline Clues to the First Day of School. Kathryn Heling & Deborah Hembrook. Illus. by Andy Robert Davies. 2019. 40p. (J). (gr. -1-2). pap. 7.99 *(978-1-58089-579-8(4))* Charlesbridge Publishing, Inc.

Clothesline Clues to the First Day of School. Kathryn Hembrook et al. ed. 2020. (Clothesline Clues Pic Bks). (ENG.). 33p. (J). (gr. k-1). 18.96 *(978-0-87617-279-7(6))* Penworthy Co., LLC, The.

Clothesline Code: The Story of Civil War Spies Lucy Ann & Dabney Walker. Janet Halfmann. Illus. by Trisha Mason. 2021. (ENG.). 36p. (J). (gr. 1-6). 22.95 *(978-1-951565-57-2(6))*; pap. 13.95 *(978-1-951565-58-9(4))* Brandylane Pubs., Inc.

Clothespin Cousins & the Hoppy Bunnies. Wendy Waibel. 2020. (ENG., Illus.). 39p. (J). pap. *(978-1-716-80175-4(3))* Lulu Pr., Inc.

Clothespin Cousins & the Shy Squirrel. Wendy Waibel. 2020. (ENG., Illus.). 39p. (J). pap. *(978-1-716-43830-1(6))* Lulu Pr., Inc.

Clothing. Wendy Hinote Lanier. 2018. (Illus.). 32p. (J). pap. *(978-1-4896-9703-5(9)*, AV2 by Weigl) Weigl Pubs., Inc.

Clothing & Fashion. Amy Sterling Casil. 2019. (World Art Tour Ser.). (Illus.). 96p. (J). (gr. 12). lib. bdg. 34.60 *(978-1-4222-4285-8(4))* Mason Crest.

Clothing Around the World. Mary Meinking. 2020. (Customs Around the World Ser.). (ENG.). 32p. (J). (gr. 1-3). pap. 7.95 *(978-1-9771-2670-2(7)*, 201704); (Illus.). lib. bdg. 29.32 *(978-1-9771-2370-1(8)*, 200380) Capstone. (Pebble).

Clothing Around the World, 1 vol. Charles Murphy. 2016. (Adventures in Culture Ser.). (ENG., Illus.). 24p. (J). (gr. 1-2). pap. 9.15 *(978-1-4824-5579-3(X)*, 67b3677f-f9da-41a5-a64a-05e7279a2a9a) Stevens, Gareth Publishing LLLP.

Clothing Eco Activities. Louise Nelson. 2021. (Eco Activities Ser.). (ENG., Illus.). 24p. (J). (gr. 1-4). pap. *(978-1-4271-2864-5(2)*, 10689); lib. bdg. *(978-1-4271-2860-7(X)*, 10684) Crabtree Publishing Co. (Crabtree Classics).

Clothing Inspired by Nature. Wendy Hinote Lanier. 2018. (Technology Inspired by Nature Ser.). (ENG., Illus.). 32p. (J). (gr. 3-5). pap. 9.95 *(978-1-64185-041-4(8)*, 1641850418); lib. bdg. 31.35 *(978-1-63517-939-2(4)*, 1635179394) North Star Editions. (Focus Readers).

Clothing Inspired by Nature Margeaux Weston. 2019. (Inspired by Nature Ser.). (ENG., Illus.). 24p. (J). (gr. 1-3). pap. 7.95 *(978-1-9771-1007-7(X)*, 140950); lib. bdg. 25.99 *(978-1-9771-0837-1(7)*, 140458) Capstone. (Pebble).

Clothing Series, 6 bks. Helen Whitty. Incl. Accessories & Adornment. 22.95 *(978-0-7910-6573-0(1)*, P113537); Underwear. 22.95 *(978-0-7910-6575-4(8)*, P113539); (gr. 4-6). 2001. (Clothing Ser.). (Illus.). 32p. 2005. 114.75 *(978-0-7910-6571-6(5)*, 010400S, Facts On File) Infobase Holdings, Inc.

Clotho the Fate. Joan Holub & Suzanne Williams. 2019. (Goddess Girls Ser.: 25). (ENG.). 272p. (J). (gr. 3-7). 17.99 *(978-1-4814-7024-7(8))*; pap. 7.99 *(978-1-4814-7023-0(X))* Simon & Schuster Children's Publishing. (Aladdin).

Cloud. Whitney L. Anderson. 2021. (ENG.). 24p. (J). pap. 14.50 *(978-1-6678-0134-6(1))* BookBaby.

Cloud. A. Delly Thomas. Illus. by Hatice Bayramoglu. 2021. (Lessons in Rhyme Ser.). (ENG.). 30p. (J). pap. 11.98 *(978-1-7369083-1-0(6))* Krown Up.

Cloud: Wild Stallion of the Rockies, Revised & Updated. Ginger Kathrens. 2017. (ENG., Illus.). 160p. (J). pap. 19.99 *(978-1-62008-242-3(X)*, 2423, CompanionHouse Bks.) Fox Chapel Publishing Co., Inc.

Cloud 8x8. Hannah Cumming. Illus. by Hannah Cumming. 2023. (Child's Play Mini-Library). (ENG., Illus.). 32p. (J). (gr. 1-2). *(978-1-78628-417-4(0))* Child's Play International Ltd.

Cloud & Silver (Classic Reprint) E. V. Lucas. 2018. (ENG., Illus.). 192p. (J). 27.86 *(978-0-428-75544-7(5))* Forgotten Bks.

Cloud & Sunshine: Noir et Rose; Two Love Stories (Classic Reprint) Georges Ohnet. 2018. (ENG., Illus.). 254p. (J). 29.14 *(978-0-483-53256-4(8))* Forgotten Bks.

Cloud & Wallfish. Anne Nesbet. (ENG.). 400p. (J). (gr. 5-9). 2018. pap. 9.99 *(978-1-5362-0183-3(9))*; 2016. 16.99 *(978-0-7636-8803-5(7))* Candlewick Pr.

Cloud Babies. Eoin Colfer. Illus. by Chris Judge. 2023. (ENG.). 40p. (J). (gr. k-4). 18.99 *(978-1-5362-3107-6(X))* Candlewick Pr.

Cloud Boat Stories (Classic Reprint) Olive Roberts Barton. 2018. (ENG., Illus.). (J). 154p. 27.07 *(978-1-396-59278-2(4))*; 156p. pap. 9.57 *(978-1-391-59362-3(6))* Forgotten Bks.

Cloud Books: Over New Orleans. Carlton James. 2022. (ENG.). 28p. (J). pap. 15.95 ***(978-1-63903-755-1(1))*** Christian Faith Publishing.

Cloud Castle & Other Papers (Classic Reprint) Edward Thomas. 2017. (ENG., Illus.). (J). 28.17 *(978-0-331-92091-8(3))* Forgotten Bks.

Cloud Castle (Thea Stilton: Special Edition #4) A Geronimo Stilton Adventure. Thea Stilton. 2016. (ENG.). 320p. (J). (gr. -1-3). E-Book 3.99 *(978-0-545-83537-4(2)*, Scholastic Paperbacks) Scholastic, Inc.

Cloud Catcher. Frederick Mandell. Illus. by Rebecca Mandell. 2018. (ENG.). 28p. (J). 19.99 *(978-1-7323398-8-0(0))* Mindstir Media.

Cloud Chaser. Anne-Fleur Drillon. Illus. by Eric Puybaret. (ENG.). 32p. (J). (gr. k-5). 2019. pap. 9.99 *(978-1-78285-412-8(6))*; 2018. 17.99 *(978-1-78285-411-1(8))* Barefoot Bks., Inc.

Cloud Chaser. Anne-Fleur Drillon. ed. 2019. (ENG.). 32p. (J). (gr. k-2). 20.49 *(978-1-64310-833-9(6))* Penworthy Co., LLC, The.

Cloud Children. James Thurby. 2021. (ENG.). 90p. (J). pap. *(978-1-78963-177-7(7)*, Choir Pr., The) Action Publishing Technology Ltd.

Cloud Cuckoo. R. E. Palmer. 2017. (ENG., Illus.). 282p. (J). pap. *(978-0-9562593-7-0(5))* FrontRunner Pubns.

Cloud Dream of the Nine: A Korean Novel; a Story of the Times of the Tangs of China about 840 A. d (Classic Reprint) Kim Man-Choong. 2017. (ENG., Illus.). (J). 31.86 *(978-0-331-38106-1(0))* Forgotten Bks.

Cloud Fine! Andrea Zame. 2018. (ENG., Illus.). 24p. (J). pap. *(978-0-2288-1037-7(X))* Tellwell Talent.

Cloud Gazing with Grandma. Cindy Meulemans. 2021. (ENG., Illus.). 30p. (J). pap. 14.95 *(978-1-63844-259-2(2))* Christian Faith Publishing.

Cloud Kingdom, 7. Katrina Charman. ed. 2020. (Branches Early Ch Bks). (ENG., Illus.). 88p. (J). (gr. 2-3). 15.96 *(978-1-64697-474-0(3))* Penworthy Co., LLC, The.

Cloud Kingdom: a Branches Book (the Last Firehawk #7) Katrina Charman. Illus. by Judit Tondora. 2019. (Last Firehawk Ser.: 7). (ENG.). 96p. (J). (gr. 1-3). pap. 5.99 *(978-1-338-30717-7(5))* Scholastic, Inc.

Cloud Kingdom: a Branches Book (the Last Firehawk #7) (Library Edition), Vol. 7. Katrina Charman. Illus. by Judit Tondora. 2019. (Last Firehawk Ser.: 7). (ENG.). 96p. (J). (gr. 1-3). 24.99 *(978-1-338-30718-4(5))* Scholastic, Inc.

Cloud Maker. JOB. 2023. (Yakari Ser.: 20). (Illus.). 48p. (J). (gr. 1). pap. 11.95 *(978-1-80044-074-6(X))* CineBook GBR. Dist: National Bk. Network.

Cloud Mountain. Kathi Linz. 2019. (ENG., Illus.). 64p. (J). pap. 16.99 *(978-1-951263-82-9(0))* Pen It Pubns.

Cloud Named Joleen. Adrian Hawaleshka. 2018. (ENG., Illus.). 28p. (J). *(978-1-5255-1102-8(5))*; pap. *(978-1-5255-1103-5(3))* FriesenPress.

Cloud of Ancestral Witnesses. Brenda Calhoun. 2018. (ENG., Illus.). 38p. (J). (gr. 2-6). 25.00 *(978-1-61286-348-1(5))*; (gr. k-6). pap. 17.99 *(978-1-61286-342-9(6))* Avid Readers Publishing Group.

Cloud of Outrageous Blue. Vesper Stamper. 2020. (Illus.). 320p. (YA). (gr. 7). 19.99 *(978-1-5247-0041-6(X))*; (ENG., lib. bdg. 22.99 *(978-1-5247-0042-3(8))* Random Hse. Children's Bks. (Knopf Bks. for Young Readers).

Cloud of Witnesses. Jane Hertenstein. 2018. (ENG., Illus.). 232p. (J). (gr. 7-9). pap. 8.99 *(978-1-7320276-2-6(5))* Golden Alley Pr.

Cloud People. M. Samuel Golden. 2022. (ENG.). 294p. (YA). 31.95 *(978-1-68498-160-1(3))*; pap. 20.95 *(978-1-63692-418-2(2))* Newman Springs Publishing, Inc.

Cloud Race. Melody Mews. Illus. by Ellen Stubbings. 2020. (Itty Bitty Princess Kitty Ser.: 5). (ENG.). 128p. (J). (gr. k-4). 17.99 *(978-1-5344-6641-8(X))*; pap. 6.99 *(978-1-5344-6640-1(1))* Little Simon. (Little Simon).

Cloud Searchers, 3. Kazu Kibuishi. ed. 2018. (Amulet Ser.). (ENG.). 197p. (J). (gr. 4-5). 23.96 *(978-1-64310-257-3(5))* Penworthy Co., LLC, The.

Cloud Seekers. Mj Walker. 2017. (ENG., Illus.). (YA). (gr. 7-12). pap. *(978-1-910041-03-1(3))* Nobella.

Cloud Story: A Bedtime Meditation for Children. Elliot A. Herland. Illus. by Kaitlyn J. Marquardt. 2023. (ENG.). 32p. (J). 21.95 ***(978-1-63765-304-3(2))***; pap. 13.95 ***(978-1-63765-305-0(0))*** Halo Publishing International.

Cloud That Fell to Earth. James a Craker. Ed. by Jennifer Lane. Illus. by James a Craker. 2016. (ENG., Illus.). (J). pap. *(978-0-9956795-0-4(9))* Kixel Publishing.

Cloud That Fell to Earth. James a Craker. Ed. by Jennifer Lane. 2016. (ENG., Illus.). (J). pap. *(978-0-9956795-1-1(7))* Kixel Publishing.

Cloud Town. Daniel McCloskey. Illus. by Daniel McCloskey. 2022. (ENG., Illus.). 224p. (J). (gr. 5-9). 24.99 *(978-1-4197-5311-4(8)*, 1282901, Amulet Bks.) Abrams, Inc.

Cloud Town. Daniel McCloskey. 2022. (ENG., Illus.). 224p. (J). (gr. 5-9). pap. 14.99 *(978-1-4197-4964-3(1)*, 1282903) Abrams, Inc.

Cloud Warrior. Erin Fanning. 2017. (Monarch Jungle Ser.). (ENG.). 92p. (YA). (gr. 9-12). pap. 10.95

TITLE INDEX CLUE MAD LIBS

(978-1-68021-476-5(4)) Saddleback Educational Publishing, Inc.

Cloud Warrior. Erin Fanning. ed. 2018. (Monarch Jungle Ser.). lib. bdg. 19.60 (978-0-606-41258-2(1)) Turtleback.

Cloud Who Found Friends. Heidi Leatherby. 2020. (ENG.). 31p. (J). (978-1-716-47945-8(2)) Lulu Pr., Inc.

Cloud with the Silver Lining (Classic Reprint) Henry S. Mackarness. 2017. (ENG., Illus.). (J). 25.42 (978-0-331-81662-4(8)); pap. 9.57 (978-0-259-18311-2(3)) Forgotten Bks.

Cloudgirl. Sahag Gureghian. Illus. by Annie Morcos. 2016. (ENG.). (J). (gr. k-5). 29.99 (978-0-9980763-0-0(9)); pap. 14.99 (978-0-9980763-2-4(5)) Little Hat Bks.

Cloudgirl & the Rainbow Rescue. Sahag Gureghian. 2017. (Cloudgirl Ser.: Vol. 2). (ENG., Illus.). (J). (gr. k-6). pap. 12.95 (978-0-9980763-3-1(3)) Little Hat Bks.

Clouds. Robert K. Cardwell. 2018. (ENG., Illus.). 50p. (J). (gr. k-6). pap. 14.90 (978-1-7323433-1-3(4)) Cardwell, Robert K.

Clouds. Kirsten Chang. 2022. (Weather Forecast Ser.). (ENG., Illus.). 24p. (J). (gr. k-3). pap. 7.99 (978-1-64834-865-5(3), 21719, Blastoff! Readers) Bellwether Media.

Clouds. Grace Hansen. 2016. (Weather Ser.). (ENG., Illus.). 24p. (J). (gr. -1-2). pap. 7.95 (978-1-4966-1042-3(3), 134947, Capstone Classroom) Capstone.

Clouds. Precious McKenzie. 2017. (Mother Nature Ser.). (ENG.). 24p. (gr. k-2). pap. 9.95 (978-1-68342-416-1(6), 9781683424161) Rourke Educational Media.

Clouds. Mary Meinking. 2018. (Weather Watch Ser.). (ENG., Illus.). 24p. (J). (gr. 1-1). pap. 8.95 (978-1-63517-840-1(1), 1635178401) North Star Editions.

Clouds. Mary Meinking. 2018. (Weather Watch Ser.). (ENG., Illus.). 24p. (J). (gr. k-3). lib. bdg. 31.36 (978-1-5321-6052-3(6), 28736, Pop! Cody Koala) Pop!.

Clouds. Hassan Rasheed. 2023. (ENG.). 72p. (J). pap. 11.84 (978-1-312-50375-5(0)) Lulu Pr., Inc.

Clouds. Anna M. Rogers-Artis. 2021. (ENG., Illus.). 24p. (J). pap. 13.95 (978-1-64654-237-6(1)) Fulton Bks.

Clouds: Discover This Children's Earth Science Book with Facts! Bold Kids. 2022. (ENG.). 42p. (J). pap. 14.99 (978-1-0717-0926-9(7)) FASTLANE LLC.

Clouds: Life's Big & Little Moments. Angie Simpson & Alli Simpson. Illus. by Lucy Fleming. 2020. (ENG.). 32p. (J). (gr. -1-3). 18.99 (978-1-5344-3953-5(6), Aladdin) Simon & Schuster Children's Publishing.

Clouds above Lamasol Island. Alex Goubar. Illus. by Alex Goubar. 2020. (ENG.). 34p. (J). pap. (978-1-989506-18-9(6)) Pandamonium Publishing Hse.

Clouds & Precipitation, 1 vol. Elizabeth Krajnik. 2018. (Spotlight on Weather & Natural Disasters Ser.). (ENG.). 24p. (gr. 4-6). 27.93 (978-1-5081-6886-7(5), 1c1c38a9-e9f6-484e-9104-c5b221ce6723, PowerKids Pr.) Rosen Publishing Group, Inc., The.

Clouds & Sunshine, and, Art: A Dramatic Tale (Classic Reprint) Charles Reade. (ENG., Illus.). (J). 2018. 276p. 29.59 (978-0-365-34599-2(7)); 2016. pap. 13.57 (978-1-334-58918-8(6)) Forgotten Bks.

Clouds Big Time Out. Rose O'Day Ponder. 2017. (ENG.). 38p. (J). pap. 12.00 (978-0-692-88996-1(5)) Ponder Rose-A, The.

Clouds Dance. Lynda Taylor. 2019. (ENG.). 274p. (YA). pap. (978-1-78723-416-1(9)) CompletelyNovel.com.

Clouds of Aristophanes: Adapted for Performance by the Oxford University Dramatic Society, 1905 (Classic Reprint) Aristophanes. (ENG., Illus.). (J). 2018. 100p. 26.00 (978-0-484-76884-9(0)); 2016. pap. 9.57 (978-1-333-46360-1(X)) Forgotten Bks.

Clouds of Aristophanes: The Greek Text Revised with a Translation into Corresponding Metres, Introduction & Commentary (Classic Reprint) Aristophanes. 2018. (ENG., Illus.). (J). 26.97 (978-0-260-28128-9(X)) Forgotten Bks.

Clouds of Aristophanes: With Introduction, English Prose Translation, Critical Notes & Commentary, Including a New Transcript of the Scholia in the Codex Venetus Marcianus 474 (Classic Reprint) Aristophanes. 2017. (ENG., Illus.). (J). pap. 16.57 (978-0-282-37387-0(X)) Forgotten Bks.

Clouds of Phoenix: A Novel of the Gayan Alliance. Michele Laframboise. 2018. (ENG.). 216p. (J). pap. (978-1-988339-52-8(9)) Echofictions.

Clouds on the Ground-The Discovery. Donald Gainey. 2019. (ENG., Illus.). 24p. (J). pap. 12.50 (978-1-64096-984-1(5)) Newman Springs Publishing, Inc.

Clouds over California. Karyn Parsons. 2023. (ENG.). 320p. (J). (gr. 3-7). 16.99 (978-0-316-48407-7(5)) Little, Brown Bks. for Young Readers.

Clouds That Pass (Classic Reprint) E. Gertrude Hart. (ENG., Illus.). (J). 2018. 348p. 31.07 (978-0-365-33004-2(3)); 2017. pap. 13.57 (978-1-5276-5382-5(X)) Forgotten Bks.

Clouds, Vol. 6: A Play in Three Acts (Classic Reprint) Jaroslav Kvapil. 2018. (ENG., Illus.). 80p. (J). 25.55 (978-0-332-42846-8(X)) Forgotten Bks.

Cloudscape: Charlie's Story. J. N. Courtney. 2019. (Cloudscape Ser.: Vol. 2). (ENG.). 146p. (J). pap. 8.99 (978-0-9967059-6-7(1)) J.N. Courtney Pubns.

Cloudscape: Matilda's Story. Jn Courtney. 2019. (Cloudscape Ser.: Vol. 1). (ENG.). 190p. (J). pap. 8.99 (978-0-9967059-5-0(3)) J.N. Courtney Pubns.

Cloudscape Book 2: Charlie's Story. J. N. Courtney. 2018. (ENG.). 146p. (J). pap. 8.99 (978-0-9967059-4-3(5)) J.N. Courtney Pubns.

Cloudy. Alice K. Flanagan. 2019. (Eye on the Sky Ser.). (ENG.). 24p. (J). (gr. -1-2). lib. bdg. 32.79 (978-1-5038-2786-8(0), 212593) Child's World, Inc, The.

Cloudy. Stephanie Ann Navarro. 2019. (ENG., Illus.). 20p. (J). pap. 6.99 (978-1-0878-2066-8(9)) Indy Pub.

Cloudy, Gloomy Beach. Janice Taylor. Illus. by Leslie Weaver. 2021. (ENG.). 26p. (J). 19.99 (978-1-63984-038-0(9)) Pen It Pubns.

Cloudy Jewel (Classic Reprint) Grace Livingston Hill. (ENG., Illus.). (J). 2018. 358p. 31.30 (978-0-364-69644-6(3)); 2017. pap. 13.97 (978-0-243-32816-1(8)) Forgotten Bks.

Cloudy Skies. Rachel Cook. 2020. (ENG., Illus.). 28p. (J). pap. (978-1-5289-9718-8(2)) Austin Macauley Pubs. Ltd.

Cloudy Weather: A Romance of Fenian Days (Classic Reprint) Elizabeth Angela Henry. (ENG., Illus.). (J). 2018. 132p. 26.64 (978-0-428-65530-3(0)); 2016. pap. 9.57 (978-1-333-32677-7(1)) Forgotten Bks.

Clova the Cow & Her Field of Friends. Anne Bullen. 2023. (ENG.). 44p. (J). (978-1-80381-053-9(X)) Grosvenor Hse. Publishing Ltd.

Cloven Foot: A Novel (Classic Reprint) Mary Elizabeth Braddon. 2017. (ENG., Illus.). (J). 31.20 (978-0-266-38162-4(6)) Forgotten Bks.

Cloven Foot, an Adaptation of the English Novel, the Mystery of Edwin Drood, (Z11: By Charles Dickens to American Scenes, & Customs & Nomenclature (Classic Reprint) Orpheus C. Kerr. 2017. (ENG., Illus.). 290p. (J). 29.88 (978-0-266-89392-9(9)) Forgotten Bks.

Cloven Foot, Vol. 1 Of 3: A Novel (Classic Reprint) Mary Elizabeth Braddon. (ENG., Illus.). (J). 2018. 324p. 30.60 (978-0-483-75426-3(9)); 2017. pap. 13.57 (978-0-243-25684-6(1)) Forgotten Bks.

Cloven Foot, Vol. 2 Of 3: A Novel (Classic Reprint) M. E. Braddon. 2018. (ENG., Illus.). 312p. (J). 30.33 (978-0-267-17544-4(2)) Forgotten Bks.

Cloven Foot, Vol. 3: A Novel (Classic Reprint) M. E. Braddon. 2017. (ENG., Illus.). (J). 30.00 (978-0-260-19135-9(3)) Forgotten Bks.

Clover. Susan Coolidge. 2018. (ENG., Illus.). 148p. (YA). (gr. 7-12). pap. (978-93-5329-240-9(9)) Alpha Editions.

Clover. Susan Coolidge. 2017. (ENG., Illus.). (J). 23.95 (978-1-374-96593-5(6)) Capital Communications, Inc.

Clover. Nadine Robert. Illus. by Qin Leng. 2022. (ENG.). 64p. (J). (gr. k-4). 19.99 (978-1-990252-14-3(1)) Milky Way Picture Bks. CAN. Dist: Abrams, Inc.

Clover & Blue Grass (Classic Reprint) Eliza Calvert Hall. (ENG., Illus.). (J). 2018. 252p. 29.11 (978-0-483-79125-1(3)); 2016. pap. 11.57 (978-1-334-12727-4(1)) Forgotten Bks.

CLOVER & in the HIGH VALLEY (Clover Carr Chronicles) - Illustrated: Children's Classics Series - the Wonderful Adventures of Katy Carr's Younger Sister in Colorado (Including the Story Curly Locks) Susan Coolidge & Jessie McDermot. 2019. (ENG.). 182p. (J). pap. (978-80-273-3139-0(0)) E-Artnow.

CLOVER (Children's Classics Series) The Wonderful Adventures of Katy Carr's Sister in Colorado. Susan Coolidge & Jessie McDermot. 2019. (ENG.). 92p. (J). pap. (978-80-273-3137-6(4)) E-Artnow.

Clover (Classic Reprint) Susan Coolidge. 2018. (ENG., Illus.). 328p. (J). 30.66 (978-0-267-97548-8(1)) Forgotten Bks.

Clover Cottage: Or, I Can't Get in; a Novelette (Classic Reprint) M. W. Savage. 2018. (ENG., Illus.). 170p. (J). 27.42 (978-0-483-91314-1(6)) Forgotten Bks.

Clover Curse. Poppy Green. Illus. by Jennifer A. Bell. 2016. (Adventures of Sophie Mouse Ser.: 7). (ENG.). 128p. (J). (gr. k-4). 17.99 (978-1-4814-5184-0(7), Little Simon) Little Simon.

Clover Curse. Poppy Green. Illus. by Jennifer A. Bell. 2017. (Adventures of Sophie Mouse Ser.). (ENG.). 128p. (J). (gr. k-4). lib. bdg. 31.36 (978-1-5321-4116-4(5), 26989, Chapter Bks.) Spotlight.

Clover Fields Fiasco: A 4D Book. Cari Meister. Illus. by Heather Burns. 2018. (Three Horses Ser.). (ENG.). 56p. (J). (gr. k-2). pap. 4.95 (978-1-5158-2951-5(0), 138498); lib. bdg. 23.99 (978-1-5158-2947-8(2), 138486) Capstone. (Picture Window Bks.).

Clover Kitty Goes to Kittygarten. Laura Purdie Salas. Illus. by Hiroe Nakata. 2020. (ENG.). 40p. (J). (gr. -1-1). 17.99 (978-1-5420-4246-8(1), 9781542042468, Two Lions) Amazon Publishing.

Clover Time. Disney Book Group et al. ed. 2016. (Sofia the First World of Reading Ser.). (Illus.). 32p. (J). lib. bdg. 13.55 (978-0-606-37534-4(1)) Turtleback.

Cloverly (Classic Reprint) Mary R. Higham. (ENG., Illus.). (J). 2018. 268p. 29.42 (978-0-483-47175-7(5)); 2016. pap. 11.97 (978-1-333-39200-0(1)) Forgotten Bks.

Clovernook, or Recollections of Our Neighborhood in the West: Second Series (Classic Reprint) Alice Carey. (ENG., Illus.). (J). 2017. 31.49 (978-0-266-40457-6(X)); 2016. pap. 13.97 (978-1-333-41563-1(X)) Forgotten Bks.

Clovernook, or Recollections of Our Neighborhood in the West (Classic Reprint) Alice Carey. (ENG., Illus.). (J). 2017. 31.42 (978-0-265-39454-0(6)); 2016. pap. 13.97 (978-1-333-25582-4(9)) Forgotten Bks.

Clover's Voice. Laura Pashayan. 2019. (ENG.). 24p. (J). (978-1-5255-4835-2(2)); pap. (978-1-5255-4836-9(0)) FriesenPress.

Clovis' Clutter. Patricia Bailey & Kim Sheehan. Illus. by Ugur Kose. 2023. (ENG.). 24p. (J). pap. (978-0-2288-9412-4(3)) Tellwell Talent.

Clovis Crawfish & the Feu Follet. Julie Fontenot Landry. Illus. by Eric Vincent. 2021. (Clovis Crawfish Ser.). (ENG.). 32p. (J). (gr. k-3). 17.99 (978-1-4556-2589-5(2), Pelican Publishing) Arcadia Publishing.

Clowbug. Tia Robinson. 2021. (ENG., Illus.). 30p. (J). 26.95 (978-1-6624-1652-1(0)) Page Publishing Inc.

Clown & the Clan. Matthew K. Manning. Illus. by Jon Sommariva. 2018. (Batman / Teenage Mutant Ninja Turtles Adventures Ser.). (ENG.). 32p. (J). (gr. 2-6). lib. bdg. 28.95 (978-1-4965-7382-7(X), 138940, Stone Arch Bks.) Capstone.

Clown Coloring Book. Blue Digital Media Group. 2020. (ENG.). 34p. (J). pap. 14.99 (978-1-952524-36-3(9)) Smith Show Media Group.

Clown Fish. Emma Bassier. 2019. (Ocean Animals Ser.). (ENG., Illus.). 24p. (J). (gr. 1-1). pap. 8.95 (978-1-64494-010-5(8), 1644940108) North Star Editions.

Clown Fish. Emma Bassier. 2019. (Ocean Animals (POP) Ser.). (ENG., Illus.). 24p. (J). (gr. k-3). lib. bdg. 31.36 (978-1-5321-6337-1(1), 31989, Pop! Cody Koala) Pop!.

Clown Fish. Mari Schuh. 2019. (Spot Ocean Animals Ser.). (ENG.). 16p. (J). (gr. -1-2). lib. bdg. (978-1-68151-630-1(6), 10762) Amicus.

Clown Fish. Leo Statts. 2016. (Ocean Animals Ser.). (ENG., Illus.). 24p. (J). (gr. -1-2). lib. bdg. 31.36 (978-1-68079-910-1(X), 24124, Abdo Zoom-Launch) ABDO Publishing Co.

Clown Fish. Piper Whelan. 2016. (J). (978-1-4896-5372-7(4)) Weigl Pubs., Inc.

Clown Fish. Carol K. Lindeen. rev. ed. 2016. (Under the Sea Ser.). (ENG.). 24p. (J). (gr. -1-2). pap. 7.29 (978-1-5157-5969-0(5), 134841, Capstone Pr.) Capstone.

Clown Fish: A First Look. Percy Leed. 2022. (Read about Ocean Animals (Read for a Better World (tm)) Ser.). (ENG., Illus.). 24p. (J). (gr. k-2). pap. 9.99 (978-1-7284-6414-5(5), 311e10b6-41da-4ab0-9da9-87771e5f1898, Lerner Pubns.) Lerner Publishing Group.

Clown Hour. Sherlyn Quiles. 2022. (ENG.). 56p. (J). pap. 17.99 (978-1-7376022-0-0(2)) Early Morning Cocktail.

Clown in a Cornfield. Adam Cesare. (ENG.). (YA). (gr. 9). 2021. 368p. pap. 15.99 (978-0-06-285460-5(7)); 2020. 352p. 17.99 (978-0-06-285459-9(3)) HarperCollins Pubs. (HarperTeen).

Clown in a Cornfield 2: Frendo Lives. Adam Cesare. (ENG.). 416p. (YA). (gr. 9). 2022. 18.99 (978-0-06-309691-2(9)); Vol. 2. 2023. pap. 15.99 (978-0-06-309692-9(7)) HarperCollins Pubs. (HarperTeen).

Clown of God. Tomie dePaola. Illus. by Tomie dePaola. (ENG., Illus.). 48p. (J). (gr. -1-3). 2019. 7.99 (978-1-5344-3012-9(1)); 2018. 18.99 (978-1-5344-1427-3(4)) Simon & Schuster Bks. For Young Readers. (Simon & Schuster Bks. For Young Readers).

Clown Prince of Cards. Michael Dahl. Illus. by Luciano Vecchio. 2016. (Batman Tales of the Batcave Ser.). (ENG.). 40p. (J). (gr. 4-8). lib. bdg. 24.65 (978-1-4965-4013-3(1), 133212, Stone Arch Bks.) Capstone.

Clown Said No. Mischa Damjan. Tr. by Anthea Bell. Illus. by Torben Kuhlmann. 2022. (ENG.). 32p. (J). (gr. -1-2). 17.95 (978-0-7358-4476-6(3)) North-South Bks., Inc.

Clown the Circus Dog (Classic Reprint) A. Vimar. 2018. (ENG., Illus.). 124p. (J). 26.47 (978-0-483-59979-6(4)) Forgotten Bks.

Clown Town. Mark Brandstetter. 2023. (ENG.). 42p. (YA). pap. (978-1-312-28069-4(7)) Lulu Pr., Inc.

Clownfish. Heather Kissock. 2017. (Illus.). 24p. (J). (978-1-5105-0578-0(4)) SmartBook Media, Inc.

Clownfish. Kara L. Laughlin. 2017. (In the Deep Blue Sea Ser.). (ENG.). 24p. (J). (gr. k-3). lib. bdg. 32.79 (978-1-5038-1684-8(2), 211518) Child's World, Inc, The.

Clownfish. Kate Riggs. 2017. (Seedlings Ser.). (ENG., Illus.). 24p. (J). (gr. -1-k). (978-1-60818-777-5(2), 20143, Creative Education) Creative Co., The.

Clownfish. Kari Schuetz. 2016. (Ocean Life up Close Ser.). (ENG., Illus.). 24p. (J). (gr. k-3). 26.95 (978-1-62617-414-6(8)); pap. 7.99 (978-1-61891-280-0(1), 12053) Bellwether Media. (Blastoff! Readers).

Clownfish. Lindsay Shaffer. 2020. (Animals of the Coral Reef Ser.). (ENG.). 24p. (J). (gr. k-3). lib. bdg. 26.95 (978-1-64487-131-7(9), Blastoff! Readers) Bellwether Media.

Clownfish Activity Workbook for Kids. Costanzo. 2021. (ENG.). 26p. (J). pap. 7.95 (978-1-0879-5693-0(5)) Adventures of Scuba Jack Pubs., The.

Clownfish & Anemones of the Coral Reef Coloring Book. Kreative Kids. 2016. (ENG., Illus.). (J). pap. 9.20 (978-1-68377-308-5(X)) Whike, Traudl.

Clownfish & Sea Anemones. Kevin Cunningham. 2016. (21st Century Junior Library: Better Together Ser.). (ENG., Illus.). 24p. (J). (gr. 2-5). 29.21 (978-1-63471-085-5(1), 208419) Cherry Lake Publishing.

Clownfish & Sea Anemones. Kari Schuetz. 2019. (Animal Tag Teams Ser.). (ENG., Illus.). 24p. (J). (gr. k-3). lib. bdg. 26.95 (978-1-62617-954-7(9), Blastoff! Readers) Bellwether Media.

Clowning All Around Town Coloring Book. Smarter Activity Books for Kids. 2016. (ENG., Illus.). (J). pap. 9.22 (978-1-68374-544-0(2)) Examined Solutions PTE. Ltd.

Clown's Clothes. Eszter Molnar. Illus. by Anita Bagdi. 2016. (ENG.). (J). pap. (978-1-5262-0423-3(1)) Cambrian Way Trust.

Clowns Courage: Undergraduate Rubrics in Part from the Magazine of the University (Classic Reprint) Patrick Scarlet. (ENG., Illus.). (J). 2018. 134p. 26.68 (978-0-483-19514-1(6)); 2016. pap. 9.57 (978-1-333-99733-5(7)) Forgotten Bks.

Clowns from Outer Space. Michael Dahl. Illus. by Patrycja Fabicka. 2020. (Boo Bks.). (ENG.). 32p. (J). (gr. k-2). lib. bdg. 21.32 (978-1-5158-7109-5(6), 199207, Picture Window Bks.) Capstone.

Club: An Assembly of Good Fellows (Classic Reprint) One of the Members. 2017. (ENG., Illus.). (J). 26.80 (978-0-266-22007-7(X)) Forgotten Bks.

Club at Crow's Corner (Classic Reprint) James Otis. 2018. (ENG., Illus.). 192p. (J). 27.86 (978-0-364-64513-0(X)) Forgotten Bks.

Club-Book: Being the Original Tales, by James, Picken, Galt, Power, Jerdan, Gower, Moir, Cunningham, Hogg, Ritchie, &C (Classic Reprint) Andrew Picken. (ENG., Illus.). (J). 2018. 540p. 35.05 (978-0-656-64809-2(0)); 2017. pap. 19.57 (978-0-259-24001-3(X)) Forgotten Bks.

Club Book, Vol. 1 Of 3: Being Original Tales, &C (Classic Reprint) Unknown Author. 2018. (ENG., Illus.). 328p. (J). 30.66 (978-0-483-67005-1(7)) Forgotten Bks.

Club-Book, Vol. 3 Of 3: Being Original Tales, &C. by Various Authors (Classic Reprint) Andrew Picken. 2018. (ENG., Illus.). 340p. (J). 30.91 (978-0-483-58346-7(4)) Forgotten Bks.

Club de Brujas. Mel Knarik & Ayelen Romano. 2021. (SPA.). 208p. (YA). (gr. 9-12). pap. 20.99 (978-607-8712-88-5(8)) V&R Editoras.

Club de Cómics de Supergatito: a Propósito (Cat Kid Comic Club: on Purpose) Dav Pilkey. Illus. by Dav Pilkey. 2023. (Club de Cómics de Supergatito Ser.). (SPA.). 224p. (J). (gr. 2). 12.99 (978-1-338-84922-6(0), Scholastic en Espanol) Scholastic, Inc.

Club de Cómics de Supergatito (Cat Kid Comic Club) Dav Pilkey. Illus. by Dav Pilkey. 2021. (Club de Cómics de Supergatito Ser.). (SPA.). 176p. (J). (gr. 2-2). 12.99 (978-1-338-74600-6(6), Scholastic en Espanol) Scholastic, Inc.

Club de Cómics de Supergatito: Colaboraciones (Cat Kid Comic Club: Collaborations) Dav Pilkey. Illus. by Dav Pilkey. 2023. (Club de Cómics de Supergatito Ser.). (SPA.). 224p. (J). (gr. 2). 12.99 (978-1-338-89682-4(2), Scholastic en Espanol) Scholastic, Inc.

Club de Cómics de Supergatito: Perspectivas (Cat Kid Comic Club: Perspectives) Dav Pilkey. Illus. by Dav Pilkey. 2022. (Club de Cómics de Supergatito Ser.). (SPA.). 224p. (J). (gr. 2). 12.99 (978-1-338-79823-4(5), Scholastic en Espanol) Scholastic, Inc.

Club de Las Baby-Sitters: ¡Buena Idea, Kristy! Raina Telgemeier. 2019. (SPA.). 192p. (J). (gr. 4-6). pap. 17.99 (978-84-17708-11-5(1)) Maeva, Ediciones, S.A. ESP. Dist: Lectorum Pubns., Inc.

Club de Las Baby-Sitters: El Talento de Claudia. Ann M. Martin. 2020. (SPA.). 184p. (J). (gr. 4-6). pap. 18.99 (978-84-17708-73-3(1)) Maeva, Ediciones, S.A. ESP. Dist: Lectorum Pubns., Inc.

Club de Las Baby-Sitters #8 a Logan le Gusta Mary Ann. Gale Galligan & Ann M. Martin. 2022. (SPA.). 176p. (J). (gr. 4-6). pap. 18.99 (978-84-19110-43-5(4)) Maeva, Ediciones, S.A. ESP. Dist: Lectorum Pubns., Inc.

Club de Las niñas Fantasma / the Ghost Girls Club. Alberto Chimal & Raquel Castro. Illus. by Samantha Martínez. 2021. (SPA.). 128p. (J). (gr. 3-5). pap. 12.95 (978-607-38-0262-8(5), Montena) Penguin Random House Grupo Editorial ESP. Dist: Penguin Random House LLC.

Club de Los Unicornios. Suzy Senior. 2020. (SPA.). 28p. (J). 16.95 (978-84-9145-266-9(4), Picarona Editorial) Ediciones Obelisco ESP. Dist: Spanish Pubs., LLC.

Club Drugs. Cordelia T. Hawkins. 2018. (Drugs in Real Life Ser.). (ENG., Illus.). 112p. (J). (gr. 6-12). lib. bdg. 41.36 (978-1-5321-1413-7(3), 28808, Essential Library) ABDO Publishing Co.

Club Kick Out!: into the Ring. Steph Mided. Illus. by Steph Mided. 2023. (Club Kick Out Ser.: 1). (ENG., Illus.). 224p. (J). (gr. 3-7). 24.99 (978-0-06-311646-7(4)); pap. 15.99 (978-0-06-311645-0(6)) HarperCollins Pubs. (HarperAlley).

Club Life in Moominvalley. Tove Jansson. 2016. (Moomin Ser.). (ENG., Illus.). 40p. pap. 9.95 (978-1-77046-243-4(0), 900162011) Drawn & Quarterly Pubns. CAN. Dist: Macmillan.

Club ¡lo Que Sea! La Complicada Vida de Claudia Cristina Cortez. Diana G. Gallagher. Tr. by Aparicio Publishing Aparicio Publishing LLC. Illus. by Brann Garvey. 2020. (Claudia Cristina Cortez en Español Ser.). (SPA.). 88p. (J). (gr. 4-8). pap. 6.95 (978-1-4965-9967-4(5), 201660); lib. bdg. 27.32 (978-1-4965-9805-9(9), 200691) Capstone. (Stone Arch Bks.).

Club of Queer Trades (Classic Reprint) Unknown Author. 2018. (ENG., Illus.). 192p. (J). 27.86 (978-0-484-87485-4(3)) Forgotten Bks.

Club of Queer Trades (Classic Reprint) G. K. Chesterton. 2018. (ENG., Illus.). 294p. (J). 29.98 (978-0-666-65337-6(2)) Forgotten Bks.

Club Sanando Corazones: Historias y Actividades. Harriet Hill et al. 2016. (SPA., Illus.). (J). pap. 3.99 (978-1-941448-37-3(2)) American Bible Society.

Club Stories, Washington State Federation of Women's Clubs (Classic Reprint) Washington State Federation Of Wo Clubs. 2018. (ENG., Illus.). 98p. (J). 25.92 (978-0-332-43127-7(4)) Forgotten Bks.

Club Zoe, 1 vol. Elizabeth Gordon. 2021. (Club Ser.). (ENG.). 88p. (J). (gr. 2-3). 24.55 (978-1-5383-8242-4(3), 9d648770-8c29-4b48-8d9e-e30e70a973cc); pap. 14.85 (978-1-5383-8241-7(5), e691fe56-cc7a-414a-876a-80845b8c4de1) Enslow Publishing, LLC. (West 44 Bks.).

Clubhouse. Vincent Mirante. 2021. (ENG., Illus.). 40p. (J). pap. 15.95 (978-1-6624-2734-3(4)) Page Publishing Inc.

Clubhouse: Open the Door to Limitless Adventure. Nathan Clarkson & Joy Clarkson. 2021. (ENG., Illus.). 32p. (J). (gr. -1-2). 16.99 (978-0-7369-8249-8(3), 6982498) Harvest Hse. Pubs.

Clubhouse Mystery. Erika McGann. Illus. by Vince Reid. 2017. (Cass & the Bubble Street Gang Ser.: 1). (ENG.). 160p. pap. 13.00 (978-1-84717-920-3(7)) O'Brien Pr., Ltd., The IRL. Dist: Casemate Pubs. & Bk. Distributors, LLC.

Cluck: One Fowl Finds Out What's Truly Foul. Cheryl Moss. Illus. by Irene Blasco. 2022. 64p. (J). (978-1-59056-678-7(5)) Lantern Publishing & Media.

Cluck, Cluck, Cluck ... Splash! Donald W. Kruse. 2017. (ENG., Illus.). (J). (gr. k-5). pap. 14.95 (978-0-9981972-9-6(7)) Zaccheus Entertainment Co.

Cluckenstein: The Halloween Chicken. Gr Saunders. 2017. (ENG., Illus.). (J). (gr. k-6). pap. 10.50 (978-1-946882-05-9(4), Bratcher Publishing) Write Place.

Clucky & the Stars. Mar Pavon. Tr. by Jon Brokenbrow. Illus. by Mónica Carretero. 2021. (Clucky Ser.). (ENG.). 24p. (J). (gr. k-3). 16.95 (978-84-18302-02-2(X)) Cuento de Luz SL ESP. Dist: Publishers Group West (PGW).

Clucky Day! (Netflix: Go, Dog. Go!) Golden Books. Illus. by Golden Books. 2022. (Illus.). 22p. (J). (gr. -1-2). 7.99 (978-0-593-30464-8(0), Golden Bks.) Random Hse. Children's Bks.

Clue. Carolyn Wells. 2022. (ENG.). 164p. (J). 19.95 (978-1-63637-839-8(0)); pap. 10.95 (978-1-63637-838-1(2)) Bibliotech Pr.

Clue by Clue. Catherine Hapka, pseud. 2019. (Carmen Sandiego Ser.). (ENG., Illus.). 144p. (J). (gr. 5-7). 12.99 (978-1-328-55308-9(6), 1725090, Clarion Bks.) HarperCollins Pubs.

Clue in the Painted Pattern: Solving Mysteries Through Science, Technology, Engineering, Art & Math. Ken Bowser. Illus. by Ken Bowser. 2020. (Jesse Steam Mysteries Ser.). (ENG., Illus.). 64p. (J). (gr. 2-5). pap. 8.99 (978-1-63440-952-0(3), 390e1db8-b37c-4651-b9f8-a576104ce708) Red Chair Pr.

Clue in the Papyrus Scroll. Illus. by Anthony VanArsdale. 2017. (Boxcar Children Great Adventure Ser.: 2). (ENG.). 160p. (J). (gr. 2-5). 12.99 (978-0-8075-0698-1(2), 807506982); 6.99 (978-0-8075-0699-8(0), 807506990) Random Hse. Children's Bks. (Random Hse. Bks. for Young Readers).

Clue in the Papyrus Scroll. Gertrude Chandler Warner. ed. 2017. (Boxcar Children Great Adventure Ser.: 2). (J). lib. bdg. 17.20 (978-0-606-40316-0(7)) Turtleback.

Clue Mad Libs: World's Greatest Word Game. Lindsay Seim. 2020. (Mad Libs Ser.). (ENG.). 48p. (J). (gr. 3-7). pap.

C

For book reviews, descriptive annotations, tables of contents, cover images, author biographies & additional information, updated daily, subscribe to www.booksinprint.com 371

5.99 *(978-0-593-22208-9(3)*, Mad Libs) Penguin Young Readers Group.

Clue of the Primrose Petal (Classic Reprint) Harvey Wickham. (ENG., Illus.). (J). 2018. 322p. 30.54 *(978-0-484-72771-6(0))*; 2017. pap. 13.57 *(978-1-334-92457-6(0))* Forgotten Bks.

Clueless: a Totally Classic Picture Book. Amy Heckerling. Illus. by Heather Burns. 2020. (ENG.). 32p. (J). (gr. -1-3). 17.99 *(978-0-7624-7058-7(5)*, Running Pr. Kids) Running Pr.

Clueless in the Kitchen: Cooking for Beginners. Evelyn Raab. 3rd enl. ed. 2017. (ENG., Illus.). 208p. pap. 16.95 *(978-1-77085-933-3(0)*, d06ac594-8631-49f0-9a52-657d66a5756a) Firefly Bks., Ltd.

Clues in Corpses: A Closer Look at Body Farms, 1 vol. Sophie Washburne. 2017. (Crime Scene Investigations Ser.). (ENG.). 104p. (YA). (gr. 7-7). pap. 20.99 *(978-1-5345-6271-4(0)*, 67b8fc81-5718-4540-a2a6-c2d3a9977d23, Lucent Pr.) Greenhaven Publishing LLC.

Clues to Kusachuma. Adam B. Ford. Illus. by Laurel Aylesworth. 2018. (ENG.). 176p. (J). (gr. 4-6). 17.99 *(978-1-7324594-0-3(1))*; pap. 9.99 *(978-1-7324594-1-0(X))* H Bar Pr.

Clues to the Universe. Christina Li. (ENG.). 304p. (J). (gr. 3-7). 2022. pap. 7.99 *(978-0-06-300889-2(0))*; 2021. 17.99 *(978-0-06-300888-5(2))* HarperCollins Pubs. (Quill Tree Bks.).

Clumber Chase; or Love's Riddle Solved by a Royal Sphinx, Vol. 1 Of 3: A Tale of the Restoration (Classic Reprint) George Gordon Scott. 2018. (ENG., Illus.). 354p. (J). 31.22 *(978-0-484-07394-3(X))* Forgotten Bks.

Clumber Chase; or Love's Riddle Solved by a Royal Sphinx, Vol. 2 Of 3: A Tale of the Restoration (Classic Reprint) George Gordon Scott. 2018. (ENG., Illus.). 318p. (J). 30.48 *(978-0-483-25821-1(0))* Forgotten Bks.

Clumber Chase; or Love's Riddle Solved by a Royal Sphinx, Vol. 3 Of 3: A Tale of the Restoration (Classic Reprint) George Gordon Scott. 2018. (ENG., Illus.). 328p. (J). 30.66 *(978-0-332-73512-2(5))* Forgotten Bks.

Clump. Elanor Best. Illus. by Stuart Lynch. 2020. (ENG.). 26p. (J). (— 1). bds. 6.99 *(978-1-78947-720-7(4))* Make Believe Ideas GBR. Dist: Scholastic, Inc.

Clumpety Bump. Phil Allcock. Illus. by Richard Watson. 2022. (Early Bird Readers — Green (Early Bird Stories (tm)) Ser.). (ENG.). 32p. (J). (gr. k-3). pap. 9.99 *(978-1-7284-4839-8(5)*, f80a0e34-9335-4933-baa9-86efeaf5cf2a); lib. bdg. 30.65 *(978-1-7284-3887-0(X)*, 5dd655ea-7c82-4421-a22b-a68517068aeb) Lerner Publishing Group. (Lerner Pubns.).

Clumsy Bubsy. Nikki Long. 2021. (ENG.). 40p. (J). pap. 9.79 *(978-1-7349991-9-8(5))* Light 4 You.

Clumsy Clarabelle Goes Shopping: A Funny Interactive Lesson on Being Honorable & Doing the Right Thing. Stacey Tait Chehardy. Illus. by Lana Lee. 2023. (Clumsy Clarabelle Ser.). (ENG.). 32p. (J). 19.99 ***(978-1-0880-8646-9(2))*** Indy Pub.

Clumsy Clarabelle Goes Skating: A Funny, Interactive Lesson about Stealing. Stacey Tait Chehardy. 2022. (Clumsy Clarabelle Ser.). (ENG.). 32p. (J). 19.99 ***(978-1-0880-4777-4(7))*** Indy Pub.

Clumsy Clarabelle Goes to the Playground: A Funny Interactive Lesson about Lies & Consequences. Stacey Tait Chehardy. 2022. (ENG.). 34p. (J). 19.99 ***(978-1-0880-4756-9(4))*** Indy Pub.

Clumsy Diaries: The Life of an African Wild Dog. Arya Dharod. 2017. (ENG., Illus.). (J). pap. 14.00 *(978-1-947752-09-2(X))* Notion Pr., Inc.

Clumsy Groundhog. Ingo Blum. Illus. by Tanya Maneki. 2019. (Riverboat Series Chapter Book Ser.: Vol. 2). (ENG.). 98p. (J). (gr. 1-3). pap. *(978-3-947410-73-6(5))* Blum, Ingo Planet-Oh Concepts.

Clumsy Little Angel. Sandi Huddleston-Edwards. 2021. (ENG.). 60p. (J). pap. 11.99 *(978-1-945620-75-1(7))* Hear My Heart Publishing.

Clumsy Tommy Turkey. Kenny Haynes. 2020. (ENG., Illus.). 26p. (J). pap. 12.95 *(978-1-64670-977-9(2))* Covenant Bks.

Cluster of Nuts. Katharine Tynan. 2017. (ENG.). 274p. (J). pap. *(978-3-337-09714-1(6))* Creation Pubs.

Cluster of Nuts: Being Sketches among My Own People (Classic Reprint) Katharine Tynan. 2018. (ENG., Illus.). 272p. (J). 29.51 *(978-0-365-44282-0(8))* Forgotten Bks.

Cluster of Stories for Brother & Sister: With Ten Illustrations (Classic Reprint) Unknown Author. (ENG., Illus.). (J). 2018. 200p. 28.02 *(978-0-483-98942-9(8))*; 2016. pap. 10.57 *(978-1-334-16302-9(2))* Forgotten Bks.

Clutch, 1 vol. Heather Camlot. 2017. (ENG., Illus.). 240p. (J). (gr. 5-12). pap. 12.95 *(978-0-88995-548-6(4)*, 7d43d446-a422-4c99-a45c-eda6429b8e32) Red Deer Pr. CAN. Dist: Firefly Bks., Ltd.

Clutch. Paul Hoblin. 2017. (Gridiron Ser.). (ENG.). 120p. (YA). (gr. 6-12). 26.65 *(978-1-5124-3980-9(0)*, 47ffa938-3ceb-4a46-920e-6e8b99db3406, Darby Creek) Lerner Publishing Group.

Clutch Control & Gears Explained! Learn the Easy Way to Drive a Manual (Stick Shift) Car & Pass the Driving Test with Confidence! Applicable Worldwide! Martin Woodward. 2020. (ENG.). 89p. (YA). pap. *(978-1-716-80939-2(8))* Lulu Pr., Inc.

Clutch of Circumstance (Classic Reprint) James Barnes. (ENG., Illus.). (J). 2018. 410p. 32.35 *(978-0-483-87445-9(0))*; 2017. pap. 16.57 *(978-0-243-88502-2(4))* Forgotten Bks.

Clutch of Circumstance (Classic Reprint) Marjorie Benton Cooke. 2018. (ENG., Illus.). 234p. (J). 28.72 *(978-0-267-20816-6(2))* Forgotten Bks.

Clutch of Circumstance (Classic Reprint) Leighton Graves Osmun. 2017. (ENG., Illus.). (J). 30.70 *(978-0-332-00633-8(6))* Forgotten Bks.

Clyde. Jim Benton. 2019. (Illus.). 104p. (J). (gr. 4-7). pap. 9.99 *(978-1-68405-447-3(8))* Idea & Design Works, LLC.

Clyde & Phoebe's Animal Shelter ABCs. Sonya Greenhowe. Illus. by Angelica Inocentes. 2021. (ENG.). 32p. (J). *(978-1-0391-2676-3(6))*; pap. *(978-1-0391-2675-6(8))* FriesenPress.

Clyde Corners (Classic Reprint) Ellen Douglas Deland. (ENG., Illus.). (J). 2018. 338p. 30.89 *(978-0-365-48666-4(3))*; 2016. pap. 13.57 *(978-1-334-12647-5(X))* Forgotten Bks.

Clyde Goes to School. Keith Marantz. Illus. by Larissa Marantz. 2020. (Clyde the Hippo Ser.). 32p. (J). (-k). pap. 4.99 *(978-0-593-09445-7(X)*, Penguin Workshop) Penguin Young Readers Group.

Clyde Lied. Keith Marantz. Illus. by Larissa Marantz. 2020. (Clyde the Hippo Ser.). 32p. (J). (-k). pap. 4.99 *(978-0-593-09451-8(4)*, Penguin Workshop) Penguin Young Readers Group.

Clyde Likes to Slide. Keith Marantz. Illus. by Larissa Marantz. 2020. (Clyde the Hippo Ser.). 32p. (J). (-k). pap. 4.99 *(978-0-593-09448-8(4)*, Penguin Workshop) Penguin Young Readers Group.

Clyde Series: Coloring & Activities Book. J. N. Prioleau. 2018. (ENG., Illus.). 94p. (J). pap. *(978-0-359-15401-2(8))* Lulu Pr., Inc.

Clyde the Monster: And the Kid under the Bed. Gaynor Levisky. Illus. by Angela Gooliaff. 2022. (ENG.). 40p. (J). ***(978-1-0391-2826-2(2))***; pap. ***(978-1-0391-2825-5(4))*** FriesenPress.

Clydes Corner. Brian Wilson. 2020. (ENG., Illus.). 32p. (J). pap. 11.95 *(978-1-6624-0517-4(0))* Page Publishing Inc.

Clydesdale & His Master. Leslie Hall. 2023. (ENG., Illus.). 30p. (J). pap. 13.95 ***(978-1-68526-377-5(1))*** Covenant Bks.

Clydesdale Horses. Rachel Grack. 2020. (Saddle Up! Ser.). (ENG.). 24p. (J). (gr. k-3). lib. bdg. 26.95 *(978-1-64487-235-2(8)*, Blastoff! Readers) Bellwether Media.

Clydesdale Horses. Grace Hansen. 2016. (Horses (Abdo Kids Jumbo) Ser.). (ENG., Illus.). 24p. (J). (gr. -1-2). lib. bdg. 32.79 *(978-1-68080-926-8(1)*, 23327, Abdo Kids) ABDO Publishing Co.

Clydesdale Horses. Cari Meister. 2018. (Favorite Horse Breeds Ser.). (ENG.). 24p. (J). (gr. 1-4). lib. bdg. *(978-1-68151-425-3(7)*, 15138) Amicus.

Clydesdale Horses. Cari Meister. 2018. (Favorite Horse Breeds Ser.). (ENG.). 24p. (J). (gr. 1-3). pap. 10.99 *(978-1-68152-345-3(0)*, 15146) Amicus.

Clyffards of Clyffe (Classic Reprint) James Payn. (ENG., Illus.). (J). 2017. 31.40 *(978-0-331-87003-9(7))*; 2016. pap. 13.97 *(978-1-334-16050-9(3))* Forgotten Bks.

Clyffards of Clyffe, Vol. 2 of 3 (Classic Reprint) Unknown Author. 2018. (ENG., Illus.). 276p. (J). 29.59 *(978-0-484-73083-9(5))* Forgotten Bks.

Clyffards of Clyffe, Vol. 3 of 3 (Classic Reprint) Unknown Author. 2018. (ENG., Illus.). 312p. (J). 30.35 *(978-0-483-07196-4(X))* Forgotten Bks.

Cmo Pedir un Deseo. Ashley Herring Blake. 2018. (SPA.). 414p. (YA). (gr. 9-12). pap. 17.99 *(978-987-747-368-1(2))* V&R Editoras.

Cn Yor Hi, Vol. 7: The Official Annual of the Student Body of ADA High School, May, 1915 (Classic Reprint) Ada High School Ohio. 2017. (ENG., Illus.). (J). 25.69 *(978-0-265-56035-8(7))*; pap. 9.57 *(978-0-282-94612-8(8))* Forgotten Bks.

CNFIDENCE- the Gratitude Journal. Agnieszka Swiatkowska-Sulecka. 2023. (ENG.). 128p. (J). pap. ***(978-1-4478-0994-4(7))*** Lulu Pr., Inc.

Co-Citizens (Classic Reprint) Corra Harris. (ENG., Illus.). (J). 2018. 232p. 28.68 *(978-0-483-13108-8(3))*; 2017. 28.64 *(978-0-265-52115-1(7))*; 2017. pap. 11.57 *(978-0-243-58962-3(X))* Forgotten Bks.

Co-Edikit Book on Diet & Exercise. Cheryl Caldwell. 2018. (Co-Edikit Ser.). (ENG., Illus.). 48p. (J). 9.95 *(978-1-944833-42-8(0))* KPT Publishing, LLC.

Co Education (Classic Reprint) Josephine Pollard. 2018. (ENG., Illus.). 66p. (J). 25.28 *(978-0-267-20851-7(0))* Forgotten Bks.

Co-Education of the Sexes. Mabel Hawtrey. 2017. (ENG., Illus.). (J). pap. *(978-0-649-51573-8(0))* Trieste Publishing Pty Ltd.

Co-Heiress, Vol. 1 Of 3: A Novel (Classic Reprint) Janet Maughan. (ENG., Illus.). (J). 2018. 374p. 31.61 *(978-0-267-61509-4(4))*; 2016. pap. 13.97 *(978-1-334-11819-7(1))* Forgotten Bks.

Co-Lin, 1926, Vol. 2 (Classic Reprint) Copiah-Lincoln Agricultural High School. 2017. (ENG., Illus.). (J). 26.33 *(978-0-265-78038-1(1))*; pap. 9.57 *(978-1-5277-6131-5(2))* Forgotten Bks.

Co-Operation the Solution of the So-Called Negro Problem (Classic Reprint) Ben Plumer Fowlkes. 2017. (ENG., Illus.). (J). 28.37 *(978-0-331-57782-2(8))*; pap. 10.97 *(978-0-243-39845-4(X))* Forgotten Bks.

Co-Ops, Teams, & MMOs. Kirsty Holmes. 2019. (Game On! Ser.). (Illus.). 32p. (J). (gr. 4-4). *(978-0-7787-5258-5(5))*; pap. *(978-0-7787-5271-4(2))* Crabtree Publishing Co.

Coach Floats: The Sound of OA. Jody Jensen Shaffer. 2020. (Vowel Blends Ser.). (ENG.). 24p. (J). (gr. -1-2). lib. bdg. 32.79 *(978-1-5038-3538-2(3)*, 213434) Child's World, Inc, The.

Coach Jenn the Life Changer. Daniel O'Neil. 2018. (ENG., Illus.). 22p. (J). *(978-1-387-67375-9(0))* Lulu Pr., Inc.

Coach That Nap Ran From: An Epic Poem in Twelve Books (Classic Reprint) Unknown Author. 2017. (ENG., Illus.). (J). 24.54 *(978-0-266-27536-7(2))* Forgotten Bks.

Coach, What Am I Doing Wrong? Dana Bradshaw. 2017. (ENG., Illus.). (J). 21.99 *(978-0-9977466-5-5(3))*; pap. 14.99 *(978-0-9977466-4-8(5))* Mindstir Media.

Coaches, 1 vol. Christine Honders. 2019. (Helpers in Our Community Ser.). (ENG.). 24p. (gr. 1-2). pap. 9.25 *(978-1-7253-0814-5(2)*, 88242ee1-fdb5-408c-b79b-1af8730d849a, PowerKids Pr.) Rosen Publishing Group, Inc., The.

Coaches. Cecilia Minden. 2022. (Community Helpers Ser.). (ENG.). 24p. (J). (gr. k-3). lib. bdg. 32.79 *(978-1-5038-5826-8(X)*, 215692, Wonder Books(r)) Child's World, Inc, The.

Coaches. Julie Murray. 2018. (My Community: Jobs Ser.). (ENG., Illus.). 24p. (J). (gr. -1-2). lib. bdg. 31.36 *(978-1-5321-0787-0(0)*, 28135, Abdo Kids) ABDO Publishing Co.

Coaches. Laura K. Murray. 2023. (Seedlings Ser.). (ENG., Illus.). 24p. (J). (gr. 1-3). pap. 10.99 *(978-1-62832-940-7(8)*, 23570, Creative Paperbacks) Creative Co., The.

Coaches & Coaching (Classic Reprint) Leigh Hunt. 2018. (ENG., Illus.). 88p. (J). 25.71 *(978-0-332-18481-4(1))* Forgotten Bks.

Coaching Days & Coaching Ways (Classic Reprint) W. Outram Tristram. 2018. (ENG., Illus.). 394p. (J). 32.02 *(978-0-365-51104-5(8))* Forgotten Bks.

Coaching Era (Classic Reprint) Violet A. Wilson. 2018. (ENG., Illus.). 302p. (J). 30.13 *(978-0-267-81775-7(4))* Forgotten Bks.

Coachman's Club, or Tales Told Out of School (Classic Reprint) George Robert Sims. (ENG., Illus.). (J). 2018. 328p. 30.66 *(978-0-267-94879-6(4))*; 2017. pap. 13.57 *(978-1-5276-8856-8(9))* Forgotten Bks.

Coal. Ruth Daly. 2017. (Illus.). 24p. (J). *(978-1-5105-1397-6(3))* SmartBook Media, Inc.

Coal Camp Girl. Lois Lenski. 2021. (ENG.). 150p. (J). 19.99 *(978-1-948959-52-0(6))*; pap. 9.99 *(978-1-948959-53-7(4))* Purple Hse. Pr.

Coal Energy. Elsie Olson. 2018. (Earth's Energy Resources Ser.). (ENG., Illus.). 24p. (J). (gr. -1-3). lib. bdg. 29.93 *(978-1-5321-1552-3(0)*, 28958, SandCastle) ABDO Publishing Co.

Coal Energy: Putting Rocks to Work. Jessie Alkire. 2018. (Earth's Energy Innovations Ser.). (ENG., Illus.). 24p. (J). (gr. k-4). lib. bdg. 32.79 *(978-1-5321-1570-7(9)*, 28994, Super SandCastle) ABDO Publishing Co.

Coal Energy Projects: Easy Energy Activities for Future Engineers! Megan Borgert-Spaniol. 2018. (Earth's Energy Experiments Ser.). (ENG., Illus.). 32p. (J). (gr. k-4). lib. bdg. 34.21 *(978-1-5321-1561-5(X)*, 28976, Super SandCastle) ABDO Publishing Co.

Coal in Your Christmas Stocking. Barry S. Block. 2017. (ENG., Illus.). (J). pap. 15.95 *(978-1-4808-4270-0(2))* Archway Publishing.

Coal Measures Amphibia of North America (Classic Reprint) Roy Lee Moodie. 2017. (ENG., Illus.). (J). 29.84 *(978-0-265-25891-0(X))* Forgotten Bks.

Coal Power. Contrib. by Amy C. Rea. 2023. (Power of Energy Ser.). (ENG.). 32p. (J). (gr. 2-5). lib. bdg. 35.64 *(978-1-5038-6501-3(0)*, 216398, Stride) Child's World, Inc, The.

Coal-Stained Goat. Patricia Okongwu. 2022. (ENG.). 26p. (J). pap. 7.99 ***(978-1-0880-4953-2(2))*** Indy Pub.

Coals of Fire (Classic Reprint) Mary Raymond Shipman Andrews. (ENG., Illus.). (J). 2018. 20p. 24.31 *(978-0-656-34141-2(6))*; 2017. pap. 7.97 *(978-0-243-38682-6(6))* Forgotten Bks.

Coal's Revenge. Michael Kelly. 2020. (ENG.). 138p. (J). pap. 10.00 *(978-1-7948-8408-3(4))* Lulu Pr., Inc.

Coast Explorer, 8 vols. 2022. (Coast Explorer Ser.). (ENG.). 24p. (J). (gr. 2-2). lib. bdg. 104.92 *(978-1-5345-3945-7(X)*, 4676a33b-ee10-4b59-8329-4e2f2aebc72e, KidHaven Publishing) Greenhaven Publishing LLC.

Coast Explorer. Robin Twiddy. 2022. (Coast Explorer Ser.). (ENG.). 24p. (J). pap. 35.00 *(978-1-5345-3968-6(9)*, KidHaven Publishing) Greenhaven Publishing LLC.

Coast Guard. Bernard Conaghan. 2022. (Serving with Honor Ser.). (ENG.). 32p. (J). (gr. 3-9). pap. *(978-1-0396-6232-2(3)*, 21607); lib. bdg. *(978-1-0396-6037-3(1)*, 21606) Crabtree Publishing Co. (Crabtree Branches).

Coast Guard Boats. B. J. Best. 2017. (Riding to the Rescue! Ser.). (Illus.). 24p. (J). (gr. 1-1). pap. 49.32 *(978-1-5026-2556-4(3))* Cavendish Square Publishing LLC.

Coast Guard to the Rescue. Ace Landers. ed. 2018. (Lego 8x8 Ser.). (ENG.). 24p. (J). (gr. -1-k). 13.89 *(978-1-64310-228-3(1))* Penworthy Co., LLC, The.

Coast Guard to the Rescue. Ace Landers. ed. 2018. (LEGO City 8X8 Ser.). (Illus.). 24p. (J). lib. bdg. 14.75 *(978-0-606-41181-3(X))* Turtleback.

Coast of Adventure (Classic Reprint) Harold Bindloss. (ENG., Illus.). (J). 2018. 366p. 31.47 *(978-0-483-63000-0(4))*; 2017. pap. 13.97 *(978-0-243-30577-3(X))* Forgotten Bks.

Coast of Chance (Classic Reprint) Esther Esther. 2018. (ENG., Illus.). 480p. (J). 33.86 *(978-0-428-34862-5(9))* Forgotten Bks.

Coast of Opportunity (Classic Reprint) Page Philips. 2018. (ENG., Illus.). 308p. (J). 30.25 *(978-0-484-19634-5(0))* Forgotten Bks.

Coastguard Interviews. Will Hallewell. 2019. (Gazore Ser.: Vol. 3). (ENG.). 150p. (J). (gr. 3-6). pap. 7.99 *(978-1-64533-088-2(5))* Kingston Publishing Co.

Coastlanders (Classic Reprint) Bernard Cronin. (ENG., Illus.). (J). 2018. 254p. 29.16 *(978-0-484-23992-9(9))*; 2016. pap. 11.57 *(978-1-333-32869-6(9))* Forgotten Bks.

Coasts of Romance (Classic Reprint) Crosbie Garstin. 2018. (ENG., Illus.). 268p. (J). 29.42 *(978-0-267-44824-1(4))* Forgotten Bks.

Coat-A-Kid: Charities Started by Kids! Melissa Sherman Pearl & David A. Sherman. 2017. (Community Connections: How Do They Help? Ser.). (ENG., Illus.). 24p. (J). (gr. 2-5). lib. bdg. 29.21 *(978-1-63472-849-2(1)*, 209822) Cherry Lake Publishing.

Coats. Katrine Crow. 2019. (Whose Is It? Ser.). (ENG.). (J). (gr. -1-1). 32p. 6.99 *(978-1-4867-1794-1(2)*, 839ed676-adee-4dc3-bf25-306c3b7fa45b); 20p. bds. 7.99 *(978-1-4867-1661-6(X)*, 292375cb-9601-4a1b-9620-9f9c6d3a62d3) Flowerpot Pr.

Coats (Classic Reprint) Augusta Gregory. 2018. (ENG., Illus.). 36p. (J). 24.64 *(978-0-656-38239-2(2))* Forgotten Bks.

Cobble Street Cousins Complete Collection (Boxed Set) In Aunt Lucy's Kitchen; a Little Shopping; Special Gifts; Some Good News; Summer Party; Wedding Flowers. Cynthia Rylant. Illus. by Wendy Anderson Halperin. ed. 2018. (Cobble Street Cousins Ser.). (ENG.). 400p. (J). (gr. 2-5). pap. 34.99 *(978-1-5344-1633-8(1)*, Aladdin) Simon & Schuster Children's Publishing.

Cobbler & His Rose (Classic Reprint) E. E. Boyd. 2018. (ENG., Illus.). 174p. (J). 27.49 *(978-0-332-79040-4(1))* Forgotten Bks.

Cobbler (Classic Reprint) Elma A. Travis. (ENG., Illus.). (J). 2018. 298p. 30.04 *(978-0-483-40128-0(5))*; 2017. pap. 13.57 *(978-0-243-96490-1(0))* Forgotten Bks.

Cobbler of Nimes (Classic Reprint) M. Imlay Taylor. 2018. (ENG., Illus.). 284p. (J). 29.77 *(978-0-666-34425-0(6))* Forgotten Bks.

Cobblestones: A Book of Poems. David Sentner. 2017. (ENG., Illus.). (J). pap. *(978-0-649-40985-3(X))* Trieste Publishing Pty Ltd.

Cobblestones: A Book of Poems (Classic Reprint) David Sentner. (ENG., Illus.). (J). 2017. 92p. 25.79 *(978-0-484-58758-7(7))*; 2016. pap. 9.57 *(978-1-334-13705-1(6))* Forgotten Bks.

Cobb's Anatomy (Classic Reprint) Irvin S. Cobb. 2018. (ENG., Illus.). 148p. (J). 26.97 *(978-0-332-95210-9(X))* Forgotten Bks.

Cobb's Bill-Of-Fare (Classic Reprint) Irvin S. Cobb. 2018. (ENG., Illus.). 150p. (J). 26.99 *(978-0-365-19291-6(0))* Forgotten Bks.

Cobb's Juvenile Reader No. 3: Containing Interesting, Historical, Moral, & Instructive Reading Lessons, Composed of Words of a Greater Number of Syllables Than the Lessons in Nos. I, & II (Classic Reprint) Lyman Cobb. (ENG., Illus.). (J). 2018. 216p. 28.37 *(978-0-656-78340-3(0))*; 2016. pap. 10.97 *(978-1-334-15589-5(5))* Forgotten Bks.

Cobb's New Juvenile Reader No. II. , or Second Reading Book: Containing Interesting, Moral, & Instructive Reading Lessons, Composed of Easy Words of One, Two, & Three Syllables (Classic Reprint) Lyman Cobb. (ENG., Illus.). (J). 2018. 146p. 26.91 *(978-0-364-63533-9(9))*; 2017. pap. 9.57 *(978-0-259-53430-3(7))* Forgotten Bks.

Cobb's New Spelling Book: In Six Parts (Classic Reprint) Lyman Cobb. (ENG., Illus.). (J). 2018. 166p. 27.34 *(978-0-267-11331-6(5))*; 2017. 170p. pap. 9.97 *(978-1-5280-2812-7(0))* Forgotten Bks.

Cobertizo Del Abuelo: Leveled Reader Book19 Level a 6 Pack. Hmh Hmh. 2021. (SPA.). 16p. (J). pap. 74.40 *(978-0-358-08148-7(3))* Houghton Mifflin Harcourt Publishing Co.

Cobra. Kelli Hicks. Tr. by Annie Evearts. 2021. (Serpents Dangereux (Dangerous Snakes) Ser.). Tr. of Cobras. (FRE.). 24p. (J). (gr. k-2). pap. *(978-1-0396-0869-6(8)*, 13636) Crabtree Publishing Co.

Cobra Diamond, Vol. 1 of 3 (Classic Reprint) Arthur Lillie. 2018. (ENG., Illus.). 262p. (J). 29.32 *(978-0-267-09877-4(4))* Forgotten Bks.

Cobra India. Grace Hansen. 2022. (Animales Asiáticos Ser.). (SPA.). 24p. (J). (gr. -1-2). lib. bdg. 32.79 *(978-1-0982-6534-2(3)*, 41013, Abdo Kids) ABDO Publishing Co.

Cobra Kai (Set), 4 vols. Denton J. Tipton. Illus. by Kagan McLeod & Luis Antonio Delgado. 2021. (Cobra Kai Ser.). (ENG.). 24p. (J). (gr. 6-8). lib. bdg. 125.44 *(978-1-0982-5014-0(1)*, 37003, Graphic Novels) Spotlight.

Cobras. S. L. Hamilton. 2018. (Xtreme Snakes Ser.). (ENG., Illus.). 32p. (J). (gr. 3-9). lib. bdg. 32.79 *(978-1-5321-1600-1(4)*, 28776, Abdo & Daughters) ABDO Publishing Co.

Cobras, 1 vol. Dennis Rudenko. 2016. (Snakes on the Hunt Ser.). (ENG., Illus.). 24p. (J). (gr. 3-3). pap. 9.25 *(978-1-4994-2194-1(X)*, 5f639297-fbf0-4ee3-b9f6-bc11b1b13097, PowerKids Pr.) Rosen Publishing Group, Inc., The.

Cobras. Leo Statts. 2016. (Desert Animals Ser.). (ENG.). 24p. (J). (gr. -1-2). 49.94 *(978-1-68079-348-2(9)*, 22969, Abdo Zoom-Launch) ABDO Publishing Co.

Cobras. Gail Terp. 2021. (Slithering Snakes Ser.). (ENG.). 32p. (J). (gr. 4-6). *(978-1-62310-272-2(3)*, 13368, Bolt) Black Rabbit Bks.

Cobra's Song. Supriya Kelkar. 2023. (ENG., Illus.). 304p. (J). (gr. 3-7). 17.99 ***(978-1-6659-1188-7(3)***, Simon & Schuster Bks. For Young Readers) Simon & Schuster Bks. For Young Readers.

Cobras Gail Terp. 2020. (Serpientes Escurridizas Ser.). (SPA.). 32p. (J). (gr. 4-6). pap. 9.99 *(978-1-64466-466-7(6)*, 13393, Bolt) Black Rabbit Bks.

Cobus the Cockroach: Little Stories, Big Lessons. Jacqui Shepherd. 2018. (Bug Stories Ser.). (ENG., Illus.). 32p. (J). (gr. k-6). pap. *(978-1-77008-921-1(7))* Awareness Publishing.

Cobweb Capers Book 1. Jane E. McGee. 2021. (Cobweb Capers Ser.: Vol. 1). (ENG.). 64p. (J). pap. *(978-1-912765-36-2(5))* Blue Falcon Publishing.

Cobweb (Classic Reprint) George Agnew Chamberlain. 2017. (ENG., Illus.). (J). 30.56 *(978-1-5282-6934-6(9))* Forgotten Bks.

Cobweb Cloak (Classic Reprint) Helen MacKay. 2017. (ENG., Illus.). (J). 30.52 *(978-0-266-71475-0(7))*; pap. 13.57 *(978-1-5276-7322-9(7))* Forgotten Bks.

Cobwebs: Being the Fables of Zambri, the Parsee (Classic Reprint) Ambrose Bierce. 2018. (ENG., Illus.). 230p. (J). 28.64 *(978-0-332-60307-0(5))* Forgotten Bks.

Cobwebs & Cables (Classic Reprint) Hesba Stretton. (ENG., Illus.). (J). 2018. 384p. 31.84 *(978-0-483-63369-8(0))*; 2016. pap. 16.57 *(978-1-334-47041-7(3))* Forgotten Bks.

Coby Ryan Harris Is Officially Fat! Joni Klein-Higger & Flora Zaken-Greenberg. 2016. (ENG., Illus.). (J). (gr. 3-6). pap. 9.95 *(978-1-61633-809-1(1))* Guardian Angel Publishing, Inc.

Coca & Its Therapeutic Application (Classic Reprint) Angelo Mariani. 2016. (ENG., Illus.). (J). pap. 9.57 *(978-1-333-72386-6(5))* Forgotten Bks.

Coca-Cola. Sara Green. 2023. (Behind the Brand Ser.). (ENG., Illus.). (J). (gr. 3-8). lib. bdg. 27.95 Bellwether Media.

Coca-Cola. Contrib. by Sara Green. 2023. (Behind the Brand Ser.). (ENG., Illus.). (J). (gr. 3-8). pap. 8.99 Bellwether Media.

Coca-Cola. Blaine Wiseman. 2017. (Corporate America Ser.). (ENG.). 32p. (J). lib. bdg. 22.99 *(978-1-5105-2362-3(6))* SmartBook Media, Inc.

Cocaine. Alexis Burling. 2018. (Drugs in Real Life Ser.). (ENG., Illus.). 112p. (J). (gr. 6-12). lib. bdg. 41.36 *(978-1-5321-1414-4(1)*, 28810, Essential Library) ABDO Publishing Co.

Cocaine: Affecting Lives. Holly B. Martin. 2021. (Affecting Lives: Drugs & Addiction Ser.). (ENG.). 32p. (J). (gr. 4-7).

372 The check digit for ISBN-10 appears in parentheses after the full ISBN-13

TITLE INDEX CODE 7

lib. bdg. 35.64 *(978-1-5038-4492-6(7)*, 214259, MOMENTUM) Child's World, Inc, The.

Coccolata. Anna Devincentis. 2017. (ENG., Illus.). 26p. (J). pap. 9.99 *(978-0-692-86032-8(0))* DeVincentis, Anna.

Coches: (Cars) Xist Publishing. 2017. (Xist Kids Spanish Bks.). (SPA., Illus.). 28p. (J). (gr. -1-3). pap. 9.99 *(978-1-5324-0387-3(9))* Xist Publishing.

Coches y Camiones Libro de Colorear para Niños: Para niños de 4-8, 9-12 Años. Young Dreamers Press. Illus. by Anastasiia Saikova. 2020. (Cuadernos para Colorear Niños Ser.: Vol. 6). (SPA.). 66p. (J). pap. *(978-1-7773753-6-2(3))* EnemyOne.

Cochlear Kids: Liam the Superhero. Heidi Dredge. Illus. by Melissa Bailey. 2023. (ENG.). 30p. (J). pap. ***(978-1-925341-50-8(X))*** Vivid Publishing.

Cochonocchio. Alicia Rodriguez. Illus. by Srimalie Bassani. 2021. (Contes de Fées de la Ferme (Farmyard Fairy Tales) Ser.). (FRE.). 16p. (J). (gr. -1-3). pap. *(978-1-0396-0174-1(X)*, 12468) Crabtree Publishing Co.

Cocina. Xist Publishing. 2018. (Xist Kids Spanish Bks.). (SPA., Illus.). 28p. (J). (gr. -1-3). pap. 9.99 *(978-1-5324-0701-7(7))* Xist Publishing.

Cocina: Libro para Colorear Ninos. Bold Illustrations. 2017. (SPA., Illus.). (J). pap. 8.35 *(978-1-64193-082-6(9)*, Bold Illustrations) FASTLANE LLC.

Cocina de Madres: Libro para Colorear Ninos. Bold Illustrations. 2017. (SPA., Illus.). (J). pap. 8.35 *(978-1-64193-083-3(7)*, Bold Illustrations) FASTLANE LLC.

Cocinando on Cook Street: A Collection of Mi Familia's Recipes. Marcela Valladolid. Illus. by Eliza Moreno. 2022. (ENG.). 56p. (J). (gr. 1-5). 19.99 *(978-1-948066-19-8(X))* Little Libros, LLC.

Cocineros (Chefs) Julie Murray. 2022. (Trabajos en Mi Comunidad Ser.). (ENG.). 24p. (J). (gr. -1-2). lib. bdg. 31.36 *(978-1-0982-6321-8(9)*, 39443, Abdo Kids) ABDO Publishing Co.

Cock. Mike Bartlett. 2017. (Modern Classics Ser.). (ENG.). 120p. pap. *(978-1-4742-2963-0(8)*, 279889, Methuen Drama) Bloomsbury Publishing Plc.

Cock-A-Doodle-Do! (Mudpuddle Farm) Michael Morpurgo. Illus. by Shoo Rayner. 2018. (Mudpuddle Farm Ser.). (ENG.). 144p. (J). 4.99 *(978-0-00-826911-1(4)*, HarperCollins Children's Bks.) HarperCollins Pubs. Ltd. GBR. Dist: HarperCollins Pubs.

Cock a Doodle Doo: And Other Traditional Nepali Children's Songs. Renee Christman. 2019. (ENG., Illus.). 50p. (J). 27.00 *(978-1-64530-568-2(6))* Dorrance Publishing Co., Inc.

Cock-A-Doodle Doo, I Love You! Sandra Magsamen. Illus. by Sandra Magsamen. 2020. (ENG.). 12p. (J). (gr. -1 — 1). bds. 9.99 *(978-1-338-62919-4(0)*, Cartwheel Bks.) Scholastic, Inc.

Cock & Anchor (Classic Reprint) Joseph Sheridan Le Fanu. 2018. (ENG., Illus.). 370p. (J). 31.53 *(978-0-364-39598-1(2))* Forgotten Bks.

Cock & Anchor, Vol. 1 Of 3: Being a Chronicle of Old Dublin City (Classic Reprint) Joseph Sheridan Le Fanu. 2018. (ENG., Illus.). 358p. (J). 31.20 *(978-0-428-85007-4(3))* Forgotten Bks.

Cock & Anchor, Vol. 2 Of 3: Being a Chronicle of Old Dublin City (Classic Reprint) Joseph Sheridan Le Fanu. 2018. (ENG., Illus.). 332p. (J). 30.76 *(978-0-483-88896-8(6))* Forgotten Bks.

Cock & Anchor, Vol. 3 Of 3: Being a Chronicle of Old Dublin City (Classic Reprint) Joseph Sheridan Le Fanu. 2018. (ENG., Illus.). 352p. (J). 31.16 *(978-0-484-90623-4(2))* Forgotten Bks.

Cock & Bull Story. Mary Fey. 2020. (Plum Blossom Media Ser.). (ENG., Illus.). 46p. (J). 25.95 *(978-1-64670-646-4(3))*; pap. 15.95 *(978-1-64670-645-7(5))* Covenant Bks.

Cock of the Walk, Qui-Qui-Ri-Qui! The Legend of Pancho Villa (Classic Reprint) Haldeen Braddy. 2017. (ENG., Illus.). (J). pap. 10.57 *(978-0-259-53093-0(X))* Forgotten Bks.

Cock of the Walk, Qui-Qui-Ri-Qui! The Legend of Pancho Villa (Classic Reprint) Haldeen Braddy. 2018. (ENG., Illus.). 192p. (J). 27.86 *(978-0-365-48477-6(6))* Forgotten Bks.

Cock of the Walk, Qui-Qui-Ri-Qui! the Legend of Pancho Villa. Haldeen Braddy. 2017. (ENG., Illus.). (J). pap. *(978-0-649-55136-1(2))* Trieste Publishing Pty Ltd.

Cock Robin: A Pretty Painted Toy for Either Girl or Boy; Suited to Children of All Ages (Classic Reprint) Unknown Author. (ENG., Illus.). (J). 2018. 34p. 24.62 *(978-0-484-30936-3(6))*; 2016. pap. 7.97 *(978-1-334-16362-3(6))* Forgotten Bks.

Cock Robin (Classic Reprint) Unknown Author. (ENG., Illus.). (J). 2017. 24.39 *(978-0-331-83336-2(0))*; 2016. pap. 7.97 *(978-1-334-16695-2(1))* Forgotten Bks.

Cock Robin's: Courtship & Marriage (Classic Reprint) Unknown Author. 2018. (ENG., Illus.). 28p. (J). 24.47 *(978-0-267-28526-6(4))* Forgotten Bks.

Cock, the Mouse & the Little Red Hen: An Old Tale Retold (Classic Reprint) Felicite Lefevre. (ENG., Illus.). (J). 2018. 104p. 26.06 *(978-0-267-54395-3(6))*; 2016. pap. 9.57 *(978-1-333-44177-7(0))* Forgotten Bks.

Cockapoo: Cocker Spaniels Meet Poodles! Paula M. Wilson. 2019. (Top Hybrid Dogs Ser.). (ENG., Illus.). 32p. (J). (gr. 3-9). lib. bdg. 28.65 *(978-1-5435-5518-9(7)*, 139380, Capstone Pr.) Capstone.

Cockatoo. Christopher Cummings. 2020. (Navy Cadets Ser.). (ENG., Illus.). 476p. (J). *(978-0-6488271-8-4(6))* DoctorZed Publishing.

Cockatoo & the Galah. Neluta Kulic. (ENG., Illus.). (J). 2020. 24p. pap. *(978-1-77370-680-1(2))*; 2018. 20p. *(978-1-77370-679-5(9))* Tellwell Talent.

Cockatoo, Too. Bethanie Deeney Murguia. 2018. (ENG., Illus.). 32p. (J). (gr. -1-1). bds. 7.99 *(978-1-4998-0579-6(9))* Little Bee Books Inc.

Cockaynes in Paris, or Gone Abroad (Classic Reprint) Blanchard Jerrold. (ENG., Illus.). (J). 2018. 298p. 30.04 *(978-0-267-38346-7(0))*; 2016. pap. 13.57 *(978-1-334-15279-5(9))* Forgotten Bks.

Cocker Spaniel. Jane Simmonds. 2017. (Dog Lover's Guides: Vol. 18). (ENG., Illus.). 128p. (J). (gr. 7-12). 26.95 *(978-1-4222-3854-7(7))* Mason Crest.

Cocker Spaniels. Susan Heinrichs Gray. 2016. (J). *(978-1-4896-4587-6(X))* Weigl Pubs., Inc.

Cocker Spaniels. Katie Lajiness. 2017. (Big Buddy Dogs Ser.). (ENG., Illus.). 32p. (J). (gr. 2-5). lib. bdg. 34.21 *(978-1-5321-1207-2(6)*, 27559, Big Buddy Bks.) ABDO Publishing Co.

Cocker Spaniels. Nathan Sommer. 2017. (Awesome Dogs Ser.). (ENG., Illus.). 24p. (J). (gr. k-3). 26.95 *(978-1-62617-611-9(6)*, Blastoff! Readers) Bellwether Media.

Cockney in America, or the Adventures of Triptolemus Snooks, Esq. (Classic Reprint) Frank Flip. (ENG., Illus.). (J). 2018. 80p. 25.55 *(978-0-483-81520-9(9))*; 2017. pap. 9.57 *(978-0-243-32370-8(0))* Forgotten Bks.

Cockneys in California: A Piece of Golden Opportunity in One Act (Classic Reprint) J. Stirling Coyne. 2018. (ENG., Illus.). 26p. (J). 24.43 *(978-0-267-45225-5(X))* Forgotten Bks.

Cockroach. Elise Gravel. 2021. (Disgusting Critters Ser.). (ENG.). 32p. (J). (gr. 1-4). pap. 5.99 *(978-0-7352-6644-5(1)*, Tundra Bks.) Tundra Bks. CAN. Dist: Penguin Random Hse. LLC.

Cockroach. Elise Gravel. 2020. (Disgusting Critters Ser.: 9). (ENG.). 32p. (J). (gr. 1-4). 10.99 *(978-0-7352-6642-1(5)*, Tundra Bks.) Tundra Bks. CAN. Dist: Penguin Random Hse. LLC.

Cockroaches. Trudy Becker. 2023. (Bugs Ser.). (ENG.). 24p. (J). (gr. 1-2). lib. bdg. 28.50 *(978-1-63739-449-6(7)*, Focus Readers) North Star Editions.

Cockroaches. Contrib. by Trudy Becker. 2023. (Bugs Ser.). (ENG.). 24p. (J). (gr. 1-2). pap. 8.95 *(978-1-63739-486-1(1)*, Focus Readers) North Star Editions.

Cockroaches. Mona Kerby. 2018. (ENG., Illus.). 66p. (J). (gr. -1-3). pap. 14.99 *(978-0-9993790-5-9(4))* MK Pubs.

Cockroaches. Patrick Perish. 2018. (Insects up Close Ser.). (ENG., Illus.). 24p. (J). (gr. k-3). lib. bdg. 26.95 *(978-1-62617-802-1(X)*, Blastoff! Readers) Bellwether Media.

Cockroaches in the Bilge. Mitchell Perry. 2021. (ENG.). 330p. (YA). pap. 20.95 *(978-1-6624-2574-5(0))* Page Publishing Inc.

Cocky Doodle Doo. Kimberly Gordon & Reginald Fowl. 2020. (Cocky Doodle Doo Ser.: Vol. 1). (ENG.). 74p. (J). pap. 9.99 *(978-1-393-66748-3(1))* Draft2Digital.

Coco. Illus. by Fabiola Garza. 2017. (J). *(978-1-5379-5892-7(5)*, Golden Bks.) Random Hse. Children's Bks.

Coco. Jai Nitz. Illus. by Tony Sandoval. 2020. (Disney & Pixar Movies Ser.). (ENG.). 52p. (J). (gr. 2-6). lib. bdg. 32.79 *(978-1-5321-4547-6(0)*, 35194, Graphic Novels) Spotlight.

CoCo-Afromations. Ayana Brody Parham & Calvarina Nwachuku. 2022. (ENG.). 26p. (J). 21.99 ***(978-1-0880-2766-0(0))*** Indy Pub.

Coco & Ceecee: Power of Friendship. Auj Gicrich. 2022. (ENG.). 39p. (J). ***(978-1-387-70508-5(3))*** Lulu Pr., Inc.

Coco & Mumu: Gut-Brain Connection. Carina Castro Fumero. 2021. (ENG.). 28p. (J). pap. 19.95 *(978-1-62023-901-8(9))* Atlantic Publishing Group, Inc.

Coco & the Christmas Elf. Jason K. Macomson. 2018. (ENG., Illus.). 60p. (J). pap. *(978-1-387-53146-2(8))* Lulu Pr., Inc.

Coco Banjo & the Super Wow Surprise. N. J. Gemmell. 2017. (Coco Banjo Ser.: 3). 192p. (J). (gr. 1-3). 9.99 *(978-0-85798-737-2(2))* Random Hse. Australia AUS. Dist: Independent Pubs. Group.

Coco Butternut. Joe Lansdale. 2017. 88p. 25.00 *(978-1-59606-803-2(5))* Subterranean Pr.

Coco Chanel, Volume 1. Maria Isabel Sanchez Vegara. Illus. by Ana Albero. 2023. (Little People, BIG DREAMS Ser.). (ENG.). 32p. (J). (gr. -1-2). pap. ***(978-0-7112-8385-5(0)***, Frances Lincoln Children's Bks.) Quarto Publishing Group UK.

Coco Chanel. Maria Isabel Sanchez Vegara. Illus. by Ana Albero. 2016. (Little People, BIG DREAMS Ser.: 1). (ENG.). 32p. (J). (gr. -1-2). 15.99 ***(978-1-84780-784-7(4)***, Frances Lincoln Children's Bks.) Quarto Publishing Group UK GBR. Dist: Hachette Bk. Group.

Coco Chanel: My First Coco Chanel. Maria Isabel Sanchez Vegara & Ana Albero. adapted ed. 2018. (Little People, BIG DREAMS Ser.: Vol. 1). (ENG., Illus.). 24p. (gr. -1 — 1). bds. 9.99 ***(978-1-78603-245-4(7)***, Frances Lincoln Children's Bks.) Quarto Publishing Group UK GBR. Dist: Hachette Bk. Group.

Coco Chanel: Pearls, Perfume, & the Little Black Dress. Susan Goldman Rubin. 2018. (ENG., Illus.). 144p. (J). (gr. 5-9). 19.99 *(978-1-4197-2544-9(0)*, 1155101, Abrams Bks. for Young Readers) Abrams, Inc.

Coco Chanel (Little People, Big Dreams) Maria Isabel Sanchez Vegara & Ana Albero. 2016. (Little People, Big Dreams Ser.). (ENG., Illus.). 32p. (J). 14.99 *(978-1-84780-771-7(2)*, Frances Lincoln Children's Bks.) Quarto Publishing Group UK GBR. Dist: Littlehampton Bk Services, Ltd.

Coco Chanel (Spanish Edition) Maria Isabel Sanchez Vegara. Illus. by Ana Albero. 2023. (Little People, Big Dreams en Español Ser.: Vol. 1). (SPA.). 32p. (J). (gr. -1-2). pap. ***(978-0-7112-8463-0(6))*** Frances Lincoln Childrens Bks.

Coco Está Sucio. Katrina Streza & Ariana Vargas. Illus. by Brenda Ponnay. 2023. (Little Lectores Ser.: Vol. 10). (SPA.). 20p. (J). 24.99 ***(978-1-5324-3470-9(7))***; pap. 12.99 ***(978-1-5324-3160-9(0))*** Xist Publishing.

Coco Fashion Kitten. Anna Award. 2017. (ENG.). 16p. (J). 4.99 *(978-1-84135-947-2(5))* Award Pubns. Ltd. GBR. Dist: Parkwest Pubns., Inc.

Coco Finds Her Niche. Sheryl Tillis. 2021. (ENG.). 86p. (YA). 19.99 *(978-1-6628-0755-8(4))*; pap. 11.49 *(978-1-6628-0754-1(6))* Salem Author Services.

Coco Fulfills Her Dreams. Sheryl Tillis. 2023. (Coco Fulfills Her Dreams Ser.: Vol. 5). (ENG.). 112p. (YA). 21.99 ***(978-1-6628-7261-7(5))***; pap. 13.49 ***(978-1-6628-7260-0(7))*** Salem Author Services.

Coco Gauff. Kenny Abdo. 2020. (Sports Biographies Ser.). (ENG., Illus.). 24p. (J). (gr. 2-8). lib. bdg. 31.36 *(978-1-0982-2137-9(0)*, 34521, Abdo Zoom-Fly) ABDO Publishing Co.

Coco Gauff. Jon M. Fishman. 2021. (Sports All-Stars (Lerner (tm) Sports) Ser.). (ENG., Illus.). 32p. (J). (gr. 2-5). pap. 9.99 *(978-1-7284-2312-8(0)*, 3aa46e26-50ae-4a9e-af27-5bc8906fabfa); lib. bdg. 29.32 *(978-1-7284-0437-0(1)*, fd1a28f4-69c2-4435-8d0c-0eb07b903c92) Lerner Publishing Group. (Lerner Pubns.).

Coco Gauff. Meeg Pincus. Illus. by Jeff Bane. 2020. (My Early Library: My Itty-Bitty Bio Ser.). (ENG.). 24p. (J). (gr. k-1). lib. bdg. 30.64 *(978-1-5341-6839-8(7)*, 215243) Cherry Lake Publishing.

Coco Goes to Summer Camp. Monica Lowe. 2023. (ENG.). 24p. (J). pap. 9.99 ***(978-1-7372478-2-1(8))*** sassyraspberry.

Coco Is Dirty. Katrina Streza. Illus. by Brenda Ponnay. 2023. (Little Readers Ser.: Vol. 10). (ENG.). 20p. (J). 24.99 ***(978-1-5324-3488-4(X))***; pap. 12.99 ***(978-1-5324-3163-0(5))*** Xist Publishing.

Coco Little Golden Book (Disney/Pixar Coco) RH Disney. Illus. by The Disney Storybook Art Team. 2017. (Little Golden Book Ser.). (ENG.). 24p. (J). (-k). 5.99 *(978-0-7364-3800-1(9)*, Golden/Disney) Random Hse. Children's Bks.

Coco Monster. Zephanie B. Dykes. 2021. (ENG.). 20p. (J). pap. 15.95 *(978-1-63692-767-1(X))* Newman Springs Publishing, Inc.

Coco the Crocodile. Ankh. 2020. (Wordless Graphic Novels Ser.). (ENG., Illus.). 40p. (J). (gr. k-2). lib. bdg. 22.65 *(978-1-5158-6118-6(4)*, 142404, Picture Window Bks.) Capstone.

Coco, the Fish with Hands. Aleesah Darlison. Illus. by Mel Matthews. 2022. (Endangered Animals Ser.: 1). 32p. (J). (gr. -1-k). 17.99 *(978-1-76089-922-6(4)*, Puffin) Penguin Random Hse. AUS. Dist: Independent Pubs. Group.

Coco Top 10s: The Power of Music. Jennifer Boothroyd. 2019. (My Top 10 Disney Ser.). (ENG., Illus.). 32p. (J). (gr. 1-4). 27.99 *(978-1-5415-3910-5(9))*; pap. 8.99 *(978-1-5415-4660-8(1))* Lerner Publishing Group. (Lerner Pubns.).

Cocoa Bean to Chocolate. Rachel Grack. 2020. (Beginning to End Ser.). (ENG.). 24p. (J). (gr. k-3). lib. bdg. 26.95 *(978-1-64487-138-6(6)*, Blastoff! Readers) Bellwether Media.

Cocoa Beans. Amy C. Rea. 2021. (How Foods Grow Ser.). (ENG., Illus.). 24p. (J). (gr. k-3). lib. bdg. 31.36 *(978-1-5321-6979-3(5)*, 38035, Pop! Cody Koala) Pop!.

Cocoa Bear Makes a Friend: The Adventures of Cocoa Bear & Flutterby. Cindy Van Order. 2021. (ENG., Illus.). 36p. (J). 24.00 *(978-1-63661-423-6(X))* Dorrance Publishing Co., Inc.

Cocoa Cone: Learns to Listen. Tracy McNeil. 2023. (ENG.). 24p. (J). pap. 12.99 ***(978-1-0881-0998-4(5))*** Indy Pub.

Cocoa Finds a Home. Bebe Proctor. 2018. (Cocoa Ser.: Vol. 1). (ENG., Illus.). 36p. (J). pap. 13.95 *(978-1-64300-233-0(3))* Covenant Bks.

Cocoa Girl Awesome Hair: Your Step-By-step Guide to Styling Textured Hair. Serlina Boyd. 2021. (ENG., Illus.). 72p. 9.99 *(978-0-7555-0432-9(1))* Farshore GBR. Dist: HarperCollins Pubs.

Cocoa Goes on Safari. Bebe Proctor. 2019. (Cocoa Ser.). (ENG., Illus.). 32p. (J). pap. 13.95 *(978-1-64471-055-5(2))* Covenant Bks.

Cocoa Magic. Sandra Bradley. Illus. by Gabrielle Grimard. 2022. 32p. (J). (gr. k-2). 18.95 *(978-1-77278-264-6(5))* Pajama Pr. CAN. Dist: Publishers Group West (PGW).

Cocoa Stows Away on a Mars Rocket. Bebe Proctor. 2018. (Cocoa Ser.: Vol. 2). (ENG., Illus.). 28p. (J). pap. 12.95 *(978-1-64300-235-4(X))* Covenant Bks.

Cocoa the Cat. Vanessa Nitsche. 2022. (ENG.). 20p. (YA). pap. *(978-1-3984-2516-3(8))* Austin Macauley Pubs. Ltd.

Cocoa to Chocolate, 1 vol. B. J. Best. 2016. (How It Is Made Ser.). (ENG., Illus.). 24p. (J). (gr. 1-1). pap. 9.22 *(978-1-5026-2130-6(4)*, 616aef84-fdb8-4bbd-83ed-7e4ef2daad1c) Cavendish Square Publishing LLC.

Cocoa's Cranky Christmas: A Silly, Interactive Story about a Grumpy Dog Finding Holiday Cheer, 1 vol. Thomas Nelson. Illus. by Beth Hughes. 2020. (Cocoa Is Cranky Ser.). (ENG.). 20p. (J). bds. 9.99 *(978-1-4002-2194-3(3)*, Tommy Nelson) Nelson, Thomas Inc.

Cocoa's Cranky Valentine: Can You Help Him Out?, 1 vol. Thomas Nelson. Illus. by Beth Hughes. 2022. (Cocoa Is Cranky Ser.). (ENG.). 20p. (J). bds. 9.99 *(978-1-4002-3183-6(3)*, Tommy Nelson) Nelson, Thomas Inc.

Cocodrilo. Lori Dittmer. 2020. (Planeta Animal Ser.). (SPA.). 24p. (J). (gr. 1-4). *(978-1-64026-259-1(8)*, 18115, Creative Education) Creative Co., The.

Cocodrilo Amable. Lucia Panzieri. 2016. (SPA.). 28p. (J). (gr. k-2). 22.99 *(978-987-1849-29-1(X))* Unaluna Ediciones ARG. Dist: Lectorum Pubns., Inc.

Cocodrilo Que Se Tragó el Sol. Germán Puerta Restrepo. 2018. (SPA.). 90p. (J). 26.99 *(978-958-30-5540-9(9))* Panamericana Editorial COL. Dist: Lectorum Pubns., Inc.

Cocodrilos Marinos (Saltwater Crocodiles) Grace Hansen. 2018. (Especies Extraordinarias (Super Species) Ser.). (SPA.). 24p. (J). (gr. -1-2). lib. bdg. 32.79 *(978-1-5321-8410-9(7)*, 30013, Abdo Kids) ABDO Publishing Co.

Cocoloco Joins the Choir. Luis Velazquez. Illus. by Jason Velazquez. 2020. (ENG.). 28p. (J). pap. 12.99 *(978-1-7353705-2-1(5))* Publify Consulting.

CoComelon 123s. Patty Michaels. 2023. (CoComelon Ser.). (ENG.). 22p. (J). (gr. -1 — 1). bds., bds. 7.99 ***(978-1-6659-3359-9(3)***, Simon Spotlight) Simon Spotlight.

CoComelon 5-Minute Stories. 2022. (CoComelon Ser.). (ENG.). 192p. (J). (gr. -1-2). 12.99 *(978-1-6659-2600-3(7)*, Simon Spotlight) Simon Spotlight.

CoComelon ABCs. May Nakamura. 2022. (CoComelon Ser.). (ENG.). 22p. (J). (gr. -1 — 1). bds. 7.99 *(978-1-6659-2071-1(8)*, Simon Spotlight) Simon Spotlight.

CoComelon Advent Calendar: With Songbooks, Stories, Coloring, & Learning. IglooBooks. 2022. (ENG.). 16p. (J). (-k). 31.99 *(978-1-80368-442-0(9))* Igloo Bks. GBR. Dist: Simon & Schuster, Inc.

CoComelon Bath Time! Rose Nestling. Ed. by Cottage Door Press. 2021. (ENG.). 12p. (J). (gr. -1 — 1). bds. 7.99 *(978-1-64638-406-8(7)*, 1007670) Cottage Door Pr.

CoComelon Books to Go! (Boxed Set) Ready for School!; Let's Meet the Doctor!; What Makes Me Happy; I Like My Name; Playdate with Cody; I'm a Firefighter! ed. 2023. (CoComelon Ser.). (ENG.). 128p. (J). (gr. -1-k). pap. 17.99 *(978-1-6659-2745-1(3)*, Simon Spotlight) Simon Spotlight.

CoComelon Deck the Halls. Rose Nestling. Ed. by Cottage Door Press. Illus. by CoCoMelon Licensed Art. 2022. (ENG.). 12p. (J). (gr. -1-k). bds. 12.99 *(978-1-64638-621-5(3)*, 1008180) Cottage Door Pr.

CoComelon Family Adventures. Rose Nestling. Ed. by Cottage Door Press. Illus. by CoCoMelon Licensed Art. 2022. (ENG.). 12p. (J). (gr. -1-k). 16.99 *(978-1-64638-635-2(3)*, 1008310) Cottage Door Pr.

CoComelon Favorite Sing-Along Songs. Rose Nestling. Ed. by Cottage Door Press. 2022. (ENG.). 16p. (J). (gr. -1-k). 26.99 *(978-1-64638-407-5(5)*, 1007680) Cottage Door Pr.

CoComelon Halloween Songs. Ed. by Parragon Books. Illus. by CoCoMelon Licensed Art. 2023. (ENG.). 14p. (J). (gr. -1-1). bds. 13.99 ***(978-1-64638-823-3(2)***, 1009090, Parragon Books) Cottage Door Pr.

CoComelon Hello, New Friend! Adapted by Patty Michaels. 2021. (CoComelon Ser.). (ENG.). 14p. (J). (gr. -1-k). bds. 8.99 *(978-1-6659-0173-4(X)*, Simon Spotlight) Simon Spotlight.

CoComelon J. J. 's Potty Time. Rose Nestling. Ed. by Cottage Door Press. 2021. (ENG.). 12p. (J). (gr. -1-k). bds. 12.99 *(978-1-64638-404-4(0)*, 1007650) Cottage Door Pr.

Cocomelon Las Ruedas Del Bus / Wheels on the Bus (Spanish Edition) Rose Nestling. Ed. by Cottage Door Press. ed. 2023. (SPA.). 12p. (J). (gr. -1-k). 12.99 *(978-1-64638-808-0(9)*, 1008040-SLA) Cottage Door Pr.

CoComelon Let's All Sing Together. Ed. by Cottage Door Press. 2021. (ENG.). 12p. (J). (gr. -1-2). bds. 18.99 *(978-1-64638-351-1(6)*, 1007510) Cottage Door Pr.

CoComelon Potty Training Reward Chart. Ed. by Cottage Door Press. 2023. (ENG.). 20p. (J). (gr. -1 — 1). 22.99 *(978-1-64638-623-9(X)*, 1008200) Cottage Door Pr.

CoComelon Ready for School! Adapted by Natalie Shaw. 2021. (CoComelon Ser.). (ENG.). 24p. (J). (gr. -1-k). pap. 4.99 *(978-1-6659-0200-7(0)*, Simon Spotlight) Simon Spotlight.

CoComelon Say Hello! Rose Nestling. Ed. by Cottage Door Press. Illus. by CoCoMelon Licensed Art. 2022. (ENG.). 12p. (J). (gr. -1 — 1). bds. 7.99 *(978-1-64638-428-0(8)*, 1007800) Cottage Door Pr.

CoComelon Storybook Treasury. 2023. (CoComelon Ser.). (ENG.). 304p. (J). (gr. -1-k). 17.99 ***(978-1-6659-4322-2(X)***, Simon Spotlight) Simon Spotlight.

CoComelon the Wheels on the Bus. Adapted by May Nakamura. 2021. (CoComelon Ser.). (ENG.). 12p. (J). (gr. -1-k). bds. 7.99 *(978-1-6659-0289-2(2)*, Simon Spotlight) Simon Spotlight.

CoComelon Wheels on the Bus. Ed. by Cottage Door Press. Illus. by CoCoMelon Licensed Art. 2022. (ENG.). 12p. (J). (gr. -1-k). 12.99 *(978-1-64638-593-5(4)*, 1008040) Cottage Door Pr.

CoComelon Yes, Yes, Vegetables! Adapted by Maggie Testa. 2021. (CoComelon Ser.). (ENG.). 12p. (J). (gr. -1-k). bds., bds. 6.99 *(978-1-6659-0219-9(1)*, Simon Spotlight) Simon Spotlight.

Coconut & Charles. Ellena A. Vollmer. 2023. (ENG.). 32p. (J). 25.95 ***(978-1-64663-936-6(7))***; pap. 15.95 ***(978-1-64663-934-2(0))*** Koehler Bks.

Coconut Crab. Peter W. Fong. Illus. by Linda Whelihan. 2022. 204p. (J). (gr. 2-4). pap. 12.99 *(978-1-950584-57-4(7))* Green Writers Pr.

Coconut Crab. Alex Giannini. 2018. (Even Weirder & Cuter Ser.). (ENG.). 24p. (J). (gr. -1-3). 17.95 *(978-1-68402-463-6(3))* Bearport Publishing Co., Inc.

Coconut Oil: June Triplett's Amazing Book Out of Darkest Africa! (Classic Reprint) Corey Ford. 2017. (ENG., Illus.). (J). 28.66 *(978-0-331-74438-5(4))*; pap. 11.57 *(978-0-259-53684-0(9))* Forgotten Bks.

Coconut Palm. Eileen Rhona Marita. Illus. by Romulo Reyes, III. 2021. (ENG.). 24p. (J). pap. *(978-1-922621-59-7(5))* Library For All Limited.

Coconut Planter (Classic Reprint) D. Egerton Jones. 2019. (ENG., Illus.). 354p. (J). 31.22 *(978-0-267-21804-2(4))* Forgotten Bks.

Coconut Shapes to the Root. Amber Holloway. 2021. (ENG.). 30p. (J). pap. 9.99 *(978-1-0879-8311-0(8))* Holloway, Amber.

Coconut Song. Lina Glepi. Illus. by Kimberly Pacheco. 2021. (ENG.). 18p. (J). pap. *(978-1-922591-97-5(1))* Library For All Limited.

Cocoon: A Rest-Cure Comedy (Classic Reprint) Ruth McEnery Stuart. 2018. (ENG., Illus.). 204p. (J). 28.10 *(978-0-267-45585-0(2))* Forgotten Bks.

Cocoplum the Swimming Pig. Candice Pyfrom. 2019. (ENG.). 32p. (J). 14.95 *(978-1-64307-338-5(9))* Amplify Publishing Group.

Cocoplum the Swimming Pig: the Search for Tiny's Christmas Spirit. Candice Burrows. 2022. (ENG.). 38p. (J). 18.95 *(978-1-63755-266-7(1)*, Mascot Kids) Amplify Publishing Group.

Cocorina y Las Estrellas (Clucky & the Stars) Mar Pavon. Illus. by Mónica Carretero. 2021. (Cocorina Ser.). (SPA.). 24p. (J). (gr. k-3). 16.95 *(978-84-18302-00-8(3))* Cuento de Luz SL ESP. Dist: Publishers Group West (PGW).

Coco's Bad Day: Tips for Getting Through a Hard Day. Stephanie Liu. Illus. by Georgia Miller. 2021. (ENG.). 24p. (J). *(978-1-77354-337-6(7))*; pap. *(978-1-77354-336-9(9))* PageMaster Publication Services, Inc.

Codanix: Communication Taken. Zachariah Bennett. 2021. (ENG.). 65p. (YA). pap. *(978-1-7948-1985-6(1))* Lulu Pr., Inc.

Code. Steve Bradley. Illus. by Jordan Knarr. 2019. (Adventures of Chase & Bolts Ser.: Vol. 1). (ENG.). 32p. (J). (gr. k-3). pap. *(978-1-4866-1800-2(6))* Word Alive Pr.

Code. Mary Ting. 2021. (International Sensory Assassin Network Ser.: 4). (ENG.). 350p. (YA). (gr. 7). pap. 17.99 *(978-1-64548-067-9(4))* Vesuvian Bks.

Code 7: Cracking the Code for an Epic Life. Bryan R. Johnson. Ed. by Cynthea Liu. 2017.Tr. of Cracking the Code for an Epic Life. (ENG., Illus.). (J). (gr. 2-6). pap. 6.99 *(978-1-940556-00-0(7))* Candy Wrapper.

C

Code a Minecraft(r) Mod in JavaScript Step by Step, 1 vol. Joshua Romphf. 2019. (Coding Projects for All Ser.). (ENG.). 256p. (YA). (gr. 7-7). pap. 23.35 *(978-1-7253-4015-2(1)*, 287285d0-2cb4-4134-96d7-70a4241be1cf) Rosen Publishing Group, Inc., The.

Code Bravo. Michael J. Milford & Jemma C. Pollari. 2016. (ENG., Illus.). (YA). (gr. 7-12). pap. *(978-0-9581375-4-6(4))* Milford, Michael.

Code Breaker. Ann Bryant. 2016. (ENG., Illus.). (YA). (gr. 7-12). pap. 9.95 *(978-1-68181-774-3(8))* Strategic Book Publishing & Rights Agency (SBPRA).

Code Breaker — Young Readers Edition: Jennifer Doudna & the Race to Understand Our Genetic Code. Walter Isaacson. (ENG., Illus.). 336p. (J). (gr. 5). 2023. pap. 8.99 *(978-1-6659-1067-5(4))*; 2022. 17.99 *(978-1-6659-1066-8(6))* Simon & Schuster Bks. For Young Readers. (Simon & Schuster Bks. For Young Readers).

Code Breaker, Spy Hunter: How Elizebeth Friedman Changed the Course of Two World Wars. Laurie Wallmark. Illus. by Brooke Smart. 2021. (ENG.). 48p. (J). (gr. 1-17). 18.99 *(978-1-4197-3963-7(8)*, 1296301, Abrams Bks. for Young Readers) Abrams, Inc.

Code Breakers & Spies, 14 vols. 2018. (Code Breakers & Spies Ser.). (ENG., Illus.). 80p. (gr. 8-8). lib. bdg. 271.53 *(978-1-5026-3924-0(6)*, 8ea1eb22-7b4d-4f0b-90de-16deaa9d09f0) Cavendish Square Publishing LLC.

Code Breakers & Spies of the American Revolution, 1 vol. Cassandra Schumacher. 2018. (Code Breakers & Spies Ser.). (ENG.). 80p. (J). (gr. 8-8). 38.79 *(978-1-5026-3844-1(4)*, 015f9852-f119-411b-beea-21221643f68d) Cavendish Square Publishing LLC.

Code Breakers & Spies of the Civil War, 1 vol. Andrew Coddington. 2018. (Code Breakers & Spies Ser.). (ENG.). 80p. (YA). (gr. 8-8). 38.79 *(978-1-5026-3847-2(9)*, c7cda8cb-7fe6-498b-95b0-4c1d964379a7) Cavendish Square Publishing LLC.

Code Breakers & Spies of the Cold War, 1 vol. Avery Elizabeth Hurt. 2018. (Code Breakers & Spies Ser.). (ENG.). 80p. (J). (gr. 8-8). lib. bdg. 38.79 *(978-1-5026-3856-4(8)*, 60d051b5-8abb-4ccc-a8e8-a1f49ed21693) Cavendish Square Publishing LLC.

Code Breakers & Spies of the Vietnam War, 1 vol. Andrew Coddington. 2018. (Code Breakers & Spies Ser.). (ENG.). 80p. (J). (gr. 8-8). 38.79 *(978-1-5026-3859-5(2)*, 3e16192e-bf41-42c1-893c-961a10c6934c) Cavendish Square Publishing LLC.

Code Breakers & Spies of the War on Terror, 1 vol. Elizabeth Schmermund. 2018. (Code Breakers & Spies Ser.). (ENG.). 80p. (J). (gr. 8-8). lib. bdg. 38.79 *(978-1-5026-3862-5(2)*, 6483d1c1-ac0e-4315-9d12-e4d091dd329c) Cavendish Square Publishing LLC.

Code Breakers & Spies of World War I, 1 vol. Jeanne Marie Ford. 2018. (Code Breakers & Spies Ser.). (ENG.). 80p. (YA). (gr. 8-8). 38.79 *(978-1-5026-3850-2(9)*, f8938ee1-8a7c-4260-b9b9-74c7d69b6c0a) Cavendish Square Publishing LLC.

Code Breakers & Spies of World War II, 1 vol. Cathleen Small. 2018. (Code Breakers & Spies Ser.). (ENG.). 80p. (J). (gr. 8-8). lib. bdg. 38.79 *(978-1-5026-3853-3(3)*, 8e8ea6af-5a7a-4270-a993-896000b0f30a) Cavendish Square Publishing LLC.

Code Come. Brenda Ponnay. Illus. by Brenda Ponnay. 2020. (Cody the Dog Ser.). (SPA.). 8p. (J). (gr. -1-2). pap. 5.99 *(978-1-5324-2071-9(4))* Xist Publishing.

Code Confusion! Kirsty Holmes. 2019. (Code Academy Ser.). (ENG.). 24p. (J). (gr. 2-2). pap. *(978-0-7787-6338-3(2)*, 0e9c775d-ded2-4378-bc7b-48c91a3b9d81); lib. bdg. *(978-0-7787-6328-4(5)*, 28df7cd4-e510-40dd-ba6a-6ddfbdfed621) Crabtree Publishing Co.

Code Cracking for Kids: Secret Communications Throughout History, with 21 Codes & Ciphers. Jean Daigneau. 2019. (For Kids Ser.: 75). (Illus.). 144p. (J). (gr. 4-7). pap. 18.99 *(978-1-64160-138-2(8))* Chicago Review Pr., Inc.

Code de la T. S. F. Collectif. 2018. (FRE., Illus.). 38p. (J). pap. *(978-2-329-08623-1(7))* Hachette Groupe Livre.

Code for Love & Heartbreak. Jillian Cantor. 2020. (ENG.). 304p. (YA). 18.99 *(978-1-335-09059-1(2))* Harlequin Enterprises ULC CAN. Dist: HarperCollins Pubs.

Code Girls: The True Story of the American Women Who Secretly Broke Codes in World War II (Young Readers Edition) Liza Mundy. (ENG., Illus.). 336p. (J). (gr. 3-7). 2019. pap. 8.99 *(978-0-316-35377-9(9))*; 2018. 17.99 *(978-0-316-35373-1(6))* Little, Brown Bks. for Young Readers.

Code It! Blake Hoena et al. Illus. by Sr. Sanchez. 2018. (Code It! Ser.). (ENG.). 24p. (J). (gr. 1-3). 135.96 *(978-1-68410-440-6(8)*, 29691) Cantata Learning.

Code It! 4 Creative STEM Projects for Budding Engineers — Programming Edition. Caroline Alliston. Illus. by Tom Connell. 2019. (Build It! Ser.). (ENG.). 32p. (J). (gr. 2-5). lib. bdg. 27.99 *(978-0-7112-4223-4(2)*, 8f9f4d4f-0d3f-46fa-bf54-4744bfb15403) QEB Publishing Inc.

Code It! Create It! Ideas & Inspiration for Coding. Sarah Hutt. Illus. by Brenna Vaughan. 2017. (Girls Who Code Ser.). 112p. (J). (gr. 3-7). 8.99 *(978-0-399-54255-8(8)*, Penguin Workshop) Penguin Young Readers Group.

Code It! Programming & Keyboards You Can Create Yourself. Jessie Alkire. 2017. (Cool Makerspace Gadgets & Gizmos Ser.). (ENG., Illus.). 32p. (J). (gr. 3-6). lib. bdg. 34.21 *(978-1-5321-1250-8(5)*, 27581, Checkerboard Library) ABDO Publishing Co.

Code Like a Girl: Rad Tech Projects & Practical Tips. Miriam Peskowitz. 2019. (Illus.). 208p. (J). (gr. 5). 21.99 *(978-1-5247-1389-8(9))*; (ENG., lib. bdg. 24.99 *(978-1-5247-1390-4(2))* Random Hse. Children's Bks. (Knopf Bks. for Young Readers).

Code Name Badass: The True Story of Virginia Hall. Heather Demetrios. 2022. (ENG.). 384p. (YA). (gr. 9). pap. 12.99 *(978-1-5344-3188-1(8)*, Atheneum Bks. for Young Readers) Simon & Schuster Children's Publishing.

Code Name Bananas. David Walliams. 2023. (ENG.). 384p. (J). (gr. 3-7). 19.99 *(978-0-06-284015-8(0)*, HarperCollins) HarperCollins Pubs.

Code Name Danger: Unmasking a Villain. Brian Hawkins. Illus. by Anthony Pugh. 2021. (Agent Danger Ser.). (ENG.). 144p. (J). (gr. 3-4). pap. 7.99 *(978-1-63163-523-6(9))*; lib. bdg. 25.70 *(978-1-63163-522-9(0))* North Star Editions. (Jolly Fish Pr.).

Code Name: Serendipity. Amber Smith. 2022. (ENG.). 304p. (J). (gr. 3-7). 17.99 *(978-0-593-20491-7(3)*, Razorbill) Penguin Young Readers Group.

Code Name Verity. Elizabeth Wein. l.t. ed. 2018. (ENG.). (J). pap. 12.99 *(978-1-4328-5038-8(5))* Cengage Gale.

Code Name Verity (Anniversary Edition) Elizabeth Wein. ed. 2022. (ENG.). 400p. (YA). (gr. 9-17). pap. 10.99 *(978-0-316-42631-2(8))* Little, Brown Bks. for Young Readers.

Code of Federal Regulations, Title 40, Protection of Environment, Part 64-71, Revised As of July 1 2018. National Archives and Records Administration (U.S.) & Office of the Federal Register (U.S.). 2018. (ENG.). 379p. (gr. 11). pap. 34.00 *(978-0-16-094713-1(8))* National Archives & Records Administration.

Code of Honor. Alan Gratz. ed. 2018. lib. bdg. 20.85 *(978-0-606-41139-4(9))* Turtleback.

Code of Honor (Classic Reprint) Mary Hall Leonard. 2018. (ENG., Illus.). 120p. (J). 26.37 *(978-0-484-19369-6(4))* Forgotten Bks.

Code of Magic. David D. Hammons. 2017. (ENG., Illus.). (YA). (gr. 7-12). pap. 18.99 *(978-1-62007-119-9(3))* Curiosity Quills Pr.

Code of Morals. John S. Hittell. 2017. (ENG., Illus.). (J). pap. *(978-0-649-30672-5(4))* Trieste Publishing Pty Ltd.

Code of the Mountains (Classic Reprint) Charles Neville Buck. 2018. (ENG., Illus.). 326p. (J). 30.62 *(978-0-364-12300-3(1))* Forgotten Bks.

Code Play. Caroline Karanja. 2018. (Code Play Ser.). (ENG.). 24p. (J). (gr. k-3). 119.96 *(978-1-5158-2763-4(1)*, 28062, Picture Window Bks.) Capstone.

Code Power: a Teen Programmer's Guide: Sets 1 - 2. 2018. (Code Power: a Teen Programmer's Guide Ser.). (ENG.). (J). pap. 195.30 *(978-1-4994-4061-4(8))*; (gr. 6-6). lib. bdg. 505.82 *(978-1-4994-6748-2(6)*, b54652a1-2a41-4288-8270-96d2b4f9309b) Rosen Publishing Group, Inc., The. (Rosen Reference).

Code Red. Joy McCullough. 2023. (ENG.). 240p. (J). (gr. 3). 17.99 ***(978-1-5344-9626-2(2)***, Atheneum Bks. for Young Readers) Simon & Schuster Children's Publishing.

Code Red Christmas. Camille Klump. 2023. (ENG.). 84p. (J). pap. 14.99 ***(978-1-0881-3672-0(9))*** Lulu Pr., Inc.

Code SuperNova 13: Ministry of Justice for Children. Zydrunas Milciukas. 2020. (Code Supernova Ser.: Vol. 13). (ENG., Illus.). 54p. (J). pap. *(978-1-912882-40-3(X))* Utility Fog Pr.

Code This! Puzzles, Games, Challenges, & Computer Coding Concepts for the Problem Solver in You. Jennifer Szymanski. 2019. (Illus.). 160p. (J). (gr. 3-7). pap. 16.99 *(978-1-4263-3443-6(5)*, National Geographic Kids) Disney Publishing Worldwide.

Code Warriors. Daniel Amadi. 2020. (ENG.). 132p. (J). pap. 12.99 *(978-1-61153-351-4(1)*, Torchflame Bks.) Light Messages Publishing.

Code Word Courage (Dogs of World War II) Kirby Larson. 2020. (Dogs of World War II Ser.). (ENG.). 256p. (J). (gr. 3-7). pap. 6.99 *(978-0-545-84076-7(7)*, Scholastic Pr.) Scholastic, Inc.

Code Word for Chaos. E. C. Farrell. 2023. (ENG.). 318p. (YA). pap. 18.99 ***(978-1-5092-4899-5(4))*** Wild Rose Pr., Inc., The.

Code-X: The Saga of a Legend. Neelam Dhatwalia. 2021. (ENG.). 66p. (YA). pap. 10.99 *(978-1-63957-987-7(7))* Notion Pr., Inc.

Code Your Own Games! 20 Games to Create with Scratch. Max Wainewright. rev. ed. 2020. (ENG., Illus.). 80p. (J). (gr. 1-6). 14.95 *(978-1-4549-4313-6(0))* Sterling Publishing Co., Inc.

Code Your Own Jungle Adventure. Max Wainewright. Illus. by Henry Smith. 2017. (Little Coders Ser.). (ENG.). 32p. (J). (gr. 1-3). lib. bdg. 23.99 *(978-1-68297-179-6(1)*, 7ee51c12-33b7-42cc-a1c7-e6b947ba2652) QEB Publishing Inc.

Codename Conspiracy #2: Countdown Zero. Chris Rylander. 2016. (Codename Conspiracy Ser.: 2). (ENG.). 384p. (J). (gr. 3-7). pap. 6.99 *(978-0-06-212012-0(3)*, Waldon Pond Pr.) HarperCollins Pubs.

Coder in Training. Illus. by Sarah Lawrence. 2020. (ENG.). 48p. (J). pap. 8.99 *(978-0-7534-7524-9(3)*, 900207588, Kingfisher) Roaring Brook Pr.

Codes: How to Make Them & Break Them! Kjartan Poskitt. Illus. by Ian Baker. 2017. (ENG.). 160p. (J). (gr. 2-7). pap. 6.99 *(978-1-63158-127-4(9)*, Racehorse Publishing) Skyhorse Publishing Co., Inc.

Codes & Puzzles. Lisa Carmona. 2018. (ENG., Illus.). 64p. (J). (gr. 1-3). pap., wbk. ed. 4.49 *(978-1-58947-055-2(9)*, 31ae6383-ae29-4b85-80cc-bd2c70ced7fe) School Zone Publishing Co.

Codex - V2: Coloring Book by Pat Mcwain. Patrick McWain. 2021. (ENG.). 101p. (J). pap. *(978-1-7948-9741-0(0))* Lulu Pr., Inc.

Codex Black (Book One): a Fire among Clouds, Bk. 1. Camilo Moncada Lozano. 2023. (Codex Black Ser.: 1). (Illus.). 320p. (YA). (gr. 8-12). pap. 16.99 *(978-1-68405-959-1(3))* Idea & Design Works, LLC.

Codey's Song. J. A. Eaton. 2017. (ENG., Illus.). (J). (gr. -1-3). 14.95 *(978-1-68401-295-4(3))* Amplify Publishing Group.

Codicil: A Novel (Classic Reprint) Henry Howard Harper. 2018. (ENG., Illus.). 310p. (J). 30.31 *(978-0-428-99970-4(0))* Forgotten Bks.

¡Codificar Es Divertido! Eugene Amadi. 2019. (SPA., Illus.). 64p. (J). (gr. k-4). pap. 8.99 *(978-1-61153-357-6(0)*, Torchflame Bks.) Light Messages Publishing.

Código Troglodita (Roboters 2) / Code Caveman. Tom Helix. 2019. (Roboters Ser.: 2). (SPA.). 192p. (J). (gr. 4-7). pap. 13.95 *(978-607-31-8326-0(7)*, Montena) Penguin Random House Grupo Editorial ESP. Dist: Penguin Random Hse. LLC.

Códigos y Computadoras / Codes & Computers. Lisa Regan. 2023. (SPA.). 128p. (J). (gr. 3-7). pap. 9.95 ***(978-987-751-931-0(3))*** El Gato de Hojalata ARG. Dist: Penguin Random Hse. LLC.

Códigos y Señales: Leveled Reader Card Book 15 Level I 6 Pack. Hmh Hmh. 2021. (SPA.). (J). pap. 74.40 *(978-0-358-08412-9(1))* Houghton Mifflin Harcourt Publishing Co.

Coding. Meg Marquardt. 2017. (Tech Bytes Ser.). (ENG.). 48p. (J). (gr. 4-6). pap. 14.60 *(978-1-68404-118-3(X))*; (Illus.). 26.60 *(978-1-59953-887-7(3))* Norwood Hse. Pr.

Coding 1, 2, 3. Janet Slingerland. 2018. (Starting with STEAM Ser.). (ENG., Illus.). 24p. (gr. 1-3). pap. 9.95 *(978-1-64156-548-6(9)*, 9781641565486) Rourke Educational Media.

Coding Activities for Building Apps, 1 vol. Cathleen Small. 2021. (Code Creator Ser.). (ENG.). 64p. (gr. 7-7). pap. 13.95 *(978-1-7253-4095-4(X)*, 00d51f09-0cd5-4007-82da-c896412bb6b1) Rosen Publishing Group, Inc., The.

Coding Activities for Building Databases with SQL, 1 vol. Sarah Mullin. 2021. (Code Creator Ser.). (ENG., Illus.). 64p. (J). (gr. 7-7). pap. 13.95 *(978-1-7253-4098-5(4)*, 2caf2e7c-54a9-4e8f-8e6b-3b5ad30919e5) Rosen Publishing Group, Inc., The.

Coding Activities for Building Websites with HTML, 1 vol. Adam Furgang. 2021. (Code Creator Ser.). (ENG.). 64p. (gr. 7-7). pap. 13.95 *(978-1-7253-4113-5(1)*, 9a363563-239c-4f9f-917d-101574e25ada) Rosen Publishing Group, Inc., The.

Coding Activities for Coding Robots with LEGO Mindstorms, 1 vol. Emilee Hillman. 2021. (Code Creator Ser.). (ENG., Illus.). 64p. (J). (gr. 7-7). pap. 13.95 *(978-1-7253-4107-4(7)*, 4c11b148-721f-48af-a3c1-2fb4840b8b0b) Rosen Publishing Group, Inc., The.

Coding Activities for Developing Games in Unity, 1 vol. Joshua Romphf. 2021. (Code Creator Ser.). (ENG.). 64p. (J). (gr. 7-7). pap. 13.95 *(978-1-7253-4101-2(8)*, 90d7d8bd-a48a-431c-a327-c202e353bf0a) Rosen Publishing Group, Inc., The.

Coding Activities for Developing Music with Sonic Pi, 1 vol. Cathleen Small. 2021. (Code Creator Ser.). (ENG.). 64p. (J). (gr. 7-7). pap. 13.95 *(978-1-7253-4104-3(2)*, 5f86be3a-b5cb-4655-8ebf-6e484db2e894) Rosen Publishing Group, Inc., The.

Coding & Scripting in Roblox Studio. Josh Gregory. 2020. (21st Century Skills Innovation Library: Unofficial Guides Junior Ser.). (ENG., Illus.). 24p. (J). (gr. 2-5). lib. bdg. 30.64 *(978-1-5341-6968-5(7)*, 215759) Cherry Lake Publishing.

Coding at the Grocery Store. Kristin Fontichiaro & Colleen Van Lent. 2020. (21st Century Skills Innovation Library: Makers As Innovators Junior Ser.). (ENG., Illus.). 24p. (J). (gr. 2-5). pap. 12.79 *(978-1-5341-6159-7(7)*, 214636); lib. bdg. 30.64 *(978-1-5341-5929-7(0)*, 214635) Cherry Lake Publishing.

Coding at the Water Park. Kristin Fontichiaro & Colleen Van Lent. 2020. (21st Century Skills Innovation Library: Makers As Innovators Junior Ser.). (ENG.). 24p. (J). (gr. 2-5). pap. 12.79 *(978-1-5341-6156-6(2)*, 214624); (Illus.). lib. bdg. 30.64 *(978-1-5341-5926-6(6)*, 214623) Cherry Lake Publishing.

Coding at the Zoo. Kristin Fontichiaro & Colleen Van Lent. 2020. (21st Century Skills Innovation Library: Makers As Innovators Junior Ser.). (ENG., Illus.). 24p. (J). (gr. 2-5). pap. 12.79 *(978-1-5341-6154-2(6)*, 214616); lib. bdg. 30.64 *(978-1-5341-5924-2(X)*, 214615) Cherry Lake Publishing.

Coding Basics. George Anthony Kulz. 2019. (Coding Ser.). (ENG., Illus.). 32p. (J). (gr. 3-5). 31.35 *(978-1-64185-326-2(3)*, 1641853263, Focus Readers) North Star Editions.

Coding Basics. George Anthony Kulz. 2019. (Coding Ser.). (ENG.). 32p. (J). lib. bdg. 22.99 *(978-1-5105-4638-7(3))* SmartBook Media, Inc.

Coding Basics (Set), 6 vols. Teddy Borth. 2021. (Coding Basics Ser.). (ENG.). 24p. (J). (gr. k-3). lib. bdg. 188.16 *(978-1-5321-6960-1(4)*, 37997, Pop! Cody Koala) Pop!.

Coding, Bugs, & Fixes. Heather Lyons & Elizabeth Tweedale. Illus. by Alex Westgate. 2016. (Kids Get Coding Ser.). (ENG.). 24p. (J). (gr. 1-4). 26.65 *(978-1-5124-1359-5(3)*, 28f2d469-6ab2-41cc-8ac8-3357ed749607, Lerner Pubns.) Lerner Publishing Group.

Coding Can Change the World. Edwin Kim. Ed. by Priscilla Jih. Illus. by Emmy Dala Senta. 2021. (ENG.). 38p. (J). 23.99 *(978-1-0878-9608-3(8))* Indy Pub.

Coding Careers for Tomorrow, 12 vols. 2019. (Coding Careers for Tomorrow Ser.). (ENG.). 80p. (YA). (gr. 8-8). lib. bdg. 224.16 *(978-1-5026-4756-6(7)*, 850b5ca0-49d9-47ec-af58-dee70efce320) Cavendish Square Publishing LLC.

Coding Careers for Tomorrow (Set) 2019. (Coding Careers for Tomorrow Ser.). (ENG.). 80p. (YA). pap. 105.84 *(978-1-5026-4780-1(X))* Cavendish Square Publishing LLC.

Coding Careers in Internet Security, 1 vol. Kate Shoup. 2019. (Coding Careers for Tomorrow Ser.). (ENG.). 80p. (gr. 8-8). lib. bdg. 37.36 *(978-1-5026-4582-1(3)*, 8e02aa0c-907f-4a91-aefb-c3fb539c9c11) Cavendish Square Publishing LLC.

Coding Careers in Manufacturing, 1 vol. Kaitlyn Duling. 2019. (Coding Careers for Tomorrow Ser.). (ENG.). 80p. (gr. 8-8). lib. bdg. 37.36 *(978-1-5026-4585-2(8)*, db120459-70e2-450c-a695-1a11a5c95aff) Cavendish Square Publishing LLC.

Coding Careers in the Energy Industry, 1 vol. Jeri Freedman. 2019. (Coding Careers for Tomorrow Ser.). (ENG.). 80p. (gr. 8-8). 37.36 *(978-1-5026-4579-1(3)*, 9a14d33f-f640-4d8d-b726-a5207e87e296) Cavendish Square Publishing LLC.

Coding Careers in the Military, 1 vol. Kate Shoup. 2019. (Coding Careers for Tomorrow Ser.). (ENG.). 80p. (gr. 8-8). pap. 18.64 *(978-1-5026-4587-6(4)*, 54a996b4-9fb8-4c54-a537-39253db37629) Cavendish Square Publishing LLC.

Coding Careers in Transportation, 1 vol. Jeri Freedman. 2019. (Coding Careers for Tomorrow Ser.). (ENG.). 80p. (gr. 8-8). pap. 18.64 *(978-1-5026-4590-6(4)*, a020ef25-b153-4ddf-84f9-68f0bfc02825) Cavendish Square Publishing LLC.

Coding Champions. Timothy Amadi. 2019. (ENG., Illus.). 22p. (J). (gr. 1-6). pap. 7.99 *(978-1-61153-350-7(3)*, Torchflame Bks.) Light Messages Publishing.

Coding Club Python: Interactive Adventures Level 2. Chris Roffey. ed. 2016. (ENG., Illus.). 106p. spiral bd. 20.30 *(978-1-316-63411-0(6))* Cambridge Univ. Pr.

Coding for Beginners Using Python IR. Louie Stowell. 2017. (Coding for Beginners* Ser.). (ENG.). 96p. pap. 14.99 *(978-0-7945-3950-4(5)*, Usborne) EDC Publishing.

Coding for Digital Security, 1 vol. Patricia Harris. 2017. (Spotlight on Kids Can Code Ser.). (ENG.). 24p. (J). (gr. 4-5). 27.93 *(978-1-5081-5516-4(X)*, 799de7e8-a600-4e19-a187-f0cfdb17e784, PowerKids Pr.) Rosen Publishing Group, Inc., The.

Coding for Kids: The Complete & Intuitive Guide to Learn How to Code for Beginners. Sean Damon. 2021. (ENG.). 96p. (J). pap. 19.38 *(978-1-716-34849-5(8))* Lulu Pr., Inc.

Coding for Kids C++ Basic Guide for Kids to Learn Commands & How to Write a Program. GoldInk Books. 2021. (ENG.). 96p. (YA). 25.99 ***(978-1-956913-19-4(X))***; pap. 16.99 ***(978-1-956913-18-7(1))*** GoldInk Pubs. LLC.

Coding for Kids Python: A Comprehensive Guide That Can Teach Children to Code with Simple Methods. GoldInk Books. 2021. (ENG.). 108p. (YA). pap. 16.99 *(978-1-956913-20-0(3))*; 25.99 ***(978-1-956913-21-7(1))*** GoldInk Pubs. LLC.

Coding for Minecrafters: Unofficial Adventures for Kids Learning Computer Code. Ian Garland. 2019. (Illus.). 128p. (J). (gr. 3-7). pap. 12.99 *(978-1-5107-4002-0(3)*, Sky Pony Pr.) Skyhorse Publishing Co., Inc.

Coding from Scratch. Rachel Grant. ed. 2018. (ENG., Illus.). 160p. (J). (gr. 3-5). pap., pap., pap. 14.95 *(978-1-5435-3589-1(5)*, 138973, Capstone Classroom) Capstone.

Coding Games from Scratch: 4D an Augmented Reading Experience. Rachel Grant. 2018. (Code It Yourself 4D Ser.). (ENG., Illus.). 48p. (J). (gr. 3-5). lib. bdg. 33.99 *(978-1-5157-6658-2(6)*, 135227, Capstone Pr.) Capstone.

Coding Games in Python. DK. 2018. (DK Help Your Kids Ser.). (ENG.). 224p. (J). (gr. 4-7). pap. 19.99 *(978-1-4654-7361-5(0)*, DK Children) Dorling Kindersley Publishing, Inc.

Coding Games in Python. Dorling Kindersley Publishing Staff. ed. 2018. lib. bdg. 33.05 *(978-0-606-41339-8(1))* Turtleback.

Coding Games in Scratch: A Step-By-Step Visual Guide to Building Your Own Computer Games. Jon Woodcock. (DK Help Your Kids Ser.). 224p. (J). 2019. (ENG.). (gr. 3-7). pap. 19.99 *(978-1-4654-7733-0(0)*, DK Children); 2016. (Illus.). lib. bdg. *(978-1-5182-0510-1(0))* Dorling Kindersley Publishing, Inc.

Coding in Computers. Elizabeth Noll. 2018. (Coding Is Everywhere Ser.). (ENG., Illus.). 24p. (J). (gr. k-3). pap. 7.99 *(978-1-61891-477-4(4)*, 12130, Blastoff! Readers) Bellwether Media.

Coding in Scratch for Beginners: 4D an Augmented Reading Experience. Rachel Grant. Illus. by Dario Brizuela. 2018. (Junior Makers 4D Ser.). (ENG.). 48p. (J). (gr. 3-9). lib. bdg. 33.99 *(978-1-5157-9490-5(3)*, 136715, Capstone Classroom) Capstone.

Coding in the Cafeteria. Kristin Fontichiaro & Colleen Van Lent. 2020. (21st Century Skills Innovation Library: Makers As Innovators Junior Ser.). (ENG.). 24p. (J). (gr. 2-5). pap. 12.79 *(978-1-5341-6160-3(0)*, 214640); (Illus.). lib. bdg. 30.64 *(978-1-5341-5930-3(4)*, 214639) Cherry Lake Publishing.

Coding in the City. Kristin Fontichiaro & Colleen Van Lent. 2020. (21st Century Skills Innovation Library: Makers As Innovators Junior Ser.). (ENG., Illus.). 24p. (J). (gr. 2-5). pap. 12.79 *(978-1-5341-6155-9(4)*, 214620); lib. bdg. 30.64 *(978-1-5341-5925-9(8)*, 214619) Cherry Lake Publishing.

Coding in the Internet. Elizabeth Noll. 2018. (Coding Is Everywhere Ser.). (ENG., Illus.). 24p. (J). (gr. k-3). pap. 7.99 *(978-1-61891-478-1(2)*, 12131, Blastoff! Readers) Bellwether Media.

Coding in the Real World. Heather Lyons. Illus. by Alex Westgate. 2017. (Kids Get Coding Ser.). (ENG.). 24p. (J). (gr. 1-4). 26.65 *(978-1-5124-3943-4(6)*, e914b6b5-3bee-4330-b553-0c0f45326717, Lerner Pubns.); pap. 10.99 *(978-1-5124-5586-1(5)*, 685c9109-0a6b-4882-9e39-a52aca1902d5) Lerner Publishing Group.

Coding in the Science Lab. Kristin Fontichiaro & Colleen Van Lent. 2020. (21st Century Skills Innovation Library: Makers As Innovators Junior Ser.). (ENG.). 24p. (J). (gr. 2-5). pap. 12.79 *(978-1-5341-6157-3(0)*, 214628); (Illus.). lib. bdg. 30.64 *(978-1-5341-5927-3(4)*, 214627) Cherry Lake Publishing.

Coding in Transportation. Elizabeth Noll. 2018. (Coding Is Everywhere Ser.). (ENG., Illus.). 24p. (J). (gr. k-3). pap. 7.99 *(978-1-61891-479-8(0)*, 12132); lib. bdg. 26.95 *(978-1-62617-835-9(6))* Bellwether Media. (Blastoff! Readers).

Coding in Video Games. Elizabeth Noll. 2018. (Coding Is Everywhere Ser.). (ENG., Illus.). 24p. (J). (gr. k-3). pap. 7.99 *(978-1-61891-480-4(4)*, 12133, Blastoff! Readers) Bellwether Media.

Coding in Your Home. Elizabeth Noll. 2018. (Coding Is Everywhere Ser.). (ENG., Illus.). 24p. (J). (gr. k-3). pap. 7.99 *(978-1-61891-481-1(2)*, 12134); lib. bdg. 26.95 *(978-1-62617-837-3(2))* Bellwether Media. (Blastoff! Readers).

Coding in Your School. Elizabeth Noll. 2018. (Coding Is Everywhere Ser.). (ENG., Illus.). 24p. (J). (gr. k-3). pap. 7.99 *(978-1-61891-482-8(0)*, 12135); lib. bdg. 26.95 *(978-1-62617-838-0(0))* Bellwether Media. (Blastoff! Readers).

Coding IPhone Apps for Kids: A Playful Introduction to Swift. Gloria Winquist & Matt McCarthy. 2017. (Illus.). 336p. (gr. 5). pap. 29.95 *(978-1-59327-756-7(3))* No Starch Pr., Inc.

Coding Is Everywhere Set. Various Authors. 2022. (ENG.). 24p. (J). (gr. k-3). 161.70 *(978-1-64487-801-9(1)*, Blastoff! Readers) Bellwether Media.

Coding Is Fun. Eugene Amadi. 2019. (ENG., Illus.). 64p. (J). (gr. k-4). pap. 8.99 *(978-1-61153-349-1(X)*, Torchflame Bks.) Light Messages Publishing.

Coding Mission. Shannon McClintock Miller & Blake Hoena. Illus. by Alan Brown. 2018. (Adventures in Makerspace Ser.). (ENG.). 32p. (J). (gr. 3-5). 30.65 *(978-1-4965-7743-6(4)*, 138429, Stone Arch Bks.) Capstone.

Coding Mission. Shannon Miller & B. A. Hoena. 2018. (J). *(978-1-68410-226-6(X))* Cantata Learning.

Coding on the Playground. Kristin Fontichiaro & Colleen Van Lent. 2020. (21st Century Skills Innovation Library: Makers As Innovators Junior Ser.). (ENG., Illus.). 24p. (J). (gr. 2-5). pap. 12.79 *(978-1-5341-6153-5(8)*, 214612); lib. bdg. 30.64 *(978-1-5341-5923-5(1)*, 214611) Cherry Lake Publishing.

Coding Onstage. Kristin Fontichiaro & Colleen Van Lent. 2020. (21st Century Skills Innovation Library: Makers As Innovators Junior Ser.). (ENG., Illus.). 24p. (J). (gr. 2-5). pap. 12.79 *(978-1-5341-6158-0(9)*, 214632); lib. bdg. 30.64 *(978-1-5341-5928-0(2)*, 214631) Cherry Lake Publishing.

Coding Projects. Jon Woodcock. Illus. by Jon Hall. 2017. 95p. (J). *(978-1-4654-7418-6(8))* Dorling Kindersley Publishing, Inc.

Coding Projects for All, 4 vols. 2019. (Coding Projects for All Ser.). (ENG.). 4256p. (YA). (gr. 7-7). lib. bdg. 86.40 *(978-1-7253-4021-3(6)*, 310836c7-24d0-4f39-8ab3-af676ed6ad78) Rosen Publishing Group, Inc., The.

Coding Projects in Python. DK. 2017. (DK Help Your Kids Ser.). (ENG., Illus.). 224p. (J). (gr. 4-7). pap. 19.99 *(978-1-4654-6188-9(4)*, DK Children) Dorling Kindersley Publishing, Inc.

Coding Projects in Scratch: A a Step-By-Step Visual Guide to Coding Your Own Animations, Games, Simulations. Jon Woodcock. 2019. (DK Help Your Kids Ser.). (ENG.). 224p. (J). (gr. 4-7). pap. 19.99 *(978-1-4654-7734-7(9)*, DK Children) Dorling Kindersley Publishing, Inc.

Coding (Real World Math) Jennifer Szymanski. 2021. (Real World Math Ser.). (ENG., Illus.). 32p. (J). (gr. k-2). pap. 7.99 *(978-1-338-76193-1(5)*, Children's Pr.) Scholastic Library Publishing.

Coding (Real World Math) (Library Edition) Jennifer Szymanski. 2021. (Real World Math Ser.). (ENG., Illus.). 32p. (J). (gr. k-2). lib. bdg. 25.00 *(978-1-338-76191-7(9)*, Children's Pr.) Scholastic Library Publishing.

Coding (Set Of 4) 2019. (Coding Ser.). (ENG., Illus.). 128p. (J). (gr. 3-5). pap. 39.80 *(978-1-64185-383-5(2)*, 1641853832); lib. bdg. 125.40 *(978-1-64185-325-5(5))* North Star Editions. (Focus Readers).

Coding to Create & Communicate. Heather Lyons. Illus. by Alex Westgate. 2017. (Kids Get Coding Ser.). (ENG.). 24p. (J). (gr. 1-4). 26.65 *(978-1-5124-3944-1(4)*, c20a25b4-b4ef-4c7f-a81a-33804fa76ee9, Lerner Pubns.); pap. 10.99 *(978-1-5124-5584-7(9)*, 400d604e-d71b-4e63-bd03-15bf622ed604) Lerner Publishing Group.

Coding to Kindness. Valerie Sousa. Illus. by Jennifer Leban. 2020. (ENG.). 32p. (J). pap. 15.99 *(978-1-970133-93-6(7))* EduMatch.

Coding with Basher: Code Your Own Website. The Coder School. Illus. by Simon Basher. 2019. (ENG.). 96p. (J). 14.99 *(978-0-7534-7511-9(1)*, 900207864); pap. 9.99 *(978-0-7534-7512-6(X)*, 900207865) Roaring Brook Pr. (Kingfisher).

Coding with Basher: Coding with Scratch. The Coder School. Illus. by Simon Basher. 2019. (ENG.). 96p. (J). 14.99 *(978-0-7534-7509-6(X)*, 900207862); pap. 9.99 *(978-0-7534-7510-2(3)*, 900207863) Roaring Brook Pr. (Kingfisher).

Coding with Blockly. Amber Lovett. 2017. (21st Century Skills Innovation Library: Makers As Innovators Junior Ser.). (ENG., Illus.). 24p. (J). (gr. 2-5). lib. bdg. 30.64 *(978-1-63472-185-1(3)*, 209312) Cherry Lake Publishing.

Coding with Dinosaurs. Kylie Burns. 2023. (Adventures in Unplugged Coding Ser.). (ENG., Illus.). (J). (gr. 3-8). pap. 8.99. lib. bdg. 26.95 Bellwether Media.

Coding with Extreme Sports. Kylie Burns. 2023. (Adventures in Unplugged Coding Ser.). (ENG., Illus.). (J). (gr. 3-8). pap. 8.99. lib. bdg. 26.95 Bellwether Media.

Coding with Hopscotch. Álvaro Scrivano. Illus. by Sue Downing. 2019. (Ready, Set, Code! Ser.). (ENG.). 32p. (J). (gr. 2-5). 29.32 *(978-1-5415-3874-0(9)*, 4a16a014-3581-4b1b-90bf-769e4ba6d7e2, Lerner Pubns.) Lerner Publishing Group.

Coding with LEGO Wedo. Amy Quinn. 2017. (21st Century Skills Innovation Library: Makers As Innovators Junior Ser.). (ENG., Illus.). 24p. (J). (gr. 2-5). lib. bdg. 30.64 *(978-1-63472-694-8(4)*, 210074) Cherry Lake Publishing.

Coding with Mythical Creatures. Kylie Burns. 2023. (Adventures in Unplugged Coding Ser.). (ENG., Illus.). (J). (gr. 3-8). pap. 8.99. lib. bdg. 26.95 Bellwether Media.

Coding with Outer Space. Kylie Burns. 2023. (Adventures in Unplugged Coding Ser.). (ENG., Illus.). (J). (gr. 3-8). pap. 8.99. lib. bdg. 26.95 Bellwether Media.

Coding with Python. Álvaro Scrivano. Illus. by Sue Downing. 2019. (Ready, Set, Code! Ser.). (ENG.). 32p. (J). (gr. 2-5). pap. 9.99 *(978-1-5415-4667-7(9)*, 65f86126-24ce-48fe-9b21-b56540a8bc5b); lib. bdg. 29.32 *(978-1-5415-3876-4(5)*, c3c5d133-f6a6-451d-a3ae-8a91d021a1e1, Lerner Pubns.) Lerner Publishing Group.

Coding with Rain Forest Animals. Kylie Burns. 2023. (Adventures in Unplugged Coding Ser.). (ENG., Illus.). (J). (gr. 3-8). pap. 8.99. lib. bdg. 26.95 Bellwether Media.

Coding with Robotics. Kylie Burns. 2023. (Adventures in Unplugged Coding Ser.). (ENG., Illus.). (J). (gr. 3-8). pap. 8.99 Bellwether Media.

Coding with Robotics. Contrib. by Kylie Burns. 2023. (Adventures in Unplugged Coding Ser.). (ENG., Illus.). (J). (gr. 3-8). lib. bdg. 26.95 Bellwether Media.

Coding with ScratchJr. Adrienne Matteson. 2017. (21st Century Skills Innovation Library: Makers As Innovators Junior Ser.). (ENG., Illus.). 24p. (J). (gr. 2-5). lib. bdg. 30.64 *(978-1-63472-186-8(1)*, 209316) Cherry Lake Publishing.

Coding with ScratchJr. Álvaro Scrivano. Illus. by Sue Downing. 2019. (Ready, Set, Code! Ser.). (ENG.). 32p. (J). (gr. 2-5). 29.32 *(978-1-5415-3875-7(7)*, 8df29bcd-8436-4249-8d65-a8b4949c50cc, Lerner Pubns.) Lerner Publishing Group.

Coding with Sphero. Adrienne Matteson. 2017. (21st Century Skills Innovation Library: Makers As Innovators Junior Ser.). (ENG., Illus.). 24p. (J). (gr. 2-5). lib. bdg. 30.64 *(978-1-63472-695-5(2)*, 210078) Cherry Lake Publishing.

Coding with the Paranormal. Kylie Burns. 2023. (Adventures in Unplugged Coding Ser.). (ENG., Illus.). (J). (gr. 3-8). pap. 8.99 Bellwether Media.

Coding with the Paranormal. Contrib. by Kylie Burns. 2023. (Adventures in Unplugged Coding Ser.). (ENG., Illus.). (J). (gr. 3-8). lib. bdg. 26.95 Bellwether Media.

Coding with Video Games. Kylie Burns. 2023. (Adventures in Unplugged Coding Ser.). (ENG., Illus.). (J). (gr. 3-8). pap. 8.99 Bellwether Media.

Coding with Video Games. Contrib. by Kylie Burns. 2023. (Adventures in Unplugged Coding Ser.). (ENG., Illus.). (J). (gr. 3-8). lib. bdg. 26.95 Bellwether Media.

Coding Your Passion: Using Computer Science in Digital Gaming Careers, Digital Music Careers, Financial Technology Careers, High-tech Criminal ... Your Passion: Using Computer Science in), 12 vols. 2017. (Coding Your Passion Ser.). (ENG.). 80p. (gr. 7-7). 224.82 *(978-1-4994-6628-7(5)*, d5fe5f07-6517-4494-ac3d-ff26cfc8a1b9, Rosen Young Adult) Rosen Publishing Group, Inc., The.

Coding Your Passion (Fall 2019 Bundle) 2019. (Coding Your Passion Ser.). (ENG.). (YA). pap. 195.60 *(978-1-7253-4005-3(4))* Rosen Publishing Group, Inc., The.

Coding Your Passion: Sets 1 - 2, 24 vols. 2018. (Coding Your Passion Ser.). (ENG.). (YA). (gr. 7-7). lib. bdg. 449.64 *(978-1-4994-6750-5(8)*, 81c25cf2-bb89-4f61-9a01-cf42f7ea19f8) Rosen Publishing Group, Inc., The.

Coding Your Passion: Sets 1 - 3, 36 vols. 2019. (Coding Your Passion Ser.). (ENG.). (YA). (gr. 7-7). lib. bdg. 674.46 *(978-1-5081-8758-5(4)*, 65101425-f82a-46ca-9a77-c07b0e3ee983) Rosen Publishing Group, Inc., The.

Codorniz de California (California Quails) Julie Murray. 2022. (Aves Estatales (State Birds) Ser.). (ENG.). 24p. (J). (gr. -1-2). lib. bdg. 31.36 *(978-1-0982-6329-4(4)*, 39459, Abdo Kids) ABDO Publishing Co.

Cody & Grandpa's Christmas Tradition, 1 vol. Gary Metivier. Illus. by Traci Van Wagoner. 2016. (ENG.). 32p. (J). (gr. k-3). 16.99 *(978-1-4556-2170-5(6)*, Pelican Publishing) Arcadia Publishing.

Cody & the Heart of a Champion. Tricia Springstubb. Illus. by Eliza Wheeler. (Cody Ser.). (ENG.). 160p. (J). (gr. 2-5). 2019. pap. 7.99 *(978-1-5362-0633-3(4))*; 2018. 14.99 *(978-0-7636-7921-7(6))* Candlewick Pr.

Cody & the Mysteries of the Universe. Tricia Springstubb. Illus. by Eliza Wheeler. 2016. (Cody Ser.). (ENG.). 144p. (J). (gr. 2-5). 14.99 *(978-0-7636-5858-8(8))* Candlewick Pr.

Cody & the Rules of Life. Tricia Springstubb. Illus. by Eliza Wheeler. (Cody Ser.). (ENG.). 176p. (J). (gr. 2-5). 2018. pap. 7.99 *(978-1-5362-0054-6(9))*; 2017. 14.99 *(978-0-7636-7920-0(8))* Candlewick Pr.

Cody Barks. Brenda Ponnay. Illus. by Brenda Ponnay. 2020. (Cody the Dog Ser.). (ENG.). 8p. (J). (gr. -1-2). pap. 5.99 *(978-1-5324-2707-7(7))* Xist Publishing.

Cody Barks at Everyone. Brenda Ponnay. Illus. by Brenda Ponnay. 2020. (Cody the Dog Ser.). (ENG.). 16p. (J). (gr. -1-2). pap. 5.99 *(978-1-5324-2710-7(7))* Xist Publishing.

Cody Bellinger. Jon M. Fishman. 2021. (Sports All-Stars (Lerner (tm) Sports) Ser.). (ENG., Illus.). 32p. (J). (gr. 2-5). pap. 9.99 *(978-1-7284-2313-5(9)*, 5f34fbdf-3890-4d16-855e-ef15a80c016f); lib. bdg. 29.32 *(978-1-7284-2054-7(7)*, dd9eeb80-22db-43db-a769-55ffcf5a942d) Lerner Publishing Group. (Lerner Pubns.).

Cody Bellinger: Baseball Star: Baseball Star. Connor Stratton. 2021. (Biggest Names in Sports Set 6 Ser.). (ENG., Illus.). 32p. (J). (gr. 3-5). pap. 9.95 *(978-1-64493-733-4(6))*; lib. bdg. 31.35 *(978-1-64493-697-9(6))* North Star Editions. (Focus Readers).

Cody Come Todo. Brenda Ponnay. Illus. by Brenda Ponnay. 2020. (Cody the Dog Ser.). (SPA.). 16p. (J). (gr. -1-2). pap. 5.99 *(978-1-5324-2068-9(4))* Xist Publishing.

Cody Eats. Brenda Ponnay. Illus. by Brenda Ponnay. 2019. (Cody the Dog Ser.). (ENG., Illus.). 8p. (J). (gr. -1-2). pap. 5.99 *(978-1-5324-0943-1(5))* Xist Publishing.

Cody Eats / Cody Come. Brenda Ponnay. Illus. by Brenda Ponnay. 2020. (Cody the Dog Ser.). (ENG.). 8p. (J). (gr. -1-2). pap. 5.99 *(978-1-5324-2077-1(3))* Xist Publishing.

Cody Eats Everything. Brenda Ponnay. Illus. by Brenda Ponnay. 2019. (Cody the Dog Ser.). (ENG., Illus.). 16p. (J). (gr. -1-2). pap. 5.99 *(978-1-5324-1110-6(3))* Xist Publishing.

Cody Eats Everything / Cody Come Todo. Brenda Ponnay. Illus. by Brenda Ponnay. 2020. (Cody the Dog Ser.). (ENG.). 16p. (J). (gr. -1-2). pap. 5.99 *(978-1-5324-2074-0(9))* Xist Publishing.

Cody Is a Big Brother. Adapted by Gloria Cruz. 2023. (CoComelon Ser.). (ENG.). 14p. (J). (gr. -1-k). bds. 7.99 ***(978-1-6659-4233-1(9)***, Simon Spotlight) Simon Spotlight.

Cody Poops. Brenda Ponnay. Illus. by Brenda Ponnay. 2019. (Cody the Dog Ser.). (ENG., Illus.). 8p. (J). (gr. -1-2). pap. 5.99 *(978-1-5324-1252-3(5))* Xist Publishing.

Cody Poops Everywhere. Brenda Ponnay. Illus. by Brenda Ponnay. 2019. (Cody the Dog Ser.). (ENG., Illus.). 16p. (J). (gr. -1-2). pap. 5.99 *(978-1-5324-1329-2(7))* Xist Publishing.

Cody Sheds. Brenda Ponnay. Illus. by Brenda Ponnay. 2020. (Cody the Dog Ser.). (ENG., Illus.). 8p. (J). (gr. k-1). pap. 5.99 *(978-1-5324-1546-3(X))* Xist Publishing.

Cody Sheds Everywhere. Brenda Ponnay. Illus. by Brenda Ponnay. 2020. (Cody the Dog Ser.). (ENG., Illus.). 16p. (J). (gr. k-1). pap. 5.99 *(978-1-5324-1548-7(6))* Xist Publishing.

Cody the Cloud Bunny. Mika More. 2016. (ENG., Illus.). (J). pap. 16.95 *(978-1-5043-6494-2(5)*, Balboa Pr.) Author Solutions, LLC.

Cody to the Rescue. Renee Filippucci-Kotz. 2020. (ENG.). 26p. (J). pap. 12.45 *(978-1-0879-2388-8(3))* Filippucci-Kotz, Renee.

Cody to the Rescue. Renee Filippucci-Kotz. 2020. (ENG.). 26p. (J). 19.45 *(978-1-0879-2306-2(9))* Indy Pub.

Cody's Christmas. Shirley Lafferty. 2017. (ENG., Illus.). (J). pap. 11.95 *(978-1-64114-556-5(0))* Christian Faith Publishing.

Cody's Coronavirus Confinement. Tracilyn George. 2020. (ENG.). 42p. (J). pap. 15.00 *(978-1-7774435-9-7(8))* Lulu Pr., Inc.

Cody's Coronavirus Confinement. Tracilyn George. Illus. by Ari Jones. 2020. (ENG.). 44p. (J). pap. 23.94 *(978-1-716-61603-7(4))* Lulu Pr., Inc.

Cody's Coronavirus Confinement. Tracilyn George. 2020. (ENG.). 44p. (J). pap. 14.98 *(978-1-716-05502-7(4))* Lulu Pr., Inc.

Cody's Dino Day! Adapted by Patty Michaels. 2022. (CoComelon Ser.). (ENG.). 24p. (J). (gr. -1-k). pap. 4.99 *(978-1-6659-2605-8(8)*, Simon Spotlight) Simon Spotlight.

Cody's Rome Dig. Gayle Taylor & Roland Taylor. 2019. (Cody's Dig Ser.: Vol. 3). (ENG.). 106p. (J). pap. 8.99 *(978-1-68314-941-5(6))* Redemption Pr.

Codzilla. David Zeltser. Illus. by Jared Chapman. 2019. (ENG.). 40p. (J). (gr. -1-3). 17.99 *(978-0-06-257067-3(6)*, HarperCollins) HarperCollins Pubs.

Coelebs in Search of a Wife: Comprehending Observations on Domestic Habits & Manners, Religion & Morals (Classic Reprint) Hannah More. 2017. (ENG., Illus.). (J). 30.15 *(978-0-331-68139-0(0))* Forgotten Bks.

Coelebs in Search of a Wife, Vol. 1 Of 2: Comprehending Observations on Domestic Habits & Manners, Religion & Morals (Classic Reprint) Hannah More. (ENG., Illus.). (J). 2018. 368p. 31.49 *(978-0-656-87905-2(X))*; 2017. 32.72 *(978-0-331-93477-9(9))*; 2017. 32.79 *(978-0-266-73481-9(2))*; 2017. pap. 16.57 *(978-1-5276-9822-2(X))*; 2017. pap. 13.97 *(978-0-259-17795-1(4))*; 2017. pap. 11.97 *(978-0-259-19260-2(0))* Forgotten Bks.

Coelebs in Search of a Wife, Vol. 2 Of 2: Comprehending Observations on Domestic Habits & Manners, Religion & Morals (Classic Reprint) Hannah More. 2017. (ENG., Illus.). (J). 32.81 *(978-0-260-41972-9(9))*; pap. 11.57 *(978-0-260-10525-7(2))* Forgotten Bks.

Coelebs, the Love Story of a Bachelor (Classic Reprint) Florence Ethel Mills Young. 2017. (ENG., Illus.). (J). 30.60 *(978-1-5283-6239-9(X))* Forgotten Bks.

Coelebs the Younger in Search of a Wife: Or the Drawingroom Troubles of Moody Robinson Esquire (Classic Reprint) Charles Altamont Doyle. 2018. (ENG., Illus.). 222p. (J). 28.48 *(978-0-483-87168-7(0))* Forgotten Bks.

Coelophysis. Arnold Ringstad. 2019. (Dinosaurs Ser.). (ENG., Illus.). 24p. (J). (gr. 1-1). pap. 8.95 *(978-1-64185-550-1(9)*, 1641855509) North Star Editions.

Coelophysis. Arnold Ringstad. 2018. (Dinosaurs Ser.). (ENG., Illus.). 24p. (J). (gr. k-3). lib. bdg. 31.36 *(978-1-5321-6179-7(4)*, 30141, Pop! Cody Koala) Pop!.

Coeur d'Alene (Classic Reprint) Mary Hallock Foote. 2017. (ENG., Illus.). (J). 29.22 *(978-0-266-91011-4(4))* Forgotten Bks.

Coeur de Fafnir: Le Forgeron. Adrian DARC. 2020. (FRE.). 555p. (YA). pap. ***(978-1-716-79151-2(0))*** Lulu Pr., Inc.

Coffee & a Love Affair: An American Girl's Romance on a Coffee Plantation (Classic Reprint) Mary Boardman Sheldon. 2017. (ENG., Illus.). (J). 28.74 *(978-0-265-25203-1(2))* Forgotten Bks.

Coffee & Repartee & the Idiot (Classic Reprint) John Kendrick Bangs. 2017. (ENG., Illus.). 250p. (J). 29.07 *(978-0-332-33396-0(5))* Forgotten Bks.

Coffee & Repartee (Classic Reprint) John Kendrick Bangs. 2018. (ENG., Illus.). 138p. (J). 26.74 *(978-0-666-79903-6(2))* Forgotten Bks.

Coffee Animals Word Search Puzzle Book: Fun Coffee & Animal Shaped Word Search Puzzle Book for Kids & Adults. Abe Robson. 2020. (ENG.). 110p. (YA). *(978-1-922462-96-1(9))*; pap. *(978-1-922462-54-1(3))* Abiprod.

Coffee Bean for Kids: A Simple Lesson to Create Positive Change. Jon Gordon & Damon West. Illus. by Korey Scott. 2020. (Jon Gordon Ser.). (ENG.). 48p. (J). (gr. k-4). 19.00 *(978-1-119-76271-3(5))* Wiley, John & Sons, Inc.

Coffee Break Crosswords Book 5: 200 Quick Crossword Puzzles (Collins Crosswords) Collins Puzzles. 2022. (ENG.). 240p. (gr. 7). 9.95 *(978-0-00-846983-2(0))* HarperCollins Pubs. Ltd. GBR. Dist: Independent Pubs. Group.

Coffee Break Su Doku Book 6: 200 Challenging Su Doku Puzzles. Collins Puzzles. 2022. (ENG.). 240p. 9.95 *(978-0-00-850972-9(7))* HarperCollins Pubs. Ltd. GBR. Dist: Independent Pubs. Group.

Coffee Break Wordsearches Book 5: 200 Themed Wordsearches (Collins Wordsearches) Collins Puzzles. 2022. (ENG.). 240p. 9.95 *(978-0-00-846984-9(9))* HarperCollins Pubs. Ltd. GBR. Dist: Independent Pubs. Group.

Coffee Break Wordsearches Book 6: 200 Themed Wordsearches. Collins Puzzles. 2022. (ENG.). 240p. (YA). 9.95 *(978-0-00-850971-2(9))* HarperCollins Pubs. Ltd. GBR. Dist: Independent Pubs. Group.

Coffee in One Hand, Ambition in the Other - Motivational/Inspirational Quote Journal (A5) 100 Lined Pages. Scribbles Notebooks. 2022. (ENG.). 100p. (YA). pap. ***(978-1-387-49846-8(0))*** Lulu Pr., Inc.

Coffee in the Gourd. J. Frank Dobie. 2017. (ENG., Illus.). (J). 22.95 *(978-1-374-85936-4(2))*; pap. 12.95 *(978-1-374-85935-7(4))* Capital Communications, Inc.

Coffee Monster & the Land of Coffee. Nate Friedman. Illus. by Saba Bushnaq. 2020. (Coffee Monster Ser.: Vol. 2). (ENG.). 40p. (J). pap. *(978-1-987976-60-1(6))* Mirror World Publishing.

Coffee Self-Talk for Teen Girls: 5 Minutes a Day for Confidence, Achievement & Lifelong Happiness. Kristen Helmstetter. 2021. (ENG.). 212p. (YA). pap. 12.99 *(978-1-7362735-7-9(4))* Green Butterfly Pr.

Coffee Self-Talk for Teen Girls Blank Journal: (Softcover Blank Lined Journal 180 Pages) Kristen Helmstetter. 2021. (ENG.). 186p. (YA). pap. 9.99 *(978-1-7362735-8-6(2))* Green Butterfly Pr.

Coffee Shop Devos: Daily Devotional Pick-Me-Ups for Teen Girls. Tessa Emily Hall. 2018. (ENG.). 400p. pap. 14.99 *(978-0-7642-3105-6(7))* Bethany Hse. Pubs.

Coffee Tasting Logbook: Log & Rate Your Favorite Coffee Varieties & Roasts - Fun Notebook Gift for Coffee Drinkers - Espresso. Temperate Targon. 2021. (ENG.). 112p. (YA). pap. 11.98 *(978-1-716-06632-0(8))* Lulu Pr., Inc.

Coffee with Jesus Today: Installment Next One Coffee with Jesus. Jennifer Croy. 2020. (ENG.). 24p. (J). *(978-1-716-41756-6(2))* Lulu Pr., Inc.

Coffee with Uncle Reggie Chatting with Uncle Zeng. Reginald Tsang. 2018. (ENG., Illus.). 138p. (YA). pap. 15.49 *(978-1-5456-2698-6(7))* Salem Author Services.

Coffin Clock: The Ghost Pirates of Coffin Cove. Matthew Ewald. 2020. (Coffin Clock Ser.: Vol. 1). (ENG.). 234p. (J). pap. 12.98 *(978-1-946874-23-8(X))* Black Bed Sheet Bks.

Cofradía de Perros y Gatos. Iván Ulchur Collazos. Ed. by Windmills Editions. 2019. (Wie Ser.: Vol. 483). (SPA.). 106p. (J). pap. *(978-0-359-37827-2(7))* Lulu.com.

Cog. Greg van Eekhout. Illus. by Beatrice Blue. (ENG.). (J). (gr. 3-7). 2020. 224p. pap. 7.99 *(978-0-06-268603-9(8))*; 2019. 208p. 16.99 *(978-0-06-268607-7(0))* HarperCollins Pubs. (HarperCollins).

Coggly Poon. David Hornsby. 2017. (ENG., Illus.). 168p. (J). pap. *(978-1-387-18180-3(7))* Lulu Pr., Inc.

Cogheart. Peter Bunzl. 2019. (Cogheart Adventures Ser.). (ENG.). 368p. (J). (gr. 3-7). pap. 12.99 *(978-1-63163-287-7(6)*, 1631632876, Jolly Fish Pr.) North Star Editions.

Cogheart Adventures Trilogy. Peter Bunzl. 2020. (Cogheart Adventures Ser.). (ENG.). (J). (gr. 3-7). pap. 24.99 *(978-1-63163-574-8(3)*, Jolly Fish Pr.) North Star Editions.

Cogitationes Imitantur Animam: A Collection of Poems & Short Stories. Ryleigh Hanschu. Ed. by Madison Raveill. 2022. (ENG.). 101p. (YA). pap. *(978-1-387-98878-5(6))* Lulu Pr., Inc.

Cognitive Development. Helen Dwyer. 2018. (Psychology Ser.). (ENG.). 48p. (YA). lib. bdg. 34.99 *(978-1-5105-3747-7(3))* SmartBook Media, Inc.

Cohete. Mary Lindeen. Illus. by Ghyslaine Vaysset. 2016. (Early Rising Readers Ser.). (SPA.). 16p. (J). (gr. 1-1). 6.67 *(978-1-4788-4190-6(7))* Newmark Learning LLC.

Cohete - 6 Pack. Mary Lindeen. 2016. (Early Rising Readers Ser.). (SPA.). (J). (gr. 1). 40.00 net. *(978-1-4788-4769-4(7))* Newmark Learning LLC.

C

Cohete Espacial. David Baker. 2021. (SPA.). 24p. (J). lib. bdg. 28.55 *(978-1-7911-4058-8(0))* Weigl Pubs., Inc.

Cohete Espacial. Heather Kissock. 2016. (Viaje Al Espacio Ser.). (SPA.). 24p. (J). lib. bdg. 22.99 *(978-1-5105-2477-4(0))* SmartBook Media, Inc.

Cohongoroota, 1911 (Classic Reprint) Shepherd College State Normal School. 2017. (ENG., Illus.). (J). 26.47 *(978-0-265-97766-8(5))*; pap. 9.57 *(978-1-5281-0355-8(6))* Forgotten Bks.

Cohongoroota, 1912 (Classic Reprint) Shepherd College State Normal School. (ENG., Illus.). (J). 2018. 142p. 26.85 *(978-0-365-02596-2(8))*; 2017. pap. 9.57 *(978-0-259-94841-4(1))* Forgotten Bks.

Cohongoroota, 1914 (Classic Reprint) Shepherd College State Normal School. 2017. (ENG., Illus.). (J). 26.37 *(978-0-260-37165-2(3))*; pap. 9.57 *(978-0-265-10121-6(2))* Forgotten Bks.

Coil of Carne (Classic Reprint) John Oxenham. (ENG., Illus.). (J). 2018. 420p. 32.58 *(978-0-483-62747-5(X))*; 2017. pap. 16.57 *(978-0-243-29994-2(X))* Forgotten Bks.

Coin. Michael Marinola. 2023. (ENG.). 60p. (J). pap. ***(978-1-83875-617-8(5)***, Nightingale Books) Pegasus Elliot Mackenzie Pubs.

Coin God. Matthew Baldwin. 2017. (ENG., Illus.). 278p. (J). pap. *(978-1-9997110-0-9(9))* Baldwin, Matthew.

Coin Magic, 1 vol. John Wood. 2018. (Magic Tricks Ser.). (ENG.). 32p. (J). (gr. 3-4). lib. bdg. 28.27 *(978-1-5382-2602-5(2)*, 8b983047-7bf9-4922-91a5-90ddbd500ff2) Stevens, Gareth Publishing LLLP.

Coin Toss. Jake Black. ed. 2016. (Batman 8X8 Storybooks Ser.). (Illus.). (J). lib. bdg. 13.55 *(978-0-606-38197-0(X))* Turtleback.

Coinkeeper: The Avery Chronicles - Book 1. Teresa Schapansky. 2021. (ENG.). 52p. (J). pap. *(978-1-988024-10-3(2))* Schapansky, Teresa.

Coinkeeper: The Avery Chronicles - Book 2. Teresa Schapansky. 2021. (Coinkeeper Ser.: Vol. 2). (ENG.). 48p. (J). pap. *(978-1-988024-11-0(0))* Schapansky, Teresa.

Coinkeeper: The Avery Chronicles - Book 4. Teresa Schapansky. 2021. (ENG.). 50p. (J). pap. *(978-1-988024-17-2(X))* Schapansky, Teresa.

Coinkeeper - the Avery Chronicles: Book 3. Teresa Schapansky. 2021. (ENG.). 50p. (J). pap. *(978-1-988024-12-7(9))* Schapansky, Teresa.

Coins in the Sofa: A Young Adult's Guide to Spending, Saving, & Investing Wisely. Larry R. Kirschner. 2019. (ENG.). 120p. (YA). pap. 11.99 *(978-1-64237-415-5(6))* Gatekeeper Pr.

Coke vs. Pepsi: The Cola Wars. Kenny Abdo. 2022. (Versus Ser.). (ENG., Illus.). 24p. (J). (gr. 2-8). lib. bdg. 31.36 *(978-1-0982-2862-0(6)*, 41101, Abdo Zoom-Fly) ABDO Publishing Co.

Col. Clipsham's Calendar (Classic Reprint) Edward Everett Hale. 2018. (ENG., Illus.). 56p. (J). 25.05 *(978-0-483-49912-6(9))* Forgotten Bks.

Col. Crockett's Exploits & Adventures in Texas: Wherein Is Contained a Full Account of His Journey from Tennessee to the Red River & Natchitoches, & Thence Across Texas to San Antonio; Including His Many Hair-Breadth Escapes; Together with a Topogra. Crockett. 2018. (ENG., Illus.). 222p. (J). 28.48 *(978-0-666-90218-4(6))* Forgotten Bks.

Col. Judson of Alabama: Or, a Southerner's Experience at the North (Classic Reprint) F. Bean. 2018. (ENG., Illus.). 206p. (J). 28.15 *(978-0-483-82146-0(2))* Forgotten Bks.

Col. Ross of Piedmont: A Novel (Classic Reprint) John Esten Cooke. 2018. (ENG., Illus.). 248p. (J). 29.03 *(978-0-267-15397-8(X))* Forgotten Bks.

Cola. Amy Culliford. 2022. (¿Qué Animal Tiene Estas Partes? (What Animal Has These Parts?) Ser.). (SPA.). 16p. (J). (gr. -1-1). pap. *(978-1-0396-4916-3(5)*, 19183); lib. bdg. *(978-1-0396-4789-3(8)*, 19182) Crabtree Publishing Co.

Cola Monti: A Tale for Boys (Classic Reprint) Dinah Maria Mulock Craik. 2019. (ENG., Illus.). 186p. (J). 27.73 *(978-0-365-27217-5(5))* Forgotten Bks.

Colarme Crazy. Kayann Sidonia. 2022. (ENG., Illus.). 24p. (J). 24.95 *(978-1-63692-765-7(3))*; pap. 13.95 *(978-1-63692-764-0(5))* Newman Springs Publishing, Inc.

Colas. Dona Rice. rev. ed. 2019. (Mathematics in the Real World Ser.). (SPA.). 20p. (J). (gr. k-1). 8.99 *(978-1-4258-2826-4(4))* Teacher Created Materials, Inc.

Colas Breugnon (Classic Reprint) Romain Rolland. 2017. (Illus.). (J). (FRE.). 30.93 *(978-0-331-61217-2(8))*; (ENG., 30.58 *(978-0-265-45741-2(6))* Forgotten Bks.

Colas de Sueños. Rita Sineiro. Tr. by Teresa Matarranz. Illus. by Laia Doménech. 2023. (SPA.). 40p. (J). (gr. 2-4). pap. 18.00 *(978-84-18972-05-8(X))* Akiara Bks. ESP. Dist: Independent Pubs. Group.

Colas Enroscadas (Twisty Tails) Camaleón (Chameleon) Kelly Calhoun. 2016. (Adivina (Guess What) Ser.). (SPA., Illus.). 24p. (J). (gr. k-2). 30.64 *(978-1-63471-453-2(9)*, 208875) Cherry Lake Publishing.

Colburn's Modern Novelists, Vol. 1: High-Ways & by-Ways; or, Tales of the Road-Side; Picked up in the French Provinces; Caribert (Classic Reprint) Unknown Author. 2018. (ENG., Illus.). 304p. (J). 30.17 *(978-0-483-45584-9(9))* Forgotten Bks.

Colburn's Modern Novelists, Vol. 14: Sayings & Doings (Classic Reprint) Theodore Hook. (ENG., Illus.). (J). 2018. 612p. 36.52 *(978-0-364-91454-0(8))*; 2017. pap. 19.57 *(978-0-259-23826-3(0))* Forgotten Bks.

Colby Stories: As Told by Colby Men of the Classes, 1832 to 1902 (Classic Reprint) Herbert Carlyle Libby. 2018. (ENG., Illus.). 282p. (J). 29.71 *(978-0-483-40308-6(3))* Forgotten Bks.

Cold. Tom Huddleston. ed. 2017. (Star Wars Adventures in Wild Space Ser.: 5). (J). lib. bdg. 16.00 *(978-0-606-40974-2(2))* Turtleback.

Cold: A Novel. Mariko Tamaki. 2022. (ENG.). 240p. (YA). 18.99 *(978-1-62672-273-6(0)*, 900148239) Roaring Brook Pr.

Cold #5. Tom Huddleston & Cavan Scott. Illus. by Lucy Ruth Cummins & David Buisán. 2019. (Star Wars: Adventures in Wild Space Ser.). (ENG.). 144p. (J). (gr. 3-7). lib. bdg. 31.36 *(978-1-5321-4322-9(2)*, 31852, Chapter Bks.) Spotlight.

Cold & Funny! Preposterous Penguins Coloring Book. Bobo's Children Activity Books. 2016. (ENG., Illus.). (J). pap. 9.33 *(978-1-68327-534-3(9))* Sunshine In My Soul Publishing.

Cold As Marble. Zoe Aarsen. 2019. (Light As a Feather Ser.: 2). (ENG.). 384p. (YA). (gr. 9). 19.99 *(978-1-5344-4431-7(9))*; pap. 12.99 *(978-1-5344-4430-0(0))* Simon Pulse. (Simon Pulse).

Cold-Blooded Creatures! Reptiles & Amphibians for Kids - Children's Biological Science of Reptiles & Amphibians Books. Baby Iq Builder Books. 2016. (ENG., Illus.). (J). pap. 8.99 *(978-1-68374-693-5(7))* Examined Solutions PTE. Ltd.

Cold-Blooded Myrtle (Myrtle Hardcastle Mystery 3), Volume 3. Elizabeth C. Bunce. (Myrtle Hardcastle Mystery Ser.: 3). (ENG.). 368p. (J). (gr. 5-17). 2022. pap. 8.99 *(978-1-64375-306-5(1)*, 74306); 2021. 17.95 *(978-1-61620-920-9(8)*, 73920) Algonquin Young Readers.

Cold Calls. Charles Benoit. 2016. (ENG.). 304p. (YA). (gr. 7). pap. 8.99 *(978-0-544-54121-4(9)*, 1608880, Clarion Bks.) HarperCollins Pubs.

Cold Caper! Courtney Carbone. Illus. by Erik Doescher. 2017. (J). *(978-1-5182-2647-2(7))* Random Hse., Inc.

Cold-Case Christianity for Kids: Investigate Jesus with a Real Detective. J. Warner Wallace & Susie Wallace. 2016. (ENG., Illus.). 128p. (J). pap. 9.99 *(978-0-7814-1457-9(1)*, 138157) Cook, David C.

Cold Case Closed: Using Science to Crack Cold Cases. Sarah Eason. 2023. (Crime Science Ser.). (ENG., Illus.). 48p. (J). (gr. 5-8). lib. bdg. 31.99 ***(978-1-915153-85-2(9)***, e64e02ab-2545-460d-bb03-26e023b2e935) Cheriton Children's Bks. GBR. Dist: Lerner Publishing Group.

Cold Case Closed: Using Science to Crack Cold Cases. Contrib. by Sarah Eason. 2023. (Crime Science Ser.). (ENG., Illus.). 48p. (J). (gr. 5-8). pap. 10.99 ***(978-1-915761-45-3(X)***, cb53aced-7b56-4353-b852-04f7ba4c9ff4) Cheriton Children's Bks. GBR. Dist: Lerner Publishing Group.

Cold, Cold Shoulder (Suspense), 1 vol. Anne Schraff. 2017. (Pageturners Ser.). (ENG.). 76p. (YA). (gr. 9-12). 10.75 *(978-1-68021-406-2(3))* Saddleback Educational Publishing, Inc.

Cold Day in the Sun. Sara Biren. (ENG.). (gr. 9-17). 2021. 336p. (YA). pap. 9.99 *(978-1-4197-5506-4(4)*, 1258303); 2019. 320p. 17.99 *(978-1-4197-3367-3(2)*, 1258301) Abrams, Inc. (Amulet Bks.).

Cold Dome. Linda Teeter. 2019. (ENG.). 106p. (YA). pap. 11.95 *(978-1-64544-092-5(3))* Page Publishing Inc.

Cold Falling White. G. S. Prendergast. (Nahx Invasions Ser.: 2). (ENG.). 576p. (YA). (gr. 9). 2020. pap. 13.99 *(978-1-4814-8188-5(6))*; 2019. 19.99 *(978-1-4814-8187-8(8))* Simon & Schuster Bks. For Young Readers. (Simon & Schuster Bks. For Young Readers).

Cold Falling White. G. S. Prendergast. 2019. (ENG.). 368p. (YA). *(978-1-5011-4714-2(5))* Simon & Schuster Children's Publishing.

Cold Feet. Jill Chowanes. 2019. (ENG.). 38p. (J). pap. 14.95 *(978-1-64424-992-5(8))* Page Publishing Inc.

Cold Fire: Shakespeare's Moon, Act II. James Hartley. 2018. (ENG., Illus.). 208p. (YA). (gr. 8-17). pap. 11.95 *(978-1-78535-762-6(X)*, Lodestone Bks.) Hunt, John Publishing Ltd. GBR. Dist: National Bk. Network.

Cold Freedom. Troon Harrison. 2017. (ENG., Illus.). (J). pap. *(978-1-988211-08-4(5))* Harrison, Troon.

Cold Front. Nikolai Joslin. 2017. (ENG., Illus.). (YA). (Fires of Destiny Ser.: 2). 220p. pap. 14.99 *(978-1-63533-365-7(2))*; (Fires of Destiny Ser.: Vol. 2). 25.99 *(978-1-64080-342-8(4))* Dreamspinner Pr. (Harmony Ink Pr.).

Cold Girls. Maxine Rae. 2023. (ENG.). (YA). pap. 14.99 ***(978-1-63583-089-7(3)***, Flux) North Star Editions.

Cold Grab. Steven Barwin. (Lorimer SideStreets Ser.). (ENG.). 192p. (YA). (gr. 9-12). 2019. lib. bdg. 27.99 *(978-1-4594-1381-8(4)*, 326efc22-52e3-4935-87c5-6a2bff67785d); 2018. pap. 8.99 *(978-1-4594-1379-5(2)*, 8fb93b22-02dd-4cef-b37c-6310a14cefce) James Lorimer & Co. Ltd., Pubs. CAN. Dist: Lerner Publishing Group.

Cold Hard Truth. Anne Greenwood Brown. 2018. (ENG.). 304p. (YA). (gr. 8-12). 16.99 *(978-0-8075-8083-7(X)*, 080758083X); pap. 9.99 *(978-0-8075-8085-1(6)*, 807580856) Whitman, Albert & Co.

Cold Inside Us II. Tabitha Smith. 2021. (ENG.). 193p. (J). pap. *(978-1-300-15537-9(X))* Lulu Pr., Inc.

Cold Is in Her Bones. Peternelle van Arsdale. (ENG.). (YA). (gr. 7). 2020. 304p. pap. 11.99 *(978-1-4814-8845-7(7))*; 2019. (Illus.). 288p. 18.99 *(978-1-4814-8844-0(9))* McElderry, Margaret K. Bks. (McElderry, Margaret K. Bks.).

Cold Island Challenge! A Gamebook Adventure Story. Ken Dowen. 2021. (ENG.). 158p. (J). pap. 9.95 *(978-1-7349897-1-7(8))* Southampton Publishing.

Cold Moon. M.J. O'Shea. 2nd ed. 2016. (ENG., Illus.). (J). 24.99 *(978-1-63477-954-8(1)*, Harmony Ink Pr.) Dreamspinner Pr.

Cold Night: A Christmas Fable. Emanuele Bertossi. 2017. (Illus.). 28p. (J). 14.99 *(978-1-5064-2496-5(1)*, Sparkhouse Family) 1517 Media.

Cold Rescue Unit. Xiu Min Cai. 2018. (CHI.). (J). *(978-957-08-5149-6(X))* Linking Publishing Co., Ltd.

Cold Summer. Gwen Cole. 2018. 340p. (J). (gr. 6-6). pap. 8.99 *(978-1-5107-2994-0(1)*, Sky Pony Pr.) Skyhorse Publishing Co., Inc.

Cold the Night, Fast the Wolves: A Novel. Meg Long. 2023. (ENG., Illus.). 384p. (YA). pap. 11.99 *(978-1-250-87655-3(9)*, 900281181, Wednesday Bks.) St. Martin's Pr.

Cold the Night, Fast the Wolves: a Novel. Meg Long. 2022. (ENG., Illus.). 368p. (YA). 18.99 *(978-1-250-78506-0(5)*, 900237019, Wednesday Bks.) St. Martin's Pr.

Cold to Hot Real Quick! Exploring the Antarctica & the Sahara Geography of the World Grade 6 Children's Geography & Cultures Books. Baby Professor. 2022. (ENG.). 72p. (J). 31.99 ***(978-1-5419-8639-8(3))***; pap. 19.99 ***(978-1-5419-5506-6(4))*** Speedy Publishing LLC. (Baby Professor (Education Kids)).

Cold Trail. Ric Daly. 2021. (ENG.). 256p. (YA). pap. 18.95 *(978-1-6624-3898-1(2))* Page Publishing Inc.

Cold War, 1 vol. Ed. by Meredith Day. 2016. (Political & Diplomatic History of the Modern World Ser.). (ENG.). 224p. (J). (gr. 10-10). 47.59 *(978-1-68048-358-1(7)*, ca58086b-d005-41e7-9f47-e22aa3ba5457) Rosen Publishing Group, Inc., The.

Cold War. Kate Moening. 2023. (War Histories Ser.). (ENG., Illus.). (J). (gr. 3-7). pap. 7.99 Bellwether Media.

Cold War. Contrib. by Kate Moening. 2023. (War Histories Ser.). (ENG., Illus.). (J). (gr. 3-7). lib. bdg. 26.95 Bellwether Media.

Cold War. Charles Piddock. 2016. (Illus.). 48p. (J). *(978-1-5105-1282-5(9))* SmartBook Media, Inc.

Cold War: Children's Military Book with Facts! Bold Kids. 2022. (ENG.). 42p. (J). pap. 14.99 *(978-1-0717-0927-6(5))* FASTLANE LLC.

Cold War & the Cuban Missle Crisis. Natalie Hyde. 2016. (ENG., Illus.). 48p. (J). *(978-0-7787-2570-1(7))* Crabtree Publishing Co.

Cold War Chronicles, 16 vols. 2017. (Cold War Chronicles Ser.). (ENG.). 112p. (gr. 9-9). lib. bdg. 356.00 *(978-1-5026-2878-7(3)*, b8ec72ae-751e-47f4-bd4e-9b2aff035ecb, Cavendish Square) Cavendish Square Publishing LLC.

Cold War Correspondent (Nathan Hale's Hazardous Tales #11) A Korean War Tale. Nathan Hale. 2021. (Nathan Hale's Hazardous Tales Ser.). (ENG., Illus.). 128p. (YA). (gr. 3-7). 14.99 *(978-1-4197-4951-3(X)*, 1256901, Amulet Bks.) Abrams, Inc.

Cold War Dreams. Carac Allison. 2019. (ENG., Illus.). 292p. (YA). (gr. 7-12). pap. 19.95 *(978-1-68433-406-3(3))* Black Rose Writing.

Cold War Reference Library: Includes Cumulative Index, 6 vols. Sharon M. Hanes et al. Incl. Cold War: Almanac. 200p. 55.00 *(978-0-7876-7662-9(4))*; Cold War: Biographies. 474p. 233.00 *(978-0-7876-7663-6(2))*; Cold War - Primary Sources. 400p. 129.00 *(978-0-7876-7666-7(7))*; (J). (Cold War Reference Library). (ENG., Illus.). 1205p. 2003. Set lib. bdg. 557.00 *(978-0-7876-7609-4(8)*, UXL) Cengage Gale.

Cold War Spy Stories. Emma Huddleston. 2021. (True Spy Stories Ser.). (ENG.). 32p. (J). (gr. 3-6). lib. bdg. 35.64 *(978-1-5038-4483-4(8)*, 214250, MOMENTUM) Child's World, Inc, The.

Cold Water. Tora Stephenchel. 2021. (Learning Sight Words Ser.). (ENG.). 24p. (J). (gr. -1-2). lib. bdg. 32.79 *(978-1-5038-4503-9(6)*, 214270) Child's World, Inc, The.

Cold Water Magazine, 1843, Vol. 3 (Classic Reprint) Thomas Tew. (ENG., Illus.). (J). 2017. 28.08 *(978-0-260-90878-0(9))*; 2016. pap. 10.57 *(978-1-333-14709-9(0))* Forgotten Bks.

Cold Weather: A 4D Book. Sally Lee. 2018. (All Kinds of Weather Ser.). (ENG., Illus.). 24p. (J). (gr. -1-2). lib. bdg. 24.65 *(978-1-9771-0188-4(7)*, 138715, Pebble) Capstone.

Cold White Sun, 1 vol. Sue Farrell Holler. 2019. (ENG., Illus.). 288p. (J). (gr. 9). 18.95 *(978-1-77306-081-1(3))* Groundwood Bks. CAN. Dist: Publishers Group West (PGW).

Coldest Climates. Marissa Kirkman. 2023. (Animal Extremes Ser.). (ENG., Illus.). 32p. (J). pap. 9.95 ***(978-1-63738-582-1(X))***; lib. bdg. 31.35 ***(978-1-63738-528-9(5))*** North Star Editions. (Apex).

Coldest Places on the Planet. Karen Soll. 2016. (Extreme Earth Ser.). (ENG., Illus.). 24p. (J). (gr. -1-2). lib. bdg. 27.32 *(978-1-4914-8340-4(7)*, 130810, Capstone Pr.) Capstone.

Coldest Touch. Isabel Sterling. 2021. (ENG.). 384p. (YA). (gr. 7). 18.99 *(978-0-593-35043-0(X)*, Razorbill) Penguin Young Readers Group.

Coldest Tundra! Arctic & Antarctica Animal Wildlife Children's Polar Regions Books. Baby Professor. 2017. (ENG., Illus.). 64p. (J). pap. 9.52 *(978-1-5419-1723-1(5)*, Baby Professor (Education Kids)) Speedy Publishing LLC.

Coldfire Curse. Jordan Quinn. Illus. by Glass House Glass House Graphics. 2021. (Dragon Kingdom of Wrenly Ser.: 1). (ENG.). 144p. (J). (gr. k-4). 19.99 *(978-1-5344-7501-4(X))*; pap. 9.99 *(978-1-5344-7500-7(1))* Little Simon. (Little Simon).

Coldhearted Mafia Boss. Gerta Miftari. 2020. (ENG.). 338p. (YA). pap. *(978-3-7407-4682-7(3))* VICOO International Pr.

Cole de Locos: ¡Este Grupo Es Genial! / This Class Is Cool! Dashiell Fernandez Pena. Illus. by Candela Ferrández. 2021. (SPA.). 96p. (J). (gr. 1-4). pap. 10.95 *(978-607-31-9134-0(0)*, B De Blook) Penguin Random House Grupo Editorial ESP. Dist: Penguin Random Hse. LLC.

Cole for Christmas. Lj Muller. 2017. (ENG., Illus.). (J). pap. 16.95 *(978-1-5043-9218-1(3)*, Balboa Pr.) Author Solutions, LLC.

Cole Sprouse. Katie Lajiness. 2018. (Big Buddy Pop Biographies Ser.). (ENG., Illus.). 32p. (J). (gr. 2-5). lib. bdg. 34.21 *(978-1-5321-1803-6(1)*, 30652, Big Buddy Bks.) ABDO Publishing Co.

Cole, the Little White Horse. Brian Giesbrecht. Illus. by Diana Davidson. 2019. (ENG.). 32p. (J). *(978-1-5255-5749-1(1))*; pap. *(978-1-5255-5750-7(5))* FriesenPress.

Cole Yancey. Morris Fenris. 2021. (ENG.). 150p. (J). pap. 12.99 *(978-1-393-31121-8(0))* Draft2Digital.

Colección de Bailes de Sala, y Método para Aprenderlos Sin Ausilio de Maestro, Dedicada a la Juventud Mexicana (Classic Reprint) Domingo Ibarra. 2018. (SPA., Illus.). (J). 84p. 25.63 *(978-1-396-41995-9(0))*; 86p. pap. 9.57 *(978-1-391-05566-4(7))* Forgotten Bks.

Colección de Cuentos. Yasmina Scarpetta. 2021. (SPA.). 116p. (J). pap. *(978-1-6780-8530-8(8))* Lulu Pr., Inc.

Colección de Cuentos Infantiles: Tomo 1. Ana María Núñez. 2022. (SPA.). 126p. (J). pap. 20.00 ***(978-1-68574-226-3(2))*** ibukku, LLC.

Coleccionista de Palabras (the Word Collector) Peter H. Reynolds. Illus. by Peter H. Reynolds. 2018. (SPA.). 40p. (J). (gr. -1-3). pap. 6.99 *(978-1-338-32970-4(7)*, Scholastic en Espanol) Scholastic, Inc.

Colère. Amy Culliford. Tr. by Annie Evearts. 2021. (Mes émotions (My Emotions) Ser.). (FRE., Illus.). 16p. (J). (gr. -1-1). pap. *(978-1-0396-0527-5(3)*, 13322) Crabtree Publishing Co.

Cole's Perfect Puppy, Perfect Puppies Book One. Frances M. Crossno. 2016. (ENG., Illus.). 98p. (J). pap. 14.95 *(978-1-5069-0168-8(9))* First Edition Design Publishing.

Colette & Maine Coon Kittens. Amron. 2022. (ENG., Illus.). 38p. (J). pap. 15.95 *(978-1-68517-826-0(X))* Christian Faith Publishing.

Colette Baudoche the Story of a Young Girl of Metz (Classic Reprint) Maurice Barrès. 2017. (ENG., Illus.). (J). 192p. 27.86 *(978-0-484-27494-4(5))*; pap. 10.57 *(978-0-259-50399-6(1))* Forgotten Bks.

Colette (Classic Reprint) Jeanne Schultz. 2018. (ENG., Illus.). 252p. (J). 29.18 *(978-0-332-41373-0(X))* Forgotten Bks.

Colette Hates Pets. Richard Gallagher. 2021. (ENG.). 34p. (J). 18.99 *(978-1-7366088-0-7(0))*; pap. 9.99 *(978-1-7366088-1-4(9))* R.S. Gallagher & Assocs. LLC.

Colette's Lost Pet. Isabelle Arsenault. 2017. (Mile End Kids Story Ser.: 1). (Illus.). 48p. (J). (gr. -1-3). 17.99 ***(978-1-101-91759-6(8)***, Tundra Bks.) Tundra Bks. CAN. Dist: Penguin Random Hse. LLC.

Coley & Reign: The Inaugural Book. Nichole Williams. Illus. by Justice Reign Torrence. 2020. (ENG.). 36p. (J). 36.99 *(978-1-716-31385-1(6))*; pap. 20.99 *(978-1-716-31371-4(6))* Lulu Pr., Inc.

Colibri Chante et Danse: Chansons et Comptines Latino-Américaines. Illus. by Mariana Ruiz Johnson. 2019. (FRE.). 64p. (J). (gr. -1-k). 16.95 *(978-2-924774-16-8(0))* La Montagne Secrete CAN. Dist: Independent Pubs. Group.

Colibrí y el árbol de Los Conciertos. Luis Darío Bernal Pinilla. 2018. (SPA.). 44p. (J). pap. 12.99 *(978-958-30-5492-1(5))* Panamericana Editorial COL. Dist: Lectorum Pubns., Inc.

Colin Clink: Containing the Contentions, Dissentions, Loves, Hatreds, Jealousies, Hypocrisies, & Vicissitudes, Incident to His Chequered Life (Classic Reprint) Charles Hooton. 2017. (ENG., Illus.). (J). 28.15 *(978-0-265-73322-6(7))*; pap. 10.57 *(978-1-5276-9579-5(4))* Forgotten Bks.

Colin Clink, Vol. 1 of 3 (Classic Reprint) Charles Hooton. (ENG., Illus.). (J). 2018. 340p. 30.91 *(978-0-484-77990-6(7))*; 2016. pap. 13.57 *(978-1-334-12030-5(7))* Forgotten Bks.

Colin Clink, Vol. 2 of 3 (Classic Reprint) Charles Hooton. (ENG., Illus.). (J). 2018. 328p. 30.66 *(978-0-484-37106-3(1))*; 2016. pap. 13.57 *(978-1-333-35253-0(0))* Forgotten Bks.

Colin Clink, Vol. 3 of 3 (Classic Reprint) Charles Hooton. 2018. (ENG., Illus.). 322p. (J). 30.54 *(978-0-484-77844-2(7))* Forgotten Bks.

Colin Collects Colors. Jess McGeachin. 2020. (ENG.). 28p. (J). (gr. -1-k). bds. 11.99 *(978-1-4998-1026-4(1))* Little Bee Books Inc.

Colin from the Clouds. Rosalba Petrie. 2021. (ENG.). 40p. (J). pap. *(978-1-83975-727-3(2))* Grosvenor Hse. Publishing Ltd.

Colin Gets More Than Wings. K. L. Smith. Illus. by Jeremy Wells. 2022. (ENG.). 44p. (J). pap. 14.99 *(978-1-7377672-0-6(1))* Olive Branch & The Frog LLC., The.

Colin Kaepernick. Stephanie Watson. 2018. (Influential People Ser.). (ENG., Illus.). 32p. (J). (gr. 4-6). lib. bdg. 28.65 *(978-1-5435-4128-1(3)*, 139082, Capstone Pr.) Capstone.

Colin Kaepernick: From Free Agent to Change Agent. Eric Braun. 2019. (Gateway Biographies Ser.). (ENG., Illus.). 48p. (J). (gr. 4-8). pap. 11.99 *(978-1-5415-7431-1(1)*, fa2e49c2-67bf-47c8-8a53-5dc76e8e5bcb); lib. bdg. 31.99 *(978-1-5415-5617-1(8)*, c368c9fb-7bea-4117-82c4-441c7f0ba4a9) Lerner Publishing Group. (Lerner Pubns.).

Colin Kaepernick: Change the Game (Graphic Novel Memoir) Colin Kaepernick & Eve L. Ewing. Illus. by Orlando Caicedo. 2023. (ENG.). 144p. (YA). (gr. 7). 24.99 *(978-1-338-78966-9(X))*; pap. 14.99 *(978-1-338-78965-2(1))* Scholastic, Inc. (Graphix).

Colin Kaepernick: Football Star. Hubert Walker. 2021. (Biggest Names in Sports Set 6 Ser.). (ENG., Illus.). 32p. (J). (gr. 3-5). pap. 9.95 *(978-1-64493-737-2(9))*; lib. bdg. 31.35 *(978-1-64493-701-3(8))* North Star Editions. (Focus Readers).

Colin of the Ninth Concession: A Tale of Scottish Pioneer Life in Eastern Ontario (Classic Reprint) Robert Lorne Richardson. (ENG., Illus.). (J). 2018. 392p. 32.00 *(978-0-365-42245-7(2))*; 2017. pap. 16.57 *(978-0-259-47183-7(6))* Forgotten Bks.

Colin of the Ninth Concession a Tale of Scottish Pioneer Life in Eastern Ontario (Classic Reprint) Robert Lorne Richardson. 2018. (ENG., Illus.). 378p. (J). 31.71 *(978-0-267-82302-4(9))* Forgotten Bks.

Colin the Cart Horse: Fables from the Stables Book 3. Gavin Puckett. Illus. by Tor Freeman. 2018. (Fables from the Stables Ser.). (ENG.). 80p. (J). 8.95 *(978-0-571-31543-7(7))* Faber & Faber, Inc.

Colin the Chameleon. Rachel Quarry. (Illus.). (J). 2021. 28p. (gr. k-4). 9.95 *(978-1-76036-121-1(6)*, 730de275-9988-494e-bcb9-07c6da802cf7); 2018. 32p. (gr. 1-2). 15.95 *(978-1-76036-047-4(3)*, 24422e93-6ca0-4f23-bb79-918266ef337d) Starfish Bay Publishing Pty Ltd. AUS. Dist: Baker & Taylor Publisher Services (BTPS).

Colin the Conker. Andrew Herbert. Illus. by Elizabeth Eichelberger. 2021. (ENG.). 36p. (J). pap. ***(978-1-7948-4699-9(9))*** Lulu Pr., Inc.

Colin the Conker. Andrew Herbert & Elizabeth Eichelberger. 2020. (ENG.). 38p. (J). pap. 14.80 *(978-1-7948-6374-3(5))* Lulu Pr., Inc.

Colin the Crab Falls in Love. Tuula Pere. Ed. by Susan Korman. Illus. by Roksolana Panchyshyn. 2018. (Colin the Crab Ser.: Vol. 3). (ENG.). 50p. (J). (gr. k-4). pap. *(978-952-7107-54-6(7))* Wickwick oy.

Colin the Crab Finds a Treasure. Tuula Pere. Ed. by Susan Korman. Illus. by Roksolana Panchyshyn. 2018. (Colin the Crab Ser.: Vol. 2). (ENG.). 48p. (J). (gr. k-4). pap. *(978-952-7107-51-5(2))* Wickwick oy.

Colin the Crab Gets Married. Tuula Pere. Ed. by Susan Korman. Illus. by Roksolana Panchyshyn. 2nd ed. 2019. (Colin the Crab Ser.: Vol. 4). (ENG.). 48p. (J). (gr. k-4). *(978-952-357-082-5(X))*; pap. *(978-952-357-081-8(1))* Wickwick oy.

Colinette of Redmoon (Classic Reprint) F. Roney Weir. 2018. (ENG., Illus.). 316p. (J). 30.41 *(978-0-483-77787-3(0))* Forgotten Bks.

Coliseo (Colosseum) Grace Hansen. 2018. (Maravillas Del Mundo (World Wonders) Ser.). (SPA., Illus.). 24p. (J). (gr. -1-2). lib. bdg. 32.79 *(978-1-5321-8050-7(0)*, 28315, Abdo Kids) ABDO Publishing Co.

Collaborate & Share Results, 1 vol. Joe Greek. 2018. (Think Like a Scientist Ser.). (ENG.). 32p. (J). (gr. 3-4). 26.06 *(978-1-5383-0254-5(3)*, 45c280ac-c076-4bc6-a7c9-5f351b7af4cf, Britannica Educational Publishing) Rosen Publishing Group, Inc., The.

Collaborating in the Digital World. Megan Kopp. 2018. (Why Does Media Literacy Matter? Ser.). (ENG.). 32p. (J). (gr. 5-5). pap. *(978-0-7787-4603-4(8))* Crabtree Publishing Co.

Collaborating with Shared Docs. Ann Truesdell. Illus. by Rachael McLean. 2020. (Create & Share: Thinking Digitally Ser.). (ENG.). 24p. (J). (gr. 1-4). lib. bdg. 30.64 *(978-1-5341-6869-5(9)*, 215363) Cherry Lake Publishing.

Collaboration: Ways We Work Together. Tomas Moniz. Illus. by Alicia Dornadic. 2018. (ENG.). 38p. (J). 14.95 *(978-1-84935-312-0(3))* AK Pr. GBR. Dist: Consortium Bk. Sales & Distribution.

Collaboration in Computer Science: Working Together, 1 vol. Jonathan F. Bard. 2018. (Essential Concepts in Computer Science Ser.). (ENG.). 32p. (J). (gr. 4-5). 27.93 *(978-1-5383-3165-1(9)*, 1d8df3c8-a76d-4297-b95d-3e0fb3263fb1, PowerKids Pr.) Rosen Publishing Group, Inc., The.

Collage Skills Lab. Sarah Hodgson. 2018. (Art Skills Lab Ser.). (Illus.). 32p. (J). (gr. 4-4). *(978-0-7787-5220-2(8))*; pap. *(978-0-7787-5233-2(X))* Crabtree Publishing Co.

Collage Workshop for Kids: Rip, Snip, Cut, & Create with Inspiration from the Eric Carle Museum. Shannon Merenstein. 2018. (Workshop for Kids Ser.). (ENG., Illus.). 152p. (gr. -1-3). pap. 25.99 *(978-1-63159-520-2(2)*, 301499, Quarry Bks.) Quarto Publishing Group USA.

Collapse & Chaos: The Story of the 2010 Earthquake in Haiti. Jessica Freeburg. 2017. (Tangled History Ser.). (ENG., Illus.). 112p. (J). (gr. 3-9). lib. bdg. 32.65 *(978-1-5157-3606-6(7)*, 133596, Capstone Pr.) Capstone.

Collapse of Communism & the Breakup of the Soviet Union, 1 vol. Cathleen Small. 2017. (Cold War Chronicles Ser.). (ENG., Illus.). 112p. (YA). (gr. 9-9). 44.50 *(978-1-5026-2728-5(0)*, 413d6192-bfc7-4333-ad83-081404abe46f) Cavendish Square Publishing LLC.

Collared Lemmings. Rebecca Pettiford. 2019. (Animals of the Arctic Ser.). (ENG., Illus.). 24p. (J). (gr. k-3). lib. bdg. 26.95 *(978-1-62617-936-3(0)*, Blastoff! Readers) Bellwether Media.

Collared Lizards. Patrick Perish. 2019. (Animals of the Desert Ser.). (ENG., Illus.). 24p. (J). (gr. k-3). lib. bdg. 26.95 *(978-1-62617-921-9(2)*, Blastoff! Readers) Bellwether Media.

Collateral Damage. Vera Goodman. 2020. (ENG.). 86p. (J). 23.95 *(978-1-0980-6940-7(4))*; pap. 13.95 *(978-1-0980-6939-1(0))* Christian Faith Publishing.

Colleagues from the Russian by Margaret (Classic Reprint) Vasilii Pavlovich Aksenov. 2018. (ENG., Illus.). 324p. (J). 30.60 *(978-0-483-42407-4(2))* Forgotten Bks.

Colleccao de Proverbios, Adagios, Rifaos Anexins Sentencas Moraes e Idiotismos Da Lingoa Portugueza (Classic Reprint) Paulo Prestrello Da Camara. 2018. (POR., Illus.). (J). 298p. 30.04 *(978-0-428-50565-3(1))*; 300p. pap. 13.57 *(978-0-428-05418-2(8))* Forgotten Bks.

Collect & Analyze Data, 1 vol. Julia J. Quinlan. 2018. (Think Like a Scientist Ser.). (ENG.). 32p. (gr. 3-4). 26.06 *(978-1-5383-0250-7(0)*, bde8ca68-a7a3-480a-b8e8-5bd2e1212a87, Britannica Educational Publishing) Rosen Publishing Group, Inc., The.

Collect the Eggs - Rikoi Bunimoa (Te Kiribati) Ellisha Heppner. Illus. by Nici Brockwell. 2022. (MIS.). 30p. (J). pap. ***(978-1-922918-10-9(5))*** Library For All Limited.

Collected. K. R. Alexander. 2020. (ENG.). 256p. (J). (gr. 3-7). pap. 7.99 *(978-1-338-62070-2(3))* Scholastic, Inc.

Collected Diaries of a Sporting Superhero: Five Stories in One! Shamini Flint. Illus. by Sally Heinrich. 2017. (Diary of A... Ser.). (ENG.). 512p. (J). (gr. 2-6). pap. 14.99 *(978-1-76029-345-1(8))* Allen & Unwin AUS. Dist: Independent Pubs. Group.

Collected Essays & Articles on Physiology & Medicine, Vol. 1 (Classic Reprint) Austin Flint. 2018. (ENG., Illus.). 526p. (J). 34.77 *(978-0-484-57865-3(0))* Forgotten Bks.

Collected Essays & Articles on Physiology & Medicine, Vol. 2 (Classic Reprint) Austin Flint. 2016. (ENG., Illus.). (J). pap. 19.57 *(978-1-333-81806-7(8))* Forgotten Bks.

Collected Mathematical Works of George William Hill, Vol. 4 (Classic Reprint) George William Hill. 2018. (ENG., Illus.). 470p. (J). 33.59 *(978-0-656-35177-0(2))* Forgotten Bks.

Collected Papers (Classic Reprint) Charles Dickens. (ENG., Illus.). (J). 2017. 31.57 *(978-0-331-98411-8(3))*; 2016. pap. 13.97 *(978-1-334-15164-4(4))* Forgotten Bks.

Collected Poems: 1937-1962 (Classic Reprint) Winfield Townley Scott. (ENG., Illus.). (J). 2018. 346p. 31.03 *(978-0-484-79987-4(8))*; 2017. pap. 13.57 *(978-0-243-38865-3(9))* Forgotten Bks.

Collected Poems of Jeff Whitcher Vol. 2. Jeff Whitcher. 2018. (ENG.). 358p. (J). *(978-1-387-48209-2(2))* Lulu Pr., Inc.

Collected Poems of T. E. Brown (Classic Reprint) W. E. Henley. 2018. (ENG., Illus.). 764p. (J). 39.67 *(978-0-428-90299-5(5))* Forgotten Bks.

Collected Poems of William H. Davies: With a Portrait. William H. Davies. 2017. (ENG., Illus.). (J). pap. *(978-0-649-55165-1(6))* Trieste Publishing Pty Ltd.

Collected Studies, Letters & Meditations. The Elder Brothers Of Humanity. 2020. (ENG.). (J). 686p. *(978-1-716-59080-1(9))*; 790p. *(978-1-716-59082-5(5))*; 774p. *(978-1-716-59300-0(X))*; 796p. *(978-1-716-59305-5(0))*; 758p. *(978-1-716-59332-1(8))*; 686p. pap. *(978-1-716-61516-0(X))*; 790p. pap. *(978-1-716-61522-1(4))*; 758p. pap. *(978-1-716-61708-9(1))* Lulu Pr., Inc.

Collected Tales, Vol. 1 (Classic Reprint) Barry Pain. (ENG., Illus.). (J). 2018. 318p. 30.46 *(978-0-483-40503-5(5))*; 2016. pap. 13.57 *(978-1-333-33486-4(9))* Forgotten Bks.

Collected Verse of a B. Paterson, Containing the Man from Snowy River, Rio Grande Saltbush Bill (Classic Reprint) A. B. Paterson. 2018. (ENG., Illus.). 292p. (J). 29.94 *(978-0-666-75653-4(8))* Forgotten Bks.

Collected Verse Plays (Classic Reprint) Richard Eberhart. 2018. (ENG., Illus.). 184p. (J). 27.71 *(978-0-483-59554-5(3))* Forgotten Bks.

Collected Works: Plays, Stories, Poems (Classic Reprint) Padraic Pearse. 2017. (ENG., Illus.). (J). 31.65 *(978-0-265-45204-2(X))* Forgotten Bks.

Collected Works in Verse & Prose of William Butler Yeats. the Secret Rose. Rosa Alchemica. the Tables of the Law. the Adoration of the Magi. 7th Volume. W. B. Yeats & Allan Wade. 2017. (ENG., Illus.). (J). pap. *(978-0-649-55174-3(5))* Trieste Publishing Pty Ltd.

Collected Works in Verse & Prose of William Butler Yeats, Vol. 3: The Countess Cathleen; the Land of Heart's Desire; the Unicorn from the Stars (Classic Reprint) W. B. Yeats. 2016. (ENG., Illus.). (J). pap. 11.57 *(978-1-334-14334-2(X))* Forgotten Bks.

Collected Works in Verse & Prose of William Butler Yeats, Vol. 3: The Countess Cathleen; the Land of Heart's Desire; the Unicorn from the Stars (Classic Reprint) William Butler Yeats. 2018. (ENG., Illus.). 252p. (J). 29.09 *(978-0-331-57971-0(5))* Forgotten Bks.

Collected Works in Verse & Prose of William Butler Yeats, Vol. 8: Discoveries; Edmund Spenser; Poetry & Tradition; & Other Essays (Classic Reprint) W. B. Yeats. 2016. (ENG., Illus.). (J). pap. 13.57 *(978-1-334-50904-9(2))* Forgotten Bks.

Collected Works of Ambrose Bierce, Vol. 1: Ashes of the Beacon; the Land Beyond the Blow; for the Ahkoond; John Smith, Liberator; Bits of Autobiography (Classic Reprint) Ambrose Bierce. 2018. (ENG., Illus.). 396p. (J). 32.06 *(978-0-365-12606-5(3))* Forgotten Bks.

Collected Works of Ambrose Bierce, Vol. 12: Kings of Beasts; Two Administrations; Miscellaneous (Classic Reprint) Ambrose Bierce. 2017. (ENG., Illus.). (J). 32.33 *(978-0-266-21484-7(3))* Forgotten Bks.

Collected Works of Ambrose Bierce, Vol. 6: The Monk & the Hangman's Daughter; Fantastic Fables (Classic Reprint) Ambrose Bierce. 2017. (ENG., Illus.). (J). 31.84 *(978-0-266-21490-8(8))* Forgotten Bks.

Collected Works of Ambrose Bierce, Vol. 8: Negligible Tales; the Parenticide Club; the Fourth Estate; the Ocean Wave; on with the Dance! Epigrams (Classic Reprint) Ambrose Bierce. 2017. (ENG., Illus.). (J). 31.84 *(978-0-265-17993-2(9))* Forgotten Bks.

Collected Works of Anna Katharine Green. Anna Katharine Green. 2017. (ENG., Illus.). (J). 25.95 *(978-1-374-90930-4(0))*; pap. 15.95 *(978-1-374-90929-8(7))* Capital Communications, Inc.

Collected Works of Bret Harte; Volume 2. Bret Harte. 2017. (ENG., Illus.). (J). 29.95 *(978-1-374-92518-2(7))*; pap. 19.95 *(978-1-374-92517-5(9))* Capital Communications, Inc.

Collected Works of Frances Hodgson Burnett. Frances Burnett. 2017. (ENG., Illus.). (J). 25.95 *(978-1-374-90914-4(9))*; pap. 15.95 *(978-1-374-90913-7(0))* Capital Communications, Inc.

Collected Works of Frances Little. Frances Little. 2017. (ENG., Illus.). (J). 23.95 *(978-1-374-90986-1(6))*; pap. 13.95 *(978-1-374-90985-4(8))* Capital Communications, Inc.

Collected Works of George Henry Borrow. George Henry Borrow. 2017. (ENG., Illus.). (J). 24.95 *(978-1-374-98265-9(2))*; pap. 14.95 *(978-1-374-98264-2(4))* Capital Communications, Inc.

Collected Works of George William Curtis. George William Curtis. 2017. (ENG., Illus.). (J). 26.95 *(978-1-374-90896-3(7))*; pap. 16.95 *(978-1-374-90895-6(9))* Capital Communications, Inc.

Collected Works of Gretchen Oyster. Cary Fagan. 2022. 184p. (J). (gr. 5-9). pap. 9.99 *(978-0-7352-6623-0(9)*, Tundra Bks.) Tundra Bks. CAN. Dist: Penguin Random Hse. LLC.

Collected Works of Henrik Ibsen, Vol. 11 (Classic Reprint) Henrik Ibsen. 2017. (ENG., Illus.). (J). 34.09 *(978-0-260-55756-8(0))* Forgotten Bks.

Collected Works of Henrik Ibsen, Vol. 8: An Enemy of the People, and, the Wild Duck (Classic Reprint) Henrik. Ibsen. 2019. (ENG., Illus.). (J). 478p. 33.78 *(978-1-397-23814-6(3))*; 480p. pap. 16.57 *(978-1-397-23723-1(6))* Forgotten Bks.

Collected Works of Henrik Ibsen, Vol. 9: Rosmersholm, and, the Lady from the Sea (Classic Reprint) Henrik. Ibsen. 2018. (ENG., Illus.). (J). 394p. 32.04 *(978-1-397-24503-8(4))*; 396p. pap. 16.57 *(978-1-397-24477-2(1))* Forgotten Bks.

Collected Works of John Muir. John Muir. 2017. (ENG., Illus.). (J). 21.95 *(978-1-374-91018-8(X))*; pap. 10.95 *(978-1-374-91017-1(1))* Capital Communications, Inc.

Collected Works of O. Henry. O. Henry. 2017. (ENG., Illus.). (J). 25.95 *(978-1-374-90938-0(6))*; pap. 15.95 *(978-1-374-90937-3(8))* Capital Communications, Inc.

Collected Works of William Morris, Vol. 8: With Introductions by His Daughter; Journals of Travel in Iceland 1871-1873 (Classic Reprint) William Morris. 2017. (ENG., Illus.). (J). 29.88 *(978-1-5282-8757-9(6))* Forgotten Bks.

Collected Works of William Morris, Vol. 8: With Introductions by His Daughter May Morris; Journals of Travel in Iceland, 1871 1873 (Classic Reprint) William Morris. 2016. (ENG., Illus.). (J). pap. 13.57 *(978-1-333-30399-0(8))* Forgotten Bks.

Collected Writings of Dougal Graham, Skellat Bellman of Glasgow, Vol. 1 Of 2: Edited with Notes, Together with a Biographical & Bibliographical Introduction, & a Sketch of the Chap Literature of Scotland (Classic Reprint) Dougal Graham. 2018. (ENG., Illus.). 278p. (J). 29.65 *(978-0-365-21116-7(8))* Forgotten Bks.

Collected Writings of Dougal Graham, 'Skellat' Bellman of Glasgow, Vol. 2 Of 2: Edited with Notes (Classic Reprint) Dougal Graham. 2017. (ENG., Illus.). (J). 290p. 29.90 *(978-0-332-88908-5(4))*; pap. 13.57 *(978-0-259-44273-8(9))* Forgotten Bks.

Collected Writings of Samuel Laycock (Classic Reprint) Samuel Laycock. 2017. (ENG., Illus.). (J). 32.44 *(978-0-260-07626-7(0))* Forgotten Bks.

Collected Writings of Samuel Lover, Vol. 4 of 10 (Classic Reprint) Samuel Lover. 2018. (ENG., Illus.). 344p. (J). 30.99 *(978-0-484-61604-1(8))* Forgotten Bks.

Collected Writings of Thomas de Quincey (Classic Reprint) David Masson. (ENG., Illus.). (J). 2018. 456p. 33.30 *(978-0-365-35800-8(2))*; 2018. 486p. 33.92 *(978-0-428-82625-3(3))*; 2017. 472p. 33.63 *(978-0-484-80164-5(3))* Forgotten Bks.

Collected Writings of Thomas de Quincey, Vol. 12 (Classic Reprint) David Masson. 2017. (ENG., Illus.). (J). 33.84 *(978-1-5280-6279-4(5))* Forgotten Bks.

Collecting a Chance. Fuschia Rose. 2022. (ENG.). 223p. (YA). pap. ***(978-1-387-55279-5(1))*** Lulu Pr., Inc.

Collecting & Identifying Rocks - Geology Books for Kids Age 9-12 Children's Earth Sciences Books. Baby Professor. 2017. (ENG., Illus.). (J). pap. 8.79 *(978-1-5419-4018-5(0)*, Baby Professor (Education Kids)) Speedy Publishing LLC.

Collecting & Trading in Pokémon GO. Josh Gregory. 2021. (21st Century Skills Innovation Library: Unofficial Guides Junior Ser.). (ENG., Illus.). 24p. (J). (gr. 2-5). lib. bdg. 30.64 *(978-1-5341-8336-0(1)*, 218496) Cherry Lake Publishing.

Collecting Darkness: A Fable for All Ages. Sarah Detweiler Farrugia. 2019. (ENG., Illus.). 42p. (J). 22.00 *(978-0-578-47128-0(0))* Sarah Detweiler Farrugia.

Collecting Data. Lizann Flatt. 2016. (Get Graphing! Building Data Literacy Skills Ser.). (ENG., Illus.). 24p. (J). (gr. 1-3). *(978-0-7787-2633-3(9))* Crabtree Publishing Co.

Collecting Joongoon to Eat - Our Yarning. Rowena Mouda. Illus. by Jasurbek Ruzmat. 2022. (Our Yarning Ser.). (ENG.). 26p. (J). pap. ***(978-1-922932-99-0(X))*** Library For All Limited.

Collecting, Organizing & Interpreting Data the Scientific Method Grade 3 Children's Science Education Books. Baby Professor. 2021. (ENG.). 72p. (J). 27.99 *(978-1-5419-8077-8(8))*; pap. 16.99 *(978-1-5419-5891-3(8))* Speedy Publishing LLC. (Baby Professor (Education Kids)).

Collecting Sunshine. Rachel Flynn. Illus. by Tamsin Ainslie. 2018. 32p. (J). (gr. k-k). 23.99 *(978-0-14-378518-7(4)*, Viking Adult) Penguin Publishing Group.

Collecting Taxes, 1 vol. Derek Miller. 2018. (How Government Works). (ENG.). 64p. (gr. 5-5). pap. 16.28 *(978-1-5026-4029-1(5)*, 876381f9-8cf9-45ce-80b6-98528ce0ad0a) Cavendish Square Publishing LLC.

Collecting Thank Yous. Grandpa David. 2016. (ENG., Illus.). (J). pap. 14.95 *(978-1-68197-567-2(X))* Christian Faith Publishing.

Collecting Things Is Fun! Rozanne Williams. 2017. (Learn-To-Read Ser.). (ENG., Illus.). (J). pap. 3.49 *(978-1-68310-303-5(3))* Pacific Learning, Inc.

Collecting Water - Kuru Bee. Mayra Walsh. 2021. (TET.). 24p. (J). pap. *(978-1-922591-37-1(8))* Library For All Limited.

Collection Monsieur Grenouille: Volume 1 Soleil. Leena Korhonen. 2016. (Collection Monsieur Grenouille Ser.: Vol. 1). (FRE., Illus.). (J). *(978-1-77302-163-8(X))*; pap. *(978-1-77302-162-1(1))* Tellwell Talent.

Collection of Ancient & Modern British Authors, Vol. 255 (Classic Reprint) Adeladie Lindsay. 2018. (ENG., Illus.). 308p. (J). 30.25 *(978-0-332-11427-9(9))* Forgotten Bks.

Collection of Anglicisms, Germanisms & Phrases of the English & German Languages (Classic Reprint) F. Henschel. (ENG., Illus.). (J). 2018. 252p. 29.09 *(978-0-484-81382-2(X))*; 2018. 250p. 29.05 *(978-0-267-25557-3(8))*; 2017. pap. 11.57 *(978-0-259-91133-3(X))* Forgotten Bks.

Collection of Bedtime Bible Stories for Children Children's Jesus Book. Baby Professor. 2017. (ENG., Illus.). (J). pap. 7.89 *(978-1-5419-0449-1(4)*, Baby Professor (Education Kids)) Speedy Publishing LLC.

Collection of British Authors: Tauchnitz Edition; Vol. 3896; Martha Rose, Teacher (Classic Reprint) M. Betham-Edwards. 2017. (ENG., Illus.). (J). pap. 13.57 *(978-0-259-31234-5(7))* Forgotten Bks.

Collection of British Authors Tauchnitz Edition, Vol. 1 Of 2: Vol. 2621, the Bell of St. Paul's by Walter Besant (Classic Reprint) Walter Besant. 2017. (ENG., Illus.). (J). pap. 13.57 *(978-1-5276-1763-6(7))* Forgotten Bks.

Collection of British Authors, Vol. 1 Of 2: Tauchnitz Edition (Classic Reprint) Elizabeth von Arnim. 2016. (ENG., Illus.). (J). pap. 13.57 *(978-1-334-54601-3(0))* Forgotten Bks.

Collection of British Authors, Vol. 1 Of 255: Tauchnitz Edition (Classic Reprint) Edward J. Goodman. 2017. (ENG., Illus.). (J). pap. 13.57 *(978-0-243-58413-0(X))* Forgotten Bks.

Collection of British Authors, Vol. 2 Of 2: Tauchnitz Edition (Classic Reprint) George Mac Donald. 2017. (ENG., Illus.). (J). pap. 13.57 *(978-1-5276-4883-8(4))* Forgotten Bks.

Collection of British Authors, Vol. 2 Of 2: Tauchnitz Edition (Classic Reprint) Henry James Jr. 2017. (ENG., Illus.). (J). pap. 13.57 *(978-0-259-36106-0(2))* Forgotten Bks.

Collection of British Authors, Vol. 2 Of 2: Tauchnitz Edition; Vol. 1190; David Elginbrod by G. Mac Donald, LL. d (Classic Reprint) George MacDonald. 2017. (ENG., Illus.). (J). pap. 13.57 *(978-0-259-02833-8(9))* Forgotten Bks.

Collection of British Authors, Vol. 255 Of 1: Tauchnitz Edition; a Dazzling Reprobate (Classic Reprint) W. R. H. Trowbridge. 2017. (ENG., Illus.). (J). pap. 13.57 *(978-0-243-32968-7(7))* Forgotten Bks.

Collection of British Authors, Vol. 3 Of 3: Hard Cash (Classic Reprint) Charles Reade. 2017. (ENG., Illus.). (J). pap. 13.57 *(978-0-259-38430-4(5))* Forgotten Bks.

Collection of Cambridge Mathematical Examination Papers, As Given at the Several Colleges, Vol. 2: Containing Papers in the Branches of the Mixed Mathematics (Classic Reprint) John Martin Frederick Wright. 2017. (ENG., Illus.). (J). 29.51 *(978-0-266-53233-0(0))* Forgotten Bks.

Collection of Colloquial Phrases, on Every Topic Necessary to Maintain Conversation: Arranged under Different Heads; with Numerous Remarks on the Peculiar Pronunciation & Use of Various Words (Classic Reprint) Anthony Bolmar. 2018. (ENG., Illus.). (J). 218p. 28.39 *(978-1-396-79967-9(2))*; 220p. pap. 10.97 *(978-1-396-79953-2(2))* Forgotten Bks.

Collection of Colloquial Phrases, on Every Topic Necessary to Maintain Conversation: Arranged under Different Heads, with Numerous Remarks on the Peculiar Pronunciations & Use of Various Words, the Whole So Disposed As Considerably to Facilitate the A. Anthony Bolmar. 2017. (ENG., Illus.). (J). 28.60 *(978-0-260-89482-3(6))*; pap. 10.97 *(978-1-5284-4232-9(6))* Forgotten Bks.

Collection of Dark Tales. Wendy Straw & Christine Grace. 2021. (ENG.). 192p. (YA). (gr. 7). 19.99 *(978-0-6485557-9-7(8)*, Brolly Bks.) Borghesi & Adam Pubs. Pty Ltd AUS. Dist: Independent Pubs. Group.

Collection of Eastern Stories & Legends: For Narration or Later Reading in Schools (Classic Reprint) Marie L. Shedlock. 2018. (ENG., Illus.). 162p. (J). 27.24 *(978-0-484-69479-7(0))* Forgotten Bks.

Collection of English Phrases with Their Idiomatic Gujrati Equivalents (Classic Reprint) H. Green. 2017. (ENG., Illus.). (J). 240p. 28.87 *(978-0-484-74435-5(6))*; pap. 11.57 *(978-0-259-87674-8(7))* Forgotten Bks.

Collection of Fables: For the Instruction & Amusement of Little Misses & Masters (Classic Reprint) Unknown Author. 2017. (ENG., Illus.). (J). 24.62 *(978-0-265-27537-5(7))* Forgotten Bks.

Collection of Farces & Other after-Pieces, Which Are Acted at the Theatres Royal, Drury-Lane, Covent-Garden & Hay-Market, Vol. 3 Of 7: Printed under the Authority of the Managers from the Prompt Book; Hartford Bridge, Netley Abbey, the Turnpike Gate. Inchbald. 2018. (ENG., Illus.). (J). 314p. 30.37 *(978-1-396-81608-6(9))*; 316p. pap. 13.57 *(978-1-396-81535-5(X))* Forgotten Bks.

Collection of Farces & Other Afterpieces, Vol. 1 Of 7: Which Are Acted at the Theatres Royal, Drury-Lane, Covent-Garden & Hay-Market; Child of Nature; Wedding Day; Midnight Hour; Raising the Wind; Matrimony; Ella Rosenberg; Blind Boy; Who's the Dupe. Inchbald. 2016. (ENG., Illus.). (J). pap. 13.57 *(978-1-334-49400-0(2))* Forgotten Bks.

Collection of Farces & Other Afterpieces, Vol. 3 Of 7: Which Are Acted at the Theaters Royal, Drury-Lane, Covent-Garden, & Hay-Market; Hartford Bridge; Netley Abbey; the Turnpike Gate; Lock & Key; the Register Office; the Apprentice; the Critic; T. Inchbald. 2016. (ENG., Illus.). (J). pap. 13.57 *(978-1-334-48907-5(6))* Forgotten Bks.

Collection of Farces & Other Afterpieces, Vol. 4 Of 7: Which Are Acted at the Theatres Royal, Drury-Lane, Covent-Garden, & Hay-Market; All the World's a Stage, Lying Valet, the Citizen, Three Weeks after Marriage, Catharine & Petruchio, Padlock, M. Inchbald. 2016. (ENG., Illus.). (J). pap. 11.57 *(978-1-334-47835-2(X))* Forgotten Bks.

Collection of Farces & Other Afterpieces, Which Are Acted at the Theatres-Royal, Drury-Lane, Covent-Garden, & Hay-Market, Vol. 2 Of 7: The Birth-Day; the Jew & the Doctor; the Irishman in London; the Prisoner at Large; the Poor Soldier; the Farmer. Inchbald. 2016. (ENG., Illus.). (J). pap. 13.57 *(978-1-334-13913-0(X))* Forgotten Bks.

Collection of Farces & Other Afterpieces, Which Are Acted at the Theatres Royal, Drury-Lane, Covent-Garden & Hay-Market, Vol. 3 Of 7: Hartford Bridge; the Register Office; Netley Abbey; the Apprentice; the Turnpike Gate; the Critic; Lock & Key; Th. Inchbald. (ENG., Illus.). (J). 2018. 268p. 29.42 *(978-0-365-35645-5(X))*; 2017. pap. 11.97 *(978-0-259-19153-7(1))* Forgotten Bks.

Collection of German Authors, Vol. 1 Of 12: Joachim V. Kamern; Diary of a Poor Young Lady (Classic Reprint) Maria Nathusius. 2017. (ENG., Illus.). (J). 30.93 *(978-0-331-63473-0(2))* Forgotten Bks.

Collection of Humorous, Dramatic & Dialect Selections. Alfred P. Burbank. 2017. (ENG.). 184p. (J). pap. *(978-3-337-37538-6(3))* Creation Pubs.

Collection of Humorous, Dramatic, & Dialect Selections: Edited & Arranged for Public Reading or Recitation (Classic Reprint) Alfred P. Burbank. (ENG., Illus.). (J). 2018. 180p. 27.63 *(978-0-656-34140-5(8))*; 2017. pap. 10.57 *(978-0-243-38696-3(6))* Forgotten Bks.

Collection of Legendary Frogs. Hjcs Scholars. 2022. (ENG.). 58p. (J). pap. *(978-1-4583-8502-4(7))* Lulu Pr., Inc.

Collection of Letters of W. M. Thackeray. William Makepeace Thackeray. 2017. (ENG.). 248p. (J). pap. *(978-3-337-13663-5(X))* Creation Pubs.

Collection of Letters of W. M. Thackeray: 1847-1855, with Portraits & Reproductions of Letters & Drawings (Classic Reprint) William Makepeace Thackeray. 2018. (ENG., Illus.). 262p. (J). 29.32 *(978-0-267-18788-1(2))* Forgotten Bks.

Collection of Letters of W. M. Thackeray, 1847-1855. William Makepeace Thackeray. 2017. (ENG., Illus.). (J). pap. *(978-0-649-15774-7(5))* Trieste Publishing Pty Ltd.

Collection of Nine Winning Favorites. Lawrence Nissim. 2020. (ENG.). 188p. (YA). pap. 16.95 *(978-1-68456-679-2(7))* Page Publishing Inc.

Collection of Novels & Tales of the Fairies, Vol. 1 Of 3: Written by That Celebrated Wit of France, the Countess d'Anois; Containing, I. the History of Don Gabriel; II. the Royal RAM; III. the Story of Finetta, the Cinder Girl; IV. the Palace of Reven. Marie-Catherine Aulnoy. 2017. (ENG., Illus.). (J). pap. 13.57 *(978-0-259-30743-3(2))* Forgotten Bks.

Collection of Novels & Tales of the Fairies, Vol. 1 Of 3: Written by That Celebrated Wit of France, the Countess d'Anois; Containing, I. the History of Don Gabriel; II. the Royal Ram; III. the Story of Finetta, the Cinder Girl; IV. the Palace of Reven. Marie-Catherine Aulnoy. 2018. (ENG., Illus.). 288p. (J). 29.86 *(978-0-484-80526-1(6))* Forgotten Bks.

Collection of Novels & Tales of the Fairies, Vol. 2: Containing, I. the Story of Fortunio, the Fortunate Knight; II. the Story of the Pigeon & Dove; III. the Story of the Princess Fair-Star & Prince Chery; IV. the Story of the Princess Carpillona; Marie-Catherine Aulnoy. (ENG., Illus.). (J). 2018. 278p. 29.65 *(978-0-364-01872-9(0))*; 2017. pap. 13.57 *(978-0-259-37512-8(8))* Forgotten Bks.

Collection of Novels & Tales of the Fairies, Vol. 2 of 3 (Classic Reprint) Marie-Catherine D'Aulnoy. (ENG., Illus.). (J). 2018. 280p. 29.67 *(978-0-365-45242-3(4))*; 2017. pap. 13.57 *(978-0-259-41121-5(3))* Forgotten Bks.

Collection of Novels & Tales of the Fairies, Vol. 3: Containing, I. the Knights-Errant; II. the History of the Princess Zamea & the Prince Almanzon; III. the History of Prince Elmedorus, of Granada, & the Princess Alzayda (Classic Reprint) Marie-Catherine Aulnoy. 2017. (ENG., Illus.). (J). 240p. 28.87 *(978-0-332-77910-2(6))*; pap. 11.57 *(978-0-259-29859-5(X))* Forgotten Bks.

Collection of Novels & Tales of the Fairies, Vol. 3 of 3 (Classic Reprint) Marie-Catherine Le Jumel De Barneville. (ENG., Illus.). (J). 2018. 244p. 28.93 *(978-0-484-13205-3(9))*; 2017. pap. 11.57 *(978-0-243-25831-4(3))* Forgotten Bks.

Collection of Novels, Vol. 2: Selected & Revised (Classic Reprint) Elizabeth Griffith. 2018. (ENG., Illus.). 278p. (J). 29.65 *(978-0-483-37819-3(4))* Forgotten Bks.

Collection of Novels, Vol. 2: Sparsa Coegi (Classic Reprint) Elizabeth Griffith. 2016. (ENG., Illus.). (J). pap. 13.57 *(978-1-334-13184-4(8))* Forgotten Bks.

Collection of Novels, Vol. 3: Selected & Revised (Classic Reprint) Griffith. 2018. (ENG., Illus.). 230p. (J). 28.66 *(978-0-332-20942-5(3))* Forgotten Bks.

Collection of Poems & Stories for My Grandchildren. Cook Elizabeth. 2016. (ENG., Illus.). (J). pap. *(978-0-646-95861-3(5))* Cartridge Family, The.

Collection of Popular Tales: From the Norse & North German (Classic Reprint) George Webbe Dasent. 2017. (ENG., Illus.). (J). 31.59 *(978-0-265-20844-1(0))* Forgotten Bks.

Collection of Select Novels, Written Originally in Castillian (Classic Reprint) Miguel Cervantes Saavedra. (ENG., Illus.). (J). 2018. 344p. 31.01 *(978-0-364-84828-9(6))*; 2017. pap. 13.57 *(978-0-259-30974-1(5))* Forgotten Bks.

Collection of Short Stories. Skout Blair. 2021. (ENG.). 39p. (J). ***(978-1-7947-9327-9(5))*** Lulu Pr., Inc.

Collection of Short Stories (Classic Reprint) Lemuel Arthur Pittenger. 2018. (ENG., Illus.). 296p. (J). 30.00 *(978-0-332-13665-3(5))* Forgotten Bks.

Collection of Songs & Ballads Relative to the London Prentices & Trades; & to the Affairs of London Generally: During the Fourteenth, Fifteenth, & Sixteenth Centuries (Classic Reprint) Charles MacKay. 2017. (ENG., Illus.). (J). 27.38 *(978-0-265-60807-4(4))* Forgotten Bks.

Collection of Stories For 1-Year-Olds. Jaye Garnett. Ed. by Cottage Door Press. Illus. by Gabriele Antonini. 2022. (ENG.). 24p. (J). (gr. -1 — 1). bds. 8.99 *(978-1-64638-336-8(2)*, 1007400) Cottage Door Pr.

Collection of Stories for 2 Year Olds. Ed. by Parragon Books. 2018. (ENG., Illus.). 96p. (J). (gr. -1-3). 12.99 *(978-1-68052-415-4(1)*, 2000140, Parragon Books) Cottage Door Pr.

Collection of Stories for 3 Year Olds. Ed. by Parragon Books. 2018. (ENG., Illus.). 96p. (J). (gr. -1-3). 12.99 *(978-1-68052-416-1(X)*, 2000150, Parragon Books) Cottage Door Pr.

Collection of Stories for 4 Year Olds. Ed. by Parragon Books. 2018. (ENG., Illus.). 96p. (J). (gr. -1-3). 12.99 *(978-1-68052-417-8(8)*, 2000160, Parragon Books) Cottage Door Pr.

Collection of Stories for 5 Year Olds. Ed. by Parragon Books. 2020. (ENG.). 96p. (J). (gr. k-1). 12.99 *(978-1-68052-857-2(2),* 2003130, Parragon Books) Cottage Door Pr.

Collection of Super Heroes: Super Heroes Coloring Books. Jupiter Kids. 2016. (ENG., Illus.). 106p. (J). pap. 12.55 *(978-1-68305-105-3(X),* Jupiter Kids (Childrens & Kids Fiction)) Speedy Publishing LLC.

Collection of the Best Children's Games: A Vocabulary Activity Book for Kids. Speedy Kids. 2017. (ENG., Illus.). (J). pap. 9.20 *(978-1-5419-3325-5(7))* Speedy Publishing LLC.

Collection of Trains. Shuppan Seibido. 2018. (ENG.). (J). *(978-4-415-32503-3(3))* Seibido Shuppan.

Collection PopTerra: Six Bandes Dessinées. Dominic Bercier. Ed. by J. F. Martel. 2022. (Popterra Ser.). (FRE.). 500p. (YA). *(978-1-990065-30-9(9))* Mirror Comics Studios.

Collections 2017: Professional Learning Guide. Houghton Mifflin Harcourt. 2017. (Collections 2017 Ser.). (ENG.). 64p. (J). (gr. 6-12). pap. 10.00 ***(978-1-328-84613-6(X))***; pap. 10.00 ***(978-1-328-84614-3(8))*** Houghton Mifflin Harcourt Publishing Co.

Collections & Observations Methodized, Concerning the Worship, Discipline, & Government of the Church of Scotland, Vol. 1 of 4 (Classic Reprint) Walter Steuart. 2018. (ENG., Illus.). 240p. (J). (gr. -1-3). 28.87 *(978-0-483-45637-2(3))* Forgotten Bks.

Collections of a Coffee Cooler: Consisting of Daily Prison Scenes in Andersonville, Ga;, & Florence, S. C., with Poetic Effusions on for Aging, Army Beans, Army Corns, Soldier's Oration, Soldier's Widow, Soldier's Death, & the Soldier's Funeral, Silen. S. Creelman. 2018. (ENG., Illus.). 78p. (J). 25.51 *(978-0-332-63217-9(2))* Forgotten Bks.

Collections of British Authors, Vol. 255 Of 1: Tauchnits Edition; a Question of Colour (Classic Reprint) F. C. Philips. 2018. (ENG., Illus.). 274p. (J). 29.55 *(978-0-484-20037-0(2))* Forgotten Bks.

Collective Biographies of Slave Resistance Heroes, 1 vol. Lisa A. Crayton. 2016. (Slavery & Slave Resistance Ser.). (ENG.). 128p. (gr. 6-6). 38.93 *(978-0-7660-7555-9(9),* 8418be6d-0420-4e1e-8764-50d03426f104) Enslow Publishing, LLC.

Collective Uprising: Awakening. Kayt Bryans. 2022. (ENG.). 192p. (YA). ***(978-1-0391-4606-8(6))***; pap. ***(978-1-0391-4605-1(8))*** FriesenPress.

Collective Works: Volume 3: Short Stories & Apparitions. Leigha a Cianciolo. 2020. (Collective Works: Vol. 3). (ENG.). 452p. (YA). 39.99 *(978-1-0879-0747-5(0))*; pap. 29.99 *(978-1-0879-0769-7(1))* Indy Pub.

Collector. K. R. Alexander. 2019. (Penworthy Picks YA Fiction Ser.). (ENG.). 217p. (J). (gr. 4-5). 17.59 *(978-0-87617-662-7(7))* Penworthy Co., LLC, The.

Collector. K. R. Alexander. 2018. (ENG.). 224p. (J). (gr. 4-7). pap. 7.99 *(978-1-338-21224-2(9),* Scholastic Pr.) Scholastic, Inc.

Collector. David Michael Slater. Illus. by Mauro Sorghienti. 2019. (Mysterious Monsters Ser.: 6). (ENG.). 120p. (J). (gr. 2-4). pap. 8.99 *(978-1-944589-38-7(4))* Incorgnito Publishing Pr. LLC.

Collector: #6. David Michael Slater. Illus. by Mauro Sorghienti. 2023. (Mysterious Monsters Ser.). (ENG.). 88p. (J). (gr. 1-4). lib. bdg. 31.36 ***(978-1-0982-5280-9(2),*** 42673, Chapter Bks.) Spotlight.

Collectors. Alice Feagan. Illus. by Alice Feagan. 2021. (ENG., Illus.). 32p. (J). (gr. -1-2). 17.99 *(978-1-5253-0204-6(3))* Kids Can Pr., Ltd. CAN. Dist: Hachette Bk. Group.

Collectors. Jacqueline West. 2018. (ENG.). 384p. (J). (gr. 3-7). 16.99 *(978-0-06-269169-9(4),* Greenwillow Bks.) HarperCollins Pubs.

Collectors. Jacqueline West. 2019. (ENG.). 400p. (J). (gr. 3-7). pap. 7.99 *(978-0-06-269170-5(8),* Greenwillow Bks.) HarperCollins Pubs.

Collectors, 2. Lorien Lawrence. ed. 2023. (Fright Watch Ser.). (ENG.). 276p. (J). (gr. 6-12). 20.46 ***(978-1-68505-785-5(3))*** Penworthy Co., LLC, The.

Collectors: Being Cases Mostly under the Ninth & Tenth Commandments (Classic Reprint) Frank Jewett Mather. 2018. (ENG., Illus.). 206p. (J). 28.15 *(978-0-365-18681-6(3))* Forgotten Bks.

Collectors #2: a Storm of Wishes. Jacqueline West. (ENG.). 288p. (J). (gr. 3-7). 2020. pap. 7.99 *(978-0-06-269173-6(2))*; 2019. 16.99 *(978-0-06-269172-9(4))* HarperCollins Pubs. (Greenwillow Bks.).

Collectors (Fright Watch #2) Lorien Lawrence. (Fright Watch Ser.). (ENG.). (YA). (gr. 5-9). 2022. 304p. pap. 8.99 *(978-1-4197-4967-4(6),* 1286203); 2021. 288p. 16.99 *(978-1-4197-5604-7(4),* 1286201) Abrams, Inc. (Amulet Bks.).

Collectors: Stories. A. S. King et al. Ed. by A. S. King. 2023. 272p. (YA). (gr. 9). 19.99 ***(978-0-593-62028-1(3),*** Dutton Books for Young Readers) Penguin Young Readers Group.

College Admissions Process, 1 vol. Ed. by Marcia Amidon Lusted. 2017. (Issues That Concern You Ser.). (ENG.). 112p. (YA). (gr. 7-10). 43.63 *(978-1-5345-0223-9(8),* 5f7168f7-49b8-45d3-a342-2cb933483082) Greenhaven Publishing LLC.

College Annual, 1903 (Classic Reprint) Baltimore College of Dental Surgery. (ENG., Illus.). (J). 2018. 170p. 27.42 *(978-0-483-94257-8(X))*; 2016. pap. 9.97 *(978-1-334-17011-9(8))* Forgotten Bks.

College Basketball Hot Streaks. Ryan Williamson. 2019. (Hot Streaks Ser.). (ENG.). 32p. (J). (gr. 3-6). lib. bdg. 35.64 *(978-1-5038-3232-9(5),* 213306, MOMENTUM) Child's World, Inc, The.

College Basketball Season Ticket: The Ultimate Fan Guide. Grant Mitchell. 2019. (Season Ticket Set 2 Ser.). (ENG., Illus.). 112p. (J). (gr. 3-9). pap. 9.99 *(978-1-63494-055-9(5),* 1634940555) Pr. Room Editions LLC.

College Basketball Underdog Stories. Heather Rule. 2018. (Underdog Sports Stories Ser.). (ENG., Illus.). 48p. (J). (gr. 5-8). lib. bdg. 34.21 *(978-1-5321-1760-2(4),* 30808, SportsZone) ABDO Publishing Co.

College Basketball's Championship. Tyler Omoth. 2018. (Major Sports Championships Ser.). (ENG., Illus.). 32p. (J). (gr. 3-9). lib. bdg. 27.32 *(978-1-5435-0495-8(7),* 137301, Capstone Pr.) Capstone.

College Boy Bill: A Picture of Student Life in the Rushing Season; (Classic Reprint) H. Hugo Shipton. 2018. (ENG., Illus.). 40p. (J). 24.72 *(978-0-483-66068-7(X))* Forgotten Bks.

College Chaps (Classic Reprint) Nat Prune. 2018. (ENG., Illus.). 94p. (J). 25.86 *(978-0-483-96756-4(4))* Forgotten Bks.

College Chaucer: The Glossary in Collaboration with Thomas Goddard Wright, M. A. , Instructor in English in Sheffield Scientific School (Classic Reprint) Geoffrey Chaucer. 2018. (ENG., Illus.). 726p. (J). 38.89 *(978-0-656-53185-1(1))* Forgotten Bks.

College Chums, Vol. 1 Of 2: A Novel (Classic Reprint) Charles Lister. 2018. (ENG., Illus.). 296p. (J). 30.00 *(978-0-484-65613-9(9))* Forgotten Bks.

College Cinderella (Classic Reprint) Edward E. Kidder. 2018. (ENG., Illus.). 68p. (J). 25.32 *(978-0-267-44973-6(9))* Forgotten Bks.

College Collection Set 1 - for Reluctant Readers, 6. Georgina Jonas. 2016. (College Collection). (ENG., Illus.). 416p. (YA). pap. 24.95 *(978-1-78583-107-2(0))* Crown Hse. Publishing LLC.

College Comedies (Classic Reprint) Edwin Bateman Morris. (ENG., Illus.). (J). 2018. 186p. 27.75 *(978-0-656-43251-6(9))*; 2016. pap. 10.57 *(978-1-333-25906-8(9))* Forgotten Bks.

College Cookbook: Healthy, Budget-Friendly Recipes for Every Student Gain Energy While Enjoying Delicious Meals. Tiffany Shelton. 2019. (ENG.). 124p. (J). pap. 14.94 *(978-1-0878-0959-5(2))* Indy Pub.

College Courtship: And Other Stories (Classic Reprint) Charles Terry Collins. (ENG., Illus.). (J). 2018. 234p. 28.72 *(978-0-483-58761-8(3))*; 2017. pap. 11.57 *(978-0-243-25514-6(4))* Forgotten Bks.

College Cuts: Chosen from the Columbia Spectator, 1880-81-82 (Classic Reprint) Felix Benedict Herzog. (ENG., Illus.). (J). 2018. 84p. 25.65 *(978-0-365-04024-8(X))*; 2017. pap. 9.57 *(978-0-259-86832-3(9))* Forgotten Bks.

College Days: A College Comedy in Three Acts, Set in Rural Relief (Classic Reprint) Geo M. Rosener. 2018. (ENG., Illus.). 56p. (J). 25.05 *(978-0-267-43572-2(X))* Forgotten Bks.

College Days: Or Harry's Career at Yale (Classic Reprint) John Seymour Wood. 2018. (ENG., Illus.). 456p. (J). 33.30 *(978-0-483-86584-6(2))* Forgotten Bks.

College Esports. Erin Nicks. 2020. (Esports Explosion Ser.). (ENG., Illus.). 32p. (J). (gr. 3-6). lib. bdg. 32.79 *(978-1-5321-9442-9(0),* 36639, SportsZone) ABDO Publishing Co.

College Follies Wisdom, 1914 (Classic Reprint) Columbia College for Women. 2018. (ENG., Illus.). (J). 94p. 25.84 *(978-1-397-22928-1(4))*; 96p. pap. 9.57 *(978-1-397-22910-6(1))* Forgotten Bks.

College Football. Robert Cooper. 2019. (Football in America Ser.). (ENG., Illus.). 32p. (J). (gr. 3-3). pap. 9.95 *(978-1-64494-046-4(9),* 1644940469) North Star Editions.

College Football. Robert Cooper. 2019. (Football in America Ser.). (ENG.). 32p. (J). (gr. 2-5). lib. bdg. 32.79 *(978-1-5321-6373-9(8),* 32061, DiscoverRoo) Pop!.

College Football Hot Streaks. Todd Kortemeier. 2019. (Hot Streaks Ser.). (ENG.). 32p. (J). (gr. 3-6). lib. bdg. 35.64 *(978-1-5038-3231-2(7),* 213307, MOMENTUM) Child's World, Inc, The.

College Football Season Ticket: The Ultimate Fan Guide. Dave Campbell. 2019. (Season Ticket Set 2 Ser.). (ENG., Illus.). 112p. (J). (gr. 3-9). pap. 9.99 *(978-1-63494-056-6(3),* 1634940563) Pr. Room Editions LLC.

College Football Teams (Set), 12 vols. 2021. (College Football Teams Ser.). (ENG.). (J). (gr. 3-6). lib. bdg. 393.48 *(978-1-5038-5672-1(0),* 215476) Child's World, Inc, The.

College Football Underdog Stories. Jeff Seidel. 2018. (Underdog Sports Stories Ser.). (ENG., Illus.). 48p. (J). (gr. 5-8). lib. bdg. 34.21 *(978-1-5321-1761-9(2),* 30810, SportsZone) ABDO Publishing Co.

College Girl. George de Horne Vaizey. 2023. (ENG.). 244p. (J). pap. 19.99 ***(978-1-0881-2633-2(2))*** Indy Pub.

College Girl. George De Horne Vaizey. 2017. (ENG., Illus.). (J). 25.95 *(978-1-374-85920-3(6))*; pap. 15.95 *(978-1-374-85919-7(2))* Capital Communications, Inc.

College Girls (Classic Reprint) Abbe Carter Goodloe. (ENG., Illus.). (J). 2018. 320p. 30.50 *(978-0-364-83423-7(4))*; 2016. pap. 13.57 *(978-1-333-56313-4(2))* Forgotten Bks.

College Greetings, Vol. 1: February, 1917 (Classic Reprint) Phyllis Wilkinson. 2018. (ENG., Illus.). 44p. (J). 24.80 *(978-0-483-93613-3(8))* Forgotten Bks.

College Greetings, Vol. 13: October, 1909 (Classic Reprint) Illinois Woman College. 2018. (ENG., Illus.). 460p. (J). 33.38 *(978-0-484-81665-6(9))* Forgotten Bks.

College Greetings, Vol. 17: December, 1913 (Classic Reprint) Abbie Peavoy. (ENG., Illus.). (J). 2018. 52p. 24.97 *(978-0-365-15619-2(1))*; 2017. pap. 9.57 *(978-0-259-86400-4(5))* Forgotten Bks.

College Greetings, Vol. 17: October, 1913 (Classic Reprint) Abbie Peavoy. (ENG., Illus.). (J). 2018. 42p. 24.78 *(978-0-483-70007-9(X))*; 2017. pap. 7.97 *(978-0-243-40426-1(3))* Forgotten Bks.

College Greetings, Vol. 18: Christmas, 1914 (Classic Reprint) Illinois Woman College. 2017. (ENG., Illus.). (J). pap. 9.57 *(978-0-259-95679-2(1))* Forgotten Bks.

College Greetings, Vol. 18: Christmas, 1914 (Classic Reprint) Illinois Woman's College. 2018. (ENG., Illus.). 56p. (J). 25.05 *(978-0-666-56167-1(2))* Forgotten Bks.

College Greetings, Vol. 18: December 1914 (Classic Reprint) Illinois Woman's College. 2018. (ENG., Illus.). (J). 44p. 24.80 *(978-0-366-79697-7(6))*; 46p. pap. 7.97 *(978-0-366-79683-0(6))* Forgotten Bks.

College Greetings, Vol. 18: November, 1914 (Classic Reprint) Illinois Woman's College. (ENG., Illus.). (J). 2018. 48p. 24.89 *(978-0-484-85237-1(X))*; 2017. pap. 9.57 *(978-0-259-53162-3(6))* Forgotten Bks.

College Greetings, Vol. 21: April, 1917 (Classic Reprint) Illinois Woman's College. (ENG., Illus.). (J). 2018. 46p. 24.87 *(978-0-365-32909-1(6))*; 2017. pap. 9.57 *(978-0-243-39567-5(1))* Forgotten Bks.

College Greetings, Vol. 21: Christmas, 1916 (Classic Reprint) Illinois Woman's College. (ENG., Illus.). (J). 2018. 52p. 24.97 *(978-0-365-30701-3(7))*; 2017. pap. 9.57 *(978-0-259-88305-0(0))* Forgotten Bks.

College Greetings, Vol. 21: June, 1917 (Classic Reprint) Illinois Woman's College. (ENG., Illus.). (J). 2018. 54p. 25.01 *(978-0-483-50369-4(X))*; 2017. pap. 9.57 *(978-0-243-04656-0(1))* Forgotten Bks.

College Greetings, Vol. 21: March, 1917 (Classic Reprint) Illinois Woman's College. (ENG., Illus.). (J). 2018. 42p. 24.78 *(978-0-365-15578-2(0))*; 2017. pap. 7.97 *(978-0-259-82107-6(1))* Forgotten Bks.

College Greetings, Vol. 21: October, 1916 (Classic Reprint) Unknown Author. (ENG., Illus.). (J). 2018. 44p. 24.80 *(978-0-483-15103-1(3))*; 2017. pap. 7.97 *(978-0-259-30023-6(3))* Forgotten Bks.

College Greetings, Vol. 21: October, 1916 (Classic Reprint) Illinois Woman College. 2018. (ENG., Illus.). 270p. (J). 29.47 *(978-0-267-39938-3(3))* Forgotten Bks.

College Greetings, Vol. 21: October, 1916 (Classic Reprint) Illinois Woman's College. 2016. (ENG., Illus.). (J). pap. 11.97 *(978-1-334-12441-9(8))* Forgotten Bks.

College Greetings, Vol. 22: November, 1918 (Classic Reprint) Illinois Woman's College. 2018. (ENG., Illus.). (J). 282p. 29.73 *(978-1-396-57749-9(1))*; 284p. pap. 13.57 *(978-1-391-59041-7(4))* Forgotten Bks.

College Greetings, Vol. 23: September, 1919 June, 1920 (Classic Reprint) Eather Hetherlin. (ENG., Illus.). (J). 2018. 248p. 29.01 *(978-0-484-08411-6(9))*; 2016. pap. 11.57 *(978-1-333-29762-6(9))* Forgotten Bks.

College Greetings, Vol. 24: October, 1920 (Classic Reprint) Illinois Woman's College. (ENG., Illus.). (J). 2018. 228p. 28.60 *(978-0-483-83326-5(6))*; 2016. pap. 10.97 *(978-1-334-15637-3(9))* Forgotten Bks.

College Greetings, Vol. 25: October, 1921 (Classic Reprint) Illinois Woman College. 2018. (ENG., Illus.). 222p. (J). 28.48 *(978-0-484-25140-2(6))* Forgotten Bks.

College Is Broken: How to Create a Life of Wealth & Freedom While Most Graduates Are Broke, Stressed, & Moving Back in with Their Parents. Chelsea Creekmore. 2020. (ENG.). 254p. (J). pap. *(978-1-988925-44-8(4))* Doyle-Ingram, Suzanne.

College Life 202: Core Principles. J. B. Vample. 2017. (College Life Ser.: 4). (ENG., Illus.). 411p. (C). (gr. 11-12). pap. 14.95 *(978-0-9969817-6-7(4))* Vample, Jessyca Publishing.

College Life 401: Senior Experience. J. B. Vample. 2019. (College Life Ser.: 7). (ENG.). 462p. (C). pap. 15.95 *(978-1-7323178-2-6(8))* Vample, Jessyca Publishing.

College Life 402: Undergrad Completion. J. B. Vample. 2020. (College Life Ser.: 8). (ENG.). 756p. (C). pap. 21.95 *(978-1-7323178-4-0(4))* Vample, Jessyca Publishing.

College Man in Khaki: Letters of an American in the British Artillery (Classic Reprint) Wainwright Merrill. 2018. (ENG., Illus.). 254p. (J). 29.14 *(978-0-656-37180-8(3))* Forgotten Bks.

College Message, Vol. 18: November 1909 (Classic Reprint) Greensboro Female College. 2018. (ENG., Illus.). (J). 676p. 37.84 *(978-1-396-71556-3(8))*; 678p. pap. 20.57 *(978-1-396-13561-3(8))* Forgotten Bks.

College Notebook. Raz McOvoo. 2021. (ENG.). 102p. (YA). pap. 11.25 *(978-1-716-10047-5(X))* Lulu Pr., Inc.

College Notebook: Student Notebook Journal Diary AI Brain Circuit Cover Notepad by Raz Mcovoo. Raz McOvoo. 2021. (ENG.). 102p. (YA). pap. 11.25 *(978-1-716-10028-4(3))* Lulu Pr., Inc.

College Notebook: Student Notebook Journal Diary Fingerprint Cover Notepad by Raz Mcovoo. Raz McOvoo. 2021. (ENG.). 102p. (YA). pap. 11.25 *(978-1-716-10066-6(6))* Lulu Pr., Inc.

College Notebook: Student Notebook Journal Diary Flower Shadow Cover Notepad by Raz Mcovoo. Raz McOvoo. 2021. (ENG.). 102p. (YA). pap. 11.25 *(978-1-716-10578-4(1))* Lulu Pr., Inc.

College Notebook: Student Notebook Journal Diary Gray City Cover Notepad by Raz Mcovoo. Raz McOvoo. 2021. (ENG.). 102p. (YA). pap. 11.25 *(978-1-716-11457-1(8))* Lulu Pr., Inc.

College Notebook: Student Notebook Journal Diary Heart Circuit Cover Notepad by Raz Mcovoo. Raz McOvoo. 2021. (ENG.). 102p. (YA). pap. 11.25 *(978-1-716-09937-3(4))* Lulu Pr., Inc.

College Notebook: Student Notebook Journal Diary Lemonade Cover Notepad by Raz Mcovoo. Raz McOvoo. 2021. (ENG.). 102p. (YA). pap. 11.25 *(978-1-716-10582-1(X))* Lulu Pr., Inc.

College Notebook: Student Notebook Journal Diary Rainbow Cloud Butterfly Design Cover Notepad by Raz Mcovoo. Raz McOvoo. 2021. (ENG.). 102p. (YA). pap. 11.25 *(978-1-716-10043-7(7))* Lulu Pr., Inc.

College Notebook: Student Notebook Journal Diary Rainbow Continents Cover Notepad by Raz Mcovoo. Raz McOvoo. 2021. (ENG.). 102p. (YA). pap. 11.25 *(978-1-716-10037-6(2))* Lulu Pr., Inc.

College Notebook: Student Notebook Journal Diary Rainbow Waves Cover Notepad by Raz Mcovoo. Raz McOvoo. 2021. (ENG.). 102p. (YA). pap. 11.25 *(978-1-716-10046-8(1))* Lulu Pr., Inc.

College Notebook: Student Notebook Journal Diary Robot Mechanical Face Cover Notepad by Raz Mcovoo. Raz McOvoo. 2021. (ENG.). 102p. (YA). pap. 11.25 *(978-1-716-09927-4(7))* Lulu Pr., Inc.

College Notebook: Student Notebook Journal Diary Tree Circuit Cover Notepad by Raz Mcovoo. Raz McOvoo. 2021. (ENG.). 102p. (YA). pap. 11.25 *(978-1-716-09934-2(X))* Lulu Pr., Inc.

College Notebook: Student Workbook Journal Diary Leaves Cover Notepad by Raz Mcovoo. Raz McOvoo. 2021. (ENG.). 102p. (YA). pap. 11.25 *(978-1-716-11417-5(9))* Lulu Pr., Inc.

College of Hawaii Annual Catalogue, 1912-1913; Number 10. 2017. (ENG., Illus.). (J). pap. *(978-0-649-39765-5(7))* Trieste Publishing Pty Ltd.

College of Hawaii Biennial Catalogue 1916-1918, No. 15. 2017. (ENG., Illus.). (J). pap. *(978-0-649-35242-5(4))* Trieste Publishing Pty Ltd.

College Short Story Reader (Classic Reprint) Harry Worthington Hastings. (ENG., Illus.). (J). 2018. 438p. 32.93 *(978-0-656-33830-6(X))*; 2017. pap. 16.57 *(978-0-243-30318-2(1))* Forgotten Bks.

College Story (Classic Reprint) Unknown Author. (ENG., Illus.). (J). 2018. 22p. 24.35 *(978-0-428-30960-2(7))*; 2016. pap. 7.97 *(978-1-334-13282-7(8))* Forgotten Bks.

College Tramps: A Narrative of the Adventures of a Party of Yale Students During a Summer Vacation in Europe, with Knapsack & Alpenstock, & the Incidents of a Voyage to Rotterdam & Return, Taken in the Steerage (Classic Reprint) Frederick A. Stokes. 2018. (ENG., Illus.). 272p. (J). 29.51 *(978-0-364-44901-1(2))* Forgotten Bks.

College Years (Classic Reprint) Ralph Delahaye Paine. (ENG., Illus.). (J). 2018. 380p. 31.73 *(978-0-656-64887-0(2))*; 2017. pap. 16.57 *(978-0-259-27952-5(8))* Forgotten Bks.

Collegers V. Oppidans: A Reminiscence of Eton Life (Classic Reprint) William Hill Tucker. (ENG., Illus.). (J). 2018. 92p. 25.79 *(978-0-365-22552-2(5))*; 2017. pap. 9.57 *(978-1-5276-3203-5(2))* Forgotten Bks.

Collegian, Vol. 19: Christmas 1930 (Classic Reprint) Saint Joseph's College. 2018. (ENG., Illus.). (J). 76p. 25.48 *(978-1-396-68025-0(X))*; 78p. pap. 9.57 *(978-1-396-04335-2(7))* Forgotten Bks.

Collegian, Vol. 19: February 1931 (Classic Reprint) Saint Joseph's College. 2018. (ENG., Illus.). 78p. (J). pap. 9.57 *(978-1-396-04403-8(5))* Forgotten Bks.

Collegian, Vol. 19: March 1931 (Classic Reprint) Saint Joseph's College. 2018. (ENG., Illus.). (J). 82p. 25.59 *(978-1-396-68017-5(9))*; 84p. pap. 9.57 *(978-1-396-04402-1(7))* Forgotten Bks.

Collegians. Gerald Griffin. 2017. (ENG.). 340p. (J). pap. *(978-3-337-09025-8(7))* Creation Pubs.

Collegians: Or the Colleen Bawn, a Tale of Garryowen (Classic Reprint) Gerald Griffin. 2017. (ENG., Illus.). 456p. (J). 33.32 *(978-0-484-70261-4(0))* Forgotten Bks.

Collide. J. R Lenk. 2016. (ENG., Illus.). (YA). (gr. 8-12). 27.99 *(978-1-63477-955-5(X),* Harmony Ink Pr.) Dreamspinner Pr.

Collide. Kimberly McCreight. (Outliers Ser.: 3). (ENG.). 352p. (YA). (gr. 9). 2019. pap. 9.99 *(978-0-06-235916-2(9))*; 2018. 18.99 *(978-0-06-235915-5(0))* HarperCollins Pubs. (HarperCollins).

Colliding Skies. Debbie Zaken. 2018. (ENG., Illus.). 380p. (YA). (gr. 7-12). pap. *(978-1-9999633-0-9(X))* Oftomes Publishing.

Collie Animal Planet: Dogs 101. Terry Albert. 2016. (Animal PlanetTM: Dogs 101 Ser.). (ENG., Illus.). 144p. (J). (gr. 3-7). 15.95 *(978-0-7938-3739-7(1))* TFH Pubns., Inc.

Collier de la Discorde. Éric Ferrand. 2018. (FRE., Illus.). 38p. (J). *(978-0-244-96134-3(4))* Lulu Pr., Inc.

Colliers, 1913, Vol. 51: The National Weekly (Classic Reprint) Robert J. Collier. (ENG., Illus.). (J). 2018. 970p. 43.90 *(978-0-483-04950-5(6))*; 2017. pap. 26.24 *(978-0-243-02103-1(8))* Forgotten Bks.

Collier's Illustrated Library of Standard Authors, Vol. 1: Griffin's Collegians Banim's Peep o'Day & Crohoore of the Billhook, Lover's Handy Andy; Illustrated with Nearly 400 Engravings (Classic Reprint) Collier Collier. 2018. (ENG., Illus.). 508p. (J). 34.39 *(978-0-483-99486-7(3))* Forgotten Bks.

Collier's, Vol. 42: The National Weekly, September 26, 1908 (Classic Reprint) Unknown Author. 2018. (ENG., Illus.). 870p. (J). 41.84 *(978-0-483-04783-9(X))* Forgotten Bks.

Collier's, Vol. 50: The National Weekly; September 21, 1912 (Classic Reprint) Mark Sullivan. 2018. (ENG., Illus.). (J). 1036p. 45.26 *(978-1-396-74484-6(3))*; 1038p. pap. 27.61 *(978-1-391-97853-6(6))* Forgotten Bks.

Collier's, Vol. 57: The National Weekly; September 9, 1916 (Classic Reprint) Mark Sullivan. 2018. (ENG., Illus.). 66p. (J). 25.26 *(978-0-267-29477-0(8))* Forgotten Bks.

Colliers Wedding: A Poem (Classic Reprint) Edward Chicken. (ENG., Illus.). (J). 2018. 36p. 24.64 *(978-0-484-38397-4(3))*; 2016. pap. 7.97 *(978-1-333-66177-9(0))* Forgotten Bks.

Collies. Mari Schuh. 2017. (Awesome Dogs Ser.). (ENG., Illus.). 24p. (J). (gr. k-3). 26.95 *(978-1-62617-612-6(4),* Blastoff! Readers) Bellwether Media.

Collies, Corgis, & Other Herding Dogs. Tammy Gagne. 2016. (Dog Encyclopedias Ser.). (ENG., Illus.). 32p. (J). (gr. 3-9). lib. bdg. 28.65 *(978-1-5157-0301-3(0),* 131939, Capstone Pr.) Capstone.

Collin Morikawa: Open Champion. T. Woods. 2021. (ENG.). 52p. (J). pap. 13.76 *(978-1-300-76813-5(4))* Lulu Pr., Inc.

Collingwood's Amazing Wildlife Emporium. Russell Hurn. 2021. (ENG.). 182p. (J). pap. *(978-1-912765-31-7(4))* Blue Falcon Publishing.

Collins 11+ Practice - 11+ English Quick Practice Tests Age 10-11 (Year 6): for the 2023 GL Assessment Tests. Collins 11+. 2020. (ENG.). 80p. (J). (gr. 5-6). pap. 11.95 *(978-1-84419-918-1(5))* HarperCollins Pubs. Ltd. GBR. Dist: Independent Pubs. Group.

Collins 11+ Practice - 11+ English Quick Practice Tests Age 9-10 (Year 5): for the 2023 GL Assessment Tests. Collins 11+. 2020. (ENG.). 80p. (J). (gr. 5-6). pap. 11.95 *(978-1-84419-914-3(2))* HarperCollins Pubs. Ltd. GBR. Dist: Independent Pubs. Group.

Collins 11+ Practice - 11+ Maths Quick Practice Tests Age 10-11 (Year 6): for the 2023 GL Assessment Tests. Collins 11+. 2018. (Letts 11+ Success Ser.). (ENG.). 80p. (J). (gr. 5-6). pap. 11.99 *(978-1-84419-915-0(0))* HarperCollins Pubs. Ltd. GBR. Dist: Independent Pubs. Group.

Collins 11+ Practice - 11+ Maths Quick Practice Tests Age 9-10 (Year 5): for the 2023 CEM Tests. Collins 11+. 2016. (Letts 11+ Success Ser.). (ENG.). 80p. (J). (gr. 4-5). pap. 9.95 *(978-1-84419-890-0(1))* HarperCollins Pubs. Ltd. GBR. Dist: Independent Pubs. Group.

Collins 11+ Practice - 11+ Maths Quick Practice Tests Age 9-10 (Year 5): for the 2023 GL Assessment Tests. Collins 11+. 2018. (Letts 11+ Success Ser.). (ENG.). 80p. (J). (gr. 4-5). pap. 11.99 *(978-1-84419-911-2(8))* HarperCollins Pubs. Ltd. GBR. Dist: Independent Pubs. Group.

378 The check digit for ISBN-10 appears in parentheses after the full ISBN-13

Collins 11+ Practice - 11+ Non-Verbal Reasoning Practice Papers Book 2: for the 2023 GL Assessment Tests. Collins 11+. 2018. (ENG.). 88p. pap. 15.95 *(978-0-00-827805-2(9))* HarperCollins Pubs. Ltd. GBR. Dist: Independent Pubs. Group.

Collins 11+ Practice - 11+ Non-Verbal Reasoning Quick Practice Tests Age 10-11 (Year 6): for the 2023 GL Assessment Tests. Collins 11+. 2018. (Letts 11+ Success Ser.). (ENG.). 80p. (J). (gr. 5-6). pap. 11.99 *(978-1-84419-917-4(7))* HarperCollins Pubs. Ltd. GBR. Dist: Independent Pubs. Group.

Collins 11+ Practice - 11+ Non-Verbal Reasoning Quick Practice Tests Age 9-10 (Year 5): for the 2023 GL Assessment Tests. Collins 11+. 2018. (Letts 11+ Success Ser.). (ENG.). 80p. (J). (gr. 4-5). pap. 11.99 *(978-1-84419-913-6(4))* HarperCollins Pubs. Ltd. GBR. Dist: Independent Pubs. Group.

Collins 11+ Practice - 11+ Spatial Reasoning Quick Practice Tests Age 10-11 (Year 6): for the 2023 CEM Tests. Collins 11+. 2018. (Letts 11+ Success Ser.). (ENG.). 80p. (J). (gr. 5-6). pap. 11.99 *(978-1-84419-920-4(7))* HarperCollins Pubs. Ltd. GBR. Dist: Independent Pubs. Group.

Collins 11+ Practice - 11+ Spatial Reasoning Quick Practice Tests Age 9-10 (Year 5): for the 2023 CEM Tests. Collins 11+. 2018. (Letts 11+ Success Ser.). (ENG., Illus.). 80p. (J). (gr. 4-5). pap. 11.99 *(978-1-84419-919-8(3))* HarperCollins Pubs. Ltd. GBR. Dist: Independent Pubs. Group.

Collins 11+ Practice - 11+ Verbal Reasoning Quick Practice Tests Age 9-10 (Year 5): for the 2023 CEM Tests. Collins 11+. 2016. (Letts 11+ Success Ser.). (ENG.). 80p. (J). (gr. 4-5). pap. 11.95 *(978-1-84419-891-7(X))* HarperCollins Pubs. Ltd. GBR. Dist: Independent Pubs. Group.

Collins 11+ Practice - 11+ Verbal Reasoning Quick Practice Tests Age 9-10 (Year 5): for the 2023 GL Assessment Tests. Collins 11+. 2018. (Letts 11+ Success Ser.). (ENG.). 80p. (J). (gr. 4-5). pap. 11.99 *(978-1-84419-912-9(6))* HarperCollins Pubs. Ltd. GBR. Dist: Independent Pubs. Group.

Collins 11+ Success - 11+ English Practice Papers Book 2: for the 2023 GL Assessment Tests. Collins 11+. 2020. (ENG.). 72p. (J). (gr. 4-5). pap. 16.99 *(978-0-00-827803-8(2))* HarperCollins Pubs. Ltd. GBR. Dist: Independent Pubs. Group.

Collins' American Monthly, Vol. 3: November December, 1872 (Classic Reprint) Unknown Author. (ENG., Illus.). (J). 2018. 44p. 24.80 *(978-0-428-78622-9(7))*; 2016. pap. 7.97 *(978-1-333-57489-5(4))* Forgotten Bks.

Collins Big Cat Phonics for Letters & Sounds - a Bee on a Lark: Band 02B/Red B, Bd. 2B. Helen Baugh. Illus. by Keri Green. 2018. (Collins Big Cat Phonics Ser.). (ENG.). 16p. (J). pap. 6.99 *(978-0-00-825148-2(7))* HarperCollins Pubs. Ltd. GBR. Dist: Independent Pubs. Group.

Collins Big Cat Phonics for Letters & Sounds - a Trail in the Woods: Band 04/Blue. Suzannah Ditchburn. 2020. (Collins Big Cat Ser.). (ENG., Illus.). 24p. (J). (gr. k-1). pap. 7.99 *(978-0-00-835774-0(9))* HarperCollins Pubs. Ltd. GBR. Dist: Independent Pubs. Group.

Collins Big Cat Phonics for Letters & Sounds - Aimee & the Tablet: Band 02B/Red B. Tom Pinfield & Childnet International. Illus. by Elisa Rocchi. 2020. (Collins Big Cat Ser.). (ENG.). 16p. (J). (gr. -1-k). pap. 7.99 *(978-0-00-835767-2(6))* HarperCollins Pubs. Ltd. GBR. Dist: Independent Pubs. Group.

Collins Big Cat Phonics for Letters & Sounds - Art Is Fun!: Band 03/Yellow. Simon Mugford. 2018. (Collins Big Cat Ser.). (ENG., Illus.). 16p. (J). pap. 6.99 *(978-0-00-823025-8(0))* HarperCollins Pubs. Ltd. GBR. Dist: Independent Pubs. Group.

Collins Big Cat Phonics for Letters & Sounds - Bad Luck, Dad: Band 01B/Pink B, Bd. 1B. Catherine Coe. Illus. by Erin Taylor. 2018. (Collins Big Cat Phonics Ser.). (ENG.). 16p. (J). pap. 6.99 *(978-0-00-825140-6(1))* HarperCollins Pubs. Ltd. GBR. Dist: Independent Pubs. Group.

Collins Big Cat Phonics for Letters & Sounds - Bear Spotting: Band 05/Green, Bd. 5. Isabel Thomas. 2018. (Collins Big Cat Phonics Ser.). (ENG., Illus.). 24p. (J). pap. 8.99 *(978-0-00-825169-7(X))* HarperCollins Pubs. Ltd. GBR. Dist: Independent Pubs. Group.

Collins Big Cat Phonics for Letters & Sounds - Beetles Around the World: Band 06/Orange, Bd. 5. Sally Morgan. 2018. (Collins Big Cat Phonics Ser.). (ENG., Illus.). 24p. (J). (gr. k-1). pap. 7.99 *(978-0-00-825170-3(3))* HarperCollins Pubs. Ltd. GBR. Dist: Independent Pubs. Group.

Collins Big Cat Phonics for Letters & Sounds - Big Mud Run: Band 02A/Red A, Bd. 2A. Zoë Clarke. 2018. (Collins Big Cat Phonics Ser.). (ENG., Illus.). 16p. (J). (gr. -1-k). pap. 6.99 *(978-0-00-825144-4(4))* HarperCollins Pubs. Ltd. GBR. Dist: Independent Pubs. Group.

Collins Big Cat Phonics for Letters & Sounds - Big Questions: Band 07/Turquoise, Bd. 7. Rob Alcraft. 2018. (Collins Big Cat Phonics Ser.). (ENG., Illus.). 24p. (J). pap. 6.99 *(978-0-00-825182-6(7))* HarperCollins Pubs. Ltd. GBR. Dist: Independent Pubs. Group.

Collins Big Cat Phonics for Letters & Sounds - Blackcurrant Jam: Band 05/Green, Bd. 5. Louise Spilsbury. 2018. (Collins Big Cat Ser.). (ENG., Illus.). 24p. (J). pap. 7.99 *(978-0-00-823029-6(3))* HarperCollins Pubs. Ltd. GBR. Dist: Independent Pubs. Group.

Collins Big Cat Phonics for Letters & Sounds - Chimpanzees: Band 03/Yellow. Ben Hubbard. 2020. (Collins Big Cat Ser.). (ENG., Illus.). 16p. (J). (gr. k-1). pap. 7.99 *(978-0-00-835772-6(2))* HarperCollins Pubs. Ltd. GBR. Dist: Independent Pubs. Group.

Collins Big Cat Phonics for Letters & Sounds - Cubs: Band 02A/Red A, Bd. 2A. Sasha Morton. 2018. (Collins Big Cat Ser.). (ENG., Illus.). 16p. (J). pap. 6.99 *(978-0-00-823021-0(8))* HarperCollins Pubs. Ltd. GBR. Dist: Independent Pubs. Group.

Collins Big Cat Phonics for Letters & Sounds - Dig It: Band 01B/Pink B. Leilani Sparrow. 2018. (Collins Big Cat Phonics Ser.). (ENG., Illus.). 16p. (J). (gr. -1-k). pap. 6.99 *(978-0-00-825136-9(3))* HarperCollins Pubs. Ltd. GBR. Dist: Independent Pubs. Group.

Collins Big Cat Phonics for Letters & Sounds - Disaster Duck: Band 06/Orange, Bd. 6. Catherine Baker. Illus. by Charlie Alder. 2018. (Collins Big Cat Phonics Ser.). (ENG.). 24p. (J). pap. 6.99 *(978-0-00-825173-4(8))* HarperCollins Pubs. Ltd. GBR. Dist: Independent Pubs. Group.

Collins Big Cat Phonics for Letters & Sounds - down the River: Band 02B/Red B, Bd. 2B. Paul Harrison. 2018. (Collins Big Cat Ser.). (ENG., Illus.). 16p. (J). pap. 6.99 *(978-0-00-823023-4(4))* HarperCollins Pubs. Ltd. GBR. Dist: Independent Pubs. Group.

Collins Big Cat Phonics for Letters & Sounds - Eggs on Toast: Band 04/Blue, Bd. 4. Isabel Thomas. Illus. by Eva Byrne. 2018. (Collins Big Cat Phonics Ser.). (ENG.). 16p. (J). (gr. k-1). pap. 6.99 *(978-0-00-825161-1(4))* HarperCollins Pubs. Ltd. GBR. Dist: Independent Pubs. Group.

Collins Big Cat Phonics for Letters & Sounds - Fantastic Yak: Band 02A/Red A, Bd. 2. Laura Hambleton. Illus. by Laura Hambleton. 2018. (Collins Big Cat Phonics Ser.). (ENG., Illus.). 16p. (J). (gr. -1-k). pap. 6.99 *(978-0-00-825141-3(X))* HarperCollins Pubs. Ltd. GBR. Dist: Independent Pubs. Group.

Collins Big Cat Phonics for Letters & Sounds - Food on the Farm: Band 02B/Red B. Catherine Casey. Illus. by Lee Teng. 2020. (Collins Big Cat Ser.). (ENG.). 16p. (J). (gr. -1-k). pap. 6.99 *(978-0-00-835769-6(2))* HarperCollins Pubs. Ltd. GBR. Dist: Independent Pubs. Group.

Collins Big Cat Phonics for Letters & Sounds - from the Top: Band 03/Yellow, Bd. 3. Simon Mugford. 2018. (Collins Big Cat Phonics Ser.). (ENG., Illus.). 16p. (J). (gr. k-1). pap. 6.99 *(978-0-00-825157-4(6))* HarperCollins Pubs. Ltd. GBR. Dist: Independent Pubs. Group.

Collins Big Cat Phonics for Letters & Sounds - Get Set for Fun: Band 02B/Red B, Bd. 2B. David Lavelle. 2018. (Collins Big Cat Phonics Ser.). (ENG.). 16p. (J). (gr. -1-k). pap. 6.99 *(978-0-00-825150-5(9))* HarperCollins Pubs. Ltd. GBR. Dist: Independent Pubs. Group.

Collins Big Cat Phonics for Letters & Sounds - How Not to Be Eaten: Band 05/Green, Bd. 6. Rob Alcraft. 2018. (Collins Big Cat Phonics Ser.). (ENG., Illus.). 24p. (J). pap. 6.99 *(978-0-00-825175-8(4))* HarperCollins Pubs. Ltd. GBR. Dist: Independent Pubs. Group.

Collins Big Cat Phonics for Letters & Sounds - How the Ear Can Hear: Band 03/Yellow, Bd. 3. Kate Scott. 2018. (Collins Big Cat Phonics Ser.). (ENG., Illus.). 16p. (J). (gr. k-1). pap. 6.99 *(978-0-00-825158-1(4))* HarperCollins Pubs. Ltd. GBR. Dist: Independent Pubs. Group.

Collins Big Cat Phonics for Letters & Sounds - How to Draw Cat & Dog: Band 05/Green, Bd. 5. Shoo Rayner. Illus. by Shoo Rayner. 2018. (Collins Big Cat Phonics Ser.). (ENG., Illus.). 24p. (J). (gr. k-1). pap. 8.99 *(978-0-00-825171-0(1))* HarperCollins Pubs. Ltd. GBR. Dist: Independent Pubs. Group.

Collins Big Cat Phonics for Letters & Sounds - I Spy Fairytales: Band 00/Lilac. Emily Guille-Marrett & Charlotte Raby. Illus. by Deborah Partington. 2018. (Collins Big Cat Phonics Ser.). (ENG.). 16p. (J). pap. 6.99 *(978-0-00-825125-3(8))* HarperCollins Pubs. Ltd. GBR. Dist: Independent Pubs. Group.

Collins Big Cat Phonics for Letters & Sounds - I Spy Nursery Rhymes: Band 00/Lilac. Emily Guille-Marrett & Charlotte Raby. Illus. by Amanda Enright. 2018. (Collins Big Cat Phonics Ser.). (ENG.). 16p. (J). pap. 6.99 *(978-0-00-825123-9(1))* HarperCollins Pubs. Ltd. GBR. Dist: Independent Pubs. Group.

Collins Big Cat Phonics for Letters & Sounds - in the Fish Tank: Band 02A/Red A, Bd. 2A. Alison Hawes. Illus. by John and Gus art. 2018. (Collins Big Cat Phonics Ser.). (ENG.). 16p. (J). (gr. -1-k). pap. 6.99 *(978-0-00-825142-0(8))* HarperCollins Pubs. Ltd. GBR. Dist: Independent Pubs. Group.

Collins Big Cat Phonics for Letters & Sounds - in the Frog Bog: Band 03/Yellow, Bd. 3. Margaret Ryan. Illus. by Benedetta Capriotti. 2018. (Collins Big Cat Phonics Ser.). (ENG.). 16p. (J). (gr. k-1). pap. 6.99 *(978-0-00-825154-3(1))* HarperCollins Pubs. Ltd. GBR. Dist: Independent Pubs. Group.

Collins Big Cat Phonics for Letters & Sounds - It Is Hidden: Band 02B/Red B, Bd. 2B. Paul Harrison. 2018. (Collins Big Cat Phonics Ser.). (ENG., Illus.). 16p. (J). (gr. -1-k). pap. 7.99 *(978-0-00-825151-2(7))* HarperCollins Pubs. Ltd. GBR. Dist: Independent Pubs. Group.

Collins Big Cat Phonics for Letters & Sounds - Jake & Jen in the Tomb of Ice: Band 07/Turquoise, Bd. 7. Chris Bradford. Illus. by Korky Paul. 2018. (Collins Big Cat Phonics Ser.). (ENG.). 24p. (J). (gr. 1-2). pap. 6.99 *(978-0-00-825178-9(9))* HarperCollins Pubs. Ltd. GBR. Dist: Independent Pubs. Group.

Collins Big Cat Phonics for Letters & Sounds - Jump on, Jump off!: Band 04/Blue, Bd. 4. June Crebbin. Illus. by Martina Peluso. 2018. (Collins Big Cat Phonics Ser.). (ENG.). 16p. (J). (gr. k-1). pap. 7.99 *(978-0-00-825160-4(6))* HarperCollins Pubs. Ltd. GBR. Dist: Independent Pubs. Group.

Collins Big Cat Phonics for Letters & Sounds - Lee & the Box: Band 02B/Red B. Catherine Casey. Illus. by Kelly O'Neill. 2020. (Collins Big Cat Ser.). (ENG.). 16p. (J). (gr. -1-k). pap. 7.99 *(978-0-00-835768-9(4))* HarperCollins Pubs. Ltd. GBR. Dist: Independent Pubs. Group.

Collins Big Cat Phonics for Letters & Sounds - Living Fossils: Band 07/Turquoise, Bd. 7. Sally Morgan. Illus. by Kunal Kundu. 2018. (Collins Big Cat Phonics Ser.). (ENG.). 24p. (J). (gr. 1-2). pap. 9.99 *(978-0-00-825180-2(0))* HarperCollins Pubs. Ltd. GBR. Dist: Independent Pubs. Group.

Collins Big Cat Phonics for Letters & Sounds - Look at Them Go: Band 02B/Red B, Bd. 2B. Catherine Coe. 2018. (Collins Big Cat Phonics Ser.). (ENG.). 16p. (J). (gr. -1-k). pap. 6.99 *(978-0-00-825152-9(5))* HarperCollins Pubs. Ltd. GBR. Dist: Independent Pubs. Group.

Collins Big Cat Phonics for Letters & Sounds - Map Man: Band 01A/Pink A, Bd. 1A. Zoë Clarke. Illus. by Shane Clester. 2018. (Collins Big Cat Phonics Ser.). (ENG.). 16p. (J). (gr. -1-k). pap. 6.99 *(978-0-00-825131-4(2))* HarperCollins Pubs. Ltd. GBR. Dist: Independent Pubs. Group.

Collins Big Cat Phonics for Letters & Sounds - Maps: Band 04/Blue, Bd. 4. Karen Wallace. Illus. by Giorgio Bacchin. 2018. (Collins Big Cat Phonics Ser.). (ENG.). 16p. (J). (gr. k-1). pap. 6.99 *(978-0-00-825165-9(7))* HarperCollins Pubs. Ltd. GBR. Dist: Independent Pubs. Group.

Collins Big Cat Phonics for Letters & Sounds - Mess on the Rocks: Band 01B/Pink B, Bd. 1B. Zoe Clarke. Illus. by Nathalie Ortega. 2018. (Collins Big Cat Ser.). (ENG.). 16p. (J). pap. 6.99 *(978-0-00-823019-7(6))* HarperCollins Pubs. Ltd. GBR. Dist: Independent Pubs. Group.

Collins Big Cat Phonics for Letters & Sounds - Mog & Mim: Band 01B/Pink B, Bd. 1B. Catherine Coe. Illus. by Judy Brown. 2018. (Collins Big Cat Phonics Ser.). (ENG.). 16p. (J). (gr. -1-k). pap. 6.99 *(978-0-00-825139-0(8))* HarperCollins Pubs. Ltd. GBR. Dist: Independent Pubs. Group.

Collins Big Cat Phonics for Letters & Sounds - Monster Treat: Band 05/Green, Bd. 5. Amy Sparkes. Illus. by Steve Brown. 2018. (Collins Big Cat Phonics Ser.). (ENG.). 24p. (J). (gr. k-1). pap. 8.99 *(978-0-00-825167-3(3))* HarperCollins Pubs. Ltd. GBR. Dist: Independent Pubs. Group.

Collins Big Cat Phonics for Letters & Sounds - My Day, Our World: Band 00/Lilac. Emily Guille-Marrett & Charlotte Raby. 2018. (Collins Big Cat Phonics Ser.). (ENG., Illus.). 16p. (J). (— 1). pap. 6.99 *(978-0-00-825128-4(2))* HarperCollins Pubs. Ltd. GBR. Dist: Independent Pubs. Group.

Collins Big Cat Phonics for Letters & Sounds - Nap Tap: Band 01A/Pink A. Alexandra Wells. Illus. by Natalia Moore. 2020. (Collins Big Cat Ser.). (ENG.). 16p. (J). (gr. -1-k). pap. 7.99 *(978-0-00-835755-9(2))* HarperCollins Pubs. Ltd. GBR. Dist: Independent Pubs. Group.

Collins Big Cat Phonics for Letters & Sounds - Nibble, Nosh & Gnasher: Band 07/Turquoise. Shoo Rayner. Illus. by Shoo Rayner. 2018. (Collins Big Cat Phonics Ser.). (ENG., Illus.). 24p. (J). (gr. 1-2). pap. 8.99 *(978-0-00-825179-6(7))* HarperCollins Pubs. Ltd. GBR. Dist: Independent Pubs. Group.

Collins Big Cat Phonics for Letters & Sounds - Noisy Neesha: Band 06/Orange, Bd. 6. Lynne Rickards. Illus. by Sarah Jennings. 2018. (Collins Big Cat Phonics Ser.). (ENG.). 24p. (J). (gr. 1-2). pap. 8.99 *(978-0-00-825174-1(6))* HarperCollins Pubs. Ltd. GBR. Dist: Independent Pubs. Group.

Collins Big Cat Phonics for Letters & Sounds - Number Fun: Band 00/Lilac. Emily Guille-Marrett & Charlotte Raby. Illus. by Laura Gonzales. 2018. (Collins Big Cat Phonics Ser.). (ENG.). 16p. (J). (gr. -1-k). pap. 6.99 *(978-0-00-825122-2(3))* HarperCollins Pubs. Ltd. GBR. Dist: Independent Pubs. Group.

Collins Big Cat Phonics for Letters & Sounds - Pack It: Band 01B/Pink B. Fiona Tomlinson. 2020. (Collins Big Cat Ser.). (ENG.). 16p. (J). (gr. -1-k). pap. 6.99 *(978-0-00-835761-0(7))* HarperCollins Pubs. Ltd. GBR. Dist: Independent Pubs. Group.

Collins Big Cat Phonics for Letters & Sounds - Pat It: Band 01A/Pink A, Bd. 1A. Charlotte Raby. Illus. by Beccy Blake. 2018. (Collins Big Cat Phonics Ser.). (ENG.). 16p. (J). (gr. -1-k). pap. 6.99 *(978-0-00-825129-1(0))* HarperCollins Pubs. Ltd. GBR. Dist: Independent Pubs. Group.

Collins Big Cat Phonics for Letters & Sounds - Pick It up!: Band 01B/Pink B. Catherine Baker. Illus. by Jon Stuart. 2020. (Collins Big Cat Ser.). (ENG.). 16p. (J). (gr. -1-k). pap. 7.99 *(978-0-00-835762-7(5))* HarperCollins Pubs. Ltd. GBR. Dist: Independent Pubs. Group.

Collins Big Cat Phonics for Letters & Sounds - Pink Boat, Pink Car: Band 02B/Red B, Bd. 2B. Laura Hambleton. Illus. by Laura Hambleton. 2018. (Collins Big Cat Phonics Ser.). (ENG., Illus.). 16p. (J). (gr. -1-k). pap. 6.99 *(978-0-00-825147-5(9))* HarperCollins Pubs. Ltd. GBR. Dist: Independent Pubs. Group.

Collins Big Cat Phonics for Letters & Sounds - Pip!: Band 01A/Pink A. Suzannah Ditchburn. Illus. by Estelle Corke. 2020. (Collins Big Cat Ser.). (ENG.). 16p. (J). (gr. -1-k). pap. 6.99 *(978-0-00-835758-0(7))* HarperCollins Pubs. Ltd. GBR. Dist: Independent Pubs. Group.

Collins Big Cat Phonics for Letters & Sounds - Pip Pip Pip: Band 01A/Pink A, Bd. 1A. Zoë Clarke. Illus. by Monica Armino. 2018. (Collins Big Cat Phonics Ser.). (ENG.). 16p. (J). (gr. -1-k). pap. 6.99 *(978-0-00-825133-8(9))* HarperCollins Pubs. Ltd. GBR. Dist: Independent Pubs. Group.

Collins Big Cat Phonics for Letters & Sounds - Pit Pat: Band 01A/Pink A, Bd. 1A. Charlotte Raby. 2018. (Collins Big Cat Phonics Ser.). (ENG., Illus.). 16p. (J). (gr. -1-k). pap. 6.99 *(978-0-00-825130-7(4))* HarperCollins Pubs. Ltd. GBR. Dist: Independent Pubs. Group.

Collins Big Cat Phonics for Letters & Sounds - Pog Pops in: Band 01B/Pink B. Catherine Baker. Illus. by Nicola Anderson. 2020. (Collins Big Cat Ser.). (ENG.). 16p. (J). (gr. -1-k). pap. 7.99 *(978-0-00-835759-7(5))* HarperCollins Pubs. Ltd. GBR. Dist: Independent Pubs. Group.

Collins Big Cat Phonics for Letters & Sounds - Pop Pop Pop!: Band 01B/Pink B, Bd. 1B. Catherine Baker. Illus. by Beatriz Castro. 2018. (Collins Big Cat Phonics Ser.). (ENG.). 16p. (J). (gr. -1-k). pap. 6.99 *(978-0-00-825137-6(1))* HarperCollins Pubs. Ltd. GBR. Dist: Independent Pubs. Group.

Collins Big Cat Phonics for Letters & Sounds - Sip It: Band 01A/Pink A, Bd. 1A. Zoë Clarke. 2018. (Collins Big Cat Phonics Ser.). (ENG., Illus.). 16p. (J). (gr. -1-k). pap. 6.99 *(978-0-00-825134-5(7))* HarperCollins Pubs. Ltd. GBR. Dist: Independent Pubs. Group.

Collins Big Cat Phonics for Letters & Sounds - Six of Us: Band 02A/Red A. Angie Belcher. Illus. by Sylwia Filipczak. 2020. (Collins Big Cat Ser.). (ENG.). 16p. (J). (gr. -1-k). pap. 6.99 *(978-0-00-835766-5(8))* HarperCollins Pubs. Ltd. GBR. Dist: Independent Pubs. Group.

Collins Big Cat Phonics for Letters & Sounds - Sound Walk: Band 00/Lilac. Emily Guille-Marrett & Charlotte Raby. Illus. by Susana Gurrea. 2018. (Collins Big Cat Phonics Ser.). (ENG.). 16p. (J). (— 1). pap. 6.99 *(978-0-00-825127-7(4))* HarperCollins Pubs. Ltd. GBR. Dist: Independent Pubs. Group.

Collins Big Cat Phonics for Letters & Sounds - Space Science: Band 07/Turquoise, Bd. 7. Ciaran Murtagh. 2018. (Collins Big Cat Phonics Ser.). (ENG., Illus.). 24p. (J). (gr. 1-2). pap. 6.99 *(978-0-00-825181-9(9))* HarperCollins Pubs. Ltd. GBR. Dist: Independent Pubs. Group.

Collins Big Cat Phonics for Letters & Sounds - Stunt Jets: Band 03/Yellow, Bd. 3. Catherine Veitch. 2018. (Collins Big Cat Phonics Ser.). (ENG., Illus.). 16p. (J). (gr. k-1). pap. 6.99 *(978-0-00-825159-8(2))* HarperCollins Pubs. Ltd. GBR. Dist: Independent Pubs. Group.

Collins Big Cat Phonics for Letters & Sounds - Tap It, Tip It!: Band 01A/Pink A. Suzannah Ditchburn. Illus. by Angelika Scudamore. 2020. (Collins Big Cat Ser.). (ENG.). 16p. (J). (gr. -1-k). pap. 7.99 *(978-0-00-835756-6(0))* HarperCollins Pubs. Ltd. GBR. Dist: Independent Pubs. Group.

Collins Big Cat Phonics for Letters & Sounds - Tap Tap: Band 01A/Pink A, Bd. 1A. Jan Burchett & Sara Vogler. 2018. (Collins Big Cat Ser.). (ENG., Illus.). 16p. (J). pap. 7.99 *(978-0-00-823017-3(X))* HarperCollins Pubs. Ltd. GBR. Dist: Independent Pubs. Group.

Collins Big Cat Phonics for Letters & Sounds - the Big Nut: Band 01B/Pink B. Fiona Tomlinson. Illus. by Omar Aranda. 2020. (Collins Big Cat Ser.). (ENG.). 16p. (J). (gr. -1-k). pap. 7.99 *(978-0-00-835760-3(9))* HarperCollins Pubs. Ltd. GBR. Dist: Independent Pubs. Group.

Collins Big Cat Phonics for Letters & Sounds - the Dragon King's Daughter: Band 07/Turquoise, Bd. 7. Charlotte Raby. Illus. by Alessandra Fusi. 2018. (Collins Big Cat Phonics Ser.). (ENG.). 16p. (J). pap. 6.99 *(978-0-00-825153-6(3))* HarperCollins Pubs. Ltd. GBR. Dist: Independent Pubs. Group.

Collins Big Cat Phonics for Letters & Sounds - the Elf & the Bootmaker: Band 05/Green, Bd. 5. Alison Milford. Illus. by Monica Auriemma. 2018. (Collins Big Cat Phonics Ser.). (ENG.). 24p. (J). (gr. k-1). pap. 8.99 *(978-0-00-825166-6(5))* HarperCollins Pubs. Ltd. GBR. Dist: Independent Pubs. Group.

Collins Big Cat Phonics for Letters & Sounds - the Equator: Band 06/Orange, Bd. 6. Angie Belcher. 2018. (Collins Big Cat Phonics Ser.). (ENG., Illus.). 24p. (J). (gr. 1-2). pap. 6.99 *(978-0-00-825176-5(2))* HarperCollins Pubs. Ltd. GBR. Dist: Independent Pubs. Group.

Collins Big Cat Phonics for Letters & Sounds - the Foolish, Timid Rabbit: Band 03/Yellow, Bd. 3. Lou Kuenzler. Illus. by Beatrice Bencivenni. 2018. (Collins Big Cat Phonics Ser.). (ENG.). 16p. (J). (gr. k-1). pap. 7.99 *(978-0-00-825155-0(X))* HarperCollins Pubs. Ltd. GBR. Dist: Independent Pubs. Group.

Collins Big Cat Phonics for Letters & Sounds - This Is My Kit: Band 02A/Red A, Bd. 2A. Paul Harrison. 2018. (Collins Big Cat Phonics Ser.). (ENG., Illus.). 16p. (J). (gr. -1-k). pap. 6.99 *(978-0-00-825146-8(0))* HarperCollins Pubs. Ltd. GBR. Dist: Independent Pubs. Group.

Collins Big Cat Phonics for Letters & Sounds - Tip It: Band 01A/Pink A, Bd. 1A. Zoë Clarke. Illus. by Ley Honor Roberts. 2018. (Collins Big Cat Phonics Ser.). (ENG.). 16p. (J). (gr. -1-k). pap. 6.99 *(978-0-00-825132-1(0))* HarperCollins Pubs. Ltd. GBR. Dist: Independent Pubs. Group.

Collins Big Cat Phonics for Letters & Sounds - Tip It In!: Band 01A/Pink A. Alexandra Wells. Illus. by Parwinder Singh. 2020. (Collins Big Cat Ser.). (ENG.). 16p. (J). (gr. -1-k). pap. 6.99 *(978-0-00-835757-3(9))* HarperCollins Pubs. Ltd. GBR. Dist: Independent Pubs. Group.

Collins Big Cat Phonics for Letters & Sounds - Tusks: Band 04/Blue, Bd. 4. Jane Clarke. Illus. by Jean Claude. 2018. (Collins Big Cat Phonics Ser.). (ENG.). 16p. (J). (gr. k-1). pap. 6.99 *(978-0-00-825162-8(2))* HarperCollins Pubs. Ltd. GBR. Dist: Independent Pubs. Group.

Collins Big Cat Phonics for Letters & Sounds - up on Deck: Band 01B/Pink B, Bd. 1B. Catherine Baker. Illus. by Estelle Corke. 2018. (Collins Big Cat Phonics Ser.). (ENG.). 16p. (J). (gr. -1-k). pap. 6.99 *(978-0-00-825138-3(X))* HarperCollins Pubs. Ltd. GBR. Dist: Independent Pubs. Group.

Collins Big Cat Phonics for Letters & Sounds - Watch Out, Nebit!: Band 06/Orange, Bd. 6. Katie Dale. Illus. by Aleksandar Zolotic. 2018. (Collins Big Cat Phonics Ser.). (ENG.). 24p. (J). (gr. 1-2). pap. 6.99 *(978-0-00-825172-7(X))* HarperCollins Pubs. Ltd. GBR. Dist: Independent Pubs. Group.

Collins Big Cat Phonics for Letters & Sounds - What's It Made from?: Band 07/Turquoise, Bd. 7. Isabel Thomas. 2018. (Collins Big Cat Ser.). (ENG.). 24p. (J). (gr. 1-2). pap. 8.99 *(978-0-00-823033-3(1))* HarperCollins Pubs. Ltd. GBR. Dist: Independent Pubs. Group.

Collins Big Cat Phonics for Letters & Sounds - Where Did My Dingo Go?: Band 05/Green, Bd. 5. Jane Clarke. Illus. by Woody Fox. 2018. (Collins Big Cat Phonics Ser.). (ENG.). 24p. (J). (gr. k-1). pap. 6.99 *(978-0-00-825168-0(1))* HarperCollins Pubs. Ltd. GBR. Dist: Independent Pubs. Group.

Collins Big Cat Phonics for Letters & Sounds - Wow Cow!: Band 02B/Red B, Bd. 2B. Catherine Coe. Illus. by Julian Mosedale. 2018. (Collins Big Cat Phonics Ser.). (ENG.). 16p. (J). (gr. -1-k). pap. 6.99 *(978-0-00-825149-9(5))* HarperCollins Pubs. Ltd. GBR. Dist: Independent Pubs. Group.

Collins Big Cat Phonics for Letters & Sounds - Zip & Zigzag: Band 02A/Red A, Bd. 2A. Catherine Coe. Illus. by Andy Elkerton. 2018. (Collins Big Cat Phonics Ser.). (ENG.). 16p. (J). (gr. -1-k). pap. 6.99 *(978-0-00-825143-7(6))* HarperCollins Pubs. Ltd. GBR. Dist: Independent Pubs. Group.

Collins Cambridge Lower Secondary English - Lower Secondary English Workbook: Stage 8. Julia Burchell & Mike Gould. 2016. (ENG.). 96p. pap., wbk. ed. 14.95 *(978-0-00-814050-2(2))* HarperCollins Pubs. Ltd. GBR. Dist: Independent Pubs. Group.

Collins Caribbean Social Studies - Workbook 1. 2017. (ENG.). 96p. pap., wbk. ed. 8.99 *(978-0-00-825649-4(7))* HarperCollins Pubs. Ltd. GBR. Dist: Independent Pubs. Group.

Collins Children's Picture Atlas: Ideal Way for Kids to Learn More about the World. Collins Kids. Illus. by Steve Evans. 3rd rev. ed. 2019. (ENG.). 48p. (J). (gr. 3-7). 16.95

C

For book reviews, descriptive annotations, tables of contents, cover images, author biographies & additional information, updated daily, subscribe to www.booksinprint.com

379

(978-0-00-832032-4(2)) HarperCollins Pubs. Ltd. GBR. Dist: Independent Pubs. Group.

Collins COBUILD Basic American English Dictionary. Collins UK. 2nd rev. ed. 2016. (ENG., Illus.). 608p. pap. 29.95 *(978-0-00-813579-9(7))* HarperCollins Pubs. Ltd. GBR. Dist: Independent Pubs. Group.

Collins COBUILD Primary Learner's Dictionary: Age 7+ (Collins COBUILD Dictionaries for Learners) Collins-Cobuild. 3rd rev. ed. 2018. (Collins Cobuild Ser.). (ENG.). 528p. (J). (gr. 2). 19.99 *(978-0-00-825319-6(6))* HarperCollins Pubs. Ltd. GBR. Dist: Independent Pubs. Group.

Collins Easy Learning - ABC Dictionary Ages 3 To 4. Collins Dictionaries. 2017. (ENG., Illus.). 64p. (J). (— 1). pap. 9.99 *(978-0-00-820946-9(4))* HarperCollins Pubs. Ltd. GBR. Dist: Independent Pubs. Group.

Collins Easy Learning - My First Dictionary Ages 4 To 5. Collins Dictionaries. 2017. (Collins Easy Learning Ser.). (ENG., Illus.). 80p. (J). (gr. -1-k). pap. 10.99 *(978-0-00-820948-3(0))* HarperCollins Pubs. Ltd. GBR. Dist: Independent Pubs. Group.

Collins Easy Learning KS2 - Spanish Ages 7-9. Collins Easy Learning. 2019. (Collins Easy Learning KS2 Ser.). (ENG., Illus.). 32p. (J). (gr. 2-4). pap. 7.99 *(978-0-00-831276-3(1))* HarperCollins Pubs. Ltd. GBR. Dist: Independent Pubs. Group.

Collins Exploring Biology - Workbook: Grade 9 for Jamaica. Marlene Grey-Tomlinson. 2017. (ENG.). 48p. pap. 7.99 *(978-0-00-825210-6(6))* HarperCollins Pubs. Ltd. GBR. Dist: Independent Pubs. Group.

Collins Exploring Physics: Grade 9 for Jamaica. Derek McMonagle. 2017. (ENG.). 96p. (J). pap. 14.95 *(978-0-00-824419-4(7))* HarperCollins Pubs. Ltd. GBR. Dist: Independent Pubs. Group.

Collins Exploring Physics - Workbook: Grade 9 for Jamaica. Marlene Grey-Tomlinson. 2017. (ENG.). 48p. pap. 7.99 *(978-0-00-825208-3(4))* HarperCollins Pubs. Ltd. GBR. Dist: Independent Pubs. Group.

Collins Fascinating Facts - Explorers. Collins UK. 2016. (Collins Fascinating Facts Ser.). (ENG., Illus.). 72p. (J). (gr. 1-3). pap. 10.99 *(978-0-00-816926-8(8))* HarperCollins Pubs. Ltd. GBR. Dist: Independent Pubs. Group.

Collins GCSE 9-1 Revision - AQA GCSE 9-1 Biology Foundation Practice Test Papers: Shrink-Wrapped School Pack. Collins Collins GCSE. 2018. (ENG.). 112p. (-8). pap. 10.95 *(978-0-00-828269-1(2))* HarperCollins Pubs. Ltd. GBR. Dist: Independent Pubs. Group.

Collins GCSE 9-1 Revision - AQA GCSE 9-1 Biology Higher Practice Test Papers: Shrink-Wrapped School Pack. Collins Collins GCSE. 2018. (ENG.). 100p. (-8). pap. 10.95 *(978-0-00-828270-7(6))* HarperCollins Pubs. Ltd. GBR. Dist: Independent Pubs. Group.

Collins GCSE 9-1 Revision - AQA GCSE 9-1 Chemistry Foundation Practice Test Papers: Shrink-Wrapped School Pack. Collins Collins GCSE. 2018. (ENG.). 112p. (-8). pap. 10.95 *(978-0-00-828271-4(4))* HarperCollins Pubs. Ltd. GBR. Dist: Independent Pubs. Group.

Collins GCSE 9-1 Revision - AQA GCSE 9-1 Chemistry Higher Practice Test Papers: Shrink-Wrapped School Pack. Collins Collins GCSE. 2018. (ENG.). 112p. (-8). pap. 10.95 *(978-0-00-828272-1(2))* HarperCollins Pubs. Ltd. GBR. Dist: Independent Pubs. Group.

Collins GCSE 9-1 Revision - AQA GCSE 9-1 Combined Science Foundation Practice Test Papers: Shrink-Wrapped School Pack. Collins Collins GCSE. 2018. (ENG.). 276p. (-8). pap. 18.95 *(978-0-00-828275-2(7))* HarperCollins Pubs. Ltd. GBR. Dist: Independent Pubs. Group.

Collins GCSE 9-1 Revision - AQA GCSE 9-1 Combined Science Higher Practice Test Papers: Shrink-Wrapped School Pack. Collins Collins GCSE. 2018. (ENG.). 264p. (-8). pap. 18.95 *(978-0-00-828276-9(5))* HarperCollins Pubs. Ltd. GBR. Dist: Independent Pubs. Group.

Collins GCSE 9-1 Revision - AQA GCSE 9-1 Maths Foundation Practice Test Papers: Shrink-Wrapped School Pack. Collins Collins GCSE. 2018. (ENG.). 112p. (-8). pap. 10.95 *(978-0-00-828268-4(4))* HarperCollins Pubs. Ltd. GBR. Dist: Independent Pubs. Group.

Collins GCSE 9-1 Revision - AQA GCSE 9-1 Maths Higher Practice Test Papers: Shrink-Wrapped School Pack. Collins Collins GCSE. 2018. (ENG.). 112p. (-8). pap. 10.95 *(978-0-00-828267-7(6))* HarperCollins Pubs. Ltd. GBR. Dist: Independent Pubs. Group.

Collins GCSE 9-1 Revision - AQA GCSE 9-1 Physics Foundation Practice Test Papers: Shrink-Wrapped School Pack. Collins Collins GCSE. 2018. (ENG.). 112p. (-8). pap. 10.95 *(978-0-00-828273-8(0))* HarperCollins Pubs. Ltd. GBR. Dist: Independent Pubs. Group.

Collins GCSE 9-1 Revision - AQA GCSE 9-1 Physics Higher Practice Test Papers: Shrink-Wrapped School Pack. Collins Collins GCSE. 2018. (ENG.). 120p. (-8). pap. 10.95 *(978-0-00-828274-5(9))* HarperCollins Pubs. Ltd. GBR. Dist: Independent Pubs. Group.

Collins GCSE 9-1 Revision - Edexcel GCSE 9-1 Maths Foundation Practice Test Papers: Shrink-Wrapped School Pack. Collins Collins GCSE. 2018. (ENG.). 112p. (-8). pap. 10.95 *(978-0-00-828277-6(3))* HarperCollins Pubs. Ltd. GBR. Dist: Independent Pubs. Group.

Collins GCSE 9-1 Revision - Edexcel GCSE 9-1 Maths Higher Practice Test Papers: Shrink-Wrapped School Pack. Collins Collins GCSE. 2018. (ENG.). 112p. (-8). pap. 10.95 *(978-0-00-828278-3(1))* HarperCollins Pubs. Ltd. GBR. Dist: Independent Pubs. Group.

Collins GCSE Revision & Practice - New Curriculum - AQA GCSE English Language & English Literature Grade Booster for Grades 4-9. Collins UK. 2017. (ENG.). 144p. (J). (gr. 4-9). pap. 8.99 *(978-0-00-822738-8(1))* HarperCollins Pubs. Ltd. GBR. Dist: Independent Pubs. Group.

Collins Gem School Dictionary: Trusted Support for Learning, in a Mini-Format. Collins Dictionaries. 5th rev. ed. 2016. (ENG.). 672p. (YA). (gr. 7-9). pap. 8.95 *(978-0-00-814646-7(2))* HarperCollins Pubs. Ltd. GBR. Dist: Independent Pubs. Group.

Collins Handy Road Atlas Europe. Collins Maps. 7th ed. 2023. (ENG.). 180p. spiral bd. 11.99 *(978-0-00-840399-7(6))* HarperCollins Pubs. Ltd. GBR. Dist: Independent Pubs. Group.

Collins Handy Road Atlas Ireland. Collins Maps. 2022. (ENG.). 64p. 8.95 *(978-0-00-849256-4(5))* HarperCollins Pubs. Ltd. GBR. Dist: Independent Pubs. Group.

Collins Handy Road Atlas Scotland: A5 Paperback. Collins Maps. ed. 2022. (ENG.). 72p. 8.95 *(978-0-00-844787-8(X))* HarperCollins Pubs. Ltd. GBR. Dist: Independent Pubs. Group.

Collins Life-Size Birds: the Only Guide to Show British Birds at Their Actual Size. Paul Sterry & Rob Read. 2016. (ENG., Illus.). 448p. 44.99 *(978-0-00-821873-7(0)*, William Collins) HarperCollins Pubs. Ltd. GBR. Dist: HarperCollins Pubs.

Collins Primary Atlas. Collins Maps. 6th ed. 2019. (Collins Primary Atlases Ser.). (ENG., Illus.). 68p. (J). (gr. 2-4). pap. 13.95 *(978-0-00-831945-8(6))* HarperCollins Pubs. Ltd. GBR. Dist: Independent Pubs. Group.

Collins Primary Atlases - Collins School Atlas. Collins Maps. 2019. (Collins Primary Atlases Ser.). (ENG., Illus.). 104p. (J). (gr. 7-10). pap. 16.95 *(978-0-00-831946-5(4))* HarperCollins Pubs. Ltd. GBR. Dist: Independent Pubs. Group.

Collins Social Studies Atlas Skills for Jamaica Primary Workbook. Naam Thomas. 2018. (ENG.). 128p. (gr. 4-6). pap. 11.99 *(978-0-00-830024-1(0))* HarperCollins Pubs. Ltd. GBR. Dist: Independent Pubs. Group.

Collins Student Atlas: Ideal for Learning at School & at Home. Collins Maps. 7th rev. ed. 2021. (ENG.). 208p. (YA). (gr. 7). pap. 18.99 *(978-0-00-843023-8(3))* HarperCollins Pubs. Ltd. GBR. Dist: Independent Pubs. Group.

Collins Student Atlas (Collins Student Atlas) Collins Kids. 6th rev. ed. 2018. (ENG.). 208p. (YA). (gr. 9-11). pap. 18.99 *(978-0-00-825915-0(1))* HarperCollins Pubs. Ltd. GBR. Dist: Independent Pubs. Group.

Collins Student Atlas [Seventh Edition]. Collins Maps. 7th rev. ed. 2021. (ENG.). 208p. (YA). (gr. 7). 22.99 *(978-0-00-843024-5(1))* HarperCollins Pubs. Ltd. GBR. Dist: Independent Pubs. Group.

Collins World Atlas: Essential Edition [Fourth Edition]. Collins Maps. 4th rev. ed. 2018. (Collins Essential Editions Ser.). (ENG.). 128p. pap. 17.95 *(978-0-00-827037-7(6))* HarperCollins Pubs. Ltd. GBR. Dist: Independent Pubs. Group.

Collision (Classic Reprint) Bridget Maclagan. 2018. (ENG., Illus.). (J). 30.29 *(978-0-265-97291-5(4))* Forgotten Bks.

Colloquial Portuguese, or the Words & Phrases of Every-Day Life: Compiled from Dictation & Conversation, for the Use of English Tourists & Visitors in Portugal, the Brazils, Madeira, & the Azores; with a Brief Collection of Epistolary Phrases. Alexander J. D. D'Orsey. 2018. (ENG., Illus.). (J). 154p. 27.07 *(978-1-396-33789-5(X))*; 156p. pap. 9.57 *(978-1-390-91990-5(0))* Forgotten Bks.

Colloquies of Desiderius Erasmus Concerning Men, Manners & Things, Vol. 1 of 3 (Classic Reprint) Desiderius Erasmus. 2017. (ENG., Illus.). (J). 30.85 *(978-0-266-39423-5(X))* Forgotten Bks.

Colloquies of Edward Osborne: Citizen & Clothworker of London (Classic Reprint) Unknown Author. 2018. (ENG., Illus.). 320p. (J). 30.52 *(978-0-267-16920-7(5))* Forgotten Bks.

Colloquies of Edward Osborne, Citizen & Clothworker, of London (Classic Reprint) Anne Manning. (ENG., Illus.). (J). 2017. 28.76 *(978-0-331-09421-3(5))*; 2016. pap. 11.57 *(978-1-334-14298-7(X))* Forgotten Bks.

Colloquies of Erasmus, Vol. 1 (Classic Reprint) Desiderius Erasmus. 2018. (ENG., Illus.). (J). 34.09 *(978-0-260-26123-6(8))* Forgotten Bks.

Colly Capricorn's Karmic Climb. Donna McGarry. 2018. (ENG.). 36p. (J). pap. 9.95 *(978-0-9982201-2-3(4))* Pollux Ink.

Colly's Barn (Reading Ladder Level 3) Michael Morpurgo. Illus. by Ian Andrew. 2nd ed. 2016. (Reading Ladder Level 3 Ser.). (ENG.). 48p. (gr. k-2). 4.99 *(978-1-4052-8253-6(3)*, Reading Ladder) Farshore GBR. Dist: HarperCollins Pubs.

Colmillo Blanco. Jack. London. 2019.Tr. of White Fang. (SPA., Illus.). 80p. (J). (gr. 3-7). pap. *(978-970-643-743-3(6))* Selector, S.A. de C.V.

Colomba & Carmen: Translated from the French of Prosper Mérimée (Classic Reprint) Mary Loyd. 2018. (ENG., Illus.). 348p. (J). 31.07 *(978-0-365-16651-1(0))* Forgotten Bks.

Colombia. Golriz Golkar. 2020. (Country Profiles Ser.). (ENG., Illus.). 32p. (J). (gr. 3-8). lib. bdg. 27.95 *(978-1-64487-251-2(X)*, Blastoff! Readers) Bellwether Media.

Colombia. Alicia Z. Klepeis. 2019. (Exploring World Cultures Ser.). (ENG.). 32p. (gr. 3-3). 66.96 *(978-1-5026-4711-5(7))* Cavendish Square Publishing LLC.

Colombia. Joyce Markovics. 2016. (Countries We Come From Ser.: 4). (ENG., Illus.). 32p. (J). (gr. -1-3). 28.50 *(978-1-943553-34-1(3))* Bearport Publishing Co., Inc.

Colombia. Joyce L. Markovics. 2019. (Los Países de Donde Venimos/Countries We Come From Ser.). (SPA., Illus.). 32p. (J). (gr. k-3). 19.95 *(978-1-64280-227-6(1))* Bearport Publishing Co., Inc.

Colombia. Blaine Wiseman. 2016. (Illus.). 32p. (J). *(978-1-5105-1899-5(1))* SmartBook Media, Inc.

Colombia. Blaine Wiseman. 2016. (Illus.). 32p. (J). *(978-1-4896-4609-5(4))* Weigl Pubs., Inc.

Colombian Adventures: A Boy's Missionary Dream Comes True. Russell M. Stendal. Illus. by Monica Bruenjes. 2020. (ENG.). 52p. (J). pap. 11.99 *(978-1-64765-026-1(7))* Ransom Pr. International.

Colombine: A Fantasy (Classic Reprint) Reginald Arkell. 2017. (ENG., Illus.). (J). 25.28 *(978-1-5283-5409-7(5))* Forgotten Bks.

Colonel & the Quaker (Classic Reprint) Francis Von Albede Cabeen. 2018. (ENG., Illus.). 194p. (J). 27.92 *(978-0-332-42951-9(2))* Forgotten Bks.

Colonel Berry's Challenge: A Novel (Classic Reprint) George Ernest Miller. 2018. (ENG., Illus.). 322p. (J). 30.56 *(978-0-484-63953-8(6))* Forgotten Bks.

Colonel Botcherby (Classic Reprint) Fox Russell. 2018. (ENG., Illus.). 390p. (J). 31.94 *(978-0-267-67513-5(5))* Forgotten Bks.

Colonel Carter's Christmas (Classic Reprint) Francis Hopkinson Smith. 2018. (ENG., Illus.). 196p. (J). 27.94 *(978-0-484-63365-9(1))* Forgotten Bks.

Colonel Covid & the Army of Antibodies. Hannah Hurley. 2021. (ENG.). 16p. (J). *(978-1-716-17825-2(8))* Lulu Pr., Inc.

Colonel Crockett's Co-Operative Christmas (Classic Reprint) Rupert Hughes. (ENG., Illus.). (J). 2018. 74p. 25.42 *(978-0-267-00522-2(9))*; 2017. pap. 9.57 *(978-0-243-99898-2(8))* Forgotten Bks.

Colonel Crook Stories (Classic Reprint) William N. Famous. 2017. (ENG., Illus.). (J). 110p. 26.19 *(978-0-484-75461-3(0))*; 25.34 *(978-0-265-71992-3(5))*; pap. 9.57 *(978-1-5276-7813-2(X))*; pap. 9.57 *(978-1-5276-6796-9(0))* Forgotten Bks.

Colonel Dacre, Vol. 1: A Novel (Classic Reprint) Emily Jolly. (ENG., Illus.). (J). 2018. 144p. 26.87 *(978-0-484-74701-1(0))*; 2017. pap. 9.57 *(978-0-259-20423-7(4))* Forgotten Bks.

Colonel Dunwoddie, Millionaire: A Story of to-Day (Classic Reprint) William Mumford Baker. (ENG., Illus.). (J). 2018. 190p. 27.82 *(978-0-332-39514-2(6))*; 2016. pap. 10.57 *(978-1-333-32822-1(2))* Forgotten Bks.

Colonel Enderby's Wife. Lucas Malet. 2017. (ENG.). (J). 316p. pap. *(978-3-337-04379-7(8))*; 360p. pap. *(978-3-337-04388-9(7))*; 312p. pap. *(978-3-337-04404-6(2))* Creation Pubs.

Colonel Enderby's Wife: A Novel (Classic Reprint) Lucas Malet. 2017. (ENG., Illus.). (J). 32.23 *(978-1-5285-7641-3(1))* Forgotten Bks.

Colonel Enderby's Wife, Vol. 1 Of 3: A Novel (Classic Reprint) Lucas Malet. 2018. (ENG., Illus.). 314p. (J). 30.37 *(978-0-483-75195-8(2))* Forgotten Bks.

Colonel Enderby's Wife, Vol. 2 Of 2: A Novel (Classic Reprint) Lucas Malet. 2018. (ENG., Illus.). 298p. (J). 30.04 *(978-0-483-28733-4(4))* Forgotten Bks.

Colonel Enderby's Wife, Vol. 2 Of 3: A Novel (Classic Reprint) Lucas Malet. 2018. (ENG., Illus.). 316p. (J). 30.43 *(978-0-483-38084-4(9))* Forgotten Bks.

Colonel from Wyoming (Classic Reprint) John Alexander Hugh Cameron. (ENG., Illus.). (J). 2018. 384p. 31.82 *(978-0-484-69078-2(7))*; 2017. pap. 16.57 *(978-0-243-30118-8(9))* Forgotten Bks.

Colonel, His Cats, & Their Sister Sassy Sam. Cricket Coddington. 2018. (ENG., Illus.). 40p. (J). 22.95 *(978-1-64298-789-8(1))*; pap. 13.95 *(978-1-64298-783-6(2))* Page Publishing Inc.

Colonel of the Red Huzzars (Classic Reprint) John Reed Scott. (ENG., Illus.). (J). 2018. 360p. 31.32 *(978-0-484-47706-2(4))*; 2018. 376p. 31.65 *(978-0-364-01064-8(9))*; 2017. pap. 13.97 *(978-0-243-50785-6(2))* Forgotten Bks.

Colonel Quaritch: A Tale of Country Life; Volume C. H. Rider Haggard. 2017. (ENG., Illus.). (J). 27.95 *(978-1-374-83612-9(5))*; pap. 17.95 *(978-1-374-83611-2(7))* Capital Communications, Inc.

Colonel Quaritch, V. C, Vol. 1 Of 3: A Tale of Country Life (Classic Reprint) H. Rider Haggard. 2018. (ENG., Illus.). 258p. (J). 29.22 *(978-0-332-16144-0(7))* Forgotten Bks.

Colonel Quaritch, V. C, Vol. 2: A Tale of Country Life (Classic Reprint) H. Rider Haggard. 2018. (ENG., Illus.). 276p. (J). 29.59 *(978-0-267-16940-5(X))* Forgotten Bks.

Colonel Quaritch, V. C, Vol. 3 Of 3: A Tale of Country Life (Classic Reprint) H. Rider Haggard. 2018. (ENG., Illus.). 276p. (J). 29.59 *(978-0-483-30959-3(1))* Forgotten Bks.

Colonel Rockinghorse: A Book of Paraphrases (Classic Reprint) William Edward. 2018. (ENG., Illus.). 114p. (J). 26.27 *(978-0-332-12553-4(X))* Forgotten Bks.

Colonel Starbottle's Client: And Some Other People (Classic Reprint) Bret Harte. 2018. (ENG., Illus.). 344p. (J). 30.99 *(978-0-267-25369-2(9))* Forgotten Bks.

Colonel Starbottle's Client Flip Found at Blazing Star (Classic Reprint) Bret Harte. 2018. (ENG., Illus.). 454p. (J). 33.26 *(978-0-332-18000-7(X))* Forgotten Bks.

Colonel Thorpe's Scenes in Arkansaw (Classic Reprint) William Trotter Porter. 2018. (ENG., Illus.). 448p. (J). 33.14 *(978-0-483-89167-8(3))* Forgotten Bks.

Colonel Todhunter of Missouri (Classic Reprint) Ripley D. Saunders. 2018. (ENG., Illus.). 350p. (J). 31.12 *(978-0-267-25135-3(1))* Forgotten Bks.

Colonel's Christmas Dinner. Charles King. 2016. (ENG.). 190p. (J). pap. *(978-3-7433-8522-1(8))* Creation Pubs.

Colonel's Christmas Dinner: And Other Stories (Classic Reprint) Charles King. 2018. (ENG., Illus.). 196p. (J). 27.94 *(978-0-484-02814-1(6))* Forgotten Bks.

Colonel's Christmas Dinner, & Other Stories (Classic Reprint) Charles King. 2017. (ENG., Illus.). (J). 31.86 *(978-0-265-68159-6(6))*; pap. 16.57 *(978-1-5276-5293-4(9))* Forgotten Bks.

Colonel's Daughter: Or, Winning His Spurs (Classic Reprint) Charles King. 2017. (ENG., Illus.). (J). 33.14 *(978-0-265-36348-5(9))* Forgotten Bks.

Colonel's Dream (Classic Reprint) Charles W. Chesnutt. (ENG., Illus.). (J). 2018. 306p. 30.21 *(978-0-483-90762-1(6))*; 2017. pap. 13.57 *(978-0-243-30346-5(7))* Forgotten Bks.

Colonel's Experiment (Classic Reprint) Edith Barnard Delano. 2018. (ENG., Illus.). 334p. (J). 30.83 *(978-0-428-89886-1(6))* Forgotten Bks.

Colonel's Jewels (Classic Reprint) Unknown Author. 2018. (ENG., Illus.). 394p. (J). 32.02 *(978-0-483-58820-2(2))* Forgotten Bks.

Colonel's Money (Classic Reprint) Lucy C. Lillie. (ENG., Illus.). (J). 2018. 410p. 32.35 *(978-0-484-12533-8(8))*; 2017. pap. 16.57 *(978-0-259-06165-6(4))* Forgotten Bks.

Colonel's Opera Cloak (Classic Reprint) Christine C. Brush. 2018. (ENG., Illus.). 272p. (J). 29.53 *(978-0-483-09501-4(X))* Forgotten Bks.

Colonel's Story (Classic Reprint) Roger A. Pryor. 2018. (ENG., Illus.). 396p. (J). 32.08 *(978-0-666-92007-2(9))* Forgotten Bks.

Colonia de Castores. Julie Murray. 2018. (Grupos de Animales (Animal Groups) Ser.).Tr. of Beaver Colony. (SPA.). 24p. (J). (gr. -1-2). lib. bdg. 31.36 *(978-1-5321-8360-7(7)*, 29913, Abdo Kids) ABDO Publishing Co.

Colonial America: Children's Social Science Book with Facts! Bold Kids. 2022. (ENG.). 38p. (J). pap. 14.99 *(978-1-0717-0928-3(3))* FASTLANE LLC.

Colonial America History for Kids: What Was It Like to Travel in the Mayflower? Children's History Books. Baby Professor. 2017. (ENG., Illus.). (J). pap. 8.79 *(978-1-5419-1103-1(2)*, Baby Professor (Education Kids)) Speedy Publishing LLC.

Colonial & Early American Journalism, 1 vol. Patrice Sherman. 2018. (Fourth Estate: Journalism in North America Ser.). (ENG.). 112p. (gr. 8-8). 44.50 *(978-1-5026-3467-2(8)*, 642afc25-9da0-488d-bd55-45e31b360b64) Cavendish Square Publishing LLC.

Colonial & Postcolonial Experience, 10 vols. 2016. (Colonial & Postcolonial Experience Ser.). (ENG.). 00128p. (J). (gr. 10-10). 277.95 *(978-1-5081-0441-4(7)*, c44879a7-14a3-495e-8159-e8c62a5ef06e, Britannica Educational Publishing) Rosen Publishing Group, Inc., The.

Colonial & Postcolonial Experience in East & Southeast Asia, 1 vol. Julia Chandler. 2016. (Colonial & Postcolonial Experience Ser.). (ENG., Illus.). 304p. (J). (gr. 10-10). 55.59 *(978-1-5081-0438-4(7)*, 9c5db86f-5f8e-4f42-8ebc-95fd3c5a8235) Rosen Publishing Group, Inc., The.

Colonial & Postcolonial Experience in Latin America & the Caribbean, 1 vol. Emily Sebastian. 2016. (Colonial & Postcolonial Experience Ser.). (ENG., Illus.). 256p. (J). (gr. 10-10). 55.59 *(978-1-5081-0439-1(5)*, 6083d7af-3889-4012-9b3a-9c8057fca86a) Rosen Publishing Group, Inc., The.

Colonial & Postcolonial Middle East, 1 vol. Ed. by Bailey Maxim. 2016. (Colonial & Postcolonial Experience Ser.). (ENG., Illus.). 280p. (J). (gr. 10-10). 55.59 *(978-1-5081-0437-7(9)*, d4bb2694-8c84-43a6-bfbf-a0a4ee5e3090, Britannica Educational Publishing) Rosen Publishing Group, Inc., The.

Colonial Born: A Tale of the Queensland Bush (Classic Reprint) G. Firth Scott. 2018. (ENG., Illus.). 334p. (J). 30.81 *(978-0-428-45349-7(X))* Forgotten Bks.

Colonial Carols for Children: Being Fifteen Songs Which Are Arranged with Piano Accompaniment, Words & Music (Classic Reprint) Anice Terhune. 2018. (ENG., Illus.). 42p. (J). 24.74 *(978-0-428-68793-9(8))* Forgotten Bks.

Colonial Children (Classic Reprint) Albert Bushnell Hart. 2017. (ENG., Illus.). (J). 29.24 *(978-0-331-21940-1(9))* Forgotten Bks.

Colonial Cooking. Susan Dosier. 2016. (Exploring History Through Food Ser.). (ENG., Illus.). 32p. (J). (gr. 3-6). lib. bdg. 27.99 *(978-1-5157-2356-1(9)*, 132790, Capstone Pr.) Capstone.

Colonial Days: Being Stories & Ballads for Young Patriots, As Recounted by, Five Boys & Five Girls in Around the Yule Aboard the on the Edge of Winter (Classic Reprint) Richard Markham. 2018. (ENG., Illus.). 698p. (J). 38.29 *(978-0-483-55565-5(7))* Forgotten Bks.

Colonial Facts & Fictions (Classic Reprint) Mark Kershaw. 2018. (ENG., Illus.). 340p. (J). 30.91 *(978-0-364-59287-8(7))* Forgotten Bks.

Colonial Holidays (Classic Reprint) Walter Tittle. (ENG., Illus.). (J). 2018. 122p. 26.43 *(978-0-267-56467-5(8))*; 2016. pap. 9.57 *(978-1-333-19345-4(9))* Forgotten Bks.

Colonial Interactions with Native Americans, 1 vol. Cathleen Small. 2017. (Primary Sources of Colonial America Ser.). (ENG.). 64p. (gr. 6-6). pap. 16.28 *(978-1-5026-3461-0(9)*, 2c3c1415-09a6-4725-9c69-e6df43f51fe4); lib. bdg. 35.93 *(978-1-5026-3134-3(2)*, fa37527d-f22f-4280-8745-757bc8e57b62) Cavendish Square Publishing LLC.

Colonial Jamestown, 1 vol. Sarah Gilman. 2016. (Explore Colonial America Ser.). (ENG., Illus.). 48p. (gr. 4-5). 29.60 *(978-0-7660-7871-0(X)*, 318a6c3a-3416-49c1-be51-01146e8da4cd) Enslow Publishing, LLC.

Colonial Life, 5 bks., Set. Incl. Cities & Towns. Rebecca Stefoff. 96p. lib. bdg. 165.00 *(978-0-7656-8109-6(9)*, Y181735); Daily Living. Kathryn Hinds. 96p. lib. bdg. 180.00 *(978-0-7656-8110-2(2)*, Y181908); Exploration & Settlement. Rebecca Stefoff. 96p. lib. bdg. 180.00 *(978-0-7656-8108-9(0)*, Y182272); Government. Martin Kelly & Melissa Kelly. 96p. lib. bdg. 180.00 *(978-0-7656-8112-6(9)*, Y182476); Trade & Commerce. Linda Jacobs Altman. 98p. lib. bdg. 200.00 *(978-0-7656-8111-9(0)*, Y184849); (C). (gr. 6-18). (ENG., Illus.). 96p. 2007. Set lib. bdg. 165.00 *(978-0-7656-8107-2(2)*, Y181691) Routledge.

Colonial Memories (Classic Reprint) Lady Broome. 2017. (ENG., Illus.). (J). 31.45 *(978-1-5282-7266-7(8))* Forgotten Bks.

Colonial People, 10 vols., Set. Incl. Apothecary. Christine Petersen. 34.07 *(978-0-7614-4795-5(4)*, 9545d33a-8fc6-403a-9486-7c9ba1589dbf); Barber. Ann Heinrichs. 34.07 *(978-0-7614-4800-6(4)*, 0ccb54d3-082a-48eb-b652-90f68b2fc8c4); Blacksmith. Christine Petersen. 34.07 *(978-0-7614-4799-3(7)*, 5550975a-2157-40e4-956e-eb1c4cc25d4a); Farmer. Wil Mara. 34.07 *(978-0-7614-4797-9(0)*, b4e76fee-661c-4aae-848f-8e178426336f); Innkeeper. Wil Mara. 34.07 *(978-0-7614-4796-2(2)*, 0e3cdbb5-6f2b-4e19-8d12-925ab7f2aa81); Printer. Christine Petersen. 34.07 *(978-0-7614-4802-0(0)*, d3054ccc-85a8-4324-a018-f21131a51dd9); Schoolmaster. Wil Mara. 34.07 *(978-0-7614-4801-3(2)*, a4a1cebd-de00-4ad7-8468-880c7ef3dc47); Shoemaker. Ann Heinrichs. 34.07 *(978-0-7614-4798-6(9)*, fed9550a-1bb6-4923-be20-62feac6eac51); Silversmith. Wil Mara. 34.07 *(978-0-7614-4804-4(7)*, b281651d-0b8b-491e-94d1-f1b43f638296); Surveyor. Christine Petersen. 34.07 *(978-0-7614-4805-1(5)*, f1d2b84e-a0e8-4249-b423-ef731729c885); 48p. (gr. 4-4). 2011. (Colonial People Ser.). 2010. Set lib. bdg. 299.30 *(978-0-7614-4794-8(6)*, Cavendish Square) Cavendish Square Publishing LLC.

Colonial Period of Georgia's History, 1 vol. Sam Crompton. 2017. (Spotlight on Georgia Ser.). (ENG.). 32p. (gr. 4-5).

The check digit for ISBN-10 appears in parentheses after the full ISBN-13

TITLE INDEX COLOR BY NUMBERS

pap. 12.75 *(978-1-5081-6011-3(2),* fa0112f2-a13b-4e6f-afe4-3d5955ab4fe2, PowerKids Pr.) Rosen Publishing Group, Inc., The.

Colonial Plays for the School-Room: Designed for Class-Room Work in Sixth & Seventh Grades (Classic Reprint) Blanche Shoemaker. (ENG., Illus.). (J). 2018. 82p. 25.59 *(978-0-332-90117-6(3));* 2016. pap. 9.57 *(978-1-333-60680-0(X))* Forgotten Bks.

Colonial Reformer (Classic Reprint) Rolf Boldrewood. 2018. (ENG., Illus.). 536p. (J). 34.97 *(978-0-666-81852-2(5))* Forgotten Bks.

Colonial Reformer, Vol. 1 of 3 (Classic Reprint) Rolf Boldrewood. 2018. (ENG., Illus.). (J). 29.28 *(978-0-260-91368-5(5))* Forgotten Bks.

Colonial Reformer, Vol. 2 of 3 (Classic Reprint) Rolf Boldrewood. (ENG., Illus.). (J). 2018. 29.71 *(978-0-331-06997-6(0));* 2016. pap. 11.97 *(978-1-333-53727-2(1))* Forgotten Bks.

Colonial Reformer, Vol. 3 of 3 (Classic Reprint) Rolf Boldrewood. 2018. (ENG., Illus.). 258p. (J). 29.24 *(978-0-267-47775-3(9))* Forgotten Bks.

Colonial Times Picture Book: An Alphabetical Journey Through Colonial America for Kids. Julie Anne Savage. 2017. (ENG., Illus.). (J). (gr. 2-6). pap. 8.95 *(978-0-692-98638-7(3))* Green Apple Lessons, Inc.

Colonial Tramp - Travels & Adventures in Australia & New Guinea. Hume Nisbet. 2017. (ENG.). 352p. (J). pap. *(978-3-337-15029-7(2))* Creation Pubs.

Colonial Tramp, Travels & Adventures in Australia & New Guinea, Vol. 1 of 2 (Classic Reprint) Hume Nisbet. 2018. (ENG., Illus.). 344p. (J). 31.01 *(978-0-483-21596-2(1))* Forgotten Bks.

Colonial Williamsburg. Meish Goldish. 2016. (American Places: from Vision to Reality Ser.). (ENG., Illus.). 32p. (J). (gr. 2-7). 28.50 *(978-1-944102-46-3(9))* Bearport Publishing Co., Inc.

Colonial Witch: Being a Study of the Black Art in the Colony of Connecticut (Classic Reprint) Frank Samuel Child. (ENG., Illus.). (J). 2018. 324p. 30.54 *(978-0-483-32181-6(8));* 2016. pap. 13.57 *(978-1-334-15568-0(2))* Forgotten Bks.

Colonial Wooing (Classic Reprint) Charles Conrad Abbott. (ENG., Illus.). (J). 2018. 242p. 28.91 *(978-0-483-99920-6(2));* 2016. pap. 11.57 *(978-1-334-13303-9(4))* Forgotten Bks.

Colonialism, 1 vol. Xina M. Uhl & Philip Wolny. 2019. (Examining Political Systems Ser.). (ENG.). 64p. (gr. 6-6). pap. 13.95 *(978-1-5081-8444-7(5),* 760d1d4b-e726-4587-b74b-a972512d187d, Rosen Reference) Rosen Publishing Group, Inc., The.

Colonials: Being a Narrative of Events Chiefly Connected with the Siege & Evacuation of the Town of Boston in New England (Classic Reprint) Allen French. 2017. (ENG., Illus.). (J). 34.52 *(978-0-266-99180-9(7))* Forgotten Bks.

Colonist in Australia, or the Adventures of Godfrey Arabin (Classic Reprint) Thomas M'Combie. (ENG., Illus.). (J). 2017. 28.23 *(978-0-331-81257-2(6));* 2016. pap. 10.57 *(978-1-334-15855-1(X))* Forgotten Bks.

Colonists Revolt: An Interactive American Revolution Adventure. Matt Doeden. 2018. (You Choose: Founding the United States Ser.). (ENG., Illus.). 112p. (J). (gr. 3-7). pap. 6.95 *(978-1-5435-1549-7(5),* 137917); lib. bdg. 32.65 *(978-1-5435-1542-8(8),* 137910) Capstone. (Capstone Pr.).

Colonization & Settlement. John Perritano. 2016. (Illus.). 48p. (J). *(978-1-5105-1284-9(5))* SmartBook Media, Inc.

Colonization & the Wampanoag Story. Linda Coombs. 2023. (Race to the Truth Ser.). 272p. (J). (gr. 5). pap. 8.99 ***(978-0-593-48043-4(0))***; (ENG.). lib. bdg. 12.99 ***(978-0-593-48044-1(9))*** Random Hse. Children's Bks. (Crown Books For Young Readers).

Colonization for Kids - North American Edition Book Early Settlers, Migration & Colonial Life 3rd Grade Social Studies. Baby Professor. 2017. (ENG., Illus.). 64p. (J). pap. 9.52 *(978-1-5419-1739-2(1),* Baby Professor (Education Kids)) Speedy Publishing LLC.

Colonization of Hawai'i. Virginia Loh-Hagan. 2022. (21st Century Skills Library: Racial Justice in America: AAPI Histories Ser.). (ENG., Illus.). 32p. (J). (gr. 5-8). pap. 14.21 *(978-1-6689-1091-7(8),* 221036); lib. bdg. 32.07 *(978-1-6689-0931-7(6),* 220898) Cherry Lake Publishing.

Colonizing Mars. Tammy Gagne. 2022. (Space Exploration Ser.). (ENG., Illus.). 64p. (J). (gr. 6-12). 43.93 *(978-1-6782-0426-6(9),* BrightPoint Pr.) ReferencePoint Pr., Inc.

Colonizing Mars. Clara MacCarald. 2019. (Science for the Future Ser.). (ENG., Illus.). 48p. (J). (gr. 5-6). pap. 11.95 *(978-1-64185-847-2(8),* 1641858478); lib. bdg. 34.21 *(978-1-64185-778-9(1),* 1641857781) North Star Editions. (Focus Readers).

Colonizing Planets, 1 vol. Carol Hand. 2018. (Sci-Fi or STEM? Ser.). (ENG., Illus.). 64p. (J). (gr. 7-7). lib. bdg. 36.13 *(978-1-5081-8029-6(6),* 5918b82a-8673-44b5-96f9-81fdd831e671) Rosen Publishing Group, Inc., The.

Colonnade, 1943, Vol. 6 (Classic Reprint) Elizabeth Tennent. (ENG., Illus.). (J). 2018. 42p. 24.76 *(978-0-483-87139-7(7));* 2017. pap. 7.97 *(978-0-243-43613-2(0))* Forgotten Bks.

Colonnade, Vol. 1: April, 1939 (Classic Reprint) Ann Dugger. 2018. (ENG., Illus.). (J). 24.70 *(978-0-266-73470-3(7));* pap. 7.97 *(978-1-5276-9809-3(2))* Forgotten Bks.

Colonnade, Vol. 1: December, 1938 (Classic Reprint) State Teachers College. (ENG., Illus.). (J). 2018. 36p. 24.64 *(978-0-483-82222-1(1));* 2017. pap. 7.97 *(978-0-243-21687-1(4))* Forgotten Bks.

Colonnade, Vol. 1: February, 1939 (Classic Reprint) Ann Dugger. (ENG., Illus.). (J). 2018. 36p. 24.66 *(978-0-483-72543-0(9));* 2017. pap. 7.97 *(978-0-243-33535-0(0))* Forgotten Bks.

Colonnade, Vol. 1: June, 1939 (Classic Reprint) Johnny Lybrook. (ENG., Illus.). (J). 2018. 38p. 24.68 *(978-0-483-78593-9(8));* 2017. pap. 7.97 *(978-0-243-42003-2(X))* Forgotten Bks.

Colonnade, Vol. 2: January, 1940 (Classic Reprint) Johnny Lybrook. (ENG., Illus.). (J). 2018. 42p. 24.76 *(978-0-483-54124-5(9));* 2017. pap. 7.97 *(978-0-243-16343-4(6))* Forgotten Bks.

Colonnade, Vol. 2: March, 1940 (Classic Reprint) Virginia State Teachers College. (ENG., Illus.). (J). 2018. 40p. 24.76 *(978-0-332-46805-1(4));* 2017. pap. 7.97 *(978-0-243-17822-3(0))* Forgotten Bks.

Colonnade, Vol. 2: May, 1940 (Classic Reprint) Virginia State Teachers College. (ENG., Illus.). (J). 2018. 40p. 24.72 *(978-0-484-47205-0(4));* 2017. pap. 7.97 *(978-0-243-39402-9(0))* Forgotten Bks.

Colonnade, Vol. 2: State Teachers College; November, 1939 (Classic Reprint) Johnny Lybrook. (ENG., Illus.). (J). 2018. 38p. 24.68 *(978-0-483-87384-1(5));* 2017. pap. 7.97 *(978-0-243-44662-9(4))* Forgotten Bks.

Colonnade, Vol. 3: January, 1941 (Classic Reprint) Allene Overbey. (ENG., Illus.). (J). 2018. 38p. 24.68 *(978-0-483-76227-5(X));* 2017. pap. 7.97 *(978-0-243-41602-8(4))* Forgotten Bks.

Colonnade, Vol. 3: March, 1941 (Classic Reprint) Allene Overbey. (ENG., Illus.). (J). 2018. 42p. 24.76 *(978-0-483-86974-5(0));* 2017. pap. 7.97 *(978-0-243-38506-5(4))* Forgotten Bks.

Colonnade, Vol. 3: May, 1941 (Classic Reprint) State Teachers College Farmville. 2017. (ENG., Illus.). (J). pap. 7.97 *(978-0-259-53947-6(3))* Forgotten Bks.

Colonnade, Vol. 3: November, 1940 (Classic Reprint) State Teachers College. (ENG., Illus.). (J). 2018. 40p. 24.72 *(978-0-483-56313-1(7));* 2017. pap. 7.97 *(978-0-243-19998-3(8))* Forgotten Bks.

Colonnade, Vol. 4: January, 1942 (Classic Reprint) Allene Overbey. (ENG., Illus.). (J). 2018. 42p. 24.76 *(978-0-484-07855-9(0));* 2017. pap. 7.97 *(978-0-243-40350-9(X))* Forgotten Bks.

Colonnade, Vol. 4: March, 1942 (Classic Reprint) Allene Overbey. (ENG., Illus.). (J). 2018. 42p. 24.78 *(978-0-656-34630-1(2));* 2017. pap. 7.97 *(978-0-243-43065-9(5))* Forgotten Bks.

Colonnade, Vol. 4: May, 1942 (Classic Reprint) Winifred Wright. (ENG., Illus.). (J). 2018. 42p. 24.76 *(978-0-666-97034-3(3));* 2017. pap. 7.97 *(978-0-243-44807-4(4))* Forgotten Bks.

Colonnade, Vol. 4: November, 1941 (Classic Reprint) Allene Overbey. (ENG., Illus.). (J). 2018. 40p. 24.74 *(978-0-483-58243-9(3));* 2017. pap. 7.97 *(978-0-243-22688-7(8))* Forgotten Bks.

Colonnade, Vol. 5: January, 1943 (Classic Reprint) Virginia State Teachers College. (ENG., Illus.). (J). 2018. 38p. 24.68 *(978-0-332-81723-1(7));* 2017. pap. 7.97 *(978-0-243-39342-8(3))* Forgotten Bks.

Colonnade, Vol. 5: March, 1943 (Classic Reprint) Winifred Wright. (ENG., Illus.). (J). 2018. 38p. 24.68 *(978-0-484-23188-6(X));* 2017. pap. 7.97 *(978-0-243-41822-0(1))* Forgotten Bks.

Colonnade, Vol. 5: May, 1943 (Classic Reprint) State Teachers College. (ENG., Illus.). (J). 2018. 38p. 24.70 *(978-0-267-16779-1(2));* 2017. pap. 7.97 *(978-0-259-53200-2(2))* Forgotten Bks.

Colonnade, Vol. 5: November, 1942 (Classic Reprint) Virginia State Teachers College. (ENG., Illus.). (J). 2018. 40p. 24.72 *(978-0-483-95579-0(5));* 2017. pap. 7.97 *(978-0-243-42720-8(4))* Forgotten Bks.

Colonnade, Vol. 5: November, 1944 (Classic Reprint) Jane Knapton. (ENG., Illus.). (J). 2018. 42p. 24.78 *(978-0-483-31800-7(0));* 2017. pap. 7.97 *(978-0-243-39701-3(1))* Forgotten Bks.

Colonnade, Vol. 6: January, 1944 (Classic Reprint) Elizabeth Tennent. (ENG., Illus.). (J). 2018. 34p. 24.60 *(978-0-656-34437-6(7));* 2017. pap. 7.97 *(978-0-243-41603-5(2))* Forgotten Bks.

Colonnade, Vol. 6: March, 1944 (Classic Reprint) Virginia State Teachers College. (ENG., Illus.). (J). 2018. 38p. 24.66 *(978-0-332-77097-0(4));* 2017. pap. 7.97 *(978-0-243-39339-8(3))* Forgotten Bks.

Colonnade, Vol. 6: May, 1944 (Classic Reprint) State Teachers College Farmville. (ENG., Illus.). (J). 2018. 38p. 24.70 *(978-0-364-06687-4(3));* 2017. pap. 7.97 *(978-0-259-19473-6(5))* Forgotten Bks.

Colons & Semicolons. Kate Riggs. 2016. (Punctuate It! Ser.). (ENG., Illus.). 32p. (J). (gr. 3-6). pap. 10.99 *(978-1-62832-327-6(2),* 20692, Creative Paperbacks) Creative Co., The.

Colony NL-16. Scott Hayes. 2023. (ENG.). 68p. (YA). pap. ***(978-1-312-47488-8(2))*** Lulu Pr., Inc.

Colony of Bees. Lucia Raatma. 2019. (Animal Groups Ser.). (ENG., Illus.). 24p. (J). (gr. -1-2). pap. 6.95 *(978-1-9771-1043-5(6),* 141119); lib. bdg. 27.32 *(978-1-9771-0947-7(0),* 140545) Capstone. (Pebble).

Colony of Rabbits (Learn about: Animals) Danielle Denega. 2023. (Learn About Ser.). (ENG., Illus.). 32p. (J). (gr. k-2). 25.00 *(978-1-338-85337-7(6));* pap. 6.99 *(978-1-338-85338-4(4))* Scholastic Library Publishing. (Children's Pr.).

Color. Rebecca Kraft Rector. 2019. (Let's Learn about Matter Ser.). (ENG.). 24p. (gr. 1-2). 56.10 *(978-1-9785-0906-1(5))* Enslow Publishing, LLC.

Color. Kim Thompson. 2023. (Let's Sort Ser.). (ENG.). (J). (gr. -1-1). 16p. lib. bdg. 25.27 ***(978-1-63897-954-8(5)**,* 33045); (Illus.). pap. 7.95 Seahorse Publishing.

Color: A Sesame Street (r) Science Book. Susan B. Katz. 2023. (Sesame Street (r) World of Science Ser.). (ENG., Illus.). 32p. (J). (gr. -1-2). pap. 8.99 *(978-1-7284-8613-0(0),* 377181bd-84e9-48fa-a5c8-bf96a175e030); lib. bdg. 27.99 *(978-1-7284-7576-9(7),* 43f63de0-fa68-4240-908b-95f571324814) Lerner Publishing Group. (Lerner Pubns.).

Color 100 Magical Mermaids: A Little Girls Coloring Book 100 Mermaids to Color Ages 4 Years & Up. Beatrice Harrison. 2022. (ENG.). 102p. (J). pap. 13.81 ***(978-1-387-52617-8(0))*** Lulu Pr., Inc.

Color a Christmas Dream Coloring Book. Smarter Activity Books for Kids. 2016. (ENG., Illus.). (J). pap. 9.22 *(978-1-68374-545-7(0))* Examined Solutions PTE. Ltd.

Color a Picture Pattern Children's Coloring Book. Smarter Activity Books for Kids. 2016. (ENG., Illus.). (J). pap. 9.22 *(978-1-68374-546-4(9))* Examined Solutions PTE. Ltd.

Color a Real Masterpiece: Famous Artists' Paintings in Black & White Coloring Book for Kids Children's Activities, Crafts & Games Books. Baby Professor. 2018. (ENG., Illus.). 64p. (J). pap. 12.99 *(978-1-5419-2675-2(7),* Baby Professor (Education Kids)) Speedy Publishing LLC.

Color a-Z Coloring Book for Children (6x9 Coloring Book / Activity Book) Sheba Blake. 2020. (ENG.). 56p. (J). pap. 9.99 *(978-1-222-28915-2(6))* Indy Pub.

Color a-Z Coloring Book for Children (8. 5x8. 5 Coloring Book / Activity Book) Sheba Blake. 2021. (ENG.). 56p. (J). pap. 12.99 *(978-1-222-29137-7(1))* Indy Pub.

Color a-Z Coloring Book for Children (8x10 Coloring Book / Activity Book) Sheba Blake. 2020. (ENG.). 56p. (J). pap. 14.99 *(978-1-222-28916-9(4))* Indy Pub.

Color & Chill Color by Number Books for Kids. Educando Kids. 2019. (ENG.). 40p. (J). pap. 8.55 *(978-1-64521-671-1(3),* Educando Kids) Editorial Imagen.

Color & Count Workbook Toddler-Grade K - Ages 1 To 6. Professor Gusto. 2016. (ENG., Illus.). (J). pap. 10.81 *(978-1-68321-908-8(2))* Mimaxion.

Color & Eat the Alphabet: Healthy Eating from a to Z. Janice Newell Bissex. 2017. (ENG., Illus.). (J). pap. 9.95 *(978-0-9993017-0-8(5))* JNB Pr.

Color & Identify: Animals Coloring Books Kids Bundle, 2 vols. Speedy Publishing Books. 2019. (ENG.). 212p. (J). pap. 19.99 *(978-1-5419-7243-8(0))* Speedy Publishing LLC.

Color & Learn Golf! Janina Spruza. 2018. (ENG., Illus.). 34p. (J). pap. *(978-9934-8591-3-7(0))* Cooolgolf.

COLOR & LEARN ITALIAN with Floral Letters: Floral Letters Coloring Book for Kids & Toddlers & Adult- Activity Book for Italian (Alphabet Coloring Pages) Personaldev Books1. 2021. (ENG.). 54p. (J). pap. 9.99 *(978-1-716-23377-7(1))* Lulu Pr., Inc.

Color & Learn with Lemonade. Jason C. Taylor. 2018. (ENG., Illus.). 66p. (J). pap. *(978-1-387-83348-1(0))* Lulu Pr., Inc.

Color & Shape. Mary Lindeen. 2017. (Beginning-To-Read Ser.). (ENG.). 32p. (J). (gr. k-2). pap. 13.26 *(978-1-68404-101-5(5));* (Illus.). 22.60 *(978-1-59953-882-2(2))* Norwood Hse. Pr.

Color & Wavelengths. Samantha Bell. Illus. by Jeff Bane. 2018. (Mi Mini Biografía (My Itty-Bitty Bio): My Early Library). (ENG.). 24p. (J). (gr. k-1). pap. 12.79 *(978-1-5341-0826-4(2),* 210668); lib. bdg. 30.64 *(978-1-5341-0727-4(4),* 210667) Cherry Lake Publishing.

Color Angel Ornaments: Vintage Ornaments Coloring Book. Smarter Activity Books for Kids. 2016. (ENG., Illus.). (J). pap. 9.22 *(978-1-68374-516-7(7))* Examined Solutions PTE. Ltd.

Color Artsy & Cute Animals Coloring Book. Bobo's Children Activity Books. 2016. (ENG., Illus.). (J). pap. 9.33 *(978-1-68327-535-0(7))* Sunshine In My Soul Publishing.

Color Away Stress: Giant Super Jumbo 30 Designs of the Most Beautiful Peaceful Landscapes (Adult Coloring Book) Beatrice Harrison. 2020. (ENG.). 34p. (YA). pap. 7.86 *(978-1-716-92530-6(4))* Lulu Pr., Inc.

Color Away Stress: Giant Super Jumbo 30 Designs of the Most Beautiful Peaceful Landscapes (Adult Coloring Book) Book Edition:2. Beatrice Harrison. 2020. (ENG.). 34p. (YA). pap. 7.86 *(978-1-716-92526-9(6))* Lulu Pr., Inc.

Color Azul en la Pintura Tradicional China (Spanish Edition) Zirong ZENG. 2021. (Color en la Pintura China Ser.). (ENG.). 32p. (J). 19.95 *(978-1-4878-0818-1(6))* Royal Collins Publishing Group Inc. CAN. Dist: Independent Pubs. Group.

Color Between the Lines! Color Fun Coloring Book. Smarter Activity Books for Kids. 2016. (ENG., Illus.). (J). pap. 9.22 *(978-1-68374-547-1(5))* Examined Solutions PTE. Ltd.

Color Blind. Sheila Sobel. 2016. (ENG.). 253p. (YA). 17.99 *(978-1-4405-9746-6(4),* Simon Pulse) Simon Pulse.

Color Blind. Dacie Zook. 2021. (ENG.). 104p. (YA). pap. 12.95 *(978-1-63814-002-3(2))* Covenant Bks.

Color Blocked. Ashley Sorenson. Illus. by David W. Miles. 2017. (ENG.). 40p. (J). (gr. -1-1). 16.99 *(978-1-944822-82-8(8),* 552282) Familius LLC.

Color Bomb: Tattoo Coloring Book. Illus. by Scott Irwin. 2021. (ENG.). 64p. (J). pap. ***(978-1-304-60284-8(2))*** Lulu Pr., Inc.

Color Book for the Sporty You Coloring Book Boys. Educando Kids. 2019. (ENG.). 42p. (J). pap. 6.99 *(978-1-64521-015-3(4),* Educando Kids) Editorial Imagen.

Color Box / Ang Kahon Ng Kulay: Babl Children's Books in Tagalog & English. Dayle Ann Dodds. l.t. ed. 2017. (ENG., Illus.). (J). 14.99 *(978-1-68304-268-6(9))* Babl Books, Incorporated.

Color Box / Chiec Hop Mau Sac: Babl Children's Books in Vietnamese & English. Dayle Ann Dodds. l.t. ed. 2017. (ENG., Illus.). (J). 14.99 *(978-1-68304-219-8(0))* Babl Books, Incorporated.

Color by Addition & Subtraction. Illus. by Martha Day Zschock. 2021. (ENG.). 64p. (J). 5.99 *(978-1-4413-3718-4(0),* 1ad7b40d-c625-4494-9d58-97aac85f0107) Peter Pauper Pr. Inc.

Color by Capital & Lowercase Letters - Writing Books for Kindergarten Children's Reading & Writing Books. Baby Professor. 2018. (ENG., Illus.). 64p. (J). pap. 12.99 *(978-1-5419-2750-6(8),* Baby Professor (Education Kids)) Speedy Publishing LLC.

Color by Division: Random Theme Edition - Math Book 3rd Grade Children's Math Books. Baby Professor. 2018. (ENG., Illus.). 64p. (J). pap. 12.99 *(978-1-5419-2975-3(6),* Baby Professor (Education Kids)) Speedy Publishing LLC.

Color by Letters - Alphabet Mastery Test - Reading Book for Kindergarten Children's Reading & Writing Books. Baby Professor. 2018. (ENG., Illus.). 64p. (J). pap. 12.99 *(978-1-5419-3006-3(1),* Baby Professor (Education Kids)) Speedy Publishing LLC.

Color by Math: Random Pictures Edition - 1st Grade Math Children's Math Books. Baby Professor. 2017. (ENG., Illus.). (J). pap. 9.55 *(978-1-5419-2584-7(X),* Baby Professor (Education Kids)) Speedy Publishing LLC.

Color by Math! Activity Coloring Book for Kids. Speedy Kids. 2017. (ENG., Illus.). (J). pap. 9.20 *(978-1-5419-0960-1(7))* Speedy Publishing LLC.

Color by Math Exercises for 1st Graders Children's Activities, Crafts & Games Books. Baby Professor. 2018. (ENG., Illus.). 64p. (J). pap. 12.99 *(978-1-5419-2638-7(2),* Baby Professor (Education Kids)) Speedy Publishing LLC.

Color by Math Practice Book for the Exhausted Learner - Easy Math Book for Kids Children's Arithmetic Books. Baby Professor. 2018. (ENG., Illus.). 64p. (J). pap. 12.99 *(978-1-5419-3238-8(2),* Baby Professor (Education Kids)) Speedy Publishing LLC.

Color by Math Workbook for 1st Grade Children's Math Books. Baby Professor. 2017. (ENG., Illus.). (J). pap. 9.25 *(978-1-5419-0417-0(6),* Baby Professor (Education Kids)) Speedy Publishing LLC.

Color by Math Workbooks for 1st Graders Children's Math Books. Baby Professor. 2017. (ENG., Illus.). (J). pap. 8.79 *(978-1-5419-4047-5(4),* Baby Professor (Education Kids)) Speedy Publishing LLC.

Color by Math Worksheets - Addition Workbook Children's Math Books. Baby Professor. 2017. (ENG., Illus.). (J). pap. 9.25 *(978-1-5419-0461-3(3),* Baby Professor (Education Kids)) Speedy Publishing LLC.

Color by Number: A Color by Numbers Book for Children Aged 4 To 6. James Manning. 2018. (Color by Number Ser.: Vol. 2). (ENG., Illus.). 96p. (J). (gr. k-2). pap. *(978-1-78917-632-2(8))* Sketchbook, Sketch Pad, Art Bk., Drawing Paper, and Writing Paper Publishing Co., The.

Color by Number: All Things That Move - Color by Number Activity Book Children's Early Learning Books. Baby Professor. 2018. (ENG., Illus.). 64p. (J). pap. 12.99 *(978-1-5419-2684-4(6),* Baby Professor (Education Kids)) Speedy Publishing LLC.

Color by Number: Animal Edition - Math Workbooks Grades 1-2 Children's Math Books. Baby Professor. 2017. (ENG., Illus.). (J). pap. 9.55 *(978-1-5419-2577-9(7),* Baby Professor (Education Kids)) Speedy Publishing LLC.

Color by Number: Easy to Intermediate Difficulty: Activity Book for Kids. Jupiter Kids. 2018. (ENG., Illus.). 106p. (J). pap. 12.55 *(978-1-5419-3495-5(4),* Jupiter Kids (Childrens & Kids Fiction)) Speedy Publishing LLC.

Color by Number: Living Things from Planet Earth - Science Book for Kids Children's Science & Nature Books. Baby Professor. 2018. (ENG., Illus.). 64p. (J). pap. 12.99 *(978-1-5419-3185-5(8),* Baby Professor (Education Kids)) Speedy Publishing LLC.

Color by Number: Nature Edition - Math Workbooks Children's Math Books. Baby Professor. 2018. (ENG., Illus.). 64p. (J). pap. 12.99 *(978-1-5419-2576-2(9),* Baby Professor (Education Kids)) Speedy Publishing LLC.

Color by Number: Under the Waves Edition Activity Book for 2nd Grade. Speedy Kids. 2018. (ENG., Illus.). 106p. (J). pap. 12.55 *(978-1-5419-3750-5(3))* Speedy Publishing LLC.

Color by Number Animal Friends. Dover Dover Publications. 2020. (Dover Animal Coloring Bks.). (ENG.). 32p. (J). (gr. k-3). pap. 4.99 *(978-0-486-84263-9(0),* 842630) Dover Pubns., Inc.

Color-By-Number! Animals, 50 vols. Created by Peter Pauper Press. 2023. (ENG., Illus.). 104p. (J). 5.99 ***(978-1-4413-4155-6(2),*** 45e54e8c-54bc-4dff-8ccd-3708a758431e) Peter Pauper Pr. Inc.

C

Color by Number Book for Girls: Unicorn, Mermaids & Other Cute Animals Coloring Book for Kids Ages 4-8. Johnny B. Good. 2020. (Stocking Stuffers Ser.: Vol. 2). (ENG.). 44p. (J). pap. 7.97 *(978-1-6904-3723-9(5))* IIG Pub.

Color by Number Books. Random Theme, Brain Boosting, Stress Relieving Activity Book for Kids 9-12. Jupiter Kids. l.t. ed. 2017. (ENG., Illus.). 200p. (J). pap. 12.26 *(978-1-5419-4799-3(1),* Jupiter Kids (Childrens & Kids Fiction)) Speedy Publishing LLC.

Color by Number Coloring Books for Older Kids & Teens. Educando Kids. 2019. (ENG.). 42p. (J). pap. 8.55 *(978-1-64521-669-8(1),* Educando Kids) Editorial Imagen.

Color-By-Number! Dinosaurs, 50 vols. Illus. by Martha Zschock. 2023. (ENG.). 104p. (J). 5.99 ***(978-1-4413-4156-3(0),*** 0d22039c-78e1-4ee7-b1a3-ed5a53352d32) Peter Pauper Pr. Inc.

Color by Number Dinosaurs & Other Majestic Beasts. Educando Kids. 2019. (ENG.). 42p. (J). pap. 8.55 *(978-1-64521-672-8(1),* Educando Kids) Editorial Imagen.

Color by Number Exercises for Kids - Math Books 1st Grade Children's Math Books. Baby Professor. 2018. (ENG., Illus.). 64p. (J). pap. 12.99 *(978-1-5419-3899-1(2),* Baby Professor (Education Kids)) Speedy Publishing LLC.

Color by Number for Big Kids - Super Fun Edition. Baby Professor. 2017. (ENG., Illus.). (J). (gr. 4-6). pap. 13.00 *(978-1-5419-1024-9(9),* Baby Professor (Education Kids)) Speedy Publishing LLC.

Color by Number for Kids: Animals Edition (Activity Book) Work, Play & Learn Series Grade 1 Up. Baby Professor. 2017. (ENG., Illus.). (J). (gr. k-6). pap. 13.00 *(978-1-5419-1007-2(9),* Baby Professor (Education Kids)) Speedy Publishing LLC.

Color by Number for Kids. Wild Animals Activity Book for Older Kids with Land & Sea Creatures to Identify. Challenging Mental Boosters for Better Focus at School. Speedy Kids. 2017. (ENG., Illus.). 200p. (J). pap. 12.26 *(978-1-5419-4769-6(X))* Speedy Publishing LLC.

Color by Number Fun on the Farm. Dover Dover Publications. 2020. (Dover Kids Coloring Bks.). (ENG.). 32p. (J). (gr. k-3). pap. 4.99 *(978-0-486-84264-6(9),* 842649) Dover Pubns., Inc.

Color by Number Mystery Mosaics for Children. Educando Kids. 2019. (ENG.). 42p. (J). pap. 8.55 *(978-1-64521-667-4(5),* Educando Kids) Editorial Imagen.

Color by Number Sheets for Little Kids - Math Book Grade 1 Children's Math Books. Baby Professor. 2018. (ENG., Illus.). 64p. (J). pap. 12.99 *(978-1-5419-2922-7(5),* Baby Professor (Education Kids)) Speedy Publishing LLC.

Color by Number! Super Fun Edition for Kids. Speedy Kids. 2017. (ENG., Illus.). (J). pap. 9.20 *(978-1-5419-0959-5(3))* Speedy Publishing LLC.

Color by Number Worksheets for Kids - Math Workbooks Children's Math Books. Baby Professor. 2017. (ENG., Illus.). (J). pap. 8.79 *(978-1-5419-4046-8(6),* Baby Professor (Education Kids)) Speedy Publishing LLC.

Color by Numbers. Lizzy Doyle. 2017. (ENG.). 96p. (J). (gr. 1-7). pap. 9.99 *(978-1-78428-469-5(6),*

7d88a7b2-b953-4503-9b59-68e2e33202f1) Arcturus Publishing GBR. Dist: Baker & Taylor Publisher Services (BTPS).

Color by Numbers. A. Green. 2020. (ENG.). 60p. (J). pap. 8.00 *(978-1-716-35920-0(1))* Lulu Pr., Inc.

Color by Numbers: For Kids Ages 4-8: Dinosaur, Sea Life, Animals, Butterfly, & Much More! Jennifer L. Trace. 2020. (ENG.). 86p. (J). 14.99 *(978-1-954392-08-3(7))*; pap. 9.97 *(978-1-954392-09-0(5))* Kids Activity Publishing.

Color by Numbers - Fun Activity Coloring Book for Kids Ages 4-8. Coloristica. 2021. (ENG.). 80p. (J). pap. *(978-1-6671-2366-0(1))* Lulu.com.

Color by Numbers: Adding & Subtracting. Claire Stamper. 2018. (ENG.). 96p. (J). pap. 9.99 *(978-1-78828-514-8(X)*, 561a2604-4298-4e77-9c80-bac8fff0ec3e) Arcturus Publishing GBR. Dist: Baker & Taylor Publisher Services (BTPS).

Color by Numbers Animals. Arcturus Publishing. 2017. (ENG.). 96p. (J). (gr. 1-7). pap. 9.99 *(978-1-78428-473-2(4)*, 302eb4f8-5a96-4ef0-ae97-e61fcd04a33e) Arcturus Publishing GBR. Dist: Baker & Taylor Publisher Services (BTPS).

Color by Numbers: Bible Stories. Lizzy Doyle. 2018. (ENG.). 96p. (J). pap. 9.99 *(978-1-78828-489-9(5)*, 205ace91-972e-4692-9706-2e6ad6906e37) Arcturus Publishing GBR. Dist: Baker & Taylor Publisher Services (BTPS).

Color by Numbers Coloring Book for Children (6x9 Coloring Book / Activity Book) Sheba Blake. 2020. (ENG.). 64p. (J). pap. 9.99 *(978-1-222-28414-0(6))* Indy Pub.

Color by Numbers Coloring Book for Children (8. 5x8. 5 Coloring Book / Activity Book) Sheba Blake. 2020. (ENG.). 64p. (J). pap. 12.99 *(978-1-222-28759-2(5))* Indy Pub.

Color by Numbers Coloring Book for Children (8x10 Coloring Book / Activity Book) Sheba Blake. 2020. (ENG.). 64p. (J). pap. 14.99 *(978-1-222-28415-7(4))* Indy Pub.

Color by Numbers Coloring Book for Kids Ages 8-12: A Fun & Creative Way to Learn Colors with Stress Relieving Beautiful & Unique Coloring Pages for Childrens Relaxation. Fiona Ortega. 2023. (ENG.). 80p. (J). pap. *(978-1-312-65341-2(8))* Lulu Pr., Inc.

Color by Numbers for Kids. Cristie Publishing. 2021. (ENG.). 100p. (J). pap. 12.99 *(978-1-716-21943-6(4))* Lulu Pr., Inc.

Color by Numbers for Kids: Color by Numbers for Kids Ages 3-5: This Coloring Book Is an EducationalActivity Book Kids Ages 3-8, Animal, Fruits, Vegetables Themed Coloring Pages. Konkoly Jm. 2021. (ENG.). 100p. (J). pap. *(978-1-78733-958-3(0)*, Jonathan Cape) Penguin Random Hse.

Color by Numbers for Kids Ages 4-8: Cute Animals Color by Number. Penciol Press. 2022. (ENG.). 41p. (J). pap. *(978-1-4716-2932-7(5))* Lulu Pr., Inc.

Color by Numbers for Kids Ages 6-8: Dinosaur, Sea Life, Unicorn, Animals, & Much More! Scarlett Evans. (ENG.). 86p. (J). 2021. pap. 8.95 *(978-1-954392-22-9(2))*; 2020. 13.99 *(978-1-954392-05-2(2))*; 2020. pap. 9.99 *(978-1-954392-06-9(0))* Kids Activity Publishing.

COLOR by NUMBERS for Toddlers: Color by Numbers for Kids | Color by Numbers Coloring Book - Coloring Book for Kids Ages 2-4 | Large Size. Bucur BUCUR HOUSE. 2021. (ENG.). 62p. (J). pap. ***(978-1-291-08179-4(8))*** Lulu Pr., Inc.

Color by Numbers Kids: A Color by Numbers Book for Children Aged 4 To 6. James Manning. 2018. (Color by Numbers Kids Ser.: Vol. 2). (ENG., Illus.). 96p. (J). (gr. k-2). pap. *(978-1-78917-633-9(6))* Sketchbook, Sketch Pad, Art Bk., Drawing Paper, and Writing Paper Publishing Co., The.

Color by Sum: Times & New Years Edition - Activity Book Age 10. Speedy Kids. 2018. (ENG., Illus.). 106p. (J). pap. 12.55 *(978-1-5419-3743-7(0))* Speedy Publishing LLC.

Color-Changing Cephalopods. Dona Herweck Rice. rev. ed. 2018. (Smithsonian: Informational Text Ser.). (ENG., Illus.). 32p. (J). (gr. 4-8). pap. 11.99 *(978-1-4938-6714-1(8))* Teacher Created Materials, Inc.

Color Christmas: Bring Classic Ornaments to Life. Bobo's Adult Activity Books. 2016. (ENG., Illus.). (J). pap. 9.33 *(978-1-68327-536-7(5))* Sunshine In My Soul Publishing.

Color Class. Larissa Caroline. 2019. (ENG.). 40p. (J). pap. *(978-0-359-64109-3(1))* Lulu Pr., Inc.

Color Collector. Nicholas Solis. Illus. by Renia Metallinou. 2021. (ENG.). 32p. (J). (gr. 1-4). 16.99 *(978-1-5341-1105-9(0)*, 205020) Sleeping Bear Pr.

Color Count & Discover: The Color Wheel & Cmy Color. Anneke Lipsanen. abr. ed. 2016. (ENG., Illus.). 56p. (J). pap. *(978-1-68368-979-9(8))* Anni Arts.

Color Count & Discover Coloring Book: Cmy Color Wheel Fun. Anneke Lipsanen. 2016. (ENG., Illus.). 32p. (J). pap. *(978-1-68368-980-5(1))* Anni Arts.

Color Craziness! Optical Illusions. Spencer Brinker. 2022. (Eye-Mazing Illusions Ser.). (ENG., Illus.). 24p. (J). (gr. 2-6). lib. bdg. 26.99 *(978-1-63691-497-8(7)*, 18629) Bearport Publishing Co., Inc.

Color, Cut, & Create: A Cut Out Activity Book for Kids. Jupiter Kids. 2016. (ENG., Illus.). 106p. (J). pap. 12.55 *(978-1-68326-077-6(5)*, Jupiter Kids (Childrens & Kids Fiction)) Speedy Publishing LLC.

Color Cut & Paste Worksheets for Kindergarten (Butterflies & Flowers) This Book Has 40 Color Cut & Paste Worksheets. This Book Comes with 6 Downloadable PDF Color Cut & Glue Workbooks. James Manning. 2020. (Cut & Paste Worksheets Ser.: Vol. 101). (ENG., Illus.). 84p. (J). (gr. k-4). pap. *(978-1-80025-898-3(4))* Coloring Pages.

Color Cut & Paste Worksheets for Kindergarten (Cars) This Book Has 36 Color Cut & Paste Worksheets. This Book Comes with 6 Downloadable PDF Color Cut & Glue Workbooks. Nicola Ridgeway & James Manning. 2020. (Color Cut & Paste Worksheets Ser.: Vol. 55). (ENG., Illus.). 74p. (J). (gr. k-3). pap. *(978-1-80027-101-2(8))* CBT Bks.

Color Cut & Paste Worksheets for Kindergarten (Dinosaurs) Nicola Ridgeway & James Manning. 2020. (ENG.). 84p. (J). (gr. k-3). pap. *(978-1-80027-113-5(1))* CBT Bks.

Color Cut & Paste Worksheets for Kindergarten (Easter Eggs) This Book Has 40 Color Cut & Paste Worksheets. This Book Comes with 6 Downloadable PDF Color Cut & Glue Workbooks. James Manning & Nicola Ridgeway. 2020. (Color Cut & Paste Worksheets for Kindergarten Ser.: Vol. 5). (ENG., Illus.). 84p. (J). (gr. k-4). pap. *(978-1-80025-885-3(2))* Coloring Pages.

Color Cut & Paste Worksheets for Kindergarten (Emoji Eggs) This Book Has 40 Color Cut & Paste Worksheets. This Book Comes with 6 Downloadable PDF Color Cut & Glue Workbooks. Nicola Ridgeway & James Manning. 2020. (Color Cut & Paste Worksheets for Kindergarten Ser.: Vol. 22). (ENG., Illus.). 84p. (J). (gr. k-3). pap. *(978-1-80027-129-6(8))* CBT Bks.

Color Cut & Paste Worksheets for Kindergarten (Faces) This Book Has 40 Color Cut & Paste Worksheets. This Book Comes with 6 Downloadable PDF Color Cut & Glue Workbooks. Nicola Ridgeway & James Manning. 2020. (Color Cut & Paste Worksheets for Kindergarten Ser.: Vol. 23). (ENG., Illus.). 84p. (J). (gr. k-3). pap. *(978-1-80027-097-8(6))* CBT Bks.

Color Cut & Paste Worksheets for Kindergarten (Fish) This Book Has 36 Color Cut & Paste Worksheets. This Book Comes with 6 Downloadable PDF Color Cut & Glue Workbooks. Nicola Ridgeway & James Manning. 2020. (Color Cut & Paste Worksheets for Kindergarten Ser.: Vol. 11). (ENG., Illus.). 76p. (J). (gr. k-3). pap. *(978-1-80025-886-0(0))* Coloring Pages.

Color, Cut & Tape! a Perfect Way to Enrich Each Day for Kids Activity Book. Jupiter Kids. 2016. (ENG., Illus.). 106p. (J). pap. 12.55 *(978-1-68326-076-9(7)*, Jupiter Kids (Childrens & Kids Fiction)) Speedy Publishing LLC.

Color, Cut, Create Play Sets: Dinosaur World. Merrill Rainey & Odd Dot. Illus. by Merrill Rainey. 2020. (Color, Cut, Create Ser.). (ENG., Illus.). 176p. (J). pap. 12.99 *(978-1-250-26263-9(1)*, 900221598, Odd Dot) St. Martin's Pr.

Color, Cut, Create Play Sets: Horse Ranch. Merrill Rainey & Odd Dot. Illus. by Merrill Rainey. 2020. (Color, Cut, Create Ser.). (ENG., Illus.). 176p. (J). pap. 12.99 *(978-1-250-26264-6(X)*, 900221599, Odd Dot) St. Martin's Pr.

Color Cute & Artsy Animals Coloring Book. Activibooks. 2016. (ENG., Illus.). (J). pap. 9.20 *(978-1-68321-762-6(4))* Mimaxion.

Color Cute Stuff: A Coloring Activity Book for Kids. Angela Nguyen. 2022. (Draw Cute Ser.: 6). (ENG.). 80p. (J). (gr. 1). pap. 12.95 *(978-1-4549-4336-5(X))* Sterling Publishing Co., Inc.

Color Day Coach. Gail Herman. Illus. by Anthony Lewis. 2018. (Makers Make It Work Ser.). 32p. (J). (gr. k-3). pap. 5.99 *(978-1-57565-993-0(X)*, 5ed95eba-7a9f-4377-b99b-a02b58719962, Kane Press) Astra Publishing Hse.

Color Day Party!/the Sound of Spring (DreamWorks Trolls) Random House. Illus. by Fabio Laguna & Alan Batson. 2019. (Step into Reading Ser.). (ENG.). 48p. (J). (gr. -1-2). pap. 5.99 *(978-0-525-64761-4(9)*, Random Hse. Bks. for Young Readers) Random Hse. Children's Bks.

Color de Tu Piel (the Color of Your Skin) Desirée Acevedo. Illus. by Silvia Álvarez. 2021. (SPA.). 32p. (J). (gr. k-3). 16.95 *(978-84-18302-38-1(0))* Cuento de Luz SL ESP. Dist: Publishers Group West (PGW).

Color Doodles, a Coloring Book for Kids Coloring Book. Kreative Kids. 2016. (ENG., Illus.). (J). pap. 9.20 *(978-1-68377-310-8(1))* Whike, Traudl.

Color, Draw, Solve, Repeat Activity Book Age 8. Educando Kids. 2019. (ENG.). 42p. (J). pap. 8.55 *(978-1-64521-755-8(8)*, Educando Kids) Editorial Imagen.

Color Elephant Mandalas! a Coloring Book. Speedy Publishing LLC. 2016. (ENG., Illus.). 106p. (YA). pap. 12.55 *(978-1-68326-241-1(7))* Speedy Publishing LLC.

Color Exotic Baby Birds Coloring Book. Bobo's Adult Activity Books. 2016. (ENG., Illus.). (J). pap. 9.33 *(978-1-68327-537-4(3))* Sunshine In My Soul Publishing.

Color Factory. Eric Telchin. Illus. by Diego Funck. 2018. (ENG.). 40p. (J). (gr. -1-3). 17.99 *(978-1-4998-0556-7(X))* Little Bee Books Inc.

Color for Ned. Jenna Beyer. 2018. (Woodfall Friends Ser.: Vol. 3). (ENG., Illus.). 22p. (J). (gr. k-3). 12.00 *(978-0-692-12203-7(6))* Beyer, Jenna.

Color Fruits & Veggies: Coloring Book for Kids & Toddlers Ages 4-8- Coloring Book with Fruits & Veggies - BeautifuL Patterns to Color for Children. Lena Bidden. 2021. (ENG.). 46p. (J). pap. 10.00 *(978-1-716-27702-3(7))* Lulu Pr., Inc.

Color Grady with Glasses. Dede Rittman. 2018. (ENG.). 24p. (J). pap. 9.95 *(978-1-68401-497-2(2))* Amplify Publishing Group.

Color Guard: A Military Allegory, with Accompanying Tableaux (Classic Reprint) Alfred Rochefort Calhoun. 2018. (ENG., Illus.). 42p. (J). 24.82 *(978-0-483-28933-8(7))* Forgotten Bks.

Color Guard: A Military Drama in Five Acts, with Accompanying Tableaux (Classic Reprint) Alfred Rochefort Calhoun. 2017. (ENG., Illus.). (J). 46p. 24.87 *(978-0-332-72024-1(1))*; pap. 9.57 *(978-0-259-89722-4(1))* Forgotten Bks.

Color Happy, Book One: A Year of Themed Coloring Pages Designed by Personaldev Book & Happy. Personaldev Book. 2021. (ENG., Illus.). 64p. (YA). pap. 7.99 *(978-1-716-23327-2(5))* Lulu Pr., Inc.

Color in My ABCs Coloring Book. Jupiter Kids. 2017. (ENG., Illus.). (J). pap. 9.20 *(978-1-68326-667-9(6)*, Jupiter Kids (Childrens & Kids Fiction)) Speedy Publishing LLC.

Color-In Restorative Patterns Calming Therapy: An Anti-Stress Coloring Book for Adults. Activibooks. 2016. (ENG., Illus.). (J). pap. 9.20 *(978-1-68321-015-3(8))* Mimaxion.

Color in Stained Glass. Editors of Klutz. 2016. (ENG.). (J). (gr. 3-7). 21.99 *(978-0-545-93966-9(6))* Klutz.

Color in the Flavors Coloring Book. Creative Playbooks. 2016. (ENG., Illus.). (J). pap. 7.74 *(978-1-68323-655-9(6))* Twin Flame Productions.

Color in the Frosting Patterns Coloring Book. Jupiter Kids. 2016. (ENG., Illus.). 106p. (YA). pap. 12.55 *(978-1-68326-242-8(5)*, Jupiter Kids (Childrens & Kids Fiction)) Speedy Publishing LLC.

Color in the Letters Matching Game Activity Book. Jupiter Kids. 2016. (ENG., Illus.). 108p. (J). pap. 12.55 *(978-1-68326-075-2(9)*, Jupiter Kids (Childrens & Kids Fiction)) Speedy Publishing LLC.

Color in the Starfish Coloring Book. Jupiter Kids. 2016. (ENG., Illus.). 106p. (J). pap. 12.55 *(978-1-68326-243-5(3)*, Jupiter Kids (Childrens & Kids Fiction)) Speedy Publishing LLC.

Color Isn't Who I Am. Tylesha Aka Tye. 2021. (ENG.). 20p. (J). 19.95 *(978-1-64670-573-3(4))*; pap. 10.95 *(978-1-63885-599-6(4))* Covenant Bks.

Color It Beautiful!! Cherry Wood Coloring Book. Joyce Marrie. 2017. (Cherry Wood Ser.). (ENG., Illus.). 28p. (J). pap. 13.00 *(978-1-60702-670-9(8))* Chloe Arts & Publishing,LLC.

Color It in! Basic Skills Drills - Activity Book for Kids Ages 4-5. Speedy Kids. 2018. (ENG., Illus.). 106p. (J). pap. 12.55 *(978-1-5419-3698-0(1))* Speedy Publishing LLC.

Color It in! the Color Mastery Book - Preschool Science Book Children's Early Learning Books. Baby Professor. 2018. (ENG., Illus.). 64p. (J). pap. 12.99 *(978-1-5419-3011-7(8)*, Baby Professor (Education Kids)) Speedy Publishing LLC.

Color Jason & His Funny Machines. Ross Van Dusen. 2017. (ENG., Illus.). (J). pap. 9.95 *(978-1-943681-63-1(5))* Nuevo Bks.

Color Kids. Donianna Malcolm. 2021. (ENG., Illus.). 18p. (J). pap. 12.95 *(978-1-63844-960-7(0))* Christian Faith Publishing.

Color Laboratory Tools Coloring Book. Bobo's Children Activity Books. 2016. (ENG., Illus.). (J). pap. 9.33 *(978-1-68327-538-1(1))* Sunshine In My Soul Publishing.

Color Magical Pictures Childrens' Coloring Book. Smarter Activity Books for Kids. 2016. (ENG., Illus.). (J). pap. 9.22 *(978-1-68374-548-8(5))* Examined Solutions PTE. Ltd.

Color Me: Bulldozers, Dump Trucks & More! Jupiter Kids. 2017. (ENG., Illus.). (J). pap. 9.20 *(978-1-68326-668-6(4)*, Jupiter Kids (Childrens & Kids Fiction)) Speedy Publishing LLC.

Color Me: I Fell Asleep in a Suitcase. Beverly Hanes. Ed. by Joe Wells. Illus. by Jacob Dunaway. 2022. (ENG.). 24p. (J). pap. 10.00 ***(978-1-952955-38-9(6))*** Kaio Pubns., Inc.

Color Me: Not So Ordinary Devotional Picture Book. Des. by Jacob Dunaway. 2022. (ENG.). 30p. (J). pap. 10.00 ***(978-1-952955-37-2(8))*** Kaio Pubns., Inc.

Color Me a Rainbow of Colors! Childrens' Coloring Book. Smarter Activity Books for Kids. 2016. (ENG., Illus.). (J). pap. 9.22 *(978-1-68374-549-5(3))* Examined Solutions PTE. Ltd.

Color Me ABC - Reading Books for Kindergarten Children's Reading & Writing Books. Baby Professor. 2017. (ENG., Illus.). (J). pap. 9.55 *(978-1-5419-2780-3(X)*, Baby Professor (Education Kids)) Speedy Publishing LLC.

Color Me Brown: A Coloring & Activity Book That Celebrates Young Brown Girls. Shanley Simpson. 2023. (ENG.). 52p. (J). pap. 5.99 ***(978-1-63616-121-1(9))*** Opportune Independent Publishing Co.

Color Me Brown: A Coloring & Affirmations Book That Celebrates Young Brown Girls. Shanley Simpson. 2023. (ENG.). 42p. (J). pap. 6.99 ***(978-1-63616-142-6(1))*** Opportune Independent Publishing Co.

Color Me Canine (Herding Group) A Coloring Book for Dog Owners of All Ages. Sandy Bergstrom Mesmer. 2020. (Color Me Canine Ser.: Vol. 2). (ENG., Illus.). 136p. (YA). (gr. 8-12). pap. 13.99 *(978-1-7336945-1-3(X))* Mesmer, Sandy Bergstrom Designs.

Color Me Canine (Hound Group) Sandy Bergstrom Mesmer. 2021. (ENG.). 146p. (YA). pap. 13.99 *(978-1-7336945-2-0(8))* Mesmer, Sandy Bergstrom Designs.

Color Me Christian. Chrissy Thompson & Rick Thompson. 2021. (Church House Mouse Ser.: Vol. 4). (ENG.). 30p. (J). pap. 12.95 *(978-1-63630-354-3(4))* Covenant Bks.

Color Me Chrysanthemums! Flower Coloring Book. Creative. 2016. (ENG., Illus.). (J). pap. 7.74 *(978-1-68323-656-6(4))* Twin Flame Productions.

Color Me Constitutional. Cathy Travis. 2016. (ENG., Illus.). (J). pap. 12.99 *(978-0-9974963-5-2(5))* CT Bookshelf.

Color Me Cottage: a Coloring Book for Kids & Adults: By: Edmond Keshishyan. Edmond Keshishyan. 2023. (ENG.). 52p. (J). pap. ***(978-1-387-29673-6(6))*** Lulu Pr., Inc.

Color Me Creative: on the Go! Editors of Silver Dolphin Books. 2021. (Color Me Creative Ser.). (ENG.). 64p. (J). (gr. -1-k). pap. 14.99 *(978-1-64517-511-7(1)*, Silver Dolphin Bks.) Printers Row Publishing Group.

Color Me Crocodile: 3D Puzzle & Book. Sequoia Children's Publishing. 2019. (ENG.). 16p. (J). *(978-1-64269-060-6(0)*, f89e36db-88f8-4013-8027-b80d9dbc02ce, Sequoia Publishing & Media LLC) Sequoia Children's Bks.

Color Me Cute! Coloring Book with Rainbow Pencil. Courtney Acampora. Illus. by Heather Burns. 2021. (Coloring Book with Rainbow Pencil Ser.). (ENG.). 64p. (J). (gr. 1-3). pap. 6.99 *(978-1-64517-445-5(X)*, Silver Dolphin Bks.) Printers Row Publishing Group.

Color Me: Dinosaurs. Emma Taylor. Illus. by Jake McDonald. 2020. (ENG.). 96p. (J). (gr. 1-3). pap. 12.95 *(978-1-4549-4129-3(4))* Sterling Publishing Co., Inc.

Color Me! Doodle Monsters Coloring Book. Kreative Kids. 2016. (ENG., Illus.). (J). pap. 9.20 *(978-1-68377-392-4(6))* Whike, Traudl.

Color Me Ducky: What Color Are You in the Pond? Pamela Yoss Cooper. 2020. (ENG., Illus.). 30p. (J). pap. 12.49 *(978-1-63129-300-9(1))* Salem Author Services.

Color Me... Fairies. Square Pen Books. 2019. (Color Me... Ser.: Vol. 5). (ENG.). 44p. (J). pap. ***(978-1-925779-47-9(5))*** Square Pen Bks.

Color Me: Farm: Paint the Pictures Again & Again! Roger Priddy. 2020. (ENG., Illus.). 14p. (J). bds. 9.99 *(978-1-68449-077-6(4)*, 900223638) St. Martin's Pr.

Color Me Fit: You Can Do It. North American Fitness and Health with Nicholas North. 2016. (ENG.). (J). 9.95 *(978-1-941384-29-9(3))* Sunbelt Pubns., Inc.

Color Me Free: My Truth Covered in His Truth. Brittany Tabron. 2021. (ENG.). 112p. (YA). pap. 13.49 *(978-1-6628-3296-3(6))* Salem Author Services.

Color Me Fun: Construction Toys Coloring Sheets. Activibooks For Kids. 2016. (ENG., Illus.). (J). pap. 9.20 *(978-1-68321-763-3(2))* Mimaxion.

Color Me Giraffe: 3D Puzzle & Book. Sequoia Children's Publishing. 2019. (ENG.). 16p. (J). *(978-1-64269-059-0(7)*, a5e945c4-27dc-45af-b4c4-260e9630050a, Sequoia Publishing & Media LLC) Sequoia Children's Bks.

Color Me Gray. Rose Phillips. 2017. (ENG., Illus.). (J). pap. *(978-1-77339-407-7(X))* Evernight Publishing.

Color Me Happy: Book One. Octavia Bell. 2020. (ENG.). 131p. (J). spiral bd. ***(978-1-716-80445-8(0))*** Lulu Pr., Inc.

Color Me Happy! Blue. Dover. 2020. (Dover Animal Coloring Bks.). (ENG.). 64p. (J). (gr. -1-2). pap. 5.99 *(978-0-486-84122-9(7)*, 841227) Dover Pubns., Inc.

Color Me Happy! Green. Dover. 2020. (Dover Animal Coloring Bks.). (ENG.). 64p. (J). (gr. -1-2). pap. 5.99 *(978-0-486-84120-5(0)*, 841200) Dover Pubns., Inc.

Color Me Happy! Orange. Dover. 2020. (Dover Animal Coloring Bks.). (ENG.). 64p. (J). (gr. -1-2). pap. 5.99 *(978-0-486-84119-9(7)*, 841197) Dover Pubns., Inc.

Color Me Happy! Yellow. Dover. 2020. (Dover Animal Coloring Bks.). (ENG.). 64p. (J). (gr. -1-2). pap. 5.99 *(978-0-486-84121-2(9)*, 841219) Dover Pubns., Inc.

Color Me Healthy with Exercise & Nutrition. Daniel Dolgin Ph D & Charles Crumpton. 2019. (ENG.). 58p. (J). pap. 12.95 *(978-1-64462-748-8(5))* Page Publishing Inc.

Color Me... Hedgehogs in Fairyland. Square Pen Books. 2020. (Color Me... Ser.: Vol. 10). (ENG.). 44p. (J). pap. *(978-1-925779-65-3(3))* Square Pen Bks.

Color Me History! St. Augustine, Florida: the Oldest City in the United States. Randy Cribbs. 2016. (ENG., Illus.). (J). (gr. k-4). pap. 8.95 *(978-0-9759533-9-6(7))* Legacies & Memories.

Color Me In. Natasha Díaz. 2020. (ENG.). 384p. (YA). (gr. 7). pap. 9.99 *(978-0-525-57825-3(0)*, Ember) Random Hse. Children's Bks.

Color Me in Cape Cod. Martha Day Zschock. Illus. by Martha Day Zschock. 2023. (ENG.). 32p. (J). pap. 9.99 ***(978-1-4671-9899-8(4))*** Arcadia Publishing.

Color Me in! Color by Number Activity Book - Color by Number 2nd Grade Edition. Activibooks For Kids. 2016. (ENG., Illus.). (J). pap. 9.25 *(978-1-68321-142-6(1))* Mimaxion.

Color Me Nice #4: Coloring Booking. Edwin Gilven. 2022. (ENG.). 32p. (J). pap. ***(978-1-387-78478-3(1))*** Lulu Pr., Inc.

Color Me... Ninjas! Square Pen Books. 2020. (Color Me... Ser.: Vol. 7). (ENG.). 44p. (J). pap. *(978-1-925779-52-3(1))* Square Pen Bks.

Color Me Now! Assorted Coloring Images - Coloring Books 6 X 9 Edition. Creative Playbooks. 2016. (ENG., Illus.). (J). pap. 7.55 *(978-1-68323-116-5(3))* Twin Flame Productions.

Color Me Owl Desk Set: 3D Puzzle & Book. Sequoia Children's Publishing. 2019. (ENG.). 16p. (J). *(978-1-64269-058-3(9)*, f2b66dd3-f06b-4564-8fee-4be7e3bf7726, Sequoia Publishing & Media LLC) Sequoia Children's Bks.

Color Me Panama * Coloreame Panama. Sunny W. Summer. Illus. by Donna Skidmore. 2016. (ENG.). 44p. (J). pap. *(978-9962-12-368-2(2))* Shute, Sunny W.

Color Me Playhouse: 3D Puzzle & Book. Sequoia Children's Publishing. 2019. (ENG.). 16p. (J). 10.99 *(978-1-64269-057-6(0)*, 37b48a32-8a48-40c2-a7b1-7eb532465b01, Sequoia Publishing & Media LLC) Sequoia Children's Bks.

Color Me Purple. Manna Momma. 2016. (ENG., Illus.). (J). pap. *(978-1-988439-01-3(9))* Quest Pubns.

Color Me Red, Color Me Green, Color Me Coloring Book. Smarter Activity Books for Kids. 2016. (ENG., Illus.). (J). pap. 9.22 *(978-1-68374-550-1(7))* Examined Solutions PTE. Ltd.

Color Me Right! a-Follow-The-Instructions Coloring Book for Girls. Speedy Kids. 2017. (ENG., Illus.). (J). pap. 8.33 *(978-1-5419-3374-3(5))* Speedy Publishing LLC.

Color Me Successful: An Inspirational Career Coloring Book for Girls. Katrina Denise. 2021. (ENG.). 44p. (J). pap. 6.99 *(978-1-7343535-5-6(4))* Katrina Denise.

Color Me: Trucks. Josephine Southon. Illus. by Andy Keylock. 2020. (ENG.). 96p. (J). (gr. 1-3). pap. 12.95 *(978-1-4549-4130-9(8))* Sterling Publishing Co., Inc.

Color Me: Trucks: Paint the Pictures Again & Again! Roger Priddy. 2020. (ENG., Illus.). 14p. (J). bds. 9.99 *(978-1-68449-076-9(6)*, 900223637) St. Martin's Pr.

Color Me: Who's in the Ocean? Baby's First Bath Book. Surya Sajnani. Illus. by Surya Sajnani. 2017. (Wee Gallery Bath Bks.). (ENG.). 8p. (J). (gr. -1 — 1). 12.95 ***(978-1-68297-141-3(4)***, Happy Yak) Quarto Publishing Group UK GBR. Dist: Hachette Bk. Group.

Color Me: Who's in the Pond? Baby's First Bath Book. Surya Sajnani. Illus. by Surya Sajnani. 2017. (Wee Gallery Bath Bks.). (ENG.). 8p. (J). (gr. -1 — 1). 12.95 ***(978-1-68297-140-6(6)***, Happy Yak) Quarto Publishing Group UK GBR. Dist: Hachette Bk. Group.

Color Me: Who's in the Water? Watch Me Change Color in Water. Surya Sajnani. Illus. by Surya Sajnani. 2018. (Wee Gallery Bath Bks.). (ENG.). 8p. (J). (gr. -1 — 1). 12.95 ***(978-1-68297-344-8(1)***, Happy Yak) Quarto Publishing Group UK GBR. Dist: Hachette Bk. Group.

Color Me Yoga: A Children's Yoga Class & Coloring Book. Ajeet Khalsa. Illus. by Bazil Zerinsky. 2021. (ENG.). 53p. (J). pap. ***(978-1-716-86230-4(2))*** Lulu Pr., Inc.

Color Me Yours. Loretta Holkmann-Reid. 2022. (ENG.). 220p. (YA). pap. 18.95 *(978-1-6624-5962-7(9))* Page Publishing Inc.

Color Monster: A Story about Emotions. Anna Llenas. (Color Monster Ser.). (ENG., Illus.). (J). (gr. -1 — 1). 2021. 22p. bds. 8.99 *(978-0-316-45005-8(7))*; 2018. 40p. 18.99 *(978-0-316-45001-0(4))* Little, Brown Bks. for Young Readers.

Color Monster Goes to School. Anna Llenas. 2020. (Color Monster Ser.). (ENG.). 40p. (J). (gr. -1-3). 18.99 *(978-0-316-53704-9(7))* Little, Brown Bks. for Young Readers.

Color More. Sylva Nnaekpe. 2020. (ENG.). 36p. (J). pap. 12.99 *(978-1-951792-99-2(8))* SILSNORRA LLC.

TITLE INDEX COLORADO

Color My Day the Jewish Way. Miriam Yerushalmi & Rochel Vand. 2017. (ENG., Illus.). 32p. (J). 20.00 *(978-1-934152-45-4(5))* Sane.

Color My Day the Jewish Way (Yiddish) Miriam Yerushalmi. 2017. (YID., Illus.). 32p. (J). 18.00 *(978-1-934152-52-2(8))* Sane.

Color My Doodles! Coloring Books for 5 Year Olds Up. Bold Illustrations. 2017. (ENG., Illus.). (J). pap. 8.35 *(978-1-64193-004-8(7),* Bold Illustrations) FASTLANE LLC.

Color My Doodles! Coloring Books for Kids. Bold Illustrations. 2017. (ENG., Illus.). (J). pap. 8.35 *(978-1-64193-003-1(9),* Bold Illustrations) FASTLANE LLC.

Color My Doodles! Coloring Books for Toddler Coloring Book. Bold Illustrations. 2017. (ENG., Illus.). (J). pap. 8.35 *(978-1-64193-002-4(0),* Bold Illustrations) FASTLANE LLC.

Color My Letters & Numbers-Baby & Toddler Color Books. Left Brain Kids. 2016. (ENG., Illus.). (J). pap. 7.51 *(978-1-68376-682-7(2))* Sabeels Publishing.

Color My Mood: A Cute Activity Journal for Tracking My Feelings. Olive Yong. 2021. (ENG.). 160p. (YA). (gr. 7). 16.95 *(978-1-4549-4385-3(8))* Sterling Publishing Co., Inc.

Color-My-Own Christmas Card Book for Kids: Celebrate the Magic of Giving with 24 Homemade Cards! Sourcebooks. 2020. (ENG.). 48p. (J). (gr. k-3). pap. 7.99 *(978-1-7282-4128-9(6))* Sourcebooks, Inc.

Color My Own Easter Story. Suellen Molviolet. 2021. (ENG.). 64p. (J). pap. 9.29 *(978-1-68474-206-6(4));* pap. 9.29 *(978-1-68474-429-9(6))* Lulu Pr., Inc.

Color My World: A Gnome Adventure. Christine Whitacre. 2021. (ENG., Illus.). 20p. (J). pap. 12.95 *(978-1-63885-554-5(4))* Covenant Bks.

Color of Courage. Natalie J. Damschroder. 2017. (ENG., Illus.). (YA). pap. 13.99 *(978-1-68291-334-5(1))* Soul Mate Publishing.

Color of Dragons. R. A. Salvatore. 2021. (ENG.). 416p. (YA). (gr. 8). 17.99 *(978-0-06-291566-5(5),* HarperTeen) HarperCollins Pubs.

Color of Dragons. R. A. Salvatore & Erika Lewis. 2022. (ENG.). 416p. (YA). (gr. 8). pap. 15.99 *(978-0-06-291567-2(3),* HarperTeen) HarperCollins Pubs.

Color of God's Heart. Julie Mobley. 2021. (ENG., Illus.). 32p. (J). 24.95 *(978-1-63575-535-0(2));* pap. 14.95 *(978-1-68517-270-1(9))* Christian Faith Publishing.

Color of Lies, 1 vol. CJ Lyons. 2019. (ENG.). 336p. (YA). pap. 10.99 *(978-0-310-76533-2(1))* Blink.

Color of Life: Being Rapid-Fire Impressions of People As They Are (Classic Reprint) Emanuel Julius. (ENG., Illus.). (J). 2018. 104p. 26.04 *(978-0-484-50790-5(7));* 2017. pap. 9.57 *(978-0-243-09397-7(7))* Forgotten Bks.

Color of Love - a Wedding Coloring Book. Activibooks. 2016. (ENG., Illus.). (J). pap. 9.20 *(978-1-68321-936-1(8))* Mimaxion.

Color of My Fur. Nannette Brophy. Illus. by Nannette Brophy. 2019. (ENG., Illus.). 34p. (J). (gr. k-4). 16.99 *(978-1-7336564-0-5(5))* Major Masterpieces Ltd.

Color of My Words. Lynn Joseph. 2019. (ENG.). 160p. (J). (gr. 3-7). pap. 9.99 *(978-0-06-447204-3(3),* HarperCollins) HarperCollins Pubs.

Color of Our Sky: A Novel. Amita Trasi. 2017. (ENG.). 416p. pap. 15.99 *(978-0-06-247407-0(3),* William Morrow Paperbacks) HarperCollins Pubs.

Color of the Sky Is the Shape of the Heart. Chesil. Tr. by Takami Nieda. 168p. (YA). 2023. (gr. 9). pap. 10.99 *(978-1-64129-426-3(4));* 2022. 18.99 *(978-1-64129-229-0(6))* Soho Pr., Inc. (Soho Teen).

Color of the Sun. David Almond. 2019. (ENG.). 224p. (YA). (gr. 7). 16.99 *(978-1-5362-0785-9(3))* Candlewick Pr.

Color of Us. Christie Hainsby & Lezette Rivera. Illus. by Edward Miller. 2022. (ENG.). 12p. (J). (— 1). bds. 7.99 *(978-1-80337-473-4(X))* Make Believe Ideas GBR. Dist: Scholastic, Inc.

Color of Us. Kathy Hardee. Illus. by Susie Rogers. 2019. (ENG.). 40p. (J). pap. 14.59 *(978-1-68314-842-5(8))* Redemption Pr.

Color of Your Skin. Desirée Acevedo. Illus. by Silvia Alvarez. 2021. (ENG.). 32p. (J). (gr. k-3). 16.95 *(978-84-18302-40-4(2))* Cuento de Luz SL ESP. Dist: Publishers Group West (PGW).

Color Outside the Lines: Stories about Love. Ed. by Sangu Mandanna. 2020. (Illus.). 288p. (YA). (gr. 9). pap. 10.99 *(978-1-64129-174-3(5),* Soho Teen) Soho Pr., Inc.

Color People: Book II - Bernie Crosses the Colorful Line. O. L. Gilbert. 2017. (ENG., Illus.). (J). pap. 9.95 *(978-1-947825-21-5(6))* Yorkshire Publishing Group.

Color People: Book III: We're Not All Greenlees. O. L. Gilbert. 2017. (ENG., Illus.). (J). pap. 9.95 *(978-1-947825-22-2(4))* Yorkshire Publishing Group.

Color People, Book 1: A Touch of Unity. O. L. Gilbert. 2017. (ENG., Illus.). (J). (gr. -1-3). pap. 9.95 *(978-1-947825-20-8(8))* Yorkshire Publishing Group.

Color Project. Sierra Abrams. 2017. (ENG., Illus.). (YA). (gr. 8-12). 29.99 *(978-1-61984-626-5(8));* (gr. 7-12). pap. 14.99 *(978-1-61984-625-8(X))* Gatekeeper Pr.

Color Purple Novel Units Student Packet. Novel Units. 2019. (ENG.). (YA). pap. 13.99 *(978-1-58130-508-1(7),* Novel Units, Inc.) Classroom Library Co.

Color Purple Novel Units Teacher Guide. Novel Units. 2019. (ENG.). (YA). pap. 12.99 *(978-1-58130-507-4(9),* Novel Units, Inc.) Classroom Library Co.

Color Quest: Color by Numbers: Extreme Puzzle Challenges for Clever Kids. Amanda Learmonth. Illus. by Lauren Farnsworth. 2018. (Puzzle Masters Ser.). (ENG.). 64p. (J). (gr. 3-6). pap. 9.99 *(978-1-4380-1146-2(6))* Sourcebooks, Inc.

Color, Snap, App! My First Animated Coloring Book. Claire Fay. Illus. by Claire Fay. 2017. (ENG., Illus.). 32p. (J). (gr. k-4). pap. 9.99 *(978-0-7636-9347-3(2))* Candlewick Pr.

Color Splash Unicorn Magic. Bethany Downing. Illus. by Dawn Machell. 2022. (ENG.). 14p. (J). (gr. -1-k). 9.99 *(978-1-80058-993-3(X))* Make Believe Ideas GBR. Dist: Scholastic, Inc.

Color Studies. Thomas Janvier. 2017. (ENG., Illus.). (J). pap. *(978-0-649-29215-8(4))* Trieste Publishing Pty Ltd.

Color Studies: And a Mexican Campaign (Classic Reprint) Thomas A. Janvier. 2017. (ENG., Illus.). (J). 28.97 *(978-0-266-17297-0(0))* Forgotten Bks.

Color Studies & a Mexican Campaign (Classic Reprint) Thomas A. Janvier. 2017. (ENG., Illus.). (J). 32.13 *(978-0-265-37913-4(X))* Forgotten Bks.

Color the Animal Kingdom Adult Coloring Books Nature Edition. Activity Attic Books. 2016. (ENG., Illus.). (J). pap. 7.74 *(978-1-68323-010-6(8))* Twin Flame Productions.

Color the Animals: A Children's Coloring Book of Fun Animals for Kids Ages 3 Years Old & Up. Rodney Harrison. 2022. (ENG.). 46p. (J). pap. ***(978-1-387-52221-7(3))*** Lulu Pr., Inc.

Color the Animals ABCs Coloring Book. Smarter Activity Books for Kids. 2016. (ENG., Illus.). (J). pap. 9.22 *(978-1-68374-429-0(2))* Examined Solutions PTE. Ltd.

Color the Bible Coloring Book for Children (6x9 Coloring Book / Activity Book) Sheba Blake. 2021. (Color the Bible Coloring Book Ser.: Vol. 1). (ENG.). (J). 30p. pap. 9.99 *(978-1-222-31143-3(7));* 32p. pap. 9.99 *(978-1-222-31145-7(3))* Indy Pub.

Color the Bible Coloring Book for Children (8x10 Coloring Book / Activity Book) Sheba Blake. 2021. (Color the Bible Coloring Book Ser.: Vol. 1). (ENG.). (J). 30p. pap. 14.99 *(978-1-222-31144-0(5));* 32p. pap. 14.99 *(978-1-222-31146-4(1))* Indy Pub.

Color the Christmas Spirit Coloring Book. Smarter Activity Books for Kids. 2016. (ENG., Illus.). (J). pap. 9.22 *(978-1-68374-551-8(5))* Examined Solutions PTE. Ltd.

Color the Circus with Us Coloring Book. Smarter Activity Books for Kids. 2016. (ENG., Illus.). (J). pap. 9.22 *(978-1-68374-552-5(3))* Examined Solutions PTE. Ltd.

Color the Classics: The Wizard of Oz: a Coloring Book Trip down the Yellow-Brick Road. Magnificent Maxim. 2021. (ENG.). 62p. (YA). pap. 8.99 *(978-1-716-09506-1(9))* Lulu Pr., Inc.

Color the Food: A Children's Coloring Book of Fun Food Items for Kids Ages 3 Years Old & Up. Rodney Harrison. 2022. (ENG.). 40p. (J). pap. ***(978-1-387-52224-8(8))*** Lulu Pr., Inc.

Color the Fractions - Grade 1 Math Book Children's Fraction Books. Baby Professor. 2017. (ENG., Illus.). (J). pap. 9.55 *(978-1-5419-2622-6(6),* Baby Professor (Education Kids)) Speedy Publishing LLC.

Color the Great Oceans. Activibooks For Kids. 2016. (ENG., Illus.). (J). pap. 9.20 *(978-1-68321-764-0(0))* Mimaxion.

Color the Holidays: Designs from Classic Ornaments. Activibooks For Kids. 2016. (ENG., Illus.). (J). pap. 9.20 *(978-1-68321-765-7(9))* Mimaxion.

Color the Knickknacks: Coloring Classic Ornaments. Kreativ Entspannen. 2016. (ENG., Illus.). (J). pap. 9.20 *(978-1-68377-311-5(X))* Whlke, Traudl.

Color the Natural Word: Coloring Book for Preschoolers Children's Activities, Crafts & Games Books. Baby Professor. 2018. (ENG., Illus.). 64p. (J). pap. 12.99 *(978-1-5419-2637-0(4),* Baby Professor (Education Kids)) Speedy Publishing LLC.

Color the Ocean: Atlantic to Pacific Coloring Book. Jupiter Kids. 2016. (ENG., Illus.). 108p. (J). pap. 16.55 *(978-1-68326-293-0(X),* Jupiter Kids (Childrens & Kids Fiction)) Speedy Publishing LLC.

Color the Past: Design from the Old World. Kreativ Entspannen. 2016. (ENG., Illus.). (J). pap. 6.92 *(978-1-68377-393-1(4))* Whlke, Traudl.

Color the Puppy! Kid's Coloring Book. Bobo's Children Activity Books. 2016. (ENG., Illus.). (J). pap. 9.33 *(978-1-68327-539-8(X))* Sunshine In My Soul Publishing.

Color the Right Picture - an Alphabet Workbook Children's Reading & Writing Books. Baby Professor. 2017. (ENG., Illus.). (J). pap. 8.79 *(978-1-5419-4037-6(7),* Baby Professor (Education Kids)) Speedy Publishing LLC.

Color the Scene As Mable Travels Around the Country. Jupiter Kids. 2017. (ENG., Illus.). (J). pap. 9.20 *(978-1-68326-263-3(8),* Jupiter Kids (Childrens & Kids Fiction)) Speedy Publishing LLC.

Color the Sky. Jere Silber. 2016. (ENG.). 26p. (J). pap. 5.40 *(978-0-692-76332-2(5))* Morgan's Magical Media.

Color the Stories of Your Life with the Rainbow Coloring Book. Kreative Kids. 2016. (ENG., Illus.). (J). pap. 9.20 *(978-1-68377-394-8(2))* Whlke, Traudl.

Color the Tension Away: An Adult Mandala Coloring Book. Smarter Activity Books. 2016. (ENG., Illus.). (J). pap. 9.22 *(978-1-68374-553-2(1))* Examined Solutions PTE. Ltd.

Color the Toys: A Children's Coloring Book of Fun Toys for Kids Ages 3 Years Old & Up. Rodney Harrison. 2022. (ENG.). 33p. (J). pap. ***(978-1-387-52222-4(1))*** Lulu Pr., Inc.

Color the Wild: Birds of the World Coloring Book. Activity Attic Books. 2016. (ENG., Illus.). (J). pap. 7.74 *(978-1-68323-353-4(0))* Twin Flame Productions.

Color the Wild West: A Coloring Book. Erin Miller. 2022. (ENG.). 35p. (J). pap. ***(978-1-387-97903-5(5))*** Lulu Pr., Inc.

Color the Words of Christ: Christian Coloring Book for Children with Inspiring Bible Verse (Bible Coloring Book for Kids) Kids_for_christ. 2020. (ENG., Illus.). 64p. (J). (gr. k-6). pap. *(978-1-913357-61-0(9))* Devela Publishing.

Color Therapy Book (Mysterious Mechanical Creatures) Advanced Coloring (Colouring) Books with 40 Coloring Pages: Mysterious Mechanical Creatures (Colouring (Coloring) Books) James Manning. 2019. (Color Therapy Book Ser.: Vol. 11). (ENG., Illus.). 82p. (YA). pap. *(978-1-83856-168-0(4))* Coloring Pages.

Color Therapy for Adults (Mysterious Mechanical Creatures) Advanced Coloring (Colouring) Books with 40 Coloring Pages: Mysterious Mechanical Creatures (Colouring (Coloring) Books) James Manning. 2019. (Color Therapy for Adults Ser.: Vol. 11). (ENG., Illus.). 82p. (YA). pap. *(978-1-83856-607-4(4))* Coloring Pages.

Color Therapy (Mysterious Mechanical Creatures) Advanced Coloring (Colouring) Books with 40 Coloring Pages: Mysterious Mechanical Creatures (Colouring (Coloring) Books) James Manning. 2019. (Color Therapy Ser.: Vol. 11). (ENG., Illus.). 82p. (YA). pap. *(978-1-83856-610-4(4))* Coloring Pages.

Color These Beautiful Spirographs Coloring Book. Activity Book Zone. 2016. (ENG., Illus.). (J). pap. 9.20 *(978-1-68376-315-4(7))* Sabeels Publishing.

Color This & Color That - Fun Coloring Book for Kids Vol. 1. Activity Book Zone for Kids. 2016. (ENG., Illus.). (J). pap. 7.55 *(978-1-68376-684-1(9))* Sabeels Publishing.

Color This & Color That - Fun Coloring Book for Kids Vol. 2. Activity Book Zone for Kids. 2016. (ENG., Illus.). (J). pap. 7.55 *(978-1-68376-687-2(3))* Sabeels Publishing.

Color This & Color That - Fun Coloring Book for Kids Vol. 3. Activity Book Zone for Kids. 2016. (ENG., Illus.). (J). pap. 7.55 *(978-1-68376-688-9(1))* Sabeels Publishing.

Color This & Color That - Fun Coloring Book for Kids Vol. 4. Activity Book Zone for Kids. 2016. (ENG., Illus.). (J). pap. 7.55 *(978-1-68376-690-2(3))* Sabeels Publishing.

Color This & Color That - Fun Coloring Book for Kids Vol. 5. Activity Book Zone for Kids. 2016. (ENG., Illus.). (J). pap. 7.55 *(978-1-68376-691-9(1))* Sabeels Publishing.

Color Those Cute Ponies! Coloring Books 3 Years Old Edition. Creative Playbooks. 2016. (ENG., Illus.). (J). pap. 7.74 *(978-1-68323-021-2(3))* Twin Flame Productions.

Color Those Shoes Bright Coloring Book. Kreative Kids. 2016. (ENG., Illus.). (J). pap. 9.20 *(978-1-68377-395-5(0))* Whlke, Traudl.

Color Time Little Girls! My Beautiful Princesses, Mermaids, & Ballerinas Coloring Book: For Girls Ages 4 Years Old & up (Book Edition:1) Beatrice Harrison. 2020. (ENG.). 34p. (J). pap. 7.25 *(978-1-6781-6044-9(X))* Lulu Pr., Inc.

Color Time Little Girls! My Beautiful Princesses, Mermaids, & Ballerinas Coloring Book: For Girls Ages 4 Years Old & up (Book Edition:10) Beatrice Harrison. 2020. (ENG.). 34p. (J). pap. 7.25 *(978-1-6781-7037-0(2))* Lulu Pr., Inc.

Color Time Little Girls! My Beautiful Princesses, Mermaids, & Ballerinas Coloring Book: For Girls Ages 4 Years Old & up (Book Edition:2) Beatrice Harrison. 2020. (ENG.). 34p. (J). pap. 7.25 *(978-1-6781-6050-0(4))* Lulu Pr., Inc.

Color Time Little Girls! My Beautiful Princesses, Mermaids, & Ballerinas Coloring Book: For Girls Ages 4 Years Old & up (Book Edition:3) Beatrice Harrison. 2020. (ENG.). 34p. (J). pap. 7.25 *(978-1-6781-6053-1(9))* Lulu Pr., Inc.

Color Time Little Girls! My Beautiful Princesses, Mermaids, & Ballerinas Coloring Book: For Girls Ages 4 Years Old & up (Book Edition:4) Beatrice Harrison. 2020. (ENG.). 34p. (J). pap. 7.25 *(978-1-6781-6056-2(3))* Lulu Pr., Inc.

Color Time Little Girls! My Beautiful Princesses, Mermaids, & Ballerinas Coloring Book: For Girls Ages 4 Years Old & up (Book Edition:5) Beatrice Harrison. 2020. (ENG.). 34p. (J). pap. 7.25 *(978-1-6781-6061-6(X))* Lulu Pr., Inc.

Color Time Little Girls! My Beautiful Princesses, Mermaids, & Ballerinas Coloring Book: For Girls Ages 4 Years Old & up (Book Edition:6) Beatrice Harrison. 2020. (ENG.). 34p. (J). pap. 7.25 *(978-1-6781-7015-8(1))* Lulu Pr., Inc.

Color Time Little Girls! My Beautiful Princesses, Mermaids, & Ballerinas Coloring Book: For Girls Ages 4 Years Old & up (Book Edition:7) Beatrice Harrison. 2020. (ENG.). 34p. (J). pap. 7.25 *(978-1-6781-7022-6(4))* Lulu Pr., Inc.

Color Time Little Girls! My Beautiful Princesses, Mermaids, & Ballerinas Coloring Book: For Girls Ages 4 Years Old & up (Book Edition:8) Beatrice Harrison. 2020. (ENG.). 34p. (J). pap. 7.25 *(978-1-6781-7026-4(7))* Lulu Pr., Inc.

Color Time Little Girls! My Beautiful Princesses, Mermaids, & Ballerinas Coloring Book: For Girls Ages 4 Years Old & up (Book Edition:9) Beatrice Harrison. 2020. (ENG.). 34p. (J). pap. 7.25 *(978-1-6781-7029-5(1))* Lulu Pr., Inc.

Color Train. David W. Miles. 2019. (ENG., Illus.). 14p. (J). (gr. -1-k). bds. 12.99 *(978-1-64170-106-8(4),* 550106) Familius LLC.

Color Verde en la Pintura Tradicional China (Spanish Edition) Zirong ZENG. 2021. (Color en la Pintura China Ser.). (ENG.). 32p. (J). 19.95 *(978-1-4878-0819-8(4))* Royal Collins Publishing Group Inc. CAN. Dist: Independent Pubs. Group.

Color Victorian Ladies: A Coloring Book. Smarter Activity Books. 2016. (ENG., Illus.). (J). pap. 9.22 *(978-1-68374-517-4(5))* Examined Solutions PTE. Ltd.

Color Whale. Sylva Nnaekpe. 2020. (ENG., Illus.). 36p. (J). (gr. k-4). 17.99 *(978-1-951792-70-1(X));* pap. 11.99 *(978-1-951792-71-8(8))* SILSNORRA LLC.

COLOR WHALE Notebooks. L. L. C. Silsnorra. 2020. (ENG.). 72p. (J). (gr. k-6). pap. 9.99 *(978-1-951792-74-9(2))* SILSNORRA LLC.

Color Wheel Kids. Travis a Thompson. 2017. (ENG., Illus.). (J). (gr. k-2). 16.95 *(978-0-692-94926-9(7))* SivART Gallery, The.

Color Wheel Kids: Coloring & Activity Book. Travis a Thompson. Illus. by Travis a Thompson. 2022. (ENG.). 60p. (J). pap. 6.99 ***(978-1-7364337-0-6(9))*** SivART Gallery, The.

Color with Chanellie. shamara J. mckenzie. 2023. (ENG.). 57p. (J). ***(978-1-312-35788-4(6))*** Lulu Pr., Inc.

Color with Me: A Mother & Child Coloring Book. Activity Book Zone for Kids. 2016. (ENG., Illus.). (J). pap. 9.20 *(978-1-68376-316-1(5))* Sabeels Publishing.

Color with Me: Bushy Tailed Animals Coloring Book. Kreative Kids. 2016. (ENG., Illus.). (J). pap. 9.20 *(978-1-68377-312-2(8))* Whlke, Traudl.

Color with Me: Doodles, a Coloring Book. Bobo's Children Activity Books. 2016. (ENG., Illus.). (J). pap. 9.33 *(978-1-68327-540-4(3))* Sunshine In My Soul Publishing.

Color with Me: Doodles Coloring Book. Jupiter Kids. 2016. (ENG., Illus.). 106p. (J). pap. 12.55 *(978-1-68326-245-9(X),* Jupiter Kids (Childrens & Kids Fiction)) Speedy Publishing LLC.

Color with Me: Elephant Mandalas Coloring Book. Kreative Kids. 2016. (ENG., Illus.). (J). pap. 9.20 *(978-1-68377-313-9(6))* Whlke, Traudl.

Color with Me: Ladies Coloring Book. Activibooks. 2016. (ENG., Illus.). (J). pap. 9.20 *(978-1-68321-766-4(7))* Mimaxion.

Color with Me: Mandalas Coloring Book. Activity Book Zone. 2016. (ENG., Illus.). (J). pap. 9.20 *(978-1-68376-317-8(3))* Sabeels Publishing.

Color with Me: Women's Fashion, a Coloring Book. Bobo's Children Activity Books. 2016. (ENG., Illus.). (J). pap. 9.33 *(978-1-68327-541-1(1))* Sunshine In My Soul Publishing.

Color with Speedy & Friends. William Arnold. Illus. by Remi Bryant. 2019. (ENG.). 32p. (J). (gr. k-6). pap. 3.95 incl. audio compact disk *(978-0-9701239-2-3(2))* Rhette Enterprises, Inc.

Color with Stickers: Christmas: Create 10 Pictures with Stickers! Jonny Marx. 2022. (Color with Stickers Ser.). (ENG.). 32p. (J). (gr. k-4). pap. 8.99 *(978-1-6643-4024-4(6))* Tiger Tales.

Color with Stickers: Dinosaurs: Create 10 Pictures with Stickers! Jonny Marx. 2021. (Color with Stickers Ser.). (ENG.). 32p. (J). (gr. k-4). pap. 8.99 *(978-1-6643-4009-1(2))* Tiger Tales.

Color with Stickers: Halloween. Beth Hamilton. 2023. (Color with Stickers Ser.). (ENG.). 32p. (J). (gr. -1-2). pap. 8.99 ***(978-1-6643-4065-7(3))*** Tiger Tales.

Color with Stickers: Jungle: Create 10 Pictures with Stickers! Jonny Marx. Illus. by Christiane Engel. 2021. (Color with Stickers Ser.). (ENG.). 32p. (J). (gr. k-4). pap. 8.99 *(978-1-6643-4019-0(X))* Tiger Tales.

Color with Stickers: Ocean: Create 10 Pictures with Stickers! Jonny Marx. Illus. by Christiane Engel. 2021. (Color with Stickers Ser.). (ENG.). 32p. (J). (gr. k-4). pap. 8.99 *(978-1-6643-4020-6(3))* Tiger Tales.

Color with Stickers: Space: Create 10 Pictures with Stickers! Jonny Marx. 2021. (Color with Stickers Ser.). (ENG.). 32p. (J). (gr. k-4). pap. 8.99 *(978-1-6643-4010-7(6))* Tiger Tales.

Color Wonder Hooray for Spring! Chieu Anh Urban. Illus. by Chieu Anh Urban. 2016. (Color Wonder Ser.). (ENG., Illus.). 14p. (J). (gr. -1 — 1). bds. 7.99 *(978-1-4814-8720-7(5),* Little Simon) Little Simon.

Color Wonder Winter Is Here! Chieu Anh Urban. Illus. by Chieu Anh Urban. 2017. (Color Wonder Ser.). (ENG., Illus.). 14p. (J). (gr. -1 — 1). bds. 7.99 *(978-1-4814-8721-4(3),* Little Simon) Little Simon.

Color Words. Carrie B. Sheely. 2020. (Word Play Ser.). (ENG., Illus.). 32p. (J). (gr. -1-2). pap. 8.95 *(978-1-9771-2366-4(X),* 200092); lib. bdg. 31.32 *(978-1-9771-2365-7(1),* 200091) Capstone. (Pebble).

Color Your Classroom! Birthdays. Scholastic. 2017. (Color Your Classroom Ser.). (ENG.). (gr. -1-6). 3.49 *(978-1-338-12800-0(0))* Teacher's Friend Pubns., Inc.

Color Your Classroom! Welcome. Scholastic. 2017. (Color Your Classroom Ser.). (ENG.). (gr. -1-6). 3.49 *(978-1-338-12799-7(3))* Teacher's Friend Pubns., Inc.

Color Your Favorite Animals Coloring Book. Smarter Activity Books for Kids. 2016. (ENG., Illus.). (J). pap. 9.22 *(978-1-68374-518-1(3))* Examined Solutions PTE. Ltd.

Color Your Feelings with the Rainbow Coloring Book. Activibooks For Kids. 2016. (ENG., Illus.). (J). pap. 9.20 *(978-1-68321-767-1(5))* Mimaxion.

Color Your Life with Happy Colors Coloring Book. Jupiter Kids. 2017. (ENG., Illus.). (J). pap. 9.20 *(978-1-68326-669-3(2),* Jupiter Kids (Childrens & Kids Fiction)) Speedy Publishing LLC.

Color Your Own Renaissance Art Paintings. Jupiter Kids. 2018. (ENG., Illus.). 106p. (J). pap. 12.55 *(978-1-68326-670-9(6),* Jupiter Kids (Childrens & Kids Fiction)) Speedy Publishing LLC.

Color Your Own Stickers: 500 Stickers to Design, Color, & Customize. Pipsticks(r)+Workman(r). 2022. (Pipsticks+Workman Ser.). (ENG.). 80p. (J). (gr. 2-17). 12.99 *(978-1-5235-1717-6(4),* 101717) Workman Publishing Co., Inc.

Color Your Own Super-Cute Cupcake Squishy. Make Believe Ideas. Illus. by Make Believe Ideas. 2021. (ENG.). 32p. (J). 9.99 *(978-1-80058-625-3(6))* Make Believe Ideas GBR. Dist: Scholastic, Inc.

Color Your Own Super-Cute Unicorn Squishy. Make Believe Ideas. Illus. by Charly Lane. 2021. (ENG.). 32p. (J). 9.99 *(978-1-80058-626-0(4))* Make Believe Ideas GBR. Dist: Scholastic, Inc.

Color Your Very Own Emotions Coloring Book. Activity Book Zone for Kids. 2016. (ENG., Illus.). (J). pap. 9.20 *(978-1-68376-318-5(1))* Sabeels Publishing.

Color Your Way Through the Planets Coloring Book. Activity Book Zone for Kids. 2016. (ENG., Illus.). (J). pap. 9.20 *(978-1-68376-319-2(X))* Sabeels Publishing.

Color Your Way to a State of Calm: Calming Coloring Books for Adults. Activibooks. 2016. (ENG., Illus.). (J). pap. 9.20 *(978-1-68321-012-2(3))* Mimaxion.

Color Your Way to Success. Jan Cooper. 2019. (ENG.). 108p. (J). pap. 11.99 *(978-1-949746-71-6(2))* Lettra Pr. LLC.

Color Your World: a Walk in the Woods: Coloring, Activities & Keepsake Journal. Monica Wellington. 2020. (Dover Kids Activity Books: Nature Ser.). (ENG.). 48p. (J). (gr. -1-3). 5.99 *(978-0-486-83832-8(3),* 838323) Dover Pubns., Inc.

Color Your World: a Walk on the Beach: Coloring, Activities & Keepsake Journal. Monica Wellington. 2020. (Dover Kids Activity Books: Nature Ser.). (ENG.). 48p. (J). (gr. -1-3). 5.99 *(978-0-486-83833-5(1),* 838331) Dover Pubns., Inc.

Color Your World! (Sunny Day) Rachel Chlebowski. Illus. by Lisa Workman. 2018. (ENG.). 128p. (J). (gr. -1-2). pap. 7.99 *(978-0-525-57770-6(X),* Golden Bks.) Random Hse. Children's Bks.

Colorado. Karen Durrie & Krista McLuskey. 2018. (Illus.). 24p. *(978-1-4896-7411-1(X),* AV2 by Weigl) Weigl Pubs., Inc.

Colorado, 1 vol. John Hamilton. 2016. (United States of America Ser.). (ENG., Illus.). 48p. (J). (gr. 5-9). 34.21 *(978-1-68078-308-7(4),* 21601, Abdo & Daughters) ABDO Publishing Co.

Colorado. Ann Heinrichs. Illus. by Matt Kania. 2017. (U. S. A. Travel Guides). (ENG.). 40p. (J). (gr. 2-5). lib. bdg. 38.50 *(978-1-5038-1946-7(9),* 211583) Child's World, Inc, The.

Colorado. Jason Kirchner & Bridget Parker. 2016. (States Ser.). (ENG., Illus.). 32p. (J). (gr. 3-6). lib. bdg. 27.99 *(978-1-5157-0392-1(4),* 132004, Capstone Pr.) Capstone.

Colorado. Laura Perdew. 2022. (Core Library of US States Ser.). (ENG., Illus.). 48p. (J). (gr. 4-8). lib. bdg. 35.64 *(978-1-5321-9747-5(0),* 39585) ABDO Publishing Co.

C

Colorado. Sarah Tieck. 2019. (Explore the United States Ser.). (ENG., Illus.). 32p. (J). (gr. 2-5). lib. bdg. 34.21 *(978-1-5321-9109-1(X)*, 33406, Big Buddy Bks.) ABDO Publishing Co.

Colorado: Children's American Local History Book with Facts! Bold Kids. 2022. (ENG.). 42p. (J). pap. 14.99 *(978-1-0717-0929-0(1))* FASTLANE LLC.

Colorado: The Centennial State. Krista McLuskey. 2016. (J). (Illus.). 48p. *(978-1-5105-2085-1(6))*; *(978-1-5105-0662-6(4))* SmartBook Media, Inc.

Colorado: The Centennial State. Krista McLuskey. 2016. (J). *(978-1-4896-4830-3(5))* Weigl Pubs., Inc.

Colorado: The Centennial State, 1 vol. Derek Miller et al. 4th ed. 2018. (It's My State! (Fourth Edition)(r) Ser.). (ENG.). 80p. (gr. 4-4). 35.93 *(978-1-5026-2623-3(3)*, 37a04c93-a91e-4755-b154-4888452907c6); pap. 18.64 *(978-1-5026-4440-4(1)*, b6a80e98-14db-4917-b554-fbadc61a3641) Cavendish Square Publishing LLC.

Colorado (a True Book: My United States) (Library Edition) Jennifer Zeiger. 2017. (True Book (Relaunch) Ser.). (ENG., Illus.). 48p. (J). (gr. 3-5). 31.00 *(978-0-531-25253-6(1)*, Children's Pr.) Scholastic Library Publishing.

Colorado (ARC Edition) The Centennial State, 1 vol. Derek Miller et al. 2020. (It's My State! (Fourth Edition)(r) Ser.). (ENG.). 80p. (J). (gr. 4-4). pap. 18.64 *(978-1-5026-6207-1(8)*, eefd0bd6-3de9-4130-9c13-4a4514f2610a) Cavendish Square Publishing LLC.

Colorado Avalanche. Will Graves. 2023. (NHL Teams Set 2 Ser.). (ENG., Illus.). 32p. (J). (gr. 3-4). pap. 9.95 *(978-1-63494-610-0(3))*; lib. bdg. 31.35 *(978-1-63494-592-9(1))* Pr. Room Editions LLC.

Colorado Barn Cats - Skunk & Chauncey. Jordan Wunderlich. 2018. (ENG., Illus.). 44p. (J). 24.99 *(978-0-578-44066-8(0))*; pap. 14.99 *(978-0-578-44242-6(6))* Wunderlich, Jordan.

Colorado (Classic Reprint) A. B. Legard. 2018. (ENG., Illus.). 178p. (J). 27.57 *(978-0-267-53131-8(1))* Forgotten Bks.

Colorado Colonel, & Other Sketches (Classic Reprint) William Carey Campbell. 2018. (ENG., Illus.). 406p. (J). 32.31 *(978-0-484-55955-3(9))* Forgotten Bks.

Colorado Memorial Day Annual: Lincoln Centennial Number, 1909 (Classic Reprint) Katherine M. Cook. 2018. (ENG., Illus.). 116p. (J). 26.29 *(978-0-267-26719-4(3))* Forgotten Bks.

Colorado Rapids. Anthony K. Hewson. 2021. (Inside MLS Ser.). (ENG., Illus.). 48p. (J). (gr. 3-6). lib. bdg. 34.21 *(978-1-5321-9471-9(4)*, 37454, SportsZone) ABDO Publishing Co.

Colorado Rockies. Anthony K. Hewson. 2022. (Inside MLB Ser.). (ENG., Illus.). 48p. (J). (gr. 3-6). lib. bdg. 34.21 *(978-1-0982-9016-0(X)*, 40789, SportsZone) ABDO Publishing Co.

Colorado Rockies. Jim Whiting. 2020. (Creative Sports: Veterans Ser.). (ENG.). 32p. (J). (gr. 3-5). pap. 9.99 *(978-1-62832-834-9(7)*, 17767, Creative Paperbacks) Creative Co., The.

Colorado Situation, or Maria & Her Husband in Politics & Society (Classic Reprint) Jacob Short. (ENG., Illus.). (J). 2018. 192p. 27.88 *(978-0-483-57297-3(7))*; 2017. pap. 10.57 *(978-0-243-21260-6(7))* Forgotten Bks.

Colorama: From Fuchsia to Midnight Blue. Cruschiform. 2018. (ENG., Illus.). 280p. (J). (gr. 2). 24.95 *(978-3-7913-7328-7(5))* Prestel Verlag GmbH & Co KG. DEU. Dist: Penguin Random Hse. LLC.

ColorArt Coloring Book - Real Men Color. New Seasons & Publications International Ltd. Staff. 2016. (ColorArt Ser.). (ENG.). 128p. (YA). spiral bd. 11.98 *(978-1-68022-495-5(6)*, 5770500, New Seasons) Publications International, Ltd.

Colorblind: A Novel. Leah Harper Bowron. 2017. (ENG.). 184p. (YA). pap. 16.95 *(978-1-943006-08-3(3))* SparkPr. (a Bks.parks Imprint).

Colorblind: a Story of Racism. Johnathan Harris. Illus. by Garry Leach. 2022. (Zuiker Teen Topics Ser.). (ENG.). 88p. (J). (gr. 6). pap. 9.99 *(978-1-947378-37-7(6))* Zuiker Pr.

Colorea Por Número Las Flores con Los Animales en la Naturaleza: Para niños, un Libro para Colorear para Adultos con Páginas para Colorear Divertidas, Fáciles y Relajantes (Libros para Colorear Por Números para Adultos) Prince Milan Benton. 2021. (SPA.). 78p. (J). pap. 16.00 *(978-0-7880-4299-7(8)*, Mosby Ltd.) Elsevier - Health Sciences Div.

Coloreando Tu Creatividad Mándalas. ingris bonett. 2023. (SPA.). 46p. (YA). pap. ***(978-1-312-78604-2(3))*** Lulu Pr., Inc.

Colored Man Round the World (Classic Reprint) David F. Dorr. 2017. (ENG., Illus.). (J). 27.86 *(978-0-331-65223-9(4))*; pap. 10.57 *(978-0-259-27178-9(0))* Forgotten Bks.

Colored Pencils, 1 vol. Alix Wood. 2018. (Make a Masterpiece Ser.). (ENG.). 32p. (J). (gr. 3-4). pap. 11.50 *(978-1-5382-3582-9(X)*, 68f961bb-1b4e-496b-97d3-19367e9bdb86); lib. bdg. 28.27 *(978-1-5382-3594-2(3)*, 0940f8a4-9c2c-43bd-b865-a220e1d0e191) Stevens, Gareth Publishing LLLP.

Colores. Kidsbooks Publishing. 2021. (SPA.). (J). bds. 8.99 *(978-1-62885-938-6(5))* Kidsbooks, LLC.

Colores, 6 vols., Set. Sharon Gordon. Incl. Amarillo (Yellow) lib. bdg. 25.50 *(978-0-7614-2863-3(1)*, e10c7bc9-fcae-45f8-84f5-42a512d328cb); Anaranjado (Orange) lib. bdg. 25.50 *(978-0-7614-2860-2(7)*, 9317b80a-8651-4f85-946f-67e175f23dc5); Azul (Blue) lib. bdg. 25.50 *(978-0-7614-2858-9(5)*, f806af46-eff0-4ec1-93b6-f8c6af67f271); Morado (Purple) lib. bdg. 25.50 *(978-0-7614-2861-9(5)*, 82d0ce02-85db-4fa0-a819-d4e8d8608d4f); Rojo (Red) lib. bdg. 25.50 *(978-0-7614-2862-6(3)*, d80ec937-7fce-427b-8d1b-75894faa91db); Verde (Green) lib. bdg. 25.50 *(978-0-7614-2859-6(3)*, 4902f5e5-a85f-4119-8c27-68f325dcb61e); 24p. (gr. k-1). 2009. (Bookworms — Spanish Editions: Los Colores Ser.). (SPA.). 2007. lib. bdg. *(978-0-7614-2857-2(7)*, Cavendish Square) Cavendish Square Publishing LLC.

Colores: (Colors) Brenda Ponnay. Tr. by Lenny Sandoval. Illus. by Brenda Ponnay. 2017. (Xist Kids Spanish Bks.). (SPA., Illus.). 32p. (J). (gr. -1-3). pap. 9.99 *(978-1-5324-0389-7(5))* Xist Publishing.

Colores / Colors (Spanish Edition) Jaye Garnett. Ed. by Cottage Door Press. Illus. by Kathrin Fehrl. ed. 2023. (Peek-A-Flap Ser.). (SPA.). 12p. (J). (gr. -1-1). bds. 9.99 *(978-1-64638-865-3(8)*, 1008030-SLA) Cottage Door Pr.

Colores de la Primavera Crayola (r) (Crayola (r) Spring Colors) Jodie Shepherd. 2018. (Estaciones Crayola (r) (Crayola (r) Seasons) Ser.). (SPA., Illus.). 24p. (J). (gr. -1-3). 29.32 *(978-1-5415-0954-2(4)*, 1bd4009c-60cb-49df-87ed-f8af08142635, Ediciones Lerner) Lerner Publishing Group.

Colores de Las Flores: Introducción para Los niños de Colores en el Mundo Natural. David E. McAdams. 2023. (Colores en el Mundo Natural Ser.: Vol. 2). (SPA.). (J). 36p. 29.95 ***(978-1-63270-373-6(4))***; 34p. pap. 18.95 ***(978-1-63270-351-4(3))*** Life is a Story Problem LLC.

Colores de Loros: Introducción para Los niños de Colores en el Mundo Natural. David E. McAdams. 2nd ed. 2023. (Colores en el Mundo Natural Ser.: Vol. 1). (SPA.). 38p. (J). pap. 18.95 ***(978-1-63270-368-2(8))*** Life is a Story Problem LLC.

Colores Del Espacio: Introducción de un niño a Los Colores en el Mundo Natural. David E. McAdams. 2023. (Colores en el Mundo Natural Ser.: Vol. 3). (SPA.). 34p. (J). 29.95 ***(978-1-63270-364-4(5))***; pap. 18.95 ***(978-1-63270-363-7(7))*** Life is a Story Problem LLC.

Colores Del Invierno Crayola (r) (Crayola (r) Winter Colors) Jodie Shepherd. 2018. (Estaciones Crayola (r) (Crayola (r) Seasons) Ser.). (SPA., Illus.). 24p. (J). (gr. -1-3). 29.32 *(978-1-5415-0956-6(0)*, a6e43e28-0ae8-44dc-a978-7d4cdbc89819, Ediciones Lerner) Lerner Publishing Group.

Colores Del Otoño Crayola (r) (Crayola (r) Fall Colors) Mari Schuh. 2018. (Estaciones Crayola (r) (Crayola (r) Seasons) Ser.). (SPA., Illus.). 24p. (J). (gr. -1-3). 29.32 *(978-1-5415-0953-5(6)*, 5552e67e-d144-41b3-a58c-b12e971cf301, Ediciones Lerner) Lerner Publishing Group.

Colorful Animal Ornaments for the Holidays Coloring Book. Kreative Kids. 2016. (ENG., Illus.). (J). pap. 9.20 *(978-1-68377-396-2(9))* Whlke, Traudl.

Colorful Animals. Paul A. Kobasa. 2018. (J). *(978-0-7166-3569-7(0))* World Bk., Inc.

Colorful Beginning. Raven Howell. Illus. by Carina Povarchik. 2022. (ENG.). 32p. (J). pap. 14.95 *(978-1-68513-088-6(7))* Black Rose Writing.

Colorful Birds. Howie Minsky. 2019. (Hello, Everglades! Ser.). (ENG., Illus.). 16p. (J). (gr. -1-2). pap. 11.36 *(978-1-5341-5718-7(2)*, 214129, Cherry Blossom Press) Cherry Lake Publishing.

Colorful Birthday. Suzanne Varney. Illus. by Pia Reyes. 2021. (Super-Duper Triplets Ser.). (ENG.). 52p. (J). *(978-1-0391-0241-5(7))*; pap. *(978-1-0391-0240-8(9))* FriesenPress.

Colorful Cadets! (Top Wing) Golden Books. Illus. by Erik Doescher. 2019. (ENG.). 48p. (J). (gr. -1-2). pap. 4.99 *(978-0-525-64771-3(6)*, Golden Bks.) Random Hse. Children's Bks.

Colorful Candy: A Candy Coloring Book. Smarter Activity Books for Kids. 2016. (ENG., Illus.). (J). pap. 9.22 *(978-1-68374-554-9(X))* Examined Solutions PTE. Ltd.

Colorful Cars, 6 vols. 2017. (Colorful Cars Ser.). 24p. (ENG.). (gr. 1-1). 75.81 *(978-1-5081-6176-9(3)*, b234f2f6-d35f-44b3-98df-a60e763e09d1); (gr. 4-6). pap. 24.75 *(978-1-5081-6178-3(X))* Rosen Publishing Group, Inc., The. (PowerKids Pr.).

Colorful Cars (Fiction) 2017. (Cars & Colors Ser.). (ENG.). (J). pap. 27.75 *(978-1-5081-6124-0(0)*, PowerKids Pr.) Rosen Publishing Group, Inc., The.

Colorful Clues! (Blue's Clues & You) Golden Books. Illus. by Golden Books. 2022. (ENG., Illus.). 128p. (J). (gr. -1-2). pap. 7.99 *(978-0-593-48307-7(3)*, Golden Bks.) Random Hse. Children's Bks.

Colorful Creatures. Anita Ganeri. 2016. (Illus.). 79p. (J). *(978-1-4351-6383-6(4))* Barnes & Noble, Inc.

Colorful Creatures with Delicate Features: Fabulous Fairy Fun Coloring Book. Activibooks. 2016. (ENG., Illus.). (J). pap. 9.20 *(978-1-68321-768-8(3))* Mimaxion.

Colorful Design Therapy to Calm & Inspire - Relaxing Coloring Book. Activibooks. 2016. (ENG., Illus.). (J). pap. 9.20 *(978-1-68321-004-7(2))* Mimaxion.

Colorful Fried Rice of Yangzhou. Aili Mou. 2022. (Taste of China Ser.). (ENG.). 36p. (J). (gr. k-2). pap. 8.95 *(978-1-4878-0985-0(9))* Royal Collins Publishing Group Inc. CAN. Dist: Independent Pubs. Group.

Colorful Friends! Glass Animals Coloring Book. Jupiter Kids. 2018. (ENG., Illus.). 106p. (J). pap. 12.55 *(978-1-68326-697-6(8)*, Jupiter Kids (Childrens & Kids Fiction)) Speedy Publishing LLC.

Colorful Glass Animal Sun Catchers: A Coloring Book. Kreativ Entspannen. 2016. (ENG., Illus.). (J). pap. 9.20 *(978-1-68377-397-9(7))* Whlke, Traudl.

Colorful Gnome Stories. Duane D. King. 2021. 28p. (J). pap. 8.99 *(978-1-0983-9857-6(2))* BookBaby.

Colorful Kingdom: How Animals Use Color to Surprise & Survive. Anna Omedes. Illus. by Laura Fraile. 2022. (ENG.). 48p. (J). (gr. 1-3). 17.95 *(978-1-914519-24-6(8))* Welbeck Publishing Group Ltd. GBR. Dist: Two Rivers Distribution.

Colorful Mondays: A Bookmobile Spreads Hope in Honduras. Nelson Rodríguez & Leonardo Agustín Montes. Tr. by Lawrence Schimel. Illus. by Rosana Faría & Carla Tabora. 2023. (Stories from Latin America Ser.). (ENG.). 36p. (J). 17.99 ***(978-0-8028-5616-6(0)***, Eerdmans Bks For Young Readers) Eerdmans, William B. Publishing Co.

Colorful Place: Mindful Story & Art. Jocelyn Fitzgerald & Heather McClelland. 2021. (ENG.). 50p. (J). 24.00 *(978-1-7373667-1-3(1))* Breahte Art Calm LLC.

Colorful Place: Mindful Story & Art for Kids. Jocelyn Fitzgerald & Heather McClelland. Illus. by Jocelyn Fitzgerald. 2021. (ENG.). 44p. (J). pap. 16.00 *(978-0-578-81922-8(8))* Breathe Art Calm.

Colorful Race Cars, 1 vol. Rebecca Izumo. 2017. (Wonderful World of Colors Ser.). (ENG.). 24p. (gr. 1-1). pap. 9.25 *(978-1-5383-2095-2(9)*, d81ab878-673f-4dde-b482-0105f5f2803c, PowerKids Pr.) Rosen Publishing Group, Inc., The.

Colorful Safari: A Big Cats Coloring Book. Kreative Kids. 2016. (ENG., Illus.). (J). pap. 9.20 *(978-1-68377-314-6(4))* Whlke, Traudl.

Colorful Story of Comics: Ready-To-Read Level 3. Patricia Lakin. Illus. by Rob McClurkan. 2016. (History of Fun Stuff Ser.). (ENG.). 48p. (J). (gr. 1-3). pap. 4.99 *(978-1-4814-7144-2(9)*, Simon Spotlight) Simon Spotlight.

Colorful Tail: Finding Monet at Giverny, 1 vol. Joan Waites. 2019. (ENG., Illus.). 40p. (J). 16.99 *(978-0-7643-5705-3(0)*, 15951) Schiffer Publishing, Ltd.

Colorful World: Farm. Nastja Holtfreter. Illus. by Nastja Holtfreter. 2017. (ENG., Illus.). 14p. (J). bds. 5.99 *(978-1-61067-578-9(9))* Kane Miller.

Colorful World: Forest. Nastja Holtfreter. Illus. by Nastja Holtfreter. 2017. (ENG., Illus.). 14p. (J). bds. 5.99 *(978-1-61067-577-2(0))* Kane Miller.

Colorful World: Mountain. Nastja Holtfreter. Illus. by Nastja Holtfreter. 2017. (ENG., Illus.). 14p. (J). bds. 5.99 *(978-1-61067-579-6(7))* Kane Miller.

Colorful World: Sea. Nastja Holtfreter. Illus. by Nastja Holtfreter. 2017. (ENG., Illus.). 14p. (J). bds. 5.99 *(978-1-61067-576-5(2))* Kane Miller.

Colorful World of Dinosaurs. Matt Sewell. 2018. (ENG., Illus.). vii, 167p. (J). (gr. k-7). 18.95 *(978-1-61689-716-1(3))* Princeton Architectural Pr.

Colorful World of Foods. Iris Moses-Bethell. 2022. (ENG.). 50p. (J). 24.99 ***(978-1-0879-9717-9(8))*** Indy Pub.

Colorful World of Frida Kato. Linda Uruburu. 2022. (ENG.). 28p. (J). pap. ***(978-1-83875-498-3(9)***, Nightingale Books) Pegasus Elliot Mackenzie Pubs.

ColorFull: Celebrating the Colors God Gave Us. Dorena Williamson. Illus. by Cornelius Van Wright & Ying-Hwa Hu. 2018. (ENG.). 32p. (J). (gr. -1-2). 14.99 *(978-1-4627-7764-8(3)*, 005799075, B&H Kids) B&H Publishing Group.

Colori Dei Pappagalli: Introduzione Di un Bambino Ai Colori Nel Mondo Naturale. David E. McAdams. 2nd ed. 2023. (ITA.). 38p. (J). pap. 19.95 ***(978-1-63270-404-7(8))*** Life is a Story Problem LLC.

Coloriage de l'Espace Pour les Enfants: Astronautes, Planètes, Vaisseaux Spatiaux et Système Solaire Pour les Enfants de 4 à 8 Ans. Young Dreamers Press. Illus. by Anastasiia Saikova. 2020. (Livres de Coloriage Pour Enfants Ser.: Vol. 3). (FRE.). 64p. (J). (gr. 3-6). pap. *(978-1-989790-25-0(9))* EnemyOne.

Coloriage de Noël Pour les Tout-Petits: Livres à Colorier Pour les Enfants de 2 à 4 Ans, De 4 à 8ans. Young Dreamers Press. 2019. (Livres de Coloriage Pour Enfants Ser.: Vol. 11). (FRE., Illus.). 66p. (J). (gr. k-3). pap. *(978-1-989387-92-4(6))* EnemyOne.

Coloriages Animes Wakatoon - Tome 1: Trois Dessins Animes a Colorier. Wakatoon. 2016. (FRE., Illus.). 62p. (J). pap. *(978-2-37528-002-7(4))* Wakatoon.

Colorie Tes Rêves: Cahier de Dessin Antistress: Coloriages - Mandalas I Dessins - Pages d'écriture I Citations Inspirantes. Libelllule Bleue Éditions. 2023. (FRE.). 101p. (YA). pap. ***(978-1-4476-2930-6(2))*** Lulu Pr., Inc.

Coloring. Carolyn Scrace. 2020. (Scribble Monsters! Ser.). (ENG.). 32p. (J). (gr. -1). pap. 8.95 *(978-1-913337-52-0(9)*, Scribblers) Book Hse. GBR. Dist: Sterling Publishing Co., Inc.

Coloring Activity Book: Activity Book for Children - Self Draw Pages - Coloring Pages - Alphabet Coloring Pages - Coloring Book for Kids. Lena Bidden. 2021. (ENG.). 122p. (J). pap. 10.00 *(978-1-716-27894-5(5))* Lulu Pr., Inc.

Coloring Activity Book for Girls: A Fun Workbook for Girls- Learning- Coloring & More. Lulu Berry. 2021. (ENG.). 112p. (J). pap. 10.99 *(978-1-716-21471-4(8))* Lulu Pr., Inc.

Coloring Activity Book for Kids: Farm Animals, Dinosaurs, Flamingo Coloring Book for Children Ages 4-10 - Coloring, Dot to Dot, Mazes Activity Book for Kids. Lena Bidden. l.t. ed. 2021. (ENG.). 54p. (J). pap. 8.99 *(978-1-716-21915-3(9))* Lulu Pr., Inc.

Coloring Activity Book for Kids. over 100 Pages Jumbo Learning Activity Book for Improved Early Learning Success (Coloring & Dot to Dot Exercises) Jupiter Kids. 2017. (ENG., Illus.). 200p. (J). pap. 12.26 *(978-1-5419-4773-3(8)*, Jupiter Kids (Childrens & Kids Fiction)) Speedy Publishing LLC.

Coloring Activity Book. Hi Alphabet! Getting to Know the Abc's Color & Identify Toddler Activity Book 1-3. Prek Alphabet a-Z & Dot to Dot for Writing Training. Jupiter Kids. 2017. (ENG., Illus.). 200p. (J). pap. 12.26 *(978-1-5419-4765-8(7)*, Jupiter Kids (Childrens & Kids Fiction)) Speedy Publishing LLC.

Coloring Alaska's Cordova. Michael C. Anderson. Illus. by Michael C. Anderson. 2022. (Illus.). 32p. (J). pap. 12.99 ***(978-1-954896-06-2(9))*** Fathom Publishing Co.

Coloring & Activity Book - a-Maze-Ing Bible Stories (8-10) 6-Pack Coloring & Activity Books. Warner Press. 2017. (ENG.). (J). pap. 13.74 *(978-1-59317-914-4(6))* Warner Pr., Inc.

Coloring & Activity Book - Bible Story Dot-To-Dots (2-4) 6-Pack Coloring & Activity Books. Warner Press. 2017. (ENG.). (J). pap. 13.74 *(978-1-59317-910-6(3))* Warner Pr., Inc.

Coloring & Activity Book - Easter 2-4: He Loves You Jelly Bean Prayer Match U9215 Bk Mk the Jelly Bean Prayer Coloring Book. Created by Warner Press. 2019. (ENG.). (J). 2.39 *(978-1-68434-233-4(3))* Warner Pr., Inc.

Coloring & Activity Book - Easter 5-7: Easter Color & Cut Out Activity Book. Created by Warner Press. 2019. (ENG.). (J). 2.39 *(978-1-68434-234-1(1))* Warner Pr., Inc.

Coloring & Activity Book - Easter 8-10: A Joyful Easter Coloring & Activity Book. Created by Warner Press. 2019. (ENG.). (J). 2.39 *(978-1-68434-236-5(8))* Warner Pr., Inc.

Coloring & Activity Book - Easter 8-10: Jesus Has Risen! Hidden Pictures Activity Book. Created by Warner Press. 2019. (ENG.). (J). 2.39 *(978-1-68434-235-8(X))* Warner Pr., Inc.

Coloring & Activity Book - Maxine's Markers (2-4) 6-Pack Coloring & Activity Books. Warner Press. 2017. (ENG.). (J). pap. 13.74 *(978-1-59317-909-0(X))* Warner Pr., Inc.

Coloring & Activity Book - My Favorite Bible Verses (5-7) 6-Pack Coloring & Activity Books. Warner Press. 2017. (ENG.). (J). pap. 13.74 *(978-1-59317-917-5(0))* Warner Pr., Inc.

Coloring & Activity Book - Parables of Jesus (8-10) 6-Pack Coloring & Activity Books. Warner Press. 2017. (ENG.). (J). pap. 13.74 *(978-1-59317-915-1(4))* Warner Pr., Inc.

Coloring & Activity Book - the Lord's Prayer (5-7) 6-Pack Coloring & Activity Books. Warner Press. 2017. (ENG.). (J). pap. 13.74 *(978-1-59317-912-0(X))* Warner Pr., Inc.

Coloring & Activity Book for Girls. Cristie Publishing. 2020. (ENG.). 112p. (J). pap. 8.50 *(978-1-716-32440-6(8))* Lulu Pr., Inc.

Coloring & Activity Book for Girls, Cartoon & Fashion: Coloring & Activity Book for Girls Cartoon & Fashion: Coloring & Activity Book for Kids & Teens with Quotes about Beauty, Emotions, Courage Prompted Journal, Diary, Know Yourself. Over The Rainbow Publishing. 2020. (ENG.). 126p. (J). pap. 37.00 *(978-1-716-29699-4(4))* Google.

Coloring & Activity Book for Kids: Ages 4-12 Coloring, Activity for Kids Alphabet, Number, More ABC 123 Print Handwriting Book! Insane Islay. 2021. (ENG.). 70p. (J). pap. 10.99 *(978-1-6780-5614-8(6))* Lulu Pr., Inc.

Coloring & Activity Book for Kids 4-8. Malkovich Rickblood. 2020. (ENG.). 138p. (J). pap. 7.99 *(978-1-716-30507-8(1))* Lulu Pr., Inc.

Coloring & Activity Book for Kids 4-8: Amazing Coloring & Activity Book for Kids Age 4-8, Preschool, Kindergarten - Fun Coloring & Activities Workbook for Kids, Coloring Pages, Dot to Dot Designs, Mazes, Search & Find, Copy the Picture for Your. Malkovich Rickblood. 2020. (ENG.). 108p. (J). pap. 7.99 *(978-1-716-30501-6(2))* Lulu Pr., Inc.

Coloring & Activity for Kids. a Special Speedy Book of All Things That Go. 100+ Pages of Coloring & Activity Book for Older Kids with Big How to Draw Pictures. Speedy Kids. 2017. (ENG., Illus.). 200p. (J). pap. 12.26 *(978-1-5419-4791-7(6))* Speedy Publishing LLC.

Coloring & Creativity Book (Fantastic Beasts & Where to Find Them) Liz Marsham. 2016. (Fantastic Beasts & Where to Find Them Ser.). (ENG.). 80p. (J). (gr. 3-7). pap. 8.99 *(978-1-338-11680-9(0))* Scholastic, Inc.

Coloring & Learning ABC Book: Wonderful Alphabet Coloring Book for Kids, Boys & Girls. Big ABC Activity Book with Letters to Learn & Color for Toddlers, Kindergarteners & Preschoolers Who Are Learning to Write. Kim Wood. 2021. (ENG.). 108p. (J). pap. *(978-1-4457-5021-7(X))* Lulu.com.

Coloring & Loving It - Adults Coloring Books Super Fun - Vol 1. Smarter Activity Books. 2016. (ENG., Illus.). (J). pap. 9.22 *(978-1-68374-111-4(0))* Examined Solutions PTE. Ltd.

Coloring & Loving It - Adults Coloring Books Super Fun - Vol 2. Smarter Activity Books. 2016. (ENG., Illus.). (J). pap. 9.22 *(978-1-68374-821-2(2))* Examined Solutions PTE. Ltd.

Coloring & Loving It - Adults Coloring Books Super Fun - Vol 3. Smarter Activity Books. 2016. (ENG., Illus.). (J). pap. 9.22 *(978-1-68374-822-9(0))* Examined Solutions PTE. Ltd.

Coloring & Loving It - Adults Coloring Books Super Fun - Vol 4. Smarter Activity Books. 2016. (ENG., Illus.). (J). pap. 9.22 *(978-1-68374-823-6(9))* Examined Solutions PTE. Ltd.

Coloring & Loving It - Adults Coloring Books Super Fun - Vol 5. Smarter Activity Books. 2016. (ENG., Illus.). (J). pap. 9.22 *(978-1-68374-824-3(7))* Examined Solutions PTE. Ltd.

Coloring & Puzzle Activity for Kids Book. Bobo's Children Activity Books. 2016. (ENG., Illus.). (J). pap. 7.99 *(978-1-68327-400-1(8))* Sunshine In My Soul Publishing.

Coloring & Tracing for Preschoolers Book. Kenneth Ihero. 2022. (ENG.). 50p. (J). pap. ***(978-1-4710-9463-7(4))*** Lulu Pr., Inc.

Coloring & Tracing WorkBook for Kids: A Fun Practice Workbook with Complete Instructions to Learn the Alphabet. Esel Press. 2020. (ENG.). 102p. (J). pap. 9.65 *(978-1-716-27411-4(7))* Lulu Pr., Inc.

Coloring & Word Search Book for Kids: Book 1 - Coloring Book for Ages 5 & up. (Us Version) C. Selbherr. Illus. by M. Kahn. 2019. (Coloring & Word Search Book for Kids Ser.: Vol. 1). (ENG.). 68p. (J). pap. *(978-3-947677-11-5(1))* Selbherr. , Charlotte Harlescott Bks.

Coloring Animal Designs, a Coloring Book. Smarter Activity Books for Kids. 2016. (ENG., Illus.). (J). pap. 9.22 *(978-1-68374-519-8(1))* Examined Solutions PTE. Ltd.

Coloring Animal Ornaments for the Holidays Coloring Book. Activibooks. 2016. (ENG., Illus.). (J). pap. 9.20 *(978-1-68321-673-5(3))* Mimaxion.

Coloring Animals Book - Color Them Now Edition 1. Kreative Kids. 2016. (ENG., Illus.). (J). pap. 10.81 *(978-1-68377-688-8(7))* Whlke, Traudl.

Coloring Animals Book - Color Them Now Edition 2. Kreative Kids. 2016. (ENG., Illus.). (J). pap. 10.81 *(978-1-68377-689-5(5))* Whlke, Traudl.

Coloring Animals Book - Color Them Now Edition 3. Kreative Kids. 2016. (ENG., Illus.). (J). pap. 10.81 *(978-1-68377-691-8(7))* Whlke, Traudl.

Coloring Animals Book - Color Them Now Edition 4. Kreative Kids. 2016. (ENG., Illus.). (J). pap. 10.81 *(978-1-68377-692-5(5))* Whlke, Traudl.

Coloring Animals Book - Color Them Now Edition 5. Kreative Kids. 2016. (ENG., Illus.). (J). pap. 10.81 *(978-1-68377-693-2(3))* Whlke, Traudl.

Coloring Anime: Over 50 Designs & Styles to Learn. Activity Book Zone. 2016. (ENG., Illus.). (J). pap. 9.20 *(978-1-68376-320-8(3))* Sabeels Publishing.

Coloring Area Ahead: A Construction Coloring Book. Activibooks For Kids. 2016. (ENG., Illus.). (J). pap. 9.20 *(978-1-68321-769-5(1))* Mimaxion.

Coloring Baby Birds for Adults Coloring Book. Activity Attic Books. 2016. (ENG., Illus.). (J). pap. 7.74 *(978-1-68323-660-3(2))* Twin Flame Productions.

Coloring Baby Birds for Kids Coloring Book. Activibooks For Kids. 2016. (ENG., Illus.). (J). pap. 9.20 *(978-1-68321-674-2(1))* Mimaxion.

Coloring Basics for Beginners: Toddlers Activity Books. Jupiter Kids. 2016. (ENG., Illus.). 76p. (J). pap. 13.75

TITLE INDEX
COLORING BOOK FOR 5 YEAR OLDS SUPER FUN

(978-1-68305-387-3(7), Jupiter Kids (Childrens & Kids Fiction)) Speedy Publishing LLC.
Coloring Beautiful Baby Birds Coloring Book. Jupiter Kids. 2016. (ENG., Illus.). 106p. (J). pap. 12.55 (978-1-68326-295-4(6), Jupiter Kids (Childrens & Kids Fiction)) Speedy Publishing LLC.
Coloring Beautiful Ladies, a Coloring Book. Jupiter Kids. 2017. (ENG., Illus.). (J). pap. 9.20 (978-1-68326-698-3(6), Jupiter Kids (Childrens & Kids Fiction)) Speedy Publishing LLC.
Coloring Book: Animals for Kids. Kid District Press. 2021. (ENG.). 66p. (J). pap. (978-1-716-19862-5(3)) Lulu Pr., Inc.
Coloring Book: Cars & Big Machines. Irene Eva Toth. 2020. (ENG.). 94p. (J). pap. 9.99 (978-1-716-32452-9(1)) Lulu Pr., Inc.
Coloring Book: For Stories of the Prophets in the Holy Qur'an. Shahada Sharelle Abdul Haqq. 2020. (Illus.). 98p. (J). (gr. -1-3). pap. 7.95 (978-1-59784-940-1(5), Tughra Bks.) Blue Dome, Inc.
Coloring Book - Easter 2-4: Jesus Lives! Easter Coloring Bk. Created by Warner Press. 2019. (ENG.). (J). 2.39 (978-1-68434-114-6(0)) Warner Pr., Inc.
Coloring Book - Easter 5-7: Jesus Is Our Savior Easter Coloring Bk. Created by Warner Press. 2019. (ENG.). (J). 2.39 (978-1-68434-115-3(9)) Warner Pr., Inc.
Coloring Book #1 (English Chinese Bilingual Edition - Mandarin Simplified) Language Learning Colouring & Activity Book. Shelley Admont & Kidkiddos Books. l.t. ed. 2021. (English Chinese Bilingual Collection). (CHI.). 40p. (J). pap. (978-1-5259-5095-7(9)) Kidkiddos Bks.
Coloring Book #1 (English Dutch Bilingual Edition) Shelley Admont & Kidkiddos Books. 2020. (English Dutch Bilingual Collection). (DUT.). 40p. (J). pap. (978-1-5259-4538-0(6)) Kidkiddos Bks.
Coloring Book #1 (English French Bilingual Edition) Shelley Admont & Kidkiddos Books. l.t. ed. 2020. (English French Bilingual Collection). (FRE.). 40p. (J). pap. (978-1-5259-4060-6(0)) Kidkiddos Bks.
Coloring Book #1 (English German Bilingual Edition) Shelley Admont & Kidkiddos Books. l.t. ed. 2020. (English German Bilingual Collection). (GER.). 40p. (J). pap. (978-1-5259-4045-3(7)) Kidkiddos Bks.
Coloring Book #1 (English Greek Bilingual Edition) Language Learning Colouring & Activity Book. Shelley Admont & Kidkiddos Books. 2021. (English Greek Bilingual Collection). (GRE.). 40p. (J). pap. (978-1-5259-5096-4(7)) Kidkiddos Bks.
Coloring Book #1 (English Hebrew Bilingual Edition) Language Learning Colouring & Activity Book. Shelley Admont & Kidkiddos Books. l.t. ed. 2021. (English Hebrew Bilingual Collection). (HEB.). 40p. (J). pap. (978-1-5259-4047-7(3)) Kidkiddos Bks.
Coloring Book #1 (English Hungarian Bilingual Edition) Language Learning Colouring & Activity Book. Shelley Admont & Kidkiddos Books. l.t. ed. 2021. (English Hungarian Bilingual Collection). (HUN.). 40p. (J). pap. (978-1-5259-5097-1(5)) Kidkiddos Bks.
Coloring Book #1 (English Italian Bilingual Edition) Shelley Admont & Kidkiddos Books. l.t. ed. 2020. (English Italian Bilingual Collection). (ITA.). 40p. (J). pap. (978-1-5259-4046-0(5)) Kidkiddos Bks.
Coloring Book #1 (English Japanese Bilingual Edition) Shelley Admont & Kidkiddos Books. l.t. ed. 2021. (English Japanese Bilingual Collection). (JPN.). 40p. (J). pap. (978-1-5259-4048-4(1)) Kidkiddos Bks.
Coloring Book #1 (English Portuguese Bilingual Edition - Brazil) Language Learning Coloring Book - Brazilian Portuguese. Shelley Admont & Kidkiddos Books. l.t. ed. 2020. (English Portuguese Bilingual Collection - Brazil Ser.). (POR.). 40p. (J). pap. (978-1-5259-4035-4(X)) Kidkiddos Bks.
Coloring Book #1 (English Russian Bilingual Edition) Language Learning Colouring & Activity Book. Shelley Admont & Kidkiddos Books. l.t. ed. 2021. (English Russian Bilingual Collection). (RUS.). 40p. (J). pap. (978-1-5259-4049-1(X)) Kidkiddos Bks.
Coloring Book #1 (English Spanish Bilingual Edition) Language Learning Coloring Book. Shelley Admont & Kidkiddos Books. l.t. ed. 2020. (English Spanish Bilingual Collection). (SPA.). 40p. (J). pap. (978-1-5259-3925-9(4)) Kidkiddos Bks.
Coloring Book #1 (English Swedish Bilingual Edition) Language Learning Colouring & Activity Book. Shelley Admont & Kidkiddos Books. l.t. ed. 2021. (English Swedish Bilingual Collection). (SWE.). 40p. (J). pap. (978-1-5259-4050-7(3)) Kidkiddos Bks.
Coloring Book Adorable Doodles: Coloring Book for Kids with Adorable Doodles 8. 5x8. 5 Inches, 104 Pages. Emerald Dreams. 2021. (ENG.). 106p. (J). pap. 11.29 (978-1-6780-9990-9(2)) Lulu Pr., Inc.
Coloring Book Adventure: A Butterfly Ornament Coloring Book. Activity Book Zone. 2016. (ENG., Illus.). (J). pap. 9.20 (978-1-68376-314-7(9)) Sabeels Publishing.
Coloring Book Adventures of Nina & Catalina. Created by Adri Montano. 2021. (ENG.). 28p. (J). pap. 6.99 (978-1-0879-4397-8(3)) Indy Pub.
Coloring Book Animals: Coloring Books for Kids Coloring Book for Toddlers 2-4 Years Toddler Coloring Book Animal Coloring Book Coloring Books 52 Pages 8. 5x8. 5. Gabriela Oprea. 2021. (ENG.). 52p. (J). pap. (978-1-291-24740-4(8)) Lulu Pr., Inc.
Coloring Book Animals for Adults: A Beautiful Coloring Book Stress Relieving Animal Designs for Adults. Elli Steele. 2021. (ENG.). 106p. (YA). pap. 10.34 (978-1-716-25667-7(4)) Lulu Pr., Inc.
Coloring Book Butterflies. Ane Liram. 2022. (ENG.). 118p. (J). pap. 15.00 (978-1-915030-07-8(2)) Lulu Pr., Inc.
Coloring Book Cute Monsters: Coloring Book for Kids with Cute Monsters - 8. 5x8. 5 Inches, 42 Pages. Emerald Dreams. 2021. (ENG.). 44p. (J). pap. 8.99 (978-1-716-51683-2(8)) Lulu Pr., Inc.
Coloring Book Doodle Kid: Coloring Book for Kids with Doodles 8. 5x8. 5 Inches, 84 Pages. Emerald Dreams. 2021. (ENG.). 86p. (J). pap. 10.59 (978-1-6780-9992-3(9)) Lulu Pr., Inc.
Coloring Book Farm Life for Kids. Suellen Molviolet. 2021. (ENG.). 100p. (J). pap. 11.31 (978-1-917477-01-7(5)) Lulu Pr., Inc.
Coloring Book for 12 Year Olds Super Fun Activity Book. Kreative Kids. 2016. (ENG., Illus.). (J). pap. 9.20 (978-1-68377-276-7(8)) Whlke, Traudl.
Coloring Book for 2 Year Olds (Baby Animals) Santiago Garcia. 2020. (ENG.). 84p. (J). pap. 15.72 (978-0-244-86044-8(0)) Lulu Pr., Inc.
Coloring Book for 2 Year Olds (Fitness) Bernard Patrick. 2020. (ENG.). (J). 84p. pap. 15.72 (978-0-244-26068-2(0)); 46p. pap. 12.95 (978-0-244-56067-6(6)) Lulu Pr., Inc.
Coloring Book for 2 Year Olds (Fruit & Vegetables) Bernard Patrick. 2020. (ENG.). (J). 46p. pap. 12.34 (978-0-244-26293-8(4)); 84p. pap. 15.56 (978-0-244-56289-2(X)) Lulu Pr., Inc.
Coloring Book for 2 Year Olds Girl Super Fun Activity Book. Kreative Kids. 2016. (ENG., Illus.). (J). pap. 9.20 (978-1-68377-277-4(6)) Whlke, Traudl.
Coloring Book for 2 Year Olds (Healthy Living) Bernard Patrick. 2020. (ENG.). (J). 84p. pap. 15.01 (978-0-244-26075-0(3)); 46p. pap. 9.88 (978-0-244-56075-1(7)) Lulu Pr., Inc.
Coloring Book for 2 Year Olds (Jigsaw Pieces) Bernard Patrick. 2020. (ENG.). (J). 46p. pap. 12.81 (978-0-244-56294-6(6)); 84p. pap. 15.56 (978-0-244-86293-0(1)) Lulu Pr., Inc.
Coloring Book for 2 Year Olds (Monsters) Bernard Patrick. 2020. (ENG.). 46p. (J). pap. 11.11 (978-0-244-86082-0(3)) Lulu Pr., Inc.
Coloring Book for 2 Year Olds (Nail Art) Bernard Patrick. 2020. (ENG.). (J). 84p. pap. 15.01 (978-0-244-26086-6(9)); 46p. pap. 11.52 (978-0-244-86086-8(6)) Lulu Pr., Inc.
Coloring Book for 2 Year Olds (Office) Bernard Patrick. 2020. (ENG.). (J). 84p. pap. 15.01 (978-0-244-86087-5(4)); 46p. pap. 11.11 (978-0-244-86088-2(2)) Lulu Pr., Inc.
Coloring Book for 2 Year Olds (Parks) Bernard Patrick. 2020. (ENG.). (J). 84p. pap. 15.01 (978-0-244-26357-7(4)); 46p. pap. 12.34 (978-0-244-56357-8(8)) Lulu Pr., Inc.
Coloring Book for 2 Year Olds (Playground) Bernard Patrick. 2020. (ENG.). 84p. (J). pap. 15.56 (978-0-244-56093-5(5)) Lulu Pr., Inc.
Coloring Book for 2 Year Olds (Playground. Bernard Patrick. 2020. (ENG.). 46p. (J). pap. 11.11 (978-0-244-56094-2(3)) Lulu Pr., Inc.
Coloring Book for 2 Year Olds (Playing Cards) Bernard Patrick. 2020. (ENG.). (J). 84p. pap. 15.01 (978-0-244-86095-0(5)); 46p. pap. 11.11 (978-0-244-86096-7(3)) Lulu Pr., Inc.
Coloring Book for 2 Year Olds (Pottery) Bernard Patrick. 2020. (ENG.). (J). 84p. pap. 15.56 (978-0-244-26098-9(2)); 46p. pap. 11.52 (978-0-244-86098-1(X)) Lulu Pr., Inc.
Coloring Book for 2 Year Olds (Routines) Bernard Patrick. 2020. (ENG.). (J). 46p. pap. 11.11 (978-0-244-26106-1(7)); 84p. pap. 15.01 (978-0-244-86101-8(3)) Lulu Pr., Inc.
Coloring Book for 2 Year Olds (Russian Dolls) Bernard Patrick. 2020. (ENG.). (J). 84p. pap. 15.01 (978-0-244-26120-7(2)); 46p. pap. 12.34 (978-0-244-56121-5(4)) Lulu Pr., Inc.
Coloring Book for 2 Year Olds (Sea Shells) Bernard Patrick. 2020. (ENG.). (J). 84p. pap. 15.56 (978-0-244-56147-5(8)); 46p. pap. 12.81 (978-0-244-86148-3(X)) Lulu Pr., Inc.
Coloring Book for 2 Year Olds (Sloths) Bernard Patrick. 2020. (ENG.). (J). 84p. pap. 15.01 (978-0-244-56150-5(8)); 46p. pap. 12.81 (978-0-244-56151-2(6)) Lulu Pr., Inc.
Coloring Book for 2 Year Olds (Summer Fun) Bernard Patrick. 2020. (ENG.). (J). 84p. pap. 15.01 (978-0-244-26157-3(1)); 46p. pap. 12.34 (978-0-244-56157-4(5)) Lulu Pr., Inc.
Coloring Book for 2 Year Olds (Sunshine) Bernard Patrick. 2020. (ENG.). (J). 84p. pap. 15.01 (978-0-244-86158-2(7)); 46p. pap. 12.81 (978-0-244-86159-9(5)) Lulu Pr., Inc.
Coloring Book for 2 Year Olds Super Fun Activity Book. Kreative Kids. 2016. (ENG., Illus.). (J). pap. 9.20 (978-1-68377-270-5(9)) Whlke, Traudl.
Coloring Book for 2 Year Olds (Veganism) Bernard Patrick. 2020. (ENG.). (J). 84p. pap. 15.01 (978-0-244-26189-4(X)); 46p. pap. 12.34 (978-0-244-26190-0(3)) Lulu Pr., Inc.
Coloring Book for 2 Year Olds (Vegetarian Food) Bernard Patrick. 2020. (ENG.). (J). 46p. pap. 12.81 (978-0-244-26191-7(1)); 84p. pap. 15.01 (978-0-244-56190-1(7)) Lulu Pr., Inc.
Coloring Book for 3 Year Olds (Kites) Bernard Patrick. 2020. (ENG.). (J). 84p. pap. 15.56 (978-0-244-56078-2(1)); 46p. pap. 11.11 (978-0-244-86079-0(3)) Lulu Pr., Inc.
Coloring Book for 3 Years Olds Super Fun Activity Book. Kreative Kids. 2016. (ENG., Illus.). (J). pap. 9.20 (978-1-68377-268-2(7)) Whlke, Traudl.
Coloring Book for 4-5 Year Olds (Ancient Egypt) Bernard Patrick. 2020. (ENG.). (J). 46p. pap. 12.34 (978-0-244-56193-2(1)); 84p. pap. 15.01 (978-0-244-86192-6(7)) Lulu Pr., Inc.
Coloring Book for 4-5 Year Olds (Ancient Greece) Bernard Patrick. 2020. (ENG.). (J). 46p. pap. 12.34 (978-0-244-26198-6(9)); 84p. pap. 15.01 (978-0-244-86193-3(5)) Lulu Pr., Inc.
Coloring Book for 4-5 Year Olds (Baby Animals) Bernard Patrick. 2020. (ENG.). (J). 84p. pap. 15.56 (978-0-244-56199-4(0)); 46p. pap. 12.34 (978-0-244-86200-8(1)) Lulu Pr., Inc.
Coloring Book for 4-5 Year Olds (Ballet) Bernard Patrick. 2020. (ENG.). 46p. (J). pap. 12.81 (978-0-244-86201-5(X)) Lulu Pr., Inc.
Coloring Book for 4-5 Year Olds (Bathtime) Bernard Patrick. 2020. (ENG.). (J). 46p. pap. 12.34 (978-0-244-26282-2(9)); 84p. pap. 15.01 (978-0-244-86281-7(8)) Lulu Pr., Inc.
Coloring Book for 4-5 Year Olds (Birds) Bernard Patrick. 2020. (ENG.). (J). 84p. pap. 15.01 (978-0-244-56204-5(0)); 46p. pap. 12.34 (978-0-244-86204-6(4)) Lulu Pr., Inc.
Coloring Book for 4-5 Year Olds (Birthday) Bernard Patrick. 2020. (ENG.). (J). 84p. pap. 15.56 (978-0-244-56205-2(9)); 46p. pap. 12.34 (978-0-244-86205-3(2)) Lulu Pr., Inc.
Coloring Book for 4-5 Year Olds (Cacti) Bernard Patrick. 2020. (ENG.). (J). 84p. pap. 15.01 (978-0-244-86207-7(9)); 46p. pap. 12.34 (978-0-244-86208-4(7)) Lulu Pr., Inc.
Coloring Book for 4-5 Year Olds (Cats) Bernard Patrick. 2020. (ENG.). (J). 46p. pap. 12.81 (978-0-244-26211-2(X)); 84p. pap. 15.01 (978-0-244-56210-6(5)) Lulu Pr., Inc.
Coloring Book for 4-5 Year Olds (Christmas Stockings) Bernard Patrick. 2020. (ENG.). 84p. (J). pap. 15.56 (978-0-244-56229-8(6)) Lulu Pr., Inc.
Coloring Book for 4-5 Year Olds (Christmas Trees) Bernard Patrick. 2020. (ENG.). 46p. (J). pap. 12.34 (978-0-244-26231-0(4)) Lulu Pr., Inc.
Coloring Book for 4-5 Year Olds (Construction) Bernard Patrick. 2020. (ENG.). (J). 46p. pap. 12.81 (978-0-244-56233-5(4)); 84p. pap. 15.01 (978-0-244-86231-2(1)) Lulu Pr., Inc.
Coloring Book for 4-5 Year Olds (Cookies) Bernard Patrick. 2020. (ENG.). (J). 84p. pap. 15.01 (978-0-244-26234-1(9)); 46p. pap. 12.81 (978-0-244-26235-8(7)) Lulu Pr., Inc.
Coloring Book for 4-5 Year Olds (Crowns & Tiaras) Bernard Patrick. 2020. (ENG.). (J). 84p. pap. 15.01 (978-0-244-26236-5(5)); 46p. pap. 12.81 (978-0-244-86236-7(2)) Lulu Pr., Inc.
Coloring Book for 4-5 Year Olds (Desserts) Bernard Patrick. 2020. (ENG.). (J). 84p. pap. 15.01 (978-0-244-56246-5(6)); 46p. pap. 12.81 (978-0-244-86246-6(X)) Lulu Pr., Inc.
Coloring Book for 4-5 Year Olds (Dinosaurs) Bernard Patrick. 2020. (ENG.). (J). 84p. pap. 15.56 (978-0-244-26248-8(9)); 46p. pap. 12.34 (978-0-244-26249-5(7)) Lulu Pr., Inc.
Coloring Book for 4-5 Year Olds (Dogs) Bernard Patrick. 2020. (ENG.). (J). 46p. pap. 12.81 (978-0-244-26250-1(0)); 84p. pap. 15.01 (978-0-244-86249-7(4)) Lulu Pr., Inc.
Coloring Book for 4-5 Year Olds (Drinks) Bernard Patrick. 2020. (ENG.). (J). 46p. pap. 12.34 (978-0-244-56252-6(0)); 84p. pap. 15.56 (978-0-244-86251-0(6)) Lulu Pr., Inc.
Coloring Book for 4-5 Year Olds (Easter Eggs) Bernard Patrick. 2020. (ENG.). (J). 84p. pap. 15.56 (978-0-244-86253-4(2)); 46p. pap. 12.34 (978-0-244-86254-1(0)) Lulu Pr., Inc.
Coloring Book for 4-5 Year Olds (Elephants) Bernard Patrick. 2020. (ENG.). (J). 84p. pap. 15.01 (978-0-244-26275-4(6)); 84p. pap. 15.01 (978-0-244-56255-7(5)); 46p. pap. 12.34 (978-0-244-56276-2(8)) Lulu Pr., Inc.
Coloring Book for 4-5 Year Olds (Elves) Bernard Patrick. 2020. (ENG.). (J). 46p. pap. 12.34 (978-0-244-26277-8(2)); 84p. pap. 15.56 (978-0-244-86276-3(1)) Lulu Pr., Inc.
Coloring Book for 4-5 Year Olds (Emergency Services) Bernard Patrick. 2020. (ENG.). (J). 46p. pap. 12.34 (978-0-244-56284-7(9)); 84p. pap. 15.01 (978-0-244-86283-1(4)) Lulu Pr., Inc.
Coloring Book for 4-5 Year Olds (Emoji) Bernard Patrick. 2020. (ENG.). (J). 46p. pap. 12.34 (978-0-244-26256-3(X)); 84p. pap. 15.56 (978-0-244-56254-0(7)) Lulu Pr., Inc.
Coloring Book for 4-5 Year Olds (Faces) Bernard Patrick. 2020. (ENG.). 46p. (J). pap. 12.81 (978-0-244-26253-2(5)) Lulu Pr., Inc.
Coloring Book for 4-5 Year Olds (Farting Animals) Bernard Patrick. 2020. (ENG.). (J). 46p. pap. 12.34 (978-0-244-56250-2(4)); 84p. pap. 15.56 (978-0-244-86248-0(6)) Lulu Pr., Inc.
Coloring Book for 4-5 Year Olds (Fish) Bernard Patrick. 2020. (ENG.). (J). 84p. pap. 15.01 (978-0-244-26247-1(0)); 46p. pap. 12.34 (978-0-244-56248-9(2)) Lulu Pr., Inc.
Coloring Book for 4-5 Year Olds (France) Bernard Patrick. 2020. (ENG.). (J). 84p. pap. 15.56 (978-0-244-26244-0(6)); 46p. pap. 12.34 (978-0-244-56245-8(8)) Lulu Pr., Inc.
Coloring Book for 4-5 Year Olds (Fruit) Bernard Patrick. 2020. (ENG.). (J). 84p. pap. 15.56 (978-0-244-56241-0(5)); 46p. pap. 12.34 (978-0-244-86241-1(9)) Lulu Pr., Inc.
Coloring Book for 4-5 Year Olds (Fruit & Vegetables) Bernard Patrick. 2020. (ENG.). (J). 84p. pap. 15.01 (978-0-244-26286-0(1)); 46p. pap. 12.34 (978-0-244-86286-2(9)) Lulu Pr., Inc.
Coloring Book for 4-5 Year Olds (Gardening) Bernard Patrick. 2020. (ENG.). (J). 84p. pap. 15.01 (978-0-244-26237-2(3)); 46p. pap. 12.81 (978-0-244-56237-3(7)) Lulu Pr., Inc.
Coloring Book for 4-5 Year Olds (Gingerbread Man & Houses) Bernard Patrick. 2020. (ENG.). (J). 46p. pap. 12.81 (978-0-244-56236-6(9)); 84p. pap. 15.56 (978-0-244-86235-0(4)) Lulu Pr., Inc.
Coloring Book for 4-5 Year Olds (Happy Fruit) Bernard Patrick. 2020. (ENG.). (J). 84p. pap. 15.01 (978-0-244-56234-2(2)); 46p. pap. 12.34 (978-0-244-56235-9(0)) Lulu Pr., Inc.
Coloring Book for 4-5 Year Olds (Hats) Bernard Patrick. 2020. (ENG.). (J). 46p. pap. 12.34 (978-0-244-26289-1(6)); 84p. pap. 15.01 (978-0-244-86288-6(5)) Lulu Pr., Inc.
Coloring Book for 4-5 Year Olds (Hippies) Bernard Patrick. 2020. (ENG.). (J). 84p. pap. 15.01 (978-0-244-26290-7(X)); 46p. pap. 12.34 (978-0-244-56291-5(1)) Lulu Pr., Inc.
Coloring Book for 4-5 Year Olds (Houses) Bernard Patrick. 2020. (ENG.). (J). 84p. pap. 15.01 (978-0-244-86232-9(X)); 46p. pap. 12.81 (978-0-244-86233-6(8)) Lulu Pr., Inc.
Coloring Book for 4-5 Year Olds (Insects) Bernard Patrick. 2020. (ENG.). (J). 46p. pap. 12.34 (978-0-244-26232-7(2)); 84p. pap. 15.01 (978-0-244-86230-5(3)) Lulu Pr., Inc.
Coloring Book for 4-5 Year Olds (Jungle) Bernard Patrick. 2020. (ENG.). (J). 46p. pap. 12.34 (978-0-244-56292-2(X)); 84p. pap. 15.01 (978-0-244-86291-6(5)) Lulu Pr., Inc.
Coloring Book for 4-5 Year Olds (Kitchen) Bernard Patrick. 2020. (ENG.). (J). 84p. pap. 15.56 (978-0-244-86212-1(5)); 46p. pap. 12.81 (978-0-244-56213-7(X)) Lulu Pr., Inc.
Coloring Book for 4-5 Year Olds (Lips) Bernard Patrick. 2020. (ENG.). (J). 46p. pap. 12.34 (978-0-244-56293-9(8)); 84p. pap. 15.01 (978-0-244-86292-3(3)) Lulu Pr., Inc.
Coloring Book for 4-5 Year Olds (London) Bernard Patrick. 2020. (ENG.). (J). 46p. pap. 12.81 (978-0-244-26298-3(5)); 84p. pap. 15.01 (978-0-244-56297-7(0)) Lulu Pr., Inc.
Coloring Book for 4-5 Year Olds (Monkeys) Bernard Patrick. 2020. (ENG.). (J). 84p. pap. 15.01 (978-0-244-56298-4(9)); 46p. pap. 12.34 (978-0-244-56361-5(6)) Lulu Pr., Inc.
Coloring Book for 4-5 Year Olds (Monsters) Bernard Patrick. 2020. (ENG.). (J). 84p. pap. 15.56 (978-0-244-26209-9(8)); 46p. pap. 12.81 (978-0-244-86209-1(5)) Lulu Pr., Inc.
Coloring Book for 4-5 Year Olds (Musical Instruments) Bernard Patrick. 2020. (ENG.). (J). 84p. pap. 15.01 (978-0-244-26208-2(X)); 46p. pap. 12.34 (978-0-244-56208-3(3)) Lulu Pr., Inc.
Coloring Book for 4-5 Year Olds (Nail Art) Bernard Patrick. 2020. (ENG.). (J). 46p. pap. 12.34 (978-0-244-26207-5(1)); 84p. pap. 15.01 (978-0-244-86206-0(0)) Lulu Pr., Inc.
Coloring Book for 4-5 Year Olds (Owls) Bernard Patrick. 2020. (ENG.). (J). 46p. pap. 12.34 (978-0-244-26204-4(7)); 84p. pap. 15.01 (978-0-244-86202-2(8)) Lulu Pr., Inc.
Coloring Book for 4-5 Year Olds (Puppets) Bernard Patrick. 2020. (ENG.). (J). 46p. pap. 12.34 (978-0-244-56363-9(2)); 84p. pap. 15.63 (978-0-244-86362-3(8)) Lulu Pr., Inc.
Coloring Book for 4-5 Year Olds (Pyjamas) Bernard Patrick. 2020. (ENG.). (J). 84p. pap. 15.63 (978-0-244-26368-3(X)); 46p. pap. 12.87 (978-0-244-26369-0(8)) Lulu Pr., Inc.
Coloring Book for 4-5 Year Olds (School) Bernard Patrick. 2020. (ENG.). (J). 46p. pap. 12.81 (978-0-244-56196-3(6)); 84p. pap. 15.56 (978-0-244-86195-7(1)) Lulu Pr., Inc.
Coloring Book for 4-5 Year Olds (Sea Life) Bernard Patrick. 2020. (ENG.). (J). 46p. pap. 12.34 (978-0-244-26361-4(2)); 84p. pap. 15.01 (978-0-244-86360-9(1)) Lulu Pr., Inc.
Coloring Book for 4-5 Year Olds (Shoes) Bernard Patrick. 2020. (ENG.). (J). 84p. pap. 15.63 (978-0-244-86374-6(1)); 46p. pap. 12.34 (978-0-244-86375-3(X)) Lulu Pr., Inc.
Coloring Book for 4-5 Year Olds (Skiing) Bernard Patrick. 2020. (ENG.). (J). 84p. pap. 15.01 (978-0-244-26363-8(9)); 46p. pap. 12.34 (978-0-244-56364-6(0)) Lulu Pr., Inc.
Coloring Book for 4-5 Year Olds (Sweets) Bernard Patrick. 2020. (ENG.). 46p. (J). pap. 12.34 (978-0-244-26193-1(8)) Lulu Pr., Inc.
Coloring Book for 4-5 Year Olds (Sweets) Bernard Patrick. 2020. (ENG.). 84p. (J). pap. 15.56 (978-0-244-86191-9(9)) Lulu Pr., Inc.
Coloring Book for 4-5 Year Olds (Teddy Bears) Bernard Patrick. 2020. (ENG.). (J). 46p. pap. 12.34 (978-0-244-26362-1(0)); 84p. pap. 15.01 (978-0-244-86361-6(X)) Lulu Pr., Inc.
Coloring Book for 4-5 Year Olds (Teeth) Bernard Patrick. 2020. (ENG.). (J). 84p. pap. 15.01 (978-0-244-86189-6(7)); 46p. pap. 12.34 (978-0-244-86190-2(0)) Lulu Pr., Inc.
Coloring Book for 4-5 Year Olds (Tortoise) Bernard Patrick. 2020. (ENG.). (J). 46p. pap. 12.87 (978-0-244-26360-7(4)); 84p. pap. 15.63 (978-0-244-56359-2(4)) Lulu Pr., Inc.
Coloring Book for 4-5 Year Olds (Unicorns) Bernard Patrick. 2020. (ENG.). (J). 84p. pap. 15.56 (978-0-244-26186-3(5)); 46p. pap. 12.34 (978-0-244-26188-7(1)) Lulu Pr., Inc.
Coloring Book for 4 Year Olds (Cars) This Book Has 40 Coloring Pages. This Book Will Assist Young Children to Develop Pen Control & to Exercise Their Fine Motor Skills. James Manning. 2020. (ENG.). 86p. (J). pap. (978-1-80027-510-2(2)) CBT Bks.
Coloring Book for 4 Year Olds (Dogs) This Book Has 38 Coloring Pages. This Book Will Assist Young Children to Develop Pen Control & to Exercise Their Fine Motor Skills. Nicola Ridgeway & James Manning. 2020. (Coloring Books for Kids Ser.: Vol. 16). (ENG., Illus.). 82p. (J). pap. (978-1-80027-135-7(2)) CBT Bks.
Coloring Book for 4 Year Olds (Dragons) This Book Has 40 Coloring Pages. This Book Will Assist Young Children to Develop Pen Control & to Exercise Their Fine Motor Skills. James Manning. 2020. (ENG.). 86p. (J). pap. (978-1-80027-506-5(4)) CBT Bks.
Coloring Book for 4 Year Olds (Easter Eggs 2) This Book Has 40 Coloring Pages. This Book Will Assist Young Children to Develop Pen Control & to Exercise Their Fine Motor Skills. Nicola Ridgeway & James Manning. 2020. (Coloring Books for Kids Ser.: Vol. 16). (ENG., Illus.). 86p. (J). pap. (978-1-80027-200-2(6)) CBT Bks.
Coloring Book for 4 Year Olds (Easter Eggs 3) This Book Has 40 Coloring Pages. This Book Will Assist Young Children to Develop Pen Control & to Exercise Their Fine Motor Skills. Nicola Ridgeway & James Manning. 2020. (Coloring Books for Kids Ser.: Vol. 16). (ENG., Illus.). 86p. (J). pap. (978-1-80027-199-9(9)) CBT Bks.
Coloring Book for 4 Year Olds (Emoji 2) This Book Has 40 Coloring Pages. This Book Will Assist Young Children to Develop Pen Control & to Exercise Their Fine Motor Skills. Nicola Ridgeway & James Manning. 2020. (Coloring Books for Kids Ser.: Vol. 16). (ENG., Illus.). 86p. (J). pap. (978-1-80027-198-2(0)) CBT Bks.
Coloring Book for 4 Year Olds (Faces) This Book Has 40 Coloring Pages. This Book Will Assist Young Children to Develop Pen Control & to Exercise Their Fine Motor Skills. James Manning. 2020. (ENG.). 86p. (J). pap. (978-1-80027-508-9(0)) CBT Bks.
Coloring Book for 4 Year Olds (Fish) This Book Has 40 Coloring Pages. This Book Will Assist Young Children to Develop Pen Control & to Exercise Their Fine Motor Skills. James Manning. 2020. (ENG.). 86p. (J). pap. (978-1-80027-509-6(9)) CBT Bks.
Coloring Book for 4 Year Olds (Gingerbread Houses 1) This Book Has 40 Coloring Pages. This Book Will Assist Young Children to Develop Pen Control & to Exercise Their Fine Motor Skills. Nicola Ridgeway & James Manning. 2020. (Coloring Books for Kids Ser.: Vol. 16). (ENG.). 86p. (J). pap. (978-1-80027-196-8(4)) CBT Bks.
Coloring Book for 4 Year Olds (Owls 1) This Book Has 40 Coloring Pages. This Book Will Assist Young Children to Develop Pen Control & to Exercise Their Fine Motor Skills. Nicola Ridgeway & James Manning. 2020. (Coloring Books for Kids Ser.: Vol. 16). (ENG., Illus.). 86p. (J). pap. (978-1-80027-148-7(4)) CBT Bks.
Coloring Book for 4 Year Olds (Owls 2) This Book Has 40 Coloring Pages. This Book Will Assist Young Children to Develop Pen Control & to Exercise Their Fine Motor Skills. Nicola Ridgeway & James Manning. 2020. (Coloring Books for Kids Ser.: Vol. 17). (ENG.). 86p. (J). pap. (978-1-80027-265-1(0)) CBT Bks.
Coloring Book for 4 Year Olds Super Fun Activity Book. Kreative Kids. 2016. (ENG., Illus.). (J). pap. 9.20 (978-1-68377-267-5(9)) Whlke, Traudl.
Coloring Book for 5 Year Olds Super Fun Activity Book. Kreative Kids. 2016. (ENG., Illus.). (J). pap. 9.20 (978-1-68377-266-8(0)) Whlke, Traudl.

C

Coloring Book for 6 Year Olds Super Fun Activity Book. Kreative Kids. 2016. (ENG., Illus.). (J). pap. 9.20 *(978-1-68377-265-1(2))* Whlke, Traudl.

Coloring Book for 7+ Year Olds (Ancient Rome) Bernard Patrick. 2020. (ENG.). (J). 84p. pap. 15.01 *(978-0-244-56367-7(5));* 46p. pap. 12.34 *(978-0-244-86367-8(9))* Lulu Pr., Inc.

Coloring Book for 7+ Year Olds (Animal Selfies) Bernard Patrick. 2020. (ENG.). (J). 84p. pap. 15.63 *(978-0-244-56368-4(3));* 46p. pap. 12.87 *(978-0-244-86368-5(7))* Lulu Pr., Inc.

Coloring Book for 7+ Year Olds (Ballet) Bernard Patrick. 2020. (ENG.). (J). 46p. pap. 12.87 *(978-0-244-26370-6(1));* 84p. pap. 15.63 *(978-0-244-56369-1(1))* Lulu Pr., Inc.

Coloring Book for 7+ Year Olds (Balloons) Bernard Patrick. 2020. (ENG.). (J). 84p. pap. 15.63 *(978-0-244-56370-7(5));* 46p. pap. 12.34 *(978-0-244-86370-8(9))* Lulu Pr., Inc.

Coloring Book for 7+ Year Olds (Bonfire Night) Bernard Patrick. 2020. (ENG.). (J). 84p. pap. 15.01 *(978-0-244-26371-3(X));* 46p. pap. 12.34 *(978-0-244-26374-4(4))* Lulu Pr., Inc.

Coloring Book for 7+ Year Olds (Breakfast) Bernard Patrick. 2020. (ENG.). (J). 84p. pap. 15.63 *(978-0-244-56374-5(8));* 46p. pap. 12.34 *(978-0-244-56375-2(6))* Lulu Pr., Inc.

Coloring Book for 7+ Year Olds (Cakes) Bernard Patrick. 2020. (ENG.). (J). 46p. pap. 12.87 *(978-0-244-56378-3(0));* 84p. pap. 15.63 *(978-0-244-86376-0(8))* Lulu Pr., Inc.

Coloring Book for 7+ Year Olds (Cartoon People) Bernard Patrick. 2020. (ENG.). (J). 84p. pap. 15.01 *(978-0-244-26379-9(5));* 46p. pap. 12.34 *(978-0-244-26380-5(9))* Lulu Pr., Inc.

Coloring Book for 7+ Year Olds (Clowns) Bernard Patrick. 2020. (ENG.). 84p. (J). pap. 15.01 *(978-0-244-56384-4(5))* Lulu Pr., Inc.

Coloring Book for 7+ Year Olds (Farting Animals) Bernard Patrick. 2020. (ENG.). 46p. (J). pap. 12.34 *(978-0-244-56390-5(X))* Lulu Pr., Inc.

Coloring Book for 7+ Year Olds (Gingerbread Man & Houses) Patrick. 2020. (ENG.). 84p. (J). pap. 15.63 *(978-0-244-56394-3(2))* Lulu Pr., Inc.

Coloring Book for 7+ Year Olds (Gingerbread Man & Houses) Bernard Patrick. 2020. (ENG.). 46p. (J). pap. 12.34 *(978-0-244-56406-3(X))* Lulu Pr., Inc.

Coloring Book for 7+ Year Olds (Gnomes) Bernard Patrick. 2020. (ENG.). 46p. (J). pap. 12.87 *(978-0-244-56407-0(8))* Lulu Pr., Inc.

Coloring Book for 7+ Year Olds (Landscapes) Bernard Patrick. 2020. (ENG.). (J). 84p. pap. 15.01 *(978-0-244-86393-7(8));* 46p. pap. 12.87 *(978-0-244-86394-4(6))* Lulu Pr., Inc.

Coloring Book for 7+ Year Olds (Periodic Table) Bernard Patrick. 2020. (ENG.). (J). 84p. pap. 15.63 *(978-0-244-86391-3(1));* 46p. pap. 12.34 *(978-0-244-86392-0(X))* Lulu Pr., Inc.

Coloring Book for 7+ Year Olds (Robots) Bernard Patrick. 2020. (ENG.). (J). 84p. pap. 15.01 *(978-0-244-26390-4(6));* 46p. pap. 12.34 *(978-0-244-26391-1(4))* Lulu Pr., Inc.

Coloring Book for 7+ Year Olds (Skiing) Bernard Patrick. 2020. (ENG.). 46p. (J). pap. 12.87 *(978-0-244-26389-8(2))* Lulu Pr., Inc.

Coloring Book for 7+ Year Olds (Sports) Bernard Patrick. 2020. (ENG.). 46p. (J). pap. 12.34 *(978-0-244-86386-9(5))* Lulu Pr., Inc.

Coloring Book for 7+ Year Olds (Summer Sayings) Bernard Patrick. 2020. (ENG.). (J). 84p. pap. 15.01 *(978-0-244-86383-8(0));* 46p. pap. 12.34 *(978-0-244-86384-5(9))* Lulu Pr., Inc.

Coloring Book for 7 Year Olds Super Fun Activity Book. Kreative Kids. 2016. (ENG., Illus.). (J). pap. 9.20 *(978-1-68377-264-4(4))* Whlke, Traudl.

Coloring Book for 7+ Year Olds (Superhero Words) Bernard Patrick. 2020. (ENG.). (J). 84p. pap. 15.63 *(978-0-244-56381-3(0));* 46p. pap. 12.87 *(978-0-244-86381-4(4))* Lulu Pr., Inc.

Coloring Book for 7+ Year Olds (Superheros) Bernard Patrick. 2020. (ENG.). (J). 84p. pap. 15.63 *(978-0-244-56379-0(9));* 46p. pap. 12.34 *(978-0-244-86379-1(2))* Lulu Pr., Inc.

Coloring Book for 7+ Year Olds (Winter Sayings) Bernard Patrick. 2020. (ENG.). (J). 84p. pap. 15.01 *(978-0-244-86377-7(6));* 46p. pap. 12.34 *(978-0-244-86378-4(4))* Lulu Pr., Inc.

Coloring Book for 8 Year Olds Super Fun Activity Book. Kreative Kids. 2016. (ENG., Illus.). (J). pap. 9.20 *(978-1-68377-263-7(6))* Whlke, Traudl.

Coloring Book for 9 Year Olds Super Fun Activity Book. Kreative Kids. 2016. (ENG., Illus.). (J). pap. 9.20 *(978-1-68377-262-0(8))* Whlke, Traudl.

Coloring Book for Adult: Animal Featuring Beautiful Mandalas Designs for Stress Relief an Relaxation. Maxim The Badass. 2021. (ENG.). 80p. (YA). pap. 10.99 *(978-1-68474-730-6(9))* Lulu Pr., Inc.

Coloring Book for Adult with Birds: Amazing Birds Coloring Book for Stress Relieving with Gorgeous Bird Designs. Elli Steele. 2021. (ENG.). 106p. (YA). pap. 10.29 *(978-1-716-23730-0(0))* Lulu Pr., Inc.

Coloring Book for Adults. Creative Playbooks. 2016. (ENG., Illus.). (J). pap. 7.74 *(978-1-68323-202-5(X))* Twin Flame Productions.

Coloring Book for Adults 130 Mandalas: Most Beautiful Stress Relieving & Have Fun Mandala Designs for Adults, Amazing Selection Coloring Pages for Relaxation & Mindfulness. Victor Freeman. 2021. (ENG.). 264p. (YA). 27.99 *(978-0-309-94950-7(5),* Joseph Henry Pr.) National Academies Pr.

Coloring Book for Adults Animals: A Whimsical Adult Coloring Book: Stress Relieving Animal Designs. Elli Steele. 2020. (ENG.). 98p. (YA). pap. 9.99 *(978-1-716-33821-2(2))* Lulu Pr., Inc.

Coloring Book for Adults Mandala: Amazing Mandala Adult Coloring Book Stress Relieving. Elli Steele. 2021. (ENG.). 106p. (YA). pap. 10.29 *(978-1-716-24976-1(7))* Lulu Pr., Inc.

Coloring Book for Adults with Elephant: Amazing Elephants Designs for Stress Relief & Relaxation. Elli Steele. 2021. (ENG.). 74p. (YA). pap. 8.99 *(978-1-716-21190-4(5))* Lulu Pr., Inc.

Coloring Book for Adults with Horror Creatures: Horror Adult Coloring Book for Stress Relief & Relaxation. Elli Steele. 2021. (ENG.). 58p. (YA). pap. 8.75 *(978-1-716-08245-0(5))* Lulu Pr., Inc.

Coloring Book for Boys. Noria Hamdoun. 2023. (ENG.). 82p. (J). pap. ***(978-1-4477-4360-6(1))*** Lulu Pr., Inc.

Coloring Book for Boys! a Collection of Unique Coloring Pages. Bold Illustrations. 2018. (ENG., Illus.). 84p. (J). pap. 6.92 *(978-1-64193-955-3(9),* Bold Illustrations) FASTLANE LLC.

Coloring Book for Boys (Mysterious Mechanical Creatures) Advanced Coloring (Colouring) Books with 40 Coloring Pages: Mysterious Mechanical Creatures (Colouring (Coloring) Books) James Manning. 2019. (Coloring Book for Boys Ser.: Vol. 11). (ENG., Illus.). 82p. (YA). pap. *(978-1-83856-591-6(4))* Coloring Pages.

Coloring Book for Fashion Girls: 50 Cute & Fun Stylish Pages for Coloring Fashion Girl. Luna Art. 2022. (ENG.). 50p. (J). pap. 9.99 *(978-1-716-04086-3(8))* Lulu Pr., Inc.

Coloring Book for Girls. Noria Hamdoun. 2023. (ENG.). 82p. (J). pap. 12.81 ***(978-1-4477-4345-3(8))*** Lulu Pr., Inc.

Coloring Book for Girls. Hannelore C. Thomson. 2020. (ENG.). 104p. (J). pap. 5.99 *(978-1-716-31243-4(4))* Lulu Pr., Inc.

Coloring Book for Girls 4 - 7 (Do What You Love) 36 Coloring Pages to Boost Confidence in Girls. James Manning. 2019. (Coloring Book for Girls 4 - 7 (Do What You Love) Ser.: Vol. 1). (ENG., Illus.). 74p. (J). pap. *(978-1-83856-488-9(8))* Coloring Pages.

Coloring Book for Girls 5 - 7 (Do What You Love) 36 Coloring Pages to Boost Confidence in Girls. James Manning. 2019. (Coloring Book for Girls 5 - 7 Ser.: Vol. 36). (ENG., Illus.). 74p. (J). pap. *(978-1-83856-487-2(X))* Coloring Pages.

Coloring Book for Girls 8 - 12 (Do What You Love) 36 Coloring Pages to Boost Confidence in Girls. James Manning. 2019. (Coloring Book for Girls 8 - 12 Ser.: Vol. 1). (ENG., Illus.). 74p. (J). pap. *(978-1-83856-486-5(1))* Coloring Pages.

Coloring Book for Girls 9 - 12 (Do What You Love) 36 Coloring Pages to Boost Confidence in Girls. James Manning. 2019. (Coloring Book for Girls 9 - 12 Ser.: Vol. 1). (ENG., Illus.). 74p. (J). pap. *(978-1-83856-489-6(6))* Coloring Pages.

Coloring Book for Girls Age 5 (Do What You Love) 36 Coloring Pages to Boost Confidence in Girls. James Manning. 2019. (Coloring Book for Girls Age 5 (Do What You Love) Ser.: Vol. 1). (ENG., Illus.). 74p. (J). pap. *(978-1-83856-491-9(8))* Coloring Pages.

Coloring Book for Girls Age 5 (Unicorn Coloring Book) A Unicorn Coloring (Colouring) Book with 30 Coloring Pages That Gradually Progress in Difficulty: This Book Can Be Downloaded As a PDF & Printed Out to Color Individual Pages. James Manning. 2019. (Coloring Book for Girls Age 5 Ser.: Vol. 3). (ENG., Illus.). 62p. (J). pap. *(978-1-83856-630-2(9))* Coloring Pages.

Coloring Book for Girls Age 6 (Do What You Love) 36 Coloring Pages to Boost Confidence in Girls. James Manning. 2019. (Coloring Book for Girls Age 6 Ser.: Vol. 1). (ENG., Illus.). 74p. (J). pap. *(978-1-83856-500-8(0))* Coloring Pages.

Coloring Book for Girls Age 6 (Unicorn Coloring Book) A Unicorn Coloring (Colouring) Book with 30 Coloring Pages That Gradually Progress in Difficulty: This Book Can Be Downloaded As a PDF & Printed Out to Color Individual Pages. James Manning. 2019. (Coloring Book for Girls Age 6 Ser.: Vol. 3). (ENG., Illus.). 62p. (J). pap. *(978-1-83856-629-6(5))* Coloring Pages.

Coloring Book for Girls Age 7 - 9 (Unicorn Coloring Book) A Unicorn Coloring (Colouring) Book with 30 Coloring Pages That Gradually Progress in Difficulty: This Book Can Be Downloaded As a PDF & Printed Out to Color Individual Pages. James Manning. 2019. (Coloring Book for Girls Age 7 - 9 Ser.: Vol. 3). (ENG., Illus.). 62p. (J). pap. *(978-1-83856-631-9(7))* Coloring Pages.

Coloring Book for Girls Age 7 -12 (Do What You Love) 36 Coloring Pages to Boost Confidence in Girls. James Manning. 2019. (Coloring Book for Girls Age 7 -12 Ser.: Vol. 1). (ENG., Illus.). 74p. (J). pap. *(978-1-83856-492-6(6))* Coloring Pages.

Coloring Book for Girls Age 8 (Do What You Love) 36 Coloring Pages to Boost Confidence in Girls. James Manning. 2019. (Coloring Book for Girls Age 8 Ser.: Vol. 36). (ENG., Illus.). 74p. (J). pap. *(978-1-83856-494-0(2))* Coloring Pages.

Coloring Book for Girls Age 9 (Do What You Love) 36 Coloring Pages to Boost Confidence in Girls. James Manning. 2019. (Coloring Book for Girls Age 9 Ser.: Vol. 1). (ENG., Illus.). 74p. (J). pap. *(978-1-83856-495-7(0))* Coloring Pages.

Coloring Book for Girls Ages 8 - 12 (Do What You Love) 36 Coloring Pages to Boost Confidence in Girls. James Manning. 2019. (Coloring Book for Girls Ages 8 - 12 Ser.: Vol. 1). (ENG., Illus.). 74p. (J). pap. *(978-1-83856-496-4(9))* Coloring Pages.

Coloring Book for Girls (Do What You Love) 36 Coloring Pages to Boost Confidence in Girls. James Manning. 2019. (ENG., Illus.). 74p. (J). pap. *(978-1-83856-465-0(9));* pap. *(978-1-83856-467-4(5))* Coloring Pages.

Coloring Book for Girls (Fashion Coloring Book) 40 Fashion Coloring Pages. James Manning. 2019. (ENG., Illus.). 82p. (J). pap. *(978-1-83856-304-2(0))* Coloring Pages.

Coloring Book for Girls Super Fun Activity Book. Kreative Kids. 2016. (ENG., Illus.). (J). pap. 9.20 *(978-1-68377-279-8(2))* Whlke, Traudl.

Coloring Book for Holiday: Happy Holiday Coloring Book, Holiday Coloring Pages for Kids 4+, Boys & Girls, Fun & Unique Holiday Coloring Paperback. H. Elliott. 2021. (ENG.). 80p. (J). pap. 7.99 *(978-1-716-20752-5(5))* Lulu Pr., Inc.

Coloring Book for Kids. Anna O'Annabelle. 2020. (ENG.). 104p. (J). pap. 10.00 *(978-1-716-42176-1(4))* Lulu Pr., Inc.

Coloring Book for Kids: Ages 5 To 11. Color Company. 2021. (ENG.). 102p. (J). pap. 24.54 *(978-1-7367317-3-4(4))* Work, Rare Bks.

Coloring Book for Kids: For Kids Ages 4-8, 9-12. Young Dreamers Press. Illus. by Olena Shkoliar. 2021. (Young Dreamers Coloring Bks.: Vol. 2). (ENG.). 66p. (J). pap. *(978-1-990136-05-4(2))* EnemyOne.

Coloring Book for Kids: Fun Coloring Pages with Animals, Dinosaurs, Cars, Unicorns for Boys & Girls Aged 4+ Coloristica. 2021. (ENG.). 64p. (J). pap. *(978-1-008-99144-6(9))* Lulu.com.

Coloring Book for Kids Age 8 - 10 (Do What You Love) 36 Coloring Pages to Boost Confidence in Girls. James Manning. 2019. (Coloring Book for Kids Age 8 - 10 Ser.: Vol. 1). (ENG., Illus.). 74p. (J). pap. *(978-1-83856-509-1(4))* Coloring Pages.

Coloring Book for Kids Ages 4 - 8 (Do What You Love) 36 Coloring Pages to Boost Confidence in Girls. James Manning. 2019. (Coloring Book for Kids Ages 4 - 8 Ser.: Vol. 1). (ENG., Illus.). 74p. (J). pap. *(978-1-83856-508-4(6))* Coloring Pages.

Coloring Book for Kids Ages 4 - 8 (Unicorn Coloring Book) A Unicorn Coloring (Colouring) Book with 30 Coloring Pages That Gradually Progress in Difficulty: This Book Can Be Downloaded As a PDF & Printed Out to Color Individual Pages. James Manning. 2019. (Coloring Book for Kids Ages 4 - 8 Ser.: Vol. 3). (ENG., Illus.). 62p. (J). pap. *(978-1-83856-644-9(9))* West Suffolk CBT Service Ltd., The.

Coloring Book for Kids & Activities: BIG, Coloring Book with Activities for Creative Children, GIANT, EASY,57 Fun Activities for Kids Ages 3-8, Simple Coloring Book for Kids, Kids Ages 4-8, Early Learning, Preschool & Kindergarten, Adorable, Fun & Engaging. Books For You to Smile. 2021. (ENG.). 58p. (YA). pap. 9.69 *(978-1-57633-824-7(X))* Ace Academics, Inc.

Coloring Book for Kids! Animals & More Unique Coloring Pages! Bold Illustrations. 2018. (ENG., Illus.). 84p. (J). pap. 6.92 *(978-1-64193-946-1(X),* Bold Illustrations) FASTLANE LLC.

Coloring Book for Kids. Please Focus on Me. an Intriguing Approach to Recognizing Faces. Coloring Activities for Boys & Girls to Boost Focus & Confidence. Jupiter Kids. 2017. (ENG., Illus.). 200p. (J). pap. 12.26 *(978-1-5419-4813-6(0),* Jupiter Kids (Childrens & Kids Fiction)) Speedy Publishing LLC.

Coloring Book for Kids Super Fun Activity Book. Kreative Kids. 2016. (ENG., Illus.). (J). pap. 9.20 *(978-1-68377-269-9(5))* Whlke, Traudl.

Coloring Book for Women: A Spiritual Message for Women Coping with Divorce of Spiritual Poems, Bible Scriptures, & Beautiful Patterns to Color for Healing, Brokenness, Anxiety, & Fears. Beatrice Harrison. 2020. (ENG.). 34p. (YA). pap. 7.86 *(978-1-716-88016-2(5))* Lulu Pr., Inc.

Coloring Book for Young Adults Super Fun Activity Book. Kreativ Entspannen. 2016. (ENG., Illus.). (J). pap. 9.20 *(978-1-68377-272-9(5))* Whlke, Traudl.

Coloring Book for Young Children Super Fun Activity Book. Kreative Kids. 2016. (ENG., Illus.). (J). pap. 13.59 *(978-1-68377-271-2(7))* Whlke, Traudl.

Coloring Book for Young Girls Super Fun Activity Book. Kreative Kids. 2016. (ENG., Illus.). (J). pap. 9.20 *(978-1-68377-278-1(4))* Whlke, Traudl.

Coloring Book from Space. Andree Gendron. 2019. (ENG., Illus.). 40p. (J). pap. 4.99 *(978-1-0878-0197-1(4))* Alban Lake Publishing.

Coloring Book Fruits. Prek Fruit Coloring & Activity Book with Flowers & Vegetables. Tummy-Licious Natural Produce for Coloring, Drawing & Identification. Speedy Kids. 2017. (ENG., Illus.). 200p. (J). pap. 12.26 *(978-1-5419-4802-0(5))* Speedy Publishing LLC.

Coloring Book Jumbo Edition Super Fun Activity Book. Kreative Kids. 2016. (ENG., Illus.). (J). pap. 9.20 *(978-1-68377-273-6(3))* Whlke, Traudl.

Coloring Book Kathryn the Grape Affirmation Series Seven-Book Special Edition. Kathryn Cloward. Illus. by Molly Hoy. 2019. (ENG.). (J). pap. 24.99 *(978-1-970163-23-0(2))* Kandon UnLtd., Inc.

Coloring Book (Mysterious Mechanical Creatures) Advanced Coloring (Colouring) Books with 40 Coloring Pages: Mysterious Mechanical Creatures (Colouring (Coloring) Books) James Manning. 2019. (Coloring Book Ser.: Vol. 11). (ENG., Illus.). 82p. (YA). pap. *(978-1-83856-601-2(5))* Coloring Pages.

Coloring Book (Mysterious Mechanical Creatures) Advanced Coloring (Colouring) Books with 40 Coloring Pages: Mysterious Mechanical Creatures (Colouring (Coloring) Books) James Manning. 2019. (Coloring Book Ser.: Vol. 11). (ENG., Illus.). 82p. (YA). pap. *(978-1-83856-611-1(2))* Coloring Pages.

Coloring Book of Animals. on-The-Go Coloring Book of Happy Animals. Colors & Animals Do It Anywhere Knowledge Booster. Speedy Kids. 2017. (ENG., Illus.). 200p. (J). pap. 12.26 *(978-1-5419-4803-7(3))* Speedy Publishing LLC.

Coloring Book of Animals Super Fun Activity Book. Kreative Kids. 2016. (ENG., Illus.). (J). pap. 9.20 *(978-1-68377-274-3(1))* Whlke, Traudl.

Coloring Book of Cards & Envelopes: Summertime. Illus. by Rebecca Jones. 2017. (ENG.). 74p. (J). (gr. 2-5). pap. 10.99 *(978-0-7636-9340-4(5))* Candlewick Pr.

Coloring Book of Fantasy Inns & Outlaws. Randall L. Scott. Illus. by Eric Hammond. 2020. (ENG.). 48p. (J). pap. 8.95 *(978-1-944592-17-2(2))* Dungeon Mapper, LLC.

Coloring Book of Ladies, a Coloring Book. Bobo's Adult Activity Books. 2016. (ENG., Illus.). (J). pap. 9.33 *(978-1-68327-134-5(3))* Sunshine In My Soul Publishing.

Coloring Book of Monsters. Andree Gendron. 2019. (ENG., Illus.). 40p. (J). pap. 4.99 *(978-1-0878-0196-4(6))* Alban Lake Publishing.

Coloring Book of Owls Super Fun Activity Book. Kreative Kids. 2016. (ENG., Illus.). (J). pap. 9.20 *(978-1-68377-275-0(X))* Whlke, Traudl.

Coloring Book of the P'nti & Culture Exchange. Jeff Demmers. 2021. (ENG.). 24p. (J). pap. 9.95 *(978-1-0878-6234-7(5))* Indy Pub.

Coloring Book of Truths Things I See Toddler Coloring Book. Educando Kids. 2019. (ENG.). 42p. (J). pap. 6.99 *(978-1-64521-112-9(6),* Educando Kids) Editorial Imagen.

Coloring Book of Wee Folk. Andree Gendron. 2019. (ENG., Illus.). 40p. (J). pap. 4.99 *(978-1-0878-0198-8(2))* Alban Lake Publishing.

Coloring Book Pages (Mysterious Mechanical Creatures) Advanced Coloring (Colouring) Books with 40 Coloring Pages: Mysterious Mechanical Creatures (Colouring (Coloring) Books) James Manning. 2019. (ENG., Illus.). 82p. (YA). (Coloring Book Pages Ser.: Vol. 11). pap. *(978-1-83856-164-2(1));* (Coloring Book Pages Ser.: Vol. 11). pap. *(978-1-83856-165-9(X));* 11th ed. pap. *(978-1-83856-615-9(5))* Coloring Pages.

Coloring Book Pretty Doodles: Coloring Book for Kids with Pretty Doodles 8. 5x8. 5 Inches, 100 Pages. Emerald Dreams. 2021. (ENG.). 102p. (J). pap. 10.99 *(978-1-6780-9993-0(7))* Lulu Pr., Inc.

Coloring Book Random Doodles: Coloring Book for Kids with Random Doodles - 8. 5x8. 5 Inches, 52 Pages. Emerald Dreams. 2021. (ENG.). 54p. (J). pap. 9.29 *(978-1-68470-989-2(X))* Lulu Pr., Inc.

Coloring Book Scary Monsters: Coloring Book for Kids with Scary Monsters - 8. 5x8. 5 Inches, 92 Pages. Emerald Dreams. 2021. (ENG.). 94p. (J). pap. 10.99 *(978-1-6780-9996-1(1))* Lulu Pr., Inc.

Coloring Book the Journey of Orfeo. Jonás Emanuel. 2023. (ENG.). 98p. (J). pap. ***(978-1-4478-6637-4(1))*** Lulu Pr., Inc.

Coloring Book Truck for Kids: Easy, Cute & Fun Coloring Pages of Cars for Children & Toddlers. June Shelton. 2021. (ENG.). 72p. (J). pap. 13.99 ***(978-1-892500-62-5(0))*** WRE/ColorTech.

Coloring Book Unicorn for Kids: Unicorn Gift for Your Little Girl a Children Coloring Book. June Shelton. 2021. (ENG.). 78p. (J). pap. 13.99 *(978-1-892500-84-7(1))* WRE/ColorTech.

Coloring Book Walking for Clean Water: Pukatawagan on the Move. Janice Seto. 2018. (ENG., Illus.). 38p. (J). pap. *(978-1-926935-42-3(X))* Time Savvy Success.

Coloring Book with Bluey - 123 Coloring Pages!!, Easy, LARGE, GIANT Simple Picture Coloring Books for Toddlers, Kids Ages 2-4, Early Learning, Preschool & Kindergarten. Personaldev Books. 2021. (ENG.). 54p. (J). pap. 9.99 *(978-1-716-23620-4(7))* Lulu Pr., Inc.

Coloring Book with Flowers for Adults: Beautiful Flower Garden Patterns & Botanical Floral Prints. Rhea Stokes. 2021. (ENG.). 64p. (YA). pap. 10.15 *(978-1-006-88344-6(4))* Lulu Pr., Inc.

Coloring Books Animals. the ABCs of Nature Coloring Book with Labels & Random Facts. for Boys, Girls & Teens. Jupiter Kids. 2017. (ENG., Illus.). 200p. (J). pap. 12.26 *(978-1-5419-4796-2(7),* Jupiter Kids (Childrens & Kids Fiction)) Speedy Publishing LLC.

Coloring Books for 2 Year Olds (Alphabet & Numbers) Bernard Patrick. 2020. (ENG.). (J). 84p. pap. 15.01 *(978-0-244-26278-5(0));* 46p. pap. 12.34 *(978-0-244-56278-6(4))* Lulu Pr., Inc.

Coloring Books for 2 Year Olds (Animals) Bernard Patrick. 2020. (ENG.). (J). 84p. pap. 15.01 *(978-0-244-26279-2(9));* 46p. pap. 12.34 *(978-0-244-86279-4(6))* Lulu Pr., Inc.

Coloring Books for 2 Year Olds (Birds) Bernard Patrick. 2020. (ENG.). 84p. (J). pap. 15.01 *(978-0-244-86045-5(9))* Lulu Pr., Inc.

Coloring Books for 2 Year Olds (Birthday) Bernard Patrick. 2020. (ENG.). 84p. (J). pap. 15.72 *(978-0-244-26046-0(X))* Lulu Pr., Inc.

Coloring Books for 2 Year Olds (Bows) Bernard Patrick. 2020. (ENG.). 84p. (J). pap. 15.01 *(978-0-244-56046-1(3))* Lulu Pr., Inc.

Coloring Books for 2 Year Olds (Cats) Bernard Patrick. 2020. (ENG.). 84p. (J). pap. 15.01 *(978-0-244-86046-2(7))* Lulu Pr., Inc.

Coloring Books for 2 Year Olds (Christmas Stockings) Bernard Patrick. 2020. (ENG.). 84p. (J). pap. 15.72 *(978-0-244-26047-7(8))* Lulu Pr., Inc.

Coloring Books for 2 Year Olds (Christmas Trees) Bernard Patrick. 2020. (ENG.). 84p. (J). pap. 15.01 *(978-0-244-56047-8(1))* Lulu Pr., Inc.

Coloring Books for 2 Year Olds (Clothes) Bernard Patrick. 2020. (ENG.). 84p. (J). pap. 15.72 *(978-0-244-86047-9(5))* Lulu Pr., Inc.

Coloring Books for 2 Year Olds (Cookies) Bernard Patrick. 2020. (ENG.). 84p. (J). pap. 15.01 *(978-0-244-86048-6(3))* Lulu Pr., Inc.

Coloring Books for 2 Year Olds (Crowns & Tiaras) Bernard Patrick. 2020. (ENG.). 84p. (J). pap. 15.72 *(978-0-244-26052-1(4))* Lulu Pr., Inc.

Coloring Books for 2 Year Olds (Desserts) Bernard Patrick. 2020. (ENG.). 84p. (J). pap. 15.01 *(978-0-244-86053-0(X))* Lulu Pr., Inc.

Coloring Books for 2 Year Olds (Dinosaurs) Bernard Patrick. 2020. (ENG.). 84p. (J). pap. 15.72 *(978-0-244-26055-2(9))* Lulu Pr., Inc.

Coloring Books for 2 Year Olds (Dogs) Bernard Patrick. 2020. (ENG.). 84p. (J). pap. 15.01 *(978-0-244-86055-4(6))* Lulu Pr., Inc.

Coloring Books for 2 Year Olds (Easter Eggs) Bernard Patrick. 2020. (ENG.). 84p. (J). pap. 15.01 *(978-0-244-56056-0(0))* Lulu Pr., Inc.

Coloring Books for 2 Year Olds (Emoji) Bernard Patrick. 2020. (ENG.). 84p. (J). pap. 15.72 *(978-0-244-26057-6(5))* Lulu Pr., Inc.

Coloring Books for 2 Year Olds (Faces) Bernard Patrick. 2020. (ENG.). 84p. (J). pap. 15.01 *(978-0-244-56065-2(X))* Lulu Pr., Inc.

Coloring Books for 2 Year Olds (Farm Animals Coloring Book for 2 to 4 Year Olds) Santiago Garcia. 2019. (ENG.). 82p. (J). pap. 14.21 *(978-0-244-54135-4(3))* Lulu Pr., Inc.

Coloring Books for 2 Year Olds (Fish) Bernard Patrick. 2020. (ENG.). 84p. (J). pap. 15.01 *(978-0-244-56066-9(8))* Lulu Pr., Inc.

Coloring Books for 2 Year Olds (Fruit) Bernard Patrick. 2020. (ENG.). (J). 84p. pap. 15.72 *(978-0-244-56068-3(4));* 46p. pap. 11.64 *(978-0-244-56069-0(2))* Lulu Pr., Inc.

Coloring Books for 2 Year Olds (Gardening) Bernard Patrick. 2020. (ENG.). (J). 84p. pap. 15.01

386

The check digit for ISBN-10 appears in parentheses after the full ISBN-13

(978-0-244-56070-6(6)); 46p. pap. 11.11 *(978-0-244-86070-7(X))* Lulu Pr., Inc.

Coloring Books for 2 Year Olds (Houses) Patrick Bernard. 2020. (ENG.). 46p. (J). pap. 11.11 *(978-0-244-26076-7(1))* Lulu Pr., Inc.

Coloring Books for 2 Year Olds (Houses) Santiago Garcia. 2020. (ENG.). 84p. (J). pap. 15.01 *(978-0-244-86075-2(0))* Lulu Pr., Inc.

Coloring Books for 2 Year Olds (Insects) Bernard Patrick. 2020. (ENG.). (J). 84p. pap. 15.01 *(978-0-244-56076-8(5))*; 46p. pap. 11.11 *(978-0-244-86076-9(9))* Lulu Pr., Inc.

Coloring Books for 2 Year Olds (Kitchen) Bernard Patrick. 2020. (ENG.). (J). 84p. pap. 15.56 *(978-0-244-26077-4(X))*; 46p. pap. 11.52 *(978-0-244-86077-6(7))* Lulu Pr., Inc.

Coloring Books for 2 Year Olds (Mermaids) Santiago Garcia. 2020. (ENG.). 84p. (J). pap. 15.01 *(978-0-244-56080-5(3))* Lulu Pr., Inc.

Coloring Books for 2 Year Olds (Mermaids) Bernard Patrick. 2020. (ENG.). 46p. (J). pap. 11.11 *(978-0-244-86080-6(7))* Lulu Pr., Inc.

Coloring Books for 2 Year Olds (People) Bernard Patrick. 2020. (ENG.). (J). 84p. pap. 15.63 *(978-0-244-26358-4(2))*; 46p. pap. 12.34 *(978-0-244-56358-5(6))* Lulu Pr., Inc.

Coloring Books for 2 Year Olds (Pregnancy) Bernard Patrick. 2020. (ENG.). (J). 46p. pap. 12.34 *(978-0-244-26366-9(3))*; 84p. pap. 15.63 *(978-0-244-56365-3(9))* Lulu Pr., Inc.

Coloring Books for 2 Year Olds (Professions) Bernard Patrick. 2020. (ENG.). (J). 84p. pap. 15.56 *(978-0-244-56099-7(4))*; 46p. pap. 11.11 *(978-0-244-56100-0(1))* Lulu Pr., Inc.

Coloring Books for 2 Year Olds (Snacks) Bernard Patrick. 2020. (ENG.). (J). 84p. pap. 15.56 *(978-0-244-56155-0(9))*; 46p. pap. 12.34 *(978-0-244-56156-7(7))* Lulu Pr., Inc.

Coloring Books for 2 Year Olds (Toys) Bernard Patrick. 2020. (ENG.). (J). 84p. pap. 15.56 *(978-0-244-26161-0(X))*; 46p. pap. 12.34 *(978-0-244-86162-9(5))* Lulu Pr., Inc.

Coloring Books for 2 Year Olds (Trace & Color Worksheets to Develop Pen Control) 50 Preschool/Kindergarten Worksheets to Assist with the Development of Fine Motor Skills in Preschool Children. James Manning. 2019. (2 Ser.: Vol. 50). (ENG., Illus.). 56p. (J). pap. *(978-1-83856-879-5(4))* West Suffolk CBT Service Ltd., The.

Coloring Books for 2 Year Olds (Trace & Color Worksheets to Develop Pen Control: 50 Preschool/Kindergarten Worksheets to Assist with the Development of Fine Motor Skills in Preschool Children. James Manning. 2019. (2 Ser.: Vol. 50). (ENG., Illus.). 56p. (J). pap. *(978-1-83856-880-1(8))* West Suffolk CBT Service Ltd., The.

Coloring Books for 2 Year Olds (Trees) Bernard Patrick. 2020. (ENG.). (J). 46p. pap. 12.34 *(978-0-244-26182-5(2))*; 84p. pap. 15.01 *(978-0-244-86181-0(1))* Lulu Pr., Inc.

Coloring Books for 2 Year Olds (UK Road Signs) Bernard Patrick. 2020. (ENG.). (J). 46p. pap. 12.34 *(978-0-244-56183-3(4))*; 84p. pap. 15.56 *(978-0-244-86182-7(X))* Lulu Pr., Inc.

Coloring Books for 2 Year Olds (USA Road Signs) Bernard Patrick. 2020. (ENG.). (J). 84p. pap. 15.01 *(978-0-244-26184-9(9))*; 46p. pap. 12.34 *(978-0-244-56185-7(0))* Lulu Pr., Inc.

Coloring Books for 2 Year Olds (Valentines Day) Bernard Patrick. 2020. (ENG.). (J). 84p. pap. 15.56 *(978-0-244-86186-5(2))*; 46p. pap. 12.34 *(978-0-244-86187-2(0))* Lulu Pr., Inc.

Coloring Books for 4-5 Year Olds (Bees) Bernard Patrick. 2020. (ENG.). 84p. (J). pap. 15.01 *(978-0-244-56202-1(4))* Lulu Pr., Inc.

Coloring Books for 4-5 Year Olds (Bows) Bernard Patrick. 2020. (ENG.). (J). 84p. pap. 15.01 *(978-0-244-26206-8(3))*; 46p. pap. 12.34 *(978-0-244-56206-9(7))* Lulu Pr., Inc.

Coloring Books for 4-5 Year Olds (Chicks) Bernard Patrick. 2020. (ENG.). (J). 84p. pap. 15.01 *(978-0-244-26212-9(8))*; 46p. pap. 12.81 *(978-0-244-56274-8(1))* Lulu Pr., Inc.

Coloring Books for 4-5 Year Olds (Dancing) Bernard Patrick. 2020. (ENG.). (J). 46p. pap. 12.34 *(978-0-244-26245-7(4))*; 84p. pap. 15.01 *(978-0-244-86274-9(5))* Lulu Pr., Inc.

Coloring Books for 4-5 Year Olds (Frogs) Bernard Patrick. 2020. (ENG.). (J). 84p. pap. 15.01 *(978-0-244-26243-3(8))*; 46p. pap. 12.34 *(978-0-244-56243-4(1))* Lulu Pr., Inc.

Coloring Books for 4-5 Year Olds (Penguins) Bernard Patrick. 2020. (ENG.). (J). 46p. pap. 12.34 *(978-0-244-26202-0(0))*; 84p. pap. 15.01 *(978-0-244-56201-4(6))* Lulu Pr., Inc.

Coloring Books for 4-5 Year Olds (People Around the World) Bernard Patrick. 2020. (ENG.). (J). 84p. pap. 15.01 *(978-0-244-56198-7(2))*; 46p. pap. 12.34 *(978-0-244-86199-5(4))* Lulu Pr., Inc.

Coloring Books for 4-5 Year Olds (Professions) Bernard Patrick. 2020. (ENG.). 46p. (J). pap. 12.34 *(978-0-244-56197-0(4))* Lulu Pr., Inc.

Coloring Books for 7 Year Olds (Ancient Egypt) Bernard Patrick. 2020. (ENG.). (J). 46p. pap. 12.34 *(978-0-244-56366-0(7))*; 84p. pap. 15.63 *(978-0-244-86364-7(4))* Lulu Pr., Inc.

Coloring Books for 7+ Year Olds (Cat Lover Phrases) Bernard Patrick. 2020. (ENG.). (J). 46p. pap. 12.87 *(978-0-244-26381-2(7))*; 84p. pap. 15.63 *(978-0-244-86380-7(6))* Lulu Pr., Inc.

Coloring Books for 7+ Year Olds (Chicks) Bernard Patrick. 2020. (ENG.). (J). 46p. pap. 12.87 *(978-0-244-26383-6(3))*; 84p. pap. 15.01 *(978-0-244-86382-1(2))* Lulu Pr., Inc.

Coloring Books for 7+ Year Olds (Flags Vol. 2) Bernard Patrick. 2020. (ENG.). (J). 84p. pap. 15.01 *(978-0-244-26393-5(0))*; 46p. pap. 12.87 *(978-0-244-56393-6(4))* Lulu Pr., Inc.

Coloring Books for 7+ Year Olds (Flags Volume 1) Bernard Patrick. 2020. (ENG.). (J). 46p. pap. 12.34 *(978-0-244-26392-8(2))*; 84p. pap. 15.01 *(978-0-244-86390-6(3))* Lulu Pr., Inc.

Coloring Books for 7+ Year Olds (Gnomes) Bernard Patrick. 2020. (ENG.). 84p. (J). pap. 15.01 *(978-0-244-26407-9(4))* Lulu Pr., Inc.

Coloring Books for 7+ Year Olds (Hats) Bernard Patrick. 2020. (ENG.). (J). 84p. pap. 15.01 *(978-0-244-86407-1(1))*; 46p. pap. 12.34 *(978-0-244-86408-8(X))* Lulu Pr., Inc.

Coloring Books for Boys: Sharks. Happy Harper. 2019. (ENG., Illus.). 82p. (J). pap. *(978-1-989543-07-8(3)*, Happy Harper) Gill, Karanvir.

Coloring Books for Boys & Girls: Sharks. Happy Harper. 2020. (ENG.). 94p. (J). pap. *(978-1-989543-88-7(X)*, Happy Harper) Gill, Karanvir.

Coloring Books Boys Cool SuperCars: F1 Racing Car, Formula One Motorsport Racecars in Action, Cool SuperCars, Coloring Book for Boys Aged 6-12, Coloring Book for Kids und Adults (the Future Teacher's Coloring Books for Boys) Prince Milan Benton. 2021. (ENG.). 104p. (J). pap. 12.89 *(978-0-417-72552-9(3)*, Mosby Ltd.) Elsevier - Health Sciences Div.

Coloring Books for Children (Big Trucks) A Big Trucks Coloring (Colouring) Book with 30 Coloring Pages That Gradually Progress in Difficulty: This Book Can Be Downloaded As a PDF & Printed Out to Color Individual Pages. James Manning. 2019. (Coloring Books for Children (Big Trucks) Ser.: Vol. 2). (ENG., Illus.). 62p. (J). pap. *(978-1-83856-667-8(8))* Coloring Pages.

Coloring Books for Children (Cars) A Cars Coloring (Colouring) Book with 30 Coloring Pages That Gradually Progress in Difficulty: This Book Can Be Downloaded As a PDF & Printed Out to Color Individual Pages. James Manning. 2019. (Coloring Books for Children (Cars) Ser.: Vol. 3). (ENG., Illus.). 62p. (J). pap. *(978-1-83856-403-2(9))* Coloring Pages.

Coloring Books for Girls Ages 8 - 12 (Do What You Love) 36 Coloring Pages to Boost Confidence in Girls. James Manning. 2019. (Coloring Books for Girls Ages 8 - 12 Ser.: Vol. 36). (ENG., Illus.). 74p. (J). pap. *(978-1-83856-483-4(7))* Coloring Pages.

Coloring Books for Grown Ups (36 Intricate & Complex Abstract Coloring Pages) 36 Intricate & Complex Abstract Coloring Pages: This Book Has 36 Abstract Coloring Pages That Can Be Used to Color in, Frame, and/or Meditate over: This Book Can Be Photocopied, Printed & Downloaded As a PDF. James Manning & Christabelle Manning. 2019. (Coloring Books for Grown Ups Ser.: Vol. 24). (ENG., Illus.). 74p. (YA). pap. *(978-1-83856-657-9(0))* Coloring Pages.

Coloring Books for Grown Ups (Absolute Nonsense) This Book Has 36 Coloring Sheets That Can Be Used to Color in, Frame, and/or Meditate over: This Book Can Be Photocopied, Printed & Downloaded As a PDF. James Manning. 2019. (Coloring Books for Grown Ups Ser.: Vol. 30). (ENG., Illus.). 74p. (YA). pap. *(978-1-83884-146-1(6))* West Suffolk CBT Service Ltd., The.

Coloring Books for Grown Ups (All You Need Is Love) This Book Has 40 Coloring Sheets That Can Be Used to Color in, Frame, and/or Meditate over: This Book Can Be Photocopied, Printed & Downloaded As a PDF. James Manning. 2019. (Coloring Books for Grown Ups Ser.: Vol. 27). (ENG., Illus.). 82p. (YA). pap. *(978-1-83884-006-8(0))* Coloring Pages.

Coloring Books for Grown Ups (Anti Stress) This Book Has 36 Coloring Sheets That Can Be Used to Color in, Frame, and/or Meditate over: This Book Can Be Photocopied, Printed & Downloaded As a PDF. James Manning. 2019. (Coloring Books for Grown Ups Ser.: Vol. 32). (ENG., Illus.). 74p. (YA). pap. *(978-1-83884-263-5(2))* Coloring Pages.

Coloring Books for Grown Ups (Art Therapy) This Book Has 40 Art Therapy Coloring Sheets That Can Be Used to Color in, Frame, and/or Meditate over: This Book Can Be Photocopied, Printed & Downloaded As a PDF. James Manning. 2019. (Coloring Books for Grown Ups Ser.: Vol. 26). (ENG., Illus.). 82p. (YA). pap. *(978-1-83856-117-8(X))* Coloring Pages.

Coloring Books for Grown Ups (Cats & Dogs) Advanced Coloring (colouring) Books for Adults with 44 Coloring Pages: Cats & Dogs (Adult Colouring (coloring) Books) James Manning. 2018. (Coloring Books for Grown Ups Ser.: Vol. 8). (ENG., Illus.). 90p. (YA). pap. *(978-1-78970-589-8(4))* Elige Cogniscere.

Coloring Books for Grown Ups (Fashion) This Book Has 36 Coloring Sheets That Can Be Used to Color in, Frame, and/or Meditate over: This Book Can Be Photocopied, Printed & Downloaded As a PDF. James Manning & Christabelle Manning. 2019. (Coloring Books for Grown Ups (Fashion) Ser.: Vol. 30). (ENG., Illus.). 74p. (YA). pap. *(978-1-83884-212-3(8))* Coloring Pages.

Coloring Books for Grown Ups (Mysterious Wild Beasts) A Wild Beasts Coloring Book with 30 Coloring Pages for Relaxed & Stress Free Coloring. This Book Can Be Downloaded As a PDF & Printed off to Color Individual Pages. James Manning. 2019. (Coloring Books for Grown Ups Ser.: Vol. 14). (ENG., Illus.). 62p. (YA). pap. *(978-1-83856-541-1(8))* Coloring Pages.

Coloring Books for Grown Ups (Nonsense Alphabet) This Book Has 36 Coloring Sheets That Can Be Used to Color in, Frame, and/or Meditate over: This Book Can Be Photocopied, Printed & Downloaded As a PDF. James Manning & Christabelle Manning. 2019. (Coloring Books for Grown Ups Ser.: Vol. 29). (ENG., Illus.). 74p. (YA). pap. *(978-1-83884-090-7(7))* Coloring Pages.

Coloring Books for Kids: Mermaids & Sharks (80 Coloring Pages) Happy Harper. 2019. (ENG., Illus.). 162p. (J). pap. *(978-1-989543-19-1(7)*, Happy Harper) Gill, Karanvir.

Coloring Books for Kids Aged 4 - 8 (Do What You Love) 36 Coloring Pages to Boost Confidence in Girls. James Manning. 2019. (Coloring Books for Kids Aged 4 - 8 (Do What You Lo Ser.: Vol. 1). (ENG., Illus.). 74p. (J). pap. *(978-1-83856-482-7(9))* Coloring Pages.

Coloring Books for Kids Ages 4 - 8 (Big Trucks) A Big Trucks Coloring (Colouring) Book with 30 Coloring Pages That Gradually Progress in Difficulty: This Book Can Be Downloaded As a PDF & Printed Out to Color Individual Pages. James Manning. 2019. (Coloring Books for Kids Ages 4 - 8 (Big Trucks) Ser.: Vol. 2). (ENG., Illus.). 62p. (J). pap. *(978-1-83856-664-7(3))* Coloring Pages.

Coloring Books for Kids Ages 4 - 8 (Boys) (Big Trucks) A Big Trucks Coloring (Colouring) Book with 30 Coloring Pages That Gradually Progress in Difficulty: This Book Can Be Downloaded As a PDF & Printed Out to Color Individual Pages. James Manning. 2019. (Coloring Books for Kids Ages 4 - 8 (Boys) (Big Tru Ser.: Vol. 2). (ENG., Illus.). 62p. (J). pap. *(978-1-83856-665-4(1))* Coloring Pages.

Coloring Books for Kids Ages 4 - 8 (Boys) (Cars) A Cars Coloring (Colouring) Book with 30 Coloring Pages That Gradually Progress in Difficulty: This Book Can Be Downloaded As a PDF & Printed Out to Color Individual Pages. James Manning. 2019. (Coloring Books for Kids Ages 4 - 8 (Boys) (Cars) Ser.: Vol. 3). (ENG., Illus.). 62p. (J). pap. *(978-1-83856-401-8(2))* Coloring Pages.

Coloring Books for Kids Ages 4 - 8 (Cars) A Cars Coloring (Colouring) Book with 30 Coloring Pages That Gradually Progress in Difficulty: This Book Can Be Downloaded As a PDF & Printed Out to Color Individual Pages. James Manning. 2019. (Coloring Books for Kids Ages 4 - 8 (Cars) Ser.: Vol. 7). (ENG., Illus.). 62p. (J). pap. *(978-1-83856-400-1(4))* Coloring Pages.

Coloring Books for Kids Ages 8- 10 (Big Trucks): a Big Trucks Coloring (Colouring) Book with 30 Coloring Pages That Gradually Progress in Difficulty: This Book Can Be Downloaded As a PDF & Printed Out to Color Individual Pages. James Manning. 2019. (Coloring Books for Kids Ages 8- 10 (Big Trucks) Ser.: Vol. 2). (ENG., Illus.). 62p. (J). pap. *(978-1-83856-666-1(X))* Coloring Pages.

Coloring Books for Kids Ages 8- 10 (Cars) A Cars Coloring (Colouring) Book with 30 Coloring Pages That Gradually Progress in Difficulty: This Book Can Be Downloaded As a PDF & Printed Out to Color Individual Pages. James Manning. 2019. (Coloring Books for Kids Ages 8- 10 (Cars) Ser.: Vol. 3). (ENG., Illus.). 62p. (J). pap. *(978-1-83856-402-5(0))* Coloring Pages.

Coloring Books for Kids (Buildings) This Book Has 40 Coloring Pages with Several Levels of Difficulty. Nicola Ridgeway & James Manning. 2020. (Coloring Books for Kids Ser.: Vol. 45). (ENG., Illus.). 86p. (J). (gr. k-3). pap. *(978-1-80027-122-7(0))* CBT Bks.

Coloring Books for Kids Bundle 2, 2 vols. Speedy Publishing LLC Staff. 2016. (ENG., Illus.). 100p. (J). pap. 15.99 *(978-1-68326-032-5(5))* Speedy Publishing LLC.

Coloring Books for Kids Bundle 3, 2 vols. Speedy Publishing LLC Staff. 2016. (ENG., Illus.). 100p. (J). pap. 15.99 *(978-1-68326-033-2(3))* Speedy Publishing LLC.

Coloring Books for Kids (Do What You Love) 36 Coloring Pages to Boost Confidence in Girls. James Manning. 2019. (ENG., Illus.). 74p. (J). pap. *(978-1-83856-471-1(3))* Coloring Pages.

Coloring Books for Kids (Fashion Coloring Book) 40 Fashion Coloring Pages. James Manning. 2019. (ENG., Illus.). 82p. (J). pap. *(978-1-83856-308-0(3))* Coloring Pages.

Coloring Books for Teens (Do What You Love) 36 Coloring Pages to Boost Confidence in Girls. James Manning. 2019. (Coloring Books for Teens Ser.: Vol. 36). (ENG., Illus.). 74p. (J). pap. *(978-1-83856-484-1(5))* Coloring Pages.

Coloring Books for Teens (Mysterious Mechanical Creatures) Advanced Coloring (Colouring) Books with 40 Coloring Pages: Mysterious Mechanical Creatures (Colouring (Coloring) Books) James Manning. 2019. (Coloring Books for Teens Ser.: Vol. 11). (ENG., Illus.). 82p. (YA). pap. *(978-1-83856-584-8(1))*; pap. *(978-1-83856-589-3(2))* Coloring Pages.

Coloring Books for Teens (Mysterious Wild Beasts) A Wild Beasts Coloring Book with 30 Coloring Pages for Relaxed & Stress Free Coloring. This Book Can Be Downloaded As a PDF & Printed off to Color Individual Pages. James Manning. 2019. (Coloring Books for Teens Ser.: Vol. 14). (ENG., Illus.). 62p. (YA). pap. *(978-1-83856-560-2(4))* Coloring Pages.

Coloring Books for Young Girls (Do What You Love) 36 Coloring Pages to Boost Confidence in Girls. James Manning. 2019. (ENG., Illus.). 74p. (J). pap. *(978-1-83856-469-8(1))* Coloring Pages.

Coloring Books for Young Girls (Fashion Coloring Book) 40 Fashion Coloring Pages. James Manning. 2019. (ENG., Illus.). 82p. (J). pap. *(978-1-83856-306-6(7))* Coloring Pages.

Coloring Books for Young Kids (Do What You Love) 36 Coloring Pages to Boost Confidence in Girls. James Manning. 2019. (Coloring Books for Young Kids Ser.: Vol. 1). (ENG., Illus.). 74p. (J). pap. *(978-1-83856-507-7(8))* Coloring Pages.

Coloring Books for Young Kids (Unicorn Coloring Book) A Unicorn Coloring (Colouring) Book with 30 Coloring Pages That Gradually Progress in Difficulty: This Book Can Be Downloaded As a PDF & Printed Out to Color Individual Pages. James Manning. 2019. (Coloring Books for Young Kids Ser.: Vol. 3). (ENG., Illus.). 62p. (J). pap. *(978-1-83856-639-5(2))*; pap. *(978-1-83856-643-2(0))* Coloring Pages.

Coloring Butterflies for Kids, a Coloring Book. Activity Book Zone for Kids. 2016. (ENG., Illus.). (J). pap. 9.20 *(978-1-68376-321-5(1))* Sabeels Publishing.

Coloring Celery. Brooke Rowe. Illus. by Jeff Bane. 2017. (My Early Library: My Science Fun Ser.). (ENG.). 24p. (J). (gr. k-1). lib. bdg. 30.64 *(978-1-63472-821-8(1)*, 209710) Cherry Lake Publishing.

Coloring Comic Book for Kids. Tony Reed. 2021. (ENG.). 112p. (J). pap. 7.20 *(978-1-716-06588-0(7))* Lulu Pr., Inc.

Coloring Construction Ahead! an Enjoyable Coloring Book. Jupiter Kids. 2016. (ENG., Illus.). 106p. (J). pap. 12.55 *(978-1-68326-296-1(4)*, Jupiter Kids (Childrens & Kids Fiction)) Speedy Publishing LLC.

Coloring Crazy Adventure Coloring Book. Bobo's Children Activity Books. 2016. (ENG., Illus.). (J). pap. 9.33 *(978-1-68327-609-8(4))* Sunshine In My Soul Publishing.

Coloring Cute, 1 vol. Editors of Klutz. 2016. (ENG.). 72p. (J). (gr. 2-5). 16.99 *(978-1-338-10398-4(9))* Klutz.

Coloring Cute Babies: Crayon & Coloring Book Set. Jupiter Kids. 2016. (ENG., Illus.). 106p. (J). pap. 12.55 *(978-1-68305-164-0(5)*, Jupiter Kids (Childrens & Kids Fiction)) Speedy Publishing LLC.

Coloring Designs for Adults (Mysterious Mechanical Creatures) Advanced Coloring (Colouring) Books with 40 Coloring Pages: Mysterious Mechanical Creatures (Colouring (Coloring) Books) James Manning. 2019. (Coloring Designs for Adults Ser.: Vol. 11). (ENG., Illus.). 82p. (YA). pap. *(978-1-83856-606-7(6))* Coloring Pages.

Coloring Dinosaur Activity Book for Kids Ages 4-8. Carol Childson. l.t. ed. 2021. (ENG.). 126p. (J). pap. *(978-1-6671-3005-7(6))* Lulu.com.

Coloring Disney Princess with Hologram Sheets. Various Authors. 2018. (JPN.). (J). *(978-4-05-750649-4(7))* Gakken Plus Co., Ltd.

Coloring Exotic Ladies Coloring Book. Activity Attic Books. 2016. (ENG., Illus.). (J). pap. 7.74 *(978-1-68323-203-2(8))* Twin Flame Productions.

Coloring Fashion: Over 20 Beautiful Designs. Activibooks. 2016. (ENG., Illus.). (J). pap. 9.20 *(978-1-68321-676-6(8))* Mimaxion.

Coloring Fashion Challenge Coloring Book. Jupiter Kids. 2017. (ENG., Illus.). (J). pap. 9.20 *(978-1-68326-989-2(6)*, Jupiter Kids (Childrens & Kids Fiction)) Speedy Publishing LLC.

Coloring Fashion Designs, a Coloring Book. Smarter Activity Books. 2016. (ENG., Illus.). (J). pap. 9.22 *(978-1-68374-520-4(5))* Examined Solutions PTE. Ltd.

Coloring Flappy Birds: Penguin Coloring Book. Jupiter Kids. 2016. (ENG., Illus.). 106p. (J). pap. 12.55 *(978-1-68305-165-7(3)*, Jupiter Kids (Childrens & Kids Fiction)) Speedy Publishing LLC.

Coloring for Adults: A Mischief Coloring Book. Activity Book Zone. 2016. (ENG., Illus.). (J). pap. 9.20 *(978-1-68376-736-7(5))* Sabeels Publishing.

Coloring for Adults: A Mother & Child Coloring Book. Jupiter Kids. 2017. (ENG., Illus.). (J). pap. 9.20 *(978-1-68326-700-3(1)*, Jupiter Kids (Childrens & Kids Fiction)) Speedy Publishing LLC.

Coloring for Adults: Bushy Tailed Animals Coloring Book. Bobo's Adult Activity Books. 2016. (ENG., Illus.). (J). pap. 9.33 *(978-1-68327-542-8(X))* Sunshine In My Soul Publishing.

Coloring for Adults: Elephant Mandalas Coloring Book. Jupiter Kids. 2017. (ENG., Illus.). (J). pap. 9.20 *(978-1-68326-701-0(X)*, Jupiter Kids (Childrens & Kids Fiction)) Speedy Publishing LLC.

Coloring for Adults: Ladies, a Coloring Book. Kreativ Entspannen. 2016. (ENG., Illus.). (J). pap. 9.20 *(978-1-68377-398-6(5))* Whlke, Traudl.

Coloring for Adults, a Doodling Coloring Book. Speedy Publishing LLC. 2016. (ENG., Illus.). 106p. (YA). pap. 12.55 *(978-1-68326-297-8(2))* Speedy Publishing LLC.

Coloring for Kids: Bushy Tailed Animals Coloring Book. Activibooks For Kids. 2016. (ENG., Illus.). (J). pap. 9.20 *(978-1-68321-770-1(5))* Mimaxion.

Coloring for Kids: Cartoon Animals, a Coloring Book. Bobo's Children Activity Books. 2016. (ENG., Illus.). (J). pap. 9.33 *(978-1-68327-543-5(8))* Sunshine In My Soul Publishing.

Coloring for Kids: Cartoon Animals, a Coloring Book. Activibooks For Kids. 2016. (ENG., Illus.). (J). pap. 9.20 *(978-1-68321-771-8(3))* Mimaxion.

Coloring for Kids, a Doodling Coloring Book. Jupiter Kids. 2017. (ENG., Illus.). (J). pap. 9.20 *(978-1-68326-702-7(8)*, Jupiter Kids (Childrens & Kids Fiction)) Speedy Publishing LLC.

Coloring for Your Spiritual Side: Sacred Mandala Coloring Book. Smarter Activity Books. 2016. (ENG., Illus.). (J). pap. 9.22 *(978-1-68374-555-6(8))* Examined Solutions PTE. Ltd.

Coloring from a to Z. Tracilyn George. 2021. (ENG.). 28p. (J). pap. 8.99 ***(978-1-77475-508-2(4))*** Draft2Digital.

Coloring Fruits, Veggies & Food Book Edition 1. Kreative Kids. 2016. (ENG., Illus.). (J). pap. 10.81 *(978-1-68377-699-4(2))* Whlke, Traudl.

Coloring Fruits, Veggies & Food Book Edition 2. Kreative Kids. 2016. (ENG., Illus.). (J). pap. 10.81 *(978-1-68377-702-1(6))* Whlke, Traudl.

Coloring Fruits, Veggies & Food Book Edition 3. Kreative Kids. 2016. (ENG., Illus.). (J). pap. 10.81 *(978-1-68377-703-8(4))* Whlke, Traudl.

Coloring Fruits, Veggies & Food Book Edition 4. Kreative Kids. 2016. (ENG., Illus.). (J). pap. 10.81 *(978-1-68377-704-5(2))* Whlke, Traudl.

Coloring Fruits, Veggies & Food Book Edition 5. Kreative Kids. 2016. (ENG., Illus.). (J). pap. 10.81 *(978-1-68377-705-2(0))* Whlke, Traudl.

Coloring Garbage Trucks: Garbage Truck Coloring Book. Jupiter Kids. 2016. (ENG., Illus.). 106p. (J). pap. 12.55 *(978-1-68305-166-4(1)*, Jupiter Kids (Childrens & Kids Fiction)) Speedy Publishing LLC.

Coloring God's Love for Me: 100 Devotions to Inspire Young Hearts. Janae Dueck. 2022. (ENG.). 216p. (J). pap. 9.99 *(978-1-4002-3634-3(7)*, Tommy Nelson) Nelson, Thomas Inc.

Coloring Gratitude Journal. Eightldd Fun Time. 2020. (ENG., Illus.). 76p. (J). pap. 8.99 *(978-1-716-37352-7(2))* Lulu Pr., Inc.

Coloring Mandalas: A Relaxing Coloring Book. Bobo's Adult Activity Books. 2016. (ENG., Illus.). (J). pap. 9.33 *(978-1-68327-544-2(6))* Sunshine In My Soul Publishing.

Coloring Mandalas, Relax by Coloring Coloring Book. Smarter Activity Books. 2016. (ENG., Illus.). (J). pap. 9.22 *(978-1-68374-521-1(3))* Examined Solutions PTE. Ltd.

Coloring (Mysterious Mechanical Creatures) Advanced Coloring (Colouring) Books with 40 Coloring Pages: Mysterious Mechanical Creatures (Colouring (Coloring) Books) James Manning. 2019. (Coloring Ser.: Vol. 11). (ENG., Illus.). 82p. (YA). pap. *(978-1-83856-608-1(2))* Coloring Pages.

Coloring Nature in the California Chaparral. Richard W. Halsey. 2019. (ENG.). (J). 9.95 *(978-1-941384-45-9(5))* Sunbelt Pubns., Inc.

Coloring on the Broken Road Farm. Lauren Boehm Lynch. Illus. by Timothy Lynch & Emily Belle Boatright. 2016. (ENG.). (J). pap. 9.99 *(978-1-62868-194-9(2))* Fountain Blue Publishing.

Coloring Oodles of Doodles Childrens' Coloring Book. Smarter Activity Books for Kids. 2016. (ENG., Illus.). (J).

C

pap. 9.22 *(978-1-68374-556-3(6))* Examined Solutions PTE. Ltd.

Coloring Pages for 2 Year Olds (Musical Instruments) Bernard Patrick. 2020. (ENG.). (J). 46p. pap. 11.11 *(978-0-244-26085-9(0))*; 84p. pap. 15.56 *(978-0-244-86083-7(1))* Lulu Pr., Inc.

Coloring Pages for 4 Year Olds (Dinosaurs) Nicola Ridgeway & James Manning. 2020. (ENG., Illus.). 86p. (J). (gr. k-4). pap. *(978-1-80027-108-1(5))* CBT Bks.

Coloring Pages for 4 Year Olds (Planes) This Book Has 40 Coloring Pages. This Book Will Assist Young Children to Develop Pen Control & to Exercise Their Fine Motor Skills. Nicola Ridgeway & James Manning. 2020. (Coloring Books for Kids Ser.: Vol. 16). (ENG., Illus.). 86p. (J). (gr. k-1). pap. *(978-1-80027-993-3(0))* CBT Bks.

Coloring Pages for 4 Year Olds (Robots) This Book Has 40 Coloring Pages. This Book Will Assist Young Children to Develop Pen Control & to Exercise Their Fine Motor Skills. Nicola Ridgeway & James Manning. 2020. (Coloring Books for Kids Ser.: Vol. 15). (ENG., Illus.). 86p. (J). (gr. k-1). pap. *(978-1-80027-996-4(5))* CBT Bks.

Coloring Pages for 4 Year Olds (Superheroes & Villains) This Book Has 40 Coloring Pages. This Book Will Assist Young Children to Develop Pen Control & to Exercise Their Fine Motor Skills. Nicola Ridgeway & James Manning. 2020. (ENG., Illus.). 86p. (J). (gr. k-1). pap. *(978-1-80027-117-3(4))* CBT Bks.

Coloring Sheets for Adults (Mysterious Mechanical Creatures) Advanced Coloring (Colouring) Books with 40 Coloring Pages: Mysterious Mechanical Creatures (Colouring (Coloring) Books) James Manning. 2019. (Coloring Sheets for Adults Ser.: Vol. 11). (ENG., Illus.). 82p. (YA). pap. *(978-1-83856-598-5(1))* West Suffolk CBT Service Ltd., The.

Coloring Southern California Birds. Wendy Esterly. 2019. (ENG., Illus.). (J). pap. 10.95 *(978-1-941384-47-3(1))* Sunbelt Pubns., Inc.

Coloring Space for Kids: A Fantasy Universe Coloring Pages for Children. Shelton June. 2021. (ENG.). 72p. (J). pap. 13.99 ***(978-1-892500-64-9(7))*** WRE/ColorTech.

Coloring Super Fun Times Coloring Book. Activibooks. 2016. (ENG., Illus.). (J). pap. 9.20 *(978-1-68321-680-3(6))* Mimaxion.

Coloring the Alphabet. Romelia Lungu. 2021. (ENG.). 27p. *(978-1-008-99988-6(1))* Lulu Pr., Inc.

Coloring the Alphabet: An Abcedrian Source Book. Ma Ocl Al Schork. 2020. (ENG.). 216p. (J). pap. *(978-1-716-88298-2(2))* Lulu Pr., Inc.

Coloring to Relax: An Exercise Coloring Book. Bobo's Adult Activity Books. 2016. (ENG., Illus.). (J). pap. 9.33 *(978-1-68327-545-9(4))* Sunshine In My Soul Publishing.

Coloring to Relax: Cartoon Animals, a Coloring Book. Kreative Kids. 2016. (ENG., Illus.). (J). pap. 9.20 *(978-1-68377-399-3(3))* Whlke, Traudl.

Coloring to Relax: Elephant Mandalas Coloring Book. Kreativ Entspannen. 2016. (ENG., Illus.). (J). pap. 9.20 *(978-1-68377-400-6(0))* Whlke, Traudl.

Coloring to Relax: Women's Fashion, a Coloring Book. Activibooks For Kids. 2016. (ENG., Illus.). (J). pap. 9.20 *(978-1-68321-772-5(1))* Mimaxion.

Coloring Transport Book - Color Them Now Edition 1. Kreative Kids. 2016. (ENG., Illus.). (J). pap. 10.81 *(978-1-68377-694-9(1))* Whlke, Traudl.

Coloring Transport Book - Color Them Now Edition 2. Kreative Kids. 2016. (ENG., Illus.). (J). pap. 10.81 *(978-1-68377-695-6(X))* Whlke, Traudl.

Coloring Transport Book - Color Them Now Edition 3. Kreative Kids. 2016. (ENG., Illus.). (J). pap. 10.81 *(978-1-68377-696-3(8))* Whlke, Traudl.

Coloring Transport Book - Color Them Now Edition 4. Kreative Kids. 2016. (ENG., Illus.). (J). pap. 10.81 *(978-1-68377-697-0(6))* Whlke, Traudl.

Coloring Transport Book - Color Them Now Edition 5. Kreative Kids. 2016. (ENG., Illus.). (J). pap. 10.81 *(978-1-68377-698-7(4))* Whlke, Traudl.

Coloring with Animal: Book of Pets, Wild & Domestic Animals & Birds Coloring - Animals Coloring Book for Any Kids. Bookpopa. 2021. (ENG.). 44p. (J). pap. 7.99 *(978-0-8356-3489-2(2))*, Quest Bks.) Theosophical Publishing Hse.

Coloring with Animal: Coloring Book for Kids (Coloring Book for Toddlers) POPACOLOR. 2021. (ENG.). 42p. (J). pap. ***(978-1-4452-8269-5(0))*** Lulu Pr., Inc.

Coloring with Danny the Digger: A Construction Site Coloring Book for Kids. Illus. by Aja Mulford. 2021. (ENG.). 42p. (J). 12.95 *(978-1-64604-388-0(X))* Ulysses Pr.

Coloring with Laughter & Giggles All Day Long Coloring Book. Smarter Activity Books for Kids. 2016. (ENG., Illus.). (J). pap. 9.22 *(978-1-68374-557-0(4))* Examined Solutions PTE. Ltd.

Coloring with Science, a Laboratory Tools Coloring Book. Jupiter Kids. 2017. (ENG., Illus.). (J). pap. 9.20 *(978-1-68326-703-4(6))*, Jupiter Kids (Childrens & Kids Fiction)) Speedy Publishing LLC.

Coloring Your Imagination! Color Designs into Pictures Coloring Book. Smarter Activity Books for Kids. 2016. (ENG., Illus.). (J). pap. 9.22 *(978-1-68374-558-7(2))* Examined Solutions PTE. Ltd.

Coloring Your Way to Better English. Larry W. Hilliard. 2022. (ENG.). 80p. (J). pap. 13.99 ***(978-1-953839-82-4(7))*** WorkBk. Pr.

Coloring Zone: The Big Book of Construction Coloring Book. Jupiter Kids. 2016. (ENG., Illus.). 106p. (J). pap. 12.55 *(978-1-68326-247-3(6))*, Jupiter Kids (Childrens & Kids Fiction)) Speedy Publishing LLC.

Colorless Blue. M. W. Muse. 2017. (ENG., Illus.). (J). pap. *(978-1-77339-197-7(6))* Evernight Publishing.

Colorless World. Scott Miller. 2019. (ENG.). 28p. (J). pap. 13.00 *(978-1-7947-9571-6(5))* Lulu Pr., Inc.

Colors see **Colores**

Colors see **Na Waihooluu**

Colors! see **Colors! / Colores!**

Colors. Nick Ackland & Clever Publishing. Illus. by Charlotte Archer. 2019. (Clever Colorful Concepts Ser.). (ENG.). 10p. (J). (gr. -1 — 1). bds. 5.99 *(978-1-948418-93-5(2))*, 331916) Clever Media Group.

Colors. Clever Publishing. Illus. by Ekaterina Guscha & Lena Zolotareva. 2022. (My First Search & Find Ser.). (ENG.). 20p. (J). (gr. -1 — 1). bds. 9.99 *(978-1-954738-84-3(6))* Clever Media Group.

Colors. Clever Publishing & Olga Utkina. 2021. (Find, Discover, Learn Ser.). (ENG.). 22p. (J). (gr. -1 — 1). bds. 14.99 *(978-1-951100-15-5(8))* Clever Media Group.

Colors. Jaye Garnett. Ed. by Cottage Door Press. Illus. by Kathrin Fehrl. 2022. (Peek-A-Flap Ser.). (ENG.). 12p. (J). (gr. -1-1). bds. 9.99 *(978-1-64638-592-8(6))*, 1008030) Cottage Door Pr.

Colors, 1 vol. Chris George. 2017. (Early Concepts Ser.). (ENG., Illus.). 24p. (J). (gr. 1-1). 25.27 *(978-1-5081-6209-4(3))*, 9455b45d-0923-4d6f-bece-a8a2dace3d64, PowerKids Pr.) Rosen Publishing Group, Inc., The.

Colors. Little Bee Books. 2017. (ENG., Illus.). 24p. (J). (gr. -1 — 1). bds. 7.99 *(978-1-4998-0641-0(8))* Little Bee Books Inc.

Colors. Dayna Martin. 2018. (J). *(978-1-4896-9629-8(6))*, AV2 by Weigl) Weigl Pubs., Inc.

Colors. Terri E. Nordin. Ed. by Matthew E. Nordin. 2020. (ENG.). 24p. (J). pap. 9.99 *(978-1-7355573-2-8(3))* Matthew E Nordin.

Colors. Ed. by Rainstorm Publishing. Illus. by Lizzy Doyle. 2019. (Look & Learn Ser.). (ENG.). 20p. (J). bds. 7.99 *(978-1-926444-55-0(8))* Rainstorm Pr.

Colors. Ed. by Rainstorm Publishing. Illus. by Laila Hills. 2019. (Love to Learn Ser.). (ENG.). 20p. (J). bds. 8.99 *(978-1-926444-62-8(0))* Rainstorm Pr.

Colors. Shelley Rotner & Anne Woodhull. (J). (— 1). 2023. 32p. bds. 7.99 *(978-0-8234-4964-4(5))*; 2021. (Illus.). 40p. pap. 7.99 *(978-0-8234-4732-9(4))*; 2019. (Illus.). 40p. 17.99 *(978-0-8234-4063-4(X))* Holiday Hse., Inc.

Colors. Russell J. Sanders. 2016. (ENG., Illus.). (J). 24.99 *(978-1-63477-956-2(8))*, Harmony Ink Pr.) Dreamspinner Pr.

Colors. Sara Elizabeth Stone. 2018. (God's Creation Ser.: Vol. 1). (ENG., Illus.). 46p. (J). pap. 11.95 *(978-1-64003-100-5(6))* Covenant Bks.

Colors. Marie Vendittelli. 2016. (Picture This Ser.). (ENG., Illus.). 32p. (J). (gr. -1-3). bds. 7.99 *(978-0-544-51264-1(2))*, 1605712, Clarion Bks.) HarperCollins Pubs.

Colors. Courtney Dicmas. Illus. by Courtney Dicmas. ed. 2017. (Wild! Concepts Ser.: 4). (ENG., Illus.). 14p. (J). bds. *(978-1-84643-996-4(5))* Child's Play International Ltd.

Colors: Celebrating All the Colors in God's Rainbow. Jenna Kurtzweil. Illus. by Ash Wells. 2021. (ENG.). 32p. (J). (gr. k-3). 16.99 *(978-1-64123-649-2(3))*, 771306) Whitaker Hse.

Colors: Early Learning Board Book with Large Font. Wonder House Books. 2020. (Big Board Bks.). (ENG.). 10p. (J). (-k). bds. 2.99 ***(978-93-90183-86-9(3))*** Prakash Bk. Depot IND. Dist: Independent Pubs. Group.

Colors: Explore First Colors with Peep-Through Learning Fun. IglooBooks. 2017. (Foiled Board Bks.: 1). (ENG., Illus.). 12p. (J). 7.99 *(978-1-78810-727-3(6))* Igloo Bks. GBR. Dist: Simon & Schuster, Inc.

Colors: Touch, Listen, & Learn Features Inside! Katie Wilson. 2019. (Discovery Concepts Ser.). (ENG., Illus.). 20p. (J). (gr. -1-k). bds. 9.99 *(978-1-4867-1566-4(4))*, 5bc9504f-a79d-4a78-a880-942b17ca4b38) Flowerpot Pr.

Colors - Colores: More Than 100 Words to Learn in Spanish! Clever Publishing. 2021. (My First Spanish Ser.). (ENG.). 20p. (J). (gr. -1-2). bds. 8.99 *(978-1-951100-57-5(3))* Clever Media Group.

Colors / Colores. Brenda Ponnay. Illus. by Brenda Ponnay. 2017. (Xist Kids Bilingual Spanish English Ser.). (ENG & SPA., Illus.). 28p. (J). (gr. -1-3). pap. 9.99 *(978-1-5324-0313-2(5))* Xist Publishing.

Colors All Around. Wiley Blevins. Illus. by Elliot Kreloff. 2018. (Basic Concepts Ser.). (ENG.). 24p. (J). (gr. -1 — 1). pap. 6.99 *(978-1-63440-415-0(7))*, 8f9605ad-740d-4ffb-8c56-53b30451fef9, Rocking Chair Kids) Red Chair Pr.

Colors & Numbers Expert Color by Number 4 Year Old. Educando Kids. 2019. (ENG.). 42p. (J). pap. 8.55 *(978-1-64521-666-7(7))*, Educando Kids) Editorial Imagen.

Colors & Numbers to Remember Color by Number for Kids Math. Educando Kids. 2019. (ENG.). 42p. (J). pap. 8.55 *(978-1-64521-677-3(2))*, Educando Kids) Editorial Imagen.

Colors & Shapes. Cassie Gitkin. Illus. by Michael S. Miller. 2022. (Active Minds: Graphic Novels Ser.). (ENG.). 24p. (J). (gr. k-2). lib. bdg. 24.69 *(978-1-64996-177-8(4))*, 4932, Sequoia Kids Media) Phoenix International Publications, Inc.

Colors & Shapes, 1 vol. Rosie Neave. 2018. (My Book Of Ser.). (ENG.). 24p. (gr. k-1). 26.27 *(978-1-5081-9595-5(1))*, 58ffe21a-7beo-44ce-bbbc-a0b6cef216de, Windmill Bks.) Rosen Publishing Group, Inc., The.

Colors & Shapes. School Zone Publishing Company Staff. 2018. (ENG.). 64p. (J). (gr. -1-k). pap., wbk. ed. 4.49 *(978-1-58947-357-7(4))*, fc4cf3d-83db-438e-a1fa-cc7c625d7ab5) School Zone Publishing Co.

Colors & Shapes: Touch-And-Trace Early Learning Fun! Angie Hewitt. 2017. (Little Groovers Ser.). (ENG., Illus.). 12p. (J). (— 1). bds. 7.99 *(978-1-5107-0837-2(5))*, Sky Pony Pr.) Skyhorse Publishing Co., Inc.

Colors & Shapes Activities Practice Book Toddler-Grade K - Ages 1 To 6. Pfiffikus. 2016. (ENG., Illus.). (J). pap. 10.81 *(978-1-68377-637-6(2))* Whlke, Traudl.

Colors & Shapes Activity Book for Kids. Bobo's Children Activity Books. 2016. (ENG., Illus.). (J). pap. 7.99 *(978-1-68327-417-9(2))* Sunshine In My Soul Publishing.

Colors & Shapes Hidden Pictures Sticker Learning Fun. Created by Highlights Learning. 2021. (Highlights Hidden Pictures Sticker Learning Ser.). 70p. (J). (-k). pap. 8.99 *(978-1-64472-445-3(6))*, Highlights) Highlights Pr., c/o Highlights for Children, Inc.

Colors & Shapes Workbook Toddler-Grade K - Ages 1 To 6. Pfiffikus. 2016. (ENG., Illus.). (J). pap. 10.81 *(978-1-68377-632-1(1))* Whlke, Traudl.

Colors Are Everywhere! (Rugrats) Golden Books. Illus. by Erik Doescher. 2022. (ENG.). 128p. (J). (gr. -1-2). pap. 7.99 *(978-0-593-48314-5(6))*, Golden Bks.) Random Hse. Children's Bks.

Colors Are Here. Cinquanta Cox-Smith. 2023. (ENG.). 32p. (J). pap. ***(978-1-312-69932-8(9))*** Lulu Pr., Inc.

Colors at the Garage Sale, 1 vol. Tristan MacRobert. 2017. (Wonderful World of Colors Ser.). (ENG.). 24p. (gr. 1-1). pap. 9.25 *(978-1-5383-2167-6(X))*, 76dc6d55-0077-47fe-a3b0-c79ab3e32b77, PowerKids Pr.) Rosen Publishing Group, Inc., The.

Colors at the Races, 1 vol. Gary Clearwater. 2017. (Wonderful World of Colors Ser.). (ENG.). 24p. (gr. 1-1). pap. 9.25 *(978-1-5081-6167-7(4))*, 630756b4-b2f6-4771-93ba-123155f9c499, PowerKids Pr.) Rosen Publishing Group, Inc., The.

Colors Beyond Clouds: A Journey Through the Social Life of a Girl on the Autism Spectrum. Shana Belfast. 2019. (ENG., Illus.). 126p. (YA). pap. 13.99 *(978-1-64438-515-9(5))*, Abuzz Press) Booklocker.com, Inc.

Colors Danced: A Creation Tale. Lydia Johnson Huntress. 2020. (ENG.). 42p. (J). pap. 9.99 *(978-1-7341869-0-1(9))* Leafprint Pr.

Colors de la Runway, 1 vol. Clarence Ruth. 2019. (ENG., Illus.). 48p. (J). 18.99 *(978-0-7643-5683-4(6))*, 16359) Schiffer Publishing, Ltd.

Colors: Early Learning at the Museum. Illus. by The Trustees of the British Museum. 2018. (Early Learning at the Museum Ser.). (ENG.). 22p. (J). (— 1). bds. 7.99 *(978-1-5362-0269-4(X))* Candlewick Pr.

Colors Flying. Cabe Lindsay. 2020. (ENG.). 34p. (J). 19.99 *(978-1-0879-0533-4(8))* Indy Pub.

Colors in Art. Sabrina Hahn. 2022. (Sabrina Hahn's Art & Concepts for Kids Ser.). (Illus.). 70p. (J). (gr. -1-1). 24.99 *(978-1-5107-6812-3(2))*, Sky Pony Pr.) Skyhorse Publishing Co., Inc.

Colors in French - Coloring While Learning French - Language Books for Grade 1 Children's Foreign Language Books. Baby Professor. 2017. (ENG., Illus.). (J). pap. 9.55 *(978-1-5419-2564-9(5))*, Baby Professor (Education Kids)) Speedy Publishing LLC.

Colors in My World (Set Of 6) Brienna Rossiter. 2020. (Colors in My World Ser.). (ENG., Illus.). 96p. (J). (gr. -1-1). pap. 47.70 *(978-1-64619-190-1(0))*, 1646191900); lib. bdg. 153.84 *(978-1-64619-156-7(0))*, 1646191560) Little Blue Hse. (Little Blue Readers).

Colors in Nature. Christianne Jones. 2022. (World Around You Ser.). (ENG.). 32p. (J). 31.32 *(978-1-6639-7671-0(6))*, 226145); pap. 8.95 *(978-1-6663-2515-7(5))*, 226139) Capstone. (Pebble).

Colors in Nature. Stepanka Sekaninova & Jana Sedlackova. Illus. by Magdalena Konecna. 2021. 32p. (J). 14.95 *(978-80-00-05933-4(9))* Albatros, Nakladatelstvi pro deti mladez, a.s. CZE. Dist: Consortium Bk. Sales & Distribution.

Colors in Nature. Jennifer Marino Walters. 2018. (Nature Is All Around Me (LOOK! Books (tm)) Ser.). (ENG., Illus.). 24p. (J). (gr. -1-3). pap. 8.99 *(978-1-63440-356-6(8))*, 7f69606c-1064-485a-9b04-a413997f6f38); lib. bdg. 25.32 *(978-1-63440-300-9(2))*, 765d053f-efd4-431f-9c08-1cc5f0d64e55) Red Chair Pr.

Colors in Spanish - Coloring While Learning Spanish - Language Books for Kindergarten Children's Foreign Language Books. Baby Professor. 2017. (ENG., Illus.). (J). pap. 9.55 *(978-1-5419-2562-5(9))*, Baby Professor (Education Kids)) Speedy Publishing LLC.

Colors in the Cold (Rookie Toddler) Scholastic. 2016. (Rookie Toddler Ser.). (ENG., Illus.). 14p. (J). (gr. -1 — 1). bds. 6.95 *(978-0-531-22699-5(9))*, Children's Pr.) Scholastic Library Publishing.

Colors in the Jungle. Kristina Rupp. 2016. (1-3Y Ecosystems Ser.). (ENG., Illus.). 16p. (J). pap. 8.00 *(978-1-63437-463-7(0))* American Reading Co.

Colors Inside of Me. Amy Lee Westervelt. Illus. by Maddy Moore. 2021. (ENG.). 48p. (J). 24.99 *(978-1-954819-22-1(6))* Briley & Baxter Publications.

Colors Jesse Sees. Bob Bartel. Illus. by Chad Thompson. 2022. (ENG.). 32p. (J). ***(978-1-0391-4918-2(9))***; pap. ***(978-1-0391-4917-5(0))*** FriesenPress.

Colors: My First Pop-Up! (a Pop Magic Book) Matthew Reinhart. Illus. by Ekaterina Trukhan. 2021. (Pop Magic Ser.). (ENG.). 12p. (J). (gr. -1-k). bds. 14.99 *(978-1-4197-4106-7(3))*, 1271510, Abrams Appleseed) Abrams, Inc.

Colors of a Rainbow. Lisa R. Gamble. 2018. (ENG., Illus.). 64p. (J). 26.95 *(978-1-64079-996-7(6))* Christian Faith Publishing.

Colors of Aloha. Kanoa Kau Arteaga. Illus. by J. R. Keaolani Bogac-Moore. 2019. (ENG.). 28p. (J). (gr. -1 — 1). 15.95 *(978-1-7750840-8-2(6))* Flamingo Rampant! CAN. Dist: Orca Bk. Pubs. USA.

Colors of Ancient Egypt. Illus. by Amy Mullen. 2016. 24p. (J). bds. 10.95 *(978-0-7649-7541-7(2))*, POMEGRANATE KIDS) Pomegranate Communications, Inc.

Colors of Autumn. Tweedy. Illus. by Tweedy. 2021. (ENG.). 44p. (J). pap. 14.99 *(978-1-943960-12-5(7))* Kodzo Bks.

Colors of Awesome! 24 Bold Women Who Inspired the World. Eva Chen. Illus. by Derek Desierto. 2022. (ENG.). 24p. (J). bds. 9.99 *(978-1-250-81667-2(X))*, 900249065) Feiwel & Friends.

Colors of Caring. Victoria Saxon. 2020. (Care Bears: Unlock the Magic Ser.). (ENG.). 24p. (J). (-k). pap. 5.99 *(978-0-593-09706-9(8))*, Penguin Young Readers Licenses) Penguin Young Readers Group.

Colors of Christmas. Illus. by Jill Howarth. 2019. (ENG.). 22p. (J). (gr. -1 — 1). bds. 9.99 *(978-0-7624-6610-8(3))*, Running Pr. Kids) Running Pr.

Colors of Flowers: A Child's Introduction to Colors in the Natural World. David E. McAdams. 2016. (Child's Introduction to Colors in the Natural World Ser.). (ENG.). 34p. (J). pap. 14.95 *(978-1-63270-182-4(0))* Life is a Story Problem LLC.

Colors of Habitats. Stepanka Sekaninova & Jana Sedlackova. Illus. by Magdalena Konecna. 2021. (Nature's Wonderful Colors Ser.). 32p. (J). 14.95 *(978-80-00-05934-1(7))* Albatros, Nakladatelstvi pro deti mladez, a.s. CZE. Dist: Consortium Bk. Sales & Distribution.

Colors of Joy Featuring Joy Girl: Coloring Book. Patricia Hunter. 2022. (ENG.). 22p. (J). pap. 10.00 *(978-1-953526-33-5(0))* TaylorMade Publishing, LLC.

Colors of Kindness. Kristen Bellamy. Illus. by Michael Vatcher. 2021. (ENG.). 36p. (J). (gr. k-2). pap. 18.95 *(978-1-989819-18-0(4))* Floating Castles Media Inc. CAN. Dist: Independent Pubs. Group.

Colors of Me: Chi-Chi's Hair. Stephanie Oguchi. 2018. (ENG., Illus.). 28p. (J). pap. 12.49 *(978-1-5456-3408-0(4))* Salem Author Services.

Colors of Me: Our Colorful World. Stephanie Oguchi. Illus. by Rasheed Oduro. 2021. (ENG.). 30p. (J). pap. 13.00 *(978-1-7330624-4-2(0))* Colors Of Me LLC, The.

Colors of Mindfulness: Coloring & Activity Book. Monica Durst. 2022. 126p. (J). pap. 18.00 *(978-1-6678-5673-5(1))* BookBaby.

Colors of My Day. Rozanne Williams. 2017. (Learn-To-Read Ser.). (ENG., Illus.). (J). pap. 3.49 *(978-1-68310-294-6(0))* Pacific Learning, Inc.

Colors of Nature. Kate Riggs. Illus. by Domeniconi Paolo. 2017. (ENG.). 14p. (J). (gr. -1 — 1). bds. 8.99 *(978-1-56846-299-8(9))*, 20160, Creative Education) Creative Co., The.

Colors of New England: Explore the Colors of Nature. Kids Will Love Discovering the Colors of New England with Vivid & Beautiful Art, from the Purple Northern Blazing Star to the Green Mallard Duck. Amy Mullen. 2017. (Naturally Local Ser.). (ENG., Illus.). 20p. (J). (gr. -1-k). bds. 8.95 *(978-1-938093-99-9(2))*, 809399) Duo Pr. LLC.

Colors of Olleh. Robdarius Brown. Illus. by Teiyonna Douglas. 2020. (ENG.). 40p. (J). 20.00 *(978-1-0879-1179-3(6))* Indy Pub.

Colors of Olleh. Robdarius Brown. 2020. (ENG.). 38p. (J). 20.00 *(978-1-0878-9218-4(X))* Indy Pub.

Colors of Summer. Danna Smith. Illus. by Amber Ren. 2019. (Little Golden Book Ser.). 24p. (J). (-k). 4.99 *(978-1-5247-7343-4(3))*, Golden Bks.) Random Hse. Children's Bks.

Colors of Summer. Tweedy. 2021. (ENG.). 44p. (J). pap. 14.99 *(978-1-943960-11-8(9))* Kodzo Bks.

Colors of the Farm Sense & Sensation Books for Kids. Baby Professor. 2017. (ENG., Illus.). (J). pap. 7.89 *(978-1-5419-0328-9(5))*, Baby Professor (Education Kids)) Speedy Publishing LLC.

Colors of the Pacific Northwest: Explore the Colors of Nature. Kids Will Love Discovering the Amazing Natural Colors in the Pacific Northwest, from the Red Sapsucker to the Green Douglas Fir. Amy Mullen. 2017. (Naturally Local Ser.). (ENG., Illus.). 20p. (J). (gr. -1 — 1). bds. 8.99 *(978-1-938093-80-7(1))*, 809380) Duo Pr. LLC.

Colors of the Park! (Spirit Rangers) Golden Books. Illus. by Chris Aguirre & MJ Illustrations. 2023. 128p. (J). (gr. -1-2). pap. 8.99 *(978-0-593-57105-7(3))*, Golden Bks.) Random Hse. Children's Bks.

Colors of the Rain. R. L. Toalson. 2018. (ENG.). 384p. (J). (gr. 4-9). 17.99 *(978-1-4998-0717-2(1))*, Yellow Jacket) Bonnier Publishing USA.

Colors of the Rainbow Coloring Book. Bobo's Children Activity Books. 2016. (ENG., Illus.). (J). pap. 9.33 *(978-1-68327-495-7(4))* Sunshine In My Soul Publishing.

Colors of the Southwest: Explore the Colors of Nature. Kids Will Love Discovering the Natural Colors of the Southwest in This Bilingual English-Spanish Book. Amy Mullen. 2019. (Naturally Local Ser.). (ENG., Illus.). 20p. (J). (gr. -1 — 1). bds. 8.99 *(978-1-947458-51-2(5))*, 805851) Duo Pr. LLC.

Colors of the Wild - Land, Water, & Sky. Illus. by Cindi Johnson. 2023. (ENG.). 110p. (J). pap. 11.60 ***(978-1-312-36935-1(3))*** Lulu Pr., Inc.

Colors of the World:: Adventures. Heather Wenonah Ellis. 2018. (ENG., Illus.). 222p. (J). pap. *(978-1-78830-119-0(6))* Olympia Publishers.

Colors of the World - Coloring Book for Relaxation. Jupiter Kids. 2018. (ENG., Illus.). 106p. (J). pap. 12.55 *(978-1-5419-3571-6(3))*, Jupiter Kids (Childrens & Kids Fiction)) Speedy Publishing LLC.

Colors of Winter. Danna Smith. Illus. by Amber Ren. 2019. (Little Golden Book Ser.). 24p. (J). (-k). 4.99 *(978-1-5247-6892-8(8))*, Golden Bks.) Random Hse. Children's Bks.

Colors of Winter. Tweedy. Illus. by Tweedy. 2021. (ENG.). 44p. (J). pap. 14.99 *(978-1-943960-13-2(5))* Kodzo Bks.

Colors (See Hear Learn) Cherri Cardinale. Ed. by Parragon Books. Illus. by Lilla Rogers. 2023. (See Hear Learn Ser.). (ENG.). 14p. (J). (gr. -1-1). bds. 12.99 *(978-1-64638-825-7(9))*, 1009100, Parragon Books) Cottage Door Pr.

Colors Shaped Write & Erase Board. Sequoia Children's Publishing. 2019. (ENG.). (J). bds. 4.99 *(978-1-64269-064-4(3))*, 3989, Sequoia Publishing & Media LLC) Phoenix International Publications, Inc.

Colors, Shapes & More, 56 vols. School Zone Publishing Company Staff. rev. ed. 2019. (ENG., Illus.). (J). (gr. -1-k). 3.49 *(978-0-938256-96-0(3))*, 2197450e-96c5-4a1e-aff8-1d8e0968e36c) School Zone Publishing Co.

Colors, Shapes & Sizes. Gwarmekia Lafaye. Illus. by Sarah Willia. 2019. (ENG.). 70p. (J). (gr. 2-4). 25.00 *(978-0-692-18855-2(X))* Gwarmekia.

Colors That Match Shoes Coloring Book. Activibooks For Kids. 2016. (ENG., Illus.). (J). pap. 9.20 *(978-1-68321-681-0(4))* Mimaxion.

Colors to Learn: Lift-The-Flap Book. Clever Publishing. Illus. by Ekaterina Guscha. 2018. (Clever Flaps Ser.). (ENG.). 16p. (J). (gr. -1 — 1). bds. 12.99 *(978-1-948418-47-8(9))* Clever Media Group.

Colors: under the Sea (My Bath Book) Illus. by Jonathan Miller. 2018. (ENG.). 6p. (J). (— 1). 5.99 *(978-2-924786-73-4(8))*, CrackBoom! Bks.) Chouette Publishing CAN. Dist: Publishers Group West (PGW).

Colors We Keep. Beverly Forgione. 2017. (ENG., Illus.). (J). pap. 12.45 *(978-1-4808-4426-1(8))* Archway Publishing.

Colors with Ladybug. DK. 2018. (Learn with a Ladybug Ser.). (ENG., Illus.). 14p. (J). (— 1). bds. 9.99 *(978-1-4654-6842-0(0))*, DK Children) Dorling Kindersley Publishing, Inc.

Colors with Little Fish. Lucy Cousins. Illus. by Lucy Cousins. 2019. (Little Fish Ser.). (ENG., Illus.). 24p. (J). (— 1). bds. 7.99 *(978-1-5362-0611-1(3))* Candlewick Pr.

388   The check digit for ISBN-10 appears in parentheses after the full ISBN-13

Colors Workbook Prek-Grade 1 - Ages 4 To 7. Prodigy Wizard. 2016. (ENG., Illus.). (J). pap. 9.43 *(978-1-68323-910-9(5))* Twin Flame Productions.
Colors Workbook Prek-Grade K - Ages 4 To 6. Prodigy. 2016. (ENG., Illus.). (J). pap. 9.25 *(978-1-68323-905-5(9))* Twin Flame Productions.
Colors/Colores. Courtney Dicmas. Tr. by Teresa Mlawer. Illus. by Courtney Dicmas. 2019. (Spanish/English Bilingual Editions Ser.). (ENG., Illus.). 14p. (J). bds. *(978-1-78628-393-1(X))* Child's Play International Ltd.
Colors/Los Colores, 6 vols., Set. Sharon Gordon. Incl. Amarillo / Yellow. lib. bdg. 25.50 *(978-0-7614-2879-4(8),* 8f928827-cb81-4c52-a46c-08647113cc86); Anaranjado / Orange. lib. bdg. 25.50 *(978-0-7614-2875-6(5),* d0aec7d3-36d9-4aaa-ae14-b0e8249efa52); Azul / Blue. lib. bdg. 25.50 *(978-0-7614-2873-2(9),* 80a8c499-04bb-4643-87bb-990d3193a553); Morado / Purple. lib. bdg. 25.50 *(978-0-7614-2876-3(3),* 56cd63c3-3661-4a63-ac74-fb561de458ea); Rojo / Red. lib. bdg. 25.50 *(978-0-7614-2878-7(X),* 9f8e58a0-0687-4b09-9228-973b661d2040); Verde / Green. lib. bdg. 25.50 *(978-0-7614-2874-9(7),* d3c277e9-f449-45fe-b6bf-c09a2c4e41cf); 24p. (gr. k-1). 2009. (Bookworms — Bilingual Editions: Colors/Los Colores Ser.). (ENG & SPA.). 2007. lib. bdg. *(978-0-7614-2872-5(0),* Cavendish Square) Cavendish Square Publishing LLC.
Colortimebooks Fashion Beauty Puzzle Book. Andrea Scobie. 2019. (ENG., Illus.). 66p. (J). (gr. 3-6). pap. *(978-1-9990875-0-0(X))* Colortimebks.
ColorWorld: Foil Art Coloring! Editors of Silver Dolphin Books. 2023. (ColorWorld Ser.). (ENG.). 64p. (J). (gr. 1-3). pap. 15.99 ***(978-1-6672-0497-0(1),*** Silver Dolphin Bks.) Printers Row Publishing Group.
ColorWorld: Illumination Chalk Art. Editors of Silver Dolphin Books. Illus. by Lizzie Preston. 2022. (ColorWorld Ser.). (ENG.). 64p. (J). (gr. 1-3). pap. 14.99 *(978-1-6672-0139-9(5),* Silver Dolphin Bks.) Printers Row Publishing Group.
Colossal Activity Book of the Jurassic Period. Activity Book Zone for Kids. 2016. (ENG., Illus.). (J). pap. 7.55 *(978-1-68376-182-2(0))* Sabeels Publishing.
Colossal & Concrete: What Am I? Joyce L. Markovics. 2018. (American Place Puzzlers Ser.). (ENG.). 24p. (J). (gr. -1-3). 26.99 *(978-1-68402-481-0(1))* Bearport Publishing Co., Inc.
Colossal Bottomless Depths of Blubbo. Don Reis. 2017. (ENG., Illus.). 338p. (J). pap. *(978-1-326-95144-3(0))* Lulu Pr., Inc.
Colossal Camera Calamity. Theo Baker. ed. 2021. (Hank Zipzer Ser.). (ENG., Illus.). 120p. (J). (gr. 4-5). 16.96 *(978-1-64697-691-1(6))* Penworthy Co., LLC, The.
Colossal Course! A Monster Truck Myth. Blake Hoena. Illus. by Fern Cano. 2018. (ThunderTrucks! Ser.). (ENG.). 56p. (J). (gr. k-2). lib. bdg. 21.99 *(978-1-4965-5735-3(2),* 136725, Stone Arch Bks.) Capstone.
Colossal Creatures. Vicky Willows. 2016. (Illus.). 32p. (J). pap. *(978-0-545-93905-8(4))* Scholastic, Inc.
Colossal Creatures! a Super Fun Dinosaur Coloring Book. Jupiter Kids. 2017. (ENG., Illus.). (J). pap. 9.20 *(978-1-68326-704-1(4),* Jupiter Kids (Childrens & Kids Fiction)) Speedy Publishing LLC.
Colossal Crocodiles, 1 vol. Francis MacIntire. 2017. (Great Big Animals Ser.). (ENG.). 24p. (J). (gr. k-k). pap. 9.15 *(978-1-5382-0895-3(4),* 95e459e8-3ab8-4151-9d00-81bf0acf5c9a) Stevens, Gareth Publishing LLLP.
Colossal Fossil. Ron Roy. ed. 2018. (to Z Mysteries Ser.). lib. bdg. 16.00 *(978-0-606-40922-3(X))* Turtleback.
Colossal Fossil Fiasco: Lucy's Lab #3. Michelle Houts. Illus. by Elizabeth Zechel. 2018. (Lucy's Lab Ser.: 3). (ENG.). 112p. (J). (gr. 1-3). 13.99 *(978-1-5107-1070-2(1));* pap. 4.99 *(978-1-5107-1071-9(X))* Skyhorse Publishing Co., Inc. (Sky Pony Pr.).
Colossal Grab a Pencil Pocket Fill-Ins. Ed. by Richard Manchester. 2017. (ENG.). 320p. pap. 7.95 *(978-0-88486-644-2(0))* Bristol Park Bks.
Colosseum. Grace Hansen. 2017. (World Wonders Ser.). (ENG., Illus.). 24p. (J). (gr. -1-2). lib. bdg. 32.79 *(978-1-5321-0439-8(1),* 26565, Abdo Kids) ABDO Publishing Co.
Colosseum. Elizabeth Noll. 2020. (Seven Wonders of the Modern World Ser.). (ENG., Illus.). 32p. (J). (gr. 3-8). lib. bdg. 27.95 *(978-1-64487-267-3(6),* Blastoff! Readers) Bellwether Media.
Colosseum: Children's European History Book with Facts! Bold Kids. 2022. (ENG.). 42p. (J). pap. 15.99 ***(978-1-0717-0930-6(5))*** FASTLANE LLC.
Colosseum: Discover Pictures & Facts about the Colosseum for Kids! a Children's European History Book. Bold Kids. 2022. (ENG.). 34p. (J). pap. 14.99 *(978-1-0717-0851-4(1))* FASTLANE LLC.
Colossus: A Novel (Classic Reprint) Opie Read. (ENG., Illus.). (J). 2018. 260p. 29.26 *(978-0-483-72273-6(1));* 2016. pap. 11.57 *(978-1-333-33389-8(7))* Forgotten Bks.
Colossus: A Story of to-Day (Classic Reprint) Morley Roberts. 2017. (ENG., Illus.). (J). 30.62 *(978-0-266-98257-9(3))* Forgotten Bks.
Colossus: The World's Most Amazing Feats of Engineering. Colin Hynson. Illus. by Giulia Lombardo. 2021. (ENG.). 80p. (J). (gr. 3-7). 19.99 *(978-1-5362-1706-3(9),* Big Picture Press) Candlewick Pr.
Colossus of Rhodes a Variety of Facts Children's People & Places Book. Bold Kids. 2022. (ENG.). 44p. (J). pap. 14.99 ***(978-1-0717-2077-6(5))*** FASTLANE LLC.
Colossus of Roads. Christina Uss. 208p. (J). (gr. 4-7). 2021. pap. 8.99 *(978-0-8234-4989-7(0));* 2020. 17.99 *(978-0-8234-4450-2(3))* Holiday Hse., Inc. (Margaret Ferguson Books).
Colour & Frame: Nature. Felicity French. Illus. by Felicity French. 2016. (ENG., Illus.). 64p. pap. 12.95 *(978-1-78243-584-6(0))* O'Mara, Michael Bks., Ltd. GBR. Dist: Independent Pubs. Group.
Colour & Learn: Equines. Leah Friesen. 2022. (ENG.). 48p. (J). *(978-1-0391-3165-1(4));* pap. *(978-1-0391-3164-4(6))* FriesenPress.
Colour Away Your Worries: A Calming Colouring & Drawing Book for Kids. Leslie Ironside & Haia Ironside. Illus. by John Bigwood. 2017. (ENG.). 112p. (J). (gr. 1-6). pap. 13.99 *(978-1-78055-309-2(9))* O'Mara, Michael Bks., Ltd. GBR. Dist: Independent Pubs. Group.
Colour Blind Boy. Mohammed Yaseen. 2017. (ENG., Illus.). 32p. (J). 7.95 *(978-0-86037-384-1(3))* Kube Publishing Ltd. GBR. Dist: Consortium Bk. Sales & Distribution.
Colour by Laughter: A Colouring Book for Little Jokers Aged 4-8. Tom E. Moffatt. Illus. by Paul Beavis. 2022. (ENG.). 74p. (J). pap. ***(978-1-9911617-5-8(1))*** Write Laugh.
Colour Count & Discover: The Colour Wheel & Cmy Color. Anneke Lipsanen. abr. ed. 2016. (ENG., Illus.). 56p. (J). (gr. k-4). pap. *(978-1-68368-977-5(1))* Anni Arts.
Colour Count & Discover Colouring Book: Cmy Colour Wheel Fun. Anneke Lipsanen. 2016. (ENG., Illus.). 32p. (J). pap. *(978-1-68368-978-2(X))* Anni Arts.
Colour Me. Ezekiel Kwaymullina. Illus. by Moira Court. 2018. (ENG.). 32p. (J). (gr. -1-k). pap. 12.95 *(978-1-925164-66-4(7))* Fremantle Pr. AUS. Dist: Independent Pubs. Group.
Colour ME: Step into the World of Your Imagination As You Colour. Marneta Viegas. 2022. (Relax Kids Ser.). (ENG., Illus.). 112p. (J). (gr. -1-4). pap. 14.95 *(978-1-78904-985-5(7),* Our Street Bks.) Hunt, John Publishing Ltd. GBR. Dist: National Bk. Network.
Colour Me Jamaican: A Jamaican Colouring & Activity Book. Arlene Nelson. 2022. (ENG.). 26p. (J). pap. 9.89 ***(978-0-9721360-1-3(0))*** Nelson Multimedia, LLC.
Colour Me: Mini Beasts: Fun & Facts for Fans. Daniela Massironi. 2022. (ENG.). 96p. (J). pap. 9.99 *(978-1-78055-766-3(3),* Buster Bks.) O'Mara, Michael Bks., Ltd. GBR. Dist: Independent Pubs. Group.
Colour Me: Things That Go: Fun & Facts for Fans. James Cottell. 2022. (ENG.). 96p. (J). pap. 9.99 *(978-1-78055-767-0(1),* Buster Bks.) O'Mara, Michael Bks., Ltd. GBR. Dist: Independent Pubs. Group.
Colour of Lies, 1 vol. CJ Lyons. 2018. (ENG.). 352p. (YA). 17.99 *(978-0-310-76535-6(8))* Blink.
Colour the Holidays Activity Book. Bev Newton. Illus. by I. L. Jackson. 2019. (ENG.). 120p. (J). pap. *(978-1-989322-12-3(3))* Pine Lake Bks.
Colour Thief of Bristol. Philippa Lilford. Illus. by Vicky Lilford. 2021. (ENG.). 26p. (J). pap. *(978-1-78963-232-3(3),* Choir Pr., The) Action Publishing Technology Ltd.
Colour Together: Nature. Annie Davidson. 2016. (ENG., Illus.). 64p. (J). (gr. k-2). pap. 16.99 *(978-1-78344-517-2(3))* Andersen Pr. GBR. Dist: Independent Pubs. Group.
Colour up to Christmas. Alison J. Brown. 2017. (ENG., Illus.). (J). pap. *(978-1-912420-21-6(X))* Bk. Publishing Academy.
Colour Us Back from History (Men) A Colouring Book of Important Male Personalities. Elle Smith. 2018. (ENG., Illus.). 44p. (YA). pap. *(978-1-9999023-5-3(1))* Inspired By Elle.
Colour Us Back from History (Women) A Colouring Book of Important Female Personalities. Elle Smith. 2018. (ENG., Illus.). 48p. (YA). pap. *(978-1-9999023-4-6(3))* Inspired By Elle.
Colour with Chris Humfrey's: Awesome Australian Animals. Chris Humfreys. 2022. (ENG.). 24p. (J). (gr. 2-4). pap. 9.99 *(978-1-76079-424-8(4))* New Holland Pubs. Pty, Ltd. AUS. Dist: Independent Pubs. Group.
Colour with Chris Humfrey's: Coolest Creepy Crawlies. Chris Humfreys. 2023. (ENG.). 24p. (J). (gr. 2-4). pap. 10.99 ***(978-1-76079-546-7(1))*** New Holland Pubs. Pty, Ltd. AUS. Dist: Independent Pubs. Group.
Colour Your Australia. Grace West. 2016. 112p. 11.95 *(978-0-670-07933-9(2))* Penguin Random Hse. AUS. Dist: Independent Pubs. Group.
Colour Your Own Bible Verses: 20 Encouraging ESV Bible Verses to Encourage & Display! Illus. by Nicola Maybury. 2020. (ENG.). 48p. (J). pap. *(978-1-716-88027-8(0))* Lulu Pr., Inc.
Colour Your Own Medieval Animals (Colour Your Own) British Library. 2017. (Colour Your Own Ser.). (ENG., Illus.). 48p. pap. 12.95 *(978-1-911216-22-3(8),* Pavilion) Pavilion Bks. GBR. Dist: HarperCollins Pubs.
Colour Your World: A Spiritual Colouring Book, 1 vol. Marcel Flier. Illus. by Marcel Flier. ed. 2016. (ENG., Illus.). 32p. 6.99 *(978-0-85721-726-4(7),* 5bb79060-a415-4959-9acb-50c3d3e14f09, Monarch Bks.) Lion Hudson PLC GBR. Dist: Baker & Taylor Publisher Services (BTPS).
COLOURAMA: Pop up the Past: 3D Colouring Cards to Create & Complete. Illus. by John Paul de Quay. 2018. (ENG.). 30p. (J). (gr. 2). 12.99 *(978-1-78055-526-3(1))* O'Mara, Michael Bks., Ltd. GBR. Dist: Independent Pubs. Group.
Colourful Birds Purple Band. Claire Llewellyn. ed. 2017. (Cambridge Reading Adventures Ser.). (ENG., Illus.). 24p. pap. 7.35 *(978-1-108-43569-7(6))* Cambridge Univ. Pr.
Colourful Characters. Lynn Costelloe. 2017. (ENG., Illus.). (J). (gr. k-6). pap. 7.99 *(978-1-68160-366-7(7))* Crimson Cloak Publishing.
Colourful Foods / Cibi Variopinti: Parallel Language Learning Vol. 2 / Apprendimento Parallelo Delle Lingue Vol. 2. Lori Michelini. 2020. (ENG.). 60p. (J). pap. *(978-1-7770952-4-6(7))* Library & Archives Canada.
Colouring Book. Jenny Jones. 2016. (ENG., Illus.). (J). pap. 3.44 *(978-1-326-78696-0(2))* Lulu Pr., Inc.
Colouring Book - the Name of Yahweh, Angels & the Garden of My Heart. Lindi Masters. Illus. by Lizzie Masters. 2018. (ENG.). 28p. (J). pap. *(978-0-6399841-6-2(9))* Seraph Creative.
Colouring Book for Girls: Princess, Mermaid & Unicorn Coloring Book for Girls - Books for 4-8 Years Old Children. Lena Bidden. l.t. ed. 2021. (ENG.). 46p. (J). pap. 9.99 *(978-1-716-21922-1(1))* Lulu Pr., Inc.
Colouring Book for Kids: Sharks. Happy Harper. 2020. (ENG.). 94p. (J). pap. *(978-1-989543-89-4(8),* Happy Harper) Gill, Karanvir.
Colouring Book of Animals: Crayon Copy Colour Books. Wonder House Books. 2020. (Creative Crayons Ser.). (ENG.). 16p. (J). (— 1). pap. 1.99 ***(978-93-87779-71-6(8))*** Prakash Bk. Depot IND. Dist: Independent Pubs. Group.
Colouring Book of Scotland. Eilidh Muldoon. 2016. (Illus.). 48p. pap. 13.95 *(978-1-78027-405-8(X),* 178027405X) Birlinn, Ltd. GBR. Dist: Casemate Pubs. & Bk. Distributors, LLC.
Colouring Book of Shapes: Crayon Copy Colour Books. Wonder House Books. 2018. (Creative Crayons Ser.). (ENG.). 16p. (J). (— 1). pap. 1.99 ***(978-93-87779-75-4(0))*** Prakash Bk. Depot IND. Dist: Independent Pubs. Group.
Colouring Book with Affirmation: Only for Her. Khadija Maaref. 2022. (ENG.). 66p. (J). pap. ***(978-1-4716-2061-4(1))*** Lulu Pr., Inc.
Colouring Books for Children (Do What You Love) 36 Coloring Pages to Boost Confidence in Girls. James Manning. 2019. (Colouring Books for Children Ser.: Vol. 1). (ENG., Illus.). 74p. (J). pap. *(978-1-83856-479-7(9));* 36th ed. pap. *(978-1-83856-481-0(0))* Coloring Pages.
Colouring Books for Girls (Do What You Love) 36 Coloring Pages to Boost Confidence in Girls. James Manning. 2019. (Colouring Books for Girls Ser.: Vol. 1). (ENG., Illus.). 74p. (J). pap. *(978-1-83856-477-3(2));* pap. *(978-1-83856-478-0(0))* Coloring Pages.
Colouring Books for Teenagers (Do What You Love) 36 Coloring Pages to Boost Confidence in Girls. James Manning. 2019. (Colouring Books for Teenagers Ser.: Vol. 1). (ENG., Illus.). 74p. (J). pap. *(978-1-83856-480-3(2))* Coloring Pages.
Colouring (coloring) Book for 4-5 Year Olds with Thick Outlines for Easy Colouring (coloring). This Book Has Extra-Large Pictures with Thick Lines to Promote Error Free Colouring (coloring), to Increase Confidence, to Reduce Frustration, & To. Bernard Patrick. 2020. (ENG.). 84p. (J). pap. 15.01 *(978-0-244-56251-9(2))* Lulu Pr., Inc.
Colouring Jesus: Colour Your Own Bible Comics! Flix Gillett. ed. 2021. (Colouring Bible Comics Ser.). (ENG.). 32p. (J). pap. 10.99 *(978-1-78128-385-1(0),* 73163022-6e62-4cc0-89f0-18521ab96a84, Candle Bks.) Lion Hudson PLC GBR. Dist: Baker & Taylor Publisher Services (BTPS).
Colouring the Old Testament: Colour Your Own Bible Comics! Flix Gillett. ed. 2021. (Colouring Bible Comics Ser.). (ENG.). 32p. (J). pap. 10.99 *(978-1-78128-386-8(9),* 60d8b52d-071c-4147-a384-ca147ba921b1, Candle Bks.) Lion Hudson PLC GBR. Dist: Baker & Taylor Publisher Services (BTPS).
Colourmetrics: A Geometric Colour by Numbers Challenge. Max Jackson & Buster Books. 2022. (ENG., Illus.). 48p. (J). (gr. 3). pap. 11.99 *(978-1-78055-748-9(5),* Buster Bks.) O'Mara, Michael Bks., Ltd. GBR. Dist: Independent Pubs. Group.
Colours. Madhav Chavan. Illus. by Rijuta Ghate. 2022. (ENG.). 32p. (J). pap. ***(978-1-922918-00-0(8))*** Library For All Limited.
Colours. Courtney Dicmas. Illus. by Courtney Dicmas. 2017. (Wild! Concepts Ser.: 4). (Illus.). 14p. (J). spiral bd. *(978-1-84643-995-7(7))* Child's Play International Ltd.
Colours. Margaret James. 2021. (ENG.). 70p. (J). pap. *(978-1-922591-82-1(3))* Library For All Limited.
Colours. Lauren Simpson. Illus. by Li Arditi. 2022. (ENG.). 36p. (J). pap. ***(978-1-922827-76-0(2))*** Library For All Limited.
Colours - Taja Rangi. Madhav Chavan. Illus. by Rijuta Ghate. 2023. (SWA.). 32p. (J). pap. ***(978-1-922910-43-1(0))*** Library For All Limited.
Colours - Te Kara (Te Kiribati) Matirete Aukitino. Illus. by Jovan Carl Segura. 2022. (MIS.). 26p. (J). pap. ***(978-1-922910-61-5(9))*** Library For All Limited.
Colours & Shapes Flashcards: Ideal for Home Learning (Collins Easy Learning Preschool) Collins Easy Learning. 2018. (Collins Easy Learning Preschool Ser.). (ENG.). 52p. (gr. -1). 10.95 *(978-0-00-828148-9(3))* HarperCollins Pubs. Ltd. GBR. Dist: Independent Pubs. Group.
Colours: My First Tashi 2. Anna Fienberg & Barbara Fienberg. Illus. by Kim Gamble et al. 2020. (Tashi Ser.). (ENG.). 32p. (J). (gr. -1-k). 10.99 *(978-1-76087-732-3(8),* A&U Children's) Allen & Unwin AUS. Dist: Independent Pubs. Group.
Colours of Australia. Bronwyn Bancroft. 2019. (ENG., Illus.). 24p. (J). (gr. -1-k). pap. 9.99 *(978-1-76050-198-3(0))* Little Hare Bks. AUS. Dist: Independent Pubs. Group.
Colours of Canada. Medina Assiff. 2021. (ENG.). 24p. (J). *(978-1-0391-1776-1(7));* pap. *(978-1-0391-1775-4(9))* FriesenPress.
Colours of Your Fruit. Illus. by Stock Photos. 2022. (ENG.). 26p. (J). pap. ***(978-1-922827-81-4(9))*** Library For All Limited.
Colours with the Sham-Rocks. Julia Perkens & Anna Perkens. 2019. (ENG.). 34p. (J). pap. *(978-0-244-16489-8(4))* Lulu Pr., Inc.
Colporteur (Classic Reprint) C. W. Gordon. (ENG., Illus.). (J). 2018. 38p. 24.70 *(978-0-364-01248-2(X));* 2017. pap. 7.97 *(978-0-243-50974-4(X))* Forgotten Bks.
Colt Chapter Book: (Step 6) Sound Out Books (systematic Decodable) Help Developing Readers, Including Those with Dyslexia, Learn to Read with Phonics. Pamela Brookes. 2020. (Dog on a Log Chapter Books: Vol. 26). (ENG., Illus.). 60p. (J). 15.99 *(978-1-64831-032-4(X),* DOG ON A LOG Bks.) Jojoba Pr.
Colt for the King. Page Love. Illus. by Alina Russo. 2021. (ENG.). 26p. (J). 21.99 *(978-1-0878-9793-6(9))* Indy Pub.
Colten & the Bullfrog Adventure. Julie Rogers & Doyle Rogers. 2021. (ENG.). 46p. (J). 17.99 *(978-1-955691-58-1(4));* pap. 9.99 *(978-1-955691-56-7(8))* BookPatch LLC, The.
Colton & Chloe: A Trilingual Story- English Spanish French. Nicole Weaver. Illus. by Clara Batton Smith. 2018. (SPA.). 16p. (J). (gr. k-4). pap. 9.95 *(978-1-61633-951-7(9))* Guardian Angel Publishing, Inc.
Colton & Fitch's Introductory School Geography: Illustrated by Twenty Maps, & Numerous Engravings (Classic Reprint) George William. Fitch. 2017. (ENG., Illus.). (J). pap. 9.57 *(978-1-5285-1893-2(4))* Forgotten Bks.
Colton & the Big White Cake. Amy Scheuring. 2017. (ENG., Illus.). (J). 22.95 *(978-1-64028-337-4(4))* Christian Faith Publishing.
Colton Strolls on the Knoll. Cecilia Minden. Illus. by Anna Jones. 2022. (Little Blossom Stories Ser.). (ENG.). 16p. (J). (gr. -1-2). pap. 11.36 *(978-1-5341-9876-0(8),* 220081, Cherry Blossom Press) Cherry Lake Publishing.
Columbanus, the Celt: A Tale of the Sixth Century (Classic Reprint) Walter Thomas Leahy. (ENG., Illus.). (J). 2018. 458p. 33.36 *(978-0-483-09902-9(3));* 2016. pap. 16.57 *(978-1-334-14780-7(9))* Forgotten Bks.
Columbia Academy Anthology: Lower School Edition. 2019. (ENG.). 132p. (J). pap. 10.00 *(978-1-7342711-0-2(8))* Hilliard Pr.
Columbia Space Shuttle Explosion & Space Exploration. Tamra B. Orr. 2017. (Perspectives Library: Modern Perspectives Ser.). (ENG., Illus.). 32p. (J). (gr. 4-7). lib. bdg. 32.07 *(978-1-63472-861-4(0),* 209870) Cherry Lake Publishing.
Columbiad. Joel Barlow. 2017. (ENG., Illus.). (J). 27.95 *(978-1-374-87682-8(8));* pap. 17.95 *(978-1-374-87681-1(X))* Capital Communications, Inc.
Columbiad: A Poem (Classic Reprint) Joel Barlow. 2018. (ENG., Illus.). 494p. (J). 34.09 *(978-0-364-72035-6(2))* Forgotten Bks.
Columbiad 1916: Christmas Number (Classic Reprint) Maynard High School. 2017. (ENG., Illus.). (J). 24.66 *(978-0-260-00976-0(8));* pap. 7.97 *(978-1-5284-4810-9(3))* Forgotten Bks.
Columbian Call, Vol. 3: May 3, 1898 (Classic Reprint) I. Q. H. Alward. 2018. (ENG., Illus.). 20p. (J). 24.31 *(978-1-396-41371-1(5));* pap. 7.97 *(978-1-390-90152-8(1))* Forgotten Bks.
Columbian Lady's & Gentleman's Magazine, 1847, Vol. 7: Embracing Literature in Every Department, Embellish with Fine Steel & Mezzotint Engravings, Music & Fashions (Classic Reprint) John Inman. 2017. (ENG., Illus.). (J). 38.21 *(978-0-331-51258-8(0));* pap. 20.57 *(978-0-331-43540-5(3))* Forgotten Bks.
Columbian Lady's & Gentleman's Magazine, Vol. 3: Embracing Literature in Every Department: Embellished with the Finest Steel & Mezzotint Engravings, Music & Colored Fashions (Classic Reprint) John Inman. 2018. (ENG., Illus.). 622p. (J). 36.73 *(978-0-666-09045-4(9))* Forgotten Bks.
Columbian Magazine, 1846, Vol. 5: Lady's & Gentleman's Magazine, Embracing Literature in Every Department (Classic Reprint) John Inman. 2018. (ENG., Illus.). (J). 686p. 38.07 *(978-1-391-16692-6(2));* 688p. pap. 20.57 *(978-1-390-96003-7(X))* Forgotten Bks.
Columbine Time (Classic Reprint) Will Irwin. (ENG., Illus.). (J). 2018. 186p. 27.75 *(978-0-332-99022-4(2));* 2016. pap. 10.57 *(978-1-334-22240-5(1))* Forgotten Bks.
Columbine's Birthday: 1 Scene, 10 Characters, Plays 35 Minutes, Suited to Puppets; As Played in Perry Dilley's Puppet Theatre, San Francisco (Classic Reprint) Grace Stearns. 2017. (ENG., Illus.). (J). 32p. 24.58 *(978-0-331-13068-3(8));* 34p. pap. 7.97 *(978-0-260-18089-6(0))* Forgotten Bks.
Columbine's Tale. Rachel Nightingale. 2018. 2. (ENG.). 312p. (YA). pap. 13.95 *(978-1-925652-37-6(8))* Odyssey Bks. AUS. Dist: Ingram Content Group.
Columbus Blue Jackets. Ethan Olson. 2023. (NHL Teams Set 3 Ser.). (ENG., Illus.). 32p. (J). pap. 9.95 ***(978-1-63494-698-8(7))*** Pr. Room Editions LLC.
Columbus Blue Jackets. Contrib. by Ethan Olson. 2023. (NHL Teams Set 3 Ser.). (ENG., Illus.). 32p. (J). lib. bdg. 31.35 ***(978-1-63494-674-2(X))*** Pr. Room Editions LLC.
Columbus Crew SC. Thomas Carothers. 2021. (Inside MLS Ser.). (ENG., Illus.). 48p. (J). (gr. 3-6). lib. bdg. 34.21 *(978-1-5321-9254-8(1),* 35117); (gr. 4-4). pap. 11.95 *(978-1-64494-563-6(0))* ABDO Publishing Co. (SportsZone).
Columbus Day. Aaron Carr. 2017. (Illus.). 24p. (J). *(978-1-5105-1006-7(0))* SmartBook Media, Inc.
Columbus Day, 1 vol. Joanna Ponto. 2016. (Story of Our Holidays Ser.). (ENG., Illus.). 32p. (gr. 3-3). pap. 11.52 *(978-0-7660-7654-9(7),* 68fb9fd7-3672-4d39-a0b0-ceeabdae4cf5) Enslow Publishing, LLC.
Columbus Didn't Discover America: Exposing Myths about Explorers in the Americas, 1 vol. Janey Levy. 2019. (Exposed! More Myths about American History Ser.). (ENG.). 32p. (gr. 2-3). 26.93 *(978-1-5382-3744-1(X),* 9065e3ad-5a60-40d5-accb-309cfb300f1e) Stevens, Gareth Publishing LLLP.
Columbus in Love (Classic Reprint) George Alfred Townsend. 2018. (ENG., Illus.). (J). 230p. 28.64 *(978-1-396-58196-0(0));* 232p. pap. 11.57 *(978-1-391-59341-8(3))* Forgotten Bks.
Columbus Journeys to America - Exploration of the Americas - History 3rd Grade - Children's Exploration Books. Baby Professor. (ENG.). 78p. (J). 2020. pap. 15.23 *(978-1-5419-5026-9(7));* 2019. 25.22 *(978-1-5419-7524-8(3))* Speedy Publishing LLC. (Baby Professor (Education Kids)).
Columbus of Space. Garrett P. Serviss. 2023. (ENG.). 196p. (YA). pap. 18.99 ***(978-1-0881-2644-8(8))*** Indy Pub.
Columbus's Journeys & Discoveries Exploration of the Americas Grade 3 Children's Exploration Books. Baby Professor. 2021. (ENG.). 72p. (J). 27.99 *(978-1-5419-8076-1(X));* pap. 16.99 *(978-1-5419-5928-6(0))* Speedy Publishing LLC. (Baby Professor (Education Kids)).
Column: A Novel (Classic Reprint) Charles Marriott. 2017. (ENG., Illus.). (J). 30.68 *(978-1-5283-5359-5(5))* Forgotten Bks.
Column of Dust (Classic Reprint) Evelyn Underhill. 2018. (ENG., Illus.). 354p. (J). 31.20 *(978-0-267-26178-9(0))* Forgotten Bks.
Columpio Sube y Baja. Petra Craddock. Illus. by Michelle Lopez. 2016. (Early Rising Readers Ser.). (SPA.). 16p. (J). (gr. 1-1). 6.67 *(978-1-4788-4219-4(9))* Newmark Learning LLC.
Columpio Sube y Baja - 6 Pack. Petra Craddock. 2016. (Early Rising Readers Ser.). (SPA.). (J). (gr. 1). 40.00 net. *(978-1-4788-4738-0(7))* Newmark Learning LLC.
Colville of the Guard, Vol. 2 of 3 (Classic Reprint) James Grant. (ENG., Illus.). (J). 2018. 318p. 30.46 *(978-0-483-85541-0(3));* 2016. pap. 13.57 *(978-1-334-23331-9(4))* Forgotten Bks.

C

Colville of the Guards, Vol. 1 of 3 (Classic Reprint) James Grant. (ENG., Illus.). (J). 2018. 324p. 30.58 *(978-0-267-39545-3(0))*; 2016. pap. 13.57 *(978-1-334-13209-4(7))* Forgotten Bks.

Colville of the Guards, Vol. 3 of 3 (Classic Reprint) James Grant. 2018. (ENG., Illus.). 314p. (J). 30.37 *(978-0-483-85711-7(4))* Forgotten Bks.

Colwyn Erasmus Arnold Philipps, Captain, Royal Horse Guards: Elder Son of John Wynford Philipps 1st Baron St. Davids & 13th Baronet of Picton & Leonora His Wife; Born December 11, 1888, Killed in Action near Ypres, May 13, 1915 (Classic Reprint) Colwyn Erasmus Arnold Philipps. (ENG., Illus.). (J). 2018. 146p. 26.91 *(978-0-483-50235-2(9))*; 2016. pap. 9.57 *(978-1-334-11873-9(6))* Forgotten Bks.

Comanche. Quinn M. Arnold. 2020. (First Peoples Ser.). (ENG.). 24p. (J). (gr. 1-4). *(978-1-64026-224-9(5)*, 18197, Creative Education) Creative Co., The.

Comanche. F. A. Bird. 2021. (Native American Nations Ser.). (ENG., Illus.). 32p. (J). (gr. 3-6). lib. bdg. 32.79 *(978-1-5321-9718-5(7)*, 38448, Checkerboard Library) ABDO Publishing Co.

Comanche. Valerie Bodden. (First Peoples Ser.). (ENG.). (J). 2020. 24p. (gr. 1-3). 10.99 *(978-1-62832-787-8(1)*, 18198, Creative Paperbacks); 2018. 48p. (gr. 4-7). *(978-1-60818-964-9(3)*, 19900, Creative Education) Creative Co., The.

Comanche. Katie Lajiness. 2018. (Native Americans Ser.). (ENG., Illus.). 32p. (J). (gr. 2-5). lib. bdg. 34.21 *(978-1-5321-1505-9(9)*, 28882, Big Buddy Bks.) ABDO Publishing Co.

Comanche Kid: War to the Knife. Jonny Durham. 2018. (ENG.). 128p. (YA). pap. 14.95 *(978-1-68401-665-5(7))* Amplify Publishing Group.

Comanche Peace Pipe: The Old West Adventures of Fish Rawlings, Book 1. Patrick Dearen. 2023. (Illus.). 112p. (J). (gr. 4-12). pap. 14.95 *(978-1-4930-6951-4(9)*, TwoDot) Globe Pequot Pr., The.

Comb of Wishes. Lisa Stringfellow. (ENG.). 272p. (J). (gr. 3-7). 2023. pap. 7.99 *(978-0-06-304344-2(0))*; 2022. 16.99 *(978-0-06-304343-5(2))* HarperCollins Pubs. (Quill Tree Bks.).

Combat. Nel Yomtov. 2016. (Military Missions Ser.). (ENG., Illus.). 24p. (J). (gr. 3-7). 26.95 *(978-1-62617-433-7(4)*, Epic Bks.) Bellwether Media.

Combat Helicopters. David West. Illus. by David West. 2019. (War Machines Ser.). (ENG., Illus.). 32p. (J). (gr. 5-6). pap. *(978-0-7787-6679-7(9)*, 91c2879e-11ce-476c-8571-32ba4cb4f1f6); lib. bdg. *(978-0-7787-6665-0(9)*, 98858c15-9e42-4909-b493-e7db24498fc7) Crabtree Publishing Co.

Combat in Minecraft. Josh Gregory. 2018. (21st Century Skills Innovation Library: Unofficial Guides Junior Ser.). (ENG., Illus.). 24p. (J). (gr. 2-4). lib. bdg. 30.64 *(978-1-5341-2985-6(5)*, 211984) Cherry Lake Publishing.

Combat Nurses of World War II. Hredd. Illus. by Gil Walker. 2021. (ENG.). 144p. (J). pap. 13.99 *(978-1-948959-56-8(9))* Purple Hse. Pr.

Combat Operations: Staying the Course October 1967-September 1968: Staying the Course October 1967-September 1968. Erik B. Villard. 2018. (ENG.). 776p. (YA). (gr. 9). 75.00 *(978-0-16-094279-2(9)*, Dept. of the Army) United States Government Printing Office.

Combat Operations: Staying the Course, October 1967-September 1968: Staying the Course, October 1967-September 1968. Erik B. Villard. 2017. (ENG.). 776p. (YA). (gr. 11). pap. 35.00 *(978-0-16-094280-8(2)*, Defense Acquisition University) United States Government Printing Office.

Combat Planes. David West. Illus. by David West. 2019. (War Machines Ser.). (ENG., Illus.). 32p. (J). (gr. 5-6). pap. *(978-0-7787-6680-3(2)*, b0f913c3-364a-444e-8934-15766fad132c); lib. bdg. *(978-0-7787-6666-7(7)*, ade46cb9-931b-4068-861d-f2c8b7eb540c) Crabtree Publishing Co.

Combat Rescues. Mark L. Lewis. 2019. (Rescues in Focus Ser.). (ENG., Illus.). 32p. (J). (gr. 2-3). pap. 9.95 *(978-1-64185-840-3(0)*, 1641858400, Focus Readers) North Star Editions.

Combat Sports. M. K. Osborne. 2020. (Summer Olympic Sports Ser.). (ENG.). 32p. (J). (gr. 2-5). lib. bdg. *(978-1-68151-822-0(8)*, 10696) Amicus.

Combat Strategies for Apex Legends Players: An Unofficial Guide to Victory. Jason R. Rich. 2019. (ENG.). 136p. (J). (gr. 1-1). 17.99 *(978-1-63158-546-3(0)*, Racehorse Publishing) Skyhorse Publishing Co., Inc.

Combat Warrior. Victor Fuentes. 2022. (ENG.). 128p. (J). 25.99 *(978-1-6629-2704-1(5))*; pap. 19.99 *(978-1-6629-2397-5(X))* Gatekeeper Pr.

Combating COVID-19. Elsie Olson. 2020. (Germ Invaders Ser.). (ENG., Illus.). 32p. (J). (gr. 2-5). lib. bdg. 34.21 *(978-1-5321-9422-1(6)*, 36599, Big Buddy Bks.) ABDO Publishing Co.

Combatting Body Shaming, 1 vol. Tamra Orr. 2016. (Combatting Shaming & Toxic Communities Ser.). (ENG., Illus.). 64p. (J). (gr. 7-7). 36.13 *(978-1-5081-7114-0(9)*, cb981738-21d0-4b06-a751-4c93030c0f7e) Rosen Publishing Group, Inc., The.

Combatting Discrimination Against Women in the Gamer Community, 1 vol. Marty Gitlin. 2016. (Combatting Shaming & Toxic Communities Ser.). (ENG., Illus.). 64p. (J). (gr. 7-7). 36.13 *(978-1-5081-7118-8(1)*, 91d7845c-e891-48c3-8a74-49f8b27438dd) Rosen Publishing Group, Inc., The.

Combatting Internet Shaming, 1 vol. Tracy Brown Hamilton. 2016. (Combatting Shaming & Toxic Communities Ser.). (ENG., Illus.). 64p. (J). (gr. 7-7). 36.13 *(978-1-5081-7116-4(5)*, ea12c289-ad86-4b3c-beba-84f9c3dd103d) Rosen Publishing Group, Inc., The.

Combatting Shaming & Toxic Communities, 10 vols. 2016. (Combatting Shaming & Toxic Communities Ser.). (ENG.). 64p. (gr. 7-7). 180.65 *(978-1-4777-8545-4(0)*, 45d22256-c995-4d61-81ae-645fd6fcfa14, Rosen Young Adult) Rosen Publishing Group, Inc., The.

Combatting Slut Shaming, 1 vol. Susan Meyer. 2016. (Combatting Shaming & Toxic Communities Ser.). (ENG., Illus.). 64p. (J). (gr. 7-7). 36.13 *(978-1-5081-7115-7(7)*, 899111de-c56a-4e00-b75c-49215e204c18) Rosen Publishing Group, Inc., The.

Combatting Toxic Online Communities, 1 vol. Amie Jane Leavitt. 2016. (Combatting Shaming & Toxic Communities Ser.). (ENG., Illus.). 64p. (J). (gr. 7-7). 36.13 *(978-1-5081-7117-1(3)*, e0497f4c-0f14-4910-bf29-7dc12a2920e6) Rosen Publishing Group, Inc., The.

Combed Out. Frederick Augustus Voigt. 2017. (ENG., Illus.). (J). 23.95 *(978-1-374-81372-4(9))*; pap. 13.95 *(978-1-374-81371-7(0))* Capital Communications, Inc.

Combed Out (Classic Reprint) F. A. Voigt. 2018. (ENG., Illus.). 168p. (J). 27.36 *(978-0-483-34015-2(4))* Forgotten Bks.

Combien? Compte Jusqu'à 5. Miranda Kelly. Tr. by Claire Savard. 2021. (Notions d'apprentissage (Early Learning Concepts) Ser.). (FRE.). 24p. (J). (gr. -1-1). pap. *(978-1-4271-3644-2(0)*, 13552) Crabtree Publishing Co.

Combien? Compte Jusqu'à 5 (How Many? Counting To 5) Miranda Kelly. Tr. by Claire Savard. 2021. (FRE.). 24p. (J). (gr. -1-1). lib. bdg. ***(978-1-4271-4946-6(1))*** Crabtree Publishing Co.

Combien M'Aimes-Tu? Michael A. Lee. 2021. (FRE.). 24p. (J). pap. *(978-1-77838-006-8(9)*, Agora Cosmopolitan, The) Agora Publishing Consortium.

Combination Tones & Other Related Auditory Phenomena: A Dissertation Submitted to the Faculty of the Graduate School of Arts & Literature in Candidacy for the Degree of Doctor of Philosophy, Department of Psychology (Classic Reprint) Joseph Peterson. (ENG., Illus.). (J). 2018. 154p. 27.07 *(978-0-365-42042-2(5))*; 2016. pap. 9.57 *(978-1-333-79784-3(2))* Forgotten Bks.

Combine Harvester. Samantha Bell. 2016. (21st Century Basic Skills Library: Welcome to the Farm Ser.). (ENG., Illus.). 24p. (J). (gr. k-3). 26.35 *(978-1-63471-034-3(7)*, 208216) Cherry Lake Publishing.

Combine It & Design It! (Rusty Rivets) Golden Books. Illus. by Golden Books. 2018. (ENG., Illus.). 64p. (J). (gr. -1-2). pap. 5.99 *(978-1-5247-6793-8(X)*, Golden Bks.) Random Hse. Children's Bks.

Combined Maze (Classic Reprint) May Sinclair. 2017. (ENG., Illus.). (J). 31.01 *(978-0-331-96397-7(3))* Forgotten Bks.

Combines: with Casey & Friends: Casey & Friends 3. Holly Dufek. Illus. by Paul E. Nunn. 2022. (ENG.). 32p. (J). (gr. k-3). pap. 14.99 ***(978-1-64234-151-5(7))*** Octane Pr.

Combing for Differences: A Kid Friendly Activity Book. Jupiter Kids. 2016. (ENG., Illus.). 108p. (J). pap. 12.55 *(978-1-68326-078-3(3)*, Jupiter Kids (Childrens & Kids Fiction)) Speedy Publishing LLC.

Combining Chemicals - Fun Chemistry Book for 4th Graders Children's Chemistry Books. Baby Professor. 2017. (ENG., Illus.). (J). pap. 8.79 *(978-1-5419-1083-6(4)*, Baby Professor (Education Kids)) Speedy Publishing LLC.

Combining Tasks: Using Composition, 1 vol. Elizabeth Schmermund. 2017. (Everyday Coding Ser.). (ENG.). 32p. (gr. 3-3). pap. 11.58 *(978-1-5026-2980-7(1)*, 4187694c-57f4-41ef-abf5-7e55dbd3a0b5); lib. bdg. 30.21 *(978-1-5026-3209-8(8)*, dad22bc2-c905-4cc4-b6ba-843d237effb3) Cavendish Square Publishing LLC.

Combo Journal Sketchbook. Deeasy Books. 2021. (ENG.). 124p. (J). pap. 9.50 *(978-1-716-08407-2(5))* Indy Pub.

Comboy de Mentiras, Vindo Do Reino Petista Com a Fragata Verdade Encuberta Por Capitania: Comboy 1 (Classic Reprint) José Daniel Rodrigues da Costa. 2018. (POR., Illus.). (J). 296p. 30.00 *(978-0-364-84905-7(3))*; 298p. pap. 13.57 *(978-0-364-40347-1(0))* Forgotten Bks.

Come Alive Crafts: Clay Modeling. Tim Bugbird. 2020. (ENG.). 12p. (J). (gr. 2-5). 12.99 *(978-1-78947-399-5(3))* Make Believe Ideas GBR. Dist: Scholastic, Inc.

Come Alive Crafts: Marbling Makes. Tim Bugbird. 2020. (ENG.). 12p. (J). (gr. 2-5). 12.99 *(978-1-78947-396-4(9))* Make Believe Ideas GBR. Dist: Scholastic, Inc.

Come Alive Crafts: Pom-Pom Garland. Elanor Best. 2020. (ENG.). 12p. (J). (gr. 2-5). 12.99 *(978-1-78947-398-8(5))* Make Believe Ideas GBR. Dist: Scholastic, Inc.

Come Alive Crafts: Unicorn Purse. Elanor Best. 2020. (ENG.). 12p. (J). (gr. 2-5). 12.99 *(978-1-78947-397-1(7))* Make Believe Ideas GBR. Dist: Scholastic, Inc.

Come Alive: Pom-Pom Garland. Elanor Best. 2021. (ENG.). 12p. (J). 9.99 *(978-1-80058-427-3(X))* Make Believe Ideas GBR. Dist: Scholastic, Inc.

Come & Count with Us. Paul Smith. Illus. by Jacqueline Tee. 2017. (ENG.). 24p. (J). pap. *(978-1-78623-990-7(6))* Grosvenor Hse. Publishing Ltd.

Come & Find Me (Classic Reprint) Elizabeth Robins. 2018. (ENG., Illus.). 570p. (J). 35.65 *(978-0-666-52175-0(1))* Forgotten Bks.

Come & Play. Nardine Alnemr. Illus. by Ramil Tugade. 2021. (ENG.). 30p. (J). pap. *(978-1-922550-43-9(4))* Library For All Limited.

Come & Play! Aylan Edwards. Illus. by Amanda Wenger. 2018. (ENG.). 28p. (J). 22.95 *(978-1-64140-802-8(2))* Christian Faith Publishing.

Come & Play! Aylan Edwards & Amanda Wenger. 2018. (ENG., Illus.). 28p. (J). pap. 12.95 *(978-1-64140-754-0(9))* Christian Faith Publishing.

Come & Play - Mai Halimar. Nardine Alnemr. 2021. (TET.). 30p. (J). pap. *(978-1-922550-74-3(4))* Library For All Limited.

Come Away with Me. Libby McKechnie. 2021. (ENG.). 56p. (J). *(978-1-5255-8941-6(5))*; pap. *(978-1-5255-8940-9(7))* FriesenPress.

Come Back to Earth, Esther!, 1 vol. Josée Bisaillon. 2019. (ENG., Illus.). 32p. (J). 18.95 *(978-1-77108-784-1(6)*, e396d701-091c-4bfc-a3cb-d0116ce9187c) Nimbus Publishing, Ltd. CAN. Dist: Baker & Taylor Publisher Services (BTPS).

Come Back to Me: A Bedtime Story for Sleepy Eyes. R. H. Sin. Illus. by Janie Secker. 2023. (ENG.). 32p. (J). 17.99 ***(978-1-5248-7461-2(2))*** Andrews McMeel Publishing.

Come Be Me for a Day, I'm an Ant. Suzanne Ray. 2018. (ENG., Illus.). 28p. (J). 13.99 *(978-1-948801-19-5(1))*; pap. 6.99 *(978-1-948801-18-8(3))* Bookwhip.

Come Be Wild with Me. Kristen M. Maxwell. 2017. (ENG., Illus.). (J). (gr. k-3). 16.99 *(978-0-9967920-3-5(1))* Orenda Pr., LLC.

Come Closer If You Dare! Animal Predators up Close. Camilla de la Bedoyere. 2023. (ENG., Illus.). 48p. (J). (gr. 3-6). lib. bdg. 31.99 *(978-0-7112-8197-4(1)*, ff13bf75-ec87-4cdc-9cc9-a654a337852a) QEB Publishing Inc.

Come Count with Happy Campers! Heidi P. Rezaei. Illus. by Simin Ghaderi & Heidi Rezaei. 2018. (ENG.). 24p. (J). *(978-1-5255-3248-1(0))*; pap. *(978-1-5255-3249-8(9))* FriesenPress.

Come Duck Shooting with Me (Classic Reprint) Herbert Gardner. 2017. (ENG., Illus.). (J). 28.27 *(978-0-265-83885-3(1))* Forgotten Bks.

Come Find Me. Megan Miranda. 2020. 336p. (YA). (gr. 9). pap. 10.99 *(978-0-525-57832-1(3)*, Ember) Random Hse. Children's Bks.

Come Find Me, Sage Parker. Aliza Latta. 2017. (ENG., Illus.). (YA). (gr. 7-12). pap. *(978-1-7750184-0-7(7))* Aliza/Latta.

Come Fly with Me. Tom Lockie. 2021. (ENG.). 42p. (J). 24.95 *(978-1-6624-2807-4(3))* Page Publishing Inc.

Come Fly with Me. Jennifer Majuta. 2017. (ENG., Illus.). (J). pap. 12.79 *(978-0-692-80959-4(7))* JM Publishing.

Come Follow Me Activity Book — Old Testament. Arie Van DeGraaff. 2021. (ENG.). (J). pap. 13.99 *(978-1-4621-4230-9(3)*, Horizon Pubs.) Cedar Fort, Inc./CFI Distribution.

Come Follow Me Around the World on an Eco-Adventure! - Oceans, Lakes & Rivers - Children's Ecology Books. Bobo's Little Brainiac Books. 2016. (ENG., Illus.). (J). pap. 7.99 *(978-1-68327-796-5(1))* Sunshine In My Soul Publishing.

Come Here, Birdie Coloring Book Birds. Educando Kids. 2019. (ENG.). 42p. (J). pap. 6.99 *(978-1-64521-098-6(7)*, Educando Kids) Editorial Imagen.

Come Here Getouttahere: Tyler's Tail Wagging Tale. T. Allen Winn. 2020. (ENG.). 134p. (J). pap. 10.00 *(978-1-7331576-6-7(2))* Buttermilk Bks.

Come Home Already! Jory John. Illus. by Benji Davies. 2017. (ENG.). 32p. (J). (gr. -1-3). 19.99 *(978-0-06-237097-6(9)*, 118990985, HarperCollins) HarperCollins Pubs.

Come Home Safe: A Novel. Brian G. Buckmire. 2023. (ENG.). 208p. (YA). 17.99 *(978-0-310-14218-8(0))* Blink.

Come Home Safe, We Love You. Tiffany Donovan. 2020. (ENG.). 30p. (J). *(978-1-64575-642-2(4))*; pap. *(978-1-64575-641-5(6))* Austin Macauley Pubs. Ltd.

Come in Here, Crocs! Matt Reher. 2017. (1G Science Ser.). (ENG., Illus.). 32p. (J). pap. 9.60 *(978-1-63437-670-9(6))* American Reading Co.

Come in, Zip. David Milgrim. ed. 2020. (Ready-To-Read Ser.). (ENG., Illus.). 32p. (J). (gr. k-1). 13.96 *(978-1-64697-485-6(9))* Penworthy Co., LLC, The.

Come in, Zip! Ready-To-Read Ready-to-Go! David Milgrim. Illus. by David Milgrim. 2020. (Adventures of Zip Ser.). (ENG., Illus.). 32p. (J). (gr. -1-k). 17.99 *(978-1-5344-6564-0(2))*; pap. 4.99 *(978-1-5344-6563-3(4))* Simon Spotlight. (Simon Spotlight).

Come Inside Little Donkey. Shirley Stuby. 2019. (ENG., Illus.). 30p. (J). pap. 13.95 *(978-1-64471-608-3(9))* Covenant Bks.

Come into My Parlor: A Biography of the Aristocratic Everleigh Sisters of Chicago (Classic Reprint) Charles Washburn. 2017. (ENG., Illus.). (J). 29.24 *(978-0-265-17296-4(9))*; pap. 11.97 *(978-0-243-51710-7(6))* Forgotten Bks.

Come le Zanzare in una Notte D'Estate. Giuseppe Viva. 2019. (ITA.). 160p. (J). pap. 17.64 *(978-0-244-14867-6(8))* Lulu Pr., Inc.

Come, Live with Me, & Be My Love: An English Pastoral (Classic Reprint) Robert Buchanan. (ENG., Illus.). (J). 2018. 356p. 31.24 *(978-0-365-23189-9(4))*; 2017. pap. 13.97 *(978-0-259-21310-9(1))* Forgotten Bks.

Come Meet the Parker Sisters. Elaine Markowicz. 2016. (ENG., Illus.). (J). pap. 17.95 *(978-1-365-47141-4(1))* Lulu Pr., Inc.

Come Michaelmas, Vol. 165: A Play in One Act (Classic Reprint) Keble Howard. 2018. (ENG., Illus.). 30p. (J). 24.52 *(978-0-483-85225-9(2))* Forgotten Bks.

Come Next Season. Kim Norman. Illus. by Daniel Miyares. 2019. (ENG.). 40p. (J). 17.99 *(978-0-374-30598-7(6)*, 900173047, Farrar, Straus & Giroux (BYR)) Farrar, Straus & Giroux.

Come November. Katrin van Dam. (ENG.). 384p. (YA). (gr. 7-7). 2020. pap. 10.99 *(978-1-338-26843-0(0))*; 2018. 18.99 *(978-1-338-26842-3(2)*, Scholastic Pr.) Scholastic, Inc.

Come on a Journee with Me to ATL. Fred Whitaker & Courtney Whitaker. Illus. by Cameron Wilson. 2022. (ENG.). 56p. (J). 18.99 ***(978-1-0880-5151-1(0))***; pap. 13.99 ***(978-1-0880-6918-9(5))*** Indy Pub.

Come on a Journee with Me to DC. Fred Whitaker & Courtney Whitaker. Illus. by Cameron Wilson. (ENG.). 42p. (J). 2022. 18.99 ***(978-1-0879-9939-5(1))***; 2021. pap. 12.99 ***(978-1-0879-9874-9(3))*** Indy Pub.

Come on, Calm! Kelsey Brown. 2019. (ENG.). 38p. (J). 14.95 *(978-1-64307-247-0(1))* Amplify Publishing Group.

Come on In. Adi Alsaid et al. 2020. (ENG., Illus.). 320p. (YA). 18.99 *(978-1-335-14649-6(0))* Harlequin Enterprises ULC CAN. Dist: HarperCollins Pubs.

Come on In: 15 Stories about Immigration & Finding Home. Adi Alsaid. 2021. (ENG.). 304p. (YA). pap. 11.99 *(978-1-335-42436-5(9))* Harlequin Enterprises ULC CAN. Dist: HarperCollins Pubs.

Come on in, America: The United States in World War I. Linda Barrett Osborne. 2017. (ENG., Illus.). 176p. (J). (gr. 5-17). 17.95 *(978-1-4197-2378-0(2)*, 1166001, Abrams Bks. for Young Readers) Abrams, Inc.

Come on Little Camel! & the Forbidden Christmas. Chip Colquhoun. Illus. by Korky Paul & Mario Coelho. 2021. (Chip Colquhoun & Korky Paul's Fables & Fairy Tales Ser.). (ENG.). 66p. (J). pap. ***(978-1-9997523-1-6(7))*** Snail Tales.

Come on, Tim: Leveled Reader Blue Fiction Level 11 Grade 1. Hmh Hmh. 2019. (Rigby PM Ser.). (ENG.). 16p. (J). (gr. 1). pap. 11.00 *(978-0-358-05048-3(0))* Houghton Mifflin Harcourt Publishing Co.

Come on We Goes: Around the What? & the Great Foggy Day. Karen Silver. Illus. by Dayna Harrigan & Shan Pomeroy. 2018. (ENG.). 64p. (J). *(978-1-5255-2537-7(9))*; pap. *(978-1-5255-2538-4(7))* FriesenPress.

Come Out & Play: A Global Journey. Maya Ajmera & John D. Ivanko. 32p. (J). (gr. -1-3). 2023. (Illus.). pap. 7.99 *(978-1-62354-174-3(3))*; 2020. 16.99 *(978-1-62354-163-7(8))* Charlesbridge Publishing, Inc.

Come Out & Play! (Vintage Storybook) Ed. by Parragon Books. 2021. (Vintage Storybook Ser.). (ENG.). 14p. (J). (gr. -1-1). bds. 12.99 *(978-1-64638-197-5(1)*, 1006990) Cottage Door Pr.

Come Out, Come Out, Whatever You Are. Kathryn Foxfield. 2022. (ENG.). 368p. (YA). (gr. 8-12). pap. 10.99 *(978-1-7282-4804-2(3))* Sourcebooks, Inc.

Come Out Like the Comics: Draw Anything Book. Jupiter Kids. 2016. (ENG., Illus.). 106p. (YA). pap. 12.55 *(978-1-68326-079-0(1)*, Jupiter Kids (Childrens & Kids Fiction)) Speedy Publishing LLC.

Come over to My House. Seuss. Illus. by Katie Kath. 2016. (Beginner Books(R) Ser.). (ENG.). 64p. (J). (gr. -1-2). 9.99 *(978-0-553-53665-2(6)*, Random Hse. Bks. for Young Readers) Random Hse. Children's Bks.

Come over to My House: CBCA Notable Book. Eliza Hull & Sally Rippin. Illus. by Daniel Gray-Barnett. 2023. (ENG.). 32p. (J). (gr. -1-4). 18.99 ***(978-1-76121-268-0(0))*** Hardie Grant Bks. AUS. Dist: Hachette Bk. Group.

Come Play with Me. Margaret Hillert. 2016. (BeginningtoRead Ser.). (ENG., Illus.). 32p. (J). (-2). 22.60 *(978-1-59953-814-3(8))* Norwood Hse. Pr.

Come Play with Me. Margaret Hillert. Illus. by Derrick Chow. 2016. (Beginning-To-Read Ser.). (ENG.). 32p. (J). (gr. k-2). pap. 13.26 *(978-1-60357-976-6(1))* Norwood Hse. Pr.

Come Play with Me by the Sea. Jack Donahue & Barbara Stein. 2019. (ENG.). 28p. (J). pap. 17.00 *(978-0-359-69900-1(6))* Lulu Pr., Inc.

Come Play with Me, Colton. Peggy E. Otto. 2017. (ENG., Illus.). 24p. (J). pap. 12.45 *(978-1-9736-0459-4(0)*, WestBow Pr.) Author Solutions, LLC.

Come Rack! Come Rope. Robert Hugh Benson. 2017. (ENG., Illus.). (J). 28.95 *(978-1-374-96707-6(6))* Capital Communications, Inc.

Come Rack! Come Rope (Classic Reprint) Robert Hugh Benson. 2017. (ENG., Illus.). (J). 33.73 *(978-1-5285-6141-9(4))* Forgotten Bks.

Come Rack! Come Rope! (Classic Reprint) Robert Hugh Benson. 2017. (ENG., Illus.). (J). 33.73 *(978-0-265-79198-1(7))* Forgotten Bks.

Come, Read with Me. Margriet Ruurs. Illus. by Christine Wei. 2021. (ENG.). 32p. (J). (gr. -1-k). 19.95 *(978-1-4598-1787-6(7))* Orca Bk. Pubs. USA.

Come, Ride with Me Public Transport Kids Coloring Books Travel. Educando Kids. 2019. (ENG.). 42p. (J). pap. 6.99 *(978-1-64521-076-4(6)*, Educando Kids) Editorial Imagen.

Come Run with Me: A Story of the Underground Railroad. Kathleen Olson. 2020. (ENG.). 112p. (J). 24.95 *(978-1-0980-5014-6(2))*; pap. 14.95 *(978-1-0980-5013-9(4))* Christian Faith Publishing.

Come See Me in My Dreams. Stephanie Grayson. Illus. by Ada Walman. 2022. (ENG.). 28p. (J). *(978-1-0391-2811-8(4))*; pap. *(978-1-0391-2810-1(6))* FriesenPress.

Come See My Africa. Ken Palmrose. 2022. (ENG.). 40p. (J). pap. 13.49 ***(978-1-63984-254-4(3))*** Pen It Pubns.

Come See My Bugs. Rozanne Williams. 2017. (Learn-To-Read Ser.). (ENG., Illus.). (J). pap. 3.49 *(978-1-68310-324-0(6))* Pacific Learning, Inc.

Come See the Fair. Gavriel Savit. 2023. (ENG., Illus.). 336p. (J). (gr. 5). 17.99 *(978-0-593-37866-3(0))*; lib. bdg. 20.99 *(978-0-593-37867-0(9))* Random Hse. Children's Bks. (Knopf Bks. for Young Readers).

Come Seven (Classic Reprint) Octavus Roy Cohen. 2018. (ENG., Illus.). 436p. (J). 32.91 *(978-0-483-25818-1(0))* Forgotten Bks.

Come Sit with Me. Tina Gallo. ed. 2019. (Ready-To-Read Ser.). (ENG.). 32p. (J). (gr. k-1). 13.96 *(978-1-64697-114-5(0))* Penworthy Co., LLC, The.

Come Smettere Di Essere Troie: Tutti I Segreti per Diventare Ragazze Modello. Suor Cristina & Nakaghata Dyokhan. 2023. (ITA.). 34p. (J). pap. ***(978-1-4709-9821-9(1))*** Lulu Pr., Inc.

Come Stelle in una Notte Di Nuvole. Martina Ghessa. 2021. (ITA.). 219p. (YA). pap. *(978-1-6671-4829-8(X))* Lulu Pr., Inc.

Come Sunday: A Young Reader's History of Congo Square. Freddi Williams Evans. 2017. (J). *(978-1-946160-10-2(5))* Univ. of Louisiana at Lafayette Pr.

Come Take a Ride with Me. W. N. K. Rad. 2021. (ENG., Illus.). 36p. (J). pap. 13.95 *(978-1-63814-050-4(2))* Covenant Bks.

Come Take a Walk with Me. W. N. K. Rad. 2021. (ENG., Illus.). 40p. (J). pap. 13.95 *(978-1-63630-777-0(9))* Covenant Bks.

Come the Revolution. Charles Arthur Blount. 2022. (Southern Charm Bks.: 2). 30p. (J). 29.95 *(978-1-6678-3344-6(8))* BookBaby.

Come to Funville, What Do You See? Circus & Party Coloring Book Kids. Educando Kids. 2019. (ENG.). 42p. (J). pap. 6.99 *(978-1-64521-017-7(0)*, Educando Kids) Editorial Imagen.

Come to Japan: The Land of the Rising Sun Coloring Activities for 4th Grade Children's Activities, Crafts & Games Books. Baby Professor. 2018. (ENG., Illus.). 64p. (J). pap. 12.99 *(978-1-5419-2658-5(7)*, Baby Professor (Education Kids)) Speedy Publishing LLC.

Come to School, Dear Dragon. Margaret Hillert. Illus. by Jack Pullan. 2016. (BeginningtoRead Ser.). (ENG.). 32p. (J). (-2). lib. bdg. 22.60 *(978-1-59953-764-1(8))* Norwood Hse. Pr.

Come to School, Dear Dragon. Margaret Hillert. Illus. by Jack Pullan. 2016. (Beginning-To-Read Ser.). (ENG.). 32p. (J). (gr. k-2). pap. 13.26 *(978-1-60357-877-6(3))* Norwood Hse. Pr.

390 The check digit for ISBN-10 appears in parentheses after the full ISBN-13

Come to the Airport, 1 vol. Pam Holden. 2017. (ENG., Illus.). 16p. (J). pap. *(978-1-77654-215-4(0)*, Red Rocket Readers) Flying Start Bks.

Come to the Big Boonville Fair (Classic Reprint) Barbara Brown Meyer. 2018. (ENG., Illus.). 284p. (J). 29.75 *(978-0-666-17359-1(1))* Forgotten Bks.

Come to the City, 1 vol. Pam Holden. 2017. (ENG., Illus.). 18p. (J). pap. *(978-1-77654-217-8(7)*, Red Rocket Readers) Flying Start Bks.

Come to the Farm. Kathleen Corrigan. 2023. (Decoables - Search for Sounds Ser.). (ENG.). 16p. (J). (gr. k-k). 27.93 ***(978-1-68450-723-8(5))***; pap. 11.93 ***(978-1-68404-863-2(X))*** Norwood Hse. Pr.

Come to the Farm, 1 vol. Pam Holden. 2017. (ENG., Illus.). 19p. (J). pap. *(978-1-77654-218-5(5)*, Red Rocket Readers) Flying Start Bks.

Come to the Hospital, 1 vol. Pam Holden. 2017. (ENG., Illus.). 20p. (J). pap. *(978-1-77654-219-2(3)*, Red Rocket Readers) Flying Start Bks.

Come to the Well. Michelle Hancock. Illus. by Jack Hancock. 2020. (ENG.). 42p. (J). 25.95 *(978-1-6642-1290-9(6))*; pap. 17.95 *(978-1-6642-1288-6(4))* Author Solutions, LLC. (WestBow Pr.).

Come to the Zoo, 1 vol. Pam Holden. 2017. (ENG., Illus.). 21p. (J). pap. *(978-1-77654-220-8(7)*, Red Rocket Readers) Flying Start Bks.

Come Together, Change the World: A Sesame Street (r) Guide to Standing up for Racial Justice. Jackie Golusky. 2021. (ENG., Illus.). 32p. (J). (gr. -1-2). pap. 8.99 *(978-1-7284-3143-7(3)*, 361033a8-de1a-4db3-8f9a-141d661a1e61, Lerner Pubns.) Lerner Publishing Group.

Come Up. Nathen Hache. 2020. (ENG.). 104p. (YA). pap. 12.95 *(978-1-6624-0207-4(4))* Page Publishing Inc.

Come What Is Unexpected. Taela Terrillion. 2021. (ENG.). 242p. (YA). 19.00 *(978-1-0879-7798-0(3))* Indy Pub.

Come What Is Unexpected. Taela W. Terrillion. I.t. ed. 2021. (ENG.). 242p. (YA). 19.00 *(978-1-0878-8370-0(9))* Indy Pub.

Come with Me. Holly M. McGhee. Illus. by Pascal Lemaître. 2017. 40p. (J). (gr. k-3). 17.99 *(978-1-5247-3905-8(7)*, G.P. Putnam's Sons Books for Young Readers) Penguin Young Readers Group.

Come with Me, Together We'll See the Beauty of ... Hawaii. Jeannie & Madison Fung. Illus. by Patty Nunn Iba. 2016. (ENG.) (J). pap. 12.99 *(978-0-578-18737-2(X))* Kung, Jeannie M.

Comeback. Alex O'Brien. 2020. (Lorimer Sports Stories Ser.). (ENG.). 160p. (J). (gr. 5-8). pap. 9.95 *(978-1-4594-1480-8(2)*, b9074608-6c21-4654-8705-c609c29725b2) James Lorimer & Co. Ltd., Pubs. CAN. Dist: Lerner Publishing Group.

Comeback: A Figure Skating Novel. E. L. Shen. 2021. (ENG., Illus.). 272p. (J). 16.99 *(978-0-374-31379-1(2)*, 900221649, Farrar, Straus & Giroux (BYR)) Farrar, Straus & Giroux.

Comeback: A Figure Skating Novel. E. L. Shen. 2022. (ENG.). 288p. (J). pap. 7.99 *(978-1-250-82052-5(9)*, 900221650) Square Fish.

Comeback Catcher. Jake Maddox. Illus. by Bere Muñiz. 2017. (Jake Maddox Graphic Novels Ser.). (ENG.). 72p. (J). (gr. 3-8). lib. bdg. 26.65 *(978-1-4965-3700-3(9)*, 132939, Stone Arch Bks.) Capstone.

Comeback Kids: Three Animals Who Overcame the Impossible (the Dodo) Aubre Andrus. 2022. (ENG., Illus.). 256p. (J). (gr. 3-7). pap. 7.99 *(978-1-338-69268-6(2))* Scholastic, Inc.

Comedia. Emilia Pardo Bazan. 2017. (SPA., Illus.). (J). 19.95 *(978-1-375-01639-1(3))*; pap. 9.95 *(978-1-375-01638-4(5))* Capital Communications, Inc.

Comedienne (Classic Reprint) Wladyslaw Stanislaw Reymont. 2017. (ENG., Illus.). (J). 34.64 *(978-0-265-21490-9(4))* Forgotten Bks.

Comedies by Holberg: Jeppe of the Hill, the Political Tinker, Erasmus Montanus (Classic Reprint) Ludvig Holberg. 2017. (ENG., Illus.). (J). 28.04 *(978-0-260-20453-0(6))* Forgotten Bks.

Comedies (Classic Reprint) Douglas William Jerrold. 2017. (ENG., Illus.). 358p. (J). 31.28 *(978-0-484-35950-4(9))* Forgotten Bks.

Comedies Errors (Classic Reprint) Henry Harland. 2018. (ENG., Illus.). 356p. (J). 31.16 *(978-0-484-84879-4(8))* Forgotten Bks.

Comedies in Miniature (Classic Reprint) Margaret Cameron. 2018. (ENG., Illus.). 390p. (J). 31.94 *(978-0-267-24030-2(9))* Forgotten Bks.

Comedies of Terence, and, the Fables of Phaedrus: Literally Translated into English Prose, with Notes (Classic Reprint) Terence Terence. (ENG., Illus.). (J). 2018. 548p. 35.20 *(978-0-484-36581-9(9))*; 2016. pap. 19.57 *(978-1-333-75688-8(7))* Forgotten Bks.

Comedy Keeper. Jim Gullo. 2017. (ENG., Illus.). (YA). (gr. 7-11). pap. 16.99 *(978-0-692-83700-9(0))* Yam Hill Publishing.

Comedy of a Country House, Vol. 1 of 2 (Classic Reprint) Julian Sturgis. 2018. (ENG., Illus.). 252p. (J). 29.09 *(978-0-428-89443-6(7))* Forgotten Bks.

Comedy of a Country House, Vol. 2 of 2 (Classic Reprint) Julian Sturgis. 2018. (ENG., Illus.). 254p. (J). 29.14 *(978-0-483-69654-9(4))* Forgotten Bks.

Comedy of Charles Dickens, Vol. 1: A Book of Chapters & Extracts Taken from the Writer's Novels (Classic Reprint) Kate (Perugini). 2018. (ENG., Illus.). 552p. (J). 35.28 *(978-0-267-24241-2(7))* Forgotten Bks.

Comedy of Circumstance (Classic Reprint) Emma Gavf. 2018. (ENG., Illus.). 274p. (J). 29.57 *(978-0-656-44756-5(7))* Forgotten Bks.

Comedy of Conscience (Classic Reprint) S. Weir Mitchell. 2018. (ENG., Illus.). 136p. (J). 26.72 *(978-0-364-16456-3(5))* Forgotten Bks.

Comedy of Elopement (Classic Reprint) Christian Reid. (ENG., Illus.). (J). 2018. 280p. 29.67 *(978-0-666-07446-1(1))*; 2017. pap. 13.57 *(978-0-282-33602-8(8))* Forgotten Bks.

Comedy of Errors: a Shakespeare Children's Story. Illus. by Macaw Books. adapted abr. ed. 2020. (Sweet Cherry Easy Classics Ser.). (ENG.). 64p. (J). 8.99 *(978-1-78226-663-1(1)*, a8243872-d549-4ed4-b16b-3443311ff0e6); 8.99 *(978-1-78226-670-9(4)*, 0a9c0175-48ca-46d7-a6d7-57f7f8f4143e) Sweet Cherry Publishing GBR. Dist: Baker & Taylor Publisher Services (BTPS).

Comedy of Mammon (Classic Reprint) Ina Garvey. (ENG., Illus.). (J). 2018. 322p. 30.54 *(978-0-483-63916-4(8))*; 2017. pap. 13.57 *(978-0-243-41297-6(5))* Forgotten Bks.

Comedy of Masks a Novel (Classic Reprint) Ernest Dowson. (ENG., Illus.). (J). 2018. 324p. 30.58 *(978-0-484-09874-8(8))*; 2017. pap. 13.57 *(978-0-243-33018-8(9))* Forgotten Bks.

Comedy of Masks, Vol. 1 Of 3: A Novel (Classic Reprint) Ernest Christopher Dowson. 2017. (ENG., Illus.). (J). 28.62 *(978-0-260-44263-5(1))* Forgotten Bks.

Comedy of Masks, Vol. 2 Of 3: A Novel (Classic Reprint) Ernest Christopher Dowson. 2018. (ENG., Illus.). 220p. (J). 28.45 *(978-0-484-13671-6(2))* Forgotten Bks.

Comedy of Terrors (Classic Reprint) James DeMille. 2017. (ENG., Illus.). (J). 27.20 *(978-0-331-08809-0(6))*; pap. 9.57 *(978-1-5285-9639-8(0))* Forgotten Bks.

Comedy of Youth (Classic Reprint) J. Hartley Manners. 2018. (ENG., Illus.). 402p. (J). 32.21 *(978-0-267-11669-0(1))* Forgotten Bks.

Comer Family Goes to Town, Vol. 2 (Classic Reprint) Sallie B. Comer Lathrop. 2018. (ENG., Illus.). (J). 272p. 29.53 *(978-1-396-77970-1(1))*; 274p. pap. 11.97 *(978-1-391-88823-1(5))* Forgotten Bks.

Comet. Czeena Devera. Illus. by Jeff Bane. 2022. (My Early Library: My Guide to the Solar System Ser.). (ENG.). 24p. (J). (gr. k-1). pap. 12.79 *(978-1-6689-0014-7(9)*, 220105); lib. bdg. 30.64 *(978-1-5341-9900-2(4)*, 219961) Cherry Lake Publishing.

Comet. Joe Todd-Stanton. 2022. (ENG., Illus.). 32p. (J). (gr. -1-2). 16.99 *(978-1-83874-065-8(1))* Flying Eye Bks. GBR. Dist: Penguin Random Hse. LLC.

Comet & the Champion's Cup (Pony Club Secrets, Book 5), Book 5. Stacy Gregg. 2020. (Pony Club Secrets Ser.: 5). (ENG., Illus.). 256p. (J). pap. 6.99 *(978-0-00-727030-9(5)*, HarperCollins Children's Bks.) HarperCollins Pubs. Ltd. GBR. Dist: HarperCollins Pubs.

Comet & the Thief. Ruth Morgan. 2019. (ENG.). 296p. (J). pap. 13.50 *(978-1-78562-310-3(9))* Gomer Pr. GBR. Dist: Casemate Pubs. & Bk. Distributors, LLC.

Comet Catcher. John Perritano. 2017. (Red Rhino Nonfiction Ser.). (ENG., Illus.). 60p. (J). (gr. 4-7). pap. 11.95 *(978-1-68021-047-7(5))* Saddleback Educational Publishing, Inc.

Comet Catcher. John Perritano. ed. 2018. (Red Rhino Nonfiction Ser.). lib. bdg. 20.80 *(978-0-606-41251-3(4))* Turtleback.

Comet Club. M. E. Riches. 2019. (ENG., Illus.). 278p. (J). pap. *(978-1-925846-51-5(2))* Vivid Publishing.

Comet Rising. MarcyKate Connolly. 2019. (Shadow Weaver Ser.: 2). (ENG.). (J). (gr. 3-9). 320p. pap. 12.99 *(978-1-4926-9152-5(6))*; 304p. 16.99 *(978-1-4926-4998-4(8))* Sourcebooks, Inc.

Comet Series: Comet's Big Escape. Tamara Hardy. 2018. (ENG., Illus.). 28p. (J). *(978-1-78848-348-3(0))*; pap. *(978-1-78848-347-6(2))* Austin Macauley Pubs. Ltd.

Comet the Unstoppable Reindeer. Jim Benton. 2020. 40p. (J). (gr. -1-2). 17.99 *(978-1-5420-4347-2(6)*, 9781542043472, Two Lions) Amazon Publishing.

Cometa de Los Suenos (the Kite of Dreams) Pilar Lopez Avila & Paula Merlan. Illus. by Concha Pasamar. 2020. (SPA.). 32p. (J). (gr. k-4). 16.95 *(978-84-16733-67-5(8))* Cuento de Luz SL ESP. Dist: Publishers Group West (PGW).

Cometas. Grace Hansen. 2017. (Nuestra Galaxia (Our Galaxy) Ser.).Tr. of Comets. (SPA.). 24p. (J). (gr. -1-2). lib. bdg. 32.79 *(978-1-5321-0663-7(7)*, 27254, Abdo Kids) ABDO Publishing Co.

Cometin recibe sus alas see Hover Get's His Wings

Comets. Grace Hansen. 2017. (Our Galaxy Ser.). (ENG., Illus.). 24p. (J). (gr. -1-2). lib. bdg. 32.79 *(978-1-5321-0050-5(7)*, 25174, Abdo Kids) ABDO Publishing Co.

Comets. Joanne Mattern. 2022. (Space Ser.). (ENG., Illus.). 32p. (J). (gr. 2-3). pap. 9.95 *(978-1-63739-297-3(4))*; lib. bdg. 31.35 *(978-1-63739-245-4(1))* North Star Editions. (Focus Readers).

Comets. Betsy Rathburn. 2018. (Space Science Ser.). (ENG., Illus.). 24p. (J). (gr. 3-7). lib. bdg. 26.95 *(978-1-62617-858-8(5)*, Torque Bks.) Bellwether Media.

Comets & Asteroids in Action (an Augmented Reality Experience) Kevin Kurtz. 2020. (Space in Action: Augmented Reality (Alternator Books (r)) Ser.). (ENG., Illus.). 32p. (J). (gr. 3-6). pap. 10.99 *(978-1-5415-8942-1(4)*, ef7fe4fe-c813-4f50-8678-7b9845861aeb); lib. bdg. 31.99 *(978-1-5415-7885-2(6)*, 1963633c-c8f1-4cc8-98b5-69818940d6ac) Lerner Publishing Group. (Lerner Pubns.).

Comets & Meteors, Vol. 7. Mason Crest. 2016. (Solar System Ser.: Vol. 7). (ENG., Illus.). 48p. (J). (gr. 5-8). 20.95 *(978-1-4222-3548-5(3))* Mason Crest.

Comets & Meteors: Their Phenomena in All Ages; Their Mutual Relations; & the Theory of Their Origin. Daniel Kirkwood. 2017. (ENG., Illus.). (J). pap. *(978-0-649-44003-0(X))* Trieste Publishing Pty Ltd.

Comets & Meteors: Their Phenomena in All Ages; Their Mutual Relations; & the Theory of Their Origin (Classic Reprint) Daniel Kirkwood. (ENG., Illus.). (J). 2017. 26.19 *(978-0-332-00809-7(6))*; 2016. pap. 9.57 *(978-1-334-03369-8(2))* Forgotten Bks.

Comets, Asteroids, & Meteoroids, 1 vol. Bert Wilberforce. 2020. (Look at Space Science Ser.). (ENG.). 32p. (gr. 2-2). pap. 11.50 *(978-1-5382-5930-6(3)*, 99ec6150-d4c3-4ed1-98ad-f6c1913dda6f) Stevens, Gareth Publishing LLLP.

Comet's Big Win. Daisy Sunshine. Illus. by Monique Dong. 2021. (Unicorn University Ser.: 4). (ENG.). 96p. (J). (gr. 1-4). 17.99 *(978-1-5344-6175-8(2))*; pap. 5.99 *(978-1-5344-6174-1(4))* Simon & Schuster Children's Publishing. (Aladdin).

Comets Discover Intriguing Facts Children's Science Book. Bold Kids. 2022. (ENG.). (J). pap. 14.99 ***(978-1-0717-1776-9(6))*** FASTLANE LLC.

Comets, Meteors, & Asteroids. Ellen Lawrence. 2022. (Zoom into Space Ser.). (ENG.). 24p. (J). (gr. 3-6). pap. 9.50 ***(978-1-64996-773-2(X)***, 17150, Sequoia Kids Media) Sequoia Children's Bks.

Comets, Meteors & Asteroids - Science Space Books Grade 3 - Children's Astronomy & Space Books. Baby Professor. 2019. (ENG.). 72p. (J). pap. 14.72 *(978-1-5419-5279-9(0))*; 24.71 *(978-1-5419-7481-4(6))* Speedy Publishing LLC. (Baby Professor (Education Kids)).

Comet's Royal Cake. Daisy Sunshine. Illus. by Monique Dong. 2023. (Unicorn University Ser.: 8). (ENG.). 96p. (J). (gr. 1-4). 17.99 *(978-1-6659-0107-9(1))*; pap. 6.99 *(978-1-6659-0106-2(3))* Simon & Schuster Children's Publishing. (Aladdin).

Comfort Pease & Her Gold Ring (Classic Reprint) Mary E. Wilkins. (ENG., Illus.). (J). 2017. 52p. 24.99 *(978-0-484-88329-0(1))*; 2016. pap. 9.57 *(978-1-333-57361-4(8))* Forgotten Bks.

Comfort Tree. Kevin P. DuBois. 2021. (She's My Sister Ser.). (ENG.). 24p. (J). pap. 9.99 *(978-1-954614-24-6(1))*; 17.95 *(978-1-954614-23-9(3))* Warren Publishing, Inc.

Comfort Zone. Kenneth a Luikart. 2017. (ENG., Illus.). (J). pap. 14.99 *(978-1-4984-9534-9(6))* Salem Author Services.

Comfy, Cozy: A Bedtime Story. Kelly Lenihan. Illus. by Marcia Lewis. 2018. (ENG.). 50p. (J). 20.00 *(978-0-9979578-1-5(6))* Artisan Bookworks.

Comfy Princess Capers (Disney Comfy Squad) RH Disney. Illus. by RH Disney. 2021. (ENG., Illus.). 64p. (J). (gr. -1-2). 9.99 *(978-0-7364-4187-2(5)*, RH/Disney) Random Hse. Children's Bks.

Comic Adventures of Old Dame Trot, & Her Cat: Correctly Printed from the Original in the Hubbardonian Library (Classic Reprint) Unknown Author. 2018. (ENG., Illus.). 42p. (J). 24.78 *(978-0-656-17254-2(1))* Forgotten Bks.

Comic Adventures of Old Mother Hubbard & Her Dog. Illus. by Tomie dePaola. (ENG.). 32p. (J). (gr. -1-3). 2021. 7.99 *(978-1-5344-6663-0(0))*; 2020. 17.99 *(978-1-5344-6662-3(2))* Simon & Schuster Bks. For Young Readers. (Simon & Schuster Bks. For Young Readers).

Comic Adventures of Old Mother Hubbard & Her Dog, Vol. 1: Adorned with Cuts (Classic Reprint) Sarah Catherine Martin. 2018. (ENG., Illus.). 38p. (J). 24.68 *(978-0-656-18587-0(2))* Forgotten Bks.

Comic Album: A Book for Every Table (Classic Reprint) Alfred Henry Forrester. 2018. (ENG., Illus.). 142p. (J). 26.85 *(978-0-483-11256-8(9))* Forgotten Bks.

Comic Album 1844: A Book for Every Table (Classic Reprint) Alfred Henry Forrester. (ENG., Illus.). (J). 2018. 140p. 26.78 *(978-0-483-72747-2(4))*; 2016. pap. 9.57 *(978-1-334-14449-3(4))* Forgotten Bks.

Comic Almanack: An Ephemeris in Jest & Earnest, Containing Merry Tales, Humorous Poetry, Quips, & Oddities (Classic Reprint) William Makepeace Thackeray. 2018. (ENG., Illus.). 630p. (J). 36.89 *(978-0-364-29956-2(8))* Forgotten Bks.

Comic Almanack: An Ephemeris in Jest & Earnest, Containing Merry Tales, Humorous Poetry, Quips, & Oddities; First Series, 1835-1843 (Classic Reprint) Albert Smith. (ENG., Illus.). (J). 2018. 646p. 37.22 *(978-0-365-08458-7(1))*; 2017. pap. 19.57 *(978-0-259-38316-1(3))* Forgotten Bks.

Comic Almanack, 1835-1843: An Ephemeris in Jest & Earnest, Containing Merry Tales, Humorous Poetry, Quips, & Oddities (Classic Reprint) William Makepeace Thackeray. 2018. (ENG., Illus.). 652p. (J). 37.36 *(978-0-365-04821-3(6))* Forgotten Bks.

Comic Almanack, 1844-1853: An Ephemeris in Jest & Earnest, Containing Merry Tales, Humorous Poetry, Quips, & Oddities (Classic Reprint) William Makepeace Thackeray. 2017. (ENG., Illus.). (J). 620p. 36.70 *(978-0-332-70027-4(5))*; 622p. pap. 19.57 *(978-0-332-34067-8(8))* Forgotten Bks.

Comic Alphabet (Classic Reprint) Percy Cruikshank. 2018. (ENG., Illus.). 20p. (J). 24.31 *(978-1-396-56858-9(1))* Forgotten Bks.

Comic Annual, 1833 (Classic Reprint) Thomas Hood. 2017. (ENG., Illus.). (J). 314p. 30.39 *(978-0-332-74514-5(7))*; 316p. pap. 13.57 *(978-0-332-52782-6(4))* Forgotten Bks.

Comic Annual, 1834 (Classic Reprint) Thomas Hood. 2017. (ENG., Illus.). (J). pap. 13.57 *(978-1-5276-4378-9(6))* Forgotten Bks.

Comic Annual, 1835 (Classic Reprint) Thomas Hood. (ENG., Illus.). (J). 2018. 308p. 30.25 *(978-0-332-79560-7(8))*; 2017. pap. 13.57 *(978-0-259-02820-8(7))* Forgotten Bks.

Comic Annual (Classic Reprint) Thomas Hood. (ENG., Illus.). (J). 2018. 308p. 30.25 *(978-0-428-61228-3(8))*; 2017. 306p. 30.23 *(978-0-484-03967-3(9))*; 2017. pap. 13.57 *(978-0-259-17243-7(X))* Forgotten Bks.

Comic Annual (Classic Reprint) Thomas Hood. (ENG., Illus.). (J). 2018. 292p. 29.92 *(978-0-332-15401-5(7))*; 2017. 30.15 *(978-0-265-56840-8(4))*; 2017. pap. 13.57 *(978-1-5276-1743-8(2))*; 2016. pap. 13.57 *(978-1-334-50859-2(3))* Forgotten Bks.

Comic Annual For 1846: A Republication of Hood's Whimsicalities (Classic Reprint) Thomas Hood. 2017. (ENG., Illus.). (J). 36.81 *(978-0-265-36023-1(4))* Forgotten Bks.

Comic Book. Addison Greer. 2021. (ENG.). 112p. (J). pap. 10.99 *(978-1-716-11498-4(5))* Lulu Pr., Inc.

Comic Book Art. Hal Marcovitz. 2016. (ENG.). 80p. (J). 38.60 *(978-1-60152-944-2(9))* ReferencePoint Pr., Inc.

Comic Book Blank for Kids. Tony Reed. 2021. (ENG.). 112p. (J). pap. 7.30 *(978-1-716-06597-2(6))* Lulu Pr., Inc.

Comic Book Chaos. Culliver Crantz & Joshua Marsella. 2023. (Frightvision Ser.: Vol. 11). (ENG.). 124p. (J). pap. 9.97 ***(978-1-952910-25-8(0))*** Write 211 LLC.

Comic Book Creators: Awesome Minds. Alejandro Arbona & Chelsea O'Mara Holeman. 2019. (Awesome Minds Ser.). (Illus.). 140p. (J). (gr. 3-7). 14.95 *(978-1-947458-77-2(9)*, 805877) Duo Pr. LLC.

Comic Book for Boys. Addison Greer. 2021. (ENG.). 112p. (J). pap. 10.99 *(978-1-716-11502-8(7))* Lulu Pr., Inc.

Comic Book for Kids. Addison Greer. 2021. (ENG.). 112p. (J). pap. 10.99 *(978-1-716-11485-4(3))*; pap. 10.99 *(978-1-716-11514-1(0))* Lulu Pr., Inc.

Comic Book for Kids. Tony Reed. 2021. (ENG.). 112p. (J). pap. 7.20 *(978-1-716-06592-7(5))*; pap. 7.40 *(978-1-716-06599-6(2))* Lulu Pr., Inc.

Comic Book of Esther - Graphic Novel, Pocketbook Edition: The Story of Purim As You Never Read It Before. Black & White Edition. Kev F. Sutherland. 2023. (ENG.). 64p. (J). pap. 10.27 ***(978-1-4476-0805-9(4))*** Lulu Pr., Inc.

Comic Book Summer. Craig Brownlie. 2017. (ENG., Illus.). 114p. (J). pap. 6.95 *(978-0-9981152-3-8(1))* Papa Koj Bks.

Comic Books for Sale: Math Reader 6 Grade 2. Hmh Hmh. 2018. (SPA.). 8p. (J). pap. 9.00 *(978-1-328-57694-1(9))* Houghton Mifflin Harcourt Publishing Co.

Comic Books for Sale: Math Reader Grade 2. Hmh Hmh. 2017. (Math Expressions Ser.). (ENG.). 8p. (J). (gr. 2). pap. 3.53 *(978-1-328-77234-3(9))* Houghton Mifflin Harcourt Publishing Co.

Comic Carpet-Bag: Containing the Lying Family, the Life of My Uncle, the Polanders, & the Bastard of Normandy (Classic Reprint) Unknown Author. 2017. (ENG., Illus.). (J). 29.30 *(978-0-266-73208-2(9))*; pap. 11.97 *(978-1-5276-9377-7(5))* Forgotten Bks.

Comic Cartoon Vikings Coloring Book for Kids: Packed with Awesome Illustrations of Norsemen & Norsewoman Characters of All Kinds. Great Gift for Girls & Boys of All Ages, Little Kids, Preschool, Kindergarten & Elementary. Jasmine Taylor. 2021. (ENG.). 65p. (J). pap. ***(978-1-7947-9592-1(8))*** Lulu Pr., Inc.

Comic Dialogues for Boys & Girls: For Schools, Sunday Schools & All Juvenile Entertainments; a New Compilation of Chosen Favorites for Young People (Classic Reprint) Carleton B. Case. (ENG., Illus.). (J). 2018. 164p. 27.28 *(978-0-484-03523-1(1))*; 2017. pap. 9.97 *(978-0-243-42475-7(2))* Forgotten Bks.

Comic Guide to the Royal Academy: For 1864 (Classic Reprint) Arthur William A Beckett. 2018. (ENG., Illus.). (J). 24p. 24.39 *(978-1-396-20350-3(8))*; 26p. pap. 7.97 *(978-1-391-75944-9(3))* Forgotten Bks.

Comic Kingdom: Napoleon, the Last Phase but Two (Classic Reprint) Rudolf Pickthall. 2018. (ENG., Illus.). 240p. (J). 28.85 *(978-0-332-77543-2(7))* Forgotten Bks.

Comic Life of Horace Greeley: Including All the Recollections, Corrections, Deflections, Connections, Reflections, Objections, & Elections (Classic Reprint) Unknown Author. (ENG., Illus.). (J). 2018. 32p. 24.56 *(978-0-267-30440-0(4))*; 2016. pap. 7.97 *(978-1-333-27459-7(9))* Forgotten Bks.

Comic Magazine, 1833 (Classic Reprint) Unknown Author. 2017. (ENG., Illus.). (J). 290p. 29.90 *(978-0-332-69950-9(1))*; 292p. pap. 13.57 *(978-0-332-32801-0(5))* Forgotten Bks.

Comic Maker Studio. Reed Ru. 2023. (ENG.). 98p. (J). pap. ***(978-1-998125-06-7(8))*** CS Publish.

Comic Miscellanies in Prose & Verse, Vol. 2 Of 2: With a Selection from His Correspondence, & Memoirs of His Life (Classic Reprint) James Smith. 2018. (ENG., Illus.). 380p. (J). 31.75 *(978-0-483-60922-8(6))* Forgotten Bks.

Comic Monthly, Vol. 2: January 1861 (Classic Reprint) Unknown Author. 2018. (ENG., Illus.). (J). 20p. 24.33 *(978-1-396-64937-0(9))*; 22p. pap. 7.97 *(978-1-391-64075-4(6))* Forgotten Bks.

Comic Natural History of the Human Race (Classic Reprint) Henry Louis Stephens. (ENG., Illus.). (J). 2018. 292p. 29.94 *(978-0-483-92634-9(5))*; 2016. pap. 13.57 *(978-1-333-66689-7(6))* Forgotten Bks.

Comic Offering: Or Ladies' Melange of Literary Mirth, for 1832 (Classic Reprint) Louisa Henrietta Sheridan. (ENG., Illus.). (J). 2018. 398p. 32.11 *(978-0-332-88922-1(X))*; 2017. pap. 16.57 *(978-0-259-46054-1(0))* Forgotten Bks.

Comic Offering, or Ladies' Melange of Literary Mirth, for 1833, Vol. 3 (Classic Reprint) Louisa Henrietta Sheridan. (ENG., Illus.). (J). 2018. 368p. 31.51 *(978-0-656-33965-5(9))*; 2017. pap. 13.97 *(978-0-243-41398-0(X))* Forgotten Bks.

Comic Poems of the Years 1685, & 1793; on Rustic Scenes in Scotland, at the Times to Which They Refer: With Explanatory & Illustrative Notes (Classic Reprint) Robert Brown. 2018. (ENG., Illus.). 196p. (J). 27.94 *(978-0-267-72087-3(4))* Forgotten Bks.

Comic Poems of Thomas Hood: With a Preface by Thomas Hood the Younger (Classic Reprint) Thomas Hood. (ENG., Illus.). (J). 2018. 504p. 34.31 *(978-0-656-33791-0(5))*; 2017. pap. 16.97 *(978-0-243-28631-7(7))* Forgotten Bks.

Comic Poems of Thomas Hood (Classic Reprint) Thomas Hood. (ENG., Illus.). (J). 2018. 600p. 36.27 *(978-0-483-54758-2(1))*; 2016. pap. 19.57 *(978-1-333-45283-4(7))* Forgotten Bks.

Comic Recitations & Readings (Classic Reprint) Charles Walter Brown. 2018. (ENG., Illus.). 196p. (J). 27.96 *(978-0-484-16255-5(1))* Forgotten Bks.

Comic Relief: An Omnibus of Modern American Humor (Classic Reprint) Robert N. Linscott. (ENG., Illus.). (J). 2018. 318p. 30.46 *(978-0-267-53263-6(6))*; 2017. pap. 13.57 *(978-0-259-27467-4(4))* Forgotten Bks.

Comic Romance of Monsieur Scarron, Vol. 1 of 2 (Classic Reprint) Paul Scarron. (ENG., Illus.). (J). 2018. 340p. 30.91 *(978-0-483-52432-3(8))*; 2017. pap. 13.57 *(978-0-243-10475-8(8))* Forgotten Bks.

Comic Romance of Monsieur Scarron, Vol. 2 of 2 (Classic Reprint) Paul Scarron. (ENG., Illus.). (J). 2018. 298p. 30.06 *(978-0-484-69376-9(X))*; 2017. pap. 13.57 *(978-0-259-18329-7(6))* Forgotten Bks.

Comic Sketches, or the Comedian His Own Manager: Written & Selected for the Benefit of Performers in England, Ireland, Scotland, & America (Classic Reprint) Charles Lee Lewes. 2018. (ENG., Illus.). 238p. (J). 28.81 *(978-0-656-34610-3(8))* Forgotten Bks.

Comic Songs (Classic Reprint) Thomas Hudson. 2017. (ENG., Illus.). (J). 33.16 *(978-0-265-71768-4(X))*; pap. 16.57 *(978-1-5276-7387-8(1))* Forgotten Bks.

Comic Strips - Ot the Wizard 1: Humor Comic for Kids 5-8 Years Old. Silent Comic Strips - Features a Magic Trick & an Arts & Crafts Activity. Josep Lluís Martínez

C

Picanyol. 2023. (ENG., Illus.). 148p. (J). (gr. 2-4). pap. 11.00 *(978-84-18664-06-9(1))* Editorial el Pirata ESP. Dist: Independent Pubs. Group.

Comic Strips - Ot the Wizard 2: Humor Comic for Kids 5-8 Years Old. Silent Comic Strips - Features a Magic Trick & an Arts & Crafts Activity. Josep Lluís Martínez Picanyol. 2023. (Comic Strips Ser.). (Illus.). 148p. (J). pap. 11.00 *(978-84-18664-20-5(7))* Editorial el Pirata ESP. Dist: Independent Pubs. Group.

Comic Strips - Ot the Wizard 3. Josep Lluís Martínez Picanyol. 2023. (Comic Strips Ser.). (Illus.). 148p. (J). pap. 11.00 *(978-84-18664-22-9(3))* Editorial el Pirata ESP. Dist: Independent Pubs. Group.

Comic Strips Coloring Fun: Manga Coloring. Jupiter Kids. 2016. (ENG., Illus.). 108p. (J). pap. 12.55 *(978-1-68305-170-1(X)*, Jupiter Kids (Childrens & Kids Fiction)) Speedy Publishing LLC.

Comic Tales & Sketches (Classic Reprint) Albert Smith. (ENG., Illus.). (J). 2018. 168p. 27.36 *(978-0-267-88063-8(4))*; 2017. pap. 9.97 *(978-1-5276-6571-2(2))* Forgotten Bks.

Comic Tales, in Verse: Written for the Authors' Amusement, & Published for the Reader's Edification; Preceded by a Poetical Protest Against Oblivio Shelf, Esq. (Classic Reprint) Two Franks. 2018. (ENG., Illus.). 162p. (J). 27.24 *(978-0-483-84860-3(3))* Forgotten Bks.

Comical Country Cousins (Classic Reprint) Walter H. Baker. 2018. (ENG., Illus.). 40p. (J). 24.72 *(978-0-484-55649-1(5))* Forgotten Bks.

Comical Creatures from Wurtemberg: Including the Story of Reynard the Fox (Classic Reprint) Herrmann Ploucquet. 2017. (ENG., Illus.). (J). 25.88 *(978-0-331-68938-9(3))* Forgotten Bks.

Comical Creatures from Wurtemberg: With Fourteen Illustrations (Classic Reprint) Herrmann Ploucquet. (ENG., Illus.). (J). 2017. 25.34 *(978-0-331-73233-7(5))*; 2016. pap. 9.57 *(978-1-333-56800-9(2))* Forgotten Bks.

Comical Festivals, 1 vol. Chuck Whelon. 2018. (Joking Around Ser.). (ENG.). 32p. (J). (gr. 2-3). 28.93 *(978-1-5081-9555-9(2)*, 9a46cb6f-df57-4820-aace-ec6ebf3ea1f7, Windmill Bks.) Rosen Publishing Group, Inc., The.

Comical History of Lord Flutter, Lord Spindle & Sir Harry Hopscotch, or the Bee, the Wasp, & the Ant (Classic Reprint) Unknown Author. 2018. (ENG., Illus.). 20p. (J). 24.31 *(978-0-656-25853-6(5))*; pap. 7.97 *(978-1-334-12805-9(7))* Forgotten Bks.

Comical People. Unknown. 2019. (ENG., Illus.). 52p. (YA). pap. *(978-93-5329-485-4(1))* Alpha Editions.

Comical Romance, Vol. 2 Of 2: And Other Tales (Classic Reprint) Paul Scarron. 2017. (ENG., Illus.). (J). 30.97 *(978-1-5284-7389-7(2))* Forgotten Bks.

Comical Witches. Joyce Maidment. 2016. (ENG., Illus.). 71p. (YA). pap. *(978-1-910832-36-3(7))* Rowanvale Bks.

Comicalities; or Budget of Amusement for All Seasons (Classic Reprint) Unknown Author. 2018. (ENG., Illus.). 262p. (J). 29.30 *(978-0-267-21572-0(X))* Forgotten Bks.

Comics de Ciencia: Plagas. la Batalla Microscópica. Falynn Koch. 2021. (SPA.). 128p. (J). (gr. 4-7). pap. 12.50 *(978-607-557-179-9(5))* Editorial Oceano de Mexico MEX. Dist: Independent Pubs. Group.

Comics, Graphic Novels, & Manga: The Ultimate Teen Guide. Randall Bonser. 2017. (It Happened to Me Ser.: 54). (Illus.). 326p. 56.00 *(978-1-4422-6839-5(5))* Rowman & Littlefield Publishers, Inc.

Comics Squad #2: Lunch! (a Graphic Novel) Jennifer L. Holm et al. 2016. (Comics Squad Ser.: 2). (Illus.). 144p. (J). (gr. 2-5). pap. 7.99 *(978-0-553-51264-9(1))* Penguin Random Hse. LLC.

Comics Squad #3: Detention! (a Graphic Novel) Jennifer L. Holm et al. 2017. (Comics Squad Ser.: 3). (Illus.). 160p. (J). (gr. 2-5). pap. 7.99 *(978-0-553-51267-0(6))* Penguin Random Hse. LLC.

Comics Will Break Your Heart: A Novel. Faith Erin Hicks. 2020. (ENG.). 352p. (YA). pap. 14.99 *(978-1-250-23382-0(8)*, 900209980) Square Fish.

Comida. Gabriela Keselman. 2017. (SPA.). 16p. (J). (gr. -1). 8.95 *(978-607-748-048-8(7))* Ediciones Urano S. A. ESP. Dist: Spanish Pubs., LLC.

Comida: (Food) Xist Publishing. 2017. (Xist Kids Spanish Bks.). (SPA.). 28p. (J). (gr. -1-3). pap. 9.99 *(978-1-5324-0391-0(7))* Xist Publishing.

Comida de Otoño. Julie Murray. 2023. (Las Estaciones: ¡Llega el Otoño! Ser.). (SPA.). 24p. (J). (gr. -1-2). lib. bdg. 31.36 ***(978-1-0982-6753-7(2)***, 42729, Abdo Kids) ABDO Publishing Co.

Comin' Out of Mary Jane Cummins: A Comedy in Two Acts (Classic Reprint) Chlorine Dysart. 2018. (ENG., Illus.). 34p. (J). 24.60 *(978-0-483-61871-8(3))* Forgotten Bks.

Comin' Thro' the Rye. Helen Mathers. 2017. (ENG.). 264p. (J). pap. *(978-3-337-04953-9(2))* Creation Pubs.

Comin Thro the Rye: A Novel (Classic Reprint) Helen Mathers. 2018. (ENG., Illus.). 614p. (J). 36.58 *(978-0-267-43573-9(8))* Forgotten Bks.

Comin' Thro' the Rye, Vol. 1 Of 3: A Novel (Classic Reprint) Helen Mathers. (ENG., Illus.). (J). 2018. 334p. 30.83 *(978-0-484-32722-0(4))*; 2016. pap. 13.57 *(978-1-334-18777-3(0))* Forgotten Bks.

Comin Thro the Rye, Vol. 2 Of 3: A Novel (Classic Reprint) Helen Mathers. 2018. (ENG., Illus.). 318p. (J). 30.52 *(978-0-332-12844-3(X))* Forgotten Bks.

Comin' Thro' the Rye, Vol. 3 Of 3: A Novel (Classic Reprint) Helen Mathers. 2017. (ENG., Illus.). (J). 29.96 *(978-0-260-62978-4(2))* Forgotten Bks.

Coming Back: (a Graphic Novel) Jessi Zabarsky. 2022. (Illus.). 256p. (YA). (gr. 7). 24.99 *(978-0-593-12543-4(6))*; pap. 17.99 *(978-0-593-12002-6(7))* Penguin Random Hse. LLC.

Coming down, Looking Up. Marian S. Taylor. 2017. (ENG., Illus.). (J). pap. 12.95 *(978-1-68197-181-0(X))* Christian Faith Publishing.

Coming Early & Going Late Opposites Book for Kids. Pfiffikus. 2016. (ENG., Illus.). (J). pap. 10.81 *(978-1-68377-655-0(0))* Whike, Traudl.

Coming Empire: Or Two Thousand Miles in Texas on Horseback (Classic Reprint) H. F. McDanield. 2018. (ENG., Illus.). 398p. (J). 32.11 *(978-0-364-45821-1(6))* Forgotten Bks.

Coming Home. Michael Morpurgo. Illus. by Kerry Hyndman. 2018. (ENG.). 32p. (J). (gr. -1-2). 17.99 *(978-1-5362-0042-3(5))* Candlewick Pr.

Coming Home - Our Yarning. Adina Brown. Illus. by Fariza Dzatalin Nurtsani. 2023. (ENG.). 26p. (J). pap. ***(978-1-922991-04-1(X))*** Library For All Limited.

Coming Home (Cherrington, #2) Rebecca J. Caffery. 2021. (Cherrington Ser.: Vol. 2). (ENG.). 260p. (YA). pap. *(978-1-9163373-9-8(2))* SRL Publishing Ltd.

Coming Home (Classic Reprint) Henry S. Mackarness. 2018. (ENG., Illus.). 110p. (J). 26.19 *(978-0-483-67199-7(1))* Forgotten Bks.

Coming Home to Country. Bronwyn Bancroft. 2020. (ENG.). 24p. (J). (gr. -1-k). 18.99 *(978-1-76050-192-1(1))* Little Hare Bks. AUS. Dist: Independent Pubs. Group.

Coming of Age: 13 B'nai Mitzvah Stories. Selected by Jonathan Rosen & Henry Herz. 2022. (ENG.). 240p. (J). (gr. 3-7). 17.99 *(978-0-8075-3667-4(9)*, 807536679) Whitman, Albert & Co.

Coming of Age in 2020: Teenagers on the Year That Changed Everything. Katherine Schulten. 2022. (ENG., Illus.). 192p. (gr. 8-12). pap. 24.95 *(978-1-324-01944-2(1)*, 341944) Norton, W. W. & Co., Inc.

Coming of Age in Brookville. Dmitri Gheorgheni. 2020. (ENG.). 150p. (YA). pap. 12.00 *(978-1-716-43811-0(X))* Lulu Pr., Inc.

Coming of Amber: The Story of a Stray. Francesa. 2016. (ENG., Illus.). pap. *(978-1-925590-09-8(7))* Vivid Publishing.

Coming of Cassidy, & the Others (Classic Reprint) Clarence E. Mulford. 2018. (ENG., Illus.). 464p. (J). 33.47 *(978-0-364-69898-3(5))* Forgotten Bks.

Coming of Peace: A Family Catastrophe (Classic Reprint) Gerhart Hauptmann. 2018. (ENG., Illus.). 132p. (J). 26.62 *(978-0-364-18881-1(2))* Forgotten Bks.

Coming of the Fairies. Arthur Conan Doyle. 2017. (ENG., Illus.). (J). 22.95 *(978-1-375-00545-6(6))*; pap. 12.95 *(978-1-375-00544-9(8))* Capital Communications, Inc.

Coming of the Fairies (Classic Reprint) Arthur Conan Doyle. 2017. (ENG., Illus.). (J). 28.27 *(978-1-5280-6540-5(9))* Forgotten Bks.

Coming of the King (Classic Reprint) Joseph Hocking. 2018. (ENG., Illus.). (J). 332p. 30.74 *(978-1-397-18960-8(6))*; 334p. pap. 13.57 *(978-1-397-18943-1(6))*; 346p. 31.03 *(978-0-366-55995-4(8))*; 348p. pap. 13.57 *(978-0-366-05700-9(6))* Forgotten Bks.

Coming of the Tide (Classic Reprint) Margaret Sherwood. (ENG., Illus.). (J). 2017. 31.55 *(978-0-266-22043-5(6))*; 2016. pap. 13.97 *(978-1-334-21618-3(5))* Forgotten Bks.

Coming of the Tigerfly: Tigerfly Comes to Save Earth. Tina Jensen. 2019. (ENG., Illus.). 60p. (YA). *(978-1-0878-3124-4(5))* Lulu.com.

Coming of the White Men: Stories of How Our Country Was Discovered (Classic Reprint) Mary Hazelton Wade. 2017. (ENG., Illus.). (J). 27.88 *(978-0-260-67326-8(9))* Forgotten Bks.

Coming of Theodora: A Novel (Classic Reprint) Eliza Orne White. 2018. (ENG., Illus.). 324p. (J). 30.58 *(978-0-483-99091-3(4))* Forgotten Bks.

Coming Out & Seeking Support, Vol. 10. Robert Rodi & Laura Ross. Ed. by Kevin Jennings. 2016. (Living Proud! Growing up LGBTQ Ser.). (Illus.). 64p. (J). (gr. 7). 23.95 *(978-1-4222-3503-4(3))* Mason Crest.

Coming Out As Transgender, 1 vol. Corona Brezina. 2016. (Transgender Life Ser.). (ENG., Illus.). 64p. (J). (gr. 6-6). pap. 13.95 *(978-1-5081-7179-9(3)*, e7331f0d-cfa9-49e0-ab85-3eb2d8c942fa) Rosen Publishing Group, Inc., The.

Coming Out... Scribblings from the Heart: Alternate Sexuality & Lgbt - Global & Human Rights Issue. Kritagya. 2018. (ENG., Illus.). 118p. (J). pap. 10.00 *(978-1-64324-471-6(X))* Notion Pr., Inc.

Coming Out Stories: Personal Experiences of Coming Out from Across the LGBTQ+ Spectrum. Ed. by Emma Goswell & Sam Walker. 2021. (Illus.). 240p. (J). 18.95 *(978-1-78775-495-9(2)*, 751112) Kingsley, Jessica Pubs. GBR. Dist: Hachette UK Distribution.

Coming Out, Vol. 1 Of 3: A Tale of the Nineteenth Century (Classic Reprint) Anna Maria Porter. (ENG., Illus.). (J). 2018. 522p. 34.66 *(978-0-483-95511-0(6))*; 2016. pap. 19.57 *(978-1-333-37966-7(8))* Forgotten Bks.

Coming Out, Vol. 2 Of 3: And the Field of the Forty Footsteps (Classic Reprint) Jane Porter. (ENG., Illus.). (J). 2018. 586p. 36.00 *(978-0-428-64535-9(6))*; 2016. pap. 19.57 *(978-1-334-11257-7(6))* Forgotten Bks.

Coming Round the Mountain: in the Year of Independence. Ruskin Bond. 2019. (ENG., Illus.). 128p. (J). 9.99 *(978-0-14-333356-2(9)*, Puffin) Penguin Bks. India PVT, Ltd IND. Dist: Independent Pubs. Group.

Coming Storm. Regina M. Hansen. 2022. (ENG.). 288p. (YA). (gr. 7). pap. 11.99 *(978-1-5344-8245-6(8)*, Atheneum Bks. for Young Readers) Simon & Schuster Children's Publishing.

Coming to America: the History of Immigration to the United States: Set, 16 vols. 2018. (Coming to America: the History of Immigration to the United States Ser.). (ENG.). 80p. (gr. 6-6). lib. bdg. 310.40 *(978-1-5081-8289-4(2)*, 0ebcfa07-2d86-4223-9165-24cf25581091, Rosen Reference) Rosen Publishing Group, Inc., The.

Coming Undone. Melyssa Winchester. 2020. (Count on Me Ser.: Vol. 8). (ENG.). 234p. (J). pap. *(978-1-928139-35-5(3))* Winchester, Melyssa.

Coming up Clutch: The Greatest Upsets, Comebacks, & Finishes in Sports History. Matt Doeden. 2018. (Spectacular Sports Ser.). (ENG., Illus.). 64p. (J). (gr. 5-8). lib. bdg. 34.65 *(978-1-5124-2756-1(X)*, 883e11ed-3346-4be3-bd97-f972c3a8fed0, Millbrook Pr.) Lerner Publishing Group.

Coming up Cuban, 1 vol. Sonia Manzano. 2022. (ENG., Illus.). 320p. (J). (gr. 4-7). 18.99 *(978-1-338-06515-2(7)*, Scholastic Pr.) Scholastic, Inc.

Coming up Cuban (SP TK) Rising Past Castro's Shadow. Sonia Manzano. 2022. (SPA.). 320p. (J). (gr. 3-7). pap. 14.99 *(978-1-338-83086-6(4)*, Scholastic en Espanol) Scholastic, Inc.

Coming up for Air. Miranda Kenneally. 2017. (Hundred Oaks Ser.: 8). 304p. (YA). (gr. 8-12). pap. 10.99 *(978-1-4926-3011-1(X))* Sourcebooks, Inc.

Coming up for Air. Nicole B. Tyndall. (Illus.). 352p. (YA). (gr. 7). 2021. pap. 9.99 *(978-0-593-12711-7(0)*, Ember); 2020. 17.99 *(978-0-593-12708-7(0)*, Delacorte Pr.); 2020. (ENG., lib. bdg. 20.99 *(978-0-593-12709-4(9)*, Delacorte Pr.) Random Hse. Children's Bks.

Coming up Short. Laurie Morrison. 2022. (ENG.). 304p. (YA). (gr. 5-9). 17.99 *(978-1-4197-5558-3(7)*, 1739601, Amulet Bks.) Abrams, Inc.

Comitatus: An Anthology of Creative Compositions. O. Cist Br Benedict Lacombe. 2018. (ENG., Illus.). 120p. (J). pap. *(978-1-387-72139-9(9))* Lulu Pr., Inc.

Comly's Reader, & Book of Knowledge: With Exercises in Spelling & Defining, Intended for the Use of Schools, & for Private Instruction (Classic Reprint) John Comly. 2017. (ENG., Illus.). (J). 28.43 *(978-0-331-93260-7(1))*; pap. 10.97 *(978-0-282-47325-9(4))* Forgotten Bks.

Comma. Contrib. by Mary Elizabeth Salzmann. 2023. (Punctuation Ser.). (ENG.). 24p. (J). (gr. -1-2). lib. bdg. 31.36 ***(978-1-0982-8269-1(8)***, 42257, Abdo Zoom-Launch) ABDO Publishing Co.

Command (Classic Reprint) William McFee. 2017. (ENG., Illus.). (J). 31.22 *(978-0-331-82791-0(3))* Forgotten Bks.

Command Decision: A Play (Classic Reprint) William Wister Haines. 2018. (ENG., Illus.). (J). 194p. 27.90 *(978-1-396-78280-0(X))*; 196p. pap. 10.57 *(978-1-391-91357-5(4))* Forgotten Bks.

Commander in Cheese Super Special #1: Mouse Rushmore. Lindsey Leavitt. Illus. by A. G. Ford. 2017. (Commander in Cheese Ser.: 1). 128p. (J). (gr. 2-5). 5.99 *(978-1-5247-2047-6(X)*, Random Hse. Bks. for Young Readers) Random Hse. Children's Bks.

Commander Sevinkprahs: Prepared for Duty. Stephanie Stalker. 2020. (ENG., Illus.). 170p. (J). pap. 29.95 *(978-1-0980-4630-9(7))* Christian Faith Publishing.

Commandment of Moses: A Novel (Classic Reprint) Stephen McKenna. (ENG., Illus.). (J). 2018. 326p. 30.64 *(978-0-365-12237-1(8))*; 2017. pap. 13.57 *(978-0-259-24344-1(2))* Forgotten Bks.

Commandment with Promise (Classic Reprint) Eliza Cheap. (ENG., Illus.). (J). 2018. 254p. 29.14 *(978-0-483-63393-3(3))*; 2017. pap. 13.57 *(978-1-334-48307-3(8))* Forgotten Bks.

Commas Say Take a Break. Michael Dahl. Illus. by Chris Garbutt. 2019. (Word Adventures: Punctuation Ser.). (ENG.). 32p. (J). (gr. k-3). lib. bdg. 27.99 *(978-1-5158-3861-6(7)*, 139586, Picture Window Bks.) Capstone.

Comment Beau le Chat a Appris le Chinois: Un Livre Bilingue. Lily Summer. 2017. (FRE., Illus.). (J). (gr. k-4). pap. 15.95 *(978-1-58790-391-5(1))* Regent Pr.

Comment Beau le Chat a Appris l'Espagnol / Como Beau el Gato Ha Aprendido el Espanol: Un Livre Bilingue. Lily Summer. 2017. (FRE., Illus.). (J). (gr. k-4). pap. 15.95 *(978-1-58790-404-2(7))* Regent Pr.

Comment Fonctionne la Météo. Patricia Armentrout. Tr. by Annie Evearts. 2021. (Science Dans Mon Monde: Niveau 1 (Science in My World: Level 1) Ser.). (FRE.). 24p. (J). (gr. k-2). pap. *(978-1-0396-0920-4(1)*, 12780) Crabtree Publishing Co.

Comment les Sorcières Obtiennent Leurs Balais. John McIntyre. 2022. (FRE.). 42p. (J). ***(978-1-80227-752-4(8))***; pap. ***(978-1-80227-750-0(1))*** Publishing Push Ltd.

Comment les Teckels Sont Venus Au Monde (FR/en Bilingual Hardcover) Le Conte Fabuleux d'un Chien Court et Long. Kizzie Jones. Tr. by Laura Cerven. Illus. by Scott Ward. 2020. (FRE.). 82p. (J). 23.99 *(978-1-947543-05-8(9))* Tall Tales.

Comment les Teckels Sont Venus Au Monde (FR/en Bilingual Softcover) Le Conte Fabuleux d'un Chien Court et Long. Kizzie Jones. Tr. by Laura Cerven. Illus. by Scott Ward. 2020. (FRE.). 82p. pap. 14.99 *(978-1-947543-06-5(7))* Tall Tales.

Comment Repérer un Artiste. Danielle Krysa. 2022. Orig. Title: How to Spot an Artist. (FRE., Illus.). 40p. (J). (gr. 1-3). 22.95 *(978-2-7644-4474-0(5))* Quebec Amerique CAN. Dist: Orca Bk. Pubs. USA.

Commentary (Classic Reprint) John Galsworthy. 2018. (ENG., Illus.). 260p. (J). 29.26 *(978-0-484-38526-8(7))* Forgotten Bks.

Commentatio Critica de Democriti Abderitae de Sensibus Philosophia (Classic Reprint) Johann Franz Wilhelm Burchard. 2018. (LAT., Illus.). (J). 54p. 25.01 *(978-0-366-08839-3(4))*; 56p. pap. 9.57 *(978-0-366-03077-4(9))* Forgotten Bks.

Comments of a Countess (Classic Reprint) Unknown Author. 2017. (ENG., Illus.). (J). 28.04 *(978-0-266-55167-6(X))* Forgotten Bks.

Commercial Club's Hustler, 1930 (Classic Reprint) Liberty High School Students. 2017. (ENG., Illus.). (J). 24.49 *(978-0-260-32461-0(2))*; pap. 7.97 *(978-0-265-11097-3(1))* Forgotten Bks.

Commercial Fisherman. Ellen Labrecque. 2016. (21st Century Skills Library: Cool Vocational Careers Ser.). (ENG., Illus.). 32p. (J). (gr. 4-7). 32.07 *(978-1-63471-061-9(4)*, 208324) Cherry Lake Publishing.

Commercial Fishers, 1 vol. Nathan Miloszewski. 2019. (Getting the Job Done Ser.). (ENG.). 24p. (J). (gr. 3-3). pap. 9.25 *(978-1-7253-0124-5(5)*, 7b614f96-a4cc-44c2-8e81-c3ddcfc00c30, PowerKids Pr.) Rosen Publishing Group, Inc., The.

Commercial Press New English Readers, Vol. 1 (Classic Reprint) Roy Scott Anderson. (ENG., Illus.). (J). 2018. 334p. 30.79 *(978-0-483-55600-3(9))*; 2016. pap. 13.57 *(978-1-333-48239-8(6))* Forgotten Bks.

Commercial Press New English Readers, Vol. 3 (Classic Reprint) Fong F. SEC. (ENG., Illus.). (J). 2018. 298p. 30.04 *(978-0-484-91916-6(4))*; 2016. pap. 13.57 *(978-1-333-38255-1(3))* Forgotten Bks.

Commercial Press New English Readers, Vol. 4 (Classic Reprint) Roy Scott Anderson. 2018. (ENG., Illus.). 342p. (J). 30.97 *(978-0-483-66463-0(4))* Forgotten Bks.

Commercial Record, Vol. 9: January, 1921 (Classic Reprint) Lawrence Broderick. (ENG., Illus.). (J). 2018. 58p. 25.09 *(978-0-364-49393-9(3))*; 2017. pap. 9.57 *(978-0-259-29580-8(9))* Forgotten Bks.

Commercial Space Exploration, 1 vol. Ed. by M. M. Eboch. 2018. (Introducing Issues with Opposing Viewpoints Ser.). (ENG.). 120p. (gr. 7-10). 43.63 *(978-1-5345-0359-5(5)*, baebd8da-b43f-4728-bb2e-a205d425e90a) Greenhaven Publishing LLC.

Commercial Trip with an Uncommercial Ending. George Herbert Bartlett. 2017. (ENG.). 170p. (J). pap. *(978-3-337-14635-1(X))* Creation Pubs.

Commercial Trip with an Uncommercial Ending (Classic Reprint) George Herbert Bartlett. (ENG., Illus.). (J). 2019. 164p. 27.28 *(978-0-483-95181-5(1))*; 2016. pap. 9.97 *(978-1-334-16855-0(5))* Forgotten Bks.

Commissary: A Comedy; in Three Acts; As Performed at the Theatre Royal in the Hay-Market (Classic Reprint) Samuel Foote. 2018. (ENG., Illus.). 576p. (J). 35.80 *(978-0-483-75229-0(0))* Forgotten Bks.

Commissioner, or Travels & Adventures of a Gentleman (Classic Reprint) G. P. R. James. 2017. (ENG., Illus.). (J). 34.54 *(978-1-5279-5452-6(8))* Forgotten Bks.

Committing to the un's Sustainable Development Goals (Set), 12 vols. Julie Knutson. 2022. (21st Century Skills Library: Committing to the un's Sustainable Development Goals Ser.). (ENG., Illus.). 32p. (J). (gr. 4-7). 384.84 *(978-1-6689-1011-5(X)*, 220820); pap., pap., pap. 170.57 *(978-1-6689-1032-0(2)*, 220977) Cherry Lake Publishing.

Commodore: Friend of Crab Island. Jacqueline Stewart. 2019. (ENG.). 36p. (J). pap. *(978-0-359-91718-1(6))* Lulu Pr., Inc.

Commodore Vanderbilt: An Epic of American Achievement (Classic Reprint) Arthur Douglas Howden Smith. 2018. (ENG., Illus.). 398p. (J). pap. 16.57 *(978-1-391-60015-4(0))* Forgotten Bks.

Commodore's Daughters: Jonas Lie (Classic Reprint) H. L. Braekstad. 2018. (ENG., Illus.). 312p. (J). 30.33 *(978-0-267-20833-3(2))* Forgotten Bks.

Common Ancestor, Vol. 1 Of 3: A Novel (Classic Reprint) John Hill. 2018. (ENG., Illus.). 308p. (J). 30.25 *(978-0-332-09061-0(2))* Forgotten Bks.

Common Ancestor, Vol. 2 Of 3: A Novel (Classic Reprint) John Hill. 2018. (ENG., Illus.). 316p. (J). 30.41 *(978-0-332-88689-3(1))* Forgotten Bks.

Common Ancestor, Vol. 3 Of 3: A Novel (Classic Reprint) John Hill. 2018. (ENG., Illus.). 286p. (J). 29.80 *(978-0-483-85318-8(6))* Forgotten Bks.

Common Birds: Second Series; to Accompany Audubon Bird Chart No. 2 (Classic Reprint) Ralph Hoffmann. (ENG., Illus.). (J). 2018. 34p. 24.60 *(978-0-484-39791-9(5))*; 2016. pap. 7.97 *(978-1-334-54457-6(3))* Forgotten Bks.

Common Box Turtles. Al Albertson. 2019. (North American Animals Ser.). (ENG., Illus.). 24p. (J). (gr. k-3). lib. bdg. 26.95 *(978-1-62617-982-0(4)*, Blastoff! Readers) Bellwether Media.

Common Cause a Novel of the War in America (Classic Reprint) Samuel Hopkins Adams. 2017. (ENG., Illus.). (J). 33.84 *(978-1-5282-4875-4(9))* Forgotten Bks.

Common Clay: A Drama in Four Acts (Classic Reprint) Cleves Kinkead. 2018. (ENG., Illus.). 120p. (J). 26.37 *(978-0-483-70092-5(4))* Forgotten Bks.

Common Core Kindergarten Print Kit Grade K 2014. Hmh Hmh. 2020. (SPA.). (J). pap. 6111.27 *(978-0-358-43902-8(7))* Houghton Mifflin Harcourt Publishing Co.

Common Core Math 4 Today Workbook Grade K - Ages 5 To 6. Baby Iq Builder Books. 2016. (ENG., Illus.). (J). pap. 8.99 *(978-1-68374-727-7(5))* Examined Solutions PTE. Ltd.

Common Essentials in Spelling: A Word List & Teacher's Manual for Elementary Schools (Classic Reprint) C. K. Studley. (ENG., Illus.). (J). 2018. 164p. 27.30 *(978-0-267-11686-7(1))*; 2016. pap. 9.97 *(978-1-334-17188-8(2))* Forgotten Bks.

Common Events: A Continuation of Rich & Poor (Classic Reprint) Unknown Author. (ENG., Illus.). (J). 2018. 396p. 32.06 *(978-0-483-54916-6(9))*; 2016. pap. 16.57 *(978-1-334-63278-5(2))* Forgotten Bks.

Common Fairies & Where to Find Them Coloring Book. Activibooks For Kids. 2016. (ENG., Illus.). (J). pap. 9.20 *(978-1-68321-682-7(2))* Mimaxion.

Common Garter Snakes. Rebecca Sabelko. 2019. (North American Animals Ser.). (ENG., Illus.). 24p. (J). (gr. k-3). lib. bdg. 26.95 *(978-1-62617-910-3(7)*, Blastoff! Readers) Bellwether Media.

Common Household & Garden Beetles Coloring Book. Smarter Activity Books for Kids. 2016. (ENG., Illus.). (J). pap. 9.22 *(978-1-68374-559-4(0))* Examined Solutions PTE. Ltd.

Common Human Diseases: Infectious & Noninfectious Disease of the Human Body Grade 5 Children's Health Books. Baby Professor. 2021. (ENG.). 72p. (J). 27.99 *(978-1-5419-8407-3(2))*; pap. 16.99 *(978-1-5419-6029-9(7))* Speedy Publishing LLC. (Baby Professor (Education Kids)).

Common Incidents: Recommended by the Book Committee of the Maine Sabbath School Union (Classic Reprint) Daniel Clement Colesworthy. (ENG., Illus.). (J). 2018. 112p. 26.23 *(978-0-267-26766-8(5))*; 2017. pap. 9.57 *(978-0-243-40334-9(8))* Forgotten Bks.

Common Law (Classic Reprint) Robert W. Chambers. 2017. (ENG., Illus.). 550p. (J). 35.49 *(978-0-332-20538-0(X))* Forgotten Bks.

Common Lot (Classic Reprint) Robert Herrick. 2018. (ENG., Illus.). 452p. (J). 33.22 *(978-0-267-27348-5(7))* Forgotten Bks.

Common Northeastern American Wild Animals Coloring Book. Smarter Activity Books for Kids. 2016. (ENG., Illus.). (J). pap. 9.22 *(978-1-68374-560-0(4))* Examined Solutions PTE. Ltd.

Common People (Classic Reprint) A. E. Martin. (ENG., Illus.). (J). 2018. 248p. 29.03 *(978-0-483-72909-4(4))*; 2016. pap. 11.57 *(978-1-333-84237-6(6))* Forgotten Bks.

Common-Place Book of Humorous Poetry: Consisting of a Choice Collection of Entertaining Original & Selected Pieces (Classic Reprint) Unknown Author. 2018. (ENG., Illus.). 390p. (J). 31.94 *(978-0-483-81397-7(4))* Forgotten Bks.

392 The check digit for ISBN-10 appears in parentheses after the full ISBN-13

Common-Place Strictures on Col. Ingersoll's Lecture on Intellectual Development (Classic Reprint) John Guss. (ENG., Illus.). (J). 2018. 28p. 24.47 *(978-0-364-07304-9(7))*; 2017. pap. 7.97 *(978-0-259-81762-8(7))* Forgotten Bks.

Common Prayer for Children & Families. Jenifer Gamber & Timothy J. S. Seamans. Illus. by Perry Hodgkins Jones. 2020. (ENG.). 136p. (J). (gr. 3-7). pap. 17.95 *(978-1-64065-264-4(7)*, fe68aecd-2f4e-4651-b5c8-d428feb7b20d) Church Publishing, Inc.

Common Problems: Grownup Poetry. Double J. Holste. 2021. (ENG.). 42p. (YA). pap. 12.99 *(978-1-7379224-0-7(1))* Jamilian Bks.

Common School English: A Graded Series of Language Lessons, for the Use of Teachers of Primary Schools (Classic Reprint) James G. Kennedy. 2017. (ENG., Illus.). (J). 26.06 *(978-1-5281-6692-8(2))* Forgotten Bks.

Common School Speller, Vol. 1 (Classic Reprint) Eugene Cunningham Branson. (ENG., Illus.). (J). 2018. 112p. 26.21 *(978-0-365-29971-4(5))*; 2017. pap. 9.57 *(978-0-259-77695-6(5))* Forgotten Bks.

Common Schools & Teachers' Seminaries. Calvin Ellis Stowe. 2017. (ENG., Illus.). (J). pap. *(978-0-649-55311-2(X))* Trieste Publishing Pty Ltd.

Common Sense. Katie Gillespie. 2017. (Eyediscover Ser.). (ENG., Illus.). 24p. (J). (gr. k-2). lib. bdg. 31.41 *(978-1-4896-5647-6(2))* Weigl Pubs., Inc.

Common Sense & Other Works. Thomas Paine. 2019. (J). *(978-1-5415-4132-0(4)*, First Avenue Editions) Lerner Publishing Group.

Common Sense Pennsylvania German Dictionary: With Supplement, Revised & Enlarged; Containing Nearly All the Pennsylvania German Words in Common Use (Classic Reprint) James C. Lins. (ENG., Illus.). (J). 2017. 170p. 27.40 *(978-0-331-92610-1(5))*; 2016. pap. 9.97 *(978-1-334-16211-4(5))* Forgotten Bks.

Common Sense Speller: For Second & Third Grades (Classic Reprint) W. L. West. 2018. (ENG., Illus.). 84p. (J). 25.65 *(978-0-484-22049-1(7))* Forgotten Bks.

Common Sense Speller: For Sixth & Seventh Grades (Classic Reprint) W. L. West. 2018. (ENG., Illus.). (J). 106p. 26.10 *(978-1-391-69060-5(5))*; 108p. pap. 9.57 *(978-1-391-14946-2(7))* Forgotten Bks.

Common Senses. Tatyana Eckstrand. 2019. (ENG., Illus.). 58p. (J). 18.00 *(978-0-578-43122-2(X))* Furry Purry Pr.

Common Sights in the Heavens, & How to See & Know Them (Classic Reprint) Alfred Wilks Drayson. (ENG., Illus.). (J). 2018. 262p. 29.32 *(978-0-267-10810-7(9))*; 2017. pap. 11.97 *(978-0-282-04483-1(3))* Forgotten Bks.

Common Snapping Turtles. Rebecca Sabelko. 2019. (North American Animals Ser.). (ENG., Illus.). 24p. (J). (gr. k-3). lib. bdg. 26.95 *(978-1-62617-911-0(5)*, Blastoff! Readers) Bellwether Media.

Common Spiders of the United States. James Henry Emerton. 2017. (ENG., Illus.). (J). pap. *(978-0-649-55328-0(4))* Trieste Publishing Pty Ltd.

Common Story: A Novel (Classic Reprint) Ivan Gontcharoff. 2017. (ENG., Illus.). (J). 30.46 *(978-1-5284-3370-9(X))*; pap. 13.57 *(978-0-243-25705-8(8))* Forgotten Bks.

Common Threads: Adam's Day at the Market. Huda Essa. Illus. by Mercè Tous. 2019. (ENG.). 32p. (J). (gr. -1-2). 16.99 *(978-1-5341-1010-6(0)*, 204760) Sleeping Bear Pr.

Common-Word Spellers: A Two-Book Course in Spelling for the Common Schools (Classic Reprint) Ervin Eugene Lewis. 2018. (ENG., Illus.). 194p. (J). 27.90 *(978-0-484-68622-8(4))* Forgotten Bks.

Commonplace, & Other Short Stories (Classic Reprint) Christina Georgina Rossetti. 2017. (ENG., Illus.). (J). 31.05 *(978-0-331-88676-4(6))*; pap. 13.57 *(978-0-243-25595-5(0))* Forgotten Bks.

Commonplace Girl (Classic Reprint) Blanche Atkinson. (ENG., Illus.). (J). 2018. 398p. 32.11 *(978-0-484-80372-4(7))*; 2017. pap. 16.57 *(978-0-259-19157-5(4))* Forgotten Bks.

Commotion in Motion: The Tail. Kerry B. Beyer. 2021. (ENG.). 42p. (J). 25.95 *(978-1-63630-838-8(4))*; pap. 15.95 *(978-1-63630-837-1(6))* Covenant Bks.

Commotion in the Ocean. Sarah Borg. 2023. (ENG., Illus.). 24p. (J). (gr. -1-k). 17.95 ***(978-1-57067-411-2(6)***, GroundSwell Bks.) BPC.

Commune: A Novel (Classic Reprint) Paul Paul. (ENG., Illus.). (J). 2018. 372p. 31.57 *(978-0-364-59677-7(5))*; 2017. pap. 13.97 *(978-1-5276-1619-6(3))* Forgotten Bks.

Communicate! Animal Talk. Dona Herweck Rice. 2018. (TIME for KIDS(r): Informational Text Ser.). (ENG., Illus.). 12p. (J). (gr. k-1). 7.99 *(978-1-4258-4949-8(0))* Teacher Created Materials, Inc.

Communicate! How You Say It. Dona Herweck Rice. 2018. (TIME for KIDS(r): Informational Text Ser.). (ENG., Illus.). 24p. (gr. 1-2). pap. 8.99 *(978-1-4258-4957-3(1))* Teacher Created Materials, Inc.

Communicate! Sports Speeches. Ben Nussbaum. 2018. (TIME(r): Informational Text Ser.). (ENG., Illus.). 48p. (J). (gr. 6-8). pap. 13.99 *(978-1-4258-5006-7(5))* Teacher Created Materials, Inc.

Communicate! World Leaders Speak (Level 6) Nicole Sipe. 2018. (TIME(r): Informational Text Ser.). (ENG., Illus.). 48p. (J). (gr. 5-8). pap. 13.99 *(978-1-4258-4998-6(9))* Teacher Created Materials, Inc.

Communicate! Characters with Courage (Level 4) Ben Nussbaum. 2017. (TIME for KIDS(r): Informational Text Ser.). (ENG., Illus.). 32p. (gr. 3-5). pap. 10.99 *(978-1-4258-4980-1(6))* Teacher Created Materials, Inc.

Communicate! Documentaries (Level 5) Kelly Rodgers. 2017. (TIME for KIDS(r): Informational Text Ser.). (ENG., Illus.). 48p. (gr. 4-8). pap. 13.99 *(978-1-4258-4986-3(5))* Teacher Created Materials, Inc.

Communicate! Pop Song Lyrics (Level 3) Dona Herweck Rice. 2017. (TIME for KIDS(r): Informational Text Ser.). (ENG., Illus.). 32p. (J). (gr. 3-4). pap. 12.99 *(978-1-4258-4973-3(3))* Teacher Created Materials, Inc.

Communicate! Tongue Twisters (Level 2) Dona Herweck Rice. 2017. (TIME for KIDS(r): Informational Text Ser.). (ENG., Illus.). 28p. (gr. 2-3). pap. 10.99 *(978-1-4258-4965-8(2))* Teacher Created Materials, Inc.

Communicating in the Digital World. Megan Kopp. 2018. (Your Positive Digital Footprint Ser.). (ENG.). 32p. (J). (gr. 5-5). *(978-0-7787-4600-3(3))*; pap. *(978-0-7787-4604-1(6))* Crabtree Publishing Co.

Communicating with Others. Emily Rose. 2022. (My Early Library: Building My Social-Emotional Toolbox Ser.). (ENG., Illus.). 24p. (J). (gr. 2-5). pap. 12.79 *(978-1-6689-1064-1(0)*, 221009); lib. bdg. 30.64 *(978-1-6689-0904-1(9)*, 220871) Cherry Lake Publishing.

Communication. Janice Parker. 2018. (Science Q&a Ser.). (ENG.). 48p. (J). lib. bdg. 29.99 *(978-1-5105-3845-0(3))* SmartBook Media, Inc.

Communication. Diane Lindsey Reeves & Connie Hansen. Illus. by Ruth Bennett. 2020. (Bright Futures Press: Soft Skills Sleuths: Investigating Life Skills Success Ser.). (ENG.). 32p. (J). (gr. 4-7). lib. bdg. 32.07 *(978-1-5341-6974-6(1)*, 215783) Cherry Lake Publishing.

Communication Around the World, 1 vol. Jeff Sferazza. 2018. (Adventures in Culture Ser.). (ENG.). 24p. (J). (gr. 1-2). pap. 9.15 *(978-1-5382-1857-0(7)*, 344e8792-e460-452e-987f-aa8cddfcd156); lib. bdg. 24.27 *(978-1-5382-1855-6(0)*, 5208afab-2698-4af3-8a48-e9e918037365) Stevens, Gareth Publishing LLLP.

Communication Ninja: A Children's Book about Listening & Communicating Effectively. Mary Nhin & Grow Grit Press. Illus. by Jelena Stupar. 2020. (Ninja Life Hacks Ser.: Vol. 29). (ENG.). 36p. (J). 18.99 *(978-1-953399-34-2(7))* Grow Grit Pr.

Communication Past & Present. Maribeth Boelts. 2016. (Spring Forward Ser.). (J). (gr. 1). *(978-1-4900-9399-4(0))* Benchmark Education Co.

Communication Past & Present. Kerry Dinmont. 2018. (Bumba Books (r) — Past & Present Ser.). (ENG., Illus.). 24p. (J). (gr. -1-1). pap. 8.99 *(978-1-5415-2687-7(2)*, 21d10512-ae92-4ee4-bdaf-3634877768fd); lib. bdg. 26.65 *(978-1-5415-0331-1(7)*, 0e5c09f1-a889-4e51-bf8a-a8183beb92a8, Lerner Pubns.) Lerner Publishing Group.

Communication Skills. Randy Charles. 2018. (J). *(978-1-4222-3994-0(2))*; Vol. 7. 64p. (gr. 7). lib. bdg. 31.93 *(978-1-4222-3995-7(0))* Mason Crest.

Communication Skills for Teens: How to Listen, Express, & Connect for Success. Michelle Skeen et al. 2016. (Instant Help Solutions Ser.). (ENG.). 208p. (YA). (gr. 5-12). pap. 17.95 *(978-1-62625-263-9(7)*, 32639) New Harbinger Pubns.

Communication Technology: From Smoke Signals to Smartphones. Tracey Kelly. 2019. (History of Inventions Ser.). (ENG.). 24p. (J). (gr. 2-4). lib. bdg. *(978-1-78121-456-5(5)*, 16733) Brown Bear Bks.

Communication Then & Now - 6 Pack: Set of 6 Common Core Edition. Katherine Scraper. 2016. (Early Explorers Ser.). (J). (gr. k-1). 39.00 net. *(978-1-5125-8699-2(4))* Benchmark Education Co.

Communion Copter Flies Again: More First Holy Communion Stories from Ireland. Avril O'Reilly. 2017. (ENG.). 126p. (J). pap. *(978-1-326-91155-3(4))* Lulu Pr., Inc.

Communism. Rudolph Heits. 2018. (Major Forms of World Government Ser.). (ENG.). 48p. (J). lib. bdg. 29.99 *(978-1-5105-3945-7(X))* SmartBook Media, Inc.

Communism, 1 vol. Xina M. Uhl & Theodore Link. 2019. (Examining Political Systems Ser.). (ENG.). 64p. (gr. 6-6). pap. 13.95 *(978-1-5081-8447-8(X)*, a2c24db9-94f3-49a6-902a-348dbc9c0b76, Rosen Reference) Rosen Publishing Group, Inc., The.

Communism: Children's Social Science Book with Facts. Bold Kids. 2022. (ENG.). 44p. (J). pap. 14.99 *(978-1-0717-0931-3(3))* FASTLANE LLC.

Communism: Control of the State, Vol. 8. Randy K. Hess. 2018. (Systems of Government Ser.). (Illus.). 96p. (J). (gr. 7). 34.60 *(978-1-4222-4015-1(0))* Mason Crest.

Communism: Odysseys in Government. Kate Riggs. 2016. (Odysseys in Government Ser.). (Illus.). 80p. (J). (gr. 7-10). pap. 14.99 *(978-1-62832-319-1(1)*, 20668, Creative Paperbacks) Creative Co., The.

Communities Then & Now. Katie Peters. 2021. (My Community (Pull Ahead Readers — Nonfiction) Ser.). (ENG., Illus.). 16p. (J). (gr. -1-1). 27.99 *(978-1-5415-9015-1(5)*, d60f0dfb-c5f5-4be3-8230-828512fc14f6, Lerner Pubns.) Lerner Publishing Group.

Communities Work Together: Working As a Team, 1 vol. Tana Hensley. 2017. (Computer Science for the Real World Ser.). (ENG.). 16p. (gr. 2-3). pap. *(978-1-5383-5236-6(2)*, 705d0eeb-3743-4a91-8dd7-7babdbe2ed74, Rosen Classroom) Rosen Publishing Group, Inc., The.

Community Cares & Shares: Leveled Reader Emerald Level 25. Rg Rg. 2019. (PM Ser.). (ENG.). 32p. (J). (gr. 3-4). pap. 11.00 *(978-0-544-89280-4(1))* Rigby Education.

Community Cat Chronicles. Lachlan Madsen & Eleanor Nilsson. 2021. (ENG., Illus.). 104p. (J). (gr. 4-7). pap. 15.99 *(978-981-4893-29-9(3))* Marshall Cavendish International (Asia) Private Ltd. SGP. Dist: Independent Pubs. Group.

Community Connections (Set), 110 vols. 2018. (Community Connections Ser.). (ENG., Illus.). 24p. (J). (gr. 2-5). pap. 1406.43 *(978-1-5341-0795-3(9)*, 210499); lib. bdg. 3210.96 *(978-1-5341-0696-3(0)*, 210498) Cherry Lake Publishing.

Community Cultures: Looking at Data, 1 vol. Leigh McClure. 2017. (Computer Science for the Real World Ser.). (ENG.). 16p. (gr. 2-3). pap. *(978-1-5383-5194-9(3)*, 9c97da0f-9ce0-4c66-ac1b-060c8a282f76, Rosen Classroom) Rosen Publishing Group, Inc., The.

Community Economics (Set), 6 vols. 2018. (Community Economics Ser.). (ENG.). 24p. (J). (gr. k-3). lib. bdg. 188.16 *(978-1-5321-6000-4(3)*, 28632, Pop! Cody Koala) Pop!.

Community Economics (Set Of 6) 2018. (Community Economics Ser.). (ENG.). 144p. (J). (gr. 1-1). pap. 53.70 *(978-1-63517-795-4(2)*, 1635177952) North Star Editions.

Community Has Homes - 6 Pack: Set of 6 Common Core Edition. Katherine Scraper. 2016. (Early Explorers Ser.). (J). (gr. k-1). 39.00 net. *(978-1-5125-8701-2(X))* Benchmark Education Co.

Community Helper Mice; Los Ratoncitos Ayudantes de la Comunidad. Ledezna Puerto. Illus. by Rose Marie Tenney. 2018. (MUL.). 44p. (J). pap. 13.95 *(978-1-64003-728-1(4))* Covenant Bks.

Community Helpers. (Community Helpers (Powerkids Press) Ser.). (ENG.). (J). 2017. 24p. 198.00 *(978-1-4994-2634-2(8))*; 2016. 00024p. (gr. 1-1). 101.08 *(978-1-4994-2633-5(X)*, d4dcede4-466c-44f9-84b4-cdd8addac75d) Rosen Publishing Group, Inc., The. (PowerKids Pr.).

Community Helpers. Ed. by World Book, Inc. Staff. 2016. (Learning Ladders 2/Soft Cover Ser.: Vol. 2). (ENG., Illus.). 34p. (J). pap. *(978-0-7166-7934-9(5))* World Bk.-Childcraft International.

Community Helpers: Bilingual Inuktitut & English Edition. Inhabit Education Books. 2021. (Nunavummi Reading Ser.). (ENG., Illus.). (J). pap. ***(978-1-77450-028-6(0))*** Inhabit Education Bks. Inc. CAN. Dist: Consortium Bk. Sales & Distribution.

Community Helpers Activity Book for 4 Year Old Boy. Educando Kids. 2019. (ENG.). 42p. (J). pap. 8.55 *(978-1-64521-787-9(6)*, Educando Kids) Editorial Imagen.

Community Helpers & Builders, 8 vols. 2022. (Community Helpers & Builders Ser.). (ENG.). 24p. (J). (gr. 2-2). lib. bdg. 104.92 *(978-1-5345-4237-2(X)*, a7dacb77-ccfc-4144-8add-eadf329e4539, KidHaven Publishing) Greenhaven Publishing LLC.

Community Helpers & Builders. William Anthony. 2022. (Community Helpers & Builders Ser.). (ENG.). 24p. (J). pap. 35.00 *(978-1-5345-4269-3(8)*, KidHaven Publishing) Greenhaven Publishing LLC.

Community Helpers at a Fire, 2 vols. Mari Schuh. 2016. (Community Helpers on the Scene Ser.). (ENG.). (J). (gr. k-1). 53.32 *(978-1-5157-5578-4(9))*; (Illus.). 24p. (gr. -1-2). lib. bdg. 22.65 *(978-1-5157-2399-8(2)*, 132808, Pebble) Capstone.

Community Helpers at School. Mari Schuh. 2016. (Community Helpers on the Scene Ser.). (ENG., Illus.). 24p. (J). (gr. -1-2). lib. bdg. 22.65 *(978-1-5157-2400-1(X)*, 132809, Capstone Pr.) Capstone.

Community Helpers at the Hospital. Mari Schuh. 2016. (Community Helpers on the Scene Ser.). (ENG., Illus.). 24p. (J). (gr. -1-2). lib. bdg. 22.65 *(978-1-5157-2397-4(6)*, 132807, Pebble) Capstone.

Community Helpers Coloring Book for Kindergarten. Educando Kids. 2019. (ENG.). 42p. (J). pap. 6.99 *(978-1-64521-099-3(5)*, Educando Kids) Editorial Imagen.

Community Helpers (Set), 12 vols. 2022. (Community Helpers Ser.). (ENG.). (J). (gr. k-3). lib. bdg. 393.48 *(978-1-5038-6356-9(5)*, 216253, Wonder Books(r)) Child's World, Inc, The.

Community Leaders: Elected & Respected Local Government Book Grade 3 Children's Government Books. Universal Politics. 2021. (ENG.). 74p. (J). 27.99 *(978-1-5419-8345-8(9))*; pap. 16.99 *(978-1-5419-7857-7(9))* Speedy Publishing LLC. (Universal Politics (Politics & Social Sciences)).

Community of Our Military Base, 1 vol. Portia Summers. 2016. (Zoom in on Communities Ser.). (ENG., Illus.). 24p. (gr. 2-2). pap. 10.95 *(978-0-7660-7811-6(6)*, e98a4482-a33a-4baf-b361-6700377d02a3) Enslow Publishing, LLC.

Community of Writers: District a, Boston Public Schools, June 1988 (Classic Reprint) Boston Public Schools. 2018. (ENG., Illus.). 28p. (J). 24.47 *(978-0-267-22604-7(7))* Forgotten Bks.

Community Questions. Martha E. H. Rustad. 2020. (Community Questions Ser.). (ENG.). 24p. (J). (gr. k-2). 119.96 *(978-1-9771-2281-0(7)*, 199366); pap., pap., pap. 27.80 *(978-1-9771-2614-6(6)*, 201220) Capstone. (Pebble).

Community Sites. Tamra Orr. 2019. (21st Century Skills Library: Global Citizens: Social Media Ser.). (ENG., Illus.). 32p. (J). (gr. 4-7). pap. 14.21 *(978-1-5341-3963-3(X)*, 212681) Cherry Lake Publishing.

Community Soup. Alma Fullerton. Illus. by Alma Fullerton. 2023. (Illus.). 36p. (gr. k-2). 18.95 ***(978-1-77278-297-4(1))***; (J). (gr. -1-3). 12.95 ***(978-1-77278-286-8(6))*** Pajama Pr. CAN. Dist: Publishers Group West (PGW).

Community Tree. Rosemary Kolasa. 2020. (No Ser.). (ENG., Illus.). 18p. (J). pap. *(978-0-2288-2184-7(3))* Tellwell Talent.

Community Websites. Tamra Orr. 2019. (21st Century Skills Library: Global Citizens: Social Media Ser.). (ENG., Illus.). 32p. (J). (gr. 4-7). lib. bdg. 32.07 *(978-1-5341-4307-4(6)*, 212680) Cherry Lake Publishing.

Community Workers (Set), 8 vols. 2018. (Community Workers Ser.). (ENG.). 24p. (J). (gr. k-3). lib. bdg. 250.88 *(978-1-5321-6007-3(0)*, 28646, Pop! Cody Koala) Pop!.

Community Workers (Set Of 8) 2018. (Community Workers Ser.). (ENG., Illus.). 192p. (J). (gr. 1-1). pap. 71.60 *(978-1-63517-802-9(9))* North Star Editions.

Cómo Aidan Llegó a Ser un Hermano, 1 vol. Kyle Lukoff Kyle Lukoff. Illus. by Kaylani Juanita. 2022. (SPA.). 32p. (J). (gr. -1-3). pap. 12.95 *(978-1-64379-577-5(5)*, leelowbooks) Lee & Low Bks., Inc.

Como & Sune. Jonas Sexton & Jessa Sexton. Illus. by Jack Sexton. 2022. (ENG.). 34p. (J). pap. 8.00 *(978-1-7342711-8-8(3))* Hilliard Pr.

Como Aprendi a Volar. Fer de la Cruz. 2020. (SPA.). 84p. (J). pap. 23.99 *(978-1-62915-447-3(4))* Editorial Libros en Red.

Cómo atrapar a una sirena. Adam Wallace. 2020. (SPA.). 40p. (J). (gr. -1-3). 19.95 *(978-84-9145-398-7(9)*, Picarona Editorial) Ediciones Obelisco ESP. Dist: Spanish Pubs., LLC.

Como Cazar Fantasmas. Stefan Gemmel. 2017. (ENG & SPA.). 40p. (J). 11.95 *(978-84-16773-30-5(0))* Ediciones Urano S. A. ESP. Dist: Spanish Pubs., LLC.

Cómo Cocinar Princesas. Ana Martinez Castillo. Illus. by Laura Liz. 2018. (SPA.). 56p. (J). 16.95 *(978-84-946926-3-5(1))* NubeOcho Ediciones ESP. Dist: Consortium Bk. Sales & Distribution.

Cómo Crear un Cómic. Ediciones Larousse EDICIONES LAROUSSE. 2020. (SPA.). 80p. (J). (gr. 2-4). pap. 10.00 *(978-607-21-2131-7(4))* Larousse, Editions FRA. Dist: Independent Pubs. Group.

Cómo Crear un Cuento. Ediciones Larousse EDICIONES LAROUSSE. 2020. (SPA.). 80p. (J). (gr. 2-4). pap. 10.00 *(978-607-21-2134-8(9))* Larousse, Editions FRA. Dist: Independent Pubs. Group.

Cómo Crear un Videoblog. Ediciones Larousse EDICIONES LAROUSSE. 2020. (SPA.). 80p. (J). (gr. 2-4). pap. 10.00 *(978-607-21-2132-4(2))* Larousse, Editions FRA. Dist: Independent Pubs. Group.

Cómo Crear una Obra de Teatro. Ediciones Larousse EDICIONES LAROUSSE. 2020. (SPA.). 80p. (J). (gr. 2-4). pap. 10.00 *(978-607-21-2141-6(1))* Larousse, Editions FRA. Dist: Independent Pubs. Group.

Cómo Crece una Huerta. Miranda Kelly. 2022. (Ciencias Del Patio Trasero (Backyard Science) Ser.). (SPA.). 24p. (J). (gr. k-2). pap. *(978-1-0396-4943-9(2)*, 19588); lib. bdg. *(978-1-0396-4816-6(9)*, 19587) Crabtree Publishing Co.

Como Cuidar a Tu Abuela. Jean Reagan & Lee Wildish. 2016. (SPA.). 32p. (J). 17.95 *(978-84-16117-88-8(8))* Ediciones Obelisco ESP. Dist: Spanish Pubs., LLC.

Cómo Cuidar a Tu Dragón. Illus. by Monica Armiño. 2020. (SPA.). 22p. (J). (gr. -1-k). 26.00 *(978-607-21-1970-3(0))* Larousse, Editions FRA. Dist: Independent Pubs. Group.

Cómo Cuidar a Tu Gatito. Helen Piers. 2018. (SPA.). 32p. (J). (gr. 2-4). 10.99 *(978-987-747-392-6(5))* V&R Editoras.

Cómo Cuidar a Tu Perrito. Helen Piers. 2018. (SPA.). 32p. (J). (gr. 2-4). 10.99 *(978-987-747-393-3(3))* V&R Editoras.

Como Cuidar de Tu Mama. Jean Reagan. 2018. (SPA.). 32p. (J). 15.95 *(978-84-9145-112-9(9)*, Picarona Editorial) Ediciones Obelisco ESP. Dist: Spanish Pubs., LLC.

Cómo Cuidar Nuestro Planeta. Diana Maria Orozco-Velasquez & Gina Marcela Orozco Velasquez. 2017. (SPA.). 48p. (J). (gr. 3-5). 17.99 *(978-958-30-5070-1(9))* Panamericana Editorial COL. Dist: Lectorum Pubns., Inc.

Como Decidi Convertirme en Hermano Mayor (How I Decided to Become an Older Brother) Dimitier Inkiow. 2018. (SPA.). 102p. (J). (gr. 2). pap. 11.99 *(978-958-04-1307-3(X)*, 10266241, Norma) Norma S.A. COL. Dist: Distribuidora Norma, Inc.

Cómo Dibujar Animales Paso a Paso para Niños: Aprende a Dibujar Simpáticos Animales Fácil y Divertido. Esel Press. 2021. (SPA.). 200p. (J). pap. 22.65 *(978-1-6780-9007-4(7))* Lulu Pr., Inc.

Como Dibujar Unicornios: Aprender a Dibujar - Unicornio Libro de Colorear para niños 4-8 años - para Colorear y Cursos de Dibujo de Unicornio. Mary Wayne. 2021. (SPA.). (J). 62p. pap. 10.00 *(978-1-716-24523-7(0))*; 42p. pap. 12.99 *(978-0-03-570240-7(0))* Lulu Pr., Inc.

¿Cómo Duermes Tú? Leveled Reader Book 46 Level G 6 Pack. Hmh Hmh. 2021. (SPA.). 16p. (J). pap. 74.40 *(978-0-358-08264-4(1))* Houghton Mifflin Harcourt Publishing Co.

Como el Escinco de Lengua Azul Llego a Tener la Lengua Azul. Mary Langer Thompson. 2017. (SPA., Illus.). (J). pap. 12.99 *(978-0-9987767-0-5(X))* AnotherThinkComing Pr.

¡Cómo el Grinch Robó la Navidad! (How the Grinch Stole Christmas Spanish Edition) Seuss. 2019. (Classic Seuss Ser.). (SPA.). 64p. (J). (gr. k-4). 16.99 *(978-1-9848-3006-7(6))*; lib. bdg. 19.99 *(978-1-9848-3007-4(4))* Random Hse. Children's Bks. (Random Hse. Bks. for Young Readers).

¿Cómo Eligen Sus Mascotas Los Dinosaurios? (How Do Dinosaurs Choose Their Pets?) Jane Yolen. Illus. by Mark Teague. 2017. (SPA.). 40p. (J). (gr. -1-k). 6.99 *(978-1-338-16020-8(6)*, Scholastic en Espanol) Scholastic, Inc.

¿Cómo Encontrar un Bicho en una Rama? Sebastian Smith. Tr. by Santiago Ochoa. 2021. (Leo y Rimo (I Read-N-Rhyme) Ser.). (SPA.). 28p. (J). (gr. -1-3). pap. *(978-1-4271-3110-2(4)*, 14624); lib. bdg. *(978-1-4271-3099-0(X)*, 14612) Crabtree Publishing Co.

Como Era Yo Cuando Era un Bebe? Jeanne Willis. 2018. (Buenas Noches Ser.). (SPA.). (J). (gr. -1-2). pap. *(978-958-04-9697-7(8))* Norma Ediciones, S.A.

¿Cómo Está el Tiempo? (What's the Weather? a What, Why or Where Book in Spanish) Tr. by Alejandra de la Torre & Javier Camacho Miranda from ENG. 2020. (What, Why, or Where? Ser.). (SPA., Illus.). 32p. (J). (gr. 3-7). 11.95 *(978-1-64351-834-3(8))* Arbordale Publishing.

Cómo Funcionan Las Ilusiones Ópticas: Leveled Reader Card Book 46 Level U 6 Pack. Hmh Hmh. 2021. (SPA.). (J). pap. 74.40 *(978-0-358-08614-7(0))* Houghton Mifflin Harcourt Publishing Co.

¿Cómo Hacen Erupción los Volcanes? Mostrar Eventos y Procesos, 1 vol. Seth Matthas. 2017. (Computación Científica en el Mundo Real (Computer Science for the Real World) Ser.). (SPA.). 24p. (J). (gr. 3-4). pap. *(978-1-5383-5699-9(6)*, e8149761-fde3-432a-bbf8-0b35beca295c, Rosen Classroom) Rosen Publishing Group, Inc., The.

¿Cómo Hacen Erupción Los Volcanes? Mostrar Eventos y Procesos (How Do Volcanoes Explode?: Showing Events & Processes), 1 vol. Seth Matthas. 2017. (Niños Digitales: Superdotados con Pensamiento Computacional (Computer Kids: Powered by Computational Thinking) Ser.). (SPA.). 24p. (J). (gr. 3-4). 25.27 *(978-1-5383-2864-4(X)*, 633db7ac-6835-46b7-8708-43140854164f, PowerKids Pr.) Rosen Publishing Group, Inc., The.

¿Cómo Hacer Root Beer? (How Is Root Beer Made?) Grace Hansen. 2019. (¿Cómo Se Hace? (How Is It Made? Set 2) Ser.). (SPA.). 24p. (J). (gr. -1-2). lib. bdg. 32.79 *(978-1-5321-8750-6(5)*, 31348, Abdo Kids) ABDO Publishing Co.

Cómo Hacer una Balsa Pequeña: Leveled Reader Book 87 Level e 6 Pack. Hmh Hmh. 2021. (SPA.). 16p. (J). pap. 74.40 *(978-0-358-08213-2(7))* Houghton Mifflin Harcourt Publishing Co.

¿Cómo Hago Origami? / How Do I Make Origami?, 1 vol. Elton Jones. Tr. by Eida de la Vega. 2018. (Manualidades para días Lluviosos / Rainy-Day Crafts Ser.). (ENG & SPA.). 24p. (J). (gr. 1-1). 25.27 *(978-1-5383-3468-3(2)*, d7617792-7add-4502-85d0-d91bb3f92213, PowerKids Pr.) Rosen Publishing Group, Inc., The.

¿Cómo Hago Origami? (How Do I Make Origami?), 1 vol. Elton Jones. Tr. by Eida de la Vega. 2018. (Manualidades para días Lluviosos (Rainy-Day Crafts) Ser.). (SPA.). 24p. (J). (gr. 1-1). 25.27 *(978-1-5383-3268-9(X)*, 4c771ff0-901a-4e05-8e31-42736c21336b); pap. 9.25 *(978-1-5383-3269-6(8)*, 77f0aba3-1e02-4eea-a3c4-bc79b19559b5) Rosen Publishing Group, Inc., The. (PowerKids Pr.).

C

For book reviews, descriptive annotations, tables of contents, cover images, author biographies & additional information, updated daily, subscribe to **www.booksinprint.com** 393

¿Cómo Hago un Títere de Calcetín? / How Do I Make a Sock Puppet?, 1 vol. Andrew Law. Tr. by Eida de la Vega. 2018. (Manualidades para días Lluviosos / Rainy-Day Crafts Ser.). (ENG & SPA.). 24p. (J). (gr. 1-1). 25.27 *(978-1-5383-3470-6(4)*, bda40142-8839-47b8-b543-92342ec56d3d, PowerKids Pr.) Rosen Publishing Group, Inc., The.

¿Cómo Hago un Títere de Calcetín? (How Do I Make a Sock Puppet?), 1 vol. Andrew Law. Tr. by Eida de la Vega. 2018. (Manualidades para días Lluviosos (Rainy-Day Crafts) Ser.). (SPA.). 24p. (J). (gr. 1-1). 25.27 *(978-1-5383-3272-6(8)*, 58d2920d-d4d8-47de-8c1c-1199f49f9174); pap. 9.25 *(978-1-5383-3273-3(6)*, 03ab22d1-3c3d-4f56-bc62-2aaccf5becd1) Rosen Publishing Group, Inc., The. (PowerKids Pr.).

¿Cómo Hago una Cometa? / How Do I Make a Kite?, 1 vol. Clara Coleman. Tr. by Eida de la Vega. 2018. (Manualidades para días Lluviosos / Rainy-Day Crafts Ser.). (ENG & SPA.). 24p. (J). (gr. 1-1). 25.27 *(978-1-5383-3466-9(6)*, 7857cf13-7116-4ee1-b8bf-ea01a14a8b40, PowerKids Pr.) Rosen Publishing Group, Inc., The.

¿Cómo Hago una Cometa? (How Do I Make a Kite?), 1 vol. Clara Coleman. Tr. by Eida de la Vega. 2018. (Manualidades para días Lluviosos (Rainy-Day Crafts) Ser.). (SPA.). 24p. (J). (gr. 1-1). 25.27 *(978-1-5383-3264-1(7)*, e0574153-1e9d-4c29-a9f7-53c8d21c1dd2); pap. 9.25 *(978-1-5383-3265-8(5)*, 075ed373-21ec-4c62-bc54-e4ce3811d74e) Rosen Publishing Group, Inc., The. (PowerKids Pr.).

Cómo la Tía Guadalupe Venció a la Diabetes. Joshua Lawrence Patel Deutsch. Illus. by Afzal Khan. 2020. (SPA.). 36p. (J). pap. 12.75 *(978-1-0879-1016-1(1))* Indy Pub.

Comó Medir el Tiempo Desde la Antigüedad Hasta Nuestros Días: Set of 6 Common Core Edition. Rebecca Weber & Benchmark Education Company, LLC Staff. 2016. (Navigators Ser.). (SPA.). (J). (gr. 3). 54.00 net. *(978-1-5125-0786-7(5))* Benchmark Education Co.

Como Mejorar Tu Portafolio (Strengthening Portfolio-Building Skills), 1 vol. Don Rauf. Tr. by Alberto Jimenez. 2017. (Habilidades para Tener éxito (Skills for Success) Ser.). (SPA.). 64p. (YA). (gr. 7-7). pap. 13.95 *(978-1-5081-8588-8(3)*, 38608d09-b1ae-486d-9d1f-24140d815ee1) Rosen Publishing Group, Inc., The.

Como Mejorar Tus Discursos (Strengthening Public Speaking Skills), 1 vol. Don Rauf. Tr. by Alberto Jimenez. 2017. (Habilidades para Tener éxito (Skills for Success) Ser.). (SPA.). 64p. (YA). (gr. 7-7). pap. 13.95 *(978-1-5081-8587-1(5)*, f2f0c874-74a9-4d8a-a8f8-dd131ade59b1) Rosen Publishing Group, Inc., The.

Como Mejorar Tus Proyectos Colaborativos (Strengthening Collaborative Project Skills), 1 vol. Xina M. Uhl. Tr. by Alberto Jimenez. 2017. (Habilidades para Tener éxito (Skills for Success) Ser.). (SPA.). 64p. (YA). (gr. 7-7). pap. 13.95 *(978-1-5081-8584-0(0)*, 37a77c81-1fa1-4099-b294-e3b23e3b2cc7) Rosen Publishing Group, Inc., The.

Como Mejorar Tus Trabajos de Investigacion (Strengthening Research Paper Skills), 1 vol. Philip Wolny. Tr. by Alberto Jimenez. 2017. (Habilidades para Tener éxito (Skills for Success) Ser.). (SPA.). 64p. (YA). (gr. 7-7). pap. 13.95 *(978-1-5081-8585-7(9)*, d3b4b36f-0315-4ff1-978d-3b4696181c2b) Rosen Publishing Group, Inc., The.

¿Cómo Meter un Huevo en una Botella? y Otras Preguntas. Erwin Brecher & Mike Gerrard. 2017. 138p. (YA). (gr. 9-12). 15.99 *(978-84-662-3612-6(0))* Editorial Libsa, S.A. ESP. Dist: Lectorum Pubns., Inc.

Cómo Montar una Obra Escolar: Leveled Reader Book 47 Level I 6 Pack. Hmh Hmh. 2020. (SPA.). 24p. (J). pap. 74.40 *(978-0-358-08357-3(5))* Houghton Mifflin Harcourt Publishing Co.

Como Pez en el árbol. una Novela Sobre la Dislexia / Fish in a Tree. Lynda Mullaly Hunt. 2022. (SPA.). 256p. (J). (gr. 5). pap. 14.95 *(978-1-64473-715-6(9)*, Nube De Tinta) Penguin Random House Grupo Editorial ESP. Dist: Penguin Random Hse. LLC.

¿Cómo Podré Decidir Qué Mascota Elegir? (What Pet Should I Get? Spanish Edition) Seuss. 2019. (Beginner Books(R) Ser.). (SPA.). 40p. (J). (gr. -1-2). 9.99 *(978-1-9848-3116-3(X))*; lib. bdg. 12.99 *(978-1-9848-9499-1(4))* Random Hse. Children's Bks. (Random Hse. Bks. for Young Readers).

Como Prepararte para un Examen (Strengthening Test Preparation Skills), 1 vol. Alexis Burling. Tr. by Alberto Jimenez. 2017. (Habilidades para Tener éxito (Skills for Success) Ser.). (SPA.). 64p. (YA). (gr. 7-7). pap. 13.95 *(978-1-5081-8586-4(7)*, 9be8a846-04ea-4ae4-8b6a-e1df517a4713) Rosen Publishing Group, Inc., The.

Como Querer a Tu Agresor. Casey Bell. 2017. (SPA., Illus.). 22p. (J). *(978-1-387-13076-4(5))* Lulu Pr., Inc.

Como Sanar un Ala Rota (How to Heal a Broken Wing) Bob Graham. ed. 2018. lib. bdg. 30.55 *(978-0-606-41228-5(X))* Turtleback.

Cómo Se Comunican Los Animales: Leveled Reader Book 53 Level R 6 Pack. Hmh Hmh. 2021. (SPA.). 32p. (J). pap. 74.40 *(978-0-358-08533-1(0))* Houghton Mifflin Harcourt Publishing Co.

¿Cómo Se Forman Las Rocas? Si... Entonces, 1 vol. Amanda Vink. 2017. (Computación Científica en el Mundo Real (Computer Science for the Real World) Ser.). (SPA.). 24p. (J). (gr. 4-5). pap. *(978-1-5383-5801-6(8)*, a07c8fcd-3fac-4952-b69f-7101329e47ef, Rosen Classroom) Rosen Publishing Group, Inc., The.

¿Cómo Se Forman Las Rocas? Si... Entonces (How Are Rocks Formed?: If... Then), 1 vol. Amanda Vink. 2017. (Niños Digitales: Superdotados con Pensamiento Computacional (Computer Kids: Powered by Computational Thinking) Ser.). (SPA.). 24p. (J). (gr. 4-5). 25.27 *(978-1-5383-2898-9(4)*, 05e9aa36-7819-44e4-baa9-4b304ca5b8c1, PowerKids Pr.) Rosen Publishing Group, Inc., The.

¿Cómo Se Hace?, 6 vols., Set. 2017. (¿Cómo Se Hace? (How Is It Made?) Ser.).Tr. of How Is It Made?. (SPA.). 24p. (J). (gr. -1-2). lib. bdg. 196.74 *(978-1-5321-0654-5(8)*, 27245, Abdo Kids) ABDO Publishing Co.

¿Cómo Se Hace? (How Is It Made? Set 2) (Set), 6 vols. 2019. (¿Cómo Se Hace? (How Is It Made?) Ser.). (SPA.). 24p. (J). (gr. -1-2). lib. bdg. 196.74 *(978-1-5321-8744-5(0)*, 31336, Abdo Kids) ABDO Publishing Co.

¿Cómo Se Hace el Algodón de Azúcar? (How Is Cotton Candy Made?) Grace Hansen. 2019. (¿Cómo Se Hace? (How Is It Made?) Ser.). (SPA.). 24p. (J). (gr. -1-2). lib. bdg. 32.79 *(978-1-5321-8747-6(5)*, 31342, Abdo Kids) ABDO Publishing Co.

¿cómo Se Hace el Chocolate? Grace Hansen. 2017. (¿Cómo Se Hace? (How Is It Made?) Ser.).Tr. of How Is Chocolate Made?. (SPA.). 24p. (J). (gr. -1-2). lib. bdg. 32.79 *(978-1-5321-0658-3(0)*, 27249, Abdo Kids) ABDO Publishing Co.

¿cómo Se Hace el Helado? Grace Hansen. 2017. (¿Cómo Se Hace? (How Is It Made?) Ser.).Tr. of How Is Ice Cream Made?. (SPA.). 24p. (J). (gr. -1-2). lib. bdg. 32.79 *(978-1-5321-0659-0(9)*, 27250, Abdo Kids) ABDO Publishing Co.

¿Cómo Se Hace la Mantequilla de Maní? Grace Hansen. 2017. (¿Cómo Se Hace? (How Is It Made?) Ser.).Tr. of How Is Peanut Butter Made?. (SPA.). 24p. (J). (gr. -1-2). lib. bdg. 32.79 *(978-1-5321-0660-6(2)*, 27251, Abdo Kids) ABDO Publishing Co.

¿Cómo Se Hace la Miel? (How Is Honey Made?) Grace Hansen. 2019. (¿Cómo Se Hace? (How Is It Made?) Ser.). (SPA.). 24p. (J). (gr. -1-2). lib. bdg. 32.79 *(978-1-5321-8748-3(3)*, 31344, Abdo Kids) ABDO Publishing Co.

¿Cómo Se Hace la Miel de Maple? (How Is Maple Syrup Made?) Grace Hansen. 2019. (¿Cómo Se Hace? (How Is It Made?) Ser.). (SPA.). 24p. (J). (gr. -1-2). lib. bdg. 32.79 *(978-1-5321-8749-0(1)*, 31346, Abdo Kids) ABDO Publishing Co.

¿Cómo Se Hace un Bebé? Spanish Language Edition. Cory Silverberg. Illus. by Fiona Smyth. 2017. 36p. (J). (gr. -1-2). 11.95 *(978-1-60980-769-6(3)*, Siete Cuentos Editorial) Seven Stories Pr.

¿Cómo Se Hace un Lápiz? (How Is a Pencil Made?) Grace Hansen. 2019. (¿Cómo Se Hace? (How Is It Made?) Ser.). (SPA.). 24p. (J). (gr. -1-2). lib. bdg. 32.79 *(978-1-5321-8746-9(7)*, 31340, Abdo Kids) ABDO Publishing Co.

¿Cómo Se Hace un Lápiz de Color? Grace Hansen. 2017. (¿Cómo Se Hace? (How Is It Made?) Ser.).Tr. of How Is a Crayon Made?. (SPA.). 24p. (J). (gr. -1-2). lib. bdg. 32.79 *(978-1-5321-0656-9(4)*, 27247, Abdo Kids) ABDO Publishing Co.

¿Cómo Se Hace un Libro? Grace Hansen. 2017. (¿Cómo Se Hace? (How Is It Made?) Ser.).Tr. of How Is a Book Made?. (SPA.). 24p. (J). (gr. -1-2). lib. bdg. 32.79 *(978-1-5321-0655-2(6)*, 27246, Abdo Kids) ABDO Publishing Co.

¿cómo Se Hace un Suéter? Grace Hansen. 2017. (¿Cómo Se Hace? (How Is It Made?) Ser.).Tr. of How Is a Sweater Made?. (SPA.). 24p. (J). (gr. -1-2). lib. bdg. 32.79 *(978-1-5321-0657-6(2)*, 27248, Abdo Kids) ABDO Publishing Co.

¿Cómo Se Hacen Los Fuegos Artificiales? (How Is a Firework Made?) Grace Hansen. 2019. (¿Cómo Se Hace? (How Is It Made?) Ser.). (SPA.). 24p. (J). (gr. -1-2). lib. bdg. 32.79 *(978-1-5321-8745-2(9)*, 31338, Abdo Kids) ABDO Publishing Co.

¿Cómo Se Mueven los Planetas? ¿Qué Ocurrirá?, 1 vol. Sonja Reyes. 2017. (Computación Científica en el Mundo Real (Computer Science for the Real World) Ser.). (SPA.). 16p. (J). (gr. 2-3). pap. *(978-1-5383-5613-5(9)*, 5d6bda1c-2aab-4771-8d47-4742cf5646c5, Rosen Classroom) Rosen Publishing Group, Inc., The.

Cómo Se Protegen Los Animales: Leveled Reader Card Book 62 Level P 6 Pack. Hmh Hmh. 2021. (SPA.). (J). pap. 74.40 *(978-0-358-08456-3(3))* Houghton Mifflin Harcourt Publishing Co.

Como Ser Cortés, Amable y Educado. Diana Lopez de Mesa. 2021. (SPA.). 56p. (J). (gr. 1-3). 13.99 *(978-958-30-6150-9(6))* Panamericana Editorial COL. Dist: Lectorum Pubns., Inc.

Cómo Ser un Buen Marista y No Morir en el Intento. Víctor Alberto Purizaca Pareja. 2022. (SPA.). 94p. (YA). pap. ***(978-1-4357-7591-6(0))*** Lulu Pr., Inc.

Cómo Ser un Héroe. Capítulo 1: Dalibor. Victor Daniel Vargas Suarez. 2018. (SPA., Illus.). 84p. (J). pap. *(978-958-48-4142-1(4))* Vargas Suarez, Victor Daniel.

Como Sorprender a Tu Papa. Jean Reagan. 2018. (SPA.). 32p. (J). 15.95 *(978-84-9145-111-2(0)*, Picarona Editorial) Ediciones Obelisco ESP. Dist: Spanish Pubs., LLC.

Como un Cuento de Hadas. Kim Kyung-uk. 2022. (SPA.). 259p. (YA). (gr. 7). pap. 25.99 *(978-607-8469-97-0(5))* Nostra Ediciones MEX. Dist: Independent Pubs. Group.

¿cómo Voy a Hablar con Abuela? La Luz Books Publisher & Maria de la Luz Reyes. Illus. by Blueberry Illustrations. 2018. (SPA.). 36p. (J). (gr. 1-6). 20.00 *(978-0-9972790-1-6(X))* REYES, MARIA DE LA LUZ.

Cómo Vuelan Los Planeadores: Leveled Reader Book 52 Level H 6 Pack. Hmh Hmh. 2021. (SPA.). 16p. (J). pap. 74.40 *(978-0-358-08269-9(2))* Houghton Mifflin Harcourt Publishing Co.

Comoedia Inlustrata de la Civita Educante: Un Racconto Sull'educazione Diffusa Inspiré Par Giordano Bruno. Giuseppe Campagnoli. 2021. (FRE.). 41p. (J). pap. ***(978-1-365-44242-1(X))*** Lulu Pr., Inc.

Comoros a Variety of Facts. Bold Kids. 2023. (ENG.). 42p. (J). pap. 14.99 ***(978-1-0717-1936-7(X))*** FASTLANE LLC.

Compagnia Degli Sfaccendati. Vittorio Sossi. 2019. (ITA.). 142p. (J). pap. *(978-0-244-45950-5(9))* Lulu Pr., Inc.

Compagnons de Voyage: French Edition of Traveling Companions. Tuula Pere. Tr. by Edith Girval. Illus. by Catty Flores. 2018. (Nepal Ser.: Vol. 1). (FRE.). 32p. (J). (gr. k-4). *(978-952-357-053-5(6))*; pap. *(978-952-357-051-1(X))* Wickwick oy.

Compañía Negra 1: la Primera Crónica / Chronicles of the Black Company 1: the Black Company. Glen Cook. 2019. (Compañia Negra Ser.: 1). (SPA.). 384p. (YA). (gr. 8-12). pap. 15.95 *(978-607-31-7848-8(4)*, Montena) Penguin Random House Grupo Editorial ESP. Dist: Penguin Random Hse. LLC.

Compañía Negra 2: Sombras Fluctuantes / Chronicles of the Black Company 2: Shadow Linger. Gleen Cook. 2020. (Compañia Negra Ser.: 2). (SPA.). 432p. (J). (gr. 9-7). pap. 15.95 *(978-607-31-8821-0(8)*, Montena) Penguin Random House Grupo Editorial ESP. Dist: Penguin Random Hse. LLC.

Companion. 2018. (Unfolding Trilogy Ser.: Vol. 4). (ENG., Illus.). 470p. (YA). 35.99 *(978-0-9834761-8-4(7))*; pap. 18.99 *(978-0-9834761-3-9(6))* CheeTrann Creations LLC.

Companion. Katie Alender. 2021. 448p. (YA). (gr. 7). pap. 11.99 *(978-0-399-54592-4(1)*, G.P. Putnam's Sons Books for Young Readers) Penguin Young Readers Group.

Companion Book for Day in & Day Out: The Alice & Jerry Books (Classic Reprint) Mabel O'Donnell. (ENG., Illus.). (J). 2019. 136p. 26.72 *(978-0-365-30400-5(X))*; 2017. pap. 9.57 *(978-0-282-75046-6(0))* Forgotten Bks.

Companion Book for down the River Road (Classic Reprint) Mabel O'Donnell. (ENG., Illus.). (J). 2018. 76p. 25.46 *(978-0-364-08151-8(1))*; 2017. pap. 9.57 *(978-0-282-61200-9(9))* Forgotten Bks.

Companion Book for Friendly Village (Classic Reprint) Mabel O'Donnell. (ENG., Illus.). (J). 2018. 140p. 26.78 *(978-0-365-36548-8(3))*; 2017. pap. 9.57 *(978-0-259-86247-5(9))* Forgotten Bks.

Companion Book for If I Were Going (Classic Reprint) Mabel O'Donnell. (ENG., Illus.). (J). 2018. 138p. 26.76 *(978-0-364-11373-8(1))*; 2017. pap. 9.57 *(978-0-259-85993-2(1))* Forgotten Bks.

Companion Book for Rides & Slides: The Alice & Jerry Books (Classic Reprint) Mabel C. O'Donnell. (ENG., Illus.). (J). 2018. 72p. 25.38 *(978-0-365-24271-0(3))*; 2017. pap. 9.57 *(978-0-282-60613-8(0))* Forgotten Bks.

Companion Book for Through the Green Gate (Classic Reprint) Mabel O'Donnell. (ENG., Illus.). (J). 2018. 74p. 25.44 *(978-0-365-06086-4(0))*; 2017. pap. 9.57 *(978-0-259-85864-5(1))* Forgotten Bks.

Companion Cup. Joshua Beal. 2018. (ENG., Illus.). 34p. (J). pap. 16.95 *(978-1-387-66767-3(X))* Lulu Pr., Inc.

Companion for Caraboo: A Narrative of the Conduct & Adventures of Henry Frederic Moon, Alias Henry Frederic More Smith, Alias William Newman (Classic Reprint) Walter Bates. 2019. (ENG., Illus.). 112p. (J). 26.21 *(978-0-365-24318-2(3))* Forgotten Bks.

Companion Reader to Arden's Progressive Tamil Grammar, Vol. 1: Consisting of Part I. Companion Exercises to the Grammar, Illustrating the Successive Rules; Part II. Easy Stories, Being Book I of Pope's Tamil Prose Reading Book, with Notes, Translation. A. h. Arden. (ENG., Illus.). (J). 2017. 26.68 *(978-0-331-77270-8(1))*; 2016. pap. 9.57 *(978-1-333-48118-6(7))* Forgotten Bks.

Companion Telugu Reader to Arden's Progressive Telugu Grammar (Classic Reprint) Albert Henry Arden. (ENG., Illus.). (J). 2018. 144p. 26.89 *(978-0-267-56658-7(1))*; 2016. pap. 9.57 *(978-1-334-17201-4(3))* Forgotten Bks.

Companion to Johnson's Dictionary, Bengali & English: Peculiarly Calculated for the Use of European & Native Students (Classic Reprint) John Mendies. 2017. (ENG., Illus.). (J). 32.52 *(978-0-331-80138-5(8))* Forgotten Bks.

Companion to Story Mankind. Heron Books. 2022. (ENG.). 114p. (YA). pap. ***(978-0-89739-211-2(6)***, Heron Bks.) Quercus.

Companions: Feathered Furred & Scaled (Classic Reprint) C. h. Donald. 2017. (ENG., Illus.). (J). 28.48 *(978-0-331-63902-5(5))* Forgotten Bks.

Companions - The Gorgon's Gaze. Julia Golding. 2018. (ENG., Illus.). 336p. (J). pap. *(978-0-19-276665-6(1))* Oxford Univ. Pr., Inc.

Company Doctor: An American Story (Classic Reprint) Henry Edward Rood. 2017. (ENG., Illus.). (J). pap. 11.97 *(978-0-259-20041-3(7))* Forgotten Bks.

Company for George: An Original Farcical Comedy in Three Acts (Classic Reprint) R. S. Warren Bell. 2018. (ENG., Illus.). 82p. (J). 25.59 *(978-0-483-82586-4(7))* Forgotten Bks.

Company of the Flaming Sword: Buried Treasure. Seamus. 2016. (ENG., Illus.). 152p. (J). (gr. -1-12). pap. 11.95 *(978-1-78535-275-1(X)*, Our Street Bks.) Hunt, John Publishing Ltd. GBR. Dist: National Bk. Network.

Company Owns the Tools (Classic Reprint) Henry Vicar. 2018. (ENG., Illus.). 252p. (J). 29.09 *(978-0-332-85047-4(1))* Forgotten Bks.

Company's Servant: A Romance of Southern India (Classic Reprint) B. M. Croker. 2018. (ENG., Illus.). 350p. (J). 31.14 *(978-0-483-76286-2(5))* Forgotten Bks.

Comparative Studies in Nursery Rhymes (Classic Reprint) Lina Eckenstein. 2018. (ENG., Illus.). 246p. (J). 28.99 *(978-0-365-27795-8(9))* Forgotten Bks.

Comparative Study of Temperature Fluctuations in Different Parts of the Human Body (Classic Reprint) Francis Gano Benedict. 2017. (ENG., Illus.). (J). pap. 13.97 *(978-1-5277-7162-8(8))* Forgotten Bks.

Comparative Study of the Aesopic Fable in Nicole Bozon: A Dissertation Submitted to the Board of University Studies of the Johns Hopkins University in Conformity with the Requirements for the Degree of Doctor of Philosophy (Classic Reprint) Philip Warner Harry. 2017. (ENG., Illus.). (J). 25.67 *(978-0-265-28326-4(4))* Forgotten Bks.

Comparative Trilby Glossary: French-English (Classic Reprint) James Schonberg. 2017. (ENG., Illus.). (J). 32p. 24.56 *(978-0-332-05947-1(2))*; pap. 7.97 *(978-0-259-95983-0(9))* Forgotten Bks.

Comparative View of the Spanish & Portuguese Languages, or an Easy Method of Learning the Portuguese Tongue: For Those Who Are Already Acquainted with the Spanish (Classic Reprint) Pietro Bachi. 2017. (POR., Illus.). (J). 26.43 *(978-0-331-66206-1(X))* Forgotten Bks.

Comparative Zoology: Structural & Systematic, for Use in Schools & Colleges (Classic Reprint) James Orton. 2017. (ENG., Illus.). 416p. (J). 32.50 *(978-0-484-46906-7(1))* Forgotten Bks.

Compare & Contrast: A Spot the Difference Activity Book. Jupiter Kids. 2016. (ENG., Illus.). 108p. (J). pap. 12.55 *(978-1-68326-080-6(5)*, Jupiter Kids (Childrens & Kids Fiction)) Speedy Publishing LLC.

Compare & Contrast Science the Scientific Method Grade 3 Children's Science Education Books. Baby Professor. 2021. (ENG.). 72p. (J). 27.99 *(978-1-5419-8094-5(8))*; pap. 16.99 *(978-1-5419-5887-6(X))* Speedy Publishing LLC. (Baby Professor (Education Kids)).

Comparing Animal Differences (Set), 12 vols. 2020. (Comparing Animal Differences Ser.). (ENG.). (J). (gr. k-3). lib. bdg. 393.48 *(978-1-5038-4528-2(1)*, 214288) Child's World, Inc, The.

Comparisons of Household Items - an Activity Book of Ordering, Sorting, Measuring & Classifying Children's Activity Books. Baby Professor. 2017. (ENG., Illus.). (J). pap. 8.79 *(978-1-5419-4062-8(8)*, Baby Professor (Education Kids)) Speedy Publishing LLC.

Comparrotives (a Grammar Zoo Book) Janik Coat. 2021. (Grammar Zoo Book Ser.). (ENG., Illus.). 36p. (J). (gr. -1 — 1). bds. 15.99 *(978-1-4197-4643-7(X)*, 1699810) Abrams, Inc.

Compartir con Los Demás (Sharing with Others), 1 vol. Kenneth Adams. 2021. (Ser Educado (Being Polite) Ser.). (SPA., Illus.). 24p. (gr. 1-1). lib. bdg. 25.27 *(978-1-7253-1243-2(3)*, 23488477-4651-401d-b186-3d6c0385cdda, PowerKids Pr.) Rosen Publishing Group, Inc., The.

Compas 1. Los Compas y el Diamantito Legendario (edición a Color) Mikecrack et al. 2023. (SPA.). 240p. (J). pap. 19.95 ***(978-607-07-9890-0(2))*** Editorial Planeta, S. A. ESP. Dist: Two Rivers Distribution.

Compas 2. Los Compas Escapan de la Prisión (edición a Color) Mikecrack & El El Trollino. 2023. (SPA.). 224p. (J). pap. 19.95 ***(978-607-07-9892-4(9))*** Editorial Planeta, S. A. ESP. Dist: Two Rivers Distribution.

Compas 3. Los Compas y la Cámara Del Tiempo (edición a Color) Mikecrack & El El Trollino. 2023. (SPA.). 224p. (J). pap. 19.95 ***(978-607-07-9891-7(0))*** Editorial Planeta, S. A. ESP. Dist: Two Rivers Distribution.

Compas 7. Los Compas vs. Hackers. Mikecrack Mikecrack et al. 2022. (SPA.). 224p. (J). pap. 14.95 *(978-607-07-8824-6(9))* Editorial Planeta, S. A. ESP. Dist: Two Rivers Distribution.

Compas 8. Los Compas y la Aventura en Miniatura / Compas 8. the Compas & the Miniature Adventure. Mikecrack Mikecrack et al. 2023. (Los Compas Ser.: 8). (SPA.). 224p. (J). pap. 15.95 ***(978-607-07-9443-8(5))*** Editorial Planeta, S. A. ESP. Dist: Two Rivers Distribution.

Compas 9. Los Compas y el Despertar de la Momia. Mikecrack & El El Trollino. 2023. (SPA.). 224p. (J). pap. 15.95 ***(978-607-07-9998-3(4))*** Editorial Planeta, S. A. ESP. Dist: Two Rivers Distribution.

Compasión: Acompañar en el Sufrimiento. Ramon Orlando Mendez Suarez. 2023. (SPA.). 186p. (J). pap. 23.56 ***(978-1-312-48594-5(9))*** Lulu Pr., Inc.

Compass Collections II. Ed. by Paula Semple. 2021. (ENG.). 244p. (YA). pap. *(978-1-716-20058-8(X))* Lulu Pr., Inc.

Compass Collections III. Paula Semple. 2021. (ENG.). 254p. (J). pap. 13.99 *(978-1-6671-4373-6(5))* Lulu Pr., Inc.

Compass Collections IV. Paula Riobo. 2022. (ENG.). 198p. (J). pap. 12.99 *(978-1-716-01683-7(5))* Lulu Pr., Inc.

Compass North. Dawn Diamond. 2016. (ENG.). 60p. (J). pap. *(978-1-326-81802-9(3))* Lulu Pr., Inc.

Compass Points the Way: Finding a Way to Navigate Life with POTS. Alexis Kline. 2022. (ENG.). 178p. (J). pap. 14.95 ***(978-1-387-56590-0(7))*** Lulu Pr., Inc.

Compass Rose & Direction. Kerri Mazzarella. 2022. (Learning Map Skills Ser.). (ENG.). 24p. (J). (gr. -1-1). pap. *(978-1-0396-6170-7(X)*, 20315); lib. bdg. *(978-1-0396-5975-9(6)*, 20314) Crabtree Publishing Co. (Crabtree Roots).

Compass South. Hope Larson. ed. 2017. (Four Points Ser.: 1). (J). lib. bdg. 24.50 *(978-0-606-39953-1(4))* Turtleback.

Compass to Vinland. Dani Resh. 2021. (ENG.). 260p. (J). pap. 16.95 *(978-1-954614-51-2(9))* Warren Publishing, Inc.

Compasses & Cardinal Directions. Ellis M. Reed. 2019. (All about Maps Ser.). (ENG.). 24p. (J). (gr. 1-4). lib. bdg. 32.79 *(978-1-5038-2784-4(4)*, 212586) Child's World, Inc, The.

Compassion. Katie Marsico. Illus. by Jeff Bane. 2019. (My Early Library: My Mindful Day Ser.). (ENG.). 24p. (J). (gr. k-1). pap. 12.79 *(978-1-5341-5000-3(5)*, 213307); lib. bdg. 30.64 *(978-1-5341-4714-0(4)*, 213306) Cherry Lake Publishing.

Compassion for Lou. Dwight D. Van Vorst. 2017. (ENG., Illus.). (J). 25.95 *(978-1-4808-3950-2(7))*; pap. 16.95 *(978-1-4808-3952-6(3))* Archway Publishing.

Compassionate Fish. David Paulus. Illus. by Linda Wuest. 2021. (ENG.). 34p. (J). 21.99 *(978-1-946425-95-9(8)*, Barnsley Ink) Write Way Publishing Co. LLC.

Compassionate Ninja: A Children's Book about Developing Empathy & Self Compassion. Mary Nhin & Grow Grit Press. Illus. by Jelena Stupar. 2020. (ENG.). 34p. (J). 18.99 *(978-1-951056-69-8(8))* Grow Grit Pr.

Compelling Webbing Truth of Lies. Patricia Dye. 2018. (ENG., Illus.). 266p. (YA). 37.95 *(978-1-64350-722-4(2))*; pap. 27.95 *(978-1-64350-720-0(6))* Page Publishing Inc.

Compend of Anatomy: For Use in the Dissecting Room, & in Preparing for Examinations (Classic Reprint) John Bingham Roberts. 2017. (ENG., Illus.). (J). pap. 10.57 *(978-1-5282-2054-5(4))* Forgotten Bks.

Compend of Dental Pathology & Therapetics (Classic Reprint) Henry H. Burchard. 2017. (ENG., Illus.). (J). 29.80 *(978-0-260-39355-5(X))* Forgotten Bks.

Compend of Human Physiology. Albert Philson Brubaker. 2017. (ENG.). 178p. (J). pap. *(978-3-337-36565-3(5))* Creation Pubs.

Compend of Human Physiology: Especially Adapted for the Use of Medical Students (Classic Reprint) Albert Philson Brubaker. 2018. (ENG., Illus.). (J). 192p. 27.86 *(978-1-396-72685-9(3))*; 194p. pap. 10.57 *(978-1-396-05424-2(3))* Forgotten Bks.

Compend of Visceral Anatomy: Especially Adapted to the Use of Medical Students (Classic Reprint) Samuel Otway Lewis Potter. 2017. (ENG., Illus.). 130p. (J). pap. 9.57 *(978-1-5281-1405-9(1))* Forgotten Bks.

Compendium of Astronomy: Adapted to the Use of Schools & Academies (Classic Reprint) Denison Olmsted. 2017. (ENG., Illus.). (J). pap. 10.57 *(978-0-282-40625-7(5))* Forgotten Bks.

Compendium of Astronomy: Containing the Elements of the Science, Familiarly Explained & Illustrated; Adapted to the Use of High Schools & Academies, & of the General Reader; a New & Greatly Improved Edition, Containing the Latest Discoveries. Denison Olmsted. 2017. (ENG., Illus.). 456p. (J). 33.30 *(978-0-484-03371-8(9))* Forgotten Bks.

Compendium of Astronomy: Containing the Elements of the Science, Familiarly Explained & Illustrated; Adapted to the Use of High Schools & Academies, & of the General Reader (Classic Reprint) Denison Olmsted. 2018. (ENG., Illus.). (J). 304p. 30.17 *(978-1-396-81326-9(8))*; 306p. pap. 13.57 *(978-1-396-81295-8(4))* Forgotten Bks.

Compendium of Astronomy: Containing the Elements of the Science, Familiarly Explained & Illustrated, Adapted to the Use of Schools & Academies, & of the General Reader (Classic Reprint) Denison Olmsted. (ENG., Illus.). (J). 2018. 300p. 30.08 *(978-0-656-31454-6(0))*; 2017. pap. 13.57 *(978-0-259-99461-9(8))* Forgotten Bks.

Compendium of Practical & Experimental Farriery (Classic Reprint) William Taplin. 2018. (ENG., Illus.). 298p. (J). 30.04 *(978-0-365-28016-3(X))* Forgotten Bks.

Compendium of Practical & Experimental Farriery, Originally Suggested by Reason & Confirmed by Practice: Equally Adapted for the Convenience of the Gentleman, the Farmer, the Groom, & the Smith (Classic Reprint) William Taplin. 2018. (ENG., Illus.). (J). 314p. 30.39 *(978-1-396-05259-0(3))*; 316p. pap. 13.57 *(978-1-390-99906-8(8))* Forgotten Bks.

Compendium of Practical & Experimental Farriery, Originally Suggested by Reason & Confirmed by Practice, Equally Adapted for the Convenience of the Gentleman, the Farmer, the Groom, & the Smith: Interspersed with Such Remarks, & Elucidated With. William Taplin. 2018. (ENG., Illus.). (J). 202p. 28.06 *(978-1-396-37761-7(1))*; 204p. pap. 10.57 *(978-1-390-98618-1(7))* Forgotten Bks.

Compendium of the Course of Chemical Instruction in the Medical Department of the University of Pennsylvania (Classic Reprint) Robert Hare. 2017. (ENG., Illus.). (J). pap. 16.97 *(978-1-5276-2903-5(1))* Forgotten Bks.

Compendium of the Course of Chemical Instruction in the Medical Department of the University of Pennsylvania, Vol. 1 Of 2: Comprising the Chemistry of Heat & Light, & That of Inorganic Substances, Usually Called Inorganic Chemistry. Robert Hare. 2016. (ENG., Illus.). (J). pap. 20.57 *(978-1-333-37399-3(6))* Forgotten Bks.

Compendium of the Veterinary Art: Containing Plain & Concise Observations of the Construction & Management of the Stable; a Brief & Popular Outline of the Structure & Economy of the Horse (Classic Reprint) James White. 2016. (ENG., Illus.). (J). pap. 19.57 *(978-1-334-21068-6(3))* Forgotten Bks.

Compensation or Always a Future (Classic Reprint) Anne M. H. Brewster. 2018. (ENG., Illus.). 324p. (J). 30.58 *(978-0-656-52489-1(8))* Forgotten Bks.

Compensatory Regulation: A Dissertation Submitted to the Faculty of the Ogden Graduate School of Science in Candidacy for the Degree of Doctor of Philosophy, Department of Zoology (Classic Reprint) Charles Zeleny. 2017. (ENG., Illus.). (J). pap. 9.57 *(978-0-282-66612-5(5))* Forgotten Bks.

Compensatory Regulation: A Dissertation Submitted to the Faculty of the Ogden Graduate School of Science in Candidacy for the Degree of Doctor of Philosophy, Department of Zoölogy (Classic Reprint) Charles Zeleny. 2018. (ENG., Illus.). 110p. (J). 26.17 *(978-0-331-97894-0(6))* Forgotten Bks.

Competition. Maddie Ziegler. (Maddie Ziegler Ser.: 3). (ENG.). 240p. (J). (gr. 4-8). 2020. pap. 7.99 *(978-1-4814-8643-9(8))*; 2019. 17.99 *(978-1-4814-8642-2(X))* Simon & Schuster Children's Publishing. (Aladdin).

Competition Robots. Lisa Idzikowski. 2023. (Searchlight Books (tm) — Exploring Robotics Ser.). (ENG., Illus.). 32p. (J). (gr. 3-5). pap. 9.99 Lerner Publishing Group.

Competition Saine. Elena Nenerica. 2016. (FRE., Illus.). 32p. (J). pap. *(978-1-326-74797-8(5))* Lulu Pr., Inc.

Competitive Dance. Julie Murray. 2022. (Artistic Sports Ser.). (ENG., Illus.). 24p. (J). (gr. -1-2). lib. bdg. 32.79 *(978-1-0982-6421-5(5))*, 40941, Abdo Kids) ABDO Publishing Co.

Competitive Nephew (Classic Reprint) Montague Glass. 2018. (ENG., Illus.). 372p. (J). 31.59 *(978-0-483-36376-2(6))* Forgotten Bks.

Compilation Activity Book for Kids: Logic Puzzles Including Mazes, Word Search, Find the Difference, I Spy, & Many More. Robert J Shields. 2023. (ENG.). 94p. (J). pap. ***(978-1-80547-263-6(1))*** Rupert, Hart-Davis Ltd.

Compilation of Poems. Amanda Casey et al. 2020. (ENG.). 37p. (YA). pap. *(978-1-716-81322-1(0))* Lulu Pr., Inc.

Compilation of the Messages & Papers of the Presidents: Abraham Lincoln; Volume 6; PT. 1. James D. Richardson. 2017. (ENG., Illus.). (J). 29.95 *(978-1-374-94307-0(X))*; pap. 20.95 *(978-1-374-94306-3(1))* Capital Communications, Inc.

Compilation of the Messages & Papers of the Presidents: James Knox Polk; Volume 4; PT. 3. James D. Richardson. 2017. (ENG., Illus.). (J). 29.95 *(978-1-374-94309-4(6))*; pap. 20.95 *(978-1-374-94308-7(8))* Capital Communications, Inc.

Complaining. Joy Berry. 2018. (Help Me Be Good Ser.). (ENG.). 34p. (J). pap. 8.99 *(978-0-7396-0318-5(3))* Inspired Studios Inc.

Compleat Bachelor (Classic Reprint) Oliver Onions. 2017. (ENG., Illus.). (J). 28.21 *(978-0-266-75723-8(5))* Forgotten Bks.

Compleat Oxford Man (Classic Reprint) A. Hamilton Gibbs. 2018. (ENG., Illus.). 284p. (J). 29.75 *(978-0-483-63386-5(0))* Forgotten Bks.

Complements de Geometrie: A l'Usage des Eleves des Classes de Mathematiques a et B (Programme du 27 Juillet 1905) (Classic Reprint) Auguste Grevy. 2017. (FRE., Illus.). (J). pap. 10.97 *(978-0-282-57349-2(6))* Forgotten Bks.

Completa Raccolta Di Opuscoli, Osservazioni, e Notizie Diverse Contenute Nei Giornali Astro-Meteorologici Dall' Anno 1773 Sino All'anno 1798, Vol. 2 (Classic Reprint) Giuseppe Toaldo. 2018. (ITA., Illus.). (J). 268p. 29.42 *(978-1-391-64068-6(3))*; 270p. pap. 11.97 *(978-1-390-83884-8(6))* Forgotten Bks.

Completa Raccolta Di Opuscoli, Osservazioni, e Notizie Diverse Contenute Nei Giornali Astro-Meteorologici Dall'anno 1773 Sino All'anno 1798, Vol. 1 (Classic Reprint) Giuseppe Toaldo. 2018. (ITA., Illus.). (J). 286p. 29.80 *(978-1-391-81415-5(0))*; 288p. pap. 13.57 *(978-1-390-72401-1(8))* Forgotten Bks.

Completa Raccolta Di Opuscoli, Osservazioni, e Notizie Diverse Contenute Nei Giornali Astro-Meteorologici Dall'anno 1773, Sino All'anno 1798, Vol. 3 (Classic Reprint) Giuseppe Toaldo. 2018. (ITA., Illus.). (J). 308p. 30.25 *(978-1-391-28100-1(4))*; 310p. pap. 13.57 *(978-1-390-77283-8(7))* Forgotten Bks.

Completa Raccolta Di Opuscoli, Osservazioni, e Notizie Diverse, Vol. 4: Contenute Nei Giornali Astro-Meteorologici Dall'anno 1773. Sino All'anno 1798 (Classic Reprint) Giuseppe Toaldo. 2018. (ITA., Illus.). 296p. (J). 30.02 *(978-0-364-43842-8(8))* Forgotten Bks.

Complete 8-Book Ramona Collection: Beezus & Ramona, Ramona & Her Father, Ramona & Her Mother, Ramona Quimby, Age 8, Ramona Forever, Ramona the Brave, Ramona the Pest, Ramona's World. Beverly Cleary. Illus. by Jacqueline Rogers. 2020. (Ramona Ser.). (ENG.). 1728p. (J). (gr. 3-7). pap. 63.92 *(978-0-06-196090-1(X),* HarperCollins) HarperCollins Pubs.

Complete a Pattern - Size, Shapes, Colors & Everything in Between - Math Book Kindergarten Children's Early Learning Books. Baby Professor. 2018. (ENG., Illus.). 64p. (J). pap. 12.99 *(978-1-5419-2703-2(6),* Baby Professor (Education Kids)) Speedy Publishing LLC.

Complete Ada Lace Adventures (Boxed Set) Ada Lace, on the Case; Ada Lace Sees Red; Ada Lace, Take Me to Your Leader; Ada Lace & the Impossible Mission; Ada Lace & the Suspicious Artist. Emily Calandrelli. Illus. by Renée Kurilla. ed. 2021. (Ada Lace Adventure Ser.). (ENG.). 592p. (J). (gr. 1-5). pap. 34.99 *(978-1-5344-7345-4(9),* Simon & Schuster Bks. For Young Readers) Simon & Schuster Bks. For Young Readers.

Complete Adventures of Curious George: 7 Classic Books in 1 Giftable Hardcover. H. A. Rey & Margret Rey. 75th ed. 2016. (Curious George Ser.). (ENG., Illus.). 432p. (J). (gr. -1-3). 34.99 *(978-0-544-64448-9(4),* 1621548, Clarion Bks.) HarperCollins Pubs.

Complete Algebra: Designed for Use in Schools, Academies, & Colleges (Classic Reprint) Joseph Ficklin. 2017. (ENG., Illus.). (J). 32.99 *(978-1-5284-5184-0(8))* Forgotten Bks.

Complete Baking Book for Young Chefs: 100+ Sweet & Savory Recipes That You'll Love to Bake, Share & Eat! America's Test Kitchen Kids. 2019. (Illus.). 224p. (J). (gr. 4-8). 19.99 *(978-1-4926-7769-7(8))* Sourcebooks, Inc.

Complete Baking Cookbook for Young Chefs: 100+ Cake, Cookies, Frosting, Miscellaneous, & More Baking Recipes for Girls & Boys. Caroline Jansen. 2020. (ENG.). 88p. (J). 23.99 *(978-1-953732-21-7(6))* Jason, Michael.

Complete Baking Cookbook for Young Chefs: 115 Amazing & Delicious Recipes for Young Bakers to Learn the Baking Basics. April Mays. 2020. (ENG.). 94p. (J). 21.99 *(978-1-80121-976-1(1))* Jason, Michael.

Complete Book of Handwriting Workbook Grades K-3 - Ages 5-9. Bobo's Little Brainiac Books. 2016. (ENG., Illus.). (J). pap. 7.99 *(978-1-68327-828-3(3))* Sunshine In My Soul Publishing.

Complete Book of Numbers & Counting Workbook Prek-Grade 1 - Ages 4 To 7. Professor Gusto. 2016. (ENG., Illus.). (J). pap. 10.81 *(978-1-68321-080-1(8))* Mimaxion.

Complete Book of Prek Workbook Prek - Ages 4 To 5. Prodigy. 2016. (ENG., Illus.). (J). pap. 9.25 *(978-1-68323-169-1(4))* Twin Flame Productions.

Complete Book of the Alphabet Workbook Prek-Grade 1 - Ages 4 To 7. Professor Gusto. 2016. (ENG., Illus.). (J). pap. 10.81 *(978-1-68321-570-7(2))* Mimaxion.

Complete Book of the Great Musicians (Yesterday's Classics) Percy A. Scholes. 2021. (ENG.). 524p. (YA). pap. 23.95 *(978-1-63334-141-8(0))* Yesterday's Classics.

Complete Bulgarian-English Dictionary: Including a Lexicon of Geographical, Historical, Proper, etc. Names, a List of the English Irregular Verbs, Weights & Measures, etc (Classic Reprint) Constantine Stephanove. 2017. (ENG., Illus.). (J). 42.85 *(978-0-331-44184-0(5))*; pap. 25.19 *(978-0-259-48204-8(8))* Forgotten Bks.

Complete Chicken Squad Misadventures: The Chicken Squad; the Case of the Weird Blue Chicken; into the Wild; Dark Shadows; Gimme Shelter; Bear Country. Doreen Cronin. Illus. by Kevin Cornell & Stephen Gilpin. ed. 2019. (Chicken Squad Ser.). (ENG.). 704p. (J). (gr. 2-5). 77.99 *(978-1-5344-6391-2(7),* Atheneum/Caitlyn Dlouhy Books) Simon & Schuster Children's Publishing.

Complete Children of Exile Series: Children of Exile; Children of Refuge; Children of Jubilee. Margaret Peterson Haddix. ed. 2019. (Children of Exile Ser.). (ENG.). 928p. (J). (gr. 5). pap. 23.99 *(978-1-5344-5432-3(2),* Simon & Schuster Bks. For Young Readers) Simon & Schuster Bks. For Young Readers.

Complete Choctaw Definer. Ben Watkins. 2017. (ENG., Illus.). 100p. (J). pap. *(978-3-337-40116-0(3))* Creation Pubs.

Complete Choctaw Definer: English with Choctaw Definition (Classic Reprint) Ben Watkins. (ENG., Illus.). (J). 2018. 100p. 25.96 *(978-0-332-96662-5(3))*; 2017. pap. 9.57 *(978-0-282-53712-8(0))* Forgotten Bks.

Complete Chronicles of Avonlea. L. M. Montgomery. 2018. (ENG., Illus.). 350p. (J). 24.99 *(978-1-5154-3194-7(0))* Wilder Pubns., Corp.

Complete Collection of Activities for Kids Coloring Book Edition. Bobo's Children Activity Books. 2016. (ENG., Illus.). (J). pap. 7.99 *(978-1-68327-909-9(3))* Sunshine In My Soul Publishing.

Complete Collection of English Proverbs: Also, the Most Celebrated Proverbs of the Scotch, Italian, French, Spanish, & Other Languages (Classic Reprint) John Ray. 2017. (ENG., Illus.). (J). 30.43 *(978-0-265-88723-3(2))* Forgotten Bks.

Complete Collection of Mother Goose Nursery Rhymes the Collectible Leather Edition. Mother Goose. 2023. (ENG., Illus.). 128p. (J). 29.95 *(978-1-64643-397-1(1),* Applesauce Pr.) Cider Mill Pr. Bk. Pubs., LLC.

Complete Collection of Scottish Proverbs: Explained & Made Intelligible to the English Reader (Classic Reprint) James Kelly. (ENG., Illus.). (J). 2018. 280p. 29.67 *(978-0-365-34453-7(2))*; 2017. pap. 13.57 *(978-0-259-50750-5(4))* Forgotten Bks.

Complete Collection of Scottish Proverbs Explained & Made Intelligible to the English Reader (Classic Reprint) James Kelly. 2017. (ENG., Illus.). (J). 29.65 *(978-0-331-38842-8(1))*; pap. 13.57 *(978-0-259-85757-0(2))* Forgotten Bks.

Complete Cookbook for Teen Chefs: 70+ Teen-Tested & Teen-Approved Recipes to Cook, Eat & Share. America's Test America's Test Kitchen Kids. 2022. (Illus.). 208p. (J). (gr. 8-12). 21.99 *(978-1-948703-95-6(5),* America's Test Ktichen Kids) America's Test Kitchen.

Complete Cookbook for Young Chefs: 100+ Easy, Step-By-Step & Delicious Recipes for Girls & Boys. Jolene Torres. 2020. (ENG.). 106p. (J). 26.99 ***(978-1-953732-23-1(2))*** Jason, Michael.

Complete Cookbook for Young Chefs: 100+ Recipes That You'll Love to Cook & Eat. America's Test Kitchen Kids. 2018. (Illus.). 208p. (J). (gr. 4-8). 19.99 *(978-1-4926-7002-5(2))* Sourcebooks, Inc.

Complete Cookbook for Young Scientists: Good Science Makes Great Food: 70+ Recipes, Experiments, & Activities. America's Test America's Test Kitchen Kids. 2021. (Young Chefs Ser.). (Illus.). 240p. (J). (gr. 3-7). 21.99 *(978-1-948703-66-6(1),* America's Test Kitchen Kids) America's Test Kitchen.

Complete Correspondence & Works of Charles Lamb, Vol. 2: With an Essay on His Life & Genius by Thomas Purnell, Aided by the Recollections of the Author's Adopted Daughter (Classic Reprint) Charles Lamb. (ENG., Illus.). (J). 2018. 546p. 35.18 *(978-0-483-05536-0(0))*; 2016. pap. 10.57 *(978-1-334-32094-1(2))* Forgotten Bks.

Complete Correspondence & Works of Charles Lamb, Vol. 4: With an Essay on His Life & Genius by Thomas Purnell, Aided by the Recollection of the Author's Adopted Daughter (Classic Reprint) Charles Lamb. 2017. (ENG., Illus.). (J). 42.07 *(978-1-5285-7376-4(5))* Forgotten Bks.

Complete Course in Reading (Classic Reprint) Marshman William Hazen. 2018. (ENG., Illus.). 426p. (J). 32.68 *(978-0-483-55257-9(7))* Forgotten Bks.

Complete Crystal Series. Nia Markos. 2019. (ENG.). 772p. (J). pap. *(978-1-989191-02-6(9))* Ho, Frank.

Complete Curriculum: Grade 1. Ed. by Flash Kids Editors. 2021. (Flash Kids Harcourt Family Learning Ser.). (ENG.). 800p. (J). (gr. 1-2). pap. 22.99 *(978-1-4114-8046-9(5),* Spark Publishing Group) Sterling Publishing Co., Inc.

Complete Curriculum: Grade 2. 2021. (Flash Kids Harcourt Family Learning Ser.). 800p. (J). (gr. 2-3). pap. 19.95 *(978-1-4114-8047-6(3),* Spark Publishing Group) Sterling Publishing Co., Inc.

Complete Curriculum: Grade 3. 2021. (Flash Kids Harcourt Family Learning Ser.). 800p. (J). (gr. 3-4). pap. 19.95 *(978-1-4114-8048-3(1),* Spark Publishing Group) Sterling Publishing Co., Inc.

Complete Curriculum: Grade 4. 2021. (Flash Kids Harcourt Family Learning Ser.). 800p. (J). (gr. 4-5). pap. 19.95 *(978-1-4114-8049-0(X),* Spark Publishing Group) Sterling Publishing Co., Inc.

Complete Curriculum: Grade 5. 2021. (Flash Kids Harcourt Family Learning Ser.). 800p. (J). (gr. 5-6). pap. 19.95 *(978-1-4114-8050-6(3),* Spark Publishing Group) Sterling Publishing Co., Inc.

Complete Curriculum: Grade 6. 2021. (Flash Kids Harcourt Family Learning Ser.). 800p. (J). (gr. 6-7). pap. 19.95 *(978-1-4114-8051-3(1),* Spark Publishing Group) Sterling Publishing Co., Inc.

Complete Darkest Powers Tales. Kelley Armstrong. 2017. (Darkest Powers Ser.: Vol. 35). (ENG.). 408p. (YA). (gr. 7-12). pap. *(978-1-7751504-2-8(9))* KLA Fricke Inc.

Complete DC Comic's Phantom Volume 1. Lee Falk & Peter David. 2021. (ENG., Illus.). 224p. (YA). 50.00 *(978-1-61345-247-9(0))* Hermes Pr.

Complete DC Comic's Phantom Volume 2. Mark Verheiden. 2022. (ENG., Illus.). 224p. (YA). 50.00 *(978-1-61345-259-2(4))* Hermes Pr.

Complete Dictionary of the English Language, Both with Regard to Sound & Meaning, Vol. 1 Of 2: One Main Object of Which Is, to Establish a Plain & Permanent Standard of Pronunciation; to Which Is Prefixed a Prosodial Grammar (Classic Reprint) Thomas Sheridan. (ENG., Illus.). (J). 2017. 37.18 *(978-0-260-75533-9(8))*; 2016. pap. 19.57 *(978-1-334-13167-7(8))* Forgotten Bks.

Complete Dictionary of the English Language, Both with Regard to Sound & Meaning, Vol. 2 Of 2: One Main Object of Which Is, to Establish a Plain & Permanent Standard of Pronunciation; to Which Is Prefixed a Prosodial Grammar (Classic Reprint) Thomas Sheridan. (ENG., Illus.). (J). 2018. 514p. 34.52 *(978-0-365-33161-2(9))*; 2018. 592p. 36.11 *(978-0-267-32146-9(5))*; 2017. pap. 16.97 *(978-0-259-58598-5(X))*; 2016. pap. 19.57 *(978-1-333-49461-2(0))* Forgotten Bks.

Complete DIY Cookbook for Young Chefs: 100+ Simple Recipes for Making Absolutely Everything from Scratch. Ed. by America's Test America's Test Kitchen Kids. 2020. (Young Chefs Ser.). (Illus.). 208p. (J). (gr. 3-7). 19.99 *(978-1-948703-24-6(6),* America's Test Kitchen Kids) America's Test Kitchen.

Complete Eightball 1-18. Daniel Clowes. 2022. (ENG., Illus.). 528p. pap. 59.99 *(978-1-68396-550-3(7),* 683550) Fantagraphics Bks.

Complete English for Cambridge Lower Secondary Student Book 7: For Cambridge Checkpoint & Beyond. Tony Parkinson et al. 2016. (CIE Checkpoint Ser.). (ENG., Illus.). 160p. pap. 31.99 *(978-0-19-836465-8(2))* Oxford Univ. Pr., Inc.

Complete English for Cambridge Lower Secondary Student Book 8: For Cambridge Checkpoint & Beyond, Bk. 8. Tony Parkinson & Alan Jenkins. 2016. (CIE Checkpoint Ser.). (ENG., Illus.). 160p. pap. 31.99 *(978-0-19-836466-5(0))* Oxford Univ. Pr., Inc.

Complete English for Cambridge Lower Secondary Student Workbook 8: For Cambridge Checkpoint & Beyond. Tony Parkinson & Alan Jenkins. 2016. (CIE Checkpoint Ser.). (ENG., Illus.). 88p. pap., wbk. ed. 14.99 *(978-0-19-836469-6(5))* Oxford Univ. Pr., Inc.

Complete English for Cambridge Secondary 1 Student Workbook 9: For Cambridge Checkpoint & Beyond. Tony Parkinson & Alan Jenkins. 2016. (CIE IGCSE Complete Ser.). (ENG., Illus.). 88p. pap., wbk. ed. 14.99 *(978-0-19-836470-2(9))* Oxford Univ. Pr., Inc.

Complete Fairy Tales of Hans Christian Andersen: 127 Stories in One Volume: Including the Little Mermaid, the Snow Queen, the Ugly Duckling, the Nightingale, the Emperor's New Clothes... Hans Christian. Andersen. 2018. (ENG.). 652p. (J). pap. *(978-80-268-9126-0(0))* E-Artnow.

Complete Farrier & British Sportsman: Containing a Systematic Enquiry into the Structure & Animal Economy of the Horse, the Causes, Symptoms, & Most Approved Methods of Prevention & Cure for All the Various Disease to Which He Is Liable. Richard Lawrence. (ENG., Illus.). (J). 2018. 574p. 35.78 *(978-0-428-96270-8(X))*; 2016. pap. 19.57 *(978-1-333-84869-9(2))* Forgotten Bks.

Complete Follow Your Dreams Collection: Storybook Treasury with 11 Tales. IglooBooks. Illus. by Daniela Dogliani. 2021. (ENG.). 96p. (J). (-k). 14.99 *(978-1-80022-799-6(X))* Igloo Bks. GBR. Dist: Simon & Schuster, Inc.

Complete Food Allergies Journal: Your Complete Allergy Tracker. @ Journals and Notebooks. 2016. (ENG., Illus.). 106p. (YA). pap. 12.25 *(978-1-68326-525-2(4))* Speedy Publishing LLC.

Complete FrenchSmart 8: Canadian Curriculum French Workbook for Grade 8. Popular Book Company(Canada) Ltd. 2022. (Popular Complete Smart Ser.). (ENG.). 224p. (J). (gr. 8-8). pap. 13.95 ***(978-1-77149-415-1(8))*** Popular Bk. Co. (USA) Ltd.

Complete Furnigore Parables. Sid Weiskirch. 2023. (ENG.). 646p. (J). 198.00 ***(978-1-68537-050-3(0))*** Dorrance Publishing Co., Inc.

Complete Glossary to the Poetry & Prose of Robert Burns. John Cuthbertson. 2017. (ENG.). 474p. (J). pap. *(978-3-7446-8600-6(0))* Creation Pubs.

Complete Glossary to the Poetry & Prose of Robert Burns: With Upwards of Three Thousand Illustrations from English Authors (Classic Reprint) John Cuthbertson. 2018. (ENG., Illus.). 476p. (J). 33.73 *(978-0-267-09786-9(7))* Forgotten Bks.

Complete Glossary to the Poetry & Prose of Robert Burns. with Upwards of Three Thousand Illustrations from English Authors. John Cuthbertson. 2019. (ENG.). 472p. (J). pap. *(978-93-5392-680-9(7))* Alpha Editions.

Complete Graded Arithmetic: Seventh Grade, Pp. 549-684. George E. Atwood. 2017. (ENG., Illus.). (J). pap. *(978-0-649-47538-4(0))* Trieste Publishing Pty Ltd.

Complete Graded Arithmetic, Fought Grade, Pp. 133 - 262. George E. Atwood. 2017. (ENG., Illus.). (J). pap. *(978-0-649-52479-2(9))* Trieste Publishing Pty Ltd.

Complete Graded Arithmetic. Fourth Grade, Pp. 133-263. George E. Atwood. 2017. (ENG., Illus.). (J). pap. *(978-0-649-52029-9(7))* Trieste Publishing Pty Ltd.

Complete Graded Arithmetic, P. 403-548. George E. Atwood. 2017. (ENG., Illus.). (J). pap. *(978-0-649-52175-3(7))* Trieste Publishing Pty Ltd.

Complete Graded Arithmetic. Part First, for Fourth & Fifth Grades. George E. Atwood. 2017. (ENG., Illus.). (J). pap. *(978-0-649-55369-3(1))* Trieste Publishing Pty Ltd.

Complete Graded Arithmetic, Part First. for Fourth & Fifth Grades. George E. Atwood. 2017. (ENG., Illus.). (J). pap. *(978-0-649-55370-9(5))* Trieste Publishing Pty Ltd.

Complete Graded Arithmetic. Pp. 263-402. George E. Atwood. 2017. (ENG., Illus.). (J). pap. *(978-0-649-46838-6(4))* Trieste Publishing Pty Ltd.

Complete Grimm's Fairy Tales: Deluxe 4-Book Hardcover Boxed Set. Jacob Grimm. Illus. by Wilhelm Grimm. 2022. (ENG.). (J). 49.99 *(978-1-3988-1722-7(8),* 82b36bae-ed22-4ccb-9f38-00bbc5a9ed7d) Arcturus Publishing GBR. Dist: Baker & Taylor Publisher Services (BTPS).

Complete Grimm's Fairy Tales: With 23 Full-Page Illustrations by Arthur Rackham. Jacob Grimm & Wilhelm Grimm. Illus. by Arthur Rackham. 2019. (ENG.). 506p. (J). (gr. 3-6). pap. *(978-1-911405-95-5(0))* Aziloth Bks.

Complete Guide to Bugs & Insects. Melanie Bridges. 2016. (Illus.). 144p. (J). *(978-1-4351-6350-8(8))* Barnes & Noble, Inc.

Complete Guide to Cats & Dogs. Nicola Jane Swinney. 2016. (Illus.). 144p. (J). *(978-1-4351-6352-2(4))* Barnes & Noble, Inc.

Complete Guide to Deadly Predators. Camilla De la Bédoyère. 2016. (Illus.). 144p. (J). *(978-1-4351-6353-9(2))* Barnes & Noble, Inc.

Complete Guide to Extreme Weather. Louise Spilsbury & Anna Claybourne. 2016. (Illus.). 144p. (J). *(978-1-4351-6354-6(0))* Barnes & Noble, Inc.

Complete Guide to Fractions: Addition, Subtraction, Multiplication & Division Children's Fraction Books. Baby Professor. 2017. (ENG., Illus.). (J). pap. 9.55 *(978-1-5419-2582-3(3),* Baby Professor (Education Kids)) Speedy Publishing LLC.

Complete Guide to Horses. Nicola Jane Swinney. 2016. (Illus.). 144p. (J). *(978-1-4351-6355-3(9))* Barnes & Noble, Inc.

Complete Guide to Ju Jitsu, 1 vol. Giancarlo Bagnulo. 2017. (Mastering Martial Arts Ser.). (ENG.). 128p. (gr. 6-6). lib. bdg. 38.93 *(978-0-7660-8545-9(7),*

C

67a230bd-370e-40e3-9cf8-87af4a47f9ad) Enslow Publishing, LLC.

Complete Guide to Judo, 1 vol. Roberto Ghetti. 2017. (Mastering Martial Arts Ser.). (ENG.). 128p. (gr. 6-6). lib. bdg. 38.93 *(978-0-7660-8547-3(3)*, 8b0d6ae9-bf82-470c-8b47-b9b52c883030) Enslow Publishing, LLC.

Complete Guide to Karate, 1 vol. Stefano Di Marino & Roberto Ghetti. 2017. (Mastering Martial Arts Ser.). (ENG.). 128p. (gr. 6-6). lib. bdg. 38.93 *(978-0-7660-8539-8(2)*, e47c14dd-f5cb-4085-a398-f7aa3a98138e) Enslow Publishing, LLC.

Complete Guide to Kickboxing, 1 vol. Stefano Di Marino. 2017. (Mastering Martial Arts Ser.). (ENG.). 128p. (gr. 6-6). lib. bdg. 38.93 *(978-0-7660-8543-5(0)*, 72ee434f-8152-4e05-8ca1-0a820a447a2b) Enslow Publishing, LLC.

Complete Guide to Kung Fu, 1 vol. Antonello Casarella & Roberto Ghetti. 2017. (Mastering Martial Arts Ser.). (ENG.). 128p. (gr. 6-6). lib. bdg. 38.93 *(978-0-7660-8541-1(4)*, dee6a27c-d268-4147-b3d5-afdae502dfd7) Enslow Publishing, LLC.

Complete Guide to Ocean Life. Claudia Martin. 2016. (Illus.). 144p. (J). *(978-1-4351-6357-7(5))* Barnes & Noble, Inc.

Complete Guide to Tai Chi, 1 vol. Walter Lorini. 2017. (Mastering Martial Arts Ser.). (ENG.). 128p. (gr. 6-6). lib. bdg. 38.93 *(978-0-7660-8537-4(6)*, 3c861bfd-5c91-404a-9bea-9c21a7596112) Enslow Publishing, LLC.

Complete Guide to the 50 States. Nancy Dickmann. 2016. (Illus.). 144p. (J). *(978-1-4351-6358-4(3))* Barnes & Noble, Inc.

Complete Guide to the English Lakes (Classic Reprint) Harriet Martineau. 2017. (ENG., Illus.). (J). 30.37 *(978-1-5284-8072-7(4))* Forgotten Bks.

Complete Guide to the English Lakes (Third Edition) Harriet Martineau. 2019. (ENG.). 360p. (J). pap. *(978-93-5370-673-9(4))* Alpha Editions.

Complete Guide to the Revolutionary War. Julia Garstecki. 2016. (Illus.). 144p. (J). *(978-1-4351-6359-1(1))* Barnes & Noble, Inc.

Complete History of India. Roshen Dalal. 2023. (ENG.). 520p. (J). (gr. 5-12). pap. 26.99 ***(978-0-14-345446-5(3)***, Puffin) Penguin Bks. India PVT, Ltd IND. Dist: Independent Pubs. Group.

Complete History of the Great Flood at Sheffield on March 11& 12 1864: A True & Original Narrative, from Authentic Sources, Comprising Numerous Facts, Incidents, & Statistics Never Before Published (Classic Reprint) Samuel Harrison. 2017. (ENG., Illus.). (J). 28.10 *(978-0-265-19728-8(7))* Forgotten Bks.

Complete History of Why I Hate Her. Jennifer Richard Jacobson. 2020. (ENG.). 192p. (YA). (gr. 7). pap. 11.99 *(978-1-5344-8002-5(1)*, Atheneum Bks. for Young Readers) Simon & Schuster Children's Publishing.

Complete Holiday Program for First Grade (Classic Reprint) Nancy M. Burns. 2018. (ENG., Illus.). 272p. (J). 29.51 *(978-0-332-12125-3(9))* Forgotten Bks.

Complete Illustrated Children's Bible Atlas: Hundreds of Pictures, Maps, & Facts to Make the Bible Come Alive. Harvest House Publishers. 2017. (Complete Illustrated Children's Bible Library). (ENG., Illus.). 96p. (J). (gr. 2-7). 16.99 *(978-0-7369-7251-2(X)*, 6972512) Harvest Hse. Pubs.

Complete Illustrated Children's Bible Devotional. Janice Emmerson & Harvest House Publishers. 2018. (ENG., Illus.). 224p. (J). (gr. 2-7). pap. 14.99 *(978-0-7369-7426-4(1)*, 6974264) Harvest Hse. Pubs.

Complete Jane Austen IR. Anna Milbourne. 2019. (ENG.). 368ppp. (J). 24.99 *(978-0-7945-4422-5(3)*, Usborne) EDC Publishing.

Complete Just-So Stories: 12 Much-Loved Tales Including How the Camel Got His Hump, Elephant's Child, & How the Alphabet Was Made. Rudyard Kipling. Illus. by Isabelle Brent. 2020. 160p. (J). (gr. -1-12). 16.00 *(978-1-86147-883-2(6)*, Armadillo) Anness Publishing GBR. Dist: National Bk. Network.

Complete Laugh-Out-Loud Jokes for Kids: A 4-In-1 Collection. Rob Elliott. 2016. (ENG.). 256p. 12.99 *(978-0-8007-2829-8(7))* Revell.

Complete Letter Writer (Classic Reprint) Douglas William Jerrold. (ENG., Illus.). (J). 2018. 76p. 25.48 *(978-0-483-85093-4(4))*; 2017. pap. 9.57 *(978-0-259-19057-8(8))* Forgotten Bks.

Complete List of Motion Picture Films Presented to the Kansas State Board of Review, for Action from July 1, 1917 to September 30 1917: Films Approved by Board Listed First, Followed by List of Those Rejected (Classic Reprint) State Board of Review for Censorship. 2018. (ENG., Illus.). (J). 596p. 36.19 *(978-0-428-62246-6(1))*; 598p. pap. 19.57 *(978-0-428-15059-4(4))* Forgotten Bks.

Complete List of Us Presidents from 1789 to 2016 - Us History Kids Book Children's American History. Baby Professor. 2017. (ENG., Illus.). (J). pap. 9.55 *(978-1-5419-1186-4(5)*, Baby Professor (Education Kids)) Speedy Publishing LLC.

Complete Little Women: Little Women, Good Wives, Little Men, Jo's Boys (Dust Jacket Gift Edition, Illustrated, Unabridged) Louisa May Alcott. 2020. (ENG., Illus.). 760p. (J). *(978-1-78943-092-9(5))* Benediction Classics.

Complete Manual for Young Sportsmen: With Directions for Handling the Gun, the Rifle, & the Rod; the Art of Shooting on the Wing; the Breaking, Management, & Hunting of the Dog; the Varieties & Habits of Game; River, Lake, & Sea Fishing, Etc;, Frank Forester. 2017. (ENG., Illus.). 488p. (J). 33.96 *(978-0-484-61477-1(0))* Forgotten Bks.

Complete MathSmart 7 (Enriched Edition) Grade 7. Popular Book Company. ed. 2020. (Popular Complete Smart Ser.). (ENG.). 232p. (J). (gr. 7-7). pap. 13.95 ***(978-1-77149-332-1(1))*** Popular Bk. Co. (USA) Ltd.

Complete MathSmart 8: Grade 8. Popular Book Company(Canada) Ltd. ed. 2020. (Popular Complete Smart Ser.). (ENG.). 232p. (J). (gr. 8-8). pap. 13.95 ***(978-1-77149-325-3(9))*** Popular Bk. Co. (USA) Ltd.

Complete Measurer: Setting Forth the Measurement of Boards, Glass, &C. &C.; Unequal-Sided, Square-Sided, Octagonal-Sided, Round Timber & Stone, & Standing Timber (Classic Reprint) Richard Horton. 2016. (ENG., Illus.). (J). pap. 13.57 *(978-1-333-81779-4(7))* Forgotten Bks.

Complete Moon Base Alpha: Space Case; Spaced Out; Waste of Space. Stuart Gibbs. ed. 2019. (Moon Base Alpha Ser.). (ENG.). 1104p. (J). (gr. 3-7). pap. 26.99 *(978-1-5344-4924-4(8)*, Simon & Schuster Bks. For Young Readers) Simon & Schuster Bks. For Young Readers.

Complete Mother Goose: With Illustrations in Colors & in Black & White (Classic Reprint) Ethel Franklin Betts. (ENG., Illus.). (J). 2018. 300p. 30.08 *(978-0-656-45273-6(0))*; 2017. 29.94 *(978-0-265-54802-8(0))*; 2017. pap. 13.57 *(978-0-259-50597-6(8))*; 2016. pap. 13.57 *(978-1-333-72900-4(6))* Forgotten Bks.

Complete Nate Paperback Trilogy (Boxed Set) Better Nate Than Ever; Five, Six, Seven, Nate!; Nate Expectations. Tim Federle. ed. 2019. (Nate Ser.). (ENG.). 912p. (J). (gr. 5). pap. 23.99 *(978-1-5344-5118-6(8)*, Simon & Schuster Bks. For Young Readers) Simon & Schuster Bks. For Young Readers.

Complete Poetical Works of the Late Miss. Lucy Hooper (Classic Reprint) Lucy Hooper. (ENG., Illus.). (J). 2018. 404p. 32.27 *(978-0-332-13046-0(0))*; 2016. pap. 16.57 *(978-1-334-37817-1(7))* Forgotten Bks.

Complete Polly & the Wolf. Catherine Storr. Illus. by Marjorie-Ann Watts & Jill Bennett. 2016. (ENG.). 304p. (J). (gr. 3-7). 17.95 *(978-1-68137-001-9(8)*, NYR Children's Collection) New York Review of Bks., Inc., The.

Complete Preschool Workbook & Activities: Ages 3 - 5. Annie Wiesman & Jeff Wiesman. 2020. (ENG.). 184p. (J). pap. 7.99 *(978-1-7322453-2-7(0))* Amalia Pr.

Complete Prose Works of Martin Farquhar Tupper, Esq: Comprising the Crock of Gold, the Twins, an Author's Mind, Heart, Probabilities, etc (Classic Reprint) W. C. Armstrong. 2017. (ENG., Illus.). (J). 34.85 *(978-1-5283-8885-6(2))* Forgotten Bks.

Complete Prose Works of Walt Whitman, Vol. 2 (Classic Reprint) Walt. Whitman. 2017. (ENG., Illus.). (J). 30.68 *(978-0-331-01980-3(9))* Forgotten Bks.

Complete Prose Works of Walt Whitman, Vol. 5 (Classic Reprint) Walt. Whitman. 2017. (ENG., Illus.). (J). 30.70 *(978-0-266-52315-4(3))* Forgotten Bks.

Complete Red Moon Trilogy. Micah Caida. 2018. (Red Moon Trilogy Ser.). (ENG., Illus.). 824p. (YA). (gr. 7-12). 34.99 *(978-1-940651-01-9(8))* Blackstone Audio, Inc.

Complete Sabrina the Teenage Witch: 1962-1971. Archie Superstars. 2017. (Sabrina's Spellbook Ser.: 1). (Illus.). 512p. (J). (gr. 4-7). pap. 9.99 *(978-1-936975-94-5(7))* Archie Comic Pubns., Inc.

Complete Saga One: Evil Mouse Chronicles. Tevin Hansen. 2016. (ENG., Illus.). 346p. (YA). pap. 12.99 *(978-1-941429-39-6(4))* Handersen Publishing.

Complete Sarah Naish Therapeutic Parenting Library for Children: Nine Therapeutic Storybooks for Children Who Have Experienced Trauma, 9 vols. Sarah Naish & Rosie Jefferies. 2021. (Therapeutic Parenting Bks.). (Illus.). 9p. (J). 120.00 *(978-1-78775-844-5(3)*, 807750) Kingsley, Jessica Pubs. GBR. Dist: Hachette UK Distribution.

Complete Section 13 Series (Boxed Set) The Lost Property Office; the Fourth Ruby; the Clockwork Dragon. James R. Hannibal. ed. 2020. (Section 13 Ser.). (ENG.). 1280p. (J). (gr. 3-7). pap. 25.99 *(978-1-5344-6001-0(2)*, Simon & Schuster Bks. For Young Readers) Simon & Schuster Bks. For Young Readers.

Complete Set of the Pure Dynasty Series. Leila Almarzoh. 2022. (ENG.). 720p. (YA). 29.99 *(978-1-0880-2044-9(5))* Indy Pub.

Complete Short Stories of Guy de Maupassant: Ten Volumes in One (Classic Reprint) Guy De Maupassant. 2017. (ENG., Illus.). (J). 45.41 *(978-0-265-34121-6(3))*; pap. 27.75 *(978-0-243-24632-8(3))* Forgotten Bks.

Complete Short Works. Georg Ebers. 2017. (ENG., Illus.). (J). 26.95 *(978-1-374-85562-5(6))*; pap. 16.95 *(978-1-374-85561-8(8))* Capital Communications, Inc.

Complete Skywalker Saga: Little Golden Book Library (Star Wars), 9 vols. Illus. by Golden Books. 2020. (Little Golden Book Ser.). (ENG.). 216p. (J). (-k). 44.91 *(978-0-7364-4088-2(7)*, Golden Bks.) Random Hse. Children's Bks.

Complete Spelling-Book: Containing a Systematic Arrangement & Classification of the Difficulties in Orthography Arising from the Irregular Sound of the Letters; Also, Sentences for Writing from Dictation, & Lists of Words for Examination & Revie. Daniel Leach. (ENG., Illus.). (J). 2018. 178p. 27.57 *(978-1-396-42001-6(0))*; 2018. 180p. pap. 9.97 *(978-1-390-94384-9(4))*; 2017. 27.57 *(978-0-265-92819-6(2))*; 2017. pap. 9.97 *(978-1-5280-1005-4(1))* Forgotten Bks.

Complete Spiderwick Chronicles Boxed Set: The Field Guide; the Seeing Stone; Lucinda's Secret; the Ironwood Tree; the Wrath of Mulgarath; the Nixie's Song; a Giant Problem; the Wyrm King. Tony DiTerlizzi & Holly Black. Illus. by Tony DiTerlizzi. ed. 2023. (Spiderwick Chronicles Ser.). (ENG., Illus.). (J). (gr. 1-5). 1264p. 143.99 *(978-1-6659-2875-5(1))*; 1264p. 111.99 *(978-1-6659-3224-0(4))*; 1392p. pap. 71.99 *(978-1-6659-2876-2(X))* Simon & Schuster Bks. For Young Readers. (Simon & Schuster Bks. For Young Readers).

Complete Story of Sadako Sasaki: And the Thousand Paper Cranes. Masahiro Sasaki et al. 2020. (Illus.). 148p. (J). (gr. 4-6). pap. 10.99 *(978-4-8053-1617-7(9))* Tuttle Publishing.

Complete Story of the Collinwood School Disaster & How Such Horrors Can Be Prevented: Full & Authentic Story Told by Survivors & Eyewitnesses. Marshall Everett. 2017. (ENG., Illus.). (J). pap. *(978-0-649-55381-5(0))* Trieste Publishing Pty Ltd.

Complete Story of the Collinwood School Disaster & How Such Horrors Can Be Prevented (Classic Reprint) Marshall Everett. (ENG., Illus.). (J). 2017. 30.62 *(978-0-331-69641-7(X))*; 2016. pap. 13.57 *(978-1-334-15522-2(4))* Forgotten Bks.

Complete Tales of Beatrix Potter's Peter Rabbit: Contains the Tale of Peter Rabbit, the Tale of Benjamin Bunny, the Tale of Mr. Tod, & the Tale of the Flopsy Bunnies. Beatrix Potter. 2018. (Children's Classic Collections). (Illus.). 96p. (J). (gr. -1-3). 12.99 *(978-1-63158-171-7(6)*, Racehorse Publishing) Skyhorse Publishing Co., Inc.

Complete the Quest: the Poisonous Library. Brian McLachlan. 2021. (ENG., Illus.). 128p. (J). pap. 12.99 *(978-1-250-26830-3(3)*, 900222616) Imprint IND. Dist: Macmillan.

Complete Tribune Primer (Classic Reprint) Eugene Field. 2018. (ENG., Illus.). 146p. (J). 26.93 *(978-0-365-47490-6(8))* Forgotten Bks.

Complete Version of Ye Three Blind Mice (Classic Reprint) John W. Ivimey. (ENG., Illus.). (J). 2018. 46p. 24.85 *(978-0-267-89704-9(9))*; 2016. pap. 7.97 *(978-1-333-62455-2(7))* Forgotten Bks.

Complete Wizard of Oz Collection: Volume I. L. Frank Baum. 2021. (ENG.). 816p. (J). *(978-1-78943-240-4(5))*; pap. *(978-1-78943-239-8(1))* Benediction Classics.

Complete Wizard of Oz Collection: Volume II. L. Frank Baum. 2021. (ENG.). 818p. (J). *(978-1-78943-242-8(1))*; pap. *(978-1-78943-241-1(3))* Benediction Classics.

Complete Wizard of Oz Collection (100 Copy Collector's Edition) Frank L. Baum. 2020. (ENG.). 1172p. (J). *(978-1-77437-743-7(8))* AD Classic.

Complete Works (Classic Reprint) Joseph Conrad. (ENG., Illus.). (J). 2018. 288p. 29.86 *(978-0-364-15354-3(7))*; 2017. pap. 13.57 *(978-0-259-02077-6(X))* Forgotten Bks.

Complete Works (Classic Reprint) William Makepeace Thackeray. 2017. (ENG., Illus.). 532p. (J). 34.87 *(978-0-484-76474-2(8))* Forgotten Bks.

Complete Works of Artemus Ward: With a Biographical Sketch (Classic Reprint) Artemus Ward, pseud. 2017. (ENG., Illus.). (J). 32.08 *(978-0-265-26896-4(6))* Forgotten Bks.

Complete Works of Bret Harte. Bret Harte. 2017. (ENG.). 326p. (J). pap. *(978-3-7446-6631-2(X))* Creation Pubs.

Complete Works of Bret Harte, Vol. 10 (Classic Reprint) Bret Harte. 2018. (ENG., Illus.). 520p. (J). 34.64 *(978-0-483-58439-6(8))* Forgotten Bks.

Complete Works of Bret Harte, Vol. 6 (Classic Reprint) Bret Harte. 2018. (ENG., Illus.). 66p. (J). 25.28 *(978-0-267-48078-4(4))* Forgotten Bks.

Complete Works of Bret Harte, Vol. 8: Tales of the Pine & the Cypress (Classic Reprint) Unknown Author. 2018. (ENG., Illus.). 502p. (J). 34.35 *(978-0-483-12351-9(X))* Forgotten Bks.

Complete Works of Bret Harte, Vol. 9: Buckeye & Chapparel (Classic Reprint) Bret Harte. 2018. (ENG., Illus.). 426p. (J). 32.70 *(978-0-483-99811-7(7))* Forgotten Bks.

Complete Works of Charles Dickens: The Old Curiosity Shop. Charles Dickens. 2018. (ENG., Illus.). 626p. (J). (gr. 4-7). 38.48 *(978-1-7317-0544-0(1))*; pap. 26.42 *(978-1-7317-0545-7(X))*; 20.40 *(978-1-7317-0132-9(2))*; pap. 13.61 *(978-1-7317-0133-6(0))* Simon & Brown.

Complete Works of Charles Dickens, Vol. 3 of 17 (Classic Reprint) Charles Dickens. (ENG., Illus.). (J). 2018. 958p. 43.66 *(978-0-483-14735-5(4))*; 2017. pap. 26.00 *(978-1-334-90053-2(1))* Forgotten Bks.

Complete Works of Charles F. Browne, Better Known As Artemus Ward (Classic Reprint) Charles Farrar Browne. (ENG., Illus.). (J). 2017. 35.16 *(978-0-260-44987-0(3))*; 2016. pap. 19.57 *(978-1-333-61326-6(1))* Forgotten Bks.

Complete Works of Charlotte Bronte & Her Sisters: The Professor; Emma; Poems; Poems of Emily & Anne Bronte; Life of Charlotte Bronte (Classic Reprint) Charlotte Brontë. 2017. (ENG., Illus.). (J). 34.50 *(978-0-266-36330-9(X))* Forgotten Bks.

Complete Works of Charlotte Bronte & Her Sisters: With Illustrationd from Photographs (Classic Reprint) Ellis Bell. 2017. (ENG., Illus.). (J). 34.75 *(978-1-5281-8974-3(4))* Forgotten Bks.

Complete Works of Charlotte Bronte & Her Sisters (Classic Reprint) Charlotte Brontë. 2017. (ENG., Illus.). (J). 36.50 *(978-1-5283-7683-9(8))* Forgotten Bks.

Complete Works of Count Tolstoy, Vol. 1: Childhood, Boyhood, Youth; the Incursion (Classic Reprint) Leo Tolstoi. 2017. (ENG., Illus.). (J). 35.01 *(978-0-260-26319-3(2))* Forgotten Bks.

Complete Works of Count Tolstoy, Vol. 14 (Classic Reprint) Leo Tolstoi. 2016. (ENG., Illus.). (J). pap. 16.57 *(978-1-333-96167-1(7))* Forgotten Bks.

Complete Works of Count Tolstoy, Vol. 8 (Classic Reprint) Leo Tolstoi. 2016. (ENG., Illus.). (J). pap. 16.97 *(978-1-334-49959-3(4))* Forgotten Bks.

Complete Works of Frank Norris: McTeague & a Man's Woman (Classic Reprint) Frank Norris. 2018. (ENG., Illus.). 462p. (J). 33.43 *(978-0-484-12025-8(5))* Forgotten Bks.

Complete Works of Geoffrey Chaucer. Ed. by Geoffrey Chaucer & Walter W Skeat. 2020. (ENG.). 634p. (J). pap. *(978-93-5395-670-7(6))* Alpha Editions.

Complete Works of Geoffrey Chaucer: Edited, from Numerous Manuscripts (Classic Reprint) Geoffrey Chaucer. 2018. (ENG., Illus.). 560p. (J). 35.47 *(978-0-656-42232-6(7))* Forgotten Bks.

Complete Works of Geoffrey Chaucer: Edited from Numerous Manuscripts (Classic Reprint) Geoffrey Chaucer. 2017. (ENG., Illus.). (J). 42.62 *(978-0-331-63945-2(9))*; pap. 24.97 *(978-0-331-63942-1(4))* Forgotten Bks.

Complete Works of Geoffrey Chaucer: Romaunt of the Rose, and, Minor Poems (Classic Reprint) Geoffrey Chaucer. 2017. (ENG., Illus.). 640p. (J). 37.10 *(978-0-484-73098-3(3))* Forgotten Bks.

Complete Works of Geoffrey Chaucer (Classic Reprint) Geoffrey Chaucer. (ENG., Illus.). (J). 2018. 914p. 42.75 *(978-0-366-46765-5(4))*; 2018. 916p. pap. 25.09 *(978-0-365-74695-9(9))*; 2017. 36.15 *(978-0-265-92011-4(6))* Forgotten Bks.

Complete Works of Geoffrey Chaucer (Classic Reprint) Walter W. Skeat. 2017. (ENG., Illus.). 604p. (J). 36.35 *(978-0-332-48845-5(4))* Forgotten Bks.

Complete Works of Geoffrey Chaucer, Vol. 1 (Classic Reprint) Thomas R. Lounsbury. 2017. (ENG., Illus.). (J). 34.00 *(978-0-266-24793-7(8))*; pap. 16.57 *(978-0-266-21493-9(2))* Forgotten Bks.

Complete Works of Geoffrey Chaucer, Vol. 4: The Canterbury Tales (Classic Reprint) Geoffrey Chaucer. 2017. (ENG., Illus.). (J). 38.50 *(978-0-266-38403-8(X))* Forgotten Bks.

Complete Works of Guy de Maupassant: The Window & Short Stories (Classic Reprint) Guy De Maupassant. 2017. (ENG., Illus.). (J). 30.58 *(978-0-266-71225-1(8))*; pap. 13.57 *(978-1-5276-6576-7(3))* Forgotten Bks.

Complete Works of Guy de Maupassant: Translations & Critical & Interpretative Essays (Classic Reprint) Guy De Maupassant. 2017. (ENG., Illus.). (J). 30.50 *(978-0-265-39206-5(3))* Forgotten Bks.

Complete Works of James Whitcomb Riley, Vol. 10 of 10 (Classic Reprint) James Whitcomb Riley. 2018. (ENG., Illus.). 308p. (J). 30.25 *(978-0-365-23052-6(9))* Forgotten Bks.

Complete Works of James Whitcomb Riley, Vol. 2 Of 10: Including Poems & Prose Sketches, Many of Which Have Not Heretofore Been Published; an Authentic Biography, an Elaborate Index & Numerous Illustrations in Color (Classic Reprint) James Whitcomb Riley. 2018. (ENG., Illus.). 302p. (J). 30.15 *(978-0-331-82419-3(1))* Forgotten Bks.

Complete Works of James Whitcomb Riley, Vol. 4: In Which the Poems, Including a Number Heretofore Unpublished, Are Arranged in the Order in Which They Were Written, Together with Photographs, Bibliographic Notes, & a Life Sketch of the Author. James Whitcomb Riley. (ENG., Illus.). (J). 2018. 594p. 36.15 *(978-0-483-71202-7(7))*; 2016. pap. 19.57 *(978-1-334-13862-1(1))* Forgotten Bks.

Complete Works of James Whitcomb Riley, Vol. 4: In Which the Poems, Including a Number Heretofore Unpublished, Are Arranged in the Order in Which They Were Written; Together with Photographs, Bibliographic Notes, & a Life Sketch of the Author. James Whitcomb Riley. (ENG., Illus.). (J). 2018. 596p. 36.19 *(978-0-267-38251-4(0))*; 2016. pap. 19.57 *(978-1-334-15334-1(5))* Forgotten Bks.

Complete Works of James Whitcomb Riley, Vol. 6: In Which the Poems, Including a Number Heretofore Unpublished, Are Arranged in the Order in Which They Were Written, Together with Photographs, Bibliographic Notes & a Life Sketch of the Author. James Whitcomb Riley. 2018. (ENG., Illus.). 610p. (J). 36.48 *(978-0-484-44566-5(9))* Forgotten Bks.

Complete Works of James Whitcomb Riley, Vol. 7 of 10 (Classic Reprint) James Whitcomb Riley. 2018. (ENG., Illus.). 274p. (J). 29.57 *(978-0-365-43642-3(9))* Forgotten Bks.

Complete Works of John Gower: Edited from the Manuscripts, with Introductions, Notes, & Glossaries (Classic Reprint) G. C. Macaulay. 2018. (ENG., Illus.). 702p. (J). 38.40 *(978-0-365-17761-6(X))* Forgotten Bks.

Complete Works of John Gower: Edited from the Manuscripts with Introductions, Notes, & Glossaries (Classic Reprint) G. C. Macaulay. 2017. (ENG., Illus.). (J). 37.63 *(978-0-265-23045-9(4))* Forgotten Bks.

Complete Works of Josh Billings, (Henry W. Shaw) (Classic Reprint) Josh Billings, pseud. 2018. (ENG., Illus.). (J). 500p. 34.23 *(978-0-366-56600-6(8))*; 502p. pap. 16.97 *(978-0-366-26736-1(1))* Forgotten Bks.

Complete Works of Laurence Sterne: With a Life of the Author (Classic Reprint) Laurence Sterne. (ENG., Illus.). (J). 2018. 502p. 34.25 *(978-0-483-08601-2(0))*; 2016. pap. 16.57 *(978-1-334-14112-6(6))* Forgotten Bks.

Complete Works of Lyof N. Tolstoi: War & Peace, III-IV (Classic Reprint) Leo Tolstoi. 2017. (ENG., Illus.). (J). 37.57 *(978-0-331-88200-1(0))* Forgotten Bks.

Complete Works of Lyof N. Tolstoi, Vol. 6: The Cossacks; Sevastopol; the Invaders; & Other Stories (Classic Reprint) Leo Tolstoi. 2017. (ENG., Illus.). (J). 36.89 *(978-0-260-94053-7(4))* Forgotten Bks.

Complete Works of Lyof N. Tolstoi, Vol. 7: A Russian Proprietor; the Death of Ivan Ilyitch, & Other Stories (Classic Reprint) Leo Tolstoi. 2017. (ENG., Illus.). 670p. (J). 37.72 *(978-0-484-25501-1(0))* Forgotten Bks.

Complete Works of Lyof N. Tolstoi, Vol. 8: The Long Exile; Master & Man; the Kreutzer Sonata; Dramas (Classic Reprint) Leo Tolstoi. 2017. (ENG., Illus.). (J). 41.86 *(978-0-266-51929-4(6))*; pap. 24.20 *(978-0-243-21261-3(5))* Forgotten Bks.

Complete Works of Mark Twain: Joan of Arc (Classic Reprint) Unknown Author. 2017. (ENG., Illus.). (J). 34.72 *(978-0-266-18339-6(5))* Forgotten Bks.

Complete Works of Mark Twain: Mark Twain's Notebook (Classic Reprint) Unknown Author. 2017. (ENG., Illus.). (J). 32.87 *(978-0-260-77382-1(4))* Forgotten Bks.

Complete Works of Mark Twain: Mark Twain's Speeches (Classic Reprint) Mark Twain, pseud. 2018. (ENG., Illus.). 416p. (J). 32.48 *(978-0-365-17701-2(6))* Forgotten Bks.

Complete Works of Mark Twain: Tom Sawyer; Abroad (Classic Reprint) Mark Twain, pseud. 2017. (ENG., Illus.). (J). 33.26 *(978-0-265-39561-5(5))* Forgotten Bks.

Complete Works of Mrs Mckiever: Midwife & Herbal Healer. Margaret Morgan. 2021. (ENG.). 1110p. (YA). pap. ***(978-1-914078-45-3(4))*** Publishing Push Ltd.

Complete Works of Oliver Goldsmith: Comprising His Essays, Plays, & Poetical Works (Classic Reprint) Oliver Goldsmith. (ENG., Illus.). (J). 2018. 426p. 32.70 *(978-0-267-77477-7(X))*; 2016. pap. 16.57 *(978-1-333-13216-3(6))* Forgotten Bks.

Complete Works of Oliver Goldsmith: Comprising His Essays, Plays, Poetical Works, & Vicar of Wakefield; with Some Account of His Life & Writings (Classic Reprint) Oliver Goldsmith. 2017. (ENG., Illus.). (J). 740p. 39.16 *(978-0-266-56141-5(1))*; pap. 23.57 *(978-0-243-25688-4(4))* Forgotten Bks.

Complete Works of Oscar Wilde: Duchess of Padua, and, de Profundis (Classic Reprint) Oscar. Wilde. 2018. (ENG., Illus.). (J). 33.14 *(978-0-260-24387-4(6))* Forgotten Bks.

Complete Works of Oscar Wilde: Lady Windermere's Fan & the Importance of Being Earnest. Oscar. Wilde. Ed. by

TITLE INDEX COMPOSITION NOTEBOOK

Editor Robert Ross. 2019. (ENG.). 374p. (J). pap. (978-93-5386-444-6(5)) Alpha Editions.
Complete Works of Oscar Wilde: Reviews (Classic Reprint) Oscar. Wilde. 2017. (ENG., Illus.). (J). 35.67 (978-0-265-51032-2(5)) Forgotten Bks.
Complete Works of Oscar Wilde: Salome; a Florentine Tragedy; Vera (Classic Reprint) Oscar. Wilde. 2017. (ENG., Illus.). 360p. (J). 31.32 (978-0-331-46094-0(7)) Forgotten Bks.
Complete Works of Oscar Wilde: The Happy Prince, & Other Tales; Lord Arthur Saville's Crime, & Other Prose Pieces (Classic Reprint) Oscar. Wilde. 2017. (ENG., Illus.). (J). 31.40 (978-1-5281-7466-4(6)) Forgotten Bks.
Complete Works of Oscar Wilde: The Picture of Dorian Gray, and, a House of Pomegranates (Classic Reprint) Oscar. Wilde. 2017. (ENG., Illus.). (J). 33.03 (978-1-5282-7787-7(2)) Forgotten Bks.
Complete Works of Oscar Wilde, Vol. 12: Criticisms & Reviews (Classic Reprint) Oscar. Wilde. 2017. (ENG., Illus.). (J). 34.66 (978-0-266-39934-6(7)) Forgotten Bks.
Complete Works of Oscar Wilde. Volume 8. Oscar. Wilde. 2017. (ENG., Illus.). (J). pap. (978-0-649-55394-5(2)) Trieste Publishing Pty Ltd.
Complete Works of Sir Walter Scott, Vol. 1 Of 7: With a Biography, & His Last Additions & Illustrations (Classic Reprint) Walter Scott. 2017. (ENG., Illus.). (J). pap. 28.14 (978-0-243-53031-1(5)) Forgotten Bks.
Complete Works of Sir Walter Scott, Vol. 3 Of 7: With a Biography, & His Last Additions & Illustrations (Classic Reprint) Walter Scott. 2017. (ENG., Illus.). (J). 828p. 40.97 (978-0-332-72679-3(7)); 830p. pap. 23.57 (978-0-332-46801-3(1)) Forgotten Bks.
Complete Works of Sir Walter Scott, Vol. 4: With a Biography, & His Last Additions & Illustrations (Classic Reprint) Walter Scott. abr. ed. 2018. (ENG., Illus.). 708p. (J). 38.52 (978-0-656-41739-1(0)) Forgotten Bks.
Complete Works of Sir Walter Scott, Vol. 4 Of 7: With a Biography, & His Last Additions & Illustrations; Fortunes of Nigel; Peveril of the Peak; Quentin Durward; St. Ronan's Well; Redgauntlet; the Betrothed (Classic Reprint) Walter Scott. (ENG., Illus.). (J). 2018. 792p. 40.25 (978-0-656-33534-3(3)); 2017. pap. 23.57 (978-0-243-00156-9(8)) Forgotten Bks.
Complete Works of Sir Walter Scott, Vol. 5: With a Bibliography, & His Last Additions & Illustrations (Classic Reprint) Walter Scott. 2018. (ENG., Illus.). (J). 594p. 36.15 (978-0-366-52405-1(4)); 596p. pap. 19.57 (978-0-365-84326-9(1)) Forgotten Bks.
Complete Works of Sir Walter Scott, Vol. 5 Of 7: With a Biography, & His Last Additions & Illustrations (Classic Reprint) Walter Scott. 2017. (ENG., Illus.). (J). 41.41 (978-0-266-72856-6(1)); pap. 23.97 (978-1-5276-8920-6(4)) Forgotten Bks.
Complete Works of Theophile Gautier, Vol. 1: Mademoiselle de Maupin, Parts I & II (Classic Reprint) Theophile Gautier. 2016. (ENG., Illus.). (J). pap. 19.97 (978-1-333-24984-7(5)) Forgotten Bks.
Complete Works of Theophile Gautier, Vol. 11: Militona, the Nightingales, Omphale, the Marchioness's Lap-Dog, Jack & Jill, the Thousand & Second Night, Elias Wildmanstadius, David Jovard, the Bowl of Punch (Classic Reprint) Theophile Gautier. (ENG., Illus.). (J). 2018. 660p. 37.53 (978-0-483-92533-5(0)); 2016. pap. 19.97 (978-1-333-23290-0(X)) Forgotten Bks.
Complete Works of Theophile Gautier, Vol. 2 (Classic Reprint) Theophile Gautier. 2018. (ENG., Illus.). 768p. (J). 39.76 (978-0-267-48243-6(4)) Forgotten Bks.
Complete Works of Theophile Gautier, Vol. 3: The Romance of a Mummy, and, Portraits of the Day (Classic Reprint) Theophile Gautier. (ENG., Illus.). (J). 2018. 732p. 38.99 (978-0-267-38724-3(5)); 2016. pap. 23.57 (978-1-333-84920-7(6)) Forgotten Bks.
Complete Works of Theophile Gautier, Vol. 4: Travels in Italy; Fortunio; One of Cleopatra's Nights; King Candaules (Classic Reprint) Theophile Gautier. (ENG., Illus.). (J). 2018. 706p. 38.48 (978-0-332-57477-6(6)); 2016. pap. 20.97 (978-1-334-14223-9(8)) Forgotten Bks.
Complete Works of Theophile Gautier, Vol. 5: The Louvre, and, Constantinople (Classic Reprint) Theophile Gautier. 2017. (ENG., Illus.). (J). 37.01 (978-0-331-49856-1(1)) Forgotten Bks.
Complete Works of Théophile Gautier, Vol. 9 (Classic Reprint) Theophile Gautier. 2018. (ENG., Illus.). 698p. (J). 38.31 (978-0-332-18211-7(8)) Forgotten Bks.
Complete Works of Thomas Dick, LL. d, Vol. 1: Containing an Essay on the Improvement of Society; the Philosophy of a Future State; the Philosophy of Religion; the Christian Philosopher, or the Connection of Science & Philosophy with Religion; Menta. Thomas Dick. 2018. (ENG., Illus.). (J). 972p. 43.96 (978-1-396-38028-0(0)); 974p. pap. 26.31 (978-1-390-98841-3(4)) Forgotten Bks.
Complete Works of Thomas Dick, LL. d, Vol. 1 Of 2: Eleven Volumes in Two (Classic Reprint) Thomas Dick. 2016. (ENG., Illus.). (J). pap. 20.57 (978-1-333-86017-2(X)) Forgotten Bks.
Complete Works of Thomas Dick, LL. d, Vol. 1 Of 3: Containing an Essay on the Improvement of Society, the Philosophy of a Future State, the Philosophy of Religion, the Christian Philosopher, Mental Illumination & Moral Improvement of Mankind, an Ess. Thomas Dick. 2017. (ENG., Illus.). (J). pap. 16.97 (978-0-259-45264-5(5)) Forgotten Bks.
Complete Works of Thomas Dick, LL. d, Vol. 2 Of 2: Containing Essay on the Sin & Evils of Covetousness, Celestial Sceneey, Siderial Heavens, Practical Astronomer, the Solar System; with Moral & Religious Reflections, the Atmosphere & Atmospheric. Thomas Dick. (ENG., Illus.). (J). 2018. 880p. 42.05 (978-0-365-13347-6(7)); 2017. pap. 24.39 (978-0-282-04005-5(6)) Forgotten Bks.
Complete Works of Thomas Dick, LL. d, Vol. 2 Of 3: Containing an Essay on the Improvement of Society, the Philosophy of a Future State, the Philosophy of Religion, the Christian Philosopher, Mental Illumination & Moral Improvement of Mankind, an Ess. Thomas Dick. (ENG., Illus.). (J). 2018. 512p. 34.46 (978-0-484-77575-5(8)); 2016. pap. 16.97 (978-1-333-62899-4(4)) Forgotten Bks.
Complete Works of Thomas Dick, Vol. 2 (Classic Reprint) Thomas Dick. 2018. (ENG., Illus.). 750p. (J). 39.39 (978-0-483-94853-2(5)) Forgotten Bks.
Complete Works of William Hogarth: In a Series of One Hundred & Fifty Steel Engravings, from the Original Pictures; with an Introductory Essay (Classic Reprint) William Hogarth. 2017. (ENG., Illus.). (J). 30.56 (978-0-266-73176-4(7)); pap. 13.57 (978-1-5276-9318-0(X)) Forgotten Bks.
Complete Works of William Makepeace Thackeray, Vol. 20 of 22 (Classic Reprint) William Makepeace Thackeray. 2018. (ENG., Illus.). 666p. (J). 37.63 (978-0-365-50410-8(6)) Forgotten Bks.
Complete Works Sir Walter Scott, Vol. 2 Of 6: With a Biography, & His Last Additions & Illustrations (Classic Reprint) Walter Scott. (ENG., Illus.). (J). 2018. 856p. 41.57 (978-0-656-11806-9(7)); 2017. pap. 23.97 (978-0-259-38898-2(X)) Forgotten Bks.
Complete Works, Vol. 3: Translated & Edited by F. C. de Sumichrast (Classic Reprint) Theophile Gautier. 2018. (ENG., Illus.). 728p. (J). 38.91 (978-0-483-59899-7(2)) Forgotten Bks.
Complete Writings of Alfred de Musset, Vol. 7: The White Blackbird the Grisette Croisilles Pierre & Camille the Secret of Javotte the Baeuty Spot (Classic Reprint) M. Raoul Pellissier. 2018. (ENG., Illus.). 362p. (J). 31.38 (978-0-267-10806-0(0)) Forgotten Bks.
Complete Writings of Charles Dudley Warner, Vol. 1 of 15 (Classic Reprint) Charles Dudley Warner. 2017. (ENG., Illus.). (J). 480p. 33.82 (978-0-484-63375-8(9)); pap. 16.57 (978-0-259-10188-8(5)) Forgotten Bks.
Complete Writings of Nathaniel Hawthorne, Vol. 2 Of 22: With Portraits, Illustrations, & Facsimiles (Classic Reprint) Nathanial Hawthorne. 2018. (ENG., Illus.). 378p. (J). 31.69 (978-0-484-02618-5(6)) Forgotten Bks.
Complete Writings of Thomas Say, on the Conchology of the United States (Classic Reprint) Thomas Say. 2017. (ENG., Illus.). (J). 32.52 (978-0-266-26947-2(8)) Forgotten Bks.
Complete Writings of Thomas Say on the Entomology of North America, Vol. 1 (Classic Reprint) Thomas Say. 2018. (ENG., Illus.). (J). 32.95 (978-0-265-86004-5(0)) Forgotten Bks.
Complete Writings of Thomas Say on the Entomology of North America, Vol. 2 (Classic Reprint) Thomas Say. 2017. (ENG., Illus.). (J). 40.89 (978-0-265-61856-1(8)) Forgotten Bks.
Completed Tales of My Knights & Ladies (Classic Reprint) Olive Katharine Parr. (ENG., Illus.). (J). 2018. 184p. 27.71 (978-0-484-74225-2(6)); 2016. pap. 10.57 (978-1-334-13472-2(3)) Forgotten Bks.
Completely Bonkers: A 3-in-1 Collection of Hilarious Short Stories. Tom E. Moffatt. Illus. by Paul Beavis. 2022. (Bonkers Short Stories Ser.). (ENG.). 758p. (J). pap. (978-1-9911617-2-7(7)) Write Laugh.
Completely Different Place. Perry Nodelman. 2017. (ENG.). 192p. (J). (gr. 5-9). pap. 13.99 (978-1-5344-1795-3(8), Simon & Schuster Bks. For Young Readers) Simon & Schuster Bks. For Young Readers.
Completely Different World of Protists - Biology Book for Kids Children's Biology Books. Baby Professor. 2017. (ENG., Illus.). (J). pap. 8.79 (978-1-5419-1071-3(0), Baby Professor (Education Kids)) Speedy Publishing LLC.
Completely Emme: A Cerebral Palsy Story. Justine Green. Illus. by Ana Luisa Silva. 2021. (ENG.). 30p. (J). pap. 12.99 (978-1-7352558-2-8(3)) Susso.
Completely Inaccurate Dinosaur Coloring Book for Children (6x9 Coloring Book / Activity Book) Sheba Blake. 2020. (Dinosaur Coloring Bks.: Vol. 7). (ENG.). 32p. (J). pap. 9.99 (978-1-222-28953-4(9)) Indy Pub.
Completely Inaccurate Dinosaur Coloring Book for Children (8. 5x8. 5 Coloring Book / Activity Book) Sheba Blake. 2021. (Dinosaur Coloring Bks.: Vol. 7). (ENG.). 32p. (J). pap. 12.99 (978-1-222-29229-9(7)) Indy Pub.
Completely Inaccurate Dinosaur Coloring Book for Children (8x10 Coloring Book / Activity Book) Sheba Blake. 2020. (Dinosaur Coloring Bks.: Vol. 7). (ENG.). 32p. (J). pap. 14.99 (978-1-222-28954-1(7)) Indy Pub.
Completely Matt: An ADHD Story. Justine Green. Illus. by Ana Luisa Silva. 2021. (ENG.). 30p. (J). pap. 12.99 (978-1-7352558-4-2(X)) Southampton Publishing.
Completely Me. Justine Green. Illus. by Ana Luisa Silva. 2020. (ENG.). 30p. (J). pap. 12.99 (978-1-7352558-0-4(7)) Green Rose Publishing LLC.
Completing Tasks: Using Algorithms, 1 vol. Derek L. Miller. 2017. (Everyday Coding Ser.). (ENG.). 32p. (gr. 3-3). pap. 11.58 (978-1-5026-2983-8(6), f0c2e714-e0cb-410d-b6d5-df1cae9defb1) Cavendish Square Publishing LLC.
Complex Color by Number for Teens. Educando Kids. 2019. (ENG.). 42p. (J). pap. 8.55 (978-1-64521-665-0(9), Educando Kids) Editorial Imagen.
Complex Coloring Fun for Adults - Volume 1. Smarter Activity Books. 2016. (ENG., Illus.). (J). pap. 9.22 (978-1-68374-825-0(5)) Examined Solutions PTE. Ltd.
Complex Coloring Fun for Adults - Volume 2. Smarter Activity Books. 2016. (ENG., Illus.). (J). pap. 9.22 (978-1-68374-292-0(3)) Examined Solutions PTE. Ltd.
Complex Coloring Fun for Adults - Volume 3. Smarter Activity Books. 2016. (ENG., Illus.). (J). pap. 9.22 (978-1-68374-293-7(1)) Examined Solutions PTE. Ltd.
Complex Coloring Fun for Adults - Volume 4. Smarter Activity Books. 2016. (ENG., Illus.). (J). pap. 9.22 (978-1-68374-826-7(3)) Examined Solutions PTE. Ltd.
Complex Coloring Fun for Adults - Volume 5. Smarter Activity Books. 2016. (ENG., Illus.). (J). pap. 8.99 (978-1-68374-650-8(3)) Examined Solutions PTE. Ltd.
Complex Mandala Coloring Books for Adults: Beautiful Adult Coloring Book Featuring Beautiful Mandalas Designed to Soothe the Soul. Rhea Stokes. 2021. (ENG.). 56p. (YA). pap. 7.69 (978-0-01-353859-2(4)) Lulu Pr., Inc.
Complex Vowels. Wiley Blevins. Illus. by Sean O'Neill. 2019. (Sound It Out (LOOK! Books (tm)) Ser.). (ENG.). 32p. (J). (gr. -1-3). pap. 8.99 (978-1-63440-353-5(3), b5e2b8b1-49c1-4f11-839a-ee5b1920c10c) Red Chair Pr.
Compliance: A Young Adult Dystopian Romance. Clare Littlemore. 2022. (Bellator Chronicles Ser.: Vol. 1). (ENG.). 368p. (YA). pap. (978-1-9998381-6-4(5)) Littlemore, Clare.
Complicated Blue: The Extraordinary Adventures of the Good Witch Anais Blue. P. J. Whittlesea. 2016. (Good Witch Anais Blue Ser.: Vol. 1). (ENG., Illus.). (YA). (978-94-92523-06-8(X)); pap. (978-94-92523-04-4(3)) Tyet Bks.
Complicated Calculus (and Cows) of Carl Paulsen. Gary Eldon Peter. 2022. 164p. (YA). (gr. 7). pap. 16.95 (978-1-64603-253-2(5), Fitzroy Bks.) Regal Hse. Publishing, LLC.
Complicated Dragons - Adult Coloring Book: Black Line Edition. Complicated Coloring. Illus. by Antony Briggs. 2016. (ENG.). 54p. (J). pap. (978-1-911302-25-4(6)) Complicated Coloring.
Complicated Love Story Set in Space. Shaun David Hutchinson. (ENG.). (YA). (gr. 9). 2022. 480p. pap. 12.99 (978-1-5344-4854-4(3)); 2021. 464p. 19.99 (978-1-5344-4853-7(5)) Simon & Schuster Bks. For Young Readers. (Simon & Schuster Bks. For Young Readers).
Complication. Suzanne Young. (Program Ser.: 6). (ENG.). (YA). (gr. 9). 2019. 496p. pap. 12.99 (978-1-4814-7136-7(8)); 2018. (Illus.). 464p. 17.99 (978-1-4814-7135-0(X)) Simon Pulse. (Simon Pulse).
Compliments of the Season, or How to Give an Evening Party (Classic Reprint) Piers Shafton. (ENG., Illus.). (J). 2018. 94p. 25.84 (978-0-483-33554-7(1)); 2017. pap. 9.57 (978-0-259-19062-2(4)) Forgotten Bks.
Composer (Classic Reprint) Agnes Castle. 2018. (ENG., Illus.). 294p. (J). 29.96 (978-0-483-62515-0(9)) Forgotten Bks.
Composition Notebook. Daemon Nash. 2020. (ENG.). 102p. (YA). pap. 8.99 (978-1-716-31744-6(4)) Lulu Pr., Inc.
Composition Notebook: College Ruled: 100+ Lined Pages Writing Journal: Abstract Pineapples in Yellow & Blue 0915. June & Lucy. 2019. (ENG.). 110p. (J). pap. 5.99 (978-1-64608-091-5(2)) June & Lucy.
Composition Notebook: College Ruled: 100+ Lined Pages Writing Journal: Cute Pineapples & Cactus 0908. June & Lucy. 2019. (ENG.). 110p. (J). pap. 5.99 (978-1-64608-090-8(4)) June & Lucy.
Composition Notebook: College Ruled: 100+ Lined Pages Writing Journal: Cute Pineapples on White 0892. June & Lucy. 2019. (ENG.). 110p. (J). pap. 5.99 (978-1-64608-089-2(0)) June & Lucy.
Composition Notebook: College Ruled: 100+ Lined Pages Writing Journal: Pink Florals on Navy Blue 0946. June & Lucy. 2019. (ENG.). 110p. (J). pap. 5.99 (978-1-64608-094-6(7)) June & Lucy.
Composition Notebook: Simple Linear Notebook with College Ruled 100 Pages (8. 5x11 Format) / Composition Notebook for Students / Wide Blank Lined Workbook / Linear Journal / Crazy Fruits Collection. Daemon Nash. 2020. (ENG.). 102p. (YA). pap. 8.99 (978-1-716-31740-8(1)); pap. 8.99 (978-1-716-31742-2(8)); pap. 8.99 (978-1-716-31746-0(0)); pap. 8.99 (978-1-716-32745-2(8)); pap. 8.99 (978-1-716-56720-9(3)) Lulu Pr., Inc.
Composition Notebook: Simple Linear Notebook with College Ruled 100 Pages (8. 5x11 Format) / Composition Notebook for Students / Wide Blank Lined Workbook / Linear Journal / Deluxe Collection. Daemon Nash. 2020. (ENG.). 102p. (YA). pap. 8.99 (978-1-716-32075-0(5)); pap. 8.99 (978-1-716-32083-5(6)); pap. 8.99 (978-1-716-32091-0(7)); pap. 8.99 (978-1-716-32378-2(9)); pap. 8.99 (978-1-716-42019-1(9)) Lulu Pr., Inc.
Composition Notebook: Simple Linear Notebook with College Ruled 100 Pages (8. 5x11 Format) / Composition Notebook for Students / Wide Blank Lined Workbook / Linear Journal / MOSAIC Collection. Daemon Nash. 2020. (ENG.). 102p. (YA). pap. 8.99 (978-1-716-31729-3(0)); pap. 8.99 (978-1-716-31732-3(0)); pap. 8.99 (978-1-716-31734-7(7)); pap. 8.99 (978-1-716-31736-1(3)); pap. 8.99 (978-1-716-31738-5(X)) Lulu Pr., Inc.
Composition Notebook: Simple Linear Notebook with College Ruled 100 Pages (8. 5x11 Format) / Composition Notebook for Students / Wide Blank Lined Workbook / Linear Journal / PREMIUM Collection. Daemon Nash. 2020. (ENG.). 102p. (YA). pap. 8.99 (978-1-716-31748-4(7)); pap. 8.99 (978-1-716-31751-4(7)); pap. 8.99 (978-1-716-31756-9(8)); pap. 8.99 (978-1-716-31786-6(X)); pap. 8.99 (978-1-716-31795-8(9)); pap. 8.99 (978-1-716-58669-9(0)) Lulu Pr., Inc.
Composition Notebook: Wide Ruled: 100+ Lined Pages Writing Journal: Cars & Trucks Theme 1141. June & Lucy Kids. 2019. (ENG.). 110p. (J). pap. 5.99 (978-1-64608-114-1(5)) June & Lucy.
Composition Notebook: Wide Ruled: 100+ Lined Pages Writing Journal: Cute Bunny Rabbits 1127. June & Lucy Kids. 2019. (ENG.). 110p. (J). pap. 5.99 (978-1-64608-112-7(9)) June & Lucy.
Composition Notebook: Wide Ruled: 100+ Lined Pages Writing Journal: Cute Dinosaurs 1080. June & Lucy Kids. 2019. (ENG.). 110p. (J). pap. 5.99 (978-1-64608-108-0(0)) June & Lucy.
Composition Notebook: Wide Ruled: 100+ Lined Pages Writing Journal: Cute Dogs 1097. June & Lucy Kids. 2019. (ENG.). 110p. (J). pap. 5.99 (978-1-64608-109-7(9)) June & Lucy.
Composition Notebook: Wide Ruled: 100+ Lined Pages Writing Journal: Cute Dogs on Teal 1134. June & Lucy Kids. 2019. (ENG.). 110p. (J). pap. 5.99 (978-1-64608-113-4(7)) June & Lucy.
Composition Notebook: Wide Ruled: 100+ Lined Pages Writing Journal: Cute Doodle Animals for Boys & Girls 1066. June & Lucy Kids. 2019. (ENG.). 110p. (J). pap. 5.99 (978-1-64608-106-6(4)) June & Lucy.
Composition Notebook: Wide Ruled: 100+ Lined Pages Writing Journal: Cute Doodle Cactus 1035. June & Lucy. 2019. (ENG.). 110p. (J). pap. 5.99 (978-1-64608-103-5(X)) June & Lucy.
Composition Notebook: Wide Ruled: 100+ Lined Pages Writing Journal: Cute Giraffe in Bow Tie 1110. June & Lucy Kids. 2019. (ENG.). 110p. (J). pap. 5.99 (978-1-64608-111-0(0)) June & Lucy.
Composition Notebook: Wide Ruled: 100+ Lined Pages Writing Journal: Cute Mermaids 1028. June & Lucy. 2019. (ENG.). 110p. (J). pap. 5.99 (978-1-64608-102-8(1)) June & Lucy.
Composition Notebook: Wide Ruled: 100+ Lined Pages Writing Journal: Cute Nerd Giraffe 1059. June & Lucy Kids. 2019. (ENG.). 110p. (J). pap. 5.99 (978-1-64608-105-9(6)) June & Lucy.
Composition Notebook: Wide Ruled: 100+ Lined Pages Writing Journal: Cute Puppy Dogs 1103. June & Lucy Kids. 2019. (ENG.). 110p. (J). pap. 5.99 (978-1-64608-110-3(2)) June & Lucy.
Composition Notebook: Wide Ruled: 100+ Lined Pages Writing Journal: Cute Stars for Boys & Girls 1011. June & Lucy Kids. 2019. (ENG.). 110p. (J). pap. 5.99 (978-1-64608-101-1(3)) June & Lucy.
Composition Notebook: Wide Ruled: 100+ Lined Pages Writing Journal: Doodle Alphabet for Boys & Girls 1042. June & Lucy. 2019. (ENG.). 110p. (J). pap. 5.99 (978-1-64608-104-2(8)) June & Lucy.
Composition Notebook: Wide Ruled: 100+ Lined Pages Writing Journal: Folk Art Animals 1073. June & Lucy Kids. 2019. (ENG.). 110p. (J). pap. 5.99 (978-1-64608-107-3(2)) June & Lucy.
Composition Notebook: Wide Ruled: 100+ Lined Pages Writing Journal: Modern Abstract Doodles 0984. June & Lucy Kids. 2019. (ENG.). 110p. (J). pap. 5.99 (978-1-64608-098-4(X)) June & Lucy.
Composition Notebook: Wide Ruled: 100+ Lined Pages Writing Journal: Modern Flowers in Pink & Blue 0991. June & Lucy Kids. 2019. (ENG.). 110p. (J). pap. 5.99 (978-1-64608-099-1(8)) June & Lucy.
Composition Notebook: Wide Ruled: 100+ Lined Pages Writing Journal: Outer Space Theme 1172. June & Lucy Kids. 2019. (ENG.). 110p. (J). pap. 5.99 (978-1-64608-117-2(X)) June & Lucy.
Composition Notebook: Wide Ruled: 100+ Lined Pages Writing Journal: Pink Flowers on Navy Blue 1004. June & Lucy Kids. 2019. (ENG.). 110p. (J). pap. 7.99 (978-1-64608-100-4(5)) June & Lucy.
Composition Notebook: Wide Ruled Lined Paper: Large Size 8. 5x11 Inches, 110 Pages. Notebook Journal: Aesthetic Flower Field Workbook for Preschoolers Students Teens Adults for School College Work Writing Notes. Allegra Edupublishing. 2021. (ENG.). 112p. (YA). pap. 7.99 (978-1-716-25197-9(4)) Lulu Pr., Inc.
Composition Notebook: Wide Ruled Lined Paper: Large Size 8. 5x11 Inches, 110 Pages. Notebook Journal: Aqua Lines Book Workbook for Preschoolers Students Teens Adults for School College Work Writing Notes. Allegra Edupublishing. 2021. (ENG.). 112p. (YA). pap. 7.99 (978-1-716-24211-3(8)) Lulu Pr., Inc.
Composition Notebook: Wide Ruled Lined Paper: Large Size 8. 5x11 Inches, 110 Pages. Notebook Journal: Baby Pink Blanket Workbook for Preschoolers Students Teens Adults for School College Work Writing Notes. Allegra Edupublishing. 2021. (ENG.). 112p. (YA). pap. 7.99 (978-1-716-24006-5(9)) Lulu Pr., Inc.
Composition Notebook: Wide Ruled Lined Paper: Large Size 8. 5x11 Inches, 110 Pages. Notebook Journal: Black Backpack Skin Workbook for Preschoolers Students Teens Adults for School College Work Writing Notes. Allegra Edupublishing. 2021. (ENG.). 112p. (YA). pap. 7.99 (978-1-716-24044-7(1)) Lulu Pr., Inc.
Composition Notebook: Wide Ruled Lined Paper: Large Size 8. 5x11 Inches, 110 Pages. Notebook Journal: Black Cold Ice Workbook for Preschoolers Students Teens Adults for School College Work Writing Notes. Allegra Edupublishing. 2021. (ENG.). 112p. (YA). pap. 7.99 (978-1-716-24293-9(2)) Lulu Pr., Inc.
Composition Notebook: Wide Ruled Lined Paper: Large Size 8. 5x11 Inches, 110 Pages. Notebook Journal: Black Curvy Lines Workbook for Preschoolers Students Teens Adults for School College Work Writing Notes. Allegra Edupublishing. 2021. (ENG.). 112p. (YA). pap. 7.99 (978-1-716-24316-5(5)) Lulu Pr., Inc.
Composition Notebook: Wide Ruled Lined Paper: Large Size 8. 5x11 Inches, 110 Pages. Notebook Journal: Black White Tower for Preschoolers Students Teens Adults for School College Work Writing Notes. Allegra Edupublishing. 2021. (ENG.). 112p. (YA). pap. 7.99 (978-1-716-24517-6(6)) Lulu Pr., Inc.
Composition Notebook: Wide Ruled Lined Paper: Large Size 8. 5x11 Inches, 110 Pages. Notebook Journal: Blue Red Flowers Workbook for Preschoolers Students Teens Adults for School College Work Writing Notes. Allegra Edupublishing. 2021. (ENG.). 112p. (YA). pap. 7.99 (978-1-716-24312-7(2)) Lulu Pr., Inc.
Composition Notebook: Wide Ruled Lined Paper: Large Size 8. 5x11 Inches, 110 Pages. Notebook Journal: Candy Cane Flower Workbook for Preschoolers Students Teens Adults for School College Work Writing Notes. Allegra Edupublishing. 2021. (ENG.). 112p. (YA). pap. 7.99 (978-1-716-24297-7(5)) Lulu Pr., Inc.
Composition Notebook: Wide Ruled Lined Paper: Large Size 8. 5x11 Inches, 110 Pages. Notebook Journal: Clouds Colourful Hearts Workbook for Preschoolers Students Teens Adults for School College Work Writing Notes. Allegra Edupublishing. 2021. (ENG.). 112p. (YA). pap. 7.99 (978-1-716-24195-6(2)) Lulu Pr., Inc.
Composition Notebook: Wide Ruled Lined Paper: Large Size 8. 5x11 Inches, 110 Pages. Notebook Journal: Coral Grey Flowers Workbook for Preschoolers Students Teens Adults for School College Work Writing Notes. Allegra Edupublishing. 2021. (ENG.). 112p. (YA). pap. 7.99 (978-1-716-24307-3(6)) Lulu Pr., Inc.
Composition Notebook: Wide Ruled Lined Paper: Large Size 8. 5x11 Inches, 110 Pages. Notebook Journal: Dark Golden Galaxy Workbook for Preschoolers Students Teens Adults for School College Work Writing Notes. Allegra Edupublishing. 2021. (ENG.). 112p. (YA). pap. 7.99 (978-1-716-23997-7(4)) Lulu Pr., Inc.

C

For book reviews, descriptive annotations, tables of contents, cover images, author biographies & additional information, updated daily, subscribe to www.booksinprint.com 397

Composition Notebook: Wide Ruled Lined Paper: Large Size 8. 5x11 Inches, 110 Pages. Notebook Journal: Fancy Sunset View Workbook for Preschoolers Students Teens Adults for School College Work Writing Notes. Allegra Edupublishing. 2021. (ENG.). 112p. (YA). pap. 7.99 *(978-1-716-24319-6(X))* Lulu Pr., Inc.

Composition Notebook: Wide Ruled Lined Paper: Large Size 8. 5x11 Inches, 110 Pages. Notebook Journal: Field Flower Aesthetics Workbook for Preschoolers Students Teens Adults for School College Work Writing Notes. Allegra Edupublishing. 2021. (ENG.). 112p. (YA). pap. 7.99 *(978-1-716-25237-2(7))* Lulu Pr., Inc.

Composition Notebook: Wide Ruled Lined Paper: Large Size 8. 5x11 Inches, 110 Pages. Notebook Journal: Golden Hour Palms Workbook for Preschoolers Students Teens Adults for School College Work Writing Notes. Allegra Edupublishing. 2021. (ENG.). 112p. (YA). pap. 7.99 *(978-1-716-24001-0(8))* Lulu Pr., Inc.

Composition Notebook: Wide Ruled Lined Paper: Large Size 8. 5x11 Inches, 110 Pages. Notebook Journal: Green Circle Leafs Workbook for Preschoolers Students Teens Adults for School College Work Writing Notes. Allegra Edupublishing. 2021. (ENG.). 112p. (YA). pap. 7.99 *(978-1-716-24301-1(7))* Lulu Pr., Inc.

Composition Notebook: Wide Ruled Lined Paper: Large Size 8. 5x11 Inches, 110 Pages. Notebook Journal: Green Leafs Flowers Workbook for Preschoolers Students Teens Adults for School College Work Writing Notes. Allegra Edupublishing. 2021. (ENG.). 112p. (YA). pap. 7.99 *(978-1-716-24309-7(2))* Lulu Pr., Inc.

Composition Notebook: Wide Ruled Lined Paper: Large Size 8. 5x11 Inches, 110 Pages. Notebook Journal: Green Pink Leaves Workbook for Preschoolers Students Teens Adults for School College Work Writing Notes. Allegra Edupublishing. 2021. (ENG.). 112p. (YA). pap. 7.99 *(978-1-716-25195-5(8))* Lulu Pr., Inc.

Composition Notebook: Wide Ruled Lined Paper: Large Size 8. 5x11 Inches, 110 Pages. Notebook Journal: Grey Red Bricks Workbook for Preschoolers Students Teens Adults for School College Work Writing Notes. Allegra Edupublishing. 2021. (ENG.). 112p. (YA). pap. 7.99 *(978-1-716-23998-4(2))* Lulu Pr., Inc.

Composition Notebook: Wide Ruled Lined Paper: Large Size 8. 5x11 Inches, 110 Pages. Notebook Journal: Lonely Bird Flying Workbook for Preschoolers Students Teens Adults for School College Work Writing Notes. Allegra Edupublishing. 2021. (ENG.). 112p. (YA). pap. 7.99 *(978-1-716-25229-7(6))*; pap. 7.99 *(978-1-716-25234-1(2))* Lulu Pr., Inc.

Composition Notebook: Wide Ruled Lined Paper: Large Size 8. 5x11 Inches, 110 Pages. Notebook Journal: Multiple Flowers Sitting Workbook for Preschoolers Students Teens Adults for School College Work Writing Notes. Allegra Edupublishing. 2021. (ENG.). 112p. (YA). pap. 7.99 *(978-1-716-24505-3(2))* Lulu Pr., Inc.

Composition Notebook: Wide Ruled Lined Paper: Large Size 8. 5x11 Inches, 110 Pages. Notebook Journal: New Year Celebration Workbook for Preschoolers Students Teens Adults for School College Work Writing Notes. Allegra Edupublishing. 2021. (ENG.). 112p. (YA). pap. 7.99 *(978-1-716-24208-3(8))* Lulu Pr., Inc.

Composition Notebook: Wide Ruled Lined Paper: Large Size 8. 5x11 Inches, 110 Pages. Notebook Journal: Orange Aesthetic Sunset Workbook for Preschoolers Students Teens Adults for School College Work Writing Notes. Allegra Edupublishing. 2021. (ENG.). 112p. (YA). pap. 7.99 *(978-1-716-24526-8(5))* Lulu Pr., Inc.

Composition Notebook: Wide Ruled Lined Paper: Large Size 8. 5x11 Inches, 110 Pages. Notebook Journal: Orange Sunset Horizon Workbook for Preschoolers Students Teens Adults for School College Work Writing Notes. Allegra Edupublishing. 2021. (ENG.). 112p. (YA). pap. 7.99 *(978-1-716-23990-8(7))* Lulu Pr., Inc.

Composition Notebook: Wide Ruled Lined Paper: Large Size 8. 5x11 Inches, 110 Pages. Notebook Journal: Pink Beach Sunset Workbook for Preschoolers Students Teens Adults for School College Work Writing Notes. Allegra Edupublishing. 2021. (ENG.). 112p. (YA). pap. 7.99 *(978-1-716-24291-5(6))* Lulu Pr., Inc.

Composition Notebook: Wide Ruled Lined Paper: Large Size 8. 5x11 Inches, 110 Pages. Notebook Journal: Pink Foamy Clouds Workbook for Preschoolers Students Teens Adults for School College Work Writing Notes. Allegra Edupublishing. 2021. (ENG.). 112p. (YA). pap. 7.99 *(978-1-716-25240-2(7))* Lulu Pr., Inc.

Composition Notebook: Wide Ruled Lined Paper: Large Size 8. 5x11 Inches, 110 Pages. Notebook Journal: Pink Nature Flowers Workbook for Preschoolers Students Teens Adults for School College Work Writing Notes. Allegra Edupublishing. 2021. (ENG.). 112p. (YA). pap. 7.99 *(978-1-716-24003-4(4))* Lulu Pr., Inc.

Composition Notebook: Wide Ruled Lined Paper: Large Size 8. 5x11 Inches, 110 Pages. Notebook Journal: Pink Purple Blue Workbook for Preschoolers Students Teens Adults for School College Work Writing Notes. Allegra Edupublishing. 2021. (ENG.). 112p. (YA). pap. 7.99 *(978-1-716-24206-9(1))* Lulu Pr., Inc.

Composition Notebook: Wide Ruled Lined Paper: Large Size 8. 5x11 Inches, 110 Pages. Notebook Journal: Pink Realistic Crin Workbook for Preschoolers Students Teens Adults for School College Work Writing Notes. Allegra Edupublishing. 2021. (ENG.). 112p. (YA). pap. 7.99 *(978-1-716-24290-8(8))* Lulu Pr., Inc.

Composition Notebook: Wide Ruled Lined Paper: Large Size 8. 5x11 Inches, 110 Pages. Notebook Journal: Pink Yellow Stain Workbook for Preschoolers Students Teens Adults for School College Work Writing Notes. Allegra Edupublishing. 2021. (ENG.). 112p. (YA). pap. 7.99 *(978-1-716-24294-6(0))* Lulu Pr., Inc.

Composition Notebook: Wide Ruled Lined Paper: Large Size 8. 5x11 Inches, 110 Pages. Notebook Journal: Pretty Colorful Cloud Workbook for Preschoolers Students Teens Adults for School College Work Writing Notes. Allegra Edupublishing. 2021. (ENG.). 112p. (YA). pap. 7.99 *(978-1-716-24007-2(7))* Lulu Pr., Inc.

Composition Notebook: Wide Ruled Lined Paper: Large Size 8. 5x11 Inches, 110 Pages. Notebook Journal: Pretty Far Galaxy Workbook for Preschoolers Students Teens Adults for School College Work Writing Notes. Allegra Edupublishing. 2021. (ENG.). 112p. (YA). pap. 7.99 *(978-1-716-24292-2(4))* Lulu Pr., Inc.

Composition Notebook: Wide Ruled Lined Paper: Large Size 8. 5x11 Inches, 110 Pages. Notebook Journal: Pretty Mountain View Workbook for Preschoolers Students Teens Adults for School College Work Writing Notes. Allegra Edupublishing. 2021. (ENG.). 112p. (YA). pap. 7.99 *(978-1-716-25251-8(2))* Lulu Pr., Inc.

Composition Notebook: Wide Ruled Lined Paper: Large Size 8. 5x11 Inches, 110 Pages. Notebook Journal: Purple Circles Book Workbook for Preschoolers Students Teens Adults for School College Work Writing Notes. Allegra Edupublishing. 2021. (ENG.). 112p. (YA). pap. 7.99 *(978-1-716-25305-8(5))* Lulu Pr., Inc.

Composition Notebook: Wide Ruled Lined Paper: Large Size 8. 5x11 Inches, 110 Pages. Notebook Journal: Purple Flower Bouquet Workbook for Preschoolers Students Teens Adults for School College Work Writing Notes. Allegra Edupublishing. 2021. (ENG.). 112p. (YA). pap. 7.99 *(978-1-716-24192-5(8))*; pap. 7.99 *(978-1-716-24201-4(0))* Lulu Pr., Inc.

Composition Notebook: Wide Ruled Lined Paper: Large Size 8. 5x11 Inches, 110 Pages. Notebook Journal: Purple Green Flowers Workbook for Preschoolers Students Teens Adults for School College Work Writing Notes. Allegra Edupublishing. 2021. (ENG.). 112p. (YA). pap. 7.99 *(978-1-716-24310-3(6))* Lulu Pr., Inc.

Composition Notebook: Wide Ruled Lined Paper: Large Size 8. 5x11 Inches, 110 Pages. Notebook Journal: Purple Pink Clouds Workbook for Preschoolers Students Teens Adults for School College Work Writing Notes. Allegra Edupublishing. 2021. (ENG.). 112p. (YA). pap. 7.99 *(978-1-716-25235-8(0))* Lulu Pr., Inc.

Composition Notebook: Wide Ruled Lined Paper: Large Size 8. 5x11 Inches, 110 Pages. Notebook Journal: Purple Pink Galaxy Workbook for Preschoolers Students Teens Adults for School College Work Writing Notes. Allegra Edupublishing. 2021. (ENG.). 112p. (YA). pap. 7.99 *(978-1-716-23992-2(3))* Lulu Pr., Inc.

Composition Notebook: Wide Ruled Lined Paper: Large Size 8. 5x11 Inches, 110 Pages. Notebook Journal: Purple Pink Leafs Workbook for Preschoolers Students Teens Adults for School College Work Writing Notes. Allegra Edupublishing. 2021. (ENG.). 112p. (YA). pap. 7.99 *(978-1-716-24304-2(1))* Lulu Pr., Inc.

Composition Notebook: Wide Ruled Lined Paper: Large Size 8. 5x11 Inches, 110 Pages. Notebook Journal: Purple Sunset Sky Workbook for Preschoolers Students Teens Adults for School College Work Writing Notes. Allegra Edupublishing. 2021. (ENG.). 112p. (YA). pap. 7.99 *(978-1-716-35054-2(9))* Lulu Pr., Inc.

Composition Notebook: Wide Ruled Lined Paper: Large Size 8. 5x11 Inches, 110 Pages. Notebook Journal: Purple Zoomed Flower Workbook for Preschoolers Students Teens Adults for School College Work Writing Notes. Allegra Edupublishing. 2021. (ENG.). 112p. (YA). pap. 7.99 *(978-1-716-24009-6(3))* Lulu Pr., Inc.

Composition Notebook: Wide Ruled Lined Paper: Large Size 8. 5x11 Inches, 110 Pages. Notebook Journal: Sparkly Grey Rock Workbook for Preschoolers Students Teens Adults for School College Work Writing Notes. Allegra Edupublishing. 2021. (ENG.). 112p. (YA). pap. 7.99 *(978-1-716-23995-3(8))* Lulu Pr., Inc.

Composition Notebook: Wide Ruled Lined Paper: Large Size 8. 5x11 Inches, 110 Pages. Notebook Journal: Stars Glowing Bright Workbook for Preschoolers Students Teens Adults for School College Work Writing Notes. Allegra Edupublishing. 2021. (ENG.). 112p. (YA). pap. 7.99 *(978-1-716-24530-5(3))* Lulu Pr., Inc.

Composition Notebook: Wide Ruled Lined Paper: Large Size 8. 5x11 Inches, 110 Pages. Notebook Journal: Two Eyes Looking Workbook for Preschoolers Students Teens Adults for School College Work Writing Notes. Allegra Edupublishing. 2021. (ENG.). 112p. (YA). pap. 7.99 *(978-1-716-24212-0(6))* Lulu Pr., Inc.

Composition Notebook: Wide Ruled Lined Paper: Large Size 8. 5x11 Inches, 110 Pages. Notebook Journal: Water Black Color Workbook for Preschoolers Students Teens Adults for School College Work Writing Notes. Allegra Edupublishing. 2021. (ENG.). 112p. (YA). pap. 7.99 *(978-1-716-24303-5(3))* Lulu Pr., Inc.

Composition Notebook: Wide Ruled Lined Paper: Large Size 8. 5x11 Inches, 110 Pages. Notebook Journal: Yellow Blue Flowers Workbook for Preschoolers Students Teens Adults for School College Work Writing Notes. Allegra Edupublishing. 2021. (ENG.). 112p. (YA). pap. 7.99 *(978-1-716-24512-1(5))* Lulu Pr., Inc.

Composition Notebook: Wide Ruled Lined Paper: Large Size 8. 5x11 Inches, 110 Pages. Notebook Journal: Yellow Pink Flowers Workbook for Preschoolers Students Teens Adults for School College Work Writing Notes. Allegra Edupublishing. 2021. (ENG.). 112p. (YA). pap. 7.99 *(978-1-716-24537-4(0))*; pap. 7.99 *(978-1-716-24546-6(X))* Lulu Pr., Inc.

Composition Notebook: Wide Ruled Lined Paper: Large Size 8. 5x11 Inches, 110 Pages. Notebook Journal: Yellow Shiny Stars Workbook for Preschoolers Students Teens Adults for School College Work Writing Notes. Allegra Edupublishing. 2021. (ENG.). 112p. (YA). pap. 7.99 *(978-1-716-24203-8(7))* Lulu Pr., Inc.

Composition Notebook: Wide Ruled Lined Paper: Large Size 8. 5x11 Inches Notebook Journal: Gradient Purple Marble Workbook for Preschoolers Students Teens Adults for School College Work Writing Notes. Allegra Edupublishing. 2021. (ENG.). 112p. (YA). pap. 7.99 *(978-1-716-33561-7(2))* Lulu Pr., Inc.

Composition Notebook: Wide Ruled Space Galaxy Notebook Milky Way Composition Notebook 7. 5 X 9. 25 - College Ruled 110 Pages. Zebra. 2021. (ENG.). 112p. (YA). pap. 9.99 *(978-1-716-19052-0(5))* Kensington Publishing Corp.

Composition Notebook-Chips- 100 Pages. logos2rhemalife PRESS. 2022. (ENG.). 100p. (J). pap. *(978-1-387-62129-3(7))* Lulu Pr., Inc.

Composition Notebook College Ruled: Amazing Silver Glow Pink College Notebook, Wide Ruled Paper Notebook Book for Girls, Kids, Teens & Women of All Ages, Lined Journal, Glitter Diary, School Supplies. Simplify Smart. 2020. (ENG.). 112p. (YA). pap. 7.99 *(978-1-716-32922-7(1))* Lulu Pr., Inc.

Composition NoteBook for Kids: Early Creative Kids Composition Notebook with Illustration Space & Dotted Midline Draw & Write Journal for Kids K-2 Mead Primary Journal Creative Story Tablet. Create Publication. 2021. (ENG.). 124p. pap. *(978-1-6780-7928-4(6))* Lulu Pr., Inc.

Composition Notebook Wide Ruled Space Galaxy Notebook Milky Way Composition Notebook Large 8. 5 X 11 - College Ruled 110 Pages. Zebra. 2021. (ENG.). 112p. (YA). pap. 10.37 *(978-1-716-18814-5(8))* Kensington Publishing Corp.

Composition Notebooks: Simple Linear Notebook with College Ruled 100 Pages (8. 5x11 Format) / Composition Notebook for Students / Wide Blank Lined Workbook / Linear Journal / PREMIUM Collection. Daemon Nash. 2020. (ENG.). 102p. (YA). pap. 8.99 *(978-1-716-31762-0(2))* Lulu Pr., Inc.

Composition of Dr. S. S. Green (Classic Reprint) Stephen Squire Green. 2018. (ENG., Illus.). 40p. (J). 24.74 *(978-0-484-64198-2(0))* Forgotten Bks.

Composition of Scientific Words: A Manual of Methods & a Lexicon of Materials for the Practice of Logotechnics (Classic Reprint) Roland Wilbur Brown. 2017. (ENG., Illus.). (J). 42.40 *(978-0-331-55670-4(7))*; pap. 24.74 *(978-0-282-48318-0(7))* Forgotten Bks.

Composition of the Earth: Children's Earth Science Book for Kids. Bold Kids. 2022. (ENG.). 36p. (J). pap. 14.99 *(978-1-0717-0932-0(1))* FASTLANE LLC.

Composition of the Earth: Discover Pictures & Facts about Earth Composition for Kids! a Children's Earth Sciences Book. Bold Kids. 2022. (ENG.). 30p. (J). pap. 14.99 *(978-1-0717-0852-1(X))* FASTLANE LLC.

Composition of the Universe: the Evolution of Stars & Galaxies, 1 vol. Rachel Keranen. 2016. (Space Systems Ser.). (ENG., Illus.). 112p. (J). (gr. 8-8). 44.50 *(978-1-5026-2285-3(8)*, 229b7660-80d5-4658-892a-6813bc61ff8f) Cavendish Square Publishing LLC.

Compost: Children's Science & Nature Book. Bold Kids. 2022. (ENG.). 40p. (J). pap. 14.99 *(978-1-0717-0933-7(X))* FASTLANE LLC.

Compost Scraps. Marzieh A. Ali. Illus. by Maxine Lee-Mackie. 2023. (Nadia & Nadir Ser.). (ENG.). 32p. (J). (gr. -1-3). lib. bdg. 32.79 *(978-1-0982-3785-1(4)*, 42554, Calico Chapter Bks) Magic Wagon.

Compost What Exactly Is It? Children's Science Book. Bold Kids. 2022. (ENG.). 42p. (J). pap. 14.99 *(978-1-0717-1732-5(4))* FASTLANE LLC.

Composting at School. Josh Gregory. 2018. (J). *(978-1-5105-3724-8(4))* SmartBook Media, Inc.

Compound. Madison Klophaus. 2023. (Gemini Letters Ser.: Vol. 3). (ENG.). 410p. (YA). pap. 21.95 *(978-1-68524-152-0(2))* Primedia eLaunch LLC.

Compound Craziness. Tracey Bruner. 2019. (ENG., Illus.). 50p. (J). pap. 15.99 *(978-1-950454-87-7(8))* Pen It Pubns.

Compradores Inteligentes. Karin Anderson. rev. ed. 2018. (TIME for KIDS(r): Informational Text Ser.). (SPA., Illus.). 16p. (J). (gr. 1-2). 8.99 *(978-1-4258-2693-2(8))* Teacher Created Materials, Inc.

Compramos Comida. Linda Koons. 2016. (Early Rising Readers Ser.). (SPA.). 16p. (J). (gr. 1). 6.67 *(978-1-4788-3756-5(X))* Newmark Learning LLC.

Compramos Comida - 6 Pack. Linda Koons. 2016. (Early Rising Readers Ser.). (SPA.). (J). (gr. 1). 40.00 net. *(978-1-4788-4699-4(2))* Newmark Learning LLC.

Comprehension Skills Pupil Book 5. Abigail Steel. 2017. (ENG.). 64p. (J). pap. 14.99 *(978-0-00-823638-0(0))* HarperCollins Pubs. Ltd. GBR. Dist: Independent Pubs. Group.

Comprehensive Essential Student Resource Package with 1 Year Digital 2018. Hmh Hmh. 2018. (American History: Reconstruction to the Present Ser.). (ENG.). (J). (gr. 9-12). 137.27 *(978-1-328-60627-3(9))* Houghton Mifflin Harcourt Publishing Co.

Comprehensive Essential Student Resource Package with 6 Year Digital 2018. Hmh Hmh. 2018. (American History: Reconstruction to the Present Ser.). (ENG.). (J). (gr. 9-12). 146.53 *(978-1-328-60622-8(8))* Houghton Mifflin Harcourt Publishing Co.

Comprehensive Health Skills for Middle School, Workbook. Mary McCarley. 2018. (ENG.). 248p. pap. 24.00 *(978-1-63563-313-9(3))* Goodheart-Willcox Pub.

Comprehensive Hybrid Student Resource Package with 1 Year Digital 2018. Hmh Hmh. 2018. (American History: Reconstruction to the Present Ser.). (ENG.). (J). (gr. 9-12). 150.40 *(978-1-328-60624-2(4))* Houghton Mifflin Harcourt Publishing Co.

Comprehensive Method of Teaching Reading; Book One; First Five Months. Emma K. Gordon. 2017. (ENG., Illus.). (J). pap. *(978-0-649-46438-8(9))* Trieste Publishing Pty Ltd.

Comprehensive Method, of Teaching Reading (Classic Reprint) Emma K. Gordon. (ENG., Illus.). (J). 2018. 132p. 26.62 *(978-0-666-71544-9(0))*; 2017. pap. 9.57 *(978-0-259-55465-3(0))* Forgotten Bks.

Comprehensive Method of Teaching Reading, Vol. 1: First Five Months (Classic Reprint) Emma K. Gordon. 2017. (ENG., Illus.). (J). 152p. 27.03 *(978-0-266-54476-0(2))*; 154p. pap. 9.57 *(978-0-282-76430-2(5))* Forgotten Bks.

Comprehensive Phraseological English-Ancient & Modern Greek Lexicon, Vol. 1 of 2 (Classic Reprint) G. P. Lascarides. 2017. (ENG., Illus.). (J). 39.51 *(978-0-265-85487-7(3))*; pap. 23.57 *(978-1-5278-8346-8(9))* Forgotten Bks.

Comprehensive Phraseological English-Ancient & Modern Greek Lexicon, Vol. 2 Of 2: Founded upon a Manuscript of G. P. Lascarides, Esq. (Classic Reprint) G. P. Lascarides. 2017. (ENG., Illus.). (J). 37.20 *(978-0-260-16391-2(0))*; pap. 19.57 *(978-1-5281-0429-6(3))* Forgotten Bks.

Compromise! Penelope Dyan. Illus. by Penelope Dyan. l.t. ed. 2019. (ENG., Illus.). 34p. (J). (gr. k-4). pap. 12.60 *(978-1-61477-387-0(4))* Bellissima Publishing, LLC.

Compromise Of 1877: US Reconstruction 1865-1877 Post Civil War Grade 5 Social Studies Children's American History. Baby Professor. 2022. (ENG.). 72p. (J). 31.99 *(978-1-5419-8890-3(6))*; pap. 19.99 *(978-1-5419-8175-1(8))* Speedy Publishing LLC. (Baby Professor (Education Kids)).

Compromise, Vol. 1 of 2 (Classic Reprint) Dorothea Gerard. (ENG., Illus.). (J). 2018. 622p. 36.73 *(978-0-428-78306-8(6))*; 2016. pap. 19.57 *(978-1-334-70281-5(0))* Forgotten Bks.

Compsognathus: A First Look. Jeri Ranch. 2023. (Read about Dinosaurs (Read for a Better World (tm)) Ser.). (ENG., Illus.). 24p. (J). (gr. k-2). pap. 9.99 Lerner Publishing Group.

Compter. Douglas Bender. Tr. by Annie Evearts. 2021. (S'amuser Avec les Maths (Fun with Math) Ser.).Tr. of Counting. (FRE., Illus.). 16p. (J). (gr. -1-1). pap. *(978-1-0396-0418-6(8)*, 13605) Crabtree Publishing Co.

Compton Audley, Vol. 1 Of 3: Or Hands Not Hearts (Classic Reprint) William Pitt Lennox. 2018. (ENG., Illus.). 276p. (J). 29.59 *(978-0-267-17991-6(X))* Forgotten Bks.

Compton Audley, Vol. 2 Of 3: Or Hands Not Hearts (Classic Reprint) William Pitt Lennox. 2018. (ENG., Illus.). 314p. (J). 30.37 *(978-0-484-05723-3(5))* Forgotten Bks.

Compton Audley, Vol. 3 Of 3: Or Hands Not Hearts (Classic Reprint) William Pitt Lennox. 2018. (ENG., Illus.). 288p. (J). 29.84 *(978-0-483-14377-7(4))* Forgotten Bks.

Compton Cowboys: Young Readers' Edition: & the Fight to Save Their Horse Ranch. Walter Thompson-Hernandez. 2021. (ENG.). 256p. (J). (gr. 3-7). pap. 7.99 *(978-0-06-295685-9(X)*, HarperCollins) HarperCollins Pubs.

Compton Cowboys: Young Readers' Edition: And the Fight to Save Their Horse Ranch. Walter Thompson-Hernandez. 2020. (ENG., Illus.). 256p. (J). (gr. 3-7). 16.99 *(978-0-06-295684-2(1)*, HarperCollins) HarperCollins Pubs.

Compulsion Cloud. Averi Ridge Castaneda. Illus. by Vicky Kuhn. 2023. (ENG.). 32p. (J). pap. ***(978-1-915680-04-4(2))*** Trigger Publishing.

Computation of the Unknown. Phil M. Berger. 2017. (ENG., Illus.). (J). pap. 14.95 *(978-0-9862099-4-9(5))* Starward Publishing.

Computer Animation: Telling Stories with Digital Art, 1 vol. Tanya Dellaccio. 2017. (Eye on Art Ser.). (ENG.). 104p. (gr. 7-7). lib. bdg. 41.03 *(978-1-5345-6097-0(1)*, fd0495e6-35bf-4003-a720-a5b411d0bdb0, Lucent Pr.) Greenhaven Publishing LLC.

Computer Called Katherine: How Katherine Johnson Helped Put America on the Moon. Suzanne Slade. Illus. by Veronica Miller Jamison. 2019. (ENG.). 40p. (J). (gr. -1-3). 18.99 *(978-0-316-43517-8(1))* Little, Brown Bks. for Young Readers.

Computer Code Mystery. Justin Taylor. Illus. by Lindsay Hornsby. 2016. (Celia Science & Anna Art Ser.: Vol. 1). (ENG.). (J). (gr. 4-5). pap. *(978-1-911079-17-0(4))* Acorn Independent Pr.

Computer Coding Projects in Scratch: A Step-By-Step Visual Guide. Jon Woodcock. 2016. lib. bdg. 33.05 *(978-0-606-38714-9(5))* Turtleback.

Computer Decoder: Dorothy Vaughan, Computer Scientist. Andi Diehn. Illus. by Katie Mazeika. 2019. (Picture Book Biography Ser.). 32p. (J). (gr. k-3). 16.95 *(978-1-61930-556-4(9)*, 4ced634d-91a9-4a1c-9c23-c86248248393); pap. 9.95 *(978-1-61930-765-0(0)*, 24bd6f4b-ab43-4aea-8616-390ca92dc6cf) Nomad Pr.

Computer Dos & Dont's: Digital Citizenship, 1 vol. Rosie McKee. 2017. (Computer Kids: Powered by Computational Thinking Ser.). (ENG.). 24p. (J). (gr. 3-4). 25.27 *(978-1-5383-2390-8(7)*, 018274c9-3ffc-4ada-ac41-8c5885ee5a9d, PowerKids Pr.); pap. *(978-1-5081-3791-7(9)*, c3dd77b7-6ad4-4fa9-89df-a936e6430696, Rosen Classroom) Rosen Publishing Group, Inc., The.

Computer Evidence. Amy Kortuem. 2018. (Crime Solvers Ser.). (ENG., Illus.). 32p. (J). (gr. 3-9). lib. bdg. 27.32 *(978-1-5435-2990-6(9)*, 138594, Capstone Pr.) Capstone.

Computer-Free Coding, 8 vols. 2017. (Computer-Free Coding Ser.). 32p. (ENG.). (gr. 4-4). 121.08 *(978-1-4994-8244-7(2)*, 82a32224-8c84-4bd7-b3dc-8371db57005f); (gr. 9-9). pap. 47.00 *(978-1-4994-8382-6(1))* Rosen Publishing Group, Inc., The. (Windmill Bks.).

Computer Game & App Developers. Andrew Morkes. 2019. (Cool Careers in Science Ser.). (Illus.). 96p. (J). (gr. 12). lib. bdg. 34.60 *(978-1-4222-4295-7(1))* Mason Crest.

Computer Game Development & Animation: A Practical Career Guide. Tracy Brown Hamilton. 2020. (Practical Career Guides). (Illus.). 100p. (YA). (gr. 8-17). pap. 39.00 *(978-1-5381-3368-2(7))* Rowman & Littlefield Publishers, Inc.

Computer Gaming. Betsy Rathburn. 2021. (Ready, Set, Game! Ser.). (ENG., Illus.). 24p. (J). (gr. 3-7). pap. 7.99 *(978-1-64834-248-6(5)*, 20359); lib. bdg. 26.95 *(978-1-64487-455-4(5))* Bellwether Media.

Computer Kids: Powered by Computational Thinking: Grades 3-4, Fiction Science, 16 vols. 2017. (Computer Kids: Powered by Computational Thinking Ser.). (ENG.). 24p. (J). (gr. 3-4). lib. bdg. 202.16 *(978-1-5383-5681-4(3)*, ea3d8c5d-2aed-42ac-b9cf-9f9c29d757d6, PowerKids Pr.) Rosen Publishing Group, Inc., The.

Computer Kids: Powered by Computational Thinking: Grades 3-4, Fiction Social Studies, 16 vols. 2017. (Computer Kids: Powered by Computational Thinking Ser.). (ENG.). 24p. (J). (gr. 3-4). lib. bdg. 202.16 *(978-1-5383-5684-5(8)*, 9be4eddb-d472-40b7-9d69-9839b53e1832, PowerKids Pr.) Rosen Publishing Group, Inc., The.

Computer Kids: Powered by Computational Thinking: Grades 3-4, Nonfiction Science, 16 vols. 2017. (Computer Kids: Powered by Computational Thinking Ser.). (ENG.). 24p. (J). (gr. 3-4). lib. bdg. 202.16 *(978-1-5383-5683-8(X)*,

398
The check digit for ISBN-10 appears in parentheses after the full ISBN-13

eb92c2a2-95b9-4bac-b8fe-2b2f67f829e6, PowerKids Pr.) Rosen Publishing Group, Inc., The.

Computer Kids: Powered by Computational Thinking: Grades 3-4, Nonfiction Social Studies, 16 vols. 2017. (Computer Kids: Powered by Computational Thinking Ser.). (ENG.). 24p. (J). (gr. 3-4). lib. bdg. 202.16 *(978-1-5383-5685-2(6),* 4228ab88-115c-4e67-9c8a-0be61cf2e815, PowerKids Pr.) Rosen Publishing Group, Inc., The.

Computer Kids: Powered by Computational Thinking: Grades 4-5, Fiction Science, 16 vols. 2017. (Computer Kids: Powered by Computational Thinking Ser.). (ENG.). 24p. (J). (gr. 4-5). lib. bdg. 202.16 *(978-1-5383-5686-9(4),* cec28350-1c89-42ae-ace0-fe4acfd5aa49, PowerKids Pr.) Rosen Publishing Group, Inc., The.

Computer Kids: Powered by Computational Thinking: Grades 4-5, Fiction Social Studies, 16 vols. 2017. (Computer Kids: Powered by Computational Thinking Ser.). (ENG.). 24p. (J). (gr. 4-5). lib. bdg. 202.16 *(978-1-5383-5687-6(2),* cefb3458-0518-490f-9803-a92538983e29, PowerKids Pr.) Rosen Publishing Group, Inc., The.

Computer Kids: Powered by Computational Thinking: Grades 4-5, Nonfiction Science, 16 vols. 2017. (Computer Kids: Powered by Computational Thinking Ser.). (ENG.). 24p. (J). (gr. 4-5). lib. bdg. 202.16 *(978-1-5383-5688-3(0),* 8c8e3058-ef38-4580-bb4e-1712a551c80a, PowerKids Pr.) Rosen Publishing Group, Inc., The.

Computer Kids: Powered by Computational Thinking: Grades 4-5, Nonfiction Social Studies, 16 vols. 2017. (Computer Kids: Powered by Computational Thinking Ser.). (ENG.). 24p. (J). (gr. 4-5). lib. bdg. 202.16 *(978-1-5383-5689-0(9),* 650a3aae-10ee-4e54-9308-d62b6cbebf0c, PowerKids Pr.) Rosen Publishing Group, Inc., The.

Computer Network Architect. Barbara M. Linde. 2017. (Behind the Scenes with Coders Ser.). 32p. (gr. 9-10). 60.00 *(978-1-5081-5560-7(7),* PowerKids Pr.) Rosen Publishing Group, Inc., The.

Computer Pioneers, 12 vols. 2016. (Computer Pioneers Ser.). 32p. (ENG.). (gr. 4-5). 167.58 *(978-1-4994-1887-3(6),* 8a5d62f6-ae0c-461e-9a78-8e06a2d1f899); (gr. 5-4). pap. 70.50 *(978-1-4994-2471-3(X))* Rosen Publishing Group, Inc., The. (PowerKids Pr.).

Computer Programming. Paolo Aliverti. 2021. (ENG.). 364p. (YA). pap. *(978-1-6780-6179-1(4))* Lulu Pr., Inc.

Computer Programming: From Ada Lovelace to Mark Zuckerberg. Kelly Doudna. 2018. (STEM Stories Ser.). (ENG., Illus.). 32p. (J). (gr. 3-6). lib. bdg. 32.79 *(978-1-5321-1545-5(8),* 28944, Checkerboard Library) ABDO Publishing Co.

Computer Programming: Learn It, Try It! Brad Edelman. 2017. (Science Brain Builders Ser.). (ENG.). 48p. (J). (gr. 4-9). pap. 9.10 *(978-1-5157-6429-8(X),* 135168); (Illus.). lib. bdg. 32.65 *(978-1-5157-6424-3(9),* 135164) Capstone. (Capstone Classroom).

Computer Science. Kate Riggs. 2020. (Odysseys in Technology Ser.). (ENG.). 80p. (J). (gr. 7-10). *(978-1-64026-236-2(9),* 18245, Creative Education) Creative Co., The.

Computer Science. Jim Whiting. 2020. (Odysseys Ser.). (ENG.). 80p. (J). (gr. 7-10). pap. 15.99 *(978-1-62832-799-1(5),* 18246, Creative Paperbacks) Creative Co., The.

Computer Science, Vol. 10. Mari Rich. Ed. by Malinda Gilmore & Mel Pouson. 2016. (Black Achievement in Science Ser.). (Illus.). 64p. (J). (gr. 7). 23.95 *(978-1-4222-3557-7(2))* Mason Crest.

Computer Science Footprints Change the World Science Series(chinese Edition) Fuke Shen. 2016. (CHI., Illus.). (YA). (gr. 7-12). pap. 21.00 *(978-7-5428-6200-6(6))* CNPIECSB.

Computer Scientist Jean Bartik. Jennifer Reed. 2016. (STEM Trailblazer Bios Ser.). (ENG., Illus.). 32p. (J). (gr. 2-5). 26.65 *(978-1-5124-0789-1(5),* 88b6a19d-1254-48db-ba2f-68fcdb02dcb3, Lerner Pubns.) Lerner Publishing Group.

Computer Store. Jennifer Colby. 2016. (21st Century Junior Library: Explore a Workplace Ser.). (ENG., Illus.). 24p. (J). (gr. 2-5). 29.21 *(978-1-63471-078-7(9),* 208391) Cherry Lake Publishing.

Computer Technology: From Punch Cards to Supercomputers. Tracey Kelly. 2019. (History of Inventions Ser.). (ENG.). 24p. (J). (gr. 2-4). lib. bdg. *(978-1-78121-454-1(9),* 16731) Brown Bear Bks.

Computers, 1 vol. Jeff Mapua. 2018. (Let's Learn about Computer Science Ser.). (ENG.). 24p. (gr. 1-2). 24.27 *(978-1-9785-0178-2(1),* 26968893-82f0-487a-908f-9a98f79d3987) Enslow Publishing, LLC.

Computers. Claudia Martin. 2018. (Adventures in STEAM Ser.). (ENG., Illus.). 48p. (J). (gr. 3-6). lib. bdg. 27.99 *(978-1-5435-3229-6(2),* 138829, Capstone Pr.) Capstone.

Computers. Rebecca Pettiford & Rebecca Pettiford. 2022. (How It Works). (ENG., Illus.). 24p. (J). (gr. k-3). pap. 7.99 *(978-1-64834-675-0(8),* 21387, Blastoff! Readers) Bellwether Media.

Computers & Coding, 12 vols. 2018. (Computers & Coding Ser.). (ENG., Illus.). 24p. (gr. 2-3). lib. bdg. 157.38 *(978-1-5345-2736-2(2),* 4ba93926-0434-48a1-9576-07c6430a9599) Greenhaven Publishing LLC.

Computers, Communications & the Arts, Vol. 10. Daniel Lewis. 2018. (Careers in Demand for High School Graduates Ser.). 112p. (J). (gr. 7). 34.60 *(978-1-4222-4134-9(3))* Mason Crest.

Computers to Tablets. Jennifer Colby. 2019. (21st Century Junior Library: Then to Now Tech Ser.). (ENG.). 24p. (J). (gr. 2-5). pap. 12.79 *(978-1-5341-5014-0(5),* 213363); (Illus.). lib. bdg. 30.64 *(978-1-5341-4728-7(4),* 213362) Cherry Lake Publishing.

Computing & Coding in the Real World. Clive Gifford. 2017. (Get Connected to Digital Literacy Ser.). (Illus.). 32p. (J). (gr. 4-5). *(978-0-7787-3621-9(0))* Crabtree Publishing Co.

Computing & the Internet. Beatrice Kavanaugh. 2017. (Stem: Shaping the Future Ser.: Vol. 4). (ENG., Illus.). 80p. (J). 24.95 *(978-1-4222-3712-0(5))* Mason Crest.

Computing & the Internet. Beatrice Kavanaugh. 2019. (Stem & the Future Ser.). (ENG.). 48p. (J). lib. bdg. 29.99 *(978-1-5105-4491-8(7))* SmartBook Media, Inc.

Computing for Kids, 8 vols. 2019. (Computing for Kids Ser.). (ENG.). 32p. (J). (gr. 3-3). lib. bdg. 113.08 *(978-1-5382-5337-3(2),* 7ff3f1fa-9de7-40ba-922d-34393c23de8b) Stevens, Gareth Publishing LLLP.

Comrade Gulliver: An Illustrated Account of Travel into That Strange Country, the United States of America (Classic Reprint) Hugo Gellert. (ENG., Illus.). (J). 2018. 94p. 25.84 *(978-0-331-57310-7(5))*; 2017. pap. 9.57 *(978-1-334-95019-3(9))* Forgotten Bks.

Comrade in White (Classic Reprint) W. H. Leathem. 2018. (ENG., Illus.). 72p. (J). 25.38 *(978-0-483-78186-3(X))* Forgotten Bks.

Comrade John (Classic Reprint) Merwin-Webster Merwin-Webster. 2017. (ENG., Illus.). (J). 32.06 *(978-1-5280-8414-7(4))* Forgotten Bks.

Comrade Yetta (Classic Reprint) Arthur Bullard. 2017. (ENG., Illus.). (J). 33.43 *(978-0-331-90254-9(0))* Forgotten Bks.

Comrades: A Military Tale of the Nineteenth Century (Classic Reprint) Unknown Author. (ENG., Illus.). (J). 2018. 42p. 24.78 *(978-0-267-17290-0(7))*; 2017. pap. 7.97 *(978-0-259-81802-1(X))* Forgotten Bks.

Comrades: A Story of Social Adventure in California (Classic Reprint) Thomas Dixon. 2018. (ENG., Illus.). 348p. (J). 31.09 *(978-0-483-35961-1(0))* Forgotten Bks.

Comrades (Classic Reprint) Claude Baxley. (ENG., Illus.). (J). 2018. 294p. 29.98 *(978-0-483-69549-8(1))*; 2016. pap. 13.57 *(978-1-333-14633-7(7))* Forgotten Bks.

Comrades (Classic Reprint) Mary Dillon. (ENG., Illus.). (J). 2018. 412p. 32.39 *(978-0-428-23883-4(1))*; 2017. pap. 16.57 *(978-0-243-30109-6(X))* Forgotten Bks.

Comrades (Classic Reprint) Fannie Ellsworth Newberry. (ENG., Illus.). (J). 2018. 320p. 30.50 *(978-0-484-64142-5(5))*; 2017. pap. 13.57 *(978-0-282-29583-7(6))* Forgotten Bks.

Comrades (Classic Reprint) Elizabeth Stuart Phelps. 2018. (ENG., Illus.). 66p. (J). 25.26 *(978-0-267-27663-9(X))* Forgotten Bks.

Comrades Courageous: A Story of Two Youths & the 'Frisco Earthquake (Classic Reprint) Russell Whitcomb. 2017. (ENG., Illus.). (J). pap. 10.57 *(978-0-259-18778-3(X))* Forgotten Bks.

Comrades Courageous: A Story of Two Youths & the 'frisco Earthquake (Classic Reprint) Russell Whitcomb. 2018. (ENG., Illus.). 196p. (J). 27.94 *(978-0-484-34485-2(4))* Forgotten Bks.

Comrades Courageous: An Eighth Grade Play, in Two Acts (Classic Reprint) Lindsey Barbee. 2018. (ENG., Illus.). 40p. (J). 24.72 *(978-0-365-53089-3(1))* Forgotten Bks.

Comrades in Arms: A Tale of Two Hemispheres (Classic Reprint) Charles King. 2017. (ENG., Illus.). (J). 31.63 *(978-1-5282-6802-8(4))* Forgotten Bks.

Comrades in Arms (Classic Reprint) Philippe Millet. 2017. (ENG., Illus.). (J). 29.55 *(978-0-265-18438-7(X))* Forgotten Bks.

Comrades of Peril (Classic Reprint) Randall Parrish. 2018. (ENG., Illus.). 358p. (J). 31.30 *(978-0-483-59307-7(9))* Forgotten Bks.

Comrades of the Mist: And Other Rhymes of the Grand Fleet (Classic Reprint) Eugene E. Wilson. 2018. (ENG., Illus.). 94p. (J). 25.84 *(978-0-331-81403-3(X))* Forgotten Bks.

Comrades True (Classic Reprint) Annie Thomas. 2018. (ENG., Illus.). 358p. (J). 31.28 *(978-0-483-97371-8(8))* Forgotten Bks.

Comrades Two (Classic Reprint) Elizabeth Fremantle. (ENG., Illus.). (J). 2018. 340p. 30.93 *(978-0-267-99139-6(8))*; 2017. pap. 11.97 *(978-0-243-30515-5(X))* Forgotten Bks.

Comstock Club (Classic Reprint) C. c. Goodwin. 2018. (ENG., Illus.). 324p. (J). 30.58 *(978-0-364-64189-7(4))* Forgotten Bks.

Comtesse de Charny, Vol. 1 (Classic Reprint) Dumas. 2016. (ENG., Illus.). (J). pap. 13.57 *(978-1-334-49944-9(6))* Forgotten Bks.

Comtesse de Charny, Vol. 1 (Classic Reprint) Alexandre Dumas. 2018. (ENG., Illus.). (J). 31.07 *(978-0-331-93321-5(7))* Forgotten Bks.

Comtesse de Charny, Vol. 2 (Classic Reprint) Dumas. 2016. (ENG., Illus.). (J). pap. 13.97 *(978-1-333-29868-5(4))* Forgotten Bks.

Comtesse de Charny, Vol. 2 (Classic Reprint) Alexandre Dumas. 2017. (ENG., Illus.). (J). 31.26 *(978-0-331-19664-1(6))* Forgotten Bks.

Comtesse de Charny, Vol. 2 (Classic Reprint) Alexandre Dumas. 2017. (FRE., Illus.). (J). pap. 13.57 *(978-1-5285-9196-6(8))* Forgotten Bks.

Comtesse de Charny, Vol. 3 (Classic Reprint) Alexandre Dumas. 2017. (FRE., Illus.). (J). 37.43 *(978-0-331-33672-6(3))* Forgotten Bks.

Comtesse de Charny, Vol. 3 (Classic Reprint) Alexandre Dumas. 2018. (ENG., Illus.). 414p. (J). 32.46 *(978-0-484-07936-5(0))* Forgotten Bks.

Comtesse de Charny, Vol. 4 (Classic Reprint) Alexandre Dumas. 2017. (FRE., Illus.). (J). 30.56 *(978-0-260-26766-5(X))* Forgotten Bks.

¡Comunicate! El Habla Animal. Dona Herweck Rice. rev. ed. 2019. (TIME for KIDS(r): Informational Text Ser.). (SPA., Illus.). 12p. (gr. k-1). 7.99 *(978-1-4258-2686-4(5))* Teacher Created Materials, Inc.

¡Comunicate! Cómo lo Dices. Dona Herweck Rice. rev. ed. 2018. (TIME for KIDS(r): Informational Text Ser.). (SPA., Illus.). 24p. (J). (gr. 1-2). pap. 8.99 *(978-1-4258-2694-9(6))* Teacher Created Materials, Inc.

Comunidad de Washington, D. C. Set of 6 Common Core Edition. Bernice Rappoport & Benchmark Education Company, LLC Staff. 2016. (Navigators Ser.). (SPA.). (J). (gr. 3). 54.00 net. *(978-1-5125-0800-0(4))* Benchmark Education Co.

Comunidad Se Ocupa y Comparte: Leveled Reader Book 21 Level P 6 Pack. Hmh Hmh. 2021. (SPA.). 32p. (J). pap. 74.40 *(978-0-358-08503-4(9))* Houghton Mifflin Harcourt Publishing Co.

Comunidad Secreta/ the Secret Commonwealth. Philip Pullman. 2020. (Libro de la Oscuridad / the Book of Dust Ser.). (SPA.). 578p. (J). (gr. 9-12). 19.95 *(978-84-17167-08-0(0))* Penguin Random House Grupo Editorial ESP. Dist: Penguin Random Hse. LLC.

Con Academy. Joe Schreiber. 2016. (ENG.). 240p. (YA). (gr. 9). pap. 9.99 *(978-0-544-81355-7(3),* 1641955, Clarion Bks.) HarperCollins Pubs.

Con Alas de Mariposa (with a Butterfly's Wings) Pilar López Ávila. Tr. by Jon Brokenbrow. Illus. by Zuzanna Celej. 2022. (SPA.). 28p. (J). (gr. k-3). 18.95 *(978-84-18302-57-2(7))* Cuento de Luz SL ESP. Dist: Publishers Group West (PGW).

con Artist in Paris. Franklin Dixon. 2017. (Hardy Boys Adventures Ser.: 15). (ENG.). 128p. (J). (gr. 3-7). 17.99 *(978-1-4814-9007-8(9),* Aladdin) Simon & Schuster Children's Publishing.

con Artist in Paris. Franklin Dixon. 2017. 122p. (J). *(978-1-5379-7447-7(5),* Simon & Schuster/Paula Wiseman Bks.) Simon & Schuster/Paula Wiseman Bks.

con Artist in Paris. Franklin W. Dixon. 2017. (Hardy Boys Adventures Ser.: 15). (ENG.). 128p. (J). (gr. 3-7). pap. 7.99 *(978-1-4814-9006-1(0),* Aladdin) Simon & Schuster Children's Publishing.

con Artist's Takeover: The Mystery of the Unco-Nerdo School Teacher. Karen Cossey. 2018. (Crime Stopper Kids Mysteries Ser.: Vol. 2). (ENG., Illus.). 296p. (J). (gr. 4-6). pap. *(978-0-473-45533-0(1))* Rare Design Ltd.

Con Cuba en el Bolsillo / Cuba in My Pocket (Spanish Edition) Adrianna Cuevas. Tr. by Alexis Romay. 2023. (SPA.). 352p. (J). 17.99 *(978-0-374-39085-3(1),* 900278565, Farrar, Straus & Giroux (BYR)) Farrar, Straus & Giroux.

Con Mucho Amor. Jenny Torres Sanchez. Illus. by André Ceolin. 2022. 32p. (J). (gr. -1-3). 18.99 *(978-0-593-20503-7(0),* Philomel Bks.) Penguin Young Readers Group.

Con of Misty Mountain (Classic Reprint) Marty T. Waggaman. 2017. (ENG., Illus.). (J). 30.33 *(978-0-331-55285-0(X))*; pap. 13.57 *(978-0-243-12839-6(8))* Forgotten Bks.

Con Papá / with Papá. Frederick Luis Aldama. Illus. by Nicky Rodriguez. 2022. (Latinographix Ser.). (SPA & ENG.). 40p. (J). (gr. -1-2). 14.95 *(978-0-8142-1521-0(1),* Mad Creek Bks.) Ohio State Univ. Pr.

Con Pollo: A Bilingual Playtime Adventure. Jimmy Fallon & Jennifer Lopez. Illus. by Andrea Campos. ed. 2022. (ENG.). 48p. (J). 18.99 *(978-1-250-83041-8(9),* 900252853) Feiwel & Friends.

Con Quest! Sam Maggs. 2021. (ENG.). 256p. (J). pap. 11.99 *(978-1-250-79187-0(1),* 900197991) Square Fish.

Con Toda la Furia. Courtney Summers. 2021. (SPA.). 312p. (YA). pap. 18.99 *(978-607-8712-79-3(9))* V&R Editoras.

Con (un Po') d'aiuto Dai Miei Amici. Ed. by Tanya Ferretto. Tr. by Regina Basilone. 2023. (ENG.). 130p. (J). pap. 9.00 ***(978-1-956594-30-0(2))*** Puentes.

Con una Estrella en la Mano (with a Star in My Hand) Rubén Darío. Margarita Engle. Tr. by Alexis Romay from ENG. 2020. (SPA.). 160p. (YA). (gr. 7). 18.99 *(978-1-5344-6125-3(6))*; pap. 11.99 *(978-1-5344-6124-6(8))* Simon & Schuster Children's Publishing. (Atheneum Bks. for Young Readers).

¿con Vida o Sin Vida? - en la Ciudad. Alina Karam Cordova & Melissa Hong. 2017. (1-3A en Mi Mundo Ser.). (SPA.). 12p. (J). pap. 9.60 *(978-1-63437-888-8(1),* ARC Pr. Bks.) American Reading Co.

¿con Vida o Sin Vida? - en la Ciudad (ENIL FSTK ONLY) Alina Karam Córdova & Traci Dibble. 2016. (1-3a Enil Fstk Ser.). (SPA.). 20p. (J). pap. 8.00 *(978-1-63437-874-1(1),* ARC Pr. Bks.) American Reading Co.

Conan & His Hero Friends. Pamela Blake-Wilson. 2021. (ENG.). 52p. (J). pap. *(978-1-80094-234-9(6))* Terence, Michael Publishing.

Conan the Barbarian: the Original Marvel Years Omnibus Vol. 5. Michael Fleisher. Illus. by John Buscema. 2021. (ENG.). 928p. (gr. 8-17). 125.00 *(978-1-302-92656-4(X))* Marvel Worldwide, Inc.

Conceal, Don't Feel: A Twisted Tale. Jen Calonita. 2019. (Twisted Tale Ser.). (ENG.). 320p. (YA). (gr. 7-12). 18.99 *(978-1-368-05223-8(1),* Disney-Hyperion) Disney Publishing Worldwide.

Concealed. Christina Diaz Gonzalez. (ENG.). 320p. (J). (gr. 3-7). 2022. pap. 8.99 *(978-1-338-64722-8(9))*; 2021. 18.99 *(978-1-338-64720-4(2),* Scholastic Pr.) Scholastic, Inc.

Concealed Coalfield of Yorkshire & Nottinghamshire (Classic Reprint) Walcot Gibson. 2018. (ENG., Illus.). 140p. (J). 26.78 *(978-0-364-30089-3(2))* Forgotten Bks.

Concealment, Vol. 1 Of 3: A Novel (Classic Reprint) Unknown Author. 2018. (ENG., Illus.). 452p. (J). 33.22 *(978-0-267-44116-7(9))* Forgotten Bks.

Concealment, Vol. 2 Of 3: A Novel (Classic Reprint) Unknown Author. (ENG., Illus.). (J). 2018. 480p. 33.82 *(978-0-267-40953-2(2))*; 2016. pap. 16.57 *(978-1-334-22841-4(8))* Forgotten Bks.

Concentration Camps of Canada: Based on a True Story. Baron Alexander Deschauer. 2017. (ENG., Illus.). (YA). *(978-1-5255-0302-3(2))*; pap. *(978-1-5255-0303-0(0))* FriesenPress.

Concentrations of Bee (Classic Reprint) Lilian Bell. 2018. (ENG., Illus.). 338p. (J). 30.87 *(978-0-267-21828-8(1))* Forgotten Bks.

Concept Cars. Rob Colson. 2022. (Motormania Ser.). (ENG.). 32p. (J). (gr. 4-8). pap. *(978-1-0396-4773-2(1),* 17122); lib. bdg. *(978-1-0396-4757-2(X),* 16209) Crabtree Publishing Co. (Crabtree Classics).

Concept Cars. Ryan James. 2022. (Car Mania Ser.). (ENG.). 24p. (J). (gr. 3-6). pap. 8.95 *(978-1-63897-586-1(8),* 19506) Seahorse Publishing.

Concept Cars. Contrib. by Ryan James. 2022. (Car Mania Ser.). (ENG.). 24p. (J). (gr. 3-6). lib. bdg. 27.93 *(978-1-63897-471-0(3),* 19505) Seahorse Publishing.

Concept Cars: Past & Future. Norm Geddis. 2018. (J). *(978-1-4222-4086-1(X))* Mason Crest.

Concept of Nature: The Tarner Lectures Delivered in Trinity College. Alfred North Whitehead. 2017. (ENG., Illus.). (J). 23.95 *(978-1-374-97183-7(9))*; pap. 13.95 *(978-1-374-97182-0(0))* Capital Communications, Inc.

Concept of Nature: The Tarner Lectures Delivered in Trinity College, November 1919 (Classic Reprint) Alfred North Whitehead. 2017. (ENG., Illus.). (J). 28.31 *(978-1-5284-7183-1(0))* Forgotten Bks.

Concepts of Liberty: The Declaration of Independence U. S. Revolutionary Period Fourth Grade History Children's American Revolution History. Universal Politics. 2020. (ENG.). 72p. (J). 24.99 *(978-1-5419-8015-0(8))*; pap. 14.99 *(978-1-5419-5032-0(1))* Speedy Publishing LLC. (Universal Politics (Politics & Social Sciences)).

Concepts of the Electrical Phenomena of Planetary Systems (Classic Reprint) George Adam. 2018. (ENG., Illus.). 90p. (J). 25.75 *(978-0-484-34166-0(9))* Forgotten Bks.

Conceptual Maths: Teaching 'about' (rather Than Just 'how to Do') Mathematics in Schools. Peter Mattock. 2023. (ENG., Illus.). 400p. (YA). pap. 44.95 *(978-1-78583-599-5(8))* Crown Hse. Publishing LLC.

Concerning Animals & Other Matters (Classic Reprint) Edward Hamilton Aitken. 2018. (ENG., Illus.). 238p. (J). 28.81 *(978-0-267-42529-7(5))* Forgotten Bks.

Concerning Belinda (Classic Reprint) Eleanor Hoyt Brainerd. (ENG., Illus.). (J). 2018. 232p. 28.70 *(978-0-483-85254-9(6))*; 2016. pap. 11.57 *(978-1-334-17180-2(7))* Forgotten Bks.

Concerning Cats: A Book of Poems by Many Authors (Classic Reprint) Rosamund Rosamund. (ENG., Illus.). (J). 2018. 138p. 26.74 *(978-0-365-12639-3(X))*; 2017. pap. 9.57 *(978-0-259-40343-2(1))* Forgotten Bks.

Concerning Martha: A Novel (Classic Reprint) Charlotte L. White. (ENG., Illus.). (J). 2018. 222p. 28.48 *(978-0-484-46965-4(7))*; 2017. pap. 10.97 *(978-0-243-23863-7(0))* Forgotten Bks.

Concerning Paul & Fiammetta (Classic Reprint) Lizzie Allen Harker. (ENG., Illus.). (J). 2017. 30.83 *(978-0-331-60129-9(X))*; 2016. pap. 13.57 *(978-1-334-49851-0(2))* Forgotten Bks.

Concerning Sally (Classic Reprint) William John Hopkins. 2018. (ENG., Illus.). 400p. (J). 32.15 *(978-0-332-95128-7(6))* Forgotten Bks.

Concerning Teddy (Classic Reprint) Murray Hickson. 2018. (ENG., Illus.). 306p. (J). 30.21 *(978-0-484-30238-8(8))* Forgotten Bks.

Concerning the Hutchinson Twins. Leah C. Wright. 2021. (ENG.). 154p. (YA). pap. 9.99 ***(978-1-0879-7966-3(8))*** Indy Pub.

Concert see Concierto

Concert. Rebecca Pettiford. Ed. by Jenny Fretland VanVoorst. 2016. (First Field Trips). 24p. (J). (gr. k-2). lib. bdg. 25.65 *(978-1-62031-294-0(8),* Bullfrog Bks.) Jump! Inc.

Concert Cameos (Classic Reprint) Daisy McGeoch. (ENG., Illus.). (J). 2018. 74p. 25.42 *(978-0-267-54747-0(1))*; 2016. pap. 9.57 *(978-1-333-50140-2(4))* Forgotten Bks.

Concert d'été Au Clair de Lune. Han Han. Illus. by Han Han. 2021. (Histoire, une Chanson Ser.). (ENG., Illus.). 40p. (J). (gr. k-2). 16.95 *(978-2-924774-93-9(4))* La Montagne Secrete CAN. Dist: Independent Pubs. Group.

Concert in the Park. Kazuaki Yamada. Illus. by Kazuaki Yamada. 2018. (Illus.). 32p. (J). (gr. -1-k). 18.99 *(978-988-8341-48-1(0),* Minedition) Penguin Young Readers Group.

Concert in the Sand. Rachella Sandbank & Tami Shem-Tov. Illus. by Avi Ofer. 2017. (ENG.). 32p. (J). (gr. -1-3). 17.99 *(978-1-5124-0099-1(8),* 9d9de552-46ef-4d45-a435-1a95679c3a45, Kar-Ben Publishing) Lerner Publishing Group.

Concert Pitch (Classic Reprint) Frank Danby. (ENG., Illus.). (J). 2018. 394p. 32.02 *(978-0-364-01385-4(0))*; 2018. 394p. 32.04 *(978-0-483-75271-9(1))*; 2017. pap. 16.57 *(978-0-243-51186-0(8))* Forgotten Bks.

Conchigliologia Vivente Marina Della Sicilia e Delle Isole Che la Circondano: Opera Letta in Piu Sedute All'accademia Gioenia Di Scienze Naturali (Classic Reprint) Andrea Aradas. 2017. (ITA., Illus.). (J). 31.16 *(978-0-265-41066-0(5))*; pap. 13.97 *(978-1-332-71157-4(X))* Forgotten Bks.

Conchologist's Text-Book: Embracing the Arrangements of Lamarck & Linnæus, with a Glossary of Technical Terms (Classic Reprint) Thomas Brown. 2018. (ENG., Illus.). (J). 220p. 28.45 *(978-1-397-18695-9(X))*; 222p. pap. 10.97 *(978-1-397-18691-1(7))* Forgotten Bks.

Conchyliologie Fossile des Terrains Tertiaires du Bassin de l'Adour, (Environs de Dax), Vol. 1: Univalves; Atlas (Classic Reprint) Jean Pierre Sylvestre Grateloup. 2018. (FRE., Illus.). (J). 138p. 26.76 *(978-1-391-66938-0(X))*; 140p. pap. 9.57 *(978-1-390-84503-7(6))* Forgotten Bks.

Concierto. Rebecca Pettiford. 2016. (Los Primeros Viajes Escolares (First Field Trips)).Tr. of Concert. (SPA.). 24p. (J). (gr. k-2). lib. bdg. 25.65 *(978-1-62031-329-9(4),* Bullfrog Bks.) Jump! Inc.

Concierto de la Cigarra: Leveled Reader Book 54 Level I 6 Pack. Hmh Hmh. 2020. (SPA.). 24p. (J). pap. 74.40 *(978-0-358-08363-4(X))* Houghton Mifflin Harcourt Publishing Co.

Concise & Suggestive Manual for Teachers. Andrew W. Edson. 2017. (ENG., Illus.). (J). pap. *(978-0-649-39989-5(7))* Trieste Publishing Pty Ltd.

Concise & Suggestive Manual for Teachers (Classic Reprint) Andrew W. Edson. 2018. (ENG., Illus.). 92p. (J). 25.81 *(978-0-666-39658-7(2))* Forgotten Bks.

Concise Dictionary of the Ojibway Indian Language, Vol. 1: Compiled & Abridged from Larger Editions by English & French Authors (Classic Reprint) Unknown Author. abr. ed. 2017. (ENG., Illus.). (J). 26.35 *(978-1-5280-5974-9(3))* Forgotten Bks.

Concise Introduction to the Food Chain Ecology Books Grade 3 Children's Environment Books. Baby Professor. 2021. (ENG.). 72p. (J). 27.99 *(978-1-5419-8006-8(9))*; pap. 16.99 *(978-1-5419-5915-6(9))* Speedy Publishing LLC. (Baby Professor (Education Kids)).

Concise Poetic Anthology of the Latin American Vanguard Movement, 1920-1930 see Breve Antologia

C

de la Poesia Latinoamericana de Vanguardia, 1920-1930

Conclusion et Dernière Partie d'Astree, Ou Par Plusieurs Histoires et Sous Personnes de Bergers et d'Autres, Sont déduits les Divers Effects de l'Honneste Amitié (Classic Reprint) Honore D. Urfe. 2018. (FRE., Illus.). (J). 1022p. 44.98 *(978-0-267-06054-2(8))*; 1024p. pap. 27.32 *(978-0-483-47587-8(4))* Forgotten Bks.

Concrete & Cranes: 100 Devotions Building on the Love of Jesus. Rhonda VanCleave. 2020. (ENG.). 208p. (J). (gr. 1-6). pap. 9.99 *(978-1-4300-7022-1(6)*, 005823445, B&H Kids) B&H Publishing Group.

Concrete Angel. Heidi Bensley. 2023. (ENG.). 163p. (YA). pap. ***(978-1-387-18406-4(7))*** Lulu Pr., Inc.

Concrete Cowboy: Movie Tie-In (Ghetto Cowboy) G. Neri. Illus. by Jesse Joshua Watson. ed. 2021. (ENG.). 240p. (J). (gr. 5). pap. 7.99 *(978-1-5362-1735-3(2)*, Candlewick Entertainment) Candlewick Pr.

Concrete Faery: Book I of the Troutespond Series. Elizabeth Priest. 2018. (Troutespond Ser.: Vol. 1). (ENG., Illus.). 204p. (YA). (gr. 8-12). pap. ***(978-1-911143-41-3(7))*** Luna Pr. Publishing.

Concrete: from the Ground Up. Larissa Theule. Illus. by Steve Light. 2022. (Material Marvels Ser.). (ENG.). 48p. (J). (gr. 2-5). 18.99 *(978-1-5362-1250-1(4))* Candlewick Pr.

Concrete Kids. Amyra León. Illus. by Ashley Lukashevsky. 2020. (Pocket Change Collective Ser.). 96p. (YA). (gr. 7). pap. 8.99 *(978-0-593-09519-5(7)*, Penguin Workshop) Penguin Young Readers Group.

Concrete Mixer. Samantha Bell. 2018. (21st Century Basic Skills Library: Level 1: Welcome to the Construction Site Ser.). (ENG., Illus.). 24p. (J). (gr. k-3). lib. bdg. 30.64 *(978-1-5341-2921-4(9)*, 211728) Cherry Lake Publishing.

Concrete Mixers. Quinn M. Arnold. 2018. (Amazing Machines Ser.). (ENG., Illus.). 24p. (J). (gr. 1-3). pap. 10.99 *(978-1-62832-503-4(8)*, 19523, Creative Paperbacks); *(978-1-60818-887-1(6)*, 19525, Creative Education) Creative Co., The.

Concrete Mixers. Katie Chanez. 2019. (Construction Vehicles Ser.). (ENG., Illus.). 24p. (J). (gr. 1-1). pap. 8.95 *(978-1-64494-002-0(7)*, 1644940027) North Star Editions.

Concrete Mixers. Katie Chanez. 2019. (Construction Vehicles (POP) Ser.). (ENG.). 24p. (J). (gr. k-3). lib. bdg. 31.36 *(978-1-5321-6329-6(0)*, 31973, Pop! Cody Koala) Pop!.

Concrete Mixers. Kathryn Clay. 2017. (Construction Vehicles at Work Ser.). (ENG., Illus.). 24p. (J). (gr. -1-2). pap. 6.95 *(978-1-5157-8018-2(X)*, 136057, Pebble) Capstone.

Concrete Mixers. Julie Murray. 2018. (Construction Machines (Dash!) Ser.). (ENG., Illus.). 24p. (J). (gr. k-4). lib. bdg. 31.36 *(978-1-5321-2514-0(3)*, 30037, Abdo Zoom-Dash) ABDO Publishing Co.

Concrete Mixers. Rebecca Pettiford. 2017. (Mighty Machines in Action Ser.). (ENG., Illus.). 24p. (J). (gr. k-3). lib. bdg. 26.95 *(978-1-62617-630-0(2)*, Blastoff! Readers) Bellwether Media.

Concrete Mixers. Mari Schuh. (Spot Ser.). (ENG.). 16p. (J). (gr. -1-1). 2018. pap. 7.99 *(978-1-68152-209-8(8)*, 14741); 2017. 17.95 *(978-1-68151-098-9(7)*, 14622) Amicus.

Concrete Mixers Stir! Beth Bence Reinke. 2017. (Bumba Books (r) — Construction Zone Ser.). (ENG., Illus.). 24p. (J). (gr. -1-1). lib. bdg. 26.65 *(978-1-5124-3357-9(8)*, 6c69358e-6a04-40d4-9c7a-c1f34ed32102, Lerner Pubns.) Lerner Publishing Group.

Concrete Rose. Angie Thomas. 2022. (ENG.). 368p. (YA). (gr. 9). pap. 14.99 *(978-0-06-284672-3(8)*, Balzer & Bray) HarperCollins Pubs.

Concrete Rose: A Printz Honor Winner. Angie Thomas. 2021. (ENG.). 368p. (YA). (gr. 9). 21.99 *(978-0-06-284671-6(X)*, Balzer & Bray) HarperCollins Pubs.

Concurso de Disfraces (the Costume Contest) Kirsten McDonald. Illus. by Erika Meza. 2018. (Carlos & Carmen (Spanish Version) (Calico Kid) Ser.). (SPA.). 32p. (J). (gr. -1-3). lib. bdg. 32.79 *(978-1-5321-3356-5(1)*, 31185, Calico Chapter Bks) Magic Wagon.

Concurso Por la Princesa Mas Linda Del Mundo: El Barco Mas Grande y Mas Lindo Del Mundo. David Singer. 2018. (SPA., Illus.). 78p. (J). (gr. 3-6). pap. 16.95 *(978-0-9998224-6-3(2))* singer, david.

Concussion Comeback. Kyle Jackson. Illus. by Simon Rumble. 2018. (Mac's Sports Report). (ENG.). 128p. (J). (gr. 3-4). pap. 7.99 *(978-1-63163-228-0(0)*, 1631632280); lib. bdg. 27.13 *(978-1-63163-227-3(2)*, 1631632272) North Star Editions. (Jolly Fish Pr.).

Concussions. Martin Gitlin. 2020. (Sports in the News Ser.). (ENG., Illus.). 48p. (J). (gr. 5-6). pap. 11.95 *(978-1-64493-467-8(1)*, 1644934671); lib. bdg. 34.21 *(978-1-64493-391-6(8)*, 1644933918) North Star Editions. (Focus Readers).

Concussions: A Football Player's Worst Nightmare - Biology 6th Grade Children's Diseases Books. Baby Professor. 2017. (ENG., Illus.). (J). pap. 8.79 *(978-1-5419-1066-9(4)*, Baby Professor (Education Kids)) Speedy Publishing LLC.

Concussions & Other Brain Trauma, 1 vol. Ryan Nagelhout. 2017. (Diseases & Disorders Ser.). (ENG.). 104p. (gr. 7-7). lib. bdg. 41.53 *(978-1-5345-6127-4(7)*, 51731b1b-9dae-4e6f-9b96-ca5e6bbfa294, Lucent Pr.) Greenhaven Publishing LLC.

Condemned Door (Porte Close) Or the Secret of Trigabon Castle (Classic Reprint) Fortune Du Boisgobey. (ENG., Illus.). (J). 2018. 320p. 30.50 *(978-0-428-77177-5(7))*; 2016. pap. 13.57 *(978-1-333-41408-5(0))* Forgotten Bks.

¿Condenadas a Desaparecer? Especies en Peligro de Extinción: Set of 6 Common Core Edition. Kathy Kinsner & Benchmark Education Company, LLC Staff. 2016. (Navigators Ser.). (SPA.). (J). (gr. 4). 58.00 net. *(978-1-5125-0781-2(4))* Benchmark Education Co.

Condenado a Muerte. J. R. Johansson. 2019. (SPA.). 464p. (YA). (gr. 9-12). pap. 16.99 *(978-987-747-434-3(4))* V&R Editoras.

Condensed Guide for the Stanford Revision of the Binet-Simon Intelligence Tests (Classic Reprint) Lewis Madison Terman. 2019. (ENG., Illus.). 108p. (J). 26.14 *(978-0-365-30897-3(8))* Forgotten Bks.

Condensed Novels. Bret Harte. 2017. (ENG.). (J). 224p. pap. *(978-3-337-05122-8(7))*; 196p. pap. *(978-3-337-02380-5(0))* Creation Pubs.

Condensed Novels. Bret Harte & Solomon Eytinge. 2017. (ENG.). 226p. (J). pap. *(978-3-337-00102-5(5))* Creation Pubs.

Condensed Novels: New Burlesques (Classic Reprint) Bret Harte. (ENG., Illus.). (J). 2018. 268p. 29.42 *(978-0-267-87430-9(8))*; 2018. 260p. 29.26 *(978-0-332-19598-8(8))*; 2018. 232p. 28.70 *(978-0-483-61674-5(5))*; 2017. pap. 11.57 *(978-0-243-28446-7(2))* Forgotten Bks.

Condensed Novels: Second Series; New Burlesques (Classic Reprint) Bret Harte. 2018. (ENG., Illus.). 244p. (J). 28.93 *(978-0-484-85940-0(4))* Forgotten Bks.

Condensed Novels & Other Papers (Classic Reprint) F. Bret Harte. 2018. (ENG., Illus.). 322p. (J). 30.54 *(978-0-484-77146-7(9))* Forgotten Bks.

Condensed Novels & Stories (Classic Reprint) Bret Harte. 2018. (ENG., Illus.). 490p. (J). 34.00 *(978-0-484-44479-8(4))* Forgotten Bks.

Condensed Novels (Classic Reprint) Bret Harte. 2017. (ENG., Illus.). (J). 27.94 *(978-1-5279-8054-9(5))* Forgotten Bks.

Condiciones Del Tiempo Severas. Kathy Furgang. 2017. (Vitales Ser.). (SPA.). (YA). (gr. 6-8). pap. *(978-1-5021-6881-8(2))* Benchmark Education Co.

Condiciones Del Tiempo Severas - 6 Pack: Set of 6 Common Core Edition. Kathy Furgang. 2017. (Vitales Ser.). (SPA.). (YA). (gr. 6-8). 75.00 *(978-1-5021-7103-0(1))* Benchmark Education Co.

Condition de la Femme Dans le Code d'Hammourabi et le Code Moise (Classic Reprint) Jean Amalric. 2017. (FRE., Illus.). (J). 25.40 *(978-0-260-09803-0(5))* Forgotten Bks.

Condoleezza Rice: US Secretary of State. Contrib. by Kevin Cunningham. 2023. (Black American Journey Ser.). (ENG.). 32p. (J). (gr. 4-7). lib. bdg. 35.64 ***(978-1-5038-8062-7(1)***, 216966) Child's World, Inc, The.

Condor Comeback. Sy Montgomery. Illus. by Tianne Strombeck. (Scientists in the Field Ser.). (ENG.). 96p. (J). 2023. (gr. 3-7). pap. 11.99 *(978-0-06-329078-5(2))*; 2020. (gr. 5-7). 18.99 *(978-0-544-81653-4(6)*, 1642533) HarperCollins Pubs. (Clarion Bks.).

Cóndor Mendocino: Primera Antología, Mujer, Poesía. Adela Elisa Cornejo & Guillermo Adrian Salinas. 2022. (SPA.). 117p. pap. ***(978-1-387-86556-7(0))*** Lulu Pr., Inc.

Condra's Fire. 2017. (Unfolding Trilogy Ser.: Vol. 2). (ENG., Illus.). 476p. (YA). 35.99 *(978-0-9834761-6-0(0))* CheeTrann Creations LLC.

Conduction - Sharing the Warmth: A STEM Story for Young Readers (Perfect Book to Inspire Child's Curiosity about Science at Very Young Age): le & COO's STEM-STORY for Young Readers: Sharing the Warmth. Shiva S. Mohanty. 2023. (ENG.). 28p. (J). pap. 14.99 ***(978-1-0881-4992-8(8))*** Indy Pub.

Conductores de Autobús (Bus Drivers) Julie Murray. 2018. (Trabajos en Mi Comunidad (My Community: Jobs) Ser.). (SPA.). 24p. (J). (gr. -1-2). lib. bdg. 31.36 *(978-1-5321-8366-9(6)*, 29925, Abdo Kids) ABDO Publishing Co.

Conductors & Insulators: Understanding Definitions Elements of Science Grade 5 Children's Electricity Books. Baby Professor. 2021. (ENG.). 72p. (J). 27.99 *(978-1-5419-8349-6(1))*; pap. 16.99 *(978-1-5419-6000-8(9))* Speedy Publishing LLC. (Baby Professor (Education Kids)).

Conductors & Insulators Electricity Kids Book Electricity & Electronics. Baby Professor. 2017. (ENG., Illus.). (J). pap. 9.25 *(978-1-5419-0546-7(6)*, Baby Professor (Education Kids)) Speedy Publishing LLC.

Conduis Mes Pas Vers la Paix: le Pardon see Jesus Gives Us Peace: The Sacrament of Reconciliation

Conduit. C. C. Dowling. 2017. (ENG., Illus.). 388p. (YA). pap. 14.99 *(978-1-942111-26-9(6))* REUTS Pubns.

Cone Cat. Sarah Howden. Illus. by Carmen Mok. 2020. (ENG.). 32p. (J). (gr. k-4). 17.95 *(978-1-77147-361-3(4))* Owlkids Bks. Inc. CAN. Dist: Publishers Group West (PGW).

Cone Cut Corners: The Experiences of a Conservative Family in Fanatical Times; Involving Some Account of a Connecticut Village, the People Who Live in It, & Those Who Came There from the City (Classic Reprint) Benauly Benauly. 2017. (ENG., Illus.). (J). 33.38 *(978-1-5282-8148-5(9))* Forgotten Bks.

Cone Dog. Sarah Howden. Illus. by Carmen Mok. 2023. (ENG.). 32p. (J). (gr. 2). 18.95 ***(978-1-77147-514-3(5))*** Owlkids Bks. Inc. CAN. Dist: Publishers Group West (PGW).

Conecta Los Puntos para niños de 6 a 8 Años: Libro con Actividades para niños y niñas. Conecta Los Puntos de Los Dibujos Como un Rompecabezas. Páginas Desafiantes y Divertidas para Unir Los Puntos y Colorear, Llenas de Animales, Coches, Flores, Naves Espaciales, Frutas y Mucho MáS. Aprende a Dibujar. Booksly Artpress. 2021. (SPA.). 98p. (J). pap. 11.99 *(978-1-915100-35-1(6)*, GoPublish) Visual Adjectives.

Conectados a Pesar de la Distancia Social (Staying Connected While Social Distancing) Grace Hansen. 2020. (Coronavirus (the Coronavirus) Ser.). (SPA.). 24p. (J). (gr. -1-2). lib. bdg. 32.79 *(978-1-0982-0870-7(6)*, 36910, Abdo Kids) ABDO Publishing Co.

Conejito Andarin Board Book: The Runaway Bunny Board Book (Spanish Edition) Margaret Wise Brown. Illus. by Clement Hurd. 2023. (SPA.). 36p. (J). (gr. -1 — 1). bds. 9.99 *(978-0-06-311162-2(4))* HarperCollins Español.

Conejito Carlitos y Las Semillas: Charlie Rabbit & the Seeds. Mandie Davis. Ed. by Badger Davis. 2020. (Charlie Rabbit Ser.: Vol. 1). (SPA., Illus.). 74p. (J). pap. *(978-1-9164839-7-2(6))* Davis, Mandie.

Conejito Travieso. Anabel Jurado. 2017. (SPA.). 12p. (J). (gr. -1). 5.95 *(978-607-748-056-3(8))* Ediciones Urano S. A. ESP. Dist: Spanish Pubs., LLC.

Conejito y Perrrito. Xist Publishing. 2017. (Xist Kids Spanish Bks.). (SPA., Illus.). 28p. (J). (gr. -1-3). pap. 9.99 *(978-1-5324-0250-0(3))* Xist Publishing.

Conejitos Dormilones/Sleeping Bunnies. Tr. by Yanitzia Canetti. Illus. by Annie Kubler. 2021. (Baby Rhyme Time (Spanish/English) Ser.). (ENG.). 12p. (J). bds. *(978-1-78628-576-8(2))* Child's Play International Ltd.

Conejo Blanco, Lobo Rojo. Tom Pollock. 2019. (SPA.). 376p. (YA). (gr. 9-12). pap. 16.99 *(978-607-8614-57-8(6))* V&R Editoras.

Conejo Es un Ciempiés / a Rabbit Is a Centipede (Torre de Papel Naranja) Spanish Edition. Illus. by Alekos. 2017. (Torre de Papel Naranja Ser.). (SPA.). (J). (gr. -1-2). pap. *(978-958-8860-28-2(8))* Norma Ediciones, S.A.

Conejo Escuchó. Cori Doerrfeld. Tr. by Andrea Montejo from ENG. Illus. by Cori Doerrfeld. 2022. (SPA., Illus.). 40p. (J). (-k). 8.99 *(978-0-593-46178-5(9)*, Dial Bks) Penguin Young Readers Group.

Conejo Hibisco y el Robo de Las Zanahorias. Andreas Konig. 2020. (SPA.). 28p. (J). (gr. k-2). 16.99 *(978-958-30-6115-8(8))* Panamericana Editorial COL. Dist: Lectorum Pubns., Inc.

Conejo y la Motocicleta. Kate Hoefler. 2020. (SPA.). 44p. (J). (gr. k-2). 22.99 *(978-84-17749-31-6(4))* Editorial Flamboyant ESP. Dist: Lectorum Pubns., Inc.

Cones. Nancy Furstinger & John Willis. 2016. (J). *(978-1-5105-1987-9(4))* SmartBook Media, Inc.

Cones All Around - 6 Pack: Set of 6 Common Core Edition. Katherine Scraper. 2016. (Early Explorers Ser.). (J). (gr. k-1). 39.00 net. *(978-1-5125-8633-6(1))* Benchmark Education Co.

Cones & Building Bridges. Chris Madeley. Illus. by Emily Vaughan. 2021. (ENG.). 38p. (J). pap. *(978-1-914560-02-6(7))* Fisher King Publishing.

Cones & Cleaner Air. Chris Madeley. 2020. (ENG., Illus.). 36p. (J). pap. *(978-1-913170-36-3(5))* Fisher King Publishing.

Cones & Electricity. Chris Madeley. Illus. by Zara Hussain. 2016. (Cones Ser.: Vol. 4). (ENG.). (J). pap. *(978-1-910406-54-0(6))* Fisher King Publishing.

Cones for the Camp Fire (Classic Reprint) W. H. H. Murray. (ENG., Illus.). (J). 2017. 28.02 *(978-0-331-90643-1(0))*; 2016. pap. 10.57 *(978-1-333-71197-9(2))* Forgotten Bks.

Cones on Site. Chris Madeley. 2017. (ENG., Illus.). (J). (gr. k-3). pap. *(978-1-910406-65-6(1))* Fisher King Publishing.

Confectioners (Classic Reprint) William Caine. 2017. (ENG., Illus.). (J). 326p. 30.64 *(978-0-484-49654-4(9))*; pap. 13.57 *(978-1-5276-7085-3(6))* Forgotten Bks.

Confederate First Reader: Containing Selections in Prose & Poetry, As Reading Exercises for the Younger Children in the Schools & Families of the Confederate States (Classic Reprint) Unknown Author. 2018. (ENG., Illus.). 124p. (J). 26.45 *(978-0-483-48459-7(8))* Forgotten Bks.

Confederate Girl's Diary (Classic Reprint) Sarah Morgan Dawson. 2017. (ENG., Illus.). (J). 33.80 *(978-1-5280-8542-7(6))* Forgotten Bks.

Confederate Primer (Classic Reprint) Richard Mcallister Smith. (ENG., Illus.). (J). 2018. 38p. 24.72 *(978-0-484-33001-5(2))*; 2016. pap. 7.97 *(978-1-334-16438-5(X))* Forgotten Bks.

Confederate Spelling Book, with Reading Lessons for the Young: Adapted to the Use of Schools or for Private Instruction (Classic Reprint) Richard Mcallister Smith. (ENG., Illus.). (J). 2018. 168p. 27.32 *(978-0-428-28280-6(6))*; 2016. pap. 9.97 *(978-1-333-80541-8(1))* Forgotten Bks.

Confederate States of America Lost Treasury Gold. Albert Atwell. 2023. (ENG.). 202p. (YA). pap. ***(978-1-312-57587-5(5))*** Lulu Pr., Inc.

Conference of the Birds. Ransom Riggs. 2021. (Illus.). 336p. (YA). ***(978-0-241-32091-4(7))*** Penguin Publishing Group.

Conference of the Birds. Ransom Riggs. 2020. (Miss Peregrine's Peculiar Chil Ser.). (ENG.). 336p. (YA). (gr. 7). pap. 16.50 *(978-0-593-11015-7(3))* Penguin Random Hse. Distribution.

Conference of the Birds. Ransom Riggs. (Miss Peregrine's Peculiar Children Ser.: 5). (ENG., 336p. (YA). (gr. 7). 2021. Illus.). pap. 14.99 *(978-0-7352-3152-8(4)*, Penguin Books); 2020. 22.99 *(978-0-7352-3150-4(8)*, Dutton Books for Young Readers) Penguin Young Readers Group.

Conference Pointers, Vol. 2: August, 1918 (Classic Reprint) John L. Alexander. (ENG., Illus.). (J). 2018. 20p. 24.31 *(978-0-484-51717-1(1))*; 2018. 20p. 24.31 *(978-0-484-45182-6(0))*; 2017. pap. 7.97 *(978-0-243-51814-2(5))*; 2017. pap. 7.97 *(978-0-243-51815-9(3))* Forgotten Bks.

Conference Pointers, Vol. 2: February, 1918 (Classic Reprint) John L. Alexander. (ENG., Illus.). (J). 2018. 20p. 24.31 *(978-0-484-77986-9(9))*; 2017. pap. 7.97 *(978-0-243-51827-2(7))* Forgotten Bks.

Conference Pointers, Vol. 2: January, 1918 (Classic Reprint) John L. Alexander. (ENG., Illus.). (J). 2018. 20p. 24.31 *(978-0-267-55639-7(X))*; 2017. pap. 7.97 *(978-0-259-98233-3(4))* Forgotten Bks.

Conference Pointers, Vol. 2: November, 1917 (Classic Reprint) John L. Alexander. 2018. (ENG.). 22p. (J). pap. 7.97 *(978-1-391-19958-0(8))* Forgotten Bks.

Conference Pointers, Vol. 5: February, 1921 (Classic Reprint) International Sunday-School Association. (ENG., Illus.). (J). 2018. 24p. 24.39 *(978-0-332-80608-2(1))*; 2017. pap. 7.97 *(978-0-259-83659-9(1))* Forgotten Bks.

Conference Tenue Entre le Pape et le Roy d'Espagne, Touchant les Affaires de Ce Temps: Item, Dialogue du Roy d'Espagne Auec lean de Neye Moine, Sur le Pourparler des Disdites Affaires (Classic Reprint) Unknown Author. 2018. (FRE., Illus.). (J). 28p. 24.47 *(978-0-366-62947-3(6))*; 30p. pap. 7.97 *(978-0-366-62945-9(X))* Forgotten Bks.

Confesiones de una Antigua Acosadora. Trudy Ludwig. 2018. (SPA.). 52p. (J). (gr. 2-4). pap. 15.99 *(978-84-271-4232-9(3))* Loyola Grupo de Comunicacion ESP. Dist: Lectorum Pubns., Inc.

Confesiones de una Chica Invisible, Incomprendida y (un Poco) Dramática: Serie Confesiones 1. Thalita Rebouças. 2022. (SPA.). 336p. (YA). pap. 17.95 *(978-607-07-8331-9(X))* Editorial Planeta, S. A. ESP. Dist: Two Rivers Distribution.

Confesiones de una Diva / Confessions of a Diva. Pedro Luis Figueira Álvarez & La Divaza. 2023. (SPA.). 240p. (YA). (gr. 7). pap. 19.95 ***(978-607-38-3102-4(1)***, Altea) Penguin Random House Grupo Editorial ESP. Dist: Penguin Random Hse. LLC.

Confessio Amantis of John Gower, Vol. 3 of 3 (Classic Reprint) John Gower. 2017. (ENG., Illus.). (J). 32.48 *(978-0-265-24794-5(2))* Forgotten Bks.

Confession. R. L. Stine. 2022. (Fear Street Ser.). (ENG.). 176p. (YA). (gr. 9). pap. 11.99 *(978-1-6659-2103-9(X)*, Simon Pulse) Simon Pulse.

Confession: A Novel (Classic Reprint) Maxim Gorky. 2017. (ENG., Illus.). (J). 30.43 *(978-1-5282-7747-1(3))* Forgotten Bks.

Confession & Execution of Horace B. Conklin: Tried at Utica, October 9th & 10th, & Executed at Whitestown, November 21, 1851, for Arson in the First Degree (Classic Reprint) Unknown Author. 2017. (ENG., Illus.). (J). 24.31 *(978-0-260-28477-8(7))* Forgotten Bks.

Confession & Letters of Terence Quinn Mcmanus (Classic Reprint) Miles Goodyear Hyde. (ENG., Illus.). (J). 2018. 194p. 27.90 *(978-0-483-07760-7(7))*; 2017. pap. 10.57 *(978-0-259-77680-2(7))* Forgotten Bks.

Confession of a Child of the Century. Alfred De Musset. 2017. (ENG., Illus.). (J). 25.95 *(978-1-374-88830-2(3))*; pap. 15.95 *(978-1-374-88829-6(X))* Capital Communications, Inc.

Confession of Stephen Whapshare (Classic Reprint) Emma Brooke. 2018. (ENG., Illus.). 306p. (J). 30.21 *(978-0-332-55729-8(4))* Forgotten Bks.

Confession of the Hills (Classic Reprint) Austin Walford. 2018. (ENG., Illus.). 322p. (J). 30.56 *(978-0-483-81406-6(7))* Forgotten Bks.

Confession, or the Blind Heart: A Domestic Story (Classic Reprint) William Gilmore Simms. (ENG., Illus.). (J). 2018. 400p. 32.15 *(978-0-364-36051-4(8))*; 2016. pap. 16.57 *(978-1-333-56527-5(5))* Forgotten Bks.

Confessions about Colton. Olivia Harvard. 2020. (ENG.). 360p. (YA). 17.99 *(978-1-989365-10-6(8)*, 900221178) Wattpad Bks. CAN. Dist: Macmillan.

Confessions & Autobiography of Harry Orchard (Classic Reprint) Harry Orchard. 2017. (ENG., Illus.). (J). 29.86 *(978-0-266-45710-7(X))* Forgotten Bks.

Confessions from the Principal's Kid. Robin Mellom. (ENG.). 272p. (J). (gr. 5-7). 2021. pap. 7.99 *(978-0-358-55481-3(0)*, 1808405); 2017. 16.99 *(978-0-544-81379-3(0)*, 1642036) HarperCollins Pubs. (Clarion Bks.).

Confessions from the Principal's Kid. Robin Mellom. ed. 2021. (Penworthy Picks YA Fiction Ser.). (ENG., Illus.). 262p. (J). (gr. 6-8). 19.46 *(978-1-68505-083-2(2))* Penworthy Co., LLC, The.

Confessions in Elysium, or the Adventures of a Platonic Philosopher, Vol. 3 (Classic Reprint) C. M. Wieland. (ENG., Illus.). (J). 2018. 232p. 28.68 *(978-0-365-36378-1(2))*; 2017. pap. 11.57 *(978-0-259-25346-4(4))* Forgotten Bks.

Confessions of a Beachcomber: Scenes & Incidents in the Career of an Unprofessional Beachcomber in Tropical Queensland (Classic Reprint) E. J. Banfield. 2018. (ENG., Illus.). (J). 452p. 33.22 *(978-1-397-25229-6(4))*; 454p. pap. 16.57 *(978-1-397-25226-5(X))* Forgotten Bks.

Confessions of a Beachcomber (Classic Reprint) E. J. Banfield. 2017. (ENG., Illus.). (J). 33.22 *(978-0-266-31149-2(0))* Forgotten Bks.

Confessions of a Book Agent (Classic Reprint) J. Mortimer. 2018. (ENG., Illus.). 304p. (J). 30.19 *(978-0-364-08453-3(7))* Forgotten Bks.

Confessions of a Bottom Chick. Danielle Estivene. 2020. (ENG.). 58p. (YA). pap. *(978-1-716-73935-4(7))* Lulu Pr., Inc.

Confessions of a Candy Snatcher. Phoebe Sinclair. Illus. by Theodore Taylor III. 2023. (ENG.). 336p. (J). (gr. 5-9). 18.99 ***(978-1-5362-1368-3(3))*** Candlewick Pr.

Confessions of a Clarionet Player: And Other Tales (Classic Reprint) M. M. Erckmann-Chatrian. 2018. (ENG., Illus.). 298p. (J). 30.04 *(978-0-483-56700-9(0))* Forgotten Bks.

Confessions of a Class Clown. Arianne Costner. (Illus.). (J). (gr. 3-7). 2023. 304p. 7.99 *(978-0-593-11873-3(1)*, Yearling); 2022. 288p. 16.99 *(978-0-593-11870-2(7)*, Random Hse. Bks. for Young Readers); 2022. (ENG., 288p. lib. bdg. 19.99 *(978-0-593-11871-9(5)*, Random Hse. Bks. for Young Readers) Random Hse. Children's Bks.

Confessions of a Clergyman: Anonymous (Classic Reprint) Rollin Lynde Hartt. 2018. (ENG., Illus.). 364p. (J). 31.40 *(978-0-483-11415-9(4))* Forgotten Bks.

Confessions of a con Man As Told to Will Irwin (Classic Reprint) Will Irwin. 2018. (ENG., Illus.). 200p. (J). 28.02 *(978-0-484-60744-5(8))* Forgotten Bks.

Confessions of a Currency Girl, Vol. 1 of 3 (Classic Reprint) W. Carlton Dawe. (ENG., Illus.). (J). 2018. 260p. 29.26 *(978-0-483-85276-1(7))*; 2016. pap. 11.97 *(978-1-333-33221-1(1))* Forgotten Bks.

Confessions of a Currency Girl, Vol. 2 of 3 (Classic Reprint) W. Carlton Dawe. 2018. (ENG., Illus.). 248p. (J). 29.01 *(978-0-483-94236-3(7))* Forgotten Bks.

Confessions of a Currency Girl, Vol. 3 of 3 (Classic Reprint) W. Carlton Dawe. 2018. (ENG., Illus.). 254p. (J). 29.16 *(978-0-267-46960-4(8))* Forgotten Bks.

Confessions of a Daddy (Classic Reprint) Ellis Parker Butler. 2018. (ENG., Illus.). 124p. (J). 26.45 *(978-0-267-16757-9(1))* Forgotten Bks.

Confessions of a Debutante (Classic Reprint) Roger Livingston Scaife. 2017. (ENG., Illus.). (J). 26.80 *(978-0-266-72487-2(6))*; pap. 9.57 *(978-1-5276-8390-7(7))* Forgotten Bks.

Confessions of a Decanter (Classic Reprint) Clara Lucas Balfour. 2018. (ENG., Illus.). 86p. (J). 25.67 *(978-0-483-52092-9(6))* Forgotten Bks.

Confessions of a Dork Lord. Mike Johnston. Illus. by Marta Altés. 2020. (Confessions of a Dork Lord Ser.: 1). 352p. (J). (gr. 3-7). 13.99 *(978-1-5247-4081-8(0)*, G.P. Putnam's Sons Books for Young Readers) Penguin Young Readers Group.

Confessions of a Faerie Princess: Sorcery School Summer. Sue Buttermark. l.t. ed. 2021. (Maddie McT: Mysteries of the Fae Ser.: Vol. 2). (ENG.). 324p. (YA). pap. 12.99 *(978-1-0879-6146-0(7))* Primedia eLaunch LLC.

Confessions of a Faerie Princess: Sorcery School Summer: Maddie McT: Mysteries of the Fae - Book 2.

Sue Buttermark. 2021. (ENG.). 324p. (YA). pap. 17.00 *(978-1-6671-6367-3(1))* Lulu Pr., Inc.

Confessions of a Faerie Princess: The Order of the Golden Tyde. Sue Buttermark. l.t. ed. 2021. (ENG.). 352p. (YA). pap. 15.00 *(978-0-578-86449-5(5))* Primedia eLaunch LLC.

Confessions of a Faerie Princess: The Order of the Golden Tyde: Maddie McT: Mysteries of the Fae. Sue Buttermark. 2021. (ENG.). 352p. (YA). pap. 18.98 *(978-1-63795-943-5(5))* Primedia eLaunch LLC.

Confessions of a Failed Preacher's Daughter. Carlye Knight. 2016. (ENG., Illus.). (YA). (gr. 9-12). pap. 11.99 *(978-0-692-76674-3(X))* Pinup Vintage.

Confessions of a Fool: As Made by Himself (Classic Reprint) Unknown Author. (ENG., Illus.). (J). 2018. 190p. 27.82 *(978-0-332-19074-7(9))*; 2016. pap. 10.57 *(978-1-334-13198-1(8))* Forgotten Bks.

Confessions of a Frivolous Girl: A Story of Fashionable Life (Classic Reprint) Robert Grant. 2018. (ENG., Illus.). 224p. (J). 28.52 *(978-0-483-87331-5(4))* Forgotten Bks.

Confessions of a High School Disaster. Emma Chastain. 2017. (Chloe Snow's Diary Ser.). (ENG., Illus.). 352p. (YA). (gr. 7). 18.99 *(978-1-4814-8875-4(9))*, Simon Pulse) Simon Pulse.

Confessions of a High School Disaster: Freshman Year. Emma Chastain. 2018. (ENG.). 368p. (YA). (gr. 7). pap. 11.99 *(978-1-4814-8876-1(7))*, Simon Pulse) Simon Pulse.

Confessions of a Hope Fiend (Classic Reprint) Timothy Leary. 2017. (ENG., Illus.). (J). 30.27 *(978-0-265-34212-1(0))*; pap. 13.57 *(978-0-243-10730-8(7))* Forgotten Bks.

Confessions of a Housekeeper (Classic Reprint) John Smith. 2018. (ENG., Illus.). 252p. (J). 29.11 *(978-0-483-91737-8(0))* Forgotten Bks.

Confessions of a Husband (Classic Reprint) William J. Lampton. 2018. (ENG., Illus.). 36p. (J). 24.66 *(978-0-484-19281-1(7))* Forgotten Bks.

Confessions of a Little Man During Great Days: Translated from the Russian of Leonid Andreyev (Classic Reprint) R. S. Townsend. 2017. (ENG., Illus.). (J). 29.05 *(978-0-265-65550-4(1))* Forgotten Bks.

Confessions of a Medium (Classic Reprint) Unknown Author. 2017. (ENG., Illus.). (J). 29.75 *(978-0-265-17489-0(9))* Forgotten Bks.

Confessions of a Poet, Vol. 2 (Classic Reprint) Laughton Osborn. (ENG., Illus.). (J). 2018. 280p. 29.69 *(978-0-483-37940-4(9))*; 2016. pap. 13.57 *(978-1-333-17590-0(6))* Forgotten Bks.

Confessions of a Princess (Classic Reprint) Unknown Author. 2018. (ENG., Illus.). 272p. (J). 29.51 *(978-0-483-00404-7(9))* Forgotten Bks.

Confessions of a Quack (Classic Reprint) Thomas Patrick Bartlett. 2018. (ENG., Illus.). (J). 148p. 26.95 *(978-0-366-51136-5(X))*; 150p. pap. 9.57 *(978-0-365-83154-9(9))* Forgotten Bks.

Confessions of a Social Secretary (Classic Reprint) Corinne Lowe. 2018. (ENG., Illus.). 268p. (J). 29.42 *(978-0-656-54756-2(1))* Forgotten Bks.

Confessions of a Society Man: A Novel (Classic Reprint) Miss Blanche Conscience. 2017. (ENG., Illus.). (J). 272p. 29.51 *(978-0-332-56788-4(5))*; pap. 11.97 *(978-1-5276-6756-3(1))* Forgotten Bks.

Confessions of a Teenage Band Geek. Courtney Brandt. 2020. (ENG.). 274p. (J). pap. 11.99 *(978-1-7359331-0-8(4))* Muse Media LLC - Halftime Magazine.

Confessions of a Teenage Drag King. Markus Harwood-Jones. 2021. (Lorimer Real Love Ser.). (ENG.). 160p. (YA). (gr. 9-12). pap. 8.99 *(978-1-4594-1558-4(2))*, f86e888b-fb70-4f13-bacb-835f0e9db29c); lib. bdg. 27.99 *(978-1-4594-1561-4(2))*, 0776b47e-14ee-4453-98c0-303ed040cb32) James Lorimer & Co. Ltd., Pubs. CAN. Dist: Lerner Publishing Group.

Confessions of a Teenage Leper. Ashley Little. 2019. (ENG.). 304p. (YA). (gr. 9). pap. 10.99 *(978-0-7352-6601-8(8))*, Penguin Teen) PRH Canada Young Readers CAN. Dist: Penguin Random Hse. LLC.

Confessions of a Teenage Loser. Naira Jain. 2019. (ENG., Illus.). 170p. (YA). pap. 14.99 *(978-1-63492-053-7(8))* Booklocker.com, Inc.

Confessions of a Tenderfoot: Being a True & Unvarnished Account of His World-Wanderings (Classic Reprint) Ralph Stock. 2018. (ENG., Illus.). 360p. (J). 31.34 *(978-0-428-90305-3(3))* Forgotten Bks.

Confessions of a Thug, Vol. 2 of 3 (Classic Reprint) Meadows Taylor. 2018. (ENG., Illus.). 346p. (J). 31.03 *(978-0-332-92970-5(1))* Forgotten Bks.

Confessions of a Tradesman (Classic Reprint) Frank T. Bullen. (ENG., Illus.). (J). 2018. 316p. 30.41 *(978-0-428-77513-1(6))*; 2017. pap. 13.57 *(978-1-334-91279-5(3))* Forgotten Bks.

Confessions of a Well-Meaning Woman (Classic Reprint) Stephen McKenna. 2017. (ENG., Illus.). (J). 30.37 *(978-0-266-58883-2(2))* Forgotten Bks.

Confessions of a Wife (Classic Reprint) Mary Adams. 2019. (ENG., Illus.). 394p. (J). 32.04 *(978-0-365-19659-4(2))* Forgotten Bks.

Confessions of a Young Lady: Her Doings & Misdoings (Classic Reprint) Richard Marsh. 2018. (ENG., Illus.). 314p. (J). 30.39 *(978-0-483-09439-0(0))* Forgotten Bks.

Confessions of an Alleged Good Girl. Joya Goffney. (ENG.). 368p. (YA). (gr. 8). 2023. pap. 15.99 *(978-0-06-302485-4(3))*; 2022. 17.99 *(978-0-06-302484-7(5))* HarperCollins Pubs. (HarperTeen).

Confessions of an American Citizen (Classic Reprint) Clayton Lemars. (ENG., Illus.). (J). 2018. 196p. 27.94 *(978-0-365-36994-3(2))*; 2017. pap. 10.57 *(978-0-259-26941-0(7))* Forgotten Bks.

Confessions of an Elderly Gentleman: Illustrated by Six Female Portraits, from Highly Finished Drawings by E. T. Parris (Classic Reprint) Unknown Author. 2018. (ENG., Illus.). 316p. (J). 30.43 *(978-0-365-03955-6(1))* Forgotten Bks.

Confessions of an English Opium-Eater. Thomas de Quincey. 2016. (ENG., Illus.). 84p. (J). pap. *(978-1-365-45525-4(4))* Lulu Pr., Inc.

Confessions of an Etonian (Classic Reprint) I. E. M. 2018. (ENG., Illus.). 158p. (J). 27.16 *(978-0-483-54967-8(3))* Forgotten Bks.

Confessions of an Imaginary Friend: A Memoir of Jacques Papier. Michelle Cuevas. ed. 2017. lib. bdg. 18.40 *(978-0-606-39786-5(8))* Turtleback.

Confessions of an Inconstant Man (Classic Reprint) Unknown Author. 2018. (ENG., Illus.). 200p. (J). 28.04 *(978-0-483-36281-9(6))* Forgotten Bks.

Confessions of an Old Maid (Classic Reprint) Lou Lawrence. 2017. (ENG., Illus.). (J). 28.54 *(978-0-266-68423-7(8))*; pap. 10.97 *(978-1-5276-5936-0(6))* Forgotten Bks.

Confessions of an Old Maid, Vol. 1 of 3 (Classic Reprint) Edmund Carrington. (ENG., Illus.). (J). 2018. 304p. 30.19 *(978-0-332-26137-9(9))*; 2016. pap. 13.57 *(978-1-333-47032-6(0))* Forgotten Bks.

Confessions of an Old Maid, Vol. 2 of 3 (Classic Reprint) Edmund Frederick John Carrington. 2018. (ENG., Illus.). 304p. (J). 30.17 *(978-0-267-20895-1(2))* Forgotten Bks.

Confessions of an Old Maid, Vol. 3 of 3 (Classic Reprint) Edmund Frederick John Carrington. 2018. (ENG., Illus.). 304p. (J). 30.17 *(978-0-484-77873-2(0))* Forgotten Bks.

Confessions of an Opera Singer (Classic Reprint) Kathleen Howard. 2018. (ENG., Illus.). 288p. (J). 29.86 *(978-0-666-34388-8(8))* Forgotten Bks.

Confessions of Boyhood (Classic Reprint) John Albee. 2017. (ENG., Illus.). (J). 29.49 *(978-0-266-20839-6(8))* Forgotten Bks.

Confessions of Claud. Edgar Fawcett. 2017. (ENG.). 400p. (J). pap. *(978-3-7446-6512-4(7))* Creation Pubs.

Confessions of Claud: A Romance (Classic Reprint) Edgar Fawcett. 2018. (ENG., Illus.). 404p. (J). 32.25 *(978-0-483-38115-5(2))* Forgotten Bks.

Confessions of con Cregan: The Irish Gil Blas (Classic Reprint) Charles Lever. 2018. (ENG., Illus.). 602p. (J). 36.33 *(978-0-365-23270-4(X))* Forgotten Bks.

Confessions of con Cregan, the Irish Gil Blas, Vol. 2 Of 2: Illustrated (Classic Reprint) Charles Lever. (ENG., Illus.). (J). 2017. 31.03 *(978-0-266-40570-2(3))*; 2016. pap. 13.57 *(978-1-333-43689-6(0))* Forgotten Bks.

Confessions of con Cregan, Vol. 1 Of 2: The Irish Blas (Classic Reprint) Charles Lever. 2018. (ENG., Illus.). 322p. (J). 30.54 *(978-0-483-97367-1(X))* Forgotten Bks.

Confessions of Country Quarters, Vol. 1 Of 3: Being Some Passages in the Life of Somerset Cavendish Cobb, Esq. (Classic Reprint) Charles Knox. 2017. (ENG., Illus.). 308p. (J). 30.25 *(978-0-484-53697-4(4))* Forgotten Bks.

Confessions of Country Quarters, Vol. 3 Of 3: Being Some Passages in the Life of Somerset Cavendish Cobb, Esq. (Classic Reprint) Charles Knox. 2018. (ENG., Illus.). 312p. (J). 30.33 *(978-0-267-20718-3(2))* Forgotten Bks.

Confessions of Fitz-Boodle; & Some Passages in the Life of Major Gahagan (Classic Reprint) William Makepeace Thackeray. 2018. (ENG., Illus.). 288p. (J). 29.84 *(978-0-484-89661-0(X))* Forgotten Bks.

Confessions of Harry Lorrequer: With Numerous Illustrations (Classic Reprint) Charles James Lever. 2017. (ENG., Illus.). (J). 32.58 *(978-0-260-97765-6(9))*; pap. 16.57 *(978-1-5281-7014-7(8))* Forgotten Bks.

Confessions of Harry Lorrequer, Vol. 2 of 2 (Classic Reprint) Charles Lever. (ENG., Illus.). (J). 2018. 318p. 30.48 *(978-0-484-70932-3(1))*; 2016. pap. 13.57 *(978-1-333-61734-9(8))* Forgotten Bks.

Confessions of J. J. Rousseau, Vol. 1: With the Reveries of the Solitary Walker (Classic Reprint) Jean-Jacques Rousseau. (ENG., Illus.). (J). 2018. 538p. 34.99 *(978-0-484-67152-1(9))*; 2017. pap. 19.57 *(978-0-259-18330-3(X))* Forgotten Bks.

Confessions of James Baptiste Couteau, Citizen of France, Vol. 1 Of 2: Written by Himself, & Translated from the Original French (Classic Reprint) Robert Jephson. 2018. (ENG., Illus.). 290p. (J). 29.88 *(978-0-267-52157-9(X))* Forgotten Bks.

Confessions of Mr. Communalism (Classic Reprint) Saila Chakravorty. 2018. (ENG., Illus.). 52p. (J). 24.99 *(978-0-656-01197-1(1))* Forgotten Bks.

Confessions of the Celebrated Countess of Lichtenau (Classic Reprint) Wilhelmine Enke Lichtenau. 2018. (ENG., Illus.). 84p. (J). 25.63 *(978-0-484-40788-5(0))* Forgotten Bks.

Confessions of the Children of Roswell: Preserving the Story of America's Most Infamous UFO Incident, 1 vol. Thomas J. Carey & Donald R. Schmitt. 2017. (Alien Encounters Ser.). (ENG.). 256p. (YA). (gr. 8-8). 41.47 *(978-1-5081-7630-5(2))*, 98c850c5-bd58-4e80-b214-b6c370413824, Rosen Young Adult) Rosen Publishing Group, Inc., The.

Confessions of the Countess of Strathmore: Carefully Copied from the Original, Lodged in Doctor's Commons (Classic Reprint) Mary Eleanor Bowes Strathmore. 2018. (ENG., Illus.). 104p. (J). 26.04 *(978-0-483-23580-9(6))* Forgotten Bks.

Confessions Project: 52 God-Given Promises to Declare over Your Life, 1 vol. Hanha Hobson. 2019. (ENG.). 128p. (YA). 24.99 *(978-1-4003-2963-2(9))* Elm Hill.

Confessions: the Murder of an Angel. James Patterson & Maxine Paetro. 2016. (Confessions Ser.: 4). (ENG.). 304p. (YA). (gr. 7-17). pap. 9.99 *(978-0-316-39218-1(9))*, Jimmy Patterson) Little Brown & Co.

Confessions to a Heathen Idol (Classic Reprint) Marian Lee. 2017. (ENG., Illus.). (J). 31.69 *(978-0-266-17620-6(8))* Forgotten Bks.

Confessions, Trials, & Biographical Sketches of the Most Cold Blooded Murderers, Who Have Been Executed in This Country from Its First Settlement down to the Present Time: Compiled Entirely from the Most Authentic Sources; Containing Also, Accounts of V. George N. Thomson. (ENG., Illus.). (J). 2018. 422p. 32.60 *(978-0-483-48946-2(8))*; 2016. pap. 16.57 *(978-1-334-20744-0(5))* Forgotten Bks.

Confetti Praise. Juanita Frasier. 2021. (ENG.). 50p. (J). 20.99 *(978-0-578-82450-5(7))* Kingdom Builders Pubn.

Confetti Record Book. Teacher Created Resources. 2018. (ENG.). 64p. (J). pap. 6.99 *(978-0-7439-3570-8(5))* Teacher Created Resources, Inc.

Confiar. Julie Murray. 2017. (Nuestra Personalidad (Character Education) Ser.).Tr. of Trust. (SPA.). 24p. (J). (gr. -1-2). lib. bdg. 31.36 *(978-1-5321-0626-2(2))*, 27217, Abdo Kids) ABDO Publishing Co.

Confide in Mary, Our Mother in Heaven. Sabine Du Mesnil. 2023. (ENG.). 56p. (J). (gr. 1). 14.99 *(978-1-62164-621-1(1))* Ignatius Pr.

Confidence - Man. Herman. Melville. 2018. (ENG., Illus.). 332p. (J). 29.46 *(978-1-7317-0670-6(7))*; pap. 17.40 *(978-1-7317-0671-3(5))*; 15.33 *(978-1-7317-0249-4(3))*; pap. 8.54 *(978-1-7317-0250-0(7))* Simon & Brown.

Confidence-Building Activities for Minecrafters: More Than 50 Activities to Help Kids Level up Their Self-Esteem! Erin Falligant. 2020. (Activities for Minecrafters Ser.). 64p. (J). (gr. 1-4). pap. 7.99 *(978-1-5107-6190-2(X))*, Sky Pony Pr.) Skyhorse Publishing Co., Inc.

Confidence Code for Girls: Taking Risks, Messing up, & Becoming Your Amazingly Imperfect, Totally Powerful Self. Claire Shipman & Katty Kay. 2018. (ENG., Illus.). 320p. (J). (gr. 3-7). 14.99 *(978-0-06-279698-1(4))*, HarperCollins) HarperCollins Pubs.

Confidence Code for Girls Journal: A Guide to Embracing Your Amazingly Imperfect, Totally Powerful Self. Katty Kay et al. 2019. (ENG.). 224p. (J). (gr. 3-7). pap. 12.99 *(978-0-06-295410-7(5))*, HarperCollins) HarperCollins Pubs.

Confidence Is My Superpower: A Kid's Book about Believing in Yourself & Developing Self-Esteem. Alicia Ortego. 2021. (ENG.). 40p. (J). 15.99 *(978-1-7359741-5-6(3))* Slickcolors INC.

Confidence-Man: His Masquerade (Classic Reprint) Herman. Melville. 2018. (ENG., Illus.). (J). 32.23 *(978-0-260-66772-4(2))* Forgotten Bks.

Confidence, Vol. 2 of 3 (Classic Reprint) Elizabeth Amelia Gee. 2018. (ENG., Illus.). 302p. (J). 30.13 *(978-0-483-80473-9(8))* Forgotten Bks.

Confidence Workbook: A Kid's Activity Book for Dealing with Low Self-Esteem. Imogen Harrison. 2022. (Big Feelings, Little Workbooks Ser.: 3). (ENG.). 128p. (J). (gr. 2-6). pap. 16.99 *(978-1-5107-7274-8(X))*, Sky Pony Pr.) Skyhorse Publishing Co., Inc.

Confidences (Classic Reprint) Author of Rita. 2018. (ENG., Illus.). 360p. (J). 31.32 *(978-0-428-76725-9(7))* Forgotten Bks.

Confidences of an Amateur Gardner (Classic Reprint) A. M. Dew-Smith. 2018. (ENG., Illus.). 320p. (J). 30.52 *(978-0-483-61484-0(X))* Forgotten Bks.

Confident Carly. Bernice Schnick. Illus. by Linda Tenenbaum. 2018. (ENG.). 32p. (J). pap. *(978-0-9920106-0-7(8))* LoGreco, Bruno.

Confident Christine. L. M. Bedell. 2018. (ENG., Illus.). 50p. (J). (gr. 2-5). pap. 9.99 *(978-0-9896672-5-8(1))* Bedell, Lashundra.

Confident Me in 30 Days: Girl Power Journal. Kennedy Scott. 2021. (ENG.). 70p. (YA). pap. *(978-1-6671-4285-2(2))* Lulu Pr., Inc.

Confident Ninja: A Children's Book about Developing Self Confidence & Self Esteem. Mary Nhin & Grow Grit Press. Illus. by Jelena Stupar. 2020. (Ninja Life Hacks Ser.: Vol. 25). (ENG.). 38p. (J). 18.99 *(978-1-953399-76-2(2))* Grow Grit Pr.

Confident Resilient Fearless: A Guide to Revival from Within. Rashmi Mistry. 2022. (ENG.). 150p. (YA). *(978-1-0391-1012-0(6))*; pap. *(978-1-0391-1011-3(8))* FriesenPress.

Confident To-Morrow: A Novel of New York (Classic Reprint) Brander Matthews. 2018. (ENG., Illus.). 324p. (J). 30.58 *(978-0-428-88537-3(3))* Forgotten Bks.

Confidential Agent, Vol. 1 of 2 (Classic Reprint) James Payn. 2017. (ENG., Illus.). (J). 29.73 *(978-1-5281-8214-0(6))* Forgotten Bks.

Confidentially Yours #1: Brooke's Not-So-Perfect Plan. Jo Whittemore. 2016. (Confidentially Yours Ser.: 1). (ENG., Illus.). 320p. (J). (gr. 3-7). pap. 6.99 *(978-0-06-235893-6(6))*, HarperCollins) HarperCollins Pubs.

Confidentially Yours #2: Vanessa's Fashion Face-Off. Jo Whittemore. 2016. (Confidentially Yours Ser.: 2). (ENG.). 352p. (J). (gr. 3-7). pap. 6.99 *(978-0-06-235895-0(2))*, HarperCollins) HarperCollins Pubs.

Confidentially Yours #3: Heather's Crush Catastrophe. Jo Whittemore. 2016. (Confidentially Yours Ser.: 3). (ENG.). 288p. (J). (gr. 3-7). 6.99 *(978-0-06-235897-4(9))*, HarperCollins) HarperCollins Pubs.

Confidentially Yours #4: the Secret Talent. Jo Whittemore. 2016. (Confidentially Yours Ser.: 4). (ENG.). 320p. (J). (gr. 3-7). pap. 6.99 *(978-0-06-235899-8(5))*, HarperCollins) HarperCollins Pubs.

Confidentially Yours #5: Brooke's Bad Luck. Jo Whittemore. 2017. (Confidentially Yours Ser.: 5). (ENG.). 288p. (J). (gr. 3-7). pap. 6.99 *(978-0-06-235901-8(0))*, HarperCollins) HarperCollins Pubs.

Confidentially Yours #6: Vanessa's Design Dilemma. Jo Whittemore. 2017. (Confidentially Yours Ser.: 6). (ENG.). 288p. (J). (gr. 3-7). pap. 6.99 *(978-0-06-235903-2(7))*, HarperCollins) HarperCollins Pubs.

Confiscated! Suzanne Kaufman. Illus. by Suzanne Kaufman. 2017. (ENG., Illus.). 32p. (J). (gr. -1-3). 17.99 *(978-0-06-241086-3(5))*, Balzer & Bray) HarperCollins Pubs.

Conflict: A Drama in One Act (Classic Reprint) Clarice Vallette McCauley. 2018. (ENG., Illus.). 52p. (J). 24.97 *(978-0-267-26177-2(2))* Forgotten Bks.

Conflict: A Novel (Classic Reprint) David Graham Phillips. 2018. (ENG., Illus.). 404p. (J). 32.25 *(978-0-267-42116-9(8))* Forgotten Bks.

Conflict (Classic Reprint) Constance Smedley. 2018. (ENG., Illus.). 326p. (J). 30.62 *(978-0-483-77336-3(0))* Forgotten Bks.

Conflict in Florida: The Seminole Wars Settlers & Native Americans Grade 5 Children's Military Books. Baby Professor. 2021. (ENG.). 72p. (J). 27.99 *(978-1-5419-8482-0(X))*; pap. 16.99 *(978-1-5419-5439-7(4))* Speedy Publishing LLC. (Baby Professor (Education Kids)).

Conflict of Druyonica: A Passage Fairies Novel. Kasenia Starshinova & D. A. Turlington D.A. Turlington. 2021. (ENG.). 118p. (YA). pap. *(978-1-105-59838-8(1))* Lulu Pr., Inc.

Conflict Resolution Library: Set 4: Facing Changes, 6 bks. Elizabeth Vogel. Incl. Dealing with Choices. lib. bdg. 26.27 *(978-0-8239-5410-0(2))*, 3a5a910b-b77b-42f9-b7cf-628fdf06446e); Dealing with Rules at Home. lib. bdg. 26.27 *(978-0-8239-5411-7(0))*, b906c612-b724-4226-99ae-c98d79e50970, PowerKids Pr.); Dealing with Showoffs. lib. bdg. 26.27 *(978-0-8239-5412-4(9))*, b027c89b-1b93-4071-b3c5-d94619eaa576, PowerKids Pr.); 24p. (J). (gr. 2-3). 1999. (Illus.). Set lib. bdg. 73.80 *(978-0-8239-7007-0(8))*, PowerKids Pr.) Rosen Publishing Group, Inc., The.

Conflict, Vol. 1 of 2 (Classic Reprint) M. E. Braddon. 2018. (ENG., Illus.). 554p. (J). 35.32 *(978-0-267-21401-3(4))* Forgotten Bks.

Conflicts with the Pueblos - Hopi, Zuni & the Spaniards - Exploration of the Americas - Social Studies 3rd Grade - Children's Geography & Cultures Books. Baby Professor. 2019. (ENG.). 72p. (J). pap. 14.72 *(978-1-5419-4983-6(8))*; 24.71 *(978-1-5419-7471-5(9))* Speedy Publishing LLC. (Baby Professor (Education Kids)).

Confounding of Camelia (Classic Reprint) Anne Douglas Sedgwick. 2018. (ENG., Illus.). 310p. (J). 30.31 *(978-0-267-44292-8(0))* Forgotten Bks.

Confronting Ableism, 1 vol. Susan Nichols. 2017. (Speak up! Confronting Discrimination in Your Daily Life Ser.). (ENG.). 64p. (YA). (gr. 7-7). pap. 13.95 *(978-1-5383-8160-1(5))*, a3e6e41b-f131-4c18-965d-c90516f31bf6) Rosen Publishing Group, Inc., The.

Confronting Anti-Semitism, 1 vol. Kristina Lyn Heitkamp. 2017. (Speak up! Confronting Discrimination in Your Daily Life Ser.). (ENG.). 64p. (YA). (gr. 7-7). 36.13 *(978-1-5081-7742-5(2))*, 570e86bf-dc77-4676-8bc2-f3db94b5670b, Rosen Young Adult) Rosen Publishing Group, Inc., The.

Confronting Class Discrimination, 1 vol. Sherri Mabry Gordon. 2017. (Speak up! Confronting Discrimination in Your Daily Life Ser.). (ENG., Illus.). 64p. (J). (gr. 7-7). pap. 13.95 *(978-1-5383-8168-7(0))*, 98f1a2a0-a0b3-4ae5-ba86-8c6f018f42aa) Rosen Publishing Group, Inc., The.

Confronting Discrimination Against Immigrants, 1 vol. Carla Mooney. 2017. (Speak up! Confronting Discrimination in Your Daily Life Ser.). (ENG.). 64p. (YA). (gr. 7-7). pap. 13.95 *(978-1-5383-8164-9(8))*, 9d9f0d41-7d36-430b-9309-a1eddf8463a8, Rosen Young Adult) Rosen Publishing Group, Inc., The.

Confronting Disinformation, 1 vol. Elizabeth Schmermund. 2018. (News Literacy Ser.). (ENG.). 64p. (J). (gr. 5-5). pap. 16.28 *(978-1-5026-4032-1(5))*, 00ea27cf-0d25-4346-99a5-5a527d5d4f96) Cavendish Square Publishing LLC.

Confronting Global Warming, 5 vols., Set. Incl. Energy Production & Alternative Energy. Debra A. Miller. 136p. lib. bdg. 45.93 *(978-0-7377-5106-2(1))*, 35b728ef-53e8-4cd5-8510-c2632f544c6a); Extreme Weather. Tom Streissguth. (Illus.). 128p. 45.93 *(978-0-7377-4859-8(1))*, ac740f38-ad1b-4b12-a1d2-ee738fe22963); Health & Disease. Diane Andrews Henningfeld. 144p. 45.93 *(978-0-7377-4858-1(3))*, 1e79cc6d-2c74-4232-a249-79ea91c8d068); Role of the Government. Jacqueline Langwith. 192p. 42.08 *(978-0-7377-4860-4(5))*, 3505771e-3cb8-4798-bb5b-8f2d5a18d48a); Water & Ice. Noah Berlatsky. (Illus.). 128p. 45.93 *(978-0-7377-4861-1(3))*, 90465786-870b-4534-9304-a4961fcb7b5c); (gr. 10-12)., Greenhaven Publishing 128p. 2010. Set lib. bdg. 194.75 *(978-0-7377-5423-0(0))*, Greenhaven Pr., Inc.) Cengage Gale.

Confronting LGBTQ+ Discrimination, 1 vol. Avery Elizabeth Hurt. 2017. (Speak up! Confronting Discrimination in Your Daily Life Ser.). (ENG., Illus.). 64p. (J). (gr. 7-7). pap. 13.95 *(978-1-5383-8172-4(9))*, a76e9c71-9670-4aff-82a8-1ebb3a1c6e38) Rosen Publishing Group, Inc., The.

Confronting Racism, 1 vol. Maryellen Lo Bosco. 2017. (Speak up! Confronting Discrimination in Your Daily Life Ser.). (ENG., Illus.). 64p. (YA). (gr. 7-7). pap. 13.95 *(978-1-5383-8176-2(1))*, 938354d9-232e-4616-a0a8-44bf707a611a) Rosen Publishing Group, Inc., The.

Confronting Sexism, 1 vol. Laura La Bella. 2017. (Speak up! Confronting Discrimination in Your Daily Life Ser.). (ENG.). 64p. (YA). (gr. 7-7). pap. 13.95 *(978-1-5383-8180-9(X))*, 12267065-283c-47b3-b030-38597bf97998) Rosen Publishing Group, Inc., The.

Confronting Stereotypes, Vol. 10. Robert Rodi & Laura Ross. Ed. by Kevin Jennings. 2016. (Living Proud! Growing up LGBTQ Ser.). (Illus.). 64p. (J). (gr. 7). 23.95 *(978-1-4222-3509-6(2))* Mason Crest.

Confucius: The Heart of China, 1 vol. Demi. 2018. (ENG., Illus.). 48p. (J). (gr. 3-12). 21.00 *(978-1-62014-193-9(0))*, leelowshens) Lee & Low Bks., Inc.

Confucius - Chinese Teacher & Philosopher - First Chinese Reader - Biography for 5th Graders - Children's Biographies. Dissected Lives. 2019. (ENG.). 72p. (J). pap. 14.72 *(978-1-5419-5085-6(2))*; 24.71 *(978-1-5419-7534-7(0))* Speedy Publishing LLC. (Dissected Lives (Auto Biographies)).

Confucius & His Teachings about Life- Children's Ancient History Books. Baby Professor. 2017. (ENG., Illus.). (J). pap. 7.89 *(978-1-5419-0255-8(6))*, Baby Professor (Education Kids)) Speedy Publishing LLC.

Confused Cow. Jessica Peters. 2021. (ENG., Illus.). 20p. (J). 24.95 *(978-1-6624-0804-5(8))*; pap. 14.95 *(978-1-6624-0802-1(1))* Page Publishing Inc.

Confusing Code Puzzles, 1 vol. Lisa Regan. Illus. by Ed Myer. 2017. (Brain Blasters Ser.). (ENG.). 32p. (J). (gr. 1-2). 30.27 *(978-1-5081-9326-5(6))*, b0f16391-896b-4451-b264-fe14417a8847); pap. 12.75 *(978-1-5081-9330-2(4))*, f6873f0e-4217-400a-935c-ce40042ed59c) Rosen Publishing Group, Inc., The. (Windmill Bks.).

Confusion Is Nothing New. Paul Acampora. 2018. (ENG.). 192p. (J). (gr. 3-7). 16.99 *(978-1-338-20999-0(X))*, Scholastic Pr.) Scholastic, Inc.

C

Confusion of Laurel Graham. Adrienne Kisner. 2020. (ENG.). 304p. (YA). pap. 9.99 *(978-1-250-25101-5(X)*, 900181152) Square Fish.

Congo: Or Jasper's Experience in Command (Classic Reprint) Jacob Abbott. 2017. (ENG., Illus.). (J). 27.24 *(978-0-331-73157-6(6))* Forgotten Bks.

Congo 3rd Grade Children's Book. Bold Kids. 2023. (ENG.). 42p. (J). pap. 14.99 ***(978-1-0717-1937-4(8))*** FASTLANE LLC.

Congo Chattel: The Story of an African Slave Girl (Classic Reprint) Rev Henry D. Campbell. 2018. (ENG., Illus.). 250p. (J). 29.07 *(978-0-483-64057-3(3))* Forgotten Bks.

Congo Rovers. Harry Collingwood. 2017. (ENG.). (J). 378p. pap. *(978-3-337-23219-1(1))*; 436p. pap. *(978-3-7447-3428-8(5))* Creation Pubs.

Congo Terror. Chrisann Dawson. Ed. by Chris Elston & Andrea Elston. 2022. (ENG.). 304p. (YA). pap. 18.99 *(978-1-953158-94-9(3))* Shine-A-Light Pr.

Congratulations! It's a Boy! Gods Gift: A Story of Love. Dale Anthony. 2017. (ENG., Illus.). (J). 21.95 *(978-1-63575-113-0(6))* Christian Faith Publishing.

Congratulations, It's a Girl: Gods Gift a Story of Love. Dale Anthony & Rachael Anthony. 2017. (ENG., Illus.). (J). 21.95 *(978-1-63575-115-4(2))* Christian Faith Publishing.

Congrega Dei Rossi Di Siena Nel Secolo XVI, Vol. 2: Con Appendice Di Documenti Bibliografia e Illustrazioni Concernenti Quella e Altre Accademie e Congreghe Senesi (Classic Reprint) Curzio Mazzi. (ITA., Illus.). (J). 2018. 442p. 33.03 *(978-0-484-61326-2(X))*; 2016. pap. 16.57 *(978-1-334-32286-0(4))* Forgotten Bks.

Congress. Connor Stratton. 2023. (American Government Ser.). (ENG., Illus.). 24p. (J). pap. 8.95 ***(978-1-63739-647-6(3))***; lib. bdg. 28.50 ***(978-1-63739-590-5(6))*** North Star Editions. (Focus Readers).

Congress of the Beasts, under the Mediation of the Goat, for Negociating a Peace Between the Fox, the Ass Wearing a Lion's Skin, the Horse, the Tigress, & Other Quadrupedes at War: A Farce of Two Acts, Now in Rehearsal at a New, Grand Theatre in Ger. John James Heidegger. (ENG., Illus.). (J). 2018. 74p. 25.42 *(978-0-484-40184-5(X))*; 2016. pap. 9.57 *(978-1-334-15220-7(9))* Forgotten Bks.

Congressman Hardie: A Born Democrat (Classic Reprint) Courtney Wellington. 2017. (ENG., Illus.). (J). 28.93 *(978-0-265-17738-9(3))*; pap. 11.57 *(978-1-5276-9959-5(5))* Forgotten Bks.

Congressman's Christmas Dream, & the Lobby Member's Happy New Year: A Holiday Sketch (Classic Reprint) A. Oakey Hall. 2018. (ENG., Illus.). 102p. (J). 26.00 *(978-0-267-60399-2(1))* Forgotten Bks.

Congressman's Christmas Dream, & the Lobby Member's Happy New Year: A Holiday Sketch (Classic Reprint) An Oakey Hall. 2016. (ENG., Illus.). (J). pap. 9.57 *(978-1-334-13526-2(6))* Forgotten Bks.

Congressman's Wife: A Story of American Politics (Classic Reprint) John D. Barry. 2018. (ENG., Illus.). 364p. (J). 31.40 *(978-0-428-71697-4(0))* Forgotten Bks.

Congresswoman (Classic Reprint) Isabel Gordon Curtis. (ENG., Illus.). (J). 2018. 506p. 34.35 *(978-0-364-84235-5(0))*; 2018. 516p. 34.56 *(978-0-483-62924-0(3))*; 2017. pap. 16.97 *(978-0-243-30249-9(5))*; 2016. pap. 16.97 *(978-1-333-70317-2(1))* Forgotten Bks.

Conhe. Lee Eric Pinnock. Tr. by Alejandra Kenya Pinnock. 2018. (Series 1 Ser.: Vol. 1). (POR., Illus.). 146p. (J). pap. *(978-1-9164741-3-0(6))* Talk2tom Ltd.

Coniferous Forest - Animal Habitats for Kids! Environment Where Wildlife Lives for Kids - Children's Environment Books. Baby Iq Builder Books. 2016. (ENG., Illus.). (J). pap. 8.99 *(978-1-68374-722-2(4))* Examined Solutions PTE. Ltd.

Coniferous Forest Biome, 1 vol. Colin Grady. 2016. (Zoom in on Biomes Ser.). (ENG.). 24p. (gr. 2-2). pap. 10.95 *(978-0-7660-7743-0(8)*, bbddf7f9-b0f9-4c06-a1f8-e7dd60615462) Enslow Publishing, LLC.

Coniston (Classic Reprint) Winston Churchill. 2018. (ENG., Illus.). 582p. (J). 35.90 *(978-0-428-27503-7(6))* Forgotten Bks.

Conjoined at the Soul. Huston Piner. 2018. (Seasons of Chadham High Ser.: Vol. 2). (ENG., Illus.). 228p. (YA). (gr. 9-12). pap. 12.99 *(978-1-948608-03-9(0))* NineStar Pr.

Conjunctions. Ann Heinrichs. 2019. (English Grammar Ser.). (ENG.). 32p. (J). (gr. 2-5). lib. bdg. 35.64 *(978-1-5038-3241-1(4)*, 213000) Child's World, Inc, The.

Conjunctions. Ann Heinrichs. 2016. (Illus.). 24p. (J). *(978-1-4896-5986-6(2)*, AV2 by Weigl) Weigl Pubs., Inc.

Conjunctions Say Join Us! Michael Dahl. Illus. by Maira Kistemann Chiodi. 2019. (Word Adventures: Parts of Speech Ser.). (ENG.). 32p. (J). (gr. k-3). pap. 7.95 *(978-1-5158-4107-4(3)*, 140145); lib. bdg. 27.99 *(978-1-5158-4099-2(9)*, 140139) Capstone. (Picture Window Bks.).

Conjunto de Columpios: Conjuntos Matemáticos. David E. McAdams. 2023. (Libros de Matemáticas para Niños Ser.). (SPA.). 26p. (J). pap. 16.95 ***(978-1-63270-370-5(X))*** Life is a Story Problem LLC.

Conjuntos de Columpios: Conjuntos Matemáticos. McAdams E. David. 2023. (Libros de Matemáticas para Niños Ser.). (SPA.). 26p. (J). 29.95 ***(978-1-63270-371-2(8))*** Life is a Story Problem LLC.

Conjure Island. Eden Royce. 2023. (ENG.). 320p. (J). (gr. 3-7). 19.99 *(978-0-06-289961-3(9)*, Walden Pond Pr.) HarperCollins Pubs.

Conjure Lake. Rebecca Henry. 2022. (ENG.). 322p. (YA). pap. ***(978-1-80250-975-5(5))*** Totally Entwinded Group.

Conjurers #1: Rise of the Shadow. Brian Anderson. (Conjurers Ser.: 1). (ENG., Illus.). 240p. (J). (gr. 3-7). 2021. 7.99 *(978-0-553-49868-4(1)*, Yearling); 2020. 16.99 *(978-0-553-49865-3(7)*, Crown Books For Young Readers); 2020. lib. bdg. 19.99 *(978-0-553-49866-0(5)*, Crown Books For Young Readers) Random Hse. Children's Bks.

Conjurers #3: Fight of the Fallen. Brian Anderson. 2022. (Conjurers Ser.: 3). (ENG., Illus.). 256p. (J). (gr. 3-7). 16.99 *(978-0-553-49873-8(8)*, Crown Books For Young Readers) Random Hse. Children's Bks.

Conjuror. John Barrowman & Carole Barrowman. (Orion Chronicles Ser.). (ENG.). 320p. (YA). (gr. 7). 2017. pap. 10.99 *(978-1-78185-639-0(7))*; 2016. 16.99 *(978-1-78185-637-6(0))* Head of Zeus GBR. Dist: Independent Pubs. Group.

Conjuror's House: A Romance of the Free Forest. Stewart Edward White. 2017. (ENG., Illus.). (J). 22.95 *(978-1-374-92884-8(4))* Capital Communications, Inc.

Conjuror's House: A Romance of the Free Forest (Classic Reprint) Stewart Edward White. 2018. (ENG., Illus.). 296p. (J). 30.00 *(978-0-656-75508-0(3))* Forgotten Bks.

Conk (Classic Reprint) Isaac Pitman Noyes. 2018. (ENG., Illus.). 28p. (J). 24.47 *(978-0-483-92684-4(1))* Forgotten Bks.

Conker (Reading Ladder Level 3) Michael Morpurgo. Illus. by Petra Brown. 2016. (Reading Ladder Level 3 Ser.). (ENG.). 48p. (gr. k-2). pap. 4.99 *(978-1-4052-8254-3(1)*, Reading Ladder) Farshore GBR. Dist: HarperCollins Pubs.

Conklin's Handy Manual of Useful Information & World's Atlas: For Mechanics, Merchants, Editors, Lawyers, Printers, Doctors, Farmers, Lumbermen, Bankers, Book-Keepers, Politicians & All Classes of Workers in Every Department of Human Effort. George W. Conklin. (ENG., Illus.). (J). 2018. 478p. 33.76 *(978-0-484-67196-5(0))*; 2016. pap. 16.57 *(978-1-334-65274-5(0))* Forgotten Bks.

Conklin's Handy Manual of Useful Information & World's Atlas: For Mechanics, Merchants, Editors, Lawyers, Printers, Doctors, Farmers, Lumbermen, Bankers, Bookkeepers, Politicians & All Classes of Workers in Every Department of Human Effort. George W. Conklin. (ENG., Illus.). (J). 2018. 452p. 33.22 *(978-0-656-24813-1(0))*; 2016. pap. 16.57 *(978-1-334-30739-3(3))* Forgotten Bks.

Conneautteean, 1923 (Classic Reprint) Edinboro State Teachers College. 2017. (ENG., Illus.). (J). 28.10 *(978-0-260-05772-3(X))*; pap. 10.57 *(978-1-5282-5635-3(2))* Forgotten Bks.

Connect Four (Plus More!) Connect the Dots Activity Book. Activity Book Zone for Kids. 2016. (ENG., Illus.). (J). pap. 7.55 *(978-1-68376-080-1(8))* Sabeels Publishing.

Connect It! Circuits You Can Squish, Bend, & Twist. Elsie Olson. 2017. (Cool Makerspace Gadgets & Gizmos Ser.). (ENG., Illus.). 32p. (J). (gr. 3-6). lib. bdg. 34.21 *(978-1-5321-1251-5(3)*, 27582, Checkerboard Library) ABDO Publishing Co.

Connect It Together! Connect the Dots Activity Book. Activibooks For Kids. 2016. (ENG., Illus.). (J). pap. 7.55 *(978-1-68321-473-1(0))* Mimaxion.

Connect More! Connect the Dots Activity Book. Activibooks For Kids. 2016. (ENG., Illus.). (J). pap. 7.55 *(978-1-68321-472-4(2))* Mimaxion.

Connect the Camouflaged Clues! Dot to Dot Activity Book. Smarter Activity Books for Kids. 2016. (ENG., Illus.). (J). pap. 8.99 *(978-1-68374-213-5(3))* Examined Solutions PTE. Ltd.

Connect the Clues! Dot to Dot Activity Book. Smarter Activity Books for Kids. 2016. (ENG., Illus.). (J). pap. 8.99 *(978-1-68374-214-2(1))* Examined Solutions PTE. Ltd.

Connect the Dot Animal Party! the Activity Book. Jupiter Kids. 2016. (ENG., Illus.). 108p. (J). pap. 12.55 *(978-1-68326-081-3(3)*, Jupiter Kids (Childrens & Kids Fiction)) Speedy Publishing LLC.

Connect the Dot Dino Blast - Connect the Dot Book Dinosaur. Jupiter Kids. 2018. (ENG., Illus.). 106p. (J). pap. 12.55 *(978-1-5419-3568-6(3)*, Jupiter Kids (Childrens & Kids Fiction)) Speedy Publishing LLC.

Connect the Dot Extravaganza! a Kid's Activity Book. Kreative Kids. 2016. (ENG., Illus.). (J). pap. 10.81 *(978-1-68377-096-1(X))* Whlke, Traudl.

Connect the Dot Puzzles for Kids! Activity Book Zone for Kids. 2016. (ENG., Illus.). (J). pap. 7.55 *(978-1-68376-081-8(6))* Sabeels Publishing.

Connect the Dot Puzzles Galore! an Educational yet Entertaining Activity Book for Kids. Jupiter Kids. 2018. (ENG., Illus.). 106p. (J). pap. 12.55 *(978-1-5419-3573-0(X)*, Jupiter Kids (Childrens & Kids Fiction)) Speedy Publishing LLC.

Connect the Dots. Keith Calabrese. 2022. (ENG.). 256p. (J). (gr. 3-7). pap. 6.99 *(978-1-338-35404-1(3))* Scholastic, Inc.

Connect the Dots. Cristie Dozaz. 2020. (ENG.). 54p. (J). pap. 8.00 *(978-1-716-42944-6(7))* Lulu Pr., Inc.

Connect the Dots: Discover Exotic Animals. Jupiter Kids. 2016. (ENG., Illus.). 108p. (J). pap. 12.55 *(978-1-68326-089-9(9)*, Jupiter Kids (Childrens & Kids Fiction)) Speedy Publishing LLC.

Connect the Dots: Nice 'n' Easy Dot to Dot Activity Book. Smarter Activity Books for Kids. 2016. (ENG., Illus.). (J). pap. 8.99 *(978-1-68374-218-0(4))* Examined Solutions PTE. Ltd.

Connect the Dots: Planes, Trains, & Automobiles. Jupiter Kids. 2016. (ENG., Illus.). 106p. (J). pap. 12.55 *(978-1-68326-090-5(2)*, Jupiter Kids (Childrens & Kids Fiction)) Speedy Publishing LLC.

Connect the Dots - the Alphabet Edition - Reading Book Preschool Children's Reading & Writing Books. Baby Professor. 2017. (ENG., Illus.). (J). pap. 9.55 *(978-1-5419-2559-5(9)*, Baby Professor (Education Kids)) Speedy Publishing LLC.

Connect the Dots - the Bird Edition: Activity Book for Kids. Jupiter Kids. 2017. (ENG., Illus.). (J). pap. 9.20 *(978-1-5419-0980-9(1)*, Jupiter Kids (Childrens & Kids Fiction)) Speedy Publishing LLC.

Connect the Dots - the Dog & Cat Edition: Activity Book for Kids. Jupiter Kids. 2017. (ENG., Illus.). (J). pap. 9.20 *(978-1-5419-0983-0(6)*, Jupiter Kids (Childrens & Kids Fiction)) Speedy Publishing LLC.

Connect the Dots - the Pet Edition: Activity Book for Kids. Jupiter Kids. 2017. (ENG., Illus.). (J). pap. 9.20 *(978-1-5419-0981-6(X)*, Jupiter Kids (Childrens & Kids Fiction)) Speedy Publishing LLC.

Connect the Dots - the Wildlife Edition: Activity Book for Kids. Jupiter Kids. 2017. (ENG., Illus.). (J). pap. 9.20 *(978-1-5419-0982-3(8)*, Jupiter Kids (Childrens & Kids Fiction)) Speedy Publishing LLC.

Connect the Dots Activity Book for Kids Ages 3 To 5: Trace Then Color! a Combination Dot to Dot Activity Book & Coloring Book for Preschoolers & Kindergarten Age Children. Created by Journal Jungle Publishing. 2017. (ENG., Illus.). (J). (gr. k). pap. *(978-1-988245-86-7(9))* Mindful Word, The.

Connect the Dots Activity Book Kids Age 5 (with Mazes, Too!) Educando Kids. 2019. (ENG.). 42p. (J). pap. 8.55 *(978-1-64521-743-5(4)*, Educando Kids) Editorial Imagen.

Connect the Dots Adult Activity Book — Form Interesting Pictures! Speedy Publishing LLC. 2016. (ENG., Illus.). 108p. (J). pap. 12.55 *(978-1-68326-083-7(X))* Speedy Publishing LLC.

Connect the Dots Alphabet - Mix Theme Edition - Workbook for Preschoolers Children's Activities, Crafts & Games Books. Baby Professor. 2017. (ENG., Illus.). (J). pap. 9.55 *(978-1-5419-2603-5(X)*, Baby Professor (Education Kids)) Speedy Publishing LLC.

Connect the Dots Alphabet - the Animal Edition - Workbook for Preschoolers Children's Activities, Crafts & Games Books. Baby Professor. 2018. (ENG., Illus.). 64p. (J). pap. 12.99 *(978-1-5419-2602-8(1)*, Baby Professor (Education Kids)) Speedy Publishing LLC.

Connect the Dots & Crack the Code! Dot to Dot Activity Book. Smarter Activity Books for Kids. 2016. (ENG., Illus.). (J). pap. 8.99 *(978-1-68374-215-9(X))* Examined Solutions PTE. Ltd.

Connect the Dots & Create a Picture Activity Book. Smarter Activity Books for Kids. 2016. (ENG., Illus.). (J). pap. 8.99 *(978-1-68374-216-6(8))* Examined Solutions PTE. Ltd.

Connect the Dots & Hidden Pictures Activity Book for Kids. Bobo's Children Activity Books. 2016. (ENG., Illus.). (J). pap. 7.99 *(978-1-68327-421-6(0))* Sunshine In My Soul Publishing.

Connect the Dots Book for Kids: Ages 4-8, Fun Dot to Dot Book Filled with Animals, Kids & More, Connect the Dots for Kids. Tornis. 2020. (ENG.). 110p. (J). pap. 11.66 *(978-1-716-35456-4(0))* Google.

Connect the Dots Book for Kids Ages 4-8: Challenging & Fun Dot to Dot Pages for Boys & Girls Connect the Dots Workbook for Kids Ages 4-8 Dot to Dot Workbook. Pencil Press. 2021. (ENG.). 52p. (J). pap. 8.00 *(978-1-716-17234-2(9))* Lulu Pr., Inc.

Connect the Dots Books. a Sensational Learning Tool for Struggling Math Learners. Random Themed Numberific Activity Book for Improved Number Sense. Speedy Kids. 2017. (ENG., Illus.). 200p. (J). pap. 12.26 *(978-1-5419-4800-6(9))* Speedy Publishing LLC.

Connect the Dots Books for Young Learners. Educando Kids. 2019. (ENG.). 42p. (J). pap. 8.55 *(978-1-64521-697-1(7)*, Educando Kids) Editorial Imagen.

Connect the Dots! Connect the Dots Activity Book. Smarter Activity Books for Kids. 2016. (ENG., Illus.). (J). pap. 8.99 *(978-1-68374-217-3(6))* Examined Solutions PTE. Ltd.

Connect the Dots for Early Learners: Dot to Dot for Preschoolers. Jupiter Kids. 2016. (ENG., Illus.). 76p. (J). pap. 13.75 *(978-1-68305-430-6(X)*, Jupiter Kids (Childrens & Kids Fiction)) Speedy Publishing LLC.

Connect the Dots for Kids - the Fun Alphabet Edition. Jupiter Kids. 2017. (ENG., Illus.). (J). pap. 9.05 *(978-1-5419-3286-9(2)*, Jupiter Kids (Childrens & Kids Fiction)) Speedy Publishing LLC.

Connect the Dots for Kids. Friendly Neighbors: Getting to Know Your Community Helpers with Labeled Coloring Exercises for Better Information Retention. Speedy Kids. 2017. (ENG., Illus.). 200p. (J). pap. 12.26 *(978-1-5419-4794-8(0))* Speedy Publishing LLC.

Connect the Dots for Relaxation & Stress Relief. Jupiter Kids. 2016. (ENG., Illus.). 108p. (J). pap. 12.55 *(978-1-68326-084-4(8)*, Jupiter Kids (Childrens & Kids Fiction)) Speedy Publishing LLC.

Connect the Dots for Stress Relief. Activibooks For Kids. 2016. (ENG., Illus.). (J). pap. 7.55 *(978-1-68321-883-8(3))* Mimaxion.

Connect the Dots for the Big Guys: Adult Dot to Dot Puzzle Books. Jupiter Kids. 2016. (ENG., Illus.). 76p. (J). pap. 13.75 *(978-1-68305-431-3(8)*, Jupiter Kids (Childrens & Kids Fiction)) Speedy Publishing LLC.

Connect the Dots for the Holidays Boys Only Activity Book. Jupiter Kids. 2016. (ENG., Illus.). 108p. (J). pap. 12.55 *(978-1-68326-085-1(6)*, Jupiter Kids (Childrens & Kids Fiction)) Speedy Publishing LLC.

Connect the Dots for the Holidays Girls & Boys Activity Book. Jupiter Kids. 2016. (ENG., Illus.). 108p. (J). pap. 12.55 *(978-1-68326-086-8(4)*, Jupiter Kids (Childrens & Kids Fiction)) Speedy Publishing LLC.

Connect the Dots for the Holidays Girls Only Activity Book. Jupiter Kids. 2016. (ENG., Illus.). 108p. (J). pap. 12.55 *(978-1-68326-087-5(2)*, Jupiter Kids (Childrens & Kids Fiction)) Speedy Publishing LLC.

Connect the Dots from Here to There: Beginner Dot to Dot. Jupiter Kids. 2017. (ENG., Illus.). (J). pap. 9.05 *(978-1-5419-3292-0(7)*, Jupiter Kids (Childrens & Kids Fiction)) Speedy Publishing LLC.

Connect the Dots Letters & Numbers: Amazing Dotted Fun for Kids. Jupiter Kids. 2017. (ENG., Illus.). (J). pap. 9.20 *(978-1-5419-3317-0(6)*, Jupiter Kids (Childrens & Kids Fiction)) Speedy Publishing LLC.

Connect the Dots, Mazes & Opposites Activity Book for Kids. Smarter Activity Books for Kids. 2016. (ENG., Illus.). (J). pap. 8.99 *(978-1-68374-641-6(4))* Examined Solutions PTE. Ltd.

Connect the Dots, Mazes & Spot It Puzzles - Puzzle 8 Year Old Edition. Activibooks For Kids. 2016. (ENG., Illus.). (J). pap. 9.25 *(978-1-68321-139-6(1))* Mimaxion.

Connect the Dots Puzzle & Activity Book for Kids - Puzzles 6 Year Old Edition. Activibooks For Kids. 2016. (ENG., Illus.). (J). pap. 9.25 *(978-1-68321-136-5(7))* Mimaxion.

Connect the Dots, Sharpen Your Mind! Activity Book Zone for Kids. 2016. (ENG., Illus.). (J). pap. 9.20 *(978-1-68376-083-2(2))* Sabeels Publishing.

Connect the Dots! Stress Relieving Dot to Dot Puzzles. Jupiter Kids. 2016. (ENG., Illus.). 108p. (J). pap. 12.55 *(978-1-68326-088-2(0)*, Jupiter Kids (Childrens & Kids Fiction)) Speedy Publishing LLC.

Connect the Dots with Animals Activity Book for Children - Create Your Own Doodle Cover (8x10 Softcover Personalized Coloring Book / Activity Book) Sheba Blake. 2021. (ENG.). 36p. (J). pap. 14.99 *(978-1-222-31386-4(3))* Indy Pub.

Connect the Dots with Animals Activity Book for Children (6x9 Coloring Book / Activity Book) Sheba Blake. 2020. (ENG.). 34p. (J). pap. 9.99 ***(978-1-222-28373-0(5))*** Indy Pub.

Connect the Dots with Animals Activity Book for Children (8. 5x8. 5 Coloring Book / Activity Book) Sheba Blake. 2020. (ENG.). 34p. (J). pap. 12.99 *(978-1-222-28743-1(9))* Indy Pub.

Connect the Dots with Animals Activity Book for Children (8x10 Coloring Book / Activity Book) Sheba Blake. 2020. (ENG.). 34p. (J). pap. 14.99 ***(978-1-222-28374-7(3))*** Indy Pub.

Connect the Dots with Christmas ABC's Activity Book for Children (6x9 Coloring Book / Activity Book) Sheba Blake. 2020. (ENG.). 58p. (J). pap. 9.99 *(978-1-222-28412-6(X))* Indy Pub.

Connect the Dots with Christmas ABC's Activity Book for Children (8. 5x8. 5 Coloring Book / Activity Book) Sheba Blake. 2020. (ENG.). 58p. (J). pap. 12.99 *(978-1-222-28758-5(7))* Indy Pub.

Connect the Dots with Christmas ABC's Activity Book for Children (8x10 Coloring Book / Activity Book) Sheba Blake. 2020. (ENG.). 58p. (J). pap. 14.99 *(978-1-222-28413-3(8))* Indy Pub.

Connect the Dots with Fruits Activity Book for Children (6x9 Coloring Book / Activity Book) Sheba Blake. 2020. (ENG.). 24p. (J). pap. 9.99 *(978-1-222-28393-8(X))* Indy Pub.

Connect the Dots with Fruits Activity Book for Children (8. 5x8. 5 Coloring Book / Activity Book) Sheba Blake. 2020. (ENG.). 24p. (J). pap. 12.99 *(978-1-222-28750-9(1))* Indy Pub.

Connect the Dots with Fruits Activity Book for Children (8x10 Coloring Book / Activity Book) Sheba Blake. 2020. (ENG.). 24p. (J). pap. 14.99 *(978-1-222-28394-5(8))* Indy Pub.

Connect the Dots! Young Player Dot to Dot Puzzles. Activity Book Zone for Kids. 2016. (ENG., Illus.). (J). pap. 9.20 *(978-1-68376-082-5(4))* Sabeels Publishing.

Connect the Scotts: The Dead Kid Detective Agency #4. Evan Munday. 2018. (Dead Kid Detective Agency Ser.: 4). (ENG., Illus.). 336p. (J). pap. 9.95 *(978-1-77041-333-7(2)*, 6fcf86a4-168d-49d1-b1b6-63cc3bc8e3a4) ECW Pr. CAN. Dist: Baker & Taylor Publisher Services (BTPS).

Connect the Stars. Marisa de los Santos. 2016. (ENG.). 368p. (J). (gr. 3-7). pap. 7.99 *(978-0-06-227466-3(X)*, HarperCollins) HarperCollins Pubs.

Connect to the Earth. Maria Yraceburu. 2018. (ENG., Illus.). 44p. (J). pap. 20.00 *(978-1-387-93521-5(6))* Lulu Pr., Inc.

Connect with Art! Activities to Strengthen Relationships. Lauren Kukla. 2022. (Wellness Workshop Ser.). (ENG.). 32p. (J). (gr. 3-6). lib. bdg. 34.21 *(978-1-5321-9979-0(1)*, 40747, Checkerboard Library) ABDO Publishing Co.

Connected. Nathaniel Eckstrom. 2016. (Illus.). 36p. (J). pap. *(978-0-9944142-2-9(6))* Woodslane Pty Ltd.

Connected. Rori K. Pierce. 2021. (ENG.). 304p. (YA). pap. 9.99 *(978-1-0879-4470-8(8))* Indy Pub.

Connected: Connected Series Book 1. Kat Stiles. 2019. (Connected Ser.: Vol. 1). (ENG.). 304p. (J). pap. 11.99 *(978-0-578-62478-5(8))* Kat Stiles.

Connected Lives: Ariana Grande/Camila Cabello. Ed. by Saddleback Educational Saddleback Educational Publishing. 2020. (Connected Lives Ser.). (ENG., Illus.). 64p. (J). (gr. 6-12). pap. 13.95 *(978-1-68021-795-7(X))* Saddleback Educational Publishing, Inc.

Connected Lives: Cardi B/Nicki Minaj. Ed. by Saddleback Educational Saddleback Educational Publishing. 2020. (Connected Lives Ser.). (ENG., Illus.). 64p. (J). (gr. 6-12). pap. 13.95 *(978-1-68021-794-0(1))* Saddleback Educational Publishing, Inc.

Connected Lives: Ed Sheeran/Shawn Mendes. Ed. by Saddleback Educational Saddleback Educational Publishing. 2020. (Connected Lives Ser.). (ENG., Illus.). 64p. (J). (gr. 6-12). pap. 13.95 *(978-1-68021-789-6(5))* Saddleback Educational Publishing, Inc.

Connected Lives: John Legend/Michael Buble. Ed. by Saddleback Educational Saddleback Educational Publishing. 2020. (Connected Lives Ser.). (ENG., Illus.). 64p. (J). (gr. 6-12). pap. 13.95 *(978-1-68021-792-6(5))* Saddleback Educational Publishing, Inc.

Connected Lives: Kacey Musgraves/Maren Morris. Ed. by Saddleback Educational Saddleback Educational Publishing. 2020. (Connected Lives Ser.). (ENG., Illus.). 64p. (J). (gr. 6-12). pap. 13.95 *(978-1-68021-796-4(8))* Saddleback Educational Publishing, Inc.

Connected Lives: Kane Brown/Sam Hunt. Ed. by Saddleback Educational Saddleback Educational Publishing. 2020. (Connected Lives Ser.). (ENG., Illus.). 64p. (J). (gr. 6-12). pap. 13.95 *(978-1-68021-790-2(9))* Saddleback Educational Publishing, Inc.

Connected Lives: Kendrick Lamar/Travis Scott. Ed. by Saddleback Educational Saddleback Educational Publishing. 2020. (Connected Lives Ser.). (ENG., Illus.). 64p. (J). (gr. 6-12). pap. 13.95 *(978-1-68021-793-3(3))* Saddleback Educational Publishing, Inc.

Connected Movie Novelization. Adapted by Michael Anthony Steele. 2021. (Connected, Based on the Movie the Mitchells vs. the Machines Ser.). (ENG.). 144p. (J). (gr. 3-7). pap. 6.99 *(978-1-5344-7079-8(4)*, Simon Spotlight) Simon Spotlight.

Connecticut. Karen Durrie & Christine Webster. 2018. (Illus.). 24p. (J). *(978-1-4896-7413-5(6)*, AV2 by Weigl) Weigl Pubs., Inc.

Connecticut. Christina Earley. 2023. (My State Ser.). (ENG.). 24p. (J). (gr. k-2). pap. ***(978-1-0398-0253-7(2)***, 33302); lib. bdg. ***(978-1-0398-0243-8(5)***, 33301) Crabtree Publishing Co.

Connecticut, 1 vol. John Hamilton. 2016. (United States of America Ser.). (ENG., Illus.). 48p. (J). (gr. 5-9). 34.21 *(978-1-68078-309-4(2)*, 21603, Abdo & Daughters) ABDO Publishing Co.

TITLE INDEX CONQUISTADORS

Connecticut. Audrey Harrison. 2022. (Core Library of US States Ser.). (ENG., Illus.). 48p. (J). (gr. 4-8). lib. bdg. 35.64 *(978-1-5321-9748-2(9),* 39587) ABDO Publishing Co.

Connecticut. Jason Kirchner & Bridget Parker. 2016. (States Ser.). (ENG., Illus.). 32p. (J). (gr. 3-6). lib. bdg. 27.99 *(978-1-5157-0393-8(2),* 132005, Capstone Pr.) Capstone.

Connecticut. Sarah Tieck. 2019. (Explore the United States Ser.). (ENG., Illus.). 32p. (J). (gr. 2-5). lib. bdg. 34.21 *(978-1-5321-9110-7(3),* 33408, Big Buddy Bks.) ABDO Publishing Co.

Connecticut. Christine Webster. 2018. (Our American States Ser.). (ENG.). 48p. (J). lib. bdg. 22.99 *(978-1-5105-3480-3(6))* SmartBook Media, Inc.

Connecticut: The Constitution State, 1 vol. Derek Miller et al. 2019. (It's My State! (Fourth Edition)(r) Ser.). (ENG.). 80p. (gr. 4-4). 35.93 *(978-1-5026-4176-2(3),* a54a0239-c45d-4a94-b0cf-fef27caf2292) Cavendish Square Publishing LLC.

Connecticut: The Constitution State. Christine Webster. 2016. (J). *(978-1-5105-0665-7(9))* SmartBook Media, Inc.

Connecticut: The Constitution State. Christine Webster. 2016. (J). *(978-1-4896-4833-4(X))* Weigl Pubs., Inc.

Connecticut (a True Book: My United States) (Library Edition) Michael Burgan. 2018. (True Book (Relaunch) Ser.). (ENG., Illus.). 48p. (J). (gr. 3-5). 31.00 *(978-0-531-23162-3(3),* Children's Pr.) Scholastic Library Publishing.

Connecticut Boys in the Western Reserve: A Tale of the Moravian Massacre (Classic Reprint) James A. Braden. 2018. (ENG., Illus.). 452p. (J). 33.22 *(978-0-483-14929-8(2))* Forgotten Bks.

Connecticut Yankee in King Arthur's Court. Mark Twain, pseud. 2020. (ENG.). 278p. (J). 16.95 *(978-1-64594-079-1(9))* Athanatos Publishing Group.

Connecticut Yankee in King Arthur's Court. Mark Twain, pseud. Illus. by Jack Sparling. 2022. (Classics Illustrated Ser.: 77). 48p. (J). pap. 9.95 *(978-1-911238-50-8(7))* Classic Comic Store, Ltd. GBR. Dist: Casemate Pubs. & Bk. Distributors, LLC.

Connecticut Yankee in King Arthur's Court. Mark Twain, pseud. 2021. (ENG.). 238p. (J). pap. 9.99 *(978-1-4209-7613-7(3))* Digireads.com Publishing.

Connecticut Yankee in King Arthur's Court. Mark Twain, pseud. 2023. (ENG.). 324p. (J). pap. 22.99 ***(978-1-0881-3087-2(9))*** Indy Pub.

Connecticut Yankee in King Arthur's Court. Mark Twain, pseud. (ENG.). 2022. 238p. (YA). pap. 25.50 ***(978-1-387-90995-7(9));*** 2020. 300p. (J). pap. 25.50 *(978-1-6781-1222-6(4))* Lulu Pr., Inc.

Connecticut Yankee in King Arthur's Court. Mark Twain, pseud. 2018. (ENG., Illus.). (J). 364p. 15.88 *(978-1-7317-0363-7(5));* 364p. 30.44 *(978-1-7317-0788-8(6));* 364p. pap. 9.09 *(978-1-7317-0364-4(3));* 364p. pap. 18.38 *(978-1-7317-0789-5(4));* 334p. 15.99 *(978-1-61382-569-3(2));* 334p. pap. 8.58 *(978-1-61382-571-6(4))* Simon & Brown.

Connecticut Yankee in King Arthur's Court (Classic Reprint) Twain. 2016. (ENG., Illus.). (J). pap. 19.57 *(978-1-334-13073-1(6))* Forgotten Bks.

Connecticut Yankee in King Arthur's Court (Classic Reprint) Mark Twain, pseud. 2018. (ENG., Illus.). (J). 468p. 33.57 *(978-0-364-41745-4(5));* 550p. 35.26 *(978-0-483-75337-2(8))* Forgotten Bks.

Connecticut Yankee in King Arthur's Court (Royal Collector's Edition) (Case Laminate Hardcover with Jacket) Mark Twain, pseud. 2021. (ENG.). 292p. (YA). *(978-1-77476-518-0(7))* AD Classic.

Connecting a Computer System, 1 vol. Lisa Idzikowski. 2018. (Tech Troubleshooters Ser.). (ENG.). 24p. (gr. 3-3). 25.27 *(978-1-5383-2955-9(7),* fca8cfe5-b02d-4900-aa94-dfcdb8848568, PowerKids Pr.) Rosen Publishing Group, Inc., The.

Connecting Dots from a to Z - Connect the Dots Activity Book. Smarter Activity Books for Kids. 2016. (ENG., Illus.). (J). pap. 8.99 *(978-1-68374-219-7(2))* Examined Solutions PTE. Ltd.

Connecting the 21st Century to the Past (2000-The Present) Victor South. 2018. (J). *(978-1-5105-3612-8(4))* SmartBook Media, Inc.

Connecting the Dots for Adults. Speedy Publishing LLC. 2016. (ENG., Illus.). 108p. (J). pap. 12.55 *(978-1-68326-091-2(0))* Speedy Publishing LLC.

Connecting the Dots for Kids Activity Book. Jupiter Kids. 2016. (ENG., Illus.). 108p. (J). pap. 12.55 *(978-1-68326-092-9(9),* Jupiter Kids (Childrens & Kids Fiction)) Speedy Publishing LLC.

Connecting the Dots for Relaxation for Adults. Speedy Publishing LLC. 2016. (ENG., Illus.). 108p. (J). pap. 12.55 *(978-1-68326-093-6(7))* Speedy Publishing LLC.

Connecting the Dots on Rainy Days Activity Book. Activity Book Zone for Kids. 2016. (ENG., Illus.). (J). pap. 7.55 *(978-1-68376-084-9(0))* Sabeels Publishing.

Connecting the Dots on Snowy Days Activity Book. Activity Book Zone for Kids. 2016. (ENG., Illus.). (J). pap. 7.55 *(978-1-68376-085-6(9))* Sabeels Publishing.

Connecting the Dots to Find Your Calling. Randy Brashears. 2018. (ENG., Illus.). 106p. (YA). pap. 11.49 *(978-1-5456-5362-3(3))* Salem Author Services.

Connecting the World. Susan Markowitz Meredith. 2016. (Spring Forward Ser.). (J). (gr. 2). *(978-1-4900-9476-2(8))* Benchmark Education Co.

Connecting with Our First Family: Colouring Book. Nyle Miigizi Johnston. 2019. (ENG., Illus.). 28p. (J). pap. 7.50 *(978-0-578-44580-9(8))* TakingITGlobal.

Connection. Katie Marsico. Illus. by Jeff Bane. 2019. (My Early Library: My Mindful Day Ser.). (ENG.). 24p. (J). (gr. k-1). pap. 12.79 *(978-1-5341-4997-7(0),* 213295); lib. bdg. 30.64 *(978-1-5341-4711-9(X),* 213294) Cherry Lake Publishing.

Connection. William Phillips. 2022. (ENG.). 404p. (YA). pap. 24.00 *(978-1-68235-608-1(6))* Strategic Book Publishing & Rights Agency (SBPRA).

Connection Crafter: Matching Game Activity Book. Activity Book Zone for Kids. 2016. (ENG., Illus.). (J). pap. 7.55 *(978-1-68376-105-1(7))* Sabeels Publishing.

Connection Hill. Reni Astuti. Illus. by Azkiya Karima. 2022. (ENG.). 54p. (J). pap. ***(978-1-922932-43-3(4))*** Library For All Limited.

Connections 1 Pathfinders. Scoular Anderson. ed. 2017. (Cambridge Reading Adventures Ser.). (ENG., Illus.). 32p. pap. 8.60 *(978-1-108-43094-4(5))* Cambridge Univ. Pr.

Connections to Your Self: Short Stories for Girls. Sofia Michelle. Ed. by Lindsey Teske. 2018. (ENG., Illus.). 100p. (J). pap. 7.99 *(978-1-5323-9703-5(8))* Independent Pub.

Connectrix: A Geometric Puzzle Challenge. Barbara Ward. 2018. (ENG.). 64p. (J). (gr. 3). pap. 14.99 *(978-1-78055-517-1(2))* O'Mara, Michael Bks., Ltd. GBR. Dist: Independent Pubs. Group.

Connemara Fairy Tale. Nicola Heanue. Illus. by Zoe Saunders. 2020. (ENG.). 30p. (J). *(978-1-83853-725-8(2));* pap. *(978-1-83853-724-1(4))* Independent Publishing Network.

Conner Hart, Ruins Art (American Gothic) Erik Mann et al. 2022. (ENG.). 38p. (J). 16.99 ***(978-1-0880-4808-5(0))*** Indy Pub.

Conner Hart, Ruins Art (the Mona Lisa) Erik Mann et al. 2022. (Conner Hart, Ruins Art Ser.: Vol. 1). (ENG.). 32p. (J). 14.99 ***(978-1-0879-5810-1(5))*** Indy Pub.

Conner the Bird Avenger: The Fortune of Doom. Zachariah Johnson. 2021. (ENG., Illus.). 116p. (J). 35.95 *(978-1-0980-5608-7(6));* pap. 25.95 *(978-1-0980-5607-0(8))* Christian Faith Publishing.

Connexion: What Has to Happen Will Happen... Rishita Sanya. 2018. (ENG., Illus.). 136p. (J). pap. 9.99 *(978-1-64249-518-8(2))* Notion Pr., Inc.

Connie Morgan in Alaska (Illustrated) An Exciting Tale of Adventure in the Untamed & Unforgivable Snowy Wilderness. James B. Hendryx & H. W. Clarke. 2019. (ENG.). 104p. (YA). pap. *(978-80-273-3196-3(X))* E-Artnow.

Connie Morgan in the Lumber Camps (Classic Reprint) James Beardsley Hendryx. (ENG., Illus.). (J). 2018. 314p. 30.37 *(978-0-365-18220-7(6));* 2017. pap. 13.57 *(978-0-259-75476-3(5))* Forgotten Bks.

Connie the Conjunction. Coert Voorhees & Grammaropolis. 2019. (Meet the Parts of Speech Ser.: 6). (ENG., Illus.). 32p. (J). (gr. 1-6). 6.99 *(978-1-64442-011-9(2))* Six Foot Pr., LLC.

Connoisseur, 1755, Vol. 3: By Mr. Town, Critic & Censor-Genera (Classic Reprint) Bonnell Thornton. 2017. (ENG., Illus.). (J). 29.34 *(978-0-266-71057-8(3));* pap. 11.97 *(978-1-5276-6239-1(X))* Forgotten Bks.

Connoisseur, 1774, Vol. 3 (Classic Reprint) George Colman the Elder. 2017. (ENG., Illus.). (J). 29.36 *(978-0-265-52208-0(0))* Forgotten Bks.

Connoisseur, 1774, Vol. 3 (Classic Reprint) Town Town. 2017. (ENG., Illus.). (J). pap. 11.97 *(978-0-259-24345-8(0))* Forgotten Bks.

Connoisseur, 1803, Vol. 3: By by Mr. Town, Critic & Censor-General (Classic Reprint) George Colman. 2017. (ENG., Illus.). (J). 27.79 *(978-0-266-68054-3(2));* pap. 10.57 *(978-1-5276-5068-8(5))* Forgotten Bks.

Connoisseur, Vol. 3 (Classic Reprint) Bonnell Thornton. (ENG., Illus.). (J). 2018. 266p. 29.40 *(978-0-484-16563-1(1));* 2016. pap. 11.97 *(978-1-333-67016-0(8))* Forgotten Bks.

Connor Crowe Can't Let Go. Howard Pearlstein. Illus. by Stefani Buijsman. 2023. (ENG.). 32p. (J). 18.95 *(978-1-60537-731-5(7))* Clavis Publishing.

Connor Jackson & the Memory Thieves. Nick B. Ponter. 2019. (ENG.). 344p. (YA). (gr. 7-12). pap. *(978-1-78465-635-5(6),* Vanguard Press) Pegasus Elliot Mackenzie Pubs.

Connor Mcdavid, 1 vol. Phil Corso. 2018. (Young Sports Greats Ser.). (ENG.). 24p. (gr. 3-3). 25.27 *(978-1-5383-3031-9(8),* a518ae7b-895c-4cd5-a9f4-eaafec95c3d5, PowerKids Pr.) Rosen Publishing Group, Inc., The.

Connor Mcdavid. Meeg Pincus. Illus. by Jeff Bane. 2020. (My Early Library: My Itty-Bitty Bio Ser.). (ENG.). 24p. (J). (gr. k-1). lib. bdg. 30.64 *(978-1-5341-6844-2(3),* 215263) Cherry Lake Publishing.

Connor Mcdavid: Hockey Star. Greg Bates. 2018. (Biggest Names in Sports Set 3 Ser.). (ENG., Illus.). 32p. (J). (gr. 3-5). pap. 9.95 *(978-1-63517-969-9(6),* 1635179696); lib. bdg. 31.35 *(978-1-63517-868-5(1),* 1635178681) North Star Editions. (Focus Readers).

Connor Mcdavid: Hockey Superstar. Brenda Haugen. 2018. (Superstars of Sports Ser.). (ENG., Illus.). 32p. (J). (gr. 3-9). lib. bdg. 27.32 *(978-1-5435-2505-2(9),* 138001, Capstone Pr.) Capstone.

Connor Mcdavid: Hockey Superstar. Karen Price. 2019. (PrimeTime: Hockey Superstars Ser.). (ENG.). 32p. (J). (gr. 3-4). pap. 9.95 *(978-1-63494-112-9(8),* 1634941128); lib. bdg. 31.35 *(978-1-63494-103-7(9),* 1634941039) Pr. Room Editions LLC.

Connor on the North Pole Express. J. D. Green. Illus. by Joanne Partis. 2022. (North Pole Express Bears Ser.). (ENG.). 32p. (J). (gr. -1-3). 7.99 ***(978-1-7282-6925-2(3))*** Sourcebooks, Inc.

Connor on the North Pole Express. J. D. Green. 2019. (North Pole Express Ser.). (ENG.). 32p. (J). (gr. -1-3). 7.99 ***(978-1-7282-0322-5(8))*** Sourcebooks, Inc.

Connor 'Twas the Night Before Christmas. Illus. by Lisa Alderson. 2019. (Night Before Christmas Ser.). (ENG.). 32p. (J). (gr. -1-3). 7.99 ***(978-1-7282-0215-0(9))*** Sourcebooks, Inc.

Connor's Christmas Wish. Put Me In The Story & J. D. Green. Illus. by Julia Seal. 2018. (Christmas Wish Ser.). (ENG.). 32p. (J). (gr. k-3). 6.99 ***(978-1-4926-8518-0(6))*** Sourcebooks, Inc.

Connor's Surf Adventure. Zack Hane. 2018. (ENG., Illus.). 36p. (J). pap. 17.99 *(978-1-4834-8250-7(2))* Lulu Pr., Inc.

Conoce la Familia, 12 vols. Mary Auld. Incl. Mi Hermana (My Sister) lib. bdg. 24.67 *(978-0-8368-3930-2(7),* 77757a0b-a436-4666-82a3-f01e51b0dd7e); Mi Hermano (My Brother) lib. bdg. 24.67 *(978-0-8368-3931-9(5),* dcbaf077-2d15-4eeb-b7f6-06f1dc106053); Mi Mamá (My Mom) lib. bdg. 24.67 *(978-0-8368-3932-6(3),* 09a7108c-fe6c-4f22-aac9-75bde0928475); Mi Papá (My Dad) lib. bdg. 24.67 *(978-0-8368-3933-3(1),* 97064b3c-6d64-4d42-9c2e-d7470efb2de0); Mis Abuelos (My Grandparents) lib. bdg. 24.67 *(978-0-8368-3934-0(X),* e7277374-85de-4cde-a9bb-5813322efacb); Mis Tíos (My Aunt & Uncle) lib. bdg. 24.67 *(978-0-8368-3935-7(8),* f07ffe92-cf8f-42a5-aa8b-db7e9ce6497a); (gr. k-2). (Conoce la Familia (Meet the Family) Ser.). (SPA., Illus.). 24p. 2004. Set lib. bdg. 148.02 *(978-0-8368-3929-6(3),* 4614e660-23ff-4719-b85c-44b87fad6862, Gareth Stevens Learning Library) Stevens, Gareth Publishing LLLP.

Conoce la Historia de Estados Unidos (a Look at U. S. History): Set 1, 12 vols. 2019. (Conoce la Historia de Estados Unidos (a Look at U. S. History) Ser.). (SPA.). 32p. (J). (gr. 2-2). lib. bdg. 169.62 *(978-1-5382-4965-9(0),* ce656d04-29cb-47bc-ba27-985896ed0b7a) Stevens, Gareth Publishing LLLP.

Conoce la Historia de Estados Unidos (a Look at U. S. History): Set 2, 12 vols. 2019. (Conoce la Historia de Estados Unidos (a Look at U. S. History) Ser.). (SPA.). 32p. (J). (gr. 2-2). lib. bdg. 169.62 *(978-1-5382-4966-6(9),* c3d6990e-e666-4797-9056-f5c1626372f7) Stevens, Gareth Publishing LLLP.

Conoce la Historia de Estados Unidos (a Look at U. S. History): Set 3, 12 vols. 2019. (Conoce la Historia de Estados Unidos (a Look at U. S. History) Ser.). (SPA.). 32p. (J). (gr. 2-2). lib. bdg. 169.62 *(978-1-5382-5084-6(5),* a70dc9fb-2697-4c31-8c1a-676cf813595e) Stevens, Gareth Publishing LLLP.

Conoce la Historia de Estados Unidos (a Look at U. S. History): Sets 1 - 2. 2019. (Conoce la Historia de Estados Unidos (a Look at U. S. History) Ser.). (SPA.). (J). pap. 138.00 *(978-1-5382-4970-3(7));* (gr. 2-2). lib. bdg. 339.24 *(978-1-5382-4967-3(7),* 19d28dc8-8022-4ea5-878e-3f6499189aa5) Stevens, Gareth Publishing LLLP.

Conoce la Historia de Estados Unidos (a Look at U. S. History): Sets 1 - 3. 2019. (Conoce la Historia de Estados Unidos (a Look at U. S. History) Ser.). (SPA.). (J). pap. 207.00 *(978-1-5382-5203-1(1));* (gr. 2-2). lib. bdg. 508.86 *(978-1-5382-5085-3(3),* d9b8213a-4c23-4b3b-aced-bfb117fc1370) Stevens, Gareth Publishing LLLP.

Conoce Las Ciencias Biológicas (a Look at Life Science), 12 vols. 2019. (Conoce Las Ciencias Biológicas (a Look at Life Science) Ser.). (SPA.). 32p. (J). (gr. 2-2). lib. bdg. 169.62 *(978-1-5382-5088-4(8),* a97aa6f9-417a-452d-973a-77e92c840d13) Stevens, Gareth Publishing LLLP.

Conoce Las Ciencias Físicas (a Look at Physical Science), 12 vols. 2018. (Conoce Las Ciencias Físicas (a Look at Physical Science) Ser.). (SPA.). 32p. (gr. 2-2). lib. bdg. 169.62 *(978-1-5382-2793-0(2),* b956d3e4-7cda-4978-923e-1fedd33a161b) Stevens, Gareth Publishing LLLP.

Conoce Los Ciclos de la Naturaleza (a Look at Nature's Cycles), 12 vols. 2019. (Conoce Los Ciclos de la Naturaleza (a Look at Nature's Cycles) Ser.). (SPA.). 32p. (J). (gr. 2-2). lib. bdg. 169.62 *(978-1-5382-4413-5(6),* 97c487b5-2d1e-4768-b6cb-b121e43c6748) Stevens, Gareth Publishing LLLP.

Conoce tu Gobierno, 4 vols., Set. Jacqueline Laks Gorman. Incl. ¿Cuáles Son Tus Derechos Básicos? (What Are Your Basic Rights?) lib. bdg. 24.67 *(978-0-8368-8850-8(2),* 666cfc3c-8d68-4741-a6a1-1533472e68fb); ¿Por Qué Son Importantes Las Elecciones? (Why Are Elections Important?) lib. bdg. 24.67 *(978-0-8368-8852-2(9),* 0792bbeb-dee3-4351-8e5d-b366ac807a12); ¿Por Qué Tenemos Leyes? (Why Do We Have Laws?) lib. bdg. 24.67 *(978-0-8368-8853-9(7),* 77e8cec0-47e5-44c2-98f2-4c89d8f0c76f); ¿Quiénes Gobiernan Nuestro País? (Who Leads Our Country?) lib. bdg. 24.67 *(978-0-8368-8851-5(0),* d8616f2c-6b52-4373-93f8-e10b92427a89); (Illus.). (gr. 2-4)., Weekly Reader Leveled Readers (Conoce Tu Gobierno (Know Your Government) Ser.). (SPA.). 24p. 2008. Set lib. bdg. 49.34 *(978-0-8368-8849-2(9),* 247b0367-e5e1-4bfd-a053-c114fcf28823, Weekly Reader) Stevens, Gareth Publishing LLLP.

Conoce Tu Gobierno (Know Your Government), 4 vols., Set. Jacqueline Laks Gorman. Incl. Alcalde (Mayor) lib. bdg. 24.67 *(978-1-4339-0100-3(5),* 0d6e6ddb-74c0-4c42-9269-74da6ef30617); Gobernador (Governor) (Illus.). lib. bdg. 24.67 *(978-1-4339-0098-3(X),* feae38e3-bb9f-43fb-99c7-df131281a778); Juez (Judge) (Illus.). lib. bdg. 24.67 *(978-1-4339-0099-0(8),* 81ff6d81-e8fc-431f-bc43-3c99f0e1d99e); Miembro Del Congreso (Member of Congress) lib. bdg. 24.67 *(978-1-4339-0101-0(3),* 1d70021d-068b-4a0e-afde-55dfa720a3a0); Presidente (President) (Illus.). lib. bdg. 24.67 *(978-1-4339-0102-7(1),* e1be5049-46ae-4e25-a5bd-ec2fbf02f546d1); Vicepresidente (Vice President) lib. bdg. 24.67 *(978-1-4339-0103-4(X),* 737220dd-c644-45dd-9a9d-a8c616b7e23d); (J). (gr. 3-3). (Conoce Tu Gobierno (Know Your Government) Ser.). (SPA.). 24p. 2009. Set lib. bdg. 49.34 *(978-1-4339-0104-1(8),* 4223b248-4880-4ee4-b14a-e738608e94f6, Weekly Reader Leveled Readers) Stevens, Gareth Publishing LLLP.

Conociendo a Brutus: Leveled Reader Card Book 19 Level M 6 Pack. Hmh Hmh. 2021. (SPA.). (J). pap. 74.40 *(978-0-358-08416-7(4))* Houghton Mifflin Harcourt Publishing Co.

Conociendo Mi Cuerpo. un Manual para Orientar Sobre Sexualidad Infantil. Lisbeth Hernandez. 2022. (SPA.). 128p. (J). pap. 14.99 ***(978-1-0880-3836-9(0))*** Indy Pub.

Conococheague, Vol. 21: Class of Nineteen Sixteen (Classic Reprint) Mary R. Lenhardt. (ENG., Illus.). (J). 2018. 184p. 27.69 *(978-0-365-48587-2(X));* 2017. pap. 10.57 *(978-0-259-98026-1(9))* Forgotten Bks.

Conor Mcgregor. Kenny Abdo. 2018. (Sports Biographies Ser.). (ENG., Illus.). 24p. (J). (gr. 2-8). lib. bdg. 31.36 *(978-1-5321-2477-8(5),* 28427, Abdo Zoom-Fly) ABDO Publishing Co.

Conquer or Quit: A Kids Football Story. John Hines. Illus. by Rob Hines. 2021. (ENG.). 86p. (YA). pap. 13.95 *(978-1-63860-523-2(8))* Fulton Bks.

Conquering Civilizations Children's Military & War History Books. Baby Professor. 2017. (ENG., Illus.). (J). pap. 7.89 *(978-1-5419-0229-9(7),* Baby Professor (Education Kids)) Speedy Publishing LLC.

Conquering Corps Badge: And Other Stories of the Philippines (Classic Reprint) Charles King. 2018. (ENG., Illus.). 358p. (J). 31.28 *(978-0-365-17546-9(3))* Forgotten Bks.

Conquering Hero (Classic Reprint) J. Murray Gibbon. 2018. (ENG., Illus.). 290p. (J). 29.88 *(978-0-483-49671-2(5))* Forgotten Bks.

Conquering Hero (Classic Reprint) John Murray Gibbon. (ENG., Illus.). (J). 2018. 300p. 30.08 *(978-0-484-64491-4(2));* 2017. pap. 13.57 *(978-0-243-28204-3(4))* Forgotten Bks.

Conquering of Kate (Classic Reprint) J. P. Mowbray. (ENG., Illus.). (J). 2018. 324p. 30.60 *(978-0-484-46245-7(8));* 2016. pap. 13.57 *(978-1-333-70684-5(7))* Forgotten Bks.

Conquering the Divide: The Legend of Barsicon. Angela Stever. 2021. (ENG.). 284p. (YA). *(978-0-2288-6313-7(9));* pap. *(978-0-2288-6312-0(0))* Tellwell Talent.

Conquerors All (Classic Reprint) Francena Hill Higgins. 2018. (ENG., Illus.). 314p. (J). 30.37 *(978-0-484-90301-1(2))* Forgotten Bks.

Conquest & Self-Conquest: Or, Which Makes the Hero (Classic Reprint) Unknown Author. (ENG., Illus.). (J). 2018. 220p. 28.43 *(978-0-666-82964-1(0));* 2016. pap. 10.97 *(978-1-334-17111-6(4))* Forgotten Bks.

Conquest & Self-Conquest, or Which Makes the Hero? (Classic Reprint) Maria J. McIntosh. (ENG., Illus.). (J). 2018. 66p. 25.28 *(978-0-483-84519-0(1));* 2016. pap. 9.57 *(978-1-334-11975-0(9))* Forgotten Bks.

Conquest (Classic Reprint) Sidney L. Nyburg. 2018. (ENG., Illus.). 320p. (J). 30.50 *(978-0-267-61747-0(X))* Forgotten Bks.

Conquest (Classic Reprint) Gerald O'Donovan. 2017. (ENG., Illus.). (J). 31.30 *(978-0-331-56535-5(8))* Forgotten Bks.

Conquest of Canaan. Booth Tarkington. 2020. (ENG.). (J). 204p. 19.95 *(978-1-64799-889-9(1));* 202p. pap. 10.95 *(978-1-64799-888-2(3))* Bibliotech Pr.

Conquest of Canaan. Booth Tarkington. 2018. (ENG., Illus.). 202p. (J). *(978-3-7326-2634-2(2))* Klassik Literatur. ein Imprint der Salzwasser Verlag GmbH.

Conquest of Canaan: A Novel (Classic Reprint) Booth Tarkington. 2017. (ENG., Illus.). (J). 32.66 *(978-1-5279-8340-3(4))* Forgotten Bks.

Conquest of Charlotte (Classic Reprint) David Storrar Meldrum. (ENG., Illus.). (J). 2018. 496p. 34.13 *(978-0-656-53564-4(4));* 2017. pap. 16.57 *(978-0-259-30519-4(7))* Forgotten Bks.

Conquest of Death. Abbot Kinney. 2017. (ENG.). 276p. (J). pap. *(978-3-337-38752-5(7))* Creation Pubs.

Conquest of Greystone Valley. Charlie Brooks. Illus. by Jessica Von Braun. 2016. (Greystone Valley Ser.: Vol. 2). (ENG.). (YA). (gr. 7-12). 18.99 *(978-1-945760-16-7(8));* pap. 9.99 *(978-1-945760-18-1(4))* Grey Gecko Pr.

Conquest of Helen (Classic Reprint) Ralph W. Tag. 2018. (ENG., Illus.). 34p. (J). 24.60 *(978-0-484-15469-7(9))* Forgotten Bks.

Conquest of Jerusalem (Classic Reprint) Myriam Harry. (ENG., Illus.). (J). 2018. 306p. 30.23 *(978-0-483-40543-1(4));* 2016. pap. 13.57 *(978-1-333-47925-1(5))* Forgotten Bks.

Conquest of London (Classic Reprint) Dorothea Gerard. (ENG., Illus.). (J). 2018. 322p. 30.54 *(978-0-364-05364-5(X));* 2017. pap. 13.57 *(978-0-259-23031-1(6))* Forgotten Bks.

Conquest of Mount Cook & Other Climbs: An Account of Four Seasons' Mountaineering on the Southern Alps of New Zealand (Classic Reprint) Freda Du Faur. 2017. (ENG., Illus.). (J). 30.93 *(978-1-5283-6240-5(3))* Forgotten Bks.

Conquest of Plassans (Classic Reprint) Emile Zola. 2017. (ENG., Illus.). (J). 31.69 *(978-0-260-05597-2(2))* Forgotten Bks.

Conquest of Rome (Classic Reprint) Matilde Serao. 2018. (ENG., Illus.). 328p. (J). 30.68 *(978-0-483-96765-6(3))* Forgotten Bks.

Conquest of Rome (la Conquista Di Roma) (Classic Reprint) Matilde Serao. (ENG., Illus.). (J). 2017. 30.79 *(978-0-331-99462-9(3));* 2016. pap. 13.57 *(978-1-334-13204-9(6))* Forgotten Bks.

Conquest of the Air: The Romance of Aerial Navigation (Classic Reprint) John Alexander. 2018. (ENG., Illus.). 162p. (J). 27.24 *(978-0-484-44813-0(7))* Forgotten Bks.

Conquest of the Savages (Classic Reprint) Roger T. Finlay. 2017. (ENG., Illus.). (J). 29.07 *(978-0-260-45730-1(2))* Forgotten Bks.

Conquest or a Piece of Jade: A New Play in Three Acts (Classic Reprint) Marie C. Stopes. 2018. (ENG., Illus.). 100p. (J). 25.96 *(978-0-484-62940-9(9))* Forgotten Bks.

Conquests of Invention: Cyrus H. Mccormick, Elias Howe, Thomas A. Edison, William Murdock, Robert Fulton, Guglielmo Marconi, Charles Goodyear, George Westinghouse, Eli Whitney, George Stephenson, James Watt, Wilbur & Orville Wright, Alexander Graham Bel. Mary Rosetta Parkman. 2017. (ENG., Illus.). (J). 33.40 *(978-0-266-22338-2(9))* Forgotten Bks.

Conquista Del Oeste 1862-1890: Set of 6 Common Core Edition. Joanne Barkan & Benchmark Education Company, LLC Staff. 2016. (Navigators Ser.). (SPA.). (J). (gr. 6). 60.00 net. *(978-1-5125-0801-7(2))* Benchmark Education Co.

Conquista Della Forza: L'Elettricita a Buon Mercato, la Nazionalizzazione Delle Forze Idrauliche (Classic Reprint) Francesco Saverio Nitti. 2017. (ITA., Illus.). (J). 30.70 *(978-0-260-82392-2(9))* Forgotten Bks.

Conquista Española de America Contada para Niños. Ramón Tarruella. 2019. (Brújula y la Veleta Ser.). (SPA.). 64p. (J). (gr. 2-4). pap. 9.95 *(978-987-718-601-7(2))* Ediciones Lea S.A. ARG. Dist: Independent Pubs. Group.

Conquistadors, 1 vol. Susan Nichols. 2016. (Warriors Around the World Ser.). (ENG., Illus.). 48p. (J). (gr. 5-5). lib. bdg. 28.41 *(978-1-5081-0378-3(X),* 1677ced2-93d7-4f56-b961-0dbd20d286b1) Rosen Publishing Group, Inc., The.

C

Conrad Camel & the Case of the Cute Castaway. Larter. Illus. by Annie Gabriel. 2021. (ENG.). 28p. (J). pap. *(978-0-6450325-5-0(7))* Sweetfields Publishing.

Conrad in Quest of His Youth: An Extravagance of Temperament (Classic Reprint) Leonard Merrick. 2017. (ENG., Illus.). (J). 29.98 *(978-1-5279-8840-8(6))* Forgotten Bks.

Conrad the Collector. Sharon Wolfe. (ENG.). (J). 2021. 172p. pap. *(978-0-2288-6646-6(4))*; 2019. 156p. *(978-0-2288-0293-8(8))*; 2019. 156p. pap. *(978-0-2288-0292-1(X))* Tellwell Talent.

Conrad's Crazy Cookie Day. Nicole McLachlan. 2018. (ENG., Illus.). 24p. (J). *(978-1-77370-461-6(3))*; pap. *(978-1-77370-460-9(5))* Tellwell Talent.

Conscience (Classic Reprint) Follen. 2018. (ENG., Illus.). 100p. (J). 25.96 *(978-0-428-49329-5(7))* Forgotten Bks.

Conscience of a Conservative. Barry Goldwater. 2023. (ENG.). 126p. (J). 16.95 ***(978-1-68422-787-7(9))*** Martino Fine Bks.

Conscience of Sarah Platt (Classic Reprint) Alice Gerstenberg. (ENG., Illus.). (J). 2018. 330p. 30.72 *(978-0-483-75012-8(3))*; 2017. pap. 13.57 *(978-0-243-08712-9(8))* Forgotten Bks.

Conscious Baby's Alphabet: Bite-Sized Enlightenment for All Ages. Amy Masinelli. 2022. (ENG.). 20p. (J). pap. 13.95 *(978-1-63860-984-1(5))* Fulton Bks.

Conscious Children's Chakra Book Series Volume I: Includes 10 Conscious Picture Books Recommended for All Ages. Chakra. 2023. (ENG.). 218p. (J). pap. ***(978-0-2288-9203-8(1))*** Tellwell Talent.

Conscious Creative Kid: A Writing & Drawing Prompt Journal. Kathy Nguyen & Mariana Martinez. 2022. (ENG.). 105p. (J). pap. ***(978-1-387-87615-0(5))*** Lulu Pr., Inc.

Conscript: A Story of the French War of 1813 (Classic Reprint) Erckmann-Chatrian Erckmann-Chatrian. 2018. (ENG., Illus.). 324p. (J). 30.58 *(978-0-483-45707-2(8))* Forgotten Bks.

Conscript: A Tale of War (Classic Reprint) Alexandre Dumas. 2018. (ENG., Illus.). (J). 32.19 *(978-0-331-66946-6(3))* Forgotten Bks.

Conscript: An Historical Novel (Classic Reprint) M. M. Erckmann-Chatrian. 2018. (ENG., Illus.). 346p. (J). 31.03 *(978-0-332-26224-6(3))* Forgotten Bks.

Conscript 2989: Experiences of a Drafted Man (Classic Reprint) Unknown Author. 2018. (ENG., Illus.). 132p. (J). 26.62 *(978-0-267-47649-7(3))* Forgotten Bks.

Conscript Mother (Classic Reprint) Robert Herrick. 2018. (ENG., Illus.). 106p. (J). 26.10 *(978-0-428-79371-5(1))* Forgotten Bks.

Conscript of 1813 & Waterloo (Classic Reprint) M. M. Erckmann-Chatrian. 2018. (ENG., Illus.). 374p. (J). 31.63 *(978-0-483-58819-6(9))* Forgotten Bks.

Conscript Quakers. Ethan Foster. 2017. (ENG.). 36p. (J). pap. *(978-3-337-40471-0(5))* Creation Pubs.

Conscript Quakers: Being a Narrative of the Distress & Relief of Four Young Men from the Draft for the War in 1863 (Classic Reprint) Ethan Foster. 2018. (ENG., Illus.). 70p. (J). 25.34 *(978-0-484-53554-0(4))* Forgotten Bks.

Consecrated Talents: Or, the Mission of the Children of the Church (Classic Reprint) Unknown Author. 2018. (ENG., Illus.). 196p. (J). 27.96 *(978-0-483-93130-5(6))* Forgotten Bks.

Consent: Deal with It Before Boundaries Get Crossed. Keisha Evans. Illus. by Jenny Chan. 2020. (Lorimer Deal with It Ser.). (ENG.). 32p. (J). (gr. 4-9). 25.32 *(978-1-4594-1506-5(X)*, 18f0e87d-8bd7-446f-8735-77edda90cc86) James Lorimer & Co. Ltd., Pubs. CAN. Dist: Lerner Publishing Group.

Consent (for Kids!) Boundaries, Respect, & Being in Charge of YOU. Rachel Brian. 2020. (ENG., Illus.). 64p. (J). (gr. 1-5). 15.99 *(978-0-316-45773-6(6))* Little, Brown Bks. for Young Readers.

Consent Ninja: A Children's Picture Book about Safety, Boundaries, & Consent. Mary Nhin. 2022. (Ninja Life Hacks Ser.: Vol. 79). (ENG.). 38p. (J). 19.99 *(978-1-63731-438-8(8))* Grow Grit Pr.

Consentimiento (¡para Niños!) Cómo Poner límites, Pedir Respeto y Estar a Cargo de Ti Mismo. Rachel Brian. 2021. (No Ficción Ser.). (SPA.). 64p. (J). (gr. 2-4). pap. 9.95 *(978-607-557-159-1(0))* Editorial Oceano de Mexico MEX. Dist: Independent Pubs. Group.

Consequences: A Novel (Classic Reprint) Egerton Castle. 2018. (ENG., Illus.). (J). 420p. 32.58 *(978-0-483-57075-7(3))*; 258p. 29.24 *(978-0-483-97111-0(1))* Forgotten Bks.

Consequences: Rory's Choice. Janelle Evans. 2017. (ENG., Illus.). 340p. (J). (gr. 6-18). pap. 17.99 *(978-1-941271-27-8(8)*, Ink & Quill Pubs.) Mystic Pubs., Inc.

Consequences an of a Lie: Founded on Recent Facts (Classic Reprint) Marianne Neville. 2018. (ENG., Illus.). 48p. (J). 24.89 *(978-0-267-81826-6(2))* Forgotten Bks.

Consequences (Classic Reprint) E. M. Delafield. 2018. (ENG., Illus.). 356p. (J). 31.26 *(978-0-483-61710-0(5))* Forgotten Bks.

Conserjes (Custodians) Julie Murray. 2022. (Trabajos en Mi Comunidad Ser.). (ENG.). 24p. (J). (gr. -1-2). lib. bdg. 31.36 *(978-1-0982-6322-5(7)*, 39445, Abdo Kids) ABDO Publishing Co.

Conservation. Andrea Rivera. 2016. (Our Renewable Earth Ser.). (ENG., Illus.). 24p. (J). (gr. -1-2). lib. bdg. 31.36 *(978-1-68079-938-5(X)*, 24180, Abdo Zoom-Launch) ABDO Publishing Co.

Conservation & You, 1 vol. Nicholas Faulkner & Janey Levy. 2018. (How Our Choices Impact Earth Ser.). (ENG.). 64p. (gr. 6-6). 36.13 *(978-1-5081-8144-6(6)*, 6ffd13ab-a953-46bc-92d3-7a9a38f8869a, Rosen Reference) Rosen Publishing Group, Inc., The.

Conservation Canines: How Dogs Work for the Environment. Isabelle Groc. 2021. (Orca Wild Ser.: 7). (ENG., Illus.). 128p. (J). (gr. 4-7). 24.95 *(978-1-4598-2160-6(2))* Orca Bk. Pubs. USA.

Conservation of Energy: Being an Elementary Treatise on Energy & Its Laws (Classic Reprint) Balfour Stewart. 2018. (ENG., Illus.). 268p. (J). 29.42 *(978-0-365-27535-0(2))* Forgotten Bks.

Conservation of the Rain Forest. Julie Murray. 2022. (Rain Forest Life Ser.). (ENG.). 24p. (J). (gr. k-4). lib. bdg. 31.36 *(978-1-0982-8009-3(1)*, 41053, Abdo Zoom-Dash) ABDO Publishing Co.

Conservation Success Stories (Set), 6 vols. 2017. (Conservation Success Stories Ser.). (ENG.). 112p. (J). (gr. 6-12). lib. bdg. 248.16 *(978-1-5321-1312-3(9)*, 27520, Essential Library) ABDO Publishing Co.

Conservation Tale: Your Planet Needs You! Ian Sadler. Illus. by Len DiSalvo. 2021. (ENG.). 34p. (J). pap. 12.95 *(978-1-7345226-3-1(1))* Gelos Pubns.

Conserve It! Mary Boone. 2020. (Saving Our Planet Ser.). (ENG., Illus.). 32p. (J). (gr. 1-3). pap. 7.95 *(978-1-9771-2597-2(2)*, 201149); lib. bdg. 31.32 *(978-1-9771-2583-5(2)*, 201122) Capstone. (Pebble).

Conserving an Aircraft. Ben Nussbaum. rev. ed. 2018. (Smithsonian: Informational Text Ser.). (ENG., Illus.). 32p. (gr. 3-5). pap. 11.99 *(978-1-4938-6696-0(6))* Teacher Created Materials, Inc.

Conserving Resources. Mame Ventura. 2018. (Community Economics Ser.). (ENG., Illus.). 24p. (J). (gr. 1-1). pap. 8.95 *(978-1-63517-796-1(0)*, 1635177960) North Star Editions.

Conserving Resources. Mame Ventura. 2018. (Community Economics Ser.). (ENG., Illus.). 24p. (J). (gr. k-3). lib. bdg. 31.36 *(978-1-5321-6001-1(1)*, 28634, Pop! Cody Koala) Pop!.

Consider the Lemming. Jeanne Steig. Illus. by William Steig. 2016. (ENG.). 48p. (J). (gr. -1-3). 19.99 *(978-1-4814-3963-3(4)*, Atheneum/Caitlyn Dlouhy Books) Simon & Schuster Children's Publishing.

Consider the Octopus. Nora Raleigh Baskin & Gae Polisner. 2023. (ENG.). 272p. (J). pap. 8.99 *(978-1-250-86601-1(4)*, 900238832) Square Fish.

Considerations on Phrenology, in Connexion with an Intellectual, Moral, & Religious Education. J. S. Hodgson. 2017. (ENG., Illus.). (J). pap. *(978-0-649-55506-2(6))* Trieste Publishing Pty Ltd.

Considerations Sur les Cometes, Ou Elements d'une Cometologie (Classic Reprint) Charles Nagy. 2017. (FRE., Illus.). (J). pap. 16.57 *(978-0-243-87494-1(4))* Forgotten Bks.

Considering Different Opinions Surrounding the American Revolutionary War, 1 vol. Fletcher C. Finch. 2018. (Project Learning Through American History Ser.). (ENG.). 32p. (J). (gr. 4-5). 27.93 *(978-1-5383-3055-5(5)*, 8b58f124-8cd4-4fc7-a1f5-bd3d5b2d5815); pap. 11.00 *(978-1-5383-3056-2(3)*, e5feb0a6-64dc-42ec-8809-b836dc3899cc) Rosen Publishing Group, Inc., The. (PowerKids Pr.).

Considering Every Side: Analyzing Situations, 1 vol. David Klimchuk. 2019. (Spotlight on Social & Emotional Learning Ser.). (ENG.). 24p. (gr. 4-6). 27.93 *(978-1-7253-0667-7(0)*, 706fa349-92f3-43e4-ab84-0b4fd251fc43, PowerKids Pr.) Rosen Publishing Group, Inc., The.

Consiglio Contro a Pistolenza (Classic Reprint) Tommaso Del Garbo. 2018. (ITA., Illus.). (J). 278p. 29.65 *(978-0-366-42157-2(3))*; 280p. pap. 13.57 *(978-0-365-81398-9(2))* Forgotten Bks.

Console Gaming. Betsy Rathburn. 2021. (Ready, Set, Game! Ser.). (ENG., Illus.). 24p. (J). (gr. 3-7). pap. 7.99 *(978-1-64834-249-3(3)*, 20360); lib. bdg. 26.95 *(978-1-64487-456-1(3))* Bellwether Media.

Consolidator, or Memoirs of Sundry Transactions from the World in the Moon: Translated from the Lunar Language (Classic Reprint) Daniel Dafoe. 2018. (ENG., Illus.). 366p. (J). 31.47 *(978-0-483-07037-0(8))* Forgotten Bks.

Consolidator, Vol. 2: January, 1937 (Classic Reprint) Consolidated Aircraft Company. 2018. (ENG., Illus.). 384p. (J). 31.82 *(978-0-267-40148-2(5))* Forgotten Bks.

Consonant Blends for the Advanced Reader - Reading Books for Kindergarten Children's Reading & Writing Books. Baby Professor. 2017. (ENG., Illus.). (J). pap. 9.55 *(978-1-5419-2573-1(4)*, Baby Professor (Education Kids)) Speedy Publishing LLC.

Consonants. Wiley Blevins. Illus. by Sean O'Neill. 2019. (Sound It Out (LOOK! Books (tm)) Ser.). (ENG.). 32p. (J). (gr. -1-3). pap. 8.99 *(978-1-63440-348-1(7)*, 8e178b34-4bb0-4a4b-a5cc-895061187bd5); lib. bdg. 25.32 *(978-1-63440-336-8(3)*, 28667774-a436-48c3-a19d-8ffb1d09e154) Red Chair Pr.

Conspiracy: Nixon, Watergate, & Democracy's Defenders. P. O'Connell Pearson. 2020. (ENG.). 288p. (J). (gr. 5). 17.99 *(978-1-5344-8003-2(X)*, Simon & Schuster Bks. For Young Readers) Simon & Schuster Bks. For Young Readers.

Conspiracy Boy. Cecily White. 2016. (ENG., Illus.). 280p. (YA). (gr. 7). pap. 14.99 *(978-1-68281-125-2(5))* Entangled Publishing, LLC.

Conspiracy (Classic Reprint) Robert Baker. 2018. (ENG., Illus.). 354p. (J). 31.22 *(978-0-484-13406-4(X))* Forgotten Bks.

Conspiracy in Calcutta (Series: Songs of Freedom) Lesley D. Biswas. 2023. (Songs of Freedom Ser.). (ENG.). 144p. (J). (gr. 5). pap. 12.99 *(978-0-14-345774-9(8))* Penguin Bks. India PVT, Ltd IND. Dist: Independent Pubs. Group.

Conspiracy of Ravens. Leah Moore & John Reppion. Illus. by Sally Jane Thompson. 2018. 136p. (J). (gr. 5). 14.99 *(978-1-5067-0883-6(8)*, Dark Horse Books) Dark Horse Comics.

Conspiracy of Stars. Olivia A. Cole. (ENG.). (YA). (gr. 8). 2019. 448p. pap. 9.99 *(978-0-06-264422-0(X))*; 2018. 432p. 17.99 *(978-0-06-264421-3(1))* HarperCollins Pubs. (Tegen, Katherine Bks).

Conspiracy of the Carbonari (Classic Reprint) Louise Muhlbach. 2018. (ENG., Illus.). 244p. (J). 28.93 *(978-0-484-41699-3(5))* Forgotten Bks.

Conspiracy (the Plot to Kill Hitler #1) Andy Marino. 2020. (Plot to Kill Hitler Ser.: 1). (ENG.). 192p. (J). (gr. 3-7). pap. 7.99 *(978-1-338-35902-2(9)*, Scholastic Paperbacks) Scholastic, Inc.

Conspiracy Theories & Fake News, 1 vol. Phil Corso. 2018. (Young Citizen's Guide to News Literacy Ser.). (ENG.). 32p. (gr. 4-5). 27.93 *(978-1-5383-4498-9(X)*, c2bfdd9b-0252-4cab-999b-9d7c86d8692a, PowerKids Pr.) Rosen Publishing Group, Inc., The.

Conspiracy Theories: DEBUNKED (Set), 8 vols. V. C. Thompson. 2022. (Conspiracy Theories: DEBUNKED Ser.). (ENG., Illus.). 32p. (J). (gr. 4-8). 256.56 *(978-1-6689-1017-7(9)*, 220968); pap., pap., pap. 113.71 *(978-1-6689-1038-2(1)*, 220983) Cherry Lake Publishing. (45th Parallel Press).

Conspiracy to Murder, 1865 (the Symbiont Time Travel Adventures Series, Book 6) Young Adult Time Travel Adventure. T. L. B. Wood. 2020. (Symbiont Time Travel Adventures Ser.: Vol. 6). (ENG.). 294p. (YA). pap. 16.99 *(978-1-64457-030-2(0))* ePublishing Works!.

Conspiracy Trial for the Murder of the President, & the Attempt to Overthrow the Government by the Assassination of Its Principal Officers (Classic Reprint) David E. Herold. 2017. (ENG., Illus.). (J). 33.92 *(978-0-331-93850-0(2))*; pap. 16.57 *(978-0-259-50405-4(X))* Forgotten Bks.

Conspiracy Unleashed. L. Danvers. 2018. (ENG.). 376p. (J). pap. 13.99 *(978-1-393-28940-1(1))* Draft2Digital.

Conspirators: A Romance (Classic Reprint) Robert W. Chambers. 2017. (ENG., Illus.). (J). 30.10 *(978-0-266-17071-6(4))* Forgotten Bks.

Conspirators: Or the Romance of Military Life (Classic Reprint) Edward Quillinan. 2018. (ENG., Illus.). 320p. (J). 30.52 *(978-0-483-56626-2(8))* Forgotten Bks.

Constable Word Investigates. Lubna Alsagoff. 2023. (Wonderful World of Words Ser.: 11). (ENG.). 28p. (J). (gr. 2-4). pap. 8.99 *(978-981-5009-00-2(1))* Marshall Cavendish International (Asia) Private Ltd. SGP. Dist: Independent Pubs. Group.

Constable's Tower: Or the Times of Magna Charta (Classic Reprint) Charlotte Mary Yonge. 2017. (ENG., Illus.). (J). 28.70 *(978-0-260-22202-2(X))* Forgotten Bks.

Constance & Calbot's Rival: Tales (Classic Reprint) Julian Hawthorne. 2017. (ENG., Illus.). (J). 246p. 28.97 *(978-0-484-86007-9(0))*; pap. 11.57 *(978-0-259-24368-7(X))* Forgotten Bks.

Constance & Caroline: A Moral Tale (Classic Reprint) Unknown Author. 2018. (ENG., Illus.). 196p. (J). 27.94 *(978-0-267-64628-9(3))* Forgotten Bks.

Constance Ann. Edwin Gilven. 2018. (ENG., Illus.). 42p. (J). pap. *(978-0-359-24001-2(1))* Lulu Pr., Inc.

Constance Ann in Hollywood. Edwin Gilven. 2019. (ENG.). 32p. (J). pap. *(978-0-359-45592-8(1))* Lulu Pr., Inc.

Constance Ann in School. Edwin Gilven. 2020. (ENG.). 39p. (J). pap. *(978-1-716-14117-1(6))* Lulu Pr., Inc.

Constance Ann in Seattle. Edwin Gilven. 2019. (ENG.). 46p. (J). pap. *(978-0-359-42413-9(9))* Lulu Pr., Inc.

Constance Ann in the Rival. Edwin Gilven. 2020. (ENG.). 46p. (J). pap. 14.96 *(978-1-716-00734-7(8))* Lulu Pr., Inc.

Constance Ann Out West. Edwin Gilven. 2019. (ENG.). 33p. (J). pap. *(978-0-359-38941-4(4))* Lulu Pr., Inc.

Constance Aylmar. H. F. Parker. 2017. (ENG.). 352p. (J). pap. *(978-3-7447-4821-6(9))* Creation Pubs.

Constance Aylmar: A Story of the Seventeenth Century (Classic Reprint) H. F. Parker. 2018. (ENG., Illus.). 350p. (J). 31.14 *(978-0-267-17989-3(8))* Forgotten Bks.

Constance d'Oyley, Vol. 1 Of 3: A Tale (Classic Reprint) Ellen Wallace. (ENG., Illus.). (J). 2018. 306p. 30.21 *(978-0-267-39546-0(9))*; 2016. pap. 13.57 *(978-1-334-13207-0(0))* Forgotten Bks.

Constance d'Oyley, Vol. 2 Of 3: A Tale (Classic Reprint) Ellen Wallace. (ENG., Illus.). (J). 2018. 298p. 30.06 *(978-0-267-35002-5(3))*; 2016. pap. 13.57 *(978-1-333-73216-5(3))* Forgotten Bks.

Constance d'Oyley, Vol. 3 Of 3: A Tale (Classic Reprint) Ellen Wallace. (ENG., Illus.). (J). 2018. 310p. 30.29 *(978-0-332-95700-5(4))*; 2016. pap. 13.57 *(978-1-334-26993-6(9))* Forgotten Bks.

Constance Dunlap (Classic Reprint) Arthur B. Reeve. 2017. (ENG., Illus.). (J). 31.20 *(978-1-5285-6443-4(X))* Forgotten Bks.

Constance Fenimore Woolson: Five Generations (1785-1923), Being Scattered Chapters from the History of the Cooper, Pomeroy, Woolson & Benedict Families, with Extracts from Their Letters & Journals, As Well As Articles & Poems by Constance Fenimore W. Clare Benedict. 2018. (ENG., Illus.). (J). 470p. 33.61 *(978-1-391-89464-5(2))*; 472p. pap. 16.57 *(978-1-391-88600-8(3))* Forgotten Bks.

Constance Rivers, Vol. 1 of 3 (Classic Reprint) Lady Barrett Lennard. 2018. (ENG., Illus.). 314p. (J). 30.39 *(978-0-483-49175-5(6))* Forgotten Bks.

Constance Rivers, Vol. 2 of 3 (Classic Reprint) Lady Barrett Lennard. 2018. (ENG., Illus.). 320p. (J). 30.52 *(978-0-483-48398-9(2))* Forgotten Bks.

Constance Rivers, Vol. 3 of 3 (Classic Reprint) Berrett Lennard. 2017. (ENG., Illus.). (J). 30.54 *(978-0-265-19313-6(3))* Forgotten Bks.

Constance Sherwood, Vol. 1 Of 2: An Autobiography of the Sixteenth Century (Classic Reprint) Georgiana Fullerton. (ENG., Illus.). (J). 2018. 674p. 37.82 *(978-0-332-94548-4(0))*; 2018. 350p. 31.12 *(978-0-483-68228-3(4))*; 2017. pap. 13.57 *(978-0-243-30367-0(X))*; 2016. pap. 20.57 *(978-1-333-62731-7(9))* Forgotten Bks.

Constance Sherwood, Vol. 2 Of 2: An Autobiography of the Sixteenth Century (Classic Reprint) Georgiana Fullerton. 2017. (ENG., Illus.). (J). 30.58 *(978-0-265-16250-7(5))* Forgotten Bks.

Constance Trescot: A Novel (Classic Reprint) S. Weir Mitchell. 2018. (ENG., Illus.). 390p. (J). 31.94 *(978-0-364-72695-2(4))* Forgotten Bks.

Constance, Vol. 1 Of 3: A Novel (Classic Reprint) A. T. Thomson. (ENG., Illus.). (J). 2018. 354p. 31.20 *(978-0-483-60011-9(3))*; 2017. pap. 13.57 *(978-0-243-08417-3(X))* Forgotten Bks.

Constance, Vol. 1 Of 4: A Novel (Classic Reprint) Charles Mathews. (ENG., Illus.). (J). 2018. 302p. 30.15 *(978-0-656-79010-4(5))*; 2017. pap. 13.57 *(978-0-259-24517-9(8))* Forgotten Bks.

Constance, Vol. 2 Of 3: A Novel (Classic Reprint) A. T. Thomson. (ENG., Illus.). (J). 2018. 358p. 31.28 *(978-0-483-37575-8(6))*; 2016. pap. 13.97 *(978-1-334-13492-0(8))* Forgotten Bks.

Constance, Vol. 2 Of 4: A Novel; the First Literary Attempt of a Young Lady (Classic Reprint) Charles Mathews. (ENG., Illus.). (J). 2018. 270p. 29.49 *(978-0-267-00726-4(4))*; 2017. pap. 11.97 *(978-0-259-06275-2(8))* Forgotten Bks.

Constance, Vol. 3 Of 3: A Novel (Classic Reprint) A. T. Thomson. (ENG., Illus.). (J). 2018. 344p. 30.99 *(978-0-332-78103-7(8))*; 2016. pap. 13.57 *(978-1-333-33021-7(9))* Forgotten Bks.

Constance, Vol. 3 Of 4: A Novel (Classic Reprint) Charles Mathews. (ENG., Illus.). (J). 2018. 266p. 29.40 *(978-0-484-12523-9(0))*; 2017. pap. 11.97 *(978-0-259-01241-2(6))* Forgotten Bks.

Constance, Vol. 4 Of 4: A Novel (Classic Reprint) Charles Mathews. (ENG., Illus.). (J). 2018. 262p. 29.32 *(978-0-364-26776-9(3))*; 2017. pap. 11.97 *(978-0-259-55060-0(4))* Forgotten Bks.

Constance West (Classic Reprint) Ernest Robertson Punshon. 2018. (ENG., Illus.). 312p. (J). 30.33 *(978-0-484-00689-7(4))* Forgotten Bks.

Constantine, 1 vol. Margaux Baum & Julian Morgan. 2016. (Leaders of the Ancient World Ser.). (ENG.). 112p. (J). (gr. 6-6). 38.80 *(978-1-5081-7252-9(8)*, 21146d9b-688f-46d2-a2bb-3f62820d7720) Rosen Publishing Group, Inc., The.

Constantine (Classic Reprint) George Horton. 2018. (ENG., Illus.). 236p. (J). 28.78 *(978-0-483-72669-7(9))* Forgotten Bks.

Constantine: Distorted Illusions. Kami Garcia. Illus. by Isaac Goodhart. 2022. 192p. (J). (gr. 8-12). pap. 16.99 *(978-1-77950-773-0(9))* DC Comics.

Constantly Cooper: A Glimpse Inside the Happy Brain of a Golden Retriever. Denise Grubbs Harrill. 2017. (ENG., Illus.). (J). pap. 23.95 *(978-1-4808-5351-5(8))* Archway Publishing.

Constelaciones (Constellations) Grace Hansen. 2021. (Luces en el Firmamento (Sky Lights) Ser.). (SPA.). 24p. (J). (gr. -1-2). lib. bdg. 32.79 *(978-1-0982-0445-7(X)*, 35380, Abdo Kids) ABDO Publishing Co.

Constellation Crimes. Kathleen Shields. 2017. (ENG., Illus.). (J). (gr. 3-6). pap. 9.95 *(978-1-941345-46-7(8))* Erin Go Bragh Publishing.

Constellation Crimes. Kathleen J. Shields. 2017. (ENG.). 180p. (J). pap. 9.99 *(978-1-941345-33-7(6))* Erin Go Bragh Publishing.

Constellation of Roses. Miranda Asebedo. (ENG.). (YA). (gr. 8). 2021. 352p. pap. 10.99 *(978-0-06-274711-2(8))*; 2019. 336p. 17.99 *(978-0-06-274710-5(X))* HarperCollins Pubs. (HarperTeen).

Constellation of the Deep. Benjamin Flouw. 2021. (ENG.). 48p. (J). (gr. -1-3). 17.99 *(978-0-7352-6896-8(7)*, Tundra Bks.) Tundra Bks. CAN. Dist: Penguin Random Hse. LLC.

Constellations. Bethany S. Casey. 2021. (ENG.). 201p. (YA). pap. *(978-1-326-59488-6(5))* Lulu Pr., Inc.

Constellations. Kate Glasheen. 2023. 224p. (YA). (gr. 9). 22.99 *(978-0-8234-5071-8(6))*; pap. 14.99 *(978-0-8234-5488-4(6))* Holiday Hse., Inc.

Constellations. Grace Hansen. 2019. (Sky Lights Ser.). (ENG., Illus.). 24p. (J). (gr. -1-2). lib. bdg. 32.79 *(978-1-5321-8906-7(0)*, 32980, Abdo Kids) ABDO Publishing Co.

Constellations a Variety of Facts Children's Outer Space Book. Bold Kids. 2022. (ENG.). 42p. (J). pap. 14.99 ***(978-1-0717-1744-8(8))*** FASTLANE LLC.

Constellations Diary: Nakshatras Notebook. Ellie J. 2023. (ENG.). 216p. (YA). pap. ***(978-1-365-40387-3(4))*** Lulu Pr., Inc.

Constellations Introduction to the Night Sky Science & Technology Teaching Edition. Baby Professor. 2016. (ENG., Illus.). 42p. (J). pap. 11.65 *(978-1-68305-633-1(7)*, Baby Professor (Education Kids)) Speedy Publishing LLC.

Constitución de Los Estados Unidos (US Constitution) Julie Murray. (Símbolos de Los Estados Unidos Ser.). (SPA.). 24p. (J). 2020. (gr. k-k). pap. 8.95 *(978-1-64494-379-3(4)*, 1644943794, Abdo Kids-Junior); 2019. (gr. -1-2). lib. bdg. 31.36 *(978-1-0982-0078-7(0)*, 33030, Abdo Kids) ABDO Publishing Co.

Constitution. Justine Rubinstein. 2019. (Know Your Government Ser.). (Illus.). 96p. (J). (gr. 12). lib. bdg. 34.60 *(978-1-4222-4232-2(3))* Mason Crest.

Constitution Day, 1 vol. Lamar Coldwell. 2016. (Rosen REAL Readers: Social Studies Nonfiction / Fiction: Myself, My Community, My World Ser.). (ENG.). 8p. (gr. k-1). pap. 5.46 *(978-1-5081-2287-6(3)*, 835495ca-f2fd-4da0-9080-de7504cffc1d, Rosen Classroom) Rosen Publishing Group, Inc., The.

Constitution Decoded: A Guide to the Document That Shapes Our Nation. Katie Kennedy. Illus. by Ben Kirchner. 2020. (ENG.). 208p. (J). (gr. 5-9). pap. 16.95 *(978-1-5235-1044-3(7)*, 101044) Workman Publishing Co., Inc.

Constitution for Babies. DK. 2020. (ENG., Illus.). 16p. (J). (— 1). bds. 7.99 *(978-1-4654-9850-2(8)*, DK Children) Dorling Kindersley Publishing, Inc.

Constitution of India for Children. Subhadra Sen Gupta. 2020. (ENG.). 192p. (J). pap. 9.99 *(978-0-14-344831-0(5)*, Puffin) Penguin Bks. India PVT, Ltd IND. Dist: Independent Pubs. Group.

Constitutional Citizenship: Your Rights & Responsibilities Law Principles Grade 6 Children's Government Books. Universal Politics. 2022. (ENG.). 72p. (J). 31.99 ***(978-1-5419-8618-3(0))***; pap. 19.99 ***(978-1-5419-5507-3(2))*** Speedy Publishing LLC. (Universal Politics (Politics & Social Sciences)).

Constitutional Democracy. Elise Collier. 2018. (Spotlight on Civic Action Ser.). (ENG.). 32p. (J). (gr. 3-6). 22.55 *(978-1-5311-8613-5(0))* Perfection Learning Corp.

Constitutional Democracy, 1 vol. Elise Collier. 2017. (Spotlight on Civic Action Ser.). (ENG.). 32p. (J). (gr. 4-5). pap. 12.75 *(978-1-5383-2791-3(0)*, 8994b164-897d-490d-a13f-8f33c57a002a); lib. bdg. 27.93 *(978-1-5081-6396-1(0)*, 916a5c96-cbbe-4fdb-a726-b21b4b8f5b55) Rosen Publishing Group, Inc., The. (PowerKids Pr.).

Constitutional Law & Student Civil Liberties. Beth Bulgeron. 2019. (ENG.). 152p. (YA). pap. 12.99 *(978-1-4808-7832-7(4))* Archway Publishing.

Constitutional Rights, 1 vol. Jill Sherman. 2016. (American Citizenship Ser.). (ENG., Illus.). 48p. (J). (gr. 4-8). lib. bdg. 35.64 *(978-1-68078-241-7(X)*, 22083) ABDO Publishing Co.

Construcción Libro de Colorear para Niños: Libro de Aprendizaje de Construcción Perfecto para niños y niñas, Gran Libro de Actividades de Construcción para niños y niños Pequeños para Disfrutar con Los Amigos. Amelia Yardley. 2021. (SPA.). 82p. (J). pap. *(978-1-4357-6521-4(4))* Lulu.com.

Construcciones Animales. Emilia Dziubak. 2021. (SPA.). 64p. (J). (gr. 2-4). 28.99 *(978-84-18304-29-3(4))* Editorial Flamboyant ESP. Dist: Lectorum Pubns., Inc.

Construct a Tiny House! & More Architecture Challenges. Megan Borgert-Spaniol. 2020. (Super Simple Makerspace STEAM Challenge Ser.). (ENG., Illus.). 32p. (J). (gr. k-4). lib. bdg. 34.21 *(978-1-5321-9435-1(8)*, 36625, Super SandCastle) ABDO Publishing Co.

Construct It! Architecture You Can Build, Break, & Build Again. Jessie Alkire. 2017. (Cool Makerspace Gadgets & Gizmos Ser.). (ENG.). 32p. (J). (gr. 3-6). lib. bdg. 34.21 *(978-1-5321-1252-2(1)*, 27583, Checkerboard Library) ABDO Publishing Co.

Constructing Towns & Cities, 1 vol. Amy Greenan. 2018. (Impacting Earth: How People Change the Land Ser.). (ENG.). 24p. (gr. 2-2). pap. 9.25 *(978-1-5383-4185-8(9)*, d35ba34b-13a9-4090-9b8b-4845127646dd, PowerKids Pr.) Rosen Publishing Group, Inc., The.

Construction. Child's Play. Illus. by Cocoretto. 2017. (Wheels at Work (US Edition) Ser.: 4). (ENG.). 12p. (J). bds. *(978-1-78628-083-1(3))* Child's Play International Ltd.

Construction. Rennay Craats. 2016. (J). *(978-1-5105-2233-6(6))* SmartBook Media, Inc.

Construction. Joy Gregory. 2018. (J). *(978-1-5105-3562-6(4))* SmartBook Media, Inc.

Construction - Car: Construction Vehicles Picture Book. Cristina Berna & Eric Thomsen. 2019. (CHI., Illus.). 118p. (J). pap. *(978-2-919787-45-6(4))* Missys Clan.

Construction Alphabet. Jerry Pallotta. Illus. by Rob Bolster. 2017. 28p. (J). (— 1). bds. 7.99 *(978-1-57091-799-8(X))* Charlesbridge Publishing, Inc.

Construction & Building Inspector, Vol. 10. Andrew Morkes. 2018. (Careers in the Building Trades: a Growing Demand Ser.). 80p. (J). (gr. 7). lib. bdg. 33.27 *(978-1-4222-4113-4(0))* Mason Crest.

Construction & Trades, Vol. 10. Daniel Lewis. 2018. (Careers in Demand for High School Graduates Ser.). 112p. (J). (gr. 7). 34.60 *(978-1-4222-4135-6(1))* Mason Crest.

Construction Cat. Barbara Odanaka. Illus. by Sydney Hanson. 2018. (ENG.). 40p. (J). (gr. -1-1). 17.99 *(978-1-4814-9094-8(X)*, McElderry, Margaret K. Bks.) McElderry, Margaret K. Bks.

Construction Coloring Book for Kids: Perfect Construction Learning Book for Kids, Boys & Girls, Great Construction Activity Book for Children & Toddlers to Enjoy with Friends. Amelia Yardley. 2021. (ENG.). 82p. (J). pap. *(978-1-008-92329-4(X))* Lulu.com.

Construction Cousins. Nicole Hicks & Stacie Majszak. 2018. (ENG.). 38p. (J). 14.95 *(978-1-68401-820-8(X))* Amplify Publishing Group.

Construction Crew. Finn Coyle. Illus. by Srimalie Bassani. 2019. (Finn's Fun Trucks Ser.). (ENG.). 32p. (J). (gr. k-2). 6.99 *(978-1-4867-1574-9(5)*, 79b1283f-cc51-49f7-a207-3f10055a2fb7) Flowerpot Pr.

Construction Crew. Finn Coyle. 2019. (Finn's Fun Trucks Ser.). (ENG.). 29p. (J). (gr. k-1). 15.96 *(978-1-64310-966-4(9))* Penworthy Co., LLC, The.

Construction Crew: A Lift-The-Page Truck Book. Finn Coyle. Illus. by Srimalie Bassani. 2018. (Finn's Fun Trucks Ser.). (ENG.). 14p. (J). (gr. k-2). bds. 8.99 *(978-1-4867-1387-5(4)*, b880531c-6c1e-4ab1-bfdb-ee5ad8954766) Flowerpot Pr.

Construction Machines. Chris Oxlade. 2018. (ENG., Illus.). 48p. (J). (gr. 1-5). pap. 6.95 *(978-0-2281-0111-6(5)*, 7cf8e4b1-dfd2-4ec1-b6ca-b474b215b4f4) Firefly Bks., Ltd.

Construction Machines (Set), 6 vols. 2018. (Construction Machines (Dash!) Ser.). (ENG.). 24p. (J). (gr. k-4). lib. bdg. 188.16 *(978-1-5321-2511-9(9)*, 30031, Abdo Zoom-Dash) ABDO Publishing Co.

Construction Manager, 1 vol. B. Keith Davidson. 2022. (Top Trade Careers Ser.). (ENG.). 32p. (J). (gr. 3-9). pap. *(978-1-0396-4741-3(3)*, 17341); lib. bdg. *(978-1-0396-4614-8(X)*, 16335) Crabtree Publishing Co. (Crabtree Branches).

Construction of the Three Little Pigs & Which Pig Are You? Joann McNeal. 2022. (ENG.). 82p. (J). 32.95 *(978-1-0980-7253-7(7))*; pap. 22.95 *(978-1-0980-7251-3(0))* Christian Faith Publishing.

Construction Paper Crafts (Cut & Paste Buildings) This Book Has 20 Full Colour Worksheets. This Book Comes with 6 Downloadable Kindergarten PDF Workbooks. Nicola Ridgeway & James Manning. 2020. (Construction Paper Crafts Ser.: Vol. 11). (ENG., Illus.). 46p. (J). (gr. 1-4). pap. *(978-1-80027-120-3(4))* CBT Bks.

Construction Paper Crafts (Cut & Paste Superheroes & Villains Puzzles) This Book Has 20 Full Colour Puzzle Worksheets. This Book Comes with 6 Downloadable PDF Books. Nicola Ridgeway & James Manning. 2020. (Construction Paper Crafts Ser.: Vol. 98). (ENG., Illus.). 46p. (J). (gr. 2-4). pap. *(978-1-80027-116-6(6))* CBT Bks.

Construction People. Lee Bennett Hopkins. Illus. by Ellen Shi. 2020. (ENG.). 32p. (J). (gr. -1-3). 17.99 *(978-1-68437-361-1(1)*, Wordsong) Highlights Pr., c/o Highlights for Children, Inc.

Construction Site. Oakley Graham. Illus. by Paul Dronsfield. 2021. (Play & Learn Ser.). (ENG.). 10p. (J). (— 1). bds. 9.99 *(978-1-78958-920-7(7))* Top That! Publishing PLC GBR. Dist: Independent Pubs. Group.

Construction Site: a Push-And-Pull Adventure. Ladybird. Illus. by Samantha Meredith. 2021. (Little World Ser.). (ENG.). 10p. (J). (— 1). bds. 8.99 *(978-0-241-51484-9(3)*, Ladybird) Penguin Bks., Ltd. GBR. Dist: Penguin Random Hse. LLC.

Construction Site Board Books Boxed Set, 1 vol. Sherri Duskey Rinker. Illus. by Tom Lichtenheld & A. G. Ford. 2023. (Goodnight, Goodnight, Construc Ser.). (ENG.). 98p. (J). (gr. -1 — 1). bds. 24.00 ***(978-1-7972-1946-2(4))*** Chronicle Bks. LLC.

Construction Site Coloring Books for Kids Bundle, 2 vols. Speedy Publishing LLC Staff. 2016. (ENG., Illus.). 100p. (J). pap. 15.99 *(978-1-68326-022-6(8))* Speedy Publishing LLC.

Construction Site: Farming Strong, All Year Long. Sherri Duskey Rinker. Illus. by A. G. Ford. 2022. (Goodnight, Goodnight, Construc Ser.). (ENG.). 40p. (J). (gr. -1 — 1). 17.99 *(978-1-7972-1387-3(3))* Chronicle Bks. LLC.

Construction Site Gets a Fright! A Halloween Lift-The-Flap Book. Sherri Duskey Rinker. Illus. by A. G. Ford. 2022. (Goodnight, Goodnight, Construc Ser.). (ENG.). 16p. (J). (gr. -1 — 1). bds. 12.99 *(978-1-7972-0432-1(7))* Chronicle Bks. LLC.

Construction Site: Merry & Bright: A Christmas Lift-The-Flap Book. Sherri Duskey Rinker. Illus. by A. G. Ford. 2021. (Goodnight, Goodnight Construction Site Ser.). (ENG.). 16p. (J). (gr. -1 — 1). bds. 12.99 *(978-1-7972-0429-1(7))* Chronicle Bks. LLC.

Construction Site Mission: Demolition! Sherri Duskey Rinker. Illus. by A. G. Ford. 2020. (Goodnight, Goodnight, Construc Ser.). (ENG.). 40p. (J). (gr. -1 — 1). 17.99 *(978-1-4521-8257-5(4))* Chronicle Bks. LLC.

Construction Site on Christmas Night: (Christmas Book for Kids, Children?s Book, Holiday Picture Book) Sherri Duskey Rinker. Illus. by A. G. Ford. 2018. (Goodnight, Goodnight Construction Site Ser.). (ENG.). 40p. (J). (gr. -1-k). 16.99 *(978-1-4521-3911-1(3))* Chronicle Bks. LLC.

Construction Site: Road Crew, Coming Through! Sherri Duskey Rinker. Illus. by A. G. Ford. 2021. (Goodnight, Goodnight, Construc Ser.). (ENG.). 40p. (J). (gr. -1 — 1). 17.99 *(978-1-7972-0472-7(6))* Chronicle Bks. LLC.

Construction Site: You're Just Right: A Valentine Lift-The-Flap Book. Sherri Duskey Rinker. Illus. by A. G. Ford. 2022. (Goodnight, Goodnight Construction Site Ser.). (ENG.). 16p. (J). (gr. -1 — 1). bds. 12.99 *(978-1-7972-0430-7(0))* Chronicle Bks. LLC.

Construction Sites Coloring Books Giant Edition. Creative Playbooks. 2016. (ENG., Illus.). (J). pap. 7.74 *(978-1-68323-102-8(3))* Twin Flame Productions.

Construction Songs. Carmen Crowe. Ed. by Parragon Books. Illus. by Tommy Doyle. 2022. (ENG.). 14p. (J). (gr. -1-2). bds. 12.99 *(978-1-64638-458-7(X)*, 1007820) Cottage Door Pr.

Construction Toys: Coloring for Kids. Activibooks For Kids. 2016. (ENG., Illus.). (J). pap. 9.20 *(978-1-68321-675-9(X))* Mimaxion.

Construction Trucks. Julie Murray. 2023. (Trucks at Work Ser.). (ENG.). 24p. (J). (gr. -1-2). lib. bdg. 31.36 ***(978-1-0982-6612-7(9)***, 42131, Abdo Kids) ABDO Publishing Co.

Construction Trucks Activity Book. Victoria Allenby. 2021. (Pajama Press High Value Activity Bks.). (ENG.). 64p. (J). (gr. k-1). 9.95 *(978-1-77278-223-3(8))* Pajama Pr. CAN. Dist: Ingram Publisher Services.

Construction Trucks & Tools - Activity Workbook. Beth Costanzo. 2022. (ENG.). 32p. (J). pap. 8.99 *(978-1-0879-7039-4(3))* Adventures of Scuba Jack Pubs., The.

Construction Vehicles. Janet Slingerland. 2018. (Vehicles on the Job Ser.). (ENG., Illus.). 24p. (J). (gr. 1-3). 25.27 *(978-1-59953-942-3(X))* Norwood Hse. Pr.

Construction Vehicles at Work. Kathryn Clay. 2023. (Construction Vehicles at Work Ser.). (ENG.). 24p. (J). 147.90 ***(978-1-6690-8856-1(1)***, 268100, Capstone Pr.) Capstone.

Construction Vehicles Coloring & Activity Book for Kids. Happy Harper. 2020. (ENG.). 74p. (J). pap. *(978-1-989968-58-1(9)*, Happy Harper) Gill, Karanvir.

Construction Vehicles Coloring Book: A Fun Activity Book for Kids Filled with Big Trucks, Cranes, Tractors, Diggers & Dumpers (Ages 4-8) Happy Harper. 2019. (ENG., Illus.). 104p. (J). pap. *(978-1-989543-33-7(2)*, Happy Harper) Gill, Karanvir.

Construction Vehicles Coloring Book for Children! Discover Construction Coloring Pages for Children! Bold Illustrations. 2022. (ENG.). 82p. (J). pap. 15.99 ***(978-1-0717-0654-1(3)***, Bold Illustrations) FASTLANE LLC.

Construction Vehicles Coloring Book for Kids: A Fun Coloring Activity Book for Boys & Girls Filled with Big Trucks, Cranes, Tractors, Diggers & Dumpers. Happy Harper. l.t. ed. 2020. (ENG., Illus.). 94p. (J). pap. *(978-1-989968-15-4(5)*, Happy Harper) Gill, Karanvir.

Construction Vehicles Coloring Book for Kids: The Ultimate Construction Coloring Book Filled with 40+ Designs of Big Trucks, Cranes, Tractors, Diggers & Dumpers. Happy Harper. l.t. ed. 2020. (ENG., Illus.). 94p. (J). pap. *(978-1-989968-16-1(3)*, Happy Harper) Gill, Karanvir.

Construction Vehicles Colouring Book: Amazing Truck Coloring Book, Fun Coloring Book for Kids & Toddlers, Ages 2 - 4, Page Large 8. 5 X 11. Elma Angels. 2020. (ENG.). 88p. (J). pap. 8.97 *(978-1-716-32492-5(0))* Lulu Pr., Inc.

Construction Vehicles Picture Book. Cristina Berna & Eric Thomsen. 2019. (ENG., Illus.). 116p. (J). pap. *(978-2-919787-89-0(6))* Missys Clan.

Construction Vehicles (Set), 8 vols. 2019. (Construction Vehicles (POP) Ser.). (ENG.). 24p. (J). (gr. k-3). lib. bdg. 250.88 *(978-1-5321-6327-2(4)*, 31969, Pop! Cody Koala) Pop!.

Construction Vehicles (Set Of 8) 2019. (Construction Vehicles Ser.). (ENG.). 192p. (J). (gr. 1-1). pap. 71.60 *(978-1-64494-000-6(0)*, 1644940000) North Star Editions.

Construction Wonders: Activity & Coloring Book for Boys. Jupiter Kids. 2017. (ENG., Illus.). (J). pap. 9.20 *(978-1-5419-3369-9(9)*, Jupiter Kids (Childrens & Kids Fiction)) Speedy Publishing LLC.

Construction Worker. Jared Siemens. 2018. (People in My Neighborhood Ser.). (ENG.). 24p. (J). lib. bdg. 22.99 *(978-1-5105-3833-7(X))* SmartBook Media, Inc.

Construction Worker Tools. Laura Hamilton Waxman. 2019. (Bumba Books (r) — Community Helpers Tools of the Trade Ser.). (ENG., Illus.). 24p. (J). (gr. -1-1). pap. 8.99 *(978-1-5415-7348-2(X)*, 820f6dc3-ebf8-456c-b5bf-130566e6a09b); lib. bdg. 26.65 *(978-1-5415-5556-3(2)*, e6708287-ff65-4572-adf1-493f2b01437a) Lerner Publishing Group. (Lerner Pubns.).

Construction Workers. Quinn M. Arnold. 2017. (Seedlings Ser.). (ENG., Illus.). 24p. (J). (gr. -1-k). pap. 9.99 *(978-1-62832-486-0(4)*, 20349, Creative Paperbacks) Creative Co., The.

Construction Workers. Chris Bowman. 2018. (Community Helpers Ser.). (ENG., Illus.). 24p. (J). (gr. k-3). lib. bdg. 26.95 *(978-1-62617-743-7(0)*, Blastoff! Readers) Bellwether Media.

Construction Workers. Emma Less. 2018. (Real-Life Superheroes Ser.). (ENG.). 16p. (J). (gr. k-2). pap. 7.99 *(978-1-68152-273-9(X)*, 14912) Amicus.

Construction Workers in My Community. Bridget Heos. Illus. by Mike Moran. 2018. (Meet a Community Helper (Early Bird Stories (tm)) Ser.). (ENG.). 24p. (J). (gr. k-2). 29.32 *(978-1-5415-2018-9(1)*, 4e9b4120-f123-4fd4-bcff-749cac9129b1, Lerner Pubns.) Lerner Publishing Group.

Construction Zone. Cheryl Willis Hudson. Illus. by Richard Sobol. 2017. (ENG.). 32p. (J). (gr. -1-3). 6.99 *(978-0-7636-9344-2(8))* Candlewick Pr.

Construction Zoo. Jennifer Thorne. Illus. by Susie Hammer. (ENG.). (J). (gr. -1 — 1). 2021. 24p. bds. 7.99 *(978-0-8075-1286-9(9)*, 807512869); 2018. 32p. 16.99 *(978-0-8075-1282-1(6)*, 807512826) Whitman, Albert & Co.

Constructora de Casitas para Pájaros (Birdhouse Builder) Amy Cobb. Illus. by Alexandria Neonakis. 2018. (Libby Wimbley Ser.). (SPA.). 32p. (J). (gr. -1-3). lib. bdg. 32.79 *(978-1-5321-3471-5(1)*, 31195, Calico Chapter Bks) Magic Wagon.

Construimos un Dron: Seguir Instrucciones, 1 vol. Leonard Clasky. 2017. (Computación Científica en el Mundo Real (Computer Science for the Real World) Ser.). (SPA.). 24p. (J). (gr. 4-5). pap. *(978-1-5383-5813-9(1)*, 4e9b4120-7204-46aa-9f3d-2bec24d742e5, Rosen Classroom) Rosen Publishing Group, Inc., The.

Construimos un Dron: Seguir Instrucciones (We Build a Drone: Following Instructions), 1 vol. Leonard Clasky. 2017. (Niños Digitales: Superdotados con Pensamiento Computacional (Computer Kids: Powered by Computational Thinking) Ser.). (SPA.). 24p. (J). (gr. 4-5). 25.27 *(978-1-5383-2902-3(6)*, f5960a68-657e-4e68-a08f-83eb61b0d0b3, PowerKids Pr.) Rosen Publishing Group, Inc., The.

Construir una Pajarera: Paso a Paso, 1 vol. Emiliya King. 2017. (Computación Científica en el Mundo Real (Computer Science for the Real World) Ser.). (SPA.). 16p. (J). (gr. 2-3). pap. *(978-1-5383-5609-8(0)*, 5b57e6db-641b-43ec-b069-79ed70b8363d, Rosen Classroom) Rosen Publishing Group, Inc., The.

Consuelo: A Novel (Classic Reprint) George Sand. (ENG., Illus.). (J). 2017. 34.99 *(978-0-266-54172-1(0))*; 2016. pap. 19.57 *(978-1-333-67534-9(8))* Forgotten Bks.

Consuelo la Crisopa. Nerida Ramirez. 2020. (SPA.). 36p. (J). pap. *(978-1-6780-0283-1(6))* Lulu Pr., Inc.

Consuelo the Green Lacewing. Nerida Ramírez. 2020. (ENG.). 36p. (J). pap. *(978-1-716-98826-4(8))* Lulu Pr., Inc.

Consuelo, Vol. 1 of 2 (Classic Reprint) George Sand. (ENG., Illus.). (J). 2018. 350p. 31.12 *(978-0-483-51808-7(5))*; 2017. pap. 13.57 *(978-0-243-09070-9(6))* Forgotten Bks.

Consuelo, Vol. 2 of 2 (Classic Reprint) George Sand. (ENG., Illus.). (J). 2018. 330p. 30.70 *(978-0-484-49071-9(0))*; 2016. pap. 13.57 *(978-1-334-12391-7(8))* Forgotten Bks.

Consuelo, Vol. 3 (Classic Reprint) George Sand. 2017. (ENG., Illus.). (J). 30.52 *(978-0-265-65735-5(0))*; pap. 13.57 *(978-1-5276-1551-9(0))* Forgotten Bks.

Consuelo, Vol. 4 Of 4: Translated from the French (Classic Reprint) George Sand. 2017. (ENG., Illus.). (J). 31.51 *(978-0-331-81545-0(1))*; pap. 13.97 *(978-0-243-32143-8(0))* Forgotten Bks.

Consumable Companion Workbook Grade 6. Hmh Hmh. 2017. (ENG.). 420p. (J). pap. 20.53 *(978-1-328-70354-5(1))* Houghton Mifflin Harcourt Publishing Co.

Consumable Student Activity Book Collection Softcover Grade 1 2018. Hmh Hmh. 2018. (SPA.). (J). pap. 47.53 *(978-1-328-53054-7(X))* Houghton Mifflin Harcourt Publishing Co.

Consumable Student Activity Book Collection Softcover Grade 2 2018. Hmh Hmh. 2018. (SPA.). (J). pap. 47.53 *(978-1-328-53055-4(8))* Houghton Mifflin Harcourt Publishing Co.

Consumable Student Activity Book Collection Softcover Grade 3 2018. Hmh Hmh. 2018. (SPA.). (J). pap. 47.53 *(978-1-328-53056-1(6))* Houghton Mifflin Harcourt Publishing Co.

Consumable Student Activity Book Collection Softcover Grade 4 2018. Hmh Hmh. 2018. (SPA.). (J). pap. 47.53 *(978-1-328-53057-8(4))* Houghton Mifflin Harcourt Publishing Co.

Consumable Student Activity Book Collection Softcover Grade 5 2018. Hmh Hmh. 2018. (SPA.). (J). pap. 47.53 *(978-1-328-53058-5(2))* Houghton Mifflin Harcourt Publishing Co.

Consumable Student Activity Book Collection Softcover Grade 6 2018. Hmh Hmh. 2018. (SPA.). (J). pap. 47.53 *(978-1-328-53076-9(0))* Houghton Mifflin Harcourt Publishing Co.

Consumable Student Activity Book Collection Softcover Grade K 2018. Hmh Hmh. 2018. (SPA.). (J). pap. 47.53 *(978-1-328-53053-0(1))* Houghton Mifflin Harcourt Publishing Co.

Consumed. Abbie Rushton. 2017. (ENG.). 352p. (YA). 11.99 *(978-0-349-00203-3(7)*, Atom Books) Little, Brown Book Group Ltd. GBR. Dist: Hachette Bk. Group.

Consumer Culture: Feeding Capitalism, 1 vol. Ed. by he New York Times. 2019. (In the Headlines Ser.). (ENG.). 224p. (gr. 9-9). 54.93 *(978-1-64282-354-7(6)*, 9dca8def-2ca8-4e5f-86f1-ac363b1e9687, New York Times Educational Publishing) Rosen Publishing Group, Inc., The.

Consumer Culture: Feeding Capitalism, 1 vol. Ed. by The New York Times Editorial Staff. 2019. (In the Headlines Ser.). (ENG.). 224p. (gr. 9-9). pap. 24.47 *(978-1-64282-353-0(8)*, dfe23816-261a-4200-bcad-e69b0e7b9c34, New York Times Educational Publishing) Rosen Publishing Group, Inc., The.

Consumers. Grace Hansen. (Beginning Science: Ecology Ser.). (ENG., Illus.). 24p. (J). 2020. (gr. 1-1). pap. 8.95 *(978-1-64494-265-9(8)*, 1644942658, Abdo Kids-Jumbo); 2019. (gr. -1-2). lib. bdg. 32.79 *(978-1-5321-8892-3(7)*, 32952, Abdo Kids) ABDO Publishing Co.

Consuming Fire. Laura E. Weymouth. 2022. (ENG.). 352p. (YA). (gr. 9). 19.99 *(978-1-6659-0270-0(1)*, McElderry, Margaret K. Bks.) McElderry, Margaret K. Bks.

Consummate Fix. Gary S. Brayshaw. 2020. (Machination Trilogy Ser.: Vol. 2). (ENG.). 440p. (J). 24.99 *(978-1-0878-6773-1(8))* Indy Pub.

Contact: Hemet 41b-42d (Classic Reprint) James R. Field. 2017. (ENG., Illus.). (J). 33.82 *(978-0-266-60059-6(X))*; pap. 16.57 *(978-0-282-92910-7(X))* Forgotten Bks.

Contact, 1942 (Classic Reprint) Ryan V. Fox. 2017. (ENG., Illus.). (J). 33.86 *(978-0-265-60100-6(2))*; pap. 16.57 *(978-0-282-93030-1(2))* Forgotten Bks.

Contacto de Emergencia. Mary H. K. Choi. 2023. (SPA.). 416p. (YA). pap. 22.95 ***(978-607-07-6783-8(7))*** Editorial Planeta, S. A. ESP. Dist: Two Rivers Distribution.

Contagion. Erin Bowman. (Contagion Ser.: 1). (ENG.). (YA). (gr. 8). 2019. 448p. pap. 11.99 *(978-0-06-257416-9(7))*; 2018. (Illus.). 432p. 17.99 *(978-0-06-257414-5(0))* HarperCollins Pubs. (HarperTeen).

Contagion. Teri Terry. (Dark Matter Trilogy Ser.). (ENG.). 416p. (YA). (gr. 7). 2020. pap. 12.99 *(978-1-62354-136-1(0))*; 2019. lib. bdg. 18.99 *(978-1-58089-989-5(7))* Charlesbridge Publishing, Inc. (Charlesbridge Teen).

Contagious. Christine Meunier. 2018. (ENG., Illus.). 92p. (J). pap. *(978-0-244-40004-0(0))* Lulu Pr., Inc.

Contagious: Spread Love Not Germs. Jennie Renshaw. 2020. (ENG.). 26p. (J). *(978-0-2288-3525-7(9))*; pap. *(978-0-2288-3524-0(0))* Tellwell Talent.

Contagious Yawn: A Journey Around the World. Timothy Barmettler. Illus. by William Hoover. 2017. 41p. (J). pap. *(978-1-63293-189-4(3))* Sunstone Pr.

Containment. Caryn Lix. (Sanctuary Novel Ser.). (ENG.). (YA). (gr. 9). 2020. 512p. pap. 12.99 *(978-1-5344-0537-0(2))*; 2019. 496p. 19.99 *(978-1-5344-0536-3(4))* Simon Pulse. (Simon Pulse).

Contaminación Del Agua. Melanie Ostopowich. 2016. (Agua de la Tierra Ser.). (SPA.). 24p. (J). lib. bdg. 24.99 *(978-1-5105-2432-3(0))* SmartBook Media, Inc.

Contando con Adjetivos. Dawn Doig. 2020. (Big Shoe Bears & Friends Ser.: Vol. 6). (SPA.). 26p. (J). 19.99 *(978-1-954004-34-4(6))*; pap. 12.99 *(978-1-954004-33-7(8))* Pen It Pubns.

Contando Libro de Color Leer Counting Color in Book. Joshua Lawrence Patel Deutsch. Illus. by Afzal Khan. 2022. (SPA.). 22p. (J). pap. 7.50 *(978-1-0880-1861-3(0))* Indy Pub.

Contando Los Cangrejos Herradura a la Luz de la Luna. Neeti Bathala & Jennifer Keats Curtis. Illus. by Veronica V. Jones. 2017. (SPA.). 32p. (J). (gr. 2-3). pap. 11.95 *(978-1-62855-932-3(2)*, ec7415ae-7cf0-4379-8a2a-0da412282023) Arbordale Publishing.

C

Contando Los Murciélagos: una Historia de Ciencias Cívicas. Anna Forrester. Illus. by Susan Detwiler. 2017. (SPA.). 32p. (J). (gr. 2-3). pap. 11.95 *(978-1-62855-896-8(2)*, dda820de-4fee-41bc-b4f6-467e8b15f5f4) Arbordale Publishing.

Contar Amabilidad / Counting Kindness: Diez Formas de Darles la Bienvenida a niños Refugiados. Hollis Kurman. Illus. by Barroux. ed. 2021.Tr. of Counting Kindness. 32p. (J). (-k). 16.99 *(978-1-62354-310-5(X))*; pap. 7.99 *(978-1-62354-312-9(6))* Charlesbridge Publishing, Inc.

Contar Besitos (Counting Kisses) Karen Katz. Tr. by Alexis Romay. Illus. by Karen Katz. 2021. (SPA., Illus.). 32p. (J). (gr. -1-k). bds. 7.99 *(978-1-5344-8760-4(3)*, Libros Para Ninos) Libros Para Ninos.

Contar de 7 En 7. Holly Goldberg Sloan. 2018. (SPA.). 412p. (J). (gr. 4-7). pap. 11.50 *(978-607-527-179-8(1))* Editorial Oceano de Mexico MEX. Dist: Independent Pubs. Group.

Contar Gatos. Judy Kentor Schmauss. Illus. by Czernichowska. 2016. (Early Rising Readers Ser.). (SPA.). (J). (gr. -1). 6.67 *(978-1-4788-3669-8(5))* Newmark Learning LLC.

Contar Gatos - 6 Pack. Judy Kentor Schmauss. 2016. (Early Rising Readers Ser.). (SPA.). (J). (gr. 1). 40.00 net. *(978-1-4788-4612-3(7))* Newmark Learning LLC.

Contar Leones. Katie Cotton. 2018. (SPA.). 32p. (J). (gr. 1-3). 24.99 *(978-84-944009-7-1(5))* Editorial Flamboyant ESP. Dist: Lectorum Pubns., Inc.

Contarini Fleming. Benjamin Disraeli. 2017. (ENG.). 476p. (J). pap. *(978-3-7446-7850-6(4))* Creation Pubs.

Contarini Fleming: A Psychological Auto-Biography. in Four Volumes. Volume II. Benjamin Disraeli. 2017. (ENG., Illus.). (J). pap. *(978-0-649-38909-4(3))* Trieste Publishing Pty Ltd.

Contarini Fleming: An Autobiography (Classic Reprint) Benjamin Disraeli. 2019. (ENG., Illus.). 476p. (J). 33.73 *(978-0-365-15863-9(1))* Forgotten Bks.

Contarini Fleming, Vol. 1: A Psychological Romance (Classic Reprint) Benjamin Disraeli. 2017. (ENG., Illus.). (J). 33.63 *(978-0-331-80333-4(X))* Forgotten Bks.

Contarini Fleming, Vol. 1 Of 2: A Psychological Autobiography (Classic Reprint) Benjamin Disraeli. 2018. (ENG., Illus.). (J). 184p. 27.71 *(978-1-396-82244-5(5))*; 186p. pap. 10.57 *(978-1-396-82225-4(9))* Forgotten Bks.

Contarini Fleming, Vol. 1 Of 4: A Psychological Auto-Biography (Classic Reprint) Benjamin Disraeli. 2018. (ENG., Illus.). 298p. (J). 30.04 *(978-0-428-58755-0(0))* Forgotten Bks.

Contarini Fleming, Vol. 2 Of 2: A Psychological Auto-Biography (Classic Reprint) Unknown Author. (ENG., Illus.). (J). 2018. 176p. 27.55 *(978-0-364-57964-0(1))*; 2017. pap. 9.97 *(978-0-259-30978-9(8))* Forgotten Bks.

Conte de Fée à New York. Melle Séraphine. Ed. by Eveil Et Vous Editions. 2022. (FRE.). 40p. (J). ***(978-1-4710-2640-9(X))*** Lulu Pr., Inc.

Conte d'un Teckel et d'un Pelican: Comment une Amitie Se Formait (Hard Cvr French/English) Kizzie Jones. Tr. by Laura Cerven. Illus. by Scott Ward. 2017. (Tall Tales

Ser.: Vol. 2). (FRE.). (J). (gr. k-4). 23.99 (978-0-9979540-5-0(1)) Tall Tales.

Conte d'un Teckel et d'un Pelican: Comment une Amitie Se Formait (Soft Cvr French/English) Kizzie Jones. Tr. by Laura Cerven. Illus. by Scott Ward. 2017. (Tall Tales Ser.: Vol. 2). (FRE.). (J). (gr. k-4). pap. 14.99 (978-0-9979540-6-7(X)) Tall Tales.

Contemos Historias: Ciencia para Mentes Curiosas / Let's Tell Stories: Science F or Curious Minds. Valeria Edelsztein. 2022. (SPA.). 96p. (J). (gr. -1-3). pap. 12.95 (978-607-38-1567-3(0), B DE Books) Penguin Random House Grupo Editorial ESP. Dist: Penguin Random Hse. LLC.

Contemos Monedas: Conocimientos Financieros. Michelle Jovin. rev. ed. 2019. (Mathematics in the Real World Ser.). (SPA., Illus.). 24p. (J). (gr. 1-2). pap. 9.99 (978-1-4258-2852-3(3)) Teacher Created Materials, Inc.

Contemplation. Patrick McFolin. 2020. (ENG., Illus.). 24p. (J). pap. 13.95 (978-1-64801-323-2(6)) Newman Springs Publishing, Inc.

Contemplative Philosopher, or Short Essays on the Various Objects of Nature Noticed Throughout the Year, Vol. 1 Of 2: With Poetical Illustrations, & Moral Reflections on Each Subject (Classic Reprint) Richard Lobb. 2017. (ENG., Illus.). (J). 32.13 (978-0-265-65104-9(2)); pap. 16.57 (978-0-282-99576-8(5)) Forgotten Bks.

Contemplative Philosopher, or Short Essays on the Various Objects of Nature Noticed Throughout the Year, Vol. 2 Of 2: With Poetical Illustrations, & Moral Reflections on Each Subject (Classic Reprint) Richard Lobb. (ENG., Illus.). (J). 2018. 394p. 32.02 (978-0-484-44364-7(X)); 2017. pap. 16.57 (978-0-282-15899-6(5)) Forgotten Bks.

Contemporary Achievements. Rebecca Szulhan. 2019. (Black History Ser.). (ENG.). 48p. (J). lib. bdg. 29.99 (978-1-5105-4398-0(8)) SmartBook Media, Inc.

Contemporary Biographies, 16 bks., Set. Incl. Barbara Jordan. Diane Patrick-Wexler. 1996. lib. bdg. 17.98 (978-0-8172-3976-3(6)); Edward James Olmos. Louis Carrillo. 1997. lib. bdg. 17.98 (978-0-8172-3989-3(8)); John Lucas. Alex Simmons. 1996. lib. bdg. 17.98 (978-0-8172-3978-7(2)); Ladonna Harris. Michael Schwartz. 1997. lib. bdg. 17.98 (978-0-8172-3995-4(2)); Luis Rodriguez. Michael Schwartz. 1997. lib. bdg. 17.98 (978-0-8172-3990-9(1)); Maya Lin. Bettina Ling. 1997. lib. bdg. 17.98 (978-0-8172-3992-3(8)); Michael Dorris. Ann Weil. 1997. lib. bdg. 17.98 (978-0-8172-3994-7(4)); Nely Galan. Janel Rodriguez. 1997. lib. bdg. 17.98 (978-0-8172-3991-6(X)); Seiji Ozawa. Sheri Tan. 1997. lib. bdg. 17.98 (978-0-8172-3993-0(6)); Toni Morrison. Diane Patrick-Wexler. 1997. lib. bdg. 17.98 (978-0-8172-3987-9(1)); Wynton Marsalis. Veronica Freeman Ellis. 1997. lib. bdg. 17.98 (978-0-8172-3988-6(X)); 48p. (J). (gr. 3-8). (Illus.). Set lib. bdg. 287.68 (978-0-7398-4110-5(6)) Heinemann-Raintree.

Contemporary Customs & Practices in the South Eastern Part of Nigeria. V. C. Ezumah - Onwuchekwa. 2021. (ENG.). 107p. (C). pap. (978-1-291-57984-0(2)) Lulu Pr., Inc.

Contemporary Dance. Trudy Becker. 2023. (Dance Ser.). (ENG., Illus.). 24p. (J). lib. bdg. 28.50 (978-1-64619-829-0(8)) Little Blue Hse.

Contemporary Dance. Contrib. by Trudy Becker. 2023. (Dance Ser.). (ENG., Illus.). 24p. (J). pap. 8.95 (978-1-64619-858-0(1)) Little Blue Hse.

Contemporary One-Act Plays: With Outline Study of the One-Act Play & Bibliographies (Classic Reprint) B. Roland Lewis. 2017. (ENG., Illus.). (J). 32.64 (978-0-265-52001-7(0)) Forgotten Bks.

Contemporary One-Act Plays Of 1921: American (Classic Reprint) Frank Shay. 2018. (ENG., Illus.). 634p. (J). 36.97 (978-0-365-24157-7(1)) Forgotten Bks.

Contemporary World Studies: People, Places, & Societies: Student Edition 2016. Holt McDougal. 2016. (Contemporary World Studies: People, Places, & Societies Ser.). (ENG.). 920p. (J). (gr. 6-8). 56.75 (978-0-544-32040-6(9)) Holt McDougal.

Contemptible (Classic Reprint) Arnold Gyde. (ENG., Illus.). (J). 2018. 234p. 28.72 (978-0-656-05368-1(2)); 2016. pap. 11.57 (978-1-333-12835-7(5)) Forgotten Bks.

Contender, 1. Robert Lipsyte. 2018. (ENG.). 240p. (YA). (gr. 8-12). pap. 9.99 (978-0-06-447039-1(3), HarperCollins) HarperCollins Pubs.

Contender Novel Units Student Packet. Novel Units. 2019. (ENG.). (YA). pap. 13.99 (978-1-56137-608-7(6), Novel Units, Inc.) Classroom Library Co.

Contender Novel Units Teacher Guide. Novel Units. 2019. (ENG.). 32p. (YA). (gr. 8-12). pap. 12.99 (978-1-56137-121-1(1), Novel Units, Inc.) Classroom Library Co.

Contenders: Two Native Baseball Players, One World Series. Traci Sorell. Illus. by Arigon Starr. 2023. 48p. (J). (gr. 1-4). 18.99 (978-0-593-40647-2(8), Kokila) Penguin Young Readers Group.

Contenemos Multitudes. Sarah Henstra. 2022. (SPA.). 432p. (YA). pap. 18.95 (978-607-07-6958-0(9)) Editorial Planeta, S. A. ESP. Dist: Two Rivers Distribution.

Content. Charly Haley. 2019. (Learning about Emotions Ser.). (ENG.). 24p. (J). (gr. -1-2). lib. bdg. 32.79 (978-1-5038-2805-6(0), 212612) Child's World, Inc, The.

Content Ownership & Copyright, 1 vol. Carolee Laine. 2016. (Essential Library of the Information Age Ser.). (ENG., Illus.). 112p. (J). (gr. 8-12). lib. bdg. 41.36 (978-1-68078-284-4(3), 21723, Essential Library) ABDO Publishing Co.

Contentment Better Than Wealth (Classic Reprint) Alice B. Neal. 2018. (ENG., Illus.). 204p. (J). 28.10 (978-0-483-22935-8(0)) Forgotten Bks.

Conteo: Las Estaciones. Heather E. Schwartz. rev. ed. 2018. (TIME for KIDS(r): Informational Text Ser.). (SPA., Illus.). 16p. (J). (gr. 1-2). 8.99 (978-1-4258-2692-5(X)) Teacher Created Materials, Inc.

Conteo: Tu Cuerpo. Kristy Stark. rev. ed. 2019. (TIME for KIDS(r): Informational Text Ser.). (SPA., Illus.). 12p. (gr. k-1). 7.99 (978-1-4258-2682-6(2)) Teacher Created Materials, Inc.

Contes a Mes Petites Amies. Jean Nicolas Bouilly. 2017. (FRE., Illus.). (J). 22.95 (978-1-374-84312-7(1)); pap. 12.95 (978-1-374-84311-0(3)) Capital Communications, Inc.

Contes D'Andersen: Choisis et Traduits du Danois (Classic Reprint) Hans Christian. Andersen. 2018. (FRE., Illus.). (J). 246p. 28.97 (978-1-396-21245-1(0)); 248p. pap. 11.57 (978-1-390-33953-6(X)) Forgotten Bks.

Contes D'Andersen: Traduits du Danois (Classic Reprint) Hans Christian Anderson. 2017. (FRE., Illus.). (J). 31.49 (978-0-265-33557-4(4)); pap. 13.97 (978-0-282-91176-8(6)) Forgotten Bks.

Contes de Big et Bang. Corinne Fayet Charra. Illus. by Nico. 2018. (Contes des Deux Comtés Ser.). (FRE.). 176p. (J). pap. (978-2-490647-01-9(6)) Les Lutins de Kelach.

Contes de Cantorbery, Vol. 1: Traduits en Vers Franais (Classic Reprint) Geoffrey Chaucer. 2018. (FRE., Illus.). 474p. (J). 33.67 (978-0-656-90249-1(3)) Forgotten Bks.

Contes de Cantorbery, Vol. 1: Traduits en Vers Francais (Classic Reprint) Geoffrey Chaucer. 2017. (FRE., Illus.). (J). pap. 16.57 (978-0-282-69225-4(8)) Forgotten Bks.

Contes de Cantorbery, Vol. 2: Traduits en Vers Francais (Classic Reprint) Geoffrey Chaucer. (FRE., Illus.). (J). 2018. 528p. 34.81 (978-0-656-62014-2(5)); 2017. pap. 19.57 (978-1-332-67632-3(4)) Forgotten Bks.

Contes de Cantorbery, Vol. 3: Traduits en Vers Français (Classic Reprint) Geoffrey Chaucer. 2018. (FRE., Illus.). (J). 278p. 29.65 (978-1-391-46230-1(0)); 280p. pap. 13.57 (978-1-390-48079-5(8)) Forgotten Bks.

Contes de Chrysanthème. Audrey Calviac. Illus. by Niko. 2019. (Contes des Deux Comtés Ser.). (FRE.). 260p. (J). pap. (978-2-490647-00-2(8)) Les Lutins de Kelach.

Contes de Fées Livre de Coloriage: Pages de Coloriage Mignonnes Pour les Filles et les Enfants Avec de Beaux Dessins. Lenard Vinci Press. 2020. (ENG., Illus.). 86p. (J). pap. 9.99 (978-1-716-31333-2(3)) Lulu Pr., Inc.

Contes de la Becasse. G. D Maupassant. 2022. (FRE.). 123p. (YA). pap. (978-1-387-89960-9(0)) Lulu Pr., Inc.

Contes de la Fontaine, Vol. 1 (Classic Reprint) Jean de la Fontaine. 2018. (FRE., Illus.). (J). 330p. 30.72 (978-0-428-32524-4(6)); 332p. pap. 13.57 (978-0-428-00452-1(0)) Forgotten Bks.

Contes de la Grece Mysterieuse. Francoise Eva Lenoir. 2017. (FRE., Illus.). (J). pap. (978-2-9560602-0-8(1)) Bekalle-Akwe (Henri Junior).

Contes de L'Arc-En-Ciel. Pathilia Aprahamian. Illus. by Niko. 2019. (Contes des 2 Comtés Ser.). (FRE.). 158p. (J). pap. (978-2-490647-03-3(2)) Les Lutins de Kelach.

Contes de Lucien le Lutin: Lucien et les Fourmis 1er Partie - Je Sais Lire. Gary Edward Gedall. Tr. by Graham Buik. Illus. by Valerie Romer. 2018. (Peter the Pixie Ser.: Vol. 3). (FRE.). 36p. (J). pap. (978-2-940535-50-7(7)) From Words To Worlds, Gary Gedall.

Contes de Lucien le Lutin: Lucien et les Fourmis 1er Partie - Raconte Moi. Gary Edward Gedall & Valerie Romer. Tr. by Mona Cserveny. 2018. (Peter the Pixie Ser.: Vol. 4). (FRE., Illus.). 42p. (J). pap. (978-2-940535-51-4(5)) From Words To Worlds, Gary Gedall.

Contes Drolatiques, Vol. 1: The First Ten (Classic Reprint) Honore de Balzac. 2018. (ENG., Illus.). 374p. (J). 31.61 (978-0-483-57679-7(4)) Forgotten Bks.

Contes du Grand Chêne. Elodie Greffe. Illus. by Romane Gobillot. 2019. (Contes des Deux Comtés Ser.: Vol. 3). (FRE.). 254p. (J). pap. (978-2-490647-04-0(0)) Les Lutins de Kelach.

Contes du Jour et de la Nuit. G. D Maupassant. 2022. (FRE.). 154p. (YA). pap. (978-1-6780-1600-5(4)) Lulu Pr., Inc.

Contes d'une Grand-Mère Tome II. George Sand. 2022. (FRE.). 173p. (YA). pap. (978-1-387-90096-1(X)) Lulu Pr., Inc.

Contes et Historiettes a l'Usage des Jeunes Enfants: Qui Commencent a Savoir Lire. Zulma Carraud. 2017. (FRE., Illus.). (J). 22.95 (978-1-374-84810-8(7)) Capital Communications, Inc.

Contes et Nouvelles de la Fontaine: D'Apres les Manuscrits et les Editions Originales, Avec Toutes les Variantes et Plusieurs Contes Inedits, Accompagnee de Notes et Precedee de l'Histoire de la Vie et des Ouvrages de la Fontaine (Classic Reprint) Jean de la Fontaine. 2018. (FRE., Illus.). (J). 596p. 36.19 (978-0-428-32533-6(5)); 598p. pap. 19.57 (978-0-428-12217-1(5)) Forgotten Bks.

Contes et Nouvelles de la Fontaine (Classic Reprint) Jean de la Fontaine. 2017. (FRE., Illus.). (J). 32.83 (978-0-266-49612-0(1)); pap. 16.57 (978-0-243-97824-3(3)) Forgotten Bks.

Contes Infantils, però No Tant. Pablo Mendoza Casp. 2018. (CAT., Illus.). 246p. (J). pap. (978-84-697-5530-3(7)) Pablo Mendoza Casp.

Contes Moralises (Classic Reprint) Nicole Bozon. 2018. (FRE., Illus.). (J). 420p. 32.56 (978-0-428-52241-4(6)); 422p. pap. 16.57 (978-0-428-06546-1(5)) Forgotten Bks.

Contes Moralisés de Nicole Bozon, Frère Mineur: Publiés Pour la Première Fois d'Après les Manuscrits de Londres et de Cheltenham (Classic Reprint) Nicole Bozon. 2018. (FRE., Illus.). 420p. (J). 32.56 (978-0-666-92593-0(3)) Forgotten Bks.

Contes Ou les Nouvelles Recreations et Joyeux de VIS, de Bonaventure des Periers, Vol. 1 (Classic Reprint) Bonaventure des Periers. 2018. (FRE., Illus.). (J). 31.55 (978-0-260-29869-0(7)); pap. 13.97 (978-0-266-11670-7(1)) Forgotten Bks.

Contes, Ou les Nouvelles Recréations et Joyeux Devis, Vol. 2 (Classic Reprint) Bonaventure des Periers. 2018. (FRE., Illus.). (J). 300p. 30.08 (978-0-366-27876-3(2)); 302p. pap. 13.57 (978-0-365-90735-0(9)) Forgotten Bks.

Contes, Ou les Nouvelles Recreations et Joyeux Devis, Vol. 3 (Classic Reprint) Bonaventure des Periers. 2018. (FRE., Illus.). (J). 318p. 30.46 (978-0-428-49220-5(7)); 320p. pap. 13.57 (978-0-428-04692-7(4)) Forgotten Bks.

Contesse d'Anjou, Altfranzösischer Roman Aus Dem Jahre 1316; I. Teil: Inaugural-Dissertation (Classic Reprint) Bruno Schumacher. 2018. (FRE., Illus.). (J). 74p. 25.44 (978-0-366-70879-6(1)); 76p. pap. 9.57 (978-0-366-70871-0(6)) Forgotten Bks.

Contest. Melita Cyril. Illus. by Carole Chevalier. 2018. (ENG.). 38p. (J). pap. (978-1-7751608-4-7(X)) Q for Quinn.

Contest: At Hummingbird Haven. Idella Pearl Edwards. 2017. (ENG., Illus.). (J). pap. 10.00 (978-0-9986662-6-6(2)) Edwards, Idella.

Contest for the Crown. Maria S. Barbo. ed. 2019. (Scholastic Readers Ser.). (ENG.). 31p. (J). (gr. 2-3). 13.89 (978-0-87617-308-4(3)) Penworthy Co., LLC, The.

Contest for the Crown (Pokémon: Scholastic Reader, Level 2) Maria S. Barbo. 2019. (Scholastic Reader, Level 2 Ser.). (ENG.). 32p. (J). (gr. -1-3). pap. 4.99 (978-1-338-27956-6(4)) Scholastic, Inc.

Contest for the Most Beautiful Princess in the World: The Biggest & Most Beautiful Boat in the World. David Singer. 2018. (ENG., Illus.). 74p. (J). (gr. 3-6). pap. 16.95 (978-0-9998224-9-4(7)) singer, david.

Continental Adventures, Vol. 1 Of 3: A Novel (Classic Reprint) Charlotte A. Eaton. 2017. (ENG., Illus.). (J). 32.13 (978-1-5282-5110-5(5)) Forgotten Bks.

Continental Adventures, Vol. 2 Of 3: A Novel (Classic Reprint) Charlotte A. Eaton. 2017. (ENG., Illus.). (J). 30.68 (978-1-5283-5099-0(5)) Forgotten Bks.

Continental Adventures, Vol. 3 Of 3: A Novel (Classic Reprint) Charlotte A. Eaton. 2017. (ENG., Illus.). 406p. (J). 32.29 (978-0-332-20742-1(0)) Forgotten Bks.

Continental Classics, Vol. 14: Spanish, Italian & Oriental Tales (Classic Reprint) I. M. Palmarini. 2018. (ENG., Illus.). 370p. (J). 31.53 (978-0-666-56304-0(7)) Forgotten Bks.

Continental Dollar (Classic Reprint) Emilie Benson Knipe. 2019. (ENG., Illus.). (J). 390p. 31.94 (978-1-397-29230-8(X)); 392p. pap. 16.57 (978-1-397-29228-5(8)) Forgotten Bks.

Continental Dragoon. Robert Neilson Stephens. 2017. (ENG.). 312p. (J). pap. (978-3-7447-4769-1(7)) Creation Pubs.

Continental Dragoon: A Love Story of Philipse Manor-House in 1778 (Classic Reprint) Robert Neilson Stephens. 2017. (ENG., Illus.). (J). 30.46 (978-1-5282-7271-1(4)) Forgotten Bks.

Continental Drift. Martina Marconi. 2018. (ENG., Illus.). 28p. (J). pap. 12.99 (978-1-948390-51-4(5)) Pen It Pubns.

Continental Drift: The Evolution of Our World from the Origins of Life to the Far Future. Martin Ince. 2018. (Blueprint Editions Ser.). (ENG.). 80p. (J). (gr. 2-5). 25.99 (978-1-4998-0634-2(5)) Little Bee Books Inc.

Continental Drift & Pangaea Discover Intriguing Facts Children's Earth Sciences Book. Bold Kids. 2022. (ENG.). 42p. (J). pap. 14.99 (978-1-0717-1781-3(2)) FASTLANE LLC.

Continental First Reader (Classic Reprint) William A. Campbell. 2018. (ENG., Illus.). 112p. (J). 26.21 (978-0-267-50214-1(1)) Forgotten Bks.

Continental Fourth Reader (Classic Reprint) William A. Campbell. (ENG., Illus.). (J). 2018. 396p. 32.06 (978-0-483-39909-9(4)); 2016. pap. 16.57 (978-1-334-12231-6(8)) Forgotten Bks.

Continental GT de Bentley (Continental GT by Bentley) Tracy Nelson Maurer. Tr. by Annie Evearts. 2021. (Véhicules de Luxe (Luxury Rides) Ser.). (FRE.). (J). (gr. 3-9). pap. (978-1-0396-0333-2(5), 13226, Crabtree Branches) Crabtree Publishing Co.

Continental Third Reader (Classic Reprint) William A. Campbell. 2017. (ENG., Illus.). (J). 29.51 (978-0-331-33117-2(9)); pap. 11.97 (978-0-259-02835-2(5)) Forgotten Bks.

Continental Traveller's Oracle, Vol. 1 Of 2: Or, Maxims for Foreign Locomotion (Classic Reprint) Abraham Elcon. 2018. (ENG., Illus.). 288p. (J). 29.86 (978-0-484-40067-1(3)) Forgotten Bks.

Continents. Todd Bluthenthal. 2017. (Where on Earth? Mapping Parts of the World Ser.). 24p. (J). (gr. 1-2). pap. 48.90 (978-1-4824-6414-6(4)) Stevens, Gareth Publishing LLLP.

Continents. Harriet Brundle. 2019. (Infographics Ser.). (ENG.). 32p. (J). (gr. 2-6). pap. 9.99 (978-1-78637-631-2(8)) BookLife Publishing Ltd. GBR. Dist: Independent Pubs. Group.

Continents: What You Need to Know. Jill Sherman. 2017. (Fact Files Ser.). (ENG., Illus.). 24p. (J). (gr. 1-3). lib. bdg. 27.99 (978-1-5157-8110-3(0), 136121, Capstone Pr.) Capstone.

Continents & Countries. Cristie Publishing. 2020. (ENG.). 36p. (J). pap. 8.99 (978-1-716-31029-4(6)) Lulu Pr., Inc.

Continents & Oceans, 1 vol. Charlie Ogden. 2020. (ENG., Illus.). 24p. (J). (gr. 2-6). pap. 15.95 (978-1-83927-821-1(8)) BookLife Publishing Ltd. GBR. Dist: Independent Pubs. Group.

Continents, Oceans & Hemispheres Geography Book Grade 4 Children's Geography & Cultures Books. Baby Professor. 2020. (ENG.). 72p. (J). 24.99 (978-1-5419-8014-3(X)); pap. 14.99 (978-1-5419-5979-8(5)) Speedy Publishing LLC. (Baby Professor (Education Kids)).

Continents of the World. Toby Reynolds. 2018. (Quick-Reference Atlases Ser.). (Illus.). 32p. (J). (gr. 4-4). (978-0-7787-5039-0(6)) Crabtree Publishing Co.

Continents of the World (Set), 7 vols. 2018. (Continents of the World Ser.). (ENG.). (J). (gr. -1-2). lib. bdg. 229.53 (978-1-5038-3091-2(8), 212668) Child's World, Inc, The.

Continents (Set), 7 vols. 2018. (Continents (Cody Koala) Ser.). (ENG.). 24p. (J). (gr. k-3). lib. bdg. 219.52 (978-1-5321-6168-1(9), 30119, Pop! Cody Koala) Pop!.

Continents (Set Of 7) 2019. (Continents Ser.). (ENG., Illus.). 168p. (J). (gr. 1-1). pap. 62.65 (978-1-64185-539-6(8)) North Star Editions.

Continuation de Perceval, Vol. 1: Vers 1-7020 (Classic Reprint) Gerbert De Montreuil. 2017. (FRE., Illus.). (J). 28.66 (978-0-331-54337-7(0)); pap. 11.57 (978-0-259-36428-3(2)) Forgotten Bks.

Continuation of a Story (Classic Reprint) Amy Carmichael. 2017. (ENG., Illus.). (J). 24.99 (978-0-265-40051-7(1)) Forgotten Bks.

Continuation of the Moving Adventures of Old Dame Trot & Her Comical Cat, Vol. 2 (Classic Reprint) Unknown Author. (ENG., Illus.). (J). 2018. 34p. 24.62 (978-0-656-30365-6(4)); 2016. pap. 7.97 (978-1-334-11741-1(1)) Forgotten Bks.

Continuing Adventures of Montgomery & Dartington. Marisa Knight. 2016. (ENG., Illus.). (J). pap. (978-1-78623-797-2(0)) Grosvenor Hse. Publishing Ltd.

Continuing Adventures of Montgomery & Dartington 2. Marisa Knight. 2018. (Montgomery & Dartington Adventures Ser.: Vol. 2). (ENG., Illus.). 136p. (J). pap. (978-1-78623-198-7(0)) Grosvenor Hse. Publishing Ltd.

Continuing Adventures of the Carrot Top Kids: Land of the Midnight Sun. Chris Pittard. Ed. by Karen Pittard. Illus. by William Reed. 2021. (ENG.). 32p. (J). pap. 14.95 (978-0-578-33151-5(9)) Olympiad Publishing.

Continuity: Coalescence. M. E. Shao. 2018. (ENG., Illus.). 236p. (YA). 29.95 (978-1-64298-453-8(1)); pap. 16.95 (978-1-64298-451-4(5)) Page Publishing Inc.

Continuous Vaudeville (Classic Reprint) Will M. Cressy. 2018. (ENG., Illus.). (J). 182p. 27.67 (978-0-365-62781-4(X)); 184p. pap. 10.57 (978-0-365-62780-7(1)) Forgotten Bks.

Continuum. Chella Man. Illus. by Chella Man & Ashley Lukashevsky. 2021. (Pocket Change Collective Ser.). (ENG.). 64p. (YA). (gr. 7). pap. 8.99 (978-0-593-22348-2(9), Penguin Workshop) Penguin Young Readers Group.

Contortion, German Wheels, & Other Mind-Bending Circus Science. Marcia Amidon Lusted. 2017. (Circus Science Ser.). (ENG., Illus.). 32p. (J). (gr. 3-9). lib. bdg. 28.65 (978-1-5157-7282-8(9), 135633, Capstone Pr.) Capstone.

Contours & Cobwebs! Adult Level Maze Activity Book. Activity Book Zone. 2016. (ENG., Illus.). (J). pap. 7.55 (978-1-68376-086-3(7)) Sabeels Publishing.

Contraband: Or a Losing Hazard (Classic Reprint) G. J. Whyte-Melville. 2018. (ENG., Illus.). 412p. (J). 32.41 (978-0-267-64571-8(6)) Forgotten Bks.

Contraband Christmas (Classic Reprint) Nathaniel William Taylor Root. (ENG., Illus.). (J). 2018. 114p. 26.25 (978-0-666-98649-8(5)); 2017. pap. 9.57 (978-0-243-47215-4(3)) Forgotten Bks.

Contraband, Vol. 1 Of 2: Or a Losing Hazard (Classic Reprint) G. J. Whyte-Melville. 2018. (ENG., Illus.). 316p. (J). 30.41 (978-0-428-73874-7(5)) Forgotten Bks.

Contraband, Vol. 2 Of 2: Or a Losing Hazard (Classic Reprint) G. J. Whyte-Melville. 2018. (ENG., Illus.). 288p. (J). 29.86 (978-0-267-18544-3(8)) Forgotten Bks.

Contract Series Books 1-5 (Boxed Set) The Contract; Hit & Miss; Change up; Fair Ball; Curveball. Derek Jeter & Paul Mantell. ed. 2019. (Jeter Publishing Ser.). (ENG.). 976p. (J). (gr. 3-7). pap. 39.99 (978-1-5344-4131-6(X), Simon & Schuster/Paula Wiseman Bks.) Simon & Schuster/Paula Wiseman Bks.

Contract Series Complete Collection (Boxed Set) Contract; Hit & Miss; Change up; Fair Ball; Curveball; Fast Break; Strike Zone; Wind up; Switch-Hitter; Walk-Off. Derek Jeter. ed. 2023. (Jeter Publishing Ser.). (ENG.). 1808p. (J). (gr. 3-7). 176.99 (978-1-6659-2946-2(4), Simon & Schuster/Paula Wiseman Bks.) Simon & Schuster/Paula Wiseman Bks.

Contrarios (Opposites) (Set), 6 vols. 2019. (Contrarios (Opposites) Ser.). (SPA.). 24p. (J). (gr. -1-2). lib. bdg. 188.16 (978-1-5321-8730-8(0), 31308, Abdo Kids) ABDO Publishing Co.

Contrary Mary (Classic Reprint) Temple Bailey. 2017. (ENG., Illus.). 402p. (J). 32.19 (978-0-332-08070-3(6)) Forgotten Bks.

Contrary Winds: A Novel of the American Revolution. Lea Wait. 2018. (ENG., Illus.). 192p. (J). pap. 10.00 (978-0-9964084-7-9(9)) Sheepscrot River Pr.

Contrast: A Comedy in Five Acts (Classic Reprint) Royall Tyler. 2017. (ENG., Illus.). (J). 27.44 (978-1-5282-6080-0(5)) Forgotten Bks.

Contrast: A Novel (Classic Reprint) E. S. Villa-Real Gooch. 2018. (ENG., Illus.). 162p. (J). 27.26 (978-0-483-79560-0(7)) Forgotten Bks.

Contrast: Or, Modes of Education. Hannah Farnham Sawyer Lee. 2017. (ENG., Illus.). (J). pap. (978-0-649-53868-3(4)) Trieste Publishing Pty Ltd.

Contrast & Other Stories (Classic Reprint) Elinor Glyn. (ENG., Illus.). (J). 2018. 320p. 30.50 (978-0-267-38830-1(6)); 2016. pap. 13.57 (978-1-334-14242-0(4)) Forgotten Bks.

Contrast, or Modes of Education (Classic Reprint) Hannah Farnham Sawyer Lee. (ENG., Illus.). (J). 2018. 26.45 (978-0-332-01249-0(2)); 2017. pap. 9.57 (978-0-243-29147-2(7)) Forgotten Bks.

Contrast, Vol. 1 Of 3: By the Author of Matilda, Yes & No, ' &C. &C (Classic Reprint) Constantine Henry Phipps Normanby. 2018. (ENG., Illus.). 298p. (J). 30.13 (978-0-428-26789-6(0)) Forgotten Bks.

Contrast, Vol. 1 of 3 (Classic Reprint) Regina Maria Roche. 2018. (ENG., Illus.). 398p. (J). 32.11 (978-0-483-88211-9(9)) Forgotten Bks.

Contrast, Vol. 2 of 3 (Classic Reprint) Unknown Author. 2018. (ENG., Illus.). 266p. (J). 29.38 (978-0-483-70415-2(6)) Forgotten Bks.

Contrast, Vol. 3 of 3 (Classic Reprint) Constantine Henry Phipps Normanby. 2017. (ENG., Illus.). (J). 29.11 (978-0-265-17247-6(0)); pap. 11.57 (978-1-5283-9414-7(3)) Forgotten Bks.

Contrasts (Classic Reprint) Florence Henniker. 2018. (ENG., Illus.). 306p. (J). 30.23 (978-0-364-91263-8(4)) Forgotten Bks.

Contribution to American Thalassography. Alexander Agassiz. 2016. (ENG.). 322p. (J). pap. (978-3-7434-6712-5(7)); pap. (978-3-7434-6717-0(8)) Creation Pubs.

Contribution to the Theory of Glacial Motion (Classic Reprint) Thomas Chrowder Chamberlin. 2017. (ENG., Illus.). (J). pap. 7.97 (978-0-282-99207-1(3)) Forgotten Bks.

Contributions of Q. Q. to a Periodical Work, Vol. 1 Of 2: With Some Pieces Not Before Published; Religious & Didactic Pieces (Classic Reprint) Jane Taylor. 2017. (ENG., Illus.). (J). pap. 13.57 (978-0-259-21212-6(1)) Forgotten Bks.

Contributions of Q. Q. to a Periodical Work, Vol. 2 Of 2: Miscellaneous Pieces (Classic Reprint) Jane Taylor. (ENG., Illus.). (J). 2018. 266p. 29.40 (978-0-656-73698-0(4)); 2017. pap. 11.97 (978-0-243-52226-2(6)) Forgotten Bks.

Contributions of Q. Q. to a Periodical Work, with Some Pieces Not Before Published. in Two Volumes. Vol. II. Jane Taylor. 2017. (ENG., Illus.). (J). pap. *(978-0-649-21510-2(9))* Trieste Publishing Pty Ltd.

Contributions to North American Ethnology, Vol. 3 (Classic Reprint) United States. Geographical And Region. 2018. (ENG., Illus.). 734p. (J). 39.06 *(978-0-364-53642-1(X))* Forgotten Bks.

Contributions to North American Ethnology, Vol. 6 (Classic Reprint) United States. Geographical And Region. 2018. (ENG., Illus.). 814p. (J). 40.73 *(978-0-332-13950-0(6))* Forgotten Bks.

Contributions to North American Ornithology, Vol. 3 (Classic Reprint) Reginald Heber Howe. (ENG., Illus.). (J). 2018. 68p. 25.32 *(978-0-484-01431-1(5))*; 2017. pap. 9.57 *(978-1-332-73308-8(5))* Forgotten Bks.

Contributions to Punch: Not Previously Reprinted (Classic Reprint) William Makepeace Thackeray. (ENG., Illus.). (J). 2018. 634p. 36.99 *(978-0-364-10638-9(7))*; 2017. pap. 16.57 *(978-0-243-38788-5(1))* Forgotten Bks.

Contributions to Punch, etc (Classic Reprint) William Makepeace Thackeray. (ENG., Illus.). (J). 2018. 824p. 40.91 *(978-0-666-59866-0(5))*; 2016. pap. 23.57 *(978-1-333-55314-2(5))* Forgotten Bks.

Contributions to Punch etc (Classic Reprint) William Makepeace Thackeray. 2018. (ENG., Illus.). (J). 810p. 40.62 *(978-1-396-82937-6(7))*; 812p. pap. 23.57 *(978-1-396-82935-2(0))* Forgotten Bks.

Contributions to the Cretaceous Paleontology of the Pacific Coast: The Fauna of the Knoxville Beds (Classic Reprint) Timothy William Stanton. (ENG., Illus.). (J). 2018. 186p. 27.73 *(978-0-364-74892-3(3))*; 2017. pap. 10.57 *(978-0-282-44378-8(9))* Forgotten Bks.

Contributor, Vol. 12: A Monthly Magazine, August, 1891 (Classic Reprint) Junius Free Wells. 2017. (ENG., Illus.). (J). pap. 9.57 *(978-0-259-82538-8(7))* Forgotten Bks.

Contributor, Vol. 12: A Monthly Magazine; December, 1890 (Classic Reprint) Junius Free Wells. (ENG., Illus.). (J). 2018. 66p. 25.26 *(978-0-364-07088-8(9))*; 2017. pap. 9.57 *(978-0-259-47044-1(9))* Forgotten Bks.

Contributor, Vol. 12: A Monthly Magazine; February, 1891 (Classic Reprint) Junius Free Wells. (ENG., Illus.). (J). 2018. 66p. 25.26 *(978-0-483-59737-2(6))*; 2017. pap. 9.57 *(978-0-243-25929-8(8))* Forgotten Bks.

Contributor, Vol. 12: A Monthly Magazine; January, 1891 (Classic Reprint) Junius Free Wells. (ENG., Illus.). (J). 2018. 66p. 25.26 *(978-0-365-19703-4(3))*; 2017. pap. 9.57 *(978-0-259-43046-9(3))* Forgotten Bks.

Contributor, Vol. 12: A Monthly Magazine; July, 1891 (Classic Reprint) Junius Free Wells. 2017. (ENG., Illus.). (J). pap. 9.57 *(978-0-243-49714-0(8))* Forgotten Bks.

Contributor, Vol. 12: A Monthly Magazine; June 1891 (Classic Reprint) Junius Free Wells. 2017. (ENG., Illus.). (J). pap. 9.57 *(978-0-282-33891-6(8))* Forgotten Bks.

Contributor, Vol. 12: A Monthly Magazine; November, 1890 (Classic Reprint) Junius Free Wells. 2017. (ENG., Illus.). (J). pap. 9.57 *(978-0-243-38220-0(0))* Forgotten Bks.

Contributor, Vol. 15: A Monthly Magazine; November, 1893 (Classic Reprint) Junius Free Wells. 2018. (ENG., Illus.). 82p. (J). (gr. -1-3). 25.59 *(978-0-483-44436-2(7))* Forgotten Bks.

Contributor, Vol. 15: Organ of the Young Men's Mutual Improvement Associations of Zion; October, 1896 (Classic Reprint) Junius Free Wells. (ENG., Illus.). (J). 2018. 58p. 25.11 *(978-0-666-91841-3(4))*; 2017. pap. 9.57 *(978-0-259-35927-2(0))* Forgotten Bks.

Contributor, Vol. 17: A Monthly Magazine; August, 1896 (Classic Reprint) Junius Free Wells. (ENG., Illus.). (J). 2018. 74p. 25.42 *(978-0-483-60145-1(4))*; 2017. pap. 9.57 *(978-0-243-26570-1(0))* Forgotten Bks.

Contributor, Vol. 17: A Monthly Magazine; December, 1895 (Classic Reprint) Junius Free Wells. (ENG., Illus.). (J). 2018. 74p. 25.42 *(978-0-483-44397-6(2))*; 2017. pap. 9.57 *(978-1-334-91779-0(5))* Forgotten Bks.

Contributor, Vol. 17: A Monthly Magazine; March, 1896 (Classic Reprint) Junius Free Wells. (ENG., Illus.). (J). 2018. 72p. 25.40 *(978-0-332-10841-4(4))*; 2017. pap. 9.57 *(978-1-334-91816-2(3))* Forgotten Bks.

Contributor, Vol. 17: A Monthly Magazine; May, 1896 (Classic Reprint) Junius Free Wells. (ENG., Illus.). (J). 2018. 70p. 25.36 *(978-0-483-60232-8(9))*; 2017. pap. 9.57 *(978-0-243-26677-7(4))* Forgotten Bks.

Contributor, Vol. 17: A Monthly Magazine; November, 1895 (Classic Reprint) Junius Free Wells. 2017. (ENG., Illus.). (J). pap. 9.57 *(978-0-243-26002-7(4))* Forgotten Bks.

Contributor, Vol. 17: A Monthly Magazine; Organ of the Young Men's Mutual Improvement Associations of Zion; July, 1896 (Classic Reprint) Junius Free Wells. (ENG., Illus.). (J). 2018. 72p. 25.38 *(978-0-656-33769-9(9))*; 2017. pap. 9.57 *(978-0-243-28813-7(1))* Forgotten Bks.

Contributor, Vol. 17: January, 1896 (Classic Reprint) Junius Free Wells. 2017. (ENG., Illus.). (J). pap. 9.57 *(978-0-243-26333-2(3))* Forgotten Bks.

Contributor, Vol. 17: June, 1896 (Classic Reprint) Men's Mutual Improvement Association. (ENG., Illus.). (J). 2018. 72p. 25.38 *(978-0-364-86292-6(0))*; 2017. pap. 9.57 *(978-1-334-91514-7(8))* Forgotten Bks.

Contributor, Vol. 17: Monthly Magazine; February, 1896 (Classic Reprint) Junius Free Wells. (ENG., Illus.). (J). 2018. 72p. 25.38 *(978-0-483-59567-5(5))*; 2017. pap. 9.57 *(978-0-243-25651-8(5))* Forgotten Bks.

Contributor, Vol. 4: A Monthly Magazine of Home Literature; October, 1882 (Classic Reprint) Junius Free Wells. 2018. (ENG., Illus.). 58p. (J). (gr. -1-3). 25.09 *(978-0-483-44451-5(0))* Forgotten Bks.

Contributor, Vol. 5: January, 1884 (Classic Reprint) Junius Free Wells. 2018. (ENG., Illus.). 54p. (J). 25.03 *(978-0-483-99379-2(4))* Forgotten Bks.

Contributor, Vol. 6: A Monthly Magazine of Home Literature; December, 1884 (Classic Reprint) Junius Free Wells. 2018. (ENG., Illus.). 56p. (J). 25.05 *(978-0-483-60241-0(8))* Forgotten Bks.

Contrite Hearts (Classic Reprint) Herman Bernstein. 2018. (ENG., Illus.). 232p. (J). 28.68 *(978-0-483-45457-6(5))* Forgotten Bks.

Control Room, 1 vol. Ryan Wolf. 2020. (YA Verse Ser.). (ENG.). 200p. (J). (gr. 2-3). 25.80 *(978-1-5383-8521-0(X)*, 5557650e-c4b3-45d6-927e-b24ea4cdbadb); pap. 16.35 *(978-1-5383-8520-3(1)*, c3bb39b6-acec-40b6-9936-02b502e88d31) Enslow Publishing, LLC. (West 44 Bks.).

Control Towers! Who Works There & What They Do - Technology for Kids - Children's Aviation Books. Professor Gusto. 2016. (ENG., Illus.). (J). pap. 10.81 *(978-1-68321-974-3(0))* Mimaxion.

Controlled Burn. Erin Soderberg Downing. 2022. (ENG.). 256p. (J). (gr. 3-7). 26.99 *(978-1-338-77602-7(9))*; pap. 7.99 *(978-1-338-77606-5(1))* Scholastic, Inc. (Scholastic Pr.).

Controlling an Ozobot. Amber Lovett. 2017. (21st Century Skills Innovation Library: Makers As Innovators Junior Ser.). (ENG., Illus.). 24p. (J). (gr. 2-5). lib. bdg. 30.64 *(978-1-63472-187-5(X)*, 209320) Cherry Lake Publishing.

Controlling Florida: Colonization to Statehood. Debra J. Housel. rev. ed. 2016. (Social Studies: Informational Text Ser.). (ENG.). 32p. (gr. 3-8). pap. 11.99 *(978-1-4938-3537-9(8))* Teacher Created Materials, Inc.

Controlling Invasive Species with Goats. Carol Hand. 2019. (Unconventional Science Ser.). (ENG., Illus.). 48p. (J). (gr. 4-8). lib. bdg. 35.64 *(978-1-5321-1898-2(8)*, 32665) ABDO Publishing Co.

Controlling Your Anger: Good Manners & Character. Ali Gator. 2018. (Akhlaaq Building Ser.). (ENG., Illus.). 24p. (J). 6.95 *(978-1-921772-34-4(4))* Ali Gator AUS. Dist: Consortium Bk. Sales & Distribution.

Controversial Monuments: The Fight over Statues & Symbols. Amanda Jackson Green. 2021. (Fight for Black Rights (Alternator Books (r)) Ser.). (ENG., Illus.). 32p. (J). (gr. 3-6). pap. 10.99 *(978-1-7284-3026-3(7)*, 72e39ebf-b4b1-4b01-b93a-881654d41b86); lib. bdg. 30.65 *(978-1-7284-2960-1(9)*, 32910b6e-1645-4e3a-9a67-e69a1944b060) Lerner Publishing Group. (Lerner Pubns.).

Conundrum of the Crooked Crayon: Solving Mysteries Through Science, Technology, Engineering, Art & Math. Ken Bowser. Illus. by Ken Bowser. 2020. (Jesse Steam Mysteries Ser.). (ENG., Illus.). 64p. (J). (gr. 2-5). pap. 8.99 *(978-1-63440-934-6(5)*, 4c80ea84-b8d8-4805-a5e4-c7b4b353a4f3); lib. bdg. 26.65 *(978-1-63440-933-9(7)*, 62a1f225-1e5f-429e-8a8b-488ed16bdf46) Red Chair Pr.

Conundrums, New & Old (Classic Reprint) Hospital for Women and Children. (ENG., Illus.). (J). 2018. 62p. 25.18 *(978-0-267-78882-8(7))*; 2016. pap. 9.57 *(978-1-334-58605-7(5))* Forgotten Bks.

Conundrums, Riddles & Puzzles: Containing One Thousand of the Latest & Best Conundrums, Gathered from Every Conceivable Source, & Comprising Many That Are Entirely New & Original (Classic Reprint) Dean Rivers. (ENG., Illus.). (J). 2017. 27.32 *(978-0-266-73095-8(7))*; 2016. pap. 9.97 *(978-1-333-64422-2(1))* Forgotten Bks.

Convalescent (Classic Reprint) Nathaniel Parker Willis. 2018. (ENG., Illus.). 466p. (J). 33.51 *(978-0-483-82452-2(6))* Forgotten Bks.

Convenient Food (Classic Reprint) Episcopal Sunday School Union. (ENG., Illus.). (J). 2018. 40p. 24.72 *(978-0-666-97544-7(2))*; 2017. pap. 7.97 *(978-0-243-45459-4(7))* Forgotten Bks.

Convent: A Narrative, Founded on Fact (Classic Reprint) R. McCrindell. (ENG., Illus.). (J). 2018. 324p. 30.58 *(978-0-483-97213-1(4))*; 2016. pap. 13.57 *(978-1-333-72548-8(5))* Forgotten Bks.

Convent & the Manse (Classic Reprint) Hyla Hyla. 2018. (ENG., Illus.). 342p. (J). 30.95 *(978-0-483-85248-8(1))* Forgotten Bks.

Convent Horror: The True Story of Barbara Ubryk (Classic Reprint) Unknown Author. 2017. (ENG., Illus.). (J). 25.38 *(978-0-331-70648-2(2))*; pap. 9.57 *(978-0-243-38292-7(8))* Forgotten Bks.

Convent of Notre Dame, Vol. 1 Of 2: Or, Jeannette (Classic Reprint) Unknown Author. 2018. (ENG., Illus.). 272p. (J). 29.59 *(978-0-483-87854-9(5))* Forgotten Bks.

Conventionalists (Classic Reprint) Robert Hugh Benson. (ENG., Illus.). (J). 2018. 364p. 31.42 *(978-0-332-42013-4(2))*; 2017. 31.16 *(978-0-265-20190-9(X))*; 2017. pap. 13.97 *(978-0-243-30267-3(3))* Forgotten Bks.

Conversation des Enfants (Classic Reprint) Charles P. Ducroquet. 2018. (FRE., Illus.). (J). 154p. 27.07 *(978-0-428-90825-6(X))*; 156p. pap. 9.57 *(978-0-428-90802-7(0))* Forgotten Bks.

Conversation Starters: Bulletin Board. Scholastic. 2018. (Bulletin Board Ser.). (ENG.). (gr. k-6). 14.99 *(978-1-338-23624-8(5))* Teacher's Friend Pubns., Inc.

Conversation with My Dad: A Lesson Learned. Jessica Doxey-Gray. Ed. by Barnabas Publishing & Purpleinked. Illus. by Rida Zubairi. 2022. (ENG.). 32p. (J). 21.99 *(978-1-6628-4328-0(3))*; pap. 10.99 *(978-1-6628-4327-3(5))* Salem Author Services.

Conversational Hints for Young Shooters: A Guide to Polite Talk in Field, Covert, & Country House. R. C. Lehmann. 2017. (ENG., Illus.). (J). pap. *(978-0-649-52755-7(0))* Trieste Publishing Pty Ltd.

Conversational Hints for Young Shooters: A Guide to Polite Talk in Field, Covert, & Country House (Classic Reprint) R. C. Lehmann. 2017. (ENG., Illus.). (J). 27.26 *(978-0-260-30209-0(0))* Forgotten Bks.

Conversational Phrases & Dialogues, in French & English: Compiled Chiefly from the Eighteenth & Last Paris Edition of Bellenger's Conversational Phrases; with Many Additions & Corrections (Classic Reprint) William A. Bellenger. 2018. (ENG., Illus.). 136p. (J). 26.72 *(978-0-483-82525-3(5))* Forgotten Bks.

Conversational Routines in English: Convention & Creativity. Karin Aijmer. 2017. (Studies in Language & Linguistics Ser.). (ENG.). 268p. (C). 190.00 *(978-1-138-15506-0(3)*, Y217758) Routledge.

Conversational Tour in America (Classic Reprint) E. H. Lacon Watson. 2018. (ENG., Illus.). 196p. (J). 27.94 *(978-0-267-22706-8(X))* Forgotten Bks.

Conversationalist. James Alewine. 2021. (ENG.). 106p. (YA). pap. *(978-1-716-92544-3(4))* Lulu Pr., Inc.

Conversations & Dialogues upon Daily Occupations & Ordinary Topics: Designed to Familiarize the Student with Those Idiomatic Expressions Which Most Frequently Recur in French Conversation (Classic Reprint) Gustave Chouquet. (ENG., Illus.). (J). 2018. 212p. 28.29 *(978-0-267-63599-3(0))*; 2016. pap. 10.97 *(978-1-334-45017-4(X))* Forgotten Bks.

Conversations & Dialogues upon Daily Occupations & Ordinary Topics, Designed to Familiarize the Student with Those Idiomatic Expressions Which Most Frequently Recur in French Conversation. Gustave Chouquet. 2017. (ENG., Illus.). (J). pap. *(978-0-649-55583-3(X))*; pap. *(978-0-649-55585-7(6))* Trieste Publishing Pty Ltd.

Conversations Francaises: En Transcription Phonetique Avec Traductions Anglaises (Classic Reprint) Paul Passy. 2018. (ENG., Illus.). 122p. (J). 26.41 *(978-0-267-28673-7(2))* Forgotten Bks.

Conversations Morales de l'Esperance, l'Envie, la Paresse, la Tyrannie de l'Usage, la Colere, l'Incertitude, Vol. 1 (Classic Reprint) Madeleine de Scudery. (FRE., Illus.). (J). 2018. 516p. 34.56 *(978-0-666-88087-1(5))*; 2017. pap. 16.97 *(978-0-243-99222-5(X))* Forgotten Bks.

Conversations of a Father with His Children (Classic Reprint) Methodist Episcopal Church. Union. 2018. (ENG., Illus.). 102p. (J). 26.00 *(978-0-332-07883-0(3))* Forgotten Bks.

Conversations on Anatomy, Physiology, & Surgery, Vol. 2 of 2 (Classic Reprint) Archibald Robertson. (ENG., Illus.). (J). 2017. 33.67 *(978-0-266-39855-4(3))*; 2016. pap. 16.57 *(978-1-333-30743-1(8))* Forgotten Bks.

Conversations on Natural History: For the Use of Children & Youth (Classic Reprint) Unknown Author. 2018. (ENG., Illus.). 148p. (J). 26.95 *(978-0-267-79675-5(7))* Forgotten Bks.

Conversations on the Human Frame, & the Five Senses (Classic Reprint) Mary Atkinson Maurice. 2018. (ENG., Illus.). (J). 298p. 30.04 *(978-1-396-79084-3(5))*; 300p. pap. 13.57 *(978-1-396-75829-4(1))* Forgotten Bks.

Conversations with a Stranger by Definition. Lillian Larrimore. 2019. (ENG.). 110p. (YA). pap. *(978-0-359-59262-3(7))* Lulu Pr., Inc.

Conversations with Emari: What Is Emari Really Saying? Donna Watson. 2023. (ENG.). 32p. (J). ***(978-0-2288-8396-8(2))***; pap. ***(978-0-2288-8395-1(4))*** Tellwell Talent.

Conversations with Jon Charles. Dinah Charles. 2018. (ENG., Illus.). (J). 58p. pap. 10.73 *(978-1-387-77582-8(0))*; 34p. pap. *(978-1-387-69973-5(3))* Lulu Pr., Inc.

Conversazioni Di una Madre con Sua Figlia, Ed Alcune Altre Persone, Ovvero Dialoghi Composti per Servire Alla Casa d'Educazione Della Signora Campan, Vicino a Pabigi, Ed Adattati Dalla Signora D* Ad Usi Dell Signorine Inglesi (Classic Reprint)** Unknown Author. 2017. (ENG., Illus.). (J). 28.74 *(978-0-331-25521-8(9))*; pap. 11.57 *(978-0-260-10916-3(9))* Forgotten Bks.

Conversing with Children in Today's America. Liz A. Storm. 2021. (ENG.). 60p. (J). 29.95 *(978-1-64515-640-6(0))*; pap. 19.95 *(978-1-0980-6639-0(1))* Christian Faith Publishing.

Convert (Classic Reprint) Elizabeth Robins. 2017. (ENG., Illus.). 304p. (J). 30.70 *(978-0-266-19702-7(7))* Forgotten Bks.

Convertible Playbook - Castle: Read the Story, Press Out the Characters, Fold Out the Building. Ed. by Richard Kelly. 2017. (ENG.). 24p. (J). 19.95 *(978-1-78209-975-8(1))* Miles Kelly Publishing, Ltd. GBR. Dist: Parkwest Pubns., Inc.

Convertible Playbook - Farm: Read the Story, Press Out the Characters, Fold Out the Building. Phillip CLAIRE. 2017. 24p. (J). bds. 19.95 *(978-1-78209-976-5(X))* Miles Kelly Publishing, Ltd. GBR. Dist: Parkwest Pubns., Inc.

Convertible Playbook - Fire Station: Read the Story, Press Out the Characters, Fold Out the Building. Ed. by Richard Kelly. 2017. 24p. (J). 19.95 *(978-1-78209-974-1(3))* Miles Kelly Publishing, Ltd. GBR. Dist: Parkwest Pubns., Inc.

Converting Fractions to Decimals Volume I - Math 5th Grade Children's Fraction Books. Baby Professor. 2017. (ENG., Illus.). (J). pap. 9.55 *(978-1-5419-2548-9(3)*, Baby Professor (Education Kids)) Speedy Publishing LLC.

Converting Fractions to Decimals Volume II - Math 5th Grade Children's Fraction Books. Baby Professor. 2017. (ENG., Illus.). (J). pap. 9.55 *(978-1-5419-2549-6(1)*, Baby Professor (Education Kids)) Speedy Publishing LLC.

Converting Fractions to Decimals Volume III - Math 5th Grade Children's Fraction Books. Baby Professor. 2017. (ENG., Illus.). (J). pap. 9.55 *(978-1-5419-2550-2(5)*, Baby Professor (Education Kids)) Speedy Publishing LLC.

Converting Mrs. Noshuns (Classic Reprint) Eliza Morgan Swift. 2018. (ENG., Illus.). 40p. (J). 24.72 *(978-0-484-09777-2(6))* Forgotten Bks.

Convict B 14: A Novel (Classic Reprint) Rose Kirkpatrick Weekes. 2018. (ENG., Illus.). 314p. (J). 30.37 *(978-0-332-58381-5(3))* Forgotten Bks.

Convict No. 25, or the Clearanges of Westmeath: A Story of the Whitefeet (Classic Reprint) James Murphy. (ENG., Illus.). (J). 2018. 438p. 32.93 *(978-0-332-62903-2(1))*; 2016. pap. 16.57 *(978-1-334-15549-9(6))* Forgotten Bks.

Convict Ship, Vol. 1 of 3 (Classic Reprint) W. Clark Russell. 2018. (ENG., Illus.). 320p. (J). 30.50 *(978-0-483-05701-2(0))* Forgotten Bks.

Convict, Vol. 2 Of 3: A Tale (Classic Reprint) George Payne Rainsford James. 2018. (ENG., Illus.). 308p. (J). 30.25 *(978-0-484-69252-6(6))* Forgotten Bks.

Convict, Vol. 3 Of 3: A Tale (Classic Reprint) G. P. R. James. 2017. (ENG., Illus.). (J). 30.08 *(978-1-5279-4778-8(5))* Forgotten Bks.

Conviction. Kelly Loy Gilbert. ed. 2018. (YA). lib. bdg. 20.85 *(978-0-606-39170-2(3))* Turtleback.

Conviction to Correction: Beyond the Walls. Takasha Stevenson. 2022. (ENG., Illus.). 106p. (YA). pap. 15.95 *(978-1-63844-483-1(8))* Christian Faith Publishing.

Convictions of Christopher Sterling: A Novel (Classic Reprint) Harold Begbie. 2017. (ENG., Illus.). (J). 29.69 *(978-0-260-20326-7(2))* Forgotten Bks.

Convict's Canal (Jane Austen Investigates) Julia Golding. ed. 2022. (ENG., Illus.). 176p. (J). pap. 10.99 *(978-1-78264-366-1(4)*, 5cfb0c33-7eb1-484e-8132-8184bfee8c01, Lion Fiction) Lion Hudson PLC GBR. Dist: Baker & Taylor Publisher Services (BTPS).

Convoluted Contortions! Adult Level Maze Activity Book. Activity Book Zone. 2016. (ENG., Illus.). (J). pap. 7.55 *(978-1-68376-087-0(5))* Sabeels Publishing.

Cony the Pika's Warming World. Sylvester Allred. Illus. by Steph Lehman. 2021. (ENG.). (J). pap. 14.95 *(978-1-56037-793-1(3))* Farcountry Pr.

Coo. Kaela Noel. (ENG.). 432p. (J). (gr. 3-7). 2021. pap. 7.99 *(978-0-06-295598-2(5))*; 2020. (Illus.). 16.99 *(978-0-06-295597-5(7))* HarperCollins Pubs. (Greenwillow Bks.).

Coo-Ee: Tales of Australian Life by Australian Ladies (Classic Reprint) Patchett Martin. 2018. (ENG., Illus.). 336p. (J). 30.85 *(978-0-364-19457-7(X))* Forgotten Bks.

Coo-Ee Reciter (Classic Reprint) Australian British Authors. 2018. (ENG., Illus.). 124p. (J). 26.45 *(978-0-267-24796-7(6))* Forgotten Bks.

Coo Jumped over the Moon. Jamie Campbell. 2022. (ENG.). 28p. (J). pap. 10.99 *(978-1-957723-17-4(3))*; 19.95 *(978-1-957723-16-7(5))* Warren Publishing, Inc.

Coo-Tagious. Jamie Campbell. Illus. by Gal Weizman. 2023. (ENG.). 28p. (J). 19.95 ***(978-1-957723-90-7(4))***; pap. 10.99 ***(978-1-957723-91-4(2))*** Warren Publishing, Inc.

Coo, Warble & Cheep. Carol Stern. 2021. (ENG., Illus.). 30p. (J). 21.95 ***(978-1-63885-426-5(2))***; pap. 12.95 ***(978-1-63885-425-8(4))*** Covenant Bks.

Cooba the Space Dog: And the Quest for the Cheeseburger. William Bluestone. 2023. (ENG.). 20p. (J). pap. ***(978-0-6457005-8-9(4))*** Crazy Stories.

Coocoo Bird. George D. Wolfe. 2022. (ENG.). 28p. (J). 33.00 ***(978-1-63937-194-5(X))*** Dorrance Publishing Co., Inc.

Cooeeville: A Novel (Classic Reprint) Allen Gilfillan. 2018. (ENG., Illus.). 348p. (J). 31.09 *(978-0-483-35942-0(4))* Forgotten Bks.

Cook & Colour at Christmas. Julia Minott & Abi de Montfort. 2021. (ENG.). 20p. (J). pap. *(978-1-8384845-7-6(4))* Burton Mayers Bks.

Cook & the King. Julia Donaldson. Illus. by David Roberts. 2019. (ENG.). 32p. (J). (gr. -1-2). 16.99 *(978-1-4197-3757-2(0)*, 1281801) Abrams, Inc.

Cook-Ed-Up Peary-Odd-Ical Dictionary: And Who's Hoot in the Best Arctic Circles Including Advices on How to Find the Pole & Prove It Geographic Observations, etc; etc;, Written by Degrees by Disagreeing Fellow of Various Degrees of Fearlessness, Com. Paul R. Dash. 2018. (ENG., Illus.). 70p. (J). 25.34 *(978-0-484-18960-6(3))* Forgotten Bks.

Cook with Amber: Fun, Fresh Recipes to Get You in the Kitchen. Amber Kelley. 2018. (ENG., Illus.). 208p. (YA). (gr. 8-17). pap. 19.99 *(978-0-7624-6387-9(2)*, Running Pr. Kids) Running Pr.

Cooker, Warrior in Another Life. Dana a Perkins. 2021. (ENG.). 32p. (J). 16.00 *(978-1-0878-9471-3(9))* Indy Pub.

Cookie, a Cat's Tale. MaryAnn Hayatian. 2019. (ENG.). 48p. (J). pap. *(978-1-989277-73-7(X))* Butterflyanthology.

Cookie & Broccoli: Book of Secrets! Bob McMahon. Illus. by Bob McMahon. 2022. (Cookie & Broccoli Ser.: 3). (Illus.). 96p. (J). (gr. k-3). 12.99 *(978-0-593-52997-3(9))*; pap. 8.99 *(978-0-593-52996-6(0))* Penguin Young Readers Group. (Dial Bks).

Cookie & Broccoli: Play It Cool. Bob McMahon. Illus. by Bob McMahon. 2021. (Cookie & Broccoli Ser.: 2). (ENG., Illus.). 80p. (J). (gr. k-3). pap. 8.99 *(978-0-593-52918-8(9)*, Dial Bks) Penguin Young Readers Group.

Cookie & Broccoli: Ready for School! Bob McMahon. Illus. by Bob McMahon. (Cookie & Broccoli Ser.: 1). (Illus.). 80p. (J). (gr. k-3). 2021. (ENG.). pap. 8.99 *(978-0-593-52917-1(0))*; 2020. 12.99 *(978-0-593-10907-6(4))* Penguin Young Readers Group. (Dial Bks).

Cookie Blast Off! Clare Helen Welsh. Illus. by Sophia Touliatou. 2019. (Early Bird Readers — Purple (Early Bird Stories (tm)) Ser.). (ENG.). 32p. (J). (gr. k-3). 30.65 *(978-1-5415-4230-3(4)*, 9e72767a-c14f-4a97-8281-8df31c261978); pap. 9.99 *(978-1-5415-7416-8(8)*, 141af35e-9336-4262-86c6-06cc791d5ca4) Lerner Publishing Group. (Lerner Pubns.).

Cookie Boo. Ruth Paul. Illus. by Ruth Paul. 2020. (ENG., Illus.). 32p. (J). (gr. -1-3). 10.99 *(978-0-06-286956-2(6)*, HarperCollins) HarperCollins Pubs.

Cookie Book: Financial Concepts for Kids - Saving. Jonathan Ho. Illus. by Jonathan Ho & Yumi Ho. 2018. (Financial Concepts for Kids Ser.: Vol. 1). (ENG.). 30p. (J). pap. *(978-1-7752178-0-0(9))* Ho, Jonathan.

Cookie Cutters & Sled Runners. Natalie Rompella. (J). (gr. 4-8). 2020. 288p. pap. 8.99 *(978-1-5107-5221-4(8))*; 2017. (ENG.). 272p. 15.99 *(978-1-5107-1771-8(4))* Skyhorse Publishing Co., Inc. (Sky Pony Pr.).

Cookie Dealer. Akmal Ullah. 2022. (ENG.). 220p. (YA). pap. *(978-1-912356-48-5(1))* Beacon Bks.

Cookie Eating Fire Dog. Lida Sideris. 2018. (ENG., Illus.). 32p. (J). (gr. k-2). 16.99 *(978-1-5092-2436-4(X))* Wild Rose Pr., Inc., The.

Cookie Felt Sad. Amanda Cox. Illus. by M. I. M. Zariffa & Sarah Cox. l.t. ed. 2021. (ENG.). 28p. (J). ***(978-0-6450250-2-6(X))*** Finding Space.

Cookie Fiasco-Elephant & Piggie Like Reading! Mo Willems. 2016. (Elephant & Piggie Like Reading! Ser.: 1). 12p. (J). (gr. 1-3). 10.99 ***(978-1-4847-2636-5(7)*,** Hyperion Books for Children) Disney Publishing Worldwide.

Cookie House. Margaret Hillert. Illus. by Gabhor Utomo. 2016. (BeginningtoRead Ser.). (ENG.). 32p. (J). (-2). lib. bdg. 22.60 *(978-1-59953-779-5(6))* Norwood Hse. Pr.

Cookie House. Margaret Hillert. Illus. by Gabhor Utomo. 2016. (Beginning-To-Read Ser.). (ENG.). 32p. (J). (gr. k-2). pap. 13.26 *(978-1-60357-905-6(2))* Norwood Hse. Pr.

Cookie Kindness. Melanie Demmer. 2022. (Illus.). 16p. (J). (— 1). bds. 7.99 *(978-0-593-48543-9(2)*, Random Hse. Bks. for Young Readers) Random Hse. Children's Bks.

Cookie Maker of Mavin Road. Sue Lawson. Illus. by Liz Anelli. 2021. (ENG.). 32p. (J). (gr. -1-2). 18.99 *(978-1-5362-1997-5(5))* Candlewick Pr.

C

Cookie Monsters. Erika J. Kendrick. 2023. (ENG.). 320p. (J). (gr. 3-7). pap. 8.99 (978-0-316-28137-9(9)) Little, Brown Bks. for Young Readers.

Cookie Monster's Foodie Truck: A Sesame Street (r) Celebration of Food. Heather E. Schwartz. 2019. (ENG., Illus.). 48p. (J). (gr. 1-2). pap. 8.99 (978-1-5415-7470-0(2), 0067277d-ab57-48c2-83c8-93dde423e254); lib. bdg. 29.32 (978-1-5415-5506-8(6), 616a9b07-43c3-4652-ba1e-8277f997f26f) Lerner Publishing Group. (Lerner Pubns.).

Cookie Monster's Foodie Truck (Sesame Street) Naomi Kleinberg. 2019. (ENG., Illus.). 26p. (J). (— 1). bds. 8.99 (978-1-9848-9587-5(7), Random Hse. Bks. for Young Readers) Random Hse. Children's Bks.

Cookie Queen: How One Girl Started TATE's BAKE SHOP(r). Kathleen King & Lowey Bundy Sichol. Illus. by Ramona Kaulitzki. 2023. 40p. (J). (gr. -1-3). 18.99 (978-0-593-48566-8(1)); (ENG.). lib. bdg. 21.99 (978-0-593-48567-5(X)) Random Hse. Children's Bks. (Random Hse. Bks. for Young Readers).

Cookie Quilt. Deb Schulz. Illus. by Mary Josephson. 2019. (ENG.). 24p. (J). pap. 16.95 (978-0-578-43687-6(6)) Schulz, Debra.

Cookie (Sesame Street Friends) Andrea Posner-Sanchez. 2019. (Sesame Street Friends Ser.). (ENG., Illus.). 26p. (J). (— 1). bds. 7.99 (978-1-9848-9430-4(7), Random Hse. Bks. for Young Readers) Random Hse. Children's Bks.

Cookie Stand. Craig Pinckney. 2019. (ENG.). 38p. (J). pap. 15.00 (978-1-64713-484-6(6)) Primedia eLaunch LLC.

Cookie the Guinea Pig. Jen Selinsky. Illus. by Chrissy Chabot. 2021. (ENG.). 32p. (J). pap. 12.99 (978-1-63984-081-6(8)) Pen It Pubns.

Cookie the Guinea Pig. Jen Selinsky & Chrissy Chabot. 2021. (ENG.). 32p. (J). 21.99 (978-1-63984-080-9(X)) Pen It Pubns.

Cookie Thief Girl Scout Mystery. Carole Marsh. 2016. (Girl Scouts Ser.). (ENG.). (J). (gr. 3-7). pap. 7.99 (978-0-635-12170-7(0)) Gallopade International.

Cookie Truck: A Sugar Cookie Shapes Book. Caroline Wright. Illus. by Alison Oliver. 2021. (Little Bakers Ser.: 2). (ENG.). 22p. (J). (gr. -1 — 1). bds. 9.99 (978-0-06-307184-1(3), HarperFestival) HarperCollins Pubs.

Cookie, Where Are You? Yvette Mannon. 2021. (ENG., Illus.). 32p. (J). 25.95 (978-1-68517-850-5(2)); pap. 14.95 (978-1-63844-645-3(8)) Christian Faith Publishing.

Cookies. Clara Cella. 2022. (Sweet Life Ser.). (ENG., Illus.). 24p. (J). (gr. k-2). lib. bdg. 26.65 (978-1-62920-942-5(2), 9d6ac6f5-8394-4165-b59f-87b11f607101) Full Tilt Pr. NZL. Dist: Lerner Publishing Group.

Cookies. Megan Roth. ed. 2021. (I Can Read Ser.). (ENG., Illus.). 32p. (J). (gr. k-1). 15.46 (978-1-64697-872-4(2)) Penworthy Co., LLC, The.

Cookies! An Interactive Recipe Book. Lotta Nieminen. 2018. (Cook in a Book Ser.). (ENG., Illus.). 16p. (gr. -1 — 1). bds. 19.95 (978-0-7148-7773-0(5)) Phaidon Pr., Inc.

Cookies & Milk. Shawn Amos. 2023. (Cookies & Milk Ser.: 1). (ENG.). 336p. (J). (gr. 3-7). pap. 8.99 (978-0-7595-5678-2(4)) Little, Brown Bks. for Young Readers.

Cookies & Milk. Mae Mitchell. Illus. by Chelsey Vanner & Jazmine Andrews. 2018. (ENG.). 54p. (J). 20.49 (978-1-5456-4829-2(8)); pap. 12.95 (978-1-5456-4828-5(X)) Salem Author Services. (Mill City Press, Inc).

Cookies & Milk Story Time: Multi - Cultural Nursery Rhymes. Carla L. Hill & Tate Hill. Illus. by Joiline M. Teasley. 2021. (ENG.). 50p. (J). pap. (978-0-2288-7079-1(8)) Tellwell Talent.

Cookies & Philosophy. Kris Wimberly. 2020. (ENG.). 32p. (J). (978-1-716-77009-8(2)) Lulu Pr., Inc.

Cookies at Christmas. Karen T. Diaz Serrano. 2023. (ENG.). 30p. (J). pap. (978-1-83934-683-5(3)) Olympia Publishers.

Cookies Board Book: Bite-Size Life Lessons. Amy Krouse Rosenthal. Illus. by Jane Dyer. 2016. (ENG.). 36p. (J). (gr. -1 — 1). bds. 7.99 (978-0-06-242739-7(3), HarperFestival) HarperCollins Pubs.

Cookies for Elmo. Sesame Workshop & Erin Guendelsberger. 2020. (Sesame Street Scribbles Ser.). (ENG.). 40p. (J). (gr. -1-3). 10.99 (978-1-7282-0627-1(8)) Sourcebooks, Inc.

Cookies for Santa. America's Test Kitchen Kids. Illus. by Johanna Tarkela. 2019. 32p. (J). (gr. -1-3). 17.99 (978-1-4926-7771-0(X)) Sourcebooks, Inc.

Cookies for Santa. J. R. Owens. 2021. (ENG.). 26p. (J). pap. 13.95 (978-1-63630-558-5(X)) Covenant Bks.

Cookie's Fortune. Lynda Graham-Barber. Illus. by Nancy Lane. 2017. (ENG.). 24p. (J). (gr. -1-2). 17.95 (978-0-940719-39-2(8)) Gryphon Pr., The.

Cookiesaurus Christmas. Nate Evans & Amy Fellner Dominy. Illus. by A. G. Ford. 2018. (Cookiesaurus Rex Ser.: 2). (ENG.). 40p. (J). (gr. -1-3). 16.99 (978-1-4847-6745-0(4)) Little, Brown Bks. for Young Readers.

Cookiesaurus Rex. Nate Evans & Amy Fellner Dominy. Illus. by A. G. Ford. 2017. (Cookiesaurus Rex Ser.: 1). (ENG.). 40p. (J). (gr. -1-3). 16.99 (978-1-4847-6744-3(6)) Little, Brown Bks. for Young Readers.

Cookiesaurus Rex. Amy Fellner Dominy. Illus. by A. G. Ford. 2018. (Cookiesaurus Rex Ser.: 1). (ENG.). 32p. (J). (gr. -1-3). bds. 7.99 (978-1-368-01906-4(4)) Little, Brown Bks. for Young Readers.

Cooking - Cuisine. Clare Verbeek & Et Al Thembani Dladla. Illus. by Kathy Arbuckle. 2022. (FRE.). 24p. (J). pap. (978-1-922849-75-5(8)) Library For All Limited.

Cooking - Kupika. Clare Verbeek Et Al. Illus. by Kathy And Ing Arbuckle and Schechter. 2023. (SWA.). 24p. (J). pap. (978-1-922876-31-7(3)) Library For All Limited.

Cooking a Delicious Fish - Kuukanakin Te Ika Ae Kangkang (Te Kiribati) Kiakia Baraniko. Illus. by Niamh Connoughton. 2023. (ENG.). 30p. (J). pap. (978-1-922895-61-5(X)) Library For All Limited.

Cooking a Meal. Emma Huddleston. 2020. (Life Skills Ser.). (ENG., Illus.). 24p. (J). (gr. 1-2). pap. 8.95 (978-1-64493-419-7(1), 1649334191); lib. bdg. 28.50 (978-1-64493-343-5(8), 1649333438) North Star Editions. (Focus Readers).

Cooking & Baking Class Box Set. Deanna F. Cook. 2018. (ENG., Illus.). 288p. (J). (gr. 3-7). spiral bd. 40.00 (978-1-63586-079-5(2), 626079) Storey Publishing, LLC.

Cooking Around the World, 1 vol. Jeff Sferazza. 2018. (Adventures in Culture Ser.). (ENG.). 24p. (J). (gr. 1-2). 24.27 (978-1-5382-1859-4(3), 0b272d23-3fce-45a0-9974-69518b727224) Stevens, Gareth Publishing LLLP.

Cooking Class Global Feast! 44 Recipes That Celebrate the World's Cultures. Deanna F. Cook. 2019. (Cooking Class Ser.). (ENG., Illus.). 144p. (J). (gr. 3-7). 28.99 (978-1-63586-230-0(2), 626230); spiral bd. 18.95 (978-1-63586-126-6(8), 626126) Storey Publishing, LLC.

Cooking Club Chaos! #4. Veera Hiranandani. Illus. by Christine Almeda. 2021. (Phoebe G. Green Ser.: 4). 128p. (J). (gr. 1-3). 6.99 (978-0-593-09695-6(9), Penguin Workshop) Penguin Young Readers Group.

Cooking Club Detectives. Ewa Jozefkowicz. 2021. (ENG., Illus.). 192p. (J). 12.99 (978-1-78954-360-5(6), 668214, Zephyr) Head of Zeus GBR. Dist: Bloomsbury Publishing Plc.

Cooking Club of Tu-Whit Hollow. Ella Farman. 2017. (ENG., Illus.). (J). pap. (978-0-649-55607-6(0)) Trieste Publishing Pty Ltd.

Cooking Club of Tu-Whit Hollow (Classic Reprint) Ella Farman. 2018. (ENG., Illus.). 242p. (J). 28.89 (978-0-484-68482-8(5)) Forgotten Bks.

Cooking Conundrums & Magical Fixes Coloring Book. Activity Attic Books. 2016. (ENG., Illus.). (J). pap. 7.74 (978-1-68323-665-8(3)) Twin Flame Productions.

Cooking Dinner. Katrina Streza. Illus. by Brenda Ponnay. 2023. (Little Readers Ser.: Vol. 16). (ENG.). 20p. (J). 24.99 (978-1-5324-3503-4(7)); pap. 12.99 (978-1-5324-3281-1(X)) Xist Publishing.

Cooking Great Cuisine with a Chef, 1 vol. Joan Stoltman. 2018. (Get to Work! Ser.). (ENG.). 24p. (gr. 2-3). pap. 9.15 (978-1-5382-1222-6(6), f7d406f0-f6ee-4940-8b3f-76cacf9736f5) Stevens, Gareth Publishing LLLP.

Cooking Innovations. Lesley Ward. rev. ed. 2019. (Smithsonian: Informational Text Ser.). (ENG.). 32p. (J). (gr. 2-3). pap. 10.99 (978-1-4938-6671-7(0)) Teacher Created Materials, Inc.

Cooking Kangaroo. Margaret James. Illus. by Wendy Paterson. 2021. (ENG.). 26p. (J). pap. (978-1-922591-68-5(8)) Library For All Limited.

Cooking Queen. Marci Peschke. Illus. by Tuesday Mourning. 2017. (Kylie Jean Ser.). (ENG.). 112p. (J). (gr. 1-3). lib. bdg. 22.65 (978-1-4795-9899-1(2), 135431, Picture Window Bks.) Capstone.

Cooking Step by Step. DK. 2018. (ENG., Illus.). 128p. (J). (gr. 1-3). 18.99 (978-1-4654-6568-9(5), DK Children) Dorling Kindersley Publishing, Inc.

Cooking Step by Step. Dorling Kindersley Publishing Staff. 2018. (Illus.). 128p. (J). (978-0-241-30037-4(1)) Dorling Kindersley Publishing, Inc.

Cooking with Amirah. Clayton Abner & Amirah Jones. 2021. (ENG.). 196p. (J). pap. (978-1-387-68301-7(2)) Lulu Pr., Inc.

Cooking with Chef Hedgehog. Sarah Eason. 2022. (Animal Chefs Ser.). (ENG.). (J). (gr. 2-5). lib. bdg. 26.99 Bearport Publishing Co., Inc.

Cooking with Chef Llama. Sarah Eason. 2022. (Animal Chefs Ser.). (ENG.). (J). (gr. 2-5). lib. bdg. 26.99 Bearport Publishing Co., Inc.

Cooking with Chef Narwhal. Sarah Eason. 2022. (Animal Chefs Ser.). (ENG.). (J). (gr. 2-5). lib. bdg. 26.99 Bearport Publishing Co., Inc.

Cooking with Chef Octopus. Sarah Eason. 2022. (Animal Chefs Ser.). (ENG.). (J). (gr. 2-5). lib. bdg. 26.99 Bearport Publishing Co., Inc.

Cooking with Chef Shark. Sarah Eason. 2022. (Animal Chefs Ser.). (ENG.). (J). (gr. 2-5). lib. bdg. 26.99 Bearport Publishing Co., Inc.

Cooking with Chef Sloth. Sarah Eason. 2022. (Animal Chefs Ser.). (ENG.). (J). (gr. 2-5). lib. bdg. 26.99 Bearport Publishing Co., Inc.

Cooking with Daddy. Corinthia Ann Myrick. 2021. (ENG.). 30p. (J). pap. 12.99 (978-0-9600629-0-4(4)) Myrick, Corinthia A.

Cooking with Dr. Seuss Step into Reading 4-Book Boxed Set: Cooking with the Cat; Cooking with the Grinch; Cooking with Sam-I-Am; Cooking with the Lorax. 2022. (Step into Reading Ser.). (ENG.). 128p. (J). (gr. -1-1). pap., pap. 20.96 (978-0-593-64520-8(0), Random Hse. Bks. for Young Readers) Random Hse. Children's Bks.

Cooking with Grandma. C. L. Reid. Illus. by Elena Aiello. 2023. (Emma Every Day Ser.). (ENG.). 32p. (J). pap. 6.99 (978-1-4846-7575-5(4), 251266, Picture Window Bks.) Capstone.

Cooking with Jacob a Quarantine Inspired Recipe Book: A Quarantine Inspired Recipe Book. Paula Johnson-Case & Jacob Case. 2020. (ENG.). 44p. (J). pap. 14.99 (978-1-7363704-0-7(5)) Johnson, Paula.

Cooking with Math!, 12 vols. 2019. (Cooking with Math! Ser.). (ENG.). 24p. (J). (gr. 1-2). lib. bdg. 145.62 (978-1-5382-4895-9(6), b553efa5-6339-42ba-bc68-00f3e8fd653b) Stevens, Gareth Publishing LLLP.

Cooking with Monsters: The Beginner's Guide to Culinary Combat, Bk. 1. Jordan Alsaqa. Illus. by Vivian Truong. 2023. 256p. (YA). (gr. 8-12). pap. 16.99 (978-1-68405-983-6(6)) Idea & Design Works, LLC.

Cooking with My Dad, the Chef: 70+ Kid-Tested, Kid-approved (and Gluten-free!) Recipes for YOUNG CHEFS! Verveine Oringer & Ken Oringer. 2023. (Illus.). 224p. (J). (gr. 5-7). 22.99 (978-1-954210-35-6(3), America's Test Kitchen Kids) America's Test Kitchen.

Cooking with Sam-I-Am. Courtney Carbone. Illus. by Tom Brannon. 2018. (Step into Reading Ser.). (ENG.). 32p. (J). (gr. -1-1). pap. 4.99 (978-1-5247-7088-4(4), Random Hse. Bks. for Young Readers) Random Hse. Children's Bks.

Cooking with STEAM. Annette Gulati. 2018. (Starting with STEAM Ser.). (ENG., Illus.). 24p. (J). (gr. 1-3). lib. bdg. 28.50 (978-1-64156-425-0(3), 9781641564250) Rourke Educational Media.

Cooking with the Grinch. Tish Rabe. ed. 2018. (Step into Reading Ser.). (ENG.). 32p. (J). (gr. -1-1). 13.89 (978-1-64310-307-5(5)) Penworthy Co., LLC, The.

Cooking with the Grinch (Dr. Seuss) Tish Rabe. Illus. by Tom Brannon. 2017. (Step into Reading Ser.). (ENG.). 32p. (J). (gr. -1-1). pap. 5.99 (978-1-5247-1462-8(3), Random Hse. Bks. for Young Readers) Random Hse. Children's Bks.

Cooking with the Lorax. Sonali Fry. ed. 2022. (Step into Reading Ser.). (ENG.). 32p. (J). (gr. k-1). 16.96 (978-1-68505-310-9(6)) Penworthy Co., LLC, The.

Cooking with the Lorax (Dr. Seuss) Sonali Fry. 2022. (Step into Reading Ser.). (ENG.). 32p. (J). (gr. -1-1). lib. bdg. 14.99 (978-0-593-56315-1(8)); (Illus.). pap. 5.99 (978-0-593-56314-4(X)) Random Hse. Children's Bks. (Random Hse. Bks. for Young Readers).

Cooking Your Way Through American History. (Cooking Your Way Through American History Ser.). (ENG.). (J). 2017. 381.60 (978-1-5345-2123-0(2)); 2016. 24p. (gr. 3-3). lib. bdg. 173.28 (978-1-5345-2121-6(6), ded0094b-9bf4-4c94-b2f2-a3613a81b46c) Greenhaven Publishing LLC. (KidHaven Publishing).

Cooking Your Way Through American History (Set) 2017. (Cooking Your Way Through American History Ser.). (ENG.). (J). pap. 63.60 (978-1-5345-2124-7(0), KidHaven Publishing) Greenhaven Publishing LLC.

Cookout, 1. Rashad Doucet et al. ed. 2022. (Pax Samson Ser.). (ENG.). 192p. (J). (gr. 4-5). 27.46 (978-1-68505-208-9(8)) Penworthy Co., LLC, The.

Cook's Cook: The Cook Who Cooked for Captain Cook. Gavin Bishop. Illus. by Gavin Bishop. 2018. (ENG., Illus.). 40p. (J). (gr. 2-5). 17.99 (978-1-77657-204-5(1), e2449563-7c30-4acd-8902-61ffc86a7867) Gecko Pr. NZL. Dist: Lerner Publishing Group.

Cook's Wedding: And Other Stories (Classic Reprint) Anton Chekov. 2018. (ENG., Illus.). 322p. (J). 30.56 (978-0-484-40972-8(7)) Forgotten Bks.

Cooky Cow Mooky! Coloring Book. Jupiter Kids. 2017. (ENG., Illus.). (J). pap. 9.20 (978-1-68326-990-8(X), Jupiter Kids (Childrens & Kids Fiction)) Speedy Publishing LLC.

Cool Advent Calendars (a Special Christmas Advent Calendar with 25 Advent Houses - All You Need to Celebrate Advent) An Alternative Special Christmas Advent Calendar: Celebrate the Days of Advent Using 25 Fillable DIY Decorated Paper Houses. James Manning & Christabelle Manning. 2019. (Cool Advent Calendars Ser.: Vol. 38). (ENG., Illus.). 52p. (J). (gr. k-6). pap. (978-1-83894-176-5(2)) West Suffolk CBT Service Ltd., The.

Cool Animal Connect the Dots Fun: Dot to Dot Extreme Animals. Jupiter Kids. 2016. (ENG., Illus.). 76p. (J). pap. 13.75 (978-1-68305-432-0(6), Jupiter Kids (Childrens & Kids Fiction)) Speedy Publishing LLC.

Cool Animal Heads Cut & Paste Activity Book - Activities with Kids. Activibooks For Kids. 2016. (ENG., Illus.). (J). pap. 9.25 (978-1-68321-050-4(6)) Mimaxion.

Cool Art, 3 vols., Set. Anders Hanson. Incl. Cool Collage: The Art of Creativity for Kids. 34.21 (978-1-60453-146-6(0), 4582); Cool Painting: The Art of Creativity for Kids. 34.21 (978-1-60453-143-5(6), 4576); Cool Printmaking: The Art of Creativity for Kids! 34.21 (978-1-60453-147-3(9), 4584); (J). (gr. 3-6). (Cool Art Ser.: 6). (ENG.). 32p. 2008. Set lib. bdg. 102.66 (978-1-60453-141-1(X), 4572, Checkerboard Library) ABDO Publishing Co.

Cool Arts Careers (Set), 8 vols., Set. Incl. Actor. Barbara A. Somervill. lib. bdg. 32.07 (978-1-61080-129-4(6), 201136); Choreographer. Katie Marsico. lib. bdg. 32.07 (978-1-61080-136-2(9), 201150); Dancer. Katie Marsico. lib. bdg. 32.07 (978-1-61080-130-0(X), 201138); Fashion Designer. Patricia Wooster. lib. bdg. 32.07 (978-1-61080-131-7(8), 201140); Music Producer. Patricia Wooster. lib. bdg. 32.07 (978-1-61080-133-1(4), 201144); Musician. Barbara A. Somervill. lib. bdg. 32.07 (978-1-61080-132-4(6), 201142); Scriptwriter. Matt Mullins. lib. bdg. 32.07 (978-1-61080-135-5(0), 201148); Special Effects Technician. Matt Mullins. lib. bdg. 32.07 (978-1-61080-134-8(2), 201146); (gr. 4-8). (21st Century Skills Library: Cool Arts Careers Ser.). (ENG., Illus.). 32p. 2011. 256.56 (978-1-61080-150-8(4), 201018) Cherry Lake Publishing.

Cool As Duck. Markus Baker & Mark Baker. 2019. (ENG., Illus.). 36p. (J). pap. (978-0-9933275-8-2(3)) R-and-Q.com.

Cool. Awkward. Black. Ed. by Karen Strong. 2023. 336p. (YA). (gr. 7). 18.99 (978-0-593-52509-8(4), Viking Books for Young Readers) Penguin Young Readers Group.

Cool Baking, 6 vols., Set. Pamela S. Price. Incl. Cool Cakes & Cupcakes: Easy Recipes for Kids to Bake. 34.21 (978-1-60453-774-1(4), 4602); Cool Cookies & Bars: Easy Recipes for Kids to Bake. 34.21 (978-1-60453-775-8(2), 4604); Cool Holiday Treats: Easy Recipes for Kids to Bake. 34.21 (978-1-60453-776-5(0), 4606); Cool Pet Treats: Easy Recipes for Kids to Bake. 34.21 (978-1-60453-777-2(9), 4608); Cool Pies & Tarts: Easy Recipes for Kids to Bake. 34.21 (978-1-60453-778-9(7), 4610); Cool Quick Breads: Easy Recipes for Kids to Bake. 34.21 (978-1-60453-779-6(5), 4612); (J). (gr. 3-6). (Cool Baking Ser.: 6). (ENG.). 32p. 2010. 205.32 (978-1-60453-773-4(6), 4600, Checkerboard Library) ABDO Publishing Co.

Cool Bean. Jory John. Illus. by Pete Oswald. 2019. (Food Group Ser.). (ENG.). 40p. (J). (gr. -1-3). 18.99 (978-0-06-295452-7(0), HarperCollins) HarperCollins Pubs.

Cool Bean Presents: As Cool As It Gets: Over 150 Stickers Inside! a Christmas Holiday Book for Kids. Jory John. Illus. by Pete Oswald. 2022. (Food Group Ser.). (ENG.). 32p. (J). (gr. -1-3). 12.99 (978-0-06-304542-2(7), HarperCollins) HarperCollins Pubs.

Cool Blues. Joan Daulby. Illus. by Gailon Valleau. 2018. (ENG.). 36p. (J). pap. (978-1-989322-03-1(4)) Pine Lake Bks.

Cool Builds in Minecraft!: an AFK Book (GamesMaster Presents) Future Publishing. 2018. (ENG., Illus.). 128p. (J). (gr. 2-5). pap. 8.99 (978-1-338-32532-4(9)) Scholastic, Inc.

Cool Camouflage: Giraffes! Tigers! Seals! (Rookie Star: Extraordinary Animals) (Library Edition) Lisa M. Herrington. 2018. (Rookie Star Ser.). (ENG., Illus.). 32p. (J). (gr. 2-3). lib. bdg. 25.00 (978-0-531-23090-9(2), Children's Pr.) Scholastic Library Publishing.

Cool Careers: Adventure Careers, 8 vols., Set. Incl. Deep-Sea Fishing. William David Thomas. lib. bdg. 28.67 (978-0-8368-8881-2(2), 4a752227-67e7-4ef8-b9d3-8e0de4cf1289); Forest Firefighter. William David Thomas. lib. bdg. 28.67 (978-0-8368-8882-9(0), ecb97f57-c33b-4c32-9af5-f2c1b5ab0b78); Oil Rig Roughneck. Geoffrey M. Horn. lib. bdg. 28.67 (978-0-8368-8883-6(9), cd9679ef-c36c-4e8b-a054-583fbba6e3df); Test Pilot. Geoffrey M. Horn. lib. bdg. 28.67 (978-0-8368-8884-3(7), 2c3b9296-7cc2-41f2-848d-cdf3eaa3c846); Wildlife Photographer. William David Thomas. lib. bdg. 28.67 (978-0-8368-8885-0(5), 3e0a9aa4-db8f-4082-a587-e37c2419f096); (Illus.). (gr. 3-3). (Cool Careers: Adventure Careers Ser.). (ENG.). 32p. 2008. Set lib. bdg. 114.68 (978-0-8368-8879-9(0), c69a710c-d12b-49c6-9104-931dea19f0dc) Stevens, Gareth Publishing LLLP.

Cool Careers: Helping Careers, 10 vols., Set. Incl. Construction Worker. Geoffrey M. Horn. (YA). lib. bdg. 28.67 (978-0-8368-9192-8(9), 8108f670-2997-47d7-baf1-023263089434); FBI Agent. Geoffrey M. Horn. lib. bdg. 28.67 (978-0-8368-9193-5(7), d56e76cd-9208-452f-9922-7c4fd17a6164); Meteorologist. Geoffrey M. Horn. (YA). lib. bdg. 28.67 (978-0-8368-9194-2(5), acabdd96-240b-4229-9936-6ae589f7cf88); Mountain Rescuer. William David Thomas. lib. bdg. 28.67 (978-0-8368-9195-9(3), bd25c45f-06de-4de4-bd70-2c6a4c8dc77a); Sports Therapist. Geoffrey M. Horn. lib. bdg. 28.67 (978-0-8368-9196-6(1), 6b71aba5-04fc-450e-8801-b68fe7757499); Veterinarian. William David Thomas. lib. bdg. 28.67 (978-0-8368-9197-3(X), 055ce3f6-ef46-47be-b3b0-7e3389d5a623); (gr. 3-3). (Cool Careers: Helping Careers Ser.). (ENG.). 32p. 2008. Set lib. bdg. 143.35 (978-0-8368-9300-7(X), a63197d7-d5b8-4b23-9387-d5291be29860) Stevens, Gareth Publishing LLLP.

Cool Careers: On the Go, 12 vols., Set. Incl. Archaeologist. William David Thomas. (YA). lib. bdg. 28.67 (978-1-4339-0000-6(9), c8cf6e48-4640-4b18-b268-ceef98c3f695); Camera Operator. Geoffrey M. Horn. (YA). lib. bdg. 28.67 (978-1-4339-0001-3(7), 49af9276-9a7b-4d38-a456-1ded60ea920d); Fashion Buyer. Jessica Cohn. (YA). lib. bdg. 28.67 (978-1-4339-0002-0(5), 46fd3cff-e78c-41c4-9057-cd4a91aa9dec); Flight Attendant. William David Thomas. (YA). lib. bdg. 28.67 (978-1-4339-0003-7(3), 576f4580-ab5d-415e-814f-92e101b05985); Journalist. William David Thomas. (Illus.). (J). lib. bdg. 28.67 (978-1-4339-0004-4(1), bf374be7-c0dc-4aa8-9064-fec3f0c7c3dc); Truck Driver. William David Thomas. (YA). lib. bdg. 28.67 (978-1-4339-0005-1(X), 434a477c-42f6-4db9-ab65-a1739d0970c4); (gr. 3-3). (Cool Careers: on the Go Ser.). (ENG.). 32p. 2009. Set lib. bdg. 172.02 (978-1-4339-0006-8(8), 8c1a36d1-382f-4eb2-a44f-aea0277668dc) Stevens, Gareth Publishing LLLP.

Cool Careers Without College, 8 bks., Set. Incl. Cool Careers Without College for People Who Love Everything Digital. Amy Romano. lib. bdg. 41.13 (978-1-4042-0748-6(1), 7f7dde33-9840-4d43-b336-316283e08ce9); Cool Careers Without College for People Who Love Houses. Alice Beco. lib. bdg. 41.13 (978-1-4042-0753-0(8), 4a3dc699-6a4a-4810-b8c5-21f06dc9ab67); Cool Careers Without College for People Who Love Manga, Comics, & Animation. Sherri Glass & Jim Wentzel. lib. bdg. 41.13 (978-1-4042-0754-7(6), 880a3827-74e6-4da3-bd1e-e6c4da3b578e); Cool Careers Without College for People Who Love to Organize, Manage, & Plan. Robert Greenberger. lib. bdg. 41.13 (978-1-4042-0752-3(X), c24a8234-097f-470f-a137-549e907753df); Cool Careers Without College for People Who Love to Write. Greg Roza. lib. bdg. 41.13 (978-1-4042-0750-9(3), 757b472b-2759-410f-ba6e-81b3aeabf3a1); Cool Careers Without College for People Who Love Video Games. Nicholas Croce. lib. bdg. 41.13 (978-1-4042-0747-9(3), 894b1c7c-996b-4aa3-92c4-cf2b0580df6c); People Who Love to Buy Things. Edson Santos. lib. bdg. 41.13 (978-1-4042-0751-6(1), a6c84d0e-a368-479c-8c59-bc9bc5b54bcc); (Illus.). 144p. (YA). (gr. 7-7). 2006. 2006. 276.15 (978-1-4042-1015-8(6)) Rosen Publishing Group, Inc., The.

Cool Careers Without College: Set 2, 16 vols. 2016. (Cool Careers Without College Ser.). (ENG.). 00104p. (J). (gr. 7-7). 328.96 (978-1-5081-7360-1(5), 88f49afe-f726-4f70-bf34-a8cec5a4aa00, Rosen Young Adult) Rosen Publishing Group, Inc., The.

Cool Careers Without College: Set 3, 12 vols. 2017. (Cool Careers Without College Ser.). (ENG.). 112p. (gr. 7-7). 246.72 (978-1-4994-6632-4(3), b6dcb547-73fc-487c-89ab-61523ee5bd8b, Rosen Young Adult) Rosen Publishing Group, Inc., The.

Cool Careers Without College for People Who Love Buying Things, 1 vol. Edson Santos. 2017. (Cool Careers Without College Ser.). (ENG., Illus.). 112p. (J). (gr. 7-7). 41.12 (978-1-5081-7544-5(6), 209408d1-146b-4950-8fa2-05393154f5e9, Rosen Young Adult) Rosen Publishing Group, Inc., The.

Cool Careers Without College for People Who Love Houses & Apartments, 1 vol. Alice Beco. 2017. (Cool Careers Without College Ser.). (ENG., Illus.). 112p. (J). (gr. 7-7). 41.12 (978-1-5081-7538-4(1), ff4e1bcd-92be-49e4-9b00-8fda276a597c, Rosen Young Adult) Rosen Publishing Group, Inc., The.

Cool Careers Without College for People Who Love Planning & Organizing, 1 vol. Rebecca Pelos & Robert Greenberger. 2017. (Cool Careers Without College Ser.). (ENG., Illus.). 112p. (J). (gr. 7-7). 41.12

408
The check digit for ISBN-10 appears in parentheses after the full ISBN-13

(978-1-5081-7540-7(3), 72ed9db2-9f2f-4731-aea6-ec0e04b8b59c, Rosen Young Adult) Rosen Publishing Group, Inc., The.

Cool Careers Without College for People Who Love Reading & Research, 1 vol. Rebecca T. Klein & Janelle Asselin. 2017. (Cool Careers Without College Ser.). (ENG.). 112p. (gr. 7-7). 41.12 *(978-1-5081-7542-1(X)*, acdb05fa-e512-4010-9699-2bca67475949, Rosen Young Adult) Rosen Publishing Group, Inc., The.

Cool Careers Without College for People Who Love Writing & Blogging, 1 vol. Rebecca Pelos & Greg Roza. 2017. (Cool Careers Without College Ser.). (ENG.). 112p. (gr. 7-7). 41.12 *(978-1-5081-7546-9(2)*, ca6b9d25-5e7a-423a-86dc-6ebc0c772083, Rosen Young Adult) Rosen Publishing Group, Inc., The.

Cool Careers Without College: Sets 1 - 4, 52 vols. 2020. (Cool Careers Without College Ser.). (ENG.). (YA). (gr. 7-7). lib. bdg. 1069.12 *(978-1-4994-6889-2(X)*, 59512354-201e-4484-b255-daacffabb478) Rosen Publishing Group, Inc., The.

Cool Cars (Be an Expert!) Erin Kelly. 2020. (Be an Expert! Ser.). (ENG., Illus.). 24p. (J). (gr. -1-k). pap. 5.95 *(978-0-531-13242-5(0)*, Children's Pr.) Scholastic Library Publishing.

Cool Cars Coloring Book. Smarter Activity Books for Kids. 2016. (ENG., Illus.). (J). pap. 9.22 *(978-1-68374-522-8(1))* Examined Solutions PTE. Ltd.

Cool Cat Club. Nicola Colton. Illus. by Nicola Colton. 2020. (Jasper & Scruff Ser.: 1). (ENG., Illus.). 96p. (J). (gr. 1-4). pap. 6.99 *(978-1-68010-460-8(8))* Tiger Tales.

Cool Cat le gusta Biodiesel see Cool Cat Loves Biodiesel

Cool Cat le gusta Cuidar el Medio Ambiente see Cool Cat Loves Going Green

Cool Cat Loves Baseball. Derek Savage. 2021. (Trolly the Trout Ser.: Vol. 1). (ENG & ENM., Illus.). 32p. (J). pap. 9.99 *(978-0-9673000-0-9(2))* Blue Thunder Bks.

Cool Cat Plays Wrestling. Derek Savage. 2021. (Trolly the Trout Ser.). (ENG & ENM., Illus.). 32p. (J). pap. *(978-0-9673000-1-6(0))* Blue Thunder Bks.

Cool Cat Says Hear the Story Here. Myrna Johnson. 2018. (ENG., Illus.). 32p. pap. 12.00 *(978-1-62288-179-6(6)*, P563682) Austin, Stephen F. State Univ. Pr.

Cool Cats Counting. Sherry Shahan. Illus. by Paula Barragán. 2016. (ENG.). 28p. (J). (gr. -1-2). pap. 8.95 *(978-1-941460-42-9(9))* August Hse. Pubs., Inc.

Cool Cats Dress-Up Sticker Activity Book. Fran Newman-D'Amico. 2022. (Dover Little Activity Bks.). (ENG.). 4p. (J). (gr. k-3). 2.50 *(978-0-486-84991-1(0)*, 849910) Dover Pubns., Inc.

Cool Christmas Gifts! Cut Outs for You & Me: Christmas Sticker Activity Book. Jupiter Kids. 2016. (ENG., Illus.). 76p. (J). pap. 13.75 *(978-1-68305-388-0(5)*, Jupiter Kids (Childrens & Kids Fiction)) Speedy Publishing LLC.

Cool Classic Cars. Jon M. Fishman. 2018. (Lightning Bolt Books (r) — Awesome Rides Ser.). (ENG., Illus.). 24p. (J). (gr. 1-3). 29.32 *(978-1-5415-1996-1(5)*, 5c682485-0c58-457e-8854-eb1ee70a3183, Lerner Pubns.) Lerner Publishing Group.

Cool Clothes. Jane Yates. 2023. (Crafts in a Snap! Ser.). (ENG.). 24p. (J). (gr. 2-5). lib. bdg. 19.95 Bearport Publishing Co., Inc.

Cool Code. Deirdre Langeland. Illus. by Sarah Mai. 2022. (Cool Code Ser.: 1). (ENG.). 224p. (J). (gr. 3-7). 24.99 *(978-0-358-54932-1(9)*, Clarion Bks.) HarperCollins Pubs.

Cool Code. Deirdre Langeland & Sarah Mai. 2022. (Cool Code Ser.: 1). (ENG., Illus.). 224p. (J). (gr. 3-7). pap. 15.99 *(978-0-358-54931-4(0)*, Clarion Bks.) HarperCollins Pubs.

Cool Coloring Books for Kids (Do What You Love) 36 Coloring Pages to Boost Confidence in Girls. James Manning. 2019. (Cool Coloring Books for Kids Ser.: Vol. 1). (ENG., Illus.). 74p. (J). pap. *(978-1-83856-474-2(8))* Coloring Pages.

Cool Coloring Pages for Adults (Absolute Nonsense) This Book Has 36 Coloring Sheets That Can Be Used to Color in, Frame, and/or Meditate over: This Book Can Be Photocopied, Printed & Downloaded As a PDF. James Manning. 2019. (Cool Coloring Pages for Adults Ser.: Vol. 30). (ENG., Illus.). 74p. (YA). pap. *(978-1-83884-183-6(0))* Coloring Pages.

Cool Coloring Pages for Adults (All You Need Is Love) This Book Has 40 Coloring Sheets That Can Be Used to Color in, Frame, and/or Meditate over: This Book Can Be Photocopied, Printed & Downloaded As a PDF. James Manning & Christabelle Manning. 2019. (Cool Coloring Pages for Adults Ser.: Vol. 27). (ENG., Illus.). 82p. (YA). pap. *(978-1-83884-043-3(5))* Coloring Pages.

Cool Coloring Pages for Adults (Art Therapy: This Book Has 40 Art Therapy Coloring Sheets That Can Be Used to Color in, Frame, and/or Meditate over: This Book Can Be Photocopied, Printed & Downloaded As a PDF. James Manning. 2019. (Cool Coloring Pages for Adults Ser.: Vol. 26). (ENG., Illus.). 82p. (YA). pap. *(978-1-83856-155-0(2))* Coloring Pages.

Cool Coloring Pages for Adults (Fashion) This Book Has 36 Coloring Sheets That Can Be Used to Color in, Frame, and/or Meditate over: This Book Can Be Photocopied, Printed & Downloaded As a PDF. James Manning & Christabelle Manning. 2019. (Cool Coloring Pages for Adults Ser.: Vol. 30). (ENG., Illus.). 74p. (YA). pap. *(978-1-83884-196-6(2))* Coloring Pages.

Cool Coloring Pages for Adults (Mysterious Mechanical Creatures) Advanced Coloring (Colouring) Books with 40 Coloring Pages: Mysterious Mechanical Creatures (Colouring (Coloring) Books) James Manning. 2019. (Cool Coloring Pages for Adults Ser.: Vol. 11). (ENG., Illus.). 82p. (YA). pap. *(978-1-83856-166-6(8))* Coloring Pages.

Cool Coloring Pages for Adults (Nonsense Alphabet) This Book Has 36 Coloring Sheets That Can Be Used to Color in, Frame, and/or Meditate over: This Book Can Be Photocopied, Printed & Downloaded As a PDF. James Manning & Christabelle Manning. 2019. (Cool Coloring Pages for Adults Ser.: Vol. 29). (ENG., Illus.). 74p. (YA). pap. *(978-1-83884-124-9(5))* Coloring Pages.

Cool Coloring Pages for Adults (Winter Coloring Pages) Winter Coloring Pages: This Book Has 30 Winter Coloring Pages That Can Be Used to Color in, Frame, and/or Meditate over: This Book Can Be Photocopied, Printed & Downloaded As a PDF. James Manning & Christabelle Manning. 2019. (Cool Coloring Pages for Adults Ser.: Vol. 25). (ENG., Illus.). 62p. (YA). pap. *(978-1-83856-244-1(3))* Coloring Pages.

Cool Competitions. Lori Polydoros & Thomas K. Adamson. 2017. (Cool Competitions Ser.). (ENG., Illus.). 32p. (J). (gr. 3-9). 117.28 *(978-1-5157-7368-9(X)*, 26739, Capstone Pr.) Capstone.

Cool Connect the Dots Then Color 'em Fun Games: Coloring/Activity Books. Jupiter Kids. 2016. (ENG., Illus.). 76p. (J). pap. 13.75 *(978-1-68305-389-7(3)*, Jupiter Kids (Childrens & Kids Fiction)) Speedy Publishing LLC.

Cool Connections: Connect the Dots Activity Book. Activity Book Zone for Kids. 2016. (ENG., Illus.). (J). pap. 7.55 *(978-1-68376-107-5(3))* Sabeels Publishing.

Cool Connections CBT Workbook: Build Your Self-Esteem, Resilience & Wellbeing for Ages 9 - 14. Laurie Seiler. Illus. by Adam A. Freeman. 2020. (Cool Connections with CBT Ser.). 192p. (J). 17.46 *(978-1-78775-254-2(2)*, 727052) Kingsley, Jessica Pubs. GBR. Dist: Hachette UK Distribution.

Cool Connections! Kids Matching Game Activity Book. Activity Book Zone for Kids. 2016. (ENG., Illus.). (J). pap. 7.55 *(978-1-68376-106-8(5))* Sabeels Publishing.

Cool Construction Site Stickers. Dover. 2016. (Dover Little Activity Books Stickers Ser.). (ENG.). 4p. (J). (gr. -1-3). 2.50 *(978-0-486-80316-6(3)*, 803163) Dover Pubns., Inc.

Cool Cooking, 6 vols., Set. Lisa Wagner. Incl. Cool Cuisine for Super Sleepovers: Easy Recipes for Kids to Cook. 34.21 *(978-1-59928-721-8(8)*, 4630); Cool Foods for Fun Fiestas: Easy Recipes for Kids to Cook. 34.21 *(978-1-59928-722-5(6)*, 4632); Cool Lunches to Make & Take: Easy Recipes for Kids to Cook. 34.21 *(978-1-59928-723-2(4)*, 4634); Cool Meals to Start Your Wheels: Easy Recipes for Kids to Cook. 34.21 *(978-1-59928-724-9(2)*, 4636); Cool Pizza to Make & Bake. 34.21 *(978-1-59928-725-6(0)*, 4638); Cool Sweets & Treats to Eat: Easy Recipes for Kids to Cook. 34.21 *(978-1-59928-726-3(9)*, 4640); (Illus.). (J). (gr. 3-6). (Cool Cooking Ser.: 6). (ENG.). 32p. 2007. Set lib. bdg. 205.32 *(978-1-59928-720-1(X)*, 4628, Checkerboard Library) ABDO Publishing Co.

Cool Crafts. Stephanie Turnbull. 2016. (Sleepover Secrets Ser.). (ENG.). 24p. (J). (gr. 2-5). 28.50 *(978-1-62588-378-0(1)*, 17391) Black Rabbit Bks.

Cool Crafts for Kids, 12 vols. 2016. (Cool Crafts for Kids Ser.). (ENG.). 00032p. (J). (gr. 3-3). 181.62 *(978-1-4994-8131-0(4)*, 56316d5f-34e8-4a14-80ca-f3ae13effb73, Windmill Bks.) Rosen Publishing Group, Inc., The.

Cool Crickets. Megan Cooley Peterson. 2020. (Little Entomologist 4D Ser.). (ENG., Illus.). 32p. (J). (gr. -1-2). pap. 6.95 *(978-1-9771-1789-2(9)*, 142148); lib. bdg. 30.65 *(978-1-9771-1432-7(6)*, 141586) Capstone. (Pebble).

Cool Crosby. Shelley Swanson Sateren. Illus. by Deborah Melmon. 2016. (Adventures at Hound Hotel Ser.). (ENG.). 72p. (J). (gr. 1-3). lib. bdg. 25.32 *(978-1-5158-0066-8(0)*, 131911, Picture Window Bks.) Capstone.

Cool Crystal Creations: Exploring the Wonders of the Earth with Single Strand & Crystal Clusters. Garret Romaine. 2018. (Geology Lab for Kids Ser.). (ENG., Illus.). 32p. (J). (gr. 3-6). lib. bdg. 27.99 *(978-1-63159-455-7(9)*, 9ef68724-6a0a-49a8-8dc2-57b0e68a7fee, Quarry Bks.) Quarto Publishing Group USA.

Cool Cupcakes Coloring Book. Susan Shaw-Russell. 2016. (Dover Kids Coloring Bks.). (ENG., Illus.). 32p. (J). (gr. k-3). pap. 3.99 *(978-0-486-78229-4(8)*, 782298) Dover Pubns., Inc.

Cool Cut Out Activity Pages for Kids: Activity Book for 4 Year Old. Jupiter Kids. 2016. (ENG., Illus.). 76p. (J). pap. 13.75 *(978-1-68305-390-3(7)*, Jupiter Kids (Childrens & Kids Fiction)) Speedy Publishing LLC.

Cool Cuts. Mechal Renee Roe. 2021. (Happy Hair Ser.). (ENG., Illus.). 28p. (J). (— 1). bds. 7.99 *(978-0-593-17797-6(5)*, Doubleday Bks. for Young Readers) Random Hse. Children's Bks.

Cool Cutting Projects! Kids Cut Outs Activity Book. Activity Book Zone for Kids. 2016. (ENG., Illus.). (J). pap. 7.55 *(978-1-68376-108-2(1))* Sabeels Publishing.

Cool Day at the Pool: Ready-To-Read Graphics Level 1. Lola M. Schaefer. Illus. by Savannah Allen. 2022. (Sprinkles & Swirls Ser.). (ENG.). 64p. (J). (gr. -1-1). 17.99 *(978-1-6659-0332-5(5))*; pap. 6.99 *(978-1-6659-0331-8(7))* Simon Spotlight. (Simon Spotlight).

Cool Deers Coloring Book: Cute Deers Coloring Book - Adorable Deers Coloring Pages for Kids -25 Incredibly Cute & Lovable Deers. Welove Coloringbooks. 2020. (ENG.). 106p. (J). pap. 10.49 *(978-1-716-28245-4(4))* Lulu Pr., Inc.

Cool Drag Racing Cars. Jon M. Fishman. 2018. (Lightning Bolt Books (r) — Awesome Rides Ser.). (ENG., Illus.). 24p. (J). (gr. 1-3). 29.32 *(978-1-5415-1994-7(9)*, a88b946d-7bc8-4cfd-b090-893d13889342, Lerner Pubns.) Lerner Publishing Group.

Cool Engineering: Filled with Fantastic Facts for Kids of All Ages. Jenny Jacoby & Jem Venn. 2021. (ENG., Illus.). 112p. (J). (gr. 5). 14.95 *(978-1-84365-472-8(5)*, Pavilion Children's Books) Pavilion Bks. GBR. Dist: HarperCollins Pubs.

Cool Experiments on Static Electricity - Science Book of Experiments Children's Electricity Books. Baby Professor. 2017. (ENG., Illus.). 64p. (J). pap. 9.52 *(978-1-5419-1234-2(9)*, Baby Professor (Education Kids)) Speedy Publishing LLC.

Cool Experiments with Heat & Cold. Thomas Canavan. Illus. by Adam Linley. 2017. (Mind-Blowing Science Experiments Ser.). 32p. (gr. 4-5). pap. 63.00 *(978-1-5382-0729-1(X))* Stevens, Gareth Publishing LLLP.

Cool Firetruck Designs: Firetruck Coloring Books. Jupiter Kids. 2016. (ENG., Illus.). 106p. (J). pap. 12.55 *(978-1-68305-174-9(2)*, Jupiter Kids (Childrens & Kids Fiction)) Speedy Publishing LLC.

Cool Food Facts for Kids: Food Book for Children Children's Science & Nature Books. Baby Professor. 2017. (ENG., Illus.). (J). pap. 8.79 *(978-1-5419-4030-7(X)*, Baby Professor (Education Kids)) Speedy Publishing LLC.

Cool for the Summer. Dahlia Adler. (ENG.). 272p. (YA). 2023. pap. 12.00 *(978-1-250-88847-1(6)*, 900287359); 2021. (Illus.). 18.99 *(978-1-250-76582-6(X)*, 900232352) St. Martin's Pr. (Wednesday Bks.).

Cool Games, Puzzles, Mazes & More! Kids Activity Book. Bobo's Children Activity Books. 2016. (ENG., Illus.). (J). pap. 7.99 *(978-1-68327-401-8(6))* Sunshine In My Soul Publishing.

Cool Girl's Guide to Courage: Fierce Quotes & Journal Prompts for Facing Your Fears & Finding Your Confidence. Candace Doby. 2022. (ENG.). 256p. (YA). (gr. 7-10). pap. 15.99 *(978-1-7282-4648-2(2))* Sourcebooks, Inc.

Cool Green: Amazing, Remarkable Trees. Lulu Delacre. Illus. by Lulu Delacre. 2023. (ENG.). 32p. (J). (gr. -1-3). 17.99 *(978-1-5362-2040-7(X))* Candlewick Pr.

Cool Indy Cars. Jon M. Fishman. 2018. (Lightning Bolt Books (r) — Awesome Rides Ser.). (ENG., Illus.). 24p. (J). (gr. 1-3). 29.32 *(978-1-5415-1992-3(2)*, 89769096-d7d9-4793-b6f4-6b2faf455f5d, Lerner Pubns.) Lerner Publishing Group.

Cool Kangaroos Coloring Book: Cute Kangaroos Coloring Book - Adorable Kangaroos Coloring Pages for Kids -25 Incredibly Cute & Lovable Kangaroos. Welove Coloringbooks. 2020. (ENG.). 106p. (J). pap. 10.49 *(978-1-716-27996-6(8))* Lulu Pr., Inc.

Cool Kid. Ernie Endara. 2021. (ENG., Illus.). 30p. (J). 26.95 *(978-1-6624-5407-3(4))*; pap. 15.95 *(978-1-64628-203-6(5))* Page Publishing Inc.

Cool Kid Actors. Laura Hamilton Waxman. 2020. (Lightning Bolt Books (r) — Kids in Charge! Ser.). (ENG., Illus.). 24p. (J). (gr. 1-3). pap. 9.99 *(978-1-5415-8910-0(6)*, 4fdfd5ca-f7c3-488f-8e2c-503a5cf1710e); lib. bdg. 29.32 *(978-1-5415-7703-9(5)*, 7f193e7b-b585-485e-90d6-c5b6bd38aec6) Lerner Publishing Group. (Lerner Pubns.).

Cool Kid & the Wolf. J. E. Franklin. Illus. by Brett Forsyth. 2020. (ENG.). 34p. (J). pap. 8.00 *(978-1-7359236-0-4(5))*; 15.00 *(978-0-9884780-9-1(9))* Freedom's Hammer.

Cool Kid Businesses. Laura Hamilton Waxman. 2020. (Lightning Bolt Books (r) — Kids in Charge! Ser.). (ENG., Illus.). 24p. (J). (gr. 1-3). pap. 9.99 *(978-1-5415-8911-7(4)*, adbbo4a3-0d5e-40a1-a598-70177451b974); lib. bdg. 29.32 *(978-1-5415-7700-8(0)*, 620c1952-603d-49f0-b130-9bb4b10f0f18) Lerner Publishing Group. (Lerner Pubns.).

Cool Kid Inventions. Laura Hamilton Waxman. 2020. (Lightning Bolt Books (r) — Kids in Charge! Ser.). (ENG., Illus.). 24p. (J). (gr. 1-3). pap. 9.99 *(978-1-5415-8912-4(2)*, ec44928c-fae1-434f-b826-ba6df483d6db); lib. bdg. 29.32 *(978-1-5415-7699-5(3)*, 60587ec9-d2bb-4761-b8cd-7d8560446a32) Lerner Publishing Group. (Lerner Pubns.).

Cool Kid Musicians. Laura Hamilton Waxman. 2020. (Lightning Bolt Books (r) — Kids in Charge! Ser.). (ENG., Illus.). 24p. (J). (gr. 1-3). 29.32 *(978-1-5415-7704-6(3)*, 2e289793-ef75-400a-bbbf-5f263e82b28c, Lerner Pubns.) Lerner Publishing Group.

Cool Kid Online Stars. Laura Hamilton Waxman. 2020. (Lightning Bolt Books (r) — Kids in Charge! Ser.). (ENG., Illus.). 24p. (J). (gr. 1-3). 29.32 *(978-1-5415-7702-2(7)*, 294c9749-402f-4515-8d93-83ae1a44b67d, Lerner Pubns.) Lerner Publishing Group.

Cool Kid Says Thank You. Ernie Endara. 2022. (ENG.). 32p. (J). 28.95 ***(978-1-6624-5823-1(1))***; pap. 16.95 ***(978-1-6624-5821-7(5))*** Page Publishing Inc.

Cool Kids Changing the World. Laura Hamilton Waxman. 2020. (Lightning Bolt Books (r) — Kids in Charge! Ser.). (ENG., Illus.). 24p. (J). (gr. 1-3). 29.32 *(978-1-5415-7701-5(9)*, ce3f06ba-2ba0-4075-b3e9-4542102f99ec, Lerner Pubns.) Lerner Publishing Group.

Cool Luke the Farm Horse. Lindamarie Ketter. 2021. (ENG.). 28p. (J). pap. 9.99 *(978-1-68524-824-6(1))* Primedia eLaunch LLC.

Cool Machines: Ten Fire Engines & Emergency Vehicles. Chris Oxlade. 2019. (Cool Machines Ser.). (ENG., Illus.). 32p. (J). (gr. k-2). pap. 10.99 *(978-1-4451-5511-1(7)*, Franklin Watts) Hachette Children's Group GBR. Dist: Hachette Bk. Group.

Cool Makerspace Gadgets & Gizmos, 6 vols., Set. 2017. (Cool Makerspace Gadgets & Gizmos Ser.). (ENG.). 32p. (J). (gr. 3-6). lib. bdg. 205.32 *(978-1-5321-1249-2(1)*, 27580, Checkerboard Library) ABDO Publishing Co.

Cool Makerspace (Set), 6 vols. 2017. (Cool Makerspace Ser.). (ENG.). 32p. (J). (gr. 3-6). lib. bdg. 205.32 *(978-1-5321-1065-8(0)*, 25706, Checkerboard Library) ABDO Publishing Co.

Cool Mandalas Coloring Book: Mandala Coloring for Boys Edition. Activibooks For Kids. 2016. (ENG., Illus.). (J). pap. 9.20 *(978-1-68321-109-9(X))* Mimaxion.

Cool Melons — Turn to Frogs! The Life & Poems of Issa. Matthew Gollub. Illus. by Kazuko G. Stone. 2nd ed. 2017. (ENG.). 40p. (J). (gr. 2-4). 17.95 *(978-1-889910-50-5(3))* Tortuga Pr.

CooL MikE. Hadori The Author. 2021. (ENG.). 20p. (J). 27.99 *(978-1-6628-0663-6(9))*; pap. 12.49 *(978-1-6628-0620-9(5))* Salem Author Services.

Cool Muscle Cars. Jon M. Fishman. 2018. (Lightning Bolt Books (r) — Awesome Rides Ser.). (ENG., Illus.). 24p. (J). (gr. 1-3). pap. 9.99 *(978-1-5415-2755-3(0)*, 2bd2f678-3ffd-46ac-812a-a0ed0a3dd7eb); lib. bdg. 29.32 *(978-1-5415-1997-8(3)*, 8b44eac6-a323-4a86-a112-8055a0ec8039, Lerner Pubns.) Lerner Publishing Group.

Cool Music, 6 vols., Set. Incl. Cool Classical Music: Create & Appreciate What Makes Music Great! Mary Lindeen. 34.21 *(978-1-59928-969-4(5)*, 362); Cool Hip-Hop Music: Create & Appreciate What Makes Music Great! Karen Latchana Kenney. (Illus.). 34.21 *(978-1-59928-971-7(7)*, 366); Cool Latin Music: Create & Appreciate What Makes Music Great! Mary Lindeen. (Illus.). 34.21 *(978-1-59928-972-4(5)*, 368); Cool Reggae Music: Create & Appreciate What Makes Music Great! Karen Latchana Kenney. (Illus.). 34.21 *(978-1-59928-973-1(3)*, 370); Cool Rock Music: Create & Appreciate What Makes Music Great! Karen Latchana Kenney. (Illus.). 34.21 *(978-1-59928-974-8(1)*, 372); (J). (gr. 3-6). (Cool Music Ser.: 6). (ENG.). 32p. 2008. 171.10 *(978-1-59928-968-7(7)*, 360, Checkerboard Library) ABDO Publishing Co.

Cool Papa Bell: Lightning-Fast Center Fielder, 1 vol. Hallie Murray. 2019. (Stars of the Negro Leagues Ser.). (ENG.). 104p. (gr. 7-7). 38.93 *(978-1-9785-1050-0(0)*, d5699a5e-c47a-461d-b20a-5fd5f7e4d639); pap. 20.95 *(978-1-9785-1049-4(7)*, a96f22ef-c551-4cd4-93b9-1a50aed1f73b) Enslow Publishing, LLC.

Cool Paper Art (Set), 6 vols. 2019. (Cool Paper Art Ser.). (ENG.). 32p. (J). (gr. 3-6). lib. bdg. 205.32 *(978-1-5321-1942-2(9)*, 32469, Checkerboard Library) ABDO Publishing Co.

Cool Pets for Kids (Set), 16 vols. 2018. (Cool Pets for Kids Ser.). (ENG.). 32p. (J). (gr. 3-3). lib. bdg. 223.44 *(978-1-5383-3918-3(8)*, c46b9b6a-fb13-4938-91dd-7ef3eec5d0f8, PowerKids Pr.) Rosen Publishing Group, Inc., The.

Cool Physics: Filled with Fantastic Facts for Kids of All Ages. Sarah Hutton. Illus. by Damien Weighill. 2017. (Cool Ser.). (ENG.). 112p. (J). (gr. 5). 15.99 *(978-1-84365-324-0(9)*, Pavilion Children's Books) Pavilion Bks. GBR. Dist: HarperCollins Pubs.

Cool Pickup Trucks. Jon M. Fishman. 2018. (Lightning Bolt Books (r) — Awesome Rides Ser.). (ENG., Illus.). 24p. (J). (gr. 1-3). lib. bdg. 29.32 *(978-1-5415-1995-4(7)*, e99c3422-3714-4f56-a361-4410153542fc, Lerner Pubns.) Lerner Publishing Group.

Cool Plastic Bottle & Milk Jug Science. Tammy Enz. 2016. (Recycled Science Ser.). (ENG., Illus.). 32p. (J). (gr. 3-9). lib. bdg. 28.65 *(978-1-5157-0862-9(4)*, 132163, Capstone Pr.) Capstone.

Cool Rides. Tyler Omoth & Tammy Gagne. 2020. (Cool Rides Ser.). (ENG.). 32p. (J). (gr. 3-5). 125.28 *(978-1-4966-8551-3(2)*, 200733, Capstone Pr.) Capstone.

Cool Rides in Water: Hydroplanes, Mini Subs, & More. Tyler Omoth. 2020. (Cool Rides Ser.). (ENG., Illus.). 32p. (J). (gr. 3-5). lib. bdg. 29.32 *(978-1-4966-8362-5(5)*, 200234, Capstone Pr.) Capstone.

Cool Rides on Rails: Maglevs, Pod Cars, & More. Tyler Omoth. 2020. (Cool Rides Ser.). (ENG., Illus.). 32p. (J). (gr. 3-5). lib. bdg. 29.32 *(978-1-4966-8364-9(1)*, 200236, Capstone Pr.) Capstone.

Cool Rides on Wheels: Electric Race Cars, Superbikes, & More. Tammy Gagne. 2020. (Cool Rides Ser.). (ENG., Illus.). 32p. (J). (gr. 3-5). lib. bdg. 29.32 *(978-1-4966-8363-2(3)*, 200235, Capstone Pr.) Capstone.

Cool Rides That Fly: Hoverbikes, High-Speed Helicopters, & More. Tammy Gagne. 2020. (Cool Rides Ser.). (ENG., Illus.). 32p. (J). (gr. 3-5). lib. bdg. 29.32 *(978-1-4966-8361-8(7)*, 200233, Capstone Pr.) Capstone.

Cool Robots to Color - Coloring Books Rescue Bots Edition. Creative Playbooks. 2016. (ENG., Illus.). (J). pap. 7.74 *(978-1-68323-110-3(4))*; pap. 7.74 *(978-1-68323-342-8(5))* Twin Flame Productions.

Cool Science, 14 vols., Set. Incl. Astrobiology. Fred Bortz. (gr. 4-8). 2007. lib. bdg. 27.93 *(978-0-8225-6771-4(7)*, Lerner Pubns.); Bionics. Judith Jango-Cohen. (J). (gr. 4-8). 2006. lib. bdg. 27.93 *(978-0-8225-5937-5(4)*, Lerner Pubns.); Cryobiology. Cherie Winner. (J). (gr. 4-8). 2005. lib. bdg. 27.93 *(978-0-8225-2907-1(6)*, Lerner Pubns.); Cutting-Edge Medicine. Connie Goldsmith. (gr. 4-8). 2007. lib. bdg. 27.93 *(978-0-8225-6770-7(9)*, Lerner Pubns.); Genetic Engineering. Ron Fridell. (J). (gr. 3-7). 2005. lib. bdg. 26.60 *(978-0-8225-2633-9(6)*, Lerner Pubns.); Life on the Edge. Cherie Winner. (J). (gr. 4-8). 2005. lib. bdg. 27.93 *(978-0-8225-2499-1(6)*, Lerner Pubns.); Nanotechnology. Rebecca L. Johnson. (J). (gr. 4-8). 2005. lib. bdg. 27.93 *(978-0-8225-2111-2(3)*, Lerner Pubns.); Recycling. Charlotte Wilcox. (gr. 4-8). 2007. lib. bdg. 27.93 *(978-0-8225-6768-4(7))*; Robotics. Helena Domaine. (gr. 4-8). 2005. lib. bdg. 27.93 *(978-0-8225-2112-9(1)*, Lerner Pubns.); (Illus.). 48p. 2007. Set lib. bdg. 372.40 *(978-0-8225-8363-9(1))* Lerner Publishing Group.

Cool Science Experiments for Kids Science & Nature for Kids. Baby Professor. 2017. (ENG., Illus.). (YA). pap. 7.89 *(978-1-68368-028-4(6)*, Baby Professor (Education Kids)) Speedy Publishing LLC.

Cool Self-Driving Cars. Jon M. Fishman. 2018. (Lightning Bolt Books (r) — Awesome Rides Ser.). (ENG., Illus.). 24p. (J). (gr. 1-3). pap. 9.99 *(978-1-5415-2757-7(7)*, a0ffbc93-20aa-43ab-b7dd-95609d3e9e1b); lib. bdg. 29.32 *(978-1-5415-1999-2(X)*, bf4251f0-9fd3-4f71-967c-f4c47c9a0ce5, Lerner Pubns.) Lerner Publishing Group.

Cool Spirographs for Kids - Coloring Books 9 Year Olds Edition. Creative Playbooks. 2016. (ENG., Illus.). (J). pap. 7.74 *(978-1-68323-027-4(2))* Twin Flame Productions.

Cool Sports Cars. Jon M. Fishman. 2018. (Lightning Bolt Books (r) — Awesome Rides Ser.). (ENG., Illus.). 24p. (J). (gr. 1-3). lib. bdg. 29.32 *(978-1-5415-1998-5(1)*, 13e9606e-e763-4abe-943c-ebd01b47eaa0, Lerner Pubns.) Lerner Publishing Group.

Cool Stock Cars. Jon M. Fishman. 2018. (Lightning Bolt Books (r) — Awesome Rides Ser.). (ENG., Illus.). 24p. (J). (gr. 1-3). pap. 9.99 *(978-1-5415-2759-1(3)*, 795e8885-37fd-4826-98a5-dfa3c23f8ccd); lib. bdg. 29.32 *(978-1-5415-1993-0(0)*, 0e10e735-0253-4e89-bba4-3e69a9a0d48e, Lerner Pubns.) Lerner Publishing Group.

Cool Story Pool. Ankit Kirar. 2020. (ENG.). 66p. (J). pap. 7.84 *(978-1-393-15288-0(0))* Draft2Digital.

Cool Stuff Teach Me to Crochet. Sarah J. Green. 2016. (Illus.). 64p. (J). pap. *(978-1-4647-4326-9(6))* Leisure Arts, Inc.

Cool Things to Do: Puzzles, Mazes & More. Clever Publishing & Julia Shigarova. 2019. (Clever Activity Pad Ser.). (ENG.). 80p. (J). (gr. -1-1). pap. 4.99 *(978-1-948418-04-1(5))* Clever Media Group.

Cool Ways to Tie Your Shoes: Over 15 Creative Shoelaces Designs to Make Your Shoes Stand Out in a Crowd. Thomas Nelson. 2022. (ENG., Illus.). 48p. (J). 16.95 *(978-1-64643-260-8(6)*, Applesauce Pr.) Cider Mill Pr. Bk. Pubs., LLC.

Cool World Cooking, 4 vols., Set. Lisa Wagner. Incl. Cool African Cooking: Fun & Tasty Recipes for Kids. 34.21

C

(978-1-61714-658-9(7), 4784); Cool Chinese & Japanese Cooking: Fun & Tasty Recipes for Kids. 34.21 (978-1-61714-659-6(5), 4786); Cool Italian Cooking: Fun & Tasty Recipes for Kids. 34.21 (978-1-61714-661-9(7), 4790); Cool Mexican Cooking: Fun & Tasty Recipes for Kids. 34.21 (978-1-61714-662-6(5), 4792); (J). (gr. 3-6). (Cool World Cooking Ser.: 6). (ENG., Illus.). 32p. 2011. 136.88 (978-1-61714-657-2(9), 4782, Checkerboard Library) ABDO Publishing Co.

Coolcareers.com, 6 vols. Incl. Hardware Engineer. Karen Donelly. lib. bdg. 34.47 (978-0-8239-3118-7(8), 06030faf-7f38-4c89-af52-b8e647969a17); Webmaster. Marty Brown. lib. bdg. 33.47 (978-0-8239-3111-8(0), 44468cb1-8a7a-4d79-b6af-c17cb159a735, Rosen Reference); 48p. (YA). (gr. 5-8). 1999. (Coolcareers. com Ser.). (ENG., Illus.). 2003. Set lib. bdg. 103.41 (978-0-8239-9089-4(3), 14132b81-ce54-4192-9462-b9ac898fb4e4, Rosen Reference) Rosen Publishing Group, Inc., The.

Coole Handwerke 28 Schneeflockenvorlagen - Schwierige Kunst- und Handwerksaktivitäten Für Kinder: Kunsthandwerk Für Kinder. James Manning & Christabelle Manning. 2019. (Coole Handwerke 28 Schneeflockenvorlagen Ser.: Vol. 4). (GER., Illus.). 58p. (J). (gr. 4-6). pap. (978-1-83900-761-3(3)) West Suffolk CBT Service Ltd., The.

Coole Jongen. Jasmin Hajro. 2018. (DUT.). 86p. (J). pap. (978-0-244-43175-4(2)) Lulu Pr., Inc.

Cooler Than Lemonade: A Story about Great Ideas & How They Happen. Harshita Jerath. Illus. by Chloe Burgett. 2023. (ENG.). 40p. (J). (gr. -1-3). 17.99 (978-1-7282-5429-6(9), Sourcebooks Jabberwocky) Sourcebooks, Inc.

Coolest, Coolest Kid. Melissa Cudworth. 2019. (ENG.). 32p. (J). pap. 9.15 (978-0-578-53124-3(0)) Cudworth, Melissa.

Coolest Creepy Crawlies: Delve into the Fascinating Micro World of Australia's Incredible Invertebrate Creatures. Contrib. by Chris Humfrey's. 2023. (ENG.). 128p. (J). (gr. k-2). 16.99 (978-1-76079-445-3(7)) New Holland Pubs. Pty, Ltd. AUS. Dist: Independent Pubs. Group.

Coolest Cut Outs! Kids Cut Outs Activity Book. Activity Book Zone for Kids. 2016. (ENG., Illus.). (J). pap. 7.55 (978-1-68376-183-9(9)) Sabeels Publishing.

Coolest Golf Encyclopedia for Kids... And Even Adult Golf Beginners. Janina Spruza. 2018. (Coolest Golf Ser.: Vol. 1). (ENG.). 42p. (J). pap. (978-9934-19-139-8(3)) Cooolgolf.

Coolest Kittens. Nancy Dickmann. 2022. (Awesome Kittens Ser.). (ENG., Illus.). 32p. (J). (gr. k-2). lib. bdg. 27.99 (978-0-7112-7218-7(2), 3530847e-b704-4246-ac31-4a01d4f88cca) QEB Publishing Inc.

Coolest Little Dinosaurs. Michel Harris. Illus. by Michel Harris. 2020. (ENG.). 34p. (J). pap. 12.99 (978-1-952804-19-9(1)) Aries Diamond Publishing.

Coolest Puppies. Nancy Dickmann. 2022. (Awesome Puppies Ser.). (ENG., Illus.). 32p. (J). (gr. k-2). lib. bdg. 27.99 (978-0-7112-7236-1(0), af1cd212-948d-4d9b-9402-4d40f4eb7607) QEB Publishing Inc.

Coolest Stuff on Earth: A Closer Look at the Weird, Wild, & Wonderful. National Geographic Kids. 2020. (ENG.). 192p. (J). (gr. 3-7). lib. bdg. 29.90 (978-1-4263-3859-5(7), National Geographic Kids) Disney Publishing Worldwide.

Coolest Stuff on Earth: A Closer Look at the Weird, Wild, & Wonderful. National Geographic Kids. 2020. (ENG., Illus.). 192p. (J). (gr. 3-7). 19.99 (978-1-4263-3858-8(9), National Geographic Kids) Disney Publishing Worldwide.

Coolest Tattoos Ever Coloring Book. Activibooks. 2016. (ENG., Illus.). (J). pap. 9.20 (978-1-68321-530-1(3)) Mimaxion.

Cooley the Ant: A Hip Hop Story. Jazz Matazz. 2016. (Cooley the Ant Ser.: Vol. 1). (ENG., Illus.). 30p. (J). (gr. k-6). pap. 11.95 (978-0-692-63419-6(3)) F.C.E. Publishing.

Cooley the Ant & the Christmas Crisis. James Spoaty-Mac Allen & Jeffrey Jazz Matazz Jones. Ed. by Theresa Gonsalves. 2017. (Cooley the Ant Ser.: Vol. 1). (ENG., Illus.). (J). (gr. k-6). pap. 13.50 (978-0-692-97980-8(8)) F.C.E. Publishing.

Cooley the Ant & the Ghost of Haunted Hill: The Ghost of Haunted Hill. James "Spoaty" Allen. 2017. (Cooley the Ant Ser.: Vol. 2). (ENM., Illus.). (J). (gr. 1-6). pap. 11.95 (978-0-692-94214-7(9)) F.C.E. Publishing.

Cooling Off. Dona Rice & Elizabeth Austin. rev. ed. 2019. (Smithsonian: Informational Text Ser.). (ENG., Illus.). 24p. (J). (gr. 1-2). pap. 8.99 (978-1-4938-6650-2(8)) Teacher Created Materials, Inc.

'cooning with 'cooners (Classic Reprint) Otto Kuechler. 2018. (ENG., Illus.). 228p. (J). 28.62 (978-0-331-80546-8(4)) Forgotten Bks.

Coontown Millionaire: A Syncopated Afterpiece in One Act (Classic Reprint) Walter Ben Hare. (ENG., Illus.). (J). 2018. 24p. 24.39 (978-0-656-08287-2(9)); 2016. pap. 7.97 (978-1-333-77679-4(9)) Forgotten Bks.

Cooooee a Tale of Bushmen: From Australia to Anzac (Classic Reprint) John Butler Cooper. 2018. (ENG., Illus.). 324p. (J). 30.58 (978-0-483-40593-6(0)) Forgotten Bks.

Coop Knows the Scoop. Taryn Souders. 2020. 304p. (J). (gr. 3-8). pap. 7.99 (978-1-4926-4018-9(2)) Sourcebooks, Inc.

Coop the Great. Larry Verstraete. 2018. (ENG.). 160p. (J). pap. 8.95 (978-1-77337-009-5(X), Yellow Dog) Great Plains Pubns. CAN. Dist: Independent Pubs. Group.

Cooper & Kat. Jennifer L. Sneller. 2018. (ENG., Illus.). 26p. (J). (gr. -1-3). 18.95 (978-1-64079-199-2(X)) Christian Faith Publishing.

Cooper Brothers: In the Beginning. Jodi Royer. Ed. by Jess Carpenter & Dianne Griffin. 2021. (ENG.). 210p. (YA). (978-1-0391-1054-0(1)); pap. (978-1-0391-1053-3(3)) FriesenPress.

Cooper Clark & the Dragon Lady, 1 vol. Valerie Sherrard. Illus. by David Jardin. 2019. (ENG.). 80p. (J). (gr. 3-6). pap. 9.95 (978-1-55455-462-1(4), 042e3577-290f-4dab-87f7-cd3d840fe173) Fitzhenry & Whiteside, Ltd. CAN. Dist: Firefly Bks., Ltd.

Cooper Goes to Paris. Sheila Kumar. 2020. (ENG.). 36p. (J). (gr. k-2). 22.99 (978-0-578-58218-4(X)) Kumar, Sheila.

Cooper Goes to the Vet: Golden Retriever. Donna Santini. 2019. (ENG., Illus.). 30p. (J). (978-0-2288-1764-2(1)); pap. (978-0-2288-1707-9(2)) Tellwell Talent.

Cooper Kupp. Kenny Abdo. 2022. (Sports Biographies Ser.). (ENG., Illus.). 24p. (J). (gr. 2-8). lib. bdg. 31.36 (978-1-0982-8023-9(7), 41081, Abdo Zoom-Fly) ABDO Publishing Co.

Cooper Kupp. Contrib. by Ciara O'Neal. 2023. (Sports Superstars Ser.). (ENG., Illus.). 32p. (J). pap. 9.95 (978-1-63738-611-8(7)); lib. bdg. 31.35 (978-1-63738-557-9(9)) North Star Editions. (Apex).

Cooper Melts the Moon. Lori Escalante. 2020. (ENG., Illus.). 26p. (J). pap. 13.95 (978-1-6624-0070-4(5)) Page Publishing Inc.

Cooper Saves a Star. Lori Escalante. 2021. (ENG., Illus.). 28p. (J). pap. 13.95 (978-1-6624-2872-2(3)) Page Publishing Inc.

Cooper Tails Book: My First Snow. B. K. Sterling. Illus. by Judy Weber. 2019. (Cooper Tails Book Ser.: Vol. 2). (ENG.). 24p. (J). (gr. k-5). pap. 12.95 (978-0-578-54355-0(9)) Sterling, Bridgette.

Cooper What Is That? Sarah Edmondson. 2018. (ENG.). 26p. (J). pap. (978-1-9998016-3-2(6)) Edmondson, Sarah.

Cooper's Big Speech: Leveled Reader Silver Level 23. Rg Rg. 2016. (PM Ser.). (ENG.). 24p. (J). (gr. 3). pap. 11.00 (978-0-544-89258-3(5)) Rigby Education.

Coopers, or Getting under Way (Classic Reprint) Alice B. Haven. (ENG., Illus.). (J). 2018. 344p. 30.99 (978-0-332-69222-7(1)); 2016. pap. 13.57 (978-1-334-11909-5(0)) Forgotten Bks.

Cooper's Story: A Puppy Tale. W. Bruce Cameron. 2021. (Puppy Tale Ser.). (ENG., Illus.). 224p. (J). 16.99 (978-1-250-16338-7(2), 900186574, Starscape) Doherty, Tom Assocs., LLC.

Coopie & Calloo of Lake Catalina. Nanny. 2021. (ENG.). 26p. (J). pap. 14.95 (978-1-4566-3795-8(9)) eBookit.com.

Coordinate Graphing: Creating Pictures Using Math Skills Holiday Themed Book with Mystery Hidden Pictures a Graph Art Puzzles Book. Lora Dorny. 2021. (ENG.). 98p. (J). pap. 11.95 (978-1-68501-046-1(6)) Rusu, Lacramioara.

& Coo's BIG STEM Adventures: 3-In-1 STEM Story about Conduction, Refraction & Inertia. Shiva S. Mohanty. 2023. (ENG.). 80p. (J). pap. 19.99 (978-1-0881-8202-4(X)) Indy Pub.

Coos-Coo-Soo; or Letters from Tangier, in Africa (Classic Reprint) G. Fort. 2018. (ENG., Illus.). 302p. (J). 30.15 (978-0-267-66681-2(0)) Forgotten Bks.

& Coo's STEM Adventures: A STEM Story for Young Readers (Perfect Book to Inspire Child's Curiosity about Science at Very Young Age) Shiva S. Mohanty. 2023. (ENG.). 90p. (J). 34.99 (978-1-0881-1464-3(4)) Indy Pub.

Coos Texts, Vol. 1 (Classic Reprint) Leo Joachim Frachtenberg. 2019. (ENG., Illus.). 224p. (J). 28.52 (978-0-267-67162-5(8)) Forgotten Bks.

Cop & Robber. Tristan Bancks. 2022. 256p. (J). (gr. 3-5). 17.99 (978-1-76104-594-3(6), Puffin) Penguin Random Hse. AUS. Dist: Independent Pubs. Group.

Cop, Stock & Rock. Cj Horner. 2020. (ENG.). 306p. (YA). pap. (978-1-83859-391-9(8)) Troubador Publishing Ltd.

Copa de Oro (the Cup of Gold) A Collection of California Poems, Sketches & Stories (Classic Reprint) Pacific Coast Women Association. 2018. (ENG., Illus.). 120p. (J). 26.37 (978-0-364-21008-6(7)) Forgotten Bks.

Copa Savanna! Is There Such a Word? Earth Science Book Grade 3 Children's Earth Sciences Books. Baby Professor. 2017. (ENG., Illus.). 64p. (J). pap. 9.52 (978-1-5419-1574-9(7), Baby Professor (Education Kids)) Speedy Publishing LLC.

Copanatec: A Timecrack Adventure. William Long. 2020. (Timecrack Adventures Ser.: 2). 526p. (YA). pap. 22.35 (978-1-0983-1862-8(5)) BookBaby.

Copenhagen Vehicles - & a Trip to Sweden: Picture Book. Cristina Berna & Eric Thomsen. 2019. (ENG., Illus.). 122p. (J). (978-2-919787-53-1(5)); pap. (978-2-919787-91-3(8)); pap. (978-2-919787-92-0(6)) Missys Clan.

Copernicus Legacy: the Crown of Fire. Tony Abbott. 2016. (Copernicus Legacy Ser.: 4). (ENG., Illus.). 560p. (J). (gr. 3-7). 17.99 (978-0-06-219452-7(6), Tegen, Katherine Bks) HarperCollins Pubs.

Copernie the Bernie. Marianna Piccone. 2018. (ENG.). 40p. (J). pap. (978-0-359-22961-1(1)) Lulu Pr., Inc.

Cope's Smoke Room Booklets, Vol. 5: Thomas Carlyle; Table Talk (Classic Reprint) Cope Brothers and Company. (ENG., Illus.). (J). 2018. 318p. 30.46 (978-0-364-75411-5(7)); 2017. pap. 13.57 (978-0-259-47532-3(7)) Forgotten Bks.

Copëza Shpirti Vëllimi 2. Klaudio Findiku. 2022. (ALB.). 122p. (YA). pap. (978-1-4717-4138-8(9)) Lulu Pr., Inc.

Copies of the Depositions of the Witnesses Examined in the Cause of Divorce: Now Depending in the Consistory Court of the Lord Bishop of London, at Doctor's-Commons (Classic Reprint) Richard Grosvenor. (ENG., Illus.). (J). 2018. 306p. 30.21 (978-0-666-75698-5(8)); 2016. pap. 13.57 (978-1-334-25004-0(9)) Forgotten Bks.

Coping: A Specialized Title for Everyone, 6 bks. Ellen Voelckers Mahoney. Ed. by Roger Rosen. Incl. Coping: Now You've Got Your Period. rev. ed. (Illus.). 192p. (YA). (gr. 7-12). 1993. lib. bdg. 38.10 (978-0-8239-1662-7(6), COPERI); (Illus.). Set lib. bdg. 151.50 (978-0-8239-9303-1(5)) Rosen Publishing Group, Inc., The.

Coping: Help & Guidance for Teens in Need, 4 bks. Incl. Coping with Homelessness. Sue Hurwitz & Eugene Hurwitz. (YA). 1997. lib. bdg. 38.10 (978-0-8239-2072-3(0), COHOME); Coping with Sleep Disorders. Carolyn Simpson. (J). 1996. lib. bdg. 38.10 (978-0-8239-2068-6(2), COSLDI); 192p. (gr. 7-12). (Illus.). Set lib. bdg. 101.00 (978-0-8239-8042-0(1)) Rosen Publishing Group, Inc., The.

Coping: Set 1, 12 vols. 2017. (Coping (2017-2020) Ser.). (ENG.). 112p. (J). (gr. 7-7). 240.78 (978-1-4994-6631-7(5), ec9902b0-3249-404b-84f5-21cfd1f018ab, Rosen Young Adult) Rosen Publishing Group, Inc., The.

Coping: Set 2, 12 vols. 2017. (Coping (2017-2020) Ser.). (ENG.). 112p. (YA). (gr. 7-7). lib. bdg. 240.78 (978-1-5081-7776-0(7), 6df95780-34aa-4d9a-8804-cffc0934eeed, Rosen Young Adult) Rosen Publishing Group, Inc., The.

Coping: Set 5, 16 vols. 2019. (Coping (2017-2020) Ser.). (ENG.). 112p. (YA). (gr. 7-7). lib. bdg. 321.04 (978-1-5081-8759-2(2), afe8c95d-a7b2-44e0-bbd2-46875618abaf) Rosen Publishing Group, Inc., The.

Coping: Working Against the Odds, 8 bks. Incl. Coping When a Brother or Sister Is Autistic. Marsha Sarah Rosenberg. lib. bdg. 39.80 (978-0-8239-3194-1(3), aaa6e778-cfee-4406-81b9-09b364657388); Coping When Someone in Your Family Has Cancer. Toni L. Rocha. lib. bdg. 39.80 (978-0-8239-3195-8(1), 6f6047b4-46d5-4eca-a459-d3bed3aa53da); Coping with Dangers on the Internet. Kevin F. Rothman. lib. bdg. 39.80 (978-0-8239-3201-6(X), 3851f9ab-9d13-4134-8c8d-06fc67f9acf5); Coping with Leukemia. Melanie Ann Apel. lib. bdg. 39.80 (978-0-8239-3200-9(1), 75c4b077-7144-4d08-8fda-d344cdca2abe); Coping with Lyme Disease. Karen J. Donnelly. lib. bdg. 39.80 (978-0-8239-3199-6(4), e30b57c0-c6f4-4ef6-ab46-b91f5f99327e); Coping with Vision Disorders. Debbie Stanley. lib. bdg. 39.80 (978-0-8239-3198-9(6), 6f23000d-afee-4280-9602-82bf279b2c18); 128p. (YA). (gr. 7-12). 2000. (Illus.). Set lib. bdg. 202.00 (978-0-8239-9206-5(3)) Rosen Publishing Group, Inc., The.

Coping (Fall 2018 Bundle) 2018. (Coping Ser.). (ENG.). (YA). pap. 230.88 (978-1-5081-8298-6(1)) Rosen Publishing Group, Inc., The.

Coping (Fall 2019 Bundle) 2019. (Coping Ser.). (ENG.). (YA). pap. 500.24 (978-1-7253-4004-6(6)) Rosen Publishing Group, Inc., The.

Coping in a Changing World, 12 vols., Set. Incl. Avian Flu. Tamra B. Orr. (Illus.). lib. bdg. 39.80 (978-1-4042-0950-3(6), b4788ace-88a1-4938-b01c-9cfcb50be610); Body Piercing & Tattooing: The Hidden Dangers of Body Art. Sarah Sawyer. lib. bdg. 39.80 (978-1-4042-0947-3(6), 677572e6-a645-4095-84aa-5f424907a7ce); HIV & AIDS. Paula Johanson. (Illus.). lib. bdg. 39.80 (978-1-4042-0948-0(4), 1f7e1098-d7d4-4595-bc39-c185daaeac6a); Obesity. Daniel E. Harmon. lib. bdg. 39.80 (978-1-4042-0949-7(2), be64f74d-f2e3-4dde-b01b-6087cdfad575); Stress. Linda Bickerstaff. (Illus.). lib. bdg. 39.80 (978-1-4042-0951-0(4), 9aa419be-dadf-4d74-a399-fcdb86a84167); Suicide. Sandra Giddens. lib. bdg. 39.80 (978-1-4042-0952-7(2), caff84d0-d75b-41fa-a34e-7bc375a9c08a); 112p. (YA). (gr. 7-12). 2007. (Coping in a Changing World Ser.). (ENG.). 2006. Set lib. bdg. 238.80 (978-1-4042-1063-9(6), 2e73b150-2fb8-4c4b-a9b6-201e685f4e58) Rosen Publishing Group, Inc., The.

Coping: Set 3, 12 vols. 2018. (Coping (2017-2020) Ser.). (ENG.). 112p. (gr. 7-7). lib. bdg. 240.78 (978-1-5081-7913-9(1), e35189d4-bbfe-4d36-a931-c51fd51960fe) Rosen Publishing Group, Inc., The.

Coping: Set 6, 12 vols. 2019. (Coping (2017-2020) Ser.). (ENG.). 112p. (YA). (gr. 7-7). lib. bdg. 240.78 (978-1-7253-4179-1(4), 0ae2b80f-98e4-4104-8b37-8dd69931b7da) Rosen Publishing Group, Inc., The.

Coping: Sets 1 - 3, 36 vols. 2018. (Coping (2017-2020) Ser.). (ENG.). (YA). (gr. 7-7). lib. bdg. 722.34 (978-1-5081-7914-6(X), a0b3869b-76fa-43e3-ba2a-84c60d8a432e) Rosen Publishing Group, Inc., The.

Coping: Sets 1 - 4, 48 vols. 2018. (Coping (2017-2020) Ser.). (ENG.). (YA). (gr. 7-7). lib. bdg. 963.12 (978-1-4994-6752-9(4), a377ffbd-1d42-4c59-b64e-5d2126c15a16) Rosen Publishing Group, Inc., The.

Coping: Sets 1 - 5, 64 vols. 2019. (Coping (2017-2020) Ser.). (ENG.). (YA). (gr. 7-7). lib. bdg. 1284.16 (978-1-5081-8760-8(6), a978859a-38bb-4084-8504-4e44f8ef4af8) Rosen Publishing Group, Inc., The.

Coping: Sets 1 - 6, 76 vols. 2019. (Coping (2017-2020) Ser.). (ENG.). (YA). (gr. 7-7). lib. bdg. 1524.94 (978-1-7253-4180-7(8), 944a0a24-4fb4-407f-8964-47a28a130ebc) Rosen Publishing Group, Inc., The.

Coping (Spring 2019 Bundle) 2018. (Coping Ser.). (ENG.). (YA). pap. 346.32 (978-1-5081-8600-7(6)) Rosen Publishing Group, Inc., The.

Coping (Spring 2020 Bundle) 2019. (Coping Ser.). (ENG.). (YA). pap. 615.68 (978-1-7253-4189-0(1)) Rosen Publishing Group, Inc., The.

Coping up with Dots Mega Edition: Mega Dot to Dot. Jupiter Kids. 2016. (ENG., Illus.). 76p. (J). pap. 13.75 (978-1-68305-433-7(4), Jupiter Kids (Childrens & Kids Fiction)) Speedy Publishing LLC.

Coping When a Parent Has a Disability, 1 vol. Mary P. Donahue. 2018. (Coping Ser.). (ENG., Illus.). 112p. (J). (gr. 7-7). pap. 19.24 (978-1-5081-7895-8(X), 7fddbc8b-f2f1-4845-baf4-26eefefef95a) Rosen Publishing Group, Inc., The.

Coping When a Parent Is Incarcerated, 1 vol. Carolyn DeCarlo. 2018. (Coping Ser.). (ENG.). 112p. (gr. 7-7). pap. 19.24 (978-1-5081-7898-9(4), 4134e7df-0858-43ad-9db9-8f7f72512edc) Rosen Publishing Group, Inc., The.

Coping with a Learning Disability, 1 vol. Audrey Borus. 2019. (Coping Ser.). (ENG.). 112p. (J). (gr. 7-7). pap. 19.24 (978-1-5081-8733-2(9), 86c1f5f7-98d8-4443-af46-2a3b4220c30e) Rosen Publishing Group, Inc., The.

Coping with ADD, ADHD, & ODD, 1 vol. Elisa Ung. 2018. (Coping Ser.). (ENG., Illus.). 112p. (J). (gr. 7-7). pap. 19.24 (978-1-4994-6712-3(5), df340c5f-adb6-4a52-88db-b30fadab8bb2, Rosen Young Adult) Rosen Publishing Group, Inc., The.

Coping with Bipolar Disorder, 1 vol. Sherri Mabry Gordon. 2019. (Coping (2017-2020) Ser.). (ENG., Illus.). 112p. (J). (gr. 7-7). 40.13 (978-1-5081-8746-2(0), f88d141e-cc91-49e1-9277-e55f8cd49f97) Rosen Publishing Group, Inc., The.

Coping with Body Shaming, 1 vol. Natalie Chomet. 2017. (Coping (2017-2020) Ser.). (ENG., Illus.). 112p. (J). (gr. 7-7). 40.13 (978-1-5081-7687-9(6), 2e0d53aa-6a83-47b0-9618-66b0ff492763) Rosen Publishing Group, Inc., The.

Coping with Body Shaming, 1 vol. Contrib. by Natalie Chomet. 2017. (Coping Ser.). (ENG., Illus.). 112p. (J). (gr. 7-7). pap. 19.24 (978-1-5081-7849-1(6), 184b7033-c6f3-402f-bf08-8cec06d668e8) Rosen Publishing Group, Inc., The.

Coping with Breakups & Jealousy, 1 vol. Tamra B. Orr. 2017. (Coping (2017-2020) Ser.). (ENG.). 112p. (J). (gr. 7-7). 40.13 (978-1-5081-7388-5(5), 30324d26-9c24-4fd1-97a1-2306e93de9d3, Rosen Young Adult) Rosen Publishing Group, Inc., The.

Coping with Change. Honor Head. 2021. (Building Resilience Ser.). (ENG., Illus.). 32p. (J). (gr. 1-5). pap. (978-1-4271-2824-9(3), 10405); lib. bdg. (978-1-4271-2820-1(0), 10400) Crabtree Publishing Co. (Crabtree Classics).

Coping with Changes. Shannon Stocker. 2021. (21st Century Junior Library: Together We Can: Pandemic Ser.). (ENG., Illus.). 24p. (J). (gr. 2-5). lib. bdg. 30.64 (978-1-5341-8007-9(8), 218308) Cherry Lake Publishing.

Coping with Cyberbullying, 1 vol. Jeff Mapua. 2017. (Coping (2017-2020) Ser.). (ENG., Illus.). 112p. (J). (gr. 7-7). 40.13 (978-1-5081-7393-9(1), 6a0d6bc4-4c33-4de4-bf9d-937e79eb4975, Rosen Young Adult) Rosen Publishing Group, Inc., The.

Coping with Date Rape & Acquaintance Rape, 1 vol. Melissa Mayer. 2018. (Coping Ser.). (ENG.). 112p. (gr. 7-7). pap. 19.24 (978-1-5081-8315-0(5), 6f829b59-c72c-4633-9631-1a99b88b5b59) Rosen Publishing Group, Inc., The.

Coping with Depression, 1 vol. Avery Elizabeth Hurt. 2019. (Coping Ser.). (ENG., Illus.). 112p. (J). (gr. 7-7). pap. 19.24 (978-1-5081-8727-1(4), 508bf640-e706-4a18-a2bd-585fb8fe6271) Rosen Publishing Group, Inc., The.

Coping with Eating Disorders, 1 vol. Carmen Cusido. 2018. (Coping (2017-2020) Ser.). (ENG.). 112p. (J). (gr. 7-7). 40.13 (978-1-4994-6715-4(X), f73107b0-4637-4285-8081-5e8f738064ea, Rosen Young Adult) Rosen Publishing Group, Inc., The.

Coping with Ecoanxiety, 1 vol. Marcia Amidon Lüsted. 2019. (Coping Ser.). (ENG., Illus.). 112p. (J). (gr. 7-7). pap. 19.24 (978-1-7253-4116-6(6), 0c1cf434-bb49-40b3-82a8-4d194fdacf87) Rosen Publishing Group, Inc., The.

Coping with Fake News & Disinformation, 1 vol. Devlin Smith. 2019. (Coping Ser.). (ENG.). 112p. (gr. 7-7). pap. 19.24 (978-1-7253-4119-7(0), f3f2708b-6c1a-412b-bd62-c972c70b43f5) Rosen Publishing Group, Inc., The.

Coping with Gender Dysphoria, 1 vol. Ellen McGrody. 2017. (Coping (2017-2020) Ser.). (ENG.). 112p. (gr. 7-7). 40.13 (978-1-5081-7391-5(5), 89047fe3-d097-4c7c-a291-9deb4fb3608e, Rosen Young Adult) Rosen Publishing Group, Inc., The.

Coping with Gender Fluidity, 1 vol. Stephanie Lundquist-Arora. 2019. (Coping Ser.). (ENG., Illus.). 112p. (J). (gr. 7-7). pap. 19.24 (978-1-7253-4125-8(5), 6c6f1951-e323-449a-9b28-7026280977fd) Rosen Publishing Group, Inc., The.

Coping with Gun Violence, 1 vol. Tiffanie Drayton. 2018. (Coping Ser.). (ENG.). 112p. (gr. 7-7). pap. 19.24 (978-1-4994-6716-1(8), b1de98ff-d81f-4344-818b-b0ee882ba172) Rosen Publishing Group, Inc., The.

Coping with Hate & Intolerance, 1 vol. Avery Elizabeth Hurt. 2017. (Coping Ser.). (ENG., Illus.). 112p. (YA). (gr. 7-7). pap. 19.24 (978-1-5081-7850-7(X), df0e465a-d9bd-4a64-9e43-3096ae43157c) Rosen Publishing Group, Inc., The.

Coping with Hate Crimes, 1 vol. Jill Robi. 2018. (Coping Ser.). (ENG., Illus.). 112p. (J). (gr. 7-7). pap. 19.24 (978-1-5081-8321-1(X), e8e967fe-638e-4ce7-8662-5425068c4775) Rosen Publishing Group, Inc., The.

Coping with HIV & AIDS, 1 vol. Elissa Thompson & Paula Johanson. 2019. (Coping Ser.). (ENG., Illus.). 112p. (J). (gr. 7-7). pap. 19.24 (978-1-5081-8730-1(4), 505dd9a7-e623-426f-a385-b458c3cc30d8) Rosen Publishing Group, Inc., The.

Coping with Homelessness, 1 vol. Marcia Amidon Lüsted. 2017. (Coping (2017-2020) Ser.). (ENG., Illus.). 112p. (J). (gr. 7-7). 40.13 (978-1-5081-7691-6(4), 677eaa24-14e5-4029-bafc-e86fc845683d); pap. 19.24 (978-1-5081-7851-4(8), 999306f7-5940-40a1-b98f-5355ef80bf08) Rosen Publishing Group, Inc., The.

Coping with Life in Homeless Shelters, 1 vol. Henrietta Toth. 2018. (Coping Ser.). (ENG., Illus.). 112p. (J). (gr. 7-7). pap. 19.24 (978-1-5081-7901-6(8), 8ad45a0b-b95d-4612-8dff-87551b51f82d) Rosen Publishing Group, Inc., The.

Coping with Online Flaming & Trolling, 1 vol. Sherri Mabry Gordon. 2018. (Coping Ser.). (ENG.). 112p. (gr. 7-7). pap. 19.24 (978-1-5081-7904-7(2), 9c59aba4-3d5f-4373-af2d-90a8e05ca4d0) Rosen Publishing Group, Inc., The.

Coping with Opioid Abuse, 1 vol. Joe Greek. 2017. (Coping (2017-2020) Ser.). (ENG.). 112p. (J). (gr. 7-7). 40.13 (978-1-5081-7394-6(X), 1ca93de7-bc5c-4081-9c4a-0d017e956218, Rosen Young Adult) Rosen Publishing Group, Inc., The.

Coping with Political Disagreements among Friends & Family, 1 vol. Avery Elizabeth Hurt. 2018. (Coping Ser.). (ENG.). 112p. (J). (gr. 7-7). pap. 19.24 (978-1-5081-7907-8(7), df61f2e8-b97e-4ff7-b6ae-cd64aec76ed9, Rosen Young Adult) Rosen Publishing Group, Inc., The.

Coping with Racial Inequality, 1 vol. Tamra Orr. 2017. (Coping (2017-2020) Ser.). (ENG., Illus.). 112p. (J). (gr. 7-7). 40.13 (978-1-5081-7396-0(6),

410 The check digit for ISBN-10 appears in parentheses after the full ISBN-13

dd44a0c7-946c-4929-a399-f55a8518494e, Rosen Young Adult) Rosen Publishing Group, Inc., The.

Coping with Racial Profiling, 1 vol. Del Sandeen. 2019. (Coping (2017-2020) Ser.). (ENG., Illus.). 112p. (J). (gr. 7-7). 40.13 *(978-1-5081-8740-0(1),* e33673b6-5575-43da-a8ac-39fa9124719e) Rosen Publishing Group, Inc., The.

Coping with Sexism & Misogyny, 1 vol. Gloria G. Adams. 2017. (Coping (2017-2020) Ser.). (ENG., Illus.). 112p. (J). (gr. 7-7). 40.13 *(978-1-5081-7693-0(0),* a318945e-5e16-465d-9954-0145f37bc20c) Rosen Publishing Group, Inc., The.

Coping with Sexual Consent, 1 vol. Erin Staley. 2019. (Coping (2017-2020) Ser.). (ENG., Illus.). 112p. (J). (gr. 7-7). 40.13 *(978-1-5081-8743-1(6),* f47ca517-b32f-4d5e-b26d-bfc8d221bd1c) Rosen Publishing Group, Inc., The.

Coping with Sexual Violence & Harassment. H. W. Poole. 2019. (Sexual Violence & Harassment Ser.). (Illus.). 80p. (J). (gr. 12). lib. bdg. 34.60 *(978-1-4222-4201-8(3))* Mason Crest.

Coping with Sexually Transmitted Diseases, 1 vol. Jacqueline Parrish. 2019. (Coping (2017-2020) Ser.). (ENG., Illus.). 112p. (J). (gr. 7-7). 40.13 *(978-1-7253-4129-6(8),* 96a904e9-d559-4380-afab-d49dfdded85b); pap. 19.24 *(978-1-7253-4128-9(X),* fdb37349-4b6e-4859-ad01-f6f9848d5dd8) Rosen Publishing Group, Inc., The. (Rosen Young Adult).

Coping with Stress & Pressure. Carrie Myers. 2020. (Strong, Healthy Girls Ser.). (ENG., Illus.). 112p. (J). (gr. 6-12). lib. bdg. 41.36 *(978-1-5321-9214-2(2),* 34981, Essential Library) ABDO Publishing Co.

Coping with Teen Pregnancy, 1 vol. Melissa Banigan. 2018. (Coping Ser.). (ENG.). 112p. (gr. 7-7). pap. 19.24 *(978-1-5081-8324-2(4),* f29cb6b3-7df7-40f1-9e7a-103e1bad70bf) Rosen Publishing Group, Inc., The.

Coping with the Aftermath of Natural Disasters, 1 vol. Lisa A. Crayton. 2019. (Coping Ser.). (ENG.). 112p. (gr. 7-7). pap. 19.24 *(978-1-7253-4131-9(X),* 540d7cba-da78-4ea8-ba59-2f49d38b38c1) Rosen Publishing Group, Inc., The.

Coping with the Threat of Deportation, 1 vol. Jeanne Nagle. 2018. (Coping (2017-2020) Ser.). (ENG.). 112p. (J). (gr. 7-7). 40.13 *(978-1-5081-7911-5(5),* e36b4fc5-98b9-4a93-ae4b-ae32777e5feb); pap. 19.24 *(978-1-5081-7910-8(7),* f93ca581-2af3-4a46-986c-40ffb67f1f06) Rosen Publishing Group, Inc., The. (Rosen Young Adult).

Coping with Tick-Borne Diseases, 1 vol. Marcia Amidon Lüsted. 2019. (Coping Ser.). (ENG.). 112p. (gr. 7-7). pap. 19.24 *(978-1-5081-8736-3(3),* 6d6929f2-8c68-4d00-88ab-0c35692b1c5e) Rosen Publishing Group, Inc., The.

Copious Greek-English Vocabulary: Compiled from the Best Authorities (Classic Reprint) University Press. 2017. (ENG., Illus.). (J). 1118p. 46.98 *(978-0-484-06591-7(2));* pap. 29.32 *(978-0-259-74636-2(3))* Forgotten Bks.

Copo de Nieve de la Bondad. Jen Brewer. Tr. by Jaden Turley. Illus. by Diana del Grande. 2022. (SPA.). 28p. (J). pap. 10.99 *(978-1-956357-71-4(8))* Lawley Enterprises.

Copos de Nieve: Libro para Colorear Ninos. Bold Illustrations. 2017. (SPA., Illus.). (J). pap. 8.35 *(978-1-64193-098-7(5),* Bold Illustrations) FASTLANE LLC.

Coppelia: Grand Ballet in Three Acts (Classic Reprint) Charles Nuitter. 2017. (ENG., Illus.). (J). 24.58 *(978-0-265-17281-0(0))* Forgotten Bks.

Copper, 1 vol. Clara MacCarald. 2018. (Exploring the Elements Ser.). (ENG.). 48p. (gr. 6-6). lib. bdg. 29.60 *(978-1-9785-0364-9(4),* a7debeea-5388-4e7c-b3ca-0e1defc4aadd) Enslow Publishing, LLC.

Copper. B. B. Shepherd. 2022. (Glister Journals: Vol. 2). (ENG.). 710p. (YA). pap. 24.99 ***(978-0-9828936-8-5(X))*** China Blue Publishing.

Copper 5th Grade Children's Science Book. Bold Kids. 2023. (ENG.). 42p. (J). pap. 14.99 ***(978-1-0717-2114-8(3))*** FASTLANE LLC.

Copper & Charcoal Go to School. Eleanor Kit. Illus. by Lizette Duvenage. 2021. (Copper & Charcoal Ser.: Vol. 1). (ENG.). 40p. (J). pap. *(978-0-9951493-5-9(6))* Innovonz Ltd.

Copper Colt. Connie Squiers. I.t. ed. 2021. (ENG.). 110p. (J). pap. 8.00 *(978-1-64970-014-8(8))* Primedia eLaunch LLC.

Copper Gauntlet. Holly Black & Cassandra Clare. ed. 2016. (Magisterium Ser.). (ENG.). (J). (gr. 4-7). lib. bdg. 18.40 *(978-0-606-38811-5(7))* Turtleback.

Copper Gauntlet, 2. Holly Black et al. ed. 2020. (Magisterium Ser.). (ENG.). 264p. (J). (gr. 6-8). 18.96 *(978-1-64697-043-8(8))* Penworthy Co., LLC, The.

Copper Queen. Janey Louise Jones. Illus. by Jennie Poh. 2018. (Superfairies Ser.). (ENG.). 56p. (J). pap. 41.70 *(978-1-5158-2433-6(0),* 27688, Picture Window Bks.) Capstone.

Copper Queen, Vol. 1: A Romance of to-Day & Yesterday (Classic Reprint) Blanche Roosevelt. (ENG., Illus.). (J). 2018. 302p. 30.13 *(978-0-484-58327-5(1));* 2016. pap. 13.57 *(978-1-334-12033-6(1))* Forgotten Bks.

Copper Queen, Vol. 2: A Romance of to-Day & Yesterday (Classic Reprint) Blanche Roosevelt. (ENG., Illus.). (J). 2018. 280p. 29.69 *(978-0-428-30527-7(X));* 2016. pap. 13.57 *(978-1-333-37027-5(X))* Forgotten Bks.

Copper Queen, Vol. 3: A Romance of to-Day & Yesterday (Classic Reprint) Blanche Roosevelt. (ENG., Illus.). (J). 2018. 296p. 30.00 *(978-0-484-85747-5(9));* 2016. pap. 13.57 *(978-1-333-47253-5(6))* Forgotten Bks.

Copper Streak Trail (Classic Reprint) Eugene Manlove Rhodes. 2018. (ENG., Illus.). 328p. (J). 30.66 *(978-0-483-52224-4(4))* Forgotten Bks.

Copperhead: A Drama in Four Acts (Classic Reprint) Augustus Thomas. 2017. (ENG., Illus.). (J). 26.23 *(978-0-331-50856-7(7))* Forgotten Bks.

Copperhead (Classic Reprint) Harold Frederic. 2018. (ENG., Illus.). 204p. (J). 28.12 *(978-0-483-91726-2(5))* Forgotten Bks.

Copperheads see Le serpent à Tête Cuivrée

Copperheads. S. L. Hamilton. 2018. (Xtreme Snakes Ser.). (ENG., Illus.). 32p. (J). (gr. 3-9). lib. bdg. 32.79 *(978-1-5321-1601-8(2),* 28778, Abdo & Daughters) ABDO Publishing Co.

Copperheads. Julie Murray. 2019. (Animal Kingdom Ser.). (ENG., Illus.). 32p. (J). (gr. 2-5). lib. bdg. 34.21 *(978-1-5321-1624-7(1),* 32359, Big Buddy Bks.) ABDO Publishing Co.

Copperheads. Gail Terp. 2021. (Slithering Snakes Ser.). (ENG.). 32p. (J). (gr. 4-6). *(978-1-62310-273-9(1),* 13372, Bolt) Black Rabbit Bks.

Copper's Canvas: A Story of the Therapeutic Power of Art. Sunmee Huh. 2021. (ENG.). 24p. (J). pap. 14.49 *(978-0-9899060-2-9(7))* Southampton Publishing.

Copra Round Six. Michel Fiffe. 2021. (ENG., Illus.). 272p. (YA). pap. 24.99 *(978-1-5343-1588-4(8),* 2a1d6160-e955-428e-a0cb-b372661d46fa) Image Comics.

Copy Cat. Ali Pye. Illus. by Ali Pye. 2018. (ENG., Illus.). 32p. (J). (gr. -1-2). 15.99 *(978-0-7636-9935-2(7))* Candlewick Pr.

Copy-Cat: And Other Stories (Classic Reprint) Mary Wilkins Freeman. (ENG., Illus.). (J). 2017. 31.71 *(978-0-331-68717-0(8));* 2016. pap. 16.57 *(978-1-333-24583-2(1))* Forgotten Bks.

Copy Cat! Find-A-Match Activity Book for Kids. Jupiter Kids. 2016. (ENG., Illus.). 108p. (J). pap. 12.55 *(978-1-68326-096-7(1),* Jupiter Kids (Childrens & Kids Fiction)) Speedy Publishing LLC.

Copy-Maker (Classic Reprint) William Farquhar Payson. 2018. (ENG., Illus.). 210p. (J). 28.25 *(978-0-365-05625-6(1))* Forgotten Bks.

Copy, Play & Learn Guitar: The Easy, Fun Way for Young People. Bryce Leader. 2017. (ENG., Illus.). (J). pap. *(978-0-9874822-3-5(8))* Loggie, Joy.

Copy That, Copy Cat! Inventions Inspired by Animals. Katrina Tangen. Illus. by Giulia Orecchia. 2023. (ENG.). 34p. (J). (gr. -1-3). bds. 19.99 ***(978-1-64686-999-2(0))*** Barefoot Bks., Inc.

Copy That Grid! Guided Drawing Book for All Ages. Speedy Kids. 2017. (ENG., Illus.). (J). pap. 9.20 *(978-1-5419-3379-8(6))* Speedy Publishing LLC.

Copy the Picture Activity Book for Children (6x9 Coloring Book / Activity Book) Sheba Blake. 2020. (ENG.). 64p. (J). pap. 9.99 *(978-1-222-28416-4(2))* Indy Pub.

Copy the Picture Activity Book for Children (8x10 Coloring Book / Activity Book) Sheba Blake. 2020. (ENG.). 64p. (J). pap. 14.99 *(978-1-222-28417-1(0))* Indy Pub.

Copy the Pictures: Amazing Activity Book for Kids Copy the Picture for Boys & Girls Great Coloring Gift Book for Birds Lovers. Smudge Jessa. 2021. (ENG.). 110p. (J). pap. 13.99 ***(978-0-349-96026-5(7))*** Piper Publishing, Inc.

Copyboy. Vince Vawter. Illus. by Alessia Trunfio. 2018. (ENG.). 240p. (YA). (gr. 6-9). 15.95 *(978-1-63079-105-6(9),* 138669, Capstone Editions) Capstone.

Copycat. Hannah Jayne. 2018. (ENG.). 272p. (YA). (gr. 8-12). pap. 10.99 *(978-1-4926-4739-3(X))* Sourcebooks, Inc.

Copycat. Wendy McLeod MacKnight. 2021. (ENG.). 432p. (J). (gr. 3-7). pap. 7.99 *(978-0-06-266834-9(X),* Greenwillow Bks.) HarperCollins Pubs.

Copycat. Melody Mews. Illus. by Ellen Stubbings. 2021. (Itty Bitty Princess Kitty Ser.: 8). (ENG.). 128p. (J). (gr. k-4). 17.99 *(978-1-5344-8349-1(7));* pap. 6.99 *(978-1-5344-8348-4(9))* Little Simon. (Little Simon).

Copycat. Stephanie Sim. 2016. (Illus.). 32p. (J). (gr. -1-2). 16.95 *(978-1-927018-76-7(5))* Simply Read Bks. CAN. Dist: Ingram Publisher Services.

Copycat! Steve Foxe. ed. 2021. (Step into Reading Ser.). (ENG., Illus.). 30p. (J). (gr. 2-3). 14.96 *(978-1-64697-698-0(3))* Penworthy Co., LLC, The.

Copycat! (DC Super Heroes: Batman) Steve Foxe. Illus. by Fabio Laguna & Marco Lesko. 2021. (Step into Reading Ser.). (ENG.). 32p. (J). (gr. k-3). 14.99 *(978-0-593-30437-2(3));* 5.99 *(978-0-593-30436-5(5))* Random Hse. Children's Bks. (Random Hse. Bks. for Young Readers).

Copycat Kid: Billie B. Brown. Sally Rippin. Illus. by Aki Fukuoka. 2016. (ENG.). 48p. (J). pap. 4.99 *(978-1-61067-389-1(1))* Kane Miller.

Copycat Recipes: Cookbook on How to Make Cracker Barrel Restaurant's Popular Recipes at Home. Joe Cook. 2021. (ENG., Illus.). 118p. (J). pap. *(978-1-80111-948-1(1))* Lulu.com.

Copycat Science: Step into the Shoes of the World's Greatest Scientists! Mike Barfield. Illus. by Mike Barfield. 2020. (ENG., Illus.). 96p. (J). (gr. 3-6). pap. 15.95 ***(978-0-7112-5182-3(7))*** QEB Publishing Inc.

Copying: Early Learning Through Art. Susie Linn. Illus. by Mandy Stanley. 2017. (Arty Mouse Creativity Bks.). (ENG.). 48p. (J). (gr. -1-k). pap. 6.99 *(978-1-78445-626-9(8))* Top That! Publishing PLC GBR. Dist: Independent Pubs. Group.

Copyright Law of the United States & Related Laws Contained in Title 17 of the United States Code. Compiled by Copyright Office (U.S.). rev. ed. 2016. (ENG.). 371p. (YA). (gr. 5). pap. 39.00 *(978-0-16-093458-2(3),* Copyright Office) United States Government Printing Office.

Copyright, Mahaska (Classic Reprint) Semira A. Phillips. 2017. (ENG., Illus.). 380p. (J). 31.75 *(978-0-484-31916-4(7))* Forgotten Bks.

Copyrighted Scout (Classic Reprint) Susan B. Davis. 2018. (ENG., Illus.). 26p. (J). 24.43 *(978-0-267-28838-0(7))* Forgotten Bks.

Coq Mar-2- le Battement de Pied du Platy-Puce. Theo THEO. 2023. (FRE.). 34p. (YA). pap. ***(978-1-4478-8011-0(0))*** Lulu Pr., Inc.

Coqmar Tentaculaire la Terreur. Theo THEO. 2021. (FRE.). 38p. (YA). pap. *(978-1-716-16899-4(6))* Lulu Pr., Inc.

Coquette: A Domestic Drama, in Five Acts (Classic Reprint) Robert Josselyn. (ENG., Illus.). (J). 2017. 25.13 *(978-0-266-46742-7(3));* 2016. pap. 9.57 *(978-1-333-24043-1(0))* Forgotten Bks.

Coquette (Classic Reprint) Frank Swinnerton. 2017. (ENG., Illus.). (J). 30.25 *(978-1-5283-8548-0(9))* Forgotten Bks.

Coquetterie, or Sketches of Society in France & Belgium, Vol. 2 of 3 (Classic Reprint) Eliza Parker. (ENG., Illus.). (J). 2018. 262p. 29.32 *(978-0-267-61253-6(2));* 2017. pap. 11.97 *(978-0-259-20359-9(0))* Forgotten Bks.

Coquetterie, or Sketches of Society in France & Belgium, Vol. 3 of 3 (Classic Reprint) Eliza Parker. 2018. (ENG., Illus.). (J). 302p. 30.13 *(978-1-391-23276-8(3));* 304p. pap. 13.57 *(978-1-390-96353-3(5))* Forgotten Bks.

Coquí in the City. Nomar Perez. Illus. by Nomar Perez. 2021. (Illus.). 32p. (J). (gr. -1-2). 18.99 *(978-0-593-10903-8(1),* Dial Bks) Penguin Young Readers Group.

Coqui y Sus Amigos. Irma Ilia Terron Tamez. 2017. (SPA., Illus.). (J). pap. 12.00 *(978-1-881741-70-1(2));* 19.99 *(978-1-881741-71-8(0))* Ediciones Eleos.

Coquí y Sus Amigos: La Lección de Muni: Coquí & Her Friends: Muni Learns a Lesson. Luz Caraballo. 2022. (SPA., Illus.). 48p. (J). pap. 15.95 *(978-1-6624-9091-0(7))* Page Publishing Inc.

Coquíes Still Sing: A Story of Home, Hope, & Rebuilding. Karina Nicole González. Illus. by Krystal Quiles. 2022. (ENG.). 40p. (J). 18.99 *(978-1-250-78718-7(1),* 900237388) Roaring Brook Pr.

Cora & the Doctor: Or Revelations of a Physician's Wife (Classic Reprint) Madeline Leslie. 2017. (ENG., Illus.). (J). 32.37 *(978-0-265-73290-8(5));* pap. 16.57 *(978-1-5276-9527-6(1))* Forgotten Bks.

Cora et les et-SiThe Whatifs. Emily Kilgore. Illus. by Zoe Persico. 2022. Orig. Title: The Whatifs. (FRE.). 40p. (J). (gr. -1-k). 19.95 *(978-2-7644-4476-4(1))* Quebec Amerique CAN. Dist: Orca Bk. Pubs. USA.

Cora Goes to School. Sherry Gray. 2022. (Grow with Cora Ser.: 1). 24p. (J). pap. 19.99 *(978-1-6678-4428-2(8))* BookBaby.

Cora Grows Up. Mary Stimart. 2017. (ENG., Illus.). 46p. (J). pap. *(978-1-365-68483-8(0))* Lulu Pr., Inc.

Corações Congelados. Day Leitao. 2023. (De Fogo & Fae Ser.: Vol. 1). (POR.). 462p. (YA). pap. ***(978-1-990790-09-6(7))*** Sparkly Wave.

Corações de Ferro. Day Leitao. 2023. (Of Fire & Fae Ser.: Vol. 2). (POR.). 524p. (YA). pap. ***(978-1-990790-12-6(7))*** Sparkly Wave.

Coraddi: December, 1936 (Classic Reprint) University of North Carolina. (ENG., Illus.). (J). 2018. 38p. 24.68 *(978-0-483-66873-7(7));* 2016. pap. 7.97 *(978-1-334-12326-9(8))* Forgotten Bks.

Coraddi: March, 1937 (Classic Reprint) Unknown Author. (ENG., Illus.). (J). 2018. 38p. 24.68 *(978-0-483-14321-0(9));* 2017. pap. 7.97 *(978-0-243-15632-0(4))* Forgotten Bks.

Coraddi: May, 1937 (Classic Reprint) North Carolina Woman's College. (ENG., Illus.). (J). 2018. 40p. 24.72 *(978-0-483-89050-3(2));* 2017. pap. 7.97 *(978-0-243-45102-9(4))* Forgotten Bks.

Coraddi: May, 1943 (Classic Reprint) North Carolina Woman's College. (ENG., Illus.). (J). 2018. 32p. 24.56 *(978-0-484-16347-7(7));* 2017. pap. 7.97 *(978-0-243-22298-8(X))* Forgotten Bks.

Coraddi: November, 1936 (Classic Reprint) Unknown Author. (ENG., Illus.). (J). 2018. 34p. 24.60 *(978-0-428-71980-7(5));* 2017. pap. 7.97 *(978-1-334-97527-1(2))* Forgotten Bks.

Coraddi: Spring, 1987 (Classic Reprint) Mark a Corum. (ENG., Illus.). (J). 2018. 116p. 26.31 *(978-0-267-31385-3(3));* 2016. pap. 9.57 *(978-1-333-43277-5(1))* Forgotten Bks.

Coraddi: Woman's College of the University of North Carolina; Vols. 40-41; May, 1935-May, 1937 (Classic Reprint) Edythe Latham. (ENG., Illus.). (J). 2018. 46p. 24.87 *(978-0-484-80057-0(4));* 2017. pap. 9.57 *(978-0-243-43892-1(3))* Forgotten Bks.

Coraddi, 1923, Vol. 28 (Classic Reprint) Irma Lee Sadler. (ENG., Illus.). (J). 2018. 34p. 24.62 *(978-0-483-58294-1(8));* 2018. 40p. 24.74 *(978-0-484-05370-9(1));* 2017. pap. 7.97 *(978-0-243-14938-4(7));* 2017. pap. 7.97 *(978-0-243-22646-7(2))* Forgotten Bks.

Coraddi, 1923, Vol. 28 (Classic Reprint) North Carolina College For Women. (ENG., Illus.). (J). 2018. 36p. 24.66 *(978-0-484-80082-2(5));* 2018. 44p. 24.80 *(978-0-332-75515-1(0));* 2018. 32p. 24.56 *(978-0-332-90162-6(9));* 2017. pap. 7.97 *(978-0-243-45018-3(4));* 2017. pap. 7.97 *(978-0-243-17829-2(8));* 2017. pap. 7.97 *(978-0-243-20847-0(2))* Forgotten Bks.

Coraddi, 1924-1925, Vol. 29 (Classic Reprint) North Carolina College For Women. (ENG., Illus.). (J). 2018. 50p. 24.93 *(978-0-332-11144-5(X));* 2017. pap. 9.57 *(978-0-243-14722-9(8))* Forgotten Bks.

Coraddi, 1924-'25, Vol. 29 (Classic Reprint) Maude Goodwin. (ENG., Illus.). (J). 2018. 30p. 24.54 *(978-0-483-84023-2(8));* 2017. pap. 7.97 *(978-0-243-38471-6(8))* Forgotten Bks.

Coraddi, Vol. 24: April May, 1920 (Classic Reprint) Kathryn Willis. (ENG., Illus.). (J). 2018. 40p. 24.72 *(978-0-267-40677-7(0));* 2016. pap. 7.97 *(978-1-334-11713-8(6))* Forgotten Bks.

Coraddi, Vol. 24: January, 1920 (Classic Reprint) North Carolina College. (ENG., Illus.). (J). 2018. 36p. 24.66 *(978-0-483-71704-6(5));* 2016. pap. 7.97 *(978-1-334-09097-4(1))* Forgotten Bks.

Coraddi, Vol. 24: Magazine of the North Carolina College; February-March, 1920 (Classic Reprint) Kathryn Willis. (ENG., Illus.). (J). 2018. 40p. 24.74 *(978-0-428-96517-4(2));* 2016. pap. 7.97 *(978-1-333-75666-6(6))* Forgotten Bks.

Coraddi, Vol. 24: Magazine of the North Carolina College, Greensboro, N. C.; October (Classic Reprint) Unknown Author. 2018. (ENG., Illus.). 54p. (J). 25.01 *(978-0-483-09828-2(0))* Forgotten Bks.

Coraddi, Vol. 24: Magazine of the North Carolina College; November, 1919 (Classic Reprint) Kathryn Willis. (ENG., Illus.). (J). 2018. 50p. 24.95 *(978-0-483-28920-8(5));* 2016. pap. 9.57 *(978-1-333-25971-6(9))* Forgotten Bks.

Coraddi, Vol. 25: Greensboro, N. C., January, 1921 (Classic Reprint) Unknown Author. 2018. (ENG., Illus.). 54p. (J). 25.03 *(978-0-332-69807-6(6))* Forgotten Bks.

Coraddi, Vol. 25: Greensboro, N. C., November, 1920 (Classic Reprint) Unknown Author. 2018. (ENG., Illus.). 82p. (J). 25.61 *(978-0-267-24973-2(X))* Forgotten Bks.

Coraddi, Vol. 25: Member of the North Carolina Collegiate Press Association; June, 1921 (Classic Reprint) North Carolina College For Women. (ENG., Illus.). (J). 2018. 60p. 25.13 *(978-0-483-91977-8(2));* 2016. pap. 9.57 *(978-1-334-15709-7(X))* Forgotten Bks.

Coraddi, Vol. 26: December, 1921 (Classic Reprint) Emeline Goforth. (ENG., Illus.). (J). 2018. 70p. 25.36 *(978-0-484-15013-2(8));* 2016. pap. 9.57 *(978-1-333-31859-8(6))* Forgotten Bks.

Coraddi, Vol. 26: Member of the North Carolina Collegiate Press Association (Classic Reprint) Unknown Author. 2018. (ENG., Illus.). 84p. (J). 25.65 *(978-0-483-91313-4(8))* Forgotten Bks.

Coraddi, Vol. 26: Member of the North Carolina Press Association, Greensboro, N. C., June, 1922 (Classic Reprint) Unknown Author. 2018. (ENG., Illus.). 66p. (J). 25.26 *(978-0-483-22964-8(4))* Forgotten Bks.

Coraddi, Vol. 27: Member of the North Carolina Collegiate Press Association (Classic Reprint) Unknown Author. 2018. (ENG., Illus.). 30p. (J). 24.52 *(978-0-483-22072-0(8))* Forgotten Bks.

Coraddi, Vol. 27: Spring, 1923 (Classic Reprint) Virginia Wood. (ENG., Illus.). (J). 2018. 30p. 24.52 *(978-0-656-34498-7(9));* 2017. pap. 7.97 *(978-0-243-42282-1(2))* Forgotten Bks.

Coraddi, Vol. 29: December, 1924 (Classic Reprint) North Carolina College For Women. (ENG., Illus.). (J). 2018. 40p. 24.72 *(978-0-428-74119-8(3));* 2017. pap. 7.97 *(978-1-334-94659-2(0))* Forgotten Bks.

Coraddi, Vol. 30: March, 1926 (Classic Reprint) North Carolina College For Women. (ENG., Illus.). (J). 2018. 28p. 24.47 *(978-0-428-84738-8(2));* 2017. pap. 7.97 *(978-1-334-94168-9(8))* Forgotten Bks.

Coraddi, Vol. 30: May, 1926 (Classic Reprint) Julia Blauvelt. (ENG., Illus.). (J). 2018. 24p. 24.39 *(978-0-666-97097-8(1));* 2017. pap. 7.97 *(978-0-243-44794-7(9))* Forgotten Bks.

Coraddi, Vol. 31: December, 1926 (Classic Reprint) Nancy Little. (ENG., Illus.). (J). 2018. 30p. 24.52 *(978-0-483-66898-0(2));* 2017. pap. 7.97 *(978-0-243-15615-3(4))* Forgotten Bks.

Coraddi, Vol. 31: March, 1927 (Classic Reprint) North Carolina College For Women. (ENG., Illus.). (J). 2018. 36p. 24.66 *(978-0-267-40136-9(1));* 2016. pap. 7.97 *(978-1-334-12181-4(8))* Forgotten Bks.

Coraddi, Vol. 31: Member of North Carolina Collegiate Press Association; November, 1926 (Classic Reprint) Nancy Little. (ENG., Illus.). (J). 2018. 36p. 24.66 *(978-0-483-58376-4(6));* 2017. pap. 7.97 *(978-0-243-23289-5(6))* Forgotten Bks.

Coraddi, Vol. 32: December, 1927 (Classic Reprint) North Carolina College For Women. (ENG., Illus.). (J). 2018. 42p. 24.76 *(978-0-484-10090-8(4));* 2017. pap. 7.97 *(978-0-243-40386-8(0))* Forgotten Bks.

Coraddi, Vol. 32: February, 1928 (Classic Reprint) Martha H. Hall. (ENG., Illus.). (J). 2018. 42p. 24.76 *(978-0-483-59444-9(X));* 2017. pap. 7.97 *(978-0-243-24781-3(8))* Forgotten Bks.

Coraddi, Vol. 32: May, 1928 (Classic Reprint) Grace Wolcott. (ENG., Illus.). (J). 2018. 32p. 24.58 *(978-0-332-04439-2(4));* 2017. pap. 7.97 *(978-0-243-22865-2(1))* Forgotten Bks.

Coraddi, Vol. 32: Member of North Carolina Collegiate Press Association; June, 1928 (Classic Reprint) Grace Wolcott. 2018. (ENG., Illus.). 20p. (J). 24.33 *(978-0-484-46425-3(6))* Forgotten Bks.

Coraddi, Vol. 32: Member of North Carolina Collegiate Press Association; October, 1927 (Classic Reprint) North Carolina College For Women. (ENG., Illus.). (J). 2018. 34p. 24.62 *(978-0-484-57813-4(8));* 2017. pap. 7.97 *(978-0-243-25570-2(5))* Forgotten Bks.

Coraddi, Vol. 33: April, 1929 (Classic Reprint) Edith Webb. (ENG., Illus.). (J). 2018. 34p. 24.60 *(978-0-666-61641-8(8));* 2017. pap. 7.97 *(978-0-259-53009-1(3))* Forgotten Bks.

Coraddi, Vol. 33: December, 1928 (Classic Reprint) Edith Webb. (ENG., Illus.). (J). 2018. 32p. 24.56 *(978-0-656-34283-9(8));* 2017. pap. 7.97 *(978-0-243-39518-7(3))* Forgotten Bks.

Coraddi, Vol. 33: March, 1929 (Classic Reprint) Edith Webb. (ENG., Illus.). (J). 2018. 36p. 24.64 *(978-0-483-02892-0(4));* 2017. pap. 7.97 *(978-0-243-24643-4(9))* Forgotten Bks.

Coraddi, Vol. 33: May, 1929 (Classic Reprint) North Carolina College For Women. (ENG., Illus.). (J). 2018. 38p. 24.68 *(978-0-483-99004-3(3));* 2017. pap. 7.97 *(978-0-243-40812-2(9))* Forgotten Bks.

Coraddi, Vol. 33: November, 1929 (Classic Reprint) Betty Gaut. (ENG., Illus.). (J). 2018. 34p. 24.60 *(978-0-483-94686-6(9));* 2017. pap. 7.97 *(978-0-243-51117-4(5))* Forgotten Bks.

Coraddi, Vol. 34: February, 1930 (Classic Reprint) Betty Gaut. (ENG., Illus.). (J). 2018. 36p. 24.64 *(978-0-365-16196-7(9));* 2017. pap. 7.97 *(978-0-259-44727-6(7))* Forgotten Bks.

Coraddi, Vol. 34: March, 1930 (Classic Reprint) Betty Gaut. (ENG., Illus.). (J). 2018. 34p. 24.60 *(978-0-365-10969-3(X));* 2017. pap. 7.97 *(978-0-259-51875-4(1))* Forgotten Bks.

Coraddi, Vol. 34: May, 1930 (Classic Reprint) Catherine Harris. (ENG., Illus.). (J). 2018. 34p. 24.60 *(978-0-484-62998-0(0));* 2016. pap. 7.97 *(978-1-334-12695-6(X))* Forgotten Bks.

Coraddi, Vol. 35: April, 1931 (Classic Reprint) Arline Fonville. 2017. (ENG., Illus.). (J). 38p. 24.70 *(978-0-484-91922-7(9));* pap. 7.97 *(978-0-259-79906-1(8))* Forgotten Bks.

Coraddi, Vol. 35: December, 1930 (Classic Reprint) Catherine Harris. 2017. (ENG., Illus.). (J). 34p. 24.62 *(978-0-484-04562-9(8));* pap. 7.97 *(978-0-259-83349-9(5))* Forgotten Bks.

Coraddi, Vol. 35: March, 1931 (Classic Reprint) Frances Gaut. (ENG., Illus.). (J). 2018. 36p. 24.64 *(978-0-666-94854-0(2));* 2017. pap. 7.97 *(978-0-259-51814-3(X))* Forgotten Bks.

Coraddi, Vol. 35: May, 1931 (Classic Reprint) North Carolina College For Women. (ENG., Illus.). (J). 2018. 36p. 24.64 *(978-0-484-31042-0(9));* 2016. pap. 7.97 *(978-1-334-49718-6(4))* Forgotten Bks.

Coraddi, Vol. 35: Member of the North Carolina Collegiate Press Association; February, 1931 (Classic Reprint) North Carolina College For Women. 2017. (ENG., Illus.). (J). 36p. 24.64 *(978-0-484-16586-0(0));* pap. 7.97 *(978-0-243-38606-2(0))* Forgotten Bks.

C

Coraddi, Vol. 35: November, 1930 (Classic Reprint) North Carolina College For Women. (ENG., Illus.). (J). 2018. 34p. 24.62 *(978-0-365-36425-2(8))*; 2017. pap. 7.97 *(978-0-259-43320-0(9))* Forgotten Bks.
Coraddi, Vol. 35: October, 1930 (Classic Reprint) North Carolina College For Women. (ENG., Illus.). (J). 2018. 34p. 24.62 *(978-0-365-40845-1(X))*; 2017. pap. 7.97 *(978-0-259-89953-2(4))* Forgotten Bks.
Coraddi, Vol. 36: April, 1932 (Classic Reprint) North Carolina College For Women. (ENG., Illus.). (J). 2018. 24.64 *(978-0-332-01150-9(X))*; 2017. pap. 7.97 *(978-0-243-25485-9(7))* Forgotten Bks.
Coraddi, Vol. 36: December, 1931 (Classic Reprint) Roberta Johnson. (ENG., Illus.). (J). 2018. 36p. 24.64 *(978-0-483-58215-6(8))*; 2017. pap. 7.97 *(978-0-243-22833-1(3))* Forgotten Bks.
Coraddi, Vol. 36: February, 1932 (Classic Reprint) Roberta Johnson. (ENG., Illus.). (J). 2018. 36p. 24.64 *(978-0-656-35029-2(6))*; 2017. pap. 7.97 *(978-0-243-44566-0(0))* Forgotten Bks.
Coraddi, Vol. 36: May, 1932 (Classic Reprint) Arline Fonville. (ENG., Illus.). (J). 2018. 34p. 24.60 *(978-0-364-24175-2(6))*; 2017. pap. 7.97 *(978-0-259-49220-7(5))* Forgotten Bks.
Coraddi, Vol. 36: November, 1931 (Classic Reprint) Roberta Johnson. (ENG., Illus.). (J). 2018. 34p. 24.64 *(978-0-484-91153-5(8))*; 2017. pap. 7.97 *(978-0-243-50631-6(7))* Forgotten Bks.
Coraddi, Vol. 36: October, 1931 (Classic Reprint) North Carolina College For Women. (ENG., Illus.). (J). 2018. 38p. 24.68 *(978-0-483-77615-9(7))*; 2017. pap. 7.97 *(978-0-243-33597-8(0))* Forgotten Bks.
Coraddi, Vol. 37: December, 1932 (Classic Reprint) Arline Fonville. (ENG., Illus.). (J). 2018. 38p. 24.68 *(978-0-484-01053-5(0))*; 2017. pap. 7.97 *(978-0-243-22253-7(X))* Forgotten Bks.
Coraddi, Vol. 37: March, 1933 (Classic Reprint) University of N. C. Woman's College. (ENG., Illus.). (J). 2018. 36p. 24.68 *(978-0-484-34105-9(7))*; 2017. pap. 7.97 *(978-0-243-39069-4(6))* Forgotten Bks.
Coraddi, Vol. 37: Member of the North Carolina Collegiate Press Association; November, 1932 (Classic Reprint) Arline Fonville. (ENG., Illus.). (J). 2018. 36p. 24.64 *(978-0-364-40250-4(4))*; 2017. pap. 7.97 *(978-0-259-31482-0(X))* Forgotten Bks.
Coraddi, Vol. 38: January, 1934 (Classic Reprint) Anne Coogan. (ENG., Illus.). (J). 2018. 38p. 24.70 *(978-0-483-72549-2(8))*; 2017. pap. 7.97 *(978-0-243-38168-5(9))* Forgotten Bks.
Coraddi, Vol. 38: May, 1934 (Classic Reprint) Susanne Ketchum. (ENG., Illus.). (J). 2018. 36p. 24.76 *(978-0-428-25362-2(8))*; 2017. pap. 7.97 *(978-0-243-42577-8(5))* Forgotten Bks.
Coraddi, Vol. 38: Member of the North Carolina Collegiate Press Association; March, 1934 (Classic Reprint) North Carolina. University. (ENG., Illus.). (J). 2018. 42p. 24.76 *(978-0-484-49192-1(X))*; 2017. pap. 7.97 *(978-0-243-28613-3(9))* Forgotten Bks.
Coraddi, Vol. 39: December, 1934 (Classic Reprint) Susanne Ketchum. (ENG., Illus.). (J). 2018. 36p. 24.62 *(978-0-332-90171-8(8))*; 2017. pap. 7.97 *(978-0-243-21534-8(7))* Forgotten Bks.
Coraddi, Vol. 39: March, 1935 (Classic Reprint) Woman's College of the N. C. University. (ENG., Illus.). (J). 2018. 40p. 24.72 *(978-0-483-56341-4(2))*; 2017. pap. 7.97 *(978-0-243-20201-0(6))* Forgotten Bks.
Coraddi, Vol. 39: November, 1934 (Classic Reprint) North Carolina Woman's College. (ENG., Illus.). (J). 2018. 40p. 24.74 *(978-0-484-42705-0(9))*; 2017. pap. 7.97 *(978-0-243-31266-5(0))* Forgotten Bks.
Coraddi, Vol. 40: April, 1936 (Classic Reprint) Edythe Latham. (ENG., Illus.). (J). 2018. 32p. 24.56 *(978-0-483-55192-3(9))*; 2017. pap. 7.97 *(978-0-243-25558-0(6))* Forgotten Bks.
Coraddi, Vol. 40: December, 1935 (Classic Reprint) Edythe Latham. (ENG., Illus.). (J). 2018. 30p. 24.52 *(978-0-484-88880-6(3))*; 2017. pap. 7.97 *(978-0-243-45809-7(6))* Forgotten Bks.
Coraddi, Vol. 40: October, 1935 (Classic Reprint) Edythe Latham. (ENG., Illus.). (J). 2018. 36p. 24.64 *(978-0-483-57883-8(5))*; 2017. pap. 7.97 *(978-0-243-21836-3(2))* Forgotten Bks.
Coraddi, Vol. 41: May, 1936 (Classic Reprint) Helen Crutchfield. (ENG., Illus.). (J). 2018. 38p. 24.68 *(978-0-483-84705-7(4))*; 2017. pap. 7.97 *(978-0-243-41440-6(4))* Forgotten Bks.
Coraddi, Vol. 42: December, 1937 (Classic Reprint) Unknown Author. (ENG., Illus.). (J). 2018. 50p. 24.93 *(978-0-483-79856-4(8))*; 2017. pap. 9.57 *(978-0-243-40730-9(0))* Forgotten Bks.
Coraddi, Vol. 42: March, 1938 (Classic Reprint) Georgia Arnett. 2017. (ENG., Illus.). (J). 36p. 24.64 *(978-0-332-59562-7(5))*; pap. 7.97 *(978-0-259-48158-4(0))* Forgotten Bks.
Coraddi, Vol. 42: May, 1938 (Classic Reprint) North Carolina Woman College. 2018. (ENG., Illus.). 54p. (J). 25.01 *(978-0-484-14051-5(5))* Forgotten Bks.
Coraddi, Vol. 42: May, 1938 (Classic Reprint) North Carolina Woman's College. 2017. (ENG., Illus.). (J). pap. 9.57 *(978-0-243-17270-2(2))* Forgotten Bks.
Coraddi, Vol. 42: November, 1937 (Classic Reprint) University of North Carolina. 2018. (ENG., Illus.). 48p. (J). 24.89 *(978-0-483-87375-9(6))* Forgotten Bks.
Coraddi, Vol. 43: December, 1938 (Classic Reprint) North Carolina Woman's College. (ENG., Illus.). (J). 2018. 44p. 24.82 *(978-0-483-85305-8(4))*; 2017. pap. 7.97 *(978-0-243-28673-7(2))* Forgotten Bks.
Coraddi, Vol. 43: March, 1939 (Classic Reprint) North Carolina Woman College. 2018. (ENG., Illus.). 46p. (J). 24.85 *(978-0-656-01423-1(7))* Forgotten Bks.
Coraddi, Vol. 43: March, 1939 (Classic Reprint) North Carolina Woman's College. 2017. (ENG., Illus.). (J). pap. 7.97 *(978-0-259-53174-6(X))* Forgotten Bks.
Coraddi, Vol. 43: October, 1938 (Classic Reprint) Unknown Author. (ENG., Illus.). (J). 2018. 52p. 24.97 *(978-0-428-90029-8(1))*; 2017. pap. 9.57 *(978-0-259-20061-1(1))* Forgotten Bks.
Coraddi, Vol. 44: December, 1939 (Classic Reprint) Unknown Author. (ENG., Illus.). (J). 2018. 38p. 24.68 *(978-0-428-61000-5(5))*; 2017. pap. 7.97 *(978-0-243-39961-1(8))* Forgotten Bks.
Coraddi, Vol. 44: Fall, 1939 (Classic Reprint) N. C. University Woman's College. (ENG., Illus.). (J). 2018. 34p. 24.60 *(978-0-484-13130-8(3))*; 2017. pap. 7.97 *(978-0-259-78003-8(0))* Forgotten Bks.
Coraddi, Vol. 44: May, 1940 (Classic Reprint) North Carolina Woman's College. (ENG., Illus.). (J). 2018. 38p. 24.68 *(978-0-484-05440-9(6))*; 2017. pap. 7.97 *(978-0-243-21542-3(8))* Forgotten Bks.
Coraddi, Vol. 45: November, 1940 (Classic Reprint) Woman's College of the N. C. University. (ENG., Illus.). (J). 2018. 42p. 24.72 *(978-0-428-81196-9(5))*; 2017. pap. 7.97 *(978-0-243-25819-2(4))* Forgotten Bks.
Coraddi, Vol. 45: Spring 1940-41 (Classic Reprint) North Carolina Woman College. 2018. (ENG., Illus.). 36p. (J). 24.64 *(978-0-484-64331-3(2))* Forgotten Bks.
Coraddi, Vol. 45: Spring 1940-41 (Classic Reprint) North Carolina Woman's College. 2017. (ENG., Illus.). (J). pap. 7.97 *(978-0-243-12965-2(3))* Forgotten Bks.
Coraddi, Vol. 45: Winter, 1940-41 (Classic Reprint) University of N. C. Woman's College. (ENG., Illus.). (J). 2018. 46p. 24.85 *(978-0-483-71343-7(0))*; 2017. pap. 7.97 *(978-0-243-38917-9(5))* Forgotten Bks.
Coraddi, Vol. 46: December, 1941 (Classic Reprint) Jean De Salles Bertram. (ENG., Illus.). (J). 2018. 38p. 24.68 *(978-0-484-68790-4(5))*; 2017. pap. 7.97 *(978-0-243-23928-3(9))* Forgotten Bks.
Coraddi, Vol. 46: March, 1942 (Classic Reprint) Jean De Salles Bertram. (ENG., Illus.). (J). 2018. 32p. 24.60 *(978-0-332-08431-2(0))*; 2017. pap. 7.97 *(978-0-243-39723-5(2))* Forgotten Bks.
Coraddi, Vol. 46: May, 1942 (Classic Reprint) North Carolina Woman's College. (ENG., Illus.). (J). 2018. 52p. 24.97 *(978-0-656-33880-1(6))*; 2017. pap. 9.57 *(978-0-243-41928-9(7))* Forgotten Bks.
Coraddi, Vol. 46: October, 1941 (Classic Reprint) Jean de Sales Bertram. 2017. (ENG., Illus.). (J). 28p. 24.47 *(978-0-332-31753-3(6))*; pap. 7.97 *(978-0-259-43322-4(5))* Forgotten Bks.
Coraddi, Vol. 47: March, 1943 (Classic Reprint) University of North Carolina. (ENG., Illus.). (J). 2018. 36p. 24.64 *(978-0-483-56762-7(0))*; 2017. pap. 7.97 *(978-0-243-20607-0(0))* Forgotten Bks.
Coraddi, Vol. 47: October, 1942 (Classic Reprint) Unknown Author. (ENG., Illus.). (J). 2018. 30p. 24.52 *(978-0-656-34416-1(4))*; 2017. pap. 7.97 *(978-0-243-41539-7(7))* Forgotten Bks.
Coraddi, Vol. 48: December, 1943 (Classic Reprint) Unknown Author. (ENG., Illus.). (J). 2018. 32p. 24.56 *(978-0-483-84098-0(X))*; 2017. pap. 7.97 *(978-0-243-41761-2(6))* Forgotten Bks.
Coraddi, Vol. 48: March, 1944 (Classic Reprint) Carolyn Coker Brandt. (ENG., Illus.). (J). 2018. 26p. 24.45 *(978-0-483-71244-7(2))*; 2017. pap. 7.97 *(978-0-243-40745-3(9))* Forgotten Bks.
Coraddi, Vol. 48: May, 1944 (Classic Reprint) North Carolina Woman College. 2018. (ENG., Illus.). 26p. (J). 24.45 *(978-0-484-71044-2(3))* Forgotten Bks.
Coraddi, Vol. 48: May, 1944 (Classic Reprint) North Carolina Woman's College. 2017. (ENG., Illus.). (J). pap. 7.97 *(978-0-243-28616-4(3))* Forgotten Bks.
Coraddi, Vol. 48: October, 1943 (Classic Reprint) North Carolina Woman's College. (ENG., Illus.). (J). 2018. 28p. 24.49 *(978-0-656-34463-5(6))*; 2017. pap. 7.97 *(978-0-243-41879-4(5))* Forgotten Bks.
Coraddi, Vol. 49: Fall, 1944 (Classic Reprint) Unknown Author. (ENG., Illus.). (J). 2018. 22p. 24.37 *(978-0-483-88654-4(8))*; 2017. pap. 7.97 *(978-0-243-43107-6(4))* Forgotten Bks.
Coraddi, Vol. 49: Winter, 1944 (Classic Reprint) North Carolina Woman's College. (ENG., Illus.). (J). 2018. 26p. 24.41 *(978-0-332-62745-8(4))*; 2017. pap. 7.97 *(978-0-243-40327-1(5))* Forgotten Bks.
Coraddy, Vol. 26: October, 1921 (Classic Reprint) North Carolina College For Women. (ENG., Illus.). (J). 2018. 46p. 24.87 *(978-0-483-70944-7(1))*; 2016. pap. 9.57 *(978-1-334-15688-5(3))* Forgotten Bks.
Corah's Magical Excursions in the Night. Stanley Longman. Illus. by Stanley Longman. 2018. (ENG., Illus.). 120p. (YA). pap. 20.00 *(978-0-9981627-8-2(7))* Bilbo Bks.
Coral, 1 vol. Sara Ella. 2019. (ENG.). 384p. (YA). 18.99 *(978-0-7852-2445-7(9))* Nelson, Thomas Inc.
Coral: A Close-Up Photographic Look Inside Your World. Heidi Fiedler. 2017. (Up Close Ser.). (ENG., Illus.). 32p. (J). (gr. k-6). lib. bdg. 27.99 *(978-1-942875-35-2(5)*, 72176bbf-f721-4c01-b574-ce234718829c, Walter Foster Jr) Quarto Publishing Group USA.
Coral: A Shelter Dog Adventure Book #1. Sasha Patel. 2016. (ENG., Illus.). 54p. (J). pap. *(978-1-365-28879-1(X))* Lulu Pr., Inc.
Coral & Bone. Tiffany Daune. 2nd ed. 2017. (Siren Chronicles Ser.: Vol. 1). (ENG., Illus.). (YA). (gr. 7-12). pap. *(978-1-9997068-0-7(3))* Oftomes Publishing.
Coral & the Rainbow Reef. Rosie Greening. 2020. (ENG.). 32p. (J). (gr. -1-7). pap. 6.99 *(978-1-78947-834-1(0))* Make Believe Ideas GBR. Dist: Scholastic, Inc.
Coral & the Rainbow Reef. Rosie Greening. Illus. by Lara Ede. 2020. (ENG.). 32p. (J). (— 1). 16.99 *(978-1-78947-996-6(7))*; (gr. -1 — 1). pap. 4.99 *(978-1-78947-772-6(7))* Make Believe Ideas GBR. Dist: Scholastic, Inc.
Coral & the Rainbow Reef. Rosie Greening. ed. 2022. (Mermaid Fairies Ser.). (ENG.). 24p. (J). (gr. k-1). 19.96 ***(978-1-68505-168-6(5))*** Penworthy Co., LLC, The.
Coral Gardens. Patricia Gleichauf. 2020. (ENG., Illus.). 36p. (J). 19.95 *(978-1-6624-1282-0(7))*; pap. 11.95 *(978-1-6624-0731-4(9))* Page Publishing Inc.
Coral Island. R. M. Ballantyne. 2018. (ENG., Illus.). 230p. (J). 24.99 *(978-1-5154-3001-8(4))* Wilder Pubns., Corp.
Coral Island. Robert Michael Ballantyne. 2019. (ENG.). 264p. (J). pap. *(978-93-5329-677-3(3))* Alpha Editions.
Coral Kingdom. Linda Chapman. Illus. by Mirelle Ortega. 2021. (Mermaids Rock Ser.: 1). (ENG.). 160p. (J). (gr. 1-4). pap. 6.99 *(978-1-68010-489-9(6))* Tiger Tales.
Coral Kingdom. Sayu Weerasinghe. 2019. (ENG.). 70p. (J). pap. ***(978-0-359-62915-2(6))*** Lulu Pr., Inc.
Coral Kingdom, 1. Linda Chapman. ed. 2022. (Mermaids Rock Ser.). (ENG., Illus.). 140p. (J). (gr. 2-3). 19.46 *(978-1-68505-145-7(6))* Penworthy Co., LLC, The.
Coral Reef: A Giant City under the Sea. Stephen Person & Rodney V. Salm. 2019. (J). *(978-1-64280-757-8(5))* Bearport Publishing Co., Inc.
Coral Reef: Children's Oceanography Book. Bold Kids. 2022. (ENG.). 42p. (J). pap. 14.99 *(978-1-0717-0934-4(8))* FASTLANE LLC.
Coral Reef: Discover Pictures & Facts about the Coral Reef for Kids! a Children's Ocean & Underwater Book. Bold Kids. 2021. (ENG.). 34p. (J). pap. 14.99 *(978-1-0717-0830-9(9))* FASTLANE LLC.
Coral Reef Collapse. Carol Hand. 2017. (Ecological Disasters Ser.). (ENG., Illus.). 112p. (J). (gr. 6-12). lib. bdg. 41.36 *(978-1-5321-1021-4(9)*, 25618, Essential Library) ABDO Publishing Co.
Coral Reef Communities. Melissa Gish. 2018. (Down in the Ocean Ser.). (ENG.). 48p. (J). (gr. 4-7). *(978-1-60818-995-3(3)*, 19731, Creative Education); pap. 12.00 *(978-1-62832-550-8(X)*, 19737, Creative Paperbacks) Creative Co., The.
Coral Reef Composition Book: Lined Pages | 8. 5 X 11 | 100 Pages | Cute Elegant Designs | Large Notebook for All Ages Girls, Boys, Kids, Adults, School, College. Enith Hernandez. 2023. (ENG.). 100p. (YA). pap. ***(978-1-312-32820-4(7))*** Lulu Pr., Inc.
Coral Reef Fish Friends Sticker Activity Book. Susan Shaw-Russell. 2016. (Dover Little Activity Books Stickers Ser.). (ENG.). 8p. (J). (gr. -1-3). 2.50 *(978-0-486-80775-1(4)*, 807754) Dover Pubns., Inc.
Coral Reef Magic Painting Book. Abigail Wheatley. Illus. by Laura Tavazzi. 2023. (Magic Painting Bks.). (ENG.). 32p. (J). pap. 9.99 ***(978-1-80507-062-7(2))*** Usborne Publishing, Ltd. GBR. Dist: HarperCollins Pubs.
Coral Reef Rescue. Coral Ripley. 2021. (Sea Keepers Ser.: 3). (ENG.). 128p. (J). (gr. 2-5). pap. 6.99 *(978-1-7282-3694-0(0))* Sourcebooks, Inc.
Coral Reef Snorkeling Adventures Coloring Book. Activibooks For Kids. 2016. (ENG., Illus.). (J). pap. 9.20 *(978-1-68321-773-2(X))* Mimaxion.
Coral Reef Story: Animal Life in Tropical Seas. Jane Burnard. Illus. by Kendra Binney. 2023. (ENG.). 32p. (J). 15.99 *(978-0-7534-7847-9(1)*, 900277927, Kingfisher) Roaring Brook Pr.
Coral Reefs. Kathryn Hulick. 2018. (Animal Engineers Ser.). (ENG., Illus.). 32p. (J). (gr. 2-3). pap. 9.95 *(978-1-63517-962-0(9)*, 1635179629); lib. bdg. 31.35 *(978-1-63517-861-6(4)*, 1635178614) North Star Editions. (Focus Readers).
Coral Reefs. Kathryn Hulick. 2018. (Illus.). 32p. (J). pap. *(978-1-4896-9750-9(0)*, AV2 by Weigl) Weigl Pubs., Inc.
Coral Reefs. Claudia Martin. 2020. (In Focus: Oceans Ser.). (ENG., Illus.). 32p. (J). (gr. 2-5). lib. bdg. 29.32 *(978-0-7112-4800-7(1)*, 260fb48e-5545-4e7d-b791-a661dd936fd7) QEB Publishing Inc.
Coral Reefs. Kate Riggs. 2017. (Seedlings Ser.). (ENG., Illus.). 24p. (J). (gr. -1-k). *(978-1-60818-778-2(0)*, 20146, Creative Education) Creative Co., The.
Coral Reefs. Simon Rose. 2017. (J). *(978-1-5105-2169-8(0))* SmartBook Media, Inc.
Coral Reefs: A Whole New World under the Sea - Nature Encyclopedia for Kids Children's Nature Books. Baby Professor. 2017. (ENG., Illus.). (J). pap. 8.79 *(978-1-5419-4029-1(6)*, Baby Professor (Education Kids)) Speedy Publishing LLC.
Coral Reefs: Undersea Rainbows. Meighan Meilsheimer. Ed. by Luana K. Mitten. 2019. (Aha! Readers Ser.). (ENG., Illus.). 20p. (J). (gr. k-3). 18.95 *(978-1-7341065-2-7(2))* BeaLu Bks.
Coral Reefs: Undersea Rainbows. Meighan Melsheimer. Ed. by Luana Kay Mitten. 2019. (Aha! Readers Ser.). (ENG., Illus.). 20p. (J). (gr. k-3). pap. 9.95 *(978-1-7333092-5-7(X))* BeaLu Bks.
Coral Reefs - Animal Habitats for Kids! Environment Where Wildlife Lives - Children's Environment Books. Baby Iq Builder Books. 2016. (ENG., Illus.). (J). pap. 8.99 *(978-1-68374-723-9(2))* Examined Solutions PTE. Ltd.
Coral Reefs - BBC Earth Do You Know... ? Level 2. Ladybird. 2020. 32p. (J). (gr. k-3). pap. 9.99 *(978-0-241-38281-3(5)*, Ladybird) Penguin Bks., Ltd. GBR. Dist: Independent Pubs. Group.
Coral Reefs: Band 18/Pearl (Collins Big Cat) Moira Butterfield. 2016. (Collins Big Cat Ser.). (ENG.). 80p. (J). (gr. 5-6). pap. 12.99 *(978-0-00-816403-4(7))* HarperCollins Pubs. Ltd. GBR. Dist: Independent Pubs. Group.
Coral Reefs in Danger. Samantha Brooke. Illus. by Peter Bull. 2021. (Step into Reading Ser.). (ENG.). 48p. (J). (gr. k-3). pap. 5.99 *(978-0-593-43248-8(7))*; lib. bdg. 14.99 *(978-0-593-43249-5(5))* Random Hse. Children's Bks. (Random Hse. Bks. for Young Readers).
Coral Reefs (New & Updated Edition) Gail Gibbons. 2019. 32p. (J). (gr. -1-3). pap. 8.99 *(978-0-8234-4357-4(4))*; (Illus.). 18.99 *(978-0-8234-4370-3(1))* Holiday Hse., Inc.
Coralie & Rosalie, the Little Sisters of Charity (Classic Reprint) Unknown Author. 2018. (ENG., Illus.). 182p. (J). 27.65 *(978-0-483-90632-7(8))* Forgotten Bks.
Coralie the Cotton Candy Angel: Learning about Trusting Strangers. Julie Hanson. Illus. by Julie Hanson. 2018. (ENG., Illus.). 34p. (J). pap. 9.99 *(978-1-7326633-1-2(9))*; 17.99 *(978-1-7326633-0-5(0))* Candlelight Bay Publishing.
Coraline (Edición Ilustrada) / Coraline (Illustrated Edition) Neil Gaiman. 2022. (SPA.). 176p. (J). (gr. 4-7). 29.95 *(978-84-18637-03-2(X))* Publicaciones y Ediciones Salamandra, S.A. ESP. Dist: Penguin Random Hse. LLC.
Corallai. Michelle Path. 2018. (ENG., Illus.). 78p. (J). (gr. 2-6). pap. *(978-1-911240-79-2(X))* Rowanvale Bks.
Corals. Mari Schuh. 2017. (Ocean Life up Close Ser.). (ENG., Illus.). 24p. (J). (gr. k-3). lib. bdg. 26.95 *(978-1-62617-569-3(1)*, Blastoff! Readers) Bellwether Media.
Corals: Secrets of Their Reef-Making Colonies. Rebecca Stefoff. 2019. (Amazing Animal Colonies Ser.). (ENG., Illus.). 32p. (J). (gr. 3-6). lib. bdg. 27.99 *(978-1-5435-5556-1(X)*, 139397, Capstone Pr.) Capstone.
Corals & Sea Stars Coloring Book. Smarter Activity Books for Kids. 2016. (ENG., Illus.). (J). pap. 9.22 *(978-1-68374-523-5(X))* Examined Solutions PTE. Ltd.
Cora's Adventures: The Teenage Years. Mary Stimart. 2019. (ENG.). 40p. (J). pap. *(978-0-359-39603-0(8))* Lulu Pr., Inc.
Cora's Colorful Candy Canes. Dee L. Siruta. 2020. (ENG.). 34p. (J). pap. 9.95 *(978-1-0878-8448-6(9))* Indy Pub.
Cora's Magical Pink Mitt. Peter Cavalier. Illus. by Maggie Jelley. 2022. 34p. (J). pap. 13.95 *(978-1-6678-6467-9(X))* BookBaby.
Corazon Aquino. Maria Isabel Sánchez Vegara. Illus. by Ginnie Hsu. 2020. (Little People, BIG DREAMS Ser.: 43). (ENG.). 32p. (J). (gr. -1-2). 15.99 ***(978-0-7112-4684-3(X)***, Frances Lincoln Children's Bks.) Quarto Publishing Group UK GBR. Dist: Hachette Bk. Group.
Corazon Aquino (Spanish Edition) Maria Isabel Sanchez Vegara. Illus. by Ginnie Hsu. 2023. (Little People, Big Dreams en Español Ser.: Vol. 43). (SPA.). 32p. (J). (gr. -1-2). pap. ***(978-0-7112-8475-3(X))*** Frances Lincoln Childrens Bks.
Corazon de Fuego. Kate A. Boorman. 2018. (Invierno Asesino Ser.: 3). (SPA.). 344p. (YA). (gr. 7). pap. 18.50 *(978-607-527-137-8(6))* Editorial Oceano de Mexico MEX. Dist: Independent Pubs. Group.
Corazón de Mexicanos Como Yo: 50 Historias de Personajes Que Rompieron Fronteras. Ana Francisca Vega. 2021. (SPA.). 240p. (J). pap. 12.95 *(978-607-07-8054-7(X))* Editorial Planeta, S. A. ESP. Dist: Two Rivers Distribution.
Corazon de Oso. Yasmina Scarpetta. 2016. (SPA., Illus.). (J). pap. 18.49 *(978-1-365-19947-9(9))* Lulu Pr., Inc.
Corazón de Pájaro. Mar Benegas. Illus. by Rachel Caiano. 2021. (SPA.). 64p. (J). (gr. 2-4). pap. 20.00 *(978-84-17440-64-0(X))* Akiara Bks. ESP. Dist: Independent Pubs. Group.
Corazon, Diario de un Nino. Edmundo De Amicis. 2018. (SPA.). 88p. (J). (gr. 1-7). pap. 7.95 *(978-607-453-403-0(9))* Selector, S.A. de C.V. MEX. Dist: Spanish Pubs., LLC.
Corazón Lleno de Colores. Carrie Turley. Tr. by Jaden Turley. Illus. by Diana del Grande. 2022. (SPA.). 32p. (J). pap. 10.99 *(978-1-956357-70-7(X))* Lawley Enterprises.
Corazón para Eva. Rodolfo Naró. 2023. (SPA.). 352p. (YA). pap. 15.95 ***(978-607-39-0033-1(3))*** Editorial Planeta, S. A. ESP. Dist: Two Rivers Distribution.
Corbeau Taquin Essaie d'être Sage ! The Cheeky Crow Tries to Be Good! Mandie Davis. Ed. by Badger Davis. Illus. by Alain Blancbec. 2018. (Cheeky Crow Ser.: Vol. 2). (FRE.). 74p. (J). pap. *(978-0-9954653-8-1(X))* Davis, Mandie.
Cordelia Blossom (Classic Reprint) George R. Chester. 2017. (ENG., Illus.). (J). 32.19 *(978-0-331-65461-5(X))*; pap. 16.57 *(978-0-243-48798-1(3))* Forgotten Bks.
Corderito Tiene Hambre: Leveled Reader Book 41 Level C 6 Pack. Hmh Hmh. 2021. (SPA.). 16p. (J). pap. 74.40 *(978-0-358-08170-8(X))* Houghton Mifflin Harcourt Publishing Co.
Cords of Vanity: A Comedy of Shirking (Classic Reprint) James Branch Cabell. 2018. (ENG., Illus.). 348p. (J). 31.07 *(978-0-267-48611-3(1))* Forgotten Bks.
Corduroy Makes a Cake. Don Freeman. Illus. by Alison Inches & Allan Eitzen. 2021. (Step into Reading Ser.). 32p. (J). (gr. -1-1). pap. 4.99 *(978-0-593-43252-5(5))*; (ENG.). lib. bdg. 14.99 *(978-0-593-43253-2(3))* Random Hse. Children's Bks. (Random Hse. Bks. for Young Readers).
Corduroy Prince & the Nighttime Child. Henry Edwards. 2017. (ENG.). 32p. (J). pap. ***(978-0-244-93360-9(X))*** Lulu Pr., Inc.
Corduroy (Spanish Edition) Don Freeman. 2022. (Corduroy Ser.). 34p. (J). (gr. -1-2). bds. 7.99 *(978-0-593-20561-7(8)*, Viking Books for Young Readers) Penguin Young Readers Group.
Corduroy Takes a Bow. Viola Davis. Illus. by Jody Wheeler. 2018. (Corduroy Ser.). 32p. (J). (-k). 17.99 *(978-0-425-29147-4(2)*, Viking Books for Young Readers) Penguin Young Readers Group.
Corduroy Writes a Letter. Alison Inches. Illus. by Allan Eitzen. 2021. (Step into Reading Ser.). 32p. (J). (gr. -1-1). pap. 4.99 *(978-0-593-43250-1(9))*; (ENG.). lib. bdg. 14.99 *(978-0-593-43251-8(7))* Random Hse. Children's Bks. (Random Hse. Bks. for Young Readers).
Corduroy's Colors. MaryJo Scott. Illus. by Lisa McCue. 2016. (Corduroy Ser.). 14p. (J). (— 1). bds. 5.99 *(978-0-451-47247-2(0)*, Viking Books for Young Readers) Penguin Young Readers Group.
Corduroy's Garden. Don Freeman & Alison Inches. Illus. by Allan Eitzen. 2021. (Step into Reading Ser.). (ENG.). 32p. (J). (gr. k-3). pap. 4.99 *(978-0-593-43224-2(X))*; lib. bdg. 14.99 *(978-0-593-43225-9(8))* Random Hse. Children's Bks. (Random Hse. Bks. for Young Readers).
Corduroy's Garden. Alison Inches. 2019. (Penguin Young Readers Ser.). (ENG.). 31p. (J). (gr. 2-3). 14.89 *(978-0-87617-755-6(0))* Penworthy Co., LLC, The.
Corduroy's Hike. Don Freeman & Alison Inches. Illus. by Allan Eitzen. 2021. (Step into Reading Ser.). (ENG.). 32p. (J). (gr. k-3). pap. 4.99 *(978-0-593-43226-6(6))*; lib. bdg. 14.99 *(978-0-593-43227-3(4))* Random Hse. Children's Bks. (Random Hse. Bks. for Young Readers).
Corduroy's Hike. Alison Inches. 2019. (Penguin Young Readers Ser.). (ENG.). 31p. (J). (gr. 2-3). 14.89 *(978-0-87617-756-3(9))* Penworthy Co., LLC, The.
Corduroy's Neighborhood. Illus. by Jody Wheeler. 2022. (Corduroy Ser.). (ENG.). 14p. (J). (— 1). bds. 7.99 *(978-0-593-20377-4(1)*, Viking Books for Young Readers) Penguin Young Readers Group.
Corduroy's Seasons. MaryJo Scott. Illus. by Lisa McCue. 2016. (Corduroy Ser.). 14p. (J). (— 1). bds. 6.99 *(978-0-451-47249-6(7)*, Viking Books for Young Readers) Penguin Young Readers Group.
Core & Crust. Annabel Griffin. 2021. (One Planet Ser.). (ENG., Illus.). 32p. (J). (gr. 4-6). lib. bdg. 29.32 *(978-1-914087-00-4(3)*, bbd534fb-0272-47c9-bb9a-76145ad48757, Hungry Tomato (r)) Lerner Publishing Group.

412

The check digit for ISBN-10 appears in parentheses after the full ISBN-13

Core Concepts: Biology (Second Edition) Set 1, 12 vols. 2022. (Core Concepts (Second Edition) Ser.). (ENG.). 96p. (YA). (gr. 6-7). lib. bdg. 238.62 *(978-1-4994-7353-7(2)*, 02a9e3b4-450f-4e8f-9df0-368e41062770) Rosen Publishing Group, Inc., The.

Core Instructor Text, Years 1-4: A Complete Course for Young Writers, Aspiring Rhetoricians, & Anyone Else Who Needs to Understand How English Works. Susan Wise Bauer & Audrey Anderson. 2017. (Grammar for the Well-Trained Mind Ser.: 0). (ENG., Illus.). 406p. (J). (gr. 5-12). pap. 38.95 *(978-1-945841-02-6(8)*, 458402) Well-Trained Mind Pr.

Core Library Guide to COVID-19 (Set), 6 vols. 2020. (Core Library Guide to COVID-19 Ser.). (ENG.). 48p. (J). (gr. 4-8). lib. bdg. 213.84 *(978-1-5321-9402-3(1)*, 36028) ABDO Publishing Co.

Core Library Guide to COVID-19 (Set Of 6) 2020. (Core Library Guide to COVID-19 Ser.). (ENG., Illus.). 288p. (J). (gr. 4-5). pap. 71.70 *(978-1-64494-499-8(5)*, Core Library) ABDO Publishing Co.

Core Library Guide to Racism in Modern America (Set), 6 vols. 2020. (Core Library Guide to Racism in Modern America Ser.). (ENG.). 48p. (J). (gr. 4-8). lib. bdg. 213.84 *(978-1-5321-9463-4(3)*, 36649) ABDO Publishing Co.

Core Library Guide to Racism in Modern America (Set Of 6) Duchess Harris. 2021. (Core Library Guide to Racism in Modern America Ser.). (ENG.). 288p. (J). (gr. 4-5). pap. 71.70 *(978-1-64494-506-3(1)*, Core Library) ABDO Publishing Co.

Core Library of US States (Set), 52 vols. 2022. (Core Library of US States Ser.). (ENG.). 48p. (J). (gr. 4-8). lib. bdg. 1853.28 *(978-1-5321-9741-3(1)*, 39573) ABDO Publishing Co.

Core Stories: Deep Myths, Wise Tales, & Biographies of Inspiration. Frank Marrero M a T. 2019. (ENG.). 146p. (J). pap. 14.00 *(978-0-9673265-5-9(9))* Tripod Pr.

Corean Primer: Being Lessons in Corean on All Ordinary Subjects, Transliterated on the Principles of the Mandarin Primer, by the Same Author (Classic Reprint) John Ross. (ENG., Illus.). (J). 2018. 100p. 25.98 *(978-0-428-59595-1(2))*; 2018. 104p. 26.04 *(978-0-267-37249-2(3))*; 2017. pap. 9.57 *(978-0-282-52715-0(X))*; 2017. pap. 9.57 *(978-0-282-44953-7(1))* Forgotten Bks.

Cores Dos Papagaios: A Introdução Da Criança às Cores Da Natureza. David E. McAdams. 2nd ed. 2023. (Cores Na Natureza Ser.). (POR.). 38p. (J). pap. 19.95 ***(978-1-63270-444-3(7))*** Life is a Story Problem LLC.

Coretta Scott King. Sara Spiller. Illus. by Jeff Bane. 2019. (My Early Library: My Itty-Bitty Bio Ser.). (ENG.). 24p. (J). (gr. k-1). pap. 12.79 *(978-1-5341-3924-4(9)*, 212525); lib. bdg. 30.64 *(978-1-5341-4268-8(1)*, 212524) Cherry Lake Publishing.

Coretta Scott King, Vol. 9. Lawrence Rivers. 2018. (Civil Rights Leaders Ser.). 144p. (J). (gr. 7). lib. bdg. 35.93 *(978-1-4222-4004-5(5))* Mason Crest.

Coretta Scott King: Civil Rights Activist. Cynthia Klingel. 2021. (Black American Journey Ser.). (ENG.). 32p. (J). (gr. 4-7). lib. bdg. 35.64 *(978-1-5038-5444-4(2)*, 215321) Child's World, Inc, The.

Coretta Scott King & the Center for Nonviolent Social Change, 1 vol. Jackie F. Stanmyre. 2016. (Primary Sources of the Civil Rights Movement Ser.). (ENG., Illus.). 64p. (gr. 6-6). 35.93 *(978-1-5026-1876-4(1)*, e79c9046-d704-4932-b41f-dd5e2fdbd0ac) Cavendish Square Publishing LLC.

Corey Hates Covid! Ronnette Jean Smith-Powell & Destiny S. Powell. Illus. by Aria Jones. Lt. ed. 2021. (ENG.). 50p. (J). 16.99 *(978-1-0879-3198-2(3))* Indy Pub.

Corey's Cookie Caper: Math Reader 5 Grade 3. Hmh Hmh. 2018. (SPA.). 12p. (J). pap. 9.00 *(978-1-328-57700-9(7))* Houghton Mifflin Harcourt Publishing Co.

Corey's Cookie Caper: Math Reader Grade 3. Hmh Hmh. 2017. (Math Expressions Ser.). (ENG.). 12p. (J). (gr. 3). pap. 3.53 *(978-1-328-77198-8(9))* Houghton Mifflin Harcourt Publishing Co.

Corey's Rock. Sita Brahmachari. Illus. by Jane Ray. 2nd ed. 2023. (ENG.). 96p. (J). (gr. 4-7). pap. 15.99 ***(978-1-913074-15-9(3))*** Otter-Barry Bks. GBR. Dist: Independent Pubs. Group.

Corey's Story: Second Grade. Donnilee J. Hernandez. 2019. (ENG., Illus.). 36p. (J). (gr. -1-3). 23.95 *(978-1-64492-313-9(0))* Christian Faith Publishing.

Corgi & the Queen. Caroline L. Perry. Illus. by Lydia Corry. 2022. (ENG.). 40p. (J). 18.99 *(978-1-250-83238-2(1)*, 900253423, Holt, Henry & Co. Bks. For Young Readers) Holt, Henry & Co.

Corgi Can. Junyi Wu. Illus. by Junyi Wu. 2021. (ENG., Illus.). 20p. (J). (gr. -1 — 1). bds. 6.99 *(978-1-338-65485-1(3)*, Cartwheel Bks.) Scholastic, Inc.

Corgi Day at Squirrely Beach. Laura Planck. 2019. (ENG.). 32p. (J). pap. 13.95 *(978-1-9736-7065-0(8)*, WestBow Pr.) Author Solutions, LLC.

Corgi Loves. Junyi Wu. Illus. by Junyi Wu. 2022. (ENG., Illus.). 20p. (J). (— 1). bds. 7.99 *(978-1-338-65486-8(1)*, Cartwheel Bks.) Scholastic, Inc.

Corgi Miracle: A True Story. Tara S. Reidenbaugh. 2019. (ENG.). 32p. (J). pap. 14.95 *(978-1-64492-183-8(9))* Christian Faith Publishing.

Corgi of Justice. Elyse Beaudette. 2023. (ENG.). 74p. (J). 26.50 ***(978-1-937721-95-4(7))*** BookBaby.

Corgi Tales Coloring Book. Caitlynn Samuel & Laura Samuel. 2017. (ENG., Illus.). (J). pap. 14.95 *(978-1-68401-088-2(8))* Amplify Publishing Group.

Corgis in the Wild. Gaebrielle I. Wieck. Illus. by Renata Smagulova. 2020. (ENG.). 32p. (J). pap. *(978-0-9997801-4-5(X))* WORDIT CONTENT DESIGN AND EDITING SERVICES PVT LTD.

Cori & Drake. Jean Ellen Gahner. 2022. (ENG., Illus.). 38p. (J). pap. 16.95 ***(978-1-6624-8029-4(6))*** Page Publishing Inc.

Coridon's Song, & Other Verses from Various Sources (Classic Reprint) Austin Dobson. 2018. (ENG., Illus.). 198p. (J). 28.00 *(978-0-484-76965-5(0))* Forgotten Bks.

Corie & Torie. Jemma Simpson. 2016. (ENG.). 34p. (J). 23.95 *(978-1-78612-290-2(1)*, 617e1b3b-bf20-458f-ac3c-84712a9f4cac); pap. 13.95 *(978-1-78612-289-6(8)*, 96862af2-0aff-4685-9d0c-bec5ef2407e5) Austin Macauley Pubs. Ltd. GBR. Dist: Baker & Taylor Publisher Services (BTPS).

Corinna of England, & a Heroine in the Shade, Vol. 1: A Modern Romance (Classic Reprint) E. G. Bayfield. 2018. (ENG., Illus.). 238p. (J). 28.81 *(978-0-267-19167-3(7))* Forgotten Bks.

Corinna of England, & a Heroine in the Shade, Vol. 2: A Modern Romance (Classic Reprint) E. G. Bayfield. 2018. (ENG., Illus.). 258p. (J). 29.22 *(978-0-332-14828-1(9))* Forgotten Bks.

Corinna, Vol. 3: A Study (Classic Reprint) Rita Rita. 2018. (ENG., Illus.). 264p. (J). 29.36 *(978-0-332-69602-7(2))* Forgotten Bks.

Corinne of Corrall's Bluff (Classic Reprint) Marion Miller Knowles. 2018. (ENG., Illus.). 208p. (J). 28.19 *(978-0-483-50838-5(1))* Forgotten Bks.

Corinne of the Circus (Classic Reprint) Katharine Kavanaugh. 2018. (ENG., Illus.). 48p. (J). 24.89 *(978-0-267-18651-8(7))* Forgotten Bks.

Corinne, or Italy (Classic Reprint) Madame De Stael-Holstein. (ENG., Illus.). (J). 2018. 832p. 41.06 *(978-0-483-85055-2(1))*; 2017. pap. 23.57 *(978-0-243-41261-7(4))* Forgotten Bks.

Corinne to the Rescue. Wendy Shang. Illus. by Peijin Yang. 2021. (American Girl(r) Girl of the Year(tm) Ser.). (ENG.). 144p. (J). pap. 7.99 ***(978-1-68337-187-8(9))*** American Girl Publishing, Inc.

Corinthian Girl: Champion Athlete of Ancient Olympia. Christina Balit. 2021. (ENG., Illus.). 32p. (J). (gr. k-2). 19.99 *(978-1-913074-72-2(2))* Otter-Barry Bks. GBR. Dist: Independent Pubs. Group.

Coriolanus (No Fear Shakespeare) SparkNotes. 2017. (No Fear Shakespeare Ser.: 21). 336p. (J). (gr. 9). pap. 7.95 *(978-1-4549-2803-4(4)*, Spark Notes) Sterling Publishing Co., Inc.

Cork upon the Sea. David Barger. 2018. (ENG., Illus.). 216p. (YA). pap. 13.95 *(978-1-64424-006-9(8))* Page Publishing Inc.

Corky the Cat. Rita Komboz. 2021. (ENG., Illus.). 72p. (J). pap. 15.95 *(978-1-6624-6087-6(2))* Page Publishing Inc.

Corleone. F. Marion Crawford. 2017. (ENG.). 348p. (J). pap. *(978-3-337-07151-6(1))* Creation Pubs.

Corleone: A Tale of Sicily. F. Marion Crawford. 2017. (ENG.). 344p. (J). pap. *(978-3-337-24102-5(6))* Creation Pubs.

Corleone: A Tale of Sicily (Classic Reprint) F. Marion Crawford. 2018. (ENG., Illus.). 470p. (J). 33.59 *(978-0-483-93096-4(2))* Forgotten Bks.

Corleone, Vol. 1 Of 2: A Tale of Sicily (Classic Reprint) F. Marion Crawford. 2017. (ENG., Illus.). (J). 30.95 *(978-1-5285-7077-0(4))* Forgotten Bks.

Corleone, Vol. 2 Of 2: A Tale of Sicily (Classic Reprint) F. Marion Crawford. 2018. (ENG., Illus.). 358p. (J). 31.28 *(978-0-483-19552-3(9))* Forgotten Bks.

Cormorant Crag: A Tale of the Smuggling Days (Classic Reprint) George Manville Fenn. (ENG., Illus.). (J). 2017. 416p. 32.48 *(978-0-484-74262-7(0))*; 2016. pap. 16.57 *(978-1-333-36183-9(1))* Forgotten Bks.

Corn, 1 vol. Cecelia H. Brannon. 2017. (All about Food Crops Ser.). (ENG.). 24p. (gr. k-1). lib. bdg. 24.27 *(978-0-7660-8579-4(1)*, 4e89585a-962a-41a3-8916-478e77bcdf23) Enslow Publishing, LLC.

Corn. Contrib. by World Book, Inc. Staff. 2019. (Illus.). 48p. (J). *(978-0-7166-2860-6(0))* World Bk., Inc.

Corn Crops. Grace Hansen. 2023. (Agriculture in the USA! Ser.). (ENG.). 24p. (J). (gr. -1-2). lib. bdg. 32.79 ***(978-1-0982-6618-9(8)***, 42149, Abdo Kids) ABDO Publishing Co.

Corn Flower: A Girl of the Great Plains. James D. Lester. 2018. (Illus.). 103p. (J). pap. *(978-1-63293-219-8(9))* Sunstone Pr.

Corn Flower in Blowing Snow on the Great Plains: Third in a Fiction Series Based on the Four Seasons. James D. Lester. 2019. (ENG., Illus.). 118p. (J). (gr. 8-12). pap. 16.95 *(978-1-63293-273-0(3))* Sunstone Pr.

Corn Flower on the Great Plains. James D. Lester. 2019. 110p. (J). pap. *(978-1-63293-250-1(4))* Sunstone Pr.

Corn-Husking: A Farce (Classic Reprint) E. S. Waite. (ENG., Illus.). (J). 2018. 22p. 24.35 *(978-0-332-94214-8(7))*; 2016. pap. 7.97 *(978-1-333-54535-2(5))* Forgotten Bks.

Corn Whisperer. Sue Houser. 2017. (ENG., Illus.). (J). (gr. 1-6). pap. 13.95 *(978-1-63384-388-2(2))* Wilder Pubns., Corp.

Corn Whisperer. Sue Houser. Illus. by Ramon Shiloh. 2017. (ENG.). 48p. (J). (gr. 1-6). 20.00 *(978-1-5154-3910-3(0))* Wilder Pubns., Corp.

Cornbread & Poppy. Matthew Cordell. 2022. (Cornbread & Poppy Ser.: 1). (ENG., Illus.). 80p. (J). (gr. -1-3). 15.99 *(978-0-7595-5487-0(0))*; pap. 6.99 *(978-0-7595-5486-3(2))* Little, Brown Bks. for Young Readers.

Cornbread & Poppy at the Carnival. Matthew Cordell. 2022. (Cornbread & Poppy Ser.: 2). (ENG.). 80p. (J). (gr. 1-5). 15.99 *(978-0-7595-5489-4(7))*; pap. 6.99 *(978-0-7595-5490-0(0))* Little, Brown Bks. for Young Readers.

Cornelia & the Fancy Lunch. Jodi Stapler. Ed. by Brooke Vitale. Illus. by Maria Flo. 2020. (Cornelia Chronicles Ser.: Vol. 2). (ENG.). 66p. (J). pap. 9.99 *(978-1-948256-28-5(2))* Willow Moon Publishing.

Cornelia & the Jungle Machine. Nora Brech. Illus. by Nora Brech. 2019. (ENG., Illus.). 32p. (J). (gr. k-2). 17.99 *(978-1-77657-259-5(9)*, 2325035f-39ea-4529-9abc-5a327070ac4a) Gecko Pr. NZL. Dist: Lerner Publishing Group.

Cornelia Button & the Globe of Gamagion. Edyth Bulbring. 2020. (ENG.). 204p. (J). (gr. 4-7). pap. *(978-0-9947145-6-5(4))* National Library of South Africa, Pretoria Division.

Cornelia Needs a Space of Her Own. Jodi Stapler. Illus. by Maria Flo. 2019. (Cornelia Chronicles Ser.: Vol. 1). (ENG.). 68p. (J). pap. 9.99 *(978-1-948256-26-1(6))* Willow Moon Publishing.

Cornelia Pickle, Plaintiff: A Burlesque Trial for Ladies (Classic Reprint) Mayme Riddle Bitney. 2018. (ENG., Illus.). 32p. (J). 24.58 *(978-0-267-20831-9(6))* Forgotten Bks.

Cornelius. Illus. by Martin Bailey. 2020. (ENG.). 32p. (J). (gr. -1-k). 17.99 *(978-0-9951093-7-7(0))* Black Chook Bks. NZL. Dist: Independent Pubs. Group.

Cornelius (Classic Reprint) Henry De La Pasture. (ENG., Illus.). (J). 2018. 384p. 31.84 *(978-0-365-26263-3(3))*; 2017. pap. 16.57 *(978-0-259-21389-5(6))* Forgotten Bks.

Cornelius Goes West. Charlie Steel. 2021. (ENG.). 78p. (YA). 18.95 *(978-1-931079-35-8(8))* Condor Publishing, Inc.

Cornelius Shilander His Chirurgerie: Containing a Briefe Methode for the Curing of Woundes & Ulcers; with an Easie Maner of Drawing Oyle Out of Wound-Hearbes, Turpentine, Guiacum & Waxe (Classic Reprint) Cornelius Schilander. 2017. (ENG., Illus.). (J). 25.13 *(978-0-265-76795-5(4))*; pap. 9.57 *(978-1-5277-4515-5(5))* Forgotten Bks.

Cornelius the Dragon. Nadine Rake. Illus. by Chad Thompson. 2022. (ENG.). 32p. (J). pap. *(978-1-0391-2261-1(2))*; *(978-1-0391-2262-8(0))* FriesenPress.

Cornelius Vanderbilt: Railroad Tycoon, 1 vol. Cassandra Schumacher. 2019. (Great American Entrepreneurs Ser.). (ENG.). 128p. (gr. 9-9). lib. bdg. 47.36 *(978-1-5026-4540-1(8)*, 1b23f369-9dfd-4836-aa24-44b958aa9c09) Cavendish Square Publishing LLC.

Cornelius Vanderbilt & the Railroad Industry, 1 vol. Therese Shea. 2016. (Great Entrepreneurs in U. S. History Ser.). (ENG., Illus.). 32p. (J). (gr. 5-5). pap. 12.75 *(978-1-4994-2119-4(2)*, ce97aa07-0ca2-47e5-8225-3d205a299793, PowerKids Pr.) Rosen Publishing Group, Inc., The.

Cornell Dyer & the Eerie Lake. Denise M. Baran-Unland. 2019. (ENG.). 76p. (J). pap. 6.99 *(978-1-949777-06-2(5))* Unland, Denise.

Cornell Dyer & the Never Robbers. Denise M. Baran-Unland. 2019. (ENG.). 96p. (J). pap. 6.99 *(978-1-949777-08-6(1))* Unland, Denise.

Cornell Era, 1901-1902, Vol. 34: A Journal of the University (Classic Reprint) Cornell University. (ENG., Illus.). (J). 2018. 414p. 32.35 *(978-0-332-63136-3(2))*; 2017. pap. 16.57 *(978-0-243-86858-2(8))* Forgotten Bks.

Cornell Scribblings (Classic Reprint) Charles L. Funnell. 2018. (ENG., Illus.). 64p. (J). 25.24 *(978-0-483-86642-3(3))* Forgotten Bks.

Cornell Stories (Classic Reprint) James Gardner Sanderson. 2019. (ENG., Illus.). 260p. (J). 29.28 *(978-0-365-24059-4(1))* Forgotten Bks.

Cornell University or in the Wireless House (Classic Reprint) Arthur Train. 2017. (ENG., Illus.). (J). 30.46 *(978-0-266-36114-5(5))* Forgotten Bks.

Cornelli (Classic Reprint) Johanna Spyri. (ENG., Illus.). (J). 2017. 30.02 *(978-0-331-04448-5(X))*; 2016. pap. 11.97 *(978-1-334-26507-5(0))* Forgotten Bks.

Corner. Hayley Gabrielle. 2019. (ENG.). 310p. (YA). (gr. 7-12). pap. *(978-0-6484452-4-1(0))* Hayley Gabrielle.

Corner. Zo-O (pen name). 2023. (ENG., Illus.). 64p. (J). (gr. 1). 19.95 *(978-1-77147-532-7(3))* Owlkids Bks. Inc. CAN. Dist: Publishers Group West (PGW).

Corner Boy: A Novel (Classic Reprint) Herbert Simmons. 2018. (ENG., Illus.). 278p. (J). 29.63 *(978-0-267-19347-9(5))* Forgotten Bks.

Corner Doodles Coloring Book for Teens & Young Adults (6x9 Coloring Book / Activity Book) Sheba Blake. 2021. (ENG.). 24p. (YA). pap. 9.99 *(978-1-222-29249-7(1))* Indy Pub.

Corner Doodles Coloring Book for Teens & Young Adults (8. 5x8. 5 Coloring Book / Activity Book) Sheba Blake. 2021. (ENG.). 24p. (YA). pap. 12.99 *(978-1-222-29260-2(2))* Indy Pub.

Corner Doodles Coloring Book for Teens & Young Adults (8x10 Coloring Book / Activity Book) Sheba Blake. 2021. (ENG.). 24p. (YA). pap. 14.99 *(978-1-222-29250-3(5))* Indy Pub.

Corner House Girls at School. Grace Brooks Hill. 2018. (ENG., Illus.). 176p. (YA). (gr. 7-12). pap. *(978-93-5297-326-2(7))* Alpha Editions.

Corner House Girls Growing Up: What Happened First, What Came Next, & How It Ended (Classic Reprint) Grace Brooks Hill. 2018. (ENG., Illus.). 266p. (J). 29.38 *(978-0-484-89039-7(5))* Forgotten Bks.

Corner House Girls in a Play: How They Rehearsed, How They Acted, & What the Play Brought in (Classic Reprint) Grace Brooks Hill. (ENG., Illus.). (J). 2018. 268p. 29.42 *(978-0-484-04869-9(4))*; 2016. pap. 11.97 *(978-1-334-59217-1(9))* Forgotten Bks.

Corner House Girls' Odd Find: Where They Made It; & What the Strange Discovery Led to (Classic Reprint) Grace Brooks Hill. (ENG., Illus.). (J). 2018. 266p. 29.38 *(978-0-364-24234-6(5))*; 2017. pap. 11.97 *(978-0-259-35499-4(6))* Forgotten Bks.

Corner in Coffee (Classic Reprint) Cyrus Townsend Brady. 2017. (ENG., Illus.). (J). 30.23 *(978-0-266-89829-0(7))* Forgotten Bks.

Corner in Vanilla: In the Hands of the Mexicans. G. H. Teed. 2022. (ENG.). 96p. (J). pap. ***(978-1-989788-96-7(3))*** Frizzle, Douglas R.

Corner in Women, & Other Follies (Classic Reprint) Tom Masson. (ENG., Illus.). (J). 2018. 354p. 31.20 *(978-0-483-14556-6(4))*; 2016. pap. 13.57 *(978-1-334-12964-3(9))* Forgotten Bks.

Corner of Harley Street: Being Some Familiar Correspondence of Peter Harding, M. d (Classic Reprint) H. H. Bashford. 2017. (ENG., Illus.). (J). 29.61 *(978-1-5281-8426-7(2))* Forgotten Bks.

Corner of Rainbow. Joneé M. Brown. 2nd ed. 2017. (ENG.). 132p. (J). pap. 15.99 *(978-1-56229-318-5(4)*, Christian Living Books, Inc.) Pneuma Life Publishing, Inc.

Corner of Spain (Classic Reprint) Miriam Coles Harris. 2018. (ENG., Illus.). 204p. (J). 28.10 *(978-0-484-06220-6(4))* Forgotten Bks.

Corner Stone (Classic Reprint) Margaret Hill McCarter. 2018. (ENG., Illus.). 114p. (J). 26.27 *(978-0-483-82792-9(4))* Forgotten Bks.

Corner Stones: That Our Daughters May Be As Corner Stones, Polished after the Similitude (Classic Reprint) Katharine Burrill. 2018. (ENG., Illus.). 238p. (J). 28.81 *(978-0-484-58736-5(6))* Forgotten Bks.

Corners & Sides: Squares & Rectangles Coloring Book. Jupiter Kids. 2016. (ENG., Illus.). 106p. (J). pap. 12.55 *(978-1-68326-300-5(6)*, Jupiter Kids (Childrens & Kids Fiction)) Speedy Publishing LLC.

Cornerstone. Jennifer Lynne Hotes. 2018. (Josie Jameson Mystery Ser.: Vol. 3). (ENG., Illus.). 326p. (YA). (gr. 7-12). pap. 16.25 *(978-0-9987199-5-5(1))* Storm Mystery Pr., LLC.

Cornerstones: 200 Questions & Answers to Teach Truth (Parent Guide) Brian Dembowczyk. 2018. (ENG.). 448p. pap. 16.99 *(978-1-4627-8235-2(3)*, 005799863, B&H Bks.) B&H Publishing Group.

Cornerstones of Freedom, Second Series, 4 bks., Set. Incl. Cornerstones of Freedom: Building the New York Subway. Andrew Santella. 26.00 *(978-0-516-23638-4(5))*; Gilded Age. Ann Morrow. 26.00 *(978-0-516-23641-4(5))*; Manhattan Project. Dan Elish. 26.00 *(978-0-516-23299-7(1))*; U. S. Supreme Court. Dan Elish. 26.00 *(978-0-516-23637-7(7))*; (Illus.). 48p. (J). (gr. 4-6). 2007. 104.00 *(978-0-531-17731-0(9)*, Children's Pr.) Scholastic Library Publishing.

Cornes (Horns) Amy Culliford. 2022. (Quel Animal a Ceci? (What Animal Has These Parts?) Ser.). Tr. of Cornes. (FRE.). 16p. (J). (gr. -1-1). pap. *(978-1-0396-8813-1(6)*, 22095) Crabtree Publishing Co.

Corney Grain (Classic Reprint) Corney Grain. 2018. (ENG., Illus.). 136p. (J). 26.70 *(978-0-483-92812-1(7))* Forgotten Bks.

Cornfield Dragon. Dixie Piper. 2017. (ENG., Illus.). (J). pap. 16.95 *(978-1-4808-4618-0(X))* Archway Publishing.

Cornhill Magazine: April, 1922 (Classic Reprint) Leonard Huxley. (ENG., Illus.). (J). 2018. 154p. 27.07 *(978-0-484-62480-0(6))*; 2016. pap. 9.57 *(978-1-334-14119-5(3))* Forgotten Bks.

Cornhill Magazine: February, 1922 (Classic Reprint) Leonard Huxley. (ENG., Illus.). (J). 2018. 162p. 27.26 *(978-0-483-30872-5(2))*; 2016. pap. 9.57 *(978-1-334-14565-0(2))* Forgotten Bks.

Cornhill Magazine: June, 1920 (Classic Reprint) Leonard Huxley. (ENG., Illus.). (J). 2018. 164p. 27.28 *(978-0-483-57787-9(1))*; 2016. pap. 9.97 *(978-1-334-12483-9(3))* Forgotten Bks.

Cornhill Magazine: March, 1920 (Classic Reprint) Leonard Huxley. (ENG., Illus.). (J). 2018. 154p. 27.07 *(978-0-267-58236-5(6))*; 2016. pap. 9.57 *(978-1-334-15912-1(2))* Forgotten Bks.

Cornhill Magazine: March, 1922 (Classic Reprint) Leonard Huxley. (ENG., Illus.). (J). 2018. 160p. 27.20 *(978-0-267-59655-3(3))*; 2016. pap. 9.57 *(978-1-334-14792-0(2))* Forgotten Bks.

Cornhill Magazine: May, 1920 (Classic Reprint) Leonard Huxley. (ENG., Illus.). (J). 2018. 162p. 27.20 *(978-0-428-90311-4(8))*; 2016. pap. 9.97 *(978-1-334-15237-5(3))* Forgotten Bks.

Cornhill Magazine: May, 1922 (Classic Reprint) Leonard Huxley. (ENG., Illus.). (J). 2018. 154p. 27.09 *(978-0-483-54699-8(2))*; 2016. pap. 9.57 *(978-1-334-15936-7(X))* Forgotten Bks.

Cornhill Magazine: September, 1881 (Classic Reprint) Unknown Author. (ENG., Illus.). (J). 2018. 36p. 24.64 *(978-0-267-13750-3(8))*; 2016. pap. 7.97 *(978-1-334-50127-2(0))* Forgotten Bks.

Cornhill Magazine: Vol. 9, November to December, 1900; Vol. 10, January to March, 1901 (Classic Reprint) Unknown Author. (ENG., Illus.). (J). 2018. 726p. 38.89 *(978-0-484-06569-6(6))*; 2016. pap. 23.57 *(978-1-334-14817-0(1))* Forgotten Bks.

Cornhill Magazine, Vol. 1: January to June, 1860 (Classic Reprint) Unknown Author. 2018. (ENG., Illus.). 804p. (J). 40.50 *(978-0-483-00146-6(5))* Forgotten Bks.

Cornhill Magazine, Vol. 1: January to June, 1860 (Classic Reprint) George Smith. 2018. (ENG., Illus.). (J). 838p. 41.18 *(978-0-366-55602-1(9))*; 840p. pap. 23.57 *(978-0-365-97969-2(4))* Forgotten Bks.

Cornhill Magazine, Vol. 1: July to December, 1883 (Classic Reprint) Unknown Author. (ENG., Illus.). (J). 2018. 674p. 37.80 *(978-0-484-17558-6(0))*; 2016. pap. 20.57 *(978-1-334-14876-7(7))* Forgotten Bks.

Cornhill Magazine, Vol. 10: January to June, 1888 (Classic Reprint) Unknown Author. (ENG., Illus.). (J). 2018. 658p. 37.47 *(978-0-483-85528-1(6))*; 2016. pap. 19.97 *(978-1-334-14624-4(1))* Forgotten Bks.

Cornhill Magazine, Vol. 11: January to June, 1865 (Classic Reprint) Unknown Author. (ENG., Illus.). (J). 2018. 796p. 40.33 *(978-0-483-60541-1(7))*; 2016. pap. 23.57 *(978-1-333-17661-7(9))* Forgotten Bks.

Cornhill Magazine, Vol. 11: January to June, 1865 (Classic Reprint) London Smith Elder and Co. 2017. (ENG., Illus.). (J). 40.62 *(978-0-266-92702-0(5))* Forgotten Bks.

Cornhill Magazine, Vol. 11: July to December, 1888 (Classic Reprint) Unknown Author. (ENG., Illus.). (J). 2018. 674p. 37.80 *(978-0-483-66707-5(2))*; 2016. pap. 20.57 *(978-1-334-14816-3(3))* Forgotten Bks.

Cornhill Magazine, Vol. 12: January to June, 1889 (Classic Reprint) Unknown Author. (ENG., Illus.). (J). 2017. 37.80 *(978-0-265-43374-4(6))*; 2016. pap. 20.57 *(978-1-334-15990-9(4))* Forgotten Bks.

Cornhill Magazine, Vol. 12: July to December, 1865 (Classic Reprint) Unknown Author. (ENG., Illus.). (J). 2018. 796p. 40.33 *(978-0-483-56736-8(1))*; 2016. pap. 23.57 *(978-1-333-24181-0(X))* Forgotten Bks.

Cornhill Magazine, Vol. 13: January to June, 1866 (Classic Reprint) Unknown Author. (ENG., Illus.). (J). 2017. 796p. 40.33 *(978-0-266-45409-0(7))*; 2016. pap. 23.57 *(978-1-334-14790-6(6))* Forgotten Bks.

Cornhill Magazine, Vol. 13: July to December, 1889 (Classic Reprint) Unknown Author. (ENG., Illus.). (J). 2018. 674p. 37.80 *(978-0-483-37342-6(7))*; 2016. pap. 20.57 *(978-1-334-14315-1(3))* Forgotten Bks.

Cornhill Magazine, Vol. 14: January to June, 1890 (Classic Reprint) Unknown Author. (ENG., Illus.). (J). 2018. 680p. 37.92 *(978-0-484-68165-0(6))*; 2016. pap. 20.57 *(978-1-334-57741-3(2))* Forgotten Bks.

Cornhill Magazine, Vol. 14: January to June 1890 (Classic Reprint) George Smith. 2017. (ENG., Illus.). (J). 37.80

C

(978-0-266-73586-1(X)); pap. 20.57 *(978-1-5276-9992-2(7))* Forgotten Bks.

Cornhill Magazine, Vol. 14: January to June, 1903 (Classic Reprint) George Smith. 2017. (ENG., Illus.). 828p. (J). 40.99 *(978-0-484-03709-9(9))* Forgotten Bks.

Cornhill Magazine, Vol. 14: July to December, 1866 (Classic Reprint) Unknown Author. (ENG., Illus.). (J). 2018. 792p. 40.25 *(978-0-483-81877-4(1))*; 2016. pap. 23.57 *(978-1-334-14649-7(7))* Forgotten Bks.

Cornhill Magazine, Vol. 15: January to June, 1867 (Classic Reprint) Unknown Author. (ENG., Illus.). (J). 2017. 40.36 *(978-0-266-44839-6(9))*; 2016. pap. 23.57 *(978-1-334-15034-0(6))* Forgotten Bks.

Cornhill Magazine, Vol. 15: July to December, 1890 (Classic Reprint) Unknown Author. (ENG., Illus.). (J). 2017. 37.80 *(978-0-266-45267-6(1))*; 2016. pap. 20.57 *(978-1-334-14818-7(X))* Forgotten Bks.

Cornhill Magazine, Vol. 16: January to June, 1891 (Classic Reprint) Unknown Author. (ENG., Illus.). (J). 2018. 674p. 37.80 *(978-0-483-50463-9(7))*; 2016. pap. 20.57 *(978-1-334-59212-6(8))* Forgotten Bks.

Cornhill Magazine, Vol. 16: January to June 1904 (Classic Reprint) Unknown Author. 2017. (ENG., Illus.). (J). 41.41 *(978-0-266-66529-8(2))*; pap. 23.97 *(978-1-5276-3687-3(9))* Forgotten Bks.

Cornhill Magazine, Vol. 16: July to December, 1867 (Classic Reprint) Unknown Author. (ENG., Illus.). (J). 2018. 798p. 40.36 *(978-0-428-87812-2(1))*; 2016. pap. 23.57 *(978-1-334-15363-1(9))* Forgotten Bks.

Cornhill Magazine, Vol. 17: January to June, 1868 (Classic Reprint) Unknown Author. (ENG., Illus.). (J). 2018. 794p. 40.27 *(978-0-484-80521-6(5))*; 2016. pap. 23.57 *(978-1-333-29901-9(X))* Forgotten Bks.

Cornhill Magazine, Vol. 17: January to June, 1868 (Classic Reprint) George Smith. 2017. (ENG., Illus.). (J). 40.69 *(978-0-260-96260-7(0))*; pap. 23.57 *(978-1-5282-6305-4(7))* Forgotten Bks.

Cornhill Magazine, Vol. 17: July to December, 1904 (Classic Reprint) Unknown Author. 2017. (ENG., Illus.). (J). 41.72 *(978-0-260-94163-3(8))*; pap. 24.06 *(978-1-5279-8868-2(6))* Forgotten Bks.

Cornhill Magazine, Vol. 18: January to June, 1892 (Classic Reprint) Unknown Author. (ENG., Illus.). (J). 2018. 678p. 37.90 *(978-0-332-73427-9(7))*; 2016. pap. 20.57 *(978-1-334-14539-1(3))* Forgotten Bks.

Cornhill Magazine, Vol. 18: July to December, 1868 (Classic Reprint) Unknown Author. (ENG., Illus.). (J). 2018. 796p. 40.33 *(978-0-332-06173-3(6))*; 2016. pap. 23.57 *(978-1-334-14983-2(6))* Forgotten Bks.

Cornhill Magazine, Vol. 19: January to June, 1869 (Classic Reprint) Unknown Author. (ENG., Illus.). (J). 2018. 794p. 40.29 *(978-0-428-62149-0(X))*; 2017. pap. 23.57 *(978-0-243-25074-5(6))* Forgotten Bks.

Cornhill Magazine, Vol. 19: July to December 1905 (Classic Reprint) Unknown Author. 2017. (ENG., Illus.). (J). 41.76 *(978-0-260-03340-6(5))*; pap. 24.10 *(978-1-5278-7826-6(0))* Forgotten Bks.

Cornhill Magazine, Vol. 2: January to June, 1884 (Classic Reprint) Unknown Author. (ENG., Illus.). (J). 2018. 674p. 37.80 *(978-0-483-50901-6(9))*; 2016. pap. 20.57 *(978-1-334-15450-8(3))* Forgotten Bks.

Cornhill Magazine, Vol. 2: January to June, 1884 (Classic Reprint) George Smith. (ENG., Illus.). (J). 2018. 674p. 37.82 *(978-0-364-52906-5(7))*; 2017. pap. 20.57 *(978-0-259-37527-2(6))* Forgotten Bks.

Cornhill Magazine, Vol. 2: July to December, 1860 (Classic Reprint) Unknown Author. (ENG., Illus.). (J). 2018. 796p. 40.33 *(978-0-483-37298-6(6))*; 2016. pap. 23.57 *(978-1-334-14577-3(6))* Forgotten Bks.

Cornhill Magazine, Vol. 20: January to June, 1893 (Classic Reprint) Unknown Author. (ENG., Illus.). (J). 2018. 676p. 37.86 *(978-0-483-57680-3(8))*; 2016. pap. 20.57 *(978-1-334-14929-0(1))* Forgotten Bks.

Cornhill Magazine, Vol. 20: July to December, 1869 (Classic Reprint) Unknown Author. (ENG., Illus.). (J). 2018. 796p. 40.33 *(978-0-267-67255-4(1))*; 2017. pap. 23.57 *(978-0-259-17815-6(2))* Forgotten Bks.

Cornhill Magazine, Vol. 21: January to June, 1870 (Classic Reprint) Unknown Author. (ENG., Illus.). (J). 2018. 798p. 40.36 *(978-0-364-50398-0(X))*; 2016. pap. 23.57 *(978-1-334-14715-9(9))* Forgotten Bks.

Cornhill Magazine, Vol. 21: July to December, 1893 (Classic Reprint) Unknown Author. (ENG., Illus.). (J). 2018. 678p. 37.90 *(978-0-483-74136-2(1))*; 2016. pap. 20.57 *(978-1-334-14969-6(0))* Forgotten Bks.

Cornhill Magazine, Vol. 22: January to June, 1894 (Classic Reprint) George Murray Smith. (ENG., Illus.). (J). 2017. 674p. 37.80 *(978-0-332-91555-5(7))*; 2016. pap. 20.57 *(978-1-334-14750-0(7))* Forgotten Bks.

Cornhill Magazine, Vol. 22: July to December, 1870 (Classic Reprint) Unknown Author. (ENG., Illus.). (J). 2018. 798p. 40.36 *(978-0-483-70723-8(6))*; 2016. pap. 23.57 *(978-1-334-15189-7(X))* Forgotten Bks.

Cornhill Magazine, Vol. 23: January to June, 1871 (Classic Reprint) Unknown Author. (ENG., Illus.). (J). 2018. 796p. 40.33 *(978-0-364-68961-5(7))*; 2016. pap. 23.57 *(978-1-334-14719-7(1))* Forgotten Bks.

Cornhill Magazine, Vol. 23: July to December, 1894 (Classic Reprint) Unknown Author. (ENG., Illus.). (J). 2018. 674p. 37.80 *(978-0-483-69356-2(1))*; 2016. pap. 20.57 *(978-1-334-12966-7(5))* Forgotten Bks.

Cornhill Magazine, Vol. 24: January to June, 1895 (Classic Reprint) Unknown Author. (ENG., Illus.). (J). 2018. 674p. 37.80 *(978-0-428-78350-1(3))*; 2016. pap. 20.57 *(978-1-334-12410-5(8))* Forgotten Bks.

Cornhill Magazine, Vol. 24: January to June, 1908 (Classic Reprint) Unknown Author. (ENG., Illus.). (J). 2018. 868p. 41.82 *(978-0-656-33789-7(3))*; 2017. pap. 24.16 *(978-0-243-28511-2(6))* Forgotten Bks.

Cornhill Magazine, Vol. 24: July to December, 1871 (Classic Reprint) George Smith. (ENG., Illus.). (J). 2018. 782p. 40.03 *(978-0-483-43701-2(8))*; 2017. pap. 23.57 *(978-0-243-07425-9(5))* Forgotten Bks.

Cornhill Magazine, Vol. 25: January to June, 1872 (Classic Reprint) Unknown Author. (ENG., Illus.). (J). 2018. 800p. 40.40 *(978-0-267-39171-4(4))*; 2016. pap. 23.57 *(978-1-334-13744-0(7))* Forgotten Bks.

Cornhill Magazine, Vol. 25: July to December, 1895 (Classic Reprint) Unknown Author. (ENG., Illus.). (J). 2018. 676p. 37.80 *(978-0-428-28752-8(2))*; 2018. 674p. 37.80 *(978-0-483-76232-9(6))*; 2017. pap. 20.57 *(978-0-243-51982-8(6))*; 2016. pap. 20.57 *(978-1-334-15121-7(0))* Forgotten Bks.

Cornhill Magazine, Vol. 26: January to June, 1896 (Classic Reprint) Unknown Author. (ENG., Illus.). (J). 2018. 678p. 37.90 *(978-0-483-72289-7(8))*; 2016. pap. 20.57 *(978-1-334-15106-4(7))* Forgotten Bks.

Cornhill Magazine, Vol. 26: July to December, 1872 (Classic Reprint) Unknown Author. (ENG., Illus.). (J). 2018. 800p. 40.42 *(978-0-332-99369-0(8))*; 2018. 760p. 39.59 *(978-0-483-95838-8(7))*; 2017. pap. 23.57 *(978-0-243-91488-3(1))*; 2016. pap. 23.57 *(978-1-334-14055-6(3))* Forgotten Bks.

Cornhill Magazine, Vol. 27: January to June, 1873 (Classic Reprint) Unknown Author. (ENG., Illus.). (J). 2018. 808p. 40.58 *(978-0-483-30787-2(4))*; 2016. pap. 23.57 *(978-1-334-14805-7(8))* Forgotten Bks.

Cornhill Magazine, Vol. 27: January to June, 1873 (Classic Reprint) George Murray Smith. 2017. (ENG., Illus.). (J). 39.45 *(978-0-266-71671-6(7))*; pap. 23.57 *(978-1-5276-7238-3(7))* Forgotten Bks.

Cornhill Magazine, Vol. 27: July to December 1909 (Classic Reprint) Unknown Author. (ENG., Illus.). (J). 2018. 866p. 41.76 *(978-0-484-55337-7(2))*; 2017. pap. 24.10 *(978-1-334-91598-7(9))* Forgotten Bks.

Cornhill Magazine, Vol. 28: January to June, 1910 (Classic Reprint) Unknown Author. (ENG., Illus.). (J). 2018. 908p. 42.62 *(978-0-483-79575-4(5))*; 2017. pap. 24.92 *(978-1-334-90179-9(1))* Forgotten Bks.

Cornhill Magazine, Vol. 28: July to December, 1873 (Classic Reprint) Unknown Author. (ENG., Illus.). (J). 2018. 806p. 40.52 *(978-0-484-11232-1(5))*; 2016. pap. 23.57 *(978-1-334-14637-4(3))* Forgotten Bks.

Cornhill Magazine, Vol. 28: July to December, 1873 (Classic Reprint) George Smith. (ENG., Illus.). (J). 2018. 776p. 39.90 *(978-0-428-88991-3(3))*; 2017. pap. 23.57 *(978-0-243-93409-6(2))* Forgotten Bks.

Cornhill Magazine, Vol. 29: January to June, 1874 (Classic Reprint) Unknown Author. (ENG., Illus.). (J). 2017. 794p. 40.27 *(978-0-265-44739-0(9))*; 2016. pap. 23.57 *(978-1-334-15585-7(2))* Forgotten Bks.

Cornhill Magazine, Vol. 29: January to June, 1874 (Classic Reprint) George Smith. (ENG., Illus.). (J). 2018. 640p. 37.12 *(978-0-666-62768-1(1))*; 2017. pap. 19.57 *(978-1-334-92177-3(6))* Forgotten Bks.

Cornhill Magazine, Vol. 29: July to December, 1910 (Classic Reprint) Unknown Author. (ENG., Illus.). (J). 2018. 868p. 41.82 *(978-0-483-02071-9(0))*; 2017. pap. 24.16 *(978-1-334-90674-9(2))* Forgotten Bks.

Cornhill Magazine, Vol. 3: January to June, 1861 (Classic Reprint) Unknown Author. (ENG., Illus.). (J). 2018. 794p. 40.27 *(978-0-428-61982-4(7))*; 2016. pap. 23.57 *(978-1-334-14020-4(0))* Forgotten Bks.

Cornhill Magazine, Vol. 3: January to June, 1861 (Classic Reprint) George Smith. (ENG., Illus.). (J). 2018. 822p. 40.85 *(978-0-365-28571-7(4))*; 2017. pap. 23.57 *(978-0-259-41081-2(0))* Forgotten Bks.

Cornhill Magazine, Vol. 3: July to December, 1884 (Classic Reprint) Unknown Author. (ENG., Illus.). (J). 2018. 676p. 37.86 *(978-0-483-05858-3(0))*; 2016. pap. 20.57 *(978-1-334-14793-7(0))* Forgotten Bks.

Cornhill Magazine, Vol. 30: July to December, 1874 (Classic Reprint) Unknown Author. (ENG., Illus.). (J). 2017. 40.27 *(978-0-265-44481-8(0))*; 2016. pap. 23.57 *(978-1-334-15304-4(3))* Forgotten Bks.

Cornhill Magazine, Vol. 31: January to June, 1875 (Classic Reprint) Unknown Author. (ENG., Illus.). (J). 2018. 800p. 40.40 *(978-0-483-45269-5(6))*; 2016. pap. 23.57 *(978-1-334-14812-5(0))* Forgotten Bks.

Cornhill Magazine, Vol. 35: January to June, 1877 (Classic Reprint) Unknown Author. (ENG., Illus.). (J). 2018. 794p. 40.27 *(978-0-428-96137-4(1))*; 2016. pap. 23.57 *(978-1-334-15181-1(4))* Forgotten Bks.

Cornhill Magazine, Vol. 35: January to June, 1877 (Classic Reprint) George Smith. 2017. (ENG., Illus.). (J). 804p. 40.48 *(978-0-484-38903-7(3))*; pap. 23.57 *(978-0-259-23629-0(2))* Forgotten Bks.

Cornhill Magazine, Vol. 36: July to December, 1877 (Classic Reprint) Unknown Author. (ENG., Illus.). (J). 2018. 792p. 40.23 *(978-0-484-33342-9(9))*; 2016. pap. 23.57 *(978-1-334-14568-1(7))* Forgotten Bks.

Cornhill Magazine, Vol. 36: July to December, 1877 (Classic Reprint) George Smith. (ENG., Illus.). (J). 2018. 256p. 29.20 *(978-0-365-53270-5(3))*; 2016. pap. 11.57 *(978-1-334-24842-9(7))* Forgotten Bks.

Cornhill Magazine, Vol. 37: January to June, 1878 (Classic Reprint) Unknown Author. 2018. (ENG., Illus.). 800p. (J). 40.42 *(978-0-428-82653-6(9))* Forgotten Bks.

Cornhill Magazine, Vol. 38: July to December, 1878 (Classic Reprint) Unknown Author. (ENG., Illus.). (J). 2018. 796p. 40.33 *(978-0-428-85776-9(0))*; 2016. pap. 23.57 *(978-1-334-14760-9(4))* Forgotten Bks.

Cornhill Magazine, Vol. 39: January to June, 1879 (Classic Reprint) Unknown Author. (ENG., Illus.). (J). 2018. 794p. 40.29 *(978-0-483-37271-9(4))*; 2016. pap. 23.57 *(978-1-334-14684-8(5))* Forgotten Bks.

Cornhill Magazine, Vol. 4: January to June, 1885 (Classic Reprint) Unknown Author. (ENG., Illus.). (J). 2018. 674p. 37.80 *(978-0-332-93406-8(3))*; 2016. pap. 20.57 *(978-1-334-20339-8(3))* Forgotten Bks.

Cornhill Magazine, Vol. 4: July to December, 1861 (Classic Reprint) George Smith. (ENG., Illus.). (J). 2018. 810p. 40.62 *(978-0-364-34630-3(2))*; 2017. pap. 23.57 *(978-0-259-52664-3(9))* Forgotten Bks.

Cornhill Magazine, Vol. 40: January to June, 1865 (Classic Reprint) George Smith. 2017. (ENG., Illus.). (J). pap. 23.57 *(978-1-334-98921-6(4))* Forgotten Bks.

Cornhill Magazine, Vol. 40: July to December, 1879 (Classic Reprint) Unknown Author. (ENG., Illus.). (J). 2018. 792p. 40.23 *(978-0-332-16939-2(1))*; 2016. pap. 23.57 *(978-1-334-14737-1(X))* Forgotten Bks.

Cornhill Magazine, Vol. 41 (Classic Reprint) Unknown Author. 2018. (ENG., Illus.). 792p. (J). 40.23 *(978-0-484-78994-3(5))* Forgotten Bks.

Cornhill Magazine, Vol. 42: July to December, 1880 (Classic Reprint) Unknown Author. (ENG., Illus.). (J). 2017. 40.23 *(978-0-265-44774-1(7))*; 2016. pap. 23.57 *(978-1-334-15067-8(2))* Forgotten Bks.

Cornhill Magazine, Vol. 43: January to June, 1881 (Classic Reprint) Unknown Author. (ENG., Illus.). (J). 2018. 806p. 40.54 *(978-0-483-63634-7(7))*; 2016. pap. 23.57 *(978-1-334-14797-5(3))* Forgotten Bks.

Cornhill Magazine, Vol. 43: January to June, 1881 (Classic Reprint) George Smith. (ENG., Illus.). (J). 2018. 814p. 40.69 *(978-0-483-88775-6(7))*; 2017. pap. 23.57 *(978-0-243-91409-8(1))* Forgotten Bks.

Cornhill Magazine, Vol. 44: January to June, 1918 (Classic Reprint) Unknown Author. (ENG., Illus.). (J). 2018. 682p. 37.96 *(978-0-484-33685-7(1))*; 2017. pap. 20.57 *(978-0-243-24892-6(X))* Forgotten Bks.

Cornhill Magazine, Vol. 44: July to December, 1881 (Classic Reprint) Unknown Author. (ENG., Illus.). (J). 2018. 794p. 40.27 *(978-0-484-76406-3(3))*; 2016. pap. 23.57 *(978-1-334-14939-9(9))* Forgotten Bks.

Cornhill Magazine, Vol. 44: July to December, 1881 (Classic Reprint) George Smith. (ENG., Illus.). (J). 2018. 800p. 40.42 *(978-0-428-78967-1(6))*; 2016. pap. 23.57 *(978-1-334-13143-1(0))* Forgotten Bks.

Cornhill Magazine, Vol. 45: January to June, 1882 (Classic Reprint) Unknown Author. (ENG., Illus.). (J). 2018. 794p. 40.27 *(978-0-483-30551-9(0))*; 2016. pap. 23.57 *(978-1-334-15883-4(5))* Forgotten Bks.

Cornhill Magazine, Vol. 45: July to December, 1918 (Classic Reprint) Unknown Author. (ENG., Illus.). (J). 2018. 682p. 37.96 *(978-0-428-78359-4(7))*; 2016. pap. 20.57 *(978-1-334-15072-2(9))* Forgotten Bks.

Cornhill Magazine, Vol. 46: January to June, 1919 (Classic Reprint) Unknown Author. (ENG., Illus.). (J). 2018. 684p. 38.00 *(978-0-484-07470-4(9))*; 2016. pap. 20.57 *(978-1-334-12619-2(4))* Forgotten Bks.

Cornhill Magazine, Vol. 46: July to December, 1882 (Classic Reprint) Unknown Author. (ENG., Illus.). (J). 2018. 792p. 40.23 *(978-0-483-65043-5(9))*; 2016. pap. 23.57 *(978-1-334-14683-1(7))* Forgotten Bks.

Cornhill Magazine, Vol. 47: January to June, 1883 (Classic Reprint) Unknown Author. (ENG., Illus.). (J). 2018. 804p. 40.48 *(978-0-428-77617-6(5))*; 2018. 792p. 40.23 *(978-0-483-86294-4(0))*; 2017. pap. 23.57 *(978-1-334-94982-1(4))*; 2016. pap. 23.57 *(978-1-334-12560-7(0))* Forgotten Bks.

Cornhill Magazine, Vol. 47: July to December, 1919 (Classic Reprint) Unknown Author. (ENG., Illus.). (J). 2018. 686p. 38.05 *(978-0-267-38604-8(4))*; 2016. pap. 20.57 *(978-1-334-14663-3(2))* Forgotten Bks.

Cornhill Magazine, Vol. 49: July to December, 1920 (Classic Reprint) Unknown Author. (ENG., Illus.). (J). 2018. 778p. 39.98 *(978-0-484-56115-0(4))*; 2016. pap. 23.57 *(978-1-334-15401-0(5))* Forgotten Bks.

Cornhill Magazine, Vol. 5: July to December, 1885 (Classic Reprint) Unknown Author. (ENG., Illus.). (J). 2018. 676p. 37.84 *(978-0-483-68201-6(2))*; 2016. pap. 20.57 *(978-1-334-15233-7(0))* Forgotten Bks.

Cornhill Magazine, Vol. 5: July to December, 1898 (Classic Reprint) George Smith. 2017. (ENG., Illus.). (J). 886p. 42.17 *(978-0-332-94964-2(8))*; pap. 24.51 *(978-0-243-53190-5(7))* Forgotten Bks.

Cornhill Magazine, Vol. 53: July to December, 1922 (Classic Reprint) Unknown Author. (ENG., Illus.). (J). 2018. 780p. 40.00 *(978-0-484-26567-6(9))*; 2016. pap. 23.57 *(978-1-334-14674-9(8))* Forgotten Bks.

Cornhill Magazine, Vol. 6: January to June, 1886 (Classic Reprint) Unknown Author. (ENG., Illus.). (J). 2018. 678p. 37.90 *(978-0-483-77236-6(4))*; 2016. pap. 20.57 *(978-1-334-15488-1(0))* Forgotten Bks.

Cornhill Magazine, Vol. 6: January to June, 1886 (Classic Reprint) George Smith. (ENG., Illus.). (J). 2018. 676p. 37.84 *(978-0-483-44454-6(5))*; 2017. pap. 20.57 *(978-1-334-91766-0(3))* Forgotten Bks.

Cornhill Magazine, Vol. 7: January to June, 1863 (Classic Reprint) George Smith. (ENG., Illus.). (J). 2018. 894p. 42.34 *(978-0-364-71203-0(1))*; 2017. pap. 24.66 *(978-1-334-92432-3(5))* Forgotten Bks.

Cornhill Magazine, Vol. 7: July to December, 1886 (Classic Reprint) Unknown Author. (ENG., Illus.). (J). 2018. 674p. 37.80 *(978-0-483-46803-0(7))*; 2016. pap. 20.57 *(978-1-334-12366-5(7))* Forgotten Bks.

Cornhill Magazine, Vol. 8: January to June, 1887 (Classic Reprint) Unknown Author. (ENG., Illus.). (J). 2018. 674p. 37.80 *(978-0-483-05856-9(4))*; 2016. pap. 20.57 *(978-1-334-14097-6(9))* Forgotten Bks.

Cornhill Magazine, Vol. 8: January to June 1900 (Classic Reprint) George Smith. 2017. (ENG., Illus.). (J). 41.84 *(978-0-266-72983-9(5))*; pap. 24.18 *(978-1-5276-9063-9(6))* Forgotten Bks.

Cornhill Magazine, Vol. 8: July to December, 1863 (Classic Reprint) Unknown Author. (ENG., Illus.). (J). 2018. 796p. 40.33 *(978-0-483-51904-6(9))*; 2016. pap. 23.57 *(978-1-334-32748-3(3))* Forgotten Bks.

Cornhill Magazine, Vol. 8: July to December, 1863 (Classic Reprint) George Smith. (ENG., Illus.). (J). 2018. 848p. 41.39 *(978-1-396-81436-5(1))*; 2018. 850p. pap. 23.97 *(978-1-396-81430-3(2))*; 2018. 814p. 40.71 *(978-0-428-50688-9(7))*; 2017. pap. 23.57 *(978-0-259-29364-4(4))* Forgotten Bks.

Cornhill Magazine, Vol. 8: July to December, 1899 (Classic Reprint) George Smith. (ENG., Illus.). (J). 2018. 866p. 41.76 *(978-0-483-96986-5(9))*; 2017. pap. 24.10 *(978-0-243-92658-9(8))* Forgotten Bks.

Cornhill Magazine, Vol. 85: January, 1902 (Classic Reprint) Unknown Author. (ENG., Illus.). (J). 2018. 590p. 36.07 *(978-0-428-82471-6(4))*; 2016. pap. 19.57 *(978-1-334-14699-2(3))* Forgotten Bks.

Cornhill Magazine, Vol. 9: January to June, 1864 (Classic Reprint) Unknown Author. (ENG., Illus.). (J). 2018. 792p. 40.23 *(978-0-483-83787-4(3))*; 2016. pap. 23.57 *(978-1-334-12367-2(5))* Forgotten Bks.

Cornhill Magazine, Vol. 9: July to December, 1887 (Classic Reprint) Unknown Author. (ENG., Illus.). (J). 2018. 674p. 37.80 *(978-0-267-38554-6(4))*; 2016. pap. 20.57 *(978-1-334-14716-6(7))* Forgotten Bks.

Cornish: Saints Sinners (Classic Reprint) J. Henry Harris. 2018. (ENG., Illus.). 406p. (J). 32.27 *(978-0-483-32131-1(1))* Forgotten Bks.

Cornish Diamonds, Vol. 1 of 2 (Classic Reprint) Elizabeth Godfrey. 2018. (ENG., Illus.). 276p. (J). 29.59 *(978-0-484-69402-5(2))* Forgotten Bks.

Cornish Diamonds, Vol. 2 of 2 (Classic Reprint) Elizabeth Godfrey. (ENG., Illus.). (J). 2018. 254p. 29.14 *(978-0-484-03782-2(X))*; 2016. pap. 11.57 *(978-1-333-75693-2(3))* Forgotten Bks.

Cornish Droll. Eden Phillpotts. 2017. (ENG., Illus.). (J). pap. *(978-0-649-20213-3(9))* Trieste Publishing Pty Ltd.

Cornish Droll: A Novel (Classic Reprint) Eden Phillpotts. 2018. (ENG., Illus.). 278p. (J). 29.65 *(978-0-483-52730-0(0))* Forgotten Bks.

Cornish Fishermen's Watch-Night: And Other Stories (Classic Reprint) Religious Tract Society. 2018. (ENG., Illus.). 106p. (J). 26.08 *(978-0-332-04702-7(4))* Forgotten Bks.

Cornish Harbour (Classic Reprint) James Payn. 2018. (ENG., Illus.). 202p. (J). 28.08 *(978-0-483-88866-1(4))* Forgotten Bks.

Cornish Penny: A Novel (Classic Reprint) Coulson Cade. 2018. (ENG., Illus.). 318p. (J). 30.48 *(978-0-332-61982-8(6))* Forgotten Bks.

Cornish Rexes. Christina Leighton. 2016. (Cool Cats Ser.). (ENG., Illus.). 24p. (J). (gr. k-3). 26.95 *(978-1-62617-396-5(6)*, Blastoff! Readers) Bellwether Media.

Cornish Stories (Classic Reprint) Mark Guy Pearse. (ENG., Illus.). (J). 2018. 202p. 28.08 *(978-0-267-38808-0(X))*; 2016. pap. 10.57 *(978-1-334-14268-0(8))* Forgotten Bks.

Cornish Whiddles: For Teenin' Time (Classic Reprint) Frank Morris. 2018. (ENG., Illus.). 236p. (J). 28.76 *(978-0-267-26023-2(7))* Forgotten Bks.

Cornrows. Camille Yarbrough. Illus. by Carole Byard. 2023. (ENG.). 48p. (J). (gr. k-3). 17.99 *(978-0-593-62507-1(2)*, G.P. Putnam's Sons Books for Young Readers); pap. 8.99 *(978-0-698-11436-4(1)*, Puffin Books) Penguin Young Readers Group.

Cornucopia of Amazing Mazes Activity Book. Jupiter Kids. 2016. (ENG., Illus.). 108p. (J). pap. 12.55 *(978-1-68326-134-6(8)*, Jupiter Kids (Childrens & Kids Fiction)) Speedy Publishing LLC.

Cornucopia, or Horn of Plenty: An Universal Scrap-Book for the Family (Classic Reprint) W. W. Breese. (ENG., Illus.). (J). 2018. 1064p. 45.84 *(978-0-483-80426-5(6))*; 2017. pap. 28.14 *(978-0-243-26193-2(4))* Forgotten Bks.

Cornwall's Wonderland (Classic Reprint) Mabel Quiller Couch. 2018. (ENG., Illus.). 252p. (J). 29.11 *(978-0-483-78964-7(X))* Forgotten Bks.

Corny Jokes. Joe King. 2023. (Abdo Kids Jokes Ser.). (ENG.). 24p. (J). (gr. -1-2). lib. bdg. 31.36 ***(978-1-0982-6604-2(8)***, 42107, Abdo Kids) ABDO Publishing Co.

Corona / the Crown, Vol. 2. Kiera Cass. 2017. (Selection Ser.). (SPA.). 272p. (J). (gr. 8-12). pap. 12.95 *(978-84-16240-70-8(1))* Penguin Random House Grupo Editorial ESP. Dist: Penguin Random Hse. LLC.

Corona Cruel. Victoria Aveyard. 2017. (Reina Roja Ser.). (SPA.). 208p. (YA). (gr. 7). pap. 14.50 *(978-607-527-095-1(7))* Editorial Oceano de Mexico MEX. Dist: Independent Pubs. Group.

Corona de Sombras. Tricia Tricia. 2023. (SPA.). 376p. (YA). pap. 21.95 ***(978-607-07-9693-7(4))*** Editorial Planeta, S. A. ESP. Dist: Two Rivers Distribution.

Corona of the Nantahalas: A Romance (Classic Reprint) Louis Pendleton. 2018. (ENG., Illus.). 212p. (J). 28.27 *(978-0-483-62243-2(5))* Forgotten Bks.

Corona Tales with Galaxina. A. MC. 2021. (ENG.). 46p. (J). 25.99 *(978-1-64990-911-4(X))*; pap. 17.99 *(978-1-64990-910-7(1))* Palmetto Publishing.

Coronado Kid. Dick Belkin. Illus. by Samantha Wright. 2018. (ENG.). 26p. (J). 22.99 *(978-1-5456-5631-0(2))*; pap. 12.49 *(978-1-5456-5630-3(4))* Salem Author Services.

Coronation a Story of Forest & Sea (Classic Reprint) E. P. Tenney. 2018. (ENG., Illus.). (J). 32.23 *(978-0-266-16021-2(2))* Forgotten Bks.

Coronavirus: A Gentle Book to Educate & Comfort Young Children. LuLu Lotus. 2020. (ENG.). 30p. (J). pap. *(978-1-9995496-5-7(1))* Government of Canada.

Coronavirus, COVID-19. Why Dad? Why Mom? Why? Viola Smith Darrington. 2021. (ENG., Illus.). 32p. (J). pap. 14.95 *(978-1-0980-9688-5(6))* Christian Faith Publishing.

Coronavirus Heroes. Basmattie Dookie. 2021. (ENG.). 32p. (J). pap. 14.95 *(978-0-578-88688-6(X))* Polar Bear Buds.

Coronavirus in Sports & Entertainment. Margaret J. Goldstein. 2021. (Searchlight Books (tm) — Understanding the Coronavirus Ser.). (ENG., Illus.). 32p. (J). (gr. 3-5). pap. 9.99 *(978-1-7284-3144-4(1)*, 34e787b3-0509-4824-b078-ed67e0db9043); lib. bdg. 30.65 *(978-1-7284-2850-5(5)*, b582a1f0-b740-4d06-80ca-eda06072e063) Lerner Publishing Group. (Lerner Pubns.).

Coronavirus Memories - a Children's Workbook. Zoë Graham. Illus. by Cassie. 2020. (ENG.). 36p. (J). pap. *(978-1-83975-299-5(8))* Grosvenor Hse. Publishing Ltd.

Coronavirus Pandemic Of 2020. Kathy DuVall. 2021. (Historic Pandemics & Plagues Ser.). (ENG.). 64p. (YA). (gr. 6-12). 43.93 *(978-1-6782-0100-5(6))* ReferencePoint Pr., Inc.

Coronavirus (Set), 6 vols. 2020. (Coronavirus Ser.). (ENG.). 24p. (J). (gr. -1-2). lib. bdg. 196.74 *(978-1-0982-0549-2(9)*, 36000, Abdo Kids) ABDO Publishing Co.

Coronavirus (the Coronavirus) (Set), 6 vols. 2020. (Coronavirus (the Coronavirus) Ser.). (SPA.). 24p. (J). (gr. -1-2). lib. bdg. 196.74 *(978-1-0982-0866-0(8)*, 36902, Abdo Kids) ABDO Publishing Co.

Coronavirus: the COVID-19 Pandemic. Sue Bradford Edwards. 2020. (Special Reports). (ENG., Illus.). 112p. (J). (gr. 6-12). lib. bdg. 41.36 *(978-1-5321-9400-9(5)*, 36044, Essential Library) ABDO Publishing Co.

Corporal Cameron of the North West Mounted Police a Tale of the MacLeod Trail (Classic Reprint) Ralph Connor. 2017. (ENG., Illus.). (J). 34.13 *(978-0-266-96106-2(1))* Forgotten Bks.

414 The check digit for ISBN-10 appears in parentheses after the full ISBN-13

Corporal Lige's Recruit, Vol. 27: A Story of Crown Point & Ticonderoga (Classic Reprint) James Otis. 2018. (ENG., Illus.). 290p. (J). 29.88 *(978-0-267-45086-2(9))* Forgotten Bks.

Corporal Sam, & Other Stories (Classic Reprint) Arthur Thomas Quiller-Couch. 2018. (ENG., Illus.). 322p. (J). 30.50 *(978-0-484-57443-3(4))* Forgotten Bks.

Corporal Si Klegg & His Pard: How They Lived & Talked, & What They Did, & Suffered, While Fighting, for the Flag (Classic Reprint) Wilbur F. Hinman. 2017. (ENG., Illus.). 726p. (J). 38.87 *(978-0-484-37027-1(8))* Forgotten Bks.

Corporate Farming, 1 vol. Ed. by Avery Elizabeth Hurt. 2017. (Opposing Viewpoints Ser.). (ENG.). 208p. (gr. 10-12). pap. 34.80 *(978-1-5345-0049-5(9)*, ec286b49-a974-457a-95b4-96ed6dd599cc) Greenhaven Publishing LLC.

Corps Command: Dark Gathering. Cameron Alexander. 2020. (Dark Corps Special Missions Ser.: Vol. 3). (ENG., Illus.). 238p. (J). (gr. 3-6). pap. 7.99 *(978-1-950594-12-2(2)*, Bickering Owls Publishing) Maracle, Derek.

Corps Humain: Structure et Fonctions, Formes Extérieures, Régions Anatomiques, Situation, Rapports et Usages des Appareils et Organes Qui Concourent Au Mécanisme de la Vie (Classic Reprint) Edouard Cuyer. 2018. (FRE., Illus.). 420p. (J). 32.56 *(978-1-391-31391-7(7))* Forgotten Bks.

Corpse & Crown. Alisa Kwitney. 2019. (ENG.). 320p. (YA). 18.99 *(978-1-335-54222-9(1))* Harlequin Enterprises ULC CAN. Dist: HarperCollins Pubs.

Corpse Flower vs. Venus Flytrap. Eric Braun. 2018. (Versus! Ser.). (ENG.). 24p. (J). (gr. 4-6). pap. 9.99 *(978-1-64466-330-1(9)*, 12155); lib. bdg. *(978-1-68072-347-2(2)*, 12154) Black Rabbit Bks. (Hi Jinx).

Corpse Flowers Smell Nasty!, 1 vol. Tayler Cole. 2016. (World's Weirdest Plants Ser.). (ENG., Illus.). 24p. (J). (gr. 2-3). pap. 9.15 *(978-1-4824-5607-3(9)*, 1e8ccd0a-ff90-4a05-aeef-672fdc0d42b0) Stevens, Gareth Publishing LLLP.

Corpse Queen. Heather M. Herrman. 2021. 416p. (YA). (gr. 7). 18.99 *(978-1-9848-1670-2(5)*, G.P. Putnam's Sons Books for Young Readers) Penguin Young Readers Group.

Corpse Talk: Groundbreaking Scientists. DK. 2020. (Corpse Talk Ser.: 1). (Illus.). 128p. (J). (gr. 4-7). pap. 12.99 *(978-1-4654-9987-5(3)*, DK Children) Dorling Kindersley Publishing, Inc.

Corpse Talk: Groundbreaking Women. DK. 2020. (Corpse Talk Ser.: 2). (Illus.). 128p. (J). (gr. 4-7). pap. 12.99 *(978-1-4654-9977-6(6)*, DK Children) Dorling Kindersley Publishing, Inc.

Corpse Talk: Queens & Kings & Other Royal Rotters. Adam Murphy. 2021. (Corpse Talk Ser.: 3). (Illus.). 128p. (J). (gr. 3-7). (ENG.). 19.99 *(978-0-7440-2767-9(5))*; pap. 12.99 *(978-0-7440-2766-2(7))* Dorling Kindersley Publishing, Inc. (DK Children).

Corpus Ms. (Corpus Christi Coll. , Oxford) of Chaucer's Canterbury Tales (Classic Reprint) Geoffrey Chaucer. 2018. (ENG., Illus.). (J). 784p. 40.07 *(978-1-396-68743-3(2))*; 786p. pap. 23.57 *(978-1-391-29477-3(7))*; 208p. 28.21 *(978-1-396-40765-9(0))*; 210p. pap. 10.57 *(978-1-390-95796-9(9))* Forgotten Bks.

Corpus Ms. (Corpus Christi Coll. , Oxford) of Chaucer's Canterbury Tales (Classic Reprint) Frederick J. Furnivall. 2017. (ENG., Illus.). (J). 39.51 *(978-0-266-42034-7(6))* Forgotten Bks.

Corpus Ms. (Corpus Christi Coll;, Oxford) of Chaucer's Canterbury Tales (Classic Reprint) Frederick J. Furnivall. 2016. (ENG., Illus.). (J). pap. 23.57 *(978-1-333-70365-3(1))* Forgotten Bks.

Corradi, Vol. 29: April, 1925 (Classic Reprint) Maude Goodwin. (ENG., Illus.). (J). 2018. 40p. 24.72 *(978-0-483-46453-7(8))*; 2016. pap. 7.97 *(978-1-334-11587-5(7))* Forgotten Bks.

Corradi, Vol. 30: October, 1925 (Classic Reprint) North Carolina College For Women. (ENG., Illus.). (J). 2018. 26p. 24.45 *(978-0-483-58717-5(6))*; 2017. pap. 7.97 *(978-0-243-23676-3(X))* Forgotten Bks.

Corradi, Vol. 48: December, 1942 (Classic Reprint) North Carolina Woman's College. (ENG., Illus.). (J). 2018. 32p. 24.58 *(978-0-484-51243-5(9))*; 2017. pap. 7.97 *(978-0-243-17903-9(0))* Forgotten Bks.

Corre, Corre, Caballito. Yanitzia Canetti. Illus. by Paco Sordo. 2017. (Rising Readers Ser.). (SPA.). (J). (gr. k). 5.83 *(978-1-4788-2721-4(1))* Newmark Learning LLC.

Corre, Corre, Caballito: Set of 6 Common Core Edition. Yanitzia Canetti & Newmark Learning, LLC. 2017. (Rising Readers Ser.). (SPA.). (J). (gr. k). 38.00 *(978-1-4788-2890-7(0))* Newmark Learning LLC.

Corre, Milka, Corre! see Go, Milka, Go!: The Life of Milka Duno

¡Corre, Pequeño Chaski! Mariana Llanos. Illus. by Mariana Ruiz Johnson. 2021. (SPA.). 32p. (J). (gr. -1-2). 9.99 *(978-1-64686-217-7(1))* Barefoot Bks., Inc.

¡Corre, Pequeño Chaski! Una Aventura en el Camino Inka. Mariana Llanos. Illus. by Mariana Ruiz Johnson. 2021. (SPA.). 32p. (J). 16.99 *(978-1-64686-271-9(6))* Barefoot Bks., Inc.

¡Corre, Ratón, Corre! Yanitzia Canetti. Illus. by Helen Poole. 2017. (Rising Readers Ser.). (SPA.). (J). (gr. k). 5.83 *(978-1-4788-2720-7(3))* Newmark Learning LLC.

¡Corre, Ratón, Corre! Set of 6 Common Core Edition. Yanitzia Canetti & Newmark Learning, LLC. 2017. (Rising Readers Ser.). (SPA.). (J). (gr. k). 38.00 *(978-1-4788-2889-1(7))* Newmark Learning LLC.

Correct Spelling, Vol. 6 (Classic Reprint) B. Norman Strong. 2018. (ENG., Illus.). 76p. (J). 25.46 *(978-0-656-41853-4(2))* Forgotten Bks.

Corrected Lore of a Famous Philanthropist. Dustin Perry. Illus. by Aaron Wolf. 2021. (ENG.). 134p. (YA). pap. *(978-1-922594-27-3(X))* Shawline Publishing Group.

Corrected Proofs (Classic Reprint) H. Hastings Weld. 2018. (ENG., Illus.). 266p. (J). 29.38 *(978-0-267-23427-1(9))* Forgotten Bks.

Corredor Se Lleva un Susto. Jake Maddox & Jake Maddox. Illus. by Jesus Aburto. 2023. (Jake Maddox en Español Ser.). (SPA.). 72p. (J). 25.99 *(978-1-6690-0687-9(5)*, 245535); pap. 6.99 *(978-1-6690-0713-5(8)*, 245529) Capstone. (Stone Arch Bks.).

Correggi l'atteggiamento Del Tuo Drago: Una Simpatica Storia per Bambini, per Informarli Sugli Atteggiamenti Sbagliati e I Comportamenti Negativi, e Insegnare Loro a Correggerli. Steve Herman. 2020. (My Dragon Books Italiano Ser.: Vol. 18). (ITA.). 44p. (J). 18.95 *(978-1-64916-017-1(8))*; pap. 12.95 *(978-1-64916-016-4(X))* Digital Golden Solutions LLC.

Correlated Lessons in Language & Occupation Work (Classic Reprint) Ruth O. Dyer. 2018. (ENG., Illus.). 166p. (J). 27.34 *(978-0-267-27934-0(5))* Forgotten Bks.

Correlation & Conservation of Forces: A Series of Expositions; with an Introduction & Brief Biographical Notices of Chief Promoters of the New Views (Classic Reprint) William Robert Grove. (ENG., Illus.). (J). 2018. 490p. 34.00 *(978-0-365-24130-0(X))*; 2017. pap. 16.57 *(978-0-282-25924-2(4))* Forgotten Bks.

Correlation of Abilities of High School Pupils: A Dissertation. David Emrich Weglein. 2017. (ENG., Illus.). (J). pap. *(978-0-649-43271-4(1))* Trieste Publishing Pty Ltd.

Correr Por el Autobús: Leveled Reader Book 45 Level T 6 Pack. Hmh Hmh. 2021. (SPA.). 64p. (J). pap. 74.40 *(978-0-358-08613-0(2))* Houghton Mifflin Harcourt Publishing Co.

Correspondence: Between a Mother & Her Daughter at School (Classic Reprint) Taylor. 2018. (ENG., Illus.). 162p. (J). 27.24 *(978-0-484-21293-9(1))* Forgotten Bks.

Correspondence Addressed to Sidney Colvin, November 1890 to October 1894 (Classic Reprint) Robert Louis Stevenson. 2018. (ENG., Illus.). 342p. (J). 30.95 *(978-0-428-89456-6(9))* Forgotten Bks.

Correspondence of Nathan Walworth & Peter Seddon of Outwood. Nathan Walworth et al. 2018. (ENG.). 170p. (J). pap. *(978-3-337-42529-6(1))* Creation Pubs.

Corrie Ten Boom: The Courageous Woman & the Secret Room. Laura Wickham. 2021. (Do Great Things for God Ser.). (ENG., Illus.). 24p. (J). *(978-1-78498-578-3(3))* Good Bk. Co., The.

Corrie Who? (Classic Reprint) Maximilian Foster. 2017. (ENG., Illus.). (J). 34.33 *(978-0-266-19452-1(4))* Forgotten Bks.

Corrupt: A Castlehead Novel. Joshua Meeking. 2022. (ENG.). 312p. (YA). pap. *(978-1-83975-943-7(7))* Grosvenor Hse. Publishing Ltd.

Corrupted Enchantment: When Fairy Tales Collide. C. Penticoff. 2019. (Enchantment Ser.: Vol. 1). (ENG.). 302p. (YA). (gr. 7-12). pap. 14.99 ***(978-1-0878-0117-9(6))*** Indy Pub.

Corruption. Miracle L. McIlwain. 2019. (ENG.). 296p. (YA). (gr. 7-12). pap. 18.95 *(978-1-64028-735-8(3))* Christian Faith Publishing.

Corruption. Jessica Shirvington. 2017. (Disruption Ser.: 02). 448p. 9.99 *(978-1-4607-5219-7(8)*, HarperCollins) HarperCollins Pubs.

Corruption & Transparency. Tom Lansford. 2018. (Foundations of Democracy Ser.). (ENG.). 48p. (J). lib. bdg. 34.99 *(978-1-5105-3849-8(6))* SmartBook Media, Inc.

Corruption & Transparency, Vol. 8. Tom Lansford. Ed. by Tom Lansford. 2016. (Foundations of Democracy Ser.). (Illus.). 64p. (J). (gr. 7). 23.95 *(978-1-4222-3627-7(7))* Mason Crest.

Corruption in Politics, 1 vol. Kate Shoup. 2019. (Dilemmas in Democracy Ser.). (ENG.). 80p. (gr. 7-7). lib. bdg. 37.36 *(978-1-5026-4501-2(7)*, 15f8fe0d-f44f-421c-9db2-1a8912c9505c) Cavendish Square Publishing LLC.

Corsana: Myths & Legends. Charles Wellington II. 2018. (Corsana Ser.: Vol. 2). (ENG., Illus.). 586p. (YA). (gr. 7-12). 27.99 *(978-0-9972556-2-1(5))*; pap. 19.99 *(978-0-9972556-3-8(3))* Wellington, Charles.

Corsana: The Phalanx Syndicate. Charles Wellington II. 2018. (Corsana Ser.: Vol. 1). (ENG., Illus.). 406p. (YA). (gr. 7-12). 24.95 *(978-0-9972556-7-6(6))*; pap. 17.95 *(978-0-9972556-9-0(2))* Wellington, Charles.

Corsars: Or, Love & Lucre (Classic Reprint) John Hill. (ENG., Illus.). (J). 2018. 312p. 30.33 *(978-0-484-80531-5(2))*; 2017. pap. 13.57 *(978-0-259-31166-9(9))* Forgotten Bks.

Corsican Brothers & Otho, the Archer (Classic Reprint) Alexandre Dumas. 2018. (ENG., Illus.). 100p. (J). 25.96 *(978-0-483-98854-5(5))* Forgotten Bks.

Corsican Lovers: A Story of the Vendetta (Classic Reprint) Charles Felton Pidgin. 2018. (ENG., Illus.). 354p. (J). 31.20 *(978-0-332-12613-5(7))* Forgotten Bks.

Corso Di Radiotelefonia Aeronautica: Radiotelefonia Italiano Inglese, VFR e IFR. Daniele Fazari. 2022. (ITA.). 237p. (YA). pap. ***(978-1-4716-0503-1(5))*** Lulu Pr., Inc.

Corte: Letters from Spain, 1863 to 1866 (Classic Reprint) Unknown Author. 2018. (ENG., Illus.). 364p. (J). 31.40 *(978-0-484-49549-3(6))* Forgotten Bks.

Corte de Hielo y Estrellas. Sarah J. Maas. 2019. (SPA.). 240p. (YA). pap. 15.95 *(978-607-07-6158-4(8))* Editorial Planeta, S. A. ESP. Dist: Two Rivers Distribution.

Corte de Las Sombras. Madeleine Roux. 2019. (SPA.). 424p. (YA). (gr. 9-12). pap. 16.99 *(978-987-747-460-2(3))* V&R Editoras.

Corte de Llamas Plateadas. Sarah J. Maas. 2021. (SPA.). 816p. (YA). pap. 24.95 *(978-607-07-8058-5(2))* Editorial Planeta, S. A. ESP. Dist: Two Rivers Distribution.

Corte de Los Milagros / the Court of Miracles. Victor Dixen. 2023. (Vampyria Ser.: 2). (SPA.). 384p. (gr. 7). pap. 21.95 ***(978-84-19449-81-8(4))*** Penguin Random House Grupo Editorial ESP. Dist: Penguin Random Hse. LLC.

Corte Del Eclipse. Claudia Ramírez. 2023. (SPA.). 488p. (YA). pap. 23.95 ***(978-607-07-9436-0(2))*** Editorial Planeta, S. A. ESP. Dist: Two Rivers Distribution.

Corte Suprema. Simon Rose. 2020. (Nuestro Gobierno Federal Ser.). (SPA.). 32p. (J). lib. bdg. 22.99 *(978-1-5105-4330-0(9))* SmartBook Media, Inc.

Cortlandts of Washington Square (Classic Reprint) Janet a Fairbank. (ENG., Illus.). (J). 2018. 420p. 32.60 *(978-0-484-00520-3(0))*; 2016. pap. 16.57 *(978-1-333-49205-2(7))* Forgotten Bks.

Cortney Christina Rae's First Day of School. Rohahiio Richard O'Halloran. 2019. (ENG.). 34p. (J). *(978-0-2288-0707-0(7))*; pap. *(978-0-2288-0706-3(9))* Tellwell Talent.

Corvette. John Hamilton. 2022. (Xtreme Cars Ser.). (ENG.). 48p. (J). (gr. 3-9). lib. bdg. 34.22 *(978-1-5321-9605-8(9)*, 39499, Abdo & Daughters) ABDO Publishing Co.

Corvette: The Classic American Sports Car. David H. Jacobs. 2017. (Speed Rules! Inside the World's Hottest Cars Ser.: Vol. 8). (ENG., Illus.). 95p. (YA). (gr. 7-12). 25.95 *(978-1-4222-3830-1(X))* Mason Crest.

Corvette Z06. Julia Garstecki. 2019. (Epic Cars Ser.). (ENG.). 32p. (J). (gr. 4-6). pap. 9.99 *(978-1-64466-033-1(4)*, 12721); (Illus.). lib. bdg. *(978-1-68072-834-7(2)*, 12720) Black Rabbit Bks. (Bolt).

Corvette Z06. Julia Garstecki. 2019. (Coches épicos Ser.). (SPA.). 32p. (J). (gr. 4-6). *(978-1-62310-211-1(1)*, 12879, Bolt) Black Rabbit Bks.

Corwin's Nest: Or, Stories of Bessies & Jamie (Classic Reprint) Madeline Leslie. 2018. (ENG., Illus.). 168p. (J). 27.30 *(978-0-484-74341-9(4))* Forgotten Bks.

Cory Korine Is Dead: Part One. Elle Agati. 2021. (ENG.). 66p. (YA). pap. 12.95 *(978-1-64654-557-5(5))* Fulton Bks.

Cory's Poems Volume 1. Cory Velasquez. 2022. (ENG.). 36p. (J). pap. *(978-1-6781-2881-4(3))* Lulu Pr., Inc.

Cory's Tales: Children's Stories from God's Creation. Coralyn Cory Barton. Illus. by Rae Ella House. 2022. (ENG.). 86p. (J). 32.95 *(978-1-63961-917-7(8))* Christian Faith Publishing.

Coryston Family: A Novel (Classic Reprint) Humphry Ward. 2018. (ENG., Illus.). 354p. (J). 31.20 *(978-0-484-00025-3(X))* Forgotten Bks.

Cosa Ha Perso la Topolina Albanese: Storia Carina per Imparare 50 Parole in Albanese per Bambini. Libro Bilingue Italiano Albanese. Peter Baynton & Mark Pallis. 2020. (ENG.). 38p. (J). pap. ***(978-1-913595-22-7(6))*** Neu Westend Pr.

Cosa Ha Perso la Topolina Spagnola: Storia Carina e Divertente per Imparare 50 Parole in Spagnolo (libro Bilingue Italiano Spagnolo per Bambini) Peter Baynton & Mark Pallis. 2020. (ITA.). 38p. (J). pap. ***(978-1-913595-15-9(3))*** Neu Westend Pr.

Cosa Más Bella (the Most Beautiful Thing) Kao Kalia Yang. Illus. by Khoa Le. 2021. (SPA.). 40p. (J). (gr. k-3). 17.99 *(978-1-7284-4893-0(X)*, 52c72dd0-9696-48de-941b-3491b66fdbd7, Carolrhoda Bks.) Lerner Publishing Group.

Cosa Terrible Ha Sucedido. Margaret M. Holmes. Illus. by Cary Pillo. 2021. (SPA.). 32p. (J). (gr. k-2). 14.95 *(978-84-16470-15-0(4))* Fineo Editorial, S.L. ESP. Dist: Independent Pubs. Group.

Cosas de Bebés. Xist Publishing. 2017. (Xist Kids Spanish Bks.). (SPA., Illus.). 28p. (J). (gr. -1-3). pap. 9.99 *(978-1-5324-0113-8(2))* Xist Publishing.

Cosas de Bebes/ Baby Things. Xist Publishing Staff. 2017. (Xist Kids Bilingual Spanish English Ser.). (ENG & SPA., Illus.). 28p. (J). (gr. -1-3). pap. 9.99 *(978-1-5324-0091-9(8))* Xist Publishing.

Cosas de Bruja. Mariasole Brusa. Illus. by Marta Sevilla. 2020. (SPA.). 40p. (J). 16.95 *(978-84-17673-59-8(8))* NubeOcho Ediciones ESP. Dist: Consortium Bk. Sales & Distribution.

Cosas de Espana, or Going to Madrid Via Barcelona (Classic Reprint) J. Milton MacKie. (ENG., Illus.). (J). 2018. 364p. 31.40 *(978-0-267-55649-6(7))*; 2016. pap. 13.97 *(978-1-333-66555-5(5))* Forgotten Bks.

Cosas de Tetras. Aprendiendo a Volar Sin Alas / Things about Quadriplegics: Lear Ning to Fly Without Wings. Alan El Ruedas. 2023. (SPA.). 176p. (YA). (gr. 7). pap. 17.95 *(978-84-204-5999-8(2)*, KZ992, Alfaguara) Penguin Random House Grupo Editorial ESP. Dist: Penguin Random Hse. LLC.

Cosas Que Crecen: Ciencia Theme. 2016. (Early Rising Readers Ser.). (SPA.). (J). (gr. 1-2). 109.00 *(978-1-4788-5174-5(0))* Newmark Learning LLC.

Cosas Que Crecen: Desarrollo Físico Theme. 2016. (Early Rising Readers Ser.). (SPA.). (J). (gr. 1-2). 109.00 *(978-1-4788-5144-8(9))* Newmark Learning LLC.

Cosas Que Crecen: Desarrollo Social y Emocional Theme. 2016. (Early Rising Readers Ser.). (SPA.). (J). (gr. 1-2). 109.00 *(978-1-4788-5134-9(1))* Newmark Learning LLC.

Cosas Que Crecen: Estudios Sociales Theme. 2016. (Early Rising Readers Ser.). (SPA.). (J). (gr. 1-2). 109.00 *(978-1-4788-5164-6(3))* Newmark Learning LLC.

Cosas Que Crecen: Expresión Creativa Theme. 2016. (Early Rising Readers Ser.). (SPA.). (J). (gr. 1-2). 109.00 *(978-1-4788-5184-4(8))* Newmark Learning LLC.

Cosas Que Crecen: Matemática Theme. 2016. (Early Rising Readers Ser.). (SPA.). (J). (gr. 1-2). 109.00 *(978-1-4788-5154-7(6))* Newmark Learning LLC.

Cosas Que Nunca Cambian. Richard Zela. 2021. (Ficción Ser.). (SPA.). 80p. (J). (gr. 2-4). pap. 9.95 *(978-607-557-154-6(X))* Editorial Oceano de Mexico MEX. Dist: Independent Pubs. Group.

Cosas Que Pasan Cada Día. Kestutis Kasparavicius. 2nd ed. 2017. (SPA.). 80p. (J). (gr. 2-4). 13.95 *(978-84-15357-07-0(9))* Thule Ediciones, S. L. ESP. Dist: Independent Pubs. Group.

Cosechadoras: Leveled Reader Card Book 46 Level o 6 Pack. Hmh Hmh. 2021. (SPA.). (J). pap. 74.40 *(978-0-358-08441-9(5))* Houghton Mifflin Harcourt Publishing Co.

Cosette the Country Bee. Diane Dalton. 2016. (ENG., Illus.). (J). pap. 8.95 *(978-0-9903368-0-8(8))* BeeLine Bks.

Cosey Corner, or How They Kept a Farm (Classic Reprint) L. T. Meade. (ENG., Illus.). (J). 2018. 328p. 30.66 *(978-0-483-75612-0(1))*; 2017. pap. 13.57 *(978-0-243-40889-4(7))* Forgotten Bks.

Cositas para Hacer, Cuentos Por Escuchar. Blanca Cecilia Macedo. 2018. (SPA.). 120p. (J). pap. 6.95 *(978-607-453-055-1(6))* Selector, S.A. de C.V. MEX. Dist: Spanish Pubs., LLC.

Cositas y Duna: una Aventura Por la Tierra y la Imaginación / Cositas & Duna: an Adventure Through Earth & Our Imagination. Alma Gomez & Gina Jaramillo. Illus. by Isabel Salmones. 2021. (SPA.). 164p. (J). (gr. -1-3). pap. 12.95 *(978-607-38-0037-2(1)*, Alfaguara) Penguin Random House Grupo Editorial ESP. Dist: Penguin Random Hse. LLC.

Cosmetologist, 1 vol. Kelli Hicks. 2022. (Top Trade Careers Ser.). (ENG.). 32p. (J). (gr. 3-9). pap. *(978-1-0396-4742-8(1)*, 17342); lib. bdg. *(978-1-0396-4615-5(8)*, 16336) Crabtree Publishing Co. (Crabtree Branches).

Cosmetologist: Bring Beauty to Your Client. Christie Marlowe & Andrew Morkes. 2019. (Careers with Earning Potential Ser.). (Illus.). 80p. (J). (gr. 12). lib. bdg. 34.60 *(978-1-4222-4324-4(9))* Mason Crest.

Cosmetologists: A Practical Career Guide. Tracy Brown Hamilton. 2020. (Practical Career Guides). (Illus.). 108p. (YA). (gr. 8-17). pap. 39.00 *(978-1-5381-4475-6(1))* Rowman & Littlefield Publishers, Inc.

Cosmetólogo. Kelli Hicks. 2022. (Las Mejores Carreras Profesionales (Top Trade Careers) Ser.). (SPA.). 32p. (J). (gr. 3-9). pap. *(978-1-0396-5028-2(7)*, 20219); lib. bdg. *(978-1-0396-4901-9(7)*, 20218) Crabtree Publishing Co. (Crabtree Branches).

Cosmic Adventures of Astrid & Stella (a Hello!Lucky Book) Hello!Lucky. Illus. by Eunice Moyle. 2022. (Cosmic Adventures of Astrid & Stella Ser.). (ENG.). 112p. (J). (gr. 1-4). 12.99 *(978-1-4197-5701-3(6)*, 1748701, Amulet Bks.) Abrams, Inc.

Cosmic Blackout! Ray O'Ryan. Illus. by Jason Kraft. 2017. (Galaxy Zack Ser.: 16). (ENG.). 128p. (J). (gr. k-4). 17.99 *(978-1-4814-9990-3(4))*; pap. 5.99 *(978-1-4814-9989-7(0))* Little Simon. (Little Simon).

Cosmic Book of Space, Aliens & Beyond: Draw, Colour, Create Things from Out of This World! Illus. by Jason Ford. 2021. (ENG.). 80p. (J). (gr. 2-4). 12.99 *(978-1-913947-26-2(2)*, King, Laurence Publishing) Orion Publishing Group, Ltd. GBR. Dist: Hachette Bk. Group.

Cosmic Bunny Cosmo B. Om Wolf. 2023. (ENG.). 32p. (J). pap. 12.99 ***(978-1-0881-2520-5(4))*** Indy Pub.

Cosmic Bunny Cosmo B. Coloring Book. Om Wolf. 2023. (ENG.). 38p. (J). pap. 9.99 ***(978-1-0880-9254-5(3))*** Indy Pub.

Cosmic Cadets (Book One): Contact!, Bk. 1. Ben Crane & Priscilla Tramontano. Illus. by Mimi Alves. 2023. (Cosmic Cadets Ser.: 1). 160p. (J). (gr. 4-7). pap. 14.99 *(978-1-60309-520-4(9))* Top Shelf Productions.

Cosmic Carrot: A Journey to Wellness, Clear Vision & Good Nutrition. Robert Alan Grand. Illus. by Ros Webb. 2019. 40p. (gr. 3-7). pap. 10.95 *(978-1-64279-266-9(7))* Morgan James Publishing.

Cosmic Carrot: A Journey to Wellness, Clear Vision & Good Nutrition. Robert Grand. Illus. by Ross Webb. Lt. ed. 2018. 34p. pap. 10.95 *(978-0-9967223-5-3(1))* COSMIC EDITIONS , LLC.

C

Cosmic Clash. J. E. Bright. ed. 2016. (LEGO DC Super Heroes Chapter Book Ser.). (ENG.). 64p. (J). (gr. -1-3). 14.75 *(978-0-606-39150-4(9))* Turtleback.

Cosmic Colin: Ticking Time Bomb. Tim Collins & John Bigwood. 2017. (Cosmic Colin Ser.: 4). (ENG., Illus.). 128p. (J). (gr. 4-6). pap. 8.99 *(978-1-78055-481-5(8))* O'Mara, Michael Bks., Ltd. GBR. Dist: Independent Pubs. Group.

Cosmic Commandos. Christopher Eliopoulos. Illus. by Christopher Eliopoulos. 2020. (Illus.). 192p. (J). (gr. 3-7). pap. 10.99 *(978-1-101-99447-4(9)*, Dial Bks) Penguin Young Readers Group.

Cosmic Conquest. Laurie S. Sutton. Illus. by Erik Doescher. 2018. (You Choose Stories: Justice League Ser.). (ENG.). 112p. (J). (gr. 2-6). pap. 6.95 *(978-1-4965-6559-4(2)*, 138572); lib. bdg. 32.65 *(978-1-4965-6555-6(X)*, 138568) Capstone. (Stone Arch Bks.).

Cosmic Contact: The Next Earth. James A. Cusumano. 2023. (ENG.). 312p. (YA). pap. 16.95 ***(978-1-958848-68-5(9))*** Waterside Pr.

Cosmic Cousins Visit Jupiter. Andrea Llauget. 2021. (ENG., Illus.). 22p. (J). pap. 13.95 *(978-1-6624-3130-2(9))* Page Publishing Inc.

Cosmic Dreams Mini Coloring Roll. Mudpuppy. 2023. (ENG.). (J). (gr. -1-17). 7.99 ***(978-0-7353-7895-7(9))*** Mudpuppy Pr.

Cosmic Fracture: Volume 1. Jeremy Witt. 2021. (ENG.). 332p. (YA). pap. 21.95 *(978-1-6624-4705-1(1))* Page Publishing Inc.

Cosmic Inflation Explained, 1 vol. Kelly Blumenthal. 2018. (Mysteries of Space Ser.). (ENG.). 80p. (gr. 7-7). 38.93 *(978-0-7660-9953-1(9)*, 3cece186-2538-4690-a407-cfe243e693cd) Enslow Publishing, LLC.

Cosmic Paintbrush. Charles Basman. 2020. (ENG.). 34p. (J). pap. ***(978-1-7948-6417-7(2))*** Lulu Pr., Inc.

Cosmic Pizza Party. Nick Murphy & Paul Ritchey. Illus. by Bea Tormo. 2021. (ENG.). 160p. (J). 13.99 *(978-1-5248-6807-9(8))*; pap. 9.99 *(978-1-5248-6733-1(0))* Andrews McMeel Publishing.

Cosmic Race. Sophia Sostrin. 2017. (ENG., Illus.). 216p. (J). pap. *(978-1-387-02201-4(6))* Lulu Pr., Inc.

Cosmo & Friends. Mildred Hawk. 2018. (ENG., Illus.). 30p. (J). 21.95 *(978-1-64300-118-0(3))* Covenant Bks.

Cosmo & the Green Portal. Om Wolf. 2023. (ENG.). 34p. (J). pap. 12.99 ***(978-1-0881-0686-0(2))*** Indy Pub.

Cosmo & the Green Portal Coloring Book. Om Wolf. 2023. (ENG.). 44p. (J). pap. 9.99 ***(978-1-0881-1181-9(5))*** Indy Pub.

Cosmo Gumbo. Jeri Brown. 2022. (Necessary Family Ser.: Vol. 1). (ENG.). 152p. (YA). pap. *(978-0-2288-3595-0(X))* Tellwell Talent.

Cosmo: the Complete Merry Martian. Archie Superstars. 2018. (Illus.). 224p. (J). (gr. 4-7). pap. 10.99 *(978-1-68255-895-9(9))* Archie Comic Pubs., Inc.

Cosmo the Tiger Cheetah. Jennifer Vogeltanz. 2023. (ENG.). 28p. (J). 16.99 ***(978-1-6629-3647-0(8))*** Gatekeeper Pr.

Cosmo the Tiger Cheetah. Jennifer Vogeltanz. Illus. by Arash Jahani. 2023. (ENG.). 28p. (J). pap. 9.99 ***(978-1-6629-3648-7(6))*** Gatekeeper Pr.

Cosmo to the Rescue. Courtney Sheinmel. Illus. by Renée Kurilla. 2020. (My Pet Slime Ser.: 2). (ENG.). 160p. (J). pap. 6.99 *(978-1-5248-6294-7(0))* Andrews McMeel Publishing.

Cosmo to the Rescue (My Pet Slime Book 2) Courtney Sheinmel. Illus. by Renée Kurilla. 2020. (My Pet Slime Ser.). (ENG.). 160p. (J). 12.99 *(978-1-5248-5573-4(1))* Andrews McMeel Publishing.

Cosmo Vol. 1: Space Aces. Ian Flynn. Illus. by Tracy Yardley. 2018. 128p. (J). (gr. 4-7). pap. 12.99 *(978-1-68255-865-2(7))* Archie Comic Pubns., Inc.
Cosmopolitan City. Compiled by Amanda Leandro. 2023. (ENG.). 20p. (J). pap. *(978-1-8384077-5-9(8))* SanRoo Publishing.
Cosmopolitan Comedy (Classic Reprint) Anna Robeson Brown. (ENG., Illus.). (J). 2018. 322p. 30.54 *(978-0-365-00485-1(5))*; 2017. pap. 13.57 *(978-0-243-86002-9(1))* Forgotten Bks.
Cosmopolitan Sketches (Classic Reprint) John Baker Hopkins. (ENG., Illus.). (J). 2018. 142p. 26.85 *(978-0-483-96389-4(5))*; 2017. pap. 9.57 *(978-0-243-39008-3(4))* Forgotten Bks.
Cosmos: Space Coloring Book for Kids. Buck Armstrong. 2017. (Space Coloring Books for Kids Ser.: Vol. 1). (ENG., Illus.). (J). (gr. k-1). pap. *(978-1-68368-925-6(9))* Imaginal Publishing.
Cosmo's Cosmic Adventure. Patti Carpenter. Illus. by Tracy Hill. 2020. (ENG.). 32p. (J). (gr. k-4). 18.99 *(978-1-0878-5886-9(0))* Indy Pub.
Cosmos, Earth & Mankind Astronomy for Kids Vol I Astronomy & Space Science. Baby Professor. 2017. (ENG., Illus.). (J). pap. 9.25 *(978-1-5419-0547-4(4)*, Baby Professor (Education Kids)) Speedy Publishing LLC.
Cosmos, Earth & Mankind Astronomy for Kids Vol II Astronomy & Space Science. Baby Professor. 2017. (ENG., Illus.). (J). pap. 9.25 *(978-1-5419-0548-1(2)*, Baby Professor (Education Kids)) Speedy Publishing LLC.
Cosmos Hallow & the Potion Explosion. M. T. Boulton. 2016. (ENG., Illus.). (J). pap. *(978-1-78719-040-5(4))* Authors OnLine, Ltd.
Cosmos Hallow & the Potion Explosion Boo Edition. M. T. Boulton. 2017. (ENG., Illus.). (J). pap. 16.41 *(978-0-244-61866-7(6))* Lulu Pr., Inc.
Cosmos Hallow & the Potion Explosion Classic Edition. M. T. Boulton. 2016. (ENG., Illus.). (J). pap. 15.21 *(978-1-326-77017-4(9))* Lulu Pr., Inc.
Cosmos Hallow & the Potion Explosion Halloween Edition. M. T. Boulton. 2016. (ENG., Illus.). (J). pap. 15.31 *(978-1-326-76999-4(5))* Lulu Pr., Inc.
Cosmos Hallow & the Potion Explosion Large Print Edition. M. T. Boulton. l.t. ed. 2016. (ENG., Illus.). (J). pap. 21.84 *(978-1-326-77068-6(3))* Lulu Pr., Inc.
Cosmos Hallow & the Potion Explosion Spooky Edition. M. T. Boulton. 2016. (ENG., Illus.). 458p. (J). pap. *(978-1-326-81622-3(5))* Lulu Pr., Inc.
Cosmos Hallow & the Potion Explosion Terrorific Edition. M. T. Boulton. 2016. (ENG., Illus.). 458p. (J). pap. *(978-1-326-82824-0(X))* Lulu Pr., Inc.
Cosmos the Curious Whale. Gail Clarke. 2017. (ENG., Illus.). (J). (gr. 1-4). *(978-1-912406-26-5(8))*; pap. *(978-1-912406-19-7(5))* Gupole Pubns.
Cosmo's Visit to His Grandfather. M. A. H. 2016. (ENG.). 216p. (J). pap. *(978-3-7433-5537-8(X))* Creation Pubs.
Cosmo's Visit to His Grandfather. M. A. H. 2017. (ENG., Illus.). (J). pap. *(978-0-649-17812-4(2))* Trieste Publishing Pty Ltd.
Cosmo's Visit to His Grandfather (Classic Reprint) Unknown Author. 2018. (ENG., Illus.). 212p. (J). 28.29 *(978-0-484-63347-5(3))* Forgotten Bks.
Cossack Lover (Classic Reprint) Martha Gilbert Dickinson Bianchi. (ENG., Illus.). (J). 2018. 372p. 31.59 *(978-0-332-92848-7(9))*; 2017. pap. 13.97 *(978-0-243-59237-1(X))* Forgotten Bks.
Cossack Tales (Classic Reprint) Nikolai Gogol. 2017. (ENG., Illus.). (J). 29.32 *(978-0-331-90139-9(0))* Forgotten Bks.
Cossacks: A Tale Of 1852. Leo Tolstoi. 2020. (ENG.). (J). 166p. 19.95 *(978-1-64799-058-9(0))*; 164p. pap. 9.95 *(978-1-64799-057-2(2))* Bibliotech Pr.
Cossacks: A Tale of the Caucasus in the Year 1852 (Classic Reprint) Leo Tolstoi. 2017. (ENG., Illus.). (J). 31.28 *(978-1-5282-7597-2(7))* Forgotten Bks.
Cost (Classic Reprint) David Graham Phillips. 2018. (ENG., Illus.). 426p. (J). 32.70 *(978-0-483-32269-1(5))* Forgotten Bks.
Cost of a Promise: A Novel in Three Parts (Classic Reprint) Baillie Reynolds. (ENG., Illus.). (J). 2018. 412p. 32.39 *(978-0-332-92045-0(3))*; 2017. pap. 16.57 *(978-1-334-91185-9(1))* Forgotten Bks.
Cost of a Secret, Vol. 2: By the Author of Agnes Tremorne, in Three Volumes (Classic Reprint) Isa Blagden. 2018. (ENG., Illus.). 320p. (J). 30.52 *(978-0-484-60926-5(2))* Forgotten Bks.
Cost of Caergwyn, Vol. 1 of 3 (Classic Reprint) Mary Howitt. (ENG., Illus.). (J). 2018. 308p. 30.27 *(978-0-484-37562-7(8))*; 2016. pap. 13.57 *(978-1-333-46133-1(X))* Forgotten Bks.
Cost of Caergwyn, Vol. 2 of 3 (Classic Reprint) Mary Howitt. 2018. (ENG., Illus.). 294p. (J). 29.98 *(978-0-365-34486-5(9))* Forgotten Bks.
Cost of Caergwyn, Vol. 3 of 3 (Classic Reprint) Mary Howitt. 2018. (ENG., Illus.). 308p. (J). 30.25 *(978-0-483-26883-8(6))* Forgotten Bks.
Cost of College. Michael Regan. 2019. (Financial Literacy Ser.). (ENG., Illus.). 112p. (J). (gr. 6-12). lib. bdg. 41.36 *(978-1-5321-1910-1(0)*, 32285, Essential Library) ABDO Publishing Co.
Cost of Gold: A True Fairytale. Daniel Mault. 2017. (ENG., Illus.). (J). (gr. 2-5). pap. 12.95 *(978-0-9960839-6-0(0))* Kevin W W Blackley Bks., LLC.
Cost of Knowing. Brittney Morris. (ENG.). (YA). (gr. 7). 2022. 352p. pap. 12.99 *(978-1-5344-4546-8(3))*; 2021. 336p. 18.99 *(978-1-5344-4545-1(5))* Simon & Schuster Bks. For Young Readers. (Simon & Schuster Bks. For Young Readers).
Cost of Wings & Other Stories (Classic Reprint) Richard Dehan. 2018. (ENG., Illus.). 316p. (J). 30.48 *(978-0-483-54513-7(9))* Forgotten Bks.
Costa Rica. Corey Anderson. 2019. (Countries We Come From Ser.). (ENG., Illus.). 32p. (J). (gr. k-3). lib. bdg. 19.95 *(978-1-64280-530-7(0))* Bearport Publishing Co., Inc.
Costa Rica. Tracy Vonder Brink. 2022. (Explorando Países (Exploring Countries) Ser.). 24p. (J). (gr. k-2). (SPA.). pap. *(978-1-0396-4937-8(8)*, 19886); (SPA.). lib. bdg. *(978-1-0396-4810-4(X)*, 19885); (ENG.). lib. bdg. *(978-1-0396-4460-1(0)*, 16260, Crabtree Seedlings) Crabtree Publishing Co.
Costa Rica, 1 vol. Erin Foley et al. 2017. (Cultures of the World (Third Edition)(r) Ser.). (ENG., Illus.). 144p. (gr. 5-5). 48.79 *(978-1-5026-2610-3(1)*, cc25c64d-03a1-45ba-8ecc-15e9c741f7b5) Cavendish Square Publishing LLC.
Costa Rica. Alicia Z. Klepeis. 2019. (Country Profiles Ser.). (ENG., Illus.). 32p. (J). (gr. 3-8). lib. bdg. 27.95 *(978-1-64487-047-1(9)*, Blastoff! Discovery) Bellwether Media.
Costa Rica. Megan Kopp. 2016. (Illus.). 32p. (J). *(978-1-4896-5405-2(4))* Weigl Pubs., Inc.
Costa Rica: Exploring Countries, 1 vol. Tracy Vonder Brink. 2022. (Exploring Countries Ser.). (ENG., Illus.). 24p. (J). (gr. k-2). pap. *(978-1-0396-4651-3(4)*, 17202, Crabtree Seedlings) Crabtree Publishing Co.
Costa Rica a Variety of Facts 1st Grade Children's Book. Bold Kids. 2023. (ENG.). 42p. (J). pap. 14.99 *(978-1-0717-1938-1(6))* FASTLANE LLC.
Costa Rica to Add Color. Educ@ U. Creations. 2016. (ENG., Illus.). (J). pap. 13.14 *(978-1-329-94705-4(3))* Lulu Pr., Inc.
Costain. Nadia Pace. 2020. (ENG.). 188p. (YA). *(978-0-2288-1578-5(9))*; pap. *(978-0-2288-1577-8(0))* Tellwell Talent.
Costco August 2022 Block Assortment. Christopher Franceschelli. Illus. by Peski Studio. 2022. (ENG.). (J). (gr. -1 — 1). bds., bds., bds. 262.57 *(978-1-4197-6545-2(0))* Abrams, Inc.
Costco Canada 2022 Alphablock Assortment. Christopher Franceschelli. 2022. (ENG.). (J). (gr. -1-3). bds., bds., bds. 259.85 *(978-1-4197-6551-3(5))* Abrams, Inc.
Costco Japan 2 Title Assortment. Editors of Editors of Houghton Mifflin Company. 2019. (ENG.). (J). pap. 6.99 *(978-0-358-35320-1(3)*, Clarion Bks.) HarperCollins Pubs.
Costly Star (Classic Reprint) Margaret Slattery. 2017. (ENG., Illus.). (J). 46p. 24.85 *(978-0-332-90509-9(8))*; pap. 7.97 *(978-0-259-29274-6(5))* Forgotten Bks.
Costume Capers. Steve Foxe. ed. 2022. (Step into Reading Ser.). (ENG.). 32p. (J). (gr. 2-3). 16.46 *(978-1-68505-398-7(X))* Penworthy Co., LLC, The.
Costume Capers (LEGO City) Steve Foxe. Illus. by Random House. 2022. (Step into Reading Ser.). (ENG.). 32p. (J). (gr. k-3). 5.99 *(978-0-593-48378-7(2)*, Random Hse. Bks. for Young Readers) Random Hse. Children's Bks.
Costume Contest. Kirsten McDonald. Illus. by Erika Meza. 2016. (Carlos & Carmen Ser.). (ENG.). 32p. (J). (gr. -1-3). lib. bdg. 32.79 *(978-1-62402-182-4(4)*, 24543, Calico Chapter Bks) Magic Wagon.
Costume Design in Theater, 1 vol. Ruth Bjorklund. 2016. (Exploring Theater Ser.). (ENG., Illus.). 96p. (YA). (gr. 7-7). lib. bdg. 44.50 *(978-1-5026-2277-8(7)*, d5a37c45-e918-4b4a-a932-7e367fb1c4bb) Cavendish Square Publishing LLC.
Costume Design in TV & Film, 1 vol. Nancy Capaccio. 2018. (Exploring Careers in TV & Film Ser.). (ENG.). 96p. (J). (gr. 7-7). pap. 20.99 *(978-1-5026-4038-3(4)*, 6d85e5ce-97fa-4028-bc47-bbd36a838930) Cavendish Square Publishing LLC.
Costume for Charly. C. K. Malone. Illus. by Alejandra Barajas. 2022. 40p. (J). 18.99 *(978-1-5064-8405-1(0))* 1517 Media.
Costume Monologues (Classic Reprint) Walter Ben Hare. (ENG., Illus.). (J). 2018. 138p. 26.74 *(978-0-656-40993-8(2))*; 2017. pap. 9.57 *(978-0-259-78447-0(8))* Forgotten Bks.
Costume Parade. Rozanne Williams. 2017. (Learn-To-Read Ser.). (ENG., Illus.). (J). pap. 3.49 *(978-1-68310-216-8(9))* Pacific Learning, Inc.
Costume Parade: A QUIX Book. Stephanie Calmenson & Joanna Cole. Illus. by James Burks. 2022. (Adventures of Allie & Amy Ser.: 4). (ENG.). 96p. (J). (gr. k-3). 17.99 *(978-1-5344-5260-2(5))*; pap. 5.99 *(978-1-5344-5259-6(1))* Simon & Schuster Children's Publishing. (Aladdin).
Costume Quest. Zac Gorman. Illus. by Zac Gorman. 2018. (ENG., Illus.). 56p. (J). (gr. -1-3). pap. 8.99 *(978-1-62010-559-7(4)*, Lion Forge) Oni Pr., Inc.
Costumes & Props. Sara Green. 2018. (Movie Magic Ser.). (ENG., Illus.). 32p. (J). (gr. 3-8). lib. bdg. 27.95 *(978-1-62617-847-2(X)*, Blastoff! Discovery) Bellwether Media.
Cosy Corners: A Comedy in Four Acts (Classic Reprint) Pauline Phelps. 2018. (ENG., Illus.). 120p. (J). 26.37 *(978-0-484-46973-9(8))* Forgotten Bks.
Cot in the Living Room. Hilda Eunice Burgos. Illus. by Gaby D'Alessandro. 2021. 40p. (J). (gr. -1-3). 17.99 *(978-0-593-11047-8(1)*, Kokila) Penguin Young Readers Group.
Côte D'Ivoire, 1 vol. Kaitlyn Duling et al. 2019. (Cultures of the World (Third Edition)(r) Ser.). (ENG.). 144p. (J). (gr. 5-5). lib. bdg. 48.79 *(978-1-5026-4734-4(6)*, 8996aebb-30f0-493b-ae1a-957310c88321) Cavendish Square Publishing LLC.
Côte d'Ivoire (Ivory Coast) (Enchantment of the World) (Library Edition) Ruth Bjorklund. 2019. (Enchantment of the World. Second Ser.). (ENG., Illus.). 144p. (J). (gr. 5-9). lib. bdg. 40.00 *(978-0-531-12697-4(8)*, Children's Pr.) Scholastic Library Publishing.
Cotorras Sobre Puerto Rico: Parrots over Puerto Rico, 1 vol. Cindy Trumbore. Illus. by Susan L. Roth. 2022. (SPA.). 48p. (J). (gr. 1-6). pap. 14.95 *(978-1-64379-620-8(8)*, leelowbooks) Lee & Low Bks., Inc.
Cotswold Characters (Classic Reprint) John Drinkwater. 2017. (ENG., Illus.). (J). 25.05 *(978-0-260-36007-6(4))* Forgotten Bks.
Cottage by the Lake: Translated from the German (Classic Reprint) Martin Claudius. (ENG., Illus.). (J). 2018. 166p. 27.32 *(978-0-267-33630-2(6))*; 2016. pap. 9.97 *(978-1-333-60137-9(9))* Forgotten Bks.
Cottage Contrasts, or after Pleasure Comes Pain (Classic Reprint) Unknown Author. 2018. (ENG., Illus.). 28p. (J). 24.47 *(978-0-484-40915-5(8))* Forgotten Bks.
Cottage Conversations (Classic Reprint) Mary Monica. 2018. (ENG., Illus.). 502p. (J). 34.25 *(978-0-483-63950-8(8))* Forgotten Bks.
Cottage Dialogues among the Irish Peasantry (Classic Reprint) Mary Leadbeater. (ENG., Illus.). (J). 2017. 31.26 *(978-0-331-92249-3(5))*; 2016. pap. 13.97 *(978-1-333-23880-3(0))* Forgotten Bks.
Cottage Dialogues among the Irish Peasantry, Vol. 2 (Classic Reprint) Mary Leadbeater. 2018. (ENG., Illus.). 286p. (J). 29.82 *(978-0-484-89352-7(1))* Forgotten Bks.
Cottage Evening Tales: For Young People (Classic Reprint) Unknown Author. 2018. (ENG., Illus.). 134p. (J). 26.58 *(978-0-484-84969-2(7))* Forgotten Bks.
Cottage Fire-Side (Classic Reprint) Unknown Author. 2018. (ENG., Illus.). 182p. (J). 27.65 *(978-0-332-99651-6(4))* Forgotten Bks.
Cottage in the Chalk-Pit (Classic Reprint) Alicia Catherine Mant. 2017. (ENG., Illus.). (J). 29.26 *(978-0-331-68192-5(7))*; pap. 11.97 *(978-0-259-19383-8(6))* Forgotten Bks.
Cottage of Delight: A Novel (Classic Reprint) Will Nathaniel Harben. 2018. (ENG., Illus.). 434p. (J). 32.87 *(978-0-484-60451-2(1))* Forgotten Bks.
Cottage on the Cliff: A Sea-Side Story (Classic Reprint) Catherine G. Ward. 2018. (ENG., Illus.). 772p. (J). 39.82 *(978-0-656-41763-6(3))* Forgotten Bks.
Cottage Pie (Classic Reprint) A. Neil Lyons. 2018. (ENG., Illus.). 382p. (J). 31.80 *(978-0-267-26170-3(5))* Forgotten Bks.
Cottage Piper, or History of Edgar, the Itinerant Musician: An Instructive Tale; Ornamented with Cuts (Classic Reprint) Unknown Author. (ENG., Illus.). (J). 2018. 26p. 24.43 *(978-0-267-92106-5(3))*; 2016. pap. 7.97 *(978-1-333-13114-2(3))* Forgotten Bks.
Cottage Scenes: Being a Collection of Pastoral Tales, Illustrative of Rural Manners; & Calculated for the Improvement of Juvenile Readers (Classic Reprint) Anne Elizabeth Oalton. 2018. (ENG., Illus.). 100p. (J). 25.96 *(978-0-484-70112-9(6))* Forgotten Bks.
Cottage Scenes (Classic Reprint) American Sunday Union. 2018. (ENG., Illus.). 50p. (J). 24.93 *(978-0-267-57423-0(1))* Forgotten Bks.
Cottage Scenes (Classic Reprint) American Sunday School Union. 2016. (ENG., Illus.). (J). pap. 9.57 *(978-1-334-16463-7(0))* Forgotten Bks.
Cottage Sketches, Vol. 1 Of 2: Or, Active Retirement (Classic Reprint) Harriet Corp. (ENG., Illus.). (J). 2018. 272p. 29.53 *(978-0-365-21009-2(9))*; 2017. pap. 11.97 *(978-1-5276-5724-3(8))* Forgotten Bks.
Cottagers of Glenburnie: A Tale for the Farmer's Ingle-Nook (Classic Reprint) Elizabeth Hamilton. 2017. (ENG., Illus.). (J). 28.93 *(978-0-266-53258-3(6))* Forgotten Bks.
Cottager's Return, or a Sure Way to Obtain Constant Employment & High Wages (Classic Reprint) Mary Hughs. (ENG., Illus.). (J). 2018. 70p. 25.34 *(978-0-483-42964-2(3))*; 2016. pap. 9.57 *(978-1-334-56585-4(6))* Forgotten Bks.
Cottages & Cottage Life: Containing Plans for Country Houses, Adapted to the Means & Wants of the People of the United States; with Directions for the Laying Out & Embellishing of Grounds; with Some Sketches of Life in This Country. C. W. Elliott. 2018. (ENG., Illus.). 274p. (J). 29.55 *(978-0-428-77875-0(5))* Forgotten Bks.
Cottingley Fairies. Ana Sender. 2019. (ENG., Illus.). 48p. (J). (gr. -1-2). 17.95 *(978-0-7358-4338-7(4))* North-South Bks., Inc.
Cottle Street: Individual Title Six-Packs. (Action Packs Ser.). 120p. (gr. 3-5). 44.00 *(978-0-7635-8423-8(1))* Rigby Education.
Cotton see Algodon
Cotton: The Little Plant That Snored - Full Color Edition. Johnny Strader. Illus. by Monica Sanchez. 2019. (ENG.). 114p. (J). pap. 19.95 *(978-0-9992781-0-9(X))* Jewelvision Publishing LLC.
Cotton: The Little Plant That Snored, Full Color Edition. Johnny Strader. Illus. by Monica Sanchez. 2019. (ENG.). 114p. (J). (gr. -1-3). 26.99 *(978-0-9992781-2-3(6))* Jewelvision Publishing LLC.
Cotton Broker (Classic Reprint) John Owen. 2018. (ENG., Illus.). 314p. (J). 30.37 *(978-0-484-80253-6(4))* Forgotten Bks.
Cotton Candy Clouds. Kristena Kitchen. 2021. (ENG., Illus.). 38p. (J). 24.95 *(978-1-63985-285-7(9))*; pap. 14.95 *(978-1-64952-160-6(X))* Fulton Bks.
Cotton Candy Kid. Jacqueline McComas. 2017. (ENG., Illus.). (J). pap. 10.95 *(978-1-4808-4195-6(1))* Archway Publishing.
Cotton Candy Machines. Charlotte Hunter. 2016. (How It Works). (ENG.). 24p. (gr. 1-3). 28.50 *(978-1-68191-687-3(8)*, 9781681916873) Rourke Educational Media.
Cotton Candy Sky: The Song Book. Zain Bhikha. 2020. (Song Book Ser.: 2). (Illus.). 30p. (J). 11.95 *(978-0-86037-772-6(5))* Islamic Foundation, Ltd. GBR. Dist: Consortium Bk. Sales & Distribution.
Cotton Candy Wishes: A Swirl Novel. Kristina Springer. 2019. (Swirl Ser.: 6). (ENG.). 240p. (J). (gr. 3-7). 7.99 *(978-1-5107-3926-0(2))*; 16.99 *(978-1-5107-3925-3(4))* Skyhorse Publishing Co., Inc. (Sky Pony Pr.).
Cotton Growing: A Major Economic Activity in the South U. S. Economy in the Mid-1800s Grade 5 Economics. Biz Hub. 2021. (ENG.). 72p. (J). 27.99 *(978-1-5419-8624-4(5))*; pap. 16.99 *(978-1-5419-6049-7(1))* Speedy Publishing LLC. (Biz Hub (Business & Investing)).
Cotton in His Pocket. Jan Faust. Illus. by Mariana Dragomirova. 2023. (ENG.). 42p. (J). pap. 9.99 *(978-1-61225-494-4(2))* Mirror Publishing.
Cotton Kids Adventures: The Introduction. Africa Hann. 2016. (ENG., Illus.). (J). pap. 16.95 *(978-1-4808-3788-1(1))* Archway Publishing.
Cotton Kingdom, Vol. 1 Of 2: A Traveller's Observations on Cotton & Slavery in the American Slave States (Classic Reprint) Frederick Law Olmsted. 2017. (ENG., Illus.). (J). 31.82 *(978-0-260-72544-8(7))* Forgotten Bks.
Cotton Picker. Samantha Bell. 2016. (21st Century Basic Skills Library: Welcome to the Farm Ser.). (ENG., Illus.). 24p. (J). (gr. k-3). 26.35 *(978-1-63471-035-0(5)*, 208220) Cherry Lake Publishing.
Cotton Plant to Cotton Shirt see De una Planta a una Camisa de Algodón: Set Of 6
Cotton Spinning (Honours, or Third Year). Being a Companion Volume to First Year Cotton Spinning & Intermediate, or Second Year Cotton Spinning. Thomas Thornley. 2017. (ENG., Illus.). (J). pap. *(978-0-649-55681-6(X))* Trieste Publishing Pty Ltd.
Cotton to Clothing. Robin Johnson. 2023. (Where Materials Come From Ser.). (ENG.). 24p. (J). (gr. k-2). pap. *(978-1-0398-0685-6(6)*, 33562); lib. bdg. *(978-1-0398-0659-7(7)*, 33561) Crabtree Publishing Co.
Cotton to T-Shirt. Rachel Grack. 2020. (Beginning to End Ser.). (ENG.). 24p. (J). (gr. k-3). 26.95 *(978-1-64487-139-3(4)*, Blastoff! Readers) Bellwether Media.
Cottonmouth. Ellen Lawrence. 2016. (Swamp Things: Animal Life in a Wetland Ser.). (ENG.). 24p. (J). (gr. -1-3). 26.99 *(978-1-944102-52-4(3))* Bearport Publishing Co., Inc.
Cottonmouths. Al Albertson. 2019. (North American Animals Ser.). (ENG., Illus.). 24p. (J). (gr. k-3). lib. bdg. 26.95 *(978-1-62617-983-7(2)*, Blastoff! Readers) Bellwether Media.
Cotton's Keepsake: Poems on Various Subjects; to Which Is Appended a Short Autobiographical Sketch of the Life of the Author, & a Condensed History of the Early Settlements, Incidents, & Improvements of the Country, from the Early Settlers Themselves, Alfred J. Cotton. 2018. (ENG., Illus.). 532p. (J). 34.87 *(978-0-267-22451-7(6))* Forgotten Bks.
Cottons: the Secret of the Wind. Jim Pascoe. Illus. by Heidi Arnhold. 2020. (Cottons Ser.: 1). (ENG.). 272p. (J). pap. 14.99 *(978-1-250-30943-3(3)*, 900198488, First Second Bks.) Roaring Brook Pr.
Cottons: the White Carrot. Jim Pascoe. Illus. by Heidi Arnhold. 2020. (Cottons Ser.: 2). (ENG.). 272p. (YA). 19.99 *(978-1-62672-061-9(4)*, 900133963, First Second Bks.) Roaring Brook Pr.
Cottontail Rabbits. Christina Leighton. 2017. (North American Animals Ser.). (ENG., Illus.). 24p. (J). (gr. k-3). lib. bdg. 26.95 *(978-1-62617-566-2(7)*, Blastoff! Readers) Bellwether Media.
Cottonwood Sings. Alfreda Beartrack-Algeo. 2023. (ENG., Illus.). 40p. (J). (gr. 1-3). 14.95 *(978-0-9669317-1-6(8)*, 7th Generation) BPC.
Couch for Llama. Leah Gilbert. 2018. (Illus.). 40p. (J). (gr. -1). 16.95 *(978-1-4549-2511-8(6))* Sterling Publishing Co., Inc.
Couch Potato. Jory John. Illus. by Pete Oswald. 2020. (Food Group Ser.). (ENG.). 40p. (J). (gr. -1-3). 18.99 *(978-0-06-295453-4(9)*, HarperCollins) HarperCollins Pubs.
Couch Potato. Jory John & Jeremy Arthur. Illus. by Pete Oswald. 2020. (ENG.). (J). 41.95 *(978-1-952183-55-3(3))* Library Ideas, LLC.
Couch Potato Slices: A Book of Short Stories, Musings & Quotations. Text by Otto Cleveland. 2023. (ENG.). 60p. (YA). pap. 10.00 *(978-1-312-42545-3(8))* Lulu Pr., Inc.
Coucoubeuh & the Treasure Hunt. Catherine Gosset & Aurélien LeJeune. Illus. by Naba. 2023. (ENG.). 50p. (J). *(978-1-3984-8652-2(3))*; pap. *(978-1-3984-8651-5(5))* Austin Macauley Pubs. Ltd.
Coues Check List of North American Birds. Elliott Coues. 2017. (ENG., Illus.). (J). pap. *(978-0-649-46162-2(2))* Trieste Publishing Pty Ltd.
Coues Check List of North American Birds: Revised to Date, & Entirely Rewritten, under Direction of the Author (Classic Reprint) Elliott Coues. 2016. (ENG., Illus.). (J). pap. 9.97 *(978-1-333-75778-6(6))* Forgotten Bks.
Cougar. James C. McElroy. 2020. (ENG., Illus.). 102p. (J). 27.95 *(978-1-0980-5165-5(3))*; pap. 17.95 *(978-1-0980-4063-5(5))* Christian Faith Publishing.
Cougar Crossing: How Hollywood's Celebrity Cougar Helped Build a Bridge for City Wildlife. Meeg Pincus. Illus. by Alexander Vidal. 2021. (ENG.). 40p. (J). (gr. -1-3). 17.99 *(978-1-5344-6185-7(X)*, Beach Lane Bks.) Beach Lane Bks.
Cougar Frenzy, 1 vol. Pamela McDowell. Illus. by Kasia Charko. 2019. (Orca Echoes Ser.). (ENG.). 96p. (J). (gr. 1-3). pap. 7.95 *(978-1-4598-2064-7(9))* Orca Bk. Pubs. USA.
Cougars. Sophie Geister-Jones. 2021. (Wild Cats Ser.). (ENG., Illus.). 32p. (J). (gr. 2-3). pap. 9.95 *(978-1-63738-065-9(8))*; lib. bdg. 31.35 *(978-1-63738-029-1(1))* North Star Editions. (Apex).
Cougars. Heather Kissock. 2018. (J). *(978-1-4896-7996-3(0)*, AV2 by Weigl) Weigl Pubs., Inc.
Cougars. Alissa Thielges. (Spot Wild Cats Ser.). (ENG.). 16p. (J). (gr. -1-2). 2021. 27.10 *(978-1-68151-928-9(3)*, 11315); 2020. pap. 7.99 *(978-1-68152-575-4(5)*, 11237) Amicus.
Cougars: (Age 6 & Above) Tj Rob. 2016. (Discovering the World Around Us Ser.). (ENG., Illus.). (J). pap. *(978-1-988695-15-0(5))* TJ Rob.
Cough. Rachel Rose. 2023. (Why Does My Body Do That? (set 2) Ser.). (ENG.). 24p. (J). (gr. k-1). lib. bdg. 26.99 Bearport Publishing Co., Inc.
Could a Deaf Girl Sing? Children's Inspirational Stories; Stories with a Message for Children; Superheroes Children. Yael Manor. Illus. by Julia Po. 2020. (ENG.). 30p. (J). pap. 10.90 *(978-1-64204-632-8(9))* Primedia eLaunch LLC.
Could a Mouse Push a Car? Capstone Classroom & Tony Stead. 2017. (What's the Point? Reading & Writing Expository Text Ser.). (ENG., Illus.). 16p. (J). (gr. 2-2). pap. 6.95 *(978-1-4966-0747-8(3)*, 132382, Capstone Classroom) Capstone.
COULD & COULDN't Are Not Afraid of the Dark: Big Life Lessons for Little Kids. Brandy. 2017. (Illus.). 345p. (J). 14.99 *(978-981-4771-30-6(9))* Marshall Cavendish International (Asia) Private Ltd. SGP. Dist: Independent Pubs. Group.
COULD & COULDN't Are Not Afraid of the Dark: Big Life Lessons for Little Kids. Brandy. 2023. (Big Life Lessons for Little Kids Ser.). (ENG.). 40p. (J). (gr. -1-k). pap. 9.99 *(978-981-5044-94-2(X))* Marshall Cavendish International (Asia) Private Ltd. SGP. Dist: Independent Pubs. Group.
Could Any Group of People Be a Family? - Family Books for Kids Children's Family Life Books. Baby Professor. 2017. (ENG., Illus.). 64p. (J). pap. 9.52 *(978-1-5419-1613-5(1)*, Baby Professor (Education Kids)) Speedy Publishing LLC.

416 The check digit for ISBN-10 appears in parentheses after the full ISBN-13

Could He Do Better?, Vol. 1 of 3 (Classic Reprint) Arthur A. Hoffmann. 2018. (ENG., Illus.). 346p. (J). 31.03 *(978-0-484-26306-1(4))* Forgotten Bks.

Could I Be a Pilot? Evie's Journey to Becoming a Pilot. Lauren Dalzell Settles. 2020. (ENG.). 40p. (J). *(978-1-5255-5769-9(6))*; pap. *(978-1-5255-5770-5(X))* FriesenPress.

Could I Please Have a Dog? Marshall Silverman. 2021. (ENG.). 46p. (J). pap. 11.99 *(978-1-954614-11-6(X))*; 19.95 *(978-1-954614-10-9(1))* Warren Publishing, Inc.

Could It Be? Level 2. Joanne Oppenheim. Illus. by S. D. Schindler. 2020. (ENG.). 34p. (J). pap. 9.95 *(978-1-876965-69-3(X))* ibooks, Inc.

Could You Be a Big Mountain Skier? Blake Hoena. 2020. (You Choose: Extreme Sports Adventures Ser.). (ENG., Illus.). 112p. (J). (gr. 3-6). pap. 6.95 *(978-1-4966-8691-6(8)*, 201205); lib. bdg. 34.65 *(978-1-4966-8149-2(5)*, 199281) Capstone. (Capstone Pr.).

Could You Be a Monster Wave Surfer? Matt Doeden. 2020. (You Choose: Extreme Sports Adventures Ser.). (ENG., Illus.). 112p. (J). (gr. 3-6). pap. 6.95 *(978-1-4966-8692-3(6)*, 201206); lib. bdg. 34.65 *(978-1-4966-8141-6(X)*, 199271) Capstone. (Capstone Pr.).

Could You Be an Extreme Rock Climber? Blake Hoena. 2020. (You Choose: Extreme Sports Adventures Ser.). (ENG., Illus.). 112p. (J). (gr. 3-6). pap. 6.95 *(978-1-4966-8694-7(2)*, 201210); lib. bdg. 34.65 *(978-1-4966-8140-9(1)*, 199270) Capstone. (Capstone Pr.).

Could You Escape a Deserted Island? An Interactive Survival Adventure. Blake Hoena. 2019. (You Choose: Can You Escape? Ser.). (ENG., Illus.). 112p. (J). (gr. 3-7). pap. 6.95 *(978-1-5435-7560-6(9)*, 141092); lib. bdg. 32.65 *(978-1-5435-7395-4(9)*, 140691) Capstone.

Could You Escape Alcatraz? An Interactive Survival Adventure. Eric Mark Braun. 2019. (You Choose: Can You Escape? Ser.). (ENG., Illus.). 112p. (J). (gr. 3-7). lib. bdg. 32.65 *(978-1-5435-7392-3(4)*, 140688) Capstone.

Could You Escape the Paris Catacombs? An Interactive Survival Adventure. Matt Doeden. 2019. (You Choose: Can You Escape? Ser.). (ENG., Illus.). 112p. (J). (gr. 3-7). pap. 6.95 *(978-1-5435-7562-0(5)*, 141094); lib. bdg. 32.65 *(978-1-5435-7394-7(0)*, 140690) Capstone.

Could You Escape the Tower of London? An Interactive Survival Adventure. Blake Hoena. 2019. (You Choose: Can You Escape? Ser.). (ENG., Illus.). 112p. (J). (gr. 3-7). pap. 6.95 *(978-1-5435-7563-7(3)*, 141095); lib. bdg. 32.65 *(978-1-5435-7393-0(2)*, 140689) Capstone.

Could You Ever Dive with Dolphins!? Sandra Markle. Illus. by Vanessa Morales. 2023. (ENG.). 32p. (J). (gr. -1-3). 17.99 *(978-1-338-85876-1(9))*; pap. 5.99 *(978-1-338-85875-4(0))* Scholastic, Inc. (Scholastic Pr.).

Could You Live Like a Tarahumara? Podrías Vivir Como un Tarahumara? Bilingual English & Spanish. Don Burgess. Photos by Don Burgess & Bob Schalkwijk. 2017. (Kids' Books from Here & There Ser.). (ENG., Illus.). (J). (gr. 4-6). 24.95 *(978-1-939604-19-4(2))* Barranca Pr.

Could You Survive? (Set), 8 vols. 2019. (Could You Survive? Ser.). (ENG., Illus.). 32p. (J). (gr. 4-8). 256.56 *(978-1-5341-5260-1(1)*, 213191); pap., pap., pap. 113.71 *(978-1-5341-5304-2(7)*, 213192) Cherry Lake Publishing. (45th Parallel Press).

Could You Survive the Cretaceous Period? An Interactive Prehistoric Adventure. Eric Braun. Illus. by Alessandro Valdrighi. 2020. (You Choose: Prehistoric Survival Ser.). (ENG.). 112p. (J). (gr. 3-7). pap. 6.95 *(978-1-4966-5807-4(8)*, 142239); lib. bdg. 32.65 *(978-1-5435-7401-2(7)*, 140692) Capstone.

Could You Survive the Ice Age? An Interactive Prehistoric Adventure. Blake Hoena. Illus. by Alessandro Valdrighi. 2020. (You Choose: Prehistoric Survival Ser.). (ENG.). 112p. (J). (gr. 3-7). pap. 6.95 *(978-1-4966-5809-8(4)*, 142241); lib. bdg. 32.65 *(978-1-5435-7404-3(1)*, 140695) Capstone.

Could You Survive the Jurassic Period? An Interactive Prehistoric Adventure. Matt Doeden. Illus. by Juan Calle Velez. 2020. (You Choose: Prehistoric Survival Ser.). (ENG.). 112p. (J). (gr. 3-7). pap. 6.95 *(978-1-4966-5808-1(6)*, 142240); lib. bdg. 32.65 *(978-1-5435-7402-9(5)*, 140693) Capstone.

Could You Survive the New Stone Age? An Interactive Prehistoric Adventure. Thomas Kingsley Troupe. Illus. by Juan Calle Velez. 2020. (You Choose: Prehistoric Survival Ser.). (ENG.). 112p. (J). (gr. 3-7). pap. 6.95 *(978-1-4966-5810-4(8)*, 142242); lib. bdg. 32.65 *(978-1-5435-7405-0(X)*, 140697) Capstone.

Couleur Par Numero Fleurs Avec les Animaux Dans la Nature: Pour les Enfants, un Livre de Coloriage Pour Adultes Avec des Pages de Coloriage Amusantes, Faciles et Relaxantes (Livres de Coloriage Par Numéros Pour Adultes). Prince Milan Benton. 2021. (FRE.). 78p. (J). pap. 16.00 *(978-0-449-47452-5(6)*, Mosby Ltd.) Elsevier - Health Sciences Div.

Couleurs see Mix It Up!

Couleurs de Fleurs: L'introduction d'un Enfant à des Couleurs Naturelles. David E. McAdams. 2023. (Couleurs Dans le Monde Naturel Ser.: Vol. 3). (FRE.). 34p. (J). pap. 18.95 ***(978-1-63270-345-3(9))*** Life is a Story Problem LLC.

Couleurs de la Nuit. Tweedy. 2021. (FRE.). 44p. (J). pap. 14.99 *(978-1-943960-89-7(5))* Kodzo Bks.

Couleurs de L'automne. Tweedy. 2021. (FRE.). 44p. (J). pap. 14.99 *(978-1-943960-92-7(5))* Kodzo Bks.

Couleurs de L'espace: L'introduction d'un Enfant à des Couleurs Naturelles. David E. McAdams. 2023. (Couleurs Dans le Monde Naturel Ser.). (FRE.). 34p. (J). pap. 19.95 ***(978-1-63270-401-6(3))*** Life is a Story Problem LLC.

Couleurs de L'hiver. Tweedy. Illus. by Tweedy. 2021. (FRE.). 44p. (J). pap. 14.99 *(978-1-943960-93-4(3))* Kodzo Bks.

Couleurs de Perroquets: L'introduction d'un Enfant à des Couleurs Dans le Monde Naturel. David E. McAdams. 2nd ed. 2023. (Couleurs Dans le Monde Naturel Ser.). (FRE.). 40p. (J). pap. 19.95 ***(978-1-63270-397-2(1))*** Life is a Story Problem LLC.

Couleurs de Septavenir. Hélène DROUART. 2022. (FRE.). 40p. (J). pap. ***(978-1-4710-0811-5(8))*** Lulu Pr., Inc.

Couleurs du Jour. Tweedy. 2021. (FRE.). 44p. (J). pap. 14.99 *(978-1-943960-88-0(7))* Kodzo Bks.

Council of Dogs (Classic Reprint) William Roscoe. 2018. (ENG., Illus.). 40p. (J). 24.72 *(978-0-484-78876-2(0))* Forgotten Bks.

Council of Magic: Urban Fantasy Series. J. L Hendricks. Ed. by Rebecca Reddell. Illus. by Rebecca Frank. 2018. (Voodoo Dolls Ser.: Vol. 3). (ENG.). 264p. (J). pap. 10.99 *(978-0-9974915-8-6(2))* Hendricks, J. L.

Council of Mirrors (the Sisters Grimm #9) 10th Anniversary Edition. Michael Buckley. 10th ed. 2018. (Sisters Grimm Ser.). (ENG., Illus.). 304p. (J). (gr. 3-7). pap. 9.99 *(978-1-4197-2009-3(0)*, 696406, Amulet Bks.) Abrams, Inc.

Councils of Croesus (Classic Reprint) Mary Knight Potter. 2018. (ENG., Illus.). 258p. (J). 29.20 *(978-0-484-50912-1(8))* Forgotten Bks.

Counsel Assigned (Classic Reprint) Mary Raymond Shipman Andrews. 2017. (ENG., Illus.). 54p. (J). 25.01 *(978-0-332-12432-2(0))* Forgotten Bks.

Counsel of Perfection (Classic Reprint) Lucas Malet. 2017. (ENG., Illus.). (J). 30.83 *(978-0-331-55034-4(2))*; pap. 13.57 *(978-1-5276-3080-2(3))* Forgotten Bks.

Counsellor's Secret to Mindfulness: An Interactive Colouring Book - for Kids. Bianca Scaramella. 2021. (ENG.). 124p. (J). pap. *(978-0-2288-3678-0(6))* Tellwell Talent.

Counselors. Jessica Goodman. 2022. 352p. (YA). (gr. 9). 17.99 *(978-0-593-52422-0(5)*, Razorbill) Penguin Young Readers Group.

Counselors. Kate Moening. 2021. (Community Helpers Ser.). (ENG., Illus.). 24p. (J). (gr. k-3). pap. 7.99 *(978-1-64834-240-0(X)*, 20351); lib. bdg. 26.95 *(978-1-64487-400-4(8))* Bellwether Media. (Blastoff! Readers).

Count. Clever Publishing & Olga Utkina. 2021. (Find, Discover, Learn Ser.). (ENG.). 22p. (J). (gr. -1 — 1). bds. 14.99 *(978-1-951100-14-8(X))* Clever Media Group.

Count All Her Bones. April Henry. 2018. (Girl, Stolen Ser.: 2). (ENG.). 256p. (YA). pap. 12.99 *(978-1-250-15874-1(5)*, 900156292) Square Fish.

Count & Add with Me! Rozanne Williams. 2017. (Learn-To-Read Ser.). (ENG., Illus.). (J). pap. 3.49 *(978-1-68310-307-3(6))* Pacific Learning, Inc.

Count & Clap with Curious George Finger Puppet Book. H. A. Rey. 2022. (Curious George Ser.). (ENG., Illus.). 12p. (J). (— 1). bds. 9.99 *(978-0-358-42338-6(4)*, 1791958, Clarion Bks.) HarperCollins Pubs.

Count & Color to Ten: Learn Your Numbers Coloring Book. Jupiter Kids. 2016. (ENG., Illus.). 106p. (J). pap. 12.55 *(978-1-68326-301-2(4)*, Jupiter Kids (Childrens & Kids Fiction)) Speedy Publishing LLC.

Count & Connect: Dot to Dot Activity Book. Jupiter Kids. 2016. (ENG., Illus.). 108p. (J). pap. 12.55 *(978-1-68326-097-4(X)*, Jupiter Kids (Childrens & Kids Fiction)) Speedy Publishing LLC.

Count & the Congressman (Classic Reprint) Burton Harrison. 2018. (ENG., Illus.). 310p. (J). 30.31 *(978-0-483-69064-6(3))* Forgotten Bks.

Count at Harvard: Being an Account of the Adventures of a Young Gentleman of Fashion at Harvard University (Classic Reprint) Rupert Sargent Holland. 2018. (ENG., Illus.). 334p. (J). 30.79 *(978-0-484-19975-9(7))* Forgotten Bks.

Count Bruhl: A Romance of History (Classic Reprint) Jozef Ignacy Kraszewski. 2018. (ENG., Illus.). 326p. (J). 30.62 *(978-0-483-26190-7(4))* Forgotten Bks.

Count Bunker Being a Bald yet Veracious Chronicle Containing, Some Further Particulars of Two Gentlemen, Whose Previous Careers Were Touched upon, in a Tome Entitled the Lunatic at Large (Classic Reprint) J. Storer Clouston. 2018. (ENG., Illus.). 276p. (J). 29.61 *(978-0-267-51954-5(0))* Forgotten Bks.

Count, Cut, & Create: An Activity Book for Number's Nerds. Jupiter Kids. 2016. (ENG., Illus.). 106p. (J). pap. 16.55 *(978-1-68326-099-8(6)*, Jupiter Kids (Childrens & Kids Fiction)) Speedy Publishing LLC.

Count Falcon of the Eyrie: A Narrative Wherein Are Set Forth the Adventures Ventures Guido Orrabelli Dei Falchi During a Certain Autumn of His Career (Classic Reprint) Clinton Scollard. 2017. (ENG., Illus.). 268p. (J). 29.44 *(978-0-332-44269-3(1))* Forgotten Bks.

Count It All Joy Study Journal: 30-Day Study Journal. Kayla Nelson. 2022. (ENG.). 86p. (YA). pap. ***(978-1-387-48798-1(1))*** Lulu Pr., Inc.

Count Konigsmark, Vol. 1 Of 3: An Historical Romance (Classic Reprint) Frederick Chamier. 2017. (ENG., Illus.). (J). 30.87 *(978-0-266-16834-8(5))* Forgotten Bks.

Count Konigsmark, Vol. 2 Of 3: An Historical Romance (Classic Reprint) Frederick Chamier. (ENG., Illus.). (J). 2018. 342p. 30.95 *(978-0-332-82670-7(8))*; 2016. pap. 13.57 *(978-1-334-24840-5(0))* Forgotten Bks.

Count Me In. Varsha Bajaj. 192p. (J). (gr. 5). 2020. pap. 8.99 *(978-0-525-51726-9(X)*, Puffin Books); 2019. 17.99 *(978-0-525-51724-5(3)*, Nancy Paulsen Books) Penguin Young Readers Group.

Count Me In. L. Gibbs & Bernadette Hellard. 2017. (Netball Gems Ser.: 8). 160p. (J). (gr. 2-4). pap. 8.99 *(978-0-14-378119-6(7))* Random Hse. Australia AUS. Dist: Independent Pubs. Group.

Count Me in! the US Voting System - Election Books for Kids Grade 3 - Children's Government Books. Universal Politics. 2019. (ENG.). 72p. (J). pap. 14.72 *(978-1-5419-5323-9(1))*; 24.71 *(978-1-5419-7553-8(7))* Speedy Publishing LLC. (Universal Politics (Politics & Social Sciences)).

Count Money Little Get Ready! Book. School Zone. 2017. (ENG.). 48p. (J). (gr. 1-2). pap. 3.49 *(978-1-68147-118-1(3)*, 045d87dc-5a94-4011-a44e-03337c9d08c8) School Zone Publishing Co.

Count Morin Deputy (Classic Reprint) Anatole France. 2018. (ENG., Illus.). 82p. (J). 25.59 *(978-0-483-40414-4(4))* Forgotten Bks.

Count My Way to Jesus. Laura Richie. Illus. by Ian Dale. 2021. (Bible Storybook Ser.). (ENG.). 14p. (J). (— 1). bds. 8.99 *(978-0-8307-8300-7(8)*, 152727) Cook, David C.

Count of Monte-Cristo. Alexandre Dumas. 2017. (ENG.). (YA). (gr. 8-12). 352p. pap. *(978-3-337-37798-4(X))*; 298p. pap. *(978-3-337-37799-1(8))*; 300p. pap. *(978-3-337-37800-4(5))*; 352p. pap. *(978-3-337-37801-1(3))*; 352p. pap. *(978-3-337-37802-8(1))* Creation Pubs.

Count of Monte Cristo: Illustrated Abridged Children Classics English Novel with Review Questions (Hardback) Alexandre Dumas. 2021. (Illustrated Classics Ser.). (ENG.). 240p. (J). (gr. 3-11). 6.99 ***(978-93-90391-32-5(6))*** Prakash Bk. Depot IND. Dist: Independent Pubs. Group.

Count of Monte Cristo: Two-Disc Set. Alexandre Dumas. 2018. (Jim Weiss Audio Collection: 0). (ENG.). (J). (gr. 4-12). 19.95 *(978-1-945841-16-3(8)*, 458416) Well-Trained Mind Pr.

Count of Nideck: Adapted from the French of Erckmann, Chatrian (Classic Reprint) Ralph Browning Fiske. 2018. (ENG., Illus.). 388p. (J). 31.92 *(978-0-365-29126-8(9))* Forgotten Bks.

Count off! Learning More about Numbers: Activity Book Kindergarten. Speedy Kids. 2018. (ENG., Illus.). 106p. (J). pap. 12.55 *(978-1-5419-3691-1(4))* Speedy Publishing LLC.

Count off, Squeak Scouts! Laura Driscoll. 2018. (Mouse Math Ser.). (ENG.). 32p. (J). (gr. -1-1). lib. bdg. 34.28 *(978-1-4896-8289-5(9)*, AV2 by Weigl) Weigl Pubs., Inc.

Count on Arizona: Fun Facts from 1 To 12. Robin Ward. 2016. (ENG.). (J). 14.95 *(978-1-63177-528-4(6))* Amplify Publishing Group.

Count on It. Wiley Blevins. Illus. by Elliot Kreloff. 2018. (Basic Concepts Ser.). (ENG.). 24p. (J). (gr. -1-1). pap. 6.99 *(978-1-63440-416-7(5)*, 1de9eba3-6fba-4c8b-824f-114ee278c1b1, Rocking Chair Kids) Red Chair Pr.

Count on It!, 6 bks., Set. Dana Meachen Rau. Incl. Five. lib. bdg. 25.50 *(978-0-7614-2970-8(0)*, 713f8ffa-9145-4399-91cd-379220e02bb4); Four. lib. bdg. 25.50 *(978-0-7614-2969-2(7)*, 06d325d6-245f-4970-94ed-cec008c1eab7); One. lib. bdg. 25.50 *(978-0-7614-2966-1(2)*, df6e6dca-e254-4e1d-aa74-169c26b1588f); Ten. lib. bdg. 25.50 *(978-0-7614-2971-5(9)*, ff0ebf7f-58c2-4638-baf2-7901a586b320); Three. lib. bdg. 25.50 *(978-0-7614-2968-5(9)*, 7e068de5-fd49-43b6-beba-1da5a59cc7a9); Two. lib. bdg. 25.50 *(978-0-7614-2967-8(0)*, db55df7c-e239-43d2-be15-90e815e48ba3); 24p. (gr. k-1). 2009. (Bookworms: Count on It! Ser.). 2004. Set lib. bdg. 95.70 net. *(978-0-7614-2965-4(4)*, Cavendish Square) Cavendish Square Publishing LLC.

Count on It! ¡Cuenta con Ello!, 6 bks., Set. Dana Meachen Rau. Incl. Cinco / Five. lib. bdg. 25.50 *(978-0-7614-3477-1(1)*, 9217f5b0-80e0-4f12-b670-380bd4ea4e26); Cuatro / Four. lib. bdg. 25.50 *(978-0-7614-3476-4(3)*, f86b75e1-9ed0-42a4-94ca-eec7ddf95666); Diez / Ten. lib. bdg. 25.50 *(978-0-7614-3478-8(X)*, b2374705-efa4-4627-9101-0e05b905898c); Dos / Two. lib. bdg. 25.50 *(978-0-7614-3474-0(7)*, 8cb8a9eb-f91f-4818-8f25-d207b47dc58a); / One. lib. bdg. 25.50 *(978-0-7614-3472-6(0)*, 10e0d891-c780-4423-aa62-d9038782bf17); Tres / Three. lib. bdg. 25.50 *(978-0-7614-3475-7(5)*, 7bc66dd1-aea9-41e3-989c-9621b4495e2c); 24p. (gr. k-1). 2010. (Bookworms — Bilingual Editions: Count on It!/¡Cuenta con Ello! Ser.). (ENG & SPA.). 2008. Set lib. bdg. 95.70 net. *(978-0-7614-3471-9(2)*, Cavendish Square) Cavendish Square Publishing LLC.

Count on Me: An Adaptation of Three Little Pigs. Million So. 2019. (ENG.). 36p. (J). pap. 25.01 *(978-1-5437-5413-1(9))* Partridge Pub.

Count on Me: How to Build Trust. Sloane Hughes. 2022. (Life Works! Ser.). (ENG., Illus.). 24p. (J). (gr. 1-3). lib. bdg. 26.99 *(978-1-63691-425-1(X)*, 18598) Bearport Publishing Co., Inc.

Count on Me [4]. Shanna Silva. 2018. (Boosters Ser.). (ENG.). 64p. (YA). (gr. 9-12). pap. 9.75 *(978-1-68021-160-3(9))* Saddleback Educational Publishing, Inc.

Count on Smu: Fun Facts from 1 To 12. Robin Ward & Ashley Tull. 2018. (ENG.). 38p. (J). 14.95 *(978-1-68401-571-9(5))* Amplify Publishing Group.

Count on the Easter Pups! (PAW Patrol) Random House. Illus. by MJ Illustrations. 2018. (ENG.). 22p. (J). (— 1). bds. 6.99 *(978-1-5247-6872-0(3)*, Random Hse. Bks. for Young Readers) Random Hse. Children's Bks.

Count on Us! Gabi Snyder. Illus. by Sarah Walsh. 2022. (ENG.). 32p. (J). (gr. -1-4). 9.99 *(978-1-64686-625-0(8))* Barefoot Bks., Inc.

Count on Uva. Robin A. Ward. 2017. (ENG.). (J). 14.95 *(978-1-63177-526-0(X))* Amplify Publishing Group.

Count on Villanova: Fun Facts from 1 To 12. Robin Ward. 2017. (ENG.). (J). 14.95 *(978-1-63177-530-7(8))* Amplify Publishing Group.

Count Quantifier. Lubna Alsagoff. 2023. (Wonderful World of Words Ser.: 14). (ENG.). 28p. (J). (gr. 2-4). pap. 8.99 *(978-981-5009-03-3(6))* Marshall Cavendish International (Asia) Private Ltd. SGP. Dist: Independent Pubs. Group.

Count (Sesame Street Friends) Andrea Posner-Sanchez. Illus. by Random House. 2020. (Sesame Street Friends Ser.). (ENG.). 26p. (J). (— 1). bds. 7.99 *(978-0-593-17321-3(X)*, Random Hse. Bks. for Young Readers) Random Hse. Children's Bks.

Count Spatula. Izzy B. 2018. (ENG., Illus.). 34p. (J). (gr. k-5). 17.00 ***(978-1-5136-3882-9(3))*** Indy Pub.

Count Spatula: Tales from Three Drawers down Book 1. Kent Kessler. 2017. (ENG., Illus.). 68p. (J). pap. *(978-1-387-05165-6(2))* Lulu Pr., Inc.

Count Spatula: Tales from Three Drawers down Book 2. Kent Kessler. 2017. (ENG., Illus.). 72p. (J). pap. *(978-1-387-38286-6(1))* Lulu Pr., Inc.

Count Spatula: Tales from Three Drawers down Book 3. Kent Kessler. 2017. (ENG., Illus.). 68p. (J). pap. *(978-1-387-38291-0(8))* Lulu Pr., Inc.

Count Spatula: Tales from Three Drawers down Book 4. Kent Kessler. 2017. (ENG., Illus.). 80p. (J). pap. *(978-1-387-38302-3(7))* Lulu Pr., Inc.

Count Spatula: Tales from Three Drawers down Book 5. Kent Kessler. 2017. (ENG., Illus.). 72p. (J). pap. *(978-1-387-38308-5(6))* Lulu Pr., Inc.

Count Spatula: Tales from Three Drawers down Book 6. Kent Kessler. 2017. (ENG., Illus.). 88p. (J). pap. *(978-1-387-38310-8(8))* Lulu Pr., Inc.

Count the Wings: The Life & Art of Charley Harper. Michelle Houts. 2018. (Biographies for Young Readers Ser.). (ENG., Illus.). 144p. 32.95 *(978-0-8214-2307-3(X))*; pap. 16.95 *(978-0-8214-2308-0(8))* Ohio Univ. Pr.

Count to 10 with a Mouse. Margaret Wise Brown. Illus. by Kirsten Richards. 2020. (Margaret Wise Brown Classics Ser.). (ENG.). 28p. (J). (gr. -1-k). bds. 7.99 *(978-1-68412-966-9(4)*, Silver Dolphin Bks.) Printers Row Publishing Group.

Count To 100. 2017. (ENG.). (J). bds. 15.99 *(978-0-7945-3797-5(9)*, Usborne) EDC Publishing.

Count to LOVE! (a Bright Brown Baby Board Book) Andrea Pinkney. Illus. by Brian Pinkney. 2021. (Bright Brown Baby Ser.). (ENG.). 10p. (J). (gr. -1 — 1). bds. 8.99 *(978-1-338-67239-8(8)*, Cartwheel Bks.) Scholastic, Inc.

Count, Trace & Color - Workbook for Kindergarten Children's Math Books. Baby Professor. 2017. (ENG., Illus.). (J). pap. 9.55 *(978-1-5419-2606-6(4)*, Baby Professor (Education Kids)) Speedy Publishing LLC.

Count up the Sunny Days: A Story for Girls (Classic Reprint) Cecelia Anne Jones. 2018. (ENG., Illus.). 288p. (J). 29.86 *(978-0-483-95649-0(X))* Forgotten Bks.

Count, Vol. 1 Of 3: Or, Sublinary Life (Classic Reprint) Unknown Author. 2018. (ENG., Illus.). 352p. (J). 31.16 *(978-0-483-97951-2(1))* Forgotten Bks.

Count with Blue! (Blue's Clues & You) Random House. Illus. by Dave Aikins. 2020. (ENG.). 26p. (J). (— 1). bds. 7.99 *(978-0-593-12430-7(8)*, Random Hse. Bks. for Young Readers) Random Hse. Children's Bks.

Count with Little Fish. Lucy Cousins. Illus. by Lucy Cousins. 2018. (Little Fish Ser.). (ENG., Illus.). 22p. (J). (— 1). bds. 7.99 *(978-1-5362-0024-9(7))* Candlewick Pr.

Count with Me, 8 vols. 2022. (Count with Me Ser.). (ENG.). 24p. (J). (gr. 1-1). lib. bdg. 97.08 *(978-1-5382-8202-1(X)*, ac269f86-06e4-4679-b1bc-7c29533f7a22) Stevens, Gareth Publishing LLLP.

Count with Me! Numbers 1 To 10. Sharron M. Johnson. 2021. (ENG.). 28p. (J). pap. *(978-1-83975-653-5(5))* Grosvenor Hse. Publishing Ltd.

Count with Me — 1 To 10. Ana Palmero Cáceres. Illus. by Ana Palmero Cáceres. 2019. (ENG., Illus.). 32p. (J). (— 1). lib. bdg. 9.99 *(978-1-58089-892-8(0))* Charlesbridge Publishing, Inc.

Count with Me! Numbers Matching Game Activity Book. Jupiter Kids. 2016. (ENG., Illus.). 108p. (J). pap. 12.55 *(978-1-68326-098-1(8)*, Jupiter Kids (Childrens & Kids Fiction)) Speedy Publishing LLC.

Count with Me! Numbers Maze Activity Book. Activity Book Zone for Kids. 2016. (ENG., Illus.). (J). pap. 9.20 *(978-1-68376-109-9(X))* Sabeels Publishing.

Count with Yedi! (Ages 3-5) Practice with Yedi! (Counting, Numbers, 1-20) Lauren Dick. l.t. ed. 2021. (ENG.). 46p. (J). pap. *(978-1-77476-474-9(1))*; pap. *(978-1-77476-473-2(3))* AD Classic.

Count Your Blessings. Kathleen Long Bostrom. Illus. by Lisa Reed. 2017. (VeggieTales Ser.). (ENG.). 20p. (J). (gr. -1-k). bds. 7.99 *(978-0-8249-1664-0(6))* Worthy Publishing.

Count Your Chickens. Jo Ellen Bogart. Illus. by Lori Joy Smith. 32p. (J). (— 1). 2020. (ENG.). bds. 8.99 *(978-0-7352-6713-8(8))*; 2017. 16.99 *(978-1-77049-792-4(7))* Tundra Bks. CAN. (Tundra Bks.). Dist: Penguin Random Hse. LLC.

Count Yourself Calm: Taking BIG Feelings to a BIG God. Eliza Huie. Illus. by Mike Henson. 2023. (ENG.). 24p. (J). ***(978-1-78498-813-5(8))*** Good Bk. Co., The.

Countdown. M. J. McIsaac. 2023. (Orca Anchor Ser.). (ENG.). 80p. (YA). (gr. 8-12). pap. 10.95 *(978-1-4598-3535-1(2))* Orca Bk. Pubs. USA.

Countdown. Ellen Miles. 2017. (39 Clues: Unstoppable Ser.: 3). (ENG.). 96p. (J). (gr. 3-7). 55.99 *(978-1-338-24143-3(5))* Scholastic, Inc.

Countdown. Bjø Sortland & Timo Parvela. Tr. by Owen Witesman. Illus. by Pasi Pitkänen. 2023. (Kepler62 Ser.: 2). (ENG.). 160p. (J). 16.00 ***(978-1-64690-032-9(4))*** North-South Bks., Inc.

Countdown. Suzanne Slade. ed. 2019. (ENG.). 144p. (J). (gr. 4-6). 24.96 *(978-1-64310-834-6(4))* Penworthy Co., LLC, The.

Countdown: 2979 Days to the Moon. Suzanne Slade. Illus. by Thomas Gonzalez. 144p. (J). (gr. 5). 2022. pap. 14.99 *(978-1-68263-400-4(0))*; 2018. 22.95 *(978-1-68263-013-6(7))* Peachtree Publishing Co. Inc.

Countdown 2019. East High School Fresh Class of 2019. 2016. (ENG.). 100p. (J). pap. ***(978-1-365-14612-1(X))*** Lulu Pr., Inc.

Countdown Club. Lucienne Diver. 2018. (ENG., Illus.). 294p. (YA). pap. 15.95 *(978-1-62268-145-7(2))* Bella Rosa Bks.

Countdown Conspiracy. Katie Slivensky. (ENG.). (J). (gr. 3-7). 2018. 352p. pap. 7.99 *(978-0-06-246260-2(1))*; 2017. 336p. 16.99 *(978-0-06-246255-8(5))* HarperCollins Pubs. (HarperCollins).

Countdown Initiated: Escaping the UFO. Jason M. Burns. Illus. by Dustin Evans. 2022. (Declassified: the et Files Ser.). (ENG.). 32p. (J). (gr. 4-8). pap. 14.21 *(978-1-6689-1147-1(7)*, 221092); lib. bdg. 32.07 *(978-1-6689-0987-4(1)*, 220954) Cherry Lake Publishing. (Torch Graphic Press).

Countdown to Bedtime: Lift-The-Flap Book with Flashlight (Peppa Pig) (Media Tie-in) Text by Scholastic. ed. 2022. (ENG.). 12p. (J). (gr. -1-k). bds. 10.99 *(978-1-338-80576-5(2))* Scholastic, Inc.

Countdown to Christmas. Mary Manz Simon. Illus. by Brian Hartley. 2019. 52p. (J). (gr. -1-k). 14.99 *(978-1-5064-4854-1(2)*, Beaming Books) 1517 Media.

Countdown to Christmas: A Count & Find Primer. Illus. by Greg Paprocki. 2022. 22p. (J). (— 1). bds. 12.99 *(978-1-4236-6144-3(3))* Gibbs Smith, Publisher.

Countdown to Christmas: A Santa Story with 20 Fold-Outs to Make an Amazing Display. Stella Caldwell. 2020. (ENG.). 64p. (J). (gr. 1-3). 19.95

C

(978-1-78312-595-1(0)) Welbeck Publishing Group Ltd. GBR. Dist: Two Rivers Distribution.

Countdown to Christmas! With a Story a Day. Charles M. Schulz. Illus. by Robert Pope. 2021. (Peanuts Ser.). (ENG.). 64p. (J). (gr. 1-3). 10.99 *(978-1-5344-9698-9(X)*, Simon Spotlight) Simon Spotlight.

Countdown to Christmas! 60 Days to the Holiday Coloring Book 8 Year Old. Speedy Kids. 2018. (ENG., Illus.). 106p. (J). pap. 12.55 *(978-1-5419-3533-4(0))* Speedy Publishing LLC.

Countdown to Destruction: Book 5. J. D. Martens. 2017. (Meteor Ser.). (ENG.). 184p. (YA). (gr. 5-12). 31.42 *(978-1-68076-831-2(X)*, 27434, Epic Escape) EPIC Pr.

Countdown to Halloween! With a Story a Day. Charles M. Schulz. 2021. (Peanuts Ser.). (ENG.). 64p. (J). (gr. 1-3). 10.99 *(978-1-5344-8609-6(7)*, Simon Spotlight) Simon Spotlight.

Countdown to Navidad: A Family Christmas Across Borders. Karen White Porter. 2018. (ENG., Illus.). 138p. (J). pap. 6.24 *(978-1-946785-11-4(3))* Everfield Pr.

Countdown to the Last Tortilla. Maria de la Luz Reyes. Illus. by Aydee Lopez Martinez. 2019. (ENG.). 40p. (J). (gr. 3-6). 17.99 *(978-0-9972790-2-3(8))* REYES, MARIA DE LA LUZ.

Countdown to Trollsmas (DreamWorks Trolls) David Lewman. Illus. by Alan Batson. 2023. (ENG.). 24p. (J). (-k). 12.99 ***(978-0-593-70421-9(5)***, Random Hse. Bks. for Young Readers) Random Hse. Children's Bks.

Countdown to Xmas. Warner Press. 2017. (ENG.). (J). pap. 5.99 *(978-1-59317-944-1(8))* Warner Pr., Inc.

Countee Cullen: Poet, 1 vol. Rana Tahir. 2016. (Artists of the Harlem Renaissance Ser.). (ENG.). 128p. (YA). (gr. 9-9). lib. bdg. 47.36 *(978-1-5026-1068-3(X)*, 5dc7c5c8-11be-49ff-9ab0-fee0eef9a52f) Cavendish Square Publishing LLC.

Countee Cullen: Poet of the Harlem Renaissance, 1 vol. Charlotte Etinde-Crompton & Samuel Willard Crompton. 2019. (Celebrating Black Artists Ser.). (ENG.). 104p. (gr. 7-7). 38.93 *(978-1-9785-0355-7(5)*, f137ac76-65d3-46ed-abaa-1d6fd8ff2aeb) Enslow Publishing, LLC.

Counter Clockwise: A Gripping Tale of a Young Man's Journey to Find Fame, Fortune, & Purpose. Kolaj P. John. 2019. (ENG., Illus.). 76p. (YA). (gr. 7-12). pap. 11.99 *(978-0-578-42916-8(0))* Kolaj, Paul.

Counter Clockwise: A Young Adult Time Travel Romance. Elle Lee Strauss & Lee Strauss. 2018. (Clockwise Collection: Vol. 4). (ENG.). 222p. (YA). (gr. 7-12). pap. *(978-1-988677-36-1(X))* Strauss, Elle Bks.

Counter Culture - Teen Bible Study Book. David Platt. 2021. (ENG.). 128p. (YA). (gr. 7-12). pap. 13.99 *(978-1-0877-5054-5(7))* Lifeway Christian Resources.

Counter Culture - Teen Bible Study Leader Kit. David Platt. 2021. (ENG.). 72p. (YA). (gr. 7-12). pap. 59.99 *(978-1-0877-5055-2(5))* Lifeway Christian Resources.

Counter-Currents: A Story (Classic Reprint) Sophie Winthrop Weitzel. 2018. (ENG., Illus.). 308p. (J). 30.25 *(978-0-364-29326-3(8))* Forgotten Bks.

Counterclock Prophecy. Marc Mattson. 2018. (Counterclock Ser.: Vol. 1). (ENG., Illus.). 322p. (YA). (gr. 7-12). pap. 14.99 *(978-1-7320306-0-2(X))* Marley-Goeste.

Counterclockwise Heart. Brian Farrey. (ENG.). 352p. (J). (gr. 3-7). 2023. pap. 7.99 *(978-1-64375-352-2(5)*, 74352); 2022. 17.95 *(978-1-61620-506-5(7)*, 73506) Algonquin Young Readers.

Counterfeit Presentment, & the Parlour Car. William Dean Howells. 2017. (ENG.). 234p. (J). pap. *(978-3-337-05707-7(1))* Creation Pubs.

Counterfeit Presentment, & the Parlour Car (Classic Reprint) William Dean Howells. 2018. (ENG., Illus.). 234p. (J). 28.72 *(978-0-483-83424-8(6))* Forgotten Bks.

Counterfeit Presentment Comedy (Classic Reprint) W. D. Howells. 2018. (ENG., Illus.). 158p. (J). 27.18 *(978-0-267-20894-4(4))* Forgotten Bks.

Counterpane Fairy (Classic Reprint) Katharine Pyle. (ENG., Illus.). (J). 2017. 27.96 *(978-0-331-61878-5(8))*; 2016. pap. 10.57 *(978-1-333-46772-2(9))* Forgotten Bks.

Counterparts: Or the Cross of Love (Classic Reprint) Elizabeth Sara Sheppard. 2018. (ENG., Illus.). 266p. (J). 29.38 *(978-0-666-28832-5(1))* Forgotten Bks.

Counterparts, or the Cross of Love, Vol. 1 of 3 (Classic Reprint) Elizabeth Sara Sheppard. 2018. (ENG., Illus.). 338p. (J). 30.83 *(978-0-332-10497-3(4))* Forgotten Bks.

Counterparts, or the Cross of Love, Vol. 2 of 3 (Classic Reprint) Elizabeth Sara Sheppard. (ENG., Illus.). (J). 2018. 358p. 31.28 *(978-0-428-81502-8(2))*; 2016. pap. 13.97 *(978-1-333-23494-2(5))* Forgotten Bks.

Counterparts, Vol. 3 Of 3: Or the Cross of Love (Classic Reprint) Elizabeth Sara Sheppard. (ENG., Illus.). (J). 2018. 336p. 30.83 *(978-0-428-93312-8(2))*; 2016. pap. 13.57 *(978-1-334-30400-2(9))* Forgotten Bks.

Counterpoint: Fall, 1948 (Classic Reprint) Geraldine Warburg. (ENG., Illus.). (J). 2018. 274p. 29.55 *(978-0-483-93233-3(7))*; 2017. pap. 11.97 *(978-0-243-22296-1(8))* Forgotten Bks.

Counterpoint: Fall, 1950-Winter, 1953; Vol. I, Spring, 1954 (Classic Reprint) Joanna Semel. (ENG., Illus.). (J). 2018. 290p. 29.90 *(978-0-483-58322-1(7))*; 2017. pap. 13.57 *(978-0-243-22853-9(8))* Forgotten Bks.

Counterstroke (Classic Reprint) Ambrose Pratt. 2018. (ENG., Illus.). 326p. (J). 30.62 *(978-0-483-66070-0(1))* Forgotten Bks.

Counterterrorism. Nel Yomtov. 2016. (Military Missions Ser.). (ENG., Illus.). 24p. (J). (gr. 3-7). 26.95 *(978-1-62617-434-4(2)*, Epic Bks.) Bellwether Media.

Countess & Gertrude, or Modes of Discipline, Vol. 1 of 4 (Classic Reprint) Laetitia Matilda Hawkins. (ENG., Illus.). (J). 2018. 418p. 32.54 *(978-0-483-00104-6(X))*; 2016. pap. 16.57 *(978-1-334-16415-6(0))* Forgotten Bks.

Countess & Gertrude, or Modes of Discipline, Vol. 4 of 4 (Classic Reprint) Laetitia Matilda Hawkins. 2017. (ENG., Illus.). (J). 32.68 *(978-0-265-74351-5(6))*; pap. 16.57 *(978-1-5277-1081-8(5))* Forgotten Bks.

Countess & Gertrude, Vol. 2 Of 4: Or, Modes of Discipline (Classic Reprint) Laetitia Matilda Hawkins. 2017. (ENG., Illus.). (J). 32.66 *(978-0-265-18273-4(5))* Forgotten Bks.

Countess at School. E. M. Channon. Illus. by Osborne D. 2016. (ENG.). 154p. (J). (gr. 4-6). pap. *(978-1-909423-68-8(8))* Bks. to Treasure.

Countess Cathleen (Classic Reprint) W. B. Yeats. 2018. (ENG., Illus.). 128p. (J). 26.56 *(978-0-483-39349-3(5))* Forgotten Bks.

Countess from Canada: A Story of Life in the Backwoods. Bessie Marchant. 2018. (ENG., Illus.). 272p. (J). pap. *(978-93-5297-083-4(7))* Alpha Editions.

Countess from Canada: A Story of Life in the Backwoods. Bessie Marchant. 2017. (ENG., Illus.). (J). 25.95 *(978-1-374-89664-2(0))*; pap. 15.95 *(978-1-374-89663-5(2))* Capital Communications, Inc.

Countess Gisela (Classic Reprint) E. Marlitt. 2017. (ENG., Illus.). (J). 34.75 *(978-1-5285-7843-1(0))* Forgotten Bks.

Countess Ida (Classic Reprint) Fred Whishaw. 2018. (ENG., Illus.). 322p. (J). 30.56 *(978-0-483-15499-5(7))* Forgotten Bks.

Countess Kate: And the Stokesley Secret (Classic Reprint) Charlotte Mary Yonge. 2018. (ENG., Illus.). 232p. (J). 28.68 *(978-0-484-21188-8(9))* Forgotten Bks.

Countess Kate, and the Stokesley Secret (Classic Reprint) Charlotte Mary Yonge. (ENG., Illus.). (J). 2018. 354p. 31.22 *(978-0-483-61027-9(5))*; 2016. pap. 13.57 *(978-1-333-32008-9(6))* Forgotten Bks.

Countess Kate (Classic Reprint) Katharine Kavanaugh. 2018. (ENG., Illus.). 22p. (J). 24.35 *(978-0-267-65219-8(4))* Forgotten Bks.

Countess Markievicz: An Adventurous Life. Ann Carroll. Illus. by Derry Dillon. 2017. (ENG.). (J). pap. *(978-1-78199-870-0(1))* Poolbeg Pr.

Countess of Lowndes Square, & Other Stories (Classic Reprint) Edward F. Benson. 2018. (ENG., Illus.). 326p. (J). 30.62 *(978-0-483-64350-5(5))* Forgotten Bks.

Countess Tekla (Classic Reprint) Robert Barr. 2018. (ENG., Illus.). 446p. (J). 33.10 *(978-0-656-62894-0(4))* Forgotten Bks.

Counties of Ireland Coloring Book. Love Ireland. 2021. (ENG.). 65p. (J). pap. *(978-1-291-84357-6(4))* Lulu Pr., Inc.

Countin' & Playin' Kids Dot to Dot Game. Bobo's Children Activity Books. 2016. (ENG., Illus.). (J). pap. 9.33 *(978-1-68327-368-4(0))* Sunshine In My Soul Publishing.

Counting see Compter

Counting, 1 vol. Joanna Brundle. 2017. (First Math Ser.). (ENG.). 24p. (gr. k-k). pap. 9.25 *(978-1-5345-2193-3(3)*, 6a7032a0-c5ba-4511-959c-c99b33f0ef7c); lib. bdg. 26.23 *(978-1-5345-2189-6(5)*, f8061360-d0b9-45fb-86e6-b9f735b31ce8) Greenhaven Publishing LLC.

Counting. Emma Dodd. 2017. (Illus.). 12p. (J). (gr. -1-12). bds. 9.99 *(978-1-86147-839-9(9)*, Armadillo) Anness Publishing GBR. Dist: National Bk. Network.

Counting. Cassie Gitkin. Illus. by Michael S. Miller. 2022. (Active Minds: Graphic Novels Ser.). (ENG.). 24p. (J). (gr. k-2). lib. bdg. 24.69 *(978-1-64996-176-1(6)*, 4931, Sequoia Kids Media) Phoenix International Publications, Inc.

Counting. Nat Lambert. Illus. by Barry Green. 2022. (I Can Do It! Ser.). (ENG.). 12p. (J). 9.99 *(978-1-80105-253-5(0))* Top That! Publishing PLC GBR. Dist: Independent Pubs. Group.

Counting. Susie Linn. 2016. (Wirobound Magnetic Play & Learn Ser.). (ENG.). (J). *(978-1-78445-680-1(2))* Top That! Publishing PLC.

Counting. Illus. by Max and Sid. 2016. (What Can You Spot? Ser.). (ENG.). 18p. (J). (gr. -1 — 1). bds. 7.99 *(978-1-4998-0269-6(2))* Little Bee Books Inc.

Counting. Sara Pistoia. 2019. (Let's Do Math! Ser.). (ENG.). 24p. (J). (gr. -1-2). lib. bdg. 22.99 *(978-1-5105-4554-0(9))* SmartBook Media, Inc.

Counting. Sara Pistoia. 2016. (J). *(978-1-4896-5101-3(2))* Weigl Pubs., Inc.

Counting: Earth's Biomes (Level 2) Jennifer Kroll. 2017. (TIME for KIDS(r): Informational Text Ser.). (ENG., Illus.). 28p. (J). (gr. 2-3). pap. 10.99 *(978-1-4258-4968-9(7))* Teacher Created Materials, Inc.

Counting: The Seasons. Heather E. Schwartz. 2018. (TIME for KIDS(r): Informational Text Ser.). (ENG., Illus.). 16p. (J). (gr. 1-2). 8.99 *(978-1-4258-4955-9(5))* Teacher Created Materials, Inc.

Counting: Your Body. Kristy Stark. 2018. (TIME for KIDS(r): Informational Text Ser.). (ENG., Illus.). 12p. (J). (gr. k-1). 7.99 *(978-1-4258-4945-0(8))* Teacher Created Materials, Inc.

Counting - Warekan Waare (Te Kiribati) Kym Simoncini. Illus. by Sherainne Louise Casinto. 2023. (ENG.). 28p. (J). pap. ***(978-1-922827-69-2(X))*** Library For All Limited.

Counting 1-10. Barbara Gregorich & Joan Hoffman. deluxe ed. 2019. (ENG., Illus.). 64p. (J). (gr. -1-k). pap., wbk. ed. 4.49 *(978-1-58947-348-5(5)*, e384c6ce-8543-4f62-af12-5e7e76f108d6) School Zone Publishing Co.

Counting 1 2 3. Donald Kasen. 2019. (ENG., Illus.). 26p. (J). pap. 8.99 *(978-0-7396-0465-6(1))* Inspired Studios Inc.

Counting, Alphabet Skills & Dot to Dot Activity Book for Kids. Bobo's Children Activity Books. 2016. (ENG., Illus.). (J). pap. 7.99 *(978-1-68327-432-2(6))* Sunshine In My Soul Publishing.

Counting & Coloring Book: Fun with Letters - Find the LETTER, Count It & Learn the ALPHABET by Having Fun - Amazing Activity Book for Kids All Ages. B D Andy Bradradrei. 2021. (ENG.). 56p. (J). pap. 9.78 *(978-1-269-35794-4(8))* Pearson Learning Solutions.

Counting & Dot to Dot Activity Book for Kids. Bobo's Children Activity Books. 2016. (ENG., Illus.). (J). pap. 7.99 *(978-1-68327-411-7(3))* Sunshine In My Soul Publishing.

Counting & Math with Pasta & Meatballs PLUS Coloring & Activity Fun. Amelia Griggs. Illus. by Winda Mulyasari. 2020. (Bella & Friends Learning Ser.: Vol. 2). (ENG.). 62p. (J). pap. 6.99 *(978-1-7330666-4-8(0))* Griggs, Amelia.

Counting & Numbers: Ready to Learn. Darya Ahmadi. 2021. (ENG.). 52p. (J). pap. *(978-1-989880-47-0(9))* KidsOcado.

Counting & Sequencing Activity Book Toddler-Grade K - Ages 1 To 6. Pfiffikus. 2016. (ENG., Illus.). (J). pap. 10.81 *(978-1-68377-631-4(3))* Whlke, Traudl.

Counting Animals - Comptage des Animaux. Thembani Dladla & Et Al Zanele Buthelezi. Illus. by Rob Owen. 2022. (FRE.). 24p. (J). pap. ***(978-1-922849-76-2(6))*** Library For All Limited.

Counting Animals - Kuhesabu Mifugo. Clare Verbeek Et Al. Illus. by Rob Owen. 2023. (SWA.). 24p. (J). pap. ***(978-1-922876-32-4(1))*** Library For All Limited.

Counting Animals / Contando gli Animali: Parallel Language Learning - English/Italian Vol. 1 / Apprendimento Parallelo Delle Lingue - Inglese/Italiano Vol. 1. Lori Michelini. Ed. by Hermes Michelini. 2020. (Parallel Language Learning Ser.: Vol. 1). (ENG.). 50p. (J). pap. *(978-1-7770952-2-2(0))* LoGreco, Bruno.

Counting Animals (Set), 4 vols. 2020. (Counting Animals Ser.). (ENG., Illus.). 16p. (J). (gr. -1-2). pap., pap., pap. 45.43 *(978-1-5341-6799-5(4)*, 215098, Cherry Blossom Press) Cherry Lake Publishing.

Counting Animals with Lily & Milo. Pauline Oud. 2020. (Lily & Milo Ser.: 6). (ENG., Illus.). 32p. (J). (gr. -1). 14.95 *(978-1-60537-528-1(4))* Clavis Publishing.

Counting Animals/Contando Animales: An English/Spanish Number Book. Susan Yost Filgate. Illus. by Leonard Filgate. 2018. (ENG.). 32p. (J). pap. 12.00 *(978-0-9978819-4-3(1))* America Hispanic Consulting Group Inc.

Counting Arctic Animals. Coco Apunnguaq Lynge. Illus. by Coco Apunnguaq Lynge. 2022. (ENG., Illus.). 24p. (J). (gr. -1 — 1). bds. 12.95 *(978-1-77227-447-9(X))* Inhabit Media Inc. CAN. Dist: Consortium Bk. Sales & Distribution.

Counting Around the Christmas Tree: Holiday 123s. Created by Flying Frog Publishing. 2022. (ENG.). 14p. (J). (gr. -1). bds. 7.99 ***(978-1-63560-389-7(7))*** Flying Frog Publishing, Inc.

Counting at the Store. Christianne Jones. 2022. (World Around You Ser.). (ENG.). 32p. (J). 31.32 *(978-1-6639-7670-3(8)*, 229035); pap. 8.95 *(978-1-6663-2651-2(8)*, 229005) Capstone. (Pebble).

Counting Basics Workbook 1st Grade. Prodigy Wizard Books. 2016. (ENG., Illus.). (J). pap. 7.74 *(978-1-68323-171-4(6))* Twin Flame Productions.

Counting Beans. Zozo Thomas. 2022. (Tales from Mulberry Garden Ser.). (ENG.). 52p. (J). pap. *(978-1-7397230-2-6(3))* Forward Thinking Publishing.

Counting Birds: The Idea That Helped Save Our Feathered Friends. Heidi E. Y. Stemple. Illus. by Clover Robin. 2018. (ENG.). 32p. (J). (gr. -1-2). 17.95 *(978-1-63322-604-3(2)*, 304252, Seagrass) Quarto Publishing Group USA.

Counting Blessings. Carol Peterson. 2017. (ENG., Illus.). 32p. (J). pap. 9.99 *(978-0-9977785-3-3(9))* Honor Bound Bks.

Counting Blessings, 1 vol. Eileen Spinelli. Illus. by Lee Holland. 2016. (ENG.). 20p. (J). bds. 9.99 *(978-0-310-75072-7(5))* Zonderkidz.

Counting Book with Billy & Abigail. Don Hoffman. Illus. by Todd Dakins. 2nd ed. 2016. (Billy & Abby Ser.). (ENG.). 24p. (J). (gr. -1-k). pap. 3.99 *(978-1-943154-08-1(2))* Peek-A-Boo Publishing.

Counting Breaths with the Count: A Book about Mindfulness. Katherine Lewis. 2023. (Sesame Street (r) Character Guides). (ENG., Illus.). 24p. (J). (gr. -1-2). pap. 8.99. lib. bdg. 29.32 ***(978-1-7284-8680-2(7)***, 97f7e3f0-50ad-4af9-a0e6-79ebafadb524) Lerner Publishing Group. (Lerner Pubns.).

Counting Bumper Book Ages 3-5: Ideal for Home Learning (Collins Easy Learning Preschool) Collins Easy Learning. 2018. (Collins Easy Learning Preschool Ser.). (ENG.). 48p. (gr. -1-k). pap. 7.95 *(978-0-00-827545-7(9))* HarperCollins Pubs. Ltd. GBR. Dist: Independent Pubs. Group.

Counting by Five Minutes - a Telling Time for Kids. Pfiffikus. 2016. (ENG., Illus.). (J). pap. 10.81 *(978-1-68377-656-7(9))* Whlke, Traudl.

Counting by the Lake. Cassandra Duchatelier. 2017. (ENG., Illus.). (J). pap. 12.99 *(978-0-9861924-9-4(X))* iFAM Publishing, LLC.

Counting Camper Vans. Debbie Burt. Illus. by Debbie Burt. 2022. (ENG.). 36p. (J). pap. *(978-1-78222-927-8(2))* Paragon Publishing, Rothersthorpe.

Counting Cars. Nick Rebman. 2021. (Math Basics Ser.). (ENG., Illus.). 16p. (J). (gr. -1-1). pap. 7.95 *(978-1-64619-199-4(4)*, 1646191994); lib. bdg. 25.64 *(978-1-64619-165-9(X)*, 164619165X) Little Blue Hse. (Little Blue Readers).

Counting Caterpillar: Fold-Out Accordion Book. IglooBooks. Illus. by Sally Payne. 2021. (ENG.). 28p. (J). (— 1). bds., bds. 8.99 *(978-1-83903-268-4(5))* Igloo Bks. GBR. Dist: Simon & Schuster, Inc.

Counting Christmas Carol. Misti Kenison. 2020. (Classic Concepts Ser.). (ENG., Illus.). 16p. (J). (gr. -1 — 1). bds. 9.99 *(978-0-7624-6952-9(8)*, Running Pr. Kids) Running Pr.

Counting Cloth. Amanda Jessup & Marcy Werner. Illus. by Amanda Jessup. l.t. ed. 2020. (ENG., Illus.). 26p. (J). 16.95 *(978-1-7356874-0-7(5))* Busy Publishing.

Counting Coins & Bills, 1 vol. Portia Summers. 2016. (Value of Money Ser.). (ENG., Illus.). 24p. (gr. 1-2). pap. 10.35 *(978-0-7660-7700-3(4)*, e84300ad-f712-4b7b-9c8e-54c6e58c55e0) Enslow Publishing, LLC.

Counting Coins & Dollars - Children's Money & Saving Reference. Left Brain Kids. 2016. (ENG., Illus.). (J). pap. 7.51 *(978-1-68376-685-8(7))* Sabeels Publishing.

Counting Colors. Rose Nestling. Ed. by Cottage Door Press. Illus. by Fhiona Galloway. 2021. (ENG.). 22p. (J). (gr. -1 — 1). bds. 8.99 *(978-1-64638-608-6(6)*, 1008110) Cottage Door Pr.

Counting Colors in Texas, 1 vol. Susan Kralovansky. Photos by Robert Crane. 2018. (SPA & ENG., Illus.). 10p. bds. 9.95 *(978-1-4556-2383-9(0)*, Pelican Publishing) Arcadia Publishing.

Counting Colors in the Sea (a Tuffy Book) Ed. by Cottage Door Press. 2023. (Tuffy Book Ser.). (ENG.). 10p. (J). (gr. -1 — 1). 8.99 *(978-1-64638-786-1(4)*, 1008890) Cottage Door Pr.

Counting Creatures. Julia Donaldson. Illus. by Sharon King-Chai. 2020. (ENG.). 58p. (J). (-k). 20.99 *(978-0-593-32453-0(6)*, Dial Bks) Penguin Young Readers Group.

Counting Critters: Celebrate! Number Sense. Sophia Day & Megan Johnson. Illus. by Stephanie Strouse. 2019. (Celebrate! Ser.: 15). (ENG.). 32p. (J). pap. 4.99 *(978-1-64370-760-0(4)*, 0cf4965a-95e4-4ffd-b9ee-be72836481f2) MVP Kids Media.

Counting Dinos. Eric Pinder. Illus. by Junissa Bianda. 2018. (ENG.). 32p. (J). (gr. -1-3). 16.99 *(978-0-8075-1281-4(8)*, 807512818) Whitman, Albert & Co.

Counting Dots Learning Fun: Dot to Dot To 10. Jupiter Kids. 2016. (ENG., Illus.). 76p. (J). pap. 13.75 *(978-1-68305-434-4(2)*, Jupiter Kids (Childrens & Kids Fiction)) Speedy Publishing LLC.

Counting down with You. Tashie Bhuiyan. (ENG.). (YA). 2022. 448p. pap. 11.99 *(978-1-335-42628-4(0))*; 2021. 464p. 18.99 *(978-1-335-20997-9(2))* Harlequin Enterprises ULC CAN. Dist: HarperCollins Pubs.

Counting Dragonflies. Melanie McNally. 2019. (ENG.). 166p. (J). pap. 10.00 *(978-1-7923-0597-9(4))* Independent Pub.

Counting Elephants. Dawn Young. Illus. by Fermin Solis. 2020. (ENG.). 32p. (J). (gr. -1-1). 17.99 *(978-0-7624-6694-8(4)*, Running Pr. Kids) Running Pr.

Counting for Kids - Arranging Numbers in Ascending Order Children's Math Books. Baby Professor. 2017. (ENG., Illus.). (J). pap. 9.25 *(978-1-5419-0462-0(1)*, Baby Professor (Education Kids)) Speedy Publishing LLC.

Counting Frogs. Arin Wensley. 2018. (ENG., Illus.). 30p. (J). 17.49 *(978-0-692-98113-9(6))* Hopping Mad Pr.

Counting Fun! Round Objects Coloring Book. Jupiter Kids. 2017. (ENG., Illus.). (J). pap. 9.20 *(978-1-68326-705-8(2)*, Jupiter Kids (Childrens & Kids Fiction)) Speedy Publishing LLC.

Counting Game. Carrie Cannon. 2020. (ENG.). 36p. (J). (gr. k-6). pap. 5.99 *(978-1-64764-861-9(0))* Waldorf Publishing.

Counting Games. Make Believe Ideas. Illus. by Dawn Machell. 2017. (ENG.). 12p. (J). (gr. -1 — 1). 12.99 *(978-1-78692-775-0(6))* Make Believe Ideas GBR. Dist: Scholastic, Inc.

Counting In 5s. Rhianne Conway. Illus. by Ramil Tugade. 2021. (ENG.). 36p. (J). pap. *(978-1-922550-44-6(2))* Library For All Limited.

Counting in 5s - Sura Lima Lima. Rhianne Conway. 2021. (TET.). 36p. (J). pap. *(978-1-922550-77-4(9))* Library For All Limited.

Counting in Dog Years & Other Sassy Math Poems. Betsy Franco. Illus. by Priscilla Tey. 2022. (ENG.). 40p. (J). (gr. 3-7). 18.99 *(978-1-5362-0116-1(2))* Candlewick Pr.

Counting in Green: Ten Little Ways to Help Our Big Planet. Hollis Kurman & Stephane Barroux. 2023. (ENG., Illus.). 32p. (J). (gr. -1-k). 17.99 ***(978-1-913074-16-6(1))*** Otter-Barry Bks. GBR. Dist: Independent Pubs. Group.

Counting in Mi'kmaw / Mawkiljemk Mi'kmawiktuk, 1 vol. Loretta Gould. 2019. (ENG & MIC., Illus.). 12p. (J). bds. 14.95 *(978-1-77108-662-2(9)*, 1c597c07-7587-4001-902c-4fa637e1fdb6) Nimbus Publishing, Ltd. CAN. Dist: Baker & Taylor Publisher Services (BTPS).

Counting Kindness: Ten Ways to Welcome Refugee Children. Hollis Kurman. Illus. by Barroux. 2020. (ENG.). 32p. (J). (-k). 16.99 *(978-1-62354-229-0(4))* Charlesbridge Publishing, Inc.

Counting (Math Counts: Updated Editions) (Library Edition) Henry Pluckrose. 2018. (Math Counts, New & Updated Ser.). (ENG., Illus.). 32p. (J). (gr. k-3). lib. bdg. 25.00 *(978-0-531-17507-1(3)*, Children's Pr.) Scholastic Library Publishing.

Counting Memories. Anita Adkins. 2020. (ENG., Illus.). 72p. (J). pap. 19.99 *(978-1-952894-67-1(0))* Pen It Pubns.

Counting Money Practice Book Grades K-2 - Ages 5 To 8. Baby Iq Builder Books. 2016. (ENG., Illus.). (J). pap. 8.99 *(978-1-68374-733-8(X))* Examined Solutions PTE. Ltd.

Counting Nappies. Amanda Jessup & Marcy Werner. Illus. by Amanda Jessup. l.t. ed. 2020. (ENG., Illus.). 26p. (J). 16.95 *(978-1-7356874-2-1(1))* Busy Publishing.

Counting Objects 1-2: Coloring Book. Mai B. 2023. (ENG.). 84p. (J). pap. ***(978-1-387-83817-2(2))*** Lulu Pr., Inc.

Counting on Birds. Kate Riggs. Illus. by Jori van der Linde. 2017. (ENG.). 14p. (J). (gr. -1 — 1). bds. 8.99 *(978-1-56846-300-1(6)*, 20162, Creative Education) Creative Co., The.

Counting on Fall. Lizann Flatt. Illus. by Ashley Barron. 2017. (Math in Nature Ser.: 1). (ENG.). 32p. (J). (gr. k-2). pap. 8.95 *(978-1-77147-310-1(X))* Owlkids Bks. Inc. CAN. Dist: Publishers Group West (PGW).

Counting on Frank, 1 vol. Rod Clement. 2019. (Counting on Frank Ser.). (ENG.). 32p. (J). (gr. 1-3). pap. 10.50 *(978-1-5382-4973-4(1))* Stevens, Gareth Publishing LLLP.

Counting on Katherine: How Katherine Johnson Saved Apollo 13. Helaine Becker. Illus. by Dow Phumiruk. 2018. (ENG.). 40p. (J). 18.99 *(978-1-250-13752-4(7)*, 900178843, Holt, Henry & Co. Bks. For Young Readers) Holt, Henry & Co.

Counting on Our Stars. Lisa Osterman. 2021. (Counting on Our Stars Ser.). (ENG.). 38p. (J). 30.00 ***(978-1-7353506-7-7(2))*** Osterman, Lisa.

Counting Our Blessings. Emma Dodd. Illus. by Emma Dodd. 2023. (Emma Dodd's Love You Bks.). (ENG.). (J). (— 1). 2023. 22p. bds. 10.99 *(978-1-5362-2977-6(6))*; 2020. (Illus.). 24p. 14.99 *(978-1-5362-1018-7(8))* Candlewick Pr. (Templar).

Counting-Out Rhymes of Children. Walter Gregor. 2019. (ENG.). 34p. (J). pap. *(978-93-5386-739-3(8))* Alpha Editions.

Counting-Out Rhymes of Children (Classic Reprint) Walter Gregor. (ENG., Illus.). (J). 2018. 36p. 24.66 *(978-0-267-90511-9(4))*; 2016. pap. 7.97 *(978-1-333-87316-5(6))* Forgotten Bks.

Counting Pebbles to Writing Code: A Timeline of Mathematics & Computers. Contrib. by World Book, Inc. Staff. 2016. (Illus.). 40p. (J). *(978-0-7166-3541-3(0))* World Bk., Inc.

Counting Puppies. Taylor Farley. 2022. (Learning with Pets Ser.). (ENG.). 24p. (J). (gr. k-2). pap. *(978-1-0396-6198-1(X)*, 20381); lib. bdg. *(978-1-0396-6003-8(7)*, 20380) Crabtree Publishing Co.

Counting Race: Ready-To-Read Level 1. Margaret McNamara. Illus. by Mike Gordon. 2022. (Robin Hill School

Ser.). (ENG.). 32p. (J). (gr. -1-1). 17.99 *(978-1-6659-1368-3(1),* Simon Spotlight) Simon Spotlight.

Counting Rhymes Musical Songbook. Illus. by Wendy Straw. 2019. (Wendy Straw's Songbooks Ser.). (ENG.). 16p. (J). (— 1). 14.99 *(978-1-925386-94-3(5),* Brolly Bks.) Borghesi & Adam Pubs. Pty Ltd AUS. Dist: Independent Pubs. Group.

Counting Scars. Melinda Di Lorenzo. 2022. (Orca Soundings Ser.). (ENG.). 128p. (YA). (gr. 8-12). pap. 10.95 *(978-1-4598-3355-5(4))* Orca Bk. Pubs. USA.

Counting Sheep. Pippa Chorley. Illus. by Danny Deeptown. (Sam Ser.). (J). (gr. -1-k). 2022. (ENG.). 28p. pap. 11.99 *(978-981-5044-90-4(7));* 2020. 1500p. 14.99 *(978-981-4841-19-1(6))* Marshall Cavendish International (Asia) Private Ltd. SGP. Dist: Independent Pubs. Group.

Counting Sheep. David Kennedy. 2019. (ENG.). 24p. (J). 23.95 *(978-1-0980-0755-3(7));* pap. 13.95 *(978-1-64569-914-9(5))* Christian Faith Publishing.

Counting Sheep: Calpurnia Tate, Girl Vet. Jacqueline Kelly. Illus. by Teagan White & Jennifer L. Meyer. 2017. (Calpurnia Tate, Girl Vet Ser.: 2). (ENG.). 128p. (J). pap. 6.99 *(978-1-250-12945-1(1),* 900161283) Square Fish.

Counting Sheepdog: A Count-Along Bedtime Story. Eric M. Strong. Illus. by Eric M. Strong. 2022. (ENG.). 26p. (J). pap. 9.25 ***(978-1-0880-5323-2(8))*** Indy Pub.

Counting That Counts. Charles Baugh. 2018. (ENG., Illus.). 20p. (J). 23.95 *(978-1-64416-142-5(7))* Christian Faith Publishing.

Counting the Scoops. Ava Ballard. Illus. by Tooba Imtiaz. 2021. (ENG.). 18p. (J). 20.49 *(978-1-6628-2288-9(X));* pap. 10.49 *(978-1-6628-2287-2(1))* Salem Author Services.

Counting the Scoops - Coloring Book. Ava Ballard. Illus. by Tooba Imtiaz. 2021. (ENG.). 18p. (J). pap. 11.99 *(978-1-6628-2290-2(1))* Salem Author Services.

Counting the Seconds, Minutes & Hours a Telling Time Book for Kids. Pfiffikus. 2016. (ENG., Illus.). (J). pap. 10.81 *(978-1-68377-657-4(7))* Whlke, Traudl.

Counting the Stars: The Story of Katherine Johnson, NASA Mathematician. Lesa Cline-Ransome. Illus. by Raúl ón. 2019. (ENG.). 32p. (J). (gr. -1-3). 17.99 *(978-1-5344-0475-5(9),* Simon & Schuster Bks. For Young Readers) Simon & Schuster Bks. For Young Readers.

Counting the Uncountable: Keeping Track of the Infinite. Bob Konikow. 2016. (ENG., Illus.). (J). pap. 17.45 *(978-1-4808-3526-9(9))* Archway Publishing.

Counting Time Like People Count Stars: Poems by the Girls of Our Little Roses, San Pedro Sula, Honduras. Luis J. Rodriguez. Ed. by Spencer Reece. 2017. (ENG., Illus.). 120p. pap. 19.95 *(978-1-882688-55-5(4))* Tia Chucha Pr.

Counting to 100 - Counting Exercises for Kids Children's Math Books. Baby Professor. 2017. (ENG., Illus.). (J). pap. 9.25 *(978-1-5419-0422-4(2),* Baby Professor (Education Kids)) Speedy Publishing LLC.

Counting to 100 Kindergarten Workbook: Scholastic Early Learners (Skills Workbook) Scholastic. 2019. (Scholastic Early Learners Ser.). (ENG.). 24p. (J). (gr. k-2). pap. 3.99 *(978-1-338-30508-1(5))* Scholastic, Inc.

Counting to Bananas: A Mostly Rhyming Fruit Book. Carrie Tillotson. Illus. by Estrela Lourenço. 2022. 32p. (J). (gr. -1-3). 18.99 *(978-0-593-35486-5(9))* Flamingo Bks.

Counting to Christmas: an Advent Calendar Treasury. Ed. by Cottage Door Press. Illus. by Lindsay Dale-Scott et al. Photos by Shutterstock.com. 2022. (ENG.). 224p. (J). (gr. -1-3). 26.99 *(978-1-64638-619-2(1),* 1008160) Cottage Door Pr.

Counting to Perfect. Suzanne LaFleur. 2018. (ENG.). 208p. (J). (gr. 3-7). 16.99 *(978-1-5247-7179-9(1));* lib. bdg. 19.99 *(978-1-5247-7180-5(5))* Random Hse. Children's Bks. (Lamb, Wendy Bks.).

Counting to Perfect. Suzanne M. LaFleur. 2018. 197p. (J). pap. *(978-1-5247-7182-9(1),* Delacorte Pr) Random House Publishing Group.

Counting Trucks, Boats, Trains, & Planes. Ronnie Sellers. 2021. (ENG., Illus.). 32p. (J). bds. 9.95 *(978-1-5319-1576-6(0))* Sellers Publishing, Inc.

Counting with a Ladybug. DK. 2018. (Learn with a Ladybug Ser.). (ENG., Illus.). 12p. (J). (-k). bds. 10.99 *(978-1-4654-6390-6(9),* DK Children) Dorling Kindersley Publishing, Inc.

Counting with Adjectives: A Big Shoe Bears & Friends Adventure. Dawn Doig. 2020. (ENG.). 26p. (J). (Big Shoe Bears & Friends Adventures Ser.: Vol. 4). 19.99 *(978-1-954004-80-1(X));* (Big Shoe Bears & Friends Ser.: Vol. 2). (Illus.). pap. 12.99 *(978-1-954004-81-8(8))* Pen It Pubns.

Counting with Barefoot Critters. Teagan White. (Illus.). (J). 2018. 30p. (— 1). bds. 7.99 *(978-0-7352-6323-9(X));* 2016. 32p. (gr. -1-3). 16.99 *(978-1-101-91771-8(7))* Tundra Bks. CAN. (Tundra Bks.). Dist: Penguin Random Hse. LLC.

Counting with Dots: Connect the Dots Activity Book. Activibooks For Kids. 2016. (ENG., Illus.). (J). pap. 7.55 *(978-1-68321-487-8(0))* Mimaxion.

Counting with Jahnai / Contando con Jahnai. Carrie Crone. 2022. (ENG.). 30p. (J). *(978-1-64979-211-2(5));* pap. *(978-1-64979-212-9(3))* Austin Macauley Pubs. Ltd.

Counting with Love. Linda Mitchel. 2017. (ENG., Illus.). (J). (gr. -1-2). pap. 9.95 *(978-1-947491-88-5(1))* Yorkshire Publishing Group.

Counting with Owl & Bird. Rebecca Purcell. 2021. (Owl & Bird Ser.). (Illus.). 16p. (J). (gr. -1-k). bds. 5.95 *(978-1-80036-011-2(8),* 34f63e55-e52f-4295-93d4-0fde0e63fd79) Starfish Bay Publishing Pty Ltd. AUS. Dist: Baker & Taylor Publisher Services (BTPS).

Counting with the Sham-Rocks. Julia Perkens & Anna Perkens. 2018. (ENG., Illus.). 34p. (J). pap. *(978-0-244-99930-8(9))* Lulu Pr., Inc.

Counting with Tiny Cat. Viviane Schwarz. Illus. by Viviane Schwarz. (ENG., Illus.). (J). (-k). 2018. 24p. bds. 7.99 *(978-0-7636-9821-8(0));* 2017. 32p. 14.99 *(978-0-7636-9462-3(2))* Candlewick Pr.

Counting Workbook Toddler-Grade K - Ages 1 To 6. Pfiffikus. 2016. (ENG., Illus.). (J). pap. 10.81 *(978-1-68377-639-0(9))* Whlke, Traudl.

Counting Worksheets for Kindergarten (Counting To 10) This Book Has 40 Full Colour Worksheets. This Book Comes with 6 Downloadable Kindergarten PDF Workbooks. James Manning. 2020. (Counting Worksheets for Kindergarten Ser.: Vol. 5). (ENG., Illus.). 44p. (J). (gr. k-1). pap. *(978-1-80025-897-6(6))* Coloring Pages.

Countries, 8 vols., Set. Ruth Thomson. Incl. France. lib. bdg. 26.27 *(978-1-4488-3275-0(6),* eeed21c9-04b5-4d97-a14d-81867f8164f0); India. lib. bdg. 26.27 *(978-1-4488-3276-7(4),* caa0ed04-d37e-4776-887d-fa9d0f0ac027); Poland. lib. bdg. 26.27 *(978-1-4488-3277-4(2),* 9c9e6b45-8545-4c19-bc0d-488f655b0a25); Spain. lib. bdg. 26.27 *(978-1-4488-3278-1(0),* a4af7158-1d17-452e-ade1-e84c95f00e39); (J). (gr. 2-2). (Countries Ser.). (ENG., Illus.). 24p. 2011. Set lib. bdg. 105.08 *(978-1-4488-3304-7(3),* 425c85d5-99bd-47b7-a720-11f5c45fe719, PowerKids Pr.) Rosen Publishing Group, Inc., The.

Countries of the World (Set), 12 vols. 2020. (Countries of the World Ser.). (ENG., Illus.). 48p. (J). (gr. 4-8). 470.52 *(978-1-5341-6821-3(4),* 215185); pap., pap., pap. 204.86 *(978-1-5341-7003-2(0),* 215186) Cherry Lake Publishing.

Countries (Set), 24 vols. (Countries (BBB) Ser.). (ENG.). (J). 2022. 32p. (gr. 2-5). lib. bdg. 821.28 *(978-1-5321-9952-3(X),* 40693, Big Buddy Bks.); 2019. 24p. (gr. -1-2). lib. bdg. 196.74 *(978-1-5321-8548-9(0),* 31434, Abdo Kids) ABDO Publishing Co.

Countries Set 2 (Set), 6 vols. 2022. (Countries Ser.). (ENG.). 24p. (J). (gr. -1-2). lib. bdg. 196.74 *(978-1-0982-6166-5(6),* 39399, Abdo Kids) ABDO Publishing Co.

Country. Joyce A. Anthony. 2019. (Evolution & Cultural Influences of Music Ser.). (Illus.). 96p. (J). (gr. 12). lib. bdg. 34.60 *(978-1-4222-4370-1(2))* Mason Crest.

Country. Aaron Carr. 2016. (Me Encanta la Música Ser.). (SPA.). 24p. (J). pap. 31.41 *(978-1-4896-4345-2(1))* Weigl Pubs., Inc.

Country: Heart of America (Classic Reprint) Lowry C. Wimberly. 2018. (ENG., Illus.). 526p. (J). 34.75 *(978-0-332-18901-7(5))* Forgotten Bks.

Country ABCs, 12 bks. Incl. Germany ABCs: A Book about the People & Places of Germany. Sarah Heiman. Illus. by Jason Millet. 2002. 28.65 *(978-1-4048-0020-5(4),* 91439); Japan ABCs: A Book about the People & Places of Japan. Sarah Heiman. Illus. by Todd Ouren. 2002. 28.65 *(978-1-4048-0021-2(2),* 90331); Mexico ABCs: A Book about the People & Places of Mexico. Sarah Heiman. Illus. by Todd Ouren. 2002. 28.65 *(978-1-4048-0023-6(9),* 90333); New Zealand ABCs: A Book about the People & Places of New Zealand. Holly Schroeder. Illus. by Claudia Wolf. 2004. 28.65 *(978-1-4048-0178-3(2),* 93250); (J). (gr. k-5). (Country ABCs Ser.). (ENG.). 32p. 2004. 335.88 *(978-1-4048-0177-6(4),* Picture Window Bks.) Capstone.

Country Air (Classic Reprint) Lawrence Pearsall Jacks. 2018. (ENG., Illus.). 242p. (J). 28.91 *(978-0-483-45092-9(8))* Forgotten Bks.

Country at Heart. Andrea J. Graham. 2020. (ENG.). 206p. (YA). pap. 12.99 *(978-1-393-59831-2(5))* Draft2Digital.

Country Autumn Scenes Coloring Book: An Adult Coloring Book Featuring over 30 Pages of Giant Super Jumbo Large Designs of Charming Autumn Scenes, Country Scenes, & Fall Landscapes for Relaxation. Beatrice Harrison. 2020. (ENG.). 34p. (YA). pap. 7.86 *(978-1-716-78713-3(0))* Lulu Pr., Inc.

Country Beyond. James Oliver Curwood. 2017. (ENG., Illus.). (J). 24.95 *(978-1-374-92030-9(4));* pap. 14.95 *(978-1-374-92029-3(0))* Capital Communications, Inc.

Country Boy (Classic Reprint) Charles Sarver. 2018. (ENG., Illus.). 312p. (J). 30.35 *(978-0-483-85735-3(1))* Forgotten Bks.

Country Boy Scout: A Comedy Drama for Boys, in Three Acts (Classic Reprint) Walter Ben Hare. 2018. (ENG., Illus.). 70p. (J). 25.34 *(978-0-267-49626-6(5))* Forgotten Bks.

Country Boy, the Story of His Own Early Life (Classic Reprint) Homer Davenport. 2018. (ENG., Illus.). 204p. (J). 28.10 *(978-0-483-47779-7(6))* Forgotten Bks.

Country Boys in College (Classic Reprint) C. I. Michael. 2018. (ENG., Illus.). 62p. (J). 25.18 *(978-0-267-50813-6(1))* Forgotten Bks.

Country by-Ways (Classic Reprint) Sarah Orne Jewett. 2017. (ENG., Illus.). (J). 29.24 *(978-0-265-58272-5(5))* Forgotten Bks.

Country Cabins Coloring Book: An Adult Coloring Book Featuring over 30 Pages of Giant Super Jumbo Large Designs of Beautiful Wood Cabins, Amazing Interior Designs, Peaceful Landscapes, & Nature Scenes for Stress Relief. Beatrice Harrison. 2020. (ENG.). 34p. (YA). pap. 7.86 *(978-1-716-81170-8(8))* Lulu Pr., Inc.

Country Christmas Coloring Book: An Adult Coloring Book Featuring over 30 Pages of Giant Super Jumbo Large Designs of Fun & Relaxing Beautiful Christmas Designs to Color for Stress Relief. Beatrice Harrison. 2020. (ENG.). 34p. (YA). pap. 7.86 *(978-1-716-50746-5(4))* Lulu Pr., Inc.

Country Christmas Scenes Coloring Book: An Adult Coloring Book Featuring over 30 Pages of Giant Super Jumbo Large Designs of Beautiful Country Christmas Towns to Color for Fun & Relaxation. Beatrice Harrison. 2020. (ENG.). 34p. (YA). pap. 7.86 *(978-1-716-80848-7(0))* Lulu Pr., Inc.

Country Chronicle (Classic Reprint) Grant Showerman. 2018. (ENG., Illus.). 362p. (J). 31.38 *(978-0-365-17383-0(5))* Forgotten Bks.

Country Conversations (Classic Reprint) Unknown Author. 2018. (ENG., Illus.). 124p. (J). 26.47 *(978-0-484-52266-3(3))* Forgotten Bks.

Country Coteries, Vol. 1 of 3 (Classic Reprint) Georgiana Chatterton. (ENG., Illus.). (J). 2018. 328p. 30.68 *(978-0-483-76762-1(X));* 2016. pap. 13.57 *(978-1-334-13421-0(9))* Forgotten Bks.

Country Coteries, Vol. 2 of 3 (Classic Reprint) Georgiana Lady Chattertox. 2018. (ENG., Illus.). 314p. (J). 30.39 *(978-0-484-37836-9(8))* Forgotten Bks.

Country Coteries, Vol. 3 of 3 (Classic Reprint) Georgiana Chatterton. 2017. (ENG., Illus.). (J). 30.58 *(978-0-266-19902-1(X))* Forgotten Bks.

Country Cottages Coloring Book: An Adult Coloring Book Features over 30 Pages of Giant Super Jumbo Large Designs of Amazing Country Cottages, Peaceful Landscapes, & Peaceful Nature Scenes to Relax & Destress. Beatrice Harrison. 2020. (ENG.). 34p. (YA). pap. 7.86 *(978-1-716-81201-9(1))* Lulu Pr., Inc.

Country Cousin (Classic Reprint) Booth Tarkington. 2018. (ENG., Illus.). 164p. (J). 27.28 *(978-0-267-27944-9(2))* Forgotten Bks.

Country Cousin Speaks Her Mind: A Monologue (Classic Reprint) Edna L. Mac Kenzie. (ENG., Illus.). (J). 2018. 20p. 24.31 *(978-0-483-77533-6(9));* 2016. pap. 7.97 *(978-1-334-13437-1(5))* Forgotten Bks.

Country Cousin, Vol. 1 of 3 (Classic Reprint) Frances Mary Peard. 2018. (ENG., Illus.). 308p. (J). 30.25 *(978-0-483-73176-9(5))* Forgotten Bks.

Country Cousin, Vol. 2 of 3 (Classic Reprint) Frances Mary Peard. 2018. (ENG., Illus.). 304p. (J). 30.17 *(978-0-483-89629-1(2))* Forgotten Bks.

Country Cousin, Vol. 3 of 3 (Classic Reprint) Frances Mary Peard. 2018. (ENG., Illus.). 340p. (J). 30.91 *(978-0-267-23426-4(0))* Forgotten Bks.

Country Curate, Vol. 1 of 2 (Classic Reprint) G. R. Gleig. 2018. (ENG., Illus.). 342p. (J). 30.95 *(978-0-484-67543-7(5))* Forgotten Bks.

Country Curate, Vol. 2 of 2 (Classic Reprint) George Robert Gleig. 2018. (ENG., Illus.). (J). 362p. 31.36 *(978-0-366-45131-9(6));* 364p. pap. 13.97 *(978-0-365-90246-1(2))* Forgotten Bks.

Country Day by Day (Classic Reprint) E. Kay Robinson. (ENG., Illus.). (J). 2018. 436p. 32.91 *(978-0-267-55744-8(2));* 2016. pap. 16.57 *(978-1-333-68652-9(8))* Forgotten Bks.

Country Divided Brothers vs. Brothers in the Civil War US History Grade 7 Children's United States History Books. Baby Professor. 2022. (ENG.). 72p. (J). 31.99 ***(978-1-5419-9436-2(1));*** pap. 19.99 ***(978-1-5419-8840-8(X))*** Speedy Publishing LLC. (Baby Professor (Education Kids)).

Country Doctor: A Comedy Drama in Four Acts (Classic Reprint) Arthur Lewis Tubbs. 2018. (ENG., Illus.). (J). 470p. 33.61 *(978-0-267-70600-6(6));* 72p. 25.40 *(978-0-267-41940-1(6))* Forgotten Bks.

Country Doctor (Classic Reprint) Honore de Balzac. (ENG., Illus.). (J). 2018. 30.58 *(978-0-266-50703-1(4));* 2018. 364p. 31.40 *(978-0-483-50695-4(8));* 2017. 30.37 *(978-1-5280-8635-6(X));* 2016. pap. 13.57 *(978-1-334-15387-7(6))* Forgotten Bks.

Country Doctor (Classic Reprint) Sarah Orne Jewett. 2017. (ENG., Illus.). (J). 27.59 *(978-0-331-62756-5(6));* 31.30 *(978-0-260-46848-2(7));* pap. 9.97 *(978-0-259-20030-7(1))* Forgotten Bks.

Country Doctor (le Medecin de Campagne) And Other Stories (Classic Reprint) Honore de Balzac. 2017. (ENG., Illus.). (J). 32.79 *(978-1-5280-8390-4(3))* Forgotten Bks.

Country Doctor; the Quest of the Absolute: And Other Stories (Classic Reprint) Honore de Balzac. 2018. (ENG., Illus.). 812p. (J). 40.71 *(978-0-484-38639-5(5))* Forgotten Bks.

Country Dressmaker: A Play in Three Acts (Classic Reprint) George Fitzmaurice. 2017. (ENG., Illus.). (J). 25.15 *(978-0-265-35117-8(0))* Forgotten Bks.

Country Editor: A Comedy in Three Acts (Classic Reprint) Ward MacAuley. 2018. (ENG., Illus.). 60p. (J). 25.13 *(978-0-484-51953-3(0))* Forgotten Bks.

Country Explorers, 6 vols., Set. Incl. Brazil. Elizabeth Weitzman. (gr. 2-4). lib. bdg. 29.27 *(978-0-8225-7127-8(7));* China. Janet Riehecky. (J). (gr. -1-3). lib. bdg. 27.93 *(978-0-8225-7129-2(3));* Mexico. Thomas Streissguth. (J). (gr. k-2). lib. bdg. 27.93 *(978-0-8225-7130-8(7));* Nigeria. Mary N. Oluonye. (J). (gr. 4-8). lib. bdg. 27.93 *(978-0-8225-7131-5(5));* (Illus.). 48p., Lerner Pubns. 2007. lib. bdg. *(978-0-8225-7125-4(0))* Lerner Publishing Group.

Country Farm Life Coloring Book: An Adult Coloring Book Featuring over 30 Pages of Giant Super Jumbo Large Designs of Charming Country Farms, Country Houses, Farm Animals, Stunning Nature Scenes & Trees for Stress Relief. Beatrice Harrison. 2020. (ENG.). 34p. (YA). pap. 7.86 *(978-1-716-81155-5(4))* Lulu Pr., Inc.

Country Farm Life Coloring Book for Kids: Loads of Fun Country Farm Illustrations to Color. Great Gift for All Ages, Boys & Girls, Little Kids, Preschool, Kindergarten & Elementary. Jasmine Taylor. 2021. (ENG.). 65p. (J). pap. ***(978-1-7947-9699-7(1))*** Lulu Pr., Inc.

Country Fireman (Classic Reprint) Jerrold Beim. (ENG., Illus.). (J). 2018. 52p. 24.97 *(978-0-267-41797-1(7));* 2017. pap. 9.57 *(978-0-259-88136-0(8))* Forgotten Bks.

Country Gardens Coloring Book: An Adult Coloring Book Featuring over 30 Pages of Giant Super Jumbo Large Designs of Amazing Country Gardens, Country Scenes, Peaceful Landscapes, & Country Homes for Relaxation. Beatrice Harrison. 2020. (ENG.). 34p. (YA). pap. 7.86 *(978-1-716-81143-2(0))* Lulu Pr., Inc.

Country Gentleman & His Family (Classic Reprint) Margaret O. W. Oliphant. 2018. (ENG., Illus.). 538p. (J). 34.99 *(978-0-483-76458-3(2))* Forgotten Bks.

Country Gentleman & His Family, Vol. 1 of 3 (Classic Reprint) Margaret O. W. Oliphant. 2018. (ENG., Illus.). 254p. (J). 29.14 *(978-0-267-21400-6(6))* Forgotten Bks.

Country Gentleman & His Family, Vol. 3 of 3 (Classic Reprint) Margaret O. W. Oliphant. 2018. (ENG., Illus.). 270p. (J). 29.47 *(978-0-483-86145-9(6))* Forgotten Bks.

Country Gentleman (Classic Reprint) Knightley William Horlock. 2018. (ENG., Illus.). (J). 366p. 31.49 *(978-0-332-34690-8(0));* 368p. pap. 13.97 *(978-1-330-97763-7(7))* Forgotten Bks.

Country Gentleman, Vol. 1 of 3 (Classic Reprint) Knightley William Horlock. 2018. (ENG., Illus.). 326p. (J). 30.62 *(978-0-267-17244-3(3))* Forgotten Bks.

Country Gentleman, Vol. 2 Of 3: And His Family (Classic Reprint) Margaret O. W. Oliphant. 2018. (ENG., Illus.). 254p. (J). 29.16 *(978-0-332-79615-4(9))* Forgotten Bks.

Country Girl (Classic Reprint) Lillian Cornell. 2017. (ENG., Illus.). (J). 150p. 26.99 *(978-0-484-50905-3(5));* pap. 9.57 *(978-0-282-13085-5(3))* Forgotten Bks.

Country Harvest Scenes Coloring Book: An Adult Coloring Book Featuring over 30 Pages of Giant Super Jumbo Large Designs of Peaceful Country Scenes, Beautiful Fall Landscapes, & More for Stress Relief. Beatrice Harrison. 2020. (ENG.). 34p. (YA). pap. 7.86 *(978-1-716-76441-7(6))* Lulu Pr., Inc.

Country Homes Scenes Coloring Book: An Adult Coloring Book Featuring over 30 Pages of Giant Super Jumbo Large Designs of Charming Country Houses, Country Landscapes, & Farm Life for Stress Relief. Beatrice Harrison. 2020. (ENG.). 34p. (YA). pap. 7.86 *(978-1-716-76808-8(X))* Lulu Pr., Inc.

Country House (Classic Reprint) John Galsworthy. 2017. (ENG., Illus.). (J). 30.60 *(978-0-260-29117-2(X))* Forgotten Bks.

Country-House Party (Classic Reprint) Dora Sigerson Shorter. 2017. (ENG., Illus.). (J). 30.25 *(978-0-266-88098-1(3))* Forgotten Bks.

Country Houses, Vol. 1 of 3 (Classic Reprint) Charlotte Trimmer Moore. (ENG., Illus.). (J). 2018. 320p. 30.50 *(978-0-483-98522-3(8));* 2016. pap. 13.57 *(978-1-334-11892-0(2))* Forgotten Bks.

Country Houses, Vol. 2 of 3 (Classic Reprint) Charlotte Trimmer Moore. (ENG., Illus.). (J). 2018. 362p. 31.38 *(978-0-483-79839-7(8));* 2016. pap. 13.97 *(978-1-334-16826-0(1))* Forgotten Bks.

Country Houses, Vol. 3 of 3 (Classic Reprint) Charlotte Trimmer Moore. (ENG., Illus.). (J). 2018. 380p. 31.73 *(978-0-483-84344-8(X));* 2016. pap. 16.57 *(978-1-333-70664-7(2))* Forgotten Bks.

Country I Come from (Classic Reprint) Henry Lawson. (ENG., Illus.). (J). 2018. 344p. 30.99 *(978-0-484-14498-8(7));* 2017. pap. 13.57 *(978-0-243-94310-4(5))* Forgotten Bks.

Country Idyl: And Other Stories (Classic Reprint) Sarah Knowles Bolton. (ENG., Illus.). (J). 2018. 280p. 29.67 *(978-0-483-87732-0(8));* 2016. pap. 13.57 *(978-1-333-46225-3(5))* Forgotten Bks.

Country Interlude: A Novelette (Classic Reprint) Hildegarde Hawthorne. (ENG., Illus.). (J). 2018. 172p. 27.44 *(978-0-332-57762-3(7));* 2017. pap. 9.97 *(978-0-243-43303-2(4))* Forgotten Bks.

Country Kid: A Rural Merry Comedy in Three Acts (Classic Reprint) Nesbit Stone Scoville. 2018. (ENG., Illus.). 70p. (J). 25.36 *(978-0-484-49291-1(8))* Forgotten Bks.

Country Kitchens Coloring Book: An Adult Coloring Book Featuring over 30 Pages of Giant Super Jumbo Large Designs of Beautiful Kitchen Interior Designs for Relaxation. Beatrice Harrison. 2020. (ENG.). 34p. (YA). pap. 7.86 *(978-1-716-78634-1(7))* Lulu Pr., Inc.

C

Country Landlords, Vol. 1 of 3 (Classic Reprint) Anne Beale. (ENG., Illus.). (J). 2018. 344p. 30.99 *(978-0-267-33111-6(8));* 2016. pap. 13.57 *(978-1-333-57098-9(8))* Forgotten Bks.

Country Landlords, Vol. 2 (Classic Reprint) Anne Beale. 2018. (ENG., Illus.). 328p. (J). 30.66 *(978-0-428-82565-2(6))* Forgotten Bks.

Country Landlords, Vol. 3 of 3 (Classic Reprint) L. M. S. 2018. (ENG., Illus.). 334p. (J). 30.81 *(978-0-484-52416-2(X))* Forgotten Bks.

Country Landscapes Scenes Coloring Book: An Adult Coloring Book Featuring over 30 Pages of Giant Super Jumbo Large Designs of Peaceful Landscapes, Country Scenes & Countryside Houses for Stress Relief & Relaxation. Beatrice Harrison. 2020. (ENG.). 34p. (YA). pap. 7.86 *(978-1-716-80879-1(0))* Lulu Pr., Inc.

Country Lawyer (Classic Reprint) Henry A. Shute. 2017. (ENG., Illus.). (J). 33.55 *(978-0-260-77150-6(3))* Forgotten Bks.

Country Life Reader (Classic Reprint) O. J. Stevenson. 2018. (ENG., Illus.). 434p. (J). 32.85 *(978-0-364-17871-3(X))* Forgotten Bks.

Country Living Coloring Book: An Adult Coloring Book Features over 30 Pages of Giant Super Jumbo Large Designs of Beautiful Country Scenes, Peaceful Landscapes, & Nature Scenes for Mindfulness & Relaxation. Beatrice Harrison. 2020. (ENG.). 34p. (YA). pap. 7.86 *(978-1-716-75626-9(X))* Lulu Pr., Inc.

Country Luck (Classic Reprint) John Habberton. (ENG., Illus.). (J). 2018. 150p. 27.01 *(978-0-365-21850-0(2));* 2017. 29.34 *(978-0-265-20300-2(7));* 2017. pap. 9.57 *(978-0-259-18839-1(5))* Forgotten Bks.

Country Margins & Rambles of a Journalist (Classic Reprint) S. H. Hammond. 2018. (ENG., Illus.). 364p. (J). 31.40 *(978-0-483-87969-0(X))* Forgotten Bks.

Country Men (Classic Reprint) John Moore. 2018. (ENG., Illus.). (J). 240p. 28.87 *(978-1-391-60374-2(5));* 242p. pap. 11.57 *(978-1-391-59486-6(X))* Forgotten Bks.

Country Minister's Love Story (Classic Reprint) Maria Bell. (ENG., Illus.). (J). 2018. 364p. 31.42 *(978-0-484-67083-8(2));* 2017. pap. 13.97 *(978-0-259-10112-3(5))* Forgotten Bks.

Country Music. Stuart A. Kallen. 2019. (Music Scene Ser.). (ENG.). 80p. (J). (gr. 6-12). 41.27 *(978-1-68282-637-9(6))* ReferencePoint Pr., Inc.

Country Music History. Kenny Abdo. 2019. (Musical Notes Ser.). (ENG., Illus.). 24p. (J). (gr. 2-8). lib. bdg. 31.36 *(978-1-5321-2940-7(8),* 33162, Abdo Zoom-Fly) ABDO Publishing Co.

Country Music Stars, 12 vols., Set. Incl. Carrie Underwood. Adele Newroad. lib. bdg. 27.93 *(978-1-4339-3601-2(1),* 44937de3-3e1f-4fd3-8d41-39c3c68ec407); Faith Hill. Shelby Braidich. lib. bdg. 27.93 *(978-1-4339-3613-5(5),* 5a0be484-c168-4a55-85b2-3b1f8d2c74c5); Keith Urban. Ruben Hakit. lib. bdg. 27.93 *(978-1-4339-3604-3(6),* 3c060ad1-db5d-452b-943e-6aebd7503f77); Kenny Chesney. Rosie Wilson. lib. bdg. 27.93 *(978-1-4339-3607-4(0),* 0c18087d-6a08-4a61-b389-2e6201cf95d3); Rascal Flatts. Jeffrey Sooner. lib. bdg. 27.93 *(978-1-4339-3616-6(X),* 1f2d9b52-fcbd-4fcb-8bb9-e4827e63c664); Taylor Swift. Mary Molly Shea. lib. bdg. 27.93 *(978-1-4339-3610-4(0),* a102993e-ed47-4b72-ad14-5f0f33e34f60); (Illus.). (J). (gr. 1-1). (Country Music Stars Ser.). (ENG.). 32p. 2010. Set lib. bdg. 167.52 *(978-1-4339-3596-1(1),* 025ff8c7-ca40-4513-bcb3-eccb3c9bf597) Stevens, Gareth Publishing LLLP.

Country Neighbors (Classic Reprint) Alice Brown. 2018. (ENG., Illus.). 368p. (J). 31.51 *(978-0-364-05901-2(X))* Forgotten Bks.

Country of the Blind, & Other Stories (Classic Reprint) H. G. Wells. 2017. (ENG., Illus.). (J). 36.00 *(978-0-265-33447-8(0))* Forgotten Bks.
Country of the Dwarfs (Classic Reprint) Paul Du Chaillu. 2018. (ENG., Illus.). 328p. (J). 30.68 *(978-0-483-52935-9(4))* Forgotten Bks.
Country of the Pointed Firs (Classic Reprint) Sarah Orne Jewett. (ENG., Illus.). (J). 2017. 29.61 *(978-0-331-61144-1(9))*; 2017. 28.58 *(978-0-331-77767-3(3))*; 2017. 30.50 *(978-0-266-31238-3(1))*; 2017. pap. 10.97 *(978-0-243-21638-3(6))*; 2016. pap. 13.57 *(978-1-334-12754-0(9))* Forgotten Bks.
Country Parish; Ancient Parsons & Modern Incidents. Frank Samuel Child. 2017. (ENG., Illus.). (J). pap. *(978-0-649-27690-5(6))* Trieste Publishing Pty Ltd.
Country Parson; Albert Savarus; the Peasantry (Classic Reprint) Honore de Balzac. (ENG., Illus.). (J). 2018. 770p. 39.80 *(978-0-666-66387-0(4))*; 2016. pap. 23.57 *(978-1-333-69621-4(3))* Forgotten Bks.
Country Picnic Coloring Book: An Adult Coloring Book Features over 30 Pages of Giant Super Jumbo Large Designs of Country Scenes, Country Houses, Lakeside Country Picnic for Stress Relief. Beatrice Harrison. 2020. (ENG.). 34p. (YA). pap. 7.86 *(978-1-716-71568-6(7))* Lulu Pr., Inc.
Country Quarters, Vol. 1 of 2 (Classic Reprint) Marguerite Blessington. 2017. (ENG., Illus.). (J). 352p. 31.18 *(978-0-332-11903-8(3))*; pap. 13.57 *(978-0-259-22539-3(8))* Forgotten Bks.
Country Quarters, Vol. 1 Of 3: A Novel (Classic Reprint) Countess of Blessington. 2018. (ENG., Illus.). 340p. (J). 30.91 *(978-0-484-74301-3(5))* Forgotten Bks.
Country Quarters, Vol. 2 Of 3: A Novel (Classic Reprint) Countess of Blessington. 2018. (ENG., Illus.). 312p. (J). 30.33 *(978-0-483-95602-5(3))* Forgotten Bks.
Country Quarters, Vol. 3 Of 3: A Novel (Classic Reprint) Her Niece. 2018. (ENG., Illus.). 380p. (J). 31.75 *(978-0-428-68627-7(3))* Forgotten Bks.
Country Queen: Sweetest Thing You Ever Seen. Afi Jemima Maule-Israel. 2022. (ENG., Illus.). 30p. (J). pap. 11.95 *(978-1-63885-537-8(4))* Covenant Bks.
Country Rambles: Being a Field Naturalist's & Country Lover's Note Book for a Year (Classic Reprint) W. Percival Westell. (ENG., Illus.). (J). 2018. 372p. 31.57 *(978-0-267-89968-5(8))*; 2016. pap. 13.97 *(978-1-333-66526-5(1))* Forgotten Bks.
Country Romance (Classic Reprint) P. V. Collins. (ENG., Illus.). (J). 2018. 148p. 26.95 *(978-0-666-99772-2(1))*; 2017. pap. 9.57 *(978-0-259-79359-5(0))* Forgotten Bks.
Country School: Leveled Reader Orange Level 15. Rg Rg. 2016. (PM Ser.). (ENG.). 16p. (J). (gr. 1-2). pap. 11.00 *(978-0-544-89148-7(1))* Rigby Education.
Country School (Classic Reprint) Clifton Johnson. 2018. (ENG., Illus.). 204p. (J). 28.10 *(978-0-364-38946-1(X))* Forgotten Bks.
Country School Dialogues: Especially Suitable for the Last Day of School; for All Ages (Classic Reprint) Mary L. Monaghan. 2017. (ENG., Illus.). (J). 142p. 26.83 *(978-0-332-48664-2(8))*; pap. 9.57 *(978-0-259-29335-4(0))* Forgotten Bks.
Country Schoolmaster (Classic Reprint) James Shaw. 2017. (ENG., Illus.). (J). 34.33 *(978-0-331-11399-0(6))*; pap. 16.97 *(978-0-243-89292-1(6))* Forgotten Bks.
Country Sights & Sounds: For Little Eyes & Ears (Classic Reprint) Mary D. R. Boyd. 2018. (ENG., Illus.). 118p. (J). 26.35 *(978-0-267-49362-3(2))* Forgotten Bks.
Country Springtime Coloring Book: An Adult Coloring Book Featuring over 30 Pages of Giant Super Jumbo Large Designs Beauty of Spring in the Country, Country Gardens, & Country Animals for Stress Relief. Beatrice Harrison. 2020. (ENG.). 34p. (YA). pap. 7.86 *(978-1-716-80209-6(1))* Lulu Pr., Inc.
Country Springtime Coloring Book: An Adult Coloring Featuring over 30 Pages of Giant Super Jumbo Large Designs Beauty of Spring in the Country, Country Gardens, & Country Animals for Stress Relief (Book Edition:2) Beatrice Harrison. 2020. (ENG.). 34p. (YA). pap. 7.86 *(978-1-716-80206-5(7))* Lulu Pr., Inc.
Country Stories (Classic Reprint) Mary Russell Mitford. 2017. (ENG., Illus.). (J). 30.54 *(978-0-265-21651-4(6))* Forgotten Bks.
Country Stories, Old & New, Vol. 1 Of 2: In Prose & Verse (Classic Reprint) Holme Lee. 2018. (ENG., Illus.). 316p. (J). 30.41 *(978-0-483-66743-3(9))* Forgotten Bks.
Country Stories, Vol. 2 Of 2: Old & New; in Prose & Verse (Classic Reprint) Holme Lee. 2018. (ENG., Illus.). 344p. (J). 30.99 *(978-0-332-97824-6(9))* Forgotten Bks.
Country Summers with Nanna. Quisetter White. 2020. (ENG.). 22p. (J). pap. 14.95 *(978-1-61244-915-9(8))* Halo Publishing International.
Country Tails. Gramma Darling. 2019. (ENG., Illus.). 60p. (J). 33.95 *(978-1-64462-334-3(X))* Page Publishing Inc.
Country Town Sayings: A Collection of Paragraphs from the Atchison Globe (Classic Reprint) E. W. Howe. 2018. (ENG., Illus.). (J). 30.31 *(978-0-260-34786-2(8))* Forgotten Bks.
Country Towns Collection Coloring Book: An Adult Coloring Book Features over 30 Pages of Giant Super Jumbo Mega Designs of Country Landscapes, Farm Animals, Country Cottages, Country Villages & More to Color for Stress Relief & Relaxation. Beatrice Harrison. 2020. (ENG.). 34p. (YA). pap. 7.86 *(978-1-716-82010-6(3))* Lulu Pr., Inc.
Country Tragedy (Classic Reprint) F. Cameron Hall. 2018. (ENG., Illus.). 292p. (J). 29.92 *(978-0-483-36024-2(4))* Forgotten Bks.
Country Walks for Little Folks (Classic Reprint) Unknown Author. (ENG., Illus.). (J). 2018. 98p. 25.92 *(978-0-484-24011-6(0))*; 2016. pap. 9.57 *(978-1-334-16736-2(2))* Forgotten Bks.
Country Walks of a Naturalist with His Children. W. Houghton. 2017. (ENG., Illus.). (J). 22.95 *(978-1-374-85654-7(1))* Capital Communications, Inc.
Country Walks of a Naturalist with His Children (Classic Reprint) W. Houghton. 2018. (ENG., Illus.). 166p. (J). 27.32 *(978-0-428-81599-8(5))* Forgotten Bks.
Country Winter Coloring Book: An Adult Coloring Book Featuring over 30 Pages of Giant Super Jumbo Mega Beautiful Winter Scenes & Peaceful Country Landscapes for Stress Relief. Beatrice Harrison. 2020. (ENG.). 34p. (YA). pap. 7.86 *(978-1-716-55852-8(2))* Lulu Pr., Inc.
Country Yarn. Heather Haylock. Illus. by Lael Chisholm. 2019. (Granny Mcflitter Ser.). 32p. (J). (gr. k-2). 16.99 *(978-0-14-377323-8(2))* Penguin Group New Zealand, Ltd. NZL. Dist: Independent Pubs. Group.
Country Year Book: Descriptive of the Seasons; Rural Scenes & Rustic Amusements; Birds, Insects, & Quadrupeds (Classic Reprint) Thomas Miller. 2018. (ENG., Illus.). 296p. (J). 30.00 *(978-0-483-35056-4(7))* Forgotten Bks.
Country Year Book: Descriptive of the Seasons, Rural Scenes & Rustic Amusements, Birds, Insects, & Quadrupeds (Classic Reprint) Thomas Miller. 2018. (ENG., Illus.). (J). 526p. 34.75 *(978-1-396-79074-4(8))*; 528p. pap. 19.57 *(978-1-396-75810-2(0))* Forgotten Bks.
Countrymen All (Classic Reprint) Katharine Tynan. 2017. (ENG., Illus.). (J). 29.07 *(978-0-266-34880-1(7))* Forgotten Bks.
Countryside in Medieval Europe, 1 vol. Danielle Watson. 2016. (Life in Medieval Europe Ser.). (ENG., Illus.). 80p. (gr. 6-6). 37.36 *(978-1-5026-1882-5(6)*, 61b54de7-dda0-4554-ba12-8ad1bdc0c6d9) Cavendish Square Publishing LLC.
Countryside in the Roman Empire, 1 vol. Allison Lane. 2016. (Life in the Roman Empire Ser.). (ENG., Illus.). 80p. (J). (gr. 6-6). 37.36 *(978-1-5026-2261-7(0)*, db830583-64fb-4b17-ab64-56ef09475d95) Cavendish Square Publishing LLC.
Countryside Rambles (Yesterday's Classics) W. S. Furneaux. 2019. (ENG., Illus.). 268p. (YA). (gr. 7-12). pap. 12.95 *(978-1-63334-046-6(5))* Yesterday's Classics.
Countryside Village Scenes Coloring Book: An Adult Coloring Book Featuring over 30 Pages of Giant Super Jumbo Large Designs of Beautiful Country Towns, Country Houses, Country Landscapes for Relaxation. Beatrice Harrison. 2020. (ENG.). 34p. (YA). pap. 7.86 *(978-1-716-79378-3(5))* Lulu Pr., Inc.
Count's Chauffeur (Classic Reprint) William Le Queux. 2018. (ENG., Illus.). 332p. (J). 30.74 *(978-0-666-13881-1(8))* Forgotten Bks.
Count's Snuff-Box: A Romance of Washington & Buzzard's Bay During the War of Bay (Classic Reprint) George R. R. Rivers. 2018. (ENG., Illus.). 348p. (J). 31.07 *(978-0-483-42645-0(8))* Forgotten Bks.
County Chronicles, A Vivid Collection of Fayette County, Pennsylvania, Histories see County Chronicles Volume III: A Vivid Collection of Pennsylvania Histories
County Dump. Robbin Lee. 2018. (ENG., Illus.). 28p. (J). pap. 12.95 *(978-1-64096-058-9(9))* Newman Springs Publishing, Inc.
County Fair. Julie Murray. 2019. (Fantastic Fairs Ser.). (ENG., Illus.). 24p. (J). (gr. k-4). lib. bdg. 31.36 *(978-1-5321-2723-6(5)*, 31653, Abdo Zoom-Dash) ABDO Publishing Co.
County Fair: A Comedy in Four Acts (Classic Reprint) Charles Barnard. 2017. (ENG., Illus.). (J). 26.58 *(978-0-331-62836-4(8))* Forgotten Bks.
County Fair at Punkinville: Farce in Two Scenes, Any Number of Characters, 1 Hour, or More, According to Specialties Introduced (Classic Reprint) Unknown Author. 2018. (ENG., Illus.). 28p. (J). 24.47 *(978-0-267-50817-4(4))* Forgotten Bks.
County Fair Mad Libs: World's Greatest Word Game. Sarah Fabiny. 2021. (Mad Libs Ser.). (Illus.). 48p. (J). (gr. 3-7). pap. 4.99 *(978-0-593-22412-0(4)*, Mad Libs) Penguin Young Readers Group.
County Pennant (Classic Reprint) William Heyliger. (ENG., Illus.). (J). 2018. 302p. 30.13 *(978-0-483-77181-9(3))*; 2017. pap. 13.57 *(978-0-259-51159-5(5))* Forgotten Bks.
County Road (Classic Reprint) Alice Brown. 2017. (ENG., Illus.). 352p. (J). 31.16 *(978-0-484-78064-3(6))* Forgotten Bks.
County Versus Counter, Vol. 1 Of 3: A Novel (Classic Reprint) Theodore Russell Monro. 2018. (ENG., Illus.). 278p. (J). 29.63 *(978-0-484-08446-8(1))* Forgotten Bks.
County, Vol. 1 Of 2: A Novel (Classic Reprint) Unknown Author. 2017. (ENG., Illus.). (J). pap. 13.57 *(978-0-243-40127-7(2))* Forgotten Bks.
County, Vol. 2 Of 2: A Novel (Classic Reprint) Unknown Author. (ENG., Illus.). (J). 2018. 304p. 30.17 *(978-0-484-76780-4(1))*; 2016. pap. 13.57 *(978-1-333-44092-3(8))* Forgotten Bks.
Coupon Bonds: A Play in Four Acts (Classic Reprint) John Townsend Trowbridge. 2018. (ENG., Illus.). 52p. (J). 24.97 *(978-0-267-27125-2(5))* Forgotten Bks.
Coupon Bonds: And Other Stories (Classic Reprint) John Townsend Trowbridge. 2018. (ENG., Illus.). 244p. (J). 28.93 *(978-0-483-21082-0(X))* Forgotten Bks.
Coupon Bonds, & Other Stories (Classic Reprint) John Townsend Trowbridge. (ENG., Illus.). (J). 2018. 426p. 32.68 *(978-0-428-34438-2(0))*; 2016. pap. 16.57 *(978-1-333-23306-8(X))* Forgotten Bks.
Courage. Cynthia Amoroso. 2022. (Learning Core Values Ser.). (ENG.). 24p. (J). (gr. -1-2). lib. bdg. 32.79 *(978-1-5038-5845-9(6)*, 215711, Wonder Books(r)) Child's World, Inc, The.
Courage. Barbara Binns. (ENG.). 368p. (J). (gr. 3-7). 2022. pap. 7.99 *(978-0-06-256166-4(9)*, Quill Tree Bks.); 2018. 16.99 *(978-0-06-256165-7(0)*, HarperCollins) HarperCollins Pubs.
Courage. Julie Murray. (Character Education Set 2 Ser.). (ENG., Illus.). 24p. (J). 2020. (gr. k-k). pap. 8.95 *(978-1-64494-273-4(9)*, 1644942739, Abdo Kids-Junior); 2019. (gr. -1-2). lib. bdg. 31.36 *(978-1-5321-8865-7(X)*, 32898, Abdo Kids) ABDO Publishing Co.
Courage: My Story of Persecution. Freshta Tori Jan. Ed. by Dave Eggers. 2022. (I, Witness Ser.: 0). (ENG., Illus.). 128p. (J). (gr. 3-7). 16.95 *(978-1-324-01667-0(1)*, 341667, Norton Young Readers) Norton, W. W. & Co., Inc.
Courage: The Hawk & Their Friends - the Boy, the Bullies & the Lion. Blue Orb Pvt Ltd. 2017. (ENG., Illus.). (J). pap. 11.99 *(978-1-947498-22-8(3))* Notion Pr., Inc.
Courage - Games & Activities: Games & Activities to Help Build Moral Character. Agnes De Bezenac & Salem De Bezenac. Illus. by Agnes De Bezenac. 2017. (Cut Out & Play Ser.: Vol. 14). (ENG., Illus.). (J). (gr. k-2). pap. 6.45 *(978-1-62387-631-9(1)*, Kidible) iCharacter.org.
Courage a Story Wherein Every One Comes to the Conclusion That the Courage in Question Proved a Courage Worth Having (Classic Reprint) Ruth Ogden. 2017. (ENG., Illus.). (J). 26.31 *(978-0-265-35905-1(8))* Forgotten Bks.
Courage Finds a Friend. Miranda Lasorella. 2019. (ENG.). 30p. (J). pap. 13.95 *(978-1-64458-289-3(9))* Christian Faith Publishing.
Courage Found. Jackie Fisher. 2018. (ENG., Illus.). 126p. (YA). (gr. 7-12). pap. 16.95 *(978-1-68433-058-4(0))* Black Rose Writing.
Courage in Her Bow. Alyssa Gagliardi. 2020. (ENG.). 26p. (J). 20.99 *(978-1-954004-48-1(6))* Pen It Pubns.
Courage in Her Bow. Alyssa Gagliardi. Illus. by Jenna Salamone. 2020. (ENG.). 26p. (J). pap. 12.99 *(978-1-954004-70-2(2))* Pen It Pubns.
Courage in Sports. Todd Kortemeier. 2018. (Sports Build Character Ser.). (ENG., Illus.). 32p. (J). (gr. 2-3). pap. 9.95 *(978-1-63517-603-2(4)*, 1635176034); lib. bdg. 31.35 *(978-1-63517-531-8(3)*, 1635175313) North Star Editions. (Focus Readers).
Courage in the Colosseum, Volume 2. B. B. Gallagher. 2021. (Virtue Adventures Ser.: 2). (ENG., Illus.). 73p. (J). (gr. 3-5). pap. 12.95 *(978-1-955492-02-7(6)*, GT2027) Good & True Media.
Courage Lap Board Book. Bernard Waber. 2018. (ENG., Illus.). 32p. (J). (— 1). bds. 12.99 *(978-1-328-88647-7(6)*, 1698511, Clarion Bks.) HarperCollins Pubs.
Courage Like Kate: The True Story of a Girl Lighthouse Keeper. Anna Crowley Redding. Illus. by Emily Sutton. 2022. 40p. (J). (gr. -1-3). 17.99 *(978-0-593-37340-8(5))*; (ENG.). lib. bdg. 20.99 *(978-0-593-37341-5(3))* Random Hse. Children's Bks.
Courage of Blackburn Blair (Classic Reprint) Eleanor Talbot Kinkead. (ENG., Illus.). (J). 2018. 490p. 34.00 *(978-0-483-70757-3(0))*; 2017. pap. 16.57 *(978-0-259-02245-9(4))* Forgotten Bks.
Courage of Elfina. André Jacob. Illus. by Christine Delezenne. 2019. (ENG.). 64p. (YA). (gr. 7-12). 24.95 *(978-1-4594-1419-8(5)*, cb4d5ab2-ff5f-4b24-a7f3-c842554dc10f) James Lorimer & Co. Ltd., Pubs. CAN. Dist: Lerner Publishing Group.
Courage of Little Man. Mark Jackson. 2018. (ENG., Illus.). 100p. (J). 26.95 *(978-1-64349-134-9(2))*; pap. 16.95 *(978-1-64140-448-8(5))* Christian Faith Publishing.
Courage of Marge o'Doone (Classic Reprint) James Oliver Curwood. 2017. (ENG., Illus.). (J). 30.62 *(978-1-5282-3379-8(4))* Forgotten Bks.
Courage of Paula (Classic Reprint) Jean Noel. 2018. (ENG., Illus.). 162p. (J). 27.24 *(978-0-428-96530-3(X))* Forgotten Bks.
Courage of Sarah Noble Novel Units Teacher Guide. Novel Units. 2019. (ENG.). (J). pap. 12.99 *(978-1-56137-239-3(0)*, Novel Units, Inc.) Classroom Library Co.
Courage of the Commonplace (Classic Reprint) Mary Raymond Shipman Andrews. 2018. (ENG., Illus.). (J). 26.00 *(978-0-331-97323-5(5))* Forgotten Bks.
Courage on Ice. Jake Maddox. 2019. (Jake Maddox JV Girls Ser.). (ENG.). 96p. (J). (gr. 4-8). pap. 5.95 *(978-1-4965-8472-4(4)*, 141164); lib. bdg. 26.65 *(978-1-4965-8470-0(8)*, 141162) Capstone. (Stone Arch Bks.).
Courage Out Loud: 25 Poems of Power. Joseph Coelho. Illus. by Daniel Gray-Barnett. 2023. (Poetry to Perform Ser.). (ENG.). 40p. (J). (gr. 1-5). 19.99 ***(978-0-7112-7921-6(7)**, Wide Eyed Editions)* Quarto Publishing Group UK GBR. Dist: Hachette Bk. Group.
Courage Takes Practice: A Color Theory Storybook for Young Artists. Amy Scheidegger Ducos. 2023. (ENG.). 102p. (J). 38.99 ***(978-1-0880-9402-0(3))*** Indy Pub.
Courage Takes Practice: A Color Theory Storybook for Young Artists: a Color Theory Storybook for Young Artists. Amy Scheidegger Ducos. 2023. (ENG.). 102p. (J). pap. 28.99 ***(978-1-0880-9409-9(0))*** Indy Pub.
Courage Test. James Preller. ed. 2018. (Penworthy Picks Middle School Ser.). (ENG.). 212p. (J). (gr. 5-7). 18.96 *(978-1-64310-516-1(7))* Penworthy Co., LLC, The.
Courage Test. James Preller. 2017. (ENG.). 240p. (J). pap. 8.99 *(978-1-250-09393-6(7)*, 900160272) Square Fish.
Courage Test. James Preller. ed. 2017. (J). lib. bdg. 18.40 *(978-0-606-40584-3(4))* Turtleback.
Courage the Hawk: Overcoming Fear. Russell Reba. 2017. (Adventures of Kingdom Forest Ser.). (ENG., Illus.). (J). (gr. k-3). pap. 12.99 *(978-0-9974913-0-2(2))* Kingdom Door Publishing LLC.
Courage the Hawk: Overcoming Fear. Reba Russell. Illus. by Ortiz Phillip. 2017. (ENG.). 42p. (J). (gr. k-3). 18.99 *(978-0-9974913-5-7(3))* Kingdom Door Publishing LLC.
Courage to Be You: Empowering Notes for Girls & Women. Jessie K. Uthoff. 2019. (ENG.). 34p. (J). (gr. k-6). 14.95 *(978-0-578-52674-4(3))* JU Pr.
Courage to Change. Danielle Renee Pawluk. 2023. (ENG.). 90p. (J). pap. 14.95 ***(978-1-6624-5192-8(X))*** Page Publishing.
Courage to Dream: Tales of Hope in the Holocaust. Neal Shusterman. Illus. by Andrés Vera Martínez. 2023. (ENG.). 256p. (YA). (gr. 7-7). 24.99 *(978-0-545-31347-6(3))*; pap. 14.99 *(978-0-545-31348-3(1))* Scholastic, Inc. (Graphix).
Courage Within. Andy Coltart. 2020. (Riley Bennett Ser.). (ENG.). 238p. (YA). (gr. 7-12). pap. *(978-1-78955-879-1(4))* Authors OnLine, Ltd.
Courageous. Dina L. Sleiman. 2016. (Valiant Hearts Ser.: 3). (ENG.). 362p. (YA). pap. 16.00 *(978-0-7642-1314-4(8))* Bethany Hse. Pubs.
Courageous & Bold Bible Heroes: 50 True Stories of Daring Men & Women of God. Shirley Raye Redmond. 2022. (ENG., Illus.). 112p. (J). (gr. 2-7). 18.99 *(978-0-7369-8605-2(7)*, 6986052, Harvest Kids) Harvest Hse. Pubs.
Courageous Candles: A Hanukkah Story. Joelle M. Reizes & Joseph B. Meszler. Illus. by Kris Graves. 2021. (ENG.). 34p. (J). 17.95 *(978-1-63516-006-2(5))*; pap. 12.95 *(978-1-63516-007-9(3))* Prospective Pr.
Courageous Caterpillar. Sandra Wilson. 2018. (Emotional Animal Alphabet Ser.: Vol. 3). (ENG., Illus.). 40p. (J). pap. *(978-1-988215-37-2(4))* words ... along the path.
Courageous Chiropractor & the Night Mare. Jennie Lynn Gillham & Samantha Kingdon DC. Illus. by Michelle Barnett. 2018. (Courageous Chiropractor Ser.: Vol. 1). (ENG.). 34p. (J). (gr. 2-3). pap. 12.99 *(978-0-9995191-0-3(7))* Phoenix Cry Publishing.
Courageous Creatures. Lauren Tarshis. ed. 2022. (I Survived True Stories Ser.). (ENG.). 161p. (J). (gr. 2-3). 19.46 ***(978-1-68505-360-4(2))*** Penworthy Co., LLC, The.
Courageous Creatures (I Survived True Stories #4), 1 vol. Lauren Tarshis. 2021. (I Survived True Stories Ser.: 4). (ENG., Illus.). 176p. (J). (gr. 2-5). pap. 7.99 *(978-1-338-31794-7(6))* Scholastic, Inc.
Courageous Girls Bible Trivia: 50 Extraordinary Quizzes. Compiled by Compiled by Barbour Staff. 2020. (ENG.). 208p. (J). (gr. 3-6). mass mkt. 4.99 *(978-1-64352-646-1(4)*, Shiloh Kidz) Barbour Publishing, Inc.
Courageous Girls Bible Words Flash Cards. Compiled by Compiled by Barbour Staff. 2021. (Courageous Girls Ser.). (ENG.). (J). 7.99 *(978-1-64352-798-7(3)*, Shiloh Kidz) Barbour Publishing, Inc.
Courageous Girls Can Change the World: Devotions & Prayers for Making a Difference. Renae Brumbaugh Green. 2023. (Courageous Girls Ser.). (ENG.). 192p. (J). 12.99 *(978-1-63609-504-2(6))* Barbour Publishing, Inc.
Courageous Girls Devotional Bible: New Life Version. Compiled by Compiled by Barbour Staff. 2021. (ENG.). 1056p. (J). 29.99 *(978-1-63609-034-4(6)*, Barbour Bibles) Barbour Publishing, Inc.
Courageous James & the Sneezy Dragon. Janet Robinson. 2018. (ENG., Illus.). 28p. (J). *(978-0-2288-0169-6(9))*; pap. *(978-0-2288-0168-9(0))* Tellwell Talent.
Courageous Kids: Glenn Cunningham - the Fastest Mile. Wanda Kay Knight. 2021. (ENG.). 46p. (J). pap. 6.99 *(978-1-64970-758-1(4))* Waldorf Publishing.
Courageous Love: An Andrea Carter Book, 1 vol. Susan K. Marlow. 2017. (Circle C Milestones Ser.: 4). 192p. (YA). pap. 9.99 *(978-0-8254-4370-1(9))* Kregel Pubns.
Courageous Millie Rose. D. C. Swain. Illus. by M. Ikhwan. 2017. (ENG.). 26p. (J). (gr. k-2). pap. *(978-0-473-39296-3(8))* Cambridge Town Pr.
Courageous People Who Changed the World, Volume 1. Heidi Poelman. Illus. by Kyle Kershner. 2018. (People Who Changed the World Ser.: 1). (ENG.). 16p. (J). (gr. -1-k). bds. 9.99 *(978-1-945547-75-1(8)*, 554775) Familius LLC.
Courageous Princess Volume 3. Rod Espinosa. Illus. by Rod Espinosa. 2020. (Illus.). 184p. (J). (gr. 3-7). pap. 14.99 *(978-1-5067-1448-6(X)*, Dark Horse Books) Dark Horse Comics.
Courageous Spies & International Intrigue of World War I. Allison Lassieur. 2017. (Spies! Ser.). (ENG., Illus.). 64p. (J). (gr. 4-8). lib. bdg. 34.65 *(978-0-7565-5499-6(3)*, 134228, Compass Point Bks.) Capstone.
Courageous Women of the Civil War: Soldiers, Spies, Medics, & More. M. R. Cordell. 2016. (Women of Action Ser.: 17). (ENG., Illus.). 256p. (YA). (gr. 7). 19.99 *(978-1-61373-200-7(7))* Chicago Review Pr., Inc.
Courageous Women of the Vietnam War: Medics, Journalists, Survivors, & More. Kathryn J. Atwood. (Women of Action Ser.). 240p. (YA). (gr. 7). 2021. pap. 12.99 *(978-1-64160-526-7(X))*; 2018. (ENG., Illus.). 19.99 *(978-1-61373-074-4(8))* Chicago Review Pr., Inc.
Courageous World Changers: 50 True Stories of Daring Women of God. Shirley Raye Redmond. 2020. (ENG., Illus.). 112p. (J). (gr. 2-6). 18.99 *(978-0-7369-7734-0(1)*, 6977340) Harvest Hse. Pubs.
Courier's Collection: The Bolaji Kingdoms Books 1-3. T. S. Valmond. 2019. (ENG.). 752p. (YA). pap. *(978-1-7753610-8-4(X))* Valmond, T.S.
Cours Complet de Langue Anglaise: A l'Usage des Eleves du Lycee National (Classic Reprint) Pierre L. R. De Sepres. 2017. (ENG., Illus.). (J). 432p. 32.81 *(978-0-484-01862-3(0))*; pap. 16.57 *(978-0-259-31776-0(4))* Forgotten Bks.
Cours d'Astronomie À l'Usage des Étudiants des Facultés des Sciences, Vol. 2: Astronomie Sphérique, Mouvements Dans le Système Solaire, Éléments Géographiques, Éclipses, Astronomie Moderne (Classic Reprint) Benjamin Baillaud. 2018. (FRE., Illus.). (J). 514p. 34.50 *(978-1-390-03550-6(5))*; 516p. pap. 16.97 *(978-1-390-03543-8(3))* Forgotten Bks.
Cours de Cinematique Theorique et Appliquee: II. Cinematique Appliquee, a l'Usage des Eleves des Ecoles des Arts et Metiers; Avec 402 Figures Dans le Texte (Classic Reprint) P Bourguignon. 2017. (FRE., Illus.). (J). pap. 16.57 *(978-0-243-91771-6(6))* Forgotten Bks.
Cours de Cinematique, Theorique et Appliquee, Vol. 1: Cinematique Theorique a l'Usage des Eleves des Ecoles des Arts et Metiers (Classic Reprint) P Bourguignon. 2017. (FRE., Illus.). (J). pap. 10.57 *(978-0-259-03363-9(4))* Forgotten Bks.
Cours de Geometrie Analytique, Vol. 1: A l'Usage des Eleves de la Classe de Mathematiques Speciales et des Candidats Aux Ecoles du Gouvernement; Sections Coniques (Classic Reprint) Bolesłas Niewenglowski. 2017. (FRE., Illus.). (J). 34.09 *(978-0-265-43457-4(2))*; pap. 16.57 *(978-0-282-17054-7(5))* Forgotten Bks.
Cours de Geometrie Elementaire: A l'Usage des Lycees et Colleges et de Tous les Etablissements d'Instruction Publique, Conforme Aux Derniers Programmes Officiels, Suivi de Notions Sur le Leve des Plans et l'Arpentage (Classic Reprint) Adrien Guilmin. 2017. (FRE., Illus.). (J). pap. 11.97 *(978-0-243-92746-3(0))* Forgotten Bks.
Cours de Géométrie Élémentaire: À l'Usage des Lycées et Collèges et de Tous les Établissements d'Instruction Publique, Conforme Aux Derniers Programmes Officiels, Suivi de Notions Sur le Levé des Plans et l'Arpentage (Classic Reprint) Adrien Guilmin. 2018.

(FRE., Illus.). 268p. (J). 29.42 *(978-0-666-52739-4(3))* Forgotten Bks.

Cours de Geometrie Elementaire a l'Usage des Lycees et Colleges et de Tous les Etablissements d'Instruction Publique: Suivi de Notions Sur les Courbes Usuelles et Renfermant un Tres-Grand Nombre d'Exercices Proposes de Geometrie Pure et Appliqu. Adrien Guilmin. 2017. (FRE., Illus.). (J). 32.35 *(978-0-331-96052-5(4))* Forgotten Bks.

Cours de l'Histoire Naturelle des Mammifères: Partie Comprenant Quelques Vues Préliminaires de Philosophie Naturelle, et l'Histoire des Singes, des Makis, des Chauve-Souris et de la Taupe (Classic Reprint) Etienne Geoffroy Saint-Hilaire. 2019. (FRE., Illus.). (J). 706p. 38.48 *(978-0-483-24941-7(6))*; 708p. pap. 20.97 *(978-0-483-21862-8(6))* Forgotten Bks.

Cours de Mecanique et Machines Professe a l'Ecole Polytechnique, Vol. 2: Dynamique des Systemes Materiels en General; Mecanique Speciale des Fluides; Etude des Machines a l'Etat de Mouvement (Classic Reprint) Jacques Antoine Charles Bresse. 2017. (FRE., Illus.). (J). 35.18 *(978-0-331-92993-5(7))*; pap. 19.57 *(978-0-243-30703-6(9))* Forgotten Bks.

Cours D'Hippiatrique: Comprenant des Notions Sur la Charpente Osseuse du Cheval, la Description de Toutes Ses Parties Extérieures, les Beautés et le Defectuosités Naturelles Ou Accidentelles Dont Elles Sont Susceptibles (Classic Reprint) Jean Valois. 2018. (FRE., Illus.). (J). 324p. 30.60 *(978-0-364-12856-5(9))*; 326p. pap. 13.57 *(978-0-267-55770-7(1))* Forgotten Bks.

Cours Gradue de Langue Anglaise, Ou Petit Cours de Versions a l'Usage des Classes Elementaires, Vol. 2: Contenant un Recueil d'Anecdotes Historiques, de Traits Instructifs et Amusants, etc. Avec des Notes Explicatives; Precede d'une Introduction En. Percy Sadler. 2017. (ENG., Illus.). (J). pap. 13.57 *(978-0-259-31394-6(7))* Forgotten Bks.

Cours Gradué de Langue Anglaise, Ou Petit Cours de Versions a l'usage des Classes Élementaires, Vol. 2: Contenant un Recueil d'Anecdotes Historiques, de Traits Instructifs et Amusants, etc. Avec des Notes Explicatives; PRécédé d'une Introduction En. Percy Sadler. 2018. (ENG., Illus.). 290p. (J). 29.88 *(978-0-364-23976-6(X))* Forgotten Bks.

Cours Pratique d'Apiculture (Culture des Abeilles) Professé Au Jardin du Luxembourg (Classic Reprint) Henri Hamet. 2018. (FRE., Illus.). (J). 296p. 30.02 *(978-1-391-53418-3(2))*; 298p. pap. 13.57 *(978-1-390-65192-8(4))* Forgotten Bks.

Cours Pratique de Prononciation Anglaise: Avec Deux Cents Exercices, Gradues Sur la Prononciation, l'Accentuation, les Homonymes, les Paronymes, etc (Classic Reprint) Alexandre Beljame. (ENG., Illus.). (J). 2018. 316p. 30.43 *(978-0-267-38525-6(0))*; 2016. pap. 13.57 *(978-1-334-14824-8(4))* Forgotten Bks.

Course Correction: Updated Edition. Richard Cutler. 2nd ed. 2022. (Course Correction Ser.: Vol. 1). (ENG.). 274p. (YA). pap. 16.95 *(978-1-954819-43-6(9))* Briley & Baxter Publications.

Course de Bateau. Rachel Bach. 2016. (On Fait la Course? Ser.). (FRE., Illus.). 16p. (J). (gr. k-2). *(978-1-77092-340-9(3)*, 17635) Amicus.

Course de Camion Monstre. Rachel Bach. 2016. (On Fait la Course? Ser.). (FRE., Illus.). 16p. (J). (gr. k-2). *(978-1-77092-346-1(2)*, 17641) Amicus.

Course de Kart. Rachel Bach. 2016. (On Fait la Course? Ser.). (FRE., Illus.). 16p. (J). (gr. k-2). *(978-1-77092-342-3(X)*, 17637) Amicus.

Course de l'Amitie - the Friendship Race: French English Bilingual Edition. S. a Publishing. 2016. (French English Bilingual Collection). (FRE., Illus.). (J). (gr. k-3). *(978-1-5259-0135-5(4))*; pap. *(978-1-5259-0134-8(6))* Kidkiddos Bks.

Course de Montgolfière. Rachel Bach. 2016. (On Fait la Course? Ser.). (FRE., Illus.). 16p. (J). (gr. k-2). *(978-1-77092-343-0(8)*, 17638) Amicus.

Course de Moto. Mari Schuh. 2016. (On Fait la Course? Ser.). (FRE., Illus.). 16p. (J). (gr. k-2). *(978-1-77092-344-7(6)*, 17639) Amicus.

Course de Tracteur. Mari Schuh. 2016. (On Fait la Course? Ser.). (FRE., Illus.). 16p. (J). (gr. k-2). *(978-1-77092-345-4(4)*, 17640) Amicus.

Course de Vélocross. Rachel Bach. 2016. (On Fait la Course? Ser.). (FRE., Illus.). 16p. (J). (gr. k-2). *(978-1-77092-339-3(X)*, 17634) Amicus.

Course de Voiture. Rachel Bach. 2016. (On Fait la Course? Ser.). (FRE., Illus.). 16p. (J). (gr. k-2). *(978-1-77092-341-6(1)*, 17636) Amicus.

Course for Beginners, in Religious Education: With Lessons for One Year for Children Five Years of Age (Classic Reprint) Mary Everett Rankin. 2018. (ENG., Illus.). 270p. (J). 29.47 *(978-0-483-95945-3(6))* Forgotten Bks.

Course in Qualitative Chemical Analysis (Classic Reprint) Charles Baskerville. 2017. (ENG., Illus.). (J). 28.87 *(978-0-265-16345-0(5))* Forgotten Bks.

Course in Vertebrate Zoology: A Guide to the Dissection & Comparative Study of Vertebrate Animals (Classic Reprint) Henry Sherring Pratt. 2017. (ENG., Illus.). (J). 30.50 *(978-1-5285-5129-8(X))* Forgotten Bks.

Course of Impatience Carningham (Classic Reprint) Mabel Burkholder. (ENG., Illus.). (J). 2018. 338p. 30.89 *(978-0-267-47542-1(X))*; 2018. 342p. 30.95 *(978-0-484-27786-0(3))*; 2017. pap. 13.57 *(978-0-243-49424-8(6))* Forgotten Bks.

Course of Instruction for the Deaf & Dumb (Classic Reprint) Harvey Prindle Peet. 2018. (ENG., Illus.). 398p. (J). 32.13 *(978-0-484-06564-1(5))* Forgotten Bks.

Course of Instruction for the Deaf & Dumb, Vol. 3 (Classic Reprint) Harvey Prindle Peet. (ENG., Illus.). (J). 2018. 256p. 29.18 *(978-0-483-58404-4(5))*; 2017. pap. 11.57 *(978-0-259-60042-8(3))* Forgotten Bks.

Course of Lectures on Electricity, Delivered Before the Society of Arts (Classic Reprint) George Forbes. 2018. (ENG., Illus.). 168p. (J). 27.36 *(978-0-484-77247-1(3))* Forgotten Bks.

Course of Mandarin Lessons, Based on Idiom (Classic Reprint) Calvin Wilson Mateer. (ENG., Illus.). (J). 2018. 450p. 33.18 *(978-0-656-73718-5(2))*; 2017. 41.63 *(978-0-331-87460-0(1))*; 2017. pap. 23.98 *(978-0-259-54764-8(6))*; 2016. pap. 16.57 *(978-1-334-15411-9(2))* Forgotten Bks.

Course of Practical Instruction in Botany, Vol. 1: Phanerogamae-Pteridophyta (Classic Reprint) Frederick Orpen Bower. 2018. (ENG., Illus.). (J). 242p. 28.89 *(978-1-396-84979-4(3))*; 244p. pap. 11.57 *(978-1-396-84976-3(9))* Forgotten Bks.

Course of Study for the Teaching of Reading in the Intermediate Grades & Handbook to the State Series Second, Third, & Fourth Readers (Classic Reprint) Alma Mary Patterson. 2018. (ENG., Illus.). 120p. (J). 26.39 *(978-0-428-45030-4(X))* Forgotten Bks.

Course of Study in Language for Elementary Schools & Handbook to Accompany the California State Series Text (Classic Reprint) Effie Belle McFadden. 2018. (ENG., Illus.). 190p. (J). 27.82 *(978-0-364-16399-3(2))* Forgotten Bks.

Course of True Love Never Did Run Smooth. Charles Reade. 2017. (ENG., Illus.). (J). pap. *(978-0-649-12512-8(6))*; pap. *(978-0-649-14534-8(8))* Trieste Publishing Pty Ltd.

Course of True Love Never Did Run Smooth: A Hero & a Martyr, the Jilt & the History of an Acre (Classic Reprint) Charles Reade. 2018. (ENG., Illus.). 368p. (J). 31.51 *(978-0-483-47610-3(2))* Forgotten Bks.

Course of True Love Never Did Run Smooth: And Other Stories (Classic Reprint) Charles Reade. (ENG., Illus.). (J). 2018. 620p. 36.70 *(978-0-483-70703-0(1))*; 2016. pap. 19.57 *(978-1-333-55937-3(2))* Forgotten Bks.

Course of True Love Never Did Run Smooth, and, Singleheart & Doubleface: A Matter-Of-Fact Romance (Classic Reprint) Charles Reade. 2018. (ENG., Illus.). (J). 30.35 *(978-0-266-94548-2(1))* Forgotten Bks.

Course of True Love Never Did Run Smooth (Classic Reprint) Charles Reade. 2018. (ENG., Illus.). 274p. (J). 29.55 *(978-0-483-91522-0(X))* Forgotten Bks.

Court. Tracy Wolff. 2022. (Crave Ser.: 4). (ENG.). 720p. (YA). 19.99 *(978-1-64937-060-0(1)*, 900248233) Entangled Publishing, LLC.

Court & Parliament of Beasts: Freely Translated from the Animali Parlanti of Giambattista Casti; a Poem in Seven Cantos (Classic Reprint) William Stewart Rose. 2017. (ENG., Illus.). (J). 26.52 *(978-0-265-92392-4(1))* Forgotten Bks.

Court for Thieves (a Throne for Sisters-Book Two) Morgan Rice. 2017. (Throne for Sisters Ser.: Vol. 2). (ENG., Illus.). (YA). (gr. 7-12). 17.99 *(978-1-64029-177-5(6))*; pap. 12.99 *(978-1-64029-176-8(8))* Morgan Rice Bks.

Court Intrigue (Classic Reprint) Basil Thompson. (ENG., Illus.). (J). 2018. 306p. 30.21 *(978-0-365-47018-2(X))*; 2017. pap. 13.57 *(978-1-5276-3808-2(1))* Forgotten Bks.

Court Jester (Classic Reprint) Cornelia Baker. 2017. (ENG., Illus.). (J). 30.74 *(978-0-260-48431-4(8))* Forgotten Bks.

Court Life in China: The Capital Its Officials & People. Isaac Taylor Headland. 2017. (ENG., Illus.). (J). 24.95 *(978-1-374-85572-4(3))*; pap. 14.95 *(978-1-374-85571-7(5))* Capital Communications, Inc.

Court Magazine, Vol. 3: Containing Original Papers, by Distinguished Writers, & Finely Engraved Portraits, Landscapes, & Costumes, from Paintings by Eminent Masters; from July to December, 1833 (Classic Reprint) Caroline Elizabeth Sarah S. Northon. (ENG., Illus.). (J). 2018. 356p. 31.24 *(978-0-365-47285-8(9))*; 2017. pap. 13.97 *(978-0-259-31073-0(5))* Forgotten Bks.

Court Netherleigh, Vol. 2 Of 3: A Novel (Classic Reprint) Henry Wood. (ENG., Illus.). (J). 2018. 334p. 30.79 *(978-0-267-35774-1(5))*; 2016. pap. 13.57 *(978-1-334-17155-0(6))* Forgotten Bks.

Court of Alexander III (Classic Reprint) Almira Lothrop. (ENG., Illus.). (J). 2018. 224p. 28.52 *(978-0-364-18018-1(8))*; 2017. pap. 10.97 *(978-0-259-49304-4(X))* Forgotten Bks.

Court of Appeals, State of New York, Vol. 5: The People of the State of New York, Plaintiff-Respondent; Against Ruth Snyder & Henry Judd Gray, Defendants-Appellants; Case on Appeal; Pages 2001-2500 (Classic Reprint) Court of Appeals of New York. (ENG., Illus.). (J). 2018. 518p. 34.58 *(978-0-484-81486-7(9))*; 2016. pap. 16.97 *(978-1-334-12689-5(5))* Forgotten Bks.

Court of Bitter Thorn. Kay L. Moody. 2020. (Fae of Bitter Thorn Ser.: Vol. 1). (ENG.). 334p. (YA). pap. 12.99 *(978-1-7324588-8-8(X))* Marten Pr.

Court of Boyville (Classic Reprint) William Allen White. 2017. (ENG., Illus.). (J). 32.13 *(978-0-265-21843-3(8))* Forgotten Bks.

Court of Cacus, or the Story of Burke & Hare (Classic Reprint) Alexander Leighton. (ENG., Illus.). (J). 2018. 324p. 30.58 *(978-0-267-40060-7(8))*; 2016. pap. 13.57 *(978-1-334-12349-8(7))* Forgotten Bks.

Court of Charles IV: A Romance of the Escorial (Classic Reprint) B. Perez Galdos. 2018. (ENG., Illus.). 312p. (J). 30.35 *(978-0-483-21548-1(1))* Forgotten Bks.

Court of Fives. Kate Elliott, pseud. 2016. (Court of Fives Ser.: 1). (ENG., Illus.). 464p. (YA). (gr. 7-17). pap. 12.99 *(978-0-316-36430-0(4))* Little, Brown Bks. for Young Readers.

Court of Fives. Kate Elliott, pseud. ed. 2016. (Court of Fives Ser.: 1). (YA). lib. bdg. 22.10 *(978-0-606-39996-8(8))* Turtleback.

Court of Less. Lanne Garrett. 2023. (Cursed Crow Ser.: Vol. 2). (ENG.). 232p. (YA). pap. ***(978-1-80250-542-9(3))*** Totally Entwinded Group.

Court of Lions: A Mirage Novel. Somaiya Daud. (Mirage Ser.: 2). (ENG., Illus.). 320p. (YA). 2021. pap. 10.99 *(978-1-250-12646-7(0)*, 900175123); 2020. 18.99 *(978-1-250-12645-0(2)*, 900175122) Flatiron Bks.

Court of Love (Classic Reprint) Alice Brown. 2018. (ENG., Illus.). 230p. (J). 28.64 *(978-0-666-16449-0(5))* Forgotten Bks.

Court of Medb, bk. 2. Annie Cosby. 2021. (ENG.). 296p. (YA). pap. 14.99 *(978-1-952667-65-7(8))* Snowy Wings Publishing.

Court of Miracles. Kester Grant. (Court of Miracles Ser.: 1). (ENG., Illus.). 416p. (YA). (gr. 9). 2021. pap. 10.99 *(978-1-5247-7288-8(7)*, Ember); 2020. lib. bdg. 21.99 *(978-1-5247-7286-4(0)*, Knopf Bks. for Young Readers) Random Hse. Children's Bks.

Court of Mist & Fury. Sarah J. Maas. 2020. (Court of Thorns & Roses Ser.: 2). (ENG.). 656p. pap. 19.00 *(978-1-63557-558-3(3)*, 900227030); (Illus.). 640p. 30.00 *(978-1-63557-557-6(5)*, 900227033) Bloomsbury Publishing USA.

Court of Mist & Fury. Sarah J. Maas. ed. 2017. (Court of Thorns & Roses Ser.: 2). (YA). lib. bdg. 22.10 *(978-0-606-40562-1(3))* Turtleback.

Court of Oberon, or Temple of the Fairies: A Collection of Tales of Past Times (Classic Reprint) Charles Perrault. 2017. (ENG., Illus.). (J). 30.52 *(978-0-260-48026-2(6))* Forgotten Bks.

Court of Queen Mab: Containing a Select Collection of Only the Best, Most Instructive, & Entertaining Tales of the Fairies: Viz. 1. Graciosa & Percinet; 2. the Fair One with Golden Locks; 3. the Blue Bird; 4. the Invisible Prince; 5. the Princess. Marie-Catherine D'Aulnoi. (ENG., Illus.). (J). 2018. 326p. 30.64 *(978-0-484-34390-9(4))*; 2017. pap. 13.57 *(978-0-243-94060-8(2))* Forgotten Bks.

Court of Sacharissa: A Midsummer Idylls (Classic Reprint) H. Sheringham. 2018. (ENG., Illus.). 322p. (J). 30.54 *(978-0-484-72670-2(6))* Forgotten Bks.

Court of Shadows. Madeleine Roux. Illus. by Iris Compiet. 2019. (House of Furies Ser.: 2). (ENG.). 448p. (YA). (gr. 9). pap. 9.99 *(978-0-06-249871-7(1)*, HarperTeen) HarperCollins Pubs.

Court of Shadows. Madeleine Roux. 2018. (Illus.). 432p. (House of Furies Ser.: 2). (ENG.). (YA). (gr. 9). 17.99 *(978-0-06-249870-0(3))*; (J). *(978-0-06-284499-6(7))* HarperCollins Pubs. (HarperTeen).

Court of Swans. Melanie Dickerson. (Dericott Tale Ser.: 1). (ENG.). 336p. (YA). 2023. pap. 12.99 *(978-0-8407-1116-8(6))*; 2021. 18.99 *(978-0-7852-3401-2(2))* Nelson, Thomas Inc.

Court of the Dark Fae. Aiysha Qureshi. 2023. (ENG.). 208p. (YA). pap. 18.95 ***(978-1-63755-627-6(6))*** Amplify Publishing Group.

Court of the Undying Seasons. A. M. Strickland. 2023. (ENG.). 400p. (YA). 19.99 *(978-1-250-83262-7(4)*, 900253453) Feiwel & Friends.

Court of Thorns & Roses. Sarah J. Maas. 2020. (Court of Thorns & Roses Ser.: 1). (ENG.). 448p. pap. 19.00 *(978-1-63557-556-9(7)*, 900227029) Bloomsbury Publishing USA.

Court of Thorns & Roses. Sarah J. Maas. 2016. lib. bdg. 22.10 *(978-0-606-38548-0(7))* Turtleback.

Court of Thorns & Roses Collector's Edition. Sarah J. Maas. 2019. (Court of Thorns & Roses Ser.). (ENG., Illus.). 448p. *(978-1-5476-0417-3(4)*, 469613) Bloomsbury Publishing Plc.

Court of Thorns & Roses Coloring Book. Sarah J. Maas. 2017. (Court of Thorns & Roses Ser.: 7). (ENG.). 96p. pap. 15.99 *(978-1-68119-576-6(3)*, 900178432) Bloomsbury Publishing USA.

Court of Wings & Ruin. Sarah J. Maas. ed. 2018. (Court of Thorns & Roses Ser.: 3). (YA). lib. bdg. 23.30 *(978-0-606-41082-3(1))* Turtleback.

Court Royal. Sabine Baring-Gould. 2017. (ENG.). 320p. (J). pap. *(978-3-337-08261-1(0))* Creation Pubs.

Court Royal: A Story of Cross Currents (Classic Reprint) S. Baring-Gould. 2018. (ENG., Illus.). 438p. (J). 32.93 *(978-0-267-44653-7(5))* Forgotten Bks.

Court Royal, Vol. 1 Of 3: A Story of Cross Currents (Classic Reprint) S. Baring-Gould. 2018. (ENG., Illus.). 318p. (J). 30.46 *(978-0-483-34196-8(7))* Forgotten Bks.

Court Royal, Vol. 2 Of 3: A Story of Cross Currents (Classic Reprint) S. Baring-Gould. 2017. (ENG., Illus.). 304p. (J). 30.17 *(978-0-265-57142-2(1))* Forgotten Bks.

Court Royal, Vol. 3 Of 3: A Story of Cross Currents (Classic Reprint) S. Baring-Gould. 2017. (ENG., Illus.). (J). 30.08 *(978-0-265-61438-9(4))* Forgotten Bks.

Court System Amazing & Intriguing Facts Children's Career Book. Bold Kids. 2022. (ENG.). 42p. (J). pap. 14.99 ***(978-1-0717-1881-0(9))*** FASTLANE LLC.

Courteous Kids, 18 bks. Janine Amos. Incl. Don't Do That! lib. bdg. 28.67 *(978-0-8368-3605-9(7)*, 8f05c4de-a185-4316-926d-2d88701b19a5); Don't Say That! (J). lib. bdg. 28.67 *(978-0-8368-3606-6(5)*, da589da5-9b1b-4e5d-b120-25ba85692e4f); Go Away! lib. bdg. 28.67 *(978-0-8368-3607-3(3)*, 38954395-29a2-4768-ad95-8385c96f7e0e); It Won't Work! lib. bdg. 28.67 *(978-0-8368-3608-0(1)*, 64ba8892-630e-47b9-b4cf-3c51421f654c); It's Mine! lib. bdg. 28.67 *(978-0-8368-3609-7(X)*, e9d296ac-c85f-411f-9bd1-c7682e218d90); Move Over! lib. bdg. 28.67 *(978-0-8368-3610-3(3)*, eb9347e8-7f1b-4ee8-bdb6-1cda4e24366a); (gr. k-1). 2002., Gareth Stevens Learning Library (Courteous Kids Ser.). (Illus.). 32p. 287.16 *(978-0-8368-3644-8(8))* Stevens, Gareth Publishing LLLP.

Courtesy Dame: A Novel (Classic Reprint) Murray Gilchrist. (ENG., Illus.). (J). 2018. 270p. 29.47 *(978-0-365-24576-6(3))*; 2017. pap. 11.97 *(978-0-259-20315-5(7))* Forgotten Bks.

Courtesy Forest. S. J. McLean. 2021. (ENG.). 44p. (J). *(978-1-5255-6913-5(9))*; pap. *(978-1-5255-6914-2(7))* FriesenPress.

Courtesy Rules! Lew Bayer. 2020. (ENG.). 30p. (J). pap. *(978-1-77334-085-2(9))* Propriety Publishing.

Courtfield Avenue Forever. Warren Finn. 2018. (ENG., Illus.). 238p. (J). pap. *(978-1-78876-534-3(6))* FeedARead.com.

Courthouse. Megan Cuthbert & Jared Siemens. 2016. (J). *(978-1-5105-1883-4(5))* SmartBook Media, Inc.

Courtier of the Days of Charles II, Vol. 3 Of 3: With Other Tales (Classic Reprint) Unknown Author. (ENG., Illus.). (J). 2018. 374p. 31.63 *(978-0-483-32465-7(5))*; 2017. pap. 16.57 *(978-0-259-02776-8(6))* Forgotten Bks.

Courtin' Christina (Classic Reprint) John Joy Bell. (ENG., Illus.). (J). 2018. 27.16 *(978-0-260-35275-0(6))*; 2017. 176p. 27.55 *(978-0-332-12982-2(9))*; 2017. pap. 9.97 *(978-0-282-06899-8(6))*; 2016. pap. 9.57 *(978-1-334-12308-5(X))* Forgotten Bks.

Courting Darkness. Robin LaFevers. (Courting Darkness Duology Ser.). (ENG.). (YA). (gr. 9). 2020. 544p. pap. 10.99 *(978-0-358-23838-6(2)*, 1767750); 2019. (Illus.). 512p. 17.99 *(978-0-544-99119-4(2)*, 1666582) HarperCollins Pubs. (Clarion Bks.).

Courting History, 14 vols. 2018. (Courting History Ser.). (ENG.). 64p. (gr. 6-6). lib. bdg. 298.88 *(978-1-5026-3900-4(9)*, b56e900e-6ee8-4e41-86d2-8fb2d4e85f0b) Cavendish Square Publishing LLC.

Courting Light. A. Zukowski. 2018. (ENG., Illus.). 106p. (YA). pap. *(978-1-78645-256-6(1))* Beaten Track Publishing.

Courting of Dinah Shadd (Classic Reprint) Rudyard Kipling. (ENG., Illus.). (J). 2018. 86p. 25.69 *(978-0-267-34447-5(3))*; 2016. pap. 9.57 *(978-1-333-67904-0(1))* Forgotten Bks.

Courtleroy, Vol. 1 of 3 (Classic Reprint) Anne Beale. 2017. (ENG., Illus.). (J). 30.64 *(978-0-260-72236-2(7))* Forgotten Bks.

Courtleroy, Vol. 2 of 3 (Classic Reprint) Anne Beale. 2017. (ENG., Illus.). (J). 30.60 *(978-0-260-76063-0(3))* Forgotten Bks.

Courtleroy, Vol. 3 of 3 (Classic Reprint) Anne Beale. 2017. (ENG., Illus.). (J). 30.62 *(978-0-331-80681-6(9))* Forgotten Bks.

Courtney Crumrin Vol. 1 Vol. 1: The Night Things. Ted Naifeh. Illus. by Warren Wucinich. 2017. (Courtney Crumrin Ser.: 1). (ENG.). 136p. (J). pap. 10.00 *(978-1-62010-419-4(9)*, 9781620104194, Lion Forge) Oni Pr., Inc.

Courtney Crumrin Vol. 3: The Twilight Kingdom, Vol. 3. Ted Naifeh. Illus. by Ted Naifeh & Warren Wucinich. 2018. (Courtney Crumrin Ser.: 3). (ENG.). 144p. (J). pap. 12.99 *(978-1-62010-518-4(7)*, Lion Forge) Oni Pr., Inc.

Courtney Crumrin Vol. 4: Monstrous Holiday. Ted Naifeh. Illus. by Warren Wucinich. 2019. (Courtney Crumrin Ser.: 4). (ENG.). 136p. (YA). pap. 12.99 *(978-1-62010-569-6(1)*, Lion Forge) Oni Pr., Inc.

Courtney Crumrin Vol. 5: The Witch Next Door. Ted Naifeh. Illus. by Warren Wucinich. 2019. (Courtney Crumrin Ser.: 5). (ENG.). 144p. (J). pap. 12.99 *(978-1-62010-640-2(X)*, Lion Forge) Oni Pr., Inc.

Courtney Crumrin Vol. 6: The Final Spell. Ted Naifeh. Illus. by Ted Naifeh & Warren Wucinich. 2020. (Courtney Crumrin Ser.: 6). (ENG.). 144p. (J). pap. 12.99 *(978-1-62010-683-9(3)*, Lion Forge) Oni Pr., Inc.

Courtney Crumrin Vol. 7: Tales of a Warlock. Ted Naifeh. 2021. (Courtney Crumrin Ser.: 7). (ENG., Illus.). 128p. (J). pap. 12.99 *(978-1-62010-864-2(X))* Oni Pr., Inc.

Courtney Friendship Superhero. Kellen Hertz. Illus. by Kelley McMorris. 2021. (American Girl(r) Historical Characters Ser.). (ENG.). 128p. (J). pap. 7.99 *(978-1-68337-170-0(4))* American Girl Publishing, Inc.

Courtney Vandersloot. Jo-Ann Barnas. 2022. (WNBA Superstars Ser.). (ENG., Illus.). 32p. (J). (gr. 3-5). pap. 9.95 *(978-1-63739-126-6(9))*; lib. bdg. 31.35 *(978-1-63739-072-6(6))* North Star Editions. (Focus Readers).

Courts of Appeals, 1 vol. Geraldine P. Lyman. 2019. (Court Is in Session Ser.). (ENG.). 32p. (gr. 4-5). pap. 11.00 *(978-1-5383-4316-6(9)*, 590998b7-0ee2-40b0-822f-5e406b88b7e1, PowerKids Pr.) Rosen Publishing Group, Inc., The.

Courtship: A Dramatization of Longfellow's Poem the Courtship of Miles Standish (Classic Reprint) Louise Ayres Garnett. (ENG., Illus.). (J). 2018. 72p. 25.40 *(978-0-267-31319-8(5))*; 2016. pap. 9.57 *(978-1-333-42402-2(7))* Forgotten Bks.

Courtship & Marriage, or the Joys & Sorrows of American Life (Classic Reprint) Caroline Lee Hentz. (ENG., Illus.). (J). 2018. 524p. 34.72 *(978-0-484-80985-6(7))*; 2016. pap. 19.57 *(978-1-334-28552-3(7))* Forgotten Bks.

Courtship in Seventeen Hundred & Twenty & in Eighteen Hundred & Sixty: Romances of Two Centuries (Classic Reprint) Hawley Smart. 2018. (ENG., Illus.). 278p. (J). 29.65 *(978-0-483-62706-2(2))* Forgotten Bks.

Courtship in Seventeen Hundred & Twenty, Vol. 1 Of 2: In Eighteen Hundred & Sixty (Classic Reprint) Hawley Smart. 2018. (ENG., Illus.). 292p. (J). 29.94 *(978-0-267-24117-0(8))* Forgotten Bks.

Courtship, Marriage, & PIC Nic Dinner of Cock Robin, & Jenny Wren: To Which Is Added, Alas! the Doleful Death of the Bridegroom (Classic Reprint) Unknown Author. 2018. (ENG., Illus.). (J). 46p. 24.85 *(978-0-366-53654-2(0))*; 48p. pap. 7.97 *(978-0-365-87342-6(X))* Forgotten Bks.

Courtship, Marriage, & PIC Nic Dinner of Cock Robin & Jenny Wren (Classic Reprint) Unknown Author. 2018. (ENG., Illus.). 20p. (J). 24.31 *(978-0-428-54088-3(0))* Forgotten Bks.

Courtship, Marriage, & PIC-Nic Dinner of Cock Robin & Jenny Wren, with the Death & Burial of Poor Cock Robin (Classic Reprint) Gustav Sigismund Peters. 2017. (ENG., Illus.). (J). 24.64 *(978-0-266-79690-9(7))*; pap. 7.97 *(978-1-5278-5229-7(6))* Forgotten Bks.

Courtship, Marriage, & PIC-Nic Dinner of Cock Robin Jenny Wren: With the Death & Burial of Poor Cock Robin; Embellished with Thirty Neat Coloured Engravings (Classic Reprint) Unknown Author. 2017. (ENG., Illus.). (J). 24.72 *(978-0-260-62657-8(0))* Forgotten Bks.

Courtship of a Careful Man: And a Few Other Courtships (Classic Reprint) Edward Sandford Martin. 2018. (ENG., Illus.). 208p. (J). 28.19 *(978-0-483-81716-6(3))* Forgotten Bks.

Courtship of Miles Standish (Classic Reprint) Henry Longfellow. 2018. (ENG., Illus.). 56p. (J). 25.05 *(978-0-666-75259-8(1))* Forgotten Bks.

Courtship of Morrice Buckler: A Romance (Classic Reprint) A. E. W. Mason. 2017. (ENG., Illus.). (J). 33.07 *(978-1-5284-7526-6(7))* Forgotten Bks.

Courtship of Rosamond Fayre (Classic Reprint) Berta Ruck. (ENG., Illus.). (J). 2018. 398p. 32.11 *(978-0-332-52526-6(0))*; 2017. pap. 16.57 *(978-0-243-50999-7(5))* Forgotten Bks.

Courtship, Vol. 2 Of 2: In Seventeen Hundred & Twenty, in Eighteen Hundred & Sixty (Classic Reprint) Hawley Smart. 2018. (ENG., Illus.). 268p. (J). 29.44 *(978-0-332-92755-8(5))* Forgotten Bks.

Cousin Albert's Day at the Zoo. Paul Wood. 2020. (ENG., Illus.). 26p. (J). pap. 10.95 *(978-1-64670-821-5(0))* Covenant Bks.

Cousin Bertha's Stories (Classic Reprint) Mary N. M'Donald. 2017. (ENG., Illus.). (J). 27.86 *(978-0-331-84516-7(4))*; pap. 10.57 *(978-0-243-32235-0(6))* Forgotten Bks.

Cousin Camp Conversations: A Children's Story about Religion. William A. Rogers. Illus. by Angie Moon Conte & Laurelle Moon Conte. 2019. (Cousin Camp Conversations Ser.: Vol. 1). (ENG.). 50p. (J). pap. 12.95 *(978-0-578-45901-1(9))* RBHC LLC.

Cousin Cinderella (Classic Reprint) Everard Cotes. 2018. (ENG., Illus.). 410p. (J). 32.35 *(978-0-365-27037-9(7))* Forgotten Bks.

Cousin Deborah's Story, or the Great Plague (Classic Reprint) Lucy Ellen Guernsey. (ENG., Illus.). (J). 2018. 220p. 28.45 *(978-0-483-46517-6(8))*; 2016. pap. 10.97 *(978-1-334-17182-6(3))* Forgotten Bks.

Cousin Emma's Visit to the Country (Classic Reprint) Unknown Author. 2018. (ENG., Illus.). 20p. (J). 24.33 *(978-0-428-81421-2(2))* Forgotten Bks.

Cousin Gene (Classic Reprint) Grace Delaney Goldenburg. 2018. (ENG., Illus.). 64p. (J). 25.22 *(978-0-332-19972-6(X))* Forgotten Bks.

Cousin Geoffrey, the Old Bachelor: A Novel; to Which Is Added Claude Stocq (Classic Reprint) Theodore Hook. (ENG., Illus.). (J). 2018. 390p. 31.94 *(978-0-483-95514-1(0))*; 2016. pap. 16.57 *(978-1-333-66690-3(X))* Forgotten Bks.

Cousin Geoffrey, the Old Bachelor, Vol. 1 Of 3: A Novel; to Which Is Added Claude Stocq (Classic Reprint) Theodore Hook. 2018. (ENG., Illus.). 294p. (J). 29.98 *(978-0-483-93722-2(3))* Forgotten Bks.

Cousin Geoffrey, the Old Bachelor, Vol. 3 Of 3: A Novel, to Which Is Added Claude Stocq (Classic Reprint) Theodore Hook. 2018. (ENG., Illus.). 328p. (J). 30.68 *(978-0-428-73175-5(9))* Forgotten Bks.

Cousin George, & Other Tales, Vol. 1 Of 3: Compiled by Mrs. Walker (Classic Reprint) Unknown Author. (ENG., Illus.). (J). 2018. 324p. 30.58 *(978-0-483-99615-1(7))*; 2016. pap. 13.57 *(978-1-333-28868-6(9))* Forgotten Bks.

Cousin George, & Other Tales, Vol. 3 of 3 (Classic Reprint) Walker. (ENG., Illus.). (J). 2018. 310p. 30.29 *(978-0-666-98127-1(2))*; 2017. pap. 13.57 *(978-0-243-45946-9(7))* Forgotten Bks.

Cousin George, Vol. 2 Of 3: And Other Tales (Classic Reprint) Walker. (ENG., Illus.). (J). 2018. 356p. 31.24 *(978-0-483-91811-5(3))*; 2016. pap. 13.97 *(978-1-333-24229-9(8))* Forgotten Bks.

Cousin Grace (Classic Reprint) Sophie May. 2017. (ENG., Illus.). (J). 27.96 *(978-0-266-20978-2(5))* Forgotten Bks.

Cousin Henry. Anthony Trollope. 2017. (ENG.). (J). 228p. pap. *(978-3-337-00432-3(6))*; 380p. pap. *(978-3-337-04448-0(4))*; 364p. pap. *(978-3-337-00236-7(6))*; 236p. pap. *(978-3-337-00433-0(4))* Creation Pubs.

Cousin Henry: A Novel (Classic Reprint) Anthony Trollope. 2018. (ENG., Illus.). 362p. (J). 31.38 *(978-0-365-37588-3(8))* Forgotten Bks.

Cousin Henry, Vol. 1 Of 2: A Novel (Classic Reprint) Anthony Trollope. 2018. (ENG., Illus.). 236p. (J). 28.66 *(978-0-332-87861-4(9))* Forgotten Bks.

Cousin Henry, Vol. 2 Of 2: A Novel (Classic Reprint) Anthony Trollope. 2018. (ENG., Illus.). 236p. (J). 28.78 *(978-0-483-97246-9(0))* Forgotten Bks.

Cousin-Hunting in Scandinavia (Classic Reprint) Mary Wilhelmine Williams. 2018. (ENG., Illus.). 274p. (J). 29.55 *(978-0-267-43791-7(9))* Forgotten Bks.

Cousin Julia (Classic Reprint) Grace Hodgson Flandrau. 2017. (ENG., Illus.). (J). 31.51 *(978-0-331-28005-0(1))*; pap. 13.97 *(978-0-259-00613-8(0))* Forgotten Bks.

Cousin Kate: A Comedy in Three Acts (Classic Reprint) Hubert Henry Davies. 2018. (ENG., Illus.). 168p. (J). 27.36 *(978-0-332-92567-7(6))* Forgotten Bks.

Cousin Lucy: On the Sea-Shore (Classic Reprint) Jacob Abbott. 2018. (ENG., Illus.). (J). 27.65 *(978-0-265-22186-0(2))* Forgotten Bks.

Cousin Lucy: T S T U d (Classic Reprint) Unknown Author. 2018. (ENG., Illus.). 184p. (J). 27.69 *(978-0-483-92823-7(2))* Forgotten Bks.

Cousin Lucy among the Mountains. Jacob Abbott. 2016. (ENG.). 188p. (J). pap. *(978-3-7433-3919-4(6))* Creation Pubs.

Cousin Lucy among the Mountains. Jacob Abbott. 2017. (ENG., Illus.). (J). pap. *(978-0-649-52002-2(5))* Trieste Publishing Pty Ltd.

Cousin Lucy among the Mountains (Classic Reprint) Jacob Abbott. (ENG., Illus.). (J). 2018. 186p. 27.73 *(978-0-364-38290-5(2))*; 2018. 366p. 31.45 *(978-0-332-82840-4(9))*; 2018. 184p. 27.69 *(978-0-483-97157-8(X))*; 2017. pap. 10.57 *(978-0-259-84595-9(7))*; 2016. pap. 13.97 *(978-1-333-41886-1(8))* Forgotten Bks.

Cousin Lucy at Play (Classic Reprint) Jacob Abbott. 2018. (ENG., Illus.). 186p. (J). 27.73 *(978-0-332-97855-0(9))* Forgotten Bks.

Cousin Lucy at Study (Classic Reprint) Jacob Abbott. (ENG., Illus.). (J). 2018. 366p. 31.49 *(978-0-484-14376-9(X))*; 2016. pap. 13.97 *(978-1-334-15651-9(4))* Forgotten Bks.

Cousin Lucy's Conversations (Classic Reprint) Unknown Author. 2018. (ENG., Illus.). 186p. (J). 27.73 *(978-0-483-71014-6(8))* Forgotten Bks.

Cousin Maude: Or the Milkman's Heiress (Classic Reprint) Mary J. Holmes. 2018. (ENG., Illus.). 382p. (J). 31.80 *(978-0-267-24017-3(1))* Forgotten Bks.

Cousin Maude (Classic Reprint) Mary Jane Holmes. 2018. (ENG., Illus.). 218p. (J). 28.39 *(978-0-332-52293-7(8))* Forgotten Bks.

Cousin Mona a Story for Girls (Classic Reprint) Rosa Nouchette Carey. 2018. (ENG., Illus.). 262p. (J). 29.32 *(978-0-267-43839-6(7))* Forgotten Bks.

Cousin Paul (Classic Reprint) Jessie Glenn. (ENG., Illus.). (J). 2018. 336p. 30.85 *(978-0-365-16138-7(1))*; 2017. pap. 13.57 *(978-0-259-27609-8(X))* Forgotten Bks.

Cousin Philip (Classic Reprint) Humphry Ward. 2017. (ENG., Illus.). (J). 31.49 *(978-1-5283-7893-2(8))* Forgotten Bks.

Cousin Phillis: A Story of English Love. Gaskell. 2017. (ENG., Illus.). (J). pap. *(978-0-649-16809-5(7))* Trieste Publishing Pty Ltd.

Cousin Phillis: A Story of English Love (Classic Reprint) Gaskell. 2017. (ENG., Illus.). (J). 28.58 *(978-1-5280-5237-5(4))* Forgotten Bks.

Cousin Phillis: And Other Tales (Classic Reprint) Elizabeth Cleghorn Gaskell. (ENG., Illus.). (J). 2018. 302p. 30.13 *(978-0-365-11562-5(2))*; 2018. 306p. 30.21 *(978-0-365-44322-3(0))*; 2017. pap. 13.57 *(978-0-259-20113-7(8))*; 2016. pap. 13.57 *(978-1-334-11944-6(9))* Forgotten Bks.

Cousin Phillis: And Other Tales etc (Classic Reprint) Elizabeth Cleghorn Gaskell. (ENG., Illus.). (J). 2018. 392p. 31.98 *(978-0-428-63573-2(3))*; 2017. pap. 16.57 *(978-0-259-21704-6(2))* Forgotten Bks.

Cousin Phillis & Other Tales, etc (Classic Reprint) Elizabeth Cleghorn Gaskell. (ENG., Illus.). (J). 2018. 400p. 32.15 *(978-0-484-08088-0(1))*; 2017. pap. 16.57 *(978-0-243-53267-4(9))* Forgotten Bks.

Cousin Pons, and, Old Goriot (Classic Reprint) Honore de Balzac. 2018. (ENG., Illus.). 634p. (J). 36.97 *(978-0-483-60678-4(2))* Forgotten Bks.

Cousin Sara: A Story of Arts & Crafts (Classic Reprint) Rosa Mulholland. (ENG., Illus.). (J). 2018. 420p. 32.50 *(978-0-332-47763-3(0))*; 2017. pap. 16.57 *(978-0-243-48351-8(1))* Forgotten Bks.

Cousin Sisters. Allyssa Gagliardi. 2021. (Cousin Sisters Ser.: Vol. 1). (ENG.). 38p. (J). pap. 13.99 *(978-1-954868-01-4(4))* Pen It Pubns.

Cousin Sisters. Alyssa Gagliardi. 2021. (Cousin Sisters Ser.: Vol. 1). (ENG.). 38p. (J). 21.99 *(978-1-954868-00-7(6))* Pen It Pubns.

Cousin Sisters: Carnival. Alyssa Gagliardi. Illus. by Abira Das. 2022. (Cousin Sister Ser.: Vol. 2). (ENG.). 36p. (J). 22.99 *(978-1-63984-068-7(0))* Pen It Pubns.

Cousin Stella, or Conflict, Vol. 2 of 3 (Classic Reprint) Henrietta Camilla Jenkin. 2018. (ENG., Illus.). 304p. (J). 30.17 *(978-0-332-86940-7(7))* Forgotten Bks.

Cousin Stella, Vol. 1 Of 3: Or, Conflict (Classic Reprint) Cousin Stella. 2018. (ENG., Illus.). 344p. (J). 30.99 *(978-0-267-22791-4(4))* Forgotten Bks.

Cousin Stella, Vol. 3 Of 3: Or Conflict (Classic Reprint) Cousin Stella. 2018. (ENG., Illus.). 332p. (J). 30.74 *(978-0-267-19477-3(3))* Forgotten Bks.

Cousins. Chris Franklin. 2017. (ENG., Illus.). (YA). pap. 9.95 *(978-1-947491-31-1(8))* Yorkshire Publishing Group.

Cousins. Karen M. McManus. (ENG., Illus.). (YA). (gr. 9). 2022. 352p. pap. 12.99 *(978-0-525-70803-2(0))*; 2020. 336p. 19.99 *(978-0-525-70800-1(6))*; 2020. 336p. 22.99 *(978-0-525-70801-8(4))* Random Hse. Children's Bks. (Delacorte Pr.).

Cousins. Karen M. McManus. l.t. ed. 2021. (ENG.). 520p. lib. bdg. 24.99 *(978-1-4328-8680-6(0))* Thorndike Pr.

Cousins Are Coming. Kay Jones. 2023. (ENG.). 32p. (J). (gr. k-2). 18.95 ***(978-1-7358535-4-3(2))*** Notable Kids Publishing.

Cousins (Classic Reprint) Lucy Bethia Walford. 2017. (ENG., Illus.). (J). 34.60 *(978-0-266-73880-0(X))*; pap. 16.97 *(978-1-5277-0321-6(5))* Forgotten Bks.

Cousins in DC: Dismantling Corruption. Chris Franklin. 2017. (ENG., Illus.). 216p. (J). pap. 13.95 *(978-1-947825-37-6(2))* Yorkshire Publishing Group.

Cousins' Journey: Or, Sketches of American Scenery (Classic Reprint) Frank Forest Bunker. 2018. (ENG., Illus.). 106p. (J). 26.08 *(978-0-484-06614-3(5))* Forgotten Bks.

Cousins, Vol. 1 of 3 (Classic Reprint) L. B. Walford. 2018. (ENG., Illus.). 294p. (J). 29.98 *(978-0-483-72790-8(3))* Forgotten Bks.

Cousins, Vol. 2 of 3 (Classic Reprint) L. B. Walford. 2018. (ENG., Illus.). 300p. (J). 30.08 *(978-0-267-22792-1(2))* Forgotten Bks.

Cousins, Vol. 3 of 3 (Classic Reprint) L. B. Walford. 2018. (ENG., Illus.). 286p. (J). 29.82 *(978-0-484-25238-6(0))* Forgotten Bks.

Coustumes de Beauvaisis (Classic Reprint) Philippe de Beaumanoir. (FRE., Illus.). (J). 2018. 1036p. 45.28 *(978-0-666-71354-4(5))*; 2017. pap. 27.67 *(978-0-282-23599-4(X))* Forgotten Bks.

Couth Fairy. Karen Mutchler Allen. Illus. by Jaclyn Sloan. 2018. (ENG.). 52p. (J). 21.99 *(978-1-948026-05-5(8))* Write Integrity Pr.

Couth Fairy Goes to School. Karen Mutchler Allen. Illus. by Jaclyn Sloan. (ENG.). (J). 2017. pap. 13.99 *(978-1-948026-00-0(7))*; 3rd ed. 2018. 32p. 21.99 *(978-1-948026-07-9(4))* Write Integrity Pr.

Couth Fairy Returns. Karen Mutchler Allen. Illus. by Jaclyn Sloan. (ENG.). (J). 2016. pap. 13.99 *(978-0-9839485-7-5(7))*; 2nd ed. 2018. 28p. 21.99 *(978-1-948026-06-2(6))* Write Integrity Pr.

Coutinho: From the Playground to the Pitch. Matt Oldfield. 2017. (Ultimate Football Heroes Ser.). (ENG.). 176p. (J). (gr. 4-8). pap. 9.99 *(978-1-78606-462-2(6))* Blake, John Publishing, Ltd. GBR. Dist: Independent Pubs. Group.

Coutumes de Beauvaisis, Vol. 1: Texte Critique Publié Avec une Introduction, un Glossaire, et une Table Analytique (Classic Reprint) Philippe de Beaumanoir. 2018. (FRE., Illus.). (J). 532p. 34.89 *(978-1-391-16883-8(6))*; 534p. pap. 19.57 *(978-1-390-32429-7(X))* Forgotten Bks.

Coutumes de Beauvaisis, Vol. 1: Texte Critique Publié Avec une Introduction, un Glossaire et une Table Analytique (Classic Reprint) Philippe de Beaumanoir. 2018. (FRE., Illus.). (J). 566p. 35.59 *(978-1-396-81807-3(3))*; 568p. pap. 19.57 *(978-1-396-81788-5(3))* Forgotten Bks.

Coutumes de Beauvaisis, Vol. 2: Texte Critique Publié Avec une Introduction, un Glossaire et une Table Analytique (Classic Reprint) Philippe de Beaumanoir. 2018. (FRE., Illus.). (J). 556p. 35.36 *(978-1-397-23375-2(3))*; 558p. pap. 19.57 *(978-1-397-23361-5(3))* Forgotten Bks.

Coutumes de Beauvaisis, Vol. 2 (Classic Reprint) Philippe de Beaumanoir. 2018. (FRE., Illus.). (J). 620p. 36.68 *(978-0-428-30970-1(4))*; 622p. pap. 19.57 *(978-0-484-99356-2(9))* Forgotten Bks.

Coutumes du Beauvoisis, Vol. 1 (Classic Reprint) Philippe de Beaumanoir. 2018. (FRE., Illus.). (J). 624p. 36.77 *(978-1-391-42386-9(0))*; 626p. pap. 19.57 *(978-1-390-22003-2(6))* Forgotten Bks.

Coutumes du Beauvoisis, Vol. 2 (Classic Reprint) Philippe de Beaumanoir. 2018. (FRE., Illus.). (J). 544p. 35.14 *(978-0-428-89733-8(9))*; 546p. pap. 19.57 *(978-0-428-74108-2(8))* Forgotten Bks.

Couture *see* **Sewing**

Cove: Book Two of the Lost Boys Trilogy. Riley Quinn. 2020. (Lost Boys Trilogy Ser.: Vol. 2). (ENG., Illus.). 416p. (YA). (gr. 7-12). pap. *(978-1-7753730-9-4(6))* Quinn, Riley.

Coven. Jennifer Dugan. Illus. by Kit Seaton. 2022. 288p. (YA). (gr. 7). 24.99 *(978-0-593-11216-8(4))*; pap. 17.99 *(978-0-593-11218-2(0))* Penguin Young Readers Group. (G.P. Putnam's Sons Books for Young Readers).

Coven of Westlake Elementary. Tim D. Smith. 2017. (ENG.). 112p. (J). pap. ***(978-0-359-94609-9(7))*** Lulu Pr., Inc.

Covenant Child: Poptikle People Family. Cindy Catherine Kreitzer. 2017. (ENG., Illus.). (J). pap. 12.95 *(978-1-63525-547-8(3))* Christian Faith Publishing.

Cover My Skull with Color Skull Coloring Books. Jupiter Kids. 2016. (ENG., Illus.). 106p. (YA). pap. 12.55 *(978-1-68305-175-6(0))*, Jupiter Kids (Childrens & Kids Fiction)) Speedy Publishing LLC.

Covered Bridge Mystery: Book 2. Holly Yoder Deherrera. 2020. (Middlebury Mystery Ser.: Vol. 3). (ENG.). 166p. (J). pap. 10.99 *(978-1-68355-015-0(3))* Blackside Publishing.

Covered in Adventures. Gillian Hibbs. Illus. by Gillian Hibbs. 2021. (Child's Play Library). (Illus.). 32p. (J). (gr. -1-2). *(978-1-78628-348-1(4))*; pap. *(978-1-78628-347-4(6))* Child's Play International Ltd.

Covered in Kindness. Karena Schroeder. Illus. by Savannah Horton. 2021. (ENG.). 34p. (J). pap. 13.99 *(978-1-954868-84-7(7))* Pen It Pubns.

Covered in Water. Ellen Lawrence. 2016. (Drip, Drip, Drop: Earth's Water Ser.: 6). (ENG., Illus.). 24p. (J). (gr. -1-3). 26.99 *(978-1-943553-26-6(2))* Bearport Publishing Co., Inc.

Covered Wagon (Classic Reprint) Emerson Hough. 2018. (ENG., Illus.). 394p. (J). 32.02 *(978-0-265-21940-9(X))* Forgotten Bks.

Covi Dog Tales: A New Home. Julia Paskins. Illus. by Tina Bramman. 2021. (Covi Dog Tales Ser.: Vol. 1). (ENG.). 30p. (J). pap. *(978-1-78963-187-6(4))*, Choir Pr., The) Action Publishing Technology Ltd.

Covi, the Little Green Dinosaur. Chay Winter & Susie Cullen. 2020. (ENG.). 40p. (J). pap. 17.98 *(978-1-716-86654-8(5))* Lulu Pr., Inc.

COVID 1619 Curriculum: When Racism Began in America Grades 3-5. Jawanza Kunjufu. 2020. (ENG.). 40p. (J). pap. 12.95 *(978-0-910030-55-7(3))* African American Images.

COVID 1619 Curriculum: When Racism Began in America Grades 6-12. Jawanza Kunjufu. 2020. (ENG., Illus.). 60p. (J). pap. 14.95 *(978-0-910030-54-0(5))* African American Images.

Covid-19. Carol Hand. 2021. (Deadly Diseases Ser.). (ENG.). 48p. (J). (gr. 4-8). lib. bdg. 35.64 *(978-1-5321-9657-7(1)*, 38326) ABDO Publishing Co.

Covid-19. Jacqueline Havelka. 2021. (Contemporary Issues Ser.). (ENG.). (YA). (gr. 7-12). 35.93 *(978-1-4222-4544-6(6))* Mason Crest.

Covid-19: What Does It Mean? Maryellen Coons. Illus. by Jocelyne Frank. 2023. (ENG.). 24p. (J). ***(978-1-0391-5274-8(0))***; pap. ***(978-1-0391-5273-1(2))*** FriesenPress.

Covid 19 - Covid-19 (Te Kiribati) Benateta Tekita & Jovan Carl Segura. 2023. (ENG.). 38p. (J). pap. ***(978-1-922895-98-1(9))*** Library For All Limited.

Covid 19 - What Kids Need to Know. Winnie Cheong. 2022. (ENG.). 32p. (J). pap. *(978-1-922727-30-5(X))* Linellen Pr.

COVID-19 & Other Pandemics, 1 vol. Compiled by Barbara Krasner. 2021. (At Issue Ser.). (ENG.). 128p. (J). (gr. 10-12). pap. 28.80 *(978-1-5345-0729-6(9)*, a1e24206-fca6-4fe9-907a-4b2ee09b6d64) Greenhaven Publishing LLC.

COVID-19 & Other Pandemics: A Comparison. Don Nardo. 2021. (ENG.). 80p. (YA). (gr. 6-12). 43.93 *(978-1-6782-0042-8(5))* ReferencePoint Pr., Inc.

COVID-19 & the Challenges of the New Normal. Marcia S. Gresko. 2021. (Understanding the COVID-19 Pandemic Ser.). (ENG.). 64p. (YA). (gr. 6-12). 43.93 *(978-1-6782-0032-9(8))* ReferencePoint Pr., Inc.

Covid-19 Helpers. Beth Bacon. ed. 2021. (ENG., Illus.). 36p. (J). (gr. k-1). 21.96 *(978-1-64697-591-4(X))* Penworthy Co., LLC, The.

Covid-19 Helpers: A Story for Kids about the Coronavirus & the People Helping During the 2020 Pandemic. Beth Bacon. Illus. by Kary Lee. 2020. 36p. (J). (ENG.). 24.00 *(978-1-949467-60-4(0))*; pap. 10.95 *(978-1-949467-61-1(9))* Carolina Wren Pr. (Blair).

Covid 19 Hero: Keeping Germ Spread at Zero! Jarryd Walker & Jamie Walker. 2020. (ENG.). 26p. (J). pap. *(978-0-6488552-0-0(1))* arima publishing.

COVID-19 Loves Dirty Hands. Jeannette Monserratte & Shannon. 2021. (ENG., Illus.). 26p. (J). pap. 13.95 *(978-1-64952-278-8(9))* Fulton Bks.

COVID-19 Pandemic. Kenny Abdo. 2020. (Outbreak! Ser.). (ENG., Illus.). 24p. (J). (gr. 2-8). lib. bdg. 31.36 *(978-1-0982-2327-4(6)*, 36277, Abdo Zoom-Fly) ABDO Publishing Co.

COVID-19 Pandemic. Samantha Kohn. 2021. (COVID-19: Meeting the Challenge Ser.). (ENG., Illus.). 48p. (J). (gr. 5-9). pap. *(978-1-4271-5604-4(2)*, 10473); lib. bdg. *(978-1-4271-5602-0(6)*, 10468) Crabtree Publishing Co. (Crabtree Classics).

COVID-19 Pandemic: A Coronavirus Timeline. Matt Doeden. (Gateway Biographies Ser.). (ENG., Illus.). 48p. (J). (gr. 4-8). 2022. pap. 11.99 *(978-1-7284-7757-2(3)*, 6880ed8e-2072-4a43-9ea9-ef2452755b13); 2021. lib. bdg. 31.99 *(978-1-7284-2770-6(3)*, 380cf191-8b4e-4e7d-a92b-3c6030e393ce) Lerner Publishing Group. (Lerner Pubns.).

Covid-19 Pandemic: Moved Education from Classrooms to Homes. Jamilah Kebbay. 2022. (ENG.). 54p. (YA). pap. 8.99 *(978-1-6657-1731-1(9))* Archway Publishing.

COVID-19 Pandemic: The World Turned Upside Down. Hal Marcovitz. 2020. (ENG.). 80p. (J). (gr. 6-12). 43.93 *(978-1-6782-0018-3(2))* ReferencePoint Pr., Inc.

Covid-19 Story for Kids: Why Our Class & the World Cried. Renee Lovekids. Illus. by Chad Thompson. 2021. (ENG.). 24p. (J). pap. 16.95 *(978-1-63765-093-6(0))* Halo Publishing International.

COVID-19 Vaccines & Treatments. Carla Mooney. 2022. (Fighting COVID-19 Ser.). (ENG.). 112p. (YA). (gr. 6-12). lib. bdg. 41.36 *(978-1-5321-9800-7(0)*, 39681, Essential Library) ABDO Publishing Co.

COVID-19 Virus. Grace Hansen. 2020. (Coronavirus Ser.). (ENG., Illus.). 24p. (J). (gr. -1-2). lib. bdg. 32.79 *(978-1-0982-0550-8(2)*, 36002, Abdo Kids) ABDO Publishing Co.

COVID-19 Virus. Walt K. Moon. 2021. (COVID-19 Pandemic Ser.). (ENG.). 80p. (YA). (gr. 6-12). 43.93 *(978-1-6782-0056-5(5)*, BrightPoint Pr.) ReferencePoint Pr., Inc.

Covid, College, & Life Transitions. Bj Barnes. 2021. (ENG.). 144p. (YA). 24.95 *(978-1-63860-700-7(1))*; pap. 14.95 *(978-1-63710-732-4(3))* Fulton Bks.

Covid, Covid, Go Away. Marcia 'Cia' Harris. Illus. by Gaurav Bhatnagar. 2021. (ENG.). 34p. (J). 17.99 *(978-1-7362818-8-8(7))* My Dream Bk. Pr.

Covid el Coquí. Daisy Maldonado Miranda. Ed. by Frank Joseph Ortiz Bello. Illus. by Miriam Cruz Torres. 2020. (SPA.). 34p. (J). pap. 15.00 *(978-1-881741-04-6(4))* Ediciones Eleos.

Covid Unmasked. Ada Marie K. Cottrell. 2022. (ENG.). 28p. (J). 24.95 *(978-1-63885-305-3(3))* Covenant Bks.

Covid Vire Ass. Wendy Patrick. Illus. by Paris Fitzpatrick. 2021. (ENG.). 20p. (J). pap. *(978-1-922565-90-7(3))* Vivid Publishing.

Covisada: En Dialecte Brivadois; Avec une Traduction Francaise et des Notes Etymologiques (Classic Reprint) Henri Gilbert. 2017. (FRE., Illus.). (J). pap. 10.97 *(978-1-332-66317-0(6))* Forgotten Bks.

Covisada: En Dialecte Brivadois; Avec une Traduction Française et des Notes Étymologiques (Classic Reprint) Henri Gilbert. 2018. (FRE., Illus.). 226p. (J). 28.58 *(978-0-332-36528-2(X))* Forgotten Bks.

Cow. August Hoeft. (I See Animals Ser.). (ENG.). (J). (gr. k-1). 2022. 20p. 24.99 ***(978-1-5324-3396-2(4))***; 2022. 20p. pap. 12.99 ***(978-1-5324-4199-8(1))***; 2020. 12p. pap. 5.99 *(978-1-5324-1477-0(3))* Xist Publishing.

Cow & the Magic Shoes. Amber L. Spradlin. Illus. by Linda McConeghy Clark. 2019. (ENG.). 100p. (J). (gr. -1-1). pap. 34.99 *(978-0-9964421-8-3(9))* Hocks Out Press.

Cow Boy Is NOT a Cowboy. Gregory Barrington. 2020. (ENG., Illus.). 40p. (J). (gr. -1-3). 17.99 *(978-0-06-289136-5(7))*, HarperCollins) HarperCollins Pubs.

Cow-Boy Life in Texas, or 27 Years a Mavrick: A Realistic & True Recital of Wild Life on the Boundless Plains of Texas, Being the Actual Experience of Twenty-Seven Years in the Exciting Life of a Genuine Cow-Boy among the Roughs & Toughs of Texas. W. S. James. (ENG., Illus.). (J). 2018. 212p. 28.25 *(978-0-483-09774-2(8))*; 2016. pap. 10.97 *(978-1-334-11831-9(0))* Forgotten Bks.

Cow Boyhood: the Adventures of Wilder Good #7. S. J. Dahlstrom. 2021. (Adventures of Wilder Good Ser.: 7). (ENG.). 176p. (J). pap. 9.95 *(978-1-58988-154-9(0))* Dry, Paul Bks., Inc.

Cow-Boys. Joseph H. Bolsterli. 2017. (ENG., Illus.). 52p. (J). pap. *(978-3-337-18217-5(8))* Creation Pubs.

Cow-Boys: An Original Comedy Drama in Five Acts (Classic Reprint) Joseph H. Bolsterli. 2018. (ENG., Illus.). 52p. (J). 24.99 *(978-0-483-92817-6(8))* Forgotten Bks.

Cow Can't Sleep. Ken Baker. Illus. by Steve Gray. 2018. (ENG.). 25p. (J). (gr. -1-3). pap. 9.99 *(978-1-5420-9205-0(1)*, 9781542092050, Two Lions) Amazon Publishing.

Cow Coloring Book: Adult Coloring Book, Cow Owner Gift, Floral Mandala Coloring Pages, Doodle Animal Kingdom, Funny Quotes Coloring Book. Illus. by Paperland Online Store. 2021. (ENG.). 42p. (J). pap. *(978-1-6671-4229-6(1))* Lulu Pr., Inc.

Cow Coloring Book for Kids. Pa Publishing. 2021. (ENG.). 26p. (J). pap. 9.99 *(978-1-915100-26-9(7))* Brumby Kids.

Cow-Country (Classic Reprint) B. M. Bower. 2018. (ENG., Illus.). 252p. (J). 29.24 *(978-0-267-40611-1(8))* Forgotten Bks.

Cow Cow Cow: A Book for Cow Obsessed Kids. Rachel White. 2022. (ENG.). 26p. (J). ***(978-0-6456064-0-9(5))*** King, Rachel.

Cow Days. Christina Warfel. 2022. (ENG.). 22p. (J). pap. 10.00 *(978-1-63988-396-7(7))* Primedia eLaunch LLC.

Cow Girl. Amy Cobb. Illus. by Alexandria Neonakis. 2018. (Libby Wimbley Ser.). (ENG.). 32p. (J). (gr. -1-3). lib. bdg. 32.79 *(978-1-5321-3253-7(0)*, 31135, Calico Chapter Bks) Magic Wagon.

Cow Goes Moo! Margot Channing. Illus. by Mark Bergin. ed. 2020. (Creature Features Ser.). (ENG.). 10p. (J). (— 1). bds. 8.95 *(978-1-912904-99-0(3)*, Scribblers) Book Hse. GBR. Dist: Sterling Publishing Co., Inc.

Cow Jumped over the Moon. Claire Brandenburg. Illus. by Claire Brandenburg. 2017. (ENG., Illus.). 28p. (J). (gr. -1-k). pap. 9.99 *(978-1-5324-0172-5(8))* Xist Publishing.

Cow Jumped over the Moon ... & Then Ate All the Chocolate. Paige Deale. 2016. (ENG., Illus.). (J). pap. 16.95 *(978-1-4808-2989-3(7))* Archway Publishing.

Cow Knew How. Tricia Gardella. Illus. by Connie L. 2023. (ENG.). 44p. (J). 19.00 ***(978-1-959412-35-9(3))***; pap. 10.99 ***(978-1-959412-34-2(5))*** Write 'em Cowgirl Publishing.

Cow Mania! a Black & White Coloring Book. Jupiter Kids. 2016. (ENG., Illus.). 106p. (J). pap. 12.55 *(978-1-68326-249-7(2)*, Jupiter Kids (Childrens & Kids Fiction)) Speedy Publishing LLC.

Cow on theTown: Practicing the OW Sound, 1 vol. Isabella Garcia. 2016. (Rosen Phonics Readers Ser.). (ENG., Illus.). 12p. (J). (gr. -1-2). pap. *(978-1-5081-3566-1(5)*,

2fded99f-5e3c-41b4-9e99-516255391e23, Rosen Classroom) Rosen Publishing Group, Inc., The.

Cow on Two Farms. Peter Johnson. 2019. (ENG.). 32p. (J). pap. 17.70 *(978-0-359-58194-8(3))* Lulu Pr., Inc.

Cow Poop Treasure Hunt. Theo Baker. ed. 2019. (Hank Zipzer Ser.). (ENG.). 130p. (J). (gr. 2-3). 16.69 *(978-0-87617-549-1(3))* Penworthy Co., LLC, The.

Cow Puncher (Classic Reprint) Robert J. C. Stead. (ENG., Illus.). (J). 2018. 380p. 31.75 *(978-0-484-43545-1(0))*; 2016. pap. 13.57 *(978-1-334-13632-0(7))* Forgotten Bks.

Cow Said BOO! Lana Button. Illus. by Alice Carter. (J). 2022. 26p. (gr. -1 — 1). bds. 11.95 *(978-1-77278-266-0(1))*; 2021. (ENG.). 28p. (gr. k-2). 17.95 *(978-1-77278-216-5(5))* Pajama Pr. CAN. Dist: Publishers Group West (PGW).

Cow Said Neigh! A Farm Story, 1 vol. Rory Feek. Illus. by Bruno Robert. 2018. (ENG.). 26p. (J). bds. 9.99 *(978-1-4003-1189-7(6)*, Tommy Nelson) Nelson, Thomas Inc.

Cow Says Meow: a Peep-And-See Book. Kirsti Call. Illus. by Brandon James Scott. 2021. (ENG.). 32p. (J). (gr. -1-3). 12.99 *(978-0-358-42334-8(1)*, 1791954, Clarion Bks.) HarperCollins Pubs.

Cow Tale: Why Am I Different? Laurie Grosse. 2017. (ENG., Illus.). 34p. (J). (gr. -1-3). 22.95 *(978-1-64079-058-2(6))*; pap. 12.95 *(978-1-64079-056-8(X))* Christian Faith Publishing.

Cow That Ate My Mitten. Michelle Eastburn Larsen. Illus. by Jefferson Vowell. 2019. (ENG.). 36p. (J). (gr. k-4). 22.99 ***(978-0-578-57111-9(0))*** Shellymae.

Cow That Got Her Wish. Margaret Hillert. Illus. by Linda Prater. 2016. (Beginning-To-Read Ser.). (ENG.). 32p. (J). (gr. k-2). pap. 13.26 *(978-1-60357-938-4(9))* Norwood Hse. Pr.

Cow That Got Her Wish. Margaret Hillert. Illus. by Linda Prater. 2016. (BeginningtoRead Ser.). (ENG.). 32p. (J). (gr. 1-2). 22.60 *(978-1-59953-797-9(4))* Norwood Hse. Pr.

Cow That Lost Its Moo. Maddelyn Kelly. 2019. (ENG.). 50p. (J). pap. 24.99 *(978-1-4834-9535-4(3))* Lulu Pr., Inc.

Cow to Cone. Julie Knutson. 2019. (21st Century Skills Library: Nature's Makers Ser.). (ENG.). 32p. (J). (gr. 4-7). pap. 14.21 *(978-1-5341-3956-5(7)*, 212653); (Illus.). lib. bdg. 32.07 *(978-1-5341-4300-5(9)*, 212652) Cherry Lake Publishing.

Cow Who Didn't Like the View. Eszter Molnar. Illus. by Anita Bagdi. 2020. (ENG.). 36p. (J). pap. *(978-1-9998906-0-5(4))* Cambrian Way Trust.

Cow Without a Tail. Nkem Denchukwu. Ed. by Kelechi Dike. Illus. by Design Art Studio. 2020. (ENG.). 32p. (J). pap. 11.99 *(978-1-952744-06-8(7))* Eleviv Publishing Group.

Coward. Henry Morford. 2017. (ENG.). 320p. (J). pap. *(978-3-337-04891-4(9))* Creation Pubs.

Coward: A Novel of Society & the Field in 1863 (Classic Reprint) Henry Morford. (ENG., Illus.). (J). 2018. 520p. 34.62 *(978-0-483-52389-0(5))*; 2016. pap. 16.97 *(978-1-333-49719-4(9))* Forgotten Bks.

Coward (Classic Reprint) Robert Hugh Benson. 2018. (ENG., Illus.). 482p. (J). 33.86 *(978-0-483-76972-4(X))* Forgotten Bks.

Coward Conscience, Vol. 1 of 3 (Classic Reprint) F. W. Robinson. 2018. (ENG., Illus.). 308p. (J). 30.27 *(978-0-483-86588-4(5))* Forgotten Bks.

Coward Conscience, Vol. 2 of 3 (Classic Reprint) F. W. Robinson. 2018. (ENG., Illus.). 308p. (J). 30.25 *(978-0-483-84304-2(0))* Forgotten Bks.

Cowardice Court (Classic Reprint) George Barr McCutcheon. (ENG., Illus.). (J). 2018. 154p. 27.07 *(978-0-267-18249-7(X))*; 2017. 27.03 *(978-0-331-03474-5(3))*; 2017. pap. 9.57 *(978-1-5283-9270-9(1))* Forgotten Bks.

Cowardly Collie. Heather Phillips. 2016. (ENG.). (J). 14.95 *(978-1-63177-820-9(X))* Amplify Publishing Group.

Cowardly Frank. Rufus Cribbles. 2023. (ENG.). 163p. (J). pap. ***(978-1-4709-0556-9(6))*** Lulu Pr., Inc.

Cowardly Frank. Rufus Offor. 2023. (ENG.). 164p. (J). 35.00 ***(978-1-4477-0625-0(0))*** Lulu Pr., Inc.

Cowardly Lion of Oz. Ruth Plumly Thompson. 2021. (ENG.). 312p. (J). pap. 19.95 *(978-1-64720-435-8(6))* Fiction Hse. Pr.

Cowboy. Hildegard Muller. ed. 2018. (I Like to Read Ser.). (ENG.). 28p. (J). (gr. -1-1). 10.00 *(978-1-64310-487-4(X))* Penworthy Co., LLC, The.

Cowboy & the Lady: A Comedy in Three Acts (Classic Reprint) Clyde Fitch. 2018. (ENG., Illus.). 124p. (J). 26.50 *(978-0-483-08938-9(9))* Forgotten Bks.

Cowboy & the Lady (Classic Reprint) Clyde Fitch. 2018. (ENG., Illus.). 80p. (J). 25.57 *(978-0-267-29877-8(3))* Forgotten Bks.

Cowboy Boots for Benjy. Cindy Pesek. 2023. (ENG.). 46p. (J). pap. 16.99 ***(978-1-63984-380-0(9))*** Pen It Pubns.

Cowboy Car. Jeanie Franz Ransom. Illus. by Ovi Nedelcu. 2017. (ENG.). 40p. (J). (gr. -1-2). 17.99 *(978-1-5039-5097-9(2)*, 9781503950979, Two Lions) Amazon Publishing.

Cowboy Cavalier Wedding Is Destiny, & Hanging Likewise (Classic Reprint) Harriet Clara Morse. 2017. (ENG., Illus.). (J). 30.50 *(978-0-265-20293-7(0))* Forgotten Bks.

Cowboy Coloring Book for Kids! a Variety of Unique Cowboy Coloring Pages for Children. Bold Illustrations. 2022. (ENG.). 82p. (J). pap. 15.99 ***(978-1-0717-0665-7(9)***, Bold Illustrations) FASTLANE LLC.

Cowboy Detective: A True Story of Twenty-Two Years with a World-Famous Detective Agency (Classic Reprint) Chas A. Siringo. 2017. (ENG., Illus.). (J). 35.59 *(978-0-260-97525-6(7))* Forgotten Bks.

Cowboy Life on the Sidetrack: Being an Extremely Humorous & Sarcastic Story of the Trials & Tribulations Endured by a Party of Stockmen Making a Shipment from the West to the East (Classic Reprint) Frank Benton. 2018. (ENG., Illus.). 214p. (J). 28.33 *(978-0-364-63377-9(8))* Forgotten Bks.

Cowboy Nativity: A Narrative Poem. Susan Miller. 2016. (ENG., Illus.). (J). (gr. 2-5). pap. 9.95 *(978-1-61984-492-6(3)*, Gatekeeper Pr.) Gatekeeper Pr.

Cowboy Night Before Christmas. Illus. by James Rice. 2023. (Night Before Christmas Ser.). Orig. Title: Praire Night Before Christmas. (ENG.). 32p. (J). (gr. k-3). 19.99 *(978-1-4556-2770-7(4)*, Pelican Publishing) Arcadia Publishing.

Cowboy Pug. Laura James. Illus. by Églantine Ceulemans. 2017. (Adventures of Pug Ser.). (ENG.). 128p. (J). pap. *(978-1-4088-6638-2(2)*, 280818, Bloomsbury Children's Bks.) Bloomsbury Publishing Plc.

Cowboy Songs: And Other Frontier Ballads (Classic Reprint) John A. Lomax. 2017. (ENG., Illus.). (J). 33.05 *(978-1-5280-8300-3(8))* Forgotten Bks.

Cowboy Songs for Harmonica. Glenn Weiser. 2017. (ENG.). 64p. (J). pap. 19.99 *(978-1-57424-352-9(7)*, 00242719) Centerstream Publishing.

Cowboy Who Was Scared of Horses. Michelle Path. 2016. (ENG., Illus.). (J). pap. *(978-1-910832-14-1(6))* Rowanvale Bks.

Cowboys & Horses. John R. Erickson. Illus. by Gerald L. Holmes. 2017. 74p. (J). *(978-1-5444-0370-0(4))* Maverick Bks., Inc.

Cowboy's Big Dream. Haylee Schweibel. 2022. (ENG.). 32p. (J). 24.95 ***(978-1-6624-7884-0(4))*** Page Publishing Inc.

Cowboys Can Care: Caring for Others, 1 vol. Rory McCallum. 2019. (Social & Emotional Learning for the Real World Ser.). (ENG.). 12p. (gr. 1-2). pap. *(978-1-7253-5500-2(0)*, 1330a214-3e7e-45db-82a2-6856a0b750f3, Rosen Classroom) Rosen Publishing Group, Inc., The.

Cowboy's Christmas. Pete Cornia. 2022. (ENG., Illus.). 32p. (J). 25.95 *(978-1-63985-701-2(X))* Fulton Bks.

Cowboys Didn't Always Wear Hats: Exposing Myths about the Wild West, 1 vol. Jill Keppeler. 2019. (Exposed! More Myths about American History Ser.). (ENG.). 32p. (gr. 2-3). pap. 11.50 *(978-1-5382-3746-5(6)*, 44773551-232d-4c6f-874d-32a14afa4c0f) Stevens, Gareth Publishing LLLP.

Cowboys Don't Cry, 1 vol. Marilyn Halvorson. 2021. (ENG.). 186p. (YA). (gr. 9-12). pap. 12.95 *(978-1-55455-558-1(2)*, 3dc176fb-9fbb-4ecb-87d4-734c99844fb6) Fitzhenry & Whiteside, Ltd. CAN. Dist: Firefly Bks., Ltd.

Cowboys Don't Quit, 1 vol. Marilyn Halvorson. 2021. (ENG.). 145p. (YA). (gr. 9-12). pap. 12.95 *(978-1-55455-559-8(0)*, 1ab3d180-fc51-4f29-be42-b3dbb925dcb2) Fitzhenry & Whiteside, Ltd. CAN. Dist: Firefly Bks., Ltd.

Cowboy's Lullaby. Sheylyn Jaymes. Illus. by Kyle Thalheimer. 2020. (ENG.). 30p. (J). pap. 8.99 ***(978-1-64858-562-3(0))*** BookPatch LLC, The.

Cowboys of the Wild West: A Graphic Portrayal of Cowboy Life on the Boundless Plains of the Wild West, with Its Attending Realistic & Exciting Incidents & Adventures (Classic Reprint) Harry Hawkeye. 2017. (ENG., Illus.). (J). 27.86 *(978-0-331-55166-2(7))* Forgotten Bks.

Cowboys! Rough & Rowdy Riders. Kelly Doudna. 2017. (History's Hotshots Ser.). (ENG., Illus.). 32p. (J). (gr. 3-6). lib. bdg. 32.79 *(978-1-5321-1271-3(8)*, 27595, Checkerboard Library) ABDO Publishing Co.

Cowgirl Annie's Wild Ride. Cowgirl Annie. Illus. by Daboin Edwin. 2020. (ENG.). 34p. (J). (gr. k-3). pap. 15.00 *(978-1-7322569-1-0(8))* Lazy 2 Y Publishing.

Cowgirl Grit. Jake Maddox. Illus. by Katie Wood. 2018. (Jake Maddox Girl Sports Stories Ser.). (ENG.). 72p. (J). (gr. 3-6). lib. bdg. 25.32 *(978-1-4965-5847-3(2)*, 136932, Stone Arch Bks.) Capstone.

Cowgirls & Dinosaurs: Big Trouble in Little Spittle. Lucie Ebrey. 2023. (ENG.). 288p. (J). (gr. 3-7). 22.99 ***(978-0-593-11514-5(7))***; pap. 13.99 ***(978-0-593-11520-6(1))*** Penguin Young Readers Group. (Razorbill).

Cowgirls Don't Quit. Susan Carpenter Noble. 2020. (ENG., Illus.). 128p. (YA). pap. 9.95 *(978-1-64871-634-8(2))* Primedia eLaunch LLC.

Cowhide-And-Seek. Sheri Dillard. Illus. by Jess Pauwels. 2019. (ENG.). 32p. (J). (gr. -1-3). 17.99 *(978-0-7624-9184-1(1)*, Running Pr. Kids) Running Pr.

Cowie. Elizabeth Rose Stanton. Illus. by Elizabeth Rose Stanton. 2020. (ENG., Illus.). 40p. (J). (gr. -1-3). 18.99 *(978-1-5344-2174-5(2)*, Simon & Schuster/Paula Wiseman Bks.) Simon & Schuster/Paula Wiseman Bks.

Cowlick. Linda Street-Ely. Illus. by Niccola Reynarde. 2019. (ENG.). 32p. (J). pap. 9.99 *(978-1-947677-01-2(2))* Paper Airplane Publishing, LLC.

Cowmen & Rustlers: A Story of the Wyoming Cattle Ranges in 1892 (Classic Reprint) Edward S. Ellis. 2018. (ENG., Illus.). 352p. (J). 31.16 *(978-0-483-81548-3(9))* Forgotten Bks.

Cowpath 'Cross the Eighty (Classic Reprint) James Darlington Henderson. (ENG., Illus.). (J). 2017. 24.37 *(978-0-331-82921-1(5))*; 2016. pap. 7.97 *(978-1-333-39636-7(8))* Forgotten Bks.

Cowpoke Clyde Rides the Range. Lori Mortensen. Illus. by Michael Allen Austin. 2016. (ENG.). 32p. (J). (gr. -1-3). 16.99 *(978-0-544-37030-2(9)*, 1596763, Clarion Bks.) HarperCollins Pubs.

Cows. Quinn M. Arnold. 2020. (Grow with Me Ser.). (ENG.). 32p. (J). (gr. 3-6). *(978-1-64026-230-0(X)*, 18221, Creative Education) Creative Co., The.

Cows. Amy Culliford. 2021. (Farm Animal Friends Ser.). (ENG., Illus.). 16p. (J). (gr. -1-1). pap. *(978-1-4271-3246-8(1)*, 10705) Crabtree Publishing Co.

Cows. Lori Dittmer. 2020. (Grow with Me Ser.). (ENG.). 32p. (J). (gr. 3-6). pap. 12.00 *(978-1-62832-793-9(6)*, 18222, Creative Paperbacks) Creative Co., The.

Cows. Kerri Mazzarella. 2023. (Who Lives in a Barn? Ser.). (ENG.). (J). (gr. k-2). 24p. lib. bdg. 27.93 ***(978-1-63897-962-3(6)***, 33581); (Illus.). pap. 8.95 Seahorse Publishing.

Cows. Kate Riggs. 2017. (Seedlings Ser.). (ENG., Illus.). 24p. (J). (gr. -1-k). *(978-1-60818-784-3(5)*, 20128, Creative Education) Creative Co., The.

Cows. Kari Schuetz. 2018. (Animals on the Farm Ser.). (ENG., Illus.). 24p. (J). (gr. k-3). lib. bdg. 26.95 *(978-1-62617-721-5(X)*, Blastoff! Readers) Bellwether Media.

Cows. Leo Statts. 2016. (Farm Animals Ser.). (ENG., Illus.). 24p. (J). (gr. -1-2). lib. bdg. 31.36 *(978-1-68079-904-0(5)*, 24112, Abdo Zoom-Launch) ABDO Publishing Co.

Cows: Children's Farm Animal Book. Bold Kids. 2022. (ENG.). 46p. (J). pap. 14.99 *(978-1-0717-0935-1(6))* FASTLANE LLC.

Cows: Discover These Cows on the Farm & More! a Children's Cow Book. Bold Kids. 2022. (ENG.). 54p. (J). pap. 14.99 *(978-1-0717-0847-7(3))* FASTLANE LLC.

Cows & Bulls: In the Fence Coloring Book. Smarter Activity Books for Kids. 2016. (ENG., Illus.). (J). pap. 9.22 *(978-1-68374-524-2(8))* Examined Solutions PTE. Ltd.

Cows & Calves, 1 vol. Natalie K. Humphrey. 2020. (Animal Family Ser.). (ENG.). 24p. (gr. k-k). pap. 9.15 *(978-1-5382-5574-2(X)*, d7149fd7-1d3f-4984-b144-d54ef2777437) Stevens, Gareth Publishing LLLP.

Cows & Their Calves: A 4D Book. Margaret Hall. rev. ed. 2018. (Animal Offspring Ser.). (ENG., Illus.). 24p. (J). (gr. -1-2). lib. bdg. 29.32 *(978-1-5435-0821-5(9)*, 137584, Capstone Pr.) Capstone.

Cows Can Moo! Can You? All about Farms. Bonnie Worth. 2018. (Cat in the Hat's Learning Library). (Illus.). 48p. (J). (gr. k-3). 9.99 *(978-0-399-55524-4(2)*, Random Hse. Bks. for Young Readers) Random Hse. Children's Bks.

Cows Don't Know It's Christmas. Robert S. Cherry. 2018. (ENG., Illus.). 22p. (J). pap. 10.95 *(978-1-64416-738-0(7))* Christian Faith Publishing.

Cows from Head to Tail, 1 vol. Emmett Martin. 2020. (Animals from Head to Tail Ser.). (ENG.). 24p. (gr. k-2). pap. 9.15 *(978-1-5382-5542-1(1)*, 7452ed82-7943-49e1-bb3e-a22f704587d1) Stevens, Gareth Publishing LLLP.

Cows Go Boo! Steve Webb. Illus. by Fred Blunt. 2021. (ENG.). 32p. (J). (gr. -1-3). 18.99 *(978-1-7284-3891-7(8)*, bb4ccb21-accf-4d02-9475-7153e8de7986) Lerner Publishing Group.

Cows Go Moo! Jim Petipas. Illus. by Jim Petipas. 2018. 1. (ENG., Illus.). 34p. (J). (gr. -1-3). 24.99 *(978-0-9976078-6-4(6)*, Boardwalk Bks., LLC) Boardwalk Bks.

Cows Go Moo! Udderly Amoosing Activity & Coloring Book. Jim Petipas. Illus. by Jim Petipas. 2019. (ENG., Illus.). 74p. (J). (gr. k-3). pap. 6.99 *(978-0-9976078-0-2(7))* Boardwalk Bks.

Cows Have No Top Teeth: A Light-Hearted Book on How Much Cows Love Chewing. Kelly Tills. 2021. (ENG.). 28p. (J). 19.99 *(978-1-955758-47-5(6))*; pap. 11.49 *(978-1-955758-69-7(7))* FDI Publishing.

Cows in the House, 1 vol. Laurie Friedman. Illus. by Anna Laera. 2022. (Sunshine Picture Bks.). (ENG.). 32p. (J). (gr. k-3). lib. bdg. *(978-1-0396-4618-6(2)*, 16311, Sunshine Picture Books) Crabtree Publishing Co.

Cows in the House, 1 vol. Laurie Friedman & Anna Laera. 2022. (Sunshine Picture Bks.). (ENG., Illus.). 32p. (J). (gr. k-3). pap. *(978-1-0396-4745-9(6)*, 17317, Sunshine Picture Books) Crabtree Publishing Co.

Cows Love Cake. Stephen Cook. 2018. (ENG., Illus.). 40p. (J). pap. 9.59 *(978-1-948750-00-4(7))* Blast Cafe.

Cows Love Ice Cream Coloring Book. Jupiter Kids. 2016. (ENG., Illus.). 106p. (J). pap. 12.55 *(978-1-68326-250-3(6)*, Jupiter Kids (Childrens & Kids Fiction)) Speedy Publishing LLC.

Cows Moo. Rebecca Glaser. 2016. (Illus.). 14p. (J). (gr. -1 — 1). bds. 7.99 *(978-1-68152-125-1(3)*, 15811) Amicus.

Cow's Musical Barn. Erin Rose Grobarek. Illus. by Angie Hodges. 2022. (Bilingual Bks.). (ENG.). 24p. (J). (gr. -1-3). pap. 9.50 ***(978-1-64996-729-9(2)***, 17091, Sequoia Kids Media) Sequoia Children's Bks.

Cows on the Bus. Tiger Tales. Illus. by Valerie Sindelar. 2021. (ENG.). 10p. (J). (-k). bds. 9.99 *(978-1-68010-647-3(3))* Tiger Tales.

Cows Yacht Race. Joe Wells. 2018. (ENG., Illus.). 32p. (J). pap. *(978-0-9935230-7-6(2))* Lane, Betty.

Cowslip: Or More Cautionary Stories in Verse (Classic Reprint) Turner. 2018. (ENG., Illus.). 78p. (J). 25.53 *(978-0-267-49665-5(6))* Forgotten Bks.

Cowslip Gatherers (Classic Reprint) American Tract Society. (ENG., Illus.). (J). 2017. 24.33 *(978-0-266-42538-0(0))*; 2016. pap. 7.97 *(978-1-334-16784-3(2))* Forgotten Bks.

Cowslip, or More Cautionary Stories in Verse: A Companion to That Much Admired Little Work, Entitled the Daisy (Classic Reprint) Elizabeth Turner. (ENG., Illus.). (J). 2018. 106p. 26.08 *(978-0-484-45412-4(9))*; 2017. pap. 9.57 *(978-0-259-21155-6(9))* Forgotten Bks.

Cowslip, or More Cautionary Stories, in Verse (Classic Reprint) Elizabeth Turner. 2019. (ENG., Illus.). 76p. (J). 25.46 *(978-0-365-31194-2(4))* Forgotten Bks.

Cox & Box, or the Long Lost Brothers: A Comic Opera in One Act (Classic Reprint) Arthur Sullivan. (ENG., Illus.). (J). 2017. 25.24 *(978-0-331-30044-4(3))*; 2016. pap. 9.57 *(978-1-334-14186-7(X))* Forgotten Bks.

Coykendall Webb: And Other Stories about Schools (Classic Reprint) C. w. Bardeen. 2017. (ENG., Illus.). (J). 28.81 *(978-0-265-73346-2(4))*; pap. 11.57 *(978-1-5276-9595-5(6))* Forgotten Bks.

Coyote: Children's Zoology Book. Bold Kids. 2022. (ENG.). 50p. (J). pap. 14.99 *(978-1-0717-0936-8(4))* FASTLANE LLC.

Coyote & the Turkey. Illus. by Trevor John & Lauren John. 2020. (ENG.). 36p. (J). 16.95 *(978-1-935684-97-8(3))* BHHR Energies Group.

Coyote Boy: An Original Trickster Story. D. Ahsen Nase Douglas. Illus. by D. Ahsen Nase Douglas. 2022. (ENG.). 42p. (J). pap. *(978-1-77115-996-8(0))* Double Dragon ebooks.

Coyote Brings Back Spring. Susan Markowitz Meredith. 2016. (Spring Forward Ser.). (J). (gr. 2). *(978-1-4900-9421-2(0))* Benchmark Education Co.

Coyote Catfish. Eric Stancik. 2022. (ENG., Illus.). 48p. (J). pap. 16.95 *(978-1-63903-066-8(2))* Christian Faith Publishing.

Coyote Claus. Cory Copper Hansen. Illus. by Mark A. Hicks. 2019. (ENG.). 32p. (J). (gr. -1-2). pap. 9.95 *(978-1-941384-53-4(6))* Sunbelt Pubns., Inc.

Coyote Creek Alliance - Milo's Sit Spot: Book 1. Maryam Moss. 2018. (ENG.). 54p. (J). pap. 14.00 *(978-0-996199-0-2(X))* Wild Roots Pr.

Coyote, el Jaguar y, Por Supuesto, el Zorro. Aida Marcuse. 2017. (SPA.). 196p. (J). (gr. 5-7). 15.99 *(978-958-30-5216-3(7))* Panamericana Editorial COL. Dist: Lectorum Pubns., Inc.

Coyote Moon. Maria Gianferrari. 2016. (ENG., Illus.). 32p. (J). 18.99 *(978-1-62672-041-1(X)*, 900132854) Roaring Brook Pr.

Coyote Peterson's Brave Adventures: (Brave Wilderness, Emmy Award Winning YouTuber) Coyote Peterson. 2018. (ENG., Illus.). 200p. pap. 15.99 *(978-1-63353-943-3(1))* Mango Media.

Coyote Rescues Hawk: A Chumash Story & History of the Tomol-An Ocean Plank Canoe. Alan Salazar. Illus. by Mona Lewis. 2022. (ENG.). 84p. (J). 28.00 ***(978-1-7358195-8-7(1))***; pap. 18.00 ***(978-1-7358195-7-0(3))*** Sunsprite Publishing.

Coyote Tales. Karen Hamilton. 2022. (ENG., Illus.). 62p. (J). pap. 18.95 ***(978-1-63961-642-8(X))*** Christian Faith Publishing.

Coyote Tales, 1 vol. Thomas King. Illus. by Byron Eggenschwiler. 2017. 56p. (J). (gr. 1-4). 16.95 *(978-1-55498-833-4(0))* Groundwood Bks. CAN. Dist: Publishers Group West (PGW).

Coyote Tales. Amelia Koch Lochridge. 2023. (ENG., Illus.). 32p. (J). (gr. k-2). 19.99 ***(978-1-4556-2739-4(9)***, Pelican Publishing) Arcadia Publishing.

Coyote under the Table: El Coyote Debajo de la Mesa, 1 vol. Joe Hayes. Illus. by Antonio Castro L. 2022.Tr. of Folk Tales Told in Spanish & English. (ENG.). 136p. (J). (gr. 1-7). pap. 15.95 *(978-1-935955-06-1(3)*, 23353382, Cinco Puntos Press) Lee & Low Bks., Inc.

CoyoteBat! Kim Hazelwood. Illus. by Leslie Calimeri. 2021. (ENG.). 68p. (J). pap. 16.00 ***(978-1-0879-8602-9(8))*** Indy Pub.

Coyotes, 1 vol. Harper Avett. 2016. (Wild Canines Ser.). (ENG., Illus.). 24p. (J). (gr. 3-3). pap. 9.25 *(978-1-4994-2015-9(3)*, 11521b06-581d-445e-a28e-901041797b35, PowerKids Pr.) Rosen Publishing Group, Inc., The.

Coyotes. Tammy Gagne. 2017. (Animals of North America Ser.). (ENG., Illus.). 32p. (J). (gr. 2-3). pap. 9.95 *(978-1-63517-090-0(7)*, 1635170907, Focus Readers) North Star Editions.

Coyotes. Jordan McGill. 2018. (World Languages Ser.). (ENG., Illus.). 24p. (J). (gr. -1-3). lib. bdg. 35.70 *(978-1-4896-6957-5(4)*, AV2 by Weigl) Weigl Pubs., Inc.

Coyotes: Animals in the City (Engaging Readers, Level Pre-1) Ava Podmorow. Ed. by Sarah Harvey. l.t. ed. 2022. (Animals in the City Ser.: Vol. 2). (ENG., Illus.). 32p. (J). ***(978-1-77476-744-3(9))***; pap. ***(978-1-77476-745-0(7))*** AD Classic.

Coyotes: Bilingual (English/Filipino) (Ingles/Filipino) Mga Coyote - Animals in the City (Engaging Readers, Level Pre-1) Ava Podmorow. Ed. by Sarah Harvey. l.t. ed. 2023. (Animals in the City Ser.: Vol. 2). (FIL., Illus.). 32p. (J). ***(978-1-77878-044-8(X))***; pap. ***(978-1-77878-045-5(8))*** AD Classic.

Coyotes: The Way of the Wild. Ann McLeod. Illus. by Forest John Moriarty. 2019. (Animals of Sturgeon Lake Ser.: Vol. 2). (ENG.). 30p. (J). (gr. k-4). *(978-0-2288-0928-9(2))* Tellwell Talent.

Coyotes: The Way of the Wild. Ann McLeod. Ed. by Ann McLeod. Illus. by Forest John Moriarty. 2019. (Animals of Sturgeon Lake Ser.: Vol. 2). (ENG.). 30p. (J). (gr. k-4). pap. ***(978-0-2288-0927-2(4))*** Tellwell Talent.

Coyotes (Coyotes) Grace Hansen. 2016. (Animales de América Del Norte (Animals of North America) Ser.). (SPA.). 24p. (J). (gr. -1-2). lib. bdg. 32.79 *(978-1-62402-666-9(4)*, 24836, Abdo Kids) ABDO Publishing Co.

Coyotes in the Coulee. Wes Geddert. Illus. by Rose Goerzen. 2021. (ENG.). 24p. (J). *(978-1-5255-8541-8(X))*; pap. *(978-1-5255-8542-5(8))* FriesenPress.

Coyote's Soundbite: A Poem for Our Planet, 1 vol. John Agard. Illus. by Piet Grobler. 2021. (ENG.). 40p. (J). (gr. 2-4). 18.99 *(978-1-911373-73-5(0)*, 00718515-eeb2-4fef-b17f-14746c27f8cc) Lantana Publishing GBR. Dist: Lerner Publishing Group.

Cozy. Jan Brett. Illus. by Jan Brett. 2020. (Illus.). 32p. (J). (gr. -1-3). 18.99 *(978-0-593-10979-3(1)*, G.P. Putnam's Sons Books for Young Readers) Penguin Young Readers Group.

Cozy & Trinidy Go to the Beach. Donna Elaine Barlow. 2019. (ENG., Illus.). 24p. (J). *(978-0-2288-0663-9(1))*; pap. *(978-0-2288-0662-2(3))* Tellwell Talent.

Cozy Classics: the Adventures of Tom Sawyer: (Classic Literature for Children, Kids Story Books, Mark Twain Books) Jack Wang & Holman Wang. 2017. (Cozy Classics Ser.). (ENG., Illus.). 24p. (J). bds. 9.95 *(978-1-4521-5250-9(0))* Chronicle Bks. LLC.

Cozy Cottage: My First Dollhouse 3D Puzzle & Book. Sequoia Children's Publishing. 2019. (ENG.). 16p. (J). *(978-1-64269-055-2(4)*, bf28ed2f-15a1-4dda-8f31-ba6cbe16adc7, Sequoia Publishing & Media LLC) Sequoia Children's Bks.

Cozy Lion: As Told by Queen Crosspatch (Classic Reprint) Frances Burnett. 2017. (ENG., Illus.). (J). 26.14 *(978-0-331-79950-7(2))* Forgotten Bks.

Cozy Nativity: A Touch-And-Feel Christmas Story, 1 vol. Thomas Nelson Publishing Staff. 2019. (ENG.). 10p. (J). bds. 8.99 *(978-1-4002-0893-7(9)*, Tommy Nelson) Nelson, Thomas Inc.

Cozy, Snowy Cuddles Touch & Feel, 1 vol. Thomas Nelson Publishing Staff. 2018. (ENG., Illus.). 10p. (J). bds. 8.99 *(978-1-4002-0978-1(1)*, Tommy Nelson) Nelson, Thomas Inc.

Crab Alphabet Book. Jerry Pallotta. Illus. by Tom Leonard. 2019. 32p. (J). (gr. -1-2). lib. bdg. 17.99 *(978-1-57091-144-6(4))* Charlesbridge Publishing, Inc.

Crab & Snail: The Evil Eel. Beth Ferry. Illus. by Jared Chapman. 2023. (Crab & Snail Ser.: 3). (ENG.). 64p. (J). (gr. 1-5). 14.99 *(978-0-06-296219-5(1))*; pap. 8.99 *(978-0-06-296220-1(5))* HarperCollins Pubs. (HarperAlley).

Crab & Snail: the Tidal Pool of Cool. Beth Ferry. Illus. by Jared Chapman. 2022. (Crab & Snail Ser.: 2). (ENG.). 64p. (J). (gr. 1-5). pap. 7.99 *(978-0-06-296217-1(5))*;Book 2. 12.99 *(978-0-06-296216-4(7))* HarperCollins Pubs. (HarperAlley).

Crab & Whale: A New Way to Experience Mindfulness for Kids. Vol 1: Kindness. Mark Pallis & Christiane Kerr. 2018. (ENG., Illus.). 32p. (J). pap. *(978-1-9999378-0-5(5))* Mindful Storytime.

C

Crab Cake: Turning the Tide Together. Andrea Tsurumi. 2019. (ENG., Illus.). 48p. (J). (gr. -1-3). 18.99 *(978-0-544-95900-2(0)*, 1661279, Clarion Bks.) HarperCollins Pubs.
Crab Campaign: An Invasive Species Tracker's Journal. J. A. Watson. Illus. by Arpad Olbey. 2019. (Science Squad Set 2 Ser.). (ENG.). 192p. (J). (gr. 3-4). 28.50 *(978-1-63163-295-2(7)*, 1631632957, Jolly Fish Pr.) North Star Editions.
Crab, Dab & Blenny. Peta Rainford. 2021. (ENG.). 34p. (J). pap. *(978-0-9956465-4-4(6))* Dogpigeon Bks.
Crab Dance. Nina Landolfi Fritz & Angeleah Arlene Taylor. 2021. (ENG.). 30p. (J). pap. 14.77 *(978-0-578-25302-2(X))* Primedia eLaunch LLC.
Crab in the Cab. Marv Alinas. Illus. by Kathleen Petelinsek. 2018. (Rhyming Word Families Ser.). (ENG.). 24p. (J). (gr. -1-2). lib. bdg. 32.79 *(978-1-5038-2348-8(2)*, 212183) Child's World, Inc, The.
Crab Who Was Too Kind. Cameron MacDonald. 2018. (ENG.). 34p. (J). pap. 13.60 *(978-0-359-32255-8(7))* Lulu Pr., Inc.
Crab with the Golden Claws see Crabe aux Pinces d'Or
Crabapple Tree Series: Wilber's Story. Vicky Lyn Powell & Joseph Leroy Powell Jr. 2018. (ENG., Illus.). 68p. (J). pap. 16.95 *(978-1-63575-847-4(5))* Christian Faith Publishing.
Crabbie. Jenny Anne. (ENG.). 80p. (J). 2021. pap. *(978-1-83975-406-7(0))*; 2018. (Illus.). *(978-1-78623-223-6(5))* Grosvenor Hse. Publishing Ltd.
Crabbing: A Lowcountry Family Tradition. Tilda Balsley & Monica Wyrick. 2016. (Young Palmetto Bks.). (ENG., Illus.). 32p. 18.99 *(978-1-61117-640-7(9)*, P496413) Univ. of South Carolina Pr.
Crabbit. H. J. Errett. 2022. (ENG.). 44p. (J). 30.95 *(978-1-63860-093-0(7))*; pap. 19.95 *(978-1-63860-091-6(0))* Fulton Bks.
Crabby Abby. Carla Marrero. 2017. (ENG., Illus.). 36p. (J). (gr. k-5). pap. 16.95 ***(978-1-7347020-3-3(6))*** Marrero Illustrations.
Crabby Cakes. Eileen Clancy-Pantano. Illus. by Marah Neil. 2023. (ENG.). 20p. (J). 19.95 ***(978-1-954819-79-5(X))*** Briley & Baxter Publications.
Crabby Dragon. Summer Allen. 2019. (ENG., Illus.). 36p. (J). (gr. k-3). pap. 14.99 *(978-0-578-45814-4(4))* Allen, Summer.
Crabby's Day at the Beach. Olena Rose. 2021. (ENG.). 26p. (J). pap. 10.99 *(978-1-0879-1349-0(7))* Rose Publishing.
Crabe et Baleine: La Pleine Conscience Pour les Petits - une Introduction Douce et Efficace. Christiane Kerr & Mark Pallis. Illus. by James Cottell. 2019. (ENG.). 32p. (J). pap. *(978-1-9999378-3-6(X))* Mindful Storytime.
Crabgrass: Comic Adventures. Tauhid Bondia. 2022. (Crabgrass Ser.: 1). (ENG., Illus.). 192p. (J). pap. 11.99 *(978-1-5248-7555-8(4))* Andrews McMeel Publishing.
Crabgrass Comic Adventures. Tauhid Bondia. ed. 2023. (Crabgrass Ser.). (ENG.). 189p. (J). (gr. 3-7). 23.96 ***(978-1-68505-832-6(9))*** Penworthy Co., LLC, The.
Crabs see Cangrejos
Crabs. Valerie Bodden. 2017. (Amazing Animals Ser.). (ENG., Illus.). 24p. (J). (gr. 1-4). *(978-1-60818-752-2(7)*, 20032, Creative Education) Creative Co., The.
Crabs. Heather Kissock. 2017. (Illus.). 24p. (J). *(978-1-5105-0581-0(4))* SmartBook Media, Inc.
Crabs. Julie Murray. (Animals with Armor Ser.). (ENG.). 24p. (J). 2022. (gr. 2-2). pap. 8.95 *(978-1-64494-655-8(6)*, Abdo Zoom-Dash); 2021. (Illus.). (gr. k-4). lib. bdg. 31.36 *(978-1-0982-2659-6(3)*, 38624, Abdo Zoom-Dash); 2016. (Illus.). (gr. -1-2). lib. bdg. 31.36 *(978-1-68080-904-6(0)*, 23283, Abdo Kids) ABDO Publishing Co.
Crabs. Rebecca Pettiford. 2016. (Ocean Life up Close Ser.). (ENG., Illus.). 24p. (J). (gr. k-3). 26.95 *(978-1-62617-415-3(6)*, Blastoff! Readers) Bellwether Media.
Crabs. Mari Schuh. 2018. (Spot Ocean Animals Ser.). (ENG.). 16p. (J). (gr. -1-2). pap. 7.99 *(978-1-68152-298-2(5)*, 15000); lib. bdg. *(978-1-68151-378-2(1)*, 14994) Amicus.
Crabs. Derek Zobel. 2021. (Ocean Animals Ser.). (ENG., Illus.). 24p. (J). (gr. -1-2). lib. bdg. 25.95 *(978-1-64487-371-7(0)*, Blastoff! Readers) Bellwether Media.
Crabs: Leveled Reader Book 71 Level J 6 Pack. Hmh Hmh. 2021. (SPA.). 16p. (J). pap. 74.40 *(978-0-358-08115-9(7))* Houghton Mifflin Harcourt Publishing Co.
Crabs: Leveled Reader Turquoise Level 18. Rg Rg. 2016. (PM Ser.). (ENG.). 16p. (J). (gr. 2). pap. 11.00 *(978-0-544-89177-7(5))* Rigby Education.
Crabs / Cangrejos. Xist Publishing. Tr. by Victor Santana. 2017. (Xist Kids Bilingual Spanish English Ser.). (ENG & SPA., Illus.). 28p. (J). (gr. -1-3). pap. 9.99 *(978-1-5324-0315-6(1))* Xist Publishing.
Crabs Blue Band. Ralph Hall. Photos by Andy Belcher. ed. 2017. (Cambridge Reading Adventures Ser.). (ENG., Illus.). 16p. pap. 6.15 *(978-1-108-43537-6(8))* Cambridge Univ. Pr.
Crabs on the Beach, 1 vol. Jonathan Potter. 2017. (Critters by the Sea Ser.). (ENG.). 24p. (J). (gr. 3-3). 25.27 *(978-1-5383-2513-1(6)*, 091c0983-99e9-4fa3-9cb8-c94b82608e69, PowerKids Pr.) Rosen Publishing Group, Inc., The.
Crack! Beatriz Giménez de Ory. Illus. by Paloma Valdivia. 2020. (Slide-And-See Nature Ser.). (ENG.). 28p. (J). (gr. -1-1). bds. 19.99 *(978-1-64686-093-7(4))* Barefoot Bks., Inc.
Crack & Cocaine Abuse, 1 vol. Alana Benson. 2018. (Overcoming Addiction Ser.). (ENG., Illus.). 64p. (J). (gr. 7-7). 36.13 *(978-1-5081-7939-9(5)*, bd5e102d-c95b-40bf-9f98-3891c24ebb0b) Rosen Publishing Group, Inc., The.
Crack County, Vol. 1 Of 3: A Novel (Classic Reprint) Edward Kennard. (ENG., Illus.). (J). 2018. 258p. 29.22 *(978-0-483-29049-5(1))*; 2016. pap. 11.57 *(978-1-333-33717-9(5))* Forgotten Bks.
Crack County, Vol. 2 Of 3: A Novel (Classic Reprint) Edward Kennard. (ENG., Illus.). (J). 2018. 272p. 29.51 *(978-0-484-32752-7(6))*; 2016. pap. 11.97 *(978-1-334-20464-7(0))* Forgotten Bks.
Crack County, Vol. 3 Of 3: A Novel (Classic Reprint) Edward Kennard. 2018. (ENG., Illus.). (J). 266p. 29.38 *(978-0-366-50763-4(X))*; 268p. pap. 11.97 *(978-0-365-82037-6(7))* Forgotten Bks.
Crack-Crack! Who Is That? Created by Tristan Mory. 2022. (ENG.). 12p. (J). (gr. -1 — 1). bds. 14.99 *(978-2-408-03358-3(6))* Editions Tourbillon FRA. Dist: Hachette Bk. Group.
Crack in the Bell (Classic Reprint) Peter Clark MacFarlane. (ENG., Illus.). (J). 2018. 490p. 34.02 *(978-0-366-56960-1(0))*; 2018. 492p. pap. 16.57 *(978-0-366-51307-9(9))*; 2017. 474p. 33.67 *(978-0-332-21240-1(8))*; 2017. pap. 16.57 *(978-0-259-49300-6(7))* Forgotten Bks.
Crack in the Code! (Minecraft Stonesword Saga #1) Nick Eliopulos. 2021. (Minecraft Stonesword Saga Ser.). (ENG., Illus.). 144p. (J). (gr. 1-4). 9.99 *(978-0-593-37298-2(0))*; lib. bdg. 12.99 *(978-0-593-37299-9(9))* Random Hse. Children's Bks. (Random Hse. Bks. for Young Readers).
Crack in the Sea. H. M. Bouwman. Illus. by Yuko Shimizu. 2019. 240p. (J). (gr. 5). 8.99 *(978-0-399-54521-4(2)*, Puffin Books) Penguin Young Readers Group.
Crack Me Up: Silly Clowns at the Circus Puzzles & Coloring Book. Bobo's Children Activity Books. 2016. (ENG., Illus.). (J). pap. 7.99 *(978-1-68327-402-5(4))* Sunshine In My Soul Publishing.
Crack the Code. Sudhir Singhal. 2019. (ENG.). 208p. (J). pap. 9.99 *(978-0-14-344823-5(4)*, Puffin) Penguin Bks. India PVT, Ltd IND. Dist: Independent Pubs. Group.
Crack the Code! Activities, Games, & Puzzles That Reveal the World of Coding. Sarah Hutt. Illus. by Brenna Vaughan. 2018. (Girls Who Code Ser.). 128p. (J). (gr. 3-7). pap. 12.99 *(978-0-399-54256-5(6)*, Penguin Workshop) Penguin Young Readers Group.
Crack-Up Comics Collection: an AFK Book (Bendy) Vannotes. Illus. by Ciro Cangialosi & Mady Giuliani. 2020. (ENG.). 160p. (J). (gr. 5-5). pap. 12.99 *(978-1-338-65206-2(0))* Scholastic, Inc.
Crack Yourself up Jokes for Kids. Sandy Silverthorne. 2018. (ENG., Illus.). 144p. (J). mass mkt. 4.99 *(978-0-8007-2969-1(2))* Revell.
Cracked Cup. Elaine Comer. 2020. (ENG., Illus.). 30p. (J). pap. 13.95 *(978-1-64468-309-5(1))* Covenant Bks.
Cracked Foundation. Ta'she'ana Banks. 2018. (Eruption of Life Ser.: Vol. 1). (ENG.). 400p. (YA). (gr. 8-12). 25.00 *(978-1-64237-174-1(2))*; pap. 17.00 *(978-1-64237-177-2(7))* Gatekeeper Pr.
Cracked Kingdom. Erin Watt. 2018. (Royals Ser.: Vol. 5). (ENG., Illus.). 366p. (YA). (gr. 8-12). pap. 14.99 *(978-1-945034-04-6(1))* Timeout LLC.
Cracked Reflections. Joanna Michal Hoyt. 2021. (ENG.). 232p. (YA). pap. *(978-1-304-94667-6(3))* Lulu Pr., Inc.
Cracked up to Be: A Novel. Courtney Summers. 2020. (ENG.). 240p. (YA). pap. 10.99 *(978-1-250-25697-3(6)*, 900219321, Wednesday Bks.) St. Martin's Pr.
Cracker Joe (Classic Reprint) Mary A. Denison. 2017. (ENG., Illus.). (J). 30.66 *(978-0-331-86481-6(9))* Forgotten Bks.
Crackers & His Friends. Lynne Morgan. 2018. (ENG., Illus.). 56p. (J). (gr. k-6). pap. 9.99 *(978-1-5456-2793-8(2)*, Mill City Press, Inc) Salem Author Services.
Crackers for Christmas. E. H. Knatchbull-Hugessen. 2016. (ENG.). 338p. (J). pap. *(978-3-7433-8681-5(X))* Creation Pubs.
Crackers for Christmas: More Stories (Classic Reprint) E. H. Knatchbull-Hugessen. 2017. (ENG., Illus.). (J). 31.90 *(978-0-265-20488-7(7))* Forgotten Bks.
Crackheads. The Infamous. 2017. (ENG., Illus.). (YA). pap. 14.95 *(978-1-64082-611-3(4))* Page Publishing Inc.
Cracking Open the Author's Craft (Revised) Lester L. Laminack. 2016. (ENG.). 96p. (J). (gr. k-5). pap. 31.99 *(978-1-338-13452-0(3)*, SC-813452, Theory & Practice) Scholastic, Inc.
Cracking the Bell. Geoff Herbach. (ENG.). (YA). (gr. 8). 2022. 272p. pap. 11.99 *(978-0-06-245315-0(7))*; 2019. 256p. 17.99 *(978-0-06-245314-3(9))* HarperCollins Pubs. (Tegen, Katherine Bks).
Cracking the Code for an Epic Life see Code 7: Cracking the Code for an Epic Life
Cracking the Ice. David H. Hendrickson. 2018. (ENG., Illus.). 256p. (YA). 24.99 *(978-1-948134-02-6(0))*; pap. 12.99 *(978-1-948134-07-1(1))* Pentucket Publishing.
Cracking the Magikarp Code. Alex Polan. ed. 2016. (Unofficial Adventures for Pokemon GO Players Ser.: 4). lib. bdg. 18.40 *(978-0-606-39656-1(X))* Turtleback.
Cracking the Media Literacy Code. Emma Bernay et al. 2018. (Cracking the Media Literacy Code Ser.). (ENG.). 32p. (J). (gr. 3-6). 119.96 *(978-1-5435-2724-7(8)*, 28205, Capstone Pr.) Capstone.
Cracking the New York City SHSAT (Specialized High Schools Admissions Test), 3rd Edition: Fully Updated for the New Exam. The Princeton The Princeton Review. 3rd ed. 2018. (State Test Preparation Guides). (ENG.). 352p. pap. 17.99 *(978-1-5247-1067-5(9)*, Princeton Review) Random Hse. Children's Bks.
Cracking the Study Code. Ken Kern. 2021. (ENG.). 270p. (YA). pap. 19.99 *(978-1-5136-8989-0(4))* Primedia eLaunch LLC.
Crackle & Pop: Bible Science Experiments. Hanna Holwerda. ed. 2021. (ENG., Illus.). 160p. (J). (gr. k-2). pap. 18.99 *(978-0-7459-7847-5(9)*, 2acaec30-a534-46a3-895e-b3f719a020c7, Lion Children's) Lion Hudson PLC GBR. Dist: Baker & Taylor Publisher Services (BTPS).
Crackle's Christmas Surprise. Gavin Bransgrove. Illus. by M. K. Perring. 2022. (ENG.). 44p. (J). pap. ***(978-1-922850-88-1(8))*** Shawline Publishing Group.
Cracks in the Cone. Coco Simon. 2018. (Sprinkle Sundays Ser.: 2). (ENG.). 160p. (J). (gr. 3-7). pap. 7.99 *(978-1-5344-1749-6(4))*; (Illus.). 17.99 *(978-1-5344-1750-2(8))* Simon Spotlight. (Simon Spotlight).
Cracks in the Sidewalk: Poems for Kids. Gordon Chisholm. Illus. by Alicia Neal. 2019. (ENG.). 64p. (J). *(978-1-5255-4468-2(3))*; pap. *(978-1-5255-4469-9(1))* FriesenPress.
Cracks Wi' Robbie Doo (Classic Reprint) Joseph Laing Waugh. 2017. (ENG., Illus.). (J). 27.26 *(978-0-260-60875-8(0))*; pap. 9.97 *(978-0-265-02515-4(X))* Forgotten Bks.
Craco: The Medieval Ghost Town. Lisa Owings. 2017. (Abandoned Places Ser.). (ENG., Illus.). 24p. (J). (gr. 3-7). lib. bdg. 26.95 *(978-1-62617-695-9(7)*, Torque Bks.) Bellwether Media.
Cradle & All. James Patterson. 2017. (ENG.). 352p. (YA). (gr. 10-17). pap. 10.99 *(978-0-316-46891-6(6)*, Jimmy Patterson) Little Brown & Co.
Cradle of the Rose (Classic Reprint) Marguerite Cunliffe-Owen. 2018. (ENG., Illus.). 336p. (J). 30.83 *(978-0-332-80434-7(8))* Forgotten Bks.
Cradle Rock. Tara Tyler. 2016. (Beast World Ser.: Vol. 2). (ENG., Illus.). (YA). (gr. 7-12). pap. 16.99 *(978-1-62007-044-4(8))* Curiosity Quills Pr.
Cradle Songs (Classic Reprint) Babyland Babyland. (ENG., Illus.). (J). 2018. 94p. 25.86 *(978-0-666-49653-9(6))*; 2017. pap. 9.57 *(978-0-259-91784-7(2))* Forgotten Bks.
Cradock Nowell. Richard Doddridge Blackmore. 2017. (ENG.). (J). 334p. pap. *(978-3-337-24251-0(0))*; 326p. pap. *(978-3-337-08238-3(6))* Creation Pubs.
Cradock Nowell: A Tale of the New Forest (Classic Reprint) R. D. Blackmore. 2017. (ENG., Illus.). (J). 33.67 *(978-0-265-73162-8(3))*; pap. 16.57 *(978-1-5276-9301-2(5))* Forgotten Bks.
Cradock Nowell, Vol. 1 Of 3: A Tale of the New Forest (Classic Reprint) R. D. Blackmore. 2018. (ENG., Illus.). 336p. (J). 30.85 *(978-0-364-70974-0(X))* Forgotten Bks.
Cradock Nowell, Vol. 2 Of 3: A Tale of the New Forest (Classic Reprint) R. D. Blackmore. 2018. (ENG., Illus.). 324p. (J). 30.58 *(978-0-666-48748-3(0))* Forgotten Bks.
Cradock Nowell, Vol. 3 Of 3: A Tale of the New Forest (Classic Reprint) R. D. Blackmore. 2018. (ENG., Illus.). 326p. (J). 30.62 *(978-0-656-96945-6(8))* Forgotten Bks.
Craft a 3-D Mask! & More Art Challenges. Megan Borgert-Spaniol. 2020. (Super Simple Makerspace STEAM Challenge Ser.). (ENG., Illus.). 32p. (J). (gr. k-4). lib. bdg. 34.21 *(978-1-5321-9436-8(6)*, 36627, Super SandCastle) ABDO Publishing Co.
Craft-A-Day Book: 30 Projects to Make with Recycled Materials. Kari Cornell. Photos by Jennifer S. Larson. 2018. (ENG., Illus.). 168p. (YA). (gr. 6-12). 39.99 *(978-1-5124-1313-7(5)*, 205c6de9-5d3a-453f-a15b-bb82d36598b5, Twenty-First Century Bks.) Lerner Publishing Group.
Craft & Design 3-D. Anastasia Suen. 2017. (Make It! Ser.). (ENG.). 32p. (gr. 3-6). 32.79 *(978-1-68342-380-5(1)*, 9781683423805) Rourke Educational Media.
Craft Artists: A Practical Career Guide. Marcia Santore. 2020. (Practical Career Guides). (Illus.). 132p. (YA). (gr. 8-17). pap. 39.00 *(978-1-5381-3430-6(6))* Rowman & Littlefield Publishers, Inc.
Craft Box, 8 vols. 2017. (Craft Box Ser.). 32p. (ENG.). (gr. 3-3). 117.08 *(978-1-4994-3407-1(3)*, fd574ffa-de44-4199-9e6e-07de6a65214c); (gr. 8-8). pap. 47.00 *(978-1-4994-3409-5(X))* Rosen Publishing Group, Inc., The. (PowerKids Pr.).
Craft Corner with Scissors: Cut Outs As Activity Book for Kids. Jupiter Kids. 2016. (ENG., Illus.). 106p. (J). pap. 12.55 *(978-1-68326-100-1(3)*, Jupiter Kids (Childrens & Kids Fiction)) Speedy Publishing LLC.
Craft Fair. Virginia Loh-Hagan. 2017. (D. I. Y. Make It Happen Ser.). (ENG., Illus.). 32p. (J). (gr. 4-8). 32.07 *(978-1-63472-143-1(8)*, 209144, 45th Parallel Press) Cherry Lake Publishing.
Craft Star. Stephanie Turnbull. 2016. (How to Be ... Ser.). (ENG.). 24p. (J). (gr. 2-5). 28.50 *(978-1-62588-368-1(4)*, 17299) Black Rabbit Bks.
Craft Stick Maker Magic. Allyssa Loya et al. 2020. (J). *(978-1-5415-8992-6(0))* Lerner Publishing Group.
Craft Time at the Library, 1 vol. Celeste Bishop. 2016. (Places in My Community Ser.). (ENG.). 24p. (J). (gr. 1-1). 25.27 *(978-1-4994-3012-7(4)*, 36748258-ef69-4a0e-bbad-45c87a51cfc4); pap. 9.25 *(978-1-4994-2775-2(1)*, 33125f2d-39bc-4485-ac02-ac25044541b2) Rosen Publishing Group, Inc., The. (PowerKids Pr.).
Craft to Career (Set), 6 vols. 2022. (Craft to Career Ser.). (ENG.). 64p. (J). (gr. 5-9). lib. bdg. 213.84 *(978-1-5321-9883-0(3)*, 39511, Abdo & Daughters) ABDO Publishing Co.
Crafter's Journal: All Your Great Ideas in One Place. Rebecca Grant. 2022. (ENG.). 100p. (J). *(978-1-6781-5532-2(2))*; *(978-1-6781-7601-3(X))* Lulu Pr., Inc.
Craftily Ever after Collection (Boxed Set) The un-Friendship Bracelet; Making the Band; Tie-Dye Disaster; Dream Machine. Martha Maker. Illus. by Xindi Yan. ed. 2018. (Craftily Ever After Ser.). (ENG.). 512p. (J). (gr. k-4). pap. 27.99 *(978-1-5344-3221-5(3)*, Little Simon) Little Simon.
Crafting a Business. Tana Reiff. 2020. (ENG.). 50p. (J). pap. *(978-1-77153-348-5(X))* Grass Roots Pr.
Crafting Change: Handmade Activism, Past & Present. Jessica Vitkus. 2022. (ENG., Illus.). 208p. (YA). pap. 24.99 *(978-0-374-31332-6(6)*, 900210726, Farrar, Straus & Giroux (BYR)) Farrar, Straus & Giroux.
Crafting Connections: Connect the Dots Activity Book. Activity Book Zone for Kids. 2016. (ENG., Illus.). (J). pap. 9.20 *(978-1-68376-110-5(3))* Sabeels Publishing.
Crafting for a Cause. Emma Bland Smith. Illus. by Lissy Marlin. 2018. (Maddy Mcguire, CEO Ser.). (ENG.). 112p. (J). (gr. 2-5). lib. bdg. 38.50 *(978-1-5321-3184-4(4)*, 28463, Calico Chapter Bks.) ABDO Publishing Co.
Crafting Grateful Kids. Trish Gower. 2020. (ENG.). 40p. (J). pap. *(978-1-716-51667-2(6))* Lulu Pr., Inc.
Crafting with Recyclables: Even More Projects. Dana Meachen Rau. Illus. by Kathleen Petelinsek. 2016. (How-To Library). (ENG.). 32p. (J). (gr. 3-6). lib. bdg. 32.07 *(978-1-63471-419-8(9)*, 208455) Cherry Lake Publishing.
Crafting with Wood: DIY Woodworking Projects. Rebecca Felix. 2022. (Craft to Career Ser.). (ENG., Illus.). 64p. (J). (gr. 5-9). lib. bdg. 35.64 *(978-1-5321-9884-7(1)*, 39513, Abdo & Daughters) ABDO Publishing Co.
Crafts from Many Cultures, 8 vols. Meryl Doney. Incl. Festivals. lib. bdg. 28.67 *(978-0-8368-4043-8(7)*, 35210a9c-4562-4508-8cba-f130ca057904); Masks. lib. bdg. 28.67 *(978-0-8368-4044-5(5)*, 779e87c2-f40a-4618-9f69-aacfd0437fa9); Paper Crafts. (J). lib. bdg. 28.67 *(978-0-8368-4046-9(1)*, 1c57fe83-5146-4e78-8265-32dbf4018d57); Puppets. lib. bdg. 28.67 *(978-0-8368-4047-6(X)*, e359802c-08ae-4ab2-9c5d-3f07dc016aa9); Toys. lib. bdg. 28.67 *(978-0-8368-4048-3(8)*, 56881680-310d-4f38-b121-918fcece54e9); (gr. 3-5). (Crafts from Many Cultures Ser.). (ENG., Illus.). 32p. 2004. Set lib. bdg. 114.68 *(978-0-8368-4042-1(9)*, 38241f67-556d-4320-9b9f-4c2a8eaa4a3e, Gareth Stevens Learning Library) Stevens, Gareth Publishing LLLP.
Craftsman, Vol. 31: October, 1916 (Classic Reprint) Gustav Stickley. (ENG., Illus.). (J). 2017. 322p. 30.56 *(978-0-331-64758-7(3))*; 2016. pap. 13.57 *(978-1-334-14054-9(5))* Forgotten Bks.
Crafty Cat & the Crafty Camp Crisis. Charise Mericle Harper. 2017. (Crafty Cat Ser.: 2). (ENG., Illus.). 128p. (J). 15.99 *(978-1-62672-485-3(7)*, 900158673, First Second Bks.) Roaring Brook Pr.
Crafty Cat & the Great Butterfly Battle. Charise Mericle Harper. 2018. (Crafty Cat Ser.: 3). (ENG., Illus.). 128p. (J). 13.99 *(978-1-62672-487-7(3)*, 900158674, First Second Bks.) Roaring Brook Pr.
Crafty Creations. Karen Whooley et al. 2018. (Crafty Creations Ser.). (ENG., Illus.). 48p. (J). (gr. 4-8). 135.96 *(978-1-5157-7453-2(8)*, 26762, Capstone Pr.) Capstone.
Crafty Crocodiles, 1 vol. Rebecca Johnson. 2017. (Reptile Adventures Ser.). (ENG.). 24p. (J). (gr. 1-2). 26.27 *(978-1-5081-9360-9(6)*, c36607d6-3126-4d8c-8558-8ca915c399fc); pap. 9.25 *(978-1-5081-9364-7(9)*, 58567f11-c64f-4be7-a08b-21c3750007e7) Rosen Publishing Group, Inc., The. (Windmill Bks.).
Crafty Cuts: An Activity Book Filled with Cut Outs for Kids. Jupiter Kids. 2016. (ENG., Illus.). 106p. (J). pap. 12.55 *(978-1-68326-101-8(1)*, Jupiter Kids (Childrens & Kids Fiction)) Speedy Publishing LLC.
Crafty Llama. Mike Kerr. Illus. by Renata Liwska. 2018. (ENG.). 32p. (J). 16.99 *(978-1-68119-121-8(0)*, 900159672, Bloomsbury Children's Bks.) Bloomsbury Publishing USA.
Crafty Magpie. Kaitlyn Wheeler. Illus. by Emma Hay. 2022. (ENG.). 34p. (J). pap. *(978-1-922701-90-9(4))* Shawline Publishing Group.
Crag-Nest: A Romance of the Days of Sheridan's Ride (Classic Reprint) Thomas Cooper De Leon. (ENG., Illus.). (J). 2019. 252p. 29.09 *(978-0-365-11027-9(2))*; 2016. pap. 10.97 *(978-1-334-16427-9(4))* Forgotten Bks.
Craggle Hill. E. A. Belle. 2018. (ENG., Illus.). 130p. (J). (gr. 2-6). pap. *(978-1-9993074-0-0(2))* Appleworth Cove Bks.
Craig & Fred Young Readers' Edition: A Marine, a Stray Dog, & How They Rescued Each Other. Craig Grossi. (ENG.). 256p. (J). (gr. 3). 2018. pap. 7.99 *(978-0-06-269336-5(0))*; 2017. (Illus.). 16.99 *(978-0-06-269335-8(2))* HarperCollins Pubs. (HarperCollins).
Craig Guthrie & the Mountain Men. David L. Gouveia. 2021. (ENG.). 236p. (YA). pap. 18.95 *(978-1-6624-4632-0(2))* Page Publishing Inc.
Craig Kielburger: Champion for Children's Rights & Youth Activism. Linda Barghoorn. 2017. (Remarkable Lives Revealed Ser.). (Illus.). 32p. (J). (gr. 3-3). *(978-0-7787-3420-8(X))* Crabtree Publishing Co.
Craig Loves Cars. Tracilyn George. 2020. (ENG.). 22p. (J). pap. 11.00 *(978-1-990153-60-0(7))* Lulu Pr., Inc.
Craigdarroch, 1941 (Classic Reprint) Victoria College. (ENG., Illus.). (J). 2018. 76p. 25.46 *(978-0-428-89068-1(7))*; 2017. pap. 9.57 *(978-0-243-53434-0(5))* Forgotten Bks.
Craigie (Classic Reprint) Agnes Bowes Hall. (ENG., Illus.). (J). 2018. 33.14 *(978-0-332-00438-9(4))*; 2017. pap. 16.57 *(978-1-334-92414-9(7))* Forgotten Bks.
Craigrowan: A Story of the Disruption of 1843 (Classic Reprint) William Kennedy Moore. (ENG., Illus.). (J). 2018. 274p. 29.57 *(978-0-666-47588-6(1))*; 2017. pap. 11.97 *(978-1-5276-7665-7(X))* Forgotten Bks.
Cramm This Book: So You Know WTF Is Going on in the World Today. Contrib. by Olivia Seltzer. 2023. (Illus.). 272p. (YA). (gr. 7). pap. 11.99 *(978-0-593-62098-4(4)*, Philomel Bks.) Penguin Young Readers Group.
Cramm This Book: So You Know WTF Is Going on in the World Today. Olivia Seltzer. 2022. (Illus.). 272p. (J). (gr. 7). 17.99 *(978-0-593-35216-8(5)*, Philomel Bks.) Penguin Young Readers Group.
Cranberries. Golriz Golkar. 2021. (How Foods Grow Ser.). (ENG.). 24p. (J). (gr. k-3). lib. bdg. 31.36 *(978-1-5321-6980-9(9)*, 38037, Pop! Cody Koala) Pop!.
Cranberries That Didn't Fit In: With Bonus Theatre Script. David Flack. 2021. (ENG.). 36p. (YA). *(978-1-68474-809-9(7))* Lulu Pr., Inc.
Cranberry Boys. Scudder James Jr. 2019. (Watermarsh Tales Ser.: 1). (ENG.). 180p. (YA). pap. 14.99 *(978-1-64405-183-2(4))* Dreamspinner Pr.
Cranberry Cove Stories (Classic Reprint) Mary Smith. 2018. (ENG., Illus.). 226p. (J). 28.58 *(978-0-484-52426-1(7))* Forgotten Bks.
Cranbrook Tales (Classic Reprint) George G. Booth. 2018. (ENG., Illus.). 102p. (J). 26.02 *(978-0-483-20514-7(1))* Forgotten Bks.
Crane & Crane. Linda Joy Singleton. 2019. (Illus.). 32p. (J). (gr. -1-1). 17.99 *(978-1-68152-408-5(2)*, 17588) Amicus.
Crane at the Cave: (Step 5) Sound Out Books (systematic Decodable) Help Developing Readers, Including Those with Dyslexia, Learn to Read with Phonics. Pamela Brookes. 2020. (Dog on a Log Let's Go! Books: Vol. 22). (ENG., Illus.). 36p. (J). 14.99 *(978-1-64831-073-7(7)*, DOG ON A LOG Bks.) Jojoba Pr.
Crane at the Cave Chapter Book: (Step 5) Sound Out Books (systematic Decodable) Help Developing Readers, Including Those with Dyslexia, Learn to Read with Phonics. Pamela Brookes. 2020. (Dog on a Log Chapter Books: Vol. 22). (ENG., Illus.). 60p. (J). 14.99 *(978-1-64831-028-7(1)*, DOG ON A LOG Bks.) Jojoba Pr.
Crane First Reader (Classic Reprint) Lillian Hoxie Picken. (ENG., Illus.). (J). 2018. 144p. 26.87 *(978-0-656-79810-0(6))*; 2017. pap. 9.57 *(978-0-259-59696-7(5))* Forgotten Bks.
Crane Fourth Reader (Classic Reprint) Lillian Hoxie Picken. (ENG., Illus.). (J). 2017. 31.32 *(978-0-265-40289-4(1))*; 2016. pap. 13.97 *(978-1-333-37881-3(5))* Forgotten Bks.

Crane Girl, 1 vol. Curtis Manley. Illus. by Lin Wong. 2017. (ENG.). 40p. (J). (gr. 1-5). 19.95 (978-1-885008-57-2(0), leelowshens) Lee & Low Bks., Inc.

Crane Guy. Sally Sutton. Illus. by Sarah Wilkins. 2022. 32p. (J). (gr. -1-k). 17.99 **(978-0-14-377565-2(0))** Penguin Group New Zealand, Ltd. NZL. Dist: Independent Pubs. Group.

Crane or Crane? (Step 5) Sound Out Books (systematic Decodable) Help Developing Readers, Including Those with Dyslexia, Learn to Read with Phonics. Pamela Brookes. 2020. (Dog on a Log Let's Go! Books: Vol. 24). (ENG., Illus.). 36p. (J). 14.99 (978-1-64831-075-1(3), DOG ON A LOG Bks.) Jojoba Pr.

Crane or Crane? Chapter Book: (Step 5) Sound Out Books (systematic Decodable) Help Developing Readers, Including Those with Dyslexia, Learn to Read with Phonics. Pamela Brookes. 2020. (Dog on a Log Chapter Books: Vol. 24). (ENG., Illus.). 60p. (J). 14.99 (978-1-64831-030-0(3), DOG ON A LOG Bks.) Jojoba Pr.

Crane Second Reader (Classic Reprint) Lillian Hoxie Picken. 2017. (ENG., Illus.). (J). 27.73 (978-0-266-74454-2(0)); pap. 10.57 (978-1-5277-1148-8(X)) Forgotten Bks.

Crane Song. WGBH Kids. ed. 2020. (I Can Read Ser.). (ENG.). 32p. (J). (gr. k-1). 14.96 (978-1-64697-187-9(6)) Penworthy Co., LLC, The.

Crane Songs: Continuing Adventures of the King Street Girls & Boys Club. Kevin Enesto Vanwicklin. 2018. (Adventures of the King Street Girls & Boys Club Ser.: Vol. 2). (ENG., Illus.). 78p. (J). (gr. 2-6). pap. 19.95 (978-0-9995591-3-0(3)) Good Fun Bks.

Crane Third Reader (Classic Reprint) Lillian Hoxie Picken. (ENG., Illus.). (J). 2018. 234p. 28.72 (978-0-483-10538-6(4)); 2017. pap. 11.57 (978-0-243-19536-7(2)) Forgotten Bks.

Crane Truck's Opposites: Goodnight, Goodnight, Construction Site (Educational Construction Truck Book for Preschoolers, Vehicle & Truck Themed Board Book for 5 to 6 Year Olds, Opposite Book) Sherri Duskey Rinker & Ethan Long. 2019. (Goodnight, Goodnight Construction Site Ser.). (ENG., Illus.). 20p. (J). (gr. -1 — 1). bds. 6.99 (978-1-4521-5317-9(5)) Chronicle Bks. LLC.

Cranes. Jessica Amstutz. 2022. (Spot Big Birds Ser.). (ENG.). 16p. (J). (gr. -1-2). pap. 9.99 (978-1-68152-663-8(8), 22394) Amicus.

Cranes. Quinn M. Arnold. 2018. (Amazing Machines Ser.). (ENG., Illus.). 24p. (J). (gr. 1-4). (978-1-60818-888-8(4), 19528, Creative Education); pap. 8.99 (978-1-62832-504-1(6), 19526, Creative Paperbacks) Creative Co., The.

Cranes. Chris Bowman. 2017. (Mighty Machines in Action Ser.). (ENG., Illus.). 24p. (J). (gr. k-3). lib. bdg. 26.95 (978-1-62617-602-7(7), Blastoff! Readers) Bellwether Media.

Cranes. Kathryn Clay. 2016. (Construction Vehicles at Work Ser.). (ENG., Illus.). 24p. (J). (gr. -1-2). lib. bdg. 22.65 (978-1-5157-2528-2(6), 132899, Pebble) Capstone.

Cranes. Amy McDonald. 2021. (Machines with Power! Ser.). (ENG.). 24p. (J). (gr. -1-2). lib. bdg. 25.95 (978-1-64487-368-7(0), Blastoff! Readers) Bellwether Media.

Cranes. Julie Murray. 2018. (Construction Machines (Dash!) Ser.). (ENG., Illus.). 24p. (J). (gr. k-4). lib. bdg. 31.36 (978-1-5321-2515-7(1), 30039, Abdo Zoom-Dash) ABDO Publishing Co.

Cranes. Mari Schuh. (Spot Ser.). (ENG.). 16p. (J). (gr. -1-1). 2018. pap. 7.99 (978-1-68152-211-1(X), 14742); 2017. 17.95 (978-1-68151-100-9(2), 14623) Amicus.

Cranes. Aubrey Zalewski. 2019. (Construction Vehicles Ser.). (ENG.). 24p. (J). (gr. 1-1). pap. 8.95 (978-1-64494-003-7(5), 1644940035) North Star Editions.

Cranes. Aubrey Zalewski. 2019. (Construction Vehicles (POP) Ser.). (ENG.). 24p. (J). (gr. k-3). lib. bdg. 31.36 (978-1-5321-6330-2(4), 31975, Pop! Cody Koala) Pop!.

Cranes: Children's Heavy Machinery Book. Bold Kids. 2022. (ENG.). 42p. (J). pap. 14.99 (978-1-0717-0937-5(2)) FASTLANE LLC.

Crânes en Sucre Livre de Coloriage: Beau Livre de Coloriage de Crâne Pour Adultes Avec des Dessins Impressionnants. Rhea Stokes. 2021. (FRE.). 64p. (YA). pap. 9.68 (978-1-008-93488-7(7)) Lulu Pr., Inc.

Cranes Lift! Beth Bence Reinke. 2017. (Bumba Books (r) — Construction Zone Ser.). (ENG., Illus.). 24p. (J). (gr. -1-1). pap. 8.99 (978-1-5124-5542-7(3), 7acf056a-9a33-410d-bc42-a74f3e9e0636); lib. bdg. 26.65 (978-1-5124-3356-2(X), 5216999b-6394-4e1f-948f-7fd2a30c5e9e, Lerner Pubns.) Lerner Publishing Group.

Cranford a Play; a Comedy in Three Acts Made from Mrs. Gaskell's Famous Story (Classic Reprint) Marguerite Merington. 2017. (ENG., Illus.). (J). 26.19 (978-0-265-34119-3(1)) Forgotten Bks.

Cranford & Other Cales: And Other Tales (Classic Reprint) Gaskell. 2018. (ENG., Illus.). 506p. (J). 34.33 (978-0-365-23564-4(4)) Forgotten Bks.

Cranford (Classic Reprint) Gaskell. 2017. (ENG., Illus.). (J). 29.40 (978-0-331-02923-9(5)) Forgotten Bks.

Cranford; the Cage at Cranford; the Moorland Cottage (Classic Reprint) Elizabeth Cleghorn Gaskell. 2017. (ENG., Illus.). (J). 33.30 (978-0-265-66072-0(6)); pap. 16.57 (978-1-5276-3400-8(0)) Forgotten Bks.

Cranfred's Cabbage Fight. M. T. Boulton. 2016. (ENG., Illus.). (J). pap. 2.48 (978-1-326-82104-3(0)) Lulu Pr., Inc.

Crank: A Play in Four Acts (Classic Reprint) J. a Jacobsen. 2018. (ENG., Illus.). 110p. (J). 26.21 (978-0-332-58895-7(5)) Forgotten Bks.

Crankee Doodle. Tom Angleberger. Illus. by Cece Bell. 2018. (ENG.). 32p. (J). (gr. -1-3). pap. 7.99 (978-1-328-86928-9(8), 1696689, Clarion Bks.) HarperCollins Pubs.

Cranking Out the Numbers: Math Reader 2 Grade 5. Hmh Hmh. 2018. (SPA.). 8p. (J). pap. 9.00 (978-1-328-57712-2(0)) Houghton Mifflin Harcourt Publishing Co.

Cranking Out the Numbers: Math Reader Grade 5. Hmh Hmh. 2017. (Math Expressions Ser.). (ENG.). 8p. (J). (gr. 5). pap. 3.07 (978-1-328-77187-2(3)) Houghton Mifflin Harcourt Publishing Co.

Crankosaurus: A Cranky Chicken Book 3. Katherine Battersby. Illus. by Katherine Battersby. 2023. (Cranky Chicken Ser.: 3). (ENG., Illus.). 116p. (J). (gr. 1-4). 12.99 **(978-1-6659-1455-0(6)**, McElderry, Margaret K. Bks.) McElderry, Margaret K. Bks.

Cranky Ann, the Street-Walker: A Story of Chicago in Chunks (Classic Reprint) Shang Andrews. 2018. (ENG., Illus.). 82p. (J). 25.61 (978-0-483-77833-7(8)) Forgotten Bks.

Cranky Ballerina. Elise Gravel. Illus. by Elise Gravel. 2016. (ENG., Illus.). 32p. (J). (gr. -1-3). 17.99 (978-0-06-235124-1(9), HarperCollins) HarperCollins Pubs.

Cranky Bear Wakes Up: An Animal Kingdom Story Sketchbook. Shawn Stjean. Illus. by Todd Stjean. 2018. (Cranky Bear Ser.: Vol. 1). (ENG.). 42p. (J). (gr. k-4). 16.99 (978-1-5380-6993-6(8)) Glas Daggre Publishing.

Cranky Caterpillar. Richard Graham. 2017. (Illus.). 32p. (J). (gr. -1-4). 16.95 (978-0-500-65108-7(6), 565108) Thames & Hudson.

Cranky Chicken: A Cranky Chicken Book 1. Katherine Battersby. Illus. by Katherine Battersby. (Cranky Chicken Ser.: 1). (ENG., Illus.). 116p. (J). (gr. 1-4). 2022. pap. 7.99 (978-1-5344-6989-1(3)); 2021. 12.99 (978-1-5344-6988-4(5), McElderry, Margaret K. Bks.) McElderry, Margaret K. Bks.

Cranky Chicken Collection (Boxed Set) Cranky Chicken; Party Animals; Crankosaurus. Katherine Battersby. Illus. by Katherine Battersby. ed. 2023. (Cranky Chicken Ser.). (ENG., Illus.). 348p. (J). (gr. 1-4). 38.99 **(978-1-6659-3785-6(8)**, McElderry, Margaret K. Bks.) McElderry, Margaret K. Bks.

Cranky Cricket Ranch Buck & the Barnyard Boogie. Jayme Robins. 2021. (ENG., Illus.). 20p. (J). 22.95 (978-1-6624-6986-2(1)); pap. 12.95 (978-1-6624-4711-2(6)) Page Publishing Inc.

Cranky Frankie. Wendy Le Jeune. 2016. (ENG., Illus.). (J). pap. 19.95 (978-1-4834-6003-1(7)) Lulu Pr., Inc.

Cranky Pants. Ryan Jeffcoat. 2019. (ENG., Illus.). 48p. (J). pap. (978-1-78830-435-1(7)) Olympia Publishers.

Cranky the Cape Cod Clam. Beckey A. Randazzo. 2020. 28p. (J). 24.99 (978-1-0983-2530-5(3)) BookBaby.

Crankypants Tea Party. Barbara Bottner. Illus. by Ale Barba. 2020. (ENG.). 40p. (J). (gr. -1-2). 17.99 (978-1-4814-5900-6(7), Atheneum/Caitlyn Dlouhy Books) Simon & Schuster Children's Publishing.

Cranosaurus - a Dinosaur Story. Prasanta Behera. Illus. by Manisha Maxon. 2021. (ENG.). 40p. (J). pap. 5.99 (978-1-64560-233-0(8)) Black Eagle Bks.

Cranosaurus - Eka Dinosaurara Kahani. Prasanta Behera. Tr. by Manoj Joshi. Illus. by Manisha Maxon. 2021. (ORI.). 40p. (J). pap. 5.99 (978-1-64560-238-5(9)) Black Eagle Bks.

Crapaud et Son Solo de Banjo: Les Grandes Chansons des Tout-Petits. Illus. by Marie-Ève Tremblay. 2019. (Grandes Chansons des Tout-Petits Ser.). (ENG.). 32p. (J). (gr. -1-k). pap. 7.95 (978-2-924774-19-9(5)) La Montagne Secrete CAN. Dist: Independent Pubs. Group.

Craque o'Doom (Classic Reprint) Mary Hartwell Catherwood. 2018. (ENG., Illus.). 268p. (J). 29.42 (978-0-483-12940-5(2)) Forgotten Bks.

Crash. Wylie Ender. 2017. (Survive Ser.). (ENG.). 192p. (YA). (gr. 5-12). lib. bdg. 31.42 (978-1-68076-730-8(5), 25394, Epic Escape) EPIC Pr.

Crash! Nancy Krulik. ed. 2017. (Kid from Planet Z Ser.: 1). lib. bdg. 16.00 (978-0-606-40107-4(5)) Turtleback.

Crash. Sloane Murphy. Ed. by Katie John. 2nd ed. 2016. (Immortal Chronicles Ser.: Vol. 2). (ENG., Illus.). 270p. (YA). pap. (978-0-9957402-1-1(6)) Dedicated Ink Publishing.

Crash: A United Lands Novel. Isabelle Semas. 2021. (ENG.). 236p. (YA). pap. 16.95 (978-1-954819-18-4(8)) Briley & Baxter Publications.

Crash: The Great Depression & the Fall & Rise of America. Marc Favreau. 2017. (ENG., Illus.). 240p. (J). E-Book (978-0-316-46489-5(9)) Little, Brown Bks. for Young Readers.

Crash! #1. Nancy Krulik. Illus. by Louis Thomas. 2017. (Kid from Planet Z Ser.: 1). 96p. (J). (gr. 1-3). 6.99 (978-0-448-49012-0(9), Grosset & Dunlap) Penguin Young Readers Group.

Crash! & Bang! Alison Donald. Illus. by Katie Crumpton. 2022. (Early Bird Readers — Red (Early Bird Stories (tm)) Ser.). (ENG.). 32p. (J). (gr. -1-2). pap. 9.99 (978-1-7284-6310-0(6), eb033cf5-9ee8-45e0-88de-c11c08d247c2); lib. bdg. 30.65 (978-1-7284-5882-3(X), 020fef99-3f11-4cf2-8927-1ea42aaf3b9d) Lerner Publishing Group. (Lerner Pubns.).

Crash Bandicoot: Hero of Wumpa Island: Hero of Wumpa Island. Kenny Abdo. (Video Game Heroes Set 2 Ser.). (ENG.). 24p. (J). (gr. 2-2). 2022. pap. 8.95 (978-1-64494-737-1(4)); 2021. (Illus.). lib. bdg. 31.36 (978-1-0982-2692-3(5), 38674) ABDO Publishing Co. (Abdo Zoom-Fly).

Crash! Bang! Boo! Joe McGee. Illus. by Ethan Long. 2019. (Junior Monster Scouts Ser.: 2). (ENG.). 112p. (J). (gr. 2-5). 17.99 (978-1-5344-3680-0(4)); pap. 6.99 (978-1-5344-3679-4(0)) Simon & Schuster Children's Publishing. (Aladdin).

Crash! Bang! Oooooo. Sherry Christie. Illus. by Drawlish. 2018. (ENG.). 34p. (J). (gr. k-1). pap. (978-1-9996577-6-5(4)) Little Goblins' Bks.

CRASH! BOOM! a Math Tale. Robie H. Harris. Illus. by Chris Chatterton. 2018. (ENG.). 32p. (J). (-k). 15.99 (978-0-7636-7827-2(9)) Candlewick Pr.

Crash Course in Forces & Motion with Max Axiom, Super Scientist. Emily Sohn. Illus. by Steve Erwin. rev. ed. 2016. (Graphic Science Ser.). (ENG.). 32p. (J). (gr. 3-9). pap. 8.10 (978-1-5157-4638-6(0), 134305) Capstone.

Crash Course in Forces & Motion with Max Axiom Super Scientist: 4D an Augmented Reading Science Experience. Emily Sohn. Illus. by Steve Erwin. 2018. (Graphic Science 4D Ser.). (ENG.). 32p. (J). (gr. 3-9). pap. 7.95 (978-1-5435-2956-2(9), 138556, Capstone Pr.) Capstone.

Crash from Outer Space: Unraveling the Mystery of Flying Saucers, Alien Beings, & Roswell (Scholastic Focus) Candace Fleming. 2022. (ENG., Illus.). 288p. (J). (gr. 3-7). 19.99 (978-1-338-82946-4(7)) Scholastic, Inc.

Crash of Rhinos: And Other Wild Animal Groups. Greg Danylyshyn. Illus. by Stephan Lomp. 2016. (ENG.). 40p. (J). (gr. -1-3). 17.99 (978-1-4814-3150-7(1), Little Simon) Little Simon.

Crash, Splash, or Moo! Bob Shea. (ENG., Illus.). 48p. (J). (gr. -1-3). 2020. 8.99 (978-0-316-54106-0(0)); 2018. 17.99 (978-0-316-48301-8(X)) Little, Brown Bks. for Young Readers.

Crash! Stomp! Roar! Let's Listen to Dinosaurs! Ed. by Parragon Books. 2018. (ENG.). 10p. (J). (gr. -1-2). bds. 14.99 (978-1-68052-481-9(X), 2000770, Parragon Books) Cottage Door Pr.

Crash! the Cat. David McPhail. (I Like to Read Ser.). (ENG.). 32p. (J). (gr. -1-3). 2018. 7.99 (978-0-8234-3982-9(8)); 2016. (Illus.). 16.95 (978-0-8234-3649-1(7)) Holiday Hse., Inc.

Crashed: Great Depression. Virginia Loh-Hagan. 2020. (Behind the Curtain Ser.). (ENG., Illus.). 32p. (J). (gr. 4-8). pap. 14.21 (978-1-5341-6174-0(0), 214696); lib. bdg. 32.07 (978-1-5341-5944-0(4), 214695) Cherry Lake Publishing. (45th Parallel Press).

Crashing in Flames! The Hindenburg Disaster 1937. Tim Cooke. 2023. (Doomed History (set 2) Ser.). (ENG.). 32p. (J). (gr. 3-7). lib. bdg. 28.50 Bearport Publishing Co., Inc.

Crashing in Love. Jennifer Richard Jacobson. 2021. (ENG.). 272p. (J). (gr. 5-9). 16.99 (978-1-5362-1153-5(2)) Candlewick Pr.

Crashing into a Police Car. Lily Burgess. Illus. by Dyan Burgess. 2016. (ENG.). (J). pap. (978-1-925181-18-0(9)) D & M Fancy Pastry.

Crassus; or, the Grave by the Cedars: A Drama (Classic Reprint) Beauchamp Temple. 2018. (ENG., Illus.). 104p. (J). 26.04 (978-0-267-49568-9(4)) Forgotten Bks.

Crater's Gold: A Novel (Classic Reprint) Philip Curtiss. (ENG., Illus.). (J). 2018. 332p. 30.76 (978-0-483-79335-4(3)); 2016. pap. 13.57 (978-1-333-46173-7(9)) Forgotten Bks.

Crave. Tracy Wolff. (Crave Ser.: 1). (ENG.). (YA). 2023. 608p. pap. 14.99 (978-1-68281-577-9(3), 900237372); 2020. 592p. 19.99 (978-1-64063-895-2(4), 900223347) Entangled Publishing, LLC.

Crave-Worthy Candy Confections with a Side of Science: 4D an Augmented Recipe Science Experience. Christine Elizabeth Eboch. 2018. (Sweet Eats with a Side of Science 4D Ser.). (ENG., Illus.). 32p. (J). (gr. 3-9). lib. bdg. 33.32 (978-1-5435-1071-3(X), 137700, Capstone Pr.) Capstone.

Craven Derby, or, the Lordship by Tenure, Vol. 1: The Ladye of the Rose: an Historical Legend, Related to the Great Founder of the Noble House of Darbye (Classic Reprint) Unknown Author. 2018. (ENG., Illus.). 268p. (J). 29.44 (978-0-483-35159-2(8)) Forgotten Bks.

Craven Fortune (Classic Reprint) Fred M. White. 2017. (ENG., Illus.). (J). 326p. 30.64 (978-0-484-47782-6(X)); pap. 13.57 (978-1-5276-3936-2(3)) Forgotten Bks.

Craven the Crocodile. David Lewis. Illus. by Anna Day. 2022. (ENG.). 36p. (J). pap. **(978-1-80381-178-9(1))** Grosvenor Hse. Publishing Ltd.

Craving Beauty. Jennifer Silverwood. 3rd ed. 2023. (Wylder Tales Ser.: Vol. 1). (ENG.). 262p. (YA). pap. 13.99 **(978-1-0881-3618-8(4))** Silverwood, Jennifer.

Crawdad Creek. Scott Russell Sanders. 2018. (ENG., Illus.). 32p. (J). (gr. 17). 16.00 (978-0-253-03474-8(4), 978-0-253-03474-8) Indiana Univ. Pr.

Crawfish Stew. Jeani B. Moniotte. 2017. (ENG., Illus.). (J). (gr. k-3). 17.99 (978-0-9976979-4-0(6)) Roux Publishing.

Crawfish Summer. Robert Bogany. 2022. (ENG.). 20p. (J). pap. 13.95 **(978-1-68498-451-0(3))** Newman Springs Publishing, Inc.

Crawf's Kick It to Nick Collection: Four Books in One. Shane Crawford. Illus. by Adrian Beck. 2017. 384p. (J). (gr. 2-4). 19.99 (978-0-14-378651-1(2)) Random Hse. Australia AUS. Dist: Independent Pubs. Group.

Crawl, Bite & Sting! Deadly Insects Insects for Kids Encyclopedia Children's Bug & Spider Books. Baby Professor. 2017. (ENG., Illus.). 64p. (J). pap. 9.52 (978-1-5419-1716-3(2), Baby Professor (Education Kids)) Speedy Publishing LLC.

Crawl!/¡Gatea! Carol Thompson. Tr. by Teresa Mlawer. Illus. by Carol Thompson. ed. 2020. (Little Movers (Bilingual) Ser.: 4). (ENG., Illus.). 12p. (J). bds. (978-1-78628-488-4(X)) Child's Play International Ltd.

Crawly & Splosh! Judith Tate. 2019. (ENG.). 26p. (J). pap. (978-1-78830-225-8(7)) Olympia Publishers.

Crawly School for Bugs: Poems to Drive You Buggy. David L. Harrison. Illus. by Julie Bayless. 2018. 32p. (J). (gr. k-4). 17.95 (978-1-62979-204-0(7), Wordsong) Highlights Pr., c/o Highlights for Children, Inc.

Cray Saves the Day. G. Pa Rhymes. Ed. by Erica Leigh. Illus. by Erica Leigh. 2020. (ENG.). 38p. (J). pap. 11.99 (978-1-7348031-5-0(0)) G Pa Rhymes.

Crayfish. Meg Gaertner. 2019. (Pond Animals Ser.). (ENG., Illus.). 24p. (J). (gr. 1-1). pap. 8.95 (978-1-64185-577-8(0), 1641855770) North Star Editions.

Crayfish. Meg Gaertner. 2018. (Pond Animals Ser.). (ENG., Illus.). 24p. (J). (gr. k-3). lib. bdg. 31.36 (978-1-5321-6206-0(5), 30195, Pop! Cody Koala) Pop!.

Crayola: Create It Yourself. Crayola LLC. ed. 2021. (ENG., Illus.). 223p. (J). (gr. 2-3). 23.49 (978-1-64697-667-6(3)) Penworthy Co., LLC, The.

Crayola (r) Art of Coding: A Celebration of Creative Mindsets. Kiki Prottsman. 2021. (ENG., Illus.). 32p. (J). (gr. 3-6). pap. 8.99 (978-1-7284-2383-8(X), 3d447a7a-82e5-4695-a578-bdd745ab8a66); lib. bdg. 27.99 (978-1-7284-0323-6(5), c084c4a5-4cef-4649-a701-4ed68a09790f) Lerner Publishing Group. (Lerner Pubns.).

Crayola (r) Art of Color. Mari Schuh. 2018. (Crayola (r) Colorology (tm) Ser.). (ENG., Illus.). 32p. (J). (gr. -1-3). 29.32 (978-1-5124-6688-1(3), 7cb8658e-8191-48c2-86f0-8e1ce7fd2c7b); pap. 6.99 (978-1-5415-1162-0(X), d29fd153-254c-4708-8ab6-da7b9733c494) Lerner Publishing Group. (Lerner Pubns.).

Crayola (r) Boredom-Busting Crafts. Rebecca Felix. 2019. (Colorful Crayola (r) Crafts Ser.). (ENG., Illus.). 32p. (J). (gr. 1-4). pap. 7.99 (978-1-5415-4595-3(8), a402dec6-9295-46ae-b3e6-8f0b778b9a83); 29.32 (978-1-5415-1100-2(X), 4c7c7cf0-86dd-47da-94d0-40cb34087d2f) Lerner Publishing Group. (Lerner Pubns.).

Crayola (r) Chinese New Year Colors. Mari Schuh. 2018. (Crayola (r) Holiday Colors Ser.). (ENG., Illus.). 32p. (J). (gr. -1-3). 29.32 (978-1-5415-1091-3(7), 06f1cdc0-2f92-46c8-9303-1989feadc6f4, Lerner Pubns.) Lerner Publishing Group.

Crayola (r) Christmas Colors. Mari Schuh. 2018. (Crayola (r) Holiday Colors Ser.). (ENG., Illus.). 32p. (J). (gr. -1-3). pap. 6.99 (978-1-5415-2745-4(3), 59da0fc5-6e79-4f8e-85ed-a81988ad47e3); lib. bdg. 29.32 (978-1-5415-1089-0(5), b3bc511f-88da-43ae-bfa0-3d8a82440dea) Lerner Publishing Group. (Lerner Pubns.).

Crayola (r) Cinco de Mayo Colors. Robin Nelson. 2018. (Crayola (r) Holiday Colors Ser.). (ENG., Illus.). 32p. (J). (gr. -1-3). pap. 6.99 (978-1-5415-2746-1(1), d5154a2a-0912-41dd-bdc0-4ce50cee9ca7); lib. bdg. 29.32 (978-1-5415-1095-1(X), f9c317bd-ed6c-40ec-987d-791c7423b1fe) Lerner Publishing Group. (Lerner Pubns.).

Crayola (r) Color in Culture. Mari Schuh. 2018. (Crayola (r) Colorology (tm) Ser.). (ENG., Illus.). 32p. (J). (gr. -1-3). pap. 8.99 (978-1-5415-1163-7(8), e1b46b6f-6f7a-4459-b438-c46c80870406); lib. bdg. 29.32 (978-1-5124-6689-8(1), e2afd926-70a0-4419-aebd-3bfdabd74755) Lerner Publishing Group. (Lerner Pubns.).

Crayola (r) Colorful STEAM Activities. Rebecca Felix. 2021. (Crayola (r) Makers Ser.). (ENG., Illus.). 32p. (J). (gr. 3-5). pap. 7.99 (978-1-7284-3118-5(2), 068e4c5e-cf8f-40a7-894f-bd69c869dda9, Lerner Pubns.) Lerner Publishing Group.

Crayola (r) Colorology (tm) Color in Science, Nature, Art, & Culture. Mari Schuh. 2018. (ENG., Illus.). 112p. (J). (gr. -1-3). pap. 12.99 (978-1-5415-2879-6(4), 90f83a79-c00d-4c69-b492-1e2bdbee8777, Lerner Pubns.) Lerner Publishing Group.

Crayola (r) Colors of Australia. Mari Schuh. 2020. (Crayola (r) Country Colors Ser.). (ENG., Illus.). 24p. (J). (gr. k-3). pap. 6.99 (978-1-5415-8712-0(X), cc1b77b9-d8ca-4302-9968-a703bf52d6b4); lib. bdg. 29.32 (978-1-5415-7268-3(8), 02bb4737-20d4-43a3-b891-5a997fdf20ed) Lerner Publishing Group. (Lerner Pubns.).

C

Crayola (r) Colors of Canada. Mari Schuh. 2020. (Crayola (r) Country Colors Ser.). (ENG., Illus.). 24p. (J). (gr. k-3). 29.32 (978-1-5415-7266-9(1), 46183d6f-5b0f-4030-a088-91d445e6dd34, Lerner Pubns.) Lerner Publishing Group.

Crayola (r) Colors of China. Mari Schuh. 2020. (Crayola (r) Country Colors Ser.). (ENG., Illus.). 24p. (J). (gr. k-3). pap. 6.99 (978-1-5415-8714-4(6), 82ec5201-cc99-42ec-b62d-cddc20ed6d7a); lib. bdg. 29.32 (978-1-5415-7267-6(X), 73b01bcb-fe02-46da-bc33-a5a125be63aa) Lerner Publishing Group. (Lerner Pubns.).

Crayola (r) Colors of India. Mari Schuh. 2020. (Crayola (r) Country Colors Ser.). (ENG., Illus.). 24p. (J). (gr. k-3). pap. 6.99 (978-1-5415-8715-1(4), a054ecfb-67c3-466f-914a-eebe0b8306bd); lib. bdg. 29.32 (978-1-5415-7265-2(3), 58fe73c6-45e2-4dbc-8cea-b2fcfa5c3b5d) Lerner Publishing Group. (Lerner Pubns.).

Crayola (r) Colors of Kenya. Mari Schuh. 2020. (Crayola (r) Country Colors Ser.). (ENG., Illus.). 24p. (J). (gr. k-3). lib. bdg. 29.32 (978-1-5415-7269-0(6), 775c3936-fb8e-4354-ab0b-2ee262cf2b10, Lerner Pubns.) Lerner Publishing Group.

Crayola (r) Colors of Mexico. Mari Schuh. 2020. (Crayola (r) Country Colors Ser.). (ENG., Illus.). 24p. (J). (gr. k-3). pap. 6.99 (978-1-5415-8717-5(0), 4921bbf2-dc5c-4e21-824c-1b9863dba583); lib. bdg. 29.32 (978-1-5415-7264-5(5), 304f6a28-2004-4634-9f72-2a8db11f78a6) Lerner Publishing Group. (Lerner Pubns.).

Crayola (r) Comparing Sizes Book. Jodie Shepherd. 2017. (Crayola (r) Concepts Ser.). (ENG., Illus.). 24p. (J). (gr. -1-3). 29.32 (978-1-5124-3289-3(X), 371c731e-20e4-4be1-b0e8-82ead72c2079, Lerner Pubns.) Lerner Publishing Group.

Crayola (r) Desert Colors. Lisa Bullard. 2020. (Crayola (r) Colorful Biomes Ser.). (ENG., Illus.). 32p. (J). (gr. k-3). 29.32 (978-1-5415-7750-3(7), 45a543b2-dd72-4e08-bba6-e7fd7ac6c683, Lerner Pubns.) Lerner Publishing Group.

Crayola (r) Diwali Colors. Mari Schuh. 2018. (Crayola (r) Holiday Colors Ser.). (ENG., Illus.). 32p. (J). (gr. -1-3). 29.32 (978-1-5415-1090-6(9), 2796e82b-9927-4e8f-baa3-90e47fe10f7c, Lerner Pubns.) Lerner Publishing Group.

Crayola (r) Fun Science Crafts. Rebecca Felix. 2019. (Colorful Crayola (r) Crafts Ser.). (ENG., Illus.). 32p. (J). (gr. 1-4). pap. 7.99 (978-1-5415-4596-0(6), bd182904-a3e3-4909-8545-809dea6b58c1); 29.32 (978-1-5415-1098-2(4), ea138af9-dbdc-4aa6-8ed1-a8528628f173) Lerner Publishing Group. (Lerner Pubns.).

Crayola (r) Grassland Colors. Mary Lindeen. 2020. (Crayola (r) Colorful Biomes Ser.). (ENG., Illus.). 32p. (J). (gr. k-3). 29.32 (978-1-5415-7751-0(5), 56a48e7d-bd02-4ed6-a5c0-08eb87cd2c67); pap. 8.99 (978-1-7284-1310-5(9), 8681ac19-876c-4d12-9e2d-8fbfea37cad9) Lerner Publishing Group. (Lerner Pubns.).

Crayola (r) Halloween Colors. Robin Nelson. 2018. (Crayola (r) Holiday Colors Ser.). (ENG., Illus.). 32p. (J). (gr. -1-3). 29.32 (978-1-5415-1092-0(5), feaf15e3-21a9-43ec-b133-871dbbfd09e7, Lerner Pubns.) Lerner Publishing Group.

Crayola (r) Hanukkah Colors. Robin Nelson. 2018. (Crayola (r) Holiday Colors Ser.). (ENG., Illus.). 32p. (J). (gr. -1-3). pap. 6.99 (978-1-5415-2749-2(6), bdec8193-914a-4595-821d-310d9f369423); lib. bdg. 29.32

(978-1-5415-1096-8(8)), ebc01fd5-14f7-40ec-b218-7b00b11d6487) Lerner Publishing Group. (Lerner Pubns.).

Crayola (r) Holi Colors. Robin Nelson. 2018. (Crayola (r) Holiday Colors Ser.). (ENG., Illus.). 32p. (J). (gr. -1-3). pap. 6.99 *(978-1-5415-2750-8(X),* da044544-277b-4608-a854-54ea64cd2f18); lib. bdg. 29.32 *(978-1-5415-1094-4(1),* 9e5b1a52-7015-4626-8143-202fb261a2c6) Lerner Publishing Group. (Lerner Pubns.).

Crayola (r) la Ciencia Del Color (Crayola (r) Science of Color) Mari Schuh. 2019. (Crayola (r) Colorología (tm) (Crayola (r) Colorology (tm)) Ser.). (SPA., Illus.). 32p. (J). (gr. -1-3). pap. 7.99 *(978-1-5415-4534-2(6),* defbe99e-29b3-4c7b-ae43-f698da3a2a31, Ediciones Lerner) Lerner Publishing Group.

Crayola (r) Nature STEAM Activities. Rebecca Felix. 2021. (Crayola (r) Makers Ser.). (ENG., Illus.). 32p. (J). (gr. 3-5). pap. 7.99 *(978-1-7284-3119-2(0),* f98d647c-a675-48ff-9db6-5ea489144355, Lerner Pubns.) Lerner Publishing Group.

Crayola (r) Ocean Colors. Mary Lindeen. 2020. (Crayola (r) Colorful Biomes Ser.). (ENG., Illus.). 32p. (J). (gr. k-3). 29.32 *(978-1-5415-7754-1(X),* f088d48b-7ab5-4854-826b-91151e2194eb); pap. 8.99 *(978-1-7284-1311-2(7),* 3da84b05-2a87-4c94-a39f-2275565b79a2) Lerner Publishing Group. (Lerner Pubns.).

Crayola (r) Our Colorful Earth: Celebrating the Natural World. Marie-Therese Miller. 2021. (ENG., Illus.). 32p. (J). (gr. -1-3). pap. 8.99 *(978-1-7284-3142-0(5),* 07ca56e1-66be-4e94-a998-0054f0e289a4, Lerner Pubns.) Lerner Publishing Group.

Crayola (r) Out-Of-This-World Space Colors. Laura Hamilton Waxman. 2020. (ENG., Illus.). 32p. (J). (gr. k-3). 27.99 *(978-1-5415-7755-8(8),* ee61cd0b-4d4b-4980-823f-e2875b2aa3ea); pap. 8.99 *(978-1-7284-1372-3(9),* 40af86d0-3461-467e-9c01-9f21e83ef7be) Lerner Publishing Group. (Lerner Pubns.).

Crayola (r) Outside Crafts. Rebecca Felix. 2019. (Colorful Crayola (r) Crafts Ser.). (ENG., Illus.). 32p. (J). (gr. 1-4). pap. 7.99 *(978-1-5415-4597-7(4),* a196084c-135b-45ec-8f6d-690dddda0068); 29.32 *(978-1-5415-1097-5(6),* 4f4a4b52-5d4b-49cb-9def-ebef46a5e178) Lerner Publishing Group. (Lerner Pubns.).

Crayola (r) Rain Forest Colors. Mary Lindeen. 2020. (Crayola (r) Colorful Biomes Ser.). (ENG., Illus.). 32p. (J). (gr. k-3). 29.32 *(978-1-5415-7749-7(3),* 32031a93-fe63-4d56-bbb1-30fc1eb89f25); pap. 8.99 *(978-1-7284-1312-9(5),* fe8939e0-3503-4d79-9609-2562ec5293b1) Lerner Publishing Group. (Lerner Pubns.).

Crayola (r) Rainy-Day STEAM Activities. Rebecca Felix. 2021. (Crayola (r) Makers Ser.). (ENG., Illus.). 32p. (J). (gr. 3-5). pap. 7.99 *(978-1-7284-3120-8(4),* 829d8229-75fd-4b82-a460-0805b0b63087, Lerner Pubns.) Lerner Publishing Group.

Crayola (r) Ramadan & Eid Al-Fitr Colors. Mari Schuh. 2018. (Crayola (r) Holiday Colors Ser.). (ENG., Illus.). 32p. (J). (gr. -1-3). pap. 6.99 *(978-1-5415-2751-5(8),* 2b337d52-464a-4098-9e7d-18dce8b7cd8e); lib. bdg. 29.32 *(978-1-5415-1093-7(3),* 0f0173e4-28ed-4fd1-acbf-72202bea03a1) Lerner Publishing Group. (Lerner Pubns.).

Crayola (r) Science of Color. Mari Schuh. 2018. (Crayola (r) Colorology (tm) Ser.). (ENG., Illus.). 32p. (J). (gr. -1-3). 29.32 *(978-1-5124-6691-1(3),* 9dbd0048-40e9-49f1-96f6-fe6b2d03f3fd, Lerner Pubns.) Lerner Publishing Group.

Crayola (r) Shapes Book. Mari Schuh. 2017. (Crayola (r) Concepts Ser.). (ENG., Illus.). 24p. (J). (gr. -1-3). 29.32 *(978-1-5124-3284-8(9),* f572ef58-5a72-432d-8286-ade5a7a21e68, Lerner Pubns.) Lerner Publishing Group.

Crayola (r) Sorting Book. Jodie Shepherd. 2017. (Crayola (r) Concepts Ser.). (ENG., Illus.). 24p. (J). (gr. -1-3). 29.32 *(978-1-5124-3286-2(5),* 2977e247-5da5-4613-90a0-8f546cb2e7b6, Lerner Pubns.) Lerner Publishing Group.

Crayola (r) STEAM Teams: Creativity, Innovation, & Teamwork. Kevin Kurtz. 2021. (ENG., Illus.). 32p. (J). (gr. 2-5). pap. 8.99 *(978-1-7284-2384-5(8),* 71f3936b-0936-4950-b9a9-6102f12aa45c); lib. bdg. 27.99 *(978-1-7284-0322-9(7),* 607d19d9-b250-404c-a00b-a16009a44286) Lerner Publishing Group. (Lerner Pubns.).

Crayola (r) Super Easy Crafts. Rebecca Felix. 2019. (Colorful Crayola (r) Crafts Ser.). (ENG., Illus.). 32p. (J). (gr. 1-4). pap. 7.99 *(978-1-5415-4598-4(2),* 1c719bff-3d26-4d79-80eb-61969cebedf1); 29.32 *(978-1-5415-1099-9(2),* ec2001e5-12b4-41dd-b196-8b3068e17e29) Lerner Publishing Group. (Lerner Pubns.).

Crayola (r) Super Simple STEAM Activities. Rebecca Felix. 2021. (Crayola (r) Makers Ser.). (ENG., Illus.). 32p. (J). (gr. 3-5). pap. 7.99 *(978-1-7284-3121-5(2),* 9707c102-133a-4832-90f5-2a305f3b0e7d, Lerner Pubns.) Lerner Publishing Group.

Crayola (r) Team Colors: The Wonderful, Colorful World of Sports. Jon M. Fishman. 2019. (ENG., Illus.). 32p. (J). (gr. k-3). pap. 7.99 *(978-1-5415-7469-4(9),* cd93dd2a-43ed-48e8-bf4d-a6f87927b603); lib. bdg. 27.99 *(978-1-5415-5471-9(X),* 6fb79650-5b33-4f4d-bac7-b50d4b3d8f1e) Lerner Publishing Group. (Lerner Pubns.).

Crayola (r) Tundra Colors. Lisa Bullard. 2020. (Crayola (r) Colorful Biomes Ser.). (ENG., Illus.). 32p. (J). (gr. k-3). 29.32 *(978-1-5415-7753-4(1),* 741fc6f4-1a78-483d-b4bc-e783e1ee3fe9, Lerner Pubns.) Lerner Publishing Group.

Crayola (r) Wild World of Animal Colors. Laura Purdie Salas. 2018. (ENG., Illus.). 32p. (J). (gr. -1-3). 26.65 *(978-1-5415-1241-2(3),* c3650ea8-fcec-4097-8482-0f520503a065, Lerner Pubns.) Lerner Publishing Group.

Crayola (r) Woodland Colors. Lisa Bullard. 2020. (Crayola (r) Colorful Biomes Ser.). (ENG., Illus.). 32p. (J). (gr. k-3). 29.32 *(978-1-5415-7752-7(3),* cad66857-2d0c-4821-8c07-2385cfabf740); pap. 8.99 *(978-1-7284-1314-3(1),* 7966a5dc-d05b-4da7-8a09-d39b82f5c052) Lerner Publishing Group. (Lerner Pubns.).

Crayola (r) World of Blue. Mari Schuh. 2019. (Crayola (r) World of Color Ser.). (ENG., Illus.). 32p. (J). (gr. k-3). 29.32 *(978-1-5415-5465-8(5),* 0a6aa2f2-de9c-43d4-9ec5-18a120d5a87f); pap. 7.99 *(978-1-5415-7383-3(8),* 939bccdb-7d62-46f9-8e2b-516ba04b4759) Lerner Publishing Group. (Lerner Pubns.).

Crayola (r) World of Green. Mari Schuh. 2019. (Crayola (r) World of Color Ser.). (ENG., Illus.). 32p. (J). (gr. k-3). 29.32 *(978-1-5415-5467-2(1),* 27936f4b-08d5-441d-8cc6-ab4e980502a4); pap. 7.99 *(978-1-5415-7384-0(6),* a16c3380-0f20-4754-ab55-4d195aca74fa) Lerner Publishing Group. (Lerner Pubns.).

Crayola (r) World of Orange. Mari Schuh. 2019. (Crayola (r) World of Color Ser.). (ENG., Illus.). 32p. (J). (gr. k-3). 29.32 *(978-1-5415-5470-2(1),* 06cf948a-2a50-46a6-9bd8-9dfd9aa4bc42); pap. 7.99 *(978-1-5415-7385-7(4),* 190eb1a8-3d2a-4651-96cd-5c5f22c1f863) Lerner Publishing Group. (Lerner Pubns.).

Crayola (r) World of Purple. Mari Schuh. 2019. (Crayola (r) World of Color Ser.). (ENG., Illus.). 32p. (J). (gr. k-3). 29.32 *(978-1-5415-5469-6(8),* 716c1d95-8c20-4efd-b7d7-5ee4b6196c49); pap. 7.99 *(978-1-5415-7386-4(2),* 82f582ed-a703-4e5a-82fb-9c17a8b8f176) Lerner Publishing Group. (Lerner Pubns.).

Crayola (r) World of Red. Mari Schuh. 2019. (Crayola (r) World of Color Ser.). (ENG., Illus.). 32p. (J). (gr. k-3). pap. 7.99 *(978-1-5415-7387-1(0),* f462dbad-5c19-4f4f-beda-afdd54e3acdb); lib. bdg. 29.32 *(978-1-5415-5466-5(3),* 307a7fac-2857-4877-9b99-025d7f4095d1) Lerner Publishing Group. (Lerner Pubns.).

Crayola (r) World of Yellow. Mari Schuh. 2019. (Crayola (r) World of Color Ser.). (ENG., Illus.). 32p. (J). (gr. k-3). 29.32 *(978-1-5415-5468-9(X),* fac07d67-f5de-47f5-bb2a-73b0a563649c); pap. 7.99 *(978-1-5415-7388-8(9),* 700af1df-2c30-4dc7-b8f7-602b50f9010d) Lerner Publishing Group. (Lerner Pubns.).

Crayola Baby Animals: a Coloring & Activity Book. BuzzPop. 2020. (Crayola/BuzzPop Ser.: 10). (ENG.). 64p. (J). (gr. -1). 7.99 *(978-1-4998-0996-1(4),* BuzzPop) Little Bee Books Inc.

Crayola Baby Dinos: A Coloring & Activity Book. BuzzPop. 2023. (Crayola/BuzzPop Ser.). (ENG.). 64p. (J). (gr. -1-k). 8.99 ***(978-1-4998-1480-4(1),*** BuzzPop) Little Bee Books Inc.

Crayola Color Fun. BuzzPop. 2018. (Crayola/BuzzPop Ser.: 2). (ENG.). 128p. (J). (gr. -1-2). 10.99 *(978-1-4998-0910-7(7),* BuzzPop) Little Bee Books Inc.

Crayola Colorful Cats & Snacks. BuzzPop. 2020. (Crayola/BuzzPop Ser.: 14). (ENG.). 64p. (J). (gr. -1-2). 9.99 *(978-1-4998-1050-9(4),* BuzzPop) Little Bee Books Inc.

Crayola Counting Book. Rozanne Williams. 2017. (Learn-To-Read Ser.). (ENG., Illus.). (J). pap. 3.49 *(978-1-68310-232-8(0))* Pacific Learning, Inc.

Crayola: Create It Yourself: 52 Colorful DIY Craft Projects for Kids to Create Throughout the Year. Crayola LLC. 2020. (ENG., Illus.). 224p. (J). (gr. -1-3). 15.99 *(978-0-7624-7069-3(0),* Black Dog & Leventhal Pubs. Inc.) Running Pr.

Crayola Day of the Dead/día de Los Muertos Coloring Book. BuzzPop. 2019. (Crayola/BuzzPop Ser.: 7). (ENG.). 64p. (J). (gr. -1-2). 7.99 *(978-1-4998-0940-4(9),* BuzzPop) Little Bee Books Inc.

Crayola Dynamic Doggos & Desserts. BuzzPop. 2021. (Crayola/BuzzPop Ser.). (ENG.). 64p. (J). (gr. -1-2). 9.99 *(978-1-4998-1188-9(8),* BuzzPop) Little Bee Books Inc.

Crayola Easter Egg Mosaic Sticker by Number. BuzzPop. 2020. (Crayola/BuzzPop Ser.: 11). (ENG.). 24p. (J). (gr. -1-2). pap. 9.99 *(978-1-4998-1000-4(8),* BuzzPop) Little Bee Books Inc.

Crayola: Edwin Binney & C. Harold Smith: Edwin Binney & C. Harold Smith. Lee Slater. 2021. (Toy Stories Ser.). (ENG., Illus.). 32p. (J). (gr. 2-5). lib. bdg. 34.21 *(978-1-5321-9709-3(8),* 38552, Big Buddy Bks.) ABDO Publishing Co.

Crayola Flash Cards: Colors & Shapes. Editors of Dreamtivity. 2022. (ENG.). 48p. (J). (gr. -1 — 1). 3.99 *(978-1-64588-559-7(3))* Printers Row Publishing Group.

Crayola Friends Furever: A Complete-The-Scenes Coloring & Activity Book. BuzzPop. Illus. by Dean Gray. 2019. (Crayola/BuzzPop Ser.: 9). (ENG.). 96p. (J). (gr. -1-2). 9.99 *(978-1-4998-0965-7(4),* BuzzPop) Little Bee Books Inc.

Crayola Funtivity Kit: Dino Fun: Dinosaur 3-D Wooden Toy. Editors of Dreamtivity. 2022. (Funtivity Kit Ser.). (ENG.). 32p. (J). (gr. -1 — 1). pap. 9.99 *(978-1-64588-562-7(3))* Printers Row Publishing Group.

Crayola Funtivity Kit: Spring Delight: Butterfly Mobile. Editors of Dreamtivity. 2022. (Funtivity Kit Ser.). (ENG.). 32p. (J). (gr. -1 — 1). pap. 9.99 *(978-1-64588-561-0(5))* Printers Row Publishing Group.

Crayola I Feel Craymoji: Puffy Sticker & Activity Book. BuzzPop. 2020. (Crayola/BuzzPop Ser.: 16). (ENG.). 24p. (J). (gr. -1-2). pap. 10.99 *(978-1-4998-1132-2(2),* BuzzPop) Little Bee Books Inc.

Crayola Llama-Rama Neon Fun Palooza: Coloring & Activity Book for Fans of Recording Animals You've Never Herd of but Wool Love with over 250 Stickers. BuzzPop. Illus. by Stephani Stilwell. 2023. (Crayola/BuzzPop Ser.). (ENG.). 64p. (J). (gr. -1-2). 10.99 ***(978-1-4998-1479-8(8),*** BuzzPop) Little Bee Books Inc.

Crayola Mosaic Sticker by Number. BuzzPop. 2019. (Crayola/BuzzPop Ser.: 4). (ENG.). 24p. (J). (gr. -1). pap. 9.99 *(978-1-4998-0935-0(2),* BuzzPop) Little Bee Books Inc.

Crayola My Big Activity Book. BuzzPop. 2022. (Crayola/BuzzPop Ser.). (ENG.). 192p. (J). (gr. -1-2). 9.99 *(978-1-4998-1332-6(5),* BuzzPop) Little Bee Books Inc.

Crayola My Big American Road Trip Coloring Book. BuzzPop. 2021. (Crayola/BuzzPop Ser.). (ENG.). 192p. (J). (gr. -1-2). 9.99 *(978-1-4998-1250-3(7),* BuzzPop) Little Bee Books Inc.

Crayola My Big Christmas Coloring Book. BuzzPop. 2020. (Crayola/BuzzPop Ser.: 8). (ENG.). 192p. (J). (gr. -1-2). 9.99 *(978-1-4998-0966-4(2),* BuzzPop) Little Bee Books Inc.

Crayola My Big Coloring Book. BuzzPop. 2018. (Crayola/BuzzPop Ser.: 1). (ENG.). 224p. (J). (gr. -1-2). 9.99 *(978-1-4998-0909-1(3),* BuzzPop) Little Bee Books Inc.

Crayola: My Colors of Kindness Sticker & Activity Purse. Editors of Dreamtivity. 2023. (ENG.). 80p. (J). (gr. k-k). pap. 9.99 ***(978-1-64588-669-3(7))*** Printers Row Publishing Group.

Crayola My Crayons, My World! Crayon Shaped Tabbed Board Book. BuzzPop. 2023. (Crayola/BuzzPop Ser.). (ENG.). 20p. (J). (— 1). bds., bds. 10.99 *(978-1-4998-1468-2(2),* BuzzPop) Little Bee Books Inc.

Crayola Pumpkin Patch Party: A Spot-The-Difference Coloring & Activity Book. BuzzPop. 2020. (Crayola/BuzzPop Ser.: 15). (ENG.). 64p. (J). (gr. -1-2). 7.99 *(978-1-4998-1049-3(0),* BuzzPop) Little Bee Books Inc.

Crayola! the Secrets of the Cool Colors & Hot Hues: Ready-To-Read Level 3. Bonnie Williams. Illus. by Rob McClurkan. 2018. (Science of Fun Stuff Ser.). (ENG.). 40p. (J). (gr. 1-3). 17.99 *(978-1-5344-1776-2(1),* Simon Spotlight) Simon Spotlight.

Crayola Time for School (a Crayola Big Coloring Book) BuzzPop. 2022. (Crayola/BuzzPop Ser.). (ENG.). 192p. (J). (gr. -1-2). 9.99 *(978-1-4998-1333-3(3),* BuzzPop) Little Bee Books Inc.

Crayola Undersea Sticker by Number. BuzzPop. 2019. (Crayola/BuzzPop Ser.: 6). (ENG.). 24p. (J). (gr. -1-2). 9.99 *(978-1-4998-0939-8(5),* BuzzPop) Little Bee Books Inc.

Crayola Unicorn Universe: A Uniquely Perfect & Positively Shiny Coloring & Activity Book with over 250 Stickers. BuzzPop. Illus. by Stephani Stilwell. 2023. (Crayola/BuzzPop Ser.). (ENG.). 64p. (J). (gr. -1-2). 10.99 *(978-1-4998-1455-2(0),* BuzzPop) Little Bee Books Inc.

Crayon Box: the Day the Crayons Quit Slipcased Edition, 2 vols. Drew Daywalt. Illus. by Oliver Jeffers. 2016. (ENG.). 88p. (J). (gr. -1-2). 40.00 *(978-0-399-54892-5(0),* Philomel Bks.) Penguin Young Readers Group.

Crayon Clue (Classic Reprint) Minnie J. Reynolds. 2018. (ENG., Illus.). 388p. (J). 31.90 *(978-0-332-87194-3(0))* Forgotten Bks.

Crayon Kingdom: A Story about Unity. Jennie Bishop. 2018. (ENG., Illus.). 32p. (J). (gr. -1-3). pap. 9.99 *(978-1-68434-034-7(9))* Warner Pr., Inc.

Crayon Man: The True Story of the Invention of Crayola Crayons. Natascha Biebow. Illus. by Steven Salerno. 2019. (ENG.). 48p. (J). (gr. 1-4). 18.99 *(978-1-328-86684-4(X),* 1695835, Clarion Bks.) HarperCollins Pubs.

Crayon Miscellany (Classic Reprint) Washington, Irving. 2018. (ENG., Illus.). 378p. (J). 31.71 *(978-0-331-75223-6(9))* Forgotten Bks.

Crayon Miscellany, Vol. 2 (Classic Reprint) Washington. Irving. (ENG., Illus.). (J). 2018. 448p. 33.14 *(978-0-484-22493-2(X));* 2018. 446p. 33.30 *(978-0-428-22342-7(7));* 2016. pap. 16.57 *(978-1-334-12786-1(7))* Forgotten Bks.

Crayon Papers & a Tour of the Prairies (Classic Reprint) Washington. Irving. 2018. (ENG., Illus.). 348p. (J). 31.07 *(978-0-365-02970-0(X))* Forgotten Bks.

Crayon Papers (Classic Reprint) Washington. Irving. (ENG., Illus.). (J). 2018. 484p. 33.88 *(978-0-483-45927-4(5));* 2017. 31.88 *(978-0-265-48111-0(2));* 2016. pap. 10.97 *(978-1-334-13663-4(7))* Forgotten Bks.

Crayon Racing: Over 100 Tracks for High-Speed Coloring. Alberto Lot. Illus. by Alberto Lot. 2022. (ENG., Illus.). 208p. (J). pap. 12.99 *(978-1-250-81940-6(7),* 900250079, Odd Dot) St. Martin's Pr.

Crayones, Papel y Tijeras. Mary Lindeen. Illus. by Sarah Jennings. 2016. (Early Rising Readers Ser.). (SPA.). (J). (gr. -1). 6.67 *(978-1-4788-3710-7(1))* Newmark Learning LLC.

Crayones, Papel y Tijeras - 6 Pack. Mary Lindeen. 2016. (Early Rising Readers Ser.). (SPA.). (J). (gr. 1). 40.00 net. *(978-1-4788-4653-6(4))* Newmark Learning LLC.

Crayons, 1 vol. Derek Miller. 2019. (Making of Everyday Things Ser.). (ENG.). 24p. (J). (gr. 1-1). pap. 9.22 *(978-1-5026-4694-1(3),* 02166a4c-f5c4-4dc4-8c9c-b7c0074025e5) Cavendish Square Publishing LLC.

Crayons. Cam Tolar. 2018. (ENG., Illus.). 26p. (J). pap. 11.95 *(978-1-63575-787-3(8))* Christian Faith Publishing.

Crayons: a Set of Books & Finger Puppets. Drew Daywalt. Illus. by Oliver Jeffers. 2018. (ENG.). 36p. (J). (-k). 19.99 *(978-1-5247-9141-4(5),* Grosset & Dunlap) Penguin Young Readers Group.

Crayons' Book of Feelings. Drew Daywalt. Illus. by Oliver Jeffers. 2021. (ENG.). 22p. (J). (— 1). bds. 8.99 *(978-0-593-35293-9(9),* Philomel Bks.) Penguin Young Readers Group.

Crayons' Book of Numbers. Drew Daywalt. Illus. by Oliver Jeffers. 2016. (ENG.). 18p. (J). (-k). bds. 8.99 *(978-0-451-53405-7(0),* Grosset & Dunlap) Penguin Young Readers Group.

Crayons' Christmas. Drew Daywalt. Illus. by Oliver Jeffers. 2019. (ENG.). 52p. (J). (gr. -1-2). 19.99 *(978-0-525-51574-6(7),* Penguin Workshop) Penguin Young Readers Group.

Crayons' Color Collection, 4 vols. Drew Daywalt. Illus. by Oliver Jeffers. 2022. (ENG.). 56p. (J). (— 1). bds. 28.00 *(978-0-593-52675-0(9),* Philomel Bks.) Penguin Young Readers Group.

Crayons Go Back to School. Drew Daywalt. Illus. by Oliver Jeffers. 2023. (ENG.). 32p. (J). (gr. -1-3). 9.99 *(978-0-593-62111-0(5),* Philomel Bks.) Penguin Young Readers Group.

Crayons in Rainbow Land. Susan V. Cappelli. Illus. by Jr Robert Nehrebecki. 2017. (ENG.). 58p. (J). pap. 13.95 *(978-1-64003-296-5(7))* Covenant Bks.

Crayons on Strike: A Funny, Rhyming, Read Aloud Kid's Book about Respect & Kindness for School Supplies. Jennifer Jones. 2021. (On Strike Ser.: Vol. 5). (ENG.). 34p. (J). 19.99 ***(978-1-63731-470-8(1))*** Grow Grit Pr.

Crayons Trick or Treat. Drew Daywalt. Illus. by Oliver Jeffers. 2022. (ENG.). 32p. (J). (gr. -1-3). 9.99 *(978-0-593-62102-8(6),* Philomel Bks.) Penguin Young Readers Group.

Craze of Christina (Classic Reprint) Emily Lovett Cameron. 2018. (ENG., Illus.). 258p. (J). 29.22 *(978-0-267-19950-1(3))* Forgotten Bks.

Crazed by the Maze! Kids Activity Book. Activity Book Zone for Kids. 2016. (ENG., Illus.). (J). pap. 9.20 *(978-1-68376-111-2(1))* Sabeels Publishing.

Craziest Fishing Tale on the Bayou, 1 vol. Gary Alipio. 2018. (ENG., Illus.). 96p. (J). (gr. 3-7). pap. 8.95 *(978-1-4556-2347-1(4),* Pelican Publishing) Arcadia Publishing.

Crazy about Birds, 1 vol. Harold Morris. 2022. (Our Favorite Pets Ser.). (ENG.). 24p. (J). (gr. k-2). pap. *(978-1-0396-4680-3(8),* 17301); lib. bdg. *(978-1-0396-4489-2(9),* 16295) Crabtree Publishing Co. (Crabtree Seedlings).

Crazy about Cats. Owen Davey. 2017. (About Animals Ser.). (ENG.). 40p. (J). (gr. 2-5). 19.99 *(978-1-83874-985-9(3))* Flying Eye Bks. GBR. Dist: Penguin Random Hse. LLC.

Crazy About Hamsters see Locos Por los Hámsters

Crazy about Hamsters, 1 vol. Harold Morris. 2022. (Our Favorite Pets Ser.). (ENG.). 24p. (J). (gr. k-2). pap. *(978-1-0396-4681-0(6),* 17302); lib. bdg. *(978-1-0396-4490-8(2),* 16296) Crabtree Publishing Co. (Crabtree Seedlings).

Crazy about Kittens, 1 vol. Harold Morris. 2022. (Our Favorite Pets Ser.). (ENG.). 24p. (J). (gr. k-2). pap. *(978-1-0396-4682-7(4),* 17303); lib. bdg. *(978-1-0396-4491-5(0),* 16297) Crabtree Publishing Co. (Crabtree Seedlings).

Crazy About Puppies see Locos Por los Cachorros

Crazy about Puppies, 1 vol. Harold Morris. 2022. (Our Favorite Pets Ser.). (ENG.). 24p. (J). (gr. k-2). pap. *(978-1-0396-4683-4(2),* 17304); lib. bdg. *(978-1-0396-4492-2(9),* 16298) Crabtree Publishing Co. (Crabtree Seedlings).

Crazy Angel (Classic Reprint) Annette L. Noble. (ENG., Illus.). (J). 2018. 348p. 31.07 *(978-0-267-39437-1(3));* 2017. pap. 13.57 *(978-0-259-37370-4(2))* Forgotten Bks.

Crazy Bear. R. J. Locklear. 2021. (ENG., Illus.). 28p. (J). pap. 14.95 *(978-1-0980-8846-0(8))* Christian Faith Publishing.

Crazy Big Trucks. Craig A. Lopetz. 2022. (Hot Rod Readers Ser.). (ENG.). 24p. (J). (gr. k-2). pap. *(978-1-0396-6188-2(2),* 19998); lib. bdg. *(978-1-0396-5993-3(4),* 19997) Crabtree Publishing Co.

Crazy Bones! the Tale of a Waggy Tail. Lynne Wissink-Tressler. 2017. (ENG., Illus.). (YA). (gr. 7-12). pap. 16.95 *(978-1-63492-060-5(0))* Booklocker.com, Inc.

Crazy Cars. Craig A. Lopetz. 2022. (Hot Rod Readers Ser.). (ENG.). 24p. (J). (gr. k-2). pap. *(978-1-0396-6189-9(0),* 20004); lib. bdg. *(978-1-0396-5994-0(2),* 20003) Crabtree Publishing Co.

Crazy Cat. Marta Pona. 2019. (ENG.). 24p. (J). *(978-1-5255-5207-6(4));* pap. *(978-1-5255-5208-3(2))* FriesenPress.

Crazy Cat Goes to the Fais Do Do. Janice RoAne. Illus. by Michiru Kusaka. 2016. (ENG.). (J). (gr. 4-6). 19.99 *(978-0-9969750-5-6(5))* Roane Ink LLC.

Crazy Cats from Outer Space. Matt Bell. 2020. (ENG.). 34p. (J). 23.95 *(978-1-64468-987-5(1));* pap. 13.95 *(978-1-64468-742-0(9))* Covenant Bks.

Crazy Chameleons! Reptile Fun Coloring Book. Smarter Activity Books for Kids. 2016. (ENG., Illus.). (J). pap. 9.22 *(978-1-68374-561-7(2))* Examined Solutions PTE. Ltd.

Crazy Choices for 10 Year Olds: Mad Decisions & Tricky Trivia in a Book You Can Play! Mat Waugh. Illus. by Dave Hall. 2023. (Crazy Choices for Kids Ser.: Vol. 5). (ENG.). 138p. (J). pap. ***(978-1-915154-25-5(1))*** Big Red Button Bks.

Crazy Choices for 6 Year Olds. Mat Waugh. Illus. by Yurko Rymar. 2022. (ENG.). 116p. (J). pap. ***(978-1-915154-21-7(9))*** Big Red Button Bks.

Crazy Choices for 7 Year Olds: Mad Decisions & Tricky Trivia in a Book You Can Play! Mat Waugh. Illus. by Dave Hall. 2022. (Crazy Choices for Kids Ser.: Vol. 2). (ENG.). 132p. (J). pap. ***(978-1-915154-22-4(7))*** Big Red Button Bks.

Crazy Choices for 8 Year Olds: Mad Decisions & Tricky Trivia in a Book You Can Play! Mat Waugh. Illus. by Dave Hall. 2022. (Crazy Choices for Kids Ser.: Vol. 3). (ENG.). 132p. (J). pap. ***(978-1-915154-23-1(5))*** Big Red Button Bks.

Crazy Choices for 9 Year Olds: Mad Decisions & Tricky Trivia in a Book You Can Play! Mat Waugh & Dave Hall. 2022. (Crazy Choices for Kids Ser.: Vol. 4). (ENG.). 138p. (J). pap. ***(978-1-915154-24-8(3))*** Big Red Button Bks.

Crazy Circus. Slong. 2021. (Slong Cinema on Paper Picture Book Serie Ser.). (ENG.). 70p. (J). (gr. k-2). 19.95 *(978-1-4878-0765-8(1))* Royal Collins Publishing Group Inc. CAN. Dist: Independent Pubs. Group.

Crazy, Colorful Circus Coloring Book. Activibooks For Kids. 2016. (ENG., Illus.). (J). pap. 9.20 *(978-1-68321-077-1(8))* Mimaxion.

Crazy Colors. Christian Lopetz. 2022. (Learning My Colors Ser.). (ENG.). 24p. (J). (gr. k-2). pap. *(978-1-0396-6223-0(4),* 20357); lib. bdg. *(978-1-0396-6028-1(2),* 20356) Crabtree Publishing Co.

Crazy Combat Creatures: a Field Guide of Conceptual Beasts. Hjcs Scholars. 2023. (ENG.). 48p. (J). pap. ***(978-1-312-68624-3(3))*** Lulu Pr., Inc.

Crazy Contraptions: Build Rube Goldberg Machines That Swoop, Spin, Stack, & Swivel; with Engineering Activities for Kids. Laura Perdew. Illus. by Micah Rauch. 2019. (Build It Yourself Ser.). 128p. (J). (gr. 4-6). pap. 17.95 *(978-1-61930-826-8(6),* 862efd17-e7a7-4bee-8671-9f15169423f4) Nomad Pr.

Crazy Contraptions: Build Rube Goldberg Machines That Swoop, Spin, Stack, & Swivel: With Hands-On Engineering Activities. Laura Perdew. Illus. by Micah Rauch. 2019. (Build It Yourself Ser.). (ENG.). 128p. (J). (gr. 4-6). 22.95 *(978-1-61930-823-7(1),* e27ce3e7-3ebe-456e-8242-1540373a4877) Nomad Pr.

Crazy Convention Caper. Michael Anthony Steele. Illus. by Dario Brizuela. 2021. (Batman & Scooby-Doo! Mysteries Ser.). (ENG.). 72p. (J). 27.32 *(978-1-6639-1047-9(2),*

426

The check digit for ISBN-10 appears in parentheses after the full ISBN-13

212496); pap. 6.95 *(978-1-6639-2022-5(2),* 212478) Capstone. (Stone Arch Bks.).

Crazy Cool China: Set 2, 8 vols. 2022. (Crazy Cool China Ser.). (ENG.). 48p. (YA). (gr. 5-6). lib. bdg. 133.88 *(978-1-4994-7249-3(8),* 6c896d6e-3ef2-42b0-9527-831b0e407fcd) Rosen Publishing Group, Inc., The.

Crazy Cool China: Sets 1 - 2, 18 vols. 2022. (Crazy Cool China Ser.). (ENG.). (YA). (gr. 5-6). lib. bdg. 301.23 *(978-1-4994-7250-9(1),* 65ea2124-c9bc-4ab3-aef3-75af2a0b7eb6) Rosen Publishing Group, Inc., The.

Crazy Cool Creatures. Janice Croken. Illus. by Janice Croken. 2022. (ENG.). 62p. (J). ***(978-0-2288-8485-9(3));*** pap. ***(978-0-2288-8484-2(5))*** Tellwell Talent.

Crazy Crab. Mark C. Evans. 2017. (ENG., Illus.). (J). (gr. k-4). 17.99 *(978-1-365-86157-4(0));* 13.99 *(978-1-365-86159-8(7))* Lulu Pr., Inc.

Crazy Crafting Mad Libs: World's Greatest Word Game. Kristin Conte. 2019. (Mad Libs Ser.). 48p. (J). (gr. 3-7). pap. 4.99 *(978-1-5247-9281-7(0),* Mad Libs) Penguin Young Readers Group.

Crazy Crayons: The Sound of CR. Marv Alinas. 2017. (Consonant Blends Ser.). (ENG.). 24p. (J). (gr. -1-2). lib. bdg. 32.79 *(978-1-5038-1934-4(5),* 211538) Child's World, Inc, The.

Crazy Creatures. Jane Yates. 2023. (Crafts in a Snap! Ser.). (ENG.). 24p. (J). (gr. 2-5). lib. bdg. 19.95 Bearport Publishing Co., Inc.

Crazy Creatures: Amazing Amazon. Heather E. Schwartz. 2020. (J). pap. *(978-1-64290-724-7(3))* Teacher Created Materials, Inc.

Crazy Creatures: Deep Ocean. Dona Rice. 2020. (J). pap. *(978-1-64290-723-0(5))* Teacher Created Materials, Inc.

Crazy Creatures of the Animal Kingdom (Set), 12 vols. 2020. (Crazy Creatures of the Animal Kingdom Ser.). (ENG.). 24p. (gr. 3-4). lib. bdg. 151.62 *(978-1-7253-2108-3(4),* 66d11e5c-8fc9-4ee2-86dd-d38a31b5c6bd, PowerKids Pr.) Rosen Publishing Group, Inc., The.

Crazy Critters Joke Book, 1 vol. Lisa Regan. 2019. (Sidesplitting Jokes Ser.). (ENG.). 24p. (J). (gr. 1-2). 26.27 *(978-1-7253-9584-8(3),* ff797d6f-3e9c-4aef-8690-3a887fb7bd4a); pap. 9.25 *(978-1-7253-9582-4(7),* 6489e35d-9c3b-47e9-80e2-d79a37442b32) Rosen Publishing Group, Inc., The. (Windmill Bks.).

Crazy Critters Scary Dinosaur Coloring Book. Smarter Activity Books for Kids. 2016. (ENG., Illus.). (J). pap. 9.22 *(978-1-68374-562-4(0))* Examined Solutions PTE. Ltd.

Crazy Critters! Silly Animal Coloring Book. Smarter Activity Books for Kids. 2016. (ENG., Illus.). (J). pap. 9.22 *(978-1-68374-563-1(9))* Examined Solutions PTE. Ltd.

Crazy Curly. Onyekachi Anyikam & Ndukaku Anyikam. Illus. by Aashay Utkarsh. 2022. (ENG.). 40p. (J). 22.00 *(978-1-0879-1443-5(4))* Indy Pub.

Crazy, Curly Chae. Melissa Williams. 2020. (ENG.). 22p. (J). pap. 9.99 *(978-1-7347069-4-9(5))* Mindstir Media.

Crazy Cut Outs: Kids Cut Outs Activity Book. Activity Book Zone for Kids. 2016. (ENG., Illus.). (J). pap. 7.55 *(978-1-68376-112-9(X))* Sabeels Publishing.

Crazy Cut Outs! Cut Outs Activity Book. Smarter Activity Books for Kids. 2016. (ENG., Illus.). (J). pap. 9.22 *(978-1-68374-230-2(3))* Examined Solutions PTE. Ltd.

Crazy Deja' Vu. Lauresa Tomlinson. Illus. by Lauresa Tomlinson. 2019. (ENG., Illus.). (YA). (gr. 7-12). 282p. 24.99 *(978-1-950421-18-3(X));* 188p. pap. 16.99 *(978-1-950421-09-1(0))* Young of Heart Publishing.

Crazy Deja Vu - Not Again. Lauresa A. Tomlinson. Illus. by Lauresa A. Tomlinson. 2019. (ENG., Illus.). (YA). (gr. 7-12). 268p. 24.99 *(978-1-950421-16-9(3));* 258p. pap. 16.99 *(978-1-950421-13-8(9))* Young of Heart Publishing.

Crazy Doodles to Color: Coloring Book. Activibooks For Kids. 2016. (ENG., Illus.). (J). pap. 6.92 *(978-1-68321-683-4(0))* Mimaxion.

Crazy for Apples. C. L. Reid. Illus. by Elena Aiello. 2020. (Emma Every Day Ser.). (ENG.). 32p. (J). (gr. k-2). pap. 6.95 *(978-1-5158-7313-6(7),* 201596); lib. bdg. 22.65 *(978-1-5158-7182-8(7),* 200572) Capstone. (Picture Window Bks.).

Crazy for Mazes! Kids Maze Activity Book. Activity Book Zone for Kids. 2016. (ENG., Illus.). (J). pap. 7.55 *(978-1-68376-113-6(8))* Sabeels Publishing.

Crazy Friend. Kim Kane. 2018. (Ginger Green, Playdate Queen Ser.). (ENG., Illus.). 64p. (J). (gr. 1-3). pap. 5.95 *(978-1-5158-1953-0(1),* 136636, Picture Window Bks.) Capstone.

Crazy Friend. Kim Kane. Illus. by Jon Davis. 2017. (Ginger Green, Playdate Queen Ser.). (ENG.). 64p. (J). (gr. 1-3). lib. bdg. 23.32 *(978-1-5158-1947-9(7),* 136630, Picture Window Bks.) Capstone.

Crazy, Fun Activity Coloring Book Edition. Bobo's Children Activity Books. 2016. (ENG., Illus.). (J). pap. 7.99 *(978-1-68327-910-5(7))* Sunshine In My Soul Publishing.

Crazy Fun Bugs - Baby & Toddler Alphabet Book. Left Brain Kids. 2016. (ENG., Illus.). (J). pap. 7.51 *(978-1-68376-686-5(5))* Sabeels Publishing.

Crazy Horse, 1 vol. Jodyanne Benson. 2020. (Inside Guide: Famous Native Americans Ser.). (ENG.). 32p. (gr. 4-5). pap. 11.58 *(978-1-5026-5052-8(5),* 2f3b280b-b71e-41a3-a599-491957eb2ad2) Cavendish Square Publishing LLC.

Crazy Horse. Jennifer Strand. 2017. (Native American Leaders Ser.). (ENG., Illus.). 24p. (J). (gr. -1-2). lib. bdg. 31.36 *(978-1-5321-2023-7(0),* 25310, Abdo Zoom-Launch) ABDO Publishing Co.

Crazy Horse. June Thiele. Illus. by Jeff Bane. 2022. (My Early Library: My Itty-Bitty Bio Ser.). (ENG.). 24p. (J). (gr. k-1). pap. 12.79 *(978-1-6689-1052-8(7),* 220997); lib. bdg. 30.64 *(978-1-6689-0892-1(1),* 220859) Cherry Lake Publishing.

Crazy Horse & Custer: Born Enemies. S. D. Nelson. 2021. (ENG., Illus.). 144p. (J). (gr. 5-9). 19.99 *(978-1-4197-3193-8(9),* 1247901, Abrams Bks. for Young Readers) Abrams, Inc.

Crazy House. James Patterson. 2019. (Crazy House Ser.: 1). (ENG.). 352p. mass mkt. 8.99 *(978-1-5387-1406-5(X))* Grand Central Publishing.

Crazy House. James Patterson. 2018. (Crazy House Ser.: 1). (ENG.). 384p. (YA). (gr. 9-17). pap. 9.99 *(978-0-316-51499-6(3),* Jimmy Patterson) Little Brown & Co.

Crazy in Poughkeepsie. Daniel M. Pinkwater. Illus. by Aaron Renier. 2022. 192p. (J). (gr. 5-8). 16.95 *(978-1-61696-374-3(3),* 52b269ed-29de-40a9-9b44-30a79eaf0670) Tachyon Pubns.

Crazy Inventions Made During the Renaissance Children's Renaissance History. Baby Professor. 2017. (ENG., Illus.). (J). pap. 7.89 *(978-1-5419-0314-2(5),* Baby Professor (Education Kids)) Speedy Publishing LLC.

Crazy Kids Numbered Dot to Dot Picture Activity Book. Smarter Activity Books for Kids. 2016. (ENG., Illus.). (J). pap. 8.99 *(978-1-68374-229-6(X))* Examined Solutions PTE. Ltd.

Crazy Life to Crazy Food. Garet Krane. 2023. (ENG.). 62p. (J). 21.99 ***(978-1-0880-8729-9(9))*** Indy Pub.

Crazy Little Shadow. Virginia LeBlanc Baker & Dana LeBlanc Corvino. 2021. (ENG., Illus.). 44p. (J). 25.95 *(978-1-0980-8289-5(3));* pap. 15.95 *(978-1-0980-6722-9(3))* Christian Faith Publishing.

Crazy Maze Escape! the Nothing but Fun Activity Book. Jupiter Kids. 2016. (ENG., Illus.). 108p. (J). pap. 12.55 *(978-1-68326-102-5(X),* Jupiter Kids (Childrens & Kids Fiction)) Speedy Publishing LLC.

Crazy Maze for Days! Mazes Book for 8 Year Old. Speedy Kids. 2018. (ENG., Illus.). 106p. (J). pap. 12.55 *(978-1-5419-3715-4(5))* Speedy Publishing LLC.

Crazy Maze Mania: Maze Activity Book. Activity Book Zone. 2016. (ENG., Illus.). (J). pap. 7.55 *(978-1-68376-114-3(6))* Sabeels Publishing.

Crazy Maze of North Main Street Activity Book. Activity Book Zone. 2016. (ENG., Illus.). (J). pap. 7.55 *(978-1-68376-069-6(7))* Sabeels Publishing.

Crazy Mazes! a Kids Maze Master Adventure Activity Book. Jupiter Kids. 2016. (ENG., Illus.). 108p. (J). pap. 12.55 *(978-1-68326-103-2(8),* Jupiter Kids (Childrens & Kids Fiction)) Speedy Publishing LLC.

Crazy Mission with Siblings. Carina Sarkissian. 2020. (ENG., Illus.). 46p. (J). *(978-0-2288-1945-5(8));* pap. *(978-0-2288-1944-8(X))* Tellwell Talent.

Crazy Mix It up Fix It up Activity Book. Bobo's Children Activity Books. 2016. (ENG., Illus.). (J). pap. 7.99 *(978-1-68327-403-2(2))* Sunshine In My Soul Publishing.

Crazy Monkeys Coloring Book: Crazy Monkeys Coloring Book - Adorable Monkeys Coloring Pages for Kids -25 Incredibly Cute & Lovable Monkeys. Welove Coloringbooks. 2020. (ENG., Illus.). 106p. (J). pap. 10.49 *(978-1-716-28848-7(7))* Lulu Pr., Inc.

Crazy Monster Trucks. Craig A. Lopetz. 2022. (Hot Rod Readers Ser.). (ENG.). 24p. (J). (gr. k-2). pap. *(978-1-0396-6190-5(4),* 20010); lib. bdg. *(978-1-0396-5995-7(0),* 20009) Crabtree Publishing Co.

Crazy-Much Love. Joy Jordan-Lake. Illus. by Sonia Sánchez. 2019. (ENG.). 32p. (J). (gr. -1-2). 17.99 *(978-1-5420-4326-7(3),* 9781542043267, Two Lions) Amazon Publishing.

Crazy Nature, 10 vols., Set. Marie Racanelli. Incl. Albino Animals. (J). lib. bdg. 26.27 *(978-1-4358-9381-8(6),* 3ffba6f6-c937-41c4-bd06-cf6378052baa); Animal Mimics. (YA). lib. bdg. 26.27 *(978-1-4358-9382-5(4),* 89fbc4d1-fd1b-479f-82fa-74df54433ceb); Animals with Armor. (J). lib. bdg. 26.27 *(978-1-4358-9386-3(7),* 8334aa6e-a738-40b3-a38c-20f4387d628f); Animals with Pockets. (J). lib. bdg. 26.27 *(978-1-4358-9385-6(9),* 304fc356-b80f-4327-8599-d03e8a3c40e5); Camouflaged Creatures. (YA). lib. bdg. 26.27 *(978-1-4358-9383-2(2),* 8a335866-75e3-44cd-8674-4d4d60af4440); Underground Animals. (J). lib. bdg. 26.27 *(978-1-4358-9384-9(0),* 9077a117-4bbd-455e-adcd-15663f17b234); (gr. 2-3). (Crazy Nature Ser.). (ENG., Illus.). 24p. 2010. Set lib. bdg. 131.35 *(978-1-4358-9411-2(1),* 20b44acd-e780-41e9-acf6-bfe2be02a65c, PowerKids Pr.) Rosen Publishing Group, Inc., The.

Crazy Old Maid: And How She Became Known As Flora - the Quite Sane, Age Defying, Domestic Goddess. Colleen McCarthy-Evans. Illus. by Janneke Ipenburg. 2022. (ENG.). 54p. (J). 18.95 ***(978-1-940654-10-2(6))*** Seven Seas Pr.

Crazy OLE Ina. Meg M. Arthur. 2016. (ENG., Illus.). (J). pap. 19.95 *(978-1-63508-841-0(0))* America Star Bks.

Crazy Planes. Craig A. Lopetz. 2022. (Hot Rod Readers Ser.). (ENG.). 24p. (J). (gr. k-2). pap. *(978-1-0396-6191-2(2),* 20016); lib. bdg. *(978-1-0396-5996-4(9),* 20015) Crabtree Publishing Co.

Crazy Plants (a True Book: Incredible Plants!) (Library Edition) Karina Hamalainen. 2019. (True Book (Relaunch) Ser.). (ENG.). 48p. (J). (gr. 3-5). lib. bdg. 31.00 *(978-0-531-23462-4(2),* Children's Pr.) Scholastic Library Publishing.

Crazy Road Races. Jennifer Mason. 2017. (Great Race: Fight to the Finish Ser.). 48p. (gr. 4-5). pap. 84.30 *(978-1-5382-0805-2(9))* Stevens, Gareth Publishing LLLP.

Crazy Tales (Classic Reprint) John Hall-Stevenson. 2018. (ENG., Illus.). 130p. (J). 26.60 *(978-0-267-17856-8(5))* Forgotten Bks.

Crazy Tales of Miss Heather. Heather Guillot. 2022. (ENG., Illus.). 22p. (J). pap. 13.95 *(978-1-6624-4926-0(7))* Page Publishing Inc.

Crazy Talk. Ace M. Z. 2021. (ENG., Illus.). 236p. (YA). pap. 14.99 *(978-1-7368747-0-7(5))* AceMZ.

Crazy the Kid: Or the Cowboy Scout (Classic Reprint) J. C. Harmon. 2017. (ENG., Illus.). (J). 25.84 *(978-1-5283-6245-0(4))* Forgotten Bks.

Crazy Tricks Club: Brains over Crime. Rob Paterson. 2021. (ENG.). 128p. (J). pap. *(978-1-989357-07-1(5))* Gauvin, Jacques.

Crazy Tricks Club: Memory Stick Mayhem: a Fun Problem-Solving Adventure for Kids 9-14! Rob Paterson. 2021. (ENG.). 98p. (J). pap. *(978-1-989357-09-5(1))* Government of Canada.

Crazy Wacky Fun Coloring Book. Activity Attic Books. 2016. (ENG., Illus.). (J). pap. 7.74 *(978-1-68323-204-9(6))* Twin Flame Productions.

Creación de Dios Tan Colorida. Tim Thornborough. Illus. by Jennifer Davison. 2022. (SPA.). 24p. (J). 11.99 *(978-1-4002-3933-7(8))* Grupo Nelson.

Creación de lo Prohibido. Carmen Castelló. Ed. by Cherry Publishing. 2021. (SPA.). 292p. (J). pap. 18.07 *(978-1-80116-245-6(X))* Cherry Publishing.

Creador de Minecraft Markus Notch Persson (Minecraft Creator Markus Notch Persson) Kari Cornell. 2022. (Biografías de Pioneros STEM (STEM Trailblazer Bios) Ser.). (SPA., Illus.). 32p. (J). (gr. 2-5). pap. 8.99 *(978-1-7284-7504-2(X),* 0b05f88d-e32f-41f5-8137-2caddd70c48a); lib. bdg. 26.65 *(978-1-7284-7440-3(X),* 2511a766-a8ca-4d9f-8dec-7822240d3433) Lerner Publishing Group. (Ediciones Lerner).

Creaky Castles. Jessica Rudolph. 2016. (Tiptoe into Scary Places Ser.). (ENG., Illus.). 24p. (J). (gr. k-3). 26.99 *(978-1-68402-047-8(6))* Bearport Publishing Co., Inc.

Cream: By Charles Reade Contains Jack of All Trades, a Matter-Of-Fact Romance, & the Autobiography of a Thief (Classic Reprint) Charles Reade. 2018. (ENG., Illus.). 280p. (J). 29.69 *(978-0-483-63125-0(6))* Forgotten Bks.

Cream of the Crop & the Garden Shop. Leyla Clayden. Illus. by Stephen Timms. 2020. (ENG.). 30p. (J). pap. *(978-1-83975-352-7(8))* Grosvenor Hse. Publishing Ltd.

Cream of the Jest: A Comedy of Evasions (Classic Reprint) James Branch Cabell. 2017. (ENG., Illus.). (J). 30.37 *(978-0-260-49017-9(2))* Forgotten Bks.

Cream Soup Spoon: A Charming Bundle of Loose Ends. Noel McKeehan. 2023. (ENG.). 393p. (YA). pap. ***(978-1-312-71421-2(2))*** Lulu Pr., Inc.

Creamos una Aplicación: Carreras en Computación, 1 vol. Seth Matthas. 2017. (Computación Científica en el Mundo Real (Computer Science for the Real World) Ser.). (SPA.). 24p. (J). (gr. 3-4). pap. *(978-1-5383-5749-1(6),* 4a2a9e84-641f-47c4-b66b-7aba6abf073d, Rosen Classroom) Rosen Publishing Group, Inc., The.

Creamos una Aplicación: Carreras en Computación (We Make an App: Careers in Computers), 1 vol. Seth Matthas. 2017. (Niños Digitales: Superdotados con Pensamiento Computacional (Computer Kids: Powered by Computational Thinking) Ser.). (SPA.). 24p. (J). (gr. 3-4). 25.27 *(978-1-5383-2880-4(1),* a4a06b50-765f-4bab-a8f4-9294356aa349, PowerKids Pr.) Rosen Publishing Group, Inc., The.

Creamy Red Velvet Cupcakes Coloring Book. Bobo's Children Activity Books. 2016. (ENG., Illus.). (J). pap. 9.33 *(978-1-68327-546-6(2))* Sunshine In My Soul Publishing.

Creanaiche (the Sufferer), 1 vol. Roddy MacLean. 2021. (Lasag Ser.). (ENG.). 90p. (YA). pap. 14.99 *(978-1-910124-78-9(8))* Sandstone Pr. Ltd. GBR. Dist: Casemate Pubs. & Bk. Distributors, LLC.

Crear un Escenario: Pintura y Dibujo: Leveled Reader Card Book 58 Level R 6 Pack. Hmh Hmh. 2021. (SPA.). (J). pap. 74.40 *(978-0-358-08538-6(1))* Houghton Mifflin Harcourt Publishing Co.

Create! A Girl's Guide to DIY, Doodles, & Design, 1 vol. Zondervan. 2018. (Faithgirlz Ser.). (ENG.). 144p. (J). pap. 12.99 *(978-0-310-76316-1(9))* Zonderkidz.

Create a Coastline. 2022. (How to Build Our World Ser.). (ENG., Illus.). 24p. (J). (gr. 1-3). lib. bdg. 26.99 *(978-1-63691-482-4(9),* 18617) Bearport Publishing Co., Inc.

Create-A-Cutie Animal: Bring Everyday Objects to Life with 300 Stickers. Danielle McLean. Illus. by Agathe Hiron. 2022. (Cutie Stickers Ser.). (ENG.). 24p. (J). (gr. -1-2). pap. 4.99 *(978-1-6643-4018-3(1))* Tiger Tales.

Create-A-Dinosaur: Bring Everyday Objects to Life. Danielle McLean. Illus. by Michelle Lancaster. 2021. (Crazy Stickers Ser.). (ENG.). 24p. (J). (gr. -1-2). pap. 4.99 *(978-1-6643-4016-9(5))* Tiger Tales.

Create-A-Mermaid: Bring Everyday Objects to Life. Danielle McLean. Illus. by Julie Clough. 2020. (Cutie Stickers Ser.). (ENG.). 24p. (J). (gr. -1-2). pap. 4.99 *(978-1-6643-4006-0(8))* Tiger Tales.

Create a Rainbow of Colors Coloring Book. Smarter Activity Books for Kids. 2016. (ENG., Illus.). (J). pap. 9.22 *(978-1-68374-564-8(7))* Examined Solutions PTE. Ltd.

Create a Rocket! & More Flight Challenges. Megan Borgert-Spaniol. 2020. (Super Simple Makerspace STEAM Challenge Ser.). (ENG., Illus.). 32p. (J). (gr. k-4). lib. bdg. 34.21 *(978-1-5321-9437-5(4),* 36629, Super SandCastle) ABDO Publishing Co.

Create-A-Superhero: Bring Everyday Objects to Life. Danielle McLean. Illus. by Julie Clough. 2021. (Crazy Stickers Ser.). (ENG.). 24p. (J). (gr. -1-2). pap. 4.99 *(978-1-6643-4015-2(7))* Tiger Tales.

Create-A-Unicorn: Bring Everyday Objects to Life. Danielle McLean. Illus. by Julie Clough. 2020. (Cutie Stickers Ser.). (ENG.). 24p. (J). (gr. -1-2). pap. 4.99 *(978-1-6643-4005-3(X))* Tiger Tales.

Create an Animation with Scratch. Kevin Wood. Illus. by Glen McBeth. 2018. (Project Code Ser.). (ENG.). 32p. (J). (gr. 4-7). pap. 9.99 *(978-1-5415-2513-9(2),* 75a7f05f-6da8-42cb-a2b2-6da2d5e8f1a9); lib. bdg. 29.32 *(978-1-5415-2436-1(5),* 84b0a83e-dbbd-4a24-9742-284778a81277, Lerner Pubns.) Lerner Publishing Group.

Create & Celebrate: the Easter Tree: A Lent Activity & Story Book. Richard Littledale, Deborah Lock. ed. 2022. (ENG., Illus.). 48p. (J). pap. 11.99 *(978-0-7459-7935-9(1),* 3fe1b429-1ce0-4799-ab13-859869f1e791, Lion Children's) Lion Hudson PLC GBR. Dist: Baker & Taylor Publisher Services (BTPS).

Create & Celebrate: the Jesse Tree: An Advent Activity & Story Book. Richard Littledale, Deborah Lock. ed. 2020. (ENG., Illus.). 48p. (J). pap. 10.99 *(978-0-7459-7872-7(X),* 4c39f8f4-caf7-4007-b840-b053ac3ac248, Lion Children's) Lion Hudson PLC GBR. Dist: Baker & Taylor Publisher Services (BTPS).

Create & Interpret Diagrams, Sketches, & Models the Scientific Method Grade 3 Children's Science Education Books. Baby Professor. 2022. (ENG.). 72p. (J). 31.99 ***(978-1-5419-8465-3(X));*** pap. 19.99 ***(978-1-5419-5888-3(8))*** Speedy Publishing LLC. (Baby Professor (Education Kids)).

Create & Keep: Projects to Hang on To. Mari Bolte. 2017. (Project Passion Ser.). (ENG., Illus.). 32p. (J). (gr. 4-6). lib. bdg. 28.65 *(978-1-5157-7373-3(6),* 135705, Capstone Classroom) Capstone.

Create & Share: Thinking Digitally (Set), 16 vols. 2020. (Create & Share: Thinking Digitally Ser.). (ENG., Illus.). 24p. (J). (gr. 1-4). 490.24 *(978-1-5341-6807-9(X),* 215129); pap., pap., pap. 204.57 *(978-1-5341-6989-0(X),* 215130) Cherry Lake Publishing.

Create Balance: An Adult Mandala Coloring Book. Smarter Activity Books. 2016. (ENG., Illus.). (J). pap. 9.22 *(978-1-68374-565-5(5))* Examined Solutions PTE. Ltd.

Create Colorful Beach Wear Coloring Book. Bobo's Children Activity Books. 2016. (ENG., Illus.). (J). pap. 9.33 *(978-1-68327-547-3(0))* Sunshine In My Soul Publishing.

Create Computer Games with Scratch. Kevin Wood. Illus. by Glen McBeth. 2018. (Project Code Ser.). (ENG.). 32p. (J). (gr. 4-7). pap. 9.99 *(978-1-5415-2514-6(0),* 79b86a12-946a-43f0-8ba4-f1afdd4b19e9); lib. bdg. 29.32 *(978-1-5415-2439-2(X),* bac93a91-378a-4cfb-95c1-30e25c7031a5, Lerner Pubns.) Lerner Publishing Group.

Create Crazy Stop-Motion Videos: 4D an Augmented Reading Experience. Thomas Kingsley Troupe. 2019. (Make a Movie! 4D Ser.). (ENG., Illus.). 48p. (J). (gr. 3-5). lib. bdg. 33.99 *(978-1-5435-4007-9(4),* 139041) Capstone.

Create Fun Fashions for Teens Coloring Book. Jupiter Kids. 2016. (ENG., Illus.). 106p. (J). pap. 12.55 *(978-1-68326-302-9(2),* Jupiter Kids (Childrens & Kids Fiction)) Speedy Publishing LLC.

Create Interactive Stories in Twine, 1 vol. Brian Mayer. 2019. (Coding Projects for All Ser.). (ENG., Illus.). 128p. (J). (gr. 7-7). pap. 21.00 *(978-1-7253-4018-3(6),* 5c2130d5-9c02-42c6-8b9e-7330778c1d2a) Rosen Publishing Group, Inc., The.

Create It!, 12 vols. 2016. (Create It! Ser.). 32p. (ENG.). (gr. 4-5). lib. bdg. 169.62 *(978-1-4824-4972-3(2),* 2e21326d-ee2a-4934-bfa4-6408cd9a83cb); (gr. 5-4). pap. 63.00 *(978-1-4824-5313-3(4))* Stevens, Gareth Publishing LLLP.

Create Magic Designs Childrens' Coloring Book. Smarter Activity Books for Kids. 2016. (ENG., Illus.). (J). pap. 9.22 *(978-1-68374-566-2(3))* Examined Solutions PTE. Ltd.

Create Music with Scratch. Kevin Wood. Illus. by Glen McBeth. 2018. (Project Code Ser.). (ENG.). 32p. (J). (gr. 4-7). pap. 9.99 *(978-1-5415-2515-3(9),* 2ae44dc2-19a5-41fe-917d-dd39aeea6660); lib. bdg. 29.32 *(978-1-5415-2437-8(3),* 5278d6b1-e272-40ad-aea0-2f76fddf6e83, Lerner Pubns.) Lerner Publishing Group.

C

Create the Code: Sound & Video. Max Wainewright. 2021. (Create the Code Ser.). (ENG.). 32p. (J). (gr. 3-6). 14.99 *(978-1-4380-8937-9(6))* Sourcebooks, Inc.

Create the Code: the Internet. Max Wainewright. 2021. (Create the Code Ser.). (ENG.). 32p. (J). (gr. 3-6). 14.99 *(978-1-4380-8921-8(X))* Sourcebooks, Inc.

Create This! Cut Outs Activities for Kids. Jupiter Kids. 2016. (ENG., Illus.). 106p. (J). pap. 12.55 *(978-1-68326-104-9(6),* Jupiter Kids (Childrens & Kids Fiction)) Speedy Publishing LLC.

Create with Code: Build Your Own Website. Clyde Hatter et al. Illus. by Gary Lucken. 2017. 93p. (J). *(978-1-338-14634-9(3))* Scholastic, Inc.

Create Your Bright Ideas: Read, Journal, & Color Your Way to the Future You Imagine. Jess Ekstrom. Illus. by Nadia Fisher. 2022. (ENG.). 208p. (J). pap. 16.99 *(978-1-4002-3836-1(6),* Tommy Nelson) Nelson, Thomas Inc.

Create Your Own Anime Coloring for Kids Ages 4-8. Educando Kids. 2019. (ENG.). 42p. (J). pap. 6.99 *(978-1-64521-108-2(8),* Educando Kids) Editorial Imagen.

Create Your Own Blog. Karen Latchana Kenney. 2018. (Digital Makers (Alternator Books (r)) Ser.). (ENG., Illus.). 32p. (J). (gr. 3-6). lib. bdg. 29.32 *(978-1-5124-8343-7(5),* 6c77ca90-9e7b-4feb-b6b8-eabe3410102f, Lerner Pubns.) Lerner Publishing Group.

Create Your Own Calm: Activities to Combat Children's Anxiety, Stress & Anger. Becky Goddard-Hill. 2021. (ENG., Illus.). 160p. (J). (gr. 2-5). 16.95 *(978-0-00-836758-9(2))* HarperCollins Pubs. Ltd. GBR. Dist: Independent Pubs. Group.

Create Your Own Comic Book: Features 50 Blank Comic Templates for Adults, Teens, & Kids (Volume:2) Beatrice Harrison. 2022. (ENG.). 52p. (J). pap. 9.42 *(978-1-4357-7086-7(2))* Lulu Pr., Inc.

Create Your Own Comic Strip Coloring Book. Activity Attic Books. 2016. (ENG., Illus.). (J). pap. 7.74 *(978-1-68323-727-3(7))* Twin Flame Productions.

Create Your Own Comics. Regina Carthell. 2023. (ENG.). 110p. (YA). pap. ***(978-1-312-74443-1(X))*** Lulu Pr., Inc.

Create Your Own Kindness: Activities to Encourage Children to Be Caring & Kind. Becky Goddard-Hill & Collins Kids. 2021. (ENG., Illus.). 160p. (J). (gr. 2-4). 16.99 *(978-0-00-843958-3(3))* HarperCollins Pubs. Ltd. GBR. Dist: Independent Pubs. Group.

Create Your Own Manga Sketchbook: Blank Anime/Manga Sketchbook with Templates, 6x9 Inches, Secure Binding & Quality Paper. MaGumbo Publishers. 2023. (ENG.). 200p. (YA). ***(978-1-4478-2803-7(8));*** pap. ***(978-1-4478-2367-4(2))*** Lulu Pr., Inc.

Create Your Own Movie or TV Show. Matthew Anniss. 2016. (Media Genius Ser.). (ENG., Illus.). 48p. (J). (gr. 5-8). lib. bdg. 35.99 *(978-1-4109-8110-3(X),* 131004, Raintree) Capstone.

Create Your Own Music. Matthew Anniss. 2016. (Media Genius Ser.). (ENG., Illus.). 48p. (J). (gr. 5-8). lib. bdg. 35.99 *(978-1-4109-8112-7(6),* 131006, Raintree) Capstone.

Create Your Own Quote Art: 11 Wall Art Projects to Foil, Color & Stencil, 1 vol. Editors of Klutz. 2016. (ENG.). (J). (gr. 3-7). 19.99 *(978-0-545-90651-7(2))* Klutz.

Create Your Own Secret Language: Invent Codes, Ciphers, Hidden Messages, & More. David J. Peterson & Odd Dot. Illus. by Ryan Goldsberry. 2020. (ENG.). 144p. (J). pap. 12.99 *(978-1-250-22232-9(X),* 900207987, Odd Dot) St. Martin's Pr.

Create Your Own Squishies: Craft Box Set for Kids. IglooBooks. Illus. by Valeria Issa. 2022. (ENG.). 16p. (J).

(gr. k). 14.99 *(978-1-80108-680-6(X))* Igloo Bks. GBR. Dist: Simon & Schuster, Inc.

Create Your Own Story with Scratch. Kevin Wood. Illus. by Glen McBeth. 2018. (Project Code Ser.). (ENG.). 32p. (J). (gr. 4-7). pap. 9.99 *(978-1-5415-2512-2(4),* bdfeaf49-0705-4a0d-bdd4-203c469320ea); lib. bdg. 29.32 *(978-1-5415-2438-5(1),* 12ab94ea-485d-4dd5-bb34-8b22827818b6, Lerner Pubns.) Lerner Publishing Group.

Create Your Own Storybook. Created by Inc. Peter Pauper Press. 2018. (Studio Ser.). (ENG.). 28p. (J). 5.99 *(978-1-4413-2774-1(6),* 6f8b1319-80dd-42f3-9ba0-0a90522832b1) Peter Pauper Pr. Inc.

Create Your Own Web Site or Blog. Matthew Anniss. 2016. (Media Genius Ser.). (ENG., Illus.). 48p. (J). (gr. 5-8). lib. bdg. 35.99 *(978-1-4109-8111-0(8),* 131005, Raintree) Capstone.

Created Equal, but Not for Long: Dexter, Son of Marvin. Roy D. Perkins. 2020. (ENG.). 230p. (J). pap. 17.95 *(978-1-64334-972-5(4))* Page Publishing Inc.

Created in God's Image: How He Views Us. Lizzy Price. 2023. (ENG.). 188p. (YA). pap. ***(978-1-4477-3475-8(0))*** Lulu Pr., Inc.

Created Legend (Classic Reprint) Feodor Sologub. 2017. (ENG., Illus.). (J). 30.83 *(978-0-265-72425-5(2))* Forgotten Bks.

Created This Way. Sharon Stevens. 2022. (ENG.). 32p. (J). pap. *(978-1-0880-0010-6(X))* Stevens, Sharon.

Created with a Purpose. Rayonna McGregor. 2017. (ENG., Illus.). (J). pap. 12.95 *(978-1-63575-025-6(3))* Christian Faith Publishing.

Created with a Purpose: Even the Smallest. Shayla Goldsmith-Tate. Illus. by Baobab Publishing. 2018. (ENG.). 34p. (J). pap. 12.99 *(978-1-947045-12-5(1))* Baobab Publishing.

Creating a Concert: Sound. Mi-Ae Lee. Illus. by Jeong-Hwa Song. 2020. (Science Storybooks Ser.). (ENG.). 32p. (J). (gr. k-4). pap. 8.99 *(978-1-925235-52-4(1),* 839f8965-8cab-4efc-9c25-3313209a54cb); lib. bdg. 27.99 *(978-1-925235-56-2(4),* de6a613f-d539-4f45-b2f6-2cbdfa7052b7) ChoiceMaker Pty. Ltd., The AUS. (Big and SMALL). Dist: Lerner Publishing Group.

Creating a Habitat. Saskia Lacey. rev. ed. 2019. (Smithsonian: Informational Text Ser.). (ENG.). 32p. (J). (gr. 2-3). pap. 10.99 *(978-1-4938-6663-2(X))* Teacher Created Materials, Inc.

Creating & Building Your Own Youtube Channel, 1 vol. Kevin Hall. 2016. (Digital & Information Literacy Ser.). (ENG.). 48p. (J). (gr. 6-6). pap. 12.75 *(978-1-5081-7326-7(5),* 2e2efc4b-f2c9-49a6-8303-ac1e8a94cdf1, Rosen Reference) Rosen Publishing Group, Inc., The.

Creating & Sharing a Slideshow. Ann Truesdell. 2018. (Show What You Know! Ser.). (ENG.). 24p. (J). lib. bdg. 22.99 *(978-1-5105-3981-5(6))* SmartBook Media, Inc.

Creating Art: Jumbo Coloring Book for Adults. Smarter Activity Books. 2016. (ENG., Illus.). (J). pap. 9.22 *(978-1-68374-525-9(6))* Examined Solutions PTE. Ltd.

Creating Colors. Robin Johnson. 2019. (Full STEAM Ahead! - Arts in Action Ser.). (Illus.). 24p. (J). (gr. 1-1). *(978-0-7787-6210-2(6))*; pap. *(978-0-7787-6269-0(6))* Crabtree Publishing Co.

Creating Connections: Matching Game Activity Book. Activity Book Zone for Kids. 2016. (ENG., Illus.). (J). pap. 7.55 *(978-1-68376-115-0(4))* Sabeels Publishing.

Creating Cool Crafts: Kids Cut Outs Activity Book. Activity Book Zone for Kids. 2016. (ENG., Illus.). (J). pap. 7.55 *(978-1-68376-116-7(2))* Sabeels Publishing.

Creating Cut Outs! Kids Cut Outs Activity Book. Activity Book Zone for Kids. 2016. (ENG., Illus.). (J). pap. 7.55 *(978-1-68376-117-4(0))* Sabeels Publishing.

Creating Data Visualizations. Kristin Fontichiaro. 2017. (21st Century Skills Library: Data Geek Ser.). (ENG., Illus.). 32p. (J). (gr. 4-7). lib. bdg. 32.07 *(978-1-63472-709-9(6),* 210094) Cherry Lake Publishing.

Creating Digital Videos. Amber Lovett. Illus. by Rachael McLean. 2020. (Create & Share: Thinking Digitally Ser.). (ENG.). 24p. (J). (gr. 1-4). pap. 12.79 *(978-1-5341-6142-9(2),* 214568); lib. bdg. 30.64 *(978-1-5341-5912-9(6),* 214567) Cherry Lake Publishing.

Creating Fantasy Art. 2017. (Creating Fantasy Art Ser.). 48p. (gr. 12-12). pap. 47.00 *(978-1-5081-7597-1(7))*; (ENG.). (gr. 7-7). 133.88 *(978-1-4994-6659-1(5),* 3ec0b5fb-0825-4cba-8e79-a6145df7653f) Rosen Publishing Group, Inc., The. (Rosen Young Adult).

Creating Hope for a Better World: The Life of Michelle Tooley. Grace Todd McKenzie. Illus. by Heather Dent. 2022. (ENG.). 40p. (J). pap. 15.00 ***(978-1-0880-1024-2(5))*** Indy Pub.

Creating in the Digital World. Megan Kopp. 2018. (ENG.). (J). (gr. 3-7). *(978-1-4271-2045-8(5))*; (Illus.). 32p. (gr. 5-5). *(978-0-7787-4601-0(1))*; (Illus.). 32p. (gr. 5-5). pap. *(978-0-7787-4605-8(4))* Crabtree Publishing Co.

Creating Memories at Woodloch. Therése Palmiotto. Illus. by Samuel Palmiotto. 2022. (ENG.). 36p. (J). 24.95 ***(978-1-899694-06-8(4)***, ipicturebooks) ibooks, Inc.

Creating Numbers. Mill Faye. 2017. (ENG., Illus.). 16p. (J). *(978-1-365-70827-5(6))* Lulu Pr., Inc.

Creating Rain. Brooke Rowe. Illus. by Jeff Bane. 2016. (My Early Library: My Science Fun Ser.). (ENG.). 24p. (J). (gr. k-1). 30.64 *(978-1-63471-027-5(4),* 208188) Cherry Lake Publishing.

Creating Sand Beaches with Poop, 1 vol. Anita Louise McCormick. 2017. (Power of Poop Ser.). (ENG.). 32p. (gr. 3-4). pap. 11.52 *(978-0-7660-9104-7(X),* a33e0a15-10b2-46f7-9fa0-9bb7d27b81df) Enslow Publishing, LLC.

Creating Slide Shows. Ann Truesdell. Illus. by Rachael McLean. 2020. (Create & Share: Thinking Digitally Ser.). (ENG.). 24p. (J). (gr. 1-4). lib. bdg. 30.64 *(978-1-5341-6870-1(2),* 215367) Cherry Lake Publishing.

Creating the Constitution. Wil Mara. 2017. (Foundations of Our Nation Ser.). (ENG., Illus.). 32p. (J). (gr. 3-5). pap. 9.95 *(978-1-63517-308-6(6),* 1635173086); lib. bdg. 31.35 *(978-1-63517-243-0(8),* 1635172438) North Star Editions. (Focus Readers).

Creating the Constitution. Wil Mara. 2018. (Forming Our Nation Ser.). (ENG.). 32p. (J). lib. bdg. 22.99 *(978-1-5105-3791-0(0))* SmartBook Media, Inc.

Creating Titanic: The Ship of Dreams. Kevin Blake. 2018. (Titanica Ser.). (ENG.). 32p. (J). (gr. 2-7). 19.95 *(978-1-68402-430-8(7))* Bearport Publishing Co., Inc.

Creating with Cardboard. Amy Quinn. 2017. (21st Century Skills Innovation Library: Makers As Innovators Junior Ser.). (ENG., Illus.). 24p. (J). (gr. 2-5). lib. bdg. 30.64 *(978-1-63472-693-1(6),* 210070) Cherry Lake Publishing.

Creating with Cardboard, Crayons & Duct Tape. Rebecca Felix. 2021. (Makerspace Trios Ser.). (ENG., Illus.). 32p. (J). (gr. k-4). lib. bdg. 34.21 *(978-1-5321-9640-9(7),* 38426, Super SandCastle) ABDO Publishing Co.

Creating with Ceramics: DIY Clay & Pottery Projects. Contrib. by Rebecca Felix. 2022. (Craft to Career Ser.). (ENG., Illus.). 64p. (J). (gr. 5-9). lib. bdg. 35.64 *(978-1-5321-9885-4(X),* 39515, Abdo & Daughters) ABDO Publishing Co.

Creating with Chenille Stems, Bottles & Tissue Paper. Elsie Olson. 2021. (Makerspace Trios Ser.). (ENG., Illus.). 32p. (J). (gr. k-4). lib. bdg. 34.21 *(978-1-5321-9641-6(5),* 38428, Super SandCastle) ABDO Publishing Co.

Creating with Egg Cartons, String & Straws. Elsie Olson. 2021. (Makerspace Trios Ser.). (ENG., Illus.). 32p. (J). (gr. k-4). lib. bdg. 34.21 *(978-1-5321-9642-3(3),* 38430, Super SandCastle) ABDO Publishing Co.

Creating with Felt, Craft Sticks & Clothespins. Rebecca Felix. 2021. (Makerspace Trios Ser.). (ENG., Illus.). 32p. (J). (gr. k-4). lib. bdg. 34.21 *(978-1-5321-9643-0(1),* 38432, Super SandCastle) ABDO Publishing Co.

Creating with Newspaper, Buttons & Paper Clips. Rebecca Felix. 2021. (Makerspace Trios Ser.). (ENG.). 32p. (J). (gr. k-4). lib. bdg. 34.21 *(978-1-5321-9644-7(X),* 38434, Super SandCastle) ABDO Publishing Co.

Creating with Paper Tubes, Rubber Bands & Yarn. Elsie Olson. 2021. (Makerspace Trios Ser.). (ENG., Illus.). 32p. (J). (gr. k-4). lib. bdg. 34.21 *(978-1-5321-9645-4(8),* 38436, Super SandCastle) ABDO Publishing Co.

Creation. Richard Eyre & Linda Eyre. 2016. (ENG., Illus.). 10p. (J). bds. 9.95 *(978-1-939629-55-5(1))* Familius LLC.

Creation. Cynthia Rylant. Illus. by Cynthia Rylant. 2016. (ENG., Illus.). 40p. (J). (gr. -1). 17.99 *(978-1-4814-7039-1(6),* Beach Lane Bks.) Beach Lane Bks.

Creation. Joanne M. Semancik Krenicky Yarsevich. 2017. (ENG., Illus.). 36p. (J). 22.95 *(978-1-64114-682-1(6))*; pap. 12.95 *(978-1-64114-680-7(X))* Christian Faith Publishing.

Creation. Janice D. Green. Illus. by Janice D. Green & Nancy Gordon. 2nd ed. 2020. (Honeycomb Adventures Book Ser.: Vol. 3). (ENG.). 30p. (J). pap. 10.95 *(978-0-9836808-7-1(6))* Honeycomb Adventures Pr., LLC.

Creation: A Philosophical Poem Demonstrating the Existence & Providence of a God; in Seven Books (Classic Reprint) Richard Blackmore. 2018. (ENG., Illus.). 314p. (J). 30.39 *(978-0-365-42153-5(7))* Forgotten Bks.

Creation: A Philosophical Poem, in Seven Books; to Which Is Prefixed the Life of the Author (Classic Reprint) Richard Blackmore. (ENG., Illus.). (J). 2018. 222p. 28.50 *(978-0-365-21877-7(4))*; 2017. pap. 10.97 *(978-0-259-26065-3(7))* Forgotten Bks.

Creation: Color Your Own Pictures. Janice D. Green. Illus. by Nancy Gordon. 2020. (Honeycomb Adventures Coloring Book Ser.: Vol. 2). (ENG.). 30p. (J). pap. 7.95 *(978-0-9836808-6-4(8))* Honeycomb Adventures Pr., LLC.

Creation (25th Anniversary Edition) James Weldon Johnson. Illus. by James E. Ransome. 25th ed. 2018. 40p. (J). (gr. 1-4). 18.99 *(978-0-8234-4025-2(7))* Holiday Hse., Inc.

Creation Activity Book. Pip Reid. 2020. (ENG.). 118p. (J). pap. *(978-1-7772168-9-4(3))* Bible Pathway Adventures.

Creation & the Great-Grandmother Nana Turtle. D'Ann Harris. 2023. (ENG.). 36p. (J). pap. 14.99 ***(978-1-6629-3187-1(5))***; 24.99 ***(978-1-6629-3186-4(7))*** Gatekeeper Pr.

Creation Colors. Ann Koffsky. 2019. (ENG., Illus.). 24p. (J). 17.95 *(978-1-68115-545-6(1),* 23392f79-3a6a-48ec-af80-28002d28e98f, Apples & Honey Pr.) Behrman Hse., Inc.

Creation from the Book of Moses. Rebecca Ridges Jensen. Illus. by Daniel Jensen. 2021. (ENG.). 32p. (J). pap. 12.99 *(978-1-4621-4040-4(8))* Cedar Fort, Inc./CFI Distribution.

Creation Myths: How the World Began, in 15 Origin Legends. Illus. by Patricia Ludlow. 2020. 80p. (J). (gr. -1-12). 15.00 *(978-1-86147-866-5(6),* Armadillo) Anness Publishing GBR. Dist: National Bk. Network.

Creation Myths of Primitive America: In Relation to the Religious History & Mental Development of Mankind (Classic Reprint) Jeremiah Curtin. 2018. (ENG., Illus.). 584p. (J). 35.94 *(978-0-666-83890-2(9))* Forgotten Bks.

Creation of the World. Uwe Natus. Illus. by Dagmar Geisler. 2016. (ENG.). 28p. (J). (gr. -1-3). 14.99 *(978-1-5064-0883-5(4),* Sparkhouse Family) 1517 Media.

Creation or Evolution? A Philosophical Inquiry (Classic Reprint) George Ticknor Curtis. 2017. (ENG., Illus.). (J). 36.09 *(978-0-331-16344-5(6))* Forgotten Bks.

Creation Praising God. Elena Fedorov. 2022. (ENG., Illus.). 28p. (J). 25.95 ***(978-1-68570-791-0(2))*** Christian Faith Publishing.

Creation Sings: How God's Works Declare God's Truth. Carine MacKenzie. rev. ed. 2016. (ENG., Illus.). 64p. (J). 9.99 *(978-1-78191-785-5(X),* 7a6515d9-bf42-4d5d-aadc-24027e290425, CF4Kids) Christian Focus Pubns. GBR. Dist: Baker & Taylor Publisher Services (BTPS).

Creation Speaks: Life Lessons from Every Beast of the Field, Fish of the Sea, Fowl of the Air, & Creeping Thing upon the Earth. Claudia Vara. 2021. (ENG.). 464p. (YA). 35.95 *(978-1-63903-523-6(0))*; pap. 25.95 *(978-1-63903-384-3(X))* Christian Faith Publishing.

Creation Stories. Virginia Loh-Hagan. 2019. (Stone Circle Stories: Culture & Folktales Ser.). (ENG.). 32p. (J). (gr. 4-8). pap. 14.21 *(978-1-5341-4008-0(5),* 212861); (Illus.). lib. bdg. 32.07 *(978-1-5341-4352-4(1),* 212860) Cherry Lake Publishing. (45th Parallel Press).

Creation Story Activity Book - Coloring/Activity Book (Ages 8-10) Created by Warner Press. 2022. (ENG.). 16p. (J). pap. 4.01 *(978-1-68434-402-4(6))* Warner Pr., Inc.

Creation vs. Evolution. William M. Clark V. 2018. (ENG., Illus.). 30p. (J). pap. 12.95 *(978-1-64416-863-9(4))* Christian Faith Publishing.

Creation Waits for You. Desi-Rae Dionne. Illus. by Jupiters Muse. 2023. (ENG.). 42p. (J). ***(978-0-2288-6114-0(4))***; pap. ***(978-0-2288-6115-7(2))*** Tellwell Talent.

Creative Art: A Connect the Dots Activity Book. Activity Book Zone for Kids. 2016. (ENG., Illus.). (J). pap. 7.55 *(978-1-68376-118-1(9))* Sabeels Publishing.

Creative Block: Kids! Gemma Lawrence. 2022. (ENG., Illus.). 128p. (J). (gr. 1-7). pap. 16.99 *(978-90-6369-624-5(8))* Bis B.V., Uitgeverij (BIS Publishers) NLD. Dist: Hachette Bk. Group.

Creative Cat Crafts, 1 vol. Jane Yates. 2018. (Get Crafty with Pets! Ser.). (ENG.). 32p. (J). (gr. 3-4). lib. bdg. 28.27 *(978-1-5382-2610-0(3),* f074e718-951b-4cf7-93c5-3a68baf52c8e) Stevens, Gareth Publishing LLLP.

Creative Cats Stickers. Marjorie Sarnat. 2016. (Dover Little Activity Bks.). (ENG., Illus.). 4p. 1.99 *(978-0-486-80703-4(7),* 807037) Dover Pubns., Inc.

Creative Chemistry Experiments - Chemistry Book for Beginners Children's Science Experiment Books. Baby Professor. 2017. (ENG., Illus.). 64p. (J). pap. 9.52 *(978-1-5419-1556-5(9),* Baby Professor (Education Kids)) Speedy Publishing LLC.

Creative Child. Wendy Reed. 2022. (ENG.). 34p. (J). pap. ***(978-1-387-80585-3(1))*** Lulu Pr., Inc.

Creative Child! a Kindergarten Activity Book. Jupiter Kids. 2016. (ENG., Illus.). 108p. (J). pap. 12.55 *(978-1-68326-105-6(4),* Jupiter Kids (Childrens & Kids Fiction)) Speedy Publishing LLC.

Creative Christmas Crafts. Karin Andersson. ed. 2022. (ENG.). 44p. (J). (gr. 3-7). 20.96 ***(978-1-68505-719-0(5))*** Penworthy Co., LLC, The.

Creative Christmas Crafts: 25+ Holiday Activities for Families. Karin Andersson. 2022. 48p. (J). (gr. 3-3). pap. 9.99 *(978-1-5107-7094-2(1),* Sky Pony Pr.) Skyhorse Publishing Co., Inc.

Creative Christmas Crafts: More Than 25 Fun Holiday Activities for Families. Karin Andersson. 2018. (ENG., Illus.). 48p. (J). (gr. 3-7). 12.99 *(978-1-5107-3275-9(6),* Sky Pony Pr.) Skyhorse Publishing Co., Inc.

Creative Coding in Python: 30+ Programming Projects in Art, Games, & More. Sheena Vaidyanathan. 2018. (ENG., Illus.). 144p. (J). (gr. 5-7). pap. 24.99 *(978-1-63159-581-3(4),* 225269, Quarry Bks.) Quarto Publishing Group USA.

Creative Color Crush, Patterns & Designs Adult Coloring Books Inspirational Edition. Activity Attic Books. 2016. (ENG., Illus.). (J). pap. 7.74 *(978-1-68323-033-5(7))* Twin Flame Productions.

Creative Colorful Cartoon Cut Outs Activity Book. Jupiter Kids. 2016. (ENG., Illus.). 106p. (J). pap. 12.55 *(978-1-68326-106-3(2),* Jupiter Kids (Childrens & Kids Fiction)) Speedy Publishing LLC.

Creative Colors. Jim Gaven. 2016. (ENG.). 34p. (J). pap. ***(978-1-365-56607-3(2))*** Lulu Pr., Inc.

Creative Colouring for Kids: Fantastic Fun for 5 Year Olds. Buster Books. Illus. by Cindy Wilde & Emily Twomey. 2023. (ENG.). 48p. (J). (gr. -1-1). pap. 9.99 *(978-1-78055-833-2(3),* Buster Bks.) O'Mara, Michael Bks., Ltd. GBR. Dist: Independent Pubs. Group.

Creative Colours. Nicole Lee. 2020. (ENG.). 66p. (J). pap. *(978-1-5289-5146-3(8))* Austin Macauley Pubs. Ltd.

Creative Comprehensions Getting into Trouble Large Print. Amanda J. Harrington. lt. ed. 2019. (ENG.). 68p. (J). pap. *(978-0-244-24497-2(9))* Lulu Pr., Inc.

Creative Connections: Connect the Dots Activities. Jupiter Kids. 2016. (ENG., Illus.). 108p. (J). pap. 12.55 *(978-1-68326-107-0(0),* Jupiter Kids (Childrens & Kids Fiction)) Speedy Publishing LLC.

Creative Crafting (Set), 6 vols. 2022. (Creative Crafting Ser.). (ENG.). 32p. (J). (gr. k-4). lib. bdg. 205.32 *(978-1-5321-9984-4(8),* 40757, Super SandCastle) ABDO Publishing Co.

Creative Crafts for Kids, 18 vols., Set. Incl. Arts & Crafts for Myths & Tales. Greta Speechley. lib. bdg. 30.67 *(978-1-4339-3567-1(8),* 13ebade7-2679-42b2-8e3e-896414649818); Back-To-School Crafts. Sue Locke. lib. bdg. 30.67 *(978-1-4339-3542-8(2),* fb65c0f3-25ae-444d-9a85-185f97073eeb); Bead Crafts. Greta Speechley. lib. bdg. 30.67 *(978-1-4339-3549-7(X),* 0f625233-d25a-4405-afc8-298f2062dd91); Birthday Crafts. Greta Speechley. lib. bdg. 30.67 *(978-1-4339-3552-7(X),* b773224e-76d4-430d-a047-e555b4fdaadf); Costume Crafts. Tracy Brown. lib. bdg. 30.67 *(978-1-4339-3555-8(4),* bf120722-7b81-402a-8fd4-ace6631d6699); Friendship Crafts. Helen Skillicorn. lib. bdg. 30.67 *(978-1-4339-3558-9(9),* 01c8b6b6-4d91-457b-8a16-ebbf08b5529b); Spooky Crafts. Helen Skillicorn. lib. bdg. 30.67 *(978-1-4339-3564-0(3),* ec28b94c-3e48-4afc-940f-32d0cebf36c6); Valentine Crafts. Greta Speechley. lib. bdg. 30.67 *(978-1-4339-3600-5(3),* 76e6e848-a3e1-4929-9e9c-493294a98f9c); World Crafts. Greta Speechley. lib. bdg. 30.67 *(978-1-4339-3561-9(9),* 406e2826-2de1-4676-b066-6de7410e3938); (J). (gr. 3-4). (Creative Crafts for Kids Ser.). (ENG.). 32p. 2010. Set lib. bdg. 276.03 *(978-1-4339-3587-9(2),* 99092646-9d79-491e-b32a-cbaed381fcb2, Gareth Stevens Learning Library) Stevens, Gareth Publishing LLLP.

Creative Critters Activity Book 8 Year Old Kids. Educando Kids. 2019. (ENG.). 42p. (J). pap. 8.55 *(978-1-64521-726-8(4),* Educando Kids) Editorial Imagen.

Creative Cut Outs: An Activity Book for Kids. Jupiter Kids. 2016. (ENG., Illus.). 106p. (J). pap. 12.55 *(978-1-68326-108-7(9),* Jupiter Kids (Childrens & Kids Fiction)) Speedy Publishing LLC.

Creative Dot to Dot Adventure: Exciting Activity Book for Kids 3-6. Ner Publishing. 2023. (ENG.). 104p. (J). pap. 12.99 ***(978-1-0881-8739-5(0))*** Indy Pub.

Creative Entertainment for Kids Activity Book. Bobo's Children Activity Books. 2016. (ENG., Illus.). (J). pap. 7.99 *(978-1-68327-404-9(0))* Sunshine In My Soul Publishing.

Creative Expression Theme Level a Book Set. 2016. (Early Rising Readers Ser.). (ENG.). (J). (gr. 1-2). 339.00 *(978-1-4788-5123-3(6))* Newmark Learning LLC.

Creative Expression Theme Level AA Book Set. 2016. (Early Rising Readers Ser.). (ENG.). (J). (gr. 1-2). 339.00 *(978-1-4788-5122-6(8))* Newmark Learning LLC.

Creative Expression Theme Level B Book Set. 2016. (Early Rising Readers Ser.). (ENG.). (J). (gr. 1-2). 339.00 *(978-1-4788-5124-0(4))* Newmark Learning LLC.

Creative Gardening: Growing Plants Upside down, in Water, & More. Lisa J. Amstutz. 2016. (Gardening Guides). (ENG., Illus.). 32p. (J). (gr. 3-9). lib. bdg. 28.65 *(978-1-4914-8237-7(0),* 130703, Capstone Pr.) Capstone.

Creative Girls Beauty & Fashion Coloring Book. Activibooks For Kids. 2016. (ENG., Illus.). (J). pap. 9.20 *(978-1-68321-774-9(8))* Mimaxion.

Creative Gratitude Journal: A Journal to Teach Kids to Practice the Attitude of Gratitude & Mindfulness in a Creative & Fun Way. Max Pers2. 2021. (ENG.). 122p. (YA). pap. 9.99 *(978-1-716-21221-5(9))* Lulu Pr., Inc.

Creative Imaginations Magical Color Fun Coloring Book. Smarter Activity Books for Kids. 2016. (ENG., Illus.). (J). pap. 9.22 *(978-1-68374-567-9(1))* Examined Solutions PTE. Ltd.

Creative Journaling: A Guide to over 100 Techniques & Ideas for Amazing Dot Grid, Junk, Mixed-Media, & Travel Pages. Renee Day. 2020. (ENG., Illus.). 208p. pap. 23.99 *(978-1-63106-639-9(0),* 326002, Rock Point Gift & Stationery) Quarto Publishing Group USA.

Creative Kids, 12 vols. 2016. (Creative Kids Ser.). 32p. (gr. 3-3). (ENG.). 181.62 *(978-1-4994-8097-9(0),* 101428e6-e1c6-4ea4-8955-a6e142370129); pap. 70.50 *(978-1-4994-8117-4(9))* Rosen Publishing Group, Inc., The. (Windmill Bks.).

Creative Kids' Primary Journal Composition Book with Drawing Space. Journals and Notebooks. 2019. (ENG.). 120p. (J). pap. 12.99 *(978-1-5419-6629-1(5),* @ Journals & NoteBks.) Speedy Publishing LLC.

Creative Kits: Mini Piñatas. Katie Hewat. 2020. (Creative Kits Ser.). (ENG.). 48p. (J). (gr. 3-7). pap. 14.99 *(978-1-64517-158-4(2),* Silver Dolphin Bks.) Printers Row Publishing Group.

Creative Kits: Paper Planes. Dean Mackey. 2018. (Creative Kits Ser.). (ENG.). 48p. (J). (gr. 1-3). pap. 14.99 *(978-1-68412-526-5(X),* Silver Dolphin Bks.) Printers Row Publishing Group.

Creative Kits: Pom-Pom Pets. Jaclyn Crupi. 2018. (Creative Kits Ser.). (ENG.). 48p. (J). (gr. 1-3). pap. 14.99 *(978-1-68412-525-8(1),* Silver Dolphin Bks.) Printers Row Publishing Group.

Creative Machines. Dona Herweck Rice. rev. ed. 2019. (Smithsonian: Informational Text Ser.). (ENG., Illus.). 32p. (J). (gr. 2-3). pap. 10.99 *(978-1-4938-6668-7(0))* Teacher Created Materials, Inc.

Creative Mandala Coloring Pages Jumbo Coloring Book Edition. Activibooks. 2016. (ENG., Illus.). (J). pap. 9.20 *(978-1-68321-116-7(2))* Mimaxion.

Creative Mind. Ernest Holmes. 2019. (ENG.). 46p. (YA). (gr. 12). pap. 3.49 *(978-1-60386-810-5(0),* Merchant Bks.) Rough Draft Printing.

Creative Minds Of 1134. The Literacy Lab. 2019. (ENG.). 198p. (J). pap. *(978-0-359-41310-2(2))* Lulu Pr., Inc.

Creative Minds Of 1134: Vol. 2. The Literacy Lab. Ed. by Jamie Marsh. 2023. (ENG.). 150p. (YA). pap. ***(978-1-312-63919-5(9))*** Lulu Pr., Inc.

Creative New Dream Catchers Coloring Book. Bobo's Adult Activity Books. 2016. (ENG., Illus.). (J). pap. 9.33 *(978-1-68327-496-4(2))* Sunshine In My Soul Publishing.

Creative Ninja: A STEAM Book for Kids about Developing Creativity. Mary Nhin. Illus. by Jelena Stupar. 2021. (Ninja Life Hacks Ser.: Vol. 54). (ENG.). 34p. (J). 19.99 *(978-1-63731-190-5(7))* Grow Grit Pr.

Creative Patchwork Designs - Coloring Books Quilts Edition. Creative Playbooks. 2016. (ENG., Illus.). (J). pap. 7.74 *(978-1-68323-109-7(0))* Twin Flame Productions.

Creative Playtime Activity & Coloring Book Edition. Bobo's Children Activity Books. 2016. (ENG., Illus.). (J). pap. 7.99 *(978-1-68327-911-2(5))* Sunshine In My Soul Publishing.

Creative Podcast Producers. Heather C. Hudak. 2018. (It's a Digital World! Ser.). (ENG., Illus.). 32p. (J). (gr. 3-6). lib. bdg. 32.79 *(978-1-5321-1531-8(8),* 28916, Checkerboard Library) ABDO Publishing Co.

Creative Snow People: Snow Zombies & More Coloring Book. Smarter Activity Books. 2016. (ENG., Illus.). (J). pap. 9.22 *(978-1-68374-526-6(4))* Examined Solutions PTE. Ltd.

Creative Stained Glass Designs Coloring Books Zen Edition. Activity Attic Books. 2016. (ENG., Illus.). (J). pap. 7.74 *(978-1-68323-112-7(0))* Twin Flame Productions.

Creative Toddler's First Coloring Book: 110 Everyday Things & Numbers, Letters, Shapes, Animals, Fun. Coloring Book for Kids, Age 1-4, Preschool Coloring Book: 110 Everyday Things & Numbers, Letters, Shapes, Animals, Fun. Coloring Book for Kids, Age 1-4, Preschool Coloring Book. My Little Angel World. 2023. (ENG.). 112p. (J). pap. 11.97 ***(978-1-312-43241-3(1))*** Lulu Pr., Inc.

Creative Visuals Primary Journal Half Page Ruled Notebook 100 Pages. Journals and Notebooks. 2019. (ENG.). 100p. (J). pap. 12.99 *(978-1-5419-6607-9(4),* @ Journals & NoteBks.) Speedy Publishing LLC.

Creative World of Aaron. Shamsa Khan Niazi. 2018. (ENG., Illus.). 40p. (J). *(978-1-78848-897-6(0))*; pap. *(978-1-78848-896-9(2))* Austin Macauley Pubs. Ltd.

Creative Writing Book IR. 2017. (Write Your Own Bks.). (ENG.). (J). spiral bd. 14.99 *(978-0-7945-3874-3(6),* Usborne) EDC Publishing.

Creative Writing for College Students: A Summary of the Theory of Exposition, Argument, Narration, & Description; with a Selective & Illustrative Anthology of College Student Themes & of Selections from Literature (Classic Reprint) Robert Witbeck Babcock. 2018. (ENG., Illus.). (J). 608p. 36.46 *(978-1-396-68284-1(8))*; 610p. pap. 19.57 *(978-1-396-18404-8(X))* Forgotten Bks.

428

The check digit for ISBN-10 appears in parentheses after the full ISBN-13

Creative Writing for Kids 1 Large Print. Amanda J. Harrington. l.t. ed. 2019. (ENG.). 76p. (J). pap. *(978-0-244-22425-7(0))* Lulu Pr., Inc.

Creative Writing for Kids 2. Amanda J. Harrington. (ENG.). (J). 2019. 68p. pap. *(978-0-244-49970-9(5))*; 2018. (Illus.). 132p. pap. *(978-0-244-72433-7(4))* Lulu Pr., Inc.

Creative Writing for Kids 2 Large Print. Amanda J. Harrington. l.t. ed. 2019. (ENG.). 84p. (J). pap. *(978-0-244-82443-3(6))* Lulu Pr., Inc.

Creative Writing for Kids 2019. Amanda J. Harrington. 2018. (ENG., Illus.). 220p. (J). pap. *(978-0-244-41156-5(5))* Lulu Pr., Inc.

Creative Writing for Kids 2019. Amanda J. Harrington. 2019. (ENG.). 88p. (J). pap. *(978-0-244-79808-6(7))* Lulu Pr., Inc.

Creative Writing for Kids 3 & 4. Amanda J. Harrington. 2018. (ENG., Illus.). 238p. (J). pap. 13.01 *(978-0-244-08308-3(8))* Lulu Pr., Inc.

Creative Writing for Kids 3 Winter Tales. Amanda J. Harrington. (ENG.). (J). 2019. 68p. pap. *(978-0-244-50111-2(4))*; 2018. (Illus.). 126p. pap. 9.86 *(978-0-244-72685-0(X))* Lulu Pr., Inc.

Creative Writing for Kids 3 Winter Tales Large Print. Amanda J. Harrington. l.t. ed. 2019. (ENG.). 88p. (J). pap. *(978-0-244-52778-5(4))* Lulu Pr., Inc.

Creative Writing for Kids 4 Once upon a Story. Amanda J. Harrington. (ENG.). (J). 2019. 76p. pap. *(978-0-244-20511-9(6))*; 2018. (Illus.). 130p. pap. 9.91 *(978-0-244-12590-5(2))* Lulu Pr., Inc.

Creative Writing for Kids 4 Once upon a Story Large Print. Amanda J. Harrington. l.t. ed. 2019. (ENG.). 96p. (J). pap. *(978-0-244-82787-8(7))* Lulu Pr., Inc.

Creative Writing for Kids Once upon a Story. Amanda Harrington. 2018. (ENG., Illus.). 128p. (J). pap. *(978-0-244-12181-5(8))* Lulu Pr., Inc.

Creative Writing for Kids Winter Tales. Amanda J. Harrington. 2018. (ENG., Illus.). 122p. (J). pap. 9.86 *(978-0-244-12126-6(5))* Lulu Pr., Inc.

Creative Writing Playbook: For Kids ONLY! Megan Wagner Lloyd. Illus. by Madeline Garcia. 2023. (ENG.). 176p. (J). pap. 10.99 ***(978-1-5248-7678-4(X))*** Andrews McMeel Publishing.

Creative Writing Skills: Over 70 Fun Activities for Children. Lexi Rees. 2019. (ENG., Illus.). 114p. (J). (gr. 2-5). pap. *(978-1-872889-24-5(7))* Outset Publishing Ltd.

Creativity. William Shinefield. Illus. by Daniel Shinefield. 2017. (ENG.). 42p. (J). (gr. k-6). 19.95 ***(978-0-692-04543-5(0))*** Lifeworks Enterprises.

Creativity & Material Constraints. Charles Hastings. 2022. (ENG.). 158p. (YA). pap. ***(978-1-387-44795-4(5))*** Lulu Pr., Inc.

Creativity Central! a Super Fun Activity Book for Kids. Bobo's Children Activity Books. 2016. (ENG., Illus.). (J). pap. 7.99 *(978-1-68327-405-6(9))* Sunshine In My Soul Publishing.

Creativity on the Go: Dragons. Andrea Pinnington. 2018. (Creativity on the Go Ser.). (ENG.). 80p. (J). (gr. 1-3). pap. 12.95 *(978-1-78312-173-1(4))* Carlton Kids GBR. Dist: Two Rivers Distribution.

Creativity on the Go: Pirates. Andrea Pinnington. 2018. (Creativity on the Go Ser.). (ENG.). 80p. (J). (gr. 1-3). pap. 12.95 *(978-1-78312-176-2(9))* Carlton Kids GBR. Dist: Two Rivers Distribution.

Creativity Project: An Awesometastic Story Collection. Ed. by Colby Sharp. 2019. (ENG., Illus.). 288p. (J). (gr. 3-7). pap. 9.99 *(978-0-316-50779-0(2))* Little, Brown Bks. for Young Readers.

Creator, Father, King: A One Year Journey with God. Joshua Cooley. 2020. (ENG.). 752p. (YA). pap. 15.99 *(978-1-4964-3494-4(3)*, 20_31675, Wander) Tyndale Hse. Pubs.

Creator in You. Jordan Raynor. Illus. by Jonathan David. 2022. 40p. (J). (gr. -1-2). 11.99 *(978-0-593-19313-6(X)*, WaterBrook Pr.) Crown Publishing Group, The.

Creators a Comedy (Classic Reprint) May Sinclair. 2017. (ENG., Illus.). (J). 34.81 *(978-0-265-8189-9(X))* Forgotten Bks.

Creator's Children: Allies & Enemies. Valerie Walsh. 2021. (ENG.). 444p. (J). pap. 17.99 *(978-1-0879-8913-6(2))* Indy Pub.

Creator's Gift. Roxanne August. 2020. (ENG.). 26p. (J). pap. 12.95 *(978-1-4796-1216-1(2))* TEACH Services, Inc.

Creature. Andrea Ballance. Illus. by Grasya Oliyko. 2022. (ENG.). 32p. (J). (-k). 17.99 *(978-1-83874-041-2(4))* Flying Eye Bks. GBR. Dist: Penguin Random Hse. LLC.

Creature. Helen Bate. Illus. by Helen Bate. 2017. (ENG., Illus.). 32p. (J). (gr. -1-k). 17.99 *(978-1-910959-14-5(6))* Otter-Barry Bks. GBR. Dist: Independent Pubs. Group.

Creature. Miriam Robertson & Hayley K. Robertson. Illus. by Miriam Adkins. 2018. (ENG.). 38p. (J). 23.95 *(978-1-64003-827-1(2))*; pap. 13.95 *(978-1-64003-826-4(4))* Covenant Bks.

Creature Camouflage, 1 vol., Set. Deborah Underwood. Incl. Hiding in Deserts. pap. 8.29 *(978-1-4329-4030-0(9)*, 113175); Hiding in Grasslands. pap. 8.29 *(978-1-4329-4033-1(3)*, 113178); Hiding in Oceans. (Illus.). pap. 8.29 *(978-1-4329-4029-4(5)*, 113174); (J). (gr. 1-3). (Creature Camouflage Ser.). (ENG.). 32p. 2010. pap., pap., pap. 58.09 *(978-1-4329-4037-9(6)*, 15048, Heinemann) Capstone.

Creature Collection. Steve Brezenoff. Illus. by Martín Bustamante. 2022. (Library of Doom Graphic Novels Ser.). (ENG.). 32p. (J). 25.32 *(978-1-6663-4636-7(5)*, 237849); pap. 5.95 *(978-1-6663-4638-1(1)*, 237831) Capstone. (Stone Arch Bks.).

Creature Feature (Set), 4 vols. 2019. (Creature Feature Ser.). (ENG., Illus.). 112p. (J). (gr. 2-5). lib. bdg. 154.00 *(978-1-5321-3495-1(9)*, 31909, Calico Chapter Bks.) ABDO Publishing Co.

Creature Features. Natasha Durley. Illus. by Natasha Durley. 2020. (ENG., Illus.). 24p. (J). (gr. -1-2). bds. 17.99 *(978-1-5362-1043-9(9)*, Big Picture Press) Candlewick Pr.

Creature Features. M. M. Jen Jellyfish. 2017. (ENG., Illus.). (J). 25.95 *(978-1-4808-4200-7(1))*; pap. 16.95 *(978-1-4808-4199-4(4))* Archway Publishing.

Creature Features: Dinosaurs. Big Picture Press. Illus. by Natasha Durley. 2020. (ENG.). 24p. (J). (gr. -1-2). bds. 18.99 *(978-1-5362-1504-5(X)*, Big Picture Press) Candlewick Pr.

Creature Features: Ocean. Big Picture Press. Illus. by Natasha Durley. 2021. (ENG.). 24p. (J). (gr. -1-2). bds. 18.99 *(978-1-5362-1708-7(5)*, Big Picture Press) Candlewick Pr.

Creature from the Depths. Adapted by Mark Kidwell. Illus. by Mark Kidwell. 2023. (Horror Stories Ser.). (ENG.). 32p. (J). (gr. 3-8). lib. bdg. 32.79 ***(978-1-0982-3600-7(9)***, 42590, Graphic Planet - Fiction) Magic Wagon.

Creature in Room #YTH-125. Mark Young. Illus. by Mariano Epelbaum. 2020. (Franken-Sci High Ser.: 5). (ENG.). 176p. (J). (gr. 3-7). 17.99 *(978-1-4814-9143-3(1))*; pap. 6.99 *(978-1-4814-9142-6(3))* Simon Spotlight. (Simon Spotlight).

Creature in the Fireplace. Scarlet Varlow. Illus. by Marilisa Cotroneo. 2019. (Creature Feature Ser.). (ENG.). 112p. (J). (gr. 2-5). lib. bdg. 38.50 *(978-1-5321-3497-5(5)*, 31913, Calico Chapter Bks.) ABDO Publishing Co.

Creature Keepers & the Burgled Blizzard-Bristles. Peter Nelson. Illus. by Rohitash Rao. 2016. (Creature Keepers Ser.: 3). (ENG.). 336p. (J). (gr. 3-7). 12.99 *(978-0-06-223647-0(4)*, Balzer & Bray) HarperCollins Pubs.

Creature Keepers & the Perilous Pyro-Paws. Peter Nelson. Illus. by Rohitash Rao. 2017. (Creature Keepers Ser.: 4). (ENG.). 400p. (J). (gr. 3-7). 12.99 *(978-0-06-223650-0(4)*, Balzer & Bray) HarperCollins Pubs.

Creature of Spooky Lake. Josie Jaye. 2022. (ENG.). 40p. (YA). pap. 12.95 ***(978-1-64628-242-5(6))*** Page Publishing Inc.

Creature of the Night: An Italian Enigma (Classic Reprint) Fergus Hume. (ENG., Illus.). (J). 2018. 170p. 27.42 *(978-0-483-60934-1(X))*; 2017. pap. 9.97 *(978-0-243-27965-4(5))* Forgotten Bks.

Creature of the Pines. Adam Gidwitz. Illus. by Hatem Aly. (Unicorn Rescue Society Ser.: 1). (J). (gr. 2-5). 2019. 192p. 7.99 *(978-0-7352-3172-6(9)*, Puffin Books); 2018. 176p. 14.99 *(978-0-7352-3170-2(2)*, Dutton Books for Young Readers) Penguin Young Readers Group.

Creature of the Pines. Adam Gidwitz et al. ed. 2020. (Unicorn Rescue Society Ser.). (ENG.). 177p. (J). (gr. 4-5). 18.96 *(978-1-64697-157-2(4))* Penworthy Co., LLC, The.

Creature Teacher. Sam Watkins. Illus. by David O'Connell. 2017. (Creature Teacher Ser.). (ENG.). 176p. (J). (gr. 2-4). pap. 6.95 *(978-1-4965-5681-3(X)*, 136595); pap., pap., pap. 27.80 *(978-1-4965-5682-0(8)*, 27297); lib. bdg. 24.65 *(978-1-4965-5702-5(6)*, 136591) Capstone. (Stone Arch Bks.).

Creature Teacher Goes Wild. Sam Watkins. Illus. by David O'Connell. 2017. (Creature Teacher Ser.). (ENG.). 176p. (J). (gr. 2-4). pap. 6.95 *(978-1-4965-5684-4(4)*, 136597); lib. bdg. 24.65 *(978-1-4965-5703-2(4)*, 136592) Capstone. (Stone Arch Bks.).

Creature Teacher Out to Win. Sam Watkins. Illus. by David O'Connell. 2017. (Creature Teacher Ser.). (ENG.). 176p. (J). (gr. 2-4). pap. 6.95 *(978-1-4965-5687-5(9)*, 136598, Stone Arch Bks.) Capstone.

Creature Teacher Science Shocker. Sam Watkins. Illus. by David O'Connell. 2017. (Creature Teacher Ser.). (ENG.). 176p. (J). (gr. 2-4). pap. 6.95 *(978-1-4965-5689-9(5)*, 136596); lib. bdg. 24.65 *(978-1-4965-5705-6(0)*, 136593) Capstone. (Stone Arch Bks.).

Creature Tech (New Edition) Doug Tennapel. 2019. (ENG., Illus.). 224p. (YA). pap. 14.99 *(978-1-5343-0918-0(7)*, 785b8cf8-1220-4d7b-8248-43df11fcc492) Image Comics.

Creature vs. Teacher. T. Nat Fuller. Illus. by Alex Eben Meyer. 2018. (ENG.). 16p. (J). (gr. -1 — 1). bds. 7.99 *(978-1-4197-3155-6(6)*, 1186810, Abrams Appleseed) Abrams, Inc.

Creature Warfare, 6 vols. 2017. (Creature Warfare Ser.). (ENG.). 72p. (YA). (gr. 8-8). lib. bdg. 116.40 *(978-1-5081-7774-6(0)*, d0d4cc54-a06a-44cd-9145-93f718c6d6fc, Rosen Young Adult) Rosen Publishing Group, Inc., The.

Creature Was Stirring. Heather S. Pierczynski. Illus. by Skylar Hogan. 2023. (ENG.). 40p. (J). (gr. -1-3). 18.99 ***(978-0-06-323074-3(7)***, Tegen, Katherine Bks) HarperCollins Pubs.

Creatures. 2022. (Forest School Ser.). (ENG., Illus.). 24p. (J). (gr. 1-3). lib. bdg. 26.99 *(978-1-63691-462-6(4)*, 18611) Bearport Publishing Co., Inc.

Creatures. Sarah Kempster. 2020. (ENG., Illus.). 42p. (J). pap. *(978-1-78830-271-5(0))* Olympia Publishers.

Creatures. Samantha McKeating. 2017. (ENG., Illus.). (J). pap. *(978-0-9933223-4-1(4))* McKeating, Samantha.

Creatures #3. Corey Oaneill. 2016. (ENG., Illus.). (J). pap. 12.99 *(978-1-68076-696-7(1)*, Epic Pr.) ABDO Publishing Co.

Creatures & Characters: Drawing Amazing Monsters, Aliens, & Other Weird Things!, 1 vol. Timothy Young. 2017. (ENG.). 48p. (gr. 3-6). pap. 12.99 *(978-0-7643-5403-8(5)*, 8935) Schiffer Publishing, Ltd.

Creatures & Critters: Dinosaurs & Other Huge Animals - Coloring Books Boys Edition. Creative Playbooks. 2016. (ENG., Illus.). (J). pap. 7.74 *(978-1-68323-029-8(9))* Twin Flame Productions.

Creatures Close Up. Gillian Watts & Gillian Watts. Photos by Philippe Martin & Philippe Martin. 2016. (ENG., Illus.). 64p. (J). (gr. 3-7). pap. 9.95 *(978-1-77085-782-7(6)*, eff6fabf-8d39-4625-b752-a5c974d852e2) Firefly Bks., Ltd.

Creatures from the Darkest Depths of the Sea - Ocean Animals Book Children's Marine Life Books. Baby Professor. 2017. (ENG., Illus.). 64p. (J). pap. 9.52 *(978-1-5419-1615-9(8)*, Baby Professor (Education Kids)) Speedy Publishing LLC.

Creatures from the Past: Band 17/Diamond. Anne Rooney. 2016. (Collins Big Cat Ser.). (ENG.). 56p. (J). (gr. 5-6). pap. 9.95 *(978-0-00-816402-7(9))* HarperCollins Pubs. Ltd. GBR. Dist: Independent Pubs. Group.

Creatures in a Dark Cave. Francine Topacio. 2019. (Wild! Exploring Animal Habitats Ser.). (ENG.). 24p. (gr. 3-3). 49.50 *(978-1-7253-0430-7(9)*, PowerKids Pr.) Rosen Publishing Group, Inc., The.

Creatures in a Hot Desert, 1 vol. Francine Topacio. 2019. (Wild! Exploring Animal Habitats Ser.). (ENG.). 24p. (gr. 3-3). 25.27 *(978-1-7253-0434-5(1)*, 771bb895-babd-4b9d-9b53-62a69d836691, PowerKids Pr.) Rosen Publishing Group, Inc., The.

Creatures in a Wet Rain Forest, 1 vol. Francine Topacio. 2019. (Wild! Exploring Animal Habitats Ser.). (ENG.). 24p. (gr. 3-3). pap. 9.25 *(978-1-7253-0436-9(8)*, ec1abf61-0a75-45bd-b22e-6d96c7b56404, PowerKids Pr.) Rosen Publishing Group, Inc., The.

Creatures in the Icy Tundra, 1 vol. Francine Topacio. 2019. (Wild! Exploring Animal Habitats Ser.). (ENG.). 24p. (gr. 3-3). pap. 9.25 *(978-1-7253-0440-6(6)*, 437ecadf-1bef-4f55-a6e4-97a26b93fe0f, PowerKids Pr.) Rosen Publishing Group, Inc., The.

Creatures Marine Coloring Book for Adult: Amazing Coloring Book with Creatures Marine for Featuring Relaxing. Elli Steele. 2020. (ENG.). 106p. (YA). pap. 10.29 *(978-1-716-27981-2(X))* Lulu Pr., Inc.

Creatures of Chchester: The One about the Golden Lake. Christopher Joyce. 2017. (Creatures of Chichester Ser.: Vol. 6). (ENG., Illus.). (J). pap. *(978-0-9935814-5-8(5))* Chichester Publishing.

Creatures of Chichester: The One about the Edible Aliens. Christopher Joyce. 2016. (Creatures of Chichester Ser.: Vol. 5). (ENG., Illus.). (J). (gr. 3-5). pap. *(978-0-9935814-2-7(0))* Chichester Publishing.

Creatures of Circumstance, Vol. 1 Of 3: A Novel (Classic Reprint) Horace G. Hutchinson. 2018. (ENG., Illus.). 280p. (J). 29.67 *(978-0-267-63590-0(7))* Forgotten Bks.

Creatures of Circumstance, Vol. 2 Of 3: A Novel (Classic Reprint) Horace G. Hutchinson. (ENG., Illus.). (J). 2018. 290p. 29.88 *(978-0-332-06493-2(X))*; 2016. pap. 13.57 *(978-1-334-22772-1(1))* Forgotten Bks.

Creatures of Circumstance, Vol. 3 Of 3: A Novel (Classic Reprint) Horace G. Hutchinson. (ENG., Illus.). (J). 2017. 29.90 *(978-0-331-90895-4(6))*; 2016. pap. 13.57 *(978-1-333-34324-8(8))* Forgotten Bks.

Creatures of Clay: A Novel (Classic Reprint) Violet Greville. 2018. (ENG., Illus.). 310p. (J). 30.29 *(978-0-483-89835-6(X))* Forgotten Bks.

Creatures of Clay, Vol. 1 Of 3: A Novel (Classic Reprint) Violet Greville. 2018. (ENG., Illus.). 310p. (J). 30.29 *(978-0-267-15447-0(X))* Forgotten Bks.

Creatures of Clay, Vol. 3 Of 3: A Novel (Classic Reprint) Lady Violet Greville. 2018. (ENG., Illus.). 286p. (J). 29.82 *(978-0-332-84146-5(4))* Forgotten Bks.

Creatures of Fantasy (Groups 1 - 4), 48 vols. 2016. (Creatures of Fantasy Ser.). (ENG.). (J). (gr. 6-6). lib. bdg. 868.32 *(978-1-5026-2022-4(7)*, 1d692a54-740b-4e2e-9f87-756ecdbdcbdd) Cavendish Square Publishing LLC.

Creatures of Imagination. Kirsten Brass. Illus. by Benjamin Fieschi-Rose. 2020. (ENG.). 48p. (J). pap. *(978-1-5255-6683-7(0))*; *(978-1-5255-6682-0(2))* FriesenPress.

Creatures of Legend (Set), 6 vols. 2022. (Creatures of Legend Ser.). (ENG.). 32p. (J). (gr. 2-5). lib. bdg. 196.74 *(978-1-0982-4232-9(7)*, 40025, DiscoverRoo) Pop!.

Creatures of Light: Book One — the Awakening. Johnny Raye. 2022. (Creatures of Light Ser.: Vol. 1). (ENG.). 382p. (YA). pap. 18.95 *(978-1-62787-923-1(4))* Wheatmark, Inc.

Creatures of the Cretaceous. Louise Nelson. 2023. (That's Not a Dino! Ser.). (ENG.). 24p. (J). (gr. 1-3). lib. bdg. 19.95 Bearport Publishing Co., Inc.

Creatures of the Deep Coloring Book - Writing Book for Kindergarten Children's Reading & Writing Books. Baby Professor. 2018. (ENG., Illus.). 64p. (J). pap. 12.99 *(978-1-5419-2790-2(7)*, Baby Professor (Education Kids)) Speedy Publishing LLC.

Creatures of the Forest Habitat, 12 vols. 2016. (Creatures of the Forest Habitat Ser.). (ENG.). 00024p. (J). (gr. 3-3). 151.62 *(978-1-4994-2639-7(9)*, e795c96e-9ad6-40c5-95af-a187c11a4084, PowerKids Pr.) Rosen Publishing Group, Inc., The.

Creatures of the in Between. Cindy Lin. 2023. (Creatures of the in Between Ser.). (ENG.). 416p. (J). (gr. 3-7). 19.99 *(978-0-06-306479-9(0)*, HarperCollins) HarperCollins Pubs.

Creatures of the Night. Grace Collins. 2021. (ENG.). 296p. (YA). pap. 10.99 *(978-1-989365-49-6(3)*, 900233858) Wattpad Bks. CAN. Dist: Macmillan.

Creatures of the Night: A Book of Wild Life in Western Britain (Classic Reprint) Alfred W. Rees. 2017. (ENG., Illus.). (J). 33.96 *(978-0-266-51349-0(2))* Forgotten Bks.

Creatures of the Ocean Sticker Poster: Includes a Big 15 X 28 Pull-Out Poster, 50 Colorful Animal Stickers, & Fun Facts. Fiona Ocean Simmance & Alison Sky Simmance. Illus. by Kaja Kajfez. 2023. (ENG.). 14p. (J). (gr. -1-17). pap. 12.99 ***(978-1-63586-620-9(0))*** Storey Publishing, LLC.

Creatures of the Paranormal, 12 vols. 2019. (Creatures of the Paranormal Ser.). (ENG.). 48p. (J). (gr. 5-5). lib. bdg. 177.60 *(978-1-9785-1586-4(3)*, bac6050d-10de-49f0-b7ff-b1157eeec065) Enslow Publishing, LLC.

Creatures of the Rainforest. Cheryl Johnson. 2022. (ENG.). 46p. (J). 24.99 ***(978-1-0880-5827-5(2))*** Indy Pub.

Creatures of the Rainforest Sticker Poster: Includes a Big 15 X 28 Pull-Out Poster, 50 Colorful Animal Stickers, & Fun Facts. Fiona Ocean Simmance & Alison Sky Simmance. Illus. by Kaja Kajfez. 2023. (ENG.). 14p. (J). (gr. -1-17). pap. 12.99 ***(978-1-63586-621-6(9))*** Storey Publishing, LLC.

Creatures Outside the Forest. Kelsey Harper. 2019. (ENG.). 46p. (J). pap. 19.50 ***(978-0-359-60392-3(0))*** Wright Bks.

Creatures Peculiar & Crooks. Bain Mattox. 2017. (ENG., Illus.). (J). pap. 10.00 *(978-0-9975227-5-4(5))* Garbage Factory, The.

Creatures That Hatch from Eggs. Beth Costanzo. 2022. (ENG.). 36p. (J). pap. 8.99 ***(978-1-0879-5951-1(9))*** Adventures of Scuba Jack Pubs., The.

Creatures That Once Were Men (Classic Reprint) Maksim Gorky. 2017. (ENG., Illus.). (J). 29.11 *(978-1-5283-7855-0(5))* Forgotten Bks.

Creatures That Once Were Men (Classic Reprint) Maxim Gorky. 2018. (ENG., Illus.). 110p. (J). 26.17 *(978-0-364-22650-6(1))* Forgotten Bks.

Creatures That Once Were Men, Pp. 1-247. Maksim Gorky & J. M. Shirazi. 2017. (ENG., Illus.). (J). pap. *(978-0-649-55750-9(6))* Trieste Publishing Pty Ltd.

Creatureton High. Anthony Paolucci. 2017. (ENG., Illus.). (J). pap. 11.99 *(978-1-365-71806-9(9))* Lulu Pr., Inc.

Creatureton University. Anthony Paolucci. 2017. (ENG., Illus.). (J). pap. 20.99 *(978-1-365-71835-9(2))* Lulu Pr., Inc.

Creaturmals Adventure Series Book 1: Making Friends. Leanne Hill. 2018. (ENG., Illus.). 40p. (J). *(978-1-5289-2535-8(1))*; pap. *(978-1-5289-2533-4(5))* Austin Macauley Pubs. Ltd.

Creazione Di un Nuovo Mondo. Stefano Angelo Grossi. 2022. (ITA.). 33p. (YA). pap. ***(978-1-4709-4585-5(1))*** Lulu Pr., Inc.

¡Crece Ya, David! (Grow up, David!) David Shannon. Illus. by David Shannon. 2018. (SPA., Illus.). 32p. (J). (gr. -1-k). pap. 6.99 *(978-1-338-29951-9(4)*, Scholastic en Espanol) Scholastic, Inc.

Crecer Como un Abenaki: Leveled Reader Book 40 Level N 6 Pack. Hmh Hmh. 2021. (SPA.). 24p. (J). pap. 74.40 *(978-0-358-08436-5(9))* Houghton Mifflin Harcourt Publishing Co.

Creciendo en Mi Mundo Al Reves. Katish Mira. 2018. (SPA., Illus.). 176p. (J). (gr. k-3). *(978-958-48-3731-8(1))* Restrepo, Ana.

Creciendo en Mi Mundo Interior. Katish Mira. 2018. (SPA., Illus.). 176p. (J). (gr. k-3). *(978-958-48-3730-1(3))* Restrepo, Ana.

Credible Chronicles of the Patchwork Village: 'Sconset by the Sea (Classic Reprint) Evelyn T. Underhill. 2018. (ENG., Illus.). 150p. (J). 27.01 *(978-0-267-48293-1(0))* Forgotten Bks.

Credit Cards & Loans. Tammy Gagne. 2020. (ENG.). 80p. (YA). (gr. 6-12). 41.27 *(978-1-68282-803-8(4)*, BrightPoint Pr.) ReferencePoint Pr., Inc.

Credit of the County: A Novel (Classic Reprint) W. E. Norris. 2017. (ENG., Illus.). 346p. (J). 31.03 *(978-0-332-81193-2(X))* Forgotten Bks.

Credit the Crocodile: A Tale of Survival in the African Wild. Godfrey Harris. 2017. (ENG., Illus.). 260p. (YA). *(978-0-935047-89-9(1))* Americas Group, The.

Cree. Katie Lajiness. 2018. (Native Americans Ser.). (ENG., Illus.). 32p. (J). (gr. 2-5). lib. bdg. 34.21 *(978-1-5321-1506-6(7)*, 28884, Big Buddy Bks.) ABDO Publishing Co.

Creeboy. Teresa Wouters. 2022. (ENG.). (YA). (gr. 9-12). 128p. pap. 9.99 *(978-1-4594-1678-9(3)*, fcb0a3b0-a8ed-4690-972c-81048fb7eb65); 200p. lib. bdg. 27.99 *(978-1-4594-1681-9(3)*, bf886c1d-b6ce-464d-a593-602f1f5413cc) James Lorimer & Co. Ltd., Pubs. CAN. Dist: Lerner Publishing Group.

Creechville. Glenda Jensen. 2021. (ENG.). 22p. (J). pap. 10.95 *(978-1-64801-683-7(9))* Newman Springs Publishing, Inc.

C

Creed of Her Father: A Novel (Classic Reprint) Van Zandt Wheeler. 2018. (ENG., Illus.). 336p. (J). 30.85 *(978-0-483-19789-3(0))* Forgotten Bks.

Creek & the Cherokee. Kelly Rodgers. rev. ed. 2016. (Social Studies: Informational Text Ser.). (ENG., Illus.). 32p. (gr. 2-4). pap. 10.99 *(978-1-4938-2553-0(4))* Teacher Created Materials, Inc.

Creek at the Farm: Leveled Reader Orange Level 15. Rg Rg. 2016. (PM Ser.). (ENG.). 16p. (J). (gr. 1-2). pap. 11.00 *(978-0-544-89152-4(X))* Rigby Education.

Creek Crew: Kingdom of the Creek. Drew Bale. 2020. (ENG.). 224p. (YA). pap. ***(978-0-6488385-3-1(6))*** Bale, Drew.

Creek Critters. Jennifer Keats Curtis. Illus. by Phyllis Saroff. 2020. (ENG.). 32p. (J). (gr. 1-5). 17.95 *(978-1-64351-748-3(1))* Arbordale Publishing.

Creekfinding: A True Story. Jacqueline Briggs Martin. Illus. by Claudia McGehee. 2017. (ENG.). 36p. (J). 16.95 *(978-0-8166-9802-8(3))* Univ. of Minnesota Pr.

Creeking & Other Extreme Kayaking. Elliott Smith. 2019. (Natural Thrills Ser.). (ENG., Illus.). 32p. (J). (gr. 3-9). lib. bdg. 28.65 *(978-1-5435-7323-7(1)*, 140623) Capstone.

Creel of Irish Stories (Classic Reprint) Jane Barlow. 2017. (ENG., Illus.). (J). 31.47 *(978-0-260-97246-0(0))* Forgotten Bks.

Créeme, ¡Ricitos Es Genial! El Cuento de Los Tres Osos Contado Por Bebé Oso. Nancy Loewen. Tr. by Aparicio Publishing Aparicio Publishing LLC. Illus. by Tatevik Avakyan. 2020. (Otro Lado Del Cuento Ser.).Tr. of Believe Me, Goldilocks Rocks!. (SPA.). 24p. (J). (gr. -1-3). pap. 6.95 *(978-1-5158-6089-1(2)*, 142363, Picture Window Bks.) Capstone.

Créeme, ¡Ricitos Es Genial! El Cuento de Los Tres Osos Contado Por Bebé Oso. Nancy Loewen. Illus. by Tatevik Avakyan. 2019. (Otro Lado Del Cuento Ser.).Tr. of Believe Me, Goldilocks Rocks!. (SPA.). 24p. (J). (gr. -1-3). lib. bdg. 27.99 *(978-1-5158-4650-5(4)*, 141251, Picture Window Bks.) Capstone.

Creep. Annette Balcom. Illus. by Olivia Mangione. 2018. (ENG.). 22p. (J). pap. 12.95 *(978-1-7325075-1-7(1))* McMillan, Carol.

Creep. Eireann Corrigan. 2019. (ENG.). 304p. (YA). (gr. 7-7). 17.99 *(978-1-338-09508-1(0)*, Scholastic Pr.) Scholastic, Inc.

Creep: A Love Story. Lygia Day Penaflor. 2022. (ENG.). 272p. (YA). (gr. 9). 17.99 *(978-0-358-69292-8(X)*, Clarion Bks.) HarperCollins Pubs.

Creep: a Love Story. Lygia Day Peñaflor. 2023. (ENG.). 272p. (YA). (gr. 9-7). pap. 15.99 ***(978-0-06-330896-1(7)***, Clarion Bks.) HarperCollins Pubs.

Creepers 2: A Book of New Beginnings. Trevin Wilson. 2020. (Creepers Ser.: 2). 48p. (YA). pap. 7.99 *(978-1-0983-1092-9(6))* BookBaby.

Creepers: Cold Kisser. Edgar J. Hyde. Illus. by Chloe Tyler. 2020. (Creepers Ser.). (ENG.). 128p. (J). (gr. 6-7). pap. 5.99 *(978-1-4867-1874-0(4)*, 85fdd9a9-4f17-49c5-95cf-588c78e43bb3) Flowerpot Pr.

Creepers Crashed My Party. Cara J. Stevens. ed. 2018. (Redstone Jr. High Ser.: 2). lib. bdg. 23.30 *(978-0-606-41299-5(9))* Turtleback.

Creepers: Ghost Writer. Edgar J. Hyde. Illus. by Chloe Tyler. 2021. (Creepers Horror Stories Ser.). (ENG.). 128p. (J). (gr. 6-7). pap. 5.99 *(978-1-4867-2126-9(5)*, 008ac170-fd7d-40ab-af86-10a178b1b632) Flowerpot Pr.

Creepers: Pen Pals. Edgar J. Hyde. Illus. by Chloe Tyler. 2020. (Creepers Ser.). (ENG.). 128p. (J). (gr. 6-7). pap. 5.99 *(978-1-4867-1875-7(2)*, 55a675d3-c6c3-4185-84e2-474a410f6cf5) Flowerpot Pr.

Creepers: Stage Fright. Edgar J. Hyde. Illus. by Chloe Tyler. 2020. (Creepers Ser.). (ENG.). 128p. (J). (gr. 6-7). pap. 5.99 *(978-1-4867-1877-1(9),* 42f3cf41-f76c-42f0-a8dc-f2f933cb7111) Flowerpot Pr.

Creepers: the Golden Goblet. Edgar J. Hyde. Illus. by Chloe Tyler. 2021. (Creepers Horror Stories Ser.). (ENG.). 128p. (J). (gr. 6-7). pap. 5.99 *(978-1-4867-2127-6(3),* 2be3fa4c-40a5-434c-ae1c-4752a32dd19e) Flowerpot Pr.

Creepers: the Gravedigger. Edgar J. Hyde. Illus. by Chloe Tyler. 2020. (Creepers Ser.). (ENG.). 128p. (J). (gr. 6-7). pap. 5.99 *(978-1-4867-1879-5(5),* c0ef2c92-4cb8-4a36-b122-5841e55173f5) Flowerpot Pr.

Creepers: the Piano. Edgar J. Hyde. Illus. by Chloe Tyler. 2020. (Creepers Ser.). (ENG.). 128p. (J). (gr. 6-7). pap. 5.99 *(978-1-4867-1876-4(0),* 5756bc25-cbe5-41d5-9fe0-a88ba5e32160) Flowerpot Pr.

Creepers: the Scarecrow. Edgar J. Hyde. Illus. by Chloe Tyler. 2020. (Creepers Ser.). (ENG.). 128p. (J). (gr. 6-7). pap. 5.99 *(978-1-4867-1878-8(7),* d9c49887-72b0-46d1-b4c3-09b2bab6a4c2) Flowerpot Pr.

Creepiest Sleepover Ever. Ximena Hastings. 2019. (Ready-To-Read Ser.). (ENG.). 32p. (J). (gr. k-1). 13.96 *(978-0-87617-682-5(1))* Penworthy Co., LLC, The.

Creeping Beath. Matt J. Pike. Ed. by Lisa Chant. Illus. by Steve Grice. 2017. (Zombie Rizing Ser.: Vol. 4). (ENG.). 82p. (J). (gr. 3-6). pap. 10.00 *(978-1-64007-650-1(6))* Primedia eLaunch LLC.

Creeping Beauty. Andrea Portes. 2023. (ENG.). 368p. (YA). (gr. 8). 19.99 ***(978-0-06-242247-7(2),*** HarperTeen) HarperCollins Pubs.

Creeping Bookends see Los Sujetalibros Horripilantes

Creeping Caterpillars. Robin Nelson. 2016. (First Step Nonfiction — Backyard Critters Ser.). (ENG., Illus.). 24p. (J). (gr. k-2). 23.99 *(978-1-5124-0880-5(8),* d31350cb-66f4-4458-a23d-c3bae6027048, Lerner Pubns.) Lerner Publishing Group.

Creeping Clown: A Tale of Terror. Jessica Gunderson. Illus. by Mariano Epelbaum. 2018. (Michael Dahl Presents: Phobia Ser.). (ENG.). 72p. (J). (gr. 4-6). lib. bdg. 25.32 *(978-1-4965-7344-5(7),* 138931, Stone Arch Bks.) Capstone.

Creeping Librarian: Dead Silence. Jason M. Burns. Illus. by Dustin Evans. 2023. (Nightmares of Nightmute Ser.: 2). (ENG.). 32p. (J). (gr. 4-8). pap. 14.21 *(978-1-6689-2090-9(5),* 222068); lib. bdg. 32.07 *(978-1-6689-1988-0(5),* 221966) Cherry Lake Publishing. (Torch Graphic Press).

Creeping Tides: A Romance of an Old Neighborhood (Classic Reprint) Kate Jordan. 2017. (ENG., Illus.). (J). 31.57 *(978-0-331-86407-6(X));* pap. 16.57 *(978-0-243-28865-6(4))* Forgotten Bks.

Creeps: Book 2: the Trolls Will Feast! Chris Schweizer. 2016. (Creeps Ser.). (ENG., Illus.). 128p. (J). (gr. 3-7). 17.95 *(978-1-4197-1882-3(7),* 1093301, Amulet Bks.) Abrams, Inc.

Creepshow: the Cursed (Media Tie-In) Elley Cooper. ed. 2021. (ENG., Illus.). 224p. (YA). (gr. 7-7). pap. 9.99 *(978-1-338-63124-1(1))* Scholastic, Inc.

Creepshow: the Taker (Media Tie-In) Elley Cooper. ed. 2020. (ENG., Illus.). 224p. (YA). (gr. 7-7). pap. 9.99 *(978-1-338-63123-4(3))* Scholastic, Inc.

CreepsVille. Megan Brock. 2018. (ENG.). 156p. (J). pap. *(978-0-359-89797-1(5))* Lulu Pr., Inc.

Creepy. Danise McPhearson. 2023. (ENG.). 34p. (YA). pap. ***(978-1-365-13444-9(X))*** Lulu Pr., Inc.

Creepy & Crawly: Technology Inspired by Animals. Tessa Miller. 2018. (Animal Tech Ser.). (ENG., Illus.). 48p. (J). (gr. 5-8). lib. bdg. 27.99 *(978-1-62920-738-4(1),* f0dba8fa-9c3d-422e-b7ee-93eee2ac46c3) Full Tilt Pr. NZL. Dist: Lerner Publishing Group.

Creepy & Cute Kawaii: a Children's Coloring Book Features 80 Pages of Creepy & Cute Kawaii for Kids Ages 4 Years Old & Up. Rodney Harrison. 2022. (ENG.). 80p. (J). pap. ***(978-1-387-41322-5(8))*** Lulu Pr., Inc.

Creepy Cafetorium. Colleen AF Venable et al. 2021. (Creepy Cafetorium Ser.: 1). (ENG.). 240p. (J). 13.99 *(978-1-5248-7175-8(3));*Volume 1. (Illus.). pap. 9.99 *(978-1-5248-6880-2(9))* Andrews McMeel Publishing.

Creepy Cafetorium: Six More Spooky, Slimy, Silly Short Stories. Colleen AF Venable et al. Illus. by Anna-Maria Jung. 2023. (Creepy Cafetorium Ser.: 2). (ENG.). 192p. (J). 19.99 *(978-1-5248-7867-2(7));*Volume 2. pap. 11.99 *(978-1-5248-7866-5(9))* Andrews McMeel Publishing.

Creepy Case Files of Margo Maloo. Drew Weing. 2018. (Creepy Case Files of Margo Maloo Ser.: 1). (ENG., Illus.). 128p. (J). pap. 10.99 *(978-1-250-18826-7(1),* 900192071, First Second Bks.) Roaring Brook Pr.

Creepy Case Files of Margo Maloo: the Monster Mall. Drew Weing. 2021. (Creepy Case Files of Margo Maloo Ser.: 2). (ENG., Illus.). 128p. (J). pap. 9.99 *(978-1-250-26892-1(3),* 900222749, First Second Bks.) Roaring Brook Pr.

Creepy Case Files of Margo Maloo: the Tangled Web. Drew Weing. 2021. (Creepy Case Files of Margo Maloo Ser.: 3). (ENG., Illus.). 144p. (J). 15.99 *(978-1-250-20683-1(9),* 900201544, First Second Bks.) Roaring Brook Pr.

Creepy Cat Vol. 1. Cotton Valent. 2021. (Creepy Cat Ser.: 1). (Illus.). 128p. (gr. 8-12). pap. 14.99 *(978-1-64827-787-0(X))* Seven Seas Entertainment, LLC.

Creepy Cat Vol. 2. Cotton Valent. 2022. (Creepy Cat Ser.: 2). (Illus.). 128p. (YA). (gr. 8-12). pap. 14.99 *(978-1-64827-926-3(0))* Seven Seas Entertainment, LLC.

Creepy Cathedral. Brittany Canasi. Illus. by Katie Wood. 2017. (G. H. O. S. T. Squad Ser.). (ENG.). 48p. (gr. 3-5). pap. 8.95 *(978-1-68342-438-3(7),* 9781683424383) Rourke Educational Media.

Creepy Cemeteries, 1 vol. Alix Wood. 2016. (World's Scariest Places Ser.). (ENG.). 32p. (J). (gr. 4-5). pap. 11.50 *(978-1-4824-5901-2(9),* 1d0f0c98-32e8-47c6-bea8-28b2af9e837d) Stevens, Gareth Publishing LLLP.

Creepy Chibi Horror: A Creepy Kawaii Giant Super Jumbo Coloring Book Features over 70 Pages of Creepy Chibi Girl & Horror Characters for Kids Ages 5 Years Old & up (Book Edition:1) Beatrice Harrison. 2022. (ENG.). 82p. (J). pap. 12.68 ***(978-1-387-51156-3(4))*** Lulu Pr., Inc.

Creepy Chibi Horror: A Creepy Kawaii Giant Super Jumbo Coloring Book Features over 70 Pages of Creepy Chibi Girl & Horror Characters for Kids Ages 5 Years Old & up (Book Edition:2) Beatrice Harrison. 2022. (ENG.). 82p. (J). pap. 12.68 ***(978-1-387-48839-1(2))*** Lulu Pr., Inc.

Creepy Classics. Sequoia Kids Media Sequoia Kids Media. 2022. (Super Spooky Stories for Kids Ser.). (ENG.). 24p. (J). (gr. -1-2). pap. 9.50 ***(978-1-64996-758-9(6),*** 17140, Sequoia Kids Media) Sequoia Children's Bks.

Creepy Clues Special. Created by Gertrude Chandler Warner. 2017. (Boxcar Children Mysteries Ser.). (ENG., Illus.). 336p. (J). (gr. 2-5). pap. 9.99 *(978-0-8075-2848-8(X),* 080752848X, Random Hse. Bks. for Young Readers) Random Hse. Children's Bks.

Creepy Conspiracy Theories. Virginia Loh-Hagan. 2018. (Stranger Than Fiction Ser.). (ENG., Illus.). 32p. (J). (gr. 4-8). pap. 14.21 *(978-1-5341-0856-1(4),* 210788); lib. bdg. 32.07 *(978-1-5341-0757-1(6),* 210787) Cherry Lake Publishing. (45th Parallel Press).

Creepy Costumes: DIY Zombies, Ghouls, & More. Mary Meinking. 2018. (Hair-Raising Halloween Ser.). (ENG., Illus.). 32p. (J). (gr. 3-9). lib. bdg. 27.32 *(978-1-5435-3030-8(3),* 138614, Capstone Pr.) Capstone.

Creepy Counting. Amy Culliford. Illus. by Shane Crampton. 2022. (Math Wiz Ser.). (ENG.). 16p. (J). (gr. -1-3). pap. *(978-1-0396-6269-8(2),* 20645); lib. bdg. *(978-1-0396-6074-8(6),* 20644) Crabtree Publishing Co. (Crabtree Blossoms).

Creepy Cowboy Caper. Michael Anthony Steele. Illus. by Scott Jeralds. 2017. (Scooby-Doo! Beginner Mysteries Ser.). (ENG.). 112p. (J). (gr. 1-3). lib. bdg. 23.99 *(978-1-4965-4768-2(3),* 135305, Stone Arch Bks.) Capstone.

Creepy Crawlies. John Allan. 2019. (Amazing Life Cycles Ser.). (ENG., Illus.). 32p. (J). (gr. 1-3). lib. bdg. 29.32 *(978-1-912108-09-1(7),* c339ae9f-ab92-425a-bc6d-68d8dbbeebef, Hungry Tomato (r)) Lerner Publishing Group.

Creepy Crawlies, 1 vol. Wendy Einstein. 2020. (KidsWorld Ser.). (ENG., Illus.). 64p. (J). pap. 6.99 *(978-1-988183-52-7(9),* 94098b36-18ce-427e-85ee-28647e14e296) KidsWorld Bks. CAN. Dist: Lone Pine Publishing USA.

Creepy-Crawlies, 1 vol. Victoria Munson. 2018. (My First Book of Nature Ser.). (ENG., Illus.). 24p. (J). (gr. 2-2). 26.27 *(978-1-5081-9607-5(9),* 7bfbdedf-a453-49f7-82aa-bf0200005c27, Windmill Bks.) Rosen Publishing Group, Inc., The.

Creepy Crawlies, 6 vols., Set. Incl. Bloodsucking Lice & Fleas. Ellen Rodger. *(978-0-7787-2498-8(0));* Buzz off, Flies! Rachel Eagen. *(978-0-7787-2499-5(9));* Feasting Bedbugs, Mites, & Ticks. Carrie Gleason. *(978-0-7787-2500-8(6));* Rats Around Us. Rachel Eagen. *(978-0-7787-2501-5(4));* Scurrying Cockroaches. Jon Eben Field. *(978-0-7787-2502-2(2));* Termites & Other Home Wreckers. Marguerite Rodger. *(978-0-7787-2503-9(0));* (J). (gr. 3-6). (ENG.). 32p. 2010. Set lib. bdg. *(978-0-7787-2497-1(2))* Crabtree Publishing Co.

Creepy Crawlies, 12 vols., Set. Leigh Rockwood. Incl. Centipedes & Millipedes Are Gross! Willow Clark. (J). lib. bdg. 26.27 *(978-1-4488-0701-7(8),* 5964f441-a1ce-40cc-bc21-0fb1e0de0e28); Flies & Maggots Are Gross! (J). lib. bdg. 26.27 *(978-1-4488-0703-1(4),* edf687de-caaa-4c80-b754-c14ec8ee39c3); Salamanders Are Gross! Willow Clark. (J). lib. bdg. 26.27 *(978-1-4488-0702-4(6),* fe9f728b-cd8e-452a-8374-eaed54fff6da); Slugs Are Gross! (YA). 26.27 *(978-1-4488-0704-8(2),* b7c85d2e-72f2-4dd3-bfd0-e867bd8a244f); Snails Are Gross! Willow Clark. (J). lib. bdg. 26.27 *(978-1-4488-0699-7(2),* ea88bdf1-452d-4663-8008-c9971926158d); Worms Are Gross! Willow Clark. (YA). lib. bdg. 26.27 *(978-1-4488-0700-0(X),* 96faee34-cae4-4e0d-92ed-13b94be7bfe5); (gr. 2-3). (Creepy Crawlies Ser.). (ENG., Illus.). 24p. 2010. Set lib. bdg. 157.62 *(978-1-4488-0778-9(6),* d1867c83-f0c7-46d7-bd71-69370922c027, PowerKids Pr.) Rosen Publishing Group, Inc., The.

Creepy Crawlies Insect Coloring Book. Jupiter Kids. 2017. (ENG., Illus.). (J). pap. 9.20 *(978-1-68326-706-5(0),* Jupiter Kids (Childrens & Kids Fiction)) Speedy Publishing LLC.

Creepy Crawlies! the Big Resource Book: All about 6-Legged Insects & 8-Legged Spiders - Children's Biological Science of Insects & Spiders Books. Bobo's Little Brainiac Books. 2016. (ENG., Illus.). (J). pap. 7.99 *(978-1-68327-788-0(0))* Sunshine In My Soul Publishing.

Creepy Crawly Slime Molds. Ruth Owen. 2021. (Tell Me More! Science Ser.). (ENG., Illus.). 24p. (J). (gr. 2-5). pap. 9.99 *(978-1-78856-175-4(9),* bf7b57c9-2522-4b2c-a0f1-87e91d522917); lib. bdg. 29.32 *(978-1-78856-174-7(0),* 0c780861-a545-4922-9166-badc1a2cc7cd) Ruby Tuesday Books Limited GBR. Dist: Lerner Publishing Group.

Creepy Crawly Spider Legs Coloring Book. Jupiter Kids. 2017. (ENG., Illus.). (J). pap. 9.20 *(978-1-68326-733-1(8),* Jupiter Kids (Childrens & Kids Fiction)) Speedy Publishing LLC.

Creepy, Crawly Tattoo Bugs: 60 Temporary Tattoos That Teach. Artemis Roehrig & Artemis Roehrig. Illus. by Jillian Ditner & Jillian Ditner. 2019. (Tattoos That Teach Ser.). (ENG.). 14p. (J). pap. 7.99 *(978-1-63586-196-9(9),* 626196) Storey Publishing, LLC.

CREEPY, CRAWLY TATTOO BUGS 10CC-PPK. Artemis Roehrig. Illus. by Jillian Ditner. 2022. (ENG.). pap. 79.90 *(978-1-63586-256-0(6))* Storey Publishing, LLC.

Creepy Crayon! Aaron Reynolds. Illus. by Peter Brown. 2022. (Creepy Tales! Ser.). (ENG.). 48p. (J). (gr. -1-3). 18.99 *(978-1-5344-6586-6(X),* Simon & Schuster Bks. For Young Readers) Simon & Schuster Bks. For Young Readers.

Creepy Customers. Brigitte Henry Cooper. Illus. by Elena Napoli. 2018. (Odd Jobs Ser.). (ENG.). 48p. (J). (gr. 3-7). lib. bdg. 34.21 *(978-1-5321-3188-2(7),* 28481, Spellbound) Magic Wagon.

Creepy Doll: An Up2U Horror Adventure. Scarlet Varlow. Illus. by Aleksandar Zolotic. 2017. (Up2U Adventures Set 3 Ser.). (ENG.). 80p. (J). (gr. 2-5). lib. bdg. 35.64 *(978-1-5321-3029-8(5),* 25506, Calico Chapter Bks.) ABDO Publishing Co.

Creepy Fantasy Kawaii: a Children's Coloring Book Features 80 Pages of Fantasy Creepy Kawaii for Kids Ages 4 Years Old & Up. Rodney Harrison. 2022. (ENG.). 80p. (J). pap. ***(978-1-387-41321-8(X))*** Lulu Pr., Inc.

Creepy Forest Coloring Book: An Adult Horror Coloring Book Featuring over 30 Pages of Giant Super Jumbo Large Designs Freak of Horror Scenes of Creepy Forest to Color for Fun & Boredom. Beatrice Harrison. 2020. (ENG.). 34p. (YA). pap. 7.86 *(978-1-716-54866-4(1))* Lulu Pr., Inc.

Creepy Kawaii: A Giant Jumbo Children's Coloring Book Features 100 Pages of Creepy Kawaii Girls. Beatrice Harrison. 2022. (ENG.). 102p. (J). pap. 15.96 ***(978-1-4357-7888-7(X))*** Lulu Pr., Inc.

Creepy Kawaii Coloring Book: a Children's Coloring Book Features 80 Pages of Large Designs of Creepy Kawaii for Kids Ages 5 Years Old & Up. Rodney Harrison. 2022. (ENG.). 80p. (J). pap. ***(978-1-387-41323-2(6))*** Lulu Pr., Inc.

Creepy Kawaii for Kids: a Children's Coloring Book Features 80 Pages of Cute & Adorable Spooky Creepy Kawaii for Kids Ages 4 Years Old & Up. Rodney Harrison. 2022. (ENG.). 80p. (J). pap. ***(978-1-387-41726-1(6))*** Lulu Pr., Inc.

Creepy Kawaii Horror: a Children's Coloring Book Features 80 Pages of Cute Little Creepy Kawaii for Kids Ages 4 Years Old & Up. Rodney Harrison. 2022. (ENG.). 80p. (J). pap. ***(978-1-387-41247-1(7))*** Lulu Pr., Inc.

Creepy Kawaii Nightmare: a Children's Coloring Book Features 80 Pages of Fun & Creepy Kawaii for Kids Ages 4 Years Old & Up. Rodney Harrison. 2022. (ENG.). 80p. (J). pap. ***(978-1-387-41251-8(5))*** Lulu Pr., Inc.

Creepy Killer Plants: Biology at Its Most Extreme! Contrib. by Kelly Roberts & Louise Spilsbury. 2023. (Life on the Edge Ser.). (ENG., Illus.). 48p. (J). (gr. 5-8). pap. 10.99 ***(978-1-915761-39-2(5),*** 0e227da7-9c01-4680-96ee-b01306ec1b65) Cheriton Children's Bks. GBR. Dist: Lerner Publishing Group.

Creepy Killer Plants: Biology at Its Most Extreme! Louise Spilsbury & Kelly Roberts. 2023. (Life on the Edge Ser.). (ENG., Illus.). 48p. (J). (gr. 5-8). lib. bdg. 31.99 ***(978-1-915153-79-1(4),*** 9aff3c45-9415-45e1-a755-92d412fb4e76) Cheriton Children's Bks. GBR. Dist: Lerner Publishing Group.

Creepy, Kooky Science: Set 2, 14 vols. 2019. (Creepy, Kooky Science Ser.). (ENG.). 48p. (J). (gr. 5-5). lib. bdg. 207.20 *(978-1-9785-1587-1(1),* ccfb5f23-e490-4eec-8e6a-ea32a6f0be74) Enslow Publishing, LLC.

Creepy, Kooky Science: Sets 1 - 2. 2019. (Creepy, Kooky Science Ser.). (ENG.). (J). pap. 165.10 *(978-1-9785-1619-9(3));* (gr. 5-5). lib. bdg. 384.80 *(978-1-9785-1588-8(X),* 183f63e1-18dd-423b-b07f-b91e85deacfd) Enslow Publishing, LLC.

Creepy Mazes, 1 vol. William Potter. Illus. by Leo Trinidad. 2018. (Ultimate Finger Trace Mazes Ser.). (ENG.). 32p. (gr. 2-2). 30.27 *(978-1-5081-9724-9(5),* 0abd56fd-05b8-404d-b079-3e446c403f87); pap. 12.75 *(978-1-5383-9000-9(0),* 614be503-c9a8-4d5e-8236-18680a9a1bec) Rosen Publishing Group, Inc., The. (Windmill Bks.).

Creepy Old House, 1 vol. Wil Mara. 2021. (Logan Lewis: Kid from Planet 27 Ser.). (ENG.). 64p. (J). (gr. 2-3). 23.25 *(978-1-5383-8434-3(5),* 193f7643-81ce-46fe-bd40-dc1544ece8f8); pap. 13.35 *(978-1-5383-8435-0(3),* 99ef2d97-8f64-49df-af42-5d5b077aad60) Enslow Publishing, LLC. (West 44 Bks.).

Creepy Pair of Underwear! Aaron Reynolds. Illus. by Peter Brown. 2017. (Creepy Tales! Ser.). (ENG.). 48p. (J). (gr. -1-3). 18.99 *(978-1-4424-0298-0(9),* Simon & Schuster Bks. For Young Readers) Simon & Schuster Bks. For Young Readers.

Creepy Pair of Underwear! Aaron Reynolds. 2018. (KOR.). (J). (gr. -1-3). *(978-89-6496-367-8(9))* Toto Bk.

Creepy Princess Coloring Book: An Adult Horror Coloring Book Featuring over 30 Pages of Giant Super Jumbo Large Designs of Horror & Evil Princesses to Color for Fun & Boredom. Beatrice Harrison. 2020. (ENG.). 34p. (YA). pap. 7.86 *(978-1-716-54901-4(9))* Lulu Pr., Inc.

Creepy Scary Coloring Book: Explore a Spooky World of Coloring Fun! David Colon. 2023. (ENG.). 40p. (J). pap. 14.10 ***(978-1-312-46443-8(7))*** Lulu Pr., Inc.

Creepy Schools. Kathryn Camisa. 2017. (Tiptoe into Scary Places Ser.). (ENG., Illus.). 24p. (J). (gr. k-3). lib. bdg. 26.99 *(978-1-68402-272-4(X))* Bearport Publishing Co., Inc.

Creepy UFO Sites, 1 vol. Alix Wood. 2019. (World's Scariest Places Ser.). (ENG.). 32p. (J). (gr. 4-5). pap. 11.50 *(978-1-5382-4257-5(5),* 7554ec6c-c4fd-4be9-a2ce-3098affafe45); lib. bdg. 28.27 *(978-1-5382-4201-8(X),* 167a966d-1514-4206-874f-d63b707f064b) Stevens, Gareth Publishing LLLP.

Creepy UFOs. Walt Brody. 2020. (Lightning Bolt Books (r) — Spooked! Ser.). (ENG., Illus.). 24p. (J). (gr. 1-3). pap. 9.99 *(978-1-7284-1362-4(1),* 57d56be4-f646-4737-945f-c1571b2647ee); lib. bdg. 29.32 *(978-1-5415-9689-4(7),* a245f2b2-1497-4a7d-9960-568433e8ffa2) Lerner Publishing Group. (Lerner Pubns.).

Creepy Urban Legends. Blake Hoena. 2018. (Ghosts & Hauntings Ser.). (ENG., Illus.). 32p. (J). (gr. 4-6). lib. bdg. 28.65 *(978-1-5435-4152-6(6),* 139106, Capstone Pr.) Capstone.

Creepy Woman from Work. Randall Molsbee. 2019. (ENG.). 100p. (YA). pap. 13.95 *(978-1-64544-035-2(4))* Page Publishing Inc.

Creighton Chronicle, Vol. 11: April 20, 1920 (Classic Reprint) Creighton University. 2017. (ENG., Illus.). (J). 25.07 *(978-0-265-58198-8(2))* Forgotten Bks.

Creighton Chronicle, Vol. 11: December 20, 1919 (Classic Reprint) Creighton University. 2017. (ENG., Illus.). (J). pap. 9.57 *(978-0-282-82585-0(1))* Forgotten Bks.

Creighton Chronicle, Vol. 11: February 20, 1920 (Classic Reprint) Creighton University. 2017. (ENG., Illus.). (J). pap. 9.57 *(978-0-259-80898-5(9))* Forgotten Bks.

Creighton Chronicle, Vol. 11: January 20, 1920 (Classic Reprint) Creighton University. 2017. (ENG., Illus.). (J). pap. 9.57 *(978-0-243-45810-3(X))* Forgotten Bks.

Creighton Chronicle, Vol. 11: June 1920 (Classic Reprint) Creighton University. 2017. (ENG., Illus.). (J). 25.20 *(978-0-265-60039-9(1));* pap. 9.57 *(978-0-282-92978-7(9))* Forgotten Bks.

Creighton Chronicle, Vol. 11: May 20, 1920 (Classic Reprint) Creighton University. (ENG., Illus.). (J). 2018. 54p. 25.03 *(978-0-666-47196-3(7));* 2017. pap. 9.57 *(978-0-282-29580-6(1))* Forgotten Bks.

Creighton Chronicle, Vol. 12: December 20, 1920 (Classic Reprint) Creighton University. (ENG., Illus.). (J). 2018. 60p. 25.15 *(978-0-267-00183-5(5));* 2017. pap. 9.57 *(978-0-259-09302-2(5))* Forgotten Bks.

Creighton Chronicle, Vol. 12: May-June, 1921 (Classic Reprint) Creighton University. 2017. (ENG., Illus.). (J). pap. 9.57 *(978-1-5285-5747-4(6))* Forgotten Bks.

Creighton Chronicle, Vol. 12: November 20, 1920 (Classic Reprint) Creighton University. (ENG., Illus.). (J). 2018. 48p. 24.89 *(978-0-364-44531-0(9));* 2017. pap. 9.57 *(978-0-282-08697-8(8))* Forgotten Bks.

Creighton Chronicle, Vol. 13: December 1921 (Classic Reprint) Creighton University. 2017. (ENG., Illus.). (J). pap. 9.57 *(978-0-282-84894-1(0))* Forgotten Bks.

Creighton Chronicle, Vol. 13: January 1922 (Classic Reprint) Creighton University. 2017. (ENG., Illus.). (J). 24.72 *(978-0-265-55920-8(0))* Forgotten Bks.

Creighton Chronicle, Vol. 13: January 20, 1921 (Classic Reprint) Creighton University. (ENG., Illus.). (J). 2018. 44p. 24.82 *(978-0-364-60152-5(3));* 2017. pap. 7.97 *(978-0-259-81789-5(9))* Forgotten Bks.

Creighton Chronicle, Vol. 14: October, 1922 (Classic Reprint) Creighton University. (ENG., Illus.). (J). 2018. 46p. 24.85 *(978-0-428-86931-1(9));* 2017. pap. 9.57 *(978-0-243-27673-8(7))* Forgotten Bks.

Creighton Quarterly Shadows, Vol. 24: February, 1933 (Classic Reprint) Creighton University. 2017. (ENG., Illus.). (J). pap. 9.57 *(978-0-243-43804-4(4))* Forgotten Bks.

Creighton Quarterly Shadows, Vol. 24: Spring 1933 (Classic Reprint) Creighton University Omaha. (ENG., Illus.). (J). 2018. 94p. 25.84 *(978-0-483-59559-0(4));* 2017. pap. 9.57 *(978-0-243-25472-9(5))* Forgotten Bks.

Creighton Quarterly Shadows, Vol. 25: April, 1934 (Classic Reprint) Henry Russell Marshall. 2018. (ENG., Illus.). 102p. (J). 26.00 *(978-0-484-46625-7(9))* Forgotten Bks.

Creighton Quarterly Shadows, Vol. 25: February, 1934 (Classic Reprint) Creighton University. (ENG., Illus.). (J). 2018. 102p. 26.00 *(978-0-483-60886-3(6));* 2017. pap. 9.57 *(978-0-243-27651-6(6))* Forgotten Bks.

Creighton Quarterly Shadows, Vol. 25: September, 1933-June, 1934 (Classic Reprint) Creighton University. (ENG., Illus.). (J). 2018. 154p. 27.07 *(978-0-332-85876-0(6));* 2017. pap. 9.57 *(978-0-243-25435-4(0))* Forgotten Bks.

Creighton Quarterly Shadows, Vol. 26: June, 1935 (Classic Reprint) Creighton University. (ENG., Illus.). (J). 2018. 82p. 25.59 *(978-0-656-22135-6(6));* 2017. pap. 9.57 *(978-0-259-50335-4(5))* Forgotten Bks.

Creighton Quarterly Shadows, Vol. 26: September, 1934-June, 1935 (Classic Reprint) Henry Russell Marshall. (ENG., Illus.). (J). 2018. 78p. 25.51 *(978-0-332-30051-1(X));* 2017. pap. 9.57 *(978-0-243-44229-4(7))* Forgotten Bks.

Creighton Quarterly Shadows, Vol. 27: April, 1936 (Classic Reprint) Nan Riely. (ENG., Illus.). (J). 2018. 68p. 25.32 *(978-0-666-98417-3(4));* 2017. pap. 9.57 *(978-0-243-46155-4(0))* Forgotten Bks.

Creighton Quarterly Shadows, Vol. 27: February, 1936 (Classic Reprint) Creighton University. (ENG., Illus.). (J). 2018. 64p. 25.22 *(978-0-484-21155-0(2));* 2017. pap. 9.57 *(978-0-243-46820-1(2))* Forgotten Bks.

Creighton Quarterly Shadows, Vol. 27: June, 1936 (Classic Reprint) Creighton University. (ENG., Illus.). (J). 2018. 62p. 25.20 *(978-0-656-34578-6(0));* 2017. pap. 9.57 *(978-0-243-42847-2(2))* Forgotten Bks.

Creighton Quarterly Shadows, Vol. 27: September, 1935-June, 1936 (Classic Reprint) Nan Riley. (ENG., Illus.). (J). 2018. 64p. 25.24 *(978-0-484-01422-9(6));* 2017. pap. 9.57 *(978-0-243-46770-9(2))* Forgotten Bks.

Creighton Quarterly Shadows, Vol. 28: September, 1936-June, 1937 (Classic Reprint) Creighton University. (ENG., Illus.). (J). 2018. 70p. 25.36 *(978-0-483-97822-5(1));* 2017. pap. 9.57 *(978-0-243-44031-3(6))* Forgotten Bks.

Creighton Quarterly Shadows, Vol. 29: September, 1937-June, 1938 (Classic Reprint) Creighton University Omaha. (ENG., Illus.). (J). 2018. 56p. 25.05 *(978-0-484-84177-1(7));* 2017. pap. 9.57 *(978-0-243-25399-9(0))* Forgotten Bks.

Creighton Quarterly Shadows, Vol. 30: September, 1938-June, 1939 (Classic Reprint) Creighton University. (ENG., Illus.). (J). 2018. 60p. 25.15 *(978-0-483-94691-0(5));* 2017. pap. 9.57 *(978-0-243-52263-7(0))* Forgotten Bks.

Creighton Quarterly Shadows, Vol. 30: The Student Magazine of the Creighton University, Omaha; April, 1939 (Classic Reprint) William O'Hollaren. 2018. (ENG., Illus.). (J). 78p. 25.53 *(978-0-366-56497-2(8));* 80p. pap. 9.57 *(978-0-366-19091-1(1))* Forgotten Bks.

Creighton Quarterly Shadows, Vol. 30: The Student Magazine of the Creighton University, Omaha; February, 1939 (Classic Reprint) William O'Hollaren. (ENG., Illus.). (J). 2018. 62p. 25.20 *(978-0-666-98701-3(7));* 2017. pap. 9.57 *(978-0-243-47249-9(8))* Forgotten Bks.

Creighton Quarterly Shadows, Vol. 31: The Student Magazine of the Creighton University, Omaha; April, 1940 (Classic Reprint) Betty Blackburne. (ENG., Illus.). (J). 2018. 66p. 25.26 *(978-0-666-99420-2(X));* 2017. pap. 9.57 *(978-0-243-48733-2(9))* Forgotten Bks.

Creighton Quarterly Shadows, Vol. 31: The Student Magazine of the Creighton University, Omaha; February, 1940 (Classic Reprint) Betty Blackburne. (ENG., Illus.). (J). 2018. 66p. 25.26 *(978-0-483-98974-0(6));* 2017. pap. 9.57 *(978-0-243-33635-7(7))* Forgotten Bks.

430

The check digit for ISBN-10 appears in parentheses after the full ISBN-13

Creighton Quarterly Shadows, Vol. 31: The Student Magazine of the Creighton University, Omaha; September, 1939-June 1940 (Classic Reprint) Betty Blackburne. 2017. (ENG., Illus.). (J). 25.34 (978-0-260-90495-9(3)); pap. 9.57 (978-1-5282-5607-0(7)) Forgotten Bks.

Creighton Quarterly Shadows, Vol. 32: April, 1914 (Classic Reprint) Betty Blackburne. (ENG., Illus.). (J). 2018. 64p. 25.24 (978-0-666-97033-6(5)); 2017. pap. 9.57 (978-0-243-44809-8(0)) Forgotten Bks.

Creighton Quarterly Shadows, Vol. 32: May 1941 (Classic Reprint) James Muldoon. 2017. (ENG., Illus.). (J). 24.62 (978-0-265-72854-3(1)); pap. 7.97 (978-1-5276-8884-1(4)) Forgotten Bks.

Creighton Quarterly Shadows, Vol. 32: September, 1940-June, 1941 (Classic Reprint) Creighton University. (ENG., Illus.). (J). 2018. 70p. 25.36 (978-0-666-98555-2(3)); 2017. pap. 9.57 (978-0-243-46597-2(1)) Forgotten Bks.

Creighton Quarterly Shadows, Vol. 32: The Student Magazine of the Creighton University, Omaha; February, 1941 (Classic Reprint) Betty Blackburne. (ENG., Illus.). (J). 2018. 66p. 25.26 (978-0-483-62489-4(6)); 2017. pap. 9.57 (978-0-243-29594-4(4)) Forgotten Bks.

Crème Glacée un Régal. Dieynaba Ba. 2022. (FRE.). 26p. (J). pap. (978-1-990497-37-7(3)) Energy Tours.

Crenshaw. Katherine Applegate. 2018. (VIE.). (J). (gr. 4-7). pap. (978-604-68-4710-6(9)) Nha xuat bn Van hoa-van nghe.

Crenshaw. Katherine Applegate. 2017. (ENG.). 272p. (J). pap. 8.99 (978-1-250-09166-6(7), 900159202) Square Fish.

Crenshaw. Katherine Applegate, ed. 2017. (J). lib. bdg. 18.40 (978-0-606-40539-3(9)) Turtleback.

Crenshaw. Katherine Applegate. 2016. (SPA.). 192p. (J). (gr. 5-8). pap. 13.99 (978-987-747-067-3(5)) V&R Editoras.

Creosote Spider. Ross A. McCoubrey. 2021. (ENG.). 504p. (YA). (978-1-7753613-1-2(4)); pap. (978-1-7753613-0-5(6)) FriesenPress.

Crêpes by Suzette. Monica Wellington. 2018. (ENG., Illus.). 34p. (J). pap. 8.00 (978-0-578-41810-0(X)) Wellington, Monica.

Crescendo. Paola Quintavalle. 2019. (Illus.). 104p. (J). 19.95 (978-1-59270-255-8(4)) Enchanted Lion Bks., LLC.

Crescendo (Spanish Edition) Becca Fitzpatrick. 2019. (Hush, Hush Ser.: 2). (SPA.). 408p. (J). (gr. 8-12). pap. 16.95 (978-84-204-3424-7(8), Alfaguara) Penguin Random House Grupo Editorial ESP. Dist: Penguin Random Hse. LLC.

Crescent, 1914 (Classic Reprint) Aileen Napier. (ENG., Illus.). (J). 2018. 100p. 25.96 (978-0-364-74628-8(9)); 2017. pap. 9.57 (978-0-259-91170-8(4)) Forgotten Bks.

Crescent, 1919 (Classic Reprint) Elwood High School. (ENG., Illus.). (J). 2018. 100p. 26.00 (978-0-332-04566-5(8)); 2016. pap. 9.57 (978-1-333-64900-5(2)) Forgotten Bks.

Crescent, 1920 (Classic Reprint) Dover High School. (ENG., Illus.). (J). 2018. 108p. 26.12 (978-0-484-58178-3(3)); 2017. pap. 9.57 (978-0-243-43465-7(0)) Forgotten Bks.

Crescent Annual, Vol. 3: A Chronicle of the Tasks, Pleasures & Successes of the Students of the Saint Joseph High School in the Year 1916 (Classic Reprint) Saint Joseph High School. (ENG., Illus.). (J). 2018. 102p. 25.98 (978-0-428-88011-8(8)); 2017. pap. 9.57 (978-0-243-41514-4(1)) Forgotten Bks.

Crescent Moon. Rabindranath Tagore. 2017. (ENG., Illus.). (J). 21.95 (978-1-374-99651-9(3)) Capital Communications, Inc.

Crescent Moon: Poems & Stories. Rabindranath Tagore. 2017. (Classics with Ruskin Ser.: Vol. 4). (ENG., Illus.). 168p. (YA). (gr. 7-12). pap. (978-93-87164-34-5(9)) Speaking Tiger Publishing.

Crescent Moon Friends, 1 vol. Wadia Samadi & Mo Duffy Cobb. Illus. by Lisa Lypowy. 2022. (ENG.). 32p. (J). 12.95 (978-1-77366-096-7(9), a02a72a4-ac69-41d1-9957-91985b2616aa) Acorn Pr., The CAN. Dist: Baker & Taylor Publisher Services (BTPS).

Crescent Moon, Vol. 5 (Classic Reprint) Francis Brett Young. 2017. (ENG., Illus.). (J). 30.02 (978-1-5283-6996-1(3)) Forgotten Bks.

Crescent Moons & Pointed Minarets: A Muslim Book of Shapes. Hena Khan. Illus. by Mehrdokht Amini. 2021. (ENG.). 36p. (J). (gr. -1-k). pap. 7.99 (978-1-4521-8274-2(4)) Chronicle Bks. LLC.

Crescent Moons & Pointed Minarets: A Muslim Book of Shapes (Islamic Book of Shapes for Kids, Toddler Book about Religion, Concept Book for Toddlers) Hena Khan. Illus. by Mehrdokht Amini. 2018. (Muslim Book of Concepts Ser.). (ENG.). 32p. (J). (gr. -1-k). 17.99 (978-1-4521-5541-8(0)) Chronicle Bks. LLC.

Crescent-Shine or Gleams of Light on All Sorts of Subjects from the Columns of the New Orleans Crescent (Classic Reprint) Israel Gibbons. 2017. (ENG., Illus.). (J). 27.98 (978-0-260-14857-5(1)) Forgotten Bks.

Crescent Stone. Matt Mikalatos. 2018. (Sunlit Lands Ser.: 1). (ENG., Illus.). 448p. (YA). 24.99 (978-1-4964-3170-7(7), 20_31146, Wander) Tyndale Hse. Pubs.

Cress: Book Three of the Lunar Chronicles. Marissa Meyer. 2020. (Lunar Chronicles Ser.: 3). (ENG.). 592p. (YA). pap. 11.99 (978-1-250-76890-2(X), 900233165) Square Fish.

Cress Delahanty (Classic Reprint) Jessamyn West. 2017. (ENG., Illus.). (J). 30.35 (978-0-331-85596-8(8)); pap. 13.57 (978-0-243-27771-1(7)) Forgotten Bks.

Cress Watercress. Gregory Maguire. Illus. by David Litchfield. 2022. (ENG.). 224p. (J). (gr. 3-7). 19.99 (978-1-5362-1100-9(1)) Candlewick Pr.

Cresswell Plot. Eliza Wass. 2017. (ENG.). 288p. (YA). (gr. 9-17). pap. 9.99 (978-1-4847-3253-3(7)) Hyperion Bks. for Children.

Cressy. Bret Harte. 2016. (ENG., Illus.). (J). pap. (978-3-7433-0306-5(X)) Creation Pubs.

Cressy: Her Twins of Table Mountain (Classic Reprint) Bret Harte. (ENG., Illus.). (J). 2018. 536p. 34.97 (978-0-484-23285-2(1)); 2016. pap. 19.57 (978-1-333-67979-8(3)) Forgotten Bks.

Cressy; a Treasure of the Redwoods: And Other Tales (Classic Reprint) Bret Harte. 2017. (ENG., Illus.). (J). pap. 24.08 (978-1-334-91740-0(X)) Forgotten Bks.

Cressy (Classic Reprint) Bret Harte. 2018. (ENG., Illus.). 312p. (J). 30.33 (978-0-267-25323-4(0)) Forgotten Bks.

Cressy, Vol. 1 of 2 (Classic Reprint) Bret Harte. (ENG., Illus.). (J). 2018. 210p. 28.23 (978-0-428-34618-8(9)); 2016. pap. 10.57 (978-1-333-55836-9(8)) Forgotten Bks.

Cressy, Vol. 2 of 2 (Classic Reprint) Bret Harte. 2018. (ENG., Illus.). 242p. (J). 28.89 (978-0-483-53284-7(3)) Forgotten Bks.

Crest of Power. S. J. Saunders. 2020. (Future's Birth Ser.: Vol. 5). (ENG.). 376p. (YA). pap. 13.99 (978-1-0879-3811-0(2)) Indy Pub.

Cresting Hillsides. Jill Miller. 2022. (ENG.). 102p. (YA). pap. 12.00 (978-1-716-14286-4(5)) Lulu Pr., Inc.

Cresting Wave (Classic Reprint) Edwin Bateman Morris. (ENG., Illus.). (J). 2018. 420p. 32.58 (978-0-332-04841-3(1)); 2016. pap. 16.57 (978-1-334-15642-7(5)) Forgotten Bks.

Crests & Symbols of Medieval Knights Coloring Book. Smarter Activity Books for Kids. 2016. (ENG., Illus.). (J). pap. 9.22 (978-1-68374-050-6(5)) Examined Solutions PTE. Ltd.

Cretaceous. Tadd Galusha. Illus. by Tadd Galusha. 2019. (ENG., Illus.). 160p. (J). pap. 14.99 (978-1-62010-565-8(9), Lion Forge) Oni Pr., Inc.

Cretaceous Dinosaurs. Camilla de la Bedoyere. 2020. (In Focus: Dinosaurs Ser.). (ENG., Illus.). 32p. (J). (gr. 2-5). lib. bdg. 29.32 (978-0-7112-4810-6(9), cd60bcbe-13df-4e77-a87b-40648f0e31f7) QEB Publishing Inc.

Cretaceous Elementary. Courtney Burkett. Illus. by M. Isnaeni. 2022. (ENG.). 32p. (J). pap. 13.99 (978-1-958729-24-3(8)) Mindstir Media.

Cretaceous Period: Dinosaur Adventures (Engaging Readers, Level 1) Ashley Lee. l.t. ed. 2021. (ENG., Illus.). 32p. (J). (978-1-77476-494-7(6)); pap. (978-1-77476-495-4(4)) AD Classic.

Cretil the Cat. Richard M. Jones. Illus. by Julia Aliper. 2022. (ENG.). 24p. (J). (978-1-4710-0038-6(9)) Lulu Pr., Inc.

Crew Cut Boys: A Summer of Mishaps. Donna McFarlain. 2017. (ENG., Illus.). (J). pap. 12.95 (978-1-64028-574-3(1)) Christian Faith Publishing.

Crew of Rainbow's End: Adventures in the Footsteps of Captain Joseph Bates. Linda Everhart. 2019. (ENG., Illus.). 142p. (J). (gr. k-5). pap. 23.95 (978-1-4796-1140-9(9)) TEACH Services, Inc.

Crew of the Dolphin. Hesba Stretton. 2017. (ENG., Illus.). (J). pap. (978-0-649-55767-7(0)) Trieste Publishing Pty Ltd.

Crías de Animales (Baby Animals), 6 vols., Set. 2017. (Crías de Animales (Baby Animals) Ser.). (SPA.). 24p. (J). (gr. -1-2). lib. bdg. 188.16 (978-1-5321-0613-2(0), 27204, Abdo Kids) ABDO Publishing Co.

Crías de Animales (Baby Animals Set 2)Crías de Animales (Baby Animals Set 2) (Spanish Version) (Set), 6 vols. 2019. (Crías de Animales (Baby Animals) Ser.). (SPA.). 24p. (J). (gr. -1-2). lib. bdg. 188.16 (978-1-5321-8716-2(5), 31280, Abdo Kids) ABDO Publishing Co.

Crías de Elefantes. Julie Murray. 2017. (Crías de Animales (Baby Animals) Ser.).Tr. of Elephant Calves. (SPA.). 24p. (J). (gr. -1-2). lib. bdg. 31.36 (978-1-5321-0615-6(7), 27206, Abdo Kids) ABDO Publishing Co.

Crías de Gorilas (Baby Gorillas) Julie Murray. 2019. (Crías de Animales (Baby Animals) Ser.). (SPA.). 24p. (J). (gr. -1-2). lib. bdg. 31.36 (978-1-5321-8717-9(3), 31282, Abdo Kids) ABDO Publishing Co.

Crías de Hipopótamos (Hippo Calves) Julie Murray. 2019. (Crías de Animales (Baby Animals) Ser.). (SPA.). 24p. (J). (gr. -1-2). lib. bdg. 31.36 (978-1-5321-8719-3(X), 31286, Abdo Kids) ABDO Publishing Co.

Crías de Jirafas (Giraffe Calves) Julie Murray. 2019. (Crías de Animales (Baby Animals) Ser.). (SPA.). 24p. (J). (gr. -1-2). lib. bdg. 31.36 (978-1-5321-8718-6(1), 31284, Abdo Kids) ABDO Publishing Co.

Crías de Koalas. Julie Murray. 2017. (Crías de Animales (Baby Animals) Ser.).Tr. of Koala Joeys. (SPA.). 24p. (J). (gr. -1-2). lib. bdg. 31.36 (978-1-5321-0617-0(3), 27208, Abdo Kids) ABDO Publishing Co.

Crías de Osos Panda (Panda Cubs) Julie Murray. 2019. (Crías de Animales (Baby Animals) Ser.). (SPA.). 24p. (J). (gr. -1-2). lib. bdg. 31.36 (978-1-5321-8720-9(3), 31288, Abdo Kids) ABDO Publishing Co.

Crías de Pingüinos. Julie Murray. 2017. (Crías de Animales (Baby Animals) Ser.).Tr. of Penguin Chicks. (SPA.). 24p. (J). (gr. -1-2). lib. bdg. 31.36 (978-1-5321-0618-7(1), 27209, Abdo Kids) ABDO Publishing Co.

Criaturas: Libro para Colorear Ninos. Bold Illustrations. 2017. (SPA., Illus.). (J). pap. 8.35 (978-1-64193-092-5(6), Bold Illustrations) FASTLANE LLC.

Criaturas de la Naturaleza see Critters

Criaturas Marinas Libro de Colorear para Niños: Increíbles Criaturas Marinas y Vida Marina Submarina, un Libro para Colorear para niños con Increíbles Animales Del Océano. R. R. Fratica. 2021. (SPA.). 86p. (J). pap. 9.00 (978-1-716-06582-8(8)) Lulu Pr., Inc.

Cricket. Felice Arena. Illus. by Tom Jellett. 2017. (Sporty Kids Ser.). 80p. (J). (gr. 1-3). 13.99 (978-0-14-330909-3(9)) Random Hse. Australia AUS. Dist: Independent Pubs. Group.

Cricket. August Hoeft. 2022. (I See Insects Ser.). (ENG.). (J). 20p. pap. 12.99 (978-1-5324-4143-1(6)); 16p. (gr. -1-2). 24.99 (978-1-5324-3340-5(9)); 16p. (gr. -1-2). pap. 12.99 (978-1-5324-2832-6(4)) Xist Publishing.

Cricket & Milo Visit Seattle: The Cricket & Milo Series. Abigail McKee. 2019. (Cricket & Milo Ser.: Vol. 1). (ENG., Illus.). 26p. (J). (gr. k-4). 19.00 (978-0-578-49304-6(7)) IzzyBella Bks.

Cricket & the Ant: A Shabbat Story. Naomi Ben-Gur. Illus. by Shahar Kober. 2016. (ENG.). 32p. (J). (gr. -1-3). lib. bdg. 9.99 (978-1-4677-8935-6(6), 845b798c-71eb-447a-93f8-674f67360bd4, Kar-Ben Publishing) Lerner Publishing Group.

Cricket at the Seashore (Classic Reprint) Elizabeth Westyn Timlow. 2018. (ENG., Illus.). 372p. (J). 31.59 (978-0-484-08456-7(9)) Forgotten Bks.

Cricket (Classic Reprint) Marjorie Benton Cooke. (ENG., Illus.). (J). 2018. 304p. 30.17 (978-0-364-01362-5(1)); 2018. 284p. 29.75 (978-0-483-60266-3(3)); 2017. pap. 13.57 (978-0-243-51077-1(2)) Forgotten Bks.

Cricket (Classic Reprint) Elizabeth Westyn Timlow. 2017. (ENG., Illus.). (J). 30.81 (978-0-331-10288-8(9)) Forgotten Bks.

Cricket Coloring Book for Kids: Coloring Book Filled with Cricket Coloring Pages for Boys & Girls Ages 4-8. Pa Publishing. 2021. (ENG.). 28p. (J). pap. 9.99 (978-1-915100-27-6(5)) Brumby Kids.

Cricket for a Crocodile. Ruskin Bond. 2016. (ENG., Illus.). 72p. (gr. 1-3). pap. 14.95 (978-0-14-333403-3(4), Puffin) Penguin Bks. India PVT, Ltd IND. Dist: Independent Pubs. Group.

Cricket in a Jar. Stephen Breen. Illus. by Alina Kralia. l.t. ed. 2021. (ENG.). 32p. (J). 16.99 (978-1-0879-4388-6(4)) Indy Pub.

Cricket in the Thicket: Poems about Bugs. Carol Murray. Illus. by Melissa Sweet. 2017. (ENG.). 40p. (J). 18.99 (978-0-8050-9818-1(6), 900120997, Holt, Henry & Co. Bks. For Young Readers) Holt, Henry & Co.

Cricket in Times Square: Revised & Updated Edition with Foreword by Stacey Lee. George Selden. Ed. by Stacey Lee. Illus. by Garth Williams. 2022. (Chester Cricket & His Friends Ser.: 1). (ENG.). 160p. (J). 18.99 (978-0-374-39041-9(X), 900259105, Farrar, Straus & Giroux (BYR)) Farrar, Straus & Giroux.

Cricket in Times Square: Revised & Updated Edition with Foreword by Stacey Lee. George Selden. Ed. by Stacey Lee. Illus. by Garth Williams. 2022. (Chester Cricket & His Friends Ser.: 1). (ENG.). 160p. (J). pap. 7.99 (978-0-374-39040-2(1), 900259106) Square Fish.

Cricket in Times Square Novel Units Student Packet. Novel Units. 2019. (ENG.). (J). pap., stu. ed. 13.99 (978-1-56137-835-7(6), Novel Units, Inc.) Classroom Library Co.

Cricket in Times Square Novel Units Teacher Guide. Novel Units. 2019. (Chester Cricket Ser.). (ENG.). (J). (gr. 3-6). pap. 12.99 (978-1-56137-396-3(6), Novel Units, Inc.) Classroom Library Co.

Cricket on the Hearth: Fairy Tale of Home (Classic Reprint) Charles Dickens. 2017. (ENG., Illus.). (J). 26.97 (978-1-5283-5427-1(3)) Forgotten Bks.

Cricket on the Hearth. a Fairy Tale of Home. Charles Dickens. 2017. (ENG., Illus.). (J). (gr. 4-7). pap. (978-0-649-55769-1(7)) Trieste Publishing Pty Ltd.

Cricket on the Hearth (Classic Reprint) Charles Dickens. 2017. (ENG., Illus.). (J). 26.76 (978-0-331-85612-5(3)); pap. 9.57 (978-0-243-49188-9(3)) Forgotten Bks.

Cricket Song. Anne Hunter. 2016. (ENG., Illus.). 32p. (J). (gr. -1-3). 16.99 (978-0-544-58259-0(4), 1613662, Clarion Bks.) HarperCollins Pubs.

Cricket the K-Town Kitty. Hildegarde Staninger Riet-1. 2017. (ENG., Illus.). (J). pap. 18.49 (978-1-5456-1356-6(7)) Salem Author Services.

Cricket Who Croaked Like a Frog. Sandra E. Hill. 2021. (ENG., Illus.). 32p. (J). 24.95 (978-1-6624-5882-8(7)); pap. 14.95 (978-1-6624-3194-4(5)) Page Publishing Inc.

Cricket World Cup. Adam Hellebuyck & Laura Deimel. 2019. (21st Century Skills Library: Global Citizens: Sports Ser.). (ENG., Illus.). 32p. (J). (gr. 4-7). pap. 14.21 (978-1-5341-5035-5(8), 213447); lib. bdg. 32.07 (978-1-5341-4749-2(7), 213446) Cherry Lake Publishing.

CRICKETERS Battle with Mental Health in Their Own Words. Caroline Elwood-Stokes. 2022. (ENG.). 112p. (YA). pap. (978-1-4709-8364-2(8)) Lulu Pr., Inc.

Crickets. Nessa Black. 2019. (Spot Creepy Crawlies Ser.). (ENG.). 16p. (J). (gr. -1-2). lib. bdg. (978-1-68151-536-6(9), 14497) Amicus.

Crickets. Ashley Gish. 2018. (X-Books: Insects Ser.). (ENG.). 32p. (J). (gr. 3-5). pap. 9.99 (978-1-62832-617-8(4), 20006, Creative Paperbacks); (978-1-60818-990-8(2), 19998, Creative Education) Creative Co., The.

Crickets. Patrick Perish. 2018. (Insects up Close Ser.). (ENG., Illus.). 24p. (J). (gr. k-3). lib. bdg. 26.95 (978-1-62617-803-8(8), Blastoff! Readers) Bellwether Media.

Cricket's Friends: Tales Told by the Cricket, Teapot, & Saucepan (Classic Reprint) Virginia Johnson. (ENG., Illus.). (J). 2018. 228p. 28.62 (978-0-483-61356-0(8)); 2017. pap. 10.97 (978-0-243-28742-0(9)) Forgotten Bks.

Cricket's Serenade. Daniel Hamman. 2020. (ENG., Illus.). 32p. (J). 23.95 (978-1-64531-653-4(X)) Newman Springs Publishing, Inc.

Cricket's Song. Kat Bromm. 2021. (ENG.). 28p. (J). pap. 16.95 (978-1-6642-1630-3(8), WestBow Pr.) Author Solutions, LLC.

Cridge Mumbly: Johnny Appleseeds Cousin. Peirce a Clayton. Illus. by Peirce a Clayton. 2018. (ENG., Illus.). 36p. (J). (gr. k-6). pap. 14.00 (978-1-7326245-0-4(X)) Cridge Mumbly Publishing.

Crieff (Classic Reprint) Duncan Macara. (ENG., Illus.). (J). 2018. 30.46 (978-0-260-21272-6(5)); 2016. pap. 13.57 (978-1-334-14049-5(9)) Forgotten Bks.

Crier's War. Nina Varela. (Crier's War Ser.: 1). (ENG.). (YA). (gr. 9). 2020. 464p. pap. 11.99 (978-0-06-282395-3(7)); 2019. (Illus.). 448p. 17.99 (978-0-06-282394-6(9)) HarperCollins Pubs. (Quill Tree Bks.).

Cries of Battle: Selstra. Nathaniel Dezago. 2020. (ENG.). 404p. (YA). pap. 23.95 (978-1-64701-399-8(2)) Page Publishing Inc.

Crim. con. , a Trial: William Henry Hall, Plaintiff, Against Major George Barrow, Defendant, for Criminal Conversation with the Plaintiff's Wife; Supreme Court, at Halifax, Nova-Scotia, 20th July, 1820 (Classic Reprint) William Henry Hall. (ENG., Illus.). (J). 2018. 22p. 24.37 (978-0-666-10306-2(2)); 2017. pap. 7.97 (978-0-259-93146-1(2)) Forgotten Bks.

Crime, 1 vol. Ed. by he New York Times. 2018. (Changing Perspectives Ser.). (ENG.). 224p. (YA). (gr. 9-9). lib. bdg. 54.93 (978-1-64282-012-6(1), 7dc2dfa5-e023-4ba5-90ef-4ac3e27fd76a, New York Times Educational Publishing) Rosen Publishing Group, Inc., The.

Crime. Janice Parker. 2018. (Science Q&a Ser.). (ENG.). 48p. (J). lib. bdg. 29.99 (978-1-5105-3843-6(7)) SmartBook Media, Inc.

Crime, 1 vol. Ed. by The New York Times Editorial. 2018. (Changing Perspectives Ser.). (ENG.). 224p. (YA). (gr. 9-9). pap. 24.47 (978-1-64282-013-3(X), 96317786-9b80-45d9-9daf-6ef5cc7e45fd, New York Times Educational Publishing) Rosen Publishing Group, Inc., The.

Crime & Carpetbags. Julie Berry. Illus. by Chloe Bristol. (Wishes & Wellingtons Ser.: 2). (ENG.). 352p. (J). (gr. 3-6). 2022. pap. 8.99 (978-1-7282-5863-8(4)); 2021. 16.99 (978-1-7282-3149-5(3)) Sourcebooks, Inc.

Crime & Punishment. Osamu Tezuka. 2021. (ENG., Illus.). 144p. (YA). pap. 15.95 (978-1-56970-352-6(3)) Digital Manga Publishing.

Crime & Punishment: A Russian Realistic Novel (Classic Reprint) Fyodor Dostoevsky. 2017. (ENG., Illus.). (J). 33.36 (978-0-265-18152-2(6)) Forgotten Bks.

Crime & Punishment (Classic Reprint) Fyodor Dostoevsky. 2017. (ENG., Illus.). (J). 36.04 (978-1-5281-8413-7(0)) Forgotten Bks.

Crime & Punishment Novel Units Student Packet. Novel Units. 2019. (ENG.). (YA). pap. 13.99 (978-1-58130-803-7(5), Novel Units, Inc.) Classroom Library Co.

Crime & Punishment Novel Units Teacher Guide. Novel Units. 2019. (ENG.). (YA). pap., tchr. ed. 12.99 (978-1-58130-802-0(7), Novel Units, Inc.) Classroom Library Co.

Crime & Terrorism. Hilary W. Poole. 2017. (Childhood Fears & Anxieties Ser.: Vol. 11). (ENG., Illus.). 48p. (J). (gr. 5-8). 20.95 (978-1-4222-3724-3(9)) Mason Crest.

Crime by Design. Andrea Peter. 2019. (ENG.). 162p. (YA). (978-1-5255-3818-6(7)); pap. (978-1-5255-3819-3(5)) FriesenPress.

Crime Club. Melodie Campbell. 2nd ed. 2021. (Orca Soundings Ser.). (ENG.). 128p. (YA). (gr. 8-12). pap. 10.95 (978-1-4598-3310-4(4)) Orca Bk. Pubs. USA.

Crime-Fighting Animals. Julie Murray. 2019. (Working Animals Ser.). (ENG., Illus.). 24p. (J). (gr. k-4). lib. bdg. 31.36 (978-1-5321-2731-1(6), 31669, Abdo Zoom-Dash) ABDO Publishing Co.

Crime-Fighting Cat. Steve Korté. Illus. by Art Baltazar. 2020. (Amazing Adventures of the DC Super-Pets Ser.). (ENG.). 32p. (J). (gr. k-2). pap. 6.95 (978-1-5158-7322-8(6), 201627); lib. bdg. 21.32 (978-1-5158-7177-4(0), 200567) Capstone. (Picture Window Bks.).

Crime of Being Woman. Sahar Dadjoo. 2021. (ENG.). 102p. (YA). pap. (978-0-2288-4726-7(5)) Tellwell Talent.

Crime of Henry Vane: A Study with a Moral (Classic Reprint) J. S. Of Dale. 2018. (ENG., Illus.). 222p. (J). 28.48 (978-0-483-73850-8(6)) Forgotten Bks.

Crime of Sylvestre Bonnard (Classic Reprint) Anatole France. (ENG., Illus.). (J). 2018. 258p. 29.24 (978-0-483-59612-2(4)); 2017. 30.62 (978-0-266-17992-4(4)); 2016. pap. 11.97 (978-1-333-21088-5(4)) Forgotten Bks.

Crime of the Century (Classic Reprint) Rodrigues Ottolengui. 2017. (ENG., Illus.). (J). 31.38 (978-0-266-56922-0(6)); pap. 13.97 (978-0-282-83699-3(3)) Forgotten Bks.

Crime on Canvas (Classic Reprint) Fred M. White. 2018. (ENG., Illus.). 334p. (J). 30.79 (978-0-483-25701-6(X)) Forgotten Bks.

Crime on the Norwegian Sea. Steve Stevenson. ed. 2016. (Agatha Girl of Mystery Ser.: 10). lib. bdg. 16.00 (978-0-606-38415-5(4)) Turtleback.

Crime Scene: Collecting Physical Evidence. Jennifer Rowan. 2021. (Forensics Ser.). (ENG.). (YA). (gr. 7-12). 34.60 (978-1-4222-4465-4(2)) Mason Crest.

Crime Scene Club: Facts & Fiction, 12 vols., Set. Kenneth McIntosh. Incl. Close-Up: Forensic Photography. Illus. by Casey Sanborn. lib. bdg. 24.95 (978-1-4222-0251-7(8)); Devil's Canyon: Forensic Geography. Illus. by Justin Miller. 24.95 (978-1-4222-0247-0(X)); Earth Cries Out: Forensic Chemistry & Environmental Science. Illus. by Justin Miller. lib. bdg. 24.95 (978-1-4222-0254-8(2)); If the Shoe Fits: Footwear Analysis. Illus. by Justin Miller. lib. bdg. 24.95 (978-1-4222-0253-1(4)); Monsoon Murder: Forensic Meteorology. Illus. by Joe Holland. lib. bdg. 24.95 (978-1-4222-0258-6(5)); Numbering the Crime: Forensic Mathematics. Illus. by John Ashton Golden. lib. bdg. 24.95 (978-1-4222-0257-9(7)); Over the Edge: Forensic Accident Reconstruction. Illus. by Casey Sanborn. lib. bdg. 24.95 (978-1-4222-0248-7(8)); Poison & Peril: Forensic Toxicology. Illus. by Justin Miller. lib. bdg. 24.95 (978-1-4222-0250-0(X)); Stranger's Voice: Forensic Speech Identification. Illus. by John Ashton Golden. lib. bdg. 24.95 (978-1-4222-0255-5(0)); Things Fall Apart: Forensic Engineering. Illus. by John Ashton Golden. lib. bdg. 24.95 (978-1-4222-0256-2(9)); Trickster's Image: Forensic Art. Illus. by Justin Miller. lib. bdg. 24.95 (978-1-4222-0249-4(6)); 144p. (YA). (gr. 9-12). 2007. 2009. Set lib. bdg. 299.40 (978-1-4222-0259-3(3)) Mason Crest.

Crime Scene Evidence. Grace Campbell. 2020. (True Crime Clues (UpDog Books (tm)) Ser.). (ENG., Illus.). 24p. (J). (gr. 3-5). 30.65 (978-1-5415-9057-1(0), c4f8d1a7-22e2-4dd0-b215-ac4362123def, Lerner Pubns.) Lerner Publishing Group.

Crime Scene Investigations: Set 2, 12 vols. annot. ed. 2017. (Crime Scene Investigations Ser.). (ENG.). 104p. (YA). (gr. 7-7). lib. bdg. 252.18 (978-1-5345-6252-3(4), 5b94a36a-10bf-4aff-a449-ab0422a6f61c) Greenhaven Publishing LLC.

Crime Scene Investigations: Sets 1 - 2, 24 vols. 2017. (Crime Scene Investigations Ser.). (ENG.). (YA). (gr. 7-7). lib. bdg. 504.36 (978-1-5345-6253-0(2), 900c76a2-2d34-4847-bc38-12f573c90e4b, Lucent Pr.) Greenhaven Publishing LLC.

Crime Scene Investigators, 12 vols. 2017. (Crime Scene Investigators Ser.). (ENG.). (J). (gr. 6-6). lib. bdg. 233.58 (978-0-7660-9188-7(0), fa802946-d6b1-4e4e-8ee6-761665673ede) Enslow Publishing, LLC.

Crime Scene Investigators. Grace Campbell. 2020. (True Crime Clues (UpDog Books (tm)) Ser.). (ENG., Illus.). 24p. (J). (gr. 3-5). lib. bdg. 30.65 (978-1-5415-9056-4(2), 8c78256c-1510-4e7d-acb6-128c3baf81e3, Lerner Pubns.) Lerner Publishing Group.

Crime Solvers. 2017. (Crime Solvers Ser.). 48p. (gr. 6-6). pap. 84.30 *(978-1-5382-0611-9(0))*; (ENG.). lib. bdg. 201.60 *(978-1-5382-0609-6(9),* 85e5b98f-66c5-426e-bb6a-a019a1f8f7aa) Stevens, Gareth Publishing LLLP.

Crime Solvers. Amy Kortuem. 2018. (Crime Solvers Ser.). (ENG.). 32p. (J). (gr. 3-9). 117.28 *(978-1-5435-2999-9(2),* 28490, Capstone Pr.) Capstone.

Crime-Solving Cousins Mysteries Bundle: The Feather Chase, the Treasure Key, the Chocolate Spy: Books 1, 2 And 3. Shannon L. Brown. 2020. (ENG.). 526p. (J). (gr. 3-6). pap. 24.95 *(978-1-945527-33-3(1))* Sienna Bay Pr.

Crimen y Castigo. Fyodor Dostoevsky. 2018.Tr. of Crime & Punishment. (SPA.). 96p. (YA). (gr. 8-12). pap. 6.95 *(978-607-453-331-6(8))* Selector, S.A. de C.V. MEX. Dist: Spanish Pubs., LLC.

Crimes à la Ferme! la Mystérieuse Disparition de Vache see Farm Crimes! the MOO-Sterious Disappearance of Cow

Crimes of Charity (Classic Reprint) Konrad Bercovici. 2018. (ENG., Illus.). 288p. (J). 29.86 *(978-0-428-37162-3(0))* Forgotten Bks.

Crimes of ISIS, 16 vols. 2017. (Crimes of ISIS Ser.). (ENG.). (J). (gr. 8-8). lib. bdg. 311.44 *(978-0-7660-9234-1(8),* 4bcfccd8-aef4-494a-9414-9159b4701f5d) Enslow Publishing, LLC.

Crimes of the Fae. M. Lynn. 2021. (ENG.). 730p. (YA). 37.99 *(978-1-970052-18-3(X))* United Bks. Publishing.

Criminal. K. B. Hoyle. 2016. (ENG., Illus.). (YA). 31.99 *(978-1-61213-395-9(9))*; (Breeder Cycle Ser.: Vol. 2). pap. 21.50 *(978-1-61213-388-1(6))* Writer's Coffee Shop, The.

Criminal Destiny. Gordon Korman. ed. 2017. (Masterminds Ser.: 2). (J). lib. bdg. 18.40 *(978-0-606-39612-7(8))* Turtleback.

Criminal Justice Professionals: A Practical Career Guide. Kezia Endsley. 2021. (Practical Career Guides). (Illus.). 120p. (YA). (gr. 8-17). pap. 37.00 *(978-1-5381-4514-2(6))* Rowman & Littlefield Publishers, Inc.

Criminal Justice System. Ashley Nicole. 2019. (Contemporary Issues Ser.). (Illus.). 112p. (J). (gr. 12). lib. bdg. 35.93 *(978-1-4222-4388-6(5))* Mason Crest.

Criminal Profiling: Searching for Suspects, 1 vol. Christine Honders. 2017. (Crime Scene Investigations Ser.). (ENG.). 104p. (YA). (gr. 7-7). pap. 20.99 *(978-1-5345-6272-1(9),* 17422f22-ed3d-4954-ae54-8e0e98e6538c); lib. bdg. 42.03 *(978-1-5345-6174-8(9),* db66c65d-8cec-4446-99ee-3a7c3653b1b8) Greenhaven Publishing LLC. (Lucent Pr.).

Criminal Terminology, Vol. 20. Ellen Dupont. Ed. by Manny Gomez. 2016. (Crime & Detection Ser.). (Illus.). 96p. (J). (gr. 7). 24.95 *(978-1-4222-3470-9(3))* Mason Crest.

Criminals Handbook: A Novella. Nikole S. Pepper. 2021. (ENG.). 128p. (YA). pap. 10.00 *(978-1-6671-3263-1(6))* Lulu Pr., Inc.

Criminals I Have Known (Classic Reprint) Arthur Griffiths. 2017. (ENG., Illus.). (J). 30.79 *(978-0-266-71248-0(7))*; pap. 13.57 *(978-1-5276-6598-9(4))* Forgotten Bks.

Criminals of America, or Tales of the Lives of Thieves: Enabling Every One to Be His Own Detective; with Portraits, Making a Complete Rogue's Gallery (Classic Reprint) Philip Farley. (ENG., Illus.). (J). 2019. 640p. 37.10 *(978-0-483-33625-4(4))*; 2016. pap. 19.57 *(978-1-334-14434-9(6))* Forgotten Bks.

Criminals of Chicago (Classic Reprint) Prince Immanuel of Jerusalem. 2018. (ENG., Illus.). 258p. (J). 29.22 *(978-0-332-94668-9(1))* Forgotten Bks.

Criminy. R. Langridge. 2018. (Illus.). 112p. (J). (gr. 5-9). pap. 12.99 *(978-1-5067-0744-0(0),* Dark Horse Books) Dark Horse Comics.

Crims. Kate Davies. (Crims Ser.: 1). (ENG.). (J). (gr. 3-7). 2018. 320p. pap. 6.99 *(978-0-06-249410-8(4))*; 2017. (Illus.). 304p. 16.99 *(978-0-06-249409-2(0))* HarperCollins Pubs. (HarperCollins).

Crims #2: down with the Crims! Kate Davies. 2019. (Crims Ser.: 2). (ENG.). 320p. (J). (gr. 3-7). pap. 6.99 *(978-0-06-249415-3(5),* HarperCollins) HarperCollins Pubs.

Crims #3: the Crims at Sea. Kate Davies. 2019. (Crims Ser.: 3). (ENG., Illus.). 256p. (J). (gr. 3-7). 16.99 *(978-0-06-249416-0(3),* HarperCollins) HarperCollins Pubs.

Crimson. Arthur Slade. 2018. (ENG.). 288p. (J). (gr. 5-9). 16.93 *(978-1-4434-1668-9(1))* HarperCollins Pubs.

Crimson: Class of Nineteen Twenty-One (Classic Reprint) Goshen High School. 2017. (ENG., Illus.). (J). pap. 9.57 *(978-0-265-11838-2(7))* Forgotten Bks.

Crimson: March 1915 (Classic Reprint) Goshen High School. 2018. (ENG., Illus.). 30p. (J). 24.52 *(978-0-484-51854-3(2))* Forgotten Bks.

Crimson: October 1914 (Classic Reprint) Goshen High School. 2018. (ENG., Illus.). 38p. (J). 24.68 *(978-0-267-47836-1(4))* Forgotten Bks.

Crimson, 1914 (Classic Reprint) Goshen High School. (ENG., Illus.). (J). 2018. 86p. 25.69 *(978-0-364-66851-1(2))*; 2017. pap. 9.57 *(978-0-259-39481-5(5))* Forgotten Bks.

Crimson & Gray: November 1929 (Classic Reprint) Mary E. Wells High School. 2018. (ENG., Illus.). (J). 200p. 28.04 *(978-1-396-74862-2(8))*; 202p. pap. 10.57 *(978-1-396-00435-3(1))* Forgotten Bks.

Crimson & Gray: November 1930 (Classic Reprint) Mary E. Wells High School. (ENG., Illus.). (J). 2018. 134p. 26.66 *(978-0-666-02707-8(2))*; 2017. pap. 9.57 *(978-0-259-95012-7(2))* Forgotten Bks.

Crimson & Gray, 1932-1933, Vol. 16: Published Quarterly by the Students of the Mary E. Wells High School, Southbridge, Massachusetts (Classic Reprint) Lucille Monroe. 2018. (ENG., Illus.). (J). 180p. 27.61 *(978-1-396-34352-0(0))*; 182p. pap. 9.97 *(978-1-390-90337-9(0))* Forgotten Bks.

Crimson & Gray, 1937-1938, Vol. 21 (Classic Reprint) Mary E. Wells High School. 2018. (ENG., Illus.). (J). 168p. 27.36 *(978-1-396-74979-7(9))*; 170p. pap. 9.97 *(978-1-396-00493-3(9))* Forgotten Bks.

Crimson & Gray, 1941-1942, Vol. 25 (Classic Reprint) Mary Dirlam. 2017. (ENG., Illus.). (J). 25.92 *(978-0-260-58326-0(X))*; pap. 9.57 *(978-0-266-03459-9(4))* Forgotten Bks.

Crimson & Gray, Vol. 10: November, 1926 (Classic Reprint) Margaret Craig. 2018. (ENG., Illus.). 164p. (J). 27.28 *(978-0-332-15929-4(9))* Forgotten Bks.

Crimson & Gray, Vol. 11: Published Quarterly by the Students of the Mary E. Wells High School; November, 1927 (Classic Reprint) Donald Rawson. 2017. (ENG., Illus.). (J). pap. 9.97 *(978-0-259-87712-7(3))* Forgotten Bks.

Crimson & Gray, Vol. 12: November, 1928 (Classic Reprint) Harold Morehouse Jr. (ENG., Illus.). (J). 2018. 172p. 27.46 *(978-0-656-60855-3(2))*; 2017. pap. 9.97 *(978-0-259-84376-4(8))* Forgotten Bks.

Crimson & Gray, Vol. 17: November, 1933 (Classic Reprint) Mary E. Wells High School. (ENG., Illus.). (J). 2018. 192p. 27.88 *(978-0-666-97106-7(4))*; 2017. pap. 10.57 *(978-0-243-44812-8(0))* Forgotten Bks.

Crimson & Gray, Vol. 18: 1934-1935 (Classic Reprint) Florence Lockhart. (ENG., Illus.). (J). 2018. 196p. 27.94 *(978-0-365-16365-7(1))*; 2017. pap. 10.57 *(978-0-259-87754-7(9))* Forgotten Bks.

Crimson & Gray, Vol. 22: December, 1938 (Classic Reprint) Phyllis Whiteoak. (ENG., Illus.). (J). 2018. 150p. 26.99 *(978-0-666-29285-8(X))*; 2017. pap. 9.57 *(978-0-259-87225-2(3))* Forgotten Bks.

Crimson & Gray, Vol. 23: November, 1939 (Classic Reprint) Barbara Darcey. 2017. (ENG., Illus.). (J). 180p. 27.61 *(978-0-484-39093-4(7))*; pap. 9.97 *(978-0-259-43428-3(0))* Forgotten Bks.

Crimson & Gray, Vol. 24: November, 1940 (Classic Reprint) Natalie Pierce. 2018. (ENG., Illus.). (J). 148p. 26.97 *(978-0-366-59384-2(6))*; 150p. pap. 9.57 *(978-0-366-59328-6(5))* Forgotten Bks.

Crimson & Gray, Vol. 26: December 1943 (Classic Reprint) Mary E. Wells High School. (ENG., Illus.). (J). 2018. 104p. 26.04 *(978-0-365-35239-6(X))*; 2017. pap. 9.57 *(978-0-259-94748-6(2))* Forgotten Bks.

Crimson & Gray, Vol. 3: December, 1919 (Classic Reprint) Mary E. Wells High School. 2017. (ENG., Illus.). (J). 27.13 *(978-0-260-90587-1(9))*; pap. 9.57 *(978-1-5284-5607-4(6))* Forgotten Bks.

Crimson & Gray, Vol. 4: December, 1920 (Classic Reprint) James R. Nolan. (ENG., Illus.). (J). 2018. 110p. 26.17 *(978-0-364-00204-9(2))*; 2017. pap. 9.57 *(978-0-243-49824-6(1))* Forgotten Bks.

Crimson & Gray, Vol. 5: 1921-1923 (Classic Reprint) Mary E. Wells High School. 2017. (ENG., Illus.). (J). 30.68 *(978-0-331-48741-1(1))*; pap. 13.57 *(978-0-260-85799-6(8))* Forgotten Bks.

Crimson & Gray, Vol. 9: 1925-1926 (Classic Reprint) Agnes Tait. 2018. (ENG., Illus.). (J). 160p. 27.20 *(978-0-366-56250-3(9))*; 162p. pap. 9.57 *(978-0-366-10499-4(3))* Forgotten Bks.

Crimson & the Blue: A Class Play in Four Acts & an Epilog (Classic Reprint) Edith Palmer Painton. (ENG., Illus.). (J). 2018. 102p. 26.00 *(978-0-483-70072-7(X))*; 2016. pap. 9.57 *(978-1-334-15537-6(2))* Forgotten Bks.

Crimson Azaleas: A Novel (Classic Reprint) H. de Vere Stacpoole. 2018. (ENG., Illus.). 314p. (J). 30.37 *(978-0-484-02878-3(2))* Forgotten Bks.

Crimson Blind (Classic Reprint) Fred M. White. 2017. (ENG., Illus.). (J). 32.04 *(978-1-5283-8839-9(9))* Forgotten Bks.

Crimson Bound. Rosamund Hodge. 2016. (ENG.). 464p. (YA). (gr. 8). pap. 9.99 *(978-0-06-222477-4(8),* Balzer & Bray) HarperCollins Pubs.

Crimson (Classic Reprint) Unknown Author. 2018. (ENG., Illus.). (J). 38p. 24.68 *(978-0-484-12681-6(4))*; 34p. 24.60 *(978-0-332-45118-3(6))* Forgotten Bks.

Crimson Cocoanut: And Other Plays (Classic Reprint) Ian Hay Beith. 2017. (ENG., Illus.). (J). 26.66 *(978-1-5285-6843-2(5))* Forgotten Bks.

Crimson Cross (Classic Reprint) Charles Edmonds Walk. 2017. (ENG., Illus.). (J). 30.76 *(978-0-331-23794-8(6))* Forgotten Bks.

Crimson Eyebrows: A Fantastic Romance of Old China in Three Acts (Classic Reprint) May Hewes Dodge. 2018. (ENG., Illus.). 94p. (J). 25.84 *(978-0-267-52325-2(4))* Forgotten Bks.

Crimson Fairy Book. Andrew Lang. (Mint Editions — The Children's Library). (ENG.). 234p. (J). (gr. 7-12). 2022. 16.99 *(978-1-5131-3257-0(1))*; 2021. pap. 11.99 *(978-1-5132-8164-3(X))* West Margin Pr. (West Margin Pr.).

Crimson Fairy Book (Classic Reprint) Andrew Lang. 2017. (ENG., Illus.). (J). 32.08 *(978-0-331-10320-5(6))* Forgotten Bks.

Crimson Flash (Classic Reprint) Roy J. Snell. 2018. (ENG., Illus.). 238p. (J). 28.81 *(978-0-267-18399-9(2))* Forgotten Bks.

Crimson Fox: Chipmunk Hunter. Josh Zimmer. 2020. (ENG.). 20p. (YA). (gr. 7-12). 18.00 *(978-0-578-70646-7(6))* Superstar Speedsters.

Crimson Fox: Jungle Warrior. Josh Zimmer. (ENG.). 32p. (YA). (gr. 7-12). 2020. pap. 10.00 *(978-1-0878-6803-5(3))*; 2019. 14.00 *(978-0-578-57028-0(9))* Superstar Speedsters.

Crimson Fox: Jungle Warrior: 2022 Special Edition. Josh Zimmer. 2022. (ENG.). 22p. (YA). 20.00 *(978-0-578-35263-3(X))*; pap. 10.00 *(978-1-0880-1768-5(1))* Superstar Speedsters.

Crimson Fox: Mouse Hunter. Josh Zimmer. 2019. (ENG.). 30p. (YA). (gr. 7-12). 14.00 *(978-0-578-58856-8(0))* Superstar Speedsters.

Crimson Fox: Raccoon Hunter. Josh Zimmer. 2020. (ENG.). 24p. (YA). (gr. 7-12). 18.00 *(978-0-578-72261-0(5))* Superstar Speedsters.

Crimson Fox: The Complete Collection. Josh Zimmer. 2020. (ENG.). 62p. (YA). (gr. 7-12). pap. 10.00 *(978-1-0879-1680-4(1))* Indy Pub.

Crimson Fox: The Complete Collection. Josh Zimmer. 2020. (ENG.). 66p. (YA). (gr. 7-12). 18.00 *(978-0-578-74017-1(6))* Superstar Speedsters.

Crimson Fox: Wolf Hunter. Josh Zimmer. 2020. (ENG.). 28p. (YA). (gr. 7-12). 18.00 *(978-0-578-66382-1(1))* Superstar Speedsters.

Crimson Gardenia: And Other Tales of Adventure (Classic Reprint) Rex Beach. 2017. (ENG., Illus.). (J). 32.04 *(978-1-5284-7681-2(6))* Forgotten Bks.

Crimson Ramblers (Classic Reprint) Warren L. Eldred. 2018. (ENG., Illus.). 352p. (J). 31.16 *(978-0-332-78527-1(0))* Forgotten Bks.

Crimson Reign. Amélie Wen Zhao. 2022. (Blood Heir Ser.: 3). (ENG., Illus.). 496p. (YA). (gr. 9). 18.99 *(978-0-525-70787-5(5),* Delacorte Pr.) Random Hse. Children's Bks.

Crimson Sign: A Narrative of the Adventures of Mr. Gervase Orme, Sometime Lieutenant in Mountjoy's Regiment of Foot (Classic Reprint) Samuel Robert Keightley. (ENG., Illus.). (J). 2018. 376p. 31.67 *(978-0-428-86123-0(7))*; 2016. pap. 16.57 *(978-1-334-20665-8(1))* Forgotten Bks.

Crimson Skew. S. E. Grove. 2017. (Mapmakers Trilogy Ser.: 3). 464p. (J). (gr. 5). 9.99 *(978-0-14-242368-4(8),* Puffin Books) Penguin Young Readers Group.

Crimson Skew. S. E. Grove. ed. 2017. (Mapmakers Ser.: 3). lib. bdg. 19.65 *(978-0-606-40081-7(8))* Turtleback.

Crimson Star: Or the Midnight Vision (Classic Reprint) Sarah A. Wright. 2018. (ENG., Illus.). 244p. (J). 28.93 *(978-0-483-72106-7(9))* Forgotten Bks.

Crimson Sweater (Classic Reprint) Ralph Henry Barbour. 2018. (ENG., Illus.). 330p. (J). 30.72 *(978-0-267-48118-7(7))* Forgotten Bks.

Crimson the Adopted Cat. Elisabeth James. 2023. (ENG.). 22p. (J). pap. ***(978-1-2288-8563-4(9))*** Tellwell Talent.

Crimson Thread: Book One. Brad Pelsue. 2021. (Tapestry of Time Ser.: Vol. 1). (ENG.). 194p. (YA). pap. 14.99 *(978-1-949021-68-4(8))* Illumify Media Group.

Crimson Tide: A Novel (Classic Reprint) Robert W. Chambers. 2017. (ENG., Illus.). (J). 32.41 *(978-0-331-26186-8(3))*; pap. 16.57 *(978-0-259-19399-9(2))* Forgotten Bks.

Crimson Twill: Witch in the City. Kallie George. Illus. by Birgitta Sif. (Crimson Twill Ser.). (ENG.). 64p. (J). (gr. 2-4). 2023. pap. 6.99 ***(978-1-5362-3035-2(9))***; 2022. 14.99 *(978-1-5362-1463-5(9))* Candlewick Pr.

Crimson Twill: Witch in the Country. Kallie George. Illus. by Birgitta Sif. 2023. (Crimson Twill Ser.). (ENG.). 80p. (J). (gr. 2-4). 15.99 ***(978-1-5362-1464-2(7))*** Candlewick Pr.

Crimson, Vol. 12: February, 1918 (Classic Reprint) Goshen High School. (ENG., Illus.). (J). 2018. 36p. 24.64 *(978-0-267-54931-3(8))*; 2016. pap. 7.97 *(978-1-333-53362-5(4))* Forgotten Bks.

Crimson, Vol. 6: October, 1911 (Classic Reprint) Goshen High School. (ENG., Illus.). (J). 2018. 422p. 32.60 *(978-0-483-93524-2(7))*; 2017. pap. 16.57 *(978-0-243-42700-0(X))* Forgotten Bks.

Crimson, Vol. 6 (Classic Reprint) Unknown Author. 2018. (ENG., Illus.). (J). 38p. 24.68 *(978-0-483-26449-6(0))*; 46p. 24.85 *(978-0-483-83281-7(2))* Forgotten Bks.

Crimson Weed (Classic Reprint) Christopher St John. 2017. (ENG., Illus.). (J). 31.24 *(978-0-266-74160-2(6))*; pap. 13.97 *(978-1-5277-0770-2(9))* Forgotten Bks.

Crimsonheart Chronicles: The Tale of Enlightenment. Jake R. C. Wells. Illus. by J. E. Corbett. 2022. (Crimsonheart Chronicles Ser.). (ENG.). 294p. (YA). *(978-1-0391-3582-6(X))*; pap. *(978-1-0391-3581-9(1))* FriesenPress.

Crines Majestuosas (Majestic Manes) Caballo (Horse) Kelly Calhoun. 2016. (Adivina (Guess What) Ser.). (SPA., Illus.). 24p. (J). (gr. k-2). 30.64 *(978-1-63471-450-1(4),* 208863) Cherry Lake Publishing.

Crink. M Doshi. 2018. (ENG.). 38p. (J). 14.95 *(978-1-68401-204-6(X))* Amplify Publishing Group.

Crinkle, Crackle, CRACK: It's Spring! Marion Dane Bauer. Illus. by John Shelley. 2019. 32p. (J). (gr. -1-3). pap. 7.99 *(978-0-8234-4177-8(6))* Holiday Hse., Inc.

Crinkle, Crackle, CRACK: It's Spring! Marion Dane Bauer. 2019. (ENG.). 32p. (J). (gr. k-1). 18.79 *(978-1-64310-988-6(X))* Penworthy Co., LLC, The.

Crinkle, Crinkle, Little Star. Justin Krasner. Illus. by Emma Yarlett. 2017. (ENG.). 16p. (J). (gr. -1 — 1). 12.95 *(978-1-5235-0120-5(0),* 100120) Workman Publishing Co., Inc.

Crinkle in Time. Alice VL. 2018. (ENG.). 192p. (YA). pap. *(978-1-393-02050-9(X))* Loggerenberg, Alice Van.

Crinkles: Bible Stories. Illus. by Monica Pierazzi Mitri. ed. 2021. (Crinkles Ser.). (ENG.). 6p. (J). 8.99 *(978-1-78128-396-7(6),* a121ba4e-2549-43ea-a36c-a407e02136a6, Candle Bks.) Lion Hudson PLC GBR. Dist: Baker & Taylor Publisher Services (BTPS).

Crinkles: God Creates the World. Illus. by Monica Pierazzi Mitri. ed. 2021. (Crinkles Ser.). (ENG.). 6p. (J). 8.99 *(978-1-78128-397-4(4),* f06e0703-9711-41e4-b95c-10f9edfad167, Candle Bks.) Lion Hudson PLC GBR. Dist: Baker & Taylor Publisher Services (BTPS).

Crinkles: Stories of Jesus. Illus. by Monica Pierazzi Mitri. ed. 2020. (Crinkles Ser.). (ENG.). 6p. (J). 8.99 *(978-1-78128-395-0(8),* 42b68061-251c-4ac0-ad6c-d2941bedf42d, Candle Bks.) Lion Hudson PLC GBR. Dist: Baker & Taylor Publisher Services (BTPS).

Crinkles: the Birth of Jesus. Illus. by Monica Pierazzi Mitri. ed. 2020. (Crinkles Ser.). (ENG.). 6p. (J). 8.99 *(978-1-78128-398-1(2),* 3bddb771-0b72-4aee-a8bd-b887313e8bcf, Candle Bks.) Lion Hudson PLC GBR. Dist: Baker & Taylor Publisher Services (BTPS).

Crinolines, Petticoats & Bloomers Coloring Book. Creative. 2016. (ENG., Illus.). (J). pap. 7.74 *(978-1-68323-667-2(X))* Twin Flame Productions.

Cripps, the Carrier: A Woodland Tale (Classic Reprint) R. D. Blackmore. 2017. (ENG., Illus.). (J). 32.85 *(978-1-5282-6356-6(1))* Forgotten Bks.

Criquette (Classic Reprint) Ludovic Halevy. (Illus.). (J). 2018. (ENG.). 292p. 29.92 *(978-0-365-17980-1(9))*; 2017. (FRE.). 30.60 *(978-0-265-39336-9(1))*; 2017. (FRE.). pap. 13.57 *(978-0-243-03815-2(1))*; 2016. (ENG.). pap. 13.57 *(978-1-334-15633-5(6))* Forgotten Bks.

Crisanta Knight: Eternitys End. Geanna Culbertson. 2022. (Crisanta Knight Ser.: 9). (ENG.). 1012p. (YA). pap. 37.95 *(978-1-952782-83-1(X),* BQB Publishing) Boutique of Quality Books Publishing Co., Inc.

Crisanta Knight: Inherent Fate. Geanna Culbertson. 2017. (Crisanta Knight Ser.). (ENG.). 420p. (YA). (gr. 7). pap. 19.95 *(978-1-945448-06-5(7),* BQB Publishing) Boutique of Quality Books Publishing Co., Inc.

Crisanta Knight: into the Gray: Into the Gray. Geanna Culbertson. 2020. (Crisanta Knight Ser.: 7). (ENG.). 586p. (YA). (gr. 7). pap. 18.95 *(978-1-945448-83-6(0),* BQB Publishing) Boutique of Quality Books Publishing Co., Inc.

Crisanta Knight: Midnight Law: Midnight Law. Geanna Culbertson. 2021. (Crisanta Knight Ser.). (ENG.). 732p. (YA). (gr. 7). pap. 23.95 *(978-1-945448-85-0(7),* BQB Publishing) Boutique of Quality Books Publishing Co., Inc.

Crisanta Knight: the Liar, the Witch, & the Wormhole: The Liar, the Witch, & the Wormhole. Geanna Culbertson. 2018. (Crisanta Knight Ser.). (ENG.). 734p. (YA). (gr. 7). pap. 23.95 *(978-1-945448-10-2(5),* BQB Publishing) Boutique of Quality Books Publishing Co., Inc.

Crisanta Knight: the Lost King: The Lost King. Geanna Culbertson. 2019. (Crisanta Knight Ser.). (ENG.). 482p. (YA). (gr. 6). pap. 16.95 *(978-1-945448-45-4(8),* BQB Publishing) Boutique of Quality Books Publishing Co., Inc.

Crisanta Knight: to Death & Back: To Death & Back. Geanna Culbertson. 2019. (Crisanta Knight Ser.). (ENG.). 430p. (YA). (gr. 6). pap. 16.95 *(978-1-945448-26-3(1),* BQB Publishing) Boutique of Quality Books Publishing Co., Inc.

Crisantemo. Kevin Henkes. 2017.Tr. of Chrysanthemum. (SPA., Illus.). 32p. (J). pap. 9.99 *(978-1-63245-664-9(8))* Lectorum Pubns., Inc.

Crises & Crosses. Anthony Blackshaw. 2016. (ENG.). 262p. (YA). *(978-1-365-28125-9(6))* Lulu Pr., Inc.

Crisis: Teen Mental Health at Risk. Leanne Currie-McGhee. 2023. (ENG.). 64p. (J). (gr. 6-12). 43.93 ***(978-1-6782-0564-5(8))*** ReferencePoint Pr., Inc.

Crisis: The Card People 3. James Sulzer. 2019. (Card People Ser.: Vol. 3). (ENG.). 224p. (J). pap. 14.99 *(978-0-9998089-8-6(2))* Fuze Publishing, LLC.

Crisis at Calista Station. Andrew J. Harvey. 2020. (Portal Adventures Ser.: Vol. 2). (ENG.). 196p. (J). pap. *(978-1-988276-33-5(0))* Peasantry Pr.

Crisis (Classic Reprint) Winston Churchill. 2017. (ENG., Illus.). (J). pap. 19.57 *(978-0-243-27603-5(6))* Forgotten Bks.

Crisis (Classic Reprint) Winston Churchill. (ENG., Illus.). (J). 2018. 572p. 35.69 *(978-0-484-40469-3(5))*; 2017. 37.06 *(978-1-5282-7980-2(8))* Forgotten Bks.

Crisis Control: Then & Now. Rachael L. Thomas. 2021. (Pandemics Ser.). (ENG., Illus.). 48p. (J). (gr. 5-9). lib. bdg. 34.21 *(978-1-5321-9557-0(5),* 37328, Abdo & Daughters) ABDO Publishing Co.

Crisis en la Montaña: Leveled Reader Card Book 23 Level P 6 Pack. Hmh Hmh. 2021. (SPA.). (J). pap. 74.40 *(978-0-358-08505-8(5))* Houghton Mifflin Harcourt Publishing Co.

Crisis in Ukraine (Set), 4 vols. 2022. (Crisis in Ukraine Ser.). (ENG.). 64p. (J). (gr. 5-9). lib. bdg. 142.56 *(978-1-5321-9911-0(2),* 40539, Abdo & Daughters) ABDO Publishing Co.

Crisis on the Border: Refugees & Undocumented Immigrants. Stuart A. Kallen. 2019. (ENG.). 80p. (J). (gr. 6-12). 41.27 *(978-1-68282-737-6(2))* ReferencePoint Pr., Inc.

Crisis Zero. Chris Rylander. 2016. (Codename Conspiracy Ser.: 3). (ENG.). 400p. (J). (gr. 3-7). 16.99 *(978-0-06-232747-5(X),* Walden Pond Pr.) HarperCollins Pubs.

Crisol. Maya Vazquez. 2023. (SPA.). 82p. (YA). pap. ***(978-1-312-76668-6(9))*** Lulu Pr., Inc.

Crispin: The Cross of Lead Novel Units Student Packet. Novel Units. 2019. (ENG.). (J). pap., stu. ed. 13.99 *(978-1-58130-805-1(1),* Novel Units, Inc.) Classroom Library Co.

Crispin: The Cross of Lead Novel Units Teacher Guide. Novel Units. 2019. (ENG.). (J). (gr. 7-8). pap., tchr. ed. 12.99 *(978-1-58130-804-4(3),* Novel Units, Inc.) Classroom Library Co.

Crispin & the Lockdown: Based on True Events & Stories of Tweens Touched by Covid-19. Claudine Cooper. 2022. (ENG.). 84p. (J). pap. ***(978-0-620-96567-5(3))*** African Public Policy & Research Institute, The.

Crispin Ken, Vol. 1 (Classic Reprint) Author of Miriam May. 2018. (ENG., Illus.). 316p. (J). 30.41 *(978-0-267-24016-6(3))* Forgotten Bks.

Crispin Ken, Vol. 2 (Classic Reprint) Author of Miriam May. 2018. (ENG., Illus.). 314p. (J). 30.37 *(978-0-483-40377-2(6))* Forgotten Bks.

Crispin Scales & the City of Doors. Ruby Blessing. 2019. (Crispin Scales Ser.: Vol. 2). (ENG.). 358p. (J). (gr. 3-6). pap. *(978-0-646-99891-6(9))* MightyInk Publishing.

Crispin: the Cross of Lead see Crispin: La Cruz de Plomo

Crispr: A Powerful Way to Change DNA. Yolanda Ridge. Illus. by Alex Boersma. 2020. 116p. (YA). (gr. 9-9). (ENG.). 24.95 *(978-1-77321-424-5(1))*; pap. 14.95 *(978-1-77321-423-8(3))* Annick Pr., Ltd. CAN. Dist: Publishers Group West (PGW).

CRISPR & Other Biotech. 2019. (Illus.). 48p. (J). *(978-0-7166-2434-9(6))* World Bk., Inc.

CRISPR & Other Biotech. Contrib. by Incentive Publications by World Book (Firm) Staff. 2019. (Illus.). 48p. (J). *(978-0-7166-2429-5(X))* World Bk., Inc.

Crispus Attucks the African American Hero U. S. Revolutionary Period Biography 4th Grade Children's Biographies. Dissected Lives. 2020. (ENG.). 72p. (J). 24.99 *(978-1-5419-7927-7(3))*; pap. 14.99 *(978-1-5419-5080-1(1))* Speedy Publishing LLC. (Dissected Lives (Auto Biographies)).

Criss-Cross (Classic Reprint) Grace Denio Litchfield. 2018. (ENG., Illus.). 262p. (J). 29.32 *(978-0-483-63672-9(X))* Forgotten Bks.

Cristales (Crystals) Grace Hansen. 2019. (¡Súper Geología! (Geology Rocks!) Ser.). (SPA., Illus.). 24p. (J). (gr. -1-2). lib. bdg. 32.79 *(978-1-0982-0095-4(0),* 33064, Abdo Kids) ABDO Publishing Co.

Crista's Journey to the Otherworld. Vic Otazo & Marmar Zakher. 2018. (ENG., Illus.). 80p. (J). pap. *(978-0-359-18112-4(0))* Lulu Pr., Inc.

Cristiano Ronaldo, 1 vol. Brianna Battista. 2018. (Soccer Stars Ser.). (ENG., Illus.). 24p. (J). (gr. 3-3). 25.27

432

The check digit for ISBN-10 appears in parentheses after the full ISBN-13

TITLE INDEX

(978-1-5383-4348-7(7), e31fbe2a-fc1d-49c6-8738-ccfb3161365b, PowerKids Pr.) Rosen Publishing Group, Inc., The.

Cristiano Ronaldo. Matt Doeden. 2017. (Sports All-Stars (Lerner (tm) Sports) Ser.). (ENG., Illus.). 32p. (J). (gr. 2-5). 29.32 (978-1-5124-2582-6(6), 53b49520-6467-4fa1-913f-f0b594de0e5c, Lerner Pubns.) Lerner Publishing Group.

Cristiano Ronaldo. Golriz Golkar. 2023. (Sports Superstars Ser.). (ENG., Illus.). (J). (gr. 3-7). lib. bdg. 26.95 Bellwether Media.

Cristiano Ronaldo, 1 vol. Ed. by he New York Times. 2018. (Public Profiles Ser.). (ENG.). 224p. (YA). (gr. 9-9). lib. bdg. 54.93 (978-1-64282-015-7(6), cf3190a8-2705-464a-8c57-c6fba4418e33, New York Times Educational Publishing) Rosen Publishing Group, Inc., The.

Cristiano Ronaldo. Laura K. Murray. 2016. (Big Time Ser.). (ENG.). 24p. (J). (gr. 1-3). pap. (978-1-62832-266-8(7), 20785, Creative Paperbacks); (Illus.). (978-1-60818-670-9(9), 20787, Creative Education) Creative Co., The.

Cristiano Ronaldo. Erin Nicks. (World's Greatest Soccer Players Ser.). (ENG.). 32p. (J). 2020. (gr. 4-4). pap. 9.95 (978-1-64494-347-2(6), 1644943476); 2019. (gr. 3-9). lib. bdg. 32.79 (978-1-5321-9068-1(9), 33646) ABDO Publishing Co. (SportsZone).

Cristiano Ronaldo, 1 vol. Ed. by The New York Times Editorial. 2018. (Public Profiles Ser.). (ENG.). 224p. (YA). (gr. 9-9). pap. 24.47 (978-1-64282-016-4(4), 55d3a798-f22-4249-ac0a-76fca17e48fb, New York Times Educational Publishing) Rosen Publishing Group, Inc., The.

Cristiano Ronaldo. Matt Doeden. ed. 2017. (Sports All-Stars (Lerner (tm) Sports) Ser.). (ENG., Illus.). 32p. (J). (gr. 2-5). E-Book 42.65 (978-1-5124-3782-9(4), 9781512437829); E-Book 6.99 (978-1-5124-3783-6(2), 9781512437836) Lerner Publishing Group. (Lerner Pubns.).

Cristiano Ronaldo: A Kid's Book about Talent Without Working Hard Is Nothing. Mary Nhin. 2022. (Mini Movers & Shakers Ser.: Vol. 36). (ENG.). 36p. (J). 22.99 **(978-1-63731-703-7(4))** Grow Grit Pr.

Cristiano Ronaldo: Champion Soccer Star, 1 vol. John A. Torres. 2017. (Sports Star Champions Ser.). (ENG.). 48p. (gr. 5-6). lib. bdg. 29.60 (978-0-7660-8688-3(7), e8c03239-ad53-44e6-8c61-64774db5f07a) Enslow Publishing, LLC.

Cristiano Ronaldo: International Soccer Star, 1 vol. David Fischer. 2018. (Influential Lives Ser.). (ENG.). 128p. (gr. 7-7). 40.27 (978-0-7660-9205-1(4), 7bee6757-e708-4971-b86e-4126e204bff4) Enslow Publishing, LLC.

Cristiano Ronaldo: Soccer Champion, 1 vol. Jason Porterfield. 2018. (Living Legends of Sports Ser.). (ENG.). 48p. (gr. 5-6). lib. bdg. 28.41 (978-1-5383-0217-0(9), 8ddffa29-963e-46ec-9eca-356d2dafcf12, Britannica Educational Publishing) Rosen Publishing Group, Inc., The.

Cristiano Ronaldo: Soccer Star. Todd Kortemeier. 2018. (Biggest Names in Sports Set 2 Ser.). (ENG., Illus.). 32p. (J). (gr. 3-5). pap. 9.95 (978-1-63517-560-8(7), 1635175607); lib. bdg. 31.35 (978-1-63517-488-5(0), 1635174880) North Star Editions. (Focus Readers).

Cristiano Ronaldo: The Rise of a Winner. Michael Part. 2017. (ENG., Illus.). (J). pap. 7.75 (978-1-938591-55-6(0)) Sole Bks.

Cristiano Ronaldo: World-Beater, 1 vol. Brian Doyle. 2017. (At the Top of Their Game Ser.). (ENG., Illus.). 112p. (YA). (gr. 9-9). 44.50 (978-1-5026-2834-3(1), 730b1f8e-7d23-4d47-b918-eb6586a770e8) Cavendish Square Publishing LLC.

Cristina Estudia Las Leyes: Si... Entonces, 1 vol. Mindy Huffman. 2017. (Computación Científica en el Mundo Real (Computer Science for the Real World) Ser.). (SPA.). 24p. (J). (gr. 3-4). pap. (978-1-5383-5717-0(8), 82b26016-cdbc-488f-a2b9-53fbdd819fda, Rosen Classroom) Rosen Publishing Group, Inc., The.

Cristina Estudia Las Leyes: Si... Entonces (Cristina Studies Law: If... Then), 1 vol. Mindy Huffman. 2017. (Niños Digitales: Superdotados con Pensamiento Computacional (Computer Kids: Powered by Computational Thinking) Ser.). (SPA.). 24p. (J). (gr. 3-4). 25.27 (978-1-5383-2870-5(4), d957bfb4-112b-465c-af3e-5c5a1b876e32, PowerKids Pr.) Rosen Publishing Group, Inc., The.

Cristina Studies Laws: If... Then, 1 vol. Mindy Huffman. 2017. (Computer Kids: Powered by Computational Thinking Ser.). (ENG.). 24p. (J). (gr. 3-4). 25.27 (978-1-5383-2391-5(5), 2f90a072-5a30-4827-af86-404d4473d9e2, PowerKids Pr.); pap. (978-1-5081-3772-6(2), d91c93e0-d14f-4ce9-aab7-d452f6a98181, Rosen Classroom) Rosen Publishing Group, Inc., The.

Cristo Rey St. Martin College Prep. Julie Knutson. 2020. (21st Century Skills Library: Changing Spaces Ser.). (ENG., Illus.). 32p. (J). (gr. 4-7). lib. bdg. 32.07 (978-1-5341-6903-6(2), 215499) Cherry Lake Publishing.

Cristóbal Colón: Ilustrado. Armonía Rodríguez. Illus. by Nelson Jacome. 2019. (Ariel Juvenil Ilustrada Ser.: Vol. 43). (SPA.). 116p. (J). pap. (978-9978-18-496-7(1)) Radmandí Editorial, Compañía Ltd.

Critical. Tanis Browning-Shelp. 2018. (Maryn O'Brien Ser.: Vol. 3). (ENG.). 228p. (YA). (gr. 7-10). pap. **(978-1-77353525-0-1(1))** Dog-eared Bks.

Critical Examination of Socialism. William Hurrell Mallock. 2017. (ENG., Illus.). (J). 24.95 (978-1-374-82230-6(2)); pap. 14.95 (978-1-374-82229-0(9)) Capital Communications, Inc.

Critical Examination of the Evidences for the Doctrine of the Virgin Birth (Classic Reprint) Thomas James Thorburn. 2018. (ENG., Illus.). 198p. (J). 27.98 (978-0-666-54318-9(6)) Forgotten Bks.

Critical Examination of the First Principles of Geology: In a Series of Essays (Classic Reprint) George Bellas Greenough. 2017. (ENG., Illus.). (J). 31.07 (978-0-260-82458-5(5)) Forgotten Bks.

Critical Fable. Amy Lowell. 2017. (ENG., Illus.). (J). pap. (978-1-76057-427-7(9)) Trieste Publishing Pty Ltd.

Critical Fable: The Poet of the Day, Without Undue Professions, I Would Say That This Treatise Is Fully As

Light As the Former, Its Judgments As Certainly Right As Need Be (Classic Reprint) A. Poker of Fun. 2018. (ENG., Illus.). 110p. (J). 26.19 (978-0-484-51564-1(0)) Forgotten Bks.

Critical History of Opera: Giving an Account of the Rise & Progress of the Different Schools, with a Description of the Master Works in Each (Classic Reprint) Arthur Elson. 2017. (ENG., Illus.). (J). 416p. 32.48 (978-0-484-19808-0(4)); pap. 16.57 (978-0-282-75997-1(2)) Forgotten Bks.

Critical Microscopy: How to Get the Best Out of the Microscope (Classic Reprint) Alfred Charles Coles. (ENG., Illus.). (J). 2018. 120p. 26.39 (978-0-364-20690-4(X)); 2017. pap. 9.57 (978-0-282-58942-4(2)) Forgotten Bks.

Critical Perspectives on Abortion, 1 vol. Anne C. Cunningham. 2017. (Analyzing the Issues Ser.). (ENG.). 208p. (gr. 8-8). lib. bdg. 50.93 (978-0-7660-8477-3(9), f5261a4a-5562-481f-8bfc-89de616fd9de) Enslow Publishing, LLC.

Critical Perspectives on Animal Testing, 1 vol. Ed. by Kimberly Coates. 2019. (Analyzing the Issues Ser.). (ENG.). 232p. (gr. 8-8). 50.93 (978-1-9785-0326-7(1), 4fcd306b-83cf-4455-8b6d-00655bbf455f) Enslow Publishing, LLC.

Critical Perspectives on Assisted Suicide, 1 vol. Ed. by Jennifer Peters. 2019. (Analyzing the Issues Ser.). (ENG.). 232p. (gr. 8-8). 50.93 (978-1-9785-0327-4(X), a8777e67-b3f0-4f42-a70b-fcf07d72619f) Enslow Publishing, LLC.

Critical Perspectives on Climate Change, 1 vol. Stephen Feinstein. 2016. (Analyzing the Issues Ser.). (ENG.). 208p. (gr. 8-8). 50.93 (978-0-7660-7670-9(9), 1f1edtda-4cf1-4ec1-bb6a-3366859b259a) Enslow Publishing, LLC.

Critical Perspectives on Cyberwarfare, 1 vol. Ed. by Jennifer Peters. 2018. (Analyzing the Issues Ser.). (ENG.). 224p. (gr. 8-8). lib. bdg. 50.93 (978-0-7660-9845-9(1), o4a3e357-d637-44aa-9a11-f6735de35296) Enslow Publishing, LLC.

Critical Perspectives on Digital Monopolies, 1 vol. Ed. by Jennifer Peters. 2018. (Analyzing the Issues Ser.). (ENG.). 232p. (gr. 8-8). 50.93 (978-0-7660-9848-0(6), a70e40c4-fe87-45b0-b912-4e47d4da35a9) Enslow Publishing, LLC.

Critical Perspectives on Effective Policing & Police Brutality, 1 vol. Ed. by Cyndy Aleo. 2017. (Analyzing the Issues Ser.). (ENG.). 232p. (gr. 8-8). 50.93 (978-0-7660-9170-2(8), 56057bdf-634b-41c0-9481-99ea263b0300) Enslow Publishing, LLC.

Critical Perspectives on Feminism, 1 vol. Anne C. Cunningham. 2017. (Analyzing the Issues Ser.). (ENG.). 208p. (gr. 8-8). lib. bdg. 50.93 (978-0-7660-8481-0(7), 4f70-9263-e46be6139f6e) Enslow Publishing, LLC.

Critical Perspectives on Fossil Fuels vs. Renewable Energy, 1 vol. Anne C. Cunningham. 2016. (Analyzing the Issues Ser.). (ENG.). 208p. (gr. 8-8). lib. bdg. 50.93 (978-0-7660-8131-4(1), 9417f95-1364-a953-965a-9948e468eeb1) Enslow Publishing, LLC.

Critical Perspectives on Free Trade & Globalization, 1 vol. Bridey Heing. 2017. (Analyzing the Issues Ser.). (ENG.). 232p. (gr. 8-8). 50.93 (978-0-7660-9168-9(6), b8-4c9a-9815-cc8c7d4bb0c4); pap. 26.23 (978-0-7660-9559-5(2), ac6867f6-444e-4862-b405-cfbfe3aec0a9) Enslow Publishing, LLC.

Critical Perspectives on Freedom of the Press & Threats to Journalists, 1 vol. Ed. by Bridey Heing. 2018. (Analyzing the Issues Ser.). (ENG.). 224p. (gr. 8-8). 50.93 (978-0-7660-9854-1(0), 238e4a9e-624b-407f-8825-5f91bd9e1dab) Enslow Publishing, LLC.

Critical Perspectives on Gender Identity, 1 vol. Nicki Peter Petrikowski. 2016. (Analyzing the Issues Ser.). (ENG.). 208p. (gr. 8-8). 50.93 (978-0-7660-7672-3(5), c1f3f607-2116-4d8f-85ab-32c1066b15d1) Enslow Publishing, LLC.

Critical Perspectives on Gerrymandering, 1 vol. Ed. by Jennifer Peters. 2019. (Analyzing the Issues Ser.). (ENG.). 232p. (gr. 8-8). 50.93 (978-1-9785-0328-1(8), 42f3f474-0b5a-4561-ae5c-4bo48b2f9c56) Enslow Publishing, LLC.

Critical Perspectives on Government-Sponsored Assassinations, 1 vol. Anne C. Cunningham. 2017. (Analyzing the Issues Ser.). (ENG.). 208p. (gr. 8-8). lib. bdg. 50.93 (978-0-7660-8483-4(3), 59a258b2-51a3-439d-8303-9a5a66f6503c) Enslow Publishing, LLC.

Critical Perspectives on Gun Control, 1 vol. Anne C. Cunningham. 2016. (Analyzing the Issues Ser.). (ENG.). 208p. (gr. 8-8). lib. bdg. 50.93 (978-0-7660-8125-3(7), 2a27f30d-4682-4e92-a870-835feb307146) Enslow Publishing, LLC.

Critical Perspectives on Health Care, 1 vol. Ed. by Bridey Heing. 2019. (Analyzing the Issues Ser.). (ENG.). 232p. (gr. 8-8). 50.93 (978-1-9785-0329-8(6), co4f549e-0cf5-4a1b-95e9-5a971f065d41) Enslow Publishing, LLC.

Critical Perspectives on Labor Unions, 1 vol. Ed. by Rita Santos. 2019. (Analyzing the Issues Ser.). (ENG.). 232p. (gr. 8-8). 50.93 (978-1-9785-0330-4(X), f6611246-5dc5-40b7-9708-b632fe6d47be) Enslow Publishing, LLC.

Critical Perspectives on Legalizing Marijuana, 1 vol. Anne C. Cunningham. 2016. (Analyzing the Issues Ser.). (ENG.). 208p. (gr. 8-8). 50.93 (978-0-7660-7669-3(5), 3d0fb791-907a-4c69-a4bf-f22a82eac5e7) Enslow Publishing, LLC.

Critical Perspectives on Media Bias, 1 vol. Ed. by Jennifer Peters. 2017. (Analyzing the Issues Ser.). (ENG.). 224p. (gr. 8-8). 50.93 (978-0-7660-9169-6(4), 19cef3b9-e6f0-486f-bd11-64599a70ac1a); pap. 26.23 (978-0-7660-9560-1(6),

5f9be1e4-32ff-46a0-8fbd-420dd9986633) Enslow Publishing, LLC.

Critical Perspectives on Millennials, 1 vol. Bridey Heing. 2017. (Analyzing the Issues Ser.). (ENG.). 208p. (gr. 8-8). lib. bdg. 50.93 (978-0-7660-8485-8(X), 94fbe924-cf2c-4155-9f99-61cbc26c2e72) Enslow Publishing, LLC.

Critical Perspectives on Minors Playing High-Contact Sports, 1 vol. John A. Torres. 2016. (Analyzing the Issues Ser.). (ENG.). 208p. (gr. 8-8). lib. bdg. 50.93 (978-0-7660-8137-6(0), d6e5e675-9599-4151-9a01-ffdbe52b3fd4) Enslow Publishing, LLC.

Critical Perspectives on Political Correctness, 1 vol. Ed. by Jennifer Peters. 2017. (Analyzing the Issues Ser.). (ENG.). 216p. (gr. 8-8). 50.93 (978-0-7660-9167-2(8), 361a6f19-0f14-4274-b971-c07f3fc3eb36) Enslow Publishing, LLC.

Critical Perspectives on Privacy Rights & Protections in the 21st Century, 1 vol. Ed. by Rita Santos. 2018. (Analyzing the Issues Ser.). (ENG.). 224p. (gr. 8-8). 50.93 (978-0-7660-9857-2(5), 7cf4c554-9c72-49be-8018-6fbf49ab0a62) Enslow Publishing, LLC.

Critical Perspectives on Social Justice, 1 vol. Ed. by Jennifer Peters. 2017. (Analyzing the Issues Ser.). (ENG.). 232p. (gr. 8-8). 50.93 (978-0-7660-9165-8(1), a6a97eb2-5e52-4929-b6a0-72f7763984ab); pap. 26.23 (978-0-7660-9563-2(0), 5a6920a1-818d-437f-b168-8dbde7dc59ad) Enslow Publishing, LLC.

Critical Perspectives on Terrorism, 1 vol. Elizabeth Schmermund & Stephen Feinstein. 2016. (Analyzing the Issues Ser.). (ENG.). 208p. (gr. 8-8). lib. bdg. 50.93 (978-0-7660-8127-7(3), b8d53657-94a1-447f-90e0-366588e3fe40) Enslow Publishing, LLC.

Critical Perspectives on the College Admissions Process, 1 vol. Bridey Heing & Greg Baldino. 2017. (Analyzing the Issues Ser.). (ENG.). 208p. (gr. 8-8). lib. bdg. 50.93 (978-0-7660-8479-7(5), 91e8a741-e087-44d8-a60f-8e1d80c3be85) Enslow Publishing, LLC.

Critical Perspectives on the Electoral College, 1 vol. Bridey Heing. 2019. (Analyzing the Issues Ser.). (ENG.). 232p. (gr. 8-8). 50.93 (978-1-9785-0331-1(8), f11bfec0-fa08-49a7-bb6f-09cb9d8fb693) Enslow Publishing, LLC.

Critical Perspectives on the Minimum Wage, 1 vol. Anne C. Cunningham. 2016. (Analyzing the Issues Ser.). (ENG.). 208p. (gr. 8-8). 50.93 (978-0-7660-7675-4(X), 0c6800b6-955a-4125-9929-93fdfcbd2d02) Enslow Publishing, LLC.

Critical Perspectives on the Opioid Epidemic, 1 vol. Paula Johanson. 2017. (Analyzing the Issues Ser.). (ENG.). (gr. 8-8). lib. bdg. 50.93 (978-0-7660-8487-2(6), 30effe44-0c6b-4104-81ea-4087afab8fdd) Enslow Publishing, LLC.

Critical Perspectives on the Viability of Human Life on Other Planets, 1 vol. Nicki Peter Petrikowski. 2016. (Analyzing the Issues Ser.). (ENG.). 208p. (gr. 8-8). 50.93 (978-0-7660-7674-7(1), 963ad279-23df-4f9d-b8fa-584403eefd5b) Enslow Publishing, LLC.

Critical Perspectives on Whistleblowers & Leakers, 1 vol. Ed. by Rita Santos. 2018. (Analyzing the Issues Ser.). (ENG.). 232p. (gr. 8-8). 50.93 (978-0-7660-9860-2(5), 676e9bea-4ff2-4c8f-8080-f66eb2495f65) Enslow Publishing, LLC.

Critical Pronouncing Dictionary, & Expositor of the English Language: In Which Not Only the Meaning of Every Word Is Clearly Explained, & the Sound of Every Syllable Distinctly Shown, but, Where Words Are Subject to Different Pronunciations, the Aut. John Walker. 2017. (ENG., Illus.). (J). pap. 29.15 (978-0-282-52398-5(7)) Forgotten Bks.

Critical Pronouncing Dictionary & Expositor of the English Language: In Which Not Only the Meaning of Every Word Is Clearly Explained, & the Sound of Every Syllable Distinctly Shown, but Where Words Are Subject to Different Pronunciations, the Reaso. John Walker. 2017. (ENG., Illus.). (J). pap. 19.57 (978-1-5277-0875-4(6)) Forgotten Bks.

Critical Pronouncing Dictionary, & Expositor of the English Language: In Which the Meaning of Every Word Is Explained, & the Sound of Every Syllable Distinctly Shown; & Where Words Are Subject to Different Pronunciations, the Preferable One Is Pol. John Walker. 2017. (ENG., Illus.). (J). pap. 19.57 (978-0-282-96492-4(4)) Forgotten Bks.

Critical Pronouncing Dictionary, & Expositor of the English Language (Classic Reprint) John Walker. (ENG., Illus.). (J). 40.07 (978-0-265-52662-0(0)) Forgotten Bks.

Critical Pronouncing Spelling-Book: Containing the Rudiments of the English Language, to Which Are Prefixed, the Principles of English Pronunciation Compiled for the Use of Schools, in the United States & Great Britain (Classic Reprint) Hezekiah Burhans. (ENG., Illus.). (J). 166p. 27.32 (978-1-396-33638-6(9); 168p. pap. 9.97 (978-1-390-91936-3(6)) Forgotten Bks.

Critical Role Mad Libs: World's Greatest Word Game. Liz Marsham. 2022. (Mad Libs Ser.). (ENG.). 48p. (J). (gr. 3-7). pap. 5.99 (978-0-593-51968-4(X), Mad Libs) Penguin Young Readers Group.

Critical Summary of Troost's Unpublished Manuscript on the Crinoids of Tennessee (Classic Reprint) Elvira Wood. 2017. (ENG., Illus.). (J). 28.02 (978-0-265-51907-3(1)) Forgotten Bks.

Critical Thinking. Diane Lindsey Reeves & Connie Hansen. Illus. by Ruth Bennett. 2020. (Bright Futures Press: Soft Skills Sleuths: Investigating Life Skills Success Ser.). (ENG.). 32p. (J). (gr. 4-7). lib. bdg. 32.07 (978-1-5341-6975-3(X), 215787) Cherry Lake Publishing.

Critical Thinking in American History, 12 vols., Set. Incl. America's Transition from Agriculture to Industry: Drawing Inferences & Conclusions. Greg Roza. (J). lib. bdg. 34.47

(978-1-4042-0410-2(5), efd9a021-9dec-489f-ad29-99732f70097c); Analyzing the Boston Tea Party: Establishing Cause-and-Effect Relationships. Greg Roza. (J). lib. bdg. 34.47 (978-1-4042-0411-9(3), e06b1fea-7392-4e68-8d58-ec82950c19bf); Drafting the Constitution: Weighing Evidence to Draw Sound Conclusions. Kristin Eck. (YA). lib. bdg. 34.47 (978-1-4042-0412-6(1), 3f43f11d-709d-490b-b2bf-8ac65cb3eb29); Evaluating the Articles of Confederation: Determining the Validity of Information & Arguments. Greg Roza. (J). lib. bdg. 34.47 (978-1-4042-0413-3(X), 87ee1f7e-3698-4647-9eeb-8582ccc5ec28); Immigration to America: Identifying Different Points of View About an Issue. Therese Shea. (J). lib. bdg. 34.47 (978-1-4042-0414-0(8), 2820893c-8117-4c48-bedb-9e9b3100e347); Mapping America's Westward Expansion: Applying Geographic Tools & Interpreting Maps. Janey Levy. (J). lib. bdg. 34.47 (978-1-4042-0416-4(4), afbb4417-0d6b-44f0-a05a-3cec0bcb1c53); Results of the American Revolution: Summarizing Information. Colleen Adams. (J). lib. bdg. 34.47 (978-1-4042-0417-1(2), 32c98299-36a6-42e1-b354-0081fb5dad78); (Illus.). 48p. (gr. 5-8). (Critical Thinking in American History Ser.). (ENG.). 2005. Set lib. bdg. 206.82 (978-1-4042-0619-9(1), 69353ce1-0555-40f7-8ee7-6e3c90f74f94) Rosen Publishing Group, Inc., The.

Critical World Issues: Abortion, Vol. 16. Mike Walters. 2016. (Critical World Issues Ser.: Vol. 16). (ENG., Illus.). 112p. (J). (gr. 7-12). 25.95 (978-1-4222-3646-8(3)) Mason Crest.

Critical World Issues: Animal Rights, Vol. 16. Patty Taylor. 2016. (Critical World Issues Ser.: Vol. 16). (ENG., Illus.). 112p. (J). (gr. 7-12). 25.95 (978-1-4222-3647-5(1)) Mason Crest.

Critical World Issues: Capital Punishment, Vol. 16. Adam Ward. 2016. (Critical World Issues Ser.: Vol. 16). (ENG., Illus.). 112p. (J). (gr. 7-12). 25.95 (978-1-4222-3649-9(8)) Mason Crest.

Critical World Issues: Consumerism, Vol. 16. Martin Johnson. 2016. (Critical World Issues Ser.: Vol. 16). (ENG., Illus.). 112p. (J). (gr. 7-12). 25.95 (978-1-4222-3650-5(1)) Mason Crest.

Critical World Issues: Drugs, Vol. 16. Jon Reese. 2016. (Critical World Issues Ser.: Vol. 16). (ENG., Illus.). 112p. (J). (gr. 7-12). 25.95 (978-1-4222-3651-2(X)) Mason Crest.

Critical World Issues: Equal Opportunities, Vol. 16. Frank McDowell. 2016. (Critical World Issues Ser.: Vol. 16). (ENG., Illus.). 112p. (J). (gr. 7-12). 25.95 (978-1-4222-3652-9(8)) Mason Crest.

Critical World Issues: Euthanasia, Vol. 16. Steve Wise. 2016. (Critical World Issues Ser.: Vol. 16). (ENG., Illus.). 112p. (J). (gr. 7-12). 25.95 (978-1-4222-3653-6(6)) Mason Crest.

Critical World Issues: Food Technology, Vol. 16. Chris Banzoff. 2016. (Critical World Issues Ser.: Vol. 16). (ENG., Illus.). 112p. (J). (gr. 7-12). 25.95 (978-1-4222-3654-3(4)) Mason Crest.

Critical World Issues: Genetic Engineering, Vol. 16. Martin Thompson. 2016. (Critical World Issues Ser.: Vol. 16). (ENG., Illus.). 112p. (J). (gr. 7-12). 25.95 (978-1-4222-3655-0(2)) Mason Crest.

Critical World Issues: Genocide, Vol. 16. Albert Ward. 2016. (Critical World Issues Ser.: Vol. 16). (ENG., Illus.). 112p. (J). (gr. 7-12). 25.95 (978-1-4222-3656-7(0)) Mason Crest.

Critical World Issues: Human Rights, Vol. 16. Brendan Finucane. 2016. (Critical World Issues Ser.: Vol. 16). (ENG., Illus.). 112p. (J). (gr. 7-12). 25.95 (978-1-4222-3657-4(9)) Mason Crest.

Critical World Issues: Poverty, Vol. 16. Karen Steinman. 2016. (Critical World Issues Ser.: Vol. 16). (ENG., Illus.). 112p. (J). (gr. 7-12). 25.95 (978-1-4222-3658-1(7)) Mason Crest.

Critical World Issues: Racism, Vol. 16. Chuck Robinson. 2016. (Critical World Issues Ser.: Vol. 16). (ENG., Illus.). 112p. (J). (gr. 7-12). 25.95 (978-1-4222-3659-8(5)) Mason Crest.

Critical World Issues: Terrorism, Vol. 16. Glenn Webb. 2016. (Critical World Issues Ser.: Vol. 16). (ENG., Illus.). 112p. (J). (gr. 7-12). 25.95 (978-1-4222-3661-1(7)) Mason Crest.

Critical World Issues: The Arms Trade, Vol. 16. Dan Marcovitz. 2016. (Critical World Issues Ser.: Vol. 16). (ENG., Illus.). 112p. (J). (gr. 7-12). 25.95 (978-1-4222-3648-2(X)) Mason Crest.

Critically Endangered Animals: What Are They? Animal Books for Kids Children's Animal Books. Baby Professor. 2017. (ENG., Illus.). (J). pap. 9.55 (978-1-5419-3874-8(7), Baby Professor (Education Kids)) Speedy Publishing LLC.

Crito of Plato: Edited (Classic Reprint) Plato. 2017. (ENG., Illus.). (YA). (gr. 11-14). 26.08 (978-0-331-66286-3(8)) Forgotten Bks.

Crittenden: A Kentucky Story of Love & War (Classic Reprint) John Fox. 2017. (ENG., Illus.). (J). 29.01 (978-1-5279-7939-0(3)) Forgotten Bks.

Critter Café. Dela Costa. Illus. by Ana Sebastián. 2023. (Isla of Adventure Ser.: 5). (ENG.). 128p. (J). (gr. k-4). 17.99 **(978-1-6659-3970-6(2));** pap. 6.99 **(978-1-6659-3969-0(9))** Little Simon. (Little Simon).

Critter Chat: World Wild Web. Jason Viola. 2023. (Critter Chat Ser.). (ENG.). 216p. (J). (gr. 3-7). pap. 9.99 **(978-1-4263-7371-8(6),** National Geographic Kids) Disney Publishing Worldwide.

Critter Chat: What If Animals Used Social Media? Rosemary Mosco. 2022. 216p. (J). (gr. 3-7). (ENG.). 19.90 (978-1-4263-7171-4(3)); (Illus.). pap. 9.99 (978-1-4263-7170-7(5)) Disney Publishing Worldwide. (National Geographic Kids).

Critter Chat: World Wild Web. Jason Viola. 2023. (Critter Chat Ser.). (ENG.). 216p. (J). (gr. 3-7). lib. bdg. 19.90 **(978-1-4263-7593-4(X),** National Geographic Kids) Disney Publishing Worldwide.

Critter Clatter: Rhymes & Chatter. Carol A. Schaefer. Illus. by Erin Ann Jensen. 2020. (ENG.). 64p. (J). 15.95 (978-1-0878-9983-1(4)) Indy Pub.

Critter Club 4 Books In 1! #3: Ellie & the Good-Luck Pig; Liz & the Sand Castle Contest; Marion Takes Charge; Amy Is a Little Bit Chicken. Callie Barkley. Illus. by Tracy Bishop & Marsha Riti. 2022. (Critter Club Ser.). (ENG.). 496p. (J). (gr. k-4). 14.99 *(978-1-6659-1383-6(5)*, Little Simon) Little Simon.

Critter Club Collection #3 (Boxed Set) Amy's Very Merry Christmas; Ellie & the Good-Luck Pig; Liz & the Sand Castle Contest; Marion Takes Charge. Callie Barkley. Illus. by Marsha Riti. ed. 2023. (Critter Club Ser.). (ENG.). 512p. (J). (gr. k-4). pap. 27.99 ***(978-1-6659-3365-0(8)***, Little Simon) Little Simon.

Critter Club Set 2 (Set), 6 vols. Callie Barkley. Illus. by Marsha Riti. 2020. (Critter Club Ser.). (ENG.). 120p. (J). (gr. k-4). lib. bdg. 188.16 *(978-1-5321-4733-3(3)*, 36723, Chapter Bks.) Spotlight.

Critter Club Ten-Book Collection #2 (Boxed Set) Liz & the Sand Castle Contest; Marion Takes Charge; Amy Is a Little Bit Chicken; Ellie the Flower Girl; Liz's Night at the Museum; Marion & the Secret Letter; Amy on Park Patrol; Ellie Steps up to the Plate; Liz & the Nosy Neighbor; Etc. Callie Barkley. Illus. by Tracy Bishop. ed. 2023. (Critter Club Ser.). (ENG.). 1280p. (J). (gr. k-4). pap. 69.99 *(978-1-6659-3408-4(5)*, Little Simon) Little Simon.

Critter Club Ten-Book Collection (Boxed Set) Amy & the Missing Puppy; All about Ellie; Liz Learns a Lesson; Marion Takes a Break; Amy Meets Her Stepsister; Ellie's Lovely Idea; Liz at Marigold Lake; Marion Strikes a Pose; Amy's Very Merry Christmas; Ellie & the Good-Luck Pig. Callie Barkley. Illus. by Marsha Riti. ed. 2020. (Critter Club Ser.). (ENG.). 1280p. (J). (gr. k-4). pap. 59.99 *(978-1-5344-7415-4(3)*, Little Simon) Little Simon.

Critter Litter. Stan Tekiela. 2016. (Wildlife Picture Bks.). (ENG., Illus.). 26p. (J). (gr. -1-3). 12.95 *(978-1-59193-590-2(3)*, Adventure Pubns.) AdventureKEEN.

Critter, the Motoring Marmot: Laura Aurora: the Vet with Pets. Daniel William Messett. 2023. (ENG.). 50p. (J). pap. ***(978-0-2288-4933-9(0))*** Tellwell Talent.

Critters Big & Small. Beverly Pennington. 2019. (ENG.). 38p. (J). 14.95 *(978-1-64307-087-2(8))* Amplify Publishing Group.

Critters by the Sea, 12 vols. 2017. (Critters by the Sea Ser.). (ENG.). (J). (gr. 3-3). lib. bdg. 151.62 *(978-1-5081-6277-3(8)*, 184b8c9e-6f05-4902-939d-4e0eb14c2cf, PowerKids Pr.) Rosen Publishing Group, Inc., The.

Critters of Minnesota: Pocket Guide to Animals in Your State. Alex Troutman. 2nd rev. ed. 2023. (Wildlife Pocket Guides for Kids Ser.). (ENG., Illus.). 144p. (J). (gr. 2-7). pap. 7.95 *(978-1-64755-349-4(0)*, Adventure Pubns.) AdventureKEEN.

Critterstory. Niki LeClair. Illus. by Janet Murphy. 2018. (ENG.). 64p. (J). 19.75 *(978-1-59152-225-6(0)*, Sweetgrass Bks.) Farcountry Pr.

Critterzen Clue Contest. Kathy Ellen Davis. ed. 2018. (Disney 8x8 Ser.). (ENG.). 24p. (J). (gr. -1-1). 13.89 *(978-1-64310-608-3(2))* Penworthy Co., LLC, The.

Crivabanian: Odan Terridor Trilogy: Book Two. Savannah J. Goins. 2020. (Odan Terridor Trilogy Ser.: Vol. 2). (ENG., Illus.). 276p. (YA). (gr. 7-12). pap. 14.99 *(978-0-9986455-4-4(0))* Mason Mill Publishing Hse.

¡CROAC! Fran Pintadera (). 2018. (SPA.). (J). *(978-84-944172-5-2(8))* Editorial Libre Albedrío.

Croaked! Lisa Harkrader. 2020. (Misadventures of Nobbin Swill Ser.). (ENG., Illus.). 256p. (J). (gr. 2-5). 17.99 *(978-1-4998-0973-2(5)*, Yellow Jacket) Bonnier Publishing USA.

Croakers. Cindy L. Grier. 2018. (ENG., Illus.). 106p. (J). pap. 11.49 *(978-1-5456-3998-6(1))* Salem Author Services.

Croaky Pokey! Ethan Long. 2019. 24p. (J). (— 1). bds. 7.99 *(978-0-8234-4150-1(4))* Holiday Hse., Inc.

Croatan (Classic Reprint) Mary Johnston. 2018. (ENG., Illus.). (J). 306p. 30.21 *(978-1-397-19387-2(5))*; 308p. pap. 13.57 *(978-1-397-19370-4(0))* Forgotten Bks.

Croatia. Emily Rose Oachs. 2016. (Exploring Countries Ser.). (ENG., Illus.). 32p. (J). (gr. 3-7). 27.95 *(978-1-62617-403-0(2)*, Blastoff! Readers) Bellwether Media.

Croatia, 1 vol. Robert Cooper et al. 3rd ed. 2019. (Cultures of the World (Third Edition)(r) Ser.). (ENG.). 144p. (gr. 5-5). 48.79 *(978-1-5026-5068-9(1)*, 557db1ad-361e-40ae-8c99-6585da425c20) Cavendish Square Publishing LLC.

Croatian Tales of Long Ago: The Myths, Legends & Folk Stories of Croatia. Ivana Brlic-Mazuranic. Tr. by F. S. Copeland. Illus. by Vladimir Kirin. 2020. (ENG.). 106p. (J). pap. *(978-1-78987-275-0(8))* Pantianos Classics.

Croatian Tales of Long Ago (Classic Reprint) I. V. Brlic-Mazuranic. 2016. (ENG., Illus.). (J). 19.57 *(978-1-334-99681-8(4))* Forgotten Bks.

Croatian Tales of Long Ago (Classic Reprint) Ivana Brlic-Mazuranic. 2017. (ENG., Illus.). (J). 29.71 *(978-1-5279-3975-2(8))* Forgotten Bks.

Croc & Turtle. Mike Wohnoutka. 2019. (ENG., Illus.). 40p. (J). 17.99 *(978-1-68119-634-3(4)*, 900179787, Bloomsbury Children's Bks.) Bloomsbury Publishing USA.

Croc & Turtle! Mike Wohnoutka. 2020. (ENG., Illus.). 32p. (J). bds. 7.99 *(978-1-5476-0312-1(7)*, 900221450, Bloomsbury Children's Bks.) Bloomsbury Publishing USA.

Croc Learns to Share: A Book about Patience. Sue Graves. Illus. by Trevor Dunton. 2021. (Behavior Matters Ser.). (ENG.). 32p. (J). (gr. -1-2). pap. 7.99 *(978-1-338-75805-4(5)*, Watts, Franklin) Scholastic Library Publishing.

Croc Needs to Wait: A Book about Patience. Sue Graves. Illus. by Trevor Dunton. 2021. (Behavior Matters Ser.). (ENG.). 32p. (J). (gr. -1-2). lib. bdg. 25.00 *(978-1-338-75804-7(7)*, Watts, Franklin) Scholastic Library Publishing.

Croc O'Clock. Huw Lewis Jones. Illus. by Ben Sanders. 2021. (ENG.). 32p. (J). (gr. -1-2). ***(978-0-7112-6439-7(2))*** White Lion Publishing.

Crochet Coloring Book! a Unique Collection of Coloring Pages. Bold Illustrations. 2018. (ENG., Illus.). 98p. (J). pap. 11.99 *(978-1-64193-853-2(6)*, Bold Illustrations) FASTLANE LLC.

Crochet Projects That Will Hook You. Karen Whooley. 2018. (Crafty Creations Ser.). (ENG., Illus.). 48p. (J). (gr. 4-8). lib. bdg. 31.99 *(978-1-5157-7447-1(3)*, 135796, Capstone Pr.) Capstone.

Crock of Gold. James Stephens. 2023. (ENG.). 142p. (J). ***(978-1-312-73552-1(X))***; pap. ***(978-1-312-73571-2(6))*** Lulu Pr., Inc.

Crock of Gold: A Rural Novel (Classic Reprint) Martin Farquhar Tupper. (ENG., Illus.). (J). 2018. 352p. 31.18 *(978-0-483-19794-7(7))*; 2017. pap. 13.57 *(978-0-259-00378-6(6))* Forgotten Bks.

Crock of Gold: Twelve Fairy Tales, Old & New (Classic Reprint) Jeremiah Toope. 2018. (ENG., Illus.). 276p. (J). 29.59 *(978-0-267-25552-8(7))* Forgotten Bks.

Crock of Gold (Classic Reprint) James Stephens. 2017. (ENG., Illus.). (J). 30.17 *(978-1-5283-6041-8(9))* Forgotten Bks.

Crockett Almanac, 1839 (Classic Reprint) Davy Crockett. (ENG., Illus.). (J). 2017. 24.76 *(978-0-331-59708-0(X))*; 2016. pap. 7.97 *(978-1-334-16367-8(7))* Forgotten Bks.

Crockett Almanac, 1841, Vol. 2: Containing Adventures, Exploits, Sprees & Scrapes in the West, & Life & Manners in the Backwoods (Classic Reprint) Davy Crockett. (ENG., Illus.). (J). 2018. 40p. 24.72 *(978-0-484-77086-6(1))*; 2016. pap. 7.97 *(978-1-334-16134-6(8))* Forgotten Bks.

Crockford's, or Life in the West, Vol. 2 Of 2: Dedicated, by Permission, to the Right Hon. Robert Peel, M. P (Classic Reprint) Unknown Author. 2017. (ENG., Illus.). (J). 30.10 *(978-0-266-52131-0(2))*; pap. 13.57 *(978-0-243-89445-1(7))* Forgotten Bks.

Crockford's, Vol. 1 Of 2: Or Life in the West (Classic Reprint) Deale Deale. 2017. (ENG., Illus.). (J). 30.50 *(978-0-331-66714-1(2))*; pap. 13.57 *(978-0-259-53319-1(X))* Forgotten Bks.

Crocodile. Golriz Golkar. 2022. (Deadliest Animals Ser.). (ENG., Illus.). 32p. (J). (gr. 2-3). pap. 9.95 *(978-1-63738-319-3(3))*; lib. bdg. 31.35 *(978-1-63738-283-7(9))* North Star Editions. (Apex).

Crocodile. Gemma Tyler. 2016. (J). lib. bdg. *(978-1-62724-818-1(8))* Bearport Publishing Co., Inc.

Crocodile: Wildlife 3D Puzzle & Book, 3 vols. J. L. Rothberg. 2018. (ENG.). 10p. (J). 9.99 *(978-1-64269-000-2(7)*, 4713, Sequoia Publishing & Media LLC) Phoenix International Publications, Inc.

Crocodile: Wildlife 3D Puzzle & Books, 4 vols. J. L. Rothberg. 2019. (ENG.). 20p. (J). 9.99 *(978-1-64269-118-4(6)*, 4749, Sequoia Publishing & Media LLC) Phoenix International Publications, Inc.

Crocodile & Dog. Candiru Enzikuru Mary. Illus. by Rob Owen. 2022. (ENG.). 32p. (J). pap. ***(978-1-922910-79-0(1))*** Library For All Limited.

Crocodile & Dog. Candiru Enzikuru Mary & Rob Owen. 2022. (ENG.). 32p. (J). pap. ***(978-1-922910-78-3(3))*** Library For All Limited.

Crocodile & Dog - Mamba Na Mbwa. Candiru Enzikuru Mary. Illus. by Rob Owen. 2023. (SWA.). 32p. (J). pap. ***(978-1-922910-20-2(1))*** Library For All Limited.

Crocodile & the Alligator. Hortense Mitchell. Illus. by Mike Motz. 2021. (ENG.). 28p. (J). 18.99 ***(978-1-0880-0855-3(0))*** Indy Pub.

Crocodile & the Hippo. Hubert Severe. 2022. (First Edition Ser.). (ENG.). 60p. (YA). pap. 10.99 ***(978-1-6628-5901-4(5))*** Salem Author Services.

Crocodile Bird. Richard Turner. Illus. by Margaret Tolland. 2020. 32p. (J). (gr. 2-3). 15.95 *(978-1-76036-104-4(6)*, eb913b0c-5bf5-457c-a86e-f58b5dcc8d1e) Starfish Bay Publishing Pty Ltd. AUS. Dist: Baker & Taylor Publisher Services (BTPS).

Crocodile Birds. Bryce O'Bean. 2023. (ENG.). 30p. (J). pap. ***(978-1-83934-777-1(5))*** Olympia Publishers.

Crocodile Hungry. Eija Sumner. Illus. by John Martz. 2022. (ENG.). 48p. (J). (gr. -1-2). 18.99 *(978-0-7352-6787-9(1)*, Tundra Bks.) Tundra Bks. CAN. Dist: Penguin Random Hse. LLC.

Crocodile in the Family. Kitty Black. 2021. (ENG.). 32p. (J). 16.99 *(978-1-64124-129-8(2)*, 1296) Fox Chapel Publishing Co., Inc.

Crocodile Legion. Sja Turney. Illus. by Dave Slaney. 2016. (ENG.). (J). pap. *(978-0-9935552-3-7(3))* Mulcahy Bks.

Crocodile Man. Cindy Cormack. 2019. (ENG., Illus.). 50p. (J). 26.95 *(978-1-64471-681-6(X))*; pap. 16.95 *(978-1-64471-680-9(1))* Covenant Bks.

Crocodile Monitor vs. Southern Cassowary. Nathan Sommer. 2023. (Animal Battles Ser.). (ENG., Illus.). (J). (gr. 3-7). lib. bdg. 26.95 Bellwether Media.

Crocodile Monitor vs. Southern Cassowary. Contrib. by Nathan Sommer. 2023. (Animal Battles Ser.). (ENG., Illus.). (J). (gr. 3-7). pap. 7.99 Bellwether Media.

Crocodile or Alligator. Tamra Orr. 2019. (21st Century Junior Library: Which Is Which? Ser.). (ENG., Illus.). 24p. (J). (gr. 2-5). pap. 12.79 *(978-1-5341-5017-1(X)*, 213375); lib. bdg. 30.64 *(978-1-5341-4731-7(4)*, 213374) Cherry Lake Publishing.

Crocodile Rescue! (Wild Survival #1) Melissa Cristina Márquez. (ENG., Illus.). 240p. (J). (gr. 3-7). 2022. pap. 3.99 *(978-1-338-84581-5(0))*; 2021. (Wild Survival Ser.: 1). pap. 8.99 *(978-1-338-63505-8(0))* Scholastic, Inc. (Scholastic Paperbacks).

Crocodile Rescue! (Wild Survival #1) (Library Edition) Melissa Cristina Márquez. 2021. (Wild Survival Ser.: 1). (ENG., Illus.). 240p. (J). (gr. 3-7). lib. bdg. 26.99 *(978-1-338-63492-1(5)*, Scholastic Paperbacks) Scholastic, Inc.

Crocodile Snap! Illus. by Beatrice Costamagna. 2016. (Crunchy Board Bks.). (ENG.). 12p. (J). (gr. -1-1). bds. 7.99 *(978-1-4998-0201-6(3))* Little Bee Books Inc.

Crocodile Tears. Created by Andre Francois. 2017. (ENG., Illus.). 44p. (J). (-3). 16.95 *(978-1-59270-227-5(9))* Enchanted Lion Bks., LLC.

Crocodile Tears (Classic Reprint) Barbara Ross Furse. 2018. (ENG., Illus.). 284p. (J). 29.77 *(978-0-267-26047-8(4))* Forgotten Bks.

Crocodile Who Found His Smile. Hancypancy. 2018. (ENG., Illus.). 38p. (J). *(978-1-5289-2368-2(5))*; pap. *(978-1-5289-2369-9(3))* Austin Macauley Pubs. Ltd.

Crocodile with the Crooked Smile. Katie Wowers. Illus. by Graham Evans. 2021. (ENG.). 26p. (J). ***(978-1-80227-261-1(5))***; pap. ***(978-1-80227-259-8(3))*** Publishing Push Ltd.

Crocodile, You're Beautiful. Ruth K. Westheimer & Dena Neusner. Illus. by C. B. Decker. 2019. (ENG.). 38p. (J). 17.95 *(978-1-68115-551-7(6)*, 0dfd1964-4a86-4f76-ae32-c0318aeee416, Apples & Honey Pr.) Behrman Hse., Inc.

Crocodiles. Valerie Bodden. 2020. (Amazing Animals Ser.). (ENG.). 24p. (J). (gr. 1-4). *(978-1-64026-201-0(6)*, 18075, Creative Education) Creative Co., The.

Crocodiles. Ashley Gish. 2019. (X-Books: Reptiles Ser.). (ENG.). 32p. (J). (gr. 3-5). pap. 9.99 *(978-1-62832-668-0(9)*, 18872, Creative Paperbacks); *(978-1-64026-080-1(3)*, 18871) Creative Co., The.

Crocodiles. Rachel Grack. 2019. (Animals of the Wetlands Ser.). (ENG., Illus.). 24p. (J). (gr. k-3). lib. bdg. 26.95 *(978-1-62617-987-5(5)*, Blastoff! Readers) Bellwether Media.

Crocodiles. Mary Ellen Klukow. 2019. (Spot African Animals Ser.). (ENG.). 16p. (J). (gr. -1-2). lib. bdg. *(978-1-68151-637-0(3)*, 10769) Amicus.

Crocodiles. Martha London. 2019. (Wild about Animals Ser.). (ENG., Illus.). 32p. (J). (gr. 3-3). pap. 9.95 *(978-1-64494-243-7(7)*, 1644942437) Bigfoot Bks. GBR. Dist: North Star Editions.

Crocodiles. Julie Murray. 2019. (Animal Kingdom Ser.). (ENG.). 32p. (J). (gr. 2-5). lib. bdg. 34.21 *(978-1-5321-1625-4(X)*, 32361, Big Buddy Bks.) ABDO Publishing Co.

Crocodiles. Sylvaine Peyrols. 2019. (My First Discoveries Ser.). (ENG., Illus.). 34p. (J). (gr. -1-k). spiral bd. 19.99 *(978-1-85103-472-7(2))* Moonlight Publishing, Ltd. GBR. Dist: Independent Pubs. Group.

Crocodiles. Leo Statts. 2016. (Swamp Animals Ser.). (ENG.). 24p. (J). (gr. -1-2). 49.94 *(978-1-68079-376-5(4)*, 22997, Abdo Zoom-Launch) ABDO Publishing Co.

Crocodiles. Valerie Bodden. 2nd ed. 2020. (Amazing Animals Ser.). (ENG.). 24p. (J). (gr. 1-3). pap. 9.99 *(978-1-62832-764-9(2)*, 18076, Creative Paperbacks) Creative Co., The.

Crocodiles & Alligators: And Their Food Chains. Katherine Eason. 2023. (Food Chain Kings Ser.). (ENG., Illus.). 48p. (J). (gr. 5-8). lib. bdg. 31.99 ***(978-1-915153-77-7(8)***, 877732a0-5e8d-4c9d-af61-df1d5c578c28) Cheriton Children's Bks. GBR. Dist: Lerner Publishing Group.

Crocodiles & Alligators: And Their Food Chains. Contrib. by Katherine Eason. 2023. (Food Chain Kings Ser.). (ENG., Illus.). 48p. (J). (gr. 5-8). pap. 10.99 ***(978-1-915761-37-8(9)***, 7081aa26-e5be-47d8-bcf0-989a52def73f) Cheriton Children's Bks. GBR. Dist: Lerner Publishing Group.

Crocodiles & Other Reptiles, 1 vol. David West. 2017. (Inside Animals Ser.). (ENG.). 24p. (J). (gr. 3-3). 26.27 *(978-1-5081-9390-6(8)*, 369efc62-662e-4650-93bc-c72127931edf); pap. 9.25 *(978-1-5081-9426-2(2)*, 8b401ea4-f224-47bc-a167-94515affcce6) Rosen Publishing Group, Inc., The. (Windmill Bks.).

Crocodiles Don't Wear Socks. Tim Forsythe. 2022. (ENG.). 88p. (YA). pap. *(978-1-716-00558-9(2))* Lulu Pr., Inc.

Crocodiles (FSTK ONLY) Trace Taylor & Robbie Byerly. 2016. (1b Fstk Ser.). (ENG.). 36p. (J). pap. 8.00 *(978-1-63437-645-7(5))* American Reading Co.

Crocodiles in My Uncle's Yard! Shanai Bright. Illus. by Paulo Azevedo Pazciencia. 2022. (ENG.). 28p. (J). pap. *(978-1-922795-91-5(7))* Library For All Limited.

Crocodiles Lived with the Dinosaurs!, 1 vol. Melissa Raé Shofner. 2016. (Living with the Dinosaurs Ser.). (ENG., Illus.). 24p. (J). (gr. 2-3). pap. 9.15 *(978-1-4824-5645-5(1)*, 09c9eddc-17c7-472a-881d-a227c9b1bc66) Stevens, Gareth Publishing LLLP.

Crocodile's Tooth. Elisenda Castells. Illus. by Frank Endersby. 2022. (Fun Facts about Growing Up Ser.). (ENG.). 36p. (J). (gr. k-2). 12.99 *(978-1-5107-6124-7(1)*, Sky Pony Pr.) Skyhorse Publishing Co., Inc.

Crocogatabumbadile Colors the World. Zachariah Rippee. 2017. (Crocogatabumbadile Ser.: Vol. 1). (ENG., Illus.). 62p. (J). (gr. k-3). 19.99 *(978-1-64204-471-3(7))* Rippee, Zachariah J.

Crocs: A Sharks Incorporated Novel. Randy Wayne White. 2022. (Sharks Incorporated Ser.: 3). (ENG., Illus.). 272p. (J). 16.99 *(978-1-250-81351-0(4)*, 900248237) Roaring Brook Pr.

Crocs: A Sharks Incorporated Novel. Randy Wayne White. 2023. (Sharks Incorporated Ser.: 3). (ENG., Illus.). 272p. (J). pap. 8.99 *(978-1-250-86602-8(2)*, 900248238) Square Fish.

Crocs in a Box, 1 vol. Robert Heidbreder. Illus. by Rae Maté. 2020. (ENG.). 96p. (J). (gr. k-1). 19.95 *(978-1-926890-06-7(X))* Tradewind Bks. CAN. Dist: Orca Bk. Pubs. USA.

Crocus: A Fresh Flower for the Holidays (Classic Reprint) Sarah Josepha Hale. (ENG., Illus.). (J). 2018. 288p. 29.86 *(978-0-483-73550-7(7))*; 2017. pap. 11.97 *(978-0-243-29273-8(2))* Forgotten Bks.

Croesus's Widow, Vol. 1 Of 3: A Novel (Classic Reprint) Dora Russell. 2018. (ENG., Illus.). 314p. (J). 30.37 *(978-0-483-98780-7(8))* Forgotten Bks.

Croesus's Widow, Vol. 3 Of 3: A Novel (Classic Reprint) Dora Russell. 2018. (ENG., Illus.). 322p. (J). 30.54 *(978-0-483-77494-0(4))* Forgotten Bks.

Crofton Boys: A Tale (Classic Reprint) Harriet Martineau. 2018. (ENG., Illus.). 250p. (J). 29.05 *(978-0-364-59528-2(0))* Forgotten Bks.

Crohn's Disease & Other Digestive Disorders. Rebecca Sherman. 2017. (Illus.). 128p. (J). *(978-1-4222-3754-0(0))* Mason Crest.

Croix-Rouge, Son Passé et Son Avenir (Classic Reprint) Gustave Moynier. 2018. (FRE., Illus.). (J). 306p. 30.23 *(978-0-366-99247-8(3))*; 308p. pap. 13.57 *(978-0-366-99210-2(4))* Forgotten Bks.

Cromaboo Mail Carrier: A Canadian Love Story (Classic Reprint) James Thomas Jones. 2017. (ENG., Illus.). (J). 30.17 *(978-0-331-66292-4(2))*; pap. 13.57 *(978-0-243-54020-4(5))* Forgotten Bks.

Cromarty: Being a Tourist's Visit to the Birth-Place of Hugh Miller (Classic Reprint) Nicholas Dickson. (ENG., Illus.). (J). 2018. 108p. 26.14 *(978-0-364-74944-9(X))*; 2017. pap. 9.57 *(978-0-282-52599-6(8))* Forgotten Bks.

Crome Yellow (Classic Reprint) Huxley Aldous. 2017. (ENG., Illus.). 338p. (J). 30.89 *(978-0-265-49052-5(9))* Forgotten Bks.

Cromwell Doolan, Vol. 1 Of 2: Or Life in the Army (Classic Reprint) Unknown Author. 2018. (ENG., Illus.). 300p. (J). 30.10 *(978-0-267-21425-9(1))* Forgotten Bks.

Cromwell Doolan, Vol. 2 Of 2: Or, Life in the Army (Classic Reprint) Unknown Author. 2018. (ENG., Illus.). 270p. (J). 29.47 *(978-0-483-35189-9(X))* Forgotten Bks.

C'rona Pandemic Comics. Bob Hall et al. 2021. (ENG., Illus.). 48p. (J). pap. 14.95 *(978-1-4962-2979-3(7))* Univ. of Nebraska Pr.

Crone. C. L. Marin. 2017. (ENG., Illus.). (J). pap. *(978-1-77339-320-9(0))* Evernight Publishing.

Crongton Knights. Alex Wheatle. 2018. (Crongton Ser.). (ENG.). 304p. (J). (gr. 7-17). pap. 12.99 ***(978-0-349-00232-3(0))*** Hachette Children's Group GBR. Dist: Hachette Bk. Group.

Crónicas de una Vida Muy Poco Glamorosa / Dork Diaries: Tales from a Not-So- Fabulous Life. Rachel Renée Russell. 2022. (Diario de una Dork Ser.: 1). (SPA.). 336p. (J). (gr. 4-7). pap. 14.95 *(978-1-64473-522-0(9))* Penguin Random House Grupo Editorial ESP. Dist: Penguin Random Hse. LLC.

Cronkle: A Christmas Story. Sebastian Stumblebum. Illus. by Cerys Edwards. 2022. (ENG.). 32p. (J). pap. ***(978-1-912472-67-3(8))*** Wordcatcher Publishing Group Ltd.

Cronus Swallowed His Children! Mythology 4th Grade Children's Greek & Roman Books. Baby Professor. 2017. (ENG., Illus.). 64p. (J). pap. 9.52 *(978-1-5419-1623-4(9)*, Baby Professor (Education Kids)) Speedy Publishing LLC.

Crook & the Crown: Book 13. Debbie Dadey. Illus. by Tatevik Avakyan. 2018. (Mermaid Tales Ser.). (ENG.). 120p. (J). (gr. 1-4). lib. bdg. 31.36 *(978-1-5321-4210-9(2)*, 31086, Chapter Bks.) Spotlight.

Crook Straightened (Classic Reprint) Martha E. Berry. 2018. (ENG., Illus.). 294p. (J). 29.96 *(978-0-332-59834-5(9))* Forgotten Bks.

Crooked Cross Ranch Welcomes Little Petee. Jill McEachern. 2018. (ENG., Illus.). 22p. (J). 21.95 *(978-1-64349-675-7(1))*; pap. 11.95 *(978-1-64191-806-0(3))* Christian Faith Publishing.

Crooked ELM: Or, Life by the Way-Side (Classic Reprint) Thomas W. Higgins. 2018. (ENG., Illus.). 456p. (J). 33.30 *(978-0-484-22218-1(X))* Forgotten Bks.

Crooked Hand Tree. J. S. Parker. 2021. (ENG., Illus.). 570p. (YA). pap. 27.95 *(978-1-64701-762-0(9))* Page Publishing Inc.

Crooked Kingdom: A Sequel to Six of Crows. Leigh Bardugo. ed. 2016. (Six of Crows Ser.: 2). (ENG., Illus.). 560p. (YA). (gr. 7-12). 19.99 *(978-1-62779-213-4(9)*, 900141223, Holt, Henry & Co. Bks. For Young Readers) Holt, Henry & Co.

Crooked Kingdom: A Sequel to Six of Crows. Leigh Bardugo. ed. 2018. (Six of Crows Ser.: 2). (ENG.). 576p. (YA). pap. 11.99 *(978-1-250-07697-7(8)*, 900152592) Square Fish.

Crooked Little Christmas Tree. Ramon Fouse. 2018. (ENG., Illus.). 30p. (J). 22.95 *(978-1-64258-586-5(6))*; pap. 12.95 *(978-1-64140-211-8(3))* Christian Faith Publishing.

Crooked Mark. Linda Kao. 2023. 368p. (YA). (gr. 9). 19.99 *(978-0-593-52757-3(7)*, Razorbill) Penguin Young Readers Group.

Crooked Mile (Classic Reprint) Oliver Onions. 2018. (ENG., Illus.). 358p. (J). 31.30 *(978-0-666-35448-8(0))* Forgotten Bks.

Crooked Nose the Witch. S. M. G. Reddy. 2017. (ENG.). 28p. (J). pap. *(978-1-912516-00-1(4))* Reddy, S.M.G.

Crooked Path (Classic Reprint) Alexander. 2017. (ENG., Illus.). (J). 30.41 *(978-1-5285-8678-8(6))* Forgotten Bks.

Crooked Professor Q. Brenda Richard. 2019. (ENG., Illus.). 50p. (J). (gr. 1-3). pap. *(978-1-9991864-3-2(5))* Richard, Brenda.

Crooked Sixpence, or the Adventures of Little Harry: A Tale Calculated to Interest Youth, Interspersed with Moral & Religious Reflections (Classic Reprint) Jane Bourne. 2018. (ENG., Illus.). 184p. (J). 27.69 *(978-0-267-45813-4(4))* Forgotten Bks.

Crooked Throne. Everly Folle & Grace Callidus. 2021. (ENG.). 289p. (YA). pap. *(978-1-257-18184-1(X))* Lulu Pr., Inc.

Crooked Trails. Frederic Remington. 2017. (ENG., Illus.). (J). 22.95 *(978-1-374-87538-8(4))*; pap. 12.95 *(978-1-374-87537-1(6))* Capital Communications, Inc.

Crooked Trails & Straight (Classic Reprint) William MacLeod Raine. 2017. (ENG., Illus.). (J). 31.07 *(978-0-266-21745-9(1))* Forgotten Bks.

Crooked Tree. Kaylee Burns. 2021. (ENG.). 24p. (J). pap. *(978-0-2288-0485-7(X))* Tellwell Talent.

Crop Circles. Sue Gagliardi. 2022. (Unexplained Ser.). (ENG., Illus.). 32p. (J). (gr. 2-3). pap. 9.95 *(978-1-63738-197-7(2))*; lib. bdg. 31.35 *(978-1-63738-161-8(1))* North Star Editions. (Apex).

Crop Circles. Kyla Steinkraus. 2017. (Strange but True Ser.). (ENG.). 32p. (gr. 2-7). 9.95 *(978-1-68072-479-0(7))*; (J). (gr. 4-6). pap. 9.99 *(978-1-64466-216-8(7)*, 11486); (Illus.). (J). (gr. 4-6). lib. bdg. *(978-1-68072-182-9(8)*, 10548) Black Rabbit Bks. (Bolt).

Crop-Eared Jacquot: And Other Stories (Classic Reprint) Dumas. 2016. (ENG., Illus.). (J). pap. 9.57 *(978-1-334-15118-7(0))* Forgotten Bks.

Crop-Eared Jacquot: And Other Stories (Classic Reprint) Alexandre Dumas. 2018. (ENG., Illus.). 132p. (J). 26.64 *(978-0-483-76472-9(8))* Forgotten Bks.

Croppies Lie Down: A Tale of Ireland in '98 (Classic Reprint) William Buckley. 2018. (ENG., Illus.). 524p. (J). 34.70 *(978-0-483-47103-0(8))* Forgotten Bks.

Croppy, a Tale of 1798, Vol. 3 of 3 (Classic Reprint) John Banim. (ENG., Illus.). (J). 2018. 328p. 30.66 *(978-0-483-33338-3(7))*; 2017. pap. 13.57 *(978-0-259-17395-3(9))* Forgotten Bks.

Croppy, Vol. 1 Of 3: A Tale of 1798 (Classic Reprint) John Banim. 2018. (ENG., Illus.). 326p. (J). 30.62 *(978-0-332-83360-6(7))* Forgotten Bks.

Croppy, Vol. 2 Of 3: A Tale of 1798 (Classic Reprint) John Banim. 2018. (ENG., Illus.). 308p. (J). 30.27 *(978-0-666-06725-8(2))* Forgotten Bks.

Crops on the Farm. Teddy Borth. 2016. (On the Farm Ser.). (ENG.). 24p. (J). (gr. -1-2). pap. 7.95 *(978-1-4966-1002-7(4)*, 134908, Capstone Classroom) Capstone.

Croquant de Poictou (Classic Reprint) Unknown Author. (FRE., Illus.). (J). 2018. 20p. 24.31 *(978-0-666-04678-9(6))*; 2017. pap. 7.97 *(978-0-282-38869-0(9))* Forgotten Bks.

Crosby vs. Ovechkin vs. McDavid vs. Gretzky, 1 vol. Jason M. Walker. 2019. (Who's the GOAT? Using Math to Crown the Champion Ser.). (ENG.). 64p. (gr. 5-5). 36.13 *(978-1-7253-4844-8(6)*, 257c5967-ab9e-42c2-a6a1-dcf2c2a3b9d4, Rosen Reference) Rosen Publishing Group, Inc., The.

Cross & the Hammer: A Tale of the Days of the Vikings (Classic Reprint) H. Bedford-Jones. 2017. (ENG., Illus.). (J). 26.00 *(978-0-266-43862-5(8))* Forgotten Bks.

Cross & the Switchblade: The True Story of One Man's Fearless Faith. David Wilkerson et al. Illus. by Tim Foley. 2018. (ENG.). 208p. (J). pap. 10.99 *(978-0-8007-9879-6(1))* Chosen Bks.

Cross-Check. Phil Lollar. 2019. (Blackgaard Chronicles Ser.: 3). (ENG., Illus.). 160p. (J). 9.99 *(978-1-58997-981-9(8)*, 20_32334) Focus on the Family Publishing.

Cross Corners (Classic Reprint) Anna B. Warner. 2018. (ENG., Illus.). 360p. (J). 31.32 *(978-0-483-89436-5(2))* Forgotten Bks.

Cross Country (Classic Reprint) Walter Thornbury. 2018. (ENG., Illus.). 370p. (J). 31.53 *(978-0-483-39248-9(0))* Forgotten Bks.

Cross-Country Conspiracy. Jake Maddox. 2021. (Jake Maddox JV Mysteries Ser.). (ENG.). 96p. (J). 25.99 *(978-1-6639-1111-7(8)*, 214933); pap. 5.95 *(978-1-6639-2027-0(3)*, 214914) Capstone. (Stone Arch Bks.).

Cross-Country Race: Leveled Reader Green Fiction Level 14 Grade 1-2. Hmh Hmh. 2019. (Rigby PM Ser.). (ENG.). 16p. (J). (gr. 1-2). pap. 11.00 *(978-0-358-12065-0(9))* Houghton Mifflin Harcourt Publishing Co.

Cross Country with the Parents! Another Great Adventure with the Petru Family — Traveling Across the USA. Brian W. Kelly. 2016. (ENG., Illus.). (J). pap. 12.99 *(978-0-9982683-6-1(4))* Lets Go Publish.

Cross-Cultural Etiquette, 1 vol. Avery Hurt. 2016. (Etiquette Rules! Ser.). (ENG.). 48p. (J). (gr. 6-6). pap. 12.75 *(978-1-4994-6496-2(7)*, 345e938c-fca1-44b2-97e9-28327eec6a2e) Rosen Publishing Group, Inc., The.

Cross Currents: The Story of Margaret (Classic Reprint) Eleanor Hodgman Porter. (ENG., Illus.). (J). 2018. 220p. 28.43 *(978-0-365-49235-1(3))*; 2017. pap. 10.97 *(978-1-5276-6210-0(1))* Forgotten Bks.

Cross-Cut. Courtney Ryley Cooper. 2017. (ENG., Illus.). (J). 24.95 *(978-1-374-84864-1(6))*; pap. 14.95 *(978-1-374-84863-4(8))* Capital Communications, Inc.

Cross Fire. Scholastic, Inc. Staff & Michael Kogge. ed. 2016. (Batman vs. Superman: Dawn of Justice Ser.). (ENG.). 144p. (J). (gr. 2-5). lib. bdg. 16.00 *(978-0-606-38097-3(3))* Turtleback.

Cross Fire: an Exo Novel. Fonda Lee. (ENG.). 384p. (YA). (gr. 7-7). 2019. pap. 9.99 *(978-1-338-13911-2(8)*, Scholastic Paperbacks); 2018. 17.99 *(978-1-338-13909-9(6)*, Scholastic Pr.) Scholastic, Inc.

Cross My Heart & Hope to Spy. Ally Carter. 2016. (Gallagher Girls Ser.: 2). (ENG.). 256p. (YA). (gr. 7-17). pap. 10.99 *(978-1-4847-8503-4(7))* Little, Brown Bks. for Young Readers.

Cross My Heart & Hope to Spy. Ally Carter. ed. 2016. (Gallagher Girls Ser.: 2). (J). lib. bdg. 20.85 *(978-0-606-38296-0(8))* Turtleback.

Cross My Heart & Never Lie. Nora Dåsnes. Tr. by Matt Bagguley. 2023. (ENG.). 248p. (J). (gr. 5). pap. 17.99 ***(978-1-6626-4057-5(9)***, Hippo Park) Astra Publishing Hse.

Cross of Berny. Emile de Girardin. 2017. (ENG., Illus.). (J). 25.95 *(978-1-374-94837-2(3))*; pap. 15.95 *(978-1-374-94836-5(5))* Capital Communications, Inc.

Cross of Berny: Or Irene's Lovers (Classic Reprint) Emile de Girardin. 2017. (ENG., Illus.). (J). 29.96 *(978-1-5284-5420-9(0))* Forgotten Bks.

Cross of Fire: A Romance of Love & War to-Day (Classic Reprint) Robert Gordon Anderson. 2017. (ENG., Illus.). (J). 32.50 *(978-0-266-51983-6(0))*; pap. 16.57 *(978-0-243-28216-6(8))* Forgotten Bks.

Cross of Honor (Classic Reprint) Annie Thomas. (ENG., Illus.). (J). 2018. 298p. 30.04 *(978-0-365-38172-3(1))*; 2017. pap. 13.57 *(978-0-259-20576-0(1))* Forgotten Bks.

Cross of the Heart's Desire (Classic Reprint) Gertrude Pahlow. 2018. (ENG., Illus.). 306p. (J). 30.21 *(978-0-484-21672-2(4))* Forgotten Bks.

Cross Pull (Classic Reprint) Hal G. Evarts. (ENG., Illus.). (J). 2018. 274p. 29.55 *(978-0-666-62579-3(4))*; 2017. pap. 11.97 *(978-0-259-53491-4(9))* Forgotten Bks.

Cross Purposes: A Christmas Experience in Seven Stages (Classic Reprint) Thomas Cooper De Leon. 2017. (ENG., Illus.). (J). pap. 9.57 *(978-0-282-02735-3(1))* Forgotten Bks.

Cross Purposes a Novel, Vol. 2 of 3 (Classic Reprint) Catherine Sinclair. 2018. (ENG., Illus.). 336p. (J). 30.85 *(978-0-483-69875-8(X))* Forgotten Bks.

Cross Purposes & Other Stories (Classic Reprint) George MacDonald. 2018. (ENG., Illus.). 274p. (J). 29.57 *(978-0-332-93686-4(4))* Forgotten Bks.

Cross Purposes & the Shadows. George MacDonald. 2017. (ENG., Illus.). (J). 21.95 *(978-1-374-82736-3(3))*; pap. 10.95 *(978-1-374-82735-6(5))* Capital Communications, Inc.

Cross Purposes, Vol. 1 Of 3: A Novel (Classic Reprint) Catherine Sinclair. 2018. (ENG., Illus.). 330p. (J). 30.72 *(978-0-267-18396-8(8))* Forgotten Bks.

Cross Purposes, Vol. 3 Of 3: A Novel (Classic Reprint) Catherine Sinclair. (ENG., Illus.). (J). 2018. 366p. 31.45 *(978-0-483-78536-6(9))*; 2016. pap. 13.97 *(978-1-334-15497-3(X))* Forgotten Bks.

Cross-Roads: A Play in a Prologue & Two Acts (Classic Reprint) S. L. Robinson. 2018. (ENG., Illus.). 72p. (J). 25.38 *(978-0-364-10605-1(0))* Forgotten Bks.

Cross the Odd Ones! Odd One Out Activity Book for Children. Speedy Kids. 2017. (ENG., Illus.). (J). pap. 8.33 *(978-1-5419-3382-8(6))* Speedy Publishing LLC.

Cross Trails: The Story of One Woman in the North Woods (Classic Reprint) Herman Whitaker. 2017. (ENG., Illus.). (J). 29.84 *(978-1-5284-5099-7(X))* Forgotten Bks.

Cross Training. Jeff Stallinga. 2017. (ENG., Illus.). 100p. (J). pap. *(978-1-387-11376-7(3))* Lulu Pr., Inc.

Crossbones. Kimberly Vale. (Kingdom of Bones Ser.: 1). (ENG.). (YA). 2022. 380p. pap. 11.99 *(978-1-990259-13-5(8)*, 900255050); 2021. 376p. 17.99 *(978-1-989365-79-3(5)*, 900243029) Wattpad Bks. CAN. Dist: Macmillan.

Crossbones: Skeleton Creek #3. Patrick Carman. 2021. (Skeleton Creek Ser.: Vol. 3). (ENG.). 218p. (J). pap. 14.99 *(978-1-953380-12-8(3))* International Literary Properties.

Crossbones: Skeleton Creek #3 (UK Edition) Patrick Carman. 2021. (Skeleton Creek Ser.: Vol. 3). (ENG.). 218p. (J). pap. 14.99 *(978-1-953380-27-2(1))* International Literary Properties.

Crossed Fire (Book 2 Crossed Series) Kim Baccellia. 2017. (ENG., Illus.). 292p. (YA). (gr. 7-12). pap. *(978-1-897562-68-0(3))* Lachesis Publishing.

Crossed Swords: A Canadian-American Tale of Love & Valor (Classic Reprint) Clement Alloway. 2018. (ENG., Illus.). 394p. (J). 32.04 *(978-0-267-12857-0(6))* Forgotten Bks.

Crossed Up: A Tale of Hitting the Boards & Walking the Plank. M. L. Rosynek. 2018. (ENG., Illus.). 168p. (J). *(978-1-5255-2383-0(X))*; pap. *(978-1-5255-2384-7(8))* FriesenPress.

Crossfire: Police Story Christian Comicbook: Bonus Origin Back Story, Little Soldier of the Cross: the Girl with Super-Faith. Al Hartley. Illus. by Ben Dunn. 2017. (ENG.). 47p. (YA). 4.99 *(978-1-888092-33-2(5)*, 73c29ca8-c833-4bc7-b20e-6be2670b67d4) Nordskog Publishing, Inc.

Crossing a Continent (California) Lisa Greathouse. rev. ed. 2017. (Social Studies: Informational Text Ser.). (ENG., Illus.). 32p. (J). (gr. 3-5). pap. 11.99 *(978-1-4258-3241-4(5))* Teacher Created Materials, Inc.

Crossing (Classic Reprint) Winston Churchill. 2017. (ENG., Illus.). (J). 36.81 *(978-1-5282-8543-8(3))* Forgotten Bks.

Crossing Ebenezer Creek. Tonya Bolden. (ENG.). 240p. (YA). 2018. pap. 10.99 *(978-1-68119-699-2(9)*, 900182277, Bloomsbury Young Adult); 2017. 17.99 *(978-1-59990-319-4(9)*, 900054246, Bloomsbury USA Childrens) Bloomsbury Publishing USA.

Crossing Ebenezer Creek. Tonya Bolden. ed. 2018. (YA). lib. bdg. 22.10 *(978-0-606-41078-6(3))* Turtleback.

Crossing: How George Washington Saved the American Revolution. Jim Murphy. 2016. (ENG.). 96p. (J). (gr. 4-7). pap. 14.99 *(978-0-439-69187-1(7))* Scholastic, Inc.

Crossing Niagara: The Death-Defying Tightrope Adventures of the Great Blondin. Matt Tavares. Illus. by Matt Tavares. 2016. (ENG., Illus.). 36p. (J). (gr. 1-4). 17.99 *(978-0-7636-6823-5(0))* Candlewick Pr.

Crossing Niagara: Candlewick Biographies: The Death-Defying Tightrope Adventures of the Great Blondin. Matt Tavares. Illus. by Matt Tavares. 2018. (Candlewick Biographies Ser.). (ENG., Illus.). 40p. (J). (gr. 1-4). 14.99 *(978-1-5362-0341-7(6))*; pap. 4.99 *(978-1-5362-0342-4(4))* Candlewick Pr.

Crossing Oceans: Immigrating to California (California) Michelle Prather. rev. ed. 2017. (Social Studies: Informational Text Ser.). (ENG., Illus.). 32p. (J). (gr. 3-5). pap. 11.99 *(978-1-4258-3242-1(3))* Teacher Created Materials, Inc.

Crossing of Zebras: Animal Packs in Poetry. Marjorie Maddox. Illus. by Philip Huber. 2019. (ENG.). 32p. (gr. -1-1). 26.00 *(978-1-5326-9732-6(5))*; pap. 18.00 *(978-1-5326-9731-9(7))* Wipf & Stock Pubs. (Resource Pubns.(OR)).

Crossing on Time: Steam Engines, Fast Ships, & a Journey to the New World. David Macaulay. 2019. (ENG., Illus.). 128p. (J). 24.99 *(978-1-59643-477-6(5)*, 900055833) Roaring Brook Pr.

Crossing Roads. Thomas Huston. 2021. (ENG.). 514p. (YA). pap. *(978-1-312-51137-8(0))* Lulu Pr., Inc.

Crossing Stones. Helen Frost. 2020. (ENG., Illus.). 208p. (YA). pap. 9.99 *(978-1-250-75351-9(1)*, 900225381) Square Fish.

Crossing the Atlantic: Illustrated (Classic Reprint) Augustus Hoppin. 2018. (ENG., Illus.). (J). 54p. 25.03 *(978-1-391-39750-4(9))*; 56p. pap. 9.57 *(978-1-390-26517-0(X))* Forgotten Bks.

Crossing the Black Ice Bridge. Alex Bell. Illus. by Tomislav Tomic. (Polar Bear Explorers' Club Ser.: 3). (ENG.). 352p. (J). (gr. 3-7). 2021. pap. 8.99 *(978-1-5344-0653-7(0))*; 2020. 17.99 *(978-1-5344-0652-0(2))* Simon & Schuster Bks. For Young Readers. (Simon & Schuster Bks. For Young Readers).

Crossing the Border, 12 vols. 2017. (Crossing the Border Ser.). (ENG.). 64p. (J). (gr. 6-7). lib. bdg. 210.48 *(978-1-5345-6254-7(0)*, ec01882f-a7e9-40e2-adfe-08a54b6f724b) Greenhaven Publishing LLC.

Crossing the Current. Jane Yolen. ed. 2021. (Ready-To-Read Ser.). (ENG., Illus.). 32p. (J). (gr. k-1). 13.96 *(978-1-64697-751-2(3))* Penworthy Co., LLC, The.

Crossing the Current: Ready-To-Read Level 1. Jane Yolen. Illus. by Mike Moran. 2020. (School of Fish Ser.). (ENG.). 32p. (J). (gr. -1-1). 17.99 *(978-1-5344-6629-6(0))*; pap. 4.99 *(978-1-5344-6628-9(2))* Simon Spotlight. (Simon Spotlight).

Crossing the Deadline: Stephen's Journey Through the Civil War. Michael Shoulders. 2016. (ENG.). 384p. (YA). (gr. 4-7). 16.99 *(978-1-58536-951-5(9)*, 204098) Sleeping Bear Pr.

Crossing the Farak River. Michelle Aung Thin. 2020. (ENG., Illus.). 224p. (J). (gr. 6). 18.95 *(978-1-77321-397-2(0))*; pap. 9.95 *(978-1-77321-396-5(2))* Annick Pr., Ltd. CAN. Dist: Publishers Group West (PGW).

Crossing the Line. Bibi Belford. 2017. (ENG.). 304p. (J). (gr. 4-4). 15.99 *(978-1-5107-0800-6(6)*, Sky Pony Pr.) Skyhorse Publishing Co., Inc.

Crossing the Line. Simone Elkeles. (ENG.). 352p. (YA). (gr. 9). 2019. pap. 9.99 *(978-0-06-264197-7(2))*; 2018. 17.99 *(978-0-06-264196-0(4))* HarperCollins Pubs. (HarperTeen).

Crossing the Line. Ellen Wolfson Valladares. 2018. (ENG., Illus.). 296p. (YA). (gr. 7-12). pap. 16.95 *(978-1-937178-99-4(4))* WiDo Publishing.

Crossing the Line: A Novel. Bibi Belford. 2020. (ENG.). 312p. (J). (gr. 4-4). pap. 9.99 *(978-1-5107-5350-1(8)*, Sky Pony Pr.) Skyhorse Publishing Co., Inc.

Crossing the Meadow. Chistopher D. Wayland. 2019. (ENG.). 66p. (J). pap. 6.99 *(978-0-578-59213-8(4))* Brooklyn Girl Bks.

Crossing the Plains, Days Of '57: A Narrative of Early Emigrant Travel to California by the Ox-Team Method (Classic Reprint) William Audley Maxwell. 2018. (ENG., Illus.). 198p. (J). 28.00 *(978-0-365-40868-0(9))* Forgotten Bks.

Crossing the Plains in '49 (Classic Reprint) G. W. Thissell. 2018. (ENG., Illus.). 200p. (J). 28.02 *(978-0-331-71766-2(2))* Forgotten Bks.

Crossing the Pond: Or Jack's Yarn (Classic Reprint) J. Dudley Ferguson. (ENG., Illus.). (J). 2017. 24.31 *(978-0-331-89176-8(X))*; 2016. pap. 7.97 *(978-1-334-16874-1(1))* Forgotten Bks.

Crossing the Pressure Line. Laura Anne Bird. 2022. (ENG.). 254p. (J). 23.95 *(978-1-64538-337-6(7))*; pap. 12.99 *(978-1-64538-283-6(4))* Orange Hat Publishing.

Crossing the Quicksands. Samuel Woodworth Cozzens. 2017. (ENG.). 340p. (J). pap. *(978-3-337-07531-6(2))* Creation Pubs.

Crossing the Quicksands: Or, the Veritable Adventures of Hal & Ned upon the Pacific Slope (Classic Reprint) Samuel Woodworth Cozzens. 2018. (ENG., Illus.). 336p. (J). 30.83 *(978-0-656-82775-6(0))* Forgotten Bks.

Crossing Your Fingers. Contrib. by Sharon Dalgleish. 2023. (Scoop on Superstitions Ser.). (ENG.). 24p. (J). (gr. 2-5). lib. bdg. 32.79 *(978-1-5038-6512-9(6)*, 216409, Stride) Child's World, Inc, The.

Crossings. Sarah Blake Johnson. 2017. 309p. (YA). pap. 17.99 *(978-1-4621-1957-8(3))* Cedar Fort, Inc./CFI Distribution.

Crossings. Bernie Page. 2019. (ENG.). 432p. (J). 32.95 *(978-1-64515-190-6(5))*; pap. 20.95 *(978-1-64515-081-7(X))* Christian Faith Publishing.

Crossings: Extraordinary Structures for Extraordinary Animals. Katy S. Duffield. Illus. by Mike Orodán. 2020. (ENG.). 48p. (J). (gr. -1-3). 18.99 *(978-1-5344-6579-4(0)*, Beach Lane Bks.) Beach Lane Bks.

Crossover. Kwame Alexander. ed. 2020. (ENG., Illus.). 218p. (J). (gr. 4-5). 24.19 *(978-1-64697-344-6(5))* Penworthy Co., LLC, The.

Crossover: Crossover (Spanish Edition), a Newbery Award Winner. Kwame Alexander. Tr. by Juan Felipe Herrera. Illus. by Dawud Anyabwile. 2019. (Crossover Ser.). (SPA.). 256p. (J). (gr. 5-7). pap. 9.99 *(978-0-358-06473-2(2)*, 1743975, Clarion Bks.) HarperCollins Pubs.

Crossover Boxed Set Pa. Alexander. 2021. (ENG.). (J). pap. 27.99 *(978-0-358-56701-1(7)*, HarperCollins) HarperCollins Pubs.

Crossover Chronicles: Book 3 (of 3): Dream Wars. Scott Swatsley. 2018. (ENG., Illus.). 402p. (J). pap. 19.95 *(978-1-68111-247-3(7))* Wasteland Pr.

Crossover Graphic Novel. Kwame Alexander. Illus. by Dawud Anyabwile. 2019. (Crossover Ser.). (ENG.). 224p. (J). (gr. 3-7). 22.99 *(978-1-328-96001-6(3)*, 1706917); pap. 15.99 *(978-1-328-57549-4(7)*, 1727477) HarperCollins Pubs. (Clarion Bks.).

Crossover Mystery. Ronald A. Feldman. 2019. (ENG.). 122p. (J). pap. 7.99 *(978-0-9978433-1-6(4))* Gemini Bk. Pubns.

Crossover Series 3-Book Paperback Box Set: The Crossover, Booked, Rebound. Kwame Alexander. 2021. (Crossover Ser.). (ENG.). 1024p. (J). (gr. 3). pap. 27.99 *(978-0-358-56704-2(1)*, 1809976, Clarion Bks.) HarperCollins Pubs.

Crossover Tie-In Edition. Kwame Alexander. Illus. by Dawud Anyabwile. 2023. (Crossover Ser.). (ENG.). 256p. (J). (gr. 3-7). pap. 8.99 *(978-0-06-328960-4(1)*, Clarion Bks.) HarperCollins Pubs.

Crossover, Volume 1. Donny Cates. 2021. (ENG., Illus.). 176p. (YA). pap. 19.99 *(978-1-5343-1893-9(3)*, 1ce1d72a-4c4a-4d2d-9d81-0dff9fa1d2c6) Image Comics.

Crossriggs (Classic Reprint) Mary Findlater. 2017. (ENG., Illus.). (J). 31.47 *(978-0-265-51751-2(6))*; pap. 13.97 *(978-1-334-94087-3(8))* Forgotten Bks.

Crossroad Children's Bible. Andrew Knowles. 2020. (ENG., Illus.). 250p. (gr. 4-8). 89.95 *(978-0-8245-0138-9(1))* Crossroad Publishing Co., The.

Crossroad Wings: The Revelation. Esmeralda Oropeza. 2021. (ENG.). 240p. (YA). 27.95 *(978-1-6624-0962-2(1))*; pap. 17.95 *(978-1-6624-0960-8(5))* Page Publishing Inc.

Crossroads. Alexandra Diaz. (ENG.). (J). (gr. 3-7). 2019. 352p. pap. 8.99 *(978-1-5344-1456-3(8))*; 2018. (Illus.). 336p. 18.99 *(978-1-5344-1455-6(X))* Simon & Schuster/Paula Wiseman Bks. (Simon & Schuster/Paula Wiseman Bks.).

Crossroads. Mike Vaught. 2020. (ENG.). 128p. (YA). pap. 14.95 *(978-1-64628-259-3(0))* Page Publishing Inc.

Crossroads. Chris Ward. 2021. (ENG.). 70p. (YA). pap. 12.95 *(978-1-64952-612-0(1))* Fulton Bks.

Crossroads among the Gentiles. Elizabeth Raum. 2018. (Illus.). xii, 128p. (J). pap. *(978-1-62856-490-7(3))* BJU Pr.

Crossroads in Galilee. Elizabeth Raum. 2016. (Illus.). xii, 139p. (J). *(978-1-62856-239-2(0))* BJU Pr.

Crossroads of Destiny (Classic Reprint) John P. Ritter. 2018. (ENG., Illus.). 282p. (J). 29.73 *(978-0-483-77101-7(5))* Forgotten Bks.

Crossways (Classic Reprint) Helen Reimensnyder Martin. (ENG., Illus.). (J). 2018. 316p. 30.43 *(978-0-666-76493-5(X))*; 2017. pap. 13.57 *(978-1-5276-5220-0(3))* Forgotten Bks.

Crosswire. Dotti Enderle. 2021. (ENG., Illus.). 144p. (J). (gr. 5-10). pap. 9.95 *(978-1-4556-2585-7(X)*, Pelican Publishing) Arcadia Publishing.

Crosswood. Gabrielle Prendergast. 2021. (Orca Currents Ser.). (ENG.). 120p. (J). (gr. 4-7). pap. 10.95 *(978-1-4598-2662-5(0))* Orca Bk. Pubs. USA.

Crossword Book for Kids: Crossword Puzzles for Children - Best Puzzle Book for Kids Ages 8 & up - Word Search Book for Children - Gift Idea for Girls or Boys. Lena Bidden. 2021. (ENG.). 92p. (J). pap. 11.00 *(978-1-716-24659-3(8))* Lulu Pr., Inc.

Crossword Challenges for Clever Kids(r). Gareth Moore & Chris Dickason. 2021. (Buster Brain Games Ser.: 12). (ENG.). 192p. (J). (gr. 4-6). pap. 8.99 *(978-1-78055-618-5(7)*, Buster Bks.) O'Mara, Michael Bks., Ltd. GBR. Dist: Independent Pubs. Group.

Crossword Lists & Crossword Solver. Ed. by Anne Stibbs Kerr. 3rd ed. 2019. (ENG.). 896p. pap. *(978-1-4729-6805-0(0)*, 368848, Bloomsbury Information) Bloomsbury Publishing Plc.

Crossword Puzzle Book - Medium - Create Your Own Doodle Cover (8x10 Softcover Personalized Puzzle Book / Activity Book) Sheba Blake. 2021. (ENG.). 128p. (YA). pap. 14.99 *(978-1-222-31389-5(8))* Indy Pub.

Crossword Puzzle Book - Medium (6x9 Puzzle Book / Activity Book) Sheba Blake. 2020. (ENG.). 126p. (YA). pap. 9.99 *(978-1-222-28379-2(4))* Indy Pub.

Crossword Puzzle Book - Medium (8x10 Puzzle Book / Activity Book) Sheba Blake. 2020. (ENG.). 126p. (YA). pap. 14.99 *(978-1-222-28380-8(8))* Indy Pub.

Crossword Puzzle Book for Young Adults & Teens (6x9 Puzzle Book / Activity Book) Sheba Blake. 2020. (ENG.). 126p. (YA). pap. 9.99 *(978-1-222-28642-7(4))* Indy Pub.

Crossword Puzzle Book for Young Adults & Teens (8x10 Puzzle Book / Activity Book) Sheba Blake. 2020. (ENG.). 126p. (YA). pap. 14.99 *(978-1-222-28643-4(2))* Indy Pub.

Crossword Puzzles for a Road Trip. Trip Payne. 2022. (ENG.). 96p. (J). (gr. 3-7). pap. 7.99 *(978-1-4549-4964-0(3)*, Puzzlewright) Sterling Publishing Co., Inc.

Crossword Puzzles for Clever Kids. T. Payne. 2017. (Puzzlewright Junior Crosswords Ser.: 1). (ENG.). 96p. (J). (gr. 3-7). pap. 7.95 *(978-1-4549-2482-1(9)*, Puzzlewright) Sterling Publishing Co., Inc.

Crossword Puzzles for Kids: Children Crossword Puzzle Book for Kids Age 7, 8, 9 & 10 - Easy Word Learning Activities for Kids - Kids Crosswords. Lena Bidden. 2020. (ENG.). 124p. (J). pap. 10.00 *(978-1-716-27534-0(2))* Lulu Pr., Inc.

Crossword Puzzles for Kids Ages 6 - 8: Making Smart Kids Smarter. Jenny Patterson & The Puzzler. 2019. (ENG.). 108p. (J). (gr. 2-5). pap. 9.50 *(978-1-7332138-0-6(5))* Old Town Publishing.

Crossword Puzzles for Kids Ages 6, 7 And 8: Colored Interior - Kids Crossword Puzzles Ages 6 - 8 - My First Crossword Puzzle Book. Penciol Press. 2021. (ENG.). 42p. (J). pap. 11.00 *(978-0-7329-2986-2(5))* Lulu Pr., Inc.

Crossword Puzzles for the Weekend. Trip Payne. 2022. (ENG.). 96p. (J). (gr. 3-7). pap. 7.99 *(978-1-4549-4965-7(1)*, Puzzlewright) Sterling Publishing Co., Inc.

Crosswords. Joan Hoffman. 2018. (ENG.). 64p. (J). (gr. 3-5). pap., wbk. ed. 4.49 *(978-1-58947-075-0(3)*, 60fc77d6-e9c1-41fa-a97c-f8a46d4b3f5f) School Zone Publishing Co.

Crosswords for Bright Sparks: Ages 7 To 9. Gareth Moore. Illus. by Jess Bradley. 2021. (Buster Bright Sparks Ser.: 3). (ENG.). 160p. (J). (gr. 2-4). pap. 8.99 *(978-1-78055-629-1(2)*, Buster Bks.) O'Mara, Michael Bks., Ltd. GBR. Dist: Independent Pubs. Group.

Crosswords for Kids: Best Puzzle Book for Ages 8 & Up. Jenny Patterson & The Puzzler. 2019. (ENG.). 134p. (J). (gr. 2-6). pap. 9.95 *(978-1-7338129-0-0(3))* Old Town Publishing.

Crosswords for Kids: Over 80 Puzzles for Hours of Fun! Ivy Finnegan. Illus. by Marina Pessarrodona. 2021. (ENG.). 96p. (J). pap. 9.99 *(978-1-3988-0268-1(9)*, 8aa8d0ab-b678-42cf-9a26-fa6dd2a9e68e) Arcturus Publishing GBR. Dist: Baker & Taylor Publisher Services (BTPS).

Crotale. Tracy Nelson Maurer. Tr. by Annie Evearts. 2021. (Serpents Dangereux (Dangerous Snakes) Ser.).Tr. of Rattlesnakes. (FRE.). 24p. (J). (gr. k-2). pap. *(978-1-0396-0873-3(6)*, 13637) Crabtree Publishing Co.

Crow. Martin Bailey. 2019. (BigThymeRhyme Ser.). (ENG., Illus.). 12p. (J). (— 1). bds. 9.99 *(978-0-9951093-0-8(3))* Black Chook Bks. NZL. Dist: Independent Pubs. Group.

Crow. Katie Lajiness. 2018. (Native Americans Ser.). (ENG., Illus.). 32p. (J). (gr. 2-5). lib. bdg. 34.21 *(978-1-5321-1507-3(5)*, 28886, Big Buddy Bks.) ABDO Publishing Co.

Crow. Dax Varley. Illus. by Jon Proctor. 2016. (Demon Slayer Ser.). (ENG.). 48p. (J). (gr. 3-7). lib. bdg. 34.21 *(978-1-62402-160-2(3)*, 21567, Spellbound) Magic Wagon.

Crow: The Four. Vishnu Pinnaka. l.t. ed. 2021. (ENG.). 296p. (J). pap. 11.99 *(978-1-63877-197-5(9))* Primedia eLaunch LLC.

Crow & Squirrel in the Fall. Linda Ashley. 2022. (ENG., Illus.). 28p. (J). pap. 14.95 ***(978-1-68498-288-2(X))*** Newman Springs Publishing, Inc.

Crow & the Pitcher. Emma Bernay & Emma Carlson Berne. Illus. by Tim Palin. 2019. (Classic Fables in Rhythm & Rhyme Ser.). (ENG.). 24p. (J). (gr. -1-2). lib. bdg. 33.99 *(978-1-68410-330-0(4)*, 140250) Cantata Learning.

Crow & the Pitcher: A Retelling of Aesop's Fable. Zeph Ernest. 2019. (ENG., Illus.). 34p. (YA). (gr. 7-12). 24.00 *(978-0-578-53757-3(5))* ZE Graphics Inc.

Crow & the Troll of Ogley on Dunnett. R. K. Britton. 2020. (ENG., Illus.). 448p. (YA). pap. *(978-1-78465-684-3(4)*, Vanguard Press) Pegasus Elliot Mackenzie Pubs.

Crow Brothers. Jiang Jin. Illus. by Zumin Wang. 2019. (ENG.). 48p. (J). pap. 9.95 *(978-1-4788-6877-4(5))*; 18.95 *(978-1-4788-6793-7(0))* Newmark Learning LLC.

Crow Flight. S. N. Bacon & Susan Cunningham. 2018. (ENG.). 352p. (YA). pap. 12.99 *(978-1-948705-16-5(8))* Amberjack Publishing Co.

Crow Made a Friend. Margaret Peot. ed. 2018. (I Like to Read Ser.). (ENG.). 24p. (J). (gr. -1-1). 10.00 *(978-1-64310-669-4(4))* Penworthy Co., LLC, The.

Crow Man - & Ten Other Cheerful Tales for Discerning Readers: And Ten Other Cheerful Tales for Discerning

Readers. Traumear. 2021. (ENG.). 148p. (J). pap. *(978-1-7948-9500-3(0))* Lulu Pr., Inc.

Crow Not Crow, 1 vol. Jane Yolen & Adam Stemple. Illus. by Elizabeth Dulemba. 2018. (ENG.). 36p. (J). (gr. k-5). 15.95 *(978-1-943645-31-2(0),* 58abefd9-9fa1-4004-b78a-67508838b3fd, Cornell Lab Publishing Group, The) WunderMill, Inc.

Crow Party. London J. Maddison. 2017. (ENG., Illus.). 36p. (J). pap. *(978-1-365-76873-6(2))* Lulu Pr., Inc.

Crow Princess. Halrai. 2022. (ENG.). 26p. (J). 150.00 *(978-1-4583-3516-6(X))* Lulu Pr., Inc.

Crow Rider. Kalyn Josephson. (Storm Crow Ser.: 2). (YA). (gr. 8-12). 2021. (ENG.). 400p. pap. 10.99 *(978-1-7282-3193-8(0))*; 2020. 352p. 17.99 *(978-1-4926-7296-8(3))* Sourcebooks, Inc.

Crow Smarts: Inside the Brain of the World's Brightest Bird. Pamela S. Turner. 2020. (Scientists in the Field Ser.). (ENG., Illus.). 80p. (J). (gr. 5-7). pap. 10.99 *(978-0-358-13360-5(2),* 1749853, Clarion Bks.) HarperCollins Pubs.

Crow-Step (Classic Reprint) Georgia Fraser. (ENG., Illus.). (J). 2018. 406p. 32.29 *(978-0-666-83231-3(5))*; 2017. pap. 16.57 *(978-1-5276-1071-2(3))* Forgotten Bks.

Crowbar: The Smartest Bird in the World. Jean Craighead George et al. Illus. by Wendell Minor. 2021. (ENG.). 32p. (J). (gr. -1-3). 17.99 *(978-0-06-000257-2(3),* Tegen, Katherine Bks) HarperCollins Pubs.

Crowboy. Ricky Gibson. 2018. (ENG., Illus.). 42p. (J). pap. *(978-0-6482304-3-4(0))*; *(978-0-6482304-2-7(2))* Karen Mc Dermott.

Crowded Farmhouse Folktale. Karen Rostoker-Gruber. Illus. by Kristina Swarner. 2020. (ENG.). 32p. (J). (gr. -1-3). 16.99 *(978-0-8075-5692-4(0),* 807556920) Whitman, Albert & Co.

Crowded Inn (Classic Reprint) John McGaw Foster. 2018. (ENG., Illus.). 26p. (J). 24.45 *(978-0-267-48151-4(9))* Forgotten Bks.

Crowded Out o' Crofield: Or the Boy Who Made His Way (Classic Reprint) William Osborn Stoddard. 2018. (ENG., Illus.). 264p. (J). 29.36 *(978-0-483-00769-7(2))* Forgotten Bks.

Crowded Volume 2. Christopher Sebela. 2020. (ENG., Illus.). 168p. (YA). pap. 16.99 *(978-1-5343-1375-0(3),* c472978b-0e8d-4971-89e5-eb7f84e04b43) Image Comics.

Crowdfunding. Tamra Orr. 2019. (21st Century Skills Library: Global Citizens: Social Media Ser.). (ENG., Illus.). 32p. (J). (gr. 4-7). pap. 14.21 *(978-1-5341-3966-4(4),* 212693); lib. bdg. 32.07 *(978-1-5341-4310-4(6),* 212692) Cherry Lake Publishing.

Crowding Memories (Classic Reprint) Thomas Bailey Aldrich. 2017. (ENG., Illus.). (J). 31.16 *(978-0-266-20799-3(5))* Forgotten Bks.

Crowding the Season: A Comedy in Three Acts (Classic Reprint) E. Trueblood Hardy. (ENG., Illus.). (J). 2018. 36p. 24.64 *(978-0-483-86253-1(3))*; 2016. pap. 7.97 *(978-1-333-21767-9(6))* Forgotten Bks.

Crowds of Creatures. Kate Riggs. Illus. by Dogi Fiammetta. 2017. (ENG.). 14p. (J). (gr. -1 — 1). bds. 7.99 *(978-1-56846-301-8(4),* 20164, Creative Education) Creative Co., The.

Crown. Natasha Carrizosa. 2018. (ENG.). 102p. (J). pap. 20.00 *(978-0-692-18688-6(3))* CoolSpeak Publishing Co.

Crown. Kiera Cass. (Selection Ser.: 5). (ENG.). (YA). (gr. 8). 2017. 304p. pap. 14.99 *(978-0-06-239218-3(2))*; 2016. 288p. 19.99 *(978-0-06-239217-6(4))* HarperCollins Pubs. (HarperTeen).

Crown. Kiera Cass. 2016. (CHI.). (YA). (gr. 8). pap. *(978-986-133-575-9(7))* Yuan Shen Pr. Co., Ltd.

Crown. Claudia Klein. 2023. (ENG.). 256p. (YA). 30.00 ***(978-1-0881-8180-5(5))***; pap. 15.99 ***(978-1-0881-6661-1(X))*** Indy Pub.

Crown. Kiera Cass. ed. 2017. (Selection Ser.: 5). (ENG.). (YA). (gr. 8). lib. bdg. 20.85 *(978-0-606-40047-3(8))* Turtleback.

Crown: An Ode to the Fresh Cut. Derrick Barnes. Illus. by Gordon C. James. 2017. 32p. (J). (gr. -1-3). 18.95 *(978-1-57284-224-3(5))* Agate Publishing, Inc.

Crown, Bar, & Bridge-Work: New Methods of Permanently Adjusting Artificial Teeth Without Plates. Isidore E. Clifford. 2017. (ENG., Illus.). (J). pap. *(978-0-649-30185-0(4))* Trieste Publishing Pty Ltd.

Crown for Assassins (a Throne for Sisters-Book Seven) Morgan Rice. 2018. (Throne for Sisters Ser.: Vol. 7). (ENG., Illus.). 178p. (YA). (gr. 7-12). 18.99 *(978-1-64029-456-1(2))*; pap. 13.99 *(978-1-64029-455-4(4))* Morgan Rice Bks.

Crown-Harden, Vol. 1 of 3 (Classic Reprint) Fuller. 2018. (ENG., Illus.). 314p. (J). 30.39 *(978-0-483-92554-0(3))* Forgotten Bks.

Crown-Harden, Vol. 2 of 3 (Classic Reprint) Fuller. 2018. (ENG., Illus.). 306p. (J). 30.21 *(978-0-267-29902-7(8))* Forgotten Bks.

Crown-Harden, Vol. 3 of 3 (Classic Reprint) Fuller. 2018. (ENG., Illus.). 324p. (J). 30.58 *(978-0-428-90010-6(0))* Forgotten Bks.

Crown Heist. Deron R. Hicks. 2021. (Lost Art Mysteries Ser.). (ENG., Illus.). 320p. (J). (gr. 5-7). 16.99 *(978-0-358-39606-2(9),* 1789094, Clarion Bks.) HarperCollins Pubs.

Crown of Amiriel. Shade Rachea. 2018. Vol. 1. (ENG.). 268p. (YA). pap. 10.99 *(978-1-393-00016-7(9))* Draft2Digital.

Crown of Betrayal. Marie F. Crow. 2020. (ENG.). 258p. (YA). pap. 9.99 *(978-1-64533-939-7(4))* Kingston Publishing Co.

Crown of Bitter Thorn. Kay L. Moody. 2021. (Fae of Bitter Thorn Ser.: Vol. 3). (ENG.). 350p. (YA). pap. 13.99 *(978-1-954335-01-1(6))* Marten Pr.

Crown of Bones. A. K. Wilder. (Amassia Ser.: 1). (ENG.). (YA). 2022. 416p. pap. 10.99 *(978-1-64937-147-8(0),* 900254420); 2021. (Illus.). 400p. 18.99 *(978-1-64063-414-5(2),* 900194445) Entangled Publishing, LLC.

Crown of Coral & Pearl. Mara Rutherford. (Crown of Coral & Pearl Ser.: 1). (ENG., Illus.). (YA). 2020. 416p. pap. 11.99 *(978-1-335-09042-3(8))*; 2019. 432p. 19.99 *(978-1-335-09044-7(4))* Harlequin Enterprises ULC CAN. Dist: HarperCollins Pubs.

Crown of Dust: Scepter & Crown Book Two. C. F. E. Black. 2022. (Scepter & Crown Ser.: Vol. 2). (ENG.). 300p. (YA). 21.99 ***(978-1-7379425-3-5(4))*** C. F. E. Black.

Crown of Feathers. Nicki Pau Preto. 2019. (Crown of Feathers Ser.). (ENG.). (YA). (gr. 7). 512p. pap. 12.99 *(978-1-5344-2463-0(6))*; (Illus.). 496p. 21.99 *(978-1-5344-2462-3(8))* Simon Pulse. (Simon Pulse).

Crown of Feathers Trilogy (Boxed Set) Crown of Feathers; Heart of Flames; Wings of Shadow. Nicki Pau Preto. Illus. by Kekai Kotaki. ed. 2022. (Crown of Feathers Ser.). (ENG.). 1808p. (YA). (gr. 7). pap. 41.99 *(978-1-6659-1367-6(3),* McElderry, Margaret K. Bks.) McElderry, Margaret K. Bks.

Crown of Feathers Trilogy (Boxed Set) Crown of Feathers; Heart of Flames; Wings of Shadow. Nicki Pau Preto. ed. 2021. (Crown of Feathers Ser.). (ENG.). 1776p. (YA). (gr. 7). 63.99 *(978-1-6659-0763-7(0),* McElderry, Margaret K. Bks.) McElderry, Margaret K. Bks.

Crown of Flames (the Fire Queen #2) Sayantani DasGupta. (ENG.). 400p. (J). (gr. 3-7). 2023. pap. 9.99 ***(978-1-338-76682-0(1),*** Scholastic Paperbacks); 2022. 17.99 *(978-1-338-76681-3(3),* Scholastic Pr.) Scholastic, Inc.

Crown of Ice: A Young Adult Romance. Michelle Areaux. 2019. (Shady Oaks Ser.: Vol. 5). (ENG.). 166p. (YA). (gr. 7-12). pap. 9.99 *(978-1-64533-117-9(2))* Kingston Publishing Co.

Crown of Life (Classic Reprint) George Gissing. (ENG., Illus.). (J). 2018. 334p. 30.81 *(978-0-267-76611-6(4))*; 2018. 394p. 32.02 *(978-0-267-22883-6(X))*; 2017. pap. 13.57 *(978-0-259-55794-4(3))* Forgotten Bks.

Crown of Life (Classic Reprint) Gordon Arthur Smith. (ENG., Illus.). (J). 2018. 424p. 32.64 *(978-0-666-33073-4(5))*; 2017. pap. 16.57 *(978-1-5276-0752-1(6))* Forgotten Bks.

Crown of Oblivion. Julie Eshbaugh. (ENG.). (YA). (gr. 8). 2020. 496p. pap. 10.99 *(978-0-06-239932-8(2))*; 2019. 480p. 17.99 *(978-0-06-239931-1(4))* HarperCollins Pubs. (Quill Tree Bks.).

Crown of Shame, Vol. 1 Of 3: A Novel (Classic Reprint) Florence Marryat. (ENG., Illus.). (J). 2018. 256p. 29.20 *(978-0-267-33185-7(1))*; 2016. pap. 11.57 *(978-1-333-57439-0(8))* Forgotten Bks.

Crown of Sname, Vol. 3 Of 3: A Novel (Classic Reprint) Florence Marryat. (ENG., Illus.). (J). 2018. 258p. 29.24 *(978-0-267-40408-7(5))*; 2016. pap. 11.97 *(978-1-334-11918-7(X))* Forgotten Bks.

Crown of Success (Classic Reprint) A. L. O. E. 2018. (ENG., Illus.). 226p. (J). 28.58 *(978-0-483-87199-1(0))* Forgotten Bks.

Crown of Thorns. Auska Krystie. 2021. (ENG.). 273p. (YA). pap. *(978-1-326-16969-5(6))* Lulu Pr., Inc.

Crown of Thorns (Classic Reprint) Flora Haines Loughead. (ENG., Illus.). (J). 2018. 90p. 25.75 *(978-0-267-30460-8(9))*; 2016. pap. 9.57 *(978-1-333-28199-1(4))* Forgotten Bks.

Crown of Three Epic Collection Books 1-3 (Boxed Set) Crown of Three; the Lost Realm; a Kingdom Rises. J. D. Rinehart. ed. 2018. (Crown of Three Ser.). (ENG., Illus.). 1376p. (J). (gr. 4-8). pap. 27.99 *(978-1-5344-0032-0(X),* Aladdin) Simon & Schuster Children's Publishing.

Crown of Thunder. Tochi Onyebuchi. 320p. 2019. (ENG.). (YA). (gr. 7). pap. 9.99 *(978-0-448-49394-7(2))*; 2018. (J). *(978-0-451-48131-3(3))*; 2018. (YA). (gr. 7). 17.99 *(978-0-448-49393-0(4))* Penguin Young Readers Group. (Razorbill).

Crown of Thunder: A Young Adult Steampunk Fantasy. Karissa Laurel. Ed. by Sue Fairchild. 2019. (Stormbourne Chronicles Ser.: Vol. 3). (ENG.). 284p. (YA). (gr. 7-12). pap. 14.95 *(978-1-62253-159-2(0))*; 2nd ed. pap. 14.95 *(978-1-62253-230-8(9))* Evolved Publishing.

Crown of Wishes. Roshani Chokshi. (YA). 2018. (Star-Touched Ser.: 3). (ENG.). 384p. pap. 12.99 *(978-1-250-10021-4(6),* 900162433, Wednesday Bks.); 2017. 236p. pap. *(978-1-250-15609-9(2))* St. Martin's Pr.

Crown of Zeus. Christine Norris. 2017. (Library of Athena Ser.: bk.1). 241p. (J). pap. *(978-1-61271-335-9(1))* Zumaya Pubns. LLC.

Crown on Her Head. Irma Silva-Barbeau Ods. 2021. (ENG.). 32p. (J). 24.95 *(978-1-64468-111-4(0))*; pap. 13.95 *(978-1-64468-110-7(2))* Covenant Bks.

Crown Princess. Kathleen Samuels. 2018. (ENG., Illus.). 172p. (YA). pap. 10.99 *(978-1-68291-745-9(2))* Soul Mate Publishing.

Crown So Cursed. L. L. McKinney. 2023. (Nightmare-Verse Ser.: 3). (ENG.). 416p. (YA). 19.99 *(978-1-250-75454-7(2),* 900225659) Feiwel & Friends.

Crown the King #2. D. S. Weissman. 2016. (ENG., Illus.). 216p. (J). (gr. 8-12). pap. 12.99 *(978-1-68076-681-3(3),* Epic Pr.) ABDO Publishing Co.

Crownchasers. Rebecca Coffindaffer. (Crownchasers Ser.: 1). (ENG.). (YA). (gr. 8). 2021. 400p. pap. 10.99 *(978-0-06-284517-7(9))*; 2020. 384p. 17.99 *(978-0-06-284516-0(0))* HarperCollins Pubs. (HarperTeen).

Crowned: Magical Folk & Fairy Tales from the Diaspora. Kahran Bethencourt & Regis Bethencourt. 2023. (ENG., Illus.). 272p. 35.00 *(978-1-250-28138-8(5),* 900256896) St. Martin's Pr.

Crowned at Elim (Classic Reprint) Stella Eugenie Asling. (ENG., Illus.). (J). 2018. 282p. 29.73 *(978-0-483-61342-3(8))*; 2017. pap. 13.57 *(978-0-243-28365-1(2))* Forgotten Bks.

Crowned in Color: A Melanated Queen Inspired Coloring Book. Mack June. 2023. (ENG.). 72p. (J). pap. 19.98 ***(978-1-312-47923-4(X))*** Lulu Pr., Inc.

Crowned in Palm-Land. Robert Hamill Nassau. 2017. (ENG.). 420p. (J). pap. *(978-3-7447-5737-9(4))* Creation Pubs.

Crowned in Palm-Land: A Story of African Mission Life (Classic Reprint) Robert Hamill Nassau. 2018. (ENG., Illus.). 418p. (J). 32.52 *(978-0-332-36333-2(3))* Forgotten Bks.

Crowned in Royalty. Aldreonna Johnson. 2021. (ENG., Illus.). 32p. (J). pap. 13.95 *(978-1-63630-155-6(X))* Covenant Bks.

Crowning an Ideal: A Story of the World War (Classic Reprint) Annie Crosby Bunker. (ENG., Illus.). (J). 2018. 94p. 25.86 *(978-0-483-51854-4(9))*; 2017. pap. 9.57 *(978-0-243-33009-6(X))* Forgotten Bks.

Crowning an Ideal: A Story of the World War, Pp. 9-93. Annie Crosby Bunker. 2017. (ENG., Illus.). (J). pap. *(978-0-649-39744-0(4))* Trieste Publishing Pty Ltd.

Crowning Keys. Catherine Downen. 2021. (Markings Ser.: Vol. 2). (ENG.). 480p. (YA). 21.99 *(978-1-0879-0838-0(8))* Indy Pub.

Crowning of Music: Grand Opera House, London, Ont., Season '94-95 (Classic Reprint) Grand Opera House. 2017. (ENG., Illus.). (J). 24.39 *(978-0-260-63553-2(7))*; pap. 7.97 *(978-0-266-01727-1(4))* Forgotten Bks.

Crowning Stones: Mountain Valley Saga Book One. Tina Flurry. 2021. (ENG.). 154p. (YA). pap. 15.95 *(978-1-6624-0954-7(0))* Page Publishing Inc.

Crowns: Alexei, Accidental Angel - Book 6. Morgan Bruce. 2017. (ENG., Illus.). (YA). (gr. 7-11). 33.95 *(978-1-946540-33-1(1))*; 428p. pap. 22.95 *(978-1-946540-32-4(3))* Strategic Book Publishing & Rights Agency (SBPRA).

Crowns' Accord. J. A. Culican. 2018. (Keeper of Dragons Ser.: Vol. 4). (ENG., Illus.). 266p. (YA). (gr. 7-12). 24.99 *(978-0-692-15184-6(2))* Dragon Realm Pr.

Crowns & Gowns - Princesses, Mess Free Activity Book. Lisa Regan. Illus. by Rachael McLean. 2022. (Paint with Water Ser.). (ENG.). 56p. (J). (gr. -1-k). 14.99 *(978-1-80105-479-9(7))* Top That! Publishing PLC GBR. Dist: Independent Pubs. Group.

Crown's Dog. Elise Kova. 2016. (Golden Guard Trilogy Ser.: Vol. 1). (ENG., Illus.). (YA). (gr. 7-12). 22.99 *(978-1-61984-590-9(3))*; pap. 11.99 *(978-1-61984-591-6(1))* Gatekeeper Pr.

Crown's Fate. Evelyn Skye. (Crown's Game Ser.: 2). (ENG.). 432p. (YA). (gr. 8). 2018. pap. 10.99 *(978-0-06-242262-0(6))*; 2017. 17.99 *(978-0-06-242261-3(8))* HarperCollins Pubs. (Balzer & Bray).

Crown's Game. Evelyn Skye. 2017. (Crown's Game Ser.: 1). (ENG.). 432p. (YA). (gr. 8). pap. 9.99 *(978-0-06-242259-0(6),* Balzer & Bray) HarperCollins Pubs.

Crown's Game. Evelyn Skye. ed. 2017. (Crown's Game Ser.: bk.1). (ENG.). (YA). lib. bdg. 20.85 *(978-0-606-39645-5(4))* Turtleback.

Crows. Anders Fager & Peter Bergting. Illus. by Peter Bergting. 2022. 104p. (YA). (gr. 7). 19.99 *(978-1-5067-2797-4(2),* Dark Horse Books) Dark Horse Comics.

Crows. Joanne Mattern. 2020. (World's Smartest Animals Ser.). (ENG., Illus.). 24p. (J). (gr. k-3). lib. bdg. 26.95 *(978-1-64487-238-3(2),* Blastoff! Readers) Bellwether Media.

Crow's Blood: Seven Days. Aiden Wolf. 2021. (ENG.). 490p. (J). pap. 25.95 *(978-1-64424-279-7(6))* Page Publishing Inc.

Crow's-Nest (Classic Reprint) Everard Cotes. 2018. (ENG., Illus.). 318p. (J). 30.48 *(978-0-483-89597-3(0))* Forgotten Bks.

Crow's Nest (Classic Reprint) Clarence Day Jr. 2017. (ENG., Illus.). (J). 28.83 *(978-0-266-19985-4(2))* Forgotten Bks.

Crows of Beara: A Novel. Julie Christine Johnson. 2018. (ENG.). 28.95 *(978-1-61822-076-9(4),* Ashland Creek Pr.) Byte Level Research.

Crows on Heartstrings: An Anthology of Doomed Love Stories. Aubrey Meeks. 2016. (ENG., Illus.). 270p. (YA). (gr. 10-12). *(978-3-9818245-0-6(4))* Aubrey/Brown#Meeks Brown Pr.

Crow's Rest: Faerie Crossed Book 1. Angelica R. Jackson. 2018. (Faerie Crossed Ser.: Vol. 1). (ENG., Illus.). 390p. (YA). (gr. 10-12). pap. 12.95 *(978-0-9987214-1-5(7))* Crow & Pitcher Pr.

Crows' Warning. Sophia Graves. Illus. by Amerigo Pinelli. 2023. (Return to Ravens Pass Ser.). (ENG.). 72p. (J). pap. 6.99 ***(978-1-6690-3385-1(6),*** 252316, Stone Arch Bks.) Capstone.

Croxley Master: A Great Tale of the Prize Ring (Classic Reprint) Arthur Conan Doyle. 2018. (ENG., Illus.). 84p. (J). 25.63 *(978-0-656-96918-0(0))* Forgotten Bks.

Crsus's Widow, Vol. 2: A Novel (Classic Reprint) Dora Russell. 2018. (ENG., Illus.). 322p. (J). 30.54 *(978-0-483-81595-7(0))* Forgotten Bks.

Crucial Clarity: Simple Truth in a Complicated World. Jim Turrent. 2020. (ENG.). 32p. (J). 4.99 *(978-1-5271-0561-4(X),* a73ee12a-0561-4916-9fd2-2544a003007f, CF4Kids) Christian Focus Pubns. GBR. Dist: Baker & Taylor Publisher Services (BTPS).

Crucial Instances (Classic Reprint) Edith Warton. 2017. (ENG., Illus.). (J). 29.16 *(978-1-5284-8053-6(8))* Forgotten Bks.

Crucial Instances Sanctuary (Classic Reprint) Edith Warton. 2018. (ENG., Illus.). 376p. (J). 31.67 *(978-0-483-46748-4(0))* Forgotten Bks.

Crucible (Classic Reprint) Mark Lee Luther. 2017. (ENG., Illus.). (J). 31.38 *(978-0-260-68415-8(5))* Forgotten Bks.

Crucible Island: A Romance, an Adventure & an Experiment (Classic Reprint) Conde B. Fallen. 2017. (ENG., Illus.). (J). 28.50 *(978-0-260-09424-7(2))* Forgotten Bks.

Crucible Novel Units Student Packet. Novel Units. 2019. (ENG.). (YA). pap. 13.99 *(978-1-56137-364-2(8),* NU3648SP, Novel Units, Inc.) Classroom Library Co.

Crucible Novel Units Teacher Guide. Novel Units. 2019. (ENG.). (YA). pap. 12.99 *(978-1-56137-363-5(X),* NU363X, Novel Units, Inc.) Classroom Library Co.

Crucible's Quest. Asa Hosmer. 2023. (ENG.). 170p. (YA). 32.95 ***(978-1-6624-6886-5(5))*** Page Publishing.

Crucifix of Baden: And Other Stories, Original, Translated, & Selected (Classic Reprint) Anon. 2018. (ENG., Illus.). 240p. (J). 28.85 *(978-0-484-85102-2(0))* Forgotten Bks.

Crucifix of Baden: And Other Stories, Original, Translated, & Selected (Classic Reprint) Anon Anon. 2016. (ENG., Illus.). (J). pap. 11.57 *(978-1-333-32543-5(6))* Forgotten Bks.

Crucifixion: In Verse & Rhymes of Life (Classic Reprint) James H. Day. 2018. (ENG., Illus.). 68p. (J). 25.30 *(978-0-484-43607-6(4))* Forgotten Bks.

Crucifixion (Classic Reprint) Stanley Kimmel. 2018. (ENG., Illus.). 94p. (J). 25.84 *(978-0-483-39229-8(4))* Forgotten Bks.

Cruda Realidad / the Ugly Truth. Jeff Kinney. 2022. (Diario Del Wimpy Kid Ser.: 5). (SPA.). 224p. (J). (gr. 3-7). 15.95 *(978-1-64473-508-4(3))* Penguin Random House Grupo Editorial ESP. Dist: Penguin Random Hse. LLC.

Cruden's Complete Concordance to the Old & New Testaments (Classic Reprint) Alexander Cruden. (ENG., Illus.). (YA). (gr. 7). 2017. 45.92 *(978-1-5280-8368-3(7))*; 2016. pap. 23.57 *(978-1-333-73786-3(6))* Forgotten Bks.

Cruel & Fated Light. Ashley Shuttleworth. (Hollow Star Saga Ser.: 2). (ENG., Illus.). (YA). (gr. 9). 2023. 656p. pap. 14.99 ***(978-1-5344-5371-5(7))***; 2022. 640p. 21.99 *(978-1-5344-5370-8(9))* McElderry, Margaret K. Bks. (McElderry, Margaret K. Bks.).

Cruel As the Grave (Classic Reprint) E. D. E. N. Southworth. 2018. (ENG., Illus.). 372p. (J). 31.57 *(978-0-267-19473-5(0))* Forgotten Bks.

Cruel Crown. Victoria Aveyard. 2016. (Red Queen Novella Ser.). (ENG.). 208p. (YA). (gr. 8-12). pap. 15.99 *(978-0-06-243534-7(5),* HarperTeen) HarperCollins Pubs.

Cruel Dilemma, Vol. 1 of 3 (Classic Reprint) Mary H. Tennyson. 2018. (ENG., Illus.). 706p. (J). 38.48 *(978-0-484-21936-5(7))* Forgotten Bks.

Cruel Fortune, Vol. 1 of 3 (Classic Reprint) Ellen C. Clayton. 2017. (ENG., Illus.). (J). 30.52 *(978-0-331-85377-3(9))* Forgotten Bks.

Cruel Fortune, Vol. 2 of 3 (Classic Reprint) Ellen C. Clayton. 2018. (ENG., Illus.). 312p. (J). 30.35 *(978-0-267-20018-4(8))* Forgotten Bks.

Cruel Fortune, Vol. 3 of 3 (Classic Reprint) Ellen C. Clayton. 2018. (ENG., Illus.). 298p. (J). 30.04 *(978-0-332-11515-3(1))* Forgotten Bks.

Cruel Illusions. Margie Fuston. 2022. (ENG.). 512p. (YA). (gr. 9). 21.99 *(978-1-6659-0210-6(8),* McElderry, Margaret K. Bks.) McElderry, Margaret K. Bks.

Cruel Painter & Other Stories. George MacDonald. 2017. (ENG.). 318p. (J). pap. *(978-3-7447-4908-4(8))* Creation Pubs.

Cruel Painter & Other Stories (Classic Reprint) George MacDonald. 2018. (ENG., Illus.). 316p. (J). 30.41 *(978-0-483-93566-2(2))* Forgotten Bks.

Cruel Prince. Holly Black. 2023. (YA). 45.00 *(978-1-955876-16-2(9))* LitJoy Crate.

Cruel Prince. Holly Black. 2018. (Folk of the Air Ser.: 1). (ENG.). (YA). (gr. 9-17). 416p. pap. 12.99 *(978-0-316-31031-4(X))*; (Illus.). 384p. 19.99 *(978-0-316-31027-7(1))* Little, Brown Bks. for Young Readers.

Crueles. Danielle Vega. 2018. (SPA.). 296p. (YA). pap. 24.99 *(978-84-17036-98-0(9))* Editorial Hidra ESP. Dist: Lectorum Pubns., Inc.

Cruelest Mercy. Natalie Mae. 2021. (Illus.). 384p. (YA). (gr. 7). 18.99 *(978-1-9848-3524-6(6),* Razorbill) Penguin Young Readers Group.

Cruella Live Action Novelization. Elizabeth Rudnick. ed. 2021. (ENG., Illus.). 288p. (J). (gr. 5-9). pap. 8.99 *(978-1-368-05774-5(8),* Disney Press Books) Disney Publishing Worldwide.

Cruella's Sketchbook. Disney Books. ed. 2021. (ENG.). 144p. (J). (gr. 3-7). 12.99 *(978-1-368-06233-6(4),* Disney Press Books) Disney Publishing Worldwide.

Cruelty-Free Is the Way to Be! Sabrina Fair Andronica. Illus. by Sklakina Sklakina. 2021. (ENG.). 34p. (J). pap. *(978-1-64969-663-2(9))* Tablo Publishing.

Cruelty Man: Actual Experiences of an Inspector of the N. S. P. C. C., Graphically Told by Himself (Classic Reprint) Unknown Author. (ENG., Illus.). (J). 2018. 166p. 27.32 *(978-0-483-37775-2(9))*; 2016. pap. 9.97 *(978-1-334-13225-4(9))* Forgotten Bks.

Cruikshank at Home: A New Family Album of Endless Entertainment (Classic Reprint) Robert Cruikshank. 2017. (ENG., Illus.). (J). 38.79 *(978-0-331-24985-9(5))*; pap. 23.57 *(978-0-266-98875-5(X))*; 38.54 *(978-1-5284-5308-0(5))* Forgotten Bks.

Cruikshank Fairy-Book, Vol. 4: Four Famous Stories; I. Puss in Boots, II. Jack & the Bean-Stalk, III. Hop-O'-My-Thumb, IV. Cinderella (Classic Reprint) George Cruikshank. 2018. (ENG., Illus.). 236p. (J). 28.76 *(978-0-332-83410-8(7))* Forgotten Bks.

Cruikshank's Water Colours (Classic Reprint) Joseph Grego. 2018. (ENG., Illus.). 624p. (J). 36.77 *(978-0-483-65598-0(8))* Forgotten Bks.

Cruise Control. Kathy Bradshaw. 2020. (ENG., Illus.). 26p. (J). 23.95 *(978-1-64468-015-5(7))*; pap. 11.95 *(978-1-64468-014-8(9))* Covenant Bks.

Cruise in the Pacific, Vol. 1 Of 2: From the Log of a Naval Officer (Classic Reprint) Fenton Aylmer. 2018. (ENG., Illus.). 324p. (J). 30.60 *(978-0-332-79543-0(8))*; 30.60 *(978-0-483-12173-7(8))* Forgotten Bks.

Cruise in the Pacific, Vol. 2 Of 2: From the Log of a Naval Officer (Classic Reprint) Fenton Aylmer. 2018. (ENG., Illus.). 328p. (J). 30.68 *(978-0-483-34651-2(9))* Forgotten Bks.

Cruise of a Land-Yacht (Classic Reprint) Sylvester Baxter. 2018. (ENG., Illus.). 280p. (J). 29.69 *(978-0-428-74964-4(X))* Forgotten Bks.

Cruise of a Schooner (Classic Reprint) Albert W. Harris. 2018. (ENG., Illus.). 340p. (J). 31.03 *(978-0-484-76054-6(8))* Forgotten Bks.

Cruise of Doom. Michael Anthony Steele. Illus. by Dario Brizuela. 2022. (Batman & Scooby-Doo! Mysteries Ser.). (ENG.). 72p. (J). 27.32 *(978-1-6663-3525-5(8),* 235453); pap. 6.95 *(978-1-6663-3529-3(0),* 235435) Capstone. (Stone Arch Bks.).

Cruise of the Casco (Classic Reprint) Elijah Kellogg. 2018. (ENG., Illus.). 336p. (J). 30.83 *(978-0-483-36470-7(3))* Forgotten Bks.

Cruise of the Dazzler. Jack. London. 2020. (ENG.). (YA). (gr. 3-6). 138p. 17.95 *(978-1-64799-465-5(9))*; 136p. pap. 9.95 *(978-1-64799-464-8(0))* Bibliotech Pr.

Cruise of the Dazzler. Jack. London. 2017. (ENG., Illus.). (J). 22.95 *(978-1-374-89634-5(9))* Capital Communications, Inc.

436

The check digit for ISBN-10 appears in parentheses after the full ISBN-13

Cruise of the Dazzler (Classic Reprint) Jack. London. 2017. (ENG., Illus.). (J). 29.77 *(978-0-266-17558-2(9))* Forgotten Bks.

Cruise of the Firefly (Classic Reprint) Edward Sylvester Ellis. (ENG., Illus.). (J). 2018. 326p. 30.62 *(978-0-666-32004-9(7))*; 2017. pap. 13.57 *(978-0-259-51094-9(7))* Forgotten Bks.

Cruise of the Friday Nights at Sea (Classic Reprint) Gordon Stables CM. 2018. (ENG., Illus.). 158p. (J). 27.16 *(978-0-484-12880-3(9))* Forgotten Bks.

Cruise of the Golden Eagle (Classic Reprint) Unknown Author. (ENG., Illus.). (J). 2018. 110p. 26.19 *(978-0-483-63134-2(5))*; 2017. pap. 9.57 *(978-0-282-17465-1(6))* Forgotten Bks.

Cruise of the Golden Wave (Classic Reprint) W. N. Oscar. (ENG., Illus.). (J). 2018. 348p. 31.07 *(978-0-365-43812-0(X))*; 2017. pap. 13.57 *(978-1-5276-1087-3(X))* Forgotten Bks.

Cruise of the Humming Bird: On Notes near Home (Classic Reprint) Mark Hutton. 2018. (ENG., Illus.). 350p. (J). 31.16 *(978-0-484-08552-6(2))* Forgotten Bks.

Cruise of the Janet Nichol among the South Sea Islands: A Diary (Classic Reprint) Robert Louis Stevenson. 2017. (ENG., Illus.). (J). 29.18 *(978-0-266-17279-6(2))* Forgotten Bks.

Cruise of the Jasper B (Classic Reprint) Don Marquis. 2018. (ENG., Illus.). 330p. (J). 30.72 *(978-0-267-80309-5(5))* Forgotten Bks.

Cruise of the Kawa: Wanderings in the South Seas (Classic Reprint) Walter E. Traprock. 2017. (ENG., Illus.). 224p. (J). 28.52 *(978-0-332-63887-4(1))* Forgotten Bks.

Cruise of the Land Yacht Wanderer: Or Thirteen Hundred Miles in My Caravan (Classic Reprint) Gordon Stables. 2017. (ENG., Illus.). (J). 31.98 *(978-1-5285-5316-2(0))* Forgotten Bks.

Cruise of the Little Dipper, & Other Fairy Tales: The Wonderful Tale of Nikko; Peter Dwarf; the Crystal Bowl; the Merciless Tsar (Classic Reprint) Susanne Langer. 2019. (ENG., Illus.). (J). 190p. 27.82 *(978-1-397-29163-9(X))*; 192p. pap. 10.57 *(978-1-397-29162-2(1))* Forgotten Bks.

Cruise of the Montauk to Bermuda, the West Indies & Florida (Classic Reprint) James McQuade. 2017. (ENG., Illus.). (J). 34.02 *(978-1-5280-7023-2(2))* Forgotten Bks.

Cruise of the Noah's Ark (Classic Reprint) David Cory. (ENG., Illus.). (J). 2018. 156p. 27.11 *(978-0-267-31233-7(4))*; 2016. pap. 9.57 *(978-1-333-41213-5(4))* Forgotten Bks.

Cruise of the Reserve Squadron (Classic Reprint) Charles W. Wood. 2018. (ENG., Illus.). 394p. (J). 32.04 *(978-0-267-47890-3(9))* Forgotten Bks.

Cruise of the Scandal & Other Stories (Classic Reprint) Victor Bridges. 2017. (ENG., Illus.). (J). 30.91 *(978-0-331-91350-7(X))*; pap. 13.57 *(978-1-5276-3211-0(3))* Forgotten Bks.

Cruise of the Scythian in the West Indies (Classic Reprint) Susan de Forest Day. 2018. (ENG., Illus.). 356p. (J). 31.24 *(978-0-428-88582-3(9))* Forgotten Bks.

Cruise of the Shining Light (Classic Reprint) Norman Duncan. 2018. (ENG., Illus.). 354p. (J). 31.24 *(978-0-428-52504-0(0))* Forgotten Bks.

Cruise of the Thetis: A Tale of the Cuban Insurrection. Harry Collingwood. 2017. (ENG., Illus.). (J). 25.95 *(978-1-374-93054-4(7))*; pap. 15.95 *(978-1-374-93053-7(9))* Capital Communications, Inc.

Cruise of the Violetta (Classic Reprint) Arthur Colton. 2018. (ENG., Illus.). 330p. (J). 30.72 *(978-0-267-66216-6(5))* Forgotten Bks.

Cruise of the Wave (Classic Reprint) Frank Work. 2017. (ENG., Illus.). (J). 24.54 *(978-0-266-58019-5(X))*; pap. 7.97 *(978-0-282-86881-9(X))* Forgotten Bks.

Cruise of the Wild Duck: And Other Tales (Classic Reprint) Holger Drachmann. 2017. (ENG., Illus.). (J). 28.35 *(978-0-331-72144-7(9))*; pap. 10.97 *(978-0-259-46352-8(3))* Forgotten Bks.

Cruise upon Wheels: The Chronicle of Some Autumn Wanderings among the Deserted Post-Roads of France (Classic Reprint) Charles Allston Collins. (ENG., Illus.). (J). 2018. 474p. 33.69 *(978-0-365-18907-7(3))*; 2017. pap. 16.57 *(978-0-259-46281-1(0))* Forgotten Bks.

Cruisin the Fossil Coastline: The Travels of an Artist & a Scientist along the Shores of the Prehistoric Pacific. Kirk R. Johnson & Ray Troll. 2018. (ENG., Illus.). 290p. pap. 35.95 *(978-1-55591-743-2(7))* Fulcrum Publishing.

Cruising Boats! Different Types of Cruising Boats: From Bow Riders to Trawlers (Boats for Kids) - Children's Boats & Ships Books. Left Brain Kids. 2016. (ENG., Illus.). (J). pap. 7.51 *(978-1-68376-607-0(5))* Sabeels Publishing.

Cruising in My Little Red Car. Chantal Banatty. 2022. (ENG., Illus.). 24p. (J). pap. 12.95 *(978-1-6624-2720-6(4))* Page Publishing Inc.

Cruising the Major Rivers of America: Mississippi, Missouri, Ohio American Geography Book Grade 5 Children's Geography & Cultures Books. Baby Professor. 2022. (ENG.). 72p. (J). 31.99 ***(978-1-5419-8635-0(0))***; pap. 19.99 ***(978-1-5419-6080-0(7))*** Speedy Publishing LLC. (Baby Professor (Education Kids)).

Cruising to the Bell. Gwendolyn Cahill. 2020. (ENG.). 32p. (J). pap. *(978-1-6780-2005-7(2))* Lulu Pr., Inc.

Cruising to the Fourth Grade. Gwendolyn Cahill. 2020. (ENG.). 40p. (J). pap. *(978-1-6780-4144-1(0))* Lulu Pr., Inc.

Cruising to the Zoo. Gwendolyn Cahill. 2018. (ENG.). 32p. (J). pap. *(978-1-6780-2489-5(9))* Lulu Pr., Inc.

Crumbdog. Lois Collins. Illus. by Lois Collins. 2018. (ENG., Illus.). 46p. (J). *(978-1-912576-04-3(X))* Boughton, George Publishing.

Crumbdog. Collins Lois. Illus. by Collins Lois. 2019. (ENG., Illus.). 46p. (J). pap. *(978-1-912576-05-0(8))* Boughton, George Publishing.

Crumbled! Lisa Harkrader. 2019. (Misadventures of Nobbin Swill Ser.). (ENG., Illus.). 224p. (J). (gr. 2-5). 17.99 *(978-1-4998-0971-8(9)*, Yellow Jacket) Bonnier Publishing USA.

Crumbled City. Issey Sherman. 2017. (ENG., Illus.). 56p. (J). pap. *(978-1-365-93567-1(1))* Lulu Pr., Inc.

Crumbling Castle: The Fabulous Cakes of Zinnia Jakes. Brenda Gurr. Illus. by Nancy Leschnikoff. 2020. (Fabulous Cakes of Zinnia Jakes Ser.). (ENG.). 92p. (J). (gr. 1-6). 16.99 *(978-1-912858-86-6(X)*, bbebfd00-7506-4892-80c6-4ff33b7f7e91) New Frontier Publishing AUS. Dist: Lerner Publishing Group.

Crumbs. Danie Stirling. 2022. (ENG., Illus.). 384p. (J). (gr. 7). 24.99 *(978-0-358-46779-3(9)*, 1798132); pap. 17.99 *(978-0-358-46781-6(0)*, 1798234) HarperCollins Pubs. (Clarion Bks.).

Crumbs & His Times (Classic Reprint) Dolores Bacon. (ENG., Illus.). (J). 2018. 184p. 27.71 *(978-0-483-81827-9(5))*; 2016. pap. 10.57 *(978-1-334-29071-8(7))* Forgotten Bks.

Crumbs from a Sportsman's Table, Vol. 1 of 2 (Classic Reprint) Charles Clarke. (ENG., Illus.). (J). 2018. 344p. 31.01 *(978-0-267-34150-4(4))*; 2016. pap. 13.57 *(978-1-333-65430-6(8))* Forgotten Bks.

Crumbs from a Sportsman's Table, Vol. 2 of 2 (Classic Reprint) Charles Clarke. (ENG., Illus.). (J). 2018. 328p. 30.66 *(978-0-484-10462-3(4))*; 2016. pap. 13.57 *(978-1-333-78642-7(5))* Forgotten Bks.

Crumbs from the Round Table: A Feast for Epicures (Classic Reprint) Joseph Barber. 2018. (ENG., Illus.). 116p. (J). 26.29 *(978-0-267-83827-1(1))* Forgotten Bks.

Crumbs on the Stairs - a Mystery see Migas en Las Escaleras: Un Misterio

Crumbs Swept up (Classic Reprint) T. De Witt Talmage. 2018. (ENG., Illus.). 456p. (J). 33.32 *(978-0-428-74835-7(X))* Forgotten Bks.

Crumpled Feelings: A Lesson of Forgiveness. Mindy Porter. 2019. (ENG.). 38p. (J). 14.95 *(978-1-68401-999-1(0))* Amplify Publishing Group.

Crumrin Chronicles Vol. 2: The Lost & the Lonely. Ted Naifeh. 2022. (Courtney Crumrin Ser.: 2). (ENG.). 128p. (YA). pap. 14.99 *(978-1-63715-041-2(5))* Oni Pr., Inc.

Crunch. Kayla Miller. Illus. by Kayla Miller. 2022. (Click Graphic Novel Ser.: 5). (ENG., Illus.). 224p. (J). (gr. 3-7). 24.99 *(978-0-358-41421-6(0)*, 1790818); pap. 13.99 *(978-0-358-39368-9(X)*, 1788466) HarperCollins Pubs. (Clarion Bks.).

Crunch! Carolina Rabei. Illus. by Carolina Rabei. 2016. (Child's Play Library). (Illus.). 36p. (J). pap. *(978-1-84643-732-8(6))*; (ENG., *(978-1-84643-733-5(4))* Child's Play International Ltd.

Crunch & Crack, Oink & Whack! An Onomatopoeia Story. Brian P. Cleary. Illus. by Pablo Pino. 2019. (ENG.). 32p. (J). (gr. 2-5). 26.65 *(978-1-4677-8799-4(X)*, fe74533a-b23b-4109-88d5-d9414ab7877c, Millbrook Pr.) Lerner Publishing Group.

Crunch! Munch! Bunny. DK. 2019. (Super Noisy Bks.). (ENG.). 12p. (J). (— 1). bds. 14.99 *(978-1-4654-7853-5(1)*, DK Children) Dorling Kindersley Publishing, Inc.

Crunch Some Numbers! Math Workbooks for Preschool Children's Math Books. Baby Professor. 2017. (ENG., Illus.). (J). pap. 9.55 *(978-1-5419-2845-9(8)*, Baby Professor (Education Kids)) Speedy Publishing LLC.

Crunch the Shy Dinosaur. Cirocco Dunlap. Illus. by Greg Pizzoli. (J). 2021. 34p. (— 1). bds. 8.99 *(978-0-525-70764-6(6))*; 2020. (ENG.). 40p. (gr. -1-2). pap. 8.99 *(978-0-593-17568-2(9)*, Dragonfly Bks.); 2018. 40p. (gr. -1-2). 18.99 *(978-0-399-55056-0(9))* Random Hse. Children's Bks.

Crunching in the Night. Mark Billen. 2018. (ENG., Illus.). 44p. (J). pap. *(978-0-244-41288-3(X))* Lulu Pr., Inc.

Crunchy Chip | the Great Salsa Adventure. Shawn Murphy. 2021. (ENG.). 43p. (J). pap. ***(978-1-716-12882-0(X))*** Lulu Pr., Inc.

Crunchy Kid Club. A. M. Colby. 2017. (ENG., Illus.). (J). pap. 10.95 *(978-0-692-91366-6(1))* Quail High Bks.

Crunchy Life: Hoop Dreams. Glen Mourning. 2020. (Crunchy Life Ser.: Vol. 7). (ENG.). 256p. (J). pap. 11.99 *(978-1-7344173-8-8(2))* Mourning Enterprises LLC.

Crunchy Life: The Dream Chaser. Glen Mourning. 2020. (Crunchy Life Ser.). (ENG.). 196p. (J). pap. 9.99 *(978-1-7344173-7-1(4))* Mourning Enterprises LLC.

Crunchy Life: Young & Royal. Glen Mourning. 2020. (ENG.). 28p. (J). pap. 9.99 ***(978-1-7344173-9-5(0))*** Mourning Enterprises LLC.

Crusade of the Excelsior: And Other Tales (Classic Reprint) Bret Harte. 2017. (ENG., Illus.). 482p. (J). 33.84 *(978-0-484-08212-9(4))* Forgotten Bks.

Crusade of the Excelsior & Other Tales: And Thankful Blossom & Other Eastern Tales & Sketches (Classic Reprint) Bret Harte. (ENG., Illus.). (J). 2018. 920p. 42.89 *(978-0-428-99580-5(2))*; 2017. pap. 25.23 *(978-1-334-93355-4(3))* Forgotten Bks.

Crusaders: A Play in Two Acts (Classic Reprint) J. Bernard McCarthy. 2018. (ENG., Illus.). 60p. (J). 25.15 *(978-0-332-89331-0(6))* Forgotten Bks.

Crusaders (Classic Reprint) Stefan Heym. 2017. (ENG., Illus.). (J). 37.39 *(978-0-331-19259-9(4))*; pap. 19.97 *(978-0-259-18353-2(9))* Forgotten Bks.

Crusaders' Peril: Codner-Upwater Chronicles Book I. Warren C. Ludwig. 2020. (Codner-Upwater Chronicles Ser.: 1). 288p. (YA). pap. 14.95 *(978-1-0983-2879-5(5))* BookBaby.

Crusades, 1 vol. Ed. by Carolyn DeCarlo. 2017. (Empires in the Middle Ages Ser.). (ENG., Illus.). 48p. (J). (gr. 6-7). pap. 15.05 *(978-1-68048-860-9(0)*, 438c25ee-ebbc-4668-a9db-13db0fdac1b1); lib. bdg. 28.41 *(978-1-68048-781-7(7)*, 39add1e7-5c47-42a8-a46a-78b9c4099cb9) Rosen Publishing Group, Inc., The.

Crusades, 1 vol. Mary Griffin. 2019. (Look at World History Ser.). (ENG.). 32p. (gr. 2-2). pap. 11.50 *(978-1-5382-4134-9(X)*, 48daf27e-a0d7-4635-86bc-d3990b577192) Stevens, Gareth Publishing LLLP.

Crush. Svetlana CHMAKOVA. 2018. (Berrybrook Middle School Ser.: 3). (ENG., Illus.). 240p. (J). 24.00 *(978-0-316-36323-5(5))*; (gr. 5-17). pap. 13.00 *(978-0-316-36324-2(3))* Yen Pr. LLC. (Yen Pr.).

Crush. Caitlin Ricci. 2016. (ENG., Illus.). (YA). 24.99 *(978-1-63477-957-9(6)*, Harmony Ink Pr.) Dreamspinner Pr.

Crush. Tracy Wolff. 2020. (Crave Ser.: 2). (ENG.). 704p. (YA). 19.99 *(978-1-68281-578-6(1)*, 900237373) Entangled Publishing, LLC.

Crush Cavernicola. Beth Ferry. 2020. (SPA.). 40p. (J). (gr. -1-3). 19.95 *(978-84-9145-390-1(3)*, Picarona Editorial) Ediciones Obelisco ESP. Dist: Spanish Pubs., LLC.

Crush de Stacey. Ann M. Martin. 2022. (SPA.). 168p. (J). (gr. 4-6). pap. 18.99 *(978-84-18184-93-2(0))* Maeva, Ediciones, S.A. ESP. Dist: Lectorum Pubns., Inc.

Crush Hour: A 4D Book. Michael Dahl. Illus. by Euan Cook. 2018. (School Bus of Horrors Ser.). (ENG.). 40p. (J). (gr. 4-8). pap. 4.95 *(978-1-4965-6275-3(5)*, 138006); lib. bdg. 24.65 *(978-1-4965-6269-2(0)*, 137996) Capstone. (Stone Arch Bks.).

Crush Series Quiz Cards. Ian Worboys. Illus. by Silke Diehl. 2023. (ENG.). 76p. (J). 34.99 ***(978-80-908755-0-0(5)***, Crush Series) Crush Publishing CZE. Dist: Independent Pubs. Group.

Crush Stuff. Lisi Harrison. 2021. (Girl Stuff Ser.: 2). (ENG.). 240p. (J). (gr. 3-7). pap. 8.99 *(978-1-9848-1501-9(6)*, G.P. Putnam's Sons Books for Young Readers) Penguin Young Readers Group.

Crush Your Test Anxiety: How to Be Calm, Confident, & Focused on Any Test! Ben Bernstein. 2nd ed. 2018. (ENG.). 288p. (C). (gr. -1-17). pap. 19.99 *(978-1-64170-025-2(4)*, 550025) Familius LLC.

Crushed. Tanis Browning-Shelp. 2017. (ENG., Illus.). (J). pap. 9.99 *(978-0-9953360-3-2(2))* Dog-Eared Pubns.

Crushed. Ginna Moran. 2016. (Demon Within Ser.: Vol. 2). (ENG., Illus.). (YA). (gr. 9-12). pap. 13.99 *(978-1-942073-44-4(5))* Sunny Palms Pr.

Crushed by Cupid. Elle Stephens. ed. 2022. (Passport to Reading Ser.). (ENG.). 32p. (J). (gr. 2-3). 15.96 ***(978-1-68505-438-0(2))*** Penworthy Co., LLC, The.

Crushed Flower: And Other Stories (Classic Reprint) Leonid Andreyev. (ENG., Illus.). (J). 2017. 31.32 *(978-0-266-41734-7(5))*; 2016. pap. 13.97 *(978-1-333-65005-6(1))* Forgotten Bks.

Crushin' It. Alexandrea Sanders & Brittney Sanders. 2019. (ENG.). 454p. (YA). pap. 25.95 *(978-1-0980-0499-6(X))* Christian Faith Publishing.

Crushing. Sophie Burrows. 2022. (ENG.). 160p. (YA). (gr. 11-17). 22.95 *(978-1-64375-239-6(1)*, 74239) Algonquin Young Readers.

Crushing Crystals. Michael Dahl. Illus. by Shen Fei. 2019. (Escape from Planet Alcatraz Ser.). (ENG.). 40p. (J). (gr. 3-6). lib. bdg. 24.65 *(978-1-4965-8316-1(7)*, 140491, Stone Arch Bks.) Capstone.

Crushing It. Joanne Levy. 2017. (Mix Ser.). (ENG., Illus.). 240p. (J). (gr. 4-8). pap. 8.99 *(978-1-4814-6473-4(6)*, Aladdin) Simon & Schuster Children's Publishing.

Crushing on You. Sara Breeker. 2023. (ENG.). 282p. (YA). pap. ***(978-1-9911752-7-4(2))*** Zeta Indie Pub.

Crushing (Set), 6 vols. 2017. (Crushing Ser.). (ENG.). 192p. (YA). (gr. 5-12). lib. bdg. 31.42 *(978-1-68076-714-8(3)*, 25376, Epic Escape) EPIC Pr.

Crushing the Common App Essay. Julie Ferber Frank. 2018. (ENG., Illus.). 256p. (J). (gr. 10-12). pap. 14.95 *(978-1-4114-7910-4(6)*, Spark Notes) Sterling Publishing Co., Inc.

Crusoe Graves: Or the Surprising Adventures of an Only Son (Classic Reprint) Unknown Author. 2018. (ENG., Illus.). 38p. (J). 24.68 *(978-0-267-24410-2(X))* Forgotten Bks.

Crusoe in New York. Edward Everett Hale. 2016. (ENG., Illus.). (J). pap. *(978-3-7433-0325-6(6))* Creation Pubs.

Crusoe in New York: And Other Tales (Classic Reprint) Edward Everett Hale. 2018. (ENG., Illus.). 268p. (J). 29.44 *(978-0-483-36269-7(7))* Forgotten Bks.

Crusoes of Guiana, or the White Tiger (Classic Reprint) Louis Boussenard. 2017. (ENG., Illus.). (J). 29.18 *(978-0-331-71226-1(1))*; pap. 11.57 *(978-0-259-27482-7(8))* Forgotten Bks.

Crustacea Isopoda Terrestria per Familias et Genera et Species (Classic Reprint) Gustav Budde-Lund. 2017. (LAT., Illus.). (J). 31.30 *(978-0-331-86571-4(8))* Forgotten Bks.

Crustaceans. Emma Bernay & Emma Carlson Berne. 2017. (My First Animal Kingdom Encyclopedias Ser.). (ENG., Illus.). 32p. (J). (gr. -1-2). lib. bdg. 27.99 *(978-1-5157-3923-4(6)*, 133831, Capstone Pr.) Capstone.

Crustaceans, 1 vol. Joanna Brundle. 2019. (Animal Classification Ser.). (ENG.). 32p. (gr. 3-4). pap. 11.50 *(978-1-5345-3054-6(1)*, 5d2083ab-c1c5-4363-af51-bf42e70b8076); lib. bdg. 28.88 *(978-1-5345-3028-7(2)*, d521bf30-892e-4140-aaa1-61f6edcdac30) Greenhaven Publishing LLC. (KidHaven Publishing).

Crustula Juris: Being a Collection, of Leading Cases on Contract, Done into Verse (Classic Reprint) Mary E. Fletcher. 2019. (ENG., Illus.). 64p. (J). 25.22 *(978-0-428-19097-2(9))* Forgotten Bks.

Crux: A Novel (Classic Reprint) Charlotte Perkins Gilman. 2017. (ENG., Illus.). (J). 30.48 *(978-0-331-92977-5(5))* Forgotten Bks.

Crux: A Novel (Classic Reprint) Charlotte Perkins Gilman. 2016. (ENG., Illus.). (J). pap. 13.57 *(978-1-334-11699-5(7))* Forgotten Bks.

Cruzada. Philippa Gregory. 2019. (SPA.). 324p. (YA). 24.99 *(978-958-30-5525-6(5))* Panamericana Editorial COL. Dist: Lectorum Pubns., Inc.

Cruzy the Strawberry Monkey. Shannon Hayward. Illus. by Daria Shamolina. 2021. (ENG.). 28p. (J). pap. 14.95 *(978-1-63961-248-2(3))* Christian Faith Publishing.

Cry Beloved Country Novel Units Student Packet. Novel Units. 2019. (ENG.). (YA). pap. 13.99 *(978-1-56137-355-0(9)*, Novel Units, Inc.) Classroom Library Co.

Cry for the Ocean. Charlotte Safieh. Illus. by Tamara Piper. 2019. (ENG.). 32p. (J). (gr. k-6). 15.99 *(978-1-9161776-3-5(8))*; pap. 7.99 *(978-1-9161776-2-8(X))* Blue Jay Pr.

Cry Heard (Classic Reprint) Ella Perry Price. (ENG., Illus.). (J). 2018. 348p. 31.09 *(978-0-656-10793-3(6))*; 2017. pap. 13.57 *(978-0-259-35006-4(0))* Forgotten Bks.

Cry, Heart, but Never Break. Glenn Ringtved. Tr. by Robert Moulthrop. Illus. by Charlotte Pardi. 2016. 32p. (J). (gr. -1-3). 16.95 *(978-1-59270-187-2(6))* Enchanted Lion Bks., LLC.

Cry in the Wilderness (Classic Reprint) Mary E. Waller. 2017. (ENG., Illus.). (J). 33.14 *(978-0-265-19896-4(8))* Forgotten Bks.

Cry of the Children: A Study of Child-Labor (Classic Reprint) John Van Vorst. (ENG., Illus.). (J). 2018. 276p. 29.59 *(978-0-484-54718-5(6))*; 2016. pap. 11.97 *(978-1-334-27565-4(3))* Forgotten Bks.

Cry of Youth (Classic Reprint) Cynthia Lombardi. (ENG., Illus.). (J). 2018. 372p. 31.57 *(978-0-332-50340-0(2))*; 2016. pap. 13.97 *(978-1-334-17263-2(3))* Forgotten Bks.

Cry Out of the Dark: Three Plays: the Meddler; Bolo & Babette; the Madhouse (Classic Reprint) Henry Bailey Stevens. 2017. (ENG., Illus.). (J). 25.71 *(978-0-331-81011-0(5))*; pap. 9.57 *(978-0-259-19123-0(X))* Forgotten Bks.

Cryder (Classic Reprint) George Clifford Shedd. (ENG., Illus.). (J). 2018. 400p. 32.15 *(978-0-484-21969-3(3))*; 2016. pap. 16.57 *(978-1-334-25208-2(4))* Forgotten Bks.

Crying Is Like the Rain: A Story of Mindfulness & Feelings, 1 vol. Heather Hawk Feinberg. Illus. by Chamisa Kellogg. 2021. (ENG.). 36p. (J). (gr. k-3). pap. 9.95 *(978-0-88448-724-1(5)*, 884724) Tilbury Hse. Pubs.

Crying Laughing. Lance Rubin. (ENG.). 336p. (YA). (gr. 7). 2021. pap. 9.99 *(978-0-525-64470-5(9)*, Ember); 2019. 17.99 *(978-0-525-64467-5(9)*, Knopf Bks. for Young Readers); 2019. lib. bdg. 20.99 *(978-0-525-64468-2(7)*, Knopf Bks. for Young Readers) Random Hse. Children's Bks.

Crying Rocks. Janet Taylor Lisle. 2017. (ENG., Illus.). 208p. (YA). (gr. 7). pap. 10.99 *(978-1-4814-7976-9(8)*, Atheneum Bks. for Young Readers) Simon & Schuster Children's Publishing.

Cryptic Script. Illus. by Eli Got & D. Gold. 2018. 74p. (J). *(978-1-68091-257-9(7))* Kinder Shpiel USA, Inc.

Cryptic Spaces: Book Three: Dark Edge Rising. Deen Ferrell. 2017. (ENG.). 460p. (J). pap. 16.95 ***(978-1-68111-179-7(9))*** Wasteland Pr.

Cryptid Catcher. Lija Fisher. 2019. (Cryptid Duology Ser.: 1). (ENG.). 352p. (J). pap. 14.99 *(978-1-250-30852-8(6)*, 900164199) Square Fish.

Cryptid Club #1: Bigfoot Takes the Field. Michael Brumm. Illus. by Jeff Mack. 2022. (Cryptid Club Ser.: 1). (ENG.). 96p. (J). (gr. 1-5). 16.99 *(978-0-06-306079-1(5))*; pap. 8.99 *(978-0-06-306078-4(7))* HarperCollins Pubs. (HarperAlley).

Cryptid Club #2: a Nessie Situation. Michael Brumm. Illus. by Jeff Mack. 2023. (Cryptid Club Ser.: 2). (ENG.). 96p. (J). (gr. 1-5). 16.99 *(978-0-06-306082-1(5))*; pap. 8.99 *(978-0-06-306081-4(7))* HarperCollins Pubs. (HarperAlley).

Cryptid Club #3: the Chupacabra Hoopla, Vol. 3. Michael Brumm. Illus. by Jeff Mack. 2023. (Cryptid Club Ser.: 3). (ENG.). 96p. (J). (gr. 1-5). 18.99 ***(978-0-06-306085-2(X)***, HarperAlley); pap. 8.99 ***(978-0-06-306084-5(1)***, HarperFestival) HarperCollins Pubs.

Cryptid Creatures: A Field Guide to 50 Fascinating Beasts. Kelly Milner Halls. Illus. by Rick Spears. 2019. 224p. (J). (gr. 2). pap. 16.99 *(978-1-63217-210-5(0)*, Little Bigfoot) Sasquatch Bks.

Cryptid Keeper. Lija Fisher. 2020. (Cryptid Duology Ser.: 2). (ENG., Illus.). 320p. (J). pap. 16.99 *(978-1-250-25034-6(X)*, 900164202) Square Fish.

Cryptids. Kenny Abdo. (Guidebooks to the Unexplained Ser.). (ENG.). 24p. (J). (gr. 2-2). 2020. pap. 8.95 *(978-1-64494-287-1(9)*, 1644942879); 2019. (Illus.). lib. bdg. 31.36 *(978-1-5321-2934-6(3)*, 33150) ABDO Publishing Co. (Abdo Zoom-Fly).

Cryptids: Short & Tall, Big & Small. Kelsey Bishop. 2021. (ENG.). 34p. (J). 21.99 *(978-1-0879-5101-0(1))*; pap. 11.99 *(978-1-0879-5549-0(1))* Indy Pub.

Cryptids of the World. Ryan Edwards. 2021. (ENG.). 206p. (YA). pap. 18.00 *(978-1-7377368-0-6(2))* Edwards, Ryan.

Crypto Wars: All Hail King Bitcoin. Keywan C. Heath. 2022. (ENG.). 210p. (YA). pap. ***(978-1-6781-4801-0(6))*** Lulu Pr., Inc.

Cryptoclub Workbook: Using Mathematics to Make & Break Secret Codes. Janet Beissinger. 2018. (ENG.). 144p. (C). 215.00 *(978-1-138-41314-6(3)*, K36351) AK Peters, Ltd.

Cryptocurrencies & Blockchain Technology, 1 vol. Ed. by Andrew Karpan. 2019. (Current Controversies Ser.). (ENG.). 176p. (gr. 10-12). 48.03 *(978-1-5345-0533-9(4)*, 332bf6f7-3d36-4787-96b1-16d5f6328d74) Greenhaven Publishing LLC.

Cryptocurrencies & the Blockchain Revolution: Bitcoin & Beyond. Brendan January. 2020. (ENG., Illus.). 96p. (YA). (gr. 6-12). lib. bdg. 37.32 *(978-1-5415-7877-7(5)*, ebf778c9-a94d-407a-8a08-fad6ad5d7e5b, Twenty-First Century Bks.) Lerner Publishing Group.

Cryptocurrency. Kate Conley. 2019. (Tech Bytes Ser.). (ENG., Illus.). 48p. (J). (gr. 4-6). pap. 14.60 *(978-1-68404-467-2(7))* Norwood Hse. Pr.

Cryptocurrency. M. G. Higgins. 2019. (White Lightning Nonfiction Ser.). (ENG.). 64p. (J). (gr. 6-8). pap. 11.95 *(978-1-68021-638-7(4))* Saddleback Educational Publishing, Inc.

Cryptography. Rane Anderson. 2nd rev. ed. 2017. (TIME(r): Informational Text Ser.). (ENG., Illus.). 48p. (gr. 7-8). pap. 11.99 *(978-1-4938-3624-6(2))* Teacher Created Materials, Inc.

Cryptography: Code Making & Code Breaking, 14 vols. 2016. (Cryptography: Code Making & Code Breaking Ser.). (ENG.). 00064p. (YA). (gr. 8-8). 252.91 *(978-1-5081-7363-2(X)*, de161516-b7fb-4533-9674-caefc123f930, Rosen Young Adult) Rosen Publishing Group, Inc., The.

Cryptozoologist's Guide to Curious Creatures, 12 vols. 2018. (Cryptozoologist's Guide to Curious Creatures Ser.). (ENG.). 32p. (gr. 4-5). lib. bdg. 169.62 *(978-1-5382-2726-8(6)*, a3f31f2e-dd78-4926-a3e0-faf2a2036e65) Stevens, Gareth Publishing LLLP.

Cryptozoology: Could Unexplained Creatures Be Real? Megan Borgert-Spaniol. 2018. (Science Fact or Science Fiction? Ser.). (ENG., Illus.). 32p. (J). (gr. 3-6). lib. bdg. 32.79 *(978-1-5321-1539-4(3)*, 28932, Checkerboard Library) ABDO Publishing Co.

Cryptracula. M. T. Boulton. 2017. (ENG., Illus.). (J). pap. 6.46 *(978-1-326-91513-1(4))* Lulu Pr., Inc.

Crypts, Tombs, & Secret Rooms. 2017. (Crypts, Tombs, & Secret Rooms Ser.). 48p. (gr. 4-5). pap. 84.30 *(978-1-5382-0606-5(4))*; (ENG.). lib. bdg. 201.60 *(978-1-5382-0605-8(6),* 0ac10e0b-ab4f-4619-b5e9-e88363aa6189) Stevens, Gareth Publishing LLLP.

Crystal. Darby Cupid. 2020. (Starlatten Ser.: Vol. 1). (ENG.). 346p. (YA). pap. *(978-1-83853-627-5(2))* Independent Publishing Network.

Crystal, 1934, Vol. 9 (Classic Reprint) Lexington High School. 2018. (ENG., Illus.). (J). 68p. 25.32 *(978-0-428-82171-5(5))*; 70p. pap. 9.57 *(978-0-428-19663-9(2))* Forgotten Bks.

Crystal, 1935, Vol. 10 (Classic Reprint) Lexington High School. 2018. (ENG., Illus.). (J). 70p. 25.34 *(978-0-428-82174-6(X))*; 72p. pap. 9.57 *(978-0-428-19668-4(3))* Forgotten Bks.

Crystal, 1938, Vol. 13 (Classic Reprint) Lexington High School. 2018. (ENG., Illus.). (J). 70p. 25.34 *(978-0-428-81988-0(5))*; 72p. pap. 9.57 *(978-0-428-18172-7(4))* Forgotten Bks.

Crystal, 1943, Vol. 17: World War II, Edition 2 (Classic Reprint) Lexington High School. 2018. (ENG., Illus.). (J). 68p. 25.30 *(978-0-428-81984-2(2))*; 70p. pap. 9.57 *(978-0-428-18168-0(6))* Forgotten Bks.

Crystal Alphabet. Shadow Maven. 2023. (ENG.). 32p. (J). ***(978-1-0391-7207-4(5))***; pap. ***(978-1-0391-7206-7(7))*** FriesenPress.

Crystal & Gem. Contrib. by R.f. Symes & R.r. Harding. 2023. (DK Eyewitness Ser.). (ENG.). 72p. (J). (gr. 3-7). 16.99 ***(978-0-7440-8155-8(6),*** DK Children) Dorling Kindersley Publishing, Inc.

Crystal & Her Lost Sister. Dulcie Highway. 2023. (ENG.). 68p. (J). pap. ***(978-1-312-63713-9(7))*** Lulu Pr., Inc.

Crystal Apple. Barry Lock. 2021. (ENG.). 28p. pap. 18.00 *(978-1-7252-6595-0(8),* Stone Table Bks.) Wipf & Stock Pubs.

Crystal Beads, Lalka's Journey. Pat Black-Gould. Illus. by Katya Royz. 2022. (ENG.). 40p. (J). 18.99 *(978-1-955119-20-7(1))*; pap. 10.95 *(978-1-955119-21-4(X))* WritePublishSell. (Purple Butterfly Pr.).

Crystal Blade. Kathryn Purdie. (Burning Glass Ser.: 2). (ENG.). (YA). (gr. 9). 2018. 384p. pap. 9.99 *(978-0-06-241240-9(X))*; 2017. (Illus.). 368p. 17.99 *(978-0-06-241239-3(6))* HarperCollins Pubs. (Tegen, Katherine Bks).

Crystal Bloodline: Paradigm Shift. Sarah Barry Williams. 2017. (Crystal Bloodline Ser.: Vol. 2). (ENG., Illus.). (YA). pap. *(978-1-911240-27-3(7))* Rowanvale Bks.

Crystal Butterfly Book One. Jo Rees Lear. 2016. (ENG.). 252p. (J). pap. ***(978-1-326-59910-2(0))*** Lulu Pr., Inc.

Crystal Cadets Vol. 1. Anne Toole. Illus. by K. O'Neill. 2016. (ENG.). 128p. (J). pap. 12.99 *(978-1-941302-16-3(5),* 7e636ac5-2ec6-4bab-be53-c19c34c9ab48, Lion Forge) Oni Pr., Inc.

Crystal Caverns, 2. Katrina Charman. ed. 2018. (Branches Early Ch Bks). (ENG.). 89p. (J). (gr. 1-3). 15.96 *(978-1-64310-695-3(3))* Penworthy Co., LLC, The.

Crystal Caverns: a Branches Book (the Last Firehawk #2) (Library Edition) Katrina Charman. Illus. by Jeremy Norton. 2017. (Last Firehawk Ser.: 2). (ENG.). 96p. (J). (gr. 1-3). 15.99 *(978-1-338-12252-7(5))* Scholastic, Inc.

Crystal Caves. Candace L. Sherman. Illus. by Lynn Hughes. 2018. (ENG.). 164p. (J). pap. 9.95 *(978-0-9972284-9-6(0),* Crystal Bks.) Words In The Works, LLC.

Crystal Caves: Book Two of the Daughters of Zeus Trilogy. Kristine Grayson. 2019. (Daughters of Zeus Ser.: Vol. 2). (ENG.). 146p. (J). pap. 14.99 *(978-1-56146-085-4(0))* WMG Publishing.

Crystal Child: The Diamond Star Saga. Carol Kauffman. 2022. (ENG.). (YA). 606p. 42.95 ***(978-1-63985-567-4(X))***; 608p. pap. 28.95 ***(978-1-63710-089-9(2))*** Fulton Bks.

Crystal Clear! a Book for Adults of Hidden Pictures. Jupiter Kids. 2017. (ENG., Illus.). (J). pap. 9.20 *(978-1-68326-109-4(7),* Jupiter Kids (Childrens & Kids Fiction)) Speedy Publishing LLC.

Crystal Fighters. Jen Bartel & Tyler Bartel. 2018. (Illus.). 144p. (J). (gr. 7). pap. 12.99 *(978-1-5067-0795-2(5),* Dark Horse Books) Dark Horse Comics.

Crystal Force. Joe Ducie. 2016. (ENG.). 288p. (YA). (gr. 7). pap. 9.99 *(978-1-4714-0455-9(2))* Bonnier Publishing GBR. Dist: Independent Pubs. Group.

Crystal Goes Back to Camp. Jocelyn Scales. 2017. (ENG., Illus.). (J). pap. 11.99 *(978-1-945620-27-0(7))* Hear My Heart Publishing.

Crystal Heart (Classic Reprint) Phyllis Bottome. 2018. (ENG., Illus.). 236p. (J). 28.78 *(978-0-666-20230-7(3))* Forgotten Bks.

Crystal Heart Kisses. Adapted by Tallulah May. 2016. (Illus.). (J). *(978-1-5182-3830-7(0))* Little, Brown Bks. for Young Readers.

Crystal Keepers. Brandon Mull. 2016. (Five Kingdoms Ser.: 3). lib. bdg. 18.40 *(978-0-606-38253-3(4))* Turtleback.

Crystal Key: Door to a New World. Alexia D. Miller. 2020. (ENG.). 326p. (YA). 24.00 *(978-1-0879-2443-4(X))* Indy Pub.

Crystal Keys of Sidhe. Linda Sparkes. 2022. (ENG.). 198p. (YA). pap. ***(978-1-3984-1805-9(6))*** Austin Macauley Pubs. Ltd.

Crystal Mountain. Ruth Sanderson. (Ruth Sanderson Collection). (ENG., Illus.). 32p. (J). (gr. 1-2). 2019. pap. 8.95 *(978-1-56656-007-8(1))*; 2016. 17.95 *(978-1-56656-021-4(7))* Interlink Publishing Group, Inc. (Crocodile Bks.).

Crystal of Time. Soman Chainani. Illus. by Iacopo Bruno. 2019. 624p. (J). *(978-0-06-288641-5(X))*; *(978-0-06-290697-7(6))*; *(978-0-06-289559-2(1))*; *(978-0-06-290764-6(6))* Harper & Row Ltd.

Crystal of Time. Soman Chainani. 2019. (School for Good & Evil Ser.: 5). (ENG., Illus.). 640p. (J). (gr. 3-7). pap. 10.50 *(978-0-06-288575-3(8),* HarperCollins) HarperCollins Pubs. Ltd. GBR. Dist: HarperCollins Pubs.

Crystal Quest. M. J. Fineberg. 2019. (ENG., Illus.). 50p. (J). (gr. 2-6). 16.95 *(978-0-578-40617-6(9))* Traveling Tales.

Crystal Quest. Laurie S. Sutton. Illus. by Omar Lozano. 2019. (You Choose Stories: Wonder Woman Ser.). (ENG.). 112p. (J). (gr. 2-6). pap. 6.95 *(978-1-4965-8441-0(4),* 140966); lib. bdg. 32.65 *(978-1-4965-8351-2(5),* 140645) Capstone. (Stone Arch Bks.).

Crystal Quest: Part Five: Dark Victory. David Johnson. 2022. (ENG.). 218p. (J). pap. ***(978-1-80369-549-5(8))*** Authors OnLine, Ltd.

Crystal Quest: Part Four: Atlantis Betrayed. David Johnson. 2022. (ENG.). 154p. (J). pap. ***(978-1-80369-548-8(X))*** Authors OnLine, Ltd.

Crystal Quest: Part Three: Destiny & Destruction. David Johnson. 2022. (ENG.). 156p. (J). pap. ***(978-1-80369-547-1(1))*** Authors OnLine, Ltd.

Crystal Quest: Part Two: Fires of Fury. David Johnson. 2022. (ENG.). 220p. (J). pap. ***(978-1-80369-546-4(3))*** Authors OnLine, Ltd.

Crystal Quest Part One: Time Trap. David Johnson. 2016. (ENG., Illus.). (J). pap. *(978-1-78719-127-3(3))* Authors OnLine, Ltd.

Crystal River - Visitors. Bee Ifezue. 2020. (ENG.). 210p. (J). pap. *(978-1-913455-13-2(0))* Scribblecity Pubns.

Crystal Rose. Astrid Foss. Illus. by Monique Dong. 2020. (Snow Sisters Ser.: 2). (ENG.). 128p. (J). (gr. 2-5). 17.99 *(978-1-5344-4352-5(5))*; pap. 6.99 *(978-1-5344-4351-8(7))* Simon & Schuster Children's Publishing. (Aladdin).

Crystal Shadows: Gripping New Blood. R. J. Parker. 2020. (ENG.). 156p. (YA). pap. *(978-1-78830-607-2(4))* Olympia Publishers.

Crystal Storm: A Falling Kingdoms Novel. Morgan Rhodes. (Falling Kingdoms Ser.: 5). (Illus.). (YA). (gr. 7). 2017. 416p. pap. 11.99 *(978-1-59514-823-0(X))*; 2016. 368p. 18.99 *(978-1-59514-822-3(1))* Penguin Young Readers Group. (Razorbill).

Crystal the Chameleon. Rachelle Jones Smith. Illus. by Chrish Vindhy. 2020. (ENG.). 40p. (J). 18.99 *(978-1-953567-14-7(2))* Keepin' Up Wit Pr.

Crystal the Crab: A Story about Ghost Crabs. Adrienne Palma. Illus. by Dawn Van Ness. 2023. (Under the Sea Ser.: Vol. 4). (ENG.). 32p. (J). pap. 14.99 ***(978-1-957262-97-0(4))*** Yorkshire Publishing Group.

Crystal Throne. Kathryn Sullivan. 2017. (J). pap. *(978-1-61271-365-6(3))* Zumaya Pubns. LLC.

Crystalene the Rainbow Snow Girl Read & Color. Loretta Welk-Jung. 2020. (ENG.). 26p. (J). pap. 6.99 *(978-0-9724174-4-0(3))* Jung, Loretta.

Crystalline, or the Heiress of Fall down Castle: A Romance (Classic Reprint) Frederick William Shelton. 2018. (ENG., Illus.). 206p. (J). 28.15 *(978-0-332-99946-3(7))* Forgotten Bks.

Crystals. Tracy Vonder Brink. 2023. (Understanding Geology Ser.). (ENG.). (J). (gr. 3-5). 32p. lib. bdg. 30.60 ***(978-1-63897-986-9(3),*** 33521); (Illus.). pap. 9.95 Seahorse Publishing.

Crystals. Grace Hansen. 2019. (Geology Rocks! (Abdo Kids Jumbo) Ser.). (ENG., Illus.). 24p. (J). (gr. -1-2). lib. bdg. 32.79 *(978-1-5321-8556-4(1),* 31450, Abdo Kids) ABDO Publishing Co.

Crystals. Susan Lintonsmith. 2023. (ENG.). 120p. (J). pap. 9.95 ***(978-1-7368910-9-4(X))*** Passage Point Publishing.

Crystals. Patrick Perish. 2019. (Rocks & Minerals Ser.). (ENG., Illus.). 32p. (J). (gr. 3-8). pap. 8.99 *(978-1-61891-739-3(0),* 12320, Blastoff! Discovery) Bellwether Media.

Crystals & Fools. Sarah Kelderman. 2021. (ENG.). 400p. (YA). pap. 27.26 *(978-1-716-22127-9(7))* Lulu Pr., Inc.

Crystal's Story. S. E. Chesterton. 2017. (Search for Freedom Ser.: Vol. 1). (ENG., Illus.). 186p. (YA). pap. 10.00 *(978-1-945620-29-4(3))* Hear My Heart Publishing.

Crystal's Story: The Search for Freedom 1b. S. E. Chesterton. 2018. (Search for Freedom Ser.: Vol. 2). (ENG., Illus.). 216p. (YA). pap. 12.95 *(978-1-945620-46-1(3))* Hear My Heart Publishing.

CS Detective: An Algorithmic Tale of Crime, Conspiracy, & Computation. Jeremy Kubica. 2016. (Illus.). 256p. (YA). (gr. 7-7). pap. 19.99 *(978-1-59327-749-9(0))* No Starch Pr., Inc.

CS High. Julianne Zedalis. 2021. (ENG.). 216p. pap. 15.99 *(978-1-4621-4034-3(3),* Sweetwater Bks.) Cedar Fort, Inc./CFI Distribution.

CSB Baby's New Testament with Psalms, Pink LeatherTouch. C. S. B. Bibles CSB Bibles by Holman. 2018. (ENG.). 512p. (J). (— 1). im. lthr. 7.99 *(978-1-4627-6295-8(6),* 005796065, B&H Kids) B&H Publishing Group.

CSB Easy-For-Me Bible for Early Readers, Aqua Blue LeatherTouch. C. S. B. Bibles CSB Bibles by Holman. 2023. (ENG.). 1120p. (J). (gr. -1-2). im. lthr. 32.99 ***(978-1-4300-8274-3(7),*** 005845466, B&H Kids) B&H Publishing Group.

CSB Easy-For-Me Bible for Early Readers, Coral Pink LeatherTouch. C. S. B. Bibles CSB Bibles by Holman. 2023. (ENG.). 1120p. (J). (gr. -1-2). im. lthr. 32.99 ***(978-1-4300-8273-6(9),*** 005845465, B&H Kids) B&H Publishing Group.

CSB Essential Teen Study Bible, Steel LeatherTouch. B&H Kids Editorial Staff & C. S. B. Bibles CSB Bibles by Holman. 2020. (ENG.). 1350p. (J). (gr. 7-12). im. lthr. 39.99 *(978-1-5359-8985-5(8),* 005821193, Holman Bible Pubs.) B&H Publishing Group.

CSB Great & Small Bible, Blue LeatherTouch: A Keepsake Bible for Babies. C. S. B. Bibles CSB Bibles by Holman. Illus. by Anna Abramskaya. 2023. (ENG.). 1120p. (J). (— 1). im. lthr. 29.99 *(978-1-0877-7997-3(9),* 005841275, B&H Kids) B&H Publishing Group.

CSB Great & Small Bible, Pink LeatherTouch: A Keepsake Bible for Babies. C. S. B. Bibles CSB Bibles by Holman. Illus. by Anna Abramskaya. 2023. (ENG.). 1120p. (J). (— 1). im. lthr. 29.99 *(978-1-0877-7998-0(7),* 005841276, B&H Kids) B&H Publishing Group.

CSB Outreach Bible for Kids. C. S. B. Bibles CSB Bibles by Holman. 2023. (ENG.). 736p. (J). pap. 4.99 *(978-1-0877-8290-4(2),* 005841718, Holman Bible Pubs.) B&H Publishing Group.

CSEC(r) Mathematics. Raphael Johnson. 2019. (ENG.). 576p. (YA). (gr. 7-12). pap. 35.00 *(978-0-00-830446-1(7))* HarperCollins Pubs. Ltd. GBR. Dist: Independent Pubs. Group.

CSI Controversies. Grace Campbell. 2020. (True Crime Clues (UpDog Books (tm)) Ser.). (ENG., Illus.). 24p. (J). (gr. 3-5). 30.65 *(978-1-5415-9058-8(9),* 8577b610-1096-43a1-a87b-30a19600bce4, Lerner Pubns.) Lerner Publishing Group.

Csi: Salón de Clases: Leveled Reader Book 85 Level W 6 Pack. Hmh Hmh. 2021. (SPA.). 48p. (J). pap. 74.40 *(978-0-358-08649-9(3))* Houghton Mifflin Harcourt Publishing Co.

Csipesz Mipesz: Egy Igaz Történet Fiataloknak Es Felnoteknek Egyarant. Balazs Szabo. 2019. (HUN., Illus.). 124p. (J). 26.95 *(978-0-578-48745-8(4))* Refugee Pr.

Csipkehoka: Es Mas Verses Mesek. Mandula Rahel. 2017. (HUN., Illus.). (J). pap. *(978-963-443-029-2(5))* Publio Kiadó Kft.

CTIM - Láseres: Medición de la Longitud. Lisa M. Sill. rev. ed. 2018. (Mathematics in the Real World Ser.). (SPA., Illus.). 32p. (J). (gr. 2-3). pap. 10.99 *(978-1-4258-2870-7(1))* Teacher Created Materials, Inc.

CT's Streeeetttccccchhhheedddd Stories. Corey Williams. 2021. (ENG.). 26p. (J). pap. 13.95 *(978-1-0980-7760-0(1))* Christian Faith Publishing.

Cu Canguro / Koo Kangaroo (Buenas Noches) Gabriela Keselman. 2017. (Buenas Noches Ser.). (ENG & SPA., Illus.). (J). (gr. -1-1). pap. *(978-607-13-0226-7(9))* Norma Ediciones, S.A.

Cu-Cú, Luna. Ed. by Parragon Books. 2021. (SPA.). 10p. (J). (gr. -1 — 1). bds. 7.99 *(978-1-64638-221-7(8),* 2000410-SLA, Parragon Books) Cottage Door Pr.

Cu-Cú, Te Quiero / I Love You, Little One (Spanish Edition) Ed. by Parragon Books. 2021. (SPA.). 10p. (J). (gr. -1 — 1). bds. 7.99 *(978-1-64638-222-4(6),* 2000860-SLA, Parragon Books) Cottage Door Pr.

Cuac! Muu! Oinc! (Spanish Edition) Escucha Los Sonidos de la Granja! Ed. by Parragon Books. 2021. (SPA.). 10p. (J). (gr. -1-k). bds. 14.99 *(978-1-64638-000-8(2),* 2000830-SLA, Parragon Books) Cottage Door Pr.

Cuadrados (Squares) Teddy Borth. 2016. (¡Formas Divertidas! (Shapes Are Fun!) Ser.). (SPA.). 24p. (J). (gr. -1-2). lib. bdg. 31.36 *(978-1-62402-619-5(2),* 24742, Abdo Kids) ABDO Publishing Co.

Cuadro Desaparecido. Steve Brezenoff. Illus. by Chris Barnard Canga. 2019. (Misterios de Excursión Ser.). (SPA.). 88p. (J). (gr. 3-6). lib. bdg. 25.32 *(978-1-4965-8539-4(9),* 141288, Stone Arch Bks.) Capstone.

Cuairt Ar an Zú. Mohammed Umar. Tr. by Mícheál Ó Conghaile & Niklas Fink. 2022. (GLE.). 30p. (J). pap. ***(978-1-915637-05-5(8))*** Salaam Publishing.

¿Cuál Es Más Grande? Miranda Kelly. Tr. by Pablo de la Vega. 2021. (Primeros Conceptos (Early Learning Concepts) Ser.). (SPA.). 24p. (J). (gr. -1-1). pap. *(978-1-4271-3091-4(4),* 15203); lib. bdg. *(978-1-4271-3083-9(3),* 15194) Crabtree Publishing Co.

¿Cuál Es Más Largo? Alan Walker. Tr. by Pablo de la Vega. 2021. (Primeros Conceptos (Early Learning Concepts) Ser.). (SPA., Illus.). 24p. (J). (gr. -1-1). pap. *(978-1-4271-3092-1(2),* 15204); lib. bdg. *(978-1-4271-3084-6(1),* 15195) Crabtree Publishing Co.

Cuales Son Los Secretos de Las Plantas? Adaptacion y Supervivencia. Hyeon-Jeong Ahn. 2018. (Click Click: Ciencia Basica / Basic Science Ser.). (SPA., Illus.). 40p. (J). pap. 17.99 *(978-1-64101-211-9(0))* Santillana USA Publishing Co., Inc.

Cuán Grande Es Nuestro Dios: 100 Devocionales Indescriptibles Acerca de Dios y la Ciencia, 1 vol. Louie Giglio. Illus. by Nicola Anderson. 2020. (Indescribable Kids Ser.). (SPA.). 208p. (J). pap. 16.99 *(978-0-8297-4232-9(8))* Grupo Nelson.

Cuando Crezca. Jenna Lee Gleisner. 2017. (Somos una Comunidad Ser.). (SPA.). 16p. (J). (gr. -1-2). pap. 7.95 *(978-1-68320-110-6(8),* 16918) RiverStream Publishing.

Cuando Encuentres Los Colores y Las Formas. Angela Russ-Ayon. Ed. by Nancy Lopez-Hernandez. 2016. (SPA.). 34p. (J). pap. 12.95 *(978-0-9799612-8-1(9))* Russ Invision.

Cuando la Amistad Me Acompañó a Casa. Paul Griffin. 2017. (SPA.). 256p. (YA). (gr. 7). pap. 17.95 *(978-987-609-660-7(5))* Editorial de Nuevo Extremo S.A. ARG. Dist: Independent Pubs. Group.

Cuando la Tierra Era niña (Classic Reprint) Nathanial Hawthorne. 2018. (SPA., Illus.). 302p. (J). 30.13 *(978-0-666-27445-8(2))* Forgotten Bks.

Cuando la Tierra Retumba y Se Mueve (Spanish Edition) Un Libro de Seguridad de Terremotos. Heather L. Beal. 2022. (SPA., Illus.). 28p. (J). (gr. k-2). 16.99 *(978-1-947690-39-4(6))* Train 4 Safety Pr.

Cuando Levantas la Mirada. Decur. Tr. by Chloe Garcia Roberts. 2020. (Illus.). 184p. (J). 29.95 *(978-1-59270-309-8(7))* Enchanted Lion Bks., LLC.

Cuando Los ángeles Cantan (When Angels Sing) La Historia de la Leyenda de Rock Carlos Santana. Michael Mahin. Tr. by Alexis Romay. Illus. by Jose Ramirez. 2021. (SPA.). 48p. (J). (gr. -1-3). pap. 8.99 *(978-1-5344-9477-0(4),* Atheneum Bks. for Young Readers) Simon & Schuster Children's Publishing.

Cuando Miguel no fue Miguel. Gómez Cerdá Alfredo. 2018. (SPA.). 144p. (J). (gr. 4-6). pap. 16.99 *(978-84-9845-878-7(1))* Algar Editorial, Feditres, S.L. ESP. Dist: Lectorum Pubns., Inc.

Cuando No Eres la Reina de la Fiesta Precisamente / Dork Diaries: Tales from a Not-So-Popular Party Girl. Rachel Renée Russell. 2022. (Diario de una Dork Ser.: 2). (SPA.). 288p. (J). (gr. 4-7). pap. 14.95 *(978-1-64473-523-7(7))* Penguin Random House Grupo Editorial ESP. Dist: Penguin Random Hse. LLC.

Cuando Se Invita a una Jirafa a Tomar el Té. Patty Huston Holm. Tr. by Yanina Criolani. Illus. by Gennai Sawvel. 2021. (SPA.). 50p. (J). 19.99 *(978-0-578-86224-8(7))* Patty Huston-Holm.

Cuando Se Invita a una Jirafa a Tomar el Té. Patty Huston-Holm. Tr. by Yanina Criolani. Illus. by Gennai Sawvel. 2021. (SPA.). 50p. (J). pap. 6.99 *(978-0-578-89208-5(1))* Patty Huston-Holm.

Cuando Se Vive, Se Aprende. Aida Susana Franco Trujillo. 2017. (SPA.). 42p. (J). ***(978-1-716-55475-9(6))*** Lulu Pr., Inc.

Cuando Seamos Grandes. Jean Leroy. 2017. (Primeras Travesías Ser.). (SPA.). 24p. (J). (gr. k — 1). pap. 13.95 *(978-607-527-078-4(7))* Editorial Oceano de Mexico MEX. Dist: Independent Pubs. Group.

Cuando Sonríes Nace una Estrella. Alejandrina del Angel. 2023. (SPA.). 38p. (J). 21.97 ***(978-1-957058-86-3(2))*** Fig Factor Media Publishing.

Cuando te Añoro. Cornelia Maude Spelman & Kathy Parkinson. 2016. (SPA.). 24p. (J). pap. 9.95 *(978-84-16117-51-2(9))* Ediciones Obelisco ESP. Dist: Spanish Pubs., LLC.

Cuando Te Bautizaron. Catherine Maresca. Illus. by Nathan Röhlander. 2019. (SPA.). 32p. (J). 15.95 *(978-1-61671-500-7(6))* Liturgy Training Pubns.

Cuando Tu Abuela Te Regala un Limonero. Jamie L. B. Deenihan. Illus. by Lorraine Rocha. 2021. (SPA.). 28p. (J). (gr. -1). 8.95 *(978-1-4549-4411-9(0))* Sterling Publishing Co., Inc.

Cuando Tu Abuelo Te Regala una Caja de Herramientas. Jamie L. B. Deenihan. Illus. by Lorraine Rocha. 2021. (SPA.). 28p. (J). (gr. -1). 8.95 *(978-1-4549-4412-6(9))* Sterling Publishing Co., Inc.

Cuando un Dragón Viene a Vivir Contigo. Jodi Moore. 2017. (SPA.). 40p. (J). (gr. k-2). pap. 13.99 *(978-958-30-5217-0(5))* Panamericana Editorial COL. Dist: Lectorum Pubns., Inc.

Cuando Voy a la Playa. Miranda Kelly. Tr. by Pablo de la Vega from ENG. 2021. (En Mi Comunidad (in My Community) Ser.). (SPA., Illus.). 24p. (J). (gr. -1-1). pap. *(978-1-4271-3147-8(3),* 14194); lib. bdg. *(978-1-4271-3137-9(6),* 14183) Crabtree Publishing Co.

Cuando Voy Al Supermercado. Alan Walker. Tr. by Pablo de la Vega from ENG. 2021. (En Mi Comunidad (in My Community) Ser.). (SPA., Illus.). 24p. (J). (gr. -1-1). pap. *(978-1-4271-3148-5(1),* 14195); lib. bdg. *(978-1-4271-3138-6(4),* 14184) Crabtree Publishing Co.

Cuando Voy Al Zoológico, ¿qué Veo? Miranda Kelly. Tr. by Pablo de la Vega from ENG. 2021. (En Mi Comunidad (in My Community) Ser.). (SPA., Illus.). 24p. (J). (gr. -1-1). pap. *(978-1-4271-3149-2(X),* 14196); lib. bdg. *(978-1-4271-3139-3(2),* 14185) Crabtree Publishing Co.

Cuando Yo Crezca. Carmen Corriols. 2016. (Early Rising Readers Ser.). (SPA.). 16p. (J). (gr. 1). 29.00 *(978-1-4788-3891-3(4))* Newmark Learning LLC.

Cuando Yo Sea Grande-When I Grow Up. Virginia Cardenas. 2016. (ENG., Illus.). (J). 25.95 *(978-1-4808-3248-0(0))*; pap. 16.95 *(978-1-4808-3247-3(2))* Archway Publishing.

¿Cuánto Es un Millón?(How Big Is a Million?) Anna Milbourne. 2019. (Picture Bks.). (SPA.). 24p. (J). 10.99 *(978-0-7945-4618-2(8),* Usborne) EDC Publishing.

Cuánto Mamá Te Quiere (Mama Loves You So) Terry Pierce. Illus. by Simone Shin. 2018. (New Books for Newborns Ser.). (SPA.). 16p. (J). (gr. -1 — 1). bds. 7.99 *(978-1-5344-2831-7(3),* Libros Para Ninos) Libros Para Ninos.

¿Cuánto Mide un Metro? y Otras Preguntas Raras Que Hago a Veces / How Long Is o Ne Meter? & Other Rare Questions I Sometimes Ask. Gabriel León. 2022. (SPA.). 112p. (J). (gr. 3-7). pap. 12.95 *(978-607-38-1108-8(X),* B DE Books) Penguin Random House Grupo Editorial ESP. Dist: Penguin Random Hse. LLC.

¿Cuántos? Contando Hasta el 5. Miranda Kelly. Tr. by Pablo de la Vega. 2021. (Primeros Conceptos (Early Learning Concepts) Ser.).Tr. of How Many? Counting To 5. (SPA.). 24p. (J). (gr. -1-1). pap. *(978-1-4271-3085-3(X),* 15205); lib. bdg. *(978-1-4271-3077-8(9),* 15196) Crabtree Publishing Co.

¡Cuántos, Cuántos Pies! (the Foot Book Spanish Edition) Seuss. 2019. (Bright & Early Books(R) Ser.). (SPA.). 36p. (J). (gr. -1-k). 9.99 *(978-1-9848-3121-7(6))*; lib. bdg. 12.99 *(978-0-593-12149-8(X))* Random Hse. Children's Bks. (Random Hse. Bks. for Young Readers).

¿Cuántos Juguetes? Sharon Coan. 2nd rev. ed. 2016. (TIME for KIDS(r): Informational Text Ser.). (SPA., Illus.). 12p. (gr. -1-k). 7.99 *(978-1-4938-2971-2(8))* Teacher Created Materials, Inc.

Cuatro Buenos Amigos. Margaret Hillert. Illus. by Roberta Collier-Morales. 2018. (Beginning-To-Read Ser.).Tr. of Four Good Friends. (SPA.). 32p. (J). (gr. k-2). pap. 13.26 *(978-1-68404-234-0(8))* Norwood Hse. Pr.

Cuatro Buenos Amigos. Margaret Hillert. Illus. by Jack Pullan & Roberta Collier-Morales. 2017. (BeginningtoRead Ser.).Tr. of Four Good Friends. (ENG & SPA.). 32p. (J). (-2). 22.60 *(978-1-59953-843-3(1))*; pap. 11.94 *(978-1-68404-042-1(6))* Norwood Hse. Pr.

Cuatro Buenos Amigos. Margaret Hillert et al. Illus. by Roberta Collier-Morales. 2018. (BeginningtoRead Ser.).Tr. of Four Good Friends. (SPA.). 32p. (J). (gr. -1-2). lib. bdg. 22.60 *(978-1-59953-950-8(0))* Norwood Hse. Pr.

Cuatro Ojos (Four Eyes 1: Four Eyes) Rex Ogle. Illus. by Dave Valeza. 2023. (Four Eyes Ser.). (SPA.). 224p. (J). (gr. 3-7). pap. 12.99 ***(978-1-338-57513-2(9),*** Scholastic en Espanol) Scholastic, Inc.

Cuauhtemoc: Shapes/Formas, 1 vol. Patty Rodriguez & Ariana Stein. Illus. by Citlali Reyes. 2018.Tr. of Spanish. (SPA.). 22p. (J). (gr. -1-k). bds. 9.99 *(978-0-9861099-3-5(2))* Little Libros, LLC.

Cub, 1 vol. Paul Coccia. 2019. (Orca Soundings Ser.). (ENG.). 144p. (YA). (gr. 8-12). pap. 9.95 *(978-1-4598-2082-1(7))* Orca Bk. Pubs. USA.

Cub. Cynthia L. Copeland. 2020. (ENG., Illus.). 240p. (gr. 3-7). (J). pap. 12.95 *(978-1-61620-848-6(1),* 73848); 24.95 *(978-1-61620-993-3(3),* 73993) Algonquin Young Readers.

Cub: (Step 2) Sound Out Books (systematic Decodable) Help Developing Readers, Including Those with Dyslexia, Learn to Read with Phonics. Pamela Brookes. 2020. (Dog on a Log Let's Go! Books: Vol. 10). (ENG., Illus.). 34p. (J). 14.99 *(978-1-64831-060-7(5),* DOG ON A LOG Bks.) Jojoba Pr.

Cub, 1921 (Classic Reprint) New Bern High School. (ENG., Illus.). (J). 2018. 132p. 26.64 *(978-0-484-90020-1(X))*; 2017. pap. 9.57 *(978-0-259-90600-1(X))* Forgotten Bks.

Cub, 1923 (Classic Reprint) Gladys Parsons. 2017. (ENG., Illus.). (J). 152p. 27.03 *(978-0-484-04776-0(0))*; pap. 9.57 *(978-0-259-98197-8(4))* Forgotten Bks.

438

The check digit for ISBN-10 appears in parentheses after the full ISBN-13

Cub, 1925 (Classic Reprint) New Bern High School. 2017. (ENG., Illus.). (J). 26.54 *(978-0-260-43709-3(3))*; pap. 9.57 *(978-0-266-08204-0(1))* Forgotten Bks.

Cub, 1926 (Classic Reprint) New Bern High School. 2017. (ENG., Illus.). (J). 26.14 *(978-0-260-01642-3(X))*; pap. 9.57 *(978-1-5284-4844-4(8))* Forgotten Bks.

Cub, 1927 (Classic Reprint) New Bern High School. 2017. (ENG., Illus.). (J). 26.10 *(978-0-260-49639-3(1))*; pap. 9.57 *(978-0-266-06201-1(6))* Forgotten Bks.

Cub Chapter Book: (Step 2) Sound Out Books (systematic Decodable) Help Developing Readers, Including Those with Dyslexia, Learn to Read with Phonics. Pamela Brookes. 2020. (Dog on a Log Chapter Books: Vol. 10). (ENG., Illus.). 52p. (J). 14.99 *(978-1-64831-017-1(6)*, DOG ON A LOG Bks.) Jojoba Pr.

Cub in the Tub. Marv Alinas. Illus. by Kathleen Petelinsek. 2018. (Rhyming Word Families Ser.). (ENG.). 24p. (J). (gr. -1-2). lib. bdg. 32.79 *(978-1-5038-2357-0(1)*, 212184) Child's World, Inc, The.

Cub Reporter (Classic Reprint) Edward Mott Woolley. (ENG., Illus.). (J). 2018. 274p. 29.57 *(978-0-267-12843-3(6))*; 2017. pap. 11.97 *(978-0-243-94154-4(4))* Forgotten Bks.

Cub Shrugs (Animal Time: Time to Read, Level 1) Lori Haskins Houran. Illus. by Alex Willmore. (Time to Read Ser.). (ENG.). 32p. (J). (gr. k-2). 2021. pap. 3.99 *(978-0-8075-7192-7(X)*, 080757192X); 2020. 12.99 *(978-0-8075-7197-2(0)*, 0807571970) Whitman, Albert & Co.

Cuba. Contrib. by Shannon Anderson. 2023. (Countries of the World Ser.). (ENG., Illus.). (J). (gr. k-3). lib. bdg. 26.95 Bellwether Media.

Cuba. Rachel Anne Cantor. 2016. (Countries We Come From Ser.). (ENG., Illus.). 32p. (J). (gr. -1-3). 28.50 *(978-1-943553-35-8(1))* Bearport Publishing Co., Inc.

Cuba. Jeri Cipriano. 2019. (Hello Neighbor (LOOK! Books (tm)) Ser.). (ENG., Illus.). 24p. (J). (gr. -1-3). pap. 8.99 *(978-1-63440-370-2(3)*, ed67c1a8-51b8-490a-9934-b84aa7850041); lib. bdg. 25.32 *(978-1-63440-328-3(2)*, 4ba18b97-9a82-47fd-b2cc-094040e7527d) Red Chair Pr.

Cuba. Joy Gregory. 2018. (J). *(978-1-5105-3574-9(8))* SmartBook Media, Inc.

Cuba. Joy Gregory. 2016. (Illus.). 32p. (J). *(978-1-4896-4605-7(1))* Weigl Pubs., Inc.

Cuba. Amy Rechner. 2018. (Country Profiles Ser.). (ENG., Illus.). 32p. (J). (gr. 3-8). lib. bdg. 27.95 *(978-1-62617-840-3(2)*, Blastoff! Discovery) Bellwether Media.

Cuba, 1 vol. Laura L. Sullivan. 2019. (Exploring World Cultures (First Edition) Ser.). (ENG.). 32p. (gr. 3-3). pap. 12.16 *(978-1-5026-5172-3(6)*, 31bb0899-1ea6-4adb-8d77-147ba0bec9b5) Cavendish Square Publishing LLC.

Cuba. R. L. Van. 2022. (Countries (BBB) Ser.). (ENG., Illus.). 32p. (J). (gr. 2-5). lib. bdg. 34.21 *(978-1-5321-9958-5(9)*, 40705, Big Buddy Bks.) ABDO Publishing Co.

Cuba: Children's Latin America History Book. Bold Kids. 2022. (ENG.). 42p. (J). pap. 14.99 *(978-1-0717-0938-2(0))* FASTLANE LLC.

Cuba: Facts & Figures. John Ziff. 2017. (Exploring Cuba Ser.: Vol. 6). (ENG., Illus.). 80p. (J). (gr. 7-12). 24.95 *(978-1-4222-3810-3(5))* Mason Crest.

Cuba (Follow Me Around) (Library Edition) Michael Bell. 2018. (Follow Me Around... Ser.). (ENG., Illus.). 32p. (J). (gr. 3-4). 27.00 *(978-0-531-12917-3(9)*, Children's Pr.) Scholastic Library Publishing.

Cuba under the Castros. John Ziff. 2017. (Exploring Cuba Ser.: Vol. 6). (ENG., Illus.). 80p. (J). (gr. 7-12). 24.95 *(978-1-4222-3811-0(3))* Mason Crest.

Cuban Amazon (Classic Reprint) Virginia Lyndall Dunbar. (ENG., Illus.). (J). 2018. 300p. 30.10 *(978-0-365-24565-0(8))*; 2017. pap. 13.57 *(978-0-259-83029-0(1))* Forgotten Bks.

Cuban Girl's Guide to Tea & Tomorrow. Laura Taylor Namey. 2019. (ENG.). 336p. lib. bdg. 24.50 *(978-1-6636-3409-2(2))* Perfection Learning Corp.

Cuban Girl's Guide to Tea & Tomorrow. Laura Taylor Namey. (Cuban Girl's Guide (Trade) Ser.). (ENG.). (gr. 7-12). 2021. 336p. 31.19 *(978-1-5364-7527-2(0))*; 2021. 336p. (YA). pap. 12.99 *(978-1-5344-7125-2(1))*; 2020. (Illus.). 320p. (YA). 18.99 *(978-1-5344-7124-5(3))* Simon & Schuster Children's Publishing. (Atheneum Bks. for Young Readers).

Cuban Heritage. Tamra Orr. 2018. (21st Century Junior Library: Celebrating Diversity in My Classroom Ser.). (ENG., Illus.). 24p. (J). (gr. 2-4). pap. 12.79 *(978-1-5341-0837-0(8)*, 210712); lib. bdg. 30.64 *(978-1-5341-0738-0(X)*, 210711) Cherry Lake Publishing.

Cuban Immigrants: In Their Shoes. Tyler Omoth. 2017. (Immigrant Experiences Ser.). (ENG.). 32p. (J). (gr. 3-6). lib. bdg. 35.64 *(978-1-5038-2025-8(4)*, 211845) Child's World, Inc, The.

Cuban Music, Dance, & Celebrations. John Ziff. 2017. (Exploring Cuba Ser.: Vol. 6). (ENG., Illus.). 80p. (J). (gr. 7-12). 24.95 *(978-1-4222-3812-7(1))* Mason Crest.

Cuban Revolution in America: Havana & the Making of a United States Left, 1968-1992. Teishan A. Latner. 2020. (Justice, Power, & Politics Ser.). (ENG., Illus.). 368p. pap. 39.95 *(978-1-4696-5920-6(4)*, 01PODPB) Univ. of North Carolina Pr.

Cuban Spy: A Comedy-Drama in Four Acts (Classic Reprint) Frank Dumont. 2018. (ENG., Illus.). 62p. (J). 25.18 *(978-0-267-44452-6(4))* Forgotten Bks.

¿Cubana de Nacimiento, Francesa de Crianza? Yenisleidy Rodriguez. 2020. (SPA.). 64p. (YA). pap. 11.95 *(978-1-64334-341-9(6))* Page Publishing Inc.

Cubbie Blue & His Dog Dot: Book One. Randa Handler. Illus. by Randa Handler. 2020. (ENG.). 38p. (J). pap. 9.99 *(978-1-932824-33-9(2)*, Ravencrest) Cubbie Blue Publishing.

Cubbie Blue & His Dog Dot, Book 3, I SEE YOU. Randa Handler. 2020. (Cubbie Blue & His Dog Dot Ser.: Vol. 3). (ENG.). 24p. (J). pap. 9.99 *(978-1-932824-29-2(4))* Cubbie Blue Publishing.

Cubby Goes to the Playroom: A Book about Play Therapy. Cathy Canfield. Illus. by Dennis Belmont. 2016. (ENG.). (J). (gr. k-4). pap. 9.99 *(978-1-68418-880-2(6))* Primedia eLaunch LLC.

Cubby the Wonder Dog: And His Secret. Vincent Castell. 2021. (ENG.). 112p. (J). pap. 12.99 *(978-1-7362061-5-7(X))* Berry, Howard A.

Cubbyhole Kid. C. E. Joseph. 2019. (ENG.). 70p. (YA). pap. 12.95 *(978-1-64584-035-0(2))* Page Publishing Inc.

Cubes. Nancy Furstinger & John Willis. 2016. (J). *(978-1-5105-1989-3(0))* SmartBook Media, Inc.

Cubies Big Decision. Joseph Dyer. 2020. (ENG.). 26p. (J). pap. *(978-1-78830-421-4(7))* Olympia Publishers.

Cubism. Susie Brooks. 2019. (Inside Art Movements Ser.). (ENG., Illus.). 48p. (J). (gr. 3-9). 30.65 *(978-0-7565-6236-6(8)*, 140996, Compass Point Bks.) Capstone.

Cubism: Odysseys in Art. Shannon Robinson. 2016. (Odysseys in Art Ser.). (Illus.). 80p. (J). (gr. 7-10). pap. 14.99 *(978-1-62832-132-6(6)*, 20927, Creative Paperbacks) Creative Co., The.

Cubist Art, 1 vol. Alix Wood. 2016. (Create It! Ser.). (ENG.). 32p. (gr. 4-5). pap. 11.50 *(978-1-4824-5039-2(9)*, 81ef7b54-f952-4b65-9203-1b6af74a24b4) Stevens, Gareth Publishing LLLP.

Cubit Quest. Trevor Leck. 2017. (ENG., Illus.). (J). pap. *(978-1-911525-27-1(1))* Clink Street Publishing.

Cubs in a Tub. Molly Coxe. 2018. (Bright Owl Bks.). (Illus.). 40p. (J). (gr. -1-2). pap. 6.99 *(978-1-57565-985-5(9)*, b428fccf-40e4-41f3-9711-eba03d6ab89c); lib. bdg. 17.99 *(978-1-57565-984-8(0)*, bb16b7a3-fd47-45e5-b316-7749cc7398c4) Astra Publishing Hse. (Kane Press).

Cubs in the Tub: The True Story of the Bronx Zoo's First Woman Zookeeper. Candace Fleming. Illus. by Julie Downing. 2020. (ENG.). 48p. (J). (gr. -1-3). 18.99 *(978-0-8234-4318-5(3)*, Neal Porter Bks) Holiday Hse., Inc.

Cub's Triumph (Classic Reprint) T. H. James. (ENG., Illus.). (J). 2018. 26p. 24.45 *(978-0-364-23264-4(1))*; 2018. 26p. 24.45 *(978-0-666-84183-4(7))*; 2017. pap. 7.97 *(978-0-259-49858-2(0))* Forgotten Bks.

Cub's Wish. Angie Flores. Illus. by Yidan Yuan. 2017. (ENG.). (J). (gr. k-2). 18.00 *(978-0-9979738-0-8(3))* Flores, Angie.

Cucciolo Di Dinosauro: Adorabile Cucciolo Di Dinosauro - Libro Da Colorare Fantastico Dinosauro per Ragazzi, Ragazze, Bambini Piccoli, Bambini in età Prescolare, Bambini 3-6, 6-8, 8-12 Anni. Lenard Vinci Press. 2020. (ITA.). 102p. (J). pap. 11.99 *(978-1-716-33142-8(0))* Lulu Pr., Inc.

Cuchara Bear's Wildlife. Lance J. MacNeill & Christina M. MacNeill. 2017. (ENG., Illus.). 30p. (J). (gr. k-2). 14.99 *(978-0-692-97350-9(8))* McNeill, Lance.

Cuchillo en la Mano / the Knife of Never Letting Go. Patrick Ness. 2019. (SPA.). 480p. (YA). (gr. 8-12). pap. 16.95 *(978-1-949061-88-8(4)*, Nube De Tinta) Penguin Random House Grupo Editorial ESP. Dist: Penguin Random Hse. LLC.

Cucina: Libro Da Colorare per Bambini. Bold Illustrations. 2017. (ITA., Illus.). 82p. (J). pap. 8.35 *(978-1-64193-119-9(1)*, Bold Illustrations) FASTLANE LLC.

Cucina Delle Madri: Libro Da Colorare per Bambini. Bold Illustrations. 2017. (ITA., Illus.). (J). pap. 8.35 *(978-1-64193-120-5(5)*, Bold Illustrations) FASTLANE LLC.

Cuckoo Call. Betty Salthouse. 2017. (ENG., Illus.). (J). (gr. k-6). pap. *(978-1-911223-23-8(2))* Hawkesbury Pr.

Cuckoo Clock (Classic Reprint) Molesworth. 2017. (ENG., Illus.). (J). 29.34 *(978-0-266-42299-0(3))* Forgotten Bks.

Cuckoo Clock Secrets in Switzerland. Karyn Collett. 2016. (ENG., Illus.). 198p. (J). pap. *(978-0-620-71022-0(5))* ALZuluBelle.

Cuckoo for Coconuts. Christina Johnson & Iggy Larrea. 2017. (ENG., Illus.). (J). (gr. -1-3). 14.95 *(978-1-63177-882-7(X))* Amplify Publishing Group.

Cuckoo in the Nest, Vol. 1 of 2 (Classic Reprint) Margaret O. W. Oliphant. 2018. (ENG., Illus.). 590p. (J). 36.13 *(978-0-332-33844-6(4))* Forgotten Bks.

Cuckoo Song. Frances Hardinge. 2016. (ENG.). 432p. (YA). (gr. 8-17). pap. 12.99 *(978-1-4197-1939-4(4)*, 1096603, Amulet Bks.) Abrams, Inc.

Cuckoo Song. Frances Hardinge. ed. 2016. lib. bdg. 20.80 *(978-0-606-38211-3(9))* Turtleback.

Cuckoo Wasp. Grace Hansen. 2021. (Incredible Insects Ser.). (ENG., Illus.). 24p. (J). (gr. -1-2). lib. bdg. 32.79 *(978-1-0982-0736-6(X)*, 37891, Abdo Kids); (gr. 1-1). pap. 8.95 *(978-1-64494-556-8(8)*, Abdo Kids-Jumbo) ABDO Publishing Co.

Cuckoo's Flight. Wendy Orr. 2021. (Minoan Wings Ser.: 3). (ENG., Illus.). 288p. (J). (gr. 4-7). 17.95 *(978-1-77278-190-8(8))* Pajama Pr. CAN. Dist: Publishers Group West (PGW).

Cuckoo's Nest (Classic Reprint) Martha Gilbert Dickinson Bianchi. (ENG., Illus.). (J). 2018. 424p. 32.64 *(978-0-332-12751-4(6))*; 2017. pap. 16.57 *(978-0-259-39916-2(7))* Forgotten Bks.

¡Cucú! el Océano see Bilingual Pop-Up Peekaboo! Ocean - el Océano

¡Cucú! en el Mar/Peekaboo! in the Ocean. Tr. by Yanitzia Canetti. Illus. by Cocoretto. 2021. (¡Cucú!/Peekaboo! (Spanish/English) Ser.: 4). (ENG.). 12p. (J). bds. *(978-1-78628-553-9(3))* Child's Play International Ltd.

Cucú, ¿estás Ahí? ¿dónde Estás, Conejito?(Are You There Ltl Bunny?) Sam Taplin. 2019. (Little Peek-Through Bks.). (SPA.). 12p. (J). 9.99 *(978-0-7945-4608-3(0)*, Usborne) EDC Publishing.

Cucú, ¿estás Ahí? ¿dónde Estás, Elefantita?(Are You There Little Elephant?) Sam Taplin. 2019. (Little Peek-Through Bks.). (SPA.). 12p. (J). 9.99 *(978-0-7945-4607-6(2)*, Usborne) EDC Publishing.

Cucú, ¿estás Ahí? ¿dónde Estás, Zorrito?(Are You There Little Fox?) Sam Taplin. 2019. (Little Peek-Through Bks.). (SPA.). 12p. (J). 9.99 *(978-0-7945-4609-0(9)*, Usborne) EDC Publishing.

¡Cucú! la Mariposa see Bilingual Pop-Up Peekaboo! Butterfly - la Mariposa

Cucumber Chronicles a Book to Be Taken in Slices (Classic Reprint) J. Ashby-Sterry. 2018. (ENG., Illus.). 260p. (J). 29.28 *(978-0-365-24027-3(3))* Forgotten Bks.

CUCUMBER Notebook. L. L. C. Silsnorra. 2019. (ENG., Illus.). 72p. (J). (gr. k-4). pap. 9.99 *(978-1-951792-46-6(7))* SILSNORRA LLC.

Cucumber Quest: the Doughnut Kingdom. Gigi D.G. 2017. (Cucumber Quest Ser.: 1). (ENG., Illus.). 192p. (J). pap. 14.99 *(978-1-62672-832-5(1)*, 900175241, First Second Bks.) Roaring Brook Pr.

Cucumber Quest: the Flower Kingdom. Gigi D.G. 2018. (Cucumber Quest Ser.: 4). (ENG., Illus.). 240p. (J). 23.99 *(978-1-250-16295-3(5)*, 900186445); pap. 15.99 *(978-1-62672-835-6(6)*, 900175252) Roaring Brook Pr. (First Second Bks.).

Cucumber Quest: the Melody Kingdom. Gigi D.G. 2018. (Cucumber Quest Ser.: 3). (ENG., Illus.). 240p. (J). pap. 14.99 *(978-1-62672-834-9(8)*, 900175251, First Second Bks.) Roaring Brook Pr.

Cucumber Quest: the Ripple Kingdom. Gigi D.G. 2018. (Cucumber Quest Ser.: 2). (ENG., Illus.). 240p. (J). pap. 15.99 *(978-1-62672-833-2(X)*, 900175246, First Second Bks.) Roaring Brook Pr.

Cucuy Is Scared, Too! Donna Barba Higuera. Illus. by Juliana Perdomo. 2021. (ENG.). 40p. (J). (gr. -1-3). 18.99 *(978-1-4197-4445-7(3)*, 1690101, Abrams Bks. for Young Readers) Abrams, Inc.

Cuddle / Abrazos y Mimos: A Board Book about Snuggling/un Libro de Carton Sobre Afectos y Sentimientos. Elizabeth Verdick & Marjorie Lisovskis. 2019. (Happy Healthy Baby(r) Ser.). (ENG., Illus.). 24p. (J). (— 1). bds. 7.99 *(978-1-63198-448-8(9)*, 84488) Free Spirit Publishing Inc.

Cuddle & a Cwtch. Sarah KilBride & Karl Davies. 2019. (ENG., Illus.). 48p. (J). (gr. k-2). pap. 10.99 *(978-1-912654-65-9(2))* Graffeg Limited GBR. Dist: Independent Pubs. Group.

Cuddle Close, Little Koala. Danielle McLean. Illus. by Sarah Ward. (ENG.). (J). 2021. 22p. (-k). bds. 9.99 *(978-1-68010-636-7(8))*; 2020. 24p. (gr. -1-2). 17.99 *(978-1-68010-187-4(0))* Tiger Tales.

Cuddle Me: Padded Board Book. IglooBooks. Illus. by Sejung Kim. 2023. (ENG.). 24p. (J). (-k). bds. 9.99 *(978-1-80368-377-5(5))* Igloo Bks. GBR. Dist: Simon & Schuster, Inc.

Cuddle Me Good Night: Scholastic Early Learners (Touch & Explore) Scholastic. 2020. (Scholastic Early Learners Ser.). (ENG.). 14p. (J). (gr. -1 — 1). bds. 7.99 *(978-1-338-67979-3(1)*, Cartwheel Bks.) Scholastic, Inc.

Cuddle Monkey. Blake Liliane Hellman. Illus. by Chad Otis. 2020. (ENG.). 40p. (J). (gr. -1-3). 18.99 *(978-1-5344-3117-1(9)*, Atheneum Bks. for Young Readers) Simon & Schuster Children's Publishing.

Cuddle Monster. Marilynn James. 2022. (ENG.). 32p. (J). (gr. -1-k). 14.99 *(978-1-6672-0112-2(3)*, Silver Dolphin Bks.) Printers Row Publishing Group.

Cuddle Squeak Peek Cloth Book: Scholastic Early Learners (Touch & Explore) Scholastic. 2022. (Scholastic Early Learners Ser.). (ENG.). 8p. (J). (— 1). 12.99 *(978-1-338-80441-6(3)*, Cartwheel Bks.) Scholastic, Inc.

Cuddle the Magic Kitten Book 1: Magical Friends. Hayley Daze. 2018. (Cuddle the Magic Kitten Ser.: 1). (ENG., Illus.). 112p. (J). (gr. 1-3). pap. 5.99 *(978-1-78700-454-2(6))* Willow Tree Bks. GBR. Dist: Independent Pubs. Group.

Cuddle the Magic Kitten Book 2: Superstar Dreams. Hayley Daze. 2018. (Cuddle the Magic Kitten Ser.: 2). (ENG., Illus.). 112p. (J). (gr. 1-3). pap. 4.99 *(978-1-78700-459-7(7))* Willow Tree Bks. GBR. Dist: Independent Pubs. Group.

Cuddle the Magic Kitten Book 3: Princess Party Sleepover. Hayley Daze. 2018. (Cuddle the Magic Kitten Ser.: 3). (ENG.). 112p. (J). (gr. 1-3). pap. 4.99 *(978-1-78700-615-7(8))* Willow Tree Bks. GBR. Dist: Independent Pubs. Group.

Cuddle the Magic Kitten Book 4: School of Spells. Hayley Daze. 2019. (Cuddle the Magic Kitten Ser.). (ENG.). 112p. (J). (gr. 1-3). pap. 4.99 *(978-1-78700-980-6(7))* Willow Tree Bks. GBR. Dist: Independent Pubs. Group.

Cuddle up, Cows!, 1 vol. Illus. by Sydney Hanson. 2020. (Bedtime Barn Ser.). (ENG.). 20p. (J). bds. 8.99 *(978-1-4002-1208-8(1)*, Tommy Nelson) Nelson, Thomas Inc.

Cuddle-Up Prayers. Michelle Medlock Adams. Illus. by Merrie Gallagher-Cole. 2020. (ENG.). 26p. (gr. -1 — 1). bds. 9.99 *(978-1-5460-1429-4(2)*, Worthy Kids/Ideals) Worthy Publishing.

Cuddled & Carried. Dia L. Michels. Illus. by Mike Speiser. 2018. (ENG.). 32p. (J). (gr. -1-k). 14.95 *(978-1-930775-99-2(7))*; pap. 9.95 *(978-1-930775-98-5(9))* Platypus Media, L.L.C.

Cuddled & Carried / Consentido y Cargado. Dia Michels. Illus. by Mike Speiser. 2018. (ENG.). 32p. (J). (gr. -1-k). pap. 9.95 *(978-1-930775-95-4(4))* Platypus Media, L.L.C.

Cuddles. Ellen Miles. ed. 2019. (Puppy Place Ser.). (ENG.). 83p. (J). (gr. 2-3). 16.36 *(978-0-87617-599-6(X))* Penworthy Co., LLC, The.

Cuddles & Kisses! My Super Adorable Animals Coloring Book. Activity Book Zone for Kids. 2016. (ENG., Illus.). (J). pap. 9.20 *(978-1-68376-322-2(X))* Sabeels Publishing.

Cuddles & Snuggles. Jamie French. 2022. (Padded Board Bks.). (ENG.). 24p. (J). (gr. -1-k). bds. 8.99 *(978-1-80105-297-9(2))* Top That! Publishing PLC GBR. Dist: Independent Pubs. Group.

Cuddles Court Crew: Animal Camp. Christina Paolella. Illus. by Sonia Tona. 2021. (ENG.). 28p. (J). *(978-0-2288-5782-2(1))*; pap. *(978-0-2288-5781-5(3))* Tellwell Talent.

Cuddles for Mommy. Ruby Brown. Illus. by Tina Macnaughton. 2016. (ENG.). 32p. (J). (gr. -1-3). 16.99 *(978-1-4998-0203-0(X))* Little Bee Books Inc.

Cuddles the Clown. Grandma Suzie. 2022. (ENG., Illus.). 20p. (J). pap. 13.95 *(978-1-63881-852-6(5))* Newman Springs Publishing, Inc.

Cuddles (the Puppy Place #52) Ellen Miles. 2019. (Puppy Place Ser.: 52). (ENG.). 96p. (J). (gr. 2-5). pap. 5.99 *(978-1-338-30300-1(7)*, Scholastic Paperbacks) Scholastic, Inc.

Cuddliest Kittens. Nancy Dickmann. 2022. (Awesome Kittens Ser.). (ENG., Illus.). 32p. (J). (gr. k-2). lib. bdg. 27.99 *(978-0-7112-7215-6(8)*, 00a071c8-2850-444b-a45e-c94a47da9dcd) QEB Publishing Inc.

Cuddliest Puppies. Nancy Dickmann. 2022. (Awesome Puppies Ser.). (ENG., Illus.). 32p. (J). (gr. k-2). lib. bdg. 27.99 *(978-0-7112-7233-0(6)*, b52c21ef-b57f-4d0a-987e-b91f551d6bfc) QEB Publishing Inc.

Cuddly Baby Animals Coloring Books 5 Year Old. Educando Kids. 2019. (ENG.). 42p. (J). pap. 6.99 *(978-1-64521-062-7(6)*, Educando Kids) Editorial Imagen.

Cuddly Bear: Keepsake Book. IglooBooks. Illus. by Anna Jones. 2021. (ENG.). 10p. (J). (-1). bds. 8.99 *(978-1-80022-807-8(4))* Igloo Bks. GBR. Dist: Simon & Schuster, Inc.

Cuddly Bears in Trees Coloring Book. Activibooks For Kids. 2016. (ENG., Illus.). (J). pap. 9.20 *(978-1-68321-684-1(9))* Mimaxion.

Cuddly Cat. Candace Nadine Breen. 2020. (ENG.). 24p. (J). pap. 10.99 *(978-1-7329486-7-9(4))* Awakened Path Bks., LLC.

Cuddly Cow: A Farm Friends Sound Book. Illus. by Axel Scheffler. 2017. (Farm Friends Sound Book Ser.). (ENG.). 12p. (J). (— 1). bds. 9.99 *(978-0-7636-9325-1(1))* Candlewick Pr.

Cuddly Creatures: Adorable Animal Coloring & Activity Book Edition. Bobo's Children Activity Books. 2016. (ENG., Illus.). (J). pap. 7.99 *(978-1-68327-406-3(7))* Sunshine In My Soul Publishing.

Cuddly Critters for Little Geniuses. Susan Patterson & James Patterson. Illus. by Hsinping Pan. (Big Words for Little Geniuses Ser.: 2). (ENG.). 32p. (J). (gr. -1 — 1). 2019. bds. 8.99 *(978-0-316-48715-3(5))*; 2018. 17.99 *(978-0-316-48628-6(0))* Little Brown & Co. (Jimmy Patterson).

Cuddly Puppies. Christiane Gunzi & Anna Award. 2017. (ENG., Illus.). 8p. (J). bds. 9.00 *(978-1-909763-07-4(1))* Award Pubns. Ltd. GBR. Dist: Parkwest Pubns., Inc.

Cuddly Woodland & Lake Creatures Coloring Book. Activibooks For Kids. 2016. (ENG., Illus.). (J). pap. 9.20 *(978-1-68321-918-7(X))* Mimaxion.

Cuddly Wuddley Frog & the Slippery Dippery Dog. Latoya Profit. 2021. (ENG.). 24p. (J). pap. 13.95 *(978-1-64801-689-9(8))* Newman Springs Publishing, Inc.

Cudjo's Cave, by J. T Trowbridge (Classic Reprint) John Townsend Trowbridge. 2017. (ENG., Illus.). (J). 34.54 *(978-0-331-07725-4(6))* Forgotten Bks.

Cue for Treason. Geoffrey Trease. 2022. (ENG.). 116p. (J). (gr. 4-7). pap. *(978-1-77323-871-5(X))* Rehak, David.

Cuellolargo. Jane Hissey. (SPA., Illus.). 32p. (J). (gr. k-2). 14.36 *(978-84-8418-019-7(0))* Everest Editora ESP. Dist: Lectorum Pubns., Inc.

Cuent de Galletas see Cookie Story

Cuenta con Dr. Seuss 1 2 3 (Dr. Seuss's 1 2 3 Spanish Edition) Seuss. 2019. (Beginner Books(R) Ser.). (SPA.). 48p. (J). (-k). 9.99 *(978-0-593-12341-6(7))*; lib. bdg. 12.99 *(978-0-593-12342-3(5))* Random Hse. Children's Bks. (Random Hse. Bks. for Young Readers).

¡Cuenta con Ello!, 6 bks., Set. Dana Meachen Rau. Incl. Cinco (Five) lib. bdg. 25.50 *(978-0-7614-3449-8(6)*, cbaf1b48-075c-4f9b-b1ad-24a288269bef); Cuatro (Four) lib. bdg. 25.50 *(978-0-7614-3448-1(8)*, 9957861d-3f82-4364-b812-4b2e42dfaf2b); Diez (Ten) lib. bdg. 25.50 *(978-0-7614-3452-8(6)*, 9a75949b-3a49-49bb-8bc4-ed4054751e49); Dos (Two) lib. bdg. 25.50 *(978-0-7614-3445-0(3)*, 0726e9b4-da53-47e3-a2ef-66ce4473590a); (One) lib. bdg. *(978-0-7614-3444-3(5)*, afc6c8ae-aa8e-4033-8f50-b3dc9454446a); Tres (Three) lib. bdg. 25.50 *(978-0-7614-3446-7(1)*, 1746f546-853f-4516-96de-6a5fa26344d7); 24p. (gr. k-1). 2010. (Bookworms — Spanish Editions: ¡Cuenta con Ello! Ser.). (SPA.). 2008. Set lib. bdg. 95.70 net. *(978-0-7614-3442-9(9)*, Cavendish Square) Cavendish Square Publishing LLC.

Cuenta con la Familia. (Spanish Early Intervention Levels Ser.). (SPA.). 23.10 *(978-1-56334-758-0(X))* CENGAGE Learning.

Cuenta Conmigo see Count on Me!

Cuenta conmigo. Miguel Tanco Carrasco. 2019. (SPA.). 44p. (J). (gr. k-2). 22.99 *(978-84-120746-0-4(2))* Editorial Libre Albedrío ESP. Dist: Lectorum Pubns., Inc.

¡Cuenta Conmigo! 123 (Jonny Lambert's Animal 123) Jonny Lambert. 2020. (Jonny Lambert Illustrated Ser.). (SPA.). 12p. (J). (— 1). bds. 12.99 *(978-0-7440-2563-7(X)*, DK Children) Dorling Kindersley Publishing, Inc.

Cuenta Conmigo (Count with Me), 8 vols. 2022. (Cuenta Conmigo (Count with Me) Ser.). (SPA.). 24p. (J). (gr. 1-1). lib. bdg. 97.08 *(978-1-5382-8241-0(0)*, 9176a83c-08a1-4293-869f-57c08fefc83c) Stevens, Gareth Publishing LLLP.

Cuenta Hasta 100(Count To 100) Felicity Brooks. 2019. ((none) Ser.). (SPA.). 24p. (J). 15.99 *(978-0-7945-4568-0(8)*, Usborne) EDC Publishing.

Cuenta la Historia de la Quiropractica. Todd Waters. 2017. (SPA., Illus.). 34p. (J). pap. *(978-1-365-75011-3(6))* Lulu Pr., Inc.

Cuenta Suenos. Carolina Maria Lopez Garcia. 2016. (SPA., Illus.). (J). pap. 24.50 *(978-1-62915-293-6(5))* Editorial Libros en Red.

Cuentero. Valentín Rincón. Illus. by Alejandro Magallanes. 2020. (Recreo Ser.). (SPA.). 180p. (J). (gr. k-2). pap. 16.95 *(978-607-8237-95-1(0))* Nostra Ediciones MEX. Dist: Independent Pubs. Group.

Cuentero. Valentín Rincón. Illus. by Alejandro Magallanes. 2022. (Recreo Bolsillo Ser.). (SPA.). 180p. (J). (gr. 2-4). pap. 7.95 *(978-607-8756-55-1(9))* Nostra Ediciones MEX. Dist: Independent Pubs. Group.

Cuento Clásico de Pedrito, el Conejo Travieso: A Little Apple Classic (Spanish Edition of Classic Tale of Peter Rabbit) Beatrix Potter. Illus. by Charles Santore. 2020. (Little Apple Bks.). (SPA.). 28p. (J). 5.99 *(978-1-64643-034-5(4)*, Applesauce Pr.) Cider Mill Pr. Bk. Pubs., LLC.

Cuento Clásico de Pedrito, el Conejo Travieso Board Book: The Classic Edition Spanish Board Book. Beatrix Potter. Illus. by Charles Santore. 2021. (Classic Edition

C

Ser.). (SPA.). 28p. (J). bds. 8.95 *(978-1-64643-109-0(X),* Applesauce Pr.) Cider Mill Pr. Bk. Pubs., LLC.

Cuento de Brujas. Chris Colfer. 2021. (SPA.). 352p. (J). pap. 17.99 *(978-987-747-754-2(8))* V&R Editoras.

Cuento de Carina Felina (Carina Felina) Carmen Agra Deedy. Illus. by Henry Cole. 2023. (SPA.). 48p. (J). (gr. -1-3). pap. 7.99 ***(978-1-339-01318-3(5),*** Scholastic en Espanol) Scholastic, Inc.

Cuento de Don Gato Pez: Ligeramente Basado en una Historia Real. Kathy Brodsky. Illus. by Cameron Bennett. 2016.Tr. of CatFish Tale. (SPA.). (J). (gr. 3-7). 19.99 *(978-0-9828529-7-2(5))* Helpingwords.

Cuento de la Celda. Georgene' Glass. Illus. by M. Ridho Mentarie. 2022. (SPA.). 24p. (J). 19.99 ***(978-1-0880-5955-5(4));*** pap. 12.99 ***(978-1-0880-5962-3(7))*** Indy Pub.

Cuento de Magia. Chris Colfer. 2020. (SPA.). 480p. (J). (gr. 5-8). pap. 18.99 *(978-607-8712-27-4(6))* V&R Editoras.

Cuento de Nochebuena: The Night Before Christmas Spanish Edition, 1. Clement Clarke Moore. Illus. by Charles Santore. 2021. (SPA.). 24p. (J). (gr. -1). bds. 8.95 *(978-1-60433-451-7(7),* Applesauce Pr.) Cider Mill Pr. Bk. Pubs., LLC.

Cuento de Nochebuena, una Visita de San Nicolas: A Little Apple Classic. Clement C. Moore. Illus. by Charles Santore. 2020. (Little Apple Bks.). (SPA.). 28p. (J). 4.99 *(978-1-64643-033-8(6),* Applesauce Pr.) Cider Mill Pr. Bk. Pubs., LLC.

Cuento de un Raton - a Rat's Tale. Charles Paul Befus. Illus. by Regan Lorenz. 2023. (Rat Ser.: Vol. 1). (ENG.). 24p. (J). pap. 20.99 ***(978-1-6628-7859-6(1))*** Salem Author Services.

Cuento Del Gatito Hambriento. Elizabeth Fust. Tr. by Amanda Almodovar. Illus. by Mary MacArthur. 2022. (SPA.). 28p. (J). 22.99 ***(978-1-63522-016-2(5));*** pap. 9.99 ***(978-1-63522-012-4(2))*** Rivershore Bks.

Cuento Del Gatito Hambriento (Libro de Colorear) Elizabeth Fust. Tr. by Almodovar. Illus. by Mary MacArthur. 2022. (SPA.). 28p. (J). pap. 9.99 ***(978-1-63522-015-5(7))*** Rivershore Bks.

Cuento Del Perdon. Melody McAllister. Tr. by Nicole Biscotti. Illus. by Rheanna R. Longoria. 2020. (SPA.). 44p. (J). pap. 15.99 *(978-1-953852-07-6(X))* EduMatch.

Cuento Del Sapo Problemático: Leveled Reader Book 57 Level U 6 Pack. Hmh Hmh. 2021. (SPA.). 56p. (J). pap. 74.40 *(978-0-358-08624-6(8))* Houghton Mifflin Harcourt Publishing Co.

Cuento Propio. Pandora Mirabilia & Camila Monasterio. 2018. (SPA.). 64p. (J). (gr. 3-5). 24.99 *(978-84-17383-10-7(7))* Takatuka ESP. Dist: Lectorum Pubns., Inc.

Cuento Triste. Katrina Streza & Ariana Vargas. Illus. by Brenda Ponnay. 2023. (Little Lectores Ser.: Vol. 23). (SPA.). 20p. (J). 24.99 ***(978-1-5324-3487-1(1));*** pap. 12.99 ***(978-1-5324-3320-7(4))*** Xist Publishing.

Cuentos. Hans Christian. Andersen. 2020. (SPA.). 174p. (J). (gr. 4-6). 24.99 *(978-958-30-6024-3(0))* Panamericana Editorial COL. Dist: Lectorum Pubns., Inc.

Cuentos Al Caer la Noche. J. A. White. 2022. (SPA.). 288p. (J). pap. 16.95 *(978-607-07-8261-9(5))* Editorial Planeta, S. A. ESP. Dist: Two Rivers Distribution.

Cuentos Bíblicos para niños: la Pascua: Muerte y Resurrección de Jesús. Pia Imperial. Tr. by Eva Ibarzábal. Illus. by Carly Gledhill. 2023. (Little Bible Stories Ser.). 20p. (J). (— 1). bds. 9.99 *(978-0-593-65821-5(3),* Grosset & Dunlap) Penguin Young Readers Group.

Cuentos Clasicos de Hadas. Beatriz Donnet & Guillermo Murray. 2018.Tr. of Classical Fairy Tales. (SPA.). 152p. (J). (gr. 1-7). pap. 6.95 *(978-607-453-163-3(3))* Selector, S.A. de C.V. MEX. Dist: Spanish Pubs., LLC.

Cuentos Clásicos Policiales: Contados para Niños. Edgar Allan Poe. Illus. by Ignacio Bustos. 2022. (Brujula y la Veleta Ser.). (SPA.). 64p. (gr. 4-7). pap. 9.70 *(978-987-718-559-1(8))* Ediciones Lea S.A. ARG. Dist: Independent Pubs. Group.

Cuentos con Rimas: Me Llamo Lupita, Lupita Me Llamo. Mónica Santibañez Rodriguez. 2021. (SPA.). 40p. (J). pap. 19.99 ***(978-1-7377170-9-6(3))*** Carnaval Editorial.

Cuentos Cortos para Ir a Dormir(Five Minute Bedtime Stories) Sam Taplin. 2019. (Stories for Bedtime Ser.). (SPA.). 104p. (J). 14.99 *(978-0-7945-4569-7(6),* Usborne) EDC Publishing.

Cuentos de Buenas Noches para niñas Rebeldes. Elena Favilli & Francesca Cavallo. 2017. (SPA.). 224p. (J). (gr. -1-1). pap. 17.95 *(978-607-07-3979-8(5),* Planeta Publishing) Planeta Publishing Corp.

Cuentos de Buenas Noches para niñas Rebeldes: 100 Mujeres Migrantes Que Cambiaron el Mundo. Elena Favilli. 2020. (SPA.). 224p. (J). pap. 17.95 *(978-607-07-7129-3(X))* Editorial Planeta, S. A. ESP. Dist: Two Rivers Distribution.

Cuentos de Buenas Noches para niñas Rebeldes. 100 Mexicanas Extraordinarias: 100 Mexicanas Extraordinarias. Elena Favilli. 2021. (SPA.). 224p. (J). pap. 17.95 *(978-607-07-7411-9(6))* Editorial Planeta, S. A. ESP. Dist: Two Rivers Distribution.

Cuentos de Buenas Noches para niñas Rebeldes 5: 100 Jóvenes Que Están Cambiando el Mundo. Niñas Rebeldes Niñas Rebeldes. 2022. (SPA.). 240p. (J). pap. 24.95 ***(978-607-07-9192-5(4))*** Editorial Planeta, S. A. ESP. Dist: Two Rivers Distribution.

Cuentos de California (Classic Reprint) Amanda Mathews Chase. 2018. (ENG., Illus.). 84p. (J). 25.63 *(978-0-483-68449-2(X))* Forgotten Bks.

Cuentos de Casas Encantadas para Ninos. Christian De avila. 2018. (SPA.). 120p. (YA). pap. 6.95 *(978-970-643-135-6(7))* Selector, S.A. de C.V. MEX. Dist: Spanish Pubs., LLC.

Cuentos de Edgar Allan Poe: Los Crímenes de la Calle Morgue, el Barril de Amontillado y el Escarabajo de Oro. Edgar Allan Poe. Illus. by Nelson Jacome. 2017. (SPA.). 110p. (J). pap. *(978-9978-18-447-9(3))* Radmandi Editorial, Compania Ltd.

Cuentos de Hadas Clasicos. Illus. by Scott Gustafson. 2020. (SPA.). 152p. (J). 26.95 *(978-84-9145-291-1(5),* Picarona Editorial) Ediciones Obelisco ESP. Dist: Spanish Pubs., LLC.

Cuentos de Hadas Contados Por Clementina (Fairy Tales As Told by Clementine) (Set), 6 vols. 2022. (Cuentos de Hadas Contados Por Clementina (Fairy Tales As Told by Clementine) Ser.). (SPA.). 32p. (J). (gr. -1-4). 196.74 *(978-1-0982-3473-7(1),* 39899, Looking Glass Library) Magic Wagon.

Cuentos de Hadas Fracturados (Fractured Fairy Tales) (Set), 6 vols. 2022. (Cuentos de Hadas Fracturados (Fractured Fairy Tales) Ser.). (SPA.). 32p. (J). (gr. 3-8). lib. bdg. 196.74 *(978-1-0982-3487-4(1),* 39871, Graphic Planet - Fiction) Magic Wagon.

Cuentos de Hadas Futuristas. Joey Comeau & Otis Frampton. Illus. by Omar Lozano & Otis Frampton. 2020. (Cuentos de Hadas Futuristas Ser.).Tr. of Far Out Fairy Tales. (SPA.). 40p. (J). (gr. 3-6). 106.60 *(978-1-4965-9829-5(6),* 200729); pap., pap., pap. 23.80 *(978-1-5158-7349-5(8),* 201806) Capstone. (Stone Arch Bks.).

Cuentos de Hadas Ilustrados(Illustrated Fairy Tales) 2019. (Illustrated Stories Ser.). (SPA.). 352p. (J). 19.99 *(978-0-7945-4602-1(1),* Usborne) EDC Publishing.

Cuentos de Hadas Libro para Colorear: Lindas Páginas para Colorear para niñas y niños con Hermosos Diseños. Lenard Vinci Press. 2020. (SPA.). 86p. (J). pap. 9.99 *(978-1-716-31322-6(8))* Lulu Pr., Inc.

Cuentos de Hadas para Peques: Fairy Tales for Little Children. Susanna Davidson. 2019. (Stories for Bedtime Ser.). (SPA.). 128ppp. (J). 14.99 *(978-0-7945-4806-3(7),* Usborne) EDC Publishing.

Cuentos de Horror Contados para Niños: H. P Lovecraft. Howard Phillips Lovecraft. 2017. (Brújula y la Veleta Ser.). (SPA.). 64p. (J). (gr. 7). pap. 9.95 *(978-987-718-447-1(8))* Ediciones Lea S.A. ARG. Dist: Independent Pubs. Group.

Cuentos de la Selva. Horacio Quiroga. 2022.Tr. of Jungle Stories. (SPA.). 120p. (J). (gr. k-6). pap. 12.95 ***(978-607-07-3913-2(2))*** Editorial Planeta, S. A. ESP. Dist: Two Rivers Distribution.

Cuentos de la Selva: Clasicos para Ninos. Horacio Quiroga. 2018. (SPA., Illus.). 80p. (J). pap. *(978-970-643-883-6(1))* Selector, S.A. de C.V.

Cuentos de la Tradicion Francesa. Enrique Elliot. 2018. (SPA.). 112p. (YA). pap. 6.95 *(978-970-643-905-5(6))* Selector, S.A. de C.V. MEX. Dist: Spanish Pubs., LLC.

Cuentos de Piratas para niños y Niñas. Victoria Rigiroli & Florencia Stamponi. 2017. (Brújula y la Veleta Ser.). (SPA.). 64p. (J). (gr. 4-7). pap. 9.95 *(978-987-718-374-0(9))* Ediciones Lea S.A. ARG. Dist: Independent Pubs. Group.

Cuentos de Pueblos Fantasmas. Ruben Mendieta. 2018. (SPA.). 120p. (YA). pap. 6.95 *(978-970-643-448-7(8))* Selector, S.A. de C.V. MEX. Dist: Spanish Pubs., LLC.

Cuentos de Titanes para Ninos. Gabriela de los Ángeles Santana. 2018. (SPA.). 120p. (YA). pap. 6.95 *(978-970-643-255-1(8))* Selector, S.A. de C.V. MEX. Dist: Spanish Pubs., LLC.

Cuentos Del 4to Grado: 75 Historias Cortas. Megan Fluhart. 2021. (SPA.). 82p. (J). 19.99 *(978-1-63337-556-7(0));* pap. 14.99 *(978-1-63337-557-4(9))* Columbus Pr. (Proving Pr.).

Cuentos Del Hogar. Teodoro Baro. 2017. (SPA., Illus.). (J). 22.95 *(978-1-374-93792-5(4));* pap. 12.95 *(978-1-374-93791-8(6))* Capital Communications, Inc.

Cuentos en Cómic de Los Grimm. Rotraut Susanne Berner. 2017. (SPA.). 56p. (J). (gr. 4-7). pap. 11.50 *(978-607-527-121-7(X))* Editorial Oceano de Mexico MEX. Dist: Independent Pubs. Group.

Cuentos en Verso. Juan Moises de la Serna. 2019. (SPA.). 86p. (J). pap. *(978-88-9398-226-9(9))* Tektime.

Cuentos Escalofriantes de Michael Dahl. Michael Dahl. Illus. by Xavier Bonet. 2020. (Cuentos Escalofriantes de Michael Dahl Ser.).Tr. of Michael Dahl's Really Scary Stories. (SPA.). 72p. (J). (gr. 1-3). 103.96 *(978-1-4965-9830-1(X),* 200730, Stone Arch Bks.) Capstone.

Cuentos Escritos a Maquina. Gianni Rodari. Illus. by Ixchel Estrada. 2017. (Serie Naranja Ser.). (SPA.). 288p. (J). (gr. 4-7). pap. 11.95 *(978-1-64101-228-7(5))* Santillana USA Publishing Co., Inc.

Cuentos Espeluznantes. Gregory C. Phillips. 2018. (SPA.). 120p. (YA). pap. 6.95 *(978-970-643-389-3(9))* Selector, S.A. de C.V. MEX. Dist: Spanish Pubs., LLC.

Cuentos, Fabulas y Poemas Para Ti see Stories, Fables & Poems for You

Cuentos Folclóricos (Set), 6 vols. 2022. (Cuentos Folclóricos Ser.). (SPA.). 32p. (J). (gr. -1-3). lib. bdg. 196.74 *(978-1-0982-3536-9(3),* 41109, Calico Chapter Bks) Magic Wagon.

Cuentos Habbaassi IV. Juan Moises de la Serna. 2019. (SPA.). 104p. (J). pap. *(978-88-9398-602-1(7))* Tektime.

Cuentos Ilustrados de Ficción. Carmen Oliver. Illus. by Jean Claude. (Cuentos Ilustrados de Ficción Ser.). (SPA.). 32p. (J). (gr. -1-1). 2020. pap., pap. 15.90 *(978-1-5158-6114-0(7),* 30111); 2019. 67.95 *(978-1-5158-4691-8(1),* 29726) Capstone. (Picture Window Bks.).

Cuentos Infantiles con Sentido. Mariana Estolano Rubio. 2022. (SPA.). 72p. (J). pap. 14.95 *(978-1-63765-239-8(9))* Halo Publishing International.

Cuentos lúgubres Del Reino de Grimm. Adam Gidwitz. 2022. (SPA.). 248p. (YA). pap. 16.95 *(978-607-07-8608-2(4))* Editorial Planeta, S. A. ESP. Dist: Two Rivers Distribution.

Cuentos Mayas. Judy Goldman. 2018. (SPA.). 152p. (J). (gr. 2-4). pap. 24.99 *(978-607-746-489-1(9))* Progreso, Editorial, S. A. MEX. Dist: Lectorum Pubns., Inc.

Cuentos Multiculturales. Cari Meister. Illus. by Carolina Farias et al. 2020. (Cuentos Multiculturales Ser.).Tr. of Multicultural Fairy Tales. (SPA.). 32p. (J). (gr. k-2). 179.94 *(978-1-5158-5752-5(2),* 29931, Picture Window Bks.) Capstone.

Cuentos Multiculturales. Cari Meister. Tr. by Aparicio Publishing Aparicio Publishing LLC. Illus. by Colleen Madden et al. 2020. (Cuentos Multiculturales Ser.).Tr. of Multicultural Fairy Tales. (SPA.). 32p. (J). (gr. k-2). pap., pap., pap. 41.70 *(978-1-5158-6082-2(5),* 30090, Picture Window Bks.) Capstone.

Cuentos Negros de Ofelia I. Jorge A. Estrada & Monica Loya. 2017. (SPA.). 104p. (J). pap. 8.95 *(978-607-748-034-1(7))* Ediciones Urano S. A. ESP. Dist: Spanish Pubs., LLC.

Cuentos Negros de Ofelia II. Jorge A. Estrada. 2018. (SPA.). (J). (gr. 3-7). pap. 8.95 *(978-607-748-089-1(4))* Ediciones Urano S. A. ESP. Dist: Spanish Pubs., LLC.

Cuentos para Antes de Dormir. María Elena Larrayoz Aristeguieta. 2017. (SPA.). 166p. (J). ***(978-1-4710-7160-7(X))*** Lulu Pr., Inc.

Cuentos para Cambiar. Jesus Manuel Gomez Perez. Ed. by Learn&live. 2016. (SPA., Illus.). (J). pap. *(978-84-945418-6-5(2))* Learn&Live.

Cuentos para Demián: Los Cuentos Que Contaba Mi Analista. Jorge Bucay. 2020. (SPA.). 228p. pap. 15.95 *(978-607-527-811-7(7))* Editorial Oceano de Mexico MEX. Dist: Independent Pubs. Group.

Cuentos para Dormir. Yasmina Scarpetta. 2021. (SPA.). 55p. (J). pap. *(978-1-6780-8453-0(0))* Lulu Pr., Inc.

Cuentos para Entender el Mundo (Libro 1) / Short Stories to Understand the World (Book 1) Eloy Moreno. 2020. (Cuentos para Entender el Mundo Ser.: 1). (SPA.). 176p. (gr. 13-9). pap. 15.95 *(978-84-1314-141-1(9))* Ediciones B Mexico MEX. Dist: Penguin Random Hse. LLC.

Cuentos para la Escuela. Gianni Rodari. 2022. (SPA.). 72p. (J). pap. 11.95 *(978-607-07-3888-3(8))* Editorial Planeta, S. A. ESP. Dist: Two Rivers Distribution.

Cuentos para niñas Sin Miedo / Stories for Fearless Girls. Myriam Sayalero. 2020. (SPA., Illus.). 240p. (J). (gr. 7). 19.95 *(978-84-17605-04-9(5),* Nube De Tinta) Penguin Random House Grupo Editorial ESP. Dist: Penguin Random Hse. LLC.

Cuentos para Niños. Jorge Ibargüengoitia. 2022. (SPA.). 88p. (J). pap. 12.95 *(978-607-07-4538-6(4))* Editorial Planeta, S. A. ESP. Dist: Two Rivers Distribution.

Cuentos para Niños. Tony Wolf. 2020. (SPA.). 90p. (J). (gr. 1-3). 8.99 *(978-958-30-6015-1(1))* Panamericana Editorial COL. Dist: Lectorum Pubns., Inc.

Cuentos para Ninos de 2 Anos (Spanish Edition) Ed. by Parragon Books. 2019. (SPA.). 96p. (J). (gr. -1 — 1). 12.99 *(978-1-68052-873-2(4),* 2000140-SLA, Parragon Books) Cottage Door Pr.

Cuentos para Ninos de 3 Anos (Spanish Edition) Ed. by Parragon Books. 2019. (SPA.). 96p. (J). (gr. -1 — 1). 12.99 *(978-1-68052-874-9(2),* 2000150-SLA, Parragon Books) Cottage Door Pr.

Cuentos para Ninos de 4 Anos (Spanish Edition) Ed. by Parragon Books. 2019. (SPA.). 96p. (J). (gr. -1-k). 12.99 *(978-1-68052-875-6(0),* 2000160-SLA, Parragon Books) Cottage Door Pr.

Cuentos para Ninos de 5 Anos (Spanish Edition) Ed. by Parragon Books. 2020. (SPA.). 96p. (J). (gr. -1-k). 12.99 *(978-1-68052-876-3(9),* 2003130-SLA, Parragon Books) Cottage Door Pr.

Cuentos para niños Que Se Atreven a Ser Diferentes / Stories for Boys Who Dare to Be Different. Ben Brooks. 2018. (SPA.). 208p. (J). (gr. 4-7). 20.95 *(978-607-31-6936-3(1),* Aguilar) Penguin Random Hse. Grupo Editorial (USA) LLC.

Cuentos para niños Que Se Atreven a Ser Diferentes 2 / Stories for Boys Who Dare to Be Different 2. Ben Brooks. 2020. (SPA.). 216p. (J). (gr. 4-7). 17.95 *(978-607-31-8672-8(X),* Aguilar) Penguin Random Hse. Grupo Editorial (USA) LLC.

Cuentos para niños y niñas Que Quieren Salvar el Mundo / Stories for Boys & Girls Who Want to Save the World. Carola Benedetto. 2020. (SPA.). 240p. (J). (gr. 2-5). pap. 17.95 *(978-607-31-8679-7(7),* B De Blook) Penguin Random House Grupo Editorial ESP. Dist: Penguin Random Hse. LLC.

Cuentos para Pensar: Siempre Hay un Cuento para Cada Quien. Jorge Bucay. 2020. (SPA.). 180p. (gr. 7). pap. 15.50 *(978-607-527-807-0(9))* Editorial Oceano de Mexico MEX. Dist: Independent Pubs. Group.

Cuentos para Salir Al Recreo. Margarita Maine. Illus. by Gerardo Baro. 2019. (Torre Roja Ser.). (SPA.). 60p. (J). (gr. -1-7). pap. *(978-958-776-020-0(4))* Norma Ediciones, S.A.

Cuentos para Soñar: Aventuras de Amiguitos. Javier Gaitan Arellano. 2023. (SPA.). 56p. (J). 22.97 ***(978-1-959989-11-0(1))*** Fig Factor Media Publishing.

Cuentos para Soñar: Lecciones con Animalitos. Javier Gaitan Arellano. 2023. (SPA.). 62p. (J). 22.97 ***(978-1-959989-12-7(X))*** Fig Factor Media Publishing.

Cuentos para Ti y para Mí: Stories for You & for Me... Cuentos, Adivinanzas y Más. Rincón. Illus. by Martha Nguyen. 2021. (SPA.). 142p. (J). *(978-0-2288-5775-4(9));* pap. *(978-0-2288-4176-0(3))* Tellwell Talent.

Cuentos para Ti y para Mí: Tales for You & Me; Cuentos, Adivinanzas y Más. Giselle Rincón. Illus. by Martha Nguyen. 2022. (ENG.). 152p. (J). *(978-0-2288-7196-5(4));* pap. *(978-0-2288-7172-9(7))* Tellwell Talent.

Cuentos para Viajar Lejos. Antonio Gómez Hueso. 2021. (SPA.). 196p. (YA). pap. ***(978-1-4717-8335-7(9))*** Lulu Pr., Inc.

Cuentos Pequeñitos de Andrea, Pablito y Popy. Rocio Lopez Liera. 2018. (SPA.). 76p. (J). pap. *(978-607-746-434-1(1))* Progreso, Editorial, S. A.

Cuentos Por Estaturas. Jorge Estrada. 2017. (SPA.). 136p. (J). (gr. 4-7). *(978-607-748-099-0(1))* Ediciones Urano S. A.

Cuentos Por MIS Estudiantes: Stories for My Students. Tricia McClintock. 2022. (SPA.). 40p. pap. *(978-1-387-98497-8(7))* Lulu Pr., Inc.

Cuentos Sagrados de America: (the SeaRinged World Spanish Edition) Maria Garcia Esperon. Illus. by Amanda Mijangos. 2021. (SPA.). 240p. (J). (gr. 3-9). pap. 16.99 *(978-1-64614-033-6(8))* Levine Querido.

Cuentos Ticos: Short Stories of Costa Rica (Classic Reprint) Ricardo Fernandez Guardia. 2017. (ENG., Illus.). 346p. (J). 31.05 *(978-0-484-69298-4(4))* Forgotten Bks.

Cuernos. Amy Culliford. 2022. (¿Qué Animal Tiene Estas Partes? (What Animal Has These Parts?) Ser.).Tr. of Horns. (SPA.). 16p. (J). (gr. -1-1). pap. *(978-1-0396-4918-7(1),* 19206); lib. bdg. *(978-1-0396-4791-6(X),* 19205) Crabtree Publishing Co.

Cuerpo see My First Bilingual Body

Cuerpo. Gabriela Keselman. 2017. (SPA.). 16p. (J). (gr. -1-2). 8.95 *(978-607-748-045-7(2))* Ediciones Urano S. A. ESP. Dist: Spanish Pubs., LLC.

Cuerpo Humano. Stéphanie Ledu. 2017. (Edad de Los Porqués Ser.). (SPA.). 88p. (J). (gr. 2-4). pap. 14.95 *(978-607-527-060-9(4))* Editorial Oceano de Mexico MEX. Dist: Independent Pubs. Group.

Cuerpo Humano: Shine-A-light. Carron Brown. Illus. by Rachel Saunders. 2019.Tr. of Human Body. (SPA.). (J). 12.99 *(978-1-61067-914-5(8))* Kane Miller.

Cuerpo Humano (Knowledge Encyclopedia Human Body!) DK. 2018. (DK Knowledge Encyclopedias Ser.). Orig. Title: Human Body!. (SPA., Illus.). 208p. (J). (gr. 4-7). 24.99 *(978-1-4654-7374-5(2),* DK Children) Dorling Kindersley Publishing, Inc.

Cuervo el Tramposo. Christine Platt. Illus. by Evelt Yanait. 2022. (Cuentos Folclóricos Ser.). (SPA.). 32p. (J). (gr. -1-3). lib. bdg. 32.79 *(978-1-0982-3542-0(8),* 41121, Calico Chapter Bks) Magic Wagon.

Cuervo y el Zorro. Jean de la Fontaine. 2021. (SPA.). 16p. (J). (gr. -1-k). pap. 1.95 *(978-607-21-1096-0(7))* Larousse, Ediciones, S. A. de C. V. MEX. Dist: Independent Pubs. Group.

Cuesta Encantada. Bill Moseley. I.t. ed. 2020. (ENG.). 224p. (YA). pap. 14.99 *(978-1-0879-0577-8(X))* Indy Pub.

Cuestion de Dinero: Conocimientos Financieros. Linda Claire. rev. ed. 2019. (Mathematics in the Real World Ser.). (SPA.). 20p. (J). (gr. k-1). 8.99 *(978-1-4258-2825-7(6))* Teacher Created Materials, Inc.

Cuestión de Dinero: El Puesto de Limonada. Cathy D'Alessandro & Noelle Hoffmeister. rev. ed. 2018. (Mathematics in the Real World Ser.). (SPA., Illus.). 32p. (J). (gr. 2-3). pap. 10.99 *(978-1-4258-2872-1(8))* Teacher Created Materials, Inc.

Cueva de Los Gusanos. Michael Dahl. Tr. by Aparicio Publishing Aparicio Publishing LLC. Illus. by Bradford Kendall. 2020. (Biblioteca Maldita Ser.).Tr. of Cave of the Bookworms. (SPA.). 40p. (J). (gr. 4-8). pap. 6.95 *(978-1-4965-9309-2(X),* 142321); lib. bdg. 24.65 *(978-1-4965-9170-8(4),* 142083) Capstone. (Stone Arch Bks.).

Cuevas (Caves) Julie Murray. (Casas de Animales Ser.). (SPA., Illus.). 24p. (J). 2020. (gr. k-k). pap. 8.95 *(978-1-64494-369-4(7),* 1644943697, Abdo Kids-Junior); 2019. (gr. -1-2). lib. bdg. 31.36 *(978-1-0982-0061-9(6),* 32996, Abdo Kids) ABDO Publishing Co.

Cuevas Fantasmales. E. Merwin. 2018. (De Puntillas en Lugares Escalofriantes/Tiptoe into Scary Places Ser.). (SPA & ENG.). 24p. (J). (gr. k-3). 18.95 *(978-1-68402-613-5(X))* Bearport Publishing Co., Inc.

¡Cuidado! La Complicada Vida de Claudia Cristina Cortez. Diana G. Gallagher. Illus. by Brann Garvey. 2019. (Claudia Cristina Cortez en Español Ser.). (SPA.). 88p. (J). (gr. 4-8). pap. 6.95 *(978-1-4965-8584-4(4),* 141317); lib. bdg. 26.65 *(978-1-4965-8546-2(1),* 141295) Capstone. (Stone Arch Bks.).

Cuidado con la Niebla: Leveled Reader Book 69 Level V 6 Pack. Hmh Hmh. 2021. (SPA.). 64p. (J). pap. 74.40 *(978-0-358-08634-5(5))* Houghton Mifflin Harcourt Publishing Co.

Cuidado con la Princesa Pirata. Holly Ryan. 2022. (SPA.). 32p. (J). (gr. -1-k). 16.95 *(978-84-18664-08-3(8))* Editorial el Pirata ESP. Dist: Independent Pubs. Group.

¡Cuidado, Insectos! Leveled Reader Book 90 Level T 6 Pack. Hmh Hmh. 2021. (SPA.). 40p. (J). pap. 74.40 *(978-0-358-08568-3(3))* Houghton Mifflin Harcourt Publishing Co.

Cuidador de Abejas. Laurie Krebs. Illus. by Valeria Cis. 2021. (SPA.). 40p. (J). (gr. k-4). 9.99 *(978-1-64686-434-8(4))* Barefoot Bks., Inc.

Cuidadora de Gusanos (Worm Wrangler) Amy Cobb. Illus. by Alexandria Neonakis. 2021. (Libby Wimbley Ser.).Tr. of Worm Wrangler. (SPA.). 32p. (J). (gr. -1-3). lib. bdg. 32.79 *(978-1-0982-3279-5(8),* 38732, Calico Chapter Bks) Magic Wagon.

Cuidadora de Perros con Mala Suerte / Dork Diaries: Tales from a Not-So-Perfect Pet Sitter. Rachel Renée Russell. 2022. (Diario de una Dork Ser.: 10). (SPA.). 304p. (J). (gr. 4-7). pap. 14.95 *(978-1-644473-531-2(8))* Penguin Random House Grupo Editorial ESP. Dist: Penguin Random Hse. LLC.

Cuidadores Del Zoológico. Julie Murray. 2018. (Trabajos en Mi Comunidad (My Community: Jobs) Ser.).Tr. of Zookeepers. (SPA.). 24p. (J). (gr. -1-2). lib. bdg. 31.36 *(978-1-5321-8371-3(2),* 29935, Abdo Kids) ABDO Publishing Co.

Cuidamos de Los Cerdos / We Take Care of the Pigs, 1 vol. Sadie Woods. 2017. (Vivo en una Granja / I Live on a Farm Ser.). (ENG & SPA., Illus.). 24p. (J). (gr. 1-1). lib. bdg. 25.27 *(978-1-5081-6332-9(4),* 44642e77-2c14-49e4-8d1a-5574a2658a56, PowerKids Pr.) Rosen Publishing Group, Inc., The.

Cuidamos de Los Cerdos (We Take Care of the Pigs), 1 vol. Sadie Woods. 2017. (Vivo en una Granja (I Live on a Farm) Ser.). (SPA.). 24p. (J). (gr. 1-1). pap. 9.25 *(978-1-5383-2815-6(1),* 2483ef99-d056-4363-aa7d-66463d8d0e43); (Illus.). lib. bdg. 25.27 *(978-1-5081-6328-2(6),* 4743cea4-32c1-4710-af56-92cfe5fb70b0) Rosen Publishing Group, Inc., The. (PowerKids Pr.).

Cuidamos de Los Pollos / We Take Care of the Chickens, 1 vol. Rosaura Esquivel. 2017. (Vivo en una Granja / I Live on a Farm Ser.). (ENG & SPA., Illus.). 24p. (J). (gr. 1-1). lib. bdg. 25.27 *(978-1-5081-6331-2(6),* c5d2a1e0-e616-4eeb-a472-0dea7bba6f1c, PowerKids Pr.) Rosen Publishing Group, Inc., The.

Cuidamos de Los Pollos (We Take Care of the Chickens), 1 vol. Rosaura Esquivel. 2017. (Vivo en una Granja (I Live on a Farm) Ser.). (SPA.). 24p. (J). (gr. 1-1). pap. 9.25 *(978-1-5383-2816-3(X),* 9a612e51-b0ea-4066-99e4-1b56ccf17248); (Illus.). lib. bdg. 25.27 *(978-1-5081-6327-5(8),* 689f7dc4-495b-476a-a92f-9c8f726aadd6) Rosen Publishing Group, Inc., The. (PowerKids Pr.).

Cuisine: Livre Coloriage Pour Enfants. Bold Illustrations. 2017. (FRE., Illus.). (J). pap. 8.35 *(978-1-64193-045-1(4),* Bold Illustrations) FASTLANE LLC.

Cul-De-Sac Kids Collection Four: Books 19-24. Beverly Lewis. 2018. (ENG.). 368p. (J). pap. 15.99 *(978-0-7642-3051-6(4))* Bethany Hse. Pubs.

Cul-De-Sac Kids Collection One: Books 1-6. Beverly Lewis. 2017. (ENG., Illus.). 352p. (J). pap. 14.99 *(978-0-7642-3048-6(4))* Bethany Hse. Pubs.

Cul-De-Sac Kids Collection Three: Books 13-18. Beverly Lewis. 2018. (ENG., Illus.). 368p. (J). pap. 14.99 *(978-0-7642-3050-9(6))* Bethany Hse. Pubs.

Cul-De-Sac Kids Collection Two: Books 7-12. Beverly Lewis. 2017. (ENG., Illus.). 352p. (J). pap. 13.99 *(978-0-7642-3049-3(2))* Bethany Hse. Pubs.

Culania: Knight of the Werewolf. Al C. Myst. 2022. (Culania & Friends Ser.). (ENG.). 30p. (J). pap. 13.99 *(978-1-0880-3843-7(3))* Indy Pub.

Culebra Se Va: Leveled Reader Book 45 Level C 6 Pack. Hmh Hmh. 2021. (SPA.). 16p. (J). pap. 74.40 *(978-0-358-08174-6(2))* Houghton Mifflin Harcourt Publishing Co.

Culebras Rayadas (Garter Snakes) Julie Murray. 2016. (Animales Comunes (Everyday Animals) Ser.). (SPA.). 24p. (J). (gr. -1-2). lib. bdg. 31.36 *(978-1-62402-602-7(8)*, 24708, Abdo Kids) ABDO Publishing Co.

Culinary Arts. Eric Benac. 2019. (World Art Tour Ser.). (Illus.). 96p. (J). (gr. 12). lib. bdg. 34.60 *(978-1-4222-4286-5(2))* Mason Crest.

Culinary Arts: A Practical Career Guide. Tracy Brown Hamilton. 2019. (Practical Career Guides). (Illus.). 106p. (YA). (gr. 8-17). pap. 41.00 *(978-1-5381-1173-4(X))* Rowman & Littlefield Publishers, Inc.

Cullie the Crustacean. Shana Dressel. 2022. (ENG.). 22p. (J). pap. 15.95 *(978-1-63961-832-3(5))* Christian Faith Publishing.

Cullie the Crustacean: It's How You Play the Game. Shana Dressel. 2022. (ENG., Illus.). 36p. (J). pap. 16.95 ***(978-1-68570-358-5(5))*** Christian Faith Publishing.

Culling Begins. Anthony DeGroot. 2022. (Spirit Oak Chronicles Ser.: Vol. 1). (ENG.). 168p. (YA). pap. 16.95 *(978-1-63844-157-1(X))* Christian Faith Publishing.

Culm Rock: The Story of a Year; What It Brought & What It Taught (Classic Reprint) Glance Gaylord. (ENG., Illus.). (J). 2018. 448p. 33.14 *(978-0-483-26093-1(2))*; 2017. pap. 16.57 *(978-0-243-54999-3(7))* Forgotten Bks.

Culori Di Pappagalli: L'introduzione Di un Zitellu à I Culori in U Mondu Naturale. David E. McAdams. Illus. by Prufissore Bouquet. 2020. (Culori in U Mondu Naturale Ser.: Vol. 1). (COS.). 38p. (J). pap. 14.95 *(978-1-63270-221-0(5))* Life is a Story Problem LLC.

Cult of the Purple Rose: A Phase of Harvard Life (Classic Reprint) Shirley Everton Johnson. 2017. (ENG., Illus.). (J). 27.49 *(978-0-331-72808-8(7))*; pap. 9.97 *(978-0-243-32000-4(0))* Forgotten Bks.

Cultivando a un Artista (Growing an Artist) La Historia de un Jardinero Paisajista y Su Hijo. John Parra. Tr. by Adriana Domínguez. Illus. by John Parra. 2022. (SPA., Illus.). 40p. (J). (gr. -1-3). 18.99 *(978-1-6659-0388-2(0)*, Simon & Schuster/Paula Wiseman Bks.) Simon & Schuster/Paula Wiseman Bks.

Cultivating Genius: A Four-Layered Framework for Culturally & Historically Responsive Literacy. Gholdy Muhammad. 2020. (ENG., Illus.). 176p. (gr. k-8). pap. 35.99 *(978-1-338-59489-8(3))* Scholastic, Inc.

Cultivating Sunshine. J. S. R. Smith. 2023. (ENG.). 270p. (YA). ***(978-0-9733667-3-0(7))***; pap. ***(978-0-9733667-1-6(0))*** Sacred Spine Bks.

Cultivators. Lori Dittmer. 2018. (Seedlings Ser.). (ENG., Illus.). 24p. (J). (gr. -1-1). pap. 7.99 *(978-1-62832-524-9(0)*, 19529, Creative Paperbacks); *(978-1-60818-908-3(2)*, 19531, Creative Education) Creative Co., The.

Cultivators Go to Work. Jennifer Boothroyd. 2018. (Farm Machines at Work Ser.). (ENG., Illus.). 24p. (J). (gr. k-3). 26.65 *(978-1-5415-2599-3(X)*, 84d31424-05a4-4035-aedf-129d87d6d4a8, Lerner Pubns.) Lerner Publishing Group.

Cultur und Chemische Reizerscheinungen der Chlamydomonas Tingens: Inaugural-Dissertation (Classic Reprint) Theodor Frank. 2018. (GER., Illus.). 44p. (J). 24.80 *(978-0-364-66840-5(7))* Forgotten Bks.

Cultur und Chemische Reizerscheinungen der Chlamydomonas Tingens. Theodor Frank. 2017. (ENG., Illus.). (J). pap. *(978-0-649-19755-2(0))* Trieste Publishing Pty Ltd.

Cultura Digital y de la Información (Digital & Information Literacy) (Set), 12 vols. 2017. (Cultura Digital y de la Información (Digital & Information Literacy) Ser.). (SPA.). (J). (gr. 6-6). lib. bdg. 200.82 *(978-1-4994-3968-7(7)*, a8bbae6a-05b5-4fae-b03b-07e98560d7a4, Rosen Reference) Rosen Publishing Group, Inc., The.

Cultural Appreciation of World Flags Coloring Book. Activibooks For Kids. 2016. (ENG., Illus.). (J). pap. 9.20 *(978-1-68321-775-6(6))* Mimaxion.

Cultural Beginnings & the Rise of Civilization: Life in the Fertile Crescent. Baby Professor. 2017. (ENG., Illus.). (J). pap. 7.89 *(978-1-5419-0193-3(2)*, Baby Professor (Education Kids)) Speedy Publishing LLC.

Cultural Celebrations (Set), 6 vols. 2020. (Cultural Celebrations Ser.). (ENG.). 32p. (J). (gr. 2-5). lib. bdg. 196.74 *(978-1-5321-6766-9(0)*, 34693, DiscoverRoo) Pop!.

Cultural Contributions from Africa: Banjos, Coffee, & More, 1 vol. Holly Duhig. 2018. (Great Cultures, Great Ideas Ser.). (ENG.). 32p. (gr. 3-4). 27.93 *(978-1-5383-3813-1(0)*, 7e8a51e5-dc0a-4020-a9bc-3b8b484bef19, PowerKids Pr.) Rosen Publishing Group, Inc., The.

Cultural Contributions from East Asia: Fireworks, Tea, & More, 1 vol. Holly Duhig. 2018. (Great Cultures, Great Ideas Ser.). (ENG.). 32p. (gr. 3-4). 27.93 *(978-1-5383-3817-9(3)*, 20905a0b-7c52-4b42-a7e5-9c9de107ffb6, PowerKids Pr.) Rosen Publishing Group, Inc., The.

Cultural Contributions from Europe: The Printing Press, Braille, & More, 1 vol. Holly Duhig. 2018. (Great Cultures, Great Ideas Ser.). (ENG.). 32p. (gr. 3-4). 27.93 *(978-1-5383-3821-6(1)*, ff5e377f-0174-451c-9bea-1b8b8971719f, PowerKids Pr.) Rosen Publishing Group, Inc., The.

Cultural Contributions from India: Decimals, Shampoo, & More, 1 vol. Holly Duhig. 2018. (Great Cultures, Great Ideas Ser.). (ENG.). 32p. (gr. 3-4). 27.93 *(978-1-5383-3825-4(4)*, e43f8551-4921-4781-af47-a83cf3a0b2fb, PowerKids Pr.) Rosen Publishing Group, Inc., The.

Cultural Contributions from Latin America: Tortillas, Color TV, & More, 1 vol. Holly Duhig. 2018. (Great Cultures, Great Ideas Ser.). (ENG.). 32p. (gr. 3-4). 27.93 *(978-1-5383-3829-2(7)*, 805fe5fd-6106-4ee2-aa8e-d4a400003dff, PowerKids Pr.) Rosen Publishing Group, Inc., The.

Cultural Contributions from the Middle East: Hospitals, Algebra, & More, 1 vol. Holly Duhig. 2018. (Great Cultures, Great Ideas Ser.). (ENG.). 32p. (gr. 3-4). 27.93 *(978-1-5383-3833-9(5)*, 49b2896f-a44d-43ae-a6aa-4658232ff9e3, PowerKids Pr.) Rosen Publishing Group, Inc., The.

Cultural Counting. Sahara Wisdom. 2017. (ENG., Illus.). 32p. (J). pap. *(978-1-387-41185-6(3))* Lulu Pr., Inc.

Cultural Cuisine (Set), 6 vols. Richard Sebra. 2020. (Cultural Cuisine Ser.). (ENG.). 32p. (J). (gr. 2-5). lib. bdg. 196.74 *(978-1-5321-6773-7(3)*, 34707, DiscoverRoo) Pop!.

Cultural Day at School - Bongin Katein Kiribati N Ara Reirei (Te Kiribati) Teataake Mareko. Illus. by Rea Diwata Mendoza. 2023. (ENG.). 26p. (J). pap. ***(978-1-922895-56-1(3))*** Library For All Limited.

Cultural Destruction by ISIS, 1 vol. Bridey Heing. 2017. (Crimes of ISIS Ser.). (ENG.). 104p. (gr. 8-8). 38.93 *(978-0-7660-9215-0(1)*, 2c01d7a3-0a00-4986-bda5-67597ae48ae7); pap. 20.95 *(978-0-7660-9583-0(5)*, 24fb96b3-8cc0-4e73-81a6-e2d0fb5c97af) Enslow Publishing, LLC.

Cultural Dividends. Jonathan Palmer & Johnnie. 2021. (ENG.). 324p. (YA). pap. 21.95 *(978-1-6624-5555-1(0))* Page Publishing Inc.

Cultural Guide to Anime & Manga. Contrib. by Pamela Gossin & Marc Hairston. 2023. (All Things Anime & Manga Ser.). (ENG.). 64p. (J). (gr. 6-12). 43.93 ***(978-1-6782-0518-8(4))*** ReferencePoint Pr., Inc.

Cultural Traditions in Argentina. Adrianna Morganelli. 2016. (ENG., Illus.). 32p. (J). lib. bdg. *(978-0-7787-8086-1(4))* Crabtree Publishing Co.

Cultural Traditions in Cuba. Kylie Burns. 2017. (Cultural Traditions in My World Ser.). (Illus.). 32p. (J). (gr. 3-2). *(978-0-7787-8094-6(5))* Crabtree Publishing Co.

Cultural Traditions in Ghana. Joan Marie Galat. 2017. (Cultural Traditions in My World Ser.). (Illus.). 32p. (J). (gr. 3-2). *(978-0-7787-8095-3(3))* Crabtree Publishing Co.

Cultural Traditions in Honduras. Rebecca Sjonger. 2017. (Cultural Traditions in My World Ser.). 32p. (J). (gr. 3-2). *(978-0-7787-8096-0(1))* Crabtree Publishing Co.

Cultural Traditions in Iceland. Cynthia O'Brien. 2017. (Cultural Traditions in My World Ser.). (Illus.). 32p. (J). (gr. 2-3). *(978-0-7787-8097-7(X))* Crabtree Publishing Co.

Cultural Traditions in Italy. Adrianna Morganelli. 2016. (ENG., Illus.). 32p. (J). *(978-0-7787-8087-8(2))* Crabtree Publishing Co.

Cultural Traditions in Poland. Linda Barghoorn. 2017. (Cultural Traditions in My World Ser.). (Illus.). 32p. (J). (gr. 2-3). *(978-0-7787-8098-4(8))* Crabtree Publishing Co.

Cultural Traditions in South Korea. Lisa Dalrymple. 2016. (ENG., Illus.). 32p. (J). lib. bdg. *(978-0-7787-8088-5(0))* Crabtree Publishing Co.

Cultural Traditions in Sri Lanka. Cynthia O'Brien. 2017. (Cultural Traditions in My World Ser.). (Illus.). 32p. (J). (gr. 3-2). *(978-0-7787-8099-1(6))* Crabtree Publishing Co.

Cultural Traditions in the Netherlands. Kelly Spence. 2016. (ENG., Illus.). 32p. (J). *(978-0-7787-8089-2(9))* Crabtree Publishing Co.

Cultural Traditions in Turkey. Joan Marie Galat. 2017. (Cultural Traditions in My World Ser.). (Illus.). 32p. (J). (gr. 2-3). *(978-0-7787-8100-4(3))* Crabtree Publishing Co.

Cultural Traditions in Vietnam. Julia Labrie. 2017. (Cultural Traditions in My World Ser.). 32p. (J). (gr. 2-3). *(978-0-7787-8101-1(1))* Crabtree Publishing Co.

Cultural Warrior Jaidyn & the King of the Brooklyn Carnival: The Carlos Lezama Children's Story. Yolanda Lezama-Clark et al. 2019. (ENG.). 64p. (J). pap. 28.99 *(978-1-68471-325-7(0))* Lulu Pr., Inc.

Culturally Responsive Lessons & Activities, Grade 1 Teacher Resource. Evan-Moor Corporation. 2023. (Culturally Responsive Lessons & Activities Ser.). (ENG., Illus.). 144p. (J). (gr. 1-1). pap. 21.99 ***(978-1-64514-259-1(0))*** Evan-Moor Educational Pubs.

Culturally Responsive Lessons & Activities, Grade 2 Teacher Resource. Evan-Moor Corporation. 2023. (Culturally Responsive Lessons & Activities Ser.). (ENG., Illus.). 144p. (J). (gr. 2-2). pap. 21.99 ***(978-1-64514-260-7(4))*** Evan-Moor Educational Pubs.

Culturally Responsive Lessons & Activities, Grade 3 Teacher Resource. Evan-Moor Corporation. 2023. (Culturally Responsive Lessons & Activities Ser.). (ENG., Illus.). 144p. (J). (gr. 3-3). pap. 21.99 ***(978-1-64514-261-4(2))*** Evan-Moor Educational Pubs.

Culturally Responsive Lessons & Activities, Grade 4 Teacher Resource. Evan-Moor Corporation. 2023. (Culturally Responsive Lessons & Activities Ser.). (ENG., Illus.). 144p. (J). (gr. 4-4). pap. 21.99 ***(978-1-64514-262-1(0))*** Evan-Moor Educational Pubs.

Culturally Responsive Lessons & Activities, Grade 5 Teacher Resource. Evan-Moor Corporation. 2023. (Culturally Responsive Lessons & Activities Ser.). (ENG., Illus.). 144p. (J). (gr. 5-5). pap. 21.99 ***(978-1-64514-263-8(9))*** Evan-Moor Educational Pubs.

Culturally Responsive Lessons & Activities, Grade 6 Teacher Resource. Evan-Moor Corporation. 2023. (Culturally Responsive Lessons & Activities Ser.). (ENG., Illus.). 144p. (J). (gr. 6-6). pap. 21.99 ***(978-1-64514-264-5(7))*** Evan-Moor Educational Pubs.

Culturas Antiguas de Mesoamerica. Patrice Sherman. 2017. (Vitales Ser.). (SPA.). (YA). (gr. 6-8). pap. *(978-1-5021-6897-9(9))* Benchmark Education Co.

Culturas Antiguas de Mesoamerica - 6 Pack: Set of 6 Common Core Edition. Patrice Sherman. 2017. (Vitales Ser.). (SPA.). (YA). (gr. 6-8). 75.00 *(978-1-5021-7119-1(8))* Benchmark Education Co.

Culturas Comunitarias: Revisar los Datos, 1 vol. Leigh McClure. 2017. (Computación Científica en el Mundo Real (Computer Science for the Real World) Ser.). (SPA.). 16p. (J). (gr. 2-3). pap. *(978-1-5383-5583-1(3)*, f0568fa7-8c9c-461d-aba6-4c2b8f7070fc, Rosen Classroom) Rosen Publishing Group, Inc., The.

Culturas en Nuestra Clase: Revisar los Datos, 1 vol. Sommer Conway. 2017. (Computación Científica en el Mundo Real (Computer Science for the Real World) Ser.). (SPA.). 16p. (J). (gr. 2-3). pap. *(978-1-5383-5588-6(4)*, e46c2564-1ca2-44ea-add2-e7bccb35fe78, Rosen Classroom) Rosen Publishing Group, Inc., The.

Culture & Ethnology. Robert H. Lowie. 2017. (ENG., Illus.). (J). pap. *(978-0-649-55846-9(4))*; pap. *(978-0-649-09046-4(2))* Trieste Publishing Pty Ltd.

Culture & Ethnology. Robert H. Lowie. 2017. (ENG., Illus.). (J). pap. *(978-0-649-55845-2(6))* Trieste Publishing Pty Ltd.

Culture & People of Cuba. John Ziff. 2017. (Exploring Cuba Ser.: Vol. 6). (ENG., Illus.). 80p. (YA). (gr. 7-12). 24.95 *(978-1-4222-3813-4(X))* Mason Crest.

Culture & Recipes of China, 1 vol. Tracey Kelly. 2016. (Let's Cook! Ser.). (ENG., Illus.). 48p. (J). (gr. 4-4). pap. 12.75 *(978-1-4994-3175-9(9)*, c7cb38fd-2931-4a81-b58c-e194a32729ca, PowerKids Pr.) Rosen Publishing Group, Inc., The.

Culture & Recipes of France, 1 vol. Tracey Kelly. 2016. (Let's Cook! Ser.). (ENG., Illus.). 48p. (J). (gr. 4-4). 31.93 *(978-1-4994-3257-2(7)*, 75f9cbcf-b3a4-48ce-8d44-cadded3e7a36, PowerKids Pr.) Rosen Publishing Group, Inc., The.

Culture & Recipes of India, 1 vol. Tracey Kelly. 2016. (Let's Cook! Ser.). (ENG.). 48p. (J). (gr. 4-4). pap. 12.75 *(978-1-4994-3179-7(1)*, 4732a5d0-d5cd-4cda-a86b-288fe4a9c280, PowerKids Pr.) Rosen Publishing Group, Inc., The.

Culture & Recipes of Italy, 1 vol. Tracey Kelly. 2016. (Let's Cook! Ser.). (ENG., Illus.). 48p. (J). (gr. 4-4). pap. 12.75 *(978-1-4994-3181-0(3)*, 60a68186-7f4b-4ec1-b140-6ec8bec8e92c, PowerKids Pr.) Rosen Publishing Group, Inc., The.

Culture & Recipes of Japan, 1 vol. Tracey Kelly. 2016. (Let's Cook! Ser.). (ENG., Illus.). 48p. (J). (gr. 4-4). pap. 12.75 *(978-1-4994-3183-4(X)*, 84493664-1063-4ef5-9e8a-e16abd57b833, PowerKids Pr.) Rosen Publishing Group, Inc., The.

Culture & Recipes of Mexico, 1 vol. Tracey Kelly. 2016. (Let's Cook! Ser.). (ENG., Illus.). 48p. (J). (gr. 4-4). pap. 12.75 *(978-1-4994-3185-8(6)*, 762e73ff-3c33-44ef-8885-d430dce048d8, PowerKids Pr.) Rosen Publishing Group, Inc., The.

Culture & Science of Implants, 1 vol. Monique Vescia. 2018. (Body Arts: the History of Tattooing & Body Modification Ser.). (ENG.). 64p. (J). (gr. 7-7). 36.13 *(978-1-5081-8064-7(4)*, d60b554b-a659-4446-9da1-f6baef595eff); pap. 13.95 *(978-1-5081-8065-4(2)*, 6230712b-c701-4dee-b4ed-3a565b6aff7f) Rosen Publishing Group, Inc., The. (Rosen Young Adult).

Culture & Spirit see Cultura y Espiritu

Culture Day. Michelle Wanasundera. Illus. by Mariia Stepanov. 2023. (ENG.). 32p. (J). pap. ***(978-1-922991-54-6(6))*** Library For All Limited.

Culture de l'Eau (Classic Reprint) C. Millet. 2018. (FRE., Illus.). 374p. (J). pap. 13.97 *(978-1-390-21620-2(9))* Forgotten Bks.

Culture of Ancient India, 1 vol. Susan Nichols. 2016. (Spotlight on the Rise & Fall of Ancient Civilizations Ser.). (ENG., Illus.). 48p. (J). (gr. 6-6). pap. 12.75 *(978-1-4777-8918-6(9)*, 2df7648a-61ed-4e3c-bfd6-44d57efa4ce3) Rosen Publishing Group, Inc., The.

Culture of Calendars. Dona Herweck Rice. rev. ed. 2018. (Smithsonian: Informational Text Ser.). (ENG., Illus.). 32p. (gr. 3-5). pap. 11.99 *(978-1-4938-6695-3(8))* Teacher Created Materials, Inc.

Culture of Russia, 1 vol. Ed. by Emily Sebastian. 2018. (Societies & Cultures: Russia Ser.). (ENG., Illus.). 128p. (J). (gr. 10-10). 39.00 *(978-1-5383-0176-0(8)*, 4a583c23-ca3f-4428-99ea-1edb7e2be7fd, Britannica Educational Publishing) Rosen Publishing Group, Inc., The.

Culture of Scarification, 1 vol. Monique Vescia. 2018. (Body Arts: the History of Tattooing & Body Modification Ser.). (ENG.). 64p. (gr. 7-7). 36.13 *(978-1-5081-8070-8(9)*, 06ce81b5-a7c6-45d8-8fb8-12d966e79663); pap. 13.95 *(978-1-5081-8071-5(7)*, 362d4d20-aafe-4439-8380-eb858bb5d821) Rosen Publishing Group, Inc., The. (Rosen Young Adult).

Culture of Sparta, 1 vol. Vic Kovacs. 2016. (Ancient Cultures & Civilizations Ser.). (ENG.). 32p. (gr. 5-5). 27.93 *(978-1-4994-2260-3(1)*, 723d2469-387f-440c-9100-decab329ddca, PowerKids Pr.) Rosen Publishing Group, Inc., The.

Culture of the Winnebago: As Described by Themselves (Classic Reprint) Paul Radin. 2017. (ENG., Illus.). (J). 26.66 *(978-0-331-40468-5(0))*; pap. 9.57 *(978-0-282-59961-4(4))* Forgotten Bks.

Culture Readers First Book: Ethical Theme, Mother Love (Classic Reprint) Ellen E. Kenyon-Warner. 2017. (ENG., Illus.). (J). 26.62 *(978-0-266-52290-4(4))*; pap. 9.57 *(978-0-259-56252-8(1))* Forgotten Bks.

Culture Readers, Vol. 2: Embodying the Natural Method in Reading; for Second Half-Year; Ethical Theme-Industry (Classic Reprint) Ellen E. Kenyon-Warner. (ENG., Illus.). (J). 2018. 134p. 26.66 *(978-0-484-51437-8(7))*; 2016. pap. 9.57 *(978-1-334-14153-9(3))* Forgotten Bks.

Culture Readers, Vol. 3: Embodying the Natural Method in Reading; for the Third Half-Year; Ethical Theme Friendship & Cooperation (Classic Reprint) Ellen E. Kenyon-Warner. (ENG., Illus.). (J). 2018. 150p. 26.99 *(978-0-483-64107-5(3))*; 2016. pap. 9.57 *(978-1-334-12151-7(6))* Forgotten Bks.

Culture Shift: Then & Now. Elsie Olson. 2021. (Pandemics Ser.). (ENG., Illus.). 48p. (J). (gr. 5-9). lib. bdg. 34.21 *(978-1-5321-9558-7(3)*, 37330, Abdo & Daughters) ABDO Publishing Co.

Cultured Donuts: Take a Bite Out of Art History. Chloe Tyler. 2022. (ENG.). 52p. (J). 19.95 *(978-1-4867-1871-9(X)*, cad13964-e7fa-4fa0-8a0f-fa3a53c1f3eb) Flowerpot Pr.

Cultures Connect Us!, 12 vols. 2019. (Cultures Connect Us! Ser.). (ENG.). 24p. (J). (gr. 1-2). lib. bdg. 145.62 *(978-1-5382-3906-3(X)*, ff56c17a-10ce-4c8b-96b0-0f646d54e3bf) Stevens, Gareth Publishing LLLP.

Cultures in Our Class: Looking at Data, 1 vol. Sommer Conway. 2017. (Computer Science for the Real World Ser.). (ENG.). 16p. (gr. 2-3). pap. *(978-1-5383-5192-5(7)*, a99bfe80-4938-406e-bd34-f54ad8830cff, Rosen Classroom) Rosen Publishing Group, Inc., The.

Cultures of the World, 12 vols., Group 9. 2nd rev. ed. Incl. Cuba. Sean Sheehan & Leslie Jermyn. lib. bdg. 49.79 *(978-0-7614-1965-5(9)*, 12ebb1bc-8391-4df7-88fb-860340e275e8); Dominican Republic. Erin Foley & Leslie Jermyn. lib. bdg. 49.79 *(978-0-7614-1966-2(7)*, 6d2259b5-c509-4438-b59c-054f0d224ea6); Haiti. Roseline NgCheong-Lum & Leslie Jermyn. lib. bdg. 49.79 *(978-0-7614-1968-6(3)*, e49c9440-a8bf-4aa8-800b-edddcc47732a); Nicaragua. Jennifer Kott & Kristi Streiffert. lib. bdg. 49.79 *(978-0-7614-1969-3(1)*, 973c827e-6a5a-4f9f-a339-95137c9e887f); Puerto Rico. Patricia Levy & Nazry Bahrawi. lib. bdg. 49.79 *(978-0-7614-1970-9(5)*, 86ac2631-8f67-46f8-ab1a-27bc6fbdb983); Salvador. Erin Foley & Rafiz Hapipi. lib. bdg. 49.79 *(978-0-7614-1967-9(5)*, 296c7f39-eeb9-4bb5-b717-e9f21c62a377); (Illus.). 144p. (gr. 5-5). (Cultures of the World (Second Edition)(r) Ser.). (ENG.). 2007. 298.74 *(978-0-7614-1964-8(0)*, 64116ddf-a6ae-4df9-bb19-a8f79277761d, Cavendish Square) Cavendish Square Publishing LLC.

Cultures of the World - Group 13, 6 vols., Set. 2nd rev. ed. Incl. Bulgaria. Kirilka Stavreva & Lynette Quek. lib. bdg. 49.79 *(978-0-7614-2078-1(9)*, c187148a-5c8b-4699-9d64-5b20b142e35d); Costa Rica. Erin Foley & Barbara Cooke. lib. bdg. 49.79 *(978-0-7614-2079-8(7)*, 07aaeff8-20bf-469d-9bb9-069698d6796e); Jordan. Coleman South. lib. bdg. 49.79 *(978-0-7614-2080-4(0)*, 899f1a9c-8510-4cd8-9244-3d79af93e63e); Lebanon. Sean Sheehan & Zawiah Abdul Latif. lib. bdg. 49.79 *(978-0-7614-2081-1(9)*, 89e7847e-f81c-4ddc-b8f6-f094bc9bf0c7); Somalia. Susan M. Hassig & Zawiah Abdul Latif. lib. bdg. 49.79 *(978-0-7614-2082-8(7)*, f86df33d-6d2e-4832-a495-2a3a7dda9c29); Sudan. Patricia Levy & Zawiah Abdul Latif. lib. bdg. 49.79 *(978-0-7614-2083-5(5)*, 88d05b11-d61f-497d-8276-233cf8573f80); 144p. (gr. 5-5). 2008. (Cultures of the World 13 Ser.). 2007. lib. bdg. *(978-0-7614-2077-4(0)*, Cavendish Square) Cavendish Square Publishing LLC.

Cultures of the World - Group 14. 2nd rev. ed. Incl. Algeria. Falaq Kagda & Zawiah Abdul Latif. lib. bdg. 49.79 *(978-0-7614-2085-9(1)*, fbb05ac8-8b54-4072-84bb-9a4758a4f80c); Armenia. Sakina Dhilawala. (Illus.). lib. bdg. 49.79 *(978-0-7614-2029-3(0)*, cd0eb998-f5ae-4695-95c2-2e470291129b); Lithuania. Sakina Kagda & Zawiah Abdul Latif. lib. bdg. 49.79 *(978-0-7614-2087-3(8)*, ec57c5ad-1d37-488f-bd72-5635fecc4be3); Luxembourg. Patricia Sheehan & Sakina Dhilawala. lib. bdg. 49.79 *(978-0-7614-2088-0(6)*, 30837f8d-b58b-47d1-8b79-ff148c49c507); Tahiti. Roseline NgCheong-Lum. lib. bdg. 49.79 *(978-0-7614-2089-7(4)*, 478ad83a-72bc-49c5-9ad3-e38d186950e8); Ukraine. Volodymyr Bassis & Sakina Dhilawala. lib. bdg. 49.79 *(978-0-7614-2090-3(8)*, 9ecdef87-d7cd-41eb-89de-9a9a91e9b69a); 144p. (gr. 5-5). 2008. (Cultures of the World 14 Ser.). 2007. lib. bdg. *(978-0-7614-2084-2(3)*, Cavendish Square) Cavendish Square Publishing LLC.

Cultures of the World - Group 15, 6 bks., Set. 2nd rev. ed. Incl. Georgia. Michael Spilling & Winnie Wong. lib. bdg. 49.79 *(978-0-7614-3033-9(4)*, 991a6fa1-8660-4bb8-90b1-541d4f368eaa); Hong Kong. Falaq Kagda & Magdalene Koh. lib. bdg. 49.79 *(978-0-7614-3034-6(2)*, 8308ec96-1213-4d26-a31e-2b31f1128a8b); Laos. Stephen Mansfield & Magdalene Koh. lib. bdg. 49.79 *(978-0-7614-3035-3(0)*, 7e5f592e-37cb-483f-9fe6-4f8c96bafe37); Madagascar. Jay Heale & Zawiah Abdul Latif. lib. bdg. 49.79 *(978-0-7614-3036-0(9)*, e7588014-6bfd-49ae-833c-b606567f70df); Tunisia. Roslind Varghese Brown & Michael Spilling. (Illus.). lib. bdg. 49.79 *(978-0-7614-3037-7(7)*, 3fe5e37b-ba2f-4eef-ab93-b6e9168addff); Zambia. Timothy Holmes & Winnie Wong. lib. bdg. 49.79 *(978-0-7614-3039-1(3)*, c4e2008c-26e5-412e-9409-29fa5010b9bb); 144p. (gr. 5-5). 2009. (Cultures of the World 15 Ser.). 2008. Set lib. bdg. 179.70 net. *(978-0-7614-3032-2(6)*, Cavendish Square) Cavendish Square Publishing LLC.

Cultures of the World - Group 16, 6 bks., Set. 2nd rev. ed. Incl. Belarus. Patricia Levy & Michael Spilling. lib. bdg. 49.79 *(978-0-7614-3411-5(9)*, 11f0c30c-cffa-4af1-ab03-d4298e92df27); Guatemala. Sean Sheehan & Magdalene Koh. lib. bdg. 49.79 *(978-0-7614-3412-2(7)*, 5fdf4f34-d5b5-447a-a1a8-88499697c194); Liberia. Patricia Levy & Michael Spilling. lib. bdg. 49.79 *(978-0-7614-3414-6(3)*, be6c812e-e49f-4e9c-b79d-5ab9d65b3dec); New Zealand. Roselynn Smelt. lib. bdg. 49.79 *(978-0-7614-3415-3(1)*, 038c29eb-0a44-4d86-b3f3-9264fc2ebd88); Papua New Guinea. Ingrid Gascoigne. lib. bdg. 49.79 *(978-0-7614-3416-0(X)*, a2a863b2-0b20-4251-8c29-e45bc177c7ab); Tanzania. Jay Heale & Winnie Wong. lib. bdg. 49.79 *(978-0-7614-3417-7(8)*, c41e1b84-8b9a-48d6-8db2-33b9fb2b6624); 144p. (gr. 5-5). 2009. (Cultures of the World 16 Ser.). 2008. Set lib. bdg. 179.70 net. *(978-0-7614-3410-8(0)*, Cavendish Square) Cavendish Square Publishing LLC.

For book reviews, descriptive annotations, tables of contents, cover images, author biographies & additional information, updated daily, subscribe to **www.booksinprint.com**

Cultures of the World - Group 17, 6 vols. Incl. Bangladesh. Mariam Whyte. lib. bdg. 48.07 *(978-0-7614-0869-7(X))*; Czech Republic. Efstathia Sioras. lib. bdg. 48.07 *(978-0-7614-0870-3(3))*; Democratic Republic of the Congo. Jay Heale. lib. bdg. 48.07 *(978-0-7614-0874-1(6))*; Kuwait. Maria O'Shea. lib. bdg. 48.07 *(978-0-7614-0871-0(1))*; Senegal. Elizabeth Berg. lib. bdg. 48.07 *(978-0-7614-0872-7(X))*; Uruguay. Leslie Jermyn. lib. bdg. 48.07 *(978-0-7614-0873-4(8))*; 144p. (gr. 5-5). 1999. (Illus.). *(978-0-7614-0868-0(1)*, Cavendish Square) Cavendish Square Publishing LLC.

Cultures of the World - Group 26, 6 bks., Set. Incl. Antigua & Barbuda. 2nd ed. Sara Louise Kras. (Illus.). (J). lib. bdg. 49.79 *(978-0-7614-2570-0(5)*, 33f66be0-aa05-4ab6-a89c-2e569dbd3751); Mali. Ettagale Blauer & Suzanne LeVert. lib. bdg. 49.79 *(978-0-7614-2568-7(3)*, ad7229d6-88b6-4960-aa12-3a58d395c4d6); Monaco. David C. King. lib. bdg. 49.79 *(978-0-7614-2567-0(5)*, 14787a5a-9235-454c-8bf1-255e113c3208); Qatar. Tamra B. Orr. lib. bdg. 49.79 *(978-0-7614-2566-3(7)*, dae35100-9e1e-44e1-a648-fc46e62c8108); United Arab Emirates. David C. King. lib. bdg. 49.79 *(978-0-7614-2565-6(9)*, c8721dc9-e02c-41a1-9d85-e5763367b73b); 144p. (gr. 5-5). 2008. (Cultures of the World 26 Ser.). 2007. Set lib. bdg. 167.70 net. *(978-0-7614-2564-9(0)*, Cavendish Square) Cavendish Square Publishing LLC.

Cultures of the World - Group 27, 6 bks., Set. Incl. Andorra. Byron Augustin. (Illus.). lib. bdg. 49.79 *(978-0-7614-3122-0(5)*, bf34d2b1-a988-4da7-8d2c-bf7b245e5597); Bermuda. Tamra B. Orr. (Illus.). lib. bdg. 49.79 *(978-0-7614-3115-2(2)*, 49923afa-6024-47aa-a119-27c0eb35b9c9); Brunei. Tamra B. Orr. lib. bdg. 49.79 *(978-0-7614-3121-3(7)*, 920daf83-c0e8-4e71-bb4c-d46e1fd52096); Greenland. David C. King. lib. bdg. 49.79 *(978-0-7614-3118-3(7)*, f1ca91b4-23c7-487c-9c45-786fa9f0264f); Mauritania. Ettagale Blauer & Suzanne LeVert. (Illus.). lib. bdg. 49.79 *(978-0-7614-3116-9(0)*, 8e6fc6cf-369b-493c-a799-98f3dbe182a2); Oman. David C. King. (Illus.). lib. bdg. 49.79 *(978-0-7614-3120-6(9)*, c7a59747-fee8-4b03-ae3f-be7a084a0f87); 144p. (gr. 5-5). 2009. (Cultures of the World 27 Ser.). 2008. Set lib. bdg. 179.70 net. *(978-0-7614-3113-8(6)*, Cavendish Square) Cavendish Square Publishing LLC.

Cultures of the World! Australia, New Zealand & Papua New Guinea - Culture for Kids - Children's Cultural Studies Books. Professor Gusto. 2016. (ENG., Illus.). (J). pap. 10.81 *(978-1-68321-937-8(6))* Mimaxion.

Cultures of the World! Brazil, Argentina & Costa Rica - Culture for Kids - Children's Cultural Studies Books. Professor Gusto. 2016. (ENG., Illus.). (J). pap. 10.81 *(978-1-68321-827-2(2))* Mimaxion.

Cultures of the World (Fourth Edition, Group 1)(r), 12 vols. 2022. (Cultures of the World (Fourth Edition)(r) Ser.). (ENG.). 144p. (J). (gr. 5-5). lib. bdg. 295.26 *(978-1-5026-6651-2(0)*, ca0dc907-f22f-4ee0-ab21-e67708649b3d) Cavendish Square Publishing LLC.

Cultures of the World (Fourth Edition, Group 2)(r), 12 vols. 2022. (Cultures of the World (Fourth Edition)(r) Ser.). (ENG.). 144p. (J). (gr. 5-5). lib. bdg. 295.26 *(978-1-5026-6652-9(9)*, 13431c60-0737-4d05-b63c-205dbfb073ec) Cavendish Square Publishing LLC.

Cultures of the World (Fourth Edition, Groups 1 - 2)(r), 24 vols. 2022. (Cultures of the World (Fourth Edition)(r) Ser.). (ENG.). (J). (gr. 5-5). lib. bdg. 590.52 *(978-1-5026-6653-6(7)*, c51b7ed0-f6e3-4f9d-abd3-83cedb464873) Cavendish Square Publishing LLC.

Cultures of the World Group 11, 12 vols., Set. 2nd ed. Incl. Afghanistan. Sharifah Enayat Ali. lib. bdg. 49.79 *(978-0-7614-2064-4(9)*, 129d1203-dc94-4876-992b-8e433d02fe7b); Belgium. Robert Pateman & Mark Elliott. lib. bdg. 49.79 *(978-0-7614-2059-0(2)*, 0727f0e7-726e-4079-ba8d-a0c3b559a499); Bolivia. Robert Pateman & Marcus Cramer. lib. bdg. 49.79 *(978-0-7614-2066-8(5)*, 6d842c98-642e-47a4-8cc2-ef9dd3f8131e); Norway. Sakina Kagda & Barbara Cooke. lib. bdg. 49.79 *(978-0-7614-2067-5(3)*, 83c806b9-8a5a-444a-a789-31a3f4ec077c); Peru. Kieran Falconer & Lynette Quek. lib. bdg. 49.79 *(978-0-7614-2068-2(1)*, 13434fe9-7cfe-45ec-9de2-834ec5e9804f); Taiwan. Azra Moiz & Janice Wu. lib. bdg. 49.79 *(978-0-7614-2069-9(X)*, e2b6e016-acdc-4d9d-9580-d24874bb9c96); (Illus.). 144p. (gr. 5-5). (Cultures of the World (Second Edition)(r) Ser.). (ENG.). 2007. Set lib. bdg. 298.74 *(978-0-7614-2057-6(6)*, 5de08dd2-e45d-422c-b470-60a3aba364e2, Cavendish Square) Cavendish Square Publishing LLC.

Cultures of the World Group 12, 12 vols., Set. 2nd rev. ed. Incl. Cambodia. Sean Sheehan & Barbara Cooke. lib. bdg. 49.79 *(978-0-7614-2071-2(1)*, 7ba35484-2dec-4d68-ba50-3c19b4e3f47d); Ethiopia. Steven Gish. lib. bdg. 49.79 *(978-0-7614-2025-5(8)*, b7d9fbbb-ffc7-41ca-a2ca-347a37982056); Finland. Chung Lee Tan. lib. bdg. 49.79 *(978-0-7614-2073-6(8)*, d9eb692c-cea6-4e83-b312-21ad748c50e2); Iceland. Jonathan Wilcox & Zawiah Abdul Latif. lib. bdg. 49.79 *(978-0-7614-2074-3(6)*, 076819e3-d615-4a18-b2f6-5fc2d1b76ec0); Panama. Susan M. Hassig & Lynette Quek. lib. bdg. 49.79 *(978-0-7614-2028-6(2)*, ba52c295-3c5e-4f11-849f-68a1ffe4430a); Tibet. Patricia Levy & Don Bosco. lib. bdg. 49.79 *(978-0-7614-2076-7(2)*, 51f93797-12fa-4845-acc7-43f8e465ee0a); (Illus.). 144p. (gr. 5-5). (Cultures of the World (Second Edition)(r) Ser.). (ENG.). 2007. Set lib. bdg. 298.74 *(978-0-7614-2070-5(3)*, 37a95fd8-fa4d-43e3-8f59-5e28c7d8fba6, Cavendish Square) Cavendish Square Publishing LLC.

Cultures of the World Group 25, 12 vols., Set. Incl. Benin. Martha Kneib. lib. bdg. 49.79 *(978-0-7614-2328-7(1)*, 7abe4d4a-7a39-4b74-b750-211ad5343868); Botswana. Suzanne LeVert. lib. bdg. 49.79 *(978-0-7614-2330-0(3)*, 104473a2-6675-476e-92a6-c682771a817b); Chad. Martha Kneib. lib. bdg. 49.79 *(978-0-7614-2327-0(3)*, fc8333b0-994c-4c95-92be-078377156245); Mozambique. David C. King. lib. bdg. 49.79 *(978-0-7614-2331-7(1)*, 6b9aa739-973e-4d2c-9080-fdc0b7e32977); Rwanda. David C. King. lib. bdg. 49.79 *(978-0-7614-2333-1(8)*, 7ec6212e-9ba8-4fd8-852f-66244b51265c); Sierra Leone. Suzanne LeVert. lib. bdg. 49.79 *(978-0-7614-2334-8(6)*, 1dd7a85e-482a-4f1c-867e-77daa1383351); (Illus.). 144p. (gr. 5-5). (Cultures of the World (First Edition)(r) Ser.). (ENG.). 2007. Set lib. bdg. 298.74 *(978-0-7614-2326-3(5)*, a7c735b5-862b-4f46-bb81-5c6d55f8b2ee, Cavendish Square) Cavendish Square Publishing LLC.

Cultures of the World! Russia, Germany & Hungary - Culture for Kids - Children's Cultural Studies Books. Professor Gusto. 2016. (ENG., Illus.). (J). pap. 10.81 *(978-1-68321-998-9(8))* Mimaxion.

Cultures of the World! Saudi Arabia, Israel & Iran - Culture for Kids - Children's Cultural Studies Books. Professor Gusto. 2016. (ENG., Illus.). (J). pap. 10.81 *(978-1-68321-999-6(6))* Mimaxion.

Cultures of the World! South Africa, Nigeria & Egypt - Culture for Kids - Children's Cultural Studies Books. Professor Gusto. 2016. (ENG., Illus.). (J). pap. 10.81 *(978-1-68321-930-9(9))* Mimaxion.

Cultures of the World (Third Edition, Group 15)(r), 12 vols. 2017. (Cultures of the World (Third Edition)(r) Ser.). (ENG.). (YA). (gr. 5-5). lib. bdg. 292.74 *(978-1-5026-3271-5(3)*, 433572ea-05ac-495d-b3a9-8aa3255dba2c) Cavendish Square Publishing LLC.

Cultures of the World (Third Edition, Group 16)(r), 12 vols. 2018. (Cultures of the World (Third Edition)(r) Ser.). (ENG.). 144p. (gr. 5-5). lib. bdg. 292.74 *(978-1-5026-3867-0(3)*, 4f4a4aa1-64ce-47c5-ab63-97e183b9f24a) Cavendish Square Publishing LLC.

Cultures of the World (Third Edition, Group 17)(r), 12 vols. 2018. (Cultures of the World (Third Edition)(r) Ser.). (ENG.). 144p. (gr. 5-5). lib. bdg. 292.74 *(978-1-5026-3868-7(1)*, 99ecedad-d1df-4cae-b194-3056aa490316) Cavendish Square Publishing LLC.

Cultures of the World (Third Edition, Group 19)(r), 12 vols. 2019. (Cultures of the World (Third Edition)(r) Ser.). (ENG.). 144p. (J). (gr. 5-5). lib. bdg. 292.74 *(978-1-5026-4767-2(2)*, 5199ecab-1fbd-49b5-89e5-1b7fe8dad3a7) Cavendish Square Publishing LLC.

Cultures of the World (Third Edition, Group 20)(r), 12 vols. 2019. (Cultures of the World (Third Edition)(r) Ser.). (ENG.). 144p. (J). (gr. 5-5). lib. bdg. 292.74 *(978-1-5026-4768-9(0)*, b7b1e9b6-30af-4520-a7a1-8cfbd485e84e) Cavendish Square Publishing LLC.

Cultures of the World (Third Edition, Group 21)(r), 12 vols. 2019. (Cultures of the World (Third Edition)(r) Ser.). (ENG.). 144p. (J). (gr. 5-5). lib. bdg. 292.74 *(978-1-5026-5313-0(3)*, bf222589-99f0-4745-9ea1-75d3f74382c3) Cavendish Square Publishing LLC.

Cultures of the World (Third Edition, Group 24)(r), 12 vols. 2020. (Cultures of the World (Third Edition)(r) Ser.). (ENG.). 144p. (J). (gr. 5-5). lib. bdg. 292.74 *(978-1-5026-6148-7(9)*, 49773a61-8942-498b-a383-f0fd6ce52e9d) Cavendish Square Publishing LLC.

Cultures of the World (Third Edition, Group 27)(r), 12 vols. 2021. (Cultures of the World (Third Edition)(r) Ser.). (ENG.). 144p. (J). (gr. 5-5). lib. bdg. 292.74 *(978-1-5026-6310-8(4)*, 2659fcd1-089f-4de5-9090-366e1f1fbb4a) Cavendish Square Publishing LLC.

Cultures of the World! United Kingdom, Spain & France - Culture for Kids - Children's Cultural Studies Books. Professor Gusto. 2016. (ENG., Illus.). (J). pap. 10.81 *(978-1-68321-997-2(X))* Mimaxion.

Cultures of the World! USA, Canada & Mexico - Culture for Kids - Children's Cultural Studies Books. Professor Gusto. 2016. (ENG., Illus.). (J). pap. 10.81 *(978-1-68321-996-5(1))* Mimaxion.

Cultures That Designed Totem Poles Coloring Book. Smarter Activity Books. 2016. (ENG., Illus.). (J). pap. 9.22 *(978-1-68374-568-6(X))* Examined Solutions PTE. Ltd.

Culver City. Brant Vickers. 2022. (ENG.). 316p. (YA). pap. 16.99 ***(978-1-63988-547-3(1))*** Primedia eLaunch LLC.

Cumberer of the Ground: A Novel (Classic Reprint) Constance Smith. 2017. (ENG., Illus.). (J). 30.46 *(978-0-260-88941-6(5))*; pap. 13.57 *(978-1-5284-4255-8(5))* Forgotten Bks.

Cumberer of the Ground, Vol. 1 of 3 (Classic Reprint) Constance Smith. (ENG., Illus.). (J). 2018. 210p. 28.23 *(978-0-483-99663-2(7))*; 2016. pap. 10.97 *(978-1-334-15828-5(2))* Forgotten Bks.

Cumberer of the Ground, Vol. 2 of 3 (Classic Reprint) Constance Smith. (ENG., Illus.). (J). 2018. 228p. 28.60 *(978-0-428-73329-2(8))*; 2016. pap. 10.97 *(978-1-333-61531-4(0))* Forgotten Bks.

Cumberer of the Ground, Vol. 3 of 3 (Classic Reprint) Constance Smith. 2018. (ENG., Illus.). 210p. (J). 28.23 *(978-0-484-02154-8(0))* Forgotten Bks.

Cumbres Borrascosas. Ellis Bell. 2019.Tr. of Wuthering Heights. (SPA.). 96p. (YA). (gr. 7-12). pap. 6.95 *(978-607-453-539-6(6))* Selector, S.A. de C.V. MEX. Dist: Spanish Pubs., LLC.

Cumbrian Prince. Leah Ingledew. 2018. (ENG., Illus.). 32p. (J). *(978-1-5289-2133-6(X))*; pap. *(978-1-5289-2132-9(1))* Austin Macauley Pubs. Ltd.

Cumbriana or Fragments of Cumbrian Life (Classic Reprint) William Dickinson. 2018. (ENG., Illus.). 348p. (J). 31.09 *(978-0-267-24110-1(0))* Forgotten Bks.

Cumner's Son & Other South Sea Folk (Classic Reprint) Gilbert Parker. 2017. (ENG., Illus.). (J). 31.55 *(978-1-5283-7988-5(8))* Forgotten Bks.

Cumnock's School Speaker: Rhetorical Recitations for Boys & Girls (Classic Reprint) Robert McLean Cumnock. 2018. (ENG., Illus.). 310p. (J). 30.31 *(978-0-483-65283-5(0))* Forgotten Bks.

Cumorah's Southern Messenger, Vol. 9: 20th December, 1935 (Classic Reprint) Le Grand P. Backman. (ENG., Illus.). (J). 2018. 20p. 24.31 *(978-0-364-24539-2(5))*; 2017. pap. 7.97 *(978-0-259-83672-8(9))* Forgotten Bks.

Cumorah's Southern Messenger, Vol. 9: 20th July, 1935 (Classic Reprint) Le Grand P. Backman. 2017. (ENG., Illus.). (J). pap. 7.97 *(978-0-259-87965-7(7))* Forgotten Bks.

Cumpleanos. Linda Koons. Illus. by S. Laberis. 2016. (Early Rising Readers Ser.). (SPA.). 16p. (J). (gr. 1-1). 6.67 *(978-1-4788-3749-7(7))* Newmark Learning LLC.

Cumpleaños: (Birthday) Xist Publishing. 2017. (Xist Kids Spanish Bks.). (SPA.). 28p. (J). (gr. -1-3). pap. 9.99 *(978-1-5324-0120-6(5))* Xist Publishing.

Cumpleaños - 6 Pack. Linda Koons. 2016. (Early Rising Readers Ser.). (SPA.). (J). (gr. 1). 40.00 net. *(978-1-4788-4692-5(5))* Newmark Learning LLC.

Cumpleaños (Birthday) Julie Murray. 2018. (Fiestas (Holidays) Ser.). (SPA.). 24p. (J). (gr. -1-2). lib. bdg. 31.36 *(978-1-5321-8001-9(2)*, 28217, Abdo Kids) ABDO Publishing Co.

Cumpleanos/ Birthday. Xist Publishing Staff. 2017. (Xist Kids Bilingual Spanish English Ser.). (ENG & SPA., Illus.). 28p. (J). (gr. -1-3). pap. 9.99 *(978-1-5324-0098-8(5))* Xist Publishing.

Cumpleaños de la Abuela. Jacqueline Jules. Illus. by Kim Smith. 2018. (Sofia Martinez en Español Ser.). (SPA.). 32p. (J). (gr. k-2). lib. bdg. 21.32 *(978-1-5158-2443-5(8)*, 137546, Picture Window Bks.) Capstone.

Cumpleaños de Mimi / Ballet Bunnies #3: Ballerina Birthday. Swapna Reddy. Illus. by Binny Talib. 2023. (Ballet y Tutús Ser.: 3). (SPA.). 112p. (J). (gr. 1-4). pap. 12.95 *(978-607-38-2080-6(1))* Penguin Random House Grupo Editorial ESP. Dist: Penguin Random Hse. LLC.

Cumpleaños de Spot. Eric Hill. (SPA.). pap. 4.95 *(978-950-07-1983-4(5))* Editorial Sudamericana S.A. ARG. Dist: Distribooks, Inc.

Cumpleaños en el Barrio see Birthday in the Barrio

Cumpleaños Muy Especial: Leveled Reader Card Book 13 Level R 6 Pack. Hmh Hmh. 2021. (SPA.). (J). pap. 74.40 *(978-0-358-08582-9(9))* Houghton Mifflin Harcourt Publishing Co.

Cumpleaños No Muy Feliz / Dork Diaries: Tales from a Not-So-Happy Birthday. Rachel Renée Russell. 2022. (Diario de una Dork Ser.: 13). (SPA.). 304p. (J). (gr. 3-7). pap. 15.95 *(978-1-64473-534-3(2))* Penguin Random House Grupo Editorial ESP. Dist: Penguin Random Hse. LLC.

Cumplir con la Ley: Si... Entonces, 1 vol. Sloane Gould. 2017. (Computación Científica en el Mundo Real (Computer Science for the Real World) Ser.). (SPA.). 24p. (J). (gr. 3-4). pap. *(978-1-5383-5720-0(8)*, 06cd7b83-eca1-4b69-9304-33ba35e855bf, Rosen Classroom) Rosen Publishing Group, Inc., The.

Cumplir con la Ley: Si... Entonces (Following the Law: If... Then), 1 vol. Sloane Gould. 2017. (Niños Digitales: Superdotados con Pensamiento Computacional (Computer Kids: Powered by Computational Thinking) Ser.). (SPA.). 24p. (J). (gr. 3-4). 25.27 *(978-1-5383-2871-2(2)*, 5907eaf6-4339-4c30-b525-65a1a292bd86, PowerKids Pr.) Rosen Publishing Group, Inc., The.

Cuñas Son Máquinas. Douglas Bender. 2022. (Máquinas Simples (Simple Machines) Ser.).Tr. of Wedges Are Machines. (SPA.). 24p. (J). (gr. k-2). pap. *(978-1-0396-4930-9(0)*, 20607, Crabtree Roots) Crabtree Publishing Co.

Cunnie Rabbit, Mr. Spider, & the Other Beef: West African Folk Tales (Classic Reprint) Florence M. Cronise. (ENG., Illus.). (J). 2018. 356p. 31.24 *(978-0-267-91886-7(0))*; 2016. pap. 13.57 *(978-1-334-15520-8(X))* Forgotten Bks.

Cunning Murrell (Classic Reprint) Arthur. Morrison. 2017. (ENG., Illus.). (J). 31.47 *(978-0-265-40976-3(4))* Forgotten Bks.

Cunning Workmen (Classic Reprint) Pansy Pansy. (ENG., Illus.). (J). 2018. 356p. 31.24 *(978-0-428-82306-1(8))*; 2016. pap. 13.97 *(978-1-333-78726-4(X))* Forgotten Bks.

Cunningly Deceptive Witch of Maple Street. William Smith. 2021. (ENG.). 374p. (J). pap. *(978-1-304-42653-6(X))* Lulu Pr., Inc.

Cup & the Prince. Day Leitao. 2020. (Kingdom of Curses & Shadows Ser.: Vol. 1). (ENG.). 258p. (YA). *(978-1-9992427-8-7(5))*; pap. *(978-1-9992427-7-0(7))* Sparkly Wave.

Cup Full of Wishes. Narissa Lila Sawh. 2018. (ENG., Illus.). 30p. (J). *(978-0-2288-0764-3(6))*; pap. *(978-0-2288-0763-6(8))* Tellwell Talent.

Cup of Fury: A Novel of Cities & Shipyards (Classic Reprint) Rupert Hughes. 2017. (ENG., Illus.). (J). 31.36 *(978-1-5284-6760-5(4))* Forgotten Bks.

Cup of Sweets, That Can Never Cloy: Or, Delightful Tales for Good Children (Classic Reprint) Elizabeth Semple. 2018. (ENG., Illus.). 226p. (J). 28.56 *(978-0-267-32191-9(0))* Forgotten Bks.

Cup of Sweets, That Can Never Cloy, or Delightful Tales for Good Children (Classic Reprint) Elizabeth Semple. 2018. (ENG., Illus.). 224p. (J). 28.52 *(978-0-267-30108-9(1))* Forgotten Bks.

Cup of Trembling. Mary Hallock Foote. 2018. (ENG.). 288p. (J). pap. *(978-3-337-42481-7(3))* Creation Pubs.

Cup of Trembling: And Other Stories (Classic Reprint) Mary Hallock Foote. 2018. (ENG., Illus.). 286p. (J). 29.80 *(978-0-483-45867-3(8))* Forgotten Bks.

Cup of War (Classic Reprint) Elizabeth Braithwaite Buckle. 2018. (ENG., Illus.). 62p. (J). 25.18 *(978-0-332-20889-3(3))* Forgotten Bks.

Cupboard Papers (Classic Reprint) Blanchard Jerrold. 2018. (ENG., Illus.). (J). 226p. 28.58 *(978-1-396-37582-8(1))*; 228p. pap. 10.97 *(978-1-390-90197-9(1))* Forgotten Bks.

Cupcake. Cookie O'Gorman. 2021. (ENG.). 320p. (YA). pap. 9.99 *(978-1-64937-032-7(6)*, 900243105) Entangled Publishing, LLC.

Cupcake: Let's Learn to Cut, Activity Book for Toddler, Kindergarten, & Kids Ages 3+ Cate Wilson. 2021. (ENG.). 68p. (J). pap. *(978-0-690-36557-3(8))* Preface Digital.

Cupcake & Her Friends. Adira J. Parker. 2020. (ENG.). 38p. (J). 18.99 *(978-1-7353840-0-9(3))* Gewanda J. Parker.

Cupcake Ball. Cyndy Kirkham. 2018. (ENG., Illus.). 28p. (J). 24.95 *(978-1-64214-708-7(7))* Page Publishing Inc.

Cupcake Carson, Middle School Detective: The Case of the Bad Bushel. Roberto Lee Davis. 2017. (ENG., Illus.). 178p. (J). pap. *(978-1-387-34931-9(7))* Lulu Pr., Inc.

Cupcake Catastrophe: Ready-To-Read Graphics Level 1. Jennifer Fosberry. Illus. by Shiho Pate. 2023. (Chi-Chi & Pey-Pey Ser.). (ENG.). 64p. (J). (gr. -1-1). 17.99 ***(978-1-6659-3201-1(5))***; pap. 6.99 ***(978-1-6659-3200-4(7))*** Simon Spotlight. (Simon Spotlight).

Cupcake Day! Katharine Holabird. ed. 2021. (Ready-To-Read Ser.). (ENG., Illus.). 32p. (J). (gr. k-1). 13.96 *(978-1-64697-752-9(1))* Penworthy Co., LLC, The.

Cupcake Day! Ready-To-Read Level 1. Katharine Holabird. Illus. by Helen Craig. 2020. (Angelina Ballerina Ser.). (ENG.). 32p. (J). (gr. -1-1). 17.99 *(978-1-5344-8062-9(5))*; pap. 4.99 *(978-1-5344-8061-2(7))* Simon Spotlight. (Simon Spotlight).

Cupcake Diaries 3 Books In 1! #4: Mias Boiling Point; Emma, Smile & Say Cupcake!; Alexis Gets Frosted. Coco Simon. 2017. (Cupcake Diaries). (ENG., Illus.). 480p. (J). (gr. 3-7). pap. 8.99 *(978-1-5344-0965-1(3)*, Simon Spotlight) Simon Spotlight.

Cupcake Diaries Collection #2 (Boxed Set) Katie, Batter up!; Mia's Baker's Dozen; Emma All Stirred up!; Alexis Cool As a Cupcake. Coco Simon. ed. 2022. (Cupcake Diaries). (ENG.). 640p. (J). (gr. 3-7). pap. 27.99 *(978-1-6659-0000-3(8)*, Simon Spotlight) Simon Spotlight.

Cupcake Diaries (Set), 10 vols. 2023. (Cupcake Diaries). (ENG.). 128p. (J). (gr. 3-7). lib. bdg. 327.90 ***(978-1-0982-5190-1(3)***, 42649, Chapter Bks.) Spotlight.

Cupcake Fix, 3. Vicky Fang. ed. 2022. (Branches Early Ch Bks). (ENG.). 69p. (J). (gr. 2-3). 16.46 ***(978-1-68505-361-1(0))*** Penworthy Co., LLC, The.

Cupcake Fix: a Branches Book (Layla & the Bots #3) Vicky Fang. Illus. by Christine Nishiyama. 2021. (Layla & the Bots Ser.: 3). (ENG.). 80p. (J). (gr. k-2). pap. 5.99 *(978-1-338-58297-0(6))* Scholastic, Inc.

Cupcake Fix: a Branches Book (Layla & the Bots #3) (Library Edition) Vicky Fang. Illus. by Christine Nishiyama. 2021. (Layla & the Bots Ser.: 3). (ENG.). 80p. (J). (gr. k-2). lib. bdg. 24.99 *(978-1-338-58298-7(4))* Scholastic, Inc.

Cupcake Monster. Nareen Rose. 2022. (ENG.). 28p. (J). 22.95 *(978-1-9822-7958-5(3))*; pap. 13.95 *(978-1-9822-7956-1(7))* Author Solutions, LLC. (Balboa Pr.).

Cupcake Scissor Skills Activity Book: A Preschool Activity Book for Kids (a Fun Coloring & Cutting Practice Activity Book for Toddlers & Kids Age 3-6) Elli Steele. 2021. (ENG.). 54p. (J). pap. 8.95 *(978-1-6780-5307-9(4))* Lulu Pr., Inc.

Cupcake Surprise! (Bob Books Stories: Scholastic Reader, Level 1) Lynn Maslen Kertell. Illus. by Sue Hendra. 2022. (Scholastic Reader, Level 1 Ser.). (ENG.). 32p. (J). (gr. -1-1). 22.99 *(978-1-338-80510-9(X))*; pap. 4.99 *(978-1-338-80509-3(6))* Scholastic, Inc.

Cupcake Troll. Melissa Cardoni. 2019. (ENG., Illus.). 30p. (J). pap. 13.95 *(978-1-64471-629-8(1))* Covenant Bks.

Cupcakes. Clara Cella. 2022. (Sweet Life Ser.). (ENG., Illus.). 24p. (J). (gr. k-2). lib. bdg. 26.65 *(978-1-62920-941-8(4)*, a346bbc0-1b8f-4afd-8ce4-391e1a376bac) Full Tilt Pr. NZL. Dist: Lerner Publishing Group.

Cupcakes & Sweets Coloring Book Vol. 1: Yummy Beginner-Friendly Art Activities for Tweens, Kids, Adults, All Ages Coloring Food Delicious Adult Art. Over The Rainbow Publishing. 2021. (ENG.). 62p. (J). pap. 9.50 *(978-1-716-27244-8(0))* Google.

Cupcakes & Sweets Coloring Book Vol. 2: Yummy Beginner-Friendly Art Activities for Tweens, Kids, Adults, All Ages Coloring Food Delicious Adult Art. Over The Rainbow Publishing. 2021. (ENG.). 62p. (J). pap. 9.50 *(978-1-716-27240-0(8))* Google.

Cupcakes Are Forever. Sheryl Berk & Carrie Berk. 2017. (Cupcake Club Ser.: 12). 144p. (J). (gr. 3-7). pap. 7.99 *(978-1-4926-3748-6(3))* Sourcebooks, Inc.

Cupcakes for Grownups. Christine Revere. 2023. (ENG.). 22p. (J). pap. 12.99 ***(978-1-957262-65-9(6))*** Yorkshire Publishing Group.

Cupcake's Night Out. M. L. Faircloth. 2017. (ENG., Illus.). (J). (gr. k-6). 19.95 *(978-1-63498-533-8(8))* Bookstand Publishing.

Cuphead in a Mountain of Trouble: A Cuphead Novel. Ron Bates. Illus. by Studio Studio MDHR. 2020. (ENG.). 304p. (J). (gr. 3-7). 14.99 *(978-0-316-49589-9(1))* Little, Brown Bks. for Young Readers.

Cuphead in Carnival Chaos: A Cuphead Novel. Ron Bates. Illus. by StudioMDHR Entertainment Inc. 2020. (ENG.). 272p. (J). (gr. 3-7). 14.99 *(978-0-316-45654-8(3))* Little, Brown Bks. for Young Readers.

Cuphead Volume 2: Cartoon Chronicles & Calamities. Zack Keller. Illus. by Shawn Dickinson. 2021. 72p. (J). (gr. 3-7). pap. 10.99 *(978-1-5067-1249-9(5)*, Dark Horse Books) Dark Horse Comics.

Cupid: The Cow-Punch (Classic Reprint) Eleanor Gates. 2018. (ENG., Illus.). 332p. (J). 30.74 *(978-0-483-93249-4(3))* Forgotten Bks.

Cupid & Commonsense: A Play in Four Acts (Classic Reprint) Arnold Bennett. 2018. (ENG., Illus.). 174p. (J). 27.49 *(978-0-484-25740-4(4))* Forgotten Bks.

Cupid & Psyche. John Jay Chapman. 2017. (ENG., Illus.). (J). pap. *(978-0-649-44045-0(5))* Trieste Publishing Pty Ltd.

Cupid & the Candidate (Classic Reprint) Leeming Carr. (ENG., Illus.). (J). 2018. 29.16 *(978-0-260-62259-4(1))*; 2016. pap. 11.57 *(978-1-334-12118-0(4))* Forgotten Bks.

Cupid at Vassar, Vol. 2: A College Comedy Drama in Four Acts (Classic Reprint) Owen Davis. 2018. (ENG., Illus.). 74p. (J). 25.42 *(978-0-483-68452-2(X))* Forgotten Bks.

Cupid en Route (Classic Reprint) Ralph Henry Barbour. (ENG., Illus.). (J). 2018. 220p. 28.43 *(978-0-483-69608-2(0))*; 2017. pap. 10.97 *(978-0-259-06027-7(5))* Forgotten Bks.

Cupid God of Love. Teri Temple. 2019. (Gods & Goddesses of Ancient Rome Ser.). (ENG.). 32p. (J). (gr. 3-6). pap. 13.95 *(978-1-4896-9492-8(7))*; lib. bdg. 29.99 *(978-1-4896-9491-1(9))* Weigl Pubs., Inc.

Cupid in Grandma's Garden: A Story-Poem (Classic Reprint) David O. Paige. (ENG., Illus.). (J). 2017. 24.39 *(978-0-266-32900-8(4))*; 2016. pap. 7.97 *(978-1-333-45316-9(7))* Forgotten Bks.

442 The check digit for ISBN-10 appears in parentheses after the full ISBN-13

Cupid in Oilskins (Classic Reprint) J. J. Bell. 2018. (ENG., Illus.). 194p. (J). 27.90 *(978-0-267-47884-2(4))* Forgotten Bks.

Cupid Intelligent (Classic Reprint) Julia Anna Balbach. 2018. (ENG., Illus.). 206p. (J). 28.15 *(978-0-483-67254-3(8))* Forgotten Bks.

Cupid Made a Mistake Valentine's Day Coloring for Teen Girls. Educando Kids. 2019. (ENG.). 42p. (J). pap. 6.99 *(978-1-64521-135-8(5)*, Educando Kids) Editorial Imagen.

Cupid of Campion. Rev Francis J. Finn. 2018. (ENG., Illus.). 194p. (J). (gr. 4-6). pap. 12.95 *(978-1-936639-90-8(4))* St. Augustine Academy Pr.

Cupid of Campion (Classic Reprint) Francis J. Finn. 2017. (ENG., Illus.). 234p. (J). 28.74 *(978-0-260-02545-6(3))* Forgotten Bks.

Cupid on Crutches; or, One Summer at Narragansett Pier. Augustus B. Wood. 2017. (ENG., Illus.). (J). pap. *(978-0-649-55857-5(X))* Trieste Publishing Pty Ltd.

Cupid on Crutches, or One Summer at Narragansett Pier (Classic Reprint) Augustus B. Wood. 2018. (ENG., Illus.). 226p. (J). 28.56 *(978-0-332-49390-9(3))* Forgotten Bks.

Cupid the Surgeon (Classic Reprint) Herman Lee Meader. (ENG., Illus.). (J). 2018. 134p. 26.68 *(978-0-267-39374-9(1))*; 2016. pap. 9.57 *(978-1-334-13422-7(7))* Forgotten Bks.

Cupid's Activity Book for 5 Year Old. Educando Kids. 2019. (ENG.). 42p. (J). pap. 8.55 *(978-1-64521-774-9(4)*, Educando Kids) Editorial Imagen.

Cupids & Chaos. Darby Cupid. 2021. (Hands of Fate Ser.). (ENG.). (YA). 424p. *(978-1-80049-718-4(0))*; 420p. *(978-1-80068-407-2(X))* Independent Publishing Network.

Cupid's Busy on Valentines Coloring Book 8 Year Old. Educando Kids. 2019. (ENG.). 42p. (J). pap. 6.99 *(978-1-64521-018-4(9)*, Educando Kids) Editorial Imagen.

Cupid's Capers (Classic Reprint) Lillian Gardner. (ENG., Illus.). (J). 2018. 40p. 24.74 *(978-0-267-60746-4(6))*; 2016. pap. 7.97 *(978-1-334-12850-9(2))* Forgotten Bks.

Cupid's Cyclopedia (Classic Reprint) Oliver Herford. 2018. (ENG., Illus.). 102p. (J). 26.00 *(978-0-267-70535-1(2))* Forgotten Bks.

Cupid's Garden (Classic Reprint) Ellen Thorneycroft Fowler. (ENG., Illus.). (J). 2018. 330p. 30.70 *(978-0-484-15019-4(7))*; 2017. pap. 13.57 *(978-0-259-43589-1(9))* Forgotten Bks.

Cupid's Middleman (Classic Reprint) Edward B. Lent. (ENG., Illus.). (J). 2018. 356p. 31.24 *(978-0-483-33318-5(2))*; 2016. pap. 13.97 *(978-1-333-42171-7(0))* Forgotten Bks.

Cupid's Understudy (Classic Reprint) Edward Salisbury Field. 2017. (ENG., Illus.). 122p. (J). 26.43 *(978-0-484-69062-1(0))* Forgotten Bks.

Cupola, 1910 (Classic Reprint) Rockford College. (ENG., Illus.). (J). 2018. 154p. 27.07 *(978-0-267-00106-4(1))*; 2017. pap. 9.57 *(978-0-243-44408-3(7))* Forgotten Bks.

Cupola, 1915 (Classic Reprint) Rockford College. 2017. (ENG., Illus.). (J). 26.66 *(978-0-260-51866-8(2))*; pap. 9.57 *(978-0-266-05512-9(5))* Forgotten Bks.

Cupola, 1918 (Classic Reprint) Rockford College. (ENG., Illus.). (J). 2018. 158p. 27.16 *(978-0-483-59025-0(8))*; 2017. pap. 9.57 *(978-0-259-98079-7(X))* Forgotten Bks.

Cupola, 1920 (Classic Reprint) Rockford College. (ENG., Illus.). (J). 2018. 160p. 27.20 *(978-0-428-41792-5(2))*; 2017. pap. 9.57 *(978-0-259-93183-6(7))* Forgotten Bks.

Cupola of 1911 (Classic Reprint) Norma M. Allen. (ENG., Illus.). (J). 2018. 152p. 27.03 *(978-0-666-82355-7(3))*; 2017. pap. 9.57 *(978-0-259-95277-0(X))* Forgotten Bks.

Cupola of 1912 (Classic Reprint) Rockford College. (ENG., Illus.). (J). 2018. 152p. 27.05 *(978-0-483-93245-6(0))*; 2017. pap. 9.57 *(978-0-243-39985-7(5))* Forgotten Bks.

Cuppa Tea. Eric La Branche. Illus. by Margaret Anne Suggs. 2017. (ENG.). 32p. (J). (gr. -1 — 1). 17.95 *(978-1-60537-281-5(1))* Clavis ROM. Dist: Publishers Group West (PGW).

Cuppy: A Mouse's Tale. April Dawn Meersman. Illus. by Alexandra Sarazhinska. 2021. (ENG.). 38p. (J). pap. *(978-1-7775504-0-0(8))* Government of Canada.

Cups, Bowls, & Other Football Championships. Richard Blaine. 2016. (ENG., Illus.). 32p. (J). *(978-0-7787-2293-9(7))* Crabtree Publishing Co.

Cur & the Coyote (Classic Reprint) Edward Peple. 2018. (ENG., Illus.). 70p. (J). 25.34 *(978-0-267-68157-0(7))* Forgotten Bks.

Cura de Aldea: Drama en Tres Actos en Verso. Enrique Perez Escrich. 2017. (SPA., Illus.). (J). 22.95 *(978-1-374-92580-9(2))*; pap. 12.95 *(978-1-374-92579-3(9))* Capital Communications, Inc.

Curate in Charge (Classic Reprint) Oliphant. 2017. (ENG., Illus.). (J). pap. 16.57 *(978-0-243-41312-6(2))* Forgotten Bks.

Curate in Charge (Classic Reprint) Margaret O. W. Oliphant. 2018. (ENG., Illus.). 320p. (J). 30.52 *(978-0-267-21033-6(7))* Forgotten Bks.

Curate of Cranston. Cuthbert Bede. 2017. (ENG.). 352p. (J). pap. *(978-3-337-07564-4(9))* Creation Pubs.

Curate of Cranston: With Other Prose & Verse (Classic Reprint) Cuthbert Bede. 2018. (ENG., Illus.). 350p. (J). 31.14 *(978-0-484-62750-4(3))* Forgotten Bks.

Curate of Cumberworth, and, the Vicar of Roost: Tales (Classic Reprint) Francis Edward Paget. (ENG., Illus.). (J). 2018. 454p. 33.28 *(978-0-365-46118-0(0))*; 2017. pap. 16.57 *(978-1-334-94721-6(X))* Forgotten Bks.

Curate of Sadbrooke, Vol. 1 of 3 (Classic Reprint) Unknown Author. 2018. (ENG., Illus.). 328p. (J). 30.68 *(978-0-483-91727-9(3))* Forgotten Bks.

Curate of Sadbrooke, Vol. 2 of 3 (Classic Reprint) Unknown Author. 2018. (ENG., Illus.). 326p. (J). 30.64 *(978-0-483-82048-7(2))* Forgotten Bks.

Curate of Sadbrooke, Vol. 3 of 3 (Classic Reprint) Unknown Author. 2018. (ENG., Illus.). 330p. (J). 30.70 *(978-0-483-48726-0(0))* Forgotten Bks.

Curate's Discipline, Vol. 2 of 3 (Classic Reprint) Eiloart. 2018. (ENG., Illus.). 314p. (J). 30.37 *(978-0-483-25941-6(1))* Forgotten Bks.

Curate's Home (Classic Reprint) Agnes Giberne. (ENG., Illus.). (J). 2017. 25.94 *(978-0-265-54685-7(0))*; 2016. pap. 9.57 *(978-1-334-16119-3(4))* Forgotten Bks.

Curayl (Classic Reprint) Una Lucy Silberrad. 2017. (ENG., Illus.). (J). 30.37 *(978-0-266-98751-2(6))*; pap. 13.57 *(978-1-5278-5853-4(7))* Forgotten Bks.

Curb of Honor (Classic Reprint) M. Betham-Edwards. (ENG., Illus.). (J). 2018. 330p. 30.70 *(978-0-365-45952-1(6))*; 2017. pap. 13.57 *(978-1-5276-3899-0(5))* Forgotten Bks.

Curb, Snaffle, & Spur. Edward Lowell Anderson. 2017. (ENG., Illus.). (J). pap. *(978-3-7446-7823-0(7))* Creation Pubs.

Cure Complaining: Short Stories on Becoming Content & Overcoming Complaining. Sophia Day & Kayla Pearson. Illus. by Timmy Zowada. 2019. (Help Me Become Ser.: 8). (ENG.). 76p. (J). 14.99 *(978-1-64370-740-2(X)*, 510f9d18-66bc-4453-be67-992f2eef0805); pap. 9.99 *(978-1-64370-741-9(8)*, e1cc624f-4bc9-4cd4-83d7-b0cbe7ccc174) MVP Kids Media.

Cure for Dreaming. Cat Winters. 2016. (ENG., Illus.). 384p. (YA). (gr. 8-17). pap. 9.95 *(978-1-4197-1941-7(6)*, 1075303, Amulet Bks.) Abrams, Inc.

Cure for the Common Universe. Christian McKay Heidicker. 2016. (ENG., Illus.). 320p. (YA). (gr. 9). 19.99 *(978-1-4814-5027-0(1)*, Simon & Schuster Bks. For Young Readers) Simon & Schuster Bks. For Young Readers.

Cure of the Gout: An Amusing Tale; Adorned with Cuts (Classic Reprint) Unknown Author. 2018. (ENG., Illus.). 56p. (J). 25.05 *(978-0-267-43105-2(8))* Forgotten Bks.

Cured! The 70 Adventures of a Dyspeptic (Classic Reprint) Brian Boru Dunne. 2017. (ENG., Illus.). (J). 29.18 *(978-0-331-58835-4(8))*; pap. 11.57 *(978-1-334-89878-5(2))* Forgotten Bks.

Cures for Heartbreak. Margo Rabb. 2016. (ENG.). 256p. (YA). (gr. 9). pap. 9.99 *(978-0-06-247156-7(2)*, HarperCollins) HarperCollins Pubs.

Curies' Research with Radiation, 1 vol. Eileen S. Coates. 2018. (STEM Milestones: Historic Inventions & Discoveries Ser.). (ENG.). 24p. (gr. 3-3). 25.27 *(978-1-5383-4356-2(8)*, 71325f2e-1e93-474e-8b00-55a2d4904440, PowerKids Pr.) Rosen Publishing Group, Inc., The.

Curieux Comme un Petit Chat ! Franz Schubert. Ana Gerhard. Illus. by Marie Lafrance. 2022. (Petites Histoires de Grands Compositeurs Ser.). (ENG.). 36p. (J). (gr. 2-4). 16.95 *(978-2-925108-75-7(X))* Secret Mountain CAN. Dist: Independent Pubs. Group.

Curing Cancer. Meg Marquardt. 2017. (Science Frontiers Ser.). (ENG., Illus.). 32p. (J). (gr. 3-6). pap. 9.95 *(978-1-63235-392-4(X)*, 11877, 12-Story Library) Bookstaves, LLC.

Curing Cancer. Meg Marquardt. 2017. (J). *(978-1-62143-516-7(4))* Pr. Room Editions LLC.

Curing Christopher (Classic Reprint) Horace Tremlett. 2018. (ENG., Illus.). 326p. (J). 30.62 *(978-0-332-17808-0(0))* Forgotten Bks.

Curing the Cold: A Researcher's Job Coloring Book. Jupiter Kids. 2016. (ENG., Illus.). 106p. (J). pap. 12.55 *(978-1-68326-252-7(2)*, Jupiter Kids (Childrens & Kids Fiction)) Speedy Publishing LLC.

Curios & Relics: China, Kitchenware, & Glassware; Glassware Commemorative (Classic Reprint) Lincoln Financial Foundation Collection. 2018. (ENG., Illus.). (J). 24p. 24.39 *(978-0-366-27818-3(5))*; 26p. pap. 7.97 *(978-0-365-90764-0(2))* Forgotten Bks.

Curios & Relics: Clothing; Shawls & Scarves (Classic Reprint) Lincoln Financial Foundation Collection. (ENG., Illus.). (J). 2018. 38p. 24.68 *(978-0-666-73340-5(6))*; 2017. pap. 7.97 *(978-0-259-81348-4(6))* Forgotten Bks.

Curios & Relics: Furniture; Springfield Home; General (Classic Reprint) Lincoln Financial Foundation Collection. 2017. (ENG., Illus.). (J). pap. 7.97 *(978-0-259-94761-5(X))* Forgotten Bks.

Curiosidad Por Disney. Rachel Grack. 2023. (SPA.). 24p. (J). (gr. 1-3). pap. 10.99 ***(978-1-68152-958-5(0))*** Amicus.

Curiosidad Por el Hockey Hielo. Lisa M. Bolt Simons. 2023. (SPA.). 24p. (J). (gr. 1-3). pap. 10.99 ***(978-1-68152-919-6(X))*** Amicus.

Curiosidad Por la Gimnasia. Thomas K. and Heather Adamson. 2023. (SPA.). 24p. (J). (gr. 1-3). pap. 10.99 ***(978-1-68152-918-9(1))*** Amicus.

Curiosidad Por LEGO. Rachel Grack. 2023. (SPA.). 24p. (J). (gr. 1-3). pap. 10.99 ***(978-1-68152-959-2(9))*** Amicus.

Curiosidad Por Minecraft. Rachel Grack. 2023. (SPA.). 24p. (J). (gr. 1-3). pap. 10.99 ***(978-1-68152-960-8(2))*** Amicus.

Curiosidad Por Nintendo. Rachel Grack. 2023. (SPA.). 24p. (J). (gr. 1-3). pap. 10.99 ***(978-1-68152-961-5(0))*** Amicus.

Curiosidad Por Pokemon. Rachel Grack. 2023. (SPA.). 24p. (J). (gr. 1-3). pap. 10.99 ***(978-1-68152-962-2(9))*** Amicus.

Curiosidad Por YouTube. Rachel Grack. 2023. (SPA.). 24p. (J). (gr. 1-3). pap. 10.99 ***(978-1-68152-963-9(7))*** Amicus.

¡Curiosidades Científicas Increíbles! Grace Hansen. 2017. (Ver para Creer Ser.). (SPA.). 24p. (J). (gr. -1-2). pap. 7.95 *(978-1-4966-1334-9(1)*, 135037, Capstone Classroom) Capstone.

Curiosidades Científicas Increíbles! (Science Facts to Surprise You!) Grace Hansen. 2016. (Ver para Creer (Seeing Is Believing) Ser.). (SPA., Illus.). 24p. (J). (gr. -1-2). lib. bdg. 32.79 *(978-1-68080-771-4(4)*, 22704, Abdo Kids) ABDO Publishing Co.

¡Curiosidades Graciosas de Los Animales! Grace Hansen. 2017. (Ver para Creer Ser.). (SPA.). 24p. (J). (gr. -1-2). pap. 7.95 *(978-1-4966-1330-1(9)*, 135034, Capstone Classroom) Capstone.

Curiosidades Graciosas de Los Animales! (Animal Facts to Make You Smile!) Grace Hansen. 2016. (Ver para Creer (Seeing Is Believing) Ser.). (SPA., Illus.). 24p. (J). (gr. -1-2). lib. bdg. 32.79 *(978-1-68080-768-4(4)*, 22698, Abdo Kids) ABDO Publishing Co.

Curiosita Della Scienza: La Forza Unica Nell'universo (Classic Reprint) Alessandro Anserini. 2018. (ITA., Illus.). 388p. (J). 31.90 *(978-0-428-57075-0(5))* Forgotten Bks.

Curiosities: An Illustrated History of Ancestral Oddity. Jonathan Ying. 2021. (ENG., Illus.). 88p. (J). 19.95 *(978-1-62465-056-7(2))* Design Studio Pr.

Curiosities in Proverbs: A Collection of Unusual Adages, Maxims, Aphorisms, Phrases & Other Popular Dicta from Many Lands (Classic Reprint) Dwight Edwards Marvin. 2018. (ENG., Illus.). 448p. (J). 33.14 *(978-0-365-27408-7(9))* Forgotten Bks.

Curiosities of London Life, or Phases, Physiological & Social, of the Great Metropolis (Classic Reprint) Charles Manby Smith. (ENG., Illus.). (J). 2018. 440p. 32.97 *(978-0-364-56362-5(1))*; 2016. pap. 16.57 *(978-1-334-12289-7(X))* Forgotten Bks.

Curiosities of Modern Travel: A Year-Book of Adventure (Classic Reprint) David Bogue. (ENG., Illus.). (J). 2018. 374p. 31.61 *(978-0-484-85186-2(1))*; 2016. pap. 13.97 *(978-1-334-18860-2(2))* Forgotten Bks.

Curiosities of Natural History. Francis Trevelyan Buckland. 2017. (ENG.). (J). 364p. pap. *(978-3-337-32181-9(X))*; 394p. pap. *(978-3-337-02584-7(6))* Creation Pubs.

Curiosities of Natural History (Classic Reprint) Francis Trevelyan Buckland. (ENG., Illus.). (J). 2018. 436p. 32.89 *(978-0-666-76120-0(5))*; 2017. 31.78 *(978-0-265-20559-4(X))*; 2016. pap. 16.57 *(978-1-334-13450-0(2))* Forgotten Bks.

Curiosities of Natural History, Vol. 1 of 2 (Classic Reprint) Francis T. Buckland. 2017. (ENG., Illus.). 382p. (J). 31.78 *(978-0-332-63340-4(3))* Forgotten Bks.

Curiosities of Street Literature: Comprising Cocks, or Catchpennies, a Large & Curious Assortment of Street-Drolleries, Squibs, Histories, Comic Tales in Prose & Verse, Broadsides on the Royal Family, Political Litanies, Dialogues, Catechisms, ACT. Charles Hindley. (ENG., Illus.). (J). 2018. 312p. 30.33 *(978-0-484-31588-3(9))*; 2016. pap. 13.57 *(978-1-334-12360-3(8))* Forgotten Bks.

Curiositree: Natural World: A Visual Compendium of Wonders from Nature - Jacket Unfolds into a Huge Wall Poster! A. J. Wood & Mike Jolley. Illus. by Owen Davey. 2016. (Curiositree Ser.). (ENG.). 112p. (J). (gr. 3-6). 27.99 ***(978-1-84780-782-3(8)***, Wide Eyed Editions) Quarto Publishing Group UK GBR. Dist: Hachette Bk. Group.

Curiosity. Amelia Kesling. 2022. (ENG.). 24p. (J). 19.99 ***(978-1-0880-5590-8(7))***; pap. 14.99 ***(978-1-0880-5080-4(8))*** Indy Pub.

Curiosity. Markus Motum. 2019. (SPA.). 56p. (J). (gr. 3-5). 23.99 *(978-84-947173-1-4(6))* Editorial Flamboyant ESP. Dist: Lectorum Pubns., Inc.

Curiosity Box: Animals. Peter Riley. Illus. by Krina Patel. 2019. (Curiosity Box Ser.). (ENG.). 32p. (J). (gr. 1-3). pap. 10.99 ***(978-1-4451-4639-3(8)***, Franklin Watts) Hachette Children's Group GBR. Dist: Hachette Bk. Group.

Curiosity Box: Human Body. Peter Riley. Illus. by Krina Patel. 2019. (Curiosity Box Ser.). (ENG.). 32p. (J). (gr. 1-3). pap. *(978-1-4451-4648-5(7)*, Franklin Watts) Hachette Children's Group.

Curiosity Box: Minibeasts. Peter Riley. 2019. (Curiosity Box Ser.). (ENG.). 32p. (J). (gr. 1-3). pap. *(978-1-4451-4645-4(2)*, Franklin Watts) Hachette Children's Group.

Curiosity Box: Rocks & Fossils. Peter Riley. 2019. (Curiosity Box Ser.). (ENG.). 32p. (J). (gr. 1-5). pap. 11.99 ***(978-1-4451-4642-3(8)***, Franklin Watts) Hachette Children's Group GBR. Dist: Hachette Bk. Group.

Curiosity Box: the Seashore. Peter Riley. Illus. by Krina Patel. ed. 2019. (Curiosity Box Ser.). (ENG.). 32p. (J). (gr. 1-3). pap. 10.99 *(978-1-4451-4632-4(0)*, Franklin Watts) Hachette Children's Group GBR. Dist: Hachette Bk. Group.

Curiosity Cabinet. Ian Wallace. 2017. (ENG., Illus.). 36p. (J). (gr. k). 19.95 *(978-1-55498-922-5(1))* Groundwood Bks. CAN. Dist: Publishers Group West (PGW).

Curiosity (Classic Reprint) Arba Lankton. (ENG., Illus.). (J). 2018. 24p. 24.41 *(978-0-666-99280-2(0))*; 2017. pap. 7.97 *(978-0-243-48515-4(8))* Forgotten Bks.

Curiosity House: the Fearsome Firebird. Lauren Oliver & H. C. Chester. 2018. (Curiosity House Ser.: 3). (ENG.). 336p. (J). (gr. 3-7). pap. 6.99 *(978-0-06-227088-7(5)*, HarperCollins) HarperCollins Pubs.

Curiosity House: the Screaming Statue. Lauren Oliver & H. C. Chester. 2017. (Curiosity House Ser.: 2). (ENG.). 384p. (J). (gr. 3-7). pap. 6.99 *(978-0-06-227085-6(0)*, HarperCollins) HarperCollins Pubs.

Curiosity Is... H. A. Rey. 2021. (Curious George Ser.). (ENG., Illus.). 32p. (J). (gr. -1-3). 14.99 *(978-0-358-34481-0(6)*, 1781725, Clarion Bks.) HarperCollins Pubs.

Curiosity Killed the Cat! Franz Schubert. Ana Gerhard. Illus. by Marie Lafrance. 2021. (Little Stories of Great Composers Ser.: 4). (ENG.). 36p. (J). (gr. 2-4). 16.95 *(978-2-925108-67-2(9))* La Montagne Secrete CAN. Dist: Independent Pubs. Group.

Curiosity Meets a Friend. Matilda Louise West. 2018. (ENG.). 32p. (J). pap. 13.95 *(978-1-64299-451-3(0))* Christian Faith Publishing.

Curiosity of Consequence. Kel White. 2023. (ENG.). 342p. (YA). pap. 15.99 ***(978-1-83919-515-0(0))*** Vulpine Pr.

Curiosity Rover: Searching for Life on Mars. John Hamilton. 2017. (Xtreme Spacecraft Ser.). (ENG., Illus.). 32p. (J). (gr. 3-9). lib. bdg. 32.79 *(978-1-5321-1009-2(X)*, 25594, Abdo & Daughters) ABDO Publishing Co.

Curiosity: the Story of a Mars Rover. Markus Motum. Illus. by Markus Motum. 2018. (ENG., Illus.). 56p. (J). (gr. 3-7). 22.99 *(978-0-7636-9504-0(1))* Candlewick Pr.

Curious ABC's: An Alphabet for Non-Linear Thinkers. Cindy Mackey. 2017. (ENG., Illus.). (J). pap. 8.99 *(978-0-9990993-4-6(5))* Cyrano Bks.

Curious ABC's: An Alphabet for Non-Linear Thinkers Volume 2. Cindy Mackey Dold. 2019. (ENG., Illus.). 56p. (J). (gr. k-4). pap. 12.99 *(978-1-7322739-3-1(6))* Cyrano Bks.

Curious about Aliens. Gillia M. Olson. 2022. (Curious about Unexplained Mysteries Ser.). (ENG.). 24p. (J). (gr. 1-3). pap. 10.99 *(978-1-68152-626-3(3)*, 10124); 29.95 *(978-1-68151-979-1(8)*, 10172) Amicus.

Curious about Bigfoot. Gillia M. Olson. 2022. (Curious about Unexplained Mysteries Ser.). (ENG.). 24p. (J). (gr. 1-3). pap. 9.99 *(978-1-68152-627-0(1)*, 10125); 29.95 *(978-1-68151-980-7(1)*, 10173) Amicus.

Curious about Birds. Jill Sherman. 2022. (Curious about Pets Ser.). (ENG.). 24p. (J). (gr. 1-3). pap. 9.99 *(978-1-68152-616-4(6)*, 10114); 29.95 *(978-1-68151-969-2(0)*, 10162) Amicus.

Curious about Birds. Cathryn Sill. Illus. by John Sill. 2020. (Discovering Nature Ser.: 1). 22p. (J). (gr. -1-k). bds. 6.99 *(978-1-68263-190-4(7))* Peachtree Publishing Co. Inc.

Curious about Cats. M. K. Osborne. 2022. (Curious about Pets Ser.). (ENG.). 24p. (J). (gr. 1-3). pap. 10.99 *(978-1-68152-612-6(3)*, 10110); 29.95 *(978-1-68151-965-4(8)*, 10158) Amicus.

Curious about Crocodiles. Owen Davey. 2021. (About Animals Ser.: 7). (ENG.). 40p. (J). (gr. 2-5). 19.99 *(978-1-83874-004-7(X))* Flying Eye Bks. GBR. Dist: Penguin Random Hse. LLC.

Curious about Dogs. M. K. Osborne. 2022. (Curious about Pets Ser.). (ENG.). 24p. (J). (gr. 1-3). pap. 9.99 *(978-1-68152-613-3(1)*, 10111); 29.95 *(978-1-68151-966-1(6)*, 10159) Amicus.

Curious about Dolphins. Annie C. Holdren. 2022. (Curious about Wild Animals Ser.). (ENG.). 24p. (J). (gr. 1-4). pap. 10.99 *(978-1-68152-699-7(9)*, 22406) Amicus.

Curious about Fish, 1 vol. Cathryn Sill. Illus. by John Sill. 2021. (Discovering Nature Ser.: 4). 22p. (J). (-k). bds. 6.99 *(978-1-68263-212-3(1))* Peachtree Publishing Co. Inc.

Curious about Fossils. Kate Waters. 2016. (Smithsonian Ser.). (Illus.). 32p. (J). (gr. 1-3). pap. 5.99 *(978-0-448-49019-9(6)*, Grosset & Dunlap) Penguin Young Readers Group.

Curious about Hamsters. M. K. Osborne. 2022. (Curious about Pets Ser.). (ENG.). 24p. (J). (gr. 1-3). pap. 9.99 *(978-1-68152-614-0(X)*, 10112); 29.95 *(978-1-68151-967-8(4)*, 10160) Amicus.

Curious about Haunted Places. Gillia M. Olson. 2022. (Curious about Unexplained Mysteries Ser.). (ENG.). 24p. (J). (gr. 1-3). pap. 10.99 *(978-1-68152-629-4(8)*, 10127); 29.95 *(978-1-68151-982-1(8)*, 10175) Amicus.

Curious about Horses. Jill Sherman. 2022. (Curious about Pets Ser.). (ENG.). 24p. (J). (gr. 1-3). pap. 9.99 *(978-1-68152-615-7(8)*, 10113); 29.95 *(978-1-68151-968-5(2)*, 10161) Amicus.

Curious about Insects. Cathryn Sill. Illus. by John Sill. 2021. (Discovering Nature Ser.: 3). 22p. (J). (-k). bds. 6.99 *(978-1-68263-211-6(3))* Peachtree Publishing Co. Inc.

Curious about Jellyfish. Annie C. Holdren. 2022. (Curious about Wild Animals Ser.). (ENG.). 24p. (J). (gr. 1-4). pap. 10.99 *(978-1-68152-700-0(6)*, 22407) Amicus.

Curious about Narwhals. Annie C. Holdren. 2022. (Curious about Wild Animals Ser.). (ENG.). 24p. (J). (gr. 1-4). pap. 10.99 *(978-1-68152-701-7(4)*, 22408) Amicus.

Curious about Orangutans. Gina Shaw. 2017. (Smithsonian Ser.). (Illus.). 32p. (J). (gr. 1-3). pap. 4.99 *(978-0-515-15901-1(8)*, Penguin Young Readers Licenses) Penguin Young Readers Group.

Curious about Pandas. Amy S. Hansen. 2022. (Curious about Wild Animals Ser.). (ENG.). 24p. (J). (gr. 1-4). pap. 10.99 *(978-1-68152-702-4(2)*, 22409) Amicus.

Curious about Rabbits. Jill Sherman. 2022. (Curious about Pets Ser.). (ENG.). 24p. (J). (gr. 1-3). pap. 9.99 *(978-1-68152-617-1(4)*, 10115); 29.95 *(978-1-68151-970-8(4)*, 10163) Amicus.

Curious about Sloths. Amy S. Hansen. 2022. (Curious about Wild Animals Ser.). (ENG.). 24p. (J). (gr. 1-4). pap. 10.99 *(978-1-68152-704-8(9)*, 22411) Amicus.

Curious about Snow. Gina Shaw. 2016. (Smithsonian Ser.). (Illus.). 32p. (J). (gr. 1-3). bds. 4.99 *(978-0-448-49018-2(8)*, Grosset & Dunlap) Penguin Young Readers Group.

Curious about the Loch Ness Monster. Gillia M. Olson. 2022. (Curious about Unexplained Mysteries Ser.). (ENG.). 24p. (J). (gr. 1-3). pap. 10.99 *(978-1-68152-630-0(1)*, 10128); 29.95 *(978-1-68151-983-8(6)*, 10176) Amicus.

Curious about UFOs. Gillia M. Olson. 2022. (Curious about Unexplained Mysteries Ser.). (ENG.). 24p. (J). (gr. 1-3). pap. 10.99 *(978-1-68152-631-7(X)*, 10129); 29.95 *(978-1-68151-984-5(4)*, 10177) Amicus.

Curious about Worms. Kate Waters. 2017. (Smithsonian Ser.). (Illus.). 32p. (J). (gr. 1-3). pap. 5.99 *(978-0-451-53369-2(0)*, Grosset & Dunlap) Penguin Young Readers Group.

Curious Account of the Origin of Fairlop Fair: With an Entertaining Description of the Motley Multitude Who Assemble on That Occasion (Classic Reprint) Unknown Author. 2017. (ENG., Illus.). (J). 24.91 *(978-0-265-62221-6(2))* Forgotten Bks.

Curious Adventures Awaits: Imagination Runs Wild. April Larkin & Ava Small. 2022. (ENG., Illus.). 34p. (J). pap. 14.95 *(978-1-63961-456-1(7))* Christian Faith Publishing.

Curious Adventures of a Field Cricket (Classic Reprint) Ernest Candeze. 2017. (ENG., Illus.). (J). 31.69 *(978-0-265-74833-6(X))*; pap. 16.57 *(978-1-5277-1643-8(0))* Forgotten Bks.

Curious Adventures of Alfred: The Little Man from the Moon. Margot Sexton. 2022. 130p. (J). 37.99 *(978-1-6678-3244-9(1))* BookBaby.

Curious Adventures of Cinderella: Or, the Hstory of a Glass Slipper (Classic Reprint) Unknown Author. 2018. (ENG., Illus.). 32p. (J). 24.58 *(978-0-267-55094-4(4))* Forgotten Bks.

Curious Adventures of Fletch Highfield. J. F. Tuttle. 2019. (ENG., Illus.). 142p. (J). (gr. 7-12). pap. 14.95 *(978-1-59713-202-2(0))* Goose River Pr.

Curious Adventures of Flossie the Cat (the Worley Village Mysteries, Book 1) Carole Elaine Borgens. 2016. (ENG., Illus.). (J). pap. *(978-0-9949968-0-0(2))* Serene Publications.

Curious Adventures of the Lemon Drop Kids. Craig Honeycutt & Damien Honeycutt. Illus. by MaryJo Scott. 2022. 48p. (J). pap. 10.10 *(978-1-6678-5199-0(3))* BookBaby.

Curious & Diverting Adventures of Sir John Sparrow Bart: Or, the Progress of an Open Mind (Classic Reprint) Harold Begbie. 2018. (ENG., Illus.). 374p. (J). 31.61 *(978-0-267-46935-2(7))* Forgotten Bks.

Curious & Instructive Stories about Wild Animals & Birds. William White Cooper. 2017. (ENG.). 354p. (J). pap. *(978-3-337-23128-6(4))* Creation Pubs.

Curious & Instructive Stories about Wild Animals & Birds (Classic Reprint) William White Cooper. (ENG., Illus.). (J). 2018. 358p. 31.28 *(978-0-267-38509-6(9))*; 2016. pap. 13.97 *(978-1-334-14815-6(5))* Forgotten Bks.

Curious Baby Elephant. Judith Baker et al. 2022. (ENG.). 28p. (J). pap. ***(978-1-922910-87-5(2))*** Library For All Limited.

Curious Baby Elephant - Mtoto Wa Tembo Mdadasi. Judith Baker & Lorato Trok. Illus. by Wiehan de Jager. 2023. (SWA.). 30p. (J). pap. ***(978-1-922910-29-5(5))*** Library For All Limited.

Curious Bat & the Rainbow. Sherri Laughner. Illus. by Dodot Asmoro. 2018. (ENG.). 44p. (J). (gr. 2-6). pap. 8.99 *(978-0-692-85016-9(3))* Stardust Bks.

Curious Beekeeper Nina. Kristiana Ambrasa. 2018. (ENG., Illus.). 32p. (J). *(978-1-5289-2500-6(9))*; pap. *(978-1-5289-2501-3(7))* Austin Macauley Pubs. Ltd.

Curious Book of Birds (Classic Reprint) Abbie Farwell Brown. 2018. (ENG., Illus.). 222p. (J). 28.50 *(978-0-483-23180-1(0))* Forgotten Bks.

Curious Book of Lists: 263 Fun, Fascinating, & Fact-Filled Lists. Tracey Turner. Illus. by Caroline Selmes. 2022. (Curious Lists Ser.). (ENG.). 160p. (J). pap. 11.99 *(978-0-7534-7666-6(5)*, 900233888, Kingfisher) Roaring Brook Pr.

Curious Bryce & His Flying Pizza Slice. Tahnee Holmes. 2021. (ENG., Illus.). 32p. (J). 24.95 *(978-1-63844-895-2(7))*; pap. 14.95 *(978-1-0980-9170-5(1))* Christian Faith Publishing.

Curious Bunny. Suellen Molviolet. 2021. (ENG.). 64p. (J). pap. 9.29 *(978-1-68474-203-5(X))*; pap. 9.29 *(978-1-68474-204-2(8))* Lulu Pr., Inc.

Curious Cake. Margaret Woods. 2020. (ENG.). 42p. (J). pap. *(978-1-5289-4660-5(X))* Austin Macauley Pubs. Ltd.

Curious Caleb: Learns about Plants & Herbs. Allison Jaloszynski. 2017. (ENG., Illus.). (J). pap. 10.95 *(978-1-9736-0216-3(4)*, WestBow Pr.) Author Solutions, LLC.

Curious Career of Roderick Campbell (Classic Reprint) Jean N. McIlwraith. 2018. (ENG., Illus.). 308p. (J). 30.27 *(978-0-267-66924-0(0))* Forgotten Bks.

Curious Cares of Bears. Douglas Florian. Illus. by Sonia Sánchez. 2017. (ENG.). 32p. (J). (gr. -1-3). 16.99 *(978-1-4998-0462-1(8))* Little Bee Books Inc.

Curious Cases: True Crime for Kids. Rebecca Valley. 2022. 160p. (J). 14.95 *(978-1-64604-384-2(7))* Ulysses Pr.

Curious Cases of Junior Inspector AJ Moore. Volume 1. Anthony Rout. 2017. (ENG.). 44p. (J). pap. ***(978-0-244-91558-2(X))*** Lulu Pr., Inc.

Curious Cases: True Crime for Kids: Hijinks, Heists, Mysteries, & More. Rebecca Valley. 2022. 160p. (J). pap. 9.95 *(978-1-64604-349-1(9))* Ulysses Pr.

Curious Castle of Claptrapia. S. Tyson Gardner. (ENG.). 134p. (YA). 2022. ***(978-1-387-94490-3(8))***; 2022. pap. *(978-1-6780-1705-7(1))*; 2021. 22.36 *(978-1-716-36789-2(1))* Lulu Pr., Inc.

Curious Cat Spy Club Boxed Set #1-3. Linda Joy Singleton. 2017. (Curious Cat Spy Club Ser.). (ENG.). 832p. (J). (gr. 3-7). pap. 24.99 *(978-0-8075-1391-0(1)*, 807513911) Whitman, Albert & Co.

Curious Caterpillar. Julia Williams. 2023. (Illus.). 34p. (J). (gr. 3-5). pap. 10.00 ***(978-1-6678-8416-5(6))*** BookBaby.

Curious Clues. David Gorman. 2020. (Waldameer Mystery Files Ser.). (ENG.). 168p. (J). *(978-1-5255-6987-6(2))*; pap. *(978-1-5255-6988-3(0))* FriesenPress.

Curious Collection of Animals: Weird, Wonderful, & Wild. Camilla De la Bédoyère. 2016. (Illus.). 64p. (J). *(978-1-4351-6571-7(3))* Barnes & Noble, Inc.

Curious Collection of Dinosaurs & Other Prehistoric Animals. Camilla De la Bédoyère. 2016. (Illus.). 64p. (J). *(978-1-4351-6639-4(6))* Barnes & Noble, Inc.

Curious Collection of Ocean Life & Other Watery Wonders. Text by Nancy Dickmann. 2016. (Illus.). 64p. (J). *(978-1-4351-6572-4(1))* Barnes & Noble, Inc.

Curious Comparisons: a Life-Size Look at the World Around You. Jorge Doneiger. Illus. by Guido Chouela et al. 2020. (ENG.). 64p. (J). (gr. -1-3). 17.99 *(978-1-5362-0021-8(2))* Candlewick Pr.

Curious Conspiracy on Gamma Ceti. Nemo West. 2019. (Story of Dex Ser.: Vol. 1). (ENG., Illus.). 238p. (YA). pap. 9.99 *(978-0-9892839-6-0(8))* Ken Floro III.

Curious Constructions: A Peculiar Portfolio of Fifty Fascinating Structures (Construction Books for Kids, Picture Books about Building, Creativity Books) Michael Hearst. Illus. by Matt Johnstone. 2017. (ENG.). 112p. (J). 19.99 *(978-1-4521-4484-9(2))* Chronicle Bks. LLC.

Curious Cousins & the African Elephant Expedition. Ed. by John Ford M. Illus. by Jimmy Gounaris. 2023. (ENG.). 130p. (J). pap. ***(978-1-987975-30-7(8))*** Energy Mountain Inc.

Curious Creatures. Andrew Cleave. 2019. (Creatures of the Ocean Ser.). (Illus.). 80p. (J). (gr. 12). lib. bdg. 34.60 *(978-1-4222-4305-3(2))* Mason Crest.

Curious Creatures: With Stickers & Activities to Make Family Learning Fun. Anita Ganeri & Penny Arlon. 2021. (ENG.). 112p. (J). pap. 14.99 *(978-1-68188-741-8(X))* Weldon Owen, Inc.

Curious Creatures Glowing in the Dark. Zoë Armstrong. Illus. by Anja Susanj. 2021. (Curious Creatures Ser.). (ENG.). 40p. (J). (gr. -1-2). 16.99 *(978-1-83874-000-9(7))* Flying Eye Bks. GBR. Dist: Penguin Random Hse. LLC.

Curious Creatures of Canada (Alberta Phase) Andrew J. 'Estubar' Sawatzky. 2016. (ENG., Illus.). (J). *(978-1-4602-9455-0(6))*; pap. *(978-1-4602-9456-7(4))* FriesenPress.

Curious Creatures Working with Tools. Zoë Armstrong. Illus. by Anja Susanj. 2022. (Curious Creatures Ser.). (ENG.). 40p. (J). (gr. -1-2). 16.99 *(978-1-83874-001-6(5))* Flying Eye Bks. GBR. Dist: Penguin Random Hse. LLC.

Curious Crime. Julia Golding. ed. 2018. (ENG., Illus.). 304p. (J). (gr. 6-7). pap. 10.99 *(978-0-7459-7787-4(1)*, c850499a-4314-4631-b117-2c3b4f2645a9, Lion Children's) Lion Hudson PLC GBR. Dist: Baker & Taylor Publisher Services (BTPS).

Curious Elf. Joe O'Brien. 2018. (ENG., Illus.). 30p. (J). 22.95 *(978-1-64258-723-4(0))* Christian Faith Publishing.

Curious Emma Makes Special Slime. Teene Williams. Illus. by Sydney Adams. 2022. (ENG.). 26p. (J). pap. 12.99 ***(978-1-0878-8430-1(6))*** Indy Pub.

Curious EnCOUNTers: 1 to 13 Forest Friends. Ben Clanton. Illus. by Jessixa Bagley. 2020. 32p. (J). (gr. -1-2). 17.99 *(978-1-63217-274-7(7)*, Little Bigfoot) Sasquatch Bks.

Curious Facts from the Deep. Alexander Kitain & Natalya Kitain. 2020. (ENG., Illus.). 32p. (YA). *(978-1-64378-620-9(2))*; pap. *(978-1-64378-619-3(9))* Austin Macauley Pubs. Ltd.

Curious Fairies. Kyriaki Sampatakaki. 2018. (ENG., Illus.). 40p. (J). pap. 16.00 *(978-1-387-87303-6(2))* Lulu Pr., Inc.

Curious Festivals from Around the World - Geography for Kids Children's Geography & Culture Books. Baby Professor. 2017. (ENG., Illus.). 64p. (J). pap. 9.52 *(978-1-5419-1495-7(3)*, Baby Professor (Education Kids)) Speedy Publishing LLC.

Curious Friends (Classic Reprint) C. J. Delagreve. 2018. (ENG., Illus.). 258p. (J). 29.22 *(978-0-483-35035-9(4))* Forgotten Bks.

Curious George: A Halloween Boo Fest. 2018. (Curious George Ser.). (ENG., Illus.). 12p. (J). (— 1). bds. 9.99 *(978-1-328-54832-0(5)*, 1724314, Clarion Bks.) HarperCollins Pubs.

Curious George: I Love You (Board Book with Mirrors) 2019. (Curious George Ser.). (ENG., Illus.). 16p. (J). (— 1). bds. 8.99 *(978-0-358-15666-6(1)*, 1756269, Clarion Bks.) HarperCollins Pubs.

Curious George: Sweet Dreams, Curious George. 2016. (Curious George Ser.). (ENG., Illus.). 24p. (J). (gr. -1-3). 4.99 *(978-0-544-50321-2(X)*, 1604665, Clarion Bks.) HarperCollins Pubs.

Curious George: Trash into Treasure. Bethany V. Freitas. ed. 2019. (Green Light Readers Ser.). (ENG.). 24p. (J). (gr. k-1). 13.89 *(978-0-87617-290-2(7))* Penworthy Co., LLC, The.

Curious George 8 Bb Cube, Costco. H. A. Rey. 2019. (Curious George Ser.). (ENG.). 84p. (J). pap. 9.33 *(978-0-358-21227-0(8)*, Clarion Bks.) HarperCollins Pubs.

Curious George & the Firefighters (with Bonus Stickers & Audio) H. A. Rey & Anna Grossnickle Hines. 2019. (Curious George Ser.). (ENG., Illus.). 24p. (J). (gr. -1-3). pap. 4.99 *(978-0-358-16877-5(5)*, 1758160, Clarion Bks.) HarperCollins Pubs.

Curious George & the Puppies: With Bonus Stickers & Audi. 2019. (Curious George Ser.). (ENG.). 24p. (J). (gr. -1-3). pap. 4.99 *(978-0-358-15722-9(6)*, 1757625, Clarion Bks.) HarperCollins Pubs.

Curious George & the Sleepover. H. A. Rey. 2017. (Curious George Ser.). (ENG., Illus.). 24p. (J). (gr. -1-3). 14.99 *(978-0-544-76346-3(7)*, 1635106, Clarion Bks.) HarperCollins Pubs.

Curious George & the Summer Games. 2020. (Curious George Ser.). (ENG., Illus.). 24p. (J). (gr. -1-3). pap. 4.99 *(978-0-358-24221-5(5)*, 1767112, Clarion Bks.) HarperCollins Pubs.

Curious George & the Summer Games. H. A. Rey. 2020. (Curious George Ser.). (ENG., Illus.). 24p. (J). (gr. -1-3). 14.99 *(978-0-358-16410-4(9)*, 1757975, Clarion Bks.) HarperCollins Pubs.

Curious George & the Summer Games. Monica Perez. ed. 2021. (Curious George 8x8 Bks). (ENG., Illus.). 24p. (J). (gr. k-1). 15.46 *(978-1-64697-819-9(6))* Penworthy Co., LLC, The.

Curious George Boxcar Derby (CGTV 8x8) H. A. Rey. 2016. (Curious George Ser.). (ENG., Illus.). 24p. (J). (gr. -1-3). 4.99 *(978-0-544-38077-6(0)*, 1591883, Clarion Bks.) HarperCollins Pubs.

Curious George Builds a Tree House (Reader Level 2) 2017. (Curious George Ser.). (ENG., Illus.). 24p. (J). (gr. -1-3). pap. 4.99 *(978-0-544-86704-8(1)*, 1648560, Clarion Bks.) HarperCollins Pubs.

Curious George Builds Tree House/Jorge el Curioso Construye una Casa en Un árbol: Bilingual English-Spanish. H. A. Rey. 2017. (Curious George TV Ser.). (ENG., Illus.). 24p. (J). (gr. -1-3). 12.99 *(978-0-544-97461-6(1)*, 1663440, Clarion Bks.) HarperCollins Pubs.

Curious George Curious about Fall Tabbed Board Book. H. A. Rey. 2020. (Curious George Ser.). (ENG., Illus.). 14p. (J). (— 1). bds. 8.99 *(978-0-358-12669-0(X)*, 1752508, Clarion Bks.) HarperCollins Pubs.

Curious George Curious about Spring (Tabbed Board Book) 2020. (Curious George Ser.). (ENG., Illus.). 14p. (J). (— 1). bds. 8.99 *(978-0-358-08691-8(4)*, 1741746, Clarion Bks.) HarperCollins Pubs.

Curious George Curious about Summer. 2019. (Curious George Ser.). (ENG., Illus.). 14p. (J). (— 1). bds. 8.99 *(978-1-328-85771-2(9)*, 1694345, Clarion Bks.) HarperCollins Pubs.

Curious George Curious about Winter. 2018. (Curious George Ser.). (ENG., Illus.). 14p. (J). (— 1). bds. 8.99 *(978-1-328-91787-4(8)*, 1702030, Clarion Bks.) HarperCollins Pubs.

Curious George Curious You: on Your Way! Gift Edition. H. A. Rey. 2021. (Curious George Ser.). (ENG., Illus.). 32p. (J). (gr. -1-3). 15.99 *(978-0-358-52117-4(3)*, 1803986, Clarion Bks.) HarperCollins Pubs.

Curious George Discovers Recycling. H. A. Rey. ed. 2017. (Curious George Discovers Ser.). (ENG.). (J). (gr. -1-3). lib. bdg. 17.20 *(978-0-606-39822-0(8))* Turtleback.

Curious George Discovers the Seasons. 2016. (Curious George Ser.). (ENG., Illus.). 32p. (J). (gr. -1-3). pap. 6.99 *(978-0-544-78509-0(6)*, 1638633, Clarion Bks.) HarperCollins Pubs.

Curious George Dragon Dance. 2016. (Curious George Ser.). (ENG., Illus.). 24p. (J). (gr. -1-3). 4.99 *(978-0-544-78499-4(5)*, 1638573, Clarion Bks.) HarperCollins Pubs.

Curious George Farm to Table. H. A. Rey. 2016. (Curious George TV Tie-In 8x8 Ser.). lib. bdg. 14.75 *(978-0-606-37991-5(6))* Turtleback.

Curious George Goes Swimming. 2020. (Curious George Ser.). (ENG., Illus.). 24p. (J). (gr. -1-3). pap. 5.99 *(978-0-358-24276-5(2)*, 1768364, Clarion Bks.) HarperCollins Pubs.

Curious George Goes Swimming. H. A. Rey. 2019. (Curious George Ser.). (ENG., Illus.). 24p. (J). (gr. -1-3). 14.99 *(978-1-328-97311-5(5)*, 1708131, Clarion Bks.) HarperCollins Pubs.

Curious George Goes Swimming. Alessandra Preziosi. ed. 2021. (Curious George 8x8 Bks). (ENG., Illus.). 24p. (J). (gr. k-1). 15.46 *(978-1-64697-820-5(X))* Penworthy Co., LLC, The.

Curious George Goes to a Bookstore. 2017. (Curious George Ser.). (ENG., Illus.). 24p. (J). (gr. -1-3). pap. 5.99 *(978-0-544-93204-3(8)*, 1658389, Clarion Bks.) HarperCollins Pubs.

Curious George Goes to a Bookstore. H. A. Rey. ed. 2017. (Curious George 8x8 Ser.). (ENG.). (J). (gr. -1-3). lib. bdg. 14.75 *(978-0-606-39823-7(6))* Turtleback.

Curious George Goes to the Hospital (Special Edition) H. A. Rey & Margret Rey. 2017. (Curious George Ser.). (ENG., Illus.). 56p. (J). (gr. -1-3). 17.99 *(978-0-544-76408-8(0)*, 1635193, Clarion Bks.) HarperCollins Pubs.

Curious George Good Night, Zoo. 2019. (Curious George Ser.). (ENG., Illus.). 24p. (J). (gr. -1-3). pap. 4.99 *(978-1-328-97236-1(4)*, 1708121, Clarion Bks.) HarperCollins Pubs.

Curious George Good Night, Zoo. Gina Gold. ed. 2019. (Curious George 8x8 Bks). (ENG.). 24p. (J). (gr. k-1). 14.36 *(978-0-87617-285-8(0))* Penworthy Co., LLC, The.

Curious George Good Night, Zoo (CGTV 8 X 8) H. A. Rey. 2019. (Curious George Ser.). (ENG., Illus.). 24p. (J). (gr. -1-3). 12.99 *(978-1-328-97310-8(7)*, 1708129, Clarion Bks.) HarperCollins Pubs.

Curious George Harvest Hoedown (CGTV 8 X 8) H. A. Rey. 2017. (Curious George Ser.). (ENG., Illus.). 24p. (J). (gr. -1-3). pap. 4.99 *(978-1-328-69597-0(2)*, 1671310, Clarion Bks.) HarperCollins Pubs.

Curious George in Follow That Hat! H. A. Rey & Margret Rey. 2018. (Curious George's Funny Readers Ser.). (ENG., Illus.). 40p. (J). (gr. -1-3). 9.99 *(978-1-328-73718-2(7)*, 1676354, Clarion Bks.) HarperCollins Pubs.

Curious George in Super George! H. A. Rey & Margret Rey. Illus. by Artful Doodlers Artful Doodlers Ltd. 2018. (Curious George's Funny Readers Ser.). (ENG.). 40p. (J). (gr. -1-3). 9.99 *(978-1-328-73623-9(7)*, 1676620, Clarion Bks.) HarperCollins Pubs.

Curious George in the Big Surprise. H. A. Rey. 2019. (Curious George's Funny Readers Ser.). (ENG., Illus.). 40p. (J). (gr. -1-3). 9.99 *(978-1-328-87443-6(5)*, 1697259, HMH Books For Young Readers) Houghton Mifflin Harcourt Publishing Co.

Curious George Joins the Team. 2019. (Curious George Ser.). (ENG., Illus.). 24p. (J). (gr. -1-3). pap. 4.99 *(978-1-328-91047-9(4)*, 1701054, Clarion Bks.) HarperCollins Pubs.

Curious George Joins the Team. Cynthia Platt. ed. 2019. (Curious George 8x8 Bks). (ENG.). 24p. (J). (gr. k-1). 14.36 *(978-0-87617-286-5(9))* Penworthy Co., LLC, The.

Curious George Lemonade Stand. H. A. Rey. 2016. (Curious George TV Ser.). (ENG., Illus.). 24p. (J). (gr. -1-3). 12.99 *(978-0-544-65221-7(5)*, 1622309, Clarion Bks.) HarperCollins Pubs.

Curious George Lemonade Stand. Erica Zappy Wainter. ed. 2018. (Green Light Readers Ser.). (ENG.). 24p. (J). (gr. -1-1). 13.49 *(978-1-64310-317-4(2))* Penworthy Co., LLC, The.

Curious George Loves to Ride. H. A. Rey & Margret Rey. 2016. (Curious George Ser.). (ENG., Illus.). 20p. (J). (gr. -1-3). bds. 9.99 *(978-0-544-61102-3(0)*, 1617510, Clarion Bks.) HarperCollins Pubs.

Curious George Makes a Valentine. Bethany V. Freitas. ed. 2018. (Green Light Readers Ser.). (ENG.). 24p. (J). (gr. -1-1). 13.89 *(978-1-64310-358-7(X))* Penworthy Co., LLC, The.

Curious George Makes a Valentine. H. A. Rey. ed. 2018. (Curious George TV Tie-In Early Reader Ser.). lib. bdg. 14.75 *(978-0-606-40424-2(4))* Turtleback.

Curious George Makes a Valentine (CGTV Reader) H. A. Rey. 2017. (Curious George Ser.). (ENG., Illus.). 24p. (J). (gr. -1-3). 12.99 *(978-1-328-69557-4(3)*, 1671219, Clarion Bks.) HarperCollins Pubs.

Curious George Makes a Valentine (Glr Level 2) 2017. (Curious George Ser.). (ENG., Illus.). 24p. (J). (gr. -1-3). pap. 4.99 *(978-1-328-69556-7(5)*, 1671217, Clarion Bks.) HarperCollins Pubs.

Curious George Makes Pancakes. 2018. (Curious George Ser.). (ENG., Illus.). 24p. (J). (— 1). bds. 12.99 *(978-1-328-76461-4(3)*, 1681069, Clarion Bks.) HarperCollins Pubs.

Curious George Makes Pancakes: With Bonus Stickers & Audio. 2019. (Curious George Ser.). (ENG., Illus.). 24p. (J). (gr. -1-3). pap. 4.99 *(978-1-328-58131-0(4)*, 1728672, Clarion Bks.) HarperCollins Pubs.

Curious George Math & Science Readers: 10-Book Stem Reading. 2018. (Curious George Ser.). (ENG., Illus.). 160p. (J). (gr. -1-3). pap. 14.99 *(978-1-328-68597-1(7)*, 1670542, Clarion Bks.) HarperCollins Pubs.

Curious George Mother's Day Surprise. C. A. Krones. ed. 2019. (Green Light Readers Ser.). (ENG.). 24p. (J). (gr. k-1). 13.89 *(978-0-87617-289-6(3))* Penworthy Co., LLC, The.

Curious George My First Bedtime Stories. H. A. Rey. 2019. (Curious George Ser.). (ENG., Illus.). 72p. (J). (gr. -1-3). 10.99 *(978-0-358-16403-6(6)*, 1756267, Clarion Bks.) HarperCollins Pubs.

Curious George My First Bike. H. A. Rey & Margret Rey. 2021. (Curious George Ser.). (ENG., Illus.). 24p. (J). (— 1). bds. 9.99 *(978-0-358-41881-8(X)*, 1791424, Clarion Bks.) HarperCollins Pubs.

Curious George My First Kite Padded Board Book. H. A. Rey & Margret Rey. Illus. by H. A. Rey. 2022. (Curious George Ser.). (ENG., Illus.). 30p. (J). (— 1). bds. 8.99 *(978-0-358-54935-2(3)*, 1803797, Clarion Bks.) HarperCollins Pubs.

Curious George Novel Units Teacher Guide. Novel Units. 2019. (ENG.). (J). pap., tchr. ed., wbk. ed. 12.99 *(978-1-56137-270-6(6)*, Novel Units, Inc.) Classroom Library Co.

Curious George Plays Soccer. 2020. (Curious George Ser.). (ENG., Illus.). 24p. (J). (gr. -1-3). pap. 4.99 *(978-0-358-24277-2(0)*, 1768365, Clarion Bks.) HarperCollins Pubs.

Curious George Plays Soccer. H. A. Rey. 2017. (Curious George Ser.). (ENG., Illus.). 24p. (J). (gr. -1-3). 14.99 *(978-0-544-91246-5(2)*, 1655200, Clarion Bks.) HarperCollins Pubs.

Curious George Plays Soccer. Monica Perez. ed. 2021. (Curious George 8x8 Bks). (ENG., Illus.). 24p. (J). (gr. k-1). 15.46 *(978-1-64697-821-2(8))* Penworthy Co., LLC, The.

Curious George Ready for School. 2017. (Curious George Ser.). (ENG., Illus.). 14p. (J). (— 1). bds. 7.99 *(978-0-544-93120-6(3)*, 1657523, Clarion Bks.) HarperCollins Pubs.

Curious George Seek-And-Find (CGTV) H. A. Rey. 2019. (Curious George Ser.). (ENG., Illus.). 24p. (J). (gr. -1-3). 12.99 *(978-1-328-58924-8(2)*, 1729668, Clarion Bks.) HarperCollins Pubs.

Curious George Sounds Like Christmas Sound Book: A Christmas Holiday Book for Kids. H. A. Rey. 2019. (Curious George Ser.). (ENG., Illus.). 12p. (J). (— 1). pap. 12.99 *(978-0-358-06475-6(9)*, 1743979, Clarion Bks.) HarperCollins Pubs.

Curious George Subway Train Adventure. Julie M. Fenner. ed. 2018. (Green Light Readers Ser.). (ENG.). 24p. (J). (gr. -1-1). 13.89 *(978-1-64310-357-0(1))* Penworthy Co., LLC, The.

Curious George: Trash into Treasure/Jorge el Curioso: de Basura a Tesoro: Bilingual English-Spanish. H. A. Rey. 2019. (Curious George TV Ser.). (ENG., Illus.). 24p. (J). (gr. 1-4). 12.99 *(978-1-328-58646-9(4)*, 1729239); pap. 4.99 *(978-1-328-58647-6(2)*, 1729241) HarperCollins Pubs. (Clarion Bks.).

Curious George Votes. H. A. Rey. 2020. (Curious George Ser.). (ENG., Illus.). 24p. (J). (gr. -1-3). 14.99 *(978-0-358-24834-7(5)*, 1769039); pap. 4.99 *(978-0-358-27263-2(7)*, 1771921) HarperCollins Pubs. (Clarion Bks.).

Curious George Votes. Deirdre Langeland. ed. 2020. (Curious George 8x8 Bks). (ENG., Illus.). 24p. (J). (gr. k-1). 14.36 *(978-1-64697-397-2(6))* Penworthy Co., LLC, The.

Curious George Wash Your Hands. 2021. (Curious George Ser.). (ENG., Illus.). 20p. (J). (— 1). bds. 8.99 *(978-0-358-56730-1(0)*, 1810475, Clarion Bks.) HarperCollins Pubs.

Curious George's 3-Minute Stories. H. A. Rey. 2020. (Curious George Ser.). (ENG., Illus.). 144p. (J). (gr. -1-3). 12.99 *(978-0-358-35435-2(8)*, 1783651, Clarion Bks.) HarperCollins Pubs.

Curious George's Big Book of Discovery. H. A. Rey. 2019. (Curious George Ser.). (ENG., Illus.). 256p. (J). (gr. -1-3). 13.99 *(978-1-328-85712-5(3)*, 1694328, Clarion Bks.) HarperCollins Pubs.

Curious George's Box of Books. H. A. Rey. 2018. (Curious George Ser.). (ENG., Illus.). 80p. (J). (— 1). pap. 18.99 *(978-1-328-79895-4(X)*, 1685686, Clarion Bks.) HarperCollins Pubs.

Curious George's Colors: High Contrast Tummy Time Book. H. A. Rey. 2023. (Curious Baby Curious George Ser.). (ENG., Illus.). 16p. (J). (gr. -1 — 1). bds. 10.99 *(978-0-358-72993-8(9)*, Clarion Bks.) HarperCollins Pubs.

Curious George's Day at the Farm (Tabbed Lift-The-Flap) 2017. (Curious George Ser.). (ENG., Illus.). 16p. (J). (— 1). bds. 10.99 *(978-0-544-98874-3(4)*, 1665846, Clarion Bks.) HarperCollins Pubs.

Curious George's Favorite Places: Three Stories in One. 2020. (Curious George Ser.). (ENG., Illus.). 72p. (J). (gr. -1-3). pap. 8.99 *(978-0-358-16902-4(X)*, 1758440, Clarion Bks.) HarperCollins Pubs.

Curious George's Valentine's Day Activity Book. 2019. (Curious George Ser.). (ENG., Illus.). 96p. (J). (gr. -1-3). pap. 9.99 *(978-0-358-04052-1(3)*, 1740927, Clarion Bks.) HarperCollins Pubs.

Curious Girl. Gary Corcoran. 2017. (ENG., Illus.). (J). pap. 12.95 *(978-1-63575-067-6(9))* Christian Faith Publishing.

Curious Herbal (Classic Reprint) Constance Smedley. (ENG., Illus.). (J). 2018. 40p. 24.72 *(978-0-666-39926-7(3))*; 2017. pap. 7.97 *(978-0-259-91142-5(9))* Forgotten Bks.

Curious, If True: Strange Tales. Elizabeth Cleghorn Gaskell. 2018. (ENG., Illus.). 200p. (J). 19.99 *(978-1-5154-3554-9(7))* Wilder Pubns., Corp.

Curious Incident of the Dog in the Night-Time: AQA GCSE 9-1 English Literature Text Guide: Ideal for the 2024 & 2025 Exams. Collins GCSE. 2017. (ENG., Illus.). 80p. (YA). (gr. 9-11). pap. 8.99 *(978-0-00-824715-7(3))* HarperCollins Pubs. Ltd. GBR. Dist: Independent Pubs. Group.

Curious Jane: Science + Design + Engineering for Inquisitive Girls. Curious Curious Jane. 2017. (Illus.). 128p. (J). (gr. 1-6). pap. 16.95 *(978-1-4549-2235-3(4))* Sterling Publishing Co., Inc.

Curious Kids: Age of the Dinosaurs: With POP-UPS on Every Page. Jonny Marx. Illus. by Christiane Engel. 2021. (ENG.). 16p. (J). (gr. 1-3). 14.99 *(978-1-68010-653-4(8))* Tiger Tales.

Curious Kids: Explore the Meadow: With POP-UPS on Every Page. Jonny Marx. Illus. by Christiane Engel. 2020. (ENG.). 16p. (J). (gr. 1-3). 12.99 *(978-1-68010-618-3(X))* Tiger Tales.

Curious Kid's Guide to the World Jesus Knew: Romans, Rebels, & Disciples. Marc Olson. Illus. by Jemima Maybank. 2023. (Curious Kids' Guides). 64p. (J). (gr. 4-9). 9.99 *(978-1-5064-5551-8(4)*, Beaming Books) 1517 Media.

Curious Kids Nature Guide: Explore the Amazing Outdoors of the Pacific Northwest. Fiona Cohen. Illus. by Marni Fylling. 2017. (Curious Kids Ser.). 96p. (J). (gr. k-4). 19.99 *(978-1-63217-083-5(3)*, Little Bigfoot) Sasquatch Bks.

Curious Kids Nature Journal: 100 Ways to Explore the Outdoor Wonders of the Pacific Northwest. Fiona Cohen. Illus. by Marni Fylling. 2023. (Curious Kids Ser.). 176p. (J). (gr. k-4). pap. 19.99 *(978-1-63217-384-3(0)*, Little Bigfoot) Sasquatch Bks.

Curious Kids: Stars & Space: With POP-UPS on Every Page. Jonny Marx. Illus. by Christiane Engel. 2021. (ENG.). 16p. (J). (gr. 1-3). 14.99 *(978-1-68010-654-1(6))* Tiger Tales.

Curious Kingdoms. Luke Sheehan. 2021. (ENG.). 274p. (YA). 20.99 *(978-1-6628-0975-0(1))*; 24.49 *(978-1-6628-0976-7(X))*; pap. 12.99 *(978-1-6628-0974-3(3))* Salem Author Services.

444 The check digit for ISBN-10 appears in parentheses after the full ISBN-13

Curious Kitten. Sequoia Children's Publishing. 2020. (ENG.). 10p. (J). bds. 5.99 *(978-1-64269-172-6(0)*, 4027, Sequoia Publishing & Media LLC) Phoenix International Publications, Inc.

Curious Kitten Dyslexic Edition. Marnie Atwell. 2020. (ENG.). 130p. (YA). pap. *(978-0-6450281-6-4(9))* Molloy, Marnie.

Curious League of Detectives & Thieves 1: Egypt's Fire. Tom Phillips. (Curious League of Detectives & Thieves Ser.: 1). 352p. (J). (gr. 3-7). 2023. pap. 10.99 *(978-1-64595-106-3(5))*; 2022. (Illus.). 17.99 *(978-1-64595-105-6(7))* Pixel+Ink.

Curious League of Detectives & Thieves 2: S. O. S. Tom Phillips. 2023. (Curious League of Detectives & Thieves Ser.: 2). 352p. (J). (gr. 3-7). 18.99 *(978-1-64595-108-7(1))* Pixel+Ink.

Curious Life of Hannah Noble. Toni Grace Hale. 2019. (ENG., Illus.). 138p. (J). pap. 20.95 *(978-1-64515-986-5(8))* Christian Faith Publishing.

Curious Lists for Kids - Human Body: 205 Fun, Fascinating, & Fact-Filled Lists. Rachel Delahaye. Illus. by Isabel Munoz. (Curious Lists Ser.). (ENG.). 128p. (J). 2022. pap. 10.99 *(978-0-7534-7774-8(2)*, 900240760); 2020. 16.99 *(978-0-7534-7655-0(X)*, 900232438) Roaring Brook Pr. (Kingfisher).

Curious Lists for Kids — Animals: 206 Fun, Fascinating, & Fact-Filled Lists. Tracey Turner. Illus. by Caroline Selmes. (Curious Lists Ser.). (ENG.). 128p. (J). 2022. pap. 10.99 *(978-0-7534-7775-5(0)*, 900240761); 2020. 16.99 *(978-0-7534-7624-6(X)*, 900226428) Roaring Brook Pr. (Kingfisher).

Curious Little Dancing Girl Izzy: The Mystery of the Leatherback Sea Turtles & the Cove That Protects Them. Laura Butler. 2020. (ENG., Illus.). 56p. (J). 26.95 *(978-1-64096-397-9(9))*; pap. 15.95 *(978-1-64096-396-2(0))* Newman Springs Publishing, Inc.

Curious Little Duckling. Jennifer Holt. 2021. (ENG.). 30p. (J). 23.95 *(978-1-63630-942-2(9))*; pap. 13.95 *(978-1-63630-941-5(0))* Covenant Bks.

Curious Little Piggy: Hidden Picture Books for Children Age 4. Jupiter Kids. 2018. (ENG., Illus.). 106p. (J). pap. 12.55 *(978-1-5419-3627-0(2)*, Jupiter Kids (Childrens & Kids Fiction)) Speedy Publishing LLC.

Curious Lobster. Richard W. Hatch. Illus. by Marion Freeman Wakeman. 2018. 400p. (J). (gr. 2-5). 14.99 *(978-1-68137-288-4(6)*, NYRB Kids) New York Review of Bks., Inc., The.

Curious Mccarthy, 4 vols. Tory Christie. Illus. by Mina Price. 2017. (Curious Mccarthy Ser.). (ENG.). 112p. (J). (gr. 2-4). pap., pap., pap. 27.80 *(978-1-5158-1665-2(6)*, 27121, Picture Window Bks.) Capstone.

Curious Mccarthy's Electric Ideas. Tory Christie. Illus. by Mina Price. 2017. (Curious Mccarthy Ser.). (ENG.). 112p. (J). (gr. 2-4). pap. 6.95 *(978-1-5158-1648-5(6)*, 136303); lib. bdg. 25.32 *(978-1-5158-1644-7(3)*, 136299) Capstone. (Picture Window Bks.).

Curious Mccarthy's Family Chemistry. Tory Christie. Illus. by Mina Price. 2017. (Curious Mccarthy Ser.). (ENG.). 112p. (J). (gr. 2-4). pap. 6.95 *(978-1-5158-1649-2(4)*, 136304); lib. bdg. 25.32 *(978-1-5158-1645-4(1)*, 136300) Capstone. (Picture Window Bks.).

Curious Mccarthy's Not-So-Perfect Pitch. Tory Christie. Illus. by Mina Price. 2017. (Curious Mccarthy Ser.). (ENG.). 112p. (J). (gr. 2-4). pap. 6.95 *(978-1-5158-1647-8(8)*, 136302, Picture Window Bks.) Capstone.

Curious Mccarthy's Power of Observation. Tory Christie. Illus. by Mina Price. 2017. (Curious Mccarthy Ser.). (ENG.). 112p. (J). (gr. 2-4). pap. 6.95 *(978-1-5158-1650-8(8)*, 136305); lib. bdg. 25.32 *(978-1-5158-1646-1(X)*, 136301) Capstone. (Picture Window Bks.).

Curious Menagerie: Of Herds, Flocks, Leaps, Gaggles, Scurries, & More! Carin Berger. Illus. by Carin Berger. 2019. (ENG., Illus.). 40p. (J). (gr. -1-3). 17.99 *(978-0-06-264457-2(2)*, Greenwillow Bks.) HarperCollins Pubs.

Curious Mermaid. Joanne Wood. Illus. by Keishart. 2022. (ENG.). 26p. (J). pap. *(978-1-922835-70-3(6))* Library For All Limited.

Curious Michael & His Mysterious Baby Sister. Mosina Jordan. 2017. (ENG., Illus.). 24p. (J). 19.00 *(978-0-578-49820-1(0))* Jordan, Mosina.

Curious Mind & a Very Big Heart: The Story of Designer & Innovator Sara Little Turnbull. Aura Lewis. Illus. by Aura Lewis. 2023. (ENG., Illus.). 40p. (J). (gr. k-3). 18.99 *(978-1-6659-0445-2(3)*, Beach Lane Bks.) Beach Lane Bks.

Curious Minds. Rachel Gold. 2023. (ENG.). 274p. (YA). (gr. 9-17). pap. 18.95 *(978-1-64247-449-7(5))* Bella Bks., Inc.

Curious Misadventures of Kitty the Cat. Marie-Renée Lavoie. Tr. by Arielle Aaronson. 2023. (ENG.). 112p. (J). (gr. 2-4). pap. 11.95 **(978-1-77337-097-2(9)**, Yellow Dog) Great Plains Pubns. CAN. Dist: Independent Pubs. Group.

Curious Mr. Gahdzooks & His Cautionary Tales for Naughty Children. J. Anthony Vassell. 2018. (ENG., Illus.). 33p. (J). pap. 15.95 *(978-1-78710-996-4(8)*, 9b9d0c69-02de-4111-97be-c5c989558275) Austin Macauley Pubs. Ltd. GBR. Dist: Baker & Taylor Publisher Services (BTPS).

Curious Myths of the Middle Ages (Classic Reprint) S. Baring-Gould. (ENG., Illus.). (J). 2019. 320p. 30.52 *(978-0-365-10779-8(4))*; 2017. 680p. 37.94 *(978-0-484-64618-5(4))*; 2017. pap. 13.57 *(978-0-259-39805-9(5))* Forgotten Bks.

Curious Nature, 12 vols. 2017. (Curious Nature Ser.). 32p. (ENG.). (gr. 3-3). 167.58 *(978-1-4994-3399-9(9)*, 75a84e70-8317-4b89-a46e-c36ebc127288); (gr. 8-8). pap. 60.00 *(978-1-5081-5368-9(X))* Rosen Publishing Group, Inc., The. (PowerKids Pr.).

Curious Ninja: A Social Emotional Learning Book for Kids about Battling Boredom & Learning New Things. Mary Nhin. Illus. by Jelena Stupar. 2021. (Ninja Life Hacks Ser.: Vol. 50). (ENG.). 36p. (J). 19.99 *(978-1-63731-159-2(1))* Grow Grit Pr.

Curious Pearl Explains States of Matter: 4D an Augmented Reality Science Experience. Eric Braun. Illus. by Stephanie Dehennin. 2017. (Curious Pearl, Science Girl 4D Ser.). (ENG.). 24p. (J). (gr. k-2). lib. bdg. 25.99 *(978-1-5158-1342-2(8)*, 135144, Picture Window Bks.) Capstone.

Curious Pearl Identifies the Reason for Seasons: 4D an Augmented Reality Science Experience. Eric Braun. Illus. by Stephanie Dehennin. 2017. (Curious Pearl, Science Girl 4D Ser.). (ENG.). 24p. (J). (gr. k-2). lib. bdg. 25.99 *(978-1-5158-1343-9(6)*, 135145, Picture Window Bks.) Capstone.

Curious Pearl Investigates Light: 4D an Augmented Reality Science Experience. Eric Braun. Illus. by Stephanie Dehennin. 2017. (Curious Pearl, Science Girl 4D Ser.). (ENG.). 24p. (J). (gr. k-2). lib. bdg. 25.99 *(978-1-5158-1345-3(2)*, 135147, Picture Window Bks.) Capstone.

Curious Pearl Kicks off Forces & Motion: 4D an Augmented Reading Science Experience. Eric Braun. Illus. by Anthony Lewis. 2018. (Curious Pearl, Science Girl 4D Ser.). (ENG.). 24p. (J). (gr. k-2). lib. bdg. 25.99 *(978-1-5158-2970-6(7)*, 138573, Picture Window Bks.) Capstone.

Curious Pearl Observes Migration: 4D an Augmented Reality Science Experience. Eric Braun. Illus. by Stephanie Dehennin. 2017. (Curious Pearl, Science Girl 4D Ser.). (ENG.). 24p. (J). (gr. k-2). lib. bdg. 25.99 *(978-1-5158-1344-6(4)*, 135146, Picture Window Bks.) Capstone.

Curious Pearl Tinkers with Simple Machines: 4D an Augmented Reading Science Experience. Eric Braun. Illus. by Anthony Lewis. 2018. (Curious Pearl, Science Girl 4D Ser.). (ENG.). 24p. (J). (gr. k-2). lib. bdg. 25.99 *(978-1-5158-2973-7(1)*, 138575, Picture Window Bks.) Capstone.

Curious Place. Barbara Woodward. 2018. (ENG., Illus.). 178p. (J). pap. *(978-0-6482086-0-0(5))* Aurora House.

Curious Plight of Princess Joe. M. Jones. 2022. (ENG.). 236p. (J). pap. 10.98 *(978-1-948807-54-8(8)*, Line By Lion Pubns.) 3 Fates Pr.

Curious Questions & Answers about...: Sets 1 - 2. 2020. (Curious Questions & Answers About... Ser.). (ENG.). (J). pap. 88.00 *(978-1-4994-8619-3(7))*; lib. bdg. 226.00 *(978-1-4994-8522-6(0))* Windmill Bks.

Curious Republic of Gondour: And Other Whimsical Sketches (Classic Reprint) Samuel L. Clemens. 2017. (ENG., Illus.). (J). 27.20 *(978-0-265-94327-4(2))* Forgotten Bks.

Curious Rise of Deztinee Snearts. S. F. Hochman. 2018. (ENG., Illus.). 300p. (J). pap. 11.99 *(978-0-9887975-9-8(3))* Hochman, Steven.

Curious Sara Questions Everything: A Sweet & Silly Sibling Story. Kathi Bertoldie. 2020. (Curious Sara Ser.: Vol. 1). (ENG.). 30p. (J). 18.99 *(978-1-7349933-0-1(8))* Kathleen Bertoldie.

Curious Schools (Classic Reprint) Unknown Author. 2018. (ENG., Illus.). 480p. (J). 33.82 *(978-0-365-19298-5(8))* Forgotten Bks.

Curious Scientists. Rani Iyer & Angie Smibert. 2017. (Curious Scientists Ser.). (ENG., Illus.). 24p. (J). (gr. 1-3). 111.96 *(978-1-5157-6910-1(0)*, 26599, Capstone Pr.) Capstone.

Curious Stories about Fairies: And Other Funny People, with Illustrations by Billings (Classic Reprint) Sarah Austin. 2018. (ENG., Illus.). (J). 30.60 *(978-0-260-89902-6(X))* Forgotten Bks.

Curious Story of Jonah. Bob Hartman. 2021. (ENG.). (J). 11.95 *(978-1-950784-79-0(7))* Ascension Pr.

Curious Tale of the In-Between. Lauren De Stefano. ed. 2016. (J). lib. bdg. 19.65 *(978-0-606-39553-3(9))* Turtleback.

Curious Tales from the Desert. Shaguna Gahilote Gahilote. 2022. (ENG.). 224p. (J). pap. 16.95 *(978-0-14-344731-3(9)*, Puffin) Penguin Bks. India PVT, Ltd IND. Dist: Independent Pubs. Group.

Curious Theo. Bernice Richard. Illus. by Bobooks. 2021. (ENG.). 24p. (J). *(978-1-0391-1393-0(1))*; pap. *(978-1-0391-1392-3(3))* FriesenPress.

Curious Tom Gobbler. Anne Strilchuk. Illus. by David Matley. 2020. (ENG.). 40p. (J). pap. *(978-0-2288-4461-7(4))* Tellwell Talent.

Curious Tom's Grand Adventure. Anne Strilchuk & David Matley. Illus. by David Matley. 2021. (ENG.). 38p. (J). pap. *(978-0-2288-6331-1(7))* Tellwell Talent.

Curious Troll. Todd Schimmell. Illus. by Todd Schimmell. 2022. (Kids' Compass Ser.). (ENG.). 32p. (J). pap. 11.95 *(978-1-7352463-8-3(7))* Compassio Veraque LLC.

Curious Vanishing of Beatrice Willoughby. G. Z. Schmidt. 2023. 272p. (J). (gr. 3-7). 17.99 **(978-0-8234-5073-2(2))** Holiday Hse., Inc.

Curious World of Calpurnia Tate. Jacqueline Kelly. ed. 2017. (Calpurnia Tate Ser.: 2). (J). lib. bdg. 18.40 *(978-0-606-39939-5(9))* Turtleback.

Curious World of Dandy-Lion. Lorraine Hawley. Illus. by Jocie Salveson. (ENG.). 218p. (J). 2022. pap. 10.99 *(978-1-952209-97-0(8))*; 2021. 15.99 *(978-1-952209-91-8(9))* Lawley Enterprises.

Curious World of Predators Coloring Books for Boys. Educando Kids. 2019. (ENG.). 42p. (J). pap. 6.99 *(978-1-64521-082-5(0)*, Educando Kids) Editorial Imagen.

Curiously Calm with Curious George. H. A. Rey & Margret Rey. 2023. (Curious George Ser.). (ENG., Illus.). 32p. (J). (gr. -1-3). 12.99 **(978-0-06-331149-7(6)**, Clarion Bks.) HarperCollins Pubs.

Curl Friends. Janelle Daniels. 2019. (ENG.). 32p. (J). pap. *(978-0-359-78107-2(1))* Lulu Pr., Inc.

Curlinas Journey to the Curly Girl Cafe. Cierre Jones. 2020. (ENG.). 32p. (J). pap. 16.95 *(978-0-578-77773-3(8))* Curly Girl Cafe.

Curlinas Journey to the Curly Girl Cafe. Cierre Jones. Illus. by Abida Eman. 2020. (ENG.). 30p. (J). 21.99 *(978-0-578-73577-1(6))* Curly Girl Cafe.

Curling. Annalise Bekkering. 2019. (For the Love of Sports Ser.). (ENG., Illus.). 24p. (J). (gr. 3-6). pap. 12.95 *(978-1-7911-0577-8(7))*; lib. bdg. 28.55 *(978-1-7911-0002-5(3))* Weigl Pubs., Inc.

Curling. Ellen Labrecque. 2018. (21st Century Skills Library: Global Citizens: Olympic Sports Ser.). (ENG., Illus.). 32p. (J). (gr. 4-7). pap. 14.21 *(978-1-5341-0853-0(X)*, 210776); lib. bdg. 32.07 *(978-1-5341-0754-0(1)*, 210775) Cherry Lake Publishing.

Curling Crunch. Jake Maddox. Illus. by Katie Wood. 2023. (Jake Maddox Girl Sports Stories Ser.). (ENG.). 72p. (J). 25.99 *(978-1-6690-0705-0(7)*, 245034); pap. 6.99 *(978-1-6690-0701-2(4)*, 245026) Capstone. (Stone Arch Bks.).

Curling Irons & Flat Irons Coloring Book. Activibooks For Kids. 2016. (ENG., Illus.). (J). pap. 9.20 *(978-1-68321-685-8(7))* Mimaxion.

Curls. Ruth Forman. Illus. by Geneva Bowers. 2020. (ENG.). 26p. (J). (gr. -1). bds. 8.99 *(978-1-5344-4631-1(1)*, Little Simon) Little Simon.

Curls, Coils, Confidence. Whitney Kay. Illus. by Wendy Reed. 2023. (ENG.). 24p. (J). **(978-1-312-37066-1(1))** Lulu Pr., Inc.

Curly: A Tale of the Arizona Desert (Classic Reprint) Roger Pocock. 2018. (ENG., Illus.). 336p. (J). 30.85 *(978-0-484-70886-9(4))* Forgotten Bks.

Curly Cauliflower. Rosanne Swift. 2018. (ENG., Illus.). 28p. (J). 22.95 *(978-1-64003-550-8(8))* Covenant Bks.

Curly Curls & Her Ever So Interesting World. Stefan Hey. 2017. (ENG., Illus.). (J). pap. 20.23 *(978-1-5437-4036-3(7))* Partridge Pub.

Curly Esta en Peligro / Curly Is in Danger. Fernanfloo. 2017. (SPA.). 176p. (J). (gr. 9-7). pap. 10.95 *(978-958-5407-22-0(1)*, Altea) Penguin Random House Grupo Editorial ESP. Dist: Penguin Random Hse. LLC.

Curly Goes Fishing. T. C. Naick. 2018. (ENG., Illus.). 24p. (J). pap. 10.00 *(978-93-87193-63-5(2)*, White Falcon Publishing) White Falcon Publishing.

Curly Hair Adventures. Ladosha Wright. 2016. (ENG., Illus.). (J). (gr. k-5). pap. 15.00 *(978-0-692-77041-2(0))* D&C Publishing.

Curly Haired Hen: Text & Illustrations (Classic Reprint) A. Vimar. 2018. (ENG., Illus.). 110p. (J). 26.19 *(978-0-267-48937-4(4))* Forgotten Bks.

Curly Kitty: Padded Board Book. IglooBooks. 2021. (ENG.). 24p. (J). (-k). bds. 8.99 *(978-1-80108-626-4(5))* Igloo Bks. GBR. Dist: Simon & Schuster, Inc.

Curly Kyla. Sophia Mayers. 2020. (ENG.). 32p. (J). pap. *(978-1-913674-10-6(X))* Conscious Dreams Publishing.

Curly Q's, Curly Q's, Go Away! Amber Hankins. Illus. by Betsy Morphew. 2021. (ENG.). 36p. (J). 20.00 *(978-1-946171-64-1(6))* Kids At Heart Publishing, LLC.

Curly the Cow. Rachelle Layne. 2018. (ENG., Illus.). 28p. (J). pap. 12.95 *(978-1-64298-655-6(0))* Page Publishing Inc.

Curly Turtle Goes for a Walk. David Rusk. 2017. (ENG., Illus.). (J). 22.95 *(978-1-64079-946-2(X))*; pap. 12.95 *(978-1-64028-149-3(5))* Christian Faith Publishing.

Curly Whiskers. Valerie Baker. 2020. (Blue the Cat Ser.: Vol. 5). (ENG., Illus.). 52p. (J). (gr. k-6). pap. *(978-1-78963-118-0(1)*, Choir Pr., The) Action Publishing Technology Ltd.

Curly White Bear. Mary Schmidt. 2019. (ENG.). 30p. (J). 23.95 *(978-1-64458-114-8(0))*; pap. 13.95 *(978-1-64569-495-3(X))* Christian Faith Publishing.

Curly Worm. Linda Sawdon. 2022. (ENG.). 20p. (J). pap. **(978-1-3984-1286-6(4))** Austin Macauley Pubs. Ltd.

Curlytops & Their Pets: Or, Uncle Toby's Strange Collection. Howard R. Garis. 2017. (ENG., Illus.). (J). 23.95 *(978-1-374-93100-8(4))*; pap. 13.95 *(978-1-374-93099-5(7))* Capital Communications, Inc.

Curlytops & Their Pets: Uncle Toby's Strange Collection. Howard R. Garis. 2018. (ENG., Illus.). 152p. (YA). (gr. 7-12). pap. *(978-93-5297-327-9(5))* Alpha Editions.

Curlytops & Their Pets or Uncle Toby's Strange Collection (Classic Reprint) Howard R. Garis. 2018. (ENG., Illus.). 268p. (J). 29.42 *(978-0-267-78949-8(1))* Forgotten Bks.

Curlytops & Their Playmates, or Jolly Times Through the Holidays (Classic Reprint) Howard Roger Garis. 2018. (ENG., Illus.). 262p. (J). 29.30 *(978-0-483-58094-7(5))* Forgotten Bks.

Curlytops at Cherry Farm: Or Vacation Days in the Country (Classic Reprint) Howard R. Garis. 2018. (ENG., Illus.). 262p. (J). 29.30 *(978-0-484-22156-6(6))* Forgotten Bks.

Curlytops at Uncle Frank's Farm: Little Folks on Ponyback. Howard R. Garis. 2018. (ENG., Illus.). 154p. (YA). (gr. 7-12). pap. *(978-93-5297-328-6(3))* Alpha Editions.

Curlytops at Uncle Frank's Ranch: Or Little Folks on Ponyback (Classic Reprint) Howard Roger Garis. 2018. (ENG., Illus.). 266p. (J). 29.38 *(978-0-332-17911-7(7))* Forgotten Bks.

Curlytops on Star Island. Howard R. Garis. 2018. (ENG., Illus.). 152p. (YA). (gr. 7-12). pap. *(978-93-5297-329-3(1))* Alpha Editions.

Curlytops on Star Island: Or Camping Out with Grandpa (Classic Reprint) Howard R. Garis. 2017. (ENG., Illus.). (J). 29.38 *(978-0-331-70186-9(3))* Forgotten Bks.

Curlytops Snowed In: Or Grand Fun with Skates & Sleds (Classic Reprint) Howard R. Garis. 2017. (ENG., Illus.). (J). 29.34 *(978-0-331-52167-2(9))* Forgotten Bks.

Currency Control. Shawn Pryor. Illus. by Francesca Ficorilli. 2022. (Gamer Ser.). (ENG.). 40p. (J). 23.99 *(978-1-6639-7705-2(4)*, 229084); pap. 5.95 *(978-1-6663-3044-1(2)*, 229066) Capstone. (Stone Arch Bks.).

Current Controversies (Fall 2018), 12 vols. 2018. (Current Controversies Ser.). (ENG.). (YA). (gr. 10-12). lib. bdg. 288.18 *(978-1-5345-0368-7(4)*, e428d7c7-3b83-47a5-98d2-6a731aae3436) Greenhaven Publishing LLC.

Current Controversies (Fall 2019) 2019. (Current Controversies Ser.). (ENG.). (YA). pap. 192.00 *(978-1-5345-0584-1(9))*; (gr. 10-12). lib. bdg. 288.18 *(978-1-5345-0580-3(6)*, 2b1365f7-8787-42a1-9d76-195ec47d2c6c) Greenhaven Publishing LLC.

Current Controversies (Fall 2022), 12 vols. 2022. (Current Controversies Ser.). (ENG.). 176p. (YA). (gr. 10-12). lib. bdg. 288.18 *(978-1-5345-0900-9(3)*, 9669234a-3990-4d87-9784-06b85d977644) Greenhaven Publishing LLC.

Current Controversies (Set) annot. ed. 2017. (Current Controversies (Paperback) Ser.). (ENG.). (J). pap. 128.00 *(978-1-5345-0004-4(9))* Greenhaven Publishing LLC.

Current Controversies (Spring 2017), 8 vols. annot. ed. 2016. (Current Controversies Ser.). (ENG.). 224p. (J). (gr. 10-12). lib. bdg. 192.12 *(978-1-5345-0002-0(2)*, 75a00054-1f88-4334-9379-08ea493d6e7f) Greenhaven Publishing LLC.

Current Controversies (Spring 2018), 12 vols. 2017. (Current Controversies Ser.). (ENG.). 168p. (YA). (gr. 10-12). lib. bdg. 288.18 *(978-1-5345-0249-9(1)*, 1194a2eb-a0e9-463b-ae79-d0ee96f70c09) Greenhaven Publishing LLC.

Current Controversies (Spring 2020), 12 vols. 2019. (Current Controversies Ser.). (ENG.). (YA). (gr. 10-12). lib. bdg. 288.18 *(978-1-5345-0671-8(3)*, 27aba77b-4923-450c-a0f3-7880554b17d3) Greenhaven Publishing LLC.

Current Controversies (Spring 2022), 12 vols. 2021. (Current Controversies Ser.). (ENG.). 176p. (YA). (gr. 10-12). lib. bdg. 288.18 *(978-1-5345-0867-5(8)*, 2975015d-0710-40ce-9501-db94e12c2967) Greenhaven Publishing LLC.

Current Events & You an Analysis of How News Affects Your Personal Life Media & You Grade 4 Children's Reference Books. Baby Professor. 2020. (ENG.). 72p. (J). 24.99 *(978-1-5419-7992-5(3))*; pap. 14.99 *(978-1-5419-7778-5(5))* Speedy Publishing LLC. (Baby Professor (Education Kids)).

Current Literature, Vol. 1: A Magazine of Record & Review; July-December, 1888 (Classic Reprint) Unknown Author. (ENG., Illus.). (J). 2018. 570p. 35.65 *(978-0-484-33446-4(8))*; 2017. pap. 19.57 *(978-1-334-92726-3(X))* Forgotten Bks.

Current Literature, Vol. 25: A Magazine of Record & Review; January-June, 1899 (Classic Reprint) Unknown Author. (ENG., Illus.). (J). 2018. 588p. 36.07 *(978-0-484-20470-5(X))*; 2017. pap. 19.57 *(978-1-334-90093-8(0))* Forgotten Bks.

Current State of the Art Electrical & Security Engineering Design. Harry Zackrison. 2020. (ENG.). 652p. (J). pap. 57.95 *(978-1-64350-793-4(1))* Page Publishing Inc.

Currents: The Ables, Book 3. Jeremy Scott. 2020. (Ables Ser.: 3). 336p. (YA). 31.99 *(978-1-68442-343-9(0))* Turner Publishing Co.

Current's Whisper. Deidra Williams. 2017. (ENG., Illus.). (YA). (gr. 7-12). pap. 18.75 *(978-1-63492-396-5(0))* Booklocker.com, Inc.

C

Curry & Rice, on Forty Plates: Or the Ingredients of Social Life at Our Station in India (Classic Reprint) George Francklin Atkinson. 2016. (ENG., Illus.). (J). pap. 11.57 *(978-1-334-14570-4(9))* Forgotten Bks.

Curry & Rice, on Forty Plates, or the Ingredients of Social Life at Our Station in India (Classic Reprint) George Francklin Atkinson. 2017. (ENG., Illus.). (J). 29.01 *(978-1-5279-5317-8(3))* Forgotten Bks.

Currys. Kristin J. Russo. 2021. (Families of Fame & Fortune Ser.). (ENG., Illus.). 32p. (J). (gr. 5-8). lib. bdg. 27.99 *(978-1-62920-846-6(9)*, 689916ae-f7a3-49a2-80cb-e0e9a5bbce44) Full Tilt Pr. NZL. Dist: Lerner Publishing Group.

Curse: Emerald Trilogy: Book 2. Quinn Minnich. Illus. by Anya Minnich. 2022. (Emerald Trilogy Ser.: Vol. 2). (ENG.). 134p. (YA). pap. 12.00 **(978-1-7364491-3-4(3))** Minnich, Quinn.

Curse: The Real Story of Jack & the Beanstalk. Mike Bruce. 2019. (ENG., Illus.). 382p. (J). *(978-0-2288-0973-9(8))*; pap. *(978-0-2288-0797-1(2))* Tellwell Talent.

Curse & the Prince. Day Leitao. 2021. (Kingdom of Curses & Shadows Ser.: Vol. 2). (ENG.). 310p. (YA). *(978-1-7775227-0-4(6))*; pap. *(978-1-9992427-9-4(3))* Sparkly Wave.

Curse Awakens: Sir Arthur Conan Doyle's Tales of the Mummy. Arthur Conan Doyle. 2017. (ENG., Illus.). (YA). (gr. 7-12). pap. 9.99 *(978-0-692-92074-9(9))* Corner Publishing Group.

Curse (Classic Reprint) Maude Annesley. (ENG., Illus.). (J). 2018. 24p. 24.41 *(978-0-365-45696-4(9))*; 2016. pap. 7.97 *(978-1-334-15493-5(7))* Forgotten Bks.

Curse (Classic Reprint) Fergus Hume. 2017. (ENG., Illus.). (J). 30.81 *(978-0-260-49368-2(6))* Forgotten Bks.

Curse Entailed (Classic Reprint) Harriet Hamline Bigelow. 2017. (ENG., Illus.). (J). 35.51 *(978-1-5280-8475-8(6))* Forgotten Bks.

Curse in the Candlelight: a Scarlet & Ivy Mystery. Sophie Cleverly. 2019. (ENG.). 384p. (J). 7.99 *(978-0-00-830822-3(5)*, HarperCollins Children's Bks.) HarperCollins Pubs. Ltd. GBR. Dist: HarperCollins Pubs.

Curse of Aggara. Jayn Winslade. 2018. (Chronicles of the Golden Light Ser.: Vol. 1). (ENG., Illus.). 168p. (YA). pap. *(978-1-912601-30-1(3))* Mirador Publishing.

Curse of Allston Manor. Valerie Claussen. 2021. (ENG.). 232p. (YA). pap. **(978-1-365-04906-4(X))** Lulu Pr., Inc.

Curse of Ash & Embers. Jo Spurrier. 2021. (Blackbone Witches Ser.: 01). 368p. 9.99 *(978-1-4607-5633-1(9)*, Voyager) HarperCollins Pubs. Ltd. GBR. Dist: HarperCollins Pubs.

Curse of Ash & Iron. Christine Norris. 2023. (ENG.). 248p. (YA). (gr. 9). pap. 17.95 **(978-1-956463-29-3(1)**, Paper Phoenix Pr.) eSpec Bks.

Curse of Borage-Doone: A Fantasy Adventure for All Ages. Rhys A. Jones. 2019. (Merryweathers Mysteries Ser.: Vol. 2). (ENG.). 164p. (J). pap. *(978-1-9999778-2-5(3))* Wyrmwoodbks.

Curse of Carne's Hold: A Tale of Adventure (Classic Reprint) G. A. Henty. 2018. (ENG., Illus.). 376p. (J). 31.67 *(978-0-365-38525-7(5))* Forgotten Bks.

Curse of Clifton: Or, the Widowed Bride (Classic Reprint) E. D. E. N. Southworth. (ENG., Illus.). (J). 2017. 33.88 *(978-0-266-41074-4(X))*; 2016. pap. 16.57 *(978-1-333-53406-6(X))* Forgotten Bks.

Curse of Deadwood Hill: Book 2. Lea Taddonio. Illus. by Alessia Trunfio. 2017. (Lucky 8 Ser.). (ENG.). 48p. (J). (gr. 3-7). lib. bdg. 34.21 *(978-1-5321-3054-0(6)*, 27061, Spellbound) Magic Wagon.

Curse of Einstein's Pencil. Deborah Zemke. 2017. (Bea Garcia Ser.: 2). (Illus.). 144p. (J). (gr. 1-3). 7.99 *(978-0-14-751313-7(8),* Puffin Books) Penguin Young Readers Group.

Curse of Einstein's Pencil. Deborah Zemke. ed. 2017. (Bea Garcia Ser.: 2). lib. bdg. 18.40 *(978-0-606-40084-8(2))* Turtleback.

Curse of Gold, 1 vol. Annie Sullivan. 2020. (ENG.). 352p. (YA). 17.99 *(978-0-310-76831-9(4))* Blink.

Curse of Grandma Maple. Jac Tomlins. 2019. (ENG., Illus.). 238p. (J). (gr. 3-6). pap. *(978-0-6487272-0-0(3))* Tomlins, Jac.

Curse of Greg. Chris Rylander. 2020. (Epic Series of Failures Ser.: 2). (ENG.). 352p. (J). (gr. 3-7). 8.99 *(978-1-5247-3977-5(4),* Puffin Books) Penguin Young Readers Group.

Curse of Her. Skye J.P. 2022. (ENG.). 134p. (YA). pap. 11.99 *(978-1-9822-9420-5(5),* Balboa Pr.) Author Solutions, LLC.

Curse of Intellect (Classic Reprint) Gwendolen Cecil. 2018. (ENG., Illus.). 186p. (J). 27.90 *(978-0-332-26543-8(9))* Forgotten Bks.

Curse of King Tut. Kris Hirschmann. 2019. (Historic Disasters & Mysteries Ser.). (ENG.). 64p. (J). (gr. 6-12). 41.27 *(978-1-68282-631-7(7))* ReferencePoint Pr., Inc.

Curse of Mars, 2 vols. Raymond Bean. 2016. (Out of This World Ser.). (ENG.). (J). (gr. 2-5). 53.32 *(978-1-4965-4544-2(3),* Stone Arch Bks.) Capstone.

Curse of Mars. Raymond Bean. Illus. by Matthew Vimislik. 2016. (Out of This World Ser.). (ENG.). 112p. (J). (gr. 2-5). lib. bdg. 32.65 *(978-1-4965-3615-0(0),* 132831, Stone Arch Bks.) Capstone.

Curse of Raven Mills. Katherine G. Ness. 2022. (ENG.). 354p. (YA). *(978-0-2288-7623-6(0));* pap. *(978-0-2288-7622-9(2))* Tellwell Talent.

Curse of Roses. Diana Pinguicha. 2020. (ENG.). 352p. (YA). 18.99 *(978-1-68281-509-0(9),* 900233487) Entangled Publishing, LLC.

Curse of Sentiment (Classic Reprint) Unknown Author. (ENG., Illus.). (J). 2018. 266p. 29.40 *(978-0-428-98343-7(X));* 2016. pap. 11.97 *(978-1-334-14796-8(5))* Forgotten Bks.

Curse of Shadows. A. K. Wilder. 2022. (Amassia Ser.: 2). (ENG.). 400p. (YA). 18.99 *(978-1-64937-108-9(X),* 900250323) Entangled Publishing, LLC.

Curse of Tattletale Birds. Robert J. 2021. (ENG.). 152p. (YA). pap. 15.49 *(978-1-6628-2986-4(8))* Salem Author Services.

Curse of Tavicombe. Rupert Michael Stringer. 2017. (ENG., Illus.). (J). pap. *(978-3-7103-3036-0(X))* united p.c. Verlag.

Curse of the Arcadian Stone: The Nameless Fay Series. S. R. Breaker. 2023. (ENG.). 324p. (YA). pap. ***(978-0-473-59866-2(3))*** Zeta Indie Pub.

Curse of the Arctic Star: #1. Carolyn Keene. 2021. (Nancy Drew Diaries). (ENG.). 200p. (J). (gr. 3-7). lib. bdg. 31.36 *(978-1-0982-5008-9(7),* 36997, Chapter Bks.) Spotlight.

Curse of the Attack-O-Lanterns. Chris Schweizer. ed. 2016. (Creeps Ser.: 3). (J). lib. bdg. 20.80 *(978-0-606-39018-7(9))* Turtleback.

Curse of the Black Cat. Wilham Lou. 2019. (ENG.). 160p. (YA). (gr. 8-13). pap. 7.99 *(978-1-0878-0898-7(7))* Primedia eLaunch LLC.

Curse of the Black Rose. Bobbie J. Shafer. 2020. (ENG.). 190p. (J). pap. 7.99 *(978-1-7342841-8-8(8))* Dancing With Bear Publishing.

Curse of the Blessed. C. Tarkington. 2022. (ENG.). 364p. (YA). 32.99 ***(978-1-0880-7224-0(0))*** Indy Pub.

Curse of the Boggin (the Library Book 1) D. J. MacHale. 2016. (Library: 1). 256p. (J). (gr. 3-7). 16.99 *(978-1-101-93253-7(8),* Random Hse. Bks. for Young Readers) Random Hse. Children's Bks.

Curse of the Bronze Amulet. Russell M. Lawson. 2018. (ENG., Illus.). 156p. (YA). (gr. 7-12). pap. 17.95 *(978-1-68433-042-3(4))* Black Rose Writing.

Curse of the Cairo Cat: A Lottie Lipton Adventure. Dan Metcalf. Illus. by Rachelle Panagarry. 2017. (Adventures of Lottie Lipton Ser.). (ENG.). 80p. (J). (gr. 2-5). pap. 6.99 *(978-1-5124-8186-0(6),* 3975037b-5b5e-4526-9f37-bde5fcb634f9); lib. bdg. 25.32 *(978-1-5124-8179-2(3),* dd400f92-d4b7-4c17-9548-8f21bf3bb34a) Lerner Publishing Group. (Darby Creek).

Curse of the Chakka Chakka. Dionie McNair. 2017. (Abrasaxon's Daughter Ser.: Vol. 2). (ENG., Illus.). 238p. (YA). pap. *(978-1-78686-309-6(X))* Totally Entwinded Group.

Curse of the Chocolate Phoenix. Kate Saunders. 2016. (ENG.). 272p. (J). (gr. 5). 7.99 *(978-0-385-39105-4(6),* Yearling) Random Hse. Children's Bks.

Curse of the Chosen Vol. 2: The Will That Shapes the World. Alexis Deacon. 2022. (Curse of the Chosen Ser.: 2). (ENG., Illus.). 184p. (YA). (gr. 9). pap. 20.99 *(978-1-910620-44-1(0))* Flying Eye Bks. GBR. Dist: Penguin Random Hse. LLC.

Curse of the Creepy Crypt. Michael Anthony Steele. Illus. by Dario Brizuela. 2022. (Batman & Scooby-Doo! Mysteries Ser.). (ENG.). 72p. (J). 27.32 *(978-1-6663-3505-7(3),* 235430); pap. 6.95 *(978-1-6663-3506-4(1),* 235424) Capstone. (Stone Arch Bks.).

Curse of the Crummy Mummy! Joe McGee. Illus. by Ethan Long. 2022. (Junior Monster Scouts Ser.: 6). (ENG.). 128p. (J). (gr. 2-5). 17.99 *(978-1-5344-8746-8(8));* pap. 6.99 *(978-1-5344-8745-1(X))* Simon & Schuster Children's Publishing. (Aladdin).

Curse of the Crystal Cavern. Francesco Sedita & Prescott Seraydarian. Illus. by Steve Hamaker. 2021. (Pathfinders Society Ser.: 2). 176p. (J). (gr. 3-7). 20.99 *(978-0-425-29189-4(8));* pap. 12.99 *(978-0-425-29190-0(1))* Penguin Young Readers Group. (Viking Books for Young Readers).

Curse of the Dead-Eyed Doll. Thomas Kingsley Troupe. Illus. by Maggie Ivy. 2019. (Haunted States of America Set 2 Ser.). (ENG.). 136p. (J). (gr. 3-4). pap. 7.99 *(978-1-63163-348-5(1),* 1631633481); lib. bdg. 27.13 *(978-1-63163-347-8(3),* 1631633473) North Star Editions. (Jolly Fish Pr.).

Curse of the Divine. Kim Smejkal. 2021. (Ink in the Blood Duology Ser.). (ENG., Illus.). 448p. (YA). (gr. 9). 17.99 *(978-1-328-63725-3(5),* 1735976, Clarion Bks.) HarperCollins Pubs.

Curse of the Dragon Heir. S. R. Breaker. 2023. (Dragons of Arcadia Ser.: Vol. 1). (ENG.). 282p. (YA). pap. ***(978-1-9911752-3-6(X))*** Zeta Indie Pub.

Curse of the Evil Eye. Contrib. by Clara MacCarald. 2023. (Scoop on Superstitions Ser.). (ENG.). 24p. (J). (gr. 2-5). lib. bdg. 32.79 *(978-1-5038-6511-2(8),* 216408, Stride) Child's World, Inc, The.

Curse of the Evil Librarian. Michelle Knudsen. (ENG.). (J). (gr. 9). 2021. 320p. pap. 9.99 *(978-1-5362-1582-3(1));* 2019. 336p. 17.99 *(978-0-7636-9427-2(4))* Candlewick Pr.

Curse of the Forgotten City. Alex Aster. (Emblem Island Ser.: 2). (ENG.). 336p. (J). (gr. 3-7). 2022. pap. 7.99 *(978-1-7282-5138-7(9));* 2021. 16.99 *(978-1-4926-9727-7(0))* Sourcebooks, Inc.

Curse of the Goldicoot. Dawn Treacher. 2020. (ENG.). 226p. (J). pap. *(978-1-83853-745-6(7))* Independent Publishing Network.

Curse of the Harvester: a Graphic Novel (Dream Jumper #2), Bk. 2. Greg Grunberg. Illus. by Lucas Turnbloom. 2017. (Dream Jumper Ser.: 2). (ENG.). 224p. (J). (gr. 5-9). pap. 12.99 *(978-0-545-82608-2(X),* Graphix) Scholastic, Inc.

Curse of the Incredible Preiceless Corncob. John R. Erickson. Illus. by Gerald L. Holmes. 2017. (Hank the Cowdog Ser.: Vol. 7). (ENG.). 127p. (J). (gr. 3-6). 15.99 *(978-1-59188-207-7(9))* Maverick Bks., Inc.

Curse of the Kiss, Kiss, Kiss. Gillian Charles. Illus. by Gillian Charles. 2021. (ENG.). 84p. (J). pap. *(978-1-4709-7410-7(X))* Lulu Pr., Inc.

Curse of the Luckpenny. Dwayne Mosby. 2022. (ENG.). 440p. (YA). pap. 20.95 *(978-1-68570-593-0(6))* Christian Faith Publishing.

Curse of the Maya. Johnny Pearce & Andy Loneragan. 2019. (Truth-Seekers' Story Ser.: Vol. 1). (ENG.). 288p. (J). pap. *(978-0-9935102-4-3(8))* Loom.

Curse of the Mudchalk Devil. Phil Lanzon. Illus. by Paul Lanzon. 2019. (ENG.). 300p. (YA). (gr. 7-12). pap. 16.99 *(978-1-910903-19-3(1))* AudioGO.

Curse of the Mummy: Uncovering Tutankhamun's Tomb (Scholastic Focus) Candace Fleming. 2021. (ENG., Illus.). 304p. (J). (gr. 3-7). 18.99 *(978-1-338-59661-8(6))* Scholastic, Inc.

Curse of the Mummy's Tummy (the Spy Next Door #2) Jay Cooper. 2017. (ENG., Illus.). 144p. (J). (gr. 2-5). 9.99 *(978-0-545-93298-1(X),* Scholastic Pr.) Scholastic, Inc.

Curse of the Night Witch: Emblem Island #1. Alex Aster. 2021. (Emblem Island Ser.: 1). (ENG.). 352p. (J). (gr. 3-8). pap. 7.99 *(978-1-7282-3244-7(9))* Sourcebooks, Inc.

Curse of the Nightshade. Julie-Anne Fountain. 2018. (Kingdom of Plants Ser.). (ENG., Illus.). 398p. (J). pap. *(978-0-6482334-1-1(3))* Storybunny Bks.

Curse of the Oni. Nick Falk. Illus. by Tony Flowers. 2016. (Samurai vs Ninja Ser.: 4). 96p. (J). (gr. 1-3). pap. 7.99 *(978-0-85798-640-5(6))* Random Hse. Australia AUS. Dist: Independent Pubs. Group.

Curse of the Red Beryl. Christopher A. Helwink. 2019. (Kid Combat Ser.: Vol. 1). (ENG.). 146p. (YA). (gr. 7-12). pap. 13.95 *(978-1-62787-776-3(2))* Wheatmark, Inc.

Curse of the School Rabbit. Judith Kerr. Illus. by Judith Kerr. (ENG., Illus.). (J). 2022. 96p. 8.99 *(978-0-00-835262-2(3));* 2020. 80p. 16.99 *(978-0-00-837756-4(1))* HarperCollins Pubs. Ltd. GBR. (HarperCollins Children's Bks.). Dist: HarperCollins Pubs.

Curse of the Shadow Dragon: a Branches Book (Dragon Masters #23) Tracey West. Illus. by Graham Howells. 2023. (Dragon Masters Ser.). (ENG.). 96p. (J). (gr. 1-3). 24.99 *(978-1-338-77695-9(9));* pap. 5.99 *(978-1-338-77694-2(0))* Scholastic, Inc.

Curse of the Shaman: A Marble Island Story. Michael Kusugak. 2017. (ENG., Illus.). (J). pap. *(978-0-9959523-0-0(2))* Kusugak, Michael.

Curse of the Slimy Green Monster. Ben Gorry. 2017. (ENG.). 56p. (J). pap. ***(978-1-326-97625-5(7))*** Lulu Pr., Inc.

Curse of the Spider-Riders: A Magical Adventure. M. Dane. 2020. (Hemoertha Chronicle Ser.: Vol. 1). (ENG.). 188p. (J). pap. *(978-0-6480359-5-4(6))* M Dane.

Curse of the Stage Fright. Steve Korté. Illus. by Scott Neely. 2016. (Scooby-Doo Comic Chapter Bks.). (ENG.). 88p. (J). (gr. 3-7). pap. 5.95 *(978-1-4965-3587-0(1),* 132733); lib. bdg. 27.32 *(978-1-4965-3583-2(9),* 132729) Capstone. (Stone Arch Bks.).

Curse of the Swamp Monster: An Unofficial Graphic Novel for Minecrafters. Megan Miller. 2023. (Glitch Force Ser.: 2). (Illus.). 196p. (J). (gr. 1-6). pap. 14.99 *(978-1-5107-7477-3(7),* Sky Pony Pr.) Skyhorse Publishing Co., Inc.

Curse of the Village (Classic Reprint) Hendrik Conscience. 2018. (ENG., Illus.). 162p. (J). 27.30 *(978-0-332-09786-2(2))* Forgotten Bks.

Curse of the Village; the Happiness of Being Rich; Blind Rosa: Three Tales (Classic Reprint) Hendrix Conscience. (ENG., Illus.). (J). 2018. 352p. 31.16 *(978-0-483-54722-3(0));* 2017. pap. 13.97 *(978-0-243-17496-6(9))* Forgotten Bks.

Curse of the Warlock. Jessica Renwick. 2022. (ENG.). 400p. (J). *(978-1-989854-19-8(2));* pap. *(978-1-989854-18-1(4))* Starfell Pr.

Curse of the Werepenguin. Allan Woodrow. Illus. by Scott Brown. 2020. (Werepenguin Ser.: 1). 352p. (J). (gr. 3-7). 8.99 *(978-0-451-48046-0(5),* Puffin Books) Penguin Young Readers Group.

Curse of the Werewolf. Stephen WILLIAMSON. 2021. (ENG.). 46p. (YA). pap. ***(978-1-008-96785-4(8))*** Lulu Pr., Inc.

Curse of the Werewolves. Rex Ogle. (Supernatural Society Ser.: 2). (ENG.). 272p. (J). 2023. pap. 9.99 ***(978-1-335-45367-9(9));*** 2022. 16.99 *(978-1-335-91583-2(4))* Harlequin Enterprises ULC CAN. Dist: HarperCollins Pubs.

Curse of the Witch. David R. Smith. 2020. (ENG.). 390p. (J). (gr. 4-6). pap. 13.99 *(978-0-578-63228-5(4))* Smith, David.

Curse of Time. Kathryn Lay. Illus. by Dave Bardin. 2016. (Time Twisters Ser.). (ENG.). 112p. (J). (gr. 2-5). lib. bdg. 38.50 *(978-1-62402-179-4(4),* 24537, Calico Chapter Bks.) ABDO Publishing Co.

Curse of Time Book 1 Bloodstone. M. J. Mallon. Ed. by Colleen Chesebro. Illus. by Wendy Anne Darling. 2018. (ENG.). 242p. (J). pap. *(978-1-9998224-3-9(9))* Kyrosmagica Publishing.

Curse of Tramp Life: A True Story of Actual Tramp Life (Classic Reprint) Leon Ray Livingston. (ENG., Illus.). (J). 2017. 26.87 *(978-0-260-94727-7(X));* 2016. pap. 9.57 *(978-1-334-16451-4(7))* Forgotten Bks.

Curse of Ulrica; or the White Cross Knights of Riddarholmen, Vol. 1 Of 3: A Swedish Romance of the Sixteenth Century (Classic Reprint) Unknown Author. 2018. (ENG., Illus.). 314p. (J). 30.39 *(978-0-267-22687-0(X))* Forgotten Bks.

Curse of Ulrica; or the White Cross Knights of Riddarholmen, Vol. 2 Of 3: A Swedish Romance of the Sixteenth Century (Classic Reprint) Unknown Author. 2018. (ENG., Illus.). 342p. (J). 30.97 *(978-0-483-59833-1(X))* Forgotten Bks.

Curse of Ulrica; or the White Cross Knights of Riddarholmen, Vol. 3 Of 3: A Swedish Romance of the Sixteenth Century (Classic Reprint) Unknown Author. 2018. (ENG., Illus.). 334p. (J). 30.81 *(978-0-483-43093-8(5))* Forgotten Bks.

Curse on Spectacle Key. Chantel Acevedo. 2022. (ENG.). 256p. (J). (gr. 3-7). 18.99 *(978-0-06-313481-2(0),* Balzer & Bray) HarperCollins Pubs.

Curse on the Wind. Joni Sensel. 2022. (ENG.). 290p. (YA). pap. 16.99 *(978-1-5092-4282-5(1))* Wild Rose Pr., Inc., The.

Curse So Dark & Lonely. Brigid Kemmerer. (Cursebreaker Ser.). (ENG., Illus.). (YA). 2020. 512p. pap. 12.99 *(978-1-68119-510-0(0),* 900175604); 2019. 496p. 18.99 *(978-1-68119-508-7(9),* 900175600) Bloomsbury Publishing USA. (Bloomsbury Young Adult).

Curse Within. La' Motta Roundtree. 2016. (ENG., Illus.). (YA). pap. 11.95 *(978-1-68348-610-7(2))* Page Publishing Inc.

Curse Words Volume 5. Charles Soule. 2020. (ENG., Illus.). 168p. (YA). pap. 16.99 *(978-1-5343-1397-2(4),* 4fef558a-f141-49b8-9a98-fc18515aabc0) Image Comics.

Curse Workers: White Cat; Red Glove; Black Heart. Holly Black. (Curse Workers Ser.). (ENG.). 992p. (YA). (gr. 9). 2022. pap. 14.99 *(978-1-5344-8818-2(9));* 2021. 24.99 *(978-1-5344-8819-9(7))* McElderry, Margaret K. Bks. (McElderry, Margaret K. Bks.).

Cursebreaker Box Set. Brigid Kemmerer. 2021. (Cursebreaker Ser.). (ENG.). 1376p. (YA). 56.97 *(978-1-5476-0915-4(X),* 900252741, Bloomsbury Young Adult) Bloomsbury Publishing USA.

Cursed. Jen Calonita. 2023. (Fairy Tale Reform School Ser.: 6). 288p. (J). (gr. 5-8). pap. 7.99 *(978-1-7282-7158-3(4))* Sourcebooks, Inc.

Cursed. Bruce Coville. 2016. (Enchanted Files Ser.: 1). lib. bdg. 17.20 *(978-0-606-38460-5(X))* Turtleback.

Cursed. Susan Koehler. 2023. (Sinkhole Ser.). (ENG.). 112p. (YA). (gr. 6-12). pap. 9.99 *(978-1-7284-7797-8(2),* 81cd52fc-f150-4eab-89e8-d78a071e9608); lib. bdg. 29.32 *(978-1-7284-7550-9(3),* 216bf75f-7443-43be-8eb5-205dffe9bb21) Lerner Publishing Group. (Darby Creek).

Cursed. Marissa Meyer. 2022. (Gilded Duology Ser.: 2). (ENG.). 496p. (YA). 19.99 *(978-1-250-61891-7(6),* 900222976) Feiwel & Friends.

Cursed. Michael Panckridge. 2018. (ENG.). 256p. (J). pap. *(978-0-9945823-6-2(6))* Cartridge Family, The.

Cursed. Karol Ruth Silverstein. (Illus.). 336p. (YA). (gr. 7). 2021. pap. 11.99 *(978-1-62354-183-5(2));* 2019. lib. bdg. 17.99 *(978-1-58089-940-6(4))* Charlesbridge Publishing, Inc. (Charlesbridge Teen).

Cursed. Thomas Wheeler. Illus. by Frank Miller. (ENG.). (YA). (gr. 9). 2019. 416p. 24.99 *(978-1-5344-2533-0(0));* 2023. 448p. pap. 14.99 *(978-1-5344-2534-7(9));* 2020. 416p. 19.99 *(978-1-5344-7733-9(0))* Simon & Schuster Bks. For Young Readers. (Simon & Schuster Bks. For Young Readers).

Cursed: A Gripping Young Adult Supernatural Fantasy. L. R. W Lee. 2022. (Morningstar Academy Ser.: Vol. 1). (ENG.). 270p. (YA). 29.99 ***(978-1-0879-1685-9(2))*** Indy Pub.

Cursed: A Young Adult Romance. Katie Holland. 2019. (Shady Oaks Ser.: Vol. 8). (ENG.). 168p. (YA). (gr. 7-12). pap. 9.99 *(978-1-64533-155-1(5))* Kingston Publishing Co.

Cursed: Fairy Tale Reform School #6. Jen Calonita. 2020. (Fairy Tale Reform School Ser.: 6). 288p. (J). (gr. 5-8). 16.99 *(978-1-4926-8016-1(8))* Sourcebooks, Inc.

Cursed Beauty. M. Lynn. 2021. (ENG.). 302p. (YA). 24.99 *(978-1-970052-81-7(3))* United Bks. Publishing.

Cursed by a Fortune (Classic Reprint) George Manville Fenn. (ENG., Illus.). (J). 2018. 316p. 30.43 *(978-0-483-64664-3(4));* 2017. pap. 13.57 *(978-0-243-41971-5(6))* Forgotten Bks.

Cursed by Blood 2: Mists of the Past. Dawn Avalon. 2023. (ENG.). 346p. (YA). pap. ***(978-1-4477-1834-5(8))*** Lulu Pr., Inc.

Cursed by Blood 3: Mists of Tomorrow. Dawn Avalon. 2023. (ENG.). 316p. (YA). pap. ***(978-1-4477-1781-2(3))*** Lulu Pr., Inc.

Cursed by Blood 4: Mists of Existence. Dawn Avalon. 2023. (ENG.). 376p. (YA). pap. ***(978-1-4477-1777-5(5))*** Lulu Pr., Inc.

Cursed Carnival & Other Calamities: New Stories about Mythic Heroes. Rick Riordan. 2023. 464p. (J). (gr. 3-7). pap. 7.99 *(978-1-368-07317-2(4),* Rick Riordan Presents) Disney Publishing Worldwide.

Cursed Castle: an Escape Room in a Book: Use Your Wits to Survive & Decipher the Clues to Escape. L. J. Tracosas. Illus. by Turine Tran. 2020. (ENG.). 48p. (J). (gr. 3-9). 9.99 *(978-0-7603-6893-0(7),* 338461) becker&mayer! books.

Cursed (Classic Reprint) George Allan England. 2018. (ENG., Illus.). 358p. (J). 31.30 *(978-0-483-39097-3(6))* Forgotten Bks.

Cursed Coin. Culliver Crantz. 2020. (Frightvision Ser.: Vol. 1). (ENG.). 164p. (J). pap. 8.99 *(978-1-952910-01-2(3));* 18.99 *(978-1-952910-00-5(5))* Write 211 LLC.

Cursed Coin 2. Culliver Crantz. 2020. (Frightvision Ser.: Vol. 7). (ENG.). 170p. (J). pap. 9.97 *(978-1-952910-13-5(7))* Write 211 LLC.

Cursed Coin 3. Culliver Crantz. 2022. (Frightvision Ser.: Vol. 10). (ENG.). 182p. (J). pap. 9.97 *(978-1-952910-21-0(8))* Write 211 LLC.

Cursed Crowns. Catherine Doyle & Katherine Webber. 2023. (ENG.). 512p. (YA). (gr. 9). 19.99 *(978-0-06-311616-0(2),* Balzer & Bray) HarperCollins Pubs.

Cursed Dagger. Alyson Peterson. 2016. 308p. (YA). pap. *(978-1-4621-1865-6(8))* Cedar Fort, Inc./CFI Distribution.

Cursed First Term of Zelda Stitch. Bad Teacher. Worse Witch. Nicki Greenberg. 2017. (ENG., Illus.). 272p. (J). (gr. 2-6). pap. 13.99 *(978-1-76029-490-8(X))* Allen & Unwin AUS. Dist: Independent Pubs. Group.

Cursed Heart. H. M. Gooden. 2021. (ENG.). 106p. (J). pap. *(978-1-989156-26-1(6))* Gooden, H.M.

Cursed Hunter: A Beauty & the Beast Retelling. Bethany Atazadeh. 2020. (Stolen Kingdom Ser.: Vol. 3). (ENG., Illus.). 186p. (YA). (gr. 7-12). 18.99 *(978-1-7332888-6-6(4))* Grace Hse. Pr.

Cursed Land. Elizabeth Taber. 2017. (ENG.). 108p. (J). pap. *(978-1-387-18002-8(9))* Lulu Pr., Inc.

Cursed Moon. Angela Cervantes. 2023. (ENG.). 224p. (J). (gr. 3-7). 18.99 ***(978-1-338-81401-9(X),*** Scholastic Pr.) Scholastic, Inc.

Cursed Princess Club Volume One: A WEBTOON Unscrolled Graphic Novel. LambCat. 2023. (Cursed Princess Club Ser.: 1). (ENG.). 288p. (YA). 24.99 *(978-1-990259-93-7(6),* 900286879) Wattpad Bks. CAN. Dist: Macmillan.

Cursed Princess Club Volume Two: A WEBTOON Unscrolled Graphic Novel. LambCat. 2023. (Cursed Princess Club Ser.: 2). (ENG.). 352p. (YA). 24.99 *(978-1-990778-41-4(0),* 900287112); pap. 18.99 *(978-1-990778-40-7(2),* 900287111) Wattpad Bks. CAN. Dist: Macmillan.

Cursed Queen. Sarah Fine. 2017. (Impostor Queen Ser.: 2). (ENG., Illus.). 432p. (YA). (gr. 7). 19.99 *(978-1-4814-4193-3(0),* McElderry, Margaret K. Bks.) McElderry, Margaret K. Bks.

Cursed Sea. Lauren DeStefano. (Glass Spare Ser.: 2). (ENG.). 400p. (YA). (gr. 8). 2020. pap. 10.99 *(978-0-06-249139-8(3));* 2018. 17.99 *(978-0-06-249135-0(0))* HarperCollins Pubs. (Balzer & Bray).

Cursed Stage. Brandon Terrell. Illus. by Mariano Epelbaum. 2017. (Snoops, Inc Ser.). (ENG.). 112p. (J). (gr. 4-8). lib. bdg. 27.32 *(978-1-4965-4346-2(7),* 134263, Stone Arch Bks.) Capstone.

Cursed Sword. T. J. Green. 2020. (ENG.). 274p. (YA). pap. *(978-1-990047-02-2(5))* Rare Design Ltd.

Curses. Laure Eve. 2020. (Graces Novel Ser.). (ENG.). 336p. (YA). (gr. 8-17). pap. 9.99 *(978-1-4197-3210-2(2),* 1138203, Amulet Bks.) Abrams, Inc.

Curses. Lish McBride. 2021. 448p. (YA). (gr. 7). 18.99 *(978-1-9848-1559-0(8),* G.P. Putnam's Sons Books for Young Readers) Penguin Young Readers Group.

Curses: A Graces Novel. Laure Eve. 2018. (ENG.). 336p. (YA). (gr. 8-17). 18.99 *(978-1-4197-2571-5(8),* 1138201, Amulet Bks.) Abrams, Inc.

Curses & Ash. Tiffany Daune. 2nd ed. 2017. (Siren Chronicles Ser.: Vol. 2). (ENG., Illus.). (YA). (gr. 7-12). pap. *(978-1-9997068-7-6(0))* Oftomes Publishing.

Curses & Crimes. Kate Sparkes. 2022. (All the Queen's Knaves Ser.: Vol. 2). (ENG.). (YA). 404p. *(978-1-989614-10-5(8));* 402p. pap. *(978-1-989614-11-2(6))* Sparrowcat Pr.

Curses & Crowns. L. Danvers. 2019. (ENG.). 184p. (YA). pap. 14.99 *(978-1-393-58342-4(3))* Draft2Digital.

Curses Are the Worst (Scared Silly #1) Elizabeth Eulberg. 2023. (ENG.). 208p. (J). (gr. 3-7). pap. 7.99 *(978-1-338-81535-1(0),* Scholastic Pr.) Scholastic, Inc.

Cursing Fate. Brenda Drake. 2016. (ENG., Illus.). (YA). pap. 15.99 *(978-1-68281-357-7(6))* Entangled Publishing, LLC.

Cursive Book (Advanced 13 Lines per Page) A Handwriting & Cursive Writing Book with 100 Pages of Extra Large 8. 5 by 11. 0 Inch Writing Practise Pages. This Book Has Guidelines for Practising Writing. James Manning. 2018. (Cursive Book Ser.: Vol. 5). (ENG., Illus.). 104p. (J). (gr. k-6). pap. *(978-1-78970-339-9(5))* Elige Cogniscere.

Cursive Book (Beginners 9 Lines per Page) A Handwriting & Cursive Writing Book with 100 Pages of Extra Large 8. 5 by 11. 0 Inch Writing Practise Pages. This Book Has Guidelines for Practising Writing. James Manning. 2018. (Cursive Book Ser.: Vol. 3). (ENG., Illus.). 104p. (J). (gr. k-6). pap. *(978-1-78970-275-0(5))* Elige Cogniscere.

Cursive Book (Highly Advanced 18 Lines per Page) A Handwriting & Cursive Writing Book with 100 Pages of Extra Large 8. 5 by 11. 0 Inch Writing Practise Pages. This Book Has Guidelines for Practising Writing. James Manning. 2018. (Cursive Book Ser.: Vol. 7). (ENG., Illus.). 104p. (J). (gr. k-6). pap. *(978-1-78970-372-6(7))* Elige Cogniscere.

Cursive Book (Intermediate 11 Lines per Page) A Handwriting & Cursive Writing Book with 100 Pages of Extra Large 8. 5 by 11. 0 Inch Writing Practise Pages. This Book Has Guidelines for Practising Writing. James Manning. 2018. (Cursive Book Ser.: Vol. 4). (ENG., Illus.). 104p. (J). (gr. k-6). pap. *(978-1-78970-308-5(5))* Elige Cogniscere.

Cursive Handwriting 1st Grade: Children's Reading & Writing Education Books. Baby Iq Builder Books. 2016. (ENG., Illus.). (J). pap. 8.99 *(978-1-68374-679-9(1))* Examined Solutions PTE. Ltd.

Cursive Handwriting 3rd Grade: Children's Reading & Writing Education Books. Left Brain Kids. 2016. (ENG., Illus.). (J). pap. 7.51 *(978-1-68376-584-4(2))* Sabeels Publishing.

Cursive Handwriting 5th Grade: Children's Reading & Writing Education Books. Baby Professor. 2016. (ENG., Illus.). 40p. (J). pap. 11.65 *(978-1-68326-388-3(X),* Baby Professor (Education Kids)) Speedy Publishing LLC.

Cursive Handwriting 8th Grade: Children's Reading & Writing Education Books. Baby Professor. 2016. (ENG., Illus.). 40p. (J). pap. 11.65 *(978-1-68326-395-1(2),* Baby Professor (Education Kids)) Speedy Publishing LLC.

Cursive Handwriting Activity Book for Children (6x9 Workbook / Activity Book) Sheba Blake. 2020. (ENG.). 66p. (J). pap. 9.99 *(978-1-222-28462-1(6))* Indy Pub.

446 The check digit for ISBN-10 appears in parentheses after the full ISBN-13

Cursive Handwriting Activity Book for Children (8x10 Workbook / Activity Book) Sheba Blake. 2020. (ENG.). 66p. (J). pap. 14.99 *(978-1-222-28463-8(4))* Indy Pub.

Cursive Handwriting Beginner: Children's Reading & Writing Education Books. Professor Gusto. 2016. (ENG., Illus.). (J). pap. 10.81 *(978-1-68321-221-8(5))* Mimaxion.

Cursive Handwriting Book: Children's Reading & Writing Education Books. Prodigy Wizard Books. 2016. (ENG., Illus.). (J). pap. 9.25 *(978-1-68323-951-2(2))* Twin Flame Productions.

Cursive Handwriting Book Adults: Children's Reading & Writing Education Books. Baby Professor. 2016. (ENG., Illus.). 40p. (J). pap. 11.65 *(978-1-68326-411-8(8))*, Baby Professor (Education Kids)) Speedy Publishing LLC.

Cursive Handwriting Book (Advanced 13 Lines per Page) A Handwriting & Cursive Writing Book with 100 Pages of Extra Large 8. 5 by 11. 0 Inch Writing Practise Pages. This Book Has Guidelines for Practising Writing. James Manning. 2018. (Cursive Handwriting Book Ser.: Vol. 5). (ENG., Illus.). 104p. (J). (gr. k-6). pap. *(978-1-78970-338-2(7))* Elige Cogniscere.

Cursive Handwriting Book (Beginners 9 Lines per Page) A Handwriting & Cursive Writing Book with 100 Pages of Extra Large 8. 5 by 11. 0 Inch Writing Practise Pages. This Book Has Guidelines for Practising Writing. James Manning. 2018. (Cursive Handwriting Book Ser.: Vol. 3). (ENG., Illus.). 104p. (J). (gr. k-5). pap. *(978-1-78970-274-3(7))* Elige Cogniscere.

Cursive Handwriting Book for Teens: Children's Reading & Writing Education Books. Baby Professor. 2016. (ENG., Illus.). 40p. (J). pap. 11.65 *(978-1-68326-369-2(3))*, Baby Professor (Education Kids)) Speedy Publishing LLC.

Cursive Handwriting Book (Highly Advanced 18 Lines per Page) A Handwriting & Cursive Writing Book with 100 Pages of Extra Large 8. 5 by 11. 0 Inch Writing Practise Pages. This Book Has Guidelines for Practising Writing. James Manning. 2018. (Cursive Handwriting Book Ser.: Vol. 6). (ENG., Illus.). 104p. (J). (gr. k-6). pap. *(978-1-78970-371-9(9))* Elige Cogniscere.

Cursive Handwriting Book (Intermediate 11 Lines per Page) A Handwriting & Cursive Writing Book with 100 Pages of Extra Large 8. 5 by 11. 0 Inch Writing Practise Pages. This Book Has Guidelines for Practising Writing. James Manning. 2018. (Cursive Handwriting Book Ser.: Vol. 4). (ENG., Illus.). 104p. (J). (gr. k-6). pap. *(978-1-78970-305-4(0))* Elige Cogniscere.

Cursive Handwriting Books for Kids: Children's Reading & Writing Education Books. Bobo's Little Brainiac Books. 2016. (ENG., Illus.). (J). pap. 7.99 *(978-1-68327-041-6(X))* Sunshine In My Soul Publishing.

Cursive Handwriting for Adults: Children's Reading & Writing Education Books. Prodigy Wizard Books. 2016. (ENG., Illus.). 40p. (J). pap. 9.43 *(978-1-68323-957-4(1))* Twin Flame Productions.

Cursive Handwriting for Boys: Children's Reading & Writing Education Books. Bobo's Little Brainiac Books. 2016. (ENG., Illus.). (J). pap. 7.99 *(978-1-68327-048-5(7))* Sunshine In My Soul Publishing.

Cursive Handwriting for Girls: Children's Reading & Writing Education Books. Professor Gusto. 2016. (ENG., Illus.). (J). pap. 10.81 *(978-1-68321-304-8(1))* Mimaxion.

Cursive Handwriting for Kids: Children's Reading & Writing Education Books. Baby Professor. 2016. (ENG., Illus.). 40p. (J). pap. 11.65 *(978-1-68326-418-7(5))*, Baby Professor (Education Kids)) Speedy Publishing LLC.

Cursive Handwriting Grade 5: Children's Reading & Writing Education Books. Bobo's Little Brainiac Books. 2016. (ENG., Illus.). (J). pap. 7.99 *(978-1-68327-747-7(3))* Sunshine In My Soul Publishing.

Cursive Handwriting Grade 6: Children's Reading & Writing Education Books. Baby Iq Builder Books. 2016. (ENG., Illus.). (J). pap. 8.99 *(978-1-68374-681-2(3))* Examined Solutions PTE. Ltd.

Cursive Handwriting Guide: Children's Reading & Writing Education Books. Bobo's Little Brainiac Books. 2016. (ENG., Illus.). (J). pap. 7.99 *(978-1-68327-055-3(X))* Sunshine In My Soul Publishing.

Cursive Handwriting Guide Set: Children's Reading & Writing Education Books. Baby Professor. 2016. (ENG., Illus.). 40p. (J). pap. 11.65 *(978-1-68326-376-0(6))*, Baby Professor (Education Kids)) Speedy Publishing LLC.

Cursive Handwriting Instruction Guide: Children's Reading & Writing Education Books. Bobo's Little Brainiac Books. 2016. (ENG., Illus.). (J). pap. 7.99 *(978-1-68327-753-8(8))* Sunshine In My Soul Publishing.

Cursive Handwriting Kids: Children's Reading & Writing Education Books. Bobo's Little Brainiac Books. 2016. (ENG., Illus.). (J). pap. 7.99 *(978-1-68327-759-0(7))* Sunshine In My Soul Publishing.

Cursive Handwriting Letters: Children's Reading & Writing Education Books. Bobo's Little Brainiac Books. 2016. (ENG., Illus.). (J). pap. 7.99 *(978-1-68327-765-1(1))* Sunshine In My Soul Publishing.

Cursive Handwriting Notebook: Children's Reading & Writing Education Books. Baby Iq Builder Books. 2016. (ENG., Illus.). (J). pap. 8.99 *(978-1-68374-667-6(8))* Examined Solutions PTE. Ltd.

Cursive Handwriting Practice: Children's Reading & Writing Education Books. Baby Professor. 2016. (ENG., Illus.). 40p. (J). pap. 11.65 *(978-1-68326-368-5(5))*, Baby Professor (Education Kids)) Speedy Publishing LLC.

Cursive Handwriting Practice Book: Children's Reading & Writing Education Books. Professor Gusto. 2016. (ENG., Illus.). (J). pap. 10.81 *(978-1-68321-228-7(2))* Mimaxion.

Cursive Handwriting Practice Book (Beginners 9 Lines per Page) A Handwriting & Cursive Writing Book with 100 Pages of Extra Large 8. 5 by 11. 0 Inch Writing Practise Pages. This Book Has Guidelines for Practising Writing. James Manning. 2018. (Cursive Handwriting Practice Book Ser.: Vol. 3). (ENG., Illus.). 104p. (J). (gr. k-6). pap. *(978-1-78970-280-4(1))* Elige Cogniscere.

Cursive Handwriting Practice Book for Kids: Cursive for Beginners Learning Cursive Handwriting Workbook. Esel Press. 2020. (ENG.). 132p. (J). pap. 9.97 *(978-1-716-33643-0(0))* Lulu Pr., Inc.

Cursive Handwriting Practice Book for Kids: Cursive for Beginners Learning Cursive Handwriting Workbook Hardcover. Esel Press. 2021. (ENG.). 132p. (J). 20.00 *(978-1-716-20410-4(0))* Lulu Pr., Inc.

Cursive Handwriting Practice for Kids: Children's Reading & Writing Education Books. Baby Professor. 2016. (ENG., Illus.). 40p. (J). pap. 11.65 *(978-1-68326-383-8(9))*, Baby Professor (Education Kids)) Speedy Publishing LLC.

Cursive Handwriting Practice Workbook: Children's Reading & Writing Education Books. Left Brain Kids. 2016. (ENG., Illus.). (J). pap. 7.51 *(978-1-68376-586-8(9))* Sabeels Publishing.

Cursive Handwriting Practice Workbook for 3rd 4th 5th Graders: Cursive Letter Tracing Book, Cursive Handwriting Workbook for Kids to Master Letters, Words & Sentences - 3 in 1 Writing Practice. Scholastic Panda Education. 2020. (Coloring Books for Kids Ser.). (ENG.). 110p. (J). pap. 9.98 *(978-1-953149-33-6(2))* Polymath Publishing Hse. LLC.

Cursive Handwriting Practice Workbook for Teens: Children's Reading & Writing Education Books. Baby Professor. 2016. (ENG., Illus.). 40p. (J). pap. 11.65 *(978-1-68326-425-5(8))*, Baby Professor (Education Kids)) Speedy Publishing LLC.

Cursive Handwriting Practise Book (Advanced 13 Lines per Page) A Handwriting & Cursive Writing Book with 100 Pages of Extra Large 8. 5 by 11. 0 Inch Writing Practise Pages. This Book Has Guidelines for Practising Writing. James Manning. 2018. (Cursive Handwriting Practise Book Ser.: Vol. 5). (ENG., Illus.). 104p. (J). (gr. k-6). pap. *(978-1-78970-344-3(1))* Elige Cogniscere.

Cursive Handwriting Practise Book (Expert 22 Lines per Page) A Handwriting & Cursive Writing Book with 100 Pages of Extra Large 8. 5 by 11. 0 Inch Writing Practise Pages. This Book Has Guidelines for Practising Writing. James Manning. 2018. (Cursive Handwriting Practise Book Ser.: Vol. 8). (ENG., Illus.). 104p. (J). (gr. k-6). pap. *(978-1-78970-403-7(0))* Elige Cogniscere.

Cursive Handwriting Practise Book (Highly Advanced 18 Lines per Page) A Handwriting & Cursive Writing Book with 100 Pages of Extra Large 8. 5 by 11. 0 Inch Writing Practise Pages. This Book Has Guidelines for Practising Writing. James Manning. 2018. (Cursive Handwriting Practise Book Ser.: Vol. 7). (ENG., Illus.). 104p. (J). (gr. k-6). pap. *(978-1-78970-377-1(8))* Elige Cogniscere.

Cursive Handwriting Practise Book (Intermediate 11 Lines per Page) A Handwriting & Cursive Writing Book with 100 Pages of Extra Large 8. 5 by 11. 0 Inch Writing Practise Pages. This Book Has Guidelines for Practising Writing. James Manning. 2018. (Cursive Handwriting Practise Book Ser.: Vol. 4). (ENG., Illus.). 104p. (J). (gr. k-6). pap. *(978-1-78970-313-9(1))* Elige Cogniscere.

Cursive Handwriting Student Workbook Grade 3: Children's Reading & Writing Education Books. Bobo's Little Brainiac Books. 2016. (ENG., Illus.). (J). pap. 7.99 *(978-1-68327-749-1(X))* Sunshine In My Soul Publishing.

Cursive Handwriting: Word Family: Practice Workbook for Children. Wonder House Books. 2020. (ENG.). 32p. (J). (gr. -1-2). pap. 5.99 ***(978-93-90183-76-0(6))*** Prakash Bk. Depot IND. Dist: Independent Pubs. Group.

Cursive Handwriting Workbook. Floie Rosa. 2020. (ENG.). 112p. (J). pap. *(978-1-716-33568-6(X))* Reader's Digest Assn. (Canada).

Cursive Handwriting Workbook: 2-In-1 Book Set for Kids (Cursive for Beginners / Cursive Writing Practice Book) Scholdeners. 2019. (ENG.). 222p. (J). (gr. k-6). pap. *(978-1-913357-12-2(0))* Devela Publishing.

Cursive Handwriting Workbook: Children's Reading & Writing Education Books. Baby Iq Builder Books. 2016. (ENG., Illus.). (J). pap. 8.99 *(978-1-68374-673-7(2))* Examined Solutions PTE. Ltd.

Cursive Handwriting Workbook: Cursive Writing Practice Book for Kids with Magic Calligraphy Abc, Contains Handwriting Practice Paper - Calligraphy Workbook. Kittyboo. 2021. (ENG.). 112p. (J). pap. *(978-0-667-45195-7(1))* Rockliff Publishing Corp.

Cursive Handwriting Workbook - Learn Your Third Grader to Write - Ages 8-9: Remember Cursive Letters a-Z, Creative Writing, Personification, Metaphors & Sensory Language Worksheets. Pronisclaroo. 2021. (ENG.). 112p. (J). pap. 7.39 *(978-0-17-565765-0(3))* ProQuest LLC.

Cursive Handwriting Workbook 4th Grade: Children's Reading & Writing Education Books. Baby Professor. 2016. (ENG., Illus.). 40p. (J). pap. 11.65 *(978-1-68326-390-6(1))*, Baby Professor (Education Kids)) Speedy Publishing LLC.

Cursive Handwriting Workbook (Advanced 13 Lines per Page) A Handwriting & Cursive Writing Book with 100 Pages of Extra Large 8. 5 by 11. 0 Inch Writing Practise Pages. This Book Has Guidelines for Practising Writing. James Manning. 2018. (Cursive Handwriting Workbook Ser.: Vol. 5). (ENG., Illus.). 104p. (J). (gr. k-6). pap. *(978-1-78970-341-2(7))* Elige Cogniscere.

Cursive Handwriting Workbook (Beginners 9 Lines per Page) A Handwriting & Cursive Writing Book with 100 Pages of Extra Large 8. 5 by 11. 0 Inch Writing Practise Pages. This Book Has Guidelines for Practising Writing. James Manning. 2018. (Handwriting Workbook Ser.: Vol. 3). (ENG., Illus.). 104p. (J). (gr. k-6). pap. *(978-1-78970-277-4(1))* Elige Cogniscere.

Cursive Handwriting Workbook for Adults: Children's Reading & Writing Education Books. Baby Professor. 2016. (ENG., Illus.). 40p. (J). pap. 11.65 *(978-1-68326-375-3(8))*, Baby Professor (Education Kids)) Speedy Publishing LLC.

Cursive Handwriting Workbook for Kids. Addison Greer. 2021. (ENG.). 134p. (J). pap. 11.80 *(978-1-716-18167-2(4))* Lulu Pr., Inc.

Cursive Handwriting Workbook for Kids. Tony Reed. 2021. (ENG.). 134p. (J). pap. 7.70 *(978-1-716-07247-5(6))* Lulu Pr., Inc.

Cursive Handwriting Workbook for Kids. Chase Malone. I.t. ed. 2020. (ENG.). 134p. (J). pap. 9.50 *(978-1-716-35023-8(9))* Lulu Pr., Inc.

Cursive Handwriting Workbook for Kids: 3-In-1 Writing Practice Book to Master Letters, Words & Sentences. Scholdeners. 2019. (ENG., Illus.). 112p. (J). (gr. k-6). pap. *(978-1-913357-01-6(5))* Devela Publishing.

Cursive Handwriting Workbook for Kids: Cursive Handwriting Tracing Workbook for Kids Beginning Cursive, 3 in 1 Practice Workbook Included (Alphabet - Words - Sentences) Alerksousi Publishing. 2022. (ENG.). 112p. (J). pap. 12.99 ***(978-1-959482-02-4(5))*** Alerksousi.

Cursive Handwriting Workbook for Kids: Cursive Letter Tracing Book - Cursive Writing Practice Book for Kids to Learn Writing - Handwriting Practice for Children. Lee Standford. I.t. ed. 2021. (ENG.). 80p. (J). pap. 11.99 *(978-1-716-18908-1(X))* Lulu Pr., Inc.

Cursive Handwriting Workbook for Kids: Dot to Dot Cursive Practice Book (Beginning Cursive) Brighter Child Company. 2019. (ENG.). 106p. (J). (gr. k-6). pap. *(978-1-913357-08-5(2))* Devela Publishing.

Cursive Handwriting Workbook for Kids Grade 1: Children's Reading & Writing Education Books. Bobo's Little Brainiac Books. 2016. (ENG., Illus.). (J). pap. 7.99 *(978-1-68327-042-3(8))* Sunshine In My Soul Publishing.

Cursive Handwriting Workbook for Teens: Children's Reading & Writing Education Books. Bobo's Little Brainiac Books. 2016. (ENG., Illus.). (J). pap. 7.99 *(978-1-68327-135-2(1))* Sunshine In My Soul Publishing.

Cursive Handwriting Workbook for Teens: Cursive Letter Tracing Book - Cursive Writing Practice Book for Kids to Learn Writing - Handwriting Practice for Children - over 100 Pages 8. 5x11. Lee Standford. I.t. ed. 2021. (ENG.). 112p. (J). pap. 13.99 *(978-1-716-18903-6(9))* Lulu Pr., Inc.

Cursive Handwriting Workbook for Teens: Cursive Writing Practice Workbook for Teens, Tweens & Young Adults (beginners Cursive Workbooks / Cursive Teens Books) Scholdeners. 2020. (ENG.). 112p. (J). pap. *(978-1-913357-49-8(X))* Devela Publishing.

Cursive Handwriting Workbook Grade 3: Children's Reading & Writing Education Books. Professor Gusto. 2016. (ENG., Illus.). (J). pap. 10.81 *(978-1-68321-214-0(2))* Mimaxion.

Cursive Handwriting Workbook Grade 6: Children's Reading & Writing Education Books. Prodigy Wizard Books. 2016. (ENG., Illus.). (J). pap. 9.25 *(978-1-68323-305-3(0))* Twin Flame Productions.

Cursive Handwriting Workbook (Highly Advanced 18 Lines per Page) A Handwriting & Cursive Writing Book with 100 Pages of Extra Large 8. 5 by 11. 0 Inch Writing Practise Pages. This Book Has Guidelines for Practising Writing. James Manning. 2018. (Cursive Handwriting Workbook Ser.: Vol. 7). (ENG., Illus.). 104p. (J). (gr. k-6). pap. *(978-1-78970-374-0(3))* Elige Cogniscere.

Cursive Handwriting Workbook (Intermediate 11 Lines per Page) A Handwriting & Cursive Writing Book with 100 Pages of Extra Large 8. 5 by 11. 0 Inch Writing Practise Pages. This Book Has Guidelines for Practising Writing. James Manning. 2018. (Cursive Handwriting Workbook Ser.: Vol. 4). (ENG., Illus.). 104p. (J). (gr. k-6). pap. *(978-1-78970-310-8(7))* Elige Cogniscere.

Cursive Handwriting Worksheets Book (Advanced 13 Lines per Page) A Handwriting & Cursive Writing Book with 100 Pages of Extra Large 8. 5 by 11. 0 Inch Writing Practise Pages. This Book Has Guidelines for Practising Writing. James Manning. 2018. (Cursive Handwriting Worksheets Book Ser.: Vol. 5). (ENG., Illus.). 104p. (J). (gr. k-6). pap. *(978-1-78970-349-8(2))* Elige Cogniscere.

Cursive Handwriting Worksheets Book (Beginners 9 Lines per Page) A Handwriting & Cursive Writing Book with 100 Pages of Extra Large 8. 5 by 11. 0 Inch Writing Practise Pages. This Book Has Guidelines for Practising Writing. James Manning. 2018. (Cursive Handwriting Worksheets Book Ser.: Vol. 3). (ENG., Illus.). 104p. (J). (gr. k-6). pap. *(978-1-78970-283-5(6))* Elige Cogniscere.

Cursive Handwriting Worksheets Book (Expert 22 Lines per Page) A Handwriting & Cursive Writing Book with 100 Pages of Extra Large 8. 5 by 11. 0 Inch Writing Practise Pages. This Book Has Guidelines for Practising Writing. James Manning. 2018. (Cursive Handwriting Worksheets Book Ser.: Vol. 8). (ENG., Illus.). 104p. (J). (gr. k-6). pap. *(978-1-78970-406-8(5))* Elige Cogniscere.

Cursive Handwriting Worksheets Book (Highly Advanced 18 Lines per Page) A Handwriting & Cursive Writing Book with 100 Pages of Extra Large 8. 5 by 11. 0 Inch Writing Practise Pages. This Book Has Guidelines for Practising Writing. James Manning. 2018. (Cursive Handwriting Worksheets Book Ser.: Vol. 7). (ENG., Illus.). 104p. (J). (gr. k-6). pap. *(978-1-78970-380-1(8))* Elige Cogniscere.

Cursive Handwriting Worksheets Book (Intermediate 11 Lines per Page) A Handwriting & Cursive Writing Book with 100 Pages of Extra Large 8. 5 by 11. 0 Inch Writing Practise Pages. This Book Has Guidelines for Practising Writing. James Manning. 2018. (Cursive Handwriting Worksheets Book Ser.: Vol. 4). (ENG., Illus.). 104p. (J). (gr. k-6). pap. *(978-1-78970-316-0(6))* Elige Cogniscere.

Cursive Letter Tracing. Addison Greer. 2021. (ENG.). 100p. (J). pap. 10.70 *(978-1-716-18150-4(X))* Lulu Pr., Inc.

Cursive Letter Tracing. Chase Malone. I.t. ed. 2020. (ENG.). 102p. (J). pap. 8.70 *(978-1-716-34996-6(6))* Lulu Pr., Inc.

Cursive Letters Age 3-5 Wipe Clean Activity Book: Ideal for Home Learning (Collins Easy Learning Preschool) Collins Easy Learning. 2019. (Collins Easy Learning Preschool Ser.). (ENG.). 24p. (J). (gr. k-2). 8.99 *(978-0-00-833583-0(4))* HarperCollins Pubs. Ltd. GBR. Dist: Independent Pubs. Group.

Cursive Paper: Ultimate Cursive Handwriting Paper / Cursive Writing Notebook for Kids & Toddlers. Indulge into Cursive Handwriting Workbook & Do Handwriting Practice. This Is the Best Cursive Handwriting Workbook for Kids with Great Handwriting Practice Paper. You Sh. Andrea Jensen. 2021. (ENG.). 122p. (J). pap. 9.99 *(978-1-716-10475-6(0))* Lulu Pr., Inc.

Cursive Practice: Short Stories Edition - Writing Book for 3rd Grade Children's Reading & Writing Books. Baby Professor. 2017. (ENG., Illus.). (J). pap. 9.55 *(978-1-5419-2809-1(1))*, Baby Professor (Education Kids)) Speedy Publishing LLC.

Cursive Practice: The Phrase Trace Edition: Tracing Book for Kids Children's Reading & Writing Books. Baby Professor. 2017. (ENG., Illus.). (J). pap. 9.55 *(978-1-5419-2589-2(0))*, Baby Professor (Education Kids)) Speedy Publishing LLC.

Cursive Practice Book (Beginners 9 Lines per Page) A Handwriting & Cursive Writing Book with 100 Pages of Extra Large 8. 5 by 11. 0 Inch Writing Practise Pages. This Book Has Guidelines for Practising Writing. James Manning. 2018. (Cursive Practice Book Ser.: Vol. 3). (ENG., Illus.). 104p. (J). (gr. k-6). pap. *(978-1-78970-278-1(X))* Elige Cogniscere.

Cursive Practice Learning Pad: Scholastic Early Learners (Learning Pad) Scholastic. 2020. (Scholastic Early Learners Ser.). (ENG.). 80p. (J). (gr. 2-5). pap. 6.99 *(978-1-338-71652-8(2))*, Cartwheel Bks.) Scholastic, Inc.

Cursive Practice Sheets Book (Advanced 13 Lines per Page) A Handwriting & Cursive Writing Book with 100 Pages of Extra Large 8. 5 by 11. 0 Inch Writing Practise Pages. This Book Has Guidelines for Practising Writing. James Manning. 2018. (Cursive Practice Sheets Book Ser.: Vol. 5). (ENG., Illus.). 104p. (J). (gr. k-6). pap. *(978-1-78970-350-4(6))* Elige Cogniscere.

Cursive Practice Sheets Book (Beginners 9 Lines per Page) A Handwriting & Cursive Writing Book with 100 Pages of Extra Large 8. 5 by 11. 0 Inch Writing Practise Pages. This Book Has Guidelines for Practising Writing. James Manning. 2018. (Cursive Practice Sheets Book Ser.: Vol. 3). (ENG., Illus.). 104p. (J). (gr. k-6). pap. *(978-1-78970-284-2(4))* Elige Cogniscere.

Cursive Practice Sheets Book (Expert 22 Lines per Page) A Handwriting & Cursive Writing Book with 100 Pages of Extra Large 8. 5 by 11. 0 Inch Writing Practise Pages. This Book Has Guidelines for Practising Writing. James Manning. 2018. (Cursive Practice Sheets Book Ser.: Vol. 8). (ENG., Illus.). 104p. (J). pap. *(978-1-78970-407-5(3))* Elige Cogniscere.

Cursive Practice Sheets Book (Highly Advanced 18 Lines per Page) A Handwriting & Cursive Writing Book with 100 Pages of Extra Large 8. 5 by 11. 0 Inch Writing Practise Pages. This Book Has Guidelines for Practising Writing. James Manning. 2018. (Cursive Practice Sheets Book Ser.: Vol. 7). (ENG., Illus.). 104p. (J). (gr. k-6). pap. *(978-1-78970-381-8(6))* Elige Cogniscere.

Cursive Practice Sheets Book (Intermediate 11 Lines per Page) A Handwriting & Cursive Writing Book with 100 Pages of Extra Large 8. 5 by 11. 0 Inch Writing Practise Pages. This Book Has Guidelines for Practising Writing. James Manning. 2018. (Cursive Practice Sheets Book Ser.: Vol. 4). (ENG., Illus.). 104p. (J). (gr. k-6). pap. *(978-1-78970-317-7(4))* Elige Cogniscere.

C

Cursive Practise Book (Advanced 13 Lines per Page) A Handwriting & Cursive Writing Book with 100 Pages of Extra Large 8. 5 by 11. 0 Inch Writing Practise Pages. This Book Has Guidelines for Practising Writing. James Manning. 2018. (Cursive Practise Book Ser.: Vol. 5). (ENG., Illus.). 104p. (J). (gr. k-6). pap. *(978-1-78970-342-9(5))* Elige Cogniscere.

Cursive Practise Book (Highly Advanced 18 Lines per Page) A Handwriting & Cursive Writing Book with 100 Pages of Extra Large 8. 5 by 11. 0 Inch Writing Practise Pages. This Book Has Guidelines for Practising Writing. James Manning. 2018. (Cursive Practise Book Ser.: Vol. 7). (ENG., Illus.). 104p. (J). (gr. k-5). pap. *(978-1-78970-375-7(1))* Elige Cogniscere.

Cursive Practise Book (Intermediate 11 Lines per Page) A Handwriting & Cursive Writing Book with 100 Pages of Extra Large 8. 5 by 11. 0 Inch Writing Practise Pages. This Book Has Guidelines for Practising Writing. James Manning. 2018. (Cursive Practise Book Ser.: Vol. 4). (ENG., Illus.). 104p. (J). (gr. k-6). pap. *(978-1-78970-311-5(5))* Elige Cogniscere.

Cursive Tracing Practice for 1st Graders: Cursive Writing Practice Book Children's Reading & Writing Books. Baby Professor. 2017. (ENG., Illus.). (J). pap. 8.79 *(978-1-5419-4034-5(2))*, Baby Professor (Education Kids)) Speedy Publishing LLC.

Cursive Workbook - 1. Practice Letters - 2. Form Words - 3. Transcribe Bible Verses: Learn Cursive & Scripture Passages - Trace, Memorize, & Write Freehand - Handwriting Practice Pages - Reproducible Writing Worksheets (Kids, Teens, & Adults) Penman Ship. 2019. (ENG.). 110p. (J). pap. 5.98 *(978-1-63578-515-9(4))* Libro Studio LLC.

Cursive Workbook (Advanced 13 Lines per Page) A Handwriting & Cursive Writing Book with 100 Pages of Extra Large 8. 5 by 11. 0 Inch Writing Practise Pages. This Book Has Guidelines for Practising Writing. James Manning. 2018. (Cursive Workbook Ser.: Vol. 5). (ENG., Illus.). 104p. (J). (gr. k-6). pap. *(978-1-78970-337-5(9))* Elige Cogniscere.

Cursive Workbook (Beginners 9 Lines per Page) A Handwriting & Cursive Writing Book with 100 Pages of Extra Large 8. 5 by 11. 0 Inch Writing Practise Pages. This Book Has Guidelines for Practising Writing. James Manning. 2018. (Cursive Workbook Ser.: Vol. 3). (ENG., Illus.). 104p. (J). (gr. k-6). pap. *(978-1-78970-273-6(9))* Elige Cogniscere.

Cursive Workbook (Highly Advanced 18 Lines per Page) A Handwriting & Cursive Writing Book with 100 Pages of Extra Large 8. 5 by 11. 0 Inch Writing Practise Pages. This Book Has Guidelines for Practising Writing. James Manning. 2018. (Cursive Workbook Ser.: Vol. 6). (ENG., Illus.). 104p. (J). (gr. k-6). pap. *(978-1-78970-370-2(0))* Elige Cogniscere.

Cursive Workbook (Intermediate 11 Lines per Page) A Handwriting & Cursive Writing Book with 100 Pages of Extra Large 8. 5 by 11. 0 Inch Writing Practise Pages. This Book Has Guidelines for Practising Writing. James Manning. 2018. (Cursive Workbook Ser.: Vol. 4). (ENG., Illus.). 104p. (J). (gr. k-6). pap. *(978-1-78970-304-7(2))* Elige Cogniscere.

Cursive Worksheets Book (Advanced 13 Lines per Page) A Handwriting & Cursive Writing Book with 100 Pages of Extra Large 8. 5 by 11. 0 Inch Writing Practise Pages. This Book Has Guidelines for Practising Writing. James Manning. 2018. (Cursive Worksheets Book Ser.: Vol. 5).

(ENG., Illus.). 104p. (J). (gr. k-6). pap. *(978-1-78970-347-4(6))* Elige Cogniscere.

Cursive Worksheets Book (Beginners 9 Lines per Page) A Handwriting & Cursive Writing Book with 100 Pages of Extra Large 8. 5 by 11. 0 Inch Writing Practise Pages. This Book Has Guidelines for Practising Writing. James Manning. 2018. (Cursive Worksheets Book Ser.: Vol. 3). (ENG., Illus.). 104p. (J). (gr. k-6). pap. *(978-1-78970-281-1(X))* Elige Cogniscere.

Cursive Worksheets Book (Highly Advanced 18 Lines per Page) A Handwriting & Cursive Writing Book with 100 Pages of Extra Large 8. 5 by 11. 0 Inch Writing Practise Pages. This Book Has Guidelines for Practising Writing. James Manning. 2018. (Cursive Worksheets Book Ser.: Vol. 7). (ENG., Illus.). 104p. (J). (gr. k-6). pap. *(978-1-78970-378-8(6))* Elige Cogniscere.

Cursive Worksheets Book (Intermediate 11 Lines per Page) A Handwriting & Cursive Writing Book with 100 Pages of Extra Large 8. 5 by 11. 0 Inch Writing Practise Pages. This Book Has Guidelines for Practising Writing. James Manning. 2018. (Cursive Worksheets Book Ser.: Vol. 4). (ENG., Illus.). 104p. (J). (gr. k-6). pap. *(978-1-78970-314-6(X))* Elige Cogniscere.

Cursive Writing 3-4. Carol Dwyer. 2019. (ENG.). 64p. (Orig.). (J). (gr. 3-4). pap. 4.49 *(978-1-58947-398-0(1),* 17b019d0-f3ed-4a47-9e85-38e7c57275dc) School Zone Publishing Co.

Cursive Writing Ages 4-5: Ideal for Home Learning (Collins Easy Learning Preschool) Collins Easy Learning. 2018. (Collins Easy Learning Preschool Ser.). (ENG.). 24p. pap. 4.95 *(978-0-00-827534-1(3))* HarperCollins Pubs. Ltd. GBR. Dist: Independent Pubs. Group.

Cursive Writing & Drawing Tablet Ages 7-Up. Ed. by Zone Staff School. 2019. (ENG.). 96p. (J). (gr. k-2). pap. 6.99 *(978-1-68147-273-7(2),* 033e2912-842d-46ba-ab1a-5ce235758ece) School Zone Publishing Co.

Cursive Writing Book (Advanced 13 Lines per Page) A Handwriting & Cursive Writing Book with 100 Pages of Extra Large 8. 5 by 11. 0 Inch Writing Practise Pages. This Book Has Guidelines for Practising Writing. James Manning. 2018. (Cursive Writing Book Ser.: Vol. 5). (ENG., Illus.). 104p. (J). (gr. k-6). pap. *(978-1-78970-336-8(0))* Elige Cogniscere.

Cursive Writing Book (Beginners 9 Lines per Page) A Handwriting & Cursive Writing Book with 100 Pages of Extra Large 8. 5 by 11. 0 Inch Writing Practise Pages. This Book Has Guidelines for Practising Writing. James Manning. 2018. (Cursive Writing Book Ser.: Vol. 3). (ENG., Illus.). 104p. (J). (gr. k-6). pap. *(978-1-78970-272-9(0))* Elige Cogniscere.

Cursive Writing Book for 3rd Graders - Bible Story Edition Children's Reading & Writing Books. Baby Professor. 2017. (ENG., Illus.). (J). pap. 8.79 *(978-1-5419-4035-2(0),* Baby Professor (Education Kids)) Speedy Publishing LLC.

Cursive Writing Book for 3rd Graders - Poems Edition Children's Reading & Writing Books. Baby Professor. 2017. (ENG., Illus.). (J). pap. 8.79 *(978-1-5419-4036-9(9),* Baby Professor (Education Kids)) Speedy Publishing LLC.

Cursive Writing Book (Highly Advanced 18 Lines per Page) A Handwriting & Cursive Writing Book with 100 Pages of Extra Large 8. 5 by 11. 0 Inch Writing Practise Pages. This Book Has Guidelines for Practising Writing. James Manning. 2018. (Cursive Writing Book Ser.: Vol. 6). (ENG., Illus.). 104p. (J). (gr. k-6). pap. *(978-1-78970-369-6(7))* Elige Cogniscere.

Cursive Writing Book (Intermediate 11 Lines per Page) A Handwriting & Cursive Writing Book with 100 Pages of Extra Large 8. 5 by 11. 0 Inch Writing Practise Pages. This Book Has Guidelines for Practising Writing. James Manning. 2018. (Cursive Writing Book Ser.: Vol. 4). (ENG., Illus.). 104p. (J). (gr. k-6). pap. *(978-1-78970-303-0(4))* Elige Cogniscere.

Cursive Writing Practice: Wacky Facts. Violet Findley. 2016. (ENG., Illus.). 48p. (J). (gr. 2-5). pap. 10.99 *(978-0-545-94317-8(5),* 594317) Scholastic, Inc.

Curtain: An Anecdote (Classic Reprint) Alex Macfarlan. (ENG., Illus.). (J). 2018. 308p. 30.27 *(978-0-365-51463-3(2));* 2017. pap. 13.57 *(978-0-259-26632-7(9))* Forgotten Bks.

Curtain Lectures (Classic Reprint) Douglas Jerrold. 2018. (ENG., Illus.). 272p. (J). 29.51 *(978-0-666-61194-9(7))* Forgotten Bks.

Curtain Raisers (Classic Reprint) Eden Phillpotts. 2018. (ENG., Illus.). 66p. (J). 25.28 *(978-0-267-44691-9(8))* Forgotten Bks.

Curtain Twitchers of Oakley Place. Deborah Hodgetts. 2017. (Truth Seekers Ser.). (ENG., Illus.). 314p. (YA). (gr. 7-12). pap. *(978-1-9997442-0-5(9))* Beautiful Music of Words Ltd., The.

Curtis & the Cave Dwellers. Henry Johnson. 2019. (ENG.). 116p. (J). 20.91 *(978-0-244-82917-9(9))* Lulu Pr., Inc.

Curtis Club in the Yellowstone Park (Classic Reprint) Joseph Russell Smith. (ENG., Illus.). (J). 2018. 20p. 24.31 *(978-0-364-99965-3(9));* 2017. pap. 7.97 *(978-0-282-55312-8(6))* Forgotten Bks.

Curtis Finds a New Hobby. Mike Hennessey & Rachel McNair. Illus. by Jessica Jerome and Brandon Mitchell. 2022. (ENG.). 28p. (J). **(978-1-0391-5996-9(6));** pap. **(978-1-0391-5995-2(8))** FriesenPress.

Curtis Finds a New Hobby - Miigmag Translation. Mike Hennessey. Illus. by Rachel McNair & Brandon Mitchell. 2023. (Turtle Island Series - Miigmag Translation Ser.). (ENG.). 32p. (J). **(978-1-0391-8224-0(0));** pap. **(978-1-0391-8223-3(2))** FriesenPress.

Curtis Finds a New Hobby - Wolastoqey Translation. Mike Hennessey & Rachel McNair. Illus. by Brandon Mitchell & Jessica Jerome. 2023. (ENG.). 32p. (J). **(978-1-0391-8024-6(8));** pap. **(978-1-0391-8023-9(X))** FriesenPress.

Curtis Gets Ready to Dream: A Bedtime Story to Guide Your Child to Sleep. Catrina Stiller. Illus. by Jessica Ritchey. 2017. (ENG.). 38p. (J). pap. 9.95 *(978-1-68350-102-2(0))* Morgan James Publishing.

Curtis Getting New Glasses. Doreen Barnett. 2021. (ENG.). 28p. (J). 12.99 *(978-1-956001-81-5(6))* Print & Media, Westpoint.

Curtis P. Lambadiggy & the Sneaky Sneakers. Patrick Milam. 2016. (ENG., Illus.). (J). pap. 13.95 *(978-1-4808-3170-4(0))* Archway Publishing.

Curtis's Day Out. Punky Kaye. 2020. (ENG., Illus.). 22p. (J). pap. 12.95 *(978-1-6624-0241-8(4))* Page Publishing Inc.

Curve Balls: Sam's Adventure. Rosanna Gartley. 2022. (ENG.). 98p. (YA). pap. 14.00 *(978-1-64883-168-3(0),* ExamWise) Total Recall Learning, Inc.

Curveball. Julie Bowe. 2017. (Victoria Torres, Unfortunately Average Ser.). (ENG., Illus.). 160p. (J). (gr. 4-8). pap. 5.95 *(978-1-4965-3820-8(X),* 133120); lib. bdg. 27.99 *(978-1-4965-3818-5(8),* 133117) Capstone. (Stone Arch Bks.).

Curveball. Derek Jeter. (Jeter Publishing Ser.). (ENG.). (J). (gr. 3-7). 2019. 192p. pap. 7.99 *(978-1-5344-0990-3(4));* 2018. (Illus.). 176p. 16.99 *(978-1-5344-0989-7(0))* Simon & Schuster/Paula Wiseman Bks. (Simon & Schuster/Paula Wiseman Bks.).

Curwood Acorns. Bev Beck. 2020. (ENG., Illus.). 40p. (J). pap. 14.00 *(978-1-59095-126-2(3),* ExamWise) Total Recall Learning, Inc.

Custard Cup (Classic Reprint) Florence Bingham Livingston. 2018. (ENG., Illus.). 304p. (J). 30.17 *(978-0-484-08361-4(9))* Forgotten Bks.

Custodian Chronicles: Burning. Charity Mae. 2020. (Custodian Chronicles Ser.: Vol. 2). (ENG.). 654p. (YA). 25.99 *(978-1-7330574-4-8(7))* Knighted Phoenix Publishing.

Custodian Chronicles: Rising. Charity Mae. 2019. (Custodian Chronicles Ser.: Vol. 1). (ENG.). 390p. (YA). 20.99 *(978-1-7330574-7-9(1))* Knighted Phoenix Publishing.

Custodian Chronicles Ashes. Charity Mae. 2021. (Custodian Chronicles Ser.: Vol. 3). (ENG.). 590p. (YA). 26.99 *(978-1-7330574-6-2(3));* pap. 17.99 *(978-1-7330574-9-3(8))* Knighted Phoenix Publishing.

Custodian Chronicles Burning. Charity Mae. 2020. (Custodian Chronicles Ser.: Vol. 2). (ENG.). 654p. (YA). pap. 16.99 *(978-1-7330574-2-4(0))* Knighted Phoenix Publishing.

Custodian Chronicles Rising. Charity Mae. 2019. (Custodian Chronicles Ser.: Vol. 1). (ENG.). 390p. (YA). pap. 14.99 *(978-1-7330574-8-6(X))* Knighted Phoenix Publishing.

Custodian (Classic Reprint) Archibald Eyre. (ENG., Illus.). (J). 2018. 334p. 30.79 *(978-0-364-01459-2(8));* 2017. pap. 13.57 *(978-0-243-51438-0(7))* Forgotten Bks.

Custodians. Kate Moening. 2019. (Community Helpers Ser.). (ENG., Illus.). 24p. (J). (gr. k-3). lib. bdg. 26.95 *(978-1-62617-902-8(6),* Blastoff! Readers) Bellwether Media.

Custodians. Julie Murray. 2020. (My Community: Jobs Ser.). (ENG.). 24p. (J). (gr. -1-2). lib. bdg. 31.36 *(978-1-0982-0579-9(0),* 36345, Abdo Kids) ABDO Publishing Co.

Custom Cars. Rob Colson. 2022. (Motormania Ser.). (ENG.). 32p. (J). (gr. 4-8). pap. *(978-1-0396-4774-9(X),* 17123); lib. bdg. *(978-1-0396-4758-9(8),* 16210) Crabtree Publishing Co. (Crabtree Classics).

Custom Cars: Build & Stick. Told to AMEET Sp. z o.o. 2022. (ENG.). 48p. (J). 14.99 *(978-1-7282-5791-4(3))* Sourcebooks, Inc.

Custom Manipulatives Kit Grade 1. Hmh Hmh. 2017. (Math Expressions Ser.). (ENG.). (J). (gr. 1). pap. 318.13 *(978-1-328-73650-5(4))* Houghton Mifflin Harcourt Publishing Co.

Custom Manipulatives Kit Grade 2. Hmh Hmh. 2017. (Math Expressions Ser.). (ENG.). (J). (gr. 2). pap. 277.53 *(978-1-328-73655-0(5))* Houghton Mifflin Harcourt Publishing Co.

Custom Manipulatives Kit Grade 3. Hmh Hmh. 2017. (Math Expressions Ser.). (ENG.). (J). (gr. 3). pap. 266.93 *(978-1-328-73666-6(0))* Houghton Mifflin Harcourt Publishing Co.

Custom Manipulatives Kit Grade 4. Hmh Hmh. 2017. (Math Expressions Ser.). (ENG.). (J). (gr. 4). pap. 121.73 *(978-1-328-73667-3(9))* Houghton Mifflin Harcourt Publishing Co.

Custom Manipulatives Kit Grade 5. Hmh Hmh. 2017. (Math Expressions Ser.). (ENG.). (J). (gr. 5). pap. 121.73 *(978-1-328-73668-0(7))* Houghton Mifflin Harcourt Publishing Co.

Custom Manipulatives Kit Grade 6. Hmh Hmh. 2017. (Math Expressions Ser.). (ENG.). (J). (gr. 6). pap. 129.33 *(978-1-328-73843-1(4))* Houghton Mifflin Harcourt Publishing Co.

Custom Manipulatives Kit Grade K. Hmh Hmh. 2017. (Math Expressions Ser.). (ENG.). (J). (gr. k). pap. 557.33 *(978-1-328-73649-9(0))* Houghton Mifflin Harcourt Publishing Co.

Custom of the Country: Tales of New Japan (Classic Reprint) Hugh Fraser. 2018. (ENG., Illus.). 316p. (J). 30.41 *(978-0-365-02783-6(9))* Forgotten Bks.

Custom of the Country (Classic Reprint) Edith Warton. 2017. (ENG., Illus.). (J). 36.33 *(978-0-260-22665-5(3));* 36.73 *(978-0-266-68402-2(5));* pap. 19.57 *(978-0-243-28719-2(4))* Forgotten Bks.

Customer at Table 5. Holly Lynden. 2021. (ENG.). 24p. (J). *(978-0-2288-4589-8(0));* pap. *(978-0-2288-4590-4(4))* Tellwell Talent.

Customized Cars: Mean Machines. Green Android. Ed. by Green Android. 2017. (Illus.). 32p. (J). pap. 6.99 *(978-1-61067-419-5(7))* Kane Miller.

Customizing Your Ride, Vol. 5. Norm Geddis. 2018. (World of Automobiles Ser.). (Illus.). 80p. (J). (gr. 7). 33.27 *(978-1-4222-4089-2(4))* Mason Crest.

Customs & Border Protection. Michael Kerrigan. 2017. 80p. (J). *(978-1-4222-3761-8(3))* Mason Crest.

Customs Around the World. Lindsay Shaffer et al. 2020. (Customs Around the World Ser.). (ENG.). 32p. (J). (gr. 1-3). 281.88 *(978-1-9771-2564-4(6),* 200744); pap., pap., pap. 71.55 *(978-1-9771-2715-0(0),* 201780) Capstone. (Pebble).

Customs of Old England. Frederick John Snell. 2017. (ENG., Illus.). (J). 24.95 *(978-1-374-97319-0(X));* pap. 14.95 *(978-1-374-97318-3(1))* Capital Communications, Inc.

Cusvenia Wars: Skorpikus. Miguel Angel Martinez. 2017. (ENG., Illus.). (J). pap. *(978-90-816882-5-3(1))* Bymonje.

Cut! How Lotte Reiniger & a Pair of Scissors Revolutionized Animation. C. E. Winters. Illus. by Matt Schu. 2023. (ENG.). 40p. (J). (gr. -1-3). 18.99 *(978-0-06-306739-4(0),* Greenwillow Bks.) HarperCollins Pubs.

Cut & Assemble an Early American Seaport, Vol. 181. A. G. Smith. 2017. (ENG.). 48p. (J). (gr. 2-8). pap. 12.95 *(978-0-486-24754-0(6),* 247546) Dover Pubns., Inc.

Cut & Assemble World War II Paper Soldiers. A. G. Smith. 2017. (ENG., Illus.). 32p. (J). pap. 12.95 *(978-0-486-40581-0(8),* 405818) Dover Pubns., Inc.

Cut & Glue Worksheets - Volume 2 (Flowers) This Book Has 20 Full Colour Worksheets. This Book Comes with 6 Downloadable Kindergarten PDF Workbooks. Nicola Ridgeway & James Manning. 2020. (Cut & Glue Worksheets Ser.: Vol. 29). (ENG., Illus.). 44p. (J). (gr. k-3). pap. *(978-1-80027-099-2(2))* CBT Bks.

Cut & Glue Worksheets (Flowers) This Book Has 20 Full Colour Worksheets. This Book Comes with 6 Downloadable Kindergarten PDF Workbooks. Nicola Ridgeway & James Manning. 2020. (Cut & Glue Worksheets Ser.: Vol. 3). (ENG., Illus.). 44p. (J). (gr. k-3). pap. *(978-1-80027-098-5(4))* CBT Bks.

Cut & Glue Worksheets (Owls) This Book Has 20 Full Colour Worksheets. This Book Comes with 6 Downloadable Kindergarten PDF Workbooks. Nicola Ridgeway & James Manning. 2020. (Cut & Glue Worksheets Ser.: Vol. 31). (ENG., Illus.). 44p. (J). (gr. k-3). pap. *(978-1-80027-100-5(X))* CBT Bks.

Cut & Paste 123s Workbook Toddler-Grade K - Ages 1 To 6. Professor Gusto. 2016. (ENG., Illus.). (J). pap. 10.81 *(978-1-68321-931-6(7))* Mimaxion.

Cut & Paste the Alphabet Workbook Toddler-Grade K - Ages 1 To 6. Pfiffikus. 2016. (ENG., Illus.). (J). pap. 10.81 *(978-1-68377-629-1(1))* Whike, Traudl.

Cut & Paste Trucks Scissor Skills: Activity Book for Kids Ages 4-8, Cut, Color & Assemble Trucks & Tractors 8. 5x11in, Glossy Cover. TH. KidsActivities Publishing. 2021. (ENG.). 126p. (J). pap. *(978-1-291-51073-7(7))* Lulu Pr., Inc.

Cut & Paste Worksheets - Dinosaurs. Nicola Ridgeway & James Manning. 2020. (ENG.). 46p. (J). (gr. k-3). pap. *(978-1-80027-111-1(5))* CBT Bks.

Cut & Paste Worksheets - Volume 2 (Dinosaurs) Nicola Ridgeway & James Manning. 2020. (ENG.). 46p. (J). (gr. k-3). pap. *(978-1-80027-112-8(3))* CBT Bks.

Cut & Paste Worksheets (Butterflies) This Book Has 20 Full Colour Worksheets. This Book Comes with 6 Downloadable Kindergarten PDF Workbooks. James Manning & Nicola Ridgeway. 2020. (Cut & Paste Worksheets Ser.: Vol. 3). (ENG., Illus.). 46p. (J). (gr. k-4). pap. *(978-1-80025-894-5(1))* Coloring Pages.

Cut & Paste Worksheets for Kindergarten - Volume 2 (Faces) This Book Has 20 Full Colour Worksheets. This Book Comes with 6 Downloadable Kindergarten PDF Workbooks. Nicola Ridgeway & James Manning. 2020. (Cut & Paste Worksheets for Kindergarten Ser.: Vol. 22). (ENG., Illus.). 44p. (J). (gr. k-3). pap. *(978-1-80025-889-1(5))* Coloring Pages.

Cut & Paste Worksheets for Kindergarten - Volume 3 (Faces) This Book Has 20 Full Colour Worksheets. This Book Comes with 6 Downloadable Kindergarten PDF Workbooks. Nicola Ridgeway & James Manning. 2020. (Cut & Paste Worksheets for Kindergarten Ser.: Vol. 24). (ENG., Illus.). 44p. (J). (gr. k-5). pap. *(978-1-80025-890-7(9))* Coloring Pages.

Cut & Paste Worksheets for Kindergarten (Faces) This Book Has 20 Full Colour Worksheets. This Book Comes with 6 Downloadable Kindergarten PDF Workbooks. Nicola Ridgeway & James Manning. 2020. (Cut & Paste Worksheets Ser.: Vol. 15). (ENG., Illus.). 44p. (J). (gr. k-3). pap. *(978-1-80025-888-4(7))* Coloring Pages.

Cut, Color & Paste Practice Book Prek-Grade K - Ages 4 To 6. Prodigy. 2016. (ENG., Illus.). (J). pap. 9.25 *(978-1-68323-912-3(1))* Twin Flame Productions.

Cut, Color, Trace, & Paste Practice Book Prek-Grade 1 - Ages 4 To 7. Bobo's Little Brainiac Books. 2016. (ENG., Illus.). (J). pap. 7.99 *(978-1-68327-819-1(4))* Sunshine In My Soul Publishing.

Cut from the Same Cloth. Chloe Taylor. Illus. by Nancy Zhang. 2016. (Sew Zoey Ser.: 14). (ENG.). 176p. (J). (gr. 3-7). 17.99 *(978-1-4814-5297-7(5),* Simon Spotlight) Simon Spotlight.

Cut in Half: The Hidden World Inside Everyday Objects (Pop Science & Photography Gift Book, How Things Work Book) Mike Warren. Photos by Jonothon Woodward. 2018. (ENG., Illus.). 144p. 29.95 *(978-1-4521-6862-3(8))* Chronicle Bks. LLC.

Cut It Out! Greenville Shriner's Hospital. 2017. (ENG., Illus.). (J). 14.95 *(978-1-68401-035-6(7))* Amplify Publishing Group.

Cut It Out! an Activity Book with Numbers. Jupiter Kids. 2016. (ENG., Illus.). 106p. (J). pap. 12.55 *(978-1-68326-110-0(0),* Jupiter Kids (Childrens & Kids Fiction)) Speedy Publishing LLC.

Cut Out Books for Kids. Kreative Kids. 2016. (ENG., Illus.). (J). pap. 10.81 *(978-1-68377-249-1(0))* Whike, Traudl.

Cut-Out Paper Dolls. Fiona Watt. 2018. (ENG.). 100p. pap. 12.99 *(978-0-7945-4214-6(X),* Usborne) EDC Publishing.

Cut Outs & Crafts for Kids Activity Book. Jupiter Kids. 2016. (ENG., Illus.). 106p. (J). pap. 12.55 *(978-1-68326-111-7(9),* Jupiter Kids (Childrens & Kids Fiction)) Speedy Publishing LLC.

Cut Outs & Opposites Activity Book for Kids. Smarter Activity Books for Kids. 2016. (ENG., Illus.). (J). pap. 8.99 *(978-1-68374-658-4(9))* Examined Solutions PTE. Ltd.

Cut Outs, Scissor Skills & Opposites Activity Book for Kids. Bobo's Children Activity Books. 2016. (ENG., Illus.). (J). pap. 7.99 *(978-1-68327-427-8(X))* Sunshine In My Soul Publishing.

Cut Shapes & Colors Workbook Toddler-Grade K - Ages 1 To 6. Pfiffikus. 2016. (ENG., Illus.). (J). pap. 10.81 *(978-1-68377-630-7(5))* Whike, Traudl.

Cut This Out with Me, a Activity Book. Jupiter Kids. 2016. (ENG., Illus.). 106p. (J). pap. 16.55 *(978-1-68326-112-4(7),* Jupiter Kids (Childrens & Kids Fiction)) Speedy Publishing LLC.

Cute & Chubby Heroes: Anime Coloring Books. Jupiter Kids. 2016. (ENG., Illus.). 106p. (J). pap. 12.55 *(978-1-68305-180-0(7),* Jupiter Kids (Childrens & Kids Fiction)) Speedy Publishing LLC.

Cute & Cuddly: Baby Animals, 6 vols., Set. Grace Elora. Incl. Bear Cubs. lib. bdg. 25.27 *(978-1-4339-4499-4(5),* db254a93-30e1-44ca-aeba-8d53ddd44dc1); Bunnies. 25.27 *(978-1-4339-4503-8(7),* 8f3a3374-c087-465c-9eee-da1def1fb6be); Foals. lib. bdg. 25.27 *(978-1-4339-4507-6(X),* c12bca36-5e74-49e8-b9d3-c099efb6d70d); Kittens. lib. bdg. 25.27 *(978-1-4339-4511-3(8),* e416c840-947a-446f-9ee1-77bc3c50d456); Piglets. lib. bdg. 25.27 *(978-1-4339-4515-1(0),* 1c0fbeda-02ad-498b-a86d-139a46f6f0bd); Puppies. lib. bdg. 25.27 *(978-1-4339-4519-9(3),* f36090c1-7818-4469-9255-8e5bf7f67846); (J). (gr. k-k). (Cute & Cuddly: Baby Animals Ser.). (ENG., Illus.). 24p. 2011. Set lib. bdg. 75.81 *(978-1-4339-4946-3(6),* 0ced8a30-b1e6-40cc-a7a1-0d4d4ceb1b06) Stevens, Gareth Publishing LLLP.

Cute & Cuddly: Baby Bunnies, 1 vol. Text by Carine Laforest. 2021. (Cute & Cuddly Ser.). (ENG., Illus.). 12p. (J). (gr. -1). bds. 6.99 *(978-2-89802-281-4(0),* CrackBoom! Bks.) Chouette Publishing CAN. Dist: Publishers Group West (PGW).

Cute & Cuddly: Baby Farm Animals, 1 vol. Text by Carine Laforest. 2021. (Cute & Cuddly Ser.). (Illus.). 12p. (J). (gr. -1 — 1). bds. 6.99 *(978-2-89802-300-2(0),* CrackBoom! Bks.) Chouette Publishing CAN. Dist: Publishers Group West (PGW).

Cute & Cuddly Giant Pandas - Animal Book Age 5 Children's Animal Books. Baby Professor. 2017. (ENG., Illus.). (J). pap. 8.79 *(978-1-5419-1344-8(2),* Baby Professor (Education Kids)) Speedy Publishing LLC.

Cute & Cuddly: Puppy Love, 1 vol. Text by Marine Guion. 2020. (Illus.). 12p. (J). (gr. -1). bds. 6.99 *(978-2-89802-176-3(8),* CrackBoom! Bks.) Chouette Publishing CAN. Dist: Publishers Group West (PGW).

Cute & Cuddly: Sweet Kittens, 1 vol. Text by Marine Guion. 2020. (Illus.). 12p. (J). (gr. -1). bds. 6.99 *(978-2-89802-174-9(1),* CrackBoom! Bks.) Chouette Publishing CAN. Dist: Publishers Group West (PGW).

Cute & Dainty Instrumentals: Music Coloring Book. Jupiter Kids. 2016. (ENG., Illus.). 106p. (J). pap. 12.55 *(978-1-68305-181-7(5),* Jupiter Kids (Childrens & Kids Fiction)) Speedy Publishing LLC.

Cute & Easy Kawaii Coloring Book for Kids: 40 Cute & Fun Kawaii Doodle Coloring Pages for Kids & Adults. Flora Clifford. 2021. (ENG.). 84p. (J). pap. *(978-1-68015-224-1(6))* Lulu.com.

Cute & Playful Patterns Coloring Book: For Kids Ages 6-8, 9-12. Young Dreamers Press. 2019. (Coloring Books for Kids Ser.: Vol. 1). (ENG., Illus.). 64p. (J). (gr. 3-6). pap. *(978-1-989387-13-9(6))* EnemyOne.

Cute & Unusual Pets. Paula M. Wilson. 2018. (Cute & Unusual Pets Ser.). (ENG.). 32p. (J). (gr. 3-9). 122.60 *(978-1-5435-3060-5(5),* 28513, Capstone Pr.) Capstone.

Cute Animal Coloring Book for Girls. Creative Coloring. 2019. (ENG.). 76p. (J). pap. 7.95 **(978-1-0878-1409-4(X))** Indy Pub.

Cute Animal Coloring Book for Kids. Deeasy Books. 2021. (ENG.). 102p. (J). pap. 9.00 **(978-1-716-21189-8(1))** Indy Pub.

Cute Animal Heads Coloring Pages for Kids - Coloring Books 6 Year Old Edition. Activbooks For Kids. 2016. (ENG., Illus.). (J). pap. 9.20 *(978-1-68321-122-8(7))* Mimaxion.

Cute Animal Trace & Color Book for Kids: Fun & Simple Color & Trace Book for Toddlers. Wonder Books. 2021. (ENG.). 66p. (J). pap. 8.99 *(978-1-68474-664-4(7))* Lulu Pr., Inc.

Cute Animals Coloring Book for Kids: Ages 3-8; an Adorable Coloring Adventure; 40 BABY ANIMAL COLORING BOOK for KIDS; Maia Simonds. 2021. (ENG.). 84p. (J). pap. 13.00 *(978-1-4357-9183-1(5))* Lulu Pr., Inc.

Cute Animals Coloring Book for Kids: Kids Coloring Book Filled with Cute Animals Designs, Cute Gift for Boys & Girls Ages 4-8. Tonpublish. 2021. (ENG.). 46p. (J). pap. 11.99 *(978-1-915100-28-3(3),* GoPublish) Visual Adjectives.

Cute Animals Coloring Book for Kids Ages 3-8: Cute & Fun 40 Coloring Pages of Animals; My First Animal Coloring Book for Kids Ages 4-8; Lindsay Bandi. 2021. (ENG.). 84p. (J). pap. 13.00 *(978-1-4357-9071-1(5))* Lulu Pr., Inc.

Cute Animals Coloring Book for Kids Ages 4-8: 55 Unique Illustrations to Color, Wonderful Animal Book for Teens, Boys & Kids, Great Animal Activity Book for Children & Toddlers Who Love to Play & Enjoy with Cute Animals. Max Osterhagen. 2021. (ENG.). 58p. (J). pap. 14.99 *(978-1-63998-804-4(1))* Brumby Kids.

Cute Animals Coloring Book for Toddlers. Darrell Vandagriff. 2021. (ENG.). 84p. (J). pap. 13.00 *(978-1-4357-9030-8(8))* Lulu Pr., Inc.

Cute Animals Coloring Pages & Activities for Kids - Puzzles Preschool Edition. Activbooks For Kids. 2016. (ENG., Illus.). (J). pap. 9.20 *(978-1-68321-124-2(3))* Mimaxion.

Cute Animals Come Out to Play Activity Book 9 Year Old. Educando Kids. 2019. (ENG.). 42p. (J). pap. 8.55 *(978-1-64521-714-5(0),* Educando Kids) Editorial Imagen.

Cute Animals US: Color by Numbers. Selected by Daisy Seal. ed. 2016. (Hobbies & Craft Ser.). (ENG., Illus.). 128p. pap. 15.99 *(978-1-78664-043-7(0),* e63a1899-18d5-4a56-8d38-7725edf3998e) Flame Tree Publishing GBR. Dist: Atlas Bks.

Cute Animals with Drinks: A Fun Coloring Gift Book for Party Lovers & Adults Relaxation with Stress Relieving

448

The check digit for ISBN-10 appears in parentheses after the full ISBN-13

Animal Designs. Elli Steele. 2021. (ENG.). 50p. (YA). pap. 8.69 *(978-1-008-99395-2(6))* Lulu Pr., Inc.
Cute As a Bug's Ear. Olivia Worthen. 2018. (Country Cousins Ser.: Vol. 2). (ENG., Illus.). 40p. (J). (gr. k-6). 16.99 *(978-0-9996833-1-6(4))* Worthen, Olivia.
Cute As a Button - an Animal Faces Coloring Book. Smarter Activity Books for Kids. 2016. (ENG., Illus.). (J). pap. 9.22 *(978-1-68374-569-3(8))* Examined Solutions PTE. Ltd.
Cute As an Axolotl: Discovering the World's Most Adorable Animals. Jess Keating. 2018. (World of Weird Animals Ser.). (Illus.). 48p. (J). (gr. k-3). 18.99 *(978-1-5247-6447-0(7),* Knopf Bks. for Young Readers) Random Hse. Children's Bks.
Cute Award! Chubby Pets Coloring Book. Kreative Kids. 2016. (ENG., Illus.). (J). pap. 9.20 *(978-1-68377-554-6(6))* Whlke, Traudl.
Cute Birds Coloring Book for Kids: Great Bird Coloring Book for Kids & Toddlers Ages 2-4 4-8. Tonpublish. 2021. (ENG.). 26p. (J). pap. 9.99 *(978-1-63998-404-6(6))* Brumby Kids.
Cute Calves at Play! a Fun Farm Coloring Book. Activibooks For Kids. 2016. (ENG., Illus.). (J). pap. 9.20 *(978-1-68321-776-3(4))* Mimaxion.
Cute Cars for Cute Guys: Cars Coloring Books for Kids. Jupiter Kids. 2016. (ENG., Illus.). 106p. (J). pap. 12.55 *(978-1-68305-184-8(X),* Jupiter Kids (Childrens & Kids Fiction)) Speedy Publishing LLC.
Cute Cats: Color & Cut, Scissor Skills Activity Book for Toddlers & Kids Ages 3+ Ariadne Rushford. 2021. (ENG.). 70p. (J). pap. *(978-0-280-22072-5(3))* Green Submarine Ltd.
Cute Cats & Kittens Coloring Book for Children (6x9 Coloring Book / Activity Book) Sheba Blake. 2020. (ENG.). 28p. (J). pap. 9.99 *(978-1-222-28887-2(7))* Indy Pub.
Cute Cats & Kittens Coloring Book for Children (8. 5x8. 5 Coloring Book / Activity Book) Sheba Blake. 2021. (ENG.). 28p. (J). pap. 12.99 *(978-1-222-29132-2(0))* Indy Pub.
Cute Cats & Kittens Coloring Book for Children (8x10 Coloring Book / Activity Book) Sheba Blake. 2020. (ENG.). 28p. (J). pap. 14.99 *(978-1-222-28888-9(5))* Indy Pub.
Cute Cats Coloring Book: Funny Cats Coloring Book - Adorable Cats Coloring Pages for Kids -25 Incredibly Cute & Lovable Cats. Welove Coloringbooks. 2020. (ENG., Illus.). 106p. (J). pap. 11.49 *(978-1-716-28986-6(6))* Lulu Pr., Inc.
Cute Cats Tattoos. Noelle Dahlen. 2022. (Dover Little Activity Bks.). (ENG.). 4p. (J). (gr. -1-3). 3.50 *(978-0-486-84992-8(9),* 849929) Dover Pubns., Inc.
Cute Christmas! (Peppa Pig) Golden Books. Illus. by Golden Books. 2019. (ENG., Illus.). 128p. (J). (gr. -1-2). pap. 7.99 *(978-0-593-11895-5(2),* Golden Bks.) Random Hse. Children's Bks.
Cute Creepy Kawaii: a Children's Coloring Book Features 80 Pages of Cute Creepy Kawaii for Kids Ages 4 Years Old & Up. Rodney Harrison. 2022. (ENG.). 80p. (J). pap. *(978-1-387-41256-3(6))* Lulu Pr., Inc.
Cute Critters & Other Creatures Drawing Book of Animals. Educando Kids. 2019. (ENG.). 42p. (J). pap. 8.55 *(978-1-64521-636-0(5),* Educando Kids) Editorial Imagen.
Cute Critters Marching by Insects & Arachnids Coloring Book 7 Year Old. Educando Kids. 2019. (ENG.). 42p. (J). pap. 6.99 *(978-1-64521-155-6(X),* Educando Kids) Editorial Imagen.
Cute! Cuddly! Crazy! Cat Lover's Monthly Planning Journal. @ Journals and Notebooks. 2016. (ENG., Illus.). 106p. (YA). pap. 12.25 *(978-1-68326-435-4(5))* Speedy Publishing LLC.
Cute Cupcakes Coloring Book for Children (6x9 Coloring Book / Activity Book) Sheba Blake. 2021. (ENG.). 24p. (J). pap. 9.99 *(978-1-222-28985-5(7))* Indy Pub.
Cute Cupcakes Coloring Book for Children (8. 5x8. 5 Coloring Book / Activity Book) Sheba Blake. 2021. (ENG.). 24p. (J). pap. 12.99 *(978-1-222-29167-4(3))* Indy Pub.
Cute Cupcakes Coloring Book for Children (8x10 Coloring Book / Activity Book) Sheba Blake. 2021. (ENG.). 24p. (J). pap. 14.99 *(978-1-222-28986-2(5))* Indy Pub.
Cute Cushies. Joe Lampe. I.t. ed. 2023. (Funny Sound Substitutions Ser.). (ENG.). 26p. (J). pap. 9.99 *(978-1-0882-0975-2(0))* Indy Pub.
Cute Desserts Coloring Book for Children (6x9 Coloring Book / Activity Book) Sheba Blake. 2020. (ENG.). 26p. (J). pap. 9.99 *(978-1-222-28923-7(7))* Indy Pub.
Cute Desserts Coloring Book for Children (8. 5x8. 5 Coloring Book / Activity Book) Sheba Blake. 2021. (ENG.). 26p. (J). pap. 12.99 *(978-1-222-29141-4(X))* Indy Pub.
Cute Desserts Coloring Book for Children (8x10 Coloring Book / Activity Book) Sheba Blake. 2020. (ENG.). 26p. (J). pap. 14.99 *(978-1-222-28924-4(5))* Indy Pub.
Cute Dino Coloring Book. Personaldev Books. 2020. (ENG.). 68p. (J). pap. 8.99 *(978-1-716-27507-4(5))* Lulu Pr., Inc.
Cute Dinosaurs: 20 Stickers. Chuck Whelon. 2022. (Dover Little Activity Books Stickers Ser.). (ENG.). 4p. (J). (gr. -1-3). pap. 2.50 *(978-0-486-85049-8(8),* 850498) Dover Pubns., Inc.
Cute Dinosaurs Coloring Book: Funny Dinosaurs Coloring Book - Adorable Dinosaurs Coloring Pages for Kids -25 Incredibly Cute & Lovable Dinosaurs. Welove Coloringbooks. 2020. (ENG., Illus.). 106p. (J). pap. 10.49 *(978-1-716-28226-3(8))* Lulu Pr., Inc.
Cute Dinosaurs Coloring Book for Kids: Amazing Dinosaur Coloring Pages for Boys & Girls Ages 2-5, 4-8. Fun Children's Coloring Images with 50 Adorable Dinosaur Pages for Relaxation Time. Activity Book for Toddlers & Cool Gift for Birthdays. Rovy Szaszie. 2021. (ENG.). 106p. (J). pap. 9.45 *(978-1-716-10022-2(4))* Lulu Pr., Inc.
Cute Dogs-A Coloring Book: A Simple Coloring Book for Young Children, Cutest Puppies Coloring Book. Dimitra Clifford. 2021. (ENG.). 64p. (J). pap. *(978-1-6671-6029-0(X))* Lulu.com.
Cute Dolls & Dresses Coloring Book. Activibooks For Kids. 2016. (ENG., Illus.). (J). pap. 9.20 *(978-1-68321-686-5(5))* Mimaxion.
Cute Easter Bunny Coloring Book for Kids. Deeasy Books. 2021. (ENG.). 64p. (J). pap. 8.00 *(978-1-716-08170-5(X))* Indy Pub.
Cute Easter Coloring Pages for Kids Ages 4-8: Easter Coloring Pages for Kids, Perfect Cute Easter Coloring Books for Boys & Girls Ages 4-8 & Up. W. Mendoza. 2021. (ENG.). 66p. (J). pap. 8.90 *(978-1-716-10697-2(4))* Lulu Pr., Inc.
Cute Elephants Coloring Book: Cool Elephants Coloring Book - Adorable Elephants Coloring Pages for Kids -25 Incredibly Cute & Lovable Elephants. Welove Coloringbooks. 2020. (ENG.). 106p. (J). pap. 10.49 *(978-1-716-27390-2(0))* Lulu Pr., Inc.
Cute Elephants Coloring Book for Children (6x9 Coloring Book / Activity Book) Sheba Blake. 2020. (ENG.). 44p. (J). pap. 9.99 *(978-1-222-28452-2(9))* Indy Pub.
Cute Elephants Coloring Book for Children (8. 5x8. 5 Coloring Book / Activity Book) Sheba Blake. 2020. (ENG.). 44p. (J). pap. 12.99 *(978-1-222-28767-7(6))* Indy Pub.
Cute Elephants Coloring Book for Children (8x10 Coloring Book / Activity Book) Sheba Blake. 2020. (ENG.). 44p. (J). pap. 14.99 *(978-1-222-28453-9(7))* Indy Pub.
Cute Elves & Dwarves: Elf Shelf Coloring Book. Jupiter Kids. 2016. (ENG., Illus.). 106p. (J). pap. 12.55 *(978-1-68305-185-5(8),* Jupiter Kids (Childrens & Kids Fiction)) Speedy Publishing LLC.
Cute Exotic Animals to Color Coloring Book. Jupiter Kids. 2017. (ENG., Illus.). (J). pap. 9.20 *(978-1-68326-734-8(6),* Jupiter Kids (Childrens & Kids Fiction)) Speedy Publishing LLC.
Cute Fancy Dresses: Coloring Book Design. Jupiter Kids. 2016. (ENG., Illus.). 106p. (J). pap. 12.55 *(978-1-68305-186-2(6),* Jupiter Kids (Childrens & Kids Fiction)) Speedy Publishing LLC.
Cute Fantasy Creatures Coloring Book. Activity Attic. 2016. (ENG., Illus.). (J). pap. 7.74 *(978-1-68323-817-1(6))* Twin Flame Productions.
Cute Fish Coloring Book: Awesome Coloring Pages with a Collection of Cute & Funny Fish No Ink Bleed Suitable for Kids Ages 2-8, Early Learning, Toddlers, Kindergarten & Preschool. Ruby Phils. 2021. (ENG.). 100p. (J). pap. *(978-0-362-40638-2(3))* Phoebus Publishing Co.
Cute Giraffe Coloring Book: Fun & Easy Coloring Pages for Kids - Boys, Girls, Preschool Elementary Toddlers. Coloristica. 2021. (ENG.). 64p. (J). pap. *(978-1-008-98089-1(7))* Lulu.com.
Cute Girls Coloring Book. Norhamd Books. 2023. (ENG.). 62p. (J). pap. *(978-1-4477-1524-5(1))* Lulu Pr., Inc.
Cute Golden Retriever Christmas Coloring Book. The Golden Retriever Circle. 2019. (ENG., Illus.). 62p. (J). pap. 9.99 *(978-1-0878-5063-4(0))* Indy Pub.
Cute Guardian Angels with Halos Coloring Book. Smarter Activity Books for Kids. 2016. (ENG., Illus.). (J). pap. 9.22 *(978-1-68374-404-7(7))* Examined Solutions PTE. Ltd.
Cute Halloween Coloring Book: Halloween Themed Coloring Book 25 Spooky Characters 8. 5 X 11. K&c Publishing. 2021. (ENG.). 50p. (J). pap. *(978-1-365-36476-1(3))* Lulu Pr., Inc.
Cute Hearty Expressions: Designs Coloring Book. Jupiter Kids. 2016. (ENG., Illus.). 106p. (J). pap. 12.55 *(978-1-68305-187-9(4),* Jupiter Kids (Childrens & Kids Fiction)) Speedy Publishing LLC.
Cute Hoots! Owlets in the Wild Coloring Book. Smarter Activity Books for Kids. 2016. (ENG., Illus.). (J). pap. 9.22 *(978-1-68374-527-3(2))* Examined Solutions PTE. Ltd.
Cute How to Draw Unicorn Book for Kids. Personaldev Books. 2020. (ENG.). 64p. (J). pap. 8.99 *(978-1-716-27537-1(7))* Lulu Pr., Inc.
Cute Kawaii Color by Number. Mary Eakin. 2023. (Dover Kids Coloring Bks.). (ENG.). 32p. (J). (gr. -1-3). pap. 4.99 *(978-0-486-85123-5(0),* 851230) Dover Pubns., Inc.
Cute Kitties on the Prowl - Adult Coloring Books Cats Edition. Activity Attic Books. 2016. (ENG., Illus.). (J). pap. 7.74 *(978-1-68323-030-4(2))* Twin Flame Productions.
Cute Ladybugs Coloring Book: Funny Ladybugs Coloring Book - Adorable Ladybugs Coloring Pages for Kids -25 Incredibly Cute & Lovable Ladybugs. Welove Coloringbooks. 2021. (ENG., Illus.). 106p. (J). pap. 11.49 *(978-1-716-22095-1(5))* Lulu Pr., Inc.
Cute Leopards Coloring Book: Funny Leopards Coloring Book - Adorable Leopards Coloring Pages for Kids -25 Incredibly Cute & Lovable Leopards. Welove Coloringbooks. 2021. (ENG.). 106p. (J). pap. 11.49 *(978-1-716-20204-9(3))* Lulu Pr., Inc.
Cute Little Mermaids: Girls Coloring Book Ages 4-8: 60 Cute, Unique Coloring Pages / Mermaid Coloring Book for Kids. Digby Dinwiddie Coloring. 2020. (ENG.). 128p. (J). pap. 10.99 *(978-1-716-32611-0(7))* Lulu Pr., Inc.
Cute Little Monsters. J. Pingo Lindstrom. 2016. (ENG., Illus.). 32p. (J). pap. *(978-1-365-39998-5(2))* Lulu Pr., Inc.
Cute Little Rabbits Couple: Be My Valentine Kids Coloring Book Ages 4-8: 50 Cute, Unique Coloring Pages / Valentine's Day Coloring Book for Kids. Digbie Dinwiddie Coloring. 2021. (ENG.). 108p. (J). pap. 9.99 *(978-1-716-28056-6(7))* Lulu Pr., Inc.
Cute Mama Dog's Babies: Coloring Books Puppies. Jupiter Kids. 2016. (ENG., Illus.). 106p. (J). pap. 12.55 *(978-1-68305-188-6(2),* Jupiter Kids (Childrens & Kids Fiction)) Speedy Publishing LLC.
Cute Mandalas: Get Coloring, Have Fun. Apsi Sumanasiri. 2021. (ENG.). 80p. (J). (gr. 3-7). pap. 12.95 *(978-1-4549-4390-7(4))* Sterling Publishing Co., Inc.
Cute Mermaid Coloring Book: Coloring Book for Girls - Coloring Books for Kids - Colouring Book for Children - Mermaids Coloring Book - Cute Girls Coloring Books. Danny Lewis. I.t. ed. 2021. (ENG.). 82p. (J). pap. *(978-1-008-92346-1(X))* Lulu.com.
Cute Monsters Doodle Art Coloring Book 2. Crayon Frenzy. 2023. (ENG.). 52p. (J). pap. *(978-1-365-03169-4(1))* Lulu Pr., Inc.
Cute Mutants Deluxe: Vol 1 Mutant Pride. Sj Whitby. 2022. (ENG.). 362p. (YA). *(978-1-9911603-9-3(9))* SJ Whitby.
Cute Mutants Vol 2: Young, Gifted & Queer. Sj Whitby. 2020. (ENG.). 420p. (YA). (gr. 10-12). pap. *(978-0-473-53963-4(2))* SJ Whitby.
Cute Mutants Vol 3: The Demon Queer Saga. Sj Whitby. 2020. (ENG.). 430p. (YA). (gr. 10-12). pap. *(978-0-473-55016-5(4))* SJ Whitby.
Cute Penguin. Gabriel Evans. 2021. (ENG., Illus.). 24p. (J). (gr. -1-k). 15.99 *(978-1-76050-632-2(X))* Little Hare Bks. AUS. Dist: Independent Pubs. Group.
Cute Primary Journal Composition Book for Grades K-2. Journals and Notebooks. 2019. (ENG.). 120p. (J). pap. 12.99 *(978-1-5419-6635-2(X),* @ Journals & NoteBks.) Speedy Publishing LLC.
Cute Puppies Coloring Book for Children (6x9 Coloring Book / Activity Book) Sheba Blake. 2020. (ENG.). 62p. (J). pap. 9.99 *(978-1-222-28403-4(0))* Indy Pub.
Cute Puppies Coloring Book for Children (8. 5x8. 5 Coloring Book / Activity Book) Sheba Blake. 2020. (ENG.). 62p. (J). pap. 12.99 *(978-1-222-28754-7(4))* Indy Pub.
Cute Puppies Coloring Book for Children (8x10 Coloring Book / Activity Book) Sheba Blake. 2020. (ENG.). 62p. (J). pap. 14.99 *(978-1-222-28404-1(9))* Indy Pub.
Cute Santa Coloring Book for Kids. Deeasy Books. 2021. (ENG.). 102p. (J). pap. 9.00 *(978-1-716-22121-7(8))* Indy Pub.
Cute Sketch Pad (US Letter) with 200 Blank Pages for Girls. Nadrah Naeim. 2022. (ENG.). 200p. (J). pap. *(978-1-387-56923-6(6))* Lulu Pr., Inc.
Cute Snowflake Designs: Snowflakes Coloring Book. Jupiter Kids. 2016. (ENG., Illus.). 106p. (J). pap. 12.55 *(978-1-68305-189-3(0),* Jupiter Kids (Childrens & Kids Fiction)) Speedy Publishing LLC.
Cute Unicorn Coloring Book for Children (6x9 Coloring Book / Activity Book) Sheba Blake. 2020. (Unicorn Coloring Bks.: Vol. 6). (ENG.). 24p. (J). pap. 9.99 *(978-1-222-28959-6(8))* Indy Pub.
Cute Unicorn Coloring Book for Children (8. 5x8. 5 Coloring Book / Activity Book) Sheba Blake. 2021. (Unicorn Coloring Bks.: Vol. 6). (ENG.). 24p. (J). pap. 12.99 *(978-1-222-29230-5(0))* Indy Pub.
Cute Unicorn Coloring Book for Children (8x10 Coloring Book / Activity Book) Sheba Blake. 2020. (Unicorn Coloring Bks.: Vol. 6). (ENG.). 24p. (J). pap. 14.99 *(978-1-222-28960-2(1))* Indy Pub.
Cute Witches Coloring Book: An Adult Coloring Book Features over 30 Pages of Giant Super Jumbo Large Designs of Adorable Little Spooky Halloween Witches for Stress Relief & Fun. Beatrice Harrison. 2020. (ENG.). 34p. (YA). pap. 7.86 *(978-1-716-76095-2(X))* Lulu Pr., Inc.
Cuteness Overload! an Animal Faces Coloring Book. Activity Book Zone for Kids. 2016. (ENG., Illus.). (J). pap. 9.20 *(978-1-68376-455-7(2))* Sabeels Publishing.
Cuter-Than-Cute. Noah James. Illus. by Barry Green. 2020. (Drawing for Dorks Ser.). (ENG.). 128p. (J). (gr. 4-7). pap. 7.99 *(978-1-78958-634-3(8))* Top That! Publishing PLC GBR. Dist: Independent Pubs. Group.
Cutest Animal Babies: How Cute? You Decide! Welbeck Publishing. 2023. (ENG.). 32p. (J). (-k). 12.95 *(978-1-83935-225-6(6),* Mortimer Children's Bks.) Welbeck Publishing Group Ltd. GBR. Dist: Two Rivers Distribution.
Cutest Animals on the Planet. National Geographic Kids. 2021. (Illus.). 216p. (J). (gr. 3-7). pap. 9.99 *(978-1-4263-3921-9(6));* (ENG.). lib. bdg. 19.90 *(978-1-4263-3922-6(4))* Disney Publishing Worldwide. (National Geographic Kids).
Cutest Animals... That Could Kill You!, 12 vols. 2016. (Cutest Animals... That Could Kill You! Ser.). 24p. (ENG.). (gr. 2-3). lib. bdg. 145.62 *(978-1-4824-4597-8(2),* fe015bcd-1e22-4847-b7ef-b6d312c77263); (gr. 3-2). pap. 48.90 *(978-1-4824-5315-7(0))* Stevens, Gareth Publishing LLLP.
Cutest Animals... That Could Kill You! Set 2, 12 vols. 2017. (Cutest Animals... That Could Kill You! Ser.). (ENG.). 24p. (J). (gr. 2-3). lib. bdg. 145.62 *(978-1-5382-1280-6(3),* 36b4e978-b7ec-451e-acee-35ccace61018) Stevens, Gareth Publishing LLLP.
Cutest Animals... That Could Kill You!: Sets 1 - 2. 2017. (Cutest Animals... That Could Kill You! Ser.). (ENG.). (J). pap. 109.80 *(978-1-5382-1661-3(2));* (gr. 2-3). lib. bdg. 291.24 *(978-1-5382-1297-4(8),* 791556c7-3dc1-495d-9452-92d82e7d8cf8) Stevens, Gareth Publishing LLLP.
Cutest Chubby Pets Coloring Book. Kreative Kids. 2016. (ENG., Illus.). (J). pap. 9.20 *(978-1-68377-555-3(4))* Whlke, Traudl.
Cutest Jungle Animals Ever. Camilla de la Bedoyere. 2022. (Awesome Jungle Animals Ser.). (ENG., Illus.). 32p. (J). (gr. k-2). lib. bdg. 27.99 *(978-0-7112-7221-7(2),* 850d84c0-4891-49d7-b623-3da86b4a7637) QEB Publishing Inc.
Cutest Kittens. Nancy Dickmann. 2022. (Awesome Kittens Ser.). (ENG., Illus.). 32p. (J). (gr. k-2). lib. bdg. 27.99 *(978-0-7112-7212-5(3),* ab38f533-95d1-43a0-989c-c7d77b3a6f6a) QEB Publishing Inc.
Cutest Little Aliens Coloring Book. Activity Book Zone for Kids. 2016. (ENG., Illus.). (J). pap. 9.20 *(978-1-68376-283-6(5))* Sabeels Publishing.
Cutest Puppies. Nancy Dickmann. 2022. (Awesome Puppies Ser.). (ENG., Illus.). 32p. (J). (gr. k-2). lib. bdg. 27.99 *(978-0-7112-7230-9(1),* 4555e191-7f90-429d-bac7-d809bec6cf9a) QEB Publishing Inc.
Cutest Thing Ever. Amy Ignatow. Illus. by Hsinping Pan. 2019. (ENG.). 32p. (J). (gr. -1-k). 16.99 *(978-1-4197-3357-4(5),* 1219601, Abrams Appleseed) Abrams, Inc.
Cuthbert & Friends. Patrick Halliday & Kat Cameron. 2019. (ENG., Illus.). 38p. (J). pap. *(978-1-912700-82-0(4))* Markosia Enterprises, Ltd.
Cuthbert & the Yeti. Patrick Halliday. 2019. (ENG., Illus.). 38p. (J). pap. *(978-1-912700-83-7(2))* Markosia Enterprises, Ltd.
Cuthbert St. Elme, Vol. 3 Of 3: Or, Passages in the Life of a Politician (Classic Reprint) Unknown Author. 2018. (ENG., Illus.). 288p. (J). 29.84 *(978-0-483-93794-9(0))* Forgotten Bks.
Cuthbert the Colourful Troll. Patrick Halliday. 2019. (ENG., Illus.). 30p. (J). pap. *(978-1-912700-81-3(6))* Markosia Enterprises, Ltd.
Cuthbert the Crocodile. Charles Parker. 2019. (ENG., Illus.). 24p. (J). pap. *(978-1-912694-73-0(5))* Bk.PrintingUK.com.
Cutie Cat's Bible Verses. Agnes De Bezenac. 2017. (ENG., Illus.). (J). (gr. k-1). 12.95 *(978-1-63474-077-7(7));* pap. 6.45 *(978-1-62387-676-0(1))* iCharacter.org.
Cutie-Corn. Make Believe Ideas. Illus. by Make Believe Ideas. 2021. (ENG.). 192p. (J). (gr. 3-7). 12.99 *(978-1-80058-772-4(4))* Make Believe Ideas GBR. Dist: Scholastic, Inc.
Cutie Fruities: Scratch'n'Sniff & Glitter!, 1 vol. Zondervan Staff. 2018. (ENG., Illus.). 20p. (J). bds. 9.99 *(978-1-4003-0901-6(8),* Tommy Nelson) Nelson, Thomas Inc.
Cutie Mark Crusaders & Discord, 1 vol. Jeremy Whitley. Illus. by Tony Fleecs et al. 2016. (My Little Pony: Friends Forever Ser.). (ENG.). 24p. (J). (gr. 1-8). 31.36 *(978-1-61479-506-3(1),* 21412, Graphic Novels) Spotlight.
Cutie Sue & the Christmas Miracle. Kate Melton. 2020. (ENG., Illus.). 28p. (J). 16.99 *(978-1-7342530-4-7(5))* Calaida Ecaterina.
Cutie Sue Wins the Race: Children's Book on Sports, Self-Discipline & Healthy Lifestyle. Kate Melton. 2019. (Cutie Sue Ser.: Vol. 3). (ENG., Illus.). 28p. (J). (gr. k-1). 18.99 *(978-1-7342530-1-6(0))* Calaida Ecaterina.
Cutie's Big Adventures - Cutie Saves Miss Bunny. Felicia Di John. Illus. by Terence Gaylor. 2017. (Cutie's Big Adventures Ser.: Vol. 2). (ENG.). (J). (gr. k-6). 18.95 *(978-0-9987568-2-0(2))* Cutie Series Co., The.
Cutita & Vaquita. Dolores D. Bennett. 2022. (ENG.). 28p. (J). pap. 14.99 *(978-1-6628-3964-1(2))* Salem Author Services.
Cutlass in the Sand. Charles Bradsher. 2018. (ENG.). 234p. (J). pap. 11.86 *(978-1-4834-7748-0(7))* Lulu Pr., Inc.
Cuts: From First to Finish. Mohan Narayanan. 2018. (ENG., Illus.). 150p. (YA). (gr. 7-12). pap. 12.50 *(978-1-948858-24-3(X))* Strategic Book Publishing & Rights Agency (SBPRA).
Cuts & Bruises. Kelly O'Flaherty. 2022. (ENG.). 366p. (YA). pap. *(978-1-80378-019-1(3))* Cranthorpe Millner Pubs.
Cutting Edge: Animal Disection Coloring Book. Activity Attic Books. 2016. (ENG., Illus.). (J). pap. 7.74 *(978-1-68323-205-6(4))* Twin Flame Productions.
Cutting-Edge 3D Printing. Karen Latchana Kenney. 2018. (Searchlight Books (tm) — Cutting-Edge STEM Ser.). (ENG., Illus.). 32p. (J). (gr. 3-5). 30.65 *(978-1-5415-2346-3(6),* 9ef29b8d-cb67-4453-bdc1-bc44acca41db, Lerner Pubns.) Lerner Publishing Group.
Cutting-Edge Artificial Intelligence. Anna Leigh. 2018. (Searchlight Books (tm) — Cutting-Edge STEM Ser.). (ENG., Illus.). 32p. (J). (gr. 3-5). pap. 9.99 *(978-1-5415-2773-7(9),* b43a7197-666c-4725-919b-aea595324686); lib. bdg. 30.65 *(978-1-5415-2348-7(2),* 84c135fe-9062-4639-9f14-3c1a3dfb0796, Lerner Pubns.) Lerner Publishing Group.
Cutting-Edge Astronaut Training. Karen Latchana Kenney. 2019. (Searchlight Books (tm) — New Frontiers of Space Ser.). (ENG., Illus.). 32p. (J). (gr. 3-5). pap. 9.99 *(978-1-5415-7482-3(6),* f932a244-3985-4799-95dd-166b23a7bf42); lib. bdg. 30.65 *(978-1-5415-5580-8(5),* 1d34cccc-e8ab-4c86-b3f2-adf735803d35) Lerner Publishing Group. (Lerner Pubns.).
Cutting-Edge Augmented Reality. Christy Peterson. 2018. (Searchlight Books (tm) — Cutting-Edge STEM Ser.). (ENG., Illus.). 32p. (J). (gr. 3-5). pap. 9.99 *(978-1-5415-2774-4(7),* 7f0292f8-ede2-4e57-a6e0-928b4ef27fd5); lib. bdg. 30.65 *(978-1-5415-2343-2(1),* 8e939742-4676-4532-9e34-0a5693fd1e5a, Lerner Pubns.) Lerner Publishing Group.
Cutting-Edge Black Holes Research. Kevin Kurtz. 2019. (Searchlight Books (tm) — New Frontiers of Space Ser.). (ENG., Illus.). 32p. (J). (gr. 3-5). pap. 9.99 *(978-1-5415-7483-0(4),* 0f848dad-b644-44f3-b287-fa0726ba01f9); lib. bdg. 30.65 *(978-1-5415-5582-2(1),* ce168e2a-b90b-411f-854d-458dfb00a73b) Lerner Publishing Group. (Lerner Pubns.).
Cutting-Edge Blockchain & Bitcoin. Kevin Kurtz. 2020. (Searchlight Books (tm) — Cutting-Edge STEM Ser.). (ENG., Illus.). 32p. (J). (gr. 3-5). 30.65 *(978-1-5415-7680-3(2),* 2c52b283-3920-4420-a766-07cc95fd3498); pap. 9.99 *(978-1-5415-8934-6(3),* 3d524680-9b95-4624-ba4d-576f14e6cb01) Lerner Publishing Group. (Lerner Pubns.).
Cutting-Edge Brain Science. Buffy Silverman. 2020. (Searchlight Books (tm) — Cutting-Edge STEM Ser.). (ENG., Illus.). 32p. (J). (gr. 3-5). pap. 9.99 *(978-1-5415-8935-3(1),* afd96c52-6e2c-46ba-9d36-80fb7d4b9ace); lib. bdg. 30.65 *(978-1-5415-7682-7(9),* 9e9d6438-f987-43b3-a483-e4806103b8c7) Lerner Publishing Group. (Lerner Pubns.).
Cutting-Edge Careers, 10 vols., Set. Incl. Careers in Artificial Intelligence. Robert Greenberger. (Illus.). (YA). lib. bdg. 37.13 *(978-1-4042-0953-4(0),* c56562ac-f5dc-45c4-a4bd-52bbc1799d47); Careers in Biotechnology. Linley Erin Hall. (Illus.). (J). lib. bdg. 37.13 *(978-1-4042-0954-1(9),* 4bf5176f-3b1a-4501-82cf-f65841dfd47c); Careers in Computer Gaming. Matthew Robinson. (YA). lib. bdg. 37.13 *(978-1-4042-0958-9(1),* fa229cc2-5768-4824-9173-508787c7de44); Careers in Nanotechnology. Corona Brezina. (Illus.). (J). lib. bdg. 37.13 *(978-1-4042-0955-8(7),* 0474880f-9ed4-498e-b39d-a6e3cb58ced6); Careers in Robotics. Paul Kupperberg. (Illus.). lib. bdg. 37.13 *(978-1-4042-0956-5(5),* 0674229a-7605-4d1d-96ca-03ec582578cc); 64p. (gr. 7-7). 2007. (Cutting-Edge Careers Ser.). (ENG.). 2006. Set lib.

C

bdg. 185.65 *(978-1-4042-0934-3(4)*, 38dfb8dc-0b87-430f-8720-874eecc44eb8) Rosen Publishing Group, Inc., The.

Cutting Edge Careers in Engineering. Carla Mooney. 2020. (Cutting Edge STEM Careers Ser.). (ENG.). 80p. (YA). (gr. 6-12). 42.60 *(978-1-68282-867-0(0))* ReferencePoint Pr., Inc.

Cutting Edge Careers in Info Tech. Leanne Currie-McGhee. 2020. (Cutting Edge STEM Careers Ser.). (ENG.). 80p. (YA). (gr. 6-12). 42.60 *(978-1-68282-869-4(7))* ReferencePoint Pr., Inc.

Cutting Edge Careers in Medicine. Julie Kosloski. 2020. (Cutting Edge STEM Careers Ser.). (ENG.). 80p. (YA). (gr. 6-12). 42.60 *(978-1-68282-871-7(9))* ReferencePoint Pr., Inc.

Cutting Edge Careers in Robotics. Stuart A. Kallen. 2020. (Cutting Edge STEM Careers Ser.). (ENG.). 80p. (YA). (gr. 6-12). 42.60 *(978-1-68282-873-1(5))* ReferencePoint Pr., Inc.

Cutting Edge Careers in Science. Don Nardo. 2020. (Cutting Edge STEM Careers Ser.). (ENG.). 80p. (YA). (gr. 6-12). 42.60 *(978-1-68282-875-5(1))* ReferencePoint Pr., Inc.

Cutting-Edge Computing with Raspberry Pi. Krystyna Poray Goddu. 2018. (Searchlight Books (tm) — Cutting-Edge STEM Ser.). (ENG., Illus.). 32p. (J). (gr. 3-5). pap. 9.99 *(978-1-5415-2775-1(5)*, e92d3d15-bd63-4062-911c-e6e4f5c9c741); lib. bdg. 30.65 *(978-1-5415-2345-6(8)*, 3d86d3c8-7c3c-4689-94f0-74ef809abc89, Lerner Pubns.) Lerner Publishing Group.

Cutting Edge Energy Technology. Stuart A. Kallen. 2016. (ENG., Illus.). 80p. (J). (gr. 5-12). *(978-1-68282-038-4(6))* ReferencePoint Pr., Inc.

Cutting Edge Entertainment Technology. Stuart A. Kallen. 2016. (ENG.). 80p. (J). (gr. 5-12). lib. bdg. *(978-1-68282-040-7(8))* ReferencePoint Pr., Inc.

Cutting-Edge Hubble Telescope Data. Christy Peterson. 2019. (Searchlight Books (tm) — New Frontiers of Space Ser.). (ENG., Illus.). 32p. (J). (gr. 3-5). pap. 9.99 *(978-1-5415-7484-7(2)*, 693e0d9b-052e-4873-9c6a-b5ed1addd6f4); lib. bdg. 30.65 *(978-1-5415-5581-5(3)*, a753add7-1035-45de-a9bf-367b895f49d6) Lerner Publishing Group. (Lerner Pubns.).

Cutting Edge Internet Technology. Bradley Steffens. 2016. (ENG.). 80p. (J). (gr. 5-12). lib. bdg. *(978-1-68282-090-2(4))* ReferencePoint Pr., Inc.

Cutting-Edge Journey to Mars. Karen Latchana Kenney. 2019. (Searchlight Books (tm) — New Frontiers of Space Ser.). (ENG., Illus.). 32p. (J). (gr. 3-5). pap. 9.99 *(978-1-5415-7485-4(0)*, b8ec822a-c817-4ca7-91e2-00d114dfacf1); lib. bdg. 30.65 *(978-1-5415-5745-1(X)*, 307656cb-9ae5-40cd-b8fa-e8d4b19b269e) Lerner Publishing Group. (Lerner Pubns.).

Cutting Edge Medical Technology. Toney Allman. 2016. (ENG.). 80p. (YA). (gr. 5-12). lib. bdg. *(978-1-68282-042-1(4))* ReferencePoint Pr., Inc.

Cutting-Edge Medicine. Buffy Silverman. 2020. (Searchlight Books (tm) — Cutting-Edge STEM Ser.). (ENG., Illus.). 32p. (J). (gr. 3-5). pap. 9.99 *(978-1-5415-8936-0(X)*, ab7d9d11-1ff3-49a1-aa5f-877e8aff9b2d); lib. bdg. 30.65 *(978-1-5415-7681-0(0)*, 597cf6bc-cdd3-4a3b-ad36-b6381bd7a220) Lerner Publishing Group. (Lerner Pubns.).

Cutting-Edge Military Tech. Matt Doeden. 2020. (Searchlight Books (tm) — Cutting-Edge STEM Ser.). (ENG., Illus.). 32p. (J). (gr. 3-5). 30.65 *(978-1-5415-7683-4(7)*, 28498637-4164-42c1-9bb5-0f04d7cd3ac4, Lerner Pubns.) Lerner Publishing Group.

Cutting Edge Military Technology. Barbara Sheen. 2016. (ENG.). 80p. (J). (gr. 5-12). *(978-1-68282-044-5(0))* ReferencePoint Pr., Inc.

Cutting-Edge Robotics. Karen Latchana Kenney. 2018. (Searchlight Books (tm) — Cutting-Edge STEM Ser.). (ENG., Illus.). 32p. (J). (gr. 3-5). 30.65 *(978-1-5415-2344-9(X)*, 8d8f8c7e-e6a8-4d83-9185-d44aba336891, Lerner Pubns.) Lerner Publishing Group.

Cutting-Edge Space Tourism. Kevin Kurtz. 2019. (Searchlight Books (tm) — New Frontiers of Space Ser.). (ENG., Illus.). 32p. (J). (gr. 3-5). pap. 9.99 *(978-1-5415-7486-1(9)*, c0323055-a890-4581-8d18-e493505a8663); lib. bdg. 30.65 *(978-1-5415-5744-4(1)*, 41826025-3a04-4f45-ac6e-e861b4f83121) Lerner Publishing Group. (Lerner Pubns.).

Cutting-Edge SpaceX News. Aiyanna Milligan. 2019. (Searchlight Books (tm) — New Frontiers of Space Ser.). (ENG., Illus.). 32p. (J). (gr. 3-5). pap. 9.99 *(978-1-5415-7487-8(7)*, 40d4d969-d2ea-49a0-be32-6ac4f37dd983); lib. bdg. 30.65 *(978-1-5415-5583-9(X)*, de6fb458-ff9c-4ac1-971f-c5ec46d02b30) Lerner Publishing Group. (Lerner Pubns.).

Cutting-Edge Technology, 8 vols. 2017. (Cutting-Edge Technology Ser.). (ENG.). 256p. (J). (gr. 3-5). pap. 79.60 *(978-1-63517-073-3(7))*; lib. bdg. 250.80 *(978-1-63517-017-7(6))* North Star Editions. (Focus Readers).

Cutting-Edge Technology, 12 vols. 2016. (Cutting-Edge Technology Ser.). 48p. (ENG.). (gr. 6-8). lib. bdg. 201.60 *(978-1-4824-5118-4(2)*, ffe9a32a-5bf3-4011-a48b-ac53fb6ad103); (gr. 8-6). pap. 84.30 *(978-1-4824-5317-1(7))* Stevens, Gareth Publishing LLLP.

Cutting Edge Technology Set. Various Authors. 2022. (ENG.). 24p. (J). (gr. 3-7). 161.70 *(978-1-64487-802-6(X))* Bellwether Media.

Cutting-Edge Technology Set 2 (Set Of 6) 2023. (Cutting-Edge Technology Set 2 Ser.). (ENG., Illus.). (J). (gr. 3-5). pap. 59.70 *(978-1-63739-506-6(X))*; lib. bdg. 188.10 *(978-1-63739-469-4(1))* North Star Editions. (Focus Readers).

Cutting Edge Transportation Technology. Barbara Sheen. 2016. (ENG.). 80p. (J). (gr. 5-12). lib. bdg. *(978-1-68282-046-9(7))* ReferencePoint Pr., Inc.

Cutting-Edge Virtual Reality. Christy Peterson. 2018. (Searchlight Books (tm) — Cutting-Edge STEM Ser.). (ENG., Illus.). 32p. (J). (gr. 3-5). pap. 9.99 *(978-1-5415-2777-5(1)*, ce38e098-bab2-421a-9a82-176df8c9a5f1); lib. bdg. 30.65 *(978-1-5415-2347-0(4)*, 130c2956-c6f3-46ae-9395-18c5809e8c0a, Lerner Pubns.) Lerner Publishing Group.

Cutting for Partners, Vol. 1 of 3 (Classic Reprint) John Cordy Jeaffreson. 2018. (ENG., Illus.). 338p. (J). 30.87 *(978-0-483-79627-0(1))* Forgotten Bks.

Cutting for Partners, Vol. 2 of 3 (Classic Reprint) John Cordy Jeaffreson. 2018. (ENG., Illus.). 330p. (J). 30.70 *(978-0-267-24055-5(4))* Forgotten Bks.

Cutting for Partners, Vol. 3 of 3 (Classic Reprint) John Cordy Jeaffreson. (ENG., Illus.). (J). 2018. 322p. 30.54 *(978-0-428-65847-2(4))*; 2017. pap. 13.57 *(978-0-243-25879-6(8))* Forgotten Bks.

Cutting It Out: How to Get on the Waterwagon & Stay There (Classic Reprint) Samuel G. Blythe. 2018. (ENG., Illus.). 62p. (J). 25.20 *(978-0-267-43945-4(8))* Forgotten Bks.

Cutting Keys: Book Six. Heidi Williams. 2021. (Leaf's Key Ser.: Vol. 6). (ENG.). 274p. (YA). pap. 15.99 *(978-1-9993783-0-1(X))* Primedia eLaunch LLC.

Cutting Loose. Frances A. Miller. 2016. (ENG.). 256p. (YA). (gr. 6-13). pap. 12.99 *(978-1-5040-2182-1(7))* Open Road Integrated Media, Inc.

Cutting Shapes Workbook. Mary a. 2022. (ENG.). 31p. *(978-1-6780-3206-7(9))* Lulu Pr., Inc.

Cutting Through the Noise, 1 vol. Brynn Kelly. 2021. (Bad Kids In 4B Ser.). (ENG.). 88p. (J). (gr. 2-3). 24.55 *(978-1-5383-8228-8(8)*, 8eb1730b-1d5c-4ec5-b4fe-431b87c695a7); pap. 14.85 *(978-1-5383-8227-1(X)*, 0e8d78ac-3ed5-4cff-ac74-a31fa9ba72ab) Enslow Publishing, LLC.

Cutting to the Chase. Rose Phillips. 2017. (ENG., Illus.). (J). pap. *(978-1-77339-220-2(4))* Evernight Publishing.

Cutting up! Entertaining Cut Out Activities for Kids. Jupiter Kids. 2016. (ENG., Illus.). 106p. (J). pap. 16.55 *(978-1-68326-113-1(5)*, Jupiter Kids (Childrens & Kids Fiction)) Speedy Publishing LLC.

Cuttlefish: Children's Marine Life Book. Bold Kids. 2022. (ENG.). 46p. (J). pap. 14.99 *(978-1-0717-0939-9(9))* FASTLANE LLC.

Cuttles: The Tiger Tail Seahorse. Yolanda Guess. 2019. (ENG.). 30p. (J). pap. 13.95 *(978-1-0980-0409-5(4))* Christian Faith Publishing.

Cuyahoga Valley (a True Book: National Parks) (Library Edition) Joanne Mattern. 2018. (True Book (Relaunch) Ser.). (ENG., Illus.). 48p. (J). (gr. 3-5). lib. bdg. 31.00 *(978-0-531-17593-4(6)*, Children's Pr.) Scholastic Library Publishing.

Cuyahoga Valley National Park (Rookie National Parks) (Library Edition) Joanne Mattern. 2018. (Rookie National Parks Ser.). (ENG., Illus.). 32p. (J). (gr. 1-2). lib. bdg. 25.00 *(978-0-531-12652-3(8)*, Children's Pr.) Scholastic Library Publishing.

Cuz: I Ams, Poems & Papers (Classic Reprint) W. H. Cousins. 2018. (ENG., Illus.). 192p. (J). 27.92 *(978-0-332-91348-3(1))* Forgotten Bks.

Cy Makes a Friend. Ann Marie Stephens. Illus. by Tracy Subisak. 2017. (ENG.). 32p. (J). (gr. -1-3). 16.95 *(978-1-62979-578-2(X)*, Astra Young Readers) Astra Publishing Hse.

Cy Whittaker's Place (Classic Reprint) Joseph C. Lincoln. 2017. (ENG., Illus.). (J). 33.12 *(978-0-331-84922-6(4))* Forgotten Bks.

Cyber Attacks, Counterattacks, & Espionage, 1 vol. Daniel E. Harmon. 2016. (Cryptography: Code Making & Code Breaking Ser.). (ENG., Illus.). 64p. (J). (gr. 8-8). 36.13 *(978-1-5081-7316-8(8)*, 7d08ca61-ce42-4ad7-b319-b23217bfbad4) Rosen Publishing Group, Inc., The.

Cyber Crime, Vol. 20. Andrew Grant-Adamson. Ed. by Manny Gomez. 2016. (Crime & Detection Ser.). 96p. (J). (gr. 7). 24.95 *(978-1-4222-3471-6(1))* Mason Crest.

Cyber Force Awakening. Matt Hawkins & Bryan Hill. 2018. (ENG., Illus.). 128p. (YA). pap. 9.99 *(978-1-5343-0980-7(2)*, 70e9489f-6a0a-4c55-b7dd-9baf7f0184ef) Image Comics.

Cyber Force: Awakening Volume 3. Matt Hawkins. 2019. (ENG., Illus.). 136p. (YA). pap. 16.99 *(978-1-5343-1228-9(5)*, c5ad6b63-020e-4bef-b9d1-b83287784bac) Image Comics.

Cyber Force: Rebirth Volume 3. Marc Silvestri et al. 2018. (ENG., Illus.). 128p. (YA). pap. 16.99 *(978-1-5343-0475-8(4)*, d0e9cf1c-b43c-4855-a5fa-773609948732) Image Comics.

Cyber Force: Rebirth Volume 4. Marc Silvestri et al. 2018. (ENG., Illus.). 128p. (YA). pap. 16.99 *(978-1-5343-0502-1(5)*, c156d0d1-4b71-4c35-9989-a49d39e8182d) Image Comics.

Cyber Mobs: Destructive Online Communities, 1 vol. Allison Krumsiek. 2017. (Hot Topics Ser.). (ENG.). 104p. (gr. 7-7). lib. bdg. 41.03 *(978-1-5345-6153-3(6)*, 54bc8592-b50b-4d18-8c3e-c2d53bd17f26, Lucent Pr.) Greenhaven Publishing LLC.

Cyber Nation: How the Digital Revolution Is Changing Society. Kathryn Hulick. 2018. (ENG.). 80p. (YA). (gr. 6-12). 39.93 *(978-1-68282-469-6(1))* ReferencePoint Pr., Inc.

Cyber Safe: A Dogs Guide to Internet Security. Renee Tarun & Susan Burg. 2021. (ENG.). 24p. (J). (gr. 4-7). pap. 7.49 *(978-1-0983-5735-1(3))* BookBaby.

Cyber Sam: The Alexander Connection. Lee Parrish. 2018. (Cyber Sam Ser.: Vol. 1). (ENG., Illus.). 110p. (J). (gr. 5-6). pap. 16.99 *(978-0-578-42305-0(7))* Novel Security.

Cyber Security Expert. Daniel R. Faust. 2017. (Behind the Scenes with Coders Ser.). 32p. (gr. 9-10). 60.00 *(978-1-5081-5559-1(3)*, PowerKids Pr.) Rosen Publishing Group, Inc., The.

Cyber Spies & Secret Agents of Modern Times. Allison Lassieur. 2017. (Spies! Ser.). (ENG., Illus.). 64p. (J). (gr. 4-8). lib. bdg. 34.65 *(978-0-7565-5498-9(5)*, 134227, Compass Point Bks.) Capstone.

Cyber Sprite. J. S. Frankel. 2019. (ENG.). 252p. (J). pap. *(978-1-4874-2383-4(7)*, Devine Destinies) eXtasy Bks.

Cyber Technology: Using Computers to Fight Terrorism, 1 vol. Judy Silverstein Gray & Taylor Baldwin Kiland. 2016. (Military Engineering in Action Ser.). (ENG.). 48p. (gr. 5-6). pap. 12.70 *(978-0-7660-7535-1(4)*, bd37435d-2be7-4cb1-bc14-20a58822c23c) Enslow Publishing, LLC.

Cyber-Thief Showdown. Gerónimo Stilton & Anna Pizzelli. Illus. by Giuseppe Ferrario et al. 2018. 107p. (J). *(978-1-5490-0240-3(6))* Scholastic, Inc.

Cyber-Thief Showdown, 68. Gerónimo Stilton. ed. 2018. (Geronimo Stilton Ser.). (ENG.). 107p. (J). (gr. 2-3). 18.36 *(978-1-64310-222-1(2))* Penworthy Co., LLC, The.

Cyber Wars, 1 vol. Matt Anniss. 2017. (I Witness War Ser.). (ENG.). 48p. (gr. 5-6). pap. 13.93 *(978-1-5026-3434-4(1)*, f9ef625c-abe0-4a00-ac3e-f136ef2b243c); lib. bdg. 33.07 *(978-1-5026-3257-9(8)*, 786739f2-45aa-4dd4-a194-18f1cbdfe7d8) Cavendish Square Publishing LLC.

Cybercrime. Heather C. Hudak. 2019. (Privacy in the Digital Age Ser.). (ENG.). 48p. (J). (gr. 4-8). lib. bdg. 35.64 *(978-1-5321-1890-6(2)*, 32649) ABDO Publishing Co.

Cybercrime: Using Computers As Weapons, 1 vol. Mike Sciandra. 2017. (Crime Scene Investigations Ser.). (ENG.). 104p. (gr. 7-7). lib. bdg. 42.03 *(978-1-5345-6091-8(2)*, 83ad87a7-7305-4061-8fc7-8b703ae065ee, Lucent Pr.) Greenhaven Publishing LLC.

Cybercrime & You, 1 vol. Kristi Lew. 2019. (Promise & Perils of Technology Ser.). (ENG., Illus.). 64p. (J). (gr. 7-7). pap. 13.95 *(978-1-5081-8821-6(1)*, d99cc006-b844-4b6c-bca0-97504c027996) Rosen Publishing Group, Inc., The.

Cybersecurity: Protecting Your Identity & Data, 1 vol. Mary-Lane Kamberg. 2017. (Digital & Information Literacy Ser.). (ENG., Illus.). 48p. (J). (gr. 6-6). pap. 12.75 *(978-1-4994-3907-6(5)*, c599788e-4eea-4fb3-9f97-80a001dbc3b1, Rosen Reference) Rosen Publishing Group, Inc., The.

Cybersecurity Analyst. Melissa Abramovitz. 2017. (Cutting Edge Careers Ser.). (ENG.). 64p. (YA). (gr. 5-12). 39.93 *(978-1-68282-182-4(X))* ReferencePoint Pr., Inc.

Cybersecurity & Information Security Analysts: A Practical Career Guide. Kezia Endsley. 2020. (Practical Career Guides). (Illus.). 148p. (YA). (gr. 8-17). pap. 39.00 *(978-1-5381-4512-8(X))* Rowman & Littlefield Publishers, Inc.

Cybersecurity Careers. Kathryn Hulick. 2018. (STEM Careers Ser.). (ENG.). 80p. (YA). (gr. 6-12). 39.93 *(978-1-68282-429-0(2))* ReferencePoint Pr., Inc.

Cybersecurity for Teens: Learn the Terms. Daniel Amadi. 2019. (ENG., Illus.). 68p. (YA). (gr. 7-12). pap. 10.99 *(978-1-61153-296-8(5)*, Torchflame Bks.) Light Messages Publishing.

Cyberspies: Inside the World of Hacking, Online Privacy, & Cyberterrorism. Michael Miller. 2021. (ENG., Illus.). 120p. (YA). (gr. 6-12). lib. bdg. 37.32 *(978-1-7284-1390-7(7)*, cc1c6bd7-7a45-46ba-8a65-c83f18898897, Twenty-First Century Bks.) Lerner Publishing Group.

CyberSpiracy: A Coming of Age Thriller Novel. Wolf O'Rourc. 2020. (ENG.). 280p. (J). pap. 10.99 *(978-1-951187-01-9(6))* RoRo.

Cyberterrorism, 1 vol. Erin L. McCoy. 2018. (Top Six Threats to Civilization Ser.). (ENG.). 64p. (gr. 5-5). pap. 16.28 *(978-1-5026-4041-3(4)*, bd5fe1de-a539-406d-91a9-51032446d6a6) Cavendish Square Publishing LLC.

Cyberterrorism & Ransomware Attacks, 1 vol. Ed. by Gary Wiener. 2018. (Global Viewpoints Ser.). (ENG.). 176p. (gr. 10-12). 47.83 *(978-1-5345-0340-3(4)*, 7a634625-002d-4fad-b21c-33145702442d) Greenhaven Publishing LLC.

Cyberwarfare, 1 vol. Ed. by Megan Manzano. 2017. (At Issue Ser.). (ENG.). 120p. (YA). (gr. 10-12). 41.03 *(978-1-5345-0204-8(1)*, eb8affdc-6c43-48fe-b16f-c6c4b79be501) Greenhaven Publishing LLC.

Cyborg: An Origin Story. Matthew K. Manning. 2020. (DC Super Heroes Origins Ser.). (ENG., Illus.). 48p. (J). (gr. k-2). pap. 4.95 *(978-1-5158-7818-6(X)*, 203234); lib. bdg. 23.99 *(978-1-5158-7805-6(8)*, 203221) Capstone. (Stone Arch Bks.).

Cycle. Emma Leigh Garrett. 2020. (ENG.). 50p. (J). pap. 15.00 *(978-1-953507-03-7(4))* Brightlings.

Cycle City: (City Books for Kids, Find & Seek Books) Alison Farrell. 2018. (ENG., Illus.). 40p. (J). (gr. -1-k). 17.99 *(978-1-4521-6334-5(0))* Chronicle Bks. LLC.

Cycle of a Dream: A Kid's Introduction to Structural Racism in America. Kimberly Narain. 2020. (ENG.). 34p. (J). 18.99 *(978-1-0879-0308-8(4))* Indy Pub.

Cycle of Life. Lori Mortensen. 2016. (Spring Forward Ser.). (J). (gr. 2). *(978-1-4900-9474-8(1))* Benchmark Education Co.

Cycle of Photosynthesis. Arnold Ringstad. 2019. (Nature Cycles Ser.). (ENG.). 24p. (J). (gr. 2-5). lib. bdg. 32.79 *(978-1-5038-2846-9(8)*, 212653) Child's World, Inc, The.

Cycle of the Red Moon Volume 2: the Children of Darkness. José Antonio Cotrina. Tr. by Kate LaBarbera & Gabriella Campbell. 2021. 456p. (YA). (gr. 7). pap. 14.99 *(978-1-5067-1944-3(9)*, Dark Horse Books) Dark Horse Comics.

Cycle of the Red Moon Volume 3: the Shadow of the Moon. José Antonio Cotrina. Tr. by Kate LaBarbera & Gabriella Campbell. 2021. (Illus.). 544p. (YA). (gr. 8-12). pap. 14.99 *(978-1-5067-1945-0(7)*, Dark Horse Books) Dark Horse Comics.

Cycle of Work in the Kindergarten & Primary School, Vol. 1 (Classic Reprint) Mary F. Schaeffer. 2018. (ENG., Illus.). 46p. (J). 24.85 *(978-0-267-27946-3(9))* Forgotten Bks.

Cycles de la Terre. Christian Lopetz. Tr. by Annie Evearts. 2021. (Science Dans Mon Monde: Niveau 1 (Science in My World: Level 1) Ser.). (FRE.). 24p. (J). (gr. k-2). pap. *(978-1-0396-0919-8(8)*, 12782) Crabtree Publishing Co.

Cycles in Nature, 6 bks., Set. Suzanne Slade. Incl. Phases of the Moon. (YA). lib. bdg. 26.27 *(978-1-4042-3488-8(8)*, 1cce415b-79c9-45ad-8a2f-b70c02dbe5dc); Rock Cycle. (YA). lib. bdg. 26.27 *(978-1-4042-3493-2(4)*, 3c0fb4ad-ad27-4d3f-8b65-a85f2549d7e7); Water on the Move. (J). lib. bdg. 25.27 *(978-1-4042-3492-5(6)*, 935dd452-5176-44a4-83a8-af773edd2b1b, PowerKids Pr.); (Illus.). 24p. (gr. 3-3). 2007. 2007. Set lib. bdg. 49.20 *(978-1-4042-3506-9(X)*, PowerKids Pr.) Rosen Publishing Group, Inc., The.

Cycles in Space, 1 vol. Bray Jacobson. 2019. (Look at Nature's Cycles Ser.). (ENG.). 32p. (gr. 2-2). pap. 11.50 *(978-1-5382-4102-8(1)*, 7760a719-9624-474b-a10c-07e61e7af6b8) Stevens, Gareth Publishing LLLP.

Cycles of Nature. Jaclyn Jaycox & Catherine Ipcizade. 2020. (Cycles of Nature Ser.). (ENG.). 24p. (J). (gr. -1-2). 263.88 *(978-1-9771-1286-6(2)*, 29773); pap., pap., pap. 62.55 *(978-1-9771-2025-0(3)*, 30014) Capstone. (Pebble).

Cycles of the Night Sky. Angie Smibert. 2019. (Nature Cycles Ser.). (ENG.). 24p. (J). (gr. 2-5). lib. bdg. 32.79 *(978-1-5038-2845-2(X)*, 212652) Child's World, Inc, The.

Cycles of the Seasons. Golriz Golkar. 2019. (Nature Cycles Ser.). (ENG.). 24p. (J). (gr. 2-5). lib. bdg. 32.79 *(978-1-5038-2848-3(4)*, 212655) Child's World, Inc, The.

Cycling Wangdoos, 1 vol. Kelly Pulley. 2017. (ENG., Illus.). 32p. (J). 16.99 *(978-0-7643-5406-9(X)*, 7845) Schiffer Publishing, Ltd.

Cyclone. Doreen Cronin. Illus. by Debra Sfetsios-Conover. (ENG.). (J). (gr. 4-8). 2018. 368p. pap. 8.99 *(978-1-4814-3526-0(4))*; 2017. 352p. 16.99 *(978-1-4814-3525-3(6)*, Atheneum/Caitlyn Dlouhy Books) Simon & Schuster Children's Publishing.

Cyclone Called Celia. Dannika Patterson. Illus. by Kimberly Pacheco. 2021. (ENG.). 52p. (J). pap. *(978-1-922550-26-2(4))* Library For All Limited.

Cyclone Kayla. Sandra Bennett. Illus. by Anton Syadrov. 2021. (ENG.). 28p. (J). pap. *(978-1-922550-27-9(2))* Library For All Limited.

Cyclones & Shadows. Dudgeon and Oxenham Dudgeon and Oxenham. 2017. (Illus.). 168p. (J). (gr. 1-5). 9.95 *(978-1-925164-76-3(4))* Fremantle Pr. AUS. Dist: Independent Pubs. Group.

Cyclopaedia of Wit & Humor, Vol. 1: Containing Choice & Characteristic Selections from the Writings of the Most Eminent Humorists of America, Ireland, Scotland, & England (Classic Reprint) William Evans Burton. 2018. (ENG., Illus.). 682p. (J). 37.96 *(978-0-484-58544-6(4))* Forgotten Bks.

Cyclopaedic Dictionary of the Mang'anja Language Spoken in British Central Africa (Classic Reprint) David Clement Scott. (ENG., Illus.). (J). 2018. 766p. 39.72 *(978-0-428-87395-0(2))*; 2016. pap. 23.57 *(978-1-334-12263-7(6))* Forgotten Bks.

Cyclopædia of Wit & Humor, Vol. 2: Containing Choice & Characteristic Selections (Classic Reprint) William E. Burton. 2018. (ENG., Illus.). 574p. (J). 35.74 *(978-0-666-89252-2(0))* Forgotten Bks.

Cyclopædia, or Universal Dictionary of Arts, Science & Literature, Vol. 8 of 39 (Classic Reprint) Abraham Rees. 2018. (ENG., Illus.). 790p. (J). 40.21 *(978-0-656-18654-9(2))* Forgotten Bks.

Cyclopedia of the Literature of Amateur Journalism (Classic Reprint) Truman J. Spencer. 2018. (ENG., Illus.). 524p. (J). 34.72 *(978-0-364-41888-8(5))* Forgotten Bks.

Cyclopedia of the Physical Sciences: Comprising Acoustics, Astronomy, Dynamics, Electricity, Heat, Hydrodynamics, Magnetism, Philosophy of Mathematics, Meteorology, Optics, Pneumatics, Statics, &C. , &C (Classic Reprint) John Pringle Nichol. 2017. (ENG., Illus.). (J). 43.28 *(978-0-331-66942-8(0))*; pap. 25.63 *(978-0-282-25413-1(7))* Forgotten Bks.

Cyclops, 1907 (Classic Reprint) North Georgia College and State Univ. (ENG., Illus.). (J). 2018. 128p. 26.54 *(978-0-267-39250-6(8))*; 2016. pap. 9.57 *(978-1-334-13597-2(5))* Forgotten Bks.

Cyclops, 1908, Vol. 3 (Classic Reprint) North Georgia Agricultural College. (ENG., Illus.). (J). 2017. 156p. 27.11 *(978-0-265-79581-1(8))*; 2016. pap. 9.57 *(978-1-333-49484-1(X))* Forgotten Bks.

Cyclops of Central Park. Madelyn Rosenberg. Illus. by Victoria Tentler-Krylov. 2020. 32p. (J). (gr. -1-2). 17.99 *(978-0-525-51470-1(8)*, G.P. Putnam's Sons Books for Young Readers) Penguin Young Readers Group.

Cygnes Sauvages - de Wilde Zwanen (Français - Néerlandais). d'Après un Conte de Fées de Hans Christian Andersen: Livre Bilingue Pour Enfants À Partir de 4-6 Ans, Avec Livre Audio MP3 À Télécharger. Ulrich Renz. Tr. by Christa Kleimaker. Illus. by Marc Robitzky. 2018. (Sefa Albums Illustrés en Deux Langues Ser.). (FRE.). 30p. (J). pap. *(978-3-7399-5899-6(5))* Boedeker, Kirsten. Sefa Verlag.

Cygnes Sauvages - Die Wilden Schwäne (Français - Allemand). d'Après un Conte de Fées de Hans Christian Andersen: Livre Bilingue Pour Enfants À Partir de 4-6 Ans, Avec Livre Audio MP3 À Télécharger. Ulrich Renz. Tr. by Martin Andler. Illus. by Marc Robitzky. 2018. (Sefa Albums Illustrés en Deux Langues Ser.). (FRE.). 30p. (J). pap. *(978-3-7399-5904-7(5))* Boedeker, Kirsten. Sefa Verlag.

Cygnes Sauvages - I Cigni Selvatici (Français - Italien). d'Après un Conte de Fées de Hans Christian Andersen: Livre Bilingue Pour Enfants À Partir de 4-6 Ans, Avec Livre Audio MP3 À Télécharger. Ulrich Renz. Tr. by Clara Galeati. Illus. by Marc Robitzky. 2018. (Sefa Albums Illustrés en Deux Langues Ser.). (FRE.). 30p. (J). pap. *(978-3-7399-5903-0(7))* Boedeker, Kirsten. Sefa Verlag.

Cygnes Sauvages - the Wild Swans (Français - Anglais). d'Après un Conte de Fées de Hans Christian Andersen: Livre Bilingue Pour Enfants À Partir de 4-6 Ans, Avec Livre Audio MP3 À Télécharger. Ulrich Renz. Tr. by Martin Andler. Illus. by Marc Robitzky. 2018. (Sefa Albums Illustrés en Deux Langues Ser.). (FRE.). 30p. (J). pap. *(978-3-7399-5902-3(9))* Boedeker, Kirsten. Sefa Verlag.

450

The check digit for ISBN-10 appears in parentheses after the full ISBN-13

TITLE INDEX D IS FOR DINOSAUR

Cylinders. Nancy Furstinger & John Willis. 2016. (J). *(978-1-5105-1991-6(2))* SmartBook Media, Inc.

Cymbeline, King of Britain: a Shakespeare Children's Story. Illus. by Macaw Books. adapted abr. ed. 2020. (Sweet Cherry Easy Classics Ser.). (ENG.). 64p. (J). 5.99 *(978-1-78226-664-8(X),* f5b2429b-9057-44d5-8a6a-7d97e45c5099); 8.99 *(978-1-78226-671-6(2),* 0feea161-eab9-433b-9796-cb552bcff1e2) Sweet Cherry Publishing GBR. Dist: Baker & Taylor Publisher Services (BTPS).

Cynic's Rules of Conduct (Classic Reprint) Chester Field. (ENG., Illus.). (J). 2018. 96p. 25.90 *(978-0-364-09352-8(8));* 2016. pap. 9.57 *(978-1-333-89033-9(8))* Forgotten Bks.

Cynthia: With the Tragical Account of the Unfortunate Loves of Almerin & Desdemona; Being a Novel (Classic Reprint) Unknown Author. (ENG., Illus.). (J). 2018. 222p. 28.48 *(978-0-483-63880-8(3));* 2016. pap. 10.97 *(978-1-334-12771-7(9))* Forgotten Bks.

Cynthia a Daughter of the Philistines, Vol. 1 (Classic Reprint) Leonard Merrick. 2018. (ENG., Illus.). 236p. (J). 28.76 *(978-0-365-44243-1(7))* Forgotten Bks.

Cynthia (Classic Reprint) Leonard Merrick. 2017. (ENG., Illus.). (J). 31.18 *(978-1-5285-9044-0(9))* Forgotten Bks.

Cynthia Has a Secret. P. D. Workman. 2016. (ENG., Illus.). (YA). (gr. 7-12). *(978-1-988390-00-0(1))*; pap. *(978-1-926500-34-8(2))* PD Workman.

Cynthia in the Wilderness (Classic Reprint) Hubert Wales. 2017. (ENG., Illus.). (J). 30.21 *(978-1-5283-8217-5(X))* Forgotten Bks.

Cynthia Savage: Gets Woke. Hayden Trudeau. 2020. (ENG., Illus.). 114p. (J). pap. 13.95 *(978-1-64952-121-7(9))* Fulton Bks.

Cynthia Steps Out (Classic Reprint) Erick Berry. (ENG., Illus.). (J). 2018. 250p. 29.07 *(978-0-364-00027-4(9));* 2017. pap. 11.57 *(978-0-243-49300-5(2))* Forgotten Bks.

Cynthia's Chauffeur (Classic Reprint) Louis Tracy. (ENG., Illus.). (J). 2018. 386p. 31.88 *(978-0-483-36762-3(1));* 2016. pap. 16.57 *(978-1-333-64298-3(9))* Forgotten Bks.

Cynthia's Ideal (Classic Reprint) Adeline Sergeant. (ENG., Illus.). (J). 2018. 320p. 30.54 *(978-0-484-54756-7(9));* 2016. pap. 13.57 *(978-1-334-13272-8(0))* Forgotten Bks.

Cynthia's Rebellion (Classic Reprint) A. E. Thomas. 2018. (ENG., Illus.). 282p. (J). 29.73 *(978-0-484-21342-4(3))* Forgotten Bks.

Cynthia's Strategy: A Musical Comedy in One Act (Classic Reprint) May Hewes Dodge. 2017. (ENG., Illus.). (J). 24.80 *(978-0-265-59935-8(0));* pap. 7.97 *(978-0-282-92470-6(1))* Forgotten Bks.

Cynthia's Way (Classic Reprint) Alfred Sidgwick. (ENG., Illus.). (J). 2018. 328p. 30.66 *(978-0-365-29217-3(6));* 2017. pap. 13.57 *(978-1-5276-3206-6(7))* Forgotten Bks.

Cyntra (Classic Reprint) Ellen Douglas Deland. (ENG., Illus.). (J). 2018. 334p. 30.79 *(978-0-483-71219-5(1));* 2016. pap. 13.57 *(978-1-334-12229-3(6))* Forgotten Bks.

Cypress Beach (Classic Reprint) Wm H. Babcock. 2018. (ENG., Illus.). 196p. (J). 27.94 *(978-0-483-31496-2(X))* Forgotten Bks.

Cyprian's Secret: The Music Box Book 2. Carbone. Illus. by Gijé. 2023. (Music Box Ser.). (ENG.). 64p. (J). 26.65 *(978-1-6663-9473-3(4),* 244639); pap. 7.99 *(978-1-6690-3474-2(7),* 244614) Capstone. (Stone Arch Bks.).

Cyprus, 1 vol. Fiona Young-Brown et al. 2019. (Cultures of the World (Third Edition)(r) Ser.). (ENG.). 144p. (gr. 5-5). 48.79 *(978-1-5026-4732-0(X),* 7e15eba3-5ff0-443c-ae74-a0941ec990a3) Cavendish Square Publishing LLC.

Cyr Graded Art Readers, Vol. 2 (Classic Reprint) Ellen M. Cyr. 2018. (ENG., Illus.). 152p. (J). 27.03 *(978-0-656-44950-7(0))* Forgotten Bks.

Cyr Readers: Arranged by Grades. Book Four. Ellen M. Cyr. 2017. (ENG., Illus.). (J). pap. *(978-0-649-55894-0(4))* Trieste Publishing Pty Ltd.

Cyr Readers: Arranged by Grades: Book Four. Ellen M. Cyr. 2017. (ENG., Illus.). (J). pap. *(978-0-649-55895-7(2))* Trieste Publishing Pty Ltd.

Cyr Readers: Arranged by Grades (Classic Reprint) Ellen M. Cyr. (ENG., Illus.). (J). 2018. 174p. 27.49 *(978-0-365-16089-2(X));* 2017. pap. 9.97 *(978-0-259-20650-7(4))* Forgotten Bks.

Cyr Readers, Vol. 3: Arranged by Grades (Classic Reprint) Ellen M. Cyr. (ENG., Illus.). (J). 2018. 238p. 28.81 *(978-0-484-15847-3(3));* 2016. pap. 11.57 *(978-1-334-12751-9(4))* Forgotten Bks.

Cyr Readers, Vol. 5: Arranged by Grades (Classic Reprint) Ellen M. Cyr. 2017. (ENG., Illus.). (J). 28.17 *(978-0-265-68309-5(2));* pap. 10.57 *(978-1-5276-5632-1(2))* Forgotten Bks.

Cyr Readers, Vol. 6: Arranged by Grades (Classic Reprint) Ellen M. Cyr. abr. ed. 2017. (ENG., Illus.). (J). 29.26 *(978-0-266-71152-0(9));* pap. 11.97 *(978-1-5276-6430-2(9))* Forgotten Bks.

Cyr Readers, Vol. 7: Arranged by Grades (Classic Reprint) Ellen M. Cyr. (ENG., Illus.). (J). 2018. 250p. 29.05 *(978-0-332-90412-2(1));* 2017. pap. 11.57 *(978-0-243-38823-3(3))* Forgotten Bks.

Cyrano de Bergerac (Ilustrado) Illus. by Nelson Jacome. 2019. (Ariel Juvenil Ilustrada Ser.: Vol. 21). (SPA.). 128p. (J). pap. *(978-9978-18-514-8(3))* Radmandi Editorial, Compania Ltd.

Cyrano de Bergerac Novel Units Teacher Guide. Novel Units. 2019. (ENG.). (YA). pap. 12.99 *(978-1-56137-621-6(3),* Novel Units, Inc.) Classroom Library Co.

Cyrano's Journey. Cindy Dold. 2020. (ENG.). 40p. (J). pap. 10.99 *(978-1-7322739-5-5(2))* Cyrano Bks.

Cyril & Pat. Emily Gravett. Illus. by Emily Gravett. 2019. (ENG., Illus.). 32p. (J). (gr. -1-3). 17.99 *(978-1-5344-3950-4(1),* Simon & Schuster Bks. For Young Readers) Simon & Schuster Bks. For Young Readers.

Cyril Squirrel & the Wonderfully Worrisome Task. Matthew A. Scott. 2019. (ENG.). 34p. (J). *(978-1-78823-478-8(2));* pap. *(978-1-78823-477-1(4))* Austin Macauley Pubs. Ltd.

Cyril Squirrel Finds Out about Love: Helping Children to Understand Caring Relationships after Trauma. Jane Evans. Illus. by Izzy Bean. 2020. 32p. 15.95 *(978-1-78775-763-9(3),* 797178) Kingsley, Jessica Pubs. GBR. Dist: Hachette UK Distribution.

Cyril the Deacon (Classic Reprint) Ellen C. Hunt. 2018. (ENG., Illus.). 160p. (J). 27.20 *(978-0-483-36222-2(0))* Forgotten Bks.

Cyril the Dragon. Elias Zapple. Illus. by Reimarie Cabalu. 2018. (Jellybean the Dragon Stories American-English Ser.: Vol. 2). (ENG.). 108p. (J). (gr. 4-6). pap. *(978-1-912704-16-3(1));* pap. *(978-1-912704-17-0(X))* Heads or Tales Pr.

Cyril the Serious Cirrus Cloud. Julia Hill. (ENG., Illus.). (J). 2018. 26p. 19.95 *(978-1-949231-43-4(7));* 2017. pap. 9.95 *(978-1-947825-18-5(6))* Yorkshire Publishing Group.

Cyril the Spider. Glenn J. Cranmer. 2019. (ENG.). 32p. (J). pap. *(978-0-244-81023-8(0))* Lulu Pr., Inc.

Cyril the Squirrel & Mary Jane the Mouse. June S. Gatewood. 2018. (ENG., Illus.). 32p. (J). 22.95 *(978-1-4808-5838-1(2));* pap. 16.95 *(978-1-4808-5839-8(0))* Archway Publishing.

Cyril y Renata. Emily Gravett. 2018. (SPA.). 40p. (J). (gr. -1-3). 20.95 *(978-84-9145-168-6(4),* Picarona Editorial) Ediciones Obelisco ESP. Dist: Spanish Pubs., LLC.

Cyrion. Abigail Borders. 2016. (ENG., Illus.). (J). pap. *(978-1-77127-832-4(3))* MuseItUp Publishing.

Cyropaedia, or the Institution of Cyrus, Vol. 1 of 2 (Classic Reprint) Xenophon. 2017. (ENG., Illus.). (J). 31.28 *(978-0-266-71336-4(X));* pap. 13.97 *(978-1-5276-6742-6(1))* Forgotten Bks.

Cyropaedia, or the Institution of Cyrus, Vol. 2 (Classic Reprint) Xenophon. 2017. (ENG., Illus.). (J). pap. 13.57 *(978-0-259-60438-9(0))* Forgotten Bks.

Cyropædia, or the Institution of Cyrus, Vol. 2 (Classic Reprint) Xenophon Xenophon. 2018. (ENG., Illus.). 314p. (J). 30.37 *(978-0-365-38332-1(5))* Forgotten Bks.

Cyropædia, Vol. 2: Or the Institution of Cyrus (Classic Reprint) Xenophon Xenophon. 2018. (ENG., Illus.). 388p. (J). 31.90 *(978-0-332-14748-2(7))* Forgotten Bks.

Cyr's: Fifth Reader (Classic Reprint) Ellen M. Cyr. 2018. (ENG., Illus.). 454p. (J). 33.26 *(978-0-365-16707-5(X))* Forgotten Bks.

Cyr's Fourth Reader (Classic Reprint) Ellen M. Cyr. 2017. (ENG., Illus.). 418p. (J). 32.52 *(978-0-484-10129-5(3))* Forgotten Bks.

Cyrus 10: L'encyclopédie Qui Raconte. Christiane Duchesne & Carmen Marois. 2018. (Cyrus, l'encyclopédie Qui Raconte Ser.: 10). (FRE., Illus.). 160p. (J). (gr. 4-8). pap. 12.95 *(978-2-7644-3505-2(3))* Quebec Amerique CAN. Dist: Orca Bk. Pubs. USA.

Cyrus 11: L'encyclopédie Qui Raconte. Christiane Duchesne & Carmen Marois. 2018. (Cyrus, l'encyclopédie Qui Raconte Ser.: 11). (FRE., Illus.). 160p. (J). (gr. 4-8). pap. 12.95 *(978-2-7644-3508-3(8))* Quebec Amerique CAN. Dist: Orca Bk. Pubs. USA.

Cyrus 12: L'encyclopédie Qui Raconte. Christiane Duchesne & Carmen Marois. 2018. (Cyrus, l'encyclopédie Qui Raconte Ser.: 12). (FRE., Illus.). 160p. (J). (gr. 4-8). pap. 12.95 *(978-2-7644-3511-3(8))* Quebec Amerique CAN. Dist: Orca Bk. Pubs. USA.

Cyrus 4: L'encyclopédie Qui Raconte. Christiane Duchesne & Carmen Marois. 2017. (Cyrus, l'encyclopédie Qui Raconte Ser.: 4). (FRE., Illus.). 152p. (J). (gr. 4-8). pap. 12.95 *(978-2-7644-3316-4(6))* Quebec Amerique CAN. Dist: Orca Bk. Pubs. USA.

Cyrus 5: L'encyclopédie Qui Raconte. Christiane Duchesne & Carmen Marois. 2017. (Cyrus, l'encyclopédie Qui Raconte Ser.: 5). (FRE., Illus.). 152p. (J). (gr. 4-8). pap. 12.95 *(978-2-7644-3319-5(0))* Quebec Amerique CAN. Dist: Orca Bk. Pubs. USA.

Cyrus 6: L'encyclopédie Qui Raconte. Christiane Duchesne & Carmen Marois. 2017. (Cyrus, l'encyclopédie Qui Raconte Ser.: 6). (FRE., Illus.). 152p. (J). (gr. 4-8). pap. 12.95 *(978-2-7644-3322-5(0))* Quebec Amerique CAN. Dist: Orca Bk. Pubs. USA.

Cyrus 7: L'encyclopédie Qui Raconte. Christiane Duchesne & Carmen Marois. 2017. (Cyrus, l'encyclopédie Qui Raconte Ser.: 7). (FRE., Illus.). 152p. (J). (gr. 4-8). pap. 12.95 *(978-2-7644-3325-6(5))* Quebec Amerique CAN. Dist: Orca Bk. Pubs. USA.

Cyrus 8: L'encyclopédie Qui Raconte. Christiane Duchesne & Carmen Marois. 2017. (Cyrus, l'encyclopédie Qui Raconte Ser.: 8). (FRE., Illus.). 152p. (J). (gr. 4-8). pap. 12.95 *(978-2-7644-3328-7(X))* Quebec Amerique CAN. Dist: Orca Bk. Pubs. USA.

Cyrus 9: L'encyclopédie Qui Raconte. Christiane Duchesne & Carmen Marois. 2018. (Cyrus, l'encyclopédie Qui Raconte Ser.: 9). (FRE., Illus.). 160p. (J). (gr. 4-8). pap. 12.95 *(978-2-7644-3502-1(9))* Quebec Amerique CAN. Dist: Orca Bk. Pubs. USA.

Cyrus Eaton: Champion for Peace, 1 vol. Richard Rudnicki. 2016. (ENG., Illus.). 40p. (J). (gr. 4-7). 19.95 *(978-1-77108-396-6(4),* 58ea3f49-484b-485c-9629-9bfa5eade9db) Nimbus Publishing, Ltd. CAN. Dist: Baker & Taylor Publisher Services (BTPS).

Cyrus Field's Big Dream: The Daring Effort to Lay the First Transatlantic Telegraph Cable. Mary Morton Cowan. 2018. (Illus.). 224p. (J). (gr. 5-9). 19.95 *(978-1-62979-556-0(9),* Calkins Creek) Highlights Pr., c/o Highlights for Children, Inc.

Cyrus Mccormick & His Reaper - U. S. Economy in the Mid-1800s - Biography 5th Grade - Children's Biographies. Dissected Lives. 2019. (ENG.). 78p. (J). pap. 15.23 *(978-1-5419-5090-0(9));* 25.22 *(978-1-5419-7539-2(1))* Speedy Publishing LLC. (Dissected Lives (Auto Biographies)).

Cyrus's Cider. Tamara Pizzoli. Illus. by Adam Cox. 2022. (ENG.). 36p. (J). pap. 16.95 *(978-1-955130-24-0(8))* English SchoolHouse, The.

Cy's Adventures Ocean: Ocean. Jodi Macnish. 2021. (ENG.). 34p. (J). pap. *(978-1-922594-90-7(3))* Shawline Publishing Group.

Cystic Fibrosis, 1 vol. Richard Spilsbury. 2018. (Genetic Diseases & Gene Therapies Ser.). (ENG., Illus.). 48p. (J). (gr. 5-5). 33.47 *(978-1-5081-8272-6(8),* 329bd696-abc9-4acf-bd2e-cba96245b5a8, Rosen Central) Rosen Publishing Group, Inc., The.

Cytherea (Classic Reprint) Joseph Hergesheimer. 2017. (ENG., Illus.). (J). 31.59 *(978-1-5281-8838-8(1))* Forgotten Bks.

Cytonic. Brandon Sanderson. 2021. (Skyward Ser.: 3). (ENG., Illus.). 432p. (YA). (gr. 7). 19.99 *(978-0-399-55585-5(4),* Delacorte Pr.) Random Hse. Children's Bks.

Czar, Vol. 1 Of 3: Ivan Vassilivitch, the Terrible (Classic Reprint) Edward Smallwood. (ENG., Illus.). (J). 2018. 314p. 30.37 *(978-0-267-31542-0(2));* 2016. pap. 13.57 *(978-1-333-45185-1(7))* Forgotten Bks.

Czar, Vol. 3 Of 3: Ivan Vassilivitch, the Terrible (Classic Reprint) Edward Smallwood. 2018. (ENG., Illus.). 284p. (J). 29.67 *(978-0-332-91544-9(1))* Forgotten Bks.

Czar's Gift (Classic Reprint) William Ordway Partridge. 2018. (ENG., Illus.). 72p. (J). 25.38 *(978-0-267-24664-9(1))* Forgotten Bks.

Czech Folk Tales (Classic Reprint) Josef Baudis. 2017. (ENG., Illus.). (J). 28.31 *(978-1-5285-5073-4(0))* Forgotten Bks.

Czech Out Charter 77. Jan Novak. 2017. (ENG., Illus.). (J). pap. 6.99 *(978-1-943103-09-6(7),* Czech Revival Publishing) Distinct Pr.

Czech Out Franz Kafka. Jan Novak. 2017. (ENG., Illus.). (J). pap. 6.99 *(978-1-943103-07-2(0),* Czech Revival Publishing) Distinct Pr.

Czech Out Jan Amos Comenius. Jan Novak. 2017. (ENG., Illus.). (J). pap. 6.99 *(978-1-943103-11-9(9),* Czech Revival Publishing) Distinct Pr.

Czech Out Saint Wenceslaus. Jan Novak. 2017. (ENG., Illus.). (J). pap. 6.99 *(978-1-943103-10-2(0),* Czech Revival Publishing) Distinct Pr.

Czech Out Vaclav Havel. Jan Novak. 2017. (ENG., Illus.). (J). pap. 6.99 *(978-1-943103-08-9(9),* Czech Revival Publishing) Distinct Pr.

Czech Republic. Alicia Z. Klepeis. 2020. (Country Profiles Ser.). (ENG., Illus.). 32p. (J). (gr. 3-8). lib. bdg. 27.95 *(978-1-64487-252-9(6),* Blastoff! Readers) Bellwether Media.

Czech Republic, 1 vol. Debbie Nevins et al. 2018. (Cultures of the World (Third Edition)(r) Ser.). (ENG.). 144p. (gr. 5-5). lib. bdg. 48.79 *(978-1-5026-3636-2(0),* d30fd4ad-6f63-4c00-aa65-e5091376bedc) Cavendish Square Publishing LLC.

Czech Republic, Vol. 16. Dominic J. Ainsley. 2018. (European Countries Today Ser.). (Illus.). 96p. (J). (gr. 7). lib. bdg. 34.60 *(978-1-4222-3980-3(2))* Mason Crest.

Czech Republic (Enchantment of the World) (Library Edition) Lura Rogers Seavey. 2018. (Enchantment of the World. Second Ser.). (ENG., Illus.). 144p. (J). (gr. 5-9). lib. bdg. 40.00 *(978-0-531-23589-8(0),* Children's Pr.) Scholastic Library Publishing.

Czechoslovak Fairy Tales Retold by Parker Fillmore with Illustrations & Decorations (Classic Reprint) Jan Matulka. 2017. (ENG., Illus.). (J). 29.47 *(978-0-331-16561-6(9))* Forgotten Bks.

Czechoslovak Stories (Classic Reprint) Sarka B. Hrbkova. 2018. (ENG., Illus.). 342p. (J). 30.99 *(978-0-484-56180-8(4))* Forgotten Bks.

D

D. Xist Publishing. 2019. (Discover the Alphabet Ser.). (ENG.). 20p. (J). (gr. -1-1). pap. 24.99 *(978-1-5324-1356-8(4))* Xist Publishing.

D. Xist Publishing & Xist Publishing. 2019. (Discover the Alphabet Ser.). (ENG.). 22p. (J). (gr. -1-1). 22.99 *(978-1-5324-1302-5(5))* Xist Publishing.

D. A. T. E. S. Study Guide for the Box of Red Marbles: Diversity, Acceptance, Tolerance, Equality, & Sensitivity. Roe Braddy & Theo Braddy. 2020. (ENG., Illus.). 40p. (J). pap. 24.95 *(978-1-941173-45-9(4))* Olive Pr. Pub.

D. B. Cooper. Arnold Ringstad. 2023. (Unsolved Mysteries Ser.). (ENG., Illus.). 32p. (J). (gr. 2-3). pap. 9.95 *(978-1-63738-459-6(9),* Apex) North Star Editions.

D. B. Cooper. Contrib. by Arnold Ringstad. 2023. (Unsolved Mysteries Ser.). (ENG., Illus.). 32p. (J). (gr. 2-3). lib. bdg. 31.35 *(978-1-63738-432-9(7),* Apex) North Star Editions.

D-Bot Squad Complete Collection (slipcase) Mac Park. Illus. by James Hart. 2019. (ENG.). 640p. (J). (gr. k-2). 24.99 *(978-1-76052-860-7(9))* Allen & Unwin AUS. Dist: Independent Pubs. Group.

D Come Dinosauro: Impara a Scrivere: Lettere e Parole: per l'età Prescolare e Scolare: Libro Di Attività Di Scrittura e Vocaboli con Alfabeto Da Tracciare per Bambini (lettura e Scrittura per età 3-5 Anni) June & Lucy Kids. 2019. (ITA.). 110p. (J). pap. 5.99 *(978-1-64608-047-2(5))* June & Lucy.

D-Day. Tom McGowen. 2017. (J). *(978-0-531-22093-1(1),* Orchard Bks.) Scholastic, Inc.

D-Day: Children's American History Book. Bold Kids. 2022. (ENG.). 46p. (J). pap. 14.99 *(978-1-0717-0940-5(2))* FASTLANE LLC.

D-Day: Battle on the Beach (Ranger in Time #7) Kate Messner. Illus. by Kelley McMorris. 2018. (Ranger in Time Ser.: 7). (ENG.). 160p. (J). (gr. 2-5). pap. 6.99 *(978-1-338-13390-5(X),* Scholastic Pr.) Scholastic, Inc.

D-Day Invasion. Matt Doeden. 2018. (Heroes of World War II (Alternator Books (r)) Ser.). (ENG., Illus.). 32p. (J). (gr. 3-6). 30.65 *(978-1-5124-8640-7(X),* 1b60cc63-6a45-409e-aaf9-f213c81e0976, Lerner Pubns.) Lerner Publishing Group.

D-Day: the World War II Invasion That Changed History (Scholastic Focus) Deborah Hopkinson. 2020. (ENG.). 400p. (J). (gr. 3-7). pap. 9.99 *(978-0-545-68250-3(9))* Scholastic, Inc.

D. Dinkelspiel: His Gonversationings (Classic Reprint) George Vere Hobart. 2017. (ENG., Illus.). (J). 28.91 *(978-0-265-29798-8(2));* pap. 11.57 *(978-1-5277-4702-9(6))* Forgotten Bks.

D Edu Mixed Workbook. Des. by Bendon. 2020. (ENG.). (J). pap. 3.00 *(978-1-6902-1595-0(X));* pap. 3.00 *(978-1-6902-1596-7(8));* pap. 3.00 *(978-1-6902-1597-4(6));* pap. 3.00 *(978-1-6902-1598-1(4));* pap. 6.97 *(978-1-6902-1238-6(1));* pap. 6.97 *(978-1-6902-1239-3(X));* pap. 6.97 *(978-1-6902-1240-9(3));* pap. 6.97 *(978-1-6902-1243-0(8))* Bendon, Inc.

D Edu Mixed Workbook with Stickers. Des. by Bendon. 2020. (ENG.). (J). pap. 1.97 *(978-1-6902-1518-9(6));* pap. 1.97 *(978-1-6902-1519-6(4));* pap. 1.97 *(978-1-6902-1520-2(8));* pap. 1.97 *(978-1-6902-1521-9(6))* Bendon, Inc.

D Frozen 2 10-Piece Wooden Doll with Fold-Out Storybook (Value) Des. by Bendon. 2020. (ENG.). (J). 3.00 *(978-1-6902-1163-1(6))* Bendon, Inc.

D Frozen 2 Activity Book with 3D Sticker. Des. by Bendon. 2020. (ENG.). (J). pap. 12.99 *(978-1-6902-0069-7(3))* Bendon, Inc.

D Frozen 2 Activity Book with Punch-Out Projects (Value) Des. by Bendon. 2020. (ENG.). (J). pap. 3.00 *(978-1-6902-0904-1(6))* Bendon, Inc.

D Frozen 2 Activity Book with Stacking Crayons (Value) Des. by Bendon. 2020. (ENG.). (J). spiral bd. 5.00 *(978-1-6902-1468-7(6))* Bendon, Inc.

D Frozen 2 Digest Imagine Ink Magic Ink. Des. by Bendon. 2020. (ENG.). (J). pap. 5.00 *(978-1-6902-1071-9(0))* Bendon, Inc.

D Frozen 2 Digest Super Coloring & Activity Book with Stickers. Des. by Bendon. 2020. (ENG.). (J). pap. 2.99 *(978-1-6902-1107-5(5))* Bendon, Inc.

D Frozen 2 Glitter Effects Scratch Fantastic (Clubs) Des. by Bendon. 2020. (ENG.). (J). spiral bd. 9.98 *(978-1-6902-1304-8(3));* spiral bd. 9.98 *(978-1-6902-1003-0(6))* Bendon, Inc.

D Frozen 2 Imagine Ink Magic Ink Coloring Book (Value) Des. by Bendon. 2020. (ENG.). (J). pap. 5.00 *(978-1-6902-0788-7(4))* Bendon, Inc.

D Frozen 2 Imagine Ink Magic Ink Pictures. Des. by Bendon. 2020. (ENG.). (J). 4.99 *(978-1-6902-0952-2(6))* Bendon, Inc.

D Frozen 2 Imagine Ink Magic Ink Pictures Book with Stickers (Value) Des. by Bendon. 2020. (ENG.). (J). 5.00 *(978-1-6902-1459-5(7))* Bendon, Inc.

D Frozen 2 Imagine Ink Magic Ink Pictures (Value) Des. by Bendon. 2020. (ENG.). (J). 3.00 *(978-1-6902-0494-7(X));* 3.00 *(978-1-6902-1022-1(2))* Bendon, Inc.

D Frozen 2 Imagine Ink Water Surprise - Redesign (Value) Des. by Bendon. 2020. (ENG.). (J). 3.00 *(978-1-6902-1044-3(3))* Bendon, Inc.

D Frozen 2 Jumbo Coloring & Activity Book. Des. by Bendon. 2020. (ENG.). (J). pap. 0.98 *(978-1-6902-1750-3(2));* pap. 1.00 *(978-1-6902-1010-8(9))* Bendon, Inc.

D Frozen 2 Jumbo Coloring & Sticker Activity Book (Walmart) Des. by Bendon. 2019. (ENG.). (J). pap. 4.00 *(978-1-5050-8380-4(X))* Bendon, Inc.

D Frozen 2 Jumbo Word Search/Crossword/Sudoku/Quiz Book (Value) Des. by Bendon. 2019. (ENG.). (J). pap. 2.00 *(978-1-6902-0057-4(X));* pap. 1.00 *(978-1-5050-9207-3(8))* Bendon, Inc.

D Frozen 2 Marker Coloring Kit. Des. by Bendon. 2019. (ENG.). (J). 9.99 *(978-1-5050-8693-5(0))* Bendon, Inc.

D Frozen 2 Oversized Coloring Book with Paint Brush & Watercolors. Des. by Bendon. 2018. (ENG.). (J). pap. 10.99 *(978-1-5050-7767-4(2))* Bendon, Inc.

D Frozen 2 Read & Color Kit. Des. by Bendon. 2020. (ENG.). (J). 5.00 *(978-1-6902-1082-5(6))* Bendon, Inc.

D Frozen 2 Sticker Activity Pad with Holographic Sticker (Clubs) Des. by Bendon. 2020. (ENG.). (J). 12.98 *(978-1-6902-1302-4(7))* Bendon, Inc.

D Frozen 2 Ultimate 11 X 16 Coloring & Activity Book. Des. by Bendon. 2020. (ENG.). (J). pap. 3.00 *(978-1-6902-1576-9(3))* Bendon, Inc.

D Frozen Flip-Over Jumbo Coloring & Activity Book. Des. by Bendon. 2020. (ENG.). (J). pap. 1.00 *(978-1-6902-1579-0(8))* Bendon, Inc.

D Frozen Jumbo Coloring & Activity Book. Des. by Bendon. 2020. (ENG.). (J). pap. 0.98 *(978-1-6902-0992-8(5));* pap. 1.00 *(978-1-6902-1437-3(6))* Bendon, Inc.

D Frozen Storybook Classic with Dust Jacket. Des. by Bendon. 2020. (ENG.). (J). 5.00 *(978-1-6902-1295-9(0))* Bendon, Inc.

D. H. S: A Farcical Sketch (Classic Reprint) Lucie Conway. (ENG., Illus.). (J). 2018. 20p. 24.31 *(978-0-267-60273-5(1));* 2016. pap. 7.97 *(978-1-334-14037-2(5))* Forgotten Bks.

D. I. S. C. Direct Interface Shadow Control. Colin R. Parsons. 2017. (ENG., Illus.). 208p. (J). pap. 14.99 *(978-1-910903-04-9(3))* AudioGO.

D. I. Y. Make It Happen (Set), 20 vols. 2017. (D. I. Y. Make It Happen Ser.). (ENG., Illus.). 32p. (J). (gr. 4-8). 641.40 *(978-1-5341-0218-7(3),* 209646); pap., pap., pap. 284.29 *(978-1-5341-0268-2(X),* 209647) Cherry Lake Publishing. (45th Parallel Press).

D Is for Dala Horse: A Nordic Countries Alphabet. Kathy-jo Wargin. 2016. (Av2 Fiction Readalong 2017 Ser.). (ENG.). (J). (gr. k-6). 34.28 *(978-1-4896-5200-3(0),* AV2 by Weigl) Weigl Pubs., Inc.

D Is for Dancing Dragon: A China Alphabet. Carol Crane. 2016. (Av2 Fiction Readalong 2017 Ser.). (ENG.). (J). (gr. k-6). 34.28 *(978-1-4896-5203-4(5),* AV2 by Weigl) Weigl Pubs., Inc.

D Is for Daniel: Now I Know My ABCs & 123s Coloring & Activity Book with Writing & Spelling Exercises (Age 2-6) 128 Pages. Crawford House Learning Books. 2020. (ENG.). 130p. (J). pap. *(978-1-989828-36-6(1))* Crawford Hse.

D Is for David: Now I Know My ABCs & 123s Coloring & Activity Book with Writing & Spelling Exercises (Age 2-6) 128 Pages. Crawford House Learning Books. 2020. (ENG.). 130p. (J). pap. *(978-1-989828-81-6(7))* Crawford Hse.

D Is for Dinosaur: Trace the Letters & Sight Words Preschool & Kindergarten Workbook: Handwriting & Alphabet Practice Workbook for Preschool &

D

Pre-Kindergarten Boys & Girls (Ages 3-5 Reading & Writing) June & Lucy Kids. 2019. (ENG., Illus.). 110p. (J). pap. 5.99 *(978-1-64608-049-6(1))* June & Lucy.

D Is for Dinosaur: Trace the Numbers & Counting Preschool & Kindergarten Workbook: Beginner Math & Handwriting Children's Activity Book for Pre-K & Kindergarten Boys & Girls (Ages 3-5) June & Lucy Kids. 2019. (ENG., Illus.). 86p. (J). pap. 5.99 *(978-1-64608-071-7(8))* June & Lucy.

D Is for Dinosaur Coloring Book. Ken Ham & Mally Ham. 2016. (Illus.). 32p. (J). pap. 4.99 *(978-1-68344-015-4(3),* Master Books) New Leaf Publishing Group.

D Is for Donut. Rachel Teichman. Photos by Rebecca Wright. 2023. (ABCD-Eats Ser.). (ENG.). 40p. (J). (gr. -1-1). 15.95 ***(978-1-68555-186-5(6))*** Collective Bk. Studio, The.

D Is for down Under: An Australia Alphabet. Devin Scillian. 2016. (Av2 Fiction Readalong 2017 Ser.). (ENG.). (J). (gr. k-6). 34.28 *(978-1-4896-5206-5(X),* AV2 by Weigl) Weigl Pubs., Inc.

D Is for Dragon. Nathaniel Beach-Hart & Noah Latz. 2016. (ENG., Illus.). 36p. (J). pap. *(978-1-365-28760-2(2))* Lulu Pr., Inc.

D Is for Dragon Coloring Book. Brittany Long Olsen. 2022. (ENG.). 56p. (J). pap. 7.99 *(978-1-0880-3076-9(9))* Indy Pub.

D Is for Dragon Dance. Ying Chang Compestine. Illus. by YongSheng Xuan. 32p. (J). (gr. -1-3). 2020. pap. 8.99 *(978-0-8234-4746-6(4));* 2018. 18.99 *(978-0-8234-4029-0(X))* Holiday Hse., Inc.

D Is for Dreidel: A Hanukkah Alphabet, 1 vol. Illus. by Greg Paprocki. 2018. (BabyLit Ser.). (ENG.). 32p. (J). (— 1). bds. 9.99 *(978-1-4236-5038-6(7))* Gibbs Smith, Publisher.

D Is for Drool: My Monster Alphabet. Amanda Noll & Shari Dash Greenspan. Illus. by Howard McWilliam. 2021. (I Need My Monster Ser.). 32p. (J). (gr. -1-k). 18.95 *(978-1-947277-49-6(9))* Flashlight Pr.

D Is for Duck. David Melling. Illus. by David Melling. 2017. (Illus.). 32p. (J). 12.99 *(978-1-61067-580-2(0))* Kane Miller.

D Is for Duck. Nick Rebman. 2021. (Alphabet Fun Ser.). (ENG., Illus.). 24p. (J). (gr. k-1). pap. 8.95 *(978-1-64619-395-0(4));* lib. bdg. 28.50 *(978-1-64619-368-4(7))* Little Blue Hse. (Little Blue Readers).

D Is for Duck: Scholastic Early Learners (Touch & Explore) Scholastic. 2020. (Scholastic Early Learners Ser.). (ENG.). 12p. (J). (gr. -1 — 1). bds. 12.99 *(978-1-338-64574-3(9),* Cartwheel Bks.) Scholastic, Inc.

D Is for Dump Truck: A Construction Alphabet. Michael Shoulders. Illus. by Kent Culotta. (ENG.). (J). (gr. k-3). 2019. 22p. bds. 7.99 *(978-1-5341-1035-9(6),* 204721); 2016. 32p. 16.99 *(978-1-58536-975-1(6),* 204115) Sleeping Bear Pr.

D Is for Dylan: Now I Know My ABCs & 123s Coloring & Activity Book with Writing & Spelling Exercises (Age 2-6) 128 Pages. Crawford House Learning Books. 2020. (ENG.). 130p. (J). pap. *(978-1-989828-79-3(5))* Crawford Hse.

D. Iunii Iuvenalis Satirae, Vol. 1: With a Literal English Prose Translation & Notes (Classic Reprint) John Delaware Lewis. 2018. (ENG., Illus.). 244p. (J). 28.99 *(978-0-483-78676-9(4))* Forgotten Bks.

D. Iunii Iuvenalis Satirae, Vol. 2: With a Literal English Prose Translation & Notes (Classic Reprint) John Delaware Lewis. 2018. (ENG., Illus.). 412p. (J). 32.39 *(978-0-656-01765-2(1))* Forgotten Bks.

D. J. 's Adventures: An Angel Baby. Yvette Rush. 2022. (ENG., Illus.). 24p. (J). pap. 15.95 ***(978-1-0980-9892-6(7))*** Christian Faith Publishing.

D-Kidz & Friends Present Meet My New Friend. Wynette E. Dabney. 2019. (D-Kidz & Friends Ser.: Vol. 1). (ENG., Illus.). 32p. (J). (gr. k-6). 19.99 *(978-0-578-55021-3(0))* Dabney, Wynette E.

D. L. I. My Bilingual School Life. Sylvia Chen. Illus. by Vicki Xu. 2021. (ENG.). 30p. (J). 16.99 *(978-1-7369753-0-5(7))* Sze-Wei Sylvia Chen.

D. L. Moody's Child Stories: Related by Him in His Revival Work in Europe & America, with Pictorial Illustrations (Classic Reprint) Dwight Lyman Moody. 2018. (ENG., Illus.). (J). 160p. 27.20 *(978-0-365-38447-2(X));* 162p. pap. 9.57 *(978-0-365-38445-8(3))* Forgotten Bks.

D. O. G. Jonathan Eig. Illus. by Alicia Teba Godoy. 2021. (Lola Jones Book Ser.). (ENG.). 96p. (J). (gr. 1-5). 12.99 *(978-0-8075-6570-4(9),* 807565709); pap. 5.99 *(978-0-8075-6572-8(5),* 807565725) Whitman, Albert & Co.

D Princess 5 X 8. 5 Shaped Board Book. Des. by Bendon. (ENG.). (J). 2020. bds. 1.00 ***(978-1-6902-0682-8(9));*** 2017. bds. 1.50 ***(978-1-5050-4788-2(9))*** Bendon, Inc.

D Princess (Ariel) Imagine Ink Magic Ink Pictures Book with Stickers (Value) Des. by Bendon. 2020. (ENG.). (J). 3.00 ***(978-1-6902-1147-1(4))*** Bendon, Inc.

D Princess (Cinderella) 7. 5 X 7. 5 Hardcover Storybook. Des. by Bendon. 2020. (ENG.). (J). 1.00 ***(978-1-6902-1183-9(0))*** Bendon, Inc.

D Princess Coloring & Activity Book (Value) Des. by Bendon. 2020. (ENG.). (J). pap. 1.00 *(978-1-6902-1283-6(7))* Bendon, Inc.

D Princess Coloring & Activity Book with Slap Bracelet. Des. by Bendon. 2020. (ENG.). (J). pap. 6.99 *(978-1-6902-1112-9(1))* Bendon, Inc.

D Princess Digest Super Coloring & Activity Book with Stickers. Des. by Bendon. 2020. (ENG.). (J). pap. 2.99 ***(978-1-6902-1109-9(1))*** Bendon, Inc.

D Princess Giant 11 X 16 Coloring & Activity Book. Des. by Bendon. 2020. (ENG.). (J). pap. 1.00 ***(978-1-6902-1720-6(0))*** Bendon, Inc.

D Princess Gigantic Coloring & Activity Book with Stickers. Des. by Bendon. 2018. (ENG.). (J). pap. 5.99 *(978-1-5050-8049-0(5))* Bendon, Inc.

D Princess Imagine Ink Magic Ink Pictures. Des. by Bendon. (ENG.). (J). 2020. 4.99 ***(978-1-6902-0961-4(5));*** 2017. 4.99 ***(978-1-5050-5576-4(8))*** Bendon, Inc.

D Princess Imagine Ink Magic Ink Pictures Book with Stickers (Value) Des. by Bendon. 2020. (ENG.). (J). 5.00 ***(978-1-6902-1458-8(9))*** Bendon, Inc.

D Princess Imagine Ink Magic Ink Pictures (Value) Des. by Bendon. 2020. (ENG.). (J). 3.50 ***(978-1-6902-1439-7(2))*** Bendon, Inc.

D Princess Imagine Ink Water Surprise - Redesign (Value) Des. by Bendon. 2020. (ENG.). (J). 3.00 ***(978-1-6902-1040-5(0))*** Bendon, Inc.

D Princess (Jasmine) 8 X 8 Hardcover Storybook. Des. by Bendon. 2019. (ENG.). (J). 1.00 ***(978-1-5050-9170-0(5))*** Bendon, Inc.

D Princess Jumbo Coloring & Activity Book. Des. by Bendon. 2020. (ENG.). (J). pap. 0.98 ***(978-1-6902-1393-2(0));*** pap. 0.98 *(978-1-6902-1267-6(5))* Bendon, Inc.

D Princess Mini Sticker Scene Plus Coloring & Activity Book. Des. by Bendon. 2020. (ENG.). (J). pap. 5.00 ***(978-1-6902-1386-4(8))*** Bendon, Inc.

D Princess (Moana) Imagine Ink Color! Book with Mini Markers (Value) Des. by Bendon. 2020. (ENG.). (J). 5.00 ***(978-1-6902-1070-2(2))*** Bendon, Inc.

D Princess Read & Color Kit. Des. by Bendon. 2020. (ENG.). (J). 5.00 ***(978-1-6902-1081-8(8))*** Bendon, Inc.

D Princess Storybook Activity Floor Pad with Side Panel Activity (Clubs) Des. by Bendon. 2018. (J). (FRE.). spiral bd. 14.99 ***(978-1-5050-7464-2(9));*** (ENG.). spiral bd. 14.99 ***(978-1-5050-2810-2(8))*** Bendon, Inc.

D Princess Storybook Classic with Dust Jacket. Des. by Bendon. 2020. (ENG.). (J). 5.00 ***(978-1-6902-1296-6(9))*** Bendon, Inc.

D Princess Storybook Stencil Fun (Clubs) Des. by Bendon. 2020. (ENG.). (J). spiral bd. 9.98 ***(978-1-6902-1291-1(8))*** Bendon, Inc.

D Princess Workbook with Stickers. Des. by Bendon. 2020. (ENG.). (J). pap. 6.97 ***(978-1-6902-1237-9(3));*** pap. 6.97 ***(978-1-6902-1246-1(2))*** Bendon, Inc.

D R a C U I A. Bram Stoker & Unabridged - Original Story. 2018. (ENG., Illus.). 392p. (YA). (gr. 7-13). pap. 28.97 *(978-1-387-82266-9(7))* Lulu Pr., Inc.

D Squad: MISSION: Sticky Fingers. Johnell Collins. 2021. (ENG.). 30p. (J). pap. 13.95 *(978-1-63630-987-3(9))* Covenant Bks.

D Squad Mission: No Pants on Fire. Johnell Collins. 2020. (ENG.). 28p. (J). pap. 13.95 *(978-1-64670-351-7(0))* Covenant Bks.

D-Structs Rescue. Elizabeth Milton. ed. 2016. (Dinotrux 8X8 Ser.). (J). lib. bdg. 13.55 *(978-0-606-39188-7(6))* Turtleback.

D Villains 8 X 8 Hardcover Storybook. Des. by Bendon. 2020. (ENG.). (J). 2.98 *(978-1-6902-1271-3(3));* 2.98 *(978-1-6902-1273-7(X))* Bendon, Inc.

D Winnie the Pooh 8 X 8 Hardcover Storybook. Des. by Bendon. 2019. (ENG.). (J). 1.00 ***(978-1-5050-9161-8(6));*** 1.00 ***(978-1-5050-9171-7(3));*** 1.00 ***(978-1-5050-9995-9(1));*** 1.00 ***(978-1-5050-9996-6(X))*** Bendon, Inc.

D Winnie the Pooh Storybook Classic with Dust Jacket. Des. by Bendon. 2020. (ENG.). (J). 5.00 ***(978-1-6902-1298-0(5))*** Bendon, Inc.

D Winnie the Pooh Workbook with Stickers. Des. by Bendon. 2020. (ENG.). (J). pap. 6.97 ***(978-1-6902-1242-3(X))*** Bendon, Inc.

Da Ist ein Licht. Sabine Metscher. 2016. (GER., Illus.). 36p. (J). pap. *(978-1-365-57756-7(2))* Lulu Pr., Inc.

Da Oransjetroll Fikk Høydeskrekk. Annabel Schitz. 2018. (NOR.). 30p. (J). pap. *(978-82-691082-4-8(3))* Schiøtz, Annabel.

Da Silva's Widow: And Other Stories (Classic Reprint) Lucas Malet. (ENG., Illus.). (J). 2018. 356p. 31.24 *(978-0-332-52479-5(5));* 2016. pap. 13.97 *(978-1-334-14011-2(1))* Forgotten Bks.

Da Vinci Cold. Tom Angleberger. ed. 2016. (Inspector Flytrap Ser.: 1). (J). lib. bdg. 15.95 *(978-0-606-38200-7(3))* Turtleback.

Da Vinci's Cat. Catherine Gilbert Murdock. (ENG.). (J). (gr. 3-7). 2022. 304p. pap. 7.99 *(978-0-06-301526-5(9));* 2021. (Illus.). 288p. 17.99 *(978-0-06-301525-8(0))* HarperCollins Pubs. (Greenwillow Bks.).

Da Vinci's Disciples. D. P. Cornelius. 2017. (ENG., Illus.). (J). pap. 12.99 *(978-1-4984-9721-3(7))* Salem Author Services.

Da Vinci's Tiger. L. M. Elliott. 2017. (ENG.). 320p. (YA). (gr. 8). pap. 9.99 *(978-0-06-074426-7(X),* Tegen, Katherine Bks) HarperCollins Pubs.

Dab Kinzer: A Story of a Growing Boy. William O. Stoddard. 2017. (ENG., Illus.). (J). 24.95 *(978-1-374-89124-1(X));* pap. 14.95 *(978-1-374-89123-4(1))* Capital Communications, Inc.

Dab Kinzer: A Story of a Growing Boy (Classic Reprint) William O. Stoddard. 2018. (ENG., Illus.). 344p. (J). 30.99 *(978-0-365-49458-4(5))* Forgotten Bks.

Dabby & Maxie in Florida Vacation. Robin Bee Owens. 2017. (ENG., Illus.). (J). pap. 12.99 *(978-1-946841-06-3(4))* Inknbeans Pr.

Dabi the Dolphin: Little Stories, Big Lessons. Jacqui Shepherd. 2018. (Sea Stories Ser.). (ENG., Illus.). 32p. (J). (gr. k-6). pap. *(978-1-77008-930-3(6))* Awareness Publishing.

Dabney Todd (Classic Reprint) Frank N. Westcott. 2017. (ENG., Illus.). (J). 30.43 *(978-0-266-21571-4(8))* Forgotten Bks.

Dac San Xuan Tan Suu 2021. Van Tho Lac Viet. 2022. (ENG.). 546p. (J). pap. *(978-1-6781-7664-8(8))* Lulu Pr., Inc.

Dachshund. Jennifer Lowe. 2017. (Dog Lover's Guides: Vol. 18). (ENG., Illus.). 128p. (J). (gr. 7-12). 26.95 *(978-1-4222-3855-4(5))* Mason Crest.

Dachshund Who Wore Spectacles. Lora Thomas. 2020. (ENG., Illus.). 116p. (J). pap. 16.95 *(978-1-64531-322-9(0))* Newman Springs Publishing, Inc.

Dachshunds. Elizabeth Andrews. 2022. (Dogs (CK) Ser.). (ENG., Illus.). 24p. (J). (gr. k-3). lib. bdg. 31.36 *(978-1-0982-4318-0(8),* 41211, Pop! Cody Koala) Pop!.

Dachshunds. Valerie Bodden. 2018. (Fetch! Ser.). (ENG.). 24p. (J). (gr. 1-4). *(978-1-60818-899-4(X),* 19534, Creative Education); pap. 8.99 *(978-1-62832-515-7(1),* 19532, Creative Paperbacks) Creative Co., The.

Dachshunds. Sarah Frank. 2019. (Lightning Bolt Books (r) — Who's a Good Dog? Ser.). (ENG., Illus.). 24p. (J). (gr. 1-3). 29.32 *(978-1-5415-5574-7(0),* 38833fb9-4ce8-423e-b643-05ec4d713ad3); pap. 9.99 *(978-1-5415-7467-0(2),* ada4384d-4806-4257-bdad-e2087a76f768) Lerner Publishing Group. (Lerner Pubns.).

Dachshunds. Susan Heinrichs Gray. 2016. (J). *(978-1-4896-4589-0(6))* Weigl Pubs., Inc.

Dachshunds. Grace Hansen. 2021. (Dogs (Abdo Kids Jumbo) Ser.). (ENG., Illus.). 24p. (J). (gr. -1-2). lib. bdg. 32.79 *(978-1-0982-0601-7(0),* 37849, Abdo Kids) ABDO Publishing Co.

Dachshunds. Christa C. Hogan. 2018. (Doggie Data Ser.). (ENG.). 32p. (J). (gr. 4-6). pap. 9.99 *(978-1-64466-248-9(5),* 12247); (Illus.). lib. bdg. *(978-1-68072-401-1(0),* 12246) Black Rabbit Bks. (Bolt).

Dachshunds. Katie Lajiness. 2017. (Big Buddy Dogs Ser.). (ENG., Illus.). 32p. (J). (gr. 2-5). lib. bdg. 34.21 *(978-1-5321-1208-9(4),* 27560, Big Buddy Bks.) ABDO Publishing Co.

Dacia Singleton, Vol. 1 of 3 (Classic Reprint) Unknown Author. 2018. (ENG., Illus.). 328p. (J). 30.66 *(978-0-483-40205-8(2))* Forgotten Bks.

Dacia Singleton, Vol. 2 of 3 (Classic Reprint) Unknown Author. 2018. (ENG., Illus.). 338p. (J). 30.89 *(978-0-483-13012-8(5))* Forgotten Bks.

Dacoit's Mine. Charles R. Kenyon. 2017. (ENG.). 494p. (J). pap. *(978-3-7447-9036-9(3))* Creation Pubs.

Dacoit's Mine: Or a Fight for Fortune (Classic Reprint) Charles R. Kenyon. (ENG., Illus.). (J). 2018. 436p. 32.89 *(978-0-267-95123-9(X));* 2016. pap. 16.57 *(978-1-334-12368-9(3))* Forgotten Bks.

Dactyl Hill Squad, 1. Daniel Jose Older. ed. 2020. (Penworthy Picks YA Fiction Ser.). (ENG.). 256p. (J). (gr. 6-8). 17.96 *(978-1-64697-188-6(4))* Penworthy Co., LLC, The.

Dactyl Hill Squad (Dactyl Hill Squad #1) Daniel José Older. (Dactyl Hill Squad Ser.: 1). (ENG.). (J). (gr. 3-7). 2019. 288p. pap. 6.99 *(978-1-338-26882-9(1));* 2018. (Illus.). 272p. 16.99 *(978-1-338-26881-2(3))* Scholastic, Inc. (Levine, Arthur A. Bks.).

Dad & I Let Our Farts Fly: A Humor Book for Kids & Adults, Perfect for Father's Day. Humor Heals Us. 2023. (Farting Adventures Ser.: Vol. 34). (ENG.). 36p. (J). 19.99 ***(978-1-63731-648-1(8))*** Grow Grit Pr.

Dad & Me Fun in the Kitchen. Danielle Kartes. Illus. by Annie Wilkinson. 2020. (Little Chef Ser.). 20p. (J). (gr. -1-k). 12.99 *(978-1-7282-1417-7(3))* Sourcebooks, Inc.

Dad & Me in the Morning. Patricia Lakin. Illus. by Robert G. Steele. 2019. (ENG.). 32p. (J). (gr. -1-3). pap. 7.99 *(978-0-8075-1420-7(9),* 807514209) Whitman, Albert & Co.

Dad & the Dinosaur. Gennifer Choldenko. Illus. by Dan Santat. 2017. (ENG.). 40p. (J). (gr. k-3). 18.99 *(978-0-399-24353-0(4),* G.P. Putnam's Sons Books for Young Readers) Penguin Young Readers Group.

Dad Assignment. Janae Washington. 2019. (ENG.). 26p. (J). 20.00 *(978-0-359-35181-7(6))* Lulu Pr., Inc.

Dad Bakes a Ham. Cecilia Minden. Illus. by Nadia Gunawan. 2023. (Little Blossom Stories Ser.). (ENG.). 16p. (J). (gr. -1-2). pap. 11.36 *(978-1-6689-1885-2(4),* 221863, Cherry Blossom Press) Cherry Lake Publishing.

Dad by My Side. Soosh. (ENG., Illus.). (J). (gr. -1 — 1). 2020. 22p. bds. 7.99 *(978-0-316-43813-1(8));* 2018. 40p. 17.99 *(978-0-316-43808-7(1))* Little, Brown Bks. for Young Readers.

Dad Can Do Anything. Martin Thomas. Illus. by Ag Jatkowska. 2018. (ENG.). 18p. (gr. -1 — 1). bds. 8.99 *(978-1-5107-3617-7(4),* Sky Pony Pr.) Skyhorse Publishing Co., Inc.

Dad (Classic Reprint) Albert Payson Terhune. 2017. (ENG., Illus.). (J). 30.54 *(978-0-265-18243-7(3))* Forgotten Bks.

Dad Gets Fit & Jobs on a Jet. Georgie Tennant. Illus. by Rosie Groom. 2023. (Level 3 - Yellow Set Ser.). (ENG.). 32p. (J). (gr. k-2). lib. bdg. 19.95 Bearport Publishing Co., Inc.

Dad Gone. Eris Aubrie Busey. 2020. (ENG.). 18p. (J). *(978-0-2288-3378-9(7));* pap. *(978-0-2288-3377-2(9))* Tellwell Talent.

Dad, I Love You So Much. Sequoia Children's Publishing. Illus. by Rebecca Elliot. 2021. (Love You Board Bks.). (ENG.). 16p. (J). (gr. k-2). lib. bdg. 9.00 *(978-1-64996-048-1(4),* 4779, Sequoia Publishing & Media LLC) Phoenix International Publications, Inc.

Dad I Love You So Much. Sequoia Children's Publishing. 2019. (ENG.). (J). 10p. bds. 5.99 *(978-1-64269-076-7(7),* 4737); 16p. bds. 9.99 *(978-1-64269-049-1(X),* 4732) Phoenix International Publications, Inc. (Sequoia Publishing & Media LLC).

Dad, I Love You So Much. Sequoia Kids Media Sequoia Kids Media. Illus. by Rebecca Elliot. 2021. (Love You Board Bks.). (ENG.). 10p. (J). (gr. -1-3). pap. 6.50 ***(978-1-64996-667-4(9),*** 17032, Sequoia Kids Media) Sequoia Children's Bks.

Dad, I Want to Hear Your Story: A Father's Journal to Share His Life, Stories, Love & Special Memories, Father's Day, Birthday Gift Idea for Dad from Daughter & Son. Sarah Chantel. 2022. (ENG.). 128p. (J). pap. 16.80 ***(978-1-4716-9692-3(8))*** Lulu Pr., Inc.

Dad in Politics & Other Stories (Classic Reprint) Steele Rudd. 2018. (ENG., Illus.). 304p. (J). 30.17 *(978-0-484-65078-6(5))* Forgotten Bks.

Dad I've Hurt Myself. Andrew Rogerson. 2021. (ENG.). 36p. (J). pap. *(978-1-913962-39-5(3))* Clink Street Publishing.

Dad Jokes for Kids: 350+ Silly, Laugh-Out-Loud Jokes for the Whole Family! Jimmy Niro. 2020. (Ultimate Silly Joke Books for Kids Ser.). (ENG.). 128p. (J). (gr. 2-7). pap. 7.99 *(978-1-7282-0526-7(3))* Sourcebooks, Inc.

Dad Jokes for Kids: The Terribly Good & Wonderfully Bad - Clean & Kid-Friendly Dad Jokes the Whole Family Will Love. Hayden Fox. l.t. ed. 2020. (ENG., Illus.). 76p. (J). pap. *(978-1-989968-05-5(8),* Fox, Hayden) Gill, Karanvir.

Dad Jokes Galore: A Compendium of Cringey Humour. M. K. 2023. (ENG.). 51p. (J). pap. ***(978-1-4478-3426-7(7))*** Lulu Pr., Inc.

Dad, Me, & the Pandemic. Shelley M. Fisher. Illus. by Ernest Douglas. 2021. (ENG.). 36p. (J). 22.99 *(978-1-6628-1127-2(6));* pap. 12.49 *(978-1-6628-0950-7(6))* Salem Author Services.

Dad! Mum! I Felt the House Shake! Jordan Dean. 2021. (ENG.). 28p. (J). pap. *(978-1-922550-16-3(7))* Library For All Limited.

Dad School. Rebecca Van Slyke. ed. 2021. (Parent School Ser.). (ENG., Illus.). 25p. (J). (gr. k-1). 20.46 *(978-1-64697-934-9(6))* Penworthy Co., LLC, The.

Dad School. Rebecca Van Slyke. Illus. by Priscilla Burris. 2021. 32p. (J). (gr. -1-2). pap. 7.99 *(978-0-593-37439-9(8),* Dragonfly Bks.) Random Hse. Children's Bks.

Dad Surprise, 1 vol. Laurie Friedman. Illus. by Thais Bolton. 2022. (Sunshine Picture Bks.). (ENG.). 32p. (J). (gr. k-3). lib. bdg. *(978-1-0396-4620-9(4),* 16315, Sunshine Picture Books) Crabtree Publishing Co.

Dad Surprise, 1 vol. Laurie Friedman & Laurie B. Friedman. Illus. by Thais Bolton. 2022. (Sunshine Picture Bks.). (ENG.). 32p. (J). (gr. k-3). pap. *(978-1-0396-4747-3(2),* 17321, Sunshine Picture Books) Crabtree Publishing Co.

Dad, the Bird Caller: Leveled Reader Turquoise Level 17. Rg Rg. 2016. (PM Ser.). (ENG.). 16p. (J). (gr. 2). pap. 11.00 *(978-0-544-89174-6(0))* Rigby Education.

Dad, the Bully, & the Orange Ball. Lawrence Gordon. 2020. (ENG.). 26p. (J). pap. 10.99 *(978-1-7357280-3-2(9));* 16.95 *(978-1-7357280-2-5(0))* Warren Publishing, Inc.

Dad Who Never Gave Up. Steph Williams. 2021. (Little Me, Big God Ser.). (ENG., Illus.). 24p. (J). *(978-1-78498-657-5(7))* Good Bk. Co., The.

Dad You've Trumped. Andrew Rogerson. 2020. (ENG., Illus.). 34p. (J). pap. *(978-1-913136-65-9(5))* Clink Street Publishing.

Dadaji's Paintbrush. Rashmi Sirdeshpande. Illus. by Ruchi Mhasane. 2022. (ENG.). 32p. (J). (gr. -1-3). 18.99 *(978-1-64614-172-2(5))* Levine Querido.

Daddies. Laci Morrissey. Illus. by Leah Morrissey. 2018. (ENG.). 20p. (J). 21.95 *(978-1-64003-198-2(7));* pap. 11.95 *(978-1-64300-282-8(1))* Covenant Bks.

Daddies. Lila Prap. 2018. (ENG., Illus.). 32p. (J). (gr. -1-k). 14.95 *(978-0-2281-0121-5(2),* a1236c95-c916-4796-b234-a38fdcf4d51a); pap. 6.95 *(978-0-2281-0166-6(2),* 87bb4328-34fe-4c2f-99b2-89d962010ec6) Firefly Bks., Ltd.

Daddies. Lila Prap. ed. 2020. (ENG.). 32p. (J). (gr. k-1). 16.96 *(978-1-64697-244-9(9))* Penworthy Co., LLC, The.

Daddies & Baddies. Mat Waugh. Illus. by Graham Evans. 2019. (ENG.). 34p. (J). (gr. k-2). *(978-1-912883-15-8(5));* pap. *(978-1-912883-14-1(7))* Big Red Button Bks.

Daddies & Daughters Stick Together: Book 1. Aissatou Balde & Diariatou Sow. Illus. by Nandi Fernandez. 2022. (Daddies & Daughters Stick Together Ser.: 1). (ENG.). 32p. (J). 18.95 *(978-1-954854-52-9(8),* Bird Upstairs) Girl Friday Bks.

Daddies Are Awesome. Meredith Costain. Illus. by Polona Lovsin. 2017. (ENG.). 28p. (J). bds. 8.99 *(978-1-250-10720-6(2),* 900164822, Holt, Henry & Co. Bks. For Young Readers) Holt, Henry & Co.

Daddies Build Dreams. Becky Davies. Illus. by Dan Taylor. 2022. (ENG.). 28p. (J). (gr. -1-2). pap. 4.99 *(978-1-68010-491-2(8))* Tiger Tales.

Daddy. Leslie Patricelli. Illus. by Leslie Patricelli. 2021. (Leslie Patricelli Board Bks.). (ENG., Illus.). 26p. (J). (— 1). bds. 8.99 *(978-1-5362-0382-0(3))* Candlewick Pr.

Daddy? How Do I? Maya Learns Life Skills. Matt Bradford & Maya Bradford. 2023. (ENG.). 30p. (J). 24.99 ***(978-1-0880-8275-1(0))*** Indy Pub.

Daddy, Am I a Man. Roy Hebert. 2017. (ENG., Illus.). (J). pap. 9.99 *(978-0-9990698-3-7(7))* Mindstir Media.

Daddy, Am I Beautiful? Michelle S. Lazurek. 2021. (ENG.). 30p. (J). pap. 12.95 *(978-0-578-83857-1(5))* michelle s lazurek-author.

Daddy & Me. Ed. by Cottage Door Press. Illus. by Sarah Ward. 2018. (ENG.). 12p. (J). (gr. -1 — 1). bds. 7.99 *(978-1-68052-441-3(0),* 2000400) Cottage Door Pr.

Daddy & Me. Tiya Hall & Sydney Hanson. Ed. by Cottage Door Press. 2018. (ENG.). 20p. (J). (gr. -1-1). bds. 9.99 *(978-1-68052-452-9(6),* 2000510) Cottage Door Pr.

Daddy & Me. Michele McCarthy. Illus. by Lorrie Mangano. 2019. (ENG.). 28p. (J). pap. 13.99 *(978-1-68314-757-2(X))* Redemption Pr.

Daddy & Me. Michele McCarthy & Lorrie Mangano. 2019. (ENG.). 28p. (J). 20.99 *(978-1-68314-758-9(8))* Redemption Pr.

Daddy & Me. Jean Annette Tate. 2019. (ENG.). 38p. (J). pap. 14.95 *(978-1-64458-642-6(8))* Christian Faith Publishing.

Daddy & Me. Gary Urda. Illus. by Rosie Butcher. 2023. (ENG.). 20p. (J). (— 1). bds., bds. 8.99 *(978-1-4998-1351-7(1))* Little Bee Books Inc.

Daddy & Me: 100 Devotions to Share. Text by Alyssa Jones. 2021. (ENG., Illus.). 240p. (J). (gr. -1-1). 12.99 *(978-1-0877-3158-2(5),* 005829665, B&H Kids) B&H Publishing Group.

Daddy & Me & the Rhyme to Be (a Karma's World Picture Book) Chris Bridges & Halcyon Person. Illus. by Parker-Nia Gordon. 2022. (ENG.). 40p. (J). (gr. -1-3). 17.99 *(978-1-338-79633-9(X))* Scholastic, Inc.

Daddy & Mommy Are Buying a Home! Pam Armistead. 2021. 32p. (J). pap. 12.99 *(978-1-0983-6194-5(6))* BookBaby.

Daddy & the Co-Eds (Classic Reprint) Willis N. Bugbee. 2018. (ENG., Illus.). 24p. (J). 24.39 *(978-0-428-47966-4(9))* Forgotten Bks.

Daddy & the World's Longest Poo. Brydie Wright. 2016. (ENG., Illus.). (J). pap. 13.23 *(978-1-4834-5501-3(7))* Lulu Pr., Inc.

Daddy Ball. Cepia Harper. 2020. (ENG.). 40p. (YA). pap. *(978-1-716-63830-5(5))* Lulu Pr., Inc.

Daddy Ben: A Study in Black & White; Being a Story of the Lives of Real Personages During the Civil War (Classic Reprint) Unknown Author. 2018. (ENG., Illus.). 28p. (J). 24.47 *(978-0-332-82707-0(0))* Forgotten Bks.

Daddy Calls Me Happy Bunny! Sabrina Andonegui. Illus. by Maria Lopez. 2020. (ENG.). 28p. (J). pap. 12.99 *(978-1-952894-62-6(X))* Pen It Pubns.

Daddy Can't Dance. Fran Manushkin. Illus. by Tammie Lyon. 2018. (Katie Woo Ser.). (ENG.). 32p. (J). (gr. k-2). lib. bdg. 21.32 *(978-1-5158-2266-0(4),* 136885, Picture Window Bks.) Capstone.

Daddy Cuddle. Kate Mayes. Illus. by Sara Acton. 2017. (ENG.). 32p. (J). (gr. -1-k). 17.99 *(978-1-68152-193-0(8),* 14733) Amicus.

TITLE INDEX DAILY BREAD

Daddy, Dadda, Dayeee. Holly Haschmann. 2022. (ENG., Illus.). 28p. (J). pap. 14.95 *(978-1-63985-581-0(5))* Fulton Bks.

Daddy Daughter Day. Isabelle Bridges-Boesch. Illus. by Jeff Bridges. 2020. 56p. (J). (gr. 2). 17.99 *(978-1-5067-1808-8(6),* Dark Horse Books) Dark Horse Comics.

Daddy-Daughter Day. Pierce Freelon. Illus. by Olivia Duchess. 2022. (ENG.). 40p. (J). (gr. -1-3). 17.99 *(978-0-316-05526-0(3))* Little, Brown Bks. for Young Readers.

Daddy Daughter Time. Chike Nwabukwu & Kosi Nwabukwu. Illus. by Muhammad. Ali. 2022. (ENG.). 36p. (J). 18.99 ***(978-1-0879-1081-9(1))*** Indy Pub.

Daddy Days. Sue deGennaro. 2019. (Different Days Ser.). (ENG., Illus.). 24p. (J). 17.99 *(978-1-76050-477-9(7))* Little Hare Bks. AUS. Dist: Independent Pubs. Group.

Daddy Dinks (Classic Reprint) Louise Mervyn. 2017. (ENG., Illus.). (J). 25.84 *(978-0-331-99789-7(4));* pap. 9.57 *(978-0-331-99768-2(1))* Forgotten Bks.

Daddy, Do You Love Me? Clever Publishing. Illus. by Helen Hrabrov. 2023. (Clever Family Stories Ser.). (ENG.). 20p. (J). (gr. -1 — 1). bds. 9.99 *(978-1-956560-45-9(9))* Clever Media Group.

Daddy Donut Day Children's Coloring Book: Fun Children's Activity for a Day We Shout Hooray! Gunter. Ed. by Nate Books. Illus. by Mauro Lirussi. 2021. (Children's Activity Bks.: Vol. 2). (ENG.). 34p. (J). pap. 5.95 ***(978-0-578-30731-2(6))*** TGJS Publishing.

Daddy Dragon Wants a Nap. Byung Chun. Illus. by Nicholas Mueller. 2022. (Dragon Family Ser.). (ENG.). 28p. (J). *(978-1-0391-3429-4(7));* pap. *(978-1-0391-3428-7(9))* FriesenPress.

Daddy Dragons & Dryers. Carolyn Bagnall. 2019. (ENG., Illus.). 26p. (J). pap. *(978-0-2288-1896-0(6))* Tellwell Talent.

Daddy Dragons & Dryers. Carolyn H. Bagnall. 2019. (ENG., Illus.). 26p. (J). (gr. k-3). *(978-0-2288-1897-7(4))* Tellwell Talent.

Daddy Dreams: (Animal Board Books, Parents Stories for Kids, Children's Books about Fathers) Anne Gutman & Georg Hallensleben. 2017. (Daddy, Mommy Ser.). (ENG., Illus.). 14p. (J). (gr. -1 — 1). bds. 5.99 *(978-1-4521-5823-5(1))* Chronicle Bks. LLC.

Daddy Dressed Me. Michael Gardner & Ava Gardner. Illus. by Nadia Fisher. 2023. (ENG.). 48p. (J). (gr. -1-3). 18.99 *(978-1-6659-2195-4(1),* Aladdin) Simon & Schuster Children's Publishing.

Daddy Drew Me Upside Down. Mark Maker. 2018. (ENG., Illus.). (J). (gr. k-6). 19.99 *(978-1-988159-40-9(7))* Guardian Publishing.

Daddy Drew Me Upside Down. Mark Maker. Illus. by Mark Maker. 2018. (ENG., Illus.). 42p. (J). (gr. k-6). pap. 11.59 *(978-1-988159-23-2(7))* Guardian Publishing.

Daddy Duck of Whisper Pond. C. L. Ehardt. 2022. (ENG., Illus.). 18p. (J). pap. 13.95 *(978-1-6624-6974-9(8))* Page Publishing Inc.

Daddy, How Does a Sloth Give a Hug? Diane Elgin. Illus. by Sophia Jin. 2020. (ENG.). 30p. (J). pap. 9.99 *(978-1-64949-003-2(8))* Elk Lake Publishing, Inc.

Daddy Hugs. IglooBooks. 2019. (ENG.). 24p. (J). 9.99 *(978-1-83852-546-0(7))* Igloo Bks. GBR. Dist: Simon & Schuster, Inc.

Daddy Hugs. Nancy Tafuri. 2021. (ENG., Illus.). 24p. (J). (gr. -1 — 1). bds. 7.99 *(978-0-316-70284-3(6))* Little, Brown Bks. for Young Readers.

Daddy Hugs-An Adorable Jungle Adventure to Share: Padded Board Book. IglooBooks. Illus. by Daniel Howarth. 2023. (ENG.). 24p. (J). (— k). bds. 9.99 ***(978-1-80368-359-1(7))*** Igloo Bks. GBR. Dist: Simon & Schuster, Inc.

Daddy, I Can't Find My Egg. Clarissa Harding. 2022. (ENG.). 38p. (J). pap. *(978-1-6780-0861-1(3))* Lulu Pr., Inc.

Daddy I Love You: Keepsake Storybook with an Adorable Heart Plush Cover. IglooBooks. Illus. by Gail Yerrill. 2023. (ENG.). 8p. (J). (— 1). 9.99 ***(978-1-80368-897-8(1))*** Igloo Bks. GBR. Dist: Simon & Schuster, Inc.

Daddy, I Love You: Sparkly Story Board Book. IglooBooks. Illus. by Alison Edgson. 2020. (ENG.). 12p. (J). (-k). bds. 7.99 *(978-1-83852-589-7(0))* Igloo Bks. GBR. Dist: Simon & Schuster, Inc.

Daddy! I Need You! Chris Bilsborough. 2019. (ENG.). 30p. (J). pap. *(978-1-78830-327-9(X))* Olympia Publishers.

Daddy, I Want to Know God. Vanessa Fortenberry. 2017. (Families Growing in Faith Ser.). (ENG., Illus.). 30p. (J). (gr. k-2). 17.95 *(978-1-939371-65-2(1));* pap. 9.95 *(978-1-939371-64-5(3))* Boutique of Quality Books Publishing Co., Inc. (BQB Publishing).

Daddy, I'm Scared. Narcippa Teague. 2022. (ENG., Illus.). 40p. (J). 27.95 ***(978-1-63881-050-6(8))*** Newman Springs Publishing, Inc.

Daddy Is Always Here. Da'riane Cambrice. 2020. (ENG.). 24p. (J). 18.00 *(978-1-6629-0146-1(1))* Gatekeeper Pr.

Daddy, Is God Real? Dorothy J. Phipps. Illus. by Mahnoor Ali. 2022. (ENG.). 28p. (J). pap. 14.99 *(978-1-6628-3715-9(1))* Salem Author Services.

Daddy Lives in Heaven. Mary Kubeny. Illus. by Anastasia Honcharenko. 2023. (ENG.). 26p. (J). pap. 9.99 ***(978-1-0879-5459-2(2))*** Indy Pub.

Daddy-Long-Legs. Jean Webster. Illus. by Jean Webster. 2018. (Alma Junior Classics Ser.). (ENG., Illus.). 224p. pap. 9.95 *(978-1-84749-651-5(2),* 900200349, Alma Classics) Bloomsbury Publishing USA.

Daddy-Long-Legs. Jean Webster. 2019. (ENG.). 138p. (J). (gr. 4-7). pap. *(978-1-5287-1170-8(X))* Freeman Pr.

Daddy-Long-Legs. Jean Webster. 2016. (ENG., Illus.). (J). pap. 4.50 *(978-1-68422-026-7(2))* Martino Fine Bks.

Daddy Long Legs. Jean Webster. 2016. (ENG.). 160p. (YA). pap. 4.99 ***(978-81-7599-416-4(9))*** Prakash Bk. Depot IND. Dist: Independent Pubs. Group.

Daddy Long Legs. Jean Webster. Ed. by Monica Turoni. Illus. by Iris Aspinall Priest. 2017. (ENG.). viii, 186p. (J). (gr. 4-7). pap. *(978-1-911424-02-4(5))* Black Wolf Edition & Publishing Ltd.

Daddy Long-Legs: A Comedy in Four Acts. Jean Webster. 2019. (ENG.). 148p. (J). (gr. 3-6). pap. *(978-93-5395-546-5(7))* Alpha Editions.

Daddy-Long-Legs (Classic Reprint) Jean Webster. 2017. (ENG., Illus.). (J). 30.64 *(978-0-260-14574-1(2));* 29.18 *(978-1-5282-5186-0(5));* pap. 13.57 *(978-0-243-51861-6(7))* Forgotten Bks.

Daddy Loves His Baby Coloring Book. Activibooks For Kids. 2016. (ENG., Illus.). (J). pap. 9.20 *(978-1-68321-687-2(3))* Mimaxion.

Daddy Loves Me. Georgina Wren. 2020. (Padded Picture Storybook Ser.). (ENG.). 24p. (J). (— 1). 12.99 *(978-1-78958-637-4(2))* Top That! Publishing PLC GBR. Dist: Independent Pubs. Group.

Daddy Loves Me. Georgina Wren. Illus. by Gabi Murphy. 2020. (5-Minute Stories Portrait Padded Board B Ser.). (ENG.). 22p. (J). (— 1). bds. 9.99 *(978-1-78958-627-5(5))* Top That! Publishing PLC GBR. Dist: Independent Pubs. Group.

Daddy Loves You! Helen Foster James. Illus. by Petra Brown. 2020. (ENG.). 32p. (J). (gr. -1-k). 15.99 *(978-1-5341-1059-5(3),* 204851) Sleeping Bear Pr.

Daddy Loves You. Danielle McLean. Illus. by Zoe Waring. 2021. (ENG.). 10p. (J). (-k). bds. 9.99 *(978-1-68010-633-6(3))* Tiger Tales.

Daddy Loves You More Than Mommy Does. Nicholas Garcia. 2021. (ENG.). 30p. (J). pap. 13.95 *(978-1-63630-076-4(6))* Covenant Bks.

Daddy, Me, & the Magic Hour. Laura Krauss Melmed. Illus. by Sarita Rich. 2018. (ENG.). 32p. (J). (gr. -1-k). 16.99 *(978-1-5107-0791-7(3),* Sky Pony Pr.) Skyhorse Publishing Co., Inc.

Daddy Pat of the Marines: Being His Letters from France to His Son Townie (Classic Reprint) Frank E. Evans. 2018. (ENG., Illus.). 160p. (J). 27.22 *(978-0-267-51783-1(1))* Forgotten Bks.

Daddy Played the Blues, 1 vol. Michael Garland. 2017. (ENG., Illus.). 48p. (J). (gr. 1-5). 17.95 *(978-0-88448-588-9(9),* 884588) Tilbury Hse. Pubs.

Daddy-Sitting. Eve Coy. Illus. by Eve Coy. 2019. (ENG., Illus.). 32p. (J). (gr. -1-3). 17.99 *(978-1-328-48989-0(2),* 1716810, Clarion Bks.) HarperCollins Pubs.

Daddy Snuggles. Hannah C. Hall. Illus. by Aleksandra Szmidt. 2019. (ENG.). 20p. (J). (gr. -1-k). bds. 7.99 *(978-0-8249-5696-7(6))* Worthy Publishing.

Daddy Speaks Love. Leah Henderson. Illus. by E. B. Lewis. 2022. 32p. (J). (gr. -1-3). 17.99 *(978-0-593-35436-0(2),* Nancy Paulsen Books) Penguin Young Readers Group.

Daddy, Take Me Along. Frankie Curtis Duncan. 2019. (ENG.). 28p. (J). 24.95 *(978-1-64515-874-5(8));* pap. 14.95 *(978-1-64416-312-2(8))* Christian Faith Publishing.

Daddy Takes Us Skating. Howard R. Garis. 2018. (ENG., Illus.). 52p. (YA). (gr. 7-12). pap. *(978-93-5297-330-9(5))* Alpha Editions.

Daddy Takes Us to the Garden: The Daddy Series for Little Folks. Howard R. Garis. 2018. (ENG., Illus.). 104p. (YA). (gr. 7-12). pap. *(978-93-5297-331-6(3))* Alpha Editions.

Daddy Tell Me a Bedtime Story. Angela M. Jackson. 2019. (ENG.). 34p. (J). pap. 15.60 *(978-1-68470-942-7(3))* Lulu Pr., Inc.

Daddy Tries. Brandon Janosky. Illus. by Jessica Warrick. 2017. (ENG.). (J). (gr. k-4). 18.95 *(978-0-692-83634-7(9))* Janosky, Brandon.

Daddy, What If I? Trevor Murray. 2017. (ENG., Illus.). (J). (gr. -1-3). 10.00 *(978-1-946854-20-9(4))* MainSpringBks.

Daddy, What Is an Embryo? A Tale of Egg Donation. J. D. Quarles. Illus. by Qbn Studios. 2nd ed. 2021. (ENG.). 50p. (J). 27.99 ***(978-1-0879-9547-2(7))*** Indy Pub.

Daddy, What Is the American Dream? Money Tree Edition. Jacob K. August et al. 2021. (ENG.). 40p. (J). pap. 11.99 *(978-1-7350696-3-0(9))* August Publishing Co., The.

Daddy, What's a Bastard? Moira Cherrie. 2018. (ENG., Illus.). 252p. (YA). pap. *(978-1-78823-454-2(5))* Austin Macauley Pubs. Ltd.

Daddy, Where Did You Go? April J. Harvey. 2021. (ENG.). 32p. (J). pap. 18.87 *(978-0-578-99586-1(7))* Palmetto Publishing.

Daddy Why Am I Broken? Ricardo Burguete. 2017. (ENG., Illus.). (J). *(978-1-5255-0725-0(7));* pap. *(978-1-5255-0726-7(5))* FriesenPress.

Daddy, Why Do Bubbles Disappear? Dana Bradshaw. 2016. (ENG., Illus.). (J). 19.99 *(978-0-9977466-1-7(0));* pap. 12.99 *(978-0-9977466-0-0(2))* Mindstir Media.

Daddy, You Have a Lot of Jobs: Daphney Dollar & Friends. Sharon M. Lewis. 2017. (Daphney Dollars Ser.: Vol. 5). (ENG., Illus.). (J). (gr. k-5). 14.99 *(978-0-9974001-5-1(3))* Fiscal Pink, LlC.

Daddys Watching Football. Clay Beyersdorfer. Illus. by Ben Humeniuk. 2021. (ENG.). 24p. (J). pap. 15.00 *(978-1-0983-9351-9(1))* BookBaby.

Daddy's Best Friend. Eddy Perpignan. Ed. by Darline Noel-Perpignan. Illus. by Sarah Van Evera. 2020. (ENG.). 26p. (J). pap. 9.99 *(978-0-578-23708-4(3))* NExcell Consulting.

Daddy's Big Bike Race. David Thompson. 2019. (ENG.). 30p. (J). pap. *(978-1-78830-174-9(9))* Olympia Publishers.

Daddy's Big Secret Jordan Learns the Truth. Jermaine K. Seamon. 2021. (ENG.). 26p. (J). 24.99 *(978-1-941907-39-9(3))* Firebrand Publishing.

Daddy's Blues Moon! Bonnie Tarbert. 2022. (ENG.). 20p. (J). 18.99 ***(978-1-0879-0446-7(3))*** Indy Pub.

Daddy's Brilliant Beard. Katherine Turner. 2018. (ENG., Illus.). 32p. (J). pap. *(978-0-244-67122-8(2))* Lulu Pr., Inc.

Daddy's Cheeky Monkey. Andrew Daddo. Illus. by Emma Quay. 2018. 32p. pap. 6.99 *(978-0-7333-3891-5(7))* ABC Bks. AUS. Dist: HarperCollins Pubs.

Daddy's Cloud. Lisa Robbins. 2016. (ENG., Illus.). (J). 22.00 *(978-1-945620-16-4(1))* Hear My Heart Publishing.

Daddy's Cloud. Lisa Robbins. Illus. by Lynn Mohney. 2016. (ENG.). (J). pap. 11.99 *(978-1-945620-08-9(0))* Hear My Heart Publishing.

Daddy's Favorite Mug. Olive Grace. 2022. (Ivena Rose Ser.: Vol. 2). (ENG., Illus.). 30p. (J). pap. 14.95 *(978-1-63903-932-6(5))* Christian Faith Publishing.

Daddy's Favorite Sound: What's Better Than a Woosh or a Giggle? Brock Eastman & Kinley Eastman. 2019. (ENG., Illus.). 32p. (J). (gr. -1-3). 16.99 *(978-0-7369-7474-5(1),* 6974745) Harvest Hse. Pubs.

Daddy's Favorites. Elissa Joy. Illus. by Dionne Victoria. 2019. (ENG.). 40p. (J). pap. 10.99 *(978-1-970133-01-1(5))* EduMatch.

Daddy's Girl. G. C. Denwiddie. 2017. (ENG., Illus.). (J). pap. 19.97 *(978-0-9960973-0-7(9))* Denwit Publishing.

Daddy's Girl. Helen Foster James. Illus. by Estelle Corke. 2017. (ENG.). 32p. (J). (gr. -1-2). 15.99 *(978-0-8249-5681-3(8))* Worthy Publishing.

Daddy's Home - Eager to Read Kids Book Fiction. Baby Professor. 2020. (ENG.). 22p. (J). 20.99 *(978-1-5419-8019-8(0),* Baby Professor (Education Kids)) Speedy Publishing LLC.

Daddy's Home Eager to Read Kids Book Fiction. Baby Professor. 2020. (ENG.). 22p. (J). pap. 9.99 *(978-1-5419-7757-0(2),* Baby Professor (Education Kids)) Speedy Publishing LLC.

Daddy's Hugs & Snuggles. Linda Ashman. Illus. by Jane Massey. 2023. (ENG.). 24p. (J). (gr. -1-k). 12.99 *(978-1-338-85404-6(6),* Cartwheel Bks.) Scholastic, Inc.

Daddy's Little Girl. Elizabeth Hamma. 2021. (ENG.). 28p. (J). 16.99 *(978-1-7363845-6-5(2))* Mindstir Media.

Daddy's Little Girl: Childrens Book about a Cute Girl & Her Superhero Dad. Michael Gordon. 2021. (Family Life Ser.: Vol. 6). (ENG., Illus.). 32p. (J). 14.99 *(978-1-7344674-2-0(8))* Kids Bk. Pr.

Daddy's Little Girl, & Other Child Verse (Classic Reprint) La Fayette Lentz Butler. (ENG., Illus.). (J). 2018. 32p. 24.56 *(978-0-267-54669-5(6));* 2016. pap. 7.97 *(978-1-333-70727-9(4))* Forgotten Bks.

Daddy's Little Love Letter from God. Kimaada Le Gendre. Illus. by Ishika Sharma. 2022. (Naturebella's Kids Faith Ser.). (ENG.). 26p. (J). pap. 12.95 *(978-1-7376409-7-4(X))* Le Gendre, Kimaada.

Daddy's Little Princess. Steve Proutsos. 2017. (ENG., Illus.). 42p. (J). (gr. 1-6). pap. 9.95 *(978-1-62183-468-7(9))* Brighton Publishing LLC.

Daddy's Little Star. Lou Treleaven. Illus. by Jennifer Bartlett. 2023. (Heartfelt - Die-Cut Heart Board Book Ser.). (ENG.). 8p. (J). (gr. -1-k). bds. 12.99 *(978-1-80105-564-2(5))* Top That! Publishing PLC GBR. Dist: Independent Pubs. Group.

Daddy's Little Wordlings. Linh Nguyen-Ng. Illus. by Linh Nguyen-Ng. 2019. (ENG., Illus.). 42p. (J). (gr. k-3). 18.99 *(978-1-7323275-2-8(1))* Prose & Concepts.

Daddy's Love: El Amor de Papá. Stacey Borden. 2022. (ENG., Illus.). 30p. (J). pap. 14.95 ***(978-1-68498-540-1(4))*** Newman Springs Publishing, Inc.

Daddy's Magic Dust. Mike Patton. (Daddy's Magical Adventures Ser.). (ENG., Illus.). 46p. (J). 2022. 27.95 *(978-1-68498-313-1(4));* 2020. pap. 14.95 *(978-1-64531-041-9(8))* Newman Springs Publishing, Inc.

Daddy's Mini-Me. Arnold Henry. Illus. by Ted M. Sandiford. 2019. (ENG.). 34p. (J). pap. *(978-0-9940272-5-2(7))* Piton Bks.

Daddy's New Shed. Jessica Parkin. Illus. by Phillip Reed. 2019. (Tilly Tale Ser.: Vol. 2). (ENG.). 36p. (J). pap. *(978-1-913224-02-8(3))* Jeffcock, Pippa.

Daddy's Pot. Nakeisha M. Curry. Illus. by Jim Balletto. 2018. (ENG.). 24p. (J). pap. 13.95 *(978-0-9799896-7-4(1))* VLChilds Publishing.

Daddy's Special Drink. Chris Morrison. 2019. (ENG., Illus.). 36p. (J). pap. *(978-1-912850-14-3(1))* Clink Street Publishing.

Daddy's Spoiled Brats. 901_nazcar. 2023. (ENG.). 26p. (J). 27.50 ***(978-1-0881-7770-9(0));*** pap. 21.99 ***(978-1-0881-1833-7(X))*** Indy Pub.

Daddy's Wardrobe. Yuval S. Boger. Illus. by Yun Vachutinsky. 2018. (HEB.). 36p. (J). pap. 9.95 *(978-1-936961-32-0(6),* VRguy publishing) LINX Corp.

Daddy's Weekend. Michael Cunningham. 2021. (ENG.). 50p. (J). pap. *(978-1-913136-88-8(4))* Clink Street Publishing.

Daddy's Widow: A Long Island Story (Classic Reprint) Margaret Barnes Price. 2018. (ENG., Illus.). (J). 390p. 31.94 *(978-1-396-42837-1(2));* 392p. pap. 16.57 *(978-1-390-90172-6(6))* Forgotten Bks.

Daddy's Wish. Brent Smith. Illus. by Spencer Duffy. 2019. (ENG.). 52p. (J). pap. *(978-1-5255-4175-9(7))* FriesenPress.

Dador: The Giver (Spanish Edition), a Newbery Award Winner. Lois Lowry. 2021. (Giver Quartet Ser.). (SPA.). 272p. (YA). (gr. 7). 14.99 *(978-0-358-35473-4(0),* 1783690); pap. 11.99 *(978-0-358-35474-1(9),* 1783691) HarperCollins Pubs. (Clarion Bks.).

Dador F&g. Lowry. 2021. (ENG.). (J). 14.99 *(978-0-358-45747-3(5),* HarperCollins) HarperCollins Pubs.

Dads. John Coy. Photos by Wing Young Huie. 2020. (ENG., Illus.). 32p. (J). (gr. -1-2). 19.99 *(978-1-5415-7839-5(2),* f93faab7-7729-4747-b747-e1f4b8860991, Carolrhoda Bks.) Lerner Publishing Group.

Dads Are in Charge: a Coloring Book. Gwen GATES. 2022. (ENG.). 45p. (J). pap. ***(978-1-387-95043-0(6))*** Lulu Pr., Inc.

Dad's Camera. Ross Watkins. Illus. by Liz Anelli. 2018. (ENG.). 40p. (J). (gr. k-4). 16.99 *(978-1-5362-0138-3(3))* Candlewick Pr.

Dads Can Do It All! Ted Maass. Illus. by Ekaterina Trukhan. 2023. 20p. (J). (— 1). bds. 8.99 *(978-0-593-52299-8(0),* Grosset & Dunlap) Penguin Young Readers Group.

Dad's Dancing Decorators. Hermione Redshaw. Illus. by Irene Renon. 2023. (Level 9 - Gold Set Ser.). (ENG.). 32p. (J). (gr. 2-4). lib. bdg. 19.95 Bearport Publishing Co., Inc.

Dad's Day Off: Practicing the D Sound, 1 vol. Dylan Karsten. 2016. (Rosen Phonics Readers Ser.). (ENG., Illus.). 8p. (J). (gr. -1-2). pap. *(978-1-5081-3081-9(7),* fdafcd2e-e350-4cad-9316-8cadc55886fb, Rosen Classroom) Rosen Publishing Group, Inc., The.

Dad's Girlfriend & Other Anxieties. Kellye Crocker. 2022. (ENG.). 288p. (J). (gr. 3-7). 17.99 *(978-0-8075-1421-4(7),* 0807514217) Whitman, Albert & Co.

Dad's Imaginary Games for Kids. Brian Scannell. 2022. (ENG.). 70p. (J). pap. *(978-1-80302-376-2(7))* FeedARead.com.

Dad's Letters on a World Journey (Classic Reprint) Bert Wilson. 2018. (ENG., Illus.). 272p. (J). 29.51 *(978-0-365-27025-6(3))* Forgotten Bks.

Dad's Need Hugs Too- Children's Family Life Books. Baby Professor. 2017. (ENG., Illus.). (J). pap. 7.89 *(978-1-5419-0298-5(X),* Baby Professor (Education Kids)) Speedy Publishing LLC.

Dads Rock! (DreamWorks Trolls) Dennis R. Shealy. Illus. by Fabio Laguna & Marco Lesko. 2021. (ENG.). 22p. (J). (gr. -1-2). bds. 7.99 *(978-0-593-30461-7(6),* Random Hse. Bks. for Young Readers) Random Hse. Children's Bks.

Dad's Room Blanket Monster. Allison Howell. 2022. (ENG.). 24p. (J). pap. 12.95 ***(978-1-63985-650-3(1))*** Fulton Bks.

Dad's Rules. Kerstan Bayless. 2018. (ENG., Illus.). 36p. (YA). pap. 10.95 *(978-1-64298-880-2(4))* Page Publishing Inc.

Daemnos: The Demon Souls Series. Josh Brookes. 2018. (Demon Souls Ser.: Vol. 1). (ENG., Illus.). 364p. (YA). pap. *(978-1-912663-00-2(7))* Evil Bunny, The.

Daemonologia: A Discourse on Witchcraft As It Was Acted in the Family of Mr. Edward Fairfax, of Fuyston, in the County of York, in the Year 1621 (Classic Reprint) Edward Fairfax. 2017. (ENG., Illus.). (J). 27.96 *(978-0-331-56125-8(5));* pap. 10.57 *(978-0-259-52772-5(6))* Forgotten Bks.

Daffodil & the Camping Trip. Mindy Melton. 2022. (ENG., Illus.). 28p. (J). pap. 14.95 *(978-1-63985-460-8(6))* Fulton Bks.

Daffodil Mystery. Edgar Wallace. 2019. (ENG.). (J). 176p. 19.95 *(978-1-61895-579-1(9));* 174p. pap. 10.95 *(978-1-61895-578-4(0))* Bibliotech Pr.

Daffy Dreams of a Family. Tamara Chambers & H. Lionel Edmonds. Illus. by Amber Leigh Luecke. 2018. (Sequel to Daffy's Beautiful Day Ser.). (ENG.). 34p. (J). pap. 13.00 *(978-0-692-11886-3(1))* Chambers, Ta'mara.

Daffydils, 1911 (Classic Reprint) Tad Tad. (ENG., Illus.). (J). 2018. 52p. 24.97 *(978-0-484-69605-0(X));* 2017. pap. 9.57 *(978-0-243-27544-1(7))* Forgotten Bks.

Dafina Learns to Cope with Anger. Jessica Jones. 2022. (ENG., Illus.). 28p. (J). 24.95 *(978-1-64654-811-8(6));* pap. 14.95 *(978-1-64654-809-5(4))* Fulton Bks.

Daga / the Subtle Knife. Philip Pullman. Tr. by Dolors Gallart. 2019. (Materia Oscura/ His Dark Materials Ser.). (SPA.). 320p. (J). (gr. 2-5). pap. 16.95 *(978-84-18014-01-7(6))* Penguin Random House Grupo Editorial ESP. Dist: Penguin Random Hse. LLC.

Dagah: The Great Fish. Victoria McCarty. Illus. by Sarah Holtsberg. 2016. (ENG.). (J). pap. 12.95 *(978-1-61244-491-8(1))* Halo Publishing International.

Dagda's Cauldron. M. C. Cairns. 2017. (Faeling Sisters Ser.: Vol. 1). (ENG., Illus.). 262p. (YA). (gr. 7-12). pap. 9.99 *(978-0-692-98477-2(1))* Cairns, Mary C.

Dagger & Coin. Kathy MacMillan. 2019. (ENG.). 416p. (YA). (gr. 9). pap. 10.99 *(978-0-06-232465-8(9),* HarperTeen) HarperCollins Pubs.

Dagger & the Cross (Classic Reprint) Joseph Hatton. 2018. (ENG., Illus.). 388p. (J). 31.92 *(978-0-484-66759-3(9))* Forgotten Bks.

Dagger Mountain. J. D. Rico. 2019. (ENG.). 298p. (YA). 32.95 *(978-1-64424-161-5(7));* pap. 18.95 *(978-1-64424-159-2(5))* Page Publishing Inc.

Dagger of Urachadh: Attack from the Underworld. Karen E. Mosier. Illus. by Keiko Tanaka. 2021. (ENG.). 288p. (YA). *(978-1-5255-8830-3(3));* pap. *(978-1-5255-8829-7(X))* FriesenPress.

Daggers & Dresses Coloring Book. Kristin D. Van Risseghem. Illus. by Amild Aldepolla. 2018. (ENG.). 52p. (J). pap. 6.99 *(978-1-943207-50-3(X))* Kasian Publishing.

Dagonet Abroad (Classic Reprint) George R. Sims. 2018. (ENG., Illus.). 364p. (J). 31.42 *(978-0-267-22703-7(5))* Forgotten Bks.

Dagonet the Jester (Classic Reprint) Unknown Author. 2017. (ENG., Illus.). 190p. (J). 27.82 *(978-0-332-84581-4(8))* Forgotten Bks.

Dahlia & the Angel. Tracy Blom. Illus. by Tibor Kovaks. 2018. (ENG.). 24p. (J). 16.00 *(978-0-9906871-2-2(0))* Blom Pubns.

Dai the Spy. Mignonne Gunasekara. Illus. by Emre Karacan. 2023. (Level 10 - White Set Ser.). (ENG.). 40p. (J). (gr. 2-4). lib. bdg. 19.95 Bearport Publishing Co., Inc.

Daijoubu? Helping Anime Girls at School Maze Activity Book. Jupiter Kids. 2016. (ENG., Illus.). 108p. (J). pap. 16.55 *(978-1-68326-114-8(3),* Jupiter Kids (Childrens & Kids Fiction)) Speedy Publishing LLC.

Daily Adventures of Annalise... & Buster. Bobbi Menlove. Illus. by Karine Makartichan. 2022. (Daily Adventures of Annalise & Buster Ser.: 1). 72p. (J). 29.95 ***(978-1-0983-4118-3(X))*** BookBaby.

Daily Adventures of Annalise & Buster: Fun in Every Season (Book 1) Bobbi Menlove. Illus. by Karine Makartichan. 2023. (Daily Adventures of Annalise & Bus Ser.). 62p. (J). (gr. -1-k). 28.00 BookBaby.

Daily Adventures of Annalise & Buster: Fun with Grandparents. Bobbi Menlove. 2022. (Daily Adventures of Annalise & Buster Ser.: 2). (Illus.). 48p. (J). 25.99 *(978-1-6678-4044-4(4))* BookBaby.

Daily Affirmations for Children: 31 Days of Who I Am in God! Athenia M. Davis-Dodds. 2021. (ENG.). 22p. (J). pap. 12.99 *(978-0-578-84173-1(8))* KishKnows Publishing.

Daily Affirmations for Children: The Unlimited Power of Creation. Katherine Lucero. 2021. (ENG.). 178p. (J). 32.99 *(978-1-0879-1270-7(9))* Indy Pub.

Daily Affirmations Journal: A Journal to Help Kids Practice Positive Thinking & Seeing the Value in Themselves. Isaac Joseph. 2021. (ENG.). 70p. pap. *(978-1-008-94756-6(3))* Lulu Pr., Inc.

Daily Bark: the Dinosaur Discovery. Laura James. Illus. by Charlie Alder. 2022. (ENG.). 128p. (J). 16.99 *(978-1-5476-0955-0(9),* 900253888); pap. 7.99 *(978-1-5476-0954-3(0),* 900253886) Bloomsbury Publishing USA. (Bloomsbury Children's Bks.).

Daily Bark: the Puppy Problem. Laura James. 2022. (ENG., Illus.). 128p. (J). 16.99 *(978-1-5476-0881-2(1),* 900251418); pap. 7.99 *(978-1-5476-0880-5(3),* 900251422) Bloomsbury Publishing USA. (Bloomsbury Children's Bks.).

Daily Bread. Wilfrid Wilson Gibson. 2017. (ENG., Illus.). (J). pap. *(978-0-649-24431-7(1));* pap. *(978-0-649-37929-3(2))* Trieste Publishing Pty Ltd.

Daily Bread: A Window to the South; the Lean Years, One-Act Plays (Classic Reprint) Mary Katharine Reely. 2018. (ENG., Illus.). 76p. (J). 25.46 *(978-0-332-16855-5(7))* Forgotten Bks.

D

Daily Bread: And Other Stories (Classic Reprint) Unknown Author. 2018. (ENG., Illus.). 214p. (J). 28.31 *(978-0-483-21775-1(1))* Forgotten Bks.

Daily Bread: The Garret & Other Dramatic Poems (Classic Reprint) Wilfrid Wilson Gibson. 2018. (ENG., Illus.). 64p. (J). 25.24 *(978-0-483-81984-9(0))* Forgotten Bks.

Daily Bread (Classic Reprint) Wilfrid Wilson Gibson. 2017. (ENG., Illus.). (J). 28.02 *(978-0-260-26928-7(X))* Forgotten Bks.

Daily Check in Journal for Kids SB. Nicole Joyce. 2022. (ENG.). 121p. (J). pap. ***(978-1-387-52548-5(4))*** Lulu Pr., Inc.

Daily Check in Journal for Kids SM. Nicole Joyce. 2022. (ENG.). 121p. (J). pap. ***(978-1-387-52547-8(6))*** Lulu Pr., Inc.

Daily Check in Journal for Kids SM: My Day Today. Nicole Joyce. 2022. (ENG.). 121p. (J). pap. ***(978-1-387-52533-1(6))*** Lulu Pr., Inc.

Daily Confessions for Kids. Tina Johnson & Zoe Johnson. 2017. (ENG., Illus.). (J). pap. 12.95 *(978-1-63525-868-4(5))* Christian Faith Publishing.

Daily Conversations with God for Young Women. Compiled by Compiled by Barbour Staff. 2020. (ENG.). 384p. (YA). im. lthr. 16.99 *(978-1-64352-449-8(6),* Barbour Bks.) Barbour Publishing, Inc.

Daily Devotions for Brave Boys. Compiled by Compiled by Barbour Staff. 2020. (Brave Boys Ser.). (ENG.). 384p. (J). pap. 9.99 *(978-1-64352-525-9(5),* Shiloh Kidz) Barbour Publishing, Inc.

Daily Devotions for Courageous Girls. Jessie Fioritto et al. 2020. (Courageous Girls Ser.). (ENG.). 384p. (J). pap. 9.99 *(978-1-64352-524-2(7),* Shiloh Kidz) Barbour Publishing, Inc.

Daily Devotions for God's Girl: Inspiration & Encouragement for Every Day. Compiled by Compiled by Barbour Staff. 2021. (ENG.). 384p. (J). pap. 9.99 *(978-1-63609-075-7(3))* Barbour Publishing, Inc.

Daily Encouragement for a Girl's Heart: A Devotional. Compiled by Compiled by Barbour Staff. 2021. (ENG.). 384p. (J). pap. 9.99 *(978-1-64352-905-9(6))* Barbour Publishing, Inc.

Daily Encouragement for Boys: 3-Minute Devotions & Prayers for Morning & Evening. Compiled by Compiled by Barbour Staff. 2022. (ENG.). 384p. (J). pap. 9.99 *(978-1-63609-322-2(1))* Barbour Publishing, Inc.

Daily Encouragement for Girls: 3-Minute Devotions & Prayers for Morning & Evening. Compiled by Compiled by Barbour Staff. 2022. (ENG.). 384p. (J). pap. 9.99 *(978-1-63609-323-9(X))* Barbour Publishing, Inc.

Daily Fundamentals, Grade 1. Evan-Moor Educational Publishers. 2017. (Daily Fundamentals Ser.). (ENG., Illus.). (J). (gr. 1-1). pap., tchr. ed. 21.99 *(978-1-62938-355-2(4))* Evan-Moor Educational Pubs.

Daily Fundamentals, Grade 1: Student Practice Book. Evan-Moor Educational Publishers. 2017. (Daily Fundamentals Ser.). (ENG.). (J). (gr. 1-1). stu. ed. 8.99 *(978-1-62938-367-5(8))* Evan-Moor Educational Pubs.

Daily Fundamentals, Grade 1 Student Book 5 Pack. Evan-Moor Educational Publishers. 2017. (Daily Fundamentals Ser.). (ENG.). (J). (gr. 1-1). stu. ed. 34.99 *(978-1-62938-373-6(2))* Evan-Moor Educational Pubs.

Daily Fundamentals, Grade 2. Evan-Moor Educational Publishers. 2017. (Daily Fundamentals Ser.). (ENG., Illus.). (J). (gr. 2-2). pap., tchr. ed. 21.99 *(978-1-62938-356-9(2))* Evan-Moor Educational Pubs.

Daily Fundamentals, Grade 2: Student Practice Book. Evan-Moor Educational Publishers. 2017. (Daily Fundamentals Ser.). (ENG.). (J). (gr. 2-2). stu. ed. 8.99 *(978-1-62938-368-2(6))* Evan-Moor Educational Pubs.

Daily Fundamentals, Grade 2 Student Book 5 Pack. Evan-Moor Educational Publishers. 2017. (Daily Fundamentals Ser.). (ENG.). (J). (gr. 2-2). stu. ed. 34.99 *(978-1-62938-374-3(0))* Evan-Moor Educational Pubs.

Daily Fundamentals, Grade 3. Evan-Moor Educational Publishers. 2017. (Daily Fundamentals Ser.). (ENG., Illus.). (J). (gr. 3-3). pap., tchr. ed. 21.99 *(978-1-62938-357-6(0))* Evan-Moor Educational Pubs.

Daily Fundamentals, Grade 4. Evan-Moor Educational Publishers. 2017. (Daily Fundamentals Ser.). (ENG., Illus.). (J). (gr. 4-4). pap., tchr. ed. 21.99 *(978-1-62938-358-3(9))* Evan-Moor Educational Pubs.

Daily Fundamentals, Grade 4: Student Practice Book. Evan-Moor Educational Publishers. 2017. (Daily Fundamentals Ser.). (ENG.). (J). (gr. 4-4). stu. ed. 8.99 *(978-1-62938-370-5(8))* Evan-Moor Educational Pubs.

Daily Fundamentals, Grade 4 Student Book 5 Pack. Evan-Moor Educational Publishers. 2017. (Daily Fundamentals Ser.). (ENG.). (J). (gr. 4-4). stu. ed. 34.99 *(978-1-62938-376-7(7))* Evan-Moor Educational Pubs.

Daily Fundamentals, Grade 5. Evan-Moor Educational Publishers. 2017. (Daily Fundamentals Ser.). (ENG., Illus.). (J). (gr. 5-5). pap., tchr. ed. 21.99 *(978-1-62938-359-0(7))* Evan-Moor Educational Pubs.

Daily Fundamentals, Grade 6. Evan-Moor Educational Publishers. 2017. (Daily Fundamentals Ser.). (ENG., Illus.). (J). (gr. 6-6). pap., tchr. ed. 21.99 *(978-1-62938-360-6(0))* Evan-Moor Educational Pubs.

Daily Fundamentals, Grade 6: Student Practice Book. Evan-Moor Educational Publishers. 2017. (Daily Fundamentals Ser.). (ENG.). (J). (gr. 6-6). stu. ed. 8.99 *(978-1-62938-372-9(4))* Evan-Moor Educational Pubs.

Daily Governess, or Self-Dependence, Vol. 1 of 3 (Classic Reprint) Gordon Smythies. (ENG., Illus.). (J). 2018. 336p. 30.85 *(978-0-332-20405-5(7));* 2016. pap. 13.57 *(978-1-333-72173-2(0))* Forgotten Bks.

Daily Governess, or Self-Dependence, Vol. 2 of 3 (Classic Reprint) Gordon Smythies. (ENG., Illus.). (J). 2018. 322p. 30.54 *(978-0-484-50350-1(2));* 2016. pap. 13.57 *(978-1-334-28515-8(2))* Forgotten Bks.

Daily Governess, or Self-Dependence, Vol. 3 of 3 (Classic Reprint) Gordon Smythies. (ENG., Illus.). (J). 2018. 374p. 31.61 *(978-0-483-39486-5(6));* 2017. pap. 13.97 *(978-0-243-07545-4(6))* Forgotten Bks.

Daily Gratitude Journal. Carmen Torres. 2023. (ENG.). 235p. (YA). pap. ***(978-1-365-72299-8(6))*** Lulu Pr., Inc.

Daily Gratitude Journal: Gratefulness & Positive Thinking for Happiness Notebook Diary: Girls Womens Owl Book with Prompts & Inspirational Quotes in Color 90 Days. Cute Owl Journal. 2019. (ENG.). 52p. (J). pap. *(978-1-908567-01-7(5))* Hope Bks., Ltd.

Daily Gratitude Unicorn Journal for Girls: Ages 6-10: a Fun & Educational Unicorn Journal for Girls - Best Gift Idea for Unicorn Lovers - Gratitude Journal for Gilrs. Lee Standford. 2021. (ENG.). 122p. (J). pap. 12.00 *(978-1-716-24624-1(5))* Lulu Pr., Inc.

Daily Growth Journal: Affirmations & Daily Accomplishments. Pixie Publishing House. 2023. (ENG.). 63p. (YA). pap. ***(978-1-312-73177-6(X))*** Lulu Pr., Inc.

Daily Higher-Order Thinking, Grade 1. Evan-Moor Educational Publishers. 2018. (Daily Higher-Order Thinking Ser.). (ENG., Illus.). 176p. (J). (gr. 1-1). pap., tchr. ed. 22.99 *(978-1-62938-454-2(2))* Evan-Moor Educational Pubs.

Daily Higher-Order Thinking, Grade 1 Sb. Evan-Moor Educational Publishers. 2018. (Daily Higher-Order Thinking Ser.). (ENG.). 152p. (J). pap. 7.99 *(978-1-62938-491-7(7))* Evan-Moor Educational Pubs.

Daily Higher-Order Thinking, Grade 2. Evan-Moor Educational Publishers. 2018. (Daily Higher-Order Thinking Ser.). (ENG., Illus.). 176p. (J). (gr. 2-2). pap., tchr. ed. 22.99 *(978-1-62938-455-9(0))* Evan-Moor Educational Pubs.

Daily Higher-Order Thinking, Grade 2 Sb. Evan-Moor Educational Publishers. 2018. (Daily Higher-Order Thinking Ser.). (ENG.). 152p. (J). pap. 7.99 *(978-1-62938-493-1(3))* Evan-Moor Educational Pubs.

Daily Higher-Order Thinking, Grade 3. Evan-Moor Educational Publishers. 2018. (Daily Higher-Order Thinking Ser.). (ENG., Illus.). 176p. (J). (gr. 3-3). pap., tchr. ed. 22.99 *(978-1-62938-456-6(9))* Evan-Moor Educational Pubs.

Daily Higher-Order Thinking, Grade 3 Sb. Evan-Moor Educational Publishers. 2018. (Daily Higher-Order Thinking Ser.). (ENG.). 152p. (J). pap. 7.99 *(978-1-62938-495-5(X))* Evan-Moor Educational Pubs.

Daily Higher-Order Thinking, Grade 4. Evan-Moor Educational Publishers. 2018. (Daily Higher-Order Thinking Ser.). (ENG., Illus.). 176p. (J). (gr. 4-4). pap., tchr. ed. 22.99 *(978-1-62938-457-3(7))* Evan-Moor Educational Pubs.

Daily Higher-Order Thinking, Grade 4 Sb. Evan-Moor Educational Publishers. 2018. (Daily Higher-Order Thinking Ser.). (ENG.). 152p. (J). pap. 7.99 *(978-1-62938-497-9(6))* Evan-Moor Educational Pubs.

Daily Higher-Order Thinking, Grade 5. Evan-Moor Educational Publishers. 2018. (Daily Higher-Order Thinking Ser.). (ENG., Illus.). 176p. (J). (gr. 5-5). pap., tchr. ed. 22.99 *(978-1-62938-458-0(5))* Evan-Moor Educational Pubs.

Daily Higher-Order Thinking, Grade 5 Sb. Evan-Moor Educational Publishers. 2018. (Daily Higher-Order Thinking Ser.). (ENG.). 152p. (J). pap. 7.99 *(978-1-62938-499-3(2))* Evan-Moor Educational Pubs.

Daily Higher-Order Thinking, Grade 6. Evan-Moor Educational Publishers. 2018. (Daily Higher-Order Thinking Ser.). (ENG., Illus.). 176p. (J). (gr. 6-6). pap., tchr. ed. 22.99 *(978-1-62938-459-7(3))* Evan-Moor Educational Pubs.

Daily Higher-Order Thinking, Grade 6 Sb. Evan-Moor Educational Publishers. 2018. (Daily Higher-Order Thinking Ser.). (ENG.). 152p. (J). pap. 7.99 *(978-1-62938-501-3(8))* Evan-Moor Educational Pubs.

Daily Journa. Barbara PURYEAR. 2022. (ENG.). 100p. (YA). ***(978-1-387-91362-6(X))*** Lulu Pr., Inc.

Daily Journal Reflections. Sofia Carrion. 2023. (ENG.). 462p. (YA). pap. ***(978-1-4467-9392-3(3))*** Lulu Pr., Inc.

Daily Lesson Plans in English. Caroline Griffin. 2020. (ENG.). 228p. (J). pap. *(978-93-5397-375-9(9))* Alpha Editions.

Daily Lesson Plans in English (Classic Reprint) Caroline Griffin. 2018. (ENG., Illus.). 228p. (J). 28.60 *(978-0-656-89311-9(7))* Forgotten Bks.

Daily Lesson Plans in Language: For Second & Third Years of Elementary Schools (Classic Reprint) R. Lena H. Guingrich. 2018. (ENG., Illus.). 84p. (J). 25.63 *(978-0-267-50830-3(1))* Forgotten Bks.

Daily Life. John Allan. 2022. (What Machines Do Ser.). (ENG., Illus.). 24p. (J). (gr. k-2). lib. bdg. 27.99 *(978-1-914087-54-7(2),* a03f9d37-4853-4797-afee-1d772b4b1b2a, Hungry Tomato (r)) Lerner Publishing Group.

Daily-Life Arithmetics, Vol. 1: Jolly Number Tales; a Supplementary First Reader Correlated with Arithmetic (Classic Reprint) Guy Thomas Buswell. 2017. (ENG., Illus.). (J). 28.29 *(978-0-266-57036-3(4));* pap. 10.97 *(978-0-282-83677-1(2))* Forgotten Bks.

Daily-Life Arithmetics, Vol. 1: Jolly Numbers; for Grade Two, First Half (Classic Reprint) Guy Thomas Buswell. 2017. (ENG., Illus.). (J). 25.51 *(978-0-265-56922-1(2));* pap. 9.57 *(978-0-282-83646-7(2))* Forgotten Bks.

Daily-Life Arithmetics, Vol. 2: Jolly Number Tales; a Supplementary Second Reader Correlated with Arithmetic (Classic Reprint) Guy T. Buswell. 2017. (ENG., Illus.). (J). 236p. 28.78 *(978-0-484-47085-8(X));* pap. 11.57 *(978-0-282-62538-2(0))* Forgotten Bks.

Daily Life in America in the 1800s, 15 vols., Set. Incl. America at War: Military Conflicts, Home & Abroad in the 1800s. Matthew Strange. pap. 9.95 *(978-1-4222-1851-8(1));* Bleeding, Blistering, & Purging: Health & Medicine in The 1800s. Matthew Strange. pap. 9.95 *(978-1-4222-1848-8(1));* Buggies, Bicycles & Iron Horses: Transportation in the 1800s. Kenneth McIntosh. pap. 9.95 *(978-1-4222-1849-5(X));* Cornmeal & Cider: Food & Drink in the 1800s. Zachary Chastain. pap. 9.95 *(978-1-4222-1850-1(3));* From the Parlor to the Altar: Romance & Marriage in The 1800s. Zachary Chastain. pap. 9.95 *(978-1-4222-1852-5(X));* Guardians of the Home: Women's Lives in The 1800s. Matthew Strange. pap. 9.95 *(978-1-4222-1853-2(8));* Home Sweet Home: Around the House in the 1800s. Zachary Chastain. pap. 9.95 *(978-1-4222-1854-9(6));* Jump Ropes, Jacks, & Endless Chores: Children's Lives in The 1800s. Matthew Strange. pap. 9.95 *(978-1-4222-1855-6(4));* Outlaws & Lawmen: Crime & Punishment in the 1800s. Kenneth McIntosh. pap. 9.95 *(978-1-4222-1857-0(0));* Passing the Time: Entertainment in The 1800s. Zachary Chastain. pap. 9.95 *(978-1-4222-1858-7(9));* Reviving the Spirit, Reforming Society: Religion in The 1800s. Kenneth McIntosh. pap. 9.95 *(978-1-4222-1856-3(2));* Rooting for the Home Team: Sports in The 1800s. Zachary Chastain. pap. 9.95 *(978-1-4222-1859-4(7));* Saloons, Shootouts, & Spurs: The Wild West in The 1800's. Kenneth McIntosh. pap. 9.95 *(978-1-4222-1862-4(7));* Scandals & Glory: Politics in The 1800s. Zachary Chastain. pap. 9.95 *(978-1-4222-1860-0(0));* Sweat of Their Brow: Occupations in the 1800s. Zachary Chastain. pap. 9.95 *(978-1-4222-1861-7(9));* (YA). (gr. 7-18). 2009. (Illus.). 64p. 2011. Set pap. 149.25 *(978-1-4222-1847-1(3),* 1317825); Set lib. bdg. 344.25 *(978-1-4222-1774-0(4),* 1317825) Mason Crest.

Daily Life in Medieval Times - 6 Pack: Set of 6 Bridges Edition with Common Core Teacher Materials. Barbara Brooks Simons. 2016. (Prime Ser.). (YA). (gr. 6-8). 69.00 *(978-1-5125-8874-3(1))* Benchmark Education Co.

Daily Life in Medieval Times - 6 Pack: Set of 6 with Common Core Teacher Materials. Barbara Brooks Simons. 2016. (Prime Ser.). (YA). (gr. 6-8). 69.00 *(978-1-5125-8856-9(3))* Benchmark Education Co.

Daily Life of a Mayan Family - History for Kids Children's History Books. Baby Professor. 2017. (ENG., Illus.). (J). pap. 9.55 *(978-1-5419-1212-0(8),* Baby Professor (Education Kids)) Speedy Publishing LLC.

Daily Life of a Renaissance Child Children's Renaissance History. Baby Professor. 2017. (ENG., Illus.). (J). pap. 7.89 *(978-1-5419-0397-5(8),* Baby Professor (Education Kids)) Speedy Publishing LLC.

Daily Life of a Roman Family in the Ancient Times - Ancient History Books for Kids Children's Ancient History. Baby Professor. 2017. (ENG., Illus.). (J). pap. 8.79 *(978-1-5419-1309-7(4),* Baby Professor (Education Kids)) Speedy Publishing LLC.

Daily Life of an Aztec Family - History Books for Kids Children's History Books. Baby Professor. 2017. (ENG., Illus.). (J). pap. 9.55 *(978-1-5419-1206-9(3),* Baby Professor (Education Kids)) Speedy Publishing LLC.

Daily Life of Ancient Egyptians: Food, Clothing & More! - History Stories for Children Children's Ancient History. Baby Professor. 2017. (ENG., Illus.). (J). pap. 8.79 *(978-1-5419-1153-6(9),* Baby Professor (Education Kids)) Speedy Publishing LLC.

Daily Life of Colonists During the Revolutionary War - History Stories for Children Children's History Books. Baby Professor. 2017. (ENG., Illus.). (J). pap. 8.79 *(978-1-5419-1112-3(1),* Baby Professor (Education Kids)) Speedy Publishing LLC.

Daily Life of Families in Colonial America - Us History for Kids Grade 3 Children's History Books. Baby Professor. 2017. (ENG., Illus.). 64p. (J). pap. 9.52 *(978-1-5419-1230-4(6),* Baby Professor (Education Kids)) Speedy Publishing LLC.

Daily Life of Mary B. & Petie: Let's Tour Hawaii. Deanna Dandrea. 2018. (ENG., Illus.). 24p. (J). pap. 11.95 *(978-1-64096-269-9(7))* Newman Springs Publishing, Inc.

Daily Life of Muslims During the Largest Empire in History - History Book for 6th Grade Children's History. Baby Professor. 2017. (ENG., Illus.). (YA). pap. 8.79 *(978-1-5419-1365-3(5),* Baby Professor (Education Kids)) Speedy Publishing LLC.

Daily Life of Our Farm. William Holt Beever. 2017. (ENG.). 328p. (J). pap. *(978-3-337-41499-3(0))* Creation Pubs.

Daily Life of Our Farm (Classic Reprint) William Holt Beever. 2018. (ENG., Illus.). 332p. (J). 30.74 *(978-0-332-36495-7(X))* Forgotten Bks.

Daily Life of the Inca Family - History 3rd Grade Children's History Books. Baby Professor. 2017. (ENG., Illus.). 64p. (J). pap. 9.52 *(978-1-5419-1216-8(0),* Baby Professor (Education Kids)) Speedy Publishing LLC.

Daily Lives of Ancient Greeks! Art, Architecture, Athletics & Literature Grade 5 Social Studies Children's Books on Ancient History. Baby Professor. 2022. (ENG.). 72p. (J). 31.99 ***(978-1-5419-8669-5(5));*** pap. 19.99 ***(978-1-5419-8160-7(X))*** Speedy Publishing LLC. (Baby Professor (Education Kids)).

Daily Lives of Little Aliens Coloring Book. Kreative Kids. 2016. (ENG., Illus.). (J). pap. 9.20 *(978-1-68377-359-7(4))* Whike, Traudl.

Daily Math Starters: Grade 1. Bob Krech. 2018. (Daily Math Starters Ser.). (ENG.). 80p. (gr. 1-1). pap. 12.99 *(978-1-338-15957-8(7),* 815957) Scholastic, Inc.

Daily Math Starters: Grade 2. Bob Krech. 2018. (Daily Math Starters Ser.). (ENG.). 80p. (gr. 2-2). pap. 12.99 *(978-1-338-15958-5(5))* Scholastic, Inc.

Daily Math Starters: Grade 3. Bob Krech. 2018. (Daily Math Starters Ser.). (ENG.). 80p. (gr. 3-3). pap. 12.99 *(978-1-338-15959-2(3))* Scholastic, Inc.

Daily Math Starters: Grade 4. Bob Krech. 2018. (Daily Math Starters Ser.). (ENG.). 80p. (gr. 4-4). pap. 12.99 *(978-1-338-15961-5(5))* Scholastic, Inc.

Daily Math Starters: Grade 5. Bob Krech. 2018. (Daily Math Starters Ser.). (ENG.). 80p. (gr. 5-5). pap. 12.99 *(978-1-338-15962-2(3))* Scholastic, Inc.

Daily Math Starters: Grade 6. Bob Krech. 2018. (Daily Math Starters Ser.). (ENG.). 80p. (gr. 6-6). pap. 12.99 *(978-1-338-15963-9(1))* Scholastic, Inc.

Daily Mental Grinder for the Constant Traveler - Sudoku to Go. Senor Sudoku. 2019. (ENG.). 78p. (J). pap. 10.99 *(978-1-64521-551-6(2))* Editorial Imagen.

Daily Notebook. June Florence. 2022. (ENG.). 200p. (YA). pap. ***(978-1-387-51871-5(2))*** Lulu Pr., Inc.

Daily Planner 2021. Adele Row. 2021. (ENG.). 374p. (YA). pap. 15.58 *(978-1-716-06489-0(9))* Lulu Pr., Inc.

Daily Planner Tell the Story: Journal. Felicia Pearsn. 2022. (ENG.). 52p. (J). pap. 14.39 *(978-1-4357-8049-1(3))* Lulu Pr., Inc.

Daily Prayers for a Girl's Heart. Compiled by Compiled by Barbour Staff. 2021. (ENG.). 384p. (J). pap. 9.99 *(978-1-64352-442-9(9),* Shiloh Kidz) Barbour Publishing, Inc.

Daily Prison Life, Vol. 20. Joanna Rabiger. 2016. (Crime & Detection Ser.: Vol. 20). (ENG., Illus.). 96p. (J). (gr. 7-12). 24.95 *(978-1-4222-3472-3(X))* Mason Crest.

Daily Reading Comprehension, Grade 1. Evan-Moor Educational Publishers. 2018. (Daily Reading Comprehension Ser.). (ENG., Illus.). 208p. (J). (gr. 1-1). pap., tchr. ed. 29.99 *(978-1-62938-474-0(7))* Evan-Moor Educational Pubs.

Daily Reading Comprehension, Grade 1 Sb. Evan-Moor Educational Publishers. 2018. (Daily Reading Comprehension Ser.). (ENG.). 160p. (J). (gr. 1-1). stu. ed. 8.99 *(978-1-62938-509-9(3))* Evan-Moor Educational Pubs.

Daily Reading Comprehension, Grade 1 Sb 5 Pack. Evan-Moor Educational Publishers. 2018. (Daily Reading Comprehension Ser.). (ENG.). (J). (gr. 1-1). stu. ed. 34.99 *(978-1-62938-510-5(7))* Evan-Moor Educational Pubs.

Daily Reading Comprehension, Grade 2. Evan-Moor Educational Publishers. 2018. (Daily Reading Comprehension Ser.). (ENG., Illus.). 208p. (J). (gr. 2-2). pap., tchr. ed. 29.99 *(978-1-62938-475-7(5))* Evan-Moor Educational Pubs.

Daily Reading Comprehension, Grade 2 Sb. Evan-Moor Educational Publishers. 2018. (Daily Reading Comprehension Ser.). (ENG.). 160p. (J). (gr. 2-2). stu. ed. 8.99 *(978-1-62938-511-2(5))* Evan-Moor Educational Pubs.

Daily Reading Comprehension, Grade 2 Sb 5 Pack. Evan-Moor Educational Publishers. 2018. (Daily Reading Comprehension Ser.). (ENG.). (J). (gr. 2-2). stu. ed. 34.99 *(978-1-62938-512-9(3))* Evan-Moor Educational Pubs.

Daily Reading Comprehension, Grade 3. Evan-Moor Educational Publishers. 2018. (Daily Reading Comprehension Ser.). (ENG., Illus.). 208p. (J). (gr. 3-3). pap., tchr. ed. 29.99 *(978-1-62938-476-4(3))* Evan-Moor Educational Pubs.

Daily Reading Comprehension, Grade 3 Sb. Evan-Moor Educational Publishers. 2018. (Daily Reading Comprehension Ser.). (ENG.). 160p. (J). (gr. 3-3). stu. ed. 8.99 *(978-1-62938-513-6(1))* Evan-Moor Educational Pubs.

Daily Reading Comprehension, Grade 3 Sb 5 Pack. Evan-Moor Educational Publishers. 2018. (Daily Reading Comprehension Ser.). (ENG.). (J). (gr. 3-3). stu. ed. 34.99 *(978-1-62938-514-3(X))* Evan-Moor Educational Pubs.

Daily Reading Comprehension, Grade 4. Evan-Moor Educational Publishers. 2018. (Daily Reading Comprehension Ser.). (ENG., Illus.). 208p. (J). (gr. 4-4). pap., tchr. ed. 29.99 *(978-1-62938-477-1(1))* Evan-Moor Educational Pubs.

Daily Reading Comprehension, Grade 4 Sb. Evan-Moor Educational Publishers. 2018. (Daily Reading Comprehension Ser.). (ENG.). 160p. (J). (gr. 4-4). stu. ed. 8.99 *(978-1-62938-515-0(8))* Evan-Moor Educational Pubs.

Daily Reading Comprehension, Grade 4 Sb 5 Pack. Evan-Moor Educational Publishers. 2018. (Daily Reading Comprehension Ser.). (ENG.). (J). (gr. 4-4). stu. ed. 34.99 *(978-1-62938-516-7(6))* Evan-Moor Educational Pubs.

Daily Reading Comprehension, Grade 5. Evan-Moor Educational Publishers. 2018. (Daily Reading Comprehension Ser.). (ENG., Illus.). 208p. (J). (gr. 5-5). pap., tchr. ed. 29.99 *(978-1-62938-478-8(X))* Evan-Moor Educational Pubs.

Daily Reading Comprehension, Grade 5 Sb. Evan-Moor Educational Publishers. 2018. (Daily Reading Comprehension Ser.). (ENG.). 160p. (J). (gr. 5-5). stu. ed. 8.99 *(978-1-62938-517-4(4))* Evan-Moor Educational Pubs.

Daily Reading Comprehension, Grade 5 Sb 5 Pack. Evan-Moor Educational Publishers. 2018. (Daily Reading Comprehension Ser.). (ENG.). (J). (gr. 5-5). stu. ed. 34.99 *(978-1-62938-518-1(2))* Evan-Moor Educational Pubs.

Daily Reading Comprehension, Grade 6. Evan-Moor Educational Publishers. 2018. (Daily Reading Comprehension Ser.). (ENG., Illus.). 208p. (J). (gr. 6-6). pap., tchr. ed. 29.99 *(978-1-62938-479-5(8))* Evan-Moor Educational Pubs.

Daily Reading Comprehension, Grade 6 Sb. Evan-Moor Educational Publishers. 2018. (Daily Reading Comprehension Ser.). (ENG.). 160p. (J). (gr. 6-6). stu. ed. 8.99 *(978-1-62938-519-8(0))* Evan-Moor Educational Pubs.

Daily Reading Comprehension, Grade 6 Sb 5 Pack. Evan-Moor Educational Publishers. 2018. (Daily Reading Comprehension Ser.). (ENG.). (J). (gr. 6-6). stu. ed. 34.99 *(978-1-62938-520-4(4))* Evan-Moor Educational Pubs.

Daily Reading Comprehension, Grade 7. Evan-Moor Educational Publishers. 2018. (Daily Reading Comprehension Ser.). (ENG., Illus.). 208p. (J). (gr. 7-7). pap., tchr. ed. 29.99 *(978-1-62938-480-1(1))* Evan-Moor Educational Pubs.

Daily Reading Comprehension, Grade 7 Sb. Evan-Moor Educational Publishers. 2018. (Daily Reading Comprehension Ser.). (ENG.). 160p. (J). (gr. 7-7). stu. ed. 8.99 *(978-1-62938-521-1(2))* Evan-Moor Educational Pubs.

Daily Reading Comprehension, Grade 7 Sb 5 Pack. Evan-Moor Educational Publishers. 2018. (Daily Reading Comprehension Ser.). (ENG.). (J). (gr. 7-7). stu. ed. 34.99 *(978-1-62938-522-8(0))* Evan-Moor Educational Pubs.

Daily Reading Comprehension, Grade 8. Evan-Moor Educational Publishers. 2018. (Daily Reading Comprehension Ser.). (ENG., Illus.). 208p. (J). (gr. 8-8). pap., tchr. ed. 29.99 *(978-1-62938-481-8(X))* Evan-Moor Educational Pubs.

Daily Reading Comprehension, Grade 8 Sb. Evan-Moor Educational Publishers. 2018. (Daily Reading Comprehension Ser.). (ENG.). 160p. (J). (gr. 8-8). stu. ed. 8.99 *(978-1-62938-523-5(9))* Evan-Moor Educational Pubs.

Daily Reading Comprehension, Grade 8 Sb 5 Pack. Evan-Moor Educational Publishers. 2018. (Daily Reading Comprehension Ser.). (ENG.). (J). (gr. 8-8). stu. ed. 34.99 *(978-1-62938-524-2(7))* Evan-Moor Educational Pubs.

Daily Reflections: Therapeutic Gratitude Practice for Kids. Kristin T. Petrucci. 2020. (ENG.). 44p. (J). pap. 33.00 *(978-1-6781-2802-9(3))* Wright Bks.

Daily Reflections for Kids, Planner Perfect Size at 7. 5 X 9. 8 Inch with Flexible Glossy Cover. Daily Planner, Journal for Kids. Agnieszka Swiatkowska-Sulecka. 2022. (ENG.). 110p. (YA). pap. ***(978-1-4710-6327-5(5))*** Lulu Pr., Inc.

Daily Reminder I Am That Girl. D. E white. 2022. (ENG.). 302p. (YA). pap. ***(978-1-387-88387-5(9))*** Lulu Pr., Inc.

Daily Round. Anonymous. 2017. (ENG.). 420p. (J). pap. *(978-3-7446-7763-9(X))* Creation Pubs.

Daily Struggles of Those Who Lived in the Middle Ages - Ancient History Books for Kids Children's Ancient History. Baby Professor. 2017. (ENG., Illus.). (J). pap. 8.79 *(978-1-5419-1313-4(2),* Baby Professor (Education Kids)) Speedy Publishing LLC.

454
The check digit for ISBN-10 appears in parentheses after the full ISBN-13

TITLE INDEX

DAISY MILLER

Daily Summer Activities: Moving from 1st Grade to 2nd Grade, Grades 1-2. Evan-Moor Educational Publishers. 2018. (Daily Summer Activities Ser.). (ENG., Illus.). 144p. (J). (gr. 1-2). pap., stu. ed. 13.99 (978-1-62938-484-9(4)) Evan-Moor Educational Pubs.

Daily Summer Activities: Moving from 2nd Grade to 3rd Grade, Grades 2-3. Evan-Moor Educational Publishers. 2018. (Daily Summer Activities Ser.). (ENG., Illus.). 144p. (J). (gr. 2-3). pap., stu. ed. 13.99 (978-1-62938-485-6(2)) Evan-Moor Educational Pubs.

Daily Summer Activities: Moving from 3rd Grade to 4th Grade, Grades 3-4. Evan-Moor Educational Publishers. 2018. (Daily Summer Activities Ser.). (ENG., Illus.). 144p. (J). (gr. 3-4). pap., stu. ed. 13.99 (978-1-62938-486-3(0)) Evan-Moor Educational Pubs.

Daily Summer Activities: Moving from 4th Grade to 5th Grade, Grades 4-5. Evan-Moor Educational Publishers. 2018. (Daily Summer Activities Ser.). (ENG., Illus.). 144p. (J). (gr. 4-5). pap., stu. ed. 13.99 (978-1-62938-487-0(9)) Evan-Moor Educational Pubs.

Daily Summer Activities: Moving from 5th Grade to 6th Grade, Grades 5-6. Evan-Moor Educational Publishers. 2018. (Daily Summer Activities Ser.). (ENG., Illus.). 144p. (J). (gr. 5-6). pap., stu. ed. 13.99 (978-1-62938-488-7(7)) Evan-Moor Educational Pubs.

Daily Summer Activities: Moving from 6th Grade to 7th Grade, Grades 6-7. Evan-Moor Educational Publishers. 2018. (Daily Summer Activities Ser.). (ENG., Illus.). 144p. (J). (gr. 6-7). pap., stu. ed. 13.99 (978-1-62938-489-4(5)) Evan-Moor Educational Pubs.

Daily Summer Activities: Moving from 7th Grade to 8th Grade, Grades 7-8. Evan-Moor Educational Publishers. 2018. (Daily Summer Activities Ser.). (ENG., Illus.). 144p. (J). (gr. 7-8). pap., stu. ed. 13.99 (978-1-62938-490-0(9)) Evan-Moor Educational Pubs.

Daily Summer Activities: Moving from Kindergarten to 1st Grade, Grades K-1. Evan-Moor Educational Publishers. 2018. (Daily Summer Activities Ser.). (ENG., Illus.). 144p. (J). (gr. k-1). pap., stu. ed. 13.99 (978-1-62938-483-2(6)) Evan-Moor Educational Pubs.

Daily Summer Activities: Moving from PreK to Kindergarten, Grades PreK-K. Evan-Moor Educational Publishers. 2018. (Daily Summer Activities Ser.). (ENG., Illus.). 144p. (J). (gr. -1-k). pap., stu. ed. 13.99 (978-1-62938-482-5(8)) Evan-Moor Educational Pubs.

Daily, Weekly, Monthly Planner: Pretty Pastel Colors Planner. Patricia Arquioni. 2022. (ENG.). 92p. **(978-1-387-73300-2(1))** Lulu Pr., Inc.

Daily Wellness Journal Personal Health Diary Log: An Awesome Health Tracker Planner & Symptoms Tracker Log, Fitness Journal, Fitness Planner, Daily ... Tracker Thanksgiving Gift for Men & Women. Max Devpers. 2021. (ENG.). 122p. (YA). pap. 9.99 (978-1-716-21632-9(X)) Lulu Pr., Inc.

Daily Wisdom for Boys. Compiled by Compiled by Barbour Staff. 2018. (ENG.). 384p. (J). pap. 14.99 (978-1-68322-744-1(1), Barbour Bks.) Barbour Publishing, Inc.

Daily Wisdom for Girls SKJV Devotional Bible: The Barbour Simplified King James Version. Christopher D. Hudson & Compiled by Compiled by Barbour Staff. 2023. (ENG.). 1288p. (J). im. lthr. 39.99 **(978-1-63609-656-8(5)**, Barbour Bibles) Barbour Publishing, Inc.

Daily Wisdom for Teen Girls. Compiled by Compiled by Barbour Staff. 2020. (ENG.). 384p. (YA). 16.99 (978-1-64352-638-6(3), Barbour Bks.) Barbour Publishing, Inc.

Daily Wisdom for Teen Girls KJV Devotional Bible [Blush Rainforest]. Compiled by Compiled by Barbour Staff. 2023. (ENG.). 1216p. (YA). 39.99 (978-1-63609-501-1(1), Barbour Bibles) Barbour Publishing, Inc.

Daily Wisdom for Teen Guys. Compiled by Compiled by Barbour Staff. 2020. (ENG.). 384p. (YA). 16.99 (978-1-64352-639-3(1), Barbour Bks.) Barbour Publishing, Inc.

Daily with the King see Celebrando a Diario con el Rey

Daily Word Ladders: Content Areas, Grades 2-3. Timothy V. Rasinski & Melissa Cheesman Smith. 2019. (ENG.). 192p. (J). (gr. 2-6). pap. 19.99 (978-1-338-62743-5(0), Scholastic Professional) Scholastic, Inc.

Daily Word Ladders: Content Areas, Grades 4-6. Scholastic, Inc. Staff. 2019. (ENG.). 192p. (gr. 4-6). pap. 19.99 (978-1-338-62744-2(9), Scholastic Professional) Scholastic, Inc.

Daily Word Problems, Grade 1. Evan-Moor Educational Publishers. 2019. (Daily Word Problems Math Ser.). (ENG.). 128p. (J). (gr. 1-1). pap., tchr. ed. 23.99 (978-1-62938-538-9(7)) Evan-Moor Educational Pubs.

Daily Word Problems, Grade 1 Sb. Evan-Moor Educational Publishers. 2019. (Daily Word Problems Math Ser.). (ENG.). 112p. (J). (gr. 1-1). stu. ed. 8.99 (978-1-62938-876-2(9)) Evan-Moor Educational Pubs.

Daily Word Problems, Grade 1 Sb 5 Pack. Evan-Moor Educational Publishers. 2019. (Daily Word Problems Math Ser.). (ENG.). (J). (gr. 1-1). stu. ed. 34.99 (978-1-62938-877-9(7)) Evan-Moor Educational Pubs.

Daily Word Problems, Grade 2 Sb. Evan-Moor Educational Publishers. 2019. (Daily Word Problems Math Ser.). (ENG.). 112p. (J). (gr. 2-2). stu. ed. 8.99 (978-1-62938-878-6(5)) Evan-Moor Educational Pubs.

Daily Word Problems, Grade 2 Sb 5 Pack. Evan-Moor Educational Publishers. 2019. (Daily Word Problems Math Ser.). (ENG.). (J). (gr. 2-2). stu. ed. 34.99 (978-1-62938-879-3(3)) Evan-Moor Educational Pubs.

Daily Word Problems, Grade 3. Evan-Moor Educational Publishers. 2019. (Daily Word Problems Math Ser.). (ENG.). 128p. (J). (gr. 3-3). pap., tchr. ed. 23.99 (978-1-62938-857-1(2)) Evan-Moor Educational Pubs.

Daily Word Problems, Grade 3 Sb. Evan-Moor Educational Publishers. 2019. (Daily Word Problems Math Ser.). (ENG.). 112p. (J). (gr. 3-3). stu. ed. 8.99 (978-1-62938-880-9(7)) Evan-Moor Educational Pubs.

Daily Word Problems, Grade 3 Sb 5 Pack. Evan-Moor Educational Publishers. 2019. (Daily Word Problems Math Ser.). (ENG.). (J). (gr. 3-3). stu. ed. 34.99 (978-1-62938-881-6(5)) Evan-Moor Educational Pubs.

Daily Word Problems, Grade 4. Evan-Moor Educational Publishers. 2019. (Daily Word Problems Math Ser.). (ENG.). 128p. (J). (gr. 4-4). pap., tchr. ed. 23.99 (978-1-62938-858-8(0)) Evan-Moor Educational Pubs.

Daily Word Problems, Grade 4 Sb. Evan-Moor Educational Publishers. 2019. (Daily Word Problems Math Ser.). (ENG.). 112p. (J). (gr. 4-4). stu. ed. 8.99 (978-1-62938-882-3(3)) Evan-Moor Educational Pubs.

Daily Word Problems, Grade 4 Sb 5 Pack. Evan-Moor Educational Publishers. 2019. (Daily Word Problems Math Ser.). (ENG.). (J). (gr. 4-4). stu. ed. 34.99 (978-1-62938-883-0(1)) Evan-Moor Educational Pubs.

Daily Word Problems, Grade 5. Evan-Moor Educational Publishers. 2019. (Daily Word Problems Math Ser.). (ENG.). 128p. (J). (gr. 5-5). pap., tchr. ed. 23.99 (978-1-62938-859-5(9)) Evan-Moor Educational Pubs.

Daily Word Problems, Grade 5 Sb. Evan-Moor Educational Publishers. 2019. (Daily Word Problems Math Ser.). (ENG.). 112p. (J). (gr. 5-5). stu. ed. 8.99 (978-1-62938-884-7(X)) Evan-Moor Educational Pubs.

Daily Word Problems, Grade 5 Sb 5 Pack. Evan-Moor Educational Publishers. 2019. (Daily Word Problems Math Ser.). (ENG.). (J). (gr. 5-5). stu. ed. 34.99 (978-1-62938-885-4(8)) Evan-Moor Educational Pubs.

Daily Word Problems, Grade 6. Evan-Moor Educational Publishers. 2019. (Daily Word Problems Math Ser.). (ENG.). 128p. (J). (gr. 6-6). pap., tchr. ed. 23.99 (978-1-62938-860-1(2)) Evan-Moor Educational Pubs.

Daily Word Problems, Grade 6 Sb. Evan-Moor Educational Publishers. 2019. (Daily Word Problems Math Ser.). (ENG.). 112p. (J). (gr. 6-6). stu. ed. 8.99 (978-1-62938-886-1(6)) Evan-Moor Educational Pubs.

Daily Word Problems, Grade 6 Sb 5 Pack. Evan-Moor Educational Publishers. 2019. (Daily Word Problems Math Ser.). (ENG.). (J). (gr. 6-6). stu. ed. 34.99 (978-1-62938-887-8(4)) Evan-Moor Educational Pubs.

Daily Word Problems Math: Grade 2 Teacher Edition. Evan-Moor Educational Publishers. 2019. (Daily Word Problems Math Ser.). (ENG.). 128p. (J). (gr. 2-2). pap., tchr. ed. 23.99 (978-1-62938-856-4(4)) Evan-Moor Educational Pubs.

Daily Zoo Year 2: Keeping the Doctor at Bay with a Drawing a Day. Chris Ayers. Illus. by Chris Ayers. 2021. (ENG.). 158p. (YA). 14.95 (978-1-62465-062-8(7)) Design Studio Pr.

Dailys of Sodden Fen, Vol. 1 of 3 (Classic Reprint) Susannah C. Venn. (ENG., Illus.). (J). 2018. 314p. 30.39 (978-0-483-33272-0(0)); 2016. pap. 13.57 (978-1-333-34118-3(0)) Forgotten Bks.

Dailys of Sodden Fen, Vol. 2 of 3 (Classic Reprint) Susannah C. Venn. 2018. (ENG., Illus.). 300p. (J). 30.08 (978-0-483-23117-7(7)) Forgotten Bks.

Dailys of Sodden Fen, Vol. 3 of 3 (Classic Reprint) Susannah C. Venn. (ENG., Illus.). (J). 2018. 324p. 30.60 (978-0-332-41946-6(0)); 2016. pap. 13.57 (978-1-332-71233-5(9)) Forgotten Bks.

Daim Ntawv Qhia Mus Rau Hauv Lub Ntiaj Teb (a Map into the World) Kao Kalia Yang. Illus. by Seo Kim. 2021. (HMN.). 40p. (J). (gr. k-3). 17.99 (978-1-7284-4885-5(9), 354040de-cac6-4bd4-b9ce-d60febb98e5e, Carolrhoda Bks.) Lerner Publishing Group.

Daimby City: Betrayal. Maymunah Azad. 2017. (ENG., Illus.). (YA). pap. (978-1-78723-103-0(8)) CompletelyNovel.com.

Dainty & Dandy Color by Number for Girls. Educando Kids. 2019. (ENG.). 42p. (J). pap. 8.55 (978-1-64521-674-2(8), Educando Kids) Editorial Imagen.

Dainty Maurice: Or, Lost in the Woods (Classic Reprint) Rena Ray. 2018. (ENG., Illus.). 114p. (J). 26.25 (978-0-483-88937-8(7)) Forgotten Bks.

Daireen (Classic Reprint) Frankfort Moore. (ENG., Illus.). (J). 2018. 368p. 31.55 (978-0-484-13875-8(8)); 2016. pap. 13.97 (978-1-334-15986-2(6)) Forgotten Bks.

Daireen, Vol. 1 of 2 (Classic Reprint) Frank Frankfort Moore. 2018. (ENG., Illus.). 310p. (J). 30.29 (978-0-267-21801-1(X)) Forgotten Bks.

Daireen, Vol. 2 of 2 (Classic Reprint) Frank Frankfort Moore. (ENG., Illus.). (J). 2018. 302p. 30.15 (978-0-483-81209-3(9)); 2016. pap. 13.57 (978-1-333-38367-1(3)) Forgotten Bks.

Dairy Does the Darnest Things. Gillian Elizabeth Kane. 2018. (ENG., Illus.). 40p. (J). 15.00 (978-0-692-14579-1(6)) Kane, Gillian.

Dairy Farmers, 1 vol. Elizabeth Krajnik. 2019. (Getting the Job Done Ser.). (ENG.). 24p. (gr. 3-3). pap. 9.25 (978-1-7253-0128-3(8), 4030116d-137f-424c-97b5-69b37830622f, PowerKids Pr.) Rosen Publishing Group, Inc., The.

Dairy Farmers: Leveled Reader Turquoise Level 18. Rg. 2016. (PM Ser.). (ENG.). 16p. (J). (gr. 2). pap. 11.00 (978-0-544-89179-1(1)) Rigby Education.

Dairy Farming. Grace Hansen. 2023. (Agriculture in the USA! Ser.). (ENG.). 24p. (J). (gr. -1-2). lib. bdg. 32.79 (978-1-0982-6619-6(6), 42152, Abdo Kids) ABDO Publishing Co.

Dairy Queen. Sara Green. 2016. (Brands We Know Ser.). (ENG., Illus.). 24p. (J). (gr. 3-8). 27.95 (978-1-62617-407-8(5), Pilot Bks.) Bellwether Media.

Dairyman's Daughter: An Authentic Narrative, Abridged (Classic Reprint) Legh Richmond. abr. ed. 2017. (ENG., Illus.). (J). 24.64 (978-0-265-45176-2(0)) Forgotten Bks.

Dairytale. Ira Jay. 2021. (ENG.). 24p. (J). 22.95 (978-1-6657-0502-8(7)); pap. 12.95 (978-1-6657-0501-1(9)) Archway Publishing.

Daisies & Buttercups, Vol. 1 Of 3: A Novel (Classic Reprint) J. H. Riddell. 2018. (ENG., Illus.). 328p. (J). 30.68 (978-0-483-07998-4(7)) Forgotten Bks.

Daisies & Buttercups, Vol. 3 Of 3: A Novel (Classic Reprint) J. H. Riddell. 2018. (ENG., Illus.). 346p. (J). 31.05 (978-0-332-65812-4(0)) Forgotten Bks.

Daisies from a Child's Garden of Verses. Robert Louis Stevenson. 2017. (ENG., Illus.). (J). pap. (978-0-649-29761-0(X)) Trieste Publishing Pty Ltd.

Daisies from a Child's Garden of Verses (Classic Reprint) Robert Louis Stevenson. (ENG., Illus.). (J). 2018. 46p. 24.87 (978-0-364-74046-0(9)); 2017. pap. 9.57 (978-0-259-38519-6(0)) Forgotten Bks.

Daisies in the Rain. D. A. Reed. 2018. (ENG., Illus.). 256p. (J). pap. (978-1-387-57085-0(4)) Lulu Pr., Inc.

Daisy. Jessixa Bagley. 2021. (Illus.). 40p. (J). (gr. -1-3). 18.99 (978-0-8234-4650-6(6), Neal Porter Bks) Holiday Hse., Inc.

Daisy. Ellen Stevens. 2022. (ENG., Illus.). 30p. (J). pap. 15.95 **(978-1-68517-388-3(8))** Christian Faith Publishing.

Daisy, 1 vol. Brian Wildsmith. Illus. by Brian Wildsmith. 2018. (ENG., Illus.). 48p. (J). (978-1-59572-803-6(1)) Star Bright Bks., Inc.

Daisy: The Autobiography of a Cat (Classic Reprint) Miranda Eliot Swan. 2018. (ENG., Illus.). 286p. (J). 29.80 (978-0-483-53537-4(0)) Forgotten Bks.

Daisy, 1919, Vol. 1: The Book of the Senior Class (Classic Reprint) Unknown Author. 2018. (ENG., Illus.). 108p. (J). 26.14 (978-0-267-50507-4(8)) Forgotten Bks.

Daisy & Dean Fly Together. Sandy Jackson. 2017. (ENG., Illus.). (J). 15.00 (978-0-9965845-0-0(1)); pap. 10.00 (978-0-9965845-1-7(X)) Currituck Booksmiths.

Daisy & Dingo Fox. Lucy Kenny Redmond. 2023. (ENG.). 26p. (J). pap. **(978-1-915502-29-2(2))** Orla Kelly Self Publishing Services.

Daisy & Friends Outside Our Window. Barbara J. Meredith. Illus. by Kalpart. 2018. (ENG.). 24p. (J). (gr. k-6). pap. 11.50 (978-1-63135-386-4(1)) Strategic Book Publishing & Rights Agency (SBPRA).

Daisy & Jack's Perfect Pond. Rachel Lawston. Illus. by Beatriz Castro. 2023. (ENG.). 32p. (J). pap. 12.95 **(978-1-8383651-7-2(6))** Pikku Publishing GBR. Dist: Casemate Pubs. & Bk. Distributors, LLC.

Daisy & Jacob Ride the Train. David Ramirez. 2022. (ENG.). 30p. (J). pap. 12.95 **(978-1-64952-070-8(0))** Fulton Bks.

Daisy & Ollie Pig's Ep-Pig Forever Home! Gaby Degroat. 2021. (ENG.). 40p. (J). pap. (978-1-64969-675-5(2)) Tablo Publishing.

Daisy & Ollie Pig's Pigtastic Adventures! Journey to Find Their Forever Home. Gaby Degroat. 2021. (ENG.). 62p. (J). pap. (978-1-64969-588-8(8)) Tablo Publishing.

Daisy & the Castle. Katie Holland. 2023. (Daisy & the Magic Door Ser.: Vol. 1). (ENG.). 82p. (J). pap. 7.99 **(978-1-64533-444-6(9))** Kingston Publishing Co.

Daisy & the Deadly Flu: A 1918 Influenza Survival Story. Julie Gilbert. Illus. by Matt Forsyth. 2020. (Girls Survive Ser.). (ENG.). 112p. (J). (gr. 3-7). pap. 7.95 (978-1-4965-9215-6(8), 142247); lib. bdg. 25.99 (978-1-4965-8712-1(X), 141519) Capstone. (Stone Arch Bks.).

Daisy & the Dirty Dozen. Brian Wallace. Ed. by Jessica Wallace. Illus. by Brian Wallace. 2018. (ENG., Illus.). 34p. (J). (gr. k-4). 17.99 (978-0-692-09139-5(4)) Newport Pr.

Daisy & the Rabbit's Tail. 2017. (ENG., Illus.). 176p. (J). 9.00 (978-1-78270-140-8(0)) Award Pubns. Ltd. GBR. Dist: Parkwest Pubns., Inc.

Daisy & the Shepherd. Betsy McPherson. Illus. by Blayne Laures. 2019. (ENG.). 44p. (J). (gr. k-6). 26.95 (978-1-61493-644-2(7)) Peppertree Pr., The.

Daisy & the Three Shoes. Evelyn Rainey. 2017. (ENG., Illus.). (J). pap. 12.95 (978-1-946469-07-6(6)) Portals Publishing.

Daisy & the Trouble with Burglars. Kes Gray. 2020. (Daisy Fiction Ser.). (ENG., Illus.). 288p. (J). (gr. k-2). 14.99 (978-1-78295-974-8(2), Red Fox) Random House Children's Books GBR. Dist: Independent Pubs. Group.

Daisy & the Trouble with Chocolate. Kes Gray. 2020. (Daisy Fiction Ser.). (ENG., Illus.). 288p. (J). 14.99 (978-1-78295-966-3(1), Red Fox) Random House Children's Books GBR. Dist: Independent Pubs. Group.

Daisy & the Trouble with Christmas. Kes Gray. 2021. (Daisy Fiction Ser.). (Illus.). 240p. (J). (gr. k). 14.99 (978-1-78295-976-2(9), Red Fox) Random House Children's Books GBR. Dist: Independent Pubs. Group.

Daisy & the Trouble with Coconuts. Kes Gray. 2020. (Daisy Fiction Ser.). (ENG., Illus.). 272p. (J). (gr. k). 14.99 (978-1-78295-968-7(8), Red Fox) Random House Children's Books GBR. Dist: Independent Pubs. Group.

Daisy & the Trouble with Giants. Kes Gray. 2021. (Daisy Fiction Ser.). (Illus.). 240p. (J). (gr. k-2). 14.99 (978-1-78295-975-5(0), Red Fox) Random House Children's Books GBR. Dist: Independent Pubs. Group.

Daisy & the Trouble with Kittens. Kes Gray. 2020. (Daisy Fiction Ser.). (ENG., Illus.). 240p. (J). (gr. k). 14.99 (978-1-78295-969-4(6), Red Fox) Random House Children's Books GBR. Dist: Independent Pubs. Group.

Daisy & the Trouble with Life. Kes Gray. 2020. (Daisy Fiction Ser.). (ENG., Illus.). 240p. (J). (gr. k). 14.99 (978-1-78295-964-9(5), Red Fox) Random House Children's Books GBR. Dist: Independent Pubs. Group.

Daisy & the Trouble with London. Kes Gray. 2022. (Daisy Fiction Ser.). (Illus.). 304p. (J). (gr. -1-1). 14.99 (978-1-5291-2998-4(2), Red Fox) Random House Children's Books GBR. Dist: Independent Pubs. Group.

Daisy & the Trouble with Maggots. Kes Gray. 2020. (Daisy Fiction Ser.). (ENG., Illus.). 240p. (J). (gr. k-2). 14.99 (978-1-78295-967-0(X), Red Fox) Random House Children's Books GBR. Dist: Independent Pubs. Group.

Daisy & the Trouble with Nature. Kes Gray. 2020. (Daisy Fiction Ser.). (Illus.). 304p. (J). (gr. k-2). pap. 14.99 (978-1-78295-771-3(5), Red Fox) Random House Children's Books GBR. Dist: Independent Pubs. Group.

Daisy & the Trouble with Piggy Banks. Kes Gray. 2020. (Daisy Fiction Ser.). (ENG., Illus.). 304p. (J). 14.99 (978-1-78295-972-4(6), Red Fox) Random House Children's Books GBR. Dist: Independent Pubs. Group.

Daisy & the Trouble with School Trips. Kes Gray. 2020. (Daisy Fiction Ser.). (Illus.). 288p. (J). 14.99 (978-1-78295-971-7(8), Red Fox) Random House Children's Books GBR. Dist: Independent Pubs. Group.

Daisy & the Trouble with Unicorns. Kes Gray. Illus. by Garry Parsons. 2021. (Daisy Fiction Ser.). 272p. (J). (gr. k-2). 14.99 (978-1-78295-999-1(8), Red Fox) Random House Children's Books GBR. Dist: Independent Pubs. Group.

Daisy & the Trouble with Vampires. Kes Gray. 2020. (Daisy Fiction Ser.). (ENG., Illus.). 320p. (J). 14.99 (978-1-78295-973-1(4), Red Fox) Random House Children's Books GBR. Dist: Independent Pubs. Group.

Daisy & the Trouble with Zoos. Kes Gray. 2020. (Daisy Fiction Ser.). (ENG., Illus.). 224p. (J). (gr. k). 14.99 (978-1-78295-965-6(3), Red Fox) Random House Children's Books GBR. Dist: Independent Pubs. Group.

Daisy Ashford: Her Book. Daisy Ashford & Angela Ashford. 2019. (ENG., Illus.). 236p. (YA). pap. (978-93-5329-486-1(X)) Alpha Editions.

Daisy Ashford; Her Book: A Collection of the Remaining Novels (Classic Reprint) Daisy Ashford. 2018. (ENG., Illus.). 354p. (J). 31.20 (978-0-484-01599-8(0)) Forgotten Bks.

Daisy at the Beach. Holly Anna. Illus. by Genevieve Santos. 2019. (Daisy Dreamer Ser.: 10). (ENG.). 128p. (J). (gr. k-4). 17.99 (978-1-5344-4262-7(6)); pap. 6.99 (978-1-5344-4261-0(8)) Little Simon. (Little Simon).

Daisy Bates & the Little Rock Nine. Duchess Harris & Blythe Lawrence. 2018. (Freedom's Promise Ser.). (ENG., Illus.). 48p. (J). (gr. 4-8). lib. bdg. 35.64 (978-1-5321-1768-8(X), 30824) ABDO Publishing Co.

Daisy, Bold & Beautiful. Ellie Collins. 2nd ed. 2020. (Greek Mythology Fantasy Ser.: Vol. 1). (ENG., Illus.). 150p. (YA). 14.90 (978-1-947867-84-0(9)) Fresh Ink Group.

Daisy Bubble: A Price Crash on Galapagos. Sheila Bair. Illus. by Amy Zhing. 2023. (Money Tales Ser.). (ENG.). 32p. (J). (gr. 1-5). 18.99 **(978-0-8075-5246-9(1)**, 0807552461) Whitman, Albert & Co.

Daisy Catches a Dragonfly. Miss Kathy. 2022. (ENG.). 22p. (J). 26.95 (978-1-0980-9950-3(8)); pap. 15.95 (978-1-0980-9948-0(6)) Christian Faith Publishing.

Daisy (Classic Reprint) Marshall Saunders. (ENG., Illus.). (J). 2018. 26p. 24.43 (978-0-267-00200-9(9)); 2017. pap. 7.97 (978-0-243-52949-0(X)) Forgotten Bks.

Daisy (Classic Reprint) Susan Warner. (ENG., Illus.). (J). 2018. 818p. 40.77 (978-0-365-35715-5(4)); 2018. 376p. 31.65 (978-0-483-72069-5(0)); 2017. pap. 23.57 (978-0-259-31038-9(7)) Forgotten Bks.

Daisy Dale Stories (Classic Reprint) Madeline Leslie. (ENG., Illus.). (J). 2018. 72p. 25.38 (978-0-483-94845-7(4)); 2017. pap. 9.57 (978-0-243-55324-2(2)) Forgotten Bks.

Daisy, Darn It. Deborah Lee Prescott. 2021. (ENG.). 38p. (J). pap. 16.95 (978-1-950613-63-2(1)) Taylor and Seale Publishing.

Daisy Daydream the Nursery Rhyme Bus. Wickstead Sue. 2018. (ENG., Illus.). 40p. (J). (gr. 1-2). pap. (978-0-9930737-6-2(X)) Wickstead, Sue.

Daisy Days of Spring. Pamela Rose Gardner Scee. Illus. by Jaime Scee Montanaro. 2020. (ENG.). 180p. (J). pap. 13.95 (978-1-6642-1487-3(9), WestBow Pr.) Author Solutions, LLC.

Daisy Dingle (Classic Reprint) Robina F. Hardy. (ENG., Illus.). (J). 2018. 44p. 24.82 (978-0-483-54505-2(8)); 2017. pap. 9.57 (978-0-243-17114-9(5)) Forgotten Bks.

Daisy Doesn't Dock Dive & Other Doggy Adventures. Kathy Nisivocci. 2023. (ENG.). 38p. (J). 18.95 **(978-1-63755-475-3(3)**, Mascot Kids) Amplify Publishing Group.

Daisy Doyle. Madonna Ball. 2018. (ENG., Illus.). 334p. (YA). (gr. 7-12). pap. 18.95 (978-1-63263-893-9(2), Abuzz Press) Booklocker.com, Inc.

Daisy Dreamer & the Totally True Imaginary Friend. Holly Anna. Illus. by Genevieve Santos. 2017. (Daisy Dreamer Ser.: 1). (ENG.). 128p. (J). (gr. k-4). pap. 6.99 (978-1-4814-8630-9(6), Little Simon) Little Simon.

Daisy Dreamer & the World of Make-Believe. Holly Anna. Illus. by Genevieve Santos. 2017. (Daisy Dreamer Ser.: 2). (ENG.). 128p. (J). (gr. k-4). pap. 6.99 (978-1-4814-8633-0(0), Little Simon) Little Simon.

Daisy Dreamer Collection #2 (Boxed Set) The Ice Castle; the Wishing-Well Spell; Posey, the Class Pest; Pop Goes the Bubble Trouble. Holly Anna. Illus. by Genevieve Santos. ed. 2019. (Daisy Dreamer Ser.). (ENG.). 512p. (J). (gr. k-4). pap. 23.99 (978-1-5344-4401-0(7), Little Simon) Little Simon.

Daisy Dreamer Collection (Boxed Set) Daisy Dreamer & the Totally True Imaginary Friend; Daisy Dreamer & the World of Make-Believe; Sparkle Fairies & the Imaginaries; the Not-So-Pretty Pixies. Holly Anna. Illus. by Genevieve Santos. ed. 2018. (Daisy Dreamer Ser.). (ENG.). 512p. (J). (gr. k-4). pap. 23.99 (978-1-5344-1504-1(1), Little Simon) Little Simon.

Daisy Dreamer Complete Collection (Boxed Set) Daisy Dreamer & the Totally True Imaginary Friend; Daisy Dreamer & the World of Make-Believe; Sparkle Fairies & the Imaginaries; the Not-So-Pretty Pixies; the Ice Castle; the Wishing-Well Spell; Posey, the Class Pest; Etc. Holly Anna. Illus. by Genevieve Santos. ed. 2022. (Daisy Dreamer Ser.). (ENG.). 1536p. (J). (gr. k-4). pap. 71.99 (978-1-6659-1604-2(4), Little Simon) Little Simon.

Daisy Dryden: A Memoir (Classic Reprint) S. H. Dryden. 2017. (ENG., Illus.). (J). 25.38 (978-0-266-74390-3(0)) Forgotten Bks.

Daisy-Head Mayzie. Seuss. 2016. (Classic Seuss Ser.). (ENG., Illus.). 64p. (J). (gr. k-4). 17.99 (978-0-553-53900-4(0), Random Hse. Bks. for Young Readers) Random Hse. Children's Bks.

Daisy in the Field. Susan Warner. 2017. (ENG., Illus.). (J). 26.95 (978-1-374-97071-7(9)) Capital Communications, Inc.

Daisy in the Field: Continued from Daisy & Melbourne House (Classic Reprint) Susan Warner. (ENG., Illus.). (J). 2018. 356p. 31.26 (978-0-484-53327-0(4)); 2016. pap. 13.97 (978-1-334-15951-0(3)) Forgotten Bks.

Daisy, Ivy & Rose. Eileen Reno Maurer. Illus. by Joshua M. San Nicolas. 2018. (ENG.). 26p. (J). (gr. 1-6). 20.00 (978-0-692-16262-0(3)) Eileen Reno Maurer.

Daisy Jo & Lucy Bell's Stallion Dream. Brenda Walters. 2021. (ENG., Illus.). 38p. (J). 26.95 (978-1-64952-983-1(X)) Fulton Bks.

Daisy la Vaca (Daisy the Cow) Lisa Mullarkey. Illus. by Paula Franco. 2019. (Amigos de la Granja (Farmyard Friends) Ser.). (SPA.). 32p. (J). (gr. -1-3). lib. bdg. 32.79 (978-1-5321-3611-5(0), 31961, Calico Chapter Bks) Magic Wagon.

Daisy Meets Moo. Debbie Burt. 2022. (Daisytime Ser.: Vol. 3). (ENG.). 34p. (J). pap. **(978-1-78222-951-3(5))** Paragon Publishing, Rothersthorpe.

Daisy Miller. Henry James. 2017. (ENG.). 192p. (J). pap. (978-3-7447-8157-2(7)) Creation Pubs.

Daisy Miller. Henry James. 2021. (ENG.). 50p. (J). pap. 5.99 *(978-1-4209-7530-7(7))* Digireads.com Publishing.
Daisy Miller. Henry James. (ENG.). (J). 2022. 51p. pap. ***(978-1-387-89928-9(7))***; 2020. 52p. pap. *(978-1-716-13502-6(8))* Lulu Pr., Inc.
Daisy Miller. Henry James. 2020. (ENG.). 100p. (J). 34.99 *(978-1-6627-1865-6(9))*; pap. 24.99 *(978-1-6627-1864-9(0))* Queenior LLC.
Daisy Miller. Henry James. 2020. (ENG.). 74p. (J). 16.99 *(978-1-64798-510-3(2))* Wyatt North.
Daisy Miller: A Study. Henry James. 2020. (ENG.). 100p. (J). 34.99 *(978-1-6627-1867-0(5))*; pap. 24.99 *(978-1-6627-1866-3(7))* Queenior LLC.
Daisy Miller: A Study (Classic Reprint) Henry James Jr. 2017. (ENG., Illus.). (J). 26.83 *(978-0-265-99152-7(8))* Forgotten Bks.
Daisy Miller: An International Episode (Classic Reprint) Henry James. 2017. (ENG., Illus.). (J). 32.06 *(978-0-266-26086-8(1))* Forgotten Bks.
Daisy Miller: Victorian Romance. Henry James. 2018. (ENG.). 144p. (J). pap. *(978-80-273-3085-0(8))* E-Artnow.
Daisy Miller, Pandora: The Patagonia & Other Tales (Classic Reprint) Henry James. 2018. (ENG., Illus.). 534p. (J). 34.93 *(978-0-483-45296-1(3))* Forgotten Bks.
Daisy, or Cautionary Stories in Verse: Adapted to the Ideas of Children from Four to Eight Years Old; Illustrated with Thirty Engravings (Classic Reprint) Elizabeth Turner. (ENG., Illus.). (J). 2018. 74p. 25.46 *(978-0-483-93617-1(0))*; 2016. pap. 9.57 *(978-1-333-74301-7(7))* Forgotten Bks.
Daisy, or the Fairy Spectacles (Classic Reprint) Caroline Snowden Guild. (ENG., Illus.). (J). 2018. 188p. 27.77 *(978-0-483-14184-1(4))*; 2016. pap. 10.57 *(978-1-334-12298-9(9))* Forgotten Bks.
Daisy: Really, Really. Kes Gray. Illus. by Nick Sharratt. 2016. (Daisy Picture Bks.: 2). 32p. (J). (gr. -1-k). pap. 11.99 *(978-1-78295-646-4(8)*, Red Fox) Random House Children's Books GBR. Dist: Independent Pubs. Group.
Daisy Runs Wild. Caz Goodwin. Illus. by Ashley King. 2021. (ENG.). 32p. (J). (gr. -1-k). 17.99 *(978-1-76050-305-5(3))* Little Hare Bks. AUS. Dist: Independent Pubs. Group.
Daisy the Cow. Lisa Mullarkey. Illus. by Paula Franco. 2017. (Farmyard Friends Ser.). (ENG.). 32p. (J). (gr. -1-3). 49.94 *(978-1-62402-990-5(6)*, 26386); lib. bdg. 32.79 *(978-1-5321-4043-3(6)*, 25514) Magic Wagon. (Calico Chapter Bks).
Daisy the Dachshund Gets Adopted. Shannon King. Illus. by Shannon King. 2018. (Daisy the Dachshund Ser.: Vol. 1). (ENG., Illus.). 28p. (J). (gr. k-4). pap. 12.99 *(978-0-692-04361-5(6))* Daisy Mae Bks.
Daisy the Dachshund's Tail of Recovery. Shannon King. Illus. by Shannon King. 2019. (Daisy the Dachshund Children's Ser.: Vol. 2). (ENG., Illus.). 28p. (J). (gr. 1-6). pap. 12.99 *(978-0-578-46281-3(8))* Daisy Mae Bks.
Daisy the Deer: Fairy Animals of Misty Wood. Lily Small. 2017. (Fairy Animals of Misty Wood Ser.: 8). (ENG., Illus.). 144p. (J). pap. 6.99 *(978-1-62779-738-2(6)*, 900158796, Holt, Henry & Co. Bks. For Young Readers) Holt, Henry & Co.
Daisy the Digger. Peter Bently. Illus. by Sébastien Chebret. 2020. (Whizzy Wheels Academy Ser.). (ENG.). 24p. (J). (gr. -1-1). lib. bdg. 26.65 *(978-0-7112-4331-6(X)*, 924bba66-8b84-4c56-b88f-e8a85cdd96ac) QEB Publishing Inc.
Daisy the Dinosaur Diva. Sophia Grutt. 2022. (ENG.). 58p. (J). pap. 15.00 *(978-1-953507-77-8(8))* Brightlings.
Daisy, the Dutiful Donkey's Daughter. Rosita Bird. Illus. by Lynn Costelloe. 2020. (Animal Alphabet Ser.: Vol. 4). (ENG.). 30p. (J). pap. 10.99 *(978-1-68160-714-6(X))* Crimson Cloak Publishing.
Daisy the Hungry Duck, 30 vols. Evelien van Dort. Illus. by Marjan Zeyl. 2020. 12p. (J). 9.95 *(978-1-78250-634-8(9))* Floris Bks. GBR. Dist: Consortium Bk. Sales & Distribution.
Daisy the Kitten (Dr. KittyCat #3) Jane Clarke. 2016. (Dr. KittyCat Ser.: 3). (ENG.). 96p. (J). (gr. 2-5). pap. 5.99 *(978-0-545-87343-7(6)*, Scholastic Paperbacks) Scholastic, Inc.
Daisy the Runaway Cow. Jean Ellen Gahner. 2020. (ENG.). 30p. (J). pap. 13.95 *(978-1-64701-323-3(2))* Page Publishing Inc.
Daisy Thornton; & Jessie Graham (Classic Reprint) Mary J. Holmes. (ENG., Illus.). (J). 2018. 388p. 31.90 *(978-0-364-55963-5(2))*; 2017. pap. 16.57 *(978-0-259-10180-2(X))* Forgotten Bks.
Daisy: Tiger Ways. Kes Gray. Illus. by Nick Sharratt. 2016. (Daisy Picture Bks.: 6). 32p. (J). (gr. -1-k). pap. 11.99 *(978-1-78295-649-5(2)*, Red Fox) Random House Children's Books GBR. Dist: Independent Pubs. Group.
Daisy Travers: Or, the Girls of Hive Hall (Classic Reprint) Adelaide F. Samuels. 2018. (ENG., Illus.). 294p. (J). 29.96 *(978-0-483-68963-3(7))* Forgotten Bks.
Daisy Weal. Robert A.V. Jacobs. 2019. (ENG.). (J). 242p. pap. 13.00 *(978-0-244-18170-3(5))*; (Illus.). 214p. 26.89 *(978-0-244-44655-0(5))* Lulu Pr., Inc.
Daisy Weal & Sir Charles. Robert A.V. Jacobs. 2019. (ENG.). (J). 208p. pap. *(978-0-244-78937-4(1))*; 208p. pap. *(978-0-244-46030-3(2))*; (Illus.). 182p. *(978-0-244-74709-1(1))* Lulu Pr., Inc.
Daisy Weal & the Last Crenian. Robert A.V. Jacobs. 2019. (ENG.). (J). 200p. pap. *(978-0-244-18938-9(2))*; 204p. pap. *(978-0-244-46068-6(X))*; (Illus.). 182p. *(978-0-244-14711-2(6))* Lulu Pr., Inc.
Daisy Weal & the Monster. Robert A.V. Jacobs. 2019. (ENG.). (J). 222p. pap. *(978-0-244-78749-3(2))*; 230p. pap. *(978-0-244-45660-3(7))*; (Illus.). 202p. *(978-0-244-74681-0(8))* Lulu Pr., Inc.
Daisy Williams, September, 1867-January 1884: A Memorial Published by Sweet Briar College in Commemoration of the Fiftieth Anniversary of the Death of Daisy Williams, the Child in Whose Memory the College Was Founded (Classic Reprint) Sweet Briar College. (ENG., Illus.). (J). 2018. 128p. 26.56 *(978-0-666-14447-8(8))*; 2017. pap. 9.57 *(978-0-259-94480-5(7))* Forgotten Bks.
Daisy Woodworm Changes the World. Melissa Hart. 2022. (ENG.). 288p. (J). (gr. 3-7). pap. 14.99 *(978-1-63163-637-0(5)*, Jolly Fish Pr.) North Star Editions.
Daisy's Adventure. Joyce Ferrell a K a "aunt Joyce". 2019. (ENG., Illus.). 30p. (J). pap. 12.95 *(978-1-64471-789-9(1))* Covenant Bks.
Daisy's Aunt (Classic Reprint) E. F. Benson. 2017. (ENG., Illus.). (J). 32.04 *(978-0-266-17203-1(2))* Forgotten Bks.
Daisy's Big Adventure. Hannah Jardine & Clever Publishing. Illus. by Zoe Waring. 2019. (Animal Adventures Ser.). (ENG.). 10p. (J). (gr. -1 — 1). bds. 7.99 *(978-1-948418-76-8(2))* Clever Media Group.
Daisy's Extraordinary Ordinary Day. Tracee Guzman. 2023. (ENG.). 32p. (J). 17.99 ***(978-1-958302-76-7(7))*** Lawley Enterprises.
Daisy's Friend Robin. Debbie Burt. 2022. (Daisytime Ser.: Vol. 4). (ENG.). 34p. (J). pap. ***(978-1-78222-954-4(X))*** Paragon Publishing, Rothersthorpe.
Daisy's Journey. Fiona Murphy. 2021. (ENG.). 162p. (YA). pap. *(978-1-914560-27-9(2))* Fisher King Publishing.
Daisy's Necklace, & What Came of It: A Literary Episode (Classic Reprint) Thomas Bailey Aldrich. 2018. (ENG., Illus.). 244p. (J). 28.93 *(978-0-267-43008-6(6))* Forgotten Bks.
Daisy's Nose Knows. Denni Lee Baker. 2020. (ENG.). 26p. (J). pap. 12.99 *(978-1-7334732-0-0(3))* Mindstir Media.
Daisy's Patch. Stephanie Jones. Illus. by Blueberry Illustrations. 2021. (ENG.). 26p. (J). 19.99 ***(978-0-578-33079-2(2))*** Jones, Stephanie.
Daisy's Presentation Day. Merneeta Romero. 2022. (ENG., Illus.). 34p. (J). pap. 18.95 *(978-1-63903-512-0(5))* Christian Faith Publishing.
Daisy's Story. Debbie Burt. 2022. (ENG.). 34p. (J). pap. *(978-1-78222-937-7(X))* Paragon Publishing, Rothersthorpe.
Daisy's Work: The Third Commandment. Joanna Hooe Mathews. 2018. (ENG., Illus.). 72p. (YA). (gr. 7-12). pap. *(978-93-5329-294-2(8))* Alpha Editions.
Daisy's Work: The Third Commandment (Classic Reprint) Joanna H. Mathews. (ENG., Illus.). (J). 2017. 234p. 28.72 *(978-0-484-24865-5(0))*; 2016. pap. 11.57 *(978-1-333-53726-5(3))* Forgotten Bks.
Daizee & the DUKES of Chuco: Chuco- Juárez World Rally. E. C.-Dukes. Illus. by Ronnie Dukes. 2023. (ENG.). 90p. (YA). pap. 30.00 ***(978-0-6678-9112-5(X))*** BookBaby.
Daizi & Her Saving Pool. Doug Lockhart. 2021. (ENG.). 38p. (J). pap. 12.99 *(978-1-77630-133-1(1))* Undisciplined Pr.
Dak Prescott. Jon M. Fishman. 2018. (Sports All-Stars (Lerner (tm) Sports) Ser.). (ENG., Illus.). 32p. (J). (gr. 2-5). lib. bdg. 29.32 *(978-1-5415-2454-5(3)*, 87e16169-f283-4a58-9b14-838990f18bf2, Lerner Pubns.) Lerner Publishing Group.
Dak Prescott. Barbara Lowell. 2019. (Player Profiles Ser.). (ENG., Illus.). 32p. (J). (gr. 4-6). pap. 9.99 *(978-1-64466-080-5(6)*, 12785, Bolt) Black Rabbit Bks.
Dak Prescott. Joanne Mattern. 2017. lib. bdg. 25.70 *(978-1-68020-127-7(1))* Mitchell Lane Pubs.
Dak Prescott. Allan Morey. 2023. (Sports Superstars Ser.). (ENG., Illus.). (J). (gr. 3-7). lib. bdg. 26.95 Bellwether Media.
Dak Prescott: Football Star. Matt Scheff. 2018. (Biggest Names in Sports Set 3 Ser.). (ENG., Illus.). 32p. (J). (gr. 3-5). pap. 9.95 *(978-1-63517-970-5(X)*, 163517970X); lib. bdg. 31.35 *(978-1-63517-869-2(X)*, 163517869X) North Star Editions. (Focus Readers).
Dakota. Katie Lajiness. 2018. (Native Americans Ser.). (ENG., Illus.). 32p. (J). (gr. 2-5). lib. bdg. 34.21 *(978-1-5321-1508-0(3)*, 28888, Big Buddy Bks.) ABDO Publishing Co.
Dakota. Connie Squiers. l.t. ed. 2021. (ENG.). 100p. (J). pap. 8.00 *(978-1-64970-006-3(7))* Primedia eLaunch LLC.
Dakota Access Pipeline. Sue Bradford Edwards. 2017. (Special Reports Set 3 Ser.). (ENG., Illus.). 112p. (J). (gr. 6-12). lib. bdg. 41.36 *(978-1-5321-1332-1(3)*, 27540, Essential Library) ABDO Publishing Co.
Dakota Crumb & the Secret Bookshop: a Tiny Treasure Hunt. Jamie Michalak. Illus. by Kelly Murphy. 2023. (ENG.). 32p. (J). (gr. -1-2). 17.99 *(978-1-5362-2330-9(1))* Candlewick Pr.
Dakota Crumb: Tiny Treasure Hunter. Jamie Michalak. Illus. by Kelly Murphy. 2021. (ENG.). 32p. (J). (gr. -1-2). 17.99 *(978-1-5362-0394-3(7))* Candlewick Pr.
Dakota Land, or the Beauty of St. Paul: An Original, Illustrated, Historic & Romantic Work, Presenting a Combination of Marvelous Dreams & Wandering Fancies, Singular Events, & Strange Fatalities (Classic Reprint) (C.) Hankins. 2018. (ENG., Illus.). 486p. (J). 33.92 *(978-0-483-83234-3(0))* Forgotten Bks.
Dakota Stein. Woweqe. Illus. by Jason Roberts & Eelonqa K. Harris. 2021. (GER.). 32p. (J). pap. *(978-1-989388-18-1(3))* TaleFeather Publishing.
Dakota Stone. Woweqe. Illus. by Eelonqa K. Harris & Jason Roberts. 2021. (ENG.). 32p. (J). pap. *(978-1-989388-17-4(5))* TaleFeather Publishing.
Dakota, Sykis e la Terra Di Magaskawee. Laura Gagliardi. 2019. (ITA.). 38p. (J). pap. *(978-1-7947-1150-1(3))* Lulu Pr., Inc.
Dakshin: South Indian Myths & Fables Retold. Nitin Kushalappa MP. 2023. (ENG.). 252p. (J). (gr. 5). pap. 12.99 ***(978-0-14-345499-1(4)***, Puffin) Penguin Bks. India PVT, Ltd IND. Dist: Independent Pubs. Group.
Dalai Lama. Melissa Gish. 2019. (Odysseys in Peace Ser.). (ENG.). 80p. (gr. 7-12). (YA). pap. 14.99 *(978-1-62832-725-0(1)*, 19100, Creative Paperbacks); (J). *(978-1-64026-162-4(1)*, 19103, Creative Education) Creative Co., The.
Dalai Lama. Meeg Pincus. Illus. by Jeff Bane. 2021. (My Early Library: My Itty-Bitty Bio Ser.). (ENG.). 24p. (J). (gr. k-1). lib. bdg. 30.64 *(978-1-5341-7994-3(1)*, 218256) Cherry Lake Publishing.
Dalai Lama. Cath Senker. 2017. (ENG., Illus.). 32p. (J). (gr. 4-6). pap. 12.99 *(978-1-5263-0180-2(6)*, Wayland) Hachette Children's Group GBR. Dist: Hachette Bk. Group.
Dalai Lama: A Leader in Exile. Anna Leigh. 2019. (Gateway Biographies Ser.). (ENG., Illus.). 48p. (J). (gr. 4-8). pap. 11.99 *(978-1-5415-7432-8(X)*, eafecd52-65cd-4bfc-a5bc-29969d356bab); lib. bdg. 31.99 *(978-1-5415-3916-7(8)*, 44b8c083-3168-4a18-9566-7a4774643a3f) Lerner Publishing Group. (Lerner Pubns.).
Dalai Lama: With a Foreword by His Holiness the Dalai Lama. Demi. Illus. by Demi. 2018. (ENG., Illus.). 32p. (J). pap. 9.99 *(978-1-250-29406-7(1)*, 900195034) Square Fish.
Dalan the Duck. D. R. Melanson. 2022. (ENG.). 24p. (J). pap. 10.95 ***(978-1-6642-7973-5(3)***, WestBow Pr.) Author Solutions, LLC.
Dale. Adrian Beck. 11th ed. 2016. (Stuff Happens Ser.). 96p. (J). (gr. 2-4). 8.99 *(978-0-14-330896-6(3))* Random Hse. Australia AUS. Dist: Independent Pubs. Group.
Dale & Fraser, Sheepmen: A Story of Colorado Sheep Raising (Classic Reprint) Sidford F. Hamp. (ENG., Illus.). (J). 2018. 332p. 30.76 *(978-0-332-49478-4(0))*; 2016. pap. 13.57 *(978-1-334-26134-3(2))* Forgotten Bks.
Dale Earnhardt: Destined to Race. Deborah Dolan Hunt & R. Scott Murphy. 2021. (ENG.). 38p. (J). pap. 6.99 *(978-1-64970-749-9(5))* Waldorf Publishing.
Dale Earnhardt Jr. Kenny Abdo. (NASCAR Biographies Ser.). (ENG., Illus.). 24p. (J). (gr. 2-2). 2022. pap. 8.95 *(978-1-64494-682-4(3))*; 2021. lib. bdg. 31.36 *(978-1-0982-2679-4(8)*, 38634) ABDO Publishing Co. (Abdo Zoom-Fly).
Dale Earnhardt Sr.: NASCAR Legend. Marcia Amidon Lusted. 2020. (Lives Cut Short Ser.). (ENG., Illus.). 112p. (J). (gr. 6-12). lib. bdg. 41.36 *(978-1-5321-9397-2(1)*, 34959, Essential Library) ABDO Publishing Co.
Dalen Pax & the Beads of Fire. Will Grey. Illus. by David Noceti. 2022. (ENG.). 432p. (YA). pap. 17.99 ***(978-1-64372-992-3(6))*** MacLaren-Cochrane Publishing.
Dales in New Port (Classic Reprint) Leila Lee. 2018. (ENG., Illus.). 228p. (J). 28.62 *(978-0-483-49477-0(1))* Forgotten Bks.
Dalilah & Dexter Explore Egypt, Africa. Labrittini Monét. Illus. by Aniba Sajid. 2022. (Dalilah & Dexter Ser.: Vol. 2). (ENG.). 42p. (J). 26.99 *(978-1-6628-4895-7(1))*; pap. 14.99 *(978-1-6628-4894-0(3))* Salem Author Services.
Dalilah & Dexter Journey Through Japan. Labrittini Monét. 2019. (ENG.). 44p. (J). 22.99 *(978-1-5456-7245-7(8))*; pap. 24.99 *(978-1-5456-7244-0(X))* Salem Author Services.
Dallas. Helen Lepp Friesen. 2020. (J). *(978-1-7911-1578-4(0)*, AV2 by Weigl) Weigl Pubs., Inc.
Dallas. Sam Moussavi. 2016. (Texas Fridays Ser.). (ENG.). 208p. (YA). (gr. 6-12). 32.84 *(978-1-68076-492-5(6)*, 24673, Epic Escape) EPIC Pr.
Dallas, a Dog's Tale: A True Story of My Son's Dog. Saundra Carr. 2022. (ENG., Illus.). 30p. (J). pap. 14.95 ***(978-1-68570-317-2(8))*** Christian Faith Publishing.
Dallas at the Fire Station: The Second Adventure of Dallas the Wonder Dog. Susan Hensley Phillips. 2018. (ENG., Illus.). 40p. (J). pap. 17.99 *(978-1-4834-8144-9(1))* Lulu Pr., Inc.
Dallas Cowboys. Kenny Abdo. 2021. (NFL Teams Ser.). (ENG., Illus.). 32p. (J). (gr. 2-8). lib. bdg. 32.79 *(978-1-0982-2459-2(0)*, 37152, Abdo Zoom-Fly) ABDO Publishing Co.
Dallas Cowboys. Contrib. by Thomas K. Adamson. 2023. (NFL Team Profiles Ser.). (ENG., Illus.). (J). (gr. 3-7). lib. bdg. 26.95 Bellwether Media.
Dallas Cowboys. Josh Anderson. 2022. (Professional Football Teams Ser.). (ENG.). 32p. (J). (gr. 2-5). lib. bdg. 35.64 *(978-1-5038-5762-9(X)*, 215736, Stride) Child's World, Inc, The.
Dallas Cowboys, 1 vol. Tom Glave. 2016. (NFL up Close Ser.). (ENG., Illus.). 32p. (J). (gr. 3-9). lib. bdg. 32.79 *(978-1-68078-214-1(2)*, 22029, SportsZone) ABDO Publishing Co.
Dallas Cowboys. Todd Ryan. 2019. (Inside the NFL Ser.). (ENG.). 48p. (J). (gr. 3-6). lib. bdg. 34.21 *(978-1-5321-1844-9(9)*, 32557, SportsZone) ABDO Publishing Co.
Dallas Cowboys. Jim Whiting. rev. ed. 2019. (NFL Today Ser.). (ENG.). 48p. (J). (gr. 4-7). pap. 12.00 *(978-1-62832-701-4(4)*, 19021, Creative Paperbacks) Creative Co., The.
Dallas Cowboys All-Time Greats. Ted Coleman. 2021. (NFL All-Time Greats Ser.). (ENG., Illus.). 24p. (J). (gr. 3-3). pap. 8.95 *(978-1-63494-371-0(6))*; lib. bdg. 28.50 *(978-1-63494-354-3(6))* Pr. Room Editions LLC.
Dallas Cowboys Story. Larry Mack. 2016. (NFL Teams Ser.). (ENG., Illus.). 32p. (J). (gr. 3-7). lib. bdg. 26.95 *(978-1-62617-363-7(X)*, Torque Bks.) Bellwether Media.
Dallas Doesn't Like Cats: The Third Adventure of Dallas the Wonder Dog. Susan Hensley Phillips et al. 2019. (ENG.). 36p. (J). pap. 14.20 *(978-1-68470-008-0(6))* Lulu Pr., Inc.
Dallas Galbraith (Classic Reprint) R. Harding Davis. 2018. (ENG., Illus.). 252p. (J). 29.09 *(978-0-483-40050-4(5))* Forgotten Bks.
Dallas Mavericks. Michael E. Goodman. 2018. (NBA Champions Ser.). (ENG.). 24p. (J). (gr. 1-4). pap. 8.99 *(978-1-62832-572-0(0)*, 19819, Creative Paperbacks) Creative Co., The.
Dallas Mavericks. K. C. Kelley. 2019. (Insider's Guide to Pro Basketball Ser.). (ENG.). 32p. (J). (gr. 1-4). lib. bdg. 35.64 *(978-1-5038-2465-2(9)*, 212277) Child's World, Inc, The.
Dallas Mavericks. Drew Silverman. 2022. (Inside the NBA (2023) Ser.). (ENG., Illus.). 48p. (J). (gr. 3-6). lib. bdg. 34.22 *(978-1-5321-9824-3(8)*, 39753, SportsZone) ABDO Publishing Co.
Dallas Mavericks. Jim Whiting. 2017. (NBA: a History of Hoops Ser.). (ENG., Illus.). 48p. (J). (gr. 4-7). *(978-1-60818-841-3(8)*, 20228, Creative Education) Creative Co., The.
Dallas Mavericks All-Time Greats. Brendan Flynn. 2020. (NBA All-Time Greats Ser.). (ENG., Illus.). 24p. (J). (gr. 3-3). pap. 8.95 *(978-1-63494-165-5(9)*, 1634941659); lib. bdg. 28.50 *(978-1-63494-152-5(7)*, 1634941527) Pr. Room Editions LLC.
Dallas Stars. Harold P. Cain. 2022. (NHL Teams Ser.). (ENG., Illus.). 32p. (J). (gr. 3-4). pap. 9.95 *(978-1-63494-516-5(6))*; lib. bdg. 31.35 *(978-1-63494-490-8(9))* Pr. Room Editions LLC.
Dallas the Squirrel: Harvest Hunt. Patrick Taylor. 2020. (ENG.). 32p. (J). pap. 12.95 *(978-1-946746-83-2(5))* ASA Publishing Corp.
Dallas the Wonder Dog: The First Adventure. Susan Hensley Phillips & Rebecca R. Hensley. 2017. (ENG., Illus.). (J). pap. 17.99 *(978-1-4834-6648-4(5))* Lulu Pr., Inc.
Dally (Classic Reprint) Maria Louise Pool. 2018. (ENG., Illus.). 294p. (J). 29.98 *(978-0-428-77583-4(7))* Forgotten Bks.
Dalmatian in a Digger. Rebecca Elliott. (ENG., Illus.). (gr. k-2). 2019. 30p. bds. 7.99 *(978-1-68446-094-6(8)*, 141309, Capstone Editions); 2017. 32p. (J). lib. bdg. 27.99 *(978-1-5158-0684-4(7)*, Picture Window Bks.) Capstone.
Dalmatians. Mary Ellen Klukow. 2019. (Favorite Dog Breeds Ser.). (ENG.). 24p. (J). (gr. 1-4). lib. bdg. *(978-1-68151-656-1(X)*, 10788) Amicus.
Dalmatians. Mari Schuh. 2017. (Awesome Dogs Ser.). (ENG., Illus.). 24p. (J). (gr. k-3). lib. bdg. 26.95 *(978-1-62617-613-3(2)*, Blastoff! Readers) Bellwether Media.
Dalrymple: A Romance of the British Prison Ship, the Jersey (Classic Reprint) Mary C. Francis. 2017. (ENG., Illus.). (J). 376p. 31.67 *(978-0-484-90175-8(3))*; pap. 16.57 *(978-0-282-53939-9(5))* Forgotten Bks.
Daltons, Vol. 1 Of 2: Or, Three Roads in Life (Classic Reprint) Charles James Lever. 2018. (ENG., Illus.). 440p. (J). 32.97 *(978-0-365-39758-8(X))* Forgotten Bks.
Daltons, Vol. 2 Of 2: Or Three Roads in Life (Classic Reprint) Charles James Lever. 2018. (ENG., Illus.). 496p. (J). 34.13 *(978-0-483-97000-7(X))* Forgotten Bks.
Dalya & the Magic Ink Bottle. J. M. Evenson. 2020. (ENG.). 200p. (J). (gr. 4-8). lib. bdg. 16.99 *(978-1-68446-130-1(8)*, 141957, Capstone Editions) Capstone.
Dalys of Dalystown (Classic Reprint) Dillon O'Brien. 2017. (ENG., Illus.). (J). 34.46 *(978-0-265-54442-6(4))*; pap. 16.97 *(978-0-282-76406-7(2))* Forgotten Bks.
Dalziels' Illustrated Goldsmith: Comprising the Vicar of Wakefield, the Traveller, the Deserted Village, the Haunch of Venison, the Captivity, an Oratorio, Retaliation, Miscellaneous Poems, the Good-Natured Man, She Stoops to Conquer, & a Sketch of The. Oliver Goldsmith. (ENG., Illus.). (J). 2018. 436p. 32.91 *(978-0-666-99727-2(6))*; 2017. pap. 16.57 *(978-0-259-58589-3(0))* Forgotten Bks.
Dam. David Almond. Illus. by Levi Pinfold. 2018. (ENG.). 32p. (J). (gr. k-4). 17.99 *(978-0-7636-9597-2(1))* Candlewick Pr.
Dam Holds Back. Crystal Sikkens. 2017. (Be an Engineer! Designing to Solve Problems Ser.). 24p. (J). (gr. 2-2). *(978-0-7787-2905-1(2))* Crabtree Publishing Co.
Dam Keeper. Robert Kondo and Dice Tsutsumi. 2017. (Dam Keeper Ser.: 1). (ENG., Illus.). 160p. (J). 25.99 *(978-1-62672-426-6(1)*, 900156878, First Second Bks.) Roaring Brook Pr.
Dam Keeper, Book 3: Return from the Shadows. Robert Kondo & Dice Tsutsumi. 2019. (Dam Keeper Ser.: 3). (ENG., Illus.). 208p. (J). 24.99 *(978-1-62672-456-3(3)*, 900158058, First Second Bks.) Roaring Brook Pr.
Dama de Humo / Lady Smoke. Laura Sebastian. 2020. (Princesa de Cenizas Ser.: 2). (SPA.). 448p. (YA). (gr. 8-12). pap. 15.95 *(978-607-31-8482-3(4)*, Montena) Penguin Random House Grupo Editorial ESP. Dist: Penguin Random Hse. LLC.
Dama de la Mala Suerte: La Complicada Vida de Claudia Cristina Cortez. Diana G. Gallagher. Illus. by Brann Garvey. 2019. (Claudia Cristina Cortez en Español Ser.). (SPA.). 88p. (J). (gr. 4-8). pap. 6.95 *(978-1-4965-8583-7(6)*, 141316); lib. bdg. 26.65 *(978-1-4965-8545-5(3)*, 141294) Capstone. (Stone Arch Bks.).
Dama de la Selva. Antonio Ramos Revillas. 2017. (la Orilla Del Viento Ser.). (SPA.). (J). pap. 7.50 *(978-607-16-5150-1(6))* Fondo de Cultura Economica USA.
Dama de Las Camelias, la. para Jovenes. Alejandro Dumas. 2018. (SPA.). 96p. (YA). pap. 6.95 *(978-970-643-936-9(6))* Selector, S.A. de C.V. MEX. Dist: Spanish Pubs., LLC.
Dama de Las Siguanas, 1 vol. Jennifer Keats Curtis & Nicole F. Angeli. Illus. by Veronica Jones. 2018. (SPA.). 32p. (J). (gr. 2-3). pap. 11.95 *(978-1-60718-311-2(0)*, 04869b23-1f5d-45bd-8f9c-3c4143d9220a) Arbordale Publishing.
Damage along a Fault Line: Math Reader 8 Grade 6. Hmh Hmh. 2018. (SPA.). 12p. (J). pap. 9.27 *(978-1-328-57726-9(0))* Houghton Mifflin Harcourt Publishing Co.
Damage along a Fault Line: Math Reader Grade 6. Hmh Hmh. 2017. (Math Expressions Ser.). (ENG.). 12p. (J). (gr. 6). pap. 8.67 *(978-1-328-77213-8(6))* Houghton Mifflin Harcourt Publishing Co.
Damaged Goods the Great Play les Avaries by Brieux (Classic Reprint) Upton Sinclair. 2018. (ENG., Illus.). 200p. (J). 28.02 *(978-0-484-50099-9(6))* Forgotten Bks.
Damaged Reputation (Classic Reprint) Harold Bindloss. (ENG., Illus.). (J). 2018. 450p. 33.18 *(978-0-656-48575-8(2))*; 2017. pap. 11.97 *(978-0-243-27589-2(7))* Forgotten Bks.
Damaris: A Novel (Classic Reprint) Lucas Malet. 2018. (ENG., Illus.). 406p. (J). 32.29 *(978-0-332-76027-8(8))* Forgotten Bks.
Damaris in Ohio. Daniel Castro. 2023. (ENG.). 164p. (YA). pap. 23.62 ***(978-1-365-84941-1(4))*** Lulu Pr., Inc.
Damask Girl: And Other Stories. Morrison I. Swift. 2017. (ENG., Illus.). (J). pap. *(978-0-649-55914-5(2))* Trieste Publishing Pty Ltd.
Damask Girl: And Other Stories (Classic Reprint) Morrison I. Swift. 2017. (ENG., Illus.). 152p. (J). 27.11 *(978-0-332-27230-6(3))* Forgotten Bks.
Dame Care (Classic Reprint) Hermann Sudermann. 2018. (ENG., Illus.). 322p. (J). 30.58 *(978-0-332-96781-3(6))* Forgotten Bks.
Dame Curtsey's Art of Entertaining for All Occasions: Novel Schemes for Old & Young at Home, Church, Club, & School, Arranged by Months (Classic Reprint) Ellye Howell Glover. 2018. (ENG., Illus.). 366p. (J). 31.47 *(978-0-267-48803-2(3))* Forgotten Bks.
Dame Curtsey's Book of Games for Children: For Indoors & Outdoors & All Occasions (Classic Reprint) Ellye Howell Glover. (ENG., Illus.). (J). 2018. 184p. 27.69 *(978-0-267-40505-3(7))*; 2016. pap. 10.57 *(978-1-334-11848-7(5))* Forgotten Bks.

Dame Fortune Smiled: The Doctor's Story (Classic Reprint) Willis Barnes. (ENG., Illus.). (J). 2018. 336p. 30.85 *(978-0-428-83966-6(5))*; 2016. pap. 13.57 *(978-1-333-24804-8(0))* Forgotten Bks.

Dame of Faketown. John Wood. Illus. by Simona Hodonova. 2023. (Level 8 - Purple Set Ser.). (ENG.). 32p. (J). (gr. 1-4). lib. bdg. 19.95 Bearport Publishing Co., Inc.

Dame Partlet's Farm: An Account of the Riches She Obtained by Industry, the Good Life She Led, & Alas! Good Reader, Her Death & Epitaph (Classic Reprint) Unknown Author. 2017. (ENG., Illus.). 52p. (J). 24.99 *(978-0-484-50801-8(6))* Forgotten Bks.

Dame Rebecca Berry, or Court Scenes in the Reign of Charles the Second, Vol. 2 of 3 (Classic Reprint) Elizabeth Isabella Spence. (ENG., Illus.). (J). 2018. 318p. 30.46 *(978-0-267-33818-4(X))*; 2016. pap. 13.57 *(978-1-333-62635-8(5))* Forgotten Bks.

Dame Rebecca Berry, Vol. 1 Of 3: Or Court Scenes in the Reign of Charles the Second (Classic Reprint) Elizabeth Isabella Spence. 2018. (ENG., Illus.). 334p. (J). 30.79 *(978-0-267-20753-4(0))* Forgotten Bks.

Dame Rebecca Berry, Vol. 3 Of 3: Or Court Scenes in the Reign of Charles the Second (Classic Reprint) Elizabeth Isabella Spence. (ENG., Illus.). (J). 2018. 268p. 29.42 *(978-0-483-83687-7(7))*; 2016. pap. 11.97 *(978-1-333-41121-3(9))* Forgotten Bks.

Dame Talkative's Old Sayings: New Revived for the Amusement of Young People (Classic Reprint) Unknown Author. (ENG., Illus.). (J). 2018. 24p. 24.54 *(978-0-332-99741-4(3))*; 2016. pap. 7.97 *(978-1-333-87322-6(0))* Forgotten Bks.

Dame Truelove's Tales: Now First Published with Useful Lessons for Little Misses & Masters, & Ornamented with Appropriate Engravings (Classic Reprint) Elizabeth Semple. 2018. (ENG., Illus.). 128p. (J). 26.56 *(978-0-267-48043-2(1))* Forgotten Bks.

Dame Truelove's Tales, or Useful Lessons for Little Misses & Masters: And Ornamented with Appropriate Engravings (Classic Reprint) Unknown Author. 2017. (ENG., Illus.). (J). 40p. 24.72 *(978-0-484-89720-4(9))*; pap. 7.97 *(978-0-259-80916-6(0))* Forgotten Bks.

Dame un Beso: Padded Board Book. IglooBooks. Illus. by Anna Jones. 2022. (SPA.). 24p. (J). (-k). bds. 9.99 *(978-1-80368-397-3(X))*; bds. 8.99 *(978-1-83852-893-5(8))* Igloo Bks. GBR. Dist: Simon & Schuster, Inc.

Dame un Beso (Kiss Me) Padded Board Book. Illus. by Anna Jones. 2016. (SPA.). 26p. (J). (-k). bds. 8.99 *(978-1-78670-434-4(X))* Igloo Bks. GBR. Dist: Simon & Schuster, Inc.

Dame Wiggins of Lee, & Her Seven Wonderful Cats: A Humorous Tale (Classic Reprint) Richard Scrafton Sharpe. (ENG., Illus.). (J). 2018. 72p. 25.38 *(978-0-267-16134-8(4))*; 2018. 42p. 24.76 *(978-0-656-46726-6(6))*; 2016. pap. 7.97 *(978-1-334-16373-9(1))*; 2016. pap. 9.57 *(978-1-333-84427-1(1))* Forgotten Bks.

Dame Wiggins of Lee, & Her Seven Wonderful Cats: A Humourous Tale (Classic Reprint) Pearson. (ENG., Illus.). (J). 2018. 50p. 24.95 *(978-0-267-59361-3(9))*; 2016. pap. 9.57 *(978-1-333-29037-5(3))* Forgotten Bks.

Damegambiet: Schaakgedichten. En Dichters Uit Vlaanderen En Nederla. 2022. (DUT.). 57p. (YA). pap. ***(978-1-4710-5542-3(6))*** Lulu Pr., Inc.

Damen's Ghost (Classic Reprint) Edwin Lassetter Bynner. 2018. (ENG., Illus.). 324p. (J). 30.58 *(978-0-483-97675-7(X))* Forgotten Bks.

Damer's Gold: A Comedy in Two Acts (Classic Reprint) Augusta Gregory. 2017. (ENG., Illus.). (J). 24.93 *(978-0-265-19940-4(9))* Forgotten Bks.

Dames Don't Care (Classic Reprint) Peter Cheyney. 2017. (ENG., Illus.). (J). 29.26 *(978-0-331-68907-5(3))*; pap. 11.97 *(978-0-259-86228-4(2))* Forgotten Bks.

Damian Lillard. Alexander Lowe. 2022. (Sports All-Stars (Lerner (tm) Sports) Ser.). (ENG., Illus.). 32p. (J). (gr. 2-5). pap. 9.99 *(978-1-7284-4938-8(3),* f35fa372-597e-4e28-9206-f609caf4c32c); lib. bdg. 29.32 *(978-1-7284-4115-3(3),* 4196abaf-8d1f-4fc7-b37a-fcd4008053bb) Lerner Publishing Group. (Lerner Pubns.).

Damienalla. A. Marie Norwood. 2020. (ENG.). 154p. (J). *(978-1-922405-74-6(4))*; pap. *(978-1-922405-73-9(6))* Tablo Publishing.

Damnation of Theron Ware (Classic Reprint) Harold Frederic. (ENG., Illus.). (J). 2018. 514p. 34.50 *(978-0-365-27430-8(5))*; 2017. pap. 16.97 *(978-0-243-93633-5(8))* Forgotten Bks.

Damned. Renée Ahdieh. (Beautiful Quartet Ser.: 2). (ENG.). (YA). (gr. 7). 2021. 464p. pap. 12.99 *(978-1-9848-1260-5(2),* Penguin Books); 2020. 416p. 18.99 *(978-1-9848-1258-2(0),* G.P. Putnam's Sons Books for Young Readers) Penguin Young Readers Group.

Damned When I Didn't. Cherie Colyer. 2020. (ENG.). 298p. (YA). pap. 16.99 *(978-1-5092-3333-5(4))* Wild Rose Pr., Inc., The.

Damon & Phillida: A Comic Opera As It Is Perform'd at the Theatre Royal in Drury Lane (Classic Reprint) Charles Dibdin. 2018. (ENG., Illus.). (J). 42p. 24.78 *(978-0-366-81722-1(1))*; 44p. pap. 7.97 *(978-0-366-81720-7(5))* Forgotten Bks.

Dams. Chris Bowman. 2018. (Everyday Engineering Ser.). (ENG., Illus.). 24p. (J). (gr. k-3). lib. bdg. 26.95 *(978-1-62617-822-9(4),* Blastoff! Readers) Bellwether Media.

Dams. Nicole Brooks Bethea. 2018. (Engineering Marvels Ser.). (ENG.). 32p. (J). lib. bdg. 22.99 *(978-1-5105-3728-6(7))* SmartBook Media, Inc.

Dams. Catherine C. Finan. 2022. (X-Treme Facts: Engineering Ser.). (ENG.). (J). (gr. 3-5). lib. bdg. 28.50 Bearport Publishing Co., Inc.

Dams. Virginia Loh-Hagan. 2017. (21st Century Junior Library: Extraordinary Engineering Ser.). (ENG., Illus.). 24p. (J). (gr. 2-5). lib. bdg. 29.21 *(978-1-63472-163-9(2),* 209224) Cherry Lake Publishing.

Dams. Elsie Olson. 2017. (Engineering Super Structures Ser.). (ENG., Illus.). 24p. (J). (gr. -1-3). lib. bdg. 29.93 *(978-1-5321-1103-7(7),* 25782, SandCastle) ABDO Publishing Co.

Dams & Levees, 1 vol. Kevin Reilly. 2019. (Exploring Infrastructure Ser.). (ENG.). 48p. (gr. 3-4). 29.60 *(978-1-9785-0334-2(2),* 963ed7e1-0cca-44f9-bd9e-890e2fb24d04) Enslow Publishing, LLC.

Damsel. Elana K. Arnold. (ENG.). (YA). (gr. 9). 2020. 336p. pap. 10.99 *(978-0-06-274233-9(7))*; 2018. 320p. 17.99 *(978-0-06-274232-2(9))* HarperCollins Pubs. (Balzer & Bray).

Damsel & the Sage (Classic Reprint) Elinor Glyn. 2018. (ENG., Illus.). 96p. (J). 25.90 *(978-0-428-61150-7(8))* Forgotten Bks.

Damsel of the Three Skirts (Classic Reprint) Charles Paul De Kock. 2018. (ENG., Illus.). 262p. (J). 29.32 *(978-0-364-72698-3(9))* Forgotten Bks.

Damsel or Two (Classic Reprint) F. Frankfort Moore. 2018. (ENG., Illus.). (J). 386p. 31.86 *(978-0-366-08156-1(X))*; 388p. pap. 16.57 *(978-0-366-08152-3(7))* Forgotten Bks.

Damselflies. Christina Leaf. 2017. (Insects up Close Ser.). (ENG., Illus.). 24p. (J). (gr. k-3). lib. bdg. 26.95 *(978-1-62617-661-4(2),* Blastoff! Readers) Bellwether Media.

Damselfly. L. M. Hamelin. 2023. (ENG.). 156p. (YA). ***(978-1-0391-7114-5(1))***; pap. ***(978-1-0391-7113-8(3))*** FriesenPress.

Damselfly: A Novel. Chandra Prasad. 2018. (ENG.). 272p. (YA). (gr. 7-7). 18.99 *(978-0-545-90792-7(6),* Scholastic Pr.) Scholastic, Inc.

Dan. Chuanjia Zhou. Tr. by Pangbudun'er. 2022. (Introduction to Peking Opera Ser.). (ENG.). 48p. (J). (gr. k-2). 19.95 *(978-1-4878-0912-6(3))* Royal Collins Publishing Group Inc. CAN. Dist: Independent Pubs. Group.

Dan: The Newsboy (Classic Reprint) Horatio Alger. 2018. (ENG., Illus.). 324p. (J). 30.58 *(978-0-483-15310-3(9))* Forgotten Bks.

Dan & God's Gifts. Lynnita Rae Hege. Illus. by Evelyn Hackman. 2016. (ENG.). 110p. (J). 6.25 *(978-0-7399-2520-1(2))* Rod & Staff Pubs., Inc.

Dan & Phil Go Outside. Dan Howell & Phil Lester. 2016. (ENG., Illus.). 224p. (YA). (gr. 7). 19.99 *(978-1-5247-0145-1(9),* Random Hse. Bks. for Young Readers) Random Hse. Children's Bks.

Dan & Sam Play Tag. Cecilia Minden. Illus. by Nadia Gunawan. 2023. (Little Blossom Stories Ser.). (ENG.). 16p. (J). (gr. -1-2). pap. 11.36 *(978-1-6689-1886-9(2),* 221864, Cherry Blossom Press) Cherry Lake Publishing.

Dan Auta: An African Tale. José Ortega y Gasset. Tr. by Elisa Amado. Illus. by Piet Grobler. ed. 2022. (Aldana Libros Ser.). 56p. (J). (gr. 2-7). 18.95 *(978-1-77164-771-7(X),* Greystone Kids) Greystone Books Ltd. CAN. Dist: Publishers Group West (PGW).

Dan Beard's Animal Book: And Camp-Fire Stories (Classic Reprint) Dan Beard. 2018. (ENG., Illus.). 632p. (J). 36.93 *(978-0-267-48250-4(7))* Forgotten Bks.

Dan Black: A Story (Classic Reprint) Unknown Author. 2018. (ENG., Illus.). 56p. (J). 25.03 *(978-0-484-44590-0(1))* Forgotten Bks.

Dan Can! Marie Powell. Illus. by Amy Cartwright. 2016. (Word Families Ser.). (ENG.). 16p. (J). (gr. k-2). lib. bdg. 17.95 *(978-1-60753-924-7(1),* 15537) Amicus.

Dan Fu Chu Lai Le! Koji Ishikawa. 2016. (CHI.). 32p. (J). *(978-986-189-648-9(1))* Grimm Cultural Ent., Co., Ltd.

Dan Gets a Call. Matt Reher. 2017. (1B Fiction Ser.). (ENG., Illus.). 12p. (J). pap. 9.60 *(978-1-63437-177-3(1))* American Reading Co.

Dan Gets a Cat. Matt Reher. 2017. (1B Fiction Ser.). (ENG., Illus.). 12p. (J). pap. 9.60 *(978-1-63437-176-6(3))* American Reading Co.

Dan Gets Cold: A Dan the Dinosaur Story. Author Jeffrey Anderson & Illustrator Onalee Anderson. 2020. (ENG.). 50p. (J). pap. *(978-1-716-70806-0(0))* Lulu Pr., Inc.

Dan Gets Lunch: A Dan the Dinosaur Story. Author Jeffrey Anderson & Illustrator Onalee Anderson. 2020. (ENG.). 54p. (J). pap. *(978-1-6780-0519-1(3))* Lulu Pr., Inc.

Dan Leno: Hys Booke. a Volume of Frivolities: Autobiographical, Historical, Philosophical, Anecdotal & Nonsensical. Dan Leno. 2017. (ENG., Illus.). (J). pap. *(978-0-649-46486-9(9))* Trieste Publishing Pty Ltd.

Dan Leno: Hys Booke; a Volume of Frivolities; Autobiographical, Historical Philosophical, Anecdotal & Nonsensical (Classic Reprint) Dan Leno. 2017. (ENG., Illus.). (J). 27.36 *(978-0-266-82464-0(1))* Forgotten Bks.

Dan Leno (Classic Reprint) Jay Hickory Wood. 2017. (ENG., Illus.). (J). 366p. 31.45 *(978-0-484-52435-3(6))*; pap. 13.97 *(978-0-259-76197-6(4))* Forgotten Bks.

Dan Russel the Fox: An Episode in the Life of Miss. Rowan (Classic Reprint) E. Ce Somerville. 2018. (ENG., Illus.). 378p. (J). 31.71 *(978-0-428-24844-4(6))* Forgotten Bks.

Dan the Biggest Dump Truck. Chris Adams. Illus. by Ruthie Briggs-Greenberg. 2017. 40p. (J). (gr. -1-2). 15.95 *(978-1-63076-056-4(0))* Muddy Boots Pr.

Dan the Dancing Dinosaur. David Stanek. 2021. (ENG.). 54p. (J). pap. 12.33 *(978-1-7351377-8-0(2))* Stanek, David.

Dan the Donkey. David. 2022. (ENG.). 158p. (J). 23.99 *(978-1-6628-4528-4(6))*; pap. 15.49 *(978-1-6628-4522-2(7))* Salem Author Services.

Dan, the Newsboy. Horatio Alger. 2019. (ENG.). 212p. (J). pap. *(978-93-5329-585-1(8))* Alpha Editions.

Dan, the Newsboy. Wallace E. Boston Jr & Horatio Alger, Jr. 2020. (ENG.). 308p. (J). pap. 12.25 *(978-1-63391-861-0(0))* Westphalia Press.

Dan un Gad in Milhomeh Afn Oytser. R. Rozen. Illus. by E. Krishevski. 2017. (YID.). 55p. (J). *(978-1-68091-159-6(7))* Kinder Shpiel USA, Inc.

Dan Unmasked. Chris Negron. 2021. (ENG.). 384p. (J). (gr. 3-7). pap. 7.99 *(978-0-06-294307-1(3),* HarperCollins) HarperCollins Pubs.

Dan Versus Nature. Don Calame. (ENG.). 384p. (gr. 9). 2019. (J). pap. 9.99 *(978-1-5362-0059-1(X))*; 2016. (YA). 17.99 *(978-0-7636-7071-9(5))* Candlewick Pr.

Dana & Her Best Friend George. Carla Brown. 2016. (ENG., Illus.). (J). pap. 12.95 *(978-1-68409-013-6(X))* Page Publishing Inc.

Dana Deserves a Playground Too. Yael Manor. Illus. by Biljana Mihajlovic. 2016. (ENG.). 48p. (J). (gr. k-1). pap. 9.50 *(978-1-64204-636-6(1))* Primedia eLaunch LLC.

Dana Doesn't Know. Michelle Wanasundera. Illus. by Tanya Zeinalova. (ENG.). 32p. (J). 2023. pap. ***(978-1-922991-76-8(7))***; 2022. pap. ***(978-1-922895-26-4(1))*** Library For All Limited.

Dana Doesn't Know - Zuri Hajui. Michelle Wanasundera. Illus. by Tanya Zeinalova. 2023. (SWA.). 32p. (J). pap. ***(978-1-922951-16-8(1))*** Library For All Limited.

Dana the Dolphin & Her Fishy Friends Coloring Book. Activity Book Zone for Kids. 2016. (ENG., Illus.). (J). pap. 9.20 *(978-1-68376-323-9(8))* Sabeels Publishing.

Danbi Leads the School Parade. Anna Kim. Illus. by Anna Kim. 2020. (Illus.). 40p. (J). (gr. -1-2). 17.99 *(978-0-451-47889-4(4),* Viking Books for Young Readers) Penguin Young Readers Group.

Danbi's Favorite Day. Anna Kim. Illus. by Anna Kim. 2023. (Illus.). 40p. (J). (gr. -1-2). 18.99 *(978-0-451-47893-1(2),* Viking Books for Young Readers) Penguin Young Readers Group.

Danbury Boom: With a Full Account of Mrs. Cobleigh's Action Therein!; Together with Many Other Interesting Phases in the Social & Domestic History of That Remarkable Village (Classic Reprint) James M. Bailey. 2017. (ENG., Illus.). (J). 30.66 *(978-1-5279-8625-1(X))* Forgotten Bks.

Danbury News Man's Almanac: And Other Tales (Classic Reprint) Unknown Author. (ENG., Illus.). (J). 2019. 68p. 25.32 *(978-0-365-16678-8(2))*; 2017. pap. 9.57 *(978-0-282-72720-8(5))* Forgotten Bks.

Danbury Rodd Aviator (Classic Reprint) Frederick Palmer. 2018. (ENG., Illus.). 338p. (J). 30.87 *(978-0-483-39235-9(9))* Forgotten Bks.

Dance *see* **Danza**

Dance. Contrib. by Heather L. Bode. 2023. (Early Sports Encyclopedias Ser.). (ENG.). 128p. (J). (gr. -1-4). lib. bdg. 47.07 ***(978-1-0982-9127-3(1),*** 42077, Early Encyclopedias) ABDO Publishing Co.

Dance. Claire Vanden Branden. 2019. (Kids' Sports Ser.). (ENG.). 24p. (J). (gr. k-3). lib. bdg. 31.36 *(978-1-5321-6546-7(3),* 33194, Pop! Cody Koala) Pop!.

Dance. Barry Cole. 2019. (Ready for Sports Ser.). (ENG.). 16p. (J). (gr. -1-2). 28.50 *(978-1-7316-0405-7(X),* 9781731604057); pap. 9.95 *(978-1-7316-0415-6(7),* 9781731604156) Rourke Educational Media.

Dance. Jenny Fretland VanVoorst. 2016. (Artist's Studio Ser.). (Illus.). 24p. (J). (gr. k-2). lib. bdg. 25.65 *(978-1-62031-281-0(6),* Bullfrog Bks.) Jump! Inc.

Dance. Nick Rebman. 2018. (Sports Ser.). (ENG., Illus.). 16p. (J). (gr. k-1). pap. 7.95 *(978-1-64185-019-3(1),* 1641850191); lib. bdg. 25.64 *(978-1-63517-917-0(3),* 1635179173) North Star Editions. (Focus Readers).

Dance. Carol Thompson. Illus. by Carol Thompson. 2018. (Amazing Me! Ser.: 4). (Illus.). 12p. (J). (gr. k-k). spiral bd. *(978-1-84643-959-9(0))* Child's Play International Ltd.

Dance. Matthew Van Fleet. Illus. by Matthew Van Fleet. 2017. (ENG., Illus.). 16p. (J). (gr. -1). 24.99 *(978-1-4814-8707-8(8),* Simon & Schuster/Paula Wiseman Bks.) Simon & Schuster/Paula Wiseman Bks.

Dance. David Wilson. 2019. (World Art Tour Ser.). (Illus.). 96p. (J). (gr. 12). lib. bdg. 34.60 *(978-1-4222-4287-2(0))* Mason Crest.

Dance Centre Presents Coppélia. Chi Varnado. 2021. (ENG.). 206p. (J). pap. 12.99 *(978-1-7341423-4-1(0))* Varnado, Chi.

Dance Class #10: Letting It Go. Beka. Illus. by Crip. 2020. (Dance Class Graphic Novels Ser.: 10). (ENG.). 48p. (J). 10.99 *(978-1-5458-0432-2(X),* 900211585, Papercutz) Mad Cave Studios.

Dance Class #11: Dance with Me. Beka. Illus. by Crip. 2021. (Dance Class Graphic Novels Ser.: 11). (ENG.). 48p. (J). 10.99 *(978-1-5458-0632-6(2),* 900232893, Papercutz) Mad Cave Studios.

Dance Class #12: The New Girl. Beka. Illus. by Crip. 2021. (Dance Class Graphic Novels Ser.: 12). (ENG.). 48p. (J). 10.99 *(978-1-5458-0883-2(X),* 900252733, Papercutz) Mad Cave Studios.

Dance Class 3-In-1 #1. Beka. Illus. by Crip. 2019. (Dance Class Graphic Novels Ser.: 1). (ENG.). 160p. (J). pap. 14.99 *(978-1-5458-0533-6(4),* 900197414, Papercutz) Mad Cave Studios.

Dance Class 3-In-1 #2. Beka. Illus. by Crip. 2020. (Dance Class Graphic Novels Ser.: 2). (ENG.). 160p. (J). pap. 14.99 *(978-1-5458-0482-7(6),* 900219635, Papercutz) Mad Cave Studios.

Dance Class 3-In-1 #3. Beka. Illus. by Crip. 2021. (Dance Class Graphic Novels Ser.: 3). (ENG.). 160p. (J). pap. 14.99 *(978-1-5458-0713-2(2),* 900240064, Papercutz) Mad Cave Studios.

Dance Class 3-In-1 #4: Letting It Go, Dance with Me, & the New Girl Beka. Illus. by Crip. 2022. (Dance Class Graphic Novels Ser.: 4). (ENG.). 160p. (J). pap. 14.99 *(978-1-5458-0899-3(6),* 900254989, Papercutz) Mad Cave Studios.

Dance Class Vol. 13: Swan Lake, Vol. 13. Beka. 2023. (Dance Class Graphic Novels Ser.: 13). (ENG., Illus.). 48p. (J). 10.99 ***(978-1-5458-1127-6(X),*** Papercutz) Mad Cave Studios.

Dance, Dance, Dance! Ethan Long. 2018. *(978-0-8234-4068-9(0))* Holiday Hse., Inc.

Dance! Dance! Dance! Ethan Long. ed. 2018. (I Like to Read Ser.). lib. bdg. 17.20 *(978-0-606-41277-3(8))* Turtleback.

Dance, Dance, Dance! A Horse & Buggy Tale. Ethan Long. 2018. (I Like to Read Ser.). (ENG.). 32p. (J). (gr. -1-3). 7.99 *(978-0-8234-3968-3(2))*; 15.99 *(978-0-8234-3859-4(7))* Holiday Hse., Inc.

Dance Disaster. Jason Platt. ed. 2022. (Middle School Misadventures Ser.). (ENG.). 233p. (J). (gr. 4-5). 25.46 ***(978-1-68505-474-8(9))*** Penworthy Co., LLC, The.

Dance Fever. Julie Bowe. 2017. (Victoria Torres, Unfortunately Average Ser.). (ENG.). 160p. (J). (gr. 4-8). lib. bdg. 27.99 *(978-1-4965-3819-2(6),* 133118, Stone Arch Bks.) Capstone.

Dance for Joy. Cathy Mann. Illus. by Jessica Am. 2020. (ENG.). 28p. (J). 22.95 *(978-1-4808-8741-1(2))*; pap. 16.95 *(978-1-4808-8740-4(4))* Archway Publishing.

Dance! Hug! Sing! Rachel Chlebowski. 2016. (Illus.). (J). *(978-1-5182-2423-2(7))* Random Hse., Inc.

Dance in the Dark. Sophie Cleverly. 2018. (Scarlet & Ivy Ser.: 3). (ENG.). 320p. (J). (gr. 5-8). pap. 7.99 *(978-1-4926-3409-6(3))* Sourcebooks, Inc.

Dance in the Dishwasher. Veronica Sheno. Illus. by Niusha Khodatars. 2021. (ENG.). 32p. (J). 19.99 ***(978-1-0880-1948-1(X))*** Indy Pub.

Dance in the Rain. Sylva Nnaekpe. (ENG.). 26p. (J). 2022. 22.96 *(978-1-955692-05-2(X))*; 2020. pap. 11.95 *(978-1-951792-82-4(3))* SILSNORRA LLC.

Dance Index, Vol. 3: Anna Pavlova; March, 1944 (Classic Reprint) Donald Windham. 2017. (ENG., Illus.). (J). pap. 7.97 *(978-0-282-64104-7(1))* Forgotten Bks.

Dance Index, Vol. 3: July, August, 1944 (Classic Reprint) Donald Windham. (ENG., Illus.). (J). 2018. 30p. 24.54 *(978-0-483-05396-0(1))*; 2017. pap. 7.97 *(978-0-259-51887-7(5))* Forgotten Bks.

Dance Index, Vol. 3: Three or Four Graces; Sept., Oct., Nov., 1944 (Classic Reprint) Donald Windham. 2017. (ENG., Illus.). (J). pap. 9.57 *(978-0-282-83757-0(4))* Forgotten Bks.

Dance Like a Flamingo: Learn How to Move & Groove Like the Animals Do! Moira Butterfield. Illus. by Claudia Boldt. 2021. (ENG.). 32p. (J). (gr. -1-k). 14.95 *(978-1-913519-19-3(8))* Welbeck Publishing Group Ltd. GBR. Dist: Two Rivers Distribution.

Dance Like a Leaf. A. J. Irving. Illus. by Claudia Navarro. 2020. (ENG.). 32p. (J). (gr. k-4). 16.99 *(978-1-64686-057-9(8))*; pap. 9.99 *(978-1-64686-058-6(6))* Barefoot Bks., Inc.

Dance of Death. Minnette Slayback-Carper. 2017. (ENG., Illus.). (J). pap. *(978-3-337-00521-4(7))* Creation Pubs.

Dance of Death: And Other Stories (Classic Reprint) Minnette Slayback-Carper. 2018. (ENG., Illus.). 110p. (J). 26.17 *(978-0-483-44660-1(2))* Forgotten Bks.

Dance of Dinwiddie (Classic Reprint) Marshall Moreton. 2018. (ENG., Illus.). 90p. (J). 25.77 *(978-0-267-22912-3(7))* Forgotten Bks.

Dance of Steel. Jordan Rivet. 2021. (ENG.). 470p. (YA). 24.99 *(978-1-0879-7714-0(2))* Indy Pub.

Dance of the Bees. Fran Nuno. Tr. by Jon Brokenbrow. Illus. by Zuzanna Celej. 2021. (ENG.). 32p. (J). (gr. k-3). 16.95 *(978-84-18302-27-5(5))* Cuento de Luz SL ESP. Dist: Publishers Group West (PGW).

Dance of the Beetle Bugs! A Counting Coloring Book with Numbers in English, Italian, Hebrew, & Japanese! Kristin Hubbard & Marcia Hubbard. 2018. (ENG., Illus.). 66p. (J). (gr. k-3). 17.99 *(978-1-949558-06-7(1))* Khalexandra Bks.

Dance of the Dolphins. Patricia Gleichauf. 2021. (ENG., Illus.). 36p. (J). 19.95 *(978-1-6624-4991-8(7))*; pap. 11.95 *(978-1-6624-4989-5(5))* Page Publishing Inc.

Dance of the Dryad Dream. Synne Magar Ferguson. 2017. (ENG., Illus.). (YA). 27.95 *(978-1-64027-382-5(4))* Page Publishing Inc.

Dance of the Fancy Pants Ants: Learn to Spell the Short a Sound. Karen Sandelin. 2019. (ENG., Illus.). 50p. (J). pap. *(978-0-6483102-8-0(0))* Clever Speller Pty, Limited.

Dance of the Fire Cat - a Tale of Grimalhame. Angela Russell. 2021. (ENG.). 70p. (J). pap. *(978-1-9999523-9-6(1))* Russell, Angela.

Dance of the Scorpion. Bobbie J. Shafer. 2018. (ENG.). 188p. (J). pap. 7.99 *(978-0-9988339-9-6(1))* Dancing With Bear Publishing.

Dance of the Snow Tractors. . Siena. Illus. by Shannon Wilvers. 2021. (ENG.). 32p. (J). pap. *(978-1-989579-18-3(3))* MotherButterfly Bks.

Dance of the Snow Tractors. . Siena. 2021. (ENG.). 32p. (J). *(978-1-989579-19-0(1))* MotherButterfly Bks.

Dance of Thieves. Mary E. Pearson. 2018. (Dance of Thieves Ser.: 1). (ENG.). 512p. (YA). 21.99 *(978-1-250-15901-4(6),* 900185547, Holt, Henry & Co. Bks. For Young Readers) Holt, Henry & Co.

Dance of Thieves. Mary E. Pearson. 2019. (Dance of Thieves Ser.: 1). (ENG.). 528p. (YA). pap. 12.99 *(978-1-250-30897-9(6),* 900185548) Square Fish.

Dance on the Moon. Kathryn E. Hart. 2022. (ENG., Illus.). 32p. (J). pap. 14.95 *(978-1-6624-4785-3(X))* Page Publishing Inc.

Dance Party! the Ultimate Dance-Your-Heart-Out Activity Book (GoNoodle) (Media Tie-In) Scholastic. ed. 2022.Tr. of Go Noodle) (Media Tie-In). (ENG.). 48p. (J). (gr. -1-3). pap. 8.99 *(978-1-338-81390-6(0))* Scholastic, Inc.

Dance Quadrille & Play Quelbe. Opal Palmer Adisa. Illus. by Christa-Ann Davis Molloy. 2019. (ENG.). 36p. (J). 17.99 *(978-1-7338299-4-6(6))* CaribbeanReads.

Dance (Set Of 8) Trudy Becker. 2023. (Dance Ser.). (ENG., Illus.). 8p. (J). pap. 71.60 ***(978-1-64619-854-2(9))***; lib. bdg. 228.00 ***(978-1-64619-825-2(5))*** Little Blue Hse.

Dance Stance: Beginning Ballet for Young Dancers with Ballerina Konora. Once Upon A Dance. Illus. by Stella Maris Mongodi. 2022. (Ballet Inspiration & Choreography Concepts for Young Dancers Ser.: Vol. 1). (ENG.). 64p. (J). pap. 12.99 ***(978-1-955555-22-7(2))*** Once Upon a Dance.

Dance Team. Candice Ransom. 2017. (Shall We Dance? Ser.). (ENG., Illus.). 32p. (J). (gr. 2-3). pap. 9.95 *(978-1-63517-338-3(8),* 1635173388); lib. bdg. 31.35 *(978-1-63517-273-7(X),* 163517273X) North Star Editions. (Focus Readers).

Dance Team Bully. Margaret Gurevich. Illus. by Claire Almon. 2018. (Academy of Dance Ser.). (ENG.). 72p. (J). (gr. 3-6). lib. bdg. 25.32 *(978-1-4965-6203-6(8),* 137812, Stone Arch Bks.) Capstone.

Dance Team Double Trouble. Jake Maddox. Illus. by Mel Joy San Juan. 2020. (Jake Maddox Graphic Novels Ser.). (ENG.). 72p. (J). (gr. 3-6). pap. 6.95 *(978-1-4965-9923-0(3),* 201334); lib. bdg. 26.65 *(978-1-4965-9713-7(3),* 199336) Capstone. (Stone Arch Bks.).

Dance Team Drama. Jake Maddox. 2016. (Jake Maddox JV Girls Ser.). (ENG., Illus.). 96p. (J). (gr. 4-8). pap. 5.95 *(978-1-4965-3678-5(9),* 132929); lib. bdg. 26.65 *(978-1-4965-3674-7(6),* 132925) Capstone. (Stone Arch Bks.).

Dance the Shadows (2nd Ed.) Geoffrey Hart. 2020. (ENG.). 150p. (YA). pap. *(978-1-927972-25-0(6))* Diaskeuasis Publishing.

D

Dance to the Beet! Caroline Pruet. 2023. (ENG.). 46p. (J). pap. *(978-1-83875-541-6(1)*, Nightingale Books) Pegasus Elliot Mackenzie Pubs.

Dance to the Music Sticker Activity Book. The The Wiggles. 2023. (Wiggles Ser.). (ENG.). 16p. (J). (-k). pap. 7.99 *(978-1-922677-77-8(9))* Bonnier Publishing GBR. Dist: Independent Pubs. Group.

Dance Today. Rebecca Rissman & Lori Mortensen. 2019. (Dance Today Ser.). (ENG.). 32p. (J). (gr. 3-9). 122.60 *(978-1-5435-5450-2(4)*, 28796) Capstone.

Dance with Lightning Bugs. Anna Carter. Illus. by Rebecca Caplinger. 2020. (ENG.). 30p. (J). pap. 10.99 *(978-1-0879-1366-7(7))* Indy Pub.

Dance with Lightning Bugs. Anna C. Carter. Illus. by Rebecca Caplinger. 2020. (ENG.). 30p. (J). 17.99 *(978-1-0879-1181-6(8))* Indy Pub.

Dance with Oti: the Bird Jive. Oti Mabuse. Illus. by Samara Hardy. 2023. (ENG.). 32p. (J). (gr. -1-2). 17.99 *(978-1-5362-2500-6(2)*, Candlewick Entertainment) Candlewick Pr.

Dance with the Wind. Susannah Welch. l.t. ed. 2021. (City of Virtue & Vice Ser.: Vol. 1). (ENG.). 466p. (YA). 19.99 *(978-1-958568-29-3(5))* Silky Sky Publishing.

Dance with Your Heart. Bronwyn Mulrooney. 2017. (ENG.). 206p. (J). pap. *(978-0-620-71245-3(7))* Mulrooney, Bronwyn.

Dance Your Heart Out Collection (Boxed Set) The Audition; the Callback; the Competition. Maddie Ziegler. ed. (Maddie Ziegler Ser.). (ENG.). (J). (gr. 4-8). 2020. 784p. pap. 23.99 *(978-1-5344-7131-3(6))*; 2019. 752p. 52.99 *(978-1-5344-4879-7(9))* Simon & Schuster Children's Publishing. (Aladdin).

Dancer. Sandra Athans. 2018. (So You Wanna Be Ser.). (ENG., Illus.). 32p. (gr. 4-8). lib. bdg. 32.79 *(978-1-64156-470-0(9)*, 9781641564700) Rourke Educational Media.

Dancer. Sabrina Seagraves. 2019. (ENG., Illus.). 24p. (J). pap. 11.95 *(978-1-64471-510-9(4))* Covenant Bks.

Dancer, & Other Tales (Classic Reprint) Stephen Tallents. 2018. (ENG., Illus.). 166p. (J). 27.34 *(978-0-483-40620-9(1))* Forgotten Bks.

Dancer in Yellow (Classic Reprint) E. Norris. (ENG., Illus.). (J). 2018. 358p. 31.28 *(978-0-666-74512-5(9))*; 2017. pap. 13.97 *(978-1-330-97748-4(3))* Forgotten Bks.

Dancer in Yellow, Vol. 1 of 2 (Classic Reprint) W. E. Norris. 2018. (ENG., Illus.). 224p. (J). 28.52 *(978-0-267-14475-4(X))* Forgotten Bks.

Dancer in Yellow, Vol. 2 of 2 (Classic Reprint) W. E. Norris. 2018. (ENG., Illus.). 226p. (J). 28.56 *(978-0-332-81398-1(3))* Forgotten Bks.

Dancer Pip. Tabatha Taylor. 2022. (ENG.). 28p. (J). *(978-1-78222-892-9(6))* Paragon Publishing, Rothersthorpe.

Dancers & Invisible Illnesses: Learning to Thrive in a Culture of Able-Bodiedness: Departments of Dance & Sociology. Alston L. Tyndall. 2021. (ENG.). 32p. (YA). 26.47 *(978-1-7947-2062-6(6))* Lulu Pr., Inc.

Dancers in the Dark (Classic Reprint) Dorothy Speare. 2017. (ENG., Illus.). (J). 29.73 *(978-0-260-77121-6(X))* Forgotten Bks.

Dancin' Otters of Fiddlin' Creek & Other Cowboy Adventures. Jim Rhoden. Ed. by Mickey Goodman. 2023. (Adventures of Cowboy Little & Cowboy Small Ser.: Vol. 2). (ENG.). 174p. (J). pap. 14.99 *(978-1-6653-0228-9(3)*, Lanier Pr.) BookLogix.

Dancing. Didumo Olok. 2022. (ENG.). 88p. (J). pap. 13.95 *(978-1-6624-7925-0(5))* Page Publishing Inc.

Dancing - la Dance. Tessa Welch. Illus. by Catherine Groenewald. 2022. (FRE.). 20p. (J). pap. *(978-1-922932-16-7(7))* Library For All Limited.

Dancing at Carnival. Christine Platt. Illus. by Sharon Sordo. 2018. (Ana & Andrew Ser.). (ENG.). 32p. (J). (gr. -1-3). lib. bdg. 32.79 *(978-1-5321-3351-0(0)*, 31125, Calico Chapter Bks) Magic Wagon.

Dancing at the Pity Party. Tyler Feder. (Illus.). 208p. (YA). (gr. 7). 2022. pap. 14.99 *(978-0-525-55303-8(7))*; 2020. 18.99 *(978-0-525-55302-1(9))* Penguin Young Readers Group. (Dial Bks).

Dancing Bees & Other Amazing Communicators. Mary Lindeen. 2017. (Searchlight Books (tm) — Animal Superpowers Ser.). (ENG., Illus.). 40p. (J). (gr. 3-5). 30.65 *(978-1-5124-2545-1(1)*, e2be2ca7-7c7f-476a-b13d-7f181f21bd23); E-Book 4.99 *(978-1-5124-3657-0(7)*, 9781512436570); E-Book 46.65 *(978-1-5124-3656-3(9)*, 9781512436563) Lerner Publishing Group. (Lerner Pubns.).

Dancing Butterflies. Gabriella Eva Nagy. 2019. (ENG., Illus.). 26p. (J). (gr. k-4). pap. 12.95 *(978-1-61244-792-6(9))* Halo Publishing International.

Dancing Chameleons: Literacy on the Move, Book 1. Arlene N. Cohen. Illus. by Holly Carton. 2020. (Literacy on the Move Ser.: Vol. 1). (ENG.). 48p. (J). pap. 10.00 *(978-1-7344380-8-6(8))* Moving Stories.

Dancing Chihuahua. Carole Franco. Illus. by Caroline Novak. 2023. (ENG.). 34p. (J). pap. 10.99 *(978-1-6629-3401-8(7))*; 18.99 *(978-1-6629-3400-1(9))* Gatekeeper Pr.

Dancing Danger. Kay Woodward. 2019. (Hero Academy Ser.: Vol. 42). (ENG.). 24p. (J). (gr. -1-2). pap. 8.25 *(978-0-358-08803-5(8))* Houghton Mifflin Harcourt Publishing Co.

Dancing Day. Katharine Holabird. Illus. by Helen Craig. 2020. (Angelina Ballerina Ser.). (ENG.). 14p. (J). (gr. -1-k). bds. 7.99 *(978-1-5344-6304-2(6)*, Simon Spotlight) Simon Spotlight.

Dancing Devas. Sophie Lizeray. 2022. (ENG.). 34p. (J). pap. 11.99 *(978-0-9795620-6-8(6))* Blue Reamker.

Dancing Dinos Dominoes. Barefoot Books. Illus. by Debbie Harter. 2018. (ENG.). (J). (gr. -1-1). 16.99 *(978-1-78285-431-9(2))* Barefoot Bks., Inc.

Dancing Dogs: Literacy on the Move: Book 3. Arlene N. Cohen. 2020. (Literacy on the Move Ser.). (ENG.). 44p. (J). 20.00 *(978-1-7344380-1-7(0))* Moving Stories.

Dancing Dogs: Literacy on the Move: Book 3. Arlene N. Cohen. Illus. by Holly Carton. 2020. (Literacy on the Move Ser.: Vol. 3). (ENG.). 44p. (J). pap. 10.00 *(978-1-7344380-2-4(9))* Moving Stories.

Dancing Dolphin: With Glitter Pouch. IglooBooks. 2021. (ENG.). 24p. (J). (-k). 9.99 *(978-1-83903-600-2(1))* Igloo Bks. GBR. Dist: Simon & Schuster, Inc.

Dancing Dreidels! a Hanukkah Coloring Book. Activibooks. 2016. (ENG., Illus.). (J). pap. 9.20 *(978-1-68321-688-9(1))* Mimaxion.

Dancing Fairies. Jenny Way. 2019. (ENG., Illus.). 20p. (J). pap. *(978-1-912562-98-5(7))* Clink Street Publishing.

Dancing Fakir: And Other Stories (Classic Reprint) John Eyton. 2018. (ENG., Illus.). 194p. (J). 27.90 *(978-0-364-07066-6(8))* Forgotten Bks.

Dancing Faun (Classic Reprint) Florence Farr. 2017. (ENG., Illus.). (J). 27.57 *(978-0-331-37808-5(6))* Forgotten Bks.

Dancing Feather, or the Amateur Freebooters: To Which Is Added the Scarlet Feather (Classic Reprint) Joseph Holt Ingraham. 2017. (ENG., Illus.). (J). 33.12 *(978-0-266-71494-1(3))*; pap. 16.57 *(978-1-5276-7073-0(2))* Forgotten Bks.

Dancing Feet. Lawren Pitrola. 2023. (ENG.). 28p. (J). *(978-1-83875-417-4(2)*, Nightingale Books) Pegasus Elliot Mackenzie Pubs.

Dancing Flamingos of Lake Chimichanga: Silly Birds. Karl Beckstrand. Illus. by Alicia Mark. l.t. ed. 2019. (ENG.). 26p. (J). 26.55 *(978-1-951599-03-4(9))* Premio Publishing & Gozo Bks., LLC.

Dancing for Mr. Dee. Tony Toft. 2018. (ENG., Illus.). 156p. (J). pap. *(978-1-78876-293-9(2))* FeedARead.com.

Dancing Fruit, Singing Rivers, Baila la Fruta, Cantan Los Ríos: Bilingual Family & Environmental Poetry Books for Children, Volume 2; Libros de Poesía Familiar y Ambiental para niños, Volumen 2. Jose Chavez. Illus. by Aydee Lopez Martinez. 2020. (Bilingual Family & Environmental Poetry Books For Ser.: Vol. 2). (ENG.). 36p. (J). (gr. k-5). pap. 9.95 *(978-1-68089-032-7(8))* WPR Bks.

Dancing Ghosts. Alan W. Harris. 2022. (ENG.). 368p. (YA). pap. 17.99 *(978-1-7341845-4-9(X))* Fruitful Tree Publishing.

Dancing Hands: How Teresa Carreño Played the Piano for President Lincoln. Margarita Engle. Illus. by Rafael López & Rafael López. 2019. (ENG.). 40p. (J). (gr. -1-3). 18.99 *(978-1-4814-8740-5(X))* Simon & Schuster Children's Publishing.

Dancing in a Cake Cathedral. Vic Ramphal. 2017. (ENG., Illus.). (YA). pap. 17.95 *(978-1-64082-690-8(4))* Page Publishing Inc.

Dancing in Circles. D. A. Peterson. 2022. (ENG.). 248p. (YA). 30.95 *(978-1-68526-846-6(3))*; pap. 19.95 *(978-1-68526-844-2(7))* Covenant Bks.

Dancing in Thatha's Footsteps. Srividhya Venkat. Illus. by Kavita Ramchandran. 2021. (ENG.). 36p. (J). (gr. k-2). pap. 11.99 *(978-1-949528-89-3(8)*, Yali Bks.) Yali Publishing LLC.

Dancing in the Dark. Tommy Watkins. Illus. by Ashton Miller. 2023. (ENG.). 48p. (J). 26.99 *(978-1-0881-4609-5(0))*; pap. 15.99 *(978-1-0881-4551-7(5))* Indy Pub.

Dancing in the Rain: Poems for Young People, 1 vol. John Lyons. 2016. (ENG., Illus.). 64p. (J). (gr. 4-7). pap. 17.95 *(978-1-84523-301-3(8))* Peepal Tree Pr., Ltd. GBR. Dist: Independent Pubs. Group.

Dancing in the Sand. Arleen Horton. 2016. (ENG., Illus.). (J). pap. 12.95 *(978-1-68197-520-7(3))* Christian Faith Publishing.

Dancing Letters. Illus. by Aurélien Galvan. 2023. 32p. (J). (gr. k). 17.95 *(978-2-89802-491-7(0)*, CrackBoom! Bks.) Chouette Publishing CAN. Dist: Publishers Group West (PGW).

Dancing Luna. Elsie Guerrero. l.t. ed. 2023. (ENG.). 50p. (J). 24.99 *(978-1-0881-3131-2(X))* Elsie Publishing Co.

Dancing Mermaid & the Spooky Strummer. Chip Colquhoun. Illus. by Mario Coelho & Heather Zeta Rose. 2022. (Chip Colquhoun & Korky Paul's Fables & Fairy Tales Ser.: Vol. 12). (ENG.). 84p. (J). pap. *(978-1-915703-12-5(3))* Snail Tales.

Dancing Moon Bay. Sos Ingamells. Illus. by Kasey. 2020. (ENG.). 118p. (J). pap. *(978-1-83853-391-5(5))* Independent Publishing Network.

Dancing on the Moon. Beverly Banfield. 2017. (ENG., Illus.). (J). pap. *(978-0-9951611-1-5(9))* Copper Tree Publishing.

Dancing on the Moon. Mina London & Maliyah London. 2022. (ENG.). 18p. (J). 16.00 *(978-1-6629-2192-6(6))*; pap. 14.00 *(978-1-6629-2193-3(4))* Gatekeeper Pr.

Dancing Queen #4. Kelly Starling Lyons. Illus. by Nneka Myers. 2019. (Jada Jones Ser.: 4). 96p. (J). (gr. 1-3). 6.99 *(978-1-5247-9058-5(3)*, Penguin Workshop) Penguin Young Readers Group.

Dancing Reptiles: Literacy on the Move: Book 2. Arlene N. Cohen. Illus. by Holly Carton. 2020. (Literacy on the Move Ser.: Vol. 2). (ENG.). 60p. (J). 20.00 *(978-0-578-68836-7(0))* Moving Stories.

Dancing Reptiles: Literacy on the Move: Book 2. Arlene N. Cohen. Illus. by Holly Carton. 2020. (Literacy on the Move Ser.: Vol. 2). (ENG.). 60p. (J). pap. 10.00 *(978-1-7344380-5-5(3))* Moving Stories.

Dancing Shapes with Attitude: Ballet & Body Awareness for Young Dancers. Once Upon A Dance. 2021. (Dancing Shapes Ser.: Vol. 3). (ENG.). 48p. (J). 24.99 *(978-1-7365899-5-3(4))* Once Upon a Dance.

Dancing Shoes. Amy Carder. 2021. (ENG.). 108p. (YA). 28.95 *(978-1-6642-3528-1(0))*; pap. 11.95 *(978-1-6642-3527-4(2))* Author Solutions, LLC. (WestBow Pr.).

Dancing Shoes: Las Zapatillas de Baile. Hernan Sabio. Illus. by Hernan Sabio. 2022. (ENG.). 38p. (J). pap. 14.95 *(978-1-63066-536-4(3))* Indigo Sea Pr., LLC.

Dancing the Navaratri Nights. Mayuri Amarnath. Illus. by Ravi Shankar. 2021. (ENG.). 32p. (J). 19.99 *(978-1-7360205-0-0(1))* Come Sing With Us.

Dancing Through Fields of Color: The Story of Helen Frankenthaler. Elizabeth Brown. Illus. by Aimée Sicuro. 2019. (ENG.). 40p. (J). (gr. -1-3). 19.99 *(978-1-4197-3410-6(5)*, 1190801, Abrams Bks. for Young Readers) Abrams, Inc.

Dancing Tree. Michelle Wasserman. 2018. (ENG., Illus.). 30p. (J). (gr. 3). pap. *(978-1-912021-82-6(X))* Vanguard Pr.

Dancing Trees. Masiana Kelly. Illus. by Michelle Simpson. 2021. 32p. (J). (gr. 1-3). 17.95 *(978-1-77227-369-4(4))* Inhabit Media Inc. CAN. Dist: Consortium Bk. Sales & Distribution.

Dancing Turtle: A Folktale from Brazil. Pleasant DeSpain. Illus. by David Boston. 2019. (ENG.). 32p. (J). (gr. -1-4). pap. 8.95 *(978-1-941460-46-7(1))* August Hse. Pubs., Inc.

Dancing with Daisy, 1 vol. Jan L. Coates. Illus. by Josée Bisaillon. 2019. (ENG.). 44p. (J). (gr. -1-3). pap. 12.95 *(978-1-927917-20-6(4))* Running the Goat, Bks. & Broadsides CAN. Dist: Orca Bk. Pubs. USA.

Dancing with Hyenas. Mzi Mahola. 2021. (ENG.). 214p. (J). pap. *(978-1-6780-2671-4(9))* Lulu Pr., Inc.

Dancing with Molly. Lena Horowitz. 2016. (ENG.). 272p. (YA). (gr. 9). pap. 11.99 *(978-1-4814-1551-4(4)*, Simon Pulse) Simon Pulse.

Dancing with (My Life with God: (My Life with God) Willam Reber. 2023. (ENG.). 104p. (J). pap. *(978-1-365-61551-1(0))* Lulu Pr., Inc.

Dancing with Nana. Michelle S. Lazurek. 2017. (ENG., Illus.). (J). (gr. k-3). pap. 12.95 *(978-0-692-89435-4(7))* michelle s lazurek-author.

Dancing with Our Ancestors. Sara Florence Davidson & Robert Davidson. Illus. by Janine Gibbons. 2022. (Sk'ad'a Stories Ser.: 4). (ENG.). 40p. (J). (gr. 1-3). *(978-1-77492-024-4(7)*, HighWater Pr.) Portage & Main Pr.

Dancing with the Cranes, 1 vol. Jeannette Armstrong. Illus. by Ron Hall. 2nd rev. ed. 2017. (ENG.). 24p. (J). (gr. 1-3). pap. 10.95 *(978-1-894778-70-1(7))* Theytus Bks., Ltd. CAN. Dist: Orca Bk. Pubs. USA.

Dancing with the Dragon. Jessica Civitarese. 2017. (ENG., Illus.). (J). pap. 8.95 *(978-0-578-19278-9(0))* Romero Empire.

Dancing with Time. Angela Tuya. 2019. (ENG.). 206p. (YA). pap. 25.95 *(978-1-64628-833-5(5))* Page Publishing Inc.

Dancing with Trees & Waving with Leaves. S. M. Jackson. 2023. (ENG.). 24p. (J). *(978-0-2288-7949-7(3))*; pap. *(978-0-2288-7948-0(5))* Tellwell Talent.

Dandelion. Jean Ure. 2022. (ENG.). 176p. (J). 7.99 *(978-0-00-849810-8(5)*, HarperCollins Children's Bks.) HarperCollins Pubs. Ltd. GBR. Dist: HarperCollins Pubs.

Dandelion Clocks: And Other Tales (Classic Reprint) Juliana Horatia Ewing. 2018. (ENG., Illus.). 64p. (J). 25.22 *(978-0-483-40391-8(1))* Forgotten Bks.

Dandelion Cottage (Classic Reprint) Carroll Watson Rankin. (ENG., Illus.). (J). 2018. 332p. 30.74 *(978-0-332-85734-3(4))*; 2017. pap. 13.57 *(978-0-282-42584-5(5))* Forgotten Bks.

Dandelion Days (Classic Reprint) Henry Williamson. 2018. (ENG., Illus.). 324p. (J). 30.60 *(978-0-483-32338-4(1))* Forgotten Bks.

Dandelion Flowers. Timm Pennington. 2016. (ENG., Illus.). (J). pap. 13.95 *(978-1-68197-335-7(9))* Christian Faith Publishing.

Dandelion Girl: A Hero at the Beach. Christopher Jude. Illus. by Debbie Byrd. 2017. (ENG.). (J). 21.99 *(978-1-947773-07-3(0))*; pap. 11.99 *(978-1-947773-06-6(2))* Yawn's Bks. & More, Inc.

Dandelion Lemonade. Sally A. Allen. 2019. (ENG.). 56p. (J). (gr. k-6). pap. 11.99 *(978-1-950596-02-7(8))* CarterPr. LLC.

Dandelion Magic. Darren Farrell. Illus. by Maya Tatsukawa. 2021. (ENG.). 40p. (J). (-k). 18.99 *(978-0-593-11290-8(3)*, Dial Bks) Penguin Young Readers Group.

Dandelion Medicine. Alyson Maier. 2021. (ENG.). 30p. (J). pap. *(978-1-83934-309-4(5))* Olympia Publishers.

Dandelion Novel Units Teacher Guide. Novel Units. 2019. (ENG.). (J). pap. 12.99 *(978-1-56137-262-1(5)*, NU2625, Novel Units, Inc.) Classroom Library Co.

Dandelion Oldie. Jin Bo. Illus. by Gao Qing. 2021. (Perfect Picture Bks.). (ENG.). 36p. (J). (gr. 1-3). lib. bdg. 27.29 *(978-1-64996-174-7(X)*, 4929, Sequoia Kids Media) Phoenix International Publications, Inc.

Dandelion Patch. MaryAnn Diorio. 2017. (ENG., Illus.). (J). (gr. k-6). 18.99 *(978-0-930037-47-5(2))* TopNotch Pr.

Dandelion Says. Courtney Herrera. 2021. (ENG.). 22p. (J). 14.99 *(978-1-0879-0152-7(9))* Indy Pub.

Dandelion Wine Novel Units Student Packet. Novel Units. 2019. (ENG.). (J). pap., stu. ed., wbk. ed. 13.99 *(978-1-56137-749-7(X)*, Novel Units, Inc.) Classroom Library Co.

Dandelion Wishes. Faith-Ellen Anderson. 2017. (ENG., Illus.). 16p. (J). *(978-1-387-21244-6(3))* Lulu Pr., Inc.

Dandelions. Penelope Dyan. 2018. (ENG., Illus.). 90p. (J). (gr. 3-6). 13.95 *(978-1-61477-328-3(9))*; pap. 8.95 *(978-1-61477-327-6(0))* Bellissima Publishing, LLC.

Dandelion's Dream. Yoko Tanaka. Illus. by Yoko Tanaka. 2020. (ENG., Illus.). 40p. (J). (gr. -1-2). 16.99 *(978-1-5362-0453-7(6))* Candlewick Pr.

Dandelion's Life. Mary Elizabeth Klee. 2019. (ENG.). 28p. (J). pap. 11.95 *(978-1-64458-823-9(4))* Christian Faith Publishing.

Dandelions to Eat. Margo Gates. Illus. by Lisa Hunt. 2020. (Plant Life Cycles (Pull Ahead Readers — Fiction) Ser.). (ENG.). 16p. (J). (gr. -1-1). pap. 8.99 *(978-1-7284-0307-6(3)*, bf4f8781-e1e5-4b54-9429-2825d5e57059); lib. bdg. 27.99 *(978-1-5415-9031-1(7)*, 6f88b5fa-a01d-4277-913c-065a54c6e342) Lerner Publishing Group. (Lerner Pubns.).

Dando la Nota / Diper Överlöde. Jeff Kinney. 2023. (Diario Del Wimpy Kid Ser.: 17). (SPA.). 224p. (J). (gr. 3-7). 15.95 *(978-1-64473-741-5(8))* Penguin Random House Grupo Editorial ESP. Dist: Penguin Random Hse. LLC.

Dandy. Ame Dyckman. Illus. by Charles Santoso. 2019. (ENG.). 40p. (J). (gr. -1-3). 18.99 *(978-0-316-36295-5(6))* Little, Brown Bks. for Young Readers.

Dandy & Dazza. Mike Dumbleton. Illus. by Brett Curzon. 2021. (ENG.). 32p. (J). (gr. -1-1). 17.99 *(978-1-913639-15-0(0)*, f27395a6-a2e7-4116-89d7-f3912f1d4586) New Frontier Publishing AUS. Dist: Lerner Publishing Group.

Dandy Brown (Classic Reprint) William Hull. (ENG., Illus.). (J). 2018. 66p. 25.26 *(978-0-484-18822-7(4))*; 2017. pap. 9.57 *(978-0-243-38601-7(X))* Forgotten Bks.

Dandy Dick: A Play in Three Acts (Classic Reprint) Arthur Wing Pinero. 2018. (ENG., Illus.). 164p. (J). 27.30 *(978-0-365-49416-4(X))* Forgotten Bks.

Dandy Dolls: A Play in Two Scenes (Classic Reprint) George Fitzmaurice. (ENG., Illus.). (J). 2018. 36p. 24.64 *(978-0-267-34439-0(2))*; 2016. pap. 7.97 *(978-1-333-67801-2(0))* Forgotten Bks.

Dandy Lion 1 2 3. Molly Fields. 2019. (Cloth Bks.). (ENG.). 6p. (J). *(978-1-63560-189-3(4))* Lake Press.

Dandy Lion, a Legend of Love & Loss. Kathleen J. Shields. 2017. (ENG.). 54p. (J). pap. 5.95 *(978-1-941345-21-4(2))* Erin Go Bragh Publishing.

Dandy the Lion: Helping Others. Kasey Shaver. 2016. (ENG., Illus.). (J). 22.95 *(978-1-4808-3731-7(8))*; pap. 12.45 *(978-1-4808-3730-0(X))* Archway Publishing.

Dandy, the Mountain Pony. Kelly B. Wilson. 2018. (Showtym Adventures Ser.: 1). (Illus.). 160p. (J). (gr. 2-4). 9.99 *(978-0-14-377149-4(3))* Penguin Group New Zealand, Ltd. NZL. Dist: Independent Pubs. Group.

DandyLion. Carol J. Douglas. Illus. by Marina Movshsina. l.t. ed. 2019. (ENG.). 16p. (J). (gr. k-3). pap. 9.95 *(978-1-61633-997-5(7))* Guardian Angel Publishing, Inc.

Dandy's Perambulations: Embellished with Sixteen Caricature Engravings (Classic Reprint) Robert Cruikshank. (ENG., Illus.). (J). 2017. 24.56 *(978-0-265-74840-4(2))*; 2016. pap. 7.97 *(978-1-334-13025-0(6))* Forgotten Bks.

Dane Thorburn & the City of Lost Souls. Matt Galinos. 2021. (ENG.). 332p. (YA). *(978-1-922618-09-2(8))* Australian Self Publishing Group/ Inspiring Pubs.

Dane Thorburn & the Stanthorpe Rebellion. Matt Galanos. 2023. (Book 4 Ser.). (ENG.). 290p. (YA). pap. *(978-1-922920-58-4(4))* Australian Self Publishing Group/ Inspiring Pubs.

Dane Walraven: A Tale of Old Boston (Classic Reprint) Luman Allen. 2017. (ENG., Illus.). (J). 30.50 *(978-0-260-27307-9(4))* Forgotten Bks.

Danes, Sketched by Themselves, Vol. 2 Of 3: A Series of Popular Stories by the Best Danish Authors (Classic Reprint) Anna S. Bushby. (ENG., Illus.). (J). 2018. 318p. 30.46 *(978-0-364-01461-5(X))*; 2017. pap. 13.57 *(978-0-243-51442-7(5))* Forgotten Bks.

Danes, Sketched by Themselves, Vol. 3 Of 3: Series of Popular Stories by the Best Danish Authors (Classic Reprint) Anna S. Bushby. (ENG., Illus.). (J). 2018. 310p. 30.31 *(978-0-484-75468-2(8))*; 2017. pap. 13.57 *(978-0-243-31775-2(1))* Forgotten Bks.

Danes, Vol. 1 Of 3: Sketched by Themselves; a Series of Popular Stories by the Best Danish Authors (Classic Reprint) Anna S. Bushby. (ENG., Illus.). (J). 2018. 324p. 30.58 *(978-0-483-64296-6(7))*; 2017. pap. 13.57 *(978-0-243-33532-9(6))* Forgotten Bks.

Danesbury House (Classic Reprint) Henry Wood. (ENG., Illus.). (J). 2018. 292p. 29.92 *(978-0-666-31027-9(0))*; 2017. pap. 13.57 *(978-0-243-97308-8(X))* Forgotten Bks.

Danforth the Dragon. Sharon Shipley. 2018. (ENG., Illus.). 30p. (J). (gr. k-3). 16.99 *(978-1-5092-2418-0(1))* Wild Rose Pr., Inc., The.

Danger! All the Construction Coloring You Could Want Coloring Book. Smarter Activity Books for Kids. 2016. (ENG., Illus.). (J). pap. 9.22 *(978-1-68374-430-6(6))* Examined Solutions PTE. Ltd.

Danger! & Other Stories (Classic Reprint) Arthur Conan Doyle. 2018. (ENG., Illus.). 314p. (J). 30.37 *(978-0-428-94860-3(X))* Forgotten Bks.

Danger & Other Unknown Risks: A Graphic Novel. Ryan North & Erica Henderson. Illus. by Erica Henderson. 2023. (Illus.). 208p. (YA). (gr. 7). 24.99 *(978-0-593-22482-3(5))*; pap. 16.99 *(978-0-593-22484-7(1))* Penguin Young Readers Group. (Penguin Workshop).

Danger at Dead Man's Pass: Adventures on Trains #4. M. G. Leonard & Sam Sedgman. Illus. by Elisa Paganelli. 2023. (Adventures on Trains Ser.: 4). (ENG.). 272p. (J). 24.99 *(978-1-250-22296-1(6)*, 900208115) Feiwel & Friends.

Danger at the Dinosaur Stomping Grounds. Judy Young. 2017. (Wild World of Buck Bray Ser.). (ENG., Illus.). 240p. (J). (gr. 3-6). 16.99 *(978-1-58536-368-1(5)*, 204321); pap. 9.99 *(978-1-58536-369-8(3)*, 204334) Sleeping Bear Pr.

Danger at the Iron Dragon. Carolyn Keene. 2021. (Nancy Drew Diaries: 21). (ENG.). 224p. (J). (gr. 3-7). 17.99 *(978-1-5344-4204-7(9))*; pap. 6.99 *(978-1-5344-4203-0(0))* Simon & Schuster Children's Publishing. (Aladdin).

Danger Between the Trees: Scary Forest Animals Coloring Book. Kreativ Entspannen. 2016. (ENG., Illus.). (J). pap. 9.20 *(978-1-68377-542-3(2))* Whike, Traudl.

Danger Dad. Laura Carter. Illus. by Ada Konewki. 2019. (ENG.). 36p. (J). pap. *(978-0-9955109-2-0(X))* Wobbly Pr.

Danger Gang & the Isle of Feral Beasts! Stephen Bramucci. Illus. by Arree Chung. 2018. (ENG.). 352p. (J). 16.99 *(978-1-61963-694-1(8)*, 900145711, Bloomsbury Children's Bks.) Bloomsbury Publishing USA.

Danger Gang & the Pirates of Borneo! Stephen Bramucci. Illus. by Arree Chung. 2017. (ENG.). 384p. (J). 16.99 *(978-1-61963-692-7(1)*, 900145716, Bloomsbury USA Childrens) Bloomsbury Publishing USA.

Danger in Deep Space. Carey Rockwell. 2017. (ENG., Illus.). (J). pap. 13.95 *(978-1-374-84555-8(8))* Capital Communications, Inc.

Danger in Disguise: The Adventures of J. C. Van Winkler. Jan Frazier. 2019. (ENG.). 116p. (J). pap. 9.95 *(978-1-55571-951-7(1)*, Grid Pr.) L & R Publishing, LLC.

Danger in the Dark: A Tale of Intrigue & Priestcraft (Classic Reprint) Isaac Kelso. 2017. (ENG., Illus.). (J). 30.31 *(978-0-331-03228-4(7))* Forgotten Bks.

Danger in the Deep. Steve Korté. Illus. by Mike Kunkel. 2023. (Amazing Adventures of the DC Super-Pets Ser.). (ENG.). 32p. (J). 22.65 *(978-1-4846-7203-7(8)*, 247378); pap. 6.99 *(978-1-4846-7199-3(6)*, 247366) Capstone. (Picture Window Bks.).

Danger in the Deep Sea. Kate B. Jerome. 2023. (OceanX Adventures Ser.: 2). (ENG.). 112p. (J). pap. 7.99 *(978-1-68188-908-5(0)*, Earth Aware Editions) Insight Editions.

Danger in the Hills. Tom Waggoner. 2017. (ENG., Illus.). (J). pap. 12.95 *(978-1-946746-18-4(5))* ASA Publishing Corp.

Danger in the Jungle Temple. Danica Davidson. ed. 2018. (Unofficial Overworld Heroes Adventure Ser.: 3). lib. bdg. 18.40 *(978-0-606-40701-4(4))* Turtleback.

Danger in the Jungle Temple: An Unofficial Overworld Heroes Adventure, Book Three. Danica Davidson. 2018. (Unofficial Overworld Heroes Adventure Ser.: 3). (ENG.). 112p. (J). (gr. 3-8). 16.99 *(978-1-5107-2852-3(X))*; pap. 7.99

TITLE INDEX DANIEL & THE RAVEN

(978-1-5107-2704-5(3)) Skyhorse Publishing Co., Inc. (Sky Pony Pr.).

Danger Is Everywhere: A Handbook for Avoiding Danger. David O'Doherty. Illus. by Chris Judge. 2017. (Danger Is Everywhere Ser.: 1). (ENG.). 272p. (J). (gr. 3-7). pap. 6.99 *(978-0-316-50183-5(2))* Little, Brown Bks. for Young Readers.

Danger Is Still Everywhere: Beware of the Dog! David O'Doherty. Illus. by Chris Judge. 2018. (Danger Is Everywhere Ser.: 2). (ENG.). 256p. (J). (gr. 3-7). pap. 14.99 *(978-0-316-50185-9(9))* Little, Brown Bks. for Young Readers.

Danger Is Totally Everywhere: School of Danger. David O'Doherty. 2017. (Danger Is Everywhere Ser.: 3). (ENG., Illus.). 240p. (J). (gr. 3-7). 13.99 *(978-0-316-50202-3(2))* Little, Brown Bks. for Young Readers.

Danger Mark (Classic Reprint) Robert W. Chambers. 2017. (ENG., Illus.). 524p. (J). 34.70 *(978-0-332-70967-3(1))* Forgotten Bks.

Danger Mark (Classic Reprint) Robert William Chambers. (ENG., Illus.). (J). 2018. 544p. 35.14 *(978-0-364-00216-2(6))*; 2017. pap. 19.57 *(978-0-243-49870-3(5))* Forgotten Bks.

Danger of Greenhouse Gases. James Shoals. 2019. (Illus.). 48p. (J). *(978-1-4222-4353-4(2))* Mason Crest.

Danger on the Botsburg Express. Russ Bolts. Illus. by Jay Cooper. 2021. (Bots Ser.: 12). (ENG.). 128p. (J). (gr. k-4). 17.99 *(978-1-5344-9845-7(1))*; pap. 5.99 *(978-1-5344-9844-0(3))* Little Simon. (Little Simon).

Danger on the Flying Trapeze: Introducing D. L. Moody. Dave Jackson & Neta Jackson. 2016. (ENG., Illus.). (J). pap. 7.99 *(978-1-939445-18-6(3))* Castle Rock Creative, Inc.

Danger on the Reef. Jake Maddox. Illus. by Giuliano Aloisi. 2020. (Jake Maddox Adventure Ser.). (ENG.). 72p. (J). (gr. 3-6). pap. 5.95 *(978-1-4965-9206-4(9))*, 142234); lib. bdg. 25.32 *(978-1-4965-8700-8(6))*, 141436) Capstone. (Stone Arch Bks.).

Danger Signals for Teachers. A. E. Winship. 2017. (ENG., Illus.). (J). pap. *(978-0-649-55925-1(8))*; pap. *(978-0-649-55926-8(6))* Trieste Publishing Pty Ltd.

Danger to Herself & Others. Alyssa Sheinmel. 2019. (ENG.). 352p. (YA). (gr. 9-12). 17.99 *(978-1-4926-6724-7(2))* Sourcebooks, Inc.

Danger! Turn Back! Echidna's Darlings Book Four. Marianna Palmer. 2021. (Echidna's Darlings Ser.: Vol. 4). (ENG.). 332p. (J). 28.00 *(978-1-0879-6261-0(7))* Indy Pub.

Danger We Survived. Augustus T. Porter. 2018. (ENG., Illus.). 158p. (YA). pap. 14.49 *(978-1-5456-2436-4(4))* Salem Author Services.

Danger Zone. Elizabeth Mullen. 2019. (ENG.). 94p. (J). pap. ***(978-0-244-76664-1(9))*** Lulu Pr., Inc.

Danger Zone: Dieting & Eating Disorders, 12 vols., Set. Incl. Anorexia. Stephanie Watson. lib. bdg. 37.13 *(978-1-4042-1996-0(X)*, 179a64fb-59a6-4f27-97e9-cd1ef28bdafa); Binge Eating. Stephanie Watson. lib. bdg. 37.13 *(978-1-4042-1998-4(6)*, 14aac3b2-7c07-42d9-a54f-e5fb2c5eaa6d); Bulimia. Stephanie Watson. lib. bdg. 37.13 *(978-1-4042-1997-7(8)*, 82cadd7c-6fc2-4e39-92f6-9b595c73e301); Diet Drugs. Kara Williams. lib. bdg. 37.13 *(978-1-4042-1994-6(3)*, 491527cc-5c75-4d55-9285-96cd954254a4); Diet Fads. Barbara A. Zahensky. lib. bdg. 37.13 *(978-1-4042-1999-1(4)*, 320c05d7-afce-4006-a5e1-995188bacd97); Negative Body Image. Edward Willett. lib. bdg. 37.13 *(978-1-4042-1995-3(1)*, f6b5288b-4dd7-49d8-9ab5-76419a56a291); (Illus.). 64p. (YA). (gr. 5-6). 2007. (Danger Zone: Dieting & Eating Disorders Ser.). (ENG.). 2006. Set lib. bdg. 222.78 *(978-1-4042-1061-5(X)*, 9637c9d8-bc4b-4069-ac9f-91d5e817c615) Rosen Publishing Group, Inc., The.

Dangerfield's Rest, or Before the Storm: A Novel of American Life & Manners (Classic Reprint) Henry Sedley. 2018. (ENG., Illus.). 398p. (J). 32.11 *(978-0-428-99746-5(5))* Forgotten Bks.

Dangerous! Tim Warnes. Illus. by Tim Warnes. 2021. (Let's Read Together Ser.). (ENG.). 32p. (J). (gr. -1-2). pap. 8.99 *(978-1-68010-351-9(2))* Tiger Tales.

Dangerous Age 1911: Letters & Fragments from a Woman's Diary (Classic Reprint) Karin Michaelis. 2017. (ENG., Illus.). (J). 28.56 *(978-1-5282-8340-3(6))* Forgotten Bks.

Dangerous Alliance: An Austentacious Romance. Jennieke Cohen. 2021. (ENG.). 464p. (YA). (gr. 8). pap. 10.99 *(978-0-06-285731-6(2))*, HarperTeen) HarperCollins Pubs.

Dangerous Alliance: an Austentacious Romance. Jennieke Cohen. 2019. (ENG.). 448p. (YA). (gr. 8). 17.99 *(978-0-06-285730-9(4))*, HarperTeen) HarperCollins Pubs.

Dangerous Art of Blending In. Angelo Surmelis. (ENG.). 336p. (YA). (gr. 8). 2019. pap. 11.99 *(978-0-06-265901-9(4))*; 2018. 17.99 *(978-0-06-265900-2(6))* HarperCollins Pubs. (Balzer & Bray).

Dangerous Blizzards. Lola Schaefer. 2022. (Lightning Bolt Books (r) — Earth in Danger Ser.). (ENG., Illus.). 24p. (J). (gr. 1-3). pap. 9.99 *(978-1-7284-4791-9(7)*, 4cf8461e-bba0-4695-bc60-8b85946b4a17); lib. bdg. 29.32 *(978-1-7284-4143-6(9)*, 53a5836b-7c3f-4f95-8658-600b3ea1c1f0) Lerner Publishing Group. (Lerner Pubns.).

Dangerous Cats, 12 vols., Set. Amelie Von Zumbusch. Incl. Cheetahs: World's Fastest Cats. lib. bdg. 26.27 *(978-1-4042-3630-1(9)*, 08197cb9-149d-4c64-adaf-9c4447ddf1e9, PowerKids Pr.); Jaguars: World's Strongest Cats. lib. bdg. 26.27 *(978-1-4042-3628-8(7)*, 7288273e-b016-433c-8e24-34990245e560, PowerKids Pr.); Leopards: Silent Stalkers. lib. bdg. 26.27 *(978-1-4042-3633-2(3)*, f3cd00fa-ab59-420e-9a20-032fae390f05, PowerKids Pr.); Lions: King of the Beasts. lib. bdg. 26.27 *(978-1-4042-3631-8(7)*, 10a5c776-e1fc-4245-b6cc-9b87d2226141); Tigers: World's Largest Cats. lib. bdg. 26.27 *(978-1-4042-3632-5(5)*, 213592a1-d40e-426f-82d3-dac0c0ccae8d); (Illus.). 24p. (J). (gr. 2-3). 2007. (Dangerous Cats Ser.). (ENG.). 2006. Set lib. bdg. 157.62 *(978-1-4042-3600-4(7)*, 7f670bf5-6667-4e26-b3c6-b802fca1760b) Rosen Publishing Group, Inc., The.

Dangerous Catspaw (Classic Reprint) David Christie Murray. 2017. (ENG., Illus.). (J). 310p. 30.29 *(978-0-332-41704-2(2))*; pap. 13.57 *(978-1-5276-6071-7(0))* Forgotten Bks.

Dangerous Characters (Classic Reprint) Ella Rodman Church. 2017. (ENG., Illus.). (J). 388p. 31.90 *(978-0-484-69901-3(6))*; pap. 16.57 *(978-0-259-55719-7(6))* Forgotten Bks.

Dangerous Climates, 1 vol. Janey Levy. 2019. (Mother Nature Is Trying to Kill Me! Ser.). (ENG.). 24p. (gr. 2-3). pap. 9.15 *(978-1-5382-3958-2(2)*, bcff7503-fd61-4ff9-a8d0-55972db76291) Stevens, Gareth Publishing LLLP.

Dangerous Days (Classic Reprint) Mary Roberts Rinehart. 2018. (ENG., Illus.). 404p. (J). 32.23 *(978-0-364-83132-8(4))* Forgotten Bks.

Dangerous Dinosaurs. Joshua George. Illus. by Ed Myer. 2019. (Lift-The-flap History Ser.). (ENG.). 10p. (J). (gr. -1-k). 9.99 *(978-1-78700-982-0(3))* Top That! Publishing PLC GBR. Dist: Independent Pubs. Group.

Dangerous Dinosaurs: Giant Foil Sticker Book with Puzzles & Activities. IglooBooks. Illus. by Lisa Wiley. 2019. (ENG.). 24p. (J). (gr. -1-1). 9.99 *(978-1-83852-855-3(5))* Igloo Bks. GBR. Dist: Simon & Schuster, Inc.

Dangerous Diorama: May Song Manor. Jason M. Burns. Illus. by Dustin Evans. 2023. (Nightmares of Nightmute Ser.: 5). (ENG.). 32p. (J). (gr. 4-8). pap. 14.21 *(978-1-6689-2093-0(X)*, 222071); lib. bdg. 32.07 *(978-1-6689-1991-0(5)*, 221969) Cherry Lake Publishing. (Torch Graphic Press).

Dangerous Dorsal Fin Spotted! Sharks Coloring Book. Activibooks For Kids. 2016. (ENG., Illus.). (J). pap. 9.20 *(978-1-68321-777-0(2))* Mimaxion.

Dangerous Duo. Shawn Pryor. Illus. by Francesca Ficorilli. 2022. (Gamer Ser.). (ENG.). 40p. (J). 24.65 *(978-1-6663-4828-6(7)*, 238760); pap. 5.95 *(978-1-6663-4829-3(5)*, 238742) Capstone. (Stone Arch Bks.).

Dangerous Earthquakes. Carol Kim. 2022. (Lightning Bolt Books (r) — Earth in Danger Ser.). (ENG., Illus.). 24p. (J). (gr. 1-3). pap. 9.99 *(978-1-7284-4793-3(3)*, 4a09a059-e166-4917-98ea-5b16fdd297fa); lib. bdg. 29.32 *(978-1-7284-4142-9(0)*, 30baef95-42bb-4761-88b1-34bf01284170) Lerner Publishing Group. (Lerner Pubns.).

Dangerous Floods. Carol Kim. 2022. (Lightning Bolt Books (r) — Earth in Danger Ser.). (ENG., Illus.). 24p. (J). (gr. 1-3). pap. 9.99 *(978-1-7284-4794-0(1)*, 88e5bacc-b97a-4fa2-a2a4-9751047c2e2a); lib. bdg. 29.32 *(978-1-7284-4145-0(5)*, c2be4ea8-c0e8-4a20-8db3-18a1a33880e9) Lerner Publishing Group. (Lerner Pubns.).

Dangerous Friendship. Katja Brandis. Tr. by Rachel Ward. 2023. (Woodwalkers Ser.). (ENG.). 176p. (J). (gr. 2). 16.00 *(978-1-64690-021-3(9))* North-South Bks., Inc.

Dangerous Gift (Wings of Fire #14) Tui T. Sutherland. (Wings of Fire Ser.). (ENG.). 336p. (J). (gr. 3-7). 2023. pap. 8.99 *(978-1-338-88332-9(1))*; 14. 2021. (Illus.). 16.99 *(978-1-338-21454-3(3))*, Scholastic Pr.) Scholastic, Inc.

Dangerous Ground, or the Rival Detectives (Classic Reprint) Lawrence L. Lynch. (ENG., Illus.). (J). 2018. 476p. 33.71 *(978-0-483-75007-4(7))*; 2016. pap. 16.57 *(978-1-334-25843-5(0))* Forgotten Bks.

Dangerous Guest (Classic Reprint) Henry Jackson. 2017. (ENG., Illus.). (J). 616p. 36.62 *(978-0-484-87022-1(X))*; pap. 19.57 *(978-0-259-54921-5(5))* Forgotten Bks.

Dangerous Hurricanes. Lola Schaefer. 2022. (Lightning Bolt Books (r) — Earth in Danger Ser.). (ENG., Illus.). 24p. (J). (gr. 1-3). pap. 9.99 *(978-1-7284-4795-7(X)*, 8ccb9619-ca53-48be-add5-030467f3f334); lib. bdg. 29.32 *(978-1-7284-4140-5(4)*, da1fa3ea-2111-4876-87fe-81b64b30c06b) Lerner Publishing Group. (Lerner Pubns.).

Dangerous Inheritance, or the Mystery of the Tittani Rubies (Classic Reprint) Izola Forrester. 2018. (ENG., Illus.). 306p. (J). 30.21 *(978-0-483-70493-0(8))* Forgotten Bks.

Dangerous Jane: ?the Life & Times of Jane Addams, Crusader for Peace. Suzanne Slade. Illus. by Alice Ratterree. 40p. (J). (gr. 1-4). 2020. 8.99 *(978-1-68263-206-2(7))*; 2017. 17.95 *(978-1-56145-913-1(5))* Peachtree Publishing Co. Inc.

Dangerous Jobs in Action (Set), 7 vols. 2017. (Dangerous Jobs in Action Ser.). (ENG.). (J). (gr. 3-6). lib. bdg. 249.48 *(978-1-5038-6823-6(0)*, 216468, MOMENTUM) Child's World, Inc, The.

Dangerous Journey: A Tale of Moomin Valley. Tove Jansson. 2018. (ENG., Illus.). 32p. (J). 16.95 *(978-1-77046-320-2(8)*, 900192093) Drawn & Quarterly Pubns. CAN. Dist: Macmillan.

Dangerous Journey to the Underworld- Children's Greek & Roman Myths. Baby Professor. 2017. (ENG., Illus.). (J). pap. 7.89 *(978-1-5419-0239-8(4)*, Baby Professor (Education Kids)) Speedy Publishing LLC.

Dangerous Mazes, 1 vol. William Potter. Illus. by Leo Trinidad. 2018. (Ultimate Finger Trace Mazes Ser.). (ENG.). 32p. (gr. 2-2). 30.27 *(978-1-5081-9725-6(3)*, 7d479c5e-d8e8-444e-8272-3e287a41f93b); pap. 12.75 *(978-1-5383-9003-0(5)*, df81f7ce-9e76-4fc6-9024-515688194f07) Rosen Publishing Group, Inc., The. (Windmill Bks.).

Dangerous Past. Cobe Reinbold. 2018. (Flankstone Ser.: Vol. 1). (ENG.). 182p. (J). pap. *(978-0-2286-0296-5(3))* Books We Love Publishing Partners.

Dangerous Play. Emma Kress. 2021. (ENG.). 352p. (YA). 18.99 *(978-1-250-75048-8(2)*, 900224647) Roaring Brook Pr.

Dangerous Play. Emma Kress. 2022. (ENG.). 368p. (YA). pap. 10.99 *(978-1-250-83320-4(5)*, 900224648) Square Fish.

Dangerous Puzzles: Odd One Out, Spot the Difference, & Many More! Jane Kent. Illus. by Leo Trinidad. 2021. (ENG.). 96p. (J). pap. 9.99 *(978-1-83940-622-5(4)*, 30b0bd61-7b61-4c64-9090-d047cd3e2c7d) Arcturus Publishing GBR. Dist: Baker & Taylor Publisher Services (BTPS).

Dangerous Rescue. Brandon T. Snider. ed. 2016. (Transformers 8x8 Ser.). (J). lib. bdg. 13.55 *(978-0-606-37515-3(5))* Turtleback.

Dangerous Skies. Brian James. 2016. (ENG., Illus.). 186p. (J). (gr. 5-7). pap. 9.99 *(978-1-910461-27-3(X))* Claret Pr. GBR. Dist: Lightning Source UK, Ltd.

Dangerous Spiders, 12 vols. Eric Ethan. Incl. Black Widow Spiders. lib. bdg. 25.67 *(978-0-8368-3765-0(7)*, 444a0ecb-ddc2-4b90-b7ca-e5455bdd9521); Brown Recluse Spiders. lib. bdg. 25.67 *(978-0-8368-3766-7(5)*, b096f02e-e321-4802-be15-adc9c58f81da); Funnel-Web Spiders. lib. bdg. 25.67 *(978-0-8368-3767-4(3)*, c10fa522-3e1c-4c3b-acf4-78f42b7d094c); Hobo Spiders. lib. bdg. 25.67 *(978-0-8368-3768-1(1)*, 45b78075-5552-41ca-9f80-f74d063bdad0); Tarantulas. lib. bdg. 25.67 *(978-0-8368-3769-8(X)*, 9eb2102c-9ccc-4539-905a-84545163c4de); Yellow Sac Spiders. lib. bdg. 25.67 *(978-0-8368-3770-4(3)*, 34993946-90e1-4ddf-9ead-893c338db9ae); (gr. 2-4). (Dangerous Spiders Ser.). (ENG., Illus.). 24p. 2003. Set lib. bdg. 154.02 *(978-0-8368-3764-3(9)*, 49a94941-a112-4f8f-874d-f44b894455cd, Gareth Stevens Learning Library) Stevens, Gareth Publishing LLLP.

Dangerous Tornadoes. Lola Schaefer. 2022. (Lightning Bolt Books (r) — Earth in Danger Ser.). (ENG., Illus.). 24p. (J). (gr. 1-3). pap. 9.99 *(978-1-7284-4796-4(8)*, d1370e95-390d-4773-b4cc-cfb6f1f5ace4); lib. bdg. 29.32 *(978-1-7284-4139-9(0)*, ce0740ea-22f5-4e4e-9173-6e069e27b230) Lerner Publishing Group. (Lerner Pubns.).

Dangerous Trade. Cassandra Rose Clarke. 2023. (Star Trek: Prodigy Ser.). (ENG.). 160p. (J). (gr. 3-7). 17.99 *(978-1-6659-2118-3(8))*; pap. 6.99 *(978-1-6659-2117-6(X))* Simon Spotlight. (Simon Spotlight).

Dangerous Training: Captain Justo Saga Log 1. 2. Stephen Miller. 2017. (Captain Justo Saga Ser.: Vol. 12). (ENG., Illus.). (J). (gr. 1-6). pap. 12.00 *(978-1-62154-644-3(6))* ePub Bud.

Dangerous Truth. Cindy M. Hogan. 2018. (ENG.). 124p. (J). pap. 7.99 *(978-0-9972555-6-0(0))* O'neal Publishing.

Dangerous Volcanoes. Lola Schaefer. 2022. (Lightning Bolt Books (r) — Earth in Danger Ser.). (ENG., Illus.). 24p. (J). (gr. 1-3). pap. 9.99 *(978-1-7284-4797-1(6)*, 85ff96e1-cde0-4872-b8fd-87eff21eb7f9, Lerner Pubns.) Lerner Publishing Group.

Dangerous Weather Phenomena to Look Out for! - Nature Books for Kids Children's Nature Books. Baby Professor. 2017. (ENG., Illus.). (J). pap. 8.79 *(978-1-5419-3822-9(4)*, Baby Professor (Education Kids)) Speedy Publishing LLC.

Dangerous Worms: Parasites Plague a Village. Thomasine E. Lewis Tilden. 2020. (Xbooks Ser.). (ENG., Illus.). 48p. (J). (gr. 3-8). lib. bdg. 29.00 *(978-0-531-13230-2(7)*, Children's Pr.) Scholastic Library Publishing.

Dangerous Worms: Parasites Plague a Villate (XBooks) Thomasine E. Lewis Tilden. 2020. (Xbooks Ser.). (ENG., Illus.). 48p. (J). (gr. 3-8). pap. 6.95 *(978-0-531-13295-1(1)*, Children's Pr.) Scholastic Library Publishing.

Dangerously Deep / Acque Pericolose (a Bilingual Book in English & Italian) Michelle Longega Wilson. 2016. (Adventures of Giulia Ser.: Vol. 7). (ENG., Illus.). (J). (gr. k-6). pap. 9.99 *(978-1-61704-320-8(6))* River Styx Publishing Co.

Dangers & Chemistry of Fire, for Grammar Schools. Clarence Maris. 2017. (ENG., Illus.). (J). pap. *(978-0-649-36929-4(7))* Trieste Publishing Pty Ltd.

Dangers of Alcohol. Peggy J. Parks. 2016. (ENG., Illus.). 80p. (J). (gr. 5-12). *(978-1-68282-012-4(2))* ReferencePoint Pr., Inc.

Dangers of Alcohol, 1 vol. Kristin Thiel. 2019. (Dangers of Drugs, Alcohol, & Smoking Ser.). (ENG.). 24p. (gr. 3-4). pap. 9.25 *(978-1-7253-0970-8(X)*, e9e61a78-860f-4d69-b924-fa3cb86d6350, PowerKids Pr.) Rosen Publishing Group, Inc., The.

Dangers of Diet Drugs, 1 vol. Christina McMahon & Hal Marcovitz. 2016. (Drug Education Library). (ENG.). 104p. (YA). (gr. 7-7). 39.08 *(978-1-5345-6005-5(X)*, efa39f03-96c9-4f3d-bba1-d8bf4a4ef5f5, Lucent Pr.) Greenhaven Publishing LLC.

Dangers of Digital Addiction, 1 vol. Amanda Vink. 2019. (Hot Topics Ser.). (ENG.). 104p. (gr. 7-7). 41.03 *(978-1-5345-6701-6(1)*, 3f71111d-75d8-437b-b913-843c2ea2f61f, Lucent Pr.) Greenhaven Publishing LLC.

Dangers of Drug Abuse. Jodee Redmond. 2017. (Opioids & Opiates: the Silent Epidemic* Ser.: Vol. 5). (ENG., Illus.). 64p. (YA). (gr. 7-12). 23.95 *(978-1-4222-3824-0(5))* Mason Crest.

Dangers of E-Cigarettes. Peggy J. Parks. 2016. (ENG.). 80p. (J). (gr. 5-12). *(978-1-68282-014-8(9))* ReferencePoint Pr., Inc.

Dangers of Hallucinogens. Jenny MacKay. 2016. (ENG., Illus.). 80p. (J). (gr. 5-12). *(978-1-68282-016-2(5))* ReferencePoint Pr., Inc.

Dangers of Heroin. John Allen. 2016. (ENG.). 80p. (J). (gr. 5-12). lib. bdg. *(978-1-68282-018-6(1))* ReferencePoint Pr., Inc.

Dangers of Illegal Drugs, 1 vol. Christine Honders. 2019. (Dangers of Drugs, Alcohol, & Smoking Ser.). (ENG.). 24p. (gr. 3-4). pap. 9.25 *(978-1-7253-0974-6(2)*, cda5f484-cfcf-442c-a239-5e2f951232cc, PowerKids Pr.) Rosen Publishing Group, Inc., The.

Dangers of Marijuana. Carla Mooney. 2016. (ENG., Illus.). 80p. (J). (gr. 5-12). *(978-1-68282-020-9(3))* ReferencePoint Pr., Inc.

Dangers of Methamphetamine. Hal Marcovitz. 2016. (ENG.). 80p. (J). (gr. 5-12). lib. bdg. *(978-1-68282-022-3(X))* ReferencePoint Pr., Inc.

Dangers of Painkillers. Peggy J. Parks. 2016. (ENG.). 80p. (J). (gr. 5-12). *(978-1-68282-024-7(6))* ReferencePoint Pr., Inc.

Dangers of Sexually Transmitted Diseases, 1 vol. Christine Honders. 2017. (Diseases & Disorders Ser.). (ENG.). 104p. (gr. 7-7). lib. bdg. 41.53 *(978-1-5345-6125-0(0)*, bcd4fb8c-e3ef-4ec1-8df3-26a8c3b60045, Lucent Pr.) Greenhaven Publishing LLC.

Dangers of Synthetic Drugs. Carla Mooney. 2016. (ENG.). 80p. (J). (gr. 5-12). lib. bdg. *(978-1-68282-026-1(2))* ReferencePoint Pr., Inc.

Dangers of Working Girls, or Dealers in White Women: A Romantic Story Founded upon the Play of the Same Name (Classic Reprint) Grace Miller White. (ENG., Illus.). (J). 2018. 292p. 29.92 *(978-0-267-31428-7(0))*; 2016. pap. 13.57 *(978-1-333-44079-4(0))* Forgotten Bks.

Dangling Donks. H. Claire Fretwell. 2019. (ENG.). 84p. (J). pap. *(978-1-78830-110-7(2))* Olympia Publishers.

Danica Patrick. Kenny Abdo. (NASCAR Biographies Ser.). (ENG., Illus.). 24p. (J). (gr. 2-2). 2022. pap. 8.95 *(978-1-64494-683-1(1))*; 2021. lib. bdg. 31.36 *(978-1-0982-2680-0(1)*, 38636) ABDO Publishing Co. (Abdo Zoom-Fly).

Danica Patrick. Abby Colich. 2016. (Women in Sports Ser.). (ENG., Illus.). 24p. (J). (gr. -1-2). pap. 6.95 *(978-1-4914-8567-5(1)*, 131186, Capstone Pr.) Capstone.

Danica Patrick. Jon M. Fishman. 2018. (Sports All-Stars (Lerner (tm) Sports) Ser.). (ENG., Illus.). 32p. (J). (gr. 2-5). pap. 9.99 *(978-1-5415-1200-9(6)*, e94a54a2-77d1-40f8-a0a9-985efa536e7b); lib. bdg. 29.32 *(978-1-5415-0849-1(1)*, 315a3240-be64-4007-9cd2-d838d09b3758, Lerner Pubns.) Lerner Publishing Group.

Danica Patrick: Breaking Speed Barriers, 1 vol. Kate Shoup. 2017. (At the Top of Their Game Ser.). (ENG.). 112p. (YA). (gr. 9-9). 44.50 *(978-1-5026-2833-6(3)*, cfe093bc-30e9-4bd9-8143-977b26657c21) Cavendish Square Publishing LLC.

Daniel: Being Number 3. Peter Pactor. 2022. (ENG.). 246p. (YA). ***(978-1-0391-5744-6(0))***; pap. ***(978-1-0391-5743-9(2))*** FriesenPress.

Daniel: Family of the Lost. Peter Pactor. 2020. (ENG.). 210p. (YA). *(978-1-5255-8427-5(8))*; pap. *(978-1-5255-8428-2(6))* FriesenPress.

Daniel: Investing in Family. Peter Pactor. 2022. (ENG.). 276p. (YA). *(978-1-0391-2862-0(9))*; pap. *(978-1-0391-2861-3(0))* FriesenPress.

Daniel: Picking up the Pieces. Peter Pactor. 2019. (ENG.). 246p. (YA). *(978-1-5255-5892-4(7))*; pap. *(978-1-5255-5893-1(5))* FriesenPress.

Daniel: The Age of Anxiety. Peter Pactor. 2017. (ENG., Illus.). (YA). *(978-1-5255-0083-1(X))*; pap. *(978-1-5255-0084-8(8))* FriesenPress.

Daniel: The Age of Dissolution. Peter Pactor. 2019. (ENG.). 258p. (YA). *(978-1-5255-3887-2(X))*; pap. *(978-1-5255-3888-9(8))* FriesenPress.

Daniel: The Age of Epimetheus. Peter Pactor. 2018. (ENG., Illus.). 264p. (YA). *(978-1-5255-1933-8(6))*; pap. *(978-1-5255-1934-5(4))* FriesenPress.

Daniel - Hombres y Mujeres de la Biblia. Contrib. by Casscom Media. 2017. (Men & Women of the Bible - Revised Ser.). (ENG & SPA.). (J). pap. *(978-87-7132-611-6(1))* Scandinavia Publishing Hse.

Daniel - Men & Women of the Bible Revised. Contrib. by Casscom Media. 2017. (Men & Women of the Bible - Revised Ser.). (ENG., Illus.). (J). pap. *(978-87-7132-577-5(8))* Scandinavia Publishing Hse.

Daniel & Destinee's Epic Adventures: Trouble at Camillion Creek. Deborah S. Martin. 2017. (ENG., Illus.). (J). pap. 13.95 *(978-1-61244-469-7(5))* Halo Publishing International.

Daniel & Ismail. Juan Pablo Iglesias. Tr. by Ilan Stavans. Illus. by Alex Peris. 2019. (ENG.). 40p. (J). (gr. -1-1). 19.99 *(978-1-63206-156-0(2))* Restless Bks.

Daniel & Max Play Together. Illus. by Jason Fruchter. 2021. (Daniel Tiger's Neighborhood Ser.). (ENG.). 24p. (J). (gr. -1-2). pap. 4.99 *(978-1-5344-9700-9(5)*, Simon Spotlight) Simon Spotlight.

Daniel & Max Play Together. Amy Rosenfeld-Kass. ed. 2022. (Daniel Tiger 8x8 Bks). (ENG.). 24p. (J). (gr. k-1). 15.96 ***(978-1-68505-279-9(7))*** Penworthy Co., LLC, The.

Daniel & Teely: My Best Friend. Sahar Sara Sadedin. 2023. (ENG.). 24p. (J). pap. ***(978-0-500-52251-6(0))*** Thames & Hudson, Ltd.

Daniel & the Firefighters. Illus. by Jason Fruchter. 2020. (Daniel Tiger's Neighborhood Ser.). (ENG.). 24p. (J). (gr. -1-2). pap. 4.99 *(978-1-5344-8067-4(6)*, Simon Spotlight) Simon Spotlight.

Daniel & the Firefighters. Alexandra Cassel Schwartz. ed. 2021. (Daniel Tiger 8x8 Bks). (ENG., Illus.). 24p. (J). (gr. k-1). 13.96 *(978-1-64697-745-1(9))* Penworthy Co., LLC, The.

Daniel & the French Robot Teacher's Resource Book: Fun Activities & Games to Accompany the Daniel & the French Robot Stories. Joanne Leyland. 2019. (FRE., Illus.). 60p. (J). (gr. k-1). pap. *(978-1-912771-39-4(X))* Cool Kids Publishing Group Ltd.

Daniel & the Golden Fleece. Jacob L. Thomas. 2016. (ENG., Illus.). 46p. (J). pap. *(978-1-365-31980-8(6))* Lulu Pr., Inc.

Daniel & the Lions. Print on Demand. 2021. (ENG.). 22p. (J). pap. *(978-0-6398324-0-1(7))* Pro Christo Publications.

Daniel & the Lions. Katherine Walker. Illus. by Jayne Schofield. 2022. (ENG.). 12p. (J). (— 1). 7.99 *(978-1-80337-461-1(6))* Make Believe Ideas GBR. Dist: Scholastic, Inc.

Daniel & the Lions Activity Book. Pip Reid. 2020. (Beginners Ser.: Vol. 13). (ENG.). 94p. (J). pap. *(978-1-7772168-7-0(7))* Bible Pathway Adventures.

Daniel & the Lions' Den. Illus. by Denis Alonso. 2017. 32p. (J). *(978-1-5182-5384-3(9))* Zonderkidz.

Daniel & the Lions' Den, 1 vol. Zonderkidz. 2017. (I Can Read! / the Beginner's Bible Ser.). (ENG., Illus.). 32p. (J). pap. 5.99 *(978-0-310-76041-2(0))* Zonderkidz.

Daniel & the Nutcracker. Illus. by Jason Fruchter. 2018. (Daniel Tiger's Neighborhood Ser.). (ENG.). 20p. (J). (gr. -1 — 1). bds. 6.99 *(978-1-5344-2206-3(4)*, Simon Spotlight) Simon Spotlight.

Daniel & the Raven. Daniel J. Huffmaster. 2017. (ENG., Illus.). (J). 19.99 *(978-1-942451-69-3(5))* Yorkshire Publishing Group.

D

Daniel & the Very Hungry Lions. Tim Thornborough. Illus. by Jennifer Davison. 2019. (Very Best Bible Stories Ser.). (ENG.). 24p. (J). *(978-1-78498-332-1(2))* Good Bk. Co., The.

Daniel Boone. Stephen Krensky. 2023. (Great Explorers Ser.). (ENG.). 32p. (J). (gr. 3-6). pap. ***(978-1-0398-0070-0(X)***, 32890) Crabtree Publishing Co.

Daniel Boone. Contrib. by Stephen Krensky. 2023. (Great Explorers Ser.). (ENG.). 32p. (J). (gr. 3-6). lib. bdg. ***(978-1-0398-0011-3(4)***, 32889) Crabtree Publishing Co.

Daniel Boone Pageant (Classic Reprint) Clifton Lisle. 2018. (ENG., Illus.). 32p. (J). 24.56 *(978-0-267-65550-2(9))* Forgotten Bks.

Daniel Bryan, 1 vol. Benjamin Proudfit. 2018. (Superstars of Wrestling Ser.). (ENG.). 32p. (J). (gr. 1-2). 28.27 *(978-1-5382-2103-7(9),* 340ff903-f44f-414d-8602-8668140c5a5e) Stevens, Gareth Publishing LLLP.

Daniel Can Dance. Delphine Finnegan. ed. 2019. (Ready-To-Read Ser.). (ENG.). 32p. (J). (gr. k-1). 13.96 *(978-0-87617-992-5(8))* Penworthy Co., LLC, The.

Daniel Can Dance: Ready-To-Read Ready-to-Go! Delphine Finnegan. Illus. by Jason Fruchter. 2018. (Daniel Tiger's Neighborhood Ser.). (ENG.). 32p. (J). (gr. -1-k). 17.99 *(978-1-5344-3041-9(5))*; pap. 4.99 *(978-1-5344-3040-2(7))* Simon Spotlight. (Simon Spotlight).

Daniel Chooses to Be Kind. Illus. by Jason Fruchter. 2017. (Daniel Tiger's Neighborhood Ser.). (ENG.). 24p. (J). (gr. -1-2). pap. 4.99 *(978-1-5344-0130-3(X)*, Simon Spotlight) Simon Spotlight.

Daniel Coldstar #1: the Relic War. Stel Pavlou. 2019. (Daniel Coldstar Ser.: 1). (ENG.). 320p. (J). (gr. 3-7). pap. 6.99 *(978-0-06-212606-1(7)*, HarperCollins) HarperCollins Pubs.

Daniel Coldstar #2: the Betrayer. Stel Pavlou. 2019. (Daniel Coldstar Ser.: 2). (ENG.). 304p. (J). (gr. 3-7). 16.99 *(978-0-06-212609-2(1)*, HarperCollins) HarperCollins Pubs.

Daniel Coloring Book: A Story Coloring Book. Agnes De Bezenac & Salem De Bezenac. Illus. by Agnes De Bezenac. 2017. (Story Coloring Bks.: Vol. 4). (ENG., Illus.). (J). (gr. k-2). pap. 4.95 *(978-1-63474-080-7(7))* iCharacter.org.

Daniel Dennison, & the Cumberland Statesman, Vol. 2 of 3 (Classic Reprint) Hofland. 2018. (ENG., Illus.). 296p. (J). 30.00 *(978-0-483-36374-8(X))* Forgotten Bks.

Daniel Dennison, & the Cumberland Statesman, Vol. 3 (Classic Reprint) Hofland. 2018. (ENG., Illus.). 290p. (J). 29.88 *(978-0-267-19253-3(3))* Forgotten Bks.

Daniel Dennison, Vol. 1 Of 3: And the Cumberland Statesman (Classic Reprint) Hofland. 2018. (ENG., Illus.). 298p. (J). 30.06 *(978-0-483-93444-3(5))* Forgotten Bks.

Daniel Deronda (Classic Reprint) George Elliott. (ENG., Illus.). (J). 2018. 596p. 36.19 *(978-0-483-72365-8(7))*; 2016. pap. 19.57 *(978-1-334-12218-7(0))* Forgotten Bks.

Daniel Deronda, Vol. 1: The Spoiled Child (Classic Reprint) George Elliott. 2018. (ENG., Illus.). 816p. (J). 40.73 *(978-0-483-84208-3(7))* Forgotten Bks.

Daniel Deronda, Vol. 1 (Classic Reprint) George Elliott. (ENG., Illus.). (J). 2018. 420p. 32.58 *(978-0-656-23609-1(4))*; 2018. 374p. 31.63 *(978-0-332-06187-0(6))*; 2018. 202p. 28.08 *(978-0-483-96983-4(4))*; 2017. 32.97 *(978-0-266-49099-9(9))*; 2017. pap. 10.57 *(978-0-243-92577-3(8))*; 2016. pap. 16.57 *(978-1-334-12696-3(8))*; 2016. pap. 16.57 *(978-1-334-12814-1(6))* Forgotten Bks.

Daniel Deronda, Vol. 1 of 2 (Classic Reprint) George Elliott. 2017. (ENG., Illus.). (J). 32.46 *(978-0-331-50487-3(1))* Forgotten Bks.

Daniel Deronda, Vol. 3 (Classic Reprint) George Elliott. 2017. (ENG., Illus.). (J). 32.17 *(978-0-265-20137-4(3))* Forgotten Bks.

Daniel Doesn't Dance. Robin C. Sturm. 2016. (ENG., Illus.). 48p. (J). pap. 9.99 ***(978-1-935355-21-2(X))*** New Shelves Bks.

Daniel en Die Leeus. Print on Demand. 2021. (AFR.). 22p. (J). pap. *(978-0-6398323-9-5(3))* Pro Christo Publications.

Daniel Everton, Volunteer-Regular: A Romance of the Philippines (Classic Reprint) Israel Putnam. (ENG., Illus.). (J). 2017. 32.66 *(978-0-265-40542-0(4))*; 2016. pap. 16.57 *(978-1-333-42851-8(0))* Forgotten Bks.

Daniel Feels One Stripe Nervous. Alexandra Cassel Schwartz. ed. 2021. (Daniel Tiger 8x8 Bks). (ENG., Illus.). 24p. (J). (gr. k-1). 13.96 *(978-1-64697-746-8(7))* Penworthy Co., LLC, The.

Daniel Feels One Stripe Nervous: Includes Strategies to Cope with Feeling Worried. Illus. by Jason Fruchter. 2020. (Daniel Tiger's Neighborhood Ser.). (ENG.). 24p. (J). (gr. -1-2). pap. 4.99 *(978-1-5344-8799-4(9)*, Simon Spotlight) Simon Spotlight.

Daniel Feels Purple. Lcsw Fernando Gonzalez III. 2020. (ENG.). 32p. pap. *(978-0-359-99187-7(4))* Lulu Pr., Inc.

Daniel Finds a New Friend. Maggie Testa. ed. 2019. (Ready-To-Read Ser.). (ENG.). 32p. (J). (gr. k-1). 13.96 *(978-0-87617-993-2(6))* Penworthy Co., LLC, The.

Daniel Finds a New Friend: Ready-To-Read Ready-to-Go! Maggie Testa. Illus. by Jason Fruchter. 2018. (Daniel Tiger's Neighborhood Ser.). (ENG.). 32p. (J). (gr. -1-k). 17.99 *(978-1-5344-2938-3(7))*; pap. 4.99 *(978-1-5344-2937-6(9))* Simon Spotlight. (Simon Spotlight).

Daniel Finds a Poem. Micha Archer. 2018. (KOR.). (J). (gr. k-3). *(978-89-491-1370-8(8))* Biryongso Publishing Co.

Daniel Finds a Poem. Micha Archer. Illus. by Micha Archer. 2016. (Illus.). 32p. (J). (gr. k-3). 18.99 *(978-0-399-16913-7(X)*, Nancy Paulsen Books) Penguin Young Readers Group.

Daniel Finds His Voice. Sheletta Brundidge & Lily Coyl. Illus. by Darcy Bell-Myers. 2022. (ENG.). 26p. (J). (gr. 1-2). pap. 9.95 *(978-1-64343-698-2(8))* Beaver's Pond Pr., Inc.

Daniel Gets His Hair Cut. Illus. by Jason Fruchter. 2019. (Daniel Tiger's Neighborhood Ser.). (ENG.). 24p. (J). (gr. -1-2). pap. 4.99 *(978-1-5344-4327-3(4)*, Simon Spotlight) Simon Spotlight.

Daniel Goes Camping! May Nakamura. ed. 2020. (Ready-To-Read Ser.). (ENG., Illus.). 32p. (J). (gr. k-1). 13.96 *(978-1-64697-423-8(9))* Penworthy Co., LLC, The.

Daniel Goes Camping! Ready-To-Read Pre-Level 1. Illus. by Jason Fruchter. 2020. (Daniel Tiger's Neighborhood Ser.). (ENG.). 32p. (J). (gr. -1-k). 17.99 *(978-1-5344-6424-7(7))*; pap. 4.99 *(978-1-5344-6423-0(9))* Simon Spotlight. (Simon Spotlight).

Daniel Goes on an Egg Hunt: Ready-To-Read Pre-Level 1. Maggie Testa. Illus. by Jason Fruchter. 2023. (Daniel Tiger's Neighborhood Ser.). (ENG.). 32p. (J). (gr. -1-k). 17.99 *(978-1-6659-2596-9(5))*; pap. 4.99 *(978-1-6659-2595-2(7))* Simon Spotlight. (Simon Spotlight).

Daniel Goes to the Carnival. Illus. by Jason Fruchter. 2017. (Daniel Tiger's Neighborhood Ser.). (ENG.). 24p. (J). (gr. -1-2). pap. 4.99 *(978-1-4814-7808-3(7)*, Simon Spotlight) Simon Spotlight.

Daniel Goes to the Carnival. Angela C. Santomero. ed. 2017. (Daniel Tiger's Neighborhood 8X8 Ser.). lib. bdg. 13.55 *(978-0-606-40216-3(0))* Turtleback.

Daniel Goes to the Dentist. Illus. by Jason Fruchter. 2019. (Daniel Tiger's Neighborhood Ser.). (ENG.). 24p. (J). (gr. -1-2). pap. 4.99 *(978-1-5344-4909-1(4)*, Simon Spotlight) Simon Spotlight.

Daniel Goes to the Dentist. Prologue by Alexandra Cassel Schwartz. 2019. (Daniel Tiger 8x8 Bks). (ENG.). 24p. (J). (gr. k-1). 13.89 *(978-0-87617-772-3(0))* Penworthy Co., LLC, The.

Daniel Has an Allergy. Illus. by Jason Fruchter. 2017. (Daniel Tiger's Neighborhood Ser.). (ENG.). 24p. (J). (gr. -1-2). pap. 4.99 *(978-1-5344-0905-7(X)*, Simon Spotlight) Simon Spotlight.

Daniel Has an Allergy. Angela C. Santomero. ed. 2018. (Daniel Tiger 8x8 Bks). (ENG.). 24p. (J). (gr. -1-1). 13.89 *(978-1-64310-630-4(9))* Penworthy Co., LLC, The.

Daniel Has an Allergy. Angela C. Santomero. ed. 2018. (Daniel Tiger's Neighborhood 8X8 Ser.). (Illus.). (J). lib. bdg. 13.55 *(978-0-606-40859-2(2))* Turtleback.

Daniel I Love You All Ways. Marianne Richmond. Illus. by Dubravka Kolanovic. 2023. (I Love You All Ways Ser.). (ENG.). 32p. (J). (gr. -1-3). 8.99 ***(978-1-7282-7345-7(5))*** Sourcebooks, Inc.

Daniel in the Lions' Den. Christin Ditchfield. Illus. by Leandra La Rosa. 2022. (Little Golden Book Ser.). 24p. (J). (-k). 5.99 *(978-1-9848-9517-2(6)*, Golden Bks.) Random Hse. Children's Bks.

Daniel Inouye: World War II Hero & Senator. Jennifer Marino Walters. Illus. by Scott R. Brooks. 2020. (Beginner Biography (LOOK! Books (tm)) Ser.). (ENG.). 24p. (J). (gr. k-2). pap. 8.99 *(978-1-63440-896-7(9),* 7dc894b5-036a-4f34-ad4e-ea71a8532c8b); lib. bdg. 25.32 *(978-1-63440-729-8(6),* 41e94ae8-119c-4cc3-a06e-702cd1487455) Red Chair Pr.

Daniel Learns to Ride a Bike. Illus. by Jason Fruchter. 2018. (Daniel Tiger's Neighborhood Ser.). (ENG.). 32p. (J). (gr. -1-2). pap. 4.99 *(978-1-5344-3086-0(5)*, Simon Spotlight) Simon Spotlight.

Daniel Learns to Ride a Bike. Becky Friedman. ed. 2019. (Daniel Tiger 8x8 Bks). (ENG.). 32p. (J). (gr. k-1). 13.89 *(978-1-64310-880-3(8))* Penworthy Co., LLC, The.

Daniel Learns to Share. Becky Friedman. ed. 2018. (Ready-To-Read Ser.). (ENG.). 32p. (J). (gr. -1-1). 13.89 *(978-1-64310-386-0(5))* Penworthy Co., LLC, The.

Daniel Learns to Share. Becky Friedman. ed. 2016. (Simon & Schuster Ready-To-Read Level 1 Ser.). lib. bdg. 13.55 *(978-0-606-39754-4(X))* Turtleback.

Daniel Learns to Share: Ready-To-Read Pre-Level 1. Illus. by Jason Fruchter. 2016. (Daniel Tiger's Neighborhood Ser.). (ENG.). 32p. (J). (gr. -1-k). pap. 4.99 *(978-1-4814-6751-3(4)*, Simon Spotlight) Simon Spotlight.

Daniel Learns to Swim. Illus. by Jason Fruchter. 2023. (Daniel Tiger's Neighborhood Ser.). (ENG.). 24p. (J). (gr. -1-2). pap. 4.99 ***(978-1-6659-3326-1(7)***, Simon Spotlight) Simon Spotlight.

Daniel Loves Fall! Illus. by Jason Fruchter. 2017. (Daniel Tiger's Neighborhood Ser.). (ENG.). 12p. (J). (gr. -1-k). bds. 5.99 *(978-1-5344-0453-3(8)*, Simon Spotlight) Simon Spotlight.

Daniel Loves Playtime! Alexandra Cassel Schwartz. Illus. by Jason Fruchter. 2019. (Daniel Tiger's Neighborhood Ser.). (ENG.). 16p. (J). (gr. -1-2). pap. 6.99 *(978-1-5344-5709-6(7)*, Simon Spotlight) Simon Spotlight.

Daniel Loves Playtime! Alexandra Cassel Schwartz. ed. 2020. (Daniel Tiger 8x8 Bks). (ENG.). 16p. (J). (gr. k-1). 13.89 *(978-1-64697-189-3(2))* Penworthy Co., LLC, The.

Daniel Loves to Explore. Illus. by Jason Fruchter. 2020. (Daniel Tiger's Neighborhood Ser.). (ENG.). 14p. (J). (gr. -1-2). bds. 6.99 *(978-1-5344-5555-9(8)*, Simon Spotlight) Simon Spotlight.

Daniel Loves You. Alexandra Cassel. Illus. by Jason Fruchter. 2018. (Daniel Tiger's Neighborhood Ser.). (ENG.). 14p. (J). (gr. -1-k). bds. 5.99 *(978-1-5344-3750-0(9)*, Simon Spotlight) Simon Spotlight.

Daniel Meets the New Neighbors. Illus. by Jason Fruchter. 2018. (Daniel Tiger's Neighborhood Ser.). (ENG.). 32p. (J). (gr. -1-2). pap. 4.99 *(978-1-5344-2962-8(X)*, Simon Spotlight) Simon Spotlight.

Daniel Meets the New Neighbors. Becky Friedman. ed. 2019. (Daniel Tiger 8x8 Bks). (ENG.). 32p. (J). (gr. k-1). 13.89 *(978-1-64310-881-0(6))* Penworthy Co., LLC, The.

Daniel Misses Someone. Illus. by Jason Fruchter. 2021. (Daniel Tiger's Neighborhood Ser.). (ENG.). 24p. (J). (gr. -1-2). pap. 4.99 *(978-1-6659-0007-2(5)*, Simon Spotlight) Simon Spotlight.

Daniel Misses Someone. Alexandra Cassel Schwartz. ed. 2022. (Daniel Tiger 8x8 Bks). (ENG.). 24p. (J). (gr. k-1). 15.96 ***(978-1-68505-280-5(0))*** Penworthy Co., LLC, The.

Daniel Model: Understanding the Pathway to Promotion & Power in the Kingdom of God. Julian Young. 2017. (ENG.). pap. 13.99 *(978-0-9990279-9-8(9))* Crown Media Publishing.

Daniel Moves Away. Yvonne G. Williams. 2019. (Anna's Friends Ser.: Vol. 8). (ENG.). 186p. (J). pap. 10.95 *(978-1-7325002-8-0(2))* Anna's Friends.

Daniel on the North Pole Express. J. D. Green. Illus. by Joanne Partis. 2022. (North Pole Express Bears Ser.). (ENG.). 32p. (J). (gr. -1-3). 7.99 ***(978-1-7282-6926-9(1))*** Sourcebooks, Inc.

Daniel on the North Pole Express. J. D. Green. 2019. (North Pole Express Ser.). (ENG.). 32p. (J). (gr. -1-3). 7.99 ***(978-1-7282-0323-2(6))*** Sourcebooks, Inc.

Daniel o'Rourke & the Attack of the Mutant Squirrels. C. K. Munroe. 2019. (ENG.). 130p. (J). pap. *(978-1-78876-709-5(8))* FeedARead.com.

Daniel Plays at School. Daphne Pendergrass. ed. 2018. (Ready-To-Read Ser.). (ENG.). 32p. (J). (gr. -1-1). 9.00 *(978-1-64310-336-5(9))* Penworthy Co., LLC, The.

Daniel Plays at School. Daphne Pendergrass. ed. 2016. (Daniel Tiger's Neighborhood Ready-To-Read Ser.). lib. bdg. 13.55 *(978-0-606-38991-4(1))* Turtleback.

Daniel Plays at School: Ready-To-Read Pre-Level 1. Illus. by Jason Fruchter. 2016. (Daniel Tiger's Neighborhood Ser.). (ENG.). 32p. (J). (gr. -1-k). pap. 4.99 *(978-1-4814-6102-3(8)*, Simon Spotlight) Simon Spotlight.

Daniel Plays in a Gentle Way. Illus. by Jason Fruchter. 2020. (Daniel Tiger's Neighborhood Ser.). (ENG.). 24p. (J). (gr. -1-2). pap. 4.99 *(978-1-5344-6448-3(4)*, Simon Spotlight) Simon Spotlight.

Daniel Plays in a Gentle Way. Alexandra Cassel Schwartz. ed. 2020. (Daniel Tiger 8x8 Bks). (ENG., Illus.). 24p. (J). (gr. k-1). 13.96 *(978-1-64697-420-7(4))* Penworthy Co., LLC, The.

Daniel Poldertot. I. E. Diekenga. 2016. (ENG.). 368p. (J). pap. *(978-3-7433-7379-2(3))* Creation Pubs.

Daniel Poldertot: A Story, Wherein Is Carefully Recorded the Interesting Adventures of Uncle Dan & His Faithful Friends, Mr. Robert Sturdy, Mr. Harry Cribbler, & Mr. Richard Doolittle (Classic Reprint) I. E. Diekenga. 2018. (ENG., Illus.). 370p. (J). 31.53 *(978-0-267-18695-2(9))* Forgotten Bks.

Daniel Quayne: A Morality (Classic Reprint) J. S. Fletcher. 2018. (ENG., Illus.). 306p. (J). 30.21 *(978-0-365-44524-1(X))* Forgotten Bks.

Daniel Quorm. Mark Guy Pearse. 2017. (ENG.). 214p. (J). pap. *(978-3-337-12946-0(3))* Creation Pubs.

Daniel Quorm: And His Religious Notions (Classic Reprint) Mark Guy Pearse. 2017. (ENG., Illus.). (J). 28.06 *(978-0-265-21505-0(6))* Forgotten Bks.

Daniel Quorm & His Religious Notions. Mark Guy Pearse. 2017. (ENG.). 208p. (J). pap. *(978-3-337-26218-1(X))* Creation Pubs.

Daniel Quorm, & His Religious Notions: Second Series (Classic Reprint) Mark Guy Pearse. (ENG., Illus.). (J). 2018. 212p. 28.27 *(978-0-483-51685-4(6))*; 2016. pap. 10.97 *(978-1-333-31152-0(4))* Forgotten Bks.

Daniel Santa's Secret Elf. Put Me In The Story & Katherine Sully. Illus. by Julia Seal. 2018. (Santa's Secret Elf Ser.). (ENG.). 32p. (J). (gr. k-3). 5.99 *(978-1-4926-8132-8(6))* Sourcebooks, Inc.

Daniel Stone & the Frozasian Adventure: Book 4. M. E. Champey. 2023. (ENG.). 188p. (J). pap. 6.50 ***(978-1-0881-9123-1(1))*** Indy Pub.

Daniel Stone & the Magical Cruise: Book 3. M. E. Champey. 2023. (ENG.). 158p. (J). pap. 5.99 ***(978-1-0881-9053-1(7))*** Indy Pub.

Daniel Stone & the Magical Scarves: Book 1. M. E. Champey. 2023. (ENG.). 206p. (J). pap. 6.50 ***(978-1-0881-8626-8(2))*** Indy Pub.

Daniel Stone & the Rescue Alliance: Book 2. M. E. Champey. 2023. (ENG.). 162p. (J). pap. 5.99 ***(978-1-0881-8871-2(0))*** Indy Pub.

Daniel Stone Book 1: The Magical Scarves. Michael E. Champey. 2022. (ENG.). 190p. (J). pap. 7.99 *(978-1-0880-1393-9(7))* Indy Pub.

Daniel Stone Book 2: The Dragon Thief. Michael E. Champey. 2022. (ENG.). 154p. (J). pap. 7.99 *(978-1-0880-1544-5(1))* Indy Pub.

Daniel Stone Book 3: The Sorcerer's Return. Michael Champey. 2022. (ENG.). 156p. (J). pap. 7.99 *(978-1-0880-1592-6(1))* Indy Pub.

Daniel Stone Book 4: The Winter Garden Alliance. Michael E. Champey. 2022. (ENG.). 178p. (J). pap. 7.99 *(978-1-0879-6376-1(1))* Indy Pub.

Daniel Sweetland (Classic Reprint) Eden Phillpotts. (ENG., Illus.). (J). 2018. 350p. 31.12 *(978-0-366-56408-8(0))*; 2018. 352p. pap. 13.57 *(978-0-366-15001-4(4))*; 2017. 31.32 *(978-1-5284-7505-1(4))* Forgotten Bks.

Daniel the Dragon's Lost Shades. Heather Williams. Illus. by Heather Williams. 2022. (ENG.). 26p. (J). ***(978-1-387-85173-7(X))*** Lulu Pr., Inc.

Daniel, the Golden Retriever. Tammy Tomlinson. Illus. by Kiersten Eagan. 2022. (ENG.). 32p. (J). 18.99 *(978-1-250-79475-8(7)*, 900239144) Feiwel & Friends.

Daniel, the Long-Eared Christmas Donkey: The Best Gift of All. E. T. Cliff. 2019. (ENG.). 32p. (J). pap. 15.95 *(978-1-64515-542-3(0))* Christian Faith Publishing.

Daniel the Warrior. Monét L. Clark. 2020. (ENG., Illus.). 26p. (J). pap. 13.95 *(978-1-61244-856-5(9))* Halo Publishing International.

Daniel Tiger Big Book of Firsts: 5 Stories & 5 Songs. Rose Nestling. Ed. by Cottage Door Press. Illus. by Daniel Tiger Style Guide. 2020. (ENG.). 22p. (J). (gr. -1-k). bds. 21.99 *(978-1-64638-049-7(5)*, 1006230) Cottage Door Pr.

Daniel Tiger Daniel Takes Care of Snowball. Rose Nestling. Ed. by Cottage Door Press. 2018. (ENG.). 10p. (J). (gr. -1-k). bds. 9.99 *(978-1-68052-328-7(7)*, 1003040) Cottage Door Pr.

Daniel Tiger Friends Help Each Other. Rose Nestling. Ed. by Cottage Door Press. Illus. by Daniel Tiger Licensed Art. 2022. (ENG.). 12p. (J). (gr. -1-k). bds. 14.99 *(978-1-64638-644-4(2)*, 1008390) Cottage Door Pr.

Daniel Tiger Good Night, Daniel. Rose Nestling. Ed. by Cottage Door Press. Illus. by Daniel Tiger Licensed Art. 2022. (ENG.). 12p. (J). (gr. -1-k). bds. 12.99 *(978-1-64638-636-9(1)*, 1008320) Cottage Door Pr.

Daniel Tiger Happy Birthday! Rose Nestling. Ed. by Cottage Door Press. 2021. (Little Bird Greetings Ser.). (ENG.). 8p. (J). (gr. -1-k). bds. 7.99 *(978-1-64638-139-5(4)*, 1006750) Cottage Door Pr.

Daniel Tiger Hora de Ir Al Bano / Potty Time! (Spanish Edition) Rose Nestling. Ed. by Cottage Door Press. 2023. (SPA.). 10p. (J). (gr. -1 — 1). bds. 12.99 *(978-1-64638-805-9(4)*, 1003680-SLA) Cottage Door Pr.

Daniel Tiger It's a Beautiful Day to Play! Rose Nestling. Ed. by Cottage Door Press. Illus. by Daniel Tiger Licensed Art. 2022. (ENG.). 16p. (J). (gr. -1-k). 26.99 *(978-1-64638-422-8(9)*, 1007740) Cottage Door Pr.

Daniel Tiger Let's Learn in My Neighborhood. Rose Nestling. Ed. by Cottage Door Press. 2018. (ENG.). 18p. (J). (gr. -1-2). bds. 9.99 *(978-1-68052-329-4(5)*, 1003050) Cottage Door Pr.

Daniel Tiger Potty Time! Rose Nestling. Ed. by Cottage Door Press. 2019. (ENG.). 10p. (J). (gr. -1-k). bds. 12.99 *(978-1-68052-493-2(3)*, 1003680) Cottage Door Pr.

Daniel Tiger Potty Training Reward Chart. Ed. by Cottage Door Press. 2023. (ENG.). 20p. (J). (gr. -1 — 1). 22.99 *(978-1-64638-622-2(1)*, 1008190) Cottage Door Pr.

Daniel Tiger Scissor & Paste Skills for Kids. Rose Nestling. Ed. by Cottage Door Press. 2021. (ENG.). 88p. (gr. -1-3). pap. 6.99 *(978-1-64638-350-4(8)*, 1007500) Cottage Door Pr.

Daniel Tiger So Many Ways to Play! Rose Nestling. Ed. by Cottage Door Press. 2021. (ENG.). 12p. (J). (gr. -1-2). bds. 9.99 *(978-1-64638-046-6(0)*, 1006200) Cottage Door Pr.

Daniel Tiger Write & Erase Writing & Tracing Skills for Kids. Rose Nestling. Ed. by Cottage Door. Illus. by Daniel Tiger Licensed Art. 2022. (ENG.). 22p. (J). (gr. -1-1). spiral bd. 9.99 *(978-1-64638-343-6(5)*, 1007470) Cottage Door Pr.

Daniel Tiger's 3-Minute Bedtime Stories. Illus. by Jason Fruchter. 2018. (Daniel Tiger's Neighborhood Ser.). (ENG.). 144p. (J). (gr. -1-2). 12.99 *(978-1-5344-2859-1(3)*, Simon Spotlight) Simon Spotlight.

Daniel Tiger's Day & Night. Illus. by Jason Fruchter. 2017. (Daniel Tiger's Neighborhood Ser.). (ENG.). 16p. (J). (gr. -1-1). 5.99 *(978-1-5344-1176-0(3)*, Simon Spotlight) Simon Spotlight.

Daniel Tiger's Neighborhood: Take-Along Storyteller. Rose Nestling. Ed. by Cottage Door Press. 2020. (ENG.). 352p. (J). (gr. -1-3). 39.99 *(978-1-64638-084-8(3)*, 1006430) Cottage Door Pr.

Daniel Tiger's Storybook Treasury. Illus. by Jason Fruchter. 2023. (Daniel Tiger's Neighborhood Ser.). (ENG.). 304p. (J). (gr. -1-3). 17.99 ***(978-1-6659-4066-5(2)***, Simon Spotlight) Simon Spotlight.

Daniel Tiger's Treasury of Stories: 3 Books in 1! Illus. by Jason Fruchter. 2018. (Daniel Tiger's Neighborhood Ser.). (ENG.). 30p. (J). (gr. -1-2). bds. 11.99 *(978-1-5344-3312-0(0)*, Simon Spotlight) Simon Spotlight.

Daniel Trentworthy. John McGovern. 2017. (ENG.). 300p. (J). pap. *(978-3-337-02747-6(4))* Creation Pubs.

Daniel Trentworthy: A Tale of the Great Fire of Chicago (Classic Reprint) John McGovern. 2018. (ENG., Illus.). 298p. (J). 30.04 *(978-0-483-20241-2(X))* Forgotten Bks.

Daniel 'Twas the Night Before Christmas. Illus. by Lisa Alderson. 2019. (Night Before Christmas Ser.). (ENG.). 32p. (J). (gr. -1-3). 7.99 ***(978-1-7282-0216-7(7))*** Sourcebooks, Inc.

Daniel Visits a Pumpkin Patch. Maggie Testa. ed. 2021. (Ready-To-Read Ser.). (ENG., Illus.). 32p. (J). (gr. k-1). 15.46 *(978-1-64697-975-2(3))* Penworthy Co., LLC, The.

Daniel Visits a Pumpkin Patch: Ready-To-Read Pre-Level 1. Maggie Testa. Illus. by Jason Fruchter. 2021. (Daniel Tiger's Neighborhood Ser.). (ENG.). 32p. (J). (gr. -1-k). 17.99 *(978-1-5344-8664-5(X))*; pap. 4.99 *(978-1-5344-8663-8(1))* Simon Spotlight. (Simon Spotlight).

Daniel Will Pack a Snack. Tina Gallo. ed. 2018. (Ready-To-Read Ser.). (ENG.). 32p. (J). (gr. -1-1). 13.89 *(978-1-64310-720-2(8))* Penworthy Co., LLC, The.

Daniel Will Pack a Snack. Tina Gallo. ed. 2018. (Daniel Tiger's Neighborhood Ready-To-Read Ser.). (Illus.). 31p. (J). lib. bdg. 14.75 *(978-0-606-40860-8(6))* Turtleback.

Daniel Will Pack a Snack: Ready-To-Read Ready-to-Go! Tina Gallo. Illus. by Jason Fruchter. 2017. (Daniel Tiger's Neighborhood Ser.). (ENG.). 32p. (J). (gr. -1-k). 16.99 *(978-1-5344-1118-0(6))*; pap. 4.99 *(978-1-5344-1117-3(8))* Simon Spotlight. (Simon Spotlight).

Daniela & the Pirate Girls. Susanna Isern. Illus. by Gomez. 2020. (ENG.). 44p. (J). 16.95 *(978-84-17673-27-7(X))* NubeOcho Ediciones ESP. Dist: Consortium Bk. Sales & Distribution.

Daniela Pirata. Susanna Isern. Illus. by GOMEZ. 2018. (SPA.). 44p. (J). 16.95 *(978-84-17123-11-6(3))* NubeOcho Ediciones ESP. Dist: Consortium Bk. Sales & Distribution.

Daniela the Pirate. Susanna Isern. Tr. by Ben Dawlatly. 2018. (ENG., Illus.). 44p. (J). 16.95 *(978-84-17123-12-3(1))* NubeOcho Ediciones ESP. Dist: Consortium Bk. Sales & Distribution.

Daniela the Pirate & the Witch Philomena. Susanna Isern. Illus. by Gomez. 2021. (Egalité Ser.). (ENG.). 44p. (J). 16.99 *(978-84-18133-32-9(5))* NubeOcho Ediciones ESP. Dist: Consortium Bk. Sales & Distribution.

Daniela y Las Chicas Pirata. Susanna Isern. Illus. by Gomez. 2020. (SPA.). 44p. (J). 16.95 *(978-84-17673-26-0(1))* NubeOcho Ediciones ESP. Dist: Consortium Bk. Sales & Distribution.

Daniela's Big Book of Poppin' Poetry. Daniela Arnold. Illus. by Mike Guillory. 2017. (J). *(978-1-942945-55-0(8))* Night Heron Media.

Daniela's Guardian Angel / Daniela's Ángel de la Guarda: A Bilingual Book Based on a True Story. Ashley Danielle Molina. Illus. by Ann Semenova. 2021. (ENG.). 42p. (J). *(978-0-2288-4808-0(3))*; pap. *(978-0-2288-4807-3(5))* Tellwell Talent.

Daniele Cortis. Stephen Louis Simeon & Antonio Fogazzaro. 2017. (ENG.). 388p. (J). pap. *(978-3-337-02977-7(9))*; pap. *(978-3-337-03001-8(7))* Creation Pubs.

Daniele Cortis: A Novel Translated from the Italian of Antonio Fogazzaro (Classic Reprint) Stephen Louis Simeon. 2018. (ENG., Illus.). 384p. (J). 31.84 *(978-0-364-67346-1(X))* Forgotten Bks.

Danielle. Richard Soukop & Sonya Soukop. 2020. (ENG.). 38p. (J). pap. *(978-0-2288-3584-4(4))* Tellwell Talent.

Danielle & the Zero Gravity Suit. B. T. Higgins. 2022. (Air Creatures Ser.: Vol. 2). (ENG.). 398p. (J). pap. 15.99 ***(978-1-0880-8009-2(X))*** Indy Pub.

Danielle Goes to the Beach. Erynn Danielle Delancy. 2021. (ENG.). 18p. (J). *(978-1-716-42988-0(9))* Lulu Pr., Inc.

Daniel's Apple-Picking Adventure: A Scratch-&-Sniff Book. Illus. by Jason Fruchter. 2020. (Daniel Tiger's Neighborhood Ser.). (ENG.). 14p. (J). (gr. -1-1). bds. 8.99 *(978-1-5344-6587-9(1)*, Simon Spotlight) Simon Spotlight.

Daniel's Bath Time. Illus. by Jason Fruchter. 2019. (Daniel Tiger's Neighborhood Ser.). (ENG.). 22p. (J). (— 1). bds.

460 The check digit for ISBN-10 appears in parentheses after the full ISBN-13

TITLE INDEX DANVERS JEWELS (CLASSIC REPRINT)

6.99 (978-1-5344-5553-5(1), Simon Spotlight) Simon Spotlight.
Daniel's Christmas Wish. Put Me In The Story & J. D. Green. Illus. by Julia Seal. 2018. (Christmas Wish Ser.). (ENG.). 32p. (J). (gr. k-3). 6.99 **(978-1-4926-8317-9(5))** Sourcebooks, Inc.
Daniel's Deeds & the Palace of Everywhere. Dane Stivers. 2019. (ENG.). 192p. (YA). (gr. 7-12). pap. 15.95 (978-1-64515-998-8(1)) Christian Faith Publishing.
Daniel's First Babysitter. Illus. by Jason Fruchter. 2018. (Daniel Tiger's Neighborhood Ser.). (ENG.). 24p. (J). (gr. -1-2). pap. 4.99 (978-1-5344-1655-0(2), Simon Spotlight) Simon Spotlight.
Daniel's First Babysitter. Alexandra Cassel. ed. 2018. (Daniel Tiger's Neighborhood 8X8 Ser.). (Illus.). (J). lib. bdg. 14.75 (978-0-606-41419-7(3)) Turtleback.
Daniel's First Day of School. Illus. by Jason Fruchter. 2020. (Daniel Tiger's Neighborhood Ser.). (ENG.). 16p. (J). (gr. -1-2). 6.99 (978-1-5344-6306-6(2), Simon Spotlight) Simon Spotlight.
Daniel's First Fireworks. Illus. by Jason Fruchter. 2016. (Daniel Tiger's Neighborhood Ser.). (ENG.). 24p. (J). (gr. -1-2). pap. 4.99 (978-1-4814-6053-8(6), Simon Spotlight) Simon Spotlight.
Daniel's First Fireworks. Becky Friedman. ed. 2016. (Daniel Tiger's Neighborhood 8X8 Ser.). lib. bdg. 13.55 (978-0-606-38990-7(3)) Turtleback.
Daniel's Good Day. Micha Archer. Illus. by Micha Archer. 2019. (Illus.). 32p. (J). (-k). 18.99 (978-0-399-54672-3(3), Nancy Paulsen Books) Penguin Young Readers Group.
Daniel's Little Songs for Big Feelings. Illus. by Jason Fruchter. 2020. (Daniel Tiger's Neighborhood Ser.). (ENG.). 112p. (J). (gr. -1-2). 12.99 (978-1-5344-7090-3(5), Simon Spotlight) Simon Spotlight.
Daniel's Mystery Egg see Daniel's Mystery Egg/el Misterioso Huevo de Daniel: Bilingual English-Spanish
Daniel's Potty Time. Illus. by Jason Fruchter. 2019. (Daniel Tiger's Neighborhood Ser.). (ENG.). 16p. (J). (gr. -1-2). pap. 5.99 (978-1-5344-5175-9(7), Simon Spotlight) Simon Spotlight.
Daniel's Story Novel Units Student Packet. Novel Units. 2019. (ENG.). (J). pap., stu. ed. 13.99 (978-1-58130-893-8(0), Novel Units, Inc.) Classroom Library Co.
Daniel's Story Novel Units Teacher Guide. Novel Units. 2019. (ENG.). (J). pap., tchr. ed. 12.99 (978-1-58130-892-1(2), Novel Units, Inc.) Classroom Library Co.
Daniel's Ugga Mugga Box (Boxed Set) Daniel Loves You, I Like to Be with My Family, Won't You Be My Neighbor? Illus. by Jason Fruchter. ed. 2019. (Daniel Tiger's Neighborhood Ser.). (ENG.). 42p. (J). (gr. -1-k). bds. 18.99 (978-1-5344-6112-3(4), Simon Spotlight) Simon Spotlight.
Daniel's Winter Adventure. Becky Friedman. Illus. by Jason Fruchter. ed. 2016. (Daniel Tiger's Neighborhood 8X8 Ser.). (ENG.). 24p. (J). (gr. -1-2). 13.55 (978-0-606-39247-1(5)) Turtleback.
Danika's Dancing Day: A Dance-It-Out Creative Movement Story for Young Movers. Once Upon A Dance. Illus. by Roffler. 2022. (Dance-It-Out! Creative Movement Stories for Young Movers Ser.). (ENG.). 38p. (J). 24.99 (978-1-955555-15-9(X)) Once Upon a Dance.
Danika's Dancing Day: A Dance-It-Out Creative Movement Story for Young Movers. Once Upon A Dance. Illus. by Sudipta "Steve" Dasgupta. 2022. (Dance-It-Out! Creative Movement Stories for Young Movers Ser.). (ENG.). 38p. (J). pap. 9.99 (978-1-955555-13-5(3)) Once Upon a Dance.
Dani's Forest Journey. Kim Cumberbatch. 2020. (ENG.). 33p. (J). pap. (978-1-716-46388-4(2)) Lulu Pr., Inc.
Dänische Volksmärchen: Ritter Grünhut + in des Wolfes Bau und Adlers Klau' + des Königs Kapital + Zauberers Töchterlein + Peter Ochs und Mehr (39 Titel in Einem Band - Vollständige Ausgabe) Svend Grundtvig. 2017. (GER., Illus.). 208p. (J). pap. (978-80-268-5992-5(8)) E-Artnow.
Danish Fairy Book (Classic Reprint) Clara Stroebe. 2018. (ENG., Illus.). 96p. (J). 28.81 (978-0-483-69691-4(9)) Forgotten Bks.
Danish Fairy Folk Tales: A Collection of Popular Stories & Fairy Tales (Classic Reprint) J. Christian Bay. 2017. (ENG., Illus.). 374p. (J). 31.63 (978-0-265-15490-8(1)) Forgotten Bks.
Danish Fairy Legends & Tales (Classic Reprint) Hans Christian Anderson. (ENG., Illus.). (J). 2018. 516p. 34.54 (978-0-656-82150-1(7)); 2017. pap. 16.97 (978-0-259-20900-3(7)) Forgotten Bks.
Danish Fairy Tales (Classic Reprint) Sven Grundtvig. (ENG., Illus.). (J). 2018. 128p. 26.54 (978-0-267-55564-2(4)); 2018. 256p. 29.18 (978-0-483-32422-0(1)); 2016. pap. 9.57 (978-1-333-64596-0(1)) Forgotten Bks.
Danish Parsonage (Classic Reprint) John Fulford Vicary. (ENG., Illus.). (J). 2018. 328p. 30.66 (978-0-364-67209-9(9)); 2017. pap. 13.57 (978-0-259-50714-7(8)) Forgotten Bks.
Danish Story Book (Classic Reprint) Hans Christian Anderson. 2018. (ENG., Illus.). 342p. (J). 30.95 (978-0-483-44937-4(7)) Forgotten Bks.
Dankbarkeit Ist Meine Superkraft: Ein Kinderbuch Darüber, Danke Zu Sagen und Positivität Einzuüben. Alicia Ortego. Tr. by Melle Siegfried. 2022. (GER.). 44p. (J). 17.99 **(978-1-959284-99-4(1))** Slickcolors INC.
Danny. Wally Miller. 2016. (ENG.). 640p. (YA). pap. (978-1-326-79457-6(4)) Lulu Pr., Inc.
Danny. James F. Park. 2019. (ENG.). 90p. (J). pap. (978-0-244-48096-7(6)) Lulu Pr., Inc.
Danny Again: Further Adventures of Danny the Detective. Vera C. Barclay. 2017. (ENG., Illus.). (J). pap. (978-1-76057-667-7(0)) Trieste Publishing Pty Ltd.
Danny Again: Further Adventures of Danny the Detective (Classic Reprint) Vera C. Barclay. (ENG., Illus.). (J). 2018. 172p. 27.44 (978-0-483-41664-2(9)); 2016. pap. 9.97 (978-1-334-16850-5(4)) Forgotten Bks.
Danny & Debbie Dove Talk to God. Christy M. Smyth. 2018. (ENG., Illus.). 30p. (J). pap. 13.95 (978-1-64079-737-6(8)) Christian Faith Publishing.
Danny & Randy Think about Baseball & the Number Three. Jackie Henry Bull. 2019. (I Think Ser.). (ENG., Illus.). 34p. (J). pap. 14.95 (978-1-64096-416-7(9)) Newman Springs Publishing, Inc.
Danny & the Blue Cloud: Coping with Childhood Depression. James M. Foley. Illus. by Shirley Ng-Benitez. 2016. (ENG.). 32p. (J). (978-1-4338-2103-5(6), Magination Pr.) American Psychological Assn.
Danny & the Dinosaur. Syd Hoff. ed. 2017. (Danny & the Dinosaur — I Can Read Ser.). (J). lib. bdg. 13.55 (978-0-606-40063-3(X)) Turtleback.
Danny & the Dinosaur: Eggs, Eggs, Eggs! Bruce Hale. ed. 2019. (Danny & the Dinosaur 8x8 Bks). (ENG.). 24p. (J). (gr. k-1). 15.96 (978-1-64310-904-6(9)) Penworthy Co., LLC, The.
Danny & the Dinosaur: Happy Halloween. Syd Hoff. 2016. (ENG., Illus.). 24p. (J). (gr. -1-3). pap. 6.99 (978-0-06-241043-6(1), HarperFestival) HarperCollins Pubs.
Danny & the Dinosaur: a Very Dino Christmas: A Christmas Holiday Book for Kids. Syd Hoff. Illus. by Syd Hoff & David Cutting. 2017. (ENG.). 24p. (J). (gr. -1-3). pap. 6.99 (978-0-06-241046-7(6), HarperFestival) HarperCollins Pubs.
Danny & the Dinosaur & the Big Storm. Syd Hoff. 2017. (ENG., Illus.). 24p. (J). (gr. -1-3). pap. 4.99 (978-0-06-241045-0(8), HarperFestival) HarperCollins Pubs.
Danny & the Dinosaur & the Girl Next Door. Syd Hoff. 2017. (I Can Read Level 1 Ser.). (ENG., Illus.). 32p. (J). (gr. -1-3). pap. 5.99 (978-0-06-228158-6(5), HarperCollins) HarperCollins Pubs.
Danny & the Dinosaur & the Girl Next Door. Bruce Hale. ed. 2018. (I Can Read Ser.). (ENG.). 32p. (J). (gr. -1-1). 13.89 (978-1-64310-589-5(2)) Penworthy Co., LLC, The.
Danny & the Dinosaur & the Sand Castle Contest. No. 5. Syd Hoff. 2018. (I Can Read Level 1 Ser.). (ENG., Illus.). 32p. (J). (gr. -1-3). 16.99 (978-0-06-241049-8(0)); pap. 5.99 (978-0-06-241048-1(2)) HarperCollins Pubs. (HarperCollins).
Danny & the Dinosaur: Big Reading Collection: 5 Books Featuring Danny & His Friend the Dinosaur! Syd Hoff. Illus. by Syd Hoff. 2017. (I Can Read Level 1 Ser.). (ENG., Illus.). 190p. (J). (gr. -1-3). pap. 19.99 (978-0-06-241047-4(4), HarperCollins) HarperCollins Pubs.
Danny & the Dinosaur: Eggs, Eggs, Eggs! An Easter & Springtime Book for Kids. Syd Hoff. Illus. by Syd Hoff. 2018. (ENG., Illus.). 24p. (J). (gr. -1-3). pap. 6.99 (978-0-06-241051-1(2), HarperFestival) HarperCollins Pubs.
Danny & the Dinosaur: First Valentine's Day. Syd Hoff. Illus. by Syd Hoff. 2016. (ENG., Illus.). 24p. (J). (gr. -1-3). pap. 6.99 (978-0-06-241044-3(X), HarperFestival) HarperCollins Pubs.
Danny & the Dinosaur in the Big City. Bruce Hale. 2019. (I Can Read Ser.). (ENG.). 32p. (J). (gr. k-1). 14.96 (978-0-87617-617-7(1)) Penworthy Co., LLC, The.
Danny & the Dinosaur in the Big City. Syd Hoff. Illus. by Syd Hoff. 2019. (I Can Read Level 1 Ser.). (ENG., Illus.). 32p. (J). (gr. -1-3). 16.99 (978-0-06-241060-3(1)); pap. 5.99 (978-0-06-241059-7(8)) HarperCollins Pubs. (HarperCollins).
Danny & the Dinosaur Mind Their Manners. Bruce Hale. 2019. (I Can Read Ser.). (ENG.). 32p. (J). (gr. k-1). 14.96 (978-0-87617-618-4(X)) Penworthy Co., LLC, The.
Danny & the Dinosaur Mind Their Manners. Syd Hoff. Illus. by Syd Hoff. 2019. (I Can Read Level 1 Ser.). (ENG., Illus.). 32p. (J). (gr. -1-3). 16.99 (978-0-06-241057-3(1)); pap. 4.99 (978-0-06-241056-6(3)) HarperCollins Pubs. (HarperCollins).
Danny & the Dinosaur Ride a Bike. Syd Hoff. Illus. by Syd Hoff. 2020. (I Can Read Level 1 Ser.). (ENG., Illus.). 32p. (J). (gr. -1-3). 16.99 (978-0-06-285761-3(4)); pap. 4.99 (978-0-06-241055-9(5)) HarperCollins Pubs. (HarperCollins).
Danny & the Dinosaur Ride a Bike. Bruce Hale. ed. 2020. (I Can Read Ser.). (ENG., Illus.). 32p. (J). (gr. k-1). 14.96 (978-1-64697-388-0(7)) Penworthy Co., LLC, The.
Danny & the Dinosaur: School Days. Syd Hoff. Illus. by Syd Hoff. 2017. (I Can Read Level 1 Ser.). (ENG., Illus.). 32p. (J). (gr. -1-3). pap. 4.99 (978-0-06-228161-6(5), HarperCollins) HarperCollins Pubs.
Danny & the Dinosaur Storybook Collection: 5 Beloved Stories. Syd Hoff. 2016. (I Can Read Level 1 Ser.). (ENG., Illus.). 192p. (J). (gr. -1-3). 11.99 (978-0-06-247070-6(1)) HarperCollins Pubs.
Danny & the Dinosaur Storybook Favorites: Includes 5 Stories Plus Stickers! Syd Hoff. Illus. by Syd Hoff. 2019. (I Can Read Level 1 Ser.). (ENG., Illus.). 192p. (J). (gr. -1-3). 13.99 (978-0-06-288311-7(9), HarperCollins) HarperCollins Pubs.
Danny & the Dinosaur: the Big Sneeze. Syd Hoff. Illus. by Syd Hoff. 2018. (I Can Read Level 1 Ser.). (ENG., Illus.). 32p. (J). (gr. -1-3). 16.99 (978-0-06-241053-5(9)); pap. 4.99 (978-0-06-241052-8(0)) HarperCollins Pubs. (HarperCollins).
Danny & the Dreamweaver. Mark Poe. Illus. by Rich DiSilvio. 2016. (ENG.). 98p. (YA). (gr. 7-12). pap. 6.75 (978-0-9976807-3-7(3), DV Bks.) Digital Vista, Inc.
Danny Chomps on Too Many Chocolates. Claudia Gray. Illus. by Sarita Kruger. 2022. (ENG.). 64p. (J). pap. **(978-1-77629-112-0(3))** African Public Policy & Research Institute, The.
Danny Chung Sums It Up. Maisie Chan. Illus. by Natelle Quek. (ENG.). (J). (gr. 3-7). 2023. 256p. pap. 8.99 (978-1-4197-4822-6(X), 1706503, Amulet Bks.); 2021. 240p. 16.99 (978-1-4197-4821-9(1), 1706501) Abrams, Inc.
Danny (Classic Reprint) Alfred Ollivant. 2018. (ENG., Illus.). (J). 33.20 (978-0-260-74327-5(5)) Forgotten Bks.
Danny Da Vinci: the Secret of the Mona Lisa. Rosie Smith & Bruce Whatley. 2019. (Danny Da Vinci Ser.: 03). 32p. pap. 6.99 (978-0-7333-3792-5(9)) ABC Bks. AUS. Dist: HarperCollins Pubs.
Danny Decker the Double Red Bus Goes to the Market. June Gatewood Houghton. Illus. by Christopher Houghton. 2021. (ENG.). 26p. (J). pap. 9.95 (978-1-950562-33-6(6)) Benzie, Andrew Bks.
Danny, Denny, & the Dancing Dragon: A Dance-It-Out Creative Movement Story for Young Movers. Once Upon A Dance. Illus. by Anka Willems. 2021. (Dance-It-Out Ser.: Vol. 3). (ENG.). 32p. (J). 19.99 (978-1-7368750-9-4(4)) Once Upon a Dance.
Danny Dingle's Fantastic Finds: the Farts of Gratitude. Angie Lake. ed. 2020. (Danny Dingle's Fantastic Finds Ser.: 5). (ENG., Illus.). 248p. (J). (gr. 3-7). 7.99 (978-1-78226-574-0(0), ea11ac9e-64ae-4a9f-bf54-f574bd7445d3) Sweet Cherry Publishing GBR. Dist: Baker & Taylor Publisher Services (BTPS).
Danny Dingle's Fantastic Finds: the Jet of Justice. Angie Lake. Illus. by Shanith M M. ed. 2020. (Danny Dingle's Fantastic Finds Ser.: 3). (ENG.). 256p. (J). (gr. 3-7). 7.99 (978-1-78226-572-6(4), 9bf6e494-8284-4560-8c80-d1f6d9b75210) Sweet Cherry Publishing GBR. Dist: Baker & Taylor Publisher Services (BTPS).
Danny Dingle's Fantastic Finds: the Magnificent Mind Melter. Angie Lake. 2022. (Danny Dingle's Fantastic Finds (US Edition) Ser.). (ENG.). 240p. (J). pap. 7.99 (978-1-78226-777-5(8), b4bc9139-585b-43d0-9d2e-8b9fbb9c5ecb) Sweet Cherry Publishing GBR. Dist: Baker & Taylor Publisher Services (BTPS).
Danny Dingle's Fantastic Finds: the Metal-Mobile. Angie Lake. Illus. by Shanith M M & Suruchi Sati. ed. 2019. (Danny Dingle's Fantastic Finds Ser.: 1). (ENG.). 240p. (J). (gr. 3-7). 7.99 (978-1-78226-570-2(8), 5dc4cab6-47cc-4d75-9d42-ca58ad1e407c) Sweet Cherry Publishing GBR. Dist: Baker & Taylor Publisher Services (BTPS).
Danny Dingle's Fantastic Finds: the Mighty Iron Foot. Angie Lake. Illus. by Shanith M M. ed. 2020. (Danny Dingle's Fantastic Finds Ser.: 4). (ENG.). 248p. (J). (gr. 3-7). 7.99 (978-1-78226-573-3(2), 7bcf063e-b344-4efd-befc-e710eacdebbe) Sweet Cherry Publishing GBR. Dist: Baker & Taylor Publisher Services (BTPS).
Danny Dingle's Fantastic Finds: the Super-Sonic Submarine. Angie Lake. Illus. by Shanith M M. ed. 2019. (Danny Dingle's Fantastic Finds Ser.: 2). (ENG.). 296p. (J). (gr. 3-7). 7.99 (978-1-78226-571-9(6), 7ade74ec-977b-4603-a5cf-b9030ae92ebb) Sweet Cherry Publishing GBR. Dist: Baker & Taylor Publisher Services (BTPS).
Danny Dockett & the Lightning Tree. M. a Macklin. 2017. (ENG., Illus.). 168p. (J). pap. (978-0-244-93147-6(X)) Lulu Pr., Inc.
Danny Dodo's Detective Diary: Learn All about Extinct & Endangered Animals. Illus. by Rob Hodgson. 2021. (ENG.). 48p. (J). (gr. k-3). 19.95 (978-0-500-65207-7(4), 565207) Thames & Hudson.
Danny Dreadnought Saves the World (Reading Ladder Level 2) Jonathan Emmett. Illus. by Martin Chatterton. 2016. (Reading Ladder Level 2 Ser.). (ENG.). 48p. (gr. k-2). pap. 4.99 (978-1-4052-8219-2(3), Reading Ladder) Farshore GBR. Dist: HarperCollins Pubs.
Danny Goes to Big School. Claudia Gray. Illus. by Sarita Kruger. 2021. (ENG.). 48p. (J). pap. **(978-1-77629-108-3(5))** African Public Policy & Research Institute, The.
Danny Goes to the Doctor. Claudia Gray. Illus. by Sarita Kruger. 2020. (ENG.). 20p. (J). pap. **(978-0-620-88672-7(2))** African Public Policy & Research Institute, The.
Danny Has an Operation. Claudia Gray. 2020. (ENG.). 24p. (J). pap. **(978-0-620-88673-4(0))** African Public Policy & Research Institute, The.
Danny Learns St. Patrick's Day Facts. Tracilyn George. 2023. (ENG.). 22p. (J). pap. 12.99 **(978-1-77475-587-7(4))** Draft2Digital.
Danny Mcgee Drinks the Sea. Andy Stanton. Illus. by Neal Layton. 2017. (ENG.). 32p. (J). (gr. -1-3). 17.99 (978-1-5247-1736-0(3), Schwartz & Wade Bks.) Random Hse. Children's Bks.
Danny Orlis & the Mysterious Neighbor. Bernard Palmer. 2023. (Danny Orlis Ser.: Vol. 7). (ENG.). 138p. (J). pap. 12.99 **(978-1-62245-958-2(X)**, ANEKO Pr.) Life Sentence Publishing, Inc.
Danny Orlis Makes the Team. Bernard Palmer. 2023. (Danny Orlis Ser.: Vol. 9). (ENG.). 132p. (J). pap. 12.99 **(978-1-62245-960-5(1)**, ANEKO Pr.) Life Sentence Publishing, Inc.
Danny Phantom: a Glitch in Time. Gabriela Epstein. 2023. (ENG., Illus.). 192p. (J). (gr. 5-17). 24.99 (978-1-4197-6054-9(8), 1766401); pap. 15.99 (978-1-4197-6055-6(6), 1766403) Abrams, Inc. (Amulet Bks.).
Danny the Champion of the World Novel Units Student Packet. Novel Units. 2019. (ENG.). (J). pap. 13.99 (978-1-58130-833-4(7), Novel Units, Inc.) Classroom Library Co.
Danny the Champion of the World Novel Units Teacher Guide. Novel Units. 2019. (ENG.). (J). pap. 12.99 (978-1-58130-832-7(9), Novel Units, Inc.) Classroom Library Co.
Danny the Digger Learns the ABCs: Practice the Alphabet with Bulldozers, Cranes, Dump Trucks, & More Construction Site Vehicles! Aja Mulford. 2022. (Danny ABCs Ser.). (Illus.). 20p. (J). (gr. -1 — 1). bds. 8.99 (978-1-64604-317-0(0)) Ulysses Pr.
Danny the Digger Saves Christmas: A Construction Site Holiday Story for Kids. Aja Mulford. 2020. (Danny the Digger Saves Christmas Ser.). (ENG., Illus.). 32p. (J). 14.95 (978-1-64604-084-1(8)) Ulysses Pr.
Danny the Dolphin's Daring Adventure. Christine Davies. 2020. (ENG.). 68p. (J). pap. (978-1-83975-326-8(9)) Grosvenor Hse. Publishing Ltd.
Danny the Dragon. Robert Z. Hicks. 2018. (ENG., Illus.). 38p. (J). 20.95 (978-1-64191-427-7(0)); pap. 10.95 (978-1-64191-283-9(9)) Christian Faith Publishing.
Danny the Dragon Loves to Fart: A Funny Read Aloud Picture Book for Kids & Adults about Farting Dragons. Humor Heals Us. 2021. (Farting Adventures Ser.: Vol. 33). (ENG.). 34p. (J). 19.99 **(978-1-63731-613-9(5))** Grow Grit Pr.
Danny the Dragonfly's First Adventure. Suzi Mays. 2019. (ENG.). 34p. (J). pap. 14.95 (978-1-64424-608-5(2)) Page Publishing Inc.
Danny the Grumpy Duck. Chris Henry. l.t. ed. 2021. (ENG.). 42p. (J). pap. 19.99 (978-1-0879-0193-0(6)) Primedia eLaunch LLC.
Danny the Superhero. James F. Park. 2019. (ENG.). 72p. (J). pap. **(978-0-244-80658-3(6))** Lulu Pr., Inc.
Danny Yukon & the Secrets of the Amazing Lamp — Elementary Edition. Prince Daniels Jr & Pamela Hill Nettleton. Illus. by Liza Biggers. 2016. (ENG.). (J). pap. 14.95 (978-0-9964901-8-4(3)) Sager Group, The.
Danny's Adventure: Gorgan's Neubus. Christine Poole. 2020. (ENG.). 24p. (J). pap. 8.99 (978-1-64858-696-5(1)) BookPatch LLC, The.
Danny's Christmas. Jean Illingworth & James Illingworth. 2018. (ENG., Illus.). 32p. (J). pap. (978-1-5289-1900-5(9)) Austin Macauley Pubs. Ltd.
Danny's Day in Heaven. Marie Antoinette Kelley. 2023. (ENG.). 40p. (J). 18.99 **(978-1-58270-893-5(2)**, Beyond Words) Simon & Schuster.
Danny's Pond Adventure. Hannah Jardine & Clever Publishing. Illus. by Zoe Waring. 2020. (Animal Adventures Ser.). (ENG.). 10p. (J). (gr. -1 — 1). bds. 7.99 (978-1-949998-57-3(6)) Clever Media Group.
Dan's First Day of School: A Book about Emotions. Kerry Dinmont. 2017. (My Day Readers Ser.). (ENG.). 24p. (J). (gr. -1-2). lib. bdg. 32.79 (978-1-5038-2019-7(X), 211856) Child's World, Inc, The.
Dans le Ciel. Christina Earley. Tr. by Annie Evearts. 2021. (Choses Qui Vont (Things That Go) Ser.). (FRE., Illus.). 16p. (J). (gr. -1-1). pap. (978-1-0396-0703-3(9), 12863) Crabtree Publishing Co.
Dans un État. Alicia Rodriguez. Tr. by Annie Evearts. 2021. (J'habite où? (Where Do I Live?) Ser.).Tr. of State. (FRE., Illus.). 16p. (J). (gr. -1-1). pap. (978-1-0396-0730-9(6), 12647) Crabtree Publishing Co.
Dans un Pays. Alicia Rodriguez. Tr. by Annie Evearts. 2021. (J'habite où? (Where Do I Live?) Ser.). (FRE., Illus.). 16p. (J). (gr. -1-1). pap. (978-1-0396-0728-6(4), 12648) Crabtree Publishing Co.
Dans un Village. Alicia Rodriguez. Tr. by Annie Evearts. 2021. (J'habite où? (Where Do I Live?) Ser.). (FRE., Illus.). 16p. (J). (gr. -1-1). pap. (978-1-0396-0732-3(2), 12649) Crabtree Publishing Co.
Dans une Province. Alicia Rodriguez. Tr. by Annie Evearts. 2021. (J'habite où? (Where Do I Live?) Ser.). (FRE., Illus.). 16p. (J). (gr. -1-1). pap. (978-1-0396-0729-3(2), 12650) Crabtree Publishing Co.
Dans une Rue. Alicia Rodriguez. Tr. by Annie Evearts. 2021. (J'habite où? (Where Do I Live?) Ser.).Tr. of Street. (FRE., Illus.). 16p. (J). (gr. -1-1). pap. (978-1-0396-0731-6(4), 12651) Crabtree Publishing Co.
Dans une Ville. Alicia Rodriguez. Tr. by Annie Evearts. 2021. (J'habite où? (Where Do I Live?) Ser.). (FRE., Illus.). 16p. (J). (gr. -1-1). pap. (978-1-0396-0727-9(6), 12652) Crabtree Publishing Co.
Danse des Tracteurs de Neige. . Siena. Tr. by Kamrinn Roy. Illus. by Shannon Wilvers. 2021. (FRE.). 32p. (J). (978-1-989579-26-8(4)); pap. (978-1-989579-24-4(8)) MotherButterfly Bks.
Danser Comme une Feuille. A. J. Irving. Illus. by Claudia Navarro. 2020. (FRE.). 32p. (J). (gr. k-4). 9.99 (978-1-64686-060-9(8)) Barefoot Bks., Inc.
Danses des Morts: Dissertations et Recherches, Historiques, Philosophiques, Littéraires et Musicales Sur les Diverses Monuments de Ce Genre Qui Existent Ou Qui Ont Existé Tant en France Qu'à l'Étranger (Classic Reprint) Georges Kastner. 2018. (FRE., Illus.). 424p. (J). 32.64 (978-0-267-02066-9(X)) Forgotten Bks.
Dansk-Norsk-Engelsk Ordbog (Classic Reprint) Johannes Magnussen. (ENG., Illus.). (J). 2018. 326p. 30.64 (978-0-484-20720-1(2)); 2018. 318p. 30.48 (978-0-365-20915-7(5)); 2017. pap. 13.57 (978-0-282-48303-6(9)); 2017. pap. 13.57 (978-0-282-56460-5(8)) Forgotten Bks.
Dansville Poisoning Case (Classic Reprint) Isaac L. Wood. 2018. (ENG., Illus.). (J). 92p. 25.79 (978-1-396-59849-4(9)); 94p. pap. 9.57 (978-1-391-68857-2(0)) Forgotten Bks.
Danta en Pasarela. Carlos Rubio. Illus. by Ruth Angulo. 2019. (Torre Roja Ser.). (SPA.). 48p. (J). pap. (978-958-776-959-3(7)) Norma Ediciones, S.A.
DanTDM: Trayaurus & the Enchanted Crystal. DanTDM. 2018. (ENG.). 192p. (J). (gr. 3-7). pap. 9.99 (978-0-06-257429-9(9), HarperAlley) HarperCollins Pubs.
Dante e la Statistica Delle Lingue: Con la Raccolta Dei Versi Della Divina Commedia Messi in Musica (Classic Reprint) Filippo Mariotti. 2017. (ITA., Illus.). (J). pap. 10.57 (978-0-282-80188-5(X)) Forgotten Bks.
Dante: Horses of the Maury River Stables. Gigi Amateau. 2016. (Horses of the Maury River Ser.: 3). (ENG.). 320p. (J). (gr. 3-7). pap. 7.99 (978-0-7636-8754-0(5)) Candlewick Pr.
Dante Leon's Curious Journey: A Boys' Anatomy & Puberty Book. Tessa Venuti Sanderson. 2020. (ENG., Illus.). 44p. (J). (978-0-9933751-7-0(0)) Castenetto & Co.
Dante's Paradiso. Dante Alighieri. Tr. by Henry Wadsworth Longfellow. 2021. (ENG.). 162p. (J). pap. 8.99 (978-1-4209-7461-4(0)) Digireads.com Publishing.
Dante's Purgatorio. Dante Alighieri. Tr. by Henry Wadsworth Longfellow. 2021. (ENG.). 160p. (J). (gr. 17). pap. 8.99 (978-1-4209-7462-1(9)) Digireads.com Publishing.
Danube River - Major Rivers of the World Series Grade 4 - Children's Geography & Cultures Books. Baby Professor. 2020. (ENG.). 76p. (J). 25.05 (978-1-5419-7723-5(8)); pap. 15.06 (978-1-5419-5368-0(1)) Speedy Publishing LLC. (Baby Professor (Education Kids)).
Danvers Jewels & Sir Charles Danvers (Classic Reprint) Mary Cholmondeley. 2018. (ENG., Illus.). 328p. (J). 30.66 (978-0-365-12643-0(8)) Forgotten Bks.
Danvers Jewels (Classic Reprint) Mary Cholmondeley. 2017. (ENG., Illus.). (J). 28.58 (978-0-260-39531-3(5)) Forgotten Bks.

D

Danvers Papers: An Invention (Classic Reprint) Charlotte Mary Yonge. 2018. (ENG., Illus.). 152p. (J). 27.05 *(978-0-483-78024-8(3))* Forgotten Bks.
Danvis Folks (Classic Reprint) Rowand E. Robinson. 2017. (ENG., Illus.). 360p. (J). 31.34 *(978-0-484-89576-7(1))* Forgotten Bks.
Danvis Pioneer: A Story of One of Ethan Allen's Green Mountain Boys (Classic Reprint) Rowland Evans Robinson. 2018. (ENG., Illus.). 224p. (J). 28.48 *(978-0-484-24973-7(8))* Forgotten Bks.
Danza. Jenny Fretland VanVoorst. 2016. (El Estudio del Artista (Artist's Studio)).Tr. of Dance. (SPA., Illus.). 24p. (J). (gr. k-2). lib. bdg. 25.65 *(978-1-62031-322-0(7),* Bullfrog Bks.) Jump! Inc.
Danza! Amalia Hernández & el Ballet Folklórico de México. Duncan Tonatiuh. 2017. (ENG., Illus.). 32p. (J). (gr. 1-5). 19.99 *(978-1-4197-2532-6(7),* 1103201) Abrams, Inc.
Danza de Los Tractores de Nieve. . Siena. Tr. by Gustavo Medina. Illus. by Shannon Wilvers. 2022. (SPA.). 32p. (J). pap. *(978-1-990818-24-0(2))* MotherButterfly Bks.
Danza Dei Trattori Spazzaneve. . Siena. Tr. by Gustavo Medina. Illus. by Shannon Wilvers. 2022. (ITA.). 32p. (J). pap. *(978-1-989579-27-5(2))* MotherButterfly Bks.
¡Danza Del Corral! (Barnyard Dance!) Sandra Boynton. Illus. by Sandra Boynton. 2023. (Boynton on Board Ser.). (SPA., Illus.). 24p. (J). (gr. -1-k). bds., bds. 7.99 *(978-1-6659-2522-8(1))* Simon & Schuster Children's Publishing.
Danze Storiche Dei Secoli XVI, XVII e XVIII (Classic Reprint) Leopoldo Mastrigli. 2018. (ITA., Illus.). (J). 64p. 25.22 *(978-1-391-09059-7(4))*; 66p. pap. 9.57 *(978-1-391-03005-0(2))* Forgotten Bks.
DAO Wu GUI Guo Qu. Xugong Liu. 2016. (CHI.). 44p. (J). *(978-986-211-594-7(7))* Hsaio Lu Publishing Co., Ltd.
Daoism Amazing & Intriguing Facts Children's Religion Book. Bold Kids. 2022. (ENG.). 42p. (J). pap. 14.99 *(978-1-0717-1838-4(X))* FASTLANE LLC.
Daoism & the Words of Lao-Tzu Shang/Zhou Dynasty 1027-256 BC Social Studies 5th Grade Children's Geography & Cultures Books. Baby Professor. 2021. (ENG.). 72p. (J). 27.99 *(978-1-5419-7957-4(5))*; pap. 16.99 *(978-1-5419-5004-7(6))* Speedy Publishing LLC. (Baby Professor (Education Kids)).
Daphne, an Autumn Pastoral (Classic Reprint) Margaret Pollock Sherwood. 2017. (ENG., Illus.). 180p. (J). 27.63 *(978-1-5280-7162-8(X))* Forgotten Bks.
Daphne & Her Lad (Classic Reprint) M. J. Lagen. 2018. (ENG., Illus.). 260p. (J). 29.26 *(978-0-484-75491-0(2))* Forgotten Bks.
Daphne Definitely Doesn't Do Dances. Tami Charles. Illus. by Marcos Calo. 2018. (Daphne, Secret Vlogger Ser.). (ENG.). 96p. (J). (gr. 4-7). pap. 4.95 *(978-1-4965-6301-9(8),* 138030); lib. bdg. 24.65 *(978-1-4965-6297-5(6),* 138024) Capstone. (Stone Arch Bks.).
Daphne Definitely Doesn't Do Drama. Tami Charles. Illus. by Marcos Calo. 2018. (Daphne, Secret Vlogger Ser.). (ENG.). 96p. (J). (gr. 4-7). pap. 4.95 *(978-1-4965-6299-9(2),* 138029); lib. bdg. 24.65 *(978-1-4965-6295-1(X),* 138021) Capstone. (Stone Arch Bks.).
Daphne Definitely Doesn't Do Fashion. Tami Charles. Illus. by Marcos Calo. 2018. (Daphne, Secret Vlogger Ser.). (ENG.). 96p. (J). (gr. 4-7). pap. 4.95 *(978-1-4965-6300-2(X),* 138031); lib. bdg. 24.65 *(978-1-4965-6296-8(8),* 138022) Capstone. (Stone Arch Bks.).
Daphne Definitely Doesn't Do Sports. Tami Charles. Illus. by Marcos Calo. 2018. (Daphne, Secret Vlogger Ser.). (ENG.). 96p. (J). (gr. 4-7). lib. bdg. 24.65 *(978-1-4965-6294-4(1),* 138020, Stone Arch Bks.) Capstone.
Daphne in Fitzroy Street (Classic Reprint) E. Nesbit. 2017. (ENG., Illus.). (J). 33.12 *(978-0-331-71909-3(6))*; pap. 16.57 *(978-0-259-38933-0(1))* Forgotten Bks.
Daphne in the Fatherland (Classic Reprint) Anne Topham. (ENG., Illus.). (J). 2017. 30.52 *(978-0-265-50808-4(8))*; 2016. pap. 13.57 *(978-1-334-19345-3(2))* Forgotten Bks.
Daphne Odjig - Potawatomi's Celebrated Visual Artist Who Told the Stories of Her People - Canadian History for Kids - True Canadian Heroes - Indigenous People of Canada Edition. Professor Beaver. 2021. (ENG.). 76p. (J). 25.99 *(978-0-2282-3591-0(X),* Professor Beaver) Speedy Publishing LLC.
Daphne Odjig - Potawatomi's Celebrated Visual Artist Who Told the Stories of Her People Canadian History for Kids True Canadian Heroes - Indigenous People of Canada Edition. Professor Beaver. 2021. (ENG.). 76p. (J). pap. 14.99 *(978-0-2282-3536-1(7),* Professor Beaver) Speedy Publishing LLC.
Daphne; or the Pipes of Arcadia: Three Acts of Singing Nonsense (Classic Reprint) Marguerite Merington. 2018. (ENG., Illus.). 188p. (J). 27.77 *(978-0-364-11089-8(9))* Forgotten Bks.
Daphne, Secret Vlogger, 4 vols. Tami Charles. Illus. by Marcos Calo. 2018. (Daphne, Secret Vlogger Ser.). (ENG.). 96p. (J). (gr. 4-7). 101.28 *(978-1-4965-6306-4(9),* 28113, Stone Arch Bks.) Capstone.
Daphne the Blind Dog Gets Adopted. Dawn M. Gibbons. Illus. by Chad Thompson. 2019. (Daphne the Blind Dog Ser.). (ENG.). 32p. (J). *(978-1-5255-4916-8(2))*; pap. *(978-1-5255-4917-5(0))* FriesenPress.
Daphne the Blind Dog Goes to School. Dawn M. Gibbons. Illus. by Chad Thompson. 2020. (Daphne the Blind Dog Ser.). (ENG.). 32p. (J). *(978-1-5255-6571-7(0))*; pap. *(978-1-5255-6572-4(9))* FriesenPress.
Daphne the Forgetful Duck. Shirley Barber. 2016. (Martha B. Rabbit Ser.). (ENG.). 24p. (J). (gr. -1-k). pap. 14.99 *(978-1-925386-03-5(1),* Brolly Bks.) Borghesi & Adam Pubs. Pty Ltd AUS. Dist: Independent Pubs. Group.
Daphne's Bees. Catherine Dempsey. Illus. by Veselina Tomova. 2022. (ENG.). 48p. (J). (gr. 1-3). pap. 12.99 *(978-1-927917-50-3(6))* Running the Goat, Bks. & Broadsides CAN. Dist: Orca Bk. Pubs. USA.
Daphnis & Chloe: A Pastoral Romance (Classic Reprint) Unknown Author. 2018. (ENG., Illus.). 204p. (J). 28.10 *(978-0-267-51524-0(3))* Forgotten Bks.
Daphnis & Chloe (Classic Reprint) Longus Longus. 2017. (ENG., Illus.). (J). 28.29 *(978-0-265-70111-9(2))* Forgotten Bks.
Daphnis Chloe (Classic Reprint) Longus Longus. 2018. (ENG., Illus.). 452p. (J). 33.24 *(978-0-666-02870-9(2))* Forgotten Bks.
Dapple's Great Adventure. Anna Kesterson. 2018. (ENG., Illus.). 30p. (J). pap. 12.95 *(978-1-64350-056-0(2))* Page Publishing Inc.
Dar y Recibir: Leveled Reader Book 74 Level d 6 Pack. Hmh Hmh. 2021. (SPA.). 16p. (J). pap. 74.40 *(978-0-358-08200-2(5))* Houghton Mifflin Harcourt Publishing Co.
Dara Palmer's Major Drama. Emma Shevah. 2018. (ENG.). 304p. (J). (gr. 3-7). pap. 10.99 *(978-1-4926-6082-8(5))* Sourcebooks, Inc.
Dara's Clever Trap: A Tale from Cambodia. Liz Flanagan. Illus. by Martina Peluso. 2019. (Stories from Around the World Ser.). (ENG.). 48p. (J). (gr. 1-5). pap. 6.99 *(978-1-78285-837-9(7))* Barefoot Bks., Inc.
Darbone - Legend of the Four. C. Michael Neely. 2021. (ENG.). 126p. (YA). *(978-1-64969-608-3(6))*; pap. *(978-1-64969-609-0(4))* Tablo Publishing.
Darby & Joan (Classic Reprint) Rita Rita. 2018. (ENG., Illus.). 326p. (J). 30.62 *(978-0-267-16431-8(9))* Forgotten Bks.
Darby & the Dollberry Dare. Vickie L. Gardner. 2021. (ENG.). 34p. (J). 24.95 *(978-1-6624-2011-5(0))*; pap. 14.95 *(978-1-6624-2009-2(9))* Page Publishing Inc.
Darby Finds a Home. Patricia Nolin. 2017. (ENG., Illus.). (J). pap. 11.95 *(978-1-63575-404-9(6))* Christian Faith Publishing.
Darby Meets Tall Town. Vickie L. Gardner. 2022. (Adventures of Darby Ser.). (ENG., Illus.). 30p. (J). 25.95 *(978-1-6624-6206-1(9))*; pap. 15.95 *(978-1-6624-6204-7(2))* Page Publishing Inc.
Darby O'Gill: And the Good People (Classic Reprint) Herminie Templeton Kavanagh. 2017. (ENG., Illus.). (J). 30.25 *(978-1-5283-5408-0(7))* Forgotten Bks.
Darby o'Gill & the Good People: Herminie Templeton Kavanagh. Stories Selected & Edited by Brian Mcmanus. Herminie Templeton Kavanagh & Brian McManus. 2022. (ENG.). 128p. (J). pap. 17.99 *(978-1-78117-741-9(4))* Mercier Pr., Ltd., The IRL. Dist: Casemate Pubs. & Bk. Distributors, LLC.
Darby the Polka Dot Dinosaur. Constance Glickman. 2022. (ENG.). 38p. (J). pap. 18.95 *(978-1-63881-943-1(2))* Newman Springs Publishing, Inc.
Darby's Polka Dots & Pretties. Vickie L. Gardner. 2022. (ENG.). 34p. (J). 25.95 *(978-1-6624-6790-5(7))*; pap. 15.95 *(978-1-6624-6788-2(5))* Page Publishing Inc.
Darcey Duck & the Epic Battle of Buckby. Arabella Florence. 2020. (ENG.). 46p. (J). pap. *(978-1-78830-534-1(5))* Olympia Publishers.
Darcey the Duck. Elaine Fyson. 2022. (ENG.). 22p. (J). pap. *(978-1-3984-1381-8(X))* Austin Macauley Pubs. Ltd.
Darcy & the Fireflies. Deborah Horner. 2016. (ENG., Illus.). (J). pap. 11.99 *(978-0-9972884-3-8(4))* Elgea Publishing.
d'Arcy Blake Mystery: A Case for the Tech Detectives. Seán Dunne. 2022. (ENG.). 172p. (J). pap. *(978-1-7398725-4-0(1))* Book Hub Publishing, The.
DARCY DEER IS AFRAID to TALK, SOMETIMES! (Social Anxiety Disorder & Selected Mutism) I'm Afraid. Madeleine Vieira. 2023. (ENG.). 48p. (J). *(978-1-80381-509-1(4))* Grosvenor Hse. Publishing Ltd.
Darcy Digs for Dinosaurs. Tracilyn George. 2020. (ENG.). 22p. (J). pap. 11.00 *(978-1-990153-00-6(3))* Lulu Pr., Inc.
Darcy Digs for Dinosaurs. Tracilyn George. Illus. by Aria Jones. 2020. (ENG.). 24p. (J). pap. 17.14 *(978-1-716-62189-5(5))* Lulu Pr., Inc.
Dare: The WISH to Succeed in Making a Difference. Judy A. Gill. 2019. (Operation S. O. U. P. Story Ser.: Vol. 1). (ENG., Illus.). 28p. (J). (gr. k-4). pap. 8.99 *(978-1-7323936-5-3(6))* Cedar Kroft Studios.
Dare: The Wish to Succeed in Making a Difference. Judy A. Gill. 2019. (Operation S. O. U. P. Story Ser.: Vol. 1). (ENG., Illus.). 28p. (J). (gr. k-4). 15.99 *(978-1-7323936-6-0(4))* Cedar Kroft Studios.
Dare Accepted. D. A. Reed. 2019. (ENG.). 280p. (J). pap. *(978-0-359-50510-4(4))* Lulu Pr., Inc.
Dare Boys (Classic Reprint) Stephen Angus Cox. 2018. (ENG., Illus.). 196p. (J). 27.94 *(978-0-484-42743-2(1))* Forgotten Bks.
Dare (Classic Reprint) Mary W. Glascock. 2018. (ENG., Illus.). 296p. (J). 30.02 *(978-0-267-15206-3(X))* Forgotten Bks.
Dare Me: Fue Bonito Mientras Nadie Murió / Dare Me: It Was Beautiful until It We Nt Too Far. Megan Abbot. 2021. (SPA.). 320p. (YA). (gr. 8-12). pap. 16.95 *(978-607-31-9461-7(7),* Nube De Tinta) Penguin Random House Grupo Editorial ESP. Dist: Penguin Random Hse. LLC.
Dare Mighty Things. Heather Kaczynski. 2017. (ENG.). 384p. (YA). (gr. 8). 17.99 *(978-0-06-247986-0(5),* HarperTeen) HarperCollins Pubs.
Dare Sisters. Jess Rinker. 2022. (Dare Sisters Ser.: 1). (ENG.). 240p. (J). pap. 8.99 *(978-1-250-80207-1(5),* 900204005) Square Fish.
Dare! (the Weird! Series Volum 2 Of 3) Erin Frankel. 2018. (VIE., Illus.). (J). pap. *(978-604-77-5137-2(7))* Thegioi Publishing Hse.
Dare to Be... A Series of Inspiring & Uplifting Poems for Children. Life Lessons for Young People, from Tots to Teens. Kendra L. Kaufman. Illus. by Ana F. Stone. 2019. (ENG.). 50p. (J). (gr. 2-7). pap. 16.95 *(978-1-64559-210-5(3))* Covenant Bks.
Dare to Be a Brave Boy: A Devotional Journal for Adventurous Boys Growing in Faith. Josh Mosey. 2020. (Brave Boys Ser.). (ENG.). 192p. (J). pap. 14.99 *(978-1-64352-643-0(X),* Shiloh Kidz) Barbour Publishing, Inc.
Dare to Be a Courageous Girl: A Devotional Journal for Extraordinary Girls Growing in Faith. MariLee Parrish. 2020. (Courageous Girls Ser.). (ENG.). 192p. (J). pap. 14.99 *(978-1-64352-642-3(1),* Shiloh Kidz) Barbour Publishing, Inc.
Dare to Be Different. Staci Crosswell. Illus. by Anton Brand. 2022. (ENG.). 28p. (J). *(978-1-0391-5007-2(1))*; pap. *(978-1-0391-5006-5(3))* FriesenPress.
Dare to Be Different. Clint Rutledge. Illus. by Dory Kemp. 2017. (ENG.). 34p. (J). 19.99 *(978-0-692-99491-7(2))* Rutledge Development.
Dare to Be Different: Inspirational Words from People Who Changed the World. Ben Brooks. Illus. by Quinton Winter. 2022. (Dare to Be Different Ser.). (ENG.). 160p. (J). (gr. 3-7). 17.99 *(978-0-7624-7914-6(0),* Running Pr. Kids) Running Pr.
Dare to Be Different! Putting on Your Armor One Piece at a Time with God's Word. Laura Hall. 2018. (ENG., Illus.). 72p. (YA). pap. 14.95 *(978-1-64416-191-3(5))* Christian Faith Publishing.
Dare to Be Me. Kaci Bolls & Nathan Meckel. Illus. by Ana Larrañaga. 2023. (ENG.). 32p. (J). (gr. -1-3). 17.95 *(978-1-68555-747-8(3))* Collective Bk. Studio, The.
Dare to Care! A Children's Guide to Kindness & Compassion. Jenny Alexander. Illus. by Valentina Jaskina. 2023. (ENG.). 96p. (J). pap. 9.99 *(978-1-3988-2025-8(3),* 532d61e5-544d-4da9-870a-60f225d4f769) Arcturus Publishing GBR. Dist: Baker & Taylor Publisher Services (BTPS).
Dare to Dream. Mary Lowman. 2016. (ENG., Illus.). (YA). pap. 11.95 *(978-1-68409-309-0(0))* Page Publishing Inc.
Dare to Dream: Irish People Who Took on the World (and Won!) Sarah Webb. Illus. by Graham Corcoran. 2019. (ENG.). 64p. 24.99 *(978-1-78849-127-3(0))* O'Brien Pr., Ltd., The IRL. Dist: Casemate Pubs. & Bk. Distributors, LLC.
Dare to Dream: It's Achievable. Gilbert Afful. 2020. (ENG.). 68p. (YA). pap. 12.95 *(978-1-64458-499-6(9))* Christian Faith Publishing.
Dare to Dream Big. Lorna Gutierrez. Illus. by Polly Noakes. 2020. (ENG.). 40p. (J). (gr. k-3). 10.99 *(978-1-4926-9485-4(1),* Sourcebooks Jabberwocky) Sourcebooks, Inc.
Dare to Fall. Estelle Maskame. 2018. (ENG.). 336p. (YA). (gr. 6-12). pap. 10.99 *(978-1-4926-7031-5(6))* Sourcebooks, Inc.
Dare to Imagine: A Magical, Whimsical Journey. Leonard I. Eckhaus. 2022. 98p. (J). (gr. -1-k). pap. 17.99 BookBaby.
Dare to Question: A Journal for Uprising. Marcel Taminato. 2021. (ENG.). 137p. (J). pap. *(978-1-6671-4147-3(3))* Lulu Pr., Inc.
Dare to Repair! Emily Sollinger. ed. 2016. (Dinotrux 8X8 Ser.). (Illus.). (J). lib. bdg. 13.55 *(978-0-606-38318-9(2))* Turtleback.
Dare to Stay Different. Jessica Limke. 2017. (ENG.). 128p. (YA). pap. 10.00 *(978-1-945620-28-7(5))* Hear My Heart Publishing.
Dare We Be Dragons? Barry Falls. 2022. (ENG., Illus.). 40p. (J). pap. 8.99 *(978-1-84365-527-5(6),* Pavilion Children's Books) Pavilion Bks. GBR. Dist: HarperCollins Pubs.
Dare Ya! The Laugh-Out-Loud, Just-Slightly-Embarrassing Book of Truth or Dare. Courtney Carbone. 2019. (ENG.). 408p. (J). (gr. 3-7). pap. 9.99 *(978-1-5235-0476-3(5),* 100476) Workman Publishing Co., Inc.
Dare You. Jennifer Brown. 2018. (Shade Me Ser.: 2). (ENG.). 496p. (YA). (gr. 9). pap. 9.99 *(978-0-06-232447-4(0),* Tegen, Katherine Bks) HarperCollins Pubs.
Dare You Not to Laugh: Great Clean Jokes for Kids. Compiled by Compiled by Barbour Staff. 2021. (ENG.). 224p. (J). mass mkt. 4.99 *(978-1-64352-799-4(1),* Shiloh Kidz) Barbour Publishing, Inc.
Dare You to Doodle! Caroline Rowlands. 2019. (ENG., Illus.). 144p. (J). (gr. 1-3). pap. 13.95 *(978-1-78312-470-1(9))* Carlton Kids GBR. Dist: Two Rivers Distribution.
Dare You to Lie. Amber Lynn Natusch. 2019. (Hometown Antihero Ser.: 1). (ENG.). 352p. (YA). pap. 17.99 *(978-0-7653-9768-3(4),* 900181542, Tor Teen) Doherty, Tom Assocs., LLC.
Dare Your Soul's Free Will: A Soul's Guide from Conception to the Death of Our Body/Flesh. Tommaso Grieco. 2021. (ENG.). 384p. (YA). pap. 12.99 *(978-1-64803-549-4(3))* Westwood Bks. Publishing.
Daredevil by Chip Zdarsky Vol. 4: End of Hell, Vol. 4. Chip Zdarsky. Illus. by Jorge Fornes & Marco Checchetto. 2020. (Daredevil Ser.: 4). 112p. (gr. 8-17). pap. 15.99 *(978-1-302-92580-2(6),* Marvel Universe) Marvel Worldwide, Inc.
Daredevil (Classic Reprint) Maria Thompson Daviess. 2017. (ENG., Illus.). 348p. (J). 31.07 *(978-0-484-84190-0(4))* Forgotten Bks.
Daredevil Epic Collection - Brother, Take My Hand. Stan Lee & Roy Thomas. Illus. by Gene Colan & Barry Windsor-Smith. 2017. 472p. (gr. -1-17). pap. 39.99 *(978-1-302-90425-8(6),* Marvel Universe) Marvel Worldwide, Inc.
Daredevil Morgan. Ted Staunton. Illus. by Bill Slavin. 2018. (Be Brave, Morgan! Ser.). (ENG.). 96p. (J). (gr. k-3). 16.99 *(978-1-4595-0506-3(9),* e466489e-e910-4e63-847f-0bd3e384fee7) Formac Publishing Co., Ltd. CAN. Dist: Lerner Publishing Group.
Daredevil of the Army: Experiences As a Buzzer & Despatch Rider (Classic Reprint) A. P. Corcoran. 2017. (ENG., Illus.). (J). 28.52 *(978-0-265-50345-4(0))* Forgotten Bks.
Daredevil Omnibus Vol. 1. Stan Lee & Marvel Various. Illus. by Marvel Various & Gene Colan. 2017. 1088p. (gr. -1-17). 125.00 *(978-1-302-90427-2(2),* Marvel Universe) Marvel Worldwide, Inc.
Daredevil Sports: Set 2, 12 vols. 2017. (Daredevil Sports Ser.). (ENG.). 32p. (J). (gr. 1-2). lib. bdg. 169.62 *(978-1-5382-1290-5(0),* b16d17df-00cd-41e6-b76e-c2545307918a) Stevens, Gareth Publishing LLLP.
Daredevil Sports: Sets 1 - 2. 2017. (Daredevil Sports Ser.). (ENG.). (J). pap. 138.00 *(978-1-5382-1655-2(8))*; (gr. 1-2). lib. bdg. 339.24 *(978-1-5382-1327-8(3),* 8bc4a579-0742-4d64-8550-0f611e2daaa9) Stevens, Gareth Publishing LLLP.
Daredevils. Rob Buyea. 240p. (J). (gr. 3-7). 2023. 8.99 *(978-0-593-37617-1(X),* Yearling); 2022. (Illus.). 17.99 *(978-0-593-37614-0(5),* Delacorte Pr.); 2022. (ENG., Illus.). lib. bdg. 20.99 *(978-0-593-37615-7(3),* Delacorte Pr.) Random Hse. Children's Bks.
Daredevils. Virginia Loh-Hagan. 2016. (Wild Wicked Wonderful Ser.). (ENG., Illus.). 32p. (J). (gr. 4-8). 32.07 *(978-1-63470-501-1(7),* 207735) Cherry Lake Publishing.
Darewell Chums, or the Heroes of the School (Classic Reprint) Allen Chapman. (ENG., Illus.). (J). 2018. 244p. 28.93 *(978-0-365-40074-5(2))*; 2017. pap. 11.57 *(978-0-259-42476-5(5))* Forgotten Bks.
Darfur Genocide, 1 vol. Zoe Lowery & Janey Levy. 2016. (Bearing Witness: Genocide & Ethnic Cleansing Ser.). (ENG., Illus.). 64p. (J). (gr. 6-6). 36.13 *(978-1-4994-6306-4(5),* db9c0ff8-9416-47e3-a60c-18cd4e78d117) Rosen Publishing Group, Inc., The.
Dariel: A Romance of Surrey (Classic Reprint) R. D. Blackmore. 2017. (ENG., Illus.). (J). 35.22 *(978-1-5284-6522-9(9))* Forgotten Bks.
Daring Adventures. Emma Carlson Berne. 2017. (Illus.). 116p. (J). *(978-1-5444-0002-0(0))* Disney Publishing Worldwide.
Daring Adventures. Emma Carlson Berne. ed. 2018. (Star Wars Chapter Ser.). (ENG.). (J). (gr. 1-3). 1. 116p. 14.96 *(978-1-64310-637-3(6))*; 2. 117p. 14.96 *(978-1-64310-578-9(7))* Penworthy Co., LLC, The.
Daring Adventures of the Bold Weevil. Barrie Bussey. 2018. (ENG., Illus.). 238p. (J). pap. 9.87 *(978-0-244-11612-5(1))* Lulu Pr., Inc.
Daring Adventures: Volume 1. Emma Carlson Berne. Illus. by Disney Lucasfilm Press. 2019. (Star Wars: Forces of Destiny Chapter Bks.). (ENG.). 128p. (J). (gr. 1-5). lib. bdg. 31.36 *(978-1-5321-4325-0(7),* 31855, Chapter Bks.) Spotlight.
Daring Adventures: Volume 2. Emma Carlson Berne. Illus. by Disney Lucasfilm Press. 2019. (Star Wars: Forces of Destiny Chapter Bks.). (ENG.). 128p. (J). (gr. 1-5). lib. bdg. 31.36 *(978-1-5321-4326-7(5),* 31856, Chapter Bks.) Spotlight.
Daring Amelia. Barbara Lowell. Illus. by Jez Tuya. 2016. (J). *(978-0-451-53373-9(9),* Warne, Frederick Pubs.) Penguin Bks., Ltd.
Daring Avalanche Rescues. Amy Waeschle. 2018. (Rescued! Ser.). (ENG., Illus.). 32p. (J). (gr. 3-9). lib. bdg. 28.65 *(978-1-5435-0115-5(X),* 137068, Capstone Pr.) Capstone.
Daring Darleen, Queen of the Screen. Anne Nesbet. (ENG.). 368p. (J). (gr. 3-7). 2022. pap. 9.99 *(978-1-5362-2306-4(9))*; 2020. 18.99 *(978-1-5362-0619-7(9))* Candlewick Pr.
Daring Daughters: A Play of Modern Life for Women (Classic Reprint) Grace Kinyon. 2019. (ENG., Illus.). 22p. (J). 24.35 *(978-0-267-26371-4(6))* Forgotten Bks.
Daring Dinosaur Adventures. Maciej Andrysiak et al. ed. 2022. (Step into Reading Ser.). (ENG.). 159p. (J). (gr. 2-3). 20.46 *(978-1-68505-500-4(1))* Penworthy Co., LLC, The.
Daring Dinosaur Adventures! (LEGO Jurassic World) Random House. Illus. by Random House. 2022. (Step into Reading Ser.). (ENG., Illus.). 160p. (J). (gr. k-3). 8.99 *(978-0-593-38184-7(X),* Random Hse. Bks. for Young Readers) Random Hse. Children's Bks.
Daring Dinosaur Alphabet. Hayley Down. Illus. by Stuart Lynch. 2016. (ENG.). 14p. (J). (gr. -1 — 1). bds. 9.99 *(978-1-78598-466-2(7))* Make Believe Ideas GBR. Dist: Scholastic, Inc.
Daring Dogs: Working Animals in Their Element Coloring Book. Jupiter Kids. 2017. (ENG., Illus.). (J). pap. 9.20 *(978-1-68326-735-5(4),* Jupiter Kids (Childrens & Kids Fiction)) Speedy Publishing LLC.
Daring Dolphins Daily Coloring Book. Creative Playbooks. 2016. (ENG., Illus.). (J). pap. 7.74 *(978-1-68323-811-9(7))* Twin Flame Productions.
Daring Dozen: The Twelve Who Walked on the Moon. Suzanne Slade. Illus. by Alan Marks. 2019. 48p. (J). (gr. k-4). lib. bdg. 17.99 *(978-1-58089-773-0(8))* Charlesbridge Publishing, Inc.
Daring Dragonslayers & Monster Hunters Coloring Book. Activity Book Zone for Kids. 2016. (ENG., Illus.). (J). pap. 9.20 *(978-1-68376-324-6(5))* Sabeels Publishing.
Daring Dreamers Club #2: Piper Cooks up a Plan (Disney: Daring Dreamers Club) Erin Soderberg. Illus. by Anoosha Syed. 2019. (Disney: Daring Dreamers Club Ser.: 2). (ENG.). 224p. (J). (gr. 3-7). 13.99 *(978-0-7364-3944-2(7),* RH/Disney) Random Hse. Children's Bks.
Daring Earthquake Rescues. Amy Waeschle. 2018. (Rescued! Ser.). (ENG., Illus.). 32p. (J). (gr. 3-9). lib. bdg. 28.65 *(978-1-5435-0114-8(1),* 137067, Capstone Pr.) Capstone.
Daring Flood Rescues. Amy Waeschle. 2018. (Rescued! Ser.). (ENG., Illus.). 32p. (J). (gr. 3-9). lib. bdg. 28.65 *(978-1-5435-0113-1(3),* 137066, Capstone Pr.) Capstone.
Daring Heists: Real Tales of Sensational Robberies & Robbers. Tom McCarthy. 2017. (Mystery & Mayhem Ser.). (ENG., Illus.). 128p. (J). (gr. 3-7). 19.95 *(978-1-61930-531-1(3),* e179f086-90d4-4f8c-9c3b-fd70519bf6ec) Nomad Pr.
Daring of Della Dupree. Natasha Lowe. 2021. (Poppy Pendle Ser.). (ENG.). 272p. (J). (gr. 3-7). pap. 7.99 *(978-1-5344-4368-6(1),* Simon & Schuster/Paula Wiseman Bks.) Simon & Schuster/Paula Wiseman Bks.
Daring Rescue (Dolphin Island #1) Catherine Hapka, pseud. Illus. by Petur Antonsson. 2020. (ENG.). 112p. (J). (gr. 2-3). pap. 5.99 *(978-1-338-29018-9(5),* Scholastic Pr.) Scholastic, Inc.
Daring Sacrifice, 1 vol. Jody Hedlund. 2016. (ENG.). 224p. (YA). pap. 12.99 *(978-0-310-74937-0(9))* Zondervan.
Daring Wildfire Rescues. Amy Waeschle. 2018. (Rescued! Ser.). (ENG., Illus.). 32p. (J). (gr. 3-9). pap. 7.95 *(978-1-5435-0116-2(8),* 137069); lib. bdg. 28.65 *(978-1-5435-0112-4(5),* 137065) Capstone. (Capstone Pr.).
Daring Women see Mujeres Valientes
Daring Women. Allison Lassieur et al. 2020. (Daring Women Ser.). (ENG.). 64p. (J). (gr. 5-9). 298.56 *(978-0-7565-6630-2(4),* 199560); (gr. 7-12). pap., pap., pap. 71.60 *(978-0-7565-6667-8(3),* 201353) Capstone. (Compass Point Bks.).

462 The check digit for ISBN-10 appears in parentheses after the full ISBN-13

Dario & the Whale. Cheryl Lawton Malone. Illus. by Bistra Masseva. 2016. (ENG.). 32p. (J). (gr. -1-3). 16.99 *(978-0-8075-1463-4(2)*, 807514632) Whitman, Albert & Co.
Darius Daniels: Game on!: Book 3 of 3 in the Series. Caroline Brewer. 3rd ed. 2019. (Darius Daniels: Game On! Ser.: Vol. 3). (ENG.). 142p. (J). (gr. 3-6). pap. 9.99 *(978-1-7342909-0-5(0))* Unchained Spirit Enterprises.
Darius Daniels: Game on!: Book One in a Three-Book Series. Caroline Brewer. 2019. (Darius Daniels: Game On! Ser.). (ENG.). 118p. (J). (gr. 3-6). pap. 9.99 *(978-0-9717790-7-5(4))* Unchained Spirit Enterprises.
Darius Daniels: Game on!: Book Two in a Three-Book Series. Caroline Brewer. 2nd ed. 2019. (Darius Daniels: Game On! Ser.). (ENG.). 118p. (J). (gr. 3-6). pap. 9.99 *(978-0-9717790-9-9(0))* Unchained Spirit Enterprises.
Darius Daniels: Game on!: the Complete Volume (Books 1, 2, And 3) Caroline Brewer. 2019. (ENG.). 270p. (J). (gr. 3-6). pap. 13.99 *(978-0-9717790-6-8(6))* Unchained Spirit Enterprises.
Darius Green & His Flying-Machine (Classic Reprint) J. T. Trowbridge. (ENG., Illus.). (J). 2017. 25.11 *(978-0-265-43909-8(4))*; 2016. pap. 9.57 *(978-1-334-15786-8(3))* Forgotten Bks.
Darius the Great Deserves Better. Adib Khorram. 2020. 352p. (YA). (gr. 7). 17.99 *(978-0-593-10823-9(X)*, Dial Bks) Penguin Young Readers Group.
Darius the Great Is Not Okay. Adib Khorram. (YA). (gr. 7). 2019. (ENG.). 336p. pap. 11.99 *(978-0-525-55297-0(9)*, Penguin Books); 2018. 320p. 18.99 *(978-0-525-55296-3(0)*, Dial Bks) Penguin Young Readers Group.
Darjeeling Disaster, Its Bright Side: The Triumph of the Six Lee Children (Classic Reprint) Francis Wesley Warne. 2017. (ENG., Illus.). (J). 29.34 *(978-1-5280-5443-0(1))* Forgotten Bks.
Dark. Robert Munsch. Illus. by Michael Martchenko. 2019. (Classic Munsch Ser.). (ENG.). 32p. (J). 19.95 *(978-1-77321-105-3(6))*; pap. 6.95 *(978-1-77321-104-6(8))* Annick Pr., Ltd. CAN. Dist: Publishers Group West (PGW).
Dark: Book Three of the Lost Boys Trilogy. Riley Quinn. 2021. (Lost Boys Trilogy Ser.: Vol. 3). (ENG.). 370p. (YA). pap. *(978-1-7771298-5-9(0))* Quinn, Riley.
Dark: Fear of the Dark. Preston Pl. Illus. by Walaa a. 2022. (ENG.). 34p. (J). 39.88 *(978-1-5437-6830-5(X))*; pap. 25.01 *(978-1-5437-6828-2(8))* Partridge Pub.
Dark Adventures of Mermaid Lorelei. Shelley Wykoff. 2016. (Enchanted Conch Shell Ser.: Vol. 1). (ENG., Illus.). (YA). (gr. 7-12). pap. 14.95 *(978-1-59095-860-5(8)*, ExamWise) Total Recall Learning, Inc.
Dark Agents, Book One: Violet & the Trial of Trauma. Janina Scarlet. Illus. by Vince Alvendia. 2020. (ENG.). 152p. (YA). (gr. 6-12). pap. 19.95 *(978-1-68403-174-0(5)*, 41740, Instant Help Books) New Harbinger Pubns.
Dark & Cold. Ciara Attong. 2019. (ENG.). 364p. (J). pap. 20.00 *(978-0-359-60905-5(8))* Lulu Pr., Inc.
Dark & Deepest Red. Anna-Marie McLemore. 2021. (ENG.). 336p. (YA). pap. 9.99 *(978-1-250-76359-4(2)*, 900186389) Square Fish.
Dark & Hollow Star. Ashley Shuttleworth. (Hollow Star Saga Ser.: 1). (ENG.). (YA). (gr. 9). 2022. 528p. pap. 13.99 *(978-1-5344-5368-5(7))*; 2021. 512p. 19.99 *(978-1-5344-5367-8(9))* McElderry, Margaret K. Bks. (McElderry, Margaret K. Bks.).
Dark & Shallow Lies. Ginny Myers Sain. 2021. (ENG.). 432p. (YA). (gr. 9). 17.99 *(978-0-593-40396-9(7)*, Razorbill) Penguin Young Readers Group.
Dark & Starless Forest. Sarah Hollowell. (ENG.). 368p. (YA). 2023. (gr. 8). pap. 15.99 ***(978-0-06-330877-0(0))***; 2021. (gr. 9). 17.99 *(978-0-358-42441-3(0)*, 1792070) HarperCollins Pubs. (Clarion Bks.).
Dark & Starless Forest F&g. Hollowell. 2021. (ENG.). (J). 17.99 *(978-0-358-54130-1(1)*, HarperCollins) HarperCollins Pubs.
Dark & Stormy Night: The Little Owl. Cristina Berna & Eric Thomsen. l.t. ed. 2020. (ENG.). 56p. (J). pap. *(978-1-64826-019-3(5))* Missys Clan.
Dark & the Light. Kerstin Hau. Illus. by Julie Völk. 2019. (ENG.). 40p. (J). (gr. -1-2). 17.95 *(978-0-7358-4385-1(6))* North-South Bks., Inc.
Dark Ark. Cullen Bunn. Ed. by Mike Marts. 2018. (ENG., Illus.). 120p. (YA). pap. 14.99 *(978-1-935002-64-2(3)*, f83e21de-5de0-49ec-8eaf-27bf33eefbee) AfterShock Comics.
Dark Army. Joseph Delaney. 2017. (ENG.). 416p. (YA). (gr. 8). pap. 10.99 *(978-0-06-233457-2(3)*, Greenwillow Bks.) HarperCollins Pubs.
Dark Artifices, the Complete Collection: Lady Midnight; Lord of Shadows; Queen of Air & Darkness. Cassandra Clare. ed. 2019. (Dark Artifices Ser.). (ENG., Illus.). 2288p. (YA). (gr. 9). 74.99 *(978-1-5344-4954-1(X)*, McElderry, Margaret K. Bks.) McElderry, Margaret K. Bks.
Dark Artifices, the Complete Paperback Collection: Lady Midnight; Lord of Shadows; Queen of Air & Darkness. Cassandra Clare. ed. 2020. (Dark Artifices Ser.). (ENG.). 2384p. (YA). (gr. 9). pap. 45.99 *(978-1-5344-6260-1(0)*, McElderry, Margaret K. Bks.) McElderry, Margaret K. Bks.
Dark Ascension Series: the Wicked Ones, Volume 1. Robin Benway. 2023. (Dark Ascension Ser.: 1). (ENG.). 320p. (YA). (gr. 7-12). 18.99 *(978-1-368-07862-7(1)*, Disney Press Books) Disney Publishing Worldwide.
Dark Assassin. Joseph Delaney. (ENG.). 352p. (YA). (gr. 8). 2018. pap. 9.99 *(978-0-06-233460-2(3))*; 2017. 17.99 *(978-0-06-233459-6(X))* HarperCollins Pubs. (Greenwillow Bks.).
Dark Attic: A Tai Ji Tale. Tom Voychehovski & Luke Prater. 2022. (ENG.). 150p. (J). 32.95 ***(978-1-64663-828-4(X))***; pap. 19.95 ***(978-1-64663-826-0(3))*** Koehler Bks.
Dark Awakening. G. W. Mullins. 2020. (ENG.). 194p. (YA). (Rise of the Darklighter Ser.: 1). pap. 24.99 *(978-1-64871-159-6(6))*; (Rise of the Dark-Lighter Ser.: Vol. 1). 24.99 *(978-1-64871-256-2(8))* Primedia eLaunch LLC.
Dark Beneath the Ice. Amelinda Bérubé. 2019. (ENG.). 336p. (YA). (gr. 8-12). pap. 10.99 *(978-1-4926-7878-6(3))* Sourcebooks, Inc.
Dark Breaks the Dawn. Sara B. Larson. (ENG.). 320p. (YA). (gr. 7-7). 2018. pap. 9.99 *(978-1-338-06870-2(9))*; 2017. 17.99 *(978-1-338-06869-6(5)*, Scholastic Pr.) Scholastic, Inc.
Dark City: Or Customs of the Cockneys (Classic Reprint) Leander Richardson. (ENG., Illus.). (J). 2018. 230p. 28.66 *(978-0-656-44496-0(7))*; 2016. pap. 11.57 *(978-1-334-67992-6(4))* Forgotten Bks.
Dark (Classic Reprint) Leonid Andreev. (ENG., Illus.). (J). 2018. 56p. 25.05 *(978-0-428-68120-3(4))*; 2016. pap. 9.57 *(978-1-333-62313-6(7))* Forgotten Bks.
Dark Cloud. Anna Lazowski. Illus. by Penny Neville-Lee. 2023. (ENG.). 32p. (J). (gr. -1-3). 19.99 *(978-1-5253-0657-0(X))* Kids Can Pr., Ltd. CAN. Dist: Hachette Bk. Group.
Dark Colleen: A Love Story (Classic Reprint) Harriett Jay. (ENG., Illus.). (J). 2018. 374p. 31.63 *(978-0-332-11757-7(X))*; 2017. pap. 16.57 *(978-0-243-22713-6(2))* Forgotten Bks.
Dark Days. D. W. Saur. 2020. (ENG.). 278p. (YA). 27.95 *(978-1-64663-049-3(1))*; pap. 18.95 *(978-1-64663-047-9(5))* Koehler Bks.
Dark Days at Saddle Creek: The Saddle Creek Series. Shelley Peterson. 2017. (Saddle Creek Ser.: 4). (ENG.). 344p. (YA). pap. 12.99 *(978-1-4597-3954-3(X))* Dundurn Pr. CAN. Dist: Publishers Group West (PGW).
Dark Days in Salem: The Witchcraft Trials. Deborah Kent. 2019. (J). pap. *(978-1-9785-1521-5(9))* Enslow Publishing, LLC.
Dark Days in Salem: the Witchcraft Trials, 1 vol. Deborah Ann Kent. 2020. (Movements & Moments That Changed America Ser.). (ENG., Illus.). 128p. (gr. 7-7). pap. 18.65 *(978-1-7253-4202-6(2)*, 74c24a0b-b05e-498e-b69d-a01f03da5aa7) Rosen Publishing Group, Inc., The.
Dark Days Pact. Alison Goodman. 2018. (Lady Helen Novel Ser.: 2). (ENG.). 512p. (YA). (gr. 9). pap. 10.99 *(978-0-14-242511-4(7)*, Speak) Penguin Young Readers Group.
Dark Days (Skulduggery Pleasant, Book 4) Derek Landy. 2018. (Skulduggery Pleasant Ser.: 4). (ENG.). 416p. (J). 7.99 *(978-0-00-826634-9(4)*, HarperCollins Children's Bks.) HarperCollins Pubs. Ltd. GBR. Dist: HarperCollins Pubs.
Dark Dayz. Jake A. Strife. 2019. (ENG.). 392p. (J). pap. 18.98 *(978-0-359-38219-4(3))* Lulu Pr., Inc.
Dark Dayz 2. Jason Norby. 2020. (ENG.). 380p. (YA). pap. 18.98 *(978-1-716-60619-9(5))* Lulu Pr., Inc.
Dark Deception (Daphne & Velma #2) (Media Tie-In) Morgan Baden. ed. 2020. (Daphne & Velma Ser.: 2). (ENG.). 288p. (YA). (gr. 7-7). pap. 9.99 *(978-1-338-59273-3(4))* Scholastic, Inc.
Dark Descent. Lisa Fiedler. Illus. by Sebastian Giacobino. 2018. (Ages of Oz Ser.). (ENG.). 368p. (J). (gr. 3-7). 17.99 *(978-1-4814-6974-6(6)*, McElderry, Margaret K. Bks.) McElderry, Margaret K. Bks.
Dark Descent of Elizabeth Frankenstein. Kiersten White. 2019. 320p. (YA). (gr. 7). pap. 11.99 *(978-0-525-57796-6(3)*, Ember) Random Hse. Children's Bks.
Dark Destiny. M J Putney & Mary Jo Putney. 2022. (Lackland Abbey Chronicles Ser.: Vol. 3). (ENG.). 364p. (YA). (gr. 8-12). pap. 17.99 *(978-1-948880-38-1(5))* Putney,, Mary Jo Inc.
Dark Divide: A Desert Dark Novel. Sonja Stone. 2018. (Desert Dark Novel Ser.: 2). (ENG.). 384p. (YA). (gr. 7). 18.99 *(978-0-8234-3836-5(8))* Holiday Hse., Inc.
Dark Emperor. Caleb Rock. Ed. by MacDonald. l.t. ed. 2021. (ENG.). 28p. (J). pap. 9.99 *(978-1-0879-9712-4(7))* Ormond, Jennifer.
Dark Energy. Robison Wells. 2016. (ENG.). 288p. (YA). (gr. 8). 17.99 *(978-0-06-227505-9(4)*, HarperTeen) HarperCollins Pubs.
Dark Energy Explained, 1 vol. Gina Hagler. 2018. (Mysteries of Space Ser.). (ENG.). 80p. (gr. 7-7). 38.93 *(978-1-9785-0454-7(3)*, 12c0262c-d19d-411a-95f0-70e11e93c25d) Enslow Publishing, LLC.
Dark Enough to See the Stars: A Story of Escape on the Underground Railroad. Cynthia Lynn Noonan. 2017. (ENG., Illus.). (J). (gr. 5-6). pap. 9.99 *(978-0-9981808-0-9(7))* High Star Pr.
Dark Enough to See the Stars Study Guide. Cindy Noonan. 2021. (ENG.). 66p. (J). pap. 9.99 *(978-0-9981808-2-3(3))* High Star Pr.
Dark Fantasy Notebook. Angelos Kyprianos. 2021. (ENG.). 102p. (J). 27.00 *(978-1-4717-2981-2(8))* Lulu Pr., Inc.
Dark Fleece (Classic Reprint) Joseph Hergesheimer. 2018. (ENG., Illus.). 140p. (J). 26.78 *(978-0-483-58665-9(X))* Forgotten Bks.
Dark Flower (Classic Reprint) John Galsworthy. 2017. (ENG., Illus.). (J). 30.62 *(978-1-5282-6332-0(4))* Forgotten Bks.
Dark Forest. Kiki Thorpe. ed. 2018. (Finding Tinker Bell Ser.: 2). lib. bdg. 17.20 *(978-0-606-40952-0(1))* Turtleback.
Dark Forest (Classic Reprint) Hugh Walpole. (ENG., Illus.). (J). 2018. 334p. 30.79 *(978-0-656-33784-2(2))*; 2017. 30.52 *(978-0-260-02571-5(2))*; 2017. pap. 13.57 *(978-0-243-28386-6(5))* Forgotten Bks.
Dark Frigate. Charles Boardman Hawes. Illus. by Warren Chappell. 2018. (ENG.). 240p. (gr. 3-7). pap. 7.99 *(978-0-486-82392-8(X)*, 82392X) Dover Pubns., Inc.
Dark Frigate. Charles Boardman Hawes. 2022. (ENG.). 258p. (J). (gr. 7). pap. 16.44 *(978-1-4357-7748-4(4))* Lulu Pr., Inc.
Dark Frigate. Charles Boardman Hawes. (ENG.). 194p. (J). (gr. 1-6). 2020. 14.99 *(978-1-5154-4214-1(4))*; 2019. pap. 9.99 *(978-1-5154-4215-8(2))* Wilder Pubns., Corp.
Dark Goddess. Amalie Howard. 2018. (ENG.). 376p. (J). (gr. 6-6). 17.99 *(978-1-5107-0989-8(4)*, Sky Pony Pr.) Skyhorse Publishing Co., Inc.
Dark Grace, Vol. 4. J. T. Krul. Ed. by Vince Hernandez & Frank Mastromauro. 2017. (ENG., Illus.). 216p. (YA). pap. 19.99 *(978-1-941511-22-0(8)*, b4a3a868-5a78-47e1-b878-5b82bf168ca8) Aspen MLT, Inc.
Dark Gravity Sequence (1) The Arctic Code. Matthew J. Kirby. 2016. (Dark Gravity Sequence Ser.: 1). (ENG.). 352p. (J). (gr. 3-7). pap. 6.99 *(978-0-06-222488-0(3)*, Balzer & Bray) HarperCollins Pubs.
Dark Hearts: The World's Most Famous Horror Writers. Jim Gigliotti. Illus. by Karl James Mountford. 2021. 144p. (J). (gr. 5). 14.99 *(978-0-593-22278-2(4)*, Penguin Workshop) Penguin Young Readers Group.
Dark Hedges, Wizard Island, & Other Magical Places That Really Exist. L. Rader Crandall. 2020. (ENG., Illus.). 128p. (J). (gr. 3-7). 19.99 *(978-0-7624-6751-8(7)*, Running Pr. Kids) Running Pr.
Dark History of the Reincarnated Villainess, Vol. 3. Akiharu Touka. 2021. (Dark History of the Reincarnated Villainess Ser.: 3). (ENG., Illus.). 160p. (gr. 8-17). pap., pap. 13.00 *(978-1-9753-2052-2(2)*, Yen Pr.) Yen Pr. LLC.
Dark Horsemen of the Teenager. Kenneth Samples. 2019. (ENG.). 32p. (YA). pap. 11.95 *(978-1-64569-916-3(1))* Christian Faith Publishing.
Dark Horses. Cecily von Ziegesar. 2017. 336p. (YA). (gr. 9). pap. 10.99 *(978-1-61695-816-9(2)*, Soho Teen) Soho Pr., Inc.
Dark Irregular. Kaitlyn Legaspi. 2019. (Dark Irregular Trilogy Ser.). (ENG.). 254p. (YA). pap. 12.95 *(978-1-393-77968-1(9))* Draft2Digital.
Dark Is Not That Scary. Sherene Claiborne. l.t. ed. 2023. (ENG.). 28p. (J). pap. 12.99 ***(978-1-0881-4094-9(7))*** Lulu Pr., Inc.
Dark Island. P. J. Hoover. 2023. (ENG.). 218p. (J). pap. 11.99 ***(978-1-949717-42-6(9))*** Roots in Myth.
Dark Knight Devotionals: Finding Biblical Truth in the World of Batman, 1 vol. Thomas Nelson Publishing Staff & Daniel Debs. 2019. (ENG.). 112p. (YA). pap. 11.99 *(978-1-59555-865-7(9))* Elm Hill.
Dark Lantern: A Story with a Prologue (Classic Reprint) Elizabeth Robins. 2017. (ENG., Illus.). (J). 32.58 *(978-0-266-34752-1(5))* Forgotten Bks.
Dark Laughter (Classic Reprint) Sherwood Anderson. 2018. (ENG., Illus.). (J). 314p. 30.39 *(978-1-396-67937-7(5))*; 316p. pap. 13.57 *(978-1-396-03494-7(3))* Forgotten Bks.
Dark Light. Kyra Dune. 2017. (ENG.). 172p. (YA). pap. 12.99 *(978-1-393-43225-8(5))* Draft2Digital.
Dark Light: Resurrection of the Mistress. Pravin Gupta. 2021. (ENG.). 276p. (YA). pap. 13.99 *(978-1-68494-559-7(3))* Notion Pr., Inc.
Dark Lord Clementine. Sarah Jean Horwitz. (ENG.). 336p. (J). (gr. 4-8). 2021. pap. 8.95 *(978-1-64375-133-7(6)*, 74133); 2019. 17.95 *(978-1-61620-894-3(5)*, 73894) Algonquin Young Readers.
Dark Lord's Daughter. Patricia C. Wrede. 2023. (Dark Lord's Daughter Ser.: 1). (ENG.). 368p. (J). (gr. 3-7). 17.99 ***(978-0-553-53620-1(6))***; lib. bdg. 20.99 ***(978-0-553-53621-8(4))*** Random Hse. Children's Bks. (Random Hse. Bks. for Young Readers).
Dark Maidens. Rikako Akiyoshi. 2018. (Illus.). 220p. pap. 14.95 *(978-1-945054-89-1(1)*, Vertical) Kodansha America, Inc.
Dark Matter. Virginia Loh-Hagan. 2020. (Out of This World Ser.). (ENG., Illus.). 32p. (J). (gr. 4-8). lib. bdg. 32.07 *(978-1-5341-6922-7(9)*, 215575, 45th Parallel Press) Cherry Lake Publishing.
Dark Matter Explained, 1 vol. Kristi Lew. 2018. (Mysteries of Space Ser.). (ENG.). 80p. (gr. 7-7). 38.93 *(978-1-9785-0455-4(1)*, 97286aec-cda1-48d2-aba5-b1d884a5711e) Enslow Publishing, LLC.
Dark Matter of Mona Starr. Laura Lee Gulledge. 2020. (ENG.). 192p. (YA). (gr. 7-17). 22.99 *(978-1-4197-3423-6(7)*, 1162001); pap. 14.99 *(978-1-4197-4200-2(0)*, 1162003) Abrams, Inc. (Amulet Bks.).
Dark Matters: Nature's Reaction to Light Pollution, 1 vol. Joan Marie Galat. 2017. (ENG., Illus.). 72p. (J). (gr. 3-4). 19.95 *(978-0-88995-515-8(8)*, 52502136-8966-4fb5-ab02-e478b9dfb46d) Trifolium Bks., Inc. CAN. Dist: Firefly Bks., Ltd.
Dark Mind Rising: A Dark Intercept Novel. Julia Keller. 2019. (Dark Intercept Ser.: 2). (ENG.). 288p. (YA). pap. 16.99 *(978-0-7653-8767-7(0)*, 900161508, Tor Teen) Doherty, Tom Assocs., LLC.
Dark Mirror. M J Putney & Mary Jo Putney. 2022. (Lackland Abbey Chronicles Ser.: Vol. 1). (ENG.). 402p. (YA). (gr. 7). pap. 17.99 *(978-1-948880-36-7(9))* Putney,, Mary Jo Inc.
Dark Missions of Edgar Brim. Shane Peacock. 2018. (Dark Missions of Edgar Brim Ser.: 1). 352p. (YA). (gr. 7). pap. 9.99 *(978-0-7352-6311-6(6)*, Penguin Teen) PRH Canada Young Readers CAN. Dist: Penguin Random Hse. LLC.
Dark Missions of Edgar Brim: Demon. Shane Peacock. 2019. (Dark Missions of Edgar Brim Ser.: 3). (ENG.). 304p. (YA). (gr. 7). pap. 9.99 *(978-0-7352-6272-0(1)*, Penguin Teen) PRH Canada Young Readers CAN. Dist: Penguin Random Hse. LLC.
Dark Missions of Edgar Brim: Monster. Shane Peacock. 2019. (Dark Missions of Edgar Brim Ser.: 2). 288p. (YA). (gr. 7). pap. 9.99 *(978-0-7352-6273-7(X)*, Penguin Teen) PRH Canada Young Readers CAN. Dist: Penguin Random Hse. LLC.
Dark Missions of Edgar Brim: Monster. Shane Peacock. 2018. (Dark Missions of Edgar Brim Ser.: 2). 288p. (YA). (gr. 7). 16.99 *(978-1-77049-701-6(3)*, Tundra Bks.) Tundra Bks. CAN. Dist: Penguin Random Hse. LLC.
Dark Mother: A Novel (Classic Reprint) Waldo David Frank. 2017. (ENG., Illus.). (J). 31.86 *(978-0-260-66926-1(1))* Forgotten Bks.
Dark Mountain: Dragon Wars - Book 20. Craig Halloran. 2021. (ENG.). 304p. (YA). 19.99 *(978-1-956574-06-7(9))* Two-Ten Bk. Pr., Inc.
Dark Night. A. D. Hewitt. 2022. (ENG.). 64p. (YA). pap. *(978-1-80094-350-6(4))* Terence, Michael Publishing.
Dark Night Stories to Scare Kids. Wardan Stanlo Wischowski. l.t. ed. 2020. (ENG.). 74p. (J). pap. 8.00 *(978-1-0879-0834-2(5))* Indy Pub.
Dark Night's Work, & Other Tales (Classic Reprint) Gaskell. 2017. (ENG., Illus.). (J). 33.96 *(978-0-266-38142-6(1))* Forgotten Bks.
Dark Night's Work (Classic Reprint) Gaskell. 2018. (ENG., Illus.). 310p. (J). 30.29 *(978-0-331-76502-1(0))* Forgotten Bks.
Dark o' the Moon: A Novel (Classic Reprint) S. R. Crockett. 2017. (ENG., Illus.). (J). 33.82 *(978-0-265-24506-4(0))* Forgotten Bks.
Dark of the West. Joanna Hathaway. 2020. (Glass Alliance Ser.: 1). (ENG.). 496p. (YA). pap. 9.99 *(978-0-7653-9642-6(4)*, 900180450, Tor Teen) Doherty, Tom Assocs., LLC.
Dark on Light. Dianne White. Illus. by Felicita Sala. 2022. (ENG.). 48p. (J). (gr. -1-3). 18.99 *(978-1-5344-8789-5(1)*, Beach Lane Bks.) Beach Lane Bks.
Dark One's Bride. Aldrea Alien. 2019. (Dark One's Trilogy Ser.: Vol. 2). (ENG.). 300p. (YA). pap. *(978-0-9922645-6-7(1))* Thardrandian Pubns.
Dark Ops. Cameron Alexander. Illus. by Rhett Pennell. 2020. (Dark Corps Ser.: Vol. 12). (ENG.). 226p. (J). (gr. 1-6). pap. 7.99 *(978-1-950594-13-9(0)*, Bickering Owls Publishing) Maracle, Derek.
Dark Oracle. C. M. Rayne. Illus. by Adam Scythe. 2016. (ENG.). (J). pap. *(978-615-80463-0-5(2))* GiziMap.
Dark Out. Ifunanyachukwu P. Esonwune. 2020. (ENG.). 84p. (YA). *(978-0-2288-3723-7(5))*; pap. *(978-0-2288-3722-0(7))* Tellwell Talent.
Dark Passage. M J Putney & Mary Jo Putney. 2022. (Lackland Abbey Chronicles Ser.: Vol. 2). (ENG.). 392p. (YA). (gr. 7). pap. 17.99 *(978-1-948880-37-4(7))* Putney,, Mary Jo Inc.
Dark Prophecy. Rick Riordan. Illus. by John Rocco. ltd. ed. 2017. (Trials of Apollo Ser.: 2). (ENG.). 432p. (J). (gr. 5-9). 100.00 *(978-1-4847-4695-0(3))* Hyperion Bks. for Children.
Dark Prophecy, the-Trials of Apollo, the Book Two. Rick Riordan. 2018. (Trials of Apollo Ser.: 2). (ENG.). 464p. (J). (gr. 5-9). pap. 9.99 *(978-1-4847-8064-0(7)*, Disney-Hyperion) Disney Publishing Worldwide.
Dark Refrains. Juliet Vane. 2019. (ENG.). 158p. (YA). pap. 9.99 *(978-1-393-30208-7(4))* Draft2Digital.
Dark Rise. C. S. Pacat. (Dark Rise Ser.: 1). (ENG.). 464p. (YA). (gr. 9). 2022. pap. 15.99 *(978-0-06-294615-7(3))*; 2021. (Illus.). 18.99 *(978-0-06-294614-0(5))* HarperCollins Pubs. (Quill Tree Bks.).
Dark River (Classic Reprint) Charles Nordhoff. 2017. (ENG., Illus.). (J). 30.99 *(978-0-260-75890-3(6))*; pap. 13.57 *(978-0-243-23225-3(X))* Forgotten Bks.
Dark Room Etiquette. Robin Roe. (ENG.). 512p. (YA). (gr. 9). 2023. pap. 15.99 ***(978-0-06-305174-4(5))***; 2022. 18.99 *(978-0-06-305173-7(7))* HarperCollins Pubs. (HarperTeen).
Dark Saints Academy: The Soul Catcher. S. McPherson. 2019. (Dark Saints Academy Ser.: Vol. 1). (ENG.). 266p. (YA). pap. *(978-1-9163026-2-4(9))* McPherson, S Bks.
Dark Saints Academy 2: Into the Dim. S. McPherson. 2019. (Dark Saints Academy Ser.: Vol. 2). (ENG.). 228p. (YA). pap. *(978-1-9163026-3-1(7))* McPherson, S Bks.
Dark Saints Academy 3: The Shadow Throne. S. McPherson. 2020. (Dark Saints Academy Ser.). (ENG.). 234p. (YA). pap. *(978-1-9163026-4-8(5))* McPherson, S Bks.
Dark Scales. Angela Sal. Ed. by Vanessa Woodsburow. 2021. (ENG.). 129p. (YA). pap. ***(978-1-7948-9208-8(7))*** Lulu Pr., Inc.
Dark Scenes of History, Vol. 1 of 3 (Classic Reprint) George Payne Rainsford James. 2018. (ENG., Illus.). 318p. (J). 30.46 *(978-0-483-49847-1(5))* Forgotten Bks.
Dark School. Matti Silver. 2019. (ENG., Illus.). 314p. (YA). (gr. 8-12). pap. *(978-1-989159-04-0(4))* EVW Pr.
Dark School: Path of the Neophyte. Matti Silver. 2021. (ENG.). 570p. (YA). (gr. 8-12). pap. *(978-1-989159-09-5(5))* EVW Pr.
Dark Seance: A Farce, in Two Acts (Classic Reprint) Lake Lake. 2018. (ENG., Illus.). 20p. (J). 24.33 *(978-0-267-20161-7(3))* Forgotten Bks.
Dark Secret, 4. Tui T. Sutherland. ed. 2022. (Wings of Fire Ser.). (ENG.). 217p. (J). (gr. 4-5). 25.46 ***(978-1-68505-200-3(2))*** Penworthy Co., LLC, The.
Dark Secret: A Colored Farce of Mystery (Classic Reprint) Jeff Branen. (ENG., Illus.). (J). 2018. 26p. 24.43 *(978-0-267-30534-6(6))*; 2016. pap. 7.97 *(978-1-333-30487-4(0))* Forgotten Bks.
Dark Secrets of Dr. Lafayette. Johanna Clark. 2017. (ENG., Illus.). (J). pap. 10.95 *(978-0-9909919-3-9(8))* Butterfly Typeface, The.
Dark Secrets of Dr. Lafayette (Journal) Johanna Clark. 2017. (ENG., Illus.). (J). pap. 7.95 *(978-1-947656-01-7(5))* Butterfly Typeface, The.
Dark Secrets of North Swallow. L. J. Gales. 2016. (ENG.). 218p. (J). pap. 28.04 *(978-1-7948-5217-4(4))* Lulu Pr., Inc.
Dark Shadows. Doreen Cronin. 2019. (Chicken Squad Ser.). (ENG.). 115p. (J). (gr. 2-3). 16.96 *(978-0-87617-674-0(0))* Penworthy Co., LLC, The.
Dark Shadows. Doreen Cronin. ed. 2018. (Chicken Squad Ser.: 4). lib. bdg. 17.20 *(978-0-606-40843-1(6))* Turtleback.
Dark Shadows: Yes, Another Misadventure. Doreen Cronin. Illus. by Stephen Gilpin. 2017. (Chicken Squad Ser.: 4). (ENG.). 128p. (J). (gr. 2-5). 12.99 *(978-1-4814-5049-2(2)*, Atheneum/Caitlyn Dlouhy Books) Simon & Schuster Children's Publishing.
Dark Shadows the Complete Paperback Library Reprint Book 10: The Phantom & Barnabas Collins. Marylin Ross. 2020. (ENG.). 144p. (YA). pap. 14.99 *(978-1-61345-217-2(9)*, 12970e7b-aa40-461b-b8b9-3903e677ec99) Hermes Pr.
Dark Shadows the Complete Paperback Library Reprint Book 12: The Peril of Barnabas Collins. Marylin Ross. 2020. (ENG.). 144p. (YA). pap. 14.99 *(978-1-61345-220-2(9)*, fe2e8baf-8802-4b3e-b19d-be7b280ebeb6) Hermes Pr.
Dark Shadows the Complete Paperback Library Reprint Book 13: Barnabas Collins & the Mysterious Ghost. Marylin Ross. 2021. (ENG.). 144p. (YA). pap. 14.99 *(978-1-61345-221-9(7)*, e9b653b9-2c30-4e58-a511-25ae339db5bc) Hermes Pr.
Dark Shadows the Complete Paperback Library Reprint Book 14: Barnabas Collins & Quentin's Demon. Marylin Ross. 2021. (ENG.). 144p. (YA). pap. 14.99 *(978-1-61345-227-1(6)*, da02c572-cba2-454e-b763-43af1667677c) Hermes Pr.
Dark Shadows the Complete Paperback Library Reprint Book 15: Barnabas Collins & the Gypsy Witch. Marylin Ross. 2021. (ENG.). 144p. (YA). pap. 14.99 *(978-1-61345-228-8(4)*, 380dba57-5c3f-42e2-821c-28f4f6eb9867) Hermes Pr.
Dark Shadows the Complete Paperback Library Reprint Book 16: Barnabas, Quentin & the Mummy's Curse. Marylin Ross. Ed. by Daniel Herman. 2021. (ENG.). 144p.

D

(YA). pap. 14.99 *(978-1-61345-231-8(4),* 30796429-be41-44bd-b096-9d2104ed2331) Hermes Pr.

Dark Shadows the Complete Paperback Library Reprint Book 17: Barnabas, Quentin & the Avenging Ghost. Marylin Ross. 2021. (ENG.). 144p. (YA). pap. 14.99 *(978-1-61345-233-2(0),* 0a2672d5-447c-4cbe-b02c-e73df2e18916) Hermes Pr.

Dark Shadows the Complete Paperback Library Reprint Book 18: Barnabas, Quentin & the Nightmare Assassin. Marylin Ross. 2021. (ENG.). 144p. (YA). pap. 14.99 *(978-1-61345-236-3(5),* b5361c11-1724-4da8-b1e5-549638e2f5a5) Hermes Pr.

Dark Shadows the Complete Paperback Library Reprint Book 19: Barnabas, Quentin & the Crystal Coffin. Marilyn Ross. 2021. (ENG.). 144p. (YA). pap. 14.99 *(978-1-61345-237-0(3))* Hermes Pr.

Dark Shadows the Complete Paperback Library Reprint Book 20: Barnabas, Quentin & the Witch's Curse. Marilyn Ross. 2021. (ENG.). 144p. (YA). pap. 14.99 *(978-1-61345-238-7(1))* Hermes Pr.

Dark Shadows the Complete Paperback Library Reprint Book 21: Barnabas, Quentin & the Haunted Cave. Marilyn Ross. 2021. (ENG.). 144p. (YA). pap. 14.99 *(978-1-61345-240-0(3))* Hermes Pr.

Dark Shadows the Complete Paperback Library Reprint Book 23: Barnabas, Quentin & the Scorpio Curse. Marylin Ross. 2022. (ENG.). 144p. (YA). pap. 14.99 *(978-1-61345-243-1(8))* Hermes Pr.

Dark Shadows the Complete Paperback Library Reprint Book 24: Barnabas, Quentin & the Serpent. Marylin Ross. 2021. (ENG.). 144p. (YA). pap. 14.99 *(978-1-61345-244-8(6))* Hermes Pr.

Dark Shadows the Complete Paperback Library Reprint Book 25: Barnabas, Quentin & the Magic Potion. Marilyn Ross. 2022. (ENG.). 144p. (YA). pap., pap. 14.99 *(978-1-61345-245-5(4))* Hermes Pr.

Dark Shadows the Complete Paperback Library Reprint Book 26: Barnabas, Quentin & the Body Snatchers. Marilyn Ross. 2023. (ENG.). 144p. (YA). pap., pap. 17.99 *(978-1-61345-248-6(9))* Hermes Pr.

Dark Shadows the Complete Paperback Library Reprint Book 27: Barnabas, Quentin & Dr. Jekyll's Son. Marilyn Ross. 2023. (ENG.). 144p. (YA). pap., pap. 17.99 *(978-1-61345-249-3(7))* Hermes Pr.

Dark Shadows the Complete Paperback Library Reprint Book 28: Barnabas, Quentin & the Grave Robbers. Marilyn Ross. 2023. (ENG.). 144p. (YA). pap., pap. 17.99 *(978-1-61345-254-7(3))* Hermes Pr.

Dark Shadows the Complete Paperback Library Reprint Book 29: Barnabas, Quentin & the Sea Ghost. Marilyn Ross. 2023. (ENG.). 144p. pap., pap. 17.99 *(978-1-61345-255-4(1))* Hermes Pr.

Dark Shadows the Complete Paperback Library Reprint Book 30: Barnabas, Quentin & the Mad Magician. Marilyn Ross. 2023. (ENG.). 144p. pap., pap. 17.99 *(978-1-61345-257-8(8))* Hermes Pr.

Dark Shadows the Complete Paperback Library Reprint Book 31: Barnabas, Quentin & the Hidden Tomb. Marilyn Ross. 2023. (ENG.). 144p. pap., pap. 17.99 *(978-1-61345-258-5(6))* Hermes Pr.

Dark Shadows the Complete Paperback Library Reprint Book 9: The Foe of Barnabas Collins. Marylin Ross. 2020. (ENG.). 144p. (YA). pap. 14.99 *(978-1-61345-216-5(0),* d9c6dc35-e3f3-4bbc-bc30-5967573ac7d5) Hermes Pr.

Dark Shadows the Complete Paperback Library Reprint Volume 1: Dark Shadows. Marilyn Ross. Ed. by Eileen Sabrina Herman. 2020. (ENG.). 144p. (YA). pap. 14.99 *(978-1-61345-190-8(3),* 063973c7-7cbb-4c01-8739-f3daf5655cdd) Hermes Pr.

Dark Shadows the Complete Paperback Library Reprint Volume 3: Strangers at Collins House. Marilyn Ross. 2020. (ENG.). 172p. (YA). pap. 14.99 *(978-1-61345-197-7(0),* 8fd6570b-4b6e-4262-9a2e-c17236865269) Hermes Pr.

Dark Shadows the Complete Paperback Library Reprint Volume 4: The Mystery of Collinwood. Marilyn Ross. 2020. (ENG.). 172p. (YA). pap. 14.99 *(978-1-61345-198-4(9),* b3aedad9-2b74-4b0f-bd44-28e39756a8e0) Hermes Pr.

Dark Shadows the Complete Paperback Library Reprint Volume 5: The Curse of Collinwood. Marilyn Ross. 2020. (ENG.). 144p. (YA). pap. 14.99 *(978-1-61345-206-6(3),* 8bee8f2b-b881-4479-bc4f-e11795ac1d77) Hermes Pr.

Dark Shadows the Complete Paperback Library Reprint Volume 6: Barnabas Collins. Marilyn Ross. 2020. (ENG.). 144p. (YA). pap. 14.99 *(978-1-61345-207-3(1),* 8eab85da-dadc-439a-a646-8db46340de31) Hermes Pr.

Dark Shadows the Complete Paperback Library Reprint Volume 7: The Secret of Barnabas Collins. Marylin Ross. 2020. (ENG., Illus.). 144p. (YA). pap. 14.99 *(978-1-61345-212-7(8),* f8696477-6e18-42fc-8863-dd869e52389b) Hermes Pr.

Dark Shadows the Complete Paperback Library Reprint Volume 8: The Demon of Barnabas Collins. Marylin Ross. 2020. (ENG.). 144p. (YA). pap. 14.99 *(978-1-61345-213-4(6),* 75a814da-758c-426e-bc29-73593ccdc3c4) Hermes Pr.

Dark Shores. Danielle L. Jensen. (Dark Shores Ser.: 1). (ENG.). (YA). 2020. 384p. pap. 10.99 *(978-1-250-31773-5(8),* 900200015); 2019. 368p. 18.99 *(978-1-250-31772-8(X),* 900200014) Doherty, Tom Assocs., LLC. (Tor Teen).

Dark Side of Tranquility. Susana Aclan. 2021. (ENG.). 302p. (YA). pap. 17.99 *(978-1-5092-3624-4(4))* Wild Rose Pr., Inc., The.

Dark Sister (Classic Reprint) Winfield Townley Scott. (ENG., Illus.). (J). 2018. 120p. 26.39 *(978-0-484-09895-3(0));* 2017. pap. 9.57 *(978-0-243-28557-0(4))* Forgotten Bks.

Dark Skies. Danielle L. Jensen. 2021. (Dark Shores Ser.: 2). (ENG.). 480p. (YA). pap. 21.99 *(978-1-250-31777-3(0),* 900200019, Tor Teen) Doherty, Tom Assocs., LLC.

Dark Skin Light Skin. Ajaye Herndon & Glynis W. de Vance. Ed. by Joann Price. 2017. (ENG., Illus.). (J). pap. 11.00 *(978-1-945109-02-7(5))* Create Noise Publishing.

Dark Skin, Light Skin, Your Skin, My Skin. Alicia R. Jeremiah. 2021. (ENG.). 26p. (J). pap. 15.99 *(978-0-578-75351-5(0))* Alicia R. Jeremiah.

Dark Sky: Escaping the Red World. Renato Figueiredo. 2018. (ENG., Illus.). 146p. (YA). pap. 13.95 *(978-1-64214-347-8(2))* Page Publishing Inc.

Dark Sky Rising: Reconstruction & the Dawn of Jim Crow (Scholastic Focus) Henry Louis Gates Jr. 2020. (ENG.). 240p. (J). (gr. 4-7). pap. 12.99 *(978-1-338-71365-7(5))* Scholastic, Inc.

Dark Sky Rising: Reconstruction & the Dawn of Jim Crow (Scholastic Focus) Henry Louis Gates Jr. & Tonya Bolden. 2019. (ENG., Illus.). 240p. (J). (gr. 4-7). 19.99 *(978-1-338-26204-9(1),* Scholastic Nonfiction) Scholastic, Inc.

Dark Spell: Darkhaven Saga Book 4. Danielle Rose. 2020. (Darkhaven Saga Ser.: 4). (ENG.). 168p. (YA). pap. 11.99 *(978-1-64263-171-5(X))* Waterhouse Press LLC.

Dark Star. R. T. Martin. 2017. (Midnight Ser.). (ENG.). 96p. (YA). (gr. 6-12). 26.65 *(978-1-5124-2769-1(1),* 8eeb8a61-2d0b-4e89-bb5c-bc1bee46c19d); E-Book 39.99 *(978-1-5124-3485-9(X),* 9781512434859) Lerner Publishing Group. (Darby Creek).

Dark Star Calling: A Dark Intercept Novel. Julia Keller. 2019. (Dark Intercept Ser.: 3). (ENG.). 272p. (YA). pap. 16.99 *(978-0-7653-8769-1(7),* 900161513, Tor Teen) Doherty, Tom Assocs., LLC.

Dark Star (Classic Reprint) Robert W. Chambers. 2017. (ENG., Illus.). (J). 34.44 *(978-0-260-31141-2(3))* Forgotten Bks.

Dark Stars. Danielle Rollins. (Dark Stars Ser.: 3). (ENG.). 320p. (YA). (gr. 9). 2022. pap. 10.99 *(978-0-06-268001-3(3));* 2021. 17.99 *(978-0-06-268000-6(5))* HarperCollins Pubs. (HarperTeen).

Dark Strain (Classic Reprint) Shubael Shubael. 2018. (ENG., Illus.). 264p. (J). 29.36 *(978-0-483-45934-2(8))* Forgotten Bks.

Dark Swan. J. M. Ivie. 2022. (ENG.). 408p. (YA). 24.99 ***(978-1-0879-5127-0(5))*** Indy Pub.

Dark Talent: Alcatraz vs. the Evil Librarians. Brandon Sanderson. 2022. (Alcatraz Versus the Evil Librarians Ser.: 5). (ENG.). 304p. (J). pap. 9.99 *(978-0-7653-8141-5(9),* 900148909, Starscape) Doherty, Tom Assocs., LLC.

Dark Tempest. Annette Marie. 2017. (Red Winter Trilogy Ser.: Vol. 2). (ENG., Illus.). (YA). (gr. 8-12). pap. *(978-1-988153-09-4(3))* Marie, Annette.

Dark Testament: Blackout Poems. Crystal Simone Smith. 2023. (ENG., Illus.). 160p. (YA). 19.99 *(978-1-250-85436-0(9),* 900259326, Holt, Henry & Co. Bks. For Young Readers) Holt, Henry & Co.

Dark-Thirty: Southern Tales of the Supernatural. Patricia McKissack. 2022. (Illus.). 128p. (J). (gr. 3-7). pap. 9.99 *(978-0-593-12347-8(6),* Yearling) Random Hse. Children's Bks.

Dark-Thirty: Southern Tales of the Supernatural. Patricia McKissack. Illus. by Brian Pinkney. 2022. 128p. (J). (gr. 3-7). 18.99 *(978-0-679-81863-2(4),* Knopf Bks. for Young Readers) Random Hse. Children's Bks.

Dark Thunder Is Born: Attacking Bad Behavior One Lesson at a Time. D. T. Johnson. 2020. (Illus.). 34p. (J). lib. bdg. 19.99 *(978-0-9752781-3-0(4))* Teachers Appreciation Guild.

Dark Thunder Is Born (Parent Edition) Attacking Bad Behavior at Home One Lesson at a Time. D. T. Johnson. 2020. (ENG.). 58p. (J). pap. 17.00 *(978-0-9752781-7-8(7))* Teachers Appreciation Guild.

Dark Tide. Alicia Jasinska. (ENG.). 336p. (YA). (gr. 8-12). 2021. pap. 10.99 *(978-1-7282-3192-1(2));* 2020. 17.99 *(978-1-7282-0998-2(6))* Sourcebooks, Inc.

Dark Tide. Sean Rodman. 2023. (Orca Anchor Ser.). (ENG.). 96p. (YA). (gr. 8-12). pap. 10.95 ***(978-1-4598-3711-9(8))*** Orca Bk. Pubs. USA.

Dark Tides. Kimberly Vale. 2022. (Kingdom of Bones Ser.: 2). (ENG.). 352p. (YA). 17.99 *(978-1-990259-31-9(6),* 900258254) Wattpad Bks. CAN. Dist: Macmillan.

Dark Times: A Glitch in Time Saga. Lois Farley-Ray. 2020. (ENG.). 132p. (J). pap. 12.95 *(978-1-64628-569-3(7))* Page Publishing Inc.

Dark Tower. Donal Foley. 2016. (Glaston Chronicles Ser.: Vol. 2). (ENG., Illus.). 245p. (YA). (gr. 7-11). pap. *(978-0-9574969-3-4(1))* Theotokos Bks.

Dark Tower (Classic Reprint) Phyllis Bottome. (ENG., Illus.). (J). 2018. 398p. 32.11 *(978-0-332-94621-4(5));* 2017. pap. 16.57 *(978-0-243-28789-5(5))* Forgotten Bks.

Dark Tracks. Philippa Gregory. Illus. by Fred van Deelen. (Order of Darkness Ser.: 4). (ENG.). 320p. (YA). (gr. 9). 2019. pap. 12.99 *(978-1-4424-7694-3(X));* 2018. 19.99 *(978-1-4424-7693-6(1))* Simon Pulse. (Simon Pulse).

Dark Trails Part 2. Deek Harris. 2020. (ENG.). 202p. (YA). pap. 14.50 *(978-0-578-70029-8(8))* William "Deek" Harris.

Dark Tricks. Linda Chapman. Illus. by Lucy Fleming. 2020. (Star Friends Ser.: 4). (ENG.). 160p. (J). (gr. 1-4). pap. 6.99 *(978-1-68010-469-1(1))* Tiger Tales.

Dark Triumph. Robin LaFevers. 2018. (His Fair Assassin Ser.: 2). (ENG., Illus.). 416p. (YA). (gr. 9). pap. 10.99 *(978-1-328-56766-6(4),* 1726823, Clarion Bks.) HarperCollins Pubs.

Dark Vault: Unlock the Archive. Victoria Schwab. 2018. (Archived Ser.). (ENG.). 704p. (J). (gr. 7-17). pap. 11.99 *(978-1-368-02770-0(9))* Hyperion Bks. for Children.

Dark War. Abby Greenbaum. 2021. (ENG.). 332p. (YA). pap. 14.99 *(978-1-0879-6878-0(X))* Indy Pub.

Dark Was Done. Lauren Stringer. Illus. by Lauren Stringer. 2022. (ENG., Illus.). 48p. (J). (gr. -1-3). 18.99 *(978-1-5344-6292-2(9),* Beach Lane Bks.) Beach Lane Bks.

Dark Was the Night: Blind Willie Johnson's Journey to the Stars. Gary Golio. Illus. by E. B. Lewis. 2020. 32p. (J). (gr. k-3). 17.99 *(978-1-5247-3888-4(3),* Nancy Paulsen Books) Penguin Young Readers Group.

Dark Waters. Katherine Arden. (Small Spaces Quartet Ser.: 3). (J). (gr. 5). 2022. 272p. 8.99 *(978-0-593-10917-5(1));* 2021. 256p. 16.99 *(978-0-593-10915-1(5))* Penguin Young Readers Group. (G.P. Putnam's Sons Books for Young Readers).

Dark Waters. Julie Gilbert. 2017. (Dark Waters Ser.). (ENG., Illus.). 160p. (J). (gr. 5-9). 111.96 *(978-1-4965-4192-5(8),* 25514, Stone Arch Bks.) Capstone.

Dark Waters: A Portal to Space. Jason M. Burns. Illus. by Dustin Evans. 2022. (Declassified: the et Files Ser.). (ENG.). 32p. (J). (gr. 4-8). pap. 14.21 *(978-1-6689-1150-1(7),* 221095); lib. bdg. 32.07 *(978-1-6689-0990-4(1),* 220957) Cherry Lake Publishing. (Torch Graphic Press).

Dark Web, 1 vol. Ed. by Eamon Doyle. 2019. (Current Controversies Ser.). (ENG.). 200p. (gr. 10-12). pap. 33.00 *(978-1-5345-0606-0(3),* a29a3da6-93cc-45bd-af18-b159560ea9ba, Greenhaven Publishing) Greenhaven Publishing LLC.

Dark Web. Sue Bradford Edwards. 2019. (Privacy in the Digital Age Ser.). (ENG.). 48p. (J). (gr. 4-8). lib. bdg. 35.64 *(978-1-5321-1891-3(0),* 32651) ABDO Publishing Co.

Dark Winter Turquoise Band. Claire Llewellyn. ed. 2017. (Cambridge Reading Adventures Ser.). (ENG., Illus.). 24p. pap. 7.35 *(978-1-108-43978-7(0))* Cambridge Univ. Pr.

Dark Wyng (the Erth Dragons #2) Chris d'Lacey. 2018. (Erth Dragons Ser.: 2). (ENG.). 352p. (J). (gr. 3-7). pap. 7.99 *(978-0-545-90058-4(1));* 16.99 *(978-0-545-90057-7(3),* Scholastic Pr.) Scholastic, Inc.

Darkchylde: The Ariel Chylde Saga. R. Queen. 2016. (ENG., Illus.). (YA). pap. 16.99 *(978-1-62007-412-1(5))* Curiosity Quills Pr.

Darkdeep. Ally Condie & Brendan Reichs. (Darkdeep Ser.). (ENG.). (J). 2019. 288p. pap. 7.99 *(978-1-5476-0248-3(1),* 900207570); 2018. 272p. 16.99 *(978-1-5476-0046-5(2),* 900196366) Bloomsbury Publishing USA. (Bloomsbury Children's Bks.).

Darkdeep. Allyson Braithwaite Condie & Brendan Reichs. 2018. 261p. (J). *(978-1-5476-0215-5(5))* Bloomsbury Publishing USA.

Darkdrifters: The Key & the Crescent. Mj Newman. 2020. (ENG.). 332p. (YA). 39.95 *(978-1-716-04845-6(1));* pap. 19.98 *(978-1-716-13354-1(8))* Lulu Pr., Inc.

Darkened Destinies. Ashley Brandt. 2018. (ENG., Illus.). 164p. (YA). pap. 14.95 *(978-1-64082-629-8(7))* Page Publishing Inc.

Darkening. Sunya Mara. (Darkening Duology Ser.: 1). (ENG.). 400p. (YA). (gr. 8). 2023. pap. 15.99 *(978-0-358-74971-4(9));* 2022. 18.99 *(978-0-358-56198-9(1),* 1804373) HarperCollins Pubs. (Clarion Bks.).

Darkening King (Ned's Circus of Marvels, Book 3) Justin Fisher. 2018. (Ned's Circus of Marvels Ser.: 3). (ENG.). 464p. (J). 6.99 *(978-0-00-826222-8(5),* HarperCollins Children's Bks.) HarperCollins Pubs. Ltd. GBR. Dist: HarperCollins Pubs.

Darkening of Dragons. S A Patrick. (Songs of Magic Ser.). (ENG., Illus.). 400p. (J). (gr. 3-7). 2023. pap. 9.99 *(978-1-68263-521-6(X));* 2022. 17.99 *(978-1-68263-376-2(4))* Peachtree Publishing Co. Inc.

Darker Stars. Chess Desalls. 2017. (ENG., Illus.). 230p. (J). pap. 14.49 *(978-0-9993829-5-0(0))* Lore, Czidor LLC.

Darkest Before Dawn. Rachel Ellen Sankey. 2017. (ENG.). 281p. (YA). 26.95 *(978-1-78629-943-7(7),* f4881f96-4a31-4c95-9376-1ab03012c3f2) Austin Macauley Pubs. Ltd. GBR. Dist: Baker & Taylor Publisher Services (BTPS).

Darkest Corners. Kara Thomas. 2017. 352p. (YA). (gr. 9). pap. 9.99 *(978-0-553-52148-1(9),* Ember) Random Hse. Children's Bks.

Darkest Dark. Chris Hadfield. Illus. by The Fan Brothers. 2016. (ENG.). 48p. (J). (gr. -1-3). 17.99 *(978-0-316-39472-7(6))* Little, Brown Bks. for Young Readers.

Darkest Hour. Caroline Tung Richmond. 2016. (ENG.). 320p. (YA). (gr. 7). 17.99 *(978-0-545-80127-0(3),* Scholastic Pr.) Scholastic, Inc.

Darkest Hour. M. J. Ryder. 2018. (ENG.). 178p. (YA). (gr. 7-12). pap. ***(978-1-912615-64-3(9))*** Grow Global Publishing.

Darkest Legacy-The Darkest Minds, Book 4. Alexandra Bracken. (Darkest Minds Novel Ser.). (ENG.). 576p. (YA). (gr. 7-12). 2019. pap. 10.99 *(978-1-368-05752-3(7));* 2018. 18.99 *(978-1-368-02324-5(X))* Disney Publishing Worldwide. (Disney-Hyperion).

Darkest Lie. Pintip Dunn. 2016. viii, 292p. (YA). *(978-1-5182-2703-5(1),* Kensington Bks.) Kensington Publishing Corp.

Darkest Minds Series Boxed Set [4-Book Paperback Boxed Set]-The Darkest Minds. Alexandra Bracken. 2018. (Darkest Minds Novel Ser.). (ENG.). 2096p. (YA). (gr. 7-12). 39.99 *(978-1-368-02337-5(1),* Disney-Hyperion) Disney Publishing Worldwide.

Darkest Minds, the (Bonus Content) Alexandra Bracken. 2018. (Darkest Minds Novel Ser.: 1). (ENG.). 576p. (YA). (gr. 7-12). pap. 11.99 *(978-1-368-02245-3(6),* Disney-Hyperion) Disney Publishing Worldwide.

Darkest Night (Department 19, Book 5) Will Hill. 2016. (Department 19 Ser.: 5). (ENG.). 736p. (J). pap. 9.99 *(978-0-00-815427-1(9),* HarperCollins Children's Bks.) HarperCollins Pubs. Ltd. GBR. Dist: HarperCollins Pubs.

Darkest Part of the Forest. Holly Black. ed. 2019. (ENG.). 368p. (YA). (gr. 9-17). pap. 12.99 *(978-0-316-53621-9(0))* Little, Brown Bks. for Young Readers.

Darkest Part of the Forest. Holly Black. ed. 2016. (YA). lib. bdg. 22.10 *(978-0-606-37533-7(3))* Turtleback.

Darkest Power. Chris Desmond. 2019. (ENG.). 284p. (YA). pap. 17.99 *(978-1-4999-0611-0(0))* FastPencil, Inc.

Darkest Star. Jennifer L. Armentrout. 2019. (Origin Ser.: 1). (ENG.). 384p. (YA). pap. 11.99 *(978-1-250-17571-7(2),* 900189438, Tor Teen) Doherty, Tom Assocs., LLC.

Darkfeather. Andrew Demcak. 2019. (Elusive Spark Ser.: 3). (ENG., Illus.). 180p. (YA). pap. 14.99 *(978-1-64080-864-5(7),* Harmony Ink Pr.) Dreamspinner Pr.

Darkhaven Manor. Elikal Ialborcales. 2023. (GER.). 146p. (YA). pap. ***(978-1-4477-1869-7(0))*** Lulu Pr., Inc.

Darkhearts: A Novel. James L. Sutter. 2023. (ENG., Illus.). 336p. (YA). 20.00 *(978-1-250-86974-6(9),* 900279217, Wednesday Bks.) St. Martin's Pr.

Darklands. Arnav Das Sharma. 2021. (ENG.). 256p. (YA). (gr. 7). pap. 9.99 *(978-0-14-343992-9(8),* Penguin Enterprise) Penguin Bks. India PVT, Ltd IND. Dist: Independent Pubs. Group.

Darkling Chronicles, Shadows 2. Tricia Zoeller. 2016. (ENG., Illus.). (J). pap. 15.75 *(978-0-9893963-4-9(7))* Blue Portal Pr. LLC.

Darkling Plain (Mortal Engines, Book 4) Philip Reeve. 2017. (Mortal Engines Ser.: 4). (ENG.). 544p. (YA). (gr. 7-7). pap. 12.99 *(978-1-338-20115-4(8),* Scholastic Pr.) Scholastic, Inc.

Darkly Beating Heart. Lindsay Smith. 2016. (ENG.). 272p. (YA). 34.99 *(978-1-62672-044-2(4),* 900132964) Roaring Brook Pr.

Darkmouth #1: the Legends Begin. Shane Hegarty. Illus. by James de la Rue. 2016. (Darkmouth Ser.: 1). (ENG.). 432p. (J). (gr. 3-7). pap. 7.99 *(978-0-06-231130-6(1),* HarperCollins) HarperCollins Pubs.

Darkmouth #3: Chaos Descends. Shane Hegarty. 2017. (Darkmouth Ser.: 3). (ENG., Illus.). 432p. (J). (gr. 3-7). 17.99 *(978-0-06-231135-1(2),* HarperCollins) HarperCollins Pubs.

Darkmouth #4: Hero Rising. Shane Hegarty. 2018. (Darkmouth Ser.: 4). (ENG., Illus.). 400p. (J). (gr. 3-7). 17.99 *(978-0-06-231138-2(7),* HarperCollins) HarperCollins Pubs.

Darkness. Matt Brennan. 2018. (ENG., Illus.). 208p. (YA). pap. *(978-1-925819-42-7(6))* Tablo Publishing.

Darkness. Sagine Jean. 2017. (Survive Ser.). (ENG.). 192p. (YA). (gr. 5-12). lib. bdg. 31.42 *(978-1-68076-731-5(3),* 25396, Epic Escape) EPIC Pr.

Darkness. Christopher Krovatin. 2021. (ENG.). 240p. (J). (gr. 3-7). pap. 7.99 *(978-1-338-74629-7(4),* Scholastic Pr.) Scholastic, Inc.

Darkness. Tom Huddleston. ed. 2018. (Star Wars Chapter Ser.). (ENG.). 134p. (J). (gr. 1-3). 16.36 *(978-1-64310-350-1(4))* Penworthy Co., LLC, The.

Darkness. Lucasfilm Book Group & Tom Huddleston. ed. 2017. (Star Wars Adventures in Wild Space Ser.: 4). (Illus.). 134p. (J). lib. bdg. 16.00 *(978-0-606-39962-3(3))* Turtleback.

Darkness: Part 1. Tyler Baz. 2023. (Noah's Story Ser.). (ENG.). 336p. (YA). ***(978-1-0391-7635-5(6));*** pap. ***(978-1-0391-7634-8(8))*** FriesenPress.

Darkness #4. Tom Huddleston. Illus. by Lucy Ruth Cummins & David Buisán. 2019. (Star Wars: Adventures in Wild Space Ser.). (ENG.). 144p. (J). (gr. 3-7). lib. bdg. 31.36 *(978-1-5321-4321-2(4),* 31851, Chapter Bks.) Spotlight.

Darkness & Dawn (Classic Reprint) George Allan England. (ENG., Illus.). (J). 2018. 688p. 38.11 *(978-0-484-40371-9(0));* 2017. pap. 20.57 *(978-0-243-08906-2(6))* Forgotten Bks.

Darkness & Daylight, or Lights & Shadows of New York Life: A Woman's Narrative of Mission Work in Tough Places, with Personal Experiences among the Poor, the Homeless, the Vicious & the Depraved in the Great under-World of New York. Helen Campbell. (ENG., Illus.). (J). 2017. 274p. 29.55 *(978-0-331-93129-7(X));* 2016. pap. 11.97 *(978-1-334-12830-1(8))* Forgotten Bks.

Darkness & Daylight, or Lights & Shadows of New York Life (Classic Reprint) Helen Campbell. 2018. (ENG., Illus.). 642p. (J). 37.14 *(978-0-364-41332-6(8))* Forgotten Bks.

Darkness & Dystopia: An Anthology. Ed. by Richard Mayers. 2020. (ENG., Illus.). 140p. (YA). (gr. 7-12). pap. *(978-1-9162126-1-9(1))* Burton Mayers Bks.

Darkness & Light, 1 vol. Dewayne Hotchkins. 2016. (Rosen REAL Readers: STEM & STEAM Collection). (ENG.). 8p. (gr. k-1). pap. 5.46 *(978-1-5081-2407-8(8),* b37cdf43-815e-453f-93d1-fa24e5473843, Rosen Classroom) Rosen Publishing Group, Inc., The.

Darkness at the Door. Intisar Khanani. 2022. (Dauntless Path Ser.: Vol. 3). (ENG.). 516p. (YA). pap. 22.99 ***(978-1-952667-82-4(8))*** Snowy Wings Publishing.

Darkness at the End. Ruth Frances Long. 2016. (ENG.). 448p. (J). pap. 16.00 *(978-1-84717-863-3(4))* O'Brien Pr., Ltd., The IRL. Dist: Dufour Editions, Inc.

Darkness Daylight: A Novel (Classic Reprint) Mary Jane Holmes. 2018. (ENG., Illus.). 382p. (J). 31.80 *(978-0-483-80329-9(4))* Forgotten Bks.

Darkness Descends. J. C. Kavanagh. (Twisted Climb Ser.: Vol. 2). (ENG.). (YA). (gr. 7-12). 2019. 274p. pap. *(978-0-2286-1069-4(9));* 2018. (Illus.). 198p. pap. *(978-0-2286-0489-1(3))* Books We Love Publishing Partners.

Darkness Fair, 0 vols. Rachel A. Marks. 2016. (Dark Cycle Ser.: 2). (ENG.). 334p. (YA). (gr. 8-13). pap. 9.99 *(978-1-5039-5029-0(8),* 9781503950290, Skyscape) Amazon Publishing.

Darkness Falling. Emma L. Adams. 2021. (Darkworld Ser.: Vol. 5). (ENG.). 260p. (YA). pap. ***(978-1-915250-93-3(5))*** Adams, Emma L.

Darkness in Her Reach. Clare C. Marshall. 2019. (Sparkstone Saga Ser.: Vol. 4). (ENG.). 288p. (YA). pap. *(978-1-988110-07-3(6))* Faery Ink Pr.

Darkness in Lee's Closet & the Others Waiting There. Roy Schwartz. 2018. (ENG., Illus.). 258p. (J). pap. *(978-1-912775-03-3(4))* Aelurus Publishing.

Darkness of Dragons (Wings of Fire #10) Tui T. Sutherland. (Wings of Fire Ser.: 10). (ENG.). 432p. (J). (gr. 3-7). 2018. pap. 7.99 *(978-0-545-68548-1(6));* 2017. (Illus.). 16.99 *(978-0-545-68547-4(8))* Scholastic, Inc. (Scholastic Pr.).

Darkness of Wolves. Nicole Bea. 2021. (ENG.). 170p. (J). pap. *(978-0-3695-0348-0(1))* Evernight Publishing.

Darkness on a Foreign Shore: Unravel Your Destiny Book 1. G. R. Jordan. 2019. (Unravel Your Destiny Ser.: Vol. 1). (ENG.). 338p. (YA). pap. *(978-1-912153-51-0(3));* (Illus.). *(978-1-912153-55-8(6))* Carpetless Publishing.

Darkness Outside Us. Eliot Schrefer. (ENG.). 416p. (YA). (gr. 8). 2022. pap. 15.99 *(978-0-06-288823-5(4));* 2021. 17.99 *(978-0-06-288828-0(5))* HarperCollins Pubs. (Tegen, Katherine Bks).

Darkness Rising: Daughters of Light. Mary Jennifer Payne. 2019. (Daughters of Light Ser.: 3). (ENG.). 312p. (YA). (gr. 7-10). pap. 12.99 *(978-1-4597-4103-4(X))* Dundurn Pr. CAN. Dist: Publishers Group West (PGW).

Darkness Savage. Rachel A. Marks. 2016. (Dark Cycle Ser.: 3). (ENG.). 380p. (YA). (gr. 8-13). pap. 9.99 *(978-1-5039-5030-6(1),* 9781503950306, Skyscape) Amazon Publishing.

464 The check digit for ISBN-10 appears in parentheses after the full ISBN-13

Darkness Sleeping: Origins of Morgana le Fay. Jen Pretty. 2019. (Origins of Morgana le Fay Ser.: Vol. 1). (ENG.). 230p. (J). pap. *(978-1-9990404-4-4(9))* Pretty, Jen.

Darkness Strange & Lovely. Susan Dennard. 2017. (Something Strange & Deadly Trilogy Ser.: 2). (ENG.). 432p. (YA). (gr. 9). pap. 9.99 *(978-0-06-265816-6(6),* HarperTeen) HarperCollins Pubs.

Darkness They Could Not See: A Book That Gives the Taínos a Voice. Ron Costello. 2018. (First Voyage Ser.: Vol. 1). (ENG., Illus.). 402p. (YA). (gr. 7-12). pap. 13.95 *(978-0-9886549-6-9(2))* Gold Sun Publishing.

Darkness They Could Not See: The Book That Gives the Taínos a Voice. Ronald Costello. 2018. (First Voyage Ser.: Vol. 1). (ENG., Illus.). 402p. (YA). (gr. 7-12). 29.95 *(978-0-9886549-7-6(0))* Gold Sun Publishing.

Darkness Visible: Philip Pullman & His Dark Materials. Nicholas Tucker. 2nd ed. 2017. (ENG., Illus.). 224p. (gr. 8). pap. 14.95 *(978-1-78578-228-2(2))* Icon Bks., Ltd. GBR. Dist: Publishers Group West (PGW).

Darkness Watching. Emma L. Adams. 2021. (Darkworld Ser.: Vol. 1). (ENG.). 260p. (YA). pap. ***(978-1-915250-89-6(7))*** Adams, Emma L.

Darkness Whispered. Amber R. Duell. 2020. (Darkness Series: Temptation Ser.: Vol. 1). (ENG.). 366p. (YA). pap. 12.99 *(978-1-0878-8629-9(5))* Indy Pub.

Darkroom. K. R. Alexander. ed. 2023. (K. R. Alexander Scares Ser.). (ENG.). 262p. (J). (gr. 3-7). 20.46 ***(978-1-68505-871-5(X))*** Penworthy Co., LLC, The.

Darkroom. K. R. Alexander. 2022. (ENG.). 272p. (J). (gr. 4-7). pap. 7.99 *(978-1-338-80733-2(1))* Scholastic, Inc.

Darkseid & the Fires of Apokolips. Derek Fridolfs. Illus. by Tim Levins. 2017. (Justice League Ser.). (ENG.). 88p. (J). (gr. 2-6). lib. bdg. 26.65 *(978-1-4965-5157-3(5),* 136170, Stone Arch Bks.) Capstone.

Darkstalker (Wings of Fire: Legends) Tui T. Sutherland. 2017. (Wings of Fire Ser.). (ENG.). 400p. (J). (gr. 3-7). pap. 8.99 *(978-1-338-05362-3(0))* Scholastic, Inc.

Darkstalker (Wings of Fire: Legends) (Special Edition), 1 vol. Tui T. Sutherland. ed. 2016. (Wings of Fire Ser.). (ENG., Illus.). 400p. (J). (gr. 3-7). 17.99 *(978-1-338-05361-6(2),* Scholastic Pr.) Scholastic, Inc.

Darktown Social Betterment S'Ciety (Classic Reprint) W. T. Newton. (ENG., Illus.). (J). 2018. 20p. 24.31 *(978-0-656-90755-7(X));* 2016. pap. 7.97 *(978-1-333-46480-6(0))* Forgotten Bks.

Darkwood Tragedy (Classic Reprint) Lula V. Stenzel. 2017. (ENG., Illus.). (J). 184p. 27.69 *(978-0-484-29453-9(9));* pap. 10.57 *(978-0-282-46618-3(5))* Forgotten Bks.

Darla: My Life in a Box: a True Story. Teresa L. Adams. Illus. by Melinda D'Augostine. 2022. (ENG.). 20p. (J). pap. ***(978-0-2288-7758-5(X))*** Tellwell Talent.

Darla Decker Plays It Straight. Jessica McHugh. Ed. by Whitney Smyth. 2016. (Darla Decker Diaries: Vol. 4). (ENG., Illus.). (YA). (gr. 7-12). pap. 13.95 *(978-1-62253-257-5(0))* Evolved Publishing.

Darlegung der Theoretischen Berechnung der in Den Mondtafeln Angewandten Storungen, Vol. 2 (Classic Reprint) Peter Andreas Hansen. 2018. (GER., Illus.). 414p. (J). 32.44 *(978-0-656-63304-3(2))* Forgotten Bks.

Darling Academy. Elizabeth Dougherty. 2019. (ENG.). 334p. (J). pap. 12.50 *(978-0-9845513-5-4(2))* School Street Bks.

Darling, & Other Stories, Vol. 1 (Classic Reprint) Anton Chekov. 2017. (ENG., Illus.). (J). 31.18 *(978-1-5280-8331-7(8))* Forgotten Bks.

Darling Daughter: Advice from Mothers. Marketa Baker & Latina Shelley. 2019. (ENG.). 138p. (YA). pap. *(978-1-716-27446-6(X))* Lulu Pr., Inc.

Darling Doll. Thomas Kingsley Troupe. Illus. by Rudy Faber. 2016. (Hauntiques Ser.). (ENG.). 128p. (J). (gr. 4-6). lib. bdg. 25.32 *(978-1-4965-3548-1(0),* 132657, Stone Arch Bks.) Capstone.

Darling, You're Fine: Based on a True Story. Cait Strit. 2021. (ENG.). 144p. (J). pap. 16.99 *(978-1-943974-52-8(7))* Shoestring Bk. Publishing.

Darlingtons (Classic Reprint) Elmore Elliott Peake. 2017. (ENG., Illus.). (J). 32.68 *(978-0-266-18971-8(7))* Forgotten Bks.

Darn Socks! Angelia Wimbley. Illus. by Elien de Laet. 2021. (ENG.). 44p. (J). pap. 9.99 *(978-1-7360999-5-7(7))* Pathwinder Publishing.

Darnley, or the Field of the Cloth of Gold, Vol. 1 of 2 (Classic Reprint) George Payne Rainsford James. 2017. (ENG., Illus.). (J). 224p. 28.52 *(978-0-484-45352-3(1));* pap. 10.97 *(978-0-259-19378-4(X))* Forgotten Bks.

Darnley or the Field of the Cloth of Gold, Vol. 1 of 3 (Classic Reprint) George Payne Rainsford James. 2017. (ENG., Illus.). 340p. (J). 30.91 *(978-1-5279-6796-0(4))* Forgotten Bks.

Darnley or the Field of the Cloth of Gold, Vol. 2 (Classic Reprint) George Payne Rainsford James. 2017. (ENG., Illus.). (J). 29.63 *(978-1-5284-6307-2(2));* pap. 13.57 *(978-1-5276-5807-3(4))* Forgotten Bks.

Darnley, or the Field of the Cloth of Gold, Vol. 2 of 3 (Classic Reprint) George Payne Rainsford James. (ENG., Illus.). (J). 2018. 342p. 30.97 *(978-0-483-28960-4(4));* 2016. pap. 13.57 *(978-1-333-29499-1(9))* Forgotten Bks.

Darnley, or the Field of the Cloth of Gold, Vol. 3 of 3 (Classic Reprint) George Payne Rainsford James. 2018. (ENG., Illus.). 346p. (J). 31.03 *(978-0-484-46377-5(2))* Forgotten Bks.

Darrel of the Blessed Isles (Classic Reprint) Irving Bacheller. 2018. (ENG., Illus.). 418p. (J). 32.52 *(978-0-267-72201-3(X))* Forgotten Bks.

Darren's Dilemma. John Davies. 2018. (Darren the Dragon Ser.: Vol. 5). (ENG., Illus.). 30p. (J). (gr. k-5). pap. *(978-1-911569-72-5(4))* Rowanvale Bks.

Darrow Enigma (Classic Reprint) Melvin L. Severy. (ENG., Illus.). (J). 2018. 376p. 31.65 *(978-0-428-76539-2(4));* 2017. pap. 16.57 *(978-1-334-92920-5(3))* Forgotten Bks.

Darryll Gap: Or Whether It Paid (Classic Reprint) Virginia F. Townsend. 2018. (ENG., Illus.). 460p. (J). 33.38 *(978-0-483-86546-4(X))* Forgotten Bks.

Darryl's Dream. Darryl 'DMC' McDaniels et al. Illus. by Tristan Tait. 2022. (ENG.). 32p. (J). (gr. -1-2). 12.99 *(978-0-593-48774-7(5),* Random Hse. Bks. for Young Readers) Random Hse. Children's Bks.

Dart & Dive Across the Reef: Life in the World's Busiest Reefs. Vassiliki Tzomaka. 2021. (ENG., Illus.). 56p. (J). (gr. 1-4). 19.95 *(978-0-500-65231-2(7),* 565231) Thames & Hudson.

Dart Guns at Dawn. Daniel Kenney. 2020. (Not Quite Cook Kids Ser.: Vol. 1). (ENG.). 122p. (J). pap. 9.99 *(978-1-947865-35-8(8))* Trendwood Pr.

Dart the Digital Reindeer: Santa's Partner in the Cyber World. Byron Butterworth. Illus. by Madeleine Mae Migallos. 2021. (ENG.). 50p. (J). *(978-0-2288-5489-0(X));* pap. *(978-0-2288-5490-6(3))* Tellwell Talent.

D'Artagnan & the Three Musketeers: For Crown & Glory! Ethan Safron. Illus. by Holly Gee. 2020. (ENG.). 76p. (J). pap. 6.95 *(978-1-64574-104-6(4))* Odeon Livre.

Darth & the Puppeteers. Michael Davidson. 2018. (ENG., Illus.). 340p. (J). pap. 33.95 *(978-1-64298-243-5(1))* Page Publishing Inc.

Darth Vader. Scholastic Editors & Jason Fry. ed. 2017. (Backstories Ser.: Vol. 6). (ENG., Illus.). 128p. (J). (gr. 3-7). 16.00 *(978-0-606-39145-0(2))* Turtleback.

Darth Vader, Rebel Hunter! Lauren Nesworthy. 2016. (Illus.). 48p. (J). *(978-1-5182-1849-1(0))* Dorling Kindersley Publishing, Inc.

Darth Vader, Rebel Hunter! Lauren Nesworthy. 2016. (Star Wars DK Readers Level 2 Ser.). lib. bdg. 13.55 *(978-0-606-38713-2(7))* Turtleback.

Darting Dragonflies. Robin Nelson. 2016. (First Step Nonfiction — Backyard Critters Ser.). (ENG., Illus.). 24p. (J). (gr. k-2). 23.99 *(978-1-5124-0883-6(2),* a00c75d1-8f56-4aaf-82f3-e7526f81c043, Lerner Pubns.) Lerner Publishing Group.

Dartmoor (Classic Reprint) Maurice H. Hervey. 2017. (ENG., Illus.). 310p. (J). 30.29 *(978-0-484-44760-7(2))* Forgotten Bks.

Dartmoor Days with the Forest Hunt (Classic Reprint) J. H. W. Knight-Bruce. 2017. (ENG., Illus.). (J). 31.07 *(978-0-331-86912-5(8))* Forgotten Bks.

Dartmoor Idylls (Classic Reprint) S. Baring-Gould. 2017. (ENG., Illus.). 308p. (J). 30.25 *(978-0-484-26036-7(7))* Forgotten Bks.

Dartmouth Parsonage: A Tale for Youth (Classic Reprint) Unknown Author. 2018. (ENG., Illus.). 314p. (J). 30.39 *(978-0-267-20526-4(0))* Forgotten Bks.

Dartmouth Sketches: Selected from the Undergraduate Publications of Dartmouth College (Classic Reprint) G. C. Selden. 2018. (ENG., Illus.). 216p. (J). 28.37 *(978-0-428-88102-3(5))* Forgotten Bks.

Darts & Flowers. Dean Backus. 2023. (ENG.). 330p. (YA). 29.99 ***(978-1-61153-514-3(X),*** Torchflame Bks.) Light Messages Publishing.

Darwin & Wendy. Kaleb Madison & Joseph Madison. 2019. (ENG.). 50p. (J). pap. 26.95 *(978-0-359-18631-0(9))* Lulu Pr., Inc.

Darwin Said I Could Be a Bird. Elrose Johnson. 2020. (ENG.). 28p. (J). 20.99 *(978-1-63221-316-7(8));* pap. 10.49 *(978-1-63221-315-0(X))* Salem Author Services.

Darwin the Dreamer. Don Dixon. 2019. (ENG.). 36p. (J). pap. *(978-0-359-48185-9(X))* Lulu Pr., Inc.

Darwin's Rival: Alfred Russel Wallace & the Search for Evolution. Christiane Dorion. Illus. by Harry Tennant. 2020. (ENG.). 64p. (J). (gr. 5). 24.99 *(978-1-5362-0932-7(5))* Candlewick Pr.

Darwin's Super-Pooping Worm Spectacular. Polly Owen. Illus. by Gwen Millward. 2023. (UND & ENG.). 32p. (J). (gr. 1-4). 19.99 ***(978-0-7112-7597-3(1),*** Wide Eyed Editions) Quarto Publishing Group UK GBR. Dist: Hachette Bk. Group.

Darwin's Tree of Life. Michael Bright. Illus. by Margaux Carpentier. 2019. (ENG.). 48p. (J). (gr. 2-6). 18.95 *(978-1-62371-919-7(4),* Crocodile Bks.) Interlink Publishing Group, Inc.

Dås Knuffale II. Jennifer Kresitschnig. 2018. (GER., Illus.). 140p. (J). pap. *(978-3-7103-3535-8(3))* united p.c. Verlag.

Dash. George Stanley. 2018. (ENG., Illus.). 56p. (J). pap. *(978-1-78830-158-9(7))* Olympia Publishers.

Dash: The Farm Dog. Molly Penner & Harper Kannen. 2020. (ENG.). 38p. (J). pap. 13.80 *(978-1-7948-6559-4(4))* Lulu Pr., Inc.

Dash & Dot. Kamya Sarma. 2017. (21st Century Skills Innovation Library: Makers As Innovators Ser.). (ENG., Illus.). 32p. (J). (gr. 4-8). lib. bdg. 32.07 *(978-1-63472-686-3(3),* 210046) Cherry Lake Publishing.

Dash & Laila. Brad Chisholm. 2020. (ENG.). 202p. (YA). pap. 18.95 *(978-1-68433-583-1(3))* Black Rose Writing.

Dash & Nikki & the Jellybean Game. Anthony C. Delauney. 2021. (ENG.). 38p. (J). 15.95 *(978-1-64543-816-8(3))* Amplify Publishing Group.

Dash & the Fibonacci Fungus. Seth Daugherty. Illus. by Adam Maguire. 2023. (ENG.). 176p. (J). pap. 9.99 ***(978-1-958302-48-4(1))*** Lawley Enterprises.

Dash & the Fibonacci Fungus. Seth Daugherty. Illus. by Adam Maguire. 2023. (ENG.). 176p. (J). 16.99 ***(978-1-958302-46-0(5))*** Lawley Enterprises.

Dash & Thud Activity Book - Ladybird Readers Starter Level 10. Ladybird. 2019. (Ladybird Readers Ser.). 16p. (gr. k). pap. 6.99 *(978-0-241-39394-9(9),* Ladybird) Penguin Bks., Ltd. GBR. Dist: Independent Pubs. Group.

Dash at the Pole (Classic Reprint) William Lyon Phelps. 2018. (ENG., Illus.). 76p. (J). 25.46 *(978-0-267-85930-6(9))* Forgotten Bks.

Dash (Dogs of World War II) Kirby Larson. 2016. (Dogs of World War II Ser.). (ENG.). 256p. (J). (gr. 3-7). pap. 8.99 *(978-0-545-41636-8(1),* Scholastic Paperbacks) Scholastic, Inc.

Dash for a Throne (Classic Reprint) Arthur Williams Marchmont. 2017. (ENG., Illus.). (J). 31.61 *(978-1-5280-6578-8(6))* Forgotten Bks.

Dash for Khartoum: A Tale of the Nile Expedition (Classic Reprint) G. A. Henty. 2018. (ENG., Illus.). 446p. (J). 33.10 *(978-0-365-21165-5(6))* Forgotten Bks.

Dash from Diamond City. George Manville Fenn. 2017. (ENG., Illus.). (J). 25.95 *(978-1-374-86102-2(2));* pap. 15.95 *(978-1-374-86101-5(4))* Capital Communications, Inc.

Dash Is Fab! - Read It Yourself with Ladybird Level 0. Ladybird Books Staff. 2018. (Read It Yourself with Ladybird Ser.). 32p. (J). (gr. -1-1). 4.99 *(978-0-241-31246-9(9))* Penguin Bks., Ltd. GBR. Dist: Independent Pubs. Group.

Dash of Belladonna. Jennifer Rackham. 2017. (ENG., Illus.). 286p. (YA). (gr. 7-12). pap. *(978-0-473-39765-4(X))* Lasavia Publishing Ltd.

Dash of Color! (Butterbean's Cafe) Golden Books. Illus. by Golden Books. 2020. (ENG., Illus.). 128p. (J). (gr. -1-2). pap. 7.99 *(978-0-593-12398-0(0),* Golden Bks.) Random Hse. Children's Bks.

Dash of Dragon. Heidi Lang & Kati Bartkowski. 2018. (Mystic Cooking Chronicles Ser.). (ENG.). 336p. (J). (gr. 3-7). pap. 8.99 *(978-1-4814-7792-5(7),* Aladdin) Simon & Schuster Children's Publishing.

Dash of Dragon. Heidi Lang & Kati Bartkowski. ed. 2018. lib. bdg. 19.65 *(978-0-606-41348-0(0))* Turtleback.

Dash on the Run! Jahshua Rogers. Illus. by Jahshua Rogers. 2016. (ENG., Illus.). (J). pap. 7.99 *(978-0-9863965-2-6(4))* OASYS Pr.

Dasha & Miro. Bradley Gaylard. Illus. by Gabriella Shcherban. (ENG.). 32p. (J). 2023. pap. ***(978-1-922991-62-1(7));*** 2022. pap. ***(978-1-922876-92-8(5))*** Library For All Limited.

Dasha & Miro - Dumu Na Simba. Bradley Gaylard. Illus. by Gabriella Shcherban. 2023. (SWA.). 32p. (J). pap. ***(978-1-922951-04-5(8))*** Library For All Limited.

Dasha on the Trail. Gwynne Margaret Bruck. 2021. (ENG.). 32p. (J). pap. 10.95 *(978-1-941384-63-3(3))* Sunbelt Pubns., Inc.

Dashel the Darling Dachshund. Dawn Roe. 2019. (Pap's Pups Book Ser.: Vol. 2). (ENG., Illus.). 20p. (J). pap. 12.99 *(978-1-951263-73-7(1))* Pen It Pubns.

Dasher: How a Brave Little Doe Changed Christmas Forever. Matt Tavares. Illus. by Matt Tavares. 2019. (Dasher Ser.). (ENG., Illus.). (J). E-Book 17.99 *(978-1-5362-1490-1(6),* 85751); 40p. (gr. -1-3). 17.99 *(978-1-5362-0137-6(5))* Candlewick Pr.

Dasher Can't Wait for Christmas. Matt Tavares. Illus. by Matt Tavares. 2023. (Dasher Ser.). (ENG.). 40p. (J). (gr. -1-3). 17.99 ***(978-1-5362-3013-0(8))*** Candlewick Pr.

Dashes at Life with a Free Pencil (Classic Reprint) Nathaniel Parker Willis. 2018. (ENG., Illus.). 914p. (J). 42.77 *(978-0-332-48824-0(1))* Forgotten Bks.

Dashes of American Humor (Classic Reprint) Howard Paul. 2018. (ENG., Illus.). 328p. (J). 30.66 *(978-0-483-26313-0(3))* Forgotten Bks.

Dashing Dragonflies: A 4D Book. Megan Cooley Peterson. 2019. (Little Entomologist 4D Ser.). (ENG., Illus.). 32p. (J). (gr. -1-2). lib. bdg. 30.65 *(978-1-9771-0344-4(8),* 139328) Capstone.

Dashing Sally Duel, & Other Stories (Classic Reprint) Harold Sands. 2018. (ENG., Illus.). (J). 162p. 27.24 *(978-1-396-69327-4(0));* 164p. pap. 9.97 *(978-1-391-60890-7(9))* Forgotten Bks.

Dashwood Hare & Friends: Big Changes for Dashwood. Sarah E. Haywood. 2016. (ENG., Illus.). 84p. (J). pap. *(978-1-988179-09-4(2))* Aspire2bfree.

Dashwood Hare & Friends: Big Changes for Dashwood - Picture Version. Sarah E. Haywood. 2016. (Dashwood Hare & Friends Ser.: Vol. 1). (ENG., Illus.). 56p. (J). pap. *(978-1-988179-10-0(6))* Aspire2bfree.

Dashwood Priory: Or Mortimer's College Life (Classic Reprint) E. J. May. 2018. (ENG., Illus.). 368p. (J). 31.49 *(978-0-267-46586-6(6))* Forgotten Bks.

Dassie's Tale: An African Dassie's Adventure. Ameera Gani. 2016. (ENG., Illus.). (J). pap. 22.99 *(978-1-4828-7671-0(X))* Partridge Pub.

Dassi's World. Hadascha Nicolas. Illus. by Patrick Noze. 2020. (ENG.). 32p. (J). 22.95 *(978-1-948877-50-3(3))* Watersprings Publishing.

Data & Databases, 1 vol. Jeff Mapua. 2018. (Let's Learn about Computer Science Ser.). (ENG.). 24p. (gr. 1-2). 24.27 *(978-1-9785-0181-2(1),* 73a61b3d-d474-496f-9cbd-22d19afd0f49) Enslow Publishing, LLC.

Data Geek (Set), 8 vols. 2017. (21st Century Skills Library: Data Geek Ser.). (ENG., Illus.). 32p. (J). (gr. 4-7). 256.56 *(978-1-5341-0224-8(8),* 209670); pap., pap., pap. 113.71 *(978-1-5341-0274-3(4),* 209671) Cherry Lake Publishing.

Data in Arguments. Jennifer Colby. 2017. (21st Century Skills Library: Data Geek Ser.). (ENG., Illus.). 32p. (J). (gr. 4-7). lib. bdg. 32.07 *(978-1-63472-707-5(X),* 210086) Cherry Lake Publishing.

Data Mining, 1 vol. Ed. by M. M. Eboch. 2017. (Introducing Issues with Opposing Viewpoints Ser.). (ENG.). 120p. (YA). (gr. 7-10). pap. 29.30 *(978-1-5345-0277-2(7),* 4b4c9789-1f22-4ee9-89ab-f4699d668c5a); lib. bdg. 43.63 *(978-1-5345-0196-6(7),* e55a653c-304d-4410-a486-9ce0dd9e2813) Greenhaven Publishing LLC.

DATA Set Collection #2 (Boxed Set) A Case of the Clones; Invasion of the Insects; Out of Remote Control; down the Brain Drain. Ada Hopper. Illus. by Graham Ross. ed. 2020. (DATA Set Ser.). (ENG.). 512p. (J). (gr. k-4). pap. 23.99 *(978-1-5344-6535-0(9),* Little Simon) Little Simon.

Date. Brenda Scott Royce. 2019. (Do-Over Ser.). (ENG.). 112p. (YA). (gr. 6-12). pap. 7.99 *(978-1-5415-4549-6(4),* ac56717e-2154-4887-acea-801399c2e744); 26.65 *(978-1-5415-4033-0(6),* 35f7f76c-2c31-43a9-8dcd-ebd463897d40) Lerner Publishing Group. (Darby Creek).

Date at Eight. Patsy Peek. 2021. (ENG.). 32p. (J). pap. 11.95 *(978-1-64801-729-2(0))* Newman Springs Publishing, Inc.

Date of Destruction: The Beginning of Everything. Harley J. K. Sheppard. 2022. (ENG.). 80p. (J). pap. ***(978-1-80369-530-3(7))*** Authors OnLine, Ltd.

Date Rape Drugs. Kate Conley. 2018. (Drugs in Real Life Ser.). (ENG., Illus.). 112p. (J). (gr. 6-12). lib. bdg. 41.36 *(978-1-5321-1415-1(X),* 28812, Essential Library) ABDO Publishing Co.

Date to Ice Skate. Trisha Greenbush. 2017. (ENG., Illus.). 20p. (J). pap. 15.99 *(978-1-365-77570-3(4))* Lulu Pr., Inc.

Date to Save. Stephanie Kate Strohm. 2017. (ENG.). 288p. (YA). (gr. 7-7). 17.99 *(978-1-338-14906-7(7))* Scholastic, Inc.

Date Which Will Live in Infamy: Attack on Pearl Harbor. Virginia Loh-Hagan. 2019. (Behind the Curtain Ser.). (ENG., Illus.). 32p. (J). (gr. 4-8). pap. 14.21 *(978-1-5341-3998-5(2),* 212821); lib. bdg. 32.07 *(978-1-5341-4342-5(4),* 212820) Cherry Lake Publishing. (45th Parallel Press).

Date with Disaster! Shea Fontana. Illus. by Yancey Labat. 2020. (DC Super Hero Girls Ser.). (ENG.). 128p. (J). (gr. 2-6). lib. bdg. 31.99 *(978-1-5158-7437-9(0),* 202142, Stone Arch Bks.) Capstone.

Dathanna Parrot: Réamhrá Leanaí Ar Dathanna Sa Dúlra. David E. McAdams. 2nd ed. 2023. (Dathanna Sa Domhan Nádúrtha Ser.). (GLE.). 38p. (J). pap. 19.95 ***(978-1-63270-432-0(3))*** Life is a Story Problem LLC.

Dating Diary. Dorinda Barker. 2022. (ENG.). 127p. (J). pap. ***(978-1-387-85694-7(4))*** Lulu Pr., Inc.

Dating Disasters of Emma Nash. Chloe Seager. 2018. (ENG.). 336p. (YA). 18.99 *(978-1-335-01705-5(4),* Harlequin Teen) Harlequin Enterprises ULC CAN. Dist: HarperCollins Pubs.

Dating Etiquette & Sexual Respect, 1 vol. Jennifer Culp. 2016. (Etiquette Rules! Ser.). (ENG., Illus.). 48p. (J). (gr. 6-6). pap. 12.75 *(978-1-4994-6492-4(4),* 5188d290-cd9f-45dc-a950-028b94db54dc) Rosen Publishing Group, Inc., The.

Dating Game. Kiley Roache. 2019. (ENG.). 336p. (YA). 18.99 *(978-1-335-01756-7(9))* Harlequin Enterprises ULC CAN. Dist: HarperCollins Pubs.

Dating Makes Perfect. Pintip Dunn. 2020. (ENG.). 400p. (YA). pap. 9.99 *(978-1-68281-497-0(1),* 900233473) Entangled Publishing, LLC.

Dating Mara Lontez. J. S. Frankel. 2020. (ENG.). 252p. (J). pap. *(978-1-4874-3054-2(X),* Devine Destinies) eXtasy Bks.

Dating Nashville (Discovering Me Book 1) Ann Maree Craven & Michelle Macqueen. 2019. (Discovering Me Ser.: Vol. 1). (ENG., Illus.). 248p. (YA). 19.99 *(978-1-970052-03-9(1))* United Bks. Publishing.

Dating Washington: (Discovering Me Book 2) Ann Maree Craven & Michelle Macqueen. 2019. (Discovering Me Ser.: Vol. 2). (ENG., Illus.). 292p. (YA). (gr. 7-12). 19.99 *(978-1-970052-04-6(X))* United Bks. Publishing.

Dating Wyatt's Mom. September North. 2020. (ENG.). 146p. (YA). pap. 9.99 *(978-1-393-35270-9(7))* Draft2Digital.

Datos Sobre Asteroides, Meteoroides y Cometas: Leveled Reader Card Book 76 Level T 6 Pack. Hmh Hmh. 2021. (SPA.). (J). pap. 74.40 *(978-0-358-08555-3(1))* Houghton Mifflin Harcourt Publishing Co.

Dauber: A Poem. John Masefield. 2017. (ENG., Illus.). 114p. (J). pap. *(978-0-649-75927-9(3))* Trieste Publishing Pty Ltd.

Dauber: A Poem (Classic Reprint) John Masefield. 2018. (ENG., Illus.). 108p. (J). 26.12 *(978-0-365-28678-3(8))* Forgotten Bks.

Daughter: A Novel. Kate McLaughlin. 2022. (ENG.). 336p. (YA). 18.99 *(978-1-250-81744-0(7),* 900249356, Wednesday Bks.) St. Martin's Pr.

Daughter 4254. Leigh Statham. 2017. (ENG., Illus.). (YA). pap. 14.95 *(978-1-945654-02-2(3))* Owl Hollow Pr.

Daughter from a Wishing Tree. Sudha Murty. 2019. (ENG.). 192p. (J). (gr. 4). pap. 9.99 *(978-0-14-344234-9(1),* Puffin) Penguin Bks. India PVT, Ltd IND. Dist: Independent Pubs. Group.

Daughter-In-Law, Her Father, & Family (Classic Reprint) Barbara Hofland. 2018. (ENG., Illus.). 182p. (J). 27.65 *(978-0-484-41300-8(7))* Forgotten Bks.

Daughter of a Genius: A Tale (Classic Reprint) Hofland. (ENG., Illus.). (J). 2018. 204p. 28.10 *(978-0-332-11171-1(7));* 2017. pap. 10.57 *(978-0-259-38414-4(3))* Forgotten Bks.

Daughter of a Hundred Millions (Classic Reprint) Virginia Niles Leeds. (ENG., Illus.). (J). 2018. 44p. 24.80 *(978-0-483-77221-2(6));* 2016. pap. 7.97 *(978-1-333-25512-1(8))* Forgotten Bks.

Daughter of a Magnate (Classic Reprint) Frank H. Spearman. 2018. (ENG., Illus.). 304p. (J). 30.19 *(978-0-483-72145-6(X))* Forgotten Bks.

Daughter of a Rebel a Novel (Classic Reprint) Georgie Vere Tyler. 2018. (ENG., Illus.). 334p. (J). 30.81 *(978-0-365-21780-0(8))* Forgotten Bks.

Daughter of a Soldier: And Other Stories (Classic Reprint) Agnes Littlejohn. (ENG., Illus.). (J). 2018. 270p. 29.49 *(978-0-484-39057-6(0));* 2016. pap. 11.97 *(978-1-333-31045-5(5))* Forgotten Bks.

Daughter of an Egyptian King (Classic Reprint) George Ebers. (ENG., Illus.). (J). 2018. 386p. 31.86 *(978-0-365-41283-0(X));* 2017. pap. 16.57 *(978-0-259-25195-8(X))* Forgotten Bks.

Daughter of an Empress. Luise Muhlbach. 2017. (ENG., Illus.). (J). 27.95 *(978-1-374-83136-0(0))* Capital Communications, Inc.

Daughter of an Empress. Luise Muhlbach. 2017. (ENG.). 464p. (J). pap. *(978-3-337-27365-1(3))* Creation Pubs.

Daughter of an Empress. Luise Muhlbach & Nathaniel Greene. 2017. (ENG.). 264p. (J). pap. *(978-3-337-04821-1(8))* Creation Pubs.

Daughter of an Empress: An Historical Novel (Classic Reprint) L. Muhlbach. 2017. (ENG., Illus.). (J). 33.40 *(978-0-260-23920-4(8))* Forgotten Bks.

Daughter of an Empress: An Historical Novel (Classic Reprint) Luise Muhlbach. (ENG., Illus.). (J). 2017. 29.36 *(978-0-260-37778-4(3));* 2016. pap. 11.97 *(978-1-334-13042-7(6))* Forgotten Bks.

Daughter of Anderson Crow (Classic Reprint) George Barr McCutcheon. 2018. (ENG., Illus.). 386p. (J). 31.88 *(978-0-428-95721-6(8))* Forgotten Bks.

Daughter of Apartheid, 1 vol. Lindi Tardif. 2019. (ENG.). 132p. (YA). 29.99 *(978-1-4003-2527-6(7));* pap. 12.99 *(978-1-4003-2526-9(9))* Elm Hill.

Daughter of Bohemia: A Novel (Classic Reprint) Christian Reid. 2018. (ENG., Illus.). 258p. (J). 29.22 *(978-0-332-93568-3(X))* Forgotten Bks.

Daughter of Chaos (Chilling Adventures of Sabrina, Novel 2), 2. Sarah Rees Brennan. 2019. (Chilling Adventures of Sabrina Ser.: 2). (ENG.). 368p. (YA). (gr. 9-9). pap. 9.99 *(978-1-338-32606-2(6))* Scholastic, Inc.

Daughter of Cuba (Classic Reprint) Helen M. Bowen. 2018. (ENG., Illus.). 358p. (J). 31.30 *(978-0-484-88986-5(9))* Forgotten Bks.

Daughter of Dale (Classic Reprint) Emerson Gifford Taylor. 2018. (ENG., Illus.). 352p. (J). 31.18 *(978-0-483-78615-8(2))* Forgotten Bks.

Daughter of Donagh: A Cromwellian Drama in Four Acts (Classic Reprint) Alice Milligan. 2017. (ENG., Illus.). (J). 25.53 *(978-0-331-12878-9(0))* Forgotten Bks.

D

Daughter of Endarr. Brandy Hord. 2017. (ENG., Illus.). (J). pap. *(978-1-988726-03-8(4))* Asylum, Eco.

Daughter of Etheron. Brandon Young. 2017. (ENG.). 426p. (YA). pap. *(978-0-6480794-0-8(6),* Starforged Entertainment) Young, Brandon.

Daughter of Fife (Classic Reprint) Amelia E. Barr. 2017. (ENG., Illus.). (J). 30.97 *(978-1-5285-8015-1(X))* Forgotten Bks.

Daughter of Fire: The Darkness Rising. Karen Frost. 2019. (Destiny & Darkness Ser.: Vol. 2). (ENG.). 196p. (YA). (gr. 9-11). pap. *(978-3-96324-300-4(7))* Ylva Verlag e.Kfr.

Daughter of Freedom: A Story of the Latter Period of the War for Independence (Classic Reprint) Amy Ella Blanchard. (ENG., Illus.). (J). 2018. 334p. 30.81 *(978-0-332-63940-6(1));* 2016. pap. 13.57 *(978-1-333-39069-3(6))* Forgotten Bks.

Daughter of Helen Kent (Classic Reprint) Sarah Comstock. 2018. (ENG., Illus.). 404p. (J). 32.23 *(978-0-483-93564-8(6))* Forgotten Bks.

Daughter of Heth (Classic Reprint) William Black. 2017. (ENG., Illus.). (J). 31.07 *(978-1-5279-5439-7(0))* Forgotten Bks.

Daughter of Heth, Vol. 1 Of 2: A Novel (Classic Reprint) William Black. (ENG., Illus.). (J). 2018. 322p. 30.60 *(978-0-332-73364-7(5));* 2017. pap. 13.57 *(978-0-243-94035-6(1))* Forgotten Bks.

Daughter of Heth, Vol. 2 Of 2: A Novel (Classic Reprint) William Black. (ENG., Illus.). (J). 2018. 324p. 30.60 *(978-0-483-56197-7(5));* 2017. pap. 13.57 *(978-0-243-20654-4(2))* Forgotten Bks.

Daughter of Japan (Classic Reprint) F. D. Bone. 2018. (ENG., Illus.). 24p. (J). 24.41 *(978-0-267-27947-0(7))* Forgotten Bks.

Daughter of Jehu (Classic Reprint) Laura E. Richards. (ENG., Illus.). (J). 2018. 348p. 31.07 *(978-0-267-35522-8(X));* 2017. pap. 13.57 *(978-0-243-26003-4(2))* Forgotten Bks.

Daughter of Napoleon. Emilie de Pellapra de Riquet Chimay. 2017. (ENG., Illus.). (J). pap. *(978-0-649-25740-9(5))* Trieste Publishing Pty Ltd.

Daughter of Napoleon: Memoirs of Emilie de Pellapra, Comtesse de Brigode Princess de Chimay (Classic Reprint) Emilie de Pellapra de Riquet Chimay. 2017. (ENG., Illus.). (J). 28.15 *(978-1-5285-8310-7(8))* Forgotten Bks.

Daughter of New France: With Some Account of the Gallant Sieur Cadillac & His Colony on the Detroit (Classic Reprint) Mary Catherine Crowley. 2017. (ENG., Illus.). (J). 32.83 *(978-0-265-20481-8(X))* Forgotten Bks.

Daughter of Night: A Story of the Present Time (Classic Reprint) S. W. Fullom. (ENG., Illus.). (J). 2018. 136p. 26.70 *(978-0-483-56664-4(0));* 2016. pap. 9.57 *(978-1-334-14198-0(3))* Forgotten Bks.

Daughter of Ra. Christopher D. Abbott. 2019. (ENG.). 346p. (J). *(978-0-359-92136-2(1))* Lulu Pr., Inc.

Daughter of Smoke & Bone. Laini Taylor. 2023. (YA). 75.00 *(978-1-955876-21-6(5))* LitJoy Crate.

Daughter of Smoke & Bone: the Complete Gift Set. Laini Taylor. 2020. (Daughter of Smoke & Bone Ser.). (ENG.). 1664p. (YA). (gr. 9-17). pap. 39.00 *(978-0-316-54118-3(4))* Little, Brown Bks. for Young Readers.

Daughter of Sparta. Claire Andrews. 2022. (Daughter of Sparta Ser.: 1). (ENG., Illus.). 400p. (YA). (gr. 9-17). pap. 11.99 *(978-0-316-54008-7(0),* Jimmy Patterson) Little Brown & Co.

Daughter of Stone. J. R. Molt. 2020. (Stone Trilogy Ser.: Vol. 1). (ENG.). (YA). 302p. 22.99 *(978-0-578-78361-1(4));* 370p. pap. 15.99 *(978-0-578-78358-1(4))* J.R. Molt.

Daughter of Strangers (Classic Reprint) Elizabeth Boatwright Coker. 2017. (ENG., Illus.). (J). 384p. 31.84 *(978-0-331-87556-0(X));* pap. 16.57 *(978-0-243-24784-4(2))* Forgotten Bks.

Daughter of Tarragon. M. W. Morrison. 2023. (ENG.). 654p. (J). pap. ***(978-1-312-64418-2(4))*** Lulu Pr., Inc.

Daughter of the Burning City. Amanda Foody. 2017. (ENG., Illus.). 384p. (YA). 19.99 *(978-0-373-21243-9(7),* Harlequin Teen) Harlequin Enterprises ULC CAN. Dist: HarperCollins Pubs.

Daughter of the Bush (Classic Reprint) Ambrose Pratt. 2018. (ENG., Illus.). 342p. (J). 30.95 *(978-0-483-54716-2(6))* Forgotten Bks.

Daughter of the Commandant. Alexksandr Sergeevich Pushkin. 2017. (ENG., Illus.). (J). (gr. -1-7). 22.95 *(978-1-374-95089-4(0));* pap. 12.95 *(978-1-374-95088-7(2))* Capital Communications, Inc.

Daughter of the Deep. Rick Riordan. Illus. by Lavanya Naidu. 2021. xii, 336p. (J). ***(978-1-368-08084-2(7))*** Disney Pr.

Daughter of the Deep. Rick Riordan. (ENG.). 2023. 368p. (J). (gr. 5-9). pap. 9.99 *(978-1-368-07793-4(5),* Disney-Hyperion); 2023. 368p. (gr. 6-8). 26.19 ***(978-1-5364-7874-7(1));*** 2021. (Illus.). 352p. (J). (gr. 5-9). 19.99 *(978-1-368-07792-7(7),* Disney-Hyperion) Disney Publishing Worldwide.

Daughter of the Dons: A Story of New Mexico to-Day (Classic Reprint) William MacLeod Raine. 2018. (ENG., Illus.). 330p. (J). 30.70 *(978-0-267-43438-1(3))* Forgotten Bks.

Daughter of the Dons: A Story of New Mexico Today. William MacLeod Raine. 2017. (ENG., Illus.). (J). 24.95 *(978-1-374-97339-8(4));* pap. 14.95 *(978-1-374-97338-1(6))* Capital Communications, Inc.

Daughter of the ELM: A Tale of Western Virginia Before the War (Classic Reprint) Granville Davisson Hall. (ENG., Illus.). (J). 2017. 31.01 *(978-0-260-46349-4(3));* 2016. pap. 13.57 *(978-1-333-65188-6(0))* Forgotten Bks.

Daughter of the Fields (Classic Reprint) Katharine Tynan. 2018. (ENG., Illus.). 320p. (J). 30.50 *(978-0-483-68477-5(5))* Forgotten Bks.

Daughter of the Forest (Classic Reprint) Evelyn Raymond. (ENG., Illus.). (J). 2018. 358p. 31.28 *(978-0-483-42552-1(4));* 2016. pap. 13.97 *(978-1-334-29388-7(0))* Forgotten Bks.

Daughter of the Gods: Or How She Came into Her Kingdom (Classic Reprint) Charles Moon Clark. (ENG., Illus.). (J). 2018. 346p. 31.05 *(978-0-656-44596-7(3));* 2017. pap. 13.57 *(978-1-5276-0885-6(9))* Forgotten Bks.

Daughter of the Highlanders (Classic Reprint) Frances Jones Melton. (ENG., Illus.). (J). 2017. 31.98 *(978-0-260-65901-9(0));* 2016. pap. 16.57 *(978-1-334-15264-1(0))* Forgotten Bks.

Daughter of the King. Jeana L. Gladstone. Illus. by Angela N. 2019. (ENG.). 32p. (J). (gr. -1-3). 15.99 ***(978-1-7335950-2-5(3))*** Concentric Publishing Co.

Daughter of the Land. Gene Stratton-Porter. 2017. (ENG., Illus.). (J). 27.95 *(978-1-374-91652-4(8));* pap. 17.95 *(978-1-374-91651-7(X))* Capital Communications, Inc.

Daughter of the Land. Gene Stratton-Porter. 2023. (ENG.). 316p. (J). pap. 23.99 ***(978-1-0881-4887-7(5))*** Indy Pub.

Daughter of the Land (Classic Reprint) Gene Stratton-Porter. 2018. (ENG., Illus.). 480p. (J). 33.80 *(978-0-364-89914-4(X))* Forgotten Bks.

Daughter of the Middle Border (Classic Reprint) Hamlin Garland. 2018. (ENG., Illus.). 436p. (J). 32.91 *(978-0-267-27034-7(8))* Forgotten Bks.

Daughter of the Moon (English Edition) Amna Albedwawi. 2022. (ENG.). 55p. (J). pap. ***(978-1-4710-1883-1(0))*** Lulu Pr., Inc.

Daughter of the Morning (Classic Reprint) Zona Gale. 2017. (ENG., Illus.). 298p. (J). 30.06 *(978-0-265-81139-9(2))* Forgotten Bks.

Daughter of the North (Classic Reprint) Nephi Anderson. (ENG., Illus.). (J). 2018. 260p. 29.26 *(978-0-483-44617-5(3));* 2016. pap. 11.97 *(978-1-334-13872-0(9))* Forgotten Bks.

Daughter of the Northwest (Classic Reprint) Irene Welch Grissom. (ENG., Illus.). (J). 2018. 234p. 28.74 *(978-0-483-28339-8(8));* 2017. pap. 11.57 *(978-1-334-91166-8(5))* Forgotten Bks.

Daughter of the Pirate King. Tricia Levenseller. 2023. (Daughter of the Pirate King Ser.: 1). (ENG.). 336p. (YA). 24.99 *(978-1-250-89190-7(6),* 900288192) Feiwel & Friends.

Daughter of the Pirate King. Tricia Levenseller. 2018. (Daughter of the Pirate King Ser.: 1). (ENG.). 336p. (YA). pap. 10.99 *(978-1-250-14422-5(1),* 900160921) Square Fish.

Daughter of the Puritans: An Autobiography (Classic Reprint) Caroline A. Stickney Creevey. (ENG., Illus.). (J). 2018. 336p. 30.85 *(978-0-332-96735-6(2));* 2017. pap. 13.57 *(978-0-243-99248-5(3))* Forgotten Bks.

Daughter of the Revolution: A Leader of Society at Napoleon's Court (Classic Reprint) Catherine M. Bearne. 2018. (ENG., Illus.). 482p. (J). 33.84 *(978-0-483-23344-7(7))* Forgotten Bks.

Daughter of the Revolution (Classic Reprint) Esther Singleton. 2018. (ENG., Illus.). 318p. (J). 30.48 *(978-0-332-12001-0(5))* Forgotten Bks.

Daughter of the Rich (Classic Reprint) M. E. Waller. 2018. (ENG., Illus.). 380p. (J). 31.73 *(978-0-483-13631-1(X))* Forgotten Bks.

Daughter of the Rich (Classic Reprint) Mary Ella Waller. (ENG., Illus.). (J). 2018. 390p. 31.96 *(978-0-267-00216-0(5));* 2017. pap. 16.57 *(978-0-243-53177-6(X))* Forgotten Bks.

Daughter of the Sands: A Novel (Classic Reprint) Frances Everard. 2018. (ENG., Illus.). 320p. (J). 30.50 *(978-0-483-43254-3(7))* Forgotten Bks.

Daughter of the Sea: My Voyage to Freedom & Womanhood. Heip Thi Le. 2019. (ENG., Illus.). 150p. (YA). pap. 9.99 *(978-1-64550-070-4(5))* Matchstick Literary.

Daughter of the Sea (Classic Reprint) Amy Le Feuvre. 2017. (ENG., Illus.). (J). 32.04 *(978-0-266-19773-7(6))* Forgotten Bks.

Daughter of the Sioux. Charles King. 2023. (ENG.). 204p. (J). pap. 18.99 ***(978-1-0881-4911-9(1))*** Indy Pub.

Daughter of the Sioux: A Tale of the Indian Frontier (Classic Reprint) Charles King. 2017. (ENG., Illus.). (J). 30.58 *(978-0-266-16733-4(0))* Forgotten Bks.

Daughter of the Siren Queen. Tricia Levenseller. 2023. (Daughter of the Pirate King Ser.: 2). (ENG.). 368p. (YA). 24.99 *(978-1-250-89192-1(2),* 900288190) Feiwel & Friends.

Daughter of the Siren Queen. Tricia Levenseller. 2019. (Daughter of the Pirate King Ser.: 2). (ENG., Illus.). 368p. (YA). pap. 11.99 *(978-1-250-29460-9(6),* 900160929) Square Fish.

Daughter of the Snows. jack London. 2023. (ENG.). 252p. (J). pap. 19.99 ***(978-1-0881-4927-0(8))*** Indy Pub.

Daughter of the Snows (Classic Reprint) Jack. London. 2017. (ENG., Illus.). (J). 30.87 *(978-0-266-88114-8(9))* Forgotten Bks.

Daughter of the Soil (Classic Reprint) M. E. Francis. 2018. (ENG., Illus.). 400p. (J). 32.15 *(978-0-483-63149-6(3))* Forgotten Bks.

Daughter of the Song. Eliza Tilton. 2020. (Unholy Magic Saga Ser.: Vol. 1). (ENG.). 218p. (YA). pap. 10.99 *(978-1-0878-5867-8(4))* Indy Pub.

Daughter of the South: A War's End Romance (Classic Reprint) George Cary Eggleston. 2018. (ENG., Illus.). 426p. (J). 32.70 *(978-0-332-30946-0(0))* Forgotten Bks.

Daughter of the South, & Shorter Stories. Burton Harrison. 2017. (ENG., Illus.). (J). pap. *(978-0-649-17201-6(9))* Trieste Publishing Pty Ltd.

Daughter of the South & Shorter Stories (Classic Reprint) Burton Harrison. 2018. (ENG., Illus.). 292p. (J). 29.92 *(978-0-267-23796-8(0))* Forgotten Bks.

Daughter of the Storage: And Other Things in Prose & Verse (Classic Reprint) W. D. Howells. 2018. (ENG., Illus.). 360p. (J). 31.32 *(978-0-484-00170-0(1))* Forgotten Bks.

Daughter of the Tenements (Classic Reprint) Edward W. Townsend. 2017. (ENG., Illus.). 380p. (J). 31.73 *(978-0-331-00443-4(7))* Forgotten Bks.

Daughter of the Veldt (Classic Reprint) Basil Marnan. (ENG., Illus.). (J). 2018. 404p. 32.23 *(978-0-483-23488-8(5));* 2016. pap. 16.57 *(978-1-334-00139-0(1))* Forgotten Bks.

Daughter of the Vine (Classic Reprint) Gertrude Atherton. 2017. (ENG., Illus.). (J). 30.19 *(978-0-265-19690-8(6))* Forgotten Bks.

Daughter of the White Rose. Diane Zahler. 256p. (J). (gr. 3-7). 2022. pap. 9.99 *(978-0-8234-5221-7(2));* 2021. 18.99 *(978-0-8234-4607-0(7))* Holiday Hse., Inc.

Daughter of Thespis: A Novel (Classic Reprint) John Daniel Barry. (ENG., Illus.). (J). 2018. 354p. 31.20 *(978-0-484-35258-1(X));* 2016. pap. 13.57 *(978-1-333-43213-3(5))* Forgotten Bks.

Daughter of To-Day: A Novel (Classic Reprint) Everard Cotes. 2017. (ENG., Illus.). (J). 32.19 *(978-1-5283-6335-8(3))* Forgotten Bks.

Daughter of Two Nations (Classic Reprint) Ella Gale McClelland. 2018. (ENG., Illus.). 322p. (J). 30.54 *(978-0-483-78573-1(3))* Forgotten Bks.

Daughter of Two Worlds: A Novel of New York Life (Classic Reprint) Leroy Scott. 2018. (ENG., Illus.). 466p. (J). 33.53 *(978-0-483-67183-6(5))* Forgotten Bks.

Daughter of Venice (Classic Reprint) John Seymour Wood. 2018. (ENG., Illus.). 204p. (J). 28.12 *(978-0-428-48552-8(9))* Forgotten Bks.

Daughter of Virginia Dare (Classic Reprint) Mary Virginia Wall. 2018. (ENG., Illus.). 194p. (J). 27.90 *(978-0-267-46971-0(3))* Forgotten Bks.

Daughter of Winter. A. L Knorr. 2023. (ENG.). 426p. (YA). ***(978-1-989338-56-8(9))*** Intellectually Promiscuous Pr.

Daughter of Winter: An Epic YA Fantasy. A. L Knorr. 6th l.t. ed. 2023. (Scented Court Ser.: Vol. 4). (ENG.). 454p. (YA). ***(978-1-989338-57-5(7))*** Intellectually Promiscuous Pr.

Daughter of Witches: A Romance (Classic Reprint) Joanna E. Wood. 2018. (ENG., Illus.). 348p. (J). 31.07 *(978-0-483-90417-0(1))* Forgotten Bks.

Daughter, You're Worth the Wait. Linda Hubbard. 2017. (ENG., Illus.). (YA). 22.95 *(978-1-4808-4083-6(1));* pap. 12.45 *(978-1-4808-4081-2(5))* Archway Publishing.

Daughters & Warriors of a King. Tracy K. Sams. 2023. (ENG.). 88p. (J). pap. 13.95 ***(978-1-958878-70-5(7))*** Booklocker.com, Inc.

Daughters of a Dead Empire. Carolyn Tara O'Neil. 2023. (ENG.). 336p. (YA). pap. 11.99 *(978-1-250-85355-4(9),* 900225836) Square Fish.

Daughters of a Genius: A Story of Brave Endeavour (Classic Reprint) G. de Horne Vaizey. (ENG., Illus.). (J). 2017. 30.37 *(978-0-331-63520-1(8));* 2016. pap. 13.57 *(978-1-334-22973-2(2))* Forgotten Bks.

Daughters of Aesculapius: Stories (Classic Reprint) Woman's Medical College of Pennsylvania. (ENG., Illus.). (J). 2018. 170p. 27.42 *(978-0-666-97497-6(7));* 2017. pap. 9.97 *(978-0-243-45242-2(X))* Forgotten Bks.

Daughters of Armenia (Classic Reprint) S. A. Wheeler. 2018. (ENG., Illus.). 172p. (J). 27.46 *(978-0-483-46511-4(9))* Forgotten Bks.

Daughters of Danaus. Mona Caird. 2017. (ENG., Illus.). (J). pap. 20.95 *(978-1-374-91839-9(3))* Capital Communications, Inc.

Daughters of Darkness. L. J. Smith. 2016. (Night World Ser.: 2). (ENG., Illus.). 256p. (YA). (gr. 9). 13.99 *(978-1-4814-7964-6(4),* Simon Pulse) Simon Pulse.

Daughters of Darkness: In Sunny India (Classic Reprint) Beatrice M. Harband. 2017. (ENG., Illus.). (J). 30.29 *(978-1-5279-7250-6(X))* Forgotten Bks.

Daughters of Desperation (Classic Reprint) Hildegard Brooks. 2018. (ENG., Illus.). 198p. (J). 28.00 *(978-0-483-36306-9(5))* Forgotten Bks.

Daughters of Destiny (Classic Reprint) Schuyler Staunton. 2018. (ENG., Illus.). 322p. (J). 30.56 *(978-0-365-44893-8(1))* Forgotten Bks.

Daughters of Eve: Including Frank Harris Set down in Malice (Classic Reprint) Frank Harris. 2017. (ENG., Illus.). (J). 25.38 *(978-0-260-16509-1(3))* Forgotten Bks.

Daughters of Heaven (Classic Reprint) Victoria Cross. 2018. (ENG., Illus.). 306p. (J). 30.21 *(978-0-365-16049-6(0))* Forgotten Bks.

Daughters of Isenberg, Vol. 1 Of 4: A Bavarian Romance (Classic Reprint) Alicia Tyndal Palmer. (ENG., Illus.). (J). 2018. 324p. 30.58 *(978-0-267-41058-3(1));* 2016. pap. 13.57 *(978-1-334-25369-0(2))* Forgotten Bks.

Daughters of Jubilation. Kara Lee Corthron. 2021. (ENG.). 368p. (YA). (gr. 9). pap. 12.99 *(978-1-4814-5951-8(1),* Salaam Reads) Simon & Schuster Bks. For Young Readers.

Daughters of Jubilation. Kara Lee Corthron. 2020. (ENG.). 352p. (YA). (gr. 9). 19.99 *(978-1-4814-5950-1(3),* Simon Pulse) Simon Pulse.

Daughters of Jupiter. E. M. Leander. 2023. (Space Camp Ser.: 2). 260p. (YA). pap. 14.99 ***(978-1-6678-8063-1(2))*** BookBaby.

Daughters of Nijo: A Romance of Japan (Classic Reprint) Onoto Watanna. 2018. (ENG., Illus.). 406p. (J). 32.29 *(978-0-483-84719-4(4))* Forgotten Bks.

Daughters of Oduma. Moses Ose Utomi. 2023. (ENG.). 368p. (YA). (gr. 7). 19.99 *(978-1-6659-1813-8(6),* Atheneum Bks. for Young Readers) Simon & Schuster Children's Publishing.

Daughters of Ruin. K. D. Castner. 2017. (ENG.). 320p. (YA). (gr. 9). pap. 11.99 *(978-1-4814-3666-3(X),* McElderry, Margaret K. Bks.) McElderry, Margaret K. Bks.

Daughters of Shem: And Other Stories (Classic Reprint) Samuel Gordon. 2017. (ENG., Illus.). (J). 33.76 *(978-0-265-17542-2(9))* Forgotten Bks.

Daughters of Steel. Naomi Cyprus. 2018. (Sisters of Glass Ser.: 2). (ENG.). 336p. (J). (gr. 3-7). 16.99 *(978-0-06-245850-6(7),* HarperCollins) HarperCollins Pubs.

Daughters of Suffolk (Classic Reprint) William Jasper Nicolls. 2017. (ENG., Illus.). 380p. (J). 31.75 *(978-0-484-54120-6(X))* Forgotten Bks.

Daughters of the Dawn. Sasha Nanua & Sarena Nanua. 2022. (ENG.). 560p. (YA). (gr. 8). 18.99 *(978-0-06-298562-0(0),* HarperTeen) HarperCollins Pubs.

Daughters of the King. Erika Fergerson Carroll. 2022. (ENG.). 218p. (YA). 30.99 ***(978-1-7361404-7-5(7))*** ELF Productions.

Daughters of the King: 90 Devotions, 1 vol. Zonderkidz. 2017. (Princess Parables Ser.). (ENG., Illus.). 192p. (J). 14.99 *(978-0-310-75621-7(9))* Zonderkidz.

Daughters of the Revolution & Their Times. Charles Carleton Coffin. 2017. (ENG.). 436p. (J). pap. *(978-3-337-22758-6(9))* Creation Pubs.

Daughters of the Revolution & Their Times: 1769 1766; a Historical Romance (Classic Reprint) Charles Carleton Coffin. 2018. (ENG., Illus.). 436p. (J). 32.91 *(978-0-332-86432-7(4))* Forgotten Bks.

Daughters of the Rich (Classic Reprint) Edgar Saltus. (ENG., Illus.). (J). 2018. 262p. 29.30 *(978-0-267-31273-3(3));* 2016. pap. 11.97 *(978-1-333-41711-6(X))* Forgotten Bks.

Daughters of the Sky. Henry Lihn. Illus. by Elizabeth Valle. 2018. (ENG.). 40p. (J). 19.99 *(978-0-692-09239-2(0))* Hank of America Consulting LLC.

Daughters of Ys. M. T. Anderson. Illus. by Jo Rioux. 2020. (ENG.). 128p. 24.99 *(978-1-62672-878-3(X),* 900176345, First Second Bks.) Roaring Brook Pr.

Daughters, Vol. 1 Of 3: A Novel (Classic Reprint) Elizabeth Caroline Grey. (ENG., Illus.). (J). 2018. 336p. 30.85 *(978-0-267-55063-0(4));* 2016. pap. 13.57 *(978-1-333-55427-9(3))* Forgotten Bks.

Daughters, Vol. 2 Of 3: A Novel (Classic Reprint) Elizabeth Caroline Grey. (ENG., Illus.). (J). 2018. 364p. 31.40 *(978-0-483-76481-1(7));* 2016. pap. 13.97 *(978-1-334-12467-9(1))* Forgotten Bks.

D'Aulaires' Book of Norwegian Folktales. Illus. by Ingri d'Aulaire & Edgar Parin d'Aulaire. 2016. (ENG.). 192p. 27.95 *(978-0-8166-9932-2(1))* Univ. of Minnesota Pr.

Daunay's Tower: A Novel (Classic Reprint) Adeline Sergeant. (ENG., Illus.). (J). 2018. 412p. 32.39 *(978-0-332-49329-9(6));* 2016. pap. 16.57 *(978-1-334-23901-4(0))* Forgotten Bks.

Dauntless. Elisa A. Bonnin. 2022. (ENG.). 384p. (YA). 18.99 *(978-1-250-79561-8(3),* 900239382) Feiwel & Friends.

Dauntless. Elisa A. Bonnin. 2023. (ENG.). 384p. (YA). pap. 12.99 *(978-1-250-84182-7(8),* 900255872) Square Fish.

Dauntless: A Story of a Lost & Forgotten Cause (Classic Reprint) Ewan Martin. 2017. (ENG., Illus.). (J). 32.06 *(978-0-265-68395-8(5));* pap. 16.57 *(978-1-5276-5872-1(4))* Forgotten Bks.

Dauntless Viking (Classic Reprint) William Hale. (ENG., Illus.). (J). 2018. 342p. 30.95 *(978-0-666-99985-6(6));* 2017. pap. 13.57 *(978-0-282-22811-8(X))* Forgotten Bks.

Dav Pilkey. Chris Bowman. 2017. (Children's Storytellers Ser.). (ENG., Illus.). 24p. (J). (gr. 2-5). lib. bdg. 26.95 *(978-1-62617-647-8(7),* Blastoff! Readers) Bellwether Media.

Dav Pilkey's Hero Collection: 3-Book Boxed Set (Captain Underpants #1, Dog Man #1, Cat Kid Comic Club #1), 1 vol. Dav Pilkey. Illus. by Dav Pilkey. 2021. (ENG., Illus.). 560p. (J). (gr. 2). 38.97 *(978-1-338-81993-9(3),* Graphix) Scholastic, Inc.

Davante Adams. Elliott Smith. 2023. (Sports Superstars Ser.). (ENG., Illus.). 32p. (J). lib. bdg. 31.35 ***(978-1-63738-551-7(X),*** Apex) North Star Editions.

Davante Adams. Contrib. by Elliott Smith. 2023. (Sports Superstars Ser.). (ENG., Illus.). 32p. (J). pap. 9.95 ***(978-1-63738-605-7(2),*** Apex) North Star Editions.

Dave Bi-Plane Fights the Red Winged Death Command. S. B. Norton. 2021. (ENG.). 172p. (YA). pap. *(978-0-646-84799-3(6))* Norton, S.B.

Dave Darrin after the Mine Layers. H. Irving Hancock. 2018. (ENG., Illus.). 170p. (YA). (gr. 7-12). pap. *(978-93-5297-332-3(1))* Alpha Editions.

Dave Darrin & the German Submarines. H. Irving Hancock. 2018. (ENG.). 262p. (J). pap. 11.95 *(978-1-63391-721-7(5))* Westphalia Press.

Dave Darrin at Vera Cruz. H. Irving Hancock. 2018. (ENG., Illus.). 170p. (YA). (gr. 7-12). pap. *(978-93-5297-333-0(X))* Alpha Editions.

Dave Darrin at Vera Cruz: Fighting with the U. S. Navy in Mexico. H. Irving Hancock. 2017. (ENG., Illus.). (J). 23.95 *(978-1-374-93012-4(1));* pap. 13.95 *(978-1-374-93011-7(3))* Capital Communications, Inc.

Dave Darrin on Mediterranean Service: With Dan Dalzell on European Duty. H. Irving Hancock. 2018. (ENG., Illus.). 172p. (YA). (gr. 7-12). pap. *(978-93-5297-334-7(8))* Alpha Editions.

Dave Darrin's First Year at Annapolis. H. Irving Hancock. 2018. (ENG., Illus.). 168p. (YA). (gr. 7-12). pap. *(978-93-5297-335-4(6))* Alpha Editions.

Dave Darrin's First Year at Annapolis. H. Irving Hancock. 2017. (ENG., Illus.). (J). 23.95 *(978-1-374-94527-2(7))* Capital Communications, Inc.

Dave Darrin's Fourth Year at Annapolis. H. Irving Hancock. 2018. (ENG., Illus.). 174p. (YA). (gr. 7-12). pap. *(978-93-5297-338-5(0))* Alpha Editions.

Dave Darrin's Fourth Year at Annapolis: Headed for Graduation & the Big Cruise. H. Irving Hancock. 2017. (ENG., Illus.). (J). 23.95 *(978-1-374-93014-8(8))* Capital Communications, Inc.

Dave Darrin's Second Year at Annapolis. H. Irving Hancock. 2018. (ENG., Illus.). 144p. (YA). (gr. 7-12). pap. *(978-93-5297-336-1(4))* Alpha Editions.

Dave Darrin's Second Year at Annapolis: Or, Two Midshipmen As Naval Academy Youngsters. H. Irving Hancock. 2017. (ENG., Illus.). (J). 22.95 *(978-1-374-88974-3(1));* pap. 12.95 *(978-1-374-88973-6(3))* Capital Communications, Inc.

Dave Darrin's Second Year at Annapolis: Or Two Midshipmen As Naval Academy Youngsters (Classic Reprint) Harrie Irving Hancock. (ENG., Illus.). (J). 2018. 264p. 29.34 *(978-0-483-52094-3(2));* 2017. pap. 11.97 *(978-0-243-96083-5(2))* Forgotten Bks.

Dave Darrin's Third Year at Annapolis: Leaders of the Second Class Midshipmen. H. Irving Hancock. 2017. (ENG., Illus.). (J). 23.95 *(978-1-374-89108-1(8));* pap. 13.95 *(978-1-374-89107-4(X))* Capital Communications, Inc.

Dave Darrin's Third Year at Annapolis Leaders of the Second Class Midshipmen. H. Irving Hancock. 2018. (ENG., Illus.). 172p. (YA). (gr. 7-12). pap. *(978-93-5297-337-8(2))* Alpha Editions.

Dave Pigeon: World Book Day 2023 Author. Swapna Haddow. Illus. by Sheena Dempsey. 2016. (Dave Pigeon Ser.). (ENG.). 160p. (J). pap. 8.50 *(978-0-571-32330-2(8),* Faber & Faber Children's Bks.) Faber & Faber, Inc.

Dave Pigeon (Racer!) World Book Day 2023 Author. Swapna Haddow. Illus. by Sheena Dempsey. 2018. (Dave Pigeon Ser.). (ENG.). 160p. (J). pap. 9.95 *(978-0-571-33690-6(6),* Faber & Faber Children's Bks.) Faber & Faber, Inc.

Dave Porter & His Classmates: Or for the Honor of Oak Hall (Classic Reprint) Edward Stratemeyer. 2018. (ENG.,

466 The check digit for ISBN-10 appears in parentheses after the full ISBN-13

TITLE INDEX DAVID'S LOOM

Illus.). 334p. (J). 30.79 *(978-0-267-48145-3(4))* Forgotten Bks.

Dave Porter & His Double: Or the Disappearance of the Basswood Fortune (Classic Reprint) Edward Stratemeyer. 2018. (ENG., Illus.). 324p. (J). 30.58 *(978-0-267-49561-0(7))* Forgotten Bks.

Dave Porter & His Rivals, or the Chums & Foes of Oak Hall (Classic Reprint) Edward Stratemeyer. 2018. (ENG., Illus.). 338p. (J). 30.89 *(978-0-365-32078-4(1))* Forgotten Bks.

Dave Porter & the Runaways, or Last Days at Oak Hall (Classic Reprint) Edward Stratemeyer. (ENG., Illus.). (J). 2018. 340p. 30.91 *(978-0-656-33729-3(X))*; 2017. pap. 13.57 *(978-0-243-28793-2(3))* Forgotten Bks.

Dave Porter at Bear Camp: Or the Wild Man of Mirror Lake (Classic Reprint) Edward Stratemeyer. 2018. (ENG., Illus.). 340p. (J). 30.91 *(978-0-483-84484-1(5))* Forgotten Bks.

Dave Porter at Oak Hall: At Oak Hall, the Schooldays of an American Boy (Classic Reprint) Edward Stratemeyer. 2018. (ENG., Illus.). 354p. (J). 31.20 *(978-0-483-67249-9(1))* Forgotten Bks.

Dave Porter at Star Ranch (Classic Reprint) Edward Stratemeyer. 2018. (ENG., Illus.). 320p. (J). 30.50 *(978-0-267-27064-4(X))* Forgotten Bks.

Dave Porter in the Far North: Or the Pluck of an American Schoolboy (Classic Reprint) Edward Stratemeyer. 2018. (ENG., Illus.). 324p. (J). 30.58 *(978-0-483-51264-1(8))* Forgotten Bks.

Dave Porter in the Gold Fields: Or the Search for the Landslide Mine (Classic Reprint) Edward Stratemeyer. 2018. (ENG., Illus.). 342p. (J). 30.97 *(978-0-483-99524-6(X))* Forgotten Bks.

Dave Porter on Cave Island, or a Schoolboy's Mysterious Mission (Classic Reprint) Edward Stratemeyer. (ENG., Illus.). (J). 2018. 318p. 30.46 *(978-0-483-42855-3(8))*; 2016. pap. 13.57 *(978-1-334-22107-1(3))* Forgotten Bks.

Dave Porter's Return to School, or Winning the Medal of Honor (Classic Reprint) Edward Stratemeyer. 2017. (ENG., Illus.). (J). 30.89 *(978-0-265-73890-0(3))*; pap. 13.57 *(978-1-5277-0366-7(5))* Forgotten Bks.

Dave Questions Evolution. Kim Balogh. 2018. (Adventures with Dave Ser.: Vol. 1). (ENG., Illus.). 110p. (J). pap. 12.95 *(978-0-9818734-5-9(6))* Leafcutter Pr., LLC.

Dave Ranney, or Thirty Years on the Bowery: An Autobiography (Classic Reprint) David James Ranney. 2018. (ENG., Illus.). 224p. (J). 28.54 *(978-0-483-19474-8(3))* Forgotten Bks.

Dave Saves the City That Never Sleeps. Naomi Jean Williams. 2017. (ENG., Illus.). 64p. (J). pap. *(978-1-365-51004-5(2))* Lulu Pr., Inc.

Dave the Donkey. Andrew McDonough. 2019. (Lost Sheep Ser.: 9). (ENG., Illus.). 32p. (J). (gr. -1-k). pap. 7.99 *(978-1-910786-96-3(9))*, f5d5f9ec-dc13-4691-acc3-cb1eb27c61d7, Sarah Grace Publishing) Malcolm Down Publishing Ltd. GBR. Dist: Baker & Taylor Publisher Services (BTPS).

Dave the Dragonfly. Ginger Scarborough. Illus. by Chelsey Ware. 2016. (ENG.). (J). 22.95 *(978-1-63525-810-3(3))* Christian Faith Publishing.

Dave, the Friendly Fireman. David James Carr. 2019. (Dave, the Friendly Fireman Ser.: Vol. 1). (ENG., Illus.). 28p. (J). (gr. k-2). 16.99 *(978-1-7332637-0-2(5))* Carr Insight.

Dave the Unicorn: Dance Party. Pip Bird. Illus. by David O'Connell. 2021. (Dave the Unicorn Ser.: 3). (ENG.). 176p. (J). pap. 5.99 *(978-1-250-76875-9(6)*, 900219262) Imprint IND. Dist: Macmillan.

Dave the Unicorn: Field Trip. Pip Bird. Illus. by David O'Connell. 2021. (Dave the Unicorn Ser.: 4). (ENG.). 176p. (J). pap. 6.99 *(978-1-250-77446-0(2)*, 900234604) Imprint IND. Dist: Macmillan.

Dave the Unicorn: Team Spirit. Pip Bird. Illus. by David O'Connell. 2020. (Dave the Unicorn Ser.: 2). (ENG.). 176p. (J). pap. 5.99 *(978-1-250-76877-3(2)*, 900219259) Imprint IND. Dist: Macmillan.

Dave the Unicorn: Welcome to Unicorn School. Pip Bird. Illus. by David O'Connell. 2020. (Dave the Unicorn Ser.: 1). (ENG.). 176p. (J). pap. 5.99 *(978-1-250-76876-6(4)*, 900219255) Imprint IND. Dist: Macmillan.

Davelbert & Ezroar's Detention Dimensions. Melanie Michael Vogel. 2017. (ENG., Illus.). (J). pap. 11.00 *(978-0-9989598-0-1(4))* Uncle Dave's Bks.

Davenels, or a Campaign of Fashion in Dublin, Vol. 1 of 2 (Classic Reprint) Unknown Author. (ENG., Illus.). (J). 2018. 608p. 36.42 *(978-0-484-24048-2(X))*; 2016. pap. 19.57 *(978-1-333-34209-8(8))* Forgotten Bks.

Davenels, or a Campaign of Fashion in Dublin, Vol. 2 of 2 (Classic Reprint) Unknown Author. 2018. (ENG., Illus.). 282p. (J). 29.73 *(978-0-483-89790-8(6))* Forgotten Bks.

Davenels, Vol. 1 Of 2: Or a Campaign of Fashion in Dublin (Classic Reprint) Unknown Author. 2018. (ENG., Illus.). 332p. (J). 30.74 *(978-0-267-46791-4(5))* Forgotten Bks.

Davenport Dunn: A Man of Our Day (Classic Reprint) Charles James Lever. 2018. (ENG., Illus.). 778p. (J). 39.96 *(978-0-332-19102-7(8))* Forgotten Bks.

Davenport Dunn a Man of Dur Day, Vol. 1 of 2 (Classic Reprint) Charles Lever. 2018. (ENG., Illus.). 430p. (J). 32.79 *(978-0-365-09993-2(7))* Forgotten Bks.

Davenports. Krystal Marquis. 2023. (ENG.). 384p. (YA). (gr. 7). 19.99 *(978-0-593-46333-8(1)*, Dial Bks) Penguin Young Readers Group.

Dave's Cave. Frann Preston-Gannon. Illus. by Frann Preston-Gannon. 2018. (ENG., Illus.). 32p. (J). (gr. -1-2). 15.99 *(978-0-7636-9628-3(5))* Candlewick Pr.

Dave's Rock. Frann Preston-Gannon. Illus. by Frann Preston-Gannon. 2019. (ENG., Illus.). 32p. (J). (gr. -1-2). 15.99 *(978-1-5362-0271-7(1))* Candlewick Pr.

Davey, Daisy & Pete: Bubble Bath Ocean: Imagine with Davey, Daisy & Pete. Ros Webb & T. E. Hunter. 2018. (ENG., Illus.). 24p. (J). pap. 9.95 *(978-0-578-42855-0(5))* Hom, Jonathan.

Davey, Daisy & Pete: Pillow Fort Adventures. T. E. Hunter. Illus. by Ros Webb. 2019. (Imagine with Davey, Daisy & Pete Ser.: Vol. 3). (ENG.). 24p. (J). pap. 9.95 *(978-0-578-46097-0(1))* Hom, Jonathan.

Davey, Daisy & Pete: The Things We Can Dream. T. E. Hunter. Illus. by Ros Webb. 2018. (Imagine with Davey, Daisy & Pete Ser.: Vol. 1). (ENG.). 24p. (J). pap. 9.95 *(978-0-578-40850-7(3))* Davey, Daisy & Pete - The Things We Can Dream.

Davey the Deer Is Feeling Down. Rosaleigh Neal & Grace Vitale. Illus. by Luigi Cannavicci. 2018. (ENG.). 38p. (J). (gr. k-6). pap. 11.95 *(978-1-946540-09-6(9))* Strategic Book Publishing & Rights Agency (SBPRA).

Davi e Goliah: Em Tempos de Bullying. Andrea Monteiro. Ed. by David Mendes. Illus. by Savio Rodrigues. 2019. (POR.). 44p. (J). pap. *(978-85-920603-3-6(8))* Editora, Bookess.

David: From Keeping Sheep to Being King: Book 1 of the Young yet Chosen! Series. M. A. M. S. Stepha Miller-Henderson. 2021. (ENG.). 32p. (J). 22.99 *(978-1-63221-838-4(0))*; pap. 12.49 *(978-1-63221-837-7(2))* Salem Author Services.

David - Bible People: The Story of David. Agnes De Bezenac & Salem De Bezenac. Illus. by Agnes De Bezenac. 2019. (Bible People Ser.: Vol. 5). (ENG., Illus.). 26p. (J). (gr. k-2). 12.00 *(978-1-63474-305-1(9))*; pap. 7.00 *(978-1-63474-304-4(0))* iCharacter.org.

David - Hombres y Mujeres de la Biblia. Contrib. by Casscom Media. 2017. (Men & Women of the Bible - Revised Ser.). (ENG & SPA.). (J). pap. *(978-87-7132-612-3(X))* Scandinavia Publishing Hse.

David - Men & Women of the Bible Revised. Contrib. by Casscom Media. 2017. (Men & Women of the Bible - Revised Ser.). (ENG., Illus.). (J). pap. *(978-87-7132-578-2(6))* Scandinavia Publishing Hse.

David A. Adler's First Grade Math Workbook. David A. Adler. Illus. by Edward Miller. 2022. (STEAM Power Workbooks Ser.). (ENG.). 64p. (J). (gr. -1-2). pap. 7.99 *(978-0-8234-5314-6(6))* Holiday Hse., Inc.

David A. Adler's Kindergarten Math Workbook. David A. Adler. Illus. by Edward Miller. 2022. (STEAM Power Workbooks Ser.). (ENG.). 64p. (J). (gr. -1-1). pap. 7.99 *(978-0-8234-5313-9(8))* Holiday Hse., Inc.

David Alden's Daughter. Jane G. Austin. 2017. (ENG.). 332p. (J). pap. *(978-3-337-15462-2(X))* Creation Pubs.

David Alden's Daughter. Jane G. (Jane Goodwin) Austin. 2017. (ENG.). 334p. (J). pap. *(978-3-7447-5010-3(8))* Creation Pubs.

David Alden's Daughter: And Other Stories of Colonial Times (Classic Reprint) Jane G. Austin. 2018. (ENG., Illus.). 332p. (J). 30.74 *(978-0-267-21398-6(0))* Forgotten Bks.

David Allen: A Village Tale (Classic Reprint) Unknown Author. 2018. (ENG., Illus.). 52p. (J). 24.97 *(978-0-332-99292-1(6))* Forgotten Bks.

David & Abigail (Classic Reprint) Unknown Author. 2018. (ENG., Illus.). 372p. (J). 31.57 *(978-0-483-94285-1(5))* Forgotten Bks.

David & Braveheart. David Velde. 2019. (ENG.). 50p. (J). pap. 14.95 *(978-1-64462-537-8(7))* Page Publishing Inc.

David & Carolin Discover Coloring with Kindness. Carolin D. Palmer. 2016. (ENG., Illus.). (J). (gr. k-2). pap. *(978-0-9949334-3-0(6))* Palmer, Carolin.

David & Goliath. Ronald A. Beers & V. Gilbert Beers. 2019. (ENG., Illus.). 42p. (J). pap. 9.99 *(978-0-7396-0382-6(5))* Inspired Studios Inc.

David & Goliath. Tomie dePaola. 2021. (ENG.). 32p. (J). (gr. k). 12.99 ***(978-1-62164-533-7(9))*** Ignatius Pr.

David & Goliath. Christin Ditchfield. Illus. by Jerry Smath. 2019. (Little Golden Book Ser.). 24p. (J). (-k). 5.99 *(978-1-5247-7109-6(0)*, Golden Bks.) Random Hse. Children's Bks.

David & Goliath. Jacqueline Jeannette Pfister. 2019. (ENG., Illus.). (YA). (gr. 7-12). 100p. 22.95 *(978-1-64458-704-1(1))*; 102p. pap. 13.95 *(978-1-64458-702-7(5))* Christian Faith Publishing.

David & Goliath: A Version in Verse for Children. Sandy Knapp. 2022. (ENG.). 32p. (J). pap. *(978-1-4716-6668-1(9))* Lulu Pr., Inc.

David & Goliath: The King's Library, 1 vol. Brent Florica. 2019. (King's Library). (ENG.). 48p. (J). 21.99 *(978-1-4003-2939-7(6))* Elm Hill.

David & Goliath Activity Book. Pip Reid. 2020. (ENG.). (J). 92p. pap. *(978-1-7771601-4-2(6))*; (Beginners Ser.: Vol. 7). 108p. pap. *(978-1-9992275-9-3(X))* Bible Pathway Adventures.

David & Jonathan. Brittany J. Shears. 2020. (ENG.). 230p. (YA). pap. 16.95 *(978-1-0980-6884-4(X))* Christian Faith Publishing.

David & Jonathan (Classic Reprint) E. Temple Thurston. 2018. (ENG., Illus.). 274p. (J). 29.55 *(978-0-428-52911-6(9))* Forgotten Bks.

David & the Bear. Jerry Diethelm. Illus. by David Diethelm. 2020. (ENG.). 36p. (J). pap. *(978-1-945432-33-0(0))* Aurora Production AG.

David & the Big, Tall Giant, 1 vol. Zonderkidz. 2018. (Beginner's Bible Ser.). (ENG., Illus.). 18p. (J). bds. 8.99 *(978-0-310-75993-5(5))* Zonderkidz.

David & the Dragon. Martha Johnson. 2019. (ENG., Illus.). 28p. (J). pap. 12.95 *(978-1-64471-481-2(7))* Covenant Bks.

David & the Gorilla. Sneaky Boy. 2016. (ENG., Illus.). (J). *(978-1-77302-439-4(6))*; pap. *(978-1-77302-438-7(8))* Tellwell Talent.

David & the Very Big Giant. Tim Thornborough. Illus. by Jennifer Davison. 2019. (Very Best Bible Stories Ser.). (ENG.). 24p. (J). *(978-1-78498-381-9(0))* Good Bk. Co., The.

David Armstrong, or Before the Dawn, Vol. 1 of 2 (Classic Reprint) Unknown Author. 2018. (ENG., Illus.). 272p. (J). 29.53 *(978-0-483-32057-4(9))* Forgotten Bks.

David Armstrong, or Before the Dawn, Vol. 2 of 2 (Classic Reprint) Unknown Author. (ENG., Illus.). (J). 2018. 284p. 29.75 *(978-0-428-69263-6(X))*; 2016. pap. 13.57 *(978-1-333-46185-0(2))* Forgotten Bks.

David Atherton's Baking Book for Kids: Delicious Recipes for Budding Bakers. David Atherton. Illus. by Harry Woodgate. 2023. (Bake, Make & Learn to Cook Ser.). (ENG.). 80p. (J). (gr. k-4). 17.99 ***(978-1-5362-3130-4(4))*** Candlewick Pr.

David Attenborough, Volume 34. Maria Isabel Sanchez Vegara. Illus. by Mikyo Noh. 2020. (Little People, BIG DREAMS Ser.: Vol. 34). (ENG.). 32p. (J). (gr. -1-2). *(978-0-7112-4564-8(9)*, Frances Lincoln Children's Bks.) Quarto Publishing Group UK.

David Attenborough (Little People, Big Dreams) Maria Isabel Sanchez Vegara. Illus. by Mikyo Noh. 2020. (Little People, BIG DREAMS Ser.: 34). (ENG.). 32p. (J). (gr. -1-2). 14.99 *(978-0-7112-4563-1(0)*, 328344, Frances Lincoln Children's Bks.) Quarto Publishing Group UK GBR. Dist: Hachette UK Distribution.

David Balfour see Catriona

David Ballard: A Play in Three Acts (Classic Reprint) Charles McEvoy. (ENG., Illus.). (J). 2018. 114p. 26.25 *(978-0-364-46074-0(1))*; 2017. pap. 9.57 *(978-0-259-30650-4(9))* Forgotten Bks.

David Blaize (Classic Reprint) E. F. Benson. 2017. (ENG., Illus.). (J). 31.47 *(978-1-5283-7277-0(8))* Forgotten Bks.

David Blaze & the Blue Door (Classic Reprint) E. F. Benson. 2017. (ENG., Illus.). (J). 28.45 *(978-0-265-25471-4(X))* Forgotten Bks.

David Bowie. Maria Isabel Sanchez Vegara. Illus. by Ana Albero. 2019. (Little People, BIG DREAMS Ser.: Vol. 30). (ENG.). 32p. (J). (gr. -1-2). ***(978-1-78603-332-1(1)***, Frances Lincoln Children's Bks.) Quarto Publishing Group UK.

David Bowie: A Kid's Book about Looking at Change As Progress. Mary Nhin. 2022. (Mini Movers & Shakers Ser.: Vol. 33). (ENG.). 34p. (J). 22.99 ***(978-1-63731-693-1(3))*** Grow Grit Pr.

David Bowie: My First David Bowie [BOARD BOOK]. Maria Isabel Sanchez Vegara. Illus. by Ana Albero. 2020. (Little People, BIG DREAMS Ser.: 26). (ENG.). 24p. (J). (gr. -1 — 1). bds. ***(978-0-7112-4611-9(4)***, Frances Lincoln Children's Bks.) Quarto Publishing Group UK.

David Bushnell & His American Turtle (Classic Reprint) Unknown Author. 2017. (ENG., Illus.). (J). 25.18 *(978-0-331-18329-0(3))* Forgotten Bks.

David Copperfield. Charles Dickens. 2017. (ENG.). 412p. (J). (gr. 4-6). pap. ***(978-1-77356-087-8(5))*** Devoted Publishing.

David Copperfield. Charles Dickens. 2021. (ENG.). 712p. (J). (gr. 4-6). pap. 20.99 *(978-1-4209-7498-0(X))* Digireads.com Publishing.

David Copperfield. Charles Dickens. 2022. (ENG.). 584p. (J). (gr. 4-6). pap. 47.82 *(978-1-4583-4112-9(7))*; pap. 47.82 *(978-1-6780-4099-4(1))* Lulu Pr., Inc.

David Copperfield (Annotated) Charles Dickens. 2021. (Sastrugi Press Classics Ser.). (ENG.). 712p. (J). 28.95 *(978-1-64922-057-8(X))*; pap. 22.95 *(978-1-64922-058-5(8))* Sastrugi Pr.

David Copperfield, Vol. 2: Reprinted Pieces, Illustrated with Introductions, Critical Comments, & Notes (Classic Reprint) Charles Dickens. 2017. (ENG., Illus.). (J). 37.72 *(978-0-266-72842-9(1))*; pap. 20.57 *(978-1-5276-8891-9(7))* Forgotten Bks.

David Copperfield+cd. Collective. 2017. (Green Apple Ser.). (ENG.). 80p. (YA). pap. 25.95 *(978-88-530-1324-8(9)*, Black Cat) Grove/Atlantic, Inc.

David Copperfield+cd Life Skills New 2018. Collective. 2017. (Green Apple - Life Skills Ser.). (ENG.). 216p. (YA). pap. 25.95 *(978-88-530-1713-0(9)*, Black Cat) Grove/Atlantic, Inc.

David Digs with the Dinosaur Hunter. Ailynn Collins. Illus. by Eva Morales. 2022. (Smithsonian Historical Fiction Ser.). (ENG.). 72p. (J). 25.32 *(978-1-6639-1184-1(3)*, 219064); pap. 5.95 *(978-1-6639-2136-9(9)*, 219070) Capstone. (Stone Arch Bks.).

David Dixon's Day As a Dachshund (Class Critters #2) Kathryn Holmes. Illus. by Ariel Landy. 2022. (Class Critters Ser.). (ENG.). (J). (gr. 1-4). 144p. pap. 6.99 *(978-1-4197-6287-1(7)*, 1720503); 128p. 12.99 *(978-1-4197-5568-2(4)*, 1720501) Abrams, Inc. (Amulet Bks.).

David Dumps: Or, the Budget of Blunders; a Tale (Classic Reprint) Thomas Haynes Bayly. 2018. (ENG., Illus.). 212p. (J). 28.27 *(978-0-483-98498-1(1))* Forgotten Bks.

David Dunne: A Romance of the Middle West (Classic Reprint) Belle Kanaris Maniates. 2018. (ENG., Illus.). 274p. (J). 29.57 *(978-0-484-76919-8(7))* Forgotten Bks.

David Elginbrod (Classic Reprint) George MacDonald. 2018. (ENG., Illus.). 428p. (J). 32.74 *(978-0-365-16243-8(4))* Forgotten Bks.

David Elginbrod, Vol. 1 of 3 (Classic Reprint) George MacDonald. (ENG., Illus.). (J). 2018. 312p. 30.35 *(978-0-483-33821-0(4))*; 2016. pap. 13.57 *(978-1-334-13956-7(3))* Forgotten Bks.

David Elginbrod, Vol. 2 of 2 (Classic Reprint) George MacDonald. 2018. (ENG., Illus.). 314p. (J). 30.39 *(978-0-483-52999-1(0))* Forgotten Bks.

David Elginbrod, Vol. 3 of 3 (Classic Reprint) George MacDonald. 2018. (ENG., Illus.). (J). 408p. 32.31 *(978-1-391-60085-7(1))*; 410p. pap. 16.57 *(978-1-391-59015-8(5))* Forgotten Bks.

David Erenberg, Healer (Classic Reprint) Sarah A. Jenison. (ENG., Illus.). (J). 2018. 186p. 27.75 *(978-0-428-91188-1(9))*; 2016. pap. 10.57 *(978-1-334-68653-5(X))* Forgotten Bks.

David Goes to School. David Shannon. ed. 2021. (David Bks.). (ENG., Illus.). 32p. (J). (gr. k-1). 19.46 *(978-1-64697-909-7(5))* Penworthy Co., LLC, The.

David Goes to School. David Shannon. Illus. by David Shannon. 2021. (ENG.). 32p. (J). (gr. -1-3). pap. 7.99 *(978-1-338-74489-7(5)*, Scholastic Paperbacks) Scholastic, Inc.

David Harum. Edward Noyes Westcott. 2017. (ENG.). 400p. (J). pap. *(978-3-7446-6264-2(0))* Creation Pubs.

David Harum: A Story of American Life (Classic Reprint) Edward Noyes Westcott. 2018. (ENG., Illus.). 454p. (J). 33.26 *(978-0-267-66329-3(3))* Forgotten Bks.

David Hockney. Maria Isabel Sanchez Vegara. Illus. by Ana Albero. 2023. (Little People, BIG DREAMS Ser.). (ENG.). 32p. (J). (gr. -1-2). 15.99 ***(978-0-7112-8549-1(7)***, Frances Lincoln Children's Bks.) Quarto Publishing Group UK GBR. Dist: Hachette Bk. Group.

David Hume & a Treatise of Human Nature. Maryellen Lo Bosco. 2016. (J). lib. bdg. *(978-1-68048-547-9(4))* Windmill Bks.

David I Love You All Ways. Marianne Richmond. Illus. by Dubravka Kolanovic. 2023. (I Love You All Ways Ser.). (ENG.). 32p. (J). (gr. -1-3). 8.99 ***(978-1-7282-7346-4(3))*** Sourcebooks, Inc.

David Jumps In. Alan Woo. Illus. by Katty Maurey. 2020. (ENG.). 24p. (J). (gr. -1-2). 19.99 *(978-1-77138-845-0(5))* Kids Can Pr., Ltd. CAN. Dist: Hachette Bk. Group.

David Libbey: Penobscot Woodman & River-Driver (Classic Reprint) Fannie Hardy Eckstorm. (ENG., Illus.). (J). 2018. 122p. 26.41 *(978-0-666-00318-8(1))*; 2016. pap. 9.57 *(978-1-334-15494-2(5))* Forgotten Bks.

David Likes to Play with Dolls. Maricela Estrada. 2021. (ENG.). 18p. (J). pap. 10.95 *(978-1-68235-562-6(4))* Strategic Book Publishing & Rights Agency (SBPRA).

David Lyall's Love Story (Classic Reprint) Helen Mathers. (ENG., Illus.). (J). 2018. 312p. 30.33 *(978-0-364-75190-9(8))*; 2017. pap. 13.57 *(978-0-259-01343-3(9))* Forgotten Bks.

David Malcolm (Classic Reprint) Nelson Lloyd. 2018. (ENG., Illus.). 422p. (J). 32.62 *(978-0-483-54072-9(2))* Forgotten Bks.

David of Juniper Gulch: A Story of the Placer Regions of California (Classic Reprint) Lillian Shuey. 2018. (ENG., Illus.). 434p. (J). 32.85 *(978-0-483-88473-1(1))* Forgotten Bks.

David on the North Pole Express. J. D. Green. 2019. (North Pole Express Ser.). (ENG.). 32p. (J). (gr. -1-3). 7.99 ***(978-1-7282-0324-9(4))*** Sourcebooks, Inc.

David Orel. Moshe Bensadia. 2016. (SPA., Illus.). (J). pap. *(978-84-9072-528-3(4))* Novum Verlag in der Verlags- und Medienhaus WSB GmbH.

David Pastrnak: Hockey Superstar. Ryan Williamson. 2019. (PrimeTime: Hockey Superstars Ser.). (ENG.). 32p. (J). (gr. 3-4). pap. 9.95 *(978-1-63494-113-6(6)*, 1634941136); (Illus.). lib. bdg. 31.35 *(978-1-63494-104-4(7)*, 1634941047) Pr. Room Editions LLC.

David Penstephen (Classic Reprint) Richard Pryce. 2018. (ENG., Illus.). 382p. (J). 31.78 *(978-0-483-31924-0(4))* Forgotten Bks.

David Roberts' Delightfully Different Fairytales. David Roberts & Lynn Roberts. 2020. (ENG., Illus.). 104p. (J). (-k). 19.95 *(978-1-84365-475-9(X)*, Pavilion Children's Books) Pavilion Bks. GBR. Dist: HarperCollins Pubs.

David Rose & the Forbidden Tournament: A Young Adult Fantasy Adventure. Daryl Rothman. Ed. by Lane Diamond. 2022. (David Rose Ser.: Vol. 2). (ENG.). 368p. (YA). pap. 19.95 ***(978-1-62253-570-5(7))*** Evolved Publishing.

David Santa's Secret Elf. Put Me In The Story & Katherine Sully. Illus. by Julia Seal. 2018. (Santa's Secret Elf Ser.). (ENG.). 32p. (J). (gr. k-3). 5.99 *(978-1-4926-8133-5(4))* Sourcebooks, Inc.

David Se Mete en líos (David Gets in Trouble) David Shannon. Illus. by David Shannon. 2020.Tr. of David Gets in Trouble. (SPA.). 32p. (J). (gr. -1-3). pap. 6.99 *(978-0-439-54561-7(7)*, Scholastic en Espanol) Scholastic, Inc.

David Slays the Dragon. David Shelton. 2018. (ENG., Illus.). 40p. (J). (gr. k-5). pap. 9.97 *(978-1-947256-76-7(9))* BEYOND PUBLISHING.

David the Amazing Octopus. Ana Karina Mireles. 2020. (ENG., Illus.). 30p. (J). pap. 12.95 *(978-1-64559-335-5(5))* Covenant Bks.

David the Light of the Beanstalk. Grace Chin. 2021. (ENG.). 206p. (YA). pap. 16.95 *(978-1-68517-099-8(4))* Christian Faith Publishing.

David, the Son of Jesse (Classic Reprint) Marjorie Strachey. 2018. (ENG., Illus.). 366p. (J). 31.47 *(978-0-483-46555-8(0))* Forgotten Bks.

David Travels to the Past. Gonzalo Martinez De Antonana. Ed. by Saure Publisher. Illus. by Maria José Mosquera. 2016. (ENG.). (YA). (gr. 9-12). *(978-84-16197-69-9(5))* Saure, Jean-Francois Editor.

David 'Twas the Night Before Christmas. Illus. by Lisa Alderson. 2019. (Night Before Christmas Ser.). (ENG.). 32p. (J). (gr. -1-3). 7.99 ***(978-1-7282-0217-4(5))*** Sourcebooks, Inc.

David und Sein Zeitalter (Classic Reprint) Bruno Baentsch. 2018. (GER., Illus.). (J). 182p. 27.67 *(978-0-364-41822-2(2))*; 184p. pap. 10.57 *(978-0-656-55064-7(3))* Forgotten Bks.

D

David Va a la Escuela (David Goes to School) David Shannon. Illus. by David Shannon. 2018. (SPA., Illus.). 32p. (J). (gr. -1-k). pap. 6.99 *(978-1-338-26905-5(4)*, Scholastic en Espanol) Scholastic, Inc.

David Vallory (Classic Reprint) Francis Lynde. 2018. (ENG., Illus.). 420p. (J). 32.58 *(978-0-483-22968-6(7))* Forgotten Bks.

Davidee Birot (Classic Reprint) René Bazin. 2017. (ENG., Illus.). (J). 30.89 *(978-1-5284-8562-3(9))* Forgotten Bks.

Davidee Goes to the Arctic Winter Games: English Edition. Ryan Lahti. Illus. by Shannon Potratz. 2022. (ENG.). 72p. (J). (gr. 6-8). pap. 15.95 *(978-1-77450-589-2(4))* Inhabit Education Bks. Inc. CAN. Dist: Consortium Bk. Sales & Distribution.

David's Bathtime Adventure. Sue Wickstead. 2022. (ENG.). 40p. (J). pap. *(978-1-9163923-4-2(2))* Wickstead, Sue.

David's Bin Day. Sue Wickstead. 2022. (ENG.). 40p. (J). pap. *(978-1-9163923-3-5(4))* Wickstead, Sue.

David's Christmas Wish. Put Me In The Story & J. D. Green. Illus. by Julia Seal. 2018. (Christmas Wish Ser.). (ENG.). 32p. (J). (gr. k-3). 6.99 ***(978-1-4926-8318-6(3))*** Sourcebooks, Inc.

David's Decision. Vicki D. King. 2022. (ENG.). 92p. (J). pap. 10.95 ***(978-1-68235-731-6(7)***, Strategic Bk. Publishing) Strategic Book Publishing & Rights Agency (SBPRA).

David's Farm: Healthy Soil. Kathryn Gormandy. 2022. (ENG., Illus.). 26p. (J). pap. 14.95 ***(978-1-68498-653-8(2))*** Newman Springs Publishing, Inc.

David's Father. Robert Munsch. Illus. by Michael Martchenko. 2018. (Classic Munsch Ser.). 32p. (J). (gr. k-2). 6.95 *(978-1-77321-078-0(5))* Annick Pr., Ltd. CAN. Dist: Publishers Group West (PGW).

David's Grannies. Mary Mills. 2020. (ENG.). 30p. (YA). 16.99 *(978-1-952027-45-1(4))*; pap. 9.99 *(978-1-952027-44-4(6))* New Leaf Media, LLC.

David's Heritage: A Novel (Classic Reprint) Osmond Young Owings. 2018. (ENG., Illus.). 208p. (J). 28.19 *(978-0-484-09150-3(6))* Forgotten Bks.

David's Loom: A Story of Rochdale's Life in the Early Years of the Nineteenth Century (Classic Reprint) John

DAVID'S NEW BIKE

Trafford Clegg. 2018. (ENG., Illus.). 296p. (J). 30.00 (978-0-365-04274-7(9)) Forgotten Bks.

David's New Bike: A Book about Being Active. Kerry Dinmont. 2017. (My Day Readers Ser.). (ENG.). 24p. (J). (gr. -1-2). lib. bdg. 32.79 (978-1-5038-2024-4(6), 211857) Child's World, Inc. The.

David's Stone. Cecile Ngbanda. Illus. by Gianna Ermmons. 2020. (ENG.). 26p. (J). pap. 12.99 (978-0-578-63189(8)) Ngbanda, Cecile.

David's Stuffed Dog. Patsy E. Stackhouse. Illus. by Abira Das. 2021. (ENG.). 26p. (J). pap. 12.99 (978-1-952694-97-2(5)) Pen It Pubs.

Da Vld's Tale. Book One: Nessie's Request. Madgewick The Muse. 2016. (ENG., Illus.). (J). pap. 7.17 (978-1-326-82786-5(X)) Lulu Pr., Inc.

David's Valuable Lesson: Insight from an Unlikely Source. Santosh Ninan. 2020. (ENG.). 26p. (J). pap. 14.95 (978-1-61244-918-0(2)) Halo Publishing International.

Davie & Elizabeth: Wonderful Adventures (Classic Reprint) Muriel Campbell Dyar. 2018. (ENG., Illus.). (J). 14p. 28.85 (978-0-483-53262-0(6)); 14.60. pap. 9.57 (978-0-483-33203-4(7)) Forgotten Bks.

Davie Bear Is a Big Brother. Kim Taylor. 2017. (ENG., Illus.). (J). pap. 12.45 (978-1-5043-1112-0(4)), Balboa Pr.) Author Solutions, LLC.

Davie Bear's First Day at Play Gym. Kim Taylor. 2017. (ENG., Illus.). (J). pap. 12.45 (978-1-5043-1114-4(0)), Balboa Pr.) Author Solutions, LLC.

Davis Habla: Un Hermano con Autismo. Teisha N. Glover & Nicholas Glover. Illus. by Raiv Kumar. 2021. (SPA.). 32p. (J). 15.99 (978-1-7360316-2-9(7)) Exceeding Abundance Bks.

Davis Practices Reading with Risks. Nadva Davis. Illus. by George Franco. 2022. (ENG.). 32p. (J). 15.00 (978-1-0878-8095-2(5)) Indy Pub.

Davis Speaks: A Brother with Autism. Teisha N. Glover & Nicholas Glover. 2020. (ENG.). 32p. (J). 15.99 (978-1-7360316-1-2(9)); pap. 9.99 (978-1-7360316-0-5(0)) Exceeding Abundance Bks.

Davis's Manual of Magnetism: Including Galvanism, Magnetism, Electro-Magnetism, Electro-Dynamics, Magneto-Electricity, & Thermo-Electricity. Daniel Davis. 2017. (ENG., Illus.). (J). pap. (978-0-649-06495-1(X)) Trieste Publishing Pty Ltd.

Davy. Douglas Franklin. 2017. (ENG., Illus.). (YA). (978-1-5255-0906-3(3)); pap. (978-1-5255-0907-0(1)) FriesenPress.

Davy & the Goblin: Or What Followed Reading Alice's Adventures in Wonderland (Classic Reprint). Charles E. Carryl. 2018. (ENG., Illus.). 176p. (J). 27.57 (978-0-483-35200-5(6)) Forgotten Bks.

Davy Crockett. Michael Capek. 2017. (Illus.). 32p. (J). 25.70 (978-1-61228-974-8(9)) Mitchell Lane Pubs.

Davy Crockett. Emma E. Haldy. Illus. by Jeff Bane. 2017. (My Early Library: My Itty-Bitty Bio Ser.). (ENG.). 24p. (J). (gr. k-1). lib. bdg. 30.64 (978-1-63472-151-6(9), 209176) Cherry Lake Publishing.

Davy Crockett: Frontiersman. 1 vol. Andrew Coddington. Illus. by Matias Lapegüe. 2016. (American Legends & Folktales Ser.). (ENG.). 32p. (gr. 3-3). 30.21 (978-1-5026-2183-1(2)), 9b7823/4-3a30-4b1b-a70e-fac9b0a1a2a1) Cavendish Square Publishing LLC.

Davy Crockett SP. Emma E. Haldy. Illus. by Jeff Bane. 2018. (My Early Library: Mi Mini Biografía (My Itty-Bitty Bio) Ser.). (SPA.). 24p. (J). (gr. k-1). lib. bdg. 30.64 (978-1-5341-2995-0(2), 213626) Cherry Lake Publishing.

Davy Crockett's Almanac 1847; Daring Adventures in the Back Woods; Wonderful Scenes in River Life; Manners of Warfare in the West; Feats on the Prairies, in Texas & Oregon (Classic Reprint) Davy Crockett. 2018. (ENG., Illus.). 36p. (J). 24.64 (978-0-656-90083-3(6)) Forgotten Bks.

Davy Crockett's Almanack of Wild Sports in the West, 1838, Vol. 1: Life in the Backwoods, Sketches of Texas, & Rows on the Mississippi (Classic Reprint) Davy Crockett. (ENG., Illus.). (J). 2017. 24.93 (978-0-331-99695-1(2), 2018. pap. 9.57 (978-1-334-16357-9(X)) Forgotten Bks.

Davy in the Snow. Brigitte Weninger. Tr. by David Henry Wilson. Illus. by Eve Tharlet. 2023. (Davy Ser.). (ENG.). 32p. (J). (gr. -1-2). 19.95 (978-0-7358-4592-8(6)) North-South Bks., Inc.

Davy Jones's Yarns: And Other Salted Songs (Classic Reprint) Thomas Irons. 2018. (ENG., Illus.). 118p. (J). 26.29 (978-0-267-88124-9(3)) Forgotten Bks.

Davy's Dragon Castle. Mary L. Shmidt. Illus. by Mary L. Shmidt. 2021. (ENG.). 30p. (J). pap. 21.99 (978-0-578-32451-7(2)) Shmidt, M. Productions.

Davy's Summer Vacation. Brigitte Weninger. Illus. by Eve Tharlet. 2018. (Davy Ser.: 6). (ENG.). 32p. (J). (gr. -1-3). 16.95 (978-0-7358-4276-6(7)) North-South Bks., Inc.

Dawaco Iyo Ri - the Fox & the Goat Somali Children's Book. Illus. by Nadia Rajput. 2022. (SOM.). 48p. (J). 15.99 (978-1-949657-93-9(5)); pap. 9.99 (978-1-949657-82-2(7)) Kiazpora LLC.

Dawdling Denise: Denise Likes to Dawdle. Cissy Gayle. 2023. (Dawdling Denise Ser.: 1). (Illus.). 24p. (J). pap. 13.99 (978-1-6678-04-5(7)) BookBaby.

Dawn. Clair Gardenwell. 2020. (ENG.). 452p. (YA). pap. 17.99 (978-1-393-80663-9(5)) Draft2Digital.

Dawn. Ben Levin. 2019. (Nota's Friends Ser.: Vol. 1). (ENG.). 46p. (J). pap. 9.95 (978-0-9993710-5-5(0)) Shrimilla Pr.

Dawn: With the Noble Lord, the Traitor, a House of Cards, Playing with Fire, the Finger of God; One-Act Plays of Life to-Day (Classic Reprint) Percival Wilde. 2018. (ENG., Illus.). 186p. (J). 27.73 (978-0-267-43405-3(7)) Forgotten Bks.

Dawn & the Impossible Three. 5. Gale Galligan. ed. 2020. (Baby-Sitters Club Ser.). (ENG.). 145p. (J). (gr. 4-5). 21.96 (978-0-87617-890-4(5)) Penworthy Co., LLC, The.

Dawn & the Impossible Three: a Graphic Novel (the Baby-Sitters Club #5). Ann M. Martin. Illus. by Gale Galligan. 2023. (Baby-Sitters Club Graphix Ser.). (ENG.). 160p. (J). (gr. 3-7). pap. 12.99 (978-1-338-88827-0(7)) Scholastic, Inc.

Dawn & the Impossible Three: a Graphic Novel (the Baby-Sitters Club #5) (Full-Color Edition). No. 5. Ann M. Martin. Illus. by Gale Galligan. 2017. (Baby-Sitters Club Graphix Ser.: 5). (ENG.). 160p. (J). (gr. 3-7). 24.99 (978-1-338-06702-9(3), Graphix) Scholastic, Inc.

Dawn & the Impossible Three (the Baby-Sitters Club #5). Ann M. Martin. 2020. (Baby-Sitters Club Ser.: 5). (ENG.). 160p. (J). (gr. 3-7). 8.99 (978-1-338-64224-7(3), Scholastic Paperbacks) Scholastic, Inc.

Dawn & the Impossible Three (the Baby-Sitters Club #5 (Library Edition)) Ann M. Martin. 2020. (Baby-Sitters Club Ser.: 5). (ENG.). 176p. (J). (gr. 3-7). lib. bdg. 25.99 (978-1-338-65122-5(6)) Scholastic, Inc.

Dawn & the Prince. Day LeNoir. 2021. (Kingdom of Curses & Shadows Ser.: Vol. 3). (ENG.). 438p. (YA). (978-1-7775227-8-2(2)); pap. (978-1-7775227-1-1(14)) Sparkly Wave.

Dawn & Twilight, Vol. 1: A Tale (Classic Reprint) Anna Maria Horton. 2018. (ENG., Illus.). 236p. (J). 28.76 (978-0-483-62627-0(9)) Forgotten Bks.

Dawn & Twilight, Vol. 2: A Tale (Classic Reprint) Anna Maria Horton. (ENG., Illus.). (J). 2018. 342p. 31.01 (978-0-428-80599-9(X)); 2016. pap. 13.57 (978-1-333-88871-1(2)) Forgotten Bks.

Dawn at Shanny Bay (Classic Reprint) Robert Edward Knowles. 2018. (ENG., Illus.). 156p. (J). 27.13 (978-0-267-25517-7(9)) Forgotten Bks.

Dawn Broken Red. Mika Busch. 2016. (ENG., Illus.). 178p. (J). pap. (978-1-365-49687-9(0)) Lulu Pr., Inc.

Dawn Builder (Classic Reprint). John Griesanau Neihardt. 2017. (ENG., Illus.). (J). 30.93 (978-1-5281-6839-7(9)) Forgotten Bks.

Dawn (Classic Reprint) Eleanor H. Porter. (ENG., Illus.). (J). 2018. 372p. 31.57 (978-0-364-00216-6(4)); 2018. 372p. 31.57 (978-0-483-53724-6(1)); 2017. pap. 13.97 (978-0-243-51875-3(7)) Forgotten Bks.

Dawn Fraser's Narrative Verse & Comments: Including Songs of Silveria, Echoes from Labor's War, Fraser's Filosophies, All the Old Stuff & a Lot of New Ones (Classic Reprint) Dawn Fraser. (ENG., Illus.). (J). 2018. 326p. 30.64 (978-0-656-12936-2(0)); 2017. pap. 13.57 (978-0-259-86964-6(4)) Forgotten Bks.

Dawn Horse. Gary Jeffrey. 2017. (Graphic Prehistoric Animals Ser.). (ENG., Illus.). 32p. (J). (gr. 5-8). lib. bdg. 31.35 (978-1-62388-407-7(9), 19276, Smart Apple Media) Black Rabbit Bks.

Dawn Hyperactive & the Galactic Handbag of Death. Sharilyn Grayson. Frl. by Robbie Grayson. 2022. (ENG.). 246p. (YA). 14.99 (978-1-63877-435-8(8)) Indy Pub.

Dawn Hyperactive & the Golden Cufflinks of Doom. Sharilyn S. Grayson. Ed. by Robbie Grayson. 2022. (ENG.). 364p. (J). pap. 16.99 (978-0-0880-1889-7(0)) Indy Pub.

Dawn Hyperactive & the Opal Tiara of Evil. Sharilyn Grayson. Ed. by Robbie Grayson. 2nd ed. 2022. (Dawn Hyperactive Ser.: Vol. 4). (ENG.). 374p. (YA). pap. 15.99 **(978-1-63877-417-4(X))** Indy Pub.

Dawn Hyperactive & the Terrestrial Watches of Terror. Sharilyn Grayson. Ed. by Robbie Grayson. 2nd ed. 2022. (Dawn Hyperactive Ser.: Vol. 6). (ENG.). 304p. (YA). pap. 14.99 (978-1-63877-435-8(8)) Indy Pub.

Dawn in Simmytown's Soul (Classic Reprint) Giles G. Brown. (ENG., Illus.). (J). 2018. 28p. 24.47 (978-0-483-75607-6(5)); 2017. pap. 7.97 (978-0-243-43887-7(1)) Forgotten Bks.

Dawn in the Forest: A Story of Dogaressa (Classic Reprint). 2017. (ENG., Illus.). (J). 27.55 (978-0-265-20797-9(5)) Forgotten Bks.

Dawn of Boyhood's Fire. Meadow Griffin. 2017. (ENG., Illus.). 32p. (J). pap. (978-1-84691-757-0(3)) Olympia Publishers.

Dawn of Dark Magic. Lura Randolph. 2022. (ENG.). 106p. (YA). pap. 15.99 (978-1-4357-8907-4(5)) Lulu Pr., Inc.

Dawn of Light: A Story of the Zenana Mission (Classic Reprint) Mary E. Leslie. (ENG., Illus.). (J). 2018. 188p. 27.17 (978-0-483-42414-0(2)); 2017. pap. 10.57 (978-0-243-82552-8(8)) Forgotten Bks.

Dawn of the Cities: Book Zero. Laurel Solorzano. 2022. (ENG.). 260p. (J). pap. 12.95 **(978-1-73379/4-1(7))** Southernmost Publishing.

Dawn of the Deadly Fang. T. James Logan. 2020. (Lycanthroce Trilogy Ser.: Vol. 2). (ENG.). 286p. (YA). (gr. 8-12). pap. 15.98 (978-1-62225-422-0(1)) Publishing Consortium, LLC, The.

Dawn of the Dinosaurs. Camilla de la Bedoyere. 2020. (In Focus: Dinosaurs Ser.). (ENG., Illus.). 32p. (J). (gr. 2-5). lib. bdg. 29.32 (978-0-7112-4965-3(7)), ed39e93d-04c5-4004-a639-0d76aa96e973) QEB Publishing Inc.

Dawn of the Drawing Dead; How to Draw Zombies Activity Book. Jupiter Kids. 2016. (ENG., Illus.). 106p. (YA). pap. 12.55 (978-1-68326-115-5(1), Jupiter Kids (Children's & Kids Fiction) Speedy Publishing LLC.

Dawn of the Heroes: A New World. Ed Alba. Illus. by Molly Lutnisky. 2021. (ENG.). 232p. (YA). 24.99 **(978-0-578-99641-7(3))** SwissRoltz.

Dawn of the Klowne People. Jimmy Gray. Eagle. 2020. (ENG.). 299p. (J). pap. 19.95 (978-1-64701-809-2(9)) Page Publishing, Inc.

Dawn of the Light Dragon: a Branches Book (Dragon Masters #24) Tracey West. Illus. by Matt Loveridge. 2023. (Dragon Masters Ser.). (ENG.). 96p. (J). (gr. 1-3). 24.99 (978-1-338-77698-0(3)); pap. 5.99 (978-1-338-77697-3(5)) Scholastic, Inc.

Dawn of the Vie. Laura Diamond. 2016. (Immortal Aliens Ser.: Vol. 1). (ENG., Illus.). (YA). pap. 17.99 (978-1-5207-405-3(2)) Curiosity Quills Pr.

Dawn of Time: An Unofficial Graphic Novel for Minecrafters. Cara J. Stevens. Illus. by Sam Needham. 2022. (Magic Portal Ser.: 1). 192p. (J). (gr. 2-6). pap. 11.99 (978-1-5107-66600-0(X), Sky Pony Pr.) Skyhorse Publishing Co., Inc.

Dawn of Time: Creation Myths Around the World. Nel Yomtov. Illus. by Dante Lividini. 2017. (Universal Myths

Ser.). (ENG.). 48p. (J). (gr. 3-9). lib. bdg. 31.32 (978-1-5157-6629-2(2), 135220, Capstone Pr.) Capstone.

Dawn of Transcendence. Shaya Faulkner. 2022. (ENG.). 524p. (YA). 57.95 **(978-1-84948-590-8(5))** 4thp. & (978-0-6392-4977-4(4)) Newtown Springs Publishing, Inc.

Dawn O'Hara: The Girl Who Laughed (Classic Reprint). Edna Ferber. 2017. (ENG., Illus.). (J). 30.60 (978-0-366-20697-2(X)) Forgotten Bks.

Dawn on the Coast (the Baby-Sitters Club #23). Ann M. Martin. 2023. (Baby-Sitters Club Ser.: Tr. of #23.). (ENG.). 160p. (J). (gr. 3-7). pap. 6.99 (978-1-338-81497-2(4)) Scholastic, Inc.

Dawn over the Moon: The Invention of the Flying Car. Tempest Korvatha. 2017. (ENG., Illus.). (J). (978-1-5255-0281-1(9)); pap. (978-1-4602-6132-1(2)) FriesenPress.

Dawn Raid. Pauline Vaeluaga Smith. Illus. by Mat Hunkin. 2021. (ENG.). 224p. (J). (gr. 3-7). 17.99 (978-1-64614-024-1-1(6)) Levine Querido.

Dawn Study. Maria V. Snyder. 2017. (Chronicles of Ixia Ser.: 9). (ENG.). 480p. pap. 19.99 (978-0-7783-1985-4(6)), Mira Bks.) Harlequin Enterprises ULC d/b/a CAN. Dist: HarperCollins Pubs.

Dawn, Vol. 1 of 3 (Classic Reprint) H. Rider Haggard. (ENG., Illus.). (J). 2019. 530p. 30.72 (978-0-484-83573-3(9)); 2017. pap. 13.57 (978-0-243-33038-6(3)) Forgotten Bks.

Dawn, Vol. 3 of 3 (Classic Reprint) H. Rider Haggard. (ENG., Illus.). (J). 2018. 339p. 30.87 (978-0-484-10472-2(1)); 2017. pap. 13.57 (978-0-282-97600-5(2)) Forgotten Bks.

Dawn, Where the Sun May. 2018. (ENG., Illus.). (J). 11.99 (978-0-6255-2083-9(5)); pap. 12.99 (978-1-6255-0287-2(7)) BreezyWay Books.

Dawson "I1. Fortune Hunter (Classic Reprint). John T. McColluthan. (ENG., Illus.). (J). 2018. 154p. 27.30 (978-0-267-31283-2(0)); 2016. pap. 9.97 (978-1-333-70646-7(0)) Forgotten Bks.

Dawson Draws Dingoes. Trachiy George. 2020. (ENG.). 22p. (J). pap. 11.00 (978-1-990153-03-3(1)) Lulu Pr., Inc.

Dawson Draws Dingoes. Trachiy George. Illus. by Arla Jones. 2020. (ENG.). 24p. (J). 24p. (J). 17.14 (978-1-716-63676-3(6)) Lulu Pr., Inc.

Dawson the Dolphin. Adérine Palma. 2022. (ENG.). 36p. (J). pap. 11.99 **(978-1-957262-28-4(1))** Yorkshire Publishing Group.

Dawsons of Glenara, Vol. 1: A Story of Scottish Life (Classic Reprint) Henry Johnston. 2018. (ENG., Illus.). 260p. (J). 30.17 (978-0-332-06472-9(8)) Forgotten Bks.

Dawsons of Glenara, Vol. 2 Of 3: A Story of Scottish Life (Classic Reprint) Henry Johnston. 2018. (ENG., Illus.). 264p. (J). 29.84 (978-0-332-17219-4(8)) Forgotten Bks.

Dawsons of Glenara, Vol. 3 Of 3: A Story of Scottish Life (Classic Reprint) Henry Johnston. 2018. (ENG., Illus.). 242p. (J). 28.89 (978-0-483-47704-9(6)) Forgotten Bks.

Dax's Adventures: Improving Language & Connection Skills. Tyrce Cartwright. 2023. (Dax's Adventures Ser.). (ENG.). 54p. (J). 27.99 (978-1-960853-14-7(1)) Liberations Publishing LLC.

Dax's Adventures: Improving Language & Connection Skills. Tyrce Cartwright. Illus. by Brittany N. Deanes. 2023. (Dax's Adventures Ser.). (ENG.). 54p. (J). 21.99 (978-0-98603-26-7(1)) Liberations Publishing LLC.

Dax's Big Adventure! Danielle Blattner. Illus. by Jupiters Muse. 2023. (ENG.). 88p. (J). pap. (978-0-2288-6409-7(0)), pap. (978-0-2288-4591-1(X)) Tellwell Talent.

Daxton Tanner & the ELAGONS. Amanda Hoff. 1 ed. 2022. (ENG.). 262p. (YA). pap. 12.99 (978-1-6879-4428-6(5)) Indy Pub.

Day: Her Year in New York (Classic Reprint) Anna Chapin Ray. 2018. (ENG., Illus.). 342p. (J). 30.91 (978-0-332-04697-4(5)) Forgotten Bks.

Day, 1: Girl Louder Discovers Gravity. (ENG., Illus.). 22p. (J). 24.95 **(978-1-63985-725-2(3))** Fulton Bks.

Day a Memorial Learned to Surf. Crystal Watters. 2023. Dalia Matlé. 2023. 32p. (J). pap. 14.00 (978-1-6678-94908-9(0)) BookBaby.

Day Abuela Got Lost: Memory Loss of a Loved Grandfather. Diane do Anda. Illus. by Vianna Muñoz. 2019. (ENG.). 32p. (J). (gr. -1-3). 16.99 (978-0-8075-1492-6(6), 80751492(6)) Whitman, Albert & Co.

Day after Christmas. Leora Leavy. 2022. (ENG.). 30p. (J). pap. **(978-1-3984-7383-0(8))** AuthorHouse.

Day after Disaster. Sara F. Hathaway. 2018. (ENG., Illus.). 452p. (J). pap. 24.99 (978-1-387-61442-6(4)) Lulu Pr., Inc.

Day & Night. Penny Arlon & Arpad C. Olah. 2018. Forgotten Bks.

Day & Night. Vol. Tom Hughes. 2016. (All about Opposites Ser.). (ENG., Illus.). 24p. (gr. k-1). pap. 10.35 (978-1-6608-0924(9)),

2523050/5-2e3c-4616-b910-f4d4048ea5aa(6)) Flowerpot Press.

Day & Night. Jaclyn Jaycox. 2020. (Cycles of Nature Ser.). (ENG., Illus.). 24p. (J). (gr. -1-2). pap. 6.95 (978-1-9771-1272-4(4), 142115); lib. bdg. 27.32 (978-1-9771-1278-1(1), 141411) Capstone. (Pebble).

Day & Night. Crystal Sikkens. 2019. (Full STEAM Ahead! - Science Starters Ser.). (Illus.). 24p. (J). (gr. 1-1). (978-0-7787-6187-7(8)) Crabtree Publishing Co.

Day & Night in the Desert. Ellen Labrecque. 2022. (Habitat Days & Nights Ser.). (ENG.). 24p. (J). 29.99 (978-1-6639-7694-9(5), 229217); pap. 6.95 (978-1-6663-2763-2(8), 229187) Capstone. (Pebble).

Day & Night in the Forest. Ellen Labrecque. 2022. (Habitat Days & Nights Ser.). (ENG.). 24p. (J). 29.99 (978-1-6639-7693-2(7), 226212); pap. 6.95 (978-1-6663-2539-3(2), 226206) Capstone. (Pebble).

Day & Night in the Rain Forest. Ellen Labrecque. 2022. (Habitat Days & Nights Ser.). (ENG.). 24p. (J). 29.99 (978-1-6639-7691-8(0), 229219); pap. 6.95 (978-1-6663-2779-3(4), 229189) Capstone. (Pebble).

Day & Night in the Savanna. Mary Boone. 2022. (Habitat Days & Nights Ser.). (ENG.). 24p. (J). 29.99 (978-1-6639-7690-1(2), 229220); pap. 6.95 (978-1-6663-2787-8(5), 229190) Capstone. (Pebble).

CHILDREN'S BOOKS IN PRINT® 2024

Day & Night on the Prairie. Ellen Labrecque. 2022. (Habitat Days & Nights Ser.). (ENG.). 24p. (J). 29.99 (978-1-6639-7692-5(0), 229221); pap. (978-1-6663-2795-3(8), 229191) Capstone. (Pebble).

Day & Night on the Tundra. Mary Boone. 2022. (Habitat Days & Nights Ser.). (ENG.). 24p. (J). 29.99 (978-1-6639-7695-6(3), 229218); pap. (978-1-6663-2771-7(0)) Capstone. (Pebble).

Day & Night Stories (Classic Reprint) Algernon Blackwood. 2018. (ENG., Illus.). (J). 28.85 (978-0-332-02944-1(0)) Forgotten Bks.

Day & Night (Classic Reprint) T. R. Sullivan. 2018. (ENG., Illus.). (J). 29.56 (978-0-483-63928-7(1)) Forgotten Bks.

Day & Night the Hands Go Around the Clock! Telling Time for Kids - Baby & Toddler Time Books. Baby Professor. 2017. (ENG., Illus.). (J). pap. 7.89 (978-1-6832-852-6(7)) Baby Professor (Education Kid's) Speedy Publishing LLC.

Day Armadillo Was Bitten by a Dockedew. Julie Wierzejek. Illus. by Jamie Buckley. 2022. (ENG.). 32p. (J). (gr. k-3). (978-0-99-69972-6-5) AuthorHouse.

Day at Charm School. Jennie ed. 2018. (Scholastic Reader Ser.). (ENG.). 32p. (J). (gr. -1-1). 13.88 (978-1-64310-676-2(7)) Penworthy Co., LLC, The.

Day at Charm School. Jennie Ivins. 2018. (ENG.). 32p. (J). (gr. k-1). pap. 3.99 (978-0-545-62221-0(4)) Scholastic, Inc.

Day at Charm School. Simon A. H. Gilkes. (ENG.). 32p. (J). (gr. k-1). pap. (978-0-545-62221-0(4)) Scholastic, Inc.

Day at Dunkeld (Classic Reprint). Francis Hopkins Smith. (ENG., Illus.). (J). 2018. (978-0-428-97830-0(2)); 2017. pap. (978-0-259-76102-5(2)) Forgotten Bks.

Day at Happy Hollow School (Classic Reprint). John T. Oakman. 2018. (ENG., Illus.). (J). 24.93 (978-0-483-48707-9(6)) Forgotten Bks.

Day at Home with Bobby. Judy Wieocck. 2023. 28p. (J). pap. 14.95 **(978-1-63821-953-5(9))** Covenant Bks.

Day at Laguerre's & Other Days. Francis Hopkinson Smith. 2017. (ENG., Illus.). (J). pap. (978-1-0497-9970-9(X)) Forgotten Bks.

Day at Laguerre's & Other Days: Being a Collection of Stories. (ENG., Illus.). (J). 2018. 28.15 (978-0-332-31373-3(6)) Forgotten Bks.

Day at la Laguerre's & Other Days: Being Nine Short Stories (Classic Reprint) Francis Hopkinson Smith. 2018. (ENG.). 28.15 (978-0-332-31373-3(6)) Forgotten Bks.

Day at the Aquarium. Josie Turner. 2020. (A Day at). (ENG., Illus.). 32p. (J). pap. **(978-1-64769-050-9(2))** Barefoot Bks.

Day at the Beach with Clara & the Very Hungry Caterpillar: A Tabbed Board Book. Eric Carle. Illus. by Eric Carle. 2023. (ENG.). (J). 14.99 **(978-0-593-22622-8(0))** World of Eric Carle. (Penguin Young Readers Group).

Day at the Beach. Tom Booth. Illus. by Tom Booth. 2023. (ENG.). 40p. (J). (gr. k-1). 12.25 (978-1-250-62154-5(8)) Imprint. (Macmillan Children's Publishing Group).

Day at the Beach. Robbie Byerly. 2021. (ENG.). 24p. (J). 17.99 (978-1-3344-1054-0(4)) Indy Pub.

Day at the Beach. Robert Heidbreder. 2021. (ENG.). (J). pap. (978-1-77321-126-7(5)) Christal Platt Hachette Bk. Group.

Day at the Beach. Holly Stone & Find Activity Collection. 2022. (ENG., Illus.). 24p. (J). (gr. k-2). pap. 4.99 (978-1-80105-541-7(7)) Imagine That.

Day at the Beach. Marina Marie Whiting. 2019. (ENG.). 24p. (J). pap. 20.00 (978-0-578-47715-0(0)) Whiting, Marina.

Day at the Beach. Jess Moorhouse. 2019. (Jasper & Ollie Ser.: 1). (ENG.). 40p. (J). 18.99 (978-1-5255-0628-4(6)); pap. 11.99 (978-1-5255-0629-1(3)) FriesenPress.

Day at the Beach. Tom Booth. Illus. by Tom Booth. 2023. (ENG., Illus.). 40p. (J). (gr. -1-2). 12.25 (978-1-250-62154-5(8)) Imprint. (Macmillan Children's Publishing Group).

Day at the Beach. Rosarita Belmonte. 2018. (ENG., Illus.). 44p. (J). 9.99 (978-1-64567-107-2(7)) Dorrance Publishing Co., Inc.

Day at the Beach with Clara. Amber Jones. 2021. (ENG.). 30p. (YA). **(978-1-312-70203-5(6))** Lulu Pr., Inc.

Day at the Beach with Larry & Friends. Rosa Grassi. 2017. (ENG.). 24p. (J). pap. 8.00 (978-1-5246-3920-8(X)) AuthorHouse.

Day at the Construction Site (Classic Reprint). Andrew Barr. 2018. (ENG., Illus.). (J). 27.05 (978-0-331-64782-2(7)) Forgotten Bks.

Day at the Dinosaur Museum. Erin Kim Illus. by Adam Lewis. 2017. (ENG.). 26p. (J). pap. (978-1-64082-0407(8)); TemplarC.c. pap. (978-1-5437-0097-2(0)) AuthorHouse.

Day at the Fair. Eva Gabriella Campo. 2020. (ENG.). (J). pap. (978-0-578-77613-2(5)) Campo, E.

Day at the Museum. Christine Platt. Illus. by Sharon Sordo. 2018. (Ana & Andrew Ser.). (ENG.). 32p. (J). (gr. -1-3). lib. bdg. 32.79 (978-1-5321-3352-7(9), 31127, Calico Chapter Bks) Magic Wagon.

Day at the Museum Blue Band. Sibel Sagner et al. Illus. by Moni Pérez. ed. 2016. (Cambridge Reading Adventures Ser.). (ENG.). 16p. pap. 7.95 (978-1-316-50320-1(8)) Cambridge Univ. Pr.

Day at the National Museum of Dance. Vanessa Salgado. 2017. (ENG., Illus.). (J). pap. 14.99 (978-0-692-93016-8(7)) Crafterina.

Day at the Park. Marina Martiniello. Illus. by Nerida Groom. 2023. (ENG.). 26p. (J). pap. **(978-1-922951-97-7(8))** Library For All Limited.

Day at the Park: With Clara & Aiyana. Amber Jones. 2023. (ENG.). 30p. (YA). **(978-1-312-70203-5(6))** Lulu Pr., Inc.

Day at the Pool. Andrea D. Malone. 2021. (Oh, Bella! Tales of a Rescue Dog Ser.: Vol. 2). (ENG.). 20p. (J). (978-0-2288-3349-9(3)); pap. (978-0-2288-3348-2(5)) Tellwell Talent.

Day at the Races. Francesca Hepton. Ed. by Daniel Chan. Illus. by Aya Suarjaya. 2021. (ENG.). 78p. (J). pap. **(978-1-8383005-1-7(1))** Babili Bks.

Day at the River. Michelle Wanasundera. Illus. by Romulo Reyes, III. 2023. (ENG.). 32p. (J). pap. *(978-1-922991-34-8(1))* Library For All Limited.

Day at the River. Michelle Wanasundera. Illus. by Viktoria Khmelnickaya. 2022. (ENG.). 32p. (J). pap. *(978-1-922895-14-1(8))* Library For All Limited.

Day at the River - Kutembelea Mtoni. Michelle Wanasundera. Illus. by Romulo Reyes. 2023. (SWA.). 32p. (J). pap. *(978-1-922951-39-7(0))* Library For All Limited.

Day at the Stadium: A Football Coloring Book. Creative Playbooks. 2016. (ENG., Illus.). (J). pap. 7.74 *(978-1-68323-819-5(2))* Twin Flame Productions.

Day at the Zoo. Chloe Lloyd. 2020. (ENG.). 36p. (J). pap. *(978-1-5289-0603-6(9))*; pap. *(978-1-5289-0604-3(7))* Austin Macauley Pubs. Ltd.

Day at the Zoo - Baby & Toddler Alphabet Book. Bobo's Little Brainiac Books. 2016. (ENG., Illus.). (J). pap. 7.99 *(978-1-68327-840-5(2))* Sunshine In My Soul Publishing.

Day at the Zoo with Animal Friends - Baby & Toddler Color Books. Bobo's Little Brainiac Books. 2016. (ENG., Illus.). (J). pap. 7.99 *(978-1-68327-848-1(8))* Sunshine In My Soul Publishing.

Day Before: a Prequel Novel (Riverdale, Novel 1) Micol Ostow. 2018. (Riverdale Ser.: 1). (ENG.). 280p. (YA). (gr. 7-7). pap. 9.99 *(978-1-338-28944-2(6))* Scholastic, Inc.

Day Before Yesterday: Reminiscences of a Varied Life (Classic Reprint) Maitland Armstrong. 2017. (ENG., Illus.). (J). 30.97 *(978-0-265-21747-4(4))* Forgotten Bks.

Day Before Yesterday (Classic Reprint) Richard Middleton. 2018. (ENG., Illus.). 258p. (J). 29.24 *(978-0-483-63417-6(4))* Forgotten Bks.

Day Before Yesterday (Classic Reprint) Sara Andrew Shafer. 2017. (ENG., Illus.). (J). 29.59 *(978-0-266-17990-0(8))* Forgotten Bks.

Day Break. Amy McQuire. Illus. by Matt Chun. 2021. (ENG.). 24p. (J). (gr. -1-k). 22.99 *(978-1-76050-815-9(2))* Hardie Grant Children?s Publishing AUS. Dist: Independent Pubs. Group.

Day Breaking: Or, Light in Dark Lands (Classic Reprint) Unknown Author. 2018. (ENG., Illus.). 100p. (J). 25.96 *(978-0-428-75805-9(3))* Forgotten Bks.

Day by Day at Lucknow: A Journal of the Siege of Lucknow (Classic Reprint) Adelaide Case. (ENG., Illus.). (J). 2018. 356p. 31.24 *(978-0-666-01289-0(X))*; 2017. pap. 13.97 *(978-0-259-46074-9(5))* Forgotten Bks.

Day-By-Day Coloring Book of Saints Vol1: January Through June - 2nd Edition. Anna Maria Mendell. Illus. by Mary Macauthur. 2019. (ENG.). 360p. (J). pap. 14.95 *(978-1-64413-519-8(1))* Sophia Institute Pr.

Day by Day in the Primary School: Plans for September, October, & November, the Autumn Months (Classic Reprint) Alice Bridgham. 2017. (ENG., Illus.). (J). 178p. 27.57 *(978-0-484-72103-5(8))*; pap. 9.97 *(978-0-259-74754-3(8))* Forgotten Bks.

Day by Day in the Primary School: Winter (Classic Reprint) Alice Bridgham. 2017. (ENG., Illus.). (J). pap. 9.97 *(978-0-259-55597-1(5))* Forgotten Bks.

Day by Day in the Primary School (Classic Reprint) Alice Bridgham. 2018. (ENG., Illus.). 274p. (J). 29.55 *(978-0-484-08952-4(8))* Forgotten Bks.

Day by the Fire. Leigh Hunt. 2017. (ENG.). 372p. (J). pap. *(978-3-337-21775-4(3))* Creation Pubs.

Day by the Fire. Leigh Hunt & Joseph Edward Babson. 2017. (ENG.). 372p. (J). pap. *(978-3-337-25077-5(7))* Creation Pubs.

Day by the Fire: And Other Papers, Hitherto Uncollected (Classic Reprint) Leigh Hunt. 2018. (ENG., Illus.). 376p. (J). 31.65 *(978-0-483-58563-8(7))* Forgotten Bks.

Day by the Sea. Barbara Nascimbeni. 2022. (ENG., Illus.). 48p. (J). (gr. -1-k). 14.95 *(978-0-500-65295-4(3)*, 565295) Thames & Hudson.

Day Camp Rebellion. Aaron Shella. 2017. (ENG.). 306p. (J). (gr. 4-6). pap. 12.99 *(978-0-578-48198-2(7))* Shella, Aaron.

Day Cars Went to Sleep: Reducing Greenhouse Gases - Belgium. Hye-eun Shin. Illus. by Erika Cotteleer. 2022. (Green Earth Tales 2 Ser.). (ENG.). 36p. (J). (gr. k-4). lib. bdg. 27.99 *(978-1-925235-08-1(4)*, e7bdcf5e-d8e1-432c-9dce-f4a70afe8c62, Big and SMALL) ChoiceMaker Pty. Ltd., The AUS. Dist: Lerner Publishing Group.

Day Cat, Night Cat. Catherine Owen. Illus. by Jenny Keith. 2018. (ENG.). 44p. (J). *(978-1-5255-3473-7(4))*; pap. *(978-1-5255-3474-4(2))* FriesenPress.

Day Charlize Met Her Guardian Angel. Philip Antony. 2020. (ENG.). 128p. (YA). pap. 12.95 *(978-1-64334-882-7(5))* Page Publishing Inc.

Day Christmas Nearly Never Came. Ryan Thomas. 2022. (ENG.). 36p. (J). pap. *(978-0-6456522-1-5(0))* arima publishing.

Day Cookie Was Lost. Susan Marie Chapman. 2019. (ENG.). 40p. (J). 18.00 *(978-1-4575-6923-4(X))* Seventh Mind Publishing.

Day Dad Joined My Soccer Team. Maureen Fergus. Illus. by Mike Lowery. 2018. (ENG.). 32p. (J). (gr. -1-2). 16.99 *(978-1-77138-654-8(1))* Kids Can Pr., Ltd. CAN. Dist: Hachette Bk. Group.

Day Dreamer. Thanya Olenyk. 2022. (ENG.). 306p. (YA). *(978-1-0391-1692-4(2))*; pap. *(978-1-0391-1691-7(4))* FriesenPress.

Day-Dreamer: Being the Full Narrative of the Stolen Story (Classic Reprint) Jesse Lynch Williams. 2018. (ENG., Illus.). 342p. (J). 30.95 *(978-0-428-83006-9(4))* Forgotten Bks.

Day Dreaming: Silly Poems for Silly Kids. Maggie Keefe. Illus. by Vaughan Duck. 2022. (ENG.). 30p. (J). 15.99 *(978-0-578-38048-3(X))* Maggie Keefe.

Day Dreams & Movie Screens, 1 vol. Alena Pitts. 2017. (Faithgirlz / Lena in the Spotlight Ser.: 2). (ENG., Illus.). 160p. (J). pap. 8.99 *(978-0-310-76063-4(1))* Zonderkidz.

Day Dredes. Shayna Grissom. 2022. (Dredes Ser.). (ENG.). 267p. (YA). pap. 17.99 *(978-1-990066-10-8(0))* Sands Pr. CAN. Dist: Independent Pubs. Group.

Day Fin Flooded the World. Adam Stower. Illus. by Adam Stower. 2023. (ENG., Illus.). 40p. (J). (gr. -1-3). 18.99 *(978-1-7284-9213-1(0)*, dcec2675-cc03-44c7-a884-8431545731e9) Lerner Publishing Group.

Day for Family: Ian & Grandma Visit Great-Grandma! Rachelle C. Bourassa. 2019. (ENG., Illus.). 28p. (J). (gr. 1-3). pap. *(978-1-4866-1744-9(1))* Word Alive Pr.

Day for Presidents. Marcie Aboff. 2016. (Spring Forward Ser.). (J). (gr. 1). *(978-1-4900-9374-1(5))* Benchmark Education Co.

Day for Rememberin' Inspired by the True Events of the First Memorial Day. Leah Henderson. Illus. by Floyd Cooper. 2021. (ENG.). 40p. (J). (gr. 1-4). 18.99 *(978-1-4197-3630-8(2)*, 1272101) Abrams, Inc.

Day for Sandcastles. JonArno Lawson. Illus. by Qin Leng. 2022. (ENG.). 48p. (J). (gr. -1-3). 17.99 *(978-1-5362-0842-9(6))* Candlewick Pr.

Day for Skating. Sarah Sullivan. Illus. by Madeline Valentine. 2019. (ENG.). 32p. (J). (gr. -1-2). 16.99 *(978-0-7636-9686-3(2))* Candlewick Pr.

Day for the Animals. Barbara Howard. 2020. (ENG.). 72p. (J). pap. 4.99 *(978-1-393-61968-0(1))* Draft2Digital.

Day Gabby Douglas Won Gold. Ellen Aim. 2016. (ENG., Illus.). (J). pap. 9.99 *(978-1-938438-86-8(8))* Creative Media Publishing.

Day God Came. T. Berry. Illus. by Paul Hoffman. 2023. 36p. (YA). 20.99 *(978-1-6678-9777-6(2))* BookBaby.

Day God Made You, 1 vol. Rory Feek. Illus. by Malgosia Piatkowska. 2020. (ENG.). 32p. (J). 16.99 *(978-1-4002-2350-3(4)*, Tommy Nelson) Nelson, Thomas Inc.

Day God Made You for Little Ones, 1 vol. Rory Feek. Illus. by Malgosia Piatkowska. 2020. (ENG.). 20p. (J). bds. 9.99 *(978-1-4002-2352-7(0)*, Tommy Nelson) Nelson, Thomas Inc.

Day God Played Baseball. John Henry Hardy. 2023. (ENG.). 130p. (YA). pap. 11.99 *(978-1-0881-4958-4(8))* Indy Pub.

Day Grace Saved Me. Katrina de la Fe. 2019. (ENG.). 28p. (J). 22.95 *(978-1-64492-916-2(3))*; (Illus.). pap. 12.95 *(978-1-64299-303-5(4))* Christian Faith Publishing.

Day I Felt Sad. Molly Smith. Illus. by Helen Poole. 2023. (ENG.). 16p. (J). (gr. -1-1). pap. 5.25 *(978-1-4788-0461-1(0)*, e5576af0-073e-4418-ae55-0163cd6cda03); pap. 33.00 *(978-1-4788-0498-7(X)*, 397344ac-6958-46fd-92bf-612bd6b4aabf) Newmark Learning LLC.

Day I Learned to Ride My Bike. Lance Dyjur. Illus. by Lance Dyjur. 2021. (ENG.). 28p. (J). pap. *(978-0-2288-5894-2(1))* Tellwell Talent.

Day I Left Home for the City - le Jour où J'ai Quitté la Maison Pour la Ville. Lesley Koyi & Ursula Nafula. Illus. by Brian Wambi. 2022. (FRE.). 40p. (J). pap. *(978-1-922849-89-2(8))* Library For All Limited.

Day I Left Home for the City - Siku Nilipotoka Nyumbani Kuelekea Mjini. Lesley Koyi & Ursula Nafula. Illus. by Brian Wambi. 2023. (SWA.). 40p. (J). pap. *(978-1-922876-49-2(6))* Library For All Limited.

Day I Lost My Powers: A Story about Divorce for Kids. Erica Lindsey. 2018. (ENG., Illus.). 32p. (J). pap. 9.99 *(978-0-9995191-4-1(X))* Phoenix Cry Publishing.

Day I Met a Monster: Padded Board Book. IglooBooks. Illus. by Katya Longhi. 2021. (ENG.). 24p. (J). (-k). bds. 8.99 *(978-1-80022-795-8(7))* Igloo Bks. GBR. Dist: Simon & Schuster, Inc.

Day I Ran Away. Holly L. Niner. Illus. by Isabella Ongaro. 2017. (ENG.). 32p. (J). (gr. k-2). 17.95 *(978-1-936261-89-5(8))* Flashlight Pr.

Day I Saved Aunt Rose. Terri Forehand. 2018. (ENG., Illus.). 34p. (J). pap. 12.99 *(978-1-948390-73-6(6))* Pen It Pubns.

Day I Took My Big, Furry Flea for a Walk. Nicholas Nebelsky. 2018. (ENG., Illus.). 26p. (J). pap. 12.99 *(978-0-9854709-4-4(1))* Intense Media, LLC.

Day in a Colonial Home (Classic Reprint) Della R. Prescott. 2017. (ENG., Illus.). (J). 25.94 *(978-0-266-55397-7(4))* Forgotten Bks.

Day in a District School: A Two-Act Comedy (Classic Reprint) Emma Roscower. (ENG., Illus.). (J). 2018. 56p. 25.07 *(978-0-483-49249-3(3))*; 2017. pap. 9.57 *(978-0-259-97094-1(8))* Forgotten Bks.

Day in a Forested Wetland see Día en el Bosque Del Humedal

Day in a Forested Wetland, 1 vol. Kevin Kurtz. Illus. by Sherry Neidigh. 2018. (ENG.). 32p. (J). (gr. k-3). 17.95 *(978-1-62855-912-5(8)*, 9781628559125) Arbordale Publishing.

Day in an Ecosystem (Groups 1 - 2), 24 vols. 2017. (Day in an Ecosystem Ser.). (ENG.). (J). (gr. 4-4). lib. bdg. 402.84 *(978-1-5026-2519-9(9)*, 93a85ad1-0f69-4350-9fbd-7d28509e5203) Cavendish Square Publishing LLC.

Day in & Day Out: Or Leaves from the Record of 1877 (Classic Reprint) Fannie Barbour Gray. 2018. (ENG., Illus.). 300p. (J). 30.08 *(978-0-483-77143-7(0))* Forgotten Bks.

Day in Court: Understanding Government, 1 vol. Sheri Lang. 2018. (Civics for the Real World Ser.). (ENG.). 12p. (gr. 1-2). pap. *(978-1-5383-6442-0(5)*, 107e6f1d-11e4-4f4a-9d94-dc428957ea82, Rosen Classroom) Rosen Publishing Group, Inc., The.

Day in D. C. with the Forest Friends. Hugh Earnhart. Illus. by Susan Ertel. 2016. (ENG.). (J). 16.95 *(978-1-939710-53-6(7))* Orange Frazer Pr.

Day in Mary Carrow's School (Classic Reprint) American Sunday School Union. (ENG., Illus.). (J). 2018. 54p. 25.01 *(978-0-483-95016-0(5))*; 2017. pap. 9.57 *(978-0-243-44102-0(9))* Forgotten Bks.

Day in Ricetown: A Ricemonster Activity Book. Noodoll. 2017. (Illus.). 48p. (J). (gr. -1-5). pap. 14.95 *(978-0-500-65102-5(7)*, 565102) Thames & Hudson.

Day in the Barn. Danielle Chumley. 2022. (Show Kid Series Book 2 Ser.). (ENG., Illus.). 30p. (J). 24.95 *(978-1-63985-434-9(7))* Fulton Bks.

Day in the Desert. Anna Keener. Illus. by Anna Keener & Christina Wald. 2017. (Long Term Ecological Research Ser.). 32p. (J). (gr. 3-7). 15.95 *(978-1-63076-178-3(8))* Muddy Boots Pr.

Day in the Garden. Kim Su. Illus. by Kim Su. 2019. (ENG., Illus.). 28p. (J). (gr. -1-3). pap. 9.99 *(978-1-5324-1212-7(6))* Xist Publishing.

Day in the Life: Desert Animals, 8 vols. Anita Ganeri. Incl. Roadrunner. (ENG., Illus.). 24p. (gr. k-2). 2011. pap. 6.49 *(978-1-4329-4784-2(2)*, Heinemann); (Day in the Life: Desert Animals Ser.). (ENG.). 24p. 2011. pap., pap., pap. 20.37 *(978-1-4329-4786-6(9)*, 15705, Heinemann) Capstone.

Day in the Life of a Bald Eagle: A 4D Book. Lisa J. Amstutz. 2018. (Day in the Life Ser.). (ENG., Illus.). 32p. (J). (gr. -1-2). lib. bdg. 29.99 *(978-1-5435-1518-3(5)*, 137875, Capstone Pr.) Capstone.

Day in the Life of a Caveman, a Queen & Everything in Between. Mike Barfield & Jess Bradley. 2022. (ENG., Illus.). 128p. (J). (gr. 4-7). pap. 16.99 *(978-1-78055-713-7(2)*, Buster Bks.) O'Mara, Michael Bks., Ltd. GBR. Dist: Independent Pubs. Group.

Day in the Life of a Chameleon: A 4D Book. Lisa J. Amstutz. 2018. (Day in the Life Ser.). (ENG., Illus.). 32p. (J). (gr. -1-2). lib. bdg. 29.99 *(978-1-5435-3175-6(X)*, 138800, Capstone Pr.) Capstone.

Day in the Life of a Cheetah: A 4D Book. Lisa J. Amstutz. 2018. (Day in the Life Ser.). (ENG., Illus.). 32p. (J). (gr. -1-2). lib. bdg. 29.99 *(978-1-5435-3171-8(7)*, 138798, Capstone Pr.) Capstone.

Day in the Life of a Chipmunk: A 4D Book. Sharon Katz Cooper. 2018. (Day in the Life Ser.). (ENG., Illus.). 32p. (J). (gr. -1-2). lib. bdg. 29.99 *(978-1-5435-1515-2(0)*, 137872, Capstone Pr.) Capstone.

Day in the Life of a Duck Named Fluff. Aimee Cozza. Illus. by Aimee Cozza. 2021. (ENG.). 25p. (J). *(978-1-716-12097-8(7))* Lulu Pr., Inc.

Day in the Life of a Hot Dog. Tanya Hammell. 2019. (ENG., Illus.). 30p. (J). pap. *(978-0-2288-2315-5(3))* Tellwell Talent.

Day in the Life of a Penguin: A 4D Book. Sharon Katz Cooper. 2018. (Day in the Life Ser.). (ENG., Illus.). 32p. (J). (gr. -1-2). lib. bdg. 29.99 *(978-1-5435-1517-6(7)*, 137874, Capstone Pr.) Capstone.

Day in the Life of a Poo, a Gnu, & You. Mike Barfield. Illus. by Jess Bradley. 2021. (ENG.). 128p. (J). (gr. 2-5). 17.99 *(978-1-5344-6721-7(1)*, Aladdin) Simon & Schuster Children's Publishing.

Day in the Life of an Astronaut, Mars, & the Distant Stars. Mike Barfield. Illus. by Jess Bradley. 2023. (ENG.). 128p. (J). (gr. 2-5). 16.99 *(978-1-5344-8921-9(5)*, Aladdin) Simon & Schuster Children's Publishing.

Day in the Life of Charlie the Cheetah. Neil Robins. 2019. (ENG., Illus.). 84p. (J). pap. *(978-1-912694-65-5(4))* Bk.PrintingUK.com.

Day in the Life of Dexter: Dexter Goes to the Zoo. Kerri Urban. 2018. (ENG., Illus.). 30p. (J). 21.95 *(978-1-64079-019-3(5))* Christian Faith Publishing.

Day in the Life of Dexter: Dexter Goes to the Zoo. Kerri Urban. Illus. by Jescae Jul Saavedra. 2018. (ENG.). 30p. (J). pap. 12.95 *(978-1-64079-017-9(9))* Christian Faith Publishing.

Day in the Life of EMI Lulu: The Adventures of a Five Year Old. Debi Pschunder. 2018. (ENG., Illus.). 30p. (J). pap. 12.95 *(978-1-64082-388-4(3))* Page Publishing Inc.

Day in the Life of Lille. Wood McGraw. 2022. (ENG., Illus.). 28p. (J). pap. 13.95 *(978-1-63985-435-6(5))* Fulton Bks.

Day in the Life of Me! Sherry a Maines. Illus. by Sherry a Maines. 2019. (ENG., Illus.). 50p. (J). (gr. 1-3). pap. 11.99 *(978-0-578-53654-5(4))* Sherry A. Maines.

Day in the Life of Mr. Toad. Robert K. Cardwell. 2019. (ENG., Illus.). 32p. (J). (gr. k-6). pap. 9.99 *(978-1-7338348-4-1(2))* Cardwell, Robert K.

Day in the Life of Natalie Numbat. D. G. Lloyd & Calla Santos. 2023. (ENG.). 52p. (J). pap. *(978-1-3984-4900-8(8))* Austin Macauley Pubs. Ltd.

Day in the Life of Peanut & Bosco, 1 vol. The Brothers Minor. 2018. (ENG., Illus.). 32p. (J). 16.99 *(978-0-7643-5607-0(0)*, 16228) Schiffer Publishing, Ltd.

Day in the Life of the Desert: 6 Desert Habitats, 108 Species, & How to Save Them. Roxie Munro. 2023. (Books for a Better Earth Ser.). 48p. (J). (gr. -1-3). 18.99 *(978-0-8234-5092-3(9))* Holiday Hse., Inc.

Day in the Life of Triceratops. Susie Brooks. Illus. by Jonathan Woodward. 2016. (Reading Ladder Level 3 Ser.). (ENG.). 32p. (gr. 1-4). pap. 4.99 *(978-1-4052-8042-6(5)*, Red Shed) Farshore GBR. Dist: HarperCollins Pubs.

Day in the Life: Sea Animals Set. Louise Spilsbury. Incl. Jellyfish. (ENG.). 24p. (J). (gr. k-2). 2010. pap. 6.79 *(978-1-4329-4007-2(4)*, 113127, Heinemann); (Day in the Life: Sea Animals Ser.). (ENG.). 24p. 2010. pap., pap., pap. 27.16 *(978-1-4329-4012-6(0)*, 15032, Heinemann) Capstone.

Day in the Life (Un Dia en la Vida), 4 vols., Set. Jamie Kondrchek. Tr. by Eida de la Vega. Illus. by Joe Rasemas. Incl. My Favorite Time of Day (Mi Hora Preferida del Dia) lib. bdg. 25.70 *(978-1-58415-837-0(9))*; On My Way to School (De Camino a la Escuela) Joe Rasemas. 25.70 *(978-1-58415-840-0(9))*; What Day Is It? (Que Dia Es Hoy?) Joe Rasemas. 25.70 *(978-1-58415-838-7(7))*; What Should I Wear Today? (Que Ropa Me Pondre Hoy?) Joe Rasemas. 25.70 *(978-1-58415-839-4(5))*; (Illus.). 32p. (J). (gr. -1-1). 2009. (ENG & SPA.). 2009. Set lib. bdg. 102.80 *(978-1-58415-844-8(1))* Mitchell Lane Pubs.

Day in the Salt Marsh Chinese Edition. Kevin Kurtz. Tr. by Li Shu. Illus. by Consie Powell. 2019. (CHI.). 32p. (J). (gr. k-3). pap. 11.95 *(978-1-60718-395-2(1))* Arbordale Publishing.

Day in the Sky. Manja Maas. Illus. by Lisa Wiersma. 2017. (ENG.). (J). (gr. k-2). *(978-94-92593-10-8(6))* Graviant Educatieve Uitgaven.

Day in the Sun. Diana Ejaita. Illus. by Diana Ejaita. 2023. 32p. (J). (-k). 18.99 *(978-0-593-65985-4(6))* Penguin Young Readers Group.

Day in the Woods, or the Picnic (Classic Reprint) Alice E. Lyon. (ENG., Illus.). (J). 2018. 42p. 24.76 *(978-0-483-64786-2(1))*; 2017. pap. 7.97 *(978-0-243-42023-0(4))* Forgotten Bks.

Day in the Zoo: Zoo Coloring Book. Jupiter Kids. 2016. (ENG., Illus.). 106p. (J). pap. 12.55 *(978-1-68305-106-0(8)*, Jupiter Kids (Childrens & Kids Fiction)) Speedy Publishing LLC.

Day Is Awake. Allison Boyd. Illus. by Babs Rannenberg. 2023. (ENG.). 22p. (J). 16.99 *(978-1-64538-507-3(8))*; pap. 10.99 *(978-1-64538-506-6(X))* Orange Hat Publishing.

Day It Rained on Sugar Mountain: A Gumdrop Tale of Unity & Friendship. R. E. Russell. Illus. by Shen Li. 2022. (ENG.). 58p. (J). *(978-0-2288-7188-0(3))*; pap. *(978-0-2288-7187-3(5))* Tellwell Talent.

Day It Rained Pink Lemonade. Shavanté Royster. 2021. (ENG.). 28p. (J). 20.95 *(978-1-61244-975-3(1))*; pap. 13.95 *(978-1-61244-927-2(1))* Halo Publishing International.

Day Jericho Found Freedom. Laura McCarty. 2021. (ENG.). 116p. (YA). pap. 12.00 *(978-1-0880-0423-4(7))* Indy Pub.

Day Journey (Classic Reprint) Netta Syrett. 2018. (ENG., Illus.). 316p. (J). 30.43 *(978-0-267-21256-9(9))* Forgotten Bks.

Day Katherine Met the President. Iola M. Brown. 2020. (ENG., Illus.). 30p. (J). pap. 12.95 *(978-1-64559-182-5(4))* Covenant Bks.

Day Ladybug Drew a Giant Ball of Fluff. Jose Carlos Roman. Tr. by Jon Brokenbrow. Illus. by Zurine Aguirre. 2020. 28p. (J). (gr. k-3). 16.95 *(978-84-16733-88-0(0))* Cuento de Luz SL ESP. Dist: Publishers Group West (PGW).

Day Little Mouse Got Stuck. Ruth Owen. 2023. (ENG., Illus.). 36p. (J). (gr. 1-3). 19.99 *(978-1-78856-331-4(X)*, fd21f2c1-1461-4a2a-948d-16fcb21e4789) Ruby Tuesday Books Limited GBR. Dist: Lerner Publishing Group.

Day Lulu Kitty Came to Visit. Gp. 2018. (ENG., Illus.). 28p. (J). *(978-1-5255-2480-6(1))*; pap. *(978-1-5255-2481-3(X))* FriesenPress.

Day Maise Picked a Daisy. Julie Wenzlick. Illus. by Jaime Buckley. 2017. (ENG.). 50p. (J). pap. 13.99 *(978-0-9978925-4-3(4))* Wordmeister Pr.

Day Maisie & Annabelle Got the Giggles. Julie Wenzlick. Illus. by Jaime Buckley. 2018. (ENG.). 50p. (J). 21.99 *(978-0-9978925-7-4(9))* Wordmeister Pr.

Day Maisie & Annabelle Got the Giggles. Julie Wenzlick. Illus. by Jaime Buckley. 2018. (ENG.). 50p. (J). pap. 13.99 *(978-0-9978925-8-1(7))* Wordmeister Pr.

Day Maisie Picked a Daisy. Julie J. Wenzlick. Illus. by Jaime Buckley. 2018. (ENG.). 50p. (J). 20.00 *(978-0-9978925-1-2(X))* Wordmeister Pr.

Day Mom Joined the Circus. Sue Downing. 2020. (ENG.). 32p. (J). 14.95 *(978-1-5319-1220-8(6))* Sellers Publishing, Inc.

Day Ms. Mona Farted at School. Stephanie Nora. Illus. by Claudia Blasi. 2022. (ENG.). 26p. (J). pap. 9.99 *(978-1-6629-2337-1(6))*; 17.99 *(978-1-6629-2336-4(8))* Gatekeeper Pr.

Day My Brother Got Lost, 1 vol. Lamar Coldwell. 2016. (Rosen REAL Readers: Social Studies Nonfiction / Fiction: Myself, My Community, My World Ser.). (ENG.). 12p. (gr. k-1). pap. 6.33 *(978-1-5081-2530-3(9)*, 59d79429-fc55-418c-8e24-30d76a9d7425, Rosen Classroom) Rosen Publishing Group, Inc., The.

Day My Butt Went Psycho. Andy Griffiths. 2019. (ENG.). 240p. (J). (gr. 2-5). pap. 8.99 *(978-1-338-54674-3(0))* Scholastic, Inc.

Day My Dad Became a Superhero. Chantell Williams. Illus. by Norman Saunders. 2021. (ENG.). 32p. (J). pap. 11.99 *(978-0-578-35703-4(8))* 4Him Publishing, LLC.

Day My Fart Followed Me to Baseball. Ben Jackson & Sam Lawrence. 2019. (My Little Fart Ser.: Vol. 8). (ENG., Illus.). 46p. (J). 21.99 *(978-1-988656-31-1(1))*; pap. 12.99 *(978-1-988656-29-8(X))* Indie Publishing Group.

Day My Fart Followed Me to Hockey Coloring Book. Ben Jackson & Sam Lawrence. 2017. (ENG., Illus.). 40p. (J). pap. 5.99 *(978-1-988656-07-6(9))* Indie Publishing Group.

Day My Fart Followed Me to Soccer. Ben Jackson. 2017. (ENG., Illus.). (J). 19.99 *(978-1-988656-10-6(9))* Indie Publishing Group.

Day My Fart Followed Me to the Dentist. Ben Jackson. 2017. (ENG., Illus.). (J). 19.99 *(978-1-988656-17-5(6))*; pap. 10.99 *(978-1-988656-15-1(X))* Indie Publishing Group.

Day My Fart Followed Me to the Hospital. Ben Jackson & Sam Lawrence. Illus. by Danko Herrera. 2020. (ENG.). 30p. (J). 21.99 *(978-1-988656-41-0(9))*; pap. 12.99 *(978-1-988656-40-3(0))* Indie Publishing Group.

Day My Fart Followed Me to the Zoo. Ben Jackson & Sam Lawrence. 2017. (My Little Fart Ser.: Vol. 6). (ENG., Illus.). (J). 19.99 *(978-1-988656-19-9(2))*; pap. 12.99 *(978-1-988656-18-2(4))* Indie Publishing Group.

Day My Imagination Went Berserk. Clare Ciampa. Illus. by Liana Haley Jackson. 2019. (ENG.). 48p. (J). 24.95 *(978-1-64559-410-9(6))*; pap. 14.95 *(978-1-64559-409-3(2))* Covenant Bks.

Day My Sister Gave Me the Hiccups. Stephanie T. Blassingame. Illus. by Cortez P. Maronie. 2019. (ENG.). 32p. (J). 20.00 *(978-1-0878-4858-7(X))* Indy Pub.

Day No Pigs Would Die Novel Units Student Packet. Novel Units. 2019. (ENG.). (J). pap. 13.99 *(978-1-56137-394-9(X)*, NU394XSP, Novel Units, Inc.) Classroom Library Co.

Day of All Saints, at New Orleans: November 1st, 1845 (Classic Reprint) George Ellis Pugh. 2018. (ENG., Illus.). (J). 20p. 24.31 *(978-0-267-33524-4(5))*; 22p. pap. 7.97 *(978-1-333-59195-3(0))* Forgotten Bks.

Day of an Ambulance. Jika Mi. 2018. (VIE., Illus.). (J). pap. *(978-604-2-11601-5(0))* Kim Dong Publishing Hse.

Day of Daydreams. Adam Feltner. 2020. (ENG., Illus.). 36p. (J). 23.95 *(978-1-64670-888-8(1))*; pap. 13.95 *(978-1-64670-887-1(3))* Covenant Bks.

Day of Doom: Or, a Poetical Description of the Great & Last Judgement; with Other Poems; Also a Memoir of the Author, Autobiography, & Sketch of His Funeral Sermon by REV. Cotton Mather (Classic Reprint) Michael Wigglesworth. 2017. (ENG., Illus.). (J). 26.50 *(978-0-260-82549-0(2))* Forgotten Bks.

Day of Faith (Classic Reprint) Arthur Somers Roche. 2017. (ENG., Illus.). (J). 31.88 *(978-0-260-87990-5(8))* Forgotten Bks.

Day of Fate (Classic Reprint) E. P. Roe. 2017. (ENG., Illus.). (J). 33.34 *(978-1-5283-8411-7(3))* Forgotten Bks.

Day of Glory (Classic Reprint) Dorothy Canfield. 2018. (ENG., Illus.). 162p. (J). 27.24 *(978-0-364-31861-4(9))* Forgotten Bks.

Day of His Youth (Classic Reprint) Alice Brown. 2018. (ENG., Illus.). 150p. (J). 26.99 *(978-0-332-94145-5(0))* Forgotten Bks.

D

Day of My Life: Or, Every-Day Experiences at Eton (Classic Reprint) Unknown Author. 2017. (ENG., Illus.). (J). 27.94 *(978-0-260-07060-9(2))* Forgotten Bks.

Day of Pleasure: A Simple Story for Young Children. Harriet Myrtle. 2017. (ENG., Illus.). (J). pap. *(978-0-649-53597-2(9))* Trieste Publishing Pty Ltd.

Day of Pleasure: A Simple Story for Young Children (Classic Reprint) Harriet Myrtle. (ENG., Illus.). (J). 2018. 124p. 26.47 *(978-0-364-28068-3(9))*; 2017. pap. 9.57 *(978-0-259-24487-5(2))* Forgotten Bks.

Day of Prosperity: A Vision of the Century to Come (Classic Reprint) Paul Devinne. 2018. (ENG., Illus.). 278p. (J). 29.65 *(978-0-483-54322-5(5))* Forgotten Bks.

Day of Reckoning (Classic Reprint) Margaret I. Holliday. (ENG., Illus.). (J). 2018. 132p. 26.62 *(978-0-483-86853-3(1))*; 2016. pap. 9.57 *(978-1-334-11935-4(X))* Forgotten Bks.

Day of Small Things (Classic Reprint) Anne Manning. 2018. (ENG., Illus.). 272p. (J). 29.51 *(978-0-483-85952-4(4))* Forgotten Bks.

Day of Souls, Vol. 1: A Novel (Classic Reprint) Charles Tenney Jackson. 2017. (ENG., Illus.). (J). 32.50 *(978-1-5281-5311-9(1))* Forgotten Bks.

Day of the Backyard Dragon Adventure. Kevin Bell. Illus. by Eden Bell. 2019. (ENG.). 52p. (J). pap. 15.95 *(978-1-64471-358-7(6))* Covenant Bks.

Day of the Beast. Zane Grey. 2020. (ENG.). (J). 210p. 19.95 *(978-1-63637-085-9(3))*; 208p. pap. 10.95 *(978-1-63637-084-2(5))* Bibliotech Pr.

Day of the Beast. Zane Grey. 2021. (Mint Editions — Westerns Ser.). (ENG.). 224p. 16.99 *(978-1-5132-0756-8(3)*, West Margin Pr.) West Margin Pr.

Day of the Beast (Classic Reprint) Zane Grey. (ENG., Illus.). (J). 2018. 358p. 31.30 *(978-0-656-38005-3(5))*; 2017. pap. 13.97 *(978-0-259-39580-5(3))* Forgotten Bks.

Day of the Confederacy: Chronicle of the Embattled South. Nathaniel W. Stephenson. 214p. reprint ed. pap. 28.00 *(978-1-4047-6184-1(5))* Classic Textbooks.

Day of the Dead see Dia de Muertos

Day of the Dead. Lori Dittmer. (Seedlings Ser.). (ENG.). 24p. (J). (gr. -1-k). 2021. *(978-1-64026-326-0(8)*, 17862, Creative Education); 2020. pap. 8.99 *(978-1-62832-858-5(4)*, 17863, Creative Paperbacks) Creative Co., The.

Day of the Dead. Rachel Grack. 2017. (Celebrating Holidays Ser.). (ENG., Illus.). 24p. (J). (gr. k-3). lib. bdg. 26.95 *(978-1-62617-618-8(3)*, Blastoff! Readers) Bellwether Media.

Day of the Dead. Patricia Hutchison. 2020. (Cultural Celebrations Ser.). (ENG., Illus.). 32p. (J). (gr. 2-5). lib. bdg. 32.79 *(978-1-5321-6768-3(7)*, 34697, DiscoverRoo) Pop!.

Day of the Dead, 1 vol. Joanna Ponto & Carol Gnojewski. 2016. (Story of Our Holidays Ser.). (ENG., Illus.). 32p. (gr. 3-3). pap. 11.52 *(978-0-7660-7642-6(3)*, 9b173964-0d8c-4bf9-b2c3-ece7e9b3bf9f) Enslow Publishing, LLC.

Day of the Dead. Betsy Rathburn. 2022. (Happy Holidays! Ser.). (ENG., Illus.). 24p. (J). (gr. -1-2). pap. 7.99 *(978-1-64834-850-1(5)*, 21704, Blastoff! Readers) Bellwether Media.

Day of the Dead / el día de Los Muertos. Bob Barner. ed. 2019.Tr. of Day of the Dead / el día de Los Muertos. (Illus.). 24p. (J). (-k). bds. 7.99 *(978-0-8234-4461-8(9))* Holiday Hse., Inc.

Day of the Dead Coloring Book: An Adult Coloring Book Features over 30 Pages of Giant Super Jumbo Large Designs of Creative Sugar Skulls, Demonic Skulls, & More for Relaxation & Boredom. Beatrice Harrison. 2020. (ENG.). 34p. (YA). pap. 7.86 *(978-1-716-71350-7(1))* Lulu Pr., Inc.

Day of the Dead Coloring Book: An Adult Horror Coloring Book Featuring over 30 Pages of Giant Super Jumbo Large Designs of Sugar Skulls, Tattoos, & Evil Demons for Relaxation. Beatrice Harrison. 2020. (ENG.). 34p. (YA). pap. 7.86 *(978-1-716-76822-4(5))* Lulu Pr., Inc.

Day of the Dead Grim Reaper Coloring Book: An Adult Horror Coloring Book Features over 30 Pages of Giant Super Jumbo Large Designs Scary Day of the Dead Skulls to Color for Relaxation & Fun. Beatrice Harrison. 2020. (ENG.). 34p. (YA). pap. 7.86 *(978-1-716-71358-3(7))* Lulu Pr., Inc.

Day of the Dead Hidden Pictures Puzzles to Highlight. Created by Highlights. 2023. (Highlights Hidden Pictures Puzzles to Highlight Activity Bks.). 32p. (J). (gr. 1-4). pap. 6.99 *(978-1-63962-130-9(X)*, Highlights) Highlights Pr., c/o Highlights for Children, Inc.

Day of the Dead Mad Libs: World's Greatest Word Game. Karl Jones. 2017. (Mad Libs Ser.). 48p. (J). (gr. 3-7). pap. 4.99 *(978-0-515-15986-8(7)*, Mad Libs) Penguin Young Readers Group.

Day of the Dead Mystery. Created by Gertrude Chandler Warner. 2018. (Boxcar Children Mysteries Ser.: 149). (ENG., Illus.). 128p. (J). (gr. 2-5). 12.99 *(978-0-8075-0737-7(7)*, 807507377); pap. 6.99 *(978-0-8075-0738-4(5)*, 807507385) Random Hse. Children's Bks. (Random Hse. Bks. for Young Readers).

Day of the Dead Sugar Skull Art Coloring Book. Activibooks. 2016. (ENG., Illus.). (J). pap. 9.20 *(978-1-68321-919-4(8))* Mimaxion.

Day of the Departed. Scholastic Editors. ed. 2016. (Ninjago Readers Ser.: 16). (Illus.). 32p. (J). lib. bdg. 13.55 *(978-0-606-39734-6(5))* Turtleback.

Day of the Dinosaurs Prehistoric Seek & Find Activity Book. Jupiter Kids. 2016. (ENG., Illus.). 106p. (J). pap. 16.55 *(978-1-68326-118-6(6)*, Jupiter Kids (Childrens & Kids Fiction)) Speedy Publishing LLC.

Day of the Dog (Classic Reprint) George Barr McCutcheon. 2018. (ENG., Illus.). 144p. (J). 26.89 *(978-0-267-18877-2(3))* Forgotten Bks.

Day of the Dog; the Flyers; the Purple Parasol; Her Weight in Gold (Classic Reprint) George Barr McCutcheon. (ENG., Illus.). (J). 2018. 286p. 29.82 *(978-0-483-89731-1(0))*; 2016. pap. 13.57 *(978-1-333-62970-0(2))* Forgotten Bks.

Day of the Dragon King, 14. Mary Pope Osborne. 2019. (Magic Tree House Ser.). (ENG.). 68p. (J). (gr. 2-3). 16.96 *(978-0-87617-703-7(8))* Penworthy Co., LLC, The.

Day of the Dreadful Undead. Nick Falk. Illus. by Tony Flowers. 2016. (Samurai vs Ninja Ser.: 3). 96p. (J). (gr. 1-3). pap. 7.99 *(978-0-85798-638-2(4))* Random Hse. Australia AUS. Dist: Independent Pubs. Group.

Day of the Ness. Michael Gilbert & Andre Norton. Illus. by Michael Gilbert. 2020. (ENG.). 102p. (J). pap. 7.99 *(978-1-68068-012-6(9))* Ethan Ellenberg Literary Agency.

Day of the Night Crawlers: #2. Troy Cummings. Illus. by Troy Cummings. 2018. (Notebook of Doom Ser.). (ENG., Illus.). 96p. (J). (gr. 2-5). lib. bdg. 31.36 *(978-1-5321-4273-4(0)*, 31090, Chapter Bks.) Spotlight.

Day of the Ravens. Bradford Ingram. Illus. by Syria Ingram. 2020. (ENG.). (J). 34p. 17.99 ***(978-1-6628-7281-5(X))***; 34p. pap. 8.99 ***(978-1-6628-7280-8(1))***; 60p. 38.99 *(978-1-63050-506-6(4))*; 60p. pap. 28.99 *(978-1-63050-505-9(6))* Salem Author Services.

Day of Their Wedding: A Novel (Classic Reprint) W. D. Howells. (ENG., Illus.). (J). 2017. 27.94 *(978-0-266-48194-2(9))*; 2016. pap. 10.57 *(978-1-334-13594-1(0))* Forgotten Bks.

Day of Wrath. Maurus Jokai. 2017. (ENG., Illus.). (J). 25.95 *(978-1-374-98291-8(1))* Capital Communications, Inc.

Day of Wrath: A Story of 1914 (Classic Reprint) Louis Tracy. 2018. (ENG., Illus.). 294p. (J). 29.96 *(978-0-483-54353-9(5))* Forgotten Bks.

Day of Wrath: Translated from the Hungarian by R. Nisbet Bain (Classic Reprint) Maurus Jokai. 2017. (ENG., Illus.). (J). 31.24 *(978-0-265-19451-5(2))* Forgotten Bks.

Day of Your Arrival. Dolores Brown. Illus. by Reza Dalvand. 2019. (ENG.). 36p. (J). 15.95 *(978-84-17673-02-4(4))* NubeOcho Ediciones ESP. Dist: Consortium Bk. Sales & Distribution.

Day on a Bicycle. Caleb Snodgrass & Amanda Snodgrass. 2021. (ENG.). 24p. (J). pap. 12.95 *(978-1-63630-092-4(8))* Covenant Bks.

Day on the Farm. Illus. by Tony Hutchings. 2016. (J). *(978-1-4351-6337-9(0))* Barnes & Noble, Inc.

Day on the Farm with Horses Activity Book. Bobo's Children Activity Books. 2016. (ENG., Illus.). (J). pap. 9.33 *(978-1-68327-273-1(0))* Sunshine In My Soul Publishing.

Day on the Farm with the Very Hungry Caterpillar: A Tabbed Board Book. Eric Carle. Illus. by Eric Carle. 2021. (World of Eric Carle Ser.). (Illus.). 16p. (J). (— 1). bds. 7.99 *(978-0-593-22393-2(4))* Penguin Young Readers Group.

Day on the International Space Station. Larry Swerdlove. ed. 2019. (We Both Read Ser.). (ENG.). 41p. (J). (gr. 2-3). 15.96 *(978-1-64310-889-6(1))* Penworthy Co., LLC, The.

Day on the Subway. Daylen And Kai Larsen. Illus. by Goldie Gareza. 2022. (ENG.). 26p. (J). 16.99 ***(978-0-9988637-8-8(5))*** Hand-Stitched Publishing.

Day One. Kelly deVos. 2020. (Day Zero Duology Ser.: 2). (ENG.). 480p. (YA). 19.99 *(978-1-335-09136-9(X))* Harlequin Enterprises ULC CAN. Dist: HarperCollins Pubs.

Day One: New Country. New School. New Language. Natania Fernandez. 2018. (ENG., Illus.). 36p. (J). pap. *(978-0-2288-0005-7(6))* Tellwell Talent.

Day or Forever, I'll Love You the Same: To My 6 Forevers You Are Loved More Than You Will Ever Know, 1 vol. Michelle Thompson. 2020. (ENG.). 28p. (J). 27.99 *(978-1-4003-3131-4(5))*; pap. 12.99 *(978-1-4003-3130-7(7))* Elm Hill.

Day Out with Grandpa at the Lake. Sylva Nnaekpe. 2020. (ENG.). 42p. (J). 22.95 *(978-1-951792-85-5(8))*; pap. 11.95 *(978-1-951792-84-8(X))* SILSNORRA LLC.

Day Out with Mom: A Day Out with Mom. Roshonda Simmons & Laura Simmons. Illus. by Ornella Centineo. 2018. (ENG.). 28p. (J). pap. 10.00 *(978-0-692-16869-1(9))* Simmons, Laura.

Day Petunia Had Piglets in the Strawberry Patch. Melanie Larson. Ed. by Kendra Muntz. Illus. by Fx and Color Studio. 2022. (ENG.). 34p. (J). pap. ***(978-1-7780956-2-7(3))*** Lee, Tsz Kin.

Day Poppa Turned into a Star. Tracey Lawrence. 2016. (ENG., Illus.). 26p. (J). pap. *(978-0-9957323-3-9(7))* SRL Publishing Ltd.

Day Porcupine Lost Her Quills. Nicole Newson. 2023. (ENG.). 38p. (J). 18.95 *(978-1-63755-221-6(1)*, Mascot Kids) Amplify Publishing Group.

Day Robby the Rat Became a Hero Maker. Robert Wood. Illus. by Will Wood. 2018. (ENG.). 32p. (J). pap. 13.95 *(978-1-64300-589-8(8))* Covenant Bks.

Day Rooster Went Swimming. Ginney Angel. 2022. (ENG.). 40p. (J). 23.95 *(978-1-64096-065-7(1))* Newman Springs Publishing, Inc.

Day Saida Arrived. Susana Gomez Redondo. Tr. by Lawrence Schimel. Illus. by Sonja Wimmer. 2020. 32p. (J). 17.95 *(978-1-7331212-5-5(0))* Blue Dot Pubns. LLC.

Day Santa Met Jesus. Allen Tyndall. 2022. (ENG.). 58p. (J). pap. 11.70 ***(978-1-954368-61-3(5))*** Diamond Media Pr.

Day Santa Stopped Believing in Harold. Maureen Fergus. Illus. by Cale Atkinson. 32p. (J). (gr. -1-3). 2020. pap. 8.99 *(978-0-7352-6870-8(3))*; 2016. 16.99 *(978-1-77049-824-2(9))* Tundra Bks. CAN. (Tundra Bks.). Dist: Penguin Random Hse. LLC.

Day So Gray. Marie Lamba. Illus. by Alea Marley. 2019. (ENG.). 32p. (J). (gr. -1-3). 17.99 *(978-1-328-69599-4(9)*, 1671314, Clarion Bks.) HarperCollins Pubs.

Day That Diamond Got Stuck in a Hole. Jeanna Little. Illus. by Malic Anila. 2021. (ENG.). 34p. (J). 17.99 *(978-0-578-93263-7(6))* Little, Jeanna.

Day That Falsehood Sought to Be King. Fuad A. Kamal. 2017. (ENG., Illus.). (YA). pap. 14.95 *(978-1-59236-028-4(9))* Kamal.

Day That Goso Fell: A Tale from Tanzania. Phillip Martin. Illus. by Phillip Martin. 2022. (ENG.). 34p. (J). 32.95 ***(978-1-365-58243-1(4))*** Lulu Pr., Inc.

Day That Lincoln Died: A Play in One Act (Classic Reprint) Prescott Warren. 2017. (ENG., Illus.). (J). 24.39 *(978-0-265-98469-7(6))* Forgotten Bks.

Day That's Ours. Blake Nuto. Illus. by Vyara Boyadjieva. 2022. (ENG.). 32p. (J). (gr. -1-2). 16.99 *(978-1-83874-075-7(9))* Flying Eye Bks. GBR. Dist: Penguin Random Hse. LLC.

Day the Birds Came Calling. Linda Roberts-Betsch. 2021. (ENG.). 28p. (J). 23.95 *(978-1-64952-941-1(4))* Fulton Bks.

Day the Books Cried. Carole Marsh Longmeyer. Illus. by Devin Connelly. 2016. (Bluffton Bks.). (ENG.). (J). (gr. -1-3). lib. bdg. 24.99 *(978-0-635-12533-0(1))*; 7.99 *(978-0-635-12532-3(3))* Bluffton Bks.

Day the Buddha Woke Up. Andrea Miller. Illus. by Rima Fujita. 2018. (ENG.). 18p. (J). (gr. -1-1). bds. 10.95 *(978-1-61429-450-4(X))* Wisdom Pubns.

Day the Calf Ate the Chocolate Cake. Rachel Campbell Deddens. 2016. (ENG., Illus.). 28p. pap. 8.95 *(978-1-63047-607-6(2))* Morgan James Publishing.

Day the Chocolate Melted Away. Uncle Dave Howard. Illus. by Maria Desimone Prascak. 2019. (Sarris Candy Kindom Chronicles Ser.: Vol. 1). (ENG.). 32p. (J). pap. 11.99 *(978-0-9989598-6-3(3))* Uncle Dave's Bks.

Day the Crayons Ran Away. Jd Wise. 2023. (ENG.). 37p. (J). pap. ***(978-1-329-18018-5(6))*** Lulu Pr., Inc.

Day the Earth Shook. Kira Freed. 2017. (Text Connections Guided Close Reading Ser.). (J). (gr. 2). *(978-1-4900-1837-9(9))* Benchmark Education Co.

Day the Electricals Ended. K. S. Hardy. 2019. (ENG.). 82p. (YA). pap. 6.95 *(978-1-0878-0603-7(8))* Alban Lake Publishing.

Day the Fidgets Came. Kerry Orchard. Illus. by Dio Ostuni. 2021. (ENG.). 32p. (J). pap. *(978-1-7750357-6-3(X))* Burroughs Manor Pr.

Day the Fish Got a Shock. Kay Williams. 2017. (Adventures in the Pond Ser.: Vol. 2). (ENG., Illus.). 30p. (J). pap. *(978-0-9957601-1-0(X))* Cambria Bks.

Day the Goats Came to Visit. Stacey Henry. 2018. (ENG., Illus.). 36p. (J). pap. 13.95 *(978-1-64140-756-4(5))* Christian Faith Publishing.

Day the Great Lakes Drained Away. Charles Ferguson Barker. 2017. (ENG., Illus.). 48p. (J). (gr. -1-k). 16.99 *(978-1-5107-1210-2(0)*, Sky Pony Pr.) Skyhorse Publishing Co., Inc.

Day the Kids Took Over. Sam Apple. Illus. by Julie Robine. 2021. (ENG.). 32p. (J). (gr. -1-1). 17.99 *(978-0-316-42835-4(3)*, Jimmy Patterson) Little Brown & Co.

Day the Masks Went On. Kerron Forbes & Audrey Forbes. Illus. by Nicholas Donovan Mueller. 2023. (ENG.). 24p. (J). ***(978-1-0391-6251-8(7))***; pap. ***(978-1-0391-6250-1(9))*** FriesenPress.

Day the Milk Spilled. Georgetta Shelton. Illus. by Kim Sponaugle. 2023. (ENG.). 26p. (J). pap. 14.99 ***(978-1-6628-8059-9(6))*** Salem Author Services.

Day the President Was Shot. Bill O'Reilly. 2016. (ENG., Illus.). 256p. (J). (gr. 5-9). 19.99 *(978-1-62779-699-6(1)*, 900158363, Holt, Henry & Co. Bks. For Young Readers) Holt, Henry & Co.

Day the Rain Moved In, 1 vol. Éléonore Douspis. Tr. by Shelley Tanaka. 2021. (ENG.). 32p. (J). (gr. k-2). 18.95 *(978-1-77306-481-9(9))* Groundwood Bks. CAN. Dist: Publishers Group West (PGW).

Day the Rainbow Broke Up. Casey Bell. 2016. (ENG., Illus.). 22p. (J). *(978-1-365-64087-2(6))* Lulu Pr., Inc.

Day the River Caught Fire: How the Cuyahoga River Exploded & Ignited the Earth Day Movement. Barry Wittenstein. Illus. by Jessie Hartland. 2023. (ENG.). 48p. (J). (gr. -1-3). 18.99 *(978-1-5344-8083-4(8)*, Simon & Schuster/Paula Wiseman Bks.) Simon & Schuster/Paula Wiseman Bks.

Day the Sky Fell In: A Story about Finding Your Element. Juliette Ttofa. 2017. (Nurturing Emotional Resilience Storybooks Ser.). (ENG., Illus.). 28p. pap. 15.95 *(978-1-138-30888-6(9)*, Y367702) Routledge.

Day the Sun Didn't Shine. Cherie McClure. 2019. (ENG., Illus.). 28p. (J). 22.95 *(978-1-64003-393-1(9))* Covenant Bks.

Day the Sun Slept In. Ganga Powell. Illus. by Eileen Curd. 2021. (ENG.). 40p. (J). pap. *(978-0-6452623-8-4(2))* Parker, Warren.

Day the Tea Party Traveled. Lisa Gunderson. Illus. by Kamila Eva. 2018. (ENG.). 42p. (J). (gr. k-4). 17.99 *(978-0-692-12699-8(6)*, Tea Time Socials, LLC) Gunderson, Lisa M.

Day the Thunder Rumbled. J. M. McMahon. 2019. (ENG.). 30p. (J). pap. *(978-1-5289-1181-8(4))* Austin Macauley Pubs. Ltd.

Day the Towers Fell: The Story of September 11 2001. Maureen Crethan Santora. Illus. by Patricia S. Cardona. l.t. ed. 2022. (ENG.). 34p. (J). 17.00 *(978-1-954368-46-0(1))*; pap. 13.00 *(978-1-954368-45-3(3))* Diamond Media Pr.

Day the Universe Exploded My Head: Poems to Take You into Space & Back Again. Allan Wolf. Illus. by Anna Raff. 2019. (ENG.). 56p. (J). (gr. 3-7). 18.99 *(978-0-7636-8025-1(7))* Candlewick Pr.

Day the Virus Came. Morita Metcalfe. Illus. by Patricia McKenna & Barry McKenna. 2022. (ENG.). 24p. (J). *(978-1-83975-968-0(2))*; pap. *(978-1-83975-967-3(4))* Grosvenor Hse. Publishing Ltd.

Day the Wishing Well Went Dry. Charis Mather. Illus. by Lynne Feng. 2023. (Level 9 - Gold Set Ser.). (ENG.). 32p. (J). (gr. 2-4). lib. bdg. 19.95 Bearport Publishing Co., Inc.

Day the World Stopped. Winsome Duncan. 2020. (ENG.). 111p. (J). pap. *(978-1-716-94633-2(6))* Lulu Pr., Inc.

Day the World Stopped Turning. Michael Morpurgo. 2020. (ENG.). 288p. (J). pap. 9.99 *(978-1-250-25060-5(9)*, 900164732) Square Fish.

Day Time Stopped: 1 Minute - 26 Countries. Flavia Ruotolo. 2021. (ENG., Illus.). 48p. (J). (gr. k-4). 14.95 *(978-3-7913-7489-5(3))* Prestel Verlag GmbH & Co KG. DEU. Dist: Penguin Random Hse. LLC.

Day to Day. Sophia David. Illus. by Laurie O'Grady. 2018. (ENG.). 22p. (J). (gr. k-6). 24.95 *(978-0-692-15777-0(8))* Lily The Reindeer.

Day to Day Practice for Printing Printing Practice for Kids. Pfiffikus. 2016. (ENG., Illus.). (J). pap. 10.81 *(978-1-68377-669-7(0))* Whlke, Traudl.

Day to Day with Natasha Cyrai: Speaks It until She Believes It Learning about Affirmations. Kimberly N. Strong. Illus. by Karen Toledo. 2021. (Day to Day with Natasha Cyrai Ser.: Vol. 1). (ENG.). 34p. (J). pap. 13.99 *(978-1-7365043-0-7(4))* PEAK League Pr. LLC.

Day to Day with Natasha Cyrai Speaks It until She Believes It Learning about Affirmations. Kimberly N. Strong. Illus. by Karen Toledo. 2021. (ENG.). 34p. (J). 21.99 *(978-1-7365043-2-1(0))* PEAK League Pr. LLC.

Day Trip. Stephen W. Cheshire. 2016. (ENG., Illus.). (YA). (gr. 7-12). pap. 18.95 *(978-1-61296-795-0(7))* Black Rose Writing.

Day Uncle Butch Cut the Cheese. Sarah Jane Loberg. 2018. (ENG., Illus.). 36p. (J). (gr. k-2). pap. 14.99 *(978-1-59095-368-6(1)*, ExamWise) Total Recall Learning, Inc.

Day Versus Day; Question As to Legitimacy: A Trial by Ejectment Between John Day, of Bedford, Esq. Plaintiff, & Thomas Day, of Spaldwick, Esq. Defendant, for the Recovery of an Estate in the County of Huntingdon, Tried at the Assizes Held There on Monda. J. H. Blanchard. 2018. (ENG., Illus.). 342p. (J). 30.97 *(978-0-267-52277-4(0))* Forgotten Bks.

Day War Came. Nicola Davies. Illus. by Rebecca Cobb. 2020. (ENG.). 32p. (J). (gr. 1-4). 7.99 *(978-1-5362-1593-9(7))* Candlewick Pr.

Day We Asked the Fish to Climb the Tree. Kate Kee. Illus. by Nina Taylor. 2019. (ENG.). 36p. (J). (gr. 1-2). pap. *(978-1-9996213-7-7(9))* Cavalcade Bks.

Day We Asked the Goat to Bite a Lemon. Kate Kee. Illus. by Nina Taylor. 2020. (ENG.). 32p. (J). pap. *(978-1-8381490-5-5(8))* Cavalcade Bks.

Day We Didn't Go Back to School. Jana Billman. Illus. by Jude Poplawski. 2021. (ENG.). 22p. (J). 24.95 *(978-1-0980-8757-9(7))*; pap. 14.95 *(978-1-0980-8755-5(0))* Christian Faith Publishing.

Day We Fell Asleep on the School Bus. Paige Young. 2023. (ENG.). 38p. (J). pap. 10.99 ***(978-1-960142-75-7(5))*** Mindstir Media.

Day We Got a Puppy: Teaching Kids to Stay Safe During a Pandemic. Adam M. Wallace. 2020. (ENG.). 44p. (J). pap. 15.00 *(978-0-578-76746-8(5))* Indy Pub.

Day We Went into the Woods. Denise Benison. 2019. (ENG.). 48p. (J). *(978-1-5255-4129-2(3))*; pap. *(978-1-5255-4130-8(7))* FriesenPress.

Day When God Made the Church. Rebekah McLeod Hutto. 2016. (ENG., Illus.). 48p. (J). (gr. -1-8). pap. 15.99 *(978-1-61261-564-6(3))* Paraclete Pr., Inc.

Day Will Come (Classic Reprint) M. E. Braddon. 2018. (ENG., Illus.). 388p. (J). 31.92 *(978-0-483-93811-3(4))* Forgotten Bks.

Day Will Come, Vol. 1 of 3 (Classic Reprint) M. E. Braddon. 2018. (ENG., Illus.). 322p. (J). 30.54 *(978-0-483-25714-6(1))* Forgotten Bks.

Day Will Come, Vol. 2 of 3 (Classic Reprint) M. E. Braddon. 2018. (ENG., Illus.). 314p. (J). 30.37 *(978-0-484-54334-7(2))* Forgotten Bks.

Day Will Come, Vol. 3 of 3 (Classic Reprint) M. E. Braddon. 2018. (ENG., Illus.). 328p. (J). 30.68 *(978-0-267-16031-0(3))* Forgotten Bks.

Day with a Firefighter. Katie Kawa. 2020. (J). *(978-1-5026-5329-1(X))* Cavendish Square Publishing LLC.

Day with a Librarian. Katie Kawa. 2020. (J). *(978-1-5026-5325-3(7))* Cavendish Square Publishing LLC.

Day with a Police Officer. Derek L. Miller. 2019. (J). pap. *(978-1-5026-5317-8(6))* Musa Publishing.

Day with a Teacher. Katie Kawa. 2020. (J). *(978-1-5026-5337-6(0))* Cavendish Square Publishing LLC.

Day with a Tramp: And Other Days (Classic Reprint) Walter Augustus Wyckoff. 2017. (ENG., Illus.). (J). 28.17 *(978-0-266-22254-5(4))* Forgotten Bks.

Day with Bebette the Bunny. Samantha Rae Garza Burns. 2021. (ENG.). 28p. (J). 25.00 *(978-1-716-15201-6(1))* Lulu Pr., Inc.

Day with Charles Dickens (Classic Reprint) May Clarissa Gillington Byron. 2017. (ENG., Illus.). 54p. (J). 25.01 *(978-0-332-02962-7(X))* Forgotten Bks.

Day with Dad. Susan Amerikaner. ed. 2020. (Step into Reading Ser.). (ENG., Illus.). 32p. (J). (gr. 2-3). 14.96 *(978-1-64697-174-9(4))* Penworthy Co., LLC, The.

Day with Dad (Disney/Pixar Onward) RH Disney. Illus. by Disney Storybook Disney Storybook Art Team. 2020. (Step into Reading Ser.). (ENG.). 32p. (J). (gr. k-2). 12.99 *(978-0-7364-8289-9(X))*; 5.99 *(978-0-7364-4051-6(8))* Random Hse. Children's Bks. (RH/Disney).

Day with Daddy. Gabriel Easton. 2018. (ENG., Illus.). 34p. (J). pap. 11.95 *(978-1-64003-513-3(3))* Covenant Bks.

Day with Drew in First Grade. Nakia Allen. 2022. (ENG.). 26p. (J). pap. 9.99 ***(978-1-0879-7900-7(5))*** Indy Pub.

Day with Grand-Pere. Gary Green. Illus. by Nathaniel Dailey. 2017. (ENG.). (J). 19.95 *(978-0-9972312-4-3(6))* Stewart, H. K. Creative Services, Inc.

Day with Jesus: The Story of Zacchaeus. Lee Jenkins. Illus. by Jim Chansler. 2020. (Bible Patterns Series for Young Readers Ser.: Vol. 1). (ENG.). 38p. (J). pap. 12.99 *(978-1-7330110-2-0(1))* LtoJ Pr.

Day with Jesus: The Story of Zacchaeus. Lyle Lee Jenkins. Illus. by Jim Chansler. 2022. (Bible Patterns for Young Readers Ser.). (ENG.). 38p. (J). pap. 12.99 ***(978-1-956457-12-4(7))*** LtoJ Pr.

Day with Josiah: Becoming a Leader: Biblical Principles on Dealing with Bullying. Christina Williams. 2019. (ENG.). 32p. (J). pap. 14.95 *(978-1-64349-404-3(X))* Christian Faith Publishing.

Day with Maddy. Dominique M. Dover. Illus. by Janae White. 2022. (ENG.). 24p. (J). 20.00 ***(978-1-0880-2712-7(1))*** Indy Pub.

Day with MawMaw. Patricia Coulter. 2021. (ENG.). 32p. (J). 24.95 *(978-1-63692-251-5(1))*; pap. 14.95 *(978-1-63692-250-8(3))* Newman Springs Publishing, Inc.

Day with Mom. Cassie Finney. 2020. (ENG., Illus.). 32p. (J). pap. 13.95 *(978-1-64670-815-4(6))* Covenant Bks.

Day with My Baby Sitter Cindy. D. Bhandari. 2020. (ENG.). 38p. (J). 19.95 *(978-1-64654-919-1(8))* Fulton Bks.

Day with My Baby Sitter Cindy. Damayanti Bhandari. 2020. (ENG.). 38p. (J). pap. 14.95 *(978-1-64654-060-0(3))* Fulton Bks.

Day with No Words. Tiffany Hammond. Illus. by Kate Cosgrove. 2023. (ENG.). 48p. (J). 17.99 *(978-1-7369497-9-5(9))* Wheat Penny Pr.

Day with Oaky & Other Stories for Small Children. Helen Smith. 2017. (ENG., Illus.). 49p. (J). pap. 13.95 *(978-1-78554-601-3(5)*, 20db7cc2-31c4-4f95-8ff4-aff9e1f8b273) Austin Macauley Pubs. Ltd. GBR. Dist: Baker & Taylor Publisher Services (BTPS).

470

The check digit for ISBN-10 appears in parentheses after the full ISBN-13

Day with Parkinson's. A. Hultquist. Illus. by Joanne Lew-Vriethoff. 2016. (ENG.). 32p. (J). (gr. -1-3). 16.99 *(978-0-8075-5581-1(9),* 807555819) Whitman, Albert & Co.

Day with Reese. Morris Bell. Illus. by Jupiters Muse. 2023. (ENG.). 36p. (J). ***(978-0-2288-8656-3(2))****;* pap. *(978-0-2288-8655-6(4))* Tellwell Talent.

Day with Rylee. Katrina Avant. 2022. (ENG.). 34p. (J). pap. 14.99 ***(978-0-9982189-8-4(7))*** Katrina'sWORKS.

Day with the Harriers: An Extract from Happy Thoughts (Classic Reprint) F. C. Burnand. (ENG., Illus.). (J). 2018. 24p. 24.43 *(978-0-332-08939-3(8))*; 2016. pap. 7.97 *(978-1-333-78172-9(5))* Forgotten Bks.

Day with Tinsley Activity Book. Roberta Scott. 2022. (ENG.). 100p. (J). pap. ***(978-1-387-77081-6(0))*** Lulu Pr., Inc.

Day with Tinsley Interactive Workbook Journal. Roberta Scott. 2022. (ENG.). 103p. (J). pap. ***(978-1-387-48787-5(6))*** Lulu Pr., Inc.

Day with Wilbur Robinson. William Joyce. Illus. by William Joyce. 2017. (World of William Joyce Ser.). (ENG., Illus.). 40p. (J). (gr. -1-3). 17.99 *(978-1-4814-8951-5(8),* Atheneum/Caitlyn Dlouhy Books) Simon & Schuster Children's Publishing.

Day with Yayah. Nicola I. Campbell. Illus. by Julie Flett. 2017. (ENG.). 32p. (J). 18.95 *(978-1-56656-041-2(1),* Crocodile Bks.) Interlink Publishing Group, Inc.

Day You Begin. Jacqueline Woodson. Illus. by Rafael López & Rafael López. 2018. (ENG.). 32p. (J). (gr. k-3). 18.99 *(978-0-399-24653-1(3),* Nancy Paulsen Books) Penguin Young Readers Group.

Day You Were Born. Anna Mikitchenko. l.t. ed. 2022. (ENG.). 26p. (J). 12.99 ***(978-1-0880-4479-7(4))*** Indy Pub.

Day-Yu-Da-Gont: A Poem (Classic Reprint) John Wentworth Sanborn. 2018. (ENG., Illus.). 36p. (J). 24.66 *(978-0-428-99342-9(7))* Forgotten Bks.

Day Zero. Kelly deVos. 2019. (Day Zero Duology Ser.: 1). (ENG.). 432p. (YA). 18.99 *(978-1-335-00848-0(9))* Harlequin Enterprises ULC CAN. Dist: HarperCollins Pubs.

Daya. Martha London. 2019. (Influential People Ser.). (ENG., Illus.). 32p. (J). (gr. 4-6). 28.65 *(978-1-5435-7134-9(4),* 140414) Capstone.

Daya Devine & Star Learn Chakras. Krystal Clinton. Illus. by Latosha Haith. 2022. (ENG.). 28p. (J). 15.15 ***(978-1-0880-1332-8(5))*** Indy Pub.

Daya Devine & Star Learn Chakras Coloring Book. Krystal L. Clinton. 2022. (ENG.). 28p. (J). pap. 9.99 ***(978-1-0880-1444-8(5))*** Indy Pub.

Dayana, Dax, & the Dancing Dragon. Once Upon A Dance. 2021. (ENG.). 32p. (J). 24.99 *(978-1-955555-30-2(3))* Once Upon a Dance.

Dayana, Dax, & the Dancing Dragon: A Dance-It-Out Creative Movement Story for Young Movers. Once Upon A Dance. 2022. (Dance-It-Out! Creative Movement Stories for Young Movers Ser.). (ENG.). 32p. (J). pap. 9.99 *(978-1-955555-28-9(1))* Once Upon a Dance.

Daybreak Bond. Megan Frazer Blakemore. 2018. (ENG.). 336p. (J). pap. 9.99 *(978-1-68119-896-5(7),* 900191672, Bloomsbury Children's Bks.) Bloomsbury Publishing USA.

Daybreak (Classic Reprint) Unknown Author. 2018. (ENG., Illus.). 284p. (J). 29.75 *(978-0-483-11025-0(6))* Forgotten Bks.

Daybreak in Korea: A Tale of Transformation in the Far East (Classic Reprint) Annie L. A. Baird. (ENG., Illus.). (J). 2017. 27.01 *(978-0-265-58944-1(4))*; 2016. pap. 9.57 *(978-1-333-13780-9(X))* Forgotten Bks.

Daybreak on Raven Island. Fleur Bradley. (J). (gr. 3-7). 2023. 272p. 8.99 ***(978-0-593-40464-5(5))***; 2022. 256p. 17.99 *(978-0-593-40463-8(7))* Penguin Young Readers Group. (Viking Books for Young Readers).

Daybreak Sentinel. Kendra Merritt. 2023. (ENG.). 376p. (YA). 24.99 ***(978-1-951009-42-7(8))***; pap. 17.99 ***(978-1-951009-41-0(X))*** Blue Fyre Pr.

Daybreakers. Jane Louise Curry. 2017. (ENG., Illus.). 178p. (J). pap. 19.99 *(978-1-62524-317-1(0),* Candlewood Pr.) Harding Hse. Publishing Sebice Inc.

Daycare Advice from Haley: Advice from A 5-Year-Old. Deborah Ann Martin. 2016. (ENG., Illus.). (J). pap. 17.99 *(978-1-4834-5693-5(5))* Lulu Pr., Inc.

Daydream Receiver. Jake Maddox. Illus. by Eduardo Garcia. 2017. (Jake Maddox Graphic Novels Ser.). (ENG.). 72p. (J). (gr. 3-8). lib. bdg. 26.65 *(978-1-4965-3702-7(5),* 132941, Stone Arch Bks.) Capstone.

Daydream with Max & Molly. Todd Courtney & Jackie Courtney. 2018. (Max Rhymes Ser.). (ENG., Illus.). 32p. (J). (gr. 1-2). *(978-1-945200-26-7(X))* Inspired Imaginations, LLC.

Daydreamers. Lynnie Purcell. 2020. (ENG.). 336p. (YA). pap. 14.95 *(978-1-393-99296-7(X))* Draft2Digital.

Daylight & Darkness. Mary Lindeen. 2018. (BeginningtoRead Ser.). (ENG.). 32p. (J). (gr. -1-2). 22.60 *(978-1-59953-897-6(0))*; (gr. k-2). pap. 13.26 *(978-1-68404-144-2(9))* Norwood Hse. Pr.

Daylight in Winter, Summer, Fall, & Spring, 1 vol. Wayan James. 2016. (Rosen REAL Readers: STEM & STEAM Collection). (ENG.). 12p. (gr. 1-2). pap. 6.33 *(978-1-5081-2446-7(9),* 9c0bbfb3-395b-40a5-aa65-a581288bffd4, Rosen Classroom) Rosen Publishing Group, Inc., The.

Daylight Land: The Experiences, Incidents, & Adventures, Humorous & Otherwise, Which Befel Judge John Doe, Tourist, of San Francisco; Mr. Cephas Pepperell, Capitalist, of Boston; Colonel Goffe, the Man from New Hampshire, & Divers Others, in Their P. W. H. H. Murray. 2018. (ENG., Illus.). 344p. (J). 30.99 *(978-0-364-20312-5(9))* Forgotten Bks.

Daylight Saving. Evan Jacobs. 2019. (Amazing Adventures of Abby Mcquade Ser.). (ENG.). 84p. (J). (gr. 4-7). pap. 10.95 *(978-1-68021-474-1(8))* Saddleback Educational Publishing, Inc.

Days Afield on Staten Island (Classic Reprint) William Thompson Davis. 2017. (ENG., Illus.). (J). 26.76 *(978-0-331-61215-8(1))* Forgotten Bks.

Days & Deeds: A Hundred Years Ago (Classic Reprint) Gertrude L. Stone. 2018. (ENG., Illus.). 158p. (J). 27.26 *(978-0-483-33751-0(X))* Forgotten Bks.

Days & Nights of Daphne Dragonfly. Bonnie S. Nicaud. 2022. (ENG., Illus.). 60p. (J). 29.95 ***(978-1-63985-426-4(6))***; pap. 19.95 ***(978-1-63985-424-0(X))*** Fulton Bks.

Days & Nights of Shikar (Classic Reprint) W. W. Baillie. 2017. (ENG., Illus.). (J). 29.26 *(978-0-265-32448-6(3))* Forgotten Bks.

Days at Mount Vernon: A Collection of Authentic Incidents in Modern Times (Classic Reprint) Fanny Albert Doughty. 2018. (ENG., Illus.). 40p. (J). 24.72 *(978-0-267-50835-8(2))* Forgotten Bks.

Days Before History. H. R. Hall. 2017. (ENG., Illus.). (J). pap. *(978-0-649-29388-9(6))* Trieste Publishing Pty Ltd.

Days Before History (Classic Reprint) H. R. Hall. 2018. (ENG., Illus.). 256p. (J). 29.18 *(978-0-365-31246-8(0))* Forgotten Bks.

Days Before I Remember Myself. Sopheap Chhun. 2020. (ENG.). 121p. (YA). *(978-1-716-71872-4(4))* Lulu Pr., Inc.

Day's Fishing: A Farce; in One Act (Classic Reprint) J. M. Morton. 2018. (ENG., Illus.). 34p. (J). 24.60 *(978-0-267-20766-4(2))* Forgotten Bks.

Days Forever Flown (Classic Reprint) May A. Haslehurst. 2018. (ENG., Illus.). 454p. (J). 33.28 *(978-0-267-21799-1(4))* Forgotten Bks.

Days in Clover (Classic Reprint) Amateur Angler. (ENG., Illus.). (J). 2017. 27.61 *(978-0-331-59501-7(X))*; 2016. pap. 9.97 *(978-1-334-51372-5(4))* Forgotten Bks.

Days in Derbyshire (Classic Reprint) Spencer Timothy Hall. 2018. (ENG., Illus.). 414p. (J). 32.46 *(978-0-267-85126-3(X))* Forgotten Bks.

Days in Monad. S. U. Haq. 2021. (ENG.). 112p. (YA). pap. 20.99 *(978-1-68586-952-6(1))* Notion Pr., Inc.

Days in the Isle of Wight (Classic Reprint) Paul Bourget. 2018. (ENG., Illus.). 54p. (J). 25.01 *(978-0-267-29183-0(3))* Forgotten Bks.

Days Like These: A Novel (Classic Reprint) Edward Waterman Townsend. 2017. (ENG., Illus.). (J). 458p. 33.34 *(978-0-484-31442-8(4))*; pap. 16.57 *(978-0-259-34865-8(1))* Forgotten Bks.

Days Like This. Oriane Smith. Illus. by Alice Gravier. 2022. (ENG.). 40p. (J). (gr. -1-4). 18.99 *(978-1-990252-09-9(5))* Milky Way Picture Bks. CAN. Dist: Abrams, Inc.

Days Long Ago. Donna Marriott. 2017. (Learn-To-Read Ser.). (ENG., Illus.). (J). pap. 3.49 *(978-1-68310-318-9(1))* Pacific Learning, Inc.

Days, Months, & Seasons of the Year: Explained to the Little People of England (Classic Reprint) Maria Jacob. 2018. (ENG., Illus.). 52p. (J). 24.97 *(978-0-656-03357-7(6))* Forgotten Bks.

Days of Anarchy: Book 2. J. D. Martens. 2017. (Meteor Ser.). (ENG.). 184p. (YA). (gr. 5-12). 31.42 *(978-1-68076-828-2(X),* 27431, Epic Escape) EPIC Pr.

Days of Auld Lang Syne - Book One: A History of the First Yuletide. Joshua C. Johnson. 2021. (ENG.). 42p. (J). 20.00 *(978-1-716-07919-1(5))* Lulu Pr., Inc.

Days of Boyhood (Classic Reprint) Joseph Alden. (ENG., Illus.). (J). 2018. 174p. 27.51 *(978-0-332-90048-3(7))*; 2017. pap. 9.97 *(978-0-243-06504-2(3))* Forgotten Bks.

Days of Chivalry, or the Legend of Croquemitaine (Classic Reprint) Quatrelles Quatrelles. 2018. (ENG., Illus.). (J). 270p. 29.49 *(978-0-366-64561-9(7))*; 272p. pap. 11.97 *(978-0-366-64551-0(X))* Forgotten Bks.

Days of Discovery (Classic Reprint) Bertram Smith. 2018. (ENG., Illus.). 222p. (J). 28.48 *(978-0-332-43606-7(3))* Forgotten Bks.

Days of Grace. Deirdre Ryan Eynaud. 2019. (ENG.). 34p. (J). pap. *(978-0-244-45613-9(5))* Lulu Pr., Inc.

Days of History (Classic Reprint) C. V. Calvert. 2018. (ENG., Illus.). 260p. (J). 29.32 *(978-0-332-20204-4(6))* Forgotten Bks.

Days of Infamy: How a Century of Bigotry Led to Japanese American Internment (Scholastic Focus) Lawrence Goldstone. 2022. (ENG., Illus.). 288p. (YA). (gr. 7). 19.99 *(978-1-338-72246-8(8))* Scholastic, Inc.

Days of Jeanne d'Arc (Classic Reprint) Mary Hartwell Catherwood. 2017. (ENG., Illus.). (J). 29.84 *(978-0-265-21756-6(3))* Forgotten Bks.

Days of My Life: An Autobiography (Classic Reprint) Margaret O. W. Oliphant. 2018. (ENG., Illus.). 430p. (J). 32.77 *(978-0-365-45583-6(6))* Forgotten Bks.

Days of My Life, Vol. 2 Of 3: An Autobiography (Classic Reprint) Unknown Author. 2018. (ENG., Illus.). 302p. (J). 30.13 *(978-0-483-51312-9(1))* Forgotten Bks.

Days of My Life, Vol. 3 Of 3: An Autobiography (Classic Reprint) Unknown Author. 2018. (ENG., Illus.). 296p. (J). 30.00 *(978-0-483-92327-0(3))* Forgotten Bks.

Days of Ofelia: Illustrated (Classic Reprint) Gertrude Diamant. 2017. (ENG., Illus.). (J). 26.68 *(978-0-331-65706-7(6))*; pap. 9.57 *(978-0-243-31754-7(9))* Forgotten Bks.

Days of Our Past: Bloodline of Kings. G. R. Burns. 2021. (Bloodline of Kings Ser.: Vol. 1). (ENG.). 360p. (J). pap. 15.95 *(978-1-7373291-9-0(0))*; 320p. (YA). 25.95 *(978-1-7373291-7-6(4))* Pacific Bks.

Days of Shoddy: A Novel of the Great Rebellion in 1861 (Classic Reprint) Henry Morford. (ENG., Illus.). (J). 2018. 482p. 33.84 *(978-0-483-52987-8(7))*; 2016. pap. 16.57 *(978-1-333-38667-2(2))* Forgotten Bks.

Days of the Colonists (Classic Reprint) L. Lamprey. 2017. (ENG., Illus.). (J). 30.74 *(978-0-266-47862-1(X))* Forgotten Bks.

Days of the Dandies (Classic Reprint) Frances Burney. 2018. (ENG., Illus.). 360p. (J). 31.34 *(978-0-656-66830-4(X))* Forgotten Bks.

Days of the Dead. Kersten Hamilton. 2018. (ENG.). 256p. (J). (gr. 5-8). 15.99 *(978-1-5107-2858-5(9),* Sky Pony Pr.) Skyhorse Publishing Co., Inc.

Days of the Grab Bag Candy Kids. Izara London & Jaye London. 2018. (ENG., Illus.). 28p. (J). pap. 12.00 *(978-0-692-08453-3(3))* London Publishing.

Days of the Past: A Medley of Memories (Classic Reprint) Alexander Innes Shand. 2018. (ENG., Illus.). 326p. (J). 30.64 *(978-0-483-43519-3(8))* Forgotten Bks.

Days of the Swamp Angel (Classic Reprint) Mary Hall Leonard. (ENG., Illus.). (J). 2018. 326p. 30.62 *(978-0-364-61150-0(2))*; 2017. pap. 13.57 *(978-1-5276-6937-6(8))* Forgotten Bks.

Days of the Week. Emma Bernay & Emma Carlson Berne. Illus. by Tim Palin. 2019. (Patterns of Time Ser.). (ENG.). 24p. (J). (gr. -1-2). pap. 7.95 *(978-1-68410-435-2(1),* 141229) Cantata Learning.

Days of the Week. Denise Duguay. 2019. (Teachings by Milou Ser.). (ENG.). 24p. (J). *(978-1-5255-4444-6(6))*; pap. *(978-1-5255-4445-3(4))* FriesenPress.

Days of the Week - Bongin Te Wiki (Te Kiribati) Ruiti Tumoa. Illus. by John Maynard Balinggao. 2022. (MIS.). 26p. (J). pap. ***(978-1-922910-60-8(0))*** Library For All Limited.

Days of the Week Months of the YearEducational Coloring Book for Kids Nursery Homeschool Pre-K Kindergarten Children Ages 5-8. Raz McOvoo. 2021. (ENG.). 76p. (J). pap. 10.25 *(978-1-716-21435-6(1))* Lulu Pr., Inc.

Days of Yore, Vol. 1 (Classic Reprint) Sarah Tytler. (ENG., Illus.). (J). 2018. 508p. 34.39 *(978-0-666-60444-6(4))*; 2017. pap. 16.97 *(978-0-282-31040-0(1))* Forgotten Bks.

Days off & Other Digressions (Classic Reprint) Henry Van Dyke. 2017. (ENG., Illus.). 352p. (J). 31.16 *(978-0-484-02328-3(4))* Forgotten Bks.

Days on Fes, Vol. 2. Kanato Oka. 2021. (Days on Fes Ser.: 2). (ENG., Illus.). 178p. (YA). (gr. 8-17). pap., pap. 13.00 *(978-1-9753-1963-2(X),* Yen Pr.) Yen Pr. LLC.

Days on the Beach: Colouring Book. Tara Kelly. 2023. (ENG.). 33p. (J). pap. ***(978-1-4477-0686-1(2))*** Lulu Pr., Inc.

Days on the Road: Crossing the Plains In 1865. Sarah Raymond Herndon. 2017. (ENG., Illus.). 104p. (J). *(978-1-387-16804-0(5))* Lulu Pr., Inc.

Days on the Road: Crossing the Plains in 1865 (Classic Reprint) Sarah Raymond Herndon. 2018. (ENG., Illus.). 306p. (J). 30.23 *(978-0-332-10036-4(7))* Forgotten Bks.

Days Out of Doors (Classic Reprint) Charles C. Abbott. 2018. (ENG., Illus.). 340p. (J). 30.91 *(978-0-656-64167-3(3))* Forgotten Bks.

Day's Play (Classic Reprint) Alan Alexander Milne. (ENG., Illus.). (J). 2018. 350p. 31.12 *(978-0-267-34935-7(1))*; 2016. pap. 13.57 *(978-1-333-25040-9(1))* Forgotten Bks.

Day's Pleasure: Or the Half-Holiday Adventures of Some Little People (Classic Reprint) Evelyn Cunningham Geikie. 2018. (ENG., Illus.). 66p. (J). 25.26 *(978-0-483-90020-2(6))* Forgotten Bks.

Day's Pleasure, & Other Sketches (Classic Reprint) William Dean Howells. (ENG., Illus.). (J). 2018. 244p. 28.93 *(978-0-484-86850-1(0))*; 2017. pap. 11.57 *(978-0-243-60201-8(4))* Forgotten Bks.

Day's Pleasure (Classic Reprint) William D. Howells. 2018. (ENG., Illus.). 94p. (J). 25.86 *(978-0-483-15357-8(5))* Forgotten Bks.

Day's Ramble in Derbyshire: Or, the Travels of Tommy Wilson & Billy Passmore; Interspersed with Observations & Anecdotes; Ornamented with Six Beautiful Copper-Plates (Classic Reprint) Unknown Author. 2018. (ENG., Illus.). 42p. (J). 24.78 *(978-0-656-17537-6(0))* Forgotten Bks.

Day's Ride: A Life Romance: to Which Is Added That Boy of Norcotts (Classic Reprint) Charles Lever. 2018. (ENG., Illus.). 662p. (J). 37.57 *(978-0-364-55353-4(7))* Forgotten Bks.

Day's Ride: A Life's Romance (Classic Reprint) Charles Lever. 2017. (ENG., Illus.). (J). 37.32 *(978-0-260-18598-3(1))*; pap. 19.97 *(978-1-5283-0413-9(6))* Forgotten Bks.

Day's Ride, Vol. 1 Of 2: A Life's Romance (Classic Reprint) Charles James Lever. 2018. (ENG., Illus.). 326p. (J). 30.62 *(978-0-332-30411-3(6))* Forgotten Bks.

Day's Ride, Vol. 2 Of 2: A Life's Romance (Classic Reprint) Charles Lever. (ENG., Illus.). (J). 2018. 334p. 30.81 *(978-0-332-07686-7(5))*; 2016. pap. 13.57 *(978-1-334-16000-4(7))* Forgotten Bks.

Days Spent on a Doge's Farm (Classic Reprint) Margaret Symonds. 2017. (ENG., Illus.). (J). 30.87 *(978-0-331-22766-6(5))* Forgotten Bks.

Days Stolen for Sport (Classic Reprint) Philip Geen. 2018. (ENG., Illus.). 394p. (J). 32.02 *(978-0-267-16060-0(7))* Forgotten Bks.

Days We Celebrate: A Collection of Original Dialogues, Recitations, Entertainments & Other Pieces for Holidays & Special Occasions; Suitable for All Ages (Classic Reprint) Marie Irish. (ENG., Illus.). (J). 2018. 172p. 27.44 *(978-0-656-69068-8(2))*; 2017. pap. 9.97 *(978-0-259-19896-3(X))* Forgotten Bks.

Days We Live In: A Story of Society (Classic Reprint) Clementine Edith Aiken. (ENG., Illus.). (J). 2018. 476p. 33.73 *(978-0-483-63448-0(4))*; 2016. pap. 16.57 *(978-1-334-12809-7(X))* Forgotten Bks.

Days with Dad. Illus. by Nari Hong. 2017. (ENG.). 40p. (J). (gr. -1-3). 16.95 *(978-1-59270-233-6(3))* Enchanted Lion Bks., LLC.

(Days with Frog & Toad) see Días con Sapo y Sepo

Days with Sir Roger de Coverley: A Reprint from the Spectator (Classic Reprint) Joseph Addison. 2017. (ENG., Illus.). 186p. (J). 27.73 *(978-0-332-41134-7(6))* Forgotten Bks.

Days with Uncle Jack, Vol. 1 (Classic Reprint) John W. Davis. 2017. (ENG., Illus.). (J). 462p. 33.43 *(978-0-332-84312-4(2))*; pap. 16.57 *(978-0-243-96140-5(5))* Forgotten Bks.

Day's Work (Classic Reprint) Rudyard Kipling. 2018. (ENG., Illus.). 412p. (J). 32.41 *(978-0-483-53545-9(1))* Forgotten Bks.

Day's Work Many Inventions (Classic Reprint) Rudyard Kipling. 2018. (ENG., Illus.). 732p. (J). 38.99 *(978-0-365-13115-1(6))* Forgotten Bks.

Day's Work, Vol. 1 (Classic Reprint) Rudyard Kipling. 2018. (ENG., Illus.). 336p. (J). 30.85 *(978-0-666-48185-6(7))* Forgotten Bks.

Daysman (Classic Reprint) Unknown Author. 2018. (ENG., Illus.). 424p. (J). 32.64 *(978-0-483-26312-3(5))* Forgotten Bks.

Dayspring (Classic Reprint) William Francis Barry. 2018. (ENG., Illus.). 340p. (J). 30.93 *(978-0-483-10511-9(2))* Forgotten Bks.

Daytime & Nighttime: Explore the Earth's Habitats During the Day & Night - Flip over to Explore the Daytime. Michael Bright. Illus. by Nic Jones. 2023. (ENG.). 64p. (J). (gr. 2-6). 19.95 ***(978-0-7112-8352-7(4),*** Words & Pictures) Quarto Publishing Group UK GBR. Dist: Hachette Bk. Group.

Daytime Nighttime, All Through the Year, 1 vol. Diane Lang. Illus. by Andrea Gabriel. 2017. 32p. (J). (gr. -1-3). pap. 8.99 *(978-1-58469-607-0(9),* Dawn Pubns.) Sourcebooks, Inc.

Daytime Visions: An Alphabet. Illus. by Isol. 2016. 56p. (J). (-2). 17.95 *(978-1-59270-195-7(7))* Enchanted Lion Bks., LLC.

Daytona 500. Annette M. Clayton. 2023. (Major Sports Events Ser.). (ENG., Illus.). 32p. (J). (gr. 2-3). pap. 9.95 *(978-1-63738-326-1(6))*; lib. bdg. 31.35 *(978-1-63738-290-5(1))* North Star Editions. (Apex).

Dazzle Ships: World War I & the Art of Confusion. Chris Barton. Illus. by Victo Ngai. 2017. (ENG.). 36p. (J). (gr. 2-5). lib. bdg. 19.99 *(978-1-5124-1014-3(4),* f606e87d-56aa-4cff-b87c-c59ad06e0b83, Millbrook Pr.) Lerner Publishing Group.

Dazzling Collections of Dots! Connect the Dots Activity Book. Activity Book Zone for Kids. 2016. (ENG., Illus.). (J). pap. 7.55 *(978-1-68376-119-8(7))* Sabeels Publishing.

Dazzling Diamonds. Lorraine Harrison. 2017. (Glittering World of Gems Ser.). 24p. (gr. 2-3). 49.50 *(978-1-5345-2295-4(6),* KidHaven Publishing); (ENG.). pap. 9.25 *(978-1-5345-2309-8(X),* b6f5156f-7d93-4fe7-8e4b-19f0a0ba4d86); (ENG.). lib. bdg. 26.23 *(978-1-5345-2305-0(7),* b1bc8cef-dc24-4603-a42a-6accb51d1fbb) Greenhaven Publishing LLC.

Dazzling Diggers. Tony Mitton & Ant Parker. 2018. (Amazing Machines Ser.). (ENG.). 20p. (J). bds. 6.99 *(978-0-7534-7394-8(1),* 900183764, Kingfisher) Roaring Brook Pr.

Dazzling Dollar Dude. Mary Becker. Illus. by Tim Williams. 2022. (ENG.). 46p. (J). 16.99 ***(978-1-6653-0546-4(0))*** BookLogix.

Dazzling Facts about Light: Leveled Reader Card Book 21 Level X. Hmh Hmh. 2019. (ENG.). (J). pap. 14.13 *(978-0-358-16190-5(8))* Houghton Mifflin Harcourt Publishing Co.

Dazzling Facts about Light: Leveled Reader Card Book 21 Level X 6 Pack. Hmh Hmh. 2021. (J). (ENG.). pap. 69.33 *(978-0-358-18841-4(5))*; (SPA.). pap. 74.40 *(978-0-358-27322-6(6))* Houghton Mifflin Harcourt Publishing Co.

Dazzling Heights. Katharine McGee. (Thousandth Floor Ser.: 2). (ENG.). (YA). (gr. 8). 2018. 464p. pap. 10.99 *(978-0-06-241863-0(7))*; 2017. 432p. 18.99 *(978-0-06-241862-3(9))* HarperCollins Pubs. (HarperCollins).

Dazzling Reprobate (Classic Reprint) William Rutherford Hayes Trowbridge. 2017. (ENG., Illus.). (J). 30.62 *(978-1-5281-6599-0(3))* Forgotten Bks.

DBS Superleggera. Megan Cooley Peterson. 2021. (Voitures Hors du Commun Ser.). (FRE.). 32p. (J). (gr. 4-6). lib. bdg. *(978-1-77092-507-6(4),* 13293, Bolt) Black Rabbit Bks.

DBS Superleggera. Megan Cooley Peterson. (Coches épicos Ser.). (SPA.). 32p. (J). (gr. 4-6). 2021. lib. bdg. *(978-1-62310-505-1(6),* 13192); 2020. pap. 9.99 *(978-1-64466-459-9(3),* 13193) Black Rabbit Bks. (Bolt).

DBT Skills Workbook for Teen Self-Harm: Practical Tools to Help You Manage Emotions & Overcome Self-Harming Behaviors. Sheri Van Dijk. 2021. (ENG.). 168p. (YA). (gr. 6-12). pap. 21.95 *(978-1-68403-545-8(7),* 45458, Instant Help Books) New Harbinger Pubns.

DBT Skills Workbook for Teens: A Fun Therapy Guide to Manage Stress, Anxiety, Depression, Emotions, OCD, Trauma, & Eating Disorders. Kangaroo Publications. 2023. (ENG.). 90p. (YA). pap. 16.99 ***(978-1-960020-23-9(4))*** Services, Atom LLC.

DC Batman's World Reader Level 2: Meet the Dark Knight. DK. 2021. (DK Readers Level 2 Ser.). (ENG.). 48p. (J). (gr. k-2). 17.99 *(978-0-7440-3972-6(X),* DK Children) Dorling Kindersley Publishing, Inc.

DC Batman's World Reader Level 2: Meet the Dark Knight. DK. 2021. (DK Readers Level 2 Ser.). (ENG.). 48p. (J). (gr. k-2). pap. 4.99 *(978-0-7440-3971-9(1),* DK Children) Dorling Kindersley Publishing, Inc.

DC Book of Pride: A Celebration of DC's LGBTQIA+ Characters. DK & Jadzia Axelrod. 2023. (ENG.). 128p. (J). (gr. 7-6). 19.99 *(978-0-7440-8170-1(X),* DK Children) Dorling Kindersley Publishing, Inc.

DC Comics Absolutely Everything You Need to Know. Dorling Kindersley Publishing Staff. 2018. (Illus.). 200p. (J). *(978-0-241-31424-1(0))* Dorling Kindersley Publishing, Inc.

DC Comics Ultimate Character Guide, New Edition. Melanie Scott & DK. 2019. (ENG., Illus.). 216p. (J). (gr. 3-7). 17.99 *(978-1-4654-7975-4(9),* DK Children) Dorling Kindersley Publishing, Inc.

DC Graphic Novels for Kids Box Set 1, 4 vols. 2020. 656p. (J). (gr. 3-7). pap. 39.99 *(978-1-77950-704-4(6))* DC Comics.

DC Graphic Novels for Young Adults Box Set 1-Resist. Revolt. Rebel, 3 vols. 2020. 712p. (YA). (gr. 9). 49.99 *(978-1-77950-705-1(4))* DC Comics.

DC Icons Series Boxed Set: Catwoman; Batman; Wonder Woman, 3 vols. Leigh Bardugo et al. 2018. (DC Icons Ser.). 304p. (YA). (gr. 7). 56.97 *(978-1-9848-4898-7(4),* Random Hse. Bks. for Young Readers) Random Hse. Children's Bks.

DC League of Super-Pets. David Lewman. ed. 2022. (Step into Reading Ser.). (ENG.). 16p. (J). (gr. 2-3). 16.96 ***(978-1-68505-350-5(5))*** Penworthy Co., LLC, The.

DC League of Super-Pets (DC League of Super-Pets Movie) Random House. Illus. by Random House. 2022. (Step into Reading Ser.). (ENG., Illus.). 24p. (J). (gr. -1-2). 5.99 *(978-0-593-43198-6(7))*; 14.99 *(978-0-593-43199-3(5))* Random Hse. Children's Bks. (Random Hse. Bks. for Young Readers).

DC League of Super-Pets: the Deluxe Junior Novelization (DC League of Super-Pets Movie) Includes 8-Page Full-color Insert & Poster! Random House. 2022. (ENG.). 144p. (J). (gr. 3-7). 9.99 *(978-0-593-48780-8(X),* Random Hse. Bks. for Young Readers) Random Hse. Children's Bks.

D

DC League of Super-Pets: the Great Mxy-Up. Heath Corson. Illus. by Bobby Timony. ed. 2022. (ENG.). 160p. (J). (gr. 3-7). pap. 9.99 (978-1-77950-992-5(8)) DC Comics.

DC League of Super-Pets: the Official Activity Book (DC League of Super-Pets Movie) Includes Puzzles, Posters, & over 30 Stickers! Rachel Chlebowski. Illus. by Random House. 2022. (ENG.). 48p. (J). (gr. -1-2). pap. 7.99 (978-0-593-43196-2(0), Random Hse. Bks. for Young Readers) Random Hse. Children's Bks.

DC Super Friends 5-Minute Story Collection (DC Super Friends) Random House. Illus. by Random House. 2016. (ENG., Illus.). 160p. (J). (-k). 14.99 (978-0-399-55219-9(7), Random Hse. Bks. for Young Readers) Random Hse. Children's Bks.

DC Super Hero Fairy Tales. Laurie S. Sutton & Sarah Hines Stephens. Illus. by Agnes Garbowska. 2022. (DC Super Hero Fairy Tales Ser.). (ENG.). 72p. (J). 163.92 (978-1-6663-3363-3(8), 235141, Stone Arch Bks.) Capstone.

DC Super Hero Girls. Shea Fontana. Illus. by Yancey Labat & Agnes Garbowska. 2020. (DC Super Hero Girls Ser.). (ENG.). 128p. (J). (gr. 2-6). 191.94 (978-1-5158-7438-6(9), 202145, Stone Arch Bks.) Capstone.

DC Super Hero Girls: Past Times at Super Hero High. Shea Fontana. Illus. by Agnes Garbowska & Yancey Labat. 2017. 132p. (J). (gr. 3-7). pap. 9.99 (978-1-4012-7383-5(1), DC Zoom) DC Comics.

DC Super Hero Girls: Spaced Out. Shea Fontana. Illus. by Agnes Garbowska. 2019. 144p. (J). (gr. 2-5). pap. 9.99 (978-1-4012-8256-1(3), DC Zoom) DC Comics.

DC Super Hero Girls: a Kids Coloring Book. 2017. 96p. (J). (gr. 3-7). pap. 7.99 (978-1-4012-7458-0(7)) DC Comics.

DC Super Hero Girls: at Metropolis High. Amy Wolfram. Illus. by Yancey Labat. 2019. 144p. (J). (gr. 2-5). pap. 9.99 (978-1-4012-8970-6(3), DC Zoom) DC Comics.

DC Super Hero Girls Box Set, 4 vols. Shea Fontana. 2018. (ENG., Illus.). (J). (gr. 3-7). pap. 34.99 (978-1-4012-7953-0(8), DC Zoom) DC Comics.

DC Super Hero Girls: Date with Disaster! Shea Fontana. Illus. by Yancey Labat. 2018. 128p. (J). (gr. 3-7). pap. 9.99 (978-1-4012-7878-6(7), DC Zoom) DC Comics.

DC Super Hero Girls: Ghosting. Amanda Deibert. Illus. by Yancey Labat. 2021. 152p. (J). (gr. 3-7). pap. 9.99 (978-1-77950-765-5(8)) DC Comics.

DC Super Hero Girls: Midterms. Amy Wolfram. Illus. by Yancey Labat. 2020. 144p. (J). (gr. 3-7). pap. 9.99 (978-1-4012-9852-4(4)) DC Comics.

DC Super Hero Girls: Powerless. Amy Wolfram. Illus. by Agnes Garbowska. 2020. 144p. (J). (gr. 3-7). pap. 9.99 (978-1-4012-9361-1(1)) DC Comics.

DC Super Hero Girls: Summer Olympus. Shea Fontana. Illus. by Yancey Labat. 2017. 128p. (J). (gr. 3-7). pap. 9.99 (978-1-4012-7235-7(5), DC Zoom) DC Comics.

DC Super Hero Math & Tech. Jennifer Hackett. 2020. (DC Super Heroes Ser.). (ENG.). 112p. (J). (gr. 3). pap. 12.99 (978-1-950587-07-0(X)) Downtown Bookworks.

DC Super Heroes Animal Jokes. Michael Dahl & Donald Lemke. 2018. (DC Super Heroes Joke Bks.). (ENG., Illus.). 64p. (J). (gr. 2-6). lib. bdg. 23.32 (978-1-4965-5762-9(X), 136754, Stone Arch Bks.) Capstone.

DC Super Heroes Joke Books. Michael Dahl & Donald Lemke. 2018. (DC Super Heroes Joke Bks.). (ENG.). 64p. (J). (gr. 2-6). 101.28 (978-1-4965-5777-3(8), 27414, Stone Arch Bks.) Capstone.

DC Super Heroes Knock-Knock Jokes. Michael Dahl & Donald Lemke. 2018. (DC Super Heroes Joke Bks.). (ENG., Illus.). 64p. (J). (gr. 2-6). lib. bdg. 23.32 (978-1-4965-5764-3(6), 136756, Stone Arch Bks.) Capstone.

DC Super Heroes Monster Jokes. Michael Dahl & Donald Lemke. 2018. (DC Super Heroes Joke Bks.). (ENG., Illus.). 64p. (J). (gr. 2-6). lib. bdg. 23.32 (978-1-4965-5763-6(8), 136755, Stone Arch Bks.) Capstone.

DC Super Heroes Origami: 21 Folding Projects for Batman, Superman, & More! John Montroll. 2017. (J). lib. bdg. (978-1-5157-5930-0(X), Capstone Young Readers) Capstone.

DC Super Heroes Origins. Laurie S. Sutton et al. 2020. (DC Super Heroes Origins Ser.). (ENG.). 48p. (J). (gr. k-2). 202.56 (978-1-5158-7822-3(8), 203238); pap., pap., pap. 39.60 (978-1-5158-7823-0(6), 203239) Capstone. (Stone Arch Bks.).

DC Super Heroes School Jokes. Michael Dahl & Donald Lemke. 2018. (DC Super Heroes Joke Bks.). (ENG., Illus.). 64p. (J). (gr. 2-6). lib. bdg. 23.32 (978-1-4965-5761-2(1), 136753, Stone Arch Bks.) Capstone.

DC Super Heroes: the Multiverse Unfolds. Warner Brothers. Illus. by Stephen Byrne. 2023. (Abrams Unfolds Book Ser.). (ENG.). 24p. (J). (gr. -1-17). 19.99 (978-1-4197-6943-6(X), 18178, Abrams Bks. for Young Readers) Abrams, Inc.

DC Super Heroes World's Greatest Jokes: Featuring Batman, Superman, Wonder Woman, & More! Michael Dahl & Donald Lemke. ed. 2018. (DC Super Heroes Ser.). (ENG., Illus.). 224p. (J). (gr. 2-6). pap., pap., pap. 9.95 (978-1-68436-002-4(1), 136780, Stone Arch Bks.) Capstone.

DC Super-Pets Complete Set, 12 vols., Set. Illus. by Art Baltazar. Incl. Attack of the Invisible Cats. Scott Sonneborn. lib. bdg. 25.32 (978-1-4048-6481-8(4), 114162); Backward Bowwow. Sarah Hines Stephens. lib. bdg. 25.32 (978-1-4048-6480-1(6), 114161); Fastest Pet on Earth. J. E. Bright. lib. bdg. 25.32 (978-1-4048-6264-7(1), 113677); Royal Rodent Rescue. John Sazaklis. lib. bdg. 25.32 (978-1-4048-6307-1(9), 113797); Salamander Smackdown! John Sazaklis. lib. bdg. 25.32 (978-1-4048-6478-8(4), 114159); Super Hero Splash Down. Jane B. Mason. lib. bdg. 25.32 (978-1-4048-6357-6(5), 113979); (J). (gr. 1-3). 2011. (DC Super-Pets Ser.). (ENG., Illus.). 56p. 2011. 287.88 (978-1-4048-6774-1(0), 171275, Stone Arch Bks.) Capstone.

DC Super-Pets Origin Stories. Steve Korté & Michael Dahl. Illus. by Art Baltazar. 2022. (DC Super-Pets Origin Stories Ser.). (ENG.). 48p. 202.56 (978-1-6663-3366-4(2), 235144); pap., pap., pap. 39.60 (978-1-6663-3367-1(0), 235145) Capstone. (Stone Arch Bks.).

DC Teen Titans Go! Sholly Fisch et al. Illus. by Jorge Corona et al. 2020. (DC Teen Titans Go! Ser.). (ENG.). 32p. (J). 279.84 (978-1-6690-6401-5(8), 260329, Stone Arch Bks.) Capstone.

DC United. Sam Moussavi. 2021. (Inside MLS Ser.). (ENG., Illus.). 48p. (J). (gr. 3-6). lib. bdg. 34.21 (978-1-5321-9255-5(X), 35119); (gr. 4-4). pap. 11.95 (978-1-64494-564-3(9)) ABDO Publishing Co. (SportsZone).

Dcf Mixed Jumbo Coloring & Activity Book. Des. by Bendon. 2020. (ENG.). (J). pap. 1.00 (978-1-6902-1034-4(6)) Bendon, Inc.

Dd. Bela Davis. 2016. (Alphabet Ser.). (ENG., Illus.). 24p. (J). (gr. -1-2). lib. bdg. 31.36 (978-1-68080-880-3(X), 23235, Abdo Kids) ABDO Publishing Co.

Dd (Spanish Language) Maria Puchol. 2017. (Abecedario (the Alphabet Ser.). (SPA.). 24p. (J). (gr. -1-2). lib. bdg. 31.36 (978-1-5321-0303-2(4), 27178, Abdo Kids) ABDO Publishing Co.

DD's Miracle. Jill McGlaughlin. 2019. (ENG.). 38p. (J). 14.95 (978-1-68401-851-2(X)) Amplify Publishing Group.

De a à Z. Hélène Drouart. 2020. (FRE.). 52p. (J). pap. (978-1-716-60701-1(9)) Lulu Pr., Inc.

De Abuela con Amor. Bella Neville Cruz & Mamá (Katia Quintana Cruz). Illus. by Madeleine Mae Migallos. 2021. (SPA.). 24p. (J). pap. (978-0-2288-6012-9(1)) Tellwell Talent.

De Aquí Como el Coquí. Nomar Perez. Tr. by Farah Perez. Illus. by Nomar Perez. 2021. (Illus.). 32p. (J). (gr. -1-2). 18.99 (978-0-593-32407-3(2), Dial Bks) Penguin Young Readers Group.

¡de aquí no pasa nadie! Isabel Minhós Martins. 2017. (SPA.). 36p. (J). (gr. k-2). 19.95 (978-84-16003-77-8(7)) Takatuka ESP. Dist: Lectorum Pubns., Inc.

De Avonturten Van Zolie Mevrouw Klets-Majoor Zi: Pestende Pestkoppen. Sonya J. Bowser. 2018. (DUT., Illus.). 70p. (J). (gr. 1-6). pap. 9.99 (978-0-692-92967-4(3)) Zolie Zi Empire.

De Barr's Friends: Or Number Seventeen; Trip to Lake Superior with a Romance; Founded upon Acts (Classic Reprint) Clara Gertrude Cadwell. 2018. (ENG., Illus.). 144p. (J). 26.87 (978-0-483-70566-1(7)) Forgotten Bks.

De Bello Pucciniano. Marco Reghezza. 2022. (ITA.). 136p. (J). pap. (978-1-4710-8847-6(2)) Lulu Pr., Inc.

De Botellas Plásticas a Ropa: Leveled Reader Book 58 Level o 6 Pack. Hmh Hmh. 2021. (SPA.). 24p. (J). pap. 74.40 (978-0-358-08453-2(9)) Houghton Mifflin Harcourt Publishing Co.

De Cabeza. Stéphane Kiehl. 2020. (Primeras Travesías Ser.). (SPA.). 18p. (J). (— 1). bds. 9.95 (978-607-527-886-5(9)) Editorial Oceano de Mexico MEX. Dist: Independent Pubs. Group.

De Clifford, or the Constant Man, Vol. 1 of 3 (Classic Reprint) Robert Plumer Ward. (ENG., Illus.). (J). 2018. 272p. 29.51 (978-0-364-49615-2(0)); 2017. pap. 11.97 (978-0-259-40666-2(X)) Forgotten Bks.

De Clifford, or the Constant Man, Vol. 2 of 3 (Classic Reprint) Robert Plumer Ward. (ENG., Illus.). (J). 2018. 286p. 29.82 (978-0-267-00422-5(2)); 2017. pap. 13.57 (978-0-243-97343-9(8)) Forgotten Bks.

De Clifford, or the Constant Man, Vol. 3 of 3 (Classic Reprint) Robert Plumer Ward. 2017. (ENG., Illus.). (J). 29.92 (978-0-265-71500-0(8)); pap. 13.57 (978-1-5276-6994-9(7)) Forgotten Bks.

De Courtin' Couple: An One-Act Comedy for Puppets Adopted from Folklore of the Southern Negro (Classic Reprint) Weaver Dallas. 2017. (ENG., Illus.). (J). 24.39 (978-0-331-13098-0(X)); pap. 7.97 (978-0-260-17993-7(0)) Forgotten Bks.

De Dheeks en Dhoorns. Ron. 2018. (DUT., Illus.). 128p. (J). pap. (978-3-7103-3447-4(0)) united p.c. Verlag.

¿de dónde Eres? Where Are You from? (Spanish Edition) Yamile Saied Méndez. Illus. by Jaime Kim. 2019. (SPA.). 40p. (J). (gr. -1-3). 19.99 (978-0-06-291525-2(8)) HarperCollins Español.

De Dónde Viene la Lluvia? (Where Rain Comes From), 1 vol. Marie Rogers. 2020. (Máximo Secreto de la Naturaleza (Top-Secret Nature) Ser.). (SPA.). 24p. (gr. 1-2). pap. 9.25 (978-1-7253-2072-7(X), 352a1a17-2389-4d1d-8208-7eeb486cf652, PowerKids Pr.) Rosen Publishing Group, Inc., The.

¿de dónde Viene Nuestra Comida? Leveled Reader Card Book 27 Level M 6 Pack. Hmh Hmh. 2021. (SPA.). (J). pap. 74.40 (978-0-358-08424-2(5)) Houghton Mifflin Harcourt Publishing Co.

¿de dónde Vienen Las Cosas? Karolin Kuntzel. 2018. (SPA.). 160p. (J). pap. 21.99 (978-958-30-5610-9(3)) Panamericana Editorial COL. Dist: Lectorum Pubns., Inc.

¿de dónde Vienen Las Ideas? Jordi Amenós. Illus. by Albert Arrayás. 2019. (SPA.). 48p. (J). (gr. 2-4). pap. 17.95 (978-84-17440-18-3(6)) Akiara Bks. ESP. Dist: Independent Pubs. Group.

De Donde Vienen Los Humanos? Joshua Lawrence Patel Deutsch. Illus. by Naiade Caparelli. 2022. (SPA.). 36p. (J). pap. 14.50 (978-1-0880-7618-7(1)) Indy Pub.

¿de dónde Vienen Los Perros? Francisco Leal Quevedo. 2016. (SPA.). 80p. (J). (gr. 2-4). 13.99 (978-958-30-5060-2(1)) Panamericana Editorial COL. Dist: Lectorum Pubns., Inc.

De Droles de Betes. dominique gaultier. 2021. (FRE.). 50p. (J). pap. (978-1-300-15410-5(1)) Lulu Pr., Inc.

De Evolutietheorie Ontkracht. Michael Dekee. 2020. (DUT.). 256p. (YA). pap. 23.40 (978-1-716-35427-4(7)) Lulu Pr., Inc.

De-Extinction: The Science of Bringing Lost Species Back to Life. Rebecca E. Hirsch. 2017. (ENG., Illus.). 120p. (YA). (gr. 6-12). lib. bdg. 35.99 (978-1-4677-9490-9(2), 8a7a8588-187c-403e-bb38-e27fab92da41); E-Book 54.65 (978-1-5124-2848-3(5)); E-Book 9.99 (978-1-5124-3902-1(9), 9781512439021); E-Book 54.65 (978-1-5124-3903-8(7), 9781512439038) Lerner Publishing Group. (Twenty-First Century Bks.).

De Foix: Or Sketches of the Manners & Customs of the Fourteenth Century, an Historical Romance (Classic Reprint) Bray. 2018. (ENG., Illus.). 384p. (J). 31.82 (978-0-483-65590-4(2)) Forgotten Bks.

De Foix, or Sketches of the Manners & Customs of the Fourteenth Century, Vol. 1 Of 3: An Historical Romance (Classic Reprint) Anna Eliza (Kempe) Stothard Bray. 2018. (ENG., Illus.). 298p. (J). 30.04 (978-0-483-94089-5(5)) Forgotten Bks.

De Foix, or Sketches of the Manners & Customs of the Fourteenth Century, Vol. 2 Of 3: An Historical Romance (Classic Reprint) Anna Eliza (Kempe) Stothard Bray. 2018. (ENG., Illus.). 292p. (J). 29.92 (978-0-483-94231-8(6)) Forgotten Bks.

De Foix, or Sketches of the Manners & Customs of the Fourteenth Century, Vol. 3 Of 3: An Historical Romance (Classic Reprint) Anna Eliza Bray. 2016. (ENG., Illus.). (J). pap. 13.57 (978-1-333-77660-2(8)) Forgotten Bks.

De Foix, or Sketches of the Manners & Customs of the Fourteenth Century, Vol. 3 Of 3: An Historical Romance (Classic Reprint) Anna Eliza (Kempe) Stothard Bray. 2018. (ENG., Illus.). 296p. (J). 30.00 (978-0-483-88908-8(3)) Forgotten Bks.

De Fructibus et Seminibus Plantarum: Accedunt Seminum Centuriae Quinque Priores Cum Tables Aeneis LXXIX (Classic Reprint) Joseph Gaertner. 2018. (LAT., Illus.). (J). 606p. 36.42 (978-1-390-16421-3(7)); 608p. pap. 19.57 (978-1-390-11758-5(8)) Forgotten Bks.

De Geneeskat: Dutch Edition of the Healer Cat. Tuula Pere. Tr. by Mariken Van Eekelen. Illus. by Klaudia Bezak. 2019. (DUT.). 40p. (J). (gr. k-4). (978-952-325-006-2(X)); pap. (978-952-357-092-4(7)) Wickwick oy.

De Grande Quiero Ser Feliz / When I Grow up, I Want to Be Happy. Anna Morató & Eva Rami. 2019.Tr. of When I Grow Up, I Want to Be Happy. (SPA.). 128p. (J). (gr. 2-5). pap. 17.95 (978-607-31-7722-1(4), Alfaguara) Penguin Random House Grupo Editorial ESP. Dist: Penguin Random Hse. LLC.

De Hombres a Monstruos / Monsters of Men. Patrick Ness. 2019. (Chaos Walking Ser.: 3). (SPA.). 592p. (YA). (gr. 8-12). pap. 16.95 (978-607-31-8240-9(6), Nube De Tinta) Penguin Random House Grupo Editorial ESP. Dist: Penguin Random Hse. LLC.

De Huevo a Anguila (Becoming an Eel) Grace Hansen. 2018. (Animales Que Cambian (Changing Animals) Ser.). (SPA.). 24p. (J). (gr. -1-2). lib. bdg. 32.79 (978-1-5321-8399-7(2), 29991, Abdo Kids) ABDO Publishing Co.

De Huevo a Escarabajo (Becoming a Beetle) Grace Hansen. 2018. (Animales Que Cambian (Changing Animals) Ser.). (SPA.). 24p. (J). (gr. -1-2). lib. bdg. 32.79 (978-1-5321-8394-2(1), 29981, Abdo Kids) ABDO Publishing Co.

De Huevo a Libélula (Becoming a Dragonfly) Grace Hansen. 2016. (Animales Que Cambian (Changing Animals) Ser.). (SPA.). 24p. (J). (gr. -1-2). lib. bdg. 32.79 (978-1-62402-672-0(9), 24848, Abdo Kids) ABDO Publishing Co.

De Huevo a Mariposa (Becoming a Butterfly) Grace Hansen. 2016. (Animales Que Cambian (Changing Animals) Ser.). (SPA.). 24p. (J). (gr. -1-2). lib. bdg. 32.79 (978-1-62402-671-3(0), 24846, Abdo Kids) ABDO Publishing Co.

De Huevo a Medusa (Becoming a Jellyfish) Grace Hansen. 2016. (Animales Que Cambian (Changing Animals) Ser.). (SPA.). 24p. (J). (gr. -1-2). lib. bdg. 32.79 (978-1-62402-675-1(3), 24854, Abdo Kids) ABDO Publishing Co.

De Huevo a Mosca. Grace Hansen. 2018. (Animales Que Cambian (Changing Animals) Ser.).Tr. of Becoming a Fly. (SPA.). 24p. (J). (gr. -1-2). lib. bdg. 32.79 (978-1-5321-8396-6(8), 29985, Abdo Kids) ABDO Publishing Co.

De Huevo a Mosquito (Becoming a Mosquito) Grace Hansen. 2018. (Animales Que Cambian (Changing Animals) Ser.). (SPA.). 24p. (J). (gr. -1-2). lib. bdg. 32.79 (978-1-5321-8397-3(6), 29987, Abdo Kids) ABDO Publishing Co.

De Huevo a Pez (Becoming a Fish) Grace Hansen. 2018. (Animales Que Cambian (Changing Animals) Ser.). (SPA.). 24p. (J). (gr. -1-2). lib. bdg. 32.79 (978-1-5321-8395-9(X), 29983, Abdo Kids) ABDO Publishing Co.

De Huevo a Rana (Becoming a Frog) Grace Hansen. 2016. (Animales Que Cambian (Changing Animals) Ser.). (SPA.). 24p. (J). (gr. -1-2). lib. bdg. 32.79 (978-1-62402-673-7(7), 24850, Abdo Kids) ABDO Publishing Co.

De Huevo a Salamandra (Becoming a Salamander) Grace Hansen. 2016. (Animales Que Cambian (Changing Animals) Ser.). (SPA.). 24p. (J). (gr. -1-2). lib. bdg. 32.79 (978-1-62402-676-8(1), 24856, Abdo Kids) ABDO Publishing Co.

De Huevo a Saltamontes (Becoming a Grasshopper) Grace Hansen. 2016. (Animales Que Cambian (Changing Animals) Ser.). (SPA.). 24p. (J). (gr. -1-2). lib. bdg. 32.79 (978-1-62402-674-4(5), 24852, Abdo Kids) ABDO Publishing Co.

De Huevo a Tritón (Becoming a Newt) Grace Hansen. 2018. (Animales Que Cambian (Changing Animals) Ser.). (SPA.). 24p. (J). (gr. -1-2). lib. bdg. 32.79 (978-1-5321-8398-0(4), 29989, Abdo Kids) ABDO Publishing Co.

De IJsprins: De Avonturen Van Kaboutertje Klok. Mechtild Henkelman. 2019. (DUT.). 200p. (J). pap. (978-90-829370-1-5(8)) Henkelman, Mechtild.

De Juicios y Triunfos - la Biblia en Rompecabezas. Contrib. by Casscom Media. 2017. (Puzzle Bibles Ser.). (ENG & SPA.). (J). bds. (978-87-7132-573-7(5)) Scandinavia Publishing Hse.

De Kaboutersteen. John Jansen in de Wal. 2018. (DUT., Illus.). 28p. (J). (978-0-2288-0225-9(3)); pap. (978-0-2288-0224-2(5)) Tellwell Talent.

De la Autoestima Al Egoismo: Un Diálogo Entre Tu y Yo. Jorge Bucay. 2020. (SPA.). 172p. (gr. 7). pap. 15.50 (978-607-527-810-0(9)) Editorial Oceano de Mexico MEX. Dist: Independent Pubs. Group.

De la Cera Al Crayón (from Wax to Crayon) Robin Nelson. 2022. (De Principio a Fin (Start to Finish) Ser.). (SPA., Illus.). 24p. (J). (gr. k-3). pap. 8.99 (978-1-7284-7524-0(4), a7321ce4-e6fa-4fc5-ad0b-c6a916678737, Ediciones Lerner) Lerner Publishing Group.

De la Fable Dans l'Antiquité Classique (Classic Reprint) Jacques Denis. 2018. (FRE., Illus.). 84p. (J). 25.65 (978-0-666-55433-8(1)) Forgotten Bks.

De la Gran Transformacion a la Gran Financiarizacion. Sobre Karl Polanyi y Otros Ensayos. Kari Polanyi Levitt. 2018. (Economia Ser.). (SPA.). 453p. (J). pap. 18.95 (978-607-16-5631-5(1)) Fondo de Cultura Economica USA.

De la Meteorologie Dans Ses Rapports Avec la Science de l'Homme et Principalement Avec la Medecine et l'Hygiene Publique, Vol. 1 (Classic Reprint) Pierre Foissac. 2017. (FRE., Illus.). (J). pap. 16.97 (978-0-266-96388-2(9)) Forgotten Bks.

De la Necessite d'Assembler les Estats (Classic Reprint) Philippe de Commynes. 2018. (FRE., Illus.). (J). 30p. 24.52 (978-0-364-93887-4(0)); 32p. pap. 7.97 (978-0-364-03172-8(7)) Forgotten Bks.

De la Peche de la Sardine et des Industries Qui S'y Rattachent, Par un Pecheur. Sans Auteur. 2016. (Sciences Ser.). (FRE., Illus.). (J). pap. (978-2-01-957810-7(7)) Hachette Groupe Livre.

De la Place de l'Homme Dans la Nature (Classic Reprint) Thomas Henry Huxley. 2018. (FRE., Illus.). (J). 440p. 32.97 (978-1-391-29172-7(7)); 442p. pap. 16.57 (978-1-391-03802-5(9)) Forgotten Bks.

De la Poesie Dans les Fables de la Fontaine (Classic Reprint) Alphonse Leveaux. 2017. (FRE., Illus.). (J). 25.42 (978-0-331-83484-0(7)) Forgotten Bks.

De la Santé des Gens de Lettres (Classic Reprint) Samuel Auguste David Tissot. 2018. (FRE., Illus.). 262p. (J). 29.30 (978-0-483-18008-6(4)) Forgotten Bks.

De la Tierra a la Luna. Julio Verne. Illus. by Jesus Duran. 2017. (SPA.). 116p. (J). (gr. 4). pap. (978-9978-18-360-1(4)) Radmandi Editorial, Compania Ltd.

De Liflade of St. Juliana: From Two Old English Manuscripts of 1230 A. D.; with Renderings into Modern English (Classic Reprint) O. Cockayne. (ENG., Illus.). (J). 2018. 360p. 31.34 (978-0-666-32774-1(2)); 2016. pap. 13.97 (978-1-334-15743-1(X)) Forgotten Bks.

De Lisle, or the Sensitive Man, Vol. 2 of 3 (Classic Reprint) Elizabeth Caroline Grey. (ENG., Illus.). (J). 2018. 424p. 32.64 (978-0-428-41673-7(X)); 2016. pap. 16.57 (978-1-333-42567-8(8)) Forgotten Bks.

De Lisle, or the Sensitive Man, Vol. 3 of 3 (Classic Reprint) Elizabeth Caroline Grey. (ENG., Illus.). (J). 2017. 32.83 (978-0-331-95301-5(3)); 2016. pap. 16.57 (978-1-334-13586-6(X)) Forgotten Bks.

De Lisle, Vol. 1 Of 2: Or, the Sensitive Man (Classic Reprint) Unknown Author. 2018. (ENG., Illus.). 280p. (J). 29.86 (978-0-332-57803-3(8)) Forgotten Bks.

De Lisle, Vol. 1 Of 3: Or, the Sensitive Man (Classic Reprint) Unknown Author. 2018. (ENG., Illus.). 330p. (J). 30.72 (978-0-483-14855-0(5)) Forgotten Bks.

De l'Orme, Vol. 1 of 3 (Classic Reprint) George Payne Rainsford James. 2018. (ENG., Illus.). 344p. (J). 30.99 (978-0-484-19393-1(7)) Forgotten Bks.

De l'Orme, Vol. 16 (Classic Reprint) Unknown Author. 2018. (ENG., Illus.). 408p. (J). 32.33 (978-0-483-45385-2(4)) Forgotten Bks.

De Lorme, Vol. 2 of 3 (Classic Reprint) George Payne Rainsford James. 2018. (ENG., Illus.). 348p. (J). 31.07 (978-0-428-85983-1(6)) Forgotten Bks.

De Lucky Garcon: And Other French Canadian Poems (Classic Reprint) W. J. Tyndall. 2018. (ENG., Illus.). 102p. (J). 26.00 (978-0-267-67886-0(X)) Forgotten Bks.

De Montfort, or the Old English Nobleman, Vol. 1 of 3 (Classic Reprint) G. C. Munro. (ENG., Illus.). (J). 2018. 312p. 30.35 (978-0-483-79697-3(2)); 2016. pap. 13.57 (978-1-333-69675-7(2)) Forgotten Bks.

De Montfort, or the Old English Nobleman, Vol. 2 of 3 (Classic Reprint) G. C. Munro. (ENG., Illus.). (J). 2018. 374p. 31.61 (978-0-484-55753-5(X)); 2016. pap. 13.97 (978-1-333-64143-6(5)) Forgotten Bks.

De Montfort, Vol. 3 Of 3: Or the Old English Nobleman (Classic Reprint) G. C. Munro. (ENG., Illus.). (J). 2018. 348p. 31.07 (978-0-332-63732-7(8)); 2016. pap. 13.57 (978-1-334-13614-6(9)) Forgotten Bks.

De Nerd a Ninja / from Nerd to Ninja. Anh Do. 2022. (Ninja Kid Ser.: 1). (SPA.). 192p. (J). (gr. 2-5). pap. 12.95 (978-607-38-0833-0(X)) Penguin Random House Grupo Editorial ESP. Dist: Penguin Random Hse. LLC.

De niña a Mujer. Mayim Bialik. 2018. (SPA.). 184p. (YA). (gr. 9-12). pap. 10.99 (978-987-747-395-7(X)) V&R Editoras.

De niñas, Disfraces y un Soneto / of Girls, Disguises, & a Sonnet. Mario Iván Martínez. 2022. (SPA.). 56p. (J). (gr. 2-5). pap. 14.95 (978-607-38-0624-4(8), Alfaguara) Penguin Random House Grupo Editorial ESP. Dist: Penguin Random Hse. LLC.

De niño a Hombre. Mayim Bialik. 2019. (SPA.). 216p. (YA). (gr. 9-12). pap. 13.99 (978-607-8614-58-5(4)) V&R Editoras.

de Nuestros Finales / One of Our Endings. Elsa Jenner. 2023. (Salvajes Ser.). (SPA.). 464p. (YA). (gr. 7). pap. 18.95 (978-84-19241-97-9(0), Montena) Penguin Random House Grupo Editorial ESP. Dist: Penguin Random Hse. LLC.

De Omnibus Rebus: An Old Man's Discursive Ramblings on the Road of Everyday Life (Classic Reprint) Julia Clara Byrne. (ENG., Illus.). (J). 2018. 376p. 31.67 (978-0-364-23230-9(7)); 2016. pap. 13.97 (978-1-334-14192-8(4)) Forgotten Bks.

De Palladii Raptu: Dissertatio Inauguralis Philologica Quam Consensu et Auctoritate Amplissimi Philosophorum Ordinis in Alma Litterarum Universitate Friderica Guilelma Berolinensi Ad Summos N Philosophia Honores, Rite Capessendos Die XIII M. Martii A. 189. Fernand Chavannes. (LAT., Illus.). (J). 2018. 218p. 28.41 (978-0-332-97754-6(4)); 2017. pap. 10.97 (978-1-332-70458-3(1)) Forgotten Bks.

De Pesca en el Lago Encantado. Laurie Friedman. Illus. by Jennica Lounsbury. 2022. (Sunshine Picture Books Ser.). (SPA.). 32p. (J). (gr. 2-4). pap. (978-1-0396-5035-0(X), 21754); lib. bdg. (978-1-0396-4908-8(4), 21753) Crabtree Publishing Co. (Sunshine Picture Books).

De Pesca en el Lago Encantado (Fishing in Magic Lake) Bilingual. Laurie Friedman. Illus. by Jennica Lounsbury. 2022. (Sunshine Picture Books - Bilingual Ser.).Tr. of De Pesca en el Lago Encantado. (SPA.). 32p. (J). (gr. k-3).

472

The check digit for ISBN-10 appears in parentheses after the full ISBN-13

pap. *(978-1-0396-2482-5(0)*, 21817, Sunshine Picture Books) Crabtree Publishing Co.

¿de Qué Color Es el Cielo? What Colour Is the Sky? Mandie Davis. Ed. by Badger Davis. 2020. (SPA.). 72p. (J). pap. *(978-1-9164839-9-6(2))* Davis, Mandie.

¿de Qué Color Es Tu Sombra? José Ignacio Valenzuela. 2021. (SPA.). 32p. (J). pap. 13.95 *(978-607-07-7653-3(4))* Editorial Planeta, S. A. ESP. Dist: Two Rivers Distribution.

¿de qué color es un beso? Rocio Bonilla. 2018. (SPA.). (J). *(978-84-9845-784-1(X))* Algar Editorial, Feditres, S.L.

¿de qué color es un beso? Rocio Bonilla. 2019. (SPA.). 26p. (J). bds. 19.99 *(978-84-9142-216-7(1))* Algar Editorial, Feditres, S.L. ESP. Dist: Lectorum Pubns., Inc.

De Quelle Couleur Est le Ciel? What Colour Is the Sky? Mandie Davis. Ed. by Badger Davis. Illus. by Alain Blancbec. 2019. (FRE.). 72p. (J). pap. *(978-1-9164839-3-4(3))* Davis, Mandie.

¿de Quién Es Ese Diente? (and That's the Tooth in Spanish) Terri Fields. Tr. by Alejandra de la Torre & Javier Camacho Miranda from ENG. 2020. (SPA., Illus.). 32p. (J). (gr. k-2). 11.95 *(978-1-64351-832-9(1))* Arbordale Publishing.

¿de Quién Son Estas Alas? María Teresa Ruiz. 2023. (SPA.). 50p. (J). 24.99 ***(978-1-0881-5565-3(0))*** Indy Pub.

De Soto & the Indians: First of a Series of Children's Plays, in Commemoration of the Close of a Century of Statehood (Classic Reprint) Marie Bankhead Owen. (ENG., Illus.). (J). 2018. 22p. 24.35 *(978-0-267-78188-1(1))*; 2016. pap. 7.97 *(978-1-334-20887-4(5))* Forgotten Bks.

De Tenochtitlan a la Nueva España. Alejandro Rosas. 2022. (Historias de Verdad Historia de México Ser.). (SPA.). 88p. (J). (gr. 4-7). pap. 21.99 *(978-607-8469-91-8(6))* Nostra Ediciones MEX. Dist: Independent Pubs. Group.

De Uil en de Herdersjongen: Dutch Edition of the Owl & the Shepherd Boy. Tuula Pere. Tr. by Mariken Van Eekelen. Illus. by Catty Flores. 2018. (Nepal Ser.: Vol. 3). (DUT.). 32p. (J). (gr. k-4). *(978-952-357-045-0(5))*; pap. *(978-952-357-044-3(7))* Wickwick oy.

De Veras, ¡Cenicienta Es Bien Pesada! El Cuento de Cenicienta Contado Por la Madrastra Malvada. Trisha Sue Speed Shaskan. Illus. by Gerald Claude Guerlais. (Otro Lado Del Cuento Ser.). Tr. of Seriously, Cinderella Is SO Annoying!. (SPA.). 24p. (J). (gr. -1-3). 2020. pap. 6.95 *(978-1-5158-6090-7(6)*, 142366); 2019. lib. bdg. 27.99 *(978-1-5158-4652-9(0)*, 141254) Capstone. (Picture Window Bks.).

¿de Verdad Es Sabio el Búho? Leveled Reader Book 3 Level I 6 Pack. Hmh Hmh. 2021. (SPA.). 16p. (J). pap. 74.40 *(978-0-358-08309-2(5))* Houghton Mifflin Harcourt Publishing Co.

De Vere, or the Man of Independence, Vol. 3 of 4 (Classic Reprint) R. Plumer Ward. (ENG., Illus.). (J). 2018. 344p. 30.99 *(978-0-332-93419-8(5))*; 2016. pap. 13.57 *(978-1-333-35502-9(5))* Forgotten Bks.

De Verleiding / Temptation: GEDICHTEN / POEMS Hannie Rouweler Demer Press. Hannie Rouweler. 2023. (MIS.). 53p. (YA). pap. ***(978-1-4477-8966-6(0))*** Lulu Pr., Inc.

De Vilda Svanarna - Khoo'haye Wahshee (Svenska - Persiska, Farsi, Dari). Efter en Saga AV Hans Christian Andersen: Tvåspråkig Bambok Med Ljudbok SOM Mp3-Nedladdning, Från 4-6 År. Ulrich Renz. Tr. by Narona Thordsen. Illus. by Marc Robitzky. 2018. (Sefa Bilderböcker På Två Språk Ser.). (SWE.). 30p. (J). pap. *(978-3-7399-5895-8(2))* Boedeker, Kirsten, Sefa Verlag.

De Vino y Viñedos Magazine: Revista para Los Amantes Del Vino. Patricia Arquioni. 2022. (SPA.). 142p. (J). pap. 64.98 ***(978-1-387-71531-2(3))*** Lulu Pr., Inc.

De Vita Beata 1916: Being the First Annual Published by the Senior Class of the Concord Township High School, St. Joe, Ind (Classic Reprint) Paul P. Maxwell. 2018. (ENG., Illus.). (J). 108p. 26.14 *(978-0-366-29025-3(8))*; 110p. pap. 9.57 *(978-0-365-90027-6(3))* Forgotten Bks.

De Vuelta a Cero. Dra Joy. Tr. by Guido Alomoto. Illus. by Jeanelle Tabaranza. 2022. (ENG.). 28p. (J). 26.99 ***(978-1-959347-04-0(7))***; pap. 15.99 ***(978-1-7322487-3-1(7))*** EduMatch.

De Wielen de Vriendschapsrace: The Wheels the Friendship Race - Dutch Edition. Kidkiddos Books. 2018. (Dutch Bedtime Collection). (DUT., Illus.). 32p. (J). (gr. k-3). *(978-1-5259-0985-6(1))*; pap. *(978-1-5259-0984-9(3))* Kidkiddos Bks.

De Witt's School (Classic Reprint) An/Experienced X'Fe'acier. 2018. (ENG., Illus.). 196p. (J). 27.94 *(978-0-428-29307-9(7))* Forgotten Bks.

Deacon Bradbury: A Novel (Classic Reprint) Edwin Asa Dix. 2017. (ENG., Illus.). 302p. (J). 30.13 *(978-0-484-48392-6(7))* Forgotten Bks.

Deacon Dubbs a Rural Comedy Drama in Three Acts (Classic Reprint) Walter Ben Hare. 2018. (ENG., Illus.). 80p. (J). 25.55 *(978-0-332-43716-3(7))* Forgotten Bks.

Deacon Grab-All, vs; Nathan Brown: Or, the War Between Capital & Labor Ended; a Serio-Comic Drama; in Three Acts (Classic Reprint) J. H. Curry. 2018. (ENG., Illus.). 54p. (J). 25.01 *(978-0-483-86681-2(4))* Forgotten Bks.

Deacon Locke Went to Prom. Brian Katcher. 2017. (ENG.). 400p. (YA). (gr. 8). 17.99 *(978-0-06-242252-1(9))*, Tegen, Katherine Bks) HarperCollins Pubs.

Deacon Lysander (Classic Reprint) Sarah Pratt McLean Greene. (ENG., Illus.). (J). 2018. 236p. 28.78 *(978-0-332-95553-7(2))*; 2016. pap. 11.57 *(978-1-334-19443-6(2))* Forgotten Bks.

Deacon's Honeymoon: A Comedy in Three Acts (Classic Reprint) Willis N. Bugbee. 2018. (ENG., Illus.). (J). 36p. 24.64 *(978-0-332-48366-5(5))*; 38p. pap. 7.97 *(978-1-333-34703-1(0))* Forgotten Bks.

Deacon's Second Wife: A Comedy in Three Acts (Classic Reprint) Allan Abbott. (ENG., Illus.). (J). 2018. 50p. 24.93 *(978-0-332-02985-6(9))*; 2016. pap. 9.57 *(978-1-334-24837-5(0))* Forgotten Bks.

Deacon's Week & What Deacon Baxter Said (Classic Reprint) Rose Terry Cooke. 2018. (ENG., Illus.). 54p. (J). (gr. -1-3). 25.01 *(978-0-483-45661-7(6))* Forgotten Bks.

Dead Again. Elias Zapple. Illus. by Reimarie Cabalu. 2018. (NICU - the Littlest Vampire American-English Ser.: Vol. 4). (ENG.). 66p. (J). (gr. 4-6). pap. *(978-1-912704-26-2(9))*; pap. *(978-1-912704-27-9(7))* Heads or Tales Pr.

Dead & the Dark. Courtney Gould. 2022. (ENG.). 384p. (YA). pap. 12.99 *(978-1-250-86109-2(8)*, 900266331, Wednesday Bks.) St. Martin's Pr.

Dead Awake. Jack McSporran. 2020. (ENG.). (YA). (gr. 7-12). 302p. *(978-1-912382-47-7(4))*; 354p. pap. *(978-1-912382-48-4(2))* Inked Entertainment Ltd.

Dead Below. Thomas Kingsley Troupe. Illus. by Maggie Ivy. 2021. (Haunted States of America Set 3 Ser.). (ENG.). 136p. (J). (gr. 3-4). pap. 7.99 *(978-1-63163-480-2(1)*, 1631634801); lib. bdg. 27.13 *(978-1-63163-479-6(8)*, 1631634798) North Star Editions. (Jolly Fish Pr.).

Dead Bird. Margaret Wise Brown. Illus. by Christian Robinson. 2016. (ENG.). 32p. (J). (gr. -1-3). 17.99 *(978-0-06-028931-7(7)*, HarperCollins) HarperCollins Pubs.

Dead Boyfriend. R. L. Stine. 2016. (ENG.). 288p. (YA). pap. *(978-1-250-11199-9(4)*, Dunne, Thomas Bks.) St. Martin's Pr.

Dead Chaos: A Valkyrie Novel - Book 3. T. G. Ayer. 2018. (Valkyrie Ser.: Vol. 3). (ENG., Illus.). 328p. (YA). pap. *(978-0-9951126-5-0(7))* Infinite Ink Bks.

Dead City (Classic Reprint) Gabriele D'Annunzio. 2018. (ENG., Illus.). 196p. (J). 27.94 *(978-0-483-74023-5(3))* Forgotten Bks.

Dead City Saga: Dead City; Blue Moon; Dark Days. James Ponti. 2021. (Dead City Ser.). (ENG.). 928p. (J). (gr. 4-7). pap. 11.99 *(978-1-6659-0245-8(0)*, Aladdin) Simon & Schuster Children's Publishing.

Dead! (Classic Reprint) May Ostlere. (ENG., Illus.). (J). 2018. 566p. 35.57 *(978-0-483-95194-5(3))*; 2016. pap. 19.57 *(978-1-334-13447-0(2))* Forgotten Bks.

Dead Command (Classic Reprint) Vicente Blasco Ibanez. 2017. (ENG., Illus.). (J). 31.30 *(978-0-265-20659-1(6))* Forgotten Bks.

Dead Embers: A Valkyrie Novel - Book 2. T. G. Ayer. 2018. (Valkyrie Ser.: Vol. 2). (ENG., Illus.). 406p. (YA). pap. *(978-0-9951126-4-3(9))* Infinite Ink Bks.

Dead End. Jerry B. Jenkins & Chris Fabry. 2021. (Red Rock Mysteries Ser.: 15). (ENG.). 240p. (J). pap. 6.99 *(978-1-4964-4275-8(X)*, 20_33684, Tyndale Kids) Tyndale Hse. Pubs.

Dead End. Howard Odentz. 2018. (ENG., Illus.). 226p. (YA). pap. 15.95 *(978-1-61194-889-9(4))* BelleBks., Inc.

Dead End: A 4D Book. Michael Dahl. Illus. by Euan Cook. 2018. (School Bus of Horrors Ser.). (ENG.). 40p. (J). (gr. 4-8). pap. 4.95 *(978-1-4965-6274-6(7)*, 138005); lib. bdg. 24.65 *(978-1-4965-6268-5(2)*, 137995) Capstone. (Stone Arch Bks.).

Dead End Girls. Wendy Heard. 2023. (ENG.). 352p. (YA). (gr. 9-12). pap. 11.99 *(978-0-316-31052-9(2))* Little, Brown Bks. for Young Readers.

Dead Enders. Erin Saldin. (ENG.). 448p. (YA). (gr. 9). 2019. pap. 12.99 *(978-1-4814-9041-2(9))*; 2018. (Illus.). 18.99 *(978-1-4814-9033-7(8))* Simon Pulse. (Simon Pulse).

Dead Eye Don & the Missing Piano Tuner: Dani Cartwright's Collection of Tall Tales Short Stories. Dani Cartwright. 2021. (ENG.). 116p. (YA). *(978-0-2288-5415-9(6))*; pap. *(978-0-2288-5156-1(4))* Tellwell Talent.

Dead Flip. Sara Farizan. (ENG.). 272p. (YA). (gr. 7-12). 2023. pap. 11.99 ***(978-1-64375-403-1(3))***; 2022. 17.99 *(978-1-64375-080-4(1)*, 47080) Algonquin Young Readers.

Dead Girl. Lynette Ferreira. 2021. (ENG.). 242p. (YA). pap. 12.99 *(978-1-393-07407-6(3))* Draft2Digital.

Dead Girl. Lynette Ferreira. 2018. (ENG., Illus.). 216p. (J). 21.99 *(978-0-244-37080-0(X))* Lulu Pr., Inc.

Dead Girl. Craig Nybo. 2018. (ENG., Illus.). 282p. (YA). (gr. 7-12). pap. 14.99 *(978-0-9990205-3-1(6))* Immortal Works LLC.

Dead Girl Haunting. Mina Rehman. 2019. (ENG.). 144p. (J). pap. *(978-1-78972-689-3(1))* Independent Publishing Network.

Dead Girl under the Bleachers: A Craven Fall Mystery. Donna M. Zadunajsky. 2020. (Craven Fall Ser.: Vol. 1). (ENG., Illus.). 264p. (YA). (gr. 7-12). pap. 19.95 *(978-1-68433-469-8(1))* Black Rose Writing.

Dead Girls Can't Tell Secrets. Chelsea Ichaso. 2022. (ENG.). 336p. (YA). (gr. 8-12). pap. 11.99 *(978-1-7282-5597-2(X))* Sourcebooks, Inc.

Dead Girls of Hysteria Hall. Katie Alender. ed. 2016. (ENG.). 329p. (YA). (gr. 7). 20.85 *(978-0-606-39121-4(5))* Turtleback.

Dead Inside: A True Story. Cyndy Etler. 2017. (ENG.). 304p. (YA). (gr. 8-12). 17.99 *(978-1-4926-3573-4(1)*, 9781492635734) Sourcebooks, Inc.

Dead Inside: They Tried to Break Me. This Is the True Story of How I Survived. Cyndy Etler. 2018. (ENG.). 320p. (YA). (gr. 8-12). pap. 16.99 *(978-1-4926-5279-3(2))* Sourcebooks, Inc.

Dead Jester a Fool of Nightmares. Micheal Peay. 2022. (ENG.). 354p. (YA). pap. 22.95 *(978-1-63860-421-1(5))* Fulton Bks.

Dead Lake: And Other Tales (Classic Reprint) Paul Heyse. (ENG., Illus.). (J). 2018. 324p. 30.58 *(978-0-483-41755-7(6))*; 2016. pap. 13.57 *(978-1-334-11638-4(5))* Forgotten Bks.

Dead Letter: An American Romance (Classic Reprint) Metta Victoria (Fuller) Victor. (ENG., Illus.). (J). 2018. 324p. 30.58 *(978-0-483-92072-9(X))*; 2016. pap. 13.57 *(978-1-333-60748-7(2))* Forgotten Bks.

Dead Letters. Michael Dahl. Illus. by Patricio Clarey. 2020. (Secrets of the Library of Doom Ser.). (ENG.). 40p. (J). (gr. 3-5). pap. 5.95 *(978-1-4965-9897-4(0)*, 201274); lib. bdg. 23.99 *(978-1-4965-9723-6(0)*, 199357) Capstone. (Stone Arch Bks.).

Dead Letters, & Other Narrative & Dramatic Pieces (Classic Reprint) Harriet L. Childe-Pemberton. 2018. (ENG., Illus.). 146p. (J). 26.91 *(978-0-483-88311-6(5))* Forgotten Bks.

Dead Letters (Classic Reprint) Maurice Baring. 2018. (ENG., Illus.). 214p. (J). 28.31 *(978-0-267-16590-2(0))* Forgotten Bks.

Dead Life. Matthew Sprosty. 2021. (ENG.). 280p. (YA). pap. 17.99 *(978-1-63752-962-1(7))* Primedia eLaunch LLC.

Dead Little Mean Girl. Eva Darrows. 2017. (ENG.). 256p. (YA). 18.99 *(978-0-373-21241-5(0)*, Harlequin Teen) Harlequin Enterprises ULC CAN. Dist: HarperCollins Pubs.

Dead Love Has Chains (Classic Reprint) M. E. Braddon. 2017. (ENG., Illus.). (J). 30.19 *(978-0-266-55268-0(4))* Forgotten Bks.

Dead Low Tide. Eddie Jones. 2018. (ENG.). 156p. (YA). (gr. 7-12). pap. 12.95 *(978-1-946016-97-3(7)*, Illuminate YA) LPC.

Dead Mall. Adam Cesare. Illus. by David Stoll. 2023. 128p. (YA). (gr. 8-12). pap. 19.99 *(978-1-5067-3228-2(3)*, Dark Horse Books) Dark Horse Comics.

Dead Man's Float. Shawn Sarles. 2023. (ENG.). 256p. (YA). (gr. 7). pap. 10.99 ***(978-1-339-00283-5(3)****, Scholastic Pr.)* Scholastic, Inc.

Dead Man's Plack, an Old Thorn. W. H. Hudson. 2017. (ENG., Illus.). (J). pap. *(978-0-649-36550-0(X))* Trieste Publishing Pty Ltd.

Dead Man's Plack & an Old Thorn. W. H. Hudson. 2017. (ENG., Illus.). (J). pap. *(978-0-649-56025-7(6))* Trieste Publishing Pty Ltd.

Dead Man's Plack, & an Old Thorn (Classic Reprint) W. H. Hudson. 2017. (ENG., Illus.). (J). 28.74 *(978-0-265-17612-2(3))* Forgotten Bks.

Dead Man's Rapids. William Durbin & Barbara Durbin. 2018. (ENG.). 200p. (J). (gr. 4-8). pap. 9.95 *(978-1-5179-0224-7(X))* Univ. of Minnesota Pr.

Dead Man's Rock: A Romance. Arthur Thomas Quiller-Couch. 2017. (ENG., Illus.). (J). 25.95 *(978-1-374-91740-8(0))*; pap. 15.95 *(978-1-374-91739-2(7))* Capital Communications, Inc.

Dead Man's Rock: A Romance (Classic Reprint) Q. Q. 2018. (ENG., Illus.). 394p. (J). 32.02 *(978-0-364-34408-8(3))* Forgotten Bks.

Dead Men Tell No Tales (Classic Reprint) E. W. Hornung. 2018. (ENG., Illus.). 284p. (J). 29.75 *(978-0-483-09091-0(3))* Forgotten Bks.

Dead Men's Shoes: A Novel (Classic Reprint) Unknown Author. 2018. (ENG., Illus.). 392p. (J). 31.98 *(978-0-484-90026-3(9))* Forgotten Bks.

Dead Men's Shoes, Vol. 1 of 3 (Classic Reprint) M. E. Braddon. 2018. (ENG., Illus.). 314p. (J). 30.37 *(978-0-428-32811-5(3))* Forgotten Bks.

Dead Men's Shoes, Vol. 2 Of 3: A Novel (Classic Reprint) Unknown Author. 2017. (ENG., Illus.). 334p. (J). 30.79 *(978-0-484-17985-0(3))* Forgotten Bks.

Dead Men's Shoes, Vol. 3 Of 3: A Novel (Classic Reprint) M. E. Braddon. 2018. (ENG., Illus.). 354p. (J). 31.16 *(978-0-484-39758-2(3))* Forgotten Bks.

Dead Moon Rising. Caitlin Sangster. (Last Star Burning Ser.). (ENG.). 512p. (YA). (gr. 7). 2020. pap. 12.99 *(978-1-5344-2785-3(6))*; 2019. 19.99 *(978-1-5344-2784-6(8))* Simon Pulse. (Simon Pulse).

Dead of Night. Erin Hunter. ed. 2017. (Survivors Gathering Darkness Ser.: 2). (J). lib. bdg. 18.40 *(978-0-606-39621-9(7))* Turtleback.

Dead or Alive (Skulduggery Pleasant, Book 14) Derek Landy. 2021. (Skulduggery Pleasant Ser.: 14). (ENG.). 608p. (J). 7.99 *(978-0-00-842001-7(7)*, HarperCollins Children's Bks.) HarperCollins Pubs. Ltd. GBR. Dist: HarperCollins Pubs.

Dead People Don't Make Coffee. Janice Nye. 2023. (ENG.). 329p. (YA). pap. ***(978-1-4467-8973-5(X))*** Lulu Pr., Inc.

Dead Queens Club. Hannah Capin. 2019. (ENG.). 464p. (YA). 18.99 *(978-1-335-54223-6(X))* Harlequin Enterprises ULC CAN. Dist: HarperCollins Pubs.

Dead Rabbit Riot, A. D. 1857: And Other Poems (Classic Reprint) Richard Griffin. (ENG., Illus.). (J). 2018. 54p. 25.01 *(978-0-267-40325-7(9))*; 2016. pap. 9.57 *(978-1-334-12000-8(5))* Forgotten Bks.

Dead Radiance: A Valkyrie Novel - Book 1. T. G. Ayer. 2018. (Valkyrie Ser.: Vol. 1). (ENG., Illus.). 386p. (YA). pap. *(978-0-473-42922-5(5))* Infinite Ink Bks.

Dead School. Laura Gia West. 2018. (ENG., Illus.). 258p. (YA). (gr. 7-12). pap. 16.95 *(978-1-68433-146-8(3))* Black Rose Writing.

Dead-Sea Fruit (Classic Reprint) M. E. Braddon. (ENG., Illus.). (J). 2018. 360p. 31.34 *(978-0-267-39876-8(X))*; 2016. pap. 13.97 *(978-1-334-12566-9(X))* Forgotten Bks.

Dead-Sea Fruit, Vol. 1 Of 3: A Novel (Classic Reprint) Unknown Author. 2018. (ENG., Illus.). 324p. (J). 30.58 *(978-0-428-82500-3(1))* Forgotten Bks.

Dead-Sea Fruit, Vol. 2 Of 3: A Novel (Classic Reprint) M. E. Braddon. (ENG., Illus.). (J). 2018. 340p. 30.91 *(978-0-267-40961-7(3))*; 2016. pap. 13.57 *(978-1-334-22916-9(3))* Forgotten Bks.

Dead-Sea Fruit, Vol. 3 Of 3: A Novel (Classic Reprint) Unknown Author. 2018. (ENG., Illus.). 344p. (J). 30.99 *(978-0-267-22240-7(8))* Forgotten Bks.

Dead Sea Squirrels: Books 1-6. Mike Nawrocki. Illus. by Luke Séguin-Magee. 2022. (Dead Sea Squirrels Ser.). (ENG.). 768p. (J). pap. 29.99 *(978-1-4964-6281-7(5)*, 20_37075, Tyndale Kids) Tyndale Hse. Pubs.

Dead Sea Squirrels: Books 4-6. Mike Nawrocki. Illus. by Luke Séguin-Magee. 2022. (Dead Sea Squirrels Ser.). (ENG.). (J). pap. 19.99 *(978-1-4964-6091-2(X)*, 20_36753, Tyndale Kids) Tyndale Hse. Pubs.

Dead Sea Squirrels: Books 7-9. Mike Nawrocki. Illus. by Luke Séguin-Magee. 2023. (Dead Sea Squirrels Ser.). (ENG.). 416p. (J). pap. 19.99 *(978-1-4964-7271-7(3)*, 20_43875, Tyndale Kids) Tyndale Hse. Pubs.

Dead Secret (Classic Reprint) Wilkie Collins. 2017. (ENG., Illus.). (J). 31.90 *(978-0-260-60772-0(X))* Forgotten Bks.

Dead Secret, Vol. 1 (Classic Reprint) Wilkie Collins. (ENG., Illus.). (J). 2018. 312p. 30.35 *(978-0-483-62888-5(3))*; 2016. pap. 13.57 *(978-1-334-15386-0(8))* Forgotten Bks.

Dead Secret, Vol. 2 of 2 (Classic Reprint) Wilkie Collins. (ENG., Illus.). (J). 2018. 338p. 30.89 *(978-0-267-67312-4(4))*; 2017. 31.49 *(978-0-266-73364-5(6))*; 2017. pap. 13.97 *(978-1-5276-9632-7(4))* Forgotten Bks.

Dead Silence: A Valkyrie Novel - Book 5. T. G. Ayer. 2018. (Valkyrie Ser.: Vol. 5). (ENG., Illus.). 340p. (YA). pap. *(978-0-9951126-7-4(3))* Infinite Ink Bks.

Dead Souls (Classic Reprint) Nikolai Gogol. (ENG., Illus.). (J). 2017. 374p. 31.61 *(978-0-331-73621-2(7))*; 2016. pap. 13.97 *(978-1-334-14987-0(9))* Forgotten Bks.

Dead Souls, Vol. 1: A Poem by Nikolai Gogol (Classic Reprint) Constance Garnett. 2018. (ENG., Illus.). 318p. (J). 30.48 *(978-0-365-33925-0(3))* Forgotten Bks.

Dead Souls, Vol. 2: A Poem (Classic Reprint) Nikolai Gogol. 2018. (ENG., Illus.). 316p. (J). 30.43 *(978-0-483-61565-6(X))* Forgotten Bks.

Dead Things. Lt Kodzo. 2019. (ENG.). 204p. (J). pap. 12.99 *(978-1-943960-79-8(8))* Kodzo Bks.

Dead Things: Season Two. Martina McAtee. 2020. (Dead Things Omnibus Ser.: Vol. 2). (ENG.). 532p. (YA). 24.99 *(978-1-63649-175-2(8))*; pap. 16.99 *(978-1-63649-031-1(X))* Primedia eLaunch LLC.

Dead Timber: And Other Plays (Classic Reprint) Louis Esson. 2017. (ENG., Illus.). (J). 25.34 *(978-0-331-17636-0(X))* Forgotten Bks.

Dead Towns & Living Men: Being Pages from an Antiquary's Notebook (Classic Reprint) C. Leonard Woolley. 2017. (ENG., Illus.). (J). 30.48 *(978-0-331-90982-1(0))* Forgotten Bks.

Dead Voices. Katherine Arden. (Small Spaces Quartet Ser.: 2). (J). (gr. 5). 2020. 272p. 8.99 *(978-0-525-51507-4(0)*, Puffin Books); 2019. 256p. 17.99 *(978-0-525-51505-0(4)*, G.P. Putnam's Sons Books for Young Readers) Penguin Young Readers Group.

Dead Wednesday. Jerry Spinelli. 2021. (Illus.). 240p. (J). *(978-0-593-42584-8(7))* Knopf, Alfred A. Inc.

Dead Wednesday. Jerry Spinelli. 240p. (J). (gr. 5). 2023. 8.99 *(978-0-593-30670-3(8)*, Yearling); 2021. (Illus.). 17.99 *(978-0-593-30667-3(8)*, Knopf Bks. for Young Readers) Random Hse. Children's Bks.

Dead Wrath: A Valkyrie Novel - Book 4. T. G. Ayer. 2018. (Valkyrie Ser.: Vol. 4). (ENG., Illus.). 276p. (YA). pap. *(978-0-9951126-6-7(5))* Infinite Ink Bks.

Dead Zones: Why Earth's Waters Are Losing Oxygen. Carol Hand. 2016. (ENG., Illus.). 80p. (YA). (gr. 6-12). 35.99 *(978-1-4677-7573-1(8)*, 06fba1a7-c91f-4ab0-9d97-97446c72ca5e); E-Book 53.32 *(978-1-4677-9575-3(5))* Lerner Publishing Group. (Twenty-First Century Bks.).

Dead Zoo. Peter Donnelly. 2021. (ENG., Illus.). 32p. (J). pap. 9.95 *(978-0-7171-9111-6(7))*; 19.95 *(978-0-7171-8972-4(4))* Gill Bks. IRL. Dist: Casemate Pubs. & Bk. Distributors, LLC.

DeadEndia: the Broken Halo. Hamish Steele. 2023. (DeadEndia Ser.: 2). 248p. (YA). (gr. 9). 24.99 ***(978-1-4549-4898-8(1))***; pap. 17.99 ***(978-1-4549-4899-5(X))*** Sterling Publishing Co., Inc. (Union Square Pr.).

Deadening: Book 1. Dana Sullivan. Illus. by Dana Sullivan. 2020. (Dead Max Comix Ser.). (ENG., Illus.). 64p. (J). (gr. 4-8). 18.99 *(978-1-63440-852-3(7)*, 747a5fdc-ce1d-4a3a-8181-655d58312761); pap. 8.99 *(978-1-63440-853-0(5)*, 0f37fdd7-64fb-4c6e-a76c-dc347f030847) Red Chair Pr.

Deadfall. Stephen Wallenfels. 2020. (ENG.). 384p. (YA). (gr. 9-17). pap. 9.99 *(978-1-368-01586-8(7))* Hyperion Bks. for Children.

Deadfall. Stephen Wallenfels. 2018. (ENG.). 384p. (YA). ***(978-1-368-01426-7(7))*** Little Brown & Co.

Deadgirl: Ghostlight. B. C. Johnson. 2016. (ENG., Illus.). (J). pap. 19.99 *(978-1-62007-533-3(4))* Curiosity Quills Pr.

Deadham Hard: A Romance (Classic Reprint) Lucas Malet. 2018. (ENG., Illus.). 466p. (J). 33.51 *(978-0-483-18531-9(0))* Forgotten Bks.

Deadlands: Hunted. Skye Melki-Wegner. 2023. (Deadlands Ser.: 1). (ENG.). 304p. (J). 17.99 *(978-1-250-82769-2(8)*, 900252208, Holt, Henry & Co. Bks. For Young Readers) Holt, Henry & Co.

Deadlands: Hunted. Skye Melki-Wegner. 2023. (Deadlands Ser.: 1). (ENG.). 304p. (J). pap. 8.99 ***(978-1-250-89986-6(9)****, 900252209)* Square Fish.

Deadlands: Trapped. Skye Melki-Wegner. 2023. (Deadlands Ser.: 2). (ENG.). 304p. (J). 17.99 ***(978-1-250-82770-8(1)****,* 900252211, Holt, Henry & Co. Bks. For Young Readers) Holt, Henry & Co.

Deadliest! 20 Dangerous Animals. Steve Jenkins. Illus. by Steve Jenkins. 2017. (Extreme Animals Ser.). (ENG., Illus.). 40p. (J). (gr. -1-3). pap. 7.99 *(978-1-328-84170-4(7)*, 1691784, Clarion Bks.) HarperCollins Pubs.

Deadliest Animals & Creatures on Land: (Age 5 - 8) Tj Rob. 2022. (Dangerous Animals & Creatures Ser.). (ENG.). 42p. (J). pap. *(978-1-988695-74-7(0))* TJ Rob.

Deadliest Animals (Set Of 8) 2022. (Deadliest Animals Ser.). (ENG., Illus.). 8p. (J). (gr. 2-3). pap. 79.60 *(978-1-63738-316-2(9))*; lib. bdg. 250.80 *(978-1-63738-280-6(4))* North Star Editions. (Apex).

Deadliest Dinosaurs. Don Nardo. 2016. (ENG.). 80p. (J). (gr. 5-12). lib. bdg. *(978-1-68282-048-3(3))* ReferencePoint Pr., Inc.

Deadliest Diseases in History - Biology for Kids Children's Biology Books. Baby Professor. 2017. (ENG., Illus.). (J). pap. 9.55 *(978-1-5419-3883-0(6)*, Baby Professor (Education Kids)) Speedy Publishing LLC.

Deadliest Diseases Then & Now (the Deadliest #1, Scholastic Focus) Deborah Hopkinson. 2021. (Deadliest Ser.: 1). (ENG.). 224p. (J). (gr. 2-5). pap. 8.99 *(978-1-338-36022-6(1))*; lib. bdg. 25.99 *(978-1-338-36020-2(5))* Scholastic, Inc.

Deadliest Fires Then & Now (the Deadliest #3, Scholastic Focus) Deborah Hopkinson. 2022. (Deadliest Ser.). (ENG.). 224p. (J). (gr. 2-5). 25.99 *(978-1-338-36023-3(X))*; pap. 7.99 *(978-1-338-36025-7(6))* Scholastic, Inc.

Deadliest Hurricanes Then & Now (the Deadliest #2, Scholastic Focus) Deborah Hopkinson. 2022. (Deadliest Ser.: 2). (ENG., Illus.). 208p. (J). (gr. 2-5). lib. bdg. 25.99 *(978-1-338-36017-2(5))*; pap. 8.99 *(978-1-338-36019-6(1))* Scholastic, Inc.

Deadliest Mammals. Toney Allman. 2016. (ENG.). 80p. (J). (gr. 5-12). lib. bdg. *(978-1-68282-050-6(5))* ReferencePoint Pr., Inc.

Deadliest Ocean & Water Creatures: (Age 5 - 8) Tj Rob. 2022. (Dangerous Animals & Creatures Ser.). (ENG.). 42p. (J). pap. *(978-1-988695-77-8(5))* TJ Rob.

Deadliest Reptiles. Kris Hirschmann. 2016. (ENG.). 80p. (J). (gr. 5-12). lib. bdg. *(978-1-68282-052-0(1))* ReferencePoint Pr., Inc.

Deadliest Sharks. Melissa Abramovitz. 2016. (ENG.). 80p. (J). (gr. 5-12). lib. bdg. *(978-1-68282-054-4(8))* ReferencePoint Pr., Inc.

Deadliest Snakes. Kris Hirschmann. 2016. (ENG.). 80p. (J). (gr. 5-12). *(978-1-68282-056-8(4))* ReferencePoint Pr., Inc.

D

Deadliest Spiders. Kris Hirschmann. 2016. (ENG.). 80p. (J). (gr. 5-12). lib. bdg. (978-1-68282-058-2(0)) ReferencePoint Pr., Inc.

Deadlines (Classic Reprint) Henry Justin Smith. 2018. (ENG., Illus.). 260p. (J). 29.26 (978-0-666-46952-6(0)) Forgotten Bks.

Deadly Aim: The Civil War Story of Michigan's Anishinaabe Sharpshooters. Sally M. Walker. 2019. (ENG., Illus.). 304p. (J). 19.99 (978-1-250-12525-5(1), 900174731, Holt, Henry & Co. Bks. For Young Readers) Holt, Henry & Co.

Deadly Aim: The Civil War Story of Michigan's Anishinaabe Sharpshooters. Sally M. Walker. 2022. (ENG., Illus.). 304p. (J). pap. 12.99 (978-1-250-83322-8(1), 900174732) Square Fish.

Deadly Animal Hunters, 12 vols. 2021. (Deadly Animal Hunters Ser.). (ENG.). 32p. (J). (gr. 2-3). lib. bdg. 161.58 (978-1-9785-2308-1(4), 1594b442-8ea3-44c0-bf74-fed286441dc8) Enslow Publishing, LLC.

Deadly Animals, 1 vol. Anna Claybourne. 2016. (Animals Are Wild! Ser.). (ENG.). 40p. (gr. 3-4). pap. 15.05 (978-1-4824-5014-9(3), ee9af803-4e33-4334-b75a-357ff4b2557b) Stevens, Gareth Publishing LLLP.

Deadly Animals / Animales Mortales. Xist Publishing. 2017. (Xist Kids Bilingual Spanish English Ser.). (ENG & SPA., Illus.). 26p. (J). (gr. -1-3). pap. 9.99 (978-1-5324-0317-0(8)) Xist Publishing.

Deadly Bites. M. G. Higgins. 2019. (White Lightning Nonfiction Ser.). (ENG.). 64p. (J). (gr. 6-8). pap. 11.95 (978-1-68021-640-0(6)) Saddleback Educational Publishing, Inc.

Deadly Creatures: Fearsome Facts, Figures & More. Anita Ganeri. 2019. (Haynes Pocket Manual Ser.). (ENG., Illus.). 128p. (J). (gr. 2-6). pap. 6.95 (978-1-78521-678-7(3)) Haynes Publishing Group P.L.C. GBR. Dist: Hachette Bk. Group.

Deadly Diets, 1 vol. Anita Croy. 2018. (Bizarre History of Beauty Ser.). (ENG.). 48p. (gr. 5-6). lib. bdg. 33.60 (978-1-5382-2679-7(0), 254641ae-134b-4a26-a522-83bd1acd17e8) Stevens, Gareth Publishing LLLP.

Deadly Dinos. K. C. Kelley. 2022. (Reading Rocks! Ser.). (ENG.). 32p. (J). (gr. 3-6). lib. bdg. 35.64 (978-1-5038-5824-4(3), 215690, Stride) Child's World, Inc, The.

Deadly Diseases, 1 vol. Janey Levy. 2019. (Mother Nature Is Trying to Kill Me! Ser.). (ENG.). 24p. (gr. 2-3). pap. 9.15 (978-1-5382-3962-9(0), 75979f75-b764-4150-9c62-d1accec4de0e) Stevens, Gareth Publishing LLLP.

Deadly Diseases (Set), 8 vols. 2021. (Deadly Diseases Ser.). (ENG.). 48p. (J). (gr. 4-8). lib. bdg. 285.12 (978-1-5321-9655-3(5), 38322) ABDO Publishing Co.

Deadly Droughts. Michael Rajczak. 2016. (Where's the Water? Ser.). (ENG.). 24p. (J). (gr. -1-3). 18.95 (978-1-5311-8605-0(X)) Perfection Learning Corp.

Deadly Droughts, 1 vol. Michael Rajczak. 2016. (Where's the Water? Ser.). (ENG., Illus.). 24p. (J). (gr. 2-3). pap. 9.15 (978-1-4824-4680-7(4), bd1edc76-aa0c-433b-8894-5a405dc5050a); lib. bdg. 24.27 (978-1-4824-4682-1(0), 8af761d3-980a-473f-855d-d7b9150f95ee) Stevens, Gareth Publishing LLLP.

Deadly Expeditions. John Micklos Jr. et al. Illus. by Paul McCaffrey et al. 2022. (Deadly Expeditions Ser.). (ENG.). 32p. (J). 133.28 (978-1-6663-2423-5(X), 234081, Capstone Pr.) Capstone.

Deadly Fall. Rich Wallace. Illus. by Daniela Volpari. 2016. (Haunted Ser.). (ENG.). 48p. (J). (gr. 3-7). 34.21 (978-1-62402-147-3(6), 21571, Spellbound) Magic Wagon.

Deadly Flowers: A Ninja's Tale. Sarah L. Thomson. 2016. (Ninja's Journey Ser.). (ENG., Illus.). 272p. (J). (gr. 5-9). 17.95 (978-1-62979-214-9(4), 1402729, Astra Young Readers) Astra Publishing Hse.

Deadly Foe: A Romance of the Northern Seas. Adeline Sergeant. 2017. (ENG., Illus.). (J). pap. (978-0-649-03738-4(3)) Trieste Publishing Pty Ltd.

Deadly Foe: A Romance of the Northern Seas (Classic Reprint) Adeline Sergeant. (ENG., Illus.). (J). 2018. 288p. 29.86 (978-0-483-55555-6(X)); 2017. pap. 13.57 (978-0-243-31396-9(9)) Forgotten Bks.

Deadly Frogs! Meish Goldish. 2018. (Envenomators Ser.). (ENG., Illus.). 24p. (J). (gr. 2-7). 19.45 (978-1-68402-658-6(X)) Bearport Publishing Co., Inc.

Deadly Game (Spy), 1 vol. Janet Lorimer. 2017. (Pageturners Ser.). (ENG.). 80p. (YA). (gr. 9-12). 10.75 (978-1-68021-398-0(9)) Saddleback Educational Publishing, Inc.

Deadly Hands of Kung Fu Omnibus Vol. 1. Bill Mantlo & Marvel Various. Illus. by Marvel Various & Mike Vosburg. 2016. 1120p. (gr. 8-17). 125.00 (978-1-302-90133-2(8), Marvel Universe) Marvel Worldwide, Inc.

Deadly Hearts: History's Most Dangerous People. Michael Burgan. Illus. by Karl James Mountford. 2022. 144p. (J). (gr. 3-7). 14.99 (978-0-593-38667-5(1), Penguin Workshop) Penguin Young Readers Group.

Deadly History. Nancy Dickmann & Claire Throp. 2017. (Deadly History Ser.). (ENG.). 48p. (J). (gr. 3-6). 143.96 (978-1-4846-4186-6(8), 27044, Heinemann) Capstone.

Deadly! Irish History - the Normans. John Farrelly. 2022. (Deadly Irish History Ser.: 3). (ENG., Illus.). 144p. (J). pap. 13.99 (978-1-78849-287-4(0)) O'Brien Pr., Ltd., The IRL. Dist: Casemate Pubs. & Bk. Distributors, LLC.

Deadly Little Scandals. Jennifer Lynn Barnes. (Debutantes Ser.: 2). (ENG.). (YA). (gr. 7-17). 2020. 368p. pap. 11.99 (978-1-368-04634-3(7)); 2019. 352p. 17.99 (978-1-368-01517-2(4)) Little, Brown Bks. for Young Readers.

Deadly Lizard Bite! Meish Goldish. 2018. (Envenomators Ser.). (ENG., Illus.). 24p. (J). (gr. 2-7). 19.45 (978-1-68402-657-9(1)) Bearport Publishing Co., Inc.

Deadly Mine: Libby, Montana. Kevin Blake. 2017. (Eco-Disasters Ser.). (ENG., Illus.). 32p. (J). (gr. 2-7). 19.95 (978-1-68402-222-9(3)) Bearport Publishing Co., Inc.

Deadly Morgues. Joyce Markovics. 2017. (Tiptoe into Scary Places Ser.). (ENG.). 24p. (J). (gr. k-3). lib. bdg. 26.99 (978-1-68402-270-0(3)) Bearport Publishing Co., Inc.

Deadly Mosquito: The Diseases These Tiny Insects Carry - Health Book for Kids Children's Diseases Books. Baby Professor. 2017. (ENG., Illus.). 64p. (J). pap. 9.55 (978-1-5419-1774-3(X), Baby Professor (Education Kids)) Speedy Publishing LLC.

Deadly Nightshade. Lynnie Purcell. 2020. (ENG.). 350p. (J). pap. 14.95 (978-1-393-61537-8(6)) Draft2Digital.

Deadly Nightshade. Joss Stirling. 2018. (Three Sisters Trilogy Ser.: Vol. 1). (ENG., Illus.). 282p. (J). pap. (978-1-910426-26-5(1)) Frost Wolf.

Deadly Pandas, 1 vol. Mary Molly Shea. 2017. (Cutest Animals... That Could Kill You! Ser.). (ENG.). 24p. (J). (gr. 2-3). pap. 9.15 (978-1-5382-1080-2(0), b0163cb7-089b-47d7-8161-fff07492cb3d) Stevens, Gareth Publishing LLLP.

Deadly Past. Christopher Pike, pseud. 2016. (Spooksville Ser.: 11). (ENG., Illus.). 128p. (J). (gr. 3-7). pap. 6.99 (978-1-4814-1089-2(X), Aladdin) Simon & Schuster Children's Publishing.

Deadly Poison: Mr. Johns Mysterious Adventures. Mavis Sybil. 2021. (ENG.). 136p. (J). pap. 12.99 (978-1-0879-9710-0(0)) Indy Pub.

Deadly Pranks. D. C. Rush. 2020. (ENG.). 176p. (YA). 29.98 (978-1-716-55994-5(4)) Lulu Pr., Inc.

Deadly Predators. Richard Spilsbury & Richard Spilsbury. 2017. (Engineered by Nature Ser.). (ENG., Illus.). 32p. (J). (gr. 3-8). lib. bdg. 27.95 (978-1-62617-589-1(6), Pilot Bks.) Bellwether Media.

Deadly Quills: Gross Porcupines. Rex Ruby. 2023. (Amazing Animal Self-Defense Ser.). (ENG.). 24p. (J). (gr. 1-4). lib. bdg. 19.95 Bearport Publishing Co., Inc.

Deadly Race to the South Pole. John Micklos Jr. Illus. by Paul McCaffrey. 2022. (Deadly Expeditions Ser.). (ENG.). 32p. (J). 36.65 (978-1-6639-5889-1(0), 223035); pap. 7.95 (978-1-6663-2220-0(2), 223017) Capstone. (Capstone Pr.).

Deadly Scorpion Sting! Kevin Blake. 2018. (Envenomators Ser.). (ENG., Illus.). 24p. (J). (gr. 2-7). 19.45 (978-1-68402-659-3(8)) Bearport Publishing Co., Inc.

Deadly Secret. Ann Frewer. 2020. (ENG.). 274p. (J). pap. (978-1-80031-704-8(2)) Authors OnLine, Ltd.

Deadly Secret. Ann Frewer. 2016. (ENG., Illus.). vii, 264p. (J). pap. (978-1-78623-004-1(6)) Grosvenor Hse. Publishing Ltd.

Deadly Secret of Room 113. Dee Phillips. 2016. (Cold Whispers II Ser.). (ENG.). 32p. (J). (gr. 2-7). 7.99 (978-1-68402-002-7(6)); (Illus.). 28.50 (978-1-944102-32-6(9)) Bearport Publishing Co., Inc.

Deadly Secrets. Jessica C. Joiner. 2018. (ENG.). 204p. (YA). pap. 12.99 (978-1-393-30745-7(0)) Draft2Digital.

Deadly Snake Bite! Kevin Blake. 2018. (Envenomators Ser.). (ENG., Illus.). 24p. (J). (gr. 2-7). 19.45 (978-1-68402-655-5(5)) Bearport Publishing Co., Inc.

Deadly Snakes, 12 vols. 2022. (Deadly Snakes Ser.). (ENG.). 24p. (J). (gr. 2-3). lib. bdg. 145.62 (978-1-5382-8143-7(0), a5ff0a74-1be2-4e6b-965c-130555c18d41) Stevens, Gareth Publishing LLLP.

Deadly Spider Bite! Kevin Blake. 2018. (Envenomators Ser.). (ENG.). 24p. (J). (gr. 2-7). 19.45 (978-1-68402-656-2(3)) Bearport Publishing Co., Inc.

Deadly Spiders. Matt Turner. Illus. by Santiago Calle. 2017. (Crazy Creepy Crawlers Ser.). (ENG.). 32p. (J). (gr. 3-6). 27.99 (978-1-5124-1553-7(7), bfecdfb1-9a44-46c7-b330-07cea47d687e); E-Book 42.65 (978-1-5124-3596-2(1), 9781512435962); E-Book 42.65 (978-1-5124-2713-4(6)); E-Book 4.99 (978-1-5124-3597-9(X), 9781512435979) Lerner Publishing Group. (Hungry Tomato (r)).

Deadly Sweethearts. Ali Cross. 2019. (Minnie Kim Ser.: Vol. 2). (ENG.). 394p. (J). pap. (978-1-7327542-2-5(5)) Novel Ninjutsu.

Deadly Vaping Additives: CBD, THC, & Contaminants. Eric Benac. 2021. (Smoking & Vaping Addiction Ser.). (ENG.). (YA). (gr. 7-12). 34.60 (978-1-4222-4630-6(2)) Mason Crest.

Deadly Venom. Virginia Loh-Hagan. 2023. (Wild Wicked Wonderful Express Ser.). (ENG., Illus.). 24p. (J). (gr. 2-5). pap. 12.79 (978-1-6689-2072-5(7), 222050, 45th Parallel Press) Cherry Lake Publishing.

Deadly Venom. Contrib. by Virginia Loh-Hagan. 2023. (Wild Wicked Wonderful Express Ser.). (ENG., Illus.). 24p. (J). (gr. 2-5). lib. bdg. 30.64 (978-1-6689-1970-5(2), 221948, 45th Parallel Press) Cherry Lake Publishing.

Deadly Venomous Mammals! Joyce L. Markovics. 2018. (Envenomators Ser.). (ENG., Illus.). 24p. (J). (gr. 2-7). 19.45 (978-1-68402-660-9(1)) Bearport Publishing Co., Inc.

Deadly Viruses, 1 vol. Erin L. McCoy. 2018. (Top Six Threats to Civilization Ser.). (ENG.). 64p. (J). (gr. 5-5). pap. 16.28 (978-1-5026-4044-4(9), ded4419e-afd6-4d71-939c-8ec3af8f3d7f) Cavendish Square Publishing LLC.

Deadly Weapons. Joanne Mattern. 2019. (Core Content Science — Animal Superpowers Ser.). (ENG., Illus.). 32p. (J). (gr. 2-4). lib. bdg. 23.99 (978-1-63440-420-4(3), e2943c65-6b04-48cf-8bcf-b7585a1ac461) Red Chair Pr.

Deadly Wish: A Ninja's Journey. Sarah L. Thomson. 2017. (Ninja's Journey Ser.). (ENG.). 240p. (J). (gr. 5-9). 17.95 (978-1-62979-777-9(4), Astra Young Readers) Astra Publishing Hse.

Deadman Anchor. K. R. Coleman. 2016. (Atlas of Cursed Places Ser.). (ENG.). 112p. (YA). (gr. 6-12). lib. bdg. 26.65 (978-1-5124-1326-7(7), d57daced-b1d4-4b36-ac89-658a52c6a375, Darby Creek) Lerner Publishing Group.

Deadman Tells the Spooky Tales. Franco. Illus. by Andy Price. 2022. 160p. (J). (gr. 3-7). pap. 9.99 (978-1-77950-384-8(9)) DC Comics.

Deadman's Castle. Iain Lawrence. 256p. (J). (gr. 4-7). 2022. pap. 9.99 (978-0-8234-5189-0(5)); 2021. 17.99 (978-0-8234-4655-1(7)) Holiday Hse., Inc. (Margaret Ferguson Books).

Deadpoint. Nikki Tate. ed. 2017. (Orca Sports Ser.). lib. bdg. 20.80 (978-0-606-40454-9(6)) Turtleback.

Deadwood Hall: 'a Thrilling Magical Fantasy Adventure for Children Aged 7-10' Linda Jones. Illus. by David Hailwood. 2018. (Oozing Magic Ser.: Vol. 1). (ENG.). 94p. (J). pap. (978-1-9993248-0-3(3)) Bavoom Publishing.

Deadwood Hill Strikes Back: Book 3. Lea Taddonio. Illus. by Alessia Trunfio. 2017. (Lucky 8 Ser.). (ENG.). 48p. (J). (gr. 3-7). lib. bdg. 34.21 (978-1-5321-3055-7(4), 27062, Spellbound) Magic Wagon.

Deadwood Hill Trap: Book 4. Lea Taddonio. Illus. by Alessia Trunfio. 2017. (Lucky 8 Ser.). (ENG.). 48p. (J). (gr. 3-7). lib. bdg. 34.21 (978-1-5321-3056-4(2), 27063, Spellbound) Magic Wagon.

Deaf & Dumb Boy: A Tale; with Some Account of the Mode of Educating the Deaf & Dumb (Classic Reprint) W. Fletcher. (ENG., Illus.). (J). 2018. 154p. 27.07 (978-0-656-08766-2(8)); 2016. pap. 9.57 (978-1-334-16704-1(4)) Forgotten Bks.

Deaf & Dumb (Classic Reprint) Elizabeth Sandham. 2018. (ENG., Illus.). 110p. (J). 26.17 (978-0-332-90970-7(0)) Forgotten Bks.

Deaf As a Post: A Farce, in One Act (Classic Reprint) T. Poole. 2018. (ENG., Illus.). 26p. (J). 24.45 (978-0-483-96777-9(7)) Forgotten Bks.

Deaf Lover: A Farce, in Two Acts (Classic Reprint) Frederick Pilon. 2018. (ENG., Illus.). 38p. (J). 24.68 (978-0-666-19470-1(X)) Forgotten Bks.

Deafness & Discharge from the Ear: The Modern Treatment for the Radical Cure of Deafness, Otorrhoea, Noises in the Head, Vertigo, & Distress in the Ear (Classic Reprint) Samuel Sexton. 2017. (ENG., Illus.). (J). 25.90 (978-0-331-63023-7(0)); pap. 9.57 (978-0-282-61843-8(0)) Forgotten Bks.

Deafo Superpowered Edition! Cece Bell. 2020. (ENG.). 288p. (YA). (gr. 3-7). 19.99 (978-1-4197-4831-8(9), 1048501) Abrams, Inc.

Deal [3]. P. J. Gray. 2017. (Boosters Ser.). (ENG.). 64p. (YA). (gr. 9-12). pap. 9.75 (978-1-68021-487-1(X)) Saddleback Educational Publishing, Inc.

Deal in Ducks: A Play in Three Acts (Classic Reprint) Guy L. Clements. 2018. (ENG., Illus.). 76p. (J). 25.46 (978-0-267-20632-2(1)) Forgotten Bks.

Deal in Wheat: And Other Stories of the New & Old West (Classic Reprint) Frank Norris. 2017. (ENG., Illus.). (J). 29.92 (978-0-266-43414-6(2)) Forgotten Bks.

Deal with the Devil (Classic Reprint) Eden Phillpotts. 2018. (ENG., Illus.). 210p. (J). 28.23 (978-0-483-41130-2(2)) Forgotten Bks.

Dealer in Empire a Romance (Classic Reprint) Amelia Josephine Burr. 2017. (ENG., Illus.). (J). 30.37 (978-1-5280-6959-5(5)) Forgotten Bks.

Dealing in Dreams. Lilliam Rivera. (ENG.). 336p. (YA). (gr. 9). 2020. pap. 11.99 (978-1-4814-7215-9(1)); 2019. (Illus.). 18.99 (978-1-4814-7214-2(3)) Simon & Schuster Bks. For Young Readers. (Simon & Schuster Bks. For Young Readers).

Dealing the Cards: A Savannah Girl Novel. Michael Roberts. 2020. (ENG.). 284p. (YA). pap. 19.95 (978-1-6624-0154-1(X)) Page Publishing Inc.

Dealing with Anxiety Disorder. A. W. Buckey. 2020. (Dealing with Mental Disorders Ser.). (ENG.). 80p. (J). (gr. 6-12). 41.27 (978-1-68282-785-7(2)) ReferencePoint Pr., Inc.

Dealing with Bipolar Disorder. Melissa Abramovitz. 2020. (ENG.). 80p. (J). (gr. 6-12). 41.27 (978-1-68282-787-1(9)) ReferencePoint Pr., Inc.

Dealing with Challenges. Honor Head. 2021. (Building Resilience Ser.). (ENG., Illus.). 32p. (J). (gr. 1-5). pap. (978-1-4271-2826-3(X), 10406); lib. bdg. (978-1-4271-2822-5(7), 10401) Crabtree Publishing Co. (Crabtree Classics).

Dealing with Challenges (Set Of 8) Meg Gaertner. 2022. (Dealing with Challenges Ser.). (ENG.). 192p. (J). (gr. k-1). pap. 71.60 (978-1-64619-507-7(8)); lib. bdg. 228.00 (978-1-64619-480-3(2)) Little Blue Hse. (Little Blue Readers).

Dealing with Dating & Romance. H. W. Poole. 2019. (Sexual Violence & Harassment Ser.). (Illus.). 80p. (J). (gr. 12). lib. bdg. 34.60 (978-1-4222-4202-5(1)) Mason Crest.

Dealing with Demons: Understanding Clinical Depression from a Survivor's Perspective. Lady Tracilyn George. 2020. (YA). (DAK.). 88p. pap. 9.00 (978-1-990153-56-3(9)); (ENG.). 64p. pap. 10.56 (978-1-716-61998-4(X)) Lulu Pr., Inc.

Dealing with Drama. Lauren Emily Whalen. 2020. (Strong, Healthy Girls Ser.). (ENG., Illus.). 112p. (J). (gr. 6-12). lib. bdg. 41.36 (978-1-5321-9215-9(0), 34983, Essential Library) ABDO Publishing Co.

Dealing with Eating Disorders. Bethany Bryan. 2020. (ENG.). 80p. (J). (gr. 6-12). 41.27 (978-1-68282-789-5(5)) ReferencePoint Pr., Inc.

Dealing with Eating Disorders, 1 vol. Kristin Thiel. 2019. (Helping Yourself, Helping Others Ser.). (ENG.). 112p. (gr. 7-7). pap. 20.99 (978-1-5026-4623-1(4), 01cc8f73-9e12-4950-bf6d-09b38de68365) Cavendish Square Publishing LLC.

Dealing with Gender Dysphoria. Martha Lundin. 2020. (ENG.). 80p. (J). (gr. 6-12). 41.27 (978-1-68282-791-8(7)) ReferencePoint Pr., Inc.

Dealing with Grief - a Guide to Survive. Katja Strube. 2021. (ENG.). 82p. (YA). pap. 8.36 (978-1-6671-1570-2(7)) Lulu Pr., Inc.

Dealing with Opioid Misuse, 1 vol. Derek Miller. 2019. (Helping Yourself, Helping Others Ser.). (ENG.). 112p. (gr. 7-7). lib. bdg. 44.50 (978-1-5026-4627-9(7), 6b8f04f9-d0cd-4efc-bb92-eb76f6cf4aed) Cavendish Square Publishing LLC.

Dealing with School Shootings, 1 vol. Kate Shoup. 2019. (Helping Yourself, Helping Others Ser.). (ENG.). 112p. (gr. 7-7). lib. bdg. 44.50 (978-1-5026-4630-9(7), bbbc2f24-7c45-4ea2-90d6-d33c0e4668c6) Cavendish Square Publishing LLC.

Dealing with Sexual Harassment, 1 vol. Caitlyn Miller. 2019. (Helping Yourself, Helping Others Ser.). (ENG.). 112p. (gr. 7-7). pap. 20.99 (978-1-5026-4632-3(3), f34d9b8a-309b-420b-8562-a6632eeae988) Cavendish Square Publishing LLC.

Dealing with Stress: Insights & Tips for Teenagers. Christie Cognevich. 2022. (Empowering You Ser.). (Illus.). 168p. (YA). (gr. 8-17). pap. 28.00 (978-1-5381-5285-0(1)) Rowman & Littlefield Publishers, Inc.

Dealing with Teen Pregnancy, 1 vol. Emily Mahoney & Jennifer MacKay. 2016. (Hot Topics Ser.). (ENG.). 112p. (YA). (gr. 7-7). lib. bdg. 41.03 (978-1-5345-6019-2(X), dfbc257c-9458-48a1-a86a-2e2782833de9, Lucent Pr.) Greenhaven Publishing LLC.

Dealing with Teen Pregnancy, 1 vol. Kristin Thiel. 2019. (Helping Yourself, Helping Others Ser.). (ENG.). 112p. (gr. 7-7). pap. 20.99 (978-1-5026-4635-4(8), 40935b11-ee92-4455-99ff-286df23110db) Cavendish Square Publishing LLC.

Dealing with Wildfires. Kristy Stark. rev. ed. 2019. (Smithsonian: Informational Text Ser.). (ENG.). 32p. (J). (gr. 2-3). pap. 10.99 (978-1-4938-6673-1(7)) Teacher Created Materials, Inc.

Dealings with the Firm of Dombey & Son (Classic Reprint) Charles Dickens. 2017. (ENG., Illus.). (J). 26.83 (978-0-331-18276-7(9)); pap. 9.57 (978-0-260-04475-4(X)) Forgotten Bks.

Dealings with the Firm of Dombey & Son, Vol. 2: Wholesale, Retail & for Exportation (Classic Reprint) Charles Dickens. 2017. (ENG., Illus.). (J). pap. 16.57 (978-0-259-25045-6(7)) Forgotten Bks.

Dealings with the Firm of Dombey & Son, Vol. 2 Of 2: Wholesale, Retail, & for Exportation; with the Original Illustrations (Classic Reprint) Charles Dickens. 2017. (ENG., Illus.). 614p. (J). 36.56 (978-0-484-79404-6(3)) Forgotten Bks.

Dean Ambrose. J. R. Kinley. 2019. (Wrestling Superstars Ser.). (ENG., Illus.). 32p. (J). (gr. 3-3). pap. 9.95 (978-1-64494-224-6(0), 1644942240) Bigfoot Bks. GBR. Dist: North Star Editions.

Dean Ambrose: The Lunatic Fringe. Teddy Borth. 2017. (Wrestling Biographies Ser.). (ENG., Illus.). 24p. (J). (gr. 2-8). lib. bdg. 31.36 (978-1-5321-2108-1(3), 26791, Abdo Zoom-Fly) ABDO Publishing Co.

Dean & Don at the Dairy (Classic Reprint) Jane Miller. 2017. (ENG., Illus.). (J). 25.92 (978-0-265-59070-6(1)); pap. 9.57 (978-0-282-89021-6(1)) Forgotten Bks.

Dean & His Daughter, Vol 1 (Classic Reprint) F. C. Philips. 2018. (ENG., Illus.). 266p. (J). 29.38 (978-0-332-96962-6(2)) Forgotten Bks.

Dean & His Daughter, Vol. 2 of 3 (Classic Reprint) F. C. Philips. 2018. (ENG., Illus.). 248p. (J). 29.03 (978-0-483-22958-7(X)) Forgotten Bks.

Dean & His Daughter, Vol. 3 of 3 (Classic Reprint) F. C. Philips. 2018. (ENG., Illus.). 242p. (J). 28.91 (978-0-483-32271-4(7)) Forgotten Bks.

Dean Dunham: Or the Waterford Mystery (Classic Reprint) Horatio Alger. 2018. (ENG., Illus.). (J). (gr. 3-7). 29.92 (978-0-260-86482-6(X)) Forgotten Bks.

Dean-Hurst (Classic Reprint) Sarah Selina Hamer. 2018. (ENG., Illus.). 228p. (J). 28.60 (978-0-483-87931-7(2)) Forgotten Bks.

Dean of Coleraine, Vol. 2 Of 3: A Moral History; Founded on the Memoirs of an Illustrious Family in Ireland (Classic Reprint) Antoine Francois Prevost. (ENG., Illus.). (J). 2018. 284p. 29.75 (978-0-483-88786-2(2)); 2016. pap. 13.57 (978-1-334-14653-4(5)) Forgotten Bks.

Dean of Coleraine, Vol. 3 Of 3: A Moral History Founded on the Memoirs of an Illustrious Family in Ireland (Classic Reprint) Abbé Prévost. (ENG., Illus.). (J). 2018. 290p. 29.90 (978-0-332-00850-9(9)); 2016. pap. 13.57 (978-1-334-15952-7(1)) Forgotten Bks.

Dean Rakes Leaves. Cecilia Minden. Illus. by Lucy Neale. 2022. (Little Blossom Stories Ser.). (ENG.). 16p. (J). (gr. -1-2). pap. 11.36 (978-1-5341-9868-5(7), 220073, Cherry Blossom Press) Cherry Lake Publishing.

Dean Stanley with the Children (Classic Reprint) Frances A. Humphrey. 2018. (ENG., Illus.). 194p. (J). 27.90 (978-0-267-24178-1(X)) Forgotten Bks.

Dean's Daughter, Vol. 1 Of 3: Or, the Days We Live in (Classic Reprint) Gore. 2017. (ENG., Illus.). (J). 30.81 (978-0-331-81634-1(2)) Forgotten Bks.

Dean's Daughter, Vol. 2 of 2 (Classic Reprint) Gore. 2018. (ENG., Illus.). 332p. (J). 30.74 (978-0-267-47481-3(4)) Forgotten Bks.

Dear Alfred's Pancreas: Based on a True Story of a Family Learning to Live with Type 1 Diabetes. Susan L. Roth & Jill Shuldiner. Illus. by Susan L. Roth. 2019. (ENG., Illus.). 42p. (J). pap. 12.99 (978-1-7331337-0-8(4)) Great Dog Literary LLC.

Dear America: Young Readers' Edition: The Story of an Undocumented Citizen. Jose Antonio Vargas. (ENG.). 144p. (J). (gr. 3-7). 2020. pap. 9.99 (978-0-06-291462-0(6)); 2019. 16.99 (978-0-06-291459-0(6)) HarperCollins Pubs. (HarperCollins).

Dear Aunt Lucy. Thomas Macri. ed. 2018. (Paddington Bear 8x8 Bks). (ENG.). 22p. (J). (gr. -1-k). 13.89 (978-1-64310-210-8(9)) Penworthy Co., LLC, The.

Dear Baby, A Love Letter to Little Ones. Paris Rosenthal. Illus. by Holly Hatam. 2020. (ENG.). 40p. (J). (gr. -1-3). 18.99 (978-0-06-301272-1(3), HarperCollins) HarperCollins Pubs.

Dear Ballerina. Monica Wellington. 2019. (Illus.). 40p. (J). (-k). 17.99 (978-0-8234-3932-4(1)) Holiday Hse., Inc.

Dear Beast. Dori Hillestad Butler. Illus. by Kevan Atteberry. (Dear Beast Ser.: 1). (J). (gr. 1-4). 2021. 96p. pap. 7.99 (978-0-8234-4843-2(6)); 2020. 80p. 15.99 (978-0-8234-4492-2(9)) Holiday Hse., Inc.

Dear Beast, 1. Dori Hillestad Butler. ed. 2022. (Dear Beast Ser.). (ENG.). 77p. (J). (gr. 2-3). 18.46 (978-1-68505-467-0(6)) Penworthy Co., LLC, The.

Dear Beast: Simon Sleeps Over. Dori Hillestad Butler. Illus. by Kevan Atteberry. 2022. (Dear Beast Ser.: 4). 80p. (J). (gr. 1-4). 15.99 (978-0-8234-4856-2(8)); pap. 7.99 (978-0-8234-5200-2(X)) Holiday Hse., Inc.

Dear Beast: Someone Is Missing! Dori Hillestad Butler. Illus. by Kevan Atteberry. 2022. (Dear Beast Ser.: 3). 80p. (J). (gr. 1-4). pap. 7.99 (978-0-8234-5135-7(6)) Holiday Hse., Inc.

Dear Beast: the Pet Parade. Dori Hillestad Butler. Illus. by Kevan Atteberry. 2021. (Dear Beast Ser.: 2). 80p. (J). (gr. 1-4). pap. 7.99 (978-0-8234-5068-8(6)); 15.99 (978-0-8234-4493-9(7)) Holiday Hse., Inc.

Dear Black Boy. Cheri N. Langley. Illus. by Christa Harris & Randolph Gray. 2021. (ENG.). 38p. (J). pap. 14.99 (978-0-578-91604-0(5)) Langley Research & Consulting.

474

The check digit for ISBN-10 appears in parentheses after the full ISBN-13

Dear Black Child. Rahma Rodaah. Illus. by Lydia Mba. 2022. (ENG.). 32p. (J). (gr. -1-3). 18.99 (978-0-06-309197-9(6), Balzer & Bray) HarperCollins Pubs.

Dear Black Girl, You Are IT! A Guide to Becoming an Intelligent & Triumphant Black Girl. Tamera Elyse Trimuel. 2020. (ENG., Illus.). 84p. (YA). (gr. 7-12). pap. 14.99 (978-1-0878-7774-7(1)) Indy Pub.

Dear Boy, Sara Zuboff. 2018. (ENG., Illus.). 26p. (J). (978-1-387-65275-4(3)) Lulu Pr., Inc.

Dear Boy, A Celebration of Cool, Clever, Compassionate You! Paris Rosenthal & Jason B. Rosenthal. Illus. by Holly Hatam. 2019. (ENG.). 40p. (J). (gr. -1-3). 17.99 (978-0-06-242251-4(0), HarperCollins) HarperCollins Pubs.

Dear Brother. Alison McGhee. Illus. by Tuan Nini. 2023. (ENG.). 192p. (J). (gr. 5). 13.99 (978-1-5344-8708-6(5), Atheneum/Caitlyn Dlouhy Books) Simon & Schuster Children's Publishing.

Dear Bubble Bath, Give Back My Dad! Robert Bettes. 2019. (ENG.). 38p. (J). pap. 13.95 (978-1-64299-130-7(9)) Christian Faith Publishing.

Dear Child. Anne Ryan Dempsey. 2017. (ENG., Illus.). (J). (gr. -1-3). pap. 15.95 (978-1-5127-8285-1(6), WestBow Pr.) Author Solutions, LLC.

Dear (Classic Reprint) Evelyn Whitaker. 2018. (ENG., Illus.). (J). 324p. 30.58 (978-1-396-00545-9(5)); 326p. pap. 13.57 (978-1-396-00477-3(7)) Forgotten Bks.

Dear Cyril (Classic Reprint) Edith M. Burrows. 2018. (ENG., Illus.). 38p. (J). 24.68 (978-0-267-45644-4(1)) Forgotten Bks.

Dear Dad, Do You Know? Karla Davis Mason. 2022. (ENG.). 36p. (J). pap. 13.95 (978-1-63630-463-2(X)) Covenant Bks.

Dear Dairy. Pete Frederick. 2022. (ENG.). 188p. (J). pap. (978-1-4710-9747-8(1)) Lulu Pr., Inc.

Dear Darling: A Book about Gratitude. Renee Melizza. (AUS.). 32p. (J). 2022. (978-0-646-85493-9(3)); 2021. pap. (978-0-646-85259-1(0)) Melizza, Renée.

Dear Daughter. Tinita Tennant. 2018. (ENG., Illus.). 20p. (J). (978-1-387-51936-1(0)) Lulu Pr., Inc.

Dear Daughter: A Love Story. Dedrick L. Moone. Ed. by Haelee P. Moone. Illus. by Arsalan Khan. 2022. (ENG.). 58p. (J). 24.99 (978-1-7371907-7-6(X)) Rules of a Big Boss LLC, The.

Dear Daughter Dorothy (Classic Reprint) Almira George Plympton. (ENG., Illus.). (J). 2018. 204p. 28.10 (978-0-483-95015-3(7)); 2017. pap. 10.57 (978-0-243-43884-6(2)) Forgotten Bks.

Dear DC Super-Villains. Michael Northrop. Illus. by Gustavo Duarte. 2021. 176p. (J). (gr. 3-7). pap. 9.99 (978-1-77950-054-0(8)) DC Comics.

Dear DC Super-Villains. Michael Northrop. ed. 2021. (Dear DC Ser.). (ENG., Illus.). 176p. (J). (gr. 2-3). 22.96 (978-1-64697-949-3(4)) Penworthy Co., LLC, The.

Dear Deer. Mary Kay Worth. Illus. by Mark del Villar. 2022. (ENG.). 26p. (J). 16.99 (978-1-958920-06-0(1)); pap. 9.99 (978-1-958920-07-7(X)) Good River Print & Media.

Dear Diary, Susan Horsnell. 2017. (ENG., Illus.). 30p. (J). (gr. 3-6). pap. (978-0-6483265-0-2(0)) Horsnell, Susan.

Dear Diary, It's Me, Stella. Krista Keough. Illus. by Gina Stavrou. 2023. (ENG.). 40p. (J). (978-1-0391-6424-6(2)); pap. (978-1-0391-6423-9(4)) FriesenPress.

Dear Disappeared Dad. Bette Millat. 2020. (ENG.). 168p. (YA). pap. 14.99 (978-1-63337-352-5(5)) Columbus Pr.

Dear Dragon: A Pen Pal Tale. Josh Funk. Illus. by Rodolfo Montalvo. 2016. 40p. (J). (gr. -1-3). 18.99 (978-0-451-47230-4(6), Viking Books for Young Readers) Penguin Young Readers Group.

Dear Earth. Isabel Otter. Illus. by Clara Anganuzzi. 2023. (ENG.). 40p. (J). (gr. -1-2). 18.99 (978-1-6643-0014-9(7)) Tiger Tales.

Dear Earth ... from Your Friends in Room 5. Erin Dealey. Illus. by Luisa Uribe. 2023. (ENG.). 32p. (J). (gr. -1-3). pap. 8.99 (978-0-06-291533-7(9), HarperCollins) HarperCollins Pubs.

Dear Earth... from Your Friends in Room 5. Erin Dealey. Illus. by Luisa Uribe. 2020. (ENG.). 32p. (J). (gr. -1-3). 17.99 (978-0-06-291532-0(0), HarperCollins) HarperCollins Pubs.

Dear Elsa. Marco Fraticelli. 2023. (ENG.). 240p. (J). (gr. 3-6). pap. 14.95 (978-0-88995-686-5(3), f9ce390a-5a4a-457d-89d1-2d55b876d7be) Red Deer Pr. CAN. Dist: Firefly Bks., Ltd.

Dear Enemy (Classic Reprint) Jean Webster. 2017. (ENG., Illus.). (J). 31.24 (978-0-266-23169-1(1)); 31.47 (978-0-266-73023-1(X)); pap. 13.97 (978-1-5276-9539-9(5)) Forgotten Bks.

Dear Evan Hansen: The Novel. Val Emmich et al. 2018. 358p. (YA). (978-0-316-42238-3(X)) Little Brown & Co.

Dear Evan Hansen: The Novel. Val Emmich et al. (ENG.). (YA). (gr. 9-17). 2022. 368p. pap. 12.99 (978-0-316-42021-1(2), Poppy); 2018. 368p. 18.99 (978-0-316-42023-5(9), Poppy); 2018. 512p. 40.99 (978-0-316-52947-1(8)) Little, Brown Bks. for Young Readers.

Dear Evan Hansen: the Novel. Val Emmich et al. ed. 2021. (ENG.). 368p. (YA). (gr. 9-17). 18.99 (978-0-316-31659-0(8), Poppy) Little, Brown Bks. for Young Readers.

Dear Experience: A Tale (Classic Reprint) Giovanni Ruffini. 2018. (ENG., Illus.). 242p. (J). 28.89 (978-0-483-11962-8(8)) Forgotten Bks.

Dear Fatherland (Classic Reprint) Fritz Oswald Bilse. 2018. (ENG., Illus.). 270p. (J). 29.47 (978-0-484-36359-4(X)) Forgotten Bks.

Dear Faustina (Classic Reprint) Rhoda Broughton. 2018. (ENG., Illus.). 438p. (J). 32.93 (978-0-267-25804-8(6)) Forgotten Bks.

Dear Friends. Lisa Greenwald. (ENG.). 336p. (J). (gr. 3-7). 2023. pap. 9.99 (978-0-06-306268-9(2)); 2022. (Illus.). 16.99 (978-0-06-306267-2(4)) HarperCollins Pubs. (Tegen, Katherine Bks).

Dear Future History Maker. Akua Agusi et al. 2017. (ENG., Illus.). 28p. (J). (gr. k-3). pap. 11.11 (978-1-64255-841-8(9)) Primedia eLaunch LLC.

Dear Future, I Can Be Anything That I Dream to Be: A Book for Little Kids with Big Dreams & Bigger Imagination. Matt Hawkins. Illus. by Bhagya Rathnaweera. 2022. (ENG.). 28p. (J). pap. 14.99 (978-1-6678-2221-1(7)) BookBaby.

Dear Girl, A Celebration of Wonderful, Smart, Beautiful You! Amy Krouse Rosenthal & Paris Rosenthal. Illus. by Holly Hatam. 2017. (ENG.). 40p. (J). (gr. -1-3). 17.99 (978-0-06-242250-7(2), HarperCollins) HarperCollins Pubs.

Dear God, Good Night: A Bedtime Bible Storybook, 1 vol. Thomas Nelson Publishing Staff. 2020. (ENG.). 36p. (J). bds. 12.99 (978-1-4002-1972-8(8), Tommy Nelson) Nelson, Thomas Inc.

Dear God, I Have a Question: Honest Answers to Kids' Questions about Faith, 1 vol. Kathryn Slattery. 2020. (ENG.). 224p. (J). pap. 15.99 (978-1-4002-2326-8(1), Tommy Nelson) Nelson, Thomas Inc.

Dear God... Love Booger. Allison Simmons-Jacobi. 2019. (ENG., Illus.). 28p. (J). (gr. -1-3). pap. 14.95 (978-1-64515-877-6(2)) Christian Faith Publishing.

Dear Grandma. Susanna Leonard Hill. Illus. by John Joseph. 2021. (ENG.). 32p. (J). (gr. k-3). 12.99 (978-1-7282-2261-5(3)) Sourcebooks, Inc.

Dear Haiti, Love Alaine. Maika Moulite & Maritza Moulite. (ENG.). 432p. (YA). 2020. pap. 10.99 (978-1-335-91002-8(6)); 2019. (Illus.). 18.99 (978-1-335-77709-6(1)) Harlequin Enterprises ULC CAN. Dist: HarperCollins Pubs.

Dear Hank Williams. Kimberly Willis Holt. ed. 2018. (Penworthy Picks Middle School Ser.). (ENG.). 220p. (J). (gr. 5-7). 17.96 (978-1-64310-465-2(9)) Penworthy Co., LLC, The.

Dear Hank Williams. Kimberly Willis Holt. ed. 2016. (J). lib. bdg. 18.40 (978-0-606-38551-0(7)) Turtleback.

Dear Human, Love Cat. Chris Bee. 2018. (ENG., Illus.). (J). 34p. (978-0-6399159-8-2(1)); 36p. (978-0-6399846-0-5(6)) Bernard, Christine.

Dear Human, Love Dog. Chris Bee. 2018. (Dear Human Ser.: Vol. 1). (ENG., Illus.). 36p. (J). (978-0-6399846-1-2(4)) Bernard, Christine.

Dear Human, Love Dog. Bee Chris. 2018. (ENG., Illus.). 36p. (J). (978-0-6399159-6-8(5)) Bernard, Christine.

Dear Irish Girl (Classic Reprint) Katharine Tynan. 2017. (ENG., Illus.). (J). 320p. 30.50 (978-0-332-78322-2(7)); pap. 13.57 (978-0-259-31287-1(8)) Forgotten Bks.

Dear Isaac Newton, You're Ruining My Life. Rachel Hruza. 2018. (ENG.). 356p. (J). (gr. 3-7). 16.99 (978-1-5107-2526-3(1), Sky Pony Pr.) Skyhorse Publishing Co., Inc.

Dear Jack: A Letter from a Special Needs Child to Her Sibling. Julie Leavitt Wolfe. 2020. (ENG.). 24p. (J). (978-1-5255-7603-4(8)); pap. (978-1-5255-7604-1(6)) FriesenPress.

Dear Jane. Marina Delvecchio. 2019. (ENG.). 172p. (YA). (gr. 7-12). 21.95 (978-1-944715-37-3(1)) Black Rose Writing.

Dear Jennifer: The Jenny Princess Letters. Fenton R. Kay. 2023. (ENG.). 112p. (J). pap. 17.80 (978-1-312-66586-6(6)) Lulu Pr., Inc.

Dear Jesus. Emmazina Day. 2021. (ENG.). 28p. (J). 23.99 (978-1-63821-039-9(X)); pap. 13.99 (978-1-63821-038-2(1)) Regency Pubs., The.

Dear Joey. Donald W. Kruse. Illus. by Craig Howarth. 3rd ed. 2019. (ENG.). 60p. (J). (gr. 3-6). pap. 15.95 (978-0-9994571-8-4(7)) Zaccheus Entertainment Co.

Dear Justice League. Michael Northrop. Illus. by Gustavo Duarte. 2019. 176p. (J). (gr. 3-7). pap. 9.99 (978-1-4012-8413-8(2), DC Zoom) DC Comics.

Dear Justice League. Michael Northrop. 2019. (ENG.). 151p. (J). (gr. 2-3). 21.96 (978-0-87617-945-1(6)) Penworthy Co., LLC, The.

Dear Justyce. Nic Stone. (ENG.). 288p. (gr. 9). 2022. (YA). pap. 11.99 (978-1-9848-2969-6(6), Ember); 2020. (YA). 18.99 (978-1-9848-2966-5(1), Crown Books For Young Readers); 2020. (YA). lib. bdg. 21.99 (978-1-9848-2967-2(X), Crown Books For Young Readers); 2. 2022. 29.94 (978-1-5364-7391-9(X), Ember) Random Hse. Children's Bks.

Dear Katie: Real Advice on Real Life Problems with Expert Tips. Katie Thistleton. 2018. (ENG.). 288p. (J). (gr. 4-7). pap. (978-1-5101-0213-2(2), Orion Children's Bks.) Hachette Children's Group.

Dear King. Casilya Smith. 2021. (ENG.). 49p. (J). pap. (978-1-6671-8915-4(8)) Lulu Pr., Inc.

Dear Komodo Dragon, 1 vol. Nancy Kelly Allen. Illus. by Laurie Allen Klein. 2018. (ENG.). 32p. (J). (gr. k-3). 17.95 (978-1-60718-449-2(4), 9781607184492); pap. 11.95 (978-1-60718-460-7(5), 9781607184607) Arbordale Publishing.

Dear Kota: Time to Fess Up. Dakota T. Frandsen. 2021. (ENG.). 192p. (YA). pap. 12.99 (978-1-0879-9191-7(9)) Indy Pub.

Dear Lady Disdain (Classic Reprint) Justin McCarthy. 2018. (ENG., Illus.). 414p. (J). 32.44 (978-0-365-33097-4(3)) Forgotten Bks.

Dear Leroy: Forgive the Bully, Follow Your Bliss. Oliver Luke Delorie. 2017. (ENG., Illus.). (YA). (gr. 7-12). pap. (978-0-9948468-6-0(X)) Creative Cultural.

Dear Libby: Will You Answer My Questions about Friendship? Libby Kiszner. 2018. (ENG.). 224p. (gr. 6-11). pap. 16.99 (978-1-64170-018-4(1), 550018) Familius LLC.

Dear Librarian. Lydia M. Sigwarth. Illus. by Romina Galotta. 2021. (ENG.). 40p. (J). 19.99 (978-0-374-31390-6(3), 900222090, Farrar, Straus & Giroux (BYR)) Farrar, Straus & Giroux.

Dear Little Girls: Repeat after Me: I Am Strong. Sincerely Mickie. 2020. (ENG.). 30p. (J). pap. 9.99 (978-1-7359483-3-1(0)) Blue Moth Pr., The LLC.

Dear Little Me Anger Be Gone. Shaunta-Mae' Alexander. Illus. by Christina Rudenko. 2022. (ENG.). 46p. (J). pap. 15.00 (978-1-0880-5489-5(7)) Indy Pub.

Dear Little Me; Hello Butterfly. Shaunta-Mae' Alexander. Illus. by Christina Rudenko. I.t. ed. 2021. (ENG.). 42p. (J). pap. 14.00 (978-1-0879-5686-2(2)) Indy Pub.

Dear Little Me; It's Moving Day: It's Moving Day. Shaunta-Mae' Alexander. Illus. by Christina Rudenko. I.t. ed. 2021. (Dear Little Me Ser.: Vol. 1). (ENG.). 42p. (J). pap. 13.00 (978-1-0879-3924-7(0)) Indy Pub.

Dear Little Princess: My Dreams for You (Disney Princess) RH Disney. Illus. by RH Disney. 2022. (ENG., Illus.). 26p. (J). (— 1). bds. 8.99 (978-0-7364-4312-8(6), RH/Disney) Random Hse. Children's Bks.

Dear Lord Jesus: Why Do I Have to Go to Church? Ed. by Bobbie Hinman. Illus. by Harry Aveira. 2019. (ENG.). 36p. (J). pap. 12.99 (978-1-7340428-0-1(X)) Kohls, Jacqueline B.

Dear Lord Jesus: Why Do I Have to Go to Church? Jacqueline B. Kohls. Ed. by Bobbie Hinman. Illus. by Harry Aveira. 2019. (ENG.). 36p. (J). (gr. k-3). 19.99 (978-1-7340428-2-5(6)) Kohls, Jacqueline B.

Dear Lord, You Are Enough for Me. Huila Covington. 2018. (ENG., Illus.). 28p. (J). pap. 12.95 (978-1-64140-813-4(8)) Christian Faith Publishing.

Dear M. B. Nikole E. Galant. 2023. (ENG.). 346p. (YA). pap. (978-0-2288-9618-0(5)) Tellwell Talent.

Dear Maggie a Letter from Santa. Dean Nowotny. Illus. by Sergio Drumond. 2022. 30p. (J). pap. 10.00 (978-1-6678-5937-8(4)) BookBaby.

Dear Marguerite & Me. Carol Bland Dolson. Illus. by Elaine Hearn Rabon. 2016. (ENG.). (J). (gr. k-3). 18.95 (978-0-9827614-6-5(5)) Miglior Pr.

Dear Martin. Nic Stone. (ENG.). (gr. 9). 2018. 240p. (YA). pap. 10.99 (978-1-101-93952-9(4), Ember); 2017. 224p. (YA). 18.99 (978-1-101-93949-9(4), Crown Books For Young Readers); 1. 2018. 240p. 28.69 (978-1-5364-4655-5(6), Ember) Random Hse. Children's Bks.

Dear Martin. Nic Stone. ed. 2018. lib. bdg. 20.85 (978-0-606-41555-2(6)) Turtleback.

Dear Me: Letters to Myself, for All of My Emotions. Donna Tetreault. Illus. by Elisena Bonadio. 2021. (ENG.). 36p. (J). pap. 16.95 (978-1-7364798-0-3(6)) Tetreault, Donna.

Dear Me, Letters to Myself for All of My Emotions. Donna Tetreault. Illus. by Elisena Bonadio. 2021. (ENG.). 36p. (J). (gr. k-3). 24.95 (978-0-578-81236-6(3)) Tetreault, Donna.

Dear Medusa: (a Novel in Verse) Olivia A. Cole. 2023. 384p. (YA). (gr. 9). 18.99 (978-0-593-48573-6(4), Laybrinth Road) Random Hse. Children's Bks.

Dear Miss Karana. Eric Elliott. 2016. (ENG.). 126p. (J). (gr. 3-6). pap. 16.00 (978-1-59714-323-3(5)) Heyday.

Dear Molly, Dear Olive. Megan Atwood. Illus. by Gareth Llewhellin. 2018. (Dear Molly, Dear Olive Ser.). (ENG.). 96p. (J). (gr. 1-3). 139.92 (978-1-5158-2925-6(1), 28406, Picture Window Bks.) Capstone.

Dear Mothman. Robin Gow. 2023. (ENG.). 320p. (J). (gr. 5-9). 18.99 (978-1-4197-6440-0(3), 1788501, Amulet Bks.) Abrams, Inc.

Dear Mr. Blueberry see Querido Salvatierra

Dear Mr. Henshaw. Beverly Cleary. 2017. (CHI.). (J). (gr. 4-7). pap. (978-7-5307-6124-3(2)) New Buds Publishing Hse.

Dear No One: A Collection of Words Unsaid. Ben Parks. 2022. (ENG.). 74p. (YA). pap. 14.99 (978-1-0879-3503-4(2)) Indy Pub.

Dear NOMAN, Vol. 2. Neji. 2021. (Dear NOMAN Ser.: 2). (ENG., Illus.). 160p. (gr. 8-17). pap., pap. 13.00 (978-1-9753-2331-8(9), Yen Pr.) Yen Pr. LLC.

Dear Pippin. Joy Luke. 2019. (ENG., Illus.). 52p. (J). 28.95 (978-1-4808-8242-3(9)); pap. 23.95 (978-1-4808-8241-6(0)) Archway Publishing.

Dear Polar Bears. Gabrielle Prendergast. Illus. by Marcus Cutler. 2023. (ENG.). 32p. (J). (gr. 1-3). 21.95 (978-1-4598-3300-5(7)) Orca Bk. Pubs. USA.

Dear Poppy. Ronni Arno. 2016. (Mix Ser.). (ENG., Illus.). 256p. (J). (gr. 4-8). pap. 7.99 (978-1-4814-3759-2(3), Aladdin) Simon & Schuster Children's Publishing.

Dear Poppy. Ronni Arno. 2016. (Mix Ser.). (ENG., Illus.). 256p. (J). (gr. 4-8). 17.99 (978-1-4814-3760-8(7), Simon & Schuster/Paula Wiseman Bks.) Simon & Schuster/Paula Wiseman Bks.

Dear Primo: Una Carta para Ti. Duncan Tonatiuh. 2019. (SPA.). 32p. (J). pap. 9.99 (978-607-8614-08-0(8)) V&R Editoras.

Dear Professor Whale. Megumi Iwasa. Illus. by Jun Takabatake. 2018. (ENG.). 104p. (J). (gr. k-3). 16.99 (978-1-77657-206-9(8), 99e443a3-c963-40f9-861a-c55409bd2ce8) Gecko Pr. NZL. Dist: Lerner Publishing Group.

Dear Queens. Nastashia Roach. Illus. by Adua Hernandez. 2018. (ENG.). (J). 12.45 (978-1-62676-792-8(0), Melanin Origins, LLC) Grivante Pr.

Dear Rachel Maddow. Adrienne Kisner. 2019. (ENG.). 288p. (YA). pap. 12.99 (978-1-250-30883-2(6), 900181147) Square Fish.

Dear Reader: A Love Letter to Libraries. Tiffany Rose. 2022. (ENG.). 32p. (J). (gr. -1-3). 17.99 (978-1-4998-1225-1(6)) Little Bee Books Inc.

Dear Reader: A Novel. Mary O'Connell. 2018. (ENG.). 304p. (YA). pap. 22.99 (978-1-250-07709-7(5), 900152687) Flatiron Bks.

Dear Santa. Norm Foster. 2017. (ENG.). 84p. pap. 13.00 (978-0-88754-695-2(1)) Playwrights Canada Pr. CAN. Dist: Consortium Bk. Sales & Distribution.

Dear Santa: For Everyone Who Believes in the Magic of Christmas. Sourcebooks & Susanna Leonard Hill. Illus. by John Joseph. 2019. (ENG.). 40p. (J). (gr. k-3). 17.99 (978-1-4926-9474-8(6)) Sourcebooks, Inc.

Dear Santa & Miracle on 34th Street Picture Book Gift Set: Christmas Books for Kids. Valentine Davies Estate et al. Illus. by James Newman Gray. 2020. (ENG.). (J). (-3). 19.99 (978-1-7282-4060-2(3)) Sourcebooks, Inc.

Dear Santa Claus: Charming Holiday Stories for Boys & Girls. 2019. (ENG., Illus.). 64p. (J). (gr. k-4). pap. (978-625-7959-21-6(7)) Uhrayoglu, Murat E Kitap Projesi.

Dear Santa, I Know It Looks Bad, but It Wasn't My Fault. Norma Lewis. Illus. by Olivia Beckman. 2018. (ENG.). 40p. (J). 16.99 (978-1-4413-2421-4(6), af65c62f-41d5-4fa2-adec-cc94bc70dba9) Peter Pauper Pr. Inc.

Dear Santa, Love, Washington: An Evergreen State Christmas Celebration - with Real Letters! Forrest Everett. Illus. by Pham Quang Phuc. 2018. (ENG.). 32p. (J). (gr. 1-4). 16.99 (978-1-64170-039-9(4), 550039) Familius LLC.

Dear Santa Paws. Sara J. Gunkel. 2019. (ENG.). 22p. (J). pap. 13.95 (978-1-64544-410-7(4)) Page Publishing Inc.

Dear Sarah: A Sister's Guide to High School Using Raw Stories & Real Advice. Allie Rose. 2018. (ENG., Illus.). 172p. (YA). pap. 14.49 (978-1-5456-1536-2(5)) Salem Author Services.

Dear Sister. Alison McGhee. Illus. by Joe Bluhm. 2019. (ENG.). 192p. (J). (gr. 5). pap. 7.99 (978-1-4814-5143-7(X), Atheneum Bks. for Young Readers) Simon & Schuster Children's Publishing.

Dear Sister. K. Monsma. 2018. (ENG., Illus.). 26p. (J). pap. 12.95 (978-1-64300-686-4(X)) Covenant Bks.

Dear Son. Tinita Tennant. 2018. (ENG., Illus.). 18p. (J). (978-1-387-51881-4(X)) Lulu Pr., Inc.

Dear Son: A Mother's Notes to Her Transgender Child. Lynn Mychaluk. 2023. (ENG.). 38p. (YA). (978-0-2288-7174-3(3)); pap. (978-0-2288-7173-6(5)) Tellwell Talent.

Dear Star Baby. Malcolm Newsome. Illus. by Kamala Nair. 2023. 32p. (J). 18.99 (978-1-5064-8480-8(8), Beaming Books) 1517 Media.

Dear Street. Lindsay Zier-Vogel. Illus. by Caroline Bonne-Muller. 2023. (ENG.). 40p. (J). (gr. -1-2). 19.99 (978-1-5253-0310-4(4)) Kids Can Pr., Ltd. CAN. Dist: Hachette Bk. Group.

Dear Student. Elly Swartz. 2023. 304p. (J). (gr. 5). 8.99 (978-0-593-37415-3(0), Yearling) Random Hse. Children's Bks.

Dear Sweet Pea. Julie Murphy. 2019. (ENG.). 288p. (J). (gr. 3-7). 16.99 (978-0-06-247307-3(7)); E-Book (978-0-06-247309-7(3), 9780062473097) HarperCollins Pubs. (Balzer & Bray).

Dear Sweet Pea. Julie Murphy. 2021. (ENG.). 288p. (J). (gr. 3-7). pap. 9.99 (978-0-06-247308-0(5), Balzer & Bray) HarperCollins Pubs.

Dear Teacher, A Celebration of People Who Inspire Us. Paris Rosenthal. Illus. by Holly Hatam. 2021. (ENG.). 40p. (J). (gr. -1-3). 18.99 (978-0-06-301274-5(X), HarperCollins) HarperCollins Pubs.

Dear Trauma. Jill Miller. 2022. (ENG.). 86p. (YA). pap. 12.00 (978-1-716-14290-1(3)) Lulu Pr., Inc.

Dear Twin. Addie Tsai. 2019. (ENG., Illus.). 222p. (YA). pap. 20.00 (978-1-9990588-0-7(1)) Metonymy Pr. CAN. Dist: AK Pr. Distribution, SPD-Small Pr. Distribution.

Dear Unicorn. Josh Funk. Illus. by Charles Santoso. 2023. 40p. (J). (gr. -1-3). 18.99 (978-0-593-20694-2(0), Viking Books for Young Readers) Penguin Young Readers Group.

Dear Universe. Florence Gonsalves. 2021. (ENG.). 352p. (YA). (gr. 9-17). pap. 10.99 (978-0-316-43675-5(5)) Little, Brown Bks. for Young Readers.

Dear World. Civics Core Class. 2020. (ENG.). 120p. (J). 18.34 (978-1-6781-8674-6(0)) Lulu Pr., Inc.

Dear Yesteryear. Kimberly Annece Henderson. Photos by Kimberly Annece Henderson. 2023. (Illus.). 40p. (J). (gr. -1-2). 18.99 (978-0-593-52924-9(3), Dial Bks) Penguin Young Readers Group.

Dear You, Young Girl. Nasheema S. Dixon. Illus. by Shannon Small. 2018. (ENG.). 26p. (J). pap. 10.00 (978-1-7321177-2-3(1)) Dear You.

Dear Zoo. Rod Campbell. Illus. by Rod Campbell. 2019. (Dear Zoo & Friends Ser.). (ENG., Illus.). 24p. (J). (— 1). 17.99 (978-1-5344-6012-6(8), Little Simon) Little Simon.

Dear Zoo Animal Shapes. Rod Campbell. Illus. by Rod Campbell. 2016. (Dear Zoo & Friends Ser.). (ENG., Illus.). 20p. (J). (gr. -1 — 1). bds. 6.99 (978-1-4814-8069-7(3), Little Simon) Little Simon.

Dear Zoo, I Think My Sister Belongs with You! Bethany Clemons. Illus. by Janae Dueck. 2021. (ENG.). 36p. (J). pap. 13.95 (978-0-578-91474-9(3)) Southampton Publishing.

Dearer Than Life: A Romance of the Great War (Classic Reprint) Joseph Hocking. 2017. (ENG., Illus.). (J). 318p. 30.46 (978-0-484-01942-2(2)); pap. 13.57 (978-0-259-41303-5(8)) Forgotten Bks.

Dearest. Alethea Kontis. 2016. (Woodcutter Sisters Ser.: 3). (ENG.). 288p. (YA). (gr. 7). pap. 8.99 (978-0-544-54119-1(7), 1608878, Clarion Bks.) HarperCollins Pubs.

Dearest Josephine, 1 vol. Caroline George. 2021. (ENG., Illus.). 384p. (YA). 18.99 (978-0-7852-3618-4(X)) Nelson, Thomas Inc.

Dearest One, 1 vol. Arielle Dance. Illus. by Jenny Duke. 2022. (ENG.). 32p. (J). (gr. k-2). 17.99 (978-1-913747-80-0(8), c300a133-f876-4b90-9d1d-a890752749eb) Lantana Publishing GBR. Dist: Lerner Publishing Group.

Dearest Things in Boots (Classic Reprint) Edna I. Mac Kenzie. 2018. (ENG., Illus.). 32p. (J). 24.56 (978-0-484-69362-2(X)) Forgotten Bks.

Dearlove: The History of Her Summer's Makebelieve (Classic Reprint) Frances Campbell. (ENG., Illus.). (J). 2017. 32.04 (978-1-5280-7234-2(0)); 2016. pap. 16.57 (978-1-333-98348-2(4)) Forgotten Bks.

Death, 1 vol. Kathleen A. Klatte. 2020. (@RosenTeenTalk Ser.). (ENG., Illus.). 48p. (J). (gr. 3-3). pap. 13.95 (978-1-4994-6806-9(7), c65f9bdd-f3a0-45f2-8b28-df07d588b1a0) Rosen Publishing Group, Inc., The.

Death. A. Yber. 2019. (ENG.). 96p. (YA). pap. 7.99 (978-1-393-60583-6(4)) Tuggle Publishing.

Death & Burial of Cock Robin: As Taken from the Original Manuscript, in the Possession of Master Meanwell (Classic Reprint) Unknown Author. (ENG., Illus.). (J). 2018. 20p. 24.31 (978-0-332-49089-2(0)); 2016. pap. 7.97 (978-1-334-16749-2(4)) Forgotten Bks.

Death & Burial of Cock Robin: To Which Is Added Pizarro & Alonzo, or Industry Better Than Gold (Classic Reprint) Unknown Author. (ENG., Illus.). (J). 2018. 34p. 24.60 (978-0-267-90421-1(5)); 2016. pap. 7.97 (978-1-333-76973-4(3)) Forgotten Bks.

Death & Burial of Cock Robin: To Which Is Added, the Natural History of That Bird, &C (Classic Reprint) Unknown Author. 2018. (ENG., Illus.). 36p. (J). 24.64 (978-0-656-03358-4(4)) Forgotten Bks.

Death & Burial of Cock Robin (Classic Reprint) Unknown Author. 2018. (ENG., Illus.). 28p. (J). 24.47 (978-0-267-86117-0(6)) Forgotten Bks.

Death & Burial of Cock Robin (Classic Reprint) Unknown Author. (ENG., Illus.). (J). 2018. 20p. 24.31 (978-0-656-40002-7(1)); 2018. 40p. 24.74 (978-0-656-40003-4(X)); 2018. 24p. 24.41 (978-0-666-31395-9(4)); 2016. pap. 7.97 (978-1-334-16213-8(1)) Forgotten Bks.

D

Death & Douglas. J. W. Ocker. 2017. (ENG.). 372p. (J). (gr. 3-6). 16.99 *(978-1-5107-2457-0(5)*, Sky Pony Pr.) Skyhorse Publishing Co., Inc.

Death & Life of Zebulon Finch, Volume Two: Empire Decayed. Daniel Kraus. 2017. (Zebulon Finch Ser.: 2). (ENG.). 800p. (YA). (gr. 9). pap. 14.99 *(978-1-4814-1143-1(8))* Simon & Schuster Children's Publishing.

Death & Life of Zebulon Finch, Volume Two Vol. 2: Empire Decayed. Daniel Kraus. 2016. (Zebulon Finch Ser.: 2). (ENG., Illus.). 784p. (YA). (gr. 9). 19.99 *(978-1-4814-1142-4(X)*, Simon & Schuster Bks. For Young Readers) Simon & Schuster Bks. For Young Readers.

Death & Love at the Old Summer Camp. Dolores Maggiore. 2017. (ENG., Illus.). (YA). (gr. 7-12). pap. 16.95 *(978-1-943353-77-4(8))* Sapphire Bks. Publishing.

Death & Redemption: Niagara Tunnels' Secrets Unraveled. Margarete Ledwez. 2019. (Josh & Mac Mystery Adventure in Niagara Falls Ser.: Vol. 3). (ENG.). 200p. (YA). (gr. 7-12). 28.99 *(978-1-943492-69-5(7))*; pap. 17.99 *(978-1-943492-70-1(0))* Elm Grove Publishing.

Death & Sparkles: Book 1. Rob Justus. 2021. (ENG., Illus.). 368p. (J). (gr. 5-9). 22.99 *(978-1-7972-0635-6(4))*; pap. 12.99 *(978-1-7972-0636-3(2))* Chronicle Bks. LLC.

Death & the Merchant. C. H. Williams. 2019. (Merchant Ser.: Vol. 1). (ENG.). 512p. (YA). pap. 19.99 ***(978-1-7333569-1-6(6))*** Williams, C.H. Literary.

Death & the Unknown. Krist Loka. 2018. (Inexstincta Ser.: Vol. 1). (ENG., Illus.). 288p. (YA). (gr. 8-12). pap. 8.99 *(978-0-692-09336-8(2))* Accend Pr.

Death at Carp High: Driftwood Wasn't All the Tide Brought In. Jeremy Gold. 2017. (ENG., Illus.). (J). pap. 12.99 *(978-0-9860663-0-6(3))* Carp Hse. Pr.

Death at Kent State: How a Photograph Brought the Vietnam War Home to America, 2 vols. Michael Burgan. 2016. (Captured History Ser.). (ENG.). (J). (gr. 5-7). 53.32 *(978-0-7565-5562-7(0))*; (Illus.). 64p. lib. bdg. 35.32 *(978-0-7565-5424-8(1)*, 132560) Capstone. (Compass Point Bks.).

Death at Little Mound. Eileen Charbonneau. 2021. (ENG.). 234p. (YA). pap. *(978-0-2286-1753-2(7))* Books We Love Publishing Partners.

Death at the South Pole! Antarctica, 1911-1912. Nancy Dickmann. 2022. (Doomed History Ser.). (ENG.). (J). (gr. 3-7). lib. bdg. 28.50 Bearport Publishing Co., Inc.

Death Be Not Proud Novel Units Teacher Guide. Novel Units. 2019. (ENG.). (YA). pap. 12.99 *(978-1-56137-149-5(1)*, Novel Units, Inc.) Classroom Library Co.

Death-Bed of Politics, or the Coming of the Comet in Seven Days: With Humourous Etchings (Classic Reprint) Unknown Author. (ENG., Illus.). (J). 2018. 62p. 25.18 *(978-0-267-39985-7(5))*; 2016. pap. 9.57 *(978-1-334-12356-6(X))* Forgotten Bks.

Death-Beds (Classic Reprint) Great Britain Religious Tract Society. 2018. (ENG., Illus.). 24p. (J). 24.39 *(978-0-428-65789-5(3))* Forgotten Bks.

Death Bringer (Skulduggery Pleasant, Book 6) Derek Landy. 2018. (Skulduggery Pleasant Ser.: 6). (ENG.). 608p. (J). 7.99 *(978-0-00-826638-7(7)*, HarperCollins Children's Bks.) HarperCollins Pubs. Ltd. GBR. Dist: HarperCollins Pubs.

Death by Airship, 1 vol. Arthur Slade. 2019. (Orca Currents Ser.). (ENG.). 128p. (J). (gr. 4-7). pap. 9.95 *(978-1-4598-1870-5(9))* Orca Bk. Pubs. USA.

Death by Society. Sierra Elmore. 2022. (ENG.). 376p. (YA). 26.99 ***(978-1-0880-4343-1(7))*** Indy Pub.

Death by the Black Death - Ancient History 5th Grade Children's History. Baby Professor. 2017. (ENG., Illus.). (J). pap. 8.79 *(978-1-5419-1341-7(8)*, Baby Professor (Education Kids)) Speedy Publishing LLC.

Death by the River. Alexandrea Weis & Lucas Astor. 2018. (Standalone YA Thriller Ser.). (ENG.). 358p. (gr. 7). pap. 18.95 *(978-1-944109-14-1(5))* Vesuvian Bks.

Death Camp Uprising: The Escape from Sobibor Concentration Camp. Nel Yomtov. Illus. by Wilson Tortosa & Michael Bartolo. 2017. (Great Escapes of World War II Ser.). (ENG.). 32p. (J). (gr. 3-9). lib. bdg. 31.32 *(978-1-5157-3532-8(X)*, 133507, Capstone Pr.) Capstone.

Death-Cast 2-Book Hardcover Box Set: The First to Die at the End, They Both Die at the End. Adam Silvera. 2022. (ENG.). 944p. (YA). (gr. 8). 38.98 *(978-0-06-327855-4(3)*, Quill Tree Bks.) HarperCollins Pubs.

Death Casts a Shadow. John V. Mercurio. 2021. (ENG.). 318p. (YA). pap. 20.95 *(978-1-63961-432-5(X))* Christian Faith Publishing.

Death (Classic Reprint) Emile Zola. 2017. (ENG., Illus.). (J). 25.79 *(978-0-266-22084-8(3))*; pap. 9.57 *(978-1-5279-7557-6(6))* Forgotten Bks.

Death Coming up the Hill. Chris Crowe. 2018. (ENG.). 208p. (YA). (gr. 9). pap. 15.99 *(978-1-328-90410-2(5)*, 1700750, Clarion Bks.) HarperCollins Pubs.

Death Cry (Classic Reprint) Darby Hauck. 2018. (ENG., Illus.). 278p. (J). 29.65 *(978-0-483-57464-9(3))* Forgotten Bks.

Death, Disease & the Dark Ages: Troubled Times in the Western World. Baby Professor. 2017. (ENG., Illus.). (J). pap. 7.89 *(978-1-5419-0280-0(7)*, Baby Professor (Education Kids)) Speedy Publishing LLC.

Death-Doctor: Being the Remarkable Confessions of Archibald More d'Escombe, M. D. , of Kensington, London, Selected (Classic Reprint) Laurence Lanner-Brown. 2018. (ENG., Illus.). 386p. (J). 31.86 *(978-0-483-21792-8(1))* Forgotten Bks.

Death Dot. Shawn T. Upton. 2017. (ENG., Illus.). (J). pap. 11.40 *(978-1-61947-314-0(3)*, Quantalore) Spatterlight Pr.

Death Dragon's Kiss. T. K. Kiser. 2017. (Manakor Chronicles Ser.: Vol. 2). (ENG., Illus.). (YA). (gr. 7-9). pap. 15.95 *(978-1-943835-07-2(1))* St. Pancratius Pr.

Death Drop. Melanie Jackson. 2nd ed. 2020. (Orca Currents Ser.). (ENG.). 144p. (J). (gr. 4-7). pap. 10.95 *(978-1-4598-2823-0(2))* Orca Bk. Pubs. USA.

Death Eaters: Meet Nature's Scavengers. Kelly Milner Halls. 2018. (ENG., Illus.). 40p. (J). (gr. 4-8). 33.32 *(978-1-5124-8200-3(5)*, 7fcb3d03-0833-4503-a7ee-89defc0d2e2b, Millbrook Pr.) Lerner Publishing Group.

Death in the Desert: Dragon Wars - Book 11. Craig Halloran. 2020. (Dragon Wars Ser.: Vol. 11). (ENG.). 278p. (YA). 19.99 *(978-1-946218-87-2(1))* Two-Ten Bk. Pr., Inc.

Death in the Donner Party: A Cause-And-Effect Investigation. Emily Rose Oachs. ed. 2016. (Cause-And-Effect Disasters Ser.). (ENG., Illus.). 40p. (J). (gr. 4-6). E-Book 46.65 *(978-1-5124-1126-3(4)*, Lerner Pubns.) Lerner Publishing Group.

Death in the Quarry (Classic Reprint) George Douglas Howard Cole. 2017. (ENG., Illus.). (J). 30.54 *(978-0-331-61017-8(5))*; pap. 13.57 *(978-0-259-45192-1(4))* Forgotten Bks.

Death in the Spotlight. Robin Stevens. 2023. (Murder Most Unladylike Mystery Ser.). (ENG., Illus.). 400p. (J). (gr. 5). 18.99 *(978-1-6659-1937-1(X)*, Simon & Schuster Bks. For Young Readers) Simon & Schuster Bks. For Young Readers.

Death Is My BFF. Katarina E. Tonks. 2023. (Death Chronicles Ser.: 1). (ENG.). 384p. (YA). 19.99 ***(978-1-998854-27-1(2)***, 900296623); pap. 12.99 ***(978-1-990259-99-9(5)***, 900290720) Wattpad Bks. CAN. Dist: Macmillan.

Death March to the Parallel World Rhapsody, Vol. 14 (light Novel) Hiro Ainana. 2021. (Death March to the Parallel World Rhapsody Ser.: 14). (ENG., Illus.). 260p. (gr. 8-17). pap., pap. 15.00 *(978-1-9753-2080-5(8)*, Yen Pr.) Yen Pr. LLC.

Death Marked. Leah Cypess. 2016. (ENG.). 400p. (YA). (gr. 8). pap. 9.99 *(978-0-06-222125-4(6)*, Greenwillow Bks.) HarperCollins Pubs.

Death-Mask & Other Ghosts (Classic Reprint) H. D. Everett. 2017. (ENG., Illus.). (J). 30.74 *(978-0-265-26212-2(7))* Forgotten Bks.

Death of a Cheerleader (Riverdale, Novel 4), 1 vol., Vol. 4. Micol Ostow. 2020. (Riverdale Ser.: 4). (ENG.). 304p. (YA). (gr. 7-7). pap. 9.99 *(978-1-338-61407-7(X))* Scholastic, Inc.

Death of a Salesman Novel Units Student Packet. Novel Units. 2019. (ENG.). (YA). pap. 13.99 *(978-1-56137-385-7(0)*, Novel Units, Inc.) Classroom Library Co.

Death of a Salesman Novel Units Teacher Guide. Novel Units. 2019. (ENG.). (YA). (gr. 9-12). pap. 12.99 *(978-1-56137-185-3(8)*, BK8168, Novel Units, Inc.) Classroom Library Co.

Death of a Sorcerer: Inked Series. J. V. Delaney. 2020. (Inked Ser.). (ENG.). 276p. (YA). (gr. 7-12). pap. ***(978-1-925999-56-3(4))*** Australian EBk. Pub.

Death of a Wallaby: The Wobbly Wallaby II. Mike Skillicorn. 2018. (Wobbly Wallaby Ser.: Vol. 2). (ENG., Illus.). 180p. (YA). (gr. 7-9). pap. *(978-0-9945088-3-6(2))* Skill Enterprises Australia P/L.

Death of Baldur. Louise Simonson & Eduardo Garcia. Illus. by Eduardo Garcia. 2016. (Norse Myths: a Viking Graphic Novel Ser.). (ENG., Illus.). 56p. (J). (gr. 4-8). lib. bdg. 27.99 *(978-1-4965-3488-0(3)*, 132600, Stone Arch Bks.) Capstone.

Death of Cupcake: A Child's Experience with Loss. Susan Nicholas. Ed. by Amy Betz. Illus. by Basia Tran. 2020. (Conscious Children's Bks.: Vol. 2). (ENG.). 38p. (J). 22.99 *(978-1-7324336-5-6(8))* Human Consciousness Consortium.

Death of Cupcake: A Child's Experience with Loss. Susan Nicholas. Ed. by Amy Betz. Illus. by Basia Tran. 2020. (Conscious Children's Bks.: Vol. 2). (ENG.). 38p. (J). pap. 17.99 *(978-1-7324336-7-0(4))* Human Consciousness Consortium.

Death of Faith. Alfonso Martin. 2022. (ENG.). 36p. (J). pap. 6.99 ***(978-1-6653-0451-1(0))*** BookLogix.

Death of Ivan Ilich; Dramatic Works; the Kreutzer Sonata (Classic Reprint) Lev N. Tolstoy. (ENG., Illus.). (J). 2018. 530p. 34.83 *(978-0-666-88477-0(3))*; 2017. pap. 19.57 *(978-0-243-18372-2(0))* Forgotten Bks.

Death of Me. Rachel Langley. 2020. (Struck Ser.: Vol. 3). (ENG.). 294p. (YA). 17.00 *(978-0-578-66803-1(3))*; pap. 13.99 *(978-0-578-66804-8(1))* Langley, Rachel.

Death of Sociopath in America. Rony Joseph. 2019. (ENG.). 74p. (J). pap. 18.95 *(978-0-359-44326-0(5))* Lulu Pr., Inc.

Death of the Hybrid King. Diondra Sims. 2016. (ENG., Illus.). (J). pap. 16.99 *(978-1-365-46905-3(0))* Lulu Pr., Inc.

Death of the Lion (Classic Reprint) Henry James. 2018. (ENG., Illus.). 76p. (J). 25.48 *(978-0-267-22188-2(6))* Forgotten Bks.

Death of Tintagiles: A Play (Classic Reprint) Maurice Maeterlinck. 2018. (ENG., Illus.). 52p. (J). 24.97 *(978-0-267-50837-2(9))* Forgotten Bks.

Death on the Nile (Classic Reprint) Agatha Christie. 2017. (ENG., Illus.). (J). 30.83 *(978-0-331-46876-2(X))* Forgotten Bks.

Death on the River of Doubt: Theodore Roosevelt's Amazon Adventure. Samantha Seiple. 2017. (Illus.). 214p. (J). *(978-1-338-12771-3(3)*, Scholastic Pr.) Scholastic, Inc.

Death on the Summit: A Ritchie & Fitz Sci-Fi Murder Mystery. Kate MacLeod. l.t. ed. 2021. (Ritchie & Fitz Sci-Fi Murder Mysteries Ser.: Vol. 4). (ENG.). 396p. (YA). pap. 13.99 ***(978-1-951439-75-0(9))*** Ratatoskr Pr.

Death or Ice Cream? Gareth P. Jones. 2017. (ENG.). 256p. (gr. 7). pap. 15.95 *(978-1-56792-610-1(X))* Godine, David R. Pub.

Death Penalty, 1 vol. Ed. by Megan Manzano. 2017. (At Issue Ser.). (ENG.). 120p. (YA). (gr. 10-12). 41.03 *(978-1-5345-0208-6(4)*, 3ed83064-7001-402d-8bab-1688b2c49346) Greenhaven Publishing LLC.

Death Penalty: Furman V. Georgia, 1 vol. D. J. Herda. 2016. (U. S. Supreme Court Landmark Cases Ser.). (ENG.). 128p. (gr. 7-7). 38.93 *(978-0-7660-8430-8(2)*, 76be0513-145f-4406-9d1e-a0f8d7a3fac7) Enslow Publishing, LLC.

Death Penalty: Just Punishment or Cruel Practice?, 1 vol. Allison Krumsiek. 2017. (Hot Topics Ser.). (ENG.). 104p. (YA). (gr. 7-7). pap. 20.99 *(978-1-5345-6293-6(1)*, d2ddbe8a-ffda-44d0-8412-74bfe8d5d500); lib. bdg. 41.03 *(978-1-5345-6205-9(2)*, b53fd4c1-6ac6-4c25-9eb9-8648f481eaa0) Greenhaven Publishing LLC. (Lucent Pr.).

Death Plays Solitaire (Classic Reprint) R. L. Goldman. 2018. (ENG., Illus.). 188p. (J). 27.77 *(978-0-364-30143-2(0))* Forgotten Bks.

Death Prefers Blondes. Caleb Roehrig. 2020. (ENG.). 464p. (YA). pap. 10.99 *(978-1-250-23362-2(3)*, 900184782) Square Fish.

Death Race: Countdown to Extinction. M. C. Ogbuabo. 2020. (Game Ser.: Vol. 1). (ENG.). 68p. (J). pap. 9.99 *(978-1-63625-433-3(0))* Primedia eLaunch LLC.

Death Role. Hannah Kay. 2018. (Unaccounted For Ser.: Vol. 1). (ENG., Illus.). 290p. (YA). pap. 18.95 *(978-1-64191-880-0(2))* Christian Faith Publishing.

Death Shot. Mayne Reid. 2017. (ENG.). (J). 298p. pap. *(978-3-337-34691-1(X))*; 296p. pap. *(978-3-337-34692-8(8))*; 294p. pap. *(978-3-337-34693-5(6))* Creation Pubs.

Death-Shot: A Story Retold (Classic Reprint) Mayne Reid. 2018. (ENG., Illus.). 430p. (J). 32.77 *(978-0-483-97851-5(5))* Forgotten Bks.

Death Shot, Vol. 1 Of 3: A Romance of Forest & Prairie (Classic Reprint) Mayne Reid. 2017. (ENG., Illus.). (J). 30.00 *(978-0-266-16695-5(4))* Forgotten Bks.

Death Smells Disaster. Shereen Vedam. 2022. (Outside the Circle Mystery Ser.: Vol. 3). (ENG.). 220p. (J). pap. ***(978-1-989036-15-0(5))*** LoGreco, Bruno.

Death Star Battle. Trey King. 2016. (Illus.). 30p. (J). *(978-1-4806-9628-0(5)*, Disney Lucasfilm Press) Disney Publishing Worldwide.

Death Star Battle. Disney Book Group et al. ed. 2016. (Star Wars: World of Reading Ser.). (Illus.). 30p. (J). lib. bdg. 13.55 *(978-0-606-37540-5(6))* Turtleback.

Death, the Devil, & the Goldfish. Andrew Buckley. 2020. (ENG.). 250p. (YA). pap. 14.99 *(978-1-953491-00-8(6))* Immortal Works LLC.

Death the Knight & the Lady: A Ghost Story (Classic Reprint) H. de Vere Stacpoole. 2017. (ENG., Illus.). (J). 27.77 *(978-0-331-58890-3(0))* Forgotten Bks.

Death Train. Charles Gilbert. 2022. (ENG.). 40p. (J). pap. 7.10 *(978-1-4357-7920-4(7))* Lulu Pr., Inc.

Death under Sand. Christopher Stimpson. 2021. (ENG.). 240p. (YA). pap. 18.95 *(978-1-6624-4779-2(5))* Page Publishing Inc.

Death Valley. Tammy Gagne. 2019. (J). *(978-1-7911-1066-6(5)*, AV2 by Weigl) Weigl Pubs., Inc.

Death Valley. Sara Gilbert. 2016. (National Park Explorers Ser.). (ENG., Illus.). 24p. (J). (gr. 1-4). *(978-1-60818-630-3(X)*, 20498, Creative Education) Creative Co., The.

Death Valley In '49. William Lewis Manly. 2017. (ENG., Illus.). (J). 28.95 *(978-1-374-94119-9(0))*; pap. 18.95 *(978-1-374-94118-2(2))* Capital Communications, Inc.

Death Valley In 49: Important Chapter of California Pioneer History; the Autobiography of a Pioneer, Detailing His Life from a Humble Home in the Green Mountains to the Gold Mines of California; & Particularly Reciting the Sufferings of the Band of Men, William Lewis Manly. 2018. (ENG., Illus.). 502p. (J). 34.25 *(978-0-365-12191-6(6))* Forgotten Bks.

Death Valley National Park Coloring Adventure. Mike Foley. 2017. (ENG., Illus.). (J). pap. 7.95 *(978-0-692-91040-5(9))* Wild About Coloring.

Death-Valley Slim: And Other Stories (Classic Reprint) Pauline Wilson Worth. 2018. (ENG., Illus.). 50p. (J). 24.95 *(978-0-267-82040-5(2))* Forgotten Bks.

Death Weavers. Brandon Mull. 2016. (Five Kingdoms Ser.: 4). (ENG., Illus.). 512p. (J). (gr. 3-7). 19.99 *(978-1-4424-9709-2(2)*, Aladdin) Simon & Schuster Children's Publishing.

Death Weavers. Brandon Mull. ed. 2017. (Five Kingdoms Ser.: 4). lib. bdg. 19.65 *(978-0-606-39758-2(2))* Turtleback.

Deathcaster. Cinda Williams Chima. 656p. (YA). 2020. (Shattered Realms Ser.: 4). (ENG.). (gr. 8). pap. 11.99 *(978-0-06-238104-0(0))*; 2019. (Illus.). *(978-0-06-290591-8(0))*; 2019. (Shattered Realms Ser.: 4). (ENG., Illus.). (gr. 8). 18.99 *(978-0-06-238103-3(2))* HarperCollins Pubs. (HarperTeen).

Deathless Divide. Justina Ireland. (ENG.). 560p. (YA). (gr. 9). 2021. pap. 10.99 *(978-0-06-257064-2(1))*; 2020. 18.99 *(978-0-06-257063-5(3))* HarperCollins Pubs. (Balzer & Bray).

DeathMarked. Aj Eversley. 2020. (ENG.). 416p. (YA). pap. *(978-1-912775-29-3(8))* Aelurus Publishing.

Deathstalker Scorpion. Laura L. Sullivan. 2017. (Toxic Creatures Ser.). 32p. (gr. 3-3). pap. 63.48 *(978-1-5026-2577-9(6)*, Cavendish Square) Cavendish Square Publishing LLC.

Deathwatch Novel Units Teacher Guide. Novel Units. 2019. (ENG.). (YA). pap. 12.99 *(978-1-56137-140-2(8)*, Novel Units, Inc.) Classroom Library Co.

Deb Haaland. June Thiele. Illus. by Jeff Bane. 2022. (My Early Library: My Itty-Bitty Bio Ser.). (ENG.). 24p. (J). (gr. k-1). pap. 12.79 *(978-1-6689-0005-5(X)*, 220096); lib. bdg. 30.64 *(978-1-5341-9891-3(1)*, 219952) Cherry Lake Publishing.

Deb Haaland: First Native American Cabinet Secretary. Jill Doerfler & Matthew J. Martinez. 2022. (Gateway Biographies Ser.). (ENG., Illus.). 48p. (J). (gr. 4-8). pap. 11.99 *(978-1-7284-6318-6(1)*, e643c02b-7638-423a-8a81-f070364e81b4); lib. bdg. 31.99 *(978-1-7284-5845-8(5)*, 80fec49a-f99f-4da6-9238-7d4ebaca06f5) Lerner Publishing Group. (Lerner Pubns.).

Debatable Ground (Classic Reprint) G. B. Stern. 2018. (ENG., Illus.). 416p. (J). 32.50 *(978-0-267-21435-8(9))* Forgotten Bks.

Debatable Land: A Novel (Classic Reprint) Arthur Arthur. 2018. (ENG., Illus.). 336p. (J). 30.83 *(978-0-483-69388-3(X))* Forgotten Bks.

Debate about Animal Testing. Gail Terp. 2018. (Pros & Cons Ser.). (ENG., Illus.). 48p. (J). (gr. 5-6). pap. 11.95 *(978-1-63517-592-9(5)*, 1635175925); lib. bdg. 34.21 *(978-1-63517-520-2(8)*, 1635175208) North Star Editions. (Focus Readers).

Debate about Homework. Anika Fajardo. 2018. (Pros & Cons Ser.). (ENG., Illus.). 48p. (J). (gr. 5-6). pap. 11.95 *(978-1-63517-593-6(3)*, 1635175933); lib. bdg. 34.21 *(978-1-63517-521-9(6)*, 1635175216) North Star Editions. (Focus Readers).

Debate about Legalizing Marijuana. Marne Ventura. 2018. (Pros & Cons Ser.). (ENG., Illus.). 48p. (J). (gr. 5-6). pap. 11.95 *(978-1-63517-594-3(1)*, 1635175941); lib. bdg. 34.21 *(978-1-63517-522-6(4)*, 1635175224) North Star Editions. (Focus Readers).

Debate about Paying College Athletes. Gail Terp. 2018. (Pros & Cons Ser.). (ENG., Illus.). 48p. (J). (gr. 5-6). pap. 11.95 *(978-1-63517-595-0(X)*, 163517595X); lib. bdg. 34.21 *(978-1-63517-523-3(2)*, 1635175232) North Star Editions. (Focus Readers).

Debate about Playing Video Games. Rachel Seigel. 2018. (Pros & Cons Ser.). (ENG., Illus.). 48p. (J). (gr. 5-6). pap. 11.95 *(978-1-63517-596-7(8)*, 1635175968); lib. bdg. 34.21 *(978-1-63517-524-0(0)*, 1635175240) North Star Editions. (Focus Readers).

Debate about School Uniforms. Rachel Seigel. 2018. (Pros & Cons Ser.). (ENG., Illus.). 48p. (J). (gr. 5-6). pap. 11.95 *(978-1-63517-597-4(6)*, 1635175976); lib. bdg. 34.21 *(978-1-63517-525-7(9)*, 1635175259) North Star Editions. (Focus Readers).

Debate about School Uniforms. Rachel Seigel. 2018. 48p. (J). *(978-1-4896-9612-0(1)*, AV2 by Weigl) Weigl Pubs., Inc.

Debate about the Electoral College. Sue Bradford Edwards. 2018. (Pros & Cons Ser.). (ENG., Illus.). 48p. (J). (gr. 5-6). pap. 11.95 *(978-1-63517-598-1(4)*, 1635175984); lib. bdg. 34.21 *(978-1-63517-526-4(7)*, 1635175267) North Star Editions. (Focus Readers).

Debate about the Electoral College. Sue Bradford Edwards. 2018. (Illus.). 48p. (J). *(978-1-63517-742-8(1)*, Focus Readers) North Star Editions.

Debate about the Electoral College. Sue Bradford Edwards. 2018. 48p. (J). *(978-1-4896-9616-8(4)*, AV2 by Weigl) Weigl Pubs., Inc.

Debate about Vaccines. Patricia Hutchison. 2018. (Pros & Cons Ser.). (ENG., Illus.). 48p. (J). (gr. 5-6). pap. 11.95 *(978-1-63517-599-8(2)*, 1635175992); lib. bdg. 34.21 *(978-1-63517-527-1(5)*, 1635175275) North Star Editions. (Focus Readers).

Debate, & Division: An Epistle (Classic Reprint) B. McMillan. 2018. (ENG., Illus.). 80p. (J). 25.57 *(978-0-484-50333-4(2))* Forgotten Bks.

Debate Between the Church & Science, or the Ancient Hebraic Idea of the Six Days of Creation: With an Essay on the Literary Character of Tayler Lewis (Classic Reprint) Francis William Upham. 2018. (ENG., Illus.). 448p. (J). 33.14 *(978-0-365-31478-3(1))* Forgotten Bks.

Debate on Woman Suffrage in the Senate of the United States: 2D Session, 49th Congress, December 8, 1886, & January 25 1887. Henry W. Blair. 2017. (ENG., Illus.). (J). 24.95 *(978-1-374-89668-0(3))*; pap. 14.95 *(978-1-374-89667-3(5))* Capital Communications, Inc.

Debater: Midyear Number, 1919 (Classic Reprint) Ida M. Low. 2017. (ENG., Illus.). (J). 25.01 *(978-0-265-59845-0(1))*; pap. 9.57 *(978-0-282-92044-9(7))* Forgotten Bks.

Debater, 1920 (Classic Reprint) Thomas J. Lally. (ENG., Illus.). (J). 2018. 56p. 25.07 *(978-0-364-74527-4(4))*; 2017. pap. 9.57 *(978-0-259-82277-6(9))* Forgotten Bks.

Debater, 1923 (Classic Reprint) Wakefield High School. (ENG., Illus.). (J). 2018. 54p. 25.03 *(978-0-428-80573-9(6))*; 2017. pap. 9.57 *(978-0-243-03309-6(5))* Forgotten Bks.

Debater, Vol. 3: June, 1915 (Classic Reprint) Wakefield High School. (ENG., Illus.). (J). 2018. 32p. 24.56 *(978-0-483-94568-5(4))*; 2017. pap. 7.97 *(978-0-243-50002-4(5))* Forgotten Bks.

Debates on 20th-Century Immigration. Melissa Abramovitz. 2018. (Debating History Ser.). (ENG.). 80p. (YA). (gr. 6-12). 39.93 *(978-1-68282-369-9(5))* ReferencePoint Pr., Inc.

Debates on the 9/11 Attacks. Robert Green. 2018. (Debating History Ser.). (ENG.). 80p. (YA). (gr. 6-12). 39.93 *(978-1-68282-377-4(6))* ReferencePoint Pr., Inc.

Debates on the Crusades. Don Nardo. 2018. (Debating History Ser.). (ENG.). 80p. (YA). (gr. 6-12). 39.93 *(978-1-68282-365-1(2))* ReferencePoint Pr., Inc.

Debates on the Holocaust. Don Nardo. 2018. (Debating History Ser.). (ENG.). 80p. (YA). (gr. 6-12). 39.93 *(978-1-68282-367-5(9))* ReferencePoint Pr., Inc.

Debates on the Rise of Islamist Extremism. Robert Green. 2018. (Debating History Ser.). (ENG.). 80p. (YA). (gr. 6-12). 39.93 *(978-1-68282-371-2(7))* ReferencePoint Pr., Inc.

Debates on the Slave Trade. Don Nardo. 2018. (Debates in History Ser.). (ENG.). 80p. (YA). (gr. 6-12). 39.93 *(978-1-68282-373-6(3))* ReferencePoint Pr., Inc.

Debates on the Soviet Union's Collapse. John Allen. 2018. (Debating History Ser.). (ENG.). 80p. (YA). (gr. 6-12). 39.93 *(978-1-68282-375-0(X))* ReferencePoint Pr., Inc.

Debating Darcy. Sayantani DasGupta. 2023. (ENG.). 320p. (YA). (gr. 7). pap. 12.99 *(978-1-338-79770-1(0)*, Scholastic Pr.) Scholastic, Inc.

Debating Definitions. Eve Baker. 2022. (ENG.). 132p. (YA). pap. *(978-1-80369-276-0(6))* Authors OnLine, Ltd.

Debbi Fields: Mrs. Fields Founder. Rebecca Felix. 2017. (Female Foodies Ser.). (ENG., Illus.). 32p. (J). (gr. 3-6). lib. bdg. 32.79 *(978-1-5321-1268-3(8)*, 27592, Checkerboard Library) ABDO Publishing Co.

Debbie the Duckling Fairy. Daisy Meadows. 2018. (Illus.). 65p. (J). *(978-1-5490-0260-1(0))* Scholastic, Inc.

Debbie the Duckling Fairy. Daisy Meadows. ed. 2018. (Rainbow Magic — Farm Aminal Fairies Ser.). lib. bdg. 14.75 *(978-0-606-41159-2(3))* Turtleback.

Debenham's Vow (Classic Reprint) Amelia Blanford Edwards. 2017. (ENG., Illus.). (J). 27.61 *(978-0-331-24634-6(1))*; pap. 9.97 *(978-0-266-07776-3(5))* Forgotten Bks.

Debenham's Vow, Vol. 1 of 3 (Classic Reprint) Amelia B. Edwards. 2018. (ENG., Illus.). 308p. (J). 30.25 *(978-0-484-79055-0(2))* Forgotten Bks.

Debian Perl: Digital Detective Book One. Melanie Hilario & Lauren Davis. Illus. by Katie Longua. 2019. (ENG.). 208p. (J). pap. 12.99 *(978-1-5493-0332-6(5)*, d24d2dc-512e-4419-8b7b-f1a391782acd, Lion Forge) Oni Pr., Inc.

Debit Account (Classic Reprint) Oliver Onions. 2018. (ENG., Illus.). (J). 30.08 *(978-0-260-86283-9(5))* Forgotten Bks.

Debit & Credit: Translated from the German (Classic Reprint) Gustav Freytag. (ENG., Illus.). (J). 2017. 35.61 *(978-0-266-78393-0(7))*; 2016. pap. 19.57 *(978-1-333-11744-3(2))* Forgotten Bks.

476 The check digit for ISBN-10 appears in parentheses after the full ISBN-13

Debit & Credit: Translated from the German of Gustav Freytag. Gustav Freytag. 2017. (ENG., Illus.). (J). 32.95 *(978-1-374-84602-9(3))*; pap. 23.95 *(978-1-374-84601-2(5))* Capital Communications, Inc.

Debit & Credit, Vol. 1 of 2 (Classic Reprint) Gustav Freytag. (ENG., Illus.). (J). 2017. 452p. 33.22 *(978-0-265-88437-9(3))*; 2016. pap. 16.57 *(978-1-334-14752-4(3))* Forgotten Bks.

Debit & Credit, Vol. 2 Of 2: Translated from the German (Classic Reprint) Gustav Freytag. 2017. (ENG., Illus.). (J). 32.27 *(978-0-266-94664-9(X))*; pap. 16.57 *(978-0-243-25589-4(6))* Forgotten Bks.

Debits & Credits (Classic Reprint) Rudyard Kipling. (ENG., Illus.). (J). 2018. 474p. 33.67 *(978-0-483-10461-7(2))*; 2016. pap. 16.57 *(978-1-333-45293-3(4))* Forgotten Bks.

Debonair Bear. Richard Turner. Illus. by Deborah Sheehy. 2023. 32p. (J). (gr. k-3). 17.95 *(978-1-76036-155-6(0)*, e6630dec-8224-4239-bfcf-9be7cb2f4aba) Starfish Bay Publishing Pty Ltd. AUS. Dist: Baker & Taylor Publisher Services (BTPS).

Debonnaire (Classic Reprint) William Farquhar Payson. 2017. (ENG., Illus.). (J). pap. 11.57 *(978-0-259-19827-7(7))* Forgotten Bks.

Debora - Hombres y Mujeres de la Biblia. Contrib. by Casscom Media. 2017. (Men & Women of the Bible - Revised Ser.). (ENG & SPA.). (J). pap. *(978-87-7132-613-0(8))* Scandinavia Publishing Hse.

Deborah - Men & Women of the Bible Revised. Contrib. by Casscom Media. 2017. (Men & Women of the Bible - Revised Ser.). (ENG., Illus.). (J). pap. *(978-87-7132-579-9(4))* Scandinavia Publishing Hse.

Deborah & the Very Big Battle. Tim Thornborough. Illus. by Jennifer Davison. 2020. (Very Best Bible Stories Ser.). (ENG.). 24p. (J). *(978-1-78498-556-1(2))* Good Bk. Co., The.

Deborah Dent & Her Donkey, and, Madam Fig's Gala: Two Humorous Tales (Classic Reprint) Unknown Author. 2018. (ENG., Illus.). 38p. (J). 24.70 *(978-0-267-87176-6(7))* Forgotten Bks.

Deborah Dent & Her Donkey, & Madam Fig's Gala: Two Humorous Tales; Embellished with Eighteen Beautifully-Coloured Engravings (Classic Reprint) Unknown Author. 2017. (ENG., Illus.). (J). 24.80 *(978-0-265-68948-6(1))* Forgotten Bks.

Deborah Judge & Warrior. Loveworld Publishing. 2019. (ENG.). 18p. (J). (gr. -1). pap. 9.99 *(978-1-946026-56-9(5)*, 160063) LoveWorld Publishing.

Deborah Moses, or Pen Pictures of Colonial Life in New England (Classic Reprint) Andrew Wellington. 2018. (ENG., Illus.). 592p. (J). 36.11 *(978-0-483-45959-5(3))* Forgotten Bks.

Deborah/Abigail Flip-Over Book. Victoria Kovacs. 2017. (Little Bible Heroes(tm) Ser.). (ENG.). 32p. (J). (gr. -1 — 1). pap. 3.99 *(978-1-4627-4336-0(6)*, 005793544, B&H Kids) B&H Publishing Group.

Deborah's Tree. Jane Yolen. Illus. by Cosei Kawa. 2022. (ENG.). 32p. (J). (gr. k-3). 8.99 *(978-1-7284-3901-3(9)*, 1f98fe15-e39d-433d-933e-50b8d86dcaea, Kar-Ben Publishing) Lerner Publishing Group.

Debra the Substitute Teacher. Zachary Strobel et al. 2019. (ENG.). 34p. (J). pap. *(978-1-7947-2197-5(5))* Lulu Pr., Inc.

Debris Dreams. David Colby. 2016. (Lunar Cycle Ser.: Vol. 1). (ENG., Illus.). (YA). pap. 14.95 *(978-1-942480-13-6(X))* Thinking Ink Pr.

Debris, Vol. 1: June, 1909 (Classic Reprint) Lancaster High School. (ENG., Illus.). (J). 2018. 54p. 25.01 *(978-0-484-27782-2(0))*; 2017. pap. 9.57 *(978-0-243-48797-4(5))* Forgotten Bks.

Debs Goes to Prison (Classic Reprint) David Karsner. (ENG., Illus.). (J). 2018. 70p. 25.36 *(978-0-483-06969-5(8))*; 2016. pap. 9.57 *(978-1-334-14513-1(X))* Forgotten Bks.

Debt (Classic Reprint) G. P. Robinson. (ENG., Illus.). (J). 2018. 338p. 30.87 *(978-0-332-99209-9(8))*; 2016. pap. 13.57 *(978-1-333-70144-4(6))* Forgotten Bks.

Debt Monster. Mary Becker. Illus. by Tim Williams. 2022. (ENG.). 40p. (J). 16.99 *(978-1-6653-0545-7(2))* BookLogix.

Debtor a Novel (Classic Reprint) Mary Wilkins Freeman. 2017. (ENG., Illus.). 582p. (J). 35.92 *(978-0-484-74777-6(0))* Forgotten Bks.

Debts of Honor (Classic Reprint) Arthur B. Yolland. 2017. (ENG., Illus.). (J). 32.74 *(978-1-5282-9044-9(5))* Forgotten Bks.

Debugging: You Can Fix It! Patricia M. Stockland. Illus. by Sr. Sanchez. 2018. (Code It! Ser.). (ENG.). 24p. (C). (gr. 1-3). lib. bdg. 33.99 *(978-1-68410-388-1(6)*, 140361) Cantata Learning.

Debugging & Problem Solving. Teddy Borth. 2021. (Coding Basics Ser.). (ENG., Illus.). 24p. (J). (gr. k-3). lib. bdg. 31.36 *(978-1-5321-6962-5(0)*, 38001, Pop! Cody Koala) Pop!.

Debugging Disaster! Kirsty Holmes. 2019. (Code Academy Ser.). (ENG.). 24p. (J). (gr. 2-2). pap. *(978-0-7787-6339-0(0)*, 1bf4fbdf-ac4f-419d-83a9-fc9bf59e8bb9); lib. bdg. *(978-0-7787-6329-1(3)*, bc45da16-2ea6-4453-8fba-81be81511d53) Crabtree Publishing Co.

Debunk It! Fake News Edition: How to Stay Sane in a World of Misinformation. John Grant. 2019. (ENG., Illus.). 296p. (YA). (gr. 8-12). 37.32 *(978-1-5415-7856-2(2)*, fc365f8c-403f-4da3-a66c-bd9698f09fe8); pap. 14.99 *(978-1-942186-59-5(2)*, ba11571f-df0d-43f6-9a4e-f10oddd2a26b) Lerner Publishing Group. (Zest Bks.).

Debunking Conspiracy Theories, 1 vol. Anna Maria Johnson. 2018. (News Literacy Ser.). (ENG.). 64p. (J). (gr. 5-5). pap. 16.28 *(978-1-5026-4047-5(3)*, 6f32b2aa-c4d4-410b-ac3a-f8653fe936e9) Cavendish Square Publishing LLC.

Debutante: Or the London Season (Classic Reprint) Gore. 2017. (ENG., Illus.). (J). 31.32 *(978-0-265-94295-6(0))* Forgotten Bks.

Decade & a Half: In My Own Words: Poems & Prose. Maya Manley. 2017. (ENG., Illus.). (YA). pap. 13.99 *(978-0-9985210-1-5(9))* 13th & Joan.

Decades of Twentieth-Century America, 10 vols., Set. Incl. America in the 1900s. Marlene Targ Brill. lib. bdg. 38.60 *(978-0-8225-3436-5(3))*; America in the 1910s. Marlene Targ Brill & Marlee Richards. lib. bdg. 38.60 *(978-0-8225-3437-2(1))*; America in the 1920s. Edmund Lindop & Margaret Goldstein. (Illus.). lib. bdg. 38.60 *(978-0-7613-2831-5(9))*; America in the 1930s. Edmund Lindop & Margaret Goldstein. lib. bdg. 38.60 *(978-0-7613-2832-2(7))*; America in the 1940s. Edmund Lindop & Margaret Goldstein. lib. bdg. 38.60 *(978-0-7613-2945-9(5))*; America in the 1950s. Edmund Lindop & Sarah DeCapua. lib. bdg. 38.60 *(978-0-8225-7642-6(2))*; America in the 1960s. Edmund Lindop & Margaret Goldstein. lib. bdg. 38.60 *(978-0-7613-3453-8(X))*; America in the 1970s. Marlene Targ Brill & Marlee Richards. lib. bdg. 38.60 *(978-0-8225-3438-9(X))*; America in the 1980s. Marlene Targ Brill. lib. bdg. 38.60 *(978-0-8225-7602-0(3))*; America in the 1990s. Marlene Targ Brill. lib. bdg. 38.60 *(978-0-8225-7603-7(1))*; 144p. (gr. 5-12). 2009. (Decades of Twentieth-Century America Ser.). (ENG.). 2010. Set lib. bdg. 386.00 *(978-0-8225-8172-7(8)*, Twenty-First Century Bks.) Lerner Publishing Group.

Decalogue: A Novel of the Beginning: Book 10 of the Kristen-Seraphim Saga. G. V. Loewen. 2022. (Kristen-Seraphim Saga Ser.: Vol. 10). (ENG.). 700p. (YA). pap. 31.95 *(978-1-68235-630-2(2))* Strategic Book Publishing & Rights Agency (SBPRA).

Decameron. Boccaccio Giovanni. 2022. (ENG.). 298p. (J). pap. 35.78 *(978-1-6781-0311-8(X))* Lulu Pr., Inc.

Decameron, or Ten Days' Entertainment of Boccaccio (Classic Reprint) Giovanni Boccaccio. (ENG., Illus.). (J). 2018. 616p. 36.62 *(978-0-483-61667-7(2))*; 2017. pap. 19.57 *(978-0-243-28443-6(8))* Forgotten Bks.

Deccan Nursery Tales or Fairy Tales from the South (Classic Reprint) C. a. Kincaid. 2018. (ENG., Illus.). 168p. (J). 27.38 *(978-0-267-15611-5(1))* Forgotten Bks.

Deceased Wife's Sister & My Beautiful Neighbour. William Clark Russell. 2018. (ENG.). 290p. (J). pap. *(978-3-337-41610-2(1))* Creation Pubs.

Deceased Wife's Sister, & My Beautiful Neighbour. in Three Volumes. Vol. III. William Clark Russell. 2017. (ENG., Illus.). (J). pap. *(978-0-649-21879-0(5))* Trieste Publishing Pty Ltd.

Deceased Wife's Sister, & My Beautiful Neighbour, Vol. 3 of 3 (Classic Reprint) William Clark Russell. 2018. (ENG., Illus.). 290p. (J). 29.90 *(978-0-483-98619-0(4))* Forgotten Bks.

Deceived. Katrina Cope. 2020. (Valkyrie Academy Dragon Alliance Ser.: Vol. 10). (ENG., Illus.). 118p. (YA). pap. *(978-0-6486613-9-9(3))* Cosy Burrow Bks.

Deceivers. Kristen Simmons. 2020. (Vale Hall Ser.: 1). (ENG.). 400p. (YA). pap. 10.99 *(978-1-250-17580-9(1)*, 900189447, Tor Teen) Doherty, Tom Assocs., LLC.

Deceivers, 2. Margaret Peterson Haddix. ed. 2022. (Greystone Secrets Ser.). (ENG.). 435p. (J). (gr. 3-7). 21.96 *(978-1-68505-637-7(7))* Penworthy Co., LLC, The.

Deceiver's Heart (the Traitor's Game, Book Two), 1 vol. Jennifer A. Nielsen. 2020. (Traitor's Game Ser.: 2). (ENG.). 384p. (J). (gr. 7). pap. 10.99 *(978-1-338-04542-0(3))* Scholastic, Inc.

Deceiver's Heart (the Traitor's Game, Book Two) (Unabridged Edition), 1 vol. Jennifer A. Nielsen. unabr. ed. 2019. (Traitor's Game Ser.: 2). (ENG.). 2p. (YA). (gr. 7-7). audio compact disk 39.99 *(978-1-338-33128-8(0))* Scholastic, Inc.

Deceiving. Penelope Dyan. Illus. by Dyan. l.t. ed. 2022. (ENG.). 34p. (J). pap. 12.60 *(978-1-61477-622-2(9))* Bellissima Publishing, LLC.

December see Diciembre

December. Julie Murray. 2017. (Months Ser.). (ENG., Illus.). 24p. (J). (gr. -1-2). lib. bdg. 31.36 *(978-1-5321-0026-0(4)*, 25134, Abdo Kids) ABDO Publishing Co.

December Holidays from Around the World - Holidays Kids Book Children's Around the World Books. Baby Professor. 2017. (ENG., Illus.). (J). pap. 9.55 *(978-1-5419-1454-4(6)*, Baby Professor (Education Kids)) Speedy Publishing LLC.

December Tales, Vol. 1: I Turn Now to My Book, I Nunc Liber; Goe Forth My Brave Anatomy, Child of My Brain-Sweat; & Yee, Candidi Lectores, lo! Here I Give Him up to You; Even Do with Him What You Please, My Masters (Classic Reprint) William Harrison Ainsworth. 2018. (ENG., Illus.). 242p. (J). 28.91 *(978-0-483-60769-9(X))* Forgotten Bks.

Decennial Publications of the University of Chicago; Legal Tender a Study in English & American Monetary History. the Decennial Publications, Second Series, Volume VII. S. P. Breckinridge. 2017. (ENG., Illus.). (J). pap. *(978-0-649-56036-3(1))* Trieste Publishing Pty Ltd.

Decepticon Island! Steve Foxe. ed. 2017. (Transformers Passport to Reading Ser.). (J). lib. bdg. 14.75 *(978-0-606-39908-1(9))* Turtleback.

Deception. Suzanne De Montigny. 2019. (Shadow of the Unicorns Ser.: Vol. 2). (ENG., Illus.). 260p. (YA). (gr. 7-12). pap. *(978-0-2286-0736-6(1))* Books We Love Publishing Partners.

Deception. Teri Terry. (Dark Matter Trilogy Ser.). (ENG., Illus.). 368p. (YA). (gr. 7). 2021. pap. 12.99 *(978-1-62354-137-8(9))*; 2019. lib. bdg. 18.99 *(978-1-62354-106-4(9))* Charlesbridge Publishing, Inc. (Charlesbridge Teen).

Deception. S. K. Way. 2020. (Island of Blood Ser.: Vol. 1). (ENG.). 174p. (YA). pap. 11.99 *(978-1-393-65456-8(8))* Draft2Digital.

Deception: MTG Agency Series. Fiona Palmer. 2019. (Mtg Agency Ser.: Vol. 3). (ENG.). 230p. (YA). (gr. 8). pap. *(978-0-6482368-2-5(X))* Palmer, Fiona.

Deception: Real or Fake News? Dona Herweck Rice. 2018. (TIME(r): Informational Text Ser.). (ENG., Illus.). 48p. (J). (gr. 5-8). pap. 11.99 *(978-1-4258-4994-8(6))* Teacher Created Materials, Inc.

Deception: Reality TV. Jordan Smith. 2018. (TIME(r): Informational Text Ser.). (ENG., Illus.). 48p. (J). (gr. 6-8). pap. 13.99 *(978-1-4258-5002-9(2))* Teacher Created Materials, Inc.

Deception: Why Do People Lie? Michelle Reneé Prather. 2018. (TIME(r): Informational Text Ser.). (ENG., Illus.). 48p. (J). (gr. 7-8). pap. 13.99 *(978-1-4258-5010-4(3))* Teacher Created Materials, Inc.

Deception in December. Doreen McAvoy. 2022. (ENG.). 154p. (YA). 20.99 *(978-1-64949-596-9(X))* Elk Lake Publishing, Inc.

Deception in December: Fern Valley Mysteries Book 2. Doreen McAvoy. 2022. (ENG.). 154p. pap. 10.99 *(978-1-64949-644-7(3))* Elk Lake Publishing, Inc.

Deception Revealed - the Wingman Legend Continues. Christine Medicus. 2022. (ENG.). 74p. (YA). pap. 10.95 *(978-1-950768-76-9(7))* ProsePress.

Deceptions of the Night. Angela Chapman. Ed. by Brittney Bayne. 2017. (ENG., Illus.). 194p. (YA). (gr. 7-12). pap. 7.99 *(978-0-9845362-8-3(0))* Fire Pit Creek Publishing.

Deceptively Beautiful. M. J. Padgett. 2020. (ENG.). 294p. (J). pap. 14.99 *(978-1-393-30219-3(X))* Draft2Digital.

Déchets. Québec Amérique. 2020. (Savoir - L'environnement Ser.: 1). (FRE., Illus.). 32p. (J). (gr. 4-8). 18.95 *(978-2-7644-4076-6(6))* Quebec Amerique CAN. Dist: Orca Bk. Pubs. USA.

Decibella & Her 6-Inch Voice 2nd Edition, Volume 2. Julia Cook. Illus. by Anita DuFalla. 2nd ed. 2023. (Communicate with Confidence Ser.). (ENG.). 31p. (J). (gr. k-5). pap. 11.95 Boys Town Pr.

Decided We Fall. Ra'Quann Randle-Bustamonte. 2019. (ENG.). 370p. (YA). (gr. 8-12). pap. 17.65 *(978-0-578-51905-0(4))* Randle-Bustamonte, Ra'Quann.

Decididos a Ser Los Primeros: Leveled Reader Book 74 Level S 6 Pack. Hmh Hmh. 2021. (SPA.). 32p. (J). pap. 74.40 *(978-0-358-08553-9(5))* Houghton Mifflin Harcourt Publishing Co.

Deciduous Forest Biome, 1 vol. Colin Grady. 2016. (Zoom in on Biomes Ser.). (ENG., Illus.). 24p. (J). (gr. 2-2). pap. 10.95 *(978-0-7660-7748-5(9)*, 89db17f7-5c74-4f9e-b6bb-f1fcf20faea0) Enslow Publishing, LLC.

Deciduous Forests. John Willis. 2017. (Habitats Ser.). (ENG.). 24p. (J). lib. bdg. 22.99 *(978-1-5105-1965-7(3))* SmartBook Media, Inc.

Deciduous Trees & Coniferous Trees Explained, 1 vol. Alicia Z. Klepeis. 2016. (Distinctions in Nature Ser.). (ENG., Illus.). 32p. (gr. 3-3). 30.21 *(978-1-5026-1743-9(9)*, 37084d28-5c02-4e44-b87e-eado430d495b) Cavendish Square Publishing LLC.

Decimals & Fractions Made Easy Math Essentials: Children's Fraction Books. Bobo's Little Brainiac Books. 2016. (ENG., Illus.). (J). pap. 7.99 *(978-1-68327-060-7(6))* Sunshine In My Soul Publishing.

Decimals Workbook Math Essentials: Children's Fraction Books. Professor Gusto. 2016. (ENG., Illus.). (J). pap. 10.81 *(978-1-68321-211-9(8))* Mimaxion.

Deciphering Geographic Terminologies Water & Land Formations Social Studies Third Grade Non Fiction Books. Baby Professor. 2021. (ENG.). 72p. (J). 27.99 *(978-1-5419-8103-4(0))*; pap. 16.99 *(978-1-5419-4992-8(7))* Speedy Publishing LLC. (Baby Professor (Education Kids)).

Deciphering the Code: 5-Minute Mysteries for Fans of Creepers. Greyson Mann. Illus. by Grace Sandford. 2017. (5-Minute Stories for Minecrafters Ser.: 2). (ENG.). 120p. (gr. 1-4). 14.99 *(978-1-5107-2838-7(4))*; 112p. (J). (gr. 2-6). pap. 7.99 *(978-1-5107-2369-6(2))* Skyhorse Publishing Co., Inc. (Sky Pony Pr.).

Decir Hola y Adiós (Hello & Goodbye), 1 vol. Kenneth Adams. 2021. (Ser Educado (Being Polite) Ser.). (SPA., Illus.). 24p. (gr. 1-1). pap. 9.25 *(978-1-7253-1253-1(0)*, f81fa5ab-5436-46c3-b6da-c1aae6a565e0); lib. bdg. 25.27 *(978-1-7253-1255-5(7)*, dd491dd3-c513-4a8a-96ec-ed4adfb2aa75) Rosen Publishing Group, Inc., The. (PowerKids Pr.).

Decision. Kayla Rawles. 2016. (ENG.). 172p. (J). *(978-1-365-62733-0(0))* Lulu Pr., Inc.

Decision: A Tale (Classic Reprint) Hofland. 2018. (ENG., Illus.). 298p. (J). 30.04 *(978-0-483-78789-6(2))* Forgotten Bks.

Decision: Book 2. L. K. Kuhl. 2nd ed. 2022. (Everlasting Ser.: Vol. 2). (ENG.). 344p. (YA). pap. 16.99 *(978-1-0879-7728-7(2))* Indy Pub.

Decision - Décision. Ursula Nafula. Illus. by Vusi Malindi. 2022. (FRE.). 40p. (J). pap. *(978-1-922849-77-9(4))* Library For All Limited.

Decision - Uamuzi. Ursula Ursula Nafula. Illus. by Vusi Malindi. 2023. (SWA.). 40p. (J). pap. *(978-1-922876-33-1(X))* Library For All Limited.

Decision of the Court: A Comedy (Classic Reprint) Brande Matthews. (ENG., Illus.). (J). 2018. 70p. 25.34 *(978-0-267-54064-8(7))*; 2016. pap. 9.57 *(978-1-333-38364-0(9))* Forgotten Bks.

Decision, Vol. 1 Of 3: A Tale (Classic Reprint) Anne Raikes Harding. (ENG., Illus.). (J). 2018. 362p. 31.36 *(978-0-267-31350-1(0))*; 2016. pap. 13.97 *(978-1-333-42960-7(6))* Forgotten Bks.

Decision, Vol. 3 Of 3: A Tale (Classic Reprint) Unknown Author. 2018. (ENG., Illus.). 368p. (J). 31.51 *(978-0-483-65165-4(6))* Forgotten Bks.

Decisions, Decisions Devotions for Kids: Featuring 40 Fun, Choose-An-Ending Stories. Trisha Priebe. 2021. (ENG.). 256p. (J). mass mkt. 4.99 *(978-1-64352-932-5(3)*, Shiloh Kidz) Barbour Publishing, Inc.

Deck of Omens. C. L. Herman. 2020. (Devouring Gray Ser.: 2). (ENG., Illus.). 384p. (YA). (gr. 7-17). 18.99 *(978-1-368-02527-0(7))* Hyperion Bks. for Children.

Deck of Omens. C. L. Herman. 2021. (Devouring Gray Ser.: 2). (ENG.). 384p. (YA). (gr. 9-17). pap. 10.99 *(978-0-7595-5510-5(9))* Little, Brown Bks. for Young Readers.

Deck the Halls. Ashley Howland. 2018. (ENG.). 78p. (J). pap. *(978-0-244-12698-8(4))* Lulu Pr., Inc.

Deck the Halls. Running Press. 2020. (ENG., Illus.). 16p. (J). (gr. -1 — 1). bds. 8.99 *(978-0-7624-9633-4(9)*, Running Pr. Kids) Running Pr.

Deck the Halls! Holiday Cut Outs Activity Book. Jupiter Kids. 2016. (ENG., Illus.). 106p. (J). pap. 16.55 *(978-1-68326-116-2(X)*, Jupiter Kids (Childrens & Kids Fiction)) Speedy Publishing LLC.

Deck the Halls with Elmo! a Christmas Sing-Along (Sesame Street) Sonali Fry. Illus. by Random House. 2021. (ENG.). 26p. (J). (— 1). bds. 9.99 *(978-0-593-37813-7(X)*, Random Hse. Bks. for Young Readers) Random Hse. Children's Bks.

Deck the Malls! MacKenzie Cadenhead & Sean Ryan. Illus. by Derek Laufman. 2019. (Marvel Super Hero Adventures Ser.). (ENG.). 80p. (J). (gr. 1-5). lib. bdg. 31.36 *(978-1-5321-4313-7(3)*, 31843, Chapter Bks.) Spotlight.

Deck the Malls! MacKenzie Cadenhead et al. ed. 2018. (Marvel Chapter Ser.). (ENG.). 76p. (J). (gr. 1-3). 14.96 *(978-1-64310-749-3(6))* Penworthy Co., LLC, The.

Deck the Malls! MacKenzie Cadenhead & Sean Ryan. ed. 2017. (Marvel Super Hero Adventures Early Chapter Bks.). (J). lib. bdg. 14.75 *(978-0-606-40980-3(7))* Turtleback.

Declamador Universal. Seleccion. 2019. (ENG & SPA.). 223p. (YA). *(978-970-627-403-8(0))* Epoca, Editorial, S.A. de C.V.

Declamations & Dialogues: 118 Choice Pieces for the Sunday-School (Classic Reprint) Joseph Henry Gilmore. (ENG., Illus.). (J). 2018. 264p. 29.34 *(978-0-483-85567-0(7))*; 2017. pap. 11.97 *(978-0-243-39889-8(1))* Forgotten Bks.

Declan Detten Builds a Tower. Ryan Hockley. Illus. by Caitlin Howlands. 2022. (ENG.). 36p. (J). pap. *(978-1-7779822-3-2(5))* Gauvin, Jacques.

Declan Kirby - GAA Star: Away Days. Michael Egan. 2021. (ENG., Illus.). 160p. (J). pap. 12.95 *(978-0-7171-9050-8(1))* Gill Bks. IRL. Dist: Casemate Pubs. & Bk. Distributors, LLC.

Declan Kirby - GAA Star: Championship Journey. Michael Egan. 2021. (ENG., Illus.). 160p. (J). pap. 12.95 *(978-0-7171-9048-5(X))* Gill Bks. IRL. Dist: Casemate Pubs. & Bk. Distributors, LLC.

Declan Kirby GAA Star: European Dreams. Michael Egan. 2022. (Declan Kirby GAA Star Ser.: 4). (ENG., Illus.). 160p. (J). pap. 12.95 *(978-0-7171-9054-6(4))* Gill Bks. IRL. Dist: Casemate Pubs. & Bk. Distributors, LLC.

Declan Kirby GAA Star: Over the Bar. Michael Egan. 2022. (Declan Kirby GAA Star Ser.: 3). (ENG., Illus.). 176p. (J). pap. 12.95 *(978-0-7171-9052-2(8))* Gill Bks. IRL. Dist: Casemate Pubs. & Bk. Distributors, LLC.

Declan's Bike. Ashley Frerking. 2023. (ENG.). 44p. (J). pap. 9.70 *(978-1-954368-98-9(4))* Diamond Media Pr.

Declan's Day. Jessica Lauder. Illus. by Daniel Sicolo. 2019. (ENG.). 32p. (J). *(978-1-5255-3608-3(7))*; pap. *(978-1-5255-3609-0(5))* FriesenPress.

Declaration of Independence, 1 vol. Peter Castellano. 2017. (Look at U. S. History Ser.). (ENG.). 32p. (J). (gr. 2-2). pap. 11.50 *(978-1-4824-6031-5(9)*, 716a7df3-10c5-438a-9bf2-8bde1ee1eecc) Stevens, Gareth Publishing LLLP.

Declaration of Independence, 1 vol. Avery Elizabeth Hurt. 2018. (America's Most Important Documents: Inquiry into Historical Sources Ser.). (ENG.). 64p. (J). (gr. 6-6). lib. bdg. 37.36 *(978-1-5026-3604-1(2)*, 772ba093-e206-4454-a3fb-f6f8e0106590) Cavendish Square Publishing LLC.

Declaration of Independence, 1 vol. Sarah Machajewski. 2016. (Documents of American Democracy Ser.). (ENG., Illus.). 32p. (J). (gr. 5-5). pap. 11.00 *(978-1-4994-2077-7(3)*, ead7d548-1ad2-41e1-89bc-771d375c0dea, PowerKids Pr.) Rosen Publishing Group, Inc., The.

Declaration of Independence, 1 vol. Katherine Manger. 2016. (Let's Find Out! Primary Sources Ser.). (ENG., Illus.). 32p. (J). (gr. 2-3). lib. bdg. 26.06 *(978-1-5081-0395-0(X)*, 635e6a1d-75b7-47fd-bf76-74ea76aea88c) Rosen Publishing Group, Inc., The.

Declaration of Independence. Mary Meinking. 2016. (How America Works). (ENG.). 24p. (J). (gr. 3-6). 32.79 *(978-1-5038-0901-7(3)*, 210666) Child's World, Inc, The.

Declaration of Independence. Laura K. Murray. 2019. (Shaping the United States of America Ser.). (ENG., Illus.). 24p. (J). (gr. 1-3). pap. 7.95 *(978-1-9771-1011-4(8)*, 140954); lib. bdg. 25.99 *(978-1-9771-0842-5(3)*, 140461) Capstone. (Pebble).

Declaration of Independence: Introducing Primary Sources. Kathryn Clay. 2017. (Introducing Primary Sources Ser.). (ENG., Illus.). 32p. (J). (gr. -1-2). lib. bdg. 28.65 *(978-1-5157-6355-0(2)*, 135114, Capstone Pr.) Capstone.

Declaration of Independence in Translation: What It Really Means. Amie Jane Leavitt. rev. ed. (Kids' Translations Ser.). (ENG., 32p. (J). (gr. 3-6). 2017. Illus.). lib. bdg. 27.99 *(978-1-5157-9137-9(8)*, 136571); 2016. pap. 8.10 *(978-1-5157-6250-8(5)*, 135065) Capstone. (Capstone Pr.).

Declaration of Independence Wasn't Signed on July 4th: Exposing Myths about Independence Day, 1 vol. Katie Kawa. 2016. (Exposed! Myths about Early American History Ser.). (ENG.). 32p. (J). (gr. 2-3). pap. 11.50 *(978-1-4824-5720-9(2)*, 5941bc90-1743-4f19-a9c2-e9fb846f6d55) Stevens, Gareth Publishing LLLP.

Declaration Statesmanship: a Course in American Government Course Book. Ricard Ferrier & Andrew Seeley. 2021. (ENG.). (YA). (gr. 9-12). pap. 29.95 *(978-1-5051-2269-5(4)*, 3025) TAN Bks.

Declaration Statesmanship: a Course in American Government Reading Book. Ricard Ferrier & Andrew Seeley. 2021. (ENG.). (YA). (gr. 9-12). pap. 29.95 *(978-1-5051-2271-8(6)*, 3027) TAN Bks.

Declaration Statesmanship: a Course in American Government Teachers Manual. Ricard Ferrier & Andrew Seeley. 2021. (ENG.). (YA). (gr. 9-12). pap. 29.95 *(978-1-5051-2270-1(8)*, 3026) TAN Bks.

Declaration, the Sword & the Spy. Jenny L. Cote. 2020. (Epic Order of the Seven Ser.: 6). (ENG.). 688p. (J). (gr. 7-13). pap. 16.99 *(978-0-89957-786-9(5)*, Living Ink Bks.) AMG Pubs.

Declare What You Know to Be True. The Young The Intuitive Writing Project. 2017. (ENG., Illus.). 162p. (J). pap. *(978-1-387-00798-1(X))* Lulu Pr., Inc.

Declaring War, 1 vol. Fiona Young-Brown. 2018. (How Government Works). (ENG.). 64p. (J). (gr. 5-5). pap. 16.28 *(978-1-5026-4050-5(3)*, 1b3c6910-eaf0-4944-bf40-9c5c153c81cd) Cavendish Square Publishing LLC.

Declassee; Daddy's Gone a-Hunting; & Greatness, a Comedy (Classic Reprint) Zoë Akins. 2017. (ENG., Illus.). (J). 30.33 *(978-0-260-88032-1(9))*; pap. 13.57 *(978-1-5282-4077-2(4))* Forgotten Bks.

D

Declassified: the et Files (Set), 6 vols. Jason M. Burns. Illus. by Dustin Evans. 2022. (Declassified: the et Files Ser.). (ENG.). 32p. (J). (gr. 4-8). 192.42 *(978-1-6689-1023-8(3)*, 220831); pap., pap., pap. 85.29 *(978-1-6689-1044-3(6)*, 220989) Cherry Lake Publishing. (Torch Graphic Press).

Decline & Fall of Keewatin: Or the Free-Trade Redskins; a Satire (Classic Reprint) J. W. Bengough. (ENG., Illus.). (J). 2018. 34p. 24.60 *(978-0-656-31407-2(9))*; 2017. pap. 7.97 *(978-0-259-52293-5(7))* Forgotten Bks.

Decline & Fall of Samuel Sawbones, M. D. , on the Klondike (Classic Reprint) J. J. Leisher. (ENG., Illus.). (J). 2018. 222p. 28.50 *(978-0-484-67186-6(3))*; 2016. pap. 10.97 *(978-1-333-77616-9(0))* Forgotten Bks.

Declutter Your Home: Simple Step-By-Step Home Decluttering Strategies on How to Declutter & Organize to de-Stress & Simplify Your Life. Madeline Crawford. 2019. (Decluttering & Organizing Ser.: Vol. 1). (ENG., Illus.). 212p. (J). pap. *(978-1-989732-00-7(3))* Publishing Hse. of Electronics Industry.

Decodable Readers + Fluency Gr. K2 Complete Set 140 Titles. 2023. (ENG.). (J). 615.00 ***(978-1-4788-8553-5(X))*** Newmark Learning LLC.

Decodable Readers Fluency Complete Set 29 Titles. 2023. (ENG.). (J). 130.00 ***(978-1-4788-8549-8(1))*** Newmark Learning LLC.

Decodable Readers Gr. 1 Long Vowels 24titles. 2023. (ENG.). (J). 105.00 ***(978-1-4788-8534-4(3))*** Newmark Learning LLC.

Decodable Readers Gr. 1 Short Vowels, Consonant Blends, & Digraphs 24titles. 2023. (ENG.). (J). 105.00 ***(978-1-4788-8533-7(5))*** Newmark Learning LLC.

Decodable Readers Gr. 12 Complete Set 72 Titles. 2023. (ENG.). (J). 315.00 ***(978-1-4788-8551-1(3))*** Newmark Learning LLC.

Decodable Readers Gr. 2 Diphthongs & Complex Vowels 24titles. 2023. (ENG.). (J). 105.00 ***(978-1-4788-8535-1(1))*** Newmark Learning LLC.

Decodable Readers Gr. K Complete Set 39 Titles. 2023. (ENG.). (J). 170.00 ***(978-1-4788-8550-4(5))*** Newmark Learning LLC.

Decodable Readers Gr. K Consonants & Short Vowels (a, I, O) 19titles. 2023. (ENG.). (J). 85.00 ***(978-1-4788-8531-3(9))*** Newmark Learning LLC.

Decodable Readers Gr. K Consonants & Short Vowels (U, E) 20titles. 2023. (ENG.). (J). 88.00 ***(978-1-4788-8532-0(7))*** Newmark Learning LLC.

Decodable Readers Gr. K1 Short Vowels Set A 16titles. 2023. (ENG.). (J). 72.00 ***(978-1-4788-8536-8(X))*** Newmark Learning LLC.

Decodable Readers Gr. K2 Complete Set 111 Titles. 2023. (ENG.). (J). 485.00 ***(978-1-4788-8552-8(1))*** Newmark Learning LLC.

Decoding Dot Grey, 1 vol. Nicola Davison. 2022. (ENG., Illus.). 288p. (YA). pap. 19.95 ***(978-1-77471-056-2(0)***, 9b0aa494-5bb2-471a-9423-310cbdd8f9bd) Nimbus Publishing, Ltd. CAN. Dist: Baker & Taylor Publisher Services (BTPS).

Decoding Genes with Max Axiom, Super Scientist: 4D an Augmented Reading Science Experience. Amber J. Keyser. Illus. by Tod Smith & Al Milgrom. 2019. (Graphic Science 4D Ser.). (ENG.). 32p. (J). (gr. 3-9). pap. 7.95 *(978-1-5435-7545-3(5)*, 141077); lib. bdg. 36.65 *(978-1-5435-7247-6(2)*, 140588) Capstone.

Decoding the Mind. Matt Lilley et al. 2019. (Decoding the Mind Ser.). (ENG.). 64p. (J). (gr. 5-9). 186.60 *(978-0-7565-6211-3(2)*, 29352); pap., pap., pap. 44.75 *(978-0-7565-6393-6(3)*, 29682) Capstone. (Compass Point Bks.).

Decomposers. Grace Hansen. (Beginning Science: Ecology Ser.). (ENG.). 24p. (J). 2020. (gr. 1-1). pap. 8.95 *(978-1-64494-266-6(6)*, 1644942666, Abdo Kids-Jumbo); 2019. (Illus.). (gr. -1-2). lib. bdg. 32.79 *(978-1-5321-8893-0(5)*, 32954, Abdo Kids) ABDO Publishing Co.

Decomposers & Scavengers: Natures Recyclers. Emma Huddleston. 2020. (Team Earth Ser.). (ENG., Illus.). 48p. (J). (gr. 4-5). pap. 11.95 *(978-1-64494-325-0(5)*, 1644943255, Core Library) ABDO Publishing Co.

Decomposers & Scavengers: Nature's Recyclers. Emma Huddleston. 2019. (Team Earth Ser.). (ENG., Illus.). 48p. (J). (gr. 4-8). lib. bdg. 35.64 *(978-1-5321-9098-8(0)*, 33706) ABDO Publishing Co.

Decomposition of Jack. Kristin O'Donnell Tubb. 2022. (ENG., Illus.). 208p. (J). (gr. 3-7). 16.99 *(978-0-06-321226-8(9)*, Tegen, Katherine Bks) HarperCollins Pubs.

Decorate & Celebrate Holiday Fun Coloring Book. Creative Playbooks. 2016. (ENG., Illus.). (J). pap. 7.74 *(978-1-68323-743-3(9))* Twin Flame Productions.

Decorate Delicious Desserts Sticker Activity Book. Fran Newman-D'Amico. 2020. (Dover Little Activity Books Stickers Ser.). (ENG.). 4p. (J). (gr. k-3). 2.50 *(978-0-486-84588-3(5)*, 845885) Dover Pubns., Inc.

Decorate the Christmas Holiday with Color Coloring Book. Activity Book Zone for Kids. 2016. (ENG., Illus.). (J). pap. 9.20 *(978-1-68376-456-4(0))* Sabeels Publishing.

Decorate Your Dream Room Coloring Book. Smarter Activity Books for Kids. 2016. (ENG., Illus.). (J). pap. 9.22 *(978-1-68374-528-0(0))* Examined Solutions PTE. Ltd.

Decorating Projects for a Lazy Crafternoon. Stella Fields. 2016. (Lazy Crafternoon Ser.). (ENG., Illus.). 32p. (J). (gr. 3-9). lib. bdg. 28.65 *(978-1-5157-1435-4(7)*, 132440, Capstone Pr.) Capstone.

Decorative Arts. Sandy Mitchell Pavick. 2019. (World Art Tour Ser.). (Illus.). 96p. (J). (gr. 12). lib. bdg. 34.60 *(978-1-4222-4288-9(9))* Mason Crest.

Decorative Plaques (Classic Reprint) Mary E. Wilkins. 2018. (ENG., Illus.). (J). 38p. 24.70 *(978-0-366-50695-8(1))*; 40p. pap. 7.97 *(978-0-365-83792-3(X))* Forgotten Bks.

Decorative Sisters. Josephine Pollard & Walter Satterlee. 2016. (ENG., Illus.). (J). pap. *(978-3-7428-9981-1(3))* Creation Pubs.

Decorative Sisters: A Modern Ballad (Classic Reprint) Josephine Pollard. (ENG., Illus.). (J). 2018. 62p. 25.20 *(978-0-267-54189-8(9))*; 2016. pap. 9.57 *(978-1-333-40651-6(7))* Forgotten Bks.

Dective Story in a Mysterious House. Troll. 2018. (ENG.). (J). *(978-4-591-15915-6(9))* Poplar Publishing.

Decurion: Called to Be a 21st Century Warrior. Mark Randall. 2021. (ENG.). 136p. (YA). pap. 14.95 *(978-1-63630-534-9(2))* Covenant Bks.

Dédalo E Ícaro. LucG76K26HG72:K75 Ferry. 2020. (SPA.). 56p. (YA). pap. 16.99 *(978-958-30-6161-5(1))* Panamericana Editorial COL. Dist: Lectorum Pubns., Inc.

Dede: Freshman Year. Robyn D. Jones. 2020. (ENG.). 110p. (YA). pap. 8.99 *(978-1-4808-8925-5(3))* Archway Publishing.

Dede's Pet Shop. Caroline Terpstra. 2021. (Sound Sprouts Book Ser.). (ENG.). 22p. (J). pap. 14.95 *(978-1-64801-701-8(0))* Newman Springs Publishing, Inc.

Dedham High School Yearbook 1936: Tercentenary Class (Classic Reprint) Kathryn J. Riley. (ENG., Illus.). (J). 2018. 82p. 25.59 *(978-0-365-46813-4(4))*; 2017. pap. 9.57 *(978-0-259-91394-8(4))* Forgotten Bks.

Dedicated Warrior's Way Coloring Book. Jupiter Kids. 2017. (ENG., Illus.). (J). pap. 9.20 *(978-1-68326-991-5(8)*, Jupiter Kids (Childrens & Kids Fiction)) Speedy Publishing LLC.

Dedication: Mother, to Thee Because of Thy Beautiful Life, Thy Love, Thy Guidance Thy Sympathy, & Thy Inspiration, Do We Dedicate Our Issue of the Technala (Classic Reprint) Unknown Author. 2018. (ENG., Illus.). 114p. (J). 26.25 *(978-0-332-11754-6(5))* Forgotten Bks.

Dedication Promises. Carol A. Wehrheim. Illus. by Roz Fulcher. 2020. (ENG.). 18p. (J). bds. 10.00 *(978-1-947888-29-6(3)*, 1947888293, Flyaway Bks.) Westminster John Knox Pr.

Dedo en la Nariz. Paula Merlan. Illus. by Gomez. 2019. (ENG.). 44p. (J). 16.95 *(978-84-17123-77-2(6))* NubeOcho Ediciones ESP. Dist: Consortium Bk. Sales & Distribution.

Dee & Apostrofee. Judith Henderson. Illus. by Ohara Hale. 2021. (ENG.). 32p. (J). (gr. -1-2). 17.99 *(978-1-5253-0326-5(0))* Kids Can Pr., Ltd. CAN. Dist: Hachette Bk. Group.

Dee Dee the Fryingpan River Dipper. Contrib. by Roaring Fork Conservancy (Basalt, Colo.) Staff. 2017. (Illus.). 48p. (J). *(978-1-883551-90-2(0)*, Maple Corners Press) Attic Studio Publishing Hse.

Dee Greche per Ragazze. Brian H. Appleton. 2nd ed. 2021. (ITA.). 214p. (YA). pap. 32.00 *(978-0-578-89525-3(0))* Appleton, Brian H.

Dee Greche per Ragazze - Libro Da Colorare: Di Dee Greche per Giovani Donne. Brian H. Appleton. 2nd ed. 2021. (ITA.). 214p. (J). pap. 16.99 *(978-0-578-94013-7(2))* Appleton, Brian H.

Dee the Bee. Dolores Keaveney. 2020. (Illus.). 32p. (J). (gr. 1-2). 15.95 *(978-1-76036-096-2(1)*, 08ef8cf4-72f2-4c45-97af-60742d47b152) Starfish Bay Publishing Pty Ltd. AUS. Dist: Baker & Taylor Publisher Services (BTPS).

Deeds of Daring Done by Girls (Classic Reprint) N. Hudson Moore. (ENG., Illus.). (J). 2018. 324p. 30.58 *(978-0-365-47363-3(4))*; 2017. pap. 13.57 *(978-0-259-49291-7(4))* Forgotten Bks.

Deeds Survive the Doers! Horace Mann & Dorothea Dix, Pioneers in Education & Health Grade 5 Social Studies Children's Historical Biographies. Dissected Lives. 2022. (ENG.). 72p. (J). 31.99 ***(978-1-5419-8671-8(7))***; pap. 19.99 ***(978-1-5419-8419-6(6))*** Speedy Publishing LLC. (Dissected Lives (Auto Biographies)).

Deekin Duck & His Sleepytime Nursery Rhymes. K. M. Wolfe & L. G. Moose. 2019. (ENG.). 26p. (J). 22.95 *(978-1-64458-442-2(5))*; pap. 12.95 *(978-1-64458-439-2(5))* Christian Faith Publishing.

Deekin Duck & the Road to Find Purpose. Kathryn Wolfe. Illus. by Aljon Comahig. 2016. (ENG.). (J). 22.95 *(978-1-63525-809-7(X))* Christian Faith Publishing.

Deekin Duck & the Road to Find Purpose. Kathryn Wolfe. 2016. (ENG., Illus.). (J). pap. 12.95 *(978-1-68197-486-6(X))* Christian Faith Publishing.

Deena Loves Frogs. Tracilyn George. 2020. (ENG.). 24p. (J). pap. 11.00 *(978-1-990153-61-7(5))* Lulu Pr., Inc.

Deeno & Mama's Famous Waffles. Ralinda Owens. 2018. (ENG., Illus.). 42p. (J). pap. 9.99 *(978-0-9993228-3-3(4))* Owens, Ralinda.

Deep. Tom Taylor. Illus. by James Brouwer. 2017. (ENG.). 160p. (J). (gr. 3). pap. 14.99 *(978-1-68415-200-1(3))* BOOM! Studios.

Deep: Delve into Hidden Worlds. Jess McGeachin. Illus. by Jess McGeachin. 2022. (ENG., Illus.). 64p. (J). (gr. 2-5). 16.95 *(978-1-80338-015-5(2))* Welbeck Publishing Group Ltd. GBR. Dist: Two Rivers Distribution.

Deep! Wild Life at the Ocean's Darkest Depths. Lindsey Leigh. Illus. by Lindsey Leigh. 2023. 96p. (J). (gr. 3-7). 15.99 *(978-0-593-52168-7(4)*, Penguin Workshop) Penguin Young Readers Group.

Deep & Dark Blue. Niki Smith. 2020. (ENG.). 256p. (J). (gr. 3-7). pap. 12.99 *(978-0-316-48601-9(9))* Little, Brown Bks. for Young Readers.

Deep As a Tomb. Dorothy A. Winsor. 2016. (ENG., Illus.). (YA). pap. 16.95 *(978-1-62432-024-8(4))* Loose Leaves Publishing.

Deep Beyond, Volume 2. Mirka Andolfo & David Goy. 2022. (ENG., Illus.). 144p. pap., pap. 16.99 *(978-1-5343-2115-1(2))* Image Comics.

Deep Bible Adventures Leader Manual. Ed. by Group Publishing. 2020. (Group's Weekend Vbs 2020 Ser.). (ENG.). 23p. (J). pap. 10.39 *(978-1-4707-6154-7(8))* Group Publishing, Inc.

Deep Blue Planet, 5 bks., Set. Incl. Along the Coasts. Renato Massa. Tr. by Neil F. Davenport. (YA). 1998. lib. bdg. 28.54 *(978-0-8172-4654-9(1))*; Back to the Sea. Renato Massa. Tr. by Neil F. Davenport. (YA). 1998. lib. bdg. 28.54 *(978-0-8172-4653-2(3))*; Coral Reef. Renato Massa. Tr. by Linda Serio. (YA). 1997. lib. bdg. 28.54 *(978-0-8172-4652-5(5))*; Ocean Environments. Alex Voglino & Renato Massa. Tr. by Neil F. Davenport. (YA). 1998. lib. bdg. 28.54 *(978-0-8172-4651-8(7))*; Oceans & Seas. Alex Voglino. (J). 1997. lib. bdg. 28.54 *(978-0-8172-4650-1(9))*; 56p. (gr. 6-12). (Illus.). Set lib. bdg. 142.70 *(978-0-8172-4655-6(X))* Heinemann-Raintree.

Deep Breaths. Carol Thompson. 2019. (ENG., Illus.). 32p. (J). (gr. -1-2). 14.99 *(978-1-9848-9397-0(1)*, Rodale Kids) Random Hse. Children's Bks.

Deep Calling. J. M. Lavallee. 2016. (ENG., Illus.). (YA). (gr. 7-12). pap. *(978-1-928133-77-3(0))* Morning Rain Publishing.

Deep-Cover Spies & Double-Crossers of the Cold War. Rebecca Langston-George. 2017. (Spies! Ser.). (ENG., Illus.). 64p. (J). (gr. 4-8). lib. bdg. 34.65 *(978-0-7565-5497-2(7)*, 134226, Compass Point Bks.) Capstone.

Deep Creativity: Inside the Creative Mystery. Victor Shamas. 2018. (ENG.). 240p. pap. 17.95 *(978-1-68350-541-9(7))* Morgan James Publishing.

Deep Dark Blue: My Story of Surviving Sexual Assault in the Military. Polo Tate. 2020. (ENG.). 352p. (YA). pap. 12.99 *(978-1-250-25026-1(9)*, 900175773) Square Fish.

Deep Dark Plughole. Jo Lee. 2020. (ENG.). 28p. (J). pap. *(978-1-78830-749-9(6))* Olympia Publishers.

Deep Dive. ed. 2018. (Scholastic Readers Ser.). (ENG.). 32p. (J). (gr. -1-1). 11.00 *(978-1-64310-343-3(1))* Penworthy Co., LLC, The.

Deep Dive: d-Bot Squad 6. Mac Park. Illus. by James Hart. 2018. (D-Bot Squad Ser.: 6). (ENG.). 80p. (J). (gr. k-2). pap. 8.99 *(978-1-76029-602-5(3))* Allen & Unwin AUS. Dist: Independent Pubs. Group.

Deep Dive! (Minecraft Woodsword Chronicles #3) Nick Eliopulos. Illus. by Luke Flowers. 2019. (Minecraft Woodsword Chronicles Ser.). (ENG.). 144p. (J). (gr. 1-4). 9.99 *(978-1-9848-5051-5(2)*, Random Hse. Bks. for Young Readers) Random Hse. Children's Bks.

Deep Down. Robert Michael Ballantyne. 2017. (ENG.). 440p. (J). pap. *(978-3-7447-9122-9(X))* Creation Pubs.

Deep Down: A Tale of the Cornish Mines. R. M. Ballantyne. 2017. (ENG., Illus.). (J). pap. *(978-0-649-20964-4(8))* Trieste Publishing Pty Ltd.

Deep Down: A Tale of the Cornish Mines. Robert Michael Ballantyne. 2019. (ENG.). 264p. (J). pap. *(978-93-5329-680-3(3))* Alpha Editions.

Deep Down: A Tale of the Cornish Mines (Classic Reprint) R. M. Ballantyne. (ENG., Illus.). (J). 2018. 282p. 29.71 *(978-0-266-44183-0(1))*; 2016. pap. 13.57 *(978-1-334-15496-6(1))* Forgotten Bks.

Deep End. Sally Rippin. Illus. by Aki Fukuoka. 2016. (ENG.). 48p. (J). pap. 4.99 *(978-1-61067-390-7(5))* Kane Miller.

Deep End. Tim Shoemaker. 2023. (High Water Ser.: 3). (ENG.). 416p. (YA). pap. 15.99 ***(978-1-64607-110-4(7)***, 20_44533) Focus on the Family Publishing.

Deep End: Real Facts about the Ocean. Drew Sheneman. 2023. (ENG., Illus.). 48p. (J). (gr. -1-3). 19.99 ***(978-0-06-322455-1(0)***, HarperCollins) HarperCollins Pubs.

Deep End (Diary of a Wimpy Kid Book 15) Jeff Kinney. 2020. (Diary of a Wimpy Kid Ser.). (ENG., Illus.). 224p. (J). (gr. 3-7). 14.99 *(978-1-4197-4868-4(8)*, 1709101) Abrams, Inc.

Deep End (Diary of a Wimpy Kid Book 15) (First Book Edition) Jeff Kinney. 2020. (ENG.). (J). (gr. 3-7). 2.00 *(978-1-4197-5332-9(0))* Abrams, Inc.

Deep End of Life. Benjamin K. Hewett. 2021. (ENG.). 192p. (J). 19.99 *(978-1-7365395-0-7(7))* Mahogany Bard Pr.

Deep End of Life. Benjamin Kent Hewett. 2021. (ENG.). 202p. (J). pap. 8.99 *(978-1-7365395-1-4(5))* Mahogany Bard Pr.

Deep Freeze. Kristin Johnson. 2017. (Day of Disaster Ser.). (ENG.). 104p. (YA). (gr. 6-12). 26.65 *(978-1-5124-2776-9(4)*, 3aba1100-6d46-4bf9-bdd4-e098edba4172, Darby Creek) Lerner Publishing Group.

Deep Freeze. Kristin Johnson. ed. 2017. (Day of Disaster Ser.). (ENG.). 104p. (YA). (gr. 6-12). E-Book 39.99 *(978-1-5124-3509-2(0)*, 9781512435092); E-Book 39.99 *(978-1-5124-2783-7(7))* Lerner Publishing Group. (Darby Creek).

Deep Freeze. Kristin F. Johnson. ed. 2017. (Day of Disaster Ser.). (ENG.). 104p. (YA). (gr. 6-12). E-Book 6.99 *(978-1-5124-3510-8(4)*, 9781512435108, Darby Creek) Lerner Publishing Group.

Deep Heart (Classic Reprint) Isabel C. Clarke. 2017. (ENG., Illus.). (J). 31.82 *(978-0-265-64528-4(X))* Forgotten Bks.

Deep in Providence. Riss M. Neilson. 2022. (ENG.). 480p. (YA). 18.99 *(978-1-250-78852-8(8)*, 900237807, Holt, Henry & Co. Bks. For Young Readers) Holt, Henry & Co.

Deep in Providence. Riss M. Neilson. 2023. (ENG.). 480p. (YA). pap. 13.99 *(978-1-250-87894-6(2)*, 900237808) Square Fish.

Deep in the Forest: A Seek-And-Find Adventure. Josef Antòn. Illus. by Lucie Brunellière. 2017. (ENG.). 14p. (J). (gr. -1-k). bds. 17.95 *(978-1-4197-2351-3(0)*, 1161010, Abrams Appleseed) Abrams, Inc.

Deep in the Ocean. Lucie Brunellière. 2019. (ENG., Illus.). 14p. (J). (gr. -1-k). bds. 15.99 *(978-1-4197-3356-7(7)*, 1254910, Abrams Appleseed) Abrams, Inc.

Deep in the Rain Forest. Dela Costa. Illus. by Ana Sebastián. 2023. (Isla of Adventure Ser.: 3). (ENG.). 128p. (J). (gr. k-4). 17.99 ***(978-1-6659-3172-4(8))***; pap. 6.99 ***(978-1-6659-3171-7(X))*** Little Simon. (Little Simon).

Deep in the Sahara. Kelly Cunnane. Illus. by Hoda Hadadi. 2018. 40p. (J). (gr. -1-3). 8.99 *(978-0-525-64566-5(7)*, Schwartz & Wade Bks.) Random Hse. Children's Bks.

Deep in the Sea. Susan B. Katz. Illus. by David A. Carter. 2021. (ENG.). 12p. (J). (gr. -1). 14.99 *(978-1-5344-8435-1(3)*, Little Simon) Little Simon.

Deep in the Shadow of the Fallen: The Legacy of Zyanthia - Book Three. Chantelle Griffin. (Legacy of Zyanthia Ser.: Vol. 3). (ENG., Illus.). (YA). (gr. 7-12). 2018. *(978-0-9943921-8-3(4))*; 2017. pap. *(978-0-9943921-4-5(1))* Griffin, Chantelle.

Deep in the Valley. Louis Gialanella. 2017. (ENG., Illus.). (J). (gr. 1-6). pap. *(978-1-988364-12-4(4))* Kay, Marnie.

Deep in the Woods: A Benjamin Owl Book. Becki Walsh. Illus. by Madeleine Riley Walsh. 2017. (ENG.). (J). *(978-1-5255-1279-7(X))*; pap. *(978-1-5255-1280-3(3))* FriesenPress.

Deep into the Amazon Jungle. Fabien Cousteau & James O. Fraioli. Illus. by Joe St.Pierre. 2021. (Fabien Cousteau Expeditions Ser.). (ENG.). 112p. (J). (gr. 3-7). 19.99 *(978-1-5344-2094-6(0))*; 12.99 *(978-1-5344-2093-9(2))* McElderry, Margaret K. Bks. (McElderry, Margaret K. Bks.).

Deep Moat Grange (Classic Reprint) S. R. Crockett. (ENG., Illus.). (J). 2018. 376p. 31.67 *(978-0-484-31824-2(1))*; 2017. 31.53 *(978-0-265-18971-9(3))*; 2017. pap. 16.57 *(978-0-243-29927-0(3))* Forgotten Bks.

Deep Ocean Six: Defenders of the Overworld #4. Nancy Osa. 2016. (Defenders of the Overworld Ser.). (ENG.). 272p. (J). (gr. 6-6). pap. 9.99 *(978-1-5107-0323-0(3)*, Sky Pony Pr.) Skyhorse Publishing Co., Inc.

Deep Roots: How Trees Sustain Our Planet, 1 vol. Nikki Tate. 2016. (Orca Footprints Ser.: 8). (ENG., Illus.). 48p. (J). (gr. 4-7). 19.95 *(978-1-4598-0582-8(8))* Orca Bk. Pubs. USA.

Deep Scar, Volume 1. Rossella Sergi. Illus. by Rossella Sergi. 2019. (Deep Scar Ser.: 1). (ENG., Illus.). 216p. (gr. 8-1). pap. 10.99 *(978-1-4278-6153-5(6)*, 53a900e9-77cd-4d4d-a660-f924869c9a64, TOKYOPOP Manga) TOKYOPOP, Inc.

Deep Scar, Volume 2. Illus. by Rossella Sergi. 2019. (Deep Scar Ser.: 2). (ENG.). 192p. (gr. 8-1). pap. 10.99 *(978-1-4278-6154-2(4)*, 511ec7ca-1ea3-4340-ac5a-df9096de7cc8, TOKYOPOP Manga) TOKYOPOP, Inc.

Deep Scar, Volume 3. Rossella Sergi. 2021. (Deep Scar Ser.: 3). (ENG., Illus.). 208p. (gr. 8-1). pap. 10.99 *(978-1-4278-6155-9(2)*, 39c56655-f705-48e1-9ded-adaa185eeb07, TOKYOPOP Manga) TOKYOPOP, Inc.

Deep Sea. Mary-Jane Wilkins. 2017. (Who Lives Here? Ser.). (ENG., Illus.). 24p. (J). (gr. 2-4). 28.50 *(978-1-78121-345-2(3)*, 16710) Brown Bear Bks.

Deep-Sea Creatures, 1 vol. Roxanne Troup. 2019. (Creepy, Kooky Science Ser.). (ENG.). 48p. (gr. 5-5). pap. 12.70 *(978-1-9785-1371-6(2)*, c5dd90f0-910b-420f-b308-4ac755a1336b) Enslow Publishing, LLC.

Deep Sea Creatures: The Well-Known & the Unknown Coloring Book. Activity Book Zone for Kids. 2016. (ENG., Illus.). (J). pap. 9.20 *(978-1-68376-325-3(4))* Sabeels Publishing.

Deep-Sea Dash. Created by Knife & Packer. 2016. (Illus.). 93p. (J). pap. 6.99 *(978-1-61067-398-3(0))* Kane Miller.

Deep-Sea Dash. Packer. Illus. by Knife. 2016. 93p. (J). *(978-1-61067-478-2(2))* Kane Miller.

Deep-Sea Dive. Samantha Brooke. Illus. by Artful Doodlers Ltd. 2019. (Scholastic Reader, Level 2 Ser.). (ENG.). 32p. (J). (gr. k-2). pap. 4.99 *(978-1-338-25382-5(4))* Scholastic, Inc.

Deep-Sea Dive. Samantha Brooke. ed. 2019. (Scholastic Readers Ser.). (ENG.). 32p. (J). (gr. 2-3). 13.89 *(978-0-87617-309-1(1))* Penworthy Co., LLC, The.

Deep-Sea Drones. Martha London. 2020. (Drones Ser.). (ENG., Illus.). 32p. (J). (gr. 2-5). lib. bdg. 34.21 *(978-1-5321-9278-4(9)*, 35019, Kids Core) ABDO Publishing Co.

Deep-Sea Drones. Martha London. 2021. (Drones Ser.). (ENG.). 32p. (J). (gr. 2-3). pap. 9.95 *(978-1-64494-438-7(3))* North Star Editions.

Deep-Sea Fish. Joyce Markovics. 2022. (Lights on! Animals That Glow Ser.). (ENG., Illus.). 24p. (J). (gr. 4-6). pap. 12.79 *(978-1-6689-0073-4(4)*, 220164); lib. bdg. 30.64 *(978-1-5341-9959-0(4)*, 220020) Cherry Lake Publishing.

Deep-Sea Fisher. Laura K. Murray. 2018. (Wild Jobs Ser.). (ENG., Illus.). 24p. (J). (gr. 1-4). *(978-1-60818-924-3(4)*, 19537, Creative Education); pap. 9.99 *(978-1-62832-540-9(2)*, 19535, Creative Paperbacks) Creative Co., The.

Deep-Sea Fishermen. Julie Murray. 2020. (Fierce Jobs Ser.). (ENG., Illus.). 24p. (J). (gr. k-4). lib. bdg. 31.36 *(978-1-0982-2109-6(5)*, 34465); (gr. 2-2). pap. 8.95 *(978-1-64494-404-2(9))* ABDO Publishing Co. (Abdo Zoom-Dash).

Deep-Sea Fishermen in Action. Tyler Omoth. 2017. (Dangerous Jobs in Action Ser.). (ENG.). 32p. (J). (gr. 3-6). lib. bdg. 35.64 *(978-1-5038-1628-2(1)*, 211144) Child's World, Inc, The.

Deep-Sea Fishing. Kyle Brach. 2023. (Searchlight Books (tm) — Hunting & Fishing Ser.). (ENG., Illus.). 32p. (J). (gr. 3-5). pap. 9.99. lib. bdg. 30.65 ***(978-1-7284-9155-4(X)***, b2f34743-f547-4be9-ac66-b233f131c13a) Lerner Publishing Group. (Lerner Pubns.).

Deep Sea Fishing. Kerri Mazzarella. 2022. (Let's Go Fish Ser.). (ENG.). 32p. (J). (gr. 3-9). pap. *(978-1-0396-6234-6(X)*, 20435); lib. bdg. *(978-1-0396-6039-7(8)*, 20434) Crabtree Publishing Co. (Crabtree Branches).

Deep-Sea Fishing. Tyler Omoth. 2017. (Outdoors Ser.). (ENG., Illus.). 32p. (J). (gr. 3-5). pap. 9.95 *(978-1-63517-291-1(8)*, 1635172918); lib. bdg. 31.35 *(978-1-63517-226-3(8)*, 1635172268) North Star Editions. (Focus Readers).

Deep Sea Fishing. Robert Rister. 2021. (Guides to Fishing Ser.). (ENG.). (YA). (gr. 7-12). 34.60 *(978-1-4222-4494-4(6))* Mason Crest.

Deep-Sea Fishing. Jim Whiting. 2017. (Odysseys in Outdoor Adventures Ser.). (ENG., Illus.). 80p. (J). (gr. 7-10). *(978-1-60818-687-7(3)*, 20324, Creative Education) Creative Co., The.

Deep-Sea Mysteries. Melissa Gish. 2018. (Down in the Ocean Ser.). (ENG.). 48p. (J). (gr. 4-7). pap. 12.00 *(978-1-62832-551-5(8)*, 19738, Creative Paperbacks) Creative Co., The.

Deep Sea Treasure Dive. Trey King. 2016. (LEGO City 8X8 Ser.). (Illus.). 24p. (J). lib. bdg. 13.55 *(978-0-606-38106-2(6))* Turtleback.

Deep-Sea Treasure Dive. Trey King. Illus. by Sean Wang & Greg Hyland. 2016. 24p. (J). *(978-1-5182-0031-1(1))* Scholastic, Inc.

Deep Shaft. Stephen Bowker. 2022. (ENG.). 76p. (YA). pap. ***(978-1-4716-9106-5(3))*** Lulu Pr., Inc.

Deep Snow. Robert Munsch. Illus. by Michael Martchenko. 2021. (ENG.). 24p. (J). pap. 8.99 *(978-1-4431-7058-1(5))* Scholastic Canada, Ltd. CAN. Dist: Publishers Group West (PGW).

Deep-Space Probes. Kim Etingoff. 2016. (ENG., Illus.). (J). pap. 17.99 *(978-1-62524-406-2(1))*, Village Earth Pr.) Harding Hse. Publishing Sebice Inc.

Deep State, 1 vol. Ed. by Rita Santos. 2018. (At Issue Ser.). (ENG.). 128p. (gr. 10-12). pap. 28.80 *(978-1-5345-0320-5(X)*, 39371ff8-108e-4ffb-8028-6ed7195ab3f, Greenhaven Publishing) Greenhaven Publishing LLC.

Deep State Conspiracy: Does It Exist? Eric Mark Braun. 2019. (Informed! Ser.). (ENG., Illus.). 64p. (J). (gr. 5-9). pap. 8.95 *(978-0-7565-6228-1(7)*, 140929); lib. bdg. 35.32 *(978-0-7565-6173-4(6)*, 140656) Capstone. (Compass Point Bks.).

Deep Trouble (Book 5) 2017. (Secret Mermaid Ser.). (ENG.). (J). pap. 4.99 *(978-0-7945-3685-5(9))*, Usborne) EDC Publishing.

Deep Tunnel: An Andromeda Brown Novel. Adam Alexander. 2018. (Andromeda Brown Ser.: Vol. 2). (ENG., Illus.). 312p. (J). (gr. 5-6). pap. 14.99 *(978-0-692-19443-0(6)*, Andromeda Pr.) Oyebanji, Adam.

Deep under Cover: Looking Inside the Insides of Really Cool Things - a Book on Microscopy for Kids - Children's Electron Microscopes & Microscopy Books. Bobo's Little Brainiac Books. 2016. (ENG., Illus.). (J). pap. 7.99 *(978-1-68327-808-5(9))* Sunshine In My Soul Publishing.

Deep Underwater, 1 vol. Irene Luxbacher. 2018. (Illus.). 32p. (J). (gr. k-2). 18.95 *(978-1-77306-014-9(7))* Groundwood Bks. CAN. Dist: Publishers Group West (PGW).

Deep Water. Watt Key. 2019. (ENG.). 288p. (J). pap. 7.99 *(978-1-250-29439-5(8)*, 900177053) Square Fish.

Deep Water. Katherine Nichols. 2017. (Simon True Ser.). (ENG., Illus.). 288p. (YA). (gr. 9). pap. 12.99 *(978-1-4814-8106-9(1)*, Simon Pulse) Simon Pulse.

Deep Water Hotel. Amanda Humann. 2016. (Tartan House Ser.). (ENG.). 96p. (J). (gr. 3-6). *(978-1-63235-160-9(9)*, 11891, 12-Story Library) Bookstaves, LLC.

Deep Waters. W. W. Jacobs. 2017. (ENG., Illus.). (J). 22.95 *(978-1-374-97651-1(2))*; pap. 12.95 *(978-1-374-97650-4(4))* Capital Communications, Inc.

Deep Waters #4. E. A. House. 2017. (Treasure Hunters Ser.). (ENG.). 184p. (YA). (gr. 5-12). 32.84 *(978-1-68076-879-4(4)*, 27447, Epic Escape) EPIC Pr.

Deep Waters (Classic Reprint) W. W. Jacobs. 2017. (ENG., Illus.). (J). 30.43 *(978-0-266-18251-1(8))* Forgotten Bks.

Deep Waters, Vol. 1 Of 3: A Novel (Classic Reprint) Anna H. Drury. 2018. (ENG., Illus.). 344p. (J). 30.99 *(978-0-267-16062-4(3))* Forgotten Bks.

Deep Waters, Vol. 2: A Novel (Classic Reprint) Anna H. Drury. 2018. (ENG., Illus.). 302p. (J). 30.13 *(978-0-483-11725-9(0))* Forgotten Bks.

Deep Waters, Vol. 3 Of 3: A Novel (Classic Reprint) Anna H. Drury. (ENG., Illus.). (J). 2018. 288p. 29.84 *(978-0-484-04284-0(X))*; 2016. pap. 13.57 *(978-1-333-22564-3(4))* Forgotten Bks.

Deepdale End: Its Joys & Sorrows (Classic Reprint) Unknown Author. 2018. (ENG., Illus.). 130p. (J). 26.58 *(978-0-484-70272-0(6))* Forgotten Bks.

Deepe Snow: In Which Men & Cattell Have Perished, to the Genrall Losse of Farmers, Grasier, Hubandmen, & All Sort of People in the Countrie; & No Lesse Hurtfull to Citizens (Classic Reprint) Unknown Author. 2018. (ENG., Illus.). 24p. (J). 24.41 *(978-0-267-50007-9(6))* Forgotten Bks.

Deeper & Deeper - I Nano I Kabin Naano (Te Kiribati) Stells Rumbam. Illus. by Marianna Fedoravav. 2023. (ENG.). 26p. (J). pap. *(978-1-922844-70-5(5))* Library For All Limited.

Deeper & Deeper (Tetun Edition) - Nani Iha Tasi. Stella Rumbam. Illus. by Marianna Fedorava. 2020. (TET.). 26p. (J). pap. *(978-1-922331-53-3(8))* Library For All Limited.

Deepest Breath. Meg Grehan. 2022. (ENG.). 192p. (J). (gr. 3-7). pap. 7.99 *(978-0-358-73297-6(2)*, Clarion Bks.) HarperCollins Pubs.

Deepest Burn. Kristen Tru. 2022. (ENG.). 236p. (YA). pap. 11.99 *(978-1-0879-3094-7(4))* Indy Pub.

Deepest Dig. Mark David Smith. Illus. by Lily Snowden-Fine. 2021. (ENG.). 32p. (J). (gr. 2). 18.95 *(978-1-77147-419-1(X))* Owlkids Bks. Inc. CAN. Dist: Publishers Group West (PGW).

Deepest Divers. Elisabeth Norton. 2023. (Animal Extremes Ser.). (ENG., Illus.). 32p. (J). pap. 9.95 *(978-1-63738-583-8(8))*; lib. bdg. 31.35 *(978-1-63738-529-6(3))* North Star Editions. (Apex).

Deepest Roots. Miranda Asebedo. 2018. (ENG.). 320p. (YA). (gr. 8). 17.99 *(978-0-06-274707-5(X)*, HarperTeen) HarperCollins Pubs.

Deepfake, 1 vol. Sarah Darer Littman. 2022. (ENG.). 352p. (YA). (gr. 6-12). pap. 10.99 *(978-1-338-17834-0(2))* Scholastic, Inc.

Deephaven. Ethan M. Aldridge. 2023. (ENG.). 288p. (J). (gr. 3-7). 18.99 *(978-0-06-328316-9(6)*, Quill Tree Bks.) HarperCollins Pubs.

Deephaven (Classic Reprint) Sarah Orne Jewett. 2017. (ENG., Illus.). (J). 29.24 *(978-0-265-18066-2(X))* Forgotten Bks.

Deeplight. Frances Hardinge. (ENG.). 432p. (YA). (gr. 7-17). 2022. pap. 10.99 *(978-1-4197-4321-4(X)*, 1682803); 2020. 19.99 *(978-1-4197-4320-7(1)*, 1682801) Abrams, Inc. (Amulet Bks.).

Deepsea Adventure. Michael Shortill. Illus. by Michael Shortill. 2021. (ENG.). 34p. (J). *(978-0-2288-6168-3(3))*; pap. *(978-0-2288-6167-6(5))* Tellwell Talent.

Deepwater Horizon Oil Spill. Valerie Bodden. 2018. (Disasters for All Time Ser.). (ENG.). 48p. (J). (gr. 4-7). pap. 12.00 *(978-1-62832-548-5(8)*, 19725, Creative Paperbacks) Creative Co., The.

Deepwater Horizon Oil Spill. Julie Knutson. 2021. (21st Century Skills Library: Unnatural Disasters: Human Error, Design Flaws, & Bad Decisions Ser.). (ENG., Illus.). 32p. (J). (gr. 3-6). lib. bdg. 32.07 *(978-1-5341-8017-8(6)*, 218348) Cherry Lake Publishing.

Deepwater Sharks, Vol. 10. Joyce A. Hull. 2018. (Amazing World of Sharks Ser.). (Illus.). 64p. (J). (gr. 7). lib. bdg. 31.93 *(978-1-4222-4124-0(6))* Mason Crest.

Deer. Elise J. Geither. 2017. (ENG., Illus.). (YA). (gr. 7-12). pap. 16.95 *(978-1-61296-939-8(9))* Black Rose Writing.

Deer. August Hoeft. (I See Animals Ser.). (ENG.). (J). (gr. k-1). 2022. 20p. 24.99 *(978-1-5324-3397-9(2))*; 2022. 20p. pap. 12.99 *(978-1-5324-4200-1(9))*; 2020. 12p. pap. 5.99 *(978-1-5324-1478-7(1))* Xist Publishing.

Deer. Jordan McGill. 2018. (World Languages Ser.). (ENG.). 24p. (J). (gr. k-2). lib. bdg. 35.70 *(978-1-4896-6959-9(0)*, AV2 by Weigl) Weigl Pubs., Inc.

Deer. Amy McDonald. 2020. (Animals in My Yard Ser.). (ENG., Illus.). 24p. (J). (gr. -1-2). pap. 7.99 *(978-1-68103-794-3(7)*, 12883); lib. bdg. 25.95 *(978-1-64487-307-6(9))* Bellwether Media. (Blastoff! Readers).

Deer. Julie Murray. 2019. (Animal Kingdom Ser.). (ENG.). 32p. (J). (gr. 2-5). lib. bdg. 34.21 *(978-1-5321-1626-1(8)*, 32363, Big Buddy Bks.) ABDO Publishing Co.

Deer. Mari Schuh. 2019. (Spot Backyard Animals Ser.). (ENG.). 16p. (J). (gr. -1-2). lib. bdg. *(978-1-68151-544-1(X)*, 14504) Amicus.

Deer. Leo Statts. 2017. (Backyard Animals (Launch!) Ser.). (ENG., Illus.). 24p. (J). (gr. -1-2). lib. bdg. 31.36 *(978-1-5321-2003-9(6)*, 25270, Abdo Zoom-Launch) ABDO Publishing Co.

Deer: Animals in the City (Engaging Readers, Level Pre-1) Ava Podmorow. Ed. by Sarah Harvey. l.t. ed. 2022. (Animals in the City Ser.: Vol. 3). (ENG., Illus.). 32p. (J). *(978-1-77476-740-5(6))*; pap. *(978-1-77476-741-2(4))* AD Classic.

Deer: Bilingual (English/Filipino) (Ingles/Filipino) Usa - Animals in the City (Engaging Readers, Level Pre-1) Ava Podmorow. Ed. by Sarah Harvey. l.t. ed. 2023. (Animals in the City Ser.: Vol. 3). (FIL., Illus.). 32p. (J). *(978-1-77878-046-2(6))*; pap. *(978-1-77878-047-9(4))* AD Classic.

Deer: Children's Mammal Book with Amazing Informative Facts. Bold Kids. 2022. (ENG.). 46p. (J). pap. 14.99 *(978-1-0717-0941-2(0))* FASTLANE LLC.

Deer & Antelope Migration. Susan Johnston Taylor. 2023. (Animal Migrations Ser.). (ENG., Illus.). 32p. (J). pap. 9.95 *(978-1-63739-663-6(5)*, Focus Readers) North Star Editions.

Deer & Antelope Migration. Contrib. by Susan Johnston Taylor. 2023. (Animal Migrations Ser.). (ENG., Illus.). 32p. (J). lib. bdg. 31.35 *(978-1-63739-606-3(6)*, Focus Readers) North Star Editions.

Deer & Fawns, 1 vol. Shep Fields. 2017. (Animal Family Ser.). (ENG.). 24p. (gr. k-k). pap. 9.15 *(978-1-4824-6373-6(3)*, 0396adb5-d4ad-46cb-8103-6cc1f4986b80) Stevens, Gareth Publishing LLLP.

Deer Dia... a Journey Through the Circle of Life. William Marlette. 2018. (ENG., Illus.). 32p. (J). pap. *(978-1-387-49621-1(2))* Lulu Pr., Inc.

Deer Eat Buds & Leaves, 1 vol. Charmaine Robertson. 2016. (Rosen REAL Readers: STEM & STEAM Collection). (ENG.). 8p. (gr. k-1). pap. 5.46 *(978-1-5081-2389-7(6)*, 66fa6853-c881-4bbb-9280-99d793b4d829, Rosen Classroom) Rosen Publishing Group, Inc., The.

Deer, Elk & Mountain Goats, Vol. 12. Paul Sterry. 2018. (Animals in the Wild Ser.). (Illus.). 72p. (J). (gr. 7). 33.27 *(978-1-4222-4168-4(8))* Mason Crest.

Deer-Est Friend. Sienna Whaley. 2021. (ENG.). 34p. (J). pap. 13.99 *(978-1-0983-9010-5(5))* BookBaby.

Deer Feast, 1 vol. Charmaine Robertson. 2016. (Rosen REAL Readers: STEM & STEAM Collection). (ENG.). 8p. (gr. k-1). pap. 5.46 *(978-1-5081-2604-1(6)*, f7fb04cd-ac9e-4a08-bc41-a7ca766f73e7, Rosen Classroom) Rosen Publishing Group, Inc., The.

Deer Godchild: All Profits on the Sale of This Book Are to Be Devoted to the Relief of French Children Orphaned by the War (Classic Reprint) Marguerite Bernard. 2018. (ENG., Illus.). 92p. (J). 25.79 *(978-0-267-28435-1(7))* Forgotten Bks.

Deer Hunt: Rescue in the Rockies: Rescue in the Rockies. Emily L. Hay Hinsdale. Illus. by Caitlin O'Dwyer. 2023. (Wilderness Adventures Ser.). (ENG.). 112p. (J). (gr. 2-5). lib. bdg. 38.50 *(978-1-0982-3712-7(9)*, 42569, Calico Chapter Bks.) ABDO Publishing Co.

Deer Hunting. Kyle Brach. 2023. (Searchlight Books (tm) — Hunting & Fishing Ser.). (ENG., Illus.). 32p. (J). (gr. 3-5). pap. 9.99. lib. bdg. 30.65 *(978-1-7284-9156-1(8)*, f737e10c-476c-43c5-bdb8-1122f048b462) Lerner Publishing Group. (Lerner Pubns.).

Deer Hunting. Tom Carpenter. 2017. (Outdoors Ser.). (ENG., Illus.). 32p. (J). (gr. 3-5). pap. 9.95 *(978-1-63517-292-8(6)*, 1635172926); lib. bdg. 31.35 *(978-1-63517-227-0(6)*, 1635172270, North Star Editions. (Focus Readers).

Deer of Nine Colors. Aili Mou. 2022. (Interesting Chinese Myths Ser.). (ENG.). 52p. (J). (gr. k-2). pap. 10.95 *(978-1-4878-0951-5(4))* Royal Collins Publishing Group Inc. CAN. Dist: Independent Pubs. Group.

Deer Poop or Bear Poop?, 1 vol. George Fittleworth. 2019. (Scoop on Poop! Ser.). (ENG.). 24p. (J). (gr. 1-2). 24.27 *(978-1-5382-2954-5(4)*, 00a6caf3-2c7e-4182-94d0-6306bb31d948) Stevens, Gareth Publishing LLLP.

Deer Santa. Hannah Eliot. Illus. by Kathryn Selbert. 2021. (ENG.). 18p. (J). (gr. -1). 9.99 *(978-1-5344-9523-4(1)*, Little Simon) Little Simon.

Deer-Smellers of Haunted Mountain: The Almost Unbelievable Experiences of a Cerebroic Hunter in the Hills of This World & the Lowlands of the Universe with a Gypsy-Eyed Spirit Adventurer (Classic Reprint) John J. Meyer. 2017. (ENG., Illus.). (J). 29.24 *(978-1-5280-5027-2(4))* Forgotten Bks.

Deerbrook. Harriet Martineau. 2018. (ENG., Illus.). 602p. (J). 37.76 *(978-1-7317-0664-5(2))*; pap. 25.68 *(978-1-7317-0665-2(0))* Simon & Brown.

Deerbrook: A Novel (Classic Reprint) Harriet Martineau. (ENG., Illus.). (J). 2018. 526p. 34.77 *(978-0-364-84830-2(8))*; 2018. 530p. 34.85 *(978-0-365-04044-6(4))*; 2017. pap. 19.57 *(978-0-259-34891-7(0))* Forgotten Bks.

Deerbrook, Vol. 1 Of 3: A Novel (Classic Reprint) Harriet Martineau. 2018. (ENG., Illus.). 344p. (J). 30.99 *(978-0-365-10109-3(5))* Forgotten Bks.

Deerbrook, Vol. 2 Of 2: A Novel (Classic Reprint) Harriet Martineau. 2017. (ENG., Illus.). (J). 256p. 29.18 *(978-0-484-69496-4(0))*; pap. 11.57 *(978-0-259-24553-7(4))* Forgotten Bks.

Deerbrook, Vol. 2 Of 3: A Novel (Classic Reprint) Harriet Martineau. 2018. (ENG., Illus.). 338p. (J). 30.89 *(978-0-364-27435-4(2))* Forgotten Bks.

Deerbrook, Vol. 3 Of 3: A Novel (Classic Reprint) Harriet Martineau. 2018. (ENG., Illus.). 312p. (J). 30.33 *(978-0-666-97856-1(5))* Forgotten Bks.

Deerfoot in the Mountains (Classic Reprint) Edward S. Ellis. 2017. (ENG., Illus.). (J). 31.86 *(978-0-331-15662-1(8))* Forgotten Bks.

Deerfoot on the Prairies (Classic Reprint) Edward S. Ellis. 2017. (ENG., Illus.). (J). 31.78 *(978-0-265-49422-6(2))* Forgotten Bks.

Deering at Princeton: A Story of College Life (Classic Reprint) Latta Griswold. (ENG., Illus.). (J). 2018. 412p. 32.41 *(978-0-365-29886-1(7))*; 2016. pap. 16.57 *(978-1-334-16799-7(0))* Forgotten Bks.

Deering of Deal or the Spirit of the School (Classic Reprint) Latta Griswold. 2018. (ENG., Illus.). 358p. (J). 31.24 *(978-0-332-31070-1(1))* Forgotten Bks.

Deerstalkers: A Sporting Tale of the South-Western Counties (Classic Reprint) Frank Forester. (ENG., Illus.). (J). 2017. 204p. 28.12 *(978-0-484-86913-3(2))*; 2016. pap. 10.57 *(978-1-334-11888-3(4))* Forgotten Bks.

Dee's Mystery Solvers: Buried Treasure. Leonard D. Hilley II. 2019. (Dee's Mystery Solvers Ser.: Vol. 2). (ENG.). 116p. (YA). pap. 9.99 *(978-1-950485-05-5(6))* DeimosWeb Publishing.

Defeat Disobedience: Becoming Obedient & Overcoming Disobedience. Sophia Day & Kayla Pearson. Illus. by Timothy Zowada. 2020. (Help Me Become Ser.: 2). (ENG.). 76p. (J). pap. 9.99 *(978-1-64516-977-2(4)*, fc4e3aa3-84c1-4c4f-b46e-c5959a5f3f3f) MVP Kids Media.

Defeat Judgment Day: Book 3. J. D. Martens. 2017. (Meteor Ser.). (ENG.). 184p. (YA). (gr. 5-12). 31.42 *(978-1-68076-829-9(8)*, 27432, Epic Escape) EPIC Pr.

Defeat of the Ghost Riders: Introducing Mary Mcleod Bethune. Dave Jackson & Neta Jackson. 2016. (ENG., Illus.). (J). pap. 7.99 *(978-1-939445-25-4(6))* Castle Rock Creative, Inc.

Defeat of the Nazis: The Allied Victory in Europe. Christopher Chant. 2017. (World War II Ser.: Vol. 5). (ENG., Illus.). 79p. (J). (gr. 7-12). 24.95 *(978-1-4222-3897-4(0))* Mason Crest.

Defect: Book 1: the Genetic War Series. Kallie Grote. 2018. (ENG., Illus.). 312p. (YA). pap. 18.95 *(978-1-64424-191-2(9))* Page Publishing Inc.

Defective Santa Claus (Classic Reprint) James Whitcomb Riley. (ENG., Illus.). (J). 2018. 94p. 25.84 *(978-0-656-20797-8(3))*; 2016. pap. 9.57 *(978-1-333-61999-2(5))* Forgotten Bks.

Defectors: The Kaiyo Stories. Cliff Cochran. 2020. (Kaiyo Stories Ser.: Vol. 3). (ENG.). 360p. (YA). pap. 27.95 *(978-1-0980-4624-8(2))* Christian Faith Publishing.

Defence of Ignorance (Classic Reprint) Henry Morley. (ENG., Illus.). (J). 2018. 116p. 26.31 *(978-0-484-03489-0(8))*; 2017. pap. 9.57 *(978-0-243-39605-4(8))* Forgotten Bks.

Defence of Ignorance (Classic Reprint) Henry Morley. (ENG., Illus.). (J). 2018. 154p. 27.07 *(978-0-428-99971-1(9))*; 2017. pap. 9.57 *(978-0-259-19580-1(4))* Forgotten Bks.

Defence of the Garden Realm. Crispin. Illus. by Mary. 2023. (ENG.). 60p. (J). *(978-1-80381-422-3(5))* Grosvenor Hse. Publishing Ltd.

Defend & Attack!, 1 vol. Emilie Dufresne. 2021. (Animals with Superpowers! Ser.). (ENG., Illus.). 24p. (J). (gr. 2-2). pap. 9.25 *(978-1-5345-3505-3(5)*, 74762c64-73dd-4980-99ee-a2e8ac2961d3, KidHaven Publishing) Greenhaven Publishing LLC.

Defend the Dawn. Brigid Kemmerer. (Defy the Night Ser.). (ENG.). 448p. 2023. (YA). (gr. 7-12). 31.19 *(978-1-5364-8187-7(4))*; 2023. (YA). pap. 12.99 *(978-1-5476-1322-9(X)*, 900292886, Bloomsbury Young Adult); 2022. (YA). 18.99 *(978-1-5476-1007-5(7)*, 900260351, Bloomsbury Young Adult) Bloomsbury Publishing USA.

Defend to the End. B. Hellard & L. Gibbs. 2016. (Netball Gems Ser.: 4). (Illus.). 160p. (J). (gr. 4-7). pap. 8.99 *(978-0-85798-770-9(4))* Random Hse. Australia AUS. Dist: Independent Pubs. Group.

Defender of Babylon. Allen W. Pease. 2018. (ENG., Illus.). 514p. (YA). pap. 25.95 *(978-1-64350-600-5(5))* Page Publishing Inc.

Defender of the Faith. Frank James Mathew. 2017. (ENG.). 312p. (J). pap. *(978-3-337-00740-9(6))* Creation Pubs.

Defender of the Faith: A Romance (Classic Reprint) Frank James Mathew. 2018. (ENG., Illus.). 316p. (J). 30.41 *(978-0-484-12149-1(9))* Forgotten Bks.

Defenders & the Blade of Mercy. Serena Archer. 2022. (ENG.). 442p. (J). pap. 19.00 *(978-1-0879-1237-0(7))* Indy Pub.

Defenders & the Water of Florence. Serena Z. Rana. 2021. (ENG.). 280p. (J). pap. 12.99 *(978-1-0879-5229-1(8))* Indy Pub.

Defenders (Classic Reprint) Foy Gillespie. (ENG., Illus.). (J). 2018. 398p. 32.11 *(978-0-364-60836-4(6))*; 2017. pap. 16.57 *(978-0-243-97373-6(X))* Forgotten Bks.

Defenders of Dembroch: Book 1 - the Age of Knights & Dames. Patrick Harris. 2019. (Defenders of Dembroch Ser.: Vol. 1). (ENG., Illus.). 412p. (YA). (gr. 7-12). 29.99 *(978-0-578-48290-3(8))* Harris, Patrick Monroe.

Defenders of Dembroch: Book 2 - the Sinners' Solemnities. Patrick Harris. 2021. (ENG.). 412p. (YA). 29.99 *(978-1-0879-4817-1(7))* Indy Pub.

Defenders of Dembroch: The Widow's War. Patrick Harris. 2023. (Defenders of Dembroch Ser.: Vol. 3). (ENG.). 474p. (YA). 39.99 *(978-1-0880-2749-3(0))* Harris, Patrick Monroe.

Defenders of Democracy: Contributions from Representative Men & Women of Letters & Other Arts from Our Allies & Our Own Country (Classic Reprint) U. S. Militia of Mercy Gift B. Committee. 2017. (ENG., Illus.). (J). 32.62 *(978-0-265-20212-8(4))* Forgotten Bks.

Defenders of Practavia. J. A. Menzies. 2022. (ENG.). (J). 192p. *(978-1-927692-50-9(4))*; 212p. pap. *(978-1-927692-49-3(0))* That's Life! Communications.

Defenders of the Family. Benjamin White. 2016. (ENG.). (J). (gr. k-3). 14.99 *(978-1-4621-1821-2(6))* Cedar Fort, Inc./CFI Distribution.

Defenders of the Land of Dreams: Custodians of the Golden Armor. J. Scaramazza. Illus. by Kate Fallahee & Paola Garcia. l.t. ed. 2020. (ENG.). 44p. (J). pap. 16.99 *(978-1-0879-2141-9(4))* Indy Pub.

Defenders of the Realm: The Dimension's Invasion. Kyle Brinegar. 2019. (ENG.). 44p. (J). pap. 7.99 *(978-1-7947-7690-6(7))* Lulu Pr., Inc.

Defenders of the Realm: The Path to Zeptric. Kyle Brinegar. 2019. (ENG.). 56p. (J). pap. 7.99 *(978-0-359-79225-2(1))* Lulu Pr., Inc.

Defenders of the Universe. Carolyn Perez. Illus. by Tracy Concepts. 2022. (ENG.). 30p. (J). pap. 20.99 *(978-1-6628-5068-4(9))* Salem Author Services.

Defenders Omnibus Vol. 1. Steve Englehart & Roy Thomas. Illus. by Ross Andru & Sal Buscema. 2021. 768p. (gr. 4-17). 100.00 *(978-1-302-92859-9(7)*, Marvel Universe) Marvel Worldwide, Inc.

Defending Champ. Mike Lupica. 2022. (ENG.). 240p. (J). (gr. 5). pap. 8.99 *(978-1-9848-3693-9(5)*, Viking Books for Young Readers) Penguin Young Readers Group.

Defending Taylor. Miranda Kenneally. 2016. (Hundred Oaks Ser.: 7). 304p. (YA). (gr. 8-12). pap. 12.99 *(978-1-4926-3008-1(X)*, 9781492630081) Sourcebooks, Inc.

Defending the Ground: The Army. Chris McNab. 2017. (Illus.). 80p. (J). *(978-1-4222-3762-5(1))* Mason Crest.

Defending the Seas: The Navy. Chris McNab. 2017. (Illus.). 80p. (J). *(978-1-4222-3763-2(X))* Mason Crest.

Defending the Title. Mary Jantz. 2022. (ENG.). 256p. (YA). pap. 17.95 *(978-1-63755-314-5(5)*, Mascot Kids) Amplify Publishing Group.

Defensive Linemen. Josh Leventhal. 2016. (Football's All-Time Greats Ser.). (ENG.). 32p. (J). (gr. 4-6). pap. 9.99 *(978-1-64466-162-8(4)*, 10350); (Illus.). 31.35 *(978-1-68072-038-9(4)*, 10349) Black Rabbit Bks. (Bolt).

Defensive Play. Jamie Deacon. 2018. (Boys on the Brink Ser.: Vol. 15). (ENG., Illus.). 88p. (YA). pap. *(978-1-78645-293-1(6))* Beaten Track Publishing.

Defiance. Laura Gallier. 2020. (Delusion Ser.: 3). (ENG.). 304p. (YA). 24.99 *(978-1-4964-3397-8(1)*, 20_31892); pap. 15.99 *(978-1-4964-3398-5(X)*, 20_31893) Tyndale Hse. Pubs. (Wander).

Defiance: A Young Adult Dystopian Romance. Clare Littlemore. 2023. (Bellator Chronicles Ser.: Vol. 3). (ENG.). 460p. (YA). pap. *(978-1-9998381-7-1(3))* Littlemore, Clare.

Defiance: Dystopian, Sci-Fi, Fantasy Teen Book. Deanna J. Compton. 2019. (Human Nature Ser.: Vol. 2). (ENG.). 202p. (J). pap. 10.00 *(978-1-944815-41-7(4))* Argon Pr.

Defiant. Lesley Livingston. 2019. (Valiant Ser.: 2). (ENG.). 416p. (YA). (gr. 7). pap. 10.99 *(978-0-448-49473-9(6)*, Razorbill) Penguin Young Readers Group.

Defiant. Julian A. Valentini. 2016. (ENG.). 312p. (YA). pap. 16.95 *(978-1-78629-295-7(5)*, f1754139-c7a2-4282-957f-e6d7f13881f4) Austin Macauley Pubs. Ltd. GBR. Dist: Baker & Taylor Publisher Services (BTPS).

Defiant: Growing up in the Jim Crow South. Wade Hudson. 2021. 272p. (J). (gr. 5). 17.99 *(978-0-593-12635-6(1))*; (ENG.). lib. bdg. 20.99 *(978-0-593-12636-3(X))* Random Hse. Children's Bks. (Crown Books For Young Readers).

Defiant Hearts (Classic Reprint) W. Heimburg. (ENG., Illus.). (J). 2018. 356p. 31.26 *(978-0-483-89996-4(8))*; 2017. pap. 13.57 *(978-0-243-30722-7(5))* Forgotten Bks.

Deficient Saints: A Tale of Maine (Classic Reprint) Marshall Saunders. 2017. (ENG., Illus.). (J). 33.22 *(978-1-5283-6836-0(3))* Forgotten Bks.

Defining Images (Set), 4 vols. 2017. (Defining Images Ser.). (ENG.). 112p. (J). (gr. 6-12). lib. bdg. 165.44 *(978-1-5321-1014-6(6)*, 25604, Essential Library) ABDO Publishing Co.

Defining Infertility: A Visual Dictionary. Amanda Osowski. 2021. (ENG.). 62p. pap. *(978-1-312-11774-7(5))* Lulu Pr., Inc.

Defining Success from a to Z: Your Guide to Becoming Successful. Zachery McGivens & Shaila McGivens. 2020. (ENG., Illus.). 34p. (J). (gr. 3-6). pap. 9.99 *(978-0-578-67559-6(5))*; 12.99 *(978-0-578-63638-2(7))* Enfini Innovations.

Definite Object: A Romance of New York (Classic Reprint) Jeffery Farnol. (ENG., Illus.). (J). 2018. 374p. 31.63 *(978-0-365-19426-2(3))*; 2017. 31.71 *(978-0-260-27172-3(1))* Forgotten Bks.

Definite Probability: A Tale of a Boy Named Probably Who Discovers Himself Undoubtably. Tom W. Schwartz & Wendy Schwartz. 2016. (ENG., Illus.). (J). pap. 15.00 *(978-0-9893046-0-3(4))* Schwartz Marketing.

Definitely Dominguita Awesome Adventures Collection (Boxed Set) Knight of the Cape; Captain Dom's Treasure; All for One; Sherlock Dom. Terry Catasus Jennings. Illus. by Fatima Anaya. ed. 2022. (Definitely Dominguita Ser.). (ENG.). 592p. (J). (gr. 1-4). pap. 25.99 *(978-1-5344-9652-1(1)*, Aladdin) Simon & Schuster Children's Publishing.

Definitely Nat: a Graphic Novel Box Set (Nat Enough #1-3), 1 vol. Maria Scrivan. Illus. by Maria Scrivan. 2021. (Nat Enough Ser.). (ENG.). 720p. (J). (gr. 3-7). pap., pap., pap. 38.97 *(978-1-338-79462-5(0)*, Graphix) Scholastic, Inc.

Definition of Us. Sarah Harris. 2020. (ENG.). 272p. (YA). (gr. 7-17). 12.99 *(978-0-349-41964-0(7)*, Piatkus Bks.) Little, Brown Book Group Ltd. GBR. Dist: Hachette Bk. Group.

Definitions of Indefinable Things. Whitney Taylor. (ENG.). 336p. (YA). (gr. 9). 2019. pap. 9.99 *(978-1-328-49801-4(8)*, 1717859); 2017. 17.99 *(978-0-544-80504-0(6)*, 1640946) HarperCollins Pubs. (Clarion Bks.).

Deflated Professor see Profesor Desinflado

Deflowered Garden, 1 vol. Tanya South. 2019. (ENG.). 140p. (YA). 24.99 *(978-0-310-10385-1(1))*; pap. 14.99 *(978-0-310-10355-4(X))* Elm Hill.

Deforestation. Janice Parker. 2016. (Worldviews Ser.). (ENG.). 48p. (J). lib. bdg. 34.99 *(978-1-5105-1194-1(6))* SmartBook Media, Inc.

Deforestation & Habitat Loss, 1 vol. Jaime Simmons. 2017. (Earth's Environment in Danger Ser.). (ENG.). 24p. (J). (gr.

D

3-3). 25.27 *(978-1-5383-2535-3(7), a4d7cc54-6694-42b3-a775-b8c10b79509c*, PowerKids Pr.) Rosen Publishing Group, Inc., The.

Defy Me. Tahereh Mafi. (Shatter Me Ser.: 5). (ENG.). (YA). (gr. 9). 2020. 384p. pap. 15.99 *(978-0-06-267640-5(7))*; 2019. 368p. 19.99 *(978-0-06-267639-9(3))* HarperCollins Pubs. (HarperCollins).

Defy the Fates. Claudia Gray. 2019. (Defy the Stars Ser.: 3). (ENG.). 480p. (YA). (gr. 9-17). 18.99 *(978-0-316-44075-2(2))* Little, Brown Bks. for Young Readers.

Defy the Night. Brigid Kemmerer. (ENG.). 2023. (Defy the Night Ser.). 496p. (gr. 7-12). 31.19 ***(978-1-5364-8098-6(3))***; 2023. (Defy the Night Ser.: 1). 480p. (YA). pap. 12.99 *(978-1-5476-1047-1(6)*, 900257740, Bloomsbury Young Adult); 2021. 496p. (YA). 18.99 *(978-1-5476-0466-1(2)*, 900224066, Bloomsbury Young Adult) Bloomsbury Publishing USA.

Defy the Stars. Claudia Gray. 2018. (Defy the Stars Ser.: 1). (ENG.). 528p. (YA). (gr. 9-17). pap. 23.99 *(978-0-316-39404-8(1))* Little, Brown Bks. for Young Readers.

Defy the Stars. Claudia Gray. ed. 2018. (YA). lib. bdg. 22.10 *(978-0-606-40988-9(2))* Turtleback.

Defy the Worlds. Claudia Gray. 2019. (Defy the Stars Ser.: 2). (ENG.). 496p. (YA). (gr. 9-17). pap. 12.99 *(978-0-316-39407-9(6))* Little, Brown Bks. for Young Readers.

Defying Gravity. Kendra C. Highley. 2016. (ENG., Illus.). 210p. (J). pap. 14.99 *(978-1-68281-253-2(7))* Entangled Publishing, LLC.

Defying Hitler: Jesse Owens' Olympic Triumph. Nel Yomtov. Illus. by Eduardo Garcia. 2018. (Greatest Sports Moments Ser.). (ENG.). 32p. (J). (gr. 3-9). lib. bdg. 31.32 *(978-1-5435-2865-7(1)*, 138368, Capstone Pr.) Capstone.

Degas: An Intimate Portrait (Classic Reprint) Ambroise Vollard. (ENG., Illus.). (J). 2017. 27.61 *(978-0-266-43429-0(0))*; 2016. pap. 9.97 *(978-1-334-49031-6(7))* Forgotten Bks.

Degas, Painter of Ballerinas. Susan Goldman Rubin. 2019. (ENG., Illus.). 64p. (J). (gr. 3-7). 19.99 *(978-1-4197-2843-3(1)*, 1187701) Abrams, Inc.

Degaz! Vrani Van de Peelt. 2018. (FRE., Illus.). 20p. (J). pap. 15.68 *(978-0-244-36914-9(3))* Lulu Pr., Inc.

Degenerates. J. Albert Mann. (ENG., Illus.). (YA). (gr. 9). 2021. 304p. pap. 11.99 *(978-1-5344-1936-0(5))*; 2020. 288p. 18.99 *(978-1-5344-1935-3(7))* Simon & Schuster Children's Publishing. (Atheneum Bks. for Young Readers).

Degeneration of Dorothy: A Novel (Classic Reprint) Frank Kinsella. 2017. (ENG., Illus.). (J). 322p. 30.54 *(978-0-484-52213-7(2))*; pap. 13.57 *(978-0-259-38055-9(5))* Forgotten Bks.

Degna Punizione. Selected by Lorenzo Ruggeri. 2021. (ITA.). 90p. (YA). pap. 8.00 *(978-1-6671-1211-4(2))* Lulu Pr., Inc.

DeGoBooM y la Fórmula Exe / DeGoBooM & the Exe Formula. Diego Antonio Silva. 2023. (SPA.). 144p. (J). (gr. 5). pap. 16.95 *(978-607-38-2108-7(5)*, Altea) Penguin Random House Grupo Editorial ESP. Dist: Penguin Random Hse. LLC.

Degradación y Erosión. Kris Hirschmann. 2017. (Vitales Ser.). (SPA.). (YA). (gr. 6-8). pap. *(978-1-5021-6902-0(9))* Benchmark Education Co.

Degradación y Erosión - 6 Pack: Set of 6 Common Core Edition. Kris Hirschmann. 2017. (Vitales Ser.). (SPA.). (YA). (gr. 6-8). 75.00 *(978-1-5021-7124-5(4))* Benchmark Education Co.

Degrees of Barley Lick, 1 vol. Susan Flanagan. 2021. (ENG.). 248p. (YA). (gr. 8-12). pap. 10.99 *(978-1-927917-40-4(9))* Running the Goat, Bks. & Broadsides CAN. Dist: Orca Bk. Pubs. USA.

Degsy Hay - a Juvenile Redeemed: Everbody Deserves a Second Chance. Brian S. Montgomery. 2018. (Degsy Hay Ser.). (ENG.). 256p. (YA). (gr. 12). pap. *(978-1-9993151-5-1(1))* Montgomery, Brian.

Dehulked #4. Joe Caramagna & Paul Giacoppo. Illus. by Marvel Animation Studios. 2019. (Avengers: Ultron Revolution Ser.). (ENG.). 24p. (J). (gr. 2-6). lib. bdg. 31.36 *(978-1-5321-4349-6(4)*, 31869, Marvel Age) Spotlight.

Dehydrated Peas & Swamp Monsters: Class Camp. Celeste Beckerling. 2021. (ENG.). 84p. (J). pap. 11.82 *(978-1-7948-1735-7(2))* Lulu Pr., Inc.

Dei Trattati Morali (Classic Reprint) Albertano Da Brescia. (ITA., Illus.). (J). 2017. 32.62 *(978-0-265-35125-3(1))*; 2016. pap. 16.57 *(978-1-334-32531-1(6))* Forgotten Bks.

Deidades Menores. F. G. Haghenbeck. 2020. (SPA.). 264p. (YA). (gr. 7). pap. 17.50 *(978-607-527-591-8(6))* Editorial Oceano de Mexico MEX. Dist: Independent Pubs. Group.

Dein Erstes Jahr: Babyalbum Beige Gelb, Zum Eintragen der Schönsten Momente und Erinnerungen Für Unser Erstes Gemeinsames Jahr. Laura Nele. 2018. (ENG., Illus.). 74p. (J). *(978-3-947808-34-2(8))* Rocket, Paula.

Dein Erstes Jahr: Babyalbum Dunkel-Blau, Zum Eintragen der Schönsten Momente und Erinnerungen Für Unser Erstes Gemeinsames Jahr. Laura Nele. 2018. (GER., Illus.). 74p. (J). *(978-3-947808-35-9(6))* Rocket, Paula.

Deinonychus. Aaron Carr. 2016. (J). *(978-1-5105-1913-8(0))* SmartBook Media, Inc.

Deinonychus. Joe Levit. 2019. (Little Paleontologist Ser.). (ENG., Illus.). 32p. (J). (gr. k-3). lib. bdg. 28.65 *(978-1-5435-5748-0(1)*, 139704) Capstone.

Deirdre (Classic Reprint) James Stephens. 2017. (ENG., Illus.). (J). 30.00 *(978-0-260-37155-3(6))*; pap. 13.57 *(978-0-243-29091-8(8))* Forgotten Bks.

Déjà Vu. Barbara Anderson. 2022. (ENG.). 148p. (YA). pap. 14.49 *(978-1-6628-3912-2(X))* Salem Author Services.

Déjalo Fluir. Priscila Alvarez. 2019. (SPA.). 184p. (YA). (gr. 9-12). pap. 17.99 *(978-607-8614-98-1(3))* V&R Editoras.

Dejeuner a l'Ecu de France, Faubourg Saint Memmie: Dialogue (Classic Reprint) Etirengram Esinol. 2018. (FRE., Illus.). 20p. (J). 24.33 *(978-0-428-39470-7(1))*; pap. 7.97 *(978-0-428-01523-7(9))* Forgotten Bks.

Dejiny Slovákov V Amerike *see* **History of Slovaks in America**

Dejiny Slovakov V Amerike *see* **History of Slovaks in America**

Del Governo De'Regni: Sotto Morali Esempi Di Animali Ragionanti Tra Loro (Classic Reprint) Unknown Author. 2017. (ITA., Illus.). (J). 27.86 *(978-0-266-35125-2(5))* Forgotten Bks.

Del Otro Lado. Ivan Kemer. Illus. by May Clerici & Iván Kemer. 2023. (SPA.). 38p. (J). (gr. k-2). bds. 15.99 ***(978-987-637-917-5(8))*** Catapulta Pr.

Del Patio Al Monte. Janette Laffertte Trujillo. Illus. by Arianna Ricardo Rodríguez. 2022. (SPA.). 50p. (J). pap. ***(978-1-387-80991-2(1))*** Lulu Pr., Inc.

Del Ryder & the Emerald Sceptre. Matthew David Brough. 2018. (Del Ryder Ser.: Vol. 3). (ENG.). 276p. (J). pap. *(978-1-9994238-4-1(4))* Brough, Matthew.

Del Tamaño Justo. Ana Maria MacHado. Tr. by Irene Vasco. Illus. by Daniela Violi. 2019. (Torre de Papel Ser.). (SPA.). 90p. (J). (gr. 2-4). pap. 10.99 *(978-958-04-6265-1(8)*, Norma) Norma S.A. COL. Dist: Distribuidora Norma, Inc.

Del Toro Moon. Darby Karchut. 2018. (ENG., Illus.). 260p. (J). (gr. 2-6). pap. 12.99 *(978-1-945654-14-5(7))* Owl Hollow Pr.

Delafield Affair (Classic Reprint) Florence Finch Kelly. 2018. (ENG., Illus.). 430p. (J). 32.77 *(978-0-483-67342-7(0))* Forgotten Bks.

Delagoa Bay: Its Natives & Natural History (Classic Reprint) Rose Monteiro. 2018. (ENG., Illus.). 308p. (J). 30.25 *(978-0-428-61405-8(1))* Forgotten Bks.

Delahoydes. Henry Inman. 2017. (ENG.). 308p. (J). pap. *(978-3-7446-8114-8(9))* Creation Pubs.

Delahoydes: Boy Life on the Old Santa Fé Trail (Classic Reprint) Henry Inman. 2018. (ENG., Illus.). 300p. (J). 30.10 *(978-0-364-24590-3(5))* Forgotten Bks.

Delamere, Vol. 2: A Novel (Classic Reprint) G. Curzon. 2018. (ENG., Illus.). 236p. (J). 28.78 *(978-0-483-77729-3(3))* Forgotten Bks.

Deland, Margaret Wade (Campbell) R. J. 's Mother (Classic Reprint) Unknown Author. 2018. (ENG., Illus.). 338p. (J). 30.89 *(978-0-365-02002-8(8))* Forgotten Bks.

Delano Grape Strike. Daniel Montgomery Cole Mauleón. Illus. by Jaños Orban. 2022. (Movements & Resistance Ser.). (ENG.). 32p. (J). 36.65 *(978-1-6639-5922-5(6)*, 221511); pap. 7.95 *(978-1-6663-2293-4(8)*, 221517) Capstone. (Capstone Pr.).

Delantera Estrella (Star Striker) Bill Yu. Illus. by Renato Siragusa. 2020. (Métete Al Juego (Get in the Game) Ser.). (SPA.). 24p. (J). (gr. 3-8). lib. bdg. 32.79 *(978-1-5321-3790-7(7)*, 35412, Graphic Planet - Fiction) Magic Wagon.

Delaware. Brooke Cutler & Amanda Duffy. 2016. (ENG., Illus.). (J). pap. 18.50 *(978-1-329-87391-9(2))* Lulu Pr., Inc.

Delaware. Karen Durrie & Jay D. Winans. 2018. (Illus.). 24p. (J). *(978-1-4896-7415-9(2)*, AV2 by Weigl) Weigl Pubs., Inc.

Delaware, 1 vol. John Hamilton. 2016. (United States of America Ser.). (ENG., Illus.). 48p. (J). (gr. 5-9). 34.21 *(978-1-68078-310-0(6)*, 21605, Abdo & Daughters) ABDO Publishing Co.

Delaware. Ann Heinrichs. Illus. by Matt Kania. 2017. (U. S. A. Travel Guides). (ENG.). 40p. (J). (gr. 2-5). lib. bdg. 38.50 *(978-1-5038-1948-1(5)*, 211585) Child's World, Inc, The.

Delaware. Jason Kirchner & Bridget Parker. 2016. (States Ser.). (ENG., Illus.). 32p. (J). (gr. 3-6). lib. bdg. 27.99 *(978-1-5157-0394-5(0)*, 132006, Capstone Pr.) Capstone.

Delaware. Sarah Tieck. 2019. (Explore the United States Ser.). (ENG., Illus.). 32p. (J). (gr. 2-5). lib. bdg. 34.21 *(978-1-5321-9111-4(1)*, 33410, Big Buddy Bks.) ABDO Publishing Co.

Delaware. Helen Evans Walsh. 2022. (Core Library of US States Ser.). (ENG., Illus.). 48p. (J). (gr. 4-8). lib. bdg. 35.64 *(978-1-5321-9749-9(7)*, 39589) ABDO Publishing Co.

Delaware: Children's American Local History Book with Informative Facts! Bold Kids. 2022. (ENG.). 46p. (J). pap. 14.99 *(978-1-0717-0942-9(9))* FASTLANE LLC.

Delaware: The First State, 1 vol. Derek Miller et al. 2019. (It's My State! (Fourth Edition)(r) Ser.). (ENG.). 80p. (gr. 4-4). 35.93 *(978-1-5026-4178-6(X)*, 5b72b56c-4def-45d5-96be-35c92ce7683d) Cavendish Square Publishing LLC.

Delaware: The First State. Jay D. Winans. 2016. (J). *(978-1-5105-0668-8(3))* SmartBook Media, Inc.

Delaware: The First State. Jay D. Winans. 2016. (J). *(978-1-4896-4836-5(4))* Weigl Pubs., Inc.

Delaware (a True Book: My United States) (Library Edition) Melissa McDaniel. 2018. (True Book (Relaunch) Ser.). (ENG., Illus.). 48p. (J). (gr. 3-5). 31.00 *(978-0-531-23557-7(2)*, Children's Pr.) Scholastic Library Publishing.

Delaware (ARC Edition) The First State, 1 vol. Derek Miller et al. 2020. (It's My State! (Fourth Edition)(r) Ser.). (ENG.). 80p. (J). (gr. 4-4). pap. 18.64 *(978-1-5026-6208-8(6)*, 37ccc1cf-51db-4bde-9e57-12be7fd4598a) Cavendish Square Publishing LLC.

Delaware Bride: And Other Poems. Richard Griffin. 2017. (ENG., Illus.). (J). pap. *(978-0-649-30219-2(2))* Trieste Publishing Pty Ltd.

Delaware Bride: And Other Poems (Classic Reprint) Richard Griffin. 2017. (ENG., Illus.). 48p. (J). 24.91 *(978-0-332-90959-2(X))* Forgotten Bks.

Delectable Cupcakes with a Side of Science: 4D an Augmented Recipe Science Experience. Christine Elizabeth Eboch. 2018. (Sweet Eats with a Side of Science 4D Ser.). (ENG., Illus.). 32p. (J). (gr. 3-9). lib. bdg. 33.32 *(978-1-5435-1072-0(8)*, 137701, Capstone Pr.) Capstone.

Delectable Duchy. Arthur Thomas Quiller-Couch. 2017. (ENG., Illus.). (J). 23.95 *(978-1-374-94143-4(3))* Capital Communications, Inc.

Delectable Duchy: Stories, Studies, & Sketches (Classic Reprint) Arthur Thomas Quiller-Couch. 2018. (ENG., Illus.). 372p. (J). 31.59 *(978-0-483-69663-1(3))* Forgotten Bks.

Delectable Mountains (Classic Reprint) Arthur Willis Colton. 2018. (ENG., Illus.). 252p. (J). 29.11 *(978-0-483-26485-4(7))* Forgotten Bks.

Delegate: A Comedy in Two Acts (Classic Reprint) Albert R. LeDoux. 2017. (ENG., Illus.). 28p. (J). 24.47 *(978-0-484-83632-6(3))* Forgotten Bks.

Delegate at Grant's Convention, Philadelphia (Classic Reprint) Hoke Beidler. 2018. (ENG., Illus.). 84p. (J). 25.65 *(978-0-332-54478-6(8))* Forgotten Bks.

Delete. Jeff Povey. 2017. (ENG.). 352p. (J). pap. 9.99 *(978-1-4711-1870-8(3)*, Simon & Schuster Children's) Simon & Schuster, Ltd. GBR. Dist: Simon & Schuster, Inc.

Delfin. Jason Skog. 2023. (SPA.). 48p. (J). (gr. 5-7). pap. 13.99 ***(978-1-68277-298-0(5)***, Creative Paperbacks) Creative Co., The.

Delfin Libro de Colorear para niños y Niñas: ¡el Mejor Libro para Colorear para Los Pequeños Que Aman a Los Delfines! Lindas y Divertidas Páginas para Colorear Delfines, Libro de Actividades para niños e Infantiles, Hermosas Páginas para Colorear para Chi. Molly Osborne. 2020. (SPA.). 52p. (J). pap. 7.99 *(978-1-716-28670-4(0))* Lulu Pr., Inc.

Delfines. Grace Hansen. 2017. (Vida en el Océano Ser.). (SPA.). 24p. (J). (gr. -1-2). pap. 7.95 *(978-1-4966-1266-3(3)*, 135006, Capstone Classroom) Capstone.

Delfines. Lucía M. Sánchez & Traci Dibble. 2017. (1-3A Vida Marina Ser.). (SPA., Illus.). 24p. (J). pap. 8.00 *(978-1-63437-608-2(0))* American Reading Co.

Delfines (Dolphins), 1 vol. Grace Hansen. 2016. (Vida en el Océano (Ocean Life) Ser.). (SPA., Illus.). 24p. (J). (gr. -1-2). lib. bdg. 32.79 *(978-1-68080-745-5(5)*, 22652, Abdo Kids) ABDO Publishing Co.

Delfines Libro de Colorear para Niños: Un Divertido Libro de Colorear para niños, la Mejor Colección de Páginas para Colorear para Chicos y Chicas Que Aman a Los Delfines. R. R. Fratica. 2021. (SPA.). 78p. (J). pap. 8.50 *(978-1-008-99857-5(5))* Lulu Pr., Inc.

Delfines Libro de Colorear para niños y Niñas: La Mejor Colección de Páginas para Colorear para Chicos y Chicas Que Aman a Los Delfines - Lindas y Divertidas Páginas para Colorear Delfines para niños e Infantiles - Diseños únicos de Delfines Maravillosos. Molly Osborne. 2020. (SPA.). 78p. (J). pap. 9.49 *(978-1-716-28667-4(0))* Lulu Pr., Inc.

Delft Cat, & Other Stories (Classic Reprint) Robert Howard Russell. 2017. (ENG., Illus.). (J). 25.36 *(978-0-331-84801-4(5))*; pap. 9.57 *(978-0-282-08503-2(3))* Forgotten Bks.

Delhi. Joyce Markovics. 2017. (Citified! Ser.). (ENG., Illus.). 24p. (J). (gr. k-3). lib. bdg. 17.95 *(978-1-68402-237-3(1))* Bearport Publishing Co., Inc.

Delhi, Here We Come (Discover India City by City) Sonia Mehta. 2019. (Discover India Ser.). (ENG.). 64p. (J). (gr. 3-5). pap. 8.99 *(978-0-14-344524-1(3)*, Puffin) Penguin Bks. India PVT, Ltd IND. Dist: Independent Pubs. Group.

Delhi Thaatha: A Great Grand Story. Chitra Viraraghavan. Illus. by Sunandini Banerjee. 2018. (India List Ser.). (ENG.). 48p. (J). 19.00 *(978-0-85742-549-2(8))* Seagull Bks. IND. Dist: Chicago Distribution Ctr.

Delia & Friends Coloring & Activity Book. Sharon Johnson-Myers. Illus. by Garrett Myers. 2019. (ENG.). 26p. (J). (gr. k-5). pap. 9.99 *(978-1-942871-17-0(1))* Hope of Vision Publishing.

Delia Bread: What Can You Do Instead? Carra Robertson. Illus. by Kelson Steele. 2020. (Superhero Social Skills Ser.: Vol. 1). (ENG.). 34p. (J). pap. 9.99 ***(978-1-7354435-1-5(4))*** Robertson, Carra.

Delia, Formerly the Blue-Bird of Mulberry Bend (Classic Reprint) Emma Mott Whittemore. (ENG., Illus.). (J). 2018. 124p. 26.45 *(978-0-332-95077-8(8))*; 2017. pap. 9.57 *(978-0-259-06161-8(1))* Forgotten Bks.

Delicate, Dainty & Delightful: Fairy Fun Coloring Book. Jupiter Kids. 2017. (ENG., Illus.). (J). pap. 9.20 *(978-1-68326-736-2(2)*, Jupiter Kids (Childrens & Kids Fiction)) Speedy Publishing LLC.

Delicate Dragon. Martha Adams. 2019. (ENG.). 40p. (J). pap. 5.95 *(978-1-7336290-2-7(5))* Hom, Jonathan.

Delicates. Brenna Thummler. 2021. (Sheets Ser.: 2). (ENG., Illus.). 320p. (J). pap. 14.99 *(978-1-62010-788-1(0))* Oni Pr., Inc.

Delicia: And Other Stories (Classic Reprint) Marie Corell. 2018. (ENG., Illus.). 360p. (J). 31.34 *(978-0-365-16650-4(2))* Forgotten Bks.

Delicia (Classic Reprint) Beatrice May Butt. (ENG., Illus.). (J). 2018. 378p. 31.71 *(978-0-483-96394-8(1))*; 2017. pap. 16.57 *(978-0-243-41636-3(9))* Forgotten Bks.

Delicious! Poems Celebrating Street Food Around the World. Julie Larios. Illus. by Julie Paschkis. 2021. (ENG.). 32p. (J). (-3). 17.99 *(978-1-5344-5377-7(6)*, Beach Lane Bks.) Beach Lane Bks.

Delicious Dairy. Katie Marsico. 2020. (21st Century Basic Skills Library: Level 3: Strong Kids Healthy Plate Ser.). (ENG., Illus.). 24p. (J). (gr. k-3). lib. bdg. 30.64 *(978-1-5341-6862-6(1)*, 215335) Cherry Lake Publishing.

Delicious Dishes of the Ferocious Chef. Shohei Konno. 2016. (CHI.). 40p. (J). *(978-986-93193-0-0(0))* Alvita Publishing Co., Ltd.

Delicious Dreams. Stephanie Solomon. 2022. 24p. (J). 28.00 *(978-1-5439-8607-5(2))* BookBaby.

Delicious Japan by Month (2nd English Edition) Ari Ide. 2022. (ENG.). 38p. (YA). pap. 10.99 *(978-1-0880-2016-6(X))* Indy Pub.

Delicious Japan by Month (2nd Japanese Edition) Ari Ide. 2022. (JPN.). 32p. (YA). pap. 9.99 *(978-1-0880-2021-0(6))* Indy Pub.

Delicious Monsters. Liselle Sambury. 2023. (ENG.). (YA). (gr. 9). 544p. pap. 13.99 ***(978-1-6659-0350-9(3))***; 512p. 21.99 *(978-1-6659-0349-3(X))* McElderry, Margaret K. Bks. (McElderry, Margaret K. Bks.).

Delicious Power Packed Protein Paradigm Food Journal. @ Journals and Notebooks. 2016. (ENG., Illus.). 106p. (YA). pap. 12.25 *(978-1-68326-523-8(8))* Speedy Publishing LLC.

Delicious Taste of Mozzarella! (Pyotr Ilyich Tchaikovsky) Ana Gerhard. Illus. by Colm Feore. 2021. (Little Stories of Great Composers Ser.: 2). (ENG.). 32p. (J). (gr. 2-4). 16.95 *(978-2-924774-83-0(7))* La Montagne Secrete CAN. Dist: Independent Pubs. Group.

Delicious Vice (Second Series) Pipe Dreams & Fond Adventures of an Habitual Novel-Reader among Some Great Books & Their People (Classic Reprint) Young E. Allison. (ENG., Illus.). (J). 2018. 70p. 25.34 *(978-0-666-99247-5(9))*; 2017. pap. 9.57 *(978-0-259-37377-3(X))* Forgotten Bks.

Delight - Teen Devotional, Volume 2: 30 Devotions for Finding Joy. Lifeway Students. 2020. (Lifeway Students Devotions Ser.). (ENG.). 80p. (YA). pap. 8.99 *(978-1-0877-4092-8(4))* Lifeway Christian Resources.

Delight Makers (Classic Reprint) Adolf F. Bandelier. 2018. (ENG., Illus.). 544p. (J). 35.12 *(978-0-332-98024-9(3))* Forgotten Bks.

Delightful Animal Families: Craft, Pattern, Color, Chill. Thaneeya McArdle. 2018. (Coloring Is Fun Ser.). (ENG., Illus.). 96p. pap. 12.99 *(978-1-4972-0333-4(3)*, DO5868, Design Originals) Fox Chapel Publishing Co., Inc.

Delightful Bible Stories: For Our Young Christian Endeavorers (Classic Reprint) Lida B. Miller. 2019. (ENG., Illus.). 340p. (J). 30.91 *(978-0-365-13090-1(7))* Forgotten Bks.

Delightful Birthday Memory Coloring Book. Activity Book Zone for Kids. 2016. (ENG., Illus.). (J). pap. 9.20 *(978-1-68376-399-4(8))* Sabeels Publishing.

Delightful Daisies, Magical Marigolds: A Flower Coloring Book. Jupiter Kids. 2017. (ENG., Illus.). (J). pap. 9.20 *(978-1-68326-737-9(0)*, Jupiter Kids (Childrens & Kids Fiction)) Speedy Publishing LLC.

Delightful Dalmatia (Classic Reprint) Alice Lee Moque. 2018. (ENG., Illus.). 450p. (J). 33.18 *(978-0-484-07385-1(0))* Forgotten Bks.

Delightful Dinosaur Pals! Seek & Find Activity Book. Jupiter Kids. 2016. (ENG., Illus.). 108p. (J). pap. 16.55 *(978-1-68326-214-5(X)*, Jupiter Kids (Childrens & Kids Fiction)) Speedy Publishing LLC.

Delightful Dodd (Classic Reprint) Elliott Flower. 2017. (ENG., Illus.). (J). 30.66 *(978-0-331-65967-2(0))* Forgotten Bks.

Delightful Drones Delivering Packages Coloring Book. Creative Playbooks. 2016. (ENG., Illus.). (J). pap. 7.74 *(978-1-68323-744-0(7))* Twin Flame Productions.

Delightful Entertainments with Programmes for Amusements: Containing Parlor Games; Charming Tableaux; Tricks of Magic; Charades & Conundrums; Curious Puzzles; Phrenology & Mind Reading; Palmistry, or How to Read the Hand; Humorous & Pathetic Recitat. Henry Davenport Northrop. (ENG., Illus.). (J). 2018. 386p. 31.86 *(978-0-267-34550-2(X))*; 2016. pap. 16.57 *(978-1-333-68739-7(7))* Forgotten Bks.

Delightful Menorah Lights - Hanukkah Coloring Books for Kids Children's Jewish Holiday Books. Speedy Kids. 2017. (ENG., Illus.). (J). pap. 8.45 *(978-1-5419-4726-9(6))* Speedy Publishing LLC.

Delightful Stories for Children. Larry W. Jones. 2021. (ENG.). 107p. (J). *(978-1-716-10694-1(X))* Lulu Pr., Inc.

Delightful Stories, or Home Talks Out of the Wonderful Book: A Series of One Hundred Delightful Fireside Stories, in the Chatty, Conversational Style (Classic Reprint) George A. Peltz. (ENG., Illus.). (J). 2018. 536p. 34.95 *(978-0-483-52044-8(6))*; 2016. pap. 19.57 *(978-1-333-45211-7(X))* Forgotten Bks.

Delights of Hanukkah - Hanukkah Coloring Books for Kids Children's Jewish Holiday Books. Speedy Kids. 2017. (ENG., Illus.). (J). pap. 8.45 *(978-1-5419-4727-6(4))* Speedy Publishing LLC.

Delilah Dirk & the Pillars of Hercules. Tony Cliff. 2018. (Delilah Dirk Ser.: 3). (ENG., Illus.). 256p. (YA). pap. 17.99 *(978-1-62672-804-2(6)*, 900174318, First Second Bks.) Roaring Brook Pr.

Delilah Dirk & the Pillars of Hercules. Tony Cliff. ed. 2018. (Delilah Dirk Ser.: 3). (Illus.). 247p. (J). lib. bdg. 30.60 *(978-0-606-41105-9(4))* Turtleback.

Delilah Finds a Friend. Julie Monroe. 2019. (ENG.). 20p. (J). *(978-1-5255-5081-2(0))*; pap. *(978-1-5255-5082-9(9))* FriesenPress.

Delilah of Harlem: A Story of the New York City of to-Day (Classic Reprint) Richard Henry Savage. 2018. (ENG., Illus.). 338p. (J). 30.87 *(978-0-484-16992-9(0))* Forgotten Bks.

Delilah of the Snows (Classic Reprint) Harold Bindloss. 2017. (ENG., Illus.). (J). 31.24 *(978-1-5280-7469-8(6))* Forgotten Bks.

Delilah Time Travels. Tracilyn George. 2023. (ENG.). 22p. (J). pap. 12.99 ***(978-1-77475-593-8(9))*** Draft2Digital.

Delilah's Birthday Surprise. Danielle Van Alst. 2018. (Adventures of Delilah & Louise Ser.: Vol. 1). (ENG., Illus.). 46p. (J). (gr. k-2). pap. 11.99 *(978-1-64237-008-9(8))* Gatekeeper Pr.

Delinquency of John Meredith (Classic Reprint) Phil Edwards. 2018. (ENG., Illus.). (J). 230p. 28.64 *(978-0-366-56399-9(8))*; 232p. pap. 11.57 *(978-0-366-15004-5(9))* Forgotten Bks.

Delinquent: How the American Juvenile Court Is Failing Black Children. Daphne Robinson. 2021. (ENG.). 112p. (J). pap. 15.00 *(978-1-950279-20-3(0))* Literary Revolutionary & Co., The.

Delinquent Housewife!, 2. Nemu Yoko. 2018. (Delinquent Housewife! Ser.). (ENG., Illus.). 212p. (YA). (gr. 8-12). pap. 12.95 *(978-1-947194-23-6(2)*, Vertical Comics) Vertical, Inc.

Delinquent Housewife!, 3. Nemu Yoko. 2019. (Delinquent Housewife! Ser.). (ENG., Illus.). 210p. (YA). (gr. 8-12). pap. 12.95 *(978-1-947194-29-8(1)*, Vertical Comics) Vertical, Inc.

Delirium, 1. Lauren Oliver. 2016. (Delirium Trilogy Ser.: 1). (ENG.). 480p. (YA). (gr. 9-12). pap. 15.99 *(978-0-06-172683-5(4)*, HarperCollins) HarperCollins Pubs.

Delirium. Lauren Oliver. ed. 2016. (Delirium Ser.: 1). (YA). lib. bdg. 20.85 *(978-0-606-23575-4(2))* Turtleback.

Delirium Stories: Hana, Annabel, Raven, & Alex. Lauren Oliver. 2016. (Delirium Story Ser.). (ENG.). 224p. (YA). (gr. 9). pap. 9.99 *(978-0-06-248432-1(X)*, HarperCollins) HarperCollins Pubs.

Delito de la Limonada: The Lemonade Crime (Spanish Edition) Jacqueline Davies. 2019. (Lemonade War Ser.: 2). (SPA., Illus.). 192p. (J). (gr. 2-5). pap. 7.99 *(978-1-328-60608-2(2)*, 1732508); (gr. 3-7). 16.99 *(978-1-328-59444-0(0)*, 1730257) HarperCollins Pubs. (Clarion Bks.).

Delitti Di Mare. Valerio Vial. 2019. (ITA.). 118p. (J). pap. *(978-3-7482-4405-9(3))* tredition Verlag.

Deliverance: A Romance of the Virginia Tobacco Fields (Classic Reprint) Ellen Glasgow. 2018. (ENG., Illus.). 564p. (J). 35.55 *(978-0-365-03176-5(3))* Forgotten Bks.

Deliverance: A Romance of the Virginia Tobacco Fields with Illustrations (Classic Reprint) Ellen Glasgow. 2018.

(ENG., Illus.). (J). 580p. 35.86 *(978-0-366-56919-9(8))*; 582p. pap. 19.57 *(978-0-366-49062-2(1))* Forgotten Bks.

Deliverance (a Daughter of Kings, Comic #2) Dragons of the Hundred Worlds. Robert Stanek, pseud. 3rd ed. 2020. (Daughter of Kings Ser.: Vol. 2). (ENG., Illus.). 24p. (YA). pap. 7.99 *(978-1-57545-251-7(0)*, Reagent Pr. Bks. for Young Readers) RP Media.

Deliverance (Classic Reprint) Allan Monkhouse. 2018. (ENG., Illus.). 278p. (J). 29.63 *(978-0-428-83560-6(0))* Forgotten Bks.

Deliverance (Classic Reprint) E. L. Grant Watson. 2018. (ENG., Illus.). 326p. (J). 30.62 *(978-0-483-51248-1(6))* Forgotten Bks.

Delivered: God's Gifts of Grace - Level a Teacher Guide. Concordia Publishing House. 2018. (ENG.). 144p. (J). mass mkt. 17.49 *(978-0-7586-6092-3(8))* Concordia Publishing Hse.

Delivered: God's Gifts of Grace - Level B Teacher Guide. Concordia Publishing House. 2018. (ENG.). 144p. (J). mass mkt. 17.49 *(978-0-7586-6093-0(6))* Concordia Publishing Hse.

Delivered: God's Gifts of Grace - Student Leaflet. Concordia Publishing House. 2018. (ENG.). 32p. (J). ring bd. 7.80 *(978-0-7586-6094-7(4))* Concordia Publishing Hse.

Delivered from Afar, or Hopes Realized in Dakota (Classic Reprint) Ralph Roberts. (ENG., Illus.). (J). 2018. 432p. 32.81 *(978-0-365-35650-9(6))*; 2017. pap. 16.57 *(978-0-259-20118-2(9))* Forgotten Bks.

Deliverer. Joann Klusmeyer. 2020. (ENG.). 120p. (J). pap. 13.95 *(978-1-61314-589-0(6))* Innovo Publishing, LLC.

Delivering the Complete Pre-Season. Thefootballcoach. 2022. (ENG.). 174p. (J). pap. 51.41 ***(978-1-4716-2877-1(9))*** Lulu Pr., Inc.

Delivery. Aaron Meshon. Illus. by Aaron Meshon. 2017. (ENG., Illus.). 48p. (J). (gr. -1-3). 17.99 *(978-1-4814-4175-9(2))* Simon & Schuster Children's Publishing.

Delivery at Zombie Lane. Titan Frey. 2018. (Campfire Kids Ser.: Vol. 1). (ENG., Illus.). 126p. (J). (gr. 4-6). pap. 9.99 *(978-1-970068-60-3(4))* Kingston Publishing Co.

Delivery Bear. Laura Gehl. Illus. by Paco Sordo. 2018. (ENG.). 32p. (J). (gr. -1-4). 16.99 *(978-0-8075-1532-7(9)*, 807515329) Whitman, Albert & Co.

Delivery Drivers. Meg Gaertner. 2018. (Community Workers Ser.). (ENG., Illus.). 24p. (J). (gr. 1-1). pap. 8.95 *(978-1-63517-803-6(7)*, 1635178037) North Star Editions.

Delivery Drivers. Meg Gaertner. 2018. (Community Workers Ser.). (ENG., Illus.). 24p. (J). (gr. k-3). lib. bdg. 31.36 *(978-1-5321-6008-0(9)*, 28648, Pop! Cody Koala) Pop!.

Delivery Drivers. Kate Moening. 2021. (Community Helpers Ser.). (ENG., Illus.). 24p. (J). (gr. k-3). pap. 7.99 *(978-1-64834-241-7(8)*, 20352); lib. bdg. 26.95 *(978-1-64487-401-1(6))* Bellwether Media. (Blastoff! Readers).

Delivery Drivers. Julie Murray. 2020. (My Community: Jobs Ser.). (ENG., Illus.). 24p. (J). (gr. -1-2). lib. bdg. 31.36 *(978-1-0982-0580-5(4)*, 36347, Abdo Kids) ABDO Publishing Co.

Delivery to the Lost City: a Train to Impossible Places Novel. P. G. Bell. 2022. (Train to Impossible Places Ser.: 3). (ENG., Illus.). 400p. (J). pap. 8.99 *(978-1-250-82042-6(1)*, 900192359) Square Fish.

Delivery Trucks! Jeffrey Burton. Illus. by Jay Cooper. 2017. (ENG.). 12p. (J). (gr. -1). bds. 7.99 *(978-1-4814-9219-5(5)*, Little Simon) Little Simon.

Delivery Workers. Kara L. Laughlin. 2022. (Community Helpers Ser.). (ENG.). 24p. (J). (gr. k-3). lib. bdg. 32.79 *(978-1-5038-5830-5(8)*, 215696, Wonder Books(r)) Child's World, Inc, The.

Della Artificiale Riduzione a Solidità Lapidea e Inalterabilità Degli Animali Scoperta Da Girolamo Segàto Relazione (Classic Reprint) Giuseppe Pellegrini. 2018. (ITA., Illus.). (J). 148p. 26.97 *(978-1-391-91675-0(1))*; 150p. pap. 9.57 *(978-1-390-58885-9(8))* Forgotten Bks.

Della Composizione Del Mondo (Classic Reprint) Ristoro d'Arezzo. (ITA., Illus.). (J). 2018. 366p. 31.45 *(978-0-656-52805-9(2))*; 2017. pap. 13.97 *(978-0-259-35737-7(5))* Forgotten Bks.

Della Discovers Peace. Christine Peace Hall. 2022. (ENG.). 30p. (J). 18.75 ***(978-1-0880-6383-5(7))*** Indy Pub.

Della Formazione de' Fulmini Trattato Del Sig. Marchese Scipione Maffei: Raccolto Da Varie Sue Lettere, in Alcune Delle Quali Si Tratta Anche Degl'insetti Rigenerantisi, e de' Pesci Di Mare Su I Monti, e Più a Lungo Dell'elettricità (Classic Reprint) Scipione Maffei. 2018. (ITA., Illus.). (J). 208p. 28.19 *(978-1-391-17805-9(X))*; 210p. pap. 10.57 *(978-1-390-48917-0(5))* Forgotten Bks.

Dell'arte Poetica Ragionamenti Cinque (Classic Reprint) Francesco Maria Zanotti. 2018. (ITA., Illus.). (J). 418p. 32.52 *(978-1-391-76630-0(X))*; 420p. pap. 16.57 *(978-1-390-77389-7(2))* Forgotten Bks.

Delmore, or Modern Friendship, Vol. 1 Of 3: A Novel (Classic Reprint) Roberts. 2018. (ENG., Illus.). 242p. (J). 28.89 *(978-0-267-42336-1(5))* Forgotten Bks.

Delores Thesaurus. Jessica Lee Hutchings. Illus. by Hazel Quintanilla. 2018. (ENG.). 32p. (J). (gr. 1-4). 16.99 *(978-1-4867-1463-6(3)*, 90866880-8429-4aad-bf98-15843889154c) Flowerpot Pr.

Delphi Effect. Rysa Walker. 2016. (Delphi Trilogy Ser.: 1). (ENG.). 380p. (YA). (gr. 12-13). pap. 9.99 *(978-1-5039-3882-3(4)*, 9781503938823, Skyscape) Amazon Publishing.

Delphian, '16 (Classic Reprint) Charlotte High School. (ENG., Illus.). (J). 2018. 104p. 26.04 *(978-0-365-44644-6(0))*; 2017. pap. 9.57 *(978-0-259-97641-7(5))* Forgotten Bks.

Delphine & the Silver Needle. Alyssa Moon. (Delphine Ser.). (ENG.). (J). (gr. 3-7). 2022. 336p. pap. 7.99 *(978-1-368-05393-8(9))*; 2021. (Illus.). 320p. 16.99 *(978-1-368-04802-6(1))* Disney Publishing Worldwide. (Disney-Hyperion).

Del's Debt (Classic Reprint) Julie M. Lippmann. 2018. (ENG., Illus.). 290p. (J). 29.90 *(978-0-267-24054-8(6))* Forgotten Bks.

Delsarte Recitation Book (Classic Reprint) Elsie M. Wilbor. (ENG., Illus.). (J). 2018. 516p. 34.54 *(978-0-332-87130-1(4))*; 2017. 34.37 *(978-0-331-73716-5(7))*; 2017. pap. 16.97 *(978-0-243-17276-4(1))* Forgotten Bks.

Delta Force. Julia Garstecki. 2018. (Elite Warriors Ser.). (ENG.). 32p. (gr. 2-7). 9.95 *(978-1-68072-721-0(4))*; (J). (gr. 4-6). pap. 9.99 *(978-1-64466-274-8(4)*, 12349); (J). (gr. 4-6). lib. bdg. *(978-1-68072-427-1(4)*, 12348) Black Rabbit Bks. (Bolt).

Delta Wolves: Rising Midnight, Snow Fall, Falling Leaves. Taylor Smith. 2017. (ENG., Illus.). (YA). pap. 19.95 *(978-1-68394-541-3(7))* America Star Bks.

Deluge. S. D. Wasley. 2020. (Seventh Ser.: Vol. 3). (ENG.). 268p. (J). pap. *(978-0-3695-0149-3(7))* Evernight Publishing.

Deluge; an Historical Novel of Poland, Sweden, & Russia, Vol. 2 Of 2: A Sequel to with Fire & Sword (Classic Reprint) Henryk Sienkiewicz. 2017. (ENG., Illus.). (J). 38.00 *(978-1-5279-6715-1(8))* Forgotten Bks.

Deluge (Classic Reprint) David Graham Phillips. 2017. (ENG., Illus.). (J). 34.25 *(978-1-5281-6312-5(5))* Forgotten Bks.

Deluge of Terror Coloring Book. Smarter Activity Books for Kids. 2016. (ENG., Illus.). (J). pap. 9.22 *(978-1-68374-406-1(3))* Examined Solutions PTE. Ltd.

Deluge, Vol. 1 Of 2: An Historical Novel of Poland, Sweden, & Russia, a Sequel to with Fire & Sword (Classic Reprint) Henryk Sienkiewicz. 2017. (ENG., Illus.). (J). 36.62 *(978-1-5282-7551-4(9))* Forgotten Bks.

Delusion: Or the Witch of New England (Classic Reprint) Eliza Buckminster Lee. 2018. (ENG., Illus.). 172p. (J). 27.44 *(978-0-365-44100-7(7))* Forgotten Bks.

Delusion: We All Have Our Demons. Laura Gallier. 2017. (Delusion Ser.: 1). (ENG.). 336p. (YA). 22.99 *(978-1-4964-2236-1(8)*, 20_29568, Wander) Tyndale Hse. Pubs.

Delusionist. Don Calame. 2021. (ENG.). 304p. (YA). (gr. 9). 17.99 *(978-0-7636-9689-4(7))* Candlewick Pr.

Deluxe Gift Set Disney Princess. Illus. by Art Mawhinney & Disney Storybook Art Team. 2021. (ENG.). 150p. (J). pap., pap. 47.99 *(978-1-5037-6040-0(5)*, 4638, PI Kids) Phoenix International Publications, Inc.

Deluxe Quiz it Pen: Let's Learn Together!: 425+ Questions & Answers. PI Kids & Emily Skwish. 2019. (ENG.). 256p. (J). 29.99 *(978-1-5037-5002-9(7)*, 3445, PI Kids) Phoenix International Publications, Inc.

Deluxe Student Resource Package 1 Year Print/1 Year Digital 2015. Hmh Hmh. 2019. (ENG.). (YA). pap. 125.73 *(978-0-358-16482-1(6))* Houghton Mifflin Harcourt Publishing Co.

Dem Bones. Holly Weane. Illus. by Ivana Forgo. 2019. (Flowerpot Holiday Ser.). (ENG.). 20p. (J). (gr. -1-1). bds. 7.99 *(978-1-4867-1674-6(1)*, 1b90d0be-cf34-4246-af07-20cb28d2a824) Flowerpot Pr.

Demagog (Classic Reprint) William Richard Hereford. 2018. (ENG., Illus.). 386p. (J). 31.86 *(978-0-484-82837-6(1))* Forgotten Bks.

Demagogue & Lady Phayre (Classic Reprint) William J. Locke. 2018. (ENG., Illus.). 162p. (J). 27.30 *(978-0-332-56092-2(9))* Forgotten Bks.

De'Marcus & the Dinosaur. Stella Green. Illus. by Stephanie Goddard. 2017. (ENG.). 28p. (J). pap. *(978-0-9937118-6-2(3))* Green, Stella Mary.

Demarcus Jones & the Solar Calendar V. Quineka Ragsdale. Illus. by Alvin Harris Jr. 2019. (Demarcus Jones & the Solar Calendar Ser.: Vol. 5). (ENG.). 158p. (J). pap. 10.00 *(978-0-9889100-7-2(1))* CJK Publishing.

¡Demasiadas Cosas! Leveled Reader Book 20 Level M 6 Pack. Hmh Hmh. 2021. (SPA.). 40p. (J). pap. 74.40 *(978-0-358-08417-4(2))* Houghton Mifflin Harcourt Publishing Co.

Demasiadas Tarjetas de San Valentín (Too Many Valentines) Kirsten McDonald. Illus. by Fátima Anaya. 2019. (Carlos & Carmen (Spanish Version) (Calico Kid) Ser.). (SPA.). 32p. (J). (gr. -1-3). lib. bdg. 32.79 *(978-1-5321-3608-5(0)*, 31955, Calico Chapter Bks) Magic Wagon.

Demeitra's Grand Idea. Dianna L. Grayer. 2022. (ENG.). 40p. (J). pap. 14.99 ***(978-0-9660507-3-8(8))*** Southampton Publishing.

Demeter. Virginia Loh-Hagan. 2017. (Gods & Goddesses of the Ancient World Ser.). (ENG., Illus.). 32p. (J). (gr. 4-8). 32.07 *(978-1-63472-138-7(1)*, 209124, 45th Parallel Press) Cherry Lake Publishing.

Demeter's Daughter (Classic Reprint) Eden Phillpotts. 2017. (ENG., Illus.). (J). 31.03 *(978-0-265-22007-8(6))* Forgotten Bks.

Demeter's Search for Persephone - Mythology 4th Grade Children's Greek & Roman Books. Baby Professor. 2017. (ENG., Illus.). 64p. (J). pap. 9.52 *(978-1-5419-1624-1(7)*, Baby Professor (Education Kids)) Speedy Publishing LLC.

Demetrius, Vol. 2 Of 2: A Russian Romance (Classic Reprint) Unknown Author. (ENG., Illus.). (J). 2018. 242p. 28.85 *(978-0-484-72564-4(5))*; 2017. 28.81 *(978-0-266-53133-3(4))*; 2017. pap. 11.57 *(978-0-282-68768-7(8))* Forgotten Bks.

Demi-Gods (Classic Reprint) James Stephens. 2018. (ENG., Illus.). 322p. (J). 30.56 *(978-0-267-47221-5(8))* Forgotten Bks.

Demi-Gods of Greek Mythology - Mythology 4th Grade Children's Greek & Roman Books. Baby Professor. 2017. (ENG., Illus.). (J). pap. 9.55 *(978-1-5419-1439-1(2)*, Baby Professor (Education Kids)) Speedy Publishing LLC.

Demi Lovato. Katie Lajiness. 2017. (Big Buddy Pop Biographies Set 3 Ser.). (ENG.). 32p. (J). (gr. 2-5). lib. bdg. 34.21 *(978-1-5321-1216-4(5)*, 27568, Big Buddy Bks.) ABDO Publishing Co.

Demi Lovato. Gail Terp. 2016. (Women Who Rock Ser.). (ENG., Illus.). 32p. (J). (gr. 4-6). 31.35 *(978-1-68072-066-2(X)*, 10423, Bolt) Black Rabbit Bks.

Demi Wiggin. Sue Starbuck. 2020. (ENG.). 28p. (J). pap. 10.00 *(978-1-64764-791-9(6))* Primedia eLaunch LLC.

Demian. Hermann Hesse. (SPA.). (YA). 2019. 184p. (gr. 7-12). pap. 6.95 *(978-607-453-611-9(2))*; 2018. 96p. (gr. 8-12). pap. 6.95 *(978-607-453-223-4(0))* Selector, S.A. de C.V. MEX. Dist: Spanish Pubs., LLC.

Demian. Hermann Hesse. 2018. (Deluxe Hardbound Edition Ser.). (ENG.). 194p. (YA). *(978-93-88118-17-0(0))*; pap. *(978-93-87669-56-7(4))* Sumaiyah Distributors Pvt Ltd.

Demigod. Edward Payson Jackson. 2017. (ENG.). 358p. (J). pap. *(978-3-337-00036-3(3))* Creation Pubs.

Demigod: A Novel (Classic Reprint) Edward Payson Jackson. (ENG., Illus.). (J). 2018. 354p. 31.20 *(978-0-267-78722-7(7))*; 2016. pap. 13.57 *(978-1-334-34486-2(8))* Forgotten Bks.

Demigods & Magicians: Percy & Annabeth Meet the Kanes. Rick Riordan. 2016. (ENG.). 224p. (J). (gr. 3-7). 14.99 *(978-1-4847-3278-6(2)*, Disney-Hyperion) Disney Publishing Worldwide.

Democracia. Luís Castro & Amparo Bosque. 2022. (Pequeños Ciudadanos Responsables Ser.). (SPA.). 48p. (J). (gr. -1-k). 18.99 *(978-607-96808-4-8(X))* Fineo Editorial, S.L. ESP. Dist: Independent Pubs. Group.

Democracy. Diane Bailey. 2018. (Major Forms of World Government Ser.). (ENG.). 48p. (J). lib. bdg. 29.99 *(978-1-5105-3947-1(6))* SmartBook Media, Inc.

Democracy, 1 vol. Xina M. Uhl & Bill Stites. 2019. (Examining Political Systems Ser.). (ENG.). 64p. (gr. 6-6). pap. 13.95 *(978-1-5081-8450-8(X)*, 4f3a43d7-f541-4cf0-934f-79dc8d0094f3, Rosen Reference) Rosen Publishing Group, Inc., The.

Democracy. M. Weber. 2020. (How America Works). (ENG.). 24p. (J). (gr. 3-6). lib. bdg. 32.79 *(978-1-5038-4499-5(4)*, 214266) Child's World, Inc, The.

Democracy: Odysseys in Government. Jennifer Fandel. 2016. (Odysseys in Government Ser.). (Illus.). 80p. (J). (gr. 7-10). pap. 14.99 *(978-1-62832-320-7(5)*, 20671, Creative Paperbacks) Creative Co., The.

Democracy: The People's Government. Denice Butler. 2018. (Illus.). 96p. (J). *(978-1-4222-4016-8(9))* Institute of Physics Publishing.

Democracy at Work. Wil Mara. 2016. (21st Century Skills Library: a Citizen's Guide Ser.). (ENG., Illus.). 32p. (J). (gr. 4-7). 32.07 *(978-1-63471-065-7(7)*, 208339) Cherry Lake Publishing.

Democracy (Classic Reprint) Shaw Desmond. 2017. (ENG., Illus.). (J). 30.95 *(978-1-5281-4718-7(9))* Forgotten Bks.

Democracy for Dinosaurs: A Guide for Young Citizens. Laurie Krasny Brown & Marc Brown. 2022. (Dino Tales: Life Guides for Families Ser.). (ENG., Illus.). 32p. (J). (gr. -1-3). 8.99 *(978-0-316-53456-7(0))* Little, Brown Bks. for Young Readers.

Democracy in America, Vol. 2 (Classic Reprint) Alexis de Tocqueville. 2018. (ENG., Illus.). (J). 432p. 32.83 *(978-1-396-39067-8(7))*; 434p. pap. 16.57 *(978-1-396-39054-8(5))* Forgotten Bks.

Democracy's Birth in Ancient Rome-Children's Ancient History Books. Baby Professor. 2017. (ENG., Illus.). (J). pap. 7.89 *(978-1-5419-0299-2(8)*, Baby Professor (Education Kids)) Speedy Publishing LLC.

Democrat, or Intrigues & Adventures of Jean le Noir, Vol. 1 Of 2: From His Inlistment As a Drummer in General Rochembeau's Army, & Arrival at Boston, to His Being Driven from England in 1975 (Classic Reprint) Henry James Pye. 2018. (ENG., Illus.). 318p. (J). 30.46 *(978-0-483-43301-4(2))* Forgotten Bks.

Democratic Jungle: The First Elections. Bageshwar Verma. 2022. (ENG.). 60p. (J). 26.95 *(978-1-63985-760-9(5))*; pap. 17.95 *(978-1-63985-197-3(6))* Fulton Bks.

Democratic Party. Justine Rubinstein. 2019. (Know Your Government Ser.). (Illus.). 112p. (J). (gr. 12). lib. bdg. 34.60 *(978-1-4222-4233-9(1))* Mason Crest.

Democratic Republic of the Congo, 1 vol. Debbie Nevins & Jay Heale. 2018. (Cultures of the World (Third Edition)(r) Ser.). (ENG.). 144p. (gr. 5-5). lib. bdg. 48.79 *(978-1-5026-3638-6(7)*, 1e48bea3-3af3-4887-a566-ca09535773e8) Cavendish Square Publishing LLC.

Democratic Values: A Kid's Guide. Cari Meister. 2020. (Kids' Guide to Elections Ser.). (ENG., Illus.). 32p. (J). (gr. 3-5). pap. 7.95 *(978-1-4966-6605-5(4)*, 142283); lib. bdg. 31.32 *(978-1-5435-9141-5(8)*, 141540) Capstone.

Demolition Derby. Kenny Abdo. 2023. (Motor Mayhem Ser.). (ENG.). 24p. (J). (gr. 2-8). lib. bdg. 31.36 ***(978-1-0982-8142-7(X)***, 42401, Abdo Zoom-Fly) ABDO Publishing Co.

Demolition Derby, 1 vol. Kate Mikoley. 2019. (Motorsports Maniacs Ser.). (ENG.). 32p. (gr. 1-2). 28.27 *(978-1-5382-4080-9(7)*, f0b9f641-5a67-4a80-92dc-3895354d79fc) Stevens, Gareth Publishing LLLP.

Demolition Dudes. Finn Coyle. Illus. by Srimalie Bassani. 2023. (ENG.). 32p. (J). (gr. k-2). pap. 6.99 *(978-1-4867-2640-0(2)*, b799c5e5-50ff-4c7c-9d21-961e2be881f1) Flowerpot Pr.

Demolition Dudes: A Lift-The-Page Truck Book. Finn Coyle. Illus. by Srimalie Bassani. 2021. (Finn's Fun Trucks Ser.). (ENG.). 14p. (J). (gr. k-2). bds. 8.99 *(978-1-4867-2120-7(6)*, 7e1377b7-8a3b-419c-8f46-331da3bc66c4) Flowerpot Pr.

Demolition Project. M. J. Padgett. 2019. (ENG.). 158p. (YA). pap. 9.99 *(978-1-393-41498-8(2))* Draft2Digital.

Demon & the Darling of the Gods: A Drama (Classic Reprint) J. Wilbur Carrier. 2018. (ENG., Illus.). 48p. (J). 24.91 *(978-0-332-15610-1(9))* Forgotten Bks.

Demon Bloodline. Lonnie Gillyard. 2020. (ENG.). 74p. (YA). pap. 12.95 *(978-1-6624-0872-4(2))* Page Publishing Inc.

Demon Dentist. David Walliams. 2020. (ENG.). 336p. (J). (gr. 3-7). pap. 7.99 *(978-0-06-304524-8(9)*, HarperCollins) HarperCollins Pubs.

Demon Dentist. David Walliams. Illus. by Tony Ross. 2016. (ENG.). (J). (gr. 3-7). 464p. pap. 7.99 *(978-0-06-241705-3(3))*; 448p. 16.99 *(978-0-06-241704-6(5)*, HarperCollins) HarperCollins Pubs.

Demon Heart. Emma L. Adams. 2021. (Darkworld Ser.: Vol. 3). (ENG.). 266p. (YA). pap. ***(978-1-915250-91-9(9))*** Adams, Emma L.

Demon Hunters: The Black Knight: a Tale of Sir Lancelot. Iestyn Long. 2022. (Demon Hunters Ser.). (ENG.). 190p. (YA). pap. ***(978-1-9160177-5-7(4))*** Iestyn Long.

Demon Hunters: Zen Lee & the Yellow Emperor. Iestyn Long. 2020. (Demon Hunters Ser.: Vol. 1). (ENG.). 180p. (YA). pap. *(978-1-9160177-9-5(7))* Iestyn Long.

Demon Hunters: Ascension: Book 2. Olivia Chase. 2018. (Demon Hunters Ser.). (ENG.). 256p. (J). (gr. 7-12). pap. 12.99 *(978-0-349-00228-6(2))* Little, Brown Bks. for Young Readers.

Demon in the Attic. T. Stedman. 2023. (ENG.). 274p. (YA). pap. ***(978-1-9196106-4-1(2))*** Edmunds, Tracy.

Demon in the Embers. Julia Edwards. 2016. (Scar Gatherer Ser.: Vol. 4). (ENG., Illus.). 216p. (J). (gr. 3-6). pap. *(978-0-9928443-6-3(3))* Laverstock Publishing.

Demon in the Tree. James E. Harris, III. 2020. (ENG.). 54p. (J). 36.99 *(978-1-6628-0151-8(3))*; pap. 26.99 *(978-1-6628-0150-1(5))* Salem Author Services.

Demon in the Wood Graphic Novel: A Shadow & Bone Graphic Novel. Leigh Bardugo. Illus. by Dani Pendergast. 2022. (ENG.). 208p. (YA). 22.99 *(978-1-250-62464-2(9)*, 900224269) Roaring Brook Pr.

Demon of Gold (Classic Reprint) Unknown Author. 2018. (ENG., Illus.). 330p. (J). 30.70 *(978-0-483-46076-8(1))* Forgotten Bks.

Demon of the Clouds, or Frank Reade Jr., & the Ghosts of Phantom Island (Classic Reprint) Luis Senarens. 2018. (ENG., Illus.). (J). 62p. 25.20 *(978-1-396-68522-4(7))*; 64p. pap. 9.57 *(978-1-396-18082-8(6))* Forgotten Bks.

Demon Slayer, 4 vols. Dax Varley & ABDO Publishing Company Staff. Illus. by Jon Proctor. 2016. (Demon Slayer Ser.). (ENG.). 48p. (J). (gr. 3-7). lib. bdg. 136.88 *(978-1-62402-156-5(5)*, 21559, Spellbound) Magic Wagon.

Demon Slayer Set 2 (Set), 4 vols. 2017. (Demon Slayer Set 2 Ser.). (ENG., Illus.). 48p. (J). (gr. 3-7). lib. bdg. 136.88 *(978-1-5321-3005-2(8)*, 25556, Spellbound) Magic Wagon.

Demon Sword Asperides. Sarah Jean Horwitz. 2023. (ENG.). 352p. (J). (gr. 4-7). 16.99 ***(978-1-64375-278-5(2))*** Algonquin Young Readers.

Demon Tide. Laurie Forest. (Black Witch Chronicles Ser.: 4). (ENG.). (YA). 2023. 704p. pap. 15.99 *(978-1-335-42921-6(2))*; 2022. (Illus.). 672p. 22.99 *(978-1-335-40249-3(7))* Harlequin Enterprises ULC CAN. Dist: HarperCollins Pubs.

Demonic Bounty Hunter. K. C. Yates. 2022. (ENG.). 200p. (YA). pap. 17.95 *(978-1-63881-527-3(5))* Newman Springs Publishing, Inc.

Demonic Dragons Stickers. George Toufexis. 2017. (Dover Stickers Ser.). (ENG., Illus.). 8p. (gr. k). pap. 1.99 *(978-0-486-81563-3(3)*, 815633) Dover Pubns., Inc.

Demonic Possessions in History, 1 vol. Anita Croy. 2019. (Paranormal Throughout History Ser.). (ENG., Illus.). 48p. (J). (gr. 5-5). 33.47 *(978-1-7253-4656-7(7)*, b06e2739-dd67-4eae-9bfb-264b73c029b1); pap. 12.75 *(978-1-7253-4662-8(1)*, f66b6c65-1517-4e9d-bb52-3de8a8ea70b6) Rosen Publishing Group, Inc., The. (Rosen Central).

Demonic Recruit: The Immortal Souls: Magic & Chaos. Karen M. Dillon. 2017. (Immortal Souls Ser.: Vol. 3). (ENG., Illus.). 277p. (YA). pap. *(978-0-9929481-4-6(2))* Evil Bunny, The.

Demons, 1 vol. Andrew Coddington. 2016. (Creatures of Fantasy Ser.). (ENG.). 64p. (gr. 6-6). 35.93 *(978-1-5026-1860-3(5)*, 44f3e86d-f114-4c0f-94d9-f49f9fcc9917) Cavendish Square Publishing LLC.

Demons among Us. Jill K. Willis. 2021. (ENG.). 384p. (YA). 32.99 *(978-1-64645-421-1(9))*; pap. 21.99 *(978-1-64645-420-4(0))* Redemption Pr.

Demon's Angel. Maya Shah. Ed. by Karen T. Newman. 2018. (ENG., Illus.). 202p. (YA). (gr. 7-12). pap. 8.99 *(978-0-9996839-5-8(0))* Left Hand Pubs., LLC.

Demons at the Doorstep. Rachael Bell-Irving. 2018. (ENG., Illus.). 278p. (YA). *(978-1-77370-508-8(3))*; pap. *(978-1-77370-507-1(5))* Tellwell Talent.

Demons' Door. Chris Grabenstein. 2017. (Haunted Mystery Ser.: 2). 352p. (J). (gr. 3-7). 8.99 *(978-1-5247-6520-0(1)*, Yearling) Random Hse. Children's Bks.

Demon's Flame. Rachel Lee Flowers. 2022. (ENG.). 134p. (YA). pap. 13.99 ***(978-1-0880-4641-8(X))*** Indy Pub.

Demons on Earth. Elianna Lapciuc. 2021. (ENG.). 126p. (YA). *(978-1-5255-7941-7(X))*; pap. *(978-1-5255-7942-4(8))* FriesenPress.

Demons Returning. Bella Skaja. 2019. (ENG.). 156p. (YA). (gr. 7-12). pap. 13.95 *(978-0-9996577-5-1(5))* RMA Publicity LLC dba Sigma's Bookshelf.

Demons Rising. Andrew S. M. Berger. 2023. (ENG.). 294p. (YA). ***(978-0-2288-8108-7(0))***; pap. ***(978-0-2288-8107-0(2))*** Tellwell Talent.

Demon's Touch. Ingrid Lilleland. 2017. (ENG.). 124p. pap. 11.95 *(978-1-78554-775-1(5)*, 2b1f80e0-2296-4676-9c22-f11b45f3c707) Austin Macauley Pubs. Ltd. GBR. Dist: Baker & Taylor Publisher Services (BTPS).

Demons Unfolding. Bella Skaja. 2018. (ENG., Illus.). 128p. (YA). (gr. 7-12). pap. 13.95 *(978-0-9996577-2-0(0))* RMA Publicity LLC dba Sigma's Bookshelf.

Demythsifying Myths: Demystifying 18 Myths about India. Amit Bagaria. 2018. (ENG., Illus.). 222p. (J). pap. 15.00 *(978-1-64249-922-3(6))* Notion Pr., Inc.

Den Allerbedste Feriegæst: Danish Edition of the Best Summer Guest. Tuula Pere. Tr. by Merete Lundbeck. Illus. by Milena Radeva. 2018. (Jonty Ser.: Vol. 1). (DAN.). 44p. (J). (gr. k-4). *(978-952-357-036-8(6))*; pap. *(978-952-325-353-7(0))* Wickwick oy.

Den Blue Rooster. Joyce Leafdale Bunch. 2019. (ENG., Illus.). 28p. (J). pap. 12.95 *(978-1-64096-710-6(9))* Newman Springs Publishing, Inc.

Den Danske Udvandring Til Amerika: Dans Aarsager Og Veje. P. S. Vig. 2017. (DAN., Illus.). 108p. (J). pap. *(978-0-649-76767-0(5))* Trieste Publishing Pty Ltd.

Den Helbredende Kat: Danish Edition of the Healer Cat. Tuula Pere. Tr. by Lisbeth Agerskov Christensen. Illus. by Klaudia Bezak. 2019. (DAN.). 40p. (J). (gr. k-4). *(978-952-325-007-9(8))*; pap. *(978-952-357-093-1(5))* Wickwick oy.

Den Hjälpsamma Krabban: Swedish Edition of the Caring Crab. Tuula Pere. Tr. by Elisabeth Torstensson. Illus. by Roksolana Panchyshyn. 2018. (Colin the Crab Ser.: Vol. 1). (SWE.). 54p. (J). (gr. k-4). pap. *(978-952-7107-50-8(4))* Wickwick oy.

Den of Forever Frost (Bears of the Ice #2) Kathryn Lasky. 2018. (Bears of the Ice Ser.: 2). (ENG., Illus.). 256p. (J). (gr.

D

3-7). 16.99 *(978-0-545-83688-3(3)*, Scholastic Pr.) Scholastic, Inc.

Den of the Sixteenth Section (Classic Reprint) M. E. Clements. (ENG., Illus.). (J). 2018. 346p. 31.03 *(978-0-484-58534-7(7))*; 2017. pap. 13.57 *(978-0-243-29501-2(4))* Forgotten Bks.

Den of Thieves. Julia Golding. 2018. (ENG., Illus.). 406p. (J). (gr. 5-9). pap. *(978-1-910426-16-6(4))* Frost Wolf.

Den of Wolves. Jordan Quinn. Illus. by Robert McPhillips. 2020. (Kingdom of Wrenly Ser.: 15). (ENG.). 128p. (J). (gr. k-4). 17.99 *(978-1-5344-6526-8(X))*; pap. 6.99 *(978-1-5344-6525-1(1))* Little Simon. (Little Simon).

Den Unterschied Erkennen: Finde Die Unterschiede Buch Für Kinder, ein Lustiges Suchen und Finden Buch Für Kinder. Amelia Sealey. 2021. (GER.). 38p. (J). pap. 11.99 *(978-1-80396-082-1(5))* Google.

Den Vennlige Frosken: Ofelias Skogseventyr. Luthon Hagvinprice. 2023. (NOR.). (J). 46p. ***(978-1-4475-1818-1(7))***; 48p. pap. 9.27 ***(978-1-4475-1809-9(8))*** Lulu Pr., Inc.

Dena (Classic Reprint) Ella Waterbury Gardner. (ENG., Illus.). (J). 2018. 208p. 28.21 *(978-0-484-60141-2(5))*; 2017. pap. 10.57 *(978-0-243-28617-1(1))* Forgotten Bks.

Denali Storm: A 4D Book. Michael P. Spradlin. Illus. by Spiros Karkavelas. 2018. (Pararescue Corps Ser.). (ENG.). 128p. (J). (gr. 4-8). lib. bdg. 27.32 *(978-1-4965-5203-7(2)*, 136213, Stone Arch Bks.) Capstone.

Denali Visits the National Parks. Carla Weiss. 2017. (ENG., Illus.). (J). (gr. 1-4). pap. 13.49 *(978-1-5456-0771-8(0))* Salem Author Services.

Denbi's Song: A Journey to Safe. D. E. Cassidy. 2022. (ENG.). 146p. (YA). pap. 14.49 *(978-1-6628-4206-1(6))* Salem Author Services.

Dene Hollow. Henry Wood. 2017. (ENG.). 472p. (J). pap. *(978-3-337-04296-7(1))* Creation Pubs.

Dene Hollow: A Novel (Classic Reprint) Henry Wood. 2017. (ENG., Illus.). (J). 33.69 *(978-1-5284-6978-4(X))* Forgotten Bks.

Denial. Lorna Schultz Nicholson. 2022. (ENG.). 176p. (YA). (gr. 9-12). pap. 9.99 *(978-1-4594-1671-0(6)*, dcd20e5f-9569-41b0-8524-35c2f8eaaefa); lib. bdg. 27.99 *(978-1-4594-1674-1(0)*, 5e2dcab6-1e23-41fa-9971-4c766c640f44) James Lorimer & Co. Ltd., Pubs. CAN. Dist: Lerner Publishing Group.

Denied, Detained, Deported (Updated) Stories from the Dark Side of American Immigration. Ann Bausum. 2019. 112p. (J). (gr. 5-9). 21.95 *(978-1-4263-3658-4(6))*; (ENG.). lib. bdg. 32.90 *(978-1-4263-3659-1(4))* Disney Publishing Worldwide. (National Geographic Kids).

Denim Overalls. Stephanie Howard. 2018. (ENG.). 38p. (J). 14.95 *(978-1-68401-703-4(3))* Amplify Publishing Group.

Denis Dent: A Novel (Classic Reprint) E. W. Hornung. 2017. (ENG., Illus.). (J). 30.87 *(978-1-5283-4485-2(5))* Forgotten Bks.

Denis Duval (Classic Reprint) William Makepeace Thackeray. 2017. (ENG., Illus.). (J). 29.73 *(978-0-260-85397-4(6))* Forgotten Bks.

Denis Duval; the Wolves & the Lamb; Lovel, the Widower; & Roundabout Papers (Classic Reprint) William Makepeace Thackeray. 2018. (ENG., Illus.). 738p. (J). 39.12 *(978-0-365-48547-6(0))* Forgotten Bks.

Denis Ever After. Tony Abbott. 2018. (ENG.). 320p. (J). (gr. 5-7). 16.99 *(978-0-06-249122-0(9)*, Tegen, Katherine Bks) HarperCollins Pubs.

Denis Oliver Barnett: In Happy Memory; His Letters from France & Flanders, October 1914-August 1915 (Classic Reprint) Denis Oliver Barnett. (ENG., Illus.). (J). 2018. 266p. 29.38 *(978-0-656-09862-0(7))*; 2016. pap. 11.97 *(978-1-334-15534-5(8))* Forgotten Bks.

Denise & Ned Toodles: A True Story (Classic Reprint) Gabrielle Emilie Jackson. (ENG., Illus.). (J). 2018. 238p. 28.81 *(978-0-666-98323-7(2))*; 2017. pap. 11.57 *(978-0-243-45989-6(0))* Forgotten Bks.

Denise, Vol. 1 (Classic Reprint) Margaret Roberts. (ENG., Illus.). (J). 2018. 260p. 29.26 *(978-0-267-31498-0(1))*; 2016. pap. 11.57 *(978-1-333-44724-3(8))* Forgotten Bks.

Denise, Vol. 2 (Classic Reprint) Margaret Roberts. (ENG., Illus.). (J). 2018. 276p. 29.59 *(978-0-483-72446-4(7))*; 2016. pap. 11.97 *(978-1-334-62244-1(2))* Forgotten Bks.

Denmark. Christina Leaf. 2019. (Country Profiles Ser.). (ENG., Illus.). 32p. (J). (gr. 3-8). lib. bdg. 27.95 *(978-1-64487-048-8(7)*, Blastoff! Discovery) Bellwether Media.

Denmark. Adam Markovics. 2019. (Countries We Come From Ser.). (ENG., Illus.). 32p. (J). (gr. k-3). lib. bdg. 19.95 *(978-1-64280-522-2(X))* Bearport Publishing Co., Inc.

Denmark. Julie Murray. 2017. (Explore the Countries Set 4 Ser.). (ENG., Illus.). 40p. (J). (gr. 2-5). lib. bdg. 35.64 *(978-1-5321-1048-1(0)*, 25672, Big Buddy Bks.) ABDO Publishing Co.

Denmark, 1 vol. Robert Pateman & Laura Sullivan. 3rd rev. ed. 2016. (Cultures of the World (Third Edition)(r) Ser.). (ENG., Illus.). 144p. (gr. 5-5). 48.79 *(978-1-5026-1697-5(1)*, 37bc5add-a8c5-4ddb-8afe-efd545acd0e7) Cavendish Square Publishing LLC.

Denmark, Vol. 16. Dominic J. Ainsley. 2018. (European Countries Today Ser.). (Illus.). 96p. (J). (gr. 7). 34.60 *(978-1-4222-3981-0(0))* Mason Crest.

Denmark a Variety of Facts 4th Grade Children's Book. Bold Kids. 2023. (ENG.). 42p. (J). pap. 14.99 ***(978-1-0717-1943-5(2))*** FASTLANE LLC.

Denmark Vesey - 1822 Slave Uprising & Trial. Lionel Kennedy & Thomas Parker. 2019. (ENG.). (YA). (gr. 8-13). E-Book *(978-1-892824-10-3(8))* AFCHRON.

Dennis & His Amazon Adventures. Thom Blair. l.t. ed. 2023. (ENG.). 22p. (J). 12.99 ***(978-1-0882-1070-3(8))*** Indy Pub.

Dennis & His Ocean Adventure. Thom Blair. l.t. ed. 2023. (ENG.). 18p. (J). 12.99 ***(978-1-0881-1498-8(9))*** Indy Pub.

Dennis & His Space Adventure. Thom Blair. l.t. ed. 2023. (ENG.). 26p. (J). 12.99 ***(978-1-0880-9011-4(7))*** Indy Pub.

Dennis Banks & Russell Means: Native American Activists. Duchess Harris & A. R. Carser. 2019. (Freedom's Promise Set 3 Ser.). (ENG.). 48p. (J). (gr. 4-8). lib. bdg. 35.64 *(978-1-5321-9081-0(6)*, 33670) ABDO Publishing Co.

Dennis Brutus: Discovering History's Heroes. Craig Ellenport. 2021. (Jeter Publishing Ser.). (ENG.). 160p. (J). (gr. 2-5). 18.99 *(978-1-5344-6236-6(8))*; pap. 6.99 *(978-1-5344-6235-9(X))* Simon & Schuster Children's Publishing. (Aladdin).

Dennis Chávez: The First Hispanic US Senator / Dennis Chávez: el Primer Senador Hispano de Los Estados Unidos. Cissie Coy. 2017. (SPA & ENG., Illus.). 64p. (J). (gr. 4-8). pap. 9.95 *(978-1-55885-852-7(0)*, Piñata Books) Arte Publico Pr.

Dennis to Alice. George S. Boughton. 2020. (ENG., Illus.). 36p. (J). pap. ***(978-1-912031-20-7(5))*** Boughton, George Publishing.

Dennison Grant: A Novel of to-Day (Classic Reprint) Robert Stead. 2018. (ENG., Illus.). 396p. (J). 32.06 *(978-0-483-62151-0(X))* Forgotten Bks.

Denny Daydreamer & the Food Forest Treasure. Zachary Young. Illus. by Miranda Church. 2020. (ENG.). 36p. (J). pap. 10.99 ***(978-1-7344311-0-0(5))*** Young, Zachary.

Dénouement: Alexei, Accidental Angel. Book 7. Morgan Bruce. 2018. (ENG., Illus.). 562p. (YA). (gr. 7-12). 37.50 *(978-1-946540-72-0(2))*; pap. 26.95 *(978-1-946540-71-3(4))* Strategic Book Publishing & Rights Agency (SBPRA).

Denounced. John Bloundelle-Burton. 2017. (ENG.). 380p. (J). pap. *(978-3-7446-7549-9(1))* Creation Pubs.

Denounced: A Romance (Classic Reprint) John Bloundelle-Burton. (ENG., Illus.). (J). 2018. 386p. 31.86 *(978-0-483-99903-9(2))*; 2016. pap. 16.57 *(978-1-333-14161-5(0))* Forgotten Bks.

Denounced: Book 1 a Grey Sun. S. J. Sherwood. 2017. (Denounced Ser.: Vol. 1). (ENG., Illus.). 280p. (YA). (gr. 10-12). pap. *(978-1-9997929-1-6(2))* Blue Ned Ltd.

Denounced: Book 2 Shifting Horizons. Sj Sherwood. 2019. (Denounced Ser.: Vol. 2). (ENG.). 318p. (YA). (gr. 10-12). pap. *(978-1-9997929-3-0(9))* Blue Ned Ltd.

Denounced: Book 3 Creaking Dawn. Sj Sherwood. 2019. (Denounced Ser.: Vol. 3). (ENG.). 326p. (YA). (gr. 8-13). pap. *(978-1-9997929-5-4(5))* Blue Ned Ltd.

Denounced or, the Last Baron of Crana (Classic Reprint) John Banim. (ENG., Illus.). (J). 2017. 32.52 *(978-0-265-39775-6(8))*; 2016. pap. 16.57 *(978-1-333-29908-8(7))* Forgotten Bks.

Denounced, Vol. 2 of 3 (Classic Reprint) John Banim. (ENG., Illus.). (J). 2018. 324p. 30.60 *(978-0-483-67302-1(1))*; 2016. pap. 13.57 *(978-1-333-37131-9(4))* Forgotten Bks.

Denounced, Vol. 3 of 3 (Classic Reprint) John Banim. (ENG., Illus.). (J). 2018. 302p. 30.13 *(978-0-483-38759-1(2))*; 2016. pap. 13.57 *(978-1-333-50051-1(3))* Forgotten Bks.

Denry the Audacious (Classic Reprint) Arnold Bennett. 2018. (ENG., Illus.). 364p. (J). 31.40 *(978-0-332-61632-2(0))* Forgotten Bks.

Dens. Julie Murray. 2019. (Animal Homes (AK) Ser.). (ENG., Illus.). 24p. (J). (gr. -1-2). lib. bdg. 31.36 *(978-1-5321-8523-6(5)*, 31384, Abdo Kids) ABDO Publishing Co.

Dens of London Exposed (Classic Reprint) Unknown Author. 2018. (ENG., Illus.). 124p. (J). 26.45 *(978-0-267-47883-5(6))* Forgotten Bks.

Density Stone. James Titmas. 2021. (ENG.). 46p. (J). pap. 15.95 *(978-1-6624-0914-1(1))* Page Publishing Inc.

Denslow's Scarecrow & the Tin-Man (Classic Reprint) William Wallace Denslow. 2017. (ENG., Illus.). (J). 24.31 *(978-0-331-15731-4(4))*; pap. 7.97 *(978-0-260-11608-6(4))* Forgotten Bks.

Dental Anomalies & Their Influence upon the Production of Diseases of the Maxillary Bones (Classic Reprint) Amédée Forget. (ENG., Illus.). (J). 2017. 25.48 *(978-0-260-53167-4(7))*; 2016. pap. 9.57 *(978-1-333-32202-1(X))* Forgotten Bks.

Dental Hygienists. Jennifer Hunsaker. 2017. (Careers in Healthcare Ser.: Vol. 13). (ENG., Illus.). 64p. (YA). (gr. 7-12). 23.95 *(978-1-4222-3797-7(4))* Mason Crest.

Dental Hygienists on the Job. Jeanne Marie Ford. 2020. (Exploring Trade Jobs Ser.). (ENG.). 32p. (J). (gr. 3-6). lib. bdg. 35.64 *(978-1-5038-3552-8(9)*, 213380, MOMENTUM) Child's World, Inc, The.

Dentist, 1 vol. Joanna Brundle. 2020. (I Want to Be Ser.). (ENG., Illus.). 24p. (J). (gr. k-2). 22.99 *(978-1-78637-960-3(0))* BookLife Publishing Ltd. GBR. Dist: Independent Pubs. Group.

Dentist. Jared Siemens. 2018. (People in My Neighborhood Ser.). (ENG.). 24p. (J). lib. bdg. 22.99 *(978-1-5105-3825-2(9))* SmartBook Media, Inc.

Dentist: Leveled Reader Blue Non Fiction Level 11/12 Grade 1-2. Hmh Hmh. 2019. (Rigby PM Ser.). (ENG.). 16p. (J). (gr. 1-2). pap. 11.00 *(978-0-358-12034-6(9))* Houghton Mifflin Harcourt Publishing Co.

Dentist & the Octopus Collection. Michael Coupland. 2020. (ENG.). 586p. (J). 31.42 *(978-0-244-19330-0(4))* Lulu Pr., Inc.

Dentist Tools. Laura Hamilton Waxman. 2019. (Bumba Books (r) — Community Helpers Tools of the Trade Ser.). (ENG., Illus.). 24p. (J). (gr. -1-1). 26.65 *(978-1-5415-5560-0(0)*, 27aac04e-bb15-43f4-ad91-7a85c65a88cb); pap. 8.99 *(978-1-5415-7349-9(8)*, 62c74d62-b135-47f4-bbbe-d9439523d6bf) Lerner Publishing Group. (Lerner Pubns.).

Dentista/Dentist. Tr. by Yanitzia Canetti. Illus. by Jess Stockham. 2022. (Primara Vez/First Time Ser.). (ENG.). 24p. (J). *(978-1-78628-667-3(X))* Child's Play International Ltd.

Dentistes. Quinn M. Arnold. 2017. (Graines de Savoir Ser.). (FRE., Illus.). 24p. (J). (gr. -1-k). *(978-1-77092-386-7(1)*, 20426) Creative Co., The.

Dentists. Quinn M. Arnold. 2017. (Seedlings Ser.). (ENG., Illus.). 24p. (J). (gr. -1-k). pap. 8.99 *(978-1-62832-487-7(2)*, 20352, Creative Paperbacks); *(978-1-60818-872-7(8)*, 20351, Creative Education) Creative Co., The.

Dentists. Charly Haley. 2018. (Community Workers Ser.). (ENG., Illus.). 24p. (J). (gr. 1-1). pap. 8.95 *(978-1-63517-804-3(5)*, 1635178045) North Star Editions.

Dentists. Charly Haley. 2018. (Community Workers Ser.). (ENG., Illus.). 24p. (J). (gr. k-3). lib. bdg. 31.36 *(978-1-5321-6009-7(7)*, 28650, Pop! Cody Koala) Pop!.

Dentists. Emma Less. 2018. (Real-Life Superheroes Ser.). (ENG.). 16p. (J). (gr. k-2). pap. 7.99 *(978-1-68152-274-6(8)*, 14913) Amicus.

Dentists. Mary Meinking. 2020. (Jobs People Do Ser.). (ENG.). 32p. (J). (gr. 1-3). pap. 6.95 *(978-1-9771-2662-7(6)*, 201646); (Illus.). lib. bdg. 31.32 *(978-1-9771-2346-6(5)*, 199526) Capstone. (Pebble).

Dentists. Cecilia Minden & Linda M. Armantrout. 2022. (Community Helpers Ser.). (ENG.). 24p. (J). (gr. k-3). lib. bdg. 32.79 *(978-1-5038-5827-5(8)*, 215693, Wonder Books(r)) Child's World, Inc, The.

Dentists. Mari Schuh. 2018. (Community Helpers Ser.). (ENG., Illus.). 24p. (J). (gr. k-3). pap. 7.99 *(978-1-61891-305-0(0)*, 12091, Blastoff! Readers) Bellwether Media.

Dentists. Jared Siemens. 2017. 24p. *(978-1-4896-4221-9(8)*, AV2 by Weigl) Weigl Pubs., Inc.

Dentists Are Not from Outer Space. Ines Quintanilha. 2017. (BRE., Illus.). (J). pap. 14.90 *(978-1-387-27160-3(1))* Lulu Pr., Inc.

Dentist's Office. Contrib. by Christina Leaf. 2023. (Community Places Ser.). (ENG., Illus.). (J). (gr. -1-2). lib. bdg. 25.95 Bellwether Media.

Dentition & Its Derangements: A Course of Lectures Delivered in the New York Medical College (Classic Reprint) Abraham Jacobi. (ENG., Illus.). (J). 2018. 184p. 27.69 *(978-0-365-37880-8(1))*; 2017. pap. 10.57 *(978-0-282-04301-8(2))* Forgotten Bks.

Dentos, 1923 (Classic Reprint) Chicago College of Dental Surgery. (ENG., Illus.). (J). 2018. 316p. 30.43 *(978-0-365-10811-5(1))*; 2017. pap. 13.57 *(978-0-259-17696-1(6))* Forgotten Bks.

Dentro de Mi Imaginacion (Inside My Imagination) Marta Arteaga. Illus. by Zuzanna Celej. 2020. (ENG.). 24p. (J). 12.95 *(978-84-16733-96-5(1))* Cuento de Luz SL ESP. Dist: Publishers Group West (PGW).

Denver. Hilarie Staton. 2017. (Dropping in On Ser.). (ENG.). 32p. (gr. 3-5). pap. 9.95 *(978-1-68342-210-5(4)*, 9781683422105) Rourke Educational Media.

Denver Broncos. Kenny Abdo. 2021. (NFL Teams Ser.). (ENG., Illus.). 32p. (J). (gr. 2-8). lib. bdg. 32.79 *(978-1-0982-2460-8(4)*, 37154, Abdo Zoom-Fly) ABDO Publishing Co.

Denver Broncos. Contrib. by Thomas K. Adamson. 2023. (NFL Team Profiles Ser.). (ENG., Illus.). (J). (gr. 3-7). lib. bdg. 26.95 Bellwether Media.

Denver Broncos. Josh Anderson. 2022. (Professional Football Teams Ser.). (ENG.). 32p. (J). (gr. 2-5). lib. bdg. 35.64 *(978-1-5038-5770-4(0)*, 215744, Stride) Child's World, Inc, The.

Denver Broncos. Robert Cooper. 2019. (Inside the NFL Ser.). (ENG., Illus.). 48p. (J). (gr. 3-6). lib. bdg. 34.21 *(978-1-5321-1845-6(7)*, 32559, SportsZone) ABDO Publishing Co.

Denver Broncos, 1 vol. Patrick Kelley. 2016. (NFL up Close Ser.). (ENG., Illus.). 32p. (J). (gr. 3-9). lib. bdg. 32.79 *(978-1-68078-215-8(0)*, 22031, SportsZone) ABDO Publishing Co.

Denver Broncos. Jim Whiting. 2019. (NFL Today Ser.). (ENG.). 48p. (J). (gr. 3-6). *(978-1-64026-139-6(7)*, 19027, Creative Education) Creative Co., The.

Denver Broncos All-Time Greats. Ted Coleman. 2021. (NFL All-Time Greats Ser.). (ENG., Illus.). 24p. (J). (gr. 3-3). pap. 8.95 *(978-1-63494-372-7(4))*; lib. bdg. 28.50 *(978-1-63494-355-0(4))* Pr. Room Editions LLC.

Denver Broncos Story. Allan Morey. 2016. (NFL Teams Ser.). (ENG., Illus.). 32p. (J). (gr. 3-7). lib. bdg. 26.95 *(978-1-62617-364-4(8)*, Torque Bks.) Bellwether Media.

Denver Drinks. Taylor Myers & Josh Keele. 2022. (ENG.). 32p. (J). 24.99 ***(978-1-0880-1830-9(0))*** Indy Pub.

Denver Music. Edg Smith. 2020. (ENG.). 198p. (YA). pap. 9.99 *(978-1-7328750-8-1(1))* EDGSMITH Publishing,LLC.

Denver Nuggets. Will Graves. 2022. (Inside the NBA (2023) Ser.). (ENG., Illus.). 48p. (J). (gr. 3-6). lib. bdg. 34.22 *(978-1-5321-9825-0(6)*, 39755, SportsZone) ABDO Publishing Co.

Denver Nuggets. K. C. Kelley. 2019. (Insider's Guide to Pro Basketball Ser.). (ENG.). 32p. (J). (gr. 1-4). lib. bdg. 35.64 *(978-1-5038-2470-6(5)*, 212262) Child's World, Inc, The.

Denver Nuggets. Jim Whiting. 2017. (NBA: a History of Hoops Ser.). (ENG., Illus.). 48p. (J). (gr. 4-7). *(978-1-60818-842-0(6)*, 20231, Creative Education) Creative Co., The.

Denver Nuggets All-Time Greats. Ted Coleman. 2023. (NBA All-Time Greats Set 2 Ser.). (ENG., Illus.). 24p. (J). (gr. 3-3). lib. bdg. 28.50 *(978-1-63494-602-5(2))* Pr. Room Editions LLC.

Denver Nuggets All-Time Greats. Contrib. by Ted Coleman. 2023. (NBA All-Time Greats Set 2 Ser.). (ENG., Illus.). 24p. (J). (gr. 3-3). pap. 8.95 *(978-1-63494-620-9(0))* Pr. Room Editions LLC.

Denym in Kinder: From English to Español. Markysha Martin. Illus. by Jack Foster. 2022. (ENG.). 24p. (J). pap. 13.95 *(978-1-63765-229-9(1))* Halo Publishing International.

Denys the Dreamer (Classic Reprint) Katharine Tynan. 2018. (ENG., Illus.). 288p. (J). 29.84 *(978-0-483-36372-4(3))* Forgotten Bks.

Denzil Quarrier. George Gissing. 2017. (ENG.). 324p. (J). pap. *(978-3-337-30540-6(7))* Creation Pubs.

Denzil Quarrier: A Novel (Classic Reprint) George Gissing. 2018. (ENG., Illus.). 328p. (J). 30.68 *(978-0-483-60746-0(0))* Forgotten Bks.

Denzil the Hard-Nosed Reindeer. Leighton J. Rees. 2017. (ENG., Illus.). (J). (gr. k-6). pap. *(978-1-911569-42-8(2))* Rowanvale Bks.

Denzil's Device (Classic Reprint) Burford Delannoy. 2018. (ENG., Illus.). (J). 322p. 30.56 *(978-1-396-76756-2(8))*; 324p. pap. 13.57 *(978-1-391-84706-1(7))* Forgotten Bks.

Deogratias, a Tale of Rwanda. J. P. Stassen. 2018. (ENG., Illus.). 96p. (J). 21.99 *(978-1-250-18964-6(0)*, 900192304, First Second Bks.) Roaring Brook Pr.

Departamento de Bomberos Local. Buffy Silverman. Tr. by Pablo de la Vega from ENG. 2021. (En Mi Comunidad (in My Community) Ser.). (SPA., Illus.). 24p. (J). (gr. -1-1). pap. *(978-1-4271-3141-6(4)*, 14197); lib. bdg. *(978-1-4271-3131-7(7)*, 14186) Crabtree Publishing Co.

Department of Conservation: State of Indiana (Classic Reprint) W. a Guthrie. 2018. (ENG., Illus.). 52p. (J). 24.97 *(978-0-267-14976-6(X))* Forgotten Bks.

Department of Education: A Look Behind the Scenes. Amy Rechner. 2019. (U. S. Government Behind the Scenes Ser.). (ENG., Illus.). 64p. (J). (gr. 7-12). pap. 8.95 *(978-0-7565-5911-3(1)*, 138705); lib. bdg. 35.32 *(978-0-7565-5902-1(2)*, 138701) Capstone. (Compass Point Bks.).

Department of Energy: A Look Behind the Scenes. Michael Burgan. 2019. (U. S. Government Behind the Scenes Ser.). (ENG., Illus.). 64p. (J). (gr. 7-12). pap. 8.95 *(978-0-7565-5909-0(X)*, 138703); lib. bdg. 35.32 *(978-0-7565-5900-7(6)*, 138699) Capstone. (Compass Point Bks.).

Department of Homeland Security. Maria Koran. 2019. (Power, Authority, & Governance Ser.). (ENG.). 32p. (J). lib. bdg. 29.99 *(978-1-5105-4683-7(9))* SmartBook Media, Inc.

Department of Homeland Security: A Look Behind the Scenes. Karen Latchana Kenney. 2019. (U. S. Government Behind the Scenes Ser.). (ENG., Illus.). 64p. (J). (gr. 7-12). pap. 8.95 *(978-0-7565-5910-6(3)*, 138704); lib. bdg. 35.32 *(978-0-7565-5901-4(4)*, 138700) Capstone. (Compass Point Bks.).

Department of Justice: A Look Behind the Scenes. Michael Burgan. 2019. (U. S. Government Behind the Scenes Ser.). (ENG., Illus.). 64p. (J). (gr. 7-12). pap. 8.95 *(978-0-7565-5912-0(X)*, 138706); lib. bdg. 35.32 *(978-0-7565-5903-8(0)*, 138702) Capstone. (Compass Point Bks.).

Department of Lost Dogs. Josephine Cameron. 2023. (ENG., Illus.). 336p. (J). 17.99 *(978-0-374-38975-8(6)*, 900254506, Farrar, Straus & Giroux (BYR)) Farrar, Straus & Giroux.

Department of the Interior, Bureau of Education, Bulletin, 1918, No. 9; Union List of Mathematical Periodicals. David Eugene Smith. 2017. (ENG., Illus.). (J). pap. *(978-0-649-33256-4(3))* Trieste Publishing Pty Ltd.

Department of Truth. James D. Connolly. 2019. (Department of Truth Trilogy Ser.: Vol. 1). (ENG.). 240p. (YA). (gr. 7-12). pap. *(978-0-6485588-0-4(0))* Connolly, James D.

Department Store a Novel of Today (Classic Reprint) Margarete Bohme. 2017. (ENG., Illus.). (J). 33.63 *(978-0-331-26353-4(X))* Forgotten Bks.

Departmental Ditties (Classic Reprint) Rudyard Kipling. 2018. (ENG., Illus.). 218p. (J). 28.39 *(978-0-483-38405-7(4))* Forgotten Bks.

Departure. Joshua Wheelon. 2019. (ENG.). 188p. (YA). pap. 14.99 *(978-1-5456-2114-1(4))* Salem Author Services.

Departure. Joshua Wheelon. 2022. (ENG.). 208p. (YA). pap. 9.99 *(978-1-956876-18-5(9))* WorkBk. Pr.

Departure from Tradition: And Other Stories (Classic Reprint) Rosaline Masson. (ENG., Illus.). (J). 2018. 322p. 30.54 *(978-0-666-78372-1(1))*; 2017. pap. 13.57 *(978-0-259-20194-6(4))* Forgotten Bks.

Depeche Mode: The Unauthorized Biography. Soledad Romero Mariño. Illus. by Fernando Lopez del Hierro. 2020. (Band Bios Ser.). 40p. (J). (gr. -1-3). 14.99 *(978-1-7282-1094-0(1))* Sourcebooks, Inc.

Dependence: A Young Adult Dystopian Romance. Clare Littlemore. 2022. (Bellator Chronicles Ser.: Vol. 2). (ENG.). 416p. (YA). pap. *(978-1-9998381-8-8(1))* Littlemore, Clare.

Deportation, 1 vol. Cathleen Small. 2017. (Crossing the Border Ser.). (ENG.). 64p. (J). (gr. 6-7). pap. 16.28 *(978-1-5345-6277-6(X)*, 8bd19b42-fc1c-4969-88aa-55c23909e34d); lib. bdg. 35.08 *(978-1-5345-6225-7(7)*, 9faafabd-8b27-496f-9c76-b22dcbe28ffe) Greenhaven Publishing LLC. (Lucent Pr.).

Deportes: Guía Práctica (Sports How To) (Set), 6 vols. 2018. (Deportes: Guía Práctica (Sports How To) Ser.). (SPA.). 24p. (J). (gr. -1-2). lib. bdg. 188.16 *(978-1-5321-8021-7(7)*, 28257, Abdo Kids) ABDO Publishing Co.

Deportes: Libro para Colorear Ninos. Bold Illustrations. 2017. (SPA., Illus.). 82p. (J). pap. 8.35 *(978-1-64193-103-8(5)*, Bold Illustrations) FASTLANE LLC.

Deportes Acuáticos: Leveled Reader Book 79 Level J 6 Pack. Hmh Hmh. 2021. (SPA.). 16p. (J). pap. 74.40 *(978-0-358-08295-8(1))* Houghton Mifflin Harcourt Publishing Co.

Deportes Espectaculares. Linda Claire. rev. ed. 2019. (Mathematics in the Real World Ser.). (SPA.). 20p. (J). (gr. k-1). 8.99 *(978-1-4258-2819-6(1))* Teacher Created Materials, Inc.

Deportes Espectaculares: Comparacion de Números. Saskia Lacey. rev. ed. 2018. (Mathematics in the Real World Ser.). (SPA., Illus.). 32p. (J). (gr. 2-3). pap. 10.99 *(978-1-4258-2862-2(0))* Teacher Created Materials, Inc.

Deportes Espectaculares: Descomponer Numeros Del 1 Al 10. Logan Avery. rev. ed. 2019. (Mathematics in the Real World Ser.). (SPA.). 20p. (J). (gr. k-1). 8.99 *(978-1-4258-2831-8(0))* Teacher Created Materials, Inc.

Deportes Inusuales: Leveled Reader Card Book 8 Level R 6 Pack. Hmh Hmh. 2021. (SPA.). (J). pap. 74.40 *(978-0-358-08576-8(4))* Houghton Mifflin Harcourt Publishing Co.

Deportes Invernales: Leveled Reader Book 58 Level I 6 Pack. Hmh Hmh. 2020. (SPA.). 24p. (J). pap. 74.40 *(978-0-358-08367-2(2))* Houghton Mifflin Harcourt Publishing Co.

Deportes para Ninos: Libro para Colorear Ninos. Bold Illustrations. 2017. (SPA., Illus.). 82p. (J). pap. 8.35 *(978-1-64193-104-5(3)*, Bold Illustrations) FASTLANE LLC.

Deporting Immigrants, 1 vol. Ed. by Anne Cunningham, VII & Anne Cunningham. 2017. (Current Controversies Ser.). (ENG.). 200p. (J). (gr. 10-12). 48.03 *(978-1-5345-0234-5(3)*, 4ee65ac5-ae85-4744-a9aa-804c86344b3d) Greenhaven Publishing LLC.

Deportmental Ditties: And Other Verses (Classic Reprint) Harry Graham. (ENG., Illus.). (J). 2018. 26.78 *(978-0-260-13012-9(5))*; 2016. pap. 9.57 *(978-1-334-15904-6(1))* Forgotten Bks.

Deportmental Ditties (Classic Reprint) Harry Graham. 2018. (ENG., Illus.). 150p. (J). 26.99 *(978-0-484-80316-8(6))* Forgotten Bks.

482

The check digit for ISBN-10 appears in parentheses after the full ISBN-13

TITLE INDEX DESCENDED

Depot Lunch Counter: A Farce in One Act (Classic Reprint) Frank Dumont. 2018. (ENG., Illus.). 30p. (J). 24.52 *(978-0-267-50842-6(5))* Forgotten Bks.
Depot Master (Classic Reprint) Joseph Crosby Lincoln. 2017. (ENG., Illus.). (J). 32.02 *(978-0-265-19786-8(4))* Forgotten Bks.
Depots of the Underground Railroad, 1 vol. Caroline Kennon. 2016. (Hidden History Ser.). (ENG.). 32p. (J). (gr. 4-5). pap. 11.50 *(978-1-4824-5794-0(6),* 76949546-b4df-4a3d-9e0e-71323d1b42c0) Stevens, Gareth Publishing LLLP.
Depreciation: A Play in Four Acts (Classic Reprint) Charles Allen Sumner. 2018. (ENG., Illus.). (J). 58p. 25.11 *(978-0-366-55813-1(7));* 60p. pap. 9.57 *(978-0-366-06527-1(0))* Forgotten Bks.
Depressing Facts of the Great Depression - History 4th Grade Children's History. Baby Professor. 2017. (ENG., Illus.). (J). pap. 9.55 *(978-1-5419-3869-4(0),* Baby Professor (Education Kids)) Speedy Publishing LLC.
Depression, 1 vol. Christine Honders. 2020. (@RosenTeenTalk Ser.). (ENG.). 48p. (gr. 3-3). lib. bdg. 33.47 *(978-1-4994-6810-6(5),* 0da05a00-5d05-4a53-b5a9-0672fceb9a7a) Rosen Publishing Group, Inc., The.
Depression, 1 vol. Richard Spilsbury. 2018. (Genetic Diseases & Gene Therapies Ser.). (ENG., Illus.). 48p. (YA). (gr. 5-5). 33.47 *(978-1-5081-8276-4(0),* 64d15347-9054-4372-9dc6-fe69fba39ab0, Rosen Central) Rosen Publishing Group, Inc., The.
Depression: Insights & Tips for Teenagers. Christie Cognevich. 2020. (Empowering You Ser.). (Illus.). 176p. (YA). (gr. 8-17). pap. 32.00 *(978-1-5381-3760-4(7))* Rowman & Littlefield Publishers, Inc.
Depression: Understand Your Mind & Body (Engaging Readers, Level 3) Ashley Lee. Ed. by Alexis Roumanis. I.t. ed. 2023. (Understand Your Mind & Body Ser.: Vol. 5). (ENG., Illus.). 32p. (J). ***(978-1-77476-676-7(0));*** pap. ***(978-1-77476-677-4(9))*** AD Classic.
Depression, Anxiety, & Bipolar Disorders. Andrea Balinson. 2017. (Illus.). 128p. (J). *(978-1-4222-3755-7(9))* Mason Crest.
Depth of Field. Natasha Deen. 2022. (Orca Soundings Ser.). (ENG.). 128p. (YA). (gr. 8-12). pap. 10.95 *(978-1-4598-3220-6(5))* Orca Bk. Pubs. USA.
Depth Perception. Victor Appleton. 2022. (Tom Swift Inventors' Academy Ser.: 8). (ENG., Illus.). 176p. (J). (gr. 3-7). 17.99 *(978-1-6659-1087-3(9));* pap. 6.99 *(978-1-6659-1086-6(0))* Simon & Schuster Children's Publishing. (Aladdin).
Depths. Nicole Lesperance. 2022. (ENG.). 368p. (YA). (gr. 9). 18.99 *(978-0-593-46536-3(9),* Razorbill) Penguin Young Readers Group.
Depths of Grace: The Life of John Newton. Thomas Luttmann. 2016. (Illus.). 40p. (J). *(978-1-933206-41-7(1))* Bible Visuals International, Inc.
DEPUTY PETE & the MISSING MUFFIN. James J. Griffin. 2021. (ENG.). 34p. (J). 16.95 *(978-1-931079-42-6(0))* Condor Publishing, Inc.
Deputy Pete & the Purloined Pickles Puzzle. James J. Griffin. 2021. (ENG.). 68p. (J). 18.95 *(978-1-931079-40-2(4))* Condor Publishing, Inc.
Der goldene Kompass. Philip Pullman. (GER.). pap. 27.95 *(978-3-453-13744-8(2))* Verlag Wilhelm Heyne DEU. Dist: Distribooks, Inc.
Der Lindwurm und der Schmetterling see Dragon y la Mariposa
Derby Daredevils: Kenzie Kickstarts a Team: (the Derby Daredevils Book #1) Kit Rosewater & Sophie Escabasse. (Derby Daredevils Ser.). (ENG., Illus.). (gr. 3-7). 2021. 192p. (YA). pap. 8.99 *(978-1-4197-5184-4(0),* 1289503); 2020. 176p. (J). 14.99 *(978-1-4197-4079-4(2),* 1289501) Abrams, Inc. (Amulet Bks.).
Derby Day in the Yukon: And Other Poems of the Northland (Classic Reprint) Yukon Bill. 2018. (ENG., Illus.). 144p. (J). 26.87 *(978-0-484-76267-0(2))* Forgotten Bks.
Derby Horse. Mara Dabrishus. Ed. by Erin Smith. 2018. (Stay the Distance Ser.: Vol. 3). (ENG.). 256p. (YA). (gr. 7-12). 21.99 ***(978-1-0881-2697-4(9))*** Dabrishus, Mara.
Derby School Register, 1570-1901 (Classic Reprint) Benjamin Tacchella. (ENG., Illus.). (J). 2018. 28.52 *(978-0-260-43657-3(7));* 2016. pap. 10.97 *(978-1-333-78106-4(7))* Forgotten Bks.
Dere Bill: Mable's Love Letters to Her Rookie (Classic Reprint) Florence Elizabeth Summers. 2018. (ENG., Illus.). 130p. (J). 26.58 *(978-0-666-78427-8(2))* Forgotten Bks.
Dere Mable: Love Letters of a Rookie (Classic Reprint) Edward Streeter. 2017. (ENG., Illus.). (J). 26.52 *(978-0-265-19189-7(0))* Forgotten Bks.
Derechos de los Niños. Kasmir Huseinovic & Duro Roic. 2018. (SPA.). 36p. (J). pap. 12.99 *(978-958-30-5197-5(7))* Panamericana Editorial COL. Dist: Lectorum Pubns., Inc.
Derechos y Responsabilidades en Línea: Ciudadanía Digital, 1 vol. Sloane Gould. 2017. (Computación Científica en el Mundo Real (Computer Science for the Real World) Ser.). (SPA.). 24p. (J). (gr. 4-5). pap. *(978-1-5383-5816-0(6),* 9fe99794-e4c6-45a8-9578-35bbb9e2a82b, Rosen Classroom) Rosen Publishing Group, Inc., The.
Derechos y Responsabilidades en Línea: Ciudadanía Digital (Online Rights & Responsibilities: Digital Citizenship), 1 vol. Sloane Gould. 2017. (Niños Digitales: Superdotados con Pensamiento Computacional (Computer Kids: Powered by Computational Thinking) Ser.). (SPA.). 24p. (J). (gr. 4-5). 25.27 *(978-1-5383-2903-0(4),* 1f9e3716-9ac4-4297-9f92-40e111c50648, PowerKids Pr.) Rosen Publishing Group, Inc., The.
Dereekio's Big Adventure. Claire Loach & Derek Vieira. 2018. (ENG., Illus.). 24p. (J). *(978-1-5255-2293-2(0));* pap. *(978-1-5255-2294-9(9))* FriesenPress.
Derek Carr. Jon M. Fishman. 2018. (Sports All-Stars (Lerner (tm) Sports) Ser.). (ENG., Illus.). 32p. (J). (gr. 2-5). lib. bdg. 29.32 *(978-1-5124-8248-5(X),* dd6c6e40-d190-4f8b-801f-6b7fee44fcdb, Lerner Pubns.) Lerner Publishing Group.
Derek Carr, 1 vol. Paul Lane. 2018. (Young Sports Greats Ser.). (ENG.). 24p. (gr. 3-3). 25.27 *(978-1-5383-3035-7(0),* 102b8ae0-0028-41f3-b3d6-365fdd958e64, PowerKids Pr.) Rosen Publishing Group, Inc., The.
Derek Carr: Football Star. Matt Scheff. 2018. (Biggest Names in Sports Set 2 Ser.). (ENG., Illus.). 32p. (J). (gr. 3-5). pap. 9.95 *(978-1-63517-557-8(7),* 1635175577); lib. bdg. 31.35 *(978-1-63517-485-4(6),* 1635174856) North Star Editions. (Focus Readers).
Derek Dool Supercool 1: Bust a Move. Adrian Beck. 2020. (Derek Dool Supercool Ser.: 1). 256p. (J). (gr. 2-4). 14.99 *(978-1-76089-295-1(5),* Puffin) Penguin Random Hse. AUS. Dist: Independent Pubs. Group.
Derek Dool Supercool 2: Going Viral. Adrian Beck. Illus. by Scott Edgar. 2020. (Derek Dool Supercool Ser.: 2). 256p. (J). (gr. 2-4). 14.99 *(978-1-76089-296-8(3),* Puffin) Penguin Random Hse. AUS. Dist: Independent Pubs. Group.
Derek Dool Supercool 3: Run for Your Life. Adrian Beck. Illus. by Scott Edgar. 2021. (Derek Dool Supercool Ser.: 3). 256p. (J). (gr. 4-6). 15.99 *(978-1-76089-297-5(1),* Puffin) Penguin Random Hse. AUS. Dist: Independent Pubs. Group.
Derek Hough. Tammy Gagne. 2017. lib. bdg. 25.70 *(978-1-68020-118-5(2))* Mitchell Lane Pubs.
Derek Jeter & the New York Yankees. Todd Karpovich. 2018. (Sports Dynasties Ser.). (ENG., 48p. (J). Illus.). (gr. 4-4). pap. 11.95 *(978-1-64185-281-4(X),* 164185281X); (gr. 3-6). lib. bdg. 34.21 *(978-1-5321-1432-8(X),* 29074) ABDO Publishing Co. (SportsZone).
Derek Jeter Presents Night at the Stadium. Phil Bildner. Illus. by Tom Booth. 2016. (Jeter Publishing Ser.). (ENG.). 32p. (J). (gr. -1-3). 19.99 *(978-1-4814-2655-8(9),* Aladdin) Simon & Schuster Children's Publishing.
Derek the Dragonfly. Illus. by Everette Hamilton. 2023. 42p. (J). (gr. -1-2). pap. 11.99 BookBaby.
Derelict (Classic Reprint) Charles John Cutcliffe Wright Hyne. 2017. (ENG., Illus.). (J). 370p. 31.53 *(978-0-484-80138-6(4));* pap. 13.97 *(978-0-259-46406-8(6))* Forgotten Bks.
Derelicts (Classic Reprint) William John Locke. 2017. (ENG., Illus.). (J). 32.89 *(978-1-5279-7963-5(6))* Forgotten Bks.
Derevo Zvezd. Ilana Arad. 2016. (RUS.). 196p. (J). pap. ***(978-1-329-90686-0(1))*** Lulu Pr., Inc.
Derham's Physico & Astro Theology, or a Demonstration of the Being & Attributes of God, Vol. 2 of 2 (Classic Reprint) William Derham. 2017. (ENG., Illus.). (J). 32.99 *(978-0-260-27993-4(5));* pap. 16.57 *(978-0-243-04188-6(8))* Forgotten Bks.
Dernier des Mohicans: Le Roman de Bas-De-Cuir. James Fenimore Cooper. 2017. (FRE., Illus.). (J). 29.95 *(978-1-374-84754-5(2));* pap. 19.95 *(978-1-374-84753-8(4))* Capital Communications, Inc.
Dernière Lettre. Charly Chavaudrey. 2022. (FRE.). 93p. (YA). pap. ***(978-1-716-60984-8(4))*** Lulu Pr., Inc.
Derniers Peaux-Rouges. Gros-J. 2016. (Histoire Ser.). (FRE., Illus.). (J). pap. *(978-2-01-957840-4(9))* Hachette Groupe Livre.
Derpy ABC: Null. B. K. Filo. Illus. by B. K. Filo. 2023. (ENG.). 32p. (J). pap. ***(978-1-312-80127-1(1))*** Lulu Pr., Inc.
Derrick Drills Down: A Journey Through a Drilling Rig Site. Mitch Golay & Derrick D. Riggs. 2022. (ENG.). 30p. (J). ***(978-0-2288-7744-8(X));*** pap. ***(978-0-2288-7743-1(1))*** Tellwell Talent.
Derrick Henry: NFL Star. Douglas Lynne. 2020. (Pro Sports Stars Ser.). (ENG.). 24p. (J). (gr. 3-3). pap. 8.95 *(978-1-63494-238-6(8),* 1634942388); lib. bdg. 28.50 *(978-1-63494-220-1(5),* 1634942205) Pr. Room Editions LLC.
Derrick Sterling, Vol. 9: A Story of the Mines (Classic Reprint) Kirk Munroe. 2017. (ENG., Illus.). (J). 29.38 *(978-1-5283-6890-2(8))* Forgotten Bks.
Derrick Vaughan: Novelist (Classic Reprint) Edna Lyall. 2018. (ENG., Illus.). 158p. (J). 27.18 *(978-0-484-63909-5(9))* Forgotten Bks.
Derringforth, Vol. 1: A Novel (Classic Reprint) Frank A. Munsey. 2018. (ENG., Illus.). 266p. (J). 29.38 *(978-0-428-80687-3(2))* Forgotten Bks.
Derringforth, Vol. 2 (Classic Reprint) Frank Andrew Munsey. (ENG., Illus.). (J). 2019. 256p. 29.18 *(978-0-365-10800-9(6));* 2016. pap. 11.57 *(978-1-333-24515-3(7))* Forgotten Bks.
Derry: A Tale of the Revolution of 1688 (Classic Reprint) Charlotte Elizabeth. 2017. (ENG., Illus.). (J). 31.45 *(978-1-5281-7763-4(0))* Forgotten Bks.
Derval Hampton, Vol. 1: A Story of the Sea (Classic Reprint) James Grant. 2018. (ENG., Illus.). 248p. (J). 29.01 *(978-0-483-49780-1(0))* Forgotten Bks.
Derwent: Or, Recollections of Young Life in the Country (Classic Reprint) John Chester. 2018. (ENG., Illus.). 378p. (J). 31.69 *(978-0-483-50401-1(7))* Forgotten Bks.
Des Amis à la Rescousse. David Armentrout & Patricia Armentrout. 2021. (Être à Son Meilleur (Being Your Best) Ser.).Tr. of Friends to the Rescue. (FRE.). 24p. (J). (gr. k-2). pap. *(978-1-0396-0788-0(8),* 12593) Crabtree Publishing Co.
Des Araignées Effrayantes Mais Intéressantes. Julie K. Lundgren. Tr. by Annie Evearts. 2021. (Effrayant Mais Intéressant (Creepy but Cool) Ser.). (FRE.). 24p. (J). (gr. k-2). pap. *(978-1-0396-0842-9(6),* 12556) Crabtree Publishing Co.
Des Bestioles Effrayantes Mais Intéressantes. Alan Walker. Tr. by Annie Evearts. 2021. (Effrayant Mais Intéressant (Creepy but Cool) Ser.). (FRE.). 24p. (J). (gr. k-2). pap. *(978-1-0396-0833-7(7),* 12557) Crabtree Publishing Co.
Des Biscuits Spéciaux Pour Gabriel: Allergies. Dre Nicole Audet. Illus. by Mylène Villeneuve. 2018. (FRE.). 30p. (J). pap. *(978-1-989041-16-1(7))* Dr. Nicole Publishing.
Des Chameaux Bienveillants (Caring Camels) Laurie Friedman. Tr. by Annie Evearts. Illus. by Amanda Erb. 2021. (Tom le Dresseur (Trainer Tom) Ser.). (FRE.). (J). (gr. -1-3). pap. ***(978-1-0396-0263-2(0),*** 13673, Crabtree Blossoms) Crabtree Publishing Co.
Des Chauves-Souris Effrayantes Mais Intéressantes. Tracy Nelson Maurer. Tr. by Annie Evearts. 2021. (Effrayant Mais Intéressant (Creepy but Cool) Ser.). (FRE.). 24p. (J). (gr. k-2). pap. *(978-1-0396-0832-0(9),* 12558) Crabtree Publishing Co.
Des Chemins de Fer en France, Ou Traité des Principes Appliqués À Leur Tracé, À Leur Construction et À Leur Exploitation (Classic Reprint) Jean Lobet. 2018. (FRE., Illus.). (J). 688p. 38.11 *(978-1-391-69992-9(0));* 690p. pap. 20.57 *(978-1-390-81990-8(6))* Forgotten Bks.
Des Chenilles Effrayantes Mais Intéressantes. Tracy Nelson Maurer. Tr. by Annie Evearts. 2021. (Effrayant Mais Intéressant (Creepy but Cool) Ser.). (FRE.). 24p. (J). (gr. k-2). pap. *(978-1-0396-0836-8(1),* 12559) Crabtree Publishing Co.
Des Dinosaures Effrayants Mais Intéressants. Alan Walker. Tr. by Annie Evearts. 2021. (Effrayant Mais Intéressant (Creepy but Cool) Ser.). (FRE.). 24p. (J). (gr. k-2). pap. *(978-1-0396-0837-5(X),* 12560) Crabtree Publishing Co.
Des Fleurs Pour Angélina. Jen Wojtowicz. Illus. by Steve Adams. 2017. (FRE.). 32p. (J). (gr. k-5). pap. 9.99 *(978-1-78285-142-4(9))* Barefoot Bks., Inc.
Des Insectes Incroyables. Kelli Hicks. Tr. by Annie Evearts. 2021. (Science Dans Mon Monde: Niveau 2 (Science in My World: Level 2) Ser.). (FRE.). 32p. (J). (gr. k-2). pap. *(978-1-0396-0941-9(4),* 12802) Crabtree Publishing Co.
Des Mots de la Matière. Taylor Farley. Tr. by Claire Savard. 2021. (Mes Premiers Mots de Science (My First Science Words) Ser.). (FRE.). 24p. (J). (gr. -1-1). pap. *(978-1-4271-3692-3(0),* 13429) Crabtree Publishing Co.
Des Mots de la Matière (Matter Words) Taylor Farley. Tr. by Claire Savard. 2021. (FRE.). 24p. (J). (gr. -1-1). lib. bdg. ***(978-1-4271-5082-0(6))*** Crabtree Publishing Co.
Des Mots de la Météo. Taylor Farley. Tr. by Claire Savard. 2021. (Mes Premiers Mots de Science (My First Science Words) Ser.). (FRE.). 24p. (J). (gr. -1-1). pap. *(978-1-4271-3695-4(5),* 13430) Crabtree Publishing Co.
Des Mots de la Météo (Weather Words) Taylor Farley. Tr. by Claire Savard. 2021. (FRE.). 24p. (J). (gr. -1-1). lib. bdg. ***(978-1-4271-5085-1(0))*** Crabtree Publishing Co.
Des Mots de la Terre. Taylor Farley. Tr. by Claire Savard. 2021. (Mes Premiers Mots de Science (My First Science Words) Ser.). (FRE.). 24p. (J). (gr. -1-1). pap. *(978-1-4271-3691-6(2),* 13431) Crabtree Publishing Co.
Des Mots de la Terre (Earth Words) Taylor Farley. Tr. by Claire Savard. 2021. (FRE.). 24p. (J). (gr. -1-1). lib. bdg. ***(978-1-4271-5081-3(8))*** Crabtree Publishing Co.
Des Mots de l'Espace. Taylor Farley. Tr. by Claire Savard. 2021. (Mes Premiers Mots de Science (My First Science Words) Ser.).Tr. of Space Words. (FRE.). 24p. (J). (gr. -1-1). pap. *(978-1-4271-3694-7(7),* 13428) Crabtree Publishing Co.
Des Mots de l'Espace (Space Words) Taylor Farley. Tr. by Claire Savard. 2021. (FRE.). 24p. (J). (gr. -1-1). lib. bdg. ***(978-1-4271-5084-4(2))*** Crabtree Publishing Co.
Des Mots des Plantes. Taylor Farley. Tr. by Claire Savard. 2021. (Mes Premiers Mots de Science (My First Science Words) Ser.). (FRE.). 24p. (J). (gr. -1-1). pap. *(978-1-4271-3693-0(9),* 13432) Crabtree Publishing Co.
Des Mots des Plantes (Plant Words) Taylor Farley. Tr. by Claire Savard. 2021. (FRE.). 24p. (J). (gr. -1-1). lib. bdg. ***(978-1-4271-5083-7(4))*** Crabtree Publishing Co.
Des Oiseaux Amis (Bird Buddies) Laurie Friedman. Tr. by Annie Evearts. Illus. by Amanda Erb. 2021. (Tom le Dresseur (Trainer Tom) Ser.). (FRE.). (J). (gr. -1-3). pap. ***(978-1-0396-0262-5(2),*** 13677, Crabtree Blossoms) Crabtree Publishing Co.
Des Oiseaux Effrayants Mais Intéressants. Julie K. Lundgren. Tr. by Annie Evearts. 2021. (Effrayant Mais Intéressant (Creepy but Cool) Ser.). (FRE.). 24p. (J). (gr. k-2). pap. *(978-1-0396-0834-4(5),* 12561) Crabtree Publishing Co.
Des Ours Effrayés! (Scared Bears!) Laurie Friedman. Tr. by Annie Evearts. Illus. by Amanda Erb. 2021. (Tom le Dresseur (Trainer Tom) Ser.). (FRE.). (J). (gr. -1-3). pap. ***(978-1-0396-0266-3(5),*** 13674, Crabtree Blossoms) Crabtree Publishing Co.
Des Pingouins Polis (Polite Penguins) Laurie Friedman. Tr. by Annie Evearts. Illus. by Amanda Erb. 2021. (Tom le Dresseur (Trainer Tom) Ser.). (FRE.). (J). (gr. -1-3). pap. ***(978-1-0396-0265-6(7),*** 13675, Crabtree Blossoms) Crabtree Publishing Co.
Des Plantes Étranges Effrayantes Mais Intéressantes. Julie K. Lundgren. Tr. by Annie Evearts. 2021. (Effrayant Mais Intéressant (Creepy but Cool) Ser.).Tr. of Creepy but Cool Scary Plants. (FRE.). 24p. (J). (gr. k-2). pap. *(978-1-0396-0839-9(6),* 12562) Crabtree Publishing Co.
Des Poires et des Pommes (Fruits de Table et de Pressoir) Choix, Classement, Commerce, Basés Sur l'Analyse Chimique (Classic Reprint) Auguste Truelle. 2018. (FRE., Illus.). (J). 96p. 25.88 *(978-0-364-34965-6(4));* 98p. pap. 9.57 *(978-0-267-94024-0(6))* Forgotten Bks.
Des Poissons Effrayants Mais Intéressants. Julie K. Lundgren. Tr. by Annie Evearts. 2021. (Effrayant Mais Intéressant (Creepy but Cool) Ser.). (FRE.). 24p. (J). (gr. k-2). pap. *(978-1-0396-0838-2(8),* 12563) Crabtree Publishing Co.
Des Pouvoirs étranges (1) Massinissa Amrane. 2022. (FRE.). 75p. (J). pap. ***(978-1-387-48998-5(4))*** Lulu Pr., Inc.
Des Reptiles Bizarres et Effrayants Mais Intéressants. Alan Walker. Tr. by Annie Evearts. 2021. (Effrayant Mais Intéressant (Creepy but Cool) Ser.). (FRE.). 24p. (J). (gr. k-2). pap. *(978-1-0396-0843-6(4),* 12564) Crabtree Publishing Co.
Des Sangsues Effrayantes Mais Intéressantes. Nicola Lopetz. Tr. by Annie Evearts. 2021. (Effrayant Mais Intéressant (Creepy but Cool) Ser.). (FRE.). 24p. (J). (gr. k-2). pap. *(978-1-0396-0835-1(3),* 12567) Crabtree Publishing Co.
Des Serpents Effrayants Mais Intéressants. Julie K. Lundgren. Tr. by Annie Evearts. 2021. (Effrayant Mais Intéressant (Creepy but Cool) Ser.). (FRE.). 24p. (J). (gr. k-2). pap. *(978-1-0396-0841-2(8),* 12565) Crabtree Publishing Co.
Des Sports: Livre Coloriage Pour Enfants. Bold Illustrations. 2017. (FRE., Illus.). 82p. (J). pap. 8.35 *(978-1-64193-066-6(7),* Bold Illustrations) FASTLANE LLC.
Des Squelettes Effrayants Mais Intéressants. Alan Walker. Tr. by Annie Evearts. 2021. (Effrayant Mais Intéressant (Creepy but Cool) Ser.). (FRE.). 24p. (J). (gr. k-2). pap. *(978-1-0396-0840-5(X),* 12566) Crabtree Publishing Co.
Des Vaches Dans la Maison (Cows in the House) Laurie Friedman. Illus. by Anna Laera. 2022. (Sunshine Picture Bks.).Tr. of Des Vaches Dans la Maison. (FRE.). 32p. (J). (gr. k-3). pap. *(978-1-0396-8807-0(1),* 21759, Sunshine Picture Books) Crabtree Publishing Co.
Desafiantes Rompecabezas Numéricos / Totally Brain Boggling Number Puzzles (Spanish Edition) Claire Sipi. Ed. by Parragon Books. Illus. by Emily Golden. ed. 2022. (SPA.). 128p. (J). (gr. k-3). pap. 8.99 *(978-1-64638-383-2(4),* 2004310-SLA, Parragon Books) Cottage Door Pr.
Desafío de Sangre y Arena. Karuna Riazi. 2019. (SPA.). 264p. (J). (gr. 4-7). pap. 20.99 *(978-987-4163-14-1(3))* Lectura Colaborativa ARG. Dist: Independent Pubs. Group.
Desarrollador Web. B. Keith Davidson. 2022. (Las Mejores Carreras Profesionales (Top Trade Careers) Ser.). (SPA.). 32p. (J). (gr. 3-9). pap. *(978-1-0396-5029-9(5),* 20226); lib. bdg. *(978-1-0396-4902-6(5),* 20225) Crabtree Publishing Co. (Crabtree Branches).
Desarrolladores de Web en el Trabajo: Carreras en Computación, 1 vol. Corina Jeffries. 2017. (Computación Científica en el Mundo Real (Computer Science for the Real World) Ser.). (SPA.). 24p. (J). (gr. 3-4). pap. *(978-1-5383-5723-1(2),* fa9b4d4c-904c-402d-ac2b-a27ee56bcb34, Rosen Classroom) Rosen Publishing Group, Inc., The.
Desarrolladores de Web en el Trabajo: Carreras en Computación (Web Developers at Work: Careers in Computers), 1 vol. Corina Jeffries. 2017. (Niños Digitales: Superdotados con Pensamiento Computacional (Computer Kids: Powered by Computational Thinking) Ser.). (SPA.). 24p. (J). (gr. 3-4). 25.27 *(978-1-5383-2872-9(0),* e4ace7e4-851d-47dc-82e7-38eca87e8096, PowerKids Pr.) Rosen Publishing Group, Inc., The.
Desarrollo Físico Domain Set. 2016. (Early Rising Readers Ser.). (SPA.). (J). (gr. 1). 1370.00 net. *(978-1-4788-4774-8(3))* Newmark Learning LLC.
Desarrollo Físico Theme Level a Book Set. 2016. (Early Rising Readers Ser.). (SPA.). (J). (gr. 1-2). 359.00 *(978-1-4788-5189-9(9))* Newmark Learning LLC.
Desarrollo Físico Theme Level AA Book Set. 2016. (Early Rising Readers Ser.). (SPA.). (J). (gr. 1-2). 359.00 *(978-1-4788-5188-2(0))* Newmark Learning LLC.
Desarrollo Físico Theme Level B Book Set. 2016. (Early Rising Readers Ser.). (SPA.). (J). (gr. 1-2). 359.00 *(978-1-4788-5190-5(2))* Newmark Learning LLC.
Desarrollo Social y Emocional Domain Set. 2016. (Early Rising Readers Ser.). (SPA.). (J). (gr. 1). 1370.00 net. *(978-1-4788-4773-1(5))* Newmark Learning LLC.
Desarrollo Social y Emocional Theme Level a Book Set. 2016. (Early Rising Readers Ser.). (SPA.). (J). (gr. 1-2). 359.00 *(978-1-4788-5186-8(4))* Newmark Learning LLC.
Desarrollo Social y Emocional Theme Level AA Book Set. 2016. (Early Rising Readers Ser.). (SPA.). (J). (gr. 1-2). 359.00 *(978-1-4788-5185-1(6))* Newmark Learning LLC.
Desarrollo Social y Emocional Theme Level B Book Set. 2016. (Early Rising Readers Ser.). (SPA.). (J). (gr. 1-2). 359.00 *(978-1-4788-5187-5(2))* Newmark Learning LLC.
Desastre de Pasta: Leveled Reader Card Book 47 Level U 6 Pack. Hmh Hmh. 2021. (SPA.). (J). pap. 74.40 *(978-0-358-08615-4(9))* Houghton Mifflin Harcourt Publishing Co.
Desastre en el Musical. Jessica Gunderson. Tr. by Aparicio Publishing Aparicio Publishing LLC. Illus. by Sumin Cho. 2020. (Drama en la Secundaria Ser.). (SPA.). 64p. (J). (gr. 3-6). pap. 6.95 *(978-1-4965-9318-4(9),* 142348); lib. bdg. 25.99 *(978-1-4965-9163-0(1),* 142080) Capstone. (Stone Arch Bks.).
Desastres de la Tecnología: Set of 6 Common Core Edition. Sheila Sweeny Higginson & Benchmark Education Company, LLC Staff. 2016. (Navigators Ser.). (SPA.). (J). (gr. 6). 60.00 net. *(978-1-5125-0787-4(3))* Benchmark Education Co.
Desastroso Max Crumbly: Que Asco de Dia. Rachel Renée Russell. 2018. (SPA.). 312p. (J). pap. 17.99 *(978-84-08-17973-3(X))* Editorial Planeta, S. A. ESP. Dist: Lectorum Pubns., Inc.
Desastroso Max Crumbly #2: Caos Escolar. Rachel Renee Russell. 2018. (SPA.). 240p. (J). (gr. 4-6). pap. 17.99 *(978-84-08-18811-7(9))* Editorial Planeta, S. A. ESP. Dist: Lectorum Pubns., Inc.
Desayuno. Xist Publishing. 2017. (Xist Kids Spanish Bks.). (SPA., Illus.). 28p. (J). (gr. -1-3). pap. 9.99 *(978-1-5324-0121-3(3))* Xist Publishing.
Desborough of the North-West Frontier (Classic Reprint) Joan Sutherland. 2018. (ENG., Illus.). 320p. (J). 30.46 *(978-0-484-23360-6(2))* Forgotten Bks.
Descend. Moran Kristyna. 2016. (ENG., Illus.). (YA). (gr. 7-12). 19.99 *(978-0-692-79225-4(2))* Moran, Kristyna.
Descendant. Regan Ure. 2016. (ENG., Illus.). 236p. (J). pap. *(978-1-911213-08-6(3))* Regan Ure.
Descendant of the Crane. Joan He. 2022. (ENG.). 432p. (YA). pap. 11.99 *(978-1-250-81590-3(8),* 900248857) Roaring Brook Pr.
Descendants 2: a Wickedly Cool Coloring Book. Disney Books. ed. 2017. (Art of Coloring Ser.). (ENG.). 128p. (gr. 5-9). pap. 15.99 *(978-1-368-01439-7(9),* Disney Press Books) Disney Publishing Worldwide.
Descendants 2 Evie's Fashion Book. Disney Books. ed. 2017. (ENG., Illus.). 144p. (J). (gr. 3-7). 12.99 *(978-1-368-00251-6(X),* Disney Press Books) Disney Publishing Worldwide.
Descendants 2: Mal's Spell Book 2: More Wicked Magic, Bk. 2. Disney Books. ed. 2017. (ENG., Illus.). 192p. (J). (gr. 3-7). 12.99 *(978-1-368-00041-3(X),* Disney Press Books) Disney Publishing Worldwide.
Descendants 3 Junior Novel. Disney Books. ed. 2019. (ENG.). 208p. (J). (gr. 3-7). 10.99 *(978-1-368-04218-5(X),* Disney Press Books) Disney Publishing Worldwide.
Descendants of George Little, Who Came to Newbury, Massachusetts, In 1640. [Cambridge-1877]. George T. Little. 2017. (ENG., Illus.). 96p. (J). pap. *(978-0-649-74793-1(3))* Trieste Publishing Pty Ltd.
Descendants: the Magic of Friendship. Disney Books. 2020. (ENG., Illus.). 192p. (J). (gr. 3-7). 12.99 *(978-1-368-05436-2(6),* Disney Press Books) Disney Publishing Worldwide.
Descended. Brianna K. Trowbridge. 2020. (ENG.). 230p. (YA). pap. 11.99 ***(978-1-0878-9121-7(3))*** Indy Pub.

D

Descender 1. Estrellas de Hojalata. Jeff Lemire & Dustin Nguyen. 2017. (SPA.). 148p. (J). (gr. 4-7). pap. 14.50 *(978-607-735-912-8(2))* Editorial Oceano de Mexico MEX. Dist: Independent Pubs. Group.

Descender 2: La Máquina Lunar. Jeff Lemire. Illus. by Dustin Nguyen. 2018. (SPA.). 120p. (J). (gr. 4-7). pap. 14.50 *(978-607-527-111-8(2))* Editorial Oceano de Mexico MEX. Dist: Independent Pubs. Group.

Descender 3: Singularidades. Jeff Lemire & Dustin Nguyen. 2020. (SPA.). 120p. (J). (gr. 4-7). pap. 14.50 *(978-607-527-433-1(2))* Editorial Oceano de Mexico MEX. Dist: Independent Pubs. Group.

Descender 6: La Guerra de Las Maquinas. Dustin Nguyen & Jeff Lemire. 2021. (SPA.). 168p. (YA). (gr. 7). pap. 14.95 *(978-607-557-070-9(5))* Editorial Oceano de Mexico MEX. Dist: Independent Pubs. Group.

Descender IV. Mecánica Orbital. Jeff Lemire. Illus. by Dustin Nguyen. 2020. (Descender Ser.). (SPA.). 120p. (YA). (gr. 7). pap. 14.50 *(978-607-557-068-6(3))* Editorial Oceano de Mexico MEX. Dist: Independent Pubs. Group.

Descender: the Deluxe Edition Volume 1. Jeff Lemire. 2017. (ENG., Illus.). 400p. (YA). 49.99 *(978-1-5343-0346-1(4),* ae035ef5-d60a-4477-8ebf-43bbd2e60aea) Image Comics.

Descender V: La Rebelión de Los Robots. Jeff Lemire. Illus. by Dustin Nguyen. 2021. (Descender Ser.). (SPA.). 120p. (YA). (gr. 7). pap. 14.50 *(978-607-557-069-3(1))* Editorial Oceano de Mexico MEX. Dist: Independent Pubs. Group.

Descent. Diana G. Miller. 2021. (ENG.). 358p. (YA). pap. 16.99 *(978-0-578-90240-1(0))* FyreSyde Publishing.

Descent. J. D. Netto. 2017. (Whispers of the Fallen Ser.: Vol. 4). (ENG., Illus.). (YA). (gr. 7-12). pap. *(978-1-9997068-1-4(1))* Oftomes Publishing.

Descent. Roland Smith. (Peak Marcello Adventure Ser.: 4). (ENG.). 240p. (YA). 2023. (gr. 8). pap. 15.99 *(978-0-06-329085-3(5));* 2020. (gr. 7). 17.99 *(978-0-544-85976-0(6),* 1648583) HarperCollins Pubs. (Clarion Bks.).

Descent. Sloane Murphy. Ed. by Katie John. 2nd ed. 2016. (Immortal Chronicles Ser.: Vol. 1). (ENG., Illus.). (YA). pap. *(978-0-9957402-0-4(8))* Dedicated Ink Publishing.

Descent of Man: And Other Stories (Classic Reprint) Edith Warton. (ENG., Illus.). (J). 2018. 360p. 31.34 *(978-0-365-47057-1(0));* 2017. pap. 13.97 *(978-1-5276-3131-1(1))* Forgotten Bks.

Descent of Man: And Other Stories, Madame de Treymes (Classic Reprint) Edith Warton. 2017. (ENG., Illus.). (J). 32.39 *(978-0-266-19893-2(7))* Forgotten Bks.

Descent of the Sun: A Cycle of Birth. F. W. Bain. 2017. (ENG., Illus.). (J). 21.95 *(978-1-374-87056-7(0));* pap. 10.95 *(978-1-374-87055-0(2))* Capital Communications, Inc.

Descent Unravelling. Tim Haley. 2017. (Her Vision Quest Ser.). (ENG., Illus.). (YA). *(978-1-5255-0640-6(4));* pap. *(978-1-5255-0641-3(2))* FriesenPress.

Desconocido en Las Escaleras y Otros Cuentos de Miedo. Michael Dahl. Illus. by Xavier Bonet. 2020. (Cuentos Escalofriantes de Michael Dahl Ser.).Tr. of Stranger on the Stairs & Other Scary Tales. (SPA.). 72p. (J). (gr. 1-3). lib. bdg. 25.32 *(978-1-4965-9822-6(9),* 200710, Stone Arch Bks.) Capstone.

Description & List of the Lighthouses of the World, 1879 (Classic Reprint) Alexander George Findlay. (ENG., Illus.). (J). 2017. 29.69 *(978-0-331-72491-2(X));* 2016. pap. 13.57 *(978-1-333-27315-6(0))* Forgotten Bks.

Description des Machines les Plus Remarquables et les Plus Nouvelles À l'Exposition de Vienne En 1873: Moteurs, Machines Outils, Locomotives, Appareils Divers; Précédée d'une Notice Sur les Progrès Récents de la Métallurgie (Classic Reprint) Hippolyte Fontaine. 2018. (FRE., Illus.). (J). 500p. 34.21 *(978-1-396-63533-5(5));* 502p. pap. 16.57 *(978-1-391-39939-3(0))* Forgotten Bks.

Description des Terrains Volcaniques la France Centrale: Avec Dix Planches (Classic Reprint) Amde Burat. 2018. (FRE., Illus.). 368p. (J). 31.51 *(978-0-484-21949-5(9))* Forgotten Bks.

Description des Terrains Volcaniques la France Centrale: Avec Dix Planches (Classic Reprint) Amédée Burat. 2017. (FRE., Illus.). (J). pap. 13.97 *(978-0-259-12738-3(8))* Forgotten Bks.

Description of Millenium Hall, & the Country Adjacent: Together with the Characters of the Inhabitants, & Such Historical Anecdotes & Reflections, As May Excite in the Reader Proper Sentiments of Humanity, & Lead the Mind to the Love of Virtue. Sarah Scott. (ENG., Illus.). (J). 2017. 274p. 29.55 *(978-0-331-57771-6(2));* 2016. pap. 11.97 *(978-1-333-39198-0(6))* Forgotten Bks.

Description of the Pictures, Statues, Busto's, Basso-Relievo's, & Other Curiosities at the Earl of Pembroke's House at Wilton: The Antiques of This Collection Contain the Whole of Cardinal Richlieu's & Cardinal Mazarine's, & the Greatest Part of T. Richard Cowdry. 2017. (ENG., Illus.). (J). 130p. 26.60 *(978-0-332-22042-0(7));* pap. 9.57 *(978-0-259-53583-6(4))* Forgotten Bks.

Description of the Pictures, Statues, Busto's, Basso-Relievo's, & Other Curiosities at the Earl of Pembroke's House at Wilton: The Antiques of This Collection Contain the Whole of Cardinal Richlieu's & Cardinal Mazarine's, & the Greatest Part of Th. Richard Cowdry. (ENG., Illus.). (J). 2018. 128p. 26.54 *(978-0-267-76298-9(4));* 2016. pap. 9.57 *(978-1-334-14323-6(4))* Forgotten Bks.

Description of the Pictures, Statues, Busto's, Basso-Relievo's, & Other Curiosities at the Earl of Pembroke's House at Wilton (Classic Reprint) Unknown Author. (ENG., Illus.). (J). 2018. 130p. 26.58 *(978-0-483-34101-2(0));* 2017. pap. 9.57 *(978-0-259-30850-8(1))* Forgotten Bks.

Description of the Pictures, Statues, Busto's, Basso-Relievo's, & Other Curiosities at the Earl of Pembroke's House, at Wilton (Classic Reprint) Richard Cowdry. 2017. (ENG., Illus.). (J). pap. 9.57 *(978-0-282-47662-3(2))* Forgotten Bks.

Descriptions of Eight New Species of Fossils from the Cambro-Silurian Rocks of Manitoba (Classic Reprint) Joseph Frederick Whiteaves. 2017. (ENG., Illus.). (J). 24.45 *(978-0-331-32800-4(3))* Forgotten Bks.

Descriptiv List of Books for the Young (Classic Reprint) William MacCrillis Griswold. 2019. (ENG., Illus.). 190p. (J). 27.84 *(978-0-365-31669-5(5))* Forgotten Bks.

Descriptiv List of Novels & Tales: Dealing with the History of North America (Classic Reprint) William McCrillis Griswold. (ENG., Illus.). (J). 2018. 106p. 26.08 *(978-0-484-06836-9(9));* 2016. pap. 9.57 *(978-1-334-51847-8(5))* Forgotten Bks.

Descriptive Anatomy of the Human Teeth. Greene Vardiman Black. 2017. (ENG.). 168p. (J). pap. *(978-3-337-36575-2(2))* Creation Pubs.

Descriptive & Historical Account of Hydraulic & Other Machines for Raising Water, Vol. 1 Of 5: Ancient & Modern; with Observations on Various Subjects (Classic Reprint) Thomas Ewbank. 2018. (ENG., Illus.). 628p. (J). 36.85 *(978-0-364-02438-6(0))* Forgotten Bks.

Descriptive Botany. Eliza Ann Youmans. 2017. (ENG.). 388p. (J). pap. *(978-3-337-06019-0(6))* Creation Pubs.

Descriptive Catalogue of Sound Pictures Available at Films Incorporated, 1936 (Classic Reprint) Films Incorporated. 2018. (ENG., Illus.). (J). 44p. 24.82 *(978-1-396-64645-4(0));* 46p. pap. 7.97 *(978-1-391-64187-4(6))* Forgotten Bks.

Descriptive Catalogue of the Nests & Eggs of Birds Found Breeding in Australia & Tasmania. Alfred John North. 2017. (ENG.). 436p. (J). pap. *(978-3-337-27160-2(X))* Creation Pubs.

Descriptive Catalogue of the Works of Hogarth: Placed in the Gallery of the British Institution for Exhibition (Classic Reprint) John Young. (ENG., Illus.). (J). 2018. 34p. 24.60 *(978-0-365-18252-8(4));* 2017. pap. 7.97 *(978-0-259-87949-7(5))* Forgotten Bks.

Descriptive Guide to the Museum of Practical Geology: With Notices of the Geological Survey of the United Kingdom, the Royal School of Mines, & the Mining Record Office (Classic Reprint) Robert Hunt. 2016. (ENG., Illus.). (J). pap. 10.57 *(978-1-334-47768-3(X))* Forgotten Bks.

Descriptive History of the Steam Engine (Classic Reprint) Robert Stuart. 2017. (ENG., Illus.). (J). 30.52 *(978-0-266-58054-6(8));* pap. 13.57 *(978-0-282-86753-9(8))* Forgotten Bks.

Descriptive List of Novels & Tales Dealing with American City Life (Classic Reprint) William McCrillis Griswold. 2017. (ENG., Illus.). (J). 25.67 *(978-1-5281-7687-3(1))* Forgotten Bks.

Descriptive Notices of Popular English Histories (Classic Reprint) James Orchard Halliwell. 2017. (ENG., Illus.). (J). 108p. 26.12 *(978-0-484-59855-2(4));* pap. 9.57 *(978-0-282-61141-5(X))* Forgotten Bks.

Descriptive of the Isle of Wight (Classic Reprint) Emma Macallan. 2018. (ENG., Illus.). 230p. (J). 28.64 *(978-0-484-35180-5(X))* Forgotten Bks.

Descriptive Paragraphs. Frances Purslow. 2016. *(978-1-5105-2277-0(8))* SmartBook Media, Inc.

Descriptive Reading on Darjeeling (Classic Reprint) Unknown Author. 2017. (ENG., Illus.). (J). 24.35 *(978-0-266-57580-1(3))* Forgotten Bks.

Descriptive Scenes for Children (Classic Reprint) Unknown Author. 2018. (ENG., Illus.). 20p. (J). 24.31 *(978-0-483-27395-5(3))* Forgotten Bks.

Descubramos Países del Mundo (Looking at Countries), 6 vols., Set. Incl. Descubramos Canadá (Looking at Canada) Kathleen Pohl. lib. bdg. 28.67 *(978-0-8368-8182-0(6),* b38f3917-316c-4bd1-ab06-9dab5669c7fb); Descubramos China (Looking at China) Jillian Powell. lib. bdg. 28.67 *(978-0-8368-8183-7(4),* 030e587b-feab-45ee-a5d5-47432ba9217f); Descubramos Gran Bretaña (Looking at Great Britain) Jillian Powell. lib. bdg. 28.67 *(978-0-8368-8184-4(2),* 95af8854-ad66-44fb-af7a-3a561b8ba7f3); Descubramos Japón (Looking at Japan) Jillian Powell. lib. bdg. 28.67 *(978-0-8368-8185-1(0),* d4f6ee4c-36ba-4b5e-a477-dddf50ff6d5b); Descubramos México (Looking at Mexico) Kathleen Pohl. lib. bdg. 28.67 *(978-0-8368-8186-8(9),* 1d8df9d2-285f-4f42-9bee-83b6a857a501); Descubramos Rusia (Looking at Russia) Jillian Powell. lib. bdg. 28.67 *(978-0-8368-8187-5(7),* 32569914-4d46-4a9a-97f7-8d890176c45f); (Illus.). 32p. (gr. 2-4). 2007., Gareth Stevens Learning Library (SPA.). 2007. Set lib. bdg. 151.62 *(978-0-8368-8181-3(8))* Stevens, Gareth Publishing LLLP.

Descubramos Países del Mundo (Looking at Countries), 6 vols., Set. Kathleen Pohl. Incl. Descubramos Alemania (Looking at Germany) lib. bdg. 28.67 *(978-0-8368-8781-5(6),* a572e9f6-fc30-4480-8697-775b7c7c9ae7); Descubramos Argentina (Looking at Argentina) lib. bdg. 28.67 *(978-0-8368-8779-2(4),* f9d29693-28a3-4f52-be9c-44e1172f1d9c); Descubramos el Congo (Looking at the Congo) lib. bdg. 28.67 *(978-0-8368-8780-8(8),* 9a5867f5-6ba9-43db-b2bc-3fd7f070cd94); Descubramos Iran (Looking at Iran) (J). lib. bdg. 28.67 *(978-0-8368-8782-2(4),* 99c780a9-ce6e-4770-913e-82aeea1ea729); Descubramos Irlanda (Looking at Ireland) lib. bdg. 28.67 *(978-0-8368-8783-9(2),* bbf21f3e-51d9-4958-9af2-c5149120cc64); Descubramos Israel (Looking at Israel) lib. bdg. 28.67 *(978-0-8368-8784-6(0),* fb3a5782-3cbc-465a-a04f-ae313e267e57); (Illus.). (gr. 2-4). (Descubramos países del mundo (Looking at Countries) Ser.). (SPA.). 32p. 2008. 151.62 *(978-0-8368-8778-5(6))* Stevens, Gareth Publishing LLLP.

Descubre Cómo Puedes Ayudar. Emma Bernay & Emma Carlson Berne. Tr. by Aparicio Publishing Aparicio Publishing LLC. 2020. (Guía para Jóvenes Sobre el Gobierno Ser.). (SPA., Illus.). 32p. (J). (gr. 3-6). lib. bdg. 27.99 *(978-1-4966-5722-0(5),* 142063) Capstone.

Descubre el Espacio. Margarita Kukhtina. 2023. (Cuentos para Aprender Tocando Ser.). (SPA.). 12p. (J). (gr. -1-k). bds. 12.99 *(978-84-18664-04-5(5))* Editorial el Pirata ESP. Dist: Independent Pubs. Group.

Descubre la Naturaleza. Svetlana Shendrik & Lena Zolotareva. 2022. (Cuentos para Aprender Tocando Ser.). 12p. (J). (— 1). bds. 12.99 *(978-84-18664-03-8(7))* Editorial el Pirata ESP. Dist: Independent Pubs. Group.

Descubre los vehículos: Cuentos infantiles 1-4 años con solapas. Margarita Kuhtina. 2022. (Cuentos para Aprender Tocando Ser.). 12p. (J). (— 1). bds. 12.99 *(978-84-18664-02-1(9))* Editorial el Pirata ESP. Dist: Independent Pubs. Group.

Descubre Tu Papel en Las Elecciones. Jessica Gunderson. Tr. by Aparicio Publishing Aparicio Publishing LLC. 2020. (Guía para Jóvenes Sobre el Gobierno Ser.).Tr. of Understanding Your Role in Elections. (SPA., Illus.). 32p. (J). (gr. 3-6). lib. bdg. 29.99 *(978-1-4966-5724-4(1),* 142065) Capstone.

Descubre Tus Derechos Civiles. Emma Bernay & Emma Carlson Berne. Tr. by Aparicio Publishing Aparicio Publishing LLC. 2020. (Guía para Jóvenes Sobre el Gobierno Ser.). (SPA., Illus.). 32p. (J). (gr. 3-6). lib. bdg. 27.99 *(978-1-4966-5725-1(X),* 142066) Capstone.

Descubre Tus Derechos Legales. John Joseph Micklos, Jr. 2020. (Guía para Jóvenes Sobre el Gobierno Ser.).Tr. of Understanding Your Legal Rights. (SPA., Illus.). 32p. (J). (gr. 3-6). lib. bdg. 27.99 *(978-1-4966-5723-7(3),* 142064) Capstone.

Descubrimientos de Plantas: Leveled Reader Book 71 Level P 6 Pack. Hmh Hmh. 2021. (SPA.). 32p. (J). pap. 74.40 *(978-0-358-08465-5(2))* Houghton Mifflin Harcourt Publishing Co.

Desde Las Copas de Los árboles (from the Tops of the Trees) Kao Kalia Yang. Illus. by Rachel Wada. 2023. (SPA.). 40p. (J). (gr. k-3). 12.99 Lerner Publishing Group.

Desdemona: The Dragon Without Any Friends. Penny Luker. 2016. (ENG., Illus.). 24p. (J). *(978-1-326-75777-9(6))* Lulu Pr., Inc.

Desegregation & Integration. Kevin P. Winn & Kelisa Wing. 2021. (21st Century Skills Library: Racial Justice in America: Histories Ser.). (ENG., Illus.). 32p. (J). (gr. 5-8). pap. 14.21 *(978-1-5341-8885-3(1),* 219251); lib. bdg. 32.07 *(978-1-5341-8745-0(6),* 219250) Cherry Lake Publishing.

Desenterrando el Pasado: Leveled Reader Book 49 Level U 6 Pack. Hmh Hmh. 2021. (SPA.). 32p. (J). pap. 74.40 *(978-0-358-08617-8(5))* Houghton Mifflin Harcourt Publishing Co.

Deseo de la Abuela. Julia Lobo. Ed. by Cottage Door Press. Illus. by Helen Rowe. 2020. (SPA.). 18p. (J). (gr. -1-2). bds. 9.99 *(978-1-68052-846-6(7),* 1000090-SLA) Cottage Door Pr.

Deseo para una Estrella (Wish upon a Stray) Una Novela de la Serie Deseo. Yamile Saied Méndez. 2022. (SPA.). 288p. (J). (gr. 3-7). pap. 7.99 *(978-1-338-84917-2(4),* Scholastic en Espanol) Scholastic, Inc.

Deseret Deserted, or the Last Days of Brigham Young: Being a Strictly Business Transaction, in Four Acts & Several Deeds, Involving Both Prophet & Loss (Classic Reprint) Unknown Author. 2018. (ENG., Illus.). 34p. (J). 24.60 *(978-0-267-29310-0(0))* Forgotten Bks.

Deseret Sunday School Reader: Second Book for Our Little Friends (Classic Reprint) Deseret Sunday School Union. 2018. (ENG., Illus.). 124p. (J). 26.45 *(978-0-483-52536-8(7))* Forgotten Bks.

Desert. Susan Gray. Illus. by Jeff Bane. 2022. (My Early Library: My Guide to Earth's Habitats Ser.). (ENG.). 24p. (J). (gr. k-1). pap. 12.79 *(978-1-6689-1058-0(6),* 221003); lib. bdg. 30.64 *(978-1-6689-0898-3(0),* 220865) Cherry Lake Publishing.

Desert. Illus. by Abi Hall. 2020. (Making Tracks 2 Ser.: 4). 12p. (J). bds. *(978-1-78628-412-9(X))* Child's Play International Ltd.

Desert / Desierto. Xist Publishing. 2017. (Xist Kids Bilingual Spanish English Ser.). (ENG & SPA.). 28p. (J). (gr. -1-3). pap. 9.99 *(978-1-5324-0319-4(4))* Xist Publishing.

Desert & Mrs. Ajax (Classic Reprint) Edward Moffat. 2017. (ENG., Illus.). (J). 31.16 *(978-0-266-20480-0(5))* Forgotten Bks.

Desert & the Rose (Classic Reprint) Edith Nicholl Ellison. 2018. (ENG., Illus.). 244p. (J). 28.95 *(978-0-365-20754-2(3))* Forgotten Bks.

Desert & the Sown (Classic Reprint) Mary Hallock Foote. 2018. (ENG., Illus.). 324p. (J). 30.58 *(978-0-484-10053-3(X))* Forgotten Bks.

Desert Animals. Paul A. Kobasa. 2018. (J). *(978-0-7166-3570-3(4))* World Bk., Inc.

Desert Animals, 1 vol. William Potter. Illus. by Juan Calle. 2018. (All-Action Animal Art Ser.). (ENG.). 32p. (J). (gr. 3-3). 29.27 *(978-1-5383-4730-0(X),* 0e772d03-fa77-4f52-aa35-5e048b89f021); pap. 12.75 *(978-1-5383-4728-7(8),* 06b37f8a-56b2-4233-846a-b6cfd9e68c72) Rosen Publishing Group, Inc., The. (PowerKids Pr.).

Desert Animals, 6 vols. Leo Statts. 2016. (Desert Animals Ser.). (ENG.). 24p. (J). (gr. -1-2). 299.64 *(978-1-68079-345-1(4),* 22966, Abdo Zoom-Launch) ABDO Publishing Co.

Desert Animals: Children's Desert Book with Informative Facts! Bold Kids. 2022. (ENG.). 38p. (J). pap. 14.99 *(978-1-0717-0943-6(7))* FASTLANE LLC.

Desert Animals (Set), 8 vols. Martha London et al. 2021. (Desert Animals (POP!) Ser.). (ENG.). 24p. (J). (gr. k-3). lib. bdg. 250.88 *(978-1-5321-6967-0(1),* 38011, Pop! Cody Koala) Pop!.

Desert Biome. Elizabeth Andrews. 2021. (Beautiful Biomes Ser.). (ENG.). 24p. (J). (gr. k-3). lib. bdg. 31.36 *(978-1-0982-4100-1(2),* 38764, Pop! Cody Koala) Pop!.

Desert Biome, 1 vol. Colin Grady. 2016. (Zoom in on Biomes Ser.). (ENG.). 24p. (J). (gr. 2-2). pap. 10.95 *(978-0-7660-7758-4(6),* dd97db9c-c2c6-480e-9828-4075bed60404) Enslow Publishing, LLC.

Desert Biome, 1 vol. Grace Hansen. 2016. (Biomes Ser.). (ENG., Illus.). 24p. (J). (gr. -1-2). lib. bdg. 32.79 *(978-1-68080-500-0(2),* 21280, Abdo Kids) ABDO Publishing Co.

Desert Biome. Kerri Mazzarella. 2022. (Biomes on Planet Earth Ser.). (ENG.). 24p. (J). (gr. k-2). pap. 8.95 *(978-1-63897-579-3(5),* 19374); lib. bdg. 27.93 *(978-1-63897-464-2(0),* 19373) Seahorse Publishing.

Desert Biomes. Contrib. by Sarah Wilson Gregory. 2023. (Explore Biomes Ser.). (ENG.). 32p. (J). (gr. 2-5). lib. bdg. 34.21 ***(978-1-0982-9107-5(7),*** 42017, Kids Core) ABDO Publishing Co.

Desert Biomes. Louise Spilsbury & Richard Spilsbury. 2018. (Earth's Natural Biomes Ser.). (Illus.). 32p. (J). (gr. 4-4). *(978-0-7787-3992-0(9))* Crabtree Publishing Co.

DESERT BIOMES. Contrib. by Louise Spilsbury & Richard Spilsbury. 2018. (Earth's Natural Biomes Ser.). (Illus.). 32p. (J). (gr. 4-4). pap. *(978-0-7787-4005-6(6))* Crabtree Publishing Co.

Desert Biomes Around the World. Christine Elizabeth Eboch. 2019. (Exploring Earth's Biomes Ser.). (ENG., Illus.). 32p. (J). (gr. 3-6). pap. 7.95 *(978-1-5435-7531-6(5),* 141062); lib. bdg. 29.99 *(978-1-5435-7203-2(0),* 140449) Capstone.

Desert Brats. Harry Markos. 2022. (ENG.). 54p. (J). pap. *(978-1-915387-21-9(3))* Markosia Enterprises, Ltd.

Desert Bugs. Matt Reher. 2017. (1G Bugs Ser.). (ENG., Illus.). 20p. (J). pap. 9.60 *(978-1-63437-112-4(7))* American Reading Co.

Desert Challenge. Bear Grylls. Illus. by Emma McCann. 2017. 115p. (J). pap. *(978-1-61067-764-6(1))* Kane Miller.

Desert Climates. Cath Senker. 2017. (Focus on Climate Zones Ser.). (ENG., Illus.). 48p. (J). (gr. 4-6). lib. bdg. 35.99 *(978-1-4846-3781-4(X),* 134491, Heinemann) Capstone.

Desert Climates, 2 vols. Cath Senker. 2017. (Focus on Climate Zones Ser.). (ENG.). (J). (gr. 4-6). *(978-1-4846-4131-6(0))* Heinemann Educational Bks.

Desert Critters Wacky Wisdom. Carol Stout. 2019. (J). pap. *(978-1-941384-44-2(7))* Sunbelt Pubns., Inc.

Desert Dark: A Desert Dark Novel. Sonja Stone. (Desert Dark Novel Ser.: 1). (ENG.). (YA). (gr. 7). 2017. 344p. pap. 7.99 *(978-0-8234-3766-5(3));* 2016. 336p. 17.95 *(978-0-8234-3562-3(8))* Holiday Hse., Inc.

Desert Day: Level B. 8p. 20.95 *(978-0-322-00358-3(X))* Wright Group/McGraw-Hill.

Desert Determination see Determinación Del Desierto (Desert Determination)

Desert Determination. Bill Yu. Illus. by Dal Bello. 2019. (Survive! Ser.). (ENG.). 32p. (J). (gr. 3-8). lib. bdg. 32.79 *(978-1-5321-3511-8(4),* 31941, Graphic Planet - Fiction) Magic Wagon.

Desert Diary: Japanese American Kids Behind Barbed Wire. Michael O. Tunnell. 2020. (Illus.). 144p. (J). (gr. 4-7). lib. bdg. 19.99 *(978-1-58089-789-1(4))* Charlesbridge Publishing, Inc.

Desert Drama: Being the Tragedy of the Korosko. Arthur Conan Doyle. 2017. (ENG., Illus.). (J). 23.95 *(978-1-374-91796-5(6));* pap. 13.95 *(978-1-374-91795-8(8))* Capital Communications, Inc.

Desert Dust (Classic Reprint) Edwin L. Sabin. 2018. (ENG., Illus.). 318p. (J). 30.48 *(978-0-332-08885-3(5))* Forgotten Bks.

Desert Dustup: Wheelnuts! Knife & Packer. Illus. by Knife & Packer. 2016. (Illus.). 96p. (J). pap. 6.99 *(978-1-61067-395-2(6))* Kane Miller.

Desert Dwellers Earth & Water: Book II of the Paintbrush Saga. Sarah Bergstrom. 2020. (ENG., Illus.). 312p. (J). (gr. 7-12). pap. 12.95 *(978-1-78535-745-9(X),* Lodestone Bks.) Hunt, John Publishing Ltd. GBR. Dist: National Bk. Network.

Desert Ecosystems. Mirella S. Miller. 2018. (Earth's Ecosystems Ser.). (ENG., Illus.). 32p. (J). (gr. 3-6). 32.80 *(978-1-63235-454-9(3),* 13866, 12-Story Library) Bookstaves, LLC.

Desert Fairies of Oylara. Johnathan Fontenot. 2017. (ENG., Illus.). (J). 25.95 *(978-1-4808-4350-9(4));* pap. 16.95 *(978-1-4808-4349-3(0))* Archway Publishing.

Desert Fiddler (Classic Reprint) William H. Hamby. 2018. (ENG., Illus.). 252p. (J). 29.09 *(978-0-365-48299-4(4))* Forgotten Bks.

Desert Food Chains. Rebecca Pettiford. 2016. (Who Eats What?). (Illus.). 24p. (J). (gr. 2-5). lib. bdg. *(978-1-62031-301-5(4),* Pogo) Jump! Inc.

Desert Girl, Monsoon Boy. Tara Dairman. Illus. by Archana Sreenivasan. 2020. 32p. (J). (gr. -1-3). 18.99 *(978-0-525-51806-8(1),* G.P. Putnam's Sons Books for Young Readers) Penguin Young Readers Group.

Desert Gold a Romance of the Border (Classic Reprint) Zane Grey. 2018. (ENG., Illus.). (J). 30.83 *(978-0-260-29162-2(5))* Forgotten Bks.

Desert Hare or Arctic Hare (Wild World: Hot & Cold Animals) Eric Geron. 2022. (Hot & Cold Animals Ser.). (ENG.). 32p. (J). (gr. -1-1). 25.00 *(978-1-338-79945-3(2));* pap. 6.99 *(978-1-338-79946-0(0))* Scholastic Library Publishing. (Children's Pr.).

Desert Home: Or the Adventures of a Lost Family in the Wilderness (Classic Reprint) Mayne Reid. 2018. (ENG., Illus.). 368p. (J). 31.49 *(978-0-267-47537-7(3))* Forgotten Bks.

Desert Island Chess Puzzle Omnibus. Wesley So et al. 2021. (ENG., Illus.). 320p. (YA). (gr. 6-17). pap. 24.95 *(978-1-911465-65-2(1))* Gambit Pubns., Ltd. GBR. Dist: Two Rivers Distribution.

Desert Jungle. Jeannie Baker. Illus. by Jeannie Baker. 2023. (ENG.). 40p. (J). (gr. k-3). 18.99 *(978-1-5362-2577-8(0))* Candlewick Pr.

Desert Life Connections. Raymond Bergin. 2023. (Life on Earth! Biodiversity Explained Ser.). (ENG.). 32p. (J). (gr. 3-7). lib. bdg. 28.50 Bearport Publishing Co., Inc.

Desert Life of the Southwest Activity Book. Karen Krebbs. Illus. by Phil Juliano. 2017. (Color & Learn Ser.). (ENG.). 64p. (J). (gr. k-5). pap. 6.95 *(978-1-59193-655-8(1),* Adventure Pubns.) AdventureKEEN.

Desert Neighbors (Yesterday's Classics) Edith M. Patch & Carroll Lane Fenton. Illus. by Carroll Lane Fenton. 2020. (ENG.). 154p. (J). pap. 11.95 *(978-1-63334-081-7(3))* Yesterday's Classics.

Desert of Death, or Frank Reade, Jr., Exploring an Unknown Land: A Strange Story of Siberia (Classic Reprint) Luis Senarens. 2018. (ENG., Illus.). (J). 20p. 24.33 *(978-1-391-93051-0(7));* 22p. pap. 7.97 *(978-1-391-92977-4(2))* Forgotten Bks.

Desert of Wheat. Zane Grey. 2020. (ENG.). (J). 278p. 19.95 *(978-1-63637-087-3(X));* 276p. pap. 12.95 *(978-1-63637-086-6(1))* Bibliotech Pr.

484

The check digit for ISBN-10 appears in parentheses after the full ISBN-13

Desert of Wheat: A Novel (Classic Reprint) Zane Grey. 2017. (ENG., Illus.). (J). 32.02 *(978-0-260-52934-3(6))* Forgotten Bks.

Desert Origami, 1 vol. Joe Fullman. 2016. (Amazing Origami Ser.). (ENG.). 32p. (J). (gr. 2-3). pap. 11.50 *(978-1-4824-5924-1(8),* feda1413-0878-4e27-8f72-20689b4490ca) Stevens, Gareth Publishing LLLP.

Desert Prince. Alisha Sevigny. 2020. (Secrets of the Sands Ser.: 2). (ENG.). 376p. (J). (gr. 4-7). pap. 8.99 *(978-1-4597-4432-5(2))* Dundurn Pr. CAN. Dist: Publishers Group West (PGW).

Desert Pup. Ginny Clark. 2022. (ENG., Illus.). 28p. (J). pap. 11.95 ***(978-1-63874-918-9(3))*** Christian Faith Publishing.

Desert Rescue. Timothy Peters. 2019. (Josh Powers Series: Book 2 Ser.: Vol. 2). (ENG.). 104p. (J). pap. 9.99 *(978-1-7327173-5-0(4))* Abundant Harvest Publishing.

Desert Sands: Wells Worthy & the Map of Peril: Book One. Sheila Callaham. Ed. by Allison Essen. 2017. (Wells Worthy & the Map of Peril Ser.: Vol. 1). (ENG., Illus.). 142p. (YA). (gr. 7-12). pap. 9.99 *(978-1-936934-02-7(7))* Callaham, Sheila.

Desert Slam, 1 vol. Steven Barwin. 2017. (Orca Soundings Ser.). (ENG.). 144p. (YA). (gr. 8-12). pap. 9.95 *(978-1-4598-1372-4(3))* Orca Bk. Pubs. USA.

Desert Slam. Steven Barwin. ed. 2017. (Orca Soundings Ser.). lib. bdg. 20.80 *(978-0-606-40453-2(8))* Turtleback.

Desert Tortoises. Patrick Perish. 2020. (Animals of the Desert Ser.). (ENG., Illus.). 24p. (J). (gr. k-3). lib. bdg. 26.95 *(978-1-64487-220-8(X),* Blastoff! Readers) Bellwether Media.

Desert Trail (Classic Reprint) Dane Coolidge. 2018. (ENG., Illus.). 296p. (J). 30.02 *(978-0-267-26849-8(1))* Forgotten Bks.

Desert Troop. Cameron Alexander. Illus. by Rhett Pennell. 2019. (Dark Corps Ser.: Vol. 8). (ENG.). 164p. (J). (gr. 1-6). pap. 7.99 *(978-1-7321056-8-3(5),* Bickering Owls Publishing) Maracle, Derek.

Desert Valley (Classic Reprint) Jackson Gregory. 2018. (ENG., Illus.). 326p. (J). 30.62 *(978-0-483-43266-6(0))* Forgotten Bks.

Desert Wildflowers of North America. Ronald J. Taylor. Ed. by Kathleen Ort. rev. ed. (Illus.). 379p. (J). (gr. 4-12). pap. 24.00 *(978-0-87842-376-7(1),* 436) Mountain Pr. Publishing Co., Inc.

Desert Witch see Bruja del Desierto

Desert World. Arthur Mangin. 2019. (ENG.). 626p. (J). pap. *(978-93-5380-012-3(9))* Alpha Editions.

Deserted. Heather Hartzog. 2019. (ENG.). 186p. (J). pap. *(978-1-77277-272-2(0))* 10-10-10 Publishing.

Deserted. Israel Keats. 2018. (Attack on Earth Ser.). (ENG.). 112p. (YA). (gr. 6-12). pap. 7.99 *(978-1-5415-2629-7(5),* a3bd9e3a-6897-4bd1-8082-d17df4bbe7d2); lib. bdg. 26.65 *(978-1-5415-2574-0(4),* 2cea1cb0-09ce-4573-ba9a-ff8596e35033) Lerner Publishing Group. (Darby Creek).

Deserted Cities. E. Merwin. 2017. (Tiptoe into Scary Places Ser.). (ENG., Illus.). 24p. (J). (gr. k-3). lib. bdg. 26.99 *(978-1-68402-269-4(X))* Bearport Publishing Co., Inc.

Deserted Family, or Wanderings of an Outcast (Classic Reprint) Paul Creyton. (ENG., Illus.). (J). 2018. 222p. 28.48 *(978-0-484-29269-6(2))*; 2016. pap. 10.97 *(978-1-333-27946-2(9))* Forgotten Bks.

Deserted Island Hacks. Virginia Loh-Hagan. 2019. (Could You Survive? Ser.). (ENG., Illus.). 32p. (J). (gr. 4-8). pap. 14.21 *(978-1-5341-5066-9(8),* 213571); lib. bdg. 32.07 *(978-1-5341-4780-5(2),* 213570) Cherry Lake Publishing. (45th Parallel Press).

Deserted Islands. Samantha Bell. 2018. (J). *(978-1-4896-9777-6(2),* AV2 by Weigl) Weigl Pubs., Inc.

Deserted Prisons. Joyce L. Markovics. 2016. (Tiptoe into Scary Places Ser.). (ENG., Illus.). 24p. (J). (gr. k-3). 26.99 *(978-1-68402-052-2(2))* Bearport Publishing Co., Inc.

Deserter, & from the Ranks: Two Novels (Classic Reprint) Charles King. 2018. (ENG., Illus.). 330p. (J). 30.70 *(978-0-483-26488-5(1))* Forgotten Bks.

Deserter & Other Stories: A Book of Two Wars (Classic Reprint) Harold Frederic. 2017. (ENG., Illus.). (J). 32.37 *(978-0-331-62210-2(6))* Forgotten Bks.

Deserter (Classic Reprint) Richard Harding Davis. 2018. (ENG., Illus.). 60p. (J). 25.15 *(978-0-484-74586-4(7))* Forgotten Bks.

Deserters (Classic Reprint) George C. Jenks. 2018. (ENG., Illus.). (J). 30.48 *(978-0-332-02444-8(X))* Forgotten Bks.

Deserter's Daughter (Classic Reprint) William D. Herrington. (ENG., Illus.). (J). 2018. 40p. 24.72 *(978-0-266-80673-8(2))*; 2016. pap. 7.97 *(978-1-334-16814-7(8))* Forgotten Bks.

Deserts see Desiertos

Deserts. Quinn M. Arnold. 2016. (Seedlings Ser.). (ENG., Illus.). 24p. (J). (gr. -1-k). *(978-1-60818-741-6(2),* 20716, Creative Education); pap. 9.99 *(978-1-62832-337-5(X),* 20714, Creative Paperbacks) Creative Co., The.

Deserts. Emily Kington. 2021. (Extreme Habitats Ser.). (ENG., Illus.). 32p. (J). (gr. 2-5). lib. bdg. 29.32 *(978-1-914087-07-3(0),* d2b1f912-6849-47ce-8d78-d984eb11ebe6, Hungry Tomato (r)) Lerner Publishing Group.

Deserts. Laura Perdew. 2018. (Landforms Ser.). (ENG., Illus.). 32p. (J). (gr. 2-3). pap. 9.95 *(978-1-63517-993-4(9),* 1635179939); lib. bdg. 31.35 *(978-1-63517-892-0(4),* 1635178924) North Star Editions. (Focus Readers).

Deserts, 1 vol. Claire Romaine. 2017. (Our Exciting Earth! Ser.). (ENG.). 24p. (J). (gr. k-k). pap. 9.15 *(978-1-5382-0961-5(6),* 926028ce-09e2-415f-83ec-d297502f01ff) Stevens, Gareth Publishing LLLP.

Deserts. Alexis Roumanis. 2017. (Habitats Ser.). (ENG.). 24p. (J). lib. bdg. 22.99 *(978-1-5105-1963-3(7))* SmartBook Media, Inc.

Deserts. Mary-Jane Wilkins. 2017. (Who Lives Here? Ser.). (ENG., Illus.). 24p. (J). (gr. 2-4). 28.50 *(978-1-78121-346-9(1),* 16711) Brown Bear Bks.

Deserts, Vol. 5. Kimberly Sidabras. 2018. (World's Biomes Ser.). (Illus.). 80p. (J). (gr. 7). 33.27 *(978-1-4222-4036-6(3))* Mason Crest.

Deserts: Children's Desert Climate Book with Informative Facts! Bold Kids. 2022. (ENG.). 40p. (J). pap. 14.99 *(978-1-0717-0944-3(5))* FASTLANE LLC.

Deserts! - Animal Habitats for Kids! Environment Where Wildlife Lives - Children's Environment Books. Baby Iq Builder Books. 2016. (ENG., Illus.). (J). pap. 8.99 *(978-1-68374-720-8(8))* Examined Solutions PTE. Ltd.

Deserts of the Twelve Dimensions. Leila Goldstein. 2022. (ENG.). 196p. (J). pap. 11.99 *(978-1-4583-0367-7(5))* Lulu Pr., Inc.

Deserts of the World: Geography 2nd Grade for Kids Children's Earth Sciences Books Edition. Baby Professor. 2017. (ENG., Illus.). (J). pap. 9.25 *(978-1-68305-523-5(3),* Baby Professor (Education Kids)) Speedy Publishing LLC.

Desfile. Judy Kentor Schmauss. Illus. by Elisa Rocchi. 2016. (Early Rising Readers Ser.). (SPA.). (J). (gr. -1). 6.67 *(978-1-4788-3694-0(6))* Newmark Learning LLC.

Desfile - 6 Pack. Judy Kentor Schmauss. 2016. (Early Rising Readers Ser.). (SPA.). (J). (gr. 1). 40.00 net. *(978-1-4788-4637-6(2))* Newmark Learning LLC.

Desfile de Piratas (Santiago of the Seas) Lola Parks. Illus. by Jason Fruchter. ed. 2023. (Pictureback(R) Ser.). Tr. of Pirate Parade (Santiago of the Seas). 24p. (J). (gr. -1-2). 5.99 *(978-0-593-48294-0(8),* Random Hse. Bks. for Young Readers) Random Hse. Children's Bks.

Deshaun Watson. Ted Coleman. 2020. (PrimeTime: Superstar Quarterbacks Ser.). (ENG.). 32p. (J). (gr. 3-4). pap. 9.95 *(978-1-63494-232-4(9),* 1634942329); lib. bdg. 31.35 *(978-1-63494-214-0(0),* 1634942140) Pr. Room Editions LLC.

Deshaun Watson: Superstar Quarterback. Dennis St. Sauver. 2019. (NFL Superstars Ser.). (ENG., Illus.). 32p. (J). (gr. 2-5). lib. bdg. 34.21 *(978-1-5321-1985-9(2),* 32449, Big Buddy Bks.) ABDO Publishing Co.

Desi Dinosaur Defeats Doubt. Courtney R. Hardman. 2019. (ENG.). 34p. (J). *(978-0-2288-1319-4(0))*; pap. *(978-0-2288-1318-7(2))* Tellwell Talent.

Desi for President. Deborah Shlian & Cathy Rogers. 2020. (Desi's Adventures Ser.: Vol. 3). (ENG.). 58p. (J). pap. 9.99 *(978-1-7346219-1-4(5))* Ingram Bk. Co.

Desi the Drone to the Rescue. Julia Stewart-Gissy. 2020. (ENG., Illus.). 40p. (J). 24.95 *(978-1-64468-925-7(1))*; pap. 14.95 *(978-1-64670-387-6(1))* Covenant Bks.

Desideralo! Alessandra Pugnana. 2020. (ITA.). 62p. (J). pap. *(978-1-716-33872-4(7))* Lulu Pr., Inc.

Desierto: (Desert) Xist Publishing. 2017. (Xist Kids Spanish Bks.). (SPA.). 28p. (J). (gr. -1-3). pap. 9.99 *(978-1-5324-0393-4(3))* Xist Publishing.

Desierto: Leveled Reader Book15 Level a 6 Pack. Hmh Hmh. 2021. (SPA.). 16p. (J). pap. 74.40 *(978-0-358-08144-9(0))* Houghton Mifflin Harcourt Publishing Co.

Desiertos. Nick Rebman. 2017. (Ciencia de la Tierra Ser.). (SPA.). 16p. (J). (gr. -1-2). pap. 7.95 *(978-1-68320-112-0(4),* 16928) RiverStream Publishing.

Desiertos / Deserts, 1 vol. Claire Romaine. Tr. by Eida de la Vega. 2017. (¡Nuestra Maravillosa Tierra! / Our Exciting Earth! Ser.). (ENG & SPA.). 24p. (J). (gr. k-k). lib. bdg. 24.27 *(978-1-5382-1537-1(3),* 37da5a4a-7a6e-4036-be65-7b91897c2765) Stevens, Gareth Publishing LLLP.

Design a Better World (Set), 8 vols. 2019. (21st Century Skills Innovation Library: Design a Better World Ser.). (ENG., Illus.). 32p. (J). (gr. 4-7). 256.56 *(978-1-5341-4260-2(6),* 212453); pap., pap., pap. 113.71 *(978-1-5341-3903-9(6),* 212454) Cherry Lake Publishing.

Design-A-Dog. Michael Olson & Jessica Carleton. Illus. by Disney Storybook Art Team. 2018. (Puppy Dog Pals Ser.). (ENG.). 24p. (J). (gr. -1-3). 31.36 *(978-1-5321-4251-2(X),* 28539, Picture Bk.) Spotlight.

Design a Game (Rookie Get Ready to Code) (Library Edition) Marcie Flinchum Atkins. 2019. (Rookie Get Ready to Code Ser.). (ENG.). 32p. (J). (gr. 1-2). lib. bdg. 25.00 *(978-0-531-13227-2(7),* Children's Pr.) Scholastic Library Publishing.

Design & Build Your Own Website. Anna Leigh. 2018. (Digital Makers (Alternator Books (r)) Ser.). (ENG., Illus.). 32p. (J). (gr. 3-6). 29.32 *(978-1-5124-8342-0(7),* 0e05c602-626a-4a2e-bc34-30ec54492faf, Lerner Pubns.) Lerner Publishing Group.

Design, Animate, & Create with Computer Graphics. Max Wainewright. 2017. (ENG., Illus.). 80p. (J). (gr. 2-4). lib. bdg. 26.65 *(978-1-68297-166-6(X),* 4df620f7-399b-4b00-b5e3-ddac26f93ced) QEB Publishing Inc.

Design Fancy Fashions for Your Cat Coloring Book. Bobo's Children Activity Books. 2016. (ENG., Illus.). (J). pap. 9.33 *(978-1-68327-443-8(1))* Sunshine In My Soul Publishing.

Design It! 2017. (Design It! Ser.). 32p. (gr. 3-4). pap. 63.00 *(978-1-5382-0830-4(X))*; (ENG.). lib. bdg. 169.62 *(978-1-5382-0777-2(X),* 2f6f7df3-f470-4196-a25d-3a9adf7b0426) Stevens, Gareth Publishing LLLP.

Design It! CARS. Steven James Petruccio. 2020. (Dover Little Activity Bks.). (ENG.). 64p. (J). (gr. 1-5). pap. 2.50 *(978-0-486-83720-8(3),* 837203) Dover Pubns., Inc.

Design It! FASHION. Jennie Sun. 2020. (Dover Little Activity Bks.). (ENG.). 64p. (J). (gr. 3-6). pap. 2.50 *(978-0-486-83717-8(3),* 837173) Dover Pubns., Inc.

Design It, Fold It: Math Reader 4 Grade 6. Hmh Hmh. 2018. (SPA.). 8p. (J). pap. 9.73 *(978-1-328-57722-1(8))* Houghton Mifflin Harcourt Publishing Co.

Design It, Fold It: Math Reader Grade 6. Hmh Hmh. 2017. (Math Expressions Ser.). (ENG.). 8p. (J). (gr. 6). pap. 9.07 *(978-1-328-77208-4(X))* Houghton Mifflin Harcourt Publishing Co.

Design Like Nature: Biomimicry for a Healthy Planet. Megan Clendenan & Kim Ryall Woolcock. 2021. (Orca Footprints Ser.: 20). (ENG., Illus.). 48p. (J). (gr. 4-7). 21.95 *(978-1-4598-2464-5(4))* Orca Bk. Pubs. USA.

Design Your Daring Life. Connie M. Leach. 2021. (ENG.). 118p. (YA). pap. 14.99 *(978-1-0879-5119-5(4))* Indy Pub.

Design Your Dream Room: Interior Design Portfolio. Editors of Klutz. 2016. (ENG.). 80p. (J). (gr. 3-7). 19.99 *(978-1-338-03752-4(8))* Klutz.

Design Your Own Fashion Line: Coloring Books for Little Girls Children's Fashion Books. Baby Professor. 2018. (ENG., Illus.). 64p. (J). pap. 12.99 *(978-1-5419-2690-5(0),* Baby Professor (Education Kids)) Speedy Publishing LLC.

Design Your Own Teddy Bears Sticker Activity Book. Ellen Scott. 2017. (Dover Little Activity Bks.). (ENG., Illus.). 4p. (gr. k-3). pap. 2.50 *(978-0-486-81866-5(7),* 818667) Dover Pubns., Inc.

Design Your World. Maria VanDeman & Doug Shapiro. 2023. (ENG.). 38p. (J). 18.95 ***(978-1-63755-568-2(7),*** Mascot Kids) Amplify Publishing Group.

Designated Eld Student Workbook Grade 1. Hmh Hmh. 2019. (ENG.). 80p. (J). pap. 19.00 *(978-1-328-57066-6(5))* Houghton Mifflin Harcourt Publishing Co.

Designated Eld Student Workbook Grade 2. Hmh Hmh. 2019. (ENG.). 80p. (J). pap. 19.00 *(978-1-328-57067-3(3))* Houghton Mifflin Harcourt Publishing Co.

Designated Eld Student Workbook Grade 3. Hmh Hmh. 2019. (ENG.). 96p. (J). pap. 19.00 *(978-1-328-57068-0(1))* Houghton Mifflin Harcourt Publishing Co.

Designated Eld Student Workbook Grade 4. Hmh Hmh. 2019. (ENG.). 112p. (J). pap. 19.00 *(978-1-328-57069-7(X))* Houghton Mifflin Harcourt Publishing Co.

Designated Eld Student Workbook Grade 5. Hmh Hmh. 2019. (ENG.). 96p. (J). pap. 19.00 *(978-1-328-57070-3(3))* Houghton Mifflin Harcourt Publishing Co.

Designated Eld Student Workbook Grade 6. Hmh Hmh. 2019. (ENG.). 120p. (J). pap. 19.00 *(978-1-328-57089-5(4))* Houghton Mifflin Harcourt Publishing Co.

Designated Eld Student Workbook Grade 7. Hmh Hmh. 2019. (ENG.). 120p. (YA). pap. 20.33 *(978-1-328-57090-1(8))* Houghton Mifflin Harcourt Publishing Co.

Designated Eld Student Workbook Grade 8. Hmh Hmh. 2019. (ENG.). 128p. (YA). pap. 20.33 *(978-1-328-57091-8(6))* Houghton Mifflin Harcourt Publishing Co.

Designated Eld Student Workbook Grade K. Hmh Hmh. 2019. (ENG.). 80p. (J). pap. 19.00 *(978-1-328-57065-9(7))* Houghton Mifflin Harcourt Publishing Co.

Designed to Shine! Read Aloud Rhymes for Any Size Heart. Joy Resor. Illus. by Lauren Connell. 2018. (ENG.). 66p. (J). (gr. k-6). 22.00 *(978-0-9840353-4-2(6))* Joy on Your Shoulders TM.

Designed to SHINE! Read Aloud Rhymes for Any Size Heart - Volume Two. Illus. by Joy B. Resor & Lauren Connell. 2021. (ENG.). 66p. (J). 27.00 *(978-0-9840353-8-0(9))* Joy on Your Shoulders TM.

Designer Diva. Make Believe Ideas. Illus. by Stuart Lynch. 2020. (ENG.). 54p. (J). (gr. -1-7). pap. 6.99 *(978-1-78947-658-3(5))* Make Believe Ideas GBR. Dist: Scholastic, Inc.

Designer Drama. Sheryl Berk & Carrie Berk. 2016. (Fashion Academy Ser.: 3). 192p. (J). (gr. 5-8). pap. 10.99 *(978-1-4926-1353-4(3),* 9781492613534) Sourcebooks, Inc.

Designer Drugs: Deadly Chemistry, 1 vol. Edna McPhee. 2016. (Drug Education Library). (ENG.). 112p. (YA). (gr. 7-7). lib. bdg. 39.08 *(978-1-5345-6007-9(6),* 5eacc1f2-d86c-492d-a0ab-b01d4548e48a, Lucent Pr.) Greenhaven Publishing LLC.

Designer of Dawns, & Other Tales: Little Stories of the Here & There (Classic Reprint) Gertrude Russell Lewis. 2018. (ENG., Illus.). 78p. (J). 25.48 *(978-0-332-80461-3(5))* Forgotten Bks.

Designer Pip. Tabatha Taylor & Gabhor Utomo. 2020. (ENG., Illus.). 28p. (J). pap. *(978-1-78222-780-9(6))* Paragon Publishing, Rothersthorpe.

Designia. Nike Noor. 2022. (ENG.). 106p. (J). pap. 11.00 *(978-1-4583-4727-5(3))* Lulu Pr., Inc.

Designing a Game (a True Book: Get Ready to Code) (Library Edition) Jennifer Hackett. 2019. (True Book (Relaunch) Ser.). (ENG., Illus.). 48p. (J). (gr. 3-5). lib. bdg. 31.00 *(978-0-531-12733-9(8),* Children's Pr.) Scholastic Library Publishing.

Designing & Building Tessellated Polyhedra: Bring Math to Life by Linking Art & Geometry. Robert Fathauer. 2017. (ENG.). 111p. (J). pap. 29.95 *(978-1-938664-02-1(7))* Tessellations.

Designing Board Games. Kristin Fontichiaro. 2017. (21st Century Skills Innovation Library: Makers As Innovators Junior Ser.). (ENG., Illus.). 24p. (J). (gr. 2-5). lib. bdg. 30.64 *(978-1-63472-188-2(8),* 209324) Cherry Lake Publishing.

Designing, Building, & Maintaining Websites, 1 vol. J. Poolos. 2nd ed. 2017. (Digital & Information Literacy Ser.). (ENG.). 48p. (J). (gr. 6-6). pap. 12.75 *(978-1-4994-3899-4(0),* 9edd023d-3044-4f7e-bb21-b539f6425e68, Rosen Reference) Rosen Publishing Group, Inc., The.

Designing Butterfly Exhibits. Nicole Sipe. rev. ed. 2018. (Smithsonian: Informational Text Ser.). (ENG., Illus.). 32p. (gr. 3-5). pap. 11.99 *(978-1-4938-6691-5(5))* Teacher Created Materials, Inc.

Designing Fate (Classic Reprint) John Sandes. 2018. (ENG., Illus.). 292p. (J). 29.92 *(978-0-332-04335-7(5))* Forgotten Bks.

Designing Green Communities. Janice Dyer. 2018. (Design Thinking for a Better World Ser.). (ENG., Illus.). 48p. (J). (gr. 6-7). *(978-0-7787-4461-0(2))*; pap. *(978-0-7787-4540-2(6))* Crabtree Publishing Co.

Designing Healthy Communities. Sheri Doyle. 2018. (Design Thinking for a Better World Ser.). (ENG., Illus.). 48p. (J). (gr. 6-7). *(978-0-7787-4459-7(0))*; pap. *(978-0-7787-4463-4(9))* Crabtree Publishing Co.

Designing Inclusive Communities. Rachel Stuckey. 2018. (Design Thinking for a Better World Ser.). (ENG., Illus.). 48p. (J). (gr. 6-7). *(978-0-7787-4460-3(4))*; pap. *(978-0-7787-4464-1(7))* Crabtree Publishing Co.

Designing National Parks. Dona Herweck Rice. rev. ed. 2018. (Smithsonian: Informational Text Ser.). (ENG., Illus.). 32p. (J). (gr. 4-8). pap. 11.99 *(978-1-4938-6711-0(3))* Teacher Created Materials, Inc.

Designing Positive School Communities. Janice Dyer. 2018. (Design Thinking for a Better World Ser.). (Illus.). 48p. (J). (ENG.). (gr. 6-7). *(978-0-7787-4462-7(0))*; (ENG.). (gr. 6-7). pap. *(978-0-7787-4541-9(4))*; *(978-1-4271-2037-3(4))* Crabtree Publishing Co.

Designing with Graphic Arts: DIY Visual Projects. Ruthie Van Oosbree. 2022. (Craft to Career Ser.). (ENG., Illus.). 64p. (J). (gr. 5-9). lib. bdg. 35.64 *(978-1-5321-9886-1(8),* 39517, Abdo & Daughters) ABDO Publishing Co.

Designing with Pixar: 45 Activities to Create Your Own Characters, Worlds, & Stories. Frwd. by John Lasseter. 2016. (ENG., Illus.). 80p. (J). (gr. 1-7). pap. 14.99 *(978-1-4521-5505-0(4))* Chronicle Bks. LLC.

Designing with Textiles: DIY Fabric & Fiber Projects. Contrib. by Lauren Kukla. 2022. (Craft to Career Ser.). (ENG., Illus.). 64p. (J). (gr. 5-9). lib. bdg. 35.64 *(978-1-5321-9887-8(6),* 39519, Abdo & Daughters) ABDO Publishing Co.

Desigualdad en Los Ingresos y la Lucha Por la Distribución de la Riqueza (Income Inequality & the Fight over Wealth Distribution) Elliott Smith. 2022. (Debates en Marcha (Issues in Action) (Read Woke (tm) Books en Español) Ser.). (SPA., Illus.). 32p. (J). (gr. 4-8). pap. 10.99 *(978-1-7284-7459-5(0),* 8c151bf9-de1a-440e-8885-beb7417eb99c); lib. bdg. 30.65 *(978-1-7284-7431-1(0),* 498063a0-4688-422b-b69b-3ee25d3839fb) Lerner Publishing Group. (Ediciones Lerner).

Desirable Alien: At Home in Germany (Classic Reprint) Violet Hunt. 2018. (ENG., Illus.). 376p. (J). 31.65 *(978-0-332-69937-0(4))* Forgotten Bks.

Desire (Classic Reprint) Una Lucy Silberrad. (ENG., Illus.). (J). 2018. 384p. 31.82 *(978-0-483-29067-9(X))*; 2016. pap. 16.57 *(978-1-333-33997-5(6))* Forgotten Bks.

Desire of My Heart: Pathways to Marriage. Lindsay Jones. 2019. (ENG.). 82p. (YA). pap. 12.95 *(978-1-64515-347-4(9))* Christian Faith Publishing.

Desire of the Moth: And the Come on (Classic Reprint) Eugene Manlove Rhodes. 2017. (ENG., Illus.). (J). 30.00 *(978-1-5279-6905-6(3))* Forgotten Bks.

Desire of the Moth (Classic Reprint) Eugene Manlove Rhodes. 2017. (ENG., Illus.). (J). 27.32 *(978-0-266-71214-5(2))*; pap. 9.97 *(978-1-5276-6552-1(6))* Forgotten Bks.

Desire of the Moth, Vol. 1 of 2 (Classic Reprint) Capel Vane. 2018. (ENG., Illus.). 336p. (J). 30.83 *(978-0-428-87559-6(9))* Forgotten Bks.

Desire of the Moth, Vol. 2 of 2 (Classic Reprint) Capel Vane. 2018. (ENG., Illus.). 302p. (J). 30.19 *(978-0-332-96063-0(3))* Forgotten Bks.

Desired Woman: A Novel (Classic Reprint) Will Nathaniel Harben. 2018. (ENG., Illus.). 418p. (J). 32.52 *(978-0-484-10726-6(7))* Forgotten Bks.

Desiree Regal: Spin Your Own Tail of Greatness. Anthony Zomparelli. 2023. (ENG.). 38p. (J). 18.95 ***(978-1-63755-671-9(3),*** Mascot Kids) Amplify Publishing Group.

Desiree's Search for the Perfect Christmas. Debra Van Alstine. 2021. (ENG.). 30p. (J). 23.95 *(978-1-64468-659-1(7))*; pap. 13.95 *(978-1-64468-658-4(9))* Covenant Bks.

Desires: A Legacy Novel. Roxanna Rose. 2016. (ENG., Illus.). (YA). (gr. 7-12). 29.95 *(978-0-9982801-0-3(0))*; pap. 19.99 *(978-0-9982801-1-0(9))* Take 2 Creative Storywriters, LLC.

Desk & Debit: Or, the Catastrophes of a Clerk (Classic Reprint) Oliver Optic, pseud. 2018. (ENG., Illus.). 366p. (J). 31.45 *(978-0-267-27954-8(X))* Forgotten Bks.

Deslizadores Furtivos. Kelly Calhoun. 2016. (Adivina (Guess What) Ser.). (SPA., Illus.). 24p. (J). (gr. k-2). pap. 12.79 *(978-1-63471-468-6(7),* 208872) Cherry Lake Publishing.

Desmond a Novel, in Two Volumes, Vol. 1 of 2 (Classic Reprint) Charlotte Turner Smith. 2017. (ENG., Illus.). (J). 29.88 *(978-0-265-46845-6(0))* Forgotten Bks.

Desmond Cole Ghost Patrol Collection #2 (Boxed Set) The Scary Library Shusher; Major Monster Mess; the Sleepwalking Snowman; Campfire Stories. Andres Miedoso. Illus. by Victor Rivas. ed. 2020. (Desmond Cole Ghost Patrol Ser.). (ENG.). 512p. (J). (gr. k-4). pap. 23.99 *(978-1-5344-6534-3(0),* Little Simon) Little Simon.

Desmond Cole Ghost Patrol Collection #3 (Boxed Set) Now Museum, Now You Don't; Ghouls Just Want to Have Fun; Escape from the Roller Ghoster; Beware the Werewolf. Andres Miedoso. Illus. by Victor Rivas. ed. 2021. (Desmond Cole Ghost Patrol Ser.). (ENG.). 512p. (J). (gr. k-4). pap. 23.99 *(978-1-5344-8549-5(X),* Little Simon) Little Simon.

Desmond Cole Ghost Patrol Collection #4 (Boxed Set) The Vampire Ate My Homework; Who Wants I Scream?; the Bubble Gum Blob; Mermaid You Look. Andres Miedoso. Illus. by Victor Rivas. ed. 2023. (Desmond Cole Ghost Patrol Ser.). (ENG.). 512p. (J). (gr. k-5). pap. 27.99 ***(978-1-6659-3367-4(4),*** Little Simon) Little Simon.

Desmond Cole Ghost Patrol Collection (Boxed Set) The Haunted House Next Door; Ghosts Don't Ride Bikes, Do They?; Surf's up, Creepy Stuff!; Night of the Zombie Zookeeper. Andres Miedoso. Illus. by Victor Rivas. ed. 2018. (Desmond Cole Ghost Patrol Ser.). (ENG.). 512p. (J). (gr. k-4). pap. 27.99 *(978-1-5344-3222-2(1),* Little Simon) Little Simon.

Desmond Cole Ghost Patrol (Set), 10 vols. Andres Miedoso. Illus. by Victor Rivas. 2021. (Desmond Cole Ghost Patrol Ser.). (ENG.). 128p. (J). (gr. 1-3). lib. bdg. 313.60 *(978-1-5321-4978-8(6),* 36967, Chapter Bks.) Spotlight.

Desmond Cole Ghost Patrol Ten-Book Collection (Boxed Set) The Haunted House Next Door; Ghosts Don't Ride Bikes, Do They?; Surf's up, Creepy Stuff!; Night of the Zombie Zookeeper; the Scary Library Shusher; Major Monster Mess; the Sleepwalking Snowman; Campfire Stories; Now Museum, Now You Don't; Etc. Andres Miedoso. Illus. by Victor Rivas. ed. 2023. (Desmond Cole Ghost Patrol Ser.). (ENG.). 1280p. (J). (gr. k-4). pap. 69.99 *(978-1-6659-3407-7(7),* Little Simon) Little Simon.

Desmond Gets Free. Matt Meyer. Illus. by Khim Fam. 2021. 40p. (J). 16.00 *(978-1-55896-866-0(0),* Skinner Hse. Bks.) Unitarian Universalist Assn.

Desmond Hundred (Classic Reprint) Jane G. Austin. 2018. (ENG., Illus.). 344p. (J). 30.99 *(978-0-267-23422-6(8))* Forgotten Bks.

Desmond Pucket & the Cloverfield Junior High Carnival of Horrors. Mark Tatulli. 2016. (Desmond Pucket Ser.: 3).

D

(ENG., Illus.). 240p. (J). 13.99 *(978-1-4494-6628-2(1))* Andrews McMeel Publishing.

Desmond Rourke Irishman (Classic Reprint) John Haslette. 2018. (ENG., Illus.). 342p. (J). 30.95 *(978-0-483-27464-8(X))* Forgotten Bks.

Desmond, Vol. 2 Of 2: A Novel (Classic Reprint) Charlotte Smith. (ENG., Illus.). (J). 2018. 314p. 30.37 *(978-0-484-89360-2(2))*; 2017. pap. 13.57 *(978-0-259-37751-1(1))* Forgotten Bks.

Desmond's Daughter (Classic Reprint) Maud Diver. 2018. (ENG., Illus.). 578p. (J). 35.78 *(978-0-484-50613-7(7))* Forgotten Bks.

Desnuda a Tus Pies. Maira Alejandra Delgado Leal. 2021. (SPA.). 340p. (YA). pap. 18.89 *(978-1-7948-6430-6(X))* Lulu Pr., Inc.

Desolate. Ali Cross. 2016. (Desolation Ser.: Vol. 2). (ENG., Illus.). (YA). (gr. 8-12). *(978-1-927847-16-9(8))* Novel Ninjutsu.

Desolate Splendour (Classic Reprint) Michael Sadleir. 2018. (ENG., Illus.). (J). 330p. 30.70 *(978-1-397-21466-9(X))*; 332p. pap. 13.57 *(978-1-397-21462-1(7))* Forgotten Bks.

Desolations of Devil's Acre. Ransom Riggs. (Miss Peregrine's Peculiar Children Ser.: 6). (ENG.). 512p. (YA). (gr. 7). 2022. pap. 14.99 *(978-0-7352-3155-9(9))*; 2021. (Illus.). 22.99 *(978-0-7352-3153-5(2))* Penguin Young Readers Group. (Dutton Books for Young Readers).

Despair's Last Journey (Classic Reprint) David Christie Murray. 2017. (ENG., Illus.). (J). 432p. 32.83 *(978-0-332-11786-7(3))*; pap. 16.57 *(978-0-259-17330-4(4))* Forgotten Bks.

Despegue Al Campamento: Tiempo. Chryste L. Berda. rev. ed. 2018. (Mathematics in the Real World Ser.). (SPA., Illus.). 32p. (J). (gr. 2-3). pap. 10.99 *(978-1-4258-2871-4(X))* Teacher Created Materials, Inc.

Desperate. Jon Ripslinger. 2017. (ENG., Illus.). (J). pap. *(978-1-77339-391-9(X))* Evernight Publishing.

Desperate Chance: A Story of Land & Sea (Classic Reprint) J. D. Jerrold Kelley. 2018. (ENG., Illus.). 254p. (J). 29.16 *(978-0-428-86362-3(0))* Forgotten Bks.

Desperate Character etc Translated from the Russian (Classic Reprint) Constance Garnett. 2017. (ENG., Illus.). (J). 31.01 *(978-1-5285-8414-2(7))* Forgotten Bks.

Desperate Dwarf. Ian Irvine. 2nd ed. 2020. (Grim & Grimmer Ser.: Vol. 3). (ENG.). 192p. (J). pap. *(978-0-6481869-5-3(4))* Santhenar Trust, The.

Desperate Forest. Cece Louise. 2019. (Forest Tales Ser.: Vol. 1). (ENG., Illus.). 250p. (YA). (gr. 8-12). pap. 12.99 *(978-1-7330636-0-9(9))* Czech, Cassandra.

Desperate Measures. Jeff Probst & Christopher Tebbetts. 2016. (Stranded, Shadow Island Ser.: 3). 172p. (J). lib. bdg. 17.20 *(978-0-606-37562-7(7))* Turtleback.

Desperate Remedies. Thomas Hardy. 2017. (ENG., Illus.). (J). 28.95 *(978-1-374-91898-6(9))* Capital Communications, Inc.

Desperate Remedies. Thomas Hardy. 2022. (ENG.). 356p. (J). pap. ***(978-1-387-89900-5(7))*** Lulu Pr., Inc.

Desperate Remedies: A Novel (Classic Reprint) Thomas Hardy. 2017. (ENG., Illus.). (J). 32.00 *(978-0-266-30095-3(2))* Forgotten Bks.

Desperate Remedies, Vol. 1 Of 3: A Novel (Classic Reprint) Thomas Hardy. 2017. (ENG., Illus.). (J). 30.33 *(978-0-331-82776-7(X))*; pap. 13.57 *(978-1-333-34884-7(3))* Forgotten Bks.

Desperate Remedies, Vol. 2 Of 3: A Novel (Classic Reprint) Thomas Hardy. 2017. (ENG., Illus.). (J). 29.98 *(978-1-5283-4890-4(7))* Forgotten Bks.

Desperate Remedies, Vol. 3 Of 3: A Novel (Classic Reprint) Thomas Hardy. (ENG., Illus.). (J). 2017. 29.75 *(978-0-331-80600-7(2))*; 2016. pap. 13.57 *(978-1-333-43348-2(4))* Forgotten Bks.

Despertar. Natasha Preston. 2022. (SPA.). 320p. (YA). pap. 16.95 *(978-607-07-8241-1(0))* Editorial Planeta, S. A. ESP. Dist: Two Rivers Distribution.

Despertar Del árbol. Albert Asensio & Dídac P. Lagarriga. 2019. (SPA.). 40p. (J). (gr. k-2). pap. 17.95 *(978-84-17440-01-5(1))* Akiara Bks. ESP. Dist: Independent Pubs. Group.

Despicable Me 3: Gru's Gadget Guide. Universal. 2017. (ENG., Illus.). 24p. (J). pap. *(978-0-316-47618-8(8))* Little, Brown Bks. for Young Readers.

Despicable Me 3: the Good, the Bad, & the Yellow. Trey King. 2017. (Minions Ser.). (ENG., Illus.). 32p. (J). (gr. -1-3). pap. 4.99 *(978-0-316-50767-7(9))* Little, Brown Bks. for Young Readers.

Despicable Me Little Golden Book. Arie Kaplan. Illus. by Elsa Chang. 2019. (Little Golden Book Ser.). (ENG.). 24p. (J). (gr. -1-2). 5.99 *(978-1-5247-7163-8(5),* Golden Bks.) Random Hse. Children's Bks.

¡Despierta, Cangrejito! (Wake up, Crabby!) Un Libro de la Serie Acorn. Jonathan Fenske. Illus. by Jonathan Fenske. 2020. (Libro de Cangrejito Ser.: 3). (SPA., Illus.). 48p. (J). (gr. -1-1). pap. 4.99 *(978-1-338-63103-6(9),* Scholastic en Espanol) Scholastic, Inc.

Despina. Despina Panagiotopoulos. 2022. (ENG.). 219p. (YA). *(978-1-4583-5145-6(9))* Lulu Pr., Inc.

Despite the Height. Ivory Latta. 2017. (ENG., Illus.). (J). (gr. 1-5). 16.95 *(978-1-943258-41-3(4))*; 7.99 *(978-1-943258-42-0(2))* Warren Publishing, Inc.

Despite the Height: Coloring Book. Ivory Latta. 2018. (ENG., Illus.). 34p. (J). (gr. k-3). pap. 7.99 *(978-1-943258-94-9(5))* Warren Publishing, Inc.

Desplumado see Featherless: Desplumado (English & Spanish Edition)

Despondence. Natanya Hayles. 2020. (ENG.). 88p. (YA). pap. 10.99 *(978-1-6642-0630-4(2),* WestBow Pr.) Author Solutions, LLC.

Desprecio Agradecido. Lope de. Vega. 2017. (SPA., Illus.). (J). 22.95 *(978-1-374-92626-4(4))*; pap. 12.95 *(978-1-374-92625-7(6))* Capital Communications, Inc.

Después de Diciembre / after December. Joana Marcús. 2023. (Wattpad. Meses a Tu Lado Ser.: 2). (SPA.). 432p. (YA). (gr. 9). pap. 18.95 *(978-1-64473-641-8(1),* Montena) Penguin Random House Grupo Editorial ESP. Dist: Penguin Random Hse. LLC.

Después Del Terremoto: Set of 6 Common Core Edition. William McCay & Benchmark Education Company, LLC Staff. 2016. (Navigators Ser.). (SPA.). (J). (gr. 4). 58.00 net. *(978-1-5125-0788-1(1))* Benchmark Education Co.

Dessert / Postre. Xist Publishing. Tr. by Victor Santana. 2017. (Xist Kids Bilingual Spanish English Ser.). (ENG & SPA., Illus.). 28p. (J). (gr. -1-3). pap. 9.99 *(978-1-5324-0321-7(6))* Xist Publishing.

Dessert Activity Book for Kids: A Sweet Workbook with Learning Activities: Mazes, Dot to Dots, Coloring Pages, Word Searches, & More! One-Sided Printing, A4 Size, Premium Quality Paper, Beautiful Illustrations, Perfect for Boys & Girls. Elli Steele. 2021. (ENG.). 72p. (J). pap. 9.19 *(978-1-716-09828-4(9))* Lulu Pr., Inc.

Dessert Coloring Pages (Cute Dessert Coloring Pages for Kids) This Dessert Coloring Book Has 39 Yummy Desert Coloring Pages for Fun-Filled Dessert Coloring in. This Book Is Also Downloadable, Photocopiable & Printable. James Manning. 2020. (ENG., Illus.). 82p. (J). pap. *(978-1-80027-519-5(6))* CBT Bks.

Dessert Island. Ben Zhu. Illus. by Ben Zhu. 2021. (ENG., Illus.). 40p. (J). 18.99 *(978-1-250-76330-3(4),* 900231932) Roaring Brook Pr.

Dessert That Wouldn't Wobble. Angela Mitchell. Illus. by Sarah Horne. 2019. (Early Bird Readers — Purple (Early Bird Stories (tm)) Ser.). (ENG.). 32p. (J). (gr. k-3). 30.65 *(978-1-5415-4232-7(0),* 94afd683-5639-40f2-9361-16aeaca479e3); pap. 9.99 *(978-1-5415-7417-5(6),* e293073d-ce2c-4d48-889d-f7d287f32c24) Lerner Publishing Group. (Lerner Pubns.).

Dessert Trace & Color (Cute Trace & Color Pages for Kids) This Dessert Trace & Color Book Has Yummy Dessert Trace & Color Pages for Fun-Filled Dessert Tracing. This Book Is Also Downloadable, Photocopiable & Printable. James Manning. 2020. (ENG.). 78p. (J). pap. *(978-1-80027-520-1(X))* CBT Bks.

Desserts Around the World (Around the World) Lisa M. Herrington. 2021. (Around the World Ser.). (ENG., Illus.). 32p. (J). (gr. k-2). pap. 7.99 *(978-1-338-76877-0(8))*; lib. bdg. 28.00 *(978-1-338-76876-3(X))* Scholastic Library Publishing. (Children's Pr.).

Dessirray the Sophisticated Duck. Judy Lucas. 2022. (ENG., Illus.). 18p. (J). 24.95 *(978-1-63874-394-1(0))* Christian Faith Publishing.

Destination: Mars. Seymour Simon. ed. 2016. (ENG.). 32p. (J). (gr. 1-5). 17.20 *(978-0-606-39251-8(3))* Turtleback.

Destination: Space. Dave Williams. ed. 2019. (Dr. Dave Astronaut Ser.). (ENG.). 52p. (J). (gr. 4-6). 22.96 *(978-1-64310-805-6(0))* Penworthy Co., LLC, The.

Destination: Unknown. Judith-Marie Rhodes. 2021. (ENG.). 310p. (J). pap. *(978-1-78830-909-7(X))* Olympia Publishers.

Destination Anywhere. Sara Barnard. 2022. (ENG.). 336p. (YA). (gr. 9). pap. 12.99 *(978-1-5344-8391-0(8),* Simon & Schuster Bks. For Young Readers) Simon & Schuster Bks. For Young Readers.

Destination Anywhere. Sara Barnard. 2021. (ENG.). 320p. (YA). (gr. 9). 19.99 *(978-1-5344-8390-3(X),* Simon Pulse) Simon Pulse.

Destination Desert: Biome Explorers. Laura Perdew. Illus. by Lex Cornell. 2022. (ENG.). 32p. (J). (gr. k-3). 19.95 *(978-1-64741-065-0(7),* e25e80d4-245a-4cba-a11b-6e6d0071eaa8); pap. 9.95 *(978-1-64741-068-1(1),* e3a9443f-1c5d-4f51-9ce6-1d429ea2178b) Nomad Pr.

Destination Dig: Devotions to Unearth the Truth about Jesus. B&H Kids Editorial Staff. 2021. (ENG., Illus.). 208p. (J). (gr. 1-7). pap. 9.99 *(978-1-0877-4185-7(8),* 005831486, B&H Kids) B&H Publishing Group.

Destination: Moon. Seymour Simon. 2019. (ENG., Illus.). 56p. (J). (gr. 1-5). 17.99 *(978-0-06-267324-4(6))*; pap. 6.99 *(978-0-06-267325-1(4))* HarperCollins Pubs. (HarperCollins).

Destination Moon: The Remarkable & Improbable Voyage of Apollo 11. Richard Maurer. 2019. (ENG., Illus.). 400p. (J). 19.99 *(978-1-62672-745-8(7),* 900172340) Roaring Brook Pr.

Destination Moon: The Remarkable & Improbable Voyage of Apollo 11. Richard Maurer. 2023. (ENG., Illus.). 400p. (J). pap. 14.99 *(978-1-250-83011-1(7),* 900172341) Square Fish.

Destination Space, 8 vols. 2018. (Destination Space Ser.). (ENG.). 384p. (J). (gr. 5-6). pap. 95.60 *(978-1-63517-573-8(9),* 1635175739); lib. bdg. 273.68 *(978-1-63517-501-1(1),* 1635175011) North Star Editions. (Focus Readers).

Destination: Space. Dave Williams & Loredana Cunti. 2018. (Dr. Dave - Astronaut Ser.). (Illus.). 52p. (J). (gr. 4-7). pap. 12.95 *(978-1-77321-057-5(2))* Annick Pr., Ltd. CAN. Dist: Publishers Group West (PGW).

Destination Unknown, 1 vol. Bill Konigsberg. 2022. (ENG.). 304p. (YA). (gr. 9). 18.99 *(978-1-338-61805-1(9))* Scholastic, Inc.

Destined. Ali Cross. 2016. (Desolation Ser.: Vol. 3). (ENG., Illus.). (YA). (gr. 8-12). *(978-1-927847-17-6(6))* Novel Ninjutsu.

Destined. Regan Ure. 2017. (ENG., Illus.). 304p. (J). pap. *(978-1-911213-14-7(8))* Regan Ure.

Destined. S. Young. 2021. (ENG.). 324p. (YA). pap. *(978-1-8383017-8-1(X))* Young, Samantha.

Destined for Greatness. Jaylen Botts & Dillan Botts. 2018. (ENG., Illus.). 66p. (J). pap. *(978-1-387-55820-9(X))* Lulu Pr., Inc.

Destined for Greatness. Alexandra West. ed. 2020. (I Can Read Ser.). (ENG., Illus.). 32p. (J). (gr. 2-3). 14.96 *(978-1-64697-335-4(6))* Penworthy Co., LLC, The.

Destined Queen. Deborah Hale. 2019. (ENG., Illus.). 276p. (J). pap. *(978-1-989408-00-1(1))* Hale, Deborah.

Destined to Be. McClain Destin. 2017. (ENG., Illus.). (J). (gr. -1-1). pap. 11.99 *(978-1-68419-776-7(7))* I AM Publishing.

Destined to Soar: Booklet of Inspirational Poetry. Christine Swain White. 2022. (ENG.). 50p. (J). pap. 10.36 ***(978-0-9998133-9-3(0))*** Christine S White.

Destino. Nina Cavalieri. 2021. (ENG.). 164p. (YA). pap. *(978-1-64969-999-2(9))* Tablo Publishing.

Destino Manifiesto y la Guerra Mexicano-Estadounidense (Manifest Destiny & the Mexican-American War), 1 vol. Zachary Deibel. Tr. by Christina Green. 2017. (Fuentes Primarias de la Expansión Hacia el Oeste (Primary Sources of Westward Expansion) Ser.). (SPA.). 64p. (gr. 6-6). lib. bdg. 35.93 *(978-1-5026-2905-0(4),* 98106e58-0934-498c-98f0-1a11d5d9dc4f) Cavendish Square Publishing LLC.

Destinul Unui Prin? T. I. Horia. 2020. (ENG.). 230p. (YA). pap. 15.99 *(978-1-393-97634-9(4))* Draft2Digital.

Destiny. Jamie Mayfield. 2016. (ENG., Illus.). (J). 29.99 *(978-1-63533-000-7(9),* Harmony Ink Pr.) Dreamspinner Pr.

Destiny: Light in My Transgender Illusion, 1 vol. Genny Kwaning. 2019. (ENG.). 88p. (YA). pap. 12.99 *(978-1-4003-0599-5(3))* Elm Hill.

Destiny: Part 2 of the Liberty Saga. Rita Chapman. 2017. (ENG., Illus.). (YA). (gr. 7-12). pap. 20.95 *(978-1-946539-23-6(6))* Strategic Book Publishing & Rights Agency (SBPRA).

Destiny Bay (Classic Reprint) Donn Byrne. 2017. (ENG., Illus.). (J). 31.32 *(978-0-266-71851-2(5))*; pap. 13.97 *(978-1-5276-7506-3(8))* Forgotten Bks.

Destiny Chronicles: Deceit & Honor. C. J. Smith. 2022. (ENG.). 254p. (YA). ***(978-1-63829-203-6(5))***; pap. ***(978-1-63829-202-9(7))*** Austin Macauley Pubs. Ltd.

Destiny (Classic Reprint) Charles Neville Buck. (ENG., Illus.). (J). 2018. 468p. 33.57 *(978-0-483-97012-0(3))*; 2017. pap. 16.57 *(978-0-243-93040-1(2))* Forgotten Bks.

Destiny Disc. Rhonda Pickard. 2016. (ENG., Illus.). (YA). pap. 14.95 *(978-1-59095-304-4(5),* ExamWise) Total Recall Learning, Inc.

Destiny Finds Her Way: How a Rescued Baby Sloth Learned to Be Wild. Margarita Engle. 2023. (Baby Animal Tales Ser.). (Illus.). 32p. (J). (gr. -1-3). 16.99 *(978-1-4263-7234-6(5))*; (ENG., lib. bdg. 26.90 *(978-1-4263-7235-3(3))* Disney Publishing Worldwide. (National Geographic Kids).

Destiny Foretold. Lila Evans Allen. 2020. (ENG.). 335p. (YA). pap. *(978-1-6781-5250-5(1))* Lulu Pr., Inc.

Destiny of Choice. J. Gabriel. 2018. (Bar H Ranch Chronicles Ser.: Vol. 1). (ENG., Illus.). 208p. (YA). (gr. 9-12). pap. *(978-1-4866-1695-4(X))* Word Alive Pr.

Destiny of Dragons. Jeni Joyce. 2022. (ENG.). 220p. (J). pap. *(978-1-7397357-7-7(3))* Blossom Spring Publishing.

Destiny of the Mermaid Jewels. Kelli Jo Oswald. 2022. (ENG.). 200p. (YA). pap. 17.95 *(978-1-63961-873-6(2))* Christian Faith Publishing.

Destiny or the Chief's Daughter, Vol. 1 of 2 (Classic Reprint) Susan Ferrier. 2017. (ENG., Illus.). (J). 31.36 *(978-0-265-40816-2(4))* Forgotten Bks.

Destiny or the Chief's Daughter, Vol. 2 of 2 (Classic Reprint) Susan Ferrier. 2017. (ENG., Illus.). (J). 32.77 *(978-0-265-55441-8(1))* Forgotten Bks.

Destiny, or the Chief's Daughter, Vol. 2 of 3 (Classic Reprint) Susan Ferrier. 2018. (ENG., Illus.). 416p. (J). 32.48 *(978-0-364-31502-6(4))* Forgotten Bks.

Destiny Risen. Hilary Thompson. 2016. (Starbright Ser.: Vol. 3). (ENG., Illus.). (YA). (gr. 7-12). pap. *(978-0-9956792-2-1(3))* Oftomes Publishing.

Destiny Seeker: The Defender. Whitney 0 McGruder. 2020. (ENG.). 458p. (YA). pap. 18.99 *(978-1-7355064-0-1(0))* Wit & Travesty.

Destiny Seeker: The Messenger. Whitney O. McGruder. I.t. ed. 2018. (ENG.). 500p. (YA). pap. 18.99 *(978-0-692-12532-8(9))* Wit & Travesty.

Destiny Without Glory: Yarn of Destiny Book 4. Rebekah Nance. 2023. (ENG.). 216p. (YA). 55.00 ***(978-1-0879-9802-2(6))*** Indy Pub.

Destiny's Amazingly Different Dreams. Molly Schaefer & Jillian DuBois. 2022. (ENG.). 54p. (J). pap. 14.99 *(978-1-7370347-2-8(7))* Imparted Joy LLC.

Destiny's Revenge. Philip S. Davies. 2017. (Destiny Ser.: Vol. 2). (ENG., Illus.). 285p. (YA). pap. *(978-1-909423-84-8(X))* Bks. to Treasure.

Destiny's Ruin. Philip S. Davies. 2018. (Destiny Ser.: Vol. 3). (ENG., Illus.). 292p. (J). pap. *(978-1-909423-93-0(9))* Bks. to Treasure.

Destroy All Monsters. Sam J. Miller. 2019. (ENG.). 400p. (YA). (gr. 8). 17.99 *(978-0-06-245674-8(1),* HarperTeen) HarperCollins Pubs.

Destroy the Horcruxes (Official Harry Potter Activity Book) Terrance Crawford. 2021. (ENG.). 144p. (J). (gr. 2-2). 12.99 *(978-1-338-76763-6(1))* Scholastic, Inc.

Destroy This Book in the Name of Science! Brainiac Edition. Mike Barfield. 2018. (ENG., Illus.). 56p. (J). (gr. 2-4). pap. 14.99 *(978-1-5247-7194-2(5),* Crown Books For Young Readers) Random Hse. Children's Bks.

Destroy This Book in the Name of Science: Galileo Edition. Mike Barfield. 2020. (Wreck This Activity Book Ser.). (ENG.). 56p. (J). (gr. 4-6). pap. 12.99 *(978-1-78055-482-2(6),* Buster Bks.) O'Mara, Michael Bks., Ltd. GBR. Dist: Independent Pubs. Group.

Destroyed. Madeline Dyer. (ENG.). 2020. 560p. (YA). *(978-1-912369-17-1(6))*; 2018. (Untamed Ser.: Vol. 4). (Illus.). 544p. (J). pap. *(978-0-9957191-8-7(7))* Ineja Pr.

Destroyer: A Tale of Guilt & Sorrow (Classic Reprint) Samuel Warren. 2018. (ENG., Illus.). (J). 70p. 25.34 *(978-1-396-72569-2(5))*; 72p. pap. 9.57 *(978-1-396-05693-2(9))*; 70p. 25.34 *(978-0-483-87864-8(2))* Forgotten Bks.

Destroyer: A Tale of International Intrigue (Classic Reprint) Burton E. Stevenson. 2017. (ENG., Illus.). (J). 33.05 *(978-1-5280-6654-9(5))* Forgotten Bks.

Destroyer: Man to Demon; the Devastation of a Life by Strong Drink (Classic Reprint) Henry Knott. (ENG., Illus.). (J). 2018. 224p. 28.52 *(978-0-364-02278-8(7))*; 2017. pap. 10.97 *(978-0-243-51971-2(0))* Forgotten Bks.

Destroyer Down. Scott Beatty. 2019. (Star Wars Graphics Ser.). (ENG.). 71p. (J). (gr. 4-5). 21.96 *(978-0-87617-919-2(7))* Penworthy Co., LLC, The.

Destroyers: A 4D Book. Matt Scheff. 2018. (Mighty Military Machines Ser.). (ENG., Illus.). 24p. (J). (gr. -1-2). lib. bdg. 24.65 *(978-1-9771-0110-5(0),* 138301, Pebble) Capstone.

Destroying the World & Its Heroes: A Villains Coloring Book. Bobo's Children Activity Books. 2016. (ENG., Illus.). (J). pap. 9.33 *(978-1-68327-444-5(X))* Sunshine In My Soul Publishing.

Destruction. Katrina Cope. 2022. (Thor's Dragon Rider Ser.: Vol. 9). (ENG., Illus.). 188p. (YA). pap. *(978-0-6455102-1-8(1))* Cosy Burrow Bks.

Destruction of Gotham (Classic Reprint) Joaquin Miller. 2017. (ENG., Illus.). (J). 28.52 *(978-1-5280-8775-9(5))* Forgotten Bks.

Destruction of Isle Demieres. Deborah Trimm. 2022. (ENG.). 334p. (YA). pap. 21.95 *(978-1-68526-590-8(1))* Covenant Bks.

Destruction of the Inca Civilization, 1 vol. Alexis Burling. 2017. (Bearing Witness: Genocide & Ethnic Cleansing Ser.). (ENG.). 64p. (J). (gr. 6-6). 36.13 *(978-1-5081-7738-8(4),* e5aab7b6-ef29-4c4b-8ea4-d984f3683002); pap. 13.95 *(978-1-5081-7869-9(0),* c6322d3a-b131-4b41-803e-c7e3897f0e25) Rosen Publishing Group, Inc., The. (Rosen Young Adult).

Destruction of Wild Cats. Heather Hamel. 2016. (ENG., Illus.). (J). pap. 9.99 *(978-0-9972358-6-9(1))* Jakobi Publishing, LLC.

Destruction Zone: A 4D Book. Michael Dahl. Illus. by Euan Cook. 2018. (School Bus of Horrors Ser.). (ENG.). 40p. (J). (gr. 4-8). pap. 4.95 *(978-1-4965-6273-9(9),* 138004); lib. bdg. 24.65 *(978-1-4965-6267-8(4),* 137994) Capstone. (Stone Arch Bks.).

Destructive Plants. Joyce Markovics. 2021. (Beware! Killer Plants Ser.). (ENG., Illus.). 24p. (J). (gr. 3-6). pap. 12.79 *(978-1-5341-8907-2(6),* 219339); lib. bdg. 30.64 *(978-1-5341-8767-2(7),* 219338) Cherry Lake Publishing.

Destructora de Reinos. Victoria Aveyard. 2022. (SPA.). 620p. (J). (gr. 4). pap. 21.00 *(978-607-557-452-3(2))* Editorial Oceano de Mexico MEX. Dist: Independent Pubs. Group.

Desultory Man, Vol. 1 of 2 (Classic Reprint) George Payne Rainsford James. (ENG., Illus.). (J). 2017. 29.14 *(978-0-266-44142-7(4))*; 2016. pap. 11.57 *(978-1-334-15529-1(1))* Forgotten Bks.

Desultory Man, Vol. 2 of 2 (Classic Reprint) George Payne Rainsford James. (ENG., Illus.). (J). 2018. 312p. 30.33 *(978-0-483-44201-6(1))*; 2017. pap. 13.57 *(978-1-334-92133-9(4))* Forgotten Bks.

Desultory Man, Vol. 2 of 3 (Classic Reprint) George Payne Rainsford James. 2018. (ENG., Illus.). 314p. (J). 30.37 *(978-0-483-25792-4(3))* Forgotten Bks.

Desultory Man, Vol. 3 of 3 (Classic Reprint) George Payne Rainsford James. 2018. (ENG., Illus.). 306p. (J). 30.23 *(978-0-483-25880-8(6))* Forgotten Bks.

Desultory Verse (Classic Reprint) La Touche Hancock. 2018. (ENG., Illus.). 130p. (J). 26.60 *(978-0-483-82325-9(2))* Forgotten Bks.

Det Ensamma Huset (Hjärtebyserien) Elin Solberg. 2017. (Hjartebyserien Ser.). (SWE., Illus.). 32p. (J). *(978-91-984224-3-6(X))*; pap. *(978-91-984224-1-2(3))* Deep to Deep Bks.

Detached Pirate: The Romance of Gay Vandeleur (Classic Reprint) Helen Milecete. (ENG., Illus.). (J). 2018. 374p. 31.61 *(978-0-483-63524-1(3))*; 2017. pap. 13.97 *(978-0-243-32973-1(3))* Forgotten Bks.

Detailed Coloring Books (Mysterious Mechanical Creatures) Advanced Coloring (Colouring) Books with 40 Coloring Pages: Mysterious Mechanical Creatures (Colouring (Coloring) Books) James Manning. 2019. (Detailed Coloring Bks.: Vol. 11). (ENG., Illus.). 82p. (YA). pap. *(978-1-83856-592-3(2))* Coloring Pages.

Detailed Coloring Pages for Adults (36 Intricate & Complex Abstract Coloring Pages) 36 Intricate & Complex Abstract Coloring Pages: This Book Has 36 Abstract Coloring Pages That Can Be Used to Color in, Frame, and/or Meditate over: This Book Can Be. James Manning & Christabelle Manning. 2019. (Detailed Coloring Pages for Adults Ser.: Vol. 24). (ENG., Illus.). 74p. (YA). pap. *(978-1-83856-360-8(1))* Coloring Pages.

Detailed Coloring Pages for Adults (Absolute Nonsense) This Book Has 36 Coloring Sheets That Can Be Used to Color in, Frame, and/or Meditate over: This Book Can Be Photocopied, Printed & Downloaded As a PDF. James Manning. 2019. (Detailed Coloring Pages for Adults Ser.: Vol. 30). (ENG., Illus.). 74p. (YA). pap. *(978-1-83884-186-7(5))* Coloring Pages.

Detailed Coloring Pages for Adults (All You Need Is Love) This Book Has 40 Coloring Sheets That Can Be Used to Color in, Frame, and/or Meditate over: This Book Can Be Photocopied, Printed & Downloaded As a PDF. James Manning & Christabelle Manning. 2019. (Detailed Coloring Pages for Adults Ser.: Vol. 27). (ENG., Illus.). 82p. (YA). pap. *(978-1-83884-047-1(8))* Coloring Pages.

Detailed Coloring Pages for Adults (Anti Stress) This Book Has 36 Coloring Sheets That Can Be Used to Color in, Frame, and/or Meditate over: This Book Can Be Photocopied, Printed & Downloaded As a PDF. James Manning. 2019. (Detailed Coloring Pages for Adults Ser.: Vol. 32). (ENG., Illus.). 74p. (YA). pap. *(978-1-83884-302-1(7))* Coloring Pages.

Detailed Coloring Pages for Adults (Art Therapy) This Book Has 40 Art Therapy Coloring Sheets That Can Be Used to Color in, Frame, and/or Meditate over: This Book Can Be Photocopied, Printed & Downloaded As a PDF. James Manning. 2019. (Detailed Coloring Pages for Adults Ser.: Vol. 26). (ENG., Illus.). 82p. (YA). pap. *(978-1-83856-158-1(7))* Coloring Pages.

Detailed Coloring Pages for Adults (Fashion) This Book Has 36 Coloring Sheets That Can Be Used to Color in, Frame, and/or Meditate over: This Book Can Be Photocopied, Printed & Downloaded As a PDF. James Manning & Christabelle Manning. 2019. (Detailed Coloring Pages for Adults Ser.: Vol. 30). (ENG., Illus.). 74p. (YA). pap. *(978-1-83884-198-0(9))* Coloring Pages.

Detailed Coloring Pages for Adults (Mysterious Mechanical Creatures) Advanced Coloring (Colouring) Books with 40 Coloring Pages: Mysterious Mechanical Creatures (Colouring (Coloring) Books) James Manning. 2019. (Detailed Coloring Pages for Adults (Mysterious Mec Ser.: Vol. 11). (ENG., Illus.). 82p. (YA). pap. *(978-1-83856-169-7(2))* Coloring Pages.

Detailed Coloring Pages for Adults (Nonsense Alphabet) This Book Has 36 Coloring Sheets That Can Be Used to Color in, Frame, and/or Meditate over: This Book Can Be Photocopied, Printed & Downloaded As a PDF. James Manning & Christabelle Manning. 2019. (Detailed

Coloring Pages for Adults Ser.: Vol. 29). (ENG., Illus.). 74p. (YA). pap. *(978-1-83884-127-0(X))* Coloring Pages.

Detailed Coloring Pages for Adults (Winter Coloring Pages) Winter Coloring Pages: This Book Has 30 Winter Coloring Pages That Can Be Used to Color in, Frame, and/or Meditate over: This Book Can Be Photocopied, Printed & Downloaded As a PDF. James Manning & Christabelle Manning. 2019. (Detailed Coloring Pages for Adults Ser.: Vol. 25). (ENG., Illus.). 62p. (YA). pap. *(978-1-83856-173-4(0))* Coloring Pages.

Detailed Comparison of the Eight Manuscripts of Chaucer's Canterbury Tales As Completely Printed in the Publications of the Chaucer Society (Classic Reprint) John Koch. 2018. (ENG., Illus.). (J). 438p. 32.93 *(978-0-366-13249-2(0))*; 440p. pap. 16.57 *(978-0-366-13245-4(8))* Forgotten Bks.

Detailed Description of the Scenes & Incidents: Connected with a Trip Through the Mountains & Parks of Colorado, As Accomplished by H. B. B. Stapler, & Harry T. Gause, July 21 August 20, 1871 (Classic Reprint) H. B. B. Stapler. 2018. (ENG., Illus.). 208p. (J). 28.21 *(978-0-267-50846-4(8))* Forgotten Bks.

Detailed Drawing Lessons: How to Draw Activity Book. Activity Book Zone for Kids. 2016. (ENG., Illus.). (J). pap. 9.20 *(978-1-68376-120-4(0))* Sabeels Publishing.

Detailed Mandala Comprehensive Coloring Book: Mandala Coloring Book. Activibooks. 2016. (ENG., Illus.). (J). pap. 9.20 *(978-1-68321-032-0(8))* Mimaxion.

Detailed Minutiae of Soldier Life in the Army of Northern Virginia, 1861-1865 (Classic Reprint) Wm. L. Sheppard. 2017. (ENG., Illus.). (J). 29.32 *(978-0-331-82974-7(6))* Forgotten Bks.

Detailed Study of the Book of Ruth. Beulah Prasad. 2021. (ENG.). 50p. (YA). pap. 8.99 *(978-1-68586-962-5(9))* Notion Pr., Inc.

Details & Delight! Hidden Picture Activity Book. Activity Book Zone. 2016. (ENG., Illus.). (J). pap. 7.55 *(978-1-68376-121-1(9))* Sabeels Publishing.

Details, Details, Details! Spot the Difference Activity Book. Activity Book Zone. 2016. (ENG., Illus.). (J). pap. 7.55 *(978-1-68376-122-8(7))* Sabeels Publishing.

Detained. Claire Ainslie. 2019. (AI High Ser.). (ENG.). 104p. (YA). (gr. 6-12). 26.65 *(978-1-5415-5692-8(5)*, acbab631-3222-4307-b9a4-4c6567198253, Darby Creek) Lerner Publishing Group.

Detained & Interrogated: Angel Island Immigration. Virginia Loh-Hagan. 2020. (Behind the Curtain Ser.). (ENG., Illus.). 32p. (J). (gr. 4-8). pap. 14.21 *(978-1-5341-6169-6(4)*, 214676); lib. bdg. 32.07 *(978-1-5341-5939-6(8)*, 214675) Cherry Lake Publishing. (45th Parallel Press).

Detaining & Deporting Undocumented Immigrants. John Allen. 2020. (Immigration Issues Ser.). (ENG.). 80p. (J). (gr. 6-12). 41.27 *(978-1-68282-783-3(6))* ReferencePoint Pr., Inc.

Detecting Avalanches. Trudi Strain Trueit. 2017. (Detecting Disasters Ser.). (ENG., Illus.). 32p. (J). (gr. 3-5). lib. bdg. 31.35 *(978-1-63517-000-9(1)*, 1635170001, Focus Readers) North Star Editions.

Detecting Brain Disorders. Rachel Kehoe. 2023. (Medical Detecting Ser.). (ENG., Illus.). 32p. (J). pap. 9.95 ***(978-1-63739-679-7(1)**, Focus Readers)* North Star Editions.

Detecting Brain Disorders. Contrib. by Rachel Kehoe. 2023. (Medical Detecting Ser.). (ENG., Illus.). 32p. (J). lib. bdg. 31.35 ***(978-1-63739-622-3(8)**, Focus Readers)* North Star Editions.

Detecting Cancer. Contrib. by Matt Lilley. 2023. (Medical Detecting Ser.). (ENG., Illus.). 32p. (J). pap. 9.95 ***(978-1-63739-680-3(5))***; lib. bdg. 31.35 ***(978-1-63739-623-0(6))*** North Star Editions. (Focus Readers).

Detecting Chronic Disease. Contrib. by Rebecca Morris. 2023. (Medical Detecting Ser.). (ENG., Illus.). 32p. (J). pap. 9.95 ***(978-1-63739-681-0(3))***; lib. bdg. 31.35 ***(978-1-63739-624-7(4))*** North Star Editions. (Focus Readers).

Detecting Disasters, 8 vols. 2017. (Detecting Disasters Ser.). (ENG.). 256p. (J). (gr. 3-5). pap. 79.60 *(978-1-63517-064-1(8))*; lib. bdg. 250.80 *(978-1-63517-008-5(7)*, 1635170087) North Star Editions. (Focus Readers).

Detecting Earthquakes. Marne Ventura. 2017. (Detecting Disasters Ser.). (ENG., Illus.). 32p. (J). (gr. 3-5). pap. 9.95 *(978-1-63517-057-3(5)*, 1635170575, Focus Readers) North Star Editions.

Detecting Floods. Marne Ventura. 2017. (Detecting Disasters Ser.). (ENG., Illus.). 32p. (J). (gr. 3-5). pap. 9.95 *(978-1-63517-058-0(3)*, 1635170583, Focus Readers) North Star Editions.

Detecting Heart Disease. Rachel Kehoe. 2023. (Medical Detecting Ser.). (ENG., Illus.). 32p. (J). pap. 9.95 ***(978-1-63739-682-7(1)**, Focus Readers)* North Star Editions.

Detecting Heart Disease. Contrib. by Rachel Kehoe. 2023. (Medical Detecting Ser.). (ENG., Illus.). 32p. (J). lib. bdg. 31.35 ***(978-1-63739-625-4(2)**, Focus Readers)* North Star Editions.

Detecting Hurricanes. Samantha S. Bell. 2017. (Detecting Disasters Ser.). (ENG., Illus.). 32p. (J). (gr. 3-5). lib. bdg. 31.35 *(978-1-63517-003-0(6)*, 1635170036, Focus Readers) North Star Editions.

Detecting Infectious Disease. Contrib. by Matt Lilley. 2023. (Medical Detecting Ser.). (ENG., Illus.). 32p. (J). pap. 9.95 ***(978-1-63739-683-4(X))***; lib. bdg. 31.35 ***(978-1-63739-626-1(0))*** North Star Editions. (Focus Readers).

Detecting Injury. Joanne Mattern. 2023. (Medical Detecting Ser.). (ENG., Illus.). 32p. (J). pap. 9.95 ***(978-1-63739-684-1(8)**, Focus Readers)* North Star Editions.

Detecting Injury. Contrib. by Joanne Mattern. 2023. (Medical Detecting Ser.). (ENG., Illus.). 32p. (J). lib. bdg. 31.35 ***(978-1-63739-627-8(9)**, Focus Readers)* North Star Editions.

Detecting Tornadoes. Marne Ventura. 2017. (Detecting Disasters Ser.). (ENG., Illus.). 32p. (J). (gr. 3-5). lib. bdg. 31.35 *(978-1-63517-004-7(4)*, 1635170044, Focus Readers) North Star Editions.

Detecting Tsunamis. Marne Ventura. 2017. (Illus.). 32p. (J). *(978-1-63517-117-4(2))*; (ENG., (gr. 3-5). lib. bdg. 31.35 *(978-1-63517-005-4(2)*, 1635170052) North Star Editions. (Focus Readers).

Detecting Volcanic Eruptions. Trudi Strain Trueit. 2017. (Detecting Disasters Ser.). (ENG., Illus.). 32p. (J). (gr. 3-5). lib. bdg. 31.35 *(978-1-63517-006-1(0)*, 1635170060, Focus Readers) North Star Editions.

Detecting Wildfires. Samantha S. Bell. 2017. (Detecting Disasters Ser.). (ENG., Illus.). 32p. (J). (gr. 3-5). pap. 9.95 *(978-1-63517-063-4(X)*, 163517063X, Focus Readers) North Star Editions.

Detection Avoidance in Homicide: Debates, Explanations & Responses. Claire Ferguson. 2023. (Routledge Studies in Criminal Behaviour Ser.). (ENG., Illus.). 138p. (YA). pap. 48.95 ***(978-0-367-52138-7(5)**, Routledge)* Taylor & Francis Group.

Detection Dog, 1 vol. B. Keith Davidson. 2022. (Jobs of a Working Dog Ser.). (ENG.). 32p. (J). (gr. 3-9). pap. *(978-1-0396-4737-4(5)*, 17219); lib. bdg. *(978-1-0396-4610-0(7)*, 16277) Crabtree Publishing Co. (Crabtree Branches).

Detection Dogs on the Job. Roxanne Troup. 2017. (Helping Dogs Ser.). (ENG.). 24p. (J). (gr. 2-5). lib. bdg. 32.79 *(978-1-5038-1611-4(7)*, 211170) Child's World, Inc, The.

Detective Blue & the Crew. Curtis Wideman. 2022. (ENG.). 38p. (J). 18.95 *(978-1-64543-750-5(7)*, Mascot Kids) Amplify Publishing Group.

Detective Brother. Pete Johnson. Illus. by Mike Philips. 2019. 106p. (J). pap. 4.99 *(978-1-61067-744-8(7))* Kane Miller.

Detective Burrito. Mark Davis. 2020. (Detective Burrito Ser.: Vol. 1). (ENG.). 94p. (YA). pap. 9.95 *(978-1-0879-0299-9(1))* Indy Pub.

Detective Club. Elizabeth Dale. Illus. by Kelly O'Neill. 2021. (Early Bird Readers — Gold (Early Bird Stories (tm)) Ser.). (ENG.). 32p. (J). (gr. k-3). 30.65 *(978-1-5415-9008-3(2)*, 3a2c3181-610a-499d-9829-1965afcab114); pap. 9.99 *(978-1-7284-1335-8(4)*, 55c801ea-d73b-43bb-b021-a1edc7eee567) Lerner Publishing Group. (Lerner Pubns.).

Detective de la Caca: Pooper Snooper in Spanish, 1 vol. Jennifer Keats Curtis & Julianne Ubigau. Tr. by Alejandra de la Torre from ENG. Illus. by Phyllis Saroff. 2021. (SPA.). 32p. (J). *(978-1-63817-080-8(0))* Arbordale Publishing.

détective Déductif. Brian Rock. Tr. by Sophie Troff. Illus. by Sherry Rogers. 2019. (FRE.). 32p. (J). (gr. k-3). pap. 11.95 *(978-1-64351-597-7(7))* Arbordale Publishing.

Detective Dibley Seymour at Your Service. Alberta Shandle Kaufman. 2019. (ENG., Illus.). 62p. (J). (gr. k-6). pap. 10.00 *(978-1-7333098-0-6(2))* Kaufman, A. Shandle.

Detective Dog. Julia Donaldson. Illus. by Sara Ogilvie. 2018. (ENG.). 32p. (J). 19.99 *(978-1-250-15676-1(9)*, 900185100, Holt, Henry & Co. Bks. For Young Readers) Holt, Henry & Co.

Detective Dog & the Search for Cat. Sandi Hill. 2017. (Learn-To-Read Ser.). (ENG.). (J). (gr. -1-2). pap. 3.49 *(978-1-68310-275-5(4))* Pacific Learning, Inc.

Detective Dudley Mysteries. Bryan Grove. 2019. (ENG.). 48p. (J). *(978-1-78878-178-7(3))*; pap. *(978-1-78878-177-0(5))* Austin Macauley Pubs. Ltd.

Detective Editor: Detective Editor. Helen Castles. Illus. by Beatriz Castro. 2020. (Scoop Mclaren Ser.). (ENG.). 160p. (J). (gr. 1-6). 16.99 *(978-1-912858-85-9(1)*, 02335f65-a700-4c37-aaac-8a274b353d1f) New Frontier Publishing AUS. Dist: Lerner Publishing Group.

Detective Equis en Tokio. Antonia Sanin. 2022. (SPA.). 124p. (J). (gr. 3-5). pap. 15.99 ***(978-958-49-5125-0(4))*** El Globo de Antonia COL. Dist: Lectorum Pubns., Inc.

Detective Gordon: A Case in Any Case. Ulf Nilsson. Illus. by Gitte Spee. 2017. (Detective Gordon Ser.). (ENG.). 108p. (gr. k-5). 9.99 *(978-1-77657-110-9(X))* Gecko Pr. NZL. Dist: Lerner Publishing Group.

Detective Gordon: a Case for Buffy. Ulf Nilsson. Illus. by Gitte Spee. 2018. (Detective Gordon Ser.). (ENG.). 108p. (J). (gr. k-5). 16.99 *(978-1-77657-178-9(9)*, c920efa5-2f2a-4261-a17f-c17d9ea10668) Gecko Pr. NZL. Dist: Lerner Publishing Group.

Detective Gordon: a Case in Any Case. Ulf Nilsson. Illus. by Gitte Spee. 2017. (Detective Gordon Ser.). (ENG.). 108p. (J). (gr. k-5). 16.99 *(978-1-77657-108-6(8)*, 52e08343-0e42-496c-a046-6f07a0aa8561) Gecko Pr. NZL. Dist: Lerner Publishing Group.

Detective Gordon: a Case with a Bang. Ulf Nilsson. Illus. by Gitte Spee. 2023. (Detective Gordon Ser.). (ENG.). 116p. (J). (gr. k-5). 18.99 *(978-1-77657-487-2(7)*, 2480d860-c828-4aeb-9cb9-9ed0126bca9a) Gecko Pr. NZL. Dist: Lerner Publishing Group.

Detective Holmes & the Lost Diamond. Illus. by Agnese Baruzzi. 2022. (ENG.). 20p. (J). (gr. k). 16.99 *(978-88-544-1835-6(8))* White Star Publishers ITA. Dist: Sterling Publishing Co., Inc.

Detective Louie & the Case of the Missing Dragon. Marion Jones. Ed. by Patrick Jones. 2016. (ENG., Illus.). (J). pap. *(978-0-9934180-4-4(X))* Blue Bunny Agency, The.

Detective Mittens Meow: The Case of the Missing Cheese. Ana Karina Mireles. 2020. (ENG.). 56p. (J). pap. 15.99 *(978-1-952011-19-1(1))* Pen It Pubns.

Detective Mole. Camilla Pintonato. Illus. by Camilla Pintonato. 2021. (ENG., Illus.). 48p. (J). (gr. -1-3). 17.99 *(978-0-06-305178-2(8)*, HarperCollins) HarperCollins Pubs.

Detective Paw of the Law Set (Detective Paw of the Law: Time to Read, Level 3) Dosh Archer. Illus. by Dosh Archer. 2020. (Time to Read Ser.). (ENG., Illus.). 192p. (J). (gr. k-2). 12.99 *(978-0-8075-1585-3(X)*, 080751585X) Whitman, Albert & Co.

Detective Red & the Case of the Baby Caterpillar. Danielle Rogers. 2017. (ENG.). 32p. (J). 16.95 *(978-1-942613-74-9(1)*, Joey Bks.) Acclaim Pr., Inc.

Detective Story: A Play in Three Acts (Classic Reprint) Sidney Kingsley. 2017. (ENG., Illus.). (J). 27.26 *(978-0-331-09454-1(1))*; pap. 9.57 *(978-0-243-48321-1(X))* Forgotten Bks.

Detective Zebra & the Mystery of the Missing Tarts, 1 vol. Gill McLean. Illus. by Gill McLean. 2020. (ENG.). 32p. (J). (gr. 1-2). pap. 11.00 *(978-1-4994-8664-3(2)*, 5c27b5d3-fa00-4bb6-be2d-b9a4e878b54c); lib. bdg. 28.93 *(978-1-4994-8665-0(0)*, b8190681-6cac-4266-b775-8d5565b87a24) Rosen Publishing Group, Inc., The. (Windmill Bks.).

Detectives. John Hamilton. 2021. (Law Enforcement Ser.). (ENG., Illus.). 48p. (J). (gr. 5-9). lib. bdg. 34.21 *(978-1-5321-9383-5(1)*, 34769, Abdo & Daughters) ABDO Publishing Co.

Detective's Assistant. Kate Hannigan. 2016. (ENG.). 368p. (J). (gr. 3-7). pap. 7.99 *(978-0-316-40349-8(0))* Little, Brown Bks. for Young Readers.

Detective's Experience among the Mormons or Polygamist Mormons: How They Live & the Land They Live in (Classic Reprint) Fred E. Bennett. (ENG., Illus.). (J). 2017. 30.00 *(978-0-332-00435-8(X))*; 2016. pap. 13.57 *(978-1-333-52619-1(9))* Forgotten Bks.

Detectives Lucy the Nose & Ricky the Ears. Cathy March. Illus. by Paul Schultz. 2022. (ENG.). 24p. (J). pap. *(978-1-0391-2636-7(7))*; *(978-1-0391-2637-4(5))* FriesenPress.

Detector Dogs, Dynamite Dolphins, & More Animals with Super Sensory Powers. Cara Giaimo & Christina Couch. Illus. by Daniel Duncan. 2022. (Extraordinary Animals Ser.). (ENG.). 176p. (J). (gr. 4-7). 24.99 *(978-1-5362-1912-8(6))*; pap. 12.99 *(978-1-5362-2953-0(9))* Candlewick Pr. (MIT Kids Press).

Detektiv Asbjörn Krag (10 Krimis in Einem Band) Sven Elvestad. 2017. (GER., Illus.). 796p. (YA). pap. *(978-80-268-5875-1(1))* E-Artnow.

Detention. Tristan Bancks. 2019. 240p. (J). (gr. 6). 16.99 *(978-0-14-379179-9(6)*, Puffin) Penguin Random Hse. AUS. Dist: Independent Pubs. Group.

Detention! Jennifer L. Holm. ed. 2017. (Comics Squad Ser.: 3). lib. bdg. 18.40 *(978-0-606-40230-9(6))* Turtleback.

Detention Detectives. Lis Jardine. 2023. (Detention Detectives Ser.: 1). 352p. (J). (gr. 4-7). 15.99 ***(978-0-241-52338-4(9)**, Puffin)* Penguin Bks., Ltd. GBR. Dist: Independent Pubs. Group.

Detention Gang: Day of the Dead. Melanie Smith. 2017. (ENG., Illus.). (J). pap. *(978-1-9998403-1-0(3))* Bad Bob.

Detention Is a Lot Like Jail, 1 vol. Brynn Kelly. 2019. (Bad Kids In 4B Ser.). (ENG.). 88p. (J). (gr. 2-3). 24.55 *(978-1-5383-8226-4(1)*, 31619ff4-01ee-4ace-aa1b-702e529ff164); pap. 14.85 *(978-1-5383-8225-7(3)*, 08dfae1e-7dc4-40e8-bb7a-581765e43cc5) Enslow Publishing, LLC. (West 44 Bks.).

Detention of Doom (DC Comics: Secret Hero Society #3) Derek Fridolfs. 2018. (Illus.). 176p. (J). *(978-1-338-27707-4(3))* Scholastic, Inc.

Determinacion de la Hora y de la Latitud Jeografica de un Lugar Por la Observacion de Los Momentos en Que Las Alturas de Algunas Estrellas Son Iguales (Classic Reprint) Albert Obrecht. 2018. (POR., Illus.). (J). 294p. 29.96 *(978-1-391-92383-3(9))*; 296p. pap. 13.57 *(978-1-390-58150-8(0))* Forgotten Bks.

Determinación Del Desierto (Desert Determination) Bill Yu. 2022. (¡Sobrevivir! Ser.).Tr. of Desert Determination. (SPA.). 32p. (J). (gr. 3-3). pap. 9.95 *(978-1-64494-751-7(X)*, Graphic Planet) ABDO Publishing Co.

Determinación Del Desierto (Desert Determination) Bill Yu. Illus. by Thiago Vale. 2021. (Survive! Ser.).Tr. of Desert Determination. (SPA.). 32p. (J). (gr. 3-8). lib. bdg. 32.79 *(978-1-0982-3281-8(X)*, 38688, Graphic Planet - Fiction) Magic Wagon.

Determination. Jamie Mayfield. 2016. (ENG., Illus.). (J). 29.99 *(978-1-63533-001-4(7)*, Harmony Ink Pr.) Dreamspinner Pr.

Determination of Gravity at Stations in Pennsylvania, 1879-1880: Appendix No. 19, Report for 1883 (Classic Reprint) Charles Sanders. Peirce. 2017. (ENG., Illus.). (J). 25.15 *(978-0-266-93473-8(0))*; pap. 9.57 *(978-1-5285-0914-5(5))* Forgotten Bks.

Determined Dog. Sandra Wilson. 2019. (Emotional Animal Alphabet Ser.: Vol. 4). (ENG.). 40p. (J). pap. *(978-1-988215-43-3(9))* words ... along the path.

Determined Twins (Classic Reprint) Edgar Jepson. 2018. (ENG., Illus.). 376p. (J). 31.65 *(978-0-483-41100-5(0))* Forgotten Bks.

Determining the Difference: Spot the Difference Activity Book. Activity Book Zone. 2016. (ENG., Illus.). (J). pap. 7.55 *(978-1-68376-123-5(5))* Sabeels Publishing.

Dethany & the Other Clique. Bill Holbrook. 2021. (ENG., Illus.). 128p. (J). 24.99 *(978-1-61345-204-2(7)*, 26a7fced-c07f-4dff-bd0e-1cc7aa527730) Hermes Pr.

Detmold: A Romance (Classic Reprint) William Henry Bishop. (ENG., Illus.). (J). 2018. 294p. 29.98 *(978-0-483-51837-7(9))*; 2017. pap. 13.57 *(978-0-243-09210-9(5))* Forgotten Bks.

Detour: A Play (Classic Reprint) Owen Davis. 2017. (ENG., Illus.). (J). 26.66 *(978-0-260-45135-4(5))* Forgotten Bks.

Detour of the Elephants. Illus. by Anthony VanArsdale. 2017. (Boxcar Children Great Adventure Ser.: 3). (ENG.). 144p. (J). (gr. 2-5). 6.99 *(978-0-8075-0685-1(0)*, 807506850); 12.99 *(978-0-8075-0684-4(2)*, 807506842) Random Hse. Children's Bks. (Random Hse. Bks. for Young Readers).

Detours. Amy Bearce. 2021. (ENG.). 302p. (J). (gr. 4-7). pap. 12.99 *(978-1-952667-30-5(5))* Snowy Wings Publishing.

Detours & Designs. Matt Fazio & Josh Malacki. 2018. (ENG., Illus.). 262p. (J). (gr. 4-6). pap. 16.99 *(978-1-61153-281-5(5)*, Torchflame Bks.) Light Messages Publishing.

Detrás de Su Sombra. Claudia López. 2022. (SPA.). 36p. (J). pap. 13.95 ***(978-1-6624-9532-8(3))*** Page Publishing Inc.

Detrás y Enfrente. Amy Culliford. 2022. (Direcciones en Mi Mundo (Directions in My World) Ser.). (SPA.). 16p. (J). (gr. -1-1). pap. *(978-1-0396-4909-5(2)*, 19744); lib. bdg. *(978-1-0396-4782-4(0)*, 19743) Crabtree Publishing Co.

Detroit Lions. Kenny Abdo. 2021. (NFL Teams Ser.). (ENG., Illus.). 32p. (J). (gr. 2-8). lib. bdg. 32.79 *(978-1-0982-2461-5(2)*, 37156, Abdo Zoom-Fly) ABDO Publishing Co.

Detroit Lions. Contrib. by Thomas K. Adamson. 2023. (NFL Team Profiles Ser.). (ENG., Illus.). (J). (gr. 3-7). lib. bdg. 26.95 Bellwether Media.

Detroit Lions. Josh Anderson. 2022. (Professional Football Teams Ser.). (ENG.). 32p. (J). (gr. 2-5). lib. bdg. 35.64 *(978-1-5038-5785-8(9)*, 215759, Stride) Child's World, Inc, The.

Detroit Lions, 1 vol. Brian Hall. 2016. (NFL up Close Ser.). (ENG., Illus.). 32p. (J). (gr. 3-9). lib. bdg. 32.79 *(978-1-68078-216-5(9)*, 22033, SportsZone) ABDO Publishing Co.

Detroit Lions. Steven M. Karras. 2018. (Illus.). 24p. (J). *(978-1-4896-5507-3(7)*, AV2 by Weigl) Weigl Pubs., Inc.

Detroit Lions. Katie Lajiness. 2016. (NFL's Greatest Teams Set 3 Ser.). (ENG.). 32p. (J). (gr. 2-5). lib. bdg. 34.21 *(978-1-68078-533-3(8)*, 23629, Big Buddy Bks.) ABDO Publishing Co.

Detroit Lions. William Meier. 2019. (Inside the NFL Ser.). (ENG.). 48p. (J). (gr. 3-6). lib. bdg. 34.21 *(978-1-5321-1846-3(5)*, 32561, SportsZone) ABDO Publishing Co.

Detroit Lions. Jim Whiting. rev. ed. 2019. (NFL Today Ser.). (ENG.). 48p. (J). (gr. 4-7). pap. 12.00 *(978-1-62832-703-8(0)*, 19028, Creative Paperbacks) Creative Co., The.

Detroit Lions All-Time Greats. Ted Coleman. 2022. (NFL All-Time Greats Set 2 Ser.). (ENG., Illus.). 24p. (J). (gr. 3-3). pap. 8.95 *(978-1-63494-442-7(9))*; lib. bdg. 28.50 *(978-1-63494-425-0(9))* Pr. Room Editions LLC.

Detroit Lions Story. Allan Morey. 2016. (NFL Teams Ser.). (ENG., Illus.). 32p. (J). (gr. 3-7). lib. bdg. 26.95 *(978-1-62617-365-1(6)*, Torque Bks.) Bellwether Media.

Detroit Pistons. Contrib. by Steph Giedd. 2023. (NBA All-Time Greats Set 3 Ser.). (ENG., Illus.). 24p. (J). pap. 8.95 ***(978-1-63494-685-8(5))***; lib. bdg. 28.50 ***(978-1-63494-661-2(8))*** Pr. Room Editions LLC.

Detroit Pistons. Jim Gigliotti. 2019. (Insider's Guide to Pro Basketball Ser.). (ENG.). 32p. (J). (gr. 1-4). lib. bdg. 35.64 *(978-1-5038-2452-2(7)*, 212259) Child's World, Inc, The.

Detroit Pistons. Michael E. Goodman. 2018. (NBA Champions Ser.). (ENG.). 24p. (J). (gr. 1-4). pap. 8.99 *(978-1-62832-573-7(9)*, 19820, Creative Paperbacks) Creative Co., The.

Detroit Pistons. Brian Howell. 2022. (Inside the NBA (2023) Ser.). (ENG., Illus.). 48p. (J). (gr. 3-6). lib. bdg. 34.22 *(978-1-5321-9826-7(4)*, 39757, SportsZone) ABDO Publishing Co.

Detroit Pistons. Jim Whiting. 2017. (NBA: a History of Hoops Ser.). (ENG., Illus.). 48p. (J). (gr. 4-7). *(978-1-60818-843-7(4)*, 20234, Creative Education) Creative Co., The.

Detroit Red Wings. Brendan Flynn. 2022. (NHL Teams Ser.). (ENG.). 32p. (J). (gr. 3-4). pap. 9.95 *(978-1-63494-517-2(4))*; lib. bdg. 31.35 *(978-1-63494-491-5(7))* Pr. Room Editions LLC.

Detroit Red Wings. Eric Zweig. 2017. (Original Six: Celebrating Hockey's History Ser.). (Illus.). 32p. (J). (gr. 5-5). *(978-0-7787-3438-3(2))* Crabtree Publishing Co.

Detroit the Magic Is Dead. Robert Henry. 2020. (ENG.). 132p. (YA). pap. 14.95 *(978-1-64701-238-0(4))* Page Publishing Inc.

Detroit Tigers. Patrick Donnelly. 2022. (Inside MLB Ser.). (ENG., Illus.). 48p. (J). (gr. 3-6). lib. bdg. 34.21 *(978-1-0982-9017-7(8)*, 40791, SportsZone) ABDO Publishing Co.

Detroit Tigers. Jim Whiting. 2020. (Creative Sports: Veterans Ser.). (ENG.). 32p. (J). (gr. 3-5). pap. 9.99 *(978-1-62832-835-6(5)*, 17771, Creative Paperbacks) Creative Co., The.

Deuce & All (Classic Reprint) George Raffalovich. 2018. (ENG., Illus.). 324p. (J). 30.60 *(978-0-483-83655-6(9))* Forgotten Bks.

D

Deuce Is in Him: A Farce in Two Acts. George Colman. 2017. (ENG., Illus.). 76p. (J). pap. *(978-0-649-76478-5(1))* Trieste Publishing Pty Ltd.

Deuce Is in Him: A Farce in Two Acts (Classic Reprint) George Colman. 2018. (ENG., Illus.). 72p. (J). 25.38 *(978-0-267-20712-1(3))* Forgotten Bks.

Deuce Is in Him: A Farce, in Two Acts (Classic Reprint) George Colman. 2016. (ENG., Illus.). (J). pap. 7.97 *(978-1-334-48858-0(4))* Forgotten Bks.

Deuce Is in Him: A Farce of Two Acts; As It Is Performed at the Theatre-Royal in Drury-Lane (Classic Reprint) George Colman. 2018. (ENG., Illus.). 36p. (J). 24.70 *(978-0-484-11238-3(4))* Forgotten Bks.

Deuce of Hearts (Classic Reprint) William Tucker Washburn. 2018. (ENG., Illus.). 510p. (J). 34.44 *(978-0-484-77667-7(3))* Forgotten Bks.

Deuteronomy Brown. Charles B. Turrill. 2017. (ENG., Illus.). 24p. (J). pap. *(978-3-337-20198-2(9))* Creation Pubs.

Deuteronomy Brown: A Real Estate Transaction (Classic Reprint) Charles B. Turrill. (ENG., Illus.). (J). 2018. 22p. 24.35 *(978-0-666-63229-6(4))*; 2017. pap. 7.97 *(978-0-282-50735-0(3))* Forgotten Bks.

Deutsche Jugend in Schwerer Zeit. Josephine Siebe & Ernst Liebermann. 2017. (GER., Illus.). 184p. (J). pap. *(978-3-337-35993-5(0))* Creation Pubs.

Deutsche Kinder- und Hausmärchen: das Große Märchenbuch (51 Titel - Vollständige Ausgaben) Wilhelm Von Ploennies & Johann Wilhelm Wolf. 2017. (GER., Illus.). 184p. (J). pap. *(978-80-268-5704-4(6))* E-Artnow.

Deutscher Liederhort: Auswahl der Vorzüglichern Deutschen Volkslieder Aus der Vorzeit und der Gegenwart Mit Ihren Eigenthümlichen Melodien (Classic Reprint) Ludwig Erk. 2018. (GER., Illus.). 442p. (J). pap. 16.57 *(978-0-666-23040-9(4))* Forgotten Bks.

Deutschland Uber Ireland: And Other Poems (Classic Reprint) Harry Edward Pickenbach. (ENG., Illus.). (J). 2018. 20p. 24.33 *(978-0-267-95323-3(2))*; 2016. pap. 7.97 *(978-1-334-12050-3(1))* Forgotten Bks.

Deux Poemes de Nicholas Bozon: Le Char d'Orgueil; la Lettre de l'Empereur Orgueil (Classic Reprint) Nicholas Bozon. (FRE., Illus.). (J). 2019. 110p. 26.19 *(978-0-666-31183-2(8))*; 2017. pap. 9.57 *(978-0-282-18625-8(5))* Forgotten Bks.

Deux Poemes Moraux Anglo-Francais: Le Roman des Romans, et, le Sermon en Vers (Classic Reprint) Frederic Joseph Tanquerey. 2017. (FRE., Illus.). (J). pap. 10.57 *(978-0-282-14097-7(2))* Forgotten Bks.

Deux Poèmes Moraux Anglo-Français: Le Roman des Romans, et, le Sermon en Vers (Classic Reprint)

Frederic Joseph Tanquerey. 2018. (FRE., Illus.). 214p. (J). 28.31 *(978-0-666-43052-6(7))* Forgotten Bks.
Deux Versions Hebraiques du Livre de Kalilah et Dimnah: La Premiere Accompagnee d'une Traduction Francaise, Publiees d'Apres les Manuscrits de Paris et d'Oxford (Classic Reprint) Joseph Derenbourg. 2017. (FRE., Illus.). (J). pap. 16.57 *(978-0-259-22776-2(5))* Forgotten Bks.
Deux Versions Hébraïques du Livre de Kalîlâh et Dimnâh: La Premiere Accompagnée d'une Traduction Française, Publiees d'Âpres les Manuscrits de Paris et d'Oxford (Classic Reprint) Joseph Derenbourg. 2018. (FRE., Illus.). 426p. (J). 32.70 *(978-0-364-16518-8(9))* Forgotten Bks.
Deuxieme Cours d'Idiotismes a l'Usage des Eleves de l'Ecole Militaire des Etats-Unis: Avec Elements et Application Pratique (Classic Reprint) H. R. Agnel. 2017. (ENG., Illus.). (J). pap. 7.97 *(978-0-259-87624-3(0))* Forgotten Bks.
Deuxième Cours d'Idiotismes À l'Usage des Élèves de l'éCole Militaire Des ÉTats-Unis: Avec eléments et Application Pratique (Classic Reprint) H. R. Agnel. 2018. (ENG., Illus.). 30p. (J). 24.52 *(978-0-666-55932-6(5))* Forgotten Bks.
Dev & Ollie: Camel Caper. Shweta Aggarwal. Illus. by Somnath Chatterjee. 2017. (ENG.). 34p. (J). pap. *(978-0-9932328-2-4(5))* Curious Minds Pr. Ltd.
Dev Plans a Food Drive: What's the Problem?, 1 vol. Manuel Martinez. 2017. (Computer Science for the Real World Ser.). (ENG.). 12p. (gr. 1-2). pap. *(978-1-5383-5132-1(3)*, 0f1db2dd-0395-4b38-80c2-4cec68ac89bc, Rosen Classroom) Rosen Publishing Group, Inc., The.
Dev Tries His Best. Megan Borgert-Spaniol. Illus. by Mette Engell. 2022. (Be a Good Sport (Pull Ahead Readers People Smarts — Fiction) Ser.). (ENG.). 16p. (J). (gr. -1-1). pap. 8.99 *(978-1-7284-4799-5(2)*, 9fab0bf9-077f-44fb-9efe-3073db15a4cf, Lerner Pubns.) Lerner Publishing Group.
DEV1AT3 (Deviate) Jay Kristoff. (Lifel1k3 Ser.: 2). (ENG.). 448p. (YA). (gr. 7). 2020. pap. 10.99 *(978-1-5247-1399-7(6)*, Ember); 2019. lib. bdg. 21.99 *(978-1-5247-1397-3(X)*, Knopf Bks. for Young Readers) Random Hse. Children's Bks.
Devastating Nuclear Accidents Throughout History: Causes & Results - Science Book for Kids 9-12 Children's Science & Nature Books. Baby Professor. 2017. (ENG., Illus.). (J). pap. 9.55 *(978-1-5419-1555-8(0)*, Baby Professor (Education Kids)) Speedy Publishing LLC.
Devastation Class, 1 vol. Glen Zipper & Elaine Mongeon. 2020. (ENG.). 352p. (YA). 18.99 *(978-0-310-76900-2(0))* Blink.
Devaytis (Classic Reprint) Maria Rodziewiczowna. 2017. (ENG., Illus.). (J). 32.11 *(978-0-260-85064-5(0))* Forgotten Bks.
Develop & Test a Hypothesis, 1 vol. Laura Loria. 2018. (Think Like a Scientist Ser.). (ENG.). 32p. (gr. 3-4). lib. bdg. 26.06 *(978-1-5383-0242-2(X)*, c223b0bc-26bb-4fbc-b0ea-0cb523c6469c, Britannica Educational Publishing) Rosen Publishing Group, Inc., The.
Develop Your Interpersonal Skills at Work, 1 vol. Elissa Thompson & Michael A. Sommers. 2019. (Building Job Skills Ser.). (ENG.). 64p. (gr. 6-6). pap. 13.95 *(978-1-7253-4712-0(1)*, 7678cc69-abc3-438a-a186-d6153acacd44) Rosen Publishing Group, Inc., The.
Developing a Strategy for a Political Campaign, 1 vol. Melissa Banigan. 2019. (Be the Change! Political Participation in Your Community Ser.). (ENG.). 64p. (gr. 7-7). pap. 13.95 *(978-1-7253-4074-9(7)*, 971277c5-4cd4-4f87-8719-7e40caa5fdb1) Rosen Publishing Group, Inc., The.
Developing Baseline Communication Skills. Catherine Delamain & Jill Spring. ed. 2017. (Good Communication Pathway Ser.). (ENG.). 292p. (C). pap. 52.95 *(978-0-86388-481-8(4)*, Y329798) Routledge.
Developing Digital Literacy, 8 vols. 2022. (Developing Digital Literacy Ser.). (ENG.). 48p. (J). (gr. 5-6). lib. bdg. 132.28 *(978-1-5026-6641-3(3)*, 546688d3-1a8d-4065-b50f-335eda7ab09a) Cavendish Square Publishing LLC.
Developing Empathy in the Early Years: A Guide for Practitioners. Helen Garnett. 2017. (Illus.). 224p. pap. 24.95 *(978-1-78592-143-8(6)*, 696308) Kingsley, Jessica Pubs. GBR. Dist: Hachette UK Distribution.
Developing Language Concepts: Programmes for School-Aged Children. Bridget Burrows. ed. 2016. (ENG.). 312p. (C). pap. 58.95 *(978-0-86388-281-4(1)*, Y329031) Routledge.
Developing Political Leadership Skills, 1 vol. Tiffanie Drayton. 2019. (Be the Change! Political Participation in Your Community Ser.). (ENG.). 64p. (gr. 7-7). pap. 13.95 *(978-1-7253-4077-0(1)*, 57e30b56-f963-43cb-b2b9-aa95d2e15156) Rosen Publishing Group, Inc., The.
Developing Responsible Decision-Making Skills. Erin Nicks. 2022. (Teen Guide to Social & Emotional Skills Ser.). (ENG., Illus.). 80p. (J). (gr. 6-12). 43.93 *(978-1-6782-0436-5(6)*, BrightPoint Pr.) ReferencePoint Pr., Inc.
Developing Summary & Note-Taking Skills with Answers. Marian Barry. 3rd rev. ed. 2019. (Cambridge International IGCSE Ser.). (ENG., Illus.). 298p. (J). pap. 24.10 *(978-1-108-81133-0(7))* Cambridge Univ. Pr.
Developing Summary & Note-Taking Skills Without Answers. Marian Barry. 3rd rev. ed. 2019. (Cambridge International IGCSE Ser.). (ENG., Illus.). 120p. (J). pap. 22.55 *(978-1-108-81132-3(9))* Cambridge Univ. Pr.
Developing the Bill of Rights. Wil Mara. 2017. (Foundations of Our Nation Ser.). 32p. (J). (gr. 3-5). pap. 9.95 *(978-1-63517-309-3(4)*, 1635173094); lib. bdg. 31.35 *(978-1-63517-244-7(6)*, 1635172446) North Star Editions. (Focus Readers).
Development, Land Use, & Environmental Impact, 1 vol. Ed. by Srijita C. Pal. 2019. (Opposing Viewpoints Ser.). (ENG.). 176p. (gr. 10-12). pap. 34.80 *(978-1-5345-0511-7(3)*, 26d5cdca-c21a-427d-81ba-988bd2a40fe7); lib. bdg. 50.43 *(978-1-5345-0510-0(5)*, 3c762aac-e721-4fa0-ac16-f9cd62a7547b) Greenhaven Publishing LLC.
Developments in Georgia after World War II, 1 vol. Sam Crompton. 2017. (Spotlight on Georgia Ser.). (ENG.). 32p. (gr. 4-5). pap. 12.75 *(978-1-5081-6021-2(X)*, 0ad1552e-4e23-4d68-9017-876600358f46, PowerKids Pr.) Rosen Publishing Group, Inc., The.
Developments in Georgia During the Late 20th Century, 1 vol. Sam Crompton. 2017. (Spotlight on Georgia Ser.). (ENG.). 32p. (gr. 4-5). pap. 12.75 *(978-1-5081-6006-9(6)*, 76d54d45-2560-4c73-8454-1db8bbb17ceb, PowerKids Pr.) Rosen Publishing Group, Inc., The.
Developpements de Geometrie: Avec des Applications a la Stabilite des Vaisseaux, Aux Deblais et Remblais, Au Defilement, a l'Optique, etc.; Ouvrage Approuve Par l'Institut de France, Pour Faire Suite a la Geometrie Descriptive et a la Geometr. Charles Dupin. 2017. (FRE., Illus.). (J). 32.06 *(978-0-265-39541-7(0))*; pap. 16.57 *(978-0-282-57026-2(8))* Forgotten Bks.
Devereux, and, Lucretia (Classic Reprint) Edward Bulwer Lytton. (ENG., Illus.). (J). 2018. 972p. 43.94 *(978-0-483-19591-2(X))*; 2017. pap. 26.29 *(978-0-243-51831-9(5))* Forgotten Bks.
Deveril the Crackman, or the Autobiography of a Thief (Classic Reprint) Unknown Author. (ENG., Illus.). (J). 2018. 74p. 25.42 *(978-0-483-35903-1(3))*; 2016. pap. 9.57 *(978-1-333-31638-9(0))* Forgotten Bks.
Devil: The Changing Hangovers. Dale Carter. 2022. (ENG.). 44p. (J). pap. 19.00 ***(978-1-64804-355-0(0))*** Dorrance Publishing Co., Inc.
Devil & the Bluebird. Jennifer Mason-Black. 2016. (ENG.). 336p. (J). (gr. 8-17). 17.95 *(978-1-4197-2000-0(7)*, 1135901, Amulet Bks.) Abrams, Inc.
Devil Darling Spy. Matt Killeen. 2020. (ENG.). 480p. (J). (gr. 7). 19.99 *(978-0-451-47925-9(4)*, Viking Books for Young Readers) Penguin Young Readers Group.
Devil Doctor. Sax Rohmer, pseud. 2018. (ENG., Illus.). 240p. (J). pap. *(978-93-5329-095-5(3))* Alpha Editions.
Devil Fall of the Angel Empire. Ray Lee. 2018. (ENG.). 130p. (YA). pap. 13.77 *(978-1-5437-4318-0(8))* Partridge Pub.
Devil Fell in Love with Her. Kj Johnny Williams. 2017. (ENG., Illus.). (YA). pap. 12.95 *(978-1-63575-393-6(7))* Christian Faith Publishing.
Devil in Mexico (Classic Reprint) G. L. Morrill. 2018. (ENG., Illus.). 476p. (J). 33.71 *(978-0-365-25161-3(5))* Forgotten Bks.
Devil in Ohio. Daria Polatin. 2018. (ENG.). 336p. (YA). pap. 12.99 *(978-1-250-18077-3(5)*, 900170879) Square Fish.
Devil in the Cheese (Classic Reprint) Charles Cyprian Strong Cushing. (ENG., Illus.). (J). 2018. 96p. 25.90 *(978-0-267-61591-9(4))*; 2016. pap. 9.57 *(978-1-334-11714-5(4))* Forgotten Bks.
Devil in the Device. Lora Beth Johnson. 2021. (ENG.). 432p. (YA). (gr. 7). 18.99 *(978-1-9848-3595-6(5)*, Razorbill) Penguin Young Readers Group.
Devil Is a Part-Timer!, Vol. 20 (light Novel) Satoshi Wagahara. 2021. (Devil Is a Part-Timer! Ser.: 20). (ENG., Illus.). 216p. (J). (gr. 8-17). pap. 15.00 *(978-1-9753-1636-5(3)*, Yen Pr.) Yen Pr. LLC.
Devil of a Trip, or the Log of the Yacht Champlain (Classic Reprint) John Armoy Knox. 2017. (ENG., Illus.). (J). 26.66 *(978-0-266-59933-3(8))*; pap. 9.57 *(978-0-282-92460-7(4))* Forgotten Bks.
Devil of the Woods. Job. Illus. by Derib. 2022. (Yakari Ser.: 19). 48p. (J). (gr. 1-4). pap. 11.95 *(978-1-80044-037-1(5))* CineBook GBR. Dist: National Bk. Network.
Devil-Puzzlers, & Other Studies (Classic Reprint) Frederick B. Perkins. 2018. (ENG., Illus.). 238p. (J). 28.91 *(978-0-332-88761-6(8))* Forgotten Bks.
Devil Rays: Dynamic Dancers. Katie Lajiness. 2018. (Awesome Animal Powers Ser.). (ENG., Illus.). 32p. (J). (gr. 2-5). lib. bdg. 34.21 *(978-1-5321-1498-4(2)*, 28850, Big Buddy Bks.) ABDO Publishing Co.
Devil Stories: An Anthology. Maximilian J. Rudwin. 2018. (ENG., Illus.). 116p. (J). pap. *(978-1-77356-220-9(7))* Devoted Publishing.
Devil Stories: An Anthology (Classic Reprint) Maximilian J. Rudwin. 2017. (ENG., Illus.). (J). 31.24 *(978-0-266-34099-7(7))* Forgotten Bks.
Devil to Pay (Classic Reprint) Frances Nimmo Greene. 2018. (ENG., Illus.). 292p. (J). 29.94 *(978-0-483-76003-5(X))* Forgotten Bks.
Devil Turn'd Hermit: Or the Adventures of Astaroth Banish'd from Hell, a Satirical Romance (Classic Reprint) Lambert De Saumery. 2018. (ENG., Illus.). 306p. (J). 30.21 *(978-0-483-77838-2(9))* Forgotten Bks.
Devil upon Crutches in England, or Night Scenes in London, Vol. 1: A Satirical Work (Classic Reprint) Alain Rene Le Sage. (ENG., Illus.). (J). 2018. 82p. 25.61 *(978-0-666-75656-5(2))*; 2017. pap. 9.57 *(978-0-259-26159-9(9))* Forgotten Bks.
Devil upon Crutches, Vol. 1 Of 2: From the Diable Boiteux of Mr. le Sage, a New Translation; to Which Are Now First Added, Asmodeus's Crutches, a Critical Letter upon the Work, & Dialogues Between Two Chimneys of Madrid (Classic Reprint) Alain Rene Le Sage. 2017. (ENG., Illus.). (J). 30.15 *(978-0-265-74857-2(7))*; pap. 13.57 *(978-1-5277-1668-1(6))* Forgotten Bks.
Devil upon Crutches, Vol. 2 Of 2: From the Diable Boiteux of Mr. le Sage, a New Translation; to Which Are Now First Added, Asmodeus's Crutches, a Critical Letter upon the Work, & Dialogues Between Two Chimneys of Madrid (Classic Reprint) Alain Rene Le Sage. 2018. (ENG., Illus.). 290p. (J). 29.88 *(978-0-666-35486-0(3))* Forgotten Bks.
Devil upon Two Sticks in England, Vol. 1: Being a Continuation of le Diable Boiteux of le Sage (Classic Reprint) William Combe. (ENG., Illus.). (J). 2018. 240p. 28.85 *(978-0-267-78521-6(6))*; 2016. pap. 11.57 *(978-1-334-50074-9(6))* Forgotten Bks.
Devil upon Two Sticks in England, Vol. 1 Of 6: Being a Continuation of le Diable Boiteux of le Sage (Classic Reprint) William Combe. 2016. (ENG., Illus.). (J). pap. 13.57 *(978-1-334-59155-6(5))* Forgotten Bks.
Devil upon Two Sticks in England, Vol. 3: Being a Continuation of le Diable Boiteux of le Sage (Classic Reprint) William Combe. (ENG., Illus.). (J). 2018. 238p. 28.89 *(978-0-332-27686-1(4))*; 2016. pap. 11.57 *(978-1-334-15918-3(1))* Forgotten Bks.
Devil upon Two Sticks in England, Vol. 4 Of 6: Being a Continuation of le Diable Boiteux of le Sage (Classic Reprint) William Combe. 2016. (ENG., Illus.). (J). pap. 13.57 *(978-1-334-22783-7(7))* Forgotten Bks.
Devil upon Two Sticks in England, Vol. 5 Of 6: Being a Continuation of le Diable Boiteux of le Sage (Classic Reprint) William Combe. (ENG., Illus.). (J). 2018. 286p. 29.82 *(978-0-666-84297-8(3))*; 2017. pap. 13.57 *(978-0-259-55098-3(1))* Forgotten Bks.
Devil's Admiral: A Pirate Adventure Tale. Frederick Ferdinand Moore. 2019. (ENG.). 112p. (YA). pap. *(978-80-273-3201-4(X))* E-Artnow.
Devils & Thieves. Jennifer Rush. 2017. (Devils & Thieves Ser.: 1). (ENG.). 336p. (YA). (gr. 9-17). 17.99 *(978-0-316-39089-7(5))* Little, Brown Bks. for Young Readers.
Devil's Bluff. Timothy Hay. Illus. by Flora Mathews. 2023. (ENG.). 218p. (YA). pap. 15.98 ***(978-1-312-50078-5(6))*** Lulu Pr., Inc.
Devil's Chain (Classic Reprint) Edward Jenkins. (ENG., Illus.). (J). 2018. 290p. 29.88 *(978-0-483-98840-8(5))*; 2016. pap. 13.57 *(978-1-334-13410-4(3))* Forgotten Bks.
Devils (Classic Reprint) James Charles Wall. (ENG., Illus.). (J). 2018. 208p. 28.19 *(978-0-364-17894-2(9))*; 2017. 28.41 *(978-0-265-59000-3(0))*; 2017. pap. 10.57 *(978-0-282-65231-9(0))* Forgotten Bks.
Devil's Coins. David J. Cooper. 2018. (ENG.). 92p. (YA). pap. 7.49 *(978-1-393-14403-8(9))* Draft2Digital.
Devil's Deeds. Latasha Oliver-Pullins. 2018. (ENG.). 196p. (YA). pap. 16.95 *(978-1-64350-894-8(6))* Page Publishing Inc.
Devil's Devil. Charles Soule. 2017. (ENG., Illus.). 152p. (YA). pap. 9.99 *(978-1-5343-0221-1(2)*, 8a9fb475-84c8-46d5-9890-0e4343ba2b24) Image Comics.
Devil's Dictionary. Ambrose Bierce. 2017. (ENG., Illus.). (J). 25.95 *(978-1-374-81740-1(6))*; pap. 15.95 *(978-1-374-81739-5(2))* Capital Communications, Inc.
Devil's Disciple. George Bernard Shaw. 2022. (ENG.). (J). 138p. 19.95 *(978-1-63637-795-7(5))*; 136p. pap. 9.95 *(978-1-63637-794-0(7))* Bibliotech Pr.
Devil's Engine: Hellfighters: (Book 2) Alexander Gordon Smith. 2016. (Devil's Engine Ser.: 2). (ENG.). 320p. (YA). 29.99 *(978-0-374-30172-9(7)*, 900140532, Farrar, Straus & Giroux (BYR)) Farrar, Straus & Giroux.
Devil's Engine: Hellfighters: (Book 2) Alexander Gordon Smith. 2017. (Devil's Engine Ser.: 2). (ENG.). 336p. (YA). pap. 10.99 *(978-1-250-12965-9(6)*, 900176103) Square Fish.
Devil's Engine: Hellwalkers: (Book 3) Alexander Gordon Smith. 2017. (Devil's Engine Ser.: 3). (ENG.). 320p. (YA). 29.99 *(978-0-374-30174-3(3)*, 900140534, Farrar, Straus & Giroux (BYR)) Farrar, Straus & Giroux.
Devil's Engine: Hellwalkers: (Book 3) Alexander Gordon Smith. 2018. (Devil's Engine Ser.: 3). (ENG.). 336p. (YA). pap. 16.99 *(978-1-250-18072-8(4)*, 900190252) Square Fish.
Devil's Ford, etc (Classic Reprint) Bret Harte. (ENG., Illus.). (J). 2019. 378p. 31.69 *(978-0-267-29470-1(0))*; 2017. 34.42 *(978-1-5281-7189-2(6))* Forgotten Bks.
Devil's Garden (Classic Reprint) W. B. Maxwell. 2017. (ENG., Illus.). (J). 33.30 *(978-1-5281-6317-0(0))* Forgotten Bks.
Devil's Hat: A Sketch in Oil (Classic Reprint) Melville Philips. (ENG., Illus.). (J). 2018. 330p. 30.70 *(978-0-428-37481-5(6))*; 2016. pap. 13.57 *(978-1-334-13971-0(7))* Forgotten Bks.
Devils' Pass, 6 vols. Justina Ireland. Illus. by Tyler Champion. 2018. (Devils' Pass Ser.). (ENG.). 128p. (J). (gr. 4-8). 159.90 *(978-1-4965-6528-0(2)*, 28445, Stone Arch Bks.) Capstone.
Devil's Playground: A Story of the Wild Northwest (Classic Reprint) John MacKie. 2017. (ENG., Illus.). (J). 29.18 *(978-1-5282-4931-7(3))* Forgotten Bks.
Devil's Snare: Dragon Wars. Craig Halloran. 2020. (Dragon Wars Ser.: Vol. 15). (ENG.). 280p. (YA). 19.99 *(978-1-946218-95-7(2))* Two-Ten Bk. Pr., Inc.
Devil's Star: A Play in One Act (Classic Reprint) Francis Joseph Newboult. 2018. (ENG., Illus.). 48p. (J). 24.89 *(978-0-267-50847-1(6))* Forgotten Bks.
Devil's Thief. Lisa Maxwell. (Last Magician Ser.: 2). (ENG.). (YA). (gr. 9). 2021. 720p. pap. 13.99 *(978-1-4814-9446-5(5))*; 2018. (Illus.). 704p. 18.99 *(978-1-4814-9445-8(7))* Simon Pulse. (Simon Pulse).
Devils Tower. Roxanne Troup. 2023. (Visit & Learn Ser.). (ENG., Illus.). 32p. (J). pap. 9.95 ***(978-1-63739-673-5(2)***, Focus Readers) North Star Editions.
Devils Tower. Contrib. by Roxanne Troup. 2023. (Visit & Learn Ser.). (ENG., Illus.). 32p. (J). lib. bdg. 31.35 ***(978-1-63739-616-2(3)***, Focus Readers) North Star Editions.
Devils Tower Secret. Viktoriia Peterson. 2019. (ENG.). 28p. (J). 25.95 *(978-1-64462-738-9(8))*; pap. 15.95 *(978-1-64462-736-5(1))* Page Publishing Inc.
Devils unto Dust. Emma Berquist. 2018. (ENG.). 496p. (YA). (gr. 8). 17.99 *(978-0-06-264278-3(2)*, Greenwillow Bks.) HarperCollins Pubs.
Devil's Visit: Why He Came, What He Said, Why He Left, & the Present He Sent, a Poem for the Times (Classic Reprint) Frederick Hollick. 2018. (ENG., Illus.). 458p. (J). 33.34 *(978-0-365-40530-6(2))* Forgotten Bks.
Devil's Wall see Craig y Diafol
Devil's Wind (Classic Reprint) Patricia Wentworth. 2017. (ENG., Illus.). (J). 33.05 *(978-0-331-64912-3(8))*; pap. 16.57 *(978-0-282-35943-0(5))* Forgotten Bks.
Devils Within. S. F. Henson. (J). (gr. 8-8). 2020. 408p. pap. 8.99 *(978-1-5107-5183-5(1))*; 2017. (ENG.). 404p. 17.99 *(978-1-5107-1456-4(1))* Skyhorse Publishing Co., Inc. (Sky Pony Pr.).
Devils You Know. M. C. Atwood. 2018. (ENG.). 288p. (YA). (gr. 9). pap. 10.99 *(978-1-61695-933-3(9)*, Soho Teen) Soho Pr., Inc.
Devils You Meet on Christmas Day: An Anthology. Mary Gray et al. 2017. (ENG., Illus.). 118p. (J). pap. 7.99 *(978-1-948095-04-4(1))* Monster Ivy Publishing.
Devin & Evan Play Fortnite 'til 11: Teaching Children the Importance of Sleep. Whitney Roban Ph D. 2018. (Devin & Evan Ser.: Vol. 2). (ENG., Illus.). 34p. (J). pap. 10.99 *(978-1-7326823-4-4(8))* Chandler Publishing.
Devin Booker: NBA Star. Douglas Lynne. 2020. (Pro Sports Stars Ser.). (ENG.). 24p. (J). (gr. 3-3). pap. 8.95 *(978-1-63494-235-5(3)*, 1634942353); lib. bdg. 28.50 *(978-1-63494-217-1(5)*, 1634942175) Pr. Room Editions LLC.
Devin Speaks Up! Devin Moore. 2022. (ENG.). 38p. (J). 17.95 ***(978-1-0880-4554-1(5))***; 20.00 ***(978-1-0881-6186-9(3))*** Indy Pub.
Devin Speaks Up (Paperback) Devin Moore. 2022. (ENG.). 38p. (J). pap. 11.99 ***(978-1-0880-6454-2(X))*** Indy Pub.
Devious Disguises: Animal Look-Alikes, 1 vol. Anita Louise McCormick & Susan K. Mitchell. 2019. (Animal Defense! Ser.). (ENG.). 48p. (gr. 3-4). 29.60 *(978-1-9785-0716-6(X)*, 94aaa56b-a8c3-4972-89b1-c51d8d4a1ac6) Enslow Publishing, LLC.
Devious Ways (Classic Reprint) Gilbert Cannan. 2017. (ENG., Illus.). 386p. (J). 31.88 *(978-0-332-90526-6(8))* Forgotten Bks.
Devis. Wonder House Books. 2023. (Tales from Indian Mythology Ser.). (HIN.). 16p. (J). (gr. 3-7). pap. 2.99 ***(978-93-5856-186-9(6))*** Prakash Bk. Depot IND. Dist: Independent Pubs. Group.
Devises des Princes, Cavaliers, Dames, Scavans, et Autres Personnages Illustres de l'Europe, Ou la Philosophie des Images, Vol. 2 (Classic Reprint) Claude-Francois Menestrier. 2018. (FRE., Illus.). (J). 34.50 *(978-0-260-77977-9(6))*; pap. 16.97 *(978-0-265-62736-5(2))* Forgotten Bks.
Devlin the Barber (Classic Reprint) B. L. Farjeon. 2018. (ENG., Illus.). 198p. (J). 28.00 *(978-0-483-88074-0(4))* Forgotten Bks.
Devocional de la Familia A-Z. Susan Park. 2023. (SPA.). 86p. (J). pap. 16.00 ***(978-1-0881-6128-9(6))*** Indy Pub.
Devocional en un año para niños Volumen 2. Created by Children's Bible Hour. 2019. Orig. Title: The One Year Devotions for Kids Volume 2. (SPA.). 400p. (J). pap. 15.99 *(978-1-4964-3844-7(2)*, 20_32808) Tyndale Hse. Pubs.
Devocionales de 3 Minutos para Chicos: 180 Lecturas Inspiradoras para Adolescentes. Compiled by Compiled by Barbour Staff. 2021. (3-Minute Devotions Ser.). (SPA.). 192p. (YA). pap. 5.99 *(978-1-64352-726-0(6)*, Casa Promesa) Barbour Publishing, Inc.
Devocionales de 3 Minutos para Niños: 90 Lecturas Emocionantes para Hombres en Construcción. Glenn Hascall. 2021. (3-Minute Devotions Ser.). (SPA.). 192p. (J). pap. 5.99 *(978-1-64352-927-1(7)*, Barbour Espanol) Barbour Publishing, Inc.
Devociones para Niños Chispita. Jill C. Lafferty. Illus. by Peter Grosshauser. 2016. (SPA.). (J). *(978-1-5064-2101-8(6))* 1517 Media.
Devolution. Amie McCracken. 2019. (ENG.). 244p. (YA). pap. 11.99 *(978-3-9820468-2-2(3))* McCracken, Amie.
Devon Boys: A Tale of the North Shore. George Manville Fenn. 2017. (ENG., Illus.). (J). 27.95 *(978-1-374-86098-8(0))*; pap. 17.95 *(978-1-374-86097-1(2))* Capital Communications, Inc.
Devon Folk Tales for Children. Leonie Jane-Grey. 2019. (ENG., Illus.). 192p. (J). pap. 18.95 *(978-0-7509-8444-7(9))* History Pr. Ltd.,The GBR. Dist: Independent Pubs. Group.
Devon Missed the Joke. Jo Oliver-Yeager. 2021. (ENG.). 32p. (J). pap. 11.95 *(978-1-7358815-4-6(6))* Kind Word Publishing.
Devon Rex Cats. Mary Ellen Klukow. 2020. (Favorite Cat Breeds Ser.). (ENG.). 24p. (J). (gr. 1-4). lib. bdg. *(978-1-68151-816-9(3)*, 10690) Amicus.
Devon Rexes. Christina Leaf. 2016. (Cool Cats Ser.). (ENG., Illus.). 24p. (J). (gr. k-3). lib. bdg. 26.95 *(978-1-62617-309-5(5)*, Blastoff! Readers) Bellwether Media.
Devonna. Audrey Francis-Plante. 2019. (ENG.). 378p. (J). pap. *(978-0-3695-0086-1(5))* Evernight Publishing.
Devonshire Courtship: In Four Parts, to Which Is Added a Glossary (Classic Reprint) Mary Palmer. 2017. (ENG., Illus.). (J). 25.75 *(978-0-331-99605-0(7))* Forgotten Bks.
Devonshire Idyls (Classic Reprint) H.C. O'Neill. 2018. (ENG., Illus.). 144p. (J). 26.87 *(978-0-484-14531-2(2))* Forgotten Bks.
Devorador de Piratas. Jonny Duddle. 2017. (SPA.). 34p. (J). (gr. k-2). 18.99 *(978-958-30-5182-1(9))* Panamericana Editorial COL. Dist: Lectorum Pubns., Inc.
Devos for Brave Boys. Jesse Florea & Karen Whiting. 2021. (ENG.). 128p. (J). pap. 14.99 *(978-1-4964-5116-3(3)*, 20_35178) Tyndale Hse. Pubs.
Devos for Brave Girls. Katrina Cassel. 2021. (ENG.). 112p. (J). pap. 14.99 *(978-1-4964-5112-5(0)*, 20_35161) Tyndale Hse. Pubs.
Devoted. Ginna Moran. 2018. (Demon Watcher Ser.: Vol. 1). (ENG., Illus.). 314p. (YA). (gr. 9-12). pap. 9.99 *(978-1-942073-09-3(7))* Sunny Palms Pr.
Devoted Couple: A Novel (Classic Reprint) J. Masterman. 2017. (ENG., Illus.). (J). 366p. 31.45 *(978-0-484-38364-6(7))*; pap. 13.97 *(978-0-259-17166-9(2))* Forgotten Bks.
Devoted, Vol. 2 of 2 (Classic Reprint) Charlotte Campbell Bury. 2017. (ENG., Illus.). (J). 28.23 *(978-0-265-72919-9(X))*; pap. 10.57 *(978-1-5276-8990-9(5))* Forgotten Bks.
Devoted Wife, or California in '49 And '50: A Play in Five Acts (Classic Reprint) Albert Brewster. (ENG., Illus.). (J). 2018. 66p. 25.26 *(978-0-666-04979-7(3))*; 2016. pap. 9.57 *(978-1-333-27506-8(4))* Forgotten Bks.
Devotee: An Episode in the Life of a Butterfly. Mary Cholmondeley. 2016. (ENG.). 228p. (J). pap. *(978-3-7433-7360-0(2))* Creation Pubs.
Devotee: An Episode in the Life of a Butterfly (Classic Reprint) Mary Cholmondeley. 2018. (ENG., Illus.). 228p. (J). 28.60 *(978-0-428-22116-4(5))* Forgotten Bks.
Devotion (Adapted for Young Adults) An Epic Story of Heroism & Friendship. Adam Makos. 2022. (Illus.). 368p. (YA). (gr. 7). 18.99 *(978-0-593-48145-5(3))*; (ENG., lib. bdg.

21.99 *(978-0-593-48146-2(1))* Random Hse. Children's Bks. (Delacorte Pr.).

Devotion (Young Readers Edition) An Epic Story of Heroism & Friendship. Adam Makos. ed. 2022. (ENG.). 368p. (YA). (gr. 7). pap. 12.99 *(978-0-593-48148-6(8),* Ember) Random Hse. Children's Bks.

Devotional Coloring Book for Teen Girls. Marissa O'Starrie. 2021. (ENG.). 44p. (J). pap. 6.77 *(978-1-716-08323-5(0))* Lulu Pr., Inc.

Devotional Journal: Prompts & Prayers to Reflect & Connect with God. Book Devpers. 2021. (ENG., Illus.). 122p. (YA). pap. 11.99 *(978-1-716-21753-1(9))* Lulu Pr., Inc.

Devotional Minutes for Boys: Inspiration from God's Word. Jean Fischer. 2022. (ENG.). 192p. (J). pap. 5.99 *(978-1-63609-135-8(0))* Barbour Publishing, Inc.

Devotional Minutes for Girls: Inspiration from God's Word. Jean Fischer. 2022. (ENG.). 192p. (J). pap. 5.99 *(978-1-63609-136-5(9))* Barbour Publishing, Inc.

Devotions for a Moving Mountains Kind of Girl: Inspiration & Encouragement for Teens. Janice Thompson. 2023. (ENG.). 192p. (YA). pap. 12.99 *(978-1-63609-514-1(3))* Barbour Publishing, Inc.

Devouring Wolf. Natalie C. Parker. 2022. (Illus.). 288p. (J). (gr. 3-7). 17.99 *(978-0-593-20395-8(X),* Razorbill) Penguin Young Readers Group.

Dew & Mildew: Semi-Detached Stories from Karabad, India (Classic Reprint) Percival Christopher Wren. 2018. (ENG., Illus.). 438p. (J). 32.93 *(978-0-483-51998-5(7))* Forgotten Bks.

Dew-Drop: A Tribute of Affection, for 1852 (Classic Reprint) William Henry Benade. 2018. (ENG., Illus.). (J). 330p. 30.70 *(978-1-391-73819-2(5));* 332p. pap. 13.57 *(978-1-391-73744-7(X))* Forgotten Bks.

Dew of Their Youth (Classic Reprint) S. R. Crockett. 2018. (ENG., Illus.). 356p. (J). 31.24 *(978-0-428-91182-9(X))* Forgotten Bks.

Dewberry Farm. Karen Jean Matsko Hood. Ed. by Whispering Pine Press International. Illus. by Artistic Design Service Staff. 2017. (Magic Farmhouse Ser.). 160p. (J). 25.95 *(978-1-59649-415-2(8));* per. 14.95 *(978-1-59649-562-3(6))* Whispering Pine Pr. International, Inc.

Dewdrop. K. O'Neill. 2022. (ENG.). 40p. (J). (gr. k-3). 9.99 *(978-1-63715-075-7(X))* Oni Pr., Inc.

Dewdrop. K. O'Neill. Illus. by K. O'Neill. 2020. (Dewdrop Ser.). (ENG., Illus.). 40p. (J). (gr. k-3). 16.99 *(978-1-62010-689-1(2),* Lion Forge) Oni Pr., Inc.

Dewdrop Danby (Classic Reprint) Harold Hansell. 2018. (ENG., Illus.). 206p. (J). 28.17 *(978-0-484-17173-1(9))* Forgotten Bks.

Dewey: The Silent Boy. Brant Vickers. 2018. (ENG., Illus.). 118p. (YA). (gr. 7-12). pap. 16.95 *(978-1-68433-033-1(5))* Black Rose Writing.

Dewey & Cletis: Their Maine Adventure. Gayle Ketchem. 2020. (ENG.). 45p. (J). pap. *(978-1-716-62991-4(8))* Lulu Pr., Inc.

Dewey & Cletis Their Maine Adventure Coloring Book. The Snack Lady. 2017. (ENG.). 32p. (J). pap. *(978-1-387-37009-2(X))* Lulu Pr., Inc.

Dewey & Cletis Visit Uncle Jack's Farm. Gayle Ketchem. Illus. by J. Curtis Mace. 2020. (ENG.). 49p. (J). pap. ***(978-1-716-66512-7(4))*** Lulu Pr., Inc.

Dewey Dandee Hopes to Storm the Galaxy. Richard Evans. Illus. by Ronald Burrow. 2021. (ENG.). 36p. (J). 19.95 ***(978-1-68489-572-4(3))*** Primedia eLaunch LLC.

Dewey Does First Day: Book One. John Cooper & Thomas Kinslow. 2018. (ENG., Illus.). 72p. (J). 21.95 *(978-1-64214-134-4(8))* Page Publishing Inc.

Dewey Does in the Groove: Book Two. John Cooper & Thomas Kinslow. 2018. (ENG., Illus.). 76p. (J). 21.95 *(978-1-64214-203-7(4))* Page Publishing Inc.

Dewey Does the Comeback: Book Three. John Cooper & Thomas Kinslow. 2018. (ENG., Illus.). 92p. (J). 21.95 *(978-1-64214-138-2(0))* Page Publishing Inc.

Dewey Fairchild, Parent Problem Solver. Lorri Horn. 2018. (Dewey Fairchild Ser.: 1). (ENG., Illus.). 252p. (J). (gr. 4-7). pap. 7.99 *(978-1-948705-12-7(5))* Amberjack Publishing Co.

Dewey Fairchild, Parent Problem Solver: Parent Problem Solver. Lorri Horn. 2017. (Dewey Fairchild Ser.: 1). (ENG., Illus.). 252p. (J). (gr. 4-7). 13.99 *(978-1-944995-16-4(1))* Amberjack Publishing Co.

Dewey Fairchild, Sibling Problem Solver. Lorri Horn. 2019. (Dewey Fairchild Ser.: 3). (ENG.). 256p. (J). (gr. 4-7). 13.99 *(978-1-948705-41-7(9))* Amberjack Publishing Co.

Dewey Fairchild, Teacher Problem Solver. Lorri Horn. 2018. (Dewey Fairchild Ser.: 2). (ENG., Illus.). 286p. (J). (gr. 4-7). 13.99 *(978-1-944995-85-0(4))* Amberjack Publishing Co.

Dewey Hotel. Lisa Robbins. Illus. by Cheryl Hart. 2019. (ENG.). 26p. (J). 20.00 *(978-1-945620-68-3(4))* Hear My Heart Publishing.

Dewey Hotel. Lisa Robbins. Illus. by Cheryl H Hart. 2019. (ENG.). 26p. (J). pap. 11.99 *(978-1-945620-66-9(8))* Hear My Heart Publishing.

Dewi & the Cricket Dragon. Mark Frost. 2018. (ENG., Illus.). 64p. (gr. 1-6). pap. 10.99 *(978-1-78955-178-5(1))* New Generation Publishing GBR. Dist: Independent Pubs. Group.

Dewryn: Stori Am Gyfeillgarwch a Rhyddid. Ed. by Dewryn Limited. 2020. (WEL., Illus.). 62p. (J). *(978-1-9162572-1-4(6));* pap. *(978-1-9162572-0-7(8))* Heart of Stewardship.

Dewy Morn, Vol. 1 Of 2: A Novel (Classic Reprint) Richard Jefferies. 2018. (ENG., Illus.). 304p. (J). 30.17 *(978-0-483-84654-8(6))* Forgotten Bks.

Dewy Morn, Vol. 2 Of 2: A Novel (Classic Reprint) Richard Jefferies. (ENG., Illus.). (J). 2017. 334p. 30.81 *(978-1-5282-6588-1(2));* 2016. pap. 13.57 *(978-1-334-22229-0(0))* Forgotten Bks.

Dexie, the Bearded Dragon. Chelsea Elizabeth Peseller. 2023. (ENG.). 30p. (J). pap. ***(978-1-83875-847-9(X),*** Nightingale Books) Pegasus Elliot Mackenzie Pubs.

Dexter Cattle, 1 vol. Alix Wood. 2016. (Mini Animals Ser.). (ENG.). 32p. (J). (gr. 2-3). pap. 11.00 *(978-1-4994-8152-5(7),* a9570c78-4e20-4cfb-b87d-f66b43654c31, Windmill Bks.) Rosen Publishing Group, Inc., The.

Dexter Doubleday: Fight for Freedom. Karen Leary. 2022. (Dexter Doubleday Ser.: 1). 138p. (YA). pap. 11.99 *(978-1-6678-1112-3(6))* BookBaby.

Dexter Fittin In: Stepping Through Life One Paw at a Time. Michele Webb. 2020. (ENG., Illus.). 62p. (J). pap. 14.95 *(978-1-6624-0247-0(3))* Page Publishing Inc.

Dexter Learns Teamwork. Wanda Y. Cline. 2020. (ENG.). 20p. (J). *(978-1-5255-5802-3(1));* pap. *(978-1-5255-5803-0(X))* FriesenPress.

Dexter the Dahu. Andrew Piccoli. I.t. ed. 2021. (ENG.). 82p. (J). pap. *(978-0-6488749-8-0(2))* GRISONS Bks.

Dexter the Very Good Goat, 1 vol. Jean Malone-Ward. Illus. by Jia Min Lin. 2016. (ENG.). 32p. (J). (gr. -1-3). 14.99 *(978-0-7643-5051-1(X),* 6834) Schiffer Publishing, Ltd.

Dexters Adventures. Marie Pearson. 2018. (ENG., Illus.). 46p. (J). *(978-0-244-42276-9(1))* Lulu Pr., Inc.

Dez Bryant. Joe L. Morgan. 2018. (J). *(978-1-4222-4070-0(3))* Mason Crest.

Dfa Pix Cars Workbook with Stickers. Des. by Bendon. 2020. (ENG.). (J). pap. 1.97 *(978-1-6902-1219-5(5));* pap. 6.97 ***(978-1-6902-1229-4(2));*** pap. 6.97 ***(978-1-6902-1241-6(1))*** Bendon, Inc.

Dfa Pix Mixed 5 X 8. 5 Shaped Board Book. Des. by Bendon. 2020. (ENG.). (J). bds. 1.00 ***(978-1-6902-1182-2(2))*** Bendon, Inc.

Dfa Pix Mixed Digest Imagine Ink Magic Ink (Value) Des. by Bendon. 2020. (ENG.). (J). pap. 5.00 ***(978-1-6902-1197-6(0))*** Bendon, Inc.

Dfa Pix Mixed Gigantic Coloring & Activity Book with Stickers. Des. by Bendon. 2020. (ENG.). (J). pap. 5.99 *(978-1-6902-1117-4(2))* Bendon, Inc.

Dfa Pix Mixed Imagine Ink Magic Ink Pictures (Value) Des. by Bendon. 2020. (ENG.). (J). 3.00 ***(978-1-6902-1023-8(0))*** Bendon, Inc.

Dfa Pix Soul Flip-Over Jumbo Coloring & Activity Book. Des. by Bendon. 2020. (ENG.). (J). pap. 1.00 ***(978-1-6902-1292-8(6))*** Bendon, Inc.

Dfa Pix Soul Imagine Ink Magic Ink Pictures (Value) Des. by Bendon. 2020. (ENG.). (J). 3.00 ***(978-1-6902-1301-7(9))*** Bendon, Inc.

Dfa Pix Soul Jumbo Coloring & Activity Book. Des. by Bendon. 2019. (ENG.). (J). pap. 1.00 ***(978-1-6902-0002-4(2))*** Bendon, Inc.

Dfa Pix Toy Story 4 5 X 8. 5 Shaped Board Book. Des. by Bendon. 2020. (ENG.). (J). bds. 1.00 ***(978-1-6902-0490-9(7))*** Bendon, Inc.

Dfa Pix Toy Story Workbook with Stickers. Des. by Bendon. 2020. (ENG.). (J). pap. 6.97 ***(978-1-6902-1230-0(6));*** pap. 6.97 ***(978-1-6902-1247-8(0))*** Bendon, Inc.

Dfa Raya Atld Coloring & Activity Book with Crayons. Des. by Bendon. 2020. (ENG.). (J). pap. 4.99 ***(978-1-6902-1530-1(5))*** Bendon, Inc.

Dfa Raya Atld Flip-Over Jumbo Coloring & Activity Book. Des. by Bendon. 2020. (ENG.). (J). pap. 1.00 ***(978-1-6902-0480-0(X))*** Bendon, Inc.

Dfa Raya Atld Imagine Ink Magic Ink Coloring Book. Des. by Bendon. 2019. (ENG.). (J). pap. 7.99 *(978-1-6902-0149-6(5))* Bendon, Inc.

Dfa Raya Atld Imagine Ink Magic Ink Pictures (Value) Des. by Bendon. (ENG.). (J). 2020. 3.00 ***(978-1-6902-0860-0(0));*** 2019. 3.00 ***(978-1-6902-0150-2(9))*** Bendon, Inc.

Dfa Raya Atld Jumbo Coloring & Activity Book. Des. by Bendon. 2019. (ENG.). (J). pap. 1.00 ***(978-1-6902-0147-2(9))*** Bendon, Inc.

Dfa Raya Atld Scratch Frantastic (Value) Des. by Bendon. 2020. (ENG.). (J). 4.99 ***(978-1-6902-0563-0(6))*** Bendon, Inc.

DH (the Triple Threat, 3) John Feinstein. 2017. (Triple Threat Ser.: 3). 304p. (J). (gr. 5). 8.99 *(978-0-553-53585-3(4),* Yearling) Random Hse. Children's Bks.

Dharma Celebrates Diwali. Tracilyn George. 2023. (ENG.). 26p. (J). pap. 12.99 ***(978-1-77475-793-2(1))*** Draft2Digital.

D'Horsay, Vol. 1: Or the Follies of the Day (Classic Reprint) John Mills. 2017. (ENG., Illus.). 182p. (J). 27.65 *(978-0-484-32121-1(8))* Forgotten Bks.

Di Ak Mou (Hard & Soft) Amy Culliford. Tr. by Jean Pierre Gaston. 2021. (Bagay Ki Opoze Youn Ak lòt Ki Tout Otou Mwen! (Opposites All Around Me!) Ser.). (CRP., Illus.). (J). (gr. -1-1). pap. ***(978-1-0396-2253-1(4),*** 10002, Crabtree Roots) Crabtree Publishing Co.

¡Di Algo! (Say Something!), 1 vol. Peter H. Reynolds. Illus. by Peter H. Reynolds. 2019. (SPA., Illus.). 40p. (J). (gr. -1-k). pap. 7.99 *(978-1-338-56596-6(6),* Scholastic en Espanol) Scholastic, Inc.

Di Geshikhte Fun Kriyes Yam Suf: Mitgelebt Loyt Di Hayntige Velt. M. Safra. Illus. by Yaakov Hanah. 2017. (YID.). 64p. (J). *(978-1-68091-170-1(8))* Kinder Shpiel USA, Inc.

Di Guoyong on Xingyiquan: Hard Cover. Andrea Falk & Guoyong Di. 2021. (ENG.). 720p. (YA). *(978-1-989468-24-1(1))* TGL Bks.

Di Vang Khon Nguoi. Melinda Luu. 2021. (ENG.). 246p. (YA). pap. *(978-1-105-40000-1(X))* Lulu Pr., Inc.

Di Vunderlikhe Ertseylung Fun Motl. Hayim Valder. Illus. by Moti Heler. 2017. (YID.). 57p. (J). *(978-1-68091-169-5(4))* Kinder Shpiel USA, Inc.

Di Zeksling Hagodeh. Illus. by M. Has. 2017. (HEB & YID.). 85p. (J). *(978-1-68091-246-3(1))* Kinder Shpiel USA, Inc.

día Caluroso. Carmen Corriols. Illus. by Marcela Gomez. 2016. (Early Rising Readers Ser.). (SPA.). (J). (gr. -1). 6.67 *(978-1-4788-3698-8(9))* Newmark Learning LLC.

día Caluroso - 6 Pack. Carmen Corriols. 2016. (Early Rising Readers Ser.). (SPA.). (J). (gr. 1). 40.00 net. *(978-1-4788-4641-3(0))* Newmark Learning LLC.

Dia con Papa. Jerry Ruff. Illus. by Davilyn Lynch. 2022. (SPA.). 32p. (J). 18.95 *(978-1-60537-806-0(2))* Clavis Publishing.

día de Acción de Gracias. Aaron Carr. 2017. (Las Grandes Fechas Patrias Estadounidenses Ser.). (SPA.). 24p. (J). lib. bdg. 22.99 *(978-1-5105-2406-4(1))* SmartBook Media, Inc.

Día de Acción de Gracias. Lori Dittmer. 2021. (Semillas Del Saber Ser.). (SPA.). 24p. (J). (gr. -1-k). pap. 8.99 *(978-1-62832-983-4(1),* 17943, Creative Paperbacks) Creative Co., The.

Día de Acción de Gracias: Leveled Reader Book 56 Level H 6 Pack. Hmh Hmh. 2021. (SPA.). 16p. (J). pap. 74.40 *(978-0-358-08273-6(0))* Houghton Mifflin Harcourt Publishing Co.

Día de Campo en la Luna. John Hare. 2021. (Álbumes Ser.). (SPA.). 48p. (J). (gr. k-2). 12.50 *(978-607-557-137-9(X))* Editorial Oceano de Mexico MEX. Dist: Independent Pubs. Group.

Día de Disfraces (Dress-Up Day Spanish Edition) Blanca Gómez. 2022. (ENG., Illus.). 40p. (J). (gr. -1-3). 17.99 *(978-1-4197-5858-4(6),* 1758501, Abrams Bks. for Young Readers) Abrams, Inc.

día de Isabel: Leveled Reader Book 50 Level C 6 Pack. Hmh Hmh. 2021. (SPA.). 16p. (J). pap. 74.40 *(978-0-358-08179-1(3))* Houghton Mifflin Harcourt Publishing Co.

día de la Independencia see On Independence Day/el día de la Independencia

Día de la Independencia. Lori Dittmer. 2021. (Semillas Del Saber Ser.). (SPA.). 24p. (J). (gr. -1-k). pap. 8.99 *(978-1-62832-980-3(7),* 17931, Creative Paperbacks) Creative Co., The.

día de la Independencia. Jill Foran. 2016. (Las Fechas Patrias Estadounidenses 2017 Ser.). (SPA.). 24p. (J). lib. bdg. 22.99 *(978-1-5105-2447-7(9))* SmartBook Media, Inc.

día de la Independencia. Katie Gillespie. 2016. (Celebremos Las Fechas Patrias Ser.). (SPA.). 24p. (J). pap. 31.41 *(978-1-4896-4375-9(3))* Weigl Pubs., Inc.

día de las ballenas. Cornelius. 2020. (Álbumes Ser.). (SPA.). 48p. (J). (gr. 2-4). 13.50 *(978-607-557-073-0(X))* Editorial Oceano de Mexico MEX. Dist: Independent Pubs. Group.

día de Lluvia: Leveled Reader Book3 Level a 6 Pack. Hmh Hmh. 2021. (SPA.). 16p. (J). pap. 74.40 *(978-0-358-08132-6(7))* Houghton Mifflin Harcourt Publishing Co.

día de Los Caídos. Aaron Carr. 2017. (Las Grandes Fechas Patrias Estadounidenses Ser.). (SPA.). 24p. (J). lib. bdg. 22.99 *(978-1-5105-2407-1(X))* SmartBook Media, Inc.

día de Los Caídos. Lynn Hamilton. 2016. (Las Fechas Patrias Estadounidenses Ser.). (SPA.). 24p. (J). lib. bdg. 24.99 *(978-1-5105-2449-1(5))* SmartBook Media, Inc.

día de Los Muertos. Bob Barner. 2023. (SPA.). 24p. (J). (-k). bds. 8.99 ***(978-0-8234-5629-1(3))*** Holiday Hse., Inc.

Día de Los Muertos. Lori Dittmer. 2021. (Semillas Del Saber Ser.). (SPA.). 24p. (J). (gr. -1-k). pap. 8.99 *(978-1-62832-975-9(0),* 17911, Creative Paperbacks) Creative Co., The.

Día de Los Muertos. Hannah Eliot. Illus. by Jorge Gutierrez. 2018. (Celebrate the World Ser.). (ENG.). 24p. (J). (gr. -1 — 1). bds. 8.99 *(978-1-5344-1515-7(7),* Little Simon) Little Simon.

Día de Los Muertos. Rosie Pajaro. Ed. by Cottage Door Press. Illus. by Gaby Zermeno. 2022. (ENG.). 12p. (J). (gr. -1 — 1). bds. 7.99 *(978-1-64638-641-3(8),* 1008360) Cottage Door Pr.

Día de Los Muertos. Roseanne Greenfield Thong. Illus. by Carles Ballesteros. 2020. (ENG.). 32p. (J). (gr. -1-3). pap. 8.99 *(978-0-8075-1577-8(9),* 0807515779) Whitman, Albert & Co.

Día de Los Muertos (Day of the Dead) Julie Murray. 2018. (Fiestas (Holidays) Ser.). (SPA.). 24p. (J). (gr. -1-2). lib. bdg. 31.36 *(978-1-5321-8002-6(0),* 28219, Abdo Kids) ABDO Publishing Co.

día de Los Veteranos. Katie Gillespie. 2016. (Celebremos Las Fechas Patrias Ser.). (SPA.). 24p. (J). pap. 31.41 *(978-1-4896-4384-1(2))* Weigl Pubs., Inc.

día de Martin Luther King, Jr. Aaron Carr. 2017. (Las Grandes Fechas Patrias Estadounidenses Ser.). (SPA.). 24p. (J). lib. bdg. 22.99 *(978-1-5105-2408-8(8))* SmartBook Media, Inc.

día de Martin Luther King, Jr. Jill Foran. 2016. (Las Fechas Patrias Estadounidenses 2017 Ser.). (SPA.). 24p. (J). lib. bdg. 22.99 *(978-1-5105-2448-4(7))* SmartBook Media, Inc.

Día de Muertos: A Papel Picado Lift-The-Flap Book. Dori Elys. Illus. by Alicia Más. 2023. (ENG.). 14p. (J). (gr. -1). bds. 8.99 ***(978-1-6659-3942-3(7),*** Little Simon) Little Simon.

Día de Muertos: Números: A Day of the Dead Counting Book. Duncan Tonatiuh. 2023. (ENG., Illus.). 24p. (J). (gr. -1-1). 15.99 *(978-1-4197-6446-2(2),* 1788901, Abrams Appleseed) Abrams, Inc.

día de Nieve. Jenna Lee Gleisner. 2016. (Clima Ser.). (SPA.). 16p. (J). (gr. -1-2). pap. 7.95 *(978-1-68320-097-0(7),* 16889) RiverStream Publishing.

día de Nieve. Ezra Jack Keats. 2022. 32p. (J). (-k). bds. 7.99 *(978-0-593-20659-1(2),* Viking Books for Young Readers) Penguin Young Readers Group.

Día de Nieve (a Snowy Day) Christine Platt. 2020. (Ana & Andrew (Spanish) Ser.). (SPA., Illus.). 32p. (J). (gr. 2-2). pap. 9.95 *(978-1-64494-365-6(4),* 1644943654, Calico Kid) ABDO Publishing Co.

Día de Nieve (a Snowy Day) Christine Platt. Illus. by Sharon Sordo. 2019. (Ana & Andrew (Spanish Version) Ser.). (SPA.). 32p. (J). (gr. -1-3). lib. bdg. 32.79 *(978-1-5321-3758-7(3),* 33782, Calico Chapter Bks) Magic Wagon.

día de Pesca: Leveled Reader Book 21 Level B 6 Pack. Hmh Hmh. 2021. (SPA.). 16p. (J). pap. 74.40 *(978-0-358-08150-0(5))* Houghton Mifflin Harcourt Publishing Co.

¡día de Playa! (Beach Day! Spanish Edition) Candice Ransom. Illus. by Erika Meza. 2023. (LEYENDO a PASOS (Step into Reading) Ser.). 32p. (J). (gr. -1-1). pap. 5.99 *(978-0-593-64665-6(7));* (SPA.). lib. bdg. 14.99 *(978-0-593-64666-3(5))* Random Hse. Children's Bks. (Random Hse. Bks. for Young Readers).

Día de Recoger Cachorritos (el Piquino Labrador Nº 1) Puppy Pickup Day - Spanish Edtion. April M. Cox. Illus. by Len Smith. 2019. (Little Labradoodle Ser.). (SPA.). 36p. (J). (gr. k-4). 14.95 *(978-1-7339605-3-3(8))* Little Labradoodle Publishing, LLC.

Día de San Patricio (Saint Patrick's Day) Julie Murray. 2019. (Fiestas (Holidays) Ser.). (SPA.). 24p. (J). (gr. -1-2). lib. bdg. 31.36 *(978-1-5321-8729-2(7),* 31306, Abdo Kids) ABDO Publishing Co.

Día de San Valentín see On Valentine's Day/el día de San Valentín

Día de San Valentín. Lori Dittmer. 2021. (Semillas Del Saber Ser.). (SPA.). 24p. (J). (gr. -1-k). pap. 8.99 *(978-1-62832-984-1(X),* 17947, Creative Paperbacks) Creative Co., The.

Día de San Valentín (Valentine's Day) Julie Murray. 2018. (Fiestas (Holidays) Ser.). (SPA.). 24p. (J). (gr. -1-2). lib. bdg. 31.36 *(978-1-5321-8006-4(3),* 28227, Abdo Kids) ABDO Publishing Co.

día de Suerte para Pequeño Dinosaurio: Leveled Reader Book 31 Level F 6 Pack. Hmh Hmh. 2021. (SPA.). 16p. (J). pap. 74.40 *(978-0-358-08251-4(X))* Houghton Mifflin Harcourt Publishing Co.

Día Del Color Morado. Carmen Corriols. Illus. by Lydia Mba Blazquez. 2016. (Early Rising Readers Ser.). (SPA.). 16p. (J). (gr. 1-1). 6.67 *(978-1-4788-4169-2(9))* Newmark Learning LLC.

día Del Color Morado - 6 Pack. Carmen Corriols. 2016. (Early Rising Readers Ser.). (SPA.). (J). (gr. 1). 40.00 net. *(978-1-4788-4748-9(4))* Newmark Learning LLC.

día Del Descubrimiento de América. Aaron Carr. 2017. (Las Grandes Fechas Patrias Estadounidenses Ser.). (SPA.). 24p. (J). lib. bdg. 22.99 *(978-1-5105-2409-5(6))* SmartBook Media, Inc.

Día Del Desfile: Longitud. Susan Daddis. rev. ed. 2019. (Mathematics in the Real World Ser.). (SPA., Illus.). 24p. (J). (gr. 1-2). pap. 9.99 *(978-1-4258-2851-6(5))* Teacher Created Materials, Inc.

día Del Presidente. Aaron Carr. 2017. (Las Grandes Fechas Patrias Estadounidenses Ser.). (SPA.). 24p. (J). lib. bdg. 23.99 *(978-1-5105-2410-1(X))* SmartBook Media, Inc.

día Del Presidente. Lynn Hamilton. 2016. (Las Fechas Patrias Estadounidenses Ser.). (SPA.). 24p. (J). lib. bdg. 24.99 *(978-1-5105-2450-7(9))* SmartBook Media, Inc.

día Del Veterano. Arlene Worsley. 2016. (Las Fechas Patrias Estadounidenses 2017 Ser.). (SPA.). 24p. (J). lib. bdg. 22.99 *(978-1-5105-2451-4(7))* SmartBook Media, Inc.

día Del Zoológico (Zoo Day) Un Libro de Mis Primeras Experiencias Anne Rockwell. Tr. by Alexis Romay & Milo Romay. Illus. by Lizzy Rockwell. 2023. (My First Experience Book Ser.). (SPA.). 32p. (J). (gr. -1-3). 8.99 ***(978-1-6659-3416-9(6),*** Libros Para Ninos) Libros Para Ninos.

Día en el Bosque Del Humedal. Kevin Kurtz & Sherry Neidigh. Illus. by Sherry Neidigh. 2018.Tr. of Day in a Forested Wetland. (SPA., Illus.). 32p. (J). (gr. 2-3). pap. 11.95 *(978-1-62855-914-9(4),* b8c24ca2-38fd-4bc7-8af1-66d0d31aa7c3) Arbordale Publishing.

día en el Colegio(All You Need to Know Before You Start School) Felicity Brooks. 2019. ((none) Ser.). (SPA.). 26p. (J). 14.99 *(978-0-7945-4561-1(0),* Usborne) EDC Publishing.

Día en el Museo (a Day at the Museum) Christine Platt. 2020. (Ana & Andrew (Spanish) Ser.). (SPA., Illus.). 32p. (J). (gr. 2-2). pap. 9.95 *(978-1-64494-364-9(6),* 1644943646, Calico Kid) ABDO Publishing Co.

Día en el Museo (a Day at the Museum) Christine Platt. Illus. by Sharon Sordo. 2019. (Ana & Andrew (Spanish Version) Ser.). (SPA.). 32p. (J). (gr. -1-3). lib. bdg. 32.79 *(978-1-5321-3757-0(5),* 33780, Calico Chapter Bks) Magic Wagon.

día en la Gran Ciudad: Leveled Reader Book 28 Level J 6 Pack. Hmh Hmh. 2021. (SPA.). 16p. (J). pap. 74.40 *(978-0-358-08340-5(0))* Houghton Mifflin Harcourt Publishing Co.

Día en la Playa. Eva Montanari. 2021. (SPA.). 36p. (J). bds. 19.99 *(978-84-261-4709-7(7))* Juventud, Editorial ESP. Dist: Lectorum Pubns., Inc.

día en Que Descubres Quién Eres. Jacqueline Woodson. Tr. by Teresa Mlawer. Illus. by Rafael López. 2018. 32p. (J). (gr. k-3). 18.99 *(978-1-9848-1207-0(6),* Nancy Paulsen Books) Penguin Young Readers Group.

Día en Que Llegaste. Dolores Brown. Illus. by Reza Dalvand. 2019. (ENG.). 36p. (J). 15.95 *(978-84-17673-01-7(6))* NubeOcho Ediciones ESP. Dist: Consortium Bk. Sales & Distribution.

Día Frío, Chocolate Caliente: Leveled Reader Book 21 Level e 6 Pack. Hmh Hmh. 2021. (SPA.). 16p. (J). pap. 74.40 *(978-0-358-08241-5(2))* Houghton Mifflin Harcourt Publishing Co.

día Lluvioso. Jenna Lee Gleisner. 2016. (Clima Ser.). (SPA.). 16p. (J). (gr. -1-2). pap. 7.95 *(978-1-68320-096-3(9),* 16888) RiverStream Publishing.

Día Lluvioso: Trabajar en Bucles, 1 vol. Dale Dixon. 2017. (Computación Científica en el Mundo Real (Computer Science for the Real World) Ser.). (SPA.). 24p. (J). (gr. 3-4). pap. *(978-1-5383-5726-2(7),* fa6129c5-cb87-48c6-b6fa-7fdd456615c2, Rosen Classroom) Rosen Publishing Group, Inc., The.

día Lluvioso: Trabajar en Bucles (the Rainy Day: Working in a Loop), 1 vol. Dale Dixon. 2017. (Niños Digitales: Superdotados con Pensamiento Computacional (Computer Kids: Powered by Computational Thinking) Ser.). (SPA.). 24p. (J). (gr. 3-4). 25.27 *(978-1-5383-2873-6(9),* b9ea3395-c316-4861-802a-1c233439cc48, PowerKids Pr.) Rosen Publishing Group, Inc., The.

Día Mariquita Dibujo una Pelusa Gigante (the Day Ladybug Drew a Giant Ball of Fluff) Jose Carlos Roman. Illus. by Zurine Aguirre. 2020. (SPA.). 28p. (J). (gr. k-3). 16.95 *(978-84-16733-87-3(2))* Cuento de Luz SL ESP. Dist: Publishers Group West (PGW).

Día Negro en el Fondo Del Mar. Mary Pope Osborne et al. Illus. by Sal Murdocca. 2018. (SPA.). 118p. (J). (gr. 2-4). pap. 6.99 *(978-1-63245-682-3(6))* Lectorum Pubns., Inc.

Día Negro en el Fondo Del Mar (Dark Day in the Deep Sea) Mary Pope Osborne. ed. 2018. (Magic Tree House Merlin Missions Ser.: 11). lib. bdg. 16.00 *(978-0-606-41281-0(6))* Turtleback.

día Perfecto. Danny Parker. 2017. (SPA.). 32p. (J). (gr. k-k). *(978-84-16820-58-0(9))* Plataforma Editorial SL ESP. Dist: Lectorum Pubns., Inc.

día que el océano te mire a los ojos. Dulcinea (Paola Calasanz). 2018. (SPA.). 288p. 18.95 *(978-84-17092-54-2(4))* Roca Editorial ESP. Dist: Spanish Pubs., LLC.

Día Que Exploto la Abuela. Flor Aguilera. Illus. by Manuel Monroy. 2016. (Serie Azul Ser.). (SPA.). 232p. (J). (gr. 4-7). pap. 12.95 *(978-607-01-3334-3(X))* Santillana USA Publishing Co., Inc.

D

día Que Me Sentí Triste. Rosario Reyes. Illus. by Helen Poole. 2023. (SPA.). 16p. (J). (gr. -1-1). pap. 5.75 *(978-1-4788-1960-8(X),* 13c5b1ab-3cfc-477c-8e9a-a73858757317); pap. 36.00 *(978-1-4788-2305-6(4),* dcc889dc-f3f7-41ad-946a-166fb9dfcba8) Newmark Learning LLC.

día Que Mi Hermana Me Pegó el Hipo. Stephanie Blassingame. 2020. (SPA.). 32p. (J). 20.00 *(978-1-0878-9274-0(0))* Indy Pub.

Dia Se Ha Perdido / a Day Is Lost (Descubrimos) Spanish Edition. Maria de Los Angeles Boada. 2016. (Descubrimos Ser.). (SPA., Illus.). (J). pap. 11.95 *(978-9942-19-692-7(7))* Santillana USA Publishing Co., Inc.

día Soleado. Jenna Lee Gleisner. 2016. (Clima Ser.). (SPA.). 16p. (J). (gr. -1-2). pap. 7.95 *(978-1-68320-098-7(5),* 16890) RiverStream Publishing.

día Terrible de Rita y Rafi (Rita & Ralph's Rotten Day) Carmen Agra Deedy. Illus. by Pete Oswald. 2021. (SPA.). 48p. (J). (gr. -1-k). pap. 7.99 *(978-1-338-63100-5(4),* Scholastic en Espanol) Scholastic, Inc.

día Ventoso. Jenna Lee Gleisner. 2016. (Clima Ser.). (SPA.). 16p. (J). (gr. -1-2). pap. 7.95 *(978-1-68320-099-4(3),* 16891) RiverStream Publishing.

día y una Noche en el Desierto. Caroline Arnold. Illus. by Caroline Arnold. 2021. (Los Hábitats de Caroline Arnold Ser.). (SPA.). 24p. (J). pap. 7.95 *(978-1-6663-8259-4(0),* 243953, Picture Window Bks.) Capstone.

Diabetes. Nancy Dickmann. 2023. (Fast Track: Living With Ser.). (ENG., Illus.). 24p. (J). (gr. 1-3). pap. 10.99 *(978-1-78121-811-2(0),* 23955) Black Rabbit Bks.

Diabetes: Understand Your Mind & Body (Engaging Readers, Level 3) Kit Caudron-Robinson. l.t. ed. 2023. (Understand Your Mind & Body Ser.: Vol. 7). (ENG., Illus.). 32p. (J). ***(978-1-77476-978-2(6))***; pap. ***(978-1-77476-979-9(4))*** AD Classic.

Diabetes & Other Endocrinological Disorders. Rebecca Sherman. 2017. (Illus.). 128p. (J). *(978-1-4222-3756-4(7))* Mason Crest.

Diabetes Doesn't Stop Maddie! Sarah Glenn Marsh. Illus. by Maria Luisa Di Gravio. 2020. (ENG.). 32p. (J). (gr. -1-3). 16.99 *(978-0-8075-4703-8(4),* 807547034) Whitman, Albert & Co.

Diablo & the Leprechaun Figurehead. Chris Tait. 2019. (ENG., Illus.). 84p. (YA). (gr. 8-13). pap. *(978-1-9999977-2-4(7))* Forky Tail Bks.

Diablo Espinoso (Thorny Devil) Grace Hansen. 2019. (Animales de Australia (Australian Animals) Ser.). (SPA.). 24p. (J). (gr. -1-2). lib. bdg. 32.79 *(978-1-0982-0086-2(1),* 33046, Abdo Kids) ABDO Publishing Co.

Diabolic. S. J. Kincaid. (Diabolic Ser.: 1). (ENG.). (YA). (gr. 9). 2017. 432p. pap. 12.99 *(978-1-4814-7268-5(2))*; 2016. (Illus.). 416p. 19.99 *(978-1-4814-7267-8(4))* Simon & Schuster Bks. For Young Readers. (Simon & Schuster Bks. For Young Readers).

Diabolic Paperback Trilogy (Boxed Set) The Diabolic; the Empress; the Nemesis. S. J. Kincaid. ed. 2022. (Diabolic Ser.). (ENG.). 1232p. (YA). (gr. 9). pap. 38.99 *(978-1-6659-0143-7(8),* Simon & Schuster Bks. For Young Readers) Simon & Schuster Bks. For Young Readers.

Diabolic Trilogy: The Diabolic; the Empress; the Nemesis. S. J. Kincaid. ed. 2020. (Diabolic Ser.). (ENG.). 1216p. (YA). (gr. 9). 55.99 *(978-1-5344-5639-6(2),* Simon & Schuster Bks. For Young Readers) Simon & Schuster Bks. For Young Readers.

Diadama Van Dyne (Classic Reprint) Julia Royce Parish. 2017. (ENG., Illus.). (J). 25.65 *(978-0-265-57111-8(1))*; pap. 9.57 *(978-0-282-83966-6(6))* Forgotten Bks.

Diadem: The Adventures of Hans & Feetz. Hunter W. Rogers. Illus. by Benjamin Rogers. 2018. (ENG.). 246p. (J). pap. *(978-1-5255-2149-2(7))*; *(978-1-5255-2148-5(9))* FriesenPress.

Diadem; a Souvenier for the Drawing Room & Parlor, & Gift Book for All Seasons: Illustrated with Twelve Steel Engravings, by the First Artists (Classic Reprint) Emily Percival. 2018. (ENG., Illus.). 312p. (J). 30.33 *(978-0-483-90343-2(4))* Forgotten Bks.

Diadem For 1846: A Present for All Seasons; with Ten Engravings (Classic Reprint) E. L. Carey. (ENG., Illus.). (J). 2018. 132p. 26.62 *(978-0-483-03910-0(1))*; 2016. pap. 9.57 *(978-1-334-15407-2(4))* Forgotten Bks.

Diagnosis & Treatment of Diseases of the Ear. Oren Day Pomeroy. 2017. (ENG.). 388p. (J). pap. *(978-3-337-14040-3(8))* Creation Pubs.

Diagnostik der Chirurgischen Krankheiten in Zwanzig Vorlesungen (Classic Reprint) Eduard Albert. 2018. (GER., Illus.). (J). 350p. 31.12 *(978-1-397-18755-0(7))*; 352p. pap. 13.57 *(978-1-397-18732-1(8))* Forgotten Bks.

Diagramming Dictionary: A Complete Course for Young Writers, Aspiring Rhetoricians, & Anyone Else Who Needs to Understand How English Works. Susan Wise Bauer & Audrey Anderson. 2019. (Grammar for the Well-Trained Mind Ser.: 0). (ENG., Illus.). 80p. (J). (gr. 5-12). 19.95 *(978-1-945841-38-5(9),* 458438) Well-Trained Mind Pr.

Diah & the Orangutan. Nara Vogado. 2021. (ENG.). 28p. (J). *(978-1-64969-938-1(7))*; pap. *(978-1-64969-939-8(5))* Tablo Publishing.

Dial, 1889 (Classic Reprint) Charles H. Shannon. (ENG., Illus.). (J). 2018. 56p. 25.05 *(978-0-483-72503-4(X))*; 2017. pap. 9.57 *(978-0-243-31967-1(3))* Forgotten Bks.

Dial, 1896 (Classic Reprint) Charles S. Ricketts. (ENG., Illus.). (J). 2018. 76p. 25.46 *(978-0-483-72505-8(6))*; 2017. pap. 9.57 *(978-0-243-32091-2(4))* Forgotten Bks.

Dial, 1918 (Classic Reprint) Framingham State College. (ENG., Illus.). (J). 2019. 152p. 27.03 *(978-0-365-20852-5(3))*; 2017. pap. 9.57 *(978-0-282-44310-8(X))* Forgotten Bks.

Dial, 1919 (Classic Reprint) Framingham State Normal School. 2018. (ENG., Illus.). (J). 130p. 26.60 *(978-1-396-77680-9(X))*; 132p. pap. 9.57 *(978-1-396-02147-3(7))* Forgotten Bks.

Dial, 1920 (Classic Reprint) Framingham State College. (ENG., Illus.). (J). 2018. 130p. 26.60 *(978-0-483-66938-3(5))*; 2017. pap. 9.57 *(978-0-259-51889-1(1))* Forgotten Bks.

Dial, 1921 (Classic Reprint) Framingham State College. (ENG., Illus.). (J). 2018. 152p. 27.05 *(978-0-364-26745-5(3))*; 2017. pap. 9.57 *(978-0-259-52066-5(7))* Forgotten Bks.

Dial, 1922 (Classic Reprint) Framingham State College. (ENG., Illus.). (J). 2018. 216p. 28.35 *(978-0-656-45258-3(7))*; 2017. pap. 10.97 *(978-0-259-49748-6(7))* Forgotten Bks.

Dial, 1923 (Classic Reprint) Framingham Normal School. 2018. (ENG., Illus.). (J). 194p. 27.90 *(978-1-396-34665-1(1))*; 196p. pap. 10.57 *(978-1-390-94824-0(2))* Forgotten Bks.

Dial, 1930 (Classic Reprint) Framingham State Normal School. 2017. (ENG., Illus.). (J). 28.89 *(978-0-260-02051-2(6))*; pap. 11.57 *(978-1-5284-5012-6(4))* Forgotten Bks.

Dial 911! Charles Ghigna. Illus. by Glenn Thomas. 2018. (Fire Safety Ser.). (ENG.). 24p. (J). (gr. -1-3). lib. bdg. 33.99 *(978-1-68410-394-2(0),* 140351) Cantata Learning.

Dial of Love: A Christmas Book for the Young. Mary Howitt. 2017. (ENG., Illus.). (J). pap. *(978-0-649-21385-6(8))* Trieste Publishing Pty Ltd.

Dial of Love: A Christmas Book for the Young (Classic Reprint) Mary Howitt. 2018. (ENG., Illus.). 218p. (J). 28.39 *(978-0-483-73198-1(6))* Forgotten Bks.

Dial of the Old South Clock: December 15, 1877 (Classic Reprint) Unknown Author. (ENG., Illus.). (J). 2018. 20p. 24.31 *(978-0-332-38841-0(7))*; 2016. pap. 7.97 *(978-1-333-77388-5(9))* Forgotten Bks.

Dial of the Old South Clock: December 5, 1877 (Classic Reprint) Unknown Author. (ENG., Illus.). (J). 2018. 22p. 24.37 *(978-0-332-15173-1(5))*; 2016. pap. 7.97 *(978-1-334-10798-6(X))* Forgotten Bks.

Dial, Vol. 1: May, July, August, November, 1870 (Classic Reprint) W. O. Andrews and Co. (ENG., Illus.). (J). 2018. 36p. 24.64 *(978-0-267-38178-4(6))*; 2016. pap. 7.97 *(978-1-334-15510-9(0))* Forgotten Bks.

Dialect Ballads (Classic Reprint) Charles Follen Adams. 2018. (ENG., Illus.). 142p. (J). 26.83 *(978-0-484-71037-4(0))* Forgotten Bks.

Dialect of Craven, in the West-Riding of the County of York, Vol. 1 Of 2: With a Copious Glossary, Illustrated by Authorities from Ancient & Scottish Writers, & Exemplified by Two Familiar Dialogues (Classic Reprint) William Carr. 2017. (ENG., Illus.). (J). 31.28 *(978-0-265-68653-9(9))* Forgotten Bks.

Dialect of Craven, Vol. 2 Of 2: In the West-Riding of the County of York, with a Copious Glossary, Illustrated by Authorities from Ancient English & Scottish Writers, & Exemplified by Two Familiar Dialogues (Classic Reprint) Unknown Author. 2017. (ENG., Illus.). 364p. (J). 31.42 *(978-0-484-73247-5(1))* Forgotten Bks.

Dialect of Hartland, Devonshire (Classic Reprint) Richard Pearse Chope. 2017. (ENG., Illus.). (J). 294p. 29.96 *(978-0-332-30393-2(4))*; 296p. pap. 13.57 *(978-0-332-24100-5(9))* Forgotten Bks.

Dialect of Leeds & Its Neighbourhood, Illustrated by Conversations & Tales of Common Life, Etc: To Which Are Added a Copious Glossary, Notices on the Various Antiquities, Manners, & Customs, & General Folk-Lore of the District. C. Clough Robinson. 2017. (ENG., Illus.). (J). 35.32 *(978-0-265-74655-4(8))*; pap. 19.57 *(978-1-5277-1423-6(3))* Forgotten Bks.

Dialect of South Lancashire, or Tim Bobbin's Tummus & Meary: With His Rhymes & an Enlarged Glossary of Words & Phrases, Chiefly Used by the Rural Population of the Manufacturing Districts of South Lancashire (Classic Reprint) Samuel Bamford. 2017. (ENG., Illus.). (J). 29.92 *(978-0-331-58641-1(X))*; pap. 13.57 *(978-0-259-60127-2(6))* Forgotten Bks.

Dialect of South Lancashire, or Tim Bobbin's Tummus & Meary, Revised & Corrected: With His Rhymes, & an Enlarged & Amended Glossary of Words & Phrases (Classic Reprint) Tim Bobbin. 2017. (ENG., Illus.). (J). 27.84 *(978-0-266-73167-2(8))*; pap. 10.57 *(978-1-5276-9314-2(7))* Forgotten Bks.

Dialect of West Somerset: A Paper Read Before the Philological Society, January 15th, 1875 (Classic Reprint) Frederic Thomas. Elworthy. 2017. (ENG., Illus.). (J). 43.10 *(978-0-266-52294-2(7))*; pap. 29.73 *(978-0-259-75172-4(3))* Forgotten Bks.

Dialect Tales (Classic Reprint) Katherine Sherwood Bonner McDowell. (ENG., Illus.). (J). 2018. 194p. 27.90 *(978-0-666-52575-8(7))*; 2016. pap. 10.57 *(978-1-333-35557-9(2))* Forgotten Bks.

Dialecte Poitevin Au Xiiie Siecle (Classic Reprint) Anatole Boucherie. 2017. (FRE., Illus.). (J). 32.56 *(978-0-265-65044-8(5))*; pap. 16.57 *(978-0-259-21543-1(0))* Forgotten Bks.

Dialects for Oral Interpretation: Selections & Discussion (Classic Reprint) Gertrude E. Johnson. 2017. (ENG., Illus.). (J). 30.54 *(978-1-5280-8579-3(5))* Forgotten Bks.

Dialoghi Inglesi Ed Italiani: Colla Pronuncia Segnata a Norma Del Nuovo Pronouncing Dictionary (Classic Reprint) John Millhouse. 2017. (ENG., Illus.). (J). 26.56 *(978-0-260-09949-5(X))*; pap. 9.57 *(978-1-5281-7708-5(8))* Forgotten Bks.

Dialogos de Platon. Platon. 2017. (SPA.). 407p. (YA). pap. *(978-607-8473-48-9(4))* Epoca, Editorial, S.A. de C.V.

Dialogue: A Journey to Universal Truth. James A. Cusumano. 2020. (ENG.). 168p. (J). pap. 14.95 *(978-1-949003-39-0(6))* Waterside Pr.

Dialogue & Characterization. Valerie Bodden. (Odysseys in Prose Ser.). (ENG., Illus.). 80p. (J). (gr. 7-11). 2017. pap. 14.99 *(978-1-62832-323-8(X),* 20680, Creative Paperbacks); 2016. *(978-1-60818-727-0(6),* 20682, Creative Education) Creative Co., The.

Dialogue Between Thomas Jones, a Life-Guard-Man, & John Smith, Late a Serjeant in the First Regiment of Foot-Guards, Just Returned from Flanders (Classic Reprint) Unknown Author. (ENG., Illus.). (J). 2018. 28p. 24.49 *(978-0-267-61644-2(9))*; 2016. pap. 7.97 *(978-1-334-11662-9(8))* Forgotten Bks.

Dialogue on Moral Education. F. H. Matthews. 2017. (ENG.). 264p. (J). pap. *(978-3-337-21846-1(6))* Creation Pubs.

Dialogue on Moral Education. F. H. Matthews. 2017. (ENG., Illus.). (J). pap. *(978-0-649-03754-4(5))* Trieste Publishing Pty Ltd.

Dialogues & Entertainments for Grammar Grades (Classic Reprint) Harriet H. Pierson. 2018. (ENG., Illus.). 768p. (J). 39.76 *(978-0-484-46055-2(2))* Forgotten Bks.

Dialogues & Scenes from the Writings of Harriet Beecher Stowe. Harriet Stowe & Emily Weaver. 2017. (ENG.). 102p. (J). pap. *(978-3-337-12457-1(7))* Creation Pubs.

Dialogues & Scenes from the Writings of Harriet Beecher Stowe (Classic Reprint) Harriet Stowe. (ENG., Illus.). (J). 2018. 102p. 26.00 *(978-0-267-61370-0(9))*; 2016. pap. 9.57 *(978-1-334-11981-1(3))* Forgotten Bks.

Dialogues Consisting of Words of One Syllable Only: Intended As a Proper Book to Follow the Imperial Primer, & Other Approved Introductory Incitements to Learning (Classic Reprint) Elizabeth Semple. (ENG., Illus.). (J). 2018. 146p. 26.91 *(978-0-332-86479-2(0))*; 2016. pap. 9.57 *(978-1-333-82499-0(8))* Forgotten Bks.

Dialogues for Rural Schools: For All Ages (Classic Reprint) Mary L. Monaghan. (ENG., Illus.). (J). 2018. 136p. 26.70 *(978-0-484-62533-3(0))*; 2016. pap. 9.57 *(978-1-334-12184-5(2))* Forgotten Bks.

Dialogues for the Amusement & Instruction of Youth: Adorned with Beautiful Cuts (Classic Reprint) Unknown Author. 2018. (ENG., Illus.). 50p. (J). 24.93 *(978-0-267-26678-4(2))* Forgotten Bks.

Dialogues, Intended to Facilitate the Acquiring of the Bengalee Language (Classic Reprint) W. Carey. (ENG., Illus.). (J). 2018. 126p. 26.52 *(978-0-267-53797-6(2))*; 2016. pap. 9.57 *(978-1-333-34337-8(X))* Forgotten Bks.

Dialogues of Lucian: From the Greek (Classic Reprint) Lucian Lucian. (ENG., Illus.). (J). 2018. 366p. 31.47 *(978-0-483-72291-0(X))*; 2016. pap. 13.97 *(978-1-334-14656-5(X))* Forgotten Bks.

Dialogues of Lucian, from the Greek, Vol. 3 (Classic Reprint) Lucian Of Samosata. 2018. (ENG., Illus.). 382p. (J). 31.69 *(978-0-332-63882-9(0))* Forgotten Bks.

Dialogues of Lucian, Vol. 2: From the Greek (Classic Reprint) Lucian Of Samosata. 2018. (ENG., Illus.). 428p. (J). 32.74 *(978-0-484-00169-4(8))* Forgotten Bks.

Dialogues of the Day (Classic Reprint) Oswald Crawfurd. (ENG., Illus.). (J). 2018. 274p. 29.55 *(978-0-484-05779-0(0))*; 2017. pap. 11.97 *(978-0-243-44688-9(8))* Forgotten Bks.

Dialogues of the Dead, Vol. 2: Together with Some Fables, Composed for the Education of a Prince; Containing the Dialogues of the Moderns, & the Fables (Classic Reprint) Francois Fenelon. 2016. (ENG., Illus.). (J). pap. 10.97 *(978-1-334-14131-7(2))* Forgotten Bks.

Dialogues of the Dead, Vol. 2: Together with Some Fables, Composed for the Education of a Prince; Containing the Dialogues of the Moderns, & the Fables (Classic Reprint) Francois De Salignac De Mothe-Fenelon. 2017. (ENG., Illus.). (J). 28.33 *(978-0-266-48964-1(8))* Forgotten Bks.

Dialstone Lane (Classic Reprint) W. W. Jacobs. 2018. (ENG., Illus.). 350p. (J). 31.14 *(978-0-267-21276-7(3))* Forgotten Bks.

Diamante Perdido. Aparna Gana. Ed. by Eyby Osorio. Illus. by Deysi Lovo. 2021. (SPA.). 50p. (YA). pap. 8.00 *(978-1-0878-9560-4(X))* Indy Pub.

Diamond. Xist Publishing. 2019. (Discover Shapes Ser.). (ENG.). 8p. (J). (gr. -1-2). pap. 5.99 *(978-1-5324-0998-1(2))* Xist Publishing.

Diamond: A Present for Young People (Classic Reprint) Unknown Author. (ENG., Illus.). (J). 2018. 142p. 26.87 *(978-0-332-63424-1(8))*; 2016. pap. 9.57 *(978-1-334-39286-3(2))* Forgotten Bks.

Diamond & Dawn (Amber & Dusk, Book Two) Lyra Selene. 2019. (ENG.). 384p. (YA). (gr. 7-7). 18.99 *(978-1-338-54759-7(3),* Scholastic Pr.) Scholastic, Inc.

Diamond & the Boy: The Creation of Diamonds & the Life of H. Tracy Hall. Hannah Holt. Illus. by Jay Fleck. 2018. (ENG.). 40p. (J). (gr. -1-3). 17.99 *(978-0-06-265903-3(0),* Balzer & Bray) HarperCollins Pubs.

Diamond & the Pearl: A Novel (Classic Reprint) Catherine Gore. (ENG., Illus.). (J). 2018. 130p. 26.58 *(978-0-483-55631-7(9))*; 2016. pap. 9.57 *(978-1-333-26135-1(7))* Forgotten Bks.

Diamond & the Pearl, Vol. 2 Of 3: A Novel (Classic Reprint) Gore Gore. (ENG., Illus.). (J). 2018. 318p. 30.46 *(978-0-364-77405-2(3))*; 2017. pap. 13.57 *(978-0-259-25983-1(7))* Forgotten Bks.

Diamond at the Door. Carter Smith. 2018. (ENG., Illus.). 46p. (J). pap. *(978-1-387-80794-9(3))* Lulu Pr., Inc.

Diamond City: A Novel. Francesca Flores. 2020. (City of Steel & Diamond Ser.: 1). (ENG., Illus.). 400p. (YA). 18.99 *(978-1-250-22044-8(0),* 900207028, Wednesday Bks.) St. Martin's Pr.

Diamond Cross: A Tale of American Society (Classic Reprint) William Barnet Phillips. 2017. (ENG., Illus.). (J). 31.22 *(978-0-265-54537-9(4))*; pap. 13.57 *(978-0-282-76711-2(8))* Forgotten Bks.

Diamond Cross Mystery Being a Somewhat Different Detective Story (Classic Reprint) Chester K. Steele. 2018. (ENG., Illus.). 310p. (J). 30.31 *(978-0-267-74174-8(X))* Forgotten Bks.

Diamond Cut Diamond: A Story of Tuscan Life (Classic Reprint) Thomas Adolphus Trollope. (ENG., Illus.). (J). 2018. 318p. 30.48 *(978-0-332-15204-2(9))*; 2017. pap. 13.57 *(978-0-243-89550-2(X))* Forgotten Bks.

Diamond Cut Paste (Classic Reprint) Agnes Castle. 2018. (ENG., Illus.). 388p. (J). 31.92 *(978-0-666-18645-4(6))* Forgotten Bks.

Diamond Diggings of South Africa: A Personal & Practical Account (Classic Reprint) Charles Alfred Payton. 2017. (ENG., Illus.). (J). 29.14 *(978-0-331-56229-3(4))*; pap. 11.57 *(978-0-259-51141-0(2))* Forgotten Bks.

Diamond Double Play. Jake Maddox. Illus. by Sean Tiffany. 2019. (Jake Maddox Sports Stories Ser.). (ENG.). 72p. (J). (gr. 3-6). 25.99 *(978-1-4965-8329-1(9),* 140498); pap. 5.95 *(978-1-4965-8452-6(X),* 140977) Capstone. (Stone Arch Bks.).

Diamond Eyes Makes His Mark. Dj Key. 2022. (ENG.). 338p. (YA). pap. 22.95 *(978-1-6624-4666-5(7))* Page Publishing Inc.

Diamond Fairy Book: From the Many Countries. Vairous. Illus. by Frank Pape & H. R. Millar. 2019. (ENG.). 262p. (J). (gr. k-4). *(978-605-7748-64-5(6))*; pap. *(978-605-7876-44-7(X))* Uhrayoglu, Murat E Kitap Projesi.

Diamond Fairy Book (Classic Reprint) Frank Cheyne Pape. (ENG., Illus.). (J). 2018. 334p. 30.79 *(978-0-483-66678-8(5))*; 2016. pap. 13.57 *(978-1-333-52209-4(6))* Forgotten Bks.

Diamond from the Sky: A Romantic Novel (Classic Reprint) Roy L. McCardell. 2018. (ENG., Illus.). 482p. (J). 33.84 *(978-0-428-77019-8(3))* Forgotten Bks.

Diamond Girl. Brenda Turner. 2017. (ENG., Illus.). (YA). 206p. 22.95 *(978-1-947825-54-3(2))*; pap. 12.99 *(978-1-942451-95-2(4))* Yorkshire Publishing Group.

Diamond Heart. M. A. Hinkle. 2019. (ENG.). 214p. (YA). pap. 13.99 *(978-1-949909-95-1(6))* NineStar Pr.

Diamond Horse. Stacy Gregg. 2017. (ENG.). 272p. (J). 6.99 *(978-0-00-824384-5(0),* HarperCollins Children's Bks.) HarperCollins Pubs. Ltd. GBR. Dist: HarperCollins Pubs.

Diamond in the Rough. Eric Geron. ed. 2020. (Disney 8x8 Ser.). (ENG., Illus.). 30p. (J). (gr. k-1). 13.89 *(978-0-87617-283-4(4))* Penworthy Co., LLC, The.

Diamond in the Rough (Classic Reprint) Alice O' Hanlon. 2018. (ENG., Illus.). 322p. (J). 30.54 *(978-0-267-23421-9(X))* Forgotten Bks.

Diamond in the Rough, Vol. 1 of 3 (Classic Reprint) Alice O'Hanlon. 2018. (ENG., Illus.). 324p. (J). 30.58 *(978-0-484-10612-2(0))* Forgotten Bks.

Diamond in the Rough, Vol. 2 of 3 (Classic Reprint) Alice O'Hanlon. 2018. (ENG., Illus.). 322p. (J). 30.54 *(978-0-484-23051-3(4))* Forgotten Bks.

Diamond in the Window. Jane Langton. Illus. by Erik Blegvad. 2018. (Hall Family Chronicles). xi, 245p. (J). pap. *(978-1-930900-93-6(7))* Purple Hse. Pr.

Diamond Jack. Mark Greenwood. 2017. (History Mysteries Ser.). 96p. (J). (gr. 3-7). 9.99 *(978-0-14-330926-0(9))* Random Hse. Australia AUS. Dist: Independent Pubs. Group.

Diamond Journey. William Allan. 2022. (ENG., Illus.). 58p. (YA). pap. 12.95 *(978-1-63903-524-3(9))* Christian Faith Publishing.

Diamond Keeper. Jeannie Mobley. 2021. (ENG.). 352p. (J). (gr. 7). 18.99 *(978-1-9848-3744-8(3),* Viking Books for Young Readers) Penguin Young Readers Group.

Diamond Key & How the Railway Heroes Won It (Classic Reprint) Alvah Milton Kerr. (ENG., Illus.). (J). 2018. 434p. 32.85 *(978-0-364-53116-7(9))*; 2018. 420p. 32.56 *(978-0-666-35268-2(2))*; 2017. pap. 16.57 *(978-0-259-47767-9(2))* Forgotten Bks.

Diamond Mistake Mystery: The Great Mistake Mysteries. Sylvia McNicoll. 2019. (Great Mistake Mysteries Ser.: 4). (ENG.). 224p. (J). pap. 8.99 *(978-1-4597-4493-6(4))* Dundum Pr. CAN. Dist: Publishers Group West (PGW).

Diamond Necklace: A Drama in Four Acts (Classic Reprint) John W. Eastman. 2018. (ENG., Illus.). 58p. (J). 25.11 *(978-0-484-63586-8(7))* Forgotten Bks.

Diamond of Drury Lane: Cat in London. Julia Golding. 2018. (ENG., Illus.). 404p. (J). (gr. 5-9). pap. *(978-1-910426-21-0(0))* Frost Wolf.

Diamond of the Prairie. Jeanne Amber Six. 2021. (ENG.). 172p. (YA). pap. 14.88 *(978-1-716-16409-5(5))* Lulu Pr., Inc.

Diamond on the Hearth, or the Story of Sister Anne: A Novel (Classic Reprint) Marian James. 2017. (ENG., Illus.). (J). 27.42 *(978-0-266-71922-9(8))*; pap. 9.97 *(978-1-5276-7870-5(9))* Forgotten Bks.

Diamond Park. Philippe Diederich. 2022. 288p. (YA). (gr. 9). 18.99 *(978-0-593-35425-4(7),* Dutton Books for Young Readers) Penguin Young Readers Group.

Diamond Pin (Classic Reprint) Carolyn Wells. (ENG., Illus.). (J). 2018. 304p. 30.19 *(978-0-484-75914-4(0))*; 2017. pap. 13.57 *(978-0-259-06195-3(6))* Forgotten Bks.

Diamond Princess Saves the Day (Jewel Kingdom #4) Jahnna N. Malcolm. 2020. (Jewel Kingdom Ser.: 3). (ENG., Illus.). 96p. (J). (gr. 2-5). pap. 6.99 *(978-1-338-56573-7(7),* Scholastic Paperbacks) Scholastic, Inc.

Diamond Rattle Loves to Tattle, Volume 1. Ashley Bartley. Illus. by Brian Martin. ed. 2020. (Diamond, Opal & Friends Ser.). (ENG.). 31p. (J). (gr. -1-5). pap. 10.95 *(978-1-944882-57-0(X))* Boys Town Pr.

Diamond Shop Heist: Tales from Sintar. Sean McKenney. Illus. by Linda McKenney. 2018. (Tales from Sintar Ser.: Vol. 1). (ENG.). 38p. (YA). (gr. 7-12). pap. 12.00 *(978-0-692-18742-5(1))* Celebration Media.

Diamond Splinters. Jb Dutton. 2016. (Embodied Trilogy Ser.: Vol. 3). (ENG., Illus.). (YA). *(978-0-9917918-7-3(8))* Dutton, John B.

Diamond Tiara & Silver Spoon. Jeremy Whitley. Illus. by Jenn Blake et al. 2018. (My Little Pony: Friends Forever Ser.). (ENG.). 24p. (J). (gr. 1-8). lib. bdg. 31.36 *(978-1-5321-4235-2(8),* 28563, Graphic Novels) Spotlight.

Diamond Tolls (Classic Reprint) Raymond S. Spears. 2018. (ENG., Illus.). 256p. (J). 29.18 *(978-0-267-22903-1(8))* Forgotten Bks.

Diamondback Rattlesnakes. Betsy Rathburn. 2017. (North American Animals Ser.). (ENG., Illus.). 24p. (J). (gr. k-3). lib. bdg. 26.95 *(978-1-62617-637-9(X),* Blastoff! Readers) Bellwether Media.

Diamonds. Armin Greder. 2020. (ENG.). 36p. (J). (gr. 3). 22.99 *(978-1-76087-704-0(2),* A&U Children's) Allen & Unwin AUS. Dist: Independent Pubs. Group.

Diamonds & Dragons: Charles, a Dragon: Book III. Gary Henderson. 2018. (Charles, a Dragon Ser.: Vol. 3). (ENG., Illus.). 276p. (J). pap. 11.95 *(978-1-937975-26-5(6),* Young Reader's Library) RNWC Media, LLC.

Diamonds & Spades: A Story of Two Lives (Classic Reprint) Hain Friswell. 2018. (ENG., Illus.). 362p. (J). 31.36 *(978-0-483-36112-6(7))* Forgotten Bks.

Diamonds & Toads: Level 3. Ellen Schecter. Illus. by Ami Blackshear. 2020. (Bank Street Ready-To-Read Ser.). (ENG.). 50p. (J). pap. 11.95 *(978-1-876966-25-6(4))* ibooks, Inc.

Diamonds & Toads: Or, Humility Rewarded & Pride Punished; Adorned with Cuts (Classic Reprint) Unknown Author. 2018. (ENG., Illus.). 20p. (J). 24.33 *(978-0-332-80627-3(8))* Forgotten Bks.

490

The check digit for ISBN-10 appears in parentheses after the full ISBN-13

Diamonds & Toads-A Classic Fairy Tale: Level 3. Ellen Schecter. Illus. by Ami Blackshear. 2020. (Bank Street Ready-To-Read Ser.). (ENG.). 50p. (J). 17.95 *(978-1-876967-06-2(4))* ibooks, Inc.
Diamond's Dog Day at the Dog Park: A Counting Book. Lindsay Derollo & Suzan Johnson. 2023. (ENG.). 32p. (J). pap. 12.99 ***(978-1-947082-29-8(9))*** True Beginnings Publishing.
Diamonds from the Rough: Original Incidents & Stories (Classic Reprint) Edward Gideon Phillips. (ENG., Illus.). (J). 2018. 254p. 29.14 *(978-0-483-59247-6(1))*; 2017. pap. 11.57 *(978-0-243-24835-3(0))* Forgotten Bks.
Diamonds in the Sky: Learn 11 Ways to Spell the Long I Sound. Karen Sandelin & Lavinia Letheby. 2019. (ENG., Illus.). 38p. (J). pap. *(978-0-6483102-6-6(4))* Clever Speller Pty, Limited.
Diamonds of Doom. Michael Dahl. Illus. by Patricio Clarey. 2020. (Escape from Planet Alcatraz Ser.). (ENG.). 40p. (J). (gr. 3-6). pap. 5.95 *(978-1-4965-9303-0(0)*, 142315); lib. bdg. 24.65 *(978-1-4965-8675-9(1)*, 141425) Capstone. (Stone Arch Bks.).
Dian Fossey: Animal Rights Activist & Protector of Mountain Gorillas. Diane Dakers. 2016. (ENG., Illus.). 112p. (J). lib. bdg. *(978-0-7787-2563-3(4))* Crabtree Publishing Co.
Diana: Princess of the Amazons. Shannon Hale et al. ed. 2019. (ENG.). 159p. (J). (gr. 4-5). 22.36 *(978-1-64697-084-1(5))* Penworthy Co., LLC, The.
Diana: Roman Goddess of the Hunt. Amie Jane Leavitt. 2019. (Legendary Goddesses Ser.). (ENG., Illus.). 32p. (J). (gr. 3-9). pap. 7.95 *(978-1-5435-7552-1(8)*, 141084); lib. bdg. 28.65 *(978-1-5435-7412-8(2)*, 140704) Capstone.
Diana & Nubia: Princesses of the Amazons. Shannon Hale & Dean Hale. Illus. by Victoria Ying. 2022. 160p. (J). (gr. 3-7). pap. 9.99 *(978-1-77950-769-3(0))* DC Comics.
Diana & the Island of No Return. Aisha Saeed. (Wonder Woman Adventures Ser.: 1). 288p. (J). (gr. 3-7). 2021. (ENG.). 8.99 *(978-0-593-17836-2(X)*, Yearling); 2020. 16.99 *(978-0-593-17447-0(X)*, Random Hse. Bks. for Young Readers); 2020. (ENG.). lib. bdg. 19.99 *(978-0-593-17448-7(8)*, Random Hse. Bks. for Young Readers) Random Hse. Children's Bks.
Diana & the Journey to the Unknown. Aisha Saeed. 2022. (Wonder Woman Adventures Ser.: 3). (ENG.). 304p. (J). (gr. 3-7). 16.99 *(978-0-593-17841-6(6))*; lib. bdg. 19.99 *(978-0-593-17842-3(4))* Random Hse. Children's Bks. (Random Hse. Bks. for Young Readers).
Diana & the Underworld Odyssey. Aisha Saeed. (Wonder Woman Adventures Ser.: 2). (ENG.). (J). (gr. 3-7). 2022. 320p. 7.99 *(978-0-593-17840-9(8)*, Yearling); 2021. 352p. 16.99 *(978-0-593-17837-9(8)*, Random Hse. Bks. for Young Readers); 2021. 352p. lib. bdg. 19.99 *(978-0-593-17838-6(6)*, Random Hse. Bks. for Young Readers) Random Hse. Children's Bks.
Diana Ardway (Classic Reprint) Van Zo Post. 2018. (ENG., Illus.). 338p. (J). 30.87 *(978-0-428-97953-9(X))* Forgotten Bks.
Diana Carew: Or for a Woman's Sake (Classic Reprint) Forrester. 2017. (ENG., Illus.). (J). 33.30 *(978-0-266-16713-6(6))* Forgotten Bks.
Diana (Classic Reprint) Susan Warner. 2018. (ENG., Illus.). 470p. (J). 33.61 *(978-0-365-16068-7(7))* Forgotten Bks.
Diana Gay, Vol. 1 Of 3: Or, the History of a Young Lady (Classic Reprint) Percy Fitzgerald. 2018. (ENG., Illus.). 324p. (J). 30.60 *(978-0-483-73742-6(9))* Forgotten Bks.
Diana Gay, Vol. 2 Of 3: Or the History of a Young Lady (Classic Reprint) Percy Fitzgerald. 2018. (ENG., Illus.). 330p. (J). 30.72 *(978-0-484-91550-2(9))* Forgotten Bks.
Diana Gay, Vol. 3 Of 3: Or, the History of a Young Lady (Classic Reprint) Percy Fitzgerald. 2018. (ENG., Illus.). 344p. (J). 31.01 *(978-0-483-87977-5(0))* Forgotten Bks.
Diana of the Crossways. George Meredith. 2017. (ENG.). 408p. (J). pap. *(978-3-337-04945-4(1))* Creation Pubs.
Diana of the Crossways: A Novel (Classic Reprint) George Meredith. 2017. (ENG., Illus.). (J). 34.54 *(978-0-260-44681-7(5))* Forgotten Bks.
Diana of the Crossways, Vol. 2: A Novel (Classic Reprint) George Meredith. 2018. (ENG., Illus.). 292p. (J). 29.94 *(978-0-483-99410-2(3))* Forgotten Bks.
Diana of the Ephesians: A Novel (Classic Reprint) Rita Rita. (ENG., Illus.). (J). 2018. 488p. 33.96 *(978-0-483-01324-7(2))*; 2017. pap. 16.57 *(978-1-334-95423-8(2))* Forgotten Bks.
Diana: Princess of the Amazons. Shannon Hale & Dean Hale. Illus. by Victoria Ying. 2020. 144p. (J). (gr. 3-7). pap. 9.99 *(978-1-4012-9111-2(2))* DC Comics.
Diana Princess of Wales (a True Book: Queens & Princesses) Robin S. Doak. 2020. (True Book (Relaunch) Ser.). (ENG., Illus.). 48p. (J). (gr. 3-5). pap. 7.95 *(978-0-531-13431-3(8)*, Children's Pr.) Scholastic Library Publishing.
Diana Princess of Wales (a True Book: Queens & Princesses) (Library Edition) Robin S. Doak. 2020. (True Book (Relaunch) Ser.). (ENG., Illus.). 48p. (J). (gr. 3-5). lib. bdg. 31.00 *(978-0-531-13171-8(8)*, Children's Pr.) Scholastic Library Publishing.
Diana Taurasi. Joanne C. Gerstner. 2022. (WNBA Superstars Ser.). (ENG., Illus.). 32p. (J). (gr. 3-5). pap. 9.95 *(978-1-63739-125-9(0))*; lib. bdg. 31.35 *(978-1-63739-071-9(8))* North Star Editions. (Focus Readers).
Diana Taurasi. Rebecca Sabelko. 2023. (Sports Superstars Ser.). (ENG., Illus.). (J). (gr. 3-7). lib. bdg. 26.95 Bellwether Media.
Diana Taurasi: Hoops Legend. Shane Frederick. 2020. (Sports Illustrated Kids Stars of Sports Ser.). (ENG., Illus.). 32p. (J). (gr. 3-5). lib. bdg. 31.32 *(978-1-4966-8384-7(6)*, 200256, Capstone Pr.) Capstone.
Diana Tempest: A Novel (Classic Reprint) Mary Cholmondeley. (ENG., Illus.). (J). 2018. 406p. 32.29 *(978-0-484-23999-8(6))*; 2017. pap. 16.57 *(978-0-243-87266-4(6))* Forgotten Bks.
Diana Tempest (Classic Reprint) Unknown Author. 2018. (ENG., Illus.). 308p. (J). 30.25 *(978-0-484-26677-2(2))* Forgotten Bks.
Diana Tempest, Vol. 2 of 3 (Classic Reprint) Mary Cholmondeley. (ENG., Illus.). (J). 2018. 272p. 29.57 *(978-0-332-45092-6(9))*; 2016. pap. 11.97 *(978-1-334-32909-8(5))* Forgotten Bks.
Diana Tempest, Vol. 3 of 3 (Classic Reprint) Mary Cholmondeley. (ENG., Illus.). (J). 2018. 274p. 29.57 *(978-0-483-29251-2(6))*; 2016. pap. 11.97 *(978-1-333-39651-0(1))* Forgotten Bks.
Diana the Daring Funbook. Anita Kovacevic. 2020. (ENG.). 44p. (J). pap. *(978-1-716-83851-4(7))* Lulu Pr., Inc.
Diana Trelawny (Classic Reprint) Margaret O. W. Oliphant. 2018. (ENG., Illus.). 314p. (J). 30.37 *(978-0-484-66968-9(0))* Forgotten Bks.
Diana, Vol. 1 of 3 (Classic Reprint) Georgiana M. Craik. (ENG., Illus.). (J). 2018. 310p. 30.31 *(978-0-267-58734-6(1))*; 2016. pap. 13.57 *(978-1-334-15632-8(8))* Forgotten Bks.
Diana, Vol. 2 (Classic Reprint) Georgiana M. Craik. 2018. (ENG., Illus.). 282p. (J). 29.71 *(978-0-483-90855-0(X))* Forgotten Bks.
Diana, Vol. 3 of 3 (Classic Reprint) Georgiana M. Craik. 2018. (ENG., Illus.). 290p. (J). 29.94 *(978-0-484-39710-0(9))* Forgotten Bks.
Diana Wentworth a Novel (Classic Reprint) Caroline Fothergill. 2018. (ENG., Illus.). 252p. (J). 29.11 *(978-0-332-79589-8(6))* Forgotten Bks.
Diana Wentworth, Vol. 3 of 3 (Classic Reprint) Caroline Fothergill. 2018. (ENG., Illus.). 308p. (J). 30.27 *(978-0-484-90576-3(7))* Forgotten Bks.
Diana's Hunting (Classic Reprint) Robert Williams Buchanan. 2018. (ENG., Illus.). 234p. (J). 28.72 *(978-0-483-53200-7(2))* Forgotten Bks.
Diane: Mississippi Valley (Classic Reprint) Katherine Holland Brown. 2018. (ENG., Illus.). 450p. (J). 33.18 *(978-0-267-58474-1(1))* Forgotten Bks.
Diane of the Green Van (Classic Reprint) Leona Dalrymple. (ENG., Illus.). (J). 2018. 448p. 33.16 *(978-0-483-81834-7(8))*; 2016. pap. 16.57 *(978-1-333-61700-4(3))* Forgotten Bks.
Diane of Ville Marie. Blanche Lucile Macdonell. 2017. (ENG.). 260p. (J). pap. *(978-3-7447-7200-6(4))* Creation Pubs.
Diane of Ville Marie: A Romance of French Canada (Classic Reprint) Blanche Lucile Macdonell. 2018. (ENG., Illus.). 264p. (J). 29.36 *(978-0-483-83859-8(4))* Forgotten Bks.
Diano Tan Solitario (a Not So Lonely Day) Deborah November. Illus. by Weaverbird Interactive. 2022. 1. (SPA.). 32p. (J). 19.99 *(978-1-223-18325-1(4)*, 89c7b10e-64c4-40af-bcdc-a27cb0a41c25); pap. 10.99 *(978-1-223-18326-8(2)*, 4b2e4407-9929-492b-a298-e03c5e0f7711); lib. bdg. 21.99 *(978-1-5182-6289-0(9)*, 0bc1341e-9cdf-41a7-801f-94c48bb3184d) Baker & Taylor, CATS. (Paw Prints).
Diantha (Classic Reprint) Juliet Wilbor Tompkins. (ENG., Illus.). (J). 2018. 270p. 29.47 *(978-0-365-13869-3(X))*; 2017. pap. 11.97 *(978-0-259-21108-2(7))* Forgotten Bks.
Diantha Goes the Primrose Way: And Other Verses (Classic Reprint) Adelaide Manola Hughes. (ENG., Illus.). (J). 2018. 88p. 25.71 *(978-0-483-06572-7(2))*; 2016. pap. 9.57 *(978-1-333-45567-5(4))* Forgotten Bks.
Diantha's Quest: A Tale of the Argonauts of '49 (Classic Reprint) Emilie Benson Knipe. 2018. (ENG., Illus.). 322p. (J). 30.54 *(978-0-483-43468-4(X))* Forgotten Bks.
Diaries: 1979-1981. Carmen Hernández Barrera. Tr. by Peter Waymel. 2023. (ENG.). 246p. (J). pap. 24.00 ***(978-1-945658-32-7(0))*** Gondolin Institute.
Diaries & Autobiographies Throughout American History. Abby Badach Doyle. 2019. (Journey to the Past: Investigating Primary Sources Ser.). (ENG.). 32p. (gr. 4-5). 63.00 *(978-1-5382-4035-9(1))* Stevens, Gareth Publishing LLLP.
Diaries of a Haunting: Diary of a Haunting; Possession. M. Verano. 2020. (Diary of a Haunting Ser.). (ENG.). 672p. (YA). (gr. 9). pap. 14.99 *(978-1-5344-7383-6(1)*, Simon Pulse) Simon Pulse.
Diaries of a Holy Knight the in Between: Second Edition. Jeremiah C. F. Knight. 2019. (ENG., Illus.). 278p. (YA). pap. 24.99 *(978-0-578-46230-1(3))* New Life Clarity Publishing.
Diaries of Court Ladies of Old Japan (Classic Reprint) Annie Shepley Omori. 2017. (ENG., Illus.). (J). 29.42 *(978-0-266-71645-7(8))* Forgotten Bks.
Diaries of Polly Aster. Kathy Tannas. Illus. by Bachynski Laura. 2018. (ENG.). 252p. (J). pap. *(978-1-77354-079-5(3))* PageMaster Publication Services, Inc.
Diaries of Three Women of the Last Century (Classic Reprint) Evelyn St. Leger. 2018. (ENG., Illus.). 402p. (J). 32.19 *(978-0-483-87412-1(4))* Forgotten Bks.
Diario de Ana Frank: Clasicos Juveniles. Ana Frank. 2017. (SPA., Illus.). 96p. (J). pap. *(978-607-453-146-6(3))* Selector, S.A. de C.V.
Diario de Ana Frank / the Diary of Anne Frank. Ana Frank. 2016. (ENG., Illus.). 88p. (J). pap. *(978-607-453-377-4(6))* Selector, S.A. de C.V.
Diario de Ana Frank (Bilingue) Un Fiel Testimonio de Los Horrores de la Guerra. Ana Frank. 2017.Tr. of Diary of Anne Frank (bilingual). (SPA.). 88p. (J). pap. 10.95 *(978-1-68165-492-8(X))* Trialtea USA, LLC.
Diario de Bruno (Bruno's Journal - Spanish Edition) Rogelio Guedea & Rogelio Guedea. 2020. (SPA.). 152p. (J). pap. 13.99 *(978-607-8589-59-3(8)*, HarperCollins) HarperCollins Pubs.
Diario de Cereza 2. el Libro de Hector. Joris Chamblain. 2018. 80p. (J). 22.99 *(978-958-30-5431-0(3))* Panamericana Editorial COL. Dist: Lectorum Pubns., Inc.
Diario de Dibujo y Escritura Del Unicornio: Papel para Escribir a Mano para niños - Diario para Dibujar y Escribir para niños - Hermoso Diario - Diseño de Unicornio - Libro de Composición de Cuentos para Niños. Lena Bidden. l.t. ed. 2021. (SPA.). 120p. (J). pap. 13.99 *(978-0-413-12399-2(5))* Lulu Pr., Inc.
Diario de Escritura Académica para Matemáticas. Created by Velázquez Press. 2018. (SPA.). (YA). pap. 4.95 *(978-1-59495-717-8(7))* Velázquez Pr.
Diario de Gratitud para Niños. Darrell Swirsky. 2020. (SPA.). 108p. (J). pap. 6.45 *(978-0-86986-896-6(9))* Gyrfalcon Pr.
Diario de Greg 12. Jeff Kinney. 2018. (SPA.). 218p. (J). 16.99 *(978-1-63245-673-1(7))* Lectorum Pubns., Inc.
Diario de Greg 13: Frío Fatal. Jeff Kinney. 2019. (SPA.). 224p. (J). 16.99 *(978-1-63245-696-0(6))* Lectorum Pubns., Inc.
Diario de Loki 1: Cómo el Peor de Los Dioses Se Convirtio en el Mejor de Los Hum Anos / Loki: a Bad God's Guide to Being Good. Louie Stowell. 2023. (Diario de Loki Ser.). (SPA.). 240p. (J). (gr. 4-7). pap. 12.95 ***(978-607-38-2909-0(4)***, Montena) Penguin Random House Grupo Editorial ESP. Dist: Penguin Random Hse. LLC.
Diario de Meditación. Francisco Villalón. 2021. (SPA.). 192p. (YA). *(978-1-68474-275-2(7))* Lulu Pr., Inc.
Diario de MIS Primeros Ciclos Femeninos. Maximo Ovalle Nunez & Catalina Carrasco Gallegos. 2018. (SPA., Illus.). 532p. (J). pap. *(978-956-393-148-8(3))* Cámara Chilena del Libro A.G.
Diario de MIS Vacaciones: Leveled Reader Book 27 Level e 6 Pack. Hmh Hmh. 2021. (SPA.). 16p. (J). pap. 74.40 *(978-0-358-08247-7(1))* Houghton Mifflin Harcourt Publishing Co.
Diario de Nuestro Jardín: Leveled Reader Book 38 Level F 6 Pack. Hmh Hmh. 2021. (SPA.). 16p. (J). pap. 74.40 *(978-0-358-08257-6(9))* Houghton Mifflin Harcourt Publishing Co.
Diario de Pilar En África. Flávia Lins e Silva. 2018. (SPA.). 200p. (J). (gr. 5-8). pap. 11.99 *(978-987-747-371-1(2))* V&R Editoras.
Diario de Pilar en Egipto. Flávia Lins e Silva. 2016. (SPA.). 162p. (J). (gr. 5-8). pap. 14.99 *(978-987-747-131-1(0))* V&R Editoras.
Diario de Pilar en India. Flávia Lins e Silva. 2022. (SPA.). 224p. (J). (gr. 5-8). pap. 15.99 *(978-607-8828-08-1(8))* V&R Editoras.
Diario de Rowley. Historias Supergeniales de Miedo / Rowley Jeffersons Awesome F Riendly Spooky Stories. Jeff Kinney. 2022. (Diario de Rowley / Rowley Jefferson's Journal Ser.: 3). (SPA.). 224p. (J). (gr. 3-7). pap. 12.95 *(978-1-64473-656-2(X))* Penguin Random House Grupo Editorial ESP. Dist: Penguin Random Hse. LLC.
Diario de Rowley: ¡un Chico Supergenial! / Diary of an Awesome Friendly Kid Rowl Ey Jefferson's Journal. Jeff Kinney. 2022. (Diario de Rowley / Rowley Jefferson's Journal Ser.: 1). (SPA.). 224p. (J). (gr. 3-7). pap. 12.95 *(978-1-64473-651-7(9))* Penguin Random House Grupo Editorial ESP. Dist: Penguin Random Hse. LLC.
Diario de Rowley: una Aventura Supergenial / Rowley Jefferson's Awesome Friendly Adventure. Jeff Kinney. 2022. (Diario de Rowley / Rowley Jefferson's Journal Ser.: 2). (SPA.). 224p. (J). (gr. 3-7). pap. 12.95 *(978-1-64473-652-4(7))* Penguin Random House Grupo Editorial ESP. Dist: Penguin Random Hse. LLC.
DIARIO de un ESPía ADOLESCENTE de Minecraft 1. Sammy Spy. Tr. by Susana Sela Rodriguez. Illus. by Diego Báez. 2020. (SPA.). 86p. (J). 18.99 *(978-1-64970-677-5(4))* Primedia eLaunch LLC.
Diario de un Espía Adolescente de Minecraft 2: Una Eructástica Aventura en la Jungla (un Libro No Oficial de Minecraft) Sammy Spy. Illus. by Diego Báez & Bex Sutton. 2020. (SPA.). 128p. (J). 19.99 *(978-1-64970-681-2(2))* Primedia eLaunch LLC.
Diario de un Espía Adolescente de Minecraft Libro 3: Cómo Entrena a Tu Enderdragon. Sammy Spy. Illus. by Diego Báez & Bex Sutton. 2020. (ENG.). 130p. (J). 19.99 *(978-1-63649-210-0(X))* Primedia eLaunch LLC.
Diario de un Espía Adolescente de Minecraft Libro 4: Viaje Al End. Sammy Spy. Illus. by Diego Báez & Bex Sutton. 2020. (SPA.). 122p. (J). 19.99 *(978-1-63649-207-0(X))* Primedia eLaunch LLC.
Diario de un Gato / Diary of a Cat. Kaira Pérez Aguada. 2020. (ENG.). 144p. (J). (gr. 4-7). pap. 19.95 *(978-0-89556-290-6(1))* Gateways Bks. & Tapes.
Diario de un Loco Navegante. Rolando Keller. 2016. (SPA., Illus.). 144p. (J). pap. *(978-607-453-410-8(1))* Selector, S.A. de C.V.
Diario de un niño Ninja: Una Invasión Alienígena; Aliens Contra Ninjas. C. A. Treanor & I. Dosanjh. Illus. by Nazifa Tasnim. 2020. (SPA.). 96p. (J). 21.99 *(978-1-64970-684-3(7))* Primedia eLaunch LLC.
Diario de un niño Ninja 1: Nublado con Posibilidad de Zombies. Indy Dosanjh & Caroline A. Treanor. Illus. by Bex Sutton. 2020. (SPA.). 80p. (J). 19.09 *(978-1-64871-118-3(9))* Primedia eLaunch LLC.
Diario de un niño Ninja 2: Tormenta con una Tonelada de Zombis. Caroline A. Treanor & Indy Dosanjh. Illus. by Sutton. 2020. (SPA.). 98p. (J). 19.99 *(978-1-64871-135-0(9))* Primedia eLaunch LLC.
Diario de un niño Ninja 4: ¡¡Silencioso pero Mortal!! Hermanos de Pedos en el Espacio. C. A. Treanor & I. Dosanjh. Illus. by Bex Sutton. 2020. (ENG.). 134p. (J). 19.99 *(978-1-63649-195-0(2))* Primedia eLaunch LLC.
Diario de un niño Ninja 5: El Regreso de Los Piratas Fantasma. C. A. Treanor & I. Dosanjh. Illus. by Bex Sutton. 2020. (SPA.). 122p. (J). 19.99 *(978-1-63649-211-7(8))* Primedia eLaunch LLC.
Diario de un Unicornio #1: el Amigo Mágico de Iris (Bo's Magical New Friend) Un Libro de la Serie Branches. Rebecca Elliott. Illus. by Rebecca Elliott. 2020. (Diario de un Unicornio Ser.). (SPA., Illus.). 80p. (J). (gr. k-2). pap. 5.99 *(978-1-338-67008-0(5)*, Scholastic en Espanol) Scholastic, Inc.
Diario de un Unicornio #2: Iris y el Cachorro de Dragón (Bo & the Dragon-Pup) Un Libro de la Serie Branches. Rebecca Elliott. Illus. by Rebecca Elliott. 2021. (Diario de un Unicornio Ser.: 2). (SPA.). 80p. (J). (gr. k-2). pap. 5.99 *(978-1-338-76752-0(6)*, Scholastic en Espanol) Scholastic, Inc.
Diario de un Unicornio #3: Iris el Valiente (Bo the Brave) Un Libro de la Serie Branches. Rebecca Elliott. Illus. by Rebecca Elliott. 2022. (Diario de un Unicornio Ser.). (SPA.). 80p. (J). (gr. k-2). pap. 5.99 *(978-1-338-84916-5(6)*, Scholastic en Espanol) Scholastic, Inc.
Diario de un Zombie de Minecraft: Un Libro No Oficial Sobre Minecraft. Zack Zombie. 2017. (SPA.). 60p. (J). (gr. 2-4). pap. 12.95 *(978-987-46163-5-7(0))* Lectura Colaborativa ARG. Dist: Independent Pubs. Group.
Diario de una Lechuza #10: Eva y Bebé Mo (Owl Diaries #10: Eva & Baby Mo) Un Libro de la Serie Branches. Rebecca Elliott. Illus. by Rebecca Elliott. 2022. (Diario de una Lechuza Ser.). (SPA.). 80p. (J). (gr. k-2). pap. 5.99 *(978-1-338-79821-0(9)*, Scholastic en Espanol) Scholastic, Inc.
Diario de una Lechuza #12: Eva Va de Acampada (Owl Diaries #12: Eva's Campfire Adventure) Un Libro de la Serie Branches, Vol. 12. Rebecca Elliott. Illus. by Rebecca Elliott. 2023. (Diario de una Lechuza Ser.).Tr. of Owl Diaries #12: Eva's Campfire Adventure. (SPA.). 80p. (J). (gr. k-2). pap. 5.99 *(978-1-338-89678-7(4)*, Scholastic en Espanol) Scholastic, Inc.
Diario de una Lechuza #3: una Boda en el Bosque (a Woodland Wedding) Un Libro de la Serie Branches, Vol. 3. Rebecca Elliott. Illus. by Rebecca Elliott. 2017. (Diario de una Lechuza Ser.: 3). (SPA., Illus.). 80p. (J). (gr. k-2). pap. 4.99 *(978-1-338-15905-9(4)*, Scholastic en Espanol) Scholastic, Inc.
Diario de una Lechuza #4: Eva y la Nueva Lechuza (Eva & the New Owl) Un Libro de la Serie Branches. Rebecca Elliott. Illus. by Rebecca Elliott. 2017. (Diario de una Lechuza Ser.: 4). (SPA., Illus.). 80p. (J). (gr. -1-3). pap. 5.99 *(978-1-338-18792-2(9)*, Scholastic en Espanol) Scholastic, Inc.
Diario de una Lechuza #7: la Pastelería Del Bosque Salvaje (the Wildwood Bakery) Un Libro de la Serie Branches. Rebecca Elliott. Illus. by Rebecca Elliott. 2019. (Diario de una Lechuza Ser.: 7). (SPA., Illus.). 80p. (J). (gr. k-2). pap. 5.99 *(978-1-338-35914-5(2)*, Scholastic en Espanol) Scholastic, Inc.
Diario de una Lechuza #8: Eva y el Poni Perdido (Eva & the Lost Pony) Un Libro de la Serie Branches. Rebecca Elliott. Illus. by Rebecca Elliott. 2019. (Diario de una Lechuza Ser.: 8). (SPA., Illus.). 80p. (J). (gr. k-2). pap. 5.99 *(978-1-338-60120-6(2)*, Scholastic en Espanol) Scholastic, Inc.
Diario de una Lechuza #9: la Gran Pijamada de Eva (Eva's Big Sleepover) Un Libro de la Serie Branches. Rebecca Elliott. Illus. by Rebecca Elliott. 2020. (Diario de una Lechuza Ser.). (SPA., Illus.). 80p. (J). (gr. k-2). pap. 5.99 *(978-1-338-67007-3(7)*, Scholastic en Espanol) Scholastic, Inc.
Diario Della Gratitudine per Bambini. Darrell Swirsky. 2021. (ITA.). 128p. (J). pap. 6.95 *(978-0-410-82370-3(8))* Gyrfalcon Pr.
Diario Di Gratitudine per Adolescenti in 1 Minuto. Darrell Swirsky. 2021. (ITA.). 106p. (J). pap. 5.35 *(978-1-4113-9168-0(3))* Gyrfalcon Pr.
Diario Menstrual Tapa Roja. Paola Neyra. Ed. by Katherine Enciso Martinez. 2021. (Universos Ser.). (SPA.). 280p. (YA). (gr. 7). 25.00 *(978-987-48006-8-8(2))* Editorial EKEKA ARG. Dist: Independent Pubs. Group.
Diario Menstrual Tapa Violeta. Paola Neyra. Ed. by Katherine Enciso Martinez. 2021. (Universos Ser.). (SPA.). 280p. (YA). (gr. 7). 25.00 *(978-987-48016-2-3(X))* Editorial EKEKA ARG. Dist: Independent Pubs. Group.
Diarios de Sol. Marisol Elías. 2021. (SPA., Illus.). 336p. (J). pap. 21.95 *(978-1-6624-9072-9(0))* Page Publishing Inc.
Diary. Svetlana CHMAKOVA. 2019. (Berrybrook Middle School Ser.: 4). (ENG., Illus.). 192p. (J). (gr. 5-17). pap. 13.00 *(978-1-9753-3279-2(2)*, Yen Pr.) Yen Pr. LLC.
Diary & Letters of a Marine Aviator (Classic Reprint) Walter S. Poague. (ENG., Illus.). (J). 2018. 202p. 28.06 *(978-0-483-47640-0(4))*; 2017. pap. 10.57 *(978-1-334-92382-1(5))* Forgotten Bks.
Diary & Letters of Dame d'Arbi, 1778-1840, Vol. 4 of 6 (Classic Reprint) Dame D'Arbi. 2017. (ENG., Illus.). 556p. (J). 35.38 *(978-0-332-53943-0(1))* Forgotten Bks.
Diary & Letters of Frances Burney Madame d'Arblay, Vol. 1 of 2 (Classic Reprint) Frances Burney. 2017. (ENG., Illus.). (J). 34.11 *(978-0-331-62784-8(1))*; pap. 16.57 *(978-0-259-36438-2(X))* Forgotten Bks.
Diary & Letters of Frances Burney, Madame d'Arblay, Vol. 2 of 2 (Classic Reprint) Frances Burney. (ENG., Illus.). (J). 2018. 556p. 35.38 *(978-0-428-75994-0(7))*; 2016. pap. 19.57 *(978-1-333-57223-5(9))* Forgotten Bks.
Diary & Letters of Frances Burney, Vol. 1 Of 2: Madame d'Arblay (Classic Reprint) Sarah Chauncey Woolsey. 2018. (ENG., Illus.). 468p. (J). 33.57 *(978-0-364-33032-6(5))* Forgotten Bks.
Diary & Letters of Madame d'Arblay (1778-1840), Vol. 3 of 6 (Classic Reprint) Frances Burney. (ENG., Illus.). (J). 2018. 560p. 35.45 *(978-0-332-95633-6(4))*; 2016. pap. 19.57 *(978-1-333-37001-5(6))* Forgotten Bks.
Diary & Letters of Madame d'Arblay, 1842, Vol. 1 of 2 (Classic Reprint) Frances Burney. 2017. (ENG., Illus.). (J). 37.12 *(978-0-265-17195-0(4))* Forgotten Bks.
Diary & Letters of Madame d'Arblay, Author of Evelina, Cecilia, &C, Vol. 7: 1813-1840 (Classic Reprint) Frances Burney. 2018. (ENG., Illus.). 416p. (J). 32.48 *(978-0-428-89265-4(5))* Forgotten Bks.
Diary & Letters of Madame d'Arblay Edited by Her Niece, 1854, Vol. 1 of 7 (Classic Reprint) Frances Burney. 2017. (ENG., Illus.). (J). 35.88 *(978-1-5281-7770-2(3))* Forgotten Bks.
Diary & Letters of Madame d'Arblay, Vol. 1: 1778 to 1784 (Classic Reprint) Frances Burney. (ENG., Illus.). (J). 2018. 624p. 36.77 *(978-0-483-78598-4(9))*; 2017. pap. 19.57 *(978-0-243-56104-9(0))* Forgotten Bks.
Diary & Letters of Madame d'Arblay, Vol. 2: 1781 to 1786 (Classic Reprint) Frances Burney. 2017. (ENG., Illus.). (J). 464p. 33.47 *(978-0-484-90380-6(2))*; pap. 16.57 *(978-1-334-85433-0(5))* Forgotten Bks.
Diary & Letters of Madame d'Arblay, Vol. 2: Author of Evelina, Cecilia, &C.; 1781 to 1786 (Classic Reprint) Frances Burney. 2018. (ENG., Illus.). 566p. (J). 35.57 *(978-0-428-99073-2(8))* Forgotten Bks.
Diary & Letters of Madame d'Arblay, Vol. 2 of 2 (Classic Reprint) Frances Burney. 2017. (ENG., Illus.). (J). 754p. 39.47 *(978-0-265-51789-5(3))*; pap. 23.57 *(978-1-334-95523-5(9))* Forgotten Bks.
Diary & Letters of Madame d'Arblay, Vol. 3: Author of Evelina, Cecilia, &C. , 1786& 1787 (Classic Reprint) Unknown Author. 2018. (ENG., Illus.). 478p. (J). 33.78 *(978-0-666-27724-4(9))* Forgotten Bks.

D

Diary & Letters of Madame d'Arblay, Vol. 4 Of 7: 1788-89 (Classic Reprint) Frances Burney. 2017. (ENG., Illus.). (J). 31.40 *(978-1-5284-8582-1(3))* Forgotten Bks.

Diary & Letters of Madame d'Arblay, Vol. 6 Of 7: 1793-1812 (Classic Reprint) Unknown Author. 2018. (ENG., Illus.). 394p. (J). 32.02 *(978-0-364-61108-1(1))* Forgotten Bks.

Diary & Letters of Madame d'Arblay, Vol. 7: 1813-1840 (Classic Reprint) Frances Burney. 2017. (ENG., Illus.). (J). pap. 16.57 *(978-0-243-02371-4(5))* Forgotten Bks.

Diary & Notes of Horace Templeton, Late Secretary of Legation, 1848 (Classic Reprint) Charles James Lever. 2018. (ENG., Illus.). 380p. (J). 31.67 *(978-0-267-29381-0(X))* Forgotten Bks.

Diary & Notes of Horace Templeton, Late Secretary of Legation, 1848, Vol. 2 of 2 (Classic Reprint) Charles James Lever. 2018. (ENG., Illus.). 288p. (J). 29.84 *(978-0-484-55959-1(1))* Forgotten Bks.

Diary Around the World: 30 Countries, 160 Places, 37, 460 Miles, Expense, $555 (Classic Reprint) C. B. Struthers. (ENG., Illus.). (J). 2018. 420p. 32.56 *(978-0-484-14393-6(X))*; 2016. pap. 16.57 *(978-1-334-15681-6(6))* Forgotten Bks.

Diary for Women & Teens. AnaYah Ysrayl. 2022. (ENG.). 100p. (YA). ***(978-1-387-66124-4(8))*** Lulu Pr., Inc.

Diary from Dixie (Classic Reprint) Mary Boykin Chesnut. 2017. (ENG., Illus.). (J). 33.84 *(978-1-5282-4642-2(X))* Forgotten Bks.

Diary Letters: A Missionary Trip Through the West Indies & to South America (Classic Reprint) M. W. Knapp. 2018. (ENG., Illus.). 312p. (J). 30.33 *(978-0-364-00220-9(4))* Forgotten Bks.

Diary-Letters of Sergt; Peyton Randolph Campbell (Classic Reprint) Peyton Randolph Campbell. 2018. (ENG., Illus.). 148p. (J). 26.97 *(978-0-332-19704-3(2))* Forgotten Bks.

Diary Notes of a Visit to Walt Whitman & Some of His Friends, in 1890. John Johnston. 2017. (ENG.). 156p. (J). pap. *(978-3-337-01561-9(1))* Creation Pubs.

Diary Notes of a Visit to Walt Whitman & Some of His Friends, in 1890: With a Series of Original Photographs (Classic Reprint) John Johnston. 2017. (ENG., Illus.). (J). 27.46 *(978-0-331-43819-2(4))* Forgotten Bks.

Diary o a Wimpy Wean: Diary of a Wimpy Kid in Scots. Jeff Kinney. Tr. by Thomas Clark. 2019. (Diary o a Wimpy Wean Ser.). (SCO., Illus.). 226p. (J). (gr. 4-7). pap. 12.99 *(978-1-78530-214-5(0))* Black and White Publishing Ltd. GBR. Dist: Independent Pubs. Group.

Diary of a 5th Grade Outlaw (Diary of a 5th Grade Outlaw Book 1) Gina Loveless. Illus. by Andrea Bell. 2019. (Diary of a 5th Grade Outlaw Ser.). (ENG.). 240p. (J). 13.99 *(978-1-5248-5548-2(0))* Andrews McMeel Publishing.

Diary of a 6th Grade Ninja: #1. Marcus Emerson. Illus. by David Lee. 2022. (Diary of a 6th Grade Ninja Ser.). (ENG.). 112p. (J). (gr. 2-6). lib. bdg. 32.79 *(978-1-0982-5240-3(3), 41274,* Chapter Bks.) Spotlight.

Diary of a 6th Grade Ninja (Set), 6 vols. 2022. (Diary of a 6th Grade Ninja Ser.). (ENG.). (J). (gr. 2-6). lib. bdg. 196.74 *(978-1-0982-5239-7(X),* 41273, Chapter Bks.) Spotlight.

Diary of a 9 Year Old Pakistani Girl. Aisha Sara. 2023. (ENG.). 92p. (J). pap. 8.94 ***(978-1-312-55591-4(2))*** Lulu Pr., Inc.

Diary of a Bachelor (Classic Reprint) Christopher Ambrose Shea. (ENG., Illus.). (J). 2018. 84p. 25.63 *(978-0-666-09111-6(0))*; 2017. pap. 9.57 *(978-0-259-24040-2(0))* Forgotten Bks.

Diary of a Birthday Doll (Classic Reprint) Ethel C. Dow. (ENG., Illus.). (J). 2018. 104p. 26.04 *(978-0-483-84004-1(1))*; 2017. pap. 9.57 *(978-0-243-46142-4(9))* Forgotten Bks.

Diary of a Book-Agent (Classic Reprint) Elizabeth Hobson. 2018. (ENG., Illus.). 118p. (J). 26.33 *(978-0-483-81667-1(1))* Forgotten Bks.

Diary of a Brilliant Kid: Top Secret Guide to Awesomeness. Andy Cope et al. 2018. (ENG., Illus.). 224p. pap. 18.00 *(978-0-85708-786-7(X),* Capstone) Wiley, John & Sons, Inc.

Diary of a Civilian's Wife in India, 1877-1882, Vol. 2 of 2 (Classic Reprint) Robert Moss King. (ENG., Illus.). (J). 2017. 30.29 *(978-0-331-77488-7(7))*; 2016. pap. 13.57 *(978-1-334-14706-7(X))* Forgotten Bks.

Diary of a Civilian's Wife in India, Vol. 1 Of 2: 1877-1882 (Classic Reprint) Robert Moss King. 2018. (ENG., Illus.). 338p. (J). 30.89 *(978-0-666-63411-5(4))* Forgotten Bks.

Diary of a Conjurer. D. L. Gardner. 2018. (ENG.). 362p. (YA). (gr. 7-12). pap. 17.99 *(978-1-386-76473-1(6))* Gardner, Dianne Lynn.

Diary of a Conjurer: Tale of the Four Wizards. D. L. Gardner. Ed. by Enchanted Editing. 2017. (Ian's Realm Saga Ser.: Vol. 4). (ENG., Illus.). (YA). (gr. 7-12). pap. 16.99 *(978-0-692-98797-1(5))* Gardner, Dianne Lynn.

Diary of a Daly Debutante 1910: Being Passages from the Journal of a Member (Classic Reprint) Dora Knowlton Thompson Ranous. 2018. (ENG., Illus.). 288p. (J). 29.86 *(978-0-332-13002-6(9))* Forgotten Bks.

Diary of a Dead Officer: Being the Posthumous Papers of Arthur Graeme West (Classic Reprint) Arthur Graeme West. 2018. (ENG., Illus.). 110p. (J). 26.17 *(978-0-365-36826-7(1))* Forgotten Bks.

Diary of a Drama Queen. Stephanie Dolce. 2018. (ENG., Illus.). 260p. (J). pap. *(978-1-387-44258-4(9))* Lulu Pr., Inc.

Diary of a Dreamer (Classic Reprint) Alice Dew-Smith. 2018. (ENG., Illus.). 304p. (J). 30.25 *(978-0-364-10525-2(9))* Forgotten Bks.

Diary of a Drummer Boy. Marlene Targ Brill. Illus. by Michael Garland. 2018. (ENG.). 50p. (J). (gr. 4-6). pap. 9.99 *(978-1-7320276-4-0(1))* Golden Alley Pr.

Diary of a Dummy, 10. R. L. Stine. ed. 2020. (Goosebumps SlappyWorld Ser.). (ENG., Illus.). 130p. (J). (gr. 4-5). 16.49 *(978-1-64697-413-9(1))* Penworthy Co., LLC, The.

Diary of a Dummy (Goosebumps SlappyWorld #10) R. L. Stine. 2020. (Goosebumps SlappyWorld Ser.: 10). (ENG.). 160p. (J). (gr. 3-7). pap. 6.99 *(978-1-338-35573-4(2),* Scholastic Paperbacks) Scholastic, Inc.

Diary of a Dying Woman: A True-Life Love Story Dealing with a Terminal Illness. Tim & Savannah Heller. 2021. (ENG.). 304p. (YA). pap. 20.95 *(978-1-6624-5446-2(5))* Page Publishing Inc.

Diary of a Dyslexic Homeschooler. Sarah Huaide. 2017. (ENG.). 122p. (J). pap. 9.99 *(978-1-393-20549-4(6))* Draft2Digital.

Diary of a Fairy. Valeria Dávila & Mónica Lópezz. Tr. by Warriner. Illus. by Laura Aguerrebehere. 2018. (Dear Diary Ser.). 32p. (J). (gr. -1-1). 7.99 *(978-2-924786-65-9(7),* CrackBoom! Bks.) Chouette Publishing CAN. Dist: Publishers Group West (PGW).

Diary of a Fly. Doreen Cronin. 2019. (CHI.). (J). (gr. -1-3). *(978-957-762-644-8(0))* Hsin Yi Pubns.

Diary of a Forty-Niner (Classic Reprint) Chauncey L. Canfield. 2017. (ENG., Illus.). (J). 29.57 *(978-0-331-87393-1(1))* Forgotten Bks.

Diary of a Free Kindergarten (Classic Reprint) Lileen Hardy. 2018. (ENG., Illus.). 222p. (J). 28.48 *(978-0-483-35169-1(5))* Forgotten Bks.

Diary of a French Private: War Imprisonment 1914 1915 (Classic Reprint) Gaston Riou. 2017. (ENG., Illus.). (J). 30.54 *(978-1-5282-8921-4(8))* Forgotten Bks.

Diary of a Freshman (Classic Reprint) Charles Macomb Flandrau. 2017. (ENG., Illus.). (J). 31.03 *(978-0-266-17763-0(8))* Forgotten Bks.

Diary of a Girl: A Poetry Book Continued... Courtney Michaelides. 2023. (ENG.). 44p. (YA). pap. ***(978-1-329-20028-9(4))*** Lulu Pr., Inc.

Diary of a Girl in France in 1821 (Classic Reprint) Mary Browne. 2017. (ENG., Illus.). (J). 29.32 *(978-0-265-75039-1(3))* Forgotten Bks.

Diary of a Girl Who Couldn't Say a Word Diary Notebook for Girls. Planners & Notebooks Inspira Journals. 2019. (ENG.). 200p. (J). pap. 12.55 *(978-1-64521-307-9(2),* Inspira) Editorial Imagen.

Diary of a Goose Girl (Classic Reprint) Kate Douglas Wiggin. 2018. (ENG., Illus.). 132p. (J). 26.62 *(978-0-428-23997-8(8))* Forgotten Bks.

DIARY of a GOOSE GIRL (Illustrated) Children's Book for Girls. Kate Douglas Wiggin & Claude A. Shepperson. 2019. (ENG.). 80p. (YA). pap. *(978-80-273-3272-4(9))* E-Artnow.

Diary of a Hunter: From the Punjab to the Karakorum Mountains (Classic Reprint) Augustus Henry Irby. 2017. (ENG., Illus.). (J). 31.16 *(978-0-266-78995-6(1))* Forgotten Bks.

Diary of a Junior Detective/ Ben Baxter's Private Diary. Richard Skinner. 2018. (ENG., Illus.). 126p. (J). 18.95 *(978-1-78823-152-7(X),* 7befe90e-195e-4232-bb1d-b59afe5f0d34) Austin Macauley Pubs. Ltd. GBR. Dist: Baker & Taylor Publisher Services (BTPS).

Diary of a Little Girl in Old New (Classic Reprint) Catherine Elizabeth Havens. 2018. (ENG., Illus.). 192p. (J). 27.86 *(978-0-656-50611-8(3))* Forgotten Bks.

Diary of a Little Girl in Old New York (Classic Reprint) Catherine Elizabeth Havens. 2018. (ENG., Illus.). 114p. (J). 26.27 *(978-0-267-52302-3(5))* Forgotten Bks.

Diary of a Looker-On (Classic Reprint) C. Lewis Hind. 2018. (ENG., Illus.). 344p. (J). 30.99 *(978-0-483-51096-8(3))* Forgotten Bks.

Diary of a Man of Fifty. Henry James. 2020. (ENG.). 74p. (J). 33.99 *(978-1-6627-1907-3(8))*; pap. 23.99 *(978-1-6627-1906-6(X))* Queenior LLC.

Diary of a Man of Fifty: And a Bundle of Letters (Classic Reprint) Henry James. (ENG., Illus.). (J). 2018. 148p. 26.91 *(978-0-484-84736-0(8))*; 2016. pap. 9.57 *(978-1-333-25981-5(6))* Forgotten Bks.

Diary of a Milliner (Classic Reprint) Belle Otis. 2017. (ENG., Illus.). (J). 28.27 *(978-0-331-95433-3(8))* Forgotten Bks.

Diary of a Minecraft Alex: Book 1 - Herobrine's Curse. M. C. Steve. 2017. (Diary of a Minecraft Alex Ser.: Vol. 1). (ENG., Illus.). (J). pap. 5.99 *(978-1-946525-24-6(3))* Kids Activity Publishing.

Diary of a Minecraft Alex: Book 2 - Enderman. M. C. Steve. 2017. (Diary of a Minecraft Alex Ser.: Vol. 2). (ENG., Illus.). (J). pap. 5.99 *(978-1-946525-25-3(1))* Kids Activity Publishing.

Diary of a Minecraft Creeper Book 2: Silent but Deadly. Pixel Kid & Zack Zombie. 2018. (Diary of a Minecraft Creeper Ser.: Vol. 2). (ENG., Illus.). 114p. (J). (gr. 1-6). pap. 8.99 *(978-0-9990681-7-5(2))* Pixel Kid Publishing.

Diary of a Minecraft Dork Steve: Book 1 - Forbidden Cave. M. C. Steve. 2017. (Diary of a Minecraft Dork Steve Ser.: Vol. 1). (ENG., Illus.). (J). pap. 5.99 *(978-1-946525-18-5(9))* Kids Activity Publishing.

Diary of a Minecraft Dork Steve: Book 2 - the Hero. M. C. Steve. 2017. (Diary of a Minecraft Dork Steve Ser.: Vol. 2). (ENG., Illus.). (J). pap. 5.99 *(978-1-946525-19-2(7))* Kids Activity Publishing.

Diary of a Minecraft Herobrine: Minecraft Herobrine Books. Lord Herobrine. Illus. by Rizky Nugraha. 2018. (Minecraft Herobrine Adventures Ser.: Vol. 1). (ENG.). 208p. (J). pap. 9.95 *(978-1-927558-70-6(0))* Birch Tree Publishing.

Diary of a Minecraft Noob Steve: Book 1 - Mysterious Fires. M. C. Steve. 2017. (Diary of a Minecraft Noob Steve Ser.: Vol. 1). (ENG., Illus.). (J). pap. 5.99 *(978-1-946525-06-2(5))* Kids Activity Publishing.

Diary of a Minecraft Noob Steve: Book 2 - Mysterious Slimes. M. C. Steve. 2017. (Diary of a Minecraft Noob Steve Ser.: Vol. 2). (ENG., Illus.). (J). pap. 5.99 *(978-1-946525-07-9(3))* Kids Activity Publishing.

Diary of a Minecraft Teenage Spy: Book 1: the Return of the Iron Golem (an Unofficial Minecraft Book) Sammy Spy & I. Dosanjh. Illus. by Diego Báez. 2020. (ENG.). 92p. (J). 18.99 *(978-1-64970-672-0(3))* Primedia eLaunch LLC.

Diary of a Minecraft Teenage Spy 2: Book 2: 'a Burptastic Jungle Adventure' Sammy Spy. Illus. by Diego Báez & Bex Sutton. 2020. (ENG.). 114p. (J). 19.99 *(978-1-64970-679-9(0))* Primedia eLaunch LLC.

Diary of a Minecraft Teenage Spy 3: Book 3: 'How to Train Your Baby Enderdragon' Sammy Spy. Illus. by Diego Báez & Bex Sutton. 2020. (ENG.). 120p. (J). 19.99 *(978-1-64970-680-5(4))* Primedia eLaunch LLC.

Diary of a Minecraft Teenage Spy 4: Book 4: 'Journey to the End' Sammy Spy. Illus. by Diego Báez & Bex Sutton. 2020. (ENG.). 116p. (J). 19.99 *(978-1-63649-209-4(6))* Primedia eLaunch LLC.

Diary of a Minecraft Wimpy Zombie: Book 1 - Middle School. M. C. Steve. 2017. (Diary of a Minecraft Wimpy Zombie Ser.: Vol. 1). (ENG., Illus.). (J). pap. 5.99 *(978-1-946525-12-3(X))* Kids Activity Publishing.

Diary of a Minecraft Wimpy Zombie: Book 2 - the Rivalry. M. C. Steve. 2017. (Diary of a Minecraft Wimpy Zombie Ser.: Vol. 2). (ENG., Illus.). (J). pap. 5.99 *(978-1-946525-13-0(8))* Kids Activity Publishing.

Diary of a Minecraft Wimpy Zombie: Book 3 - Monster Christmas. M. C. Steve. 2017. (Diary of a Minecraft Wimpy Zombie Ser.: Vol. 3). (ENG., Illus.). (J). pap. 5.99 *(978-1-946525-14-7(6))* Kids Activity Publishing.

Diary of a Minecraft Zombie Alex: Book 1 - the Witch. M. C. Steve. 2017. (Diary of a Minecraft Zombie Alex Ser.: Vol. 1). (ENG., Illus.). (J). pap. 5.99 *(978-1-946525-30-7(8))* Kids Activity Publishing.

Diary of a Minecraft Zombie Alex: Book 2 - Zombie Army. M. C. Steve. 2017. (Diary of a Minecraft Zombie Alex Ser.: Vol. 2). (ENG., Illus.). (J). pap. 5.99 *(978-1-946525-31-4(6))* Kids Activity Publishing.

Diary of a Minecraft Zombie Book 10: One Bad Apple. Zack Zombie. 2016. (Diary of a Minecraft Zombie Ser.: Vol. 10). (ENG., Illus.). (J). (gr. 3-6). 13.99 *(978-1-943330-74-4(3),* Zack Zombie Publishing) Herobrine Publishing.

Diary of a Minecraft Zombie Book 11: Insides Out. Zack Zombie. 2016. (Diary of a Minecraft Zombie Ser.: Vol. 11). (ENG., Illus.). (J). (gr. 3-6). 13.99 *(978-1-943330-75-1(1),* Zack Zombie Publishing) Herobrine Publishing.

Diary of a Minecraft Zombie Steve: Book 1 - Beep. M. C. Steve. 2016. (Diary of a Minecraft Zombie Steve Ser.: Vol. 1). (ENG., Illus.). (J). pap. 5.99 *(978-1-946525-00-0(6))* Kids Activity Publishing.

Diary of a Minecraft Zombie Steve: Book 2 - Restaurant Wars. M. C. Steve. 2017. (Diary of a Minecraft Zombie Steve Ser.: Vol. 2). (ENG., Illus.). (J). pap. 5.99 *(978-1-946525-01-7(4))* Kids Activity Publishing.

Diary of a Minecraft Zombie Steve: Book 3 - Shipwrecked. M. C. Steve. 2017. (Diary of a Minecraft Zombie Steve Ser.: Vol. 3). (ENG., Illus.). (J). pap. 5.99 *(978-1-946525-02-4(2))* Kids Activity Publishing.

Diary of a Minecraft Zombie Villager: Book 1 - Basement Blast. M. C. Steve. 2017. (Diary of a Minecraft Zombie Villager Ser.: Vol. 1). (ENG., Illus.). (J). pap. 5.99 *(978-1-946525-36-9(7))* Kids Activity Publishing.

Diary of a Minecraft Zombie Villager: Book 2 - Stagefright. M. C. Steve. 2017. (Diary of a Minecraft Zombie Villager Ser.: Vol. 2). (ENG., Illus.). (J). pap. 5.99 *(978-1-946525-37-6(5))* Kids Activity Publishing.

Diary of a Minecraft Zombie Villager: Book 3 - Summer Scavenge. M. C. Steve. 2017. (Diary of a Minecraft Zombie Villager Ser.: Vol. 3). (ENG., Illus.). (J). pap. 5.99 *(978-1-946525-38-3(3))* Kids Activity Publishing.

Diary of a Monster. Valeria Dávila & López. Tr. by Warriner. Illus. by Laura Aguerrebehere. 2018. (Dear Diary Ser.). 32p. (J). (gr. -1-1). 7.99 *(978-2-924786-71-0(1),* CrackBoom! Bks.) Chouette Publishing CAN. Dist: Publishers Group West (PGW).

Diary of a New Chum (Classic Reprint) Paul Warrego. 2018. (ENG., Illus.). 66p. (J). 25.28 *(978-0-483-49830-3(0))* Forgotten Bks.

Diary of a Ninja Kid 1: Cloudy with a Chance of Zombies. Caroline A. Treanor & Indy Mj Dosanjh. Illus. by Bex Sutton. 2020. (ENG.). 78p. (J). pap. 11.99 *(978-1-63649-206-3(1))* Primedia eLaunch LLC.

Diary of a Ninja Kid 2: Stormy with a Ton of Zombies. Caroline A. Treanor & Indy Dosanjh. Illus. by Bex Sutton. 2020. (ENG.). 86p. (J). 19.09 *(978-1-64871-119-0(7))*; pap. 11.99 *(978-1-63649-205-6(3))* Primedia eLaunch LLC.

Diary of a Ninja Kid 3: An Alien Invasion. C. A. Treanor & I. Dosanjh. Illus. by Nazifa Tasnim. 2020. (ENG.). (J). 86p. 19.99 *(978-1-64871-136-7(7))*; 76p. pap. 11.99 *(978-1-63649-219-3(3))* Primedia eLaunch LLC.

Diary of a Ninja Kid 4: Silent Butt Deadly: Fart Brothers in Space. C. A. Treanor & I. Dosanjh. Illus. by Bex Sutton. 2020. (ENG.). (J). 92p. 19.99 *(978-1-64970-678-2(2))*; 86p. pap. 11.99 *(978-1-63649-218-6(5))* Primedia eLaunch LLC.

Diary of a Ninja Kid 5: The Return of the Ghost Pirates. C. A. Treanor & I. Dosanjh. Illus. by Bex Sutton. 2020. (ENG.). (J). 90p. 19.99 *(978-1-63649-208-7(8))*; 80p. pap. 11.99 *(978-1-63649-212-4(6))* Primedia eLaunch LLC.

Diary of a Nobody (Classic Reprint) George Grossmith. 2017. (ENG., Illus.). (J). 30.58 *(978-0-265-46458-8(7))* Forgotten Bks.

Diary of a Nurse in South Africa: Being a Narrative of Experiences in the Boer & English Hospital Service (Classic Reprint) Alice Bron. 2017. (ENG., Illus.). (J). 222p. 28.50 *(978-0-332-05581-7(7))*; pap. 10.97 *(978-0-259-20665-1(2))* Forgotten Bks.

Diary of a Nursing Sister on the Western Front, 1914 1915 (Classic Reprint) Unknown Author. (ENG., Illus.). (J). 2017. 30.33 *(978-0-332-00371-9(X))*; 2016. pap. 13.57 *(978-1-334-16377-7(4))* Forgotten Bks.

Diary of a Peasant Child. U. D. Abdulkareem. 2019. (ENG.). 182p. (J). pap. *(978-0-359-97353-8(1))* Lulu Pr., Inc.

Diary of a Pilgrimage (and Six Essays), 1891 (Classic Reprint) Jerome Jerome. (ENG., Illus.). (J). 2018. 394p. 32.04 *(978-0-483-53369-1(6))*; 2017. pap. 16.57 *(978-0-243-60130-1(1))* Forgotten Bks.

Diary of a Red Handfish. Katherine Richardson. 2020. (ENG.). 34p. (J). *(978-0-6487713-1-9(8))*; pap. *(978-0-6487713-2-6(6))* Bond, Peter James.

Diary of a Rich Kid: Lost in Space. Malcolm Mejin. 2023. (Diary of a Rich Kid Ser.). 208p. (J). 10.99 ***(978-981-5058-95-6(9))*** Penguin Random House SEA Pte. Ltd. SGP. Dist: Independent Pubs. Group.

Diary of a Russian Lady: Reminiscences of Barbara Doukhovskoy (Nee Princesse Galitzine) (Classic Reprint) Barbara Doukhovskoy. (ENG., Illus.). (J). 2017. 548p. 35.22 *(978-0-266-74879-3(1))*; 2016. pap. 19.57 *(978-1-334-14308-3(0))* Forgotten Bks.

Diary of a Saint (Classic Reprint) Arlo Bates. 2018. (ENG., Illus.). 320p. (J). 30.50 *(978-0-364-07064-2(1))* Forgotten Bks.

Diary of a Scotty-Dog! Cactus Joe. Jack O'Hara. 2019. (ENG.). 118p. (J). pap. 7.56 *(978-1-387-88665-4(7))* Lulu Pr., Inc.

Diary of a Scotty-Dog! Hot-Dog. Jack O'Hara. 2019. (ENG.). 128p. (J). pap. *(978-1-7947-2522-5(9))* Lulu Pr., Inc.

Diary of a Scotty-Dog! Picture-Book. Jack O'Hara. 2020. (ENG.). 114p. (J). pap. *(978-0-244-26233-4(0))* Lulu Pr., Inc.

Diary of a Shirtwaist Striker: A Story of the Shirtwaist Makers' Strike in New York (Classic Reprint) Theresa Serber Malkiel. 2017. (ENG., Illus.). (J). 26.02 *(978-0-331-18508-9(3))*; pap. 9.57 *(978-0-259-02822-2(3))* Forgotten Bks.

Diary of a Show-Girl (Classic Reprint) Grace Luce Irwin. 2018. (ENG., Illus.). 188p. (J). 27.79 *(978-0-428-50266-9(0))* Forgotten Bks.

Diary of a Softball Girl: Game Day. Amy Ballantyne. 2021. (ENG.). 124p. (J). pap. *(978-1-7775027-4-4(8))* Chan, Raz.

Diary of a Softball Girl: Izzy Makes the Team. Amy Ballantyne. 2021. (ENG.). 132p. (J). pap. *(978-1-7775027-1-3(3))* Chan, Raz.

Diary of a Superfluous Man. Ivan Sergeevich Turgenev. Tr. by Constance Garnett. 2018. (Fabulous Novellas Ser.). (ENG., Illus.). 68p. (J). pap. *(978-0-6482521-1-5(6))* Skomlin.

Diary of a Superfluous Man: And Other Stories (Classic Reprint) Iván Turgénev. 2017. (ENG., Illus.). (J). 30.83 *(978-1-5283-9043-9(1))* Forgotten Bks.

Diary of a Superfluous Man & Other Stories. Ivan Sergeevich Turgenev. 2017. (ENG., Illus.). (J). 23.95 *(978-1-374-88678-0(5))*; pap. 13.95 *(978-1-374-88677-3(7))* Capital Communications, Inc.

Diary of a Superfluous Man & Other Stories: A Novels & Stories of Ivan Turgenieff (Classic Reprint) Ivan Sergeevich Turgenev. 2018. (ENG., Illus.). 360p. (J). 31.32 *(978-0-483-38107-0(1))* Forgotten Bks.

Diary of a Teenage Mom. Elizabeth Ann Trigg. 2016. (Diary of a Teenage Mom Ser.: Vol. 1). (ENG., Illus.). (YA). (gr. 9-12). pap. *(978-1-926831-81-7(0))* Navarone Bks.

Diary of a Tennis Prodigy. Shamini Flint. Illus. by Sally Heinrich. 2016. (Diary of A... Ser.). (ENG.). 112p. (J). (gr. 2-6). 8.99 *(978-1-76029-088-7(2))* Allen & Unwin AUS. Dist: Independent Pubs. Group.

Diary of a Tokyo Teen: A Japanese-American Girl Travels to the Land of Trendy Fashion, High-Tech Toilets & Maid Cafes. Christine Mari Inzer. 2016. (Illus.). 128p. (gr. 6-12). pap. 14.99 *(978-4-8053-1396-1(X))* Tuttle Publishing.

Diary of a Tour in Sweden, Norway, & Russia, Vol. 1: In 1827, with Letters (Classic Reprint) Unknown Author. 2018. (ENG., Illus.). 308p. (J). 30.25 *(978-0-365-22177-7(5))* Forgotten Bks.

Diary of a Traveling Hedgehog: Or Where Does Happiness Live? Hope Silver. Ed. by Lane Diamond. Illus. by Julia Kosivchuk. 2020. (ENG.). 52p. (J). pap. 12.95 *(978-1-62253-977-2(X))* Evolved Publishing.

Diary of a Trip Abroad in the Summer of 1910 (Classic Reprint) Earl Trumbull Williams. 2018. (ENG., Illus.). 268p. (J). 29.42 *(978-0-267-09631-2(3))* Forgotten Bks.

Diary of a Weirdo Kid: School Holidays. Erika Chhabra. 2021. (ENG.). 132p. (YA). *(978-0-2288-5531-6(4))*; pap. *(978-0-2288-5529-3(2))* Tellwell Talent.

Diary of a Wimpy Kid: Special CHEESIEST Edition. Jeff Kinney. 2017. (ENG.). 224p. (J). (gr. 3-8). 16.95 *(978-1-4197-2945-4(4),* 1218201, Amulet Bks.) Abrams, Inc.

Diary of a Wimpy Kid #11 Double down (International Edition) Jeff Kinney. 2017. (ENG.). (J). (gr. 3-7). pap. 7.99 *(978-1-4197-2618-7(8))* Abrams, Inc.

Diary of a Wimpy Kid (B&N/Indigo Exclusive Edition) Special CHEESIEST Edition. Jeff Kinney. 2017. (ENG.). 224p. (J). 16.95 *(978-1-4197-2969-0(1),* Amulet Bks.) Abrams, Inc.

Diary of a Wimpy Kid: Best Friends Box (Diary of a Wimpy Kid Book 1 & Diary of an Awesome Friendly Kid) Jeff Kinney. 2019. (Diary of a Wimpy Kid Ser.). (ENG.). 448p. (YA). (gr. 3-7). 27.99 *(978-1-4197-4574-4(3))* Abrams, Inc.

Diary of a Wimpy Kid Box of Books (12-14 Plus DIY) Jeff Kinney. 2017. (ENG.). 896p. (J). (gr. k-4). 56.00 *(978-1-4197-5167-7(0))* Abrams, Inc.

Diary of a Wimpy Kid Mad Libs: Second Helping: World's Greatest Word Game. Patrick Kinney. 2017. (Mad Libs Ser.). (ENG.). 48p. (J). (gr. 3-7). pap. 4.99 *(978-0-515-15828-1(3),* Mad Libs) Penguin Young Readers Group.

Diary of a Wimpy Kid (Special Disney+ Cover Edition) (Diary of a Wimpy Kid #1) Jeff Kinney. 2021. (Diary of a Wimpy Kid Ser.). (ENG., Illus.). 224p. (J). (gr. 3-7). 14.99 *(978-1-4197-6110-2(2),* Amulet Bks.) Abrams, Inc.

Diary of a Witch. Valeria Dávila & Mónica López. Tr. by David Warriner. Illus. by Laura Aguerrebehere. 2018. (Dear Diary Ser.). 32p. (J). (gr. -1-1). 7.99 *(978-2-924786-67-3(3),* CrackBoom! Bks.) Chouette Publishing CAN. Dist: Publishers Group West (PGW).

Diary of a Young Black King: Real Life Superheroes. Hadar Sankofa. 2022. (ENG.). 44p. (J). pap. *(978-0-9956356-2-3(5))* Sun Cycle Pubs.

Diary of a Young Girl. Anne Frank. 2019. (ENG.). 224p. (YA). (gr. 9-12). pap. *(978-93-89440-88-1(2))* Sumaiyah Distributors Pvt Ltd.

Diary of a Young Girl. Michelle Lomberg & Katie Gillespie. 2018. (J). *(978-1-5105-3706-4(6))* SmartBook Media, Inc.

Diary of an 8-Bit Warrior: An Unofficial Minecraft Adventure. Cube Cube Kid. (Diary of an 8-Bit Warrior Ser.: 1). (ENG.). 256p. (J). 2017. 13.99 *(978-1-4494-8801-7(3))*; 2016. (Illus.). (gr. 2-5). pap. 11.99 *(978-1-4494-8005-9(5))* Andrews McMeel Publishing.

Diary of an 8-Bit Warrior Box Set Volume 1-4. Cube Cube Kid. 2017. (Diary of an 8-Bit Warrior Ser.). (ENG., Illus.). (J). pap. 39.00 *(978-1-4494-9325-7(4))* Andrews McMeel Publishing.

Diary of an 8-Bit Warrior: Crafting Alliances: An Unofficial Minecraft Adventure. Cube Cube Kid. 2017. (Diary of an 8-Bit Warrior Ser.: 3). (ENG.). 256p. (J). 13.99 *(978-1-4494-8803-1(X))* Andrews McMeel Publishing.

Diary of an 8-Bit Warrior Diamond Box Set. Cube Cube Kid. 2019. (Diary of an 8-Bit Warrior Ser.). (ENG.). (J). pap. 70.00 *(978-1-5248-5385-3(2))* Andrews McMeel Publishing.

Diary of an 8-Bit Warrior: Forging Destiny: An Unofficial Minecraft Adventure. Cube Cube Kid. 2019. (Diary of an 8-Bit Warrior Ser.: 6). (ENG., Illus.). 280p. (J). 13.99

492

The check digit for ISBN-10 appears in parentheses after the full ISBN-13

(978-1-4494-9446-9(3)); pap. 11.99 *(978-1-4494-9445-2(5))* Andrews McMeel Publishing.

Diary of an 8-Bit Warrior: from Seeds to Swords: An Unofficial Minecraft Adventure. Cube Cube Kid. (Diary of an 8-Bit Warrior Ser.: 2). (ENG.). 192p. (J). 2017. 13.99 *(978-1-4494-8802-4(1))*; 2016. (Illus.). (gr. 2-6). pap. 11.99 *(978-1-4494-8008-0(X))* Andrews McMeel Publishing.

Diary of an 8-Bit Warrior Graphic Novel: An Ominous Threat. Pirate Sourcil. Illus. by Odone & Jez. 2021. (8-Bit Warrior Graphic Novels Ser.: 2). (ENG.). 96p. (J). 11.99 *(978-1-5248-6809-3(4))*;Volume 2. pap. 9.99 *(978-1-5248-6317-3(3))* Andrews McMeel Publishing.

Diary of an 8-Bit Warrior Graphic Novel: An OP Alliance, Volume 1. Pirate Sourcil. Illus. by Odone & Jez. 2021. (8-Bit Warrior Graphic Novels Ser.: 1). (ENG.). 96p. (J). pap. 8.99 *(978-1-5248-6316-6(5))* Andrews McMeel Publishing.

Diary of an 8-Bit Warrior Graphic Novel: Another World, Volume 3. Pirate Sourcil. Illus. by Jez & Odone. 2022. (8-Bit Warrior Graphic Novels Ser.: 3). (ENG.). 96p. (J). 13.99 *(978-1-5248-7610-4(0))*; pap. 8.99 *(978-1-5248-7607-4(0))* Andrews McMeel Publishing.

Diary of an 8-Bit Warrior Graphic Novel: Battle for the Dragon. Pirate Sourcil. Illus. by Jez & Odone. 2023. (8-Bit Warrior Graphic Novels Ser.: 4). (ENG.). 96p. (J). 21.99 *(978-1-5248-7939-6(8))*;Volume 4. pap. 12.99 *(978-1-5248-7679-1(8))* Andrews McMeel Publishing.

Diary of an 8-Bit Warrior Graphic Novel Emerald Box Set. Pirate Sourcil. Illus. by Jez & Odone. 2023. (8-Bit Warrior Graphic Novels Ser.). (ENG.). 384p. (J). pap. 39.99 ***(978-1-5248-8590-8(8))*** Andrews McMeel Publishing.

Diary of an 8-Bit Warrior: Path of the Diamond: An Unofficial Minecraft Adventure. Cube Cube Kid. 2017. (Diary of an 8-Bit Warrior Ser.: 4). (ENG., Illus.). 256p. (J). 13.99 *(978-1-4494-8804-8(8))*; pap. 11.99 *(978-1-4494-8009-7(8))* Andrews McMeel Publishing.

Diary of an 8-Bit Warrior: Quest Mode: An Unofficial Minecraft Adventure, Bk. 5. Cube Cube Kid. 2018. (Diary of an 8-Bit Warrior Ser.: 5). (ENG., Illus.). 256p. (J). 13.99 *(978-1-4494-9404-9(8))*; pap. 11.99 *(978-1-4494-9252-6(5))* Andrews McMeel Publishing.

Diary of an Average Fairy. M. M. Hillman. 2018. (ENG., Illus.). 192p. (J). (gr. 3-6). pap. *(978-1-912014-82-8(3))* 2QT, Ltd. (Publishing).

Diary of an Awesome Friendly Kid: Rowley Jefferson's Journal. Jeff Kinney. l.t. ed. 2019. (ENG.). 227p. (gr. 3-7). 22.99 *(978-1-4328-6634-1(6))* Cengage Gale.

Diary of an Awesome Friendly Kid: Rowley Jefferson's Journal. Jeff Kinney. 2019. (ENG., Illus.). 224p. (J). (gr. 3-7). 13.99 *(978-1-4197-4027-5(X)*, 1299301, Amulet Bks.) Abrams, Inc.

Diary of an Enlisted Man (Classic Reprint) Lawrence Van Alstyne. 2018. (ENG., Illus.). (J). 31.36 *(978-0-260-25171-8(2))* Forgotten Bks.

Diary of an Ennuyee (Classic Reprint) Unknown Author. 2018. (ENG., Illus.). 278p. (J). 29.65 *(978-0-666-37467-7(8))* Forgotten Bks.

Diary of an Ennuyee (Classic Reprint) Anna Jameson. 2017. (ENG., Illus.). (J). 29.69 *(978-0-265-36533-5(3))* Forgotten Bks.

Diary of an Ennuyée (Classic Reprint) Anna Jameson. 2018. (ENG., Illus.). (J). 342p. 30.97 *(978-1-396-81040-4(4))*; 344p. pap. 13.57 *(978-1-396-80994-1(5))* Forgotten Bks.

Diary of an Exemplary Child Diary to Write in for Girls. Planners & Notebooks Inspira Journals. 2019. (ENG.). 200p. (J). pap. 12.55 *(978-1-64521-274-4(2)*, Inspira) Editorial Imagen.

Diary of an Idle Woman in Italy. Frances Elliot. 2016. (ENG., Illus.). (J). pap. *(978-3-7428-5452-0(6))* Creation Pubs.

Diary of an Idle Woman in Italy, Vol. 1 of 2 (Classic Reprint) Frances Elliot. (ENG., Illus.). (J). 2018. 704p. 38.42 *(978-0-267-47704-3(X))*; 2017. 330p. 30.70 *(978-0-332-72118-7(3))* Forgotten Bks.

Diary of an Idle Woman in Italy, Vol. 2 of 2 (Classic Reprint) Frances Elliot. 2018. (ENG., Illus.). 338p. (J). 30.89 *(978-0-267-48321-1(X))* Forgotten Bks.

Diary of an Idle Woman in Sicily, 1882 (Classic Reprint) Frances Minto Dickinson Elliot. (ENG., Illus.). (J). 2018. 322p. 30.56 *(978-0-364-15960-6(X))*; 2016. pap. 13.57 *(978-1-334-26176-3(8))* Forgotten Bks.

Diary of an Idle Woman in Spain, Vol. 1 of 2 (Classic Reprint) Frances Elliot. (ENG., Illus.). (J). 2018. 556p. 35.38 *(978-0-428-64797-1(9))*; 2017. pap. 19.57 *(978-0-259-47654-2(4))* Forgotten Bks.

Diary of an Odd Enderman Book 1: A New Journey: an Unofficial Minecraft Book. Diverse Press & Crafty. 2020. (Diary of an Odd Enderman Ser.: Vol. 1). (ENG.). 82p. (J). pap. 5.97 *(978-1-946525-61-1(8))* Kids Activity Publishing.

Diary of an Ogre. Valeria Dávila & López. Tr. by Warriner. Illus. by Laura Aguerrebehere. 2018. (Dear Diary Ser.). 32p. (J). (gr. -1-1). 7.99 *(978-2-924786-69-7(X)*, CrackBoom! Bks.) Chouette Publishing CAN. Dist: Publishers Group West (PGW).

Diary of an Unwed Mother. Coretha Gantling. 2017. (ENG., Illus.). (J). pap. 10.99 *(978-1-62952-913-4(3))* Salem Author Services.

Diary of an Unwed Mother: A New Beginning. Coretha Gantling. 2020. (ENG.). 88p. (J). pap. 9.99 *(978-1-950398-29-4(3))* McDougal & Assocs.

Diary of an Unwed Mother: The Unwed Daddy Game. Coretha Gantling. 2020. (ENG.). 100p. (J). pap. 9.99 *(978-1-950398-30-0(7))* McDougal & Assocs.

Diary of an Unwed Mother: Unplanned & Unwanted, but Sent by God. Coretha Gantling. 2021. (ENG.). 66p. (J). pap. 7.99 *(978-1-950398-36-2(6))* McDougal & Assocs.

Diary of Anne Frank (bilingual) see Diario de Ana Frank (Bilingue): Un Fiel Testimonio de Los Horrores de la Guerra

Diary of Arthur Christopher Benson (Classic Reprint) Arthur Christopher Benson. (ENG., Illus.). (J). 2018. 340p. 30.93 *(978-0-267-59581-5(6))*; 2016. pap. 13.57 *(978-1-334-14949-8(6))* Forgotten Bks.

Diary of Captain Daniel Roe, an Officer of the French & Indian War & of the Revolution: Brookhaven, Long Island, During Portions of 1806-7-8 (Classic Reprint) Daniel Roe. 2018. (ENG., Illus.). 68p. (J). 25.30 *(978-0-267-68808-1(3))* Forgotten Bks.

Diary of Caroline Cowles Richards, 1852-1872, Canandaigua, N. y (Classic Reprint) Caroline Cowles Richards. 2017. (ENG., Illus.). (J). 25.73 *(978-0-266-55832-3(1))* Forgotten Bks.

Diary of Col. Benjamin Case: Justice of the Peace in Southold, Long Island & Postmaster of Cutchogue, Long Island for Thirty Consecutive Years (Classic Reprint) Benjamin Case. 2018. (ENG., Illus.). (J). 78p. 25.53 *(978-0-366-52467-9(4))*; 80p. pap. 9.57 *(978-0-365-84521-8(3))* Forgotten Bks.

Diary of Colonel Peter Hawker, Author of 'Instructions to Young Sportsmen', 1802-1853, Vol. 1 Of 2: With an Introduction (Classic Reprint) Peter Hawker. (ENG., Illus.). (J). 2017. 424p. 32.64 *(978-0-332-05307-3(5))*; 2016. pap. 16.57 *(978-1-333-83837-9(9))* Forgotten Bks.

Diary of Colonel Peter Hawker, Author of 'Instructions to Young Sportsmen', 1802-1853, Vol. 2 Of 2: With an Introduction (Classic Reprint) Peter Hawker. 2016. (ENG., Illus.). (J). pap. 16.57 *(978-1-333-45014-4(1))* Forgotten Bks.

Diary of Colonel Peter Hawker, Author of 'Instructions to Young Sportsmen', 1802-1853, Vol. 2 Of 2: With an Introduction (Classic Reprint) Peter Hawker. 2018. (ENG., Illus.). 422p. (J). 32.60 *(978-0-364-22252-2(2))* Forgotten Bks.

Diary of Curious Cuthbert. Jack Challoner. 2017. (ENG., Illus.). 111p. (J). pap. *(978-0-9954750-5-2(9))* Explaining Science Publishing.

Diary of Curious Cuthbert. Jack Challoner & Kate Cragoe Mayfield. 2018. (ENG., Illus.). 124p. (J). pap. *(978-0-9954750-6-9(7))* Explaining Science Publishing.

Diary of Daniel E. Heywood: A Parmachenee Guide at Camp Caribou, Parmachenee Lake, Oxford Co;, Maine, Fall of 1890 (Classic Reprint) Daniel E. Heywood. 2017. (ENG., Illus.). (J). 26.06 *(978-0-331-58463-9(8))* Forgotten Bks.

Diary of Denver Pontiac. Robin Macblane & Larry Whitler. Illus. by Larry Whitler. 2020. (ENG.). 60p. (J). 30.00 *(978-0-578-72068-5(X))* Robin & The Giant.

Diary of Depression: Unidentified & Undiagnosed. Artura Harper. 2020. (ENG.). 74p. (YA). pap. ***(978-1-716-46705-9(5))*** Lulu Pr., Inc.

Diary of Ephraim Shelby Dodd: Member of Company d Terry's Texas Rangers; December 4, 1862 January 1, 1864 (Classic Reprint) Ephraim Shelby Dodd. 2018. (ENG., Illus.). 40p. (J). 24.72 *(978-0-267-87148-3(1))* Forgotten Bks.

Diary of Farty Philip. Kiri a Birch. Illus. by Rizky Nugraha. 2017. (ENG.). (J). pap. 8.00 *(978-1-927558-61-4(1))* Birch Tree Publishing.

Diary of George Washington: September-December, 1785 (Classic Reprint) George Washington. 2017. (ENG., Illus.). (J). 25.57 *(978-0-331-83302-7(6))* Forgotten Bks.

Diary of G's Big Move from West to East. Oz Santana. Illus. by Sahar Nouman. 2021. (ENG.). 32p. (J). 31.90 *(978-1-300-44522-7(X))* Lulu Pr., Inc.

Diary of Joshua Hempstead of New London, Connecticut, Covering a Period of Forty-Seven Years, from September, 1711, to November 1758: Containing Valuable Genealogical Data Relating to Many New London Families, References to the Colonial Wars, to the Ship. Joshua Hempstead. (ENG., Illus.). (J). 2017. 40.19 *(978-0-266-75323-0(X))*; 2016. pap. 23.57 *(978-1-334-15281-8(0))* Forgotten Bks.

Diary of Matthew Patten of Bedford, N. H: From Seventeen Hundred Fifty-Four to Seventeen Hundred Eighty-Eight (Classic Reprint) Matthew Patten. 2017. (ENG., Illus.). (J). 35.22 *(978-0-266-24835-4(7))* Forgotten Bks.

Diary of Mrs. Kitty Trevylyan. Elizabeth Rundle Charles. 2017. (ENG.). 340p. (J). pap. *(978-3-337-01172-7(1))* Creation Pubs.

Diary of Mrs. Kitty Trevylyan 1886: A Story of the Times of Whitefield & the Wesleys (Classic Reprint) Elizabeth Rundle Charles. 2018. (ENG., Illus.). 406p. (J). 32.29 *(978-0-666-06664-0(7))* Forgotten Bks.

Diary of My Honeymoon, 1910 (Classic Reprint) Unknown Author. 2018. (ENG., Illus.). 312p. (J). 30.29 *(978-0-484-46836-7(7))* Forgotten Bks.

Diary of My Most Inner Thoughts & Emotions Diary 9 Year Old Girl. Planners & Notebooks Inspira Journals. 2019. (ENG.). 200p. (J). pap. 12.55 *(978-1-64521-286-7(6)*, Inspira) Editorial Imagen.

Diary of One of the Original Colonists of New Glarus, 1845 (Classic Reprint) Mathias Duerst. (ENG., Illus.). (J). 2017. 24.95 *(978-0-331-85443-5(0))*; 2016. pap. 9.57 *(978-1-334-11959-0(7))* Forgotten Bks.

Diary of Patooti the Pig. Patooti Quinlan Labelle et al. 2016. (ENG., Illus.). (J). pap. *(978-0-9951975-0-3(4))* Violet Hour: Pr., Author Services & Literary Magazine, The.

Diary of Samuel Pepys Clerk: Clerk of the Acts & Secretary to the Admiralty (Classic Reprint) Henry B. Wheatley. 2018. (ENG., Illus.). 220p. (J). 28.43 *(978-0-483-23100-9(2))* Forgotten Bks.

Diary of Samuel Pepys, M. A., F. R. S.; Clerk of the Acts & Secretary to the Admiralty, Vol. 1: Transcribed by the Late REV. Mynors Bright, M. A. from the Shorthand Manuscript in the Pepysian Library, Magdalene College, Cambridge (Classic Reprint) Samuel Pepys. 2018. (ENG., Illus.). 422p. (J). 32.58 *(978-0-483-17062-9(3))* Forgotten Bks.

Diary of Samuel Pepys, M. A., F. R. S., Clerk of the Arts & Secretary of the Admiralty, Vol. 15: May 1, 1668 Nov. 5, 1668 (Classic Reprint) Samuel Pepys. (ENG., Illus.). (J). 2017. 27.03 *(978-0-331-13664-7(3))*; 2016. pap. 9.57 *(978-1-334-15006-7(0))* Forgotten Bks.

Diary of Samuel Pepys, M. A., F. R. S., Clerk of the Arts & Secretary to the Admiralty, Vol. 16: For the First Time Fully Transcribed from the Shorthand Manuscript in the Pepysian Library, Magdalene College, Cambridge; Nov. 5, 1668 May 31 1669. Samuel Pepys. (ENG., Illus.). (J). 2018. 188p. 27.79 *(978-0-428-30902-2(X))*; 2016. pap. 10.57 *(978-1-334-13703-7(X))* Forgotten Bks.

Diary of Samuel Pepys M. A., F. R. S., Clerk of the Arts & Secretary to the Admiralty, Vol. 6: For the First Time Fully Transcribed from the Shorthand Manuscript in the Pepysian Library, Magdalene College, Cambridge, by the REV. Mynors Bright, M. A.; Samuel Pepys. (ENG., Illus.). (J). 2017. 204p. 28.10 *(978-0-484-06516-0(5))*; 2016. pap. 10.97 *(978-1-333-35740-5(0))* Forgotten Bks.

Diary of Samuel Pepys M. A., F. R. S. Clark of the Acts & Secretary to the Admiralty. Edited with Additions. Vol. VIII, Part I. May 1, 1668 - Nov. 5 1668. Samuel Pepys. 2017. (ENG., Illus.). (J). pap. *(978-0-649-56205-3(4))* Trieste Publishing Pty Ltd.

Diary of Samuel Pepys, M. A., F. R. S, Vol. 1: Jan; 1, 1660 June 4, 1660 (Classic Reprint) Samuel Pepys. 2017. (ENG., Illus.). 246p. (J). 28.97 *(978-0-484-00044-4(6))* Forgotten Bks.

Diary of Samuel Pepys, M. A., F. R. S, Vol. 2: Clerk of the Acts & Secretary to the Admiralty, Completely Transcribed by the Late REV. Mynors Bright, M. A., from the Shorthand Mauscript in the Pepysian Library, Magdalene College, Cambridge, with Lord. Henry B. Wheatley. 2018. (ENG., Illus.). 422p. (J). 32.62 *(978-0-267-19134-5(0))* Forgotten Bks.

Diary of Samuel Pepys, M. A., F. R. S, Vol. 2: Edited with Additions; Part I. April 1, 1661 May 8, 1662 (Classic Reprint) Samuel Pepys. (ENG., Illus.). (J). 2018. 244p. 28.93 *(978-0-267-31056-2(0))*; 2016. pap. 11.57 *(978-1-333-39588-9(4))* Forgotten Bks.

Diary of Samuel Teedon: 17 October 1791 to 2 February 1794. Samuel Teedon. 2017. (ENG., Illus.). (J). pap. *(978-0-649-42903-5(6))* Trieste Publishing Pty Ltd.

Diary of Samuel Teedon: 17 October 1791 to 2 February 1794 (Classic Reprint) Samuel Teedon. 2018. (ENG., Illus.). 98p. (J). 25.94 *(978-0-365-32709-7(3))* Forgotten Bks.

Diary of St. Blair. E. W. Skinner. 2017. (St. Blair Ser.: Vol. 3). (ENG., Illus.). (YA). (gr. 9-12). pap. 11.95 *(978-0-9994196-2-5(5))* Skinner, Emily.

Diary of Steve the Minecraft Zombie. Zombie Kid. Illus. by Rizky Nugraha. 2017. (ENG.). 62p. (J). pap. 8.00 *(978-1-927558-66-9(2))* Birch Tree Publishing.

Diary of Ten Years Eventful Life of an Early Settler in Western Australia: And Also a Descriptive Vocabulary of the Language of the Aborigines (Classic Reprint) George Fletcher Moore. 2017. (ENG., Illus.). (J). 35.76 *(978-0-331-35113-2(7))* Forgotten Bks.

Diary of the Besieged Resident in Paris. Henry Labouchere. 2017. (ENG., Illus.). (J). 27.95 *(978-1-374-88336-9(0))*; pap. 17.95 *(978-1-374-88335-2(2))* Capital Communications, Inc.

Diary of the One & Only Teleporting Tessa. Sophia Georgatos. 2021. (ENG.). 38p. (J). pap. 15.00 *(978-1-953507-69-3(7))* Brightlings.

Diary of the Sentinel. Paul Weightman. 2020. (ENG.). 324p. (J). 33.55 *(978-0-244-56283-0(0))* Lulu Pr., Inc.

Diary of Two Innocents Abroad (Classic Reprint) Noble Crandall. 2018. (ENG., Illus.). 100p. (J). 25.96 *(978-0-267-00016-6(2))* Forgotten Bks.

Diary of William Shakespeare, Gentleman. Jackie French. 2020. 288p. 9.99 *(978-1-4607-5057-5(8)*, HarperCollins) HarperCollins Pubs.

Diary Without Dates (Classic Reprint) Enid Bagnold. 2017. (ENG., Illus.). (J). 27.16 *(978-1-5283-7101-8(1))* Forgotten Bks.

Días de Nieve: Leveled Reader Book 58 Level H 6 Pack. Hmh Hmh. 2021. (SPA.). 16p. (J). pap. 74.40 *(978-0-358-08275-0(7))* Houghton Mifflin Harcourt Publishing Co.

Dias de Perro. Sofi Benitez & Joyce Magnin. 2017. (ENG., Illus.). 240p. (J). (gr. k-9). 16.99 *(978-1-943785-65-0(1)*, 872ccaa4-ce5f-4ded-a84d-5527e2400197) Rabbit Pubs.

Días de Perros: Dog Days (Spanish Edition) Karen English. Tr. by Aurora Humaran & Leticia Monge. Illus. by Laura Freeman. 2020. (Carver Chronicles Ser.). (SPA.). 144p. (J). (gr. 1-4). pap. 6.99 *(978-0-358-21370-3(3)*, 1765786, Clarion Bks.) HarperCollins Pubs.

Días de Perros / Dog Days. Jeff Kinney. 2022. (Diario Del Wimpy Kid Ser.: 4). (SPA.). 224p. (J). (gr. 3-7). 15.95 *(978-1-64473-507-7(5))* Penguin Random House Grupo Editorial ESP. Dist: Penguin Random Hse. LLC.

Días de Sangre y Resplandor / Days of Blood & Starlight. Laini Taylor. 2023. (Hija de Humo y Hueso Ser.: 2). (SPA.). 520p. (YA). (gr. 7). pap. 17.95 ***(978-607-38-3085-0(8)*** Debolsillo) Penguin Random House Grupo Editorial ESP. Dist: Penguin Random Hse. LLC.

Días Especiales, Danzas Especiales: Leveled Reader Book 7 Level I 6 Pack. Hmh Hmh. 2021. (SPA.). 16p. (J). pap. 74.40 *(978-0-358-08312-2(5))* Houghton Mifflin Harcourt Publishing Co.

Días Festivos Nacionales. Michelle Jovin. rev. ed. 2019. (Social Studies: Informational Text Ser.). (SPA., Illus.). 20p. (J). (gr. k-1). 9.99 *(978-1-64290-108-5(3))* Teacher Created Materials, Inc.

Días Nublados. Judy Kentor Schmauss. 2016. (Early Rising Readers Ser.). (SPA.). (J). (gr. -1). 6.67 *(978-1-4788-3709-1(8))* Newmark Learning LLC.

Días Nublados - 6 Pack. Judy Kentor Schmauss. 2016. (Early Rising Readers Ser.). (SPA.). (J). (gr. 1). 40.00 net. *(978-1-4788-4652-9(6))* Newmark Learning LLC.

Días Ventosos: Leveled Reader Book 15 Level I 6 Pack. Hmh Hmh. 2021. (SPA.). 16p. (J). pap. 74.40 *(978-0-358-08327-6(3))* Houghton Mifflin Harcourt Publishing Co.

Dias y Dias/Days & Days: Bilingual English-Spanish. Ginger Foglesong Guy. Illus. by Rene King Moreno. 2019. (ENG.). 40p. (J). (gr. -1-3). 17.99 *(978-0-06-173182-2(X)*, Greenwillow Bks.) HarperCollins Pubs.

Dibs! Laura Gehl. Illus. by Marcin Piwowarski. 2019. (ENG.). 32p. (J). (gr. -1-3). 17.99 *(978-1-5124-6532-7(1)*, 635bd907-d003-4915-914f-5e919d682597, Carolrhoda Bks.) Lerner Publishing Group.

Dibuja Punto con Punto para Niños: Libro de Actividades para Dibujar y Colorear para niños, niñas y Jóvenes. Libro de Aprendizaje: Conecta Los Puntos y Aprende a Dibujar. 50 Páginas Entretenidas para Preescolares y niños Infantes: une Los Puntos para Dibujos con Gatos, Perros, Delfines, Din. Coloring Cloud Press. 2021. (SPA.). 52p. (J). pap. 9.99 *(978-1-915100-33-7(X)*, GoPublish) Visual Adjectives.

Dibuja y Crea Tu Propio Manga. Guía para Principiantes / Draw & Create Your Manga. a Guide for Beginners. Varios Varios autores. 2023. (SPA.). 128p. (J). (gr. 3-7). pap. 7.95 ***(978-987-1713-56-1(8)***, Guadal X) Penguin Random House Grupo Editorial ESP. Dist: Penguin Random Hse. LLC.

Dibujando en el Campo. Jairo. Buitrago. Illus. by Rafael Yockteng. 2022. (Aldana Libros Ser.). (SPA.). 36p. (J). (gr. k-4). 18.95 *(978-1-77164-954-4(2)*, Greystone Kids) Greystone Books Ltd. CAN. Dist: Publishers Group West (PGW).

Dibujetes: By Mattu Rock. Matías D. Valdesolo. 2021. (SPA.). 80p. (YA). pap. ***(978-1-329-49132-8(7))*** Lulu Pr., Inc.

Diccionario de la Lengua Ingleza para el USO de Los Espanoles: Compilado de Los Mejores Autores de Ambas Naciones (Classic Reprint) Felipe Fernandez. 2016. (ENG., Illus.). (J). pap. 16.57 *(978-1-333-26279-2(5))* Forgotten Bks.

Diccionario de la Lengua Ingleza para el USO de Los Españoles: Compilado de Los Mejores Autores de Ambas Naciones (Classic Reprint) Felipe Fernandez. 2018. (ENG., Illus.). 456p. (J). 33.30 *(978-0-656-89303-4(6))* Forgotten Bks.

Diccionario de Los Suenos para Adolescentes. Irma Julieta Maldonado. 2018. (SPA.). 216p. (YA). (gr. 10-12). pap. 7.95 *(978-607-453-015-5(7))* Selector, S.A. de C.V. MEX. Dist: Spanish Pubs., LLC.

Diccionario de Religiones en America Latina. Roberto. Blancarte Pimentel. 2018. (Antropologia Ser.). (SPA.). 698p. (J). pap. 25.95 *(978-607-16-5917-0(5))* Fondo de Cultura Economica USA.

Diccionario Escolar Guadal de la Lengua Española / Guadal Spanish Dictionary. Varios Varios autores. 2023. (SPA.). 528p. (J). (gr. 5). pap. 7.95 ***(978-987-797-897-1(0)***, Editorial Guadal) Penguin Random House Grupo Editorial ESP. Dist: Penguin Random Hse. LLC.

Diccionario Espanol e Ingles, Vol. 1: Conteniente la Significacion y USO de Las Voces, con Terminos Propios a la Marina, a Las Artes, Ciencias y Comercio, con la Acentuacion de la Real Academia de Madrid (Classic Reprint) Joseph Baretti. (ENG., Illus.). (J). 2018. 626p. 36.81 *(978-0-332-16019-1(X))*; 2016. pap. 19.57 *(978-1-334-12087-9(0))* Forgotten Bks.

Diccionario Espanol/Ingles para principiantes Y Guia de Uso see Beginner's English/Spanish Dictionary & Guide to Usage

Diccionario Inglés-Español / Spanish-English Guadal Bilingual Dictionary. Varios Varios autores. 2023. (SPA.). 576p. (J). (gr. 5). pap. 7.95 ***(978-987-3612-76-3(9)***, Editorial Guadal) Penguin Random House Grupo Editorial ESP. Dist: Penguin Random Hse. LLC.

Diccionario Sobre Las Serpientes: Leveled Reader Book 22 Level J 6 Pack. Hmh Hmh. 2021. (SPA.). 16p. (J). pap. 74.40 *(978-0-358-08334-4(6))* Houghton Mifflin Harcourt Publishing Co.

Dicen Fregona: Poemas de un Chavo de la Frontera / They Call Her Fregona. David Bowles. 2023. (SPA.). 240p. (J). (gr. 5). pap. 12.95 *(978-1-64473-577-0(6))* Penguin Random House Grupo Editorial ESP. Dist: Penguin Random Hse. LLC.

Dichos de Bichos / Bug Verses (Serie Amarilla) Spanish Edition. Alberto. Blanco. 2017. (Serie Amarilla Ser.). (SPA., Illus.). (J). pap. 7.99 *(978-1-68292-576-8(5)*, Loqueleo) Santillana USA Publishing Co., Inc.

Diciembre. Julie Murray. 2017. (Los Meses (Months) Ser.).Tr. of December. (SPA.). 24p. (J). (gr. -1-2). lib. bdg. 31.36 *(978-1-5321-0639-2(4)*, 27230, Abdo Kids) ABDO Publishing Co.

D

Dick: A Story for Boys & Girls (Classic Reprint) Anna Chapin Ray. 2018. (ENG., Illus.). 290p. (J). 29.88 *(978-0-428-96855-7(4))* Forgotten Bks.

Dick: A Story Without a Plot. G. F. Bradby. 2017. (ENG., Illus.). (J). pap. *(978-0-649-56212-1(7))* Trieste Publishing Pty Ltd.

Dick: A Story Without a Plot (Classic Reprint) G. F. Bradby. 2018. (ENG., Illus.). 210p. (J). 28.23 *(978-0-483-35960-4(2))* Forgotten Bks.

Dick & Dolly (Classic Reprint) Carolyn Wells. (ENG., Illus.). (J). 2018. 320p. 30.50 *(978-0-484-86882-2(9))*; 2016. pap. 13.57 *(978-1-333-75170-8(2))* Forgotten Bks.

Dick & Harry & Tom, or for Our Reaping by-And-by (Classic Reprint) Florence E. Burch. (ENG., Illus.). (J). 2018. 164p. 27.28 *(978-0-483-79649-2(2))*; 2016. pap. 9.97 *(978-1-334-15856-8(8))* Forgotten Bks.

Dick & Larry, Freshmen (Classic Reprint) Francis Lynde. 2017. (ENG., Illus.). (J). 28.23 *(978-0-266-78012-0(1))*; pap. 10.57 *(978-1-5277-6111-7(8))* Forgotten Bks.

Dick & Tom: A Dialogue about Addresses (Classic Reprint) Unknown Author. (ENG., Illus.). (J). 2018. 22p. 24.35 *(978-0-267-58373-7(7))*; 2016. pap. 7.97 *(978-1-334-15821-6(5))* Forgotten Bks.

Dick Hamilton's Cadet Days: Or the Handicap of a Millionaire's Son (Classic Reprint) Howard R. Garis. 2017. (ENG., Illus.). (J). 30.04 *(978-0-266-19785-0(X))* Forgotten Bks.

Dick Hamilton's Fortune: Or the Stirring Doings of a Millionaire's Son (Classic Reprint) Howard R. Garis. 2018. (ENG., Illus.). 288p. (J). 29.86 *(978-0-483-90398-2(1))* Forgotten Bks.

Dick Hamilton's Steam Yacht, or a Young Millionaire & the Kidnappers (Classic Reprint) Howard R. Garis. 2018. (ENG., Illus.). 296p. (J). 30.00 *(978-0-267-47208-6(0))* Forgotten Bks.

Dick Hamilton's Touring Car, or a Young Millionaire's Race for a Fortune (Classic Reprint) Howard R. Garis. (ENG., Illus.). (J). 2018. 270p. 29.49 *(978-0-483-55877-9(X))*; 2017. pap. 11.97 *(978-0-243-19543-5(5))* Forgotten Bks.

Dick in the Desert (Classic Reprint) James Otis. 2018. (ENG., Illus.). 98p. (J). 25.92 *(978-0-267-49391-3(6))* Forgotten Bks.

Dick Langdon's Career: In Satan's Schools & Christ's Schools. S. A. F. Herbert. 2017. (ENG., Illus.). (J). pap. *(978-0-649-56214-5(3))* Trieste Publishing Pty Ltd.

Dick Langdon's Career: In Satan's Schools, & Christ's Schools (Classic Reprint) Sarah Ann Flanders Herbert. (ENG., Illus.). (J). 2018. 252p. 29.09 *(978-0-483-86456-6(0))*; 2016. pap. 11.57 *(978-1-334-09193-3(5))* Forgotten Bks.

Dick, Marjorie & Fidge: A Search for the Wonderful Dodo. George Edward Farrow. 2017. (ENG., Illus.). (J). 23.95 (978-1-374-98205-5(9)) Capital Communications, Inc.

Dick Netherby (Classic Reprint) Lucy Bethia Walford. (ENG., Illus.). (J). 2018. 302p. 30.15 (978-0-483-66844-7(3)); 2017. pap. 13.57 (978-0-259-50567-9(6)) Forgotten Bks.

Dick o' the Fens: A Tale of the Great East Swamp. George Manville Fenn. 2017. (ENG.). 444p. (J). pap. (978-3-337-02500-7(5)) Creation Pubs.

Dick o' the Fens: A Tale of the Great East Swamp (Classic Reprint) George Manville Fenn. (ENG., Illus.). (J). 2018. 444p. 33.05 (978-0-332-04925-0(6)); 2016. pap. 16.57 (978-1-333-71411-6(4)) Forgotten Bks.

Dick Pentreath (Classic Reprint) Katharine Tynan. 2018. (ENG., Illus.). 360p. (J). 31.32 (978-0-267-22079-3(0)) Forgotten Bks.

Dick Prescott's First Year at West Point: Or Two Chums in the Cadet Gray (Classic Reprint) Harrie Irving Hancock. (ENG., Illus.). (J). 2018. 214p. 28.31 (978-0-364-64104-0(5)); 2017. pap. 10.97 (978-0-259-89143-7(6)) Forgotten Bks.

Dick Prescott's Fourth Year at West Point: Or Ready to Drop the Gray for Shoulder Straps (Classic Reprint) H. Irving Hancock. 2018. (ENG., Illus.). 276p. (J). 29.59 (978-0-267-18058-5(6)) Forgotten Bks.

Dick Prescott's Second Year at West Point: Finding the Glory of the Soldier's Life. H. Irving Hancock. 2017. (ENG., Illus.). (J). 23.95 (978-1-374-94559-3(5)); pap. 13.95 (978-1-374-94558-6(7)) Capital Communications, Inc.

Dick Prescott's Second Year at West Point: Or Findng the Glory of the Soldier's Life (Classic Reprint) H. Irving Hancock. 2018. (ENG., Illus.). 268p. (J). 29.42 (978-0-365-10421-6(3)) Forgotten Bks.

Dick Prescott's Second Year at West Point; or, Finding the Glory of the Soldier's Life. H. Irving Hancock. 2017. (ENG., Illus.). (J). pap. (978-0-649-56216-9(X)) Trieste Publishing Pty Ltd.

Dick Prescott's Second Year at West Point or, Findng the Glory of the Soldier's Life. H. Irving Hancock. 2017. (ENG., Illus.). (J). pap. (978-0-649-13128-0(2)) Trieste Publishing Pty Ltd.

Dick Prescott's Second Year at West Point; or, Findng the Glory of the Soldier's Life. H. Irving Hancock. 2017. (ENG., Illus.). (J). pap. (978-0-649-56215-2(1)) Trieste Publishing Pty Ltd.

Dick Prescotts's Fourth Year at West Point: Ready to Drop the Gray for Shoulder Straps. H. Irving Hancock. 2017. (ENG., Illus.). (J). 23.95 (978-1-374-94549-4(8)) Capital Communications, Inc.

Dick Randall, the Young Athlete (Classic Reprint) Ellery H. Clark. (ENG., Illus.). (J). 2018. 304p. 30.19 (978-0-267-96639-4(3)); 2017. pap. 13.57 (978-0-243-08865-2(5)) Forgotten Bks.

Dick the Bank Boy: A Missing Fortune. Frank V. Webster. 2018. (ENG., Illus.). 150p. (YA). (gr. 7-12). pap. (978-93-5329-369-7(3)) Alpha Editions.

Dick Whittington: Or an Old Story Retold, in the Three Acts (Classic Reprint) Clarence G. Dyall. 2018. (ENG., Illus.). 38p. (J). 24.76 (978-0-483-88251-5(8)) Forgotten Bks.

Dick Whittington, & Other Stories: Based on the Tales in the Blue Fairy Book (Classic Reprint) Andrew Lang. (ENG., Illus.). (J). 2017. 27.32 (978-0-331-38775-9(1)); 2016. pap. 9.97 (978-1-333-40900-5(1)) Forgotten Bks.

Dick Whittington, & Other Stories: Selected & Arranged (Classic Reprint) Frank W. Howard. 2017. (ENG., Illus.). (J). 168p. 27.36 (978-0-332-48766-3(0)); pap. 9.97 (978-0-259-39236-1(7)) Forgotten Bks.

Dick Wilson, the Rum-Seller's Victim, or Humanity Pleading for the Maine Law: A Temperance Story, Founded on Fact (Classic Reprint) John K. Comyn. (ENG., Illus.). (J). 2018. 420p. 32.58 (978-0-656-26157-4(9)); 2017. pap. 16.57 (978-0-243-99120-4(7)) Forgotten Bks.

Dickens & the Cat Who Lived under the Bed. Sylvia A. Flemming. 2023. (ENG.). 38p. (J). pap. (978-1-83934-461-9(X)) Olympia Publishers.

Dickens As an Educator (Classic Reprint) James L. Hughes. 2017. (ENG., Illus.). 342p. (J). 30.95 (978-0-484-72329-9(4)) Forgotten Bks.

Dickens' Christmas Stories for Children (Classic Reprint) Charles Dickens. 2016. (ENG., Illus.). (J). pap. 9.97 (978-1-334-13263-6(1)) Forgotten Bks.

Dickens-Collins Christmas Stories: Comprising No Thoroughfare & the Two Idle Apprentices (Classic Reprint) Charles Dickens. (ENG., Illus.). (J). 2018. 296p. 30.02 (978-0-483-49355-1(4)); 2017. pap. 13.57 (978-0-243-90375-7(8)) Forgotten Bks.

Dickens Dictionary: A Key to the Characters & Principal Incidents in the Tales of Charles Dickens (Classic Reprint) Gilbert A. Pierce. (ENG., Illus.). (J). 2018. 644p. 37.18 (978-0-428-44403-7(2)); 2018. 646p. pap. 19.57 (978-0-428-01901-3(3)); 2017. 38.38 (978-0-265-36362-1(4)) Forgotten Bks.

Dickens Dictionary: The Characters & Scenes of the Novels & Miscellaneous Works Alphabetically Arranged (Classic Reprint) Alexander John Philip. (ENG., Illus.). (J). 2018. 444p. 33.05 (978-0-267-55082-1(0)); 2016. pap. 16.57 (978-1-333-55827-7(9)) Forgotten Bks.

Dickens Dream Children (Classic Reprint) Mary Angela Dickens. 2018. (ENG., Illus.). 304p. (J). 30.19 (978-0-484-14445-2(6)) Forgotten Bks.

Dickens-Land (Classic Reprint) John Arnold Nicklin. 2018. (ENG., Illus.). 90p. (J). 25.75 (978-0-332-03826-1(2)) Forgotten Bks.

Dickens' New Stories: Containing the Seven Poor Travellers; Nine New Stories by the Christmas Fire; Hard Times; Lizzie Leigh; the Miner's Daughters; Fortune Wilfred, etc (Classic Reprint) Charles Dickens. 2017. (ENG., Illus.). (J). 28.62 (978-0-266-38884-5(1)) Forgotten Bks.

Dickens Reader (Classic Reprint) Charles Dickens. (ENG., Illus.). (J). 2018. 204p. 28.12 (978-0-484-76566-4(3)); 2016. pap. 10.57 (978-1-333-19414-7(5)) Forgotten Bks.

Dickens Revival (Classic Reprint) Ema Suckow Hunting. 2018. (ENG., Illus.). 82p. (J). 25.59 (978-0-483-69346-3(4)) Forgotten Bks.

Dickens' Short Stories: Containing: the Detective Police; Three Detective Anecdotes; the Pair of Gloves; the Artful Touch; the Sofa; Sunday in a Work-House; the Noble Savage; Our School; Our Vestry; Our Bore; a Monument of French Folly; a Christmas Tree. Charles Dickens. (ENG., Illus.). (J). 2017. 37.74 (978-0-266-57610-5(9)); 2016. pap. 20.57 (978-1-333-13276-7(X)) Forgotten Bks.

Dickens Year Book (Classic Reprint) Charles Dickens. 2017. (ENG., Illus.). (J). 27.13 (978-0-266-20122-9(9)) Forgotten Bks.

Dickensian Inns & Taverns (Classic Reprint) Bertram Waldrom Matz. (ENG., Illus.). (J). 2018. 306p. 30.21 (978-0-666-89011-5(0)); 2016. pap. 13.57 (978-1-333-42809-9(X)) Forgotten Bks.

Dickens's Children: Ten Drawings (Classic Reprint) Jessie Willcox Smith. 2017. (ENG., Illus.). (J). 24.85 (978-0-266-81398-9(4)); pap. 7.97 (978-1-5285-0876-6(9)) Forgotten Bks.

Dickens's Doctors: A Paper Read Before the Philobiblon Club, May 28, 1903 (Classic Reprint) John Chalmers Da Costa. (ENG., Illus.). (J). 2018. 54p. 25.03 (978-0-484-49308-6(6)); 2017. pap. 9.57 (978-0-243-40574-9(X)) Forgotten Bks.

Dickey Downy, the Autobiography of a Bird (Classic Reprint) Virginia Sharpe Patterson. (ENG., Illus.). (J). 2018. 212p. 28.27 (978-0-267-37792-3(4)); 2016. pap. 10.97 (978-1-334-15668-7(9)) Forgotten Bks.

Dick's Desertion; a Boy's Adventures in Canadian Forests: A Tale of the Early Settlement of Ontario (Classic Reprint) Marjorie L. C. Pickthall. 2018. (ENG., Illus.). 134p. (J). 26.68 (978-0-483-62751-2(8)) Forgotten Bks.

Dick's Dialogues & Monologues: Containing Dialogues, Monologues, Parlor Sketches, Farces & Petite Comedies; All Entirely Original, Expressly Designed for Parlor Performances (Classic Reprint) William Brisbane Dick. (ENG., Illus.). (J). 2018. 232p. 28.68 (978-0-484-29691-5(4)); 2017. pap. 11.57 (978-0-243-41837-4(X)) Forgotten Bks.

Dick's Diverting Dialogues: A Collection of Effective Dramatic Dialogues Written by Various Authors & Specially Adapted for Parlor Performances; Including a Complete Programme of Living Pictures with Full Directions for Exhibiting Them Successfully. William Brisbane Dick. (ENG., Illus.). (J). 2018. 234p. 28.72 (978-0-267-78020-4(6)); 2016. pap. 11.57 (978-1-334-11679-7(2)) Forgotten Bks.

Dick's Dutch, French & Yankee Dialect Recitations: A Collection of Droll Dutch Blunders, Frenchmen's Funny Mistakes, & Ludicrous & Extravagant Yankee Yarns; Each Recitation Being in Its Own Peculiar Dialect (Classic Reprint) William Brisbane Dick. (ENG., Illus.). (J). 2017. 28.06 (978-0-260-72461-8(0)); 2016. pap. 10.57 (978-1-333-58220-3(X)) Forgotten Bks.

Dick's Fairy, a Tale of the Streets: And Other Stories (Classic Reprint) Silas K. Hocking. (ENG., Illus.). (J). 2018. 300p. 30.08 (978-0-267-36580-7(2)); 2016. pap. 13.57 (978-1-334-16475-0(4)) Forgotten Bks.

Dick's Irish Dialect Recitations. William Brisbane Dick. 2017. (ENG.). 204p. (J). pap. (978-3-337-12604-9(9)) Creation Pubs.

Dick's Irish Dialect Recitations: Containing a Collection of Rare Irish Stories, Poetical & Prose Recitations, Humorous Letters, Irish Witticisms, & Funny Recitals in the Irish Dialect (Classic Reprint) William Brisbane Dick. (ENG., Illus.). (J). 2018. 202p. 28.06 (978-0-483-99063-0(9)); 2017. pap. 10.57 (978-0-243-47060-0(6)) Forgotten Bks.

Dick's Little Speeches for Little Speakers: Containing a Carefully Selected Collection of Short & Easy Pieces, Suitable for Young Children & Little Tots (Classic Reprint) Harris B. Dick. (ENG., Illus.). (J). 2018. 110p. 26.17 (978-0-656-35024-7(5)); 2017. pap. 9.57 (978-0-243-44557-8(1)) Forgotten Bks.

Dick's Love, or the Shadow of Cawnpore (Classic Reprint) M. Harding Kelly. 2018. (ENG., Illus.). 288p. (J). 29.84 (978-0-484-83856-6(3)) Forgotten Bks.

Dick's Recitations & Readings No. 13: A Carefully Complied Selection of Humorous, Pathetic, Eloquent, Patriotic & Sentimental Pieces in Poetry & Prose, Exclusively Designed for Recitation or Reading (Classic Reprint) Wm B. Dick. 2017. (ENG., Illus.). (J). 224p. 28.52 (978-0-484-18321-5(4)); pap. 10.97 (978-0-259-41480-3(8)) Forgotten Bks.

Dick's Speeches for Tiny Tots: Containing a Selection of Pieces Specially Adapted for Quite Young & Very Small Children (Classic Reprint) Wm Brisbane Dick. (ENG., Illus.). (J). 2019. 112p. 26.21 (978-0-365-22250-7(X)); 2017. pap. 9.57 (978-0-282-39412-7(5)) Forgotten Bks.

Dick's Wandering, Vol. 1 of 3 (Classic Reprint) Julian Sturgis. (ENG., Illus.). (J). 2018. 264p. 29.34 (978-0-483-97319-0(X)); 2016. pap. 11.97 (978-1-333-63033-1(6)) Forgotten Bks.

Dick's Wandering, Vol. 2 of 3 (Classic Reprint) Julian Sturgis. (ENG., Illus.). (J). 2018. 262p. 29.32 (978-0-483-28884-3(5)); 2016. pap. 11.97 (978-1-333-23065-4(6)) Forgotten Bks.

Dick's Wandering, Vol. 3 of 3 (Classic Reprint) Julian Sturgis. (ENG., Illus.). (J). 2019. 262p. 29.30 (978-0-483-05970-2(6)); 2016. pap. 11.97 (978-1-334-22760-8(8)) Forgotten Bks.

Dictation Day by Day: A Modern Speller. Kate Van Wagenen. 2017. (ENG., Illus.). (J). pap. (978-0-649-45746-5(3)) Trieste Publishing Pty Ltd.

Dictation Day by Day: A Modern Speller (Classic Reprint) Kate Van Wagenen. 2017. (ENG., Illus.). (J). pap. 9.57 (978-0-259-37401-5(6)) Forgotten Bks.

Dictation Day by Day: A Modern Speller, Second Year. Kate Van Wagenen. 2017. (ENG., Illus.). (J). pap. (978-0-649-02445-2(1)) Trieste Publishing Pty Ltd.

Dictation Day by Day: A Modern Speller; Sixth Year. Kate Van Wagenen. 2017. (ENG., Illus.). (J). pap. (978-0-649-46731-0(0)) Trieste Publishing Pty Ltd.

Dictation Day by Day: A Modern Speller, Sixth Year (Classic Reprint) Kate Van Wagenen. 2017. (ENG., Illus.). (J). 26.70 (978-0-331-53677-5(3)) Forgotten Bks.

Dictation Day by Day: A Modern Speller; Third Year (Classic Reprint) Kate Van Wagenen. 2017. (ENG., Illus.). (J). 26.37 (978-0-331-52939-5(4)); pap. 9.57 (978-0-259-30345-9(3)) Forgotten Bks.

Dictation Day by Day, Vol. 2: A Modern Speller (Classic Reprint) Kate Van Wagenen. (ENG., Illus.). (J). 2018. 100p. 25.96 (978-0-267-13776-3(1)); 2017. pap. 9.57 (978-0-259-74899-1(4)) Forgotten Bks.

Dictation Exercises (Classic Reprint) E. M. Sewell. (ENG., Illus.). (J). 2018. 240p. 28.85 (978-0-364-54256-9(X)); 2016. pap. 11.57 (978-1-334-76352-6(6)) Forgotten Bks.

Dictation Exercises to Accompany Atwood's Language Tablets: For Teachers' Use Only (Classic Reprint) George Edward Atwood. (ENG., Illus.). (J). 2018. 70p. 25.36 (978-0-267-33947-1(X)); 2016. pap. 9.57 (978-1-333-63225-0(8)) Forgotten Bks.

Dictation Spelling Book (Classic Reprint) Mary B. Rossman. (ENG., Illus.). (J). 2018. 144p. 26.89 (978-0-483-42211-7(8)); 2017. pap. 9.57 (978-1-5276-5236-1(X)) Forgotten Bks.

Dictation Spelling Book, Vol. 1 (Classic Reprint) Mary B. Rossman. (ENG., Illus.). (J). 2018. 80p. 25.55 (978-0-484-67614-4(8)); 2017. pap. 9.57 (978-0-259-01912-1(7)) Forgotten Bks.

Dictatorship. Diane Bailey. 2018. (Major Forms of World Government Ser.). (ENG.). 48p. (J). (gr. 8-12). lib. bdg. 29.99 (978-1-5105-3949-5(2)) SmartBook Media, Inc.

Dictatorship. Anne Fitzpatrick. 2016. (Odysseys in Government Ser.). (ENG., Illus.). 80p. (J). (gr. 7-10). pap. 14.99 (978-1-62832-321-4(3), 20674, Creative Paperbacks) Creative Co., The.

Dictatorship, 1 vol. Xina M. Uhl & Corona Brezina. 2019. (Examining Political Systems Ser.). (ENG.). 64p. (gr. 6-6). pap. 13.95 (978-1-5081-8453-9(4), 49ac33f7-967c-4e23-893f-0be9d0e2bc24, Rosen Reference) Rosen Publishing Group, Inc., The.

Dictatorship: Authoritarian Rule, Vol. 8. Denice Butler. 2018. (Systems of Government Ser.). (Illus.). 96p. (J). (gr. 7). 34.60 (978-1-4222-4017-5(7)) Mason Crest.

Dictatorships, 12 vols., Set. Incl. Fidel Castro's Cuba. Rita J. Markel. (J). lib. bdg. 38.60 (978-0-8225-7284-8(2)); Kim Jong Il's North Korea. Alison Behnke. lib. bdg. 38.60 (978-0-8225-7282-4(6), Twenty-First Century Bks.); Robert Mugabe's Zimbabwe. James R. Arnold & Roberta Wiener. lib. bdg. 38.60 (978-0-8225-7283-1(4), Twenty-First Century Bks.); (Illus.). 160p. (gr. 9-12). 2007. 2007. Set lib. bdg. 463.20 (978-0-8225-7281-7(8), Twenty-First Century Bks.) Lerner Publishing Group.

Dictionaire Comique, Satyrique, Critique, Burlesque, Libre et Proverbial: Avec une Explication Tre's-Fide'le de Toutes les Manières de Parler Burlesques, Comiques, Libres, Satyriques, Critiques et Proverbiales, Qui Peuvent Se Rencontrer Dans les Meilleur. Philibert-Joseph Le Roux. 2018. (FRE., Illus.). (J). 674p. 37.80 (978-1-396-60012-8(4)); 676p. pap. 20.57 (978-1-391-58347-1(7)) Forgotten Bks.

Dictionaire de la Langue Huronne: Necessaire a Ceux Qui N'Ont l'Intelligence d'Icelle, et Ont a Traiter Avec les Sauvages du Pays (Classic Reprint) Gabriel Sagard. 2017. (FRE., Illus.). (J). 26.99 (978-0-331-64074-8(0)); pap. 9.57 (978-0-259-21617-9(8)) Forgotten Bks.

Dictionaire des Halles, Ou Extrait du Dictionaire de l'Academie Francoise (Classic Reprint) Artaud Artaud. 2017. (FRE., Illus.). (J). pap. 9.57 (978-0-259-11122-1(8)) Forgotten Bks.

Dictionaire des Halles, Ou Extrait du Dictionaire de l'Académie Françoise (Classic Reprint) Artaud Artaud. 2018. (FRE., Illus.). 104p. (J). 26.06 (978-0-332-63496-8(5)) Forgotten Bks.

Dictionary, English & Sindhi (Classic Reprint) George Stack. (ENG., Illus.). (J). 2018. 240p. 28.85 (978-0-666-40638-5(3)); 2017. 28.87 (978-0-331-90082-8(3)); 2017. pap. 11.57 (978-0-282-38329-9(8)); 2017. pap. 11.57 (978-0-282-35526-5(X)) Forgotten Bks.

Dictionary for a Better World: Poems, Quotes, & Anecdotes from a to Z. Irene Latham & Charles Waters. Illus. by Mehrdokht Amini. 2020. (ENG.). 120p. (J). (gr. 3-6). 19.99 (978-1-5415-5775-8(1), 00d40420-d150-4f31-a5ca-6c9e0a774e7b, Carolrhoda Bks.) Lerner Publishing Group.

Dictionary, Glossary & Thesaurus: How to Use Them? Language Reference Book Grade 4 Children's ESL Books. Baby Professor. 2021. (ENG.). 72p. (J). 27.99 (978-1-5419-8062-4(X)); pap. 16.99 (978-1-5419-5374-1(6)) Speedy Publishing LLC. (Baby Professor (Education Kids)).

Dictionary, Hindustani & English (Classic Reprint) W. Yates. 2018. (ENG., Illus.). 618p. (J). 36.66 (978-0-267-84108-0(6)) Forgotten Bks.

Dictionary in Persian & English: With the Pronunciation of Persian Words in the Roman Character (Classic Reprint) Ramdhun Sen. (ENG., Illus.). (J). 2018. 280p. 29.69 (978-0-365-26420-0(2)); 2017. 28.74 (978-0-331-58775-3(0)); 2017. pap. 13.57 (978-0-259-75554-8(0)); 2016. pap. 11.57 (978-1-334-14692-3(6)) Forgotten Bks.

Dictionary of Altitudes in the United States (Classic Reprint) Henry Gannett. 2018. (ENG., Illus.). (J). 1078p. 46.13 (978-1-396-80355-0(6)); 1080p. pap. 28.47 (978-1-396-80298-0(3)); 804p. pap. 23.57 (978-1-390-94008-4(X)) Forgotten Bks.

Dictionary of Chemicals & Raw Products Used in the Manufacture of Paints, Colours, Varnishes & Allied Preparations (Classic Reprint) George Henry Hurst. 2017. (ENG., Illus.). (J). 32.81 (978-0-265-24836-2(1)) Forgotten Bks.

Dictionary of Daily Life in Biblical & Post-Biblical Antiquity: A-Z. Edwin M. Yamauchi & Marvin R. Wilson. 2017. (ENG.). 2000p. (gr. 10). 89.95 (978-1-61970-145-8(6), 20_40831, Hendrickson Academic) Hendrickson Pubs. Marketing, LLC.

Dictionary of Difficult Words: With More Than 400 Perplexing Words to Test Your Wits! Jane Solomon. Illus. by Louise Lockhart. ed. 2019. (ENG.). 112p. (J). (gr. 2-17). (978-1-78603-811-1(0)) Frances Lincoln Childrens Bks.

Dictionary of Dinosaurs: An Illustrated a to Z of Every Dinosaur Ever Discovered - Contains over 300 Dinosaurs! Illus. by Dieter Braun. 2022. (ENG.). 184p. (J). (gr. 1-4). 24.99 (978-0-7858-4165-4(2), Chartwell) Book Sales, Inc.

Dictionary of English Phrases: With Illustrative Sentences (Classic Reprint) Kwong Ki Chiu. (ENG., Illus.). (J). 2017. 35.57 (978-0-266-62248-2(8)); 2016. pap. 19.57 (978-1-333-58687-4(6)) Forgotten Bks.

Dictionary of English Synonymes & Synonymous or Parallel Expressions. Richard Soule. 2017. (ENG.). 470p. (J). pap. (978-3-337-33772-8(4)) Creation Pubs.

Dictionary of English Synonymes & Synonymous or Parallel Expressions: Designed As a Practical Guide to Aptness & Variety of Phraseology (Classic Reprint) Richard Soule. 2017. (ENG., Illus.). (J). 33.59 (978-0-331-54123-6(8)) Forgotten Bks.

Dictionary of English Synonymes & Synonymous or Parallel Expressions, Designed As a Practical Guide to Aptness & Variety of Phraseology. Richard Soule. 2019. (ENG.). 468p. (J). pap. (978-93-5386-929-8(3)) Alpha Editions.

Dictionary of Idiomatic English Phrases (Classic Reprint) James Main Dixon. (ENG., Illus.). (J). 2017. 36.35 (978-0-331-92839-6(6)); 2017. 31.96 (978-0-260-39872-7(1)); 2016. pap. 19.57 (978-1-334-15288-7(8)) Forgotten Bks.

Dictionary of Idioms: French & English (Classic Reprint) W. A. Bellenger. 2017. (ENG., Illus.). (J). 30.99 (978-0-331-85784-9(7)) Forgotten Bks.

Dictionary of Italian Slang (Classic Reprint) A. Sandri White. 2018. (ENG., Illus.). 120p. (J). 26.39 (978-0-332-99552-6(6)) Forgotten Bks.

Dictionary of Kashmiri Proverbs & Sayings: Explained & Illustrated from the Rich & Interesting Folklore of the Valley (Classic Reprint) James Hinton Knowles. 2017. (ENG., Illus.). (J). 29.63 (978-0-265-56969-6(9)) Forgotten Bks.

Dictionary of Modern Greek Proverbs: With an English Translation, Explanatory Remarks, & Philological Illustrations (Classic Reprint) Alexander Negris. (ENG., Illus.). (J). 2018. 160p. 27.20 (978-0-428-39877-4(4)); 2017. 166p. 27.32 (978-0-484-44698-3(3)); 2017. pap. 9.97 (978-0-282-49724-8(2)) Forgotten Bks.

Dictionary of Persian & Arabic Languages, Vol. 1 (Classic Reprint) Joseph Barretto. 2016. (ENG., Illus.). (J). pap. 19.57 (978-1-333-25036-2(3)) Forgotten Bks.

Dictionary of Practical Apiculture: Giving the Correct Meaning of Nearly Five Hundred Terms, According to the Usage of the Best Writers, Intended As a Guide to Uniformity of Expression Amongst Bee-Keepers, with Numerous Illustrations, Notes & Practica. John Phin. 2018. (ENG., Illus.). 130p. (J). 26.60 (978-0-666-80288-0(2)) Forgotten Bks.

Dictionary of Slang & Colloquial English: Abridged from the Seven-Volume Work, Entitled; Slang & Its Analogues (Classic Reprint) John Stephen Farmer. abr. ed. 2017. (ENG., Illus.). 546p. (J). 35.16 (978-0-265-73154-3(2)) Forgotten Bks.

Dictionary of Slang, Jargon Cant, Vol. 2: Embracing English, American, & Anglo-Indian Slang Pidgin English, Gypsies' Jargon & Other Irregular Phraseology (Classic Reprint) Albert Barrere. 2017. (ENG., Illus.). (J). 32.62 (978-0-331-72800-2(1)) Forgotten Bks.

Dictionary of the Aneityumese Language: In Two Parts, I. Aneityumese & English, II. English & Aneityumese; Also, Outlines of Aneityumese Grammar, & an Introduction (Classic Reprint) John Inglis. 2018. (ENG., Illus.). 204p. (J). 28.10 (978-0-483-38100-1(4)) Forgotten Bks.

Dictionary of the Aneityumese Language: In Two Parts, I. Aneityumese & English, II. English & Aneityumese; Also Outlines of Aneityumese Grammar; & an Introduction (Classic Reprint) John Inglis. 2018. (ENG., Illus.). (J). 372p. 31.57 (978-1-396-80513-4(3)); 374p. pap. 13.97 (978-1-396-80498-4(6)) Forgotten Bks.

Dictionary of the Biloxi & Ofo Languages: Accompanied, with Thirty-One Biloxi Texts & Numerous Biloxi Phrases (Classic Reprint) James Owen Dorsey. 2017. (ENG., Illus.). (J). 31.22 (978-0-265-93104-2(5)) Forgotten Bks.

Dictionary of the Biloxi & Ofo Languages: Accompanied with Thirty-One Biloxi Texts & Numerous Biloxi Phrases (Classic Reprint) James Owen Dorsey. (ENG., Illus.). (J). 2018. 350p. 31.12 (978-0-332-36736-1(3)); 2018. 348p. 31.07 (978-0-267-13656-8(0)); 2017. pap. 13.57 (978-0-259-48550-6(0)); 2017. pap. 13.57 (978-0-243-26016-4(4)) Forgotten Bks.

Dictionary of the Characters & Scenes in the Stories & Poems, of Rudyard Kipling, 1886-1911 (Classic Reprint) W. Arthur Young. 2017. (ENG., Illus.). (J). 29.36 (978-0-265-85716-8(3)) Forgotten Bks.

Dictionary of the Chinook Jargon: Or Indian Trade Language of the North Pacific Coast (Classic Reprint) Francis Norbert Blanchet. 2018. (ENG., Illus.). (J). 42p. 24.76 (978-1-391-03537-6(2)); 44p. pap. 7.97 (978-1-390-75985-3(7)) Forgotten Bks.

Dictionary of the English & German Languages for Home & School, Vol. 2 Of 2: In Two Parts, with Special Reference to Dr. Felix Flugel's Universal English-German & German-English Dictionary; German-English (Classic Reprint) Immanuel Schmidt. 2017. (ENG., Illus.). (J). 45.35 (978-0-265-57926-8(0)); pap. 27.69 (978-0-282-90553-8(7)) Forgotten Bks.

Dictionary of the English & German Languages for Home & School, Vol. 2 Of 2: With Special Reference to Dr. Felix Flugel's Universal English-German & German-English Dictionary; German-English (Classic Reprint) Felix Flugel. 2017. (ENG., Illus.). (J). 1022p. 44.98 (978-0-332-98023-2(5)); pap. 27.32 (978-0-259-84323-8(7)) Forgotten Bks.

Dictionary of the English & Greek Languages: With a Preface, an Introduction on English Pronunciation, a

TITLE INDEX

Table of Irregular Verbs & a List of Abbreviations (Classic Reprint) John Pervanoglu. 2017. (ENG., Illus.). (J). 47.00 (978-0-260-86432-1(3)); pap. 29.34 (978-0-260-34852-4(X)) Forgotten Bks.

Dictionary of the English Language: Answering at Once the Purposes of Rhyming, Spelling, & Pronouncing, on a Plan Not Hitherto Attempted (Classic Reprint) John Walker. 2018. (ENG., Illus.). 724p. (J). 38.83 (978-0-267-70533-7(6)) Forgotten Bks.

Dictionary of the German & English Languages, Vol. 2 Of 2: To Which Is Added a Synopsis of English Words Differently Pronounced by Different Orthoepists; German & English (Classic Reprint) Christoph Friedrich Grieb. 2017. (ENG., Illus.). (J). 1094p. 46.46 (978-0-484-75140-7(9)); pap. 28.80 (978-0-282-38088-5(4)) Forgotten Bks.

Dictionary of the Isle of Wight Dialect: And of Provincialisms Used in the Island (Classic Reprint) W. H. Long. 2017. (ENG., Illus.). (J). 27.77 (978-1-5285-7192-0(4)) Forgotten Bks.

Dictionary of the Isle of Wight Dialect, & of Provincialisms Used in the Island; with Illustrative Anecdotesand Tales. W. H. Long. 2017. (ENG., Illus.). 196p. (J). pap. (978-0-649-75503-5(0)) Trieste Publishing Pty Ltd.

Dictionary of the Kentish Dialect & Provincialisms: In Use in the County of Kent (Classic Reprint) W. D. Parish. 2017. (ENG., Illus.). (J). 28.52 (978-0-266-28130-8(3)) Forgotten Bks.

Dictionary of the Kentish Dialect & Provincialisms in Use in the County of Kent (Classic Reprint) William Douglas Parish. 2018. (ENG., Illus.). (J). 374p. 31.63 (978-1-396-82248-3(8)); 376p. pap. 16.57 (978-1-396-82242-1(9)) Forgotten Bks.

Dictionary of the Language of Mota, Sugarloaf Island, Banks' Islands (Classic Reprint) Robert Henry Codrington. 2017. (ENG., Illus.). (J). 30.87 (978-0-265-50910-4(6)) Forgotten Bks.

Dictionary of the Language of the Micmac Indians. Silas Tertius Rand. 2017. (ENG.). 300p. (J). pap. (978-3-337-16958-9(9)) Creation Pubs.

Dictionary of the Language of the Micmac Indians: Who Reside in Nova Scotia, New Brunswick, Prince Edward Island, Cape Breton & Newfoundland (Classic Reprint) Silas Tertius Rand. (ENG., Illus.). (J). 2018. 298p. 30.04 (978-0-365-50212-8(X)); 2017. 30.13 (978-0-331-17821-0(4)); 2017. pap. 13.57 (978-0-282-38186-8(4)); 2017. pap. 13.57 (978-0-259-56663-2(2)) Forgotten Bks.

Dictionary of the Non-English Words of the Pennsylvania-German Dialect: With an Appendix (Classic Reprint) Marcus Bachman Lambert. 2017. (ENG., Illus.). (J). 28.62 (978-0-331-48402-1(1)); pap. 10.97 (978-0-260-84309-8(1)) Forgotten Bks.

Dictionary of the Otchipwe Language, Explained in English: This Language Is Spoken by the Chippewa Indians, As Also by the Otawas, Potawatamis & Algonquins, with Little Difference (Classic Reprint) Frederic Baraga. 2017. (ENG., Illus.). (J). 37.80 (978-0-265-19634-2(5)) Forgotten Bks.

Dictionary of the Otchipwe Language, Explained in English: This Language Is Spoken by the Chippewa Indians, As Also by the Otawas, Potawatamis & Algonquins, with Little Difference; for the Use of Missionaries, & Other Persons Living among the Above. Frederic Baraga. (ENG., Illus.). (J). 2018. 692p. 38.21 (978-0-267-28645-4(7)); 2017. 38.31 (978-0-331-15951-6(1)) Forgotten Bks.

Dictionary of the Otchipwe Language, Explained in English, Vol. 1: English-Otchipwe (Classic Reprint) Frederic Baraga. 2017. (ENG., Illus.). (J). 30.58 (978-0-331-85009-3(5)) Forgotten Bks.

Dictionary of the Persian & Arabic Languages, Vol. 1 (Classic Reprint) Joseph Barretto. 2017. (ENG., Illus.). (J). 35.90 (978-0-265-93407-4(9)) Forgotten Bks.

Dictionary of the Persian & Arabic Languages, Vol. 2 (Classic Reprint) Joseph Barretto. 2017. (ENG., Illus.). (J). 932p. 43.12 (978-0-484-21785-9(2)); pap. 25.46 (978-0-259-48895-8(X)) Forgotten Bks.

Dictionary of the Pukkhto or Pukshto Language: In Which the Words Are Traced to Their Sources in the Indian & Persian Languages (Classic Reprint) Henry Walter Bellew. (ENG., Illus.). (J). 2018. 372p. 31.57 (978-0-365-50911-0(6)); 2017. pap. 13.97 (978-0-282-25102-4(2)) Forgotten Bks.

Dictionary of the Scottish Language: Comprehending All the Words in Common Use in the Writings of Scott, Burns, Wilson, Ramsay & Other Popular Scottish Authors (Classic Reprint) Thomas Brown. 2016. (ENG., Illus.). (J). pap. 9.57 (978-1-334-13793-8(5)) Forgotten Bks.

Dictionary of the Zoo see Kamous Janna II Hawonat

Dictionary of Witches. Gregoire Solotareff. 2017. (ENG., Illus.). 192p. (J). (gr. 7-12). pap. 14.95 (978-1-77085-995-1(0); 87fc7ca2-7763-40f9-ae49-9ed044c23fdd) Firefly Bks., Ltd.

Dictionary Sussex Dialect: And Collection of Provincialisms in Use in the County of Sussex (Classic Reprint) W. D. Parish. 2018. (ENG., Illus.). 164p. (J). 27.30 (978-0-365-30155-4(8)) Forgotten Bks.

Dictionnaire Comique, Satyrique, Critique, Burlesque, Libre et Proverbial: Avec une Explication Tres-Fidele de Toutes les Manieres de Parler Burlesques, Comiques, Libres, Satyriques, Critiques et Proverbiales, Qui Peuvent Se Rencontrer Dans les Meilleurs. Philibert-Joseph Le Roux. 2017. (FRE., Illus.). (J). pap. 19.97 (978-0-259-76506-6(6)) Forgotten Bks.

Dictionnaire Comique, Satyrique, Critique, Burlesque, Libre et Proverbial: Avec une Explication Trés-Fidele de Toutes les Manieres de Parler Burlesques, Comiques, Libres, Satyriques, Critiques et Proverbiales, Qui Peuvent Se Rencontrer Dans les Meilleurs. Philibert-Joseph Le Roux. 2018. (FRE., Illus.). 652p. (J). 37.34 (978-0-484-28760-9(5)) Forgotten Bks.

Dictionnaire Comique, Satyrique, Critique, Burlesque, Libre et Proverbial, Vol. 1: Avec une Explication Tres-Fidelle de Toutes les Manieres de Parler Burlesques, Comiques, Libres, Satyriques, Critiques et Proverbiales; a-G (Classic Reprint) Philibert Joseph

LeRoux. 2017. (FRE., Illus.). (J). pap. 19.57 (978-0-259-83161-7(1)) Forgotten Bks.

Dictionnaire Comique, Satyrique, Critique, Burlesque, Libre et Proverbial, Vol. 1: Avec une Explication Tres-Fidelle de Toutes les Manieres de Parler Burlesques, Comiques, Libres, Satyriques, Critiques et Proverbiales; a-G (Classic Reprint) Philibert Joseph LeRoux. 2018. (FRE., Illus.). 642p. (J). 37.16 (978-0-666-95866-2(1)) Forgotten Bks.

Dictionnaire Comique, Satyrique, Critique, Burlesque, Libre et Proverbial, Vol. 2: Avec une Explication Tres-Sidelle de Toutes les Manieres de Parler Burlesques, Comiques, Libres, Satyriques, Critiques et Proverbiales, Qui Peuvent Se Rencontrer Dans Les. Philibert Joseph LeRoux. 2017. (FRE., Illus.). (J). pap. 19.57 (978-0-259-75186-1(3)) Forgotten Bks.

Dictionnaire Comique, Satyrique, Critique, Burlesque, Libre et Proverbial, Vol. 2: Avec une Explication Tres-Sidelle de Toutes les Manieres de Parler Burlesques, Comiques, Libres, Satyriques, Critiques et Proverbiales, Qui Peuvent Se Rencontrer Dans Les. Philibert Joseph LeRoux. 2018. (FRE., Illus.). 618p. (J). 36.60 (978-0-666-02442-8(1)) Forgotten Bks.

Dictionnaire de la Langue Françoise, Ancienne et Moderne, Vol. 1: A-D (Classic Reprint) Pierre Richelet. 2017. (FRE., Illus.). (J). pap. 23.57 (978-0-282-24023-3(3)); 23.57 (978-0-259-01269-6(6)) Forgotten Bks.

Dictionnaire de la Langue Françoise, Ancienne et Moderne, Vol. 1: A-D (Classic Reprint) Pierre Richelet. 2018. (FRE., Illus.). 810p. (J). 40.62 (978-0-332-91809-9(2)) Forgotten Bks.

Dictionnaire de la Langue Françoise, Ancienne et Moderne, Vol. 2: E-O (Classic Reprint) Pierre Richelet. 2017. (FRE., Illus.). (J). pap. 23.57 (978-0-282-32530-5(1)) Forgotten Bks.

Dictionnaire de la Langue Françoise, Ancienne et Moderne, Vol. 3: P-Z (Classic Reprint) Pierre Richelet. 2018. (FRE., Illus.). (J). 916p. 42.79 (978-1-396-16124-7(4)); 918p. pap. 25.13 (978-1-390-38614-1(7)) Forgotten Bks.

Dictionnaire de la Langue Franoise, Ancienne et Moderne, Vol. 1: A-D (Classic Reprint) Pierre Richelet. 2018. (FRE., Illus.). 814p. (J). 40.69 (978-0-484-51073-8(8)) Forgotten

Dictionnaire de la Langue Franoise, Ancienne et Moderne, Vol. 2: E-O (Classic Reprint) Pierre Richelet. 2018. (FRE., Illus.). 800p. (J). 40.42 (978-0-656-97422-1(2)) Forgotten Bks.

Dictionnaire de la Langue Romane, Ou du Vieux Langage Francois (Classic Reprint) Francois Lacombe. 2017. (FRE., Illus.). (J). pap. 19.57 (978-0-259-76770-1(0)) Forgotten Bks.

Dictionnaire de la Langue Romane, Ou du Vieux Langage François (Classic Reprint) Francois Lacombe. 2018. (FRE., Illus.). 558p. (J). 35.41 (978-0-666-89014-6(5)) Forgotten Bks.

Dictionnaire des Proverbes François, et de Façons de Parler Comiques, Burlesques et Familières, &C: Avec l'Explication, et les Etymologies les Plus Averees (Classic Reprint) Andre-Joseph Panckoucke. 2017. (FRE., Illus.). (J). pap. 16.57 (978-0-259-81094-0(0)) Forgotten Bks.

Dictionnaire des Proverbes François, et de Façons de Parler Comiques, Burlesques et Familières, &C: Avec l'Explication, et les ETymologies les Plus AVéRées (Classic Reprint) Andre-Joseph Panckoucke. 2018. (FRE., Illus.). (J). 32.85 (978-0-484-87548-6(5))

Dictionnaire des Proverbes François et de Façons de Parler Comiques, Burlesques et Familières, &C: Avec l'Explication, et les Etymologies les Plus Averées (Classic Reprint) Andre-Joseph Panckoucke. 2018. (FRE., Illus.). (J). 474p. 33.69 (978-1-391-30542-4(6)); (978-1-390-64183-7(X)) Forgotten Bks.

Dictionnaire des Proverbes François, et des Façons de Parler Comiques, Burlesques et Familières, &C: Avec l'Explication, et les Etymologies les Plus Avérées (Classic Reprint) Andre-Joseph Panckoucke. 2018. (FRE., Illus.). (J). 418p. 32.52 (978-1-391-64127-0(2)); (978-1-390-83914-2(1)) Forgotten Bks.

Dictionnaire des Proverbes François, et des Façons de Parler Comiques, Burlesques et Familières, &C: Avec l'Explication, et les Etymologies les Plus Avérées. P. J. P. D. L. N. D. L. E. F (Classic Reprint) Andre-Joseph Panckoucke. 2018. (FRE., Illus.). (J). 430p. 32.77 (978-0-364-48308-4(3)); 432p. pap. 16.57 (978-0-656-61628-2(8)) Forgotten Bks.

Dictionnaire des Spots Ou Proverbes Wallons (Classic Reprint) Joseph Dejardin. (FRE., Illus.). (J). 2018. 636p. 37.03 (978-0-364-15139-6(0)); 2017. pap. 19.57 (978-0-282-97389-6(3)) Forgotten Bks.

Dictionnaire des Spots Ou Proverbes Wallons, Vol. 2: L-Z (Classic Reprint) Joseph Dejardin. 2018. (FRE., Illus.). 538p. (J). 34.99 (978-0-428-41010-0(3)) Forgotten Bks.

**Dictionnaire du Bas Langage, Ou des Manieres de Parler Usitées Parmi le Peuple, Vol. 1: Ouvrage Dans Lequel on a Réuni les Expressions Proverbiales, Figurées et Triviales, les Sobriquets, Termes Ironiques et Facétieux, les Barbarismes, Solécismes, Et. D'Hautel (FRE., Illus.). (J). 826p. 40.95 (978-1-390-00303-1(5)); 828p. pap. 23.57 (978-1-390-00278-2(0)) Forgotten Bks.

Dictionnaire du Vieux Langage François: Enrichi de Passages Tirés des Manuscrits en Vers et en Prose, des Actes Publics, des Ordonnances de Nos Rois, &c (Classic Reprint) Francois Lacombe. 2017. (FRE., Illus.). (J). pap. 16.97 (978-0-259-13294-3(2)) Forgotten Bks.

Dictionnaire du Vieux Langage François: Enrichi de Passages Tirés des Manuscrits en Vers et en Prose, des Actes Publics, des Ordonnances de Nos Rois, &c (Classic Reprint) Francois Lacombe. 2018. (FRE., Illus.). 516p. (J). 34.56 (978-0-666-87671-3(1)) Forgotten Bks.

Dictionnaire du Vieux Langage François, Enrichi de Passages Tirés des Manuscrits en Vers et en Prose, des Actes Publics, des Ordonnances de Nos Rois, &c: Ouvrage Utile Aux légistes, Notaires, Archivistes, Généalogistes, &C., Propre A Donner une Idé. Francois

Lacombe. 2018. (FRE., Illus.). (J). 494p. 34.09 (978-1-391-17024-4(5)); 496p. pap. 16.57 (978-1-391-09834-0(X)) Forgotten Bks.

Dictionnaire François, Contenant les Mots et les Ch Plusieurs Nouvelles Remarques Sur la Langue Françoise: Ses Expressions Propres, Figurées et Burlesques, la Prononciation des Mots les Plus Difficiles, le Genre des Noms, le Régime des Verbes. Pierre Richelet. 2018. (FRE., Illus.). (J). 1180p. 48.23 (978-0-366-95753-8(8)); 1182p. pap. 30.58 (978-0-366-95749-1(X)) Forgotten Bks.

Dictionnaire Historique de l'Ancien Langage François, Ou Glossaire de la Langue Françoise Depuis Son Origine Jusqu'au Siècle de Louis XIV, Vol. 3: Contenant, Signification Primitive et Secondaire des Vieux Mots, Vieux Mots Employés Dans les Chants Des. J. -B Curne De Sainte-Palaye. 2018. (FRE., Illus.). (J). 472p. 33.65 (978-1-391-15828-0(8)); 474p. pap. 16.57 (978-1-390-73577-2(X)) Forgotten Bks.

Dictionnaire Historique de l'Ancien Langage François, Ou Glossaire de la Langue Françoise Depuis Son Origine Jusqu'au Siècle de Louis XIV, Vol. 4: Contenant Signification Primitive et Secondaire des Vieux Mots, Vieux Mots Employés Dans les Chants Des. J. -B Curne De Sainte-Palaye. 2018. (FRE., Illus.). 466p. (J). 33.53 (978-0-365-79139-3(3)) Forgotten Bks.

Dictionnaire Historique de l'Ancien Langage François, Ou Glossaire de la Langue Françoise, Depuis Son Origine Jusqu'au Siècle de Louis XIV, Vol. 5: Signification Primitive et Secondaire des Vieux Mots; Vieux Mots Employés Dans les Chants des Trouveres. J. -B Curne De Sainte-Palaye. 2017. (FRE., Illus.). (J). pap. 19.57 (978-0-259-80214-3(X)) Forgotten Bks.

Dictionnaire Historique de l'Ancien Langage François, Ou Glossaire de la Langue Françoise, Depuis Son Origine Jusqu'au Siècle de Louis XIV, Vol. 5: Signification Primitive et Secondaire des Vieux Mots; Vieux Mots Employés Dans les Chants des Trouveres. J. -B Curne De Sainte-Palaye. 2018. (FRE., Illus.). 526p. (J). 34.77 (978-0-666-76973-2(7)) Forgotten Bks.

Dictionnaire Historique de l'Ancien Langage François, Ou Glossaire de la Langue Françoise Depuis Son Origine Jusqu'au Siècle de Louis XIV, Vol. 6: Contenant, Signification Primitive et Secondaire des Vieux Mots; Vieux Mots Employés Dans les Chants Des. J. -B De La Curne De Sainte-Palaye. 2018. (FRE., Illus.). (J). 372p. 31.59 (978-1-391-25674-0(3)); 374p. pap. 13.97 (978-1-390-73590-1(7)) Forgotten Bks.

Dictionnaire Historique de l'Ancien Langage François, Ou Glossaire de la Langue Françoise Depuis Son Origine Jusqu'au Siècle de Louis XIV, Vol. 7: H-Myt (Classic Reprint) J. -B De La Curne De Sainte-Palaye. 2018. Illus.). (J). 464p. 33.47 (978-1-391-57387-8(0)); 466p. 16.57 (978-1-390-71151-6(X)) Forgotten Bks.

**Dictionnaire Historique d'Éducation, Ou Sans Donner de Preceptes, on Se-Propose d'Exercer et d'Enrichir Toutes les Facultés de l'Ame et de l'Esprit, en Substituant les Exemples Aux Maximes, les Faits Aux Raisonnemens, la Pratique a la Theorie, Vol. Jean Jacques Fillassier. 2017. (FRE., Illus.). (J). pap. 16.97 (978-0-243-03814-5(3)) Forgotten Bks.

Dictionnaire, Roman, Walon, Celtique et Tudesque: Pour Servir A l'Intelligence des Anciennes Loix et Cor des Chartes, Rescripts, Titres, Actes, Diplomes et Autres Monuments, Tant Ecclesiastiques Que Civils et Historiques, Écrits en Langue Romance. Jean Francois. 2018. (FRE., Illus.). (J). 378p. 31.69 (978-1-396-73935-4(1)); 380p. pap. 16.57 (978-1-396-22544-4(7)) Forgotten Bks.

DID & DIDN't Learn When to Study & When to Play. Brandy. 2023. (Big Life Lessons for Little Kids Ser.). (ENG.). 40p. (J). (gr. -1-k). pap. 9.99 (978-981-5044-96-6(6)); Marshall Cavendish International (Asia) Private Ltd. Dist: Independent Pubs. Group.

Did Cavemen Brush Their Teeth? Questions & Answers about Gross Stuff. Thomas Canavan. 2020. (Big Ideas Ser.: 1). (ENG.). 128p. (J). pap. 6.99 (978-1-83857-616-5(9), 01d5bf33-168a-483e-ab7c-ee2712920b19) Arcturus Publishing GBR. Dist: Baker & Taylor Publisher Services (BTPS).

Did Dinosaurs Have Dentists?, 1 vol. Patrick O'Donnell. Illus. by Erik Mehlen. 2018. (ENG.). 32p. (J). (gr. -1-3). 14.99 (978-0-7643-5602-5(X), 9906) Schiffer Publishing, Ltd.

Did Dinosaurs Lay Eggs? And Other Questions & Answers about Prehistoric Reptiles. Steve Parker. Illus. by Graham Rosewarne. 2016. 32p. (J). (gr. -1-12). 7.72 (978-1-86147-481-0(4), Armadillo) Amness Publishing GBR. Dist: National Bk. Network.

Did Elliot's Cat Really Do That? Craig Kuehne. 2017. (ENG., Illus.). 24p. (J). (978-1-365-89884-6(9)) Lulu Pr., Inc.

Did God Learn His ABCs? A Book about God's Knowledge. Amy Gannett. 2022. (Tiny Theologians(tm) Ser.). (ENG., Illus.). 20p. (J). (-k). bds. 9.99 (978-1-0877-5744-5(4), 005836164, B&H Kids) B&H Publishing Group.

Did He Deserve It? (Classic Reprint) J. H. Riddell. (ENG., Illus.). (J). 2018. 340p. 30.91 (978-0-484-54529-7(9)); pap. 13.57 (978-1-334-16710-2(9)) Forgotten Bks.

Did I Do That? an Animal's Embarrassing Moments Coloring Book. Activity Book Zone for Kids. 2016. (ENG., Illus.). (J). pap. 9.20 (978-1-68376-457-1(9)) Sabeels Publishing.

Did I Dot It Right? Connect the Dots Activities. Activity For Kids. 2016. (ENG., Illus.). (J). pap. 7.55 (978-1-68321-488-5(9)) Mirmaxon.

Did I Mention I Miss You? Estelle Maskame. 2016. (Did I Mention I Love You (DIMILY) Ser.: 3). (ENG.). 352p. (gr. 8-12). pap. 10.99 (978-1-4926-3221-4(X), 9781492632214) Sourcebooks, Inc.

Did I Mention I Need You? Estelle Maskame. 2016. (Did I Mention I Love You (DIMILY) Ser.: 2). (ENG.). 384p. (gr. 8-12). pap. 10.99 (978-1-4926-3218-4(X), 9781492632184) Sourcebooks, Inc.

DID YOU KNOW?

Did I Upset Grandma? Talking with Kids about Dementia. Kristy High. Illus. by Zuri Book Pros. 2023. (ENG.). 24p. (J). pap. 12.99 (978-1-0880-8993-4(3)) Kristy High.

Did It Fly ? Kason Balfour. 2022. (ENG.). 28p. (J). 14.99 (978-1-0880-3060-8(2)) Indy Pub.

Did King Arthur Exist? Nick Hunter. 2016. (Top Secret! Ser.). (ENG., Illus.). 48p. (J). (gr. 4-6). lib. bdg. 35.99 (978-1-4109-8160-8(6), 131493, Raintree) Capstone.

Did President Herbert Hoover Really Cause the Great Depression? Biography of Presidents Children's Biography Books. Baby Professor. 2017. (ENG., Illus.). (J). pap. 9.55 (978-1-5419-1549-7(6), Baby Professor (Education Kids)) Speedy Publishing LLC.

Did Santa Wear a Mask? A Christmas Adventure with the JAG Brothers. Chesand Gregory. Illus. by Cleoward Sy. 2020. (ENG.). 30p. (J). (978-0-2288-3760-2(X)); pap. (978-0-2288-3759-6(6)) Telwell Talent.

Did Sasha Save Baba? A Pet Therapy Tale. Kathy Bihun. 2018. (ENG., Illus.). 48p. (J). (978-1-77370-539-2(3)); pap. (978-1-77370-538-5(5)) Telwell Talent.

Did She Love Him? a Novel, Vol. 2 of 3 (Classic Reprint) James Grant. 2018. (ENG., Illus.). 280p. (J). 29.67 (978-0-484-14560-2(6)) Forgotten Bks.

Did She Love Him?, Vol. 1 Of 3: A Novel (Classic Reprint) James Grant. 2018. (ENG., Illus.). (J). 292p. 29.94 (978-0-366-38275-0(6)); 294p. pap. 13.57 (978-0-365-80570-0(X)) Forgotten Bks.

Did She Love Him?, Vol. 3 Of 3: A Novel (Classic Reprint) James Grant. 2018. (ENG., Illus.). (J). 272p. 29.51 (978-0-366-50724-5(9)); 274p. pap. 11.97 (978-0-365-82085-7(7)) Forgotten Bks.

Did T. Rex Have Feathers? Questions & Answers about Dinosaurs. Ben Hubbard. 2020. (Big Ideas Ser.: 2). (ENG.). 128p. (J). pap. 6.99 (978-1-83857-617-2(7), d2b5dec6-8504-4b6c-9dd5-fe1f8fa672dc) Arcturus Publishing GBR. Dist: Baker & Taylor Publisher Services (BTPS).

Did the Abolition Movement Abolish Slavery?, 1 vol. Joan Stoltman. 2018. (Key Questions in American History Ser.). (ENG.). 32p. (gr. 4-5). 29.27 (978-1-5081-6750-1(8), 5f824fcc-3a71-479f-8519-58adb3b1021c, PowerKids Pr.) Rosen Publishing Group, Inc., The.

Did the Dinosaurs Know How to Read? - Children's Early Learning Books. Baby Professor. 2017. (ENG., Illus.). (J). pap. 7.89 (978-1-5419-0281-7(5), Baby Professor (Education Kids)) Speedy Publishing LLC.

Did the Spanish Conquistadors Find Wealth & Treasure? Biography Book Best Sellers Children's Biography Books. Baby Professor. 2017. (ENG., Illus.). 64p. (J). pap. 9.52 (978-1-5419-1231-1(4), Baby Professor (Education Kids)) Speedy Publishing LLC.

Did the Vikings Really Wear Horned Helmets in Battles? History Book Best Sellers Children's History. Baby Professor. 2017. (ENG., Illus.). (J). pap. 8.79 (978-1-5419-1362-2(0), Baby Professor (Education Kids)) Speedy Publishing LLC.

Did the World War II Spies Have Super Cool Gadgets? History Book about Wars Children's Military Books. Baby Professor. 2017. (ENG., Illus.). 64p. (J). pap. 9.52 (978-1-5419-1519-0(4), Baby Professor (Education Kids)) Speedy Publishing LLC.

Did Walt Disney Have His Happily Ever after? Biography for Kids 9-12 Children's United States Biographies. Baby Professor. 2017. (ENG., Illus.). (J). pap. 8.79 (978-1-5419-3995-0(6), Baby Professor (Education Kids)) Speedy Publishing LLC.

Did You Boo Hopalong Cassidy? Richard Baran. 2019. (ENG.). 152p. (YA). (gr. 7-12). pap. 14.95 (978-1-59095-328-0(2), ExamWise) Total Recall Learning, Inc.

Did You Burp? How to Ask Questions (or Not!) April Pulley Sayre. Illus. by Leeza Hernandez. 2019. 32p. (J). (gr. -1-3). lib. bdg. 17.99 (978-1-58089-737-2(1)) Charlesbridge Publishing, Inc.

Did You Ever. Linda May Johns. 2020. (ENG.). 26p. (J). pap. (978-0-6489901-0-9(9)) Johns, Linda Bks.

Did You Ever Pet a Dinosaur? And Other Silly Sayings. Linda McKinley. 2022. (ENG.). 32p. (J). 24.95 **(978-1-68526-708-7(4))**; pap. 14.95 **(978-1-68526-706-3(8))** Covenant Bks.

Did You Ever See? Joanna Walsh. 2016. (ENG., Illus.). 32p. (J). (gr. k-4). 16.95 (978-1-84976-349-3(6), 1674301) Tate Publishing, Ltd. GBR. Dist: Abrams, Inc.

Did You Ever See Such a Silly Thing? A Funny Rhyming Book about Animals. Diane Orr. Illus. by Chrissy Chabot. 2021. (ENG.). 28p. (J). pap. 12.99 (978-1-63984-007-6(9)) Pen It Pubns.

Did You Ever Think These Would Be in the Trees. Wendy Starkey. 2019. (Trees Ser.: Vol. 2). (ENG., Illus.). 26p. (J). (gr. k-5). pap. 8.99 (978-0-578-60304-9(7)) Primedia eLaunch LLC.

Did You Ever Wonder: The Story of the Bab As a Child. Will Van Den Hoonaard. 2017. (ENG., Illus.). (J). (978-1-77370-201-8(7)); pap. (978-1-927541-39-5(5)) Hoonaard, Will C. van den.

Did You Get It? Find the Difference Activity Book. Educando Kids. 2019. (ENG.). 42p. (J). pap. 8.55 (978-1-64521-650-6(0), Educando Kids) Editorial Imagen.

Did You Hear? A Story about Gossip. Frank J. Sileo. Illus. by Jennifer Zivoin. 2017. 32p. (J). (978-1-4338-2720-4(4), Magination Pr.) American Psychological Assn.

Did You Hear? Fourth Grade Guided Comprehension Level N. (On Our Way to English Ser.). (gr. 4-18). 34.50 (978-0-7578-7160-3(7)) Rigby Education.

Did You Hear About Jake? see Ya Te Enteraste?

Did You Hear That? Help for Children Who Hear Voices. Seetha Subbiah. 2016. (ENG., Illus.). 120p. (978-981-314-414-9(9)) World Scientific Publishing Co. Pte Ltd.

Did You Hear What I Heard? Poems about School. Kay Winters. Illus. by Patrice Barton. 2018. 40p. (J). (gr. k-1). 16.99 (978-0-399-53898-8(4), Dial Bks) Penguin Young Readers Group.

Did You Know? Ameera Bransford. 2019. (ENG.). 86p. (J). pap. 11.99 (978-1-948708-37-1(X)) HATCHBACK Publishing.

Did You Know? Sandi Hill. 2017. (Learn-To-Read Ser.). (ENG., Illus.). (J). (gr. -1-2). pap. 3.49 *(978-1-68310-317-2(3))* Pacific Learning, Inc.

Did You Know ... Brad Simonet. 2018. (ENG., Illus.). (J). 162p. pap. 19.50 *(978-1-387-87116-2(1))*; 164p. pap. 55.00 *(978-1-387-89334-8(3))* Lulu Pr., Inc.

Did You Know? Amazing & True Animal Facts: (Age 5 - 8) Tj Rob. 2022. (ENG.). 42p. (J). pap. *(978-1-988695-73-0(2))* TJ Rob.

Did You Know? Animal Adaptations, 12 vols. 2022. (Did You Know? Animal Adaptations Ser.). (ENG.). 32p. (J). (gr. 2-3). lib. bdg. 167.58 *(978-1-5383-8738-2(7)*, 3558145f-e41d-46ec-87a5-fed5e20b4568, PowerKids Pr.) Rosen Publishing Group, Inc., The.

Did You Know? Animal Adaptations & Earth Science. 2023. (Did You Know? Ser.). (ENG.). (J). pap. 139.20 ***(978-1-64282-742-2(8)***, PowerKids Pr.) Rosen Publishing Group, Inc., The.

Did You Know? Animals: Amazing Answers to More Than 200 Awesome Questions! Derek Harvey. 2021. (Why? Ser.). (ENG., Illus.). 144p. (J). (gr. 1-4). pap. 16.99 *(978-0-7440-3951-1(7)*, DK Children) Dorling Kindersley Publishing, Inc.

Did You Know? Dinosaurs. DK. 2020. (Why? Ser.). (ENG., Illus.). 144p. (J). (gr. 1-4). pap. 16.99 *(978-1-4654-9068-1(X)*, DK Children) Dorling Kindersley Publishing, Inc.

Did You Know? Earth: Amazing Answers to More Than 200 Awesome Questions! DK. 2022. (Why? Ser.). (ENG.). 144p. (J). (gr. 1-4). pap. 16.99 *(978-0-7440-5662-4(4)*, DK Children) Dorling Kindersley Publishing, Inc.

Did You Know? Earth Science. Marie Morrison. 2022. (Did You Know? Earth Science Ser.). (ENG.). 32p. (J). pap. 69.60 ***(978-1-64282-473-5(9)***, PowerKids Pr.) Rosen Publishing Group, Inc., The.

Did You Know? Human Body. DK. 2021. (Why? Ser.). (ENG., Illus.). 144p. (J). (gr. 1-4). pap. 16.99 *(978-0-7440-2664-1(4)*, DK Children) Dorling Kindersley Publishing, Inc.

Did You Know? Ocean. DK. 2022. (Why? Ser.). (ENG., Illus.). 144p. (J). (gr. 1-4). pap. 16.99 *(978-0-7440-5007-3(3)*, DK Children) Dorling Kindersley Publishing, Inc.

Did You Know? Space. DK. 2021. (Why? Ser.). (ENG., Illus.). 144p. (J). (gr. 1-4). pap. 16.99 *(978-0-7440-3415-8(9)*, DK Children) Dorling Kindersley Publishing, Inc.

Did You Know? You Are Perfect Just the Way You Are. Desiree Vazquez. 2022. (ENG.). 44p. (J). pap. 16.99 *(978-1-910903-95-7(7))* AudioGO.

Did You Know My Mom Is Awesome? Shelley Admont & Kidkiddos Books. 2nd ed. 2019. (I Love To... Ser.). (ENG., Illus.). 34p. (J). (gr. k-2). pap. *(978-1-5259-1859-9(1))* Kidkiddos Bks.

Did You Know You Can Love Yourself? Kayla Obenour. 2021. (ENG., Illus.). 28p. (J). pap. 15.95 *(978-1-6624-5592-6(5))* Page Publishing Inc.

Did You Know Your Bones Are Always Wet? And 100 Other Fun Facts about the Human Body. Faye Greer. 2021. (ENG.). 48p. (J). pap. 13.99 *(978-1-7947-0195-3(8))* Lulu Pr., Inc.

Did You Laugh When You Stubbed Your Toe? Matt Scott. 2016. (ENG.). (J). 14.95 *(978-1-63177-672-4(X))* Amplify Publishing Group.

Did Your Can of Soda Kill a Whale? Water Pollution for Kids Children's Environment Books. Baby Professor. 2017. (ENG., Illus.). (J). pap. 8.79 *(978-1-5419-3848-9(8)*, Baby Professor (Education Kids)) Speedy Publishing LLC.

Didattica Virtuale Del Drago: Una Simpatica Storia Sulla Didattica a Distanza, per Aiutare I Bambini a Imparare Online. Steve Herman. 2020. (My Dragon Books Italiano Ser.: Vol. 39). (ITA.). 44p. (J). 18.95 *(978-1-64916-088-1(7))*; pap. 12.95 *(978-1-64916-087-4(9))* Digital Golden Solutions LLC.

Diddie, Dumps, & Tot: Or Plantation Child-Life (Classic Reprint) Louise Clarke Pyrnelle. (ENG., Illus.). (J). 2018. 266p. 29.40 *(978-0-483-36644-2(7))*; 2017. pap. 11.97 *(978-0-282-54912-1(9))* Forgotten Bks.

Diddle Daddle Photography for Children. Carl Raatz. 2019. (ENG.). 28p. (J). 22.95 *(978-1-64458-820-8(X))* Christian Faith Publishing.

Diddle That Dummed. Kes Gray. Illus. by Fred Blunt. 2021. (ENG.). 32p. (J). (gr. -1-k). pap. 10.99 *(978-1-4449-5368-8(0))* Hachette Children's Group GBR. Dist: Hachette Bk. Group.

Diddler (Classic Reprint) A. E. Senter. 2017. (ENG., Illus.). (J). 27.86 *(978-1-5285-8265-0(9))* Forgotten Bks.

Diddy Red Goodnight Book. M. T. Boulton. 2016. (ENG., Illus.). (J). pap. 3.22 *(978-1-326-80870-9(2))* Lulu Pr., Inc.

Diddy Red Goodnight Book Large Print Edition. M. T. Boulton. l.t. ed. 2016. (ENG., Illus.). (J). pap. 5.81 *(978-1-326-81187-7(8))* Lulu Pr., Inc.

Didi. Abby Victoria Webber. 2022. (ENG.). 84p. (J). pap. 15.00 *(978-1-953507-75-4(1))* Brightlings.

Didi & the Gunslinger. Patti Larsen. 2017. (ENG., Illus.). (J). pap. *(978-1-988700-36-6(1))* Larsen, Patti.

Didi & the Gunslinger Ride Again. Patti Larsen. 2017. (ENG., Illus.). (J). pap. *(978-1-988700-38-0(8))* Larsen, Patti.

Didi & the Gunslinger Save the World. Patti Larsen. 2017. (ENG., Illus.). (J). pap. *(978-1-988700-37-3(X))* Larsen, Patti.

Didi Dodo, Future Spy: Double-O Dodo (Didi Dodo, Future Spy #3) Tom Angleberger. Illus. by Jared Chapman. (Flytrap Files Ser.). (ENG.). (gr. 1-4). 2021. 128p. (YA). pap. 5.99 *(978-1-4197-4693-2(6)*, 1259603); 2020. 112p. (J). 12.99 *(978-1-4197-4097-8(0)*, 1259601) Abrams, Inc. (Amulet Bks.).

Didi Dodo, Future Spy: Recipe for Disaster (Didi Dodo, Future Spy #1) Tom Angleberger. Illus. by Jared Chapman. 2019. (Flytrap Files Ser.). (ENG.). (J). (gr. 1-4). 128p. pap. 5.99 *(978-1-4197-3706-0(6)*, 1259503); 112p. 12.99 *(978-1-4197-3370-3(2)*, 1259501) Abrams, Inc. (Amulet Bks.).

Didi Dodo, Future Spy: Robo-Dodo Rumble (Didi Dodo, Future Spy #2) Tom Angleberger. Illus. by Jared Chapman. (Flytrap Files Ser.). (ENG.). (J). (gr. 1-4). 2020. 128p. pap. 5.99 *(978-1-4197-4117-3(9)*, 1259403, Amulet Bks.); 2019. 112p. 12.99 *(978-1-4197-3688-9(4)*, 1259401) Abrams, Inc.

Didisburye in the 45 (Classic Reprint) Fletcher Moss. 2018. (ENG., Illus.). 152p. (J). 27.03 *(978-0-484-53260-0(X))* Forgotten Bks.

Didums: A Silhouette (Classic Reprint) Jean MacPherson. 2018. (ENG., Illus.). 176p. (J). 27.53 *(978-0-365-00620-6(3))* Forgotten Bks.

Die 100 Schönsten Märchen der Brüder Grimm see Illustrated Treasury of Grimm's Fairy Tales: Cinderella, Sleeping Beauty, Hansel & Gretel & Many More Classic Stories

Die Abenteuer des Hasen Gernegroß. Werner Bartholome. 2018. (GER., Illus.). 90p. (J). pap. *(978-3-7103-2397-3(5))* united p.c. Verlag.

Die Abenteuer des Kleinen Zwuckel. Thomas Parker. 2018. (GER., Illus.). 94p. (J). pap. *(978-3-95840-602-5(5))* Novum Verlag in der Verlags- und Medienhaus WSB GmbH.

Die Abenteuer Von Fynn Eichhorn. Stefan Herbst. 2018. (GER., Illus.). 144p. (J). pap. *(978-3-7103-3553-2(1))* united p.c. Verlag.

Die Abenteuer Von Kapitän Bär und der Mannschaft der Marie Grace. P. G. Rob. 2022. (GEM.). 34p. (J). pap. ***(978-0-473-65024-7(X))*** Trinity Publishing.

Die Abenteuer Von Kapitan Piet. Susanne Hecker. 2017. (GER., Illus.). (J). *(978-3-7439-6323-8(X))*; pap. *(978-3-7439-6322-1(1))* tredition Verlag.

Die Abenteuer Von Maxi, LILLI und Piet. Sabine Jaiteh. 2018. (GER., Illus.). 44p. (J). pap. *(978-3-7469-3663-5(2))* tredition Verlag.

Die Abenteuer Von MIA und Tom. Tamara Robles. 2017. (GER., Illus.). (J). pap. *(978-3-7439-4525-8(8))* tredition Verlag.

Die Abenteuer Von Pauli Broccoli. Birgit Kuehn. Tr. by Heiko Volz. Illus. by Rainer Simon. 2017. (GER.). 42p. (J). 18.99 *(978-0-9982234-4-5(1))* Boutique Natural Health Solutions, LLC.

Die Athemhemmenden und -Anregenden Nervenfasern Innerhalb des Vagus in Ihren Beziehungen Zu Einander und Zum Nervenmechanismus (Classic Reprint) Samuel James Meltzer. 2018. (GER., Illus.). 92p. (J). 25.79 *(978-0-366-43335-3(0))* Forgotten Bks.

Die Begriffliche Entwicklung des Lateinischen Super (Supra) und Sursum Im Französischen; Mit Berücksichtigung der Übrigen Romanischen Sprachen: Inaugural-Dissertation (Classic Reprint) Alfred Waldmann. 2018. (FRE., Illus.). (J). 140p. 26.78 *(978-1-396-19169-5(0))*; 142p. pap. 9.57 *(978-1-390-36287-9(6))* Forgotten Bks.

Die Bienen Europa's (Apidae Europaeae) Nach Ihren Gattungen, Arten und Varietaten Auf Vergleichend Morphologisch-Biologischer Grundlage, Vol. 4: Solitare Apiden: Genus Eriades, Genus Trachusa, Genus Anthidium (Classic Reprint) Heinrich Friese. 2017. (GER., Illus.). (J). pap. 19.57 *(978-0-282-27459-7(6))* Forgotten Bks.

Die Bienen Europa's (Apidae Europaeae) Nach Ihren Gattungen, Arten und Varietäten Auf Vergleichend Morphologisch-Biologischer Grundlage, Vol. 4: Solitäre Apiden: Genus Eriades, Genus Trachusa, Genus Anthidium (Classic Reprint) Heinrich Friese. 2018. (GER., Illus.). 538p. (J). 34.99 *(978-0-666-23327-1(6))* Forgotten Bks.

Die Bienen Europa's (Apidae Europaeae) Nach Ihren Gattungen, Arten und Varietäten Auf Vergleichend Morphologisch-Biologischer Grundlage, Vol. 6: Solitäre Apiden; Subfam. Panurginae, Melittinae, Xylocopinae (Classic Reprint) Heinrich Friese. 2018. (GER., Illus.). 290p. (J). pap. 13.57 *(978-0-365-96130-7(2))* Forgotten Bks.

Die Blink Assegaai. Jorgi. 2017. (AFR., Illus.). 88p. (J). pap. *(978-0-620-75334-0(X))* Jorgi.

Die Braut Von Lammermoor (Basierend Auf Wahren Begebenheiten) - Vollständige Deutsche Ausgabe. Walter Scott. Tr. by Wilhelm Sauerwein. 2017. (GER., Illus.). 216p. (J). (gr. 4 — 1). pap. *(978-80-268-6338-0(0))* E-Artnow.

Die Chanson Garin de Monglene Nach Den Hss. Prl, Vol. 1: Inaugural-Dissertation (Classic Reprint) Erich Schuppe. 2018. (GER., Illus.). 148p. (J). 26.97 *(978-0-666-75571-1(X))* Forgotten Bks.

Die Charaktere der Klassen, Ordnungen, Geschlechter und Arten, Oder Die Charakteristik des Naturhistorischen Mineral-Systemes (Classic Reprint) Friedrich Mohs. 2018. (GER., Illus.). (J). 240p. 28.87 *(978-0-364-45625-5(6))*; 242p. pap. 11.57 *(978-0-656-57431-5(3))* Forgotten Bks.

Die Deminutivbildungen Im Neuenglischen, Unter Besonderer Berucksichtigung der Dialekte (Classic Reprint) Eva Rotzoll. 2016. (ENG., Illus.). (J). pap. 13.57 *(978-1-334-17175-8(0))* Forgotten Bks.

Die Deminutivbildungen Im Neuenglischen, Unter Besonderer Berücksichtigung der Dialekte (Classic Reprint) Eva Rotzoll. 2018. (ENG., Illus.). 348p. (J). 31.07 *(978-0-666-89502-8(3))* Forgotten Bks.

Die Deutschen Historienbibeln des Mittelalters: Nach Vierzig Handschriften Zur Ersten Male Herausgegeben (Classic Reprint) Theodor Merzdorf. 2018. (GER., Illus.). 968p. (J). pap. 26.18 *(978-1-391-20592-2(8))* Forgotten Bks.

Die Dohlen Vom Dannebergpark: Das Kleine Mädchen, das Nicht Sprechen Wollte. Kathryn Platzer. Illus. by Bunny Duffy. 2018. (GER.). 44p. (J). 25.95 *(978-1-942209-51-5(7))* Bellastoria Pr.

Die Drachenfedern see Dragon Feathers

Die Entwicklung der Modernen Chemie: Im Anschlusse an Die Schrift: Grundlage der Modernen Chemie (Classic Reprint) Albrecht Rau. 2018. (GER., Illus.). (J). 190p. 27.84 *(978-1-391-49487-6(3))*; 192p. pap. 10.57 *(978-1-390-62952-1(X))* Forgotten Bks.

Die Erloschenen Vulkane in der Eifel und Am Niederrheine: Ein Bericht an Die Gesellschaft Nützlicher Forschungen Zu Trier (Classic Reprint) Johann Steininger. 2018. (GER., Illus.). 288p. (J). 29.86 *(978-0-364-23628-4(0))* Forgotten Bks.

Die Ersten Millionen Ziffern Von Pi. David E. McAdams. 2023. (GER.). 266p. (YA). pap. 13.45 ***(978-1-63270-325-5(4))*** Life is a Story Problem LLC.

Die Ersten Millionen Ziffern Von Pi. Ed. by David E. McAdams. 2023. (GER.). 266p. (YA). 22.95 ***(978-1-63270-326-2(2))*** Life is a Story Problem LLC.

Die Erzahlung des Letzten Hirten; ein Weihnachtsspiel. Walter Bauer. 2017. (GER., Illus.). 64p. (J). pap. *(978-0-649-76972-8(4))* Trieste Publishing Pty Ltd.

Die Fabel Vom Kleinen Knoti. Rolf Huhn. 2017. (GER., Illus.). (J). *(978-3-7439-5137-2(1))*; pap. *(978-3-7439-5136-5(3))* tredition Verlag.

Die Fabeln der Marie de France: Mit Benutzung des Von Ed. Mall Hinterlassenen Materials (Classic Reprint) Marie De France. 2018. (GER., Illus.). 608p. (J). 36.46 *(978-0-666-88743-6(8))* Forgotten Bks.

Die Fabeln der Marie de France (Classic Reprint) Karl Warnke. (GER., Illus.). (J). 2018. 610p. 36.50 *(978-0-656-93691-5(6))*; 2017. pap. 19.57 *(978-0-282-27997-4(0))* Forgotten Bks.

Die Fabeln des Erasmus Alberus: Abdruck der Ausgabe Von 1550 Mit Den Abweichungen der Ursprünglichen Fassung (Classic Reprint) Erasmus Alberus. 2018. (GER., Illus.). (J). 292p. 29.92 *(978-0-364-47635-2(4))*; 294p. pap. 13.57 *(978-0-656-58716-2(4))* Forgotten Bks.

Die Fabeln Gerhards Von Minden: In Mittelniederdeutscher Sprache; Zum Ersten Mal Herausgegeben (Classic Reprint) Albert Leitzmann. 2018. (GER., Illus.). 476p. (J). 33.71 *(978-0-656-65506-9(2))* Forgotten Bks.

Die Fabrikation Musikalischer Instrumente und Einzelner Bestandtheile Derselben Im Königl. Sachsischen Vogtlande (Classic Reprint) Theodor Berthold. 2018. (GER., Illus.). 62p. (J). 25.20 *(978-0-484-27208-7(X))* Forgotten Bks.

Die Familie Pfäffling (ein Kinderklassiker) - Vollständige Ausgabe. Agnes Sapper. 2017. (GER., Illus.). 112p. (J). pap. *(978-80-268-5847-8(6))* E-Artnow.

Die Flohbande. Alfred Pfienegger. 2018. (GER., Illus.). 94p. (J). *(978-3-7469-1242-4(3))*; pap. *(978-3-7469-1241-7(5))* tredition Verlag.

Die Flutsagen. Richard Andree. 2017. (GER., Illus.). 172p. (J). pap. *(978-0-649-76979-7(1))* Trieste Publishing Pty Ltd.

Die for Me. Dan Rix. 2018. (ENG., Illus.). 418p. (J). pap. 16.95 *(978-1-942662-22-8(X))* Lavabrook Publishing, LLC.

Die Friesenpiraten. Kai-Uwe Wedel. 2016. (GER., Illus.). (J). *(978-3-7345-6099-6(3))*; pap. *(978-3-7345-6022-4(5))* tredition Verlag.

Die Fünf Blätter. Claus Claussen. 2018. (GER., Illus.). 38p. (J). *(978-3-95840-521-9(5))* Novum Verlag in der Verlags- und Medienhaus WSB GmbH.

Die Ganesha-Bande und der Gestohlene Gott. Renate Mehta. 2017. (GER., Illus.). 132p. (J). *(978-3-7439-2920-3(1))*; pap. *(978-3-7439-2919-7(8))* tredition Verlag.

Die Geburt des Königs: Der Messias Ist Geboren! Pip Reid. 2020. (Verteidiger des Glaubens Ser.: Vol. 8). (GER.). 42p. (J). pap. *(978-1-989961-20-9(7))* Bible Pathway Adventures.

Die Geheimen Abenteuer Einer Wildente. Jordina Holland. Illus. by Nicholas Mueller. 2022. (ENG.). 42p. (J). *(978-1-0391-1932-1(8))*; pap. *(978-1-0391-1931-4(X))* FriesenPress.

Die Geheimnisvolle Blume. Pearly Pouatcha. Tr. by P. Schroer. Illus. by Akiko Okabe. 2018. (GER.). 66p. (J). (gr. 3-6). pap. 14.99 *(978-0-578-40010-5(3))* PloohFX Investments.

Die Geneser Kat: Afrikaans Edition of the Healer Cat. Tuula Pere. Tr. by Victor Stols. Illus. by Klaudia Bezak. 2019. (AFR.). 40p. (J). (gr. k-4). *(978-952-357-099-3(4))*; pap. *(978-952-357-100-6(1))* Wickwick oy.

Die Geschichte der Kleinen Ente. Bernhardine Costers. 2017. (GER., Illus.). (J). *(978-3-95627-635-4(3))* Westfälische Reihe. ein Imprint von Aschendorff Medien GmbH & Co. KG.

Die Geschichte der Kultivierten Getreide, Vol. 1 (Classic Reprint) August Schulz. 2018. (GER., Illus.). 154p. (J). 27.07 *(978-0-484-64780-9(6))* Forgotten Bks.

Die Geschichte Vom Muckelpuckchen. Mel Mae Schmidt. 2017. (GER., Illus.). (J). pap. *(978-3-7407-1570-0(7))* VICOO International Pr.

Die Geschichtliche Entwickelung des Bewegungsbegriffes und Ihr Voraussichtliches Endergebniss: Ein Beitrag Zur Historischen Kritik der Mechanischen Principien (Classic Reprint) Ludwig Lange. 2018. (GER., Illus.). 154p. (J). 27.09 *(978-0-484-75712-6(1))* Forgotten Bks.

Die Gestalt der Wortform und des Satzes Unter Einwirkung des Rhythmus Bei Chaucer und Gower: Inaugural-Dissertation Zur Erlangung der Doktorwürde Einer Hohen Philosophischen Fakultät der Universität Zu Tübingen (Classic Reprint) Josef Bihl. 2018. (ENG., Illus.). (J). 120p. 26.39 *(978-1-396-10759-7(2))*; 122p. pap. 9.57 *(978-1-390-87396-2(X))* Forgotten Bks.

Die Gesundmacherkatze: German Edition of the Healer Cat. Tuula Pere. Tr. by Werner Wenzel. Illus. by Klaudia Bezak. 2019. (GER.). 40p. (J). (gr. k-4). *(978-952-325-001-7(9))*; pap. *(978-952-357-087-0(0))* Wickwick oy.

Die Gradadverbien Im Englischen (Classic Reprint) Eugen Borst. (ENG., Illus.). (J). 2018. 180p. 27.63 *(978-0-656-03585-4(4))*; 2016. pap. 10.57 *(978-1-334-14451-6(6))* Forgotten Bks.

Die Grosse Runde: Copenhagen Stories. Holger Liebknecht. 2022. (GER.). 137p. (YA). pap. ***(978-1-4709-8229-4(3))*** Lulu Pr., Inc.

Die Guten Ins Kropfchen, Die Bosen Ins Kopfchen: Romantische Kunstmarchen. Hildigund Kusmer. 2016. (GER., Illus.). (J). pap. *(978-3-9818072-5-7(1))* JF Trade and Service UG.

Die Heliceen Nach Naturlicher Verwandtschaft Systematisch Geordnet (Classic Reprint) Johann Christian Albers. 2017. (GER., Illus.). (J). pap. 16.57 *(978-0-282-70001-0(3))* Forgotten Bks.

Die Heliceen Nach Natürlicher Verwandtschaft Systematisch Geordnet (Classic Reprint) Johann Christian Albers. 2018. (GER., Illus.). 390p. (J). 31.96 *(978-0-428-33647-9(7))* Forgotten Bks.

Die Höhlenkinder: Heimlicher Grund + Pfahlbau + Steinhaus (Vollständige Ausgabe: Band 1-3) Alois Theodor Sonnleitner. 2017. (GER., Illus.). 252p. (J). (gr. 4-7). pap. *(978-80-268-6095-2(0))* E-Artnow.

Die Industrie Von Stassfurt und Leopoldshall und Die Dortigen Bergwerke: In Chemisch-Technischer und Mineralogischer Hinsicht Betrachtet (Classic Reprint) G. Krause. 2018. (GER., Illus.). (J). 172p. 27.44 *(978-0-364-17925-3(2))*; 174p. pap. 9.97 *(978-0-267-34660-8(3))* Forgotten Bks.

Die Insektenfauna der Tertiärgebilde Von Oeningen und Von Radoboj in Croatien, Vol. 1: Kafer (Classic Reprint) Oswald Heer. 2017. (GER., Illus.). (J). pap. 23.57 *(978-0-243-43242-4(9))* Forgotten Bks.

Die Insel see Island

Die Israelitische Kueche by Henny Van Cleef see Israeli Table Kitchen

Die Journalisten: Lustspiel in Vier Akten (Classic Reprint) Gustav Freytag. 2018. (Illus.). (J). (ENG.). 228p. 28.60 *(978-1-396-25402-4(1))*; (ENG., 230p. pap. 10.97 *(978-1-390-28561-1(8))*; (ENG., 268p. 29.42 *(978-0-366-41366-9(X))*; (ENG., 270p. pap. 11.97 *(978-0-365-81797-0(X))*; (GER., 194p. 27.92 *(978-0-364-59692-0(9))*; (GER., 160p. 27.22 *(978-0-666-62636-3(7))* Forgotten Bks.

Die Kitty Die Hollywood or Bust. Dan Parent & Fernando Ruiz. 2017. (ENG., Illus.). 128p. (YA). 24.99 *(978-1-988247-26-7(6)*, f39e02a4-c866-45b7-8a10-f1104370b9ca) Chapterhouse Comics CAN. Dist: Diamond Comic Distributors, Inc.

Die Klein Optimis. Greg Bertish. 2023. (AFR.). 40p. (J). pap. ***(978-0-620-77297-6(2))*** African Public Policy & Research Institute, The.

Die Kleine Elfe Wünscht Sich Was see Little Fairy Makes a Wish

Die Kleine Maus Pumpernickel. Annett Ledong. 2020. (GER.). 105p. (J). pap. *(978-0-244-55177-3(4))* Lulu Pr., Inc.

Die Kleine Nixe und Die Kräuterhexen. Sannah Hinrichs. 2019. (GER.). 40p. (J). *(978-3-7482-9741-3(6))*; pap. *(978-3-7482-9740-6(8))* tredition Verlag.

Die Kleine Ritterin. Julia Meder. 2017. (GER., Illus.). (J). pap. 6.38 *(978-1-944260-11-8(0))* Meder, Julia.

Die Kleine Schildkrote Mit Den Gelben Flecken. Johann-Caspar Isemer. 2017. (GER., Illus.). (J). pap. *(978-3-00-056534-2(5))* Isemer, Johann-Caspar.

Die Koning Se Toets. Melvyn Naidoo & Diamond Adebowale. 2020. (AFR.). 48p. (J). pap. *(978-1-928348-97-9(1))* Verity Pubs.

Die Kreuzler Von Kadmos. Julian B. Simon. 2018. (GER., Illus.). 458p. (J). *(978-3-7469-3647-5(0))*; pap. *(978-3-7469-3646-8(2))* tredition Verlag.

Die Kultur der Pueblos in Arizona und New Mexico. Heinrich Eickhoff. 2017. (GER., Illus.). 100p. (J). pap. *(978-0-649-77028-1(5))* Trieste Publishing Pty Ltd.

Die Kulturelle Bedeutung der Musik, Vol. 1: Die Musik ALS Kulturmacht des Seelischen und Geistigen Lebens (ALS Vortrag Gehalten Beim 3. Musikpädagogischen Kongress Zu Berlin) (Classic Reprint) Karl Storck. 2018. (GER., Illus.). (J). 60p. 25.13 *(978-0-366-52817-2(3))*; 62p. pap. 9.57 *(978-0-365-85476-0(X))* Forgotten Bks.

Die Lehre Von Den Specifischen Energieen der Sinnesnerven (Classic Reprint) Alfred Goldscheider. 2017. (GER., Illus.). (J). pap. 7.97 *(978-0-282-37360-3(8))* Forgotten Bks.

Die Lehre Von der Elektricität, Vol. 4: Zweite Abtheilung (Classic Reprint) Gustav Wiedemann. 2018. (GER., Illus.). 902p. (J). 42.50 *(978-0-366-90268-2(7))* Forgotten Bks.

Die Luftschiffahrt und Die Lenkbaren Ballons (Classic Reprint) Raoul Marquis. 2017. (GER., Illus.). (J). 30.70 *(978-0-265-29315-7(4))* Forgotten Bks.

Die Magische Feder. Tommaso Martino. 2021. (GER.). 40p. (J). pap. *(978-1-312-37132-3(3))* Lulu Pr., Inc.

Die Magische Feder. Anna Matheis. 2018. (GER., Illus.). 204p. (YA). pap. *(978-3-7407-3537-1(6))* VICOO International Pr.

Die Mannheimer Meteorologische Gesellschaft (1780-1795) Ein Beitrag Zur Geschichte der Meteorologie (Classic Reprint) Friedrich Traumuller. 2018. (GER., Illus.). (J). 54p. 25.03 *(978-0-428-21865-2(2))*; 56p. pap. 9.57 *(978-0-484-93438-1(4))* Forgotten Bks.

Die Menschenähnlichen Affen und Ihre Organisation. Robert Hartmann. 2016. (GER.). 314p. (J). pap. *(978-3-7433-6505-6(7))* Creation Pubs.

Die Mikrotechnik der Thierischen Morphologie: Eine Kritische Darstellung der Mikroskopischen Untersuchungsmethoden (Classic Reprint) Stefan Apathy. 2018. (GER., Illus.). 660p. (J). 37.53 *(978-0-666-38544-4(0))* Forgotten Bks.

Die Morele Kompas. Diamond Adebowale. Illus. by Melvyn Naidoo & Busisiwe Ndlovu. 2020. (AFR.). 128p. (J). pap. *(978-1-928348-17-7(3))* Verity Pubs.

Die Nase in Ihrer Physiognomischen Bedeutung (Classic Reprint) Otto Reinbold. 2018. (GER., Illus.). 54p. (J). 25.01 *(978-0-267-02562-6(9))* Forgotten Bks.

Die Naturgeschichte Nach Wort und Spruch des Volkes (Classic Reprint) Wilhelm Medicus. (GER., Illus.). (J). 2018. 242p. 28.91 *(978-0-656-89085-9(1))*; 2017. pap. 11.57 *(978-0-282-50954-5(2))* Forgotten Bks.

Die Neuen Wasserwirtschaftlichen Gesetze in Preußen: In Auftrage des Preußischen Herrn Ministers der Öffentlichen Arbeiten Für Den X. Internationalen Schiffahrt-Kongreß in Mailand (Classic Reprint) Leo Sympher. 2018. (GER., Illus.). 114p. (J). 26.27 *(978-0-364-16322-1(4))* Forgotten Bks.

Die Neuländischen Volksmärchen: Gesammelte Geschichten Von Elfen, Trollen und Gespenstern (Vollständige Ausgabe) Adeline Rittershaus. 2017. (GER., Illus.). 332p. (J). pap. *(978-80-268-6322-9(4))* E-Artnow.

Die Oro-Und Hydrographie Sumatra's, Nach Dem Standpunkte Unserer Heutigen Kenntnisse: Inaugural-Dissertation Zur Erlangung der Philosophischen Doctorwurde an der Georg-Augusts-Universitat Zu Gottingen (Classic

496 The check digit for ISBN-10 appears in parentheses after the full ISBN-13

Reprint) Jan Freerk Hoekstra. 2017. (GER., Illus.). (J). pap. 9.57 *(978-0-259-45353-6(6))* Forgotten Bks.

Die Oro-Und Hydrographie Sumatra's, Nach Dem Standpunkte Unserer Heutigen Kenntnisse: Inaugural-Dissertation Zur Erlangung der Philosophischen Doctorwürde an der Georg-Augusts-Universität Zu Göttingen (Classic Reprint) Jan Freerk Hoekstra. 2018. (GER., Illus.). 140p. (J). 26.78 *(978-0-656-80807-6(1))* Forgotten Bks.

Die Pflanzenfeinde Aus der Klasse der Insekten: Ein Nach Pflanzenfamilien Geordnetes Handbuch Sämmtlicher Auf Den Einheimischen Pflanzen Bisher Beobachteten Insekten Zum Gebrauch Für Entomologen, Insektensammler, Botaniker, Land-Und Forstwirthe und Gart. Johann Heinrich Kaltenbach. 2018. (GER., Illus.). 858p. (J). 41.59 *(978-0-365-98541-9(4))* Forgotten Bks.

Die Physiologie des Geruchs (Classic Reprint) Hendrik Zwaardemaker. 2017. (GER., Illus.). (J). pap. 13.57 *(978-0-282-28029-1(4))* Forgotten Bks.

Die Poesie: Ihr Wesen und Ihre Formen, Mit Grundzgen der Vergleichenden Literaturgeschichte (Classic Reprint) Moriz Carriere. 2018. (GER., Illus.). 744p. (J). 39.26 *(978-0-656-67108-3(4))* Forgotten Bks.

Die Poesie: Ihr Wesen und Ihre Formen, Mit Grundzugen der Vergleichenden Literaturgeschichte (Classic Reprint) Moriz Carriere. 2017. (GER., Illus.). (J). pap. 23.57 *(978-0-282-49246-5(1))* Forgotten Bks.

Die Poesie: Ihr Wesen und Ihre Formen, Mit Grundzügen der Vergleichenden Literaturgeschichte (Classic Reprint) Moriz Carriere. 2018. (GER., Illus.). (J). 724p. 38.83 *(978-0-366-82522-6(4))*; 728p. pap. 23.57 *(978-0-366-02214-4(8))* Forgotten Bks.

Die Poesie und Ihre Geschichte: Eine Entwicklung der Poetischen Ideale der Völker (Classic Reprint) Karl Rosenkranz. 2019. (GER., Illus.). (J). 792p. 40.25 *(978-0-364-22405-2(3))*; 794p. pap. 23.57 *(978-0-267-37271-3(X))* Forgotten Bks.

Die Qualitative und Quantitative Analyse Von Pflanzen und Pflanzentheilen (Classic Reprint) Georg Dragendorff. (GER., Illus.). (J). 2018. 302p. 30.13 *(978-0-332-46087-1(8))*; 2018. 304p. pap. 13.57 *(978-0-282-69440-1(4))*; 2017. 33.12 *(978-0-266-29318-7(2))* Forgotten Bks.

Die Raupe und der Schmetterling. Ruth Lieberherr. Illus. by Ruth Lieberherr. 2nd ed. 2019. (GER., Illus.). 30p. (J). (gr. k-6). 24.95 *(978-1-7328877-7-0(2))*; pap. 15.95 *(978-1-7328877-6-3(4))* Lieberherr, Ruth.

Die Reise Zum Lebensbaum - Georg und Luis. Pxg. 2019. (GER.). 58p. (J). pap. *(978-0-244-20634-5(1))* Lulu Pr., Inc.

Die Reise Zum Lebensbaum - Papa und Mama. Pxg. 2019. (GER.). 58p. (J). pap. *(978-0-244-80632-3(2))* Lulu Pr., Inc.

Die Robinos - Sockenmonster: Oder Wie Kommen Die Locher in Die Strumpfe! Manuela Rehahn. 2017. (GER., Illus.). (J). *(978-3-86467-060-2(8))* Rehahn., Ronny Spurenkreis-Verlag.

Die Robinos - Sockenmonster: Oder Wie Kommen Die Locher in Die Strumpfe. Manuela Rehahn. 2017. (GER., Illus.). (J). pap. *(978-3-86467-061-9(6))* Rehahn., Ronny Spurenkreis-Verlag.

Die Sagen des Classischen Alterthums, Vol. 2: Erzählungen Aus der Alten Welt (Classic Reprint) Heinrich Wilhelm Stoll. 2018. (GER., Illus.). 520p. (J). 34.62 *(978-0-364-57118-7(7))* Forgotten Bks.

Die Sasquatch Medizin. Eelonqa K. Harris. Illus. by Eelonqa K. Harris. 2022. (GER.). 42p. (J). pap. *(978-1-989388-40-2(X))* TaleFeather Publishing.

Die Satzverknupfung Bei Chaucer (Classic Reprint) Hermann Eitle. 2018. (ENG., Illus.). (J). 28.81 *(978-0-266-95942-7(3))* Forgotten Bks.

Die Schadlichsten Forstinsekten Auf der Kiefer und Schutzmassregeln Gegen Diese Insekten. O. Kruger. 2017. (GER., Illus.). (J). pap. *(978-0-649-73969-1(8))* Trieste Publishing Pty Ltd.

Die Schlangen Deutschlands. H. E. Linck. 2017. (GER., Illus.). (J). pap. *(978-0-649-74013-0(0))* Trieste Publishing Pty Ltd.

Die Schmetterlinge Von Europa, Vol. 5: Zweyte Abtheilung (Classic Reprint) Ferdinand Ochsenheimer. (GER., Illus.). (J). 2018. 452p. 33.22 *(978-0-365-51460-2(8))*; 2017. pap. 16.57 *(978-0-282-76267-4(1))* Forgotten Bks.

Die Schüsselkatze. Silvia Jennerwein. 2018. (GER.). 132p. (J). pap. 15.02 *(978-3-00-061070-7(7))* Bond, Troy.

Die Sintflut: Die Arche Noah. Pip Reid. 2020. (Verteidiger des Glaubens Ser.: Vol. 5). (GER.). 42p. (J). pap. *(978-1-989961-14-8(2))* Bible Pathway Adventures.

Die Sintflut und Die Flutsagen des Alterthums: Ein Vortrag (Classic Reprint) Ludwig Diestel. 2018. (GER., Illus.). (J). 42p. 24.78 *(978-1-391-38863-2(1))*; 44p. pap. 7.97 *(978-1-390-20432-2(4))* Forgotten Bks.

Die Spectralanalyse der Gestirne (Classic Reprint) Julius Scheiner. 2017. (GER., Illus.). (J). 34.06 *(978-0-265-29541-0(6))* Forgotten Bks.

Die Sternenprinzessin Kommt. Maritta Kotting. 2019. (GER.). 54p. (J). *(978-3-7497-0453-8(8))* tredition Verlag.

Die Symbolik und Mythologie der Natur (Classic Reprint) Johannes Baptista Friedreich. 2018. (GER., Illus.). 746p. (J). 39.30 *(978-0-267-13375-8(8))* Forgotten Bks.

Die Technik des Forstschutzes Gegen Tiere: Anleitung Zur Ausführung Von Vorbeugungs-Und Vertilgungsmaßregeln in der Hand des Revierverwalters, Forstschutzbeamten und Privatwaldbesitzers (Classic Reprint) Karl Eckstein. 2018. (GER., Illus.). (J). 212p. 28.27 *(978-0-364-47343-6(6))*; 214p. pap. 10.97 *(978-0-656-58612-7(5))* Forgotten Bks.

Die Träne des Weißen Wals. Melly Marcelle Englebert. 2019. (GER.). 30p. (J). *(978-3-7482-9108-4(6))*; pap. *(978-3-7482-9107-7(8))* tredition Verlag.

Die Traurige Prinzessin. Manuela Rehahn. Illus. by Manuela Rehahn. 2019. (GER., Illus.). 28p. (J). *(978-3-86467-067-1(5))* Rehahn., Ronny Spurenkreis-Verlag.

Die Verkehrsmittel in Den Vereinigten Staaten Von Nordamerika (Classic Reprint) Peter Friedrich Kupka. 2018. (GER., Illus.). (J). 428p. 32.72 *(978-1-390-17117-4(5))*; 430p. pap. 16.57 *(978-1-390-17103-7(5))* Forgotten Bks.

Die Verunreinigung der Gewässer Deren Schädliche Folgen, Sowie Die Reinigung Von Trink-Und Schmutzwasser, Vol. 1 (Classic Reprint) Joseph Konig. 2018. (GER., Illus.). 1012p. (J). 44.77 *(978-1-396-61485-9(0))* Forgotten Bks.

Die Viererbande. Kai-Uwe Wedel. 2017. (GER., Illus.). 264p. (J). *(978-3-7439-8382-3(6))* tredition Verlag.

Die Weihnachtsfeier: Ein Gespräch (Classic Reprint) Friedrich Schleiermacher. 2018. (GER., Illus.). (J). 106p. 26.10 *(978-1-396-74949-0(7))*; 108p. pap. 9.57 *(978-1-391-91831-0(2))* Forgotten Bks.

Die Weisheit des Ahmad Shah: Zweisprachige Ausgabe Deutsch-Paschtu. Palwasha Bazger Salam. Tr. by Ingeborg Weinmann White. Illus. by Natasha Delmar. 2022. (Lehrgeschichten Ser.). (GER.). 40p. (J). (gr. 3-6). pap. 11.90 *(978-1-953292-60-5(7)*, Hoopoe Bks.) I S H K.

Die Weltklugheit und Die Lebens-Weisheit Mit Ihren Correspondirenden Studien, Vol. 1 (Classic Reprint) Bogumil Goltz. 2017. (GER., Illus.). (J). pap. 19.57 *(978-0-265-66504-6(3))* Forgotten Bks.

Die Wesen-Chroniken. Paul Weightman. 2020. (ENG.). 441p. (J). pap. *(978-1-716-67902-5(8))* Lulu Pr., Inc.

Die Wilden Schwäne - Albajae Albary (Deutsch - Arabisch). Nach Einem Märchen Von Hans Christian Andersen: Zweisprachiges Kinderbuch Mit MP3 Hörbuch Zum Herunterladen, AB 4-6 Jahren. Ulrich Renz. Tr. by Inana Othman. Illus. by Marc Robitzky. 2018. (Sefa Bilinguale Bilderbücher Ser.). (GER.). 30p. (J). pap. *(978-3-7399-5889-7(8))* Boedeker, Kirsten. Sefa Verlag.

Die Wilden Schwäne - de Vilda Svanarna (Deutsch - Schwedisch). Nach Einem Märchen Von Hans Christian Andersen: Zweisprachiges Kinderbuch Mit MP3 Hörbuch Zum Herunterladen, AB 4-6 Jahren. Ulrich Renz. 2018. (Sefa Bilinguale Bilderbücher Ser.). (GER., Illus.). 30p. (J). pap. *(978-3-7399-5894-1(4))* Boedeker, Kirsten. Sefa Verlag.

Die Wilden Schwäne - Khoo'haye Wahshee (Deutsch - Persisch, Farsi, Dari). Nach Einem Märchen Von Hans Christian Andersen: Zweisprachiges Kinderbuch Mit MP3 Hörbuch Zum Herunterladen, AB 4-6 Jahren. Ulrich Renz. 2018. (Sefa Bilinguale Bilderbücher Ser.). (GER., Illus.). 30p. (J). pap. *(978-3-7399-5888-0(X))* Boedeker, Kirsten. Sefa Verlag.

Die Wilden Schwäne - the Wild Swans (Deutsch - Englisch). Nach Einem Märchen Von Hans Christian Andersen: Zweisprachiges Kinderbuch Mit MP3 Hörbuch Zum Herunterladen, AB 4-6 Jahren. Ulrich Renz. 2018. (Sefa Bilinguale Bilderbücher Ser.). (GER., Illus.). 30p. (J). pap. *(978-3-7399-5890-3(1))* Boedeker, Kirsten. Sefa Verlag.

Die Wilden Schwäne - Villijoutsenet (Deutsch - Finnisch). Nach Einem Märchen Von Hans Christian Andersen: Zweisprachiges Kinderbuch Mit MP3 Hörbuch Zum Herunterladen, AB 4-6 Jahren. Ulrich Renz. Tr. by Janika Tuulia Konttinen. Illus. by Marc Robitzky. 2018. (Sefa Bilinguale Bilderbücher Ser.). (GER.). 30p. (J). pap. *(978-3-7399-5896-5(0))* Boedeker, Kirsten. Sefa Verlag.

Die Wirkungen des Rhythmus in der Sprache Von Chaucer und Gower (Classic Reprint) Josef Bihl. 2018. (GER., Illus.). 298p. (J). 30.06 *(978-0-666-55200-6(2))* Forgotten Bks.

Die Zeitalter der Chemie in Wort und Bild (Classic Reprint) Albert Stange. 2018. (GER., Illus.). (J). 676p. 37.86 *(978-1-391-33672-5(0))*; 678p. pap. 20.57 *(978-1-390-16890-7(5))* Forgotten Bks.

Die Zwölf Stämme Israels - Übungsbuch Für Anfänger. Pip Reid. 2022. (GER.). 154p. (J). pap. *(978-1-989961-78-0(9))* Bible Pathway Adventures.

Diego Fandango Yellow Band. Lynne Rickards & Ley Honor Roberts. Illus. by Alan Rogers. ed. 2016. (Cambridge Reading Adventures Ser.). (ENG.). 16p. pap. 7.95 *(978-1-107-55021-6(1))* Cambridge Univ. Pr.

Diente de Cocodrilo. Elisenda Castells. 2021. (SPA.). 36p. (J). (gr. k-2). 11.99 *(978-84-18211-78-2(4))* Pluton Ediciones ESP. Dist: Lectorum Pubns., Inc.

Diente Flojo: Leveled Reader Book 54 Level H 6 Pack. Hmh Hmh. 2021. (SPA.). 16p. (J). pap. 74.40 *(978-0-358-08271-2(4))* Houghton Mifflin Harcourt Publishing Co.

Dientes: Leveled Reader Book 85 Level N 6 Pack. Hmh Hmh. 2021. (SPA.). 24p. (J). pap. 74.40 *(978-0-358-08393-1(1))* Houghton Mifflin Harcourt Publishing Co.

¡Dientes y Más Dientes! (the Tooth Book Spanish Edition) Seuss. Illus. by Joe Mathieu. 2021. (Bright & Early Books(R) Ser.). (SPA.). 48p. (J). (gr. -1-k). 9.99 *(978-1-9848-3128-6(3))*; lib. bdg. 12.99 *(978-0-593-17771-6(1))* Random Hse. Children's Bks. (Random Hse. Bks. for Young Readers).

Dierks Bentley. Tammy Gagne. 2018. lib. bdg. 25.70 *(978-1-68020-156-7(5))* Mitchell Lane Pubs.

Diesel Gets a Treat. Vicky L. Govier. 2016. (ENG., Illus.). 17p. (J). pap. *(978-1-4866-1013-6(7))* Word Alive Pr.

Diesel the Basset Hound Who Couldn't Howl. Jeannie Vamuska. Illus. by Emma Akmakdjian. 2021. (ENG.). 32p. (J). 30.99 *(978-1-6628-2838-6(1))*; pap. 20.99 *(978-1-6628-2837-9(3))* Salem Author Services.

Diet Coke & Crushed Ice. A. K. Borngardner. 2021. (ENG.). 101p. (YA). *(978-1-716-11567-7(1))* Lulu Pr., Inc.

Diet for a Changing Climate: Food for Thought. Sue Heavenrich & Christy Mihaly. 2018. (ENG., Illus.). 128p. (YA). (gr. 6-12). lib. bdg. 37.32 *(978-1-5124-8121-1(1)*, b13a20dc-5f51-4c76-94d7-9d8d2a713985, Twenty-First Century Bks.) Lerner Publishing Group.

Dieta Keto para la Diabetes Tipo 2: Cómo Controlar la Diabetes Tipo 2 con la Dieta Keto, ¡más Recetas Saludables, Deliciosas y Fáciles! Amy Moore. 2020. (SPA.). 148p. (J). pap. 13.38 *(978-1-393-14128-0(5))* Draft2Digital.

Dietitian Nutritionists. Jennifer Hunsaker. 2017. (Careers in Healthcare Ser.: Vol. 13). (ENG., Illus.). 64p. (YA). (gr. 7-12). 23.95 *(978-1-4222-3798-4(2))* Mason Crest.

Dietrich Bonhoeffer: A Spoke in the Wheel. Dayspring MacLeod. rev. ed. 2018. (Trail Blazers Ser.). (ENG., Illus.). 176p. (J). pap. 8.99 *(978-1-5271-0162-3(2)*, f058282d-8535-4e44-aa7b-049c65566f38, CF4Kids) Christian Focus Pubns. GBR. Dist: Baker & Taylor Publisher Services (BTPS).

Dietrich Bonhoeffer: The Teacher Who Became a Spy. Molly Frye Wilmington. Illus. by Marcin Piwowarski. 2023. (Here I Am! Biography Ser.). (ENG.). 32p. (J). (gr. 1-3). 14.99 *(978-1-0877-5774-2(6)*, 005836201, B&H Kids) B&H Publishing Group.

Dieu Est Bon: Le Psaume 34. Salem De Bezenac & Agnes De Bezenac. Illus. by Agnes De Bezenac. 2019. (Chapitres de la Bible Pour Enfants Ser.: Vol. 5). (FRE., Illus.). 34p. (J). (gr. k-1). pap. 6.00 *(978-1-63474-334-1(2))* iCharacter.org.

Dieu Me Parle D'Amitie: Faire de Nouveaux Amis. Agnes De Bezenac. 2017. (Dieu Me Parle Ser.). (FRE., Illus.). (J). (gr. k-2). 12.95 *(978-1-63474-096-8(3))* iCharacter.org.

Dieu Me Parle Sois Toujours Content. Agnes De Bezenac. 2017. (Dieu Me Parle Ser.). (FRE., Illus.). (J). (gr. k-2). 12.95 *(978-1-63474-098-2(X))* iCharacter.org.

Diez cerditos luneros. Lyndsay Lee Johnson. 2018. (SPA.). 26p. (J). (-2). 21.99 *(978-84-948110-9-8(6))* Ekare, Ediciones VEN. Dist: Lectorum Pubns., Inc.

Diez Cuentos de Diez Minutos(10 Ten Minute Stories) 2019. (Stories for Bedtime Ser.). (SPA.). 256p. (J). 14.99 *(978-0-7945-4560-4(2)*, Usborne) EDC Publishing.

Diez Deditos/Ten Little Fingers. Tr. by Yanitzia Canetti. Illus. by Annie Kubler & Sarah Dellow. 2021. (Baby Rhyme Time (Spanish/English) Ser.). (ENG.). 12p. (J). bds. *(978-1-78628-573-7(8))* Child's Play International Ltd.

Diez Mandamientos para Niños. Judy M. Bassett. l.t. ed. 2018. (SPA., Illus.). 36p. (J). (gr. k-6). pap. 14.99 *(978-1-63073-265-3(6))* Faithful Life Pubs.

Diez Maneras de Escuchar la Nieve. Cathy Camper. Tr. by Rossy Evelin Lima. Illus. by Kenard Pak. 2022. 32p. (J). (gr. -1-3). 17.99 *(978-0-593-53233-1(3)*, Kokila) Penguin Young Readers Group.

¡Diez Manzanas en la Cabeza! (Ten Apples up on Top! Spanish Edition) Seuss. Illus. by Roy McKie. 2019. (Beginner Books(R) Ser.). (SPA.). 72p. (J). (gr. -1-2). 9.99 *(978-1-9848-3114-9(3))*; lib. bdg. 12.99 *(978-1-9848-9497-7(8))* Random Hse. Children's Bks. (Random Hse. Bks. for Young Readers).

Diez Monitos Saltaban en la Cama. Tina Freeman. Tr. by Teresa Mlawer from ENG. (Classic Books with Holes 8x8 with CD Ser.). (SPA., Illus.). 16p. (J). 2019. *(978-1-78628-402-0(2))*; 2018. pap. *(978-1-84643-963-6(9))*; 2018. bds. *(978-1-84643-966-7(3))* Child's Play International Ltd.

Diez Pasos para Pacar el Boogie. Moses Quiles. Illus. by Moses Quiles q's Imaginative Design. 2020. (SPA.). 36p. (J). *(978-0-2288-1573-0(8))*; pap. *(978-0-2288-1572-3(X))* Tellwell Talent.

Diferentes Tipos de Comunidades: Ordenar los Datos, 1 vol. Sadie Silva. 2017. (Computación Científica en el Mundo Real (Computer Science for the Real World) Ser.). (SPA.). 16p. (J). (gr. 2-3). pap. *(978-1-5383-5584-8(1)*, dd31a271-30eb-4cda-8f79-7182e6ed5bd0, Rosen Classroom) Rosen Publishing Group, Inc., The.

Difference Between Dogs, Wolves, Foxes & Hyenas Children's Science & Nature. Baby Professor. 2017. (ENG., Illus.). (J). pap. 7.89 *(978-1-5419-0476-7(1)*, Baby Professor (Education Kids)) Speedy Publishing LLC.

Difference Between Horses, Donkeys & Mules Children's Science & Nature. Baby Professor. 2017. (ENG., Illus.). (J). pap. 7.89 *(978-1-5419-0411-8(7)*, Baby Professor (Education Kids)) Speedy Publishing LLC.

Difference Between Meteors & Meteorites Children's Science & Nature. Baby Professor. 2017. (ENG., Illus.). (J). pap. 7.89 *(978-1-5419-0429-3(X)*, Baby Professor (Education Kids)) Speedy Publishing LLC.

Difference in Clocks: A Sketch in One Scene (Classic Reprint) Ethel Livingston. 2018. (ENG., Illus.). 20p. (J). 24.31 *(978-0-483-33359-8(X))* Forgotten Bks.

Difference Maker: Overcoming Adversity & Turning Pain into Purpose, Every Day (Adult Edition) Gary Roe. 2019. (ENG.). 196p. (YA). (gr. 7-12). pap. 13.99 *(978-1-950382-11-8(7))* Roe, Gary.

Difference Maker: Overcoming Adversity & Turning Pain into Purpose, Every Day (Teen Edition) Gary Roe. 2019. (ENG.). 188p. (YA). (gr. 7-12). pap. 13.99 *(978-1-950382-12-5(5))* Roe, Gary.

Difference Makers: An Unexpected Adventure. Jeannie Lang. Illus. by Andrew Jackson Obol. 2021. (ENG.). 32p. (J). pap. *(978-1-5255-7889-2(8))*; *(978-1-5255-7888-5(X))* FriesenPress.

Differences. Lis Drage. Illus. by Peter Kavanagh. 2021. (ENG.). 36p. (J). *(978-1-5255-9106-8(1))*; pap. *(978-1-5255-9105-1(3))* FriesenPress.

Differences: A Novel (Classic Reprint) Nathan Mayer. (ENG., Illus.). (J). 2018. 468p. 33.55 *(978-0-267-57582-4(3))*; 2016. pap. 16.57 *(978-1-334-16286-2(7))* Forgotten Bks.

Differences (Classic Reprint) Hervey White. 2018. (ENG., Illus.). 318p. (J). 30.48 *(978-0-656-63842-0(7))* Forgotten Bks.

Differences in Appearances: Spot the Difference Activity Book. Activity Book Zone for Kids. 2016. (ENG., Illus.). (J). pap. 7.55 *(978-1-68376-124-2(3))* Sabeels Publishing.

Differences of Conduction, Convection, & Radiation Introduction to Heat Transfer Grade 6 Children's Physics Books. Baby Professor. 2020. (ENG.). 72p. (J). 24.99 *(978-1-5419-7964-2(8))*; pap. 14.99 *(978-1-5419-6098-5(X))* Speedy Publishing LLC. (Baby Professor (Education Kids)).

Different. Maya B Roth. 2017. (ENG.). 160p. (J). pap. *(978-1-326-98396-3(2))* Lulu Pr., Inc.

Different: A Story of the Spanish Civil War. Mónica Montañés. Tr. by Lawrence Schimel. Illus. by Eva Sánchez Gómez. 2022. (ENG.). 88p. (J). *(978-0-8028-5598-5(9)*, Eerdmans Bks For Young Readers) Eerdmans, William B. Publishing Co.

Different: Volume 1. Samantha Ilechukwu. 2016. (ENG., Illus.). (J). pap. 13.95 *(978-1-68197-161-2(5))* Christian Faith Publishing.

Different — A Great Thing to Be! Heather Avis. Illus. by Sarah Mensinga. 2021. 40p. (J). (gr. -1-2). 12.99 *(978-0-593-23265-1(8)*, WaterBrook Pr.) Crown Publishing Group, The.

Different? Same! Heather Tekavec. Illus. by Pippa Curnick. (ENG.). 32p. (J). (gr. -1-1). 2021. bds. 9.99 *(978-1-5253-0210-7(8))*; 2017. 16.99 *(978-1-77138-565-7(0))* Kids Can Pr., Ltd. CAN. Dist: Hachette Bk. Group.

Different Ability. Zeinab Zaiter Hachem & Hadi Najjar. 2023. (ENG.). 20p. (J). 14.99 *(978-1-0881-0709-6(5))* Indy Pub.

Different AI Robots & Their Uses - Science Book for Kids Children's Science Education Books. Baby Professor. 2017. (ENG., Illus.). (J). pap. 9.55 *(978-1-5419-1476-6(7)*, Baby Professor (Education Kids)) Speedy Publishing LLC.

Different Boy. Paul Jennings. 2019. (Different Ser.). (ENG., Illus.). 112p. (J). (gr. 5-9). pap. 11.99 *(978-1-76052-350-3(X))* Allen & Unwin AUS. Dist: Independent Pubs. Group.

Different but Equal: Appreciating Diversity. Caitie McAneney. 2019. (Spotlight on Social & Emotional Learning Ser.). (ENG.). 24p. (gr. 4-6). 60.00 *(978-1-7253-0670-7(0)*, PowerKids Pr.) Rosen Publishing Group, Inc., The.

Different but Special. Susan Vanriel-Smith. 2023. (ENG.). 38p. (J). 18.95 *(978-1-63755-514-9(8)*, Mascot Kids) Amplify Publishing Group.

Different but the Same As You. Kristy Ann Townsend. 2019. (ENG., Illus.). 32p. (J). (gr. k-6). pap. *(978-0-6486621-0-5(1))* Townsend, Kristy.

Different by Design. Katie Gibson. 2018. (ENG., Illus.). 32p. (J). pap. 15.00 *(978-1-387-35513-6(9))* Lulu Pr., Inc.

Different Can Be Great: All Kinds of Families. Lisa Bullard. Illus. by Renée Kurilla. 2021. (All Kinds of People (Early Bird Stories (tm)) Ser.). (ENG.). 24p. (J). (gr. k-2). pap. 9.99 *(978-1-7284-3858-0(6)*, d49454f3-f40b-46e0-9706-960f7a00dd99); lib. bdg. 29.32 *(978-1-7284-3689-0(3)*, d6b8ab7f-a7da-448e-ae1e-595c8904be84) Lerner Publishing Group. (Lerner Pubns.).

Different Days. Vicki Berger Erwin. 2017. (ENG.). 280p. (J). (gr. 3-7). 15.99 *(978-1-5107-2458-7(3)*, Sky Pony Pr.) Skyhorse Publishing Co., Inc.

Different Days Go Different Ways. Alexis Laborn. 2022. (ENG., Illus.). 24p. (J). pap. 13.95 *(978-1-6624-4559-0(8))* Page Publishing Inc.

Different Dog. Paul Jennings. 2018. (Different Ser.). (ENG., Illus.). 96p. (J). (gr. 5-9). pap. 11.99 *(978-1-76029-646-9(5))* Allen & Unwin AUS. Dist: Independent Pubs. Group.

Different Dragon see Dragón Diferente

Different Ears of Animals. Grace Hansen. 2023. (Amazing Animal Features Ser.). (ENG.). 24p. (J). (gr. -1-2). lib. bdg. 32.79 *(978-1-0982-6625-7(0)*, 42170, Abdo Kids) ABDO Publishing Co.

Different Eyes of Animals. Grace Hansen. 2023. (Amazing Animal Features Ser.). (ENG.). 24p. (J). (gr. -1-2). lib. bdg. 32.79 *(978-1-0982-6626-4(9)*, 42173, Abdo Kids) ABDO Publishing Co.

Different Families. Steffi Cavell-Clarke. 2018. (Our Values - Level 2 Ser.). 24p. (J). (gr. 2-3). *(978-0-7787-5425-1(1))* Crabtree Publishing Co.

Different Family? Madison Webb. 2021. (ENG., Illus.). 30p. (J). 22.95 *(978-1-63710-343-2(3))*; pap. 12.95 *(978-1-64654-998-6(8))* Fulton Bks.

Different for Boys. Patrick Ness. Illus. by Tea Bendix. 2023. (ENG.). 104p. (YA). (gr. 9). 18.99 *(978-1-5362-2889-2(3))* Candlewick Pr.

Different Friends, 5 bks., Set. Catherine Burks. Illus. by Rudolph Lee. Incl. Vol. 1. Hi! Let's Meet Billy. pap. 6.95 *(978-1-892750-00-6(7))*; Vol. 2. Hi! Let's Meet Pete. pap. 6.95 *(978-1-892750-01-3(5))*; Vol. 3. Hi! Let's Meet Sam. pap. 6.95 *(978-1-892750-02-0(3))*; Vol. 4. Hi! Let's Meet Bertha. pap. 6.95 *(978-1-892750-03-7(1))*; Vol. 5. Hi! Let's Meet Doris. pap. 6.95 *(978-1-892750-05-1(8))*; (J). (gr. 1-5). 1998. (Illus.). 34.75 *(978-1-892750-04-4(X))* Different Friends.

Different Girls. William Dean Howells. 2017. (ENG., Illus.). (J). 23.95 *(978-1-374-92900-5(X))*; pap. 13.95 *(978-1-374-92899-2(2))* Capital Communications, Inc.

Different Girls: Harper's Novelettes (Classic Reprint) William Dean Howells. 2017. (ENG., Illus.). (J). 29.80 *(978-0-265-17619-1(0))* Forgotten Bks.

Different Home: A New Foster Child's Story. Kelly Degarmo & John DeGarmo. Illus. by Norma Jeanne Trammell. ed. 2021. 48p. (J). 15.95 *(978-1-83997-091-7(X)*, 834355) Kingsley, Jessica Pubs. GBR. Dist: Hachette UK Distribution.

Different Is NOT Bad: A Dinosaur's Story about Unity, Diversity & Friendship. Steve Herman. 2021. (Dinosaur & Friends Ser.: Vol. 4). (ENG.). 44p. (J). 18.95 *(978-1-64916-092-8(5))*; pap. 12.95 *(978-1-64916-091-1(7))* Digital Golden Solutions LLC.

Different, Just Like You! Teska T. Frisby. Illus. by Ka'el Livingston. 2021. (ENG.). 26p. (J). (gr. k-6). 25.00 *(978-1-63795-396-9(8))* Primedia eLaunch LLC.

Different Kind of Camouflage. Corinna Turner. 2022. (ENG.). 196p. (YA). pap. *(978-1-910806-42-5(0))* Zephyr Publishing.

Different Kind of Caterpillar. Juliana Lievano. 2022. (ENG.). 34p. (J). pap. 12.95 *(978-1-957723-15-0(7))*; 19.95 *(978-1-957723-14-3(9))* Warren Publishing, Inc.

Different Kind of Cheerleader. Lira Brannon. 2019. (Para Athlete Ser.: Vol. 1). (ENG.). 232p. (J). pap. 9.99 *(978-0-578-41513-0(5))* Cypress Knoll Prs.

Different Kind of Crown. Angelica Disanza. 2018. (ENG., Illus.). 24p. (J). *(978-0-359-01449-1(6))* Lulu Pr., Inc.

Different Kind of Freedom. Corinna Turner. 2022. (Unsparked Ser.: Vol. 9). (ENG.). 216p. (YA). pap. *(978-1-910806-28-9(5))* Zephyr Publishing.

Different Kind of Knight: A Princess of Valendria Novel. Mary Waibel. 2018. (ENG., Illus.). 180p. (J). pap. *(978-1-77392-001-6(4))* MuseItUp Publishing.

Different Kind of Normal: My Real-Life COMPLETELY True Story about Being Unique. Abigail Balfe. 2022. (ENG., Illus.). 240p. (J). (gr. 3-7). 22.99 *(978-0-593-56645-9(9))*; pap. 13.99 *(978-0-593-56648-0(3))*; lib. bdg. 25.99 *(978-0-593-56646-6(7))* Random Hse. Children's Bks. (Crown Books For Young Readers).

Different Kind of Passover. Linda Leopold Strauss. Illus. by Jeremy Tugeau. ed. 2017. (ENG.). 32p. (J). (gr. -1-3).

D

E-Book 27.99 *(978-1-5124-2723-3(3)*, 9781512427233, Kar-Ben Publishing) Lerner Publishing Group.

Different Kinds of Communities: Putting Data in Order, 1 vol. Sadie Silva. 2017. (Computer Science for the Real World Ser.). (ENG.). 16p. (gr. 2-3). pap. *(978-1-5383-5198-7(6)*, a2e7b6fe-c8cd-4343-8cb9-f79f986f3a5d, Rosen Classroom) Rosen Publishing Group, Inc., The.

Different Kinds of Fruit. Kyle Lukoff. l.t. ed. 2023. (ENG.). 439p. (J). lib. bdg. 22.99 Cengage Gale.

Different Kinds of Fruit. Kyle Lukoff. (J). (gr. 5-9). 2023. 336p. 8.99 *(978-0-593-11120-8(6))*; 2022. 320p. 17.99 *(978-0-593-11118-5(4))* Penguin Young Readers Group. (Dial Bks).

Different Like Buu. Sentara I. Williams. Illus. by Brittany N. Deanes. 2022. (ENG.). 22p. (J). 18.99 ***(978-1-951300-64-7(5))*** Liberation's Publishing.

Different Means You're Special, Silly. Margaret Lanik. 2018. (ENG., Illus.). 34p. (J). 22.95 *(978-1-64003-584-3(2))*; pap. 13.95 *(978-1-64003-583-6(4))* Covenant Bks.

Different Pond. Bao Phi. Illus. by Thi Bui. 2017. (ENG.). 32p. (J). (gr. k-4). lib. bdg. 24.65 *(978-1-4795-9746-8(5)*, 133351, Picture Window Bks.) Capstone.

Different Spikes & Spines of Animals. Grace Hansen. 2023. (Amazing Animal Features Ser.). (ENG.). 24p. (J). (gr. -1-2). lib. bdg. 32.79 ***(978-1-0982-6627-1(7)***, 42176, Abdo Kids) ABDO Publishing Co.

Different Story. Adolfo Serra. 2019. (ENG., Illus.). 32p. (J). *(978-0-8028-5527-5(X)*, Eerdmans Bks For Young Readers) Eerdmans, William B. Publishing Co.

Different Tails of Animals. Grace Hansen. 2023. (Amazing Animal Features Ser.). (ENG.). 24p. (J). (gr. -1-2). lib. bdg. 32.79 ***(978-1-0982-6628-8(5)***, 42179, Abdo Kids) ABDO Publishing Co.

Different Teeth of Animals. Grace Hansen. 2023. (Amazing Animal Features Ser.). (ENG.). 24p. (J). (gr. -1-2). lib. bdg. 32.79 ***(978-1-0982-6629-5(3)***, 42182, Abdo Kids) ABDO Publishing Co.

Different Types of Families. Kerisha Thorney. 2018. (ENG., Illus.). 34p. (J). pap. *(978-0-359-32230-5(1))* Lulu Pr., Inc.

DIFFERENT Us! K. Renée. 2021. (ENG.). 26p. (J). pap. 13.95 *(978-1-6624-3026-8(4))* Page Publishing Inc.

Different Way to Play. Fiona McDonald. 2019. (ENG.). 28p. (J). pap. *(978-1-8381291-1-8(1))* Lily Bks.

Different Wings of Animals. Grace Hansen. 2023. (Amazing Animal Features Ser.). (ENG.). 24p. (J). (gr. -1-2). lib. bdg. 32.79 ***(978-1-0982-6630-1(7)***, 42185, Abdo Kids) ABDO Publishing Co.

Differently Abled. Deonte' Bolden. Ed. by Nyisha D. Davis. 2021. (ENG.). 62p. (J). 25.00 *(978-1-7370001-2-9(1))*; pap. 14.99 *(978-1-7370001-0-5(5))* Zyia Consulting.

Differently-Abled Mable. Kristi Ann Pawlowski. Illus. by Chloe Helms. 2021. (ENG.). 34p. (J). pap. 11.95 *(978-1-952725-69-2(0))* Butler, Kate Bks.

Differently Different As Different Can Be. Hillary Duncombe. 2021. (ENG.). 36p. (J). 24.95 *(978-1-64531-957-3(1))* Newman Springs Publishing, Inc.

Difficult Journey. Ed. by Arina Glozman. Tr. by Sydney Bartholomew. Illus. by Brayan Garcia. 2022. (ENG.). 72p. (J). pap. 9.00 *(978-1-956594-13-3(2))* Puentes.

Difficult Sudoku Puzzles, Adult Activity Book. D. Brewer. 2021. (ENG.). 151p. (J). pap. *(978-1-008-90415-6(5))* Lulu Pr., Inc.

Difficulties Associated with Articles of Religion among Particular Baptists. David Clarke. 2022. (ENG.). 149p. pap. *(978-1-4583-6309-1(0))* Lulu Pr., Inc.

Difficulties of Elementary Geometry: Especially Those Which Concern the Straight Line, the Plane, & the Theory of Parallels. Francis William Newman. 2017. (ENG., Illus.). (J). pap. *(978-0-649-48163-7(1))* Trieste Publishing Pty Ltd.

Difficulties of Elementary Geometry: Especially Those Which Concern the Straight Line, the Plane, & the Theory of Parallels (Classic Reprint) Francis William Newman. (ENG., Illus.). (J). 2018. 150p. 27.01 *(978-0-483-98954-2(1))*; 2017. pap. 9.57 *(978-0-282-20354-2(0))* Forgotten Bks.

Dig! Jaye Garnett. Ed. by Cottage Door Press. Illus. by Mattia Cerato. 2018. (Peek-A-Flap Ser.). (ENG.). 12p. (J). (gr. -1-1). bds. 9.99 *(978-1-68052-299-0(X)*, 1002770) Cottage Door Pr.

Dig. A. S. King. (ENG.). 400p. (YA). (gr. 9). 2020. pap. 12.99 *(978-1-101-99493-1(2)*, Penguin Books); 2019. 17.99 *(978-1-101-99491-7(6)*, Dutton Books for Young Readers) Penguin Young Readers Group.

Dig. Laurie S. Sutton. Illus. by James Nathan. 2017. (Bug Team Alpha Ser.). (ENG.). 112p. (J). (gr. 3-6). lib. bdg. 26.65 *(978-1-4965-5183-2(4)*, 136186, Stone Arch Bks.) Capstone.

Dig, Dance, Dive: How Birds Move to Survive. Etta Kaner. Illus. by June Steube. 2022. (ENG.). 40p. (J). (gr. 2). 18.95 *(978-1-77147-439-9(4))* Owlkids Bks. Inc. CAN. Dist: Publishers Group West (PGW).

Dig Deep: Connecting Archaeology, Oceans & Us. Nicole F. Smith. 2023. (Orca Footprints Ser.: 25). (ENG., Illus.). 48p. (J). (gr. 4-7). 21.95 *(978-1-4598-2608-3(6))* Orca Bk. Pubs. USA.

Dig Deep! Bugs That Live Underground, 12 vols. 2016. (Dig Deep! Bugs That Live Underground Ser.). 24p. (gr. 3-3). (ENG.). 151.62 *(978-1-4994-1915-3(5)*, a486c74a-361b-47f9-9254-ba9e270a823b); pap. 49.50 *(978-1-4994-2444-7(2))* Rosen Publishing Group, Inc., The. (PowerKids Pr.).

Dig Dig Dig. Margaret James. Illus. by Wendy Paterson. 2021. (ENG.). 32p. (J). pap. *(978-1-922591-25-8(4))* Library For All Limited.

Dig, Dogs, Dig: A Construction Tail. James Horvath. 2016. (I Can Read Level 1 Ser.). (ENG., Illus.). 32p. (J). (gr. -1-3). pap. 5.99 *(978-0-06-235702-1(6)*, HarperCollins) HarperCollins Pubs.

Dig, Dump, Roll. Sally Sutton. Illus. by Brian Lovelock. (Construction Crew Ser.). (ENG.). (J). 2019. 28p. (-k). bds. 8.99 *(978-1-5362-0902-0(3))*; 2018. 32p. (gr. -1-2). 16.99 *(978-1-5362-0391-2(2))* Candlewick Pr.

Dig for Gold & Go Rocket! Alison Donald. Illus. by Jo Byatt. 2021. (Early Bird Readers — Pink (Early Bird Stories (tm)) Ser.). (ENG.). 32p. (J). (gr. -1-2). pap. 9.99 *(978-1-7284-2040-0(7)*, 7d594a7b-c419-4d27-bd75-6325c1b7350b); lib. bdg. 30.65 *(978-1-7284-1722-6(8)*, d4697966-bb9c-4306-9c04-aeb0ac2a8031) Lerner Publishing Group. (Lerner Pubns.).

Dig for Your Diamond: A Mandate to Excavate Your Own Piece of Heaven. Caroline Mosey. Illus. by Nicole Krajewski. 2020. (ENG.). 40p. (J). (gr. 2-4). 16.99 *(978-1-64237-899-3(2))* Gatekeeper Pr.

Dig In! Cindy Jenson-Elliott. Illus. by Mary Peterson. 2016. (ENG.). 40p. (J). (gr. -1-3). 18.99 *(978-1-4424-1261-3(5)*, Beach Lane Bks.) Beach Lane Bks.

Dig In! 12 Easy Gardening Projects Using Kitchen Scraps. Kari Cornell. Photos by Jennifer S. Larson. (ENG., Illus.). 64p. (J). (gr. 4-8). 2023. pap. 12.99 *(978-1-7284-7784-8(0)*, 5bb620d5-6b3f-48f0-8309-ded8313226e5); 2018. 31.99 *(978-1-5124-3065-3(X)*, 93daadb8-08b4-493e-9152-2857c3f05581) Lerner Publishing Group. (Millbrook Pr.).

Dig It: History from Objects, 8 vols., Set. John Malam. Incl. Egyptians. lib. bdg. 30.27 *(978-1-4488-3283-5(7)*, 0f4294db-b56d-4729-986a-ab4913ecb4b9); Greeks. lib. bdg. 30.27 *(978-1-4488-3284-2(5)*, 4d1a59d9-defa-4c8f-81c2-5ed953f4cdd0); Romans. lib. bdg. 30.27 *(978-1-4488-3285-9(3)*, b4fa690b-353e-4a16-b817-936742734368); Vikings. lib. bdg. 30.27 *(978-1-4488-3286-6(1)*, 3fef1162-6d62-44f3-844f-cf09c5d84419); (YA). (gr. 3-4). (Dig It: History from Objects Ser.). (ENG., Illus.). 32p. 2011. Set lib. bdg. 121.08 *(978-1-4488-3306-1(X)*, e667404c-9afa-4a41-a538-3437148270d7, PowerKids Pr.) Rosen Publishing Group, Inc., The.

Dig It!: Archaeology for Kids. Caitlin Sockin. 2023. (ENG., Illus.). 100p. (J). pap. 17.95 *(978-1-943978-61-8(1)*, 83dbb150-0f2d-40af-9e4a-6be800707f41, Persnickety Pr.) WunderMill, Inc.

Dig It, Digby! Jodie Parachini. Illus. by John Joven. 2022. (Digby & the Construction Crew Ser.). (ENG.). 32p. (J). (gr. -1-3). 17.99 *(978-0-8075-1587-7(6)*, 0807515876) Whitman, Albert & Co.

Dig It! Dump It! Build It! Ed. by Parragon Books. Illus. by Tommy Doyle. 2022. (ENG.). 10p. (J). (gr. -1-2). 14.99 *(978-1-64638-597-3(7)*, 1008080, Parragon Books) Cottage Door Pr.

Dig to Disaster: A QUIX Book. Robert Quackenbush. Illus. by Robert Quackenbush. 2018. (Miss Mallard Mystery Ser.). (ENG., Illus.). 80p. (J). (gr. k-3). 16.99 *(978-1-5344-1313-9(8))*; pap. 5.99 *(978-1-5344-1312-2(X))* Simon & Schuster Children's Publishing. (Aladdin).

Dig Too Deep. Amy Allgeyer. (ENG.). 272p. (YA). (gr. 8-12). 2017. pap. 9.99 *(978-0-8075-1581-5(7)*, 807515817); 2016. 16.99 *(978-0-8075-1580-8(9)*, 807515809) Whitman, Albert & Co.

Dig Two Graves. Gretchen McNeil. (YA). (gr. 9-12). 2023. 48p. pap. 9.99 *(978-1-368-07387-5(5))*; 2022. 20p. 17.99 *(978-1-368-07284-7(4))* Disney Publishing Worldwide. (Disney-Hyperion).

Dig, Two Heads Wanted: A Novel (Classic Reprint) H. Horatio Woodbridge. 2017. (ENG., Illus.). (J). 31.40 *(978-0-265-66186-8(9))*; pap. 13.97 *(978-1-5276-3448-0(5))* Forgotten Bks.

Dig up a Fossil? 2018. (J). *(978-0-7166-2181-2(9))* World Bk., Inc.

Digaagad Guduudan Ee Yar - the Little Red Hen - Somali Children's Book. Kiazpora. 2018. (SOM., Illus.). 52p. (J). pap. 9.99 *(978-1-946057-65-5(7))* Kiazpora LLC.

Digby: The Daring Dormouse. Alex McArdell. 2022. (ENG.). 36p. (J). pap. *(978-1-914926-90-7(0))* Markosia Enterprises, Ltd.

Digby Duddleswell Secret Agent. Steve Hefft. 2021. (ENG.). 236p. (J). pap. *(978-0-9935719-5-4(6))* Enjoy Our Bks.

Digby Grand, an Autobiography (Classic Reprint) G. Whyte-Melville. 2018. (ENG., Illus.). 394p. (J). 32.02 *(978-0-267-15993-2(5))* Forgotten Bks.

Digby Grand, Vol. 1 Of 2: An Autobiography (Classic Reprint) G. J. Whyte-Melville. 2018. (ENG., Illus.). 314p. (J). 30.37 *(978-0-484-39832-9(6))* Forgotten Bks.

Digby Grand, Vol. 2 Of 2: An Autobiography (Classic Reprint) G. J. Whyte-Melville. 2018. (ENG., Illus.). 326p. (J). 30.58 *(978-0-332-36559-6(X))* Forgotten Bks.

Digby o'Day up, up, & Away. Shirley Hughes. Illus. by Clara Vulliamy. 2016. (ENG.). 136p. (J). (gr. k-3). 12.99 *(978-0-7636-7444-1(3))* Candlewick Pr.

Digby's Discoveries: The Fruit of the Spirit. Tena K. Hunt. 2022. (ENG., Illus.). 48p. (J). 25.95 *(978-1-63885-800-3(4))*; pap. 15.95 *(978-1-63630-835-7(X))* Covenant Bks.

Digest Imagine Ink Magic Ink (Value) Des. by Bendon. 2020. (ENG.). (J). pap. 3.00 ***(978-1-6902-1255-3(1))***; pap. 3.00 ***(978-1-6902-1261-4(6))***; pap. 3.00 ***(978-1-6902-1262-1(4))*** Bendon, Inc.

Digestion. Katie Marsico. 2016. (J). *(978-1-4896-5295-9(7))* Weigl Pubs., Inc.

Digestion. Québec Amérique. 2023. (Savoir - Corps Humain Ser.: 2). (FRE., Illus.). 32p. (J). (gr. 4-7). 18.95 *(978-2-7644-4740-6(X))* Quebec Amerique CAN. Dist: Orca Bk. Pubs. USA.

Digestion! the Musical. Adam Rex. Illus. by Laura Park. 2022. (ENG.). 76p. (J). (gr. k-3). 16.99 *(978-1-4521-8386-2(4))* Chronicle Bks. LLC.

Digestive & Urinary Systems. Joseph Midthun. Illus. by Samuel Hiti. 2016. (Building Blocks of Life Science 1/Soft Cover Ser.: Vol. 3). (ENG.). 34p. (J). (gr. 3-7). pap. *(978-0-7166-7870-0(5))* World Bk.-Childcraft International.

Digestive & Urinary Systems. Joseph Midthun. Illus. by Samuel Hiti. 2022. (ENG.). 42p. (J). pap. ***(978-0-7166-5067-6(3))*** World Bk.-Childcraft International.

Digestive System. Krystyna Poray Goddu. 2018. (Amazing Human Body Ser.). (ENG.). 32p. (gr. 2-7). 9.95 *(978-1-68072-682-4(X))*; (Illus.). (J). (gr. 4-6). lib. bdg. *(978-1-68072-388-5(X)*, 23159); (J). (gr. 4-6). pap. 9.99 *(978-1-64466-235-9(3)*, 12198) Black Rabbit Bks. (Bolt).

Digestive System. Golriz Golkar. 2022. (Body Systems Ser.). (ENG.). 32p. (J). (gr. 2-5). lib. bdg. 34.21 *(978-1-5321-9857-1(4)*, 40837, Kids Core) ABDO Publishing Co.

Digestive System. Grace Hansen. 2018. (Beginning Science: Body Systems Ser.). (ENG., Illus.). 24p. (J). (gr. -1-2). lib. bdg. 32.79 *(978-1-5321-8185-6(X)*, 29843, Abdo Kids) ABDO Publishing Co.

Digestive System. Rebecca Pettiford. 2019. (Your Body Systems Ser.). (ENG., Illus.). 24p. (J). (gr. k-3). pap. 7.99 *(978-1-61891-752-2(8)*, 12309, Blastoff! Readers) Bellwether Media.

Digestive System: Children's Biology Book with Informative Facts! Bold Kids. 2022. (ENG.). 46p. (J). pap. 14.99 ***(978-1-0717-0945-0(3))*** FASTLANE LLC.

Digestive System for Babies & Toddlers. Haitham Ahmed. 2022. (ENG.). 24p. (J). bds. 9.99 *(978-1-6657-1496-9(4))* Archway Publishing.

Digga-Dig-Dig. Elizabeth Massie. 2016. (Spring Forward Ser.). (J). (gr. 2). *(978-1-4900-9467-0(9))* Benchmark Education Co.

Digger. Mike Dumbleton. Illus. by Robin Cowcher. 2018. (ENG.). 32p. (J). (gr. k-3). 19.99 *(978-1-76029-673-5(2))* Allen & Unwin AUS. Dist: Independent Pubs. Group.

Digger 2 Wayfarers. Jim Eldridge. Illus. by Euan Cook. ed. 2017. (Cambridge Reading Adventures Ser.). (ENG.). 32p. pap. 7.35 *(978-1-108-40093-0(0))* Cambridge Univ. Pr.

Digger & Daisy Go Camping. Judy Young. Illus. by Dana Sullivan. 2019. (Digger & Daisy Ser.). (ENG.). 32p. (J). (gr. k-2). 9.99 *(978-1-5341-1022-9(4)*, 204655); pap. 5.99 *(978-1-5341-1023-6(2)*, 204663) Sleeping Bear Pr.

Digger & Daisy Plant a Garden. Judy Young. Illus. by Dana Sullivan. 2016. (Digger & Daisy Ser.). (ENG.). 32p. (J). (gr. k-2). 9.99 *(978-1-58536-931-7(4)*, 204030) Sleeping Bear Pr.

Digger & Friends Earth Day. Douglas Rowley. 2022. (ENG.). 32p. (J). pap. 6.99 ***(978-1-0880-6057-5(9))*** Indy Pub.

Digger & Friends Let's Build a House. Doug Rowley. 2022. (ENG.). 30p. (J). pap. 6.53 ***(978-1-0880-6728-4(X))*** Indy Pub.

Digger & Friends Meet the People. Doug Rowley. 2022. (ENG.). 34p. (J). pap. 9.99 ***(978-1-0880-4508-4(1))*** Indy Pub.

Digger & the Butterfly. Joseph Kuefler. Illus. by Joseph Kuefler. 2023. (Digger Ser.). (ENG., Illus.). 48p. (J). (gr. -1-3). 19.99 *(978-0-06-323794-0(6)*, Balzer & Bray) HarperCollins Pubs.

Digger & the Duckling. Joseph Kuefler. Illus. by Joseph Kuefler. 2022. (Digger Ser.). (ENG., Illus.). 48p. (J). (gr. -1-3). 18.99 *(978-0-06-306254-2(2)*, Balzer & Bray) HarperCollins Pubs.

Digger & the Flower. Joseph Kuefler. Illus. by Joseph Kuefler. 2018. (Digger Ser.). (ENG., Illus.). 48p. (J). (gr. -1-3). 17.99 *(978-0-06-242433-4(5)*, Balzer & Bray) HarperCollins Pubs.

Digger Dance. Judy Ann Sadler. Illus. by Yong Ling Kang. 2022. (ENG.). 40p. (J). (gr. 2). 18.95 *(978-1-77147-453-5(X))* Owlkids Bks. Inc. CAN. Dist: Publishers Group West (PGW).

Digger Disaster. Rose Impey. Illus. by Chris Chatterton. 2017. (Dino Diggers Ser.). (ENG.). 24p. (J). pap. *(978-1-4088-7244-4(7)*, 296265, Bloomsbury Children's Bks.) Bloomsbury Publishing Plc.

Digger Doyle's Book of Real Monsters. Daniel Warriner. 2019. (ENG.). 322p. (YA). (gr. 7-12). pap. *(978-0-2286-0984-1(4))* Books We Love Publishing Partners.

Digger, Dozer, Dumper. Hope Vestergaard. Illus. by David Slonim. (ENG.). (J). 2018. 32p. (gr. -1-3). 5.99 *(978-0-7636-9969-7(1))*; 2016. 30p. (-k). bds. 7.99 *(978-0-7636-8893-6(2))* Candlewick Pr.

Digger, Dozer, Dumper. Hope Vestergaard. ed. 2018. lib. bdg. 14.75 *(978-0-606-40901-8(7))* Turtleback.

Digger et Daisy Vont Au Docteur (Digger & Daisy Go to the Doctor) Judy Young. Illus. by Dana Sullivan. 2016. (Digger & Daisy Ser.). (FRE.). 32p. (J). (gr. k-2). 12.95 *(978-1-62753-949-4(2)*, 204172) Sleeping Bear Pr.

Digger Man. Andrea Zimmerman & David Clemesha. Illus. by Andrea Zimmerman. 2016. (Digger Man Ser.: 1). (ENG., Illus.). 32p. (J). bds. 8.99 *(978-1-62779-444-2(1)*, 900150728, Holt, Henry & Co. Bks. For Young Readers) Holt, Henry & Co.

Digger Smith (Classic Reprint) C. J. Dennis. 2018. (ENG., Illus.). 126p. (J). 26.52 *(978-0-267-69448-8(2))* Forgotten Bks.

Digger the Colony Worker Ant. Christian Kueng. 2023. (ENG.). 40p. (J). pap. 19.95 ***(978-1-62023-919-3(1))*** Atlantic Publishing Group, Inc.

Digger, the Service Dog. Hope I. Saxton. 2017. (ENG., Illus.). (J). 25.95 *(978-1-4808-3707-2(5))*; pap. 16.95 *(978-1-4808-3705-8(9))* Archway Publishing.

Digger y Daisy Van a la Ciudad (Digger & Daisy Go to the City) Judy Young. Illus. by Dana Sullivan. 2016. (Digger & Daisy Ser.). (SPA.). 32p. (J). (gr. k-2). 9.99 *(978-1-62753-954-8(9)*, 204177) Sleeping Bear Pr.

Digger y Daisy Van Al Médico (Digger & Daisy Go to the Doctor) Judy Young. Illus. by Dana Sullivan. 2016. (Digger & Daisy Ser.). (SPA.). 32p. (J). (gr. k-2). 9.99 *(978-1-62753-953-1(0)*, 204176) Sleeping Bear Pr.

Digger y Daisy Van Al Zoológico (Digger & Daisy Go to the Zoo) Judy Young. Illus. by Dana Sullivan. 2016. (Digger & Daisy Ser.). (SPA.). 32p. (J). (gr. k-2). 9.99 *(978-1-62753-951-7(4)*, 204174) Sleeping Bear Pr.

Digger y Daisy Van de Picnic (Digger & Daisy Go on a Picnic) Judy Young. Illus. by Dana Sullivan. 2016. (Digger & Daisy Ser.). (SPA.). 32p. (J). (gr. k-2). 9.99 *(978-1-62753-952-4(2)*, 204175) Sleeping Bear Pr.

Diggers. Bobbie Brooks & Villie Karabatzia. 2021. (Push Pull Slide Ser.). (ENG.). 8p. (J). (— 1). bds. 9.99 *(978-1-78958-869-9(3))* Top That! Publishing PLC GBR. Dist: Independent Pubs. Group.

Diggers, 1 vol. Amy Johnson. Illus. by Kirsten Collier. 2020. (Busy Machines Ser.). (ENG.). 24p. (gr. 2-2). pap. 9.25 *(978-1-4994-8569-1(7)*, 239a23b0-0279-41c5-ae67-be6481b7b7dd); lib. bdg. 26.27 *(978-1-4994-8571-4(9)*, 38491d5a-20d9-48ab-b9b9-08f7283cd3ca) Rosen Publishing Group, Inc., The. (Windmill Bks.).

Diggers. Mari Schuh. (Spot Ser.). (ENG.). 16p. (J). (gr. -1-1). 2018. pap. 7.99 *(978-1-68152-212-8(8)*, 14743); 2017. 17.95 *(978-1-68151-101-6(0)*, 14624) Amicus.

Diggers & Trucks Colouring Book. Chris Dickason. Illus. by Chris Dickason. 2017. (ENG., Illus.). 64p. (J). (gr. k-2). pap. 10.99 *(978-1-78055-250-7(5))* O'Mara, Michael Bks., Ltd. GBR. Dist: Independent Pubs. Group.

Diggers, Cranes, & Dump Trucks: Construction Site Seek & Find Activity Book. Jupiter Kids. 2016. (ENG., Illus.). 106p. (J). pap. 16.55 *(978-1-68326-119-3(4)*, Jupiter Kids (Childrens & Kids Fiction)) Speedy Publishing LLC.

Diggersaurs. Michael Whaite. (ENG., Illus.). (J). (— 1). 2020. 30p. bds. 8.99 *(978-1-9848-9408-3(0))*; 2019. 32p. 17.99 *(978-1-9848-4779-9(1))* Random Hse. Children's Bks. (Random Hse. Bks. for Young Readers).

Diggersaurs Explore. Michael Whaite. (ENG., Illus.). (J). 2021. 34p. (— 1). bds. 8.99 *(978-1-9848-9613-1(X))*; 2020. 32p. (gr. -1-2). 17.99 *(978-1-9848-5017-1(2))* Random Hse. Children's Bks. (Random Hse. Bks. for Young Readers).

Diggersaurs Mission to Mars. Michael Whaite. 2023. (ENG.). 32p. (J). (gr. -1-2). 18.99 *(978-0-593-64859-9(5)*, Random Hse. Bks. for Young Readers) Random Hse. Children's Bks.

Digging Deep. Elena Delle Donne. 2019. (Hoops Ser.: 4). (ENG., Illus.). 144p. (J). (gr. 3-7). 16.99 *(978-1-5344-4124-8(7)*, Simon & Schuster Bks. For Young Readers) Simon & Schuster Bks. For Young Readers.

Digging Deep. Jake Maddox. Illus. by Katie Wood. 2018. (Jake Maddox Girl Sports Stories Ser.). (ENG.). 72p. (J). (gr. 3-6). lib. bdg. 25.32 *(978-1-4965-6356-9(5)*, 138075, Stone Arch Bks.) Capstone.

Digging Deep: How Science Unearths Puzzles from the Past. Laura Scandiffio. 2019. (ENG., Illus.). 116p. (J). 24.95 *(978-1-77321-239-5(7))* Annick Pr., Ltd. CAN. Dist: Publishers Group West (PGW).

Digging Deep with an Archaeologist, 1 vol. Joan Stoltman. 2018. (Get to Work! Ser.). (ENG.). 24p. (gr. 2-3). pap. 9.15 *(978-1-5382-1226-4(9)*, 609d5db8-563d-4d57-be42-ef4677abe042) Stevens, Gareth Publishing LLLP.

Digging Ditches. Frederick B. Cowl. 2017. (ENG.). 164p. (J). pap. *(978-3-337-26460-4(3))* Creation Pubs.

Digging Ditches: And Other Sermons to Boys & Girls (Classic Reprint) Frederick B. Cowl. 2018. (ENG., Illus.). 160p. (J). 27.20 *(978-0-483-88820-3(6))* Forgotten Bks.

Digging for Captain Kydd's Treasure: A Startling Narrative (Classic Reprint) Unknown Author. 2018. (ENG., Illus.). 34p. (J). 24.60 *(978-0-267-24108-8(9))* Forgotten Bks.

Digging for Details: Hidden Picture Activity Book. Activity Book Zone. 2016. (ENG., Illus.). (J). pap. 7.55 *(978-1-68376-126-6(X))* Sabeels Publishing.

Digging for Diamonds, 1 vol. Sarah Machajewski. 2017. (Gemstones of the World Ser.). (ENG.). 24p. (J). (gr. 3-3). 25.27 *(978-1-5081-6423-4(1)*, 35e94964-9226-40a1-94ce-617656273c40, PowerKids Pr.) Rosen Publishing Group, Inc., The.

Digging for Dinos, 2. Jessica Young. ed. 2018. (Branches Early Ch Bks). (ENG.). 72p. (J). (gr. 1-3). 16.36 *(978-1-64310-365-5(2))* Penworthy Co., LLC, The.

Digging for Dinos. Jessica Young. Illus. by James Burks. 2016. (Haggis & Tank Unleashed Ser.: 2). (ENG.). 80p. (J). (gr. k-2). 15.99 *(978-0-545-81889-6(3))* Scholastic, Inc.

Digging for Dinosaurs. Rachael L. Thomas. 2018. (Excavation Exploration Ser.). (ENG., Illus.). 32p. (J). (gr. 3-6). lib. bdg. 32.79 *(978-1-5321-1523-3(7)*, 28900, Checkerboard Library) ABDO Publishing Co.

Digging for Gold: A Story of California (Classic Reprint) Horatio Alger Jr. 2017. (ENG., Illus.). (J). 31.59 *(978-0-260-33401-5(4))*; pap. 16.57 *(978-0-243-40432-2(8))* Forgotten Bks.

Digging for Gold: Adventures in California. R. M. Ballantyne. 2017. (ENG., Illus.). (J). 21.95 *(978-1-374-84964-8(2))*; pap. 10.95 *(978-1-374-84963-1(4))* Capital Communications, Inc.

Digging for Gold: Adventures in California. Robert Michael Ballantyne. 2019. (ENG.). 80p. (J). pap. *(978-93-5329-681-0(1))* Alpha Editions.

Digging for Gold: Or Adventures in California (Classic Reprint) Robert Michael Ballantyne. 2018. (ENG., Illus.). 148p. (J). 26.97 *(978-0-267-21604-8(1))* Forgotten Bks.

Digging for Poop Fossils, 1 vol. Kristina Lyn Heitkamp. 2017. (Power of Poop Ser.). (ENG.). 32p. (gr. 3-4). pap. 11.52 *(978-0-7660-9097-2(3)*, a7bc46e3-f9c3-4125-a4d2-16c845d089f4) Enslow Publishing, LLC.

Digging in the Past: Leveled Reader Sapphire Level 30. Rg Rg. 2019. (PM Ser.). (ENG.). 32p. (J). (gr. 4-5). pap. 11.00 *(978-0-544-89330-6(1))* Rigby Education.

Digging into History, 12 vols., Set. Incl. Solving the Mysteries of Ancient Rome. Trudy Hanbury-Murphy. lib. bdg. 32.64 *(978-0-7614-3101-5(2)*, 849086a2-b6b6-4f80-8ce8-93e832a7f148); Solving the Mysteries of Aztec Cities. Anita Croy. lib. bdg. 32.64 *(978-0-7614-3102-2(0)*, 577dc9ca-f0bb-40e9-bf5b-00822eb4bbfa); Solving the Mysteries of Machu Picchu. Anita Croy. lib. bdg. 32.64 *(978-0-7614-3103-9(9)*, 97db8570-6fa9-4c52-a0c2-39e8a472185a); Solving the Mysteries of Pompeii. Charlie Samuel. lib. bdg. 32.64 *(978-0-7614-3105-3(5)*, 21049f22-8522-4083-9fdc-a84a8f306340); Solving the Mysteries of Stonehenge. Leon Gray. lib. bdg. 32.64 *(978-0-7614-3110-7(1)*, b0b5ff60-fdf0-406c-b18c-1b052d14bad4); Solving the Mysteries of the Pyramids. Fiona Macdonald. lib. bdg. 32.64 *(978-0-7614-3106-0(3)*, cf67327d-b174-4b77-b2b0-2fa3c78f5193); 32p. (gr. 3-3). (Digging into History Ser.). (ENG.). 2009. Set lib. bdg. 195.84 *(978-0-7614-3100-8(4)*, a4fd430e-00cb-4f14-adb9-e34184a177d0, Cavendish Square) Cavendish Square Publishing LLC.

Digging into the Facts: A Biological Science Book on Fossils for Children - Children's Biological Science of Fossils Books. Bobo's Little Brainiac Books. 2016. (ENG., Illus.). (J). pap. 7.99 *(978-1-68327-779-8(1))* Sunshine In My Soul Publishing.

Digging Out the Dots! Connect the Dots Activity Book. Activity Book Zone for Kids. 2016. (ENG., Illus.). (J). pap. 7.55 *(978-1-68376-127-3(8))* Sabeels Publishing.

Digging the Top Off: And Other Stories (Classic Reprint) Emma Hildreth Adams. 2018. (ENG., Illus.). 178p. (J). 27.57 *(978-0-483-27198-2(5))* Forgotten Bks.

Digging up a Village: A Book about Archaeology. David Frankel. 2018. (ENG., Illus.). 52p. (J). (gr. 1-6). 27.99 *(978-0-9924332-9-1(0))* Frankel, David.

Digging up Bones! Famous Archaeology Discoveries - Archaeology for Kids - Children's Archaeology Books. Pfiffikus. 2016. (ENG., Illus.). (J). pap. 10.81 *(978-1-68377-585-0(6))* Whlke, Traudl.

Digging up Dinosaurs. Curtis Slepian. rev. ed. 2018. (Smithsonian: Informational Text Ser.). (ENG., Illus.). 32p. (J). (gr. 4-8). pap. 12.99 *(978-1-4938-6709-7(1))* Teacher Created Materials, Inc.

Digging up Extinction. Martin Jones. 2017. (ENG., Illus.). 172p. (J). pap. *(978-1-326-90880-5(4))* Lulu Pr., Inc.

Digging up the Truth: How Do I Love Others the Way God Loves Them? Kayla Olmstead. 2021. (ENG., Illus.). 22p. (J). pap. 12.95 *(978-1-63874-016-2(X))* Christian Faith Publishing.

Diggings & the Bush: Reminiscences of Australia (Classic Reprint) W. May Howell. 2018. (ENG., Illus.). 330p. (J). 30.70 *(978-0-267-46401-2(0))* Forgotten Bks.

Diggory Doo & the Bad Habits: A Dragon's Story about Breaking Bad Habits & Replace Them with Good Ones. Steve Herman. 2023. (My Dragon Bks.: Vol. 65). (ENG.). 50p. (J). 20.95 ***(978-1-64916-148-2(4))***; pap. 12.95 ***(978-1-64916-147-5(6))*** Digital Golden Solutions LLC.

Diggory Doo Gratitude Journal: A Journal for Kids to Practice Gratitude, Appreciation, & Thankfulness. Steve Herman. 2022. (ENG.). 120p. (J). pap. 8.95 *(978-1-64916-099-7(2))* Digital Golden Solutions LLC.

Diggory Doo, It's Moving Day! A Story about Moving to a New Home, Making New Friends & Going to a New School. Steve Herman. 2023. (My Dragon Bks.: Vol. 62). (ENG.). 50p. (J). 20.95 ***(978-1-64916-142-0(5))***; pap. 12.95 ***(978-1-64916-141-3(7))*** Digital Golden Solutions LLC.

Diggory's First Adventure. Julie Rapp et al. 2019. (ENG., Illus.). 30p. (J). pap. 12.95 *(978-1-64096-304-7(9))* Newman Springs Publishing, Inc.

Digital Abstract Art. Mario Fontenla. 2021. (ENG.). (J). 87p. *(978-1-312-32175-5(X))*; 46p. 32.79 *(978-1-008-95174-7(9))* Lulu Pr., Inc.

Digital Adventures of Ava & Chip: Smart City. Beverly Clarke. Illus. by Terry Cooper. 2021. (ENG.). 28p. (J). pap. *(978-1-913637-80-4(8))* Candy Jar Bks.

Digital & Information Literacy: Set 1, 6 vols. Incl. Conducting Basic & Advanced Searches. Jason Porterfield. lib. bdg. 33.47 *(978-1-4358-5316-4(4),* 6392544e-0898-403d-ba65-f892de7c572c, Rosen Reference); Researching People, Places, & Events. Holly Cefrey. lib. bdg. 33.47 *(978-1-4358-5317-1(2),* 819a951a-a334-4cce-b644-7f619a15851c, Rosen Reference); Searching Online for Image, Audio, & Video Files. Adam Furgang. lib. bdg. 33.47 *(978-1-4358-5318-8(0),* b4f69062-0f30-48d6-8f79-c901d282a33b); (Illus.). 48p. (YA). (gr. 6-6). 2009. (Digital & Information Literacy Ser.). (ENG.). 2009. Set lib. bdg. 100.41 *(978-1-4358-5628-8(7),* 941e5a3a-b5ab-487f-b560-57ca6a2813f4) Rosen Publishing Group, Inc., The.

Digital & Information Literacy: Set 10, 14 vols. 2016. (Digital & Information Literacy Ser.). (ENG.). 00048p. (J). (gr. 6-6). 234.29 *(978-1-5081-7367-0(2),* 4265cb5a-5271-4729-8eec-7b36cb276c60, Rosen Central) Rosen Publishing Group, Inc., The.

Digital & Information Literacy: Set 11, 12 vols. 2017. (Digital & Information Literacy Ser.). (ENG.). (J). (gr. 6-6). lib. bdg. 200.82 *(978-1-4994-3960-1(1),* 9fe95e8e-29a7-4117-8c53-69a6a53e1586, Rosen Reference) Rosen Publishing Group, Inc., The.

Digital & Information Literacy: Sets 1 - 11, 130 vols. 2017. (Digital & Information Literacy Ser.). (ENG.). (J). (gr. 6-6). lib. bdg. 2175.55 *(978-1-4994-3959-5(8),* e65904b3-7943-4aed-88eb-2fda6236d0e3, Rosen Reference) Rosen Publishing Group, Inc., The.

Digital Art Based on Nature. Mario Fontenla. 2023. (ENG.). 96p. (J). 58.00 ***(978-1-312-62583-9(X))*** Lulu Pr., Inc.

Digital Badges. Shauna Masura. 2017. (Makerspace Ser.). (ENG.). 32p. (J). (gr. 4-8). lib. bdg. 29.99 *(978-1-5105-2017-2(1))* SmartBook Media, Inc.

Digital Classroom Package Grade 1 1 Year Digital 2020. Hmh Hmh. 2019. (ENG.). (J). pap. 508.13 *(978-0-358-29580-8(7))* Houghton Mifflin Harcourt Publishing Co.

Digital Classroom Package Grade 2 1 Year Digital 2020. Hmh Hmh. 2019. (ENG.). (J). pap. 508.13 *(978-0-358-29581-5(5))* Houghton Mifflin Harcourt Publishing Co.

Digital Classroom Package Grade 3 1 Year Digital 2020. Hmh Hmh. 2019. (ENG.). (J). pap. 508.13 *(978-0-358-29582-2(3))* Houghton Mifflin Harcourt Publishing Co.

Digital Classroom Package Grade 4 1 Year Digital 2020. Hmh Hmh. 2019. (ENG.). (J). pap. 508.13 *(978-0-358-29583-9(1))* Houghton Mifflin Harcourt Publishing Co.

Digital Classroom Package Grade 5 1 Year Digital 2020. Hmh Hmh. 2019. (ENG.). (J). pap. 501.73 *(978-0-358-29584-6(X))* Houghton Mifflin Harcourt Publishing Co.

Digital Classroom Package Grade 6 1 Year Digital 2020. Hmh Hmh. 2019. (ENG.). (J). pap. 2010.53 *(978-0-358-29640-9(4))* Houghton Mifflin Harcourt Publishing Co.

Digital Classroom Package Grade 6 5 Year Digital 2020. Hmh Hmh. 2020. (ENG.). (J). pap. 2639.20 *(978-0-358-43686-7(9))* Houghton Mifflin Harcourt Publishing Co.

Digital Classroom Package Grade 6 Elementary 1 Year Digital 2020. Hmh Hmh. 2021. (ENG.). (J). pap. 969.73 *(978-0-358-29639-3(0))* Houghton Mifflin Harcourt Publishing Co.

Digital Classroom Package Grade 7 1 Year Digital 2020. Hmh Hmh. 2019. (ENG.). (YA). pap. 2010.53 *(978-0-358-29641-6(2))* Houghton Mifflin Harcourt Publishing Co.

Digital Classroom Package Grade 7 5 Year Digital 2020. Hmh Hmh. 2020. (ENG.). (J). pap. 2639.20 *(978-0-358-43687-4(7))* Houghton Mifflin Harcourt Publishing Co.

Digital Classroom Package Grade 8 1 Year Digital 2020. Hmh Hmh. 2019. (ENG.). (YA). pap. 2010.53 *(978-0-358-29642-3(0))* Houghton Mifflin Harcourt Publishing Co.

Digital Classroom Package Grade 8 5 Year Digital 2020. Hmh Hmh. 2020. (ENG.). (J). pap. 2639.20 *(978-0-358-43688-1(5))* Houghton Mifflin Harcourt Publishing Co.

Digital Classroom Package Grade K 1 Year Digital 2020. Hmh Hmh. 2019. (ENG.). (J). pap. 501.73 *(978-0-358-29579-2(3))* Houghton Mifflin Harcourt Publishing Co.

Digital Clues. Grace Campbell. 2020. (True Crime Clues (UpDog Books (tm)) Ser.). (ENG., Illus.). 24p. (J). (gr. 3-5). lib. bdg. 30.65 *(978-1-5415-9053-3(8),* 5f73ab53-60ee-43d7-b892-1ef6510e9578, Lerner Pubns.) Lerner Publishing Group.

Digital Communications Professionals: A Practical Career Guide. Kezia Endsley. 2021. (Practical Career Guides). (ENG., Illus.). 132p. (YA). (gr. 8-17). pap. 37.00 *(978-1-5381-4518-0(9))* Rowman & Littlefield Publishers, Inc.

Digital D-Day. Chris Hart. 2019. (Molly & Corry Ser.: Vol. 4). (ENG.). 300p. (YA). (gr. 7-12). pap. *(978-0-9956568-4-0(3))* Nitere Publishing.

Digital Data Security. Heather C. Hudak. 2019. (Get Informed — Stay Informed Ser.). (Illus.). 48p. (J). (gr. 5-6). *(978-0-7787-5331-5(X))* Crabtree Publishing Co.

Digital ERA Encryption & Decryption, 1 vol. Ryan Nagelhout. 2016. (Cryptography: Code Making & Code Breaking Ser.). (ENG., Illus.). 64p. (J). (gr. 8-8). 36.13 *(978-1-5081-7308-3(7),* b088fd45-912c-46c3-8ddd-54c4b75647cb) Rosen Publishing Group, Inc., The.

Digital Ethics: Safe & Legal Behavior Online, 1 vol. Amie Jane Leavitt. 2018. (Digital Citizenship & You Ser.). (ENG.). 80p. (gr. 8-8). pap. 16.30 *(978-1-5081-8456-0(9),* 13a95489-a9ab-4cb9-8a89-8deb14654553) Rosen Publishing Group, Inc., The.

Digital Footprints. Jeff McHugh. 2021. (Digital Citizenship Ser.). (ENG.). 24p. (J). lib. bdg. 22.99 *(978-1-5105-5572-3(2))* SmartBook Media, Inc.

Digital Forensics: Investigating Data. Amy Sterling Casil. 2021. (Forensics Ser.). (ENG.). (YA). (gr. 7-12). 34.60 *(978-1-4222-4466-1(0))* Mason Crest.

Digital Identity: Your Reputation Online, 1 vol. Mary-Lane Kamberg. 2018. (Digital Citizenship & You Ser.). (ENG.). 80p. (gr. 8-8). pap. 16.30 *(978-1-5081-8459-1(3),* 032ce00c-8f94-4b80-be32-772e94ed99fa) Rosen Publishing Group, Inc., The.

Digital Insiders, 12 vols. 2019. (Digital Insiders Ser.). (ENG.). 32p. (J). (gr. 3-4). lib. bdg. 169.62 *(978-1-5382-4896-6(4),* 145dd47e-f2a4-4a56-8e83-ac206a2cae7f) Stevens, Gareth Publishing LLLP.

Digital Literacy: What Is It & Why Does It Matter? Stephen Currie. 2023. (Developing Digital & Media Literacy Skills Ser.). (ENG.). 64p. (J). (gr. 6-12). 43.93 ***(978-1-6782-0534-8(6))*** ReferencePoint Pr., Inc.

Digital Marketing: Cases from India. Rajendra Nargundkar & Romi Sainy. 2018. (ENG., Illus.). 104p. (J). pap. 10.00 *(978-1-64429-192-4(4))* Notion Pr., Inc.

Digital Photography (Set), 6 vols. 2018. (Digital Photography Ser.). (ENG.). 48p. (J). (gr. 5-9). lib. bdg. 205.32 *(978-1-5321-1584-4(9),* 28744, Abdo & Daughters) ABDO Publishing Co.

Digital Privacy: Securing Your Data, 1 vol. Tamra Orr. 2018. (Digital Citizenship & You Ser.). (ENG., Illus.). 80p. (J). (gr. 8-8). pap. 16.30 *(978-1-5081-8462-1(3),* c1b25194-c460-4c13-aedb-5bee0b5f544c) Rosen Publishing Group, Inc., The.

Digital PSAT/NMSQT Prep 2024 with 1 Full Length Practice Test, Practice Questions, & Quizzes. Kaplan Test Prep. 2023. (Kaplan Test Prep Ser.). (ENG.). 660p. (YA). (gr. 8-9). pap. 22.99 ***(978-1-5062-8732-4(8)***, Kaplan Test Prep) Kaplan Publishing.

Digital Safety Smarts: Preventing Cyberbullying. Mary Lindeen. 2016. (Searchlight Books (tm) — What Is Digital Citizenship? Ser.). (ENG., Illus.). 40p. (J). (gr. 3-5). 30.65 *(978-1-4677-9488-6(0),* 877950d0-1e19-4629-bf39-71013e1c5d69, Lerner Pubns.) Lerner Publishing Group.

Digital SAT Study Guide Premium, 2024: 4 Practice Tests + Comprehensive Review + Online Practice. Brian W. Stewart. 2023. (Barron's Test Prep Ser.). (ENG.). 864p. (YA). (gr. 11-12). pap. 36.99 ***(978-1-5062-8752-2(2)***, Barron's Educational Series, Inc.) Kaplan Publishing.

Digital Terror. Shawn Pryor. Illus. by Francesca Ficorilli. 2022. (Gamer Ser.). (ENG.). 40p. (J). 23.99 *(978-1-6639-7706-9(2),* 229085); pap. 5.95 *(978-1-6663-3050-2(7),* 229067) Capstone. (Stone Arch Bks.).

Digital Worlds. Emily Schlesinger. 2019. (White Lightning Nonfiction Ser.). (ENG.). 64p. (J). (gr. 6-8). pap. 11.95 *(978-1-68021-737-7(2))* Saddleback Educational Publishing, Inc.

Digital/Mobile Classroom Package (Quantity 15) Grade 4 1 Year 2017. Hmh Hmh. 2016. (Houghton Mifflin Harcourt Escalate English Ser.). (ENG.). (J). (gr. 4). pap. 539.10 *(978-0-544-97304-6(6))* Houghton Mifflin Harcourt Publishing Co.

Digital/Mobile Classroom Package (Quantity 15) Grade 4 with 2 Year Digital 2017. Hmh Hmh. 2020. (Houghton Mifflin Harcourt Escalate English Ser.). (ENG.). (J). (gr. 4). pap. 656.19 *(978-0-358-55080-8(7))* Houghton Mifflin Harcourt Publishing Co.

Digital/Mobile Classroom Package (Quantity 15) Grade 5 1 Year 2017. Hmh Hmh. 2016. (Houghton Mifflin Harcourt Escalate English Ser.). (ENG.). (J). (gr. 5). pap. 539.10 *(978-0-544-97835-5(8))* Houghton Mifflin Harcourt Publishing Co.

Digital/Mobile Classroom Package (Quantity 15) Grade 5 with 2 Year Digital 2017. Hmh Hmh. 2020. (Houghton Mifflin Harcourt Escalate English Ser.). (ENG.). (J). (gr. 5). pap. 656.19 *(978-0-358-55084-6(X))* Houghton Mifflin Harcourt Publishing Co.

Digital/Mobile Classroom Package (Quantity 15) Grade 6 1 Year 2017. Hmh Hmh. 2016. (Houghton Mifflin Harcourt Escalate English Ser.). (ENG.). (J). (gr. 6). pap. 539.10 *(978-0-544-97836-2(6))* Houghton Mifflin Harcourt Publishing Co.

Digital/Mobile Classroom Package (Quantity 15) Grade 6 with 2 Year Digital 2017. Hmh Hmh. 2020. (Houghton Mifflin Harcourt Escalate English Ser.). (ENG.). (J). (gr. 6). pap. 656.19 *(978-0-358-55086-0(6))* Houghton Mifflin Harcourt Publishing Co.

Digital/Mobile Classroom Package (Quantity 15) Grade 7 1 Year 2017. Hmh Hmh. 2016. (Houghton Mifflin Harcourt Escalate English Ser.). (ENG.). (YA). (gr. 7). pap. 539.10 *(978-0-544-97837-9(4))* Houghton Mifflin Harcourt Publishing Co.

Digital/Mobile Classroom Package (Quantity 15) Grade 7 with 2 Year Digital 2017. Hmh Hmh. 2020. (Houghton Mifflin Harcourt Escalate English Ser.). (ENG.). (YA). (gr. 7). pap. 656.19 *(978-0-358-55088-4(2))* Houghton Mifflin Harcourt Publishing Co.

Digital/Mobile Classroom Package (Quantity 15) Grade 8 1 Year 2017. Hmh Hmh. 2016. (Houghton Mifflin Harcourt Escalate English Ser.). (ENG.). (YA). (gr. 8). pap. 539.10 *(978-0-544-97838-6(2))* Houghton Mifflin Harcourt Publishing Co.

Digital/Mobile Classroom Package (Quantity 15) Grade 8 with 2 Year Digital 2017. Hmh Hmh. 2020. (Houghton Mifflin Harcourt Escalate English Ser.). (ENG.). (YA). (gr. 8). pap. 656.19 *(978-0-358-55090-7(4))* Houghton Mifflin Harcourt Publishing Co.

Digital/Mobile Student Res Pkg, Jarrett Prep&class Set, Print W/1y Digital 2016. Hmh Hmh. 2019. (World History Ser.). (ENG.). (YA). (gr. 10). pap. 67.07 *(978-0-544-55232-6(6))*; (gr. 9). pap. 66.13 *(978-0-544-54965-4(1))* Houghton Mifflin Harcourt Publishing Co.

Digital/Mobile Student Res Pkg, Jarrett Prep&class Set, Print W/1y Digital 2016: United States History Since 1877. Hmh Hmh. 2019. (Americans Ser.). (ENG.). (YA). (gr. 9-12). pap. 67.07 *(978-0-544-55306-4(3))* Houghton Mifflin Harcourt Publishing Co.

Digital/Mobile Teacher Resource Package Grade 4 1 Year 2017. Hmh Hmh. 2016. (Houghton Mifflin Harcourt Escalate English Ser.). (ENG.). (J). (gr. 4). pap. 231.74 *(978-0-544-97303-9(8))* Houghton Mifflin Harcourt Publishing Co.

Digital/Mobile Teacher Resource Package Grade 4 with 2 Year Digital 2017. Hmh Hmh. 2020. (Houghton Mifflin Harcourt Escalate English Ser.). (ENG.). (J). (gr. 4). pap. 233.14 *(978-0-358-55082-2(3))* Houghton Mifflin Harcourt Publishing Co.

Digressions of Polly (Classic Reprint) Helen Rowland. (ENG., Illus.). (J). 2018. 278p. 29.63 *(978-0-365-29799-4(2))*; 2017. pap. 13.57 *(978-1-5276-1541-0(3))* Forgotten Bks.

Digressions of V: Written for His Own Fun & That of His Friends (Classic Reprint) Elihu Vedder. 2018. (ENG., Illus.). 558p. (J). 35.41 *(978-0-656-49107-0(8))* Forgotten Bks.

¡Dije Que No! Una Guía de niño a niño de Cómo Mantener Las Partes Privadas Privadas. Zack King & Sue Rama. Illus. by Sue Rama. 2021. (SPA.). 50p. (J). pap. 12.95 *(978-1-892421-99-9(2))* Boulden Publishing.

Dik-Dik. Marilyn Brigham. 2018. (Even Weirder & Cuter Ser.). (ENG.). 24p. (J). (gr. -1-3). 17.95 *(978-1-68402-466-7(8))* Bearport Publishing Co., Inc.

Dile a Todos. Kim Bushman Aguilar. Illus. by Briton Willis Bennett. 2023. (SPA.). 36p. (J). pap. 12.99 ***(978-1-960137-46-3(8))*** Lawley Enterprises.

Dilecta, Vol. 1: Correspondence, Diary Notes, & Extracts from Books, Illustrating Praeterita (Classic Reprint) John Ruskin. 2017. (ENG., Illus.). (J). 102p. 26.00 *(978-0-260-90334-1(5))*; 104p. pap. 9.57 *(978-1-5282-5580-6(1))* Forgotten Bks.

Dilema de la Primera Cita. Jane B. Mason. Tr. by Aparicio Publishing Aparicio Publishing LLC from ENG. Illus. by Sumin Cho. 2020. (Drama en la Secundaria Ser.). (SPA.). 64p. (J). (gr. 3-6). pap. 6.95 *(978-1-4965-9316-0(2),* 142346); lib. bdg. 25.99 *(978-1-4965-9161-6(5),* 142078) Capstone. (Stone Arch Bks.).

Dilema Del Baile: La Complicada Vida de Claudia Cristina Cortez. Diana G. Gallagher. Tr. by Aparicio Publishing Aparicio Publishing LLC. Illus. by Brann Garvey. 2020. (Claudia Cristina Cortez en Español Ser.). (SPA.). 88p. (J). (gr. 4-8). pap. 6.95 *(978-1-4965-9969-8(1),* 201662); lib. bdg. 27.32 *(978-1-4965-9807-3(5),* 200693) Capstone. (Stone Arch Bks.).

Dilemma: A Story of Mental Perplexity (Classic Reprint) Leonidas Andreiyeff. 2018. (ENG., Illus.). 120p. (J). 26.39 *(978-0-428-50467-0(1))* Forgotten Bks.

Dilemma: A Tale of the Mutiny (Classic Reprint) George Chesney. 2017. (ENG., Illus.). (J). 32.83 *(978-0-331-67638-9(9))*; pap. 16.57 *(978-1-334-92214-5(4))* Forgotten Bks.

Dilemma of Engeltie: The Romance of a Dutch Colonial Maid (Classic Reprint) Emma Rayner. (ENG., Illus.). (J). 2018. 422p. 32.60 *(978-0-483-77746-0(3))*; 2016. pap. 16.57 *(978-1-334-13650-4(5))* Forgotten Bks.

Dilemmas: Stories & Studies in Sentiment; the Diary of a Successful Man a Case of Conscience an Orchestral Violin Souvenirs of an Egoist the Statue of Limitations (Classic Reprint) Ernest Dowson. 2017. (ENG., Illus.). (J). 27.24 *(978-0-331-29132-2(0))* Forgotten Bks.

Dilemmas in Democracy, 12 vols. 2019. (Dilemmas in Democracy Ser.). (ENG.). 80p. (YA). (gr. 7-7). lib. bdg. 224.16 *(978-1-5026-4757-3(5),* b3b7799d-6c61-493f-a2e2-5b657bf131d4) Cavendish Square Publishing LLC.

Dilemmas in Democracy (Set) 2019. (Dilemmas in Democracy Ser.). (ENG.). 80p. (YA). pap. 105.84 *(978-1-5026-4774-0(5))* Cavendish Square Publishing LLC.

Dilemmas of Pride, Vol. 1 of 3 (Classic Reprint) Unknown Author. 2018. (ENG., Illus.). 304p. (J). 30.17 *(978-0-483-62780-2(1))* Forgotten Bks.

Dilemmas of Pride, Vol. 2 of 3 (Classic Reprint) Margracia Loudon. 2018. (ENG., Illus.). 298p. (J). 30.04 *(978-0-332-07921-9(X))* Forgotten Bks.

Diligent Rats - Laho Badinas. Natalia de Jesus Maia. Illus. by Cosme Do Rosário Viegas. 2021. (TET.). 26p. (J). pap. *(978-1-922647-49-8(7))* Library For All Limited.

Dill & Bizzy: An Odd Duck & a Strange Bird. Nora Ericson. Illus. by Lisa Ericson. 2016. (ENG.). 40p. (J). (gr. -1-3). 17.99 *(978-0-06-230452-0(6),* HarperCollins) HarperCollins Pubs.

Dillan Mcmillan, Please Eat Your Peas. David Schneider. Illus. by Jeff Shelly, Sr. 2022. (ENG.). 32p. (J). pap. 12.95 *(978-0-9744446-4-2(2))* All About Kids Publishing.

Dillon. Sharon Lopez. 2020. (ENG.). 112p. (J). pap. 8.99 *(978-1-393-76469-4(X))* Draft2Digital.

Dillon & the Dark Elves. J. M. Rose. 2017. (ENG., Illus.). 100p. (J). pap. *(978-1-326-90445-6(0))* Lulu Pr., Inc.

Dilly & Pals: See Me Read. Holly Dibella-McCarthy. 2022. (ENG.). 34p. (J). pap. 7.99 ***(978-1-0880-5737-7(3))*** Indy Pub.

Dilly & the Birthday Treat. Tony Bradman. Illus. by Susan Hellard. 2016. (Reading Ladder Level 2 Ser.). (ENG.). 48p. (gr. k-2). 4.99 *(978-1-4052-8210-9(X),* Reading Ladder) Farshore GBR. Dist: HarperCollins Pubs.

Dilly & the Goody-Goody. Tony Bradman. Illus. by Susan Hellard. 2nd ed. 2016. (Reading Ladder Level 2 Ser.). (ENG.). 48p. (gr. k-2). pap. 4.99 *(978-1-4052-8222-2(3),* Reading Ladder) Farshore GBR. Dist: HarperCollins Pubs.

Dilophosaurus. Rebecca Sabelko. Illus. by James Kuether. 2023. (World of Dinosaurs Ser.). (ENG.). (J). (gr. 3-7). pap. 8.99 Bellwether Media.

Dilophosaurus. Contrib. by Rebecca Sabelko. 2023. (World of Dinosaurs Ser.). (ENG., Illus.). (J). (gr. 3-7). lib. bdg. 26.95 Bellwether Media.

Dilworthian, Vol. 1: Autumn, 1907 (Classic Reprint) Dilworth Hall. (ENG., Illus.). (J). 2018. 150p. 26.99 *(978-0-656-34449-9(0))*; 2017. pap. 9.57 *(978-0-243-42841-0(3))* Forgotten Bks.

Dilworthian, Vol. 2: Autumn, 1908 (Classic Reprint) Dilworth Hall Preparatory School. (ENG., Illus.). (J). 2018. 114p. 26.25 *(978-0-666-98951-2(6))*; 2017. pap. 9.57 *(978-0-243-47898-9(4))* Forgotten Bks.

Dilworthian, Vol. 3: Published by the Students of Dilworth Hall, the Preparatory School of Pennsylvania College for Women, Pittsburgh, Pennsylvania; Autumn, 1909 (Classic Reprint) Adeline Colebrook. (ENG., Illus.). (J). 2018. 106p. 26.08 *(978-0-483-68237-5(3))*; 2017. pap. 9.57 *(978-0-243-40946-4(X))* Forgotten Bks.

Dilworthian, Vol. 4: Autumn, 1910 (Classic Reprint) Louise Kimball. (ENG., Illus.). (J). 2018. 130p. 26.60 *(978-0-483-88735-0(8))*; 2017. pap. 9.57 *(978-0-243-40180-2(9))* Forgotten Bks.

Dilys: An Indian Romance (Classic Reprint) F. E. Penny. 2018. (ENG., Illus.). 402p. (J). 32.19 *(978-0-483-53476-6(5))* Forgotten Bks.

Dim Sum, Here We Come! Maple Lam. Illus. by Maple Lam. 2023. (ENG., Illus.). 40p. (J). (gr. -1-3). 18.99 *(978-0-06-239698-3(6),* HarperCollins) HarperCollins Pubs.

Dim Sum Palace. X. Fang. 2023. (ENG.). 48p. (J). (gr. -1-2). 18.99 ***(978-1-77488-198-9(5)***, Tundra Bks.) Tundra Bks. CAN. Dist: Penguin Random Hse. LLC.

Dimbie & I, & Amelia (Classic Reprint) Mabel Barnes-Grundy. 2018. (ENG., Illus.). 382p. (J). 31.78 *(978-0-484-47761-1(7))* Forgotten Bks.

Dime. Allan Morey. Illus. by Jennifer Bower. 2018. (Money Values Ser.). (ENG.). 24p. (J). (gr. 1-3). 33.99 *(978-1-68410-126-9(3),* 31845) Cantata Learning.

Dime a Qué Jugamos. Ed. by Ediciones Larousse. 2022. (Dime Ser.). (SPA.). 114p. (J). (gr. 2-4). 19.99 *(978-607-21-2304-5(X))* Larousse, Ediciones, S. A. de C. V. MEX. Dist: Independent Pubs. Group.

Dime Cómo Proteger la Naturaleza. Ed. by Ediciones Larousse. 2022. (Dime Ser.). (SPA.). 114p. (J). (gr. 2-4). 10.95 *(978-607-21-2299-4(X))* Larousse, Ediciones, S. A. de C. V. MEX. Dist: Independent Pubs. Group.

Dime Cuáles Son Los Grandes Descubrimientos. Ed. by Ediciones Larousse. 2022. (Dime Ser.). (SPA.). 114p. (J). (gr. 2-4). 11.99 *(978-607-21-2361-8(9))* Larousse, Ediciones, S. A. de C. V. MEX. Dist: Independent Pubs. Group.

Dime Sí Es Verdad. Ed. by Ediciones Larousse. 2022. (Dime Ser.). (SPA.). 112p. (J). (gr. 2-4). 10.95 *(978-607-21-2162-1(4))* Larousse, Ediciones, S. A. de C. V. MEX. Dist: Independent Pubs. Group.

Dímelo Bajito / Say It to Me Softly. Mercedes Ron. 2021. (Wattpad. Dímelo Ser.: 1). (SPA.). 448p. (YA). (gr. 9). pap. 17.95 *(978-607-38-0156-0(4),* Montena) Penguin Random House Grupo Editorial ESP. Dist: Penguin Random Hse. LLC.

Dímelo con Besos / Say It to Me with a Kiss. Mercedes Ron. 2021. (Wattpad. Dímelo Ser.: 3). (SPA.). 448p. (YA). (gr. 9). pap. 17.95 *(978-607-38-0309-0(5),* Montena) Penguin Random House Grupo Editorial ESP. Dist: Penguin Random Hse. LLC.

Dímelo en Secreto / Tell Me Secretly. Mercedes Ron. 2021. (Wattpad. Dímelo Ser.: 2). (SPA.). 120p. (YA). (gr. 9). pap. 17.95 *(978-607-38-0389-2(3),* Montena) Penguin Random House Grupo Editorial ESP. Dist: Penguin Random Hse. LLC.

Dimension Why #1: How to Save the Universe Without Really Trying. John M. Cusick. 2020. (Dimension Why Ser.: 1). (ENG.). 336p. (J). (gr. 3-7). 16.99 *(978-0-06-293758-2(8),* HarperCollins) HarperCollins Pubs.

Dimension Why #2: Revenge of the Sequel. John Cusick. 2021. (Dimension Why Ser.: 2). (ENG.). 352p. (J). (gr. 3-7). 16.99 *(978-0-06-293761-2(8),* HarperCollins) HarperCollins Pubs.

Dimensional Abscesses: A Collection of Stories about Places You Don't Want to Go... Ed. by Jeffrey Hite & Michell Plested. 2016. (ENG.). 164p. (YA). pap. *(978-1-988361-04-8(4))* Evil Alter-Ego Pr.

Dimensioner's Revenge. 2017. (Unfolding Trilogy Ser.: Vol. 1). (ENG., Illus.). 494p. (YA). (gr. 7-12). 35.99 *(978-0-9834761-5-3(2))* CheeTrann Creations LLC.

Diminishing Resources Set, bks. 4, vol. 4. Incl. Forests. Allen Stenstrup. 112p. lib. bdg. 28.95 *(978-1-59935-116-2(1))*; Oil. Timothy Gardner. (Illus.). 111p. lib. bdg. 28.95 *(978-1-59935-117-9(X))*; Soil. Kevin Cunningham. 111p. 28.95 *(978-1-59935-114-8(5))*; Water. James G. Workman. 111p. lib. bdg. 28.95

D

(978-1-59935-115-5(3)); (J). 2009. 2009. Set lib. bdg. 115.80 *(978-1-59935-127-8(7))* Reynolds, Morgan Inc.

Dimitri Roudine: A Novel (Classic Reprint) Ivan Sergeevich Turgenev. 2018. (ENG., Illus.). 274p. (J). 29.57 *(978-0-483-35951-2(3))* Forgotten Bks.

Dimitri y el Anillo de Poder. Nefi Reyes. 2021. (SPA.). 62p. (J). pap. 6.52 *(978-1-716-25880-0(4))* Lulu Pr., Inc.

Dimplekins Journey to Chara Shalom: A Spiritual Adventure. Joyce Tichenor. 2020. (ENG., Illus.). 114p. (J). pap. 16.49 *(978-1-63050-967-5(1))* Salem Author Services.

Dimples the Snowman & the Ice Pond. Leona M. Palski. 2017. (ENG., Illus.). (J). pap. 10.00 *(978-0-692-91612-4(1))* Palski, Leona.

Dimples: Trouble with the Ball. David Roth. Illus. by Wes Tyrell. 2022. (Sports Friends Ser.). (ENG.). 32p. (J). (gr. k-4). pap. *(978-1-0396-6415-9(6)*, 21698); lib. bdg. *(978-1-0396-6366-4(4)*, 21697) Crabtree Publishing Co.

Dimplethorpe (Classic Reprint) Unknown Author. 2018. (ENG., Illus.). 324p. (J). 30.58 *(978-0-484-69887-0(7))* Forgotten Bks.

Dimplethorpe, Vol. 1 of 3 (Classic Reprint) Unknown Author. 2018. (ENG., Illus.). 316p. (J). 30.41 *(978-0-483-32458-9(2))* Forgotten Bks.

Dimplethorpe, Vol. 2 of 3 (Classic Reprint) Unknown Author. 2018. (ENG., Illus.). 310p. (J). 30.29 *(978-0-267-21827-1(3))* Forgotten Bks.

Dina, or Familiar Faces, Vol. 1 of 3 (Classic Reprint) William Patrick Wilkie. (ENG., Illus.). (J). 2018. 214p. 28.31 *(978-0-267-34733-9(2))*; 2016. pap. 10.97 *(978-1-333-25025-6(8))* Forgotten Bks.

Dina, or Familiar Faces, Vol. 2 of 3 (Classic Reprint) William Patrick Wilkie. (ENG., Illus.). (J). 2018. 210p. 28.23 *(978-0-484-27952-9(1))*; 2016. pap. 10.57 *(978-1-334-11855-5(8))* Forgotten Bks.

Dina, or Familiar Faces, Vol. 3 of 3 (Classic Reprint) William P. Wilkie. (ENG., Illus.). (J). 2018. 212p. 28.29 *(978-0-428-99499-0(7))*; 2016. pap. 10.97 *(978-1-333-32698-2(X))* Forgotten Bks.

Dinah (Classic Reprint) M. A. Moore. 2017. (ENG., Illus.). (J). 33.59 *(978-0-266-54699-3(4))* Forgotten Bks.

Dinah (Classic Reprint) Maurice Augustus Moore. 2016. (ENG., Illus.). (J). pap. 16.57 *(978-1-333-35522-7(X))* Forgotten Bks.

Dinah-Mite #1: Holiday in Castle Quarantine. Uncle Mac. 2023. (ENG.). 230p. (YA). pap. 16.00 ***(978-1-312-57066-5(0))*** Lulu Pr., Inc.

Dincolo de Ocean. Roxana Vornicu. 2019. (RUM.). 360p. (J). pap. *(978-0-359-76216-3(6))* Lulu Pr., Inc.

Diner by the Lake. Danial a Suits. 2017. (ENG., Illus.). (YA). (gr. 7-12). pap. 12.99 *(978-0-692-97248-9(X))* Suits, Danial.

Diner Dogs. Eric Seltzer. ed. 2021. (Ready-To-Read Ser.). (ENG., Illus.). 32p. (J). (gr. k-1). 15.46 *(978-1-64697-976-9(1))* Penworthy Co., LLC, The.

Diner Dogs: Ready-To-Read Pre-Level 1. Eric Seltzer. Illus. by Tom Disbury. 2021. (Ready-To-Read Ser.). (ENG.). 32p. (J). (gr. -1-k). 17.99 *(978-1-5344-9386-5(7))*; pap. 4.99 *(978-1-5344-9385-8(9))* Simon Spotlight. (Simon Spotlight).

Dinero Bitcoin: El Cuento de Bitvilla Descubriendo el Buen Dinero. Michael Caras. Illus. by Marina Yakubivska. 2019. (SPA.). 28p. (J). (gr. 1-6). pap. 14.99 *(978-0-578-51921-0(6))* Caras, Michael.

Dinero: Cómo Ganarlo, Ahorrarlo, Gastarlo y Donarlo / Cash: How to Earn It, Save It, Spend It, Grow It, Give It. Rashmi Sirdeshpande. 2022. (SPA.). 168p. (J). (gr. 4-7). pap. 15.95 *(978-607-38-1081-4(4))* Publicaciones y Ediciones Salamandra, S.A. ESP. Dist: Penguin Random Hse. LLC.

Dinétah, an Early History of the Navajo People. Lawrence D. Sundberg. 2016. (ENG., Illus.). 96p. (J). (gr. 5-5). 28.95 *(978-1-63293-280-8(3))* Sunstone Pr.

Ding Ding's Fin-Tastic Adventure. Camellia Wallsong. 2021. (ENG.). 40p. (J). pap. 15.00 *(978-1-953507-67-9(0))* Brightlings.

Ding Dong Dad! Kristen L. Depken. ed. 2022. (ENG.). 24p. (J). (gr. k-1). 17.46 ***(978-1-68505-495-3(1))*** Penworthy Co., LLC, The.

Ding Dong Dad! (Netflix: Go, Dog. Go!) Random House. Illus. by Random House. 2022. (Pictureback(R) Ser.). (Illus.). 24p. (J). (gr. -1-2). 5.99 *(978-0-593-48383-1(9)*, Random Hse. Bks. for Young Readers) Random Hse. Children's Bks.

Dingbat of Arcady (Classic Reprint) Marguerite Wilkinson. 2018. (ENG., Illus.). 202p. (J). 28.06 *(978-0-267-46944-4(6))* Forgotten Bks.

Dingbat the Wayward Cat *see* **Dingbat: El Gato Voluntario**

Dingbats & Debbies. T. R. Prouty. 2021. (ENG.). 478p. (YA). 25.00 *(978-1-0879-7304-3(X))* Indy Pub.

Dinged: (a Game Changer Companion Novel) Tommy Greenwald. 2022. (Game Changer Ser.). (ENG.). 288p. (J). (gr. 5-9). 17.99 *(978-1-4197-5515-6(3)*, 1737101, Amulet Bks.) Abrams, Inc.

Dingen Die Je Niet Vergeet (korte Verhalen) / THINGS YOU DON'T FORGET (short Stories) Hannie Rouweler Demer Press. Hannie Rouweler. 2022. (ENG.). 110p. (YA). pap. 20.00 *(978-1-4717-2314-8(3))* Lulu Pr., Inc.

Dinghy: Cast Thy Bread upon the Waters. L. C. King. 2023. (ENG.). 234p. (YA). pap. 19.95 ***(978-1-68526-794-0(7))*** Covenant Bks.

Dinglehopper Blueberry Belly-Button Snooter. Chris Cochrane. 2023. (ENG., Illus.). 60p. (J). 30.95 ***(978-1-63784-059-7(4))***; pap. 18.95 ***(978-1-63784-022-1(5))*** Hawes & Jenkins Publishing, Inc.

Dingo. Grace Hansen. 2019. (Australian Animals (AK) Ser.). (ENG., Illus.). 24p. (J). (gr. -1-2). lib. bdg. 32.79 *(978-1-5321-8542-7(1)*, 31422, Abdo Kids) ABDO Publishing Co.

Dingo. Claire Saxby. Illus. by Tannya Harricks. 2018. (ENG.). 32p. (J). (gr. k-4). 16.99 *(978-0-7636-9886-7(5))* Candlewick Pr.

Dingo, Chien D'Assistance. Linda Barboa & Jan Luck. 2020. (FRE., Illus.). 32p. (J). pap. 13.99 *(978-1-952011-86-3(8))* Pen It Pubns.

Dingo (Classic Reprint) R. Freierman. (ENG., Illus.). (J). 2018. 222p. 28.50 *(978-0-483-07863-5(8))*; 2016. pap. 10.97 *(978-1-334-15163-7(6))* Forgotten Bks.

Dingo (Dingo) Grace Hansen. 2019. (Animales de Australia (Australian Animals) Ser.). (SPA.). 24p. (J). (gr. -1-2). lib. bdg. 32.79 *(978-1-0982-0081-7(0)*, 33036, Abdo Kids) ABDO Publishing Co.

Dingoes. Martha London. 2021. (Desert Animals (POP!) Ser.). (ENG., Illus.). 24p. (J). (gr. k-3). lib. bdg. 31.36 *(978-1-5321-6968-7(X)*, 38013, Pop! Cody Koala) Pop!.

Dingoes, 1 vol. Elaine McKinnon. 2016. (Wild Canines Ser.). (ENG.). 24p. (J). (gr. 3-3). pap. 9.25 *(978-1-4994-2019-7(6)*, 05639ace-c5b7-4ab2-b57c-07644dd4d78e, PowerKids Pr.) Rosen Publishing Group, Inc., The.

Dingoes at Dinnertime, 20. Mary Pope Osborne. 2019. (Magic Tree House Ser.). (ENG.). 71p. (J). (gr. 2-3). 16.96 *(978-0-87617-709-9(7))* Penworthy Co., LLC, The.

Dingus Slopp & the Portapotty Palace: The Flippin' Mud Festival. Jacob Jones et al. 2020. (ENG.). 108p. (J). pap. 6.99 *(978-1-716-52758-6(9))* Lulu Pr., Inc.

Dingus Visits His Uncle's Farm. Paul Martin. 2016. (ENG., Illus.). (J). pap. 12.99 *(978-1-68197-757-7(5))* Christian Faith Publishing.

Dingy House at Kensington (Classic Reprint) W. K. Clifford. (ENG., Illus.). (J). 2018. 412p. 32.39 *(978-0-267-00440-9(0))*; 2017. pap. 16.57 *(978-0-243-97355-2(1))* Forgotten Bks.

Dining, Vol. 7. Sarah Smith. 2018. (Etiquette for Success Ser.). 64p. (J). (gr. 7). 31.93 *(978-1-4222-3970-4(5))* Mason Crest.

Dining in New York (Classic Reprint) Rian James. 2017. (ENG., Illus.). (J). 29.63 *(978-0-266-72912-9(6))*; pap. 13.57 *(978-1-5276-8972-5(7))* Forgotten Bks.

Dining with Dinosaurs: A Tasty Guide to Mesozoic Munching. Hannah Bonner. 2016. (Illus.). 48p. (J). (gr. 3-7). 18.99 *(978-1-4263-2339-3(5)*, National Geographic Kids) Disney Publishing Worldwide.

Dinkelspiel's Letters to Looey (Classic Reprint) George V. Hobart. 2018. (ENG., Illus.). 210p. (J). 28.23 *(978-0-364-66314-1(6))* Forgotten Bks.

Dinkville. Celia Moncrieff. Illus. by Faye Jackson. 2019. (Zest Ser.: Vol. 3). (ENG.). 48p. (J). (gr. k-6). *(978-0-6483559-1-5(8))*; pap. *(978-0-6483559-2-2(6))* Bobbin Bks.

Dinky Days. Roz McGrath. 2017. (ENG., Illus.). (J). pap. *(978-1-5255-0814-1(8))* FriesenPress.

Dinky Donkey. Craig Smith. 2019. (Wonky Donkey & Friends Ser.). (ENG.). 22p. (J). (gr. k-1). 17.96 *(978-0-87617-937-6(5))* Penworthy Co., LLC, The.

Dinky Donkey: a Board Book (a Wonky Donkey Book) Craig Smith. Illus. by Katz Cowley. 2022. (ENG.). 24p. (J). (— 1). bds. 8.99 *(978-1-338-81532-0(6)*, Cartwheel Bks.) Scholastic, Inc.

Dinky Donkey (a Wonky Donkey Book) Craig Smith. Illus. by Katz Cowley. 2019. (ENG.). 24p. (J). (gr. -1-k). pap. 7.99 *(978-1-338-60083-4(4))* Scholastic, Inc.

Dinky the Dinosaur. Scott Nolting. 2021. (ENG., Illus.). 30p. (J). pap. 13.95 *(978-1-64952-710-3(1))* Fulton Bks.

Dinky's First Year. Moriah Pope. Illus. by Gaby Martinez Huesca. 2023. (ENG.). 24p. (J). pap. 14.95 ***(978-1-63765-335-7(2))*** Halo Publishing International.

Dinner. Charis Mather. 2023. (Pick a Plate Ser.). (ENG.). 24p. (J). (gr. 1-3). lib. bdg. 19.95 Bearport Publishing Co., Inc.

Dinner Before Dessert. Ryan Preziosi. 2021. (ENG.). 24p. (J). pap. 9.99 *(978-1-0983-5651-4(9))* BookBaby.

Dinner for Dinos: Gulp, Guzzle, Chomp, Chew, 1 vol. Illus. by Ben Whitehouse. 2018. (ENG.). 20p. (J). bds. 9.99 *(978-1-4003-1214-6(0)*, Tommy Nelson) Nelson, Thomas Inc.

Dinner for Six: A Set-The-Table Fable. Gayle Cochran. 2022. (ENG.). 26p. (J). pap. 12.95 *(978-1-4796-1365-6(7))* TEACH Services, Inc.

Dinner Is Delicious, 1 vol. Jamal Hendricks. 2018. (Let's Eat Healthy! Ser.). (ENG.). 24p. (J). (gr. 1-1). 25.27 *(978-1-5081-6798-3(2)*, f3640ec6-f069-473b-800f-89cd5b03630c); pap. 9.25 *(978-1-5081-6800-3(8)*, 9e8caca9-7c9c-44db-8343-39be5216be42) Rosen Publishing Group, Inc., The. (PowerKids Pr.).

Dinner of Doom. Wiley Blevins. Illus. by Patrick Girouard. 2023. (Scary Tales Retold Ser.). (ENG.). 24p. (J). (gr. k-3). pap. 8.99 ***(978-1-64371-216-1(0)***, 6a0b16af-12db-424b-83d2-e2777d682788); lib. bdg. 27.99 ***(978-1-64371-212-3(8)***, c9314944-0e00-4829-9854-68320deaac37) Red Chair Pr.

Dinner on Domingos. Alexandra Katona. Illus. by Claudia Navarro. 2021. (ENG.). 32p. (J). (gr. -1-3). 17.99 *(978-1-64686-293-1(7))*; pap. 9.99 ***(978-1-64686-294-8(5))*** Barefoot Bks., Inc.

Dinner-Pail Man: Or from Poverty to Fortune (Classic Reprint) J. B. Ladue. 2018. (ENG., Illus.). 48p. (J). 24.89 *(978-0-267-27960-9(4))* Forgotten Bks.

Dinner Recipe Queen. Gail Green & Marci Peschke. Illus. by Tuesday Mourning. 2018. (Kylie Jean Recipe Queen Ser.). (ENG.). 32p. (J). (gr. 1-3). lib. bdg. 27.99 *(978-1-5158-2849-5(2)*, 138398, Picture Window Bks.) Capstone.

Dinner Time! Kitchen Tools Coloring Book. Activity Book Zone for Kids. 2016. (ENG., Illus.). (J). pap. 9.20 *(978-1-68376-326-0(2))* Sabeels Publishing.

Dinner Tree. Jeanne Connolly. 2017. (ENG., Illus.). (J). pap. 10.95 *(978-1-5127-9396-3(5)*, WestBow Pr.) Author Solutions, LLC.

Dinner with a Dinosaur. Laurie Austin. Illus. by Bill Young. 2016. (ENG.). (J). pap. 9.99 *(978-0-578-18226-1(2))* Austin, Laurie .

Dinner with Disaster. Laila Goldrein. 2021. (ENG.). 50p. (J). pap. 15.00 *(978-1-953507-70-9(0))* Brightlings.

Dinnertime for Zaza. Mylo Freeman. 2020. (Zaza Ser.: 5). (ENG., Illus.). 24p. (J). (gr. -1). 14.95 *(978-1-60537-496-3(2))* Clavis Publishing.

Dinny of the Doorstep (Classic Reprint) Katherine Frances Purdon. 2018. (ENG., Illus.). 262p. (J). 29.32 *(978-0-428-96482-5(6))* Forgotten Bks.

Dino. Jaye Garnett. Ed. by Cottage Door Press. Illus. by Richard Merritt. 2020. (Peek-A-Flap Ser.). (ENG.). 12p. (J). (gr. -1-1). bds. 9.99 *(978-1-64638-042-8(8)*, 1006180) Cottage Door Pr.

Dino. Diego Vaisberg & DGPH Studio Staff. Illus. by Diego Vaisberg & DGPH Studio Staff. 2018. (ENG., Illus.). 40p. (J). (gr. k-3). 15.99 *(978-1-5362-0280-9(0)*, Templar) Candlewick Pr.

Dino 101 How to Draw for Kids. Educando Kids. 2019. (ENG.). 42p. (J). pap. 8.55 *(978-1-64521-621-6(7)*, Educando Kids) Editorial Imagen.

Dino Activity Book: Amazing Activity Book for Kindergarten, Preschool & Kids, over 50 Pages with Coloring Images, Dot-To-Dot, Count Pictures! Snow Thome. 2021. (ENG.). 52p. (J). pap. 8.99 *(978-1-716-12125-8(6))* Lulu Pr., Inc.

Dino & Pablo's Prehistoric Games. Baptiste Amsallem & Loic Dauvillier. 2020. (Wordless Graphic Novels Ser.). (ENG., Illus.). 40p. (J). (gr. k-2). lib. bdg. 22.65 *(978-1-5158-6139-3(2)*, 142405, Picture Window Bks.) Capstone.

Dino & the Brave Little Boy. Whitney Anderson. 2021. (ENG.). 32p. (J). pap. 14.50 *(978-1-6678-1250-2(5))* BookBaby.

Dino & the Ducks. Ana Simakauskas. 2023. (ENG.). 24p. (J). 22.95 ***(978-1-6657-2987-1(2))***; pap. 12.95 ***(978-1-6657-2986-4(4))*** Archway Publishing.

Dino Auto: A Story in Doggerel. Mary O'Shaughnessy & Cori Snedecor. 2016. (ENG., Illus.). 38p. (J). (gr. 1-4). pap. 12.99 ***(978-0-9973642-2-4(X))*** Snedecor, Cori.

Dino Babies! Illus. by Rechlin. 2018. (ENG.). 26p. (J). bds. 8.95 *(978-1-56037-734-4(8))* Farcountry Pr.

Dino Bakes & Crafts: Craft Box Set for Kids. IglooBooks. Illus. by Zhi Ling Lee. 2022. (ENG.). 24p. (J). (gr. k). pap. 14.99 *(978-1-80368-865-7(3))* Igloo Bks. GBR. Dist: Simon & Schuster, Inc.

Dino Book (All in One) Activity Book (Coloring, Dot Marker, Scissor Skills, How to Draw) Darcy Harvey. 2021. (ENG.). 76p. (J). pap. 14.99 *(978-1-892500-76-2(0))* Adamson, Bruce Campbell.

Dino Boys' Tales. Zayma Negussie et al. 2023. 126p. (J). pap. 15.00 ***(978-1-6678-9965-7(1))*** BookBaby.

Dino-Christmas. Lisa Wheeler. Illus. by Barry Gott. 2018. (Dino-Holidays Ser.). (ENG.). 32p. (J). (gr. k-3). 18.99 *(978-1-5124-0315-2(6)*, 2b1e3a2e-5863-41a2-8996-3b48c8f63a65, Carolrhoda Bks.) Lerner Publishing Group.

Dino Coloring: A Fully Recyclable Coloring Book. IglooBooks. Illus. by Joel & Ashley Selby. 2023. (ENG.). 48p. (J). (gr. -1). 7.99 ***(978-1-83771-612-8(9))*** Igloo Bks. GBR. Dist: Simon & Schuster, Inc.

Dino Coloring Book. Ava Row. 2021. (ENG.). 100p. (J). pap. 6.99 *(978-1-716-20738-9(X))* Lulu Pr., Inc.

Dino Corp: d-Bot Squad 8. Mac Park. Illus. by James Hart. 2019. (D-Bot Squad Ser.: 8). (ENG.). 80p. (J). (gr. k-2). pap. 8.99 *(978-1-76029-604-9(X))* Allen & Unwin AUS. Dist: Independent Pubs. Group.

Dino-Dancing. Lisa Wheeler. Illus. by Barry Gott. 2017. (Dino-Sports Ser.). (ENG.). 32p. (J). (gr. k-3). lib. bdg. 18.99 *(978-1-5124-0316-9(4)*, 7f8b0cdb-2c6c-402b-bbf8-92d27532e350, Carolrhoda Bks.) Lerner Publishing Group.

Dino Days of School. Lacy Davis Hitt. 2022. (ENG.). 28p. (J). pap. 15.99 *(978-1-954095-61-8(9))* Yorkshire Publishing Group.

Dino Death-Trap. Michael Dahl. Illus. by Luciano Vecchio. 2016. (Batman Tales of the Batcave Ser.). (ENG.). 40p. (J). (gr. 4-8). lib. bdg. 24.65 *(978-1-4965-4015-7(8)*, 133214, Stone Arch Bks.) Capstone.

Dino Death-Trap, 2 vols. Illus. by Luciano Vecchio. 2016. (Batman Tales of the Batcave Ser.). (ENG.). (J). (gr. 1-3). 53.32 *(978-1-4965-4494-0(3)*, Stone Arch Bks.) Capstone.

Dino Deegan & the Unpleasant Class. Heather E. Robyn. Illus. by Zoe Mellors. 2020. (ENG.). 36p. (J). 17.95 *(978-1-7345050-8-5(7))* Heather E. Robyn.

Dino Deegan & the Unpleasant Class. Heather E. Robyn. Illus. by Zoe Mellors. 2020. (Dino Deegan Ser.: Vol. 1). (ENG.). 36p. (J). pap. 11.00 *(978-1-7345050-7-8(9))* Heather E. Robyn.

Dino Dentist. Jeff Zilch. Illus. by Kate Fallahee. 2020. (ENG.). 36p. (J). (gr. k-5). 16.00 ***(978-0-578-64140-9(2))***; pap. 12.00 ***(978-0-578-62933-9(X))*** Zilch, Jeff.

Dino Detective in Training: Become a Top Paleontologist. Tracey Turner. Illus. by Sarah Lawrence. 2021. (In Training Ser.). (ENG.). 48p. (J). pap. 8.99 *(978-0-7534-7637-6(1)*, 900226431, Kingfisher) Roaring Brook Pr.

Dino Dig, 56 vols. Ed. by School Zone Staff. 2019. (ENG.). (J). (gr. -1-1). 3.49 *(978-1-68147-280-5(5)*, cca63f25-2f40-4d58-84ec-dbd2f3944062) School Zone Publishing Co.

Dino Dilemma. Donald Lemke. ed. 2018. (I Can Read Ser.). (ENG.). 30p. (J). (gr. -1-1). 13.89 *(978-1-64310-436-2(5))* Penworthy Co., LLC, The.

Dino Discovery (Set), 12 vols. 2023. (Dino Discovery Ser.). (ENG.). (J). (gr. k-3). lib. bdg. 393.48 *(978-1-5038-6994-3(6)*, 216813, Wonder Books(r)) Child's World, Inc, The.

Dino Divorce: Dino Divorce Will Help Open the Discussion on the Different Topics Associated with Divorce: Feelings; a Different Home; New Friends; Family Bonds; Different Kinds of Families; the Sudden Change. Cathy Casler. 2023. (ENG.). 50p. (J). pap. ***(978-1-312-63334-6(4))*** Lulu Pr., Inc.

Dino Does Yoga. Sofie Engström von Alten. 2019. (Illus.). 32p. (J). (gr. -1-2). 17.95 *(978-1-62317-306-7(X))* North Atlantic Bks.

Dino Doggies. Sheila Sweeny Higginson. ed. 2022. (Disney 8x8 Ser.). (ENG.). 21p. (J). (gr. k-1). 16.96 ***(978-1-68505-375-8(0))*** Penworthy Co., LLC, The.

Dino Domino. Laurence King Publishing. 2019. (Magma for Laurence King Ser.). (ENG., Illus.). 28p. (J). (gr. 2-7). 14.99 *(978-1-78627-358-1(6)*, King, Laurence Publishing) Orion Publishing Group, Ltd. GBR. Dist: Hachette Bk. Group.

Dino Dot Markers Activity Book: Dot Markers Activity Book Learn Alphabet, Numbers & Colors Activity Level for Preschool Kindergarten Boys Girls. Humble Abode Ministries. 2022. (ENG.). 106p. (J). pap. 10.51 ***(978-1-387-70865-9(1))*** Lulu Pr., Inc.

Dino Duckling. Alison Murray. 2018. (ENG.). (J). (gr. -1 — 1). 30p. bds. 8.99 *(978-0-316-51315-9(6))*; (Illus.). 32p. 17.99 *(978-0-316-51313-5(X))* Little, Brown Bks. for Young Readers.

Dino-Easter. Lisa Wheeler. Illus. by Barry Gott. 2022. (Dino-Holidays Ser.). (ENG.). 32p. (J). (gr. k-3). 18.99 *(978-1-7284-1920-6(4)*, 4b5d2a8f-0ee5-4cf0-ba4b-66a429d82910, Carolrhoda Bks.) Lerner Publishing Group.

Dino Explorer. Make Believe Ideas. Illus. by Make Believe Ideas. 2018. (ENG.). 24p. (J). (gr. 1-5). 9.99 *(978-1-78692-913-6(9))* Make Believe Ideas GBR. Dist: Scholastic, Inc.

Dino Explorers, 12 vols. 2018. (Dino Explorers Ser.). (ENG., Illus.). 32p. (gr. 3-3). lib. bdg. 161.58 *(978-1-9785-0017-4(3)*, ab6382ed-c769-4e40-8ee0-09b72900ae9b) Enslow Publishing, LLC.

Dino Faces/Caras de Dinosaurios. Illus. by Agnese Baruzzi. 2020. (My First Puzzle Book Ser.). (ENG.). 14p. (J). (— 1). bds. 8.95 *(978-88-544-1597-3(9))* White Star Publishers ITA. Dist: Sterling Publishing Co., Inc.

Dino Files #1: a Mysterious Egg. Stacy McAnulty. Illus. by Mike Boldt. 2017. (Dino Files Ser.: 1). 128p. (J). (gr. 2-5). 5.99 *(978-1-5247-0150-5(5)*, Random Hse. Bks. for Young Readers) Random Hse. Children's Bks.

Dino Files #2: Too Big to Hide. Stacy McAnulty. Illus. by Mike Boldt. 2017. (Dino Files Ser.: 2). (ENG.). 128p. (J). (gr. 2-5). 5.99 *(978-1-5247-0151-2(3)*, Random Hse. Bks. for Young Readers) Random Hse. Children's Bks.

Dino Fun. Make Believe Ideas. Illus. by Dawn Machell. 2019. (ENG.). 8p. (J). (— 1). 12.99 *(978-1-78947-078-9(1))* Make Believe Ideas GBR. Dist: Scholastic, Inc.

Dino-Gro. Matt Myers. 2021. (Illus.). 48p. (J). (gr. -1-2). 17.99 *(978-0-593-17987-1(0))*; (ENG.). lib. bdg. 20.99 *(978-0-593-17988-8(9))* Random Hse. Children's Bks.

Dino-Halloween. Lisa Wheeler. Illus. by Barry Gott. 2019. (Dino-Holidays Ser.). Orig. Title: Dino-Halloween. (ENG.). 32p. (J). (gr. k-3). 18.99 *(978-1-5124-0317-6(2)*, fb634b77-1851-4760-8184-8331ade2603f, Carolrhoda Bks.) Lerner Publishing Group.

Dino-Hanukkah. Lisa Wheeler. Illus. by Barry Gott. 2023. (Dino-Holidays Ser.). (ENG.). 32p. (J). (gr. k-3). 18.99 ***(978-1-7284-1921-3(2)***, 5134ecbf-e62d-4e66-9bb5-ec2ccccba14d, Carolrhoda Bks.) Lerner Publishing Group.

Dino Hunter: d-Bot Squad 1. Mac Park. Illus. by James Hart. 2018. (D-Bot Squad Ser.: 1). (ENG.). 80p. (J). (gr. k-2). pap. 7.99 *(978-1-76029-597-4(3))* Allen & Unwin AUS. Dist: Independent Pubs. Group.

Dino-Lore: (You Never Want to Make a Dinosaur Sore!) Joe Dattalo. 2021. (ENG.). 24p. (J). 18.95 *(978-1-6624-6050-0(3))*; pap. 10.95 *(978-1-64544-302-5(7))* Page Publishing Inc.

Dino Math: Early Level Math Problems Featuring Dinosaurs. Tom Durwood. Illus. by Gap Gop & Michael Jacobsen. 2021. (Dino Math Ser.). (ENG.). 44p. (J). (gr. 1-3). pap. 12.99 *(978-1-952520-05-1(3))* Empire Studies Pr.

Dino-Mike & Dinosaur Doomsday. Franco Aureliani. Illus. by Franco Aureliani & Eduardo Garcia. 2016. (Dino-Mike! Ser.). (ENG.). 128p. (J). (gr. 2-3). lib. bdg. 25.32 *(978-1-4965-2491-1(8)*, 130423, Stone Arch Bks.) Capstone.

Dino-Mike & the Dinosaur Cove. Franco Aureliani. Illus. by Franco Aureliani. 2016. (Dino-Mike! Ser.). (ENG., Illus.). 128p. (J). (gr. 2-3). lib. bdg. 25.32 *(978-1-4965-2490-4(X)*, 130422, Stone Arch Bks.) Capstone.

Dino-Mike & the Living Fossils. Franco Aureliani. Illus. by Franco Aureliani. 2016. (Dino-Mike! Ser.). (ENG., Illus.). 128p. (J). (gr. 2-3). lib. bdg. 25.32 *(978-1-4965-2489-8(6)*, 130421, Stone Arch Bks.) Capstone.

Dino-Mike & the Lunar Showdown. Franco Franco & Franco Aureliani. Illus. by Franco Franco et al. 2016. (Dino-Mike! Ser.). (ENG.). 128p. (J). (gr. 2-3). lib. bdg. 25.32 *(978-1-4965-2492-8(6)*, 130424, Stone Arch Bks.) Capstone.

Dino-Mite Halloween: Colortivity with Big Crayons & Stickers. Editors of Dreamtivity. Illus. by John Jordan. 2023. (ENG.). 48p. (J). (gr. -1 — 1). pap. 6.99 *(978-1-64588-571-9(2))* Printers Row Publishing Group.

Dino Next Door: Padded Board Book. IglooBooks & Everley Hart. Illus. by Ben Whitehouse. 2023. (ENG.). 24p. (J). (-k). bds. 9.99 ***(978-1-80368-896-1(3))*** Igloo Bks. GBR. Dist: Simon & Schuster, Inc.

Dino Pajama Party: A Bedtime Book. Laurie Wallmark. Illus. by Michael Robertson. 2021. (ENG.). 32p. (J). (gr. -1-3). 17.99 *(978-0-7624-9775-1(0)*, Running Pr. Kids) Running Pr.

Dino Parade! (Blaze & the Monster Machines) Mary Tillworth. Illus. by Heather Martinez. 2017. (Little Golden Book Ser.). (ENG.). 24p. (J). (-k). 5.99 *(978-0-399-55795-8(4)*, Golden Bks.) Random Hse. Children's Bks.

Dino Potty: Learn to Potty with Dino. Sara Conway. Illus. by Michael Garton. 2019. (ENG.). 18p. (J). (gr. -1-k). bds. 7.99 *(978-1-926444-50-5(7))* Rainstorm Pr.

Dino-Racing. Lisa Wheeler. Illus. by Barry Gott. 2016. (Dino-Sports Ser.). (ENG.). 32p. (J). (gr. k-3). lib. bdg. 18.99 *(978-1-5124-0314-5(8)*, f463a43f-a77d-48fd-8820-d8f09b31699b); E-Book 35.99 *(978-1-5124-0886-7(7))* Lerner Publishing Group. (Carolrhoda Bks.).

Dino Ranch Jamboree! (Dino Ranch) Terrance Crawford. 2022. (ENG.). 64p. (J). (gr. -1-3). pap. 9.99 *(978-1-338-69224-2(0))* Scholastic, Inc.

Dino Ranch Water Wonder Storybook *see* **Wild Dino Round-Up! (a Dino Ranch Water Wonder Storybook)**

Dino Records: The Most Amazing Prehistoric Creatures Ever to Have Lived on Earth! National Geographic Kids. 2017. (Illus.). 208p. (J). (gr. 3-7). pap. 14.99 *(978-1-4263-2794-0(3)*, National Geographic Kids) Disney Publishing Worldwide.

Dino Relatives. Josh Anderson. 2023. (Dino Discovery Ser.). (ENG.). 24p. (J). (gr. k-3). lib. bdg. 32.79 *(978-1-5038-6523-5(1)*, 216420, Wonder Books(r)) Child's World, Inc, The.

Dino-Roar! Coloring & Activity Book. Editors of Silver Dolphin Books. Illus. by Yuyi Chen. 2022. (Marker Pouch Ser.). (ENG.). 64p. (J). (gr. 1-3). spiral bd. 10.99 *(978-1-64517-873-6(0)*, Silver Dolphin Bks.) Printers Row Publishing Group.

Dino Safari: A LEGO Adventure in the Real World. Penelope Arlon & Tory Gordon-Harris. 2016. (Illus.). 32p. (J). *(978-1-338-04643-4(8))* Scholastic, Inc.

500 The check digit for ISBN-10 appears in parentheses after the full ISBN-13

Dino Safari: A LEGO(r) Adventure in the Real World. Penelope Arlon & Scholastic. 2016. (LEGO Nonfiction Ser.). (ENG.). 32p. (J). (gr. -1-3). pap. 4.99 *(978-0-545-94766-4(9))* Scholastic, Inc.

Dino-Sorted!: Armoured (Thyreophora) Dinosaurs. Franklin Watts. 2022. (Dino-Sorted! Ser.). (ENG., Illus.). 32p. (J). (gr. 2-4). ***(978-1-4451-7358-0(1)***, Franklin Watts) Hachette Children's Group.

Dino-Sorted!: Armoured (Thyreophora) Dinosaurs. Franklin Watts. 2022. (Dino-Sorted! Ser.). (ENG., Illus.). 32p. (J). (gr. 2-4). pap. 13.99 *(978-1-4451-7360-3(3)*, Franklin Watts) Hachette Children's Group GBR. Dist: Hachette Bk. Group.

Dino-Sorted!: Extraordinary (Cerapoda) Dinosaurs. Franklin Watts. 2022. (Dino-Sorted! Ser.). (ENG., Illus.). 32p. (J). (gr. 2-4). pap. 13.99 *(978-1-4451-7357-3(3)*, Franklin Watts) Hachette Children's Group GBR. Dist: Hachette Bk. Group.

Dino-Sorted!: Extraordinary (Ceropoda) Dinosaurs. Franklin Watts. 2022. (Dino-Sorted! Ser.). (ENG.). 32p. (J). (gr. 2-4). 19.99 *(978-1-4451-7356-6(5)*, Franklin Watts) Hachette Children's Group GBR. Dist: Hachette Bk. Group.

Dino-Sorted!: Gigantic (Sauropod) Dinosaurs. Franklin Watts. 2022. (Dino-Sorted! Ser.). (ENG., Illus.). 32p. (J). (gr. 2-4). pap. 13.99 *(978-1-4451-7319-1(0)*, Franklin Watts) Hachette Children's Group GBR. Dist: Hachette Bk. Group.

Dino-Sorted!: Killer (Theropod) Dinosaurs. Franklin Watts. 2022. (Dino-Sorted! Ser.). (ENG., Illus.). 32p. (J). (gr. 2-4). pap. 13.99 *(978-1-4451-7349-8(2)*, Franklin Watts) Hachette Children's Group GBR. Dist: Hachette Bk. Group.

Dino (Spanish Edition) Jaye Garnett. Ed. by Cottage Door Press. Illus. by Richard Merritt. ed. 2022. (Peek-A-Flap Ser.). (SPA.). 12p. (J). (gr. -1-1). bds. 9.99 *(978-1-64638-402-6(4)*, 1006180-SLA) Cottage Door Pr.

Dino Stars. Sandra Wilson. 2019. (ENG.). 36p. (J). pap. *(978-1-988215-51-8(X))* words ... along the path.

Dino-Thanksgiving. Lisa Wheeler. Illus. by Barry Gott. 2020. (Dino-Holidays Ser.). (ENG.). 32p. (J). (gr. k-3). 18.99 *(978-1-5124-0318-3(0)*, 967cec8a-0a13-4116-a015-3be1da5e4709, Carolrhoda Bks.) Lerner Publishing Group.

Dino Train. Christopher Robbins. Illus. by Susanna Covelli. 2022. (On-Track Learning Ser.). (ENG.). 14p. (J). (gr. -1-k). bds. 12.99 *(978-1-64170-731-2(3)*, 550731) Familius LLC.

Dino Trouble, 1. Nate Bitt. ed. 2023. (Arcade World Ser.). (ENG.). 139p. (J). (gr. 1-4). 21.96 ***(978-1-68505-826-5(4))*** Penworthy Co., LLC, The.

Dino-Valentine's Day. Lisa Wheeler. Illus. by Barry Gott. 2022. (Dino-Holidays Ser.). (ENG.). 32p. (J). (gr. k-3). 18.99 *(978-1-5124-0319-0(9)*, fd9ce292-1571-4448-bb79-bb335e83ddc9, Carolrhoda Bks.) Lerner Publishing Group.

Dino World. Make Believe Ideas. Illus. by Stuart Lynch. 2021. (ENG.). 86p. (J). pap. 9.99 *(978-1-80058-068-8(1))* Make Believe Ideas GBR. Dist: Scholastic, Inc.

Dino World: A 3-D Prehistoric Dinosaur Pop-up. Julius Csotonyi. 2020. (Pop-Up World! Ser.). (ENG., Illus.). 24p. (J). (gr. 3). 29.95 *(978-1-64643-002-4(6)*, Applesauce Pr.) Cider Mill Pr. Bk. Pubs., LLC.

Dino Yoga: A Step-By-Step Guide to 20 Classic Poses for Kids, with Help from Four Dinosaur Friends. Lorena Pajalunga. Illus. by Anna Lang. 2021. (ENG.). 40p. (J). 17.99 *(978-1-64124-124-3(1)*, 1243) Fox Chapel Publishing Co., Inc.

Dino-Zombies! Rick Chrustowski. Illus. by Rick Chrustowski. 2021. (Illus.). 32p. (J). (gr. 1-3). 9.99 *(978-0-593-22476-2(0)*, Penguin Workshop) Penguin Young Readers Group.

DinoDogz: Eggzellent Adventure. Mystery Mike McHale. Illus. by Mike Goldstein. 2022. (ENG.). 44p. (J). pap. 14.99 *(978-0-578-38860-1(X))* Southampton Publishing.

Dinogirl. Andy McIntosh. 2018. (ENG., Illus.). 202p. (J). pap. *(978-1-909587-40-3(0))* Grimlock Pr.

Dinogo Go! Glow! Daniel Brummitt. 2017. (ENG., Illus.). (J). pap. 14.57 *(978-1-387-23878-1(7))* Lulu Pr., Inc.

Dinohumes. Darlene Welton. Illus. by Maria Gibson. 2017. (ENG.). 48p. (J). (gr. k-6). *(978-0-9949425-6-2(7))* Credit River Critters.

Dinoland: A Prehistoric Counting Book. Illus. by Agnese Baruzzi. 2020. (Search, Find, & Count Ser.). (ENG.). 56p. (J). (gr. 1). pap. 9.95 *(978-88-544-1626-0(6))* White Star Publishers ITA. Dist: Sterling Publishing Co., Inc.

Dinomighty!: Dinosaur Graphic Novel. Doug Paleo. Illus. by Aaron Blecha. 2020. (Dinomighty! Ser.: 1). (ENG.). 224p. (J). (gr. 3-7). 13.99 *(978-0-358-33156-8(0)*, 1780200, Clarion Bks.) HarperCollins Pubs.

Dinomorphs: Back to the Beginning. Odin Gray. 2017. (ENG., Illus.). 420p. (J). pap. *(978-0-6480192-0-6(9))* arima publishing.

Dinos after Dark Shadow Book. Created by Inc. Peter Pauper Press. 2020. (Bedtime Shadow Bks.). (ENG., Illus.). 7p. (J). spiral bd. 12.99 *(978-1-4413-3206-6(5)*, b835fb54-1b11-4044-8c35-c5572aa4e360) Peter Pauper Pr. Inc.

Dinos & Dots Coloring Book for Children - Create Your Own Doodle Cover (8x10 Hardcover Personalized Coloring Book / Activity Book) Sheba Blake. 2021. (ENG.). 46p. (J). 24.99 ***(978-1-222-34314-4(2))*** Indy Pub.

Dinos Are a Girl's Best Friend. Hayley Vaughters. Illus. by Dean Gray. 2021. (ENG.). 32p. (J). (gr. k-2). 16.99 *(978-1-4867-1824-5(8)*, a33f888e-d42c-44ab-96c1-6cd6a663f907) Flowerpot Pr.

Dinos Are Exciting! Activity Book for Children. Educando Kids. 2019. (ENG.). 42p. (J). pap. 8.55 *(978-1-64521-799-2(X)*, Educando Kids) Editorial Imagen.

Dino's Busy Book: Scholastic Early Learners (Touch & Explore) Scholastic. 2020. (Scholastic Early Learners Ser.). (ENG., Illus.). 10p. (J). (gr. -1 — 1). bds. 9.99 *(978-1-338-64568-2(4)*, Cartwheel Bks.) Scholastic, Inc.

Dino's Diet. Annette Thurner. Illus. by Annette Thurner. 2020. (ENG.). 38p. (J). 21.99 *(978-1-7360255-1-2(1))*; pap. 11.99 *(978-1-7360255-0-5(3))* Thurner, Annette.

Dinos Don't Do Yoga: A Tale of the New Dinosaur on the Block. Catherine Bailey. Illus. by Alex Willmore. 2020. (ENG.). 32p. (J). 17.99 *(978-1-68364-414-9(X)*, 900220054) Sounds True, Inc.

Dinos Don't Give Up! Smriti Halls. Illus. by Richard Merritt. 2022. (ENG.). 32p. (J). (gr. -1-2). 17.99 *(978-1-68010-288-8(5))* Tiger Tales.

Dinos, Dragons, Monsters & More! Press-Out & Build Model Book. IglooBooks. Illus. by Yuyi Chen. 2020. (ENG.). 26p. (J). (gr. -1-1). bds. 10.99 *(978-1-83852-572-9(6))* Igloo Bks. GBR. Dist: Simon & Schuster, Inc.

Dinos Driving. Lynn Leitch. Illus. by Scot Ritchie. 2022. 24p. (J). (gr. -1-k). 17.95 *(978-1-77278-269-1(6))* Pajama Pr. CAN. Dist: Publishers Group West (PGW).

Dinos in Space. Ashley Matthews. Illus. by Agnes Saccani. 2023. (ENG.). 32p. (J). 16.99 ***(978-1-63854-227-8(9))*** Kidsbooks, LLC.

Dinos Love Diggers: Construction Lift-A-Flap. Pterry Redwing. Ed. by Cottage Door Press. Illus. by Christine Sheldon. 2023. (Dinos Love Ser.). (ENG.). 12p. (J). (gr. -1 — 1). bds. 7.99 *(978-1-64638-863-9(1)*, 1009220) Cottage Door Pr.

Dinos Love Donuts. Ed. by Cottage Door Press. Illus. by Christine Sheldon. 2023. (Dinos Love Ser.). (ENG.). 12p. (J). (gr. -1 — 1). bds. 7.99 ***(978-1-64638-926-1(3)***, 1009570) Cottage Door Pr.

Dinos Love Pajamas. Ed. by Cottage Door Press. 2023. (Dinos Love Ser.). (ENG.). 12p. (J). (gr. -1 — 1). bds. 7.99 ***(978-1-64638-890-5(9)***, 1009370) Cottage Door Pr.

Dinos on the Bus. Peter Millett. Illus. by Tony Neal. 2022. (Ladybird Sing-Along Stories Ser.). (ENG.). 32p. (J). (gr. -1-1). 12.99 *(978-0-241-53761-9(4)*, Ladybird) Penguin Bks., Ltd. GBR. Dist: Penguin Random Hse. LLC.

Dinos That Ate Boredom. Joe Sayaman. Illus. by Krystal Kramer. 2022. 28p. (J). 21.99 *(978-1-6678-4210-3(2))* BookBaby.

Dinosaucers Vol. 1. Michael Uslan. 2019. (ENG., Illus.). 144p. (YA). pap. 12.99 *(978-1-941302-99-6(8)*, 127f55c6-a73a-4f08-b0c4-f06d0d9f80bc, Lion Forge) Oni Pr., Inc.

Dinosaur! see Dinosaurios (Knowledge Encyclopedia Dinosaur!): Segunda Edición

Dinosaur. Dorling Kindersley Publishing Staff. 2016. (ENG., Illus.). 36p. (J). bds. *(978-0-241-23758-8(0))* Dorling Kindersley Publishing, Inc.

Dinosaur. Disney Publishing. Illus. by Disney Publishing. 2021. (Disney & Pixar Movies Ser.). (ENG., Illus.). 48p. (J). (gr. 2-6). lib. bdg. 32.79 *(978-1-5321-4810-1(0)*, 37021, Graphic Novels) Spotlight.

Dinosaur. David Lambert. ed. 2022. (DK Eyewitness Ser.). (ENG., Illus.). 72p. (J). (gr. 4-5). 22.46 *(978-1-68505-126-6(X))* Penworthy Co., LLC, The.

Dinosaur. DK. rev. ed. 2021. (DK Eyewitness Ser.). (ENG., Illus.). 72p. (J). (gr. 4-7). pap. 9.99 *(978-0-7440-3908-5(8)*, DK Children) Dorling Kindersley Publishing, Inc.

Dinosaur: A Jigsaw Storybook. IglooBooks. Illus. by Junissa Bianda. 2023. (ENG.). 8p. (J). (gr. -1). 12.99 *(978-1-80368-892-3(0))* Igloo Bks. GBR. Dist: Simon & Schuster, Inc.

Dinosaur: A Photicular Book. Dan Kainen & Kathy Wollard. 2018. (Photicular Ser.). (ENG., Illus.). 24p. 26.99 *(978-1-5235-0472-5(2)*, 100472) Workman Publishing Co., Inc.

Dinosaur a to Z. Dustin Growick. 2017. (ENG., Illus.). 144p. (J). (gr. k-2). 24.99 *(978-1-4654-6314-2(3)*, DK Children) Dorling Kindersley Publishing, Inc.

Dinosaur a-Z Handwriting & Activity Workbook. Darlene Caban. 2021. (ENG.). 154p. (J). pap. 20.00 ***(978-1-0879-8997-6(3))*** Indy Pub.

Dinosaur ABC: Board Book. Roger Priddy. 2018. (Smart Kids Ser.). (ENG., Illus.). 30p. (J). bds. 7.99 *(978-0-312-52697-9(0)*, 900187098) St. Martin's Pr.

Dinosaur Academy: Adding & Subtracting. Lisa Regan. Illus. by Claire Stamper. 2022. (ENG.). 96p. (J). pap. 9.99 *(978-1-3988-1987-0(5)*, c274d423-9b96-4837-b182-b49ff853c8f3) Arcturus Publishing GBR. Dist: Baker & Taylor Publisher Services (BTPS).

Dinosaur Academy: Multiplying & Dividing. Lisa Regan. Illus. by Claire Stamper. 2022. (ENG.). 96p. (J). pap. 9.99 *(978-1-3988-1988-7(3)*, 578d2382-372b-419e-b39a-438d5c43a9a3) Arcturus Publishing GBR. Dist: Baker & Taylor Publisher Services (BTPS).

Dinosaur Activity & Coloring Book: Wonderful Dinosaur Illustrations, Creative Coloring & Activities Images, Fantastic Pages Dinosaur Coloring & Activities Prefect for Kids Ages 4-8 - Coloring Book for Toddlers & Preschoolers with Dinosaur Facts & Tips. Books For You to Smile. 2021. (ENG., Illus.). 102p. (J). pap. 11.49 *(978-0-929152-79-0(4))* Lulu Pr., Inc.

Dinosaur Activity & Coloring Book for Kids: Amazing Activity Book for Kids with Coloring Pages, Mazes, Dot to Dot & Word Search. 2020. (ENG.). 122p. (J). pap. 11.00 *(978-1-716-36835-6(9))* Lulu Pr., Inc.

Dinosaur Activity Book. Cristie Dozaz. 2020. (ENG.). 78p. (J). pap. 13.99 *(978-1-716-38410-3(9))* Lulu Pr., Inc.

Dinosaur Activity Book. William Potter. 2017. (ENG.). 96p. (J). pap. 9.99 *(978-1-78828-367-0(8)*, 9781788283670) Arcturus Publishing GBR. Dist: Baker & Taylor Publisher Services (BTPS).

Dinosaur Activity Book: Coloring BookSpot the Difference Book for Toddlers. Wallace R. Moody. 2021. (ENG.). 80p. (J). pap. 10.66 *(978-1-194-35538-1(2))* Santa Barbara Pr. International.

Dinosaur Activity Book: Over 100 Pages of Coloring & Activities! IglooBooks. Illus. by Melanie Mitchell & Eva Maria Gey. 2023. (ENG.). 112p. (J). (gr. -1). 10.99 ***(978-1-83771-574-9(2))*** Igloo Bks. GBR. Dist: Simon & Schuster, Inc.

Dinosaur Activity Book! Over 50 Magically Fun Puzles, Games, & More! Created by Peter Pauper Press Inc. 2021. (ENG., Illus.). 64p. (J). pap. 5.99 *(978-1-4413-3590-6(0))* Peter Pauper Pr. Inc.

Dinosaur Activity Book 4th Grade. Educando Kids. 2019. (ENG.). 42p. (J). pap. 8.55 *(978-1-64521-715-2(9)*, Educando Kids) Editorial Imagen.

Dinosaur Activity Book for Kids. Addison Greer. 2021. (ENG.). 122p. (J). pap. 11.40 *(978-1-716-18224-2(7))* Lulu Pr., Inc.

Dinosaur Activity Book for Kids. Tony Reed. 2021. (ENG.). 122p. (J). pap. 7.31 *(978-1-716-07298-7(0))* Lulu Pr., Inc.

Dinosaur Activity Book for Kids. Matt Rios. 2020. (ENG.). 122p. (J). pap. 9.00 *(978-1-716-33223-4(0))* Lulu Pr., Inc.

Dinosaur Activity Book for Kids: Fun Activities for Kids Ages 4-8, Coloring Pages, Dot to Dot, Mazes, Spot the Diferences, & More. Hector England. 2020. (ENG.). 122p. (J). pap. 12.00 *(978-1-716-29221-7(2))* Lulu Pr., Inc.

Dinosaur Activity Book for Kids Ages 4-8: 56 Fun Puzzles, Mazes, Games & Coloring Pages. Miracle Activity Books. 2019. (ENG., Illus.). 84p. (J). pap. 6.95 *(978-1-0878-1103-1(1))* Indy Pub.

Dinosaur Activity Book for Kids Ages 4-8: An Amazing Workbook with 50 Activity Pages Including Coloring, Mazes, Word Search, Dot-To-Dot, Puzzles, Spot the Difference & Much More, for Boys & Girls. Magical Colors. 2020. (ENG.). 116p. (J). pap. 9.77 *(978-1-716-29665-9(X))* Lulu Pr., Inc.

Dinosaur Activity Book for Kids Ages 4-8: Dinosaur Activity Book Fun Activities Workbook: Coloring, Dot to Dot, Mazes, Spot the Differences, Word Search, Page Large 8. 5 X 11. Angels Forever. 2020. (ENG.). 124p. (J). pap. 19.79 *(978-1-716-31893-1(9))* Lulu Pr., Inc.

Dinosaur Activity Set. Created by Highlights. 2023. (Highlights Puzzle & Activity Sets Ser.). 96p. (J). (-k). pap. 14.99 *(978-1-64472-912-0(1)*, Highlights) Highlights Pr., c/o Highlights for Children, Inc.

Dinosaur Activity Workbook for Kids. Beth Costanzo. 2020. (ENG.). 46p. (J). pap. 8.95 *(978-1-6781-0221-0(0))* Lulu Pr., Inc.

Dinosaur Activity Workbook for Kids 3-8. Beth Costanzo. 2022. (ENG.). 38p. (J). pap. 6.99 ***(978-1-0879-7899-4(8))*** Adventures of Scuba Jack Pubs., The.

Dinosaur Activity Workbook for Kids Ages 3-8: A Fun Kid Workbook for Learning. Beth Costanzo. 2022. (ENG.). 28p. (J). pap. 8.99 *(978-1-0880-2744-8(X))* Adventures of Scuba Jack Pubs., The.

Dinosaur Adventures: Sets 1 - 2. 2020. (Dinosaur Adventures Ser.). (ENG.). (J). pap. 92.50 *(978-1-4994-8623-0(5))*; lib. bdg. 256.00 *(978-1-4994-8524-0(7))* Windmill Bks.

Dinosaur Alert! Dot to Dot Activity Book. Jupiter Kids. 2016. (ENG., Illus.). 106p. (J). pap. 12.55 *(978-1-68326-217-6(4)*, Jupiter Kids (Childrens & Kids Fiction)) Speedy Publishing LLC.

Dinosaur Alphabet: The ABCs of Prehistoric Beasts! Michelle M. Hasselius. Illus. by Clair Rossiter. 2016. (Alphabet Connection Ser.). (ENG.). 32p. (J). (gr. -1-2). lib. bdg. 27.99 *(978-1-4795-6884-0(8)*, 128863, Picture Window Bks.) Capstone.

Dinosaur Alphabet Book A-Z. Dylon Lawrence. 2019. (ENG.). 58p. (J). pap. *(978-0-359-91132-5(3))* Lulu Pr., Inc.

Dinosaur Alphabet Workbook for Toddlers: (Ages 3-4) ABC Letter Guides, Letter Tracing, Activities, & More! (Backpack Friendly 6 X9 Size) Lauren Dick. l.t. ed. 2020. (ENG.). 64p. (J). pap. *(978-1-77437-913-4(9))* AD Classic.

Dinosaur & Ladybug in Heels Christmas Nativity Story. Michelle Lanoue. Illus. by Michelle Lanoue. 2018. (ENG., Illus.). 32p. (J). (gr. k-4). 17.99 *(978-0-692-11265-6(0))* Lanoue, Michelle.

Dinosaur & Other Prehistoric Creatures Activity Lab: Exciting Projects for Exploring the Prehistoric World. DK. 2022. (DK Activity Lab Ser.). (ENG.). 160p. (J). (gr. 4-7). 19.99 *(978-0-7440-5070-7(7)*, DK Children) Dorling Kindersley Publishing, Inc.

Dinosaur & Other Prehistoric Creatures Atlas: The Prehistoric World As You've Never Seen It Before. DK. 2021. (DK Where on Earth? Atlases Ser.). (ENG.). 160p. (J). (gr. 4-7). 21.99 *(978-0-7440-3547-6(3)*, DK Children) Dorling Kindersley Publishing, Inc.

Dinosaur Archives. Kyle Morris. Illus. by Deborah Wickert. 2022. (ENG.). 76p. (J). 35.49 ***(978-1-6628-5979-3(1))***; pap. 22.99 ***(978-1-6628-5978-6(3))*** Salem Author Services.

Dinosaur at the Bus Stop: Pictures to Have Fun With! Kate Wakeling. Illus. by Eilidh MuLdoon. 2023. (ENG.). 80p. (J). (gr. k-2). pap. 14.99 ***(978-1-913074-20-3(X))*** Otter-Barry Bks. GBR. Dist: Independent Pubs. Group.

Dinosaur Atlas: A Journey Through Time to the Prehistoric World. Tom Jackson. Illus. by Maggie Li. 2022. (Amazing Adventures Ser.). (ENG.). 64p. (J). (gr. 1-6). 16.99 *(978-0-7112-7039-8(2))* QEB Publishing Inc.

Dinosaur Awards: Celebrate the 50 Most Amazing Dinosaurs at the Ultimate Prehistoric Prizegiving. Barbara Taylor. Illus. by Stephen Collins. 2021. (ENG.). 80p. (J). (gr. k-3). 19.99 ***(978-0-7112-5637-8(3)***, Frances Lincoln Children's Bks.) Quarto Publishing Group UK GBR. Dist: Hachette Bk. Group.

Dinosaur Band. Daniel Roberts. 2020. (ENG.). 32p. (J). pap. *(978-1-716-72084-0(2))* Lulu Pr., Inc.

Dinosaur Bay. Jeremy Patrick Bickham. 2022. (Dinosaur Bay Ser.). (ENG.). 86p. (J). pap. 9.99 *(978-1-0879-1968-3(1))* Indy Pub.

Dinosaur Bay: A Jurassic Fantastic Adventure. Jeremy Patrick Bickham. 2023. (Dinosaur Bay Ser.). (ENG.). 272p. (J). pap. 29.99 ***(978-1-0879-8628-9(1))*** Indy Pub.

Dinosaur Bob & His Adventures with the Family Lazardo. William Joyce. Illus. by William Joyce. 2017. (World of William Joyce Ser.). (ENG., Illus.). 48p. (J). (gr. -1-3). 19.99 *(978-1-4814-8947-8(X)*, Atheneum/Caitlyn Dlouhy Books) Simon & Schuster Children's Publishing.

Dinosaur Bone Doctor. David Trexler. 2017. (Text Connections Guided Close Reading Ser.). (J). (gr. 2). *(978-1-4900-1845-4(X))* Benchmark Education Co.

Dinosaur Bone Mystery: Billy Fender Pi Series - Book 2. Glenn Lindsey. 2018. (ENG., Illus.). 184p. (J). pap. *(978-0-9959380-3-8(2))* Lindsey, Glenn.

Dinosaur Bones: And What They Tell Us. Rob Colson. 2016. (ENG., Illus.). 96p. (J). (gr. 5-12). pap. 12.95 *(978-1-77085-694-3(3)*, 990d9aeb-aebe-4b25-9c88-2451c4035ee3) Firefly Bks., Ltd.

Dinosaur Book. DK & John Woodward. 2018. (DK Our World in Pictures Ser.). (ENG., Illus.). 208p. (J). (gr. 4-7). 22.99 *(978-1-4654-7476-6(5)*, DK Children) Dorling Kindersley Publishing, Inc.

Dinosaur Boy. Cory Putman Oakes. ed. 2016. (Dinosaur Boy Ser.: 1). lib. bdg. 18.40 *(978-0-606-38280-9(1))* Turtleback.

Dinosaur Boy Saves Mars. Cory Putman Oakes. ed. 2016. (Dinosaur Boy Ser.: 2). (ENG.). 224p. (J). (gr. 3-7). 18.40 *(978-0-606-39306-5(4))* Turtleback.

Dinosaur Bus: A Shaped Countdown Book. Helen Hughes. Illus. by Mel Matthews. 2023. (ENG.). 12p. (J). (-k). bds. 8.99 *(978-1-6643-5067-0(5))* Tiger Tales.

Dinosaur Challenge! (Jurassic World: Comictivity) Marilyn Easton. 2021. (ENG.). 48p. (J). (gr. 2-5). 10.99 *(978-1-338-72666-4(8))* Scholastic, Inc.

Dinosaur Circus: A Cretaceous Coloring Book. Leighanna Hoyle. 2016. (Illus.). 48p. (J). (gr. k-2). pap. 5.99 *(978-1-57826-637-1(8)*, Hatherleigh Pr.) Hatherleigh Co., Ltd., The.

Dinosaur Club: a Triceratops Charge. Rex Stone. 2022. (Dinosaur Club Ser.: 2). (ENG.). 96p. (J). (gr. 2-4). 18.99 *(978-0-7440-4999-2(7))*; pap. 6.99 *(978-0-7440-4998-5(9))* Dorling Kindersley Publishing, Inc. (DK Children).

Dinosaur Club: Avoiding the Allosaurus. Rex Stone. 2023. (Dinosaur Club Ser.). (ENG.). 96p. (J). (gr. 2-4). 18.99 ***(978-0-7440-8505-1(5))***; pap. 6.99 ***(978-0-7440-8504-4(7))*** Dorling Kindersley Publishing, Inc. (DK Children).

Dinosaur Club: Catching the Velociraptor. Rex Stone. 2022. (Dinosaur Club Ser.: 6). (ENG.). 96p. (J). (gr. 2-4). 18.99 *(978-0-7440-6004-1(4))*; pap. 6.99 *(978-0-7440-6003-4(6))* Dorling Kindersley Publishing, Inc. (DK Children).

Dinosaur Club Collection One: Contains 4 Action-Packed Adventures. Rex Stone. 2023. (Dinosaur Club Ser.). (ENG.). 384p. (J). (gr. 2-4). 27.96 ***(978-0-7440-8572-3(1)***, DK Children) Dorling Kindersley Publishing, Inc.

Dinosaur Club: Escaping the Liopleurodon. Rex Stone. 2023. (Dinosaur Club Ser.: 7). (ENG.). 96p. (J). (gr. 2-4). 18.99 *(978-0-7440-8027-8(4))*; pap. 6.99 *(978-0-7440-8026-1(6))* Dorling Kindersley Publishing, Inc. (DK Children).

Dinosaur Club: Saving the Stegosaurus. DK. 2022. (Dinosaur Club Ser.: 3). (ENG.). 96p. (J). (gr. k-2). 18.99 *(978-0-7440-5656-3(X))*; (gr. 2-4). pap. 6.99 *(978-0-7440-5655-6(1))* Dorling Kindersley Publishing, Inc. (DK Children).

Dinosaur Club: the Compsognathus Chase. DK. 2022. (Dinosaur Club Ser.: 5). (ENG.). 96p. (J). (gr. 2-4). 18.99 *(978-0-7440-5986-1(0))*; pap. 6.99 *(978-0-7440-5985-4(2))* Dorling Kindersley Publishing, Inc. (DK Children).

Dinosaur Club: the T-Rex Attack. Rex Stone. 2022. (Dinosaur Club Ser.: 1). (ENG.). 96p. (J). (gr. 2-4). 18.99 *(978-0-7440-4997-8(0))*; pap. 6.99 *(978-0-7440-4996-1(2))* Dorling Kindersley Publishing, Inc. (DK Children).

Dinosaur Club: Tracking the Diplodocus. Rex Stone. 2022. (Dinosaur Club Ser.: 4). (ENG.). 96p. (J). (gr. 2-4). 18.99 *(978-0-7440-5672-3(1))*; pap. 6.99 *(978-0-7440-5671-6(3))* Dorling Kindersley Publishing, Inc. (DK Children).

Dinosaur Code Crackers. Created by Highlights. 2022. (Highlights Fun to Go Ser.). 32p. (J). (gr. 1-4). pap. 6.99 *(978-1-64472-845-1(1)*, Highlights) Highlights Pr., c/o Highlights for Children, Inc.

Dinosaur Coloring & Activity Book for Children (6x9 Coloring Book / Activity Book) Sheba Blake. 2020. (ENG.). 44p. (J). pap. 9.99 *(978-1-222-28903-9(2))* Indy Pub.

Dinosaur Coloring & Activity Book for Children (8. 5x8. 5 Coloring Book / Activity Book) Sheba Blake. 2021. (ENG.). 44p. (J). pap. 12.99 *(978-1-222-29221-3(1))* Indy Pub.

Dinosaur Coloring & Activity Book for Children (8x10 Coloring Book / Activity Book) Sheba Blake. 2020. (ENG.). 44p. (J). pap. 14.99 *(978-1-222-28904-6(0))* Indy Pub.

D

Dinosaur Coloring Book. Compiled by Jasmine Chapel. 2022. (ENG.). 39p. (J). pap. ***(978-1-4583-3683-5(2))*** Lulu Pr., Inc.

Dinosaur Coloring Book. Cristie Dozaz. 2020. (ENG.). 66p. (J). pap. 14.00 *(978-1-716-38712-8(4))* Lulu Pr., Inc.

Dinosaur Coloring Book. Bas McSerban. 2020. (ENG.). 62p. (J). pap. 8.99 *(978-1-716-33060-5(2))* Lulu Pr., Inc.

Dinosaur Coloring Book. Bianca Montgomery. 2021. (ENG.). 66p. (J). pap. 9.49 *(978-1-716-16082-0(0))* Lulu Pr., Inc.

Dinosaur Coloring Book: Dinosaur Coloring Book for Kids 3-5. Okeema Woods. 2022. (ENG.). 50p. (J). pap. ***(978-1-387-67215-8(0))*** Lulu Pr., Inc.

Dinosaur Coloring Book: For Kids Ages 4-8, 9-12. Young Dreamers Press. Illus. by Fabian Gordillo. 2021. (ENG.). 66p. (J). pap. *(978-1-990136-16-0(8))* EnemyOne.

Dinosaur Coloring Book: Great Coloring Book for Kids with Dinosaur Facts. Lora Dorny. 2021. (ENG.). 96p. (J). 20.55 *(978-1-68501-033-1(4))* Rusu, Lacramioara.

Dinosaur Coloring Book: Great Gift for Boys & Girls, Ages 4-8 Kids. Irina Sofia. 2021. (ENG.). 60p. (J). pap. 7.99 *(978-0-482-64473-2(7))* Lulu Pr., Inc.

Dinosaur Coloring Book: Simple, Cute & Fun Dinosaur Coloring Book for Boys, Girls, Toddlers, Preschoolers. Esel Press. 2020. (ENG.). 104p. (J). 19.95 *(978-1-716-17256-4(X))*; pap. 9.65 *(978-1-716-29670-3(6))* Lulu Pr., Inc.

Dinosaur Coloring Book 2! Pages for Kids to Color On. Bold Illustrations. 2018. (ENG., Illus.). 84p. (J). pap. 6.92 *(978-1-64193-950-8(8)*, Bold Illustrations) FASTLANE LLC.

DINOSAUR Coloring Book & ROBOTS: The Big Robot Coloring Book for Kids & Amazing Dragons & Dinos - Fantasy for Children Ages 3 4 5 6 7 8 9 10 for Boys & Girls. B D Andy Bradradrei. 2021. (ENG.). 102p. (J). pap. 13.02 *(978-0-575-24554-9(9))* Pearson Learning Solutions.

Dinosaur Coloring Book for Ages 4-8! Discover a Variety of Dinosaur Coloring Pages for Children. Bold Illustrations. 2021. (ENG.). 82p. (J). pap. 11.99 *(978-1-0717-0639-8(X)*, Bold Illustrations) FASTLANE LLC.

Dinosaur Coloring Book for Children - Create Your Own Doodle Cover (8x10 Hardcover Personalized Coloring Book / Activity Book) Sheba Blake. 2021. (ENG.). 46p. (J). 24.99 ***(978-1-222-34312-0(6))*** Indy Pub.

Dinosaur Coloring Book for Children (6x9 Coloring Book / Activity Book) Sheba Blake. 2020. (ENG.). (J). 56p. pap. 9.99 *(978-1-222-28895-7(8))*; (Dinosaur Coloring Bks.: Vol. 1). 44p. pap. 9.99 *(978-1-222-28868-1(0))*; (Dinosaur Coloring Bks.: Vol. 2). 52p. pap. 9.99 *(978-1-222-28870-4(2))*; (Dinosaur Coloring Bks.: Vol. 5).

34p. pap. 9.99 *(978-1-222-28931-2(8))*; 24p. pap. 9.99 *(978-1-222-28397-6(2))* Indy Pub.

Dinosaur Coloring Book for Children (8. 5x8. 5 Coloring Book / Activity Book) Sheba Blake. (ENG.). (J). 2021. 56p. pap. 12.99 *(978-1-222-29218-3(1))*; 2021. (Dinosaur Coloring Bks.: Vol. 5). 34p. pap. 12.99 *(978-1-222-29145-2(2))*; 2020. 24p. pap. 12.99 *(978-1-222-28752-3(8))*; 2020. (Dinosaur Coloring Bks.: Vol. 1). 44p. pap. 12.99 *(978-1-222-28879-7(6))*; 2020. (Dinosaur Coloring Bks.: Vol. 2). 52p. pap. 12.99 *(978-1-222-28880-3(X))* Indy Pub.

Dinosaur Coloring Book for Children (8x10 Coloring Book / Activity Book) Sheba Blake. 2020. (ENG.). (J). 56p. pap. 14.99 *(978-1-222-28896-4(6))*; (Dinosaur Coloring Bks.: Vol. 1). 44p. pap. 14.99 *(978-1-222-28869-8(9))*; (Dinosaur Coloring Bks.: Vol. 2). 52p. pap. 14.99 *(978-1-222-28871-1(0))*; (Dinosaur Coloring Bks.: Vol. 5). 34p. pap. 14.99 *(978-1-222-28932-9(6))*; 24p. pap. 14.99 *(978-1-222-28398-3(0))* Indy Pub.

Dinosaur Coloring Book for Kids. Deeasy Books. (ENG.). (J). 2021. 102p. pap. 9.50 ***(978-1-716-21290-1(1))***; 2020. 92p. pap. 12.00 *(978-1-716-28005-4(2))* Indy Pub.

Dinosaur Coloring Book for Kids. Personaldev Books. 2020. (ENG.). 102p. (J). pap. 9.99 *(978-1-9843-6140-0(6))* Lulu Pr., Inc.

Dinosaur Coloring Book for Kids. Cristie Dozaz. 2020. (ENG.). 66p. (J). pap. 10.00 *(978-1-716-42134-1(9))* Lulu Pr., Inc.

Dinosaur Coloring Book for Kids. Addison Greer. 2021. (ENG.). 110p. (J). pap. 10.95 *(978-1-716-18208-2(5))* Lulu Pr., Inc.

Dinosaur Coloring Book for Kids. Anna O'Annabelle. 2020. (ENG.). 104p. (J). pap. 10.00 *(978-1-716-41441-1(5))* Lulu Pr., Inc.

Dinosaur Coloring Book for Kids. Tony Reed. 2021. (ENG.). 110p. (J). pap. 7.20 *(978-1-716-07273-4(5))* Lulu Pr., Inc.

Dinosaur Coloring Book for Kids. Floie Rosa. 2020. (ENG.). 130p. (J). pap. *(978-1-716-33519-8(1))* Reader's Digest Assn. (Canada).

DINOSAUR Coloring Book for Kids. Jocelyn Smirnova. 2020. (ENG.). 108p. (J). pap. 11.45 *(978-1-716-33221-0(4))* Lulu Pr., Inc.

Dinosaur Coloring Book for Kids: Amazing Dinosaur Coloring Books, Fun Coloring Book for Kids Ages 4 - 8, Page Large 8. 5 X 11. Elma Angels. 2020. (ENG.). 86p. (J). pap. 9.79 *(978-1-716-32433-8(5))* Lulu Pr., Inc.

Dinosaur Coloring Book for Kids: Coloring Activity for Ages 4 - 8 Great Gift for Boys & Girls. Lawrence Niington. 2021. (ENG.). 106p. (J). *(978-1-326-25872-6(9))* Lulu.com.

Dinosaur Coloring Book for Kids: Cute Dinosaur - Super Fun Dinosaur Coloring Book Gift for Boys & Girls. Guinevere Kirilova. 2021. (ENG.). 154p. (J). pap. *(978-1-716-05972-8(0))* Lulu.com.

Dinosaur Coloring Book for Kids: Fantastic Dinosaur Coloring Book for Boys, Girls, Toddlers, Preschoolers, Kids. Bucur BUCUR HOUSE. 2021. (ENG.). 42p. (J). pap. ***(978-1-4452-1617-1(5))*** Lulu Pr., Inc.

Dinosaur Coloring Book for Kids: Great Gift for Boys & Girls, Big Dinosaur Coloring Book. Maia Simonds. 2021. (ENG.). 104p. (J). pap. 12.90 *(978-1-716-84740-0(0))* Lulu Pr., Inc.

Dinosaur Coloring Book for Kids: Loads of Coloring Fun with Adorable Dinosaurs - 30 Beautiful Illustrations to Color. Great Gift for All Ages, Boys & Girls, Little Kids, Preschool, Kindergarten & Elementary. Jasmine Taylor. 2021. (ENG.). 65p. (J). pap. ***(978-1-7947-9746-8(7))*** Lulu Pr., Inc.

Dinosaur Coloring Book for Kids: Triassic Period (Book 1) A. B. Lockhaven & Grace Lockhaven. Illus. by Aisha Gohar. l.t. ed. 2021. (Dinosaur Coloring Book for Kids Ser.: Vol. 1). (ENG.). 60p. (J). pap. 5.99 *(978-1-947744-95-0(X))* Twisted Key Publishing, LLC.

Dinosaur Coloring Book for Kids: Triassic Period (Book 2) A. B. Lockhaven & Grace Lockhaven. Illus. by Aisha Gohar. l.t. ed. 2021. (ENG.). 60p. (J). pap. 6.99 *(978-1-63911-014-8(3))* Twisted Key Publishing, LLC.

Dinosaur Coloring Book for Kids Age 4-8: Great Gift for Boys & Girls Large Size 8,5 X 11. Adil Daisy. 2021. (ENG.). 74p. (J). pap. 10.99 *(978-1-008-94063-5(1))* Lulu Pr., Inc.

Dinosaur Coloring Book for Kids Ages 4-8: Awesome Coloring Book for Children Who Love Dinosaurs, Attractive Images to Improve Creativity. Carol Childson. l.t. ed. 2021. (ENG.). 48p. (J). *(978-1-008-94548-7(X))* Lulu.com.

Dinosaur Coloring Book for Kids Ages 4-8: Coloring Book for Kids: Ages - 1-3 2-4 4-8 First of the Coloring Books for Boys Girls Great Gift for Little Children & Baby Toddler with Cute Jurassic Prehistoric Animals. Penelope Moore. 2021. (ENG.). 86p. (J). pap. 9.99 *(978-1-80353-684-2(5))* Baker & Taylor Bks.

Dinosaur Coloring Book for Kids Ages 4-8: Wonderful Dinosaur Activity Book for Kids & Boys, Great Dinosaur Books for Toddlers & Children Who Love to Play & Enjoy with Dinosaurs. Amelia Yardley. 2021. (ENG.). 82p. (J). pap. *(978-1-008-92323-2(0))* Lulu.com.

Dinosaur Coloring Book for Kids & Toddlers! a Unique Collection of Pages. Bold Illustrations. 2018. (ENG., Illus.). 84p. (J). pap. 6.92 *(978-1-64193-959-1(1))* FASTLANE LLC.

Dinosaur Coloring Books. Dino-Riffic Activity & Coloring Book for Boys & Girls with Pages of How to Draw Activities for Enhanced Focus & Fine Motor Control. Jupiter Kids. 2017. (ENG., Illus.). 200p. (J). pap. 12.26 *(978-1-5419-4780-1(0)*, Jupiter Kids (Childrens & Kids Fiction)) Speedy Publishing LLC.

Dinosaur Coloring Books for Kids Ages 4-8: Dinosaur Coloring Books for Kids Ages 4-8. Elma Angels. 2020. (ENG.). 104p. (J). pap. 9.97 *(978-1-716-30914-4(X))* Lulu Pr., Inc.

Dinosaur Coloring for Kids: The Fun Prehistoric Coloring Book for Boys & Girls. Happy Harper. 2019. (ENG., Illus.). 82p. (J). pap. *(978-1-989543-00-9(6)*, Happy Harper) Gill, Karanvir.

Dinosaur Coloring for Kids: The Fun Prehistoric Coloring Book for Children of All Ages. Happy Harper. 2020. (ENG.). 92p. (J). pap. *(978-1-989543-97-9(9)*, Happy Harper) Gill, Karanvir.

Dinosaur Coloring Pad: With over 250 Amazing Stickers! IglooBooks. 2023. (ENG.). 46p. (J). (gr. -1). 10.99 ***(978-1-83771-610-4(2))*** Igloo Bks. GBR. Dist: Simon & Schuster, Inc.

Dinosaur Colors. John Bianchi. 2016. (1-3Y Bird, Bunny & Bear Ser.). (ENG.). 16p. (J). pap. 9.60 *(978-1-63437-533-7(5))* American Reading Co.

Dinosaur Colouring Book: By Kiera Kolours. Kiera Kolours Kiera Kolours. 2022. (ENG.). 70p. (J). pap. ***(978-1-387-48857-5(0))*** Lulu Pr., Inc.

Dinosaur Countdown. Nicholas Oldland. Illus. by Nicholas Oldland. 2021. (ENG., Illus.). 24p. (J). (gr. -1-k). bds. 9.99 *(978-1-5253-0476-7(3))* Kids Can Pr., Ltd. CAN. Dist: Hachette Bk. Group.

Dinosaur Crazy Maze Fun Activity Book. Jupiter Kids. 2016. (ENG., Illus.). 108p. (J). pap. 12.55 *(978-1-68326-218-3(2)*, Jupiter Kids (Childrens & Kids Fiction)) Speedy Publishing LLC.

Dinosaur Dance! Sandra Boynton. Illus. by Sandra Boynton. 2016. (ENG., Illus.). 16p. (J). (gr. -1-k). bds. 6.99 *(978-1-4814-8099-4(5))* Simon & Schuster, Inc.

Dinosaur Dance! Oversized Lap Board Book. Sandra Boynton. Illus. by Sandra Boynton. 2021. (ENG., Illus.). 16p. (J). (gr. -1-k). bds., bds. 9.99 *(978-1-6659-0790-3(8))* Simon & Schuster, Inc.

Dinosaur Dance-Off. Jorden Foss. Illus. by Sara Theuerkauf. 2022. (ENG.). 32p. (J). (gr. 1). 18.95 *(978-1-77147-441-2(6))* Owlkids Bks. Inc. CAN. Dist: Publishers Group West (PGW).

Dinosaur Danger. Geronimo Stilton Staff. 2016. (Illus.). 128p. (J). pap. *(978-1-338-05288-6(8))* Scholastic, Inc.

Dinosaur Dash Maze Book. Connie Isaacs. Illus. by Carrie Hennon. 2020. (Pull-The-Tab Wipe Clean Bks.). (ENG.). 12p. (J). bds. 9.99 *(978-1-78958-472-1(8))* Top That! Publishing PLC GBR. Dist: Independent Pubs. Group.

Dinosaur Days: Stegosaurus. Sara Gilbert. 2019. (Dinosaur Days Ser.). (Illus.). 24p. (J). (gr. 1-4). pap. 8.99 *(978-1-62832-637-6(9)*, 18748, Creative Paperbacks) Creative Co., The.

Dinosaur Days: Triceratops. Sara Gilbert. 2019. (Dinosaur Days Ser.). (Illus.). 24p. (J). (gr. 1-4). pap. 8.99 *(978-1-62832-638-3(7)*, 18751, Creative Paperbacks) Creative Co., The.

Dinosaur Days: Tyrannosaurus Rex. Sara Gilbert. 2019. (Dinosaur Days Ser.). (Illus.). 24p. (J). (gr. 1-4). pap. 8.99 *(978-1-62832-639-0(5)*, 18754, Creative Paperbacks) Creative Co., The.

Dinosaur Days: Velociraptor. Sara Gilbert. 2019. (Dinosaur Days Ser.). (Illus.). 24p. (J). (gr. 1-4). pap. 8.99 *(978-1-62832-640-6(9)*, 18757, Creative Paperbacks) Creative Co., The.

Dinosaur Dentist. Lacey L. Bakker. Illus. by Hannah Kim. 2021. (ENG.). 36p. (J). pap. *(978-1-989506-40-0(2))* Pandamonium Publishing Hse.

Dinosaur Dentist: A Bilingual Children's Book, Written in Simplified Chinese, Pinyin & English. Molly Li. Illus. by Molly Li. 2023. (CHI.). 32p. (J). pap. 9.99 ***(978-1-0880-9480-8(5))*** Indy Pub.

Dinosaur Dentist: Bilingual Chinese Children's Books- Traditional Chinese Version. Molly Li. Illus. by Molly Li. 2023. (XIXI & Lele Ser.: Vol. 1). (CHI.). 32p. (J). pap. 9.99 ***(978-1-0881-0078-3(3))*** Indy Pub.

Dinosaur Department Store. Richard Merritt & Lily Murray. 2019. (ENG., Illus.). 32p. (J). (gr. -1-k). pap. 9.99 *(978-1-78055-596-6(2)*, Buster Bks.) O'Mara, Michael Bks., Ltd. GBR. Dist: Independent Pubs. Group.

Dinosaur Detective: Thomas T Rex & the Case of the Angry Ankylosaurus. Nicole Mills & Henry Mills-Whittelsey. 2016. (ENG., Illus.). (J). 25.95 *(978-1-4808-3767-6(9))*; pap. 16.95 *(978-1-4808-3766-9(0))* Archway Publishing.

Dinosaur Detectives, 4 Bks., Set. Stephanie Baudet. Illus. by Illary Casasanta. 2016. (Dinosaur Detectives Ser.). (ENG.). (J). *(978-1-78226-275-6(X))* Sweet Cherry Publishing.

Dinosaur Detectives in the Amazon Rainforest. Stephanie Baudet. Illus. by Illary Casasanta. 2016. (Dinosaur Detectives Ser.). (ENG.). 84p. (J). *(978-1-78226-265-7(2))* Sweet Cherry Publishing.

Dinosaur Detectives in the Frozen Desert. Stephanie Baudet. Illus. by Illary Casasanta. 2016. (Dinosaur Detectives Ser.). (ENG.). 83p. (J). *(978-1-78226-267-1(9))* Sweet Cherry Publishing.

Dinosaur Detectives in the Rainbow Serpent. Stephanie Baudet. Illus. by Illary Casasanta. 2016. (Dinosaur Detectives Ser.). (ENG.). 76p. (J). *(978-1-78226-268-8(7))* Sweet Cherry Publishing.

Dinosaur Detectives in the Scuttlebutt. Stephanie Baudet. Illus. by Illary Casasanta. 2016. (Dinosaur Detectives Ser.). (ENG.). 76p. (J). *(978-1-78226-266-4(0))* Sweet Cherry Publishing.

Dinosaur Devotions: 75 Dino Discoveries, Bible Truths, Fun Facts, & More!, 1 vol. Michelle Medlock Adams. Illus. by Denise Turu. 2018. (ENG.). 160p. (J). 14.99 *(978-1-4002-0902-6(1)*, Tommy Nelson) Nelson, Thomas Inc.

Dinosaur Dinosaur 123: Sticker Activity Book. Villetta Craven. Illus. by Sanja Rescek. 2022. (ENG.). 32p. (J). (-k). pap. 4.99 *(978-1-6643-4035-0(1))* Tiger Tales.

Dinosaur Dinosaur ABC: Sticker Activity Book. Villetta Craven. Illus. by Sanja Rescek. 2022. (ENG.). 32p. (J). (-k). pap. 4.99 *(978-1-6643-4034-3(3))* Tiger Tales.

Dinosaur, Dinosaur, Fall Is Here. Danielle McLean. Illus. by Sanja Rescek. 2022. (ENG.). 22p. (J). (-k). bds. 9.99 *(978-1-6643-5041-0(1))* Tiger Tales.

Dinosaur, Dinosaur Had a Farm. Danielle McLean. Illus. by Sanja Rescek. 2023. (ENG.). 22p. (J). (-k). bds. 9.99 *(978-1-6643-5057-1(8))* Tiger Tales.

Dinosaur, Dinosaur I Can Learn: First Words, Colors, Numbers & Shapes, Opposites, 4 vols. Villetta Craven. Illus. by Sanja Rescek. 2023. (ENG.). 80p. (J). (-k). pap. 12.99 ***(978-1-6643-4066-4(1))*** Tiger Tales.

Dinosaur, Dinosaur, I Love You. Danielle McLean. Illus. by Sanja Rescek. 2021. (ENG.). 22p. (J). (-k). bds. 9.99 *(978-1-6643-5027-4(6))* Tiger Tales.

Dinosaur, Dinosaur, It's Christmas. Danielle McLean. Illus. by Sanja Rescek. 2023. (ENG.). 22p. (J). (-k). bds. 9.99 ***(978-1-6643-5072-4(1))*** Tiger Tales.

Dinosaur, Dinosaur, Say Good Night. Tiger Tales. Illus. by Sanja Rescek. 2019. (ENG.). 22p. (J). (gr. 2-k). bds. 9.99 *(978-1-68010-589-6(2))* Tiger Tales.

Dinosaur Disaster. Matthew McElligott. ed. 2018. (Mad Scientist Academy Ser.). (ENG.). 33p. (J). (gr. -1-1). 19.96 *(978-1-64310-647-2(3))* Penworthy Co., LLC, The.

Dinosaur Disaster! Meredith Rusu. ed. 2018. (Scholastic Readers Ser.). (ENG.). 32p. (J). (gr. -1-k). 13.89 *(978-1-64310-245-0(1))* Penworthy Co., LLC, The.

Dinosaur Disco. Deborah Kelly. Illus. by Daron Parton. 2016. (ENG.). 32p. (J). (gr. -1-k). 24.99 *(978-0-85798-136-3(6))* Random Hse. Australia AUS. Dist: Independent Pubs. Group.

Dinosaur Discoveries (New & Updated) Gail Gibbons. 2018. (ENG., Illus.). 32p. (J). (gr. 1-4). pap. 7.99 *(978-0-8234-4009-2(5))* Holiday Hse., Inc.

Dinosaur Discovery, 8 vols. 2022. (Dinosaur Discovery Ser.). (ENG.). 32p. (J). (gr. 4-5). lib. bdg. 111.72 *(978-1-5383-8739-9(5)*, bfbcfed8-e373-4279-bacd-91646a8373db, PowerKids Pr.) Rosen Publishing Group, Inc., The.

Dinosaur Discovery, 2. Laura James. ed. 2022. (Daily Bark Ser.). (ENG.). 115p. (J). (gr. 2-5). 18.96 ***(978-1-68505-644-5(X))*** Penworthy Co., LLC, The.

Dinosaur Discovery: A Prehistoric Word Search Adventure. David Sechovicz. 2023. (ENG.). 127p. (J). pap. ***(978-1-4478-5432-6(2))*** Lulu Pr., Inc.

Dinosaur DNA: a Nonfiction Companion to the Films (Jurassic World) A Nonfiction Companion to the Films. Marilyn Easton. 2018. (Jurassic World Ser.). (ENG., Illus.). 48p. (J). (gr. 2-5). bds. 14.99 *(978-1-338-28284-9(0))* Scholastic, Inc.

Dinosaur Dot to Dot Coloring Book for Kids Ages 4-8: Dinosaur Dot Markers Activity Book for Kids - Kids Ages 4-8. Kids Club. 2022. (Dinosaur Coloring Book Ser.: Vol. 1). (ENG.). 46p. (J). pap. 8.99 *(978-1-6904-3741-3(3))* IIG Pub.

Dinosaur Dreaming. Maureen Larter. Illus. by Annie Gabriel. 2019. (ENG.). 26p. (J). (gr. k-4). pap. *(978-0-6485076-4-2(5))* Sweetfields Publishing.

Dinosaur Dress-Up Sticker Activity Book. Fran Newman-D'Amico. 2021. (Dover Little Activity Bks.). (ENG.). 4p. (J). (gr. k-3). 2.50 *(978-0-486-84868-6(X)*, 84868X) Dover Pubns., Inc.

Dinosaur Dump: What Happened to the Dinosaurs Is Grosser Than You Think (Fart Monster & Friends) Tim Miller & Matt Stanton. 2017. (Fart Monster & Friends Ser.). (ENG., Illus.). 32p. 17.99 *(978-0-7333-3463-4(6))* ABC Bks. AUS. Dist: HarperCollins Pubs.

Dinosaur Empire! (Earth Before Us #1) Journey Through the Mesozoic Era. Abby Howard. 2019. (Earth Before Us Ser.). (ENG., Illus.). 144p. (J). (gr. 3-7). pap. 12.99 *(978-1-4197-3622-3(1)*, 1144903, Amulet Bks.) Abrams, Inc.

Dinosaur Empire! (Earth Before Us #1): Journey Through the Mesozoic Era. Abby Howard. 2017. (Earth Before Us Ser.). (ENG., Illus.). 128p. (J). (gr. 3-7). 15.99 *(978-1-4197-2306-3(5)*, 1144901, Amulet Bks.) Abrams, Inc.

Dinosaur Encounter: The Alberta Episode. Lisa Tasca Oatway. 2021. (ENG.). 138p. (J). *(978-0-2288-6471-4(2))*; pap. *(978-0-2288-6470-7(4))* Tellwell Talent.

Dinosaur Encyclopedia: One Encyclopedia, a World of Prehistoric Knowledge. Michael Benton. 2017. (Kingfisher Encyclopedias Ser.). (ENG.). 160p. (J). pap. 13.99 *(978-0-7534-7354-2(2)*, 900174951, Kingfisher) Roaring Brook Pr.

Dinosaur Expert. Margaret McNamara. Illus. by G. Brian Karas. 2018. (Mr. Tiffin's Classroom Ser.). 40p. (J). (gr. -1-3). 17.99 *(978-0-553-51143-7(2)*, Schwartz & Wade Bks.) Random Hse. Children's Bks.

Dinosaur Explorers Vol. 4: Trapped in the Triassic. Albbie. Illus. by Air Air Team. 2019. (Dinosaur Explorers Ser.: 4). (ENG.). 184p. (J). 16.99 *(978-1-5458-0205-2(X)*, 900198503); pap. 12.99 *(978-1-5458-0204-5(1)*, 900198504) Mad Cave Studios. (Papercutz).

Dinosaur Explorers Vol. 5: Lost in the Jurassic. REDCODE & Albbie. Illus. by Air Air Team. 2019. (Dinosaur Explorers Ser.: 5). (ENG.). 184p. (J). 16.99 *(978-1-5458-0315-8(3)*, 900207089); pap. 12.99 *(978-1-5458-0316-5(1)*, 900207090) Mad Cave Studios. (Papercutz).

Dinosaur Explorers Vol. 6: Escaping the Jurassic. REDCODE & Albbie. Illus. by Air Air Team. 2020. (Dinosaur Explorers Ser.: 6). (ENG.). 184p. (J). 16.99 *(978-1-5458-0415-5(X)*, 900211164); pap. 12.99 *(978-1-5458-0416-2(8)*, 900211165) Mad Cave Studios. (Papercutz).

Dinosaur Explorers Vol. 7: Cretaceous Craziness. REDCODE & Albbie. Illus. by Air Air Team. 2020. (Dinosaur Explorers Ser.: 7). (ENG.). 184p. (J). 16.99 *(978-1-5458-0547-3(4)*, 900225111); pap. 12.99 *(978-1-5458-0548-0(2)*, 900225112) Mad Cave Studios. (Papercutz).

Dinosaur Explorers Vol. 8: Lord of the Skies. Albbie. Illus. by REDCODE. 2021. (Dinosaur Explorers Ser.: 8). (ENG.). 184p. (J). 16.99 *(978-1-5458-0624-1(1)*, 900232806); pap. 12.99 *(978-1-5458-0625-8(X)*, 900232807) Mad Cave Studios. (Papercutz).

Dinosaur Explorers Vol. 9: King of the Seas. REDCODE & Albbie. Illus. by Air Air Team. 2021. (Dinosaur Explorers Ser.: 9). (ENG.). 184p. (J). 16.99 *(978-1-5458-0711-8(6)*, 900240060); pap. 12.99 *(978-1-5458-0712-5(4)*, 900240061) Mad Cave Studios. (Papercutz).

Dinosaur Extinction: What Really Happened? Megan Cooley Peterson. 2018. (History's Mysteries Ser.). (ENG.). 32p. (J). (gr. 4-6). pap. 9.99 *(978-1-64466-255-7(8)*, 12273); (Illus.). lib. bdg. *(978-1-68072-408-0(8)*, 12272) Black Rabbit Bks. (Bolt).

Dinosaur Fact Dig: The Need-To-Know Facts. 2016. (Dinosaur Fact Dig Ser.). (ENG.). 32p. (gr. 1-2). 167.94 *(978-1-4914-9652-7(5)*, Capstone Pr.) Capstone.

Dinosaur Fact Dig: The Need-To-Know Facts. Megan Cooley Peterson et al. 2016. (Dinosaur Fact Dig Ser.). (ENG.). 32p. (J). (gr. -1-2). 299.90 *(978-1-5157-2715-6(7)*, 25235, Capstone Pr.) Capstone.

Dinosaur Facts for Kids. Jacquelyn Elnor Johnson. 2022. (ENG.). 98p. (J). ***(978-1-990887-10-9(4))*** Crimson Hill Bks.

Dinosaur Facts for Kids - Animal Book for Kids Children's Animal Books. Baby Professor. 2017. (ENG., Illus.). (J). pap. 8.79 *(978-1-5419-4021-5(0)*, Baby Professor (Education Kids)) Speedy Publishing LLC.

Dinosaur Family Trip. May Nakamura. ed. 2019. (Ready-To-Read Ser.). (ENG.). 32p. (J). (gr. k-1). 13.96 *(978-1-64697-115-2(9))* Penworthy Co., LLC, The.

Dinosaur Feathers. Dennis Nolan. (Illus.). 48p. (J). (gr. 1-4). 2021. pap. 9.99 *(978-0-8234-4940-8(8))*; 2019. 18.99 *(978-0-8234-4330-7(2))* Holiday Hse., Inc. (Neal Porter Bks).

Dinosaur Feathers. Dennis Nolan. ed. 2022. (ENG.). 39p. (J). (gr. k-1). 22.46 ***(978-1-68505-300-0(9))*** Penworthy Co., LLC, The.

Dinosaur Flashcards: 60 Roaring Dinosaur Profiles! Julius Csotonyi. 2021. (ENG., Illus.). 60p. (J). 16.95 *(978-1-64643-157-1(X)*, Applesauce Pr.) Cider Mill Pr. Bk. Pubs., LLC.

Dinosaur Gardens. Robin Gray. Illus. by Evan Greene. 2020. (ENG.). 50p. (J). pap. 7.95 *(978-1-0983-2625-8(3))* BookBaby.

Dinosaur Graveyards in Africa. Grace Hansen. 2021. (Dinosaur Graveyards Ser.). (ENG.). 24p. (J). (gr. -1-2). lib. bdg. 32.79 *(978-1-0982-0944-5(3)*, 38216, Abdo Kids) ABDO Publishing Co.

Dinosaur Graveyards in Asia. Grace Hansen. 2021. (Dinosaur Graveyards Ser.). (ENG., Illus.). 24p. (J). (gr. -1-2). lib. bdg. 32.79 *(978-1-0982-0945-2(1)*, 38218, Abdo Kids) ABDO Publishing Co.

Dinosaur Graveyards in Australia. Grace Hansen. 2021. (Dinosaur Graveyards Ser.). (ENG., Illus.). 24p. (J). (gr. -1-2). lib. bdg. 32.79 *(978-1-0982-0946-9(X)*, 38220, Abdo Kids) ABDO Publishing Co.

Dinosaur Graveyards in Europe. Grace Hansen. 2021. (Dinosaur Graveyards Ser.). (ENG., Illus.). 24p. (J). (gr. -1-2). lib. bdg. 32.79 *(978-1-0982-0947-6(8)*, 38222, Abdo Kids) ABDO Publishing Co.

Dinosaur Graveyards in North America. Grace Hansen. 2021. (Dinosaur Graveyards Ser.). (ENG., Illus.). 24p. (J). (gr. -1-2). lib. bdg. 32.79 *(978-1-0982-0948-3(6)*, 38224, Abdo Kids) ABDO Publishing Co.

Dinosaur Graveyards in South America. Grace Hansen. 2021. (Dinosaur Graveyards Ser.). (ENG., Illus.). 24p. (J). (gr. -1-2). lib. bdg. 32.79 *(978-1-0982-0949-0(4)*, 38226, Abdo Kids) ABDO Publishing Co.

Dinosaur Graveyards (Set), 6 vols. Grace Hansen. 2021. (Dinosaur Graveyards Ser.). (ENG.). 24p. (J). (gr. -1-2). lib. bdg. 196.74 *(978-1-0982-0943-8(5)*, 38214, Abdo Kids) ABDO Publishing Co.

Dinosaur Head Cat. Jim Lawson. 2017. (ENG.). (J). 14.95 *(978-1-63177-986-2(9))* Amplify Publishing Group.

Dinosaur Hidden Pictures Puffy Sticker Playscenes. Created by Highlights. 2020. (Highlights Puffy Sticker Playscenes Ser.). 48p. (J). (-k). pap. 8.99 *(978-1-64472-114-8(7)*, Highlights) Highlights Pr., c/o Highlights for Children, Inc.

Dinosaur Hidden Pictures Puzzles to Highlight. Created by Highlights. 2021. (Highlights Hidden Pictures Puzzles to Highlight Activity Bks.). 32p. (J). (gr. 1-4). pap. 6.99 *(978-1-64472-335-7(2)*, Highlights) Highlights Pr., c/o Highlights for Children, Inc.

Dinosaur Hunter: Joan Wiffen's Awesome Fossil Discoveries. David Hill. Illus. by Phoebe Morris & David Spence Hill. 2019. (David Hill Kiwi Legends Ser.). 32p. (J). (gr. -1-k). 19.99 *(978-0-14-377322-1(4))* Penguin Group New Zealand, Ltd. NZL. Dist: Independent Pubs. Group.

Dinosaur Hunters in the Forest. Paul Mason. Illus. by Andre Leonard. 2018. (Dinosaurs Rule Ser.). (ENG.). 32p. (J). (gr. 3-6). lib. bdg. 27.99 *(978-1-5415-0104-1(7)*, f05eb73c-ae6e-4cb3-ae7c-1b345ab9b962, Hungry Tomato (r)) Lerner Publishing Group.

Dinosaur in Antarctica: Min Finds Paradise. Sheryl I. Reardon. 2021. (ENG.). 34p. (J). pap. ***(978-0-6452766-2-6(6))*** Patobella Bks.

Dinosaur in Disguise. Leon Clarke. Illus. by Abdul-Aziz Ahmad. 2018. (ENG.). 26p. (J). pap. *(978-0-9575103-5-7(7))* Botty Publishing Ltd.

Dinosaur in the Sky. Derek L. Polen. 2018. (ENG., Illus.). 32p. (J). (gr. k-2). 14.99 ***(978-1-7335651-5-8(9))*** Goal Line Group LLC.

Dinosaur in the Woods. Annette Allison. Illus. by Courtney A. Crawford. 2022. (ENG.). 20p. (J). pap. 20.00 ***(978-1-0880-4361-5(5))*** Indy Pub.

Dinosaur Island Activity Book. Elanor Best. Illus. by Stuart Lynch. 2019. (ENG.). 66p. (J). (gr. -1-7). pap. 8.99 *(978-1-78843-669-4(5))* Make Believe Ideas GBR. Dist: Scholastic, Inc.

Dinosaur Jail. Diana Aleksandrova. Illus. by Svilen Dimitrov. 2021. (ENG.). 118p. (J). 13.99 ***(978-1-953118-16-5(X))*** Dedoni.

Dinosaur Jigsaw Book: Includes 4 Jigsaws! Lisa Regan. Illus. by Maxine Lee. 2020. (ENG.). 10p. (J). 9.99 *(978-1-83857-656-1(8)*, 7e758e75-f5c2-4ba4-96ee-d62f98907e47) Arcturus Publishing GBR. Dist: Baker & Taylor Publisher Services (BTPS).

Dinosaur Jokes, 1 vol. Nicholle Einstein. 2016. (KidsWorld Ser.). (ENG., Illus.). 64p. (J). pap. 6.99 *(978-0-9940069-7-4(7)*, adcbf8a8-e01c-4dd1-893f-a492729c4dab) KidsWorld Bks. CAN. Dist: Lone Pine Publishing USA.

Dinosaur Jokes. Joe King. 2023. (Abdo Kids Jokes Ser.). (ENG.). 24p. (J). (gr. -1-2). lib. bdg. 31.36 ***(978-1-0982-6605-9(6)***, 42110, Abdo Kids) ABDO Publishing Co.

Dinosaur Jokes. U. R. Phunny. 2016. (Big Buddy Jokes Ser.). (ENG., Illus.). 32p. (J). (gr. 2-5). lib. bdg. 34.21 *(978-1-68078-511-1(7)*, 23571, Big Buddy Bks.) ABDO Publishing Co.

Dinosaur Jokes for Funny Kids. Andrew Pinder. 2023. (Buster Laugh-A-lot Bks.). (ENG., Illus.). 128p. (J). (gr. 1-3). pap. 8.99 ***(978-1-78055-907-0(0)***, Buster Bks.) O'Mara, Michael Bks., Ltd. GBR. Dist: Independent Pubs. Group.

502

The check digit for ISBN-10 appears in parentheses after the full ISBN-13

Dinosaur Lady: The Daring Discoveries of Mary Anning, the First Paleontologist. Linda Skeers. Illus. by Marta Álvarez Miguéns. 2020. 40p. (J). (gr. k-4). 17.99 *(978-1-7282-0951-7(X))* Sourcebooks, Inc.

Dinosaur Land Coloring Book. Cristie Dozaz. 2020. (ENG.). 70p. (J). pap. 13.99 *(978-1-716-69407-3(8))* Lulu Pr., Inc.

Dinosaur Land Journal & Sketchbook. Cristie Publishing. 2020. (ENG.). 112p. (J). pap. 10.50 *(978-1-716-28063-4(X))* Lulu Pr., Inc.

Dinosaur Learns Empathy: A Story about Empathy & Compassion. Steve Herman. 2020. (Dinosaur & Friends Ser.: Vol. 2). (ENG.). 42p. (J). 18.95 *(978-1-64916-078-2(X))*; pap. 12.95 *(978-1-64916-077-5(1))* Digital Golden Solutions LLC.

Dinosaur Mad Libs Junior: World's Greatest Word Game. Elizabeth Hara. 2020. (Mad Libs Ser.). 48p. (J). (gr. k-2). pap. 6.99 *(978-0-593-09395-5(X)*, Mad Libs) Penguin Young Readers Group.

Dinosaur Makers: Scholastic Early Learners (Learning Game) Scholastic. 2020. (Scholastic Early Learners Ser.). (ENG.). (J). (gr. -1-k). 12.99 *(978-1-338-64541-5(2)*, Cartwheel Bks.) Scholastic, Inc.

Dinosaur Marching Band. Daniel Roberts. 2020. (ENG.). 32p. (J). *(978-1-716-72089-5(3))* Lulu Pr., Inc.

Dinosaur Math Missions. Amy Boxshall. Illus. by Stuart Lynch. 2020. (ENG.). 66p. (J). pap. 12.99 *(978-1-78947-785-6(9))* Make Believe Ideas GBR. Dist: Scholastic, Inc.

Dinosaur Maze Adventure: With Interactive Maze. IglooBooks. 2021. (ENG.). 8p. (J). (gr. k-2). 9.99 *(978-1-80022-731-6(0))* Igloo Bks. GBR. Dist: Simon & Schuster, Inc.

Dinosaur Mazes Activity Book for Children (6x9 Puzzle Book / Activity Book) Sheba Blake. 2021. (ENG.). 34p. (J). pap. 9.99 *(978-1-222-29090-5(1))* Indy Pub.

Dinosaur Mazes Activity Book for Children (8. 5x8. 5 Puzzle Book / Activity Book) Sheba Blake. 2021. (ENG.). 34p. (J). pap. 12.99 *(978-1-222-29205-3(X))* Indy Pub.

Dinosaur Mazes Activity Book for Children (8x10 Puzzle Book / Activity Book) Sheba Blake. 2021. (ENG.). 34p. (J). pap. 14.99 *(978-1-222-29091-2(X))* Indy Pub.

Dinosaur Mazes for Bright Kids: 8 to 12 (and Older!) Tat Puzzles. 2021. (ENG.). 102p. (J). pap. *(978-1-925332-93-3(4))* Tried and Trusted Indie Publishing.

Dinosaur Mazes for Days! a Pre-Historic Ton of Mazes for All Activity Book. Jupiter Kids. 2016. (ENG., Illus.). 108p. (J). pap. 12.55 *(978-1-68326-219-0(0)*, Jupiter Kids (Childrens & Kids Fiction)) Speedy Publishing LLC.

Dinosaur Museum. Robert Rosen. Illus. by Srimalie Bassani. 2017. (Field Trip Fun Ser.). (ENG.). 24p. (gr. -1-2). 28.50 *(978-1-68342-736-0(X)*, 9781683427360); pap. 9.95 *(978-1-68342-788-9(2)*, 9781683427889) Rourke Educational Media.

Dinosaur Myths, Busted! Arnold Ringstad. 2017. (Science Myths, Busted! Ser.). (ENG., Illus.). 32p. (J). (gr. 3-6). 32.80 *(978-1-63235-301-6(6)*, 11806, 12-Story Library) Bookstaves, LLC.

Dinosaur Named Ruth: How Ruth Mason Discovered Fossils in Her Own Backyard. Julia Lyon. Illus. by Alexandra Bye. 2021. (ENG.). 40p. (J). (gr. -1-3). 17.99 *(978-1-5344-7464-2(1)*, McElderry, Margaret K. Bks.) McElderry, Margaret K. Bks.

Dinosaur Pirates! Penny Dale. Illus. by Penny Dale. 2017. (Dinosaurs on the Go Ser.). (ENG., Illus.). 32p. (J). (-k). 15.99 *(978-0-7636-9330-5(8))* Candlewick Pr.

Dinosaur Predators on the Plain. Paul Mason. Illus. by Andre Leonard. 2018. (Dinosaurs Rule Ser.). (ENG.). 32p. (J). (gr. 3-6). lib. bdg. 27.99 *(978-1-5415-0101-0(2)*, 40c0b212-eb8c-45ca-bf6b-453ff5d1aed9, Hungry Tomato (r)) Lerner Publishing Group.

Dinosaur Puzzles. Created by Highlights. 2017. (Highlights Hidden Pictures Ser.). (ENG.). 144p. (J). (gr. 1-4). pap. 9.95 *(978-1-62979-780-9(4)*, Highlights) Highlights Pr., c/o Highlights for Children, Inc.

Dinosaur Questions & Answers. The Natural History Museum. 2021. (ENG., Illus.). 48p. (J). (gr. 2-4). pap. 10.99 *(978-0-565-09515-4(3))* Natural History Museum Pubns. GBR. Dist: Independent Pubs. Group.

Dinosaur Rap. John Foster. Illus. by Debbie Harter. 2016. (ENG.). 32p. (J). (gr. -1-1). 16.99 *(978-1-78285-301-5(4))* Barefoot Bks., Inc.

Dinosaur Rap. John Foster. Illus. by Debbie Harter. 2021. (Barefoot Singalongs Ser.). (ENG.). 32p. (J). (gr. -1-2). pap. 9.99 *(978-1-64686-449-2(2))* Barefoot Bks., Inc.

Dinosaur Rescue! Penny Dale. Illus. by Penny Dale. 2016. (Dinosaurs on the Go Ser.). (ENG., Illus.). 24p. (J). (-k). bds. 6.99 *(978-0-7636-8000-8(1))* Candlewick Pr.

Dinosaur Rescue! Kristen L. Depken. ed. 2018. (Step into Reading Ser.). (ENG.). 31p. (J). (gr. 2-3). 13.89 *(978-1-64310-239-9(7))* Penworthy Co., LLC, The.

Dinosaur Rescue! (Jurassic World: Fallen Kingdom) Kristen L. Depken. Illus. by Random House. 2018. (Step into Reading Ser.). (ENG.). 32p. (J). (gr. k-3). pap. 4.99 *(978-0-525-58078-2(6)*, Random Hse. Bks. for Young Readers) Random Hse. Children's Bks.

Dinosaur Rescue! (PAW Patrol) Hollis James. Illus. by MJ Illustrations. 2020. (Pictureback(R) Ser.). (ENG.). 24p. (J). (gr. -1-2). 6.99 *(978-0-593-18036-5(4)*, Random Hse. Bks. for Young Readers) Random Hse. Children's Bks.

Dinosaur Riddles. Emma Huddleston. 2022. (Riddle Fun Ser.). (ENG.). 24p. (J). (gr. k-3). lib. bdg. 32.79 *(978-1-5038-4987-7(2)*, 214836) Child's World, Inc, The.

Dinosaur School: Set 5. 2016. (Dinosaur School Ser.). 24p. (gr. k-k). pap. 48.90 *(978-1-4824-5337-9(1))*; (ENG.). lib. bdg. 151.62 *(978-1-4824-4517-6(4)*, 284e432c-f455-47d9-b1bf-2984727a9fba) Stevens, Gareth Publishing LLLP.

Dinosaur School: Sets 1 - 5. 2016. (Dinosaur School Ser.). (ENG.). (J). pap. 274.50 *(978-1-4824-5339-3(8))*; lib. bdg. 758.10 *(978-1-4824-4518-3(2)*, e5619613-4973-4255-beb7-e5a976f57e25) Stevens, Gareth Publishing LLLP.

Dinosaur Shapes. Ed. by Rainstorm Publishing. Illus. by Laila Hill. 2018. (Early Learning Rhymes Ser.). (ENG.). 20p. (J). bds. 7.99 *(978-1-989219-64-5(0))* Rainstorm Pr.

Dinosaur Sized Book of Jurassic Era Mazes Activity Book. Kreative Kids. 2016. (ENG., Illus.). (J). pap. 9.20 *(978-1-68377-035-0(8))* Whike, Traudl.

Dinosaur Slayers by the Shore. Paul Mason. Illus. by Andre Leonard. 2018. (Dinosaurs Rule Ser.). (ENG.). 32p. (J). (gr. 3-6). lib. bdg. 27.99 *(978-1-5415-0103-4(9)*, 73213593-4e76-4bb4-b09a-1009b6f59c87, Hungry Tomato (r)) Lerner Publishing Group.

Dinosaur Sponge Art: With 4 Sponge Tools & 4 Jars of Paint. IglooBooks. Illus. by Sarah Lawrence. 2023. (ENG.). 30p. (J). (-k). 14.99 ***(978-1-83771-526-8(2))*** Igloo Bks. GBR. Dist: Simon & Schuster, Inc.

Dinosaur Stalkers in the Swamp. Paul Mason. Illus. by Andre Leonard. 2018. (Dinosaurs Rule Ser.). (ENG.). 32p. (J). (gr. 3-6). lib. bdg. 27.99 *(978-1-5415-0102-7(0)*, 6ce18ed2-cf5e-4146-9bf9-27dc418380ec, Hungry Tomato (r)) Lerner Publishing Group.

Dinosaur Stomp! Jenny Copper. Illus. by Lindsey Sagar. 2019. (Push & Play Ser.). (ENG.). 16p. (J). (gr. -1-1). bds. 7.99 *(978-1-78958-067-9(6))* Top That! Publishing PLC GBR. Dist: Independent Pubs. Group.

Dinosaur Stories: Our Stories with Grandma. Renice Townsend. 2019. (ENG., Illus.). 40p. (J). *(978-0-2288-0867-1(7))*; pap. *(978-0-2288-0866-4(9))* Tellwell Talent.

Dinosaur Surprise. Agnese Baruzzi. Illus. by Agnese Baruzzi. 2020. (Illus.). 20p. (J). (gr. -1-k). bds. 11.99 *(978-988-8341-95-5(2)*, Minedition) Penguin Young Readers Group.

Dinosaur That Pooped a Planet! Tom Fletcher & Dougie Poynter. Illus. by Garry Parsons. 2017. (Dinosaur That Ser.). (ENG.). 32p. (J). (gr. -1-3). 16.99 *(978-1-4814-9866-1(5)*, Aladdin) Simon & Schuster Children's Publishing.

Dinosaur That Pooped a Princess! Tom Fletcher & Dougie Poynter. Illus. by Garry Parsons. 2022. (Dinosaur That Ser.). (ENG.). 32p. (J). (gr. -1-3). 18.99 *(978-1-5344-8954-7(1)*, Aladdin) Simon & Schuster Children's Publishing.

Dinosaur That Pooped Christmas! Tom Fletcher & Dougie Poynter. Illus. by Garry Parsons. 2019. (Dinosaur That Ser.). (ENG.). 32p. (J). (gr. -1-3). 17.99 *(978-1-4814-9872-2(X)*, Aladdin) Simon & Schuster Children's Publishing.

Dinosaur That Pooped the Bed! Tom Fletcher & Dougie Poynter. Illus. by Garry Parsons. 2018. (Dinosaur That Ser.). (ENG.). 32p. (J). (gr. -1-3). 16.99 *(978-1-4814-9870-8(3)*, Aladdin) Simon & Schuster Children's Publishing.

Dinosaur That Pooped the Past! Tom Fletcher & Dougie Poynter. Illus. by Garry Parsons. 2018. (Dinosaur That Ser.). (ENG.). 32p. (J). (gr. -1-3). 16.99 *(978-1-4814-9868-5(1)*, Aladdin) Simon & Schuster Children's Publishing.

Dinosaur Themed Draw & Write Journal for Kids: Primary Composition Notebook for K-2,Primary Ruled Journal with Dotted Midline for Writing & Picture Space for Drawing. Agnieszka Swiatkowska-Sulecka. 2023. (ENG.). 100p. (J). pap. ***(978-1-4477-1086-8(X))*** Lulu Pr., Inc.

Dinosaur Tracker! (Jurassic World: Fallen Kingdom) Rachel Chlebowski. Illus. by Random House. 2018. (Pictureback(R) Ser.). (ENG.). 24p. (J). (gr. -1-2). pap. 4.99 *(978-0-525-58081-2(6)*, Random Hse. Bks. for Young Readers) Random Hse. Children's Bks.

Dinosaur Tree. Michael Verrett. 2017. (ENG., Illus.). (J). pap. 16.95 *(978-1-387-05704-7(9))* Lulu Pr., Inc.

Dinosaur Trivia. Sarah Khan. 2018. (Activity Puzzle Book - Trivia Bks.). (ENG.). 112p. pap. 4.99 *(978-0-7945-4011-1(2)*, Usborne) EDC Publishing.

Dinosaur Twins Explore the Woods. Sandra Wilson. 2021. (ENG.). 38p. (J). pap. *(978-1-7775576-3-8(1))* Wilson, Sandra.

Dinosaur Twins Find an Egg. Sandra Wilson. 2023. (Dinosaur Twins Ser.). (ENG.). 26p. (J). pap. ***(978-1-7780628-6-5(5))*** Wilson, Sandra.

Dinosaur Ultimate Handbook: The Need-To-Know Facts & Stats on over 150 Different Species. DK. 2021. (DK's Ultimate Handbook Ser.). (ENG., Illus.). 400p. (J). (gr. k-4). pap. 14.99 *(978-0-7440-4964-0(4)*, DK Children) Dorling Kindersley Publishing, Inc.

Dinosaur vs. School. Bob Shea. Illus. by Bob Shea. 2016. (Dinosaur vs. Book Ser.: 5). (ENG., Illus.). 32p. (J). (gr. -1-k). bds. 7.99 *(978-1-4231-6094-6(0))* Hyperion Bks. for Children.

Dinosaur Who Doesn't Listen. K. P. Andree. 2019. (ENG.). (J). 34p. pap. *(978-0-244-20577-5(9))*; 32p. 16.96 *(978-0-244-75556-0(6))*; 34p. pap. 9.84 *(978-0-244-15519-3(4))* Lulu Pr., Inc.

Dinosaur Who Fell Through the Sky. Jill Divine. 2017. (ENG., Illus.). 76p. (J). pap. *(978-0-244-91919-1(4))* Lulu Pr., Inc.

Dinosaur World, 1 vol. Joe Fullman. 2018. (Amazing Origami Ser.). (ENG.). 32p. (J). (gr. 2-3). pap. 11.50 *(978-1-5382-3472-3(6)*, 39820ed7-3f5c-4f42-9678-8ab9ce106bd9); lib. bdg. 29.27 *(978-1-5382-3474-7(2)*, 25bed413-601e-4e02-977d-88e6399804d9) Stevens, Gareth Publishing LLLP.

Dinosaur World, 1 vol. William Potter. Illus. by Matthew Scott. 2017. (Spot & Discover Ser.). (ENG.). 24p. (J). (gr. 1-2). 26.27 *(978-1-5081-9343-2(6)*, 159d0e8d-8685-4298-8715-39b1266c2563); pap. 9.25 *(978-1-5081-9347-0(9)*, 265a0c54-34c6-4309-a4a7-b1f5fee2f955) Rosen Publishing Group, Inc., The. (Windmill Bks.).

Dinosaur World: Over 1,200 Amazing Dinosaurs, Famous Fossils, & the Latest Discoveries from the Prehistoric Era. Evan Johnson-Ransom. 2023. (ENG., Illus.). 704p. (J). (gr. 2). 45.00 *(978-1-64643-316-2(5)*, Applesauce Pr.) Cider Mill Pr. Bk. Pubs., LLC.

Dinosaur Write & Draw Notebook. Cristie Publishing. 2020. (ENG.). 112p. (J). pap. 10.50 *(978-1-716-28054-2(0))* Lulu Pr., Inc.

Dinosaur Yoga. Mariam Gates. 2019. (ENG., Illus.). 32p. (J). 17.95 *(978-1-68364-304-3(6)*, 900214682) Sounds True, Inc.

Dinosaure Jumbo: Grand Livre de Coloriage de Dinosaure, Dessins de Dinosaures Pour Garçons et Filles, y Compris T-Rex, Velociraptor, Triceratops, Stegosaurus, etc. , Livre de Coloriage de Dinosaure Pour Garçons, Filles et Tout-Petits. Lenard Vinci Press. 2020. (FRE.). 154p. (J). pap. 12.99 *(978-1-716-29598-0(X))* Lulu Pr., Inc.

Dinosaure Livre de Coloriage Pour Enfants: Activité de Coloriage Pour les 4 à 8 Ans - un Cadeau Idéal Pour les Garçons et les Filles. Lawrence Niington. 2021. (FRE., Illus.). 106p. (J). pap. *(978-1-326-92269-6(6))* Lulu.com.

Dinosauri: Libro Da Colorare per Bambini Dai 4-8 Anni. Unicorn. 2020. (ITA.). 100p. (J). pap. *(978-1-80125-406-9(0))* Marin, Stephanie.

Dinosauri Libro Da Colorare per I Bambini. Esel P. 2021. (ITA.). 112p. (J). *(978-1-4834-5672-0(2))* Lulu.com.

Dinosauri Libro Da Colorare per I Bambini: Libro Da Colorare Semplice, Carino e Divertente Sui Dinosauri per Bambini. Esel P. 2021. (ITA.). 112p. (J). pap. *(978-1-6671-1439-2(5))* Lulu.com.

Dinosaurier: Verbinden Sie Die Punkte und Färben Sie Die Bilder, Ab 4 Jahren. Lessoni Animati. 2021. (GER.). 104p. (J). pap. 15.55 *(978-1-716-10684-2(2))* Lulu Pr., Inc.

Dinosaurier Färbung Buchfür Kinder Alter 4 - 8: Awesome Malbuch Für Kinder, Die Dinosaurier Lieben, Attraktive Bilder Zu Verbessern Kreativität. Carol Childson. 2021. (GER.). 46p. (J). *(978-1-008-94545-6(5))* Lulu.com.

Dinosaurier Malbuch. Topo Malbucher. 2019. (GER., Illus.). 56p. (J). pap. *(978-3-7482-1369-7(7))* tredition Verlag.

Dinosaurier-Malbuch: Dinosaurier-Malbuch Niedliches Dinosaurier-Malbuch Für Jungen Oder Mädchen - Dinosaurier-Aktivitätsbuch - Nettes Geschenk Für Kleinkinder - Malbuch Für Kinder. Daniel Lewis. l.t. ed. 2021. (GER.). 32p. (J). pap. *(978-0-09-825561-2(4))* Lulu.com.

Dinosaurier Malbuch: Nettes und Lustiges Dinosaurier-Malbuch Für Jungen, Mädchen, Kleinkinder, Vorschulkinder. Esel Press. 2021. (GER.). 102p. (J). pap. 9.95 *(978-1-6671-5048-2(0))* Lulu Pr., Inc.

Dinosaurier Malbuch Für Kinder: Färbung Aktivität Für Alter 4 - 8 - Großes Geschenk Für Jungen & Mädchen. Lawrence Niington. 2021. (GER.). 106p. (J). pap. *(978-1-4452-1366-8(4))* Lulu.com.

Dinosaurier Malbuch Für Kinder Alter 4-8: Wunderbares Dinosaurier Aktivitätsbuch Für Kinder und Jungen, Tolle Dinosaurierbücher Für Kleinkinder und Kinder, Die Gerne Mit Dinosauriern Spielen und Spaß Haben. Amelia Yardley. 2021. (GER.). 82p. (J). pap. *(978-1-008-91734-7(6))* Lulu.com.

Dinosaurio Colorear Libro para niños Edades 4 - 8: Dinosaurios Páginas para Colorear para niños y niñas Edad 4-8, 20 Ilustraciones Impresionantes (Spanish Edition) Carol Childson. 2021. (SPA.). 46p. (J). *(978-1-008-94541-8(2))* Lulu.com.

Dinosaurio Gigante: Libro de Colorear de Dinosaurios Grande, Diseños de Dinosaurios para niños y niñas, Que Incluyen T-Rex, Velociraptor, Triceratops, Stegosaurus y Más, Libro de Colorear de Dinosaurios para niños, niñas y niños Pequeños. Lenard Vinci Press. 2020. (SPA.). 154p. (J). pap. 12.99 *(978-1-716-29580-5(7))* Lulu Pr., Inc.

Dinosaurio Libro para Colorear para Niños: Actividad para Colorear para niños de 4 a 8 años- Gran Regalo para niños y Niñas. Lawrence Niington. 2021. (SPA.). 106p. (J). pap. *(978-1-326-86692-1(3))* Lulu.com.

Dinosaurios: 101 Cosas Que Deberias Saber Sobre Los (Dinosaurs: 101 Facts) Editor. 2017. (101 Facts (Spanish Editions) Ser.). (ENG.). 48p. (J). pap. *(978-1-60745-782-4(2))* Lake Press.

Dinosaurios: Fósiles y Plumas. M. K. Reed & Joe Flood. 2022. (SPA.). 120p. (J). (gr. 4-7). pap. 12.50 *(978-607-557-316-8(X))* Editorial Oceano de Mexico MEX. Dist: Independent Pubs. Group.

Dinosaurios - Los Primeros Amos de la Tierra. Martin Morón. 2017. (Quiero Saber Ser.). (SPA.). 16p. (J). (gr. k-2). 19.95 *(978-987-718-285-9(8))* Ediciones Lea S.A. ARG. Dist: Independent Pubs. Group.

Dinosaurios de la Era Jurásica - Papel para Practicar Caligrafía. Josh Seventh. 2020. (SPA.). 128p. (J). pap. 6.95 *(978-1-68027-714-2(6))* Gyrfalcon Pr.

Dinosaurios (Dinosaurs), 6 vols., Set. 2017. (Dinosaurios (Dinosaurs Set 2) Ser.). (SPA.). 24p. (J). (gr. -1-2). lib. bdg. 196.74 *(978-1-5321-0647-7(5)*, 27238, Abdo Kids) ABDO Publishing Co.

Dinosaurios Grandes y Pequeños / Dinosaurs Big & Little (Spanish Edition) (a Tuffy Book) Dawn Nesting. Ed. by Cottage Door Press. Illus. by Yuyi Chen. ed. 2022. (Tuffy Book Ser.). (SPA.). 10p. (J). (gr. -1 — 1). 8.99 *(978-1-64638-485-3(7)*, 1006720-SLA) Cottage Door Pr.

Dinosaurios (Knowledge Encyclopedia Dinosaur!) Segunda Edición. DK. 2019. (DK Knowledge Encyclopedias Ser.). Orig. Title: Dinosaur!. (SPA., Illus.). 208p. (J). (gr. 4-7). 24.99 *(978-1-4654-8879-4(0)*, DK Children) Dorling Kindersley Publishing, Inc.

Dinosaurios Libro de Colorear para Niños: Libro para Colorear de Dinosaurios para niños de 4 a 8 años - un Gran Regalo para niños y Niñas. Mary Wayne. l.t. ed. 2021. (SPA.). 50p. (J). pap. 12.99 *(978-1-4815-0014-2(7))* Lulu Pr., Inc.

Dinosaurios Libro de Colorear para niños de 4 a 8 Años. Esel Press. 2021. (SPA.). 106p. (J). pap. 9.75 *(978-1-716-06891-1(6))* Lulu Pr., Inc.

Dinosaurios Set 3 (Dinosaurs Set 3) (Set), 6 vols. 2022. (Dinosaurios Ser.). (ENG.). 24p. (J). (gr. -1-2). lib. bdg. 196.74 *(978-1-0982-6334-8(0)*, 39371, Abdo Kids) ABDO Publishing Co.

Dinosaurios y Otros Animales Prehistóricos. Débora Gómez Alonso. 2021. (SPA.). 200p. (J). (gr. 4-7). pap. 12.95 *(978-84-15215-59-2(2))* Robinbook, Ediciones S.L. ESP. Dist: Independent Pubs. Group.

Dinosaurium. Lily Murray. 2018. (Libro Océano De... Ser.). (SPA.). 104p. (J). (gr. 4-7). 28.00 *(978-607-527-406-5(5))* Editorial Oceano de Mexico MEX. Dist: Independent Pubs. Group.

Dinosaurium: Welcome to the Museum. Lily Murray. Illus. by Chris Wormell. 2018. (Welcome to the Museum Ser.). (ENG.). 112p. (J). (gr. 3-7). 37.99 *(978-0-7636-9900-0(4)*, Big Picture Press) Candlewick Pr.

Dinosaure Jumbo: Libro Da Colorare Dinosauri Grandi, Disegni Di Dinosauri per Ragazzi e Ragazze, Inclusi T-Rex, Velociraptor, Triceratopo, Stegosauro e Altro Ancora, Libro Da Colorare Dinosauri per Ragazzi, Ragazze, Bambini Piccoli. Lenard Vinci Press. 2020. (ITA.). 154p. (J). pap. 12.99 *(978-1-716-29584-3(X))* Lulu Pr., Inc.

Dinosauro Libro Da Colorare per Bambini: Attività Da Colorare per Bambini Dai 4 Agli 8 Anni- Grande Regalo per Ragazzi e Ragazze. Lawrence Niington. 2021. (ITA.). 106p. (J). pap. *(978-1-326-55752-2(1))* Lulu.com.

Dinosaurs. 2017. (Young Beginners Ser.). (ENG.). (J). 4.99 *(978-0-7945-3801-9(0)*, Usborne) EDC Publishing.

Dinosaurs. Romain Amiot. Illus. by Loïc Méhée. 2017. (Seek & Find Ser.). (ENG.). 26p. (J). 12.99 *(978-1-4413-2474-0(7)*, eea85004-9aa3-48da-9be4-17e1dae4b9af) Peter Pauper Pr. Inc.

Dinosaurs. Alice Barker. Illus. by Bethany Carr. 2022. (Window Stickers Ser.). (ENG.). 46p. (J). pap. 9.99 *(978-1-80105-263-4(8))* Top That! Publishing PLC GBR. Dist: Independent Pubs. Group.

Dinosaurs. Campbell Books. Illus. by Chorkung. 2023. (First Explorers Ser.). (ENG.). 10p. (J). bds. 8.99 ***(978-1-0350-1614-3(1)***, 900292697, Campbell Bks.) Pan Macmillan GBR. Dist: Macmillan.

Dinosaurs. Illus. by Chorkung. 2017. (First Explorers Ser.). (ENG.). 10p. (J). (— 1). bds. 8.95 *(978-1-4549-2655-9(4))* Sterling Publishing Co., Inc.

Dinosaurs. John Cooper. 2016. (Wise Up Ser.). 32p. (gr. 2-6). 31.35 *(978-1-62588-339-1(0)*, Smart Apple Media) Black Rabbit Bks.

Dinosaurs. Lauren Crisp. Illus. by Thomas Elliott. 2021. (I Can Learn Ser.). (ENG.). 10p. (J). (-k). bds. 8.99 *(978-1-68010-673-2(2))* Tiger Tales.

Dinosaurs. Carmen Crowe. Ed. by Cottage Door Press. Illus. by Richard Merritt. 2019. (ENG.). 12p. (J). (gr. -1-2). bds. 17.99 *(978-1-68052-639-4(1)*, 1004320) Cottage Door Pr.

Dinosaurs, 1 vol. Kate Daubney. 2018. (Fantastic Fingerprint Art Ser.). (ENG.). 32p. (J). (gr. k-k). 30.27 *(978-1-5081-9667-9(2)*, 22edc6f0-fad2-40f8-9d67-323c259bfcc7, Windmill Bks.) Rosen Publishing Group, Inc., The.

Dinosaurs, 1 vol. Camilla De La Bédoyère. 2020. (Curious Questions & Answers About... Ser.). (ENG., Illus.). 32p. (J). (gr. 3-4). pap. 11.00 *(978-1-4994-8469-4(0)*, eadc8c8f-a9f9-43d6-9a2b-d59ada751b61); lib. bdg. 28.93 *(978-1-4994-8471-7(2)*, 36569390-782b-4dd4-bf84-5432c7cd7943) Rosen Publishing Group, Inc., The. (Windmill Bks.).

Dinosaurs. Kit Elliot. Illus. by Amanda Shufflebotham. 2022. (Scratch, Discover & Learn Ser.). (ENG.). 56p. (J). 14.99 *(978-1-80105-133-0(X))* Top That! Publishing PLC GBR. Dist: Independent Pubs. Group.

Dinosaurs. Tamara Fonteyn. 2016. (My First Book of Stickers Ser.). (ENG.). (J). pap. *(978-1-910538-57-9(4))* Nanook Bks. Ltd.

Dinosaurs! Nick Forshaw. Illus. by Andy Forshaw. 2018. (Explorer Ser.). (ENG.). 46p. (J). (gr. 1-5). 14.95 *(978-0-9955770-5-3(6))* What on Earth Bks GBR. Dist: Ingram Publisher Services.

Dinosaurs. Tammy Gagne. 2018. (Dinosaurs Ser.). (ENG.). 24p. (J). (gr. -1-2). 175.92 *(978-1-5157-9579-7(9)*, 27405, Capstone Pr.) Capstone.

Dinosaurs. Henri Galeron. Illus. by James Prunier. 2023. (My First Discovery Paperbacks Ser.). (ENG.). 32p. (J). (gr. k-2). pap. 9.99 *(978-1-85103-753-7(5))* Moonlight Publishing, Ltd. GBR. Dist: Independent Pubs. Group.

Dinosaurs. Joshua George. Illus. by Ed Myer. 2016. (Sticker History Ser.). (ENG.). 38p. (J). (gr. k-6). pap. 8.99 *(978-1-78445-859-1(7))* Top That! Publishing PLC GBR. Dist: Independent Pubs. Group.

Dinosaurs. Gail Gibbons. 2022. (Illus.). 22p. (J). (— 1). bds. 8.99 *(978-0-8234-5174-6(7))* Holiday Hse., Inc.

Dinosaurs. Kathryn Hulick. 2022. (Early Animal Encyclopedias Ser.). (ENG., Illus.). 128p. (J). (gr. -1-4). lib. bdg. 47.07 ***(978-1-0982-9040-5(2)***, 40887, Early Encyclopedias) ABDO Publishing Co.

Dinosaurs. Connie Isaacs. Illus. by Bethany Carr. 2023. (Neon Scratch Art Ser.). (ENG.). 48p. (J). (gr. k-2). 12.99 ***(978-1-80105-618-2(8))*** Top That! Publishing PLC GBR. Dist: Independent Pubs. Group.

Dinosaurs. Connie Isaacs. Illus. by Dan Crisp. 2018. (Sticker Play Ser.). (ENG.). 60p. (J). (gr. k). pap. 5.99 *(978-1-78700-614-0(X))* Top That! Publishing PLC GBR. Dist: Independent Pubs. Group.

Dinosaurs. Ken Jennings. Illus. by Mike Lowery. 2016. (Ken Jennings' Junior Genius Guides). (ENG.). 160p. (J). (gr. 3-5). pap. 9.99 *(978-1-4814-2955-9(8)*, Little Simon) Little Simon.

Dinosaurs. Katie Lajiness. 2016. (First Drawings (Big Buddy Books) Ser.). (ENG., Illus.). 32p. (J). (gr. 2-5). lib. bdg. 34.21 *(978-1-68078-522-7(2)*, 23607, Big Buddy Bks.) ABDO Publishing Co.

Dinosaurs. Susie Linn. 2016. (My First Sticker Book Ser.). (ENG.). (J). pap. *(978-1-78445-769-3(8))* Top That! Publishing PLC.

Dinosaurs. Jordan McGill. 2019. (J). *(978-1-7911-1983-6(2))* Weigl Pubs., Inc.

Dinosaurs. New Holland Publishers. 2023. (ENG.). 12p. (J). (— 1). bds. 9.99 ***(978-1-76079-553-5(4))*** New Holland Pubs. Pty, Ltd. AUS. Dist: Independent Pubs. Group.

Dinosaurs. Megan Cooley Peterson. 2016. (Rank It! Ser.). (ENG.). 32p. (J). (gr. 4-6). pap. 9.99 *(978-1-64466-132-1(2)*, 10232); (Illus.). 31.35 *(978-1-68072-060-0(0)*, 10231) Black Rabbit Bks. (Bolt).

Dinosaurs. Contrib. by World Book, Inc. Staff. 2019. (Illus.). 96p. (J). *(978-0-7166-3727-1(8))* World Bk., Inc.

Dinosaurs. M. J. York. 2021. (Fascinating Facts Ser.). (ENG.). 24p. (J). (gr. 2-5). lib. bdg. 32.79 *(978-1-5038-4466-7(8)*, 214233) Child's World, Inc, The.

Dinosaurs. Dominic Zwemmer & Anna Award. 2017.Tr. of Dinosaurios. (ENG., Illus.). 8p. (J). 8.00 *(978-1-907604-45-4(6))* Award Pubns. Ltd. GBR. Dist: Parkwest Pubns., Inc.

D

Dinosaurs! Korynn Freels. ed. 2020. (Ripley Readers Ser.). (ENG.). 47p. (J). (gr. 4-5). 14.96 *(978-1-64697-316-3(X))* Penworthy Co., LLC, The.

Dinosaurs!, 10 vols., Set. David West. Illus. by David West. Incl. Ankylosaurus & Other Armored & Plated Herbivores. lib. bdg. 29.27 *(978-1-4339-4230-3(5),* b74d3a04-0226-4e3f-a3cc-aaeeba0ad5e9); Brachiosaurus & Other Long-Necked Herbivores. lib. bdg. 29.27 *(978-1-4339-4221-1(6),* 678e79df-0c65-4f3e-ab1d-ab9dae2b70eb); Parasaurolophus & Other Duck-Billed & Beaked Herbivores. lib. bdg. 29.27 *(978-1-4339-4227-3(5),* 74f075bc-577d-4b35-9b1d-3a696083cb30); Triceratops & Other Horned Herbivores. lib. bdg. 29.27 *(978-1-4339-4233-4(X),* bc2eb41f-2d66-492f-8d19-b566bd33423d); Tyrannosaurus Rex & Other Giant Carnivores. lib. bdg. 29.27 *(978-1-4339-4236-5(4),* 109e6344-7d59-40b3-b6ec-2e3285bccaa5); (J). (gr. 3-5)., Gareth Stevens Learning Library (Dinosaurs! Ser.). (ENG., Illus.). 32p. 2010. Set lib. bdg. 146.35 *(978-1-4339-4239-6(9),* 161d7f49-b3d1-4265-be8a-be060bdc6f00) Stevens, Gareth Publishing LLLP.

Dinosaurs: 400 Words for Budding Paleontologists. Ed. by Ellen-Thérèse Lamm & Merriam-Webster. Illus. by Daniel Long. 2022. (Merriam-Webster's Talk Like an Expert Ser.). (ENG.). 64p. (J). (gr. 3-4). 16.99 *(978-0-87779-119-5(8),* 0c836144-99b2-45de-abc1-2d619454a496, Merriam-Webster Kids) Merriam-Webster, Inc.

Dinosaurs: A Busy Sticker Activity Book. Stephanie Stansbie. Illus. by Kasia Nowowiejska. 2016. (Little Snappers Ser.). (ENG.). 96p. (J). (gr. -1-2). 9.99 *(978-1-58925-319-3(1))* Tiger Tales.

Dinosaurs! A Coloring & Activity Book for Kids with Word Puzzles, Mazes, & More. Bryan Langdo. 2020. 112p. (J). (gr. -1-2). 7.99 *(978-1-5107-6335-7(X),* Sky Pony Pr.) Skyhorse Publishing Co., Inc.

Dinosaurs: And Other Poems. Edward Barnes. Illus. by Brianna Benji. 2018. (ENG.). 36p. (J). pap. 13.99 *(978-4-527-89300-0(9))* BCB Productions.

Dinosaurs: By the Numbers. Steve Jenkins. 2019. (By the Numbers Ser.). (ENG., Illus.). 40p. (J). (gr. -1-3). 14.99 *(978-1-328-85095-9(1),* 1693454); pap. 5.99 *(978-1-328-85096-6(X),* 1693456) HarperCollins Pubs. (Clarion Bks.).

Dinosaurs: Children's Dinosaur Book with Informative Facts! Bold Kids. 2022. (ENG.). 42p. (J). pap. 14.99 *(978-1-0717-0946-7(1))* FASTLANE LLC.

Dinosaurs: Classification, Time, Size, Diet & More! Tim Batty. 2019. (Haynes Pocket Manual Ser.). (ENG., Illus.). 192p. (J). (gr. 2-6). pap. 6.95 *(978-1-78521-677-0(5))* Haynes Publishing Group P.L.C. GBR. Dist: Hachette Bk. Group.

Dinosaurs: Fact & Fable. Seymour Simon. 2020. (ENG., Illus.). 48p. (J). (gr. 1-5). 18.99 *(978-0-06-247064-5(7))*; pap. 8.99 *(978-0-06-247063-8(9))* HarperCollins Pubs. (HarperCollins).

Dinosaurs: Fold & Play. SK & IK. 2020. (Origanimo Ser.: 4). (ENG.). 32p. (J). (gr. -1-3). pap. 9.99 *(978-0-7643-6056-5(6),* 23668) Schiffer Publishing, Ltd.

Dinosaurs! Fun Facts! with Stickers! Lauren Crisp. 2022. (ENG.). 24p. (J). (gr. -1-2). pap. 5.99 *(978-1-6643-4036-7(X))* Tiger Tales.

Dinosaurs: God's Mysterious Creatures. Illus. by Susan Windsor. 2017. 121p. (J). pap. *(978-1-935587-93-4(5))* Institute for Creation Research.

Dinosaurs: My First Little Seek & Find. J. L. Rothberg. Illus. by David Wojtowycz. 2022. (My First Little Seek & Find Ser.). (ENG.). 24p. (J). (gr. k-2). lib. bdg. 24.69 *(978-1-64996-190-7(1),* 4938, Sequoia Kids Media) Phoenix International Publications, Inc.

Dinosaurs: The Myth-Busting Guide to Prehistoric Beasts. BBC Focus. 2019. (ENG.). 96p. (J). 14.99 *(978-1-64124-045-1(8),* 0451); (Illus.). pap. 9.99 *(978-1-64124-031-4(8),* 0314) Fox Chapel Publishing Co., Inc.

Dinosaurs: With More Than 40 Stickers! Ilaria Barsotti & Clever Publishing. 2022. (Look & Find Ser.). (ENG.). 48p. (J). (gr. -1-3). 17.99 *(978-1-954738-47-8(1),* 356024) Clever Media Group.

Dinosaurs (1 Hardcover/1 CD) Kathleen Weidner Zoehfeld. 2016. (National Geographic Readers: Pre-Reader Ser.). (ENG.). (J). *(978-1-4301-2110-7(6))* Live Oak Media.

Dinosaurs (1 Paperback/1 CD) Kathleen Weidner Zoehfeld. 2016. (National Geographic Readers: Pre-Reader Ser.). (ENG.). (J). pap. *(978-1-4301-2109-1(2))* Live Oak Media.

Dinosaurs: 550-Piece Jigsaw Puzzle & Book: A 550-Piece Family Jigsaw Puzzle Featuring the T-Rex Handbook! Applesauce Press Staff. Illus. by Julius Csotonyi. 2020. (Discovering Ser.). (ENG.). 48p. (J). 19.95 *(978-1-64643-112-0(X),* Applesauce Pr.) Cider Mill Pr. Bk. Pubs., LLC.

Dinosaurs: a Spotter's Guide. Weldon Weldon Owen & Michael K. Brett-Surman. 2021. (Spotter's Guide Ser.). (ENG., Illus.). 176p. (J). 19.99 *(978-1-68188-793-7(2))* Weldon Owen, Inc.

Dinosaurs: a Visual Encyclopedia, 2nd Edition. DK. 2nd ed. 2018. (DK Children's Visual Encyclopedias Ser.). (ENG., Illus.). 304p. (J). (gr. 4-7). 29.99 *(978-1-4654-7011-9(5))*; pap. 19.99 *(978-1-4654-6948-9(6))* Dorling Kindersley Publishing, Inc. (DK Children).

Dinosaurs Activity Book: Activities Including Coloring, Dot-To-Dots & Mazes for Children Ages 4-8. Coloring Activity Book for Boys - Dinosaurs Dot to Dot. Lee Standford. 2021. (ENG.). 48p. (J). pap. 9.00 *(978-1-716-24446-9(3))* Lulu Pr., Inc.

Dinosaurs Activity Book - Age 3 To 6. Beth Costanzo. 2022. (ENG.). 42p. (J). pap. 8.99 *(978-1-0880-0740-2(6))* Adventures of Scuba Jack Pubs., The.

Dinosaurs Activity Book - Ladybird Readers Level 2. Ladybird. 2016. (Ladybird Readers Ser.). (ENG.). 16p. (J). (gr. 2-4). pap. 5.99 *(978-0-241-25455-4(8))* Penguin Bks., Ltd. GBR. Dist: Independent Pubs. Group.

Dinosaurs Activity Book for Kids: Amazing Dino Games, Mazes, Word Searches, Find the Dinosaur, Sudoku, Creative Dinosaurs Coloring Pages & Wonderful Dinosaur Illustrations - Prefect for Kids Ages 6 - 12 Years Old. - (Fun Activities for Kids) Molly Osborne. 2020. (ENG.). 100p. (J). pap. 9.99 *(978-1-716-36928-5(2))* Lulu Pr., Inc.

Dinosaurs Activity Book for Kids: Amazing Dinosaurs Activity Book for Boys, Girls, Toddlers, Preschoolers, Kids 3-12 - Fantastic Children's Dinosaurs Activity Book for Boys & Girls with Dot-To-dots, Coloring, Mazes, Sudoku, Shadow Matching for Kids. Kiddo Life. 2020. (ENG.). 156p. (J). pap. 8.49 *(978-1-716-30112-4(2))* Lulu Pr., Inc.

Dinosaurs Activity Book for Kids Ages 4-8: A Fun Prehistoric Activity Workbook for Boys & Girls with Learning, Coloring, Mazes, Dot to Dot, Puzzles, Crosswords, Math & More! Happy Harper. l.t. ed. 2020. (ENG.). 76p. (J). pap. *(978-1-989968-30-7(9),* Happy Harper) Gill, Karanvir.

Dinosaurs Activity Book for Kids Ages 4-8: The Ultimate Prehistoric Activity Book for Children Filled with Learning, Coloring, Dot to Dot, Mazes, Puzzles & More! Happy Harper. 2020. (ENG.). 76p. (J). pap. *(978-1-989543-59-7(6),* Happy Harper) Gill, Karanvir.

Dinosaurs Activity Book for Kids Ages 5-9: The Ultimate Fun Dinosaur Activity Gift Book for Boys & Girls Ages 5, 6, 7, 8 & 9 Years Old with 50+ Activities Including Coloring, Drawing, Word Search, Mazes, Games, Puzzle Art & More! Happy Harper. 2020. (ENG.). 112p. (J). pap. *(978-1-989543-66-5(9),* Happy Harper) Gill, Karanvir.

Dinosaurs Activity Book for Kids Ages 6-10: The Fun Prehistoric Activity Gift Book for Boys & Girls with Learning, Coloring, Mazes, Dot to Dot, Puzzles & More! Happy Harper. 2020. (ENG.). 74p. (J). pap. *(978-1-989543-57-3(X),* Happy Harper) Gill, Karanvir.

Dinosaurs Activity Workbook for Kids 3-6. Beth Costanzo. 2023. (ENG.). 30p. (J). pap. 8.99 ***(978-1-0880-9083-1(4))*** Adventures of Scuba Jack Pubs., The.

Dinosaurs & Other Prehistoric Creatures. Contrib. by Dk. 2023. (DK Active Learning Ser.). (ENG.). 96p. (J). (gr. 3-7). pap. 14.99 ***(978-0-7440-8150-3(5)***, DK Children) Dorling Kindersley Publishing, Inc.

Dinosaurs & Other Prehistoric Creatures. Matt Sewell. 2019. (ENG., Illus.). 96p. (J). (gr. k-2). 25.00 *(978-1-84365-350-9(8))* Blume ESP. Dist: Independent Pubs. Group.

Dinosaurs & Other Prehistoric Life. Anusuya Chinsamy-Turan. 2021. (DK Children's Anthologies Ser.). (ENG., Illus.). 224p. (J). (gr. 2-4). 21.99 *(978-0-7440-3943-6(6),* DK Children) Dorling Kindersley Publishing, Inc.

Dinosaurs & Other Prehistoric Life. DK. 2021. (Illus.). 224p. (J). *(978-0-241-49162-1(2))* Dorling Kindersley Publishing, Inc.

Dinosaurs & Prehistoric Animals Dot-To-Dot Fun! Count from 1 To 101. Arkady Roytman. 2023. (Dover Kids Activity Bks.). (ENG.). 48p. (J). (gr. k-3). pap. 4.99 ***(978-0-486-85124-2(9)***, 851249) Dover Pubns., Inc.

Dinosaurs & Prehistoric Life: With 50 Awesome Sounds! IglooBooks. 2022. (ENG.). 24p. (J). (gr. k-2). 21.99 *(978-1-80368-446-8(1))* Igloo Bks. GBR. Dist: Simon & Schuster, Inc.

Dinosaurs Are Dancing. Luella Connelly. 2017. (Learn-To-Read Ser.). (ENG., Illus.). (J). pap. 3.49 *(978-1-68310-287-8(8))* Pacific Learning, Inc.

Dinosaurs Are Everywhere & Other Cool Jurassic Facts. Ellis M. Reed. 2019. (Mind-Blowing Science Facts Ser.). (ENG., Illus.). 32p. (J). (gr. 4-6). lib. bdg. 28.65 *(978-1-5435-5765-7(1),* 139721) Capstone.

Dinosaurs Are Not Extinct: Real Facts about Real Dinosaurs. Drew Sheneman. 2020. (ENG., Illus.). 48p. (J). (gr. -1-3). 19.99 *(978-0-06-297234-7(0),* HarperCollins) HarperCollins Pubs.

Dinosaurs (Be an Expert!) Erin Kelly. 2020. (Be an Expert! Ser.). (ENG., Illus.). 24p. (J). (gr. -1-k). pap. 5.99 *(978-0-531-13158-9(0),* Children's Pr.) Scholastic Library Publishing.

Dinosaurs Before Dark, 1. Mary Pope Osborne. 2019. (Magic Tree House Ser.). (ENG.). 68p. (J). (gr. 2-3). 16.96 *(978-0-87617-690-0(2))* Penworthy Co., LLC, The.

Dinosaurs Before Dark, 1. Jenny Laird. ed. 2021. (Magic Tree House Ser.). (ENG., Illus.). 154p. (J). (gr. 2-3). 22.46 *(978-1-64697-951-6(6))* Penworthy Co., LLC, The.

Dinosaurs Before Dark Graphic Novel. Mary Pope Osborne. Illus. by Kelly Matthews & Nichole Matthews. 2019. (Magic Tree House (R) Ser.). (ENG.). 176p. (J). lib. bdg. 20.80 *(978-1-6636-3035-3(6))* Perfection Learning Corp.

Dinosaurs Big & Little (a Tuffy Book) Rose Nestling. Ed. by Cottage Door Press. 2021. (Tuffy Book Ser.). (ENG.). 10p. (J). (gr. -1 — 1). 8.99 *(978-1-64638-136-4(X),* 1006720) Cottage Door Pr.

Dinosaurs Big & Small Coloring Book for Kids Jumbo. Educando Kids. 2019. (ENG.). 42p. (J). pap. 6.99 *(978-1-64521-095-5(2),* Educando Kids) Editorial Imagen.

Dinosaurs: Book & Fact Cards: 128-Page Book & 52 Fact Cards. Claudia Martin & Clare Hibbert. Illus. by Mat Edwards. 2022. (ENG.). 128p. (J). pap. 16.99 *(978-1-3988-2002-9(4),* c4dd613c-cecd-415a-9d07-880f2106875d) Arcturus Publishing GBR. Dist: Baker & Taylor Publisher Services (BTPS).

Dinosaurs Can't Roar. Layla Beason. Illus. by Mariano Epelbaum. 2020. (ENG.). 40p. (J). (gr. k-3). 17.99 *(978-1-4926-9365-9(0))* Sourcebooks, Inc.

Dinosaurs Card Deck (50 Cards) Allison Strine. 2022. (ENG.). 61p. (J). 5.99 *(978-1-4413-3814-3(4),* 4398e7c7-1282-4582-8606-3d931629c62c) Peter Pauper Pr. Inc.

Dinosaurs Celebrate Differences: Celebrating Differences, 1 vol. Sheri Lang. 2019. (Social & Emotional Learning for the Real World Ser.). (ENG.). 12p. (gr. 1-2). pap. *(978-1-7253-5560-6(4),* 8014730b-511e-4f98-bf99-da332950ef98, Rosen Classroom) Rosen Publishing Group, Inc., The.

Dinosaurs Color by Number. Noelle Dahlen. 2021. (Dover Dinosaur Coloring Bks.). (ENG.). 32p. (J). pap. 3.99 *(978-0-486-84891-4(4),* 848914) Dover Pubns., Inc.

Dinosaurs Color by Number for Kids: Coloring Activity for Ages 4 - 8. Zoey Bird. 2020. (ENG.). 110p. (J). 24.99 *(978-1-989588-44-4(1))*; pap. 24.99 *(978-1-989588-43-7(3))* Wise Writer Publishing.

Dinosaurs Coloring Book. 2021. (ENG., Illus.). 35p. (J). 5.99 *(978-1-4413-3706-1(7),* 22f3f1d3-ad9d-460c-a0f4-38f753c107c4) Peter Pauper Pr. Inc.

Dinosaurs Coloring Book: Awesome Coloring Pages with Fun Facts about T. Rex, Stegosaurus, Triceratops, & All Your Favorite Prehistoric Beasts. Matthew Clark. 2021. (ENG., Illus.). 80p. (J). 5.99 *(978-1-64124-135-9(7),* 1359) Fox Chapel Publishing Co., Inc.

Dinosaurs Coloring Book: Coloring Book for Kids. Dewifier. 2020. (ENG.). 74p. (J). pap. 9.99 *(978-1-716-36854-7(5))* Lulu Pr., Inc.

Dinosaurs Coloring Book: Great Dinosaur Coloring Book for Kids Best Gift for Boys & Girls Age 4-8. Wonder Books. 2021. (ENG.). 56p. (J). pap. 8.09 *(978-1-716-21767-8(9))* Lulu Pr., Inc.

Dinosaurs Coloring Book Bundle 2, 2 vols. Speedy Publishing LLC Staff. 2016. (ENG., Illus.). 100p. (J). pap. 15.99 *(978-1-68326-015-8(5))* Speedy Publishing LLC.

Dinosaurs Coloring Book for Kids: 73 Full Page Coloring Pages of Dinosaurs & Baby Dinosaurs-The BIG DINOSAUR COLORING BOOK- Dinosaurs Coloring Book with Names- Coloring Book for Kids Ages 4-8- 8. 5 X11. The Smart Mermaid Publishing. 2021. (ENG.). 150p. (J). pap. 14.50 *(978-0-88346-137-2(4))* Lulu Pr., Inc.

Dinosaurs Coloring Book for Kids: Amazing Dinosaurs Coloring Book for Boys, Girls, Toddlers, Preschoolers, Kids 3-12 - Fantastic Children's Coloring Book for Boys & Girls with Cute Dinosaur Pages for Toddlers & Kids to Color. Kiddo Life. 2020. (ENG.). (J). 78p. pap. 6.69 *(978-1-716-30049-3(5))*; 94p. pap. 6.99 *(978-1-716-35362-8(9))* Lulu Pr., Inc.

Dinosaur's Day: El Día de un Dinosaurio. Contrib. by Ruth Thomson. ed. 2023. (DK Super Readers Ser.). 32p. (J). (gr. 1-3). pap. 4.99 ***(978-0-7440-8382-8(6)***, DK Children) Dorling Kindersley Publishing, Inc.

Dinosaur's Day: Deinonychus Goes Hunting. Elizabeth Gilbert Bedia. Illus. by Marie Bollmann. 2023. (Dinosaur's Day Ser.). (ENG.). 32p. (J). (gr. -1-2). 16.99 *(978-0-7440-6005-8(2),* DK Children) Dorling Kindersley Publishing, Inc.

Dinosaur's Day: Diplodocus Finds Its Family. Elizabeth Gilbert Bedia. Illus. by Marie Bollmann. 2022. (Dinosaur's Day Ser.). 32p. (J). (gr. -1-2). 16.99 *(978-0-7440-5654-9(3),* DK Children) Dorling Kindersley Publishing, Inc.

Dinosaur's Day: Triceratops Follows Its Herd. Elizabeth Gilbert Bedia. Illus. by Marie Bollmann. 2023. (Dinosaur's Day Ser.). (ENG.). 32p. (J). (gr. -1-2). 16.99 ***(978-0-7440-8048-3(7)***, DK Children) Dorling Kindersley Publishing, Inc.

Dinosaurs Didn't Have Dance Parties. Tim Rades. 2020. (ENG.). 34p. (J). pap. 9.99 *(978-1-7349552-5-5(2))* Charming Scoundrel Publishing.

Dinosaurs Discovered. Dean R. Lomax. 2018. (Illus.). 64p. (J). *(978-1-5444-1260-3(6))* Dorling Kindersley Publishing, Inc.

Dinosaurs Discovered. Dean R. Lomax. ed. 2019. (DK Readers Ser.). (ENG.). 64p. (J). (gr. 2-3). 14.49 *(978-1-64310-920-6(0))* Penworthy Co., LLC, The.

Dinosaurs Doing Things: 25 Pictures of Dinosaurs That Are Fun & Easy for Kids to Color. Illus. by Adif Purnama. 2019. (ENG.). 52p. (J). pap. 4.99 *(978-0-9978611-8-1(5))* Sir Brody Bks.

Dinosaurs Doing Things, Volume 2: 25 More Pictures of Dinosaurs That Are Fun & Easy for Kids to Color. Illus. by Adif Purnama. 2019. (ENG.). 52p. (J). pap. 4.99 *(978-0-9978611-9-8(3))* Sir Brody Bks.

Dinosaur's Don't, Dinosaurs Do. Steve Bjorkman. 2018. (My Arabic Library). (ARA.). 24p. (J). (gr. -1-3). pap. 7.99 *(978-1-338-26782-2(5))* Scholastic, Inc.

Dinosaurs Don't Have Bedtimes! Timothy Knapman. Illus. by Nikki Dyson. 2016. (ENG.). 32p. (J). (gr. -1-2). 16.99 *(978-0-7636-8927-8(0))* Candlewick Pr.

Dinosaurs Don't Play Fetch: A Collection of Short Stories Featuring Jurassic Dinosaurs & Their Friends. Patricia Bujard. 2021. (ENG.). 110p. (J). pap. 9.99 ***(978-1-0879-1048-2(X))*** Indy Pub.

Dinosaurs Don't Wear Socks. Si Jameson. 2018. (ENG., Illus.). 32p. (J). 22.95 *(978-1-64350-096-6(1))* Page Publishing Inc.

Dinosaurs Dot Markers Activity Book: Dinosaur Coloring Book for Kids - Animal Coloring Books for Kids 4-8 - Big Dots Coloring Book for Boys or Girls - Fun. Kenny Daniel. l.t. ed. 2021. (ENG.). 64p. (J). pap. 11.99 *(978-1-63998-203-5(5))* Brumby Kids.

Dinosaurs Dot Markers Activity Book Vol. 1: Dot Coloring Book for Toddlers & Kids Art Paint Daubers Activity Coloring Book for Kids Preschool, Coloring, Dot Markers Activity, Ages 2-5. Jessa Joy. 2021. (ENG.). 64p. (J). pap. *(978-0-7865-1976-7(2))* Carousel Bks.

Dinosaurs Explore! May Nakumara. 2019. (Ready-To-Read Ser.). (ENG.). 32p. (J). (gr. k-1). 13.96 *(978-0-87617-683-2(X))* Penworthy Co., LLC, The.

Dinosaur's First Words. Rosie Greening. Illus. by Danielle Mudd. 2022. (ENG.). 12p. (J). (— 1). 9.99 *(978-1-80337-493-2(4))* Make Believe Ideas GBR. Dist: Scholastic, Inc.

Dinosaurs Have Manners: Digital Citizenship, 1 vol. Sloane Gould. 2017. (Computer Science for the Real World Ser.). (ENG.). 8p. (gr. k-1). pap. *(978-1-5383-5080-5(7),* 0f6977e6-9e3d-4da8-9c4d-c2a8b3ac08a9, Rosen Classroom) Rosen Publishing Group, Inc., The.

Dinosaur's Heart. Angela Sullivan. 2021. (ENG.). 40p. (J). 18.99 *(978-1-0879-8279-3(0))* Indy Pub.

Dinosaurs in Love. Fenn Rosenthal. Illus. by Hannah Jacobs. 2020. (ENG.). 40p. (J). (gr. -1-3). 14.99 *(978-0-316-59333-5(8))* Little, Brown Bks. for Young Readers.

Dinosaurs in Noodles. Arav Jayaganesh. Illus. by Amrita Nagle. 2021. (ENG.). 26p. (J). pap. *(978-1-7776267-0-9(6))* Gauvin, Jacques.

Dinosaurs in Space. Pranas T. Naujokaitis. ed. 2019. (Balloon Toons Ser.). (ENG.). 36p. (J). (gr. k-1). 22.96 *(978-1-64310-899-5(9))* Penworthy Co., LLC, The.

Dinosaurs in the Wild! Dennis R. Shealy. ed. 2022. (Step into Reading Ser.). (ENG.). 32p. (J). (gr. 2-3). 15.96 ***(978-1-68505-501-1(X))*** Penworthy Co., LLC, The.

Dinosaurs in the Wild! (Jurassic World Dominion) Dennis R. Shealy. Illus. by Random House. 2022. (Step into Reading Ser.). (ENG.). 32p. (J). (gr. -1-2). 5.99 *(978-0-593-37303-3(0))*; 14.99 *(978-0-593-37304-0(9))* Random Hse. Children's Bks. (Random Hse. Bks. for Young Readers).

Dinosaurs: Ladybird Readers Level 2. Ladybird. 2016. (Ladybird Readers Ser.). (ENG., Illus.). 48p. (J). pap. 9.99 *(978-0-241-25447-9(7))* Penguin Bks., Ltd. GBR. Dist: Independent Pubs. Group.

Dinosaurs Living in the Ice Age - Activity Book Dinosaurs. Jupiter Kids. 2018. (ENG., Illus.). 106p. (J). pap. 12.55 *(978-1-5419-3528-0(4),* Jupiter Kids (Childrens & Kids Fiction)) Speedy Publishing LLC.

Dinosaur's Lost World. Porto O'Karolyn. 2021. (ENG.). 128p. (J). pap. 9.49 *(978-1-716-11933-0(2))* Lulu Pr., Inc.

Dinosaurs LOVE Stinky Socks! Jenny Copper. Illus. by Carrie Hennon. 2019. (Lift the Flap Storymaker Ser.). (ENG.). 10p. (J). (gr. -1-k). bds. 7.99 *(978-1-78958-236-9(9))* Top That! Publishing PLC GBR. Dist: Independent Pubs. Group.

Dinosaurs Magic Painting Book. Illus. by Federica Iossa. 2018. (Magic Painting Bks.). (ENG.). 16p. pap. 9.99 *(978-0-7945-4126-2(7),* Usborne) EDC Publishing.

Dinosaurs Mega Sticker File. Make Believe Ideas. Illus. by Stuart Lynch. 2021. (ENG.). 72p. (J). (gr. k-1). 19.99 *(978-1-80058-678-9(7))* Make Believe Ideas GBR. Dist: Scholastic, Inc.

Dinosaurs My First Little Seek & Find. J. L. Rothberg. 2019. (ENG.). 18p. (J). bds. 5.99 *(978-1-64269-070-5(8),* 3995, Sequoia Publishing & Media LLC) Phoenix International Publications, Inc.

Dinosaurs! (New & Updated) Gail Gibbons. 2nd rev. ed. 2018. (ENG.). 32p. (J). (-k). 7.99 *(978-0-8234-4011-5(7))*; (Illus.). 17.95 *(978-0-8234-4010-8(9))* Holiday Hse., Inc.

Dinosaurs of Africa. Anusuya Chinsamy-Turan. Illus. by Luis V. Rey. 3rd ed. 2022. (ENG.). 64p. (J). pap. 10.50 *(978-1-77584-770-0(5))* Penguin Random House South Africa ZAF. Dist: Casemate Pubs. & Bk. Distributors, LLC.

Dinosaurs of the Alberta Badlands. W. Scott Persons. Illus. by Julius T. Csotonyi. 2018. (ENG.). 144p. (J). pap. *(978-1-55017-821-0(0),* 9a8c943b-672a-415f-82ba-7a3c5760993c) Harbour Publishing Co., Ltd.

Dinosaurs of the Arctic: English Edition. Dana Hopkins. Illus. by Aaron Edzerza. 2021. (Nunavummi Reading Ser.). (ENG.). 28p. (J). 16.95 *(978-1-77450-265-5(8))* Inhabit Education Bks. Inc. CAN. Dist: Consortium Bk. Sales & Distribution.

Dinosaurs of the Lower Cretaceous: 25 Dinosaurs from 144 — 127 Million Years Ago. David West. 2016. (Firefly Dinosaur Ser.). (ENG., Illus.). 32p. (J). (gr. 3-6). pap. 6.95 *(978-1-77085-831-2(8),* dae2e0b2-81c5-488c-863e-8e80e647703c) Firefly Bks., Ltd.

Dinosaurs of the Mid-Cretaceous: 25 Dinosaurs from 127 — 90 Million Years Ago. David West. 2016. (Firefly Dinosaur Ser.). (ENG., Illus.). 32p. (J). (gr. 3-6). pap. 6.95 *(978-1-77085-833-6(4),* 06d5f18c-8eac-4d84-a9a8-70a055ce50d3) Firefly Bks., Ltd.

Dinosaurs of the Middle Jurassic: 25 Dinosaurs from 175 — 165 Million Years Ago. David West. 2016. (Firefly Dinosaur Ser.). (ENG., Illus.). 32p. (J). (gr. 3-6). pap. 6.95 *(978-1-77085-835-0(0),* ec83b2c7-da89-4930-80d0-62ec1638b500) Firefly Bks., Ltd.

Dinosaurs of the Upper Cretaceous: 25 Dinosaurs from 89 — 65 Million Years Ago. David West. 2016. (Firefly Dinosaur Ser.). (ENG., Illus.). 32p. (J). (gr. 3-6). pap. 6.95 *(978-1-77085-837-4(7),* 43e0fdb0-9227-4a07-ab2b-53182a889848) Firefly Bks., Ltd.

Dinosaurs of the Upper Jurassic: 25 Dinosaurs from 164 — 145 Million Years Ago. David West. 2016. (Firefly Dinosaur Ser.). (ENG., Illus.). 32p. (J). (gr. 3-6). pap. 6.95 *(978-1-77085-839-8(3),* bd4befbc-2986-492b-8b23-587b45e059d7) Firefly Bks., Ltd.

Dinosaurs of the Upper Triassic & the Lower Jura: 25 Dinosaurs from 235 — 176 Million Years Ago. David West. 2016. (Firefly Dinosaur Ser.). (ENG., Illus.). 32p. (J). (gr. 3-6). pap. 6.95 *(978-1-77085-841-1(5),* 709c44bd-57c6-4511-bdc7-4567337bc89a) Firefly Bks., Ltd.

Dinosaurs on Bicycles. Morgan Hunsaker. 2023. (ENG.). 32p. (J). ***(978-1-0391-1261-2(7))***; pap. ***(978-1-0391-1260-5(9))*** FriesenPress.

Dinosaurs on Kitty Island. Michael Slack. Illus. by Michael Slack. 2021. (ENG., Illus.). 40p. (J). (gr. -1-2). 17.99 *(978-0-593-10841-3(8),* Dial Bks) Penguin Young Readers Group.

Dinosaurs on the Go!, 3 vols. Penny Dale. Illus. by Penny Dale. 2016. (Dinosaurs on the Go Ser.). (ENG., Illus.). 74p. (J). (-k). bds. 19.99 *(978-0-7636-8936-0(X))* Candlewick Pr.

Dinosaurs on the Moon. Zachary Strobel & Miranda Strobel. Illus. by Chris Sobieniak. 2020. (ENG.). 36p. pap. *(978-1-716-93453-7(2))* Lulu Pr., Inc.

Dinosaurs, Pandas & Pals Activity Book: Mazes, Puzzles, Games, & Color by Number. 2022. (Clever Activity Book Ser.). (ENG., Illus.). 48p. (J). (gr. -1-2). pap. 5.99 *(978-1-951100-05-6(0))* Clever Media Group.

Dinosaurs Picture Puzzle Book. 2017. (Picture Puzzle Bks.). (ENG.). (J). bds. 14.99 *(978-0-7945-4005-0(8),* Usborne) EDC Publishing.

Dinosaurs Roar Shaped Board Book with Lift-The-Flaps: Lift-The-Flap & Discover. Steve Jenkins. Illus. by Steve Jenkins. 2020. (ENG., Illus.). 12p. (J). (— 1). bds. 8.99 *(978-0-358-04055-2(8),* 1740930, Clarion Bks.) HarperCollins Pubs.

504

The check digit for ISBN-10 appears in parentheses after the full ISBN-13

Dinosaurs Rule Dot to Dot Activity Book. Jupiter Kids. 2017. (ENG., Illus.). (J). pap. 9.20 *(978-1-68326-220-6(4)*, Jupiter Kids (Childrens & Kids Fiction)) Speedy Publishing LLC.

Dinosaurs Ruled Planet Earth, Mesozoic Era. Porto O'Karolyn. 2021. (ENG.). 104p. (J). pap. 5.99 *(978-1-716-25037-8(4))* Lulu Pr., Inc.

Dinosaurs (Set), 6 vols. 2019. (Dinosaurs (AZ) Ser.). (ENG.). 24p. (J). (gr. k-4). lib. bdg. 188.16 *(978-1-5321-2715-1(4)*, 31637, Abdo Zoom-Dash) ABDO Publishing Co.

Dinosaurs (Set), 8 vols. 2018. (Dinosaurs Ser.). (ENG.). 24p. (J). (gr. k-3). lib. bdg. 250.88 *(978-1-5321-6176-6(X)*, 30135, Pop! Cody Koala) Pop!.

Dinosaurs Set 2 (Set), 6 vols. 2022. (Dinosaurs Ser.). (ENG.). 24p. (J). (gr. k-4). lib. bdg. 188.16 *(978-1-0982-2824-8(3)*, 39927, Abdo Zoom-Dash) ABDO Publishing Co.

Dinosaurs Set 3 (Set), 6 vols. Grace Hansen. 2020. (Dinosaurs (Abdo Kids Jumbo) Ser.). (ENG.). 24p. (J). (gr. -1-2). lib. bdg. 196.74 *(978-1-0982-0241-5(4)*, 34615, Abdo Kids) ABDO Publishing Co.

Dinosaurs (Set Of 8) 2019. (Dinosaurs Ser.). (ENG., Illus.). 192p. (J). (gr. 1-1). pap. 71.60 *(978-1-64185-547-1(9))* North Star Editions.

Dinosaurs Still Rule the Earth. Valarie White. 2019. (ENG.). 28p. (J). pap. 12.95 *(978-1-64349-615-3(8))* Christian Faith Publishing.

Dinosaurs Stomp & Roar! Coloring & Activity Book. Editors of Silver Dolphin Books. 2nd ed. 2020. (Coloring Fun Ser.). (ENG.). 80p. (J). (gr. -1-k). pap. 2.99 *(978-1-64517-506-3(5)*, Silver Dolphin Bks.) Printers Row Publishing Group.

Dinosaurs to Color: Amazing Pop-Up Stickers. Isadora Smunket. 2022. (ENG.). 32p. (J). (gr. -1-2). pap. 9.99 *(978-1-63761-084-8(X))* Imagine & Wonder.

Dinosaurs vs Humans. Matt Robertson. 2020. (ENG.). 32p. (J). (gr. -1-k). pap. 10.99 *(978-1-4083-5158-1(7)*, Orchard Bks.) Hachette Children's Group GBR. Dist: Hachette Bk. Group.

Dinosaurumpus! (a StoryPlay Book) Tony Mitton. Illus. by Guy Parker-Rees. 2016. (StoryPlay Ser.). (ENG.). 40p. (J). (gr. -1-k). 5.99 *(978-1-338-11536-9(7)*, Cartwheel Bks.) Scholastic, Inc.

Dinosnore! Illus. by John Bendall-Brunello. 2016. (J). *(978-1-4351-6490-1(3))* Barnes & Noble, Inc.

Dinosnores. Sandra Boynton. Illus. by Sandra Boynton. 2022. (Boynton on Board Ser.). (ENG., Illus.). 24p. (J). (gr. -1-k). bds. 7.99 *(978-1-6659-2496-2(9))* Simon & Schuster Children's Publishing.

Dinosocks. Allison McWood. Illus. by Kim Giberson. 2018. (ENG.). 44p. (J). pap. *(978-0-9782729-3-7(5))* Annelid Pr.

DinoSports. Roger Frank & Douglas Lewtan. 2019. (ENG., Illus.). 42p. (J). pap. 14.95 *(978-1-64370-004-5(9))* Waldorf Publishing.

Dinotale. Jeremy P. Bickham. 2021. (ENG.). 34p. (J). pap. 9.99 *(978-1-0879-4446-3(5))* Indy Pub.

DinoTale: The 2nd Edition. Jeremy Patrick Bickham. 2nd ed. 2022. (Dinotale Ser.). (ENG.). 62p. (J). pap. 9.99 ***(978-1-0880-4129-1(9))*** Indy Pub.

Dinotopia: Journey to Chandara. James Gurney. 2016. (ENG., Illus.). 160p. pap. 19.99 *(978-1-4494-7984-8(7))* Andrews McMeel Publishing.

Dinotopia, Journey to Chandara. James Gurney. 2017. (Calla Editions Ser.). (ENG., Illus.). 160p. 35.00 *(978-1-60660-100-6(8)*, 601008) Dover Pubns., Inc.

Dinotrux to the Rescue! Emily Sollinger. ed. 2016. (Dinotrux Passport Reading Level 1 Ser.). (J). lib. bdg. 13.55 *(978-0-606-38320-2(4))* Turtleback.

DinoWorld: Tome 1: un Monde Mystérieux. Nessendyl. Illus. by Akhoris & Astrae. 2020. (FRE.). 263p. (YA). pap. ***(978-1-716-47658-7(5))*** Lulu Pr., Inc.

DinoZone, 8 vols. 2016. (Dinozone Ser.). (ENG.). 00032p. (J). (gr. 2-3). 115.72 *(978-1-4994-8143-3(8)*, c7fdfcbc-84a5-4e55-bb9e-dbfd7cf610e6, Windmill Bks.) Rosen Publishing Group, Inc., The.

Dinsmore Ely: One Who Served (Classic Reprint) Unknown Author. 2018. (ENG., Illus.). 230p. (J). 28.66 *(978-0-483-97720-4(9))* Forgotten Bks.

Dinwiddie Goddlebottom at Bangbimble Bungalow. M. T. Boulton. 2016. (ENG., Illus.). 46p. (J). pap. *(978-1-326-75901-8(9))* Lulu Pr., Inc.

Dinwiddie Goddlebottom at Bangbimble Bungalow Celebratory Edition. M. T. Boulton. 2016. (ENG., Illus.). (J). pap. 3.29 *(978-1-326-82716-8(2))* Lulu Pr., Inc.

Dinwiddie Goddlebottom at Bangbimble Bungalow Classic Edition. M. T. Boulton. 2016. (ENG., Illus.). 46p. (J). pap. *(978-1-326-78500-0(1))* Lulu Pr., Inc.

Dio Lewis's Monthly, 1883, Vol. 1 (Classic Reprint) Dio Lewis. (ENG., Illus.). (J). 2018. 620p. 36.68 *(978-0-365-16984-0(6))*; 2017. pap. 19.57 *(978-0-259-55528-5(2))* Forgotten Bks.

Diomed: The Life, Travels, & Observations of a Dog (Classic Reprint) John Sergeant Wise. (ENG., Illus.). (J). 2018. 342p. 30.95 *(978-0-428-74614-8(4))*; 2016. pap. 13.57 *(978-1-333-66424-4(9))* Forgotten Bks.

Dion & the Sibyls: A Classic Novel (Classic Reprint) Miles Gerald Keon. 2018. (ENG., Illus.). (J). 34.11 *(978-0-266-94999-2(1))* Forgotten Bks.

Dionysius the Weaver's Heart's Dearest (Classic Reprint) Blanche Willis Howard. 2017. (ENG., Illus.). (J). 31.80 *(978-1-5280-8740-7(2))* Forgotten Bks.

Dionysus: Killed Many Times, Survived Everytime - Greek Mythology for Kids Children's Greek & Roman Books. Baby Professor. 2017. (ENG., Illus.). 64p. (J). pap. 9.52 *(978-1-5419-1627-2(1)*, Baby Professor (Education Kids)) Speedy Publishing LLC.

Dionysus & the Land of Beasts, 14. Tracey West. ed. 2019. (Heroes in Training Ch Bks). (ENG.). 100p. (J). (gr. 2-3). 15.49 *(978-1-64697-106-0(X))* Penworthy Co., LLC, The.

Dionysus & the Land of Beasts. Tracey West. Illus. by Craig Phillips. 2017. (Heroes in Training Ser.: 14). (ENG.). 112p. (J). (gr. 1-4). 17.99 *(978-1-4814-8835-8(X))*; pap. 5.99 *(978-1-4814-8834-1(1))* Simon & Schuster Children's Publishing. (Aladdin).

Dios Ayúdame (Lord Help Me Spanish Edition) Oraciones Inspiradoras para Todos Los Días. Emme Muñiz. Illus. by Brenda Figueroa. 2020. (SPA.). 40p. (J). (gr. -1-2). 17.99 *(978-0-593-12012-5(4)*, Crown Books For Young Readers) Random Hse. Children's Bks.

Dios lo Hizo para Mí: Él lo Hizo para Mí El Invierno Lo Narra una Niña Que, Desde Su Perspectiva, Agradece a Dios Por Crear la Temporada Fría; Las Estaciones - El Invierno. Nicoletta Antonia. 2017. (Waiting on Translation Ser.). (SPA.). 14p. (J). bds. 5.99 *(978-1-942214-23-6(5)*, c7a09565-1dc3-4910-9d18-ff2a9fc38181) Rindle Bks. Inc.

Dios lo Hizo para Mí: Él lo Hizo para Mí El Otoño lo Narra un Niño Que, Desde Su Perspectiva, Agradece a Dios Por Crear la Temporada de la Cosecha y la Caída de Las Hojas; Las Estaciones - El Otoño. Nicoletta Antonia. 2017. (Waiting on Translation Ser.). (SPA.). 14p. (J). bds. 5.99 *(978-1-942214-22-9(7)*, 3679fdc5-8f94-435f-a69a-5414cc3250bd) Rindle Bks. Inc.

Dios lo Hizo para Mí: Él lo Hizo para Mí El Verano Lo Narra una Niña Que, Desde Su Perspectiva, Agradece a Dios Por Crear la Temporada Estival; Las Estaciones - El Verano. Nicoletta Antonia. 2017. (Waiting on Translation Ser.). (SPA.). 14p. (J). bds. 5.99 *(978-1-942214-21-2(9)*, 63d01127-ce53-4be8-996e-53c40d19ddee) Rindle Bks. Inc.

Dios lo Hizo para Mí: Él lo Hizo para Mí La Primavera Lo Narra un Niño Que, Desde Su Perspectiva, Agradece a Dios Por Crear la Estación Florida: Las Estaciones - La Primavera. Nicoletta Antonia. 2017. (Waiting on Translation Ser.). (SPA.). 14p. (J). bds. 5.99 *(978-1-942214-20-5(0)*, a0c4f3f6-f4cd-4885-92bf-404b8a7127c8) Rindle Bks. Inc.

Dios No Creo Todos. Kristen McCurry & Jennifer Hilton. Illus. by Michael Garton. 2016. (SPA.). (J). *(978-1-5064-2092-9(3))* 1517 Media.

Dios No Encuentra. Jennifer Hilton & Kristen McCurry. Illus. by Natasha Rimmington. 2016. (SPA.). (J). *(978-1-5064-2091-2(5))* 1517 Media.

Dios, Sé Que Estás Allí, 1 vol. Bonnie Rickner Jensen. Illus. by Lucy Fleming. ed. 2020. (SPA.). 24p. (J). bds. 9.99 *(978-1-4041-1060-1(7))* Grupo Nelson.

Dios Te Cuida. Philip O. Akinyemi. 2020. (SPA.). 32p. (J). 14.99 *(978-1-7342603-9-7(4))*; pap. 9.99 ***(978-1-7342603-8-0(6))*** Akinyemi, Philip.

Dioses y Heroes de la Antigua Grecia. Alain Quesnel. 2018. (SPA.). 96p. (J). (gr. 4-6). pap. 13.99 *(978-958-30-5579-9(4))* Panamericana Editorial COL. Dist: Lectorum Pubns., Inc.

Diothas: Or a Far Look Ahead (Classic Reprint) Ismar Thiusen. 2017. (ENG., Illus.). (J). 31.45 *(978-0-266-71074-5(3))* Forgotten Bks.

Dip & Bop & Can Kim Fit? Robin Twiddy. Illus. by Gareth Liddington. 2023. (Level 2 - Red Set Ser.). (ENG.). 32p. (J). (gr. k-2). lib. bdg. 19.95 Bearport Publishing Co., Inc.

Diper Överlöde (Diary of a Wimpy Kid Book 17) Jeff Kinney. 2022. (Diary of a Wimpy Kid Ser.). (ENG., Illus.). 224p. (J). (gr. 3-7). 14.99 *(978-1-4197-6294-9(X)*, 53) Abrams, Inc.

Diper Överlöde (Diary of a Wimpy Kid Book 17) 20-Copy Solid WM Readerlink Floor Display. Jeff Kinney. 2022. (ENG.). (J). (gr. 3-7). 299.80 ***(978-1-4197-6828-6(X))*** Abrams, Inc.

Diper Överlöde (Diary of a Wimpy Kid Book 17) (Export Edition) Jeff Kinney. 2023. (Diary of a Wimpy Kid Ser.). (ENG.). 224p. (J). (gr. 3-7). pap. 7.99 ***(978-1-4197-6774-6(7))*** Abrams, Inc.

Diplodocus, 1 vol. Amy Allatson. 2017. (All about Dinosaurs Ser.). (ENG., Illus.). 24p. (gr. 2-2). pap. 9.25 *(978-1-5345-2177-3(1)*, 23559326-4b34-4696-9a2b-01a3662ed33b); lib. bdg. 26.23 *(978-1-5345-2173-5(9)*, a31df2e1-343e-4483-8010-4b6095e13384) Greenhaven Publishing LLC.

Diplodocus. Campbell Books. Illus. by David Partington. 2023. (Hello Dinosaur Ser.). (ENG.). 10p. (J). bds. 8.99 ***(978-1-0350-1620-4(6)***, 900292678, Campbell Bks.) Pan Macmillan GBR. Dist: Macmillan.

Diplodocus. Grace Hansen. 2017. (Dinosaurios (Dinosaurs Set 2) Ser.).Tr. of Diplodocus. (Illus.). 24p. (J). (gr. -1-2). (SPA.). lib. bdg. 32.79 *(978-1-5321-0650-7(5)*, 27241); (ENG., lib. bdg. 32.79 *(978-1-5321-0037-6(X)*, 25152) ABDO Publishing Co. (Abdo Kids).

Diplodocus. Rebecca E. Hirsch. 2018. (Finding Dinosaurs Ser.). (ENG., Illus.). 32p. (J). (gr. 3-5). pap. 9.95 *(978-1-63517-575-2(5)*, 1635175755); lib. bdg. 31.35 *(978-1-63517-503-5(8)*, 1635175038) North Star Editions. (Focus Readers).

Diplodocus. Arnold Ringstad. 2019. (Dinosaurs Ser.). (ENG., Illus.). 24p. (J). (gr. 1-1). pap. 8.95 *(978-1-64185-551-8(7)*, 1641855517) North Star Editions.

Diplodocus. Arnold Ringstad. 2018. (Dinosaurs Ser.). (ENG., Illus.). 24p. (J). (gr. k-3). lib. bdg. 31.36 *(978-1-5321-6180-3(8)*, 30143, Pop! Cody Koala) Pop!.

Diplodocus. Rebecca Sabelko. Illus. by James Kuether. 2019. (World of Dinosaurs Ser.). (ENG.). 24p. (J). (gr. 3-7). pap. 8.99 *(978-1-61891-728-7(5)*, 12327, Epic Bks.) Bellwether Media.

Diplodocus: Children's Dinosaur Book with Intriguing Informative Facts. Bold Kids. 2022. (ENG.). 42p. (J). pap. 14.99 *(978-1-0717-0947-4(X))* FASTLANE LLC.

Diplodocus: The Dippy Idea, 1 vol. Fran Bromage. Illus. by Richard Watson. 2019. (Dinosaur Adventures Ser.). (ENG.). 24p. (J). (gr. 1-2). 26.27 *(978-1-7253-9513-8(4)*, 538a529d-223e-4740-b0cd-7f6523a57e81); pap. 9.25 *(978-1-7253-9511-4(8)*, a05b2346-a796-48f1-9388-4be89115d758) Rosen Publishing Group, Inc., The. (Windmill Bks.).

Diplodocus! Fun Facts about the Diplodocus - Dinosaurs for Children & Kids Edition - Children's Biological Science of Dinosaurs Books. Bobo's Little Brainiac Books. 2016. (ENG., Illus.). (J). pap. 7.99 *(978-1-68327-768-2(6))* Sunshine In My Soul Publishing.

Diplomacia Marca la Diferencia. Elizabeth Anderson Lopez. rev. ed. 2019. (Social Studies: Informational Text Ser.). (SPA., Illus.). 32p. (J). (gr. 2-4). pap. 11.99 *(978-1-64290-113-9(X))* Teacher Created Materials, Inc.

Diplomacy Makes a Difference. Anderson Elizabeth Lopez. rev. ed. 2018. (Social Studies: Informational Text Ser.). (ENG., Illus.). 32p. (J). (gr. 2-4). pap. 11.99 *(978-1-4258-2518-8(4))* Teacher Created Materials, Inc.

Diplomatic Days (Classic Reprint) Edith O'Shaughnessy. 2017. (ENG., Illus.). (J). 31.94 *(978-0-266-22041-1(X))* Forgotten Bks.

Diplomatic Diary, 1917 (Classic Reprint) Hugh Gibson. 2018. (ENG., Illus.). 334p. (J). 30.79 *(978-0-484-16478-8(3))* Forgotten Bks.

Diplomatic Disenchantments. Edith Bigelow. 2017. (ENG., Illus.). (J). pap. *(978-0-649-56269-5(0))* Trieste Publishing Pty Ltd.

Diplomatic Disenchantments: A Novel (Classic Reprint) Edith Bigelow. (ENG., Illus.). (J). 2019. 244p. 28.95 *(978-0-365-02038-7(9))*; 2016. pap. 11.57 *(978-1-333-19222-8(3))* Forgotten Bks.

Diplomatic Immunity. Brodi Ashton. 2016. (ENG.). 368p. (YA). (gr. 8). 17.99 *(978-0-06-236856-0(7)*, Balzer & Bray) HarperCollins Pubs.

Diplomatist's Wife, in Many Lands, Vol. 1 (Classic Reprint) Hugh Fraser. 2018. (ENG., Illus.). 378p. (J). 31.71 *(978-0-365-41172-7(8))* Forgotten Bks.

Diplomatist's Wife in Many Lands, Vol. 2 (Classic Reprint) Hugh Fraser. 2018. (ENG., Illus.). 338p. (J). 30.87 *(978-0-484-55179-3(5))* Forgotten Bks.

Diplomat's Diary (Classic Reprint) Julien Gordon. 2018. (ENG., Illus.). 242p. (J). 28.89 *(978-0-484-43861-2(1))* Forgotten Bks.

Dipper of Copper Creek (Classic Reprint) John George. 2017. (ENG., Illus.). (J). 27.86 *(978-1-5285-4682-9(2))* Forgotten Bks.

Dippers (Classic Reprint) Ben Travers. 2018. (ENG., Illus.). 270p. (J). 29.47 *(978-0-267-19083-6(2))* Forgotten Bks.

Dippy Dinosaur Joke Book, 1 vol. Lisa Regan. 2019. (Sidesplitting Jokes Ser.). (ENG.). 24p. (J). (gr. 1-2). 26.27 *(978-1-7253-9588-6(6)*, 9689d65b-d028-4d89-a71e-b1680d725611); pap. 9.25 *(978-1-7253-9586-2(X)*, 64b6a9d7-7f33-48d6-bfc0-c2707f34c7dd) Rosen Publishing Group, Inc., The. (Windmill Bks.).

Dire Days of Willowweep Manor. Shaenon K. Garrity. Illus. by Christopher Baldwin. 2021. (ENG.). 224p. (YA). (gr. 7). 21.99 *(978-1-5344-6087-4(X))*; pap. 14.99 *(978-1-5344-6086-7(1))* McElderry, Margaret K. Bks. (McElderry, Margaret K. Bks.).

Dire King: A Jackaby Novel. William Ritter. ed. 2023. (Jackaby Ser.: 4). (ENG.). 368p. (YA). (gr. 8-17). pap. 11.99 ***(978-1-5235-2401-3(4))*** Algonquin Young Readers.

Dire Situation. David Michael Slater. 2022. (Super Doopers Ser.: 1). (ENG.). 136p. (J). (gr. 2-4). pap. 12.99 *(978-1-944589-89-9(9))* Incorgnito Publishing Pr. LLC.

Dire Wolf. Julie Murray. 2023. (Ice Age Animals Ser.). (ENG.). 24p. (J). (gr. -1-2). lib. bdg. 32.79 ***(978-1-0982-6633-2(1)***, 42194, Abdo Kids) ABDO Publishing Co.

Dire Wolves. Sara Gilbert. 2017. (Ice Age Mega Beasts Ser.). (ENG., Illus.). 24p. (J). (gr. 1-4). pap. 8.99 *(978-1-62832-373-3(6)*, 20069, Creative Paperbacks); *(978-1-60818-765-2(9)*, 20071, Creative Education) Creative Co., The.

Direct Action: An One Act Play (Classic Reprint) John Veiby. (ENG., Illus.). (J). 2018. 36p. 24.66 *(978-0-483-68152-1(0))*; 2016. pap. 7.97 *(978-1-334-21471-4(9))* Forgotten Bks.

Direct Method of Teaching English to Foreigners, Vol. 1 (Classic Reprint) Isaac Price. (ENG., Illus.). (J). 2018. 27.07 *(978-0-260-88089-5(2))*; 2016. pap. 9.57 *(978-1-334-14642-8(X))* Forgotten Bks.

Direct Thy Path. Tiffiney Rogers-McDaniel. 2022. (Mrs. Christian's Daycare Ser.). (ENG.). 50p. (J). pap. 14.99 ***(978-1-7354173-5-6(1))*** Tiffiney R. McDaniel.

Directing in Theater, 1 vol. Jeri Freedman. 2016. (Exploring Theater Ser.). (ENG., Illus.). 96p. (YA). (gr. 7-7). lib. bdg. 44.50 *(978-1-5026-2283-9(1)*, 097c5589-fae0-44db-ab1d-877b2e723726) Cavendish Square Publishing LLC.

Directing in TV & Film, 1 vol. P. J. Graham. 2018. (Exploring Careers in TV & Film Ser.). (ENG.). 96p. (gr. 7-7). pap. 20.99 *(978-1-5026-4053-6(8)*, 366134e2-23e8-4c53-92aa-86ef5f63c1c9) Cavendish Square Publishing LLC.

Direction Dance! Up, down, Left, & Right. Michael Dahl. Illus. by Sara Torretta. 2018. (Creative Movement Ser.). (ENG.). 24p. (J). (gr. -1-2). lib. bdg. 33.99 *(978-1-68410-246-4(4)*, 138432) Cantata Learning.

Directional. Remy Wilson. 2023. (ENG.). 96p. (YA). pap. 14.26 ***(978-1-4476-1914-7(5))*** Lulu Pr., Inc.

Directions for Meteorological Observations, & the Registry of Periodical Phenomena, 1860 (Classic Reprint) Smithsonian Institution. 2018. (ENG., Illus.). 76p. (J). 25.46 *(978-0-656-04596-9(5))* Forgotten Bks.

Directo Al Coraz?n. Flores Rueda. 2019. (SPA.). 44p. (J). pap. 12.61 *(978-0-244-19265-5(0))* Lulu Pr., Inc.

Directores (Principals) Julie Murray. 2018. (Trabajos en Mi Comunidad (My Community: Jobs) Ser.). (SPA.). 24p. (J). (gr. -1-2). lib. bdg. 31.36 *(978-1-5321-8370-6(4)*, 29933, Abdo Kids) ABDO Publishing Co.

Director's Cut. Vanessa Acton. 2016. (Atlas of Cursed Places Ser.). (ENG.). 104p. (YA). (gr. 6-12). lib. bdg. 26.65 *(978-1-5124-1324-3(0)*, db233274-947c-4149-bc01-a3c095c9c457, Darby Creek) Lerner Publishing Group.

Dirge for Princes (a Throne for Sisters-Book Four) Morgan Rice. 2018. (Throne for Sisters Ser.: Vol. 4). (ENG., Illus.). 170p. (YA). (gr. 7-12). 18.99 *(978-1-64029-270-3(5))*; pap. 13.99 *(978-1-64029-269-7(1))* Morgan Rice Bks.

Dirt + Water = Mud. Katherine Hannigan. Illus. by Katherine Hannigan. 2016. (ENG., Illus.). 40p. (J). (gr. -1-3). 17.99 *(978-0-06-234517-2(6)*, Greenwillow Bks.) HarperCollins Pubs.

Dirt Bike Crazy (Set Of 6) R. L. Van. 2019. (Dirt Bike Crazy Ser.). (ENG.). 192p. (J). (gr. 3-3). pap. 59.70 *(978-1-64494-150-8(3)*, 1644941503) Bigfoot Bks. GBR. Dist: North Star Editions.

Dirt Bike Mania, 1 vol. Craig Stevens. 2022. (Insane Speed Ser.). (ENG.). 24p. (J). (gr. k-2). lib. bdg. *(978-1-0396-4482-3(1)*, 16270); (Illus.). pap. *(978-1-0396-4673-5(5)*, 17212) Crabtree Publishing Co. (Crabtree Seedlings).

Dirt Bike Racing. Contrib. by Dalton Rains. 2023. (Racing Sports Ser.). (ENG., Illus.). 32p. (J). pap. 9.95 ***(978-1-63738-589-0(7))***; lib. bdg. 31.35 ***(978-1-63738-535-7(8))*** North Star Editions. (Apex).

Dirt Bikes. Kenny Abdo. 2017. (Off Road Vehicles Ser.). (ENG., Illus.). 24p. (J). (gr. 2-8). lib. bdg. 31.36 *(978-1-5321-2100-5(8)*, 26783, Abdo Zoom-Fly) ABDO Publishing Co.

Dirt Bikes. Deanna Caswell. 2017. (Gearhead Garage Ser.). (ENG., Illus.). 32p. (J). (gr. 4-6). lib. bdg. *(978-1-68072-134-8(8)*, 10444, Bolt) Black Rabbit Bks.

Dirt Bikes. Matt Doeden. 2018. (Horsepower Ser.). (ENG., Illus.). 32p. (J). (gr. 3-9). pap. 7.95 *(978-1-5435-2471-0(0)*, 137979); lib. bdg. 27.32 *(978-1-5435-2463-5(X)*, 137971) Capstone. (Capstone Pr.).

Dirt Bikes. Wendy Hinote Lanier. 2017. (Let's Roll Ser.). (ENG., Illus.). 32p. (J). (gr. 2-3). pap. 9.95 *(978-1-63517-109-9(1)*, 1635171091); lib. bdg. 31.35 *(978-1-63517-053-5(2)*, 1635170532) North Star Editions. (Focus Readers).

Dirt Bikes. Marysa Storm. 2020. (Wild Rides Ser.). (ENG.). 24p. (J). (gr. k-3). lib. bdg. *(978-1-62310-186-2(7)*, 14466, Bolt Jr.) Black Rabbit Bks.

Dirt Bikes. Aubrey Zalewski. 2019. (Start Your Engines! Ser.). (ENG., Illus.). 32p. (J). (gr. 3-3). pap. 9.95 *(978-1-64494-211-6(9)*, 1644942119) Bigfoot Bks. GBR. Dist: North Star Editions.

Dirt Bikes: A First Look. Percy Leed. 2023. (Read about Vehicles (Read for a Better World (tm)) Ser.). (ENG., Illus.). 24p. (J). (gr. k-2). pap. 9.99 Lerner Publishing Group.

Dirt Book: Poems about Animals That Live Beneath Our Feet. David L. Harrison. Illus. by Kate Cosgrove. 2021. 40p. (J). (gr. k-4). 18.99 *(978-0-8234-3861-7(9))* Holiday Hse., Inc.

Dirt by Sea. Michael Wagner. Illus. by Tom Jellett. 2023. 40p. (J). (-k). 24.99 *(978-1-76089-406-1(0)*, Puffin) Penguin Random Hse. AUS. Dist: Independent Pubs. Group.

Dirt Cheap. Mark Hoffmann. 2020. (ENG., Illus.). 40p. (J). (gr. -1-2). lib. bdg. 20.99 *(978-1-5247-1995-1(1)*, Knopf Bks. for Young Readers) Random Hse. Children's Bks.

Dirt Track Racing, 1 vol. Kate Mikoley. 2019. (Motorsports Maniacs Ser.). (ENG.). 32p. (gr. 1-2). 28.27 *(978-1-5382-4084-7(X)*, 765be1b0-9d3d-436b-83ad-5bc2516fa9fd) Stevens, Gareth Publishing LLLP.

Dirtball. Larry G. Thompson. 2019. (ENG.). 34p. (J). pap. 13.95 *(978-1-64349-351-0(5))* Christian Faith Publishing.

Dirtballs. Jada Cooper. 2019. (ENG.). 36p. (J). pap. 14.95 *(978-1-64424-957-4(X))* Page Publishing Inc.

Dirtiest Minivan in the World. Bridget Brennan. 2021. (ENG.). 26p. (J). *(978-0-2288-4895-0(4))*; pap. *(978-0-2288-4894-3(6))* Tellwell Talent.

Dirty Birdies. Jennifer Sattler. Illus. by Jennifer Sattler. 2018. (ENG., Illus.). 22p. (J). (gr. -1-k). bds. 8.99 *(978-1-58536-389-6(8)*, 204397) Sleeping Bear Pr.

Dirty Bombs & Shell Shock: Biology Goes to War. Leon Gray. 2017. (STEM on the Battlefield Ser.). (ENG., Illus.). 48p. (J). (gr. 4-6). 31.99 *(978-1-5124-3928-1(2)*, e3d92160-3b28-4128-b1e2-61be5de64d96, Lerner Pubns.) Lerner Publishing Group.

Dirty Daniel. Nancy Kenkay. 2019. (ENG.). 32p. (J). pap. *(978-1-5289-2818-2(0))* Austin Macauley Pubs. Ltd.

Dirty Feet. Jennifer Reed. Illus. by Kylie Westlake. 2020. (ENG.). 30p. (J). 20.00 *(978-1-938796-66-1(7))* Fruitbearer Publishing, LLC.

Dirty Nose, Sandy Toes. Lane Jacobs. 2022. (ENG., Illus.). 20p. (J). pap. 13.95 *(978-1-6624-5028-0(1))* Page Publishing Inc.

Dirty Pond. Christine Vrancken. Illus. by Rea Diwata Mendoza. 2022. (ENG.). 36p. (J). pap. ***(978-1-922827-95-1(9))*** Library For All Limited.

Dirty Sally. Josephine Stabile. 2020. (ENG., Illus.). 28p. (J). pap. 12.95 *(978-1-64531-217-8(8))* Newman Springs Publishing, Inc.

Dirty Toes: A Child's Guide to Earthing. Amanda Morris Psyd. Illus. by Winda Lee. 2021. (ENG.). 48p. (J). pap. 13.99 *(978-1-7350173-2-7(9))* Live with Intention Publishing.

Dis-Cow-Very: Fun with Words, Valuable Lessons. Jacqui Shepherd. 2018. (Farm-Tastic Ser.). (ENG., Illus.). 42p. (J). (gr. k-6). pap. *(978-1-77008-978-5(0))* Awareness Publishing.

Dis Ti Dwèt Piti/Ten Little Fingers. Tr. by CreoleTrans. Illus. by Annie Kubler & Sarah Dellow. 2022. (Baby Rhyme Time (Haitian Creole/English) Ser.). (ENG.). 12p. (J). bds. *(978-1-78628-696-3(3))* Child's Play International Ltd.

Disabilities & Relationships. Nicole Evans & Jaxon Sydello. 2022. (21st Century Junior Library: Understanding Disability Ser.). (ENG., Illus.). 24p. (J). (gr. 2-5). pap. 12.79 *(978-1-6689-1073-3(X)*, 221018); lib. bdg. 30.64 *(978-1-6689-0913-3(8)*, 220880) Cherry Lake Publishing.

Disabilities Can't Stop Us! (Set), 12 vols. 2020. (Disabilities Can't Stop Us! Ser.). (ENG.). 32p. (gr. 4-5). lib. bdg. 167.58 *(978-1-7253-1207-4(7)*, a8a7fa40-606b-4ec1-ad0d-6045683b9dd0, PowerKids Pr.) Rosen Publishing Group, Inc., The.

Disabilities, Sexual Health, & Consent, 1 vol. Marcela D. Grillo. 2019. (Equal Access: Fighting for Disability Protections Ser.). (ENG.). 64p. (gr. 5-5). 36.13 *(978-1-5081-8382-2(1)*, 501020e9-22c1-4c22-80bb-7d727f2c1e80) Rosen Publishing Group, Inc., The.

Disabilities, Sexual Health, & Consent, 1 vol. Ace Ratcliff. 2019. (Equal Access: Fighting for Disability Protections Ser.). (ENG.). 64p. (gr. 5-5). 36.13 *(978-1-5081-8337-2(6)*, 8f3d719d-2aff-44c7-93db-2821fe4ad8c7, Rosen Young Adult) Rosen Publishing Group, Inc., The.

Disability & Families, Vol. 12. H. W. Poole. 2016. (Families Today Ser.). (Illus.). 48p. (J). (gr. 5). 20.95 *(978-1-4222-3614-7(5))* Mason Crest.

Disability & the Media. Nicole Evans. 2022. (21st Century Junior Library: Understanding Disability Ser.). (ENG., Illus.). 24p. (J). (gr. 2-5). pap. 12.79 *(978-1-6689-1071-9(3)*, 221016); lib. bdg. 30.64 *(978-1-6689-0911-9(1)*, 220878) Cherry Lake Publishing.

Disability Discrimination. James Roland. 2018. (Discrimination in Society Ser.). (ENG.). 80p. (YA). (gr.

D

6-12). 39.93 *(978-1-68282-381-1(4))* ReferencePoint Pr., Inc.

Disability Etiquette. Nicole Evans. 2022. (21st Century Junior Library: Understanding Disability Ser.). (ENG., Illus.). 24p. (J). (gr. 2-5). pap. 12.79 *(978-1-6689-1070-2(5),* 221015); lib. bdg. 30.64 *(978-1-6689-0910-2(3),* 220877) Cherry Lake Publishing.

Disability Experience: Working Toward Belonging. Hannalora Leavitt. Illus. by Belle Wuthrich. 2021. (Orca Issues Ser.: 5). (ENG.). 192p. (YA). (gr. 8-12). pap. 24.95 *(978-1-4598-1928-3(4))* Orca Bk. Pubs. USA.

Disability Pride. Erin Hawley. 2022. (21st Century Junior Library: Understanding Disability Ser.). (ENG., Illus.). 24p. (J). (gr. 2-5). pap. 12.79 *(978-1-6689-1069-6(1),* 221014); lib. bdg. 30.64 *(978-1-6689-0909-6(X),* 220876) Cherry Lake Publishing.

Disability Rights Movement, 1 vol. Amy Hayes. 2016. (Civic Participation: Working for Civil Rights Ser.). (ENG.). 32p. (J). (gr. 5-5). 27.93 *(978-1-4994-2850-6(2),* 11418b13-56a9-42b7-9044-72493a97ed13); pap. 11.00 *(978-1-4994-2679-3(8),* 5f623ea1-c85b-4eaa-93d9-26563fb55eaa) Rosen Publishing Group, Inc., The. (PowerKids Pr.).

Disability Visibility (Adapted for Young Adults) 17 First-Person Stories for Today. Ed. by Alice Wong. 160p. (gr. 7). 2023. (YA). pap. 10.99 ***(978-0-593-38170-0(X),*** Ember); 2021. (ENG.). (J). lib. bdg. 20.99 *(978-0-593-38168-7(8),* Delacorte Pr.); 2021. (YA). 17.99 *(978-0-593-38167-0(X),* Delacorte Pr.) Random Hse. Children's Bks.

Disabled Casanova. Dave Lee. 2020. (ENG.). 141p. (YA). pap. *(978-1-716-63938-8(7))* Lulu Pr., Inc.

Disappearance. Franklin W. Dixon. 2019. (Hardy Boys Adventures Ser.: 18). (ENG.). 160p. (J). (gr. 3-7). 17.99 *(978-1-5344-1489-1(4));* (Illus.). pap. 7.99 *(978-1-5344-1488-4(6))* Simon & Schuster Children's Publishing. (Aladdin).

Disappearance at Hangman's Bluff. J. E. Thompson. 2023. (ENG., Illus.). 336p. (J). (gr. 3-7). pap. 15.95 ***(978-1-4556-2747-9(X),*** Pelican Publishing) Arcadia Publishing.

Disappearance of Drover. John R. Erickson. Illus. by Gerald L. Holmes. 2017. (Hank the Cowdog Ser.: Vol. 57). (ENG.). 122p. (J). (gr. 3-6). 15.99 *(978-1-59188-257-2(5))* Maverick Bks., Inc.

Disappearance of Ember Crow: the Tribe, Book Two. Ambelin Kwaymullina. 2016. (Tribe Ser.: 2). (ENG.). 432p. (YA). (gr. 7). 17.99 *(978-0-7636-7843-2(0))* Candlewick Pr.

Disappearance of Sloane Sullivan. Gia Cribbs. 2018. (ENG.). 400p. (YA). 18.99 *(978-1-335-01537-2(X),* Harlequin Teen) Harlequin Enterprises ULC CAN. Dist: HarperCollins Pubs.

Disappearances. Emily Bain Murphy. (ENG.). 400p. (YA). (gr. 7). 2018. pap. 11.99 *(978-1-328-90407-2(5),* 1700752); 2017. 17.99 *(978-0-544-87936-2(8),* 1650974) HarperCollins Pubs. (Clarion Bks.).

Disappearances. Emily Bain Murphy. ed. 2018. lib. bdg. 20.85 *(978-0-606-40998-8(X))* Turtleback.

Disappeared. Francisco X. Stork. 2017. (ENG.). 336p. (YA). (gr. 7-7). 17.99 *(978-0-545-94447-2(3),* Scholastic Pr.) Scholastic, Inc.

Disappeared (Unabridged Edition), 9 vols. Francisco X. Stork. unabr. ed. 2017. (ENG.). 2p. (YA). (gr. 7). audio compact disk 39.99 *(978-1-338-19039-7(3))* Scholastic, Inc.

Disappearing Act: A True Story. Jordan Castle. 2023. (ENG.). 336p. (YA). 20.99 *(978-0-374-38977-2(2),* 900254562, Farrar, Straus & Giroux (BYR)) Farrar, Straus & Giroux.

Disappearing Boy, 1 vol. Sonia Tilson. 2017. (ENG., Illus.). 200p. (J). (gr. 4-7). pap. 12.95 *(978-1-77108-548-9(7),* a20dc4a0-680b-4504-a35c-1c25964d6135) Nimbus Publishing, Ltd. CAN. Dist: Baker & Taylor Publisher Services (BTPS).

Disappearing Darcy. Shelley Swanson Sateren. Illus. by Deborah Melmon. 2017. (Adventures at Tabby Towers Ser.). (ENG.). 72p. (J). (gr. 1-4). pap. 4.95 *(978-1-5158-1550-1(1),* 136118); lib. bdg. 25.32 *(978-1-5158-1546-4(3),* 136113) Capstone. (Picture Window Bks.).

Disappearing Daughter: No. 1 Boy Detective. Barbara Mitchelhill. Illus. by Tony Ross. 2018. (No. 1 Boy Detective Ser.). (ENG.). 64p. (J). (gr. 2-4). pap. 9.99 *(978-1-78344-662-9(5))* Andersen Pr. GBR. Dist: Independent Pubs. Group.

Disappearing Food Caper: Sandy Creek Adventures. Nancy Neres. 2023. (Sandy Creek Adventures Ser.: Vol. 1). (ENG.). 52p. (J). pap. 16.49 ***(978-1-6628-6481-0(7))*** Salem Author Services.

Disappearing Fruit: An Interactive Mystery Adventure. Steve Brezenoff. Illus. by Marcos Calo. 2017. (You Choose Stories: Field Trip Mysteries Ser.). (ENG.). 112p. (J). (gr. 3-7). lib. bdg. 32.65 *(978-1-4965-2643-4(0),* 131206, Stone Arch Bks.) Capstone.

Disappearing Mr. Jacques. Gideon Sterer. Illus. by Benjamin Chaud. 2022. 40p. (J). (gr. -1-2). 17.99 *(978-0-525-57941-0(9));* (ENG.). lib. bdg. 20.99 *(978-0-525-57942-7(7))* Random Hse. Children's Bks. (Knopf Bks. for Young Readers).

Disappearing Names. Avis M. Adams. 2023. (Lavender & Time Ser.: Vol. 1). (ENG.). 228p. (YA). pap. 16.99 ***(978-1-5092-4590-1(1))*** Wild Rose Pr., Inc., The.

Disappearing Spoon: And Other True Tales of Rivalry, Adventure, & the History of the World from the Periodic Table of the Elements (Young Readers Edition) Sam Kean. 2018. (ENG., Illus.). 240p. (J). E-Book *(978-0-316-38824-5(6))* Little Brown & Co.

Disappearing Spoon: And Other True Tales of Rivalry, Adventure, & the History of the World from the Periodic Table of the Elements (Young Readers Edition) Sam Kean. 2019. (ENG., Illus.). 240p. (J). (gr. 5-17). pap. 9.99 *(978-0-316-38827-6(0))* Little, Brown Bks. for Young Readers.

Disappearing Trees. Nadine Eenkema Van Dijk. Illus. by Romulo Reyes, III. 2022. (ENG.). 48p. (J). pap. ***(978-1-922827-91-3(6))*** Library For All Limited.

Disappearing Wildlife. Angela Royston. rev. ed. 2016. (Protect Our Planet Ser.). (ENG.). 32p. (J). (gr. 1-3). pap. 8.29 *(978-1-4846-3591-9(4),* 133663, Heinemann) Capstone.

Disappointed. Meg Gaertner. 2019. (Learning about Emotions Ser.). (ENG.). 24p. (J). (gr. -1-2). lib. bdg. 32.79 *(978-1-5038-2806-3(9),* 212613) Child's World, Inc, The.

Disappointed Ninja: A Social, Emotional Children's Book about Good Sportsmanship & Dealing with Disappointment. Mary Nhin. Illus. by Jelena Stupar. 2021. (Ninja Life Hacks Ser.: 63). (ENG.). 36p. (J). 19.99 *(978-1-63731-238-4(5))* Grow Grit Pr.

Disappointment. Meg Gaertner. 2022. (Dealing with Challenges Ser.). (ENG., Illus.). 24p. (J). (gr. k-1). pap. 8.95 *(978-1-64619-510-7(8));* lib. bdg. 28.50 *(978-1-64619-483-4(7))* Little Blue Hse. (Little Blue Readers).

Disappointment Is a Wave. Lauren Martin. 2022. (ENG.). 22p. (J). 14.99 ***(978-1-0880-5809-1(4))*** Indy Pub.

Disarm! Disarm! Adapted from the German Romance Die Waffen Nieder, by the Baroness Bertha Von Suttner (Classic Reprint) Bertha von Suttner. 2017. (ENG., Illus.). (J). 30.58 *(978-0-265-58928-1(2))* Forgotten Bks.

Disaster! Tragedies That Gripped the World. Eleanor Cardell. 2017. (Flash Points Ser.). (ENG., Illus.). 48p. (J). (gr. 5-8). 27.99 *(978-1-62920-605-9(9),* 21d5c5e9-69d7-482f-880e-af239fa11a37) Full Tilt Pr. NZL. Dist: Lerner Publishing Group.

Disaster at the Highland Games. Riel Nason. Illus. by Nathasha Pilotte. 2nd ed. 2023. (ENG.). 34p. (J). pap. ***(978-1-77861-015-8(3))*** Bradan Pr.

Disaster Called Rue Taylor. D. A. Reed. 2022. (ENG.). 318p. (YA). pap. 19.98 *(978-1-4583-7459-2(9))* Lulu Pr., Inc.

Disaster (Classic Reprint) Paul Margueritte. (ENG., Illus.). (J). 2018. 454p. 33.26 *(978-0-267-60778-5(4));* 2016. pap. 16.57 *(978-1-334-12767-0(0))* Forgotten Bks.

Disaster Days. Rebecca Behrens. 2021. 304p. (J). (gr. 3-7). pap. 7.99 *(978-1-7282-4647-5(4))* Sourcebooks, Inc.

Disaster Diaries: Brainwashed! R. McGeddon. Illus. by Jamie Littler. 2016. 187p. (J). pap. *(978-1-250-09093-5(8))* ETT Imprint.

Disaster in Three Acts. Kelsey Rodkey. (ENG.). 368p. (YA). (gr. 8). 2023. pap. 15.99 *(978-0-06-299450-9(6));* 2022. 17.99 *(978-0-06-299449-3(2))* HarperCollins Pubs. (HarperTeen).

Disaster on the Titanic (Ranger in Time #9) Kate Messner. Illus. by Kelley McMorris. 2019. (Ranger in Time Ser.: 9). (ENG.). 144p. (J). (gr. 2-5). pap. 5.99 *(978-1-338-13398-1(5),* Scholastic Pr.) Scholastic, Inc.

Disaster Strikes! The Most Dangerous Space Missions of All Time. Jeffrey Kluger. 2019. (ENG., Illus.). 224p. (J). (gr. 3-7). 18.99 *(978-1-9848-1275-9(0),* Philomel Bks.) Penguin Young Readers Group.

Disasters. M. K. England. (ENG.). (YA). (gr. 9). 2019. 384p. pap. 10.99 *(978-0-06-265768-8(2));* 2018. 368p. 17.99 *(978-0-06-265767-1(4))* HarperCollins Pubs. (HarperTeen).

Disasters: Fact Frenzy: Planet Earth: Set, 12 vols. 2019. (Fact Frenzy: Planet Earth Ser.). (ENG.). 32p. (J). (gr. 4-4). lib. bdg. 167.58 *(978-1-7253-1504-4(1),* 9626aa8f-ecec-4732-89e2-97bf7d293eb4, PowerKids Pr.) Rosen Publishing Group, Inc., The.

Disasters!: a Who HQ Collection. Who HQ. 2021. (What Was? Ser.). (ENG.). 896p. (J). (gr. 3-7). 47.92 *(978-0-593-51938-7(8),* Penguin Workshop) Penguin Young Readers Group.

Disasters & Delights of Family Celebrations. Beatrice Holloway. 2017. (ENG., Illus.). (J). pap. *(978-1-911070-66-5(5))* TSL Pubns.

Disasters by the Numbers: A Book of Infographics. Steve Jenkins. 2021. (ENG., Illus.). 48p. (J). (gr. 1-4). 18.99 *(978-1-328-56948-6(9),* 1726929, Clarion Bks.) HarperCollins Pubs.

Disastrous Dillon. Ellen Jane Roberts. 2019. (ENG.). 42p. (J). *(978-1-78878-169-5(4));* pap. *(978-1-78878-168-8(6))* Austin Macauley Pubs. Ltd.

Disastrous Magical Wishes of Classroom 13. Honest Lee & Matthew J. Gilbert. Illus. by Joëlle Dreidemy. 2017. (Classroom 13 Ser.: 2). (ENG.). 128p. (J). (gr. 1-5). pap. 5.99 *(978-0-316-46456-7(2))* Little, Brown Bks. for Young Readers.

Disastrous Magical Wishes of Classroom 13. Honest Lee & Matthew J. Gilbert. ed. 2017. (Classroom 13 Ser.: 2). (J). lib. bdg. 16.00 *(978-0-606-40638-3(7))* Turtleback.

Disastrous Wrangel Island Expedition. Katrina M. Phillips. Illus. by David Shephard. 2022. (Deadly Expeditions Ser.). (ENG.). 32p. (J). 36.65 *(978-1-6639-5891-4(2),* 222318); pap. 7.95 *(978-1-6663-2236-1(9),* 222312) Capstone. (Capstone Pr.).

Disbanded. Frances Pauli. 2019. (Serpentia Ser.: Vol. 1). (ENG.). 238p. (YA). (gr. 7-12). pap. 17.50 *(978-1-949768-11-4(2))* Goal Pubns.

Disc Dogs. Alicia Z. Klepeis. 2018. (Canine Athletes Ser.). (ENG., Illus.). 32p. (J). (gr. 3-6). lib. bdg. 32.79 *(978-1-5321-1737-4(X),* 30762, SportsZone) ABDO Publishing Co.

Discarded Daughter: Or the Children of the Isle (Classic Reprint) E. Dorothy Eliza Nevitt Southworth. 2018. (ENG., Illus.). 338p. (J). 30.89 *(978-0-483-90324-1(8))* Forgotten Bks.

Discarded Daughter Book 2 - Recovery: A Pride & Prejudice Variation. Shana Granderson A Lady. 2021. (Discarded Daughter Ser.: Vol. 2). (ENG.). 202p. (J). pap. *(978-0-473-56886-3(1))* HookMedia Co. Ltd.

Discarded Son, or Haunt of the Banditti, Vol. 2 Of 5: A Tale (Classic Reprint) Regina Maria Roche. 2016. (ENG., Illus.). (J). pap. 13.57 *(978-1-334-15070-8(2))* Forgotten Bks.

Discarded Son, or Haunt of the Banditti, Vol. 3 Of 5: A Tale (Classic Reprint) Regina Maria Roche. (ENG., Illus.). (J). 2018. 330p. 30.70 *(978-0-332-04434-7(3));* 2016. pap. 13.57 *(978-1-334-14259-8(9))* Forgotten Bks.

Discarded Son; or, Haunt of the Banditti, Vol. 4 Of 5: A Tale (Classic Reprint) Regina Maria Roche. 2018. (ENG., Illus.). 270p. (J). 29.47 *(978-0-666-89453-3(1))* Forgotten Bks.

Discarded Wife, or Will She Succeed (Classic Reprint) Eliza Ann Dupuy. 2018. (ENG., Illus.). (J). 596p. 36.19 *(978-1-391-17711-3(8));* 598p. pap. 19.57 *(978-1-390-90175-7(0))* Forgotten Bks.

Discerned. Sarah Addison-Fox. 2018. (Allegiance Ser.: Vol. 4). (ENG., Illus.). 330p. (J). pap. *(978-0-473-45087-8(9))* Double Edged Sword Publishing.

Discerning the Details: Spot the Difference Activity Book. Activity Book Zone for Kids. 2016. (ENG., Illus.). (J). pap. 7.55 *(978-1-68376-128-0(6))* Sabeels Publishing.

Discerning the Disparities: Spot the Difference Activity Book. Activity Book Zone for Kids. 2016. (ENG., Illus.). (J). pap. 7.55 *(978-1-68376-129-7(4))* Sabeels Publishing.

Disciple of Chance: An Eighteenth-Century Love Story (Classic Reprint) Sara Dean. (ENG., Illus.). (J). 2018. 428p. 32.74 *(978-0-484-10459-3(4));* 2017. 32.58 *(978-0-266-50834-2(0));* 2017. pap. 16.57 *(978-0-259-20010-9(7));* 2016. pap. 16.57 *(978-1-334-20742-6(9))* Forgotten Bks.

Disciples. Cullen Bunn. 2018. (ENG., Illus.). 128p. pap. 16.99 *(978-1-5343-0688-2(9),* a3201689-dc74-4352-88f7-5c6110fa8fd0) Image Comics.

Disciples Activity Book. Pip Reid. 2020. (ENG.). 138p. (J). (gr. 3-6). pap. *(978-1-9992275-3-1(0))* Bible Pathway Adventures.

Discipleship for Kids: Helping Children Grow in Christ. Contrib. by Rebecca Ruybalid Stone. 2023. (ENG.). 160p. (J). pap. 9.99 *(978-1-64158-535-4(8),* 20_42564) NavPress Publishing Group.

Disciplinary Piles. Nancy M. Borski. 2016. (ENG., Illus.). (YA). pap. 14.99 *(978-0-9975435-1-3(5))* Mindstir Media.

Discipline: A Novel (Classic Reprint) Mary Brunton. (ENG., Illus.). (J). 2017. 33.92 *(978-0-266-46415-0(7));* 2016. pap. 16.57 *(978-1-334-14409-7(5))* Forgotten Bks.

Discipline & the Derelict: Being a Series of Essays on Some of Those Who Tread the Green Carpet, Pp. 1-201. Thomas Arkle Clark. 2017. (ENG., Illus.). (J). pap. *(978-0-649-56285-5(2))* Trieste Publishing Pty Ltd.

Discipline, Vol. 1: A Novel (Classic Reprint) Mary Brunton. 2018. (ENG., Illus.). 302p. (J). 30.15 *(978-0-267-16711-1(3))* Forgotten Bks.

Discipline, Vol. 2: A Novel (Classic Reprint) Mary Brunton. 2018. (ENG., Illus.). 312p. (J). 30.33 *(978-0-428-82301-6(7))* Forgotten Bks.

Discipline, Vol. 3: A Novel (Classic Reprint) Mary Brunton. (ENG., Illus.). (J). 2018. 298p. 30.06 *(978-0-483-93053-7(9));* 2016. pap. 13.57 *(978-1-334-13372-5(7))* Forgotten Bks.

Disclose. Joelle Charbonneau. (ENG.). 320p. (YA). (gr. 8). 2021. pap. 10.99 *(978-0-06-280366-5(2));* 2020. 18.99 *(978-0-06-280365-8(4))* HarperCollins Pubs. (HarperTeen).

Disco Balls of the Universe. Imani Ariana Grant & Shaneika Burchell-Kerr. 2018. (ENG., Illus.). 26p. (J). pap. 12.99 *(978-1-948071-16-1(9))* Lauren Simone Publishing Hse.

Disco Fever. Doug Savage. 2017. (Illus.). 142p. (J). *(978-1-5379-7394-4(0))* Andrews McMeel Publishing.

Disco Lance Loves to Dance. Lori Kristen Kelly. 2017. (ENG., Illus.). (J). 22.95 *(978-0-578-19906-1(8));* pap. 13.95 *(978-0-578-19757-9(X))* Donkey Duck Enterprises, LLC.

Discombobulated: Malice vs Empathy. Patricia Dye. 2018. (ENG., Illus.). 116p. (YA). 26.95 *(978-1-64138-912-9(5));* pap. 17.95 *(978-1-64138-025-6(X))* Page Publishing Inc.

Discontented Robins: And Other Stories for the Young (Classic Reprint) Miss Mary Anna Fox. 2018. (ENG., Illus.). 144p. (J). 26.87 *(978-0-332-96992-3(4))* Forgotten Bks.

Discord. Linda Upham. 2022. (ENG.). 112p. (J). pap. *(978-1-80369-251-7(0))* Authors OnLine, Ltd.

Discordia: Gods of Mytheria Book One. Tamara Critzer. 2019. (Gods of Mytheria Ser.: Vol. 1). (ENG.). 156p. (YA). (gr. 7-12). pap. 15.00 ***(978-1-0878-0264-0(4))*** Indy Pub.

Discords (Classic Reprint) Anna Alice Chapin. 2018. (ENG., Illus.). 218p. (J). 28.39 *(978-0-483-83923-6(X))* Forgotten Bks.

Discords (Classic Reprint) George Egerton. 2018. (ENG., Illus.). 292p. (J). 29.94 *(978-0-483-46131-4(8))* Forgotten Bks.

Discords of the Mind Vol. 1: A Collection of Short Stories. Bc Neon. 2020. (Discords of the Mind Ser.: Vol. 1). (ENG.). 322p. (YA). (gr. 7-12). 23.99 *(978-1-0878-5770-1(8));* pap. 14.99 *(978-1-0878-5769-5(4))* Indy Pub.

Discords of the Mind Vol. 2: Another Collection of Short Stories. Bc Neon. 2020. (Discords of the Mind Ser.: Vol. 2). (ENG.). 324p. (YA). (gr. 7-12). 23.99 *(978-1-0878-7607-8(9));* pap. 14.99 *(978-1-0878-7605-4(2))* Indy Pub.

Discords of the Mind Vol. 3: The Final Collection of Short Stories. Bc Neon. 2020. (Discords of the Mind Ser.: Vol. 3). (ENG.). 376p. (YA). 24.99 *(978-1-0878-9523-9(5));* pap. 15.99 *(978-1-0878-9519-2(7))* Indy Pub.

Discoucia: A Victorianish Fairytale. Nicholas Lovelock. 2017. (ENG., Illus.). (YA). pap. *(978-1-911525-82-0(4))* Clink Street Publishing.

Discours Apologetique en Faveur de l'Instinct et Naturel Admirable de L'Elephant: Publie Avec une Introduction (Classic Reprint) David Ferrand. 2017. (FRE., Illus.). (J). pap. 13.57 *(978-1-334-88895-3(7))* Forgotten Bks.

Discours Apologetique en Faveur de l'Instinct et Naturel Admirable de L'Elephant: Publiee Avec une Introduction (Classic Reprint) David Ferrand. 2017. (FRE., Illus.). (J). pap. 9.57 *(978-0-243-91646-7(9))* Forgotten Bks.

Discours Apologétique en Faveur de l'Instinct et Naturel Admirable de L'Éléphant: Publiée Avec une Introduction (Classic Reprint) David Ferrand. 2018. (FRE., Illus.). 62p. (J). 25.18 *(978-0-332-05003-4(3))* Forgotten Bks.

Discours de la Methode see Discurso del Metodo: Seguido de la Busqueda de la Verdad Mediante la Luz Natural

Discours de M. Tremblay Prononces a l'Assemblee Legislative le 5 et le 9 Decembre 1873 (Classic Reprint) Paul Tremblay. 2017. (FRE., Illus.). (J). pap. 7.97 *(978-0-259-54439-5(6))* Forgotten Bks.

Discours de M. Tremblay Prononcés à l'Assemblée législative le 5 et le 9 décembre 1873 (Classic Reprint) Paul Tremblay. 2018. (FRE., Illus.). 22p. (J). 24.37 *(978-0-332-10782-0(5))* Forgotten Bks.

Discours de Monsieur de Sorbiere: Touchant Diverses Experiences de la Transfusion du Sang (Classic Reprint) Samuel Sorbiere. 2017. (FRE., Illus.). (J). 24.31 *(978-0-331-50303-6(4));* pap. 7.97 *(978-0-331-32200-2(5))* Forgotten Bks.

Discours Ou Traicte des Devises: Ou Est Mise la Raison et Difference des Emblemes Enigmes, Sentences et Autres (Classic Reprint) Adrian D'Amboise. 2017. (FRE., Illus.). (J). 27.98 *(978-0-260-53257-2(6));* pap. 10.57 *(978-0-265-05037-8(5))* Forgotten Bks.

Discours Philosophique Sur la Creation et l'Arrangement du Monde: Où l'on Fait Voir les Rapports Qu'il y a Entre les Creatures, et Leur Dependance Sous les Loix de la Providence (Classic Reprint) Jean François Vallade. 2018. (FRE., Illus.). 326p. (J). pap. 13.57 *(978-1-391-09795-4(5))* Forgotten Bks.

Discover: Book 11, 11. Martin Cole. 2018. (Discover Ser.: 11). (ENG.). 96p. (YA). pap. *(978-1-78498-063-4(3))* Good Bk. Co., The.

Discover: Book 8, 8. Martin Cole. 2017. (Discover Ser.: 8). (ENG.). (YA). pap. *(978-1-78498-060-3(9))* Good Bk. Co., The.

Discover: Book 9, 9. Martin Cole. 2017. (Discover Ser.: 9). (ENG.). (YA). pap. *(978-1-78498-061-0(7))* Good Bk. Co., The.

Discover Airplanes: Level 2 Reader. Amanda Trane. 2017. (Discover Reading Ser.). (ENG., Illus.). 32p. (J). (gr. k-3). pap. 9.99 *(978-1-5324-0251-7(1))* Xist Publishing.

Discover America: Word Search Puzzles for the 50 States: Fun Word Puzzles for Kids Ages 9 & Up. Jenny Patterson & The Puzzler. 2019. (Puzzler Ser.). (ENG.). 88p. (J). (gr. 4-6). pap. 8.95 *(978-1-7338129-9-3(7))* Old Town Publishing.

Discover Ancient Egypt: Level 2 Reader. Amanda Trane. 2017. (Discover Reading Ser.). (ENG., Illus.). 32p. (J). (gr. k-3). pap. 9.99 *(978-1-5324-0253-1(8))* Xist Publishing.

Discover & Do!, 16 vols. 2022. (Discover & Do! Ser.). (ENG.). 32p. (J). (gr. 4-5). lib. bdg. 215.44 *(978-1-9785-3191-8(5),* 77e5a762-3d67-4287-82bd-82dabfb1a5b3) Enslow Publishing, LLC.

Discover & Share: Dinosaurs. Deborah Chancellor. 2018. (Discover & Share Ser.). (ENG.). 24p. (J). (gr. 1-3). pap. 11.99 ***(978-1-4451-3803-9(4),*** Franklin Watts) Hachette Children's Group GBR. Dist: Hachette Bk. Group.

Discover & Share: Planet Earth. Angela Royston. (Discover & Share Ser.). (ENG.). 24p. (J). (gr. k-2). 2018. pap. 11.99 *(978-1-4451-3807-7(7));* 2017. 16.99 ***(978-1-4451-3809-1(3))*** Hachette Children's Group GBR. (Franklin Watts). Dist: Hachette Bk. Group.

Discover & Share: Space. Angela Royston. 2018. (Discover & Share Ser.). (ENG.). 24p. (J). (gr. 1-3). pap. 11.99 *(978-1-4451-3810-7(7),* Franklin Watts) Hachette Children's Group GBR. Dist: Hachette Bk. Group.

Discover Apalachicola Bay. M. Weber. 2020. (Learn about Earth's Systems: Bays Ser.). (ENG.). 32p. (J). (gr. 4-8). pap. 14.21 *(978-1-5341-6192-4(9),* 214768); (Illus.). lib. bdg. 32.07 *(978-1-5341-5962-4(2),* 214767) Cherry Lake Publishing.

Discover at the Park! Ursula Pang. 2022. (Discover at the Park! Ser.). (ENG.). 24p. (J). pap. 55.50 ***(978-1-64282-475-9(5),*** PowerKids Pr.) Rosen Publishing Group, Inc., The.

Discover B: The Sound Of /b/ August Hoeft. 2023. (Discover Phonics Consonants Ser.). (ENG.). (J). 24p. pap. 12.99 ***(978-1-5324-4477-7(X));*** 20p. (gr. -1-1). 26.99 ***(978-1-5324-4499-9(0));*** 20p. (gr. -1-1). pap. 12.99 ***(978-1-5324-4455-5(9))*** Xist Publishing.

Discover Big Cats. Katrina Streza. 2017. (Discover Reading Ser.). (ENG., Illus.). 36p. (J). (gr. k-3). pap. 9.99 *(978-1-5324-0234-0(1))* Xist Publishing.

Discover Biology (Set), 6 vols. Emma Huddleston & Martha London. 2021. (Discover Biology Ser.). (ENG.). 32p. (J). (gr. 2-5). lib. bdg. 205.32 *(978-1-5321-9528-0(1),* 37506, Kids Core) ABDO Publishing Co.

Discover Bionics. Nikole Brooks Bethea. 2016. (Searchlight Books (tm) — What's Cool about Science? Ser.). (ENG., Illus.). 40p. (J). (gr. 3-5). 30.65 *(978-1-5124-0804-1(2),* 8d8ba359-a448-4425-8545-c6015576a813, Lerner Pubns.) Lerner Publishing Group.

Discover: Book 4: Bible Notes for Young People, 4. Martin Cole. 2016. (Discover Ser.: 4). (ENG.). (YA). pap. *(978-1-78498-056-6(0))* Good Bk. Co., The.

Discover: Book 5: Bible Notes for Young People, 5. Martin Cole. 2016. (Discover Ser.: 5). (ENG.). (YA). pap. *(978-1-78498-057-3(9))* Good Bk. Co., The.

Discover: Book 7: Bible Notes for Young People, 7. Martin Cole. 2017. (Discover Ser.: 7). (ENG.). (YA). pap. *(978-1-78498-059-7(5))* Good Bk. Co., The.

Discover Britain - Orkney. Robert Plant. 2017. (ENG., Illus.). 96p. (J). 10.99 *(978-1-910513-75-0(X),* 66ecb792-a73c-4861-b1d7-40f49f5d89c4) Ritchie, John Ltd. GBR. Dist: Baker & Taylor Publisher Services (BTPS).

Discover Bugs: Level 2 Reader. Amanda Trane. 2017. (Discover Reading Ser.). (ENG., Illus.). 32p. (J). (gr. k-3). pap. 9.99 *(978-1-5324-0255-5(4))* Xist Publishing.

Discover C: The Sound Of /k/ August Hoeft. 2023. (Discover Phonics Consonants Ser.). (ENG.). (J). 24p. pap. 12.99 ***(978-1-5324-4478-4(8));*** 20p. (gr. -1-1). 26.99 ***(978-1-5324-4500-2(8));*** 20p. (gr. -1-1). pap. 12.99 ***(978-1-5324-4456-2(7))*** Xist Publishing.

Discover C: The Sound Of /s/ August Hoeft. 2023. (Discover Phonics Consonants Ser.). (ENG.). (J). 24p. pap. 12.99 ***(978-1-5324-4604-7(7));*** 20p. (gr. -1-1). 26.99 ***(978-1-5324-4605-4(5));*** 20p. (gr. -1-1). pap. 12.99 ***(978-1-5324-4603-0(9))*** Xist Publishing.

Discover Castles. Katrina Streza. 2017. (Discover Reading Ser.). (ENG., Illus.). 36p. (J). (gr. k-3). pap. 9.99 *(978-1-5324-0205-0(8))* Xist Publishing.

Discover Cats: Level 2 Reader. Katrina Streza. 2017. (Discover Reading Ser.). (ENG., Illus.). 36p. (J). (gr. k-3). pap. 9.99 *(978-1-5324-0207-4(4))* Xist Publishing.

Discover Chesapeake Bay. Leah Kaminski. 2020. (Learn about Earth's Systems: Bays Ser.). (ENG., Illus.). 32p. (J). (gr. 4-8). pap. 14.21 *(978-1-5341-6185-6(6),* 214740); lib. bdg. 32.07 *(978-1-5341-5955-6(X),* 214739) Cherry Lake Publishing.

Discover China: Level 2 Reader. Katrina Streza. 2017. (Discover Reading Ser.). (ENG., Illus.). 36p. (J). (gr. k-3). pap. 9.99 *(978-1-5324-0209-8(0))* Xist Publishing.

TITLE INDEX DISCOVER S

Discover Colorado, Second Edition. Matthey Downey & Jenny Pettit. 2nd ed. 2016. (ENG., Illus.). 348p. 36.95 *(978-1-60732-357-0(5))* Univ. Pr. of Colorado.
Discover Colors Series. 2019. (Discover Colors Ser.). (ENG.). (J). (gr. -1-2). E-Book 114.99 *(978-1-5324-1210-3(X))* Xist Publishing.
Discover Crabs: Level 2 Reader. Amanda Trane. 2017. (Discover Reading Ser.). (ENG., Illus.). 32p. (J). (gr. k-3). pap. 9.99 *(978-1-5324-0257-9(0))* Xist Publishing.
Discover Creation: An Illustrated Adventure for Kids. Tracy M. Sumner. 2022. (ENG., Illus.). 160p. (J). pap. 12.99 *(978-1-64352-554-9(9)*, Shiloh Kidz) Barbour Publishing, Inc.
Discover Cryobiology. Lisa J. Amstutz. 2016. (Searchlight Books (tm) — What's Cool about Science? Ser.). (ENG., Illus.). 40p. (J). (gr. 3-5). 30.65 *(978-1-5124-0807-2(7)*, 32a75759-0d6e-4101-aa25-531c1e7f0e8b, Lerner Pubns.) Lerner Publishing Group.
Discover D. August Hoeft. 2023. (Discover Phonics Consonants Ser.). (ENG.). 24p. (J). pap. 12.99 ***(978-1-5324-4479-1(6))*** Xist Publishing.
Discover D: The Sound Of /d/ August Hoeft. 2023. (Discover Phonics Consonants Ser.). (ENG.). 20p. (J). (gr. -1-1). 26.99 ***(978-1-5324-4501-9(6))***; pap. 12.99 ***(978-1-5324-4457-9(5))*** Xist Publishing.
Discover Deadly Animals: Level 3 Reader. Katrina Streza. 2017. (Discover Reading Ser.). (ENG., Illus.). 36p. (J). (gr. k-3). pap. 9.99 *(978-1-5324-0211-1(2))* Xist Publishing.
Discover Deserts: Level 2 Reader. Katrina Streza. 2017. (Discover Reading Ser.). (ENG., Illus.). 36p. (J). (gr. k-3). pap. 9.99 *(978-1-5324-0213-5(9))* Xist Publishing.
Discover Dinosaurs: And What They Could Do. Hannah Lippard. 2022. (ENG.). 48p. (J). (gr. 3-5). 9.99 *(978-1-4867-2107-8(9)*, 7fa57260-359b-46f5-a53d-efea3ca44769) Flowerpot Pr.
Discover Dinosaurs: Big Ideas Learning Box. IglooBooks. Illus. by Giorgia Broseghini. 2022. (ENG.). 24p. (J). (gr. k). pap. 24.99 *(978-1-80108-790-2(3))* Igloo Bks. GBR. Dist: Simon & Schuster, Inc.
Discover Dogs: Level 2 Reader. Amanda Trane. 2017. (Discover Reading Ser.). (ENG., Illus.). 32p. (J). (gr. k-3). pap. 9.99 *(978-1-5324-0259-3(7))* Xist Publishing.
Discover Dogs with the American Canine Association: Set 2, 12 vols. 2016. (Discover Dogs with the American Canine Association Ser.). 24p. (ENG.). (gr. 1-2). lib. bdg. 145.62 *(978-0-7660-7490-3(0)*, ede1f162-a1c4-4591-b553-48f80dbbcc8f); (gr. 2-1). pap. 56.10 *(978-0-7660-7967-0(8))* Enslow Publishing, LLC.
Discover Dogs with the American Canine Association: Set 3. (Discover Dogs with the American Canine Association Ser.). (ENG.). 24p. (J). 2017. pap. 336.60 *(978-0-7660-8382-0(9))*; 2016. (gr. 1-2). lib. bdg. 145.62 *(978-0-7660-8378-3(0)*, ce71a079-30d6-4c16-817d-232c875c0310) Enslow Publishing, LLC.
Discover Dogs with the American Canine Association: Set 4. 2017. (Discover Dogs with the American Canine Association Ser.). 24p. (gr. 1-2). pap. 56.10 *(978-0-7660-8895-5(2))*; (ENG.). lib. bdg. 145.62 *(978-0-7660-8590-9(2)*, 1d17973b-0627-43d2-8879-7185bd3396a6) Enslow Publishing, LLC.
Discover Dogs with the American Canine Association: Set 7, 12 vols. 2018. (Discover Dogs with the American Canine Association Ser.). (ENG.). 24p. (J). (gr. 1-2). lib. bdg. 145.62 *(978-1-9785-0578-0(7)*, 0f42398f-cda9-41e7-8fc9-107b631c3fc2) Enslow Publishing, LLC.
Discover Dogs with the American Canine Association: Set 5, 12 vols. 2017. (Discover Dogs with the American Canine Association Ser.). (ENG.). (J). (gr. 1-2). lib. bdg. 145.62 *(978-0-7660-9152-8(X)*, b544f4a2-3ded-493a-8514-afae38f83e22) Enslow Publishing, LLC.
Discover Dogs with the American Canine Association: Set 6, 12 vols. 2018. (Discover Dogs with the American Canine Association Ser.). (ENG.). 24p. (gr. 1-2). lib. bdg. 145.62 *(978-1-9785-0000-6(9)*, 97939a6e-50c1-4a25-9dfd-b1ccbacfaf27) Enslow Publishing, LLC.
Discover Dogs with the American Canine Association: Sets 1 - 6. 2018. (Discover Dogs with the American Canine Association Ser.). (ENG.). (J). pap. 372.60 *(978-1-9785-0054-9(8))*; (gr. 1-2). lib. bdg. 873.72 *(978-1-9785-0001-3(7)*, b7ac034f-dae9-42bc-83bc-333f134c9706) Enslow Publishing, LLC.
Discover Dogs with the American Canine Association: Sets 1 - 7. 2018. (Discover Dogs with the American Canine Association Ser.). (J). pap. 434.70 *(978-1-9785-0622-0(8))*; (gr. 1-2). lib. bdg. 1019.34 *(978-1-9785-0579-7(5)*, 59a142f3-5e7b-460f-b66c-8c76d5056c1c) Enslow Publishing, LLC.
Discover Dragons. Virginia Loh-Hagan. 2023. (Magic, Myth, & Mystery Express Ser.). (ENG., Illus.). 24p. (J). (gr. 2-5). pap. 12.79 *(978-1-6689-2069-5(7)*, 222047); lib. bdg. 30.64 *(978-1-6689-1967-5(2)*, 221945) Cherry Lake Publishing. (45th Parallel Press).
Discover Dragons, Giants, & Other Deadly Fantasy Monsters. A. J. Sautter. 2017. (All about Fantasy Creatures Ser.). (ENG., Illus.). 32p. (J). (gr. 3-9). lib. bdg. 27.32 *(978-1-5157-6839-5(2)*, 135366, Capstone Pr.) Capstone.
Discover Drones. Douglas Hustad. 2016. (Searchlight Books (tm) — What's Cool about Science? Ser.). (ENG., Illus.). 40p. (J). (gr. 3-5). 30.65 *(978-1-5124-0810-2(7)*, e92e5a8e-6598-4f03-9d15-0343d8a18d35, Lerner Pubns.) Lerner Publishing Group.
Discover Earth. Margaret J. Goldstein. 2018. (Searchlight Books (tm) — Discover Planets Ser.). (ENG., Illus.). 32p. (J). (gr. 3-5). 30.65 *(978-1-5415-2337-1(7)*, ff192654-fed0-4de4-a595-3a480bd30789, Lerner Pubns.) Lerner Publishing Group.
Discover F: The Sound Of /f/ August Hoeft. 2023. (Discover Phonics Consonants Ser.). (ENG.). (J). 24p. pap. 12.99 ***(978-1-5324-4480-7(X))***; 20p. (gr. -1-1). 26.99 ***(978-1-5324-4502-6(4))***; 20p. (gr. -1-1). pap. 12.99 ***(978-1-5324-4458-6(3))*** Xist Publishing.
Discover Forces. Tammy Enz. 2020. (Discover Physical Science Ser.). (ENG.). 24p. (J). (gr. k-2). 6.95 *(978-1-9771-2628-3(6)*, 201608); (Illus.). lib. bdg. 27.99 *(978-1-9771-2442-5(9)*, 200452) Capstone. (Pebble).
Discover Forensic Science. L. E. Carmichael. 2016. (Searchlight Books (tm) — What's Cool about Science? Ser.). (ENG., Illus.). 40p. (J). (gr. 3-5). 30.65 *(978-1-5124-0805-8(0)*, 51238266-d3a1-4ee9-abf1-46ebfeb8fc76, Lerner Pubns.) Lerner Publishing Group.
Discover G: The Sound Of /g/ August Hoeft. 2023. (Discover Phonics Consonants Ser.). (ENG.). (J). 24p. pap. 12.99 ***(978-1-5324-4481-4(8))***; 20p. (gr. -1-1). 26.99 ***(978-1-5324-4503-3(2))***; 20p. (gr. -1-1). pap. 12.99 ***(978-1-5324-4459-3(1))*** Xist Publishing.
Discover G: The Sound Of /j/ August Hoeft. 2023. (Discover Phonics Consonants Ser.). (ENG.). (J). 24p. pap. 12.99 ***(978-1-5324-4608-5(X))***; 20p. (gr. -1-1). 26.99 ***(978-1-5324-4609-2(8))***; 20p. (gr. -1-1). pap. 12.99 ***(978-1-5324-4607-8(1))*** Xist Publishing.
Discover Galveston Bay. M. Weber. 2020. (Learn about Earth's Systems: Bays Ser.). (ENG., Illus.). 32p. (J). (gr. 4-8). pap. 14.21 *(978-1-5341-6188-7(0)*, 214752); lib. bdg. 32.07 *(978-1-5341-5958-7(4)*, 214751) Cherry Lake Publishing.
Discover Gnomes, Halflings, & Other Wondrous Fantasy Beings. A. J. Sautter. 2017. (All about Fantasy Creatures Ser.). (ENG., Illus.). 32p. (J). (gr. 3-9). lib. bdg. 27.32 *(978-1-5157-6838-8(4)*, 135365, Capstone Pr.) Capstone.
Discover Grand Traverse Bay. Leah Kaminski. 2020. (Learn about Earth's Systems: Bays Ser.). (ENG., Illus.). 32p. (J). (gr. 4-8). pap. 14.21 *(978-1-5341-6189-4(9)*, 214756); lib. bdg. 32.07 *(978-1-5341-5959-4(2)*, 214755) Cherry Lake Publishing.
Discover Graphics: Global Folktales. Gloria Koster et al. Illus. by Adrianna Bamber et al. 2023. (Discover Graphics: Global Folktales Ser.). (ENG.). 32p. (J). 271.80 *(978-1-4846-7241-9(0)*, 248715); pap., pap., pap. 83.40 *(978-1-4846-7242-6(9)*, 248716) Capstone. (Picture Window Bks.).
Discover Gravity. Tammy Enz. 2020. (Discover Physical Science Ser.). (ENG.). 24p. (J). (gr. k-2). 6.95 *(978-1-9771-2630-6(8)*, 201610); (Illus.). lib. bdg. 27.99 *(978-1-9771-2444-9(5)*, 200454) Capstone. (Pebble).
Discover H: The Sound Of /h/ August Hoeft. 2023. (Discover Phonics Consonants Ser.). (ENG.). (J). 24p. pap. 12.99 ***(978-1-5324-4482-1(6))***; 20p. (gr. -1-1). 26.99 ***(978-1-5324-4504-0(0))***; 20p. (gr. -1-1). pap. 12.99 ***(978-1-5324-4460-9(5))*** Xist Publishing.
Discover Halloween: Level 1 Reader. Juliana O'Neill. 2017. (Discover Reading Ser.). (ENG., Illus.). 36p. (J). (gr. k-3). pap. 9.99 *(978-1-5324-0217-3(1))* Xist Publishing.
Discover Harpies, Minotaurs, & Other Mythical Fantasy Beasts. A. J. Sautter. 2017. (All about Fantasy Creatures Ser.). (ENG., Illus.). 32p. (J). (gr. 3-9). lib. bdg. 27.32 *(978-1-5157-6836-4(8)*, 135363, Capstone Pr.) Capstone.
Discover Hawaii's Freshwater Wildlife. Katherine Orr. 2020. (ENG.). 48p. (J). pap. 11.99 *(978-0-9765178-7-0(6))* Dragongate Publishing.
Discover Hawai'i's Marine Mammals. Katherine Orr. 2020. (ENG., Illus.). 40p. (J). pap. 11.99 *(978-1-7354042-0-2(9))* Dragongate Publishing.
Discover Hawaii's Natural Forests. David Boynton. Illus. by Katherine Orr. 2020. (ENG.). 48p. (J). pap. 11.99 *(978-0-9765178-8-7(4))* Dragongate Publishing.
Discover Hawaii's Sandy Beaches & Tidepools. Katherine S. Orr. 2020. (ENG.). 44p. (J). pap. 11.99 *(978-0-9765178-9-4(2))* Dragongate Publishing.
Discover Hawai'i's Soaring Seabirds. Katherine Orr. 2020. (ENG.). 48p. (J). pap. 11.99 *(978-1-7354042-1-9(7))* Dragongate Publishing.
Discover Heavy Equipment. Amanda Trane. 2017. (Discover Reading Ser.). (ENG., Illus.). 32p. (J). (gr. k-3). pap. 9.99 *(978-1-5324-0261-6(9))* Xist Publishing.
Discover Her Art: Women Artists & Their Masterpieces. Jean Leibowitz & Lisa LaBanca Rogers. 2022. 208p. (J). (gr. 4-7). pap. 19.99 *(978-1-64160-614-1(2))* Chicago Review Pr., Inc.
Discover Horses: Level 1 Reader. Katrnia Streza. 2017. (Discover Reading Ser.). (ENG., Illus.). 36p. (J). (gr. k-3). pap. 9.99 *(978-1-5324-0240-1(6))* Xist Publishing.
Discover India: 101 Awesome Facts about India. Sonia Mehta. 2022. (ENG.). 64p. (J). pap. 9.99 *(978-0-14-345538-7(9)*, Puffin) Penguin Bks. India PVT, Ltd IND. Dist: Independent Pubs. Group.
Discover India: Culture, Food & People. Sonia Mehta. 2020. (Discover India Ser.). (ENG., Illus.). 64p. (J). (gr. 3-5). pap. 8.99 *(978-0-14-344526-5(X)*, Puffin) Penguin Bks. India PVT, Ltd IND. Dist: Independent Pubs. Group.
Discover India: Festivals of India. Sonia Mehta. 2019. (Discover India Ser.). (ENG.). 64p. (J). (gr. 3-5). pap. 8.99 *(978-0-14-344525-8(1)*, Puffin) Penguin Bks. India PVT, Ltd IND. Dist: Independent Pubs. Group.
Discover India: India Activity Book. Sonia Mehta. 2019. (Discover India Ser.). (ENG.). 64p. (J). pap. 8.99 *(978-0-14-344528-9(6)*, Puffin) Penguin Bks. India PVT, Ltd IND. Dist: Independent Pubs. Group.
Discover India: Monuments of India. Sonia Mehta. 2020. (Discover India Ser.). (ENG.). 64p. (J). (gr. 3-5). pap. 8.99 *(978-0-14-345009-2(3)*, Puffin) Penguin Bks. India PVT, Ltd IND. Dist: Independent Pubs. Group.
Discover India: Mountains & Rivers of India. Sonia Mehta. 2022. (ENG.). 64p. (J). pap. 9.99 *(978-0-14-345537-0(0)*, Puffin) Penguin Bks. India PVT, Ltd IND. Dist: Independent Pubs. Group.
Discover India: the Complete Collection. Sonia Mehta. 2019. (Discover India Ser.). (ENG.). 1920p. (J). 155.00 *(978-0-14-344853-2(6)*, Puffin) Penguin Bks. India PVT, Ltd IND. Dist: Independent Pubs. Group.
Discover India: Wildlife of India. Sonia Mehta. 2019. (Discover India Ser.). (ENG.). 64p. (J). (gr. 3-5). pap. 8.99 *(978-0-14-344527-2(8)*, Puffin) Penguin Bks. India PVT, Ltd IND. Dist: Independent Pubs. Group.
Discover It Yourself: Animals in Action. Sally Morgan. 2022. (Discover It Yourself Ser.). (ENG.). 32p. (J). 16.99 *(978-0-7534-7741-0(6)*, 900237588, Kingfisher) Roaring Brook Pr.
Discover It Yourself: Batteries, Bulbs, & Wires. David Glover. Illus. by Diego Vaisberg. 2021. (Discover It Yourself Ser.). (ENG.). 32p. (J). 16.99 *(978-0-7534-7689-5(4)*, 900234018); pap. 7.99 *(978-0-7534-7687-1(8)*, 900234019) Roaring Brook Pr. (Kingfisher).
Discover It Yourself: Energy & Power. Sally Morgan. 2020. (Discover It Yourself Ser.). (ENG.). 32p. (J). 16.99 *(978-0-7534-7646-8(0)*, 900226648); pap. 7.99 *(978-0-7534-7579-9(0)*, 900219380) Roaring Brook Pr. (Kingfisher).
Discover It Yourself: Flying & Floating. David Glover. (Discover It Yourself Ser.). (ENG.). 32p. (J). 2023. pap. 7.99 *(978-0-7534-7670-3(3)*, 900233871); 2021. 16.99 *(978-0-7534-7672-7(X)*, 900233870) Roaring Brook Pr. (Kingfisher).
Discover It Yourself: Garbage & Recycling. Sally Morgan. 2020. (Discover It Yourself Ser.). (ENG.). 32p. (J). 16.99 *(978-0-7534-7648-2(7)*, 900226649); pap. 7.99 *(978-0-7534-7581-2(2)*, 900219382) Roaring Brook Pr. (Kingfisher).
Discover It Yourself: Inside the Body. Sally Morgan. Illus. by Diego Vaisberg. 2022. (Discover It Yourself Ser.). (ENG.). 32p. (J). 16.99 *(978-0-7534-7742-7(4)*, 900237586, Kingfisher) Roaring Brook Pr.
Discover It Yourself: Invertebrates. Sally Morgan. Illus. by Diego Vaisberg. 2022. (Discover It Yourself Ser.). (ENG.). 32p. (J). 16.99 *(978-0-7534-7765-6(3)*, 900240585, Kingfisher) Roaring Brook Pr.
Discover It Yourself: Nature at Risk. Sally Morgan. 2020. (ENG.). 32p. (J). 16.99 *(978-0-7534-7645-1(2)*, 900226650); pap. 7.99 *(978-0-7534-7578-2(2)*, 900219379) Roaring Brook Pr. (Kingfisher).
Discover It Yourself: Plants & Flowers. Sally Morgan. 2022. (Discover It Yourself Ser.). (ENG.). 32p. (J). 16.99 *(978-0-7534-7766-3(1)*, 900240764, Kingfisher) Roaring Brook Pr.
Discover It Yourself: Pollution & Waste. Sally Morgan. 2020. (ENG.). 32p. (J). 16.99 *(978-0-7534-7647-5(9)*, 900226651); pap. 7.99 *(978-0-7534-7580-5(4)*, 900219381) Roaring Brook Pr. (Kingfisher).
Discover It Yourself: Solids & Liquids. David Glover. (Discover It Yourself Ser.). (ENG.). 32p. (J). 2023. pap. 7.99 *(978-0-7534-7673-4(8)*, 900233873); 2021. 16.99 *(978-0-7534-7674-1(6)*, 900233872) Roaring Brook Pr. (Kingfisher).
Discover It Yourself: Sound & Light. David Glover. Illus. by Diego Vaisberg. 2021. (Discover It Yourself Ser.). (ENG.). 32p. (J). 16.99 *(978-0-7534-7686-4(X)*, 900234013); pap. 7.99 *(978-0-7534-7688-8(6)*, 900234014) Roaring Brook Pr. (Kingfisher).
Discover J: The Sound Of /j/ August Hoeft. 2023. (Discover Phonics Consonants Ser.). (ENG.). (J). 24p. pap. 12.99 ***(978-1-5324-4484-5(2))***; 20p. (gr. -1-1). 26.99 ***(978-1-5324-4506-4(7))***; 20p. (gr. -1-1). pap. 12.99 ***(978-1-5324-4462-3(1))*** Xist Publishing.
Discover Jesus: An Illustrated Adventure for Kids. Tracy M. Sumner. 2020. (ENG.). 160p. (J). pap. 14.99 *(978-1-64352-218-0(3)*, Shiloh Kidz) Barbour Publishing, Inc.
Discover Jupiter. Margaret J. Goldstein. 2018. (Searchlight Books (tm) — Discover Planets Ser.). (ENG., Illus.). 32p. (J). (gr. 3-5). 30.65 *(978-1-5415-2335-7(0)*, 33b5311d-1f09-4c8b-b340-e673428817c4, Lerner Pubns.) Lerner Publishing Group.
Discover K: The Sound Of /k/ August Hoeft. 2023. (Discover Phonics Consonants Ser.). (ENG.). (J). 24p. pap. 12.99 ***(978-1-5324-4485-2(0))***; 20p. (gr. -1-1). 26.99 ***(978-1-5324-4507-1(5))***; 20p. (gr. -1-1). pap. 12.99 ***(978-1-5324-4463-0(X))*** Xist Publishing.
Discover L: The Sound Of /l/ August Hoeft. 2023. (Discover Phonics Consonants Ser.). (ENG.). (J). 24p. pap. 12.99 ***(978-1-5324-4486-9(9))***; 20p. (gr. -1-1). 26.99 ***(978-1-5324-4508-8(3))***; 20p. (gr. -1-1). pap. 12.99 ***(978-1-5324-4464-7(8))*** Xist Publishing.
Discover Lipstick. Ella & Gareth. Illus. by Ghazaleh Salamati. 2nd ed. 2021. (ENG.). 46p. (J). pap. *(978-1-989880-38-8(X))* KidsOcado.
Discover London: Level 3 Reader. Juliana O'Neill. 2017. (Discover Reading Ser.). (ENG., Illus.). 32p. (J). (gr. k-3). pap. 9.99 *(978-1-5324-0263-0(5))* Xist Publishing.
Discover Long E: The Sound Of / August Hoeft. 2023. (Discover Phonics Vowel Sounds Ser.). (ENG.). 20p. (J). (gr. -1-1). 26.99 ***(978-1-5324-4568-2(7))***; pap. 12.99 ***(978-1-5324-4544-6(X))*** Xist Publishing.
Discover Long I: The Sound Of / August Hoeft. 2023. (Discover Phonics Vowel Sounds Ser.). (ENG.). 20p. (J). (gr. -1-1). 26.99 ***(978-1-5324-4569-9(5))***; pap. 12.99 ***(978-1-5324-4545-3(8))*** Xist Publishing.
Discover Long O: The Sound Of / August Hoeft. 2023. (Discover Phonics Vowel Sounds Ser.). (ENG.). 20p. (J). (gr. -1-1). 26.99 ***(978-1-5324-4570-5(9))***; pap. 12.99 ***(978-1-5324-4546-0(6))*** Xist Publishing.
Discover Long U: The Sound Of / August Hoeft. 2023. (Discover Phonics Vowel Sounds Ser.). (ENG.). 20p. (J). (gr. -1-1). 26.99 ***(978-1-5324-4571-2(7))***; pap. 12.99 ***(978-1-5324-4547-7(4))*** Xist Publishing.
Discover Long Y. August Hoeft. 2023. (Discover Phonics Vowel Sounds Ser.). (ENG.). 24p. (J). pap. 12.99 ***(978-1-5324-4561-3(X))*** Xist Publishing.
Discover Long Y: The Sound Of /e/ August Hoeft. 2023. (Discover Phonics Vowel Sounds Ser.). (ENG.). 20p. (J). (gr. -1-1). 26.99 ***(978-1-5324-4572-9(5))***; pap. 12.99 ***(978-1-5324-4548-4(2))*** Xist Publishing.
Discover Long Y: The Sound Of /I/ August Hoeft. 2023. (Discover Phonics Vowel Sounds Ser.). (ENG.). 20p. (J). (gr. -1-1). 26.99 ***(978-1-5324-4573-6(3))***; pap. 12.99 ***(978-1-5324-4549-1(0))*** Xist Publishing.
Discover M: The Sound Of /m/ August Hoeft. 2023. (Discover Phonics Consonants Ser.). (ENG.). (J). 24p. pap. 12.99 ***(978-1-5324-4487-6(7))***; 20p. (gr. -1-1). 26.99 ***(978-1-5324-4509-5(1))***; 20p. (gr. -1-1). pap. 12.99 ***(978-1-5324-4465-4(6))*** Xist Publishing.
Discover Magnets. Tammy Enz. 2020. (Discover Physical Science Ser.). (ENG.). 24p. (J). (gr. k-2). 6.95 *(978-1-9771-2631-3(6)*, 201611); (Illus.). lib. bdg. 27.99 *(978-1-9771-2445-6(3)*, 200455) Capstone. (Pebble).
Discover Mammals: Level 2 Reader. Amanda Trane. 2017. (Discover Reading Ser.). (ENG.). 32p. (J). (gr. k-3). pap. 9.99 *(978-1-5324-0265-4(1))* Xist Publishing.
Discover Mars. Georgia Beth. 2018. (Searchlight Books (tm) — Discover Planets Ser.). (ENG., Illus.). 32p. (J). (gr. 3-5). 30.65 *(978-1-5415-2338-8(5)*, a8fb55ab-660d-4ca4-929b-52a7a41ef766, Lerner Pubns.) Lerner Publishing Group.
Discover Massachusetts Bay. Leah Kaminski. 2020. (Learn about Earth's Systems: Bays Ser.). (ENG., Illus.). 32p. (J). (gr. 4-8). pap. 14.21 *(978-1-5341-6187-0(2)*, 214748); lib. bdg. 32.07 *(978-1-5341-5957-0(6)*, 214747) Cherry Lake Publishing.
Discover Mercury. Georgia Beth. 2018. (Searchlight Books (tm) — Discover Planets Ser.). (ENG., Illus.). 32p. (J). (gr. 3-5). *(978-1-5415-2336-4(9)*, 2c98872f-abae-45b1-a1d5-853932de3ce4, Lerner Pubns.) Lerner Publishing Group.
Discover Mermaids. Virginia Loh-Hagan. 2023. (Magic, Myth, & Mystery Express Ser.). (ENG., Illus.). 24p. (J). (gr. 2-5). pap. 12.79 *(978-1-6689-2066-4(2)*, 222044); lib. bdg. 30.64 *(978-1-6689-1964-4(8)*, 221942) Cherry Lake Publishing. (45th Parallel Press).
Discover Military Equipment. Amanda Trane. 2018. (Discover Reading Ser.). (ENG., Illus.). 32p. (J). (gr. -1-3). pap. 9.99 *(978-1-5324-0267-8(8))* Xist Publishing.
Discover Monterey Bay. M. Weber. 2020. (Learn about Earth's Systems: Bays Ser.). (ENG., Illus.). 32p. (J). (gr. 4-8). pap. 14.21 *(978-1-5341-6190-0(2)*, 214760); lib. bdg. 32.07 *(978-1-5341-5960-0(6)*, 214759) Cherry Lake Publishing.
Discover Motion. Tammy Enz. 2020. (Discover Physical Science Ser.). (ENG.). 24p. (J). (gr. k-2). 6.95 *(978-1-9771-2629-0(4)*, 201609); (Illus.). lib. bdg. 27.99 *(978-1-9771-2443-2(7)*, 200453) Capstone. (Pebble).
Discover N: The Sound Of /n/ August Hoeft. 2023. (Discover Phonics Consonants Ser.). (ENG.). (J). 24p. pap. 12.99 ***(978-1-5324-4488-3(5))***; 20p. (gr. -1-1). 26.99 ***(978-1-5324-4510-1(5))***; 20p. (gr. -1-1). pap. 12.99 ***(978-1-5324-4466-1(4))*** Xist Publishing.
Discover Nanotechnology. Lisa J. Amstutz. 2016. (Searchlight Books (tm) — What's Cool about Science? Ser.). (ENG., Illus.). 40p. (J). (gr. 3-5). 30.65 *(978-1-5124-0806-5(9)*, 63c5e11c-44f6-495b-8b8f-3d472bf3f2f7, Lerner Pubns.) Lerner Publishing Group.
Discover Neptune. Margaret J. Goldstein. 2018. (Searchlight Books (tm) — Discover Planets Ser.). (ENG., Illus.). 32p. (J). (gr. 3-5). pap. 9.99 *(978-1-5415-2788-1(7)*, 51eaaec4-6c34-42cc-95ff-4bd895393f6a); lib. bdg. 30.65 *(978-1-5415-2341-8(5)*, 28554a92-9db5-4a55-b638-6e179704d878, Lerner Pubns.) Lerner Publishing Group.
Discover Nests: Level 1 Reader. Juliana O'Neill. 2018. (Discover Reading Ser.). (ENG.). 28p. (J). (gr. k-3). pap. 9.99 *(978-1-5324-0924-0(9))* Xist Publishing.
Discover Numbers Series. Xist Publishing. 2019. (Discover Numbers Ser.). (ENG.). (J). (gr. -1-2). E-Book 114.99 *(978-1-5324-1209-7(6))* Xist Publishing.
Discover Ocean Animals: Level 2 Reader. Katrina Streza. 2017. (Discover Reading Ser.). (ENG., Illus.). 36p. (J). (gr. k-3). pap. 9.99 *(978-1-5324-0242-5(2))* Xist Publishing.
Discover Oceans of Treasures Activity Book. Activity Book Zone for Kids. 2016. (ENG., Illus.). (J). pap. 7.55 *(978-1-68376-130-3(8))* Sabeels Publishing.
Discover Orcs, Boggarts, & Other Nasty Fantasy Creatures. A. J. Sautter. 2017. (All about Fantasy Creatures Ser.). (ENG., Illus.). 32p. (J). (gr. 3-9). lib. bdg. 27.32 *(978-1-5157-6837-1(6)*, 135364, Capstone Pr.) Capstone.
Discover P: The Sound Of /p/ August Hoeft. 2023. (Discover Phonics Consonants Ser.). (ENG.). (J). 24p. pap. 12.99 ***(978-1-5324-4489-0(3))***; 20p. (gr. -1-1). 26.99 ***(978-1-5324-4511-8(3))***; 20p. (gr. -1-1). pap. 12.99 ***(978-1-5324-4467-8(2))*** Xist Publishing.
Discover Physical Science. Tammy Enz. 2020. (Discover Physical Science Ser.). (ENG.). 24p. (J). (gr. k-2). 119.96 *(978-1-9771-2569-9(7)*, 200748); pap., pap., pap. 27.80 *(978-1-9771-2705-1(3)*, 201770) Capstone. (Pebble).
Discover Prekindergarten Workbook Prek - Ages 4 To 5. Professor Gusto. 2016. (ENG., Illus.). (J). pap. 10.81 *(978-1-68321-574-5(5))* Mimaxion.
Discover Qu: The Sound Of /kw/ August Hoeft. 2023. (Discover Phonics Consonants Ser.). (ENG.). (J). 24p. pap. 12.99 ***(978-1-5324-4490-6(7))***; 20p. (gr. -1-1). 26.99 ***(978-1-5324-4512-5(1))***; 20p. (gr. -1-1). pap. 12.99 ***(978-1-5324-4468-5(0))*** Xist Publishing.
Discover R. August Hoeft. 2023. (Discover Phonics Consonants Ser.). (ENG.). 24p. (J). pap. 12.99 ***(978-1-5324-4491-3(5))*** Xist Publishing.
Discover R: The Sound Of /r/ August Hoeft. 2023. (Discover Phonics Consonants Ser.). (ENG.). 20p. (J). (gr. -1-1). 26.99 ***(978-1-5324-4513-2(X))***; pap. 12.99 ***(978-1-5324-4469-2(9))*** Xist Publishing.
Discover Resurrection Bay. Leah Kaminski. 2020. (Learn about Earth's Systems: Bays Ser.). (ENG.). 32p. (J). (gr. 4-8). pap. 14.21 *(978-1-5341-6191-7(0)*, 214764); (Illus.). lib. bdg. 32.07 *(978-1-5341-5961-7(4)*, 214763) Cherry Lake Publishing.
Discover Robotics. Douglas Hustad. 2016. (Searchlight Books (tm) — What's Cool about Science? Ser.). (ENG., Illus.). 40p. (J). (gr. 3-5). 30.65 *(978-1-5124-0809-6(3)*, e34c83cc-4351-4933-93c8-9fa47e714694, Lerner Pubns.) Lerner Publishing Group.
Discover Rocks. Christine Petersen. 2019. (Geology Rocks! Ser.). (ENG., Illus.). 32p. (J). (gr. 3-6). lib. bdg. 32.79 *(978-1-5321-9171-8(5)*, 33516, Checkerboard Library) ABDO Publishing Co.
Discover Rodents. Victoria Marcos. 2018. (Discover Reading Ser.). (ENG., Illus.). 32p. (J). (gr. -1-3). pap. 9.99 *(978-1-5324-0541-9(3))* Xist Publishing.
Discover S: The Sound Of /s/ August Hoeft. 2023. (Discover Phonics Consonants Ser.). (ENG.). (J). 24p. pap. 12.99 ***(978-1-5324-4492-0(3))***; 20p. (gr. -1-1). 26.99

D

DISCOVER SAN FRANCISCO BAY

(978-1-5324-4514-9(8)); 20p. (gr. -1-1). pap. 12.99 (978-1-5324-4470-8(2)) Xist Publishing.

Discover San Francisco Bay. M. Weber. 2020. (Learn about Earth's Systems: Bays Ser.). (ENG., Illus.). 32p. (J). (gr. 4-8). pap. 14.21 (978-1-5341-6186-3(4), 214744); lib. bdg. 32.07 (978-1-5341-5956-3(8), 214743) Cherry Lake Publishing.

Discover Saturn. Georgia Beth. 2018. (Searchlight Books (tm) — Discover Planets Ser.). (ENG., Illus.). 32p. (J). (gr. 3-5). pap. 9.99 (978-1-5415-2789-8(5), 4df2f12b-7ddf-4312-9b3b-38c3dbb91e2a); lib. bdg. 30.65 (978-1-5415-2339-5(3), e73cebae-e209-456c-b014-890eaa21bebe, Lemer Pubns.) Lerner Publishing Group.

Discover Science: Animal Homes. Angela Wilkes. 2017. (Discover Science Ser.). (ENG.). 56p. (J). pap. 7.99 (978-0-7534-7331-3(3), 900170213, Kingfisher) Roaring Brook Pr.

Discover Science: Birds. Nicola Davies. 2017. (Discover Science Ser.). (ENG.). 56p. (J). pap. 7.99 (978-0-7534-7332-0(1), 9780753473320, Kingfisher) Roaring Brook Pr.

Discover Science: Mountains. Margaret Hynes. 2017. (Discover Science Ser.). (ENG.). 56p. (J). pap. 7.99 (978-0-7534-7335-1(6), 9780753473351, Kingfisher) Roaring Brook Pr.

Discover Science: Reptiles. Belinda Weber. 2019. (Discover Science Ser.). (ENG.). 56p. (J). pap. 7.99 (978-0-7534-7534-8(0), 900210383, Kingfisher) Roaring Brook Pr.

Discover Science: Weather. Caroline Harris. 2017. (Discover Science Ser.). (ENG.). 56p. (J). pap. 7.99 (978-0-7534-7336-8(4), 9780753473368, Kingfisher) Roaring Brook Pr.

Discover Sewing: Level 2 Reader. Katrina Streza. 2017. (Discover Reading Ser.). (ENG., Illus.). 36p. (J). (gr. k-3). pap. 9.99 (978-1-5324-0215-9(5)) Xist Publishing.

Discover Shapes Series. Xist Publishing. 2019. (Discover Shapes Ser.). (ENG.). (J). (gr. -1-2). E-Book 82.99 (978-1-5324-1208-0(8)) Xist Publishing.

Discover Short A. August Hoeft. 2023. (Discover Phonics Vowel Sounds Ser.). (ENG.). 24p. (J). pap. 12.99 (978-1-5324-4562-0(8)) Xist Publishing.

Discover Short E. August Hoeft. 2023. (Discover Phonics Vowel Sounds Ser.). (ENG.). 24p. (J). pap. 12.99 (978-1-5324-4563-7(6)) Xist Publishing.

Discover Short E: The Sound Of / August Hoeft. 2023. (Discover Phonics Vowel Sounds Ser.). (ENG.). 20p. (J). (gr. -1-1). 26.99 (978-1-5324-4575-0(X)); pap. 12.99 (978-1-5324-4551-4(2)) Xist Publishing.

Discover Short I: The Sound Of / August Hoeft. 2023. (Discover Phonics Vowel Sounds Ser.). (ENG.). 20p. (J). (gr. -1-1). 26.99 (978-1-5324-4576-7(8)); pap. 12.99 (978-1-5324-4552-1(0)) Xist Publishing.

Discover Short O: The Sound Of / August Hoeft. 2023. (Discover Phonics Vowel Sounds Ser.). (ENG.). 20p. (J). (gr. -1-1). 26.99 (978-1-5324-4577-4(6)); pap. 12.99 (978-1-5324-4553-8(9)) Xist Publishing.

Discover Short U: The Sound Of / August Hoeft. 2023. (Discover Phonics Vowel Sounds Ser.). (ENG.). 20p. (J). (gr. -1-1). 26.99 (978-1-5324-4578-1(4)); pap. 12.99 (978-1-5324-4554-5(7)) Xist Publishing.

Discover Space Exploration. Liz Kruesi. 2016. (Searchlight Books (tm) — What's Cool about Science? Ser.). (ENG., Illus.). 40p. (J). (gr. 3-5). 30.65 (978-1-5124-0811-9(5), 1fb5a99a-38ad-49de-bf70-ed8d315026f8, Lemer Pubns.) Lerner Publishing Group.

Discover T: The Sound Of /t/ August Hoeft. 2023. (Discover Phonics Consonants Ser.). (ENG.). (J). 24p. pap. 12.99 (978-1-5324-4493-7(1)); 20p. (gr. -1-1). 26.99 (978-1-5324-4515-6(6)); 20p. (gr. -1-1). pap. 12.99 (978-1-5324-4471-5(0)) Xist Publishing.

Discover Thanksgiving: Level 2 Reader. Juliana O'Neill. 2018. (Discover Reading Ser.). (ENG.). 32p. (J). (gr. k-3). pap. 9.99 (978-1-5324-0828-1(5)) Xist Publishing.

Discover The 1930s: A Learning Resource Guide. Janelle Diller. 2019. (ENG., Illus.). 46p. (YA). (gr. 9-12). pap. 9.99 (978-1-936376-67-4(9)) WorldTrek Publishing.

Discover the Big Picture! Connect the Dots Activity Book. Creative Playbooks. 2016. (ENG., Illus.). (J). pap. 10.81 (978-1-68323-497-5(9)) Twin Flame Productions.

Discover the Celts & the Iron Age: Everyday Life. Moira Butterfield. 2019. (Discover the Celts & the Iron Age Ser.). (ENG.). 32p. (J). (gr. 2-4). pap. 9.99 (978-1-4451-6203-4(2), Franklin Watts) Hachette Children's Group GBR. Dist: Hachette Bk. Group.

Discover the Celts & the Iron Age: Warriors & Weapons. Moira Butterfield. ed. 2019. (Discover the Celts & the Iron Age Ser.). (ENG., Illus.). 32p. (J). (gr. 2-4). pap. 9.99 (978-1-4451-6204-1(0), Franklin Watts) Hachette Children's Group GBR. Dist: Hachette Bk. Group.

Discover the Circus: Level 1 Reader. Amanda Trane. 2017. (Discover Reading Ser.). (ENG., Illus.). 32p. (J). (gr. k-3). pap. 9.99 (978-1-5324-0269-2(4)) Xist Publishing.

Discover the Hidden Beauty of Your Backyard Activity Book. Activity Book Zone for Kids. 2016. (ENG., Illus.). (J). pap. 7.55 (978-1-68376-131-0(6)) Sabeels Publishing.

Discover the Power of Salah. Ariba Farheen. 2018. (Discover the Power of Salah Ser.: Vol. 1). (ENG., Illus.). 208p. (J). pap. (978-0-6484521-1-9(5)) Miss.

Discover the Saints. Saint Mary's Saint Mary's Press. 2019. (ENG.). 64p. (J). pap. 7.95 (978-1-64121-079-9(6)) Saint Mary's Press of Minnesota.

Discover the Secret Room: Max's Half-Robot Story. Benyamin Yosopov & Nikita Konderashev. 2023. (ENG.). 26p. (YA). (978-1-312-65129-6(6)) Lulu Pr., Inc.

Discover the Vikings: Everyday Life, Art & Culture. John C. Miles. 2018. (Discover the Vikings Ser.). (ENG., Illus.). 32p. (J). (gr. 3-6). pap. 11.99 (978-1-4451-5370-4(X), Franklin Watts) Hachette Children's Group GBR. Dist: Hachette Bk. Group.

Discover the Vikings: Warriors, Exploration & Trade. John C. Miles. ed. 2018. (Discover the Vikings Ser.). (ENG., Illus.). 32p. (J). (gr. 3-6). pap. 11.99 (978-1-4451-5369-8(6), Franklin Watts) Hachette Children's Group GBR. Dist: Hachette Bk. Group.

Discover Through Craft: Ancient Greece. Anita Ganeri. 2019. (Discover Through Craft Ser.). (ENG.). 32p. (J). (gr. 2-4). pap. 10.99 (978-1-4451-5078-9(6), Franklin Watts) Hachette Children's Group GBR. Dist: Hachette Bk. Group.

Discover Through Craft: China & the Shang Dynasty. Jillian Powell. 2019. (Discover Through Craft Ser.). (ENG.). 32p. (J). (gr. 2-4). pap. 10.99 (978-1-4451-5082-6(4), Franklin Watts) Hachette Children's Group GBR. Dist: Hachette Bk. Group.

Discover Through Craft: the Maya. Jillian Powell. 2019. (Discover Through Craft Ser.). (ENG.). 32p. (J). (gr. 2-4). pap. 10.99 (978-1-4451-5049-9(2), Franklin Watts) Hachette Children's Group GBR. Dist: Hachette Bk. Group.

Discover Through Craft: the Stone Age & Bronze Age. Jen Green. 2016. (Discover Through Craft Ser.). (ENG.). 32p. (J). (gr. 1-3). pap. 12.99 (978-1-4451-3746-9(1), Franklin Watts) Hachette Children's Group GBR. Dist: Hachette Bk. Group.

Discover Through Craft: the Vikings. Anita Ganeri. ed. 2019. (Discover Through Craft Ser.). (ENG., Illus.). 32p. (J). (gr. 2-4). pap. 10.99 (978-1-4451-5080-2(8), Franklin Watts) Hachette Children's Group GBR. Dist: Hachette Bk. Group.

Discover Unicorns. Virginia Loh-Hagan. 2023. (Magic, Myth, & Mystery Express Ser.). (ENG., Illus.). 24p. (J). (gr. 2-5). pap. 12.79 (978-1-6689-2065-7(4), 222043); lib. bdg. 30.64 (978-1-6689-1963-7(X), 221941) Cherry Lake Publishing. (45th Parallel Press).

Discover Uranus. Georgia Beth. 2018. (Searchlight Books (tm) — Discover Planets Ser.). (ENG., Illus.). 32p. (J). (gr. 3-5). 30.65 (978-1-5415-2342-5(3), 25ce55cf-a470-485b-878b-5d9b160c24ad, Lemer Pubns.) Lerner Publishing Group.

Discover V: The Sound Of /v/ August Hoeft. 2023. (Discover Phonics Consonants Ser.). (ENG.). (J). 24p. pap. 12.99 (978-1-5324-4494-4(X)); 20p. (gr. -1-1). 26.99 (978-1-5324-4516-3(4)); 20p. (gr. -1-1). pap. 12.99 (978-1-5324-4472-2(9)) Xist Publishing.

Discover Vampires. Virginia Loh-Hagan. 2023. (Magic, Myth, & Mystery Express Ser.). (ENG., Illus.). 24p. (J). (gr. 2-5). pap. 12.79 (978-1-6689-2067-1(0), 222045); lib. bdg. 30.64 (978-1-6689-1965-1(6), 221943) Cherry Lake Publishing. (45th Parallel Press).

Discover Venus. Margaret J. Goldstein. 2018. (Searchlight Books (tm) — Discover Planets Ser.). (ENG., Illus.). 32p. (J). (gr. 3-5). lib. bdg. 30.65 (978-1-5415-2340-1(7), aa367b80-46e3-4f41-80a7-4c136edb5c65, Lemer Pubns.) Lerner Publishing Group.

Discover W: The Sound Of /w/ August Hoeft. 2023. (Discover Phonics Consonants Ser.). (ENG.). (J). 24p. pap. 12.99 (978-1-5324-4495-1(8)); 20p. (gr. -1-1). 26.99 (978-1-5324-4517-0(2)); 20p. (gr. -1-1). pap. 12.99 (978-1-5324-4473-9(7)) Xist Publishing.

Discover Werewolves. Virginia Loh-Hagan. 2023. (Magic, Myth, & Mystery Express Ser.). (ENG., Illus.). 24p. (J). (gr. 2-5). pap. 12.79 (978-1-6689-2070-1(0), 222048); lib. bdg. 30.64 (978-1-6689-1968-2(0), 221946) Cherry Lake Publishing. (45th Parallel Press).

Discover X: The Sound Of /ks/ August Hoeft. 2023. (Discover Phonics Consonants Ser.). (ENG.). (J). 24p. pap. 12.99 (978-1-5324-4496-8(6)); 20p. (gr. -1-1). 26.99 (978-1-5324-4518-7(0)); 20p. (gr. -1-1). pap. 12.99 (978-1-5324-4474-6(5)) Xist Publishing.

Discover X: The Sound Of /z/ August Hoeft. 2023. (Discover Phonics Consonants Ser.). (ENG.). (J). 24p. pap. 12.99 (978-1-5324-4612-2(8)); 20p. (gr. -1-1). 26.99 (978-1-5324-4613-9(6)); 20p. (gr. -1-1). pap. 12.99 (978-1-5324-4611-5(X)) Xist Publishing.

Discover Y: The Sound Of /y/ August Hoeft. 2023. (Discover Phonics Consonants Ser.). (ENG.). (J). 24p. pap. 12.99 (978-1-5324-4497-5(4)); 20p. (gr. -1-1). 26.99 (978-1-5324-4519-4(9)); 20p. (gr. -1-1). pap. 12.99 (978-1-5324-4475-3(3)) Xist Publishing.

Discover Your Coat of Many Colors: You Were Born to Be Significant! Fyne C. Ogonor. 2019. (ENG.). 200p. (YA). (gr. 7-12). 19.99 (978-1-951460-02-0(2)) Ogonor, Fyne.

Discover Your Passion for Teens: A 30-Day Course That Will Change Your Life! Gail A. Cassidy. 2020. (ENG.). 170p. (YA). pap. 13.99 (978-1-9822-4834-5(3), Balboa Pr.) Author Solutions, LLC.

Discover Your Road to Success. Tony Nutley. 2022. (ENG.). 36p. (J). pap. (978-1-4716-4750-5(1)) Lulu Pr., Inc.

Discover Z: The Sound Of /z/ August Hoeft. 2023. (Discover Phonics Consonants Ser.). (ENG.). (J). 24p. pap. 12.99 (978-1-5324-4498-2(2)); 20p. (gr. -1-1). 26.99 (978-1-5324-4520-0(2)); 20p. (gr. -1-1). pap. 12.99 (978-1-5324-4476-0(1)) Xist Publishing.

Discover Zombies. Virginia Loh-Hagan. 2023. (Magic, Myth, & Mystery Express Ser.). (ENG., Illus.). 24p. (J). (gr. 2-5). pap. 12.79 (978-1-6689-2068-8(9), 222046); lib. bdg. 30.64 (978-1-6689-1966-8(4), 221944) Cherry Lake Publishing. (45th Parallel Press).

Discovered Sanctuary. David Dresner. 2018. (ENG., Illus.). 382p. (J). pap. (978-1-78465-428-3(0), Vanguard Press) Pegasus Elliot Mackenzie Pubs.

Discovered Sanctuary: The Allies of Theo Book One. David E. Dresner. 2021. (ENG.). 380p. (YA). pap. (978-1-913962-83-8(0)) Clink Street Publishing.

Discoveries of John Poulter, Alias Baxter: Who Was Apprehended for Robbing Dr. Hancock of Salisbury, on Clarken down, near Bath; & Thereupon Discovered a Most Numerous Gang of Villains, Many of Which Have Been Already Taken (Classic Reprint) John Poulter. (ENG., Illus.). (J). 2018. 54p. 25.03 (978-0-267-59292-0(2)); 2016. pap. 9.57 (978-1-334-15366-2(3)) Forgotten Bks.

Discoveries of Misconceptions Regarding the Properties of Matter Within the Science of Chemistry. Emma G. Todd. 2017. (ENG., Illus.). (J). pap. (978-0-649-01062-2(0)) Trieste Publishing Pty Ltd.

Discoveries of the 18th Century! a Picture History Book for Kids of Inventions & Inventors - Children's Exploration & Discovery History Books. Left Brain Kids. 2016. (ENG., Illus.). (J). pap. 7.51 (978-1-68376-632-2(6)) Sabeels Publishing.

Discovering Amazing Animal Babies. Vicki Lipe. 2021. (ENG.). 30p. (J). 26.95 (978-1-6642-2980-8(9)); pap. 9.95 (978-1-6642-2978-5(7)) Author Solutions, LLC. (WestBow Pr.).

Discovering Ancient America: Set 2, 6 vols. 2017. (Discovering Ancient America Ser.). (ENG.). 200p. (gr. 9-9). 127.23 (978-1-4994-6660-7(9), 2b9f0bc3-fc64-41e1-a8c0-72e4a738a801, Rosen Young Adult) Rosen Publishing Group, Inc., The.

Discovering Ancient America: Sets 1 - 2, 12 vols. 2017. (Discovering Ancient America Ser.). (ENG.). (YA). (gr. 9-9). lib. bdg. 254.46 (978-1-4994-6661-4(7), 1e5048ca-e3da-45ef-8607-ee821d127572) Rosen Publishing Group, Inc., The.

Discovering Ancient Civilizations. 2016. (Discovering Ancient Civilizations Ser.). 32p. (gr. 3-3). pap. 63.00 (978-1-4824-5319-5(3); (ENG.). lib. bdg. 169.62 (978-1-4824-4973-0(0), 6ab01c02-6ed3-44a4-89e1-0371d6dbd455) Stevens, Gareth Publishing LLLP.

Discovering Animals: English * French * Cree, 1 vol. Illus. by Neepin Auger. 2017. (ENG, CRE & FRE.). 28p. (J). bds. 12.00 (978-1-77160-234-1(1)) RMB Rocky Mountain Bks. CAN. Dist: Publishers Group West (PGW).

Discovering Apatosaurus. Kathy Frost. 2018. (Sequence Discovering Dinosaurs Ser.). (ENG.). 32p. (J). (gr. 2-5). pap. 9.99 (978-1-68152-354-5(X), 15182); lib. bdg. (978-1-68151-434-5(6), 15176) Amicus.

Discovering Australia. Nicole Leitz Garcia. 2019. (ENG.). 28p. (J). pap. 13.95 (978-1-4808-0857-7(1)) Archway Publishing.

Discovering Bugs: Meet the Coolest Creepy Crawlies on the Planet. Julius Csotonyi. 2017. (Discovering Ser.). (ENG., Illus.). 96p. (J). 19.95 (978-1-60433-689-4(7), Applesauce Pr.) Cider Mill Pr. Bk. Pubs., LLC.

Discovering Careers for Your Future - Group 1, 8 bks., Set. Incl. English. Ferguson. lib. bdg. 21.95 (978-0-89434-321-6(1), P053104); Health. Ferguson Publishing. lib. bdg. 19.95 (978-0-894-P053105); 96p. (gr. 4-9). 2000. (Illus.). 700p. Set lib. bdg. 127.60 (978-0-89434-363-6(7), Ferguson Publishing Company) Infobase Holdings, Inc.

Discovering Chatham A-Z. Martha Koblish. 2018. (ENG., Illus.). (J). 16.95 (978-1-64307-057-5(6)) Amplify Publishing Group.

Discovering Cones. Nancy Furstinger. 2016. (J). (978-1-4896-4971-3(9)) Weigl Pubs., Inc.

Discovering Crescent Moon: A Journey with Sickle Cell Disease. Ogechukwu Ogbogu. 2021. (ENG.). 28p. (J). (978-0-2288-4823-3(7)); pap. (978-0-2288-2935-5(6)) Tellwell Talent.

Discovering Cubes. Nancy Furstinger. 2016. (J). (978-1-4896-4974-4(3)) Weigl Pubs., Inc.

Discovering Cultures Group 6, 12 vols. Set. Incl. Austria. Deborah A. Grahame. lib. bdg. 31.21 (978-0-7614-1984-6(5), de63d051-8675-42ea-888d-637a3af45d0d); Chile. Dana Meachen Rau. lib. bdg. 31.21 (978-0-7614-1988-4(8), 3932aacc-0dfb-45c6-b9fc-83901b4945c6); Haiti. Wil Mara. lib. bdg. 31.21 (978-0-7614-1987-7(X), 92e81c51-d220-4181-ad40-40b2aa736c13); Iran. Wil Mara. lib. bdg. 31.21 (978-0-7614-1986-0(1), 54d2e6eb-f6f1-4706-a2fc-fe6c86518ec0); Sweden. (978-0-7614-1985-3(3), b887ec); Thailand. Dana (978-0-7614-1989-1(6), c5f-dc412c842884); (Illus.). 48p. (J). (ENG.). 2007. Set lib. bdg. 187.26 (978-0-7614-1983-9(7), 523dd2c2-ee0b-4bea-b684-756f1004-9937, Cavendish Square) Cavendish Square Publishing LLC.

Discovering Cylinders. Nancy Furstinger. 2016. (J). (978-1-4896-4980-5(8)) Weigl Pubs., Inc.

Discovering Dinosaurs. Simon Chapman. 2016. (ENG., Illus.). 32p. (J). (978-1-4081-9461-4(9), 228958, Bloomsbury Children's Bks.) Bloomsbury Publishing Plc.

Discovering Dinosaurs! My Maze Activity Book. Activity Book Zone for Kids. 2016. (ENG., Illus.). (J). pap. 7.55 (978-1-68376-132-7(4)) Sabeels Publishing.

Discovering Dinosaurs with a Fossil Hunter see Descubriendo Dinosaurios con un Cazador de Fósiles / Discovering Dinosaurs with a Fossil Hunter

Discovering Eve. Mihaela Gheorghe. 2021. (ENG.). 246p. (YA). pap. 25.00 (978-1-6629-1785-1(6)) Gatekeeper Pr.

Discovering Fossils. Jessie Alkire. 2018. (Excavation Exploration Ser.). (ENG., Illus.). 32p. (J). (gr. 3-6). lib. bdg. 32.79 (978-1-5321-1524-0(5), 28902, Checkerboard Library) ABDO Publishing Co.

Discovering God at the Movies. Rebekah Ward & Jude Mag-Asin. 2020. (ENG.). 114p. (YA). pap. (978-1-716-66780-0(1)) Lulu Pr., Inc.

Discovering Great Artists: Hands-On Art Experiences in the Styles of Great Masters. MaryAnn F. Kohl & Kim Solga. 2nd ed. 2020. (Bright Ideas for Learning Ser.: 10). (Illus.). 144p. (J). (gr. -1-7). pap. 19.99 (978-1-64160-241-9(4)) Chicago Review Pr., Inc.

Discovering Hidden Pictures! a Hidden Picture Activity Book. Jupiter Kids. 2016. (ENG., Illus.). 108p. (J). pap. 16.55 (978-1-68326-221-3(2), Jupiter Kids (Childrens & Kids Fiction)) Speedy Publishing LLC.

Discovering Life in the Tree. Petra Bartikova. Illus. by Magdalena Takacova. 2020. (Peek Inside Ser.). (ENG.). 14p. (J). bds. 12.99 (978-1-64124-087-1(3), 0871) Fox Chapel Publishing Co., Inc.

Discovering Life's Story: Biology's Beginnings. Joy Hakim. 2023. (Discovering Life's Story Ser.). (ENG.). 192p. (YA). (gr. 9). 22.99 (978-1-5362-2293-7(3), MiTeen Press) Candlewick Pr.

Discovering Mars: The Ultimate Guide to the Red Planet. Thomas Nelson. Illus. by Alexandra Lefort. 2022. (Discovering Ser.). (ENG.). 88p. (J). 24.95 (978-1-64643-238-7(X), Applesauce Pr.) Cider Mill Pr. Bk. Pubs., LLC.

Discovering Mt. Rainier: Nature Activity Book. Nancy Field. 2017. (ENG., Illus.). (J). (gr. k-6). pap. 6.95 (978-0-914019-80-0(5)) Discover Your Northwest.

Discovering Nature. Diane Bailey. 2017. (Illus.). 48p. (J). (978-1-4222-3565-2(3)) Mason Crest.

Discovering Nature on the Mountainside. Lenka Chytilova. Illus. by Hedviga Gutierrez. 2021. (Peek Inside Ser.).

(ENG.). 14p. (J). bds. 12.99 (978-1-64124-144-1(6), 1441) Fox Chapel Publishing Co., Inc.

Discovering Nature's Alphabet. Krystina Castella & Brian Boyl. 2017. (ENG., Illus.). 28p. (J). bds. 8.99 (978-1-59714-353-0(7)) Heyday.

Discovering Nature's Hidden Alphabet. Krystina Castella & Brian Boyl. 2017. (ENG.). 64p. (J). 16.00 (978-1-59714-358-5(8)) Heyday.

Discovering Numbers: English * French * Cree — Updated Edition, 1 vol. Illus. by Neepin Auger. 2nd ed. 2019. (ENG, CRE & FRE.). 30p. (J). bds. 12.00 (978-1-77160-331-7(3)) RMB Rocky Mountain Bks. CAN. Dist: Publishers Group West (PGW).

Discovering Ourselves Through the Smartest of Ways. Earnest J. Lewis. 2020. (ENG.). 62p. (J). 14.99 (978-1-6662-0085-0(9)) Barnes & Noble Pr.

Discovering People: English * French * Cree, 1 vol. Illus. by Neepin Auger. 2019. (ENG, FRE, CRE & MUL.). 30p. (J). bds. 12.00 (978-1-77160-327-0(5)) RMB Rocky Mountain Bks. CAN. Dist: Publishers Group West (PGW).

Discovering Planets & Moons: The Ultimate Guide to the Most Fascinating Features of Our Solar System (Features Glow in Dark Book Cov. Press Applesauce. 2018. (Discovering Ser.). (ENG., Illus.). 96p. (J). 19.95 (978-1-60433-800-3(8), Applesauce Pr.) Cider Mill Pr. Bk. Pubs., LLC.

Discovering Prisms. Nancy Furstinger. 2016. (J). (978-1-4896-4977-5(8)) Weigl Pubs., Inc.

Discovering Pterosaurs. Kathy Frost. 2018. (Sequence Discovering Dinosaurs Ser.). (ENG.). 32p. (J). (gr. 2-5). pap. 9.99 (978-1-68152-355-2(8), 15183); lib. bdg. (978-1-68151-435-2(4), 15177) Amicus.

Discovering Pyramids. Nancy Furstinger. 2016. (J). (978-1-4896-4983-6(2)) Weigl Pubs., Inc.

Discovering Reptiles: The Ultimate Handbook to the Reptiles of the World! Julius T. Csotonyi. 2021. (Discovering Ser.). (ENG., Illus.). 128p. (J). 24.95 (978-1-64643-051-2(4), Applesauce Pr.) Cider Mill Pr. Bk. Pubs., LLC.

Discovering Sharks: The Ultimate Guide to the Fiercest Predators in the Ocean Deep. Julius T. Csotonyi. 2016. (Discovering Ser.). (ENG., Illus.). 96p. (J). 24.95 (978-1-60433-604-7(8), Applesauce Pr.) Cider Mill Pr. Bk. Pubs., LLC.

Discovering Spheres. Nancy Furstinger. 2016. (J). (978-1-4896-4986-7(7)) Weigl Pubs., Inc.

Discovering Stegosaurus. Laura Hamilton Waxman. 2018. (Sequence Discovering Dinosaurs Ser.). (ENG.). 32p. (J). (gr. 2-5). pap. 9.99 (978-1-68152-356-9(6), 15184); lib. bdg. (978-1-68151-436-9(2), 15178) Amicus.

Discovering the Active World of the Anthill. Petra Bartikova. Illus. by Magdalena Takacova. 2020. (Peek Inside Ser.). (ENG.). 14p. (J). bds. 12.99 (978-1-64124-085-7(7), 0857) Fox Chapel Publishing Co., Inc.

Discovering the Beautiful Garden of Life Coloring Book. Kreativ Entspannen. 2016. (ENG., Illus.). (J). pap. 9.20 (978-1-68377-401-3(9)) Whike, Traudl.

Discovering the Busy World of the Beehive. Petra Bartikova. Illus. by Martin Sojdr. 2020. (Peek Inside Ser.). (ENG.). 14p. (J). bds. 12.99 (978-1-64124-086-4(5), 0864) Fox Chapel Publishing Co., Inc.

Discovering the Hidden Woodland World. Magda Garulakova. Illus. by Martin Sojdr. 2021. (Peek Inside Ser.). (ENG.). 14p. (J). bds. 12.99 (978-1-64124-145-8(4), 1458) Fox Chapel Publishing Co., Inc.

Discovering the Hidden World of Nature at Night. Lenka Chytilova. Illus. by Martin Sojdr. 2023. (ENG.). 14p. (J). bds. 12.99 (978-1-64124-314-8(7), 3148) Fox Chapel Publishing Co., Inc.

Discovering the New World. John Micklos Jr. & Michael Burgan. 2016. (Discovering the New World Ser.). (ENG.). 48p. (J). (gr. 3-6). 123.29 (978-1-5157-1885-7(9), 24997, Stone Arch Bks.) Capstone.

Discovering the Origin of Human Life. Todd Kortemeier. 2017. (Science Frontiers Ser.). (ENG., Illus.). 32p. (J). (gr. 3-6). 32.80 (978-1-63235-376-4(8), 11870); pap. 9.95 (978-1-63235-393-1(8), 11878) Bookstaves, LLC. (12-Story Library).

Discovering the Sea 5. Philosopher One. 2020. (ENG.). 36p. (J). pap. 14.95 (978-1-63338-968-7(5)) Fulton Bks.

Discovering the Secret World: Coral Reef. Radka Piro. Illus. by Martin Sojdr. 2021. (Peek Inside Ser.). (ENG.). 14p. (J). bds. 12.99 (978-1-64124-137-3(3), 1373C) Fox Chapel Publishing Co., Inc.

Discovering the Secret World of Nature Underground. Petra Bartikova. 2021. (Peek Inside Ser.), (ENG., Illus.). 14p. (J). bds. 12.99 (978-1-64124-118-2(7), 1182) Fox Chapel Publishing Co., Inc.

Discovering the South: One Man's Travels Through a Changing America in The 1930s. Jennifer Ritterhouse. 2020. (ENG., Illus.). 384p. pap. 39.95 (978-1-4696-5921-3(2), 01PODPB) Univ. of North Carolina Pr.

Discovering the Underground with Snow White. Tom Velcovsky. Illus. by Jakub Cenkl. 2021. (Fairytale Encyclopedia Ser.). 14p. (J). 15.95 (978-80-00-05943-3(6)) Albatros, Nakladatelstvi pro deti mladez, a.s. CZE. Dist: Consortium Bk. Sales & Distribution.

Discovering the Universe, 1 vol. Giles Sparrow. 2017. (Space Explorers Ser.). (ENG.). 32p. (gr. 2-2). 26.93 (978-0-7660-9264-8(X), 1c59f5fd-312a-4147-864e-ce72a1a56cbc) Enslow Publishing, LLC.

Discovering the World of Bird Nests. Radka Piro. Illus. by Kristina Cigrova. 2023. (ENG.). 14p. (J). bds. 12.99 (978-1-64124-313-1(9), 3131N) Fox Chapel Publishing Co., Inc.

Discovering the World of Nature along the Riverbank. Petra Bartikova. 2021. (Peek Inside Ser.). (ENG., Illus.). 14p. (J). bds. 12.99 (978-1-64124-119-9(5), 1199) Fox Chapel Publishing Co., Inc.

Discovering Those Musical, Suit Wearing Bugs from Times Past. Jody Cauduro. 2020. (ENG.). 42p. (J). pap. (978-1-78830-553-2(1)) Olympia Publishers.

Discovering Tigers, Lions & Other Cats: The Ultimate Handbook to the Big Cats of the World. Thomas Nelson.

Illus. by Julius Csotonyi. 2022. (Discovering Ser.). (ENG.). 144p. (J). 19.95 *(978-1-64643-205-9(3)*, Applesauce Pr.) Cider Mill Pr. Bk. Pubs., LLC.

Discovering Titanic's Remains. Meish Goldish. 2018. (Titanica Ser.). (ENG.). 32p. (J). (gr. 2-7). lib. bdg. 28.50 *(978-1-68402-434-6(X))*; E-Book 19.95 *(978-1-68402-492-6(7))* Bearport Publishing Co., Inc.

Discovering Triceratops. Laura Hamilton Waxman. 2018. (Sequence Discovering Dinosaurs Ser.). (ENG.). 32p. (J). (gr. 2-5). pap. 9.99 *(978-1-68152-357-6(4)*, 15185); lib. bdg. *(978-1-68151-437-6(0)*, 15179) Amicus.

Discovering True Friendship. Kristopher Paul. 2022. (ENG.). 152p. (YA). pap. 15.99 ***(978-1-958877-86-9(7))*** Booklocker.com, Inc.

Discovering Tyrannosaurus Rex. Laura Hamilton Waxman. 2018. (Sequence Discovering Dinosaurs Ser.). (ENG.). 32p. (J). (gr. 2-5). pap. 9.99 *(978-1-68152-358-3(2)*, 15186); lib. bdg. *(978-1-68151-438-3(9)*, 15180) Amicus.

Discovering Velociraptor. Rachel Grack. 2018. (Sequence Discovering Dinosaurs Ser.). (ENG.). 32p. (J). (gr. 2-5). pap. 9.99 *(978-1-68152-359-0(0)*, 15187); lib. bdg. *(978-1-68151-439-0(7)*, 15181) Amicus.

Discovering Washington D. C. Activity Book: Awesome Activities about Our Nation's Capital. George Toufexis. 2016. (Dover Kids Activity Books: U. S. A. Ser.). (ENG.). 48p. (J). (gr. 3-6). 5.99 *(978-0-486-80719-5(3)*, 807193) Dover Pubns., Inc.

Discovering Whales, Dolphins & Porpoises: The Ultimate Guide to the Ocean's Largest Mammals. Kelly Gauthier. 2020. (Discovering Ser.). (ENG., Illus.). 112p. (J). 19.95 *(978-1-60433-961-1(6)*, Applesauce Pr.) Cider Mill Pr. Bk. Pubs., LLC.

Discovering Winged Insects - Animal Book Age 8 Children's Animal Books. Baby Professor. 2017. (ENG., Illus.). (J). pap. 9.55 *(978-1-5419-1435-3(X)*, Baby Professor (Education Kids)) Speedy Publishing LLC.

Discovering Words: English * French * Cree — Updated Edition, 1 vol. Illus. by Neepin Auger. 2nd ed. 2019. (ENG, CRE & FRE.). 30p. (J). bds. 12.00 *(978-1-77160-329-4(1))* RMB Rocky Mountain Bks. CAN. Dist: Publishers Group West (PGW).

Discovery. Matthew J. Atkinson. 2022. (ENG.). 34p. (J). *(978-0-2288-5771-6(6))*; pap. *(978-0-2288-5770-9(8))* Tellwell Talent.

Discovery!, 13 vols., Set. Incl. Circulating Life: Blood Transfusion from Ancient Superstition to Modern Medicine. Cherie Winner. (Illus.). 112p. 2007. lib. bdg. 31.93 *(978-0-8225-6606-9(0))*; Dinosaur Eggs Discovered! Unscrambling the Clues. Lowell Dingus. (Illus.). 112p. 2007. lib. bdg. 31.93 *(978-0-8225-6791-2(1))*; Investigating Climate Change: Scientists' Search for Answers in a Warming World. Rebecca L. Johnson. (Illus.). 112p. 2008. lib. bdg. 31.93 *(978-0-8225-6792-9(X))*; Invisible Invaders: Dangerous Infectious Diseases. Connie Goldsmith. (Illus.). 112p. 2006. 31.93 *(978-0-8225-3416-7(9))*; Killer Rocks from Outer Space: Asteroids, Comets, & Meteorites. Steven N. Koppes. (Illus.). 112p. 2003. lib. bdg. 31.93 *(978-0-8225-2861-6(4))*; Little People & a Lost World: An Anthropological Mystery. Linda Goldenberg. (Illus.). 112p. 2006. lib. bdg. 31.93 *(978-0-8225-5983-2(8))*; Mass Extinction: Examining the Current Crisis. Tricia Andryszewski. (Illus.). 112p. 2008. lib. bdg. 31.93 *(978-0-8225-7523-8(X))*; Mutants, Clones, & Killer Corn: Unlocking the Secrets of Biotechnology. Todd Seiple & Samantha Seiple. (Illus.). 112p. 2005. lib. bdg. 31.93 *(978-0-8225-4860-7(7))*; Neandertals: A Prehistoric Puzzle. Yvette La Pierre. (Illus.). 112p. 2008. lib. bdg. 31.93 *(978-0-8225-7524-5(8))*; Outbreak: Disease Detectives at Work. 2nd rev. ed. Mark P. Friedlander. 128p. 2009. 31.93 *(978-0-8225-9039-2(5))*; Parasites: Latching on to a Free Lunch. Paul Fleisher. (Illus.). 112p. (J). 2006. lib. bdg. 31.93 *(978-0-8225-3415-0(0))*; Superbugs Strike Back: When Antibiotics Fail. Connie Goldsmith. (Illus.). 112p. 2007. lib. bdg. 31.93 *(978-0-8225-6607-6(9))*; (gr. 6-12). 2010. Set lib. bdg. 415.09 *(978-0-8225-8203-8(1)*, Twenty-First Century Bks.) Lerner Publishing Group.

Discovery: The Four Syeds. Mansha Syed. 2017. (ENG., Illus.). 42p. (J). pap. *(978-1-326-99176-0(0))* Lulu Pr., Inc.

Discovery All Star Readers - I Am a Dolphin Level 1. Lori C. Froeb. 2020. (Discovery All Star Readers Ser.). (ENG.). 32p. (J). (gr. -1-1). lib. bdg. 14.99 *(978-1-64517-226-0(0)*, Silver Dolphin Bks.) Printers Row Publishing Group.

Discovery All Star Readers: I Am a Dolphin Level 1. Lori C. Froeb. 2020. (Discovery All Star Readers Ser.). (ENG., Illus.). 32p. (J). (gr. -1-1). pap. 4.99 *(978-1-64517-241-3(4)*, Silver Dolphin Bks.) Printers Row Publishing Group.

Discovery All Star Readers: I Am a Gorilla Level 2. Lori C. Froeb. 2020. (Discovery All Star Readers Ser.). (ENG., Illus.). 32p. (J). (gr. 1-3). pap. 4.99 *(978-1-68412-870-9(6)*, Silver Dolphin Bks.) Printers Row Publishing Group.

Discovery All Star Readers: I Am a Gorilla Level 2 (Library Binding) Lori C. Froeb. 2020. (Discovery All Star Readers Ser.). (ENG.). 32p. (J). (gr. 1-3). lib. bdg. 14.99 *(978-1-68412-991-1(5)*, Silver Dolphin Bks.) Printers Row Publishing Group.

Discovery All Star Readers: I Am a Penguin Level 1. Lori C. Froeb. 2020. (Discovery All Star Readers Ser.). (ENG., Illus.). 32p. (J). (gr. -1-1). pap. 4.99 *(978-1-64517-232-1(5)*, Silver Dolphin Bks.) Printers Row Publishing Group.

Discovery All Star Readers: I Am a Penguin Level 1 (Library Binding) Lori C. Froeb. 2020. (Discovery All Star Readers Ser.). (ENG.). 32p. (J). (gr. -1-1). lib. bdg. 14.99 *(978-1-64517-240-6(6)*, Silver Dolphin Bks.) Printers Row Publishing Group.

Discovery All Star Readers: I Am a Polar Bear Level 2 (Library Binding) Lori C. Froeb. 2019. (Discovery All Star Readers Ser.). (ENG.). 32p. (J). (gr. 1-3). 14.99 *(978-1-68412-990-4(7)*, Silver Dolphin Bks.) Printers Row Publishing Group.

Discovery All Star Readers: I Am a Shark Level 2. Lori C. Froeb. 2019. (Discovery All Star Readers Ser.). (ENG.). 32p. (J). (gr. 1-3). pap. 4.99 *(978-1-68412-799-3(8)*, Silver Dolphin Bks.) Printers Row Publishing Group.

Discovery All Star Readers: I Am a Tiger Level 1. Lori C. Froeb. 2019. (Discovery All Star Readers Ser.). (ENG.). 32p. (J). (gr. -1-1). pap. 4.99 *(978-1-68412-802-0(1)*, Silver Dolphin Bks.) Printers Row Publishing Group.

Discovery: Animals All Around. Courtney Acampora. 2020. (39-Button Sound Bks.). (ENG.). 34p. (J). (gr. -1-k). bds. 24.99 *(978-1-68412-972-0(9)*, Silver Dolphin Bks.) Printers Row Publishing Group.

Discovery: Baby Farm Animals! Thea Feldman. 2019. (10-Button Sound Bks.). (ENG.). 10p. (J). (gr. -1-k). bds. 12.99 *(978-1-68412-694-1(0)*, Silver Dolphin Bks.) Printers Row Publishing Group.

Discovery: Build the Shark. Barbara Taylor. Illus. by Mark Ruffle & Galia Bernstein. 2021. (Build The Ser.). (ENG.). 32p. (J). (gr. 1-3). pap. 19.99 *(978-1-68412-989-8(3)*, Silver Dolphin Bks.) Printers Row Publishing Group.

Discovery Globe: Build-Your-Own Globe Kit. Leon Gray. Illus. by Sarah Edmonds. 2018. (ENG.). 48p. (J). (gr. 3-7). 22.99 *(978-0-7636-9748-6(6))* Candlewick Pr.

Discovery: Hammer at the Construction Site! Thea Feldman. 2019. (10-Button Sound Bks.). (ENG.). 10p. (J). (gr. -1-k). bds. 12.99 *(978-1-68412-692-7(4)*, Silver Dolphin Bks.) Printers Row Publishing Group.

Discovery: Honk on the Road! Thea Feldman. 2019. (10-Button Sound Bks.). (ENG.). 10p. (J). (gr. -1-k). bds. 12.99 *(978-1-68412-687-3(8)*, Silver Dolphin Bks.) Printers Row Publishing Group.

Discovery: Howl with the Animals! Thea Feldman. 2021. (10-Button Sound Bks.). (ENG.). 10p. (J). (gr. -1-k). bds. 12.99 *(978-1-64517-752-4(1)*, Silver Dolphin Bks.) Printers Row Publishing Group.

Discovery: Moo on the Farm! Thea Feldman. 2019. (10-Button Sound Bks.). (ENG.). 10p. (J). (gr. -1-k). bds. 12.99 *(978-1-68412-688-0(6)*, Silver Dolphin Bks.) Printers Row Publishing Group.

Discovery: Moo, Quack, Baa! Grace Baranowski. 2021. (39-Button Sound Bks.). (ENG.). 34p. (J). (gr. -1-k). bds. 24.99 *(978-1-68412-971-3(0)*, Silver Dolphin Bks.) Printers Row Publishing Group.

Discovery: My First 100 Words. Thea Feldman. 2020. (Discovery: My First Ser.). (ENG.). 22p. (J). (— 1). bds. 9.99 *(978-1-68412-962-1(1)*, Silver Dolphin Bks.) Printers Row Publishing Group.

Discovery: Noisy Baby Animals! Thea Feldman. 2019. (10-Button Sound Bks.). (ENG.). 10p. (J). (gr. -1-k). bds. 12.99 *(978-1-68412-686-6(X)*, Silver Dolphin Bks.) Printers Row Publishing Group.

Discovery North American Indians. Michael Stotter. 2020. (ENG., Illus.). 64p. (J). (gr. -1-12). pap. 4.99 *(978-1-84477-706-8(5)*, Southwater) Anness Publishing GBR. Dist: National Bk. Network.

Discovery North American Wild West. Peter Harrison. 2020. (ENG., Illus.). 64p. (J). (gr. -1-12). pap. 4.99 *(978-1-84477-705-1(7)*, Southwater) Anness Publishing GBR. Dist: National Bk. Network.

Discovery of Anime & Manga: The Asian Hall of Fame. Phil Amara & Oliver Chin. Illus. by Juan Calle. 2019. (Asian Hall of Fame Ser.). (ENG.). 36p. (J). 16.95 *(978-1-59702-146-3(6))* Immedium.

Discovery of Dragons. Lindsay Galvin. 2021. (ENG.). 288p. (J). (gr. 3-7). 18.99 *(978-1-338-71444-9(9)*, Chicken Hse., The) Scholastic, Inc.

Discovery of Fireworks & Gunpowder: The Asian Hall of Fame. Phil Amara & Oliver Chin. Illus. by Juan Calle. 2018. (Asian Hall of Fame Ser.). (ENG.). 40p. (J). (gr. -1-3). 16.95 *(978-1-59702-142-5(3))* Immedium.

Discovery of Flight. Susan Glickman. 2018. (ENG.). 188p. (YA). (gr. 7-13). pap. 22.95 *(978-1-77133-513-3(0))* Inanna Pubns. & Education, Inc. CAN. Dist: SPD-Small Pr. Distribution.

Discovery of Mystery & Magic. Shani Simmons. Illus. by Muhammad Rizwan Tufail. 2023. (Adventures of Peek-A-Boo & Princess Cheyenne Ser.). (ENG.). 126p. (J). ***(978-1-0391-5774-3(2))***; pap. ***(978-1-0391-5773-6(4))*** FriesenPress.

Discovery of New Worlds: A History of the Roman, English, Spanish & Portuguese Empires; How Each Explored & Colonized New Lands. M. B. Synge & E. M. Synge. 2020. (ENG., Illus.). 110p. (J). pap. *(978-1-78987-202-6(2))* Pantianos Classics.

Discovery of Ramen: The Asian Hall of Fame. Phil Amara & Oliver Chin. 2017. (Asian Hall of Fame Ser.). (ENG., Illus.). 40p. (J). (gr. -1-3). 16.95 *(978-1-59702-134-0(2))* Immedium.

Discovery of the Child. Maria Montessori. 2023. (ENG.). 416p. (J). pap. ***(978-1-77464-522-2(X))*** Rehak, David.

Discovery of the Polio Vaccine. Duchess Harris Jd & Heather C. Hudak. 2018. (Perspectives on American Progress Ser.). (ENG., Illus.). 48p. (J). (gr. 4-8). lib. bdg. 35.64 *(978-1-5321-1488-5(5)*, 29108) ABDO Publishing Co.

Discovery: Oink on the Farm! Thea Feldman. 2019. (10-Button Sound Bks.). (ENG.). 10p. (J). (gr. -1-k). bds. 12.99 *(978-1-68412-691-0(6)*, Silver Dolphin Bks.) Printers Row Publishing Group.

Discovery Real Life Sticker & Activity Book: Pets. Courtney Acampora. 2020. (Discovery Real Life Sticker Bks.). (ENG.). 56p. (J). (gr. 1-3). 6.99 *(978-1-68412-824-2(2)*, Silver Dolphin Bks.) Printers Row Publishing Group.

Discovery Real Life Sticker & Activity Book: Space. Courtney Acampora. 2020. (Discovery Real Life Sticker Bks.). (ENG.). 56p. (J). (gr. -1-k). 6.99 *(978-1-68412-803-7(X)*, Silver Dolphin Bks.) Printers Row Publishing Group.

Discovery Real Life Sticker Book: Ocean. Courtney Acampora. 2019. (Discovery Real Life Sticker Bks.). (ENG.). 18p. (J). (gr. 1-3). pap. 6.99 *(978-1-68412-801-3(3)*, Silver Dolphin Bks.) Printers Row Publishing Group.

Discovery Real Life Sticker Book: Wild Animals. Courtney Acampora et al. 2019. (Discovery Real Life Sticker Bks.). (ENG.). 18p. (J). (gr. 1-3). pap. 6.99 *(978-1-68412-823-5(4)*, Silver Dolphin Bks.) Printers Row Publishing Group.

Discovery: Roar at the Zoo! Thea Feldman. 2019. (10-Button Sound Bks.). (ENG.). 10p. (J). (gr. -1-k). bds. 12.99 *(978-1-68412-689-7(4)*, Silver Dolphin Bks.) Printers Row Publishing Group.

Discovery: Roar with the Dinosaurs! Courtney Acampora. Illus. by Franco Tempesta. 2020. (39-Button Sound Bks.). (ENG.). 34p. (J). (gr. -1-k). bds. 24.99 *(978-1-68412-819-8(6)*, Silver Dolphin Bks.) Printers Row Publishing Group.

Discovery: Rocks & Gems. Brenda Scott Royce. 2021. (Exploration in Action Ser.). (ENG.). 64p. (J). (gr. 1-3). pap. 17.99 *(978-1-64517-639-8(8)*, Silver Dolphin Bks.) Printers Row Publishing Group.

Discovery: Rumble with the Dinosaurs! Thea Feldman. 2019. (10-Button Sound Bks.). (ENG.). 10p. (J). (gr. -1-k). bds. 12.99 *(978-1-68412-685-9(1)*, Silver Dolphin Bks.) Printers Row Publishing Group.

Discovery: Shark Spotter's Guide. Ruth A. Musgrave. 2022. (Exploration in Action Ser.). (ENG.). 64p. (J). (gr. 1-3). pap. 17.99 *(978-1-6672-0040-8(2)*, Silver Dolphin Bks.) Printers Row Publishing Group.

Discovery: Splash with the Sharks! Thea Feldman. 2021. (10-Button Sound Bks.). (ENG.). 10p. (J). (gr. -1-k). bds. 12.99 *(978-1-64517-751-7(3)*, Silver Dolphin Bks.) Printers Row Publishing Group.

Discovery World Yel Sizes. Rigby Education Staff. (Discovery World Ser.). (Illus.). 12p. (gr. k-1). 23.00 *(978-0-7635-2695-5(9))* Rigby Education.

Discovery...The Ten Wonders see Descubrelas Diez Maravillas

Discrete Mathematics: For New Technology. Rowan Garnier & John Taylor. 2020. (ENG.). 696p. E-Book 250.00 *(978-1-000-11249-8(7)*, 9781003062875, CRC Press) Taylor & Francis Group GBR. Dist: Taylor & Francis Group.

Discurso, Que Fizerao Duas Senhoras Portuguezas, Depois de Lerem o Papel DOS Conselhos, Que Deu Hum Brazileiro a Todos OS Seus Patricios, Que Viessem a Esta Corte; a Que Elle Chama Advertencias Saudaveis Contra o Genero Femenino: Dialogo Entre Marcina, E. Unknown Author. 2017. (POR., Illus.). (J). 20p. 24.33 *(978-0-332-22522-7(4))*; 22p. pap. 7.97 *(978-0-332-21588-4(1))* Forgotten Bks.

Discussion of the Cause, Character & Operations of the Creator: What & Where Is God? (Classic Reprint) Harry B. Philbrook. (ENG., Illus.). (J). 2018. 464p. 33.47 *(978-0-666-01379-8(9))*; 2017. pap. 16.57 *(978-0-259-49065-4(2))* Forgotten Bks.

Disease. Jared Keen. 2016. (Worldviews Ser.). (ENG.). 48p. (J). lib. bdg. 34.99 *(978-1-5105-1202-3(0))* SmartBook Media, Inc.

Disease in History. Bruno Leone. 2016. (ENG.). 104p. (J). (gr. 5-12). 38.60 *(978-1-60152-960-2(0))* ReferencePoint Pr., Inc.

Diseases, Vol. 6. James Shoals. 2018. (Science of the Human Body Ser.). (Illus.). 80p. (J). (gr. 7). lib. bdg. 33.27 *(978-1-4222-4194-3(7))* Mason Crest.

Diseases & Defenses. Kathryn Hulick. 2018. (Human Machine Ser.). (ENG., Illus.). 32p. (gr. 3-6). lib. bdg. 32.79 *(978-1-64156-438-0(5)*, 9781641564380) Rourke Educational Media.

Diseases & Disorders (Fall 2018 Bundle) 2018. (Diseases & Disorders Ser.). (ENG.). (YA). pap. 251.88 *(978-1-5345-6476-3(4)*, Lucent Pr.) Greenhaven Publishing LLC.

Diseases & Disorders (Fall 2019) 2019. (Diseases & Disorders Ser.). (ENG.). 104p. (YA). pap. 119.94 *(978-1-5345-6798-6(4)*, Lucent Pr.) Greenhaven Publishing LLC.

Diseases & Disorders (Fall 2019 Bundle) 2019. (Diseases & Disorders Ser.). (ENG.). (YA). pap. 503.76 *(978-1-5345-6799-3(2)*, Lucent Pr.) Greenhaven Publishing LLC.

Diseases & Disorders: Set 2, 12 vols. 2017. (Diseases & Disorders Ser.). (ENG.). 104p. (YA). (gr. 7-7). lib. bdg. 249.18 *(978-1-5345-6260-8(5)*, 089dd2eb-215e-430a-81dc-6b23cfddd6bf) Greenhaven Publishing LLC.

Diseases & Disorders: Set 3, 12 vols. 2018. (Diseases & Disorders Ser.). (ENG.). 104p. (gr. 7-7). lib. bdg. 249.18 *(978-1-5345-6455-8(1)*, a97992cd-a2c0-459f-affc-2360c12355ec) Greenhaven Publishing LLC.

Diseases & Disorders: Set 5, 12 vols. 2019. (Diseases & Disorders Ser.). (ENG.). 104p. (YA). (gr. 7-7). lib. bdg. 249.18 *(978-1-5345-6688-0(0)*, 894d7aa8-e46a-419e-8085-3cdae7eb6ad1, Lucent Pr.) Greenhaven Publishing LLC.

Diseases & Disorders: Sets 1 - 2, 24 vols. 2017. (Diseases & Disorders Ser.). (ENG.). (YA). (gr. 7-7). lib. bdg. 498.36 *(978-1-5345-6312-4(1)*, 2e30fd6c-6a3a-4549-b508-14621f791230, Lucent Pr.) Greenhaven Publishing LLC.

Diseases & Disorders: Sets 1 - 3, 36 vols. 2018. (Diseases & Disorders Ser.). (ENG.). (YA). (gr. 7-7). lib. bdg. 747.54 *(978-1-5345-6448-0(9)*, ee489d2a-1d50-49d3-873c-c6add1037543, Lucent Pr.) Greenhaven Publishing LLC.

Diseases & Disorders: Sets 1 - 4, 48 vols. 2018. (Diseases & Disorders Ser.). (ENG.). (YA). (gr. 7-7). lib. bdg. 996.72 *(978-1-5345-6597-5(3)*, cd8cbc9a-0734-4a64-a946-c3f93bcf97e7, Lucent Pr.) Greenhaven Publishing LLC.

Diseases & Disorders: Sets 1 - 5, 60 vols. 2019. (Diseases & Disorders Ser.). (ENG.). (YA). (gr. 7-7). lib. bdg. 1245.90 *(978-1-5345-6695-8(3)*, 0740668b-1ddc-49a9-b561-0695843d8d9b, Lucent Pr.) Greenhaven Publishing LLC.

Diseases in History Set, vols. 4, vol. 4. Kevin Cunningham. Incl. Flu. 176p. lib. bdg. 28.95 *(978-1-59935-105-6(6))*; HIV/AIDS. 144p. (gr. 9-18). lib. bdg. 28.95 *(978-1-59935-104-9(8))*; Malaria. 144p. (gr. 9-18). 28.95 *(978-1-59935-103-2(X))*; Plague. 144p. (gr. 9-18). lib. bdg. 28.95 *(978-1-59935-102-5(1))*; (YA). 2009. 2009. Set lib. bdg. 115.80 *(978-1-59935-101-8(3))* Reynolds, Morgan Inc.

Diseases of the Brain Coloring Book. Activibooks For Kids. 2016. (ENG., Illus.). (J). pap. 9.20 *(978-1-68321-159-4(6))* Mimaxion.

Diseases of the Ear: For Practitioners & Students of Medicine (Classic Reprint) James Kerr Love. (ENG., Illus.). (J). 2018. 418p. 32.54 *(978-0-365-35340-9(X))*; 2017. pap. 16.57 *(978-0-282-10291-3(4))* Forgotten Bks.

Diseases of the Ear: Illustrated by Clinical Observations (Classic Reprint) John Nottingham. 2018. (ENG., Illus.). 712p. (J). 38.62 *(978-0-484-38899-3(1))* Forgotten Bks.

Diseases of the Ear, Nose & Throat: Medical & Surgical (Classic Reprint) Wendell Christopher Phillips. 2017. (ENG., Illus.). (J). 43.76 *(978-0-260-74281-0(3))* Forgotten Bks.

Diseases of the Ear, Nose, & Throat, & Their Accessory Cavities (Classic Reprint) Seth Scott Bishop. (ENG., Illus.). (J). 2017. 36.70 *(978-0-265-43954-8(X))*; 2016. pap. 19.57 *(978-1-334-42047-4(5))* Forgotten Bks.

Diseases! World's Deadliest Diseases - Body Chemistry for Kids - Children's Clinical Chemistry Books. Pfiffikus. 2016. (ENG., Illus.). (J). pap. 10.81 *(978-1-68377-617-8(8))* Whlke, Traudl.

Díselo a la Luna / Tell It to the Moon. Violeta BOYD. 2023. (SPA.). 496p. (YA). (gr. 9). pap. 18.95 *(978-84-19241-82-5(2)*, Montena) Penguin Random House Grupo Editorial ESP. Dist: Penguin Random Hse. LLC.

Diseñador de Jardines. Kelli Hicks. 2022. (Las Mejores Carreras Profesionales (Top Trade Careers) Ser.). (SPA.). 32p. (J). (gr. 3-9). pap. *(978-1-0396-5026-8(0)*, 20231); lib. bdg. *(978-1-0396-4899-9(1)*, 20230) Crabtree Publishing Co. (Crabtree Branches).

Disenar, Construir y Mantener Sitios Web, 1 vol. J. Poolos. Tr. by Alberto Jiménez. 2017. (Cultura Digital y de la Información (Digital & Information Literacy) Ser.). (SPA.). 48p. (J). (gr. 6-6). pap. 12.75 *(978-1-4994-3976-2(8)*, d1078d18-fdef-4f50-b93c-5333563f646d, Rosen Reference) Rosen Publishing Group, Inc., The.

Diseñar, Construir y Mantener Sitios Web (Designing, Building, & Maintaining Websites), 1 vol. J. Poolos. Tr. by Alberto Jiménez. 2017. (Cultura Digital y de la Información (Digital & Information Literacy) Ser.). (SPA.). 48p. (J). (gr. 6-6). lib. bdg. 33.47 *(978-1-4994-3966-3(0)*, 5c3d524e-9ebf-478b-836f-0317764903ec, Rosen Reference) Rosen Publishing Group, Inc., The.

Disenchanted Desenchantees (Classic Reprint) Pierre Loti. 2017. (ENG., Illus.). 394p. (J). 32.02 *(978-0-266-47921-5(9))* Forgotten Bks.

Disenchanted Live Action Junior Novelization. Disney. ed. 2022. (ENG.). 144p. (J). (gr. 3-7). 9.99 ***(978-1-368-08268-6(8)***, Disney Press Books) Disney Publishing Worldwide.

Disenchanted: the Trials of Cinderella (Tyme #2) Megan Morrison. 2019. (Tyme Ser.: 2). (ENG.). 432p. (J). (gr. 3-7). pap. 8.99 *(978-0-545-64272-9(8)*, Levine, Arthur A. Bks.) Scholastic, Inc.

Diseños de Máximo Impacto: Leveled Reader Book 81 Level W 6 Pack. Hmh Hmh. 2021. (SPA.). 32p. (J). pap. 74.40 *(978-0-358-08645-1(0))* Houghton Mifflin Harcourt Publishing Co.

Diseños Del Pasado: Partición de Figuras. Lisa A. Willman. rev. ed. 2018. (Mathematics in the Real World Ser.). (SPA., Illus.). 32p. (J). (gr. 2-3). pap. 10.99 *(978-1-4258-2876-9(0))* Teacher Created Materials, Inc.

¡Diseños Divertidos! (Patterns Are Fun!) (Set), 6 vols. 2018. (¡Diseños Divertidos! (Patterns Are Fun!) Ser.). (SPA.). 24p. (J). (gr. -1-2). lib. bdg. 188.16 *(978-1-5321-8372-0(0)*, 29937, Abdo Kids) ABDO Publishing Co.

Diseños en el Parque. Bela Davis. 2018. (¡Diseños Divertidos! (Patterns Are Fun!) Ser.).Tr. of Patterns at the Park. (SPA.). 24p. (J). (gr. -1-2). lib. bdg. 31.36 *(978-1-5321-8374-4(7)*, 29941, Abdo Kids) ABDO Publishing Co.

Diseños en el Zoo (Patterns at the Zoo) Bela Davis. 2018. (¡Diseños Divertidos! (Patterns Are Fun!) Ser.). (SPA.). 24p. (J). (gr. -1-2). lib. bdg. 31.36 *(978-1-5321-8375-1(5)*, 29943, Abdo Kids) ABDO Publishing Co.

Diseños en la Ciudad (Patterns in the City) Bela Davis. 2018. (¡Diseños Divertidos! (Patterns Are Fun!) Ser.). (SPA.). 24p. (J). (gr. -1-2). lib. bdg. 31.36 *(978-1-5321-8378-2(X)*, 29949, Abdo Kids) ABDO Publishing Co.

Diseños en la Escuela. Bela Davis. 2018. (¡Diseños Divertidos! (Patterns Are Fun!) Ser.).Tr. of Patterns at School. (SPA.). 24p. (J). (gr. -1-2). lib. bdg. 31.36 *(978-1-5321-8373-7(9)*, 29939, Abdo Kids) ABDO Publishing Co.

Diseños en la Naturaleza. Bela Davis. 2018. (¡Diseños Divertidos! (Patterns Are Fun!) Ser.).Tr. of Patterns in Nature. (SPA.). 24p. (J). (gr. -1-2). lib. bdg. 31.36 *(978-1-5321-8376-8(3)*, 29945, Abdo Kids) ABDO Publishing Co.

Diseños en Los Deportes. Bela Davis. 2018. (¡Diseños Divertidos! (Patterns Are Fun!) Ser.).Tr. of Patterns in Sports. (SPA.). 24p. (J). (gr. -1-2). lib. bdg. 31.36 *(978-1-5321-8377-5(1)*, 29947, Abdo Kids) ABDO Publishing Co.

Disentanglers. Andrew Lang. 2017. (ENG., Illus.). (J). 26.95 *(978-1-374-84132-1(3))*; pap. 16.95 *(978-1-374-84131-4(5))* Capital Communications, Inc.

Disentanglers (Classic Reprint) Andrew Lang. 2018. (ENG., Illus.). 458p. (J). 33.34 *(978-0-483-95352-9(0))* Forgotten Bks.

Disenthralled: Being Reminiscences in the Life of the Author; His Fall from Respectability by Intemperance, & Rescue by the Washingtonian Society (Classic Reprint) Joseph Gatchell. (ENG., Illus.). (J). 2018. 62p. 25.20 *(978-0-267-29669-9(X))*; 2017. pap. 9.57 *(978-0-259-19103-2(5))* Forgotten Bks.

Disgrace to the Family: A Story of Social Distinctions (Classic Reprint) Blanchard Jerrold. 2018. (ENG., Illus.). 310p. (J). 30.29 *(978-0-483-91160-4(7))* Forgotten Bks.

Disguises. Virginia Loh-Hagan. 2016. (Wild Wicked Wonderful Ser.). (ENG., Illus.). 32p. (J). (gr. 4-8). 32.07 *(978-1-63470-502-8(5)*, 207739) Cherry Lake Publishing.

Disgust. Czeena Devera. Illus. by Jeff Bane. 2021. (My Early Library: My Many Emotions Ser.). (ENG.). 24p. (J). (gr. k-1). pap. 12.79 *(978-1-5341-8836-5(3)*, 219079); lib. bdg. 30.64 *(978-1-5341-8696-5(4)*, 219078) Cherry Lake Publishing.

Disgusted. Meg Gaertner. 2019. (Learning about Emotions Ser.). (ENG.). 24p. (J). (gr. -1-2). lib. bdg. 32.79 *(978-1-5038-2807-0(7)*, 212614) Child's World, Inc, The.

Disgusting Adventures of Bugaboo & Buzz Buzz. Alan Tom. 2017. (ENG.). (J). 14.95 *(978-1-68401-344-9(5))* Amplify Publishing Group.

Disgusting Animals. Stella Tarakson. 2017. (Gross & Frightening Animal Facts Ser.: Vol. 6). (ENG., Illus.). 48p. (J). (gr. 5-8). 20.95 *(978-1-4222-3925-4(X))* Mason Crest.

D

Disgusting Animals. Connie Colwell Miller. rev. ed. 2016. (That's Disgusting! Ser.). (ENG.). 32p. (J). (gr. 3-9). pap. 7.95 *(978-1-5157-6275-1(0)*, 135073, Capstone Pr.) Capstone.

Disgusting Bugs. Connie Colwell Miller. rev. ed. 2016. (That's Disgusting! Ser.). (ENG.). 32p. (J). (gr. 3-9). pap. 7.95 *(978-1-5157-6286-7(6)*, 135076, Capstone Pr.) Capstone.

Disgusting Duckling. Tony Beauxlognas. 2020. (ENG.). 46p. (J). pap. 6.99 *(978-0-692-61296-5(3))* Grano Salas.

Disgusting Eats: Nasty, but Tasty Recipes. Marne Ventura. 2017. (Kids Can Cook! Ser.). (ENG., Illus.). 32p. (J). (gr. 3-9). lib. bdg. 28.65 *(978-1-5157-3812-1(4)*, 133715, Capstone Pr.) Capstone.

Disgusting Jobs. Connie Colwell Miller. rev. ed. 2016. (That's Disgusting! Ser.). (ENG.). 32p. (J). (gr. 3-9). pap. 7.95 *(978-1-5157-6268-3(8)*, 135071, Capstone Pr.) Capstone.

Disgusting Jobs During the Civil War: The down & Dirty Details. Anitra Budd. 2018. (Disgusting Jobs in History Ser.). (ENG., Illus.). 32p. (J). (gr. 3-6). lib. bdg. 27.99 *(978-1-5435-0367-8(5)*, 137207, Capstone Pr.) Capstone.

Disgusting Jobs in Colonial America: The down & Dirty Details. Anita Yasuda. 2018. (Disgusting Jobs in History Ser.). (ENG., Illus.). 32p. (J). (gr. 3-6). lib. bdg. 27.99 *(978-1-5435-0369-2(1)*, 137209, Capstone Pr.) Capstone.

Disgusting Jobs in History: The down & Dirty Details. Anitra Budd et al. 2018. (Disgusting Jobs in History Ser.). (ENG.). 32p. (J). (gr. 3-6). 119.96 *(978-1-5435-0378-4(0)*, 27633, Capstone Pr.) Capstone.

Disgusting Jobs in Modern America: The down & Dirty Details. Jacque Summers. 2018. (Disgusting Jobs in History Ser.). (ENG., Illus.). 32p. (J). (gr. 3-6). lib. bdg. 27.99 *(978-1-5435-0366-1(7)*, 137199, Capstone Pr.) Capstone.

Disgusting Jobs on the American Frontier: The down & Dirty Details. Anita Yasuda. 2018. (Disgusting Jobs in History Ser.). (ENG., Illus.). 32p. (J). (gr. 3-6). lib. bdg. 27.99 *(978-1-5435-0368-5(3)*, 137208, Capstone Pr.) Capstone.

Disgustingly Delicious: The Surprising, Weird & Wonderful Food of the World. Soledad Romero Marino. Illus. by Montse Galbany. 2023. (ENG.). 48p. (J). (gr. 2-5). 17.95 *(978-1-914519-70-3(1))* Welbeck Publishing Group Ltd. GBR. Dist: Two Rivers Distribution.

Dish on the Dish: a History of Your Favorite Foods (Set), 8 vols. Julie Knutson. 2021. (21st Century Skills Library: the Dish on the Dish: a History of Your Favorite Foods Ser.). (ENG., Illus.). 32p. (J). (gr. 4-7). 256.56 *(978-1-5341-9284-3(0)*, 218906); pap., pap., pap. 113.71 *(978-1-5341-9302-4(2)*, 218907) Cherry Lake Publishing.

Dishonest Ninja: A Children's Book about Lying & Telling the Truth. Mary Nhin & Grow Grit Press. Illus. by Jelena Stupar. 2020. (ENG.). 30p. (J). 18.99 *(978-1-951056-24-7(8))* Grow Grit Pr.

Dishonor of Frank Scott (Classic Reprint) M. Hamilton. 2018. (ENG., Illus.). 324p. (J). 30.60 *(978-0-483-64369-7(6))* Forgotten Bks.

Dishwasher's Big Job. Steven Weinberg. Illus. by Steven Weinberg. 2021. (Big Jobs Bks.). (ENG., Illus.). 22p. (J). bds. 8.99 *(978-1-250-75322-9(8)*, 900225326) Roaring Brook Pr.

Disillusion or the Story of Amedee's Youth (Classic Reprint) E. P. Robins. 2018. (ENG., Illus.). 372p. (J). 31.59 *(978-0-483-15453-7(9))* Forgotten Bks.

Disillusion, Vol. 1 Of 3: A Story with a Preface (Classic Reprint) Dorothy Leighton. 2018. (ENG., Illus.). 254p. (J). 29.14 *(978-0-484-58974-1(1))* Forgotten Bks.

Disillusions of a Crown Princess: Being the Story of the Courtship & Married Life of Cecile, Ex-Crown Princess of Germany (Classic Reprint) Princess Catherine Radziwill. 2017. (ENG., Illus.). (J). 29.26 *(978-1-5280-6154-4(3))* Forgotten Bks.

Dismal Swamp & Lake Drummond: Early Recollections, Vivid Portrayal of Amusing Scenes (Classic Reprint) Robert Arnold. (ENG., Illus.). (J). 2018. 86p. 25.69 *(978-0-267-72535-9(3))*; 2016. pap. 9.57 *(978-1-333-62016-5(0))* Forgotten Bks.

Disney. Heather C. Morris. 2023. (Top Brands Ser.). (ENG., Illus.). 32p. (J). lib. bdg. 31.35 ***(978-1-63738-564-7(1)***, Apex) North Star Editions.

Disney. Contrib. by Sara Green. 2023. (Behind the Brand Ser.). (ENG., Illus.). (J). (gr. 3-8). pap. 8.99. lib. bdg. 27.95 Bellwether Media.

Disney. Joy Gregory. 2017. (J). *(978-1-5105-2364-7(2))* SmartBook Media, Inc.

Disney. Emma Huddleston. 2019. (Our Favorite Brands Ser.). (ENG., Illus.). 32p. (J). (gr. 3-3). pap. 9.95 *(978-1-64494-177-5(5)*, 1644941775) Bigfoot Bks. GBR. Dist: North Star Editions.

Disney. Contrib. by Heather C. Morris. 2023. (Top Brands Ser.). (ENG., Illus.). 32p. (J). pap. 9.95 ***(978-1-63738-618-7(4)***, Apex) North Star Editions.

Disney - Amazing Scratch Art: With Scratch Tool & Coloring Pages. IglooBooks. 2023. (ENG.). 24p. (J). (gr. 3). pap. 12.99 ***(978-1-83771-754-5(0))*** Igloo Bks. GBR. Dist: Simon & Schuster, Inc.

Disney 100 Advent Calendar a Storybook Library: Coutndown to Christmas with 24 Exciting Storybooks. IglooBooks. 2023. (ENG.). 24p. (J). (gr. -1). 31.99 ***(978-1-83771-706-4(0))*** Igloo Bks. GBR. Dist: Simon & Schuster, Inc.

Disney 100th Fall 2023 36-Copy LGB Display. 2023. (J). (-k). 215.64 ***(978-0-593-78080-0(9)***, Golden/Disney) Random Hse. Children's Bks.

Disney 100th Fall 2023 6-Copy Clip Strip. 2023. (J). (-k). 35.94 ***(978-0-593-78081-7(7)***, Golden/Disney) Random Hse. Children's Bks.

Disney 101 Dalmatians. Ed. by Editors of Studio Fun International. 2019. (Disney Die-Cut Classics Ser.). (ENG.). 72p. (J). (gr. 1-3). 9.99 *(978-0-7944-4374-0(5)*, Studio Fun International) Printers Row Publishing Group.

Disney: 101 Dalmatians. Editors of Studio Fun International. 2020. (Disney Classic 8 X 8 Ser.). (ENG.). 32p. (J). (gr. -1-k). pap. 4.99 *(978-0-7944-4462-4(8)*, Studio Fun International) Printers Row Publishing Group.

Disney 365 Stories for Girls - a Story a Day. Disney Junior. 2018. (VIE.). (J). pap. *(978-604-2-11446-2(8))* Kim Dong Publishing Hse.

Disney: 4 Pop-Up Books. Illus. by Disney Storybook Art Team. 2020. (ENG.). 64p. (J). *(978-1-5037-5284-9(4)*, 4555, PI Kids) Phoenix International Publications, Inc.

Disney: 5-Minute Christmas Stories. Disney Books. 2016. (5-Minute Stories Ser.). (ENG., Illus.). 192p. (J). (gr. 1-3). 12.99 *(978-1-4847-2741-6(X)*, Disney Press Books) Disney Publishing Worldwide.

Disney: 6-Book Set. PI Kids. Illus. by The Disney Storybook Art Team. 2019. (ENG.). 96p. (J). pap., pap., pap. 8.99 *(978-1-5037-4910-8(X)*, 4532, PI Kids) Phoenix International Publications, Inc.

Disney 7 Days 'til Christmas: With 7 Storybooks & Letter to Santa. IglooBooks. 2021. (ENG.). 24p. (J). (gr. -1-2). 14.99 *(978-1-80108-744-5(X))* Igloo Bks. GBR. Dist: Simon & Schuster, Inc.

Disney Advent Calendar - Walmartle. Igloobooks. 2021. (ENG.). (J). pap. *(978-1-80108-765-0(2))* Igloo Bks.

Disney: Aladdin. Editors of Studio Fun International. 2019. (Disney Die-Cut Classics Ser.). (ENG.). 72p. (J). (gr. 1-3). 9.99 *(978-0-7944-4351-1(6)*, Studio Fun International) Printers Row Publishing Group.

Disney Aladdin: Movie Storybook / Libro Basado en la Pelicula (English-Spanish) Tr. by Laura Collado Piriz. Illus. by Disney Storybook Art Team. 2019. (Disney Bilingual Ser.: 19). (ENG.). 24p. (J). (gr. -1-2). pap. 4.99 *(978-1-4998-0943-5(3)*, BuzzPop) Little Bee Books Inc.

Disney Alice in Wonderland. Ed. by Editors of Studio Fun International. 2019. (Disney Die-Cut Classics Ser.). (ENG.). 72p. (J). (gr. 1-3). 9.99 *(978-0-7944-4370-2(2)*, Studio Fun International) Printers Row Publishing Group.

Disney: Alice in Wonderland. Editors of Studio Fun International. 2021. (Disney Classic 8 X 8 Ser.). (ENG.). 32p. (J). (gr. -1-k). pap. 4.99 *(978-0-7944-4653-6(1)*, Studio Fun International) Printers Row Publishing Group.

Disney All Aboard! Mickey's Railway (an Abrams Extend-A-Book) Nichole Mara. Illus. by Andrew Kolb. 2021. (Abrams Extend-A-Book Ser.). (ENG.). 8p. (J). (gr. -1 — 1). bds. 10.99 *(978-1-4197-5236-0(7)*, 1723510, Abrams Appleseed) Abrams, Inc.

Disney Amazing Pop-Ups: Pop-Up Book. IglooBooks. 2021. (ENG.). 10p. (J). (gr. -1-1). 12.99 *(978-1-83903-651-4(6))* Igloo Bks. GBR. Dist: Simon & Schuster, Inc.

Disney & Pixar Movies (Set), 12 vols. 2020. (Disney & Pixar Movies Ser.). (ENG.). 48p. (J). (gr. 2-6). lib. bdg. 393.48 *(978-1-5321-4544-5(6)*, 35191, Graphic Novels) Spotlight.

Disney & Pixar Movies Set 2 (Set), 22 vols. Greg Ehrbar et al. 2021. (Disney & Pixar Movies Ser.). (ENG.). 48p. (J). (gr. 2-6). lib. bdg. 721.38 *(978-1-5321-4804-0(6)*, 37015, Graphic Novels) Spotlight.

Disney & Pixar Toy Story 4: No Toy Left Behind! PI Kids. Illus. by The Disney Storybook Art Team. 2019. (ENG.). 12p. (J). bds. 21.99 *(978-1-5037-4352-6(7)*, 3150, PI Kids) Phoenix International Publications, Inc.

Disney Animals Storybook Collection. Disney Books. 2019. (Storybook Collection). (ENG., Illus.). 304p. (J). (gr. 1-3). 16.99 *(978-1-368-04198-0(1)*, Disney Press Books) Disney Publishing Worldwide.

Disney Animals Ultimate Sticker Collection. DK. 2022. (Ultimate Sticker Collection). 72p. (J). (gr. k-2). pap. 12.99 *(978-0-7440-5459-0(1)*, DK Children) Dorling Kindersley Publishing, Inc.

Disney Animated Classics: Aladdin. Editors of Studio Fun International. 2020. (Animated Classics Ser.). (ENG.). 74p. (J). (gr. 3-7). 12.99 *(978-0-7944-4495-2(4)*, Studio Fun International) Printers Row Publishing Group.

Disney Animated Classics: Beauty & the Beast. Editors of Studio Fun International. 2021. (Animated Classics Ser.). (ENG.). 74p. (J). (gr. 1-3). 12.99 *(978-0-7944-4836-3(4)*, Studio Fun International) Printers Row Publishing Group.

Disney Animated Classics: Cinderella. Editors of Studio Fun International. 2022. (Animated Classics Ser.). (ENG.). 74p. (J). (gr. 3-7). 12.99 *(978-0-7944-4516-4(0)*, Studio Fun International) Printers Row Publishing Group.

Disney Animated Classics: the Lion King. Editors of Studio Fun International. 2020. (Animated Classics Ser.). (ENG.). 74p. (J). (gr. 3-7). 12.99 *(978-0-7944-4555-3(1)*, Studio Fun International) Printers Row Publishing Group.

Disney Animated Classics: the Little Mermaid. Editors of Studio Fun International. 2020. (Animated Classics Ser.). (ENG.). 74p. (J). (gr. 3-7). 12.99 *(978-0-7944-4498-3(9)*, Studio Fun International) Printers Row Publishing Group.

Disney Animated Classics: Tim Burton's the Nightmare Before Christmas. Adapted by Marilyn Easton & Sally Morgan. 2021. (Animated Classics Ser.). (ENG.). 74p. (J). (gr. 1-3). 12.99 *(978-0-7944-4825-7(9)*, Studio Fun International) Printers Row Publishing Group.

Disney Baby: ABCs. Kathy Broderick. 2017. (First Look & Find Ser.). (ENG.). 16p. (J). bds. Phoenix International Publications, Inc.

Disney Baby: Polka Dot Day! Susan Rich Brooke. Illus. by Disney Storybook Art Team. 2019. (Play-A-Sound Ser.). (ENG.). 20p. (J). bds. *(978-1-5037-4658-9(5)*, f18409de-43b1-4b36-bda8-601033cf8c20, PI Kids) Phoenix International Publications, Inc.

Disney Baby: Read & Play with My Disney Friends! p i kids. Illus. by Disney Storybook Art Team. 2018. (ENG.). 104p. (J). bds. 59.99 *(978-1-5037-3977-2(5)*, 13931, PI Kids) Phoenix International Publications, Inc.

Disney Baby: Snuggle Stories. Kathy Broderick. 2019. (ENG.). 80p. (J). *(978-1-5037-4999-3(1)*, 1c086342-8916-4d4f-b6e4-0239445b12b3, PI Kids) Phoenix International Publications, Inc.

Disney Baby: 1, 2, 3 What Do You See? Maggie Fischer. 2019. (Cloth Flaps Ser.). (ENG.). 10p. (J). (— 1). bds. 10.99 *(978-0-7944-4354-2(0)*, Studio Fun International) Printers Row Publishing Group.

Disney Baby: 100 First Words LifttheFlap. Disney Books. 2018. (ENG., Illus.). 12p. (J). (gr. -1 — 1). bds. 10.99 *(978-1-4847-1801-8(1)*, Disney Press Books) Disney Publishing Worldwide.

Disney Baby: 12 Board Books. Susan Rich Brooke. Illus. by The Disney Storybook Art Team. 2019. (ENG.). 120p. (J). bds., bds., bds. 16.99 *(978-1-5037-4646-6(1)*, 4517, PI Kids) Phoenix International Publications, Inc.

Disney Baby: 12 Board Books. PI Kids. 2018. (ENG., Illus.). 120p. (J). bds., bds., bds. 16.99 *(978-1-5037-3375-6(0)*, 4412, PI Kids) Phoenix International Publications, Inc.

Disney Baby: a Day with Winnie the Pooh! Maggie Fischer. 2021. (Squeeze & Squeak Ser.). (ENG.). 10p. (J). (— 1). bds. 9.99 *(978-0-7944-4772-4(4)*, Studio Fun International) Printers Row Publishing Group.

Disney Baby: a Hanukkah Surprise! Disney Books. 2023. (ENG.). 12p. (J). (— 1). bds. 6.99 ***(978-1-368-09108-4(3)***, Disney Press Books) Disney Publishing Worldwide.

Disney Baby: ABCs First Look & Find. PI Kids. Illus. by The Disney Storybook Art Team. 2017. (ENG.). 16p. (J). bds. 12.99 *(978-1-5037-2177-7(9)*, 2499, PI Kids) Phoenix International Publications, Inc.

Disney Baby: ABCs Little First Look & Find. PI Kids. Illus. by Disney Storybook Art Team. 2017. (ENG.). 24p. (J). bds. 5.99 *(978-1-5037-2767-0(X)*, 2671, PI Kids) Phoenix International Publications, Inc.

Disney Baby: Alphabooks. Disney Books. 2021. (ENG.). 156p. (J). (gr. -1 — 1). bds. 18.99 *(978-1-368-06454-5(X)*, Disney Press Books) Disney Publishing Worldwide.

Disney Baby: Animals, Farm, Garden. Disney Books. 2022. (Teeny Tiny Bks.). (ENG.). 30p. (J). (gr. -1 — 1). bds. 8.99 *(978-1-368-07768-2(4)*, Disney Press Books) Disney Publishing Worldwide.

Disney Baby: Apples, Leaves, Weather. Disney Books. 2022. (Teeny Tiny Bks.). (ENG.). 30p. (J). (gr. -1 — 1). bds. 8.99 *(978-1-368-07817-7(6)*, Disney Press Books) Disney Publishing Worldwide.

Disney Baby: Ariel Loves the Ocean: A First Words Book. Disney Books. 2023. (First Word Book Ser.). (ENG.). 12p. (J). (gr. -1 — 1). bds. 6.99 *(978-1-368-09344-6(2)*, Disney Press Books) Disney Publishing Worldwide.

Disney Baby: Baby Animals. Disney Books. 2019. (ENG., Illus.). 24p. (J). (gr. -1 — 1). bds. 7.99 *(978-1-368-04267-3(8)*, Disney Press Books) Disney Publishing Worldwide.

Disney Baby: Baby Signs: First Words. Disney Books. 2021. (ENG., Illus.). 24p. (J). (gr. -1 — 1). bds. 7.99 *(978-1-368-06557-3(0)*, Disney Press Books) Disney Publishing Worldwide.

Disney Baby: Baby's First Look & Find 8 Books & Rattle. Kathy Broderick. Illus. by The Disney Storybook Art Team. 2018. (ENG.). (J). bds., bds., bds. 19.99 *(978-1-5037-3548-4(6)*, 2874, PI Kids) Phoenix International Publications, Inc.

Disney Baby: Beep, Zoom, Vroom! Maggie Fischer. 2020. (Storytime Sliders Ser.). (ENG., Illus.). 10p. (J). (— 1). bds. 9.99 *(978-0-7944-4479-2(2)*, Studio Fun International) Printers Row Publishing Group.

Disney Baby: Best Friends a What Do You See Book. PI Kids. Illus. by The Disney Storybook Art Team. 2018. (ENG.). 20p. (J). bds. 8.99 *(978-1-5037-4360-1(8)*, 3158, PI Kids) Phoenix International Publications, Inc.

Disney Baby: Busy Day. Kathy Broderick. Illus. by The Disney Storybook Art Team. 2019. (ENG.). 20p. (J). bds. 18.99 *(978-1-5037-4659-6(3)*, 3306, PI Kids) Phoenix International Publications, Inc.

Disney Baby: Cars on the Go! A Stem Gear Book. PI Kids. Illus. by The Disney Storybook Art Team. 2021. (ENG.). 14p. (J). bds. 15.99 *(978-1-5037-5666-3(1)*, 3755, PI Kids) Phoenix International Publications, Inc.

Disney Baby: Colors. Disney Books. 2020. (ENG., Illus.). 12p. (J). (gr. -1 — 1). bds. 9.99 *(978-1-368-04860-6(9)*, Disney Press Books) Disney Publishing Worldwide.

Disney Baby: Come Out to Play! Sound Book. Erin Rose Wage. Illus. by Disney Storybook Art Team. 2017. (ENG.). 14p. (J). bds. 15.99 *(978-1-5037-3325-1(4)*, 2799, PI Kids) Phoenix International Publications, Inc.

Disney Baby: Day & Night Take-A-Look Book. Erin Rose Wage. Illus. by The Disney Storybook Art Team. 2019. (ENG.). 20p. (J). bds. 10.99 *(978-1-5037-4674-9(7)*, 3312, PI Kids) Phoenix International Publications, Inc.

Disney Baby: Explore & Play with Disney Friends First Look & Find Book & Giant Activity Card Set: First Look & Find Book & Giant Activity Card Set. Kathy Broderick. Illus. by The Disney Storybook Art Team. 2018. (ENG.). 18p. (J). 28.99 *(978-1-5037-3503-3(6)*, 2852, PI Kids) Phoenix International Publications, Inc.

Disney Baby: First Colors, Shapes, Numbers. Disney Books. 2018. (ENG., Illus.). 24p. (J). (gr. -1 — 1). bds. 7.99 *(978-1-368-03702-0(X)*, Disney Press Books) Disney Publishing Worldwide.

Disney Baby: First Look & Find Book & Blocks. Erin Rose Wage. Illus. by The Disney Storybook Art Team. 2020. (ENG.). 16p. (J). bds. 19.99 *(978-1-5037-4777-7(8)*, 3371, PI Kids) Phoenix International Publications, Inc.

Disney Baby: First Look & Find Book & Giant Puzzle. PI Kids. Illus. by The Disney Storybook Art Team. 2019. (ENG.). 16p. (J). bds. 24.99 *(978-1-5037-4633-6(X)*, 3291, PI Kids) Phoenix International Publications, Inc.

Disney Baby: Friendship Rainbow Sound Book. Emily Skwish. 2018. (ENG.). 6p. (J). bds. 7.99 *(978-1-5037-3275-9(4)*, 2768, PI Kids) Phoenix International Publications, Inc.

Disney Baby: Good Night, Farm. Disney Books. 2020. (Illus.). 32p. (J). (gr. -1 — 1). bds. 8.99 *(978-1-368-05001-2(8)*, Disney Press Books) Disney Publishing Worldwide.

Disney Baby: Head to Toe! Head, Shoulders, Knees & Toes Sound Book. PI Kids. 2017. (ENG., Illus.). 20p. (J). bds. 18.99 *(978-1-5037-2567-6(7)*, 2607, PI Kids) Phoenix International Publications, Inc.

Disney Baby: Hello, Animals! Book & Animal Sound Tablet Set. PI Kids. Illus. by Disney Storybook Art Team. 2018. (ENG.). 16p. (J). bds. 16.99 *(978-1-5037-3504-0(4)*, 2853, PI Kids) Phoenix International Publications, Inc.

Disney Baby: Hello, Winnie the Pooh! Disney Books. 2021. (ENG.). 12p. (J). (gr. -1 — 1). bds. 8.99 *(978-1-368-07211-3(9)*, Disney Press Books) Disney Publishing Worldwide.

Disney Baby: Here Comes Christmas! A Lift-The-Flap Book. Disney Books. 2022. (ENG.). 10p. (J). (gr. -1 — 1). bds. 12.99 *(978-1-368-07769-9(2)*, Disney Press Books) Disney Publishing Worldwide.

Disney Baby: Here Comes Halloween! A Lift-The-Flap Book. Disney Books. 2022. (ENG.). 10p. (J). (gr. -1 — 1). bds. 12.99 *(978-1-368-07735-4(8)*, Disney Press Books) Disney Publishing Worldwide.

Disney Baby: Here Comes Valentine's Day! A Lift-The-Flap Book. Disney Books. 2022. (ENG.). 10p. (J). (gr. -1 — 1). bds. 12.99 *(978-1-368-07770-5(6)*, Disney Press Books) Disney Publishing Worldwide.

Disney Baby: Hide & Seek Animals a Look & Find Book: A Look & Find Book. PI Kids. Illus. by The Disney Storybook Art Team. 2019. (ENG.). 8p. (J). bds. 9.99 *(978-1-5037-3704-4(7)*, 2922, PI Kids) Phoenix International Publications, Inc.

Disney Baby: Honey for Pooh Sound Book. PI Kids. 2022. (ENG.). 10p. (J). bds. 17.99 *(978-1-5037-5938-1(5)*, 4619, PI Kids) Phoenix International Publications, Inc.

Disney Baby: Hop, Hatch, Bloom. Disney Books. 2021. (Teeny Tiny Bks.). 20p. (J). (gr. -1 — 1). bds. 6.99 *(978-1-368-06512-2(0)*, Disney Press Books) Disney Publishing Worldwide.

Disney Baby: I Love You, Dad. Disney Books. 2022. (ENG.). 10p. (J). (gr. -1 — 1). bds. 10.99 *(978-1-368-06076-9(5)*, Disney Press Books) Disney Publishing Worldwide.

Disney Baby: I Love You, Mom. Disney Books. 2021. (Illus.). 48p. (J). (gr. -1 — 1). bds. 9.99 *(978-1-368-06077-6(3)*, Disney Press Books) Disney Publishing Worldwide.

Disney Baby: I Love You This Much! Disney Books. 2016. (ENG., Illus.). 24p. (J). (gr. -1 — 1). bds. 6.99 *(978-1-4847-7823-4(5)*, Disney Press Books) Disney Publishing Worldwide.

Disney Baby: If You're Happy & You Know It. PI Kids. 2017. (ENG.). 12p. (J). bds. 21.99 *(978-1-5037-2571-3(5)*, 2609, PI Kids) Phoenix International Publications, Inc.

Disney Baby: Jingle Bells Sing-Along. PI Kids. 2019. (ENG., Illus.). 12p. (J). bds. *(978-1-5037-3681-8(4)*, 2917, PI Kids) Phoenix International Publications, Inc.

Disney Baby: Let's Learn Together 2-Sided Easel for Kids & Caregivers Sound Book. Claire Winslow. Illus. by The Disney Storybook Art Team. 2020. (ENG.). 20p. (J). bds. 23.99 *(978-1-5037-4596-4(1)*, 3259, PI Kids) Phoenix International Publications, Inc.

Disney Baby: Let's Play! PI Kids. Illus. by The Disney Storybook Art Team. 2019. (ENG.). 20p. (J). bds. 8.99 *(978-1-5037-4566-7(X)*, 3240, PI Kids) Phoenix International Publications, Inc.

Disney Baby: Lift-A-Flap Look & Find: - PI Kids. 2017. (ENG.). 14p. (J). bds. 10.99 *(978-1-5037-2451-8(4)*, 2570, PI Kids) Phoenix International Publications, Inc.

Disney Baby: Little First Look & Find Book & Puzzle. PI Kids. Illus. by The Disney Storybook Art Team. 2020. (ENG.). 16p. (J). 16.99 *(978-1-5037-5588-8(6)*, 4574, PI Kids) Phoenix International Publications, Inc.

Disney Baby: Look at Me! Disney Books. 2016. (ENG., Illus.). 12p. (J). (gr. -1 — 1). bds. 8.99 *(978-1-4847-1915-2(8)*, Disney Press Books) Disney Publishing Worldwide.

Disney Baby: Love, Hugs, Hearts. Disney Books. 2020. (Teeny Tiny Bks.). 48p. (J). (gr. -1 — 1). bds. 6.99 *(978-1-368-06456-9(6)*, Disney Press Books) Disney Publishing Worldwide.

Disney Baby: Mickey Loves Christmas: A First Words Book. Disney Books. 2023. (First Words Book Ser.). (ENG.). 12p. (J). (— 1). bds. 6.99 ***(978-1-368-09399-6(X)***, Disney Press Books) Disney Publishing Worldwide.

Disney Baby Moo, Moo, Guess Who? Sally Little. 2019. (Guess Who Ser.). (ENG.). 12p. (J). (— 1). 10.99 *(978-0-7944-4248-4(X)*, Studio Fun International) Printers Row Publishing Group.

Disney Baby: Moon, Stars, Sleep. Disney Books. 2022. (Teeny Tiny Bks.). (ENG.). 30p. (J). (gr. -1 — 1). bds. 8.99 *(978-1-368-07818-4(4)*, Disney Press Books) Disney Publishing Worldwide.

Disney Baby: Mother Goose Sing-Along. PI Kids. 2018. (ENG.). 12p. (J). bds. 15.99 *(978-1-5037-3143-1(X)*, 2740, PI Kids) Phoenix International Publications, Inc.

Disney Baby: My 123s. Disney Books. 2020. (ENG., Illus.). 14p. (J). (gr. -1 — 1). bds. 9.99 *(978-1-368-05268-9(1)*, Disney Press Books) Disney Publishing Worldwide.

Disney Baby: My ABCs. Disney Books. 2018. (ENG., Illus.). 14p. (J). (gr. -1 — 1). bds. 9.99 *(978-1-368-01397-0(X)*, Disney Press Books) Disney Publishing Worldwide.

Disney Baby: My Day Cuddle Book. PI Kids. 2021. (ENG., Illus.). 6p. (J). 12.99 *(978-1-5037-5505-5(3)*, 3689, PI Kids) Phoenix International Publications, Inc.

Disney Baby: My First Birthday. Disney Books. 2020. (ENG.). 12p. (J). (gr. -1 — 1). bds. 8.99 *(978-1-368-05388-4(2)*, Disney Press Books) Disney Publishing Worldwide.

Disney Baby: My First Christmas. Disney Books. 2017. (ENG., Illus.). 12p. (J). (gr. -1 — 1). bds. 8.99 *(978-1-368-00725-2(2)*, Disney Press Books) Disney Publishing Worldwide.

Disney Baby: My First Colors. Disney Books. 2016. (ENG., Illus.). 10p. (J). (gr. -1 — 1). bds. 6.99 *(978-1-4847-2943-4(9)*, Disney Press Books) Disney Publishing Worldwide.

Disney Baby: My First Easter. Disney Books. 2018. (ENG., Illus.). 12p. (J). (gr. -1 — 1). bds. 8.99 *(978-1-368-01116-7(0)*, Disney Press Books) Disney Publishing Worldwide.

Disney Baby: My First Halloween. Disney Books. 2017. (ENG., Illus.). 12p. (J). (gr. -1 — 1). bds. 8.99 *(978-1-4847-9936-9(4)*, Disney Press Books) Disney Publishing Worldwide.

Disney Baby: My First Smart Pad Library Electronic Activity Pad & 8-Book Library Sound Book Set. PI Kids. Illus. by The Disney Storybook Art Team. 2017. (ENG.). 192p. (J). 39.99 *(978-1-5037-1684-1(8)*, 2378, PI Kids) Phoenix International Publications, Inc.

Disney Baby: My First St. Patrick's Day. Disney Books. 2022. (ENG.). 10p. (J). (gr. -1 — 1). bds. 8.99 *(978-1-368-06913-7(4)*, Disney Press Books) Disney Publishing Worldwide.

Disney Baby: My First Valentine's Day. Disney Books. 2019. (ENG., Illus.). 12p. (J). (gr. -1 — 1). bds. 8.99 *(978-1-368-04216-1(3)*, Disney Press Books) Disney Publishing Worldwide.

Disney Baby: My First Words. Disney Books. 2016. (ENG., Illus.). 24p. (J). (gr. -1 — 1). bds. 7.99

510 The check digit for ISBN-10 appears in parentheses after the full ISBN-13

(978-1-4847-5261-6(9), Disney Press Books) Disney Publishing Worldwide.

Disney Baby: on the Farm. Disney Books. 2017. (ENG., Illus.). 12p. (J). (gr. -1-k). bds. 8.99 *(978-1-4847-8248-4(8)*, Disney Press Books) Disney Publishing Worldwide.

Disney Baby: on the Move! Music Player. Maggie Fischer. 2020. (Music Player Storybook Ser.). (ENG.). 28p. (J). (gr. -1-k). 19.99 *(978-0-7944-4600-0(0)*, Studio Fun International) Printers Row Publishing Group.

Disney Baby: One, Two, Winnie the Pooh. Disney Books. 2018. (ENG., Illus.). 10p. (J). (gr. -1 — 1). bds. 8.99 *(978-1-368-02372-6(X)*, Disney Press Books) Disney Publishing Worldwide.

Disney Baby: Only One You. Courtney Acampora. 2022. (Board Books with Cloth Tabs Ser.). (ENG.). 12p. (J). (— 1). bds. 11.99 *(978-0-7944-4861-5(5)*, Studio Fun International) Printers Row Publishing Group.

Disney Baby: Peek-A-Boo Lift-a-Flap Look & Find. Kathy Broderick. Illus. by The Disney Storybook Art Team. 2020. (ENG.). 14p. (J). bds. 10.99 *(978-1-5037-5265-8(8)*, 3566, PI Kids) Phoenix International Publications, Inc.

Disney Baby: Peek & Play. Maggie Fischer. 2019. (Lift & Slide Ser.). (ENG.). 10p. (J). (— 1). bds. 10.99 *(978-0-7944-4353-5(2)*, Studio Fun International) Printers Row Publishing Group.

Disney Baby: Peekaboo Winnie the Pooh. Disney Books. 2016. (ENG., Illus.). 10p. (J). (gr. -1 — 1). bds. 8.99 *(978-1-4847-7824-1(3)*, Disney Press Books) Disney Publishing Worldwide.

Disney Baby Pooh: Honey Is for Sharing! A Counting Book. Maggie Fischer. 2022. (ENG.). 12p. (J). (— 1). bds. 10.99 *(978-0-7944-4964-3(6)*, Studio Fun International) Printers Row Publishing Group.

Disney Baby: Santa, Stockings, Snow. Disney Books. 2021. (Teeny Tiny Bks.). (ENG., Illus.). 30p. (J). (gr. -1 — 1). bds. 6.99 *(978-1-368-06458-3(2)*, Disney Press Books) Disney Publishing Worldwide.

Disney Baby: Say Good Night. Disney Books. 2020. (Touch-And-feel Book Ser.). (ENG., Illus.). 10p. (J). (gr. -1 — 1). bds. 8.99 *(978-1-368-05501-7(X)*, Disney Press Books) Disney Publishing Worldwide.

Disney Baby: Say Please, Stitch! Disney Books. 2023. (ENG.). 24p. (J). (— 1). bds., bds. 7.99 *(978-1-368-06865-9(0)*, Disney Press Books) Disney Publishing Worldwide.

Disney Baby: Skidamarink-A-Doo, I Love You! PI Kids. 2018. (ENG.). 14p. (J). bds. 15.99 *(978-1-5037-3069-4(7)*, 2735, PI Kids) Phoenix International Publications, Inc.

Disney Baby: Skidamarink-A-Doo, I Love You! Sound Book. PI Kids. 2018. (ENG.). 14p. (J). bds. 9.99 *(978-1-5037-3979-6(1)*, 3023, PI Kids) Phoenix International Publications, Inc.

Disney Baby: Sleepy Stories Take-Along Songs Nightlight Sound Book. Erin Rose Wage. 2018. (ENG., Illus.). 12p. (J). bds. 26.99 *(978-1-5037-3611-5(3)*, 2887, PI Kids) Phoenix International Publications, Inc.

Disney Baby: Snuggle Stories Me Reader Jr Electronic Reader & 8-Book Library Sound Book Set. Kathy Broderick. 2018. (ENG.). 80p. (J). bds., bds. 34.99 *(978-1-5037-3318-3(1)*, 2798, PI Kids) Phoenix International Publications, Inc.

Disney Baby: Sound Storybook Treasury. Erin Rose Wage. 2018. (ENG.). 34p. (J). 29.99 *(978-1-5037-3491-3(9)*, 2846, PI Kids) Phoenix International Publications, Inc.

Disney Baby: Splishy Fishy! Bath Book. PI Kids. 2020. (ENG., Illus.). 6p. (J). 6.99 *(978-1-5037-5490-4(1)*, 3676, PI Kids) Phoenix International Publications, Inc.

Disney Baby: Spooky, Scary, Silly. Disney Books. 2021. (Teeny Tiny Bks.). (Illus.). 30p. (J). (gr. -1 — 1). bds. 6.99 *(978-1-368-06459-0(0)*, Disney Press Books) Disney Publishing Worldwide.

Disney Baby: Tub Time! Bath Book. PI Kids. 2020. (ENG., Illus.). 6p. (J). 6.99 *(978-1-5037-5489-8(8)*, 3675, PI Kids) Phoenix International Publications, Inc.

Disney Baby: Twinkle, Twinkle, Little Star. Disney Books. 2023. (ENG., Illus.). 22p. (J). (— 1). bds. 9.99 *(978-1-368-08934-0(8)*, Disney Press Books) Disney Publishing Worldwide.

Disney Baby: Watch Out for Woozles! Sound Book. PI Kids. Illus. by The Disney Storybook Art Team. 2021. (ENG.). 10p. (J). bds. 6.99 *(978-1-5037-5674-8(2)*, 3762, PI Kids) Phoenix International Publications, Inc.

Disney Baby: Winnie the Pooh & His Friends, Too! First Look & Find. PI Kids. Illus. by The Disney Storybook Art Team. 2018. (ENG.). 16p. (J). bds. 12.99 *(978-1-5037-3658-0(X)*, 2903, PI Kids) Phoenix International Publications, Inc.

Disney Bambi. Ed. by Editors of Studio Fun International. 2019. (Disney Die-Cut Classics Ser.). (ENG.). 72p. (J). (gr. 1-3). 9.99 *(978-0-7944-4372-6(9)*, Studio Fun International) Printers Row Publishing Group.

Disney: Bambi. Editors of Studio Fun International. 2020. (Disney Classic 8 X 8 Ser.). (ENG.). 32p. (J). (gr. -1-k). pap. 4.99 *(978-0-7944-4460-0(1)*, Studio Fun International) Printers Row Publishing Group.

Disney: Bambi & Thumper's Big Day. Grace Baranowski. Illus. by Fernando Guell. 2023. (Touch & Feel Ser.). (ENG.). 10p. (J). (gr. -1-k). bds., bds. 11.99 *(978-0-7944-5018-2(0)*, Studio Fun International) Printers Row Publishing Group.

Disney Beauty & the Beast Move Comic. Disney Editors. ed. 2016. lib. bdg. 18.40 *(978-0-606-39429-1(X))* Turtleback.

Disney Beauty & the Beast: the Enchanted Castle Sound Book. PI Kids. 2017. (ENG.). 12p. (J). bds. 14.99 *(978-1-5037-2411-2(5)*, 2556, PI Kids) Phoenix International Publications, Inc.

Disney Before the Story: Anita's Puppy Tale. Disney Books. 2021. (Disney Before the Story Ser.). (ENG., Illus.). 128p. (J). (gr. 1-3). pap. 6.99 *(978-1-368-06207-7(5)*, Disney Press Books) Disney Publishing Worldwide.

Disney Before the Story: Anna Finds a Friend. Kate Egan. 2020. (Disney Before the Story Ser.). (ENG., Illus.). 128p. (J). (gr. 1-3). pap. 6.99 *(978-1-368-05604-5(0)*, Disney Press Books) Disney Publishing Worldwide.

Disney Before the Story: Cinderella Takes the Stage. Disney Books. ed. 2020. (Disney Before the Story Ser.). (ENG., Illus.). 128p. (J). (gr. 1-3). pap. 6.99 *(978-1-368-06234-3(2)*, Disney Press Books) Disney Publishing Worldwide.

Disney Before the Story: Elsa's Icy Rescue. Kate Egan. 2020. (Disney Before the Story Ser.). (ENG.). 128p. (J). (gr. 1-3). pap. 6.99 *(978-1-368-05605-2(9)*, Disney Press Books) Disney Publishing Worldwide.

Disney Before the Story: Mulan's Secret Plan. Tessa Roehl. 2020. (Disney Before the Story Ser.). (Illus.). 20p. (J). (gr. 1-3). pap. 6.99 *(978-1-368-05603-8(2)*, Disney Press Books) Disney Publishing Worldwide.

Disney Before the Story: Pocahontas Leads the Way. Tessa Roehl. ed. 2020. (Disney Before the Story Ser.). (ENG., Illus.). 128p. (J). (gr. 1-3). pap. 6.99 *(978-1-368-06260-2(1)*, Disney Press Books) Disney Publishing Worldwide.

Disney Bibbidi Bobbidi Academy: Mai & the Tricky Transformation, Vol. 2. Kallie George. Illus. by Lorena Alvarez Gomez. 2022. (Bibbidi Bobbidi Academy Ser.). 80p. (J). (gr. 1-3). pap. 6.99 *(978-1-368-09000-1(1)*, Disney-Hyperion) Disney Publishing Worldwide.

Disney Bibbidi Bobbidi Academy: Ophelia & the Fairy Field Trip. Kallie George. Illus. by Lorena Alvarez Gomez. 2023. (Bibbidi Bobbidi Academy Ser.). 80p. (J). (gr. 1-3). 14.99 *(978-1-368-05789-9(6))*; Vol. 3. (gr. k-3). pap. 6.99 *(978-1-368-09001-8(X))* Disney Publishing Worldwide. (Disney-Hyperion).

Disney Bibbidi Bobbidi Academy: Rory & the Magical Mix-ups. Kallie George. Illus. by Lorena Alvarez Gomez. 2022. (Bibbidi Bobbidi Academy Ser.). 80p. (J). (gr. 1-3). 14.99 *(978-1-368-05739-4(X))*; pap. 6.99 *(978-1-368-06655-6(0))* Disney Publishing Worldwide. (Disney-Hyperion).

Disney Bibbidi Bobbidi Academy #2: Mai & the Tricky Transformation. Kallie George. Illus. by Lorena Alvarez Gomez. 2022. (Bibbidi Bobbidi Academy Ser.). 80p. (J). (gr. 1-3). 14.99 *(978-1-368-05788-2(8)*, Disney-Hyperion) Disney Publishing Worldwide.

Disney Block (an Abrams Block Book) Magical Moments for Fans of Every Age. Peskimo. 2020. (Abrams Block Book Ser.). (ENG., Illus.). 102p. (J). (gr. -1-17). bds. 16.99 *(978-1-4197-4057-2(1)*, 1300910) Abrams, Inc.

Disney Bunnies: All Ears. Calliope Glass. 2016. (ENG., Illus.). 12p. (J). (gr. -1 — 1). bds. 7.99 *(978-1-4847-2210-7(8)*, Disney Press Books) Disney Publishing Worldwide.

Disney Bunnies: an Eggcellent Day. Disney Books. 2017. (ENG., Illus.). 12p. (J). (gr. -1-k). bds. 7.99 *(978-1-4847-7369-7(1)*, Disney Press Books) Disney Publishing Worldwide.

Disney Bunnies: Goodnight, Thumper! Disney Books. 2020. (ENG., Illus.). 14p. (J). (gr. -1-k). bds. 6.99 *(978-1-368-02334-4(7)*, Disney Press Books) Disney Publishing Worldwide.

Disney Bunnies: I Love You, My Bunnies. Disney Books. 2021. 48p. (J). (gr. -1-k). bds. 7.99 *(978-1-368-02333-7(9)*, Disney Press Books) Disney Publishing Worldwide.

Disney Bunnies: I Love You, My Bunnies Reissue with Stickers. Disney Books. 2017. (ENG., Illus.). 24p. (J). (gr. -1-k). pap. 4.99 *(978-1-4847-7370-3(5)*, Disney Press Books) Disney Publishing Worldwide.

Disney Bunnies: Sweet Times: Colortivity with Scented Twistable Crayons. Editors of Dreamtivity. 2023. (ENG.). 48p. (J). (gr. -1 — 1). pap. 7.99 *(978-1-64588-661-7(1))* Printers Row Publishing Group.

Disney Bunnies: Thumper & His Friends. Disney Books. 2022. (ENG.). 12p. (J). (gr. -1-k). bds. 7.99 *(978-1-368-05736-3(5)*, Disney Press Books) Disney Publishing Worldwide.

Disney Bunnies: Thumper & the Egg. Brooke Vitale. Illus. by Lori Tyminski & Valeria Turati. 2019. (World of Reading Level 1 Ser.). (ENG.). 32p. (J). (gr. -1-3). lib. bdg. 31.36 *(978-1-5321-4398-4(2)*, 33803) Spotlight.

Disney Bunnies: Thumper's Hoppy Home: A Lift-The-Flap Board Book. Disney Books. 2018. (ENG., Illus.). 10p. (J). (gr. -1-k). bds. 8.99 *(978-1-4847-7371-0(3)*, Disney Press Books) Disney Publishing Worldwide.

Disney: Busy Day 12 Board Books. PI Kids. Illus. by The Disney Storybook Art Team. 2018. (ENG.). 120p. (J). bds., bds., bds. 16.99 *(978-1-5037-3571-2(0)*, 4446, PI Kids) Phoenix International Publications, Inc.

Disney: C Is for Celebrate! Trace & Say Sound Book. PI Kids. 2021. (ENG.). 28p. (J). bds. 22.99 *(978-1-5037-5985-5(7)*, 4621, PI Kids) Phoenix International Publications, Inc.

Disney Calendario de Adviento: Colección de Cuentos: La Cuenta Atrás en 24 Libros. IglooBooks. 2022. (SPA.). 24p. (J). (gr. -1). 31.99 *(978-1-80368-425-3(9))* Igloo Bks. GBR. Dist: Simon & Schuster, Inc.

Disney Cautionary Tales. Ridley Pearson. 2022. (ENG.). 256p. (J). (gr. 3-7). 19.99 *(978-1-368-06228-2(8)*, Disney Press Books) Disney Publishing Worldwide.

Disney Classic: Good Night, Sleep Tight! Lisa Ann Marsoli. 2020. (Touch & Feel Ser.). (ENG., Illus.). 10p. (J). (— 1). bds. 9.99 *(978-0-7944-4542-3(X)*, Studio Fun International) Printers Row Publishing Group.

Disney Classic Story Collection: 3 Movie Storybooks. 2017. *(978-1-368-00723-8(6))* Disney Publishing Worldwide.

Disney Classic Storybook Collection (Refresh) Disney Books. 2021. (Storybook Collection). (ENG., Illus.). 304p. (J). (gr. 1-3). 17.99 *(978-1-368-06579-5(1)*, Disney Press Books) Disney Publishing Worldwide.

Disney Classics. Adapted by Brooke Vitale & Disney Storybook Artists Staff. 2017. (Illus.). (J). *(978-1-368-00668-2(X))* Disney Publishing Worldwide.

Disney Classics: 3 Wicked Villains. Editors of Studio Fun International. 2020. (Disney Die-Cut Classics Ser.). (ENG., Illus.). 68p. (J). (gr. 1-3). 9.99 *(978-0-7944-4598-0(5)*, Studio Fun International) Printers Row Publishing Group.

Disney Classics (Set), 12 vols. 2020. (Disney Classics Ser.). (ENG.). 48p. (J). (gr. 2-6). lib. bdg. 393.48 *(978-1-5321-4531-5(4)*, 35178, Graphic Novels) Spotlight.

Disney Classics Set 2 (Set), 6 vols. Disney Publishing. 2021. (Disney Classics Ser.). (ENG.). 48p. (J). (gr. 2-6). lib. bdg. 196.74 *(978-1-5321-4797-5(X)*, 37008, Graphic Novels) Spotlight.

Disney Coding Adventures: First Steps for Kid Coders. Allyssa Loya. 2018. (ENG.). 112p. (J). (gr. 1-3). pap. 12.99 *(978-1-5415-4249-5(5)*, Lerner Pubns.) Lerner Publishing Group.

Disney: Descendants: Evie's Wicked Runway, Bk. 2. Jason Muell. Illus. by Natsuki Minami. 2019. (Disney Manga: Descendants - Evie's Wicked Runway Ser.). 128p. (J). (gr. 3-1). pap. 15.99 *(978-1-4278-6146-7(3)*, b3d84707-9673-4b3e-b2cf-70aaa21bfbc5, TOKYOPOP Manga) TOKYOPOP, Inc.

Disney Descendants: Wicked World Cinestory Comic, Volume 2. Disney Editors. ed. 2016. (J). lib. bdg. 20.85 *(978-0-606-39425-3(7))* Turtleback.

Disney Descendants Cinestory Comic, Volume 1, 1. Disney Editors. ed. 2016. (J). lib. bdg. 20.85 *(978-0-606-38727-9(7))* Turtleback.

Disney Descendants Wicked World Cinestory Comic, Volume 3, 3. Disney Editors. ed. 2017. (J). lib. bdg. 20.85 *(978-0-606-39833-6(3))* Turtleback.

Disney: Disney Princess 4 Book Little First Look & Find Set. PI Kids. Illus. by Patricia Philipson et al. 2016. (ENG.). 72p. (J). bds., bds., bds. 21.99 *(978-1-5037-1359-8(8)*, 4336, PI Kids) Phoenix International Publications, Inc.

Disney Dreams Collection Thomas Kinkade Studios Disney Princess Coloring Poster. Thomas Kinkade. 2019. (ENG., Illus.). 42p. pap. 19.99 *(978-1-4494-9707-1(1))* Andrews McMeel Publishing.

Disney Dumbo. Ed. by Editors of Studio Fun International. 2019. (Disney Die-Cut Classics Ser.). (ENG.). 72p. (J). (gr. 1-3). 9.99 *(978-0-7944-4352-8(4)*, Studio Fun International) Printers Row Publishing Group.

Disney. el Libro de Las Ideas (Disney Ideas Book) DK. 2019. Orig. Title: Disney Ideas Book. (SPA., Illus.). 200p. (J). (gr. 2). 24.99 *(978-1-4654-8527-4(9)*, DK Children) Dorling Kindersley Publishing, Inc.

Disney Elena of Avalor Look & Find. Kathy Broderick. ed. 2018. (Look & Find Ser.). (ENG.). 19p. (J). (gr. -1-1). 22.36 *(978-1-64310-759-2(3))* Penworthy Co., LLC, The.

Disney Emoji: Questions & Quizzes to Disney-Fy Your World! Disney Books. 2017. (ENG., Illus.). 112p. (J). (gr. 5-9). pap. 9.99 *(978-1-368-01354-3(6)*, Disney Press Books) Disney Publishing Worldwide.

Disney Encanto Antonio's Amazing Gift. Disney Books. ed. 2021. (ENG.). 40p. (J). (gr. -1-k). 16.99 *(978-1-368-07118-5(X)*, Disney Press Books) Disney Publishing Worldwide.

Disney Encanto: Antonio's Amazing Gift Board Book. Disney Books. 2022. (ENG.). 32p. (J). (gr. -1-k). 9.99 *(978-1-368-09407-8(4)*, Disney Press Books) Disney Publishing Worldwide.

Disney Encanto: Antonio's Amazing Gift Paperback Spanish Edition. Disney Books. 2023. (SPA.). 32p. (J). (gr. -1-k). pap. 5.99 *(978-1-368-09408-5(2)*, Disney Press Books) Disney Publishing Worldwide.

Disney Encanto Big Golden Book (Disney Encanto) Golden Books. 2022. (Big Golden Book Ser.). (ENG.). 32p. (J). (gr. -1-2). 10.99 *(978-0-593-64555-0(3)*, Golden/Disney) Random Hse. Children's Bks.

Disney Encanto Little Golden Book (Disney Encanto) Illus. by Alejandro Mesa. 2021. (Little Golden Book Ser.). (ENG.). 24p. (J). (-k). 5.99 *(978-0-7364-4235-0(9)*, Golden/Disney) Random Hse. Children's Bks.

Disney Encanto: Movie Theater Storybook & Movie Projector. Suzanne Francis. 2021. (Movie Theater Storybook Ser.). (ENG.). 28p. (J). (gr. -1-k). 19.99 *(978-0-7944-4852-3(6)*, Studio Fun International) Printers Row Publishing Group.

Disney Encanto Step into Reading. Vicky Weber. ed. 2021. (Step into Reading Ser.). (ENG., Illus.). 32p. (J). (gr. 2-3). 16.46 *(978-1-68505-045-0(X))* Penworthy Co., LLC, The.

Disney Encanto: the Deluxe Junior Novelization (Disney Encanto) Adapted by Angela Cervantes. 2021. (ENG.). 144p. (J). (gr. 1-4). 9.99 *(978-0-7364-4242-8(1)*, RH/Disney) Random Hse. Children's Bks.

Disney Encanto: the Graphic Novel (Disney Encanto) RH Disney. 2022. (Graphic Novel Ser.). (ENG.). 72p. (J). (gr. 1-3). 12.99 *(978-0-7364-4284-8(7)*, RH/Disney) Random Hse. Children's Bks.

Disney Encanto: the Junior Novelization (Disney Encanto) Adapted by Angela Cervantes. 2021. (ENG.). 144p. (J). (gr. 1-4). 6.99 *(978-0-7364-4241-1(3)*, RH/Disney) Random Hse. Children's Bks.

Disney Encanto: the Magical Family Madrigal. Naibe Reynoso. 2021. (Book with Microphone Ser.). (ENG.). 28p. (J). (gr. 1-3). 17.99 *(978-0-7944-4869-1(0)*, Studio Fun International) Printers Row Publishing Group.

Disney Encanto the Ultimate Sticker Book. DK. 2021. (Ultimate Sticker Book Ser.). (ENG.). 16p. (J). (gr. k-2). pap. 6.99 *(978-0-7440-5317-3(X)*, DK Children) Dorling Kindersley Publishing, Inc.

Disney Encanto: Welcome to Casita! Naibe Reynoso. 2021. (Magnetic Hardcover Ser.). (ENG.). 10p. (J). (gr. -1-k). 12.99 *(978-0-7944-4853-0(4)*, Studio Fun International) Printers Row Publishing Group.

Disney: Everyone Loves Mickey. Editors of Studio Fun International. 2020. (ENG.). 12p. (J). (gr. -1-k). bds. 6.99 *(978-0-7944-4504-1(7)*, Studio Fun International) Printers Row Publishing Group.

Disney Fancy Nancy Music Player. Adapted by Courtney Acampora. 2019. (Music Player Storybook Ser.). (ENG.). 32p. (J). (gr. -1-k). 19.99 *(978-0-7944-4278-1(1)*, Studio Fun International) Printers Row Publishing Group.

Disney First Tales: Disney Frozen Do You Want a Hug? Disney Books. 2016. (ENG., Illus.). 64p. (J). (gr. 1-3). 10.99 *(978-1-4847-8775-5(7)*, Disney Press Books) Disney Publishing Worldwide.

Disney Frozen. Illus. by Disney Storybook Art Team. 2020. (ENG.). 64p. (J). pap., pap. 25.99 *(978-1-5037-5283-2(6)*, befb929f-b0c0-44ed-b513-a7079fd1ad12, PI Kids) Phoenix International Publications, Inc.

Disney Frozen: Read & Play with Your Frozen Friends Gift Set. PI Kids. 2019. (ENG.). 104p. (J). bds. 59.99 *(978-1-5037-4801-9(4)*, 13929, PI Kids) Phoenix International Publications, Inc.

Disney Frozen: 12 Board Books. PI Kids. 2019. (ENG.). 120p. (J). bds., bds., bds. 16.99 *(978-1-5037-4363-2(2)*, 4481, PI Kids) Phoenix International Publications, Inc.

Disney Frozen 2. Stevie Stack. 2019. (Disney 8x8 Ser.). (ENG & SPA.). 24p. (J). (gr. k-1). 15.36 *(978-0-87617-743-3(7))* Penworthy Co., LLC, The.

Disney Frozen 2: Beyond Arendelle. Marilyn Easton. 2020. (Magnetic Hardcover Ser.). (ENG.). 10p. (J). (gr. -1-k). 12.99 *(978-0-7944-4458-7(X)*, Studio Fun International) Printers Row Publishing Group.

Disney Frozen 2: Enchanted Journey Sound Book. PI Kids. Illus. by The Disney Storybook Art Team. 2020. (ENG.). 12p. (J). bds. 21.99 *(978-1-5037-5721-9(8)*, 3789, PI Kids) Phoenix International Publications, Inc.

Disney Frozen 2: Enchanted Journey Sound Book. Illus. by The Disney Storybook Art Team. 2019. (ENG.). 12p. (J). bds. 21.99 *(978-1-5037-4765-4(4)*, 3361, PI Kids) Phoenix International Publications, Inc.

Disney Frozen 2: Look & Find. Emily Skwish. Illus. by Art Mawhinney. 2019. (ENG.). 24p. (J). 9.99 *(978-1-5037-4358-8(6)*, 3156, PI Kids) Phoenix International Publications, Inc.

Disney Frozen 2 Magical Sticker Book. DK. 2019. (Ultimate Sticker Book Ser.). 16p. (J). (gr. k-3). pap. 6.99 *(978-1-4654-7902-0(3)*, DK Children) Dorling Kindersley Publishing, Inc.

Disney Frozen 2 Magnetic Play Set. Marilyn Easton. 2019. (Magnetic Play Set Ser.). (ENG.). 32p. (J). (gr. -1-k). pap. 15.99 *(978-0-7944-4428-0(8)*, Studio Fun International) Printers Row Publishing Group.

Disney Frozen 2: Movie Storybook / Libro Basado en la Pelicula (English-Spanish) Tr. by Laura Collado Píriz. Illus. by Disney Storybook Art Team. 2019. (Disney Bilingual Ser.: 30). (ENG.). 24p. (J). (gr. -1-2). pap. 4.99 *(978-1-4998-0953-4(0)*, BuzzPop) Little Bee Books Inc.

Disney Frozen 2 Movie Theater Storybook & Movie Projector. Marilyn Easton. 2019. (Movie Theater Storybook Ser.). (ENG.). 32p. (J). (gr. -1-k). 19.99 *(978-0-7944-4427-3(X)*, Studio Fun International) Printers Row Publishing Group.

Disney Frozen 2: Olaf & Friends I'm Ready to Read Sound Book. Emily Skwish. Illus. by The Disney Storybook Art Team. 2019. (ENG.). 24p. (J). 11.99 *(978-1-5037-4602-2(X)*, 3265, PI Kids) Phoenix International Publications, Inc.

Disney Frozen 2: Olaf & Friends I'm Ready to Read Sound Book: I'm Ready to Read. PI Kids. Illus. by The Disney Storybook Art Team. 2020. (ENG.). 24p. (J). 11.99 *(978-1-5037-5471-3(5)*, 3662, PI Kids) Phoenix International Publications, Inc.

Disney Frozen 2: Stronger Together Sound Book. Illus. by The Disney Storybook Art Team. 2019. (ENG.). 12p. (J). bds. 14.99 *(978-1-5037-4727-2(1)*, 3342, PI Kids) Phoenix International Publications, Inc.

Disney Frozen: Adventures on Ice Stories & Activities from Arendelle & Beyond! Look & Find. PI Kids. Illus. by Art Mawhinney et al. 2020. (ENG.). 80p. (J). 5.99 *(978-1-5037-5457-7(X)*, 3652, PI Kids) Phoenix International Publications, Inc.

Disney Frozen: Anna & Elsa's Hygge Life. Heather Knowles. 2021. (Picture Bks.). (ENG.). 32p. (J). (gr. -1-k). 14.99 *(978-0-7944-4950-6(6)*, Studio Fun International) Printers Row Publishing Group.

Disney Frozen Comics Collection. Georgia Ball & Disney Editors. 2016. (ENG.). 96p. (J). (gr. 4-7). 20.85 *(978-0-606-39075-0(8))* Turtleback.

Disney Frozen: First Look & Find. PI Kids. Illus. by Kelly Grupczynski. 2020. (ENG.). 16p. (J). bds. 10.99 *(978-1-5037-5470-6(7)*, 3661, PI Kids) Phoenix International Publications, Inc.

Disney Frozen: Heart for Adventure: With 4 Gel Pens. Editors of Dreamtivity. 2023. (Coloring & Activity with Gel Pens Ser.). (ENG.). 64p. (J). (gr. -1 — 1). pap. 7.99 ***(978-1-64588-691-4(3))*** Printers Row Publishing Group.

Disney Frozen: Little First Look & Find Book & Puzzle. PI Kids. Illus. by Kelly Grupczynski & Art Mawhinney. 2020. (ENG.). 16p. (J). 16.99 *(978-1-5037-5590-1(8)*, 3723, PI Kids) Phoenix International Publications, Inc.

Disney Frozen: Look & Find 4-Book Collection with Poster. Jennifer H. Keast. Illus. by Art Mawhinney & Kelly Grupczynski. 2020. (ENG.). 96p. (J). 25.99 *(978-1-5037-4822-4(7)*, 4529, PI Kids) Phoenix International Publications, Inc.

Disney Frozen Magical Pop-Ups: Pop-Up Book. IglooBooks. 2021. (ENG.). 10p. (J). (gr. -1-1). 12.99 *(978-1-83903-650-7(8))* Igloo Bks. GBR. Dist: Simon & Schuster, Inc.

Disney Frozen: Me Reader 8-Book Library & Electronic Reader Sound Book Set. PI Kids. Illus. by The Disney Storybook Art Team. 2020. (ENG.). 192p. (J). 34.99 *(978-1-5037-5592-5(4)*, 3725, PI Kids) Phoenix International Publications, Inc.

Disney Frozen: Movie Storybook / Libro Basado en la Pelicula (English-Spanish) Tr. by Elvira Ortiz. Illus. by Disney Storybook Art Team. 2018. (Disney Bilingual Ser.: 6). (ENG.). 24p. (J). (gr. -1-2). pap. 4.99 *(978-1-4998-0786-8(4)*, BuzzPop) Little Bee Books Inc.

Disney Frozen Polar Nights: Cast into Darkness. Jen Calonita. 2022. (ENG., Illus.). 336p. (J). (gr. 3-7). 15.99 *(978-1-368-07664-7(5)*, Disney Press Books) Disney Publishing Worldwide.

Disney Frozen: Sing-Along Songs. PI Kids. Illus. by The Disney Storybook Art Team. 2019. (ENG.). 12p. (J). bds. 21.99 *(978-1-5037-4726-5(3)*, 3341, PI Kids) Phoenix International Publications, Inc.

Disney Frozen Storybook Collection. Disney Books. ed. 2019. (Storybook Collection). (ENG., Illus.). 304p. (J). (gr. 1-3). 16.99 *(978-1-368-05177-4(4)*, Disney Press Books) Disney Publishing Worldwide.

Disney Frozen: the Collection Look & Find. PI Kids. Illus. by Art Mawhinney. 2020. (ENG.). 48p. (J). 10.99 *(978-1-5037-4359-5(4)*, 3157, PI Kids) Phoenix International Publications, Inc.

Disney Frozen Ultimate Sticker Collection Includes Disney Frozen 2. DK. 2019. (Ultimate Sticker Collection). 72p. (J). (gr. k-3). pap. 12.99 *(978-1-4654-9209-8(7)*, DK Children) Dorling Kindersley Publishing, Inc.

Disney Frozen: Where's Olaf? Look & Find. Illus. by The Disney Storybook Art Team. 2021. (ENG.). 48p. (J). 10.99

D

(978-1-5037-6162-9(2), 3939, PIL Kids) Phoenix International Publications, Inc.

Disney Frozen: Write-And-Erase Look & Find. PI Kids. 2019. (ENG.). 20p. (J). bds. 11.99 *(978-1-5037-4710-4(7)*, 3333, PI Kids) Phoenix International Publications, Inc.

Disney Growing up Stories: 5-Minute Treasury. PI Kids. 2021. (ENG., Illus.). 192p. (J). 14.99 *(978-1-5037-6002-8(2)*, 4631, PI Kids) Phoenix International Publications, Inc.

Disney Growing up Stories: First Day of School! PI Kids. Illus. by Jerrod Maruyama & The Disney Storybook Art Team. 2020. (ENG.). 12p. (J). bds. 9.99 *(978-1-5037-5559-8(2)*, 3712, PI Kids) Phoenix International Publications, Inc.

Disney Growing up Stories: First Loose Tooth! PI Kids. Illus. by Jerrod Maruyama & The Disney Storybook Art Team. 2020. (ENG.). 12p. (J). bds. 9.99 *(978-1-5037-5561-1(4)*, 3714, PI Kids) Phoenix International Publications, Inc.

Disney Growing up Stories: First Pet! PI Kids. Illus. by Jerrod Maruyama & The Disney Storybook Art Team. 2020. (ENG.). 10p. (J). bds. 10.99 *(978-1-5037-5560-4(6)*, 3713, PI Kids) Phoenix International Publications, Inc.

Disney Growing up Stories Gilbert Is Not Afraid: A Story about Bravery. PI Kids. Illus. by Jerrod Maruyama. 2022. (Disney Growing up Stories Ser.). (ENG.). 36p. (J). (gr. k-2). lib. bdg. 27.29 *(978-1-64996-152-5(9)*, 4915, Sequoia Kids Media) Phoenix International Publications, Inc.

Disney Growing up Stories: Gilbert Is Not Afraid a Story about Bravery. PI Kids. Illus. by Jerrod Maruyama. 2020. (ENG.). 32p. (J). pap. 4.99 *(978-1-5037-5496-6(0)*, 3680, PI Kids) Phoenix International Publications, Inc.

Disney Growing up Stories Gilbert Tries Again: A Story about Persistence. PI Kids. Illus. by Jerrod Maruyama. 2022. (Disney Growing up Stories Ser.). (ENG.). 36p. (J). (gr. k-2). lib. bdg. 27.29 *(978-1-64996-154-9(5)*, 4916, Sequoia Kids Media) Phoenix International Publications, Inc.

Disney Growing up Stories: Gilbert Tries Again a Story about Persistence. PI Kids. Illus. by Jerrod Maruyama. 2021. (ENG.). 32p. (J). pap. 4.99 *(978-1-5037-5813-1(3)*, 3811, PI Kids) Phoenix International Publications, Inc.

Disney Growing up Stories: Happy Birthday Party! Sound Book. PI Kids. Illus. by The Disney Storybook Art Team & Jerrod Maruyama. 2021. (ENG.). 12p. (J). bds. 14.99 *(978-1-5037-5594-9(0)*, 3727, PI Kids) Phoenix International Publications, Inc.

Disney Growing up Stories Huey Helps Out: A Story about Kindness. PI Kids. Illus. by Jerrod Maruyama. 2022. (Disney Growing up Stories Ser.). (ENG.). 36p. (J). (gr. k-2). lib. bdg. 27.29 *(978-1-64996-155-6(3)*, 4918, Sequoia Kids Media) Phoenix International Publications, Inc.

Disney Growing up Stories: Huey Helps Out a Story about Kindness. PI Kids. 2021. (ENG.). 32p. (J). pap. 4.99 *(978-1-5037-5929-9(6)*, 3854, PI Kids) Phoenix International Publications, Inc.

Disney Growing up Stories June Gets a Job: A Story about Responsibility. PI Kids. Illus. by Jerrod Maruyama. 2022. (Disney Growing up Stories Ser.). (ENG.). 36p. (J). (gr. k-2). lib. bdg. 27.29 *(978-1-64996-157-0(X)*, 4920, Sequoia Kids Media) Phoenix International Publications, Inc.

Disney Growing up Stories: June Gets a Job a Story about Responsibility. PI Kids. Illus. by Jerrod Maruyama. 2021. (ENG.). 32p. (J). pap. 4.99 *(978-1-5037-5814-8(1)*, 3812, PI Kids) Phoenix International Publications, Inc.

Disney Growing up Stories: Look Who's Cooking! PI Kids. 2021. (ENG., Illus.). 16p. (J). bds. 9.99 *(978-1-5037-5885-8(0)*, 4588, PI Kids) Phoenix International Publications, Inc.

Disney Growing up Stories Louie Likes Basketball: A Story about Sharing. PI Kids. Illus. by Jerrod Maruyama. 2022. (Disney Growing up Stories Ser.). (ENG.). 36p. (J). (gr. k-2). lib. bdg. 27.29 *(978-1-64996-156-3(1)*, 4919, Sequoia Kids Media) Phoenix International Publications, Inc.

Disney Growing up Stories: Louie Likes Basketball a Story about Sharing. PI Kids. Illus. by Jerrod Maruyama. 2020. (ENG.). 32p. (J). 4.99 *(978-1-5037-5488-1(X)*, 3674, PI Kids) Phoenix International Publications, Inc.

Disney Growing up Stories: Millie Can Wait a Story about Patience. PI Kids. 2021. (ENG.). 32p. (J). pap. 4.99 *(978-1-5037-5930-5(X)*, 3855, PI Kids) Phoenix International Publications, Inc.

Disney Growing up Stories Morty Tells the Truth: A Story about Honesty. PI Kids. Illus. by Jerrod Maruyama. 2022. (Disney Growing up Stories Ser.). (ENG.). 36p. (J). (gr. k-2). lib. bdg. 27.29 *(978-1-64996-153-2(7)*, 4917, Sequoia Kids Media) Phoenix International Publications, Inc.

Disney Growing up Stories: Morty Tells the Truth a Story about Honesty. PI Kids. Illus. by Jerrod Maruyama. 2020. (ENG.). 32p. (J). pap. 4.99 *(978-1-5037-5497-3(9)*, 3681, PI Kids) Phoenix International Publications, Inc.

Disney Growing up Stories: Moving Day! Lift-A-Flap. PI Kids. Illus. by Jerrod Maruyama & The Disney Storybook Art Team. 2021. (ENG.). 12p. (J). bds. 8.99 *(978-1-5037-5793-6(5)*, 3800, PI Kids) Phoenix International Publications, Inc.

Disney Growing up Stories: New Baby! PI Kids. 2021. (ENG.). 20p. (J). bds. 7.99 *(978-1-5037-6001-1(4)*, 4630, PI Kids) Phoenix International Publications, Inc.

Disney Growing up Stories the Twins Take Turns: A Story about Fairness. PI Kids. Illus. by Jerrod Maruyama. 2022. (Disney Growing up Stories Ser.). (ENG.). 36p. (J). (gr. k-2). lib. bdg. 27.29 *(978-1-64996-158-7(8)*, 4921, Sequoia Kids Media) Phoenix International Publications, Inc.

Disney Growing up Stories: the Twins Take Turns a Story about Fairness. PI Kids. Illus. by Jerrod Maruyama & The Disney Storybook Art Team. 2020. (ENG.). 32p. (J). 4.99 *(978-1-5037-5487-4(1)*, 3673, PI Kids) Phoenix International Publications, Inc.

Disney Heroes & Villains Quizzes: From Aladdin to Ursula. Jennifer Boothroyd. 2019. (Disney Quiz Magic Ser.). (ENG., Illus.). 32p. (J). (gr. 1-4). 29.32 *(978-1-5415-5477-1(9)*, 9781541554771); pap. 8.99 *(978-1-5415-7394-9(3)*, 9781541573949) Lerner Publishing Group. (Lerner Pubns.).

Disney Ideas Book see Disney. el Libro de Las Ideas (Disney Ideas Book)

Disney Ideas Book: More Than 100 Disney Crafts, Activities, & Games. DK & Elizabeth Dowsett. 2018. (ENG., Illus.). 200p. (J). (gr. 2). 24.99 *(978-1-4654-6719-5(X)*, DK Children) Dorling Kindersley Publishing, Inc.

Disney Junior Fancy Nancy. Kathy Broderick. Illus. by Disney Storybook Art Team & Imaginism Studio. 2019. (Look & Find Ser.). (ENG.). 20p. (J). *(978-1-5037-5071-5(X)*, a94083ec-c892-4831-bc25-9b195cd8cfe6, PI Kids) Phoenix International Publications, Inc.

Disney Junior Fancy Nancy. Claire Winslow. Illus. by Disney Storybook Art Team & Imaginism Studio. 2019. (ENG.). 60p. (J). bds., bds. *(978-1-5037-5251-1(8)*, 19e72e37-6fa7-4b1b-83e2-156226b9d0f4, PI Kids) Phoenix International Publications, Inc.

Disney Junior Fancy Nancy: The Case of the Disappearing Doll. Nancy Parent. ed. 2019. (I Can Read Ser.). (ENG.). 31p. (J). (gr. k-1). 14.96 *(978-0-87617-468-5(3))* Penworthy Co., LLC, The.

Disney Junior Fancy Nancy: 5-Minute Stories: Includes 12 Fancy Stories! Illus. by Disney Storybook Disney Storybook Art Team. 2019. (Disney Junior Fancy Nancy Ser.). (ENG.). 192p. (J). (gr. -1 — 1). 12.99 *(978-0-06-284397-5(4)*, HarperCollins) HarperCollins Pubs.

Disney Junior Fancy Nancy: a Fancy Reading Collection 5-Book Box Set: Chez Nancy, Nancy Makes Her Mark, the Case of the Disappearing Doll, Shoe-La-la, Toodle-oo Miss Moo. 2019. (I Can Read Level 1 Ser.). (ENG.). 160p. (J). (gr. -1-3). pap. 29.95 *(978-0-06-284940-3(9)*, HarperCollins) HarperCollins Pubs.

Disney Junior Fancy Nancy: Camp Fancy: Includes over 50 Stickers! Krista Tucker. Illus. by Disney Storybook Disney Storybook Art Team. 2019. (Disney Junior Fancy Nancy Ser.). (ENG.). 24p. (J). (gr. -1-3). pap. 4.99 *(978-0-06-284376-0(1)*, HarperFestival) HarperCollins Pubs.

Disney Junior Fancy Nancy: Chez Nancy. Nancy Parent. Illus. by Disney Storybook Disney Storybook Art Team. 2018. (I Can Read Level 1 Ser.). (ENG.). 32p. (J). (gr. -1-3). 16.99 *(978-0-06-288864-8(1))*; pap. 4.99 *(978-0-06-279825-1(1))* HarperCollins Pubs. (HarperCollins).

Disney Junior Fancy Nancy: Easter Bonnet Bug-A-Boo: A Scratch & Sniff Story: an Easter & Springtime Book for Kids. Krista Tucker. Illus. by Disney Storybook Disney Storybook Art Team. 2020. (Disney Junior Fancy Nancy Ser.). (ENG.). 24p. (J). (gr. -1-3). 10.99 *(978-0-06-284380-7(X)*, HarperFestival) HarperCollins Pubs.

Disney Junior Fancy Nancy: Ice Skater Extraordinaire. Krista Tucker. Illus. by Disney Storybook Disney Storybook Art Team. 2018. (Disney Junior Fancy Nancy Ser.). (ENG.). 24p. (J). (gr. -1-3). pap. 6.99 *(978-0-06-284395-1(8)*, HarperFestival) HarperCollins Pubs.

Disney Junior Fancy Nancy: Mademoiselle Mom. Nancy Parent. Illus. by Disney Storybook Disney Storybook Art Team. 2019. (I Can Read Level 1 Ser.). (ENG.). 32p. (J). (gr. -1-3). 16.99 *(978-0-06-288867-9(6))*; pap. 4.99 *(978-0-06-284383-8(4))* HarperCollins Pubs. (HarperCollins).

Disney Junior Fancy Nancy: Meet Fancy Nancy. Nancy Parent. Illus. by Imaginism Imaginism Studios. 2018. (Disney Junior Fancy Nancy Ser.). (ENG.). 18p. (J). (gr. -1 — 1). bds. 8.99 *(978-0-06-284398-2(2)*, HarperCollins) HarperCollins Pubs.

Disney Junior Fancy Nancy: My Fanciest Things, Bk. 1. Krista Tucker. Illus. by Grace Lee. 2018. (Disney Junior Fancy Nancy Ser.). (ENG.). 40p. (J). (gr. -1-3). 15.99 *(978-0-06-274855-3(6)*, HarperCollins) HarperCollins Pubs.

Disney Junior Fancy Nancy: Nancy & the Mermaid Ballet. Nancy Parent. Illus. by Disney Storybook Disney Storybook Art Team. 2020. (Disney Junior Fancy Nancy Ser.). (ENG.). 24p. (J). (gr. -1-3). 4.99 *(978-0-06-298333-6(4)*, HarperCollins) HarperCollins Pubs.

Disney Junior Fancy Nancy: Nancy & the Nice List: A Christmas Holiday Book for Kids. Krista Tucker. Illus. by Disney Storybook Disney Storybook Art Team. 2019. (Disney Junior Fancy Nancy Ser.). (ENG.). 24p. (J). (gr. -1-3). pap. 9.99 *(978-0-06-284379-1(6)*, HarperFestival) HarperCollins Pubs.

Disney Junior Fancy Nancy: Nancy Goes to Work. Krista Tucker. Illus. by Disney Storybook Disney Storybook Art Team. 2019. (Disney Junior Fancy Nancy Ser.). (ENG.). 24p. (J). (gr. -1-3). pap. 6.99 *(978-0-06-284382-1(6)*, HarperFestival) HarperCollins Pubs.

Disney Junior Fancy Nancy: Nancy Makes Her Mark. Nancy Parent. Illus. by Disney Storybook Disney Storybook Art Team. 2018. (I Can Read Level 1 Ser.). (ENG.). 32p. (J). (gr. -1-3). 16.99 *(978-0-06-288865-5(X))*; pap. 4.99 *(978-0-06-279828-2(6))* HarperCollins Pubs. (HarperCollins).

Disney Junior Fancy Nancy: Nancy Takes the Case. Victoria Saxon. Illus. by Disney Storybook Disney Storybook Art Team. 2020. (I Can Read Level 1 Ser.). (ENG.). 32p. (J). (gr. -1-3). 16.99 *(978-0-06-288872-3(2))*; pap. 4.99 *(978-0-06-284393-7(1))* HarperCollins Pubs. (HarperCollins).

Disney Junior Fancy Nancy: Nancy's Fancy Heirloom. Marisa Evans-Sanden. Illus. by Disney Storybook Disney Storybook Art Team. 2020. (I Can Read Level 1 Ser.). (ENG.). 32p. (J). (gr. -1-3). 16.99 *(978-0-06-298332-9(6))*; pap. 4.99 *(978-0-06-298335-0(0))* HarperCollins Pubs. (HarperCollins).

Disney Junior Fancy Nancy: Nancy's Ghostly Halloween: Includes over 50 Stickers! Krista Tucker. Illus. by Disney Storybook Disney Storybook Art Team. 2018. (Disney Junior Fancy Nancy Ser.). (ENG.). 24p. (J). (gr. -1-3). pap. 4.99 *(978-0-06-279827-5(8)*, HarperFestival) HarperCollins Pubs.

Disney Junior Fancy Nancy: Operation Fix Marabelle. Nancy Parent. Illus. by Disney Storybook Disney Storybook Art Team. 2020. (I Can Read Level 1 Ser.). (ENG.). 32p. (J). (gr. -1-3). 16.99 *(978-0-06-288871-6(4))*; pap. 4.99 *(978-0-06-284391-3(5))* HarperCollins Pubs. (HarperCollins).

Disney Junior Fancy Nancy: School de Fancy. Nancy Parent. Illus. by Disney Storybook Disney Storybook Art Team. 2018. (Disney Junior Fancy Nancy Ser.). (ENG.). 20p. (J). (gr. -1-3). bds. 9.99 *(978-0-06-284396-8(6)*, HarperCollins) HarperCollins Pubs.

Disney Junior Fancy Nancy: Shoe la La! Victoria Saxon. 2019. (I Can Read Level 1 Ser.). (ENG.). 32p. (J). (gr. -1-3). 16.99 *(978-0-06-288869-3(2))*; pap. 4.99 *(978-0-06-284387-6(7))* HarperCollins Pubs. (HarperCollins).

Disney Junior Fancy Nancy: the Case of the Disappearing Doll. Nancy Parent. Illus. by Disney Storybook Disney Storybook Art Team. 2019. (I Can Read Level 1 Ser.). (ENG.). 32p. (J). (gr. -1-3). 16.99 *(978-0-06-288868-6(4))*; pap. 4.99 *(978-0-06-284385-2(0))* HarperCollins Pubs. (HarperCollins).

Disney Junior Fancy Nancy: Toodle-Oo, Miss Moo. Victoria Saxon. 2019. (I Can Read Level 1 Ser.). (ENG., Illus.). 32p. (J). (gr. -1-3). 16.99 *(978-0-06-288870-9(6))*; pap. 4.99 *(978-0-06-284389-0(3))* HarperCollins Pubs. (HarperCollins).

Disney Junior Fancy Nancy: What's Your Fancy? Krista Tucker. Illus. by Disney Storybook Disney Storybook Art Team. 2019. (Disney Junior Fancy Nancy Ser.). (ENG.). 40p. (J). (gr. -1-3). 15.99 *(978-0-06-284473-6(3)*, HarperCollins) HarperCollins Pubs.

Disney Junior: Fun with Friends Little First Look & Find. PI Kids. Illus. by Art Mawhinney & The Disney Storybook Art Team. 2016. (ENG.). 24p. (J). bds. 5.99 *(978-1-5037-0093-2(3)*, 1846, PI Kids) Phoenix International Publications, Inc.

Disney Junior: Happy Valentine's Day! Disney Books. 2020. (ENG., Illus.). 24p. (J). (gr. -1-k). pap. 5.99 *(978-1-368-06540-5(6)*, Disney Press Books) Disney Publishing Worldwide.

Disney Junior Marvel Spidey & His Amazing Friends: Spidey to the Rescue Sound Book. PI Kids. Illus. by Premise Entertainment & The Disney Storybook Art Team. 2022. (ENG.). 10p. (J). bds. 16.99 *(978-1-5037-6199-5(1)*, 4673, PIL Kids) Phoenix International Publications, Inc.

Disney Junior Me Reader: 8-Book Library & Electronic Reader. Jennifer Keast Fishbein. Illus. by The Disney Storybook Art Team & Imaginism Studio. 2020. (ENG.). 192p. (J). 34.99 *(978-1-5037-5111-8(2)*, 3472, PI Kids) Phoenix International Publications, Inc.

Disney Junior Mickey: An Astro-Nutty Adventure: 10 Storybooks & Carry Case! Kathy Broderick et al. Illus. by Loter, Inc. 2019. (ENG.). 160p. (J). pap., pap., pap. 15.99 *(978-1-5037-4407-3(8)*, 3163, PI Kids) Phoenix International Publications, Inc.

Disney Junior Mickey: Christmas Tales. Disney Books. 2020. (ENG.). 72p. (J). (gr. -1-k). pap. 9.99 *(978-1-368-06539-9(2)*, Disney Press Books) Disney Publishing Worldwide.

Disney Junior Mickey: Little First Look & Find. PI Kids. Illus. by Patricia Philipson. 2016. (ENG.). 24p. (J). bds. 5.99 *(978-1-4127-2277-3(2)*, 1351, PI Kids) Phoenix International Publications, Inc.

Disney Junior Mickey: Mickey's Tale of Two Witches. Adapted by Annie Auerbach. 2023. (ENG.). 24p. (J). (gr. -1-k). pap. 5.99 ***(978-1-368-09507-5(0)***, Disney Press Books) Disney Publishing Worldwide.

Disney Junior Mickey: Mickey's Wish upon a Christmas. Disney Books. 2023. (ENG.). 24p. (J). (-k). pap. 5.99 ***(978-1-368-09402-3(3)***, Disney Press Books) Disney Publishing Worldwide.

Disney Junior Mickey Mouse Clubhouse: 12 Board Books: 12 Board Books. PI Kids. Illus. by The Disney Storybook Art Team. 2020. (ENG.). 120p. (J). bds., bds., bds. 16.99 *(978-1-5037-5611-3(4)*, 4160, PI Kids) Phoenix International Publications, Inc.

Disney Junior Mickey Mouse Clubhouse: ABC, Learn with Me! Maggie Fischer. 2022. (ENG.). 16p. (J). (gr. -1-k). bds. 10.99 *(978-0-7944-4481-5(4)*, Studio Fun International) Printers Row Publishing Group.

Disney Junior Mickey Mouse Clubhouse: Little First Look & Find Book & Puzzle. PI Kids. Illus. by The Disney Storybook Art Team & Sue DiCicco. 2020. (ENG.). 16p. (J). 16.99 *(978-1-5037-5591-8(6)*, 3724, PI Kids) Phoenix International Publications, Inc.

Disney Junior Minnie: Best Friends Flashlight Pop-Up Play-a-Sound Book & 5-Sound Flashlight. Jennifer H. Keast. Illus. by The Disney Storybook Art Team. 2019. (ENG.). 10p. (J). 16.99 *(978-1-5037-4872-9(3)*, 3406, PI Kids) Phoenix International Publications, Inc.

Disney Junior Minnie: Best Friends Flashlight Pop-Up Play-a-Sound Book & 5-Sound Flashlight. PI Kids. Illus. by The Disney Storybook Art Team. 2017. (ENG.). 10p. (J). bds. 16.99 *(978-1-4508-7440-3(1)*, 1582, PI Kids) Phoenix International Publications, Inc.

Disney Junior Minnie: Happy Birthday, Minnie Mouse! Disney Books. 2021. (ENG.). 24p. (J). (gr. -1-k). pap. 4.99 *(978-1-368-07385-1(9)*, Disney Press Books) Disney Publishing Worldwide.

Disney Junior Minnie: Happy Birthday Surprise. PI Kids. Illus. by Disney Storybook Art Team. 2022. (ENG.). 12p. (J). bds. 19.99 *(978-1-5037-6073-8(1)*, 3904, PI Kids) Phoenix International Publications, Inc.

Disney Junior Minnie: Happy Birthday Surprise Sound Book. PI Kids. Illus. by Loter, Inc. & The Disney Storybook Art Team. 2021. (ENG.). 10p. (J). bds. 15.99 *(978-1-5037-5706-6(4)*, 3779, PI Kids) Phoenix International Publications, Inc.

Disney Junior Minnie: Let's Go Shopping! Sound Book. PI Kids. Illus. by Mike Wall. 2020. (ENG.). 12p. (J). bds. 24.99 *(978-1-5037-5190-3(2)*, 3519, PI Kids) Phoenix International Publications, Inc.

Disney Junior Minnie: Me Reader Jr 8 Board Books & Electronic Reader Sound Book Set. PI Kids. Illus. by The Disney Storybook Art Team. 2020. (ENG.). 80p. (J). bds., bds., bds. 34.99 *(978-1-5037-5254-2(2)*, 3560, PI Kids) Phoenix International Publications, Inc.

Disney Junior Minnie: Minnie I'm Ready to Read Sound Book. Renee Tawa. Illus. by The Disney Storybook Art Team. 2019. (ENG.). 24p. (J). 11.99 *(978-1-5037-4698-5(4)*, 3328, PI Kids) Phoenix International Publications, Inc.

Disney Junior Minnie: Pretty Piano Play-Along Sound Book. PI Kids. Illus. by Disney Storybook Art Team & Loter, Inc. 2018. (ENG.). 12p. (J). bds. 14.99 *(978-1-4508-7592-9(0)*, 1598, PI Kids) Phoenix International Publications, Inc.

Disney Junior Mira Royal Detective: Let's Hear It for Mira! Sound Book. PI Kids. Illus. by The Disney Storybook Art Team & Character Building Studio. 2021. (ENG.). 12p. (J). bds. 14.99 *(978-1-5037-5791-2(9)*, 3799, PI Kids) Phoenix International Publications, Inc.

Disney Junior Muppet Babies: First Look & Find. Erin Rose Wage. 2020. (ENG.). 16p. (J). bds. 12.99 *(978-1-5037-5189-7(9)*, 3518, PI Kids) Phoenix International Publications, Inc.

Disney Junior Music Player Storybook. Disney Junior. Ed. by Cynthia Stierle. 2018. (Music Player Storybook Ser.). (ENG., Illus.). 32p. (J). (gr. -1-k). 19.99 *(978-1-68412-261-5(9)*, Reader's Digest Children's Bks.) Studio Fun International.

Disney Junior Puppy Dog Pals: 12 Board Books. PI Kids. 2019. (ENG.). 10p. (J). bds., bds., bds. 16.99 *(978-1-5037-4364-9(0)*, 4487, PI Kids) Phoenix International Publications, Inc.

Disney Junior Puppy Dog Pals: First Look & Find. Derek Harmening. Illus. by Premise Entertainment & The Disney Storybook Art Team. 2018. (ENG.). 16p. (J). bds. 12.99 *(978-1-5037-3532-3(X)*, 2867, PI Kids) Phoenix International Publications, Inc.

Disney Junior Puppy Dog Pals: Fun on the Farm Book & Flashlight Set. PI Kids. Illus. by The Disney Storybook Art Team. 2019. (ENG.). 10p. (J). bds. 16.99 *(978-1-5037-4601-5(1)*, 3264, PI Kids) Phoenix International Publications, Inc.

Disney Junior Puppy Dog Pals: Happy Howl-Oween! Sound Book. PI Kids. Illus. by The Disney Storybook Art Team. 2020. (ENG.). 12p. (J). bds. 14.99 *(978-1-5037-5289-4(5)*, 3576, PI Kids) Phoenix International Publications, Inc.

Disney Junior Puppy Dog Pals: Lift-And-Laugh Lift-a-Flap Sound Book. PI Kids. Illus. by Disney Storybook Art Team. 2018. (ENG.). 12p. (J). bds. 14.99 *(978-1-5037-3529-3(X)*, 2865, PI Kids) Phoenix International Publications, Inc.

Disney Junior Puppy Dog Pals: Me Reader 8-Book Library & Electronic Reader Sound Book Set. PI Kids. Illus. by The Disney Storybook Art Team. 2020. (ENG.). 192p. (J). 34.99 *(978-1-5037-5213-9(5)*, 3532, PI Kids) Phoenix International Publications, Inc.

Disney Junior Puppy Dog Pals: the PURR-Fect Toy Sound Book. PI Kids. Illus. by The Disney Storybook Art Team. 2020. (ENG.). 12p. (J). bds. 14.99 *(978-1-5037-5214-6(3)*, 3533, PI Kids) Phoenix International Publications, Inc.

Disney Junior Storybook Collection (Refresh) Disney Books. 2021. (Storybook Collection). (Illus.). 12p. (J). (gr. 1-3). 17.99 *(978-1-368-06583-2(X)*, Disney Press Books) Disney Publishing Worldwide.

Disney Junior Vampirina: a Very Hauntley Halloween Sound Book. PI Kids. Illus. by The Disney Storybook Art Team. 2020. (ENG.). 12p. (J). bds. 14.99 *(978-1-5037-5215-3(1)*, 3534, PI Kids) Phoenix International Publications, Inc.

Disney Kingdoms - Figment. Jim Zub. 2021. (Illus.). 272p. (gr. 5-9). pap. 15.99 ***(978-1-302-92661-8(6)***, Outreach/New Reader) Marvel Worldwide, Inc.

Disney Kingdoms: Big Thunder Mountain Railroad #1. Dennis Hopeless. Illus. by Tigh Walker & Jean-François Beaulieu. 2016. (Disney Kingdoms: Big Thunder Mountain Railroad Ser.). (ENG.). 24p. (J). (gr. k-5). lib. bdg. 31.36 *(978-1-61479-575-9(4)*, 24356, Graphic Novels) Spotlight.

Disney Kingdoms: Big Thunder Mountain Railroad #2. Dennis Hopeless. Illus. by Tigh Walker & Jean-François Beaulieu. 2016. (Disney Kingdoms: Big Thunder Mountain Railroad Ser.). (ENG.). 24p. (J). (gr. k-5). lib. bdg. 31.36 *(978-1-61479-576-6(2)*, 24357, Graphic Novels) Spotlight.

Disney Kingdoms: Big Thunder Mountain Railroad #3. Dennis Hopeless. Illus. by Felix Ruiz & Jean-François Beaulieu. 2016. (Disney Kingdoms: Big Thunder Mountain Railroad Ser.). (ENG.). 24p. (J). (gr. k-5). lib. bdg. 31.36 *(978-1-61479-577-3(0)*, 24358, Graphic Novels) Spotlight.

Disney Kingdoms: Big Thunder Mountain Railroad #4. Dennis Hopeless. Illus. by Tigh Walker & Jean-François Beaulieu. 2016. (Disney Kingdoms: Big Thunder Mountain Railroad Ser.). (ENG.). 24p. (J). (gr. k-5). lib. bdg. 31.36 *(978-1-61479-578-0(9)*, 24359, Graphic Novels) Spotlight.

Disney Kingdoms: Big Thunder Mountain Railroad #5. Dennis Hopeless. Illus. by Tigh Walker et al. 2016. (Disney Kingdoms: Big Thunder Mountain Railroad Ser.). (ENG.). 24p. (J). (gr. k-5). lib. bdg. 31.36 *(978-1-61479-579-7(2)*, 24360, Graphic Novels) Spotlight.

Disney Kingdoms: Big Thunder Mountain Railroad (Set), 5 vols. Dennis Hopeless. Illus. by Tigh Walker et al. 2016. (Disney Kingdoms: Big Thunder Mountain Railroad Ser.). (ENG.). 24p. (J). (gr. k-5). lib. bdg. 156.80 *(978-1-61479-574-2(6)*, 24355, Graphic Novels) Spotlight.

Disney Kingdoms: Figment Set 2 (Set), 5 vols. Jim Zub. Illus. by Ramon Bachs & Jean-François Beaulieu. 2016. (Disney Kingdoms: Figment Set 2 Ser.). (ENG.). 24p. (J). (gr. k-5). lib. bdg. 156.80 *(978-1-61479-580-3(0)*, 24361, Graphic Novels) Spotlight.

Disney Kingdoms: the Haunted Mansion #1. Joshua Williamson. Illus. by Jorge Coelho & Jean-François Beaulieu. 2016. (Disney Kingdoms: the Haunted Mansion Ser.). (ENG.). 24p. (J). (gr. 1-5). lib. bdg. 31.36 *(978-1-61479-587-2(8)*, 24368, Graphic Novels) Spotlight.

Disney Kingdoms: the Haunted Mansion #2. Joshua Williamson. Illus. by Jorge Coelho & Jean-François Beaulieu. 2016. (Disney Kingdoms: the Haunted Mansion Ser.). (ENG.). 24p. (J). (gr. 1-5). lib. bdg. 31.36 *(978-1-61479-588-9(6)*, 24369, Graphic Novels) Spotlight.

Disney Kingdoms: the Haunted Mansion #3. Joshua Williamson. Illus. by Jorge Coelho & Jean-François Beaulieu. 2016. (Disney Kingdoms: the Haunted Mansion Ser.). (ENG.). 24p. (J). (gr. 1-5). lib. bdg. 31.36 *(978-1-61479-589-6(4)*, 24370, Graphic Novels) Spotlight.

Disney Kingdoms: the Haunted Mansion #4. Joshua Williamson. Illus. by Jorge Coelho & Jean-François

Beaulieu. 2016. (Disney Kingdoms: the Haunted Mansion Ser.). (ENG.). 24p. (J). (gr. 1-5). lib. bdg. 31.36 *(978-1-61479-590-2(8)*, 24371, Graphic Novels) Spotlight.

Disney Kingdoms: the Haunted Mansion #5. Joshua Williamson. Illus. by Jorge Coelho & Jean-François Beaulieu. 2016. (Disney Kingdoms: the Haunted Mansion Ser.). (ENG.). 24p. (J). (gr. 1-5). lib. bdg. 31.36 *(978-1-61479-591-9(6)*, 24372, Graphic Novels) Spotlight.

Disney Kingdoms: the Haunted Mansion (Set), 5 vols. Joshua Williamson. Illus. by Jorge Coelho & Jean-François Beaulieu. 2016. (Disney Kingdoms: the Haunted Mansion Ser.). (ENG.). 24p. (J). (gr. 1-5). lib. bdg. 156.80 *(978-1-61479-586-5(X)*, 24367, Graphic Novels) Spotlight.

Disney Lady & the Tramp. Ed. by Editors of Studio Fun International. 2019. (Disney Die-Cut Classics Ser.). (ENG.). 72p. (J). (gr. 1-3). 9.99 *(978-0-7944-4375-7(3)*, Studio Fun International) Printers Row Publishing Group.

Disney: Lady & the Tramp. Editors of Studio Fun International. 2019. (Disney Classic 8 X 8 Ser.). (ENG.). 32p. (J). (gr. -1-k). pap. 4.99 *(978-0-7944-4590-4(X)*, Studio Fun International) Printers Row Publishing Group.

Disney Learning: Let's Make Music Sound Book. PI Kids. 2017. (ENG.). 12p. (J). bds. 29.99 *(978-1-5037-1590-5(6)*, 2323, PI Kids) Phoenix International Publications, Inc.

Disney: Let's Learn 12 Board Books. PI Kids. Illus. by The Disney Storybook Art Team. 2018. (ENG.). 120p. (J). bds., bds., bds. 16.99 *(978-1-5037-3601-6(6)*, 4450, PI Kids) Phoenix International Publications, Inc.

Disney: Let's Play! First Look & Find. PI Kids. Illus. by DiCicco Studios & The Disney Storybook Art Team. 2018. (ENG.). 16p. (J). bds. 12.99 *(978-1-5037-4331-1(4)*, 3148, PI Kids) Phoenix International Publications, Inc.

Disney: Little First Look & Find 4 Books. PI Kids. Illus. by DiCicco Studios et al. 2016. (ENG.). 72p. (J). bds., bds., bds. 21.99 *(978-1-5037-0944-7(2)*, 4327, PI Kids) Phoenix International Publications, Inc.

Disney: Little First Look & Find 4 Books. PI Kids & Kathy Broderick. Illus. by The Disney Storybook Art Team et al. 2020. (ENG.). 72p. (J). bds., bds., bds. 21.99 *(978-1-5037-5364-8(6)*, 4560, PI Kids) Phoenix International Publications, Inc.

Disney Little Mermaid: Enchanted Adventures: Colortivity Paint & Crayons. Editors of Dreamtivity. 2023. (ENG.). 112p. (J). (gr. -1 — 1). pap. 8.99 *(978-1-64588-658-7(1))* Printers Row Publishing Group.

Disney Little Mermaid: Magic Pattern Reveal: Ocean Explorer: Pattern Reveal with 4 Colored Markers. Editors of Dreamtivity. 2023. (ENG.). 64p. (J). (gr. -1 — 1). pap. 8.99 ***(978-1-64588-673-0(5))*** Printers Row Publishing Group.

Disney: Look & Find 4-Book Collection. Illus. by Art Mawhinney et al. 2019. (ENG.). 96p. (J). 29.99 *(978-1-5037-4204-8(0)*, 4465, PI Kids) Phoenix International Publications, Inc.

Disney: Look & Find My Little Bucket of Books. Veronica Wagner. 2017. (ENG.). 70p. (J). 19.99 *(978-1-5037-3030-4(1)*, 2726, PI Kids) Phoenix International Publications, Inc.

Disney Make & Play Christmas: Create a Festive Press-Out Scene Featuring Your Favorite Disney Characters. IglooBooks. 2023. (ENG.). 10p. (J). (gr. -1). 14.99 ***(978-1-83771-771-2(0))*** Igloo Bks. GBR. Dist: Simon & Schuster, Inc.

Disney Manga: The Nightmare Before Christmas — Mirror Moon Graphic Novel. Mallory Reaves. Illus. by Gabriella Chianello & Nataliya Torretta. 2022. 128p. (J). (gr. 3-1). pap. 15.99 *(978-1-4278-6819-0(0)*, TOKYOPOP Manga) TOKYOPOP, Inc.

Disney Manga: Beauty & the Beast - Belle's Tale (Full-Color Edition) Mallory Reaves. Illus. by Gabriella Sinopoli & Studio Studio Dice. 2022. (Disney Manga: Beauty & the Beast - Belle's Tale Ser.).Tr. of (Full-Color Edition). 176p. (J). (gr. 3-1). pap. 19.99 *(978-1-4278-6808-4(5)*, TOKYOPOP Manga) TOKYOPOP, Inc.

Disney Manga: Beauty & the Beast - the Limited Edition Collection Slip Case: Limited Edition Slip Case. Illus. by Studio Studio Dice. 2017. (ENG.). 176p. (J). (gr. 1). pap. 19.99 *(978-1-4278-5718-7(0)*, 00f006a9-0fab-4593-840c-b2efc0ff68a2) TOKYOPOP, Inc.

Disney Manga: Descendants - Dizzy's New Fortune. Jason Muell. Illus. by Natsuki Minami. 2020. (Disney Manga: Descendants - Dizzy's New Fortune Ser.: 1). 128p. (J). (gr. 3-1). pap. 15.99 *(978-1-4278-5840-5(3)*, 70361565-4bf5-4b7c-8692-b35915470934, TOKYOPOP Manga) TOKYOPOP, Inc.

Disney Manga: Descendants - Evie's Wicked Runway, Book 1. Jason Muell. Illus. by Natsuki Minami. 2019. (Disney Manga: Descendants - Evie's Wicked Runway Ser.). 128p. (gr. 3-1). pap. 15.99 *(978-1-4278-5990-7(6)*, c6408c65-5e2b-4893-a644-378c5fae0af3, TOKYOPOP Manga) TOKYOPOP, Inc.

Disney Manga: Descendants - Rotten to the Core, Book 1: The Rotten to the Core Trilogy, Bk. 1. Illus. by Natsuki Minami. 2017. (Disney Manga: Descendants - the Rotten to the Core Trilogy Ser.: 1). (ENG.). 80p. (J). (gr. 3-1). pap. 10.99 *(978-1-4278-5687-6(7)*, 99dabf31-d07e-47bd-b1ee-0d8de3f9f4ff, TOKYOPOP Manga) TOKYOPOP, Inc.

Disney Manga: Descendants - Rotten to the Core, Book 2: The Rotten to the Core Trilogy, Bk. 2. Illus. by Natsuki Minami. 2017. (Disney Manga: Descendants - the Rotten to the Core Trilogy Ser.: 2). (ENG.). 80p. (J). (gr. 3-1). pap. 10.99 *(978-1-4278-5689-0(3)*, 793adea8-abae-4a59-91c8-7d530cde05b3, TOKYOPOP Manga) TOKYOPOP, Inc.

Disney Manga: Descendants - Rotten to the Core, Book 3: The Rotten to the Core Trilogy, Vol. 3. Illus. by Natsuki Minami. 2017. (Disney Manga: Descendants - the Rotten to the Core Trilogy Ser.: 3). (ENG.). 80p. (J). (gr. 3-1). pap. 10.99 *(978-1-4278-5719-4(9)*, 96518c34-365c-41a2-860c-974c5240dc76, TOKYOPOP Manga) TOKYOPOP, Inc.

Disney Manga: Descendants - the Rotten to the Core Trilogy the Complete Collection. Jason Muell. Illus. by Natsuki Minami. 2018. (Disney Manga: Descendants - the Rotten to the Core Trilogy Ser.). 240p. (J). (gr. 1). pap. 15.99 *(978-1-4278-5721-7(0)*, e1e0c65f-6859-46a7-b475-46aa8e39bba2, TOKYOPOP Manga) TOKYOPOP, Inc.

Disney Manga: Fairies - Rani & the Mermaid Lagoon: Rani & the Mermaid Lagoon. Illus. by Haruhi Kato. 2018. (Disney Manga: Fairies - Rani & the Mermaid Lagoon Ser.). 208p. (J). (gr. 3-1). pap. 10.99 *(978-1-4278-5801-6(2)*, 65fb80d5-b38f-4bb8-9fdb-6dceb533ac60, TOKYOPOP Manga) TOKYOPOP, Inc.

Disney Manga: Fairies - Tinker Bell & the Great Fairy Rescue: Tinker Bell & the Great Fairy Rescue. Illus. by Shiori Kanaki. 2018. (Disney Manga: Fairies - Tinker Bell & the Great Fairy Rescue Ser.). (ENG.). 144p. (J). (gr. 3-1). pap. 10.99 *(978-1-4278-5809-2(8)*, fb2b6492-c17d-483b-9447-a5723842ab4d, TOKYOPOP Manga) TOKYOPOP, Inc.

Disney Manga: Fairies - Vidia & the Fairy Crown. Illus. by Haruhi Kato. 2017. (Disney Manga: Fairies - Vidia & the Fairy Crown Ser.: 1). 208p. (J). (gr. 3-1). pap. 10.99 *(978-1-4278-5698-2(2)*, d4a1a37c-3860-4fc9-b34b-8648665baeaf, TOKYOPOP Manga) TOKYOPOP, Inc.

Disney Manga: Kilala Princess - Mulan. Mallory Reaves. Illus. by Asuka Tun et al. 2020. (Disney Manga: Kilala Princess - Mulan Graphic Novel Ser.: 1). 128p. (J). (gr. 1-1). pap. 15.99 *(978-1-4278-5844-3(6)*, 006ac499-4cd3-4d4a-a6f2-0d507550c30b, TOKYOPOP Manga) TOKYOPOP, Inc.

Disney Manga: Kilala Princess, Volume 1, Vol. 1. Rika Tanaka. Illus. by Nao Kodaka. 2016. (Disney Manga: Kilala Princess Ser.: 1). 208p. (J). (gr. 3-1). pap. 10.99 *(978-1-4278-5661-6(3)*, 4afe4fe8-fc3f-4b98-8339-549595b78bf8, TOKYOPOP Manga) TOKYOPOP, Inc.

Disney Manga: Kilala Princess, Volume 2, Vol. 2. Rika Tanaka. Illus. by Nao Kodaka. 2016. (Disney Manga: Kilala Princess Ser.: 2). 176p. (J). (gr. 3-1). pap. 10.99 *(978-1-4278-5663-0(X)*, 232f6fef-6b9d-4de3-bfdb-8b714763048c, TOKYOPOP Manga) TOKYOPOP, Inc.

Disney Manga: Kilala Princess, Volume 4, Vol. 4. Rika Tanaka. Illus. by Nao Kodaka. 2017. (Disney Manga: Kilala Princess Ser.: 4). 176p. (J). (gr. 3-1). pap. 10.99 *(978-1-4278-5667-8(2)*, 0ca16291-452c-4d4a-9b5c-df2efe2556ab, TOKYOPOP Manga) TOKYOPOP, Inc.

Disney Manga: Kilala Princess, Volume 5, Vol. 5. Rika Tanaka. Illus. by Nao Kodaka. 2017. (Disney Manga: Kilala Princess Ser.: 5). 176p. (J). (gr. 3-1). pap. 10.99 *(978-1-4278-5669-2(9)*, 58e1db6a-b967-45f1-aca9-f520f01119d1, TOKYOPOP Manga) TOKYOPOP, Inc.

Disney Manga: Magical Dance, Volume 1, Vol. 1. Illus. by Nao Kodaka. 2017. (Disney Manga: Magical Dance Ser.: 1). 176p. (J). (gr. 3-1). pap. 10.99 *(978-1-4278-5677-7(X)*, a19a8393-3bc2-42ad-bae2-beef5903de6a, TOKYOPOP Manga) TOKYOPOP, Inc.

Disney Manga: Magical Dance, Volume 2, Vol. 2. Illus. by Nao Kodaka. 2017. (Disney Manga: Magical Dance Ser.: 2). 208p. (J). (gr. 3-1). pap. 10.99 *(978-1-4278-5679-1(6)*, 7348d393-fc26-45fb-bdb4-70bac8b1c760, TOKYOPOP Manga) TOKYOPOP, Inc.

Disney Manga: Miriya & Marie. Illus. by MAYA. 2018. (Disney Manga: Miriya & Marie Ser.: 1). 144p. (J). (gr. 3-1). pap. 12.99 *(978-1-4278-5782-8(2)*, d3437573-aa13-405d-aeae-47e544deb0ac, TOKYOPOP Manga) TOKYOPOP, Inc.

Disney Manga: Monsters, Inc. Hiromi Yamazaki. Illus. by Hiromi Yamafuji. 2018. (Disney Manga: Monsters, Inc Ser.). 144p. (J). (gr. 1-1). pap. 10.99 *(978-1-4278-5813-9(6)*, eaf8bac1-8c0f-4a1e-84ab-de9987348cfe, TOKYOPOP Manga) TOKYOPOP, Inc.

Disney Manga: Pirates of the Caribbean - Dead Mans Chest: Dead Mans Chest. Illus. by Mikio Tachibana. 2018. (ENG.). 288p. (gr. 5-1). pap. 12.99 *(978-1-4278-5790-3(3)*, db314343-31c5-464f-b971-17619c9a6c12, TOKYOPOP Manga) TOKYOPOP, Inc.

Disney Manga: Pirates of the Caribbean - the Adventures of Jack Sparrow. Rob Kidd. Illus. by Kabocha. 2019. (ENG.). 352p. (J). (gr. 5-1). pap. 12.99 *(978-1-4278-5786-6(5)*, 16460cb9-5115-41a4-83d8-d603817c8253, TOKYOPOP Manga) TOKYOPOP, Inc.

Disney Manga: Pixar's Wall-E. Illus. by Shiro Shirai. 2018. (Disney Manga: Pixar's WALL E Ser.). 144p. (J). (gr. 1-1). pap. 10.99 *(978-1-4278-5771-2(7)*, 2acaa296-e525-4288-8c30-11a544decd87, TOKYOPOP Manga) TOKYOPOP, Inc.

Disney Manga: Stitch & the Samurai, Volume 2: Stitch & the Samurai, Volume 2. Hiroto Wada. 2021. (Stitch & the Samurai (Disney Manga) Ser.: 2). (Illus.). 176p. (YA). (gr. 7-1). pap. 10.99 *(978-1-4278-6806-0(9)*, TOKYOPOP Manga) TOKYOPOP, Inc.

Disney Manga: Stitch! Best Friends Forever! Best Friends Forever! Illus. by Miho Asada. 2017. (Disney Manga: Stitch! Ser.: 3). 176p. (J). (gr. 1-1). pap. 10.99 *(978-1-4278-5694-4(X)*, 850bb067-ef45-4109-b95c-3a758109ba2f) TOKYOPOP, Inc.

Disney Manga: Stitch!, Volume 1, Vol. 1. Illus. by Yumi Tsukurino. 2016. (Disney Manga: Stitch! Ser.: 1). 176p. (J). (gr. 1-1). pap. 10.99 *(978-1-4278-5673-9(7)*, 26fc8187-4f95-49b5-bb6f-6c383dd897f6, TOKYOPOP Manga) TOKYOPOP, Inc.

Disney Manga: Stitch!, Volume 2, Vol. 2. Illus. by Yumi Tsukurino. 2017. (Disney Manga: Stitch! Ser.: 2). 176p. (J). (gr. 1-1). pap. 10.99 *(978-1-4278-5675-3(3)*, 9465f8b5-9b9e-4665-9f17-e0b8566f5622, TOKYOPOP Manga) TOKYOPOP, Inc.

Disney Manga: Tangled. Illus. by Shiori Kanaki. 2017. (Disney Manga: Tangled Ser.). 208p. (J). (gr. 1-1). pap. 10.99 *(978-1-4278-5704-0(0)*, 71500e49-a906-4d70-8994-6550c574c7c3, TOKYOPOP Manga) TOKYOPOP, Inc.

Disney Manga: the Princess & the Frog. Illus. by Nao Kodaka. 2018. (Disney Manga: the Princess & the Frog Ser.). 144p. (J). (gr. 1-1). pap. 10.99 *(978-1-4278-5805-4(5)*, d01665f8-0bde-448c-873c-a2c43af43635, TOKYOPOP Manga) TOKYOPOP, Inc.

Disney Manga: Tim Burton's the Nightmare Before Christmas. Illus. by Jun Asuka. 2017.Tr. of Softcover Edition. 176p. (J). (gr. 3-1). pap. 10.99 *(978-1-4278-5724-8(5)*, 0089ba3d-f557-49cd-8a3f-f7c02aec011b) TOKYOPOP, Inc.

Disney Manga: Tim Burton's the Nightmare Before Christmas. D. J. Milky. Illus. by Kei Ishiyama et al. (Zero's Journey GN Ser.: 1). 128p. (J). (gr. 3-1). Bk. 1. 2018. pap. 15.99 *(978-1-4278-5897-9(7)*, 394fd6df-bd73-4530-b0ea-f0c1ae876eb8); Bk. 2. 2019. pap. 15.99 *(978-1-4278-5901-3(9)*, 645c2fde-4d9f-40f0-a46a-153ddee31ba7); Bk. 3. 2019. (ENG.). pap. 15.99 *(978-1-4278-5905-1(1)*, c3bb4c27-42cb-41e1-8089-4408bc3a24ee); Bk. 3. 2019. pap. 15.99 *(978-1-4278-6164-1(1))*; Bk. 4. 2020. pap. 15.99 *(978-1-4278-5909-9(4)*, 95fcb312-08da-4f06-9d0a-b8657757e63b) TOKYOPOP, Inc. (TOKYOPOP Manga).

Disney Manga: Tim Burton's the Nightmare Before Christmas — Zero's Journey (Ultimate Manga Edition), Bk. 1. D. J. Milky. Illus. by Kei Ishiyama et al. 2020.Tr. of Graphic Novel Book 1. 416p. (J). (gr. 3-1). pap. 19.99 *(978-1-4278-5828-3(4)*, 2dc74b3f-9c55-440d-9811-58bb0f5f2746, TOKYOPOP Manga) TOKYOPOP, Inc.

Disney Maps: A Magical Atlas of the Movies We Know & Love. Disney Books. 2020. (ENG.). 104p. (J). (gr. 1-3). 24.99 *(978-1-368-01867-8(X)*, Disney Press Books) Disney Publishing Worldwide.

Disney Masters Vol. 2: Luciano Bottaro: Walt Disney's Donald Duck: Uncle Scrooge's Money Rocket. Luciano Bottaro & Carlo Chendi. 2018. (Disney Masters Collection: 0). (ENG., Illus.). 192p. 29.99 *(978-1-68396-109-3(9)*, 683109) Fantagraphics Bks.

Disney Masters Vol. 3: Paul Murry: Walt Disney's Mickey Mouse: the Case of the Vanishing Bandit. Paul Murry & Carl Fallberg. 2018. (Disney Masters Collection: 0). (ENG., Illus.). 184p. 29.99 *(978-1-68396-113-0(7)*, 683113) Fantagraphics Bks.

Disney Masters Vol. 4: Daan Jippes & Freddy Milton: Walt Disney's Donald Duck: the Great Survival Test. Daan Jippes & Freddy Milton. 2018. (Disney Masters Collection: 0). (ENG., Illus.). 192p. 29.99 *(978-1-68396-111-6(0)*, 683111) Fantagraphics Bks.

Disney: Me Reader Electronic Reader & 8-Book Library Sound Book Set. Riley Beck. 2018. (ENG.). (J). 34.99 *(978-1-5037-3596-5(6)*, 2881, PI Kids) Phoenix International Publications, Inc.

Disney Mickey & Friends: Let's Go. Derek Harmening & PI Kids. Illus. by The Disney Storybook Art Team. 2019. (ENG.). 10p. (J). bds. 16.99 *(978-1-5037-4873-6(1)*, 3407, PI Kids) Phoenix International Publications, Inc.

Disney Mickey & Friends: Read & Play with Mickey & Minnie. p i kids. Illus. by Disney Storybook Art Team et al. 2018. (ENG.). 104p. (J). *(978-1-5037-3985-7(6)*, b6a2f7c3-5d53-4bbc-9a2f-a17527bfdb8f, PI Kids) Phoenix International Publications, Inc.

Disney: Mickey & Friends: Busy Beats. Emily Skwish. 2017. (ENG.). 96p. (J). 49.99 *(978-1-5037-2562-1(6)*, 13926, PI Kids) Phoenix International Publications, Inc.

Disney Mickey & Friends: Let's Go Book & Flashlight Set. PI Kids. Illus. by The Disney Storybook Art Team. 2018. (ENG.). 10p. (J). bds. 16.99 *(978-1-5037-4028-0(5)*, 3051, PI Kids) Phoenix International Publications, Inc.

Disney Mickey & Friends: Let's Go Camping! Sound Book. PI Kids. Illus. by The Disney Storybook Art Team. 2020. (ENG.). 12p. (J). bds. 21.99 *(978-1-5037-5720-2(X)*, 3788, PI Kids) Phoenix International Publications, Inc.

Disney Mickey & Friends: Look & Find. PI Kids. 2018. (ENG., Illus.). 24p. (J). 9.99 *(978-1-5037-3968-0(6)*, 3021, PI Kids) Phoenix International Publications, Inc.

Disney Mickey & Friends: Mickey's Microphone Magic Sing-Along Sound Book Set: Sing-Along Set. Emily Skwish. 2018. (ENG.). 32p. (J). 20.99 *(978-1-5037-3528-6(1)*, 2864, PI Kids) Phoenix International Publications, Inc.

Disney Mickey & Friends: Scaredy-Mouse. Courtney Acampora. Illus. by Loter, Inc. 2018. (ENG.). 8p. (J). (gr. -1-k). bds. 9.99 *(978-0-7944-4162-3(9)*, Studio Fun International) Printers Row Publishing Group.

Disney Mickey & Friends: Sing, Dance, Play! Sound Book. PI Kids. Illus. by The Disney Storybook Art Team. 2019. (ENG.). 12p. (J). bds. 15.99 *(978-1-5037-4638-1(0)*, 3295, PI Kids) Phoenix International Publications, Inc.

Disney: Mickey & the Missing School Lunch Box. Maggie Fischer. 2021. (8x8 with Flaps Ser.). (ENG.). 20p. (J). (gr. -1-k). pap. 5.99 *(978-0-7944-4531-7(4)*, Studio Fun International) Printers Row Publishing Group.

Disney: Mickey & the Roadster Racers: Go, Go, Go! Veronica Wagner. 2017. (First Look & Find Ser.). (ENG.). 16p. (J). bds. Phoenix International Publications, Inc.

Disney Mickey & the Roadster Racers: Go, Go, Go! Look & Find. Veronica Wagner. Illus. by The Disney Storybook Art Team. 2017. (ENG.). 16p. (J). bds. 12.99 *(978-1-5037-2298-9(8)*, 2531, PI Kids) Phoenix International Publications, Inc.

Disney Mickey: Clubhouse Christmas. Editors of Studio Fun International. 2020. (ENG.). 12p. (J). (gr. -1-k). bds. 6.99 *(978-0-7944-4501-0(2)*, Studio Fun International) Printers Row Publishing Group.

Disney Mickey: Fun with My Pals: Colortivity. Editors of Dreamtivity. 2023. (ENG.). 336p. (J). (gr. -1 — 1). pap. 5.99 *(978-1-64588-668-6(9))* Printers Row Publishing Group.

Disney Mickey Mouse: a Little Golden Book Collection (Disney Mickey Mouse) Golden Books. Illus. by Disney Storybook Disney Storybook Art Team. 2023. (Little Golden Book Ser.). (ENG.). 176p. (J). (-k). 14.99 ***(978-0-7364-4433-0(5)***, Golden/Disney) Random Hse. Children's Bks.

Disney Mickey Mouse Adventures. Ed. by Editors of Studio Fun International. 2019. (Disney Die-Cut Classics Ser.). (ENG.). 72p. (J). (gr. 1-3). 9.99 *(978-0-7944-4368-9(0)*, Studio Fun International) Printers Row Publishing Group.

Disney Mickey Mouse Clubhouse: Choo Choo Express Lift-The-Flap. Editors of Studio Fun International. 2020. (8x8 with Flaps Ser.). (ENG.). 24p. (J). (gr. -1-k). pap. 5.99 *(978-0-7944-4511-9(X)*, Studio Fun International) Printers Row Publishing Group.

Disney Mickey Mouse Clubhouse: Good Night, Clubhouse! Grace Baranowski. 2021. (ENG.). 12p. (J). (gr. -1-k). bds. 6.99 *(978-0-7944-4607-9(8)*, Studio Fun International) Printers Row Publishing Group.

Disney Mickey Mouse Clubhouse: Hoppy Clubhouse Easter. Editors of Studio Fun International. 2021. (ENG.). 12p. (J). (gr. -1-k). bds. 6.99 *(978-0-7944-4502-7(0)*, Studio Fun International) Printers Row Publishing Group.

Disney Mickey Mouse Clubhouse: Mickey's Helping Hands. Nancy Parent. Illus. by Fernando Guell. 2021. (Book with Hand Puppet Ser.). (ENG.). 10p. (J). (gr. -1-k). bds. 10.99 *(978-0-7944-4609-3(4)*, Studio Fun International) Printers Row Publishing Group.

Disney Mickey Mouse Clubhouse: Quiz it Pen: Let's Learn Together!: Includes 200+ Stickers!: 450+ Questions & Answers. PI Kids. Illus. by The Disney Storybook Art Team. 2019. (ENG.). 256p. (J). 29.99 *(978-1-5037-5001-2(9)*, 3444, PI Kids) Phoenix International Publications, Inc.

Disney Mickey Mouse: Dracula. Adapted by Grace Baranowski & Studio Fun International. 2021. (Disney Classic 8 X 8 Ser.). (ENG.). 32p. (J). (gr. -1-k). pap. 4.99 *(978-0-7944-4849-3(6)*, Studio Fun International) Printers Row Publishing Group.

Disney Mickey Mouse Funhouse: Goodnight, Mickey! Marilyn Easton. Illus. by Loter, Inc. 2022. (8x8 with Flaps Ser.). (ENG.). 20p. (J). (gr. -1-k). pap. 6.99 *(978-0-7944-4708-3(2)*, Studio Fun International) Printers Row Publishing Group.

Disney Mickey Mouse Funhouse: Ready for Bed! Illus. by Loter, Inc. 2023. (Touch & Feel Ser.). (ENG.). 10p. (J). (gr. -1-k). bds., bds. 10.99 ***(978-0-7944-4979-7(4)***, Studio Fun International) Printers Row Publishing Group.

Disney Mickey Mouse: the Scariest Halloween Story Ever! ReadAlong Storybook & CD. Disney Books. 2018. (Read-Along Storybook & CD Ser.). (ENG., Illus.). 32p. (J). (gr. 1-3). pap. 6.99 *(978-1-368-02052-7(6)*, Disney Press Books) Disney Publishing Worldwide.

Disney: Mickey Mouse the Sorcerer's Apprentice. Editors of Studio Fun International. 2020. (Disney Die-Cut Classics Ser.). (ENG.). 68p. (J). (gr. 1-3). 9.99 *(978-0-7944-4707-6(4)*, Studio Fun International) Printers Row Publishing Group.

Disney: Mickey Mouse Treasury Collection. Editors of Studio Fun International. 2021. (Padded Storybooks Ser.). (ENG.). 96p. (J). (gr. -1-k). 9.99 *(978-0-7944-4822-6(4)*, Studio Fun International) Printers Row Publishing Group.

Disney Mickey: My First Big Sticker Book: Stickertivity with 8 Sticker Sheets. Editors of Dreamtivity. 2023. (ENG.). 64p. (J). (gr. -1 — 1). pap. 9.99 ***(978-1-64588-674-7(3))*** Printers Row Publishing Group.

Disney Mickey: No Nap for Pluto. Nancy Parent. Illus. by Massimo Asaro. 2020. (Disney Classic 8 X 8 Ser.). (ENG.). 24p. (J). (gr. -1-k). pap. 4.99 *(978-0-7944-4526-3(8)*, Studio Fun International) Printers Row Publishing Group.

Disney Mickey Road Trip. Lori C. Froeb. Illus. by Loter, Inc. 2020. (Lift-The-Flap Ser.). (ENG.). 12p. (J). (gr. -1-k). bds. 9.99 *(978-0-7944-4505-8(5)*, Studio Fun International) Printers Row Publishing Group.

Disney: Mickey's Best Slumber Party. Nancy Parent. Illus. by Ciro Cangialosi. 2021. (8x8 Ser.). (ENG.). 24p. (J). (gr. -1-k). pap. 4.99 *(978-0-7944-4461-7(X)*, Studio Fun International) Printers Row Publishing Group.

Disney Mickey's Christmas Carol. Editors of Studio Fun International. 2019. (Disney Die-Cut Classics Ser.). (ENG.). 72p. (J). (gr. 1-3). 9.99 *(978-0-7944-4426-6(1)*, Studio Fun International) Printers Row Publishing Group.

Disney Mickey's Christmas Carol. Illus. by John Loter. 2018. (ENG.). 12p. (J). (gr. -1-k). 9.99 *(978-0-7944-4179-1(3)*, Studio Fun International) Printers Row Publishing Group.

Disney: Mickey's Thanksgiving. Editors of Studio Fun International. 2021. (Scratch & Sniff Ser.). (ENG.). 12p. (J). (gr. -1-k). bds., bds. 8.99 *(978-0-7944-4503-4(9)*, Studio Fun International) Printers Row Publishing Group.

Disney Miles from Tomorrowland Look & Find. Jennifer H. Keast. ed. 2018. (Look & Find Ser.). (ENG.). 20p. (J). (gr. -1-1). 14.00 *(978-1-64310-475-1(6))* Penworthy Co., LLC, The.

Disney Minnie: Ding Dong, It's Daisy! Sound Book. Emily Skwish. 2018. (ENG.). 12p. (J). bds. 14.99 *(978-1-5037-3147-9(2)*, 2744, PI Kids) Phoenix International Publications, Inc.

Disney Minnie: for You with Love: Paint Box Colortivity. Editors of Dreamtivity. 2022. (ENG.). 112p. (J). (gr. -1 — 1). pap. 8.99 *(978-1-64588-644-0(1))* Printers Row Publishing Group.

Disney Minnie Mouse: Little Women. Adapted by Grace Baranowski. 2022. (8x8 Ser.). (ENG.). 32p. (J). (gr. -1-k). pap. 4.99 *(978-0-7944-4978-0(6)*, Studio Fun International) Printers Row Publishing Group.

Disney: Minnie Mouse Mysteries. Editors of Studio Fun International. 2022. (Disney Die-Cut Classics Ser.). (ENG., Illus.). 60p. (J). (gr. 1-3). 9.99 *(978-0-7944-4888-2(7)*, Studio Fun International) Printers Row Publishing Group.

Disney: Minnie Mouse Unicorn Adventure. Courtney Acampora. Illus. by Fernando Guell. 2022. (Spin Arounds Ser.). (ENG.). 10p. (J). (gr. -1-k). bds. 8.99 *(978-0-7944-4814-1(3)*, Studio Fun International) Printers Row Publishing Group.

Disney Minnie Mouse: Unicorn Dreams. Maggie Fischer. 2021. (Reversible Sequins Ser.). (ENG.). 10p. (J). (gr. -1-k). bds. 10.99 *(978-0-7944-4656-7(6)*, Studio Fun International) Printers Row Publishing Group.

Disney Minnie: My Friend Minnie! 12 Board Books. PI Kids. Illus. by The Disney Storybook Art Team. 2017. (ENG.). 120p. (J). bds., bds., bds. 16.99 *(978-1-5037-4362-5(4)*, 4479, PI Kids) Phoenix International Publications, Inc.

Disney Minnie: Write-And-Erase Look & Find. PI Kids. 2019. (ENG.). 20p. (J). bds. 11.99 *(978-1-5037-4711-1(5)*, 3334, PI Kids) Phoenix International Publications, Inc.

D

Disney Minnie's Easter Adventure. Maggie Fischer. Illus. by Loter, Inc. 2019. (Die-Cut Board Bks.). (ENG.). 12p. (J). (gr. -1-k). bds. 9.99 *(978-0-7944-4235-4(8)*, Studio Fun International) Printers Row Publishing Group.

Disney: Minnie's Starry, Starry Night. Nancy Parent. Illus. by Donald Soffritti. 2020. (Disney Classic 8 X 8 Ser.). (ENG.). 24p. (J). (gr. -1-k). pap. 4.99 *(978-0-7944-4527-0(6)*, Studio Fun International) Printers Row Publishing Group.

Disney Moana: Sound Book. PI Kids & Erin Rose Grobarek. 2016. (ENG., Illus.). 12p. (J). (gr. -1-3). bds. 21.99 *(978-1-5037-0791-7(1)*, 2070) Phoenix International Publications, Inc.

Disney Moana: Follow the Stars Twinkling Lights Adventure! PI Kids. Illus. by Disney Storybook Art Team. 2021. (ENG.). 10p. (J). 16.99 *(978-1-5037-5882-7(6)*, 3837, PI Kids) Phoenix International Publications, Inc.

Disney Moana: I Am Moana Sound Book. Emily Skwish. Illus. by The Disney Storybook Art Team. 2016. (ENG.). 12p. (J). bds. 14.99 *(978-1-5037-1106-8(4)*, 2189, PI Kids) Phoenix International Publications, Inc.

Disney Moana: Look & Find. PI Kids. Illus. by Art Mawhinney. 2016. (ENG.). 24p. (J). 10.99 *(978-1-5037-0790-0(3)*, 2069, PI Kids) Phoenix International Publications, Inc.

Disney Moana: Movie Storybook / Libro Basado en la Película (English-Spanish) Tr. by Elvira Ortiz. 2018. (Disney Bilingual Ser.: 3). (ENG., Illus.). 24p. (J). (gr. -1-2). pap. 4.99 *(978-1-4998-0778-3(3)*, BuzzPop) Little Bee Books Inc.

Disney Moana: Pua Saves the Day Sound Book. PI Kids. Illus. by Denise Shimabukuro & The Disney Storybook Art Team. 2022. (ENG.). 10p. (J). bds. 16.99 *(978-1-5037-6198-8(3)*, 4672, PIL Kids) Phoenix International Publications, Inc.

Disney Monorail. Julie Murray. (Trains Ser.). (ENG., Illus.). 24p. (J). 2022. (gr. 2-2). pap. 8.95 *(978-1-64494-723-4(4))*; 2021. (gr. k-4). lib. bdg. 31.36 *(978-1-0982-2671-8(2)*, 38660) ABDO Publishing Co. (Abdo Zoom-Dash).

Disney Mulan: Movie Storybook / Dian Ying Tóng Huà Gù Shi (English-Mandarin) Tr. by Tom Wang. Illus. by Disney Storybook Art Team. 2019. (Disney Bilingual Ser.: 31). (ENG.). 24p. (J). (gr. -1-2). pap. 4.99 *(978-1-4998-0951-0(4)*, BuzzPop) Little Bee Books Inc.

Disney Mulan: Movie Storybook / Libro Basado en la Película (English-Spanish) Tr. by Laura Collado Píriz. Illus. by Disney Storybook Art Team. 2019. (Disney Bilingual Ser.: 32). (ENG.). 24p. (J). (gr. -1-2). pap. 4.99 *(978-1-4998-0952-7(2)*, BuzzPop) Little Bee Books Inc.

Disney: My First Smart Pad Library 8-Book Set & Interactive Activity Pad Sound Book Set. Riley Beck & Kathy Broderick. Illus. by The Disney Storybook Art Team. 2019. (ENG.). 192p. (J). 39.99 *(978-1-5037-4065-5(X)*, 9626, PI Kids) Phoenix International Publications, Inc.

Disney My First Stories: 4-Book Library, 5 vols. PI Kids. 2021. (ENG.). 128p. (J). 19.99 *(978-1-5037-5917-6(2)*, 3851, PI Kids) Phoenix International Publications, Inc.

Disney My First Stories: 6-Book Library. PI Kids. 2020. (ENG.). 192p. (J). 29.99 *(978-1-5037-5916-9(4)*, 3850, PI Kids) Phoenix International Publications, Inc.

Disney My First Stories: Alice Wants to Grow. Illus. by Jerrod Maruyama. 2020. (ENG.). 32p. (J). 5.99 *(978-1-5037-5441-6(3)*, 3645, PI Kids) Phoenix International Publications, Inc.

Disney My First Stories Dumbo Gets Dressed. PI Kids. Illus. by Jerrod Maruyama. 2022. (Disney My First Stories Ser.). (ENG.). 32p. (J). (gr. k-2). lib. bdg. 27.29 *(978-1-64996-150-1(2)*, 4913, Sequoia Kids Media) Phoenix International Publications, Inc.

Disney My First Stories: Dumbo Gets Dressed. PI Kids. Illus. by Jerrod Maruyama. 2021. (ENG.). 32p. (J). 5.99 *(978-1-5037-5788-2(9)*, 3796, PI Kids) Phoenix International Publications, Inc.

Disney My First Stories: Hooray for Nature! PI Kids. Illus. by Jerrod Maruyama. 2020. (ENG.). 32p. (J). 5.99 *(978-1-5037-5705-9(6)*, 3778, PI Kids) Phoenix International Publications, Inc.

Disney My First Stories Hooray for Nature. PI Kids. Illus. by Jerrod Maruyama. 2022. (Disney My First Stories Ser.). (ENG.). 32p. (J). (gr. k-2). lib. bdg. 27.29 *(978-1-64996-149-5(9)*, 4912, Sequoia Kids Media) Phoenix International Publications, Inc.

Disney My First Stories: Merry Christmas, Chip & Dale. PI Kids. 2021. (ENG.). 32p. (J). 5.99 *(978-1-5037-6003-5(0)*, 3888, PI Kids) Phoenix International Publications, Inc.

Disney My First Stories: Minnie & the Lost Unicorn. PI Kids. Illus. by Jerrod Maruyama. 2020. (ENG.). 32p. (J). 5.99 *(978-1-5037-5704-2(8)*, 3777, PI Kids) Phoenix International Publications, Inc.

Disney My First Stories Minnie & the Lost Unicorn. PI Kids. Illus. by Jerrod Maruyama. 2022. (Disney My First Stories Ser.). (ENG.). 32p. (J). (gr. k-2). lib. bdg. 27.29 *(978-1-64996-148-8(0)*, 4911, Sequoia Kids Media) Phoenix International Publications, Inc.

Disney My First Stories Mowgli's First Dance. PI Kids. Illus. by Jerrod Maruyama. 2022. (Disney My First Stories Ser.). (ENG.). 32p. (J). (gr. k-2). lib. bdg. 27.29 *(978-1-64996-011-5(5)*, 4900, Sequoia Kids Media) Phoenix International Publications, Inc.

Disney My First Stories: Mowgli's First Dance. PI Kids. Illus. by Jerrod Maruyama. 2020. (ENG.). 32p. (J). 5.99 *(978-1-5037-5442-3(1)*, 3646, PI Kids) Phoenix International Publications, Inc.

Disney My First Stories My First Stories Alice Wants to Grow. PI Kids. Illus. by Jerrod Maruyama. 2022. (Disney My First Stories Ser.). (ENG.). 32p. (J). (gr. k-2). lib. bdg. 27.29 *(978-1-64996-010-8(7)*, 4899, Sequoia Kids Media) Phoenix International Publications, Inc.

Disney My First Stories the Aristocats Show. PI Kids. Illus. by Jerrod Maruyama. 2022. (Disney My First Stories Ser.). (ENG.). 32p. (J). (gr. k-2). lib. bdg. 27.29 *(978-1-64996-013-9(1)*, 4902, Sequoia Kids Media) Phoenix International Publications, Inc.

Disney My First Stories: the Aristocats' Show. PI Kids. Illus. by Jerrod Maruyama. 2020. (ENG.). 32p. (J). 5.99 *(978-1-5037-5444-7(8)*, 3648, PI Kids) Phoenix International Publications, Inc.

Disney My First Stories Tinker Bell's Best Birthday Party. PI Kids. Illus. by Jerrod Maruyama. 2022. (Disney My First Stories Ser.). (ENG.). 32p. (J). (gr. k-2). lib. bdg. 27.29 *(978-1-64996-012-2(3)*, 4901, Sequoia Kids Media) Phoenix International Publications, Inc.

Disney My First Stories: Tinker Bell's Best Birthday Party. PI Kids. Illus. by Jerrod Maruyama. 2020. (ENG.). 32p. (J). 5.99 *(978-1-5037-5443-0(X)*, 3647, PI Kids) Phoenix International Publications, Inc.

Disney Never Girls Graphic Novel 9-Copy Floor Display Summer 2023. RH Disney. 2023. (J). (gr. 1-4). 116.91 *(978-0-593-57729-5(9)*, RH/Disney) Random Hse. Children's Bks.

Disney Parks Little Golden Book Library (Disney Classic) It's a Small World, the Haunted Mansion, Jungle Cruise, the Orange Bird, Space Mountain. Illus. by RH Disney. 2022. (Little Golden Book Ser.). (ENG.). 120p. (J). (-k). 29.95 *(978-0-7364-4315-9(0)*, Golden/Disney) Random Hse. Children's Bks.

Disney Parks Presents: It's a Small World: Shapes! Disney Books. 2018. (Disney Parks Presents Ser.). (ENG., Illus.). 20p. (J). (gr. -1 — 1). bds. 7.99 *(978-1-368-03930-7(8)*, Disney Press Books) Disney Publishing Worldwide.

Disney Parks Presents: Jungle Cruise: Animals! Kevin Lively. 2018. (Disney Parks Presents Ser.). (ENG., Illus.). 20p. (J). (gr. -1 — 1). bds. 7.99 *(978-1-368-03931-4(6)*, Disney Press Books) Disney Publishing Worldwide.

Disney Parks Presents the Haunted Mansion. Buddy Baker. Illus. by James Gilleard. 2018. (Disney Parks Presents Ser.). (ENG.). 32p. (J). (gr. -1-k). 16.99 *(978-1-368-04898-9(6)*, Disney Press Books) Disney Publishing Worldwide.

Disney Peter Pan. Ed. by Editors of Studio Fun International. 2019. (Disney Die-Cut Classics Ser.). (ENG.). 72p. (J). (gr. 1-3). 9.99 *(978-0-7944-4369-6(9)*, Studio Fun International) Printers Row Publishing Group.

Disney: Peter Pan. Editors of Studio Fun International. 2021. (Disney Classic 8 X 8 Ser.). (ENG.). 32p. (J). (gr. -1-k). pap. 4.99 *(978-0-7944-4658-1(2)*, Studio Fun International) Printers Row Publishing Group.

Disney Pinocchio. Ed. by Editors of Studio Fun International. 2019. (Disney Die-Cut Classics Ser.). (ENG.). 72p. (J). (gr. 1-3). 9.99 *(978-0-7944-4373-3(7)*, Studio Fun International) Printers Row Publishing Group.

Disney: Pirates of the Caribbean: At World's End. Illus. by Mikio Tachibana. 2018. (Disney Manga: Pirates of the Caribbean - at World's End Ser.). 240p. (J). (gr. 5-1). pap. 12.99 *(978-1-4278-5794-1(6)*, 568f21b5-cf59-4193-9ba2-d7696da8d845, TOKYOPOP Manga) TOKYOPOP, Inc.

Disney Pixar: 12 Board Books. PI Kids. 2017. (ENG.). 120p. (J). bds., bds. bds. 16.99 *(978-1-5037-2033-6(0)*, 4351, PI Kids) Phoenix International Publications, Inc.

Disney Pixar Awesome Pop-Ups: Pop-Up Book. IglooBooks. 2020. (ENG.). 8p. (J). (gr. -1-1). 12.99 *(978-1-83903-239-4(1))* Igloo Bks. GBR. Dist: Simon & Schuster, Inc.

Disney Pixar Best Friends Look & Find. Kathy Broderick. ed. 2018. (Look & Find Ser.). (ENG.). 19p. (J). (gr. -1-1). 22.36 *(978-1-64310-745-5(3))* Penworthy Co., LLC, The.

Disney Pixar Cars 3: Lightning & Friends Sound Book. PI Kids. 2017. (ENG., Illus.). 12p. (J). bds. 14.99 *(978-1-5037-1521-9(3)*, 2308, PI Kids) Phoenix International Publications, Inc.

Disney Pixar Cars 3 Look & Find. Emily Skwish. ed. 2018. (Look & Find Ser.). (ENG.). 19p. (J). (gr. -1-1). 22.36 *(978-1-64310-765-3(8))* Penworthy Co., LLC, The.

Disney Pixar Cars 3: Race Ready Steering Wheel Sound Book. PI Kids. 2017. (ENG.). 12p. (J). bds. 22.99 *(978-1-5037-2423-5(9)*, 2562, PI Kids) Phoenix International Publications, Inc.

Disney Pixar Cars: Adventures with Friends Sound Book. PI Kids. 2017. (ENG.). 6p. (J). bds. 7.99 *(978-1-5037-3274-2(6)*, 2767, PI Kids) Phoenix International Publications, Inc.

Disney Pixar: Cars on the Road: Road Trip! Grace Baranowski. 2022. (Magnetic Hardcover Ser.). (ENG.). 10p. (J). (gr. -1-k). bds. 12.99 *(978-0-7944-4974-2(3)*, Studio Fun International) Printers Row Publishing Group.

Disney Pixar Cars Ultimate Sticker Collection. DK. 2022. (Ultimate Sticker Collection). 72p. (J). (gr. k-2). pap. 12.99 *(978-0-7440-6092-8(3)*, DK Children) Dorling Kindersley Publishing, Inc.

Disney Pixar Character Encyclopedia Updated & Expanded. Shari Last. 2022. (ENG.). 256p. (J). (gr. 2-4). 19.99 *(978-0-7440-6091-1(5)*, DK Children) Dorling Kindersley Publishing, Inc.

Disney-Pixar Finding Dory Cinestory. Disney & Pixar Animators. ed. 2016. (J). lib. bdg. 26.95 *(978-0-606-38729-3(3))* Turtleback.

Disney Pixar Finding Dory Comics Collection. Disney Pixar Editors. ed. 2016. (J). lib. bdg. 20.85 *(978-0-606-39074-3(X))* Turtleback.

Disney Pixar Finding Dory: Going Home Sound Book. PI Kids. Illus. by The Disney Storybook Art Team. 2016. (ENG.). 12p. (J). bds. 21.99 *(978-1-5037-0940-9(X)*, 2127, PI Kids) Phoenix International Publications, Inc.

Disney Pixar Finding Dory Look & Find. Jennifer H. Keast. ed. 2018. (Look & Find Ser.). (ENG.). 19p. (J). (gr. -1-1). 22.36 *(978-1-64310-444-7(6))* Penworthy Co., LLC, The.

Disney Pixar Finding Dory Movie Comic. Disney Pixar Editors. ed. 2017. lib. bdg. 18.40 *(978-0-606-39083-5(9))* Turtleback.

Disney-Pixar Finding Nemo Cinestory Comic. Disney Editors. ed. 2016. (J). lib. bdg. 26.95 *(978-0-606-38732-3(3))* Turtleback.

Disney Pixar Finding Nemo Movie Comic. Disney Pixar Editors. ed. 2017. lib. bdg. 18.40 *(978-0-606-39082-8(0))* Turtleback.

Disney Pixar: Finding NemoDisney Pixar: Finding Dory. Adapted by Kathy Broderick. 2016. (First Look & Find Ser.). (ENG.). 16p. (J). bds. Phoenix International Publications, Inc.

Disney Pixar: Friends & Family 12 Board Books, 13 vols. PI Kids. 2019. (ENG., Illus.). 120p. (J). bds., bds., bds. 16.99 *(978-1-5037-4361-8(6)*, 4477, PI Kids) Phoenix International Publications, Inc.

Disney Pixar Incredibles 2: Elastigirl to the Rescue! Sound Book. PI Kids. 2018. (ENG., Illus.). 12p. (J). bds. 14.99 *(978-1-5037-3047-2(6)*, 2733, PI Kids) Phoenix International Publications, Inc.

Disney Pixar Incredibles 2: Little Look & Find. PI Kids. Illus. by Art Mawhinney & Meg Roldan. 2018. (ENG.). 24p. (J). 2.99 *(978-1-5037-3045-8(X)*, 2732, PI Kids) Phoenix International Publications, Inc.

Disney Pixar Incredibles 2: Look & Find. PI Kids. 2018. (ENG., Illus.). 24p. (J). 10.99 *(978-1-5037-3044-1(1)*, 2731, PI Kids) Phoenix International Publications, Inc.

Disney Pixar Incredibles 2: One Incredible Family Sound Book. PI Kids. 2018. (ENG.). 12p. (J). bds. 21.99 *(978-1-5037-3377-0(7)*, 2824, PI Kids) Phoenix International Publications, Inc.

Disney Pixar Lightyear Izzy Hawthorne: Destiny Awaits. Disney Books. ed. 2022. (ENG.). 240p. (J). (gr. 3-7). 10.99 *(978-1-368-07729-3(3)*, Disney Press Books) Disney Publishing Worldwide.

Disney Pixar: Lightyear Movie Theater Storybook & Movie Projector. Steve Behling. 2022. (Movie Theater Storybook Ser.). (ENG.). 28p. (J). (gr. 1-3). 19.99 *(978-0-7944-4972-8(7)*, Studio Fun International) Printers Row Publishing Group.

Disney Pixar Lightyear Sox on a Mission. Disney Books. ed. 2022. (ENG.). 40p. (J). (gr. -1-k). 16.99 *(978-1-368-07730-9(7)*, Disney Press Books) Disney Publishing Worldwide.

Disney Pixar: Luca: Adventure Awaits! Grace Baranowski. 2021. (Magnetic Hardcover Ser.). (ENG.). 10p. (J). (gr. -1-k). 12.99 *(978-0-7944-4742-7(2)*, Studio Fun International) Printers Row Publishing Group.

Disney Pixar Luca Ultimate Sticker Book. DK. 2021. (Ultimate Sticker Book Ser.). (ENG.). 16p. (J). (gr. k-2). pap. 6.99 *(978-0-7440-4127-9(9)*, DK Children) Dorling Kindersley Publishing, Inc.

Disney Pixar Onward Look & Find. Inc. Disney Enterprises. ed. 2020. (Look & Find Ser.). (ENG.). 24p. (J). (gr. k-1). 22.36 *(978-1-64697-176-3(0))* Penworthy Co., LLC, The.

Disney Pixar Onward: Look & Find: Look & Find. PI Kids. Illus. by Michelle Simpson et al. 2020. (ENG.). 24p. (J). 9.99 *(978-1-5037-5252-8(6)*, 3559, PI Kids) Phoenix International Publications, Inc.

Disney Pixar Phonics Collection: Short Vowels (Disney Learning: Bind-Up) Scholastic. 2021. (ENG.). 96p. (J). (gr. -1-1). pap. 8.99 *(978-1-338-76318-8(0))* Scholastic, Inc.

Disney Pixar Read-Along Storybook & CD Box Set. David Watts et al. 2017. (Illus.). (J). *(978-1-368-01620-9(0))* Disney Publishing Worldwide.

Disney Pixar: Toy Story. Suzanne Francis. 2022. (Disney Die-Cut Classics Ser.). (ENG.). 60p. (J). (gr. 1-3). 9.99 *(978-0-7944-5015-1(6)*, Studio Fun International) Printers Row Publishing Group.

Disney Pixar Toy Story 4: Look & Find. Erin Rose Wage. Illus. by Art Mawhinney. 2021. (Look & Find Ser.). (ENG.). 24p. (J). (gr. k-2). 14.29 *(978-1-64996-014-6(X)*, 4759, Sequoia Publishing & Media LLC) Phoenix International Publications, Inc.

Disney Pixar Toy Story the Collection Look & Find. PI Kids. Illus. by Art Mawhinney et al. 2019. (ENG.). 48p. (J). 10.99 *(978-1-5037-4355-7(1)*, 9627, PI Kids) Phoenix International Publications, Inc.

Disney Pixar: Turning Red: Panda Pals! Suzanne Francis. 2022. (Book with Friendship Bracelets Ser.). (ENG.). 20p. (J). (gr. 1-3). 12.99 *(978-0-7944-4859-2(3)*, Studio Fun International) Printers Row Publishing Group.

Disney Pixar Ultimate Sticker Book, New Edition. DK. 2019. (Ultimate Sticker Book Ser.). 16p. (J). (gr. k-3). pap. 6.99 *(978-1-4654-8643-1(7)*, DK Children) Dorling Kindersley Publishing, Inc.

Disney: Pixar's Finding Nemo: Special Collectors Manga. Illus. by Ryuichi Hosino. 2016. (Disney Manga: Pixar's Finding Nemo Ser.). 176p. (J). (gr. 1-1). 15.99 *(978-1-4278-5658-6(3)*, 9a07f0fd-50ef-4dfa-b4a5-6b40b95a43c9, TOKYOPOP Manga) TOKYOPOP, Inc.

Disney: Pixar's Toy Story: Special Collector's Manga. Illus. by Tetsuhiro Koshita. 2019. 272p. (J). (gr. 3-1). pap. 12.99 *(978-1-4278-5772-9(5)*, 9b327588-8cf3-47a8-a0f6-8f039982e733, TOKYOPOP Manga) TOKYOPOP, Inc.

Disney Princess. Cindy Robinson et al. 2017. (Illus.). (J). *(978-1-368-00753-5(8))* Disney Publishing Worldwide.

Disney Princess, 3 vols., Set. 2017. (Disney Princess Ser.). (ENG., Illus.). 96p. (J). (gr. 2-6). lib. bdg. 94.08 *(978-1-5321-4119-5(X)*, 26992, Chapter Bks.) Spotlight.

Disney Princess - Dream Big Princess Me Reader & 8-Book Library - Pi Kids. Editors of Phoenix International Publications. 2018. (ENG.). 192p. (J). *(978-1-5037-4020-4(X)*, 2612aa9a-b501-49ae-9819-9c4f559ca810, PIL Kids) Phoenix International Publications, Inc.

Disney Princess - Magical Scratch Art: With Scratch Tool & Coloring Pages. IglooBooks. 2023. (ENG.). 24p. (J). (gr. 3). pap. 12.99 ***(978-1-83771-753-8(2))*** Igloo Bks. GBR. Dist: Simon & Schuster, Inc.

Disney Princess: 5-Minute Princess Stories. Disney Books. 2019. (5-Minute Stories Ser.). (ENG., Illus.). 192p. (J). (gr. 1-3). 12.99 *(978-1-4847-1641-0(8)*, Disney Press Books) Disney Publishing Worldwide.

Disney Princess Beauty & the Beast Look & Find. Veronica Wagner. ed. 2018. (Look & Find Ser.). (ENG.). 20p. (J). (gr. -1-1). 22.36 *(978-1-64310-529-1(9))* Penworthy Co., LLC, The.

Disney Princess: Castle Cutaways Sounds All Around Sound Book. PI Kids. Illus. by The Disney Storybook Art Team. 2020. (ENG.). 24p. (J). 24.99 *(978-1-5037-5323-5(9)*, 3588, PI Kids) Phoenix International Publications, Inc.

Disney Princess Celebrations: Party Planning the Princess Way. Niki Ahrens. 2020. (J). *(978-1-5415-7798-5(1))* Lerner Publishing Group.

Disney Princess: Cinderella a Timeless Tale Sound Book. Illus. by Disney Storybook Art Team. 2021. (ENG.). 12p. (J). bds. 14.99 *(978-1-5037-5593-2(2)*, 3726, PI Kids) Phoenix International Publications, Inc.

Disney Princess Color & Craft: the Magic of Fall. Editors of Dreamtivity. 2023. (ENG.). 48p. (J). (gr. -1 — 1). pap. 6.99 ***(978-1-64588-684-6(0))*** Printers Row Publishing Group.

Disney Princess Comics Collection. Amy Mebberson et al. ed. 2016. (ENG.). 96p. (J). (gr. 4-7). 20.85 *(978-0-606-39073-6(1))* Turtleback.

Disney Princess Cookbook. Disney Books. 2021. (ENG., Illus.). 144p. (J). (gr. 1-3). 17.99 *(978-1-368-06073-8(0)*, Disney Press Books) Disney Publishing Worldwide.

Disney Princess: Creative As a Princess. Maggie Fischer. Illus. by Adam Devaney. 2023. (Book with LCD Screen Ser.). (ENG.). 20p. (J). (gr. -1-k). bds., bds. 19.99 ***(978-0-7944-5060-1(1)***, Studio Fun International) Printers Row Publishing Group.

Disney Princess: Dance & Dream Sound Book. PI Kids. 2017. (ENG.). 12p. (J). bds. *(978-1-5037-2530-0(8)*, 2584, PI Kids) Phoenix International Publications, Inc.

Disney Princess: Dream Big! Maggie Fischer. Illus. by Fernando Guell. 2022. (Foil Book Ser.). (ENG.). 10p. (J). (gr. -1-k). bds., bds. 9.99 *(978-0-7944-4596-6(9)*, Studio Fun International) Printers Row Publishing Group.

Disney Princess: Dream Big Princess Look & Find. PI Kids. Illus. by Art Mawhinney. 2018. (ENG.). 24p. (J). 10.99 *(978-1-5037-3570-5(2)*, 2876, PI Kids) Phoenix International Publications, Inc.

Disney Princess: Dream Big Princess Me-Reader Electronic Reader & 8-Book Library. PI Kids. 2017. (ENG.). 192p. (J). 34.99 *(978-1-5037-1696-4(1)*, 2386, PI Kids) Phoenix International Publications, Inc.

Disney Princess: Dream Big, Princess Me Reader Electronic Reader & 8-Book Library Sound Book Set. PI Kids. Illus. by Jordi Municio-Planas et al. 2017. (ENG.). 192p. (J). 34.99 *(978-1-5037-1695-7(3)*, 2385, PI Kids) Phoenix International Publications, Inc.

Disney Princess: Enchanted Collection Stories, Poems, & Activities to Empower Young Princesses Look & Find. PI Kids. Illus. by Art Mawhinney et al. 2019. (ENG.). 80p. (J). 5.99 *(978-1-5037-5075-3(2)*, 3460, PI Kids) Phoenix International Publications, Inc.

Disney Princess Evergreen Look & Find. ed. 2018. (Look & Find Ser.). (ENG.). 20p. (J). (gr. -1-1). 22.36 *(978-1-64310-451-5(9))* Penworthy Co., LLC, The.

Disney Princess: First Look & Find. PI Kids. 2016. (ENG.). 16p. (J). bds. 12.99 *(978-1-5037-0295-0(2)*, 1902, PI Kids) Phoenix International Publications, Inc.

Disney Princess: First Look & Find Book & Giant Write-And-Erase Activity Cards: First Look & Find Book & Giant Write-And-Erase Activity Cards. PI Kids. 2017. (ENG.). 126p. (J). 28.99 *(978-1-5037-2296-5(1)*, 2529, PI Kids) Phoenix International Publications, Inc.

Disney Princess: First Words Sound Book. PI Kids. Illus. by The Disney Storybook Art Team. 2021. (ENG.). 24p. (J). 19.99 *(978-1-5037-5786-8(2)*, 11256, PI Kids) Phoenix International Publications, Inc.

Disney Princess: Flounder's First Dance Sound Book. PI Kids. Illus. by Jeffrey Thomas & The Disney Storybook Art Team. 2021. (ENG.). 10p. (J). bds. 6.99 *(978-1-5037-5672-4(6)*, 3760, PI Kids) Phoenix International Publications, Inc.

Disney Princess: Forever Friends Sound Book. Kathy Broderick. Illus. by Disney Storybook Art Team. 2017. (ENG.). 6p. (J). bds. 7.99 *(978-1-5037-3276-6(2)*, 2769, PI Kids) Phoenix International Publications, Inc.

Disney Princess Fun to Learn Flip Book: ABCs, Numbers, Colors, & Shapes. Disney. 2019. (ENG.). 50p. (J). (gr. -1-1). spiral bd. 12.99 *(978-0-7624-9334-0(8)*, Running Pr. Kids) Running Pr.

Disney Princess: Holiday Magic: A Pop-Up Songbook. PI Kids. Illus. by Disney Storybook Art Team. 2021. (ENG.). 12p. (J). bds. 25.99 *(978-1-5037-6077-6(4)*, 4643, PI Kids) Phoenix International Publications, Inc.

Disney Princess: I Can Be a Princess 12 Board Books. PI Kids. 2021. (ENG.). 120p. (J). bds., bds., bds. 16.99 *(978-1-5037-6179-7(7)*, 4655, PI Kids) Phoenix International Publications, Inc.

Disney Princess: I See a Princess! Lift-A-Flap Look & Find. PI Kids. Illus. by Kat Uno. 2020. (ENG.). 14p. (J). bds. 10.99 *(978-1-5037-5266-5(6)*, 3567, PI Kids) Phoenix International Publications, Inc.

Disney Princess Journey Through History (Disney Princess) Courtney Carbone. Illus. by Random House. 2023. (ENG.). 64p. (J). (gr. 1-4). 15.99 *(978-0-7364-3939-8(0)*, RH/Disney) Random Hse. Children's Bks.

Disney Princess: Learn to Draw Favorite Princesses: Featuring Tiana, Cinderella, Ariel, Snow White, Belle, & Other Characters! Disney Storybook Artists. 2019. (Licensed Learn to Draw Ser.). (ENG.). 128p. (J). (gr. 1-3). pap. 19.99 *(978-1-63322-816-0(9)*, Walter Foster Jr) Quarto Publishing Group USA.

Disney Princess: Learn to Draw Princesses: How to Draw Cinderella, Belle, Jasmine, & More! Disney Storybook Artists. 2018. (Licensed Learn to Draw Ser.). (ENG.). 64p. (J). (gr. 1-3). spiral bd. 14.99 *(978-1-63322-662-3(X)*, Walter Foster Jr) Quarto Publishing Group USA.

Disney Princess Little Golden Book Library (Disney Princess) Tangled; Brave; the Princess & the Frog; the Little Mermaid; Beauty & the Beast; Cinderella, 6 vols. 2016. (Little Golden Book Ser.). (ENG., Illus.). 144p. (J). (-k). 35.94 *(978-0-7364-3560-4(3)*, Golden/Disney) Random Hse. Children's Bks.

Disney Princess Look & Find: Dream Big Princess. Erin Rose Wage. ed. 2019. (Look & Find Ser.). (ENG.). 24p. (J). (gr. k-2). 22.36 *(978-1-64310-803-2(4))* Penworthy Co., LLC, The.

Disney Princess: Look & Find My Little Bucket of Books. Derek Harmening. 2017. (ENG.). 70p. (J). 19.99 *(978-1-5037-3029-8(8)*, 2725, PI Kids) Phoenix International Publications, Inc.

Disney Princess Mad Libs: World's Greatest Word Game. Sarah Fabiny. ed. 2019. (Mad Libs Ser.). (ENG.). 48p. (J). (gr. 3-7). pap. 7.99 *(978-0-593-09392-4(5)*, Mad Libs) Penguin Young Readers Group.

Disney Princess: Magical Worlds. Disney Books. 2021. (ENG.). 40p. (J). (gr. -1-k). 10.99 *(978-1-368-04522-3(7)*, Disney Press Books) Disney Publishing Worldwide.

TITLE INDEX DISOBEYING

Disney Princess: Make a Wish a Bubble Wand Songbook. PI Kids. Illus. by The Disney Storybook Art Team. 2021. (ENG.). 12p. (J). bds. 15.99 *(978-1-5037-5795-0(1)*, 3801, PI Kids) Phoenix International Publications, Inc.

Disney Princess: Me Reader 8-Book Library & Electronic Reader Sound Book Set. PI Kids. Illus. by The Disney Storybook Art Team. 2021. (ENG.). 192p. (J). 34.99 *(978-1-5037-6167-4(3)*, 3941, PIL Kids) Phoenix International Publications, Inc.

Disney Princess: Movie Theater Storybook & Movie Projector. Brandi Dougherty & Amelia Hansen. Illus. by Violet Caamano et al. 2019. (Movie Theater Storybook Ser.). (ENG.). 32p. (J). (gr. -1-k). 19.99 *(978-0-7944-4239-2(0)*, Studio Fun International) Printers Row Publishing Group.

Disney Princess Music Player Storybook. Editors of Studio Fun International. 2022. (Music Player Storybook Ser.). (ENG.). 28p. (J). (gr. -1-k). 19.99 *(978-0-7944-4878-3(X)*, Studio Fun International) Printers Row Publishing Group.

Disney Princess My First Bedtime Storybook. Disney Books. 2019. (My First Bedtime Storybook Ser.). (ENG., Illus.). 72p. (J). (gr. -1-k). 10.99 *(978-1-368-03915-4(4)*, Disney Press Books) Disney Publishing Worldwide.

Disney Princess: Once upon a Flower Girl. Marie Chow. 2021. (ENG., Illus.). 40p. (J). (gr. -1-k). 17.99 *(978-1-368-06365-4(9)*, Disney Press Books) Disney Publishing Worldwide.

Disney Princess: Once upon an Adventure Lift-A-Flap Sound Book. Erin Rose Wage. 2018. (ENG.). 12p. (J). bds. 14.99 *(978-1-5037-3149-3(9)*, 2745, PI Kids) Phoenix International Publications, Inc.

Disney Princess: Party Like a Princess: A Lift-And-Seek Book. Editors of Studio Fun International. 2020. (Lift-The-Flap Ser.). (ENG.). 12p. (J). (gr. -1-k). bds. 10.99 *(978-0-7944-4507-2(1)*, Studio Fun International) Printers Row Publishing Group.

Disney Princess Phonics. Inc. Disney Enterprises. ed. 2021. (Disney Learning Phonics Coll Ser.). (ENG., Illus.). 96p. (J). (gr. k-1). 19.46 *(978-1-64697-921-9(4))* Penworthy Co., LLC, The.

Disney Princess Phonics Collection: Short Vowels (Disney Learning: Bind-Up) Scholastic. 2021. (ENG.). 96p. (J). (gr. -1-1). pap. 8.99 *(978-1-338-74689-1(8))* Scholastic, Inc.

Disney Princess: Rise & Shine! Grace Baranowski. Illus. by Fernando Guell. 2023. (Lift-The-Flap Ser.). (ENG.). 12p. (J). (gr. -1-k). bds., bds. 11.99 ***(978-0-7944-4512-6(8)***, Studio Fun International) Printers Row Publishing Group.

Disney Princess: Royal Adventures. Editors of Studio Fun International. 2nd ed. 2022. (Magnetic Play Set Ser.). (ENG.). 32p. (J). (gr. -1-k). pap. 16.99 *(978-0-7944-4895-0(X)*, Studio Fun International) Printers Row Publishing Group.

Disney Princess: Royally Fierce. Brittany Rubiano. 2020. (Illus.). 40p. (YA). (gr. 7). 12.99 ***(978-1-368-04915-3(X))*** Disney Publishing Worldwide.

Disney Princess: Starlight Dreams Good Night Starlight Projector Sound Book. PI Kids. Illus. by The Disney Storybook Art Team. 2020. (ENG.). 12p. (J). bds. 21.99 *(978-1-5037-5191-0(0)*, 3520, PI Kids) Phoenix International Publications, Inc.

Disney Princess: Storybook Collection Advent Calendar: A Festive Countdown with 24 Books. IglooBooks. 2021. (ENG.). 24p. (J). (gr. -1-3). 29.99 *(978-1-80108-726-1(1))* Igloo Bks. GBR. Dist: Simon & Schuster, Inc.

Disney Princess: Storybook Collection Advent Calendar: With 24 Magical Books to Enjoy. IglooBooks. 2022. (ENG.). 24p. (J). (gr. -1). 31.99 *(978-1-80368-427-7(5))* Igloo Bks. GBR. Dist: Simon & Schuster, Inc.

Disney Princess Storybook Tea Party Playset: With 11-Piece Porcelain Teapot & Cups. IglooBooks. 2023. (ENG.). 24p. (J). (gr. -1). pap. 19.99 ***(978-1-83771-696-8(X))*** Igloo Bks. GBR. Dist: Simon & Schuster, Inc.

Disney Princess: Storytime with Belle. PI Kids. 2017. (ENG., Illus.). 12p. (J). bds. 21.99 *(978-1-5037-2198-2(1)*, 2505, PI Kids) Phoenix International Publications, Inc.

Disney Princess: Talking Quiz Sound Book. PI Kids. Illus. by The Disney Storybook Art Team. 2020. (ENG.). 96p. (J). 21.99 *(978-1-5037-5320-4(4)*, 3587, PI Kids) Phoenix International Publications, Inc.

Disney Princess: the Magic Unfolds. Disney. Illus. by Mariana Avila Lagunes. 2022. (Abrams Unfolds Book Ser.). (ENG.). 24p. (J). (gr. -1-17). 19.99 *(978-1-4197-5437-1(8)*, 17320, Abrams Bks. for Young Readers) Abrams, Inc.

Disney Princess: Tis the Season to Sparkle: Color & Craft with 4 Big Crayons & Stickers. Editors of Dreamtivity. 2022. (ENG.). 48p. (J). (gr. -1 — 1). pap. 5.99 *(978-1-64588-640-2(9))* Printers Row Publishing Group.

Disney Princess Top 10s: From Ariel to Rapunzel. Jennifer Boothroyd. 2019. (My Top 10 Disney Ser.). (ENG., Illus.). 32p. (J). (gr. 1-4). pap. 8.99 *(978-1-5415-4661-5(X)*, Lerner Pubns.) Lerner Publishing Group.

Disney Princess Ultimate Sticker Collection. DK. 2020. (Ultimate Sticker Collection). 72p. (J). (gr. k-2). pap. 12.99 *(978-1-4654-9241-8(0)*, DK Children) Dorling Kindersley Publishing, Inc.

Disney Princess (Water Wonder) Scholastic. 2021. (ENG.). 12p. (J). (gr. -1-k). 10.99 *(978-1-338-72908-5(X))* Scholastic, Inc.

Disney Princesses: Look & Find. PI Kids. Illus. by Art Mawhinney. 2021. (Look & Find Ser.). (ENG.). 24p. (J). (gr. k-2). lib. bdg. 14.29 *(978-1-64996-016-0(6)*, 4760, Sequoia Publishing & Media LLC) Phoenix International Publications, Inc.

Disney Princesses (Set), 12 vols. 2020. (Disney Princesses Ser.). (ENG.). 48p. (J). (gr. 2-6). lib. bdg. 393.48 *(978-1-5321-4557-5(8)*, 35204, Graphic Novels) Spotlight.

Disney Ralph Breaks the Internet: Look & Find. PI Kids. Illus. by Art Mawhinney. 2018. (ENG.). 24p. (J). 9.99 *(978-1-5037-3934-5(1)*, 3002, PI Kids) Phoenix International Publications, Inc.

Disney Ralph Breaks the Internet: Look & Find. PI Kids. Illus. by Art Mawhinney. 2018. (ENG.). 24p. (J). 10.99 *(978-1-5037-3651-1(2)*, 2899, PI Kids) Phoenix International Publications, Inc.

Disney Raya & the Last Dragon Raya's World. DK & Julia March. 2021. (ENG., Illus.). 64p. (J). pap. ***(978-0-241-43920-3(5))*** Dorling Kindersley Publishing, Inc.

Disney Raya & the Last Dragon Ultimate Sticker Book. DK. 2021. (Ultimate Sticker Book Ser.). 16p. (J). (gr. k-2). pap. 6.99 *(978-1-4654-9803-8(6)*, DK Children) Dorling Kindersley Publishing, Inc.

Disney Songs for Harmonica: 30 Favorites Arranged for Diatonic Harmonica. Created by Hal Leonard Corp. Staff. 2017. (ENG.). 80p. (J). pap. 14.99 *(978-1-4950-7956-6(2)*, 00201033) Leonard, Hal Corp.

Disney Star Wars the Last Jedi Look & Find. Erin Rose Wage. ed. 2018. (Look & Find Ser.). (ENG.). 19p. (J). (gr. -1-1). 22.36 *(978-1-64310-779-0(8))* Penworthy Co., LLC, The.

Disney Stories For 2-Year-Olds. Editors of Studio Fun International. 2019. (Padded Storybooks Ser.). (ENG.). 192p. (J). (— 1). 12.99 *(978-0-7944-4434-1(2)*, Studio Fun International) Printers Row Publishing Group.

Disney Stories For 3-Year-Olds. Editors of Studio Fun International. 2019. (Padded Storybooks Ser.). (ENG.). 192p. (J). (gr. -1-k). 12.99 *(978-0-7944-4435-8(0)*, Studio Fun International) Printers Row Publishing Group.

Disney Stories for Little Hands: Classic Tails. Maggie Fischer. 2020. (Stories for Little Hands Ser.). (ENG.). 20p. (J). (— 1). bds. 9.99 *(978-0-7944-4602-4(7)*, Studio Fun International) Printers Row Publishing Group.

Disney: Storybook Collection Jedi Advent Calendar: A Festive Countdown with 24 Books. IglooBooks. 2022. (ENG.). 24p. (J). (gr. -1). 31.99 *(978-1-80368-426-0(7))* Igloo Bks. GBR. Dist: Simon & Schuster, Inc.

Disney Storybook Collection Advent Calendar: A Festive Countdown with 24 Books. IglooBooks. 2021. (ENG.). 24p. (J). (gr. -1-4). 29.99 *(978-1-80108-725-4(3))* Igloo Bks. GBR. Dist: Simon & Schuster, Inc.

Disney Strange World Little Golden Book. Golden Books. Illus. by Golden Books. 2022. (Little Golden Book Ser.). (ENG., Illus.). 24p. (J). (-k). 5.99 *(978-0-7364-4326-5(6)*, Golden/Disney) Random Hse. Children's Bks.

Disney Strange World: the Graphic Novel. RH Disney. 2023. (Graphic Novel Ser.). (ENG.). 72p. (J). (gr. 1-3). 12.99 *(978-0-7364-4328-9(2)*, RH/Disney) Random Hse. Children's Bks.

Disney Strange World: the Junior Novelization. RH Disney. 2022. (ENG.). 144p. (J). (gr. 1-4). 7.99 *(978-0-7364-4339-5(8)*, RH/Disney) Random Hse. Children's Bks.

Disney Strange World Ultimate Sticker Book. DK. 2022. (Ultimate Sticker Book Ser.). (ENG.). 16p. (J). (gr. k-2). pap. 6.99 *(978-0-7440-7134-4(8)*, DK Children) Dorling Kindersley Publishing, Inc.

Disney Sweet Dreams, Mickey. Nancy Parent. Illus. by Ciro Cangialosi et al. 2020. (Disney Die-Cut Classics Ser.). (ENG.). 68p. (J). (gr. 1-3). 9.99 *(978-0-7944-4482-2(2)*, Studio Fun International) Printers Row Publishing Group.

Disney: Talking Quiz Sound Book. PI Kids. Illus. by The Disney Storybook Art Team. 2020. (ENG.). 96p. (J). 21.99 *(978-1-5037-5196-5(1)*, 3522, PI Kids) Phoenix International Publications, Inc.

Disney: Tangled. Adapted by Suzanne Francis. 2022. (Disney Die-Cut Classics Ser.). (ENG.). 60p. (J). (gr. 1-3). 9.99 *(978-0-7944-5016-8(4)*, Studio Fun International) Printers Row Publishing Group.

Disney Tangled Look & Find. I. Kids P. 2018. (Look & Find Ser.). (ENG.). 24p. (J). *(978-1-5037-2858-5(7)*, 1c4f98fa-cc76-44bc-8771-cbb4041b87a5, PI Kids) Phoenix International Publications, Inc.

Disney Tangled Look & Find. Emily Skwish. ed. 2019. (Look & Find Ser.). (ENG.). 24p. (J). (gr. k-2). 22.36 *(978-1-64310-802-5(6))* Penworthy Co., LLC, The.

Disney Tangled Movie Comic. Disney Editors. ed. 2017. (ENG.). 64p. (J). (gr. 4-7). 18.40 *(978-0-606-39085-9(5))* Turtleback.

Disney Tangled: Movie Storybook / Libro Basado en la Pelicula (English-Spanish) Tr. by Elvira Ortiz. Illus. by Disney Storybook Art Team. 2018. (Disney Bilingual Ser.: 5). (ENG.). 24p. (J). (gr. -1-2). pap. 4.99 *(978-1-4998-0785-1(6)*, BuzzPop) Little Bee Books Inc.

Disney: the Jungle Book. Ed. by Editors of Studio Fun International. 2019. (Disney Die-Cut Classics Ser.). (ENG.). 72p. (J). (gr. 1-3). 9.99 *(978-0-7944-4371-9(0)*, Studio Fun International) Printers Row Publishing Group.

Disney the Lion Kind Look & Find. Colette Moran. 2019. (Look & Find Ser.). (ENG.). 20p. (J). (gr. k-1). 22.36 *(978-0-87617-432-6(2))* Penworthy Co., LLC, The.

Disney: the Lion King. Ed. by Editors of Studio Fun International. 2019. (Disney Die-Cut Classics Ser.). (ENG.). 72p. (J). (gr. 1-3). 9.99 *(978-0-7944-4347-4(8)*, Studio Fun International) Printers Row Publishing Group.

Disney the Lion King: Busy Board with Wind-Up Car & Track. IglooBooks. 2019. (ENG.). 8p. (J). (-1). 19.99 *(978-1-83852-860-7(1))* Igloo Bks. GBR. Dist: Simon & Schuster, Inc.

Disney the Lion King Friends Forever Sound Book. Derek Harmening. Illus. by The Disney Storybook Art Team. 2019. (ENG.). 12p. (J). bds. 14.99 *(978-1-5037-4356-4(X)*, 3154, PI Kids) Phoenix International Publications, Inc.

Disney the Lion King: Look & Find: Look & Find. Colette Moran. Illus. by Jaime Diaz Studios. 2019. (ENG.). 24p. (J). 10.99 *(978-0-7853-9532-4(6)*, 4707, PI Kids) Phoenix International Publications, Inc.

Disney the Lion King Movie Comic. Disney Editors. 2016. (ENG.). 64p. (J). (gr. 4-7). 18.40 *(978-0-606-39084-2(7))* Turtleback.

Disney the Lion King: Movie Storybook / Libro Basado en la Pelicula (English-Spanish) Tr. by Laura Collado Piriz. Illus. by Disney Storybook Art Team. 2019. (Disney Bilingual Ser.: 20). (ENG.). 24p. (J). (gr. -1-2). pap. 4.99 *(978-1-4998-0941-1(7)*, BuzzPop) Little Bee Books Inc.

Disney the Lion King: Songs with Simba. PI Kids. Illus. by The Disney Storybook Art Team. 2019. (ENG.). 12p. (J). bds. 21.99 *(978-1-5037-4590-2(2)*, 3255, PI Kids) Phoenix International Publications, Inc.

Disney the Little Mermaid: Movie Storybook / Libro Basado en la Pelicula (English-Spanish) Tr. by Laura Collado Piriz. Illus. by Disney Storybook Art Team. 2018. (Disney Bilingual Ser.: 13). (ENG.). 24p. (J). (gr. -1-2). pap. 4.99 *(978-1-4998-0796-7(1)*, BuzzPop) Little Bee Books Inc.

Disney the One & Only Ivan: Draw Me a Story. Beth Ferry. ed. 2020. (ENG., Illus.). 40p. (J). (gr. -1-k). 17.99 *(978-1-368-06024-0(2)*, Disney Press Books) Disney Publishing Worldwide.

Disney: the Sword in the Stone. Editors of Studio Fun International. 2021. (Disney Die-Cut Classics Ser.). (ENG.). 68p. (J). (gr. 1-3). 9.99 *(978-0-7944-4424-2(5)*, Studio Fun International) Printers Row Publishing Group.

Disney: Tim Burton's the Nightmare Before Christmas. Adapted by Suzanne Francis. 2023. (Disney Classic 8 X 8 Ser.). (ENG.). 32p. (J). (gr. -1-k). pap. 5.99 ***(978-0-7944-5097-7(0)***, Studio Fun International) Printers Row Publishing Group.

Disney: Tim Burton's the Nightmare Before Christmas: Includes Double-Ended Pencils & Stickers! Editors of Dreamtivity. 2023. (ENG.). 48p. (J). (gr. 1-1). pap. 8.99 ***(978-1-64588-665-5(4))*** Printers Row Publishing Group.

Disney Tim Burton's the Nightmare Before Christmas: With Big Crayons! Editors of Dreamtivity. 2023. (ENG.). 48p. (J). (gr. -1 — 1). pap. 6.99 ***(978-1-64588-592-4(5))*** Printers Row Publishing Group.

Disney: Tim Burton's the Nightmare Before Christmas Movie Theater Storybook & Movie Projector. Editors of Studio Fun International. 2022. (Movie Theater Storybook Ser.). (ENG.). 28p. (J). (gr. 1-3). 19.99 *(978-0-7944-4940-7(9)*, Studio Fun International) Printers Row Publishing Group.

Disney: Tim Burton's the Nightmare Before Christmas: the 13 Days of Halloween: Jack's Spooktacular Countdown! Editors of Studio Fun International. Illus. by Kaley McCabe. 2023. (ENG.). 194p. (J). (gr. 1-3). 17.99 ***(978-0-7944-5066-3(0)***, Studio Fun International) Printers Row Publishing Group.

Disney Tunes - Recorder Fun! Pack with Songbook & Instrument. Created by Hal Leonard Corp. Staff. 2017. (ENG.). 24p. (J). pap. 9.99 *(978-1-4950-6583-5(9)*, 00171169) Leonard, Hal Corp.

Disney Vamparina Look & Find O/P. Kids PI. 2018. (Look & Find Ser.). (ENG.). 24p. (J). *(978-1-5037-3757-0(8)*, b7586903-d934-4884-b26f-1abf30735958, PI Kids) Phoenix International Publications, Inc.

Disney Vampirina Look & Find. Derek Harmening. ed. 2018. (Look & Find Ser.). (ENG.). (J). (gr. k-1). 22.36 *(978-1-64310-270-2(2))* Penworthy Co., LLC, The.

Disney Villains Cookbook. Disney Books. 2023. (ENG.). 144p. (J). (gr. 1-3). 17.99 ***(978-1-368-07498-8(7)***, Disney Press Books) Disney Publishing Worldwide.

Disney Villains: How the Villains Ruined Christmas. Serena Valentino. 2022. (ENG.). 40p. (J). (gr. 1-3). 16.99 *(978-1-368-07701-9(3)*, Disney Press Books) Disney Publishing Worldwide.

Disney Villains the Essential Guide, New Edition. Glenn Dakin & Victoria Saxon. rev. ed. 2020. (ENG.). 96p. (J). (gr. k-4). 12.99 *(978-1-4654-8953-1(3)*, DK Children) Dorling Kindersley Publishing, Inc.

Disney What Do You See? Best Friends. PI Kids. Illus. by Disney Storybook Art Team. 2021. (Disney What Do You See? Ser.). (ENG.). 20p. (J). (gr. k-2). bds. 11.69 *(978-1-64996-020-7(4)*, 4764, Sequoia Publishing & Media LLC) Phoenix International Publications, Inc.

Disney What Do You See? Let's Play. PI Kids. Illus. by Disney Storybook Art Team. 2021. (Disney What Do You See? Ser.). (ENG.). 20p. (J). (gr. k-2). bds. 11.69 *(978-1-64996-021-4(2)*, 4765, Sequoia Publishing & Media LLC) Phoenix International Publications, Inc.

Disney Where's Mickey Look & Find. Emma Drage. 2019. (Look & Find Ser.). (ENG.). 40p. (J). (gr. k-1). 22.36 *(978-0-87617-433-3(0))* Penworthy Co., LLC, The.

Disney: Who Do You See? Look & Find. PI Kids. 2021. (ENG.). 48p. (J). 10.99 *(978-1-5037-5884-1(2)*, 3839, PIL Kids) Phoenix International Publications, Inc.

Disney Who's Who: An a to Z of Disney Characters. Brooke Vitale & Scott Petrower. 2017. (Illus.). 428p. (J). *(978-1-5379-5787-6(2))* Disney Publishing Worldwide.

Disney Who's Who (Refresh) Disney Books. 2020. (ENG., Illus.). 432p. (J). (gr. 1-3). pap. 12.99 *(978-1-368-05782-0(9)*, Disney Press Books) Disney Publishing Worldwide.

Disney Winnie the Pooh. PI Kids. 2017. (ENG.). 10p. bds. 10.99 *(978-0-7853-1343-4(5)*, 1325, PI Kids) Phoenix International Publications, Inc.

Disney Winnie the Pooh Cinestory Comic Limited Edition. Disney. 2017. (ENG.). 380p. (J). *(978-1-77275-276-2(2))* Joe Bks. Inc.

Disney Wreck It Ralph 2 Breaks the Internet Look AndFind. Erin Rose Wage. ed. 2019. (Look & Find Ser.). (ENG.). 24p. (J). (gr. k-2). 22.36 *(978-1-64310-804-9(2))* Penworthy Co., LLC, The.

Disney Zombies Junior Novelization (Disney Zombies) Judy Katschke. Illus. by RH Disney. 2018. (ENG.). 144p. (J). (gr. 2-5). 6.99 *(978-0-7364-3963-3(3)*, RH/Disney) Random Hse. Children's Bks.

Disney Zombies: Welcome to Seabrook. Disney Books. ed. 2022. (ENG.). 112p. (J). (gr. 3-7). pap. 9.99 *(978-1-368-07322-6(0)*, Disney Press Books) Disney Publishing Worldwide.

Disney Zootopia Cinestory. Disney Editors. ed. 2016. (J). lib. bdg. 26.95 *(978-0-606-38728-6(5))* Turtleback.

Disneyland Parks Sticker & Activity Book: With over 500 Stickers. IglooBooks. 2023. (ENG.). 65p. (J). (gr. -1). pap. 14.99 ***(978-1-83771-752-1(4))*** Igloo Bks. GBR. Dist: Simon & Schuster, Inc.

Disney/Pixar Bao Little Golden Book (Disney/Pixar Bao) RH Disney. Illus. by RH Disney. 2020. (Little Golden Book Ser.). (ENG., Illus.). 24p. (J). (-k). 4.99 *(978-0-7364-4115-5(8)*, Golden/Disney) Random Hse. Children's Bks.

Disney/Pixar Coco: Movie Storybook / Libro Basado en la Pelicula (English-Spanish) Tr. by Elvira Ortiz. 2018. (Disney Bilingual Ser.: 4). (ENG., Illus.). 24p. (J). (gr. -1-2). pap. 4.99 *(978-1-4998-0779-0(1)*, BuzzPop) Little Bee Books Inc.

Disney/Pixar Elemental Little Golden Book (Disney/Pixar Elemental) Golden Books. Illus. by Disney Storybook Disney Storybook Art Team. 2023. (Little Golden Book Ser.). (ENG.). 24p. (J). (-k). 5.99 *(978-0-7364-4371-5(1)*, Golden/Disney) Random Hse. Children's Bks.

Disney/Pixar Elemental Middle Grade Novel. Meredith Rusu. 2023. (ENG.). 256p. (J). (gr. 3-7). 14.99 *(978-1-368-09245-6(4)*, Disney Press Books) Disney Publishing Worldwide.

Disney/Pixar Elemental Picture Book. Luna Chi. Illus. by Francesca Risoldi. 2023. (ENG.). 40p. (J). (gr. -1-k). 16.99 *(978-1-368-09244-9(6)*, Disney Press Books) Disney Publishing Worldwide.

Disney/Pixar Elemental: the Deluxe Junior Novelization (Disney/Pixar Elemental) Erin Falligant. 2023. (ENG.). 144p. (J). (gr. 1-4). 10.99 *(978-0-7364-4395-1(9)*, RH/Disney) Random Hse. Children's Bks.

Disney/Pixar Elemental: the Graphic Novel. RH Disney. 2023. (Graphic Novel Ser.). (ENG.). 72p. (J). (gr. 1-3). 12.99 *(978-0-7364-4376-0(2)*, RH/Disney) Random Hse. Children's Bks.

Disney/Pixar Elemental: the Junior Novelization (Disney/Pixar Elemental) Erin Falligant. 2023. (ENG.). 144p. (J). (gr. 1-4). 7.99 *(978-0-7364-4394-4(0)*, RH/Disney) Random Hse. Children's Bks.

Disney/Pixar Inside Out: Sadness Saves the Day! Tracey West. Illus. by Random House Disney. 2019. (Disney Chapters Ser.). (ENG.). 128p. (J). (gr. 1-4). lib. bdg. 16.80 *(978-1-6636-3519-8(6))* Perfection Learning Corp.

Disney/Pixar Lightyear Little Golden Book. Golden Books. Illus. by Golden Books. 2022. (Little Golden Book Ser.). (ENG., Illus.). 24p. (J). (-k). 5.99 *(978-0-7364-4291-6(X)*, Golden/Disney) Random Hse. Children's Bks.

Disney/Pixar Lightyear: the Graphic Novel. RH Disney. 2022. (Graphic Novel Ser.). (ENG.). 72p. (J). (gr. 1-3). 12.99 *(978-0-7364-4298-5(7)*, RH/Disney) Random Hse. Children's Bks.

Disney/Pixar Lightyear: the Junior Novelization. RH Disney. 2022. (ENG.). 144p. (J). (gr. 1-4). 6.99 *(978-0-7364-4313-5(4)*, RH/Disney) Random Hse. Children's Bks.

Disney/Pixar Luca: the Junior Novelization (Disney/Pixar Luca)) Steve Behling. 2021. (ENG., Illus.). 144p. (J). (gr. 3-7). 6.99 *(978-0-7364-4204-6(9)*, RH/Disney) Random Hse. Children's Bks.

Disney*Pixar My First Bedtime Storybook. Disney Books. 2019. (My First Bedtime Storybook Ser.). (ENG., Illus.). 72p. (J). (gr. -1-k). 10.99 *(978-1-368-03913-0(8)*, Disney Press Books) Disney Publishing Worldwide.

Disney*Pixar ReadAlong Storybook & CD Box Set. Disney Books. 2017. (Read-Along Storybook & CD Ser.). (ENG., Illus.). 128p. (J). (gr. 1-3). 12.99 *(978-1-368-00264-6(1)*, Disney Press Books) Disney Publishing Worldwide.

Disney/Pixar Toy Story 4: Movie Storybook / Libro Basado en la Pelicula (English-Spanish) Tr. by Laura Collado Piriz. Illus. by Disney Storybook Art Team. 2019. (Disney Bilingual Ser.: 18). (ENG.). 24p. (J). (gr. -1-2). pap. 4.99 *(978-1-4998-0944-2(1)*, BuzzPop) Little Bee Books Inc.

Disney/Pixar Toy Story Little Golden Board Book (Disney/Pixar Toy Story) RH Disney. Illus. by Ben Butcher. 2022. (Little Golden Book Ser.). (ENG.). 26p. (J). (-k). bds. 7.99 *(978-0-7364-4317-3(7)*, Golden/Disney) Random Hse. Children's Bks.

Disney/Pixar Turning Red: Like Mother, Like Daughter. Natasha Yim. ed. 2022. (ENG.). 40p. (J). (gr. -1-k). 16.99 *(978-1-368-07577-0(0)*, Disney Press Books) Disney Publishing Worldwide.

Disney/Pixar Turning Red Little Golden Book. Golden Books. Illus. by Golden Books. 2022. (Little Golden Book Ser.). (ENG., Illus.). 24p. (J). (-k). 5.99 *(978-0-7364-4260-2(X)*, Golden/Disney) Random Hse. Children's Bks.

Disney/Pixar Turning Red: Mei's Little Box of Big Feelings. Aimee Murata. ed. 2022. (ENG.). 120p. (J). (gr. -1-k). 13.99 *(978-1-368-07709-5(9)*, Disney Press Books) Disney Publishing Worldwide.

Disney/Pixar Turning Red: the Graphic Novel. RH Disney. 2022. (Graphic Novel Ser.). (ENG., Illus.). 72p. (J). (gr. 1-3). 12.99 *(978-0-7364-4274-9(X)*, RH/Disney) Random Hse. Children's Bks.

Disney/Pixar Turning Red: the Junior Novelization. Cynthea Liu. 2022. (ENG., Illus.). 144p. (J). (gr. 1-4). 6.99 *(978-0-7364-4280-0(4)*, RH/Disney) Random Hse. Children's Bks.

Disney/Pixar Turning Red: the Real R. P. G.: the Story of the Red Panda Girl. Lily Quan. ed. 2022. (ENG.). 256p. (J). (gr. 3-7). 10.99 *(978-1-368-07579-4(7)*, Disney Press Books) Disney Publishing Worldwide.

Disney's 100th Anniversary Boxed Set of 12 Little Golden Books (Disney), 12 vols. Golden Books. 2022. (Little Golden Book Ser.). (ENG., Illus.). 288p. (J). (-k). 71.88 *(978-0-593-64605-2(3)*, Golden/Disney) Random Hse. Children's Bks.

Disney's Countdown to Christmas: A Story a Day. Disney Books. 2017. (ENG., Illus.). 64p. (J). (gr. 1-3). 10.99 *(978-1-4847-3052-2(6)*, Disney Press Books) Disney Publishing Worldwide.

Disney's Lion King. Stevie Stack. 2019. (Disney 8x8 Ser.). (ENG & SPA.). 24p. (J). (gr. k-1). 15.36 *(978-0-87617-744-0(5))* Penworthy Co., LLC, The.

Disney's Movie Night ReadAlong Storybook & CD Collection: 3-In-1 Feature Animation Bind-up. Disney Books. 2018. (Read-Along Storybook & CD Ser.). (ENG., Illus.). 96p. (J). (gr. 1-3). pap. 9.99 *(978-1-368-02864-6(0)*, Disney Press Books) Disney Publishing Worldwide.

Disobedience: Old Testament Volume 20: 1 Samuel, Part 1. Arlene S. Piepgrass & Bible Visuals International. 2019. (Visualized Bible Ser.: Vol. 2020). (ENG.). 30p. (J). pap. 15.00 *(978-1-64104-026-6(2))* Bible Visuals International, Inc.

Disobedient Child (Classic Reprint) Thomas Ingelend. 2017. (ENG., Illus.). (J). 26.68 *(978-0-260-88980-5(6))*; pap. 9.57 *(978-0-260-31306-5(8))* Forgotten Bks.

Disobedient Kids: And Other Czecho-Slovak Fairy Tales (Classic Reprint) Bozena Nemcova. (ENG., Illus.). (J). 2017. 24.93 *(978-0-265-82835-9(X))*; 2016. pap. 9.57 *(978-1-333-62012-7(8))* Forgotten Bks.

Disobeying. Joy Berry. 2018. (Help Me Be Good Ser.). (ENG.). 34p. (J). pap. 8.99 *(978-0-7396-0319-2(1))* Inspired Studios Inc.

D

Disorder on the Court: A YA Contemporary Sports Novel. Tamara Girardi. 2022. (Iron Valley Ser.: 2). (ENG.). 278p. (YA). 35.00 *(978-1-953944-82-5(5))*; pap. 14.95 *(978-1-953944-81-8(7))* Wise Wolf Bks.

Disowned. Addison-Fox. 2017. 325p. (YA). pap. 12.99 *(978-1-63522-901-1(4))* Rivershore Bks.

Disowned. Sarah Addison-Fox. 2017. (Allegiance Ser.: Vol. 1). (ENG., Illus.). 330p. (J). pap. *(978-0-473-44822-6(X))* Double Edged Sword Publishing.

Disowned, Vol. 1 of 4 (Classic Reprint) Edward Bulwer Lytton. 2018. (ENG., Illus.). 376p. (J). 31.67 *(978-0-332-45243-2(3))* Forgotten Bks.

Dispatch Carrier: A Thrilling Description of the Adventures of a Dispatch Carrier in the Late War; the Capture, Imprisonment, Escape & Recapture of an Union Soldier a Complete Narrative of a Soldier's Individual Experience in the Civil War, From 186. Wm. N. Tyler. 2018. (ENG., Illus.). 154p. (J). 27.09 *(978-0-332-16587-5(6))* Forgotten Bks.

Displaced. Dean Hughes. 2020. (ENG.). 256p. (J). (gr. 7). 18.99 *(978-1-5344-5232-9(X)*, Atheneum Bks. for Young Readers) Simon & Schuster Children's Publishing.

Displaced: A Story about Climate Change & How Displaced Animals Ring the Alarm. Ronnie Swire Siegel. 2021. (ENG.). 50p. (J). pap. 18.00 *(978-1-7359219-2-1(0))* Swire Siegel.

Displacement. Kiku Hughes. 2019. (ENG.). 288p. (YA). lib. bdg. 30.60 *(978-1-6636-3109-1(3))* Perfection Learning Corp.

Displacement. Kiku Hughes. 2020. (ENG., Illus.). 288p. (YA). 24.99 *(978-1-250-19354-4(0)*, 900193394); pap. 17.99 *(978-1-250-19353-7(2)*, 900193395) Roaring Brook Pr. (First Second Bks.).

Displacement Interferometry by the Aid of the Achromatic Fringes (Classic Reprint) Carl Barus. 2018. (ENG., Illus.). 312p. (J). 30.33 *(978-0-484-13557-3(0))* Forgotten Bks.

Displacement of Native Peoples. Lynn Peppas. 2016. (ENG., Illus.). 48p. (J). *(978-0-7787-2571-8(5))* Crabtree Publishing Co.

Displasia de Cadera y otras enfermedades ortopedicas Caninas see Canine Hip Dysplasia & Other Orthopedic Disorders

Display: A Tale (Classic Reprint) Jane Taylor. 2018. (ENG., Illus.). 240p. (J). 28.85 *(978-0-483-55629-4(7))* Forgotten Bks.

Display: 2018 Indestructibles Spinner: 36-Copy Mixed Counter Display. Amy Pixton. 2018. (ENG., Illus.). pap., pap., pap. 214.20 *(978-1-5235-0528-9(1))* Workman Publishing Co., Inc.

Display: a Book about Mom with Words & Pictures by Me: 6-CC Counter Display. Irena Freitas. 2021. (ENG.). 59.70 *(978-1-5235-1408-3(6))* Workman Publishing Co., Inc.

Display: Atlas Obscura Kids: an Explorer's Guide for the World's Most Adventurous Kid: 5-Copy Counter Display. Dylan Thuras & Rosemary Mosco. 2018. (ENG., Illus.). 99.75 *(978-1-5235-0581-4(8))* Workman Publishing Co., Inc.

Display: Dare Ya Chunky Counter Display: 8-CC Counter Display. Courtney Carbone. 2019. (ENG.). pap. 79.92 *(978-1-5235-0924-9(4))* Workman Publishing Co., Inc.

Display: Fandex Kids: Dinosaurs: 8-CC Counter Display. Workman Publishing. 2022. (ENG.). 103.60 *(978-1-5235-1501-1(5))* Workman Publishing Co., Inc.

Display: Indestructibles: Happy Easter: 12-CC Counter Display. Amy Pixton & Vanja Kragulj. 2023. (ENG.). pap. 71.40 *(978-1-5235-1503-5(1))* Workman Publishing Co., Inc.

Display: Indestructibles Love You, Baby: 12-Copy Counter Display. Stephan Lomp. 2017. (ENG., Illus.). pap. 71.40 *(978-1-5235-0239-4(8))* Workman Publishing Co., Inc.

Display: Jokelopedia: 8-Copy Counter Display. Eva Blank et al. 3rd ed. 2016. (ENG., Illus.). pap. 87.92 *(978-1-5235-0106-9(5))* Workman Publishing Co., Inc.

Display: Kids' Book of Sticker Love: 5-CC Counter Display. Irene Smit & Astrid van der Hulst. 2021. (ENG.). pap. 99.95 *(978-1-5235-1379-6(9))* Workman Publishing Co., Inc.

Display: Mega Maze Adventure: 6-CC Counter Display. Workman Publishing. 2020. (ENG.). bds. 89.70 *(978-1-5235-1081-8(1))* Workman Publishing Co., Inc.

Display: My First Brain Quest ABCs/123s/Shapes/Colors Mixed Display: 12-CC Mixed Counter Display. Workman Publishing. 2023. (ENG.). bds., bds., bds. 107.88 *(978-1-5235-1525-7(2))* Workman Publishing Co., Inc.

Display: My First Brain Quest First Words: Around the Home: 8-CC Counter Display. Workman Publishing. 2023. (ENG.). bds. 87.92 *(978-1-5235-1524-0(4))* Workman Publishing Co., Inc.

Display: Oakley the Squirrel & the Search for Z: 6-CC Counter Display. Nancy Rose. 2021. (ENG.). bds. 47.70 *(978-1-5235-1376-5(4))* Workman Publishing Co., Inc.

Display: Paint by Sticker Kids Christmas Counter Display: 8-CC Counter Display. Workman Publishing. 2019. (ENG.). pap. 87.60 *(978-1-5235-0927-0(9))* Workman Publishing Co., Inc.

Display: Paint by Sticker Kids: Dinosaurs: 8-CC Counter Display. Workman Publishing. 2020. (ENG.). pap. 79.60 *(978-1-5235-1166-2(4))* Workman Publishing Co., Inc.

Display: Paint by Sticker Kids Halloween Counter Display: 8-CC Counter Display. Workman Publishing. 2019. (ENG.). pap. 87.92 *(978-1-5235-0826-6(4))* Workman Publishing Co., Inc.

Display: Paint by Sticker Kids: Holly Jolly Christmas: 8-CC Counter Display. Workman Publishing. 2022. (ENG.). pap. 87.92 *(978-1-5235-1938-5(X))* Workman Publishing Co., Inc.

Display: Paint by Sticker Kids: Outer Space: 8-CC Counter Display. Workman Publishing. 2020. (ENG.). pap. 87.60 *(978-1-5235-1372-7(1))* Workman Publishing Co., Inc.

Display: Paint by Sticker Kids: Rainbows Everywhere! 8-CC Counter Display. Workman Publishing. 2022. (ENG.). pap. 87.92 *(978-1-5235-1939-2(8))* Workman Publishing Co., Inc.

Display: Paint by Sticker Kids: Unicorns & Magic: 8-CC Counter Display. Workman Publishing. 2019. (ENG.). pap. 79.60 *(978-1-5235-0763-4(2))* Workman Publishing Co., Inc.

Display: Paint by Stickers Kids: Beautiful Bugs: 8-CC Counter Display. Workman Publishing. 2018. (ENG.). pap. 79.60 *(978-1-5235-0422-0(6))* Workman Publishing Co., Inc.

Display: Paperfold Wild Animals: 8-CC Counter Display. Megan Montague Cash. 2023. (ENG.). pap. 79.60 *(978-1-5235-1701-5(8))* Workman Publishing Co., Inc.

Display: PB Atlas Obscura Explorer's Guide for the World's Most Adventurous Kid: 5-CC Counter Display. Dylan Thuras & Rosemary Mosco. 2022. (ENG.). pap. 74.95 *(978-1-5235-1703-9(4))* Workman Publishing Co., Inc.

Display: Pranklopedia: 8-Copy Counter Display. Julie Winterbottom. 2nd ed. 2016. (ENG.). pap. 79.60 *(978-1-5235-0107-6(3))* Workman Publishing Co., Inc.

Display: Spencer Goes to School/Spencer on the Farm: 8-CC Mixed Counter Display. Michelle Romo. 2022. (ENG.). bds., bds. 55.60 *(978-1-5235-1710-7(7))* Workman Publishing Co., Inc.

Display: Summer Brain Quest Series Counter: 24-Copy Counter Display. Workman Publishing. 2018. (ENG., Illus.). pap., pap., pap. 310.80 *(978-1-5235-0434-3(X))* Workman Publishing Co., Inc.

Display: the Kid's Awesome Activity Book: 8-CC Counter Display. Mike Lowery. 2018. (ENG.). pap. 119.60 *(978-1-5235-0413-8(7))* Workman Publishing Co., Inc.

Display: What a Blast! 8-CC Counter Display. Julie Winterbottom. 2022. (ENG.). pap. 103.60 *(978-1-5235-1704-6(2))* Workman Publishing Co., Inc.

Disputed V. C: A Tale of the Indian Mutiny (Classic Reprint) Frederick P. Gibbon. (ENG., Illus.). (J). 2018. 362p. 31.36 *(978-0-483-18221-9(4))*; 2016. pap. 13.97 *(978-1-333-55020-2(0))* Forgotten Bks.

Disrupting Thinking. Kylene Beers & Robert E. Probst. 2017. (ENG., Illus.). 176p. (J). (gr. k-12). pap. 34.99 *(978-1-338-13290-8(3)*, 813290, Teaching Resources) Scholastic, Inc.

Disruption. Jessica Shirvington. 2016. (Disruption Ser.: 01). 410p. (YA). (gr. 9). 9.99 *(978-0-7322-9810-4(5)*, HarperCollins) HarperCollins Pubs.

Disruptive Innovation: Uber, Airbnb, & Other Companies Reshaping the Market, 1 vol. Ed. by he New York Times. 2018. (Looking Forward Ser.). (ENG.). 224p. (YA). (gr. 9-9). lib. bdg. 54.93 *(978-1-64282-081-2(4)*, 33dbc1da-16a0-4bee-8258-e771b88e8668, New York Times Educational Publishing) Rosen Publishing Group, Inc., The.

Disruptive Innovation: Uber, Airbnb, & Other Companies Reshaping the Market, 1 vol. Ed. by The New York Times Editorial. 2018. (Looking Forward Ser.). (ENG.). 224p. (YA). (gr. 9-9). pap. 24.47 *(978-1-64282-080-5(6)*, f7a79d4c-c107-4e4d-8b21-7d93d775d03e, New York Times Educational Publishing) Rosen Publishing Group, Inc., The.

Disruptive Joy. Casey Margarite Field. Illus. by Maria Meyer. 2020. (ENG.). 34p. (J). 19.99 *(978-1-7331920-3-3(4))* Three Owls Creative.

Disruptor. Arwen Elys Dayton. 2017. (Seeker Ser.: 3). (ENG.). 384p. (YA). (gr. 9). pap. 14.99 *(978-0-385-74415-7(3)*, Ember) Random Hse. Children's Bks.

Disruptors in Tech (Set), 8 vols. 2019. (21st Century Skills Innovation Library: Disruptors in Tech Ser.). (ENG., Illus.). 32p. (J). (gr. 4-8). 256.56 *(978-1-5341-5256-4(3)*, 213171); pap., pap., pap. 113.71 *(978-1-5341-5300-4(4)*, 213172) Cherry Lake Publishing.

Dissatisfied Soul, & a Prophetic Romancer (Classic Reprint) Annie Trumbull Slosson. 2018. (ENG., Illus.). 96p. (J). 25.90 *(978-0-483-10115-9(X))* Forgotten Bks.

Dissection of the Dog. William Henry Howell. (ENG.). (J). 2019. 120p. pap. *(978-3-337-81617-9(7))*; 2017. (Illus.). 110p. pap. *(978-3-337-25360-8(1))* Creation Pubs.

Dissemblance. Denita McDade. 2020. (ENG.). 190p. (YA). *(978-1-64378-141-9(3))*; pap. *(978-1-64378-140-2(5))* Austin Macauley Pubs. Ltd.

Dissemblers (Classic Reprint) Thomas Cobb. 2018. (ENG., Illus.). 322p. (J). 30.54 *(978-0-267-22593-4(8))* Forgotten Bks.

Dissenter on the Bench: Ruth Bader Ginsburg's Life & Work. Victoria Ortiz. (ENG., Illus.). 208p. (YA). (gr. 7). 2022. pap. 11.99 *(978-0-358-53976-6(5)*, 1806701); 2019. 18.99 *(978-0-544-97364-0(X)*, 1663217) HarperCollins Pubs. (Clarion Bks.).

Dissertation on the Geometrical Analysis of the Antients: With a Collection of Theorems & Problems, Without Solutions, for the Exercise of Young Students (Classic Reprint) John Lawson. (ENG., Illus.). (J). 2018. 62p. 25.18 *(978-0-656-73025-4(0))*; 2017. pap. 9.57 *(978-0-282-59374-2(8))* Forgotten Bks.

Dissertation upon Roast Pig: One of the Essays of Elia, with a Note on Lamb's Literary Motive (Classic Reprint) Charles Lamb. 2017. (ENG., Illus.). (J). 25.03 *(978-0-331-42565-9(3))* Forgotten Bks.

Dissertation upon Roast Pig (Classic Reprint) Charles Lamb. 2018. (ENG., Illus.). 50p. (J). 24.93 *(978-0-332-51723-0(3))* Forgotten Bks.

Dissertations (Classic Reprint) Dooley Dooley. 2018. (ENG., Illus.). 320p. (J). 30.52 *(978-0-332-97760-7(9))* Forgotten Bks.

Dissociate. Sarah Addison-Fox. 2018. (Allegiance Ser.: Vol. 3). (ENG., Illus.). 332p. (J). pap. *(978-0-473-43579-0(9))* Double Edged Sword Publishing.

Dissolution: The Wyoming Chronicles Book One. W. Michael Gear. 2021. (ENG.). 392p. pap. 17.99 *(978-1-64734-718-5(1))* Wolfpack Publishing.

Dissolving Views (Classic Reprint) Leonora Blanche Lang. (ENG., Illus.). (J). 2018. 288p. 29.84 *(978-0-484-91298-3(4))*; 2017. pap. 13.57 *(978-0-259-06199-1(9))* Forgotten Bks.

Dissonance of Youth. Chance Fisher. 2022. (ENG.). 56p. (YA). pap. *(978-1-387-49301-2(9))* Lulu Pr., Inc.

Dissonant Voices in Soviet Literature (Classic Reprint) Patricia Blake. 2017. (ENG., Illus.). (J). 31.16 *(978-0-331-78021-5(6))*; pap. 13.57 *(978-0-243-32578-8(9))* Forgotten Bks.

Distaff. Marya Rodziewicz. 2017. (ENG., Illus.). (J). pap. *(978-0-649-26579-4(3))* Trieste Publishing Pty Ltd.

Distaff: A Novel (Classic Reprint) Marya Rodziewicz. 2018. (ENG., Illus.). 280p. (J). 29.69 *(978-0-267-17421-8(7))* Forgotten Bks.

Distance. Marie Lemke. 2023. (Measuring Things Ser.). (ENG.). 24p. (J). (gr. -1-2). pap. *(978-1-0396-9752-2(6)*, 33114); lib. bdg. *(978-1-0396-9645-7(7)*, 33113) Crabtree Publishing Co.

Distance Between Lost & Found. Kathryn Holmes. 2016. (ENG.). 320p. (YA). (gr. 8). pap. 9.99 *(978-0-06-231727-8(X)*, HarperTeen) HarperCollins Pubs.

Distance Between Me & the Cherry Tree. Paola Peretti. Tr. by Denise Muir. 2020. (ENG., Illus.). 224p. (J). (gr. 3-7). pap. 7.99 *(978-1-5344-3963-4(3)*, Atheneum Bks. for Young Readers) Simon & Schuster Children's Publishing.

Distance Between Us: Young Readers Edition. Reyna Grande. 2017. (ENG., Illus.). 336p. (J). (gr. 5-9). pap. 8.99 *(978-1-4814-6370-6(5)*, Aladdin) Simon & Schuster Children's Publishing.

Distance Between Us: Young Readers Edition. Reyna Grande. 2016. (ENG., Illus.). 336p. (J). (gr. 5-9). 19.99 *(978-1-4814-6371-3(3)*, Simon & Schuster/Paula Wiseman Bks.) Simon & Schuster/Paula Wiseman Bks.

Distance Learning. Julie Murray. 2020. (Coronavirus Ser.). (ENG., Illus.). 24p. (J). (gr. -1-2). lib. bdg. 32.79 *(978-1-0982-0551-5(0)*, 36004, Abdo Kids) ABDO Publishing Co.

Distance Learning with Grammie. Ruth McNeil & Kelvin McNeil, Jr. 2021. (Mcneil's Grandmother Ser.). (ENG.). 24p. (J). pap. 9.99 *(978-1-934214-93-0(0))* OurRainbow Pr., LLC.

Distance to Home. Jenn Bishop. ed. 2018. (Penworthy Picks Middle School Ser.). (ENG.). 230p. (J). (gr. 5-7). 17.96 *(978-1-64310-509-3(4))* Penworthy Co., LLC, The.

Distance to Home. Jenn Bishop. 2017. 240p. (J). (gr. 3-7). 7.99 *(978-1-101-93874-4(9)*, Yearling) Random Hse. Children's Bks.

Distancia Entre Nosotros. Reyna Grande. 2018. (SPA.). 368p. (YA). bds. 16.99 *(978-987-747-344-5(5))* V&R Editoras.

Distant Fire & the Potion of Poetry. Chip Colquhoun. Illus. by Heather Zeta Rose & Dave Hingley. 2022. (Chip Colquhoun & Korky Paul's Fables & Fairy Tales Ser.: Vol. 5). (ENG.). 68p. (J). pap. *(978-1-915703-05-7(0))* Snail Tales.

Distant Lamp (Classic Reprint) Harold Begbie. 2018. (ENG., Illus.). 312p. (J). 30.33 *(978-0-483-61181-8(6))* Forgotten Bks.

Distant Land. Scott Miller. 2016. (ENG., Illus.). 28p. (J). *(978-1-365-61454-5(9))* Lulu Pr., Inc.

Distant Shore: Stories of Love & Faith in the Afterlife. Linda Hale Bucklin. 2021. (ENG.). 200p. (J). pap. 15.95 *(978-1-64457-222-1(2))* ePublishing Works!.

Distant Stars & Asteroids- a Kid's Guide to the Mysteries of Outer Space - Children's Astronomy & Space Books. Pfiffikus. 2016. (ENG., Illus.). (J). pap. 10.81 *(978-1-68377-596-6(1))* Whike, Traudl.

Distinction, Vol. 1 Of 2: A Tale (Classic Reprint) Unknown Author. (ENG., Illus.). (J). 2018. 312p. 30.33 *(978-0-365-18066-1(1))*; 2017. pap. 13.57 *(978-0-259-19073-8(X))* Forgotten Bks.

Distinctions in Nature (Group 2) 2017. (Distinctions in Nature Ser.). (ENG.). 32p. (J). 380.88 *(978-1-5026-2417-8(6))* Cavendish Square Publishing LLC.

Distinctions in Nature (Groups 1 - 2) 2016. (Distinctions in Nature Ser.). (ENG.). (J). pap. 138.96 *(978-1-5026-2412-3(5))*; (gr. 3-3). lib. bdg. 362.52 *(978-1-5026-2414-7(1)*, 522cb63d-94a2-4912-a4dc-c1c5fb87dcc3) Cavendish Square Publishing LLC.

Distinguished Provincial at Paris (un Grand Homme de Province a Paris), and, Z. Marcas (Classic Reprint) Honore de Balzac. 2016. (ENG., Illus.). (J). pap. 16.57 *(978-1-333-24540-5(8))* Forgotten Bks.

Distinguished Provincial at Paris (un Grand Homme de Province À Paris), and, Z. Marcas (Classic Reprint) Honore de Balzac. 2018. (ENG., Illus.). 418p. (J). 32.54 *(978-0-365-20304-9(1))* Forgotten Bks.

Distinguished Texans, 1 vol. Blanca González. 2018. (Explore Texas Ser.). (ENG.). 24p. (gr. 9-12). 26.27 *(978-1-5081-8664-9(2)*, b8da3e9b-7b8b-4da2-9185-4a3bbf947216, Rosen Young Adult) Rosen Publishing Group, Inc., The.

Distinguishing Fact from Opinion. Marne Ventura. 2021. (Media Literacy Ser.). (ENG.). 80p. (YA). (gr. 6-12). 43.93 *(978-1-6782-0194-4(4)*, BrightPoint Pr.) ReferencePoint Pr., Inc.

Distiques de Caton, en Vers Latins, Grecs et Francais: Suivis des Quatrains de Pibrac, Traduits en Prose Grecque Par Dumoulin; le Tout Avec des Traductions Interlineaires Ou Litterales du Grec (Classic Reprint) Marcus Porcius Cato. 2017. (FRE., Illus.). (J). pap. 9.97 *(978-0-243-53915-4(0))* Forgotten Bks.

Distiques de Caton, en Vers Latins, Grecs et Français: Suivis des Quatrains de Pibrac, Traduits en Prose Grecque Par Dumoulin; le Tout Avec des Traductions Interlinéaires Ou Littérales du Grec (Classic Reprint) Marcus Porcius Cato. 2018. (FRE., Illus.). 166p. (J). 27.34 *(978-0-666-83261-0(7))* Forgotten Bks.

Distracted Annie. Jennifer Doswell. 2018. (ENG.). 38p. (J). 14.95 *(978-1-68401-750-8(5))* Amplify Publishing Group.

Distracted Danny Daniels & the Worry Machine. Ryan J. Kukurudz. 2021. (ENG.). 24p. (J). *(978-1-0391-0922-3(5))*; pap. *(978-1-0391-0921-6(7))* FriesenPress.

Distractions of Martha (Classic Reprint) Marion Harland. (ENG., Illus.). (J). 2017. 29.26 *(978-0-331-74433-0(3))*; 2016. pap. 11.97 *(978-1-334-19399-6(1))* Forgotten Bks.

Distress Signal. Mary E. Lambert. 2020. (ENG.). 272p. (J). (gr. 3-7). 18.99 *(978-1-338-60744-4(8)*, Scholastic Pr.) Scholastic, Inc.

Distribution of Rainfall over the Land (Classic Reprint) Andrew John Herbertson. 2017. (ENG., Illus.). (J). 26.12 *(978-0-266-90911-8(6))*; pap. 9.57 *(978-1-5279-1390-5(2))* Forgotten Bks.

District Attorney (Classic Reprint) William Sage. 2018. (ENG., Illus.). 304p. (J). 30.17 *(978-0-666-08646-4(X))* Forgotten Bks.

District Effect: Book Two: Descendant's Choice. Kelsey Young. 2021. (ENG., Illus.). 312p. (YA). pap. 20.95 *(978-1-63692-819-7(6))* Newman Springs Publishing, Inc.

District of Columbia: The Nation's Capital. William Thomas. 2016. (J). *(978-1-4896-4839-6(9))* Weigl Pubs., Inc.

District School: As It Was (Classic Reprint) Unknown Author. 2018. (ENG., Illus.). 210p. (J). 28.25 *(978-0-365-28478-9(5))* Forgotten Bks.

District School As It Was: Scenery-Showing, & Other Writings (Classic Reprint) Warren Burton. (ENG., Illus.). (J). 2018. 364p. 31.40 *(978-0-364-36473-4(4))*; 2016. pap. 13.97 *(978-1-333-62386-9(0))* Forgotten Bks.

District School As It Was, by One Who Went to It. Warren Burton. 2017. (ENG., Illus.). (J). pap. *(978-0-649-26418-6(5))* Trieste Publishing Pty Ltd.

District School As It Was. by One Who Went to It. Warren Burton. 2017. (ENG., Illus.). (J). pap. *(978-0-649-56339-5(5))* Trieste Publishing Pty Ltd.

Disturbance on the Farm (Classic Reprint) Carl Theodore Hanson. 2018. (ENG., Illus.). 42p. (J). 24.78 *(978-0-484-55925-6(7))* Forgotten Bks.

Disturbances. Bill Hunt. 2017. (ENG., Illus.). (J). pap. 9.99 *(978-1-68160-460-2(4))* Crimson Cloak Publishing.

Disturbing Element, or, Chronicles of the Blue-Bell Society. Charlotte M. Yonge. 2017. (ENG., Illus.). (J). pap. *(978-0-649-56341-8(7))* Trieste Publishing Pty Ltd.

Disturbing Element or Chronicles of the Blue-Bell Society (Classic Reprint) Charlotte M. Yonge. 2018. (ENG., Illus.). 254p. (J). 29.14 *(978-0-483-52277-0(5))* Forgotten Bks.

Disturbing Elements (Classic Reprint) Birchenough. 2018. (ENG., Illus.). 356p. (J). 31.24 *(978-0-483-69805-5(9))* Forgotten Bks.

Disturbing Peace. Nicolle Caputa. 2021. (ENG.). 265p. (YA). pap. *(978-1-7948-9768-7(2))* Lulu Pr., Inc.

Disunion by Force Is Treason! President Andrew Jackson Grade 5 Social Studies Children's US Presidents Biographies. Dissected Lives. 2022. (ENG.). 72p. (J). 31.99 *(978-1-5419-8664-0(4))*; pap. 19.99 *(978-1-5419-8164-5(2))* Speedy Publishing LLC. (Dissected Lives (Auto Biographies)).

Dita (Classic Reprint) Margaret Majendie. (ENG., Illus.). (J). 2018. 190p. 27.82 *(978-0-267-24378-5(2))*; 2016. pap. 10.57 *(978-1-334-22286-3(X))* Forgotten Bks.

Ditch the Glitch. Camille Smithson. Illus. by Shareen Halliday. 2023. (ENG.). 198p. (J). pap. 10.99 *(978-1-958302-64-4(3))*; (Glitched Science Ser.: Vol. 2). 16.99 *(978-1-958302-62-0(7))* Lawley Enterprises.

Dithers & Jitters (Classic Reprint) Cornelia Otis Skinner. 2017. (ENG., Illus.). (J). 27.57 *(978-0-331-84475-7(3))*; pap. 9.97 *(978-0-243-45463-1(5))* Forgotten Bks.

Dittatura Mediatica: Manipolazione Mentale e Controllo Delle Masse. Giorgio Rossi. 2023. (ITA.). 110p. (J). pap. *(978-1-4477-4490-0(X))* Lulu Pr., Inc.

Ditte: Girl Alive! (Classic Reprint) Martin Anderson Nexo. (ENG., Illus.). (J). 2017. 30.99 *(978-0-331-73228-3(9))*; 2016. pap. 13.57 *(978-1-333-32004-1(3))* Forgotten Bks.

Ditte: Towards the Stars (Classic Reprint) Martin Andersen Nexö. (ENG., Illus.). (J). 2018. 286p. 29.80 *(978-0-428-88765-0(1))*; 2017. pap. 13.57 *(978-1-334-90207-9(0))* Forgotten Bks.

Ditte, Daughter of Man (Classic Reprint) Martin Andersen Nexö. (ENG., Illus.). (J). 2018. 402p. 32.19 *(978-0-483-55100-8(7))*; 2017. pap. 16.57 *(978-0-243-18509-2(X))* Forgotten Bks.

Diva Notes. Nadean Barton. 2021. (ENG.). 52p. (YA). pap. 10.00 *(978-1-716-05572-0(5))* Lulu Pr., Inc.

Divah. Susannah Appelbaum. 2016. (ENG.). 400p. (J). (gr. 6-6). 17.99 *(978-1-63450-674-8(X)*, Sky Pony Pr.) Skyhorse Publishing Co., Inc.

Diva's Ruby: A Sequel to Primadonna & Fair Margaret (Classic Reprint) F. Marion Crawford. 2017. (ENG., Illus.). (J). 33.61 *(978-0-265-36102-3(8))* Forgotten Bks.

Dive Deep Ocean Activity Book. Activity Book Zone for Kids. 2016. (ENG., Illus.). (J). pap. 7.55 *(978-1-68376-133-4(2))* Sabeels Publishing.

Dive In! Exploring Our Connection with the Ocean, 1 vol. Ann Eriksson. 2018. (Orca Footprints Ser.: 14). (ENG., Illus.). 48p. (J). (gr. 4-7). 19.95 *(978-1-4598-1586-5(6))* Orca Bk. Pubs. USA.

Dive In! Exploring the Ocean Zones. Jessica Dorner. Ed. by Luana K. Mitten. 2019. (Aha! Readers Ser.). (ENG., Illus.). 20p. (J). (gr. k-3). 18.95 *(978-1-7341065-1-0(4))*; pap. 9.95 *(978-1-7333092-4-0(1))* BeaLu Bks.

Dive In: Ready-To-Read Level 2. David Sabino. Illus. by Setor Fiadzigbey. 2020. (Game Day Ser.). (ENG.). 40p. (J). (gr. k-2). 17.99 *(978-1-5344-6544-2(8))*; pap. 4.99 *(978-1-5344-6543-5(X))* Simon Spotlight. (Simon Spotlight).

Dive In: Swim with Sea Creatures at Their Actual Size. Roxie Munro. (Illus.). 40p. (J). (gr. 2-5). 2022. pap. 9.99 *(978-0-8234-4849-4(5))*; 2020. 18.99 *(978-0-8234-4335-2(3))* Holiday Hse., Inc.

Dive in! Devotions for Kids: Go Deep with God... by Understanding His Word. A. L. Rogers. 2020. (ENG.). 208p. (J). pap. 9.99 *(978-1-64352-717-8(7)*, Shiloh Kidz) Barbour Publishing, Inc.

Dive in! Kids' Bible Study Notebook. Compiled by Compiled by Barbour Staff. 2021. (ENG.). 192p. (J). spiral bd. 7.99 *(978-1-63609-113-6(X))* Barbour Publishing, Inc.

Dive in! Kids' Study Bible: New Life Version. Compiled by Compiled by Barbour Staff. 2020. (ENG.). 944p. (J). 24.99 *(978-1-64352-292-0(2)*, Barbour Bibles) Barbour Publishing, Inc.

Dive into Colours. Ann Donahue. 2017. (ENG., Illus.). (J). (gr. -1-2). *(978-1-5255-1461-6(X))*; *(978-1-5255-1462-3(8))* FriesenPress.

Dive into Puplantis! (PAW Patrol) Matt Huntley. Illus. by Random House. 2023. (Pictureback(R) Ser.). (ENG.). 24p. (J). (gr. -1-2). pap. 5.99 *(978-0-593-43194-8(4)*, Random Hse. Bks. for Young Readers) Random Hse. Children's Bks.

Dive into the Blue. Ellie Huynh. Illus. by Bao Luu. 2023. 32p. (J). 17.99 *(978-1-5064-8634-5(7)*, Beaming Books) 1517 Media.

TITLE INDEX DIWALI

Dive Smack. Demetra Brodsky. 2019. (ENG.). 336p. (YA). pap. 18.99 *(978-0-7653-9696-9(3),* 900180727, Tor Teen) Doherty, Tom Assocs., LLC.

Dive! World War II Stories of Sailors & Submarines in the Pacific (Scholastic Focus) The Incredible Story of U. S. Submarines in WWII. Deborah Hopkinson. 2018. (ENG.). 384p. (J). (gr. 3-7). pap. 7.99 *(978-0-545-42559-9(X))* Scholastic, Inc.

Diver. Veronica Carratello. 2018. (ENG., Illus.). 32p. (J). (-k). 16.95 *(978-1-911171-61-4(5))* Flying Eye Bks. GBR. Dist: Penguin Random Hse. LLC.

Divergent 10th Anniversary Edition. Veronica Roth. Photos by Nicolas Delort. 2021. (Divergent Ser.: 1). (ENG.). 544p. (YA). (gr. 9). pap. 16.99 *(978-0-06-304051-9(4),* Tegen, Katherine Bks) HarperCollins Pubs.

Divergent Anniversary 4-Book Box Set: Divergent, Insurgent, Allegiant, Four. Veronica Roth. 2021. (Divergent Ser.). (ENG.). 2080p. (YA). (gr. 9). pap. 51.96 *(978-0-06-316223-5(7),* Tegen, Katherine Bks) HarperCollins Pubs.

Diverging Roads (Classic Reprint) Rose Wilder Lane. 2017. (ENG., Illus.). (J). 31.49 *(978-1-5280-6095-0(4))* Forgotten Bks.

Divers Vanities (Classic Reprint) Arthur. Morrison. 2017. (ENG., Illus.). (J). 32.33 *(978-0-266-20125-0(3))* Forgotten Bks.

Diverse Crew. Lisa Bentley. 2021. (ENG.). 26p. (J). pap. 7.99 *(978-1-956998-03-0(9))* Bookwhip.

Diverse Crew. Lisa Bentley. 2018. (ENG., Illus.). 34p. (J). pap. 14.64 *(978-1-4834-7031-3(8))* Lulu Pr., Inc.

Diversidad. Jennifer Moore-Mallinos. 2019. (SPA.). 96p. (J). (gr. 1-3). 18.99 *(978-84-17928-07-0(3))* Pluton Ediciones ESP. Dist: Lectorum Pubns., Inc.

Diversión con Animales en Otoño (Fall Animal Fun) Martha E. H. Rustad. Illus. by Amanda Enright. 2019. (Diversión en Otoño (Fall Fun) (Early Bird Stories (tm) en Español) Ser.). (SPA.). 24p. (J). (gr. k-2). 29.32 *(978-1-5415-4079-8(4),* f094048f-390d-4189-9456-33b2f141e5b3, Ediciones Lerner) Lerner Publishing Group.

Diversión con Calabazas en Otoño (Fall Pumpkin Fun) Martha E. H. Rustad. Illus. by Amanda Enright. 2019. (Diversión en Otoño (Fall Fun) (Early Bird Stories (tm) en Español) Ser.). (SPA.). 24p. (J). (gr. k-2). pap. 8.99 *(978-1-5415-4539-7(7),* c59b7691-7b94-48bd-829a-46981b248a67); lib. bdg. 29.32 *(978-1-5415-4083-5(2),* 2673506f-7186-4461-962e-aee818da3026) Lerner Publishing Group. (Ediciones Lerner).

Diversión con la Cosecha de Otoño (Fall Harvest Fun) Martha E. H. Rustad. Illus. by Amanda Enright. 2019. (Diversión en Otoño (Fall Fun) (Early Bird Stories (tm) en Español) Ser.). (SPA.). 24p. (J). (gr. k-2). 29.32 *(978-1-5415-4081-1(6),* 299c9138-ce2d-4ac5-9b6a-cf1fd870e78e, Ediciones Lerner) Lerner Publishing Group.

Diversión con Las Hojas de Otoño (Fall Leaves Fun) Martha E. H. Rustad. Illus. by Amanda Enright. 2019. (Diversión en Otoño (Fall Fun) (Early Bird Stories (tm) en Español) Ser.). (SPA.). 24p. (J). (gr. k-2). 29.32 *(978-1-5415-4082-8(4),* 403d05ba-cb5c-4885-9716-4e8d2a344d9f, Ediciones Lerner) Lerner Publishing Group.

Diversión con Manzanas en Otoño (Fall Apple Fun) Martha E. H. Rustad. Illus. by Amanda Enright. 2019. (Diversión en Otoño (Fall Fun) (Early Bird Stories (tm) en Español) Ser.). (SPA.). 24p. (J). (gr. k-2). 29.32 *(978-1-5415-4080-4(8),* ea942635-c39c-4832-a425-55584393f42b, Ediciones Lerner) Lerner Publishing Group.

Diversión en el Clima de Otoño (Fall Weather Fun) Martha E. H. Rustad. Illus. by Amanda Enright. 2019. (Diversión en Otoño (Fall Fun) (Early Bird Stories (tm) en Español) Ser.). (SPA.). 24p. (J). (gr. k-2). 29.32 *(978-1-5415-4084-2(0),* ee58ccd5-fdd2-49cd-bc7a-6832ac236e29, Ediciones Lerner) Lerner Publishing Group.

Diversión en la Granja. Judy Kentor Schmauss. 2016. (Early Rising Readers Ser.). (SPA.). (J). (gr. -1). 6.67 *(978-1-4788-3712-1(8))* Newmark Learning LLC.

Diversión en la Granja - 6 Pack. Judy Kentor Schmauss. 2016. (Early Rising Readers Ser.). (SPA.). (J). (gr. 1). 40.00 net. *(978-1-4788-4655-0(0))* Newmark Learning LLC.

Diversión Total Punto a Punto / Totally Dotty Dot to Dot (Spanish Edition) Susan Fairbrother. Ed. by Parragon Books. Illus. by Beatrice Costamagna. ed. 2022. (SPA.). 128p. (J). (gr. k-3). pap. 8.99 *(978-1-64638-381-6(8),* 2002860-SLA, Parragon Books) Cottage Door Pr.

Diversión y Juegos: Campos, Pistas y Canchas - Partición de Figuras. Kristy Stark. rev. ed. 2018. (Mathematics in the Real World Ser.). (SPA., Illus.). 32p. (J). (gr. 2-3). pap. 10.99 *(978-1-4258-2877-6(9))* Teacher Created Materials, Inc.

Diversion y Juegos: Comprension de la Longitud. Chryste L. Berda. rev. ed. 2018. (Mathematics in the Real World Ser.). (SPA., Illus.). 32p. (J). (gr. 2-3). pap. 10.99 *(978-1-4258-2869-1(8))* Teacher Created Materials, Inc.

Diversion y Juegos: Recreo: Resolucion de Problemas (Fun & Games: Recess: Problem Solving) (Spanish Version) (Grade 1) Teacher Created Materials. rev. ed. 2019. (Mathematics in the Real World Ser.). (SPA., Illus.). 24p. (J). (gr. 1-2). pap. 9.99 *(978-1-4258-2846-2(9))* Teacher Created Materials, Inc.

Diversion y Juegos: Suma y Resta. Logan Avery. rev. ed. 2019. (Mathematics in the Real World Ser.). (SPA.). 20p. (J). (gr. k-1). 8.99 *(978-1-4258-2829-5(9))* Teacher Created Materials, Inc.

Diversions in Sicily (Classic Reprint) Henry Festing Jones. 2018. (ENG., Illus.). 374p. (J). 31.61 *(978-0-484-45853-5(1))* Forgotten Bks.

Diversity & Entertainment: Black Lives in Media. Amanda Jackson Green. 2021. (Fight for Black Rights (Alternator Books (r)) Ser.). (ENG., Illus.). 32p. (J). (gr. 3-6). pap. 10.99 *(978-1-7284-3027-0(5),* cac2cce4-259b-4ad1-ace5-2308097e84e7); lib. bdg. 30.65 *(978-1-7284-2959-5(5),* 5009a429-f410-4b7d-b53d-b5ace32e2234) Lerner Publishing Group. (Lerner Pubns.).

Diversity Dragons. Christine Shin. Illus. by Abigail Canseco. 2021. (ENG.). 36p. (J). 15.00 *(978-1-0878-8475-2(6))* Indy Pub.

Diversity Is Tape. Abby Dunford. 2018. (Illus.). (J). *(978-0-692-92371-9(3))* JustTheBox, LLC.

Diversity of Creatures (Classic Reprint) Rudyard Kipling. 2017. (ENG., Illus.). (J). 33.22 *(978-0-265-19648-9(5))* Forgotten Bks.

Diverting Adventures of Maurin (Classic Reprint) Jean François Victor Aicard. 2018. (ENG., Illus.). 408p. (J). 32.33 *(978-0-483-62244-9(3))* Forgotten Bks.

Diverting History of John Bull & Brother Jonathan (Classic Reprint) Hector Bull. (ENG., Illus.). (J). 2018. 200p. 28.04 *(978-0-483-37844-5(5));* 2016. pap. 10.57 *(978-1-334-13097-7(3))* Forgotten Bks.

Diverting History of John Bull & Brother Jonathan (Classic Reprint) Hector Bull-Us. (ENG., Illus.). (J). 2018. 122p. 26.41 *(978-0-666-63400-9(9));* 2017. pap. 9.57 *(978-0-259-41193-2(0))* Forgotten Bks.

Diverting History of John Gilpin. William Cowper & Charles Edmund Brock. 2017. (ENG., Illus.). 76p. (J). pap. *(978-3-337-33862-6(3))* Creation Pubs.

Diverting History of John Gilpin: Shewing How He Went Further Than He Intended, & Came Safe Home Again (Classic Reprint) William Cowper. 2017. (ENG., Illus.). (J). 24.93 *(978-0-266-24842-2(X))* Forgotten Bks.

Diverting History of John Gilpin: Showing How He Went Farther Than He Intended, & Came Safe Home Again (Classic Reprint) William Cowper. (ENG., Illus.). (J). 2018. 32p. 24.58 *(978-0-267-88058-4(8));* 2016. pap. 7.97 *(978-1-333-33620-2(9))* Forgotten Bks.

Diverting History of John Gilpin (Classic Reprint) William Cowper. (ENG., Illus.). (J). 2018. 94p. 25.84 *(978-0-267-71922-8(1));* 2016. pap. 9.57 *(978-1-333-45816-4(9))* Forgotten Bks.

Divertitrazos 1: Ejercicios para la Coordinación Motriz. Yanitza Pérez. 2021. (SPA.). 160p. (J). (gr. -1-k). pap. 4.95 *(978-607-21-1817-1(8))* Larousse, Ediciones, S. A. de C. V. MEX. Dist: Independent Pubs. Group.

Divertitrazos 2: Ejercicios para la Coordinación Motriz. Yanitza Pérez. 2021. (SPA.). 160p. (J). (gr. -1-k). pap. 4.95 *(978-607-21-1818-8(6))* Larousse, Ediciones, S. A. de C. V. MEX. Dist: Independent Pubs. Group.

Divertitrazos 3: Ejercicios para la Coordinación Motriz. Yanitza Pérez. 2021. (SPA.). 160p. (J). (gr. k-2). pap. 4.95 *(978-607-21-1819-5(4))* Larousse, Ediciones, S. A. de C. V. MEX. Dist: Independent Pubs. Group.

Dives' Wife & Other Fragments (Classic Reprint) Thistle Anderson. 2018. (ENG., Illus.). 110p. (J). 26.17 *(978-0-483-83421-7(1))* Forgotten Bks.

Divide & Conquer Major Battles of the American Revolution: Ticonderoga, Savannah & King's Mountain Fourth Grade History Children's American History. Baby Professor. 2020. (ENG.). 72p. (J). 24.99 *(978-1-5419-7986-4(9));* pap. 14.99 *(978-1-5419-7768-6(8))* Speedy Publishing LLC. (Baby Professor (Education Kids)).

Divided. Madeline Dyer. 2020. (ENG.). 498p. (YA). *(978-1-912369-16-4(8))* Ineja Pr.

Divided. Billie Kowalewski. 2017. (Enlightened Ser.: Vol. 2). (ENG., Illus.). 450p. (YA). pap. 15.99 *(978-0-692-04643-2(7))* Kowalewski, Billie.

Divided: A Story of the Veldt (Classic Reprint) Francis Bancroft. 2018. (ENG., Illus.). 462p. (J). 33.45 *(978-0-483-83723-2(7))* Forgotten Bks.

Divided: The Story of a Poem (Classic Reprint) Clara E. Laughlin. 2018. (ENG., Illus.). 100p. (J). 25.96 *(978-0-267-19627-2(X))* Forgotten Bks.

Divided: The Story of a Poem (Classic Reprint) Clara Elizabeth Laughlin. 2018. (ENG., Illus.). 106p. (J). 26.10 *(978-0-484-13981-6(9))* Forgotten Bks.

Divided Fire. Jennifer San Filippo. 2020. (ENG.). 368p. (YA). (gr. 7). 17.99 *(978-1-328-48919-7(1),* 1716457, Clarion Bks.) HarperCollins Pubs.

Divided Fire F&gs. San San Filippo. 2020. (ENG.). (J). 17.99 *(978-0-358-06726-9(X),* HarperCollins) HarperCollins Pubs.

Divided Heart, & Other Stories (Classic Reprint) Paul Heyse. (ENG., Illus.). (J). 2018. 254p. 29.14 *(978-0-483-42905-5(8));* 2016. pap. 11.57 *(978-1-334-35192-1(9))* Forgotten Bks.

Divided Lives. Edgar Fawcett. 2017. (ENG.). 256p. (J). pap. *(978-3-337-02636-3(2))* Creation Pubs.

Divided Lives: A Novel (Classic Reprint) Edgar Fawcett. 2017. (ENG., Illus.). (J). 29.09 *(978-0-260-29324-4(5))* Forgotten Bks.

Divided Loyalties - Second Edition. Linda Upham. Illus. by Anna Littlejohn & Jan Clifford. 2023. (ENG.). 210p. (J). pap. ***(978-1-80369-762-8(8))*** Authors OnLine, Ltd.

Dividing Eden. Joelle Charbonneau. (YA). 2018. (ENG.). 432p. (gr. 8). pap. 9.99 *(978-0-06-245385-3(8));* 2017. 336p. *(978-0-06-267333-6(5));* 2017. 318p. *(978-0-06-274088-5(1))* HarperCollins Pubs. (HarperTeen).

Diviertete con... Agua. Carlos Gutierrez. 2018. (SPA.). 160p. (YA). pap. 6.95 *(978-970-803-072-4(4))* Selector, S.A. de C.V. MEX. Dist: Spanish Pubs., LLC.

Diviertete con... Aire. Carlos Gutierrez. 2018. (SPA.). 160p. (YA). pap. 6.95 *(978-970-803-073-1(2))* Selector, S.A. de C.V. MEX. Dist: Spanish Pubs., LLC.

Diviertete con... Luz. Carlos Gutierrez. 2018. (SPA.). 160p. (YA). pap. 6.95 *(978-970-803-074-8(0))* Selector, S.A. de C.V. MEX. Dist: Spanish Pubs., LLC.

Diviertete con... Sonido. Carlos Gutierrez. 2018. (SPA.). 160p. (YA). pap. 6.95 *(978-970-803-075-5(9))* Selector, S.A. de C.V. MEX. Dist: Spanish Pubs., LLC.

Diviertete en Movimiento see Let's Get Moving

Diviértete y Emprende: Inspira Tu Espíritu Divertido y Emprendedor. Donati Portorreal. 2023. (SPA.). 80p. (J). pap. 8.49 ***(978-1-312-46454-4(2))*** Lulu Pr., Inc.

Divina Comedia. Dante Alighieri. 2018.Tr. of Divine Comedy. (SPA.). 96p. (YA). (gr. 8-12). pap. 6.95 *(978-607-453-161-9(7))* Selector, S.A. de C.V. MEX. Dist: Spanish Pubs., LLC.

Divina Comedia: Clasicos para Ninos. Dante Alighieri. 2017. (SPA., Illus.). (J). pap. *(978-607-453-037-7(8))* Selector, S.A. de C.V.

Divina Commedia see Divine Comedy

Divina Commedia Di Dante Alighieri, Vol. 2 Of 6: Con Comento Analitico (Classic Reprint) Dante Alighieri. 2018. (ITA., Illus.). (J). 616p. 36.60 *(978-1-390-13395-0(8));* 618p. pap. 19.57 *(978-1-390-13359-2(1))* Forgotten Bks.

Divinations of Kala Persad & Other Stories (Classic Reprint) Headon Hill. 2017. (ENG., Illus.). (J). 29.34 *(978-0-331-79421-2(7));* pap. 11.97 *(978-0-259-17186-7(7))* Forgotten Bks.

Divine. Shakira Stewart. Illus. by Shakira Stewart. 2022. (ENG.). 30p. (J). pap. 14.95 ***(978-1-0879-1982-9(7))*** Indy Pub.

Divine Adventure: A Novel (Classic Reprint) Theodore Maynard. (ENG., Illus.). (J). 2018. 320p. 30.52 *(978-0-483-30925-8(7));* 2017. pap. 13.57 *(978-0-243-58709-4(0))* Forgotten Bks.

Divine & Moral Songs for Children. Isaac Watts. 2017. (ENG., Illus.). (J). pap. *(978-0-649-56347-0(6))* Trieste Publishing Pty Ltd.

Divine & Moral Songs for Children (Classic Reprint) Isaac Watts. 2017. (ENG., Illus.). (J). 122p. 26.43 *(978-0-332-91605-7(7));* 24.52 *(978-0-331-88027-4(X));* pap. 7.97 *(978-0-259-39520-1(X))* Forgotten Bks.

Divine Beings Angels in Grid Drawing Book Journal. Educando Kids. 2019. (ENG.). 42p. (J). pap. 8.55 *(978-1-64521-631-5(4),* Educando Kids) Editorial Imagen.

Divine Coloring Book: Inspired by Folkore & Spirituality from the Philippines, Haiti + Brazil. Christine Joy Amagan Ferrer. 2021. 100p. (J). 33.33 *(978-1-0983-5364-3(1))* BookBaby.

Divine Comedy see Divina Comedia

Divine Design: A Prelude to Poetry of the Future: Part One: Soul Nature. Alan Peter Garfoot. 2022. (ENG.). 43p. (J). pap. *(978-1-4717-2403-9(4))* Lulu Pr., Inc.

Divine Design: A Prelude to Poetry of the Future: Part Two: Spirit Vibe. Alan Peter Garfoot. 2022. (ENG.). 41p. (J). pap. *(978-1-4717-2432-9(8))* Lulu Pr., Inc.

Divine Event (Classic Reprint) Will N. Harben. 2018. (ENG., Illus.). 374p. (J). 31.61 *(978-0-332-96195-8(8))* Forgotten Bks.

Divine Fire. May Sinclair. 2017. (ENG., Illus.). (J). 33.95 *(978-1-374-83736-2(9));* pap. 24.95 *(978-1-374-83735-5(0))* Capital Communications, Inc.

Divine Fire (Classic Reprint) May Sinclair. 2017. (ENG., Illus.). (J). 36.48 *(978-1-5279-7337-4(9))* Forgotten Bks.

Divine Inspirations in 2019 - the Year of Dreams. Michael Peter Rauh. 2019. (ENG., Illus.). 168p. (YA). *(978-0-2288-1624-9(6));* pap. *(978-0-2288-1623-2(8))* Tellwell Talent.

Divine Little Helpers Around the World. L. a Daymon. Illus. by Joy Worthington. l.t. ed. 2020. (ENG.). 36p. (J). pap. 16.99 *(978-1-0879-0561-7(3))* Indy Pub.

Divine Liturgy. Vladimir Luchaninov. Tr. by John Hogg. Illus. by Anastasia Novik. 2020. (Orthodoxy for Children Ser.: Vol. 2). (ENG.). 34p. (J). 16.99 *(978-1-950067-37-4(8));* pap. 12.99 *(978-1-950067-28-2(9))* Exaltation Pr.

Divine Protection Through Extraordinary Dangers: During the Irish Rebellion in 1798 (Classic Reprint) Dinah W. Goff. 2018. (ENG., Illus.). 44p. (J). 24.82 *(978-0-365-25790-5(7))* Forgotten Bks.

Divine Proximity. Donovan Brooks. 2021. (ENG.). 118p. (YA). pap. 14.95 *(978-1-6624-2704-6(2))* Page Publishing Inc.

Divine Rivals: A Novel. Rebecca Ross. 2023. (Letters of Enchantment Ser.: 1). (ENG., Illus.). 368p. (YA). 18.99 *(978-1-250-85743-9(0),* 900259836, Wednesday Bks.) St. Martin's Pr.

Divine Seal (Classic Reprint) Emma Louise Orcutt. (ENG., Illus.). (J). 2018. 332p. 30.76 *(978-0-365-34708-8(6));* 2017. pap. 13.57 *(978-1-5276-0785-9(2))* Forgotten Bks.

Divine Springtime: Selections from the Hidden Words of Bahá'u'lláh. Illus. by Elaheh Mottahedeh Bos. 2018. (ENG.). 15p. (J). (gr. -1-k). bds. 9.95 *(978-1-61851-125-6(4))* Baha'i Publishing.

Divine Strategy: Eternal Invasion. Kevin Cunningham. 2019. (ENG.). 96p. (YA). pap. 14.99 ***(978-0-578-50117-8(1))*** KDC Enterprises LLC.

Divinely Affirmed: Workbook for Girls Around the World. Titania Adams. l.t. ed. 2023. (ENG.). 46p. (J). pap. 20.00 ***(978-1-0880-9431-0(7))*** Indy Pub.

Divinely Designed: Death to Perfectionism by Seeing Self & Others More Clearly. Deirdre L. Cunningham. 2019. (ENG., Illus.). 236p. (YA). (gr. 7-12). pap. 29.97 *(978-0-578-55788-5(6))* KDC Enterprises LLC.

Diviner. Kailey Haynes. 2019. (ENG., Illus.). 344p. (YA). pap. 19.95 *(978-1-64471-421-8(3))* Covenant Bks.

Diving Bell, or Pearls to Be Sought For: With Tinted Illustrations (Classic Reprint) Francis C. Woodworth. 2018. (ENG., Illus.). 160p. (J). 27.24 *(978-0-428-31161-2(X))* Forgotten Bks.

Diving Bell Spiders. Meg Gaertner. 2019. (Unique Animal Adaptations Ser.). (ENG., Illus.). 32p. (J). (gr. 4-6). pap. 7.95 *(978-1-5435-7506-4(4),* 141036) Capstone.

Diving Deep into Turtle Territory Coloring Book. Creative Playbooks. 2016. (ENG., Illus.). (J). pap. 7.74 *(978-1-68323-745-7(5))* Twin Flame Productions.

Diving for Dishes. Carolyn Bagnall. (Australian Kitchen Cleaning Adventures Ser.: Vol. 4). (ENG.) (J). 2019. 48p. *(978-0-2288-1080-3(9));* 2017. (Illus.). pap. *(978-1-77302-726-5(3))* Tellwell Talent.

Diving for Pearls, 1 vol. Rachael Morlock. 2017. (Gemstones of the World Ser.). (ENG.). 24p. (J). (gr. 3-3). 25.27 *(978-1-5081-6422-7(3),* 98d909b2-b9fe-40aa-80d5-0858362a8e0b, PowerKids Pr.) Rosen Publishing Group, Inc., The.

Diving for Pretty Pearls! Coloring Book. Smarter Activity Books for Kids. 2016. (ENG., Illus.). (J). pap. 9.22 *(978-1-68374-529-7(9))* Examined Solutions PTE. Ltd.

Diving into Discovery: Active Marine Life Coloring Book. Creative Playbooks. 2016. (ENG., Illus.). (J). pap. 7.74 *(978-1-68323-746-4(3))* Twin Flame Productions.

Diving into Summer Lessons Coloring Book. Kreative Kids. 2016. (ENG., Illus.). (J). pap. 9.20 *(978-1-68377-402-0(7))* Whike, Traudl.

Diving Under. Ginna Moran. 2017. (Spark of Life Ser.: Vol. 1). (ENG., Illus.). (YA). (gr. 9-12). pap. 10.99 *(978-1-942073-74-1(7))* Sunny Palms Pr.

Diving under the Waves 2 Wayfarers. Andy Belcher. ed. 2017. (Cambridge Reading Adventures Ser.). (ENG., Illus.). 32p. pap. 8.60 *(978-1-108-41164-6(9))* Cambridge Univ. Pr.

Division. Robyn Gale. Illus. by Barry Green. 2021. (I Can Do It! Ser.). (ENG.). 12p. (J). bds. 9.99 *(978-1-78958-881-1(2))* Top That! Publishing PLC GBR. Dist: Independent Pubs. Group.

Division. Joseph Midthun. Illus. by Samuel Hiti. 2022. (ENG.). 42p. (J). pap. ***(978-0-7166-4877-2(6))*** World Bk.-Childcraft International.

Division. Joseph Midthun. Illus. by Samuel Hiti. 2016. (Building Blocks of Math/Hardcover Ser.: Vol. 2). (ENG.). 34p. (J). *(978-0-7166-7893-9(4))* World Bk.-Childcraft International.

Division 0-12, 56 vols. School Zone Publishing Company Staff. rev. ed. 2019. (ENG.). 56p. (J). (gr. 3-5). 3.49 *(978-0-88743-241-5(7),* b86230b2-8dc8-45ee-a72a-6273746f5046) School Zone Publishing Co.

Division 0-12 Workbook Math Essentials Children's Arithmetic Books. Left Brain Kids. 2016. (ENG., Illus.). (J). pap. 7.51 *(978-1-68376-587-5(7))* Sabeels Publishing.

Division Champs: Math Reader Grade 4. Hmh Hmh. 2018. (SPA.). 8p. (J). pap. 9.00 *(978-1-328-57706-1(6))* Houghton Mifflin Harcourt Publishing Co.

Division Champs: Math Reader Grade 4. Hmh Hmh. 2017. (Math Expressions Ser.). (ENG.). 8p. (J). (gr. 4). pap. 3.07 *(978-1-328-77202-2(0))* Houghton Mifflin Harcourt Publishing Co.

Division Facts That Stick: Help Your Child Master the Division Facts for Good in Just Ten Weeks. Kate Snow. Illus. by Debra Pearson. 2018. (Facts That Stick Ser.: 0). (ENG.). 266p. (J). (gr. 3-8). pap. 21.95 *(978-1-945841-20-0(6),* 458420) Well-Trained Mind Pr.

Division Flash Cards. 2021. (ENG., Illus.). 55p. (J). 3.95 *(978-1-4413-3703-0(2),* 0000a9c3-a954-483f-998f-2cc317ad7ee6) Peter Pauper Pr, Inc.

Division Gymnastics. Rachel Rogers & Joe Lineberry. Illus. by Arte Rave. 2022. (Gift of Numbers Ser.: Vol. 7). (ENG.). 44p. (J). 17.95 *(978-1-943419-13-5(2));* pap. 12.95 *(978-1-943419-14-2(0))* Prospective Pr.

Division, Intolerance & Conflict: Can Public Civility Ever Be Restored? Stuart A. Kallen. 2022. (ENG., Illus.). 64p. (J). (gr. 6-12). 43.93 *(978-1-6782-0330-6(0))* ReferencePoint Pr., Inc.

Division of the Elements. Chelsie Wells. 2022. (ENG.). 215p. (YA). pap. ***(978-1-387-80387-3(5))*** Lulu Pr., Inc.

Division Timed Tests: 100 Daily Math Drills & Speed Sheets with Facts That Stick, Reproducible Practice Problems, Digits 0-12, Double & Multi-Digit Worksheets for Kids in Grades 3-5. Scholastic Panda Education. 2021. (Practicing Math Facts Ser.). (ENG.). 112p. (J). pap. 9.98 *(978-1-953149-37-4(5))* Polymath Publishing Hse. LLC.

Division Workbook Grade 3 Math Essentials Children's Arithmetic Books. Bobo's Little Brainiac Books. 2016. (ENG., Illus.). (J). pap. 7.99 *(978-1-68327-043-0(6))* Sunshine In My Soul Publishing.

Division Workbook Grade 4 Math Essentials Children's Arithmetic Books. Bobo's Little Brainiac Books. 2016. (ENG., Illus.). (J). pap. 7.99 *(978-1-68327-050-8(9))* Sunshine In My Soul Publishing.

Division Workbook Grade 5 Math Essentials Children's Arithmetic Books. Bobo's Little Brainiac Books. 2016. (ENG., Illus.). (J). pap. 7.99 *(978-1-68327-057-7(6))* Sunshine In My Soul Publishing.

Divisions. Marshall T. Parsons. 2020. (ENG.). 186p. (YA). pap. 14.99 *(978-1-63129-752-6(X))* Salem Author Services.

Divorce & Family Finances, 1 vol. Viola Jones & Carlienne Frisch. 2016. (Divorce & Your Family Ser.). (ENG.). 64p. (J). (gr. 7-7). 36.13 *(978-1-5081-7125-6(4),* 560d8404-7d67-4e0c-8c2f-84714b42fbff) Rosen Publishing Group, Inc., The.

Divorce & Your Family, 12 vols. 2016. (Divorce & Your Family Ser.). (ENG.). 64p. (gr. 7-7). 216.78 *(978-1-4777-8546-1(9),* 5fa41b6f-410f-44e9-b383-94cc6922313d, Rosen Young Adult) Rosen Publishing Group, Inc., The.

Divorce & Your Feelings, 1 vol. Viola Jones & Rachel Aydt. 2016. (Divorce & Your Family Ser.). (ENG., Illus.). 64p. (J). (gr. 7-7). 36.13 *(978-1-5081-7128-7(9),* 92eac15d-be4b-4565-a340-9f8212737922) Rosen Publishing Group, Inc., The.

Divorce, Family Court, & Family Law, 1 vol. Timothy Callahan & Anne Bianchi. 2016. (Divorce & Your Family Ser.). (ENG.). 64p. (J). (gr. 7-7). lib. bdg. 36.13 *(978-1-5081-7126-3(2),* fc9599cc-1046-4c02-9589-2a42dcaaf3ef) Rosen Publishing Group, Inc., The.

Divorce Journal for Kids. Sue Atkins. Illus. by Amy Bradley. 2021. 112p. (J). 19.95 *(978-1-78775-706-6(4),* 790993) Kingsley, Jessica Pubs. GBR. Dist: Hachette UK Distribution.

Diwali. Lisa J. Amstutz. 2017. (Holidays Around the World Ser.). (ENG.). 24p. (J). (gr. -1-2). lib. bdg. 22.65 *(978-1-5157-4853-3(7),* 134459, Pebble) Capstone.

Diwali. Lori Dittmer. (Semillas Del Saber Ser.). 24p. (J). (gr. -1-k). 2021. (SPA.). *(978-1-64026-441-0(8),* 17914, Creative Education); 2021. (SPA.). pap. 8.99 *(978-1-62832-976-6(9),* 17915, Creative Paperbacks); 2020. (ENG.). pap. 10.99 *(978-1-62832-859-2(2),* 17867, Creative Paperbacks) Creative Co., The.

Diwali. Hannah Eliot. Illus. by Archana Sreenivasan. 2018. (Celebrate the World Ser.). (ENG.). 24p. (J). (gr. -1 — 1). bds. 8.99 *(978-1-5344-1990-2(X),* Little Simon) Little Simon.

Diwali. Rachel Grack. 2017. (Celebrating Holidays Ser.). (ENG., Illus.). 24p. (J). (gr. k-3). pap. 7.99 *(978-1-61891-272-5(0),* 12061, Blastoff! Readers) Bellwether Media.

Diwali. Grace Jones. 2019. (Festivals Around the World Ser.). (ENG.). 24p. (J). (gr. k-2). pap. 9.99 *(978-1-78637-820-0(5))* BookLife Publishing Ltd. GBR. Dist: Independent Pubs. Group.

Diwali. Allan Morey. Illus. by Flavia Sorrentino. 2018. (Holidays in Rhythm & Rhyme Ser.). (ENG.). 24p. (J). (gr.

D

-1-3). lib. bdg. 33.99 *(978-1-68410-381-2(9)*, 140354) Cantata Learning.

Diwali, 1 vol. Joanna Ponto & Michelle Parker-Rock. 2016. (Story of Our Holidays Ser.). (ENG., Illus.). 32p. (gr. 3-3). pap. 11.52 *(978-0-7660-7646-4(6)*, 68e93c8a-bfb8-4f7a-9121-0a25e6c8b60a) Enslow Publishing, LLC.

Diwali. Rebecca Sabelko. 2022. (Happy Holidays! Ser.). (ENG., Illus.). 24p. (J). (gr. -1-2). pap. 7.99 *(978-1-64834-851-8(3)*, 21705, Blastoff! Readers) Bellwether Media.

Diwali. Mari Schuh. 2020. (Spot Holidays Ser.). (ENG.). 16p. (J). (gr. -1-1). pap. 7.99 *(978-1-68152-530-3(5)*, 10729); 27.10 *(978-1-68151-802-2(3)*, 10676) Amicus.

Diwali: Festival of Lights, 1 vol. Rina Singh. 2016. (Orca Origins Ser.: 2). (ENG., Illus.). 96p. (J). (gr. 4-7). 24.95 *(978-1-4598-1007-5(4))* Orca Bk. Pubs. USA.

Diwali: Suma y Resta. Joseph Otterman. rev. ed. 2019. (Mathematics in the Real World Ser.). (SPA.). 24p. (J). (gr. 1-2). pap. 9.99 *(978-1-4258-2845-5(0))* Teacher Created Materials, Inc.

Diwali (Diwali) Julie Murray. 2018. (Fiestas (Holidays) Ser.). (SPA.). 24p. (J). (gr. -1-2). lib. bdg. 31.36 *(978-1-5321-8003-3(9)*, 28221, Abdo Kids) ABDO Publishing Co.

Diwali in My New Home. Shachi Kaushik. Illus. by Aishwarya Tandon. 2022. 32p. (J). 18.99 *(978-1-5064-8407-5(7))* 1517 Media.

Diwali: Khushiyon Ka Tyohaar see Diwali: A Festival of Lights & Fun

Dixie Is with Jesus. Nancy Hicks Ralls. 2017. (ENG., Illus.). 38p. (J). pap. *(978-1-387-12998-0(8))* Lulu Pr., Inc.

Dixie Kitten (Classic Reprint) Eva March Tappan. (ENG., Illus.). (J). 2018. 104p. 26.04 *(978-0-483-42798-3(5))*; 2016. pap. 9.57 *(978-1-334-32601-1(0))* Forgotten Bks.

Dixie Primer: For the Little Folks (Classic Reprint) S. M. B. Moore. 2017. (ENG., Illus.). 34p. (J). 24.60 *(978-0-260-53020-2(4))* Forgotten Bks.

Dixie Primer, for the Little Folks (Classic Reprint) Marinda Branson Moore. (ENG., Illus.). (J). 2017. 24.64 *(978-0-331-93666-7(6))*; 2016. pap. 7.97 *(978-1-334-16465-1(7))* Forgotten Bks.

Dixie Randolph & the Secret of Seabury Beach. MaryAnn Diorio. 2022. (ENG.). 222p. (J). pap. 9.99 *(978-0-930037-79-6(0))* TopNotch Pr.

Dixie Speller & Reader: Designed for the Use of Schools (Classic Reprint) Unknown Author. (ENG., Illus.). (J). 2017. 26.95 *(978-0-331-74928-1(9))*; 2016. pap. 9.57 *(978-1-334-12494-5(9))* Forgotten Bks.

Dixie's Escape. David Wright. 2018. (ENG., Illus.). 78p. (YA). pap. 11.95 *(978-1-946818-07-2(0))* DIPS publishing Inc.

Dixons: A Story of American Life Through Three Generations (Classic Reprint) Florence Finch Kelly. (ENG., Illus.). (J). 2018. 338p. 30.87 *(978-0-364-13995-0(1))*; 2017. pap. 13.57 *(978-0-259-27305-9(8))* Forgotten Bks.

Dixy's Dolphins. Lydia Pettit. 2020. (ENG., Illus.). 36p. (J). pap. *(978-1-5289-9762-1(X))* Austin Macauley Pubs. Ltd.

DIY Afternoon: Paper. Terrains Vagues. 2019. (ENG., Illus.). 56p. (J). (gr. k-2). 14.99 *(978-1-84976-651-7(7)*, 1364301) Tate Publishing, Ltd. GBR. Dist: Abrams, Inc.

DIY Barrettes, Bows & Hair Ties. Editors of Klutz. 2021. (Klutz Ser.). (ENG.). (J). (gr. 2-2). 19.99 *(978-1-338-64370-1(3))* Klutz.

DIY Box Creations. Courtney Sanchez. ed. 2018. (ENG.). 80p. (J). (gr. 3-5). 19.96 *(978-1-64310-308-2(3))* Penworthy Co., LLC, The.

DIY Box Creations. Courtney Sanchez. 2017. (DIY Ser.). (ENG., Illus.). 128p. (J). (gr. 3-8). lib. bdg. 34.65 *(978-1-942875-29-1(0)*, c241693a-5625-415c-ab4f-4c4da87930c3, Walter Foster Jr) Quarto Publishing Group USA.

DIY Dog Portraits. Jessica L. Barnes et al. ed. 2018. (ENG.). 80p. (J). (gr. 3-5). 20.96 *(978-1-64310-768-4(2))* Penworthy Co., LLC, The.

DIY Fearless Fashion. Rebecca Rissman. 2018. (DIY Fearless Fashion Ser.). (ENG.). 48p. (J). (gr. 4-8). 146.60 *(978-1-5435-1102-4(3)*, 27838, Compass Point Bks.) Capstone.

DIY Monsters & Mischief Makerspace (Set), 6 vols. 2020. (DIY Monsters & Mischief Makerspace Ser.). (ENG.). 32p. (J). (gr. k-4). lib. bdg. 205.32 *(978-1-5321-9315-6(7)*, 35139, Super SandCastle) ABDO Publishing Co.

DIY Papercrafts. Marisa Edghill. 2017. (DIY Ser.). (ENG., Illus.). 128p. (J). (gr. 3-8). lib. bdg. 34.65 *(978-1-942875-27-7(4)*, 2343cc83-1ba1-46c0-b284-926f451ff52d, Walter Foster Jr) Quarto Publishing Group USA.

DIY Pet Shop. Martha Maker. Illus. by Xindi Yan. 2018. (Craftily Ever After Ser.: 5). (ENG.). 128p. (J). (gr. k-4). 17.99 *(978-1-5344-2900-0(X))*; pap. 5.99 *(978-1-5344-2899-7(2))* Little Simon. (Little Simon).

DIY Room Makeover Ideas for Girls: Pretty Projects to Decorate Your Bedroom. KariAnne Wood. 2020. (ENG., Illus.). 144p. (J). (gr. 2-6). pap. 16.99 *(978-0-7369-7412-7(1)*, 6974127) Harvest Hse. Pubs.

DIY Science Engineering: With over 20 Experiments to Build at Home! IglooBooks. Illus. by Karl West. 2022. (ENG.). 64p. (J). (gr. k-2). 12.99 *(978-1-80108-761-2(X))* Igloo Bks. GBR. Dist: Simon & Schuster, Inc.

DIY Science Outdoors: With over 25 Experiments to Do at Home! IglooBooks. Illus. by Karl West. 2021. (ENG.). 64p. (J). (gr. 1-5). 12.99 *(978-1-80022-857-3(0))* Igloo Bks. GBR. Dist: Simon & Schuster, Inc.

Diya Dances the Dandiya. Pria Dee. Illus. by YoungJu Kim. 2022. (ENG.). 36p. (J). pap. 12.99 ***(978-1-0881-0682-2(X))*** Indy Pub.

Dizionario Comparato Di Proverbi e Modi Proverbiali: Italiani, Latini, Francesi, Spagnoli, Tedeschi, Inglesi e Greci Antichi, con Relativi Indici Sistematico-Alfabetici; Supplemento Al Dizionari Delle Principali Lingue Moderne Ed Antiche. Augusto Arthaber. 2018. (FRE., Illus.). (J). 912p. 42.71 *(978-0-366-84860-7(7))*; 914p. pap. 25.05 *(978-0-366-84859-1(3))* Forgotten Bks.

Dizionario Italiano, Inglese, Francese, Vol. 1: A Concise Dictionary of the Italian, English, & French Languages; Adapted for the Use of Students & Men of Business; Wherein the Genders of All the Italian & French Nouns Are Carefully Noted down; Cont. Alfred Elwes. (ENG., Illus.). (J). 2018. 314p. 30.37 *(978-0-484-78884-7(1))*; 2017. pap. 13.57 *(978-0-259-84351-1(2))* Forgotten Bks.

Dizzy & the Dreams. Marie Newton. 2019. (ENG., Illus.). 68p. (J). (gr. 4-6). 19.95 *(978-1-63051-769-4(0))*; pap. 8.95 *(978-1-63051-768-7(2))* Chiron Pubns.

Dizzy Dinosaurs Scary Reptile Coloring Book. Activity Book Zone for Kids. 2016. (ENG., Illus.). (J). pap. 9.20 *(978-1-68376-458-8(7))* Sabeels Publishing.

Dizzy Duck. Jane Wolfe. Illus. by Tors Benham. 2016. 8p. (J). (gr. -1-12). bds. 6.99 *(978-1-84322-719-9(3)*, Armadillo) Anness Publishing GBR. Dist: National Bk. Network.

Dizzy Lizzie. Kat E. Erikson. 2020. (ENG., Illus.). 32p. (J). 12.99 *(978-0-578-56624-5(9))* Luminate Pr.

Dizzy Miss Lizzie. R. M. Clark. 2016. (ENG., Illus.). (J). pap. 9.95 *(978-1-63066-427-5(8))* Indigo Sea Pr., LLC.

Dizzy the Dinosaur. Mary L. Blasberg. 2020. (ENG.). 18p. (J). 16.95 *(978-1-6629-0529-2(7))*; pap. 8.95 *(978-1-6629-0530-8(0))* Gatekeeper Pr.

Dizzy's Dream Space: A Tagalog-English Adventure. Beverly Mabanglo Gatbonton. 2018. (ENG., Illus.). 30p. (J). 15.95 *(978-1-7322791-0-0(1))* Gatbonton, Beverly Mabanglo.

Dj. Michelle Anderson. 2018. (So You Wanna Be Ser.). (ENG., Illus.). 32p. (gr. 4-8). lib. bdg. 32.79 *(978-1-64156-472-4(5)*, 9781641564724) Rourke Educational Media.

DJ Baby. D. J. Burton. Illus. by Andy J. Pizza. 2022. (ENG.). 12p. (J). (gr. -1). bds. 12.99 *(978-1-6659-2704-8(6)*, Little Simon) Little Simon.

DJ Doc Mcstuffins Scratch Frantastic (Value) Des. by Bendon. 2020. (ENG.). (J). 4.99 ***(978-1-6902-1305-5(1))*** Bendon, Inc.

DJ Doc Mcstuffins Workbook with Stickers. Des. by Bendon. 2020. (ENG.). (J). pap. 1.97 *(978-1-6902-1218-8(7))* Bendon, Inc.

DJ Funkyfoot: Butler for Hire! (DJ Funkyfoot #1) Tom Angleberger. Illus. by Heather Fox. 2021. (Flytrap Files Ser.). (ENG.). 112p. (J). (gr. 1-4). 14.99 *(978-1-4197-4728-1(2)*, 1702701) Abrams, Inc.

DJ Funkyfoot: Give Cheese a Chance (DJ Funkyfoot #2) Tom Angleberger. Illus. by Heather Fox. (Flytrap Files Ser.). (ENG.). (J). (gr. 1-4). 2022. 128p. pap. 5.99 *(978-1-4197-4731-1(2)*, 1702803); 2021. 112p. 14.99 *(978-1-4197-4730-4(4)*, 1702801) Abrams, Inc. (Amulet Bks.).

DJ Funkyfoot: the Show Must Go Oink (DJ Funkyfoot #3) Tom Angleberger. Illus. by Heather Fox. (Flytrap Files Ser.). (ENG.). (J). (gr. 1-4). 2023. 128p. pap. 6.99 *(978-1-4197-4733-5(9)*, 1702903, Amulet Bks.); 2022. 112p. 14.99 *(978-1-4197-4732-8(0)*, 1702901) Abrams, Inc.

DJ Khaled, Vol. 11. Joe L. Morgan. 2018. (Hip-Hop & R & B: Culture, Music & Storytelling Ser.). (Illus.). 80p. (J). (gr. 7). lib. bdg. 33.27 *(978-1-4222-4187-5(4))* Mason Crest.

DJ Lil Jay. Heddrick McBride. Ed. by Laurie Borman. Illus. by Hh -Pax. 2022. (ENG.). 46p. (J). pap. 15.00 *(978-1-7361082-8-4(X))* McBride Collection of Stories LLC.

DJ Mickey 10-Piece Wooden Doll with Fold-Out Storybook (Value) Des. by Bendon. 2020. (ENG.). (J). 3.00 ***(978-1-6902-1164-8(4))*** Bendon, Inc.

DJ Mickey 8 X 8 Hardcover Storybook. Des. by Bendon. 2020. (ENG.). (J). 2.98 *(978-1-6902-1265-2(9))* Bendon, Inc.

DJ Mickey Activity Book with Stacking Crayons (Value) Des. by Bendon. 2020. (ENG.). (J). spiral bd. 5.00 ***(978-1-6902-1469-4(4))*** Bendon, Inc.

DJ Mickey Coloring & Activity Book (Value) Des. by Bendon. 2020. (ENG.). (J). pap. 1.00 *(978-1-6902-1282-9(9))* Bendon, Inc.

DJ Mickey Coloring & Activity Book with Crayons. Des. by Bendon. 2020. (ENG.). (J). pap. 3.98 ***(978-1-6902-1570-7(4))*** Bendon, Inc.

DJ Mickey Imagine Ink Magic Ink Coloring Book. Des. by Bendon. 2020. (ENG.). (J). pap. 7.99 ***(978-1-6902-1565-3(8))*** Bendon, Inc.

DJ Mickey Imagine Ink Magic Ink Coloring Book (Value) Des. by Bendon. 2020. (ENG.). (J). pap. 5.00 ***(978-1-6902-1472-4(4))*** Bendon, Inc.

DJ Mickey Imagine Ink Magic Ink Pictures Book with Stickers (Value) Des. by Bendon. 2020. (ENG.). (J). 3.00 ***(978-1-6902-1146-4(6))*** Bendon, Inc.

DJ Mickey Imagine Ink Magic Ink Pictures (Value) Des. by Bendon. 2020. (ENG.). (J). 3.00 ***(978-1-6902-0489-3(3))*** Bendon, Inc.

DJ Mickey Imagine Ink Water Surprise - Redesign (Value) Des. by Bendon. 2020. (ENG.). (J). 3.00 ***(978-1-6902-1042-9(7))*** Bendon, Inc.

DJ Mickey Jumbo Coloring & Activity Book. Des. by Bendon. (ENG.). (J). 2020. pap. 0.98 ***(978-1-6902-0991-1(7))***; 2020. pap. 1.00 ***(978-1-6902-1580-6(1))***; 2020. pap. 1.00 ***(978-1-6902-1122-8(9))***; 2019. pap. 1.99 ***(978-1-6902-0248-6(3))*** Bendon, Inc.

DJ Mickey/Crayola Jumbo Coloring & Activity Book with Stickers. Des. by Bendon. 2020. (ENG.). (J). pap. 2.99 ***(978-1-6902-1431-1(7))*** Bendon, Inc.

DJ Mickey/Minnie Imagine Ink Magic Ink Pictures Book with Stickers (Value) Des. by Bendon. 2020. (ENG.). (J). 5.00 ***(978-1-6902-1389-5(2))*** Bendon, Inc.

DJ Mickey/Minnie Workbook with Stickers. Des. by Bendon. 2020. (ENG.). (J). pap. 6.97 ***(978-1-6902-1244-7(6))***; pap. 6.97 ***(978-1-6902-1245-4(4))*** Bendon, Inc.

DJ Minnie 10-Piece Wooden Doll with Fold-Out Storybook (Value) Des. by Bendon. 2020. (ENG.). (J). 3.00 ***(978-1-6902-1165-5(2))*** Bendon, Inc.

DJ Minnie Flip-Over Jumbo Coloring & Activity Book. Des. by Bendon. 2020. (ENG.). (J). pap. 1.00 ***(978-1-6902-1434-2(1))*** Bendon, Inc.

DJ Minnie Gigantic Coloring & Activity Book (Value) Des. by Bendon. 2018. (ENG.). (J). pap. 3.00 ***(978-1-5050-8097-1(5))*** Bendon, Inc.

DJ Minnie Imagine Ink Magic Ink Pictures. Des. by Bendon. 2017. (ENG.). (J). 4.99 ***(978-1-5050-5574-0(1))*** Bendon, Inc.

DJ Minnie Imagine Ink Water Surprise - Redesign (Value) Des. by Bendon. 2020. (ENG.). (J). 3.00 ***(978-1-6902-1041-2(9))*** Bendon, Inc.

DJ Minnie Jumbo Coloring & Activity Book. Des. by Bendon. 2020. (ENG.). (J). pap. 1.00 ***(978-1-6902-1142-6(3))*** Bendon, Inc.

DJ Minnie Jumbo Coloring & Activity Book with Stickers. Des. by Bendon. 2020. (ENG.). (J). pap. 2.00 *(978-1-6902-1254-6(3))* Bendon, Inc.

DJ Mixed Digest Imagine Ink Magic Ink. Des. by Bendon. 2020. (ENG.). (J). pap. 5.00 ***(978-1-6902-1073-3(7))*** Bendon, Inc.

DJ Mixed Imagine Ink Magic Ink Pictures (Value) Des. by Bendon. 2020. (ENG.). (J). 3.00 ***(978-1-6902-1024-5(9))*** Bendon, Inc.

DJ Mixed Ultimate 11 X 16 Coloring & Activity Book. Des. by Bendon. 2020. (ENG.). (J). pap. 3.00 ***(978-1-6902-1577-6(1))*** Bendon, Inc.

DJ Puppy Dog Pals 5 X 7 Mini Sticker Activity Book (Value) Des. by Bendon. 2018. (ENG.). (J). pap. 1.00 ***(978-1-5050-2399-2(8))*** Bendon, Inc.

DJ Puppy Dog Pals Workbook (Dollar Tree) Des. by Bendon. 2020. (ENG.). (J). pap. 1.00 ***(978-1-5050-8309-5(5))*** Bendon, Inc.

Dj the Scratchy Cat. J. L. Kirby. 2022. (ENG.). 28p. pap. 13.95 ***(978-1-6657-2835-5(3))*** Archway Publishing.

DJ the Terrible: Djeaneautha the Terrible. Samantha Nemeth. 2019. (ENG.). 128p. (J). pap. *(978-1-7753119-8-0(8))* Pandamonium Publishing Hse.

DJ Tots Workbook (Dollar Tree) Des. by Bendon. 2020. (ENG.). (J). pap. 1.00 ***(978-1-5050-8459-7(8))*** Bendon, Inc.

DJ Vampirina 224 Coloring & Activity Pages with Stickers. Des. by Bendon. 2017. (ENG.). (J). pap. 5.99 ***(978-1-5050-5960-1(7))*** Bendon, Inc.

DJ Vampirina 8 X 8 Hardcover Storybook. Des. by Bendon. 2020. (ENG.). (J). 2.98 *(978-1-6902-1272-0(1))* Bendon, Inc.

DJ Vampirina Coloring & Activity Book with Tattoos. Des. by Bendon. 2020. (ENG.). (J). pap. 3.98 ***(978-1-6902-1279-9(9))*** Bendon, Inc.

Djambek the Georgian: A Tale of Modern Turkey (Classic Reprint) A. Gundaccar Von Suttner. 2017. (ENG., Illus.). (J). 29.59 *(978-0-260-46214-5(4))* Forgotten Bks.

Djeaneautha the Terrible: DJ the Terrible. Samantha Nemeth. Illus. by Nikki Ernst. 2019. (ENG.). 130p. (J). pap. *(978-1-989506-07-3(0))* Pandamonium Publishing Hse.

Djembes. Kimberly Hutmacher. 2020. (J). *(978-1-7911-1620-0(5)*, AV2 by Weigl) Weigl Pubs., Inc.

Djibi. Felix Salten. Tr. by Raya Levin. 2016. (Bambi's Classic Animal Tales Ser.). (ENG., Illus.). 192p. (J). (gr. 3-7). pap. 8.99 *(978-1-4424-8764-2(X)*, Aladdin) Simon & Schuster Children's Publishing.

Djinn of the Upper East Side. Bruce Graw. 2022. (Fey of New York City Ser.: Vol. 3). (ENG.). 354p. (J). pap. 17.99 *(978-1-938124-69-3(3))* Tanstaafl Pr.

DJ's off-Road Adventures: Better Together. David McBee. Illus. by Floyd Leroy. 2021. (ENG.). 30p. (J). 16.99 *(978-1-0879-8208-3(1))* Indy Pub.

DJ's off-Road Adventures: DJ Faces His Fear. David McBee. Illus. by Floyd Leroy. 2020. (Dj's off-Road Adventures Ser.: Vol. 1). (ENG.). 28p. (J). (gr. k-3). 16.99 *(978-1-0878-6270-5(1))* Indy Pub.

DJ's off-Road Adventures: Girls Rock! David McBee. Illus. by Floyd Leroy. 2022. (Dj's off-Road Adventures Ser.: Vol. 3). (ENG.). 30p. (J). 16.99 *(978-1-0878-7640-5(0))* Indy Pub.

DK Braille: Animals. DK. 2016. (DK Braille Bks.). (ENG.). 32p. (J). (gr. 2-4). 22.99 *(978-1-4654-3611-5(1)*, DK Children) Dorling Kindersley Publishing, Inc.

DK Braille: Counting. DK. 2016. (DK Braille Bks.). (ENG.). 18p. (J). (-k). bds. 16.99 *(978-1-4654-3613-9(8)*, DK Children) Dorling Kindersley Publishing, Inc.

DK Braille: It Can't Be True: Incredible Tactile Comparisons. DK. 2016. (DK Braille Bks.). (ENG.). 72p. (J). (gr. 4-7). 29.99 *(978-1-4654-4406-6(8)*, DK Children) Dorling Kindersley Publishing, Inc.

DK Braille: LEGO DUPLO: Farm. Emma Grange. 2018. (DK Braille Bks.). (ENG.). 18p. (J). (-k). bds. 15.99 *(978-1-4654-6855-0(2)*, DK Children) Dorling Kindersley Publishing, Inc.

DK Braille: Shapes. DK. 2016. (DK Braille Bks.). (ENG., Illus.). 18p. (J). (-k). bds. 16.99 *(978-1-4654-3612-2(X)*, DK Children) Dorling Kindersley Publishing, Inc.

DK Children's Encyclopedia: The Book That Explains Everything! DK. 2022. (ENG.). 320p. (J). (gr. 2-4). 24.99 *(978-0-7440-5979-3(8)*, DK Children) Dorling Kindersley Publishing, Inc.

DK IB Collection: Middle Years Programme (MYP 1-3) DK. 2022. (ENG.). (J). (gr. 4-7). pap., pap., pap. 266.87 *(978-0-7440-7758-2(3)*, DK Children) Dorling Kindersley Publishing, Inc.

DK IB Collection: Middle Years Programme (MYP 4-5) DK. 2022. (ENG.). (J). (gr. 5-12). pap. 321.92 *(978-0-7440-7759-9(1)*, DK Children) Dorling Kindersley Publishing, Inc.

DK IB Collection: Primary Years Programme (PYP) DK. 2022. (ENG.). (J). (gr. 2-5). pap. 288.82 *(978-0-7440-7757-5(5)*, DK Children) Dorling Kindersley Publishing, Inc.

DK Life Stories: Ada Lovelace. Nancy Castaldo. 2019. (DK Life Stories Ser.). (ENG.). 128p. (J). (gr. 3-7). pap. 5.99 *(978-1-4654-8540-3(6)*, DK Children) Dorling Kindersley Publishing, Inc.

DK Life Stories: Albert Einstein. Wil Mara. Illus. by Charlotte Ager. 2019. (DK Life Stories Ser.). (ENG.). 128p. (J). (gr. 3-7). pap. 5.99 *(978-1-4654-7570-1(2)*, DK Children) Dorling Kindersley Publishing, Inc.

DK Life Stories: Alexander Hamilton. James Buckley, Jr. Illus. by Charlotte Ager. 2019. (DK Life Stories Ser.). (ENG.). 128p. (J). (gr. 3-7). pap. 5.99 *(978-1-4654-7961-7(9)*, DK Children) Dorling Kindersley Publishing, Inc.

DK Life Stories Amelia Earhart. DK. 2020. (ENG., Illus.). 128p. (J). *(978-0-241-41155-1(6))* Dorling Kindersley Publishing, Inc.

DK Life Stories Amelia Earhart. Libby Romero. 2020. (DK Life Stories Ser.). (ENG., Illus.). 128p. (J). (gr. 3-7). pap. 5.99 *(978-1-4654-9066-7(3)*, DK Children) Dorling Kindersley Publishing, Inc.

DK Life Stories: Anne Frank. Stephen Krensky. Illus. by Charlotte Ager. 2019. (DK Life Stories Ser.). (ENG.). 128p. (J). (gr. 3-7). 16.99 *(978-1-4654-7029-4(8))*; pap. 5.99 *(978-1-4654-7543-5(5))* Dorling Kindersley Publishing, Inc. (DK Children).

DK Life Stories Barack Obama: Amazing People Who Have Shaped Our World. Stephen Krensky. 2022. (DK Life Stories Ser.). (ENG.). 128p. (J). (gr. 2-4). 18.99 *(978-0-7440-6247-2(0))*; pap. 6.99 *(978-0-7440-6246-5(2))* Dorling Kindersley Publishing, Inc. (DK Children).

DK Life Stories: Florence Nightingale. Kitson Jazynka. Illus. by Charlotte Ager. 2019. (DK Life Stories Ser.). (ENG.). 128p. (J). (gr. 3-7). pap. 5.99 *(978-1-4654-7843-6(4)*, DK Children) Dorling Kindersley Publishing, Inc.

DK Life Stories: Gandhi. Diane Bailey. Illus. by Charlotte Ager. 2019. (DK Life Stories Ser.). (ENG.). 128p. (J). (gr. 3-7). pap. 5.99 *(978-1-4654-7842-9(6)*, DK Children) Dorling Kindersley Publishing, Inc.

DK Life Stories: Harriet Tubman. Kitson Jazynka. 2019. (DK Life Stories Ser.). (ENG., Illus.). 128p. (J). (gr. 3-7). 16.99 *(978-1-4654-8543-4(0))*; pap. 5.99 *(978-1-4654-8542-7(2))* Dorling Kindersley Publishing, Inc. (DK Children).

DK Life Stories: Helen Keller. Libby Romero. Illus. by Charlotte Ager. 2019. (DK Life Stories Ser.). (ENG.). 128p. (J). (gr. 3-7). pap. 5.99 *(978-1-4654-7474-2(9)*, DK Children) Dorling Kindersley Publishing, Inc.

DK Life Stories Jane Goodall. DK. 2019. (ENG., Illus.). 128p. (J). *(978-0-241-37788-8(9))* Dorling Kindersley Publishing, Inc.

DK Life Stories: Jane Goodall. Libby Romero. Illus. by Charlotte Ager. 2019. (DK Life Stories Ser.). (ENG.). 128p. (J). (gr. 2). pap. 5.99 *(978-1-4654-8397-3(7)*, DK Children) Dorling Kindersley Publishing, Inc.

DK Life Stories Jesse Owens: Amazing People Who Have Shaped Our World. James Buckley & James Buckley, Jr. 2020. (DK Life Stories Ser.). (ENG.). 128p. (J). (gr. 2-5). pap. 5.99 *(978-1-4654-9312-5(3)*, DK Children) Dorling Kindersley Publishing, Inc.

DK Life Stories: Katherine Johnson. Ebony Joy Wilkins. Illus. by Charlotte Ager. 2019. (DK Life Stories Ser.). (ENG.). 128p. (J). (gr. 3-7). pap. 5.99 *(978-1-4654-7912-9(0)*, DK Children) Dorling Kindersley Publishing, Inc.

DK Life Stories Leonardo Da Vinci. DK. 2020. (Illus.). 128p. (J). *(978-0-241-41156-8(4))* Dorling Kindersley Publishing, Inc.

DK Life Stories: Leonardo Da Vinci. Stephen Krensky. 2020. (DK Life Stories Ser.). (ENG., Illus.). 128p. (J). (gr. 3-7). pap. 5.99 *(978-1-4654-9064-3(7)*, DK Children) Dorling Kindersley Publishing, Inc.

DK Life Stories Marie Curie. Nell Walker. 2022. (DK Life Stories Ser.). (ENG., Illus.). 128p. (J). (gr. 3-7). pap. 6.99 *(978-0-7440-2762-4(4)*, DK Children) Dorling Kindersley Publishing, Inc.

DK Life Stories: Martin Luther King Jr. Laurie Calkhoven. Illus. by Charlotte Ager. 2019. (DK Life Stories Ser.). (ENG.). 128p. (J). (gr. 3-7). pap. 5.99 *(978-1-4654-7435-3(8)*, DK Children) Dorling Kindersley Publishing, Inc.

DK Life Stories Nelson Mandela. DK. 2019. (Illus.). 128p. (J). *(978-0-241-37791-8(9))* Dorling Kindersley Publishing, Inc.

DK Life Stories: Nelson Mandela. Stephen Krensky. Illus. by Charlotte Ager. 2019. (DK Life Stories Ser.). (ENG.). 128p. (J). (gr. 2). pap. 5.99 *(978-1-4654-8400-0(0)*, DK Children) Dorling Kindersley Publishing, Inc.

DK Life Stories Queen Elizabeth II. Brenda Williams & Brian Williams. 2023. (DK Life Stories Ser.). (ENG.). 128p. (J). (gr. 2-6). 18.99 ***(978-0-7440-8912-7(3))***; pap. 6.99 ***(978-0-7440-8911-0(5))*** Dorling Kindersley Publishing, Inc. (DK Children).

DK Reader Level 1: Welcome to Iceland: Packed with Facts You Need to Read! DK. 2022. (DK Readers Level 1 Ser.). (ENG., Illus.). 24p. (J). (gr. -1-3). pap. 4.99 *(978-0-7440-2712-9(8)*, DK Children) Dorling Kindersley Publishing, Inc.

DK Reader Level 1: Welcome to Japan. DK. 2020. (DK Readers Level 1 Ser.). (ENG., Illus.). 24p. (J). (gr. 2-k). pap. 4.99 *(978-1-4654-9321-7(2)*, DK Children) Dorling Kindersley Publishing, Inc.

DK Reader Level 2: Cats & Kittens. Caryn Jenner. 2020. (DK Readers Level 2 Ser.). (ENG., Illus.). 48p. (J). (gr. k-2). 17.99 *(978-0-7440-2153-0(7))*; pap. 4.99 *(978-1-4654-9985-1(7))* Dorling Kindersley Publishing, Inc. (DK Children).

DK Reader Level 2 DC How Fast Is the Flash? Victoria Armstrong. 2022. (DK Readers Level 2 Ser.). (ENG.). 48p. (J). (gr. k-2). pap. 4.99 *(978-0-7440-3982-5(7)*, DK Children) Dorling Kindersley Publishing, Inc.

DK Reader Level 2: Rainforest Animals: Packed with Facts You Need to Read! Caryn Jenner. 2021. (DK Readers Level 2 Ser.). (ENG., Illus.). 48p. (J). (gr. k-2). 17.99 *(978-0-7440-2651-1(2))*; pap. 4.99 *(978-0-7440-2650-4(4))* Dorling Kindersley Publishing, Inc. (DK Children).

DK Reader Level 2: What Is an Election? DK. 2020. (DK Readers Level 2 Ser.). (ENG., Illus.). 48p. (J). (gr. k-2). pap. 4.99 *(978-1-4654-9986-8(5)*, DK Children); *(978-0-241-43992-0(2))* Dorling Kindersley Publishing, Inc.

DK Readers L1: Jungle Animals: Discover the Secrets of the Jungle! Camilla Gersh. 2016. (DK Readers Level 1 Ser.). (ENG., Illus.). 24p. (J). (gr. -1-1). pap. 4.99 *(978-1-4654-4962-7(0)*, DK Children) Dorling Kindersley Publishing, Inc.

DK Readers L1: Star Wars: What Is a Droid? Lisa Stock. 2018. (DK Readers Level 1 Ser.). (ENG., Illus.). 24p. (J). (gr. k-2). pap. 4.99 *(978-1-4654-6753-9(X)*, DK Children) Dorling Kindersley Publishing, Inc.

DK Readers L2: Space Quest: Jump to Jupiter. Peter Lock. ed. 2018. (DK Readers Ser.). (ENG.). 47p. (J). (gr. -1-1). 7.00 *(978-1-64310-472-0(1))* Penworthy Co., LLC, The.

DK Readers L2: Star Wars: Rey to the Rescue! Lisa Stock. ed. 2017. (Star Wars DK Readers Level 2 Ser.). lib. bdg. 13.55 *(978-0-606-39899-2(6))* Turtleback.

518 The check digit for ISBN-10 appears in parentheses after the full ISBN-13

DK Readers L2: Amazing Dogs: Tales of Daring Dogs! Laura Buller. 2016. (DK Readers Level 2 Ser.). (ENG., Illus.). 48p. (J). (gr. k-2). pap. 4.99 *(978-1-4654-4596-4(X)*, DK Children) Dorling Kindersley Publishing, Inc.

DK Readers L2 Festivals & Celebrations. Caryn Jenner. 2017. (DK Readers Level 2 Ser.). (ENG., Illus.). 48p. (J). (gr. k-2). pap. 3.99 *(978-1-4654-6318-0(6)*, DK Children) Dorling Kindersley Publishing, Inc.

DK Readers L2: Great Explorers. James Buckley. 2018. (DK Readers Level 2 Ser.). (ENG., Illus.). 48p. (J). (gr. k-2). pap. 4.99 *(978-1-4654-6925-0(7)*, DK Children) Dorling Kindersley Publishing, Inc.

DK Readers L2: Life in the Stone Age. Deborah Lock. 2018. (DK Readers Level 2 Ser.). (ENG., Illus.). 48p. (J). (gr. k-2). pap. 4.99 *(978-1-4654-6845-1(5)*, DK Children) Dorling Kindersley Publishing, Inc.

DK Readers L2: Marvel's Ultimate Villains. Cefn Ridout. 2018. (DK Readers Level 2 Ser.). (ENG., Illus.). 48p. (J). (gr. k-2). pap. 4.99 *(978-1-4654-6684-6(3)*, DK Children) Dorling Kindersley Publishing, Inc.

DK Readers L2: Pirate Attack! Deborah Lock. 2017. (DK Readers Level 2 Ser.). (ENG., Illus.). 48p. (J). (gr. k-2). pap. 3.99 *(978-1-4654-6473-6(5)*, DK Children) Dorling Kindersley Publishing, Inc.

DK Readers L2: Star Wars: Lightsaber Battles. DK. 2018. (DK Readers Level 2 Ser.). (ENG., Illus.). 48p. (J). (gr. k-2). pap. 4.99 *(978-1-4654-6758-4(0)*, DK Children) Dorling Kindersley Publishing, Inc.

DK Readers L2: Star Wars: Rey to the Rescue! Discover Rey's Force Powers! Lisa Stock. 2017. (DK Readers Level 2 Ser.). (ENG., Illus.). 48p. (J). (gr. k-2). pap. 3.99 *(978-1-4654-5580-2(9)*, DK Children) Dorling Kindersley Publishing, Inc.

DK Readers L2: Star Wars: the Adventures of BB-8: Discover BB-8's Secret Mission. David Fentiman. 2016. (DK Readers Level 2 Ser.). (ENG., Illus.). 48p. (J). (gr. k-2). pap. 4.99 *(978-1-4654-5102-6(1)*, DK Children) Dorling Kindersley Publishing, Inc.

DK Readers L2: Stars & Galaxies: Discover the Secrets of the Stars! DK. 2017. (DK Readers Level 2 Ser.). (ENG., Illus.). 48p. (J). (gr. k-2). pap. 4.99 *(978-1-4654-5863-6(8)*, DK Children) Dorling Kindersley Publishing, Inc.

DK Readers L2: Story of Coding. James Floyd Kelly. 2017. (DK Readers Level 2 Ser.). (ENG., Illus.). 48p. (J). (gr. k-2). pap. 3.99 *(978-1-4654-6242-8(2)*, DK Children) Dorling Kindersley Publishing, Inc.

DK Readers L2: What Is the President's Job? Allison Singer & DK. 2017. (DK Readers Level 2 Ser.). (ENG., Illus.). 48p. (J). (gr. k-2). pap. 4.99 *(978-1-4654-5748-6(8)*, DK Children) Dorling Kindersley Publishing, Inc.

DK Readers L2: WWE: How to Be a WWE Superstar. DK. 2017. (DK Readers Level 2 Ser.). (ENG., Illus.). 48p. (J). (gr. k-2). pap. 4.99 *(978-1-4654-6287-9(2)*, DK Children) Dorling Kindersley Publishing, Inc.

DK Readers L3: Real-Life Heroes. DK. 2017. (DK Readers Level 3 Ser.). (ENG., Illus.). 64p. (J). (gr. 2-4). pap. 3.99 *(978-1-4654-6244-2(9)*, DK Children) Dorling Kindersley Publishing, Inc.

DK Readers L3: Star Wars: Finn's Mission: Find Out How Finn Can Save the Galaxy! David Fentiman. 2016. (DK Readers Level 3 Ser.). (ENG., Illus.). 64p. (J). (gr. 4-7). pap. 3.99 *(978-1-4654-5101-9(3)*, DK Children) Dorling Kindersley Publishing, Inc.

DK Readers L3: the Story of Civil Rights. Wil Mara. 2018. (DK Readers Level 3 Ser.). (ENG., Illus.). 64p. (J). (gr. 2-4). pap. 4.99 *(978-1-4654-6927-4(3)*, DK Children) Dorling Kindersley Publishing, Inc.

DK Readers L3: Women in Science. Jen Green. 2018. (DK Readers Level 3 Ser.). (ENG., Illus.). 64p. (J). (gr. 2-4). pap. 4.99 *(978-1-4654-6859-8(5)*, DK Children) Dorling Kindersley Publishing, Inc.

DK Readers L4: Amazing Women: Discover Inspiring Life Stories! DK. 2017. (DK Readers Level 4 Ser.). (ENG., Illus.). 96p. (J). (gr. 4-7). pap. 4.99 *(978-1-4654-5768-4(2)*, DK Children) Dorling Kindersley Publishing, Inc.

DK Readers L4 Robot Universe. Lynn Huggins-Cooper. 2017. (DK Readers Level 4 Ser.). (ENG., Illus.). 96p. (J). (gr. 4-7). pap. 4.99 *(978-1-4654-6321-0(6)*, DK Children) Dorling Kindersley Publishing, Inc.

DK Readers L4: Spiders & Other Deadly Animals: Meet Some of Earth's Scariest Animals! James Buckley. 2016. (DK Readers Level 4 Ser.). (ENG., Illus.). 96p. (J). (gr. 3-7). pap. 4.99 *(978-1-4654-5209-2(5)*, DK Children) Dorling Kindersley Publishing, Inc.

DK Readers L4: Star Wars: Rogue One: Secret Mission: Join the Quest to Destroy the Death Star! Jason Fry. 2016. (DK Readers Level 4 Ser.). (ENG.). 96p. (J). (gr. 4-7). pap. 3.99 *(978-1-4654-5264-1(8)*, DK Children) Dorling Kindersley Publishing, Inc.

DK Readers Level 2: Hello Hedgehog. Laura Buller. 2019. (DK Readers Level 2 Ser.). (ENG., Illus.). 48p. (J). (gr. k-2). pap. 4.99 *(978-1-4654-9059-9(0)*, DK Children) Dorling Kindersley Publishing, Inc.

DK Readers Level 2: Llamas. DK. 2019. (DK Readers Level 2 Ser.). (ENG.). 48p. (J). (gr. k-2). pap. 4.99 *(978-1-4654-8142-9(7)*, DK Children) Dorling Kindersley Publishing, Inc.

DK Readers Level 2: the Lion's Tale. Laura Buller. 2019. (DK Readers Level 2 Ser.). (ENG., Illus.). 48p. (J). (gr. k-2). pap. 3.99 *(978-1-4654-7913-6(9)*, DK Children) Dorling Kindersley Publishing, Inc.

DK Readers Level 2: WWE Meet the Champions. DK. 2019. (DK Readers Level 2 Ser.). (ENG., Illus.). 96p. (J). (gr. -1-1). pap. 8.99 *(978-1-4654-9037-7(X)*, DK Children) Dorling Kindersley Publishing, Inc.

DK Readers Level 3: I'm an Activist. Wil Mara. 2019. (DK Readers Level 3 Ser.). (ENG., Illus.). 64p. (J). (gr. 2-4). 16.99 *(978-1-4654-8546-5(5))*; pap. 4.99 *(978-1-4654-8544-1(9))* Dorling Kindersley Publishing, Inc. (DK Children).

DK Readers Level 3: Mythical Beasts. Andrea Mills & DK. 2018. (DK Readers Level 3 Ser.). (ENG.). 64p. (J). (gr. 2-4). pap. 4.99 *(978-1-4654-7727-9(6)*, DK Children) Dorling Kindersley Publishing, Inc.

DK Readers Level 3: Sports Legends. Caryn Jenner. 2019. (DK Readers Level 3 Ser.). (ENG., Illus.). 64p. (J). (gr. 2-4). 16.99 *(978-1-4654-9062-9(0))*; pap. 4.99 *(978-1-4654-9061-2(2))* Dorling Kindersley Publishing, Inc. (DK Children).

DK Super Readers Level 1 a Day on the Farm. DK. 2023. (DK Super Readers Ser.). (ENG., Illus.). 32p. (J). (gr. 1-3). 14.99 *(978-0-7440-6705-7(7))*; pap. 4.99 *(978-0-7440-6706-4(5))* Dorling Kindersley Publishing, Inc. (DK Children).

DK Super Readers Level 1 a Year on the Farm. DK. 2023. (DK Super Readers Ser.). (ENG.). 32p. (J). (gr. 1-3). 14.99 *(978-0-7440-7396-6(0))*; pap. 4.99 *(978-0-7440-7397-3(9))* Dorling Kindersley Publishing, Inc. (DK Children).

DK Super Readers Level 1 All about Bats. DK. 2023. (DK Super Readers Ser.). (ENG., Illus.). 32p. (J). (gr. 1-3). 14.99 *(978-0-7440-7191-7(7))*; pap. 4.99 *(978-0-7440-7192-4(5))* Dorling Kindersley Publishing, Inc. (DK Children).

DK Super Readers Level 1 Animal Feeding Time. DK. 2023. (DK Super Readers Ser.). (ENG., Illus.). 32p. (J). (gr. 1-3). 14.99 *(978-0-7440-6693-7(X))*; pap. 4.99 *(978-0-7440-6694-4(8))* Dorling Kindersley Publishing, Inc. (DK Children).

DK Super Readers Level 1 Becoming a Butterfly. DK. 2023. (DK Super Readers Ser.). (ENG.). 32p. (J). (gr. 1-3). 14.99 *(978-0-7440-7489-5(4))*; pap. 4.99 *(978-0-7440-7491-8(6))* Dorling Kindersley Publishing, Inc. (DK Children).

DK Super Readers Level 1 Big Trucks. DK. 2023. (DK Super Readers Ser.). (ENG., Illus.). 32p. (J). (gr. 1-3). 14.99 *(978-0-7440-7161-0(5))*; pap. 4.99 *(978-0-7440-7162-7(3))* Dorling Kindersley Publishing, Inc. (DK Children).

DK Super Readers Level 1 Bilingual Explore the Coral Reef - Explora el Arrecife de Coral. DK. ed. 2023. (DK Super Readers Ser.).Tr. of Exploremos el Arrecife de Coral. 32p. (J). (gr. 1-3). 14.99 ***(978-0-7440-8381-1(8)***, DK Children) Dorling Kindersley Publishing, Inc.

DK Super Readers Level 1 Bilingual Ponies & Horses - Ponis y Caballos. DK. ed. 2023. (DK Super Readers Ser.).Tr. of Ponis y Caballos. 32p. (J). (gr. 1-3). 14.99 ***(978-0-7440-8379-8(6)***, DK Children) Dorling Kindersley Publishing, Inc.

DK Super Readers Level 1 Bugs Hide & Seek. DK. 2023. (DK Super Readers Ser.). (ENG.). 32p. (J). (gr. 1-3). 14.99 *(978-0-7440-7425-3(8))*; pap. 4.99 *(978-0-7440-7426-0(6))* Dorling Kindersley Publishing, Inc. (DK Children).

DK Super Readers Level 1 Dinosaur's Day. DK. 2023. (DK Super Readers Ser.). (ENG., Illus.). 32p. (J). (gr. 1-3). 14.99 *(978-0-7440-6569-5(0))*; pap. 4.99 *(978-0-7440-6570-1(4))* Dorling Kindersley Publishing, Inc. (DK Children).

DK Super Readers Level 1 Dinosaur's Day - el día de un Dinosaurio. DK. ed. 2023. (DK Super Readers Ser.).Tr. of día en la Vida de un Dinosaurio. 32p. (J). (gr. 1-3). 14.99 ***(978-0-7440-8383-5(4)***, DK Children) Dorling Kindersley Publishing, Inc.

DK Super Readers Level 1 Diving Dolphin. DK. 2023. (DK Super Readers Ser.). (ENG.). 32p. (J). (gr. 1-3). 14.99 *(978-0-7440-7342-3(1))*; pap. 4.99 *(978-0-7440-7343-0(X))* Dorling Kindersley Publishing, Inc. (DK Children).

DK Super Readers Level 1 Explore the Coral Reef. DK. 2023. (DK Super Readers Ser.). (ENG., Illus.). 32p. (J). (gr. 1-3). 14.99 *(978-0-7440-6799-6(5))*; pap. 4.99 *(978-0-7440-6800-9(2))* Dorling Kindersley Publishing, Inc. (DK Children).

DK Super Readers Level 1 Frogs & Toads. DK. 2023. (DK Super Readers Ser.). (ENG., Illus.). 32p. (J). (gr. 1-3). 14.99 *(978-0-7440-7274-7(3)*, DK Children) Dorling Kindersley Publishing, Inc.

DK Super Readers Level 1 Frozen Worlds. DK. 2023. (DK Super Readers Ser.). (ENG., Illus.). 32p. (J). (gr. 1-3). 14.99 *(978-0-7440-7219-8(0)*, DK Children) Dorling Kindersley Publishing, Inc.

DK Super Readers Level 1 Jungle Animals. DK. 2023. (DK Super Readers Ser.). (ENG., Illus.). 32p. (J). (gr. 1-3). 14.99 *(978-0-7440-7122-1(4)*, DK Children) Dorling Kindersley Publishing, Inc.

DK Super Readers Level 1 Life of a Baby Lemon Shark. DK. 2023. (DK Super Readers Ser.). (ENG., Illus.). 32p. (J). (gr. 1-3). 14.99 *(978-0-7440-7578-6(5))*; pap. 4.99 *(978-0-7440-7581-6(5))* Dorling Kindersley Publishing, Inc. (DK Children).

DK Super Readers Level 1 Mega Machines. DK. 2023. (DK Super Readers Ser.). (ENG.). 32p. (J). (gr. 1-3). 14.99 *(978-0-7440-7450-5(9))*; pap. 4.99 *(978-0-7440-7451-2(7))* Dorling Kindersley Publishing, Inc. (DK Children).

DK Super Readers Level 1 Monkeys. DK. 2023. (DK Super Readers Ser.). (ENG., Illus.). 32p. (J). (gr. 1-3). 14.99 *(978-0-7440-7312-6(X)*, DK Children) Dorling Kindersley Publishing, Inc.

DK Super Readers Level 1 Nighttime Animals. DK. 2023. (DK Super Readers Ser.). (ENG., Illus.). 32p. (J). (gr. 1-3). 14.99 *(978-0-7440-7534-2(3))*; pap. 4.99 *(978-0-7440-7535-9(1))* Dorling Kindersley Publishing, Inc. (DK Children).

DK Super Readers Level 1 on the Move. DK. 2023. (DK Super Readers Ser.). (ENG., Illus.). 32p. (J). (gr. 1-3). 14.99 *(978-0-7440-7096-5(1))*; pap. 4.99 *(978-0-7440-7097-2(X))* Dorling Kindersley Publishing, Inc. (DK Children).

DK Super Readers Level 1 Ponies & Horses. DK. 2023. (DK Super Readers Ser.). (ENG., Illus.). 32p. (J). (gr. 1-3). 14.99 *(978-0-7440-6789-7(8))*; pap. 4.99 *(978-0-7440-6790-3(1))* Dorling Kindersley Publishing, Inc. (DK Children).

DK Super Readers Level 1 Sea Otters. DK. 2023. (DK Super Readers Ser.). (ENG., Illus.). 32p. (J). (gr. 1-3). 14.99 *(978-0-7440-7244-0(1))*; pap. 4.99 *(978-0-7440-7245-7(X))* Dorling Kindersley Publishing, Inc. (DK Children).

DK Super Readers Level 1 Star Wars Grogu's Galaxy: Meet Mando's New Friend! Matt Jones. 2023. (DK Super Readers Ser.). (ENG.). 32p. (J). (gr. 1-3). 17.99 *(978-0-7440-7066-8(X))*; pap. 4.99 *(978-0-7440-7065-1(1))* Dorling Kindersley Publishing, Inc. (DK Children).

DK Super Readers Level 1 States of Matter. DK. 2023. (DK Super Readers Ser.). (ENG., Illus.). 32p. (J). (gr. 1-3). 14.99 *(978-0-7440-7564-9(5))*; pap. 4.99 *(978-0-7440-7565-6(3))* Dorling Kindersley Publishing, Inc. (DK Children).

DK Super Readers Level 1 Truck Trouble. DK. 2023. (DK Super Readers Ser.). (ENG.). 32p. (J). (gr. 1-3). 14.99 *(978-0-7440-6700-2(6))*; pap. 4.99 *(978-0-7440-6701-9(4))* Dorling Kindersley Publishing, Inc. (DK Children).

DK Super Readers Level 1 Weather. DK. 2023. (DK Super Readers Ser.). (ENG., Illus.). 32p. (J). (gr. 1-3). 14.99 *(978-0-7440-6794-1(4))*; pap. 4.99 *(978-0-7440-6795-8(2))* Dorling Kindersley Publishing, Inc. (DK Children).

DK Super Readers Level 2 Amazing Bees. DK. 2023. (DK Super Readers Ser.). (ENG.). 32p. (J). (gr. 2-4). 14.99 *(978-0-7440-7455-0(X))*; pap. 4.99 *(978-0-7440-7456-7(8))* Dorling Kindersley Publishing, Inc. (DK Children).

DK Super Readers Level 2 Amazing Dogs. DK. 2023. (DK Super Readers Ser.). (ENG., Illus.). 32p. (J). (gr. 2-4). 14.99 *(978-0-7440-7166-5(6)*, DK Children) Dorling Kindersley Publishing, Inc.

DK Super Readers Level 2 Animal Hospital. DK. 2023. (DK Super Readers Ser.). (ENG.). 32p. (J). (gr. 2-4). 14.99 *(978-0-7440-7430-7(4))*; pap. 4.99 *(978-0-7440-7431-4(2))* Dorling Kindersley Publishing, Inc. (DK Children).

DK Super Readers Level 2 Animals at Home. DK. 2023. (DK Super Readers Ser.). (ENG., Illus.). 32p. (J). (gr. 2-4). 14.99 *(978-0-7440-6804-7(5))*; pap. 4.99 *(978-0-7440-6805-4(3))* Dorling Kindersley Publishing, Inc. (DK Children).

DK Super Readers Level 2 Bugs & Us. DK. 2023. (DK Super Readers Ser.). (ENG., Illus.). 32p. (J). (gr. 2-4). 14.99 *(978-0-7440-7250-1(6)*, DK Children) Dorling Kindersley Publishing, Inc.

DK Super Readers Level 2 Cats & Kittens. DK. 2023. (DK Super Readers Ser.). (ENG., Illus.). 32p. (J). (gr. 2-4). 14.99 *(978-0-7440-7101-6(1))*; pap. 4.99 *(978-0-7440-7102-3(X))* Dorling Kindersley Publishing, Inc. (DK Children).

DK Super Readers Level 2 Dinosaur Dinners. DK. 2023. (DK Super Readers Ser.). (ENG., Illus.). 32p. (J). (gr. 2-4). 14.99 *(978-0-7440-6574-9(7))*; pap. 4.99 *(978-0-7440-6575-6(5))* Dorling Kindersley Publishing, Inc. (DK Children).

DK Super Readers Level 2 Earth Smart. DK. 2023. (DK Super Readers Ser.). (ENG.). 32p. (J). (gr. 2-4). 14.99 *(978-0-7440-7501-4(7))*; pap. 4.99 *(978-0-7440-7502-1(5))* Dorling Kindersley Publishing, Inc. (DK Children).

DK Super Readers Level 2 Great White Sharks. DK. 2023. (DK Super Readers Ser.). (ENG., Illus.). 32p. (J). (gr. 2-4). 14.99 *(978-0-7440-7588-5(2))*; pap. 4.99 *(978-0-7440-7589-2(0))* Dorling Kindersley Publishing, Inc. (DK Children).

DK Super Readers Level 2 Journey of a Humpback Whale. DK. 2023. (DK Super Readers Ser.). (ENG., Illus.). 32p. (J). (gr. 2-4). 14.99 *(978-0-7440-7224-2(7)*, DK Children) Dorling Kindersley Publishing, Inc.

DK Super Readers Level 2 Quokkas. DK. 2023. (DK Super Readers Ser.). (ENG.). 32p. (J). (gr. 2-4). 14.99 *(978-0-7440-7402-4(9))*; pap. 4.99 *(978-0-7440-7403-1(7))* Dorling Kindersley Publishing, Inc. (DK Children).

DK Super Readers Level 2 Secret Life of Trees. DK. 2023. (DK Super Readers Ser.). (ENG., Illus.). 32p. (J). (gr. 2-4). 14.99 *(978-0-7440-7196-2(8))*; pap. 4.99 *(978-0-7440-7197-9(6))* Dorling Kindersley Publishing, Inc. (DK Children).

DK Super Readers Level 2 Sloths. DK. 2023. (DK Super Readers Ser.). (ENG., Illus.). 32p. (J). (gr. 2-4). pap. 4.99 *(978-0-7440-7319-5(7)*, DK Children) Dorling Kindersley Publishing, Inc.

DK Super Readers Level 2 Snakes Slither & Hiss. DK. 2023. (DK Super Readers Ser.). (ENG., Illus.). 32p. (J). (gr. 2-4). 14.99 *(978-0-7440-6710-1(3))*; pap. 4.99 *(978-0-7440-6711-8(1))* Dorling Kindersley Publishing, Inc. (DK Children).

DK Super Readers Level 2 Sniffles, Sneezes, Hiccups, & Coughs. DK. 2023. (DK Super Readers Ser.). (ENG., Illus.). 32p. (J). (gr. 2-4). 14.99 *(978-0-7440-6814-6(2))*; pap. 4.99 *(978-0-7440-6815-3(0))* Dorling Kindersley Publishing, Inc. (DK Children).

DK Super Readers Level 2 Spaceships & Rockets. DK. 2023. (DK Super Readers Ser.). (ENG., Illus.). 32p. (J). (gr. 2-4). 14.99 *(978-0-7440-7541-0(6))*; pap. 4.99 *(978-0-7440-7543-4(2))* Dorling Kindersley Publishing, Inc. (DK Children).

DK Super Readers Level 2 Stars & Galaxies. DK. 2023. (DK Super Readers Ser.). (ENG., Illus.). 32p. (J). (gr. 2-4). 14.99 *(978-0-7440-7129-0(1))*; pap. 4.99 *(978-0-7440-7140-5(2))* Dorling Kindersley Publishing, Inc. (DK Children).

DK Super Readers Level 2 Submarines & Submersibles. DK. 2023. (DK Super Readers Ser.). (ENG.). 32p. (J). (gr. 2-4). 14.99 *(978-0-7440-6715-6(4))*; pap. 4.99 *(978-0-7440-6716-3(2))* Dorling Kindersley Publishing, Inc. (DK Children).

DK Super Readers Level 2 Tale of a Tadpole. DK. 2023. (DK Super Readers Ser.). (ENG.). 32p. (J). (gr. 2-4). 14.99 *(978-0-7440-7347-8(2))*; pap. 4.99 *(978-0-7440-7348-5(0))* Dorling Kindersley Publishing, Inc. (DK Children).

DK Super Readers Level 2 the Great Panda Tale. DK. 2023. (DK Super Readers Ser.). (ENG., Illus.). 32p. (J). (gr. 2-4). 14.99 *(978-0-7440-6720-0(0))*; pap. 4.99 *(978-0-7440-6721-7(9))* Dorling Kindersley Publishing, Inc. (DK Children).

DK Super Readers Level 2 Water Everywhere. DK. 2023. (DK Super Readers Ser.). (ENG., Illus.). 32p. (J). (gr. 2-4). 14.99 *(978-0-7440-6809-2(6))*; pap. 4.99 *(978-0-7440-6810-8(X))* Dorling Kindersley Publishing, Inc. (DK Children).

DK Super Readers Level 2 Which Inventions Changed the World? DK. 2023. (DK Super Readers Ser.). (ENG., Illus.). 32p. (J). (gr. 2-4). 14.99 *(978-0-7440-7549-6(1))*; pap. 4.99 *(978-0-7440-7551-9(3))* Dorling Kindersley Publishing, Inc. (DK Children).

DK Super Readers Level 3 Amazing Buildings. DK. 2023. (DK Super Readers Ser.). (ENG., Illus.). 32p. (J). (gr. 3-5). 14.99 *(978-0-7440-7144-3(5)*, DK Children) Dorling Kindersley Publishing, Inc.

DK Super Readers Level 3 Animal Defenses. DK. 2023. (DK Super Readers Ser.). (ENG.). 32p. (J). (gr. 3-5). 14.99 ***(978-0-7440-7464-2(9))***; pap. 4.99 ***(978-0-7440-7465-9(7))*** Dorling Kindersley Publishing, Inc. (DK Children).

DK Super Readers Level 3 Animal Hide & Seek. DK. 2023. (DK Super Readers Ser.). (ENG., Illus.). 32p. (J). (gr. 3-5). 14.99 *(978-0-7440-6749-1(9))*; pap. 4.99 *(978-0-7440-6750-7(2))* Dorling Kindersley Publishing, Inc. (DK Children).

DK Super Readers Level 3 Ant Antics. DK. 2023. (DK Super Readers Ser.). (ENG., Illus.). 48p. (J). (gr. 3-5). 14.99 *(978-0-7440-6829-0(0))*; pap. 4.99 *(978-0-7440-6830-6(4))* Dorling Kindersley Publishing, Inc. (DK Children).

DK Super Readers Level 3 Bioluminescent Animals. DK. 2023. (DK Super Readers Ser.). (ENG., Illus.). 32p. (J). (gr. 3-5). 14.99 *(978-0-7440-7596-0(3))*; pap. 4.99 *(978-0-7440-7598-4(X))* Dorling Kindersley Publishing, Inc. (DK Children).

DK Super Readers Level 3 Bugs! Bugs! Bugs! DK. 2023. (DK Super Readers Ser.). (ENG., Illus.). 32p. (J). (gr. 3-5). 14.99 *(978-0-7440-7201-3(8)*, DK Children) Dorling Kindersley Publishing, Inc.

DK Super Readers Level 3 Built to Survive Natural Disasters. DK. 2023. (DK Super Readers Ser.). (ENG., Illus.). 48p. (J). (gr. 3-5). 14.99 ***(978-0-7440-7435-2(5))***; pap. 4.99 ***(978-0-7440-7436-9(3))*** Dorling Kindersley Publishing, Inc. (DK Children).

DK Super Readers Level 3 Claws. DK. 2023. (DK Super Readers Ser.). (ENG., Illus.). 32p. (J). (gr. 3-5). 14.99 *(978-0-7440-7302-7(2))*; pap. 4.99 *(978-0-7440-7303-4(0))* Dorling Kindersley Publishing, Inc. (DK Children).

DK Super Readers Level 3 DC Supergirl Girl of Steel: Meet Kara Zor-El. Frankie Hallam. 2023. (DK Super Readers Ser.). (ENG.). 48p. (J). (gr. k-2). 17.99 *(978-0-7440-8172-5(6))*; pap. 4.99 *(978-0-7440-8171-8(8))* Dorling Kindersley Publishing, Inc. (DK Children).

DK Super Readers Level 3 Deep-Sea Creatures. DK. 2023. (DK Super Readers Ser.). (ENG.). 32p. (J). (gr. 3-5). 14.99 ***(978-0-7440-7407-9(X))***; pap. 4.99 ***(978-0-7440-7408-6(8))*** Dorling Kindersley Publishing, Inc. (DK Children).

DK Super Readers Level 3 Dinosaurs Discovered. DK. 2023. (DK Super Readers Ser.). (ENG., Illus.). 48p. (J). (gr. 3-5). 14.99 *(978-0-7440-6581-7(X))*; pap. 4.99 *(978-0-7440-6582-4(8))* Dorling Kindersley Publishing, Inc. (DK Children).

DK Super Readers Level 3 Emperor Penguins. DK. 2023. (DK Super Readers Ser.). (ENG., Illus.). 32p. (J). (gr. 3-5). 14.99 *(978-0-7440-6819-1(3))*; pap. 4.99 *(978-0-7440-6820-7(7))* Dorling Kindersley Publishing, Inc. (DK Children).

DK Super Readers Level 3 Eruption! DK. 2023. (DK Super Readers Ser.). (ENG.). 48p. (J). (gr. 3-5). 14.99 *(978-0-7440-6742-2(1))*; pap. 4.99 *(978-0-7440-6743-9(X))* Dorling Kindersley Publishing, Inc. (DK Children).

DK Super Readers Level 3 Fossils. DK. 2023. (DK Super Readers Ser.). (ENG.). 32p. (J). (gr. 3-5). 14.99 ***(978-0-7440-7514-4(9))***; pap. 4.99 ***(978-0-7440-7515-1(7))*** Dorling Kindersley Publishing, Inc. (DK Children).

DK Super Readers Level 3 Giant Squid. DK. 2023. (DK Super Readers Ser.). (ENG., Illus.). 32p. (J). (gr. 3-5). 14.99 ***(978-0-7440-7519-9(X))***; pap. 4.99 ***(978-0-7440-7520-5(3))*** Dorling Kindersley Publishing, Inc. (DK Children).

DK Super Readers Level 3 Homes Around the World. DK. 2023. (DK Super Readers Ser.). (ENG., Illus.). 48p. (J). (gr. 3-5). 14.99 ***(978-0-7440-7173-3(9))***; pap. 4.99 ***(978-0-7440-7174-0(7))*** Dorling Kindersley Publishing, Inc. (DK Children).

DK Super Readers Level 3 How Do We Communicate? DK. 2023. (DK Super Readers Ser.). (ENG., Illus.). 32p. (J). (gr. 3-5). 14.99 *(978-0-7440-7323-2(5)*, DK Children) Dorling Kindersley Publishing, Inc.

DK Super Readers Level 3 Magnets. DK. 2023. (DK Super Readers Ser.). (ENG., Illus.). 32p. (J). (gr. 3-5). 14.99 *(978-0-7440-7135-1(6)*, DK Children) Dorling Kindersley Publishing, Inc.

DK Super Readers Level 3 Marvel Ant-Man & the Wasp Save the Day! Julia March. 2023. (DK Super Readers Ser.). (ENG.). 48p. (J). (gr. k-2). 17.99 *(978-0-7440-7988-3(8))*; pap. 4.99 *(978-0-7440-7987-6(X))* Dorling Kindersley Publishing, Inc. (DK Children).

DK Super Readers Level 3 Marvel Meet Ms. Marvel. Pamela Afram. 2023. (DK Super Readers Ser.). (ENG.). 48p. (J). (gr. k-2). 17.99 *(978-0-7440-7063-7(5))*; pap. 4.99 *(978-0-7440-7062-0(7))* Dorling Kindersley Publishing, Inc. (DK Children).

DK Super Readers Level 3 Poisonous & Venomous Animals. DK. 2023. (DK Super Readers Ser.). (ENG., Illus.). 32p. (J). (gr. 3-5). 14.99 *(978-0-7440-7256-3(5)*, DK Children) Dorling Kindersley Publishing, Inc.

DK Super Readers Level 3 Save the Climate. DK. 2023. (DK Super Readers Ser.). (ENG., Illus.). 32p. (J). (gr. 3-5). 14.99 ***(978-0-7440-7352-2(9))***; pap. 4.99 ***(978-0-7440-7353-9(7))*** Dorling Kindersley Publishing, Inc. (DK Children).

DK Super Readers Level 3 Space Busters Race to the Moon. DK. 2023. (DK Super Readers Ser.). (ENG.). 48p. (J). (gr. 3-5). 14.99 *(978-0-7440-6824-5(X))*; pap. 4.99 *(978-0-7440-6825-2(8))* Dorling Kindersley Publishing, Inc. (DK Children).

DK Super Readers Level 3 Spiders' Secrets. DK. 2023. (DK Super Readers Ser.). (ENG., Illus.). 48p. (J). (gr. 3-5). 14.99 *(978-0-7440-7106-1(2))*; pap. 4.99 *(978-0-7440-7107-8(0))* Dorling Kindersley Publishing, Inc. (DK Children).

DK Super Readers Level 3 Twisters! DK. 2023. (DK Super Readers Ser.). (ENG., Illus.). 32p. (J). (gr. 3-5). 14.99 *(978-0-7440-6725-5(1))*; pap. 4.99 *(978-0-7440-6726-2(X))* Dorling Kindersley Publishing, Inc. (DK Children).

DK Super Readers Level 3 Wild Animal Groups. DK. 2023. (DK Super Readers Ser.). (ENG., Illus.). 32p. (J). (gr. 3-5). 14.99 ***(978-0-7440-7552-6(1))***; pap. 4.99 ***(978-0-7440-7550-2(5))*** Dorling Kindersley Publishing, Inc. (DK Children).

DK Super Readers Level 4 Beastly Tales. DK. 2023. (DK Super Readers Ser.). (ENG., Illus.). 48p. (J). (gr. 4-7). 14.99 *(978-0-7440-6764-4(2))*; pap. 4.99 *(978-0-7440-6765-1(0))* Dorling Kindersley Publishing, Inc. (DK Children).

DK Super Readers Level 4: Dinosaur Detectives. DK. 2023. (DK Super Readers Ser.). (ENG., Illus.). 48p. (J). (gr. 4-7). 14.99 *(978-0-7440-6590-9(9))*; pap. 4.99 *(978-0-7440-6593-0(3))* Dorling Kindersley Publishing, Inc. (DK Children).

DK Super Readers Level 4 Earthquakes & Other Natural Disasters. DK. 2023. (DK Super Readers Ser.). (ENG.). 48p. (J). (gr. 4-7). 14.99 *(978-0-7440-7149-8(6)*, DK Children) Dorling Kindersley Publishing, Inc.

D

DK Super Readers Level 4 Extreme Machines. DK. 2023. (DK Super Readers Ser.). (ENG.). 48p. (J). (gr. 4-7). 14.99 (978-0-7440-6844-3(4)); pap. 4.99 (978-0-7440-6845-0(2)) Dorling Kindersley Publishing, Inc. (DK Children).
DK Super Readers Level 4 First Flight: The Story of the Wright Brothers. DK. 2023. (DK Super Readers Ser.). (ENG., Illus.). 48p. (J). (gr. 4-7). pap. 4.99 (978-0-7440-7207-5(7), DK Children) Dorling Kindersley Publishing, Inc.
DK Super Readers Level 4 Greek Myths. DK. 2023. (DK Super Readers Ser.). (ENG., Illus.). 48p. (J). (gr. 4-7). pap. 4.99 (978-0-7440-7235-8(2), DK Children) Dorling Kindersley Publishing, Inc.
DK Super Readers Level 4 Hope for the Elephants. DK. 2023. (DK Super Readers Ser.). (ENG., Illus.). 48p. (J). (gr. 4-7). 14.99 (978-0-7440-6839-9(8)); pap. 4.99 (978-0-7440-6840-5(1)) Dorling Kindersley Publishing, Inc. (DK Children).
DK Super Readers Level 4 Horse Heroes. DK. 2023. (DK Super Readers Ser.). (ENG., Illus.). 48p. (J). (gr. 4-7). 14.99 (978-0-7440-7330-0(8)); pap. 4.99 (978-0-7440-7331-7(6)) Dorling Kindersley Publishing, Inc. (DK Children).
DK Super Readers Level 4 Knights & Castles. DK. 2023. (DK Super Readers Ser.). (ENG., Illus.). 48p. (J). (gr. 4-7). 14.99 (978-0-7440-6759-0(6)); pap. 4.99 (978-0-7440-6760-6(X)) Dorling Kindersley Publishing, Inc. (DK Children).
DK Super Readers Level 4 Micro Monsters. DK. 2023. (DK Super Readers Ser.). (ENG., Illus.). 48p. (J). (gr. 4-7). 14.99 (978-0-7440-7262-4(X), DK Children) Dorling Kindersley Publishing, Inc.
DK Super Readers Level 4 Mission to Mars. DK. 2023. (DK Super Readers Ser.). (ENG., Illus.). 64p. (J). (gr. 4-7). 14.99 (978-0-7440-7412-3(6)); pap. 4.99 (978-0-7440-7414-7(2)) Dorling Kindersley Publishing, Inc. (DK Children).
DK Super Readers Level 4 Moon Landings. DK. 2023. (DK Super Readers Ser.). (ENG., Illus.). 64p. (J). (gr. 4-7). pap. 4.99 (978-0-7440-7308-9(1), DK Children); pap. (978-0-241-60075-7(8)) Dorling Kindersley Publishing, Inc.
DK Super Readers Level 4 Plants Bite Back. DK. 2023. (DK Super Readers Ser.). (ENG., Illus.). 48p. (J). (gr. 4-7). 14.99 (978-0-7440-6834-4(7)); pap. 4.99 (978-0-7440-6835-1(5)) Dorling Kindersley Publishing, Inc. (DK Children).
DK Super Readers Level 4 Predator & Prey. DK. 2023. (DK Super Readers Ser.). (ENG., Illus.). 48p. (J). (gr. 4-7). 14.99 (978-0-7440-6(1)); pap. 4.99 (978-0-7440-7441-3(X)) Dorling Kindersley Publishing, Inc. (DK Children).
DK Super Readers Level 4 Rivers, Lakes, & Marshes. DK. 2023. (DK Super Readers Ser.). (ENG., Illus.). 48p. (J). (gr. 4-7). 14.99 (978-0-7440-7559-5(9)); pap. 4.99 (978-0-7440-7560-1(2)) Dorling Kindersley Publishing, Inc. (DK Children).
DK Super Readers Level 4 Robots & AI. DK. 2023. (DK Super Readers Ser.). (ENG., Illus.). 48p. (J). (gr. 4-7). 14.99 (978-0-7440-7586-1(6)); pap. 4.99 (978-0-7440-7587-8(4)) Dorling Kindersley Publishing, Inc. (DK Children).
DK Super Readers Level 4 Save Energy, Save Earth. DK. 2023. (DK Super Readers Ser.). (ENG., Illus.). 48p. (J). (gr. 4-7). 14.99 (978-0-7440-7521-2(1)); pap. 4.99 (978-0-7440-7522-9(X)) Dorling Kindersley Publishing, Inc. (DK Children).
DK Super Readers Level 4 Secrets of the Mummies. DK. 2023. (DK Super Readers Ser.). (ENG., Illus.). 48p. (J). (gr. 4-7). 14.99 (978-0-7440-7111-5(9)); pap. 4.99 (978-0-7440-7112-2(7)) Dorling Kindersley Publishing, Inc. (DK Children).
DK Super Readers Level 4 Shark: Apex Predator. DK. 2023. (DK Super Readers Ser.). (ENG.). 64p. (J). (gr. 4-7). 14.99 (978-0-7440-7357-7(X)); pap. 4.99 (978-0-7440-7358-4(8)) Dorling Kindersley Publishing, Inc. (DK Children).
DK Super Readers Level 4 Shark Attack. DK. 2023. (DK Super Readers Ser.). (ENG., Illus.). 48p. (J). (gr. 4-7). 14.99 (978-0-7440-6754-5(5), DK Children); (gr. 4-7). pap. 4.99 (978-0-7440-6755-2(3), DK Children); pap. (978-0-241-59156-7(2)) Dorling Kindersley Publishing, Inc.
DK Super Readers Level 4 Starry Sky. DK. 2023. (DK Super Readers Ser.). (ENG.). 48p. (J). (gr. 4-7). 14.99 (978-0-7440-7179-5(8), DK Children) Dorling Kindersley Publishing, Inc.
DK Super Readers Level 4 the Future. DK. 2023. (DK Super Readers Ser.). (ENG., Illus.). 48p. (J). (gr. 4-7). 14.99 (978-0-7440-7539-7(4)); pap. 4.99 (978-0-7440-7540-3(8)) Dorling Kindersley Publishing, Inc. (DK Children).
DK Super Readers Level 4 World of Technology. DK. 2023. (DK Super Readers Ser.). (ENG., Illus.). 48p. (J). (gr. 4-7). 14.99 (978-0-7440-7469-7(X)); pap. 4.99 (978-0-7440-7470-3(3)) Dorling Kindersley Publishing, Inc. (DK Children).
DK Super Readers Pre-Level a Day at the Petting Zoo. DK. 2023. (DK Super Readers Ser.). (ENG., Illus.). 32p. (J). (-k). 14.99 (978-0-7440-6769-9(3)); pap. 4.99 (978-0-7440-6770-5(7)) Dorling Kindersley Publishing, Inc. (DK Children).
DK Super Readers Pre-Level Amusement Park. DK. 2023. (DK Super Readers Ser.). (ENG., Illus.). 32p. (J). (-k). 14.99 (978-0-7440-7419-2(3)); pap. 4.99 (978-0-7440-7421-5(5)) Dorling Kindersley Publishing, Inc. (DK Children).
DK Super Readers Pre-Level at the Park. DK. 2023. (DK Super Readers Ser.). (ENG., Illus.). 32p. (J). (-k). 14.99 (978-0-7440-6688-3(3)); pap. 4.99 (978-0-7440-6689-0(1)) Dorling Kindersley Publishing, Inc. (DK Children).
DK Super Readers Pre-Level Big Buildings. DK. 2023. (DK Super Readers Ser.). (ENG., Illus.). 24p. (J). (-k). 14.99 (978-0-7440-7390-4(1)); pap. 4.99 (978-0-7440-7391-1(X)) Dorling Kindersley Publishing, Inc. (DK Children).
DK Super Readers Pre-Level Bilingual Colorful Days - días de Colores. DK. ed. 2023. (DK Super Readers Ser.).Tr. of Días Coloridos. 32p. (J). (-k). 14.99 (978-0-7440-8377-4(X)); pap. 4.99 (978-0-7440-8376-7(1)) Dorling Kindersley Publishing, Inc. (DK Children).
DK Super Readers Pre-Level Bilingual Farm Animals - Los Animales de la Granja. DK. ed. 2023. (DK Super Readers Ser.).Tr. of Los Animales de la Finca. 32p. (J). (-k). 14.99 (978-0-7440-8375-0(3)); pap. 4.99 (978-0-7440-8374-3(5)) Dorling Kindersley Publishing, Inc. (DK Children).
DK Super Readers Pre-Level Bilingual Meet the Dinosaurs - Conoce Los Dinosaurios. DK. ed. 2023. (DK Super Readers Ser.).Tr. of Conozcamos a Los Dinosaurios. 32p. (J). (-k). 14.99 (978-0-7440-8373-6(7)); pap. 4.99 (978-0-7440-8372-9(9)) Dorling Kindersley Publishing, Inc. (DK Children).
DK Super Readers Pre-Level Chomp! Big Teeth. DK. 2023. (DK Super Readers Ser.). (ENG.). 32p. (J). (-k). 14.99 (978-0-7440-7117-7(8)); pap. 4.99 (978-0-7440-7118-4(6)) Dorling Kindersley Publishing, Inc. (DK Children).
DK Super Readers Pre-Level Colorful Days. DK. 2023. (DK Super Readers Ser.). (ENG., Illus.). 32p. (J). (-k). 14.99 (978-0-7440-6849-8(5)); pap. 4.99 (978-0-7440-6850-4(9)) Dorling Kindersley Publishing, Inc. (DK Children).
DK Super Readers Pre-Level Farm Animals. DK. 2023. (DK Super Readers Ser.). (ENG., Illus.). 32p. (J). (-k). 14.99 (978-0-7440-6683-8(2)); pap. 4.99 (978-0-7440-6684-5(0)) Dorling Kindersley Publishing, Inc. (DK Children).
DK Super Readers Pre-Level Fast Animals. DK. 2023. (DK Super Readers Ser.). (ENG.). 32p. (J). (-k). 14.99 (978-0-7440-7570-0(X)); pap. 4.99 (978-0-7440-7571-7(8)) Dorling Kindersley Publishing, Inc. (DK Children).
DK Super Readers Pre-Level Five Senses. DK. 2023. (DK Super Readers Ser.). (ENG.). 24p. (J). (-k). 14.99 (978-0-7440-7528-1(9)); pap. 4.99 (978-0-7440-7529-8(7)) Dorling Kindersley Publishing, Inc. (DK Children).
DK Super Readers Pre-Level Garden Friends. DK. 2023. (DK Super Readers Ser.). (ENG., Illus.). 32p. (J). (-k). 14.99 (978-0-7440-6656-2(5)); pap. 4.99 (978-0-7440-6655-5(7)) Dorling Kindersley Publishing, Inc. (DK Children).
DK Super Readers Pre-Level into the Rainforest. DK. 2023. (DK Super Readers Ser.). (ENG.). 24p. (J). (-k). 14.99 (978-0-7440-6783-5(9)); pap. 4.99 (978-0-7440-6785-9(5)) Dorling Kindersley Publishing, Inc. (DK Children).
DK Super Readers Pre-Level Little Sharks Big Sharks. DK. 2023. (DK Super Readers Ser.). (ENG., Illus.). 32p. (J). (-k). 14.99 (978-0-7440-7335-5(9)); pap. 4.99 (978-0-7440-7336-2(7)) Dorling Kindersley Publishing, Inc. (DK Children).
DK Super Readers Pre-Level Meet the Dinosaurs. DK. 2023. (DK Super Readers Ser.). (ENG., Illus.). 32p. (J). (-k). 14.99 (978-0-7440-6564-0(X)); pap. 4.99 (978-0-7440-6565-7(8)) Dorling Kindersley Publishing, Inc. (DK Children).
DK Super Readers Pre-Level Ocean Animals. DK. 2023. (DK Super Readers Ser.). (ENG., Illus.). 32p. (J). (-k). 14.99 (978-0-7440-7297-6(2)); pap. 4.99 (978-0-7440-7298-3(0)) Dorling Kindersley Publishing, Inc. (DK Children).
DK Super Readers Pre-Level Pets. DK. 2023. (DK Super Readers Ser.). (ENG., Illus.). 24p. (J). (-k). 14.99 (978-0-7440-7478-9(9)); pap. 4.99 (978-0-7440-7480-2(0)) Dorling Kindersley Publishing, Inc. (DK Children).
DK Super Readers Pre-Level Save the Bees. DK. 2023. (DK Super Readers Ser.). (ENG., Illus.). 24p. (J). (-k). 14.99 (978-0-7440-7214-3(X)); pap. 4.99 (978-0-7440-7215-0(8)) Dorling Kindersley Publishing, Inc. (DK Children).
DK Super Readers Pre-Level Save the Sea Turtles. DK. 2023. (DK Super Readers Ser.). (ENG., Illus.). 24p. (J). (-k). 14.99 (978-0-7440-7269-3(7)); pap. 4.99 (978-0-7440-7270-9(0)) Dorling Kindersley Publishing, Inc. (DK Children).
DK Super Readers Pre-Level Save the Trees. DK. 2023. (DK Super Readers Ser.). (ENG., Illus.). 32p. (J). (-k). 14.99 (978-0-7440-7239-6(5)); pap. 4.99 (978-0-7440-7240-2(9)) Dorling Kindersley Publishing, Inc. (DK Children).
DK Super Readers Pre-Level Seasons. DK. 2023. (DK Super Readers Ser.). (ENG., Illus.). 24p. (J). (-k). 14.99 (978-0-7440-7576-2(9)); pap. 4.99 (978-0-7440-7577-9(7)) Dorling Kindersley Publishing, Inc. (DK Children).
DK Super Readers Pre-Level Shapes & Patterns in Nature. DK. 2023. (DK Super Readers Ser.). (ENG., Illus.). 32p. (J). (-k). 14.99 (978-0-7440-7445-1(2)); pap. 4.99 (978-0-7440-7446-8(0)) Dorling Kindersley Publishing, Inc. (DK Children).
DK Super Readers Pre-Level Sun & Moon. DK. 2023. (DK Super Readers Ser.). (ENG.). 32p. (J). (-k). 14.99 (978-0-7440-7091-0(0)); pap. 4.99 (978-0-7440-7092-7(9)) Dorling Kindersley Publishing, Inc. (DK Children).
DK Super Readers Pre-Level What Makes Things Go? DK. 2023. (DK Super Readers Ser.). (ENG., Illus.). 32p. (J). (-k). 14.99 (978-0-7440-7185-6(2)); pap. 4.99 (978-0-7440-7186-3(0)) Dorling Kindersley Publishing, Inc. (DK Children).
DK Super Readers Pre-Level What Starts in an Egg? DK. 2023. (DK Super Readers Ser.). (ENG.). 24p. (J). (-k). 14.99 (978-0-7440-7155-9(0)); pap. 4.99 (978-0-7440-7156-6(9)) Dorling Kindersley Publishing, Inc. (DK Children).
DK Workbooks: Coding in Scratch: Games Workbook: Create Your Own Fun & Easy Computer Games. Jon Woodcock & Steve Setford. 2016. (DK Workbooks Ser.). (ENG., Illus.). 40p. (J). (gr. 1-4). pap., wbk. ed. 5.99 (978-1-4654-4482-0(3), DK Children) Dorling Kindersley Publishing, Inc.
DK Workbooks: Coding in Scratch: Projects Workbook: Make Cool Art, Interactive Images, & Zany Music. Jon Woodcock & Steve Setford. 2016. (DK Workbooks Ser.). (ENG.). 40p. (J). (gr. 1-4). pap. 6.99 (978-1-4654-4402-8(5), DK Children) Dorling Kindersley Publishing, Inc.
DK Workbooks: Computer Coding with Scratch 3. 0 Workbook. DK. 2019. (DK Workbooks Ser.). 40p. (J). (gr. 2-5). pap. 6.99 (978-1-4654-7928-0(7), DK Children) Dorling Kindersley Publishing, Inc.
DK Workbooks: Geography, Fifth Grade: Learn & Explore. DK. 2016. (DK Workbooks Ser.). (ENG., Illus.). 60p. (J). (gr. 4-7). pap. 6.99 (978-1-4654-4424-0(6), DK Children) Dorling Kindersley Publishing, Inc.
DK Workbooks: Geography, Fourth Grade: Learn & Explore. DK. 2016. (DK Workbooks Ser.). (ENG., Illus.). 60p. (J). (gr. 4-7). pap. 6.99 (978-1-4654-4423-3(8), DK Children) Dorling Kindersley Publishing, Inc.
DK Workbooks: Geography, Sixth Grade: Learn & Explore. DK. 2016. (DK Workbooks Ser.). (ENG., Illus.). 60p. (J). (gr. 4-7). pap. 6.99 (978-1-4654-4425-7(4), DK Children) Dorling Kindersley Publishing, Inc.
DK Workbooks: Handwriting: Cursive, Third Grade: Learn & Explore. DK. 2016. (DK Workbooks Ser.). (ENG., Illus.). 60p. (J). (gr. 3-4). pap. 6.99 (978-1-4654-4470-7(X), DK Children) Dorling Kindersley Publishing, Inc.
DK Workbooks: Handwriting: Printing, Kindergarten: Learn & Explore. DK. 2016. (DK Workbooks Ser.). (ENG., Illus.). 60p. (J). (gr. -1-1). pap. 6.99 (978-1-4654-4469-1(6), DK Children) Dorling Kindersley Publishing, Inc.
DKfindout! Ancient Egypt. DK. 2017. (DK Findout! Ser.). (ENG., Illus.). 64p. (J). (gr. 1-4). pap. 10.99 (978-1-4654-5753-0(4), DK Children) Dorling Kindersley Publishing, Inc.
DKfindout! Ancient Rome. DK. 2016. (DK Findout! Ser.). (ENG., Illus.). 64p. (J). (gr. 1-4). pap. 10.99 (978-1-4654-5427-0(6), DK Children) Dorling Kindersley Publishing, Inc.
DKfindout! Animals. DK. 2016. (DK Findout! Ser.). (ENG., Illus.). 64p. (J). (gr. 1-4). pap. 10.99 (978-1-4654-5426-3(8), DK Children) Dorling Kindersley Publishing, Inc.
DKFindout! Arctic & Antarctic. DK. 2022. (DK Findout! Ser.). (ENG., Illus.). 64p. (J). (gr. 2-6). 16.99 (978-0-7440-5653-2(5)); pap. 10.99 (978-0-7440-5652-5(7)) Dorling Kindersley Publishing, Inc. (DK Children).
DKfindout! Big Cats. DK. 2019. (DK Findout! Ser.). (ENG., Illus.). 64p. (J). (gr. 1-4). 16.99 (978-1-4654-7930-3(9)); pap. 10.99 (978-1-4654-7929-7(5)) Dorling Kindersley Publishing, Inc. (DK Children).
DKfindout! Birds. DK. 2019. (DK Findout! Ser.). (ENG., Illus.). 64p. (J). (gr. 1-4). pap. 10.99 (978-1-4654-8151-1(6), DK Children) Dorling Kindersley Publishing, Inc.
DKfindout! Bugs. Andrea Mills. 2017. (DK Findout! Ser.). (ENG., Illus.). 64p. (J). (gr. 1-4). pap. 10.99 (978-1-4654-6208-4(2), DK Children) Dorling Kindersley Publishing, Inc.
DKfindout! Castles. Philip Steele. 2019. (DK Findout! Ser.). (ENG., Illus.). 64p. (J). (gr. 1-4). 16.99 (978-1-4654-8154-2(0), DK Children) Dorling Kindersley Publishing, Inc.
DKfindout! Castles. Philip Steele. 2019. (DK Findout! Ser.). (ENG., Illus.). 64p. (J). (gr. 1-4). pap. 10.99 (978-1-4654-8153-5(2), DK Children) Dorling Kindersley Publishing, Inc.
DKfindout! Climate Change. DK. 2020. (DK Findout! Ser.). (ENG., Illus.). 64p. (J). (gr. 2-4). 16.99 (978-1-4654-9315-6(8), DK Children) Dorling Kindersley Publishing, Inc.
DKfindout! Coding. DK. 2017. (DK Findout! Ser.). (ENG., Illus.). 64p. (J). (gr. 1-4). pap. 10.99 (978-1-4654-6233-6(3), DK Children) Dorling Kindersley Publishing, Inc.
DKfindout! Dinosaurs. DK. 2016. (DK Findout! Ser.). (ENG., Illus.). 64p. (J). (gr. 1-4). pap. 10.99 (978-1-4654-5429-4(2), DK Children) Dorling Kindersley Publishing, Inc.
DKfindout! Earth. DK. 2017. (DK Findout! Ser.). (ENG., Illus.). 64p. (J). (gr. 1-4). pap. 10.99 (978-1-4654-6309-8(7), DK Children) Dorling Kindersley Publishing, Inc.
DKfindout! Elementary Science Pack. DK. 2021. (DK Findout! Ser.). (ENG.). 320p. (J). (gr. 1-4). pap., pap., pap. 40.00 (978-0-7440-5131-5(2), DK Children) Dorling Kindersley Publishing, Inc.
DKfindout! Energy. Emily Dodd. 2018. (DK Findout! Ser.). (ENG., Illus.). 64p. (J). (gr. 1-4). 16.99 (978-1-4654-7445-2(5)); pap. 10.99 (978-1-4654-7095-9(6)) Dorling Kindersley Publishing, Inc. (DK Children).
DKfindout! Engineering. DK. 2017. (DK Findout! Ser.). (ENG., Illus.). 64p. (J). (gr. 1-4). pap. 10.99 (978-1-4654-6234-3(1), DK Children) Dorling Kindersley Publishing, Inc.
DKfindout! Garbage (Library Edition) DK. 2021. (DK Findout! Ser.). (ENG., Illus.). 64p. (J). (gr. 2-6). 16.99 (978-0-7440-3698-5(4), DK Children) Dorling Kindersley Publishing, Inc.
DKfindout! Human Body. DK. 2017. (DK Findout! Ser.). (ENG., Illus.). 64p. (J). (gr. 1-4). pap. 10.99 (978-1-4654-6308-1(9), DK Children) Dorling Kindersley Publishing, Inc.
DKfindout! Maya, Incas, & Aztecs. DK. 2018. (DK Findout! Ser.). (ENG., Illus.). 64p. (J). (gr. 1-4). pap. 10.99 (978-1-4654-6931-1(1), DK Children) Dorling Kindersley Publishing, Inc.
DKfindout! Monuments of India. DK. 2020. (DK Findout! Ser.). (ENG., Illus.). 64p. (J). (gr. 2-4). 16.99 (978-0-7440-2188-2(X), DK Children) Dorling Kindersley Publishing, Inc.
DKfindout! Oceans. DK. 2020. (DK Findout! Ser.). (ENG., Illus.). 64p. (J). (gr. 2-4). 16.99 (978-1-4654-9935-6(0)); pap. 10.99 (978-1-4654-9934-9(2)) Dorling Kindersley Publishing, Inc. (DK Children).
DKfindout! Pirates. DK. 2017. (DK Findout! Ser.). (ENG., Illus.). 64p. (J). (gr. 1-4). pap. 10.99 (978-1-4654-5752-3(6), DK Children) Dorling Kindersley Publishing, Inc.
DKfindout! Reptiles & Amphibians. DK. 2017. (DK Findout! Ser.). (ENG., Illus.). 64p. (J). (gr. 1-4). pap. 10.99 (978-1-4654-6310-4(0), DK Children) Dorling Kindersley Publishing, Inc.
DKfindout! Robots. Nathan Lepora. 2018. (DK Findout! Ser.). (ENG., Illus.). 64p. (J). (gr. 1-4). 16.99 (978-1-4654-7319-6(X)); pap. 10.99 (978-1-4654-6933-5(8)) Dorling Kindersley Publishing, Inc. (DK Children).
DKfindout! Sharks. DK. 2017. (DK Findout! Ser.). (ENG., Illus.). 64p. (J). (gr. 1-4). pap. 10.99 (978-1-4654-5751-6(8), DK Children) Dorling Kindersley Publishing, Inc.
DKfindout! Solar System. DK. 2016. (DK Findout! Ser.). (ENG., Illus.). 64p. (J). (gr. 1-4). pap. 10.99 (978-1-4654-5428-7(4), DK Children) Dorling Kindersley Publishing, Inc.
DKfindout! Space Travel. DK. 2019. (DK Findout! Ser.). (ENG., Illus.). 64p. (J). (gr. 1-4). 16.99 (978-1-4654-7932-7(5)); pap. 10.99 (978-1-4654-7931-0(7)) Dorling Kindersley Publishing, Inc. (DK Children).
DKfindout! Stone Age. DK. 2017. (DK Findout! Ser.). (ENG., Illus.). 64p. (J). (gr. 1-4). pap. 10.99 (978-1-4654-5750-9(X), DK Children) Dorling Kindersley Publishing, Inc.
DKfindout! Universe. DK. 2018. (DK Findout! Ser.). (ENG., Illus.). 64p. (J). (gr. 1-4). pap. 10.99 (978-1-4654-7092-8(1), DK Children) Dorling Kindersley Publishing, Inc.
DKfindout! Vikings. Philip Steele. 2018. (DK Findout! Ser.). (ENG., Illus.). 64p. (J). (gr. 1-4). pap. 10.99 (978-1-4654-7120-8(0), DK Children) Dorling Kindersley Publishing, Inc.
DKfindout! Volcanoes. DK. 2016. (DK Findout! Ser.). (ENG., Illus.). 64p. (J). (gr. 1-4). pap. 10.99 (978-1-4654-5425-6(X), DK Children) Dorling Kindersley Publishing, Inc.
DKfindout! World War I. Brian Williams. 2018. (DK Findout! Ser.). (ENG., Illus.). 64p. (J). (gr. 1-4). 16.99 (978-1-4654-7317-2(3), DK Children) Dorling Kindersley Publishing, Inc.
DKfindout! World War II. Brian Williams. 2017. (DK Findout! Ser.). (ENG., Illus.). 64p. (J). (gr. 1-4). pap. 10.99 (978-1-4654-6311-1(9), DK Children) Dorling Kindersley Publishing, Inc.
Dmitri: A Tragi Comedy (Classic Reprint) F. W. Bain. 2018. (ENG., Illus.). 294p. (J). 29.96 (978-0-267-46789-1(3)) Forgotten Bks.
DNA. Cara Florance. 2020. (Baby University Ser.). (Illus.). 24p. (J). (gr. -1-k). bds. 9.99 (978-1-4926-9404-5(5)) Sourcebooks, Inc.
DNA Adventures: Most Primitive Forms of Life Coloring Book. Activity Book Zone for Kids. 2016. (ENG., Illus.). (J). pap. 9.20 (978-1-68376-459-5(5)) Sabeels Publishing.
DNA Book. DK. 2020. (Science Book Ser.). (ENG., Illus.). 72p. (J). (gr. 2-4). 16.99 (978-1-4654-9227-2(5), DK Children) Dorling Kindersley Publishing, Inc.
DNA Doesn't Lie (XBooks) Is the Real Criminal Behind Bars? Anna Prokos. 2020. (Xbooks Ser.). (ENG., Illus.). 48p. (J). (gr. 3-8). pap. 6.95 (978-0-531-13256-2(0), Children's Pr.) Scholastic Library Publishing.
DNA Doesn't Lie (XBooks) (Library Edition) Is the Real Criminal Behind Bars? Anna Prokos. 2020. (Xbooks Ser.). (ENG., Illus.). 48p. (J). (gr. 3-8). lib. bdg. 29.00 (978-0-531-13167-1(X), Children's Pr.) Scholastic Library Publishing.
DNA, Genes, & Chromosomes. Mason Anders. 2017. (Genetics Ser.). (ENG., Illus.). 32p. (J). (gr. 3-6). lib. bdg. 27.99 (978-1-5157-7256-9(X), 135580, Capstone Pr.) Capstone.
DNA Profiling: Linking the Suspect to the Evidence. Amy Sterling Casil. 2021. (Forensics Ser.). (ENG.). (YA). (gr. 7-12). 34.60 (978-1-4222-4467-8(9)) Mason Crest.
DNA Testing & Privacy, 1 vol. Ed. by Barbara Krasner. 2019. (Opposing Viewpoints Ser.). (ENG.). 176p. (gr. 10-12). 50.43 (978-1-5345-0500-1(8), 18cfa324-2ecd-4b2e-8011-66148eeeb266) Greenhaven Publishing LLC.
Dneirf. Mike Resh. 2017. (ENG.). (J). 14.95 (978-1-68401-225-1(2)) Amplify Publishing Group.
Do All Birds Fly? Animal Book for Children Children's Animal Books. Baby Professor. 2017. (ENG., Illus.). (J). pap. 8.79 (978-1-5419-1091-1(5), Baby Professor (Education Kids)) Speedy Publishing LLC.
Do All Knights Have Gallant Steeds? Learning about Knights & Their Horses - Ancient History Books Children's Ancient History. Baby Professor. 2017. (ENG., Illus.). (J). pap. 8.79 (978-1-5419-1315-8(9), Baby Professor (Education Kids)) Speedy Publishing LLC.
Do Amazing F$cking Things: A Swear Word Coloring Book for Adults. Colton Byrd. 2023. (ENG.). 32p. (J). (978-1-312-74553-7(3)) Lulu Pr., Inc.
Do & Dare: Or a Brave Boy's Fight for Fortune (Classic Reprint) Horatio Alger Jr. 2018. (ENG., Illus.). 308p. (J). 30.27 (978-0-267-26309-7(0)) Forgotten Bks.
Do & Dare; or, a Brave Boy's Fight for Fortune. Horatio Alger. 2017. (ENG.). 308p. (J). pap. (978-3-337-13568-3(4)) Creation Pubs.
Do & Discover Science Practice Book Prek-Grade 1 - Ages 4 To 7. Bobo's Little Brainiac Books. 2016. (ENG., Illus.). (J). pap. 7.99 (978-1-68327-810-8(0)) Sunshine In My Soul Publishing.
Do Angels Cry. Jeff Ditges. 2021. (ENG., Illus.). 28p. (J). 22.95 (978-1-68517-359-3(4)); pap. 12.95 (978-1-63961-295-6(5)) Christian Faith Publishing.
Do Angels Ride Ponies? MaryAnn Diorio. 2018. (ENG., Illus.). 54p. (J). (gr. k-6). pap. 18.99 (978-0-930037-41-3(3)) TopNotch Pr.
Do Animals Believe in God? Carl Solomon Sr. 2018. (ENG., Illus.). 28p. (J). pap. 12.95 (978-1-64140-511-9(2)) Christian Faith Publishing.
Do Animals Fall in Love? Katharina von der Gathen. Illus. by Anke Kuhl. 2021. (ENG.). 144p. (J). (gr. 4-8). 19.99 (978-1-77657-291-5(2), a964285a-96b8-40ba-9d52-d7796a0126b3) Gecko Pr. NZL. Dist: Lerner Publishing Group.
Do Animals Go to School? And Other Questions & Answers about Animal Survival. Steve Parker. Illus. by Graham Rosewarne. 2016. 32p. (J). (gr. -1-12). 7.99 (978-1-86147-479-7(2), Armadillo) Anness Publishing GBR. Dist: National Bk. Network.
Do Animals Need Umbrellas? And Other Questions & Answers about Life in the Wild. Steve Parker. Illus. by Graham Rosewarne. 2016. 32p. (J). (gr. -1-12). 7.99 (978-1-86147-478-0(4), Armadillo) Anness Publishing GBR. Dist: National Bk. Network.
Do Animals Think? (Classic Reprint) Henry L. C. Recordon. 2017. (ENG., Illus.). (J). 88p. 25.73 (978-0-332-34716-5(8)); pap. 9.57 (978-0-259-50806-9(3)) Forgotten Bks.
Do Baby Elephants Suck Their Trunks? Amazing Ways Animals Are Just Like Us. Ben Lerwill. Illus. by Katharine McEwen. 2022. (ENG.). 32p. (J). (-k). 17.99 (978-1-5362-2404-7(9)) Candlewick Pr.
Do Bears Have Belly Buttons? Mindy Atwood. Illus. by Natalia Starikova. 2023. (Alexis Asks Her Grandmother Ser.). (ENG.). 24p. (J). (978-1-0391-5852-8(8)); pap. (978-1-0391-5851-1(X)) FriesenPress.
Do Bears Poop in the Woods? Huw Lewis Jones. Illus. by Sam Caldwell. 2022. (ENG.). 48p. (J). (gr. 1-3). 18.95 (978-0-500-65276-3(7), 565276) Thames & Hudson.
Do Bodybuilders Have More Muscles? Science Book Age 8 Children's Biology Books. Baby Professor. 2017. (ENG., Illus.). (YA). pap. 8.79 (978-1-5419-1062-1(1), Baby Professor (Education Kids)) Speedy Publishing LLC.

520 The check digit for ISBN-10 appears in parentheses after the full ISBN-13

Do Candies Speak? Dolores D. Bennett. 2023. (ENG.). 34p. (J). 19.99 ***(978-1-0880-8020-7(0))*** Indy Pub.
Do Carpenters Dream of Wooden Sheep? St. Joseph's Story As Dreamt by a Sleeping Teenage Boy. Corinna Turner. 2021. (Friends in High Places Ser.). (ENG.). 148p. (YA). pap. *(978-1-910806-18-0(8))* Zephyr Publishing.
Do Caterpillars Really Have Lips? A True Story from Nature. Ted Zislis. 2021. (ENG.). 72p. (J). pap. 19.95 *(978-0-578-96578-9(X))* GOLDSUN, LLC.
Do Chickens Have Lips? Chicken & Egg Book 3. Deborah Stevenson. Ed. by Krista Hill. Illus. by David Stedmond. l.t. ed. 2021. (Chicken & Egg Ser.: Vol. 3). (ENG.). 34p. (J). pap. 11.95 *(978-1-7348242-4-7(7))* Frog Prince Bks.
Do Cows Have Kittens? A Question & Answer Book about Animal Babies. Emily James. 2016. (Animals, Animals! Ser.). (ENG., Illus.). 32p. (J). (gr. -1-2). lib. bdg. 27.99 *(978-1-5157-2665-4(7),* 133066, Capstone Pr.) Capstone.
Do Cows Have Two Stomachs? And Other FAQs about Animals, 1 vol. Therese M. Shea. 2016. (Q & a: Life's Mysteries Solved! Ser.). (ENG.). 32p. (J). (gr. 3-4). lib. bdg. 28.27 *(978-1-4824-4778-1(9),* dd185cad-8af6-44f1-84e6-22677b43627d) Stevens, Gareth Publishing LLLP.
Do Daddy & Mommy Love Me? Laura Spangler. 2021. (ENG., Illus.). 26p. (J). pap. 13.95 *(978-1-6624-5008-2(7))* Page Publishing Inc.
Do Dogs Count? Marion Carlson. 2022. (ENG.). 20p. (J). pap. 11.99 ***(978-1-0880-1381-6(3))*** Indy Pub.
Do Doodlebugs Doodle? Amazing Insect Facts, 1 vol. Corinne Demas & Artemis Roehrig. Illus. by Ellen Shi. 2018. (Do Animals Animate? Ser.: 2). (ENG.). 36p. (J). (gr. 1-3). 16.95 *(978-1-943978-35-9(2),* 70fed75a-ba8f-40d1-8ac7-e1924bf66299, Persnickety Pr.) WunderMill, Inc.
Do Fairies Bring the Spring? Hazel Mitchell. 2017. (Illus.). 32p. (J). (gr. -1-2). 16.95 *(978-1-60893-633-5(3))* Down East Bks.
Do Fairies Bring the Spring. Liza Gardner Walsh. Illus. by Hazel Mitchell. 2019. 22p. (J). (gr. -1-2). 8.95 *(978-1-60893-660-1(0))* Down East Bks.
Do Fire Ants Fight Fires? How Animals Work in the Wild. Etta Kaner. Illus. by Jenna Piechota. 2023. (Do Animals? Ser.: 3). (ENG.). 32p. (J). (gr. 2). 18.95 *(978-1-77147-492-4(0))* Owlkids Bks. Inc. CAN. Dist: Publishers Group West (PGW).
Do Fish Breathe Underwater? #2: And Other Silly Questions from Curious Kids. Jane Lindholm & Melody Bodette. Illus. by Neil Swaab. 2022. (But Why Ser.: 2). 144p. (J). (gr. 3-5). pap. 9.99 *(978-0-593-38436-7(9),* Grosset & Dunlap) Penguin Young Readers Group.
Do Fish Fart? Answers to Kids' Questions about Lakes. Keltie Thomas. Illus. by Deryk Ouseley. 2016. (ENG.). 48p. (J). (gr. 3-7). pap. 9.95 *(978-1-77085-727-8(3),* f01e1798-48ab-40d1-945b-8f9ab3c8deba) Firefly Bks., Ltd.
Do Fish Sing? Suzanne Pollock. 2022. (ENG.). 18p. (J). pap. 15.00 ***(978-1-958877-51-7(4))*** Booklocker.com, Inc.
Do Fish Sleep? Jens Raschke. Tr. by Belinda Cooper. Illus. by Jens Rassmus. 2019. 64p. (J). 16.95 *(978-1-59270-285-5(6))* Enchanted Lion Bks., LLC.
Do Frogs Drink Hot Chocolate? How Animals Keep Warm. Etta Kaner. Illus. by John Martz. 2021. (Do Animals? Ser.: 1). (ENG.). 32p. (J). (gr. k-4). 9.95 *(978-1-77147-483-2(1))* Owlkids Bks. Inc. CAN. Dist: Publishers Group West (PGW).
Do Gallery Sitters Sit All Day? Things People Really Do in a Museum. Ryan How. Illus. by Anngee Neo. 2018. (ENG.). 36p. pap. 15.00 *(978-981-11-4514-8(8))* National Gallery Singapore SGP. Dist: Pennsylvania State Univ. Pr.
Do Goldfish Fly? A Question & Answer Book about Animal Movements. Emily James. 2016. (Animals, Animals! Ser.). (ENG., Illus.). 32p. (J). (gr. -1-2). lib. bdg. 27.99 *(978-1-5157-2666-1(5),* 133067, Capstone Pr.) Capstone.
Do-Gooder. J. Leigh Bailey. (ENG., Illus.). (YA). 2017. 25.99 *(978-1-64080-360-2(2));* 2016. 24.99 *(978-1-63533-003-8(3))* Dreamspinner Pr. (Harmony Ink Pr.).
Do Hummingbirds Have Cavities? Helen Dobbs. 2021. (ENG.). 40p. (J). pap. 17.00 *(978-1-63661-178-5(8))* Dorrance Publishing Co., Inc.
Do I Have To? Heather Joy Sharon. Illus. by Claudia Hoffman-Kaeufer. 2023. (ENG.). 36p. (J). pap. ***(978-1-915522-30-6(7))*** Conscious Dreams Publishing.
Do I Have to Wear a Coat? Rachel Isadora. Illus. by Rachel Isadora. 2020. (Illus.). 32p. (J). (-k). 18.99 *(978-0-525-51660-6(3),* Nancy Paulsen Books) Penguin Young Readers Group.
Do I Need a Car? Capstone Classroom & Tony Stead. 2017. (What's the Point? Reading & Writing Expository Text Ser.). (ENG., Illus.). 16p. (J). (gr. 2-2). pap. 6.95 *(978-1-4966-0749-2(X),* 132384, Capstone Classroom) Capstone.
Do I Really Need Sleep? Healthy Sleep Habits Grade 5 Children's Health Books. Baby Professor. 2021. (ENG.). 72p. (J). 27.99 *(978-1-5419-8436-3(6));* pap. 16.99 *(978-1-5419-5400-7(9))* Speedy Publishing LLC. (Baby Professor (Education Kids)).
Do Immigrants Have the Right to Come to the United States?, 1 vol. Kathryn Ohnaka. 2019. (Ask the Constitution Ser.). (ENG.). 48p. (gr. 5-5). 29.60 *(978-1-9785-0711-1(9),* 1570a032-8e61-46a6-8f56-485a3b2e7d82) Enslow Publishing, LLC.
Do It Again!/Otra Vez! Ann Morris. 2018. (ENG.). 38p. (J). 14.95 *(978-1-68401-743-0(2))* Amplify Publishing Group.
Do It Later. Anna Svetchnikov. 2020. (ENG.). 38p. (J). 33.83 *(978-1-716-40500-6(9))* Lulu Pr., Inc.
Do It Yourself Bushcraft: A Book of the Big Outdoors. Daniel Beard. 2017. (ENG., Illus.). 208p. (J). pap. 10.95 *(978-0-486-81619-7(2),* 816192) Dover Pubns., Inc.
Do-It-Yourself Math Boosters - Sudoku for Kids Age 8. Senor Sudoku. 2019. (ENG.). 78p. (J). pap. 10.99 *(978-1-64521-482-3(6))* Editorial Imagen.
Do-It-Yourself Science, 10 vols., Set. Zella Williams. Incl. Experiments about Planet Earth. (J). lib. bdg. 28.93 *(978-1-4042-3662-2(7),* 900d061c-31b4-4610-a017-65017ff668de); Experiments about the Natural World. (J). lib. bdg. 28.93 *(978-1-4042-3661-5(9),* a5e956c1-e54e-4ed3-8250-9921e544f32d); Experiments on Rocks & the Rock Cycle. (YA). lib. bdg. 28.93 *(978-1-4042-3660-8(0),* 781c8975-cda2-49cb-beb6-b2ed7849678d); Experiments on the Weather. (J). lib. bdg. 28.93 *(978-1-4042-3663-9(5),* c9b75c6c-a02f-404c-a62f-8a8dd51b24cd); Experiments with Physical Science. (J). lib. bdg. 28.93 *(978-1-4042-3659-2(7),* 033aea5c-3b2b-4ab3-80d2-5f52678098b9); (Illus.). 24p. (gr. 2-3). 2007. (Do-It-Yourself Science Ser.). (ENG.). 2006. Set lib. bdg. 144.65 *(978-1-4042-3605-9(8),* 3d1fefd5-997f-444b-9aa4-eb95f07f6831, PowerKids Pr.) Rosen Publishing Group, Inc., The.
Do Jellyfish Like Peanut Butter? Amazing Sea Creature Facts, 1 vol. Corinne Demas & Artemis Roehrig. Illus. by Ellen Shi. 2020. (Do Animals Animate? Ser.: 3). (ENG.). 36p. (J). 16.95 *(978-1-943978-44-1(1),* 43d233e4-e154-4749-b7cc-c8bf042f91ac, Persnickety Pr.) WunderMill, Inc.
Do Kangaroos Carry Platypuses. Lynn Hardy Wallace. 2022. (ENG., Illus.). 50p. (J). pap. 13.95 *(978-1-63903-564-9(8))* Christian Faith Publishing.
Do Kids Have Chores in Timbuktu? Jamie Moessing. 2023. (ENG.). 32p. (J). pap. 6.99 ***(978-0-9895384-4-2(3))*** Write Spot, The.
Do Kids Need Recess?, 1 vol. Amy B. Rogers. 2018. (Points of View Ser.). (ENG.). 24p. (gr. 3-3). pap. 9.25 *(978-1-5345-2785-0(0),* 1e4401bb-5d08-4310-ae78-ba0d094e61d4, KidHaven Publishing) Greenhaven Publishing LLC.
Do Kids Need Video Game Ratings? Carolyn Williams-Noren. 2018. (Shape Your Opinion Ser.). (ENG., Illus.). 48p. (J). (gr. 1-3). 26.60 *(978-1-59953-932-4(2));* pap. 13.26 *(978-1-68404-204-3(6))* Norwood Hse. Pr.
Do Kids Need Year-Round School? Carolyn Williams-Noren. 2018. (Shape Your Opinion Ser.). (ENG., Illus.). 48p. (J). (gr. 1-3). 26.60 *(978-1-59953-931-7(4))* Norwood Hse. Pr.
Do Koalas Have Tails? F. J. Olsey. 2023. (ENG.). 30p. (J). pap. ***(978-1-83934-464-0(4))*** Olympia Publishers.
Do Like Elli Mae: And Stay Protected So No One Else Can Get Infected. Cynthia Shareen Dobbs. 2021. (ENG., Illus.). 32p. (J). pap. 14.95 *(978-1-63874-361-3(4))* Christian Faith Publishing.
Do Lions Go Moo? Annie Simpson. Illus. by Jess Moorhouse. 2020. (ENG.). 12p. (J). (— 1). bds. 9.99 *(978-1-78947-361-2(6))* Make Believe Ideas GBR. Dist: Scholastic, Inc.
Do Lizards Eat Ice Cream? How Animals Beat the Heat. Etta Kaner. Illus. by Jenna Piechota. (Do Animals? Ser.: 2). (ENG.). 32p. (J). (gr. k-5). 2023. 9.95 ***(978-1-77147-622-5(2));*** 2020. 17.95 *(978-1-77147-398-9(3))* Owlkids Bks. Inc. CAN. Dist: Publishers Group West (PGW).
Do Math with Sports Stats!, 12 vols. 2017. (Do Math with Sports Stats! Ser.). (ENG.). 32p. (J). (gr. 3-4). lib. bdg. 169.62 *(978-1-5382-1291-2(9),* 0e85b98d-0eaf-4877-84ef-ff40c0a74bbc) Stevens, Gareth Publishing LLLP.
Do Me a Favor. Hunter Kline. 2022. (ENG.). 152p. (YA). pap. ***(978-1-387-24459-1(0))*** Lulu Pr., Inc.
Do Mermaids Like Meatballs? Aimee Carlson. 2021. (ENG.). 34p. (J). 19.99 ***(978-1-7374457-2-2(7))*** Carlson, Aimee.
Do Mermaids Ride Dolphins to School? & Other Mysteries Coloring Book. Jupiter Kids. 2016. (ENG., Illus.). 106p. (J). pap. 12.55 *(978-1-68326-255-8(7),* Jupiter Kids (Childrens & Kids Fiction)) Speedy Publishing LLC.
Do Monkeys Eat Marshmallows? A Question & Answer Book about Animal Diets. Emily James. 2016. (Animals, Animals! Ser.). (ENG., Illus.). 32p. (J). (gr. -1-2). lib. bdg. 27.99 *(978-1-5157-2667-8(3),* 133068, Capstone Pr.) Capstone.
Do Moose Ever ... ? Fran Hodgkins. 2022. (Illus.). 32p. (J). (gr. -1-3). 19.95 *(978-1-60893-736-3(4))* Down East Bks.
Do More Club. Dana Kramaroff. 2023. (ENG.). 368p. (J). (gr. 5-9). 18.99 ***(978-0-593-53287-4(2),*** Rocky Pond Bks.) Penguin Young Readers Group.
Do Music & Art Classes Matter?, 1 vol. Robert M. Hamilton. 2018. (Points of View Ser.). (ENG.). 24p. (J). (gr. 3-3). 26.23 *(978-1-5345-2567-2(X),* 82d8321b-8825-4668-9321-1e3e892bdc40, KidHaven Publishing) Greenhaven Publishing LLC.
Do Mutton Birds Have Maps: And Other Poems. Ganga Powell. Illus. by Eileen Curd. 2020. (ENG.). 34p. (J). pap. *(978-0-6450296-1-1(0))* Silverbird Publishing Pty Ltd.
Do No Harm. Nick Arnold. Illus. by Stephanie von Reiswitz. 2021. (ENG.). 128p. (J). (gr. 3-7). 16.95 *(978-1-78312-757-3(0))* Welbeck Publishing Group Ltd. GBR. Dist: Two Rivers Distribution.
Do Not Be Afraid. Janice Pulsifer. 2019. (ENG.). 24p. (J). pap. 13.95 *(978-1-68456-437-8(9))* Page Publishing Inc.
Do Not Bring Your Dragon to Recess. Julie Gassman. Illus. by Andy Elkerton. 2018. (ENG.). 32p. (J). (gr. -1-2). lib. bdg. 22.65 *(978-1-5158-2843-3(3),* 138276, Picture Window Bks.) Capstone.
Do Not Bring Your Dragon to the Last Day of School. Julie Gassman. Illus. by Andy Elkerton. 2020. (ENG.). 32p. (J). (gr. -1-2). 16.95 *(978-1-68446-067-0(0),* 140524, Capstone Editions) Capstone.
Do Not Bring Your Dragon to the Library see No Lleves Tu Dragón a la Biblioteca
Do Not Bring Your Dragon to the Library. Julie Gassman. Illus. by Andy Elkerton. (ENG.). 32p. (J). (gr. -1-2). 2018. pap. 7.95 *(978-1-5158-3897-5(8),* 139671, Picture Window Bks.); 2016. 14.95 *(978-1-62370-651-7(3),* 131438, Capstone Young Readers); 2016. lib. bdg. 21.32 *(978-1-4795-9175-6(0),* 131437, Picture Window Bks.) Capstone.
Do Not Disturb: Echidna's Darlings Book Three. Marianna Palmer. 2021. (Echidna's Darlings Ser.: Vol. 3). (ENG.). 280p. (J). 26.00 *(978-1-0879-6424-9(5))* Indy Pub.
Do Not Disturb the Dragons. Michelle Robinson. Illus. by Sharon Davey. 2020. (ENG.). 224p. (J). pap. *(978-1-4088-9488-0(2),* 369314, Bloomsbury Children's Bks.) Bloomsbury Publishing Plc.
Do Not EVER Be a Babysitter! Michaela Muntean. Illus. by Pascal Lemaitre. 2020. (ENG.). 40p. (J). (gr. -1-3). 17.99 *(978-1-338-28390-7(1),* Scholastic Pr.) Scholastic, Inc.
Do Not Feed the Cow Sprouts. Robin Twiddy. Illus. by Emre Karacan. 2023. (Level 4/5 - Blue/Green Set Ser.). (ENG.). 32p. (J). (gr. 1-3). lib. bdg. 19.95 Bearport Publishing Co., Inc.
Do Not Let the Cat In. Juliana O'Neill. Illus. by Sviatoslav Franko. 2023. (Reading Stars Ser.). (ENG.). 28p. (J). pap. 12.99 ***(978-1-5324-4263-6(7));*** (gr. -1-2). 24.99 ***(978-1-5324-4264-3(5));*** (gr. -1-2). pap. 12.99 ***(978-1-5324-4262-9(9))*** Xist Publishing.
Do Not Lick This Book. Idan Ben-Barak. Illus. by Julian Frost. 2018. (ENG.). 40p. (J). 18.99 *(978-1-250-17536-6(4),* 900189389) Roaring Brook Pr.
Do Not Mess with the Mermaids. Michelle Robinson. Illus. by Sharon Davey. 2021. (ENG.). 224p. (J). pap. *(978-1-4088-9491-0(2),* 369441, Bloomsbury Children's Bks.) Bloomsbury Publishing Plc.
Do Not Open the Box, 1 vol. Illus. by Timothy Young. 2016. (ENG.). 32p. (J). 16.99 *(978-0-7643-5043-6(9),* 6805) Schiffer Publishing, Ltd.
Do Not Open This Math Book: Addition + Subtraction. Danica McKellar. Illus. by Maranda Maberry. 2018. (McKellar Math Ser.). 160p. (J). (gr. 1-4). pap. 18.99 *(978-1-101-93398-5(4),* Crown Books For Young Readers) Random Hse. Children's Bks.
Do Not Panic the Pixies. Michelle Robinson. Illus. by Sharon Davey. 2023. (ENG.). 240p. (J). pap. *(978-1-4088-9494-1(7),* 369471, Bloomsbury Children's Bks.) Bloomsbury Publishing Plc.
Do Not Pet: How Activists Brought Disability Rights to the U. S. Joe Biel. Illus. by Gerta Oparaku. 2020. (Do Not Pet Ser.: Vol. 2). (ENG.). 32p. (J). pap. 4.95 *(978-1-62106-372-8(0))* Microcosm Publishing.
Do Not Rake Your Garden in a Party Dress. Illus. by Kelly Pousette. 2020. (ENG.). 32p. (J). (gr. k-2). 16.95 *(978-1-944903-85-5(2),* Cameron Kids) Cameron + Co.
Do Not Say, Fart! Jennifer Price Davis. 2023. (ENG.). 33p. (J). pap. ***(978-1-312-65093-0(1))*** Lulu Pr., Inc.
Do Not Take Your Dragon on a Field Trip. Julie Gassman. Illus. by Andy Elkerton. 2019. (ENG.). 32p. (J). (gr. -1-2). lib. bdg. 16.95 *(978-1-68446-059-5(X),* 140409, Capstone Editions) Capstone.
Do Not Take Your Dragon to Dinner. Julie Gassman. Illus. by Andy Elkerton. 2017. (Fiction Picture Bks.). (ENG.). 32p. (J). (gr. -1-2). lib. bdg. 21.32 *(978-1-4795-9888-5(7),* 135339, Picture Window Bks.) Capstone.
Do NOT Touch Me There! An Important Children's Book for Staying Safe & Learning about Their Bodies. Kacy C. Chambers. 2020. (ENG., Illus.). 28p. (J). pap. 9.99 *(978-1-7353487-0-4(8))* Great Bks. Publishing Co.
Do NOT Touch Me There: An Important Children's Book for Staying Safe & Learning about Their Bodies. Kacy C. Chambers. l.t. ed. 2020. (ENG.). 28p. (J). 15.49 *(978-1-7353487-1-1(6))* Great Bks. Publishing Co.
Do Not Wash This Bear. Sam Hay. Illus. by Nick East. 2016. (J). *(978-1-4351-6399-7(0))* Barnes & Noble, Inc.
Do Not Watch. J. A. Darke. Illus. by Neil Evans. 2016. (Spine Shivers Ser.). (ENG.). 128p. (J). (gr. 4-6). lib. bdg. 27.32 *(978-1-4965-3071-4(3),* 131947, Stone Arch Bks.) Capstone.
Do-Nothing Days (Classic Reprint) Charles Montgomery Skinner. 2019. (ENG., Illus.). 234p. (J). 28.74 *(978-0-483-39032-4(1))* Forgotten Bks.
Do-Over. Lynn Painter. 2022. (ENG.). 304p. (YA). (gr. 9). 19.99 *(978-1-5344-7886-2(8),* Simon & Schuster Bks. For Young Readers) Simon & Schuster Bks. For Young Readers.
Do-Over. Jennifer Torres. 2022. (ENG.). 256p. (J). (gr. 3-7). 17.99 *(978-1-338-75419-3(X),* Scholastic Pr.) Scholastic, Inc.
Do-Over. Rodrigo Vargas. Illus. by Coni Yovaniniz. 2023. (Do-Over Ser.: 1). (ENG.). 224p. (J). (gr. 3-7). 24.99 *(978-0-358-39404-4(X));* pap. 15.99 *(978-0-358-39405-1(8))* HarperCollins Pubs. (Clarion Bks.).
Do-Over Day. Julia Inserro. Illus. by Miro Tartan. 2021. (ENG.). 36p. (J). 12.99 *(978-1-947891-11-1(1))* Julia Inserro.
Do Owls Have Tongues? & Other Big Questions. Coral Hayward. 2022. (ENG.). 34p. (J). 24.99 *(978-0-578-37346-1(7))* Indy Pub.
Do Parallel Universes Exist? Theories about the Nature of Reality, 1 vol. Tom Jackson. 2018. (Beyond the Theory: Science of the Future Ser.). (ENG.). 48p. (gr. 5-6). lib. bdg. 33.60 *(978-1-5382-2664-3(2),* 86c56445-be96-42e1-9f38-942d09386314) Stevens, Gareth Publishing LLLP.
Do Pebbles Eat Chili? & Other Outlandish Poems: Featuring the Cast of the You Rock! Group! Jay. Illus. by Lana Wright. 2019. (ENG.). 40p. (J). pap. 11.95 *(978-0-578-59464-4(1))* New Paige Pr., LLC.
Do Penguins Dance? Penguin Coloring Books. Jupiter Kids. 2016. (ENG., Illus.). 106p. (J). pap. 12.55 *(978-1-68305-191-6(2),* Jupiter Kids (Childrens & Kids Fiction)) Speedy Publishing LLC.
Do Penguins Have Pediatricians?, 1 vol. Patrick O'Donnell. Illus. by Erik Mehlen. 2019. (ENG.). 32p. pap. 9.99 *(978-0-7643-5878-4(2),* 20583); (J). 14.99 *(978-0-7643-5777-0(8),* 16331) Schiffer Publishing, Ltd.
Do Plants Eat Meat? the Wonderful World of Carnivorous Plants - Biology Books for Kids Children's Biology Books. Baby Professor. 2017. (ENG., Illus.). (YA). pap. 8.79 *(978-1-5419-1065-2(6),* Baby Professor (Education Kids)) Speedy Publishing LLC.
Do Plants Eat Sunlight? Biology Textbook for Young Learners Children's Biology Books. Baby Professor. 2017. (ENG., Illus.). (J). pap. 9.25 *(978-1-5419-0537-5(7),* Baby Professor (Education Kids)) Speedy Publishing LLC.
Do Police Abuse Their Powers? William Dudley. 2016. (ENG.). 80p. (J). (gr. 5-12). lib. bdg. *(978-1-68282-072-8(6))* ReferencePoint Pr., Inc.
Do Princesses & Super Heroes Hit the Trails? A National Park Adventure. Carmela Lavigna Coyle. 2016. (Do Princesses Ser.). (Illus.). 32p. (J). (gr. -1-12). 15.95 *(978-1-63076-244-5(X))* Muddy Boots Pr.
Do Princesses Become Astronauts? Carmela Lavigna Coyle. Illus. by Mike Gordon. 2019. (Do Princesses Ser.). 32p. (J). (gr. -1-2). 15.95 *(978-1-63076-347-3(0))* Muddy Boots Pr.
Do Princesses Boogie? Carmela Lavigna Coyle. Illus. by Mike Gordon. 2016. (Do Princesses Ser.). 26p. (J). (gr. -1-2). bds. 7.95 *(978-1-63076-159-2(1))* Taylor Trade Publishing.
Do Princesses Wear Hiking Boots? Gordon Coyle Gordon. 2016. (Do Princesses Ser.). (Illus.). 32p. (J). (gr. -1-1). bds. 7.95 *(978-1-63076-164-6(8))* Taylor Trade Publishing.
Do Rabbits Get the Stitch? Christine Hunt Daniell. Illus. by Pauline Bellamy. 2021. (ENG.). 42p. (J). 23.00 *(978-1-6629-1161-3(0));* pap. 12.00 *(978-1-6629-1162-0(9))* Gatekeeper Pr.
Do Robots Get Space Sick? Theo Baker. Illus. by Álex López. 2017. (Galaxy Games Ser.). (ENG.). 48p. (J). (gr. 3-5). pap. 8.95 *(978-1-68342-434-5(4),* 9781683424345) Rourke Educational Media.
Do Seals Ever ... ? Fran Hodgkins. Illus. by Marjorie Leggitt. 2017. 32p. (J). (gr. -1-3). 16.95 *(978-1-60893-467-6(5))* Down East Bks.
Do-Somethings: A Story for Little Folks (Classic Reprint) Oliver Optic, pseud. (ENG., Illus.). (J). 2018. 96p. 25.88 *(978-0-666-23472-8(8));* 2018. 226p. 28.56 *(978-0-484-81020-3(0));* 2016. pap. 10.97 *(978-1-333-15580-3(8))* Forgotten Bks.
Do the Hills Talk? Christine Hunt Daniell. Illus. by Pauline Bellamy. 2020. (ENG.). 42p. (J). 22.00 *(978-1-6629-0080-8(5))* Gatekeeper Pr.
Do the Skeleton Skat! The The Wiggles. 2020. (Wiggles Ser.). (ENG.). 10p. (J). (-k). bds. 17.99 *(978-1-922385-27-7(1))* Bonnier Publishing GBR. Dist: Independent Pubs. Group.
Do the Voices. Melinda Issakov. Illus. by Grace Ji. 2022. (ENG.). 30p. (J). pap. 11.98 ***(978-1-0880-6590-7(2))*** Indy Pub.
Do the Work! Affordable & Clean Energy. Julie Knutson. 2022. (21st Century Skills Library: Committing to the un's Sustainable Development Goals Ser.). (ENG., Illus.). 32p. (J). (gr. 4-7). pap. 14.21 *(978-1-6689-1083-2(7),* 221028); lib. bdg. 32.07 *(978-1-6689-0923-2(5),* 220890) Cherry Lake Publishing.
Do the Work! Clean Water & Sanitation. Julie Knutson. 2022. (21st Century Skills Library: Committing to the un's Sustainable Development Goals Ser.). (ENG., Illus.). 32p. (J). (gr. 4-7). pap. 14.21 *(978-1-6689-0042-0(4),* 220133); lib. bdg. 32.07 *(978-1-5341-9928-6(4),* 219989) Cherry Lake Publishing.
Do the Work! Climate Action, Life below Water, & Life on Land. Julie Knutson. 2022. (21st Century Skills Library: Committing to the un's Sustainable Development Goals Ser.). (ENG., Illus.). 32p. (J). (gr. 4-7). pap. 14.21 *(978-1-6689-1087-0(X),* 221032); lib. bdg. 32.07 *(978-1-6689-0927-0(8),* 220894) Cherry Lake Publishing.
Do the Work! Decent Work & Economic Growth Meets Industry, Innovation, & Infrastructure. Julie Knutson. 2022. (21st Century Skills Library: Committing to the un's Sustainable Development Goals Ser.). (ENG., Illus.). 32p. (J). (gr. 4-7). pap. 14.21 *(978-1-6689-1084-9(5),* 221029); lib. bdg. 32.07 *(978-1-6689-0924-9(3),* 220891) Cherry Lake Publishing.
Do the Work! Gender Equality. Julie Knutson. 2022. (21st Century Skills Library: Committing to the un's Sustainable Development Goals Ser.). (ENG., Illus.). 32p. (J). (gr. 4-7). pap. 14.21 *(978-1-6689-0041-3(6),* 220132); lib. bdg. 32.07 *(978-1-5341-9927-9(6),* 219988) Cherry Lake Publishing.
Do the Work! Good Health & Well-Being. Julie Knutson. 2022. (21st Century Skills Library: Committing to the un's Sustainable Development Goals Ser.). (ENG., Illus.). 32p. (J). (gr. 4-7). pap. 14.21 *(978-1-6689-0039-0(4),* 220130); lib. bdg. 32.07 *(978-1-5341-9925-5(X),* 219986) Cherry Lake Publishing.
Do the Work! No Poverty. Julie Knutson. 2022. (21st Century Skills Library: Committing to the un's Sustainable Development Goals Ser.). (ENG., Illus.). 32p. (J). (gr. 4-7). pap. 14.21 *(978-1-6689-0037-6(8),* 220128); lib. bdg. 32.07 *(978-1-5341-9923-1(3),* 219984) Cherry Lake Publishing.
Do the Work! Peace, Justice, & Strong Institutions Meets Partnerships for the Goals. Julie Knutson. 2022. (21st Century Skills Library: Committing to the un's Sustainable Development Goals Ser.). (ENG., Illus.). 32p. (J). (gr. 4-7). pap. 14.21 *(978-1-6689-1088-7(8),* 221033); lib. bdg. 32.07 *(978-1-6689-0928-7(6),* 220895) Cherry Lake Publishing.
Do the Work! Quality Education. Julie Knutson. 2022. (21st Century Skills Library: Committing to the un's Sustainable Development Goals Ser.). (ENG., Illus.). 32p. (J). (gr. 4-7). pap. 14.21 *(978-1-6689-0040-6(8),* 220131); lib. bdg. 32.07 *(978-1-5341-9926-2(8),* 219987) Cherry Lake Publishing.
Do the Work! Reduced Inequalities. Julie Knutson. 2022. (21st Century Skills Library: Committing to the un's Sustainable Development Goals Ser.). (ENG., Illus.). 32p. (J). (gr. 4-7). pap. 14.21 *(978-1-6689-1085-6(3),* 221030); lib. bdg. 32.07 *(978-1-6689-0925-6(1),* 220892) Cherry Lake Publishing.
Do the Work! Sustainable Cities & Communities Meets Responsible Consumption & Production. Julie Knutson. 2022. (21st Century Skills Library: Committing to the un's Sustainable Development Goals Ser.). (ENG., Illus.). 32p. (J). (gr. 4-7). pap. 14.21 *(978-1-6689-1086-3(1),* 221031); lib. bdg. 32.07 *(978-1-6689-0926-3(X),* 220893) Cherry Lake Publishing.
Do the Work! Zero Hunger. Julie Knutson. 2022. (21st Century Skills Library: Committing to the un's Sustainable Development Goals Ser.). (ENG., Illus.). 32p. (J). (gr. 4-7). pap. 14.21 *(978-1-6689-0038-3(6),* 220129); lib. bdg. 32.07 *(978-1-5341-9924-8(1),* 219985) Cherry Lake Publishing.
Do the Wright Thing! Jennifer Lewin. 2022. (ENG.). 78p. (J). pap. ***(978-1-988867-78-6(9))*** Anita Sechesky - Living Without Limitations.
Do We Battle Like It's Medieval Times? Military Technology Then & Now. Megan Cooley Peterson. 2020. (Medieval Tech Today Ser.). (ENG., Illus.). 48p. (J). (gr. 3-5). lib. bdg. 33.99 *(978-1-4966-8473-8(7),* 200349, Capstone Pr.) Capstone.
Do We Build Like It's Medieval Times? Construction Technology Then & Now. Megan Cooley Peterson. 2020.

D

(Medieval Tech Today Ser.). (ENG., Illus.). 48p. (J). (gr. 3-5). lib. bdg. 33.99 *(978-1-4966-8472-1(9)*, 200348, Capstone Pr.) Capstone.

Do We Have Enough Stuff? Cecilia Minden. Illus. by Sam Loman. 2022. (Little Blossom Stories Ser.). (ENG.). 16p. (J). (gr. -1-2). pap. 11.36 *(978-1-6689-0868-6(9)*, 220835, Cherry Blossom Press) Cherry Lake Publishing.

Do We Need Packaging? Book 15. Carole Crimeen & Suzanne Fletcher. 2023. (Sustainability Ser.). (ENG.). 16p. (J). (gr. -1-2). pap. 7.99 ***(978-1-922370-11-2(8)***, aee461ae-5cf7-4042-a694-aa82b9d4a195) Knowledge Bks. & Software AUS. Dist: Lerner Publishing Group.

Do Whales Have Whiskers? A Question & Answer Book about Animal Body Parts, 2 vols. Emily James. 2016. (Animals, Animals! Ser.). (ENG.). (J). (gr. 1-2). 53.32 *(978-1-5157-5488-6(X))*; (Illus.). 32p. (gr. -1-2). lib. bdg. 27.99 *(978-1-5157-2664-7(9)*, 133065, Capstone Pr.) Capstone.

Do What Matters. Diann Shope. 2016. (ENG., Illus.). (YA). (gr. 7-12). pap. 8.99 *(978-0-9968988-4-3(0))* Shope, Diann.

Do What Simon Says. Michelle Wanasundera. Illus. by Meg Turner. 2022. (ENG.). 40p. (J). pap. ***(978-1-922895-20-2(2))*** Library For All Limited.

Do What Simon Says - Fanya Kile Ambacho Simon Anasema. Michelle Wanasundera. Illus. by Meg Turner. 2023. (SWA.). 40p. (J). pap. ***(978-1-922951-14-4(5))*** Library For All Limited.

Do What You Got to Do. Julia Graziano. 2019. (ENG.). 188p. (YA). pap. 16.95 *(978-1-64584-366-5(1))* Page Publishing Inc.

Do Women Have Equal Rights?, 1 vol. Elizabeth Schmermund. 2019. (Ask the Constitution Ser.). (ENG.). 48p. (gr. 5-5). pap. 12.70 *(978-1-9785-0845-3(X)*, a4646b54-64e9-4ef3-96b9-447395aae94d) Enslow Publishing, LLC.

Do You Believe in Angels? Tammy Brown. 2019. (ENG., Illus.). 36p. (J). 14.95 *(978-1-64316-602-5(6))* Waldorf Publishing.

Do You Believe in Angels? Noreen Swartzberg. 2017. (ENG., Illus.). (J). pap. *(978-0-9955195-2-7(8))* Lane, Betty.

Do You Believe in Angels? Angels Winks & Whispers. Shalini Saxena Breault. 2021. (ENG.). 32p. (J). pap. 11.11 *(978-1-952725-61-6(5))* Butler, Kate Bks.

Do You Believe in God? A Study on Promises of God. Russell Jurek. 2021. (ENG.). 122p. (YA). pap. 13.49 *(978-1-6628-2938-3(8))* Salem Author Services.

Do You Believe in Groovicorns?, 1 vol. Rosie Greening. 2018. (ENG.). 12p. (J). (gr. -1). 10.99 *(978-1-78692-907-5(4))* Make Believe Ideas GBR. Dist: Scholastic, Inc.

Do You Believe in Unicorns? Angel Fell. 2017. (ENG., Illus.). (J). pap. 7.25 *(978-0-244-94741-5(4))* Lulu Pr., Inc.

Do You Believe in Unicorns? Bethanie Deeney Murguia. Illus. by Bethanie Deeney Murguia. 2018. (ENG., Illus.). 32p. (J). (gr. -1-2). 14.99 *(978-0-7636-9468-5(1))* Candlewick Pr.

Do You Dare to Connect These Dots? Dot to Dot Activity Book. Activity Book Zone for Kids. 2016. (ENG., Illus.). (J). pap. 7.55 *(978-1-68376-134-1(0))* Sabeels Publishing.

Do You Ever Have Bad Thoughts That Keep You up at Night. Maggie Ogeerally. 2020. (ENG.). 44p. (J). pap. 10.99 *(978-0-9968782-6-5(2))* Sealofters Pr., Inc.

Do You Follow My Logic? - Sudoku Puzzle Books for Kids. Senor Sudoku. 2019. (ENG.). 78p. (J). pap. 10.99 *(978-1-64521-489-2(3))* Editorial Imagen.

Do You Have a Bean up Your Nose? Jane McNorgan. Illus. by May Carpini. 2023. (ENG.). 30p. (J). ***(978-0-2288-5900-0(X))***; pap. ***(978-0-2288-5899-7(2))*** Tellwell Talent.

Do You Have Stinky Toes ? T'erra Gassaway. 2022. (ENG.). 20p. (J). pap. 13.00 ***(978-1-0879-9320-1(2))*** Indy Pub.

Do You Have Your Own Teen Style? Children's Fashion Books. Baby Professor. 2017. (ENG., Illus.). (YA). pap. 7.89 *(978-1-5419-0213-8(0)*, Baby Professor (Education Kids)) Speedy Publishing LLC.

Do You Hear What I Hear? Helen Dunlap Newton. 2022. (ENG.). 200p. (YA). 25.99 ***(978-1-957262-53-6(2))***; pap. 16.99 ***(978-1-957262-36-9(2))*** Yorkshire Publishing Group.

Do You Know?: Animals. Stephanie Babin. Illus. by Marion Billet & Helene Convert. 2022. (TW Do You Know Ser.). (ENG.). 92p. (J). (gr. k-4). 16.99 *(978-2-408-03356-9(X))* Éditions Tourbillon FRA. Dist: Hachette Bk. Group.

Do You Know?: Dinosaurs & the Prehistoric World. Pascale Hedelin. 2021. (Do You Know? Ser.). (ENG., Illus.). 96p. (J). (gr. k-3). 16.99 *(978-2-408-02467-3(6))* Éditions Tourbillon FRA. Dist: Hachette Bk. Group.

Do You Know?: Earth & Nature. Cecile Benoist. Illus. by Adele Combes & Beatrice Costamagna. 2022. (TW Do You Know Ser.). (ENG.). 96p. (J). (gr. k-4). 16.99 *(978-2-408-03357-6(8))* Éditions Tourbillon FRA. Dist: Hachette Bk. Group.

Do You Know?: Jobs & Work People Do. Emile Gorostis. 2022. (Do You Know? Ser.: 7). (ENG., Illus.). 96p. (J). (gr. k-17). 16.99 *(978-2-408-03753-6(0))* Éditions Tourbillon FRA. Dist: Hachette Bk. Group.

Do You Know? Level 4 - BBC Earth Looking after the Ocean. Ladybird. 2020. (Illus.). 32p. (J). (gr. k-3). pap. 9.99 *(978-0-241-35576-3(1)*, Ladybird) Penguin Bks., Ltd. GBR. Dist: Independent Pubs. Group.

Do You Know?: Oceans & Marine Life. Stephanie Babin. 2021. (Do You Know? Ser.). (ENG., Illus.). 96p. (J). (gr. k-3). 16.99 *(978-2-408-02466-6(8))* Éditions Tourbillon FRA. Dist: Hachette Bk. Group.

Do You Know?: Space & Sky. Illus. by Helene Convert & Cristian Turdera. 2021. (Do You Know? Ser.). (ENG.). 80p. (J). (gr. k-3). 16.99 *(978-2-408-02916-6(3))* Éditions Tourbillon FRA. Dist: Hachette Bk. Group.

Do You Know?: Trains & Rail Transport. Cecile Benoist. 2022. (Do You Know? Ser.: 8). (ENG., Illus.). 96p. (J). (gr. k-17). 16.99 *(978-2-408-03755-0(7))* Éditions Tourbillon FRA. Dist: Hachette Bk. Group.

Do You Know?: Vehicles & Transportation. Illus. by Benjamin Becue et al. 2021. (Do You Know? Ser.). (ENG.). 96p. (J). (gr. k-3). 16.99 *(978-2-408-02915-9(5))* Éditions Tourbillon FRA. Dist: Hachette Bk. Group.

Do You Know a Superhero? duopress labs. Illus. by Jesus Escudero. 2018. 22p. (J). (— 1). bds. 7.95 *(978-1-947458-24-6(8)*, 805824) Duo Pr. LLC.

Do You Know a Weatherman? the Field of Meteorology Grade 5 Children's Weather Books. Baby Professor. 2021. (ENG.). 72p. (J). 27.99 *(978-1-5419-7958-1(3))*; pap. 16.99 *(978-1-5419-5389-5(4))* Speedy Publishing LLC. (Baby Professor (Education Kids)).

Do You Know Another Name? - Ko Ataa Arana Riki Teuana? (Te Kiribati) Timon Etuare. Illus. by Clarice Masajo. 2022. (MIS.). 32p. (J). pap. ***(978-1-922910-57-8(0))*** Library For All Limited.

Do You Know Bailey? Shelley Strojny. Illus. by Ariel Zoromski & Leia Zoromski. 2016. (ENG.). (J). (gr. 1-6). pap. 11.00 *(978-1-943331-42-0(1))* Orange Hat Publishing.

Do You Know Big Tiny Bunny? Naomi Vogel. 2016. (ENG., Illus.). (J). pap. 9.95 *(978-0-692-80195-6(2))* Nay Vogel Photography & Design.

Do YOU Know God Loves You? YES, It Is True! Jovan Gomez. Illus. by Wendy McCarthy. 2020. (ENG.). 30p. (J). pap. 12.49 *(978-1-6628-0044-3(4))* Salem Author Services.

Do You Know Hank the Hippo? Marcy Wynn. Illus. by Marcy Wynn. I.t. ed. 2016. (ENG., Illus.). (J). pap. 12.95 *(978-0-692-77545-5(5))* Simply Hooked.

Do You Know How Much God Loves You? Tammi Salzano. Illus. by Natalie Merheb. 2023. (ENG.). 32p. (J). (gr. -1-2). 14.99 *(978-1-6643-0015-6(5))* Tiger Tales.

Do You Know How Much Your Momma Loves You? Sarah M. Boutte. 2017. (ENG., Illus.). (J). pap. 12.99 *(978-0-692-96434-7(7))* Boutte, Sarah.

Do You Know How to Play Checkers? Jenna Haveman. 2020. (ENG., Illus.). 28p. (J). (gr. 3-5). pap. *(978-1-4866-1862-0(6))* Word Alive Pr.

Do You Know Me?, 1 vol. Libby Scott & Rebecca Westcott. 2021. (ENG.). 320p. (J). (gr. 3-7). 17.99 *(978-1-338-65615-2(5)*, Scholastic Pr.) Scholastic, Inc.

Do You Know Noses? (Rookie Toddler) Leslie Kimmelman & Jodie Shepherd. 2016. (Rookie Toddler Ser.). (ENG., Illus.). 14p. (J). (gr. -1 — 1). bds. 6.95 *(978-0-531-22618-6(2)*, Children's Pr.) Scholastic Library Publishing.

Do You Know Nova? Norma-Anne. 2021. (ENG., Illus.). 28p. (J). pap. 12.95 *(978-1-0980-8209-3(5))* Christian Faith Publishing.

Do You Know Owls?, 1 vol. Alain M. Bergeron & Michel Quintin. Tr. by Pamela Doll. Illus. by Sampar. 2019. (Do You Know? Ser.). (ENG.). 64p. (J). (gr. 2-4). 9.95 *(978-1-55455-352-5(0)*, 9a06904f-5aee-4afd-ab26-c220b289bf08) Fitzhenry & Whiteside, Ltd. CAN. Dist: Firefly Bks., Ltd.

Do You Know Piranhas?, 1 vol. Alain M. Bergeron & Michel Quintin. Tr. by Pamela Doll. Illus. by Sampar. 2019. (Do You Know? Ser.). (ENG.). 64p. (J). (gr. 2-4). 9.95 *(978-1-55455-353-2(9)*, 11a38aae-79fd-469b-9280-298588e90f11) Fitzhenry & Whiteside, Ltd. CAN. Dist: Firefly Bks., Ltd.

Do You Know Quantum Physics?, Level 1. Chris Ferrie. 2022. 32p. (J). (gr. -1-1). pap. 4.99 *(978-1-7282-6153-9(8))* Sourcebooks, Inc.

Do You Know Rocket Science?, Level 1. Chris Ferrie. 2022. 32p. (J). (gr. -1-1). pap. 4.99 *(978-1-7282-6156-0(2))* Sourcebooks, Inc.

Do You Know Shapes? Do You Know Sizes? Put Them Together to Build the World - Baby & Toddler Size & Shape Books. Baby Professor. 2017. (ENG., Illus.). (J). pap. 7.89 *(978-1-68326-817-8(2)*, Baby Professor (Education Kids)) Speedy Publishing LLC.

Do You Know That Hollow, Empty Feeling? Michael Quinlyn-Nixon. 2023. (ENG.). 36p. (J). ***(978-1-80381-372-1(5))***; pap. ***(978-1-80381-371-4(7))*** Grosvenor Hse. Publishing Ltd.

Do You Know the One? Michelle Bentley. 2022. (ENG.). 32p. (J). 19.99 *(978-1-6642-5410-7(2)*, WestBow Pr.) Author Solutions, LLC.

Do You Know Them? Endangered Animals Book Grade 4 Children's Nature Books. Baby Professor. 2020. (ENG.). 84p. (J). 25.99 *(978-1-5419-7704-4(1))*; pap. 15.99 *(978-1-5419-5348-2(7))* Speedy Publishing LLC. (Baby Professor (Education Kids)).

Do You Know What I Am? A Rhyming Book. Chad Geran. 2021. (ENG., Illus.). 32p. (J). bds. 14.99 *(978-1-57687-966-5(6))* POW! Kids Bks.

Do You Know What I Am? Animals of the Arctic. James Cornelius Crawford M Ed. 2021. (ENG.). 36p. (J). pap. 12.99 *(978-1-955181-00-6(4))* DIAMOND & HALO PUBLISHING, LLC.

Do You Know What I Am? Carnivorous Plants. James Cornelius Crawford M Ed. 2021. (ENG.). 36p. (J). pap. 12.99 *(978-1-955181-03-7(9))* DIAMOND & HALO PUBLISHING, LLC.

Do You Know What I Am? Creepy Crawlers. James Cornelius Crawford M Ed. 2021. (ENG.). 36p. (J). pap. 12.99 *(978-1-955181-08-2(X))* DIAMOND & HALO PUBLISHING, LLC.

Do You Know What I Am? Desert Life. James Cornelius Crawford M Ed. 2021. (ENG.). 36p. (J). pap. 12.99 *(978-1-955181-05-1(5))* DIAMOND & HALO PUBLISHING, LLC.

Do You Know What I Am? Nocturnal- Creatures of the Night. James Cornelius Crawford M Ed. 2021. (ENG.). 36p. (J). pap. 12.99 *(978-1-955181-06-8(3))* DIAMOND & HALO PUBLISHING, LLC.

Do You Know What I Am? Space Stuff. James Cornelius Crawford M Ed. 2021. (ENG.). 36p. (J). pap. 12.99 *(978-1-955181-13-6(6))* DIAMOND & HALO PUBLISHING, LLC.

Do You Know What I Am? We Live in the Sea. James Cornelius Crawford M Ed. 2021. (ENG.). 36p. (J). pap. 12.99 *(978-1-955181-02-0(0))* DIAMOND & HALO PUBLISHING, LLC.

Do You Know What Makes a Man? Noor Moiz & Del'shawn Taylor. 2020. (ENG.). 26p. (J). pap. 9.99 *(978-0-578-77954-6(4))* Taylor, Del'Shawn.

Do You Know Where the Animals Live? Discovering the Incredible Creatures All Around Us. Peter Wohlleben. Tr. by Shelley Tanaka. 2021. (Illus.). 84p. (J). (gr. 2-4). 19.95 *(978-1-77164-659-8(4)*, Greystone Kids) Greystone Books Ltd. CAN. Dist: Publishers Group West (PGW).

Do You Know Where the English Alphabet Comes From? Lina Beijerstam. 2022. (ENG.). 38p. (J). pap. *(978-1-914926-60-0(9))* Markosia Enterprises, Ltd.

Do You Know Where Your Nose Grows? Julie Day. 2023. (ENG.). 26p. (J). pap. ***(978-1-83875-723-6(6))***, Nightingale Books) Pegasus Elliot Mackenzie Pubs.

Do You Know Who You Married? An Unadulterated True Story. Winnifred McKoy. 2018. (ENG., Illus.). 174p. (YA). pap. 14.95 *(978-1-64299-786-6(2))* Christian Faith Publishing.

Do You Know Why I Like the Zoo? Keith Perry Brown. 2019. (ENG., Illus.). 48p. (J). (gr. k-4). pap. 13.00 *(978-0-578-47285-0(6))* Brown, Keith.

Do You Know Your ABC's of the Sea? Prof Joe Arthur. 2022. (ENG.). 60p. (J). pap. 18.95 ***(978-1-68570-087-4(X))*** Christian Faith Publishing.

Do You Like Building Things? Diane Lindsey Reeves. 2023. (21st Century Skills Library: Career Clues for Kids Ser.). (ENG., Illus.). 32p. (J). (gr. 4-7). lib. bdg. 32.07 *(978-1-6689-1943-9(5)*, 221921) Cherry Lake Publishing.

Do You Like Building Things? Contrib. by Diane Lindsey Reeves. 2023. (21st Century Skills Library: Career Clues for Kids Ser.). (ENG., Illus.). 32p. (J). (gr. 4-7). pap. 14.21 *(978-1-6689-2045-9(X)*, 222023) Cherry Lake Publishing.

Do You Like Cooking? Diane Lindsey Reeves. 2023. (21st Century Skills Library: Career Clues for Kids Ser.). (ENG., Illus.). 32p. (J). (gr. 4-7). lib. bdg. 32.07 *(978-1-6689-1944-6(3)*, 221922) Cherry Lake Publishing.

Do You Like Cooking? Contrib. by Diane Lindsey Reeves. 2023. (21st Century Skills Library: Career Clues for Kids Ser.). (ENG., Illus.). 32p. (J). (gr. 4-7). pap. 14.21 *(978-1-6689-2046-6(8)*, 222024) Cherry Lake Publishing.

Do You Like Experimenting with STEM? Diane Lindsey Reeves. 2023. (21st Century Skills Library: Career Clues for Kids Ser.). (ENG., Illus.). 32p. (J). (gr. 4-7). lib. bdg. 32.07 *(978-1-6689-1945-3(1)*, 221923) Cherry Lake Publishing.

Do You Like Experimenting with STEM? Contrib. by Diane Lindsey Reeves. 2023. (21st Century Skills Library: Career Clues for Kids Ser.). (ENG., Illus.). 32p. (J). (gr. 4-7). pap. 14.21 *(978-1-6689-2047-3(6)*, 222025) Cherry Lake Publishing.

Do You Like Flowers? Penny Rivera. 2020. (ENG.). 24p. (J). pap. 10.95 *(978-1-9822-4891-8(2)*, Balboa Pr.) Author Solutions, LLC.

Do You Like Getting Creative? Diane Lindsey Reeves. 2023. (21st Century Skills Library: Career Clues for Kids Ser.). (ENG., Illus.). 32p. (J). (gr. 4-7). lib. bdg. 32.07 *(978-1-6689-1946-0(X)*, 221924) Cherry Lake Publishing.

Do You Like Getting Creative? Contrib. by Diane Lindsey Reeves. 2023. (21st Century Skills Library: Career Clues for Kids Ser.). (ENG., Illus.). 32p. (J). (gr. 4-7). pap. 14.21 *(978-1-6689-2048-0(4)*, 222026) Cherry Lake Publishing.

Do You Like Keeping up with Fashion? Diane Lindsey Reeves. 2023. (21st Century Skills Library: Career Clues for Kids Ser.). (ENG., Illus.). 32p. (J). (gr. 4-7). pap. 14.21 *(978-1-6689-2049-7(2)*, 222027); lib. bdg. 32.07 *(978-1-6689-1947-7(8)*, 221925) Cherry Lake Publishing.

Do You Like My Bike? An Acorn Book. Norm Feuti. ed. 2019. (Acorn Early Readers Ser.). (ENG.). 44p. (J). (gr. k-1). 14.96 *(978-0-87617-492-0(6))* Penworthy Co., LLC, The.

Do You Like My Bike?: an Acorn Book (Hello, Hedgehog! #1) Norm Feuti. Illus. by Norm Feuti. 2019. (Hello, Hedgehog! Ser.: 1). (ENG., Illus.). 48p. (J). (gr. -1-1). pap. 4.99 *(978-1-338-28138-5(0))* Scholastic, Inc.

Do You Like My Bike?: an Acorn Book (Hello, Hedgehog! #1) (Library Edition) Norm Feuti. Illus. by Norm Feuti. 2019. (Hello, Hedgehog! Ser.: 1). (ENG., Illus.). 48p. (J). (gr. -1-1). lib. bdg. 23.99 *(978-1-338-28139-2(9))* Scholastic, Inc.

Do You Like Pancakes - Ko Taatangira Te Buraibaan? (Te Kiribati) Ruiti Tumoa. Illus. by Romulo Reyes, III. 2023. (MIS.). 26p. (J). pap. ***(978-1-922895-78-3(4))*** Library For All Limited.

Do You Like Playing Sports? Diane Lindsey Reeves. 2023. (21st Century Skills Library: Career Clues for Kids Ser.). (ENG., Illus.). 32p. (J). (gr. 4-7). lib. bdg. 32.07 *(978-1-6689-1948-4(6)*, 221926) Cherry Lake Publishing.

Do You Like Playing Sports? Contrib. by Diane Lindsey Reeves. 2023. (21st Century Skills Library: Career Clues for Kids Ser.). (ENG., Illus.). 32p. (J). (gr. 4-7). pap. 14.21 *(978-1-6689-2050-3(6)*, 222028) Cherry Lake Publishing.

Do You Like Saving Planet Earth? Diane Lindsey Reeves. 2023. (21st Century Skills Library: Career Clues for Kids Ser.). (ENG., Illus.). 32p. (J). (gr. 4-7). lib. bdg. 32.07 *(978-1-6689-1949-1(4)*, 221927) Cherry Lake Publishing.

Do You Like Saving Planet Earth? Contrib. by Diane Lindsey Reeves. 2023. (21st Century Skills Library: Career Clues for Kids Ser.). (ENG., Illus.). 32p. (J). (gr. 4-7). pap. 14.21 *(978-1-6689-2051-0(4)*, 222029) Cherry Lake Publishing.

Do You Like Taking Care of Animals? Diane Lindsey Reeves. 2023. (21st Century Skills Library: Career Clues for Kids Ser.). (ENG., Illus.). 32p. (J). (gr. 4-7). lib. bdg. 32.07 *(978-1-6689-1950-7(8)*, 221928) Cherry Lake Publishing.

Do You Like Taking Care of Animals? Contrib. by Diane Lindsey Reeves. 2023. (21st Century Skills Library: Career Clues for Kids Ser.). (ENG., Illus.). 32p. (J). (gr. 4-7). pap. 14.21 *(978-1-6689-2052-7(2)*, 222030) Cherry Lake Publishing.

Do You Live in a Barn? A Children's Story. Jr Walter F. Sorenson. 2018. (ENG., Illus.). 56p. (J). pap. 24.99 *(978-1-4834-9367-1(9))* Lulu Pr., Inc.

Do You Live in a Barn? A Children's Story. Walter F. Sorenson Jr et al. 2019. (ENG., Illus.). 56p. (J). pap. 24.99 *(978-1-68470-893-2(1))* Lulu Pr., Inc.

Do You Live Like It's Medieval Times? Personal Technology Then & Now. Megan Cooley Peterson. 2020. (Medieval Tech Today Ser.). (ENG., Illus.). 48p. (J). (gr. 3-5). lib. bdg. 33.99 *(978-1-4966-8471-4(0)*, 200347, Capstone Pr.) Capstone.

Do You Mean What You Said? List of Common Sayings & Phrases Figurative Language Grade 4 Children's ESL Books. Baby Professor. 2021. (ENG.). 72p. (J). 27.99 *(978-1-5419-8102-7(2))*; pap. 16.99 *(978-1-5419-5375-8(4))* Speedy Publishing LLC. (Baby Professor (Education Kids)).

Do You Play? Musical Instruments Kids Coloring Book Jumbo. Educando Kids. 2019. (ENG.). 42p. (J). pap. 6.99 *(978-1-64521-175-4(4)*, Educando Kids) Editorial Imagen.

Do You Really Taste with Your Nose? Questions about the Senses, 1 vol. Thomas Canavan. 2016. (Human Body FAQ Ser.). (ENG.). 32p. (J). (gr. 3-3). pap. 11.00 *(978-1-4994-3163-6(5)*, c2ec545a-6dac-453d-9906-ec564b59dc1f, PowerKids Pr.) Rosen Publishing Group, Inc., The.

Do You Really Want to Burn Your Toast? A Book about Heat. Daniel D. Maurer. Illus. by Teresa Alberini. 2016. (Adventures in Science Ser.). (ENG.). 24p. (J). (gr. 1-4). lib. bdg. 20.95 *(978-1-60753-961-2(6)*, 15628) Amicus.

Do You Really Want to Create a Mudslide? A Book about Erosion. Daniel D. Maurer. Illus. by Teresa Alberini. 2016. (Adventures in Science Ser.). (ENG.). 24p. (J). (gr. 1-4). lib. bdg. 20.95 *(978-1-60753-957-5(8)*, 15629) Amicus.

Do You Really Want to Drive in a Blizzard? A Book about Predicting Weather. Daniel D. Maurer. Illus. by Teresa Alberini. 2016. (Adventures in Science Ser.). (ENG.). 24p. (J). (gr. 1-4). lib. bdg. 20.95 *(978-1-60753-959-9(4)*, 15630) Amicus.

Do You Really Want to Meet a Badger? Cari Meister. Illus. by Daniele Fabbri. 2016. (Do You Really Want to Meet ... ? Ser.). (ENG.). 24p. (J). (gr. 1-4). pap. 8.99 *(978-1-68152-115-2(6)*, 15596); lib. bdg. 20.95 *(978-1-60753-944-5(6)*, 15590) Amicus.

Do You Really Want to Meet a Camel? Cari Meister. Illus. by Daniele Fabbri. 2016. (Do You Really Want to Meet ... ? Ser.). (ENG.). 24p. (J). (gr. 1-4). pap. 8.99 *(978-1-68152-116-9(4)*, 15597); lib. bdg. 20.95 *(978-1-60753-945-2(4)*, 15591) Amicus.

Do You Really Want to Meet a Cheetah? Cari Meister. Illus. by Daniele Fabbri. 2018. (Do You Really Want to Meet ... ? Ser.). (ENG.). 24p. (J). (gr. 1-4). pap. 8.99 *(978-1-68152-310-1(8)*, 15037); lib. bdg. *(978-1-68151-390-4(0)*, 15031) Amicus.

Do You Really Want to Meet a Chimpanzee? Cari Meister. Illus. by Daniele Fabbri. 2018. (Do You Really Want to Meet ... ? Ser.). (ENG.). 24p. (J). (gr. 1-4). pap. 8.99 *(978-1-68152-311-8(6)*, 15038); lib. bdg. *(978-1-68151-391-1(9)*, 15032) Amicus.

Do You Really Want to Meet a Fox? Cari Meister. Illus. by Daniele Fabbri. 2018. (Do You Really Want to Meet ... ? Ser.). (ENG.). 24p. (J). (gr. 1-4). pap. 8.99 *(978-1-68152-312-5(4)*, 15039); lib. bdg. *(978-1-68151-392-8(7)*, 15033) Amicus.

Do You Really Want to Meet a Hippopotamus? Cari Meister. Illus. by Daniele Fabbri. 2016. (Do You Really Want to Meet ... ? Ser.). (ENG.). 24p. (J). (gr. 1-4). pap. 8.99 *(978-1-68152-117-6(2)*, 15598); lib. bdg. 20.95 *(978-1-60753-946-9(2)*, 15592) Amicus.

Do You Really Want to Meet a Pterosaur? Annette Bay Pimentel. Illus. by Daniele Fabbri. 2017. (Do You Really Want to Meet a Dinosaur? Ser.). (ENG.). 24p. (J). (gr. 1-4). 20.95 *(978-1-68151-113-9(4)*, 14644) Amicus.

Do You Really Want to Meet a Weasel? Cari Meister. Illus. by Daniele Fabbri. 2018. (Do You Really Want to Meet ... ? Ser.). (ENG.). 24p. (J). (gr. 1-4). pap. 8.99 *(978-1-68152-313-2(2)*, 15040); lib. bdg. *(978-1-68151-393-5(5)*, 15034) Amicus.

Do You Really Want to Meet a Wolf? Cari Meister. Illus. by Daniele Fabbri. 2016. (Do You Really Want to Meet ... ? Ser.). (ENG.). 24p. (J). (gr. 1-4). pap. 8.99 *(978-1-68152-120-6(2)*, 15601); lib. bdg. 20.95 *(978-1-60753-949-0(7)*, 15595) Amicus.

Do You Really Want to Meet Allosaurus? Annette Bay Pimentel. Illus. by Daniele Fabbri. 2019. (Do You Really Want to Meet a Dinosaur? Ser.). (ENG.). 24p. (J). (gr. 1-4). lib. bdg. *(978-1-68151-708-7(6)*, 10860) Amicus.

Do You Really Want to Meet an Anteater? Cari Meister. Illus. by Daniele Fabbri. 2018. (Do You Really Want to Meet ... ? Ser.). (ENG.). 24p. (J). (gr. 1-4). pap. 8.99 *(978-1-68152-314-9(0)*, 15041); lib. bdg. *(978-1-68151-394-2(3)*, 15035) Amicus.

Do You Really Want to Meet an Octopus? Cari Meister. Illus. by Daniele Fabbri. 2018. (Do You Really Want to Meet ... ? Ser.). (ENG.). 24p. (J). (gr. 1-4). pap. 9.99 *(978-1-68152-315-6(9)*, 15042); lib. bdg. *(978-1-68151-395-9(1)*, 15036) Amicus.

Do You Really Want to Meet an Orca? Cari Meister. Illus. by Daniele Fabbri. 2016. (Do You Really Want to Meet ... ? Ser.). (ENG.). 24p. (J). (gr. 1-4). pap. 8.99 *(978-1-68152-118-3(0)*, 15599); lib. bdg. 20.95 *(978-1-60753-947-6(0)*, 15593) Amicus.

Do You Really Want to Meet an Owl? Cari Meister. Illus. by Daniele Fabbri. 2016. (Do You Really Want to Meet ... ? Ser.). (ENG.). 24p. (J). (gr. 1-4). pap. 8.99 *(978-1-68152-119-0(9)*, 15600); lib. bdg. 20.95 *(978-1-60753-948-3(9)*, 15594) Amicus.

Do You Really Want to Meet Ankylosaurus? Annette Bay Pimentel. Illus. by Daniele Fabbri. 2019. (Do You Really Want to Meet a Dinosaur? Ser.). (ENG.). 24p. (J). (gr. 1-4). lib. bdg. *(978-1-68151-709-4(4)*, 10861) Amicus.

Do You Really Want to Meet Apatosaurus? Annette Bay Pimentel. Illus. by Daniele Fabbri. 2017. (Do You Really Want to Meet a Dinosaur? Ser.). (ENG.). 24p. (J). (gr. 1-4). 20.95 *(978-1-68151-112-2(6)*, 14643) Amicus.

Do You Really Want to Meet Diplodocus? Annette Bay Pimentel. Illus. by Daniele Fabbri. 2019. (Do You Really Want to Meet a Dinosaur? Ser.). (ENG.). 24p. (J). (gr. 1-4). lib. bdg. *(978-1-68151-706-3(X)*, 10858) Amicus.

Do You Really Want to Meet Edmontosaurus? Annette Bay Pimentel. Illus. by Daniele Fabbri. 2019. (Do You Really Want to Meet a Dinosaur? Ser.). (ENG.). 24p. (J). (gr. 1-4). lib. bdg. *(978-1-68151-710-0(8)*, 10862) Amicus.

Do You Really Want to Meet Iguanodon? Annette Bay Pimentel. Illus. by Daniele Fabbri. 2019. (Do You Really Want to Meet a Dinosaur? Ser.). (ENG.). 24p. (J). (gr. 1-4). 29.95 *(978-1-68151-711-7(6)*, 10863); pap. 9.99 *(978-1-68152-497-9(X)*, 11083) Amicus.

Do You Really Want to Meet Spinosaurus? Annette Bay Pimentel. Illus. by Daniele Fabbri. 2019. (Do You Really Want to Meet a Dinosaur? Ser.). (ENG.). 24p. (J). (gr. 1-4). pap. 9.99 *(978-1-68152-493-1(7)*, 11079) Amicus.

Do You Really Want to Meet Stegosaurus? Annette Bay Pimentel. Illus. by Daniele Fabbri. 2017. (Do You Really Want to Meet a Dinosaur? Ser.). (ENG.). 24p. (J). (gr. 1-4). 20.95 *(978-1-68151-114-6(2)*, 14645) Amicus.

Do You Really Want to Meet Triceratops? Annette Bay Pimentel. Illus. by Daniele Fabbri. 2017. (Do You Really Want to Meet a Dinosaur? Ser.). (ENG.). 24p. (J). (gr. 1-4). 20.95 *(978-1-68151-115-3(0)*, 14646) Amicus.

Do You Really Want to Meet Tyrannosaurus Rex? Annette Bay Pimentel. Illus. by Daniele Fabbri. 2017. (Do You Really Want to Meet a Dinosaur? Ser.). (ENG.). 24p. (J). (gr. 1-4). 20.95 *(978-1-68151-116-0(9)*, 14647) Amicus.

Do You Really Want to Meet Velociraptor? Annette Bay Pimentel. Illus. by Daniele Fabbri. 2017. (Do You Really Want to Meet a Dinosaur? Ser.). (ENG.). 24p. (J). (gr. 1-4). 20.95 *(978-1-68151-117-7(7)*, 14648) Amicus.

Do You Really Want to Skate on Thin Ice? A Book about States of Matter. Daniel D. Maurer. Illus. by Teresa Alberini. 2016. (Adventures in Science Ser.). (ENG.). 24p. (J). (gr. 1-4). lib. bdg. 20.95 *(978-1-60753-958-2(6)*, 15631) Amicus.

Do You Really Want to Walk in the Dark? A Book about Light. Daniel D. Maurer. Illus. by Teresa Alberini. 2016. (Adventures in Science Ser.). (ENG.). 24p. (J). (gr. 1-4). lib. bdg. 20.95 *(978-1-60753-960-5(8)*, 15632) Amicus.

Do You Really Want to Yell in a Cave? A Book about Sound. Daniel D. Maurer. Illus. by Teresa Alberini. 2016. (Adventures in Science Ser.). (ENG.). 24p. (J). (gr. 1-4). lib. bdg. 20.95 *(978-1-60753-956-8(X)*, 15633) Amicus.

Do You Remember? Helen Docherty. Illus. by Mark Beech. 2018. (ENG.). 32p. pap. 8.95 *(978-0-571-32114-8(3)*, Faber & Faber Children's Bks.) Faber & Faber, Inc.

Do You Remember the Last Dragon of the Sea? Prof Joe Arthur. 2022. (ENG., Illus.). 42p. (J). pap. 16.95 *(978-1-63874-328-6(2))* Christian Faith Publishing.

Do You See It? Do You See It? A Children's Story. Marcia Diehl. 2017. (ENG., Illus.). (J). (gr. -1-3). 10.95 *(978-1-5043-8120-8(3)*, Balboa Pr.) Author Solutions, LLC.

Do You See It? Hidden Pictures to Find Activities for Adults. Activibooks. 2016. (ENG., Illus.). (J). pap. 7.55 *(978-1-68321-254-6(1))* Mimaxion.

Do You See Me? Find What's Missing Activity Book. Activity Attic Books. 2016. (ENG., Illus.). (J). pap. 10.81 *(978-1-68323-264-3(X))* Twin Flame Productions.

Do You See Me? Look Close — Hidden Pictures. Activity Book Zone. 2016. (ENG., Illus.). (J). pap. 7.55 *(978-1-68376-135-8(9))* Sabeels Publishing.

Do YOU See ME in the SEA? Bonnie G. Busbin & Kimberly Courtney. (ENG.). (J). 2023. 38p. 22.99 ***(978-1-6653-0621-8(1))***; 2021. pap. 12.99 *(978-1-6653-0072-8(8))* BookLogix.

Do You See Me Now? Find the Hidden Objects Kids Activity Book. Activity Attic Books. 2016. (ENG., Illus.). (J). pap. 10.81 *(978-1-68323-263-6(1))* Twin Flame Productions.

Do You See the Sea Horse? Book of Homophones. Virginia Talbot. Illus. by Joel Cuentas. 2019. (ENG.). 24p. (J). 23.95 *(978-1-64096-868-4(7))*; pap. 13.95 *(978-1-64096-538-6(6))* Newman Springs Publishing, Inc.

Do You See What I See? a Hidden Object Activity Book. Bobo's Children Activity Books. 2016. (ENG., Illus.). (J). pap. 7.99 *(978-1-68327-083-6(5))* Sunshine In My Soul Publishing.

Do You See What I See? a Kids Hidden Object Activity Book. Bobo's Children Activity Books. 2016. (ENG., Illus.). (J). pap. 10.81 *(978-1-68327-084-3(3))* Sunshine In My Soul Publishing.

Do You Speak Fish? A Story about Communicating & Understanding. D. J. Corchin. Illus. by Dan Dougherty. 2021. 48p. (J). (gr. -1-3). 17.99 *(978-1-7282-1922-6(1))* Sourcebooks, Inc.

Do You Still Love Me? Emanuela Plantenga. 2021. (ENG., Illus.). 24p. (J). 1.50 *(978-1-5271-0670-3(5)*, b8fa4f77-b090-4905-8417-35bfec85142c, CF4Kids) Christian Focus Pubns. GBR. Dist: Baker & Taylor Publisher Services (BTPS).

Do You Still Love Me? A Maddie Story. Angela Wolters. Illus. by Shawn Barkley. 2019. (ENG.). 22p. (J). (gr. -1-1). 8.99 ***(978-1-0878-0304-3(7))*** Indy Pub.

Do You Think Chairs Workout? Anthony Pellizzeri. Illus. by Joshua McManus. 2022. (ENG.). 52p. (J). pap. ***(978-1-387-70800-0(7))*** Lulu Pr., Inc.

Do You Think Jesus Had a Dog? Carianne Koschak. Illus. by Stacey Sabel. 2018. (ENG.). 30p. (J). pap. 13.95 *(978-1-9736-2949-8(6)*, WestBow Pr.) Author Solutions, LLC.

Do You Think Shes a Witch. Judith M. Ackerman. 2021. (ENG.). 30p. (J). pap. 12.99 *(978-0-9980439-8-2(2))* BookBaby.

Do You Want a Hug? Olivia Cosneau & Bernard Duisit. 2022. (Flip Flap Pop-Up Ser.: 0). (ENG., Illus.). 14p. (J). (gr. -1-k). 14.95 ***(978-0-500-65300-5(3)***, 565300) Thames & Hudson.

Do You Want to Be a Princess? Princess Activity Book. Smarter Activity Books for Kids. 2016. (ENG., Illus.). (J). pap. 8.99 *(978-1-68374-000-1(9))* Examined Solutions PTE. Ltd.

Do You Want to Build a Snowman. Mark Jones. ed. 2018. (ENG.). 79p. (J). (gr. 1-3). 22.96 *(978-1-64310-593-2(0))* Penworthy Co., LLC, The.

Do You Want to Build a Snowman? Your Guide to Creating Exciting Snow-Sculptures. Mark Jones. 2017. (ENG., Illus.). 80p. (J). (gr. k-8). pap. 12.99 *(978-1-63158-121-2(X)*, Racehorse Publishing) Skyhorse Publishing Co., Inc.

Do You Want to Build a Snowman? (Disney Frozen) Golden Books. Illus. by Disney Storybook Disney Storybook Art Team. 2023. (Little Golden Book Ser.). (ENG.). 24p. (J). (-k). 5.99 ***(978-0-7364-4413-2(0)***, Golden/Disney) Random Hse. Children's Bks.

Do You Want to Come to the Farm with Me? Ashley Tadayeski. 2021. (Max & Leo Adventures Ser.: Vol. 2). (ENG.). 28p. (J). 18.99 ***(978-1-7358214-2-9(X))***; pap. 12.99 ***(978-1-7358214-3-6(8))*** Max & Leo Bks.

Do You Want to Come to the Fire Station with Us? Ashley Tadayeski. 2022. (Max & Leo Adventures Ser.: Vol. 3). (ENG.). 28p. (J). 19.99 ***(978-1-7358214-4-3(6))***; pap. 13.99 ***(978-1-7358214-5-0(4))*** Max & Leo Bks.

Do You Want to Dance? Coloring Book. Smarter Activity Books for Kids. 2016. (ENG., Illus.). (J). pap. 9.22 *(978-1-68374-530-3(2))* Examined Solutions PTE. Ltd.

Do You Wonder Why?, 1 vol. Patricia Harris. 2017. (Jungle Fun Ser.). (ENG.). 24p. (gr. 1-1). pap. 9.25 *(978-1-5383-2132-4(7)*, 2fe061d7-7e26-437a-aaf1-1f379be68a3d, PowerKids Pr.) Rosen Publishing Group, Inc., The.

Do Your Best. Patricia Kloehn. 2021. (ENG.). 56p. (J). pap. 16.95 *(978-1-6624-5138-6(5))*; (Illus.). 28.95 *(978-1-6624-7805-5(4))* Page Publishing Inc.

Do Your Best Every Day to Do Your Best Every Day: Encouraging Words from John Cena. John Cena. Illus. by Susanna Harrison. 2021. (ENG.). 64p. (J). (gr. 3-7). 14.99 *(978-0-593-37722-2(2)*, Random Hse. Bks. for Young Readers) Random Hse. Children's Bks.

Do Your Best, Tess! Jamet Morris Grimes. 2022. (ENG.). 50p. (J). pap. 13.99 *(978-1-64949-641-6(9))* Elk Lake Publishing, Inc.

Do Your Best, Tess. Janet Morris Grimes. Illus. by Jake Robbins. 2022. (ENG.). 50p. (J). 24.99 *(978-1-64949-640-9(0))* Elk Lake Publishing, Inc.

Do Your Ears Hang Low? Lucy Bell. 2020. (Re-Versed Rhymes Ser.). (ENG., Illus.). 16p. (J). bds. 5.99 *(978-1-4867-0934-2(6))* Gardner Media LLC.

Do Your Ears Hang Low? Illus. by Jenny Cooper. 2017. (ENG.). 40p. (J). (gr. -1). 14.95 *(978-1-4549-1614-7(1))* Sterling Publishing Co., Inc.

Do Your Ears Hang Low? Melissa Everett. Illus. by Andrea Doss. 2017. (ENG.). 20p. (J). (gr. -1-2). bds. *(978-1-4867-1242-7(8))* Flowerpot Children's Pr. Inc.

Do Your Ears Hang Low? Hazel Quintanilla. 2023. (ENG.). 14p. (J). (gr. -1-k). bds. 7.99 *(978-1-4867-2402-4(7)*, 6d85081c-1ca1-4b50-aa4c-e485d5025ba1) Flowerpot Pr.

Do Your Part with Grover: A Book about Responsibility. Katherine Lewis. 2023. (Sesame Street (r) Character Guides). (ENG., Illus.). 24p. (J). (gr. -1-2). pap. 8.99. lib. bdg. 29.32 ***(978-1-7284-8681-9(5)***, 9f55b36b-db38-45df-a27c-f5ff90265be3) Lerner Publishing Group. (Lerner Pubns.).

Doberman Pinscher Animal Planet: Dogs 101. Cynthia P. Gallagher. 2016. (Animal PlanetTM: Dogs 101 Ser.). (ENG., Illus.). 144p. 15.95 *(978-0-7938-3740-3(5))* TFH Pubns., Inc.

Doberman Pinschers. Christina Leighton. 2016. (Awesome Dogs Ser.). (ENG., Illus.). 24p. (J). (gr. k-3). 26.95 *(978-1-62617-392-7(3)*, Blastoff! Readers) Bellwether Media.

Dobi Goes on Holiday: Little Legends & Me. Created by K. M. Young. 2019. (Little Legends & Me Ser.: Vol. 1). (ENG., Illus.). 32p. (J). (gr. k-3). pap. ***(978-0-6484971-0-3(0))*** Mar Young, Kathy.

¡Doble o Nada! / Double Down. Jeff Kinney. 2022. (Diario Del Wimpy Kid Ser.: 11). (SPA.). 224p. (J). (gr. 3-7). 15.95 *(978-1-64473-514-5(8))* Penguin Random House Grupo Editorial ESP. Dist: Penguin Random Hse. LLC.

Doble Problema. Bill Yu. Illus. by Eduardo Garcia & Sebastian Garcia. 2022. (Métete Al Juego Set 2 (Get in the Game Set 2) Ser.). (SPA.). 32p. (J). (gr. 3-8). lib. bdg. 32.79 *(978-1-0982-3545-1(2)*, 41127, Graphic Planet - Fiction) Magic Wagon.

Dobleys (Classic Reprint) Kate Masterson. (ENG., Illus.). (J). 2018. 322p. 30.54 *(978-0-483-42652-8(0))*; 2017. pap. 13.57 *(978-0-243-90346-7(4))* Forgotten Bks.

Dobra Vila Stefica U Dvorcu Trakoscan: Good Fairy Stefica in the Trakoscan Castle. Tatjana Pisek Verlic. 2021. (ENG.). 60p. (J). *(978-1-716-18286-0(7))* Lulu Pr., Inc.

Dobranoc, Kochanie! Goodnight, My Love! - Polish Edition. Shelley Admont & Kidkiddos Books. 2019. (Polish Bedtime Collection). (POL., Illus.). 34p. (J). (gr. k-3). *(978-1-5259-1051-7(5))*; pap. *(978-1-5259-1050-0(7))* Kidkiddos Bks.

Doc & the Princess. David K. Siegle. 2018. (ENG., Illus.). 284p. (YA). pap. 18.95 *(978-1-64191-641-7(9))* Christian Faith Publishing.

Doc Christmas & the Magic of Trains. Neil Enock. 2016. (ENG., Illus.). (J). (gr. 3-6). pap. *(978-1-988108-05-6(5))* iTinkr Inc.

Doc Gordon (Classic Reprint) Mary E. Wilkins-Freeman. 2018. (ENG., Illus.). 332p. (J). 30.74 *(978-0-267-28896-0(4))* Forgotten Bks.

Doc Horne: A Story of the Streets & Town (Classic Reprint) George Ade. 2018. (ENG., Illus.). 300p. (J). 30.10 *(978-0-483-51339-6(3))* Forgotten Bks.

Doc Mcstuffins: Brave Dragon. Bill Scollon & Kent Redeker. Illus. by Character Building Studio & Disney Storybook Art Team. 2018. (World of Reading Level Pre-1 (Leveled Readers) Ser.). (ENG.). 32p. (J). (gr. -1-2). lib. bdg. 31.36 *(978-1-5321-4175-1(0)*, 28524) Spotlight.

Doc Mcstuffins: Brontosaurus Breath. Sheila Sweeny Higginson & Chris Nee. Illus. by Character Building Studio & Disney Storybook Art Team. 2018. (World of Reading Level Pre-1 (Leveled Readers) Ser.). (ENG.). 32p. (J). (gr. -1-2). lib. bdg. 31.36 *(978-1-5321-4176-8(9)*, 28525) Spotlight.

Doc Mcstuffins: Starry, Starry Night. Bill Scollon & Michael Rabb. Illus. by Character Building Studio & Disney Storybook Art Team. 2018. (World of Reading Level 1 Ser.). (ENG.). 32p. (J). (gr. -1-3). lib. bdg. 31.36 *(978-1-5321-4187-4(4)*, 31064) Spotlight.

Doc Mcstuffins: Take Your Pet to the Vet. Sara Miller & Ford Riley. Illus. by Character Building Studio & Disney Storybook Art Team. 2018. (World of Reading Level 1 Ser.). (ENG.). 32p. (J). (gr. -1-3). lib. bdg. 31.36 *(978-1-5321-4188-1(2)*, 28531) Spotlight.

Doc Mcstuffins: Caught Blue-Handed. Sheila Sweeny Higginson & Kent Redeker. Illus. by Alan Batson. 2018. (World of Reading Level Pre-1 (Leveled Readers) Ser.). (ENG.). 32p. (J). (gr. -1-2). lib. bdg. 31.36 *(978-1-5321-4177-5(7)*, 31059) Spotlight.

Doc Mcstuffins: Peaches Pie, Take a Bath! Bill Scollon & Ed Valentine. Illus. by Character Building Studio & Disney Storybook Art Team. 2018. (World of Reading Level Pre-1 (Leveled Readers) Ser.). (ENG.). 32p. (J). (gr. -1-2). lib. bdg. 31.36 *(978-1-5321-4178-2(5)*, 31060) Spotlight.

Doc Mcstuffins: Wash Your Hands. Steve Behling. 2020. (ENG.). 24p. (J). (gr. -1-k). pap. 4.99 *(978-1-368-07155-0(4)*, Disney Press Books) Disney Publishing Worldwide.

Doc Williams: A Tale of the Middle West (Classic Reprint) Charles Henry Lerrigo. (ENG., Illus.). (J). 2018. 336p. 30.85 *(978-0-267-09865-1(0))*; 2017. pap. 13.57 *(978-0-259-20351-3(3))* Forgotten Bks.

Doc, Willie, & the Pack: Secrets, Gifts, Family: (a Hickory Doc's Tale) Linda Harkey. Illus. by Mike Minick. 2019. (ENG.). 52p. (J). 28.95 *(978-1-4808-8049-8(3))*; pap. 20.95 *(978-1-4808-8048-1(5))* Archway Publishing.

Docas: The Indian Boy of Santa Clara (Classic Reprint) Genevra Sisson Snedden. 2017. (ENG., Illus.). (J). 27.24 *(978-1-5281-7061-1(X))* Forgotten Bks.

Doce Sustos y un Perico / Twelve Scares & a Parakeet. Jaime Alfonso Sandoval. 2019. (SPA.). 368p. (J). (gr. 4-7). pap. 14.95 *(978-607-31-7168-7(4)*, Montena) Penguin Random House Grupo Editorial ESP. Dist: Penguin Random Hse. LLC.

Docena Del Panadero: Un Cuento de San Nicolás, con una Receta y un Patrón de Galletas Navideñas de San Nicolás. Aaron Shepard. Tr. by Annette Granat. Illus. by Wendy Edelson. 2023. (SPA.). 40p. (J). 30.00 ***(978-1-62035-622-7(8))***; pap. 12.50 ***(978-1-62035-621-0(X))*** Shepard Pubns. (Skyhook Pr.).

Dock Walloper: The Story of Big Dick Butler (Classic Reprint) Richard Joseph Butler. 2017. (ENG., Illus.). (J). 30.02 *(978-0-266-59619-6(3))* Forgotten Bks.

Docteur Jekyll et Mister Hyde. Maxime Rovère. 2018. (VIE., Illus.). (J). *(978-604-2-10774-7(7))* Kim Dong Publishing Hse.

Doctopus. Angela Pieroni. 2019. (ENG.). 18p. (J). pap. 14.95 *(978-1-64584-571-3(0))* Page Publishing Inc.

Doctor see Médecin

Doctor. Samantha Bell. Illus. by Jeff Bane. 2017. (My Early Library: My Friendly Neighborhood Ser.). (ENG.). 24p. (J). (gr. k-1). lib. bdg. 30.64 *(978-1-63472-829-4(7)*, 209742) Cherry Lake Publishing.

Doctor, 1 vol. Joanna Brundle. 2020. (I Want to Be Ser.). (ENG., Illus.). 24p. (J). (gr. k-2). 22.99 *(978-1-78637-958-0(9))* BookLife Publishing Ltd. GBR. Dist: Independent Pubs. Group.

Doctor. Jared Siemens. 2020. (Who Works in My Neighborhood Ser.). (ENG.). 24p. (J). lib. bdg. 22.99 *(978-1-5105-5351-4(7))* SmartBook Media, Inc.

Doctor: A Many Poem (Classic Reprint) T. E. Brown. 2018. (ENG., Illus.). 252p. (J). 29.09 *(978-0-267-23476-9(7))* Forgotten Bks.

Doctor: Leveled Reader Blue Non Fiction Level 11/12 Grade 1-2. Hmh Hmh. 2019. (Rigby PM Ser.). (ENG.). 16p. (J). (gr. 1-2). pap. 11.00 *(978-0-358-12037-7(3))* Houghton Mifflin Harcourt Publishing Co.

Doctor / Médico. Xist Publishing. Tr. by Victor Santana. 2017. (Xist Kids Bilingual Spanish English Ser.). (ENG & SPA., Illus.). 28p. (J). (gr. -1-3). pap. 9.99 *(978-1-5324-0323-1(2))* Xist Publishing.

Doctor All-Knowing: A Folk Tale from the Brothers Grimm. Illus. by Alexandra Boiger. 2018. (ENG.). 40p. (J). (gr. -1-1). 11.99 *(978-1-5344-3370-0(8)*, Atheneum Bks. for Young Readers) Simon & Schuster Children's Publishing.

Doctor & Patience (Classic Reprint) Harold Melvin Hays. 2018. (ENG., Illus.). 312p. (J). 30.33 *(978-0-483-14379-1(0))* Forgotten Bks.

Doctor Antonio (Classic Reprint) John Ruffini. 2017. (ENG., Illus.). (J). 32.52 *(978-1-5284-6976-0(3))* Forgotten Bks.

Doctor Birch: And His Young Friends (Classic Reprint) M. A. Titmarsh. 2017. (ENG., Illus.). 96p. (J). 25.88 *(978-0-484-80419-6(7))* Forgotten Bks.

Doctor Bolus: And His Patients (Classic Reprint) Unknown Author. 2018. (ENG., Illus.). 66p. (J). 25.26 *(978-0-267-67682-8(4))* Forgotten Bks.

Doctor Breen's Practice. William D. Howells. 2017. (ENG., Illus.). (J). pap. *(978-0-649-56376-0(X))* Trieste Publishing Pty Ltd.

Doctor Breen's Practice: A Novel (Classic Reprint) William D. Howells. 2017. (ENG., Illus.). (J). 29.63 *(978-1-5280-6386-9(4))* Forgotten Bks.

Doctor Bryson: A Novel (Classic Reprint) Frank H. Spearman. 2018. (ENG., Illus.). 316p. (J). 30.41 *(978-0-484-48624-8(1))* Forgotten Bks.

Doctor Cavallo (Classic Reprint) Eugene F. Baldwin. 2018. (ENG., Illus.). 320p. (J). 30.52 *(978-0-267-24334-1(0))* Forgotten Bks.

Doctor (Classic Reprint) Isabel Cameron. 2018. (ENG., Illus.). 84p. (J). 25.65 *(978-0-484-77379-9(8))* Forgotten Bks.

Doctor Claudius: A True Story. F. Marion Crawford. 2017. (ENG., Illus.). (J). 25.95 *(978-1-374-96197-5(3))* Capital Communications, Inc.

Doctor Claudius: A True Story (Classic Reprint) F. Marion Crawford. 2017. (ENG., Illus.). (J). 31.34 *(978-0-260-19337-7(2))* Forgotten Bks.

Doctor Coloring Book for Kids: Amazing Doctor Books for Kids - Fun Coloring Book for Kids Ages 4 - 8, Page Large 8. 5 X 11. Elma Angels. 2020. (ENG.). 70p. (J). pap. 8.97 *(978-1-716-30616-7(7))* Lulu Pr., Inc.

Doctor Congalton's Legacy. Henry Johnston. 2017. (ENG.). 358p. (J). pap. *(978-3-337-23050-0(4))* Creation Pubs.

Doctor Congalton's Legacy: A Chronicle of North Country by-Ways (Classic Reprint) Henry Johnston. 2018. (ENG., Illus.). 356p. (J). 31.24 *(978-0-483-32337-7(3))* Forgotten Bks.

Doctor Cupid. Rhoda Broughton. 2017. (ENG.). (J). 308p. pap. *(978-3-337-03155-8(2))*; 294p. pap. *(978-3-337-03156-5(0))*; 278p. pap. *(978-3-337-03157-2(9))*; 412p. pap. *(978-3-337-03273-9(7))* Creation Pubs.

Doctor Cupid: A Novel (Classic Reprint) Rhoda Broughton. 2018. (ENG., Illus.). 408p. (J). 32.33 *(978-0-332-15045-1(3))* Forgotten Bks.

Doctor Cupid, Vol. 1 Of 3: A Novel (Classic Reprint) Rhoda Broughton. 2017. (ENG., Illus.). (J). pap. 13.57 *(978-0-243-40114-7(0))* Forgotten Bks.

Doctor Cupid, Vol. 2 Of 3: A Novel (Classic Reprint) Rhoda Broughton. 2018. (ENG., Illus.). 294p. (J). 29.98 *(978-0-483-84390-5(3))* Forgotten Bks.

Doctor Cupid, Vol. 3 Of 3: A Novel (Classic Reprint) Rhoda Broughton. 2018. (ENG., Illus.). (J). 284p. 29.75 *(978-0-366-55676-6(9))*; 286p. pap. 13.57 *(978-0-366-08240-7(X))* Forgotten Bks.

Doctor Danny (Classic Reprint) Ruth Sawyer. (ENG., Illus.). (J). 2018. 442p. 33.03 *(978-0-483-23062-0(6))*; 2017. pap. 16.57 *(978-0-243-95450-6(6))* Forgotten Bks.

Doctor Darwin's Assistant. Christina Eastwood. 2023. (ENG.). 158p. (YA). 12.99 ***(978-1-914273-40-7(0)***, 84464893-df6a-4c17-9c24-338255667741f) Ritchie, John Ltd. GBR. Dist: Baker & Taylor Publisher Services (BTPS).

Doctor (Doctor) Bilingual. Douglas Bender. 2022. (Gente Que Conozco (People I Meet) Bilingual Ser.).Tr. of Doctor. (SPA.). 16p. (J). (gr. -1-1). pap. *(978-1-0396-2462-7(6)*, 20179) Crabtree Publishing Co.

Doctor Dolittle. Hugh Loftus. 2018. (ENG., Illus.). 230p. (J). pap. 10.76 *(978-0-244-66123-6(5))* Lulu Pr., Inc.

Doctor Dolittle Super Pack: The Story of Doctor Dolittle, the Voyages of Doctor Dolittle, Doctor Dolittle's Post Office, & Doctor Dolittle's Circus. Hugh Lofting. 2020. (ENG.). 624p. (J). (gr. k-6). 24.99 *(978-1-5154-4338-4(8))*; pap. 19.99 *(978-1-5154-4339-1(6))* Wilder Pubns., Corp.

Doctor Dolittle the Complete Collection (Boxed Set) Doctor Dolittle the Complete Collection, Vol. 1; Doctor Dolittle the Complete Collection, Vol. 2; Doctor Dolittle the Complete Collection, Vol. 3; Doctor Dolittle the Complete Collection, Vol. 4. Hugh Lofting. Illus. by Hugh Lofting. ed. 2019. (Doctor Dolittle the Complete Collection). (ENG., Illus.). 3264p. (J). (gr. 3-7). 99.99 *(978-1-5344-5035-6(1))*; pap. 59.99 *(978-1-5344-5034-9(3))* Simon & Schuster Children's Publishing. (Aladdin).

Doctor Dolittle the Complete Collection, Vol. 1: The Voyages of Doctor Dolittle; the Story of Doctor Dolittle; Doctor Dolittle's Post Office. Hugh Lofting. Illus. by Hugh Lofting. 2019. (Doctor Dolittle the Complete Collection: 1). (ENG., Illus.). 720p. (J). (gr. 3-7). pap. 14.99 *(978-1-5344-4890-2(X)*, Aladdin) Simon & Schuster Children's Publishing.

Doctor Dolittle the Complete Collection, Vol. 1: The Voyages of Doctor Dolittle; the Story of Doctor Dolittle; Doctor Dolittle's Post Office. Hugh Lofting. Illus. by Hugh Lofting. 2019. (Doctor Dolittle the Complete Collection: 1). (ENG., Illus.). 720p. (J). (gr. 3-7). 24.99 *(978-1-5344-4891-9(8)*, Aladdin) Simon & Schuster Children's Publishing.

Doctor Dolittle the Complete Collection, Vol. 2: Doctor Dolittle's Circus; Doctor Dolittle's Caravan; Doctor Dolittle & the Green Canary. Hugh Lofting. Illus. by Hugh Lofting. 2019. (Doctor Dolittle the Complete Collection: 2). (ENG., Illus.). 880p. (J). (gr. 3-7). 24.99 *(978-1-5344-4894-0(2))*; pap. 14.99 *(978-1-5344-4893-3(4))* Simon & Schuster Children's Publishing. (Aladdin).

Doctor Dolittle the Complete Collection, Vol. 3: Doctor Dolittle's Zoo; Doctor Dolittle's Puddleby Adventures; Doctor Dolittle's Garden. Hugh Lofting. Illus. by Hugh Lofting. 2019. (Doctor Dolittle the Complete Collection: 3). (ENG., Illus.). 784p. (J). (gr. 3-7). 24.99 *(978-1-5344-4897-1(7))*; pap. 14.99 *(978-1-5344-4896-4(9))* Simon & Schuster Children's Publishing. (Aladdin).

Doctor Dolittle the Complete Collection, Vol. 4: Doctor Dolittle in the Moon; Doctor Dolittle's Return; Doctor Dolittle & the Secret Lake; Gub-Gub's Book. Hugh Lofting. Illus. by Hugh Lofting. 2019. (Doctor Dolittle the Complete Collection: 4). (ENG., Illus.). 880p. (J). (gr. 3-7). 24.99 *(978-1-5344-4900-8(0)*, Aladdin) Simon & Schuster Children's Publishing.

Doctor Dolittle the Complete Collection, Vol. 4: Doctor Dolittle in the Moon; Doctor Dolittle's Return; Doctor Dolittle & the Secret Lake; Gub-Gub's Book. Hugh Lofting. Illus. by Hugh Lofting. 2019. (Doctor Dolittle the Complete Collection: 4). (ENG., Illus.). 880p. (J). (gr. 3-7). pap. 14.99 *(978-1-5344-4899-5(3)*, Aladdin) Simon & Schuster Children's Publishing.

Doctor Dolittle's Circus. Hugh Lofting. 2021. (Mint Editions — The Children's Library). (ENG.). 204p. (J). (gr. k-6). 15.99 *(978-1-5132-0916-6(7)*, West Margin Pr.) West Margin Pr.

Doctor Dolittle's Circus. Hugh Lofting. 2020. (Doctor Dolittle Ser.: Vol. 4). (ENG.). 196p. (J). (gr. k-6). 14.99 *(978-1-5154-4280-6(2))*; pap. 7.99 *(978-1-5154-4281-3(0))* Wilder Pubns., Corp.

Doctor Dolittle's Post Office. Hugh Lofting. 2019. (Doctor Dolittle Ser.: Vol. 3). (ENG.). 176p. (J). (gr. k-6). 14.99 *(978-1-5154-4278-3(0))*; pap. 7.49 *(978-1-5154-4279-0(9))* Wilder Pubns., Corp.

Doctor Dolittle's Zoo. Hugh Lofting. (ENG.). 156p. (J). 2021. (Doctor Dolittle Ser.: Vol. 5). pap. 6.99 *(978-1-5154-4889-1(4))*; 2020. 12.99 *(978-1-5154-4888-4(6))* Wilder Pubns., Corp.

Doctor Dude Presents: What Is God? an Introductory Guide for Young Free-Thinkers. Dodson Bryce. 2016. (ENG.). (J). 14.95 *(978-1-63177-793-6(9))* Amplify Publishing Group.

Doctor Esperanto & the Language of Hope. Mara Rockliff. Illus. by Zosia Dzierzawska. 2019. (ENG.). 40p. (J). (gr. 2-4). 16.99 *(978-0-7636-8915-5(7))* Candlewick Pr.

Doctor Grattan: A Novel (Classic Reprint) William Alexander Hammond. (ENG., Illus.). (J). 2017. 32.77 *(978-0-266-40730-0(7))*; 2016. pap. 16.57 *(978-1-333-46803-3(2))* Forgotten Bks.

Doctor Grimshawes Secret: A Romance (Classic Reprint) Nathanial Hawthorne. 2018. (ENG., Illus.). 390p. (J). 31.96 *(978-0-483-02338-3(8))* Forgotten Bks.

Doctor Grundy's Undies. Dawn McMillan. Illus. by Ross Kinnaird. 2019. (ENG.). 32p. (gr. 1-5). pap. 8.99 *(978-0-486-83248-7(1)*, 832481) Dover Pubns., Inc.

Doctor Hathern's Daughters: A Story of Virginia, in Four Parts (Classic Reprint) Mary Jane Holmes. 2018. (ENG., Illus.). 484p. (J). 33.88 *(978-0-483-51961-9(8))* Forgotten Bks.

Doctor, His Wife & the Clock (Classic Reprint) Anna Katharine Green. 2018. (ENG., Illus.). 146p. (J). 26.91 *(978-0-332-85809-8(X))* Forgotten Bks.

D

For book reviews, descriptive annotations, tables of contents, cover images, author biographies & additional information, updated daily, subscribe to www.booksinprint.com 523

Doctor Hunter (Classic Reprint) Alden Joseph Blethen Jr. 2018. (ENG., Illus.). 142p. (J). 26.83 *(978-0-483-76648-8(8))* Forgotten Bks.
Doctor in the Pygmy Forest. Lois Headly Dick & Bible Visuals International. 2020. (Flash Card Format 5095-Acs Ser.: Vol. 5095). (ENG.). 50p. (J). pap. 19.95 *(978-1-64104-102-7(1))* Bible Visuals International, Inc.
Doctor in Training. Cath Ard. Illus. by Sarah Lawrence. 2021. (ENG.). 48p. (J). pap. 8.99 *(978-0-7534-7856-1(0)*, 900278577, Kingfisher) Roaring Brook Pr.
Doctor Is Nice Hidden Picture Activity Book. Kreative Kids. 2016. (ENG., Illus.). (J). pap. 10.81 *(978-1-68377-036-7(6))* Whlke, Traudl.
Doctor Jack: A Novel (Classic Reprint) St. George Rathborne. (ENG., Illus.). (J). 2018. 312p. 30.33 *(978-0-484-06739-3(7))*; 2016. pap. 13.57 *(978-1-334-31132-1(3))* Forgotten Bks.
Doctor Johns. Donald Grant Mitchell. 2017. (ENG.). (J). 308p. pap. *(978-3-337-05490-8(0))*; 304p. pap. *(978-3-337-05827-2(2))* Creation Pubs.
Doctor Johns: Being a Narrative of Certain Events in the Life of an Orthodox Minister of Connecticut (Classic Reprint) Donald Grant Mitchell. 2018. (ENG., Illus.). 566p. (J). 35.59 *(978-0-365-49848-3(3))* Forgotten Bks.
Doctor Johns, Vol. 1 Of 2: Being a Narrative of Certain Events in the Life of an Orthodox Minister of Connecticut (Classic Reprint) Donald Grant Mitchell. 2018. (ENG., Illus.). 306p. (J). 30.21 *(978-0-484-57855-4(3))* Forgotten Bks.
Doctor Johns, Vol. 2 Of 2: Being a Narrative of Certain Events in the Life of an Orthodox Minister of Connecticut (Classic Reprint) Donald Grant Mitchell. 2018. (ENG., Illus.). 300p. (J). 30.10 *(978-0-331-97826-1(1))* Forgotten Bks.
Doctor Jones' Picnic (Classic Reprint) S. E. Chapman. 2018. (ENG., Illus.). 192p. (J). 27.86 *(978-0-484-19679-6(0))* Forgotten Bks.
Doctor Kilgannon (Classic Reprint) Seumas MacManus. 2017. (ENG., Illus.). (J). 27.44 *(978-0-266-18084-5(1))* Forgotten Bks.
Doctor Luke (Classic Reprint) Norman Duncan. 2017. (ENG., Illus.). 344p. (J). 30.99 *(978-0-332-63484-5(1))* Forgotten Bks.
Doctor Luttrell's First Patient (Classic Reprint) Rosa Nouchette Carey. 2018. (ENG., Illus.). 346p. (J). 31.03 *(978-0-365-29005-6(X))* Forgotten Bks.
Doctor Marigold. Charles Dickens. 2020. (ENG.). 32p. (J). pap. 14.99 *(978-1-6781-1496-1(0))* Lulu Pr., Inc.
Doctor Marigold's Prescriptions, the Extra Christmas Number of All the Year Round (Classic Reprint) Charles Dickens. 2018. (ENG., Illus.). (J). 25.01 *(978-0-260-50196-7(4))* Forgotten Bks.
Doctor Mills: Different yet All the Same. Heddrick McBride. Ed. by Sereika Chiem. Illus. by Hh Pax. 2021. (ENG.). 44p. (J). pap. 16.00 *(978-1-7361082-2-2(0))* McBride Collection of Stories LLC.
Doctor Molar Bear, My Favourite Dentist. Andi Makkar. Illus. by Raymund James Dakay. 2023. (ENG.). 36p. (J). ***(978-0-2288-8746-1(1))***; pap. ***(978-0-2288-8745-4(3))*** Tellwell Talent.
Doctor Mouse. Christa Kempter. Illus. by Amélie Jackowski. 2020. (ENG.). 32p. (J). (gr. -1-2). 17.95 *(978-0-7358-4410-0(0))* North-South Bks., Inc.
Doctor Nye of North Ostable: A Novel (Classic Reprint) Joseph C. Lincoln. 2018. (ENG., Illus.). (J). 434p. 32.85 *(978-1-397-20007-5(3))*; 436p. pap. 16.57 *(978-1-397-19909-6(1))* Forgotten Bks.
Doctor of Crows Nest (Classic Reprint) Ralph Connor. 2017. (ENG., Illus.). 410p. (J). 32.37 *(978-0-332-77852-5(5))* Forgotten Bks.
Doctor of Philosophy (Classic Reprint) Cyrus Townsend Brady. (ENG., Illus.). (J). 2018. 314p. 30.37 *(978-0-332-16617-9(1))*; 2018. 332p. 30.74 *(978-0-483-09986-9(4))*; 2017. pap. 13.57 *(978-1-334-93106-2(2))* Forgotten Bks.
Doctor Papa (Classic Reprint) Sophie May. (ENG., Illus.). (J). 2018. 220p. 28.43 *(978-0-267-30240-6(1))*; 2016. pap. 10.97 *(978-1-333-22016-7(2))* Forgotten Bks.
Doctor Potty (Hebrew Edition) Hadas Kaplan. Illus. by Mark Nino Balita. 2019. (HEB.). 24p. (J). 16.00 *(978-0-578-47442-7(5))* Kaplan, Hadas.
Doctor Proctor's Fart Powder Collection (Boxed Set) Doctor Proctor's Fart Powder; Bubble in the Bathtub; Who Cut the Cheese?; the Magical Fruit; Silent (but Deadly) Night. Jo Nesbo. Illus. by Mike Lowery. ed. 2018. (Doctor Proctor's Fart Powder Ser.). (ENG.). 1888p. (J). (gr. 3-7). pap. 44.99 *(978-1-5344-1872-1(5)*, Aladdin) Simon & Schuster Children's Publishing.
Doctor Sam & the Ice Cream Stand. Colleen Baxter Sullivan. 2020. (ENG.). 36p. (J). (gr. k-2). pap. 5.99 *(978-1-64764-883-1(1))* Waldorf Publishing.
Doctor Snowball: A Negro Farce in One Act; for Three Male Characters (Classic Reprint) James Barnes. (ENG., Illus.). (J). 2018. 20p. 24.31 *(978-0-267-89117-7(2))*; 2016. pap. 7.97 *(978-1-333-52545-3(1))* Forgotten Bks.
Doctor Speaks: Being Some Episodes in the Experiences of John Selkirk (Classic Reprint) W. J. Dawson. 2017. (ENG., Illus.). (J). 340p. 30.91 *(978-0-332-34388-4(X))*; pap. 13.57 *(978-1-5276-1157-3(4))* Forgotten Bks.
Doctor Strange: Mystery of the Dark Magic. Brandon T. Snider. ed. 2018. (Marvel Chapter Ser.). (ENG.). 119p. (J). (gr. 1-3). 11.00 *(978-1-64310-704-2(6))* Penworthy Co., LLC, The.
Doctor Strange: Mystery of the Dark Magic. Brandon T. Snider. ed. 2016. (Mighty Marvel Chapter Bks.). (J). lib. bdg. 16.00 *(978-0-606-39173-3(8))* Turtleback.
Doctor Strange - Damnation: The Complete Collection. Donny Cates et al. Illus. by Rod Reis. 2018. (Doctor Strange: Damnation Ser.: 1). 352p. (gr. 8-17). pap. 34.99 *(978-1-302-91260-4(7)*, Marvel Universe) Marvel Worldwide, Inc.
Doctor Strange Little Golden Book (Marvel: Doctor Strange) Arie Kaplan. Illus. by Michael Atiyeh & Michael Borkowski. 2017. (Little Golden Book Ser.). (ENG.). 24p. (J). (-k). 4.99 *(978-1-101-93865-2(X)*, Golden Bks.) Random Hse. Children's Bks.
Doctor Strange: My Mighty Marvel First Book. Marvel Entertainment. Illus. by Steve Ditko. 2022. (Mighty Marvel First Book Ser.). (ENG.). 24p. (J). (gr. -1-17). bds., bds. 10.99 *(978-1-4197-5613-9(3)*, 1741110, Abrams Appleseed) Abrams, Inc.
Doctor Strange: Mystery of the Dark Magic. Brandon T. Snider. Illus. by Khoi Pham et al. 2018. (Mighty Marvel Chapter Bks.). (ENG.). 128p. (J). (gr. 2-7). lib. bdg. 31.36 *(978-1-5321-4215-4(3)*, 28552, Chapter Bks.) Spotlight.
Doctor Therne (Classic Reprint) H. Rider Haggard. 2017. (ENG., Illus.). (J). 29.38 *(978-0-265-20479-5(8))* Forgotten Bks.
Doctor Thorne, Vol. 1 (Classic Reprint) Anthony Trollope. 2017. (ENG., Illus.). (J). 32.25 *(978-1-5282-8091-4(1))* Forgotten Bks.
Doctor Tom: The Coroner of Brett (Classic Reprint) John Williams Streeter. 2018. (ENG., Illus.). 282p. (J). 29.73 *(978-0-666-75518-6(3))* Forgotten Bks.
Doctor Tom (Classic Reprint) Edward Payson. 2018. (ENG., Illus.). 400p. (J). 32.17 *(978-0-428-90533-0(1))* Forgotten Bks.
Doctor Tools. Laura Hamilton Waxman. 2019. (Bumba Books (r) — Community Helpers Tools of the Trade Ser.). (ENG., Illus.). 24p. (J). (gr. -1-1). pap. 8.99 *(978-1-5415-7350-5(1)*, 6dd445e8-da17-486e-82f2-274b5a65e1e8, Lerner Pubns.) Lerner Publishing Group.
Doctor Victoria, Vol. 1 Of 3: A Picture from the Period (Classic Reprint) - G. G. Alexander. 2018. (ENG., Illus.). 270p. (J). 29.47 *(978-0-332-10268-9(8))* Forgotten Bks.
Doctor Victoria, Vol. 2 Of 3: A Picture from the Period (Classic Reprint) G. Alexander. 2018. (ENG., Illus.). 254p. (J). 29.14 *(978-0-332-04006-6(2))* Forgotten Bks.
Doctor Victoria, Vol. 3 Of 3: A Picture from the Period (Classic Reprint) - G. G. Alexander. 2018. (ENG., Illus.). 234p. (J). 28.72 *(978-0-483-97521-7(4))* Forgotten Bks.
Doctor Warrick's Daughters a Novel (Classic Reprint) Rebecca Harding Davis. 2018. (ENG., Illus.). 344p. (J). 30.99 *(978-0-332-90999-8(9))* Forgotten Bks.
Doctor, What Is Cancer? Cassandra Gullia. 2017. (ENG., Illus.). (J). pap. *(978-1-5255-0959-9(4))* FriesenPress.
Doctor Who: The Official Annual 2017. Various. 2016. (ENG., Illus.). 64p. (YA). 12.99 *(978-1-4059-2649-2(X)*, cf98f33f-721c-450d-b724-673f52c16f8b) Penguin Bks., Ltd. GBR. Dist: Diamond Comic Distributors, Inc.
Doctor Who - The Essential Guide. Penguin UK & British Broadcasting Company Staff. 12th rev. ed. 2016. (ENG., Illus.). 224p. (YA). 20.00 *(978-1-4059-2677-5(5)*, 2b6f2b71-c8ae-4815-86f6-a0cd6ace7826) Penguin Bks., Ltd. GBR. Dist: Diamond Comic Distributors, Inc.
Doctor Who: a History of Humankind: the Doctor's Official Guide. BBC. 2016. (ENG., Illus.). 176p. (YA). 16.99 *(978-1-4059-2653-9(8)*, 23c7f0d8-9dba-448f-896a-9c02d76f6c64) Penguin Bks., Ltd. GBR. Dist: Diamond Comic Distributors, Inc.
Doctor Who: a Short History of Everyone. Doctor Who. 2023. 312p. (J). 28.99 *(978-1-4059-5232-3(6))* Penguin Bks., Ltd. GBR. Dist: Diamond Comic Distributors, Inc.
Doctor Who & the Crusaders. David Whitaker. 2017. (ENG.). 160p. (YA). 13.99 *(978-1-78594-053-8(8)*, 7c8ef148-3ba9-431e-9574-70bb47d303cf) Penguin Bks., Ltd. GBR. Dist: Diamond Comic Distributors, Inc.
Doctor Who & the Daleks. David Whitaker. 2017. (ENG.). 160p. (YA). 13.99 *(978-1-78594-055-2(4)*, 33c1c5d6-1484-496f-8919-793ace2d4725) Penguin Bks., Ltd. GBR. Dist: Diamond Comic Distributors, Inc.
Doctor Who Annual 2021. BBC Children's Book. 2021. (ENG.). 64p. (YA). 10.99 *(978-1-4059-4607-0(5)*, 4bc99175-70f7-4a14-8f18-e257fe077f64) Penguin Bks., Ltd. GBR. Dist: Diamond Comic Distributors, Inc.
Doctor Who Annual 2022. Doctor Who. 2022. 64p. (J). 10.99 *(978-1-4059-4802-9(7))* Penguin Bks., Ltd. GBR. Dist: Diamond Comic Distributors, Inc.
Doctor Who Annual 2023. Doctor Who. 2023. 64p. (J). 12.99 *(978-1-4059-5229-3(6))* Penguin Bks., Ltd. GBR. Dist: Diamond Comic Distributors, Inc.
Doctor Who: Are You As Clever as a Time Lord? Puzzle Book. BBC Children's Books. 2019. (ENG.). 160p. (J). pap. 7.99 *(978-1-4059-4089-4(1)*, 7f7119af-609c-4d9b-8f70-4ab00823c7a1) Penguin Bks., Ltd. GBR. Dist: Diamond Comic Distributors, Inc.
Doctor Who Atlas. Doctor Who. 2022. (Illus.). 80p. (J). 26.99 *(978-1-4059-4649-0(0)*, b9981394-c5d0-4830-b068-ffd5bc56a21c) Penguin Bks., Ltd. GBR. Dist: Diamond Comic Distributors, Inc.
Doctor Who: Choose the Future: Terror Moon. Trevor Baxendale & BBC. 2016. (ENG.). 208p. (J). pap. 9.99 *(978-1-4059-2651-5(1)*, 8d68da6f-aacb-4610-84c3-1e50439fc6c3) Penguin Bks., Ltd. GBR. Dist: Diamond Comic Distributors, Inc.
Doctor Who: Choose Your Future Journal: 52 Weeks with Brilliant Women Who Changed the World. BBC. 2019. (ENG., Illus.). 128p. (J). pap. 10.99 *(978-1-4059-4193-8(6)*, 8113d522-bc30-4007-a59d-36caa7711243) Penguin Bks., Ltd. GBR. Dist: Diamond Comic Distributors, Inc.
Doctor Who Diary 2018. BBC. 2017. (ENG.). 120p. (YA). 18.99 *(978-1-875696-90-1(3)*, 980741de-7db5-4818-ad11-495c021591fc) Mallon Publishing AUS. Dist: Diamond Comic Distributors, Inc.
Doctor Who: Doodle Book. BBC. 2016. (ENG.). 128p. (J). pap. 10.99 *(978-1-4059-2652-2(X)*, ed05de52-b317-4254-bbfd-d806a274e250) Penguin Bks., Ltd. GBR. Dist: Diamond Comic Distributors, Inc.
Doctor Who: Ghost Town: The Team TARDIS Diaries, Volume 2, Vol. 2. BBC. 2021. (ENG., Illus.). 144p. (J). pap. 9.99 *(978-1-4059-3951-5(6)*, f6d45c56-907d-4049-aecf-2b75f9ae22b0) Penguin Bks., Ltd. GBR. Dist: Diamond Comic Distributors, Inc.
Doctor Who: Knock! Knock! Who's There? Joke Book. BBC. 2021. (Illus.). 96p. (J). pap. 7.99 *(978-1-4059-4583-7(4)*, 3cf075f7-b985-458c-95de-574bde9220e5) Penguin Bks., Ltd. GBR. Dist: Diamond Comic Distributors, Inc.
Doctor Who: Legends of Camelot. Emil Fortune. 2022. 240p. (J). pap. 9.99 *(978-1-4059-4798-5(5))* Penguin Bks., Ltd. GBR. Dist: Diamond Comic Distributors, Inc.
Doctor Who Mad Libs: Bigger on the Inside Edition. Mad Libs. 2018. (Doctor Who Ser.). (ENG.). 48p. (J). (gr. 3-7). pap. 6.99 *(978-1-5247-9305-0(1)*, Mad Libs) Penguin Young Readers Group.
Doctor Who: Official Annual 2018. BBC. 2017. (ENG.). 64p. (J). 12.99 *(978-1-4059-3000-0(4)*, 5d884926-c0bc-4b81-9533-f2811b255a9f) Penguin Bks., Ltd. GBR. Dist: Diamond Comic Distributors, Inc.
Doctor Who: Official Annual 2019. BBC. 2018. (ENG.). 64p. (J). 10.99 *(978-1-4059-3376-6(3)*, 66184375-46d8-4ce6-b231-73bf64e28df6) Penguin Bks., Ltd. GBR. Dist: Diamond Comic Distributors, Inc.
Doctor Who: Official Annual 2020. BBC. 2019. (ENG.). 64p. (YA). 10.99 *(978-1-4059-4085-6(9)*, dd889639-e16c-4a75-8ad3-ec82d9c00696) Penguin Bks., Ltd. GBR. Dist: Diamond Comic Distributors, Inc.
Doctor Who: Origin Stories. Doctor Who. 2023. (J). 352p. 13.99 ***(978-1-4059-5688-8(7))***; (ENG.). 448p. 19.99 *(978-1-4059-5235-4(0))* Penguin Bks., Ltd. GBR. Dist: Diamond Comic Distributors, Inc.
Doctor Who: Paper Moon: The Team TARDIS Diaries, Volume 1, Vol. 1. BBC. 2021. (ENG., Illus.). 144p. (J). pap. 9.99 *(978-1-4059-3953-9(2)*, 8013b018-701c-4858-9ff1-66076ccb8f47) Penguin Bks., Ltd. GBR. Dist: Diamond Comic Distributors, Inc.
Doctor Who: T Is for TARDIS. BBC Children's Books. 2017. (ENG., Illus.). 60p. (J). 9.99 *(978-1-4059-2998-1(7)*, bf2e0901-3551-4548-841f-2fbcf36a8419) Penguin Bks., Ltd. GBR. Dist: Diamond Comic Distributors, Inc.
Doctor Who: Tales of Terror. BBC. 2018. (ENG., Illus.). 272p. (J). 16.99 *(978-1-4059-3003-1(9)*, 5b2dda25-4965-4f07-80c0-f2db1f01ba94) Penguin Bks., Ltd. GBR. Dist: Diamond Comic Distributors, Inc.
Doctor Who: Tales of Terror. Jacqueline Rayner et al. 2019. (ENG., Illus.). 368p. (J). 11.99 *(978-1-4059-4279-9(7)*, 155df2c5-d46c-44f0-9a4d-522b03d58de0) Penguin Bks., Ltd. GBR. Dist: Diamond Comic Distributors, Inc.
Doctor Who: the Companion's Companion. BBC. 2017. (ENG., Illus.). 176p. (J). 14.99 *(978-1-4059-2969-1(3)*, 5a59e550-4d20-424f-b6e7-178b42b16406) Penguin Bks., Ltd. GBR. Dist: Diamond Comic Distributors, Inc.
Doctor Who: the Day She Saved the Doctor: Four Stories from the TARDIS. BBC. 2018. (ENG.). 192p. (J). 14.99 *(978-1-4059-2997-4(9)*, abb335a4-a5f1-4d20-9866-f091458cbd87) Penguin Bks., Ltd. GBR. Dist: Diamond Comic Distributors, Inc.
Doctor Who: the Illustrated Adventures. Unknown. 2018. (Illus.). 208p. (J). 24.99 *(978-1-4059-2722-2(4)*, 9e24d6ee-13a7-488a-9b01-fde0026bb671) Penguin Bks., Ltd. GBR. Dist: Diamond Comic Distributors, Inc.
Doctor Who: the Missy Chronicles. Cavan Scott et al. 2018. (ENG.). 224p. (YA). 14.99 *(978-1-78594-323-2(5)*, 8b4c34f8-27ec-4316-9eb3-8c381df3226f) Penguin Bks., Ltd. GBR. Dist: Diamond Comic Distributors, Inc.
Doctor Who: the Return of Robin Hood. Paul Magrs & Doctor Who. 2022. 224p. (J). pap. 12.99 *(978-1-4059-5230-9(X))* Penguin Bks., Ltd. GBR. Dist: Diamond Comic Distributors, Inc.
Doctor Who: the Wonderful Doctor of Oz. Jacqueline Rayner. 2022. 224p. (J). pap. 9.99 *(978-1-4059-4800-5(0))* Penguin Bks., Ltd. GBR. Dist: Diamond Comic Distributors, Inc.
Doctor Who: Thirteen Doctors 13 Stories. Naomi Alderman. 2019. 608p. (J). pap. 17.99 *(978-0-241-35617-3(2)*, bcf31d31-d3f8-410a-94aa-507a12124d79) Penguin Bks., Ltd. GBR. Dist: Diamond Comic Distributors, Inc.
Doctor Who: Thirteenth Doctor's Guide. BBC. 2020. (ENG., Illus.). 224p. (YA). 16.99 *(978-1-4059-4582-0(6))* Penguin Bks., Ltd. GBR. Dist: Diamond Comic Distributors, Inc.
Doctor Who: Time Traveller's Diary. B. B. C. Children's Books Penguin Random House. 2021. (ENG.). 384p. (J). 12.99 *(978-1-4059-4086-3(7)*, 3ec934a5-0bf3-468e-8b1c-941ec24ad01c) Penguin Bks., Ltd. GBR. Dist: Diamond Comic Distributors, Inc.
Doctor Who: Twelve Angels Weeping. Dave Rudden. 2020. (Illus.). 416p. (J). pap. 11.99 *(978-1-4059-4608-7(3)*, c6dc0d3c-6ab0-4a84-afc9-01a2410db07e) Penguin Bks., Ltd. GBR. Dist: Diamond Comic Distributors, Inc.
Doctor Who: Twelve Angels Weeping: Twelve Stories of the Villains from Doctor Who. Dave Rudden. 2018. (Illus.). 416p. (J). 17.99 *(978-1-4059-3827-3(7)*, cb7de2bf-4622-4ab9-ac7c-e4621ed8b90d) Penguin Bks., Ltd. GBR. Dist: Diamond Comic Distributors, Inc.
Doctor with an Eye for Eyes: The Story of Dr. Patricia Bath. 2017. (Amazing Scientists Ser.: 2). (Illus.). 40p. (J). (gr. k-5). 17.99 *(978-1-943147-31-1(0)*, 2f10b2c2-25f6-4146-a312-dab271416101) Innovation Pr., The.
Doctor Xavier (Classic Reprint) Max Pemberton. (ENG., Illus.). (J). 2018. 334p. 30.79 *(978-0-666-43750-1(5))*; 2017. pap. 13.57 *(978-0-259-54713-6(1))* Forgotten Bks.
Doctor Zay (Classic Reprint) Elizabeth Stuart Phelps. 2018. (ENG., Illus.). 262p. (J). 29.30 *(978-0-332-98179-6(7))* Forgotten Bks.
Doctora. Judy Kentor Schmauss. Illus. by Bob McMahon. 2016. (Early Rising Readers Ser.). (SPA.). 16p. (J). (gr. 1-1). 6.67 *(978-1-4788-3750-3(0))* Newmark Learning LLC.
Doctora - 6 Pack. Judy Kentor Schmauss. 2016. (Early Rising Readers Ser.). (SPA.). (J). (gr. 1). 40.00 net. *(978-1-4788-4693-2(3))* Newmark Learning LLC.
Doctor/Doctor. Tr. by Yanitzia Canetti. Illus. by Jess Stockham. 2023. (Primara Vez/First Time Ser.). (ENG.). 24p. (J). ***(978-1-78628-908-7(3))*** Child's Play International Ltd.
Doctorpus - First Day Nerves. Sasha Cook. 2017. (ENG., Illus.). (J). pap. *(978-0-9928968-6-7(X))* PeaChi Publishing.
Doctors. Emma Less. 2018. (Real-Life Superheroes Ser.). (ENG.). 16p. (J). (gr. k-2). pap. 7.99 *(978-1-68152-275-3(6)*, 14914) Amicus.
Doctors. Julie Murray. 2016. (My Community: Jobs Ser.). (ENG.). 24p. (J). (gr. -1-2). pap. 7.95 *(978-1-4966-1052-2(0)*, 134957, Capstone Classroom) Capstone.
Doctors. Laura K. Murray. 2023. (Seedlings Ser.). (ENG., Illus.). 24p. (J). (gr. 1-3). pap. 10.99 *(978-1-62832-941-4(6)*, 23571, Creative Paperbacks) Creative Co., The.
Doctors. Emily Raij. 2020. (Jobs People Do Ser.). (ENG., Illus.). 32p. (J). (gr. 1-3). pap. 6.95 *(978-1-9771-1809-7(7)*, 142169); lib. bdg. 31.32 *(978-1-9771-1374-0(5)*, 141478) Capstone. (Pebble).
Doctors. Jared Siemens. 2016. (Illus.). 24p. (J). *(978-1-5105-2103-2(8))* SmartBook Media, Inc.
Doctors: A Satire in Four Seizures (Classic Reprint) Elbert Hubbard. (ENG., Illus.). (J). 2018. 130p. 26.58 *(978-0-267-00079-1(0))*; 2017. pap. 9.57 *(978-0-243-39863-8(8))* Forgotten Bks.
Doctors & What They Do. Liesbet Slegers. 2018. (Illus.). 32p. (J). *(978-1-4896-6213-2(8)*, AV2 by Weigl) Weigl Pubs., Inc.
Doctors Are Sissies. Vinay Kamat. 2022. (Illus.). 22p. (J). (-k). 21.39 *(978-1-6678-6072-5(0))* BookBaby.
Doctor's Christmas Eve (Classic Reprint) James Lane Allen. 2017. (ENG., Illus.). (J). 30.60 *(978-0-265-18800-2(8))* Forgotten Bks.
Doctor's Confession (Classic Reprint) William Hinshaw. (ENG., Illus.). (J). 2018. 404p. 32.23 *(978-0-428-92756-1(4))*; 2018. 402p. 32.21 *(978-0-483-33700-8(5))*; 2017. pap. 16.57 *(978-0-243-25112-4(2))*; 2016. pap. 16.57 *(978-1-334-71751-2(6))* Forgotten Bks.
Doctor's Daughter (Classic Reprint) David Macgeorge. (ENG., Illus.). (J). 2018. 118p. 26.33 *(978-0-364-00141-7(0))*; 2017. pap. 9.57 *(978-0-243-49709-6(1))* Forgotten Bks.
Doctor's Daughter (Classic Reprint) Sophie May. 2017. (ENG., Illus.). (J). 31.36 *(978-0-331-37427-8(7))* Forgotten Bks.
Doctors Differ (Classic Reprint) James George Beaney. (ENG., Illus.). (J). 2018. 28p. 24.47 *(978-0-267-39774-7(7))*; 2016. pap. 7.97 *(978-1-334-12715-1(8))* Forgotten Bks.
Doctor's Dilemma. George Bernard Shaw. 2022. (ENG.). (J). 136p. 19.95 *(978-1-63637-797-1(1))*; 134p. pap. 9.95 *(978-1-63637-796-4(3))* Bibliotech Pr.
Doctor's Dilemma (Classic Reprint) Hesba Stretton. (ENG., Illus.). (J). 2018. 550p. 35.26 *(978-0-484-01187-7(1))*; 2017. pap. 19.57 *(978-0-243-31217-7(2))* Forgotten Bks.
Doctor's Disc-Eyes. Tracy Blom & Scott Sheridan. Illus. by Dahn Tran Art. 2018. (ENG.). 40p. (J). 24.99 *(978-0-9906871-4-6(7))* Blom Pubns.
Doctor's Domicile (Classic Reprint) I. Arthur King. 2018. (ENG., Illus.). 314p. (J). 30.37 *(978-0-483-05955-9(2))* Forgotten Bks.
Doctor's Duffel Bag (Classic Reprint) M. Louise Hurrell. 2018. (ENG., Illus.). 92p. (J). 25.81 *(978-0-484-03871-3(0))* Forgotten Bks.
Doctors Entre Nous (Classic Reprint) James Bayard Clark. 2018. (ENG., Illus.). 74p. (J). 25.42 *(978-0-332-49382-4(2))* Forgotten Bks.
Doctors in My Community. Bridget Heos. Illus. by Mike Moran. 2018. (Meet a Community Helper (Early Bird Stories (tm)) Ser.). (ENG.). 24p. (J). (gr. k-2). 29.32 *(978-1-5415-2023-3(8)*, 87c72431-b3ba-4913-97ee-6a21e990877d, Lerner Pubns.) Lerner Publishing Group.
Doctor's Lass (Classic Reprint) Edward Charles Booth. 2018. (ENG., Illus.). 376p. (J). 31.65 *(978-0-483-92441-3(5))* Forgotten Bks.
Doctor's Leisure Hour: Facts & Fancies of Interest to the Doctor & His Patient (Classic Reprint) Charles Wells Moulton. (ENG., Illus.). (J). 2018. 402p. 32.27 *(978-0-484-73000-6(2))*; 2016. pap. 16.57 *(978-1-333-57985-2(3))* Forgotten Bks.
Doctors, Nurses & Specialists Coloring Book. Activibooks For Kids. 2016. (ENG., Illus.). (J). pap. 9.20 *(978-1-68321-598-1(2))* Mimaxion.
Doctor's Office. Contrib. by Christina Leaf. 2023. (Community Places Ser.). (ENG., Illus.). (J). (gr. -1-2). lib. bdg. 25.95 Bellwether Media.
Doctor's Office: A 4D Book. Blake A. Hoena. rev. ed. 2018. (Visit To... Ser.). (ENG., Illus.). 24p. (J). (gr. -1-2). lib. bdg. 29.32 *(978-1-5435-0827-7(8)*, 137590, Capstone Pr.) Capstone.
Doctors Office! Kindergarten Coloring Book 1. Bold Illustrations. 2017. (ENG., Illus.). (J). pap. 8.35 *(978-1-64193-033-8(0)*, Bold Illustrations) FASTLANE LLC.
Doctors Office! Kindergarten Coloring Book 2. Bold Illustrations. 2017. (ENG., Illus.). (J). pap. 8.35 *(978-1-64193-034-5(9)*, Bold Illustrations) FASTLANE LLC.
Doctors on the Job. Lorraine Harrison. 2017. (Jobs in Our Community Ser.). 24p. (J). (gr. k-k). pap. 49.50 *(978-1-5345-2138-4(0))* Cengage Gale.
Doctors on the Job, 1 vol. Lorraine Harrison. 2016. (Jobs in Our Community Ser.). (ENG.). 24p. (J). (gr. 1-1). 26.23 *(978-1-5345-2139-1(9)*, 4af63693-ac8a-4683-83d7-63df87fdb939); pap. 9.25 *(978-1-5345-2137-7(2)*, 63d86029-c35d-427e-973c-95a428abf3d8) Greenhaven Publishing LLC. (KidHaven Publishing).
Doctor's Recreation Series, Vol. 2 (Classic Reprint) Charles Wells Moulton. 2018. (ENG., Illus.). 362p. (J). 31.36 *(978-0-483-15048-5(7))* Forgotten Bks.
Doctor's Recreation Series, Vol. 9 (Classic Reprint) Charles Wells Moulton. 2018. (ENG., Illus.). 298p. (J). 30.06 *(978-0-428-79823-9(3))* Forgotten Bks.
Doctor's Seagulls (Classic Reprint) Arthur Noel Malan. (ENG., Illus.). (J). 2018. 24p. 24.41 *(978-0-364-56508-7(X))*; 2017. pap. 7.97 *(978-0-259-83477-9(7))* Forgotten Bks.
Doctors to the Rescue. Meredith Rusu. ed. 2019. (Scholastic Readers Ser.). (ENG., Illus.). 32p. (J). (gr. 2-3). 13.89 *(978-0-87617-310-7(5))* Penworthy Co., LLC, The.
Doctors to the Rescue (Peppa Pig: Level 1 Reader), 1 vol. Meredith Rusu. Illus. by EOne. 2019. (ENG.). 32p. (J). (gr. -1-k). pap. 4.99 *(978-1-338-30762-7(2))* Scholastic, Inc.
Doctor's Wife. Mary Elizabeth Braddon. 2016. (ENG.). 366p. (J). pap. *(978-3-7433-9910-5(5))* Creation Pubs.
Doctor's Wife: A Novel (Classic Reprint) Mary Elizabeth Braddon. (ENG., Illus.). (J). 2018. 358p. 31.30 *(978-0-267-37406-9(2))*; 2016. pap. 13.97 *(978-1-334-15894-0(0))* Forgotten Bks.
Doctor's Window: Poems by the Doctor, for the Doctor, & about the Doctor (Classic Reprint) Ina Russelle Warren. 2017. (ENG., Illus.). (J). 30.37 *(978-0-266-53875-2(4))* Forgotten Bks.

Doctors Without Country Borders Coloring Book. Activibooks For Kids. 2016. (ENG., Illus.). (J). pap. 9.20 *(978-1-68321-599-8(0))* Mimaxion.

Doctrine de Malherbe d'Après Son Commentaire Sur Desportes: Thèse Présentée a la Faculté des Lettres de Paris (Classic Reprint) Ferdinand Brunot. 2018. (FRE., Illus.). (J). 608p. 36.46 *(978-0-366-55523-9(5))*; 610p. pap. 19.57 *(978-0-365-97116-0(2))* Forgotten Bks.

Doctrine of Energy: A Theory of Reality (Classic Reprint) B. L. L. (ENG., Illus.). (J). 2018. 118p. 26.33 *(978-0-428-56949-5(8))*; 2017. pap. 9.57 *(978-0-282-13075-6(6))* Forgotten Bks.

Doctrine of Evolution: Its Basis & Its Scope. Henry Edward Crampton. 2017. (ENG., Illus.). (J). 24.95 *(978-1-374-81420-2(2))*; pap. 14.95 *(978-1-374-81419-6(9))* Capital Communications, Inc.

Doctrine of the Asurlette. L. A. Preston. 2022. (ENG., Illus.). 324p. (J). pap. ***(978-1-80302-621-3(9))*** FeedARead.com.

Doctrine Philosophique de Bossuet Sur la Connaissance de Dieu (Classic Reprint) Adrien Delondre. 2017. (FRE., Illus.). (J). 484p. 33.88 *(978-0-265-46470-0(6))*; pap. 16.57 *(978-0-259-44593-7(2))* Forgotten Bks.

Documentary Film. Virginia Loh-Hagan. 2017. (D. I. Y. Make It Happen Ser.). (ENG., Illus.). 32p. (J). (gr. 4-8). lib. bdg. 32.07 *(978-1-63472-879-9(3)*, 209942, 45th Parallel Press) Cherry Lake Publishing.

Documenting History, 8 vols., Set. Incl. Documenting Slavery & Civil Rights. Philip Steele. lib. bdg. 34.47 *(978-1-4358-9671-0(8)*, de590d5b-def7-4fb6-b704-1413dd3454bb); Documenting the Industrial Revolution. Peter Hicks. lib. bdg. 34.47 *(978-1-4358-9670-3(X)*, 14e523cb-06fc-4506-9179-f47b8febe350); Documenting Women's Suffrage. Peter Hicks. lib. bdg. 34.47 *(978-1-4358-9672-7(6)*, 64e2f741-0196-4463-9572-81ba734a002c); Documenting World War I. Philip Steele. lib. bdg. 34.47 *(978-1-4358-9673-4(4)*, da32ef22-9691-4291-a4bd-371917b0ab2c); (YA). (gr. 7-7). 2010. (Documenting History Ser.). (ENG., Illus.). 48p. 2009. Set lib. bdg. 137.88 *(978-1-4358-9705-2(6)*, 1d2277fe-a203-499b-94c6-35274e29cf9b, Rosen Reference) Rosen Publishing Group, Inc., The.

Documents of American Democracy, 12 vols. 2016. (Documents of American Democracy Ser.). 32p. (gr. 5-5). (ENG.). 167.58 *(978-1-4994-1985-6(6)*, 9eaf86cd-35d5-40fc-93a8-ba02d4701b00); pap. 60.00 *(978-1-5081-5258-3(6))* Rosen Publishing Group, Inc., The. (PowerKids Pr.).

Dodd Family Abroad (Classic Reprint) Charles Lever. (ENG., Illus.). (J). 2018. 454p. 33.26 *(978-0-483-41960-5(5))*; 2017. 38.79 *(978-0-265-20364-4(3))*; 2016. pap. 16.57 *(978-1-334-16777-5(X))* Forgotten Bks.

Dodd Family Abroad, Vol. 1 of 2 (Classic Reprint) Charles Lever. 2018. (ENG., Illus.). 628p. (J). 36.87 *(978-0-656-48319-8(9))* Forgotten Bks.

Dodd Family Abroad, Vol. 2 (Classic Reprint) Charles Lever. 2017. (ENG., Illus.). (J). 32.15 *(978-0-266-20094-9(X))* Forgotten Bks.

Dodd Family Abroad, Vol. 2 Of 2: To Which Is Added, That Boy of Norcott's; with Illustrations (Classic Reprint) Charles James Lever. (ENG., Illus.). (J). 2018. 562p. 35.51 *(978-0-483-61139-9(5))*; 2016. pap. 19.57 *(978-1-334-09155-1(2))* Forgotten Bks.

Dodge Challenger. Rachael L. Thomas. 2020. (Mighty Muscle Cars Ser.). (ENG., Illus.). 32p. (J). (gr. 2-5). lib. bdg. 34.21 *(978-1-5321-9325-5(4)*, 34807, Big Buddy Bks.) ABDO Publishing Co.

Dodge Challenger SRT Hellcat. Emily Rose Oachs. 2017. (Car Crazy Ser.). (ENG., Illus.). 24p. (J). (gr. 3-7). lib. bdg. 26.95 *(978-1-62617-577-8(2)*, Torque Bks.) Bellwether Media.

Dodge Charger. Frank Grout. 2016. (Vroom! Hot Cars Ser.). (ENG.). 32p. (gr. 3-9). 32.79 *(978-1-68191-748-1(3)*, 9781681917481) Rourke Educational Media.

Dodge Charger. Elsie Olson. 2020. (Mighty Muscle Cars Ser.). (ENG., Illus.). 32p. (J). (gr. 2-5). lib. bdg. 34.21 *(978-1-5321-9326-2(2)*, 34809, Big Buddy Bks.) ABDO Publishing Co.

Dodge Charger R/T. Emily Rose Oachs. 2017. (Car Crazy Ser.). (ENG., Illus.). 24p. (J). (gr. 3-7). lib. bdg. 26.95 *(978-1-62617-578-5(0)*, Torque Bks.) Bellwether Media.

Dodge City, the Cowboy Capital & the Great Southwest: In the Days of the Wild Indian, the Buffalo, the Cowboys, Dance Halls, Gambling Halls & Bad Men (Classic Reprint) Robert M. Wright. 2017. (ENG., Illus.). (J). 32.06 *(978-0-265-17583-5(6))* Forgotten Bks.

Dodge Club: Or Italy in MDCCCLIX (Classic Reprint) James De Mille. 2018. (ENG., Illus.). 152p. (J). 27.03 *(978-0-365-45161-7(4))* Forgotten Bks.

Dodge Viper SRT. Tammy Gagne. 2019. (Ultimate Supercars Ser.). (ENG., Illus.). 32p. (J). (gr. 3-3). pap. 9.95 *(978-1-64494-234-5(8)*, 1644942348) Bigfoot Bks. GBR. Dist: North Star Editions.

Dodgeball. Michael Decker. 2019. (Greater World of Sports Ser.). (ENG., Illus.). 32p. (J). (gr. 3-6). lib. bdg. 32.79 *(978-1-5321-9038-4(7)*, 33586, SportsZone) ABDO Publishing Co.

Dodger Makes a Move. Ed Hanson. Illus. by Parker Ross. 2021. (ENG.). 58p. (J). 25.95 *(978-1-951960-20-9(3))*; pap. 15.95 *(978-1-951960-21-6(1))* AKA:yoLa. (Compass Flower Pr.).

Dodging Dinosaurs, 4. Wendy Mass. ed. 2019. (Branches Early Ch Bks). (ENG.). 90p. (J). (gr. 2-3). 15.36 *(978-1-64697-105-3(1))* Penworthy Co., LLC, The.

Dodging Dinosaurs: a Branches Book (Time Jumpers #4) Wendy Mass. Illus. by Oriol Vidal. 2019. (Time Jumpers Ser.: 4). (ENG.). 96p. (J). (gr. 1-3). pap. 5.99 *(978-1-338-21745-2(3))* Scholastic, Inc.

Dodie the Donkey. Amy Ekwegh. 2018. (978-0-9934611-7-0 Ser.). (ENG., Illus.). 42p. (J). pap. *(978-0-9934611-7-0(4))* Scribblecity Pubns.

Dodo. Felipe Nunes. 2018. (ENG., Illus.). 80p. (J). pap. 9.99 *(978-1-68415-168-4(6))* BOOM! Studios.

Dodo. Jack Jones. Illus. by Hannah Sutton. 2nd ed. 2020. (ENG.). 72p. (J). (gr. 3-6). pap. *(978-1-989092-34-7(9))* Celticfrog Publishing.

Dodo: A Detail of the Day (Classic Reprint) E. F. Benson. 2018. (ENG., Illus.). 330p. (J). 30.72 *(978-0-484-52204-5(3))* Forgotten Bks.

Dodo: The Second (Classic Reprint) E. F. Benson. 2018. (ENG., Illus.). 390p. (J). 32.04 *(978-0-483-91787-3(7))* Forgotten Bks.

Dodo & the Kiwi. Jason M. Burns. 2023. (Endangered: Lessons from the Past Ser.). (ENG., Illus.). 32p. (J). (gr. 3-5). lib. bdg. 30.65 ***(978-1-62920-764-3(0)***, a4594b0a-57ae-4ceb-95e1-4724a0a0f4c9) Full Tilt Pr. NZL. Dist: Lerner Publishing Group.

Dodo la Planète Do: Belgique - Brésil. Patrick Lacoursière. Illus. by Sylvie Bourbonnière. 2021. (Berceuses du Monde Entier Ser.). (ENG.). 36p. (J). 16.95 *(978-2-923163-52-9(4))* Secret Mountain CAN. Dist: Independent Pubs. Group.

Dodo: Pequeño y Valiente (the Dodo: Little but Fierce) Joan Emerson. 2020. (Scholastic Reader, Level 2 Ser.). (SPA.). 32p. (J). (gr. k-2). pap. 4.99 *(978-1-338-63107-4(1)*, Scholastic en Espanol) Scholastic, Inc.

Dodo the Donkey. Paul Little. 2019. (ENG.). 56p. (J). pap. 15.95 *(978-1-64492-630-7(X))* Christian Faith Publishing.

Dodo Wonders (Classic Reprint) E. F. Benson. 2018. (ENG., Illus.). 272p. (J). 29.53 *(978-0-483-55453-5(7))* Forgotten Bks.

Dody: A Comedy Drama in Three Acts (Classic Reprint) Robert E. Morrison. (ENG., Illus.). (J). 2018. 22p. 24.37 *(978-0-332-18323-7(8))*; 2016. pap. 7.97 *(978-1-334-11941-5(4))* Forgotten Bks.

Doekuru Expedition. Mato Kusayama. 2018. (JPN.). (J). *(978-4-8340-8405-4(1))* Fukuinkan Shoten.

Doers (Classic Reprint) William John Hopkins. (ENG., Illus.). (J). 2018. 180p. 27.63 *(978-0-267-53917-8(7))*; 2016. pap. 10.57 *(978-1-334-13661-0(0))* Forgotten Bks.

Does a Bear Poo in the Woods? Jonny Leighton. Illus. by Mike Byrne. 2023. (ENG.). 32p. (J). (gr. -1-3). 18.99 ***(978-1-6659-0347-9(3)***, Aladdin) Simon & Schuster Children's Publishing.

Does a Cat Really Have Nine Lives? And Other Interesting Animal Facts. Capstone Classroom & Tony Stead. 2017. (What's the Point? Reading & Writing Expository Text Ser.). (ENG., Illus.). 24p. (J). (gr. 4-4). pap. 6.95 *(978-1-4966-0738-6(4)*, 132373, Capstone Classroom) Capstone.

Does a Caterpillar Have Whiskers & Can He Meow? Kimberling Galeti Kennedy. 2018. (ENG., Illus.). 28p. (J). pap. 11.99 *(978-1-948390-83-5(3))* Pen It Pubns.

Does a Gaggle of Geese Giggle? Julia L. Cothran. 2020. (ENG.). 32p. (J). pap. ***(978-1-83934-010-9(X))*** Olympia Publishers.

Does a Giraffe Ever Feel Small? Madeleine Dodge. 2017. (ENG., Illus.). (J). (gr. k-2). 17.99 *(978-0-692-82983-7(0))* Tulip & Petunia Publishing.

Does a Kangaroo Have a Mother, Too? see ¿el Canguro Tiene Mamá?: Does a Kangaroo Have a Mother, Too? (Spanish Edition)

Does a Rabbit Lay Eggs? Capstone Classroom & Tony Stead. 2017. (What's the Point? Reading & Writing Expository Text Ser.). (ENG., Illus.). 16p. (J). (gr. 1-1). pap. 6.95 *(978-1-4966-0755-3(4)*, 132390, Capstone Classroom) Capstone.

Does an Elephant Float? Capstone Classroom & Tony Stead. 2017. (What's the Point? Reading & Writing Expository Text Ser.). (ENG., Illus.). 16p. (J). (gr. 2-2). pap. 6.95 *(978-1-4966-0751-5(1)*, 132386, Capstone Classroom) Capstone.

Doe's Dandelions. Laura Renauld. Illus. by Jennie Poh. 2023. (Woodland Friends Ser.). 32p. (J). 17.99 *(978-1-5064-8568-3(5)*, Beaming Books) 1517 Media.

Does Earth Feel? 14 Questions for Humans. Marc Majewski. 2021. (ENG., Illus.). 40p. (J). (gr. -1-3). 18.99 *(978-0-06-302153-2(6)*, Tegen, Katherine Bks) HarperCollins Pubs.

Does Everybody Fart? Luis Rodriguez. 2016. (ENG., Illus.). (J). pap. 14.99 *(978-0-9975433-0-8(2))* Alchemy Hero Publishing.

Does God Have a Favorite Pet Dog? James R. Strickland. 2021. (ENG.). 30p. (J). pap. 13.95 *(978-1-63630-989-7(5))* Covenant Bks.

Does God Hear Me When I Pray? Lakisha M. Buckley. 2021. (ENG.). 34p. (J). pap. 9.99 *(978-1-7365288-0-8(7))* Buckley, Lakisha.

Does God Hear Me When I Pray? Elena Yalcin & Lakisha M. Buckley. 2021. (ENG.). 34p. (J). pap. 9.99 *(978-1-7365288-5-3(8))* Buckley, Lakisha.

Does God Hear Me When I Pray? - Children's Christian Prayer Books. Baby Professor. 2017. (ENG., Illus.). (J). pap. 7.89 *(978-1-5419-0315-9(3)*, Baby Professor (Education Kids)) Speedy Publishing LLC.

Does God Know I Like Peanut Butter? Cindy Pesek. Illus. by John Thorn. 2022. (ENG.). 40p. (J). pap. 12.99 *(978-1-63984-210-0(1))* Pen It Pubns.

Does God Love My Magic? My Brother & Me. Shannah D. Fleming. 2022. (ENG.). 20p. (J). pap. ***(978-0-2288-7669-4(9))*** Tellwell Talent.

Does God Make Mistakes? Melanie Richardson Dundy. 2020. (ENG., Illus.). 22p. (J). (gr. k-3). pap. 12.95 *(978-1-0878-7578-1(1))* M D C T Publishing.

Does God Speak Spanish? Heidy Honrado. 2019. (ENG.). 24p. (J). 21.95 *(978-1-64299-226-7(7))* Christian Faith Publishing.

Does God Take Naps? Crystal Bowman & Teri McKinley. 2017. (I've Got Questions Ser.). (ENG., Illus.). 32p. (J). 9.99 *(978-1-4964-1741-1(0)*, 20_28617, Tyndale Kids) Tyndale Hse. Pubs.

Does It Always Snow in Canada? Geography 4th Grade Children's Canada Books. Baby Professor. 2017. (ENG., Illus.). 64p. (J). pap. 9.52 *(978-1-5419-1595-4(X)*, Baby Professor (Education Kids)) Speedy Publishing LLC.

Does It Fart? A Kid's Guide to the Gas Animals Pass. Nick Caruso & Dani Rabaiotti. Illus. by Alex G. Griffiths. 2019. (ENG.). 48p. (J). (gr. -1-3). 17.99 *(978-0-316-49104-4(7))* Little, Brown Bks. for Young Readers.

Does It Hurt... see Como Duele...

Does It Rain Food? Jonathan Marshall. Illus. by Teguh Sulistio. 2021. (ENG.). 33p. (J). *(978-1-300-34203-8(X))* Lulu Pr., Inc.

Does Love Always Win? Diane Billas. 2023. (ENG.). 318p. (YA). pap. 12.99 ***(978-1-956183-70-2(1))*** Creative James Media.

Does Money Grow on Trees? Farming Is Fun. Jane Sheffer. Illus. by Duff Lueder. 2017. (ENG.). (J). pap. 12.99 *(978-0-9973189-3-7(7))* Growing Senses Pubns.

Does My Body Offend You? Mayra Cuevas & Marie Marquardt. 432p. (YA). (gr. 7). 2023. pap. 12.99 ***(978-0-593-42588-6(X)***, Ember); 2022. (Illus.). 18.99 *(978-0-593-42585-5(5)*, Knopf Bks. for Young Readers); 2022. (ENG., Illus.). lib. bdg. 21.99 *(978-0-593-42586-2(3)*, Knopf Bks. for Young Readers) Random Hse. Children's Bks.

Does Technology Make People Lazy?, 1 vol. Katie Kawa. 2018. (Points of View Ser.). (ENG.). 24p. (gr. 3-3). 26.23 *(978-1-5345-2563-4(7)*, c6b4ad82-67b0-4d91-a644-e0bb55f7740b, KidHaven Publishing) Greenhaven Publishing LLC.

Does the Bill of Rights Give Me Freedom? Government Book for Kids Children's Government Books. Baby Professor. 2017. (ENG., Illus.). (J). pap. 9.55 *(978-1-5419-1558-9(5)*, Baby Professor (Education Kids)) Speedy Publishing LLC.

Does the Ocean Ever Stop? Judy Brown. 2021. (ENG., Illus.). 30p. (J). 23.95 *(978-1-0980-6836-3(X))*; pap. 13.95 *(978-1-0980-6835-6(1))* Christian Faith Publishing.

Does the Yeti Really Live in the Himalayas? - Hiking in Nepal Grade 4 - Children's Geography & Cultures Books. Baby Professor. 2019. (ENG.). 78p. (J). pap. 15.23 *(978-1-5419-5364-2(9))*; 25.22 *(978-1-5419-7719-8(X))* Speedy Publishing LLC. (Baby Professor (Education Kids)).

Does This Poo Belong to You? Danielle McLean. Illus. by Anna Süßbauer. 2023. (ENG.). 12p. (J). (-k). bds. 9.99 *(978-1-6643-5068-7(3))* Tiger Tales.

Does Voting Matter?, 1 vol. Leslie Beckett. 2017. (Points of View Ser.). (ENG.). 24p. (J). (gr. 3-3). pap. 9.25 *(978-1-5345-2491-0(6)*, 3c167fc8-abe6-4e79-962a-e5cd11b7532b); lib. bdg. 26.23 *(978-1-5345-2429-3(0)*, 7e6935ae-5017-472f-8dd2-388100e7ae28) Greenhaven Publishing LLC.

Does Your Dog Speak Hebrew? A Book of Animal Sounds. Ellen Bari. Illus. by Holly Clifton-Brown. 2020. (ENG.). 14p. (J). (gr. -1 — 1). bds. 7.99 *(978-1-5415-6089-5(2)*, 36d82c5a-b2dd-43bf-af99-463931d0c2cb, Kar-Ben Publishing) Lerner Publishing Group.

Doesticks: What He Says (Classic Reprint) Q. K. Philander Doesticks. 2017. (ENG., Illus.). (J). 31.07 *(978-1-5285-8279-7(9))* Forgotten Bks.

Doffed Coronet: A True Story (Classic Reprint) Marguerite Cunliffe-Owen. 2018. (ENG., Illus.). 572p. (J). 35.71 *(978-0-483-45825-3(2))* Forgotten Bks.

Dog. Douglas Bender. 2022. (My First Pet Ser.). (ENG.). 16p. (J). (gr. -1-1). pap. 7.95 *(978-1-63897-544-1(2)*, 20807); lib. bdg. 25.27 *(978-1-63897-429-1(2)*, 20806) Seahorse Publishing.

Dog. Dawn Bluemel Oldfield. 2016. (See Them Grow Ser.). (ENG., Illus.). 24p. (J). (gr. -1-3). 26.99 *(978-1-68402-043-0(3))* Bearport Publishing Co., Inc.

Dog. Barry Cole. 2019. (My Pet Ser.). (ENG.). 16p. (J). (gr. -1-2). pap. 9.95 *(978-1-7316-0406-4(8)*, 9781731604064) Rourke Educational Media.

Dog. Jill Foran & Katie Gillespie. 2019. (J). *(978-1-7911-1916-4(6)*, AV2 by Weigl) Weigl Pubs., Inc.

Dog. August Hoeft. (I See Animals Ser.). (ENG.). (J). (gr. k-1). 2022. 20p. 24.99 ***(978-1-5324-3398-6(0))***; 2022. 20p. pap. 12.99 ***(978-1-5324-4201-8(7))***; 2020. 12p. pap. 5.99 *(978-1-5324-1479-4(X))* Xist Publishing.

Dog. Cecilia Minden. 2018. (Learn about Animals Ser.). (ENG., Illus.). 16p. (J). (gr. -1-2). pap. 11.36 *(978-1-5341-2396-0(2)*, 210577) Cherry Lake Publishing.

Dog. Helen Mixter. Illus. by Margarita Sada. 2017. 24p. (J). (gr. -1). 18.95 *(978-1-77164-271-2(8)*, Greystone Kids) Greystone Books Ltd. CAN. Dist: Publishers Group West (PGW).

Dog. Rozanne Williams. 2017. (Learn-To-Read Ser.). (ENG., Illus.). (J). pap. 3.49 *(978-1-68310-326-4(2))* Pacific Learning, Inc.

Dog Activity Book for Kids, Activity Book. Smarter Activity Books for Kids. 2016. (ENG., Illus.). (J). pap. 9.22 *(978-1-68374-001-8(7))* Examined Solutions PTE. Ltd.

Dog & Dogs (Classic Reprint) Joseph Edward Harry. 2017. (ENG., Illus.). (J). pap. 13.57 *(978-0-259-48142-3(4))* Forgotten Bks.

Dog & Friends! A Box of Exciting Picture Books, 6 vols. Armadillo Press. 2017. (ENG., Illus.). 54p. (J). (gr. -1-12). bds. 14.99 *(978-1-86147-640-1(X)*, Armadillo) Anness Publishing GBR. Dist: National Bk. Network.

Dog & Friends: Birthday. Illus. by Emma Dodd. 2017. 12p. (J). (gr. -1-12). bds. 9.99 *(978-1-86147-836-8(4)*, Armadillo) Anness Publishing GBR. Dist: National Bk. Network.

Dog & Friends: Busy Day. Illus. by Emma Dodd. 2017. 12p. (J). (gr. -1-12). bds. 9.99 *(978-1-86147-835-1(6)*, Armadillo) Anness Publishing GBR. Dist: National Bk. Network.

Dog & Friends: Shapes. Emma Dodd. 2017. (Illus.). 12p. (J). (gr. -1-12). bds. 9.99 *(978-1-86147-844-3(5)*, Armadillo) Anness Publishing GBR. Dist: National Bk. Network.

Dog & Friends: Sounds. Emma Dodd. 2017. (Illus.). 12p. (J). (gr. -1-12). bds. 9.99 *(978-1-86147-841-2(0)*, Armadillo) Anness Publishing GBR. Dist: National Bk. Network.

Dog & His Bone. Mister Brock. Illus. by Stephen Low. 2018. (ENG.). 42p. (J). pap. 13.99 *(978-1-948026-18-5(X))* Write Integrity Pr.

Dog & Rabbit. Barney Saltzberg. Illus. by Barney Saltzberg. 2019. (Illus.). 48p. (J). (gr. -1-2). lib. bdg. 14.99 *(978-1-62354-107-1(7))* Charlesbridge Publishing, Inc.

Dog & the Butterfly & Other Fables. Kenneth L. Haley. Illus. by Shelby Faircloth. 2022. (ENG.). 46p. (J). 26.99 ***(978-1-958878-13-2(8))*** Booklocker.com, Inc.

Dog & the Butterfly & Other Fables. Kenneth L. Haley & Shelby Faircloth. 2022. (ENG.). 46p. (J). pap. 16.99 ***(978-1-958878-12-5(X))*** Booklocker.com, Inc.

Dog & the Child & the Ancient Sailor Man. Robert Alexander Wason. 2017. (ENG., Illus.). (J). pap. *(978-0-649-56413-2(8))* Trieste Publishing Pty Ltd.

Dog & the Child & the Ancient Sailor Man. Robert Alexander Wason. 2018. (ENG., Illus.). 108p. (J). pap. 8.95 *(978-1-63391-661-6(8))* Westphalia Press.

Dog & the Child & the Ancient Sailor Man (Classic Reprint) Robert Alexander Wason. (ENG., Illus.). (J). 2018. 220p. 28.45 *(978-0-483-36418-9(5))*; 2017. pap. 10.97 *(978-0-243-06113-6(7))* Forgotten Bks.

Dog & the Fox. Jenny Jinks. Illus. by Hannah Wood. 2019. (Early Bird Readers — Yellow (Early Bird Stories (tm)) Ser.). (ENG.). 32p. (J). (gr. -1-2). 29.32 *(978-1-5415-4171-9(5)*, d70edd4f-ed5f-4894-8f04-16fded5e26ad, Lerner Pubns.) Lerner Publishing Group.

Dog & the Frog. Nithan Jeyakumaran. 2020. (ENG.). 28p. (J). pap. *(978-1-5289-1868-8(1))* Austin Macauley Pubs. Ltd.

Dog & the Jet Ski. James B. Dworkin. 2016. (ENG., Illus.). (J). 25.95 *(978-1-4808-3023-3(2))*; pap. 16.95 *(978-1-4808-3022-6(4))* Archway Publishing.

Dog at Sea. Greg Seff. Illus. by Elizabeth Smyth. 2020. (ENG.). 36p. (J). 18.95 *(978-0-9986438-2-3(3))* Fire Island Pr.

Dog at the End of the Lane. Mak James. 2022. (ENG., Illus.). 30p. (J). pap. 11.95 ***(978-1-68570-784-2(X))*** Christian Faith Publishing.

Dog at the Gate: How a Throw-Away Dog Becomes Special. Sunny Weber. 2017. (ENG., Illus.). (J). pap. 15.00 *(978-0-9966612-4-9(7))* Pups & Purrs Pr.

Dog Ate My Homework. Aaron James. 2018. (ENG., Illus.). 18p. (J). pap. *(978-1-912262-80-9(0))* Clink Street Publishing.

Dog Ate My Homework. Patrick Kennedy. 2019. (ENG.). 38p. (YA). pap. *(978-1-925880-93-9(1))* Tablo Publishing.

Dog Ate My Homework! Hidden Picture Activity Book. Kreative Kids. 2016. (ENG., Illus.). (J). pap. 10.81 *(978-1-68377-037-4(4))* Whlke, Traudl.

Dog Beach Unleashed (the Seagate Summers #2) Lisa Greenwald. 2016. (ENG.). 256p. (J). (gr. 3-7). pap. 7.95 *(978-1-4197-2056-7(2)*, 1072003, Amulet Bks.) Abrams, Inc.

Dog Behavior. Marie Pearson. 2023. (Animal Behavior Ser.). (ENG.). 32p. (J). (gr. 2-5). lib. bdg. 34.21 ***(978-1-0982-9102-0(6)***, 42002, Kids Core) ABDO Publishing Co.

Dog Book: A Minibombo Book. Lorenzo Clerici. Illus. by Lorenzo Clerici. 2017. (Minibombo Ser.). (ENG., Illus.). 32p. (J). (-k). 9.99 *(978-0-7636-9487-6(8))* Candlewick Pr.

Dog Breaking. William Nelson Hutchinson. 2017. (ENG.). 406p. (J). pap. *(978-3-337-33739-1(2))* Creation Pubs.

Dog Breath: the Horrible Trouble with Hally Tosis. Dav Pilkey. Illus. by Dav Pilkey. 3rd ed. 2019. (ENG., Illus.). 32p. (J). (gr. -1-3). 14.99 *(978-1-338-53923-3(X))* Scholastic, Inc.

Dog Breath: the Horrible Trouble with Hally Tosis (Board Book) Dav Pilkey. Illus. by Dav Pilkey. 2020. (ENG., Illus.). 34p. (J). (gr. -1 — 1). bds. 8.99 *(978-1-338-70244-6(0)*, Cartwheel Bks.) Scholastic, Inc.

Dog Breed Guide: A Complete Reference to Your Best Friend Fur-Ever. Gary Weitzman. 2019. (Illus.). 288p. (J). (gr. 3-7). 19.99 *(978-1-4263-3445-0(1))*; (ENG., lib. bdg. 29.90 *(978-1-4263-3446-7(X))* Disney Publishing Worldwide. (National Geographic Kids).

Dog by Any Other Name Is Not the Same. J. G. Piper. Illus. by Linda Apple. 2017. (ENG.). (J). (gr. k-4). 19.99 *(978-0-9916561-2-7(1))* Piper, J.G.

D

Dog Called Cat. Ann Ramathas. 2016. (ENG.). 24p. (J). 20.95 *(978-1-78554-493-4(4)*, 8212886b-82b0-46ac-96c8-533ef1d9d452); (Illus.). pap. 14.95 *(978-1-78554-492-7(6)*, 94af24b9-cb8e-4dbc-96b9-e38ec9bcf4) Austin Macauley Pubs. Ltd. GBR. Dist: Baker & Taylor Publisher Services (BTPS).

Dog Can Hide: Ready-To-Read Ready-to-Go! Laura Gehl. Illus. by Fred Blunt. 2023. (Ready-To-Read Ser.). (ENG.). 32p. (J). (gr. -1-k). 17.99 *(978-1-5344-9956-0(3))*; pap. 4.99 *(978-1-5344-9955-3(5))* Simon Spotlight. (Simon Spotlight).

Dog (Classic Reprint) Jonathan Lamb. 2019. (ENG., Illus.). (J). 20p. 24.33 *(978-1-397-28745-8(4))*; 22p. pap. 7.97 *(978-1-397-28718-2(7))* Forgotten Bks.

Dog Coats: A Funny Rhyming Family Read Aloud Picture Book. Dawn Yu Renwick. 2022. (ENG.). 40p. (J). 17.99 ***(978-1-0880-5627-1(X))*** Indy Pub.

Dog Collar: Issue 1. Patricia Ricken LeRoux. 2020. (Dog Collar Ser.: Vol. 1). (ENG., Illus.). 44p. (YA). *(978-0-2288-2209-7(2))*; pap. *(978-0-2288-2208-0(4))* Tellwell Talent.

Dog Coloring Book for Kids Ages 4-8: Cute & Adorable Cartoon Dogs & Puppies. Young Dreamers Press. Illus. by Fairy Crocs. 2022. (ENG.). 70p. (J). pap. ***(978-1-990136-77-1(X))*** EnemyOne.

DOG CRUSOE & HIS MASTER (a Children's Classic) The Incredible Adventures of a Dog & His Master in the Western Prairies. Robert Michael Ballantyne. 2019. (ENG.). 140p. (YA). pap. *(978-80-268-9215-1(1))* E-Artnow.

Dog Day: Or the Angel in the House (Classic Reprint) Walter Emanuel. 2017. (ENG., Illus.). (J). 25.28 *(978-1-5285-6034-4(5))* Forgotten Bks.

Dog Days. Illus. by Andrea Posner-Sanchez. 2016. 22p. (J). *(978-1-5182-3229-9(9))* Random Hse., Inc.

Dog Days. Random House & Andrea Posner-Sanchez. Illus. by Random House. ed. 2016. (Step into Reading Level 2 Ser.). (ENG., Illus.). 24p. (J). (gr. -1-2). 14.75 *(978-0-606-39356-0(0))* Turtleback.

Dog Days in the City. Jodi Kendall. Illus. by Pascal Campion. (ENG.). (J). (gr. 3-7). 2019. 336p. pap. 9.99 *(978-0-06-248457-4(5))*; 2018. 320p. 16.99 *(978-0-06-248456-7(7))* HarperCollins Pubs. (HarperCollins).

Dog Days of History: The Incredible Story of Our Best Friends. Sarah Albee. 2018. (Illus.). 112p. (J). (gr. 3-7). 19.99 *(978-1-4263-2971-5(7))*; (ENG., lib. bdg. 28.90 *(978-1-4263-2972-2(5))* Disney Publishing Worldwide. (National Geographic Kids).

Dog Days of School. Kelly DiPucchio. ed. 2018. (ENG.). 38p. (J). (gr. -1-1). 15.96 *(978-1-64310-714-1(3))* Penworthy Co., LLC, The.

Dog Days of School. Kelly DiPucchio. ed. 2017. (J). lib. bdg. 16.00 (978-0-606-39971-5(2)) Turtleback.

Dog Daze, 1 vol. Sofi Benitez & Joyce Magnin. 2017. (ENG., Illus.). 240p. (J). 16.99 (978-1-943785-19-3(8), dd90c210-8de4-4522-9038-8d8d71d4e7f8) Rabbit Pubs.

Dog Diaries: A Middle School Story. James Patterson. Illus. by Richard Watson. 2018. (Dog Diaries: 1). (ENG.). 208p. (J). (gr. 2-7). 9.99 (978-0-316-48748-1(1), Jimmy Patterson) Little Brown & Co.

Dog Diaries: Sparky. Kate Klimo. Illus. by Tim Jessell. 2016. (Dog Diaries: 9). 160p. (J). (gr. 2-5). pap. 8.99 (978-0-553-53493-1(9), Random Hse. Bks. for Young Readers) Random Hse. Children's Bks.

Dog Diaries #10: Rolf, Vol. 10. Kate Klimo. Illus. by Tim Jessell. 2017. (Dog Diaries: 10). (ENG.). 160p. (J). (gr. 2-5). pap. 8.99 (978-0-399-55128-4(X), Random Hse. Bks. for Young Readers) Random Hse. Children's Bks.

Dog Diaries #11: Tiny Tim (Dog Diaries Special Edition) Kate Klimo. Illus. by Tim Jessell. 2017. (Dog Diaries: 11). 176p. (J). (gr. 2-5). pap. 7.99 (978-0-399-55131-4(X), Random Hse. Bks. for Young Readers) Random Hse. Children's Bks.

Dog Diaries #12: Susan. Kate Klimo. Illus. by Tim Jessell. 2018. (Dog Diaries: 12). 160p. (J). (gr. 2-5). pap. 7.99 (978-1-5247-1964-7(1), Random Hse. Bks. for Young Readers) Random Hse. Children's Bks.

Dog Diaries #13: Fido. Kate Klimo. Illus. by Tim Jessell. 2018. (Dog Diaries: 13). (ENG.). 160p. (J). (gr. 2-5). pap. 7.99 (978-1-5247-1967-8(6), Random Hse. Bks. for Young Readers) Random Hse. Children's Bks.

Dog Diaries #14: Sunny. Kate Klimo. Illus. by Tim Jessell. 2019. (Dog Diaries: 14). 160p. (J). (gr. 2-5). pap. 7.99 (978-0-525-64823-9(2), Random Hse. Bks. for Young Readers) Random Hse. Children's Bks.

Dog Diaries #8: Fala. Kate Klimo. Illus. by Tim Jessell. 2016. (Dog Diaries: 8). 160p. (J). (gr. 2-5). pap. 7.99 (978-0-553-53490-0(4), Random Hse. Bks. for Young Readers) Random Hse. Children's Bks.

Dog Diaries: Big Top Bonanza. James Patterson. Illus. by Richard Watson. 2023. (Dog Diaries: 7). (ENG.). 192p. (J). (gr. 2-7). 9.99 (978-0-316-41102-8(7), Jimmy Patterson) Little Brown & Co.

Dog Diaries: Curse of the Mystery Mutt: A Middle School Story. James Patterson. Illus. by Richard Watson. 2020. (Dog Diaries: 4). (ENG.). 192p. (J). (gr. 2-7). 9.99 (978-0-316-43007-4(2), Jimmy Patterson) Little Brown & Co.

Dog Diaries: Dinosaur Disaster. James Patterson. Illus. by Richard Watson. 2022. (Dog Diaries: 6). (ENG.). 208p. (J). (gr. 2-7). 9.99 (978-0-316-33463-1(4), Jimmy Patterson) Little Brown & Co.

Dog Diaries: Doggy Doubleheader: Two Dog Diaries Books in One: Mission ImPAWsible & Curse of the Mystery Mutt. James Patterson & Steven Butler. Illus. by Richard Watson. 2022. (Dog Diaries). (ENG.). 368p. (J). (gr. 2-7). 13.99 (978-0-316-46842-8(8), Jimmy Patterson) Little Brown & Co.

Dog Diaries: Double-Dog Dare: Dog Diaries & Dog Diaries: Happy Howlidays. James Patterson & Steven Butler. Illus. by Richard Watson. 2020. (Dog Diaries). (ENG.). 464p. (J). (gr. 2-7). 13.99 (978-0-316-49909-5(9), Jimmy Patterson) Little Brown & Co.

Dog Diaries: Happy Howlidays: A Middle School Story. James Patterson & Steven Butler. 2019. (Dog Diaries: 2). (ENG., Illus.). 240p. (J). (gr. 2-7). 9.99 (978-0-316-45618-0(7), Jimmy Patterson) Little Brown & Co.

Dog Diaries: Mission Impawsible: A Middle School Story. James Patterson & Steven Butler. Illus. by Richard Watson. 2020. (Dog Diaries: 3). (ENG.). 192p. (J). (gr. 2-7). 9.99 (978-0-316-49447-2(X), Jimmy Patterson) Little Brown & Co.

Dog Diaries: Ruffing It: A Middle School Story. James Patterson. Illus. by Richard Watson. 2021. (Dog Diaries: 5). (ENG.). 208p. (J). (gr. 2-7). 9.99 (978-0-316-50021-0(6), Jimmy Patterson) Little Brown & Co.

Dog Dog Goose. W. Bruce Cameron. ed. 2021. (Lily to the Rescue Ser.). (ENG., Illus.). 139p. (J). (gr. 2-3). 15.49 (978-1-64697-551-8(0)) Penworthy Co., LLC, The.

Dog Driven. Terry Lynn Johnson. (ENG., Illus.). 240p. (J). (gr. 5). 2021. pap. 7.99 (978-0-358-44770-2(4), 1795513); 2019. 17.99 (978-1-328-55159-7(8), 1724778) HarperCollins Pubs. (Clarion Bks.).

Dog Eat Dog World Óthe Puppies & the Backyard Bulliesó. Christopher Vince Gonzales. 2018. (ENG., Illus.). 52p. (J). pap. (978-1-387-56536-8(2)) Lulu Pr., Inc.

Dog Encyclopedia. Merriam Garcia. 2020. (Animal Encyclopedias Ser.). (ENG., Illus.). 192p. (J). (gr. 4-8). lib. bdg. 49.93 (978-1-5321-9300-2(9), 34785, Early Encyclopedias) ABDO Publishing Co.

Dog Encyclopedia for Kids. Tammy Gagne. ed. 2017. (ENG., Illus.). 208p. (J). (gr. 3-9). pap., pap., pap. 14.95 (978-1-62370-694-4(7), 131944, Capstone Young Readers) Capstone.

Dog Fennel in the Orient (Classic Reprint) Charles C. Moore. 2017. (ENG., Illus.). (J). 31.03 (978-0-331-46062-9(9)); pap. 13.57 (978-1-334-91698-4(5)) Forgotten Bks.

Dog for Everyone / un Perro para Todo el Mundo. Katrina Streza. 2017. (Xist Kids Bilingual Spanish English Ser.). (ENG & SPA.). 32p. (J). (gr. -1-3). pap. 9.99 (978-1-5324-0295-1(3)) Xist Publishing.

Dog for John. Sherry Chappell. 2023. (ENG.). 20p. (J). pap. 11.95 (978-1-6624-8669-2(3)) Page Publishing.

Dog for Me. Shena McKenzie. 2023. (ENG.). 40p. (J). pap. (978-1-80381-257-1(5)) Grosvenor Hse. Publishing Ltd.

Dog-Friendly Town. Josephine Cameron. 2022. (ENG., Illus.). 400p. (J). pap. 9.99 (978-1-250-79178-8(2), 900176084) Square Fish.

Dog Friends. Sandy Lawton. 2017. (ENG., Illus.). (J). pap. 23.95 (978-1-4808-4874-0(3)) Archway Publishing.

Dog-Gone Danger. Linda Joy Singleton. 2018. (Curious Cat Spy Club Ser.: 5). (ENG.). 288p. (J). (gr. 3-7). pap. 9.99 (978-0-8075-1390-3(3), 807513903) Whitman, Albert & Co.

Dog Groomer: Beautifying Man's Best Friend. Christie Marlowe & Andrew Morkes. 2019. (Careers with Earning Potential Ser.). (Illus.). 80p. (J). (gr. 12). lib. bdg. 34.60 (978-1-4222-4325-1(7)) Mason Crest.

Dog Groups Set. Various Authors. 2022. (ENG.). 32p. (J). (gr. 3-8). 195.65 (978-1-64487-803-3(8), Blastoff! Readers) Bellwether Media.

Dog Has Eaten - Asu Han Ona. Mayra Walsh. Illus. by Jovan Carl Segura. 2021. (TET.). 24p. (J). pap. (978-1-922591-11-1(4)) Library For All Limited.

Dog Heroes. Heather Pidcock-Reed. 2021. (Living with Dogs Ser.). (ENG.). (YA). (gr. 7-12). 34.60 (978-1-4222-4512-5(8)) Mason Crest.

Dog in a Bed. Cecilia Minden. Illus. by Kelsey Collings. 2021. (Little Blossom Stories Ser.). (ENG.). 16p. (J). (gr. -1-2). pap. 11.36 (978-1-5341-8804-4(5), 218970, Cherry Blossom Press) Cherry Lake Publishing.

Dog in the Wood. Monika Schröder. 2019. 176p. (J). (gr. 5). pap. 8.95 (978-1-68437-277-5(1), Astra Young Readers) Astra Publishing Hse.

Dog in Time. Genevieve Noelle. 2022. (ENG., Illus.). 210p. (J). pap. 18.95 (978-1-63961-503-2(2)) Christian Faith Publishing.

Dog Intelligence Test see Dog Intelligence Test: Kathy Coon's Dog Intelligence Test

Dog Knight. Jeremy Whitley. Illus. by Bre Indigo. 2023. (Dog Knight Ser.: 1). (ENG.). 224p. (J). 22.99 (978-1-250-75671-8(5), 900226109); pap. 14.99 (978-1-250-75672-5(3), 900226110) Feiwel & Friends.

Dog Learns to Share. Laurie Friedman. 2022. (Duck & Dog Ser.). (ENG.). 24p. (J). (gr. k-2). pap. 8.50 (978-1-63897-631-8(7), 19756); lib. bdg. 27.33 (978-1-63897-516-8(7), 19755) Seahorse Publishing.

Dog Like Daisy. Kristin O'Donnell Tubb. (ENG.). 192p. (J). (gr. 3-7). 2019. pap. 9.99 (978-0-06-246325-8(X)); 2017. 16.99 (978-0-06-246324-1(1)) HarperCollins Pubs. (Tegen, Katherine Bks).

Dog Lovers Galore! Coloring Books Dogs Edition. Creative Playbooks. 2016. (ENG., Illus.). (J). pap. 7.74 (978-1-68323-104-2(X)) Twin Flame Productions.

Dog Loves Fairy Tales. Louise Yates. 2016. (Illus.). 32p. (J). pap. 13.99 (978-1-78295-593-1(3), Red Fox) Random House Children's Books GBR. Dist: Independent Pubs. Group.

Dog Man, 1. Dav Pilkey. 2016. (Dog Man Ser.). (ENG.). 240p. (gr. 1-4). 31.19 (978-1-4844-9091-4(6), Graphix) Scholastic, Inc.

Dog Man: A Graphic Novel. Dav Pilkey. Illus. by Dav Pilkey. 2016. (Dog Man Ser.: 1). (ENG., Illus.). 240p. (J). (gr. 2). 9.99 (978-0-545-58160-8(5), Graphix) Scholastic, Inc.

Dog Man: Brawl of the Wild, Vol. 6. Dav Pilkey. Illus. by Dav Pilkey. 2018. (Dog Man Ser.: 6). (ENG., Illus.). 224p. (J). (gr. 2-2). 9.99 (978-1-338-23657-6(1), Graphix) Scholastic, Inc.

Dog Man - A Tale of Two Kitties: Creator of Captain Underpants. Dav Pilkey. Illus. by Dav Pilkey. 2017. (Dog Man Ser.: 3). (ENG., Illus.). 256p. (J). (gr. 2-5). 9.99 (978-0-545-93521-0(0), Graphix) Scholastic, Inc.

Dog Man - Lord of the Fleas: Creator of Captain Underpants. Dav Pilkey. Illus. by Dav Pilkey. 2018. (Dog Man Ser.: 5). (ENG., Illus.). 256p. (J). (gr. 2-2). 9.99 (978-0-545-93517-3(2), Graphix) Scholastic, Inc.

Dog Man #4 see Hombre Perro y Supergatito (Dog Man & Cat Kid)

Dog Man: a Graphic Novel (Dog Man #1): from the Creator of Captain Underpants. Dav Pilkey. Illus. by Dav Pilkey. 2021. (Dog Man Ser.: 1). (ENG., Illus.). 240p. (J). (gr. 2-2). 12.99 (978-1-338-74103-2(9), Graphix) Scholastic, Inc.

Dog Man: a Graphic Novel (Dog Man #1): from the Creator of Captain Underpants (Library Edition) Dav Pilkey. Illus. by Dav Pilkey. 2019. (Dog Man Ser.: 1). (ENG., Illus.). 240p. (J). (gr. 2-2). 24.99 (978-1-338-61194-6(1), Graphix) Scholastic, Inc.

Dog Man: a Tale of Two Kitties see Hombre Perro: Historia de Dos Gatitos (Dog Man: a Tale of Two Kitties)

Dog Man: a Tale of Two Kitties: a Graphic Novel (Dog Man #3): from the Creator of Captain Underpants. Dav Pilkey. Illus. by Dav Pilkey. 2021. (Dog Man Ser.: 3). (ENG., Illus.). 256p. (J). (gr. 2-2). 12.99 (978-1-338-74105-6(5), Graphix) Scholastic, Inc.

Dog Man: a Tale of Two Kitties: a Graphic Novel (Dog Man #3): from the Creator of Captain Underpants (Library Edition) Dav Pilkey. Illus. by Dav Pilkey. 2019. (Dog Man Ser.: 3). (ENG., Illus.). 256p. (J). (gr. 2-2). 24.99 (978-1-338-61199-1(2), Graphix) Scholastic, Inc.

Dog Man & Cat Kid. Dav Pilkey. ed. 2018. (Dog Man Ser.: 4). lib. bdg. 20.85 (978-0-606-41162-2(3)) Turtleback.

Dog Man & Cat Kid: Creator of Captain Underpants, Vol. 4. Dav Pilkey. Illus. by Dav Pilkey. 2017. (Dog Man Ser.: 4). (ENG., Illus.). 256p. (J). (gr. 2). 9.99 (978-0-545-93518-0(0), Graphix) Scholastic, Inc.

Dog Man & Cat Kid: a Graphic Novel (Dog Man #4): from the Creator of Captain Underpants. Dav Pilkey. Illus. by Dav Pilkey. 2021. (Dog Man Ser.: 4). (ENG., Illus.). 256p. (J). (gr. 2-2). 12.99 (978-1-338-74106-3(3), Graphix) Scholastic, Inc.

Dog Man & Cat Kid: a Graphic Novel (Dog Man #4): from the Creator of Captain Underpants (Library Edition) Dav Pilkey. Illus. by Dav Pilkey. 2017. (Dog Man Ser.: 4). (ENG., Illus.). 256p. (J). (gr. 2). lib. bdg. 16.99 (978-1-338-23037-6(9), Graphix) Scholastic, Inc.

Dog Man: Brawl of the Wild: a Graphic Novel (Dog Man #6): from the Creator of Captain Underpants. Dav Pilkey. Illus. by Dav Pilkey. 2021. (Dog Man Ser.: 6). (ENG., Illus.). 224p. (J). (gr. 2-2). 12.99 (978-1-338-74108-7(X), Graphix) Scholastic, Inc.

Dog Man: Brawl of the Wild: a Graphic Novel (Dog Man #6): from the Creator of Captain Underpants (Library Edition) Dav Pilkey. Illus. by Dav Pilkey. 2018. (Dog Man Ser.: 6). (ENG., Illus.). 224p. (J). (gr. 2-2). lib. bdg. 24.99 (978-1-338-29092-9(4), Graphix) Scholastic, Inc.

Dog Man: Fetch-22: a Graphic Novel (Dog Man #8): from the Creator of Captain Underpants. Dav Pilkey. Illus. by Dav Pilkey. 2019. (Dog Man Ser.: 8). (ENG., Illus.). 240p. (J). (gr. 2). 12.99 (978-1-338-32321-4(0), Graphix) Scholastic, Inc.

Dog Man: Fetch-22: a Graphic Novel (Dog Man #8): from the Creator of Captain Underpants (Library Edition) Dav Pilkey. Illus. by Dav Pilkey. 2019. (Dog Man Ser.: 8). (ENG., Illus.). 240p. (J). (gr. 2). lib. bdg. 24.99 (978-1-338-32322-1(9), Graphix) Scholastic, Inc.

Dog Man: for Whom the Ball Rolls: a Graphic Novel (Dog Man #7): from the Creator of Captain Underpants. Dav Pilkey. Illus. by Dav Pilkey. 2019. (Dog Man Ser.: 7). (ENG., Illus.). 240p. (J). (gr. 2-2). 12.99 (978-1-338-23659-0(8), Graphix) Scholastic, Inc.

Dog Man: for Whom the Ball Rolls: a Graphic Novel (Dog Man #7): from the Creator of Captain Underpants (Library Edition) Dav Pilkey. Illus. by Dav Pilkey. 2019. (Dog Man Ser.: 7). (ENG., Illus.). 240p. (J). (gr. 2-2). lib. bdg. 24.99 (978-1-338-29094-3(0), Graphix) Scholastic, Inc.

Dog Man: Grime & Punishment: a Graphic Novel (Dog Man #9): from the Creator of Captain Underpants. Dav Pilkey. Illus. by Dav Pilkey. 2020. (Dog Man Ser.: 9). (ENG., Illus.). 240p. (J). (gr. 2-2). 12.99 (978-1-338-53562-4(5), Graphix) Scholastic, Inc.

Dog Man: Grime & Punishment: a Graphic Novel (Dog Man #9): from the Creator of Captain Underpants (Library Edition) Dav Pilkey. Illus. by Dav Pilkey. 2020. (Dog Man Ser.: 9). (ENG., Illus.). 240p. (J). (gr. 2-2). 24.99 (978-1-338-53563-1(3), Graphix) Scholastic, Inc.

Dog Man: Lord of the Fleas: a Graphic Novel (Dog Man #5): from the Creator of Captain Underpants. Dav Pilkey. Illus. by Dav Pilkey. 2021. (Dog Man Ser.: 5). (ENG., Illus.). 256p. (J). (gr. 2-2). 12.99 (978-1-338-74107-0(1), Graphix) Scholastic, Inc.

Dog Man: Lord of the Fleas: a Graphic Novel (Dog Man #5): from the Creator of Captain Underpants (Library Edition) Dav Pilkey. Illus. by Dav Pilkey. 2018. (Dog Man Ser.: 5). (ENG., Illus.). 256p. (J). (gr. 2-2). lib. bdg. 16.99 (978-1-338-29091-2(6), Graphix) Scholastic, Inc.

Dog Man: Mothering Heights: a Graphic Novel (Dog Man #10): from the Creator of Captain Underpants. Dav Pilkey. Illus. by Dav Pilkey. 2021. (Dog Man Ser.: 10). (ENG., Illus.). 224p. (J). (gr. 2-2). 24.99 (978-1-338-68046-1(3)); 12.99 (978-1-338-68045-4(5)) Scholastic, Inc. (Graphix).

Dog Man: the Epic Collection: from the Creator of Captain Underpants (Dog Man #1-3 Box Set), 1 vol., Vol. 1. Dav Pilkey. Illus. by Dav Pilkey. 2017. (Dog Man Ser.). (ENG., Illus.). 720p. (J). (gr. 2-2). 29.97 (978-1-338-23064-2(6), Graphix) Scholastic, Inc.

Dog Man: the Supa Buddies Mega Collection: from the Creator of Captain Underpants (Dog Man #1-10 Box Set), 1 vol. Dav Pilkey. Illus. by Dav Pilkey. 2022. (Dog Man Ser.). (ENG.). 2400p. (J). (gr. 2-2). 129.90 (978-1-338-79216-4(4), Graphix) Scholastic, Inc.

Dog Man: Twenty Thousand Fleas under the Sea: a Graphic Novel (Dog Man #11): from the Creator of Captain Underpants, Vol. 11. Dav Pilkey. Illus. by Dav Pilkey. 2023. (Dog Man Ser.). (ENG., Illus.). 240p. (J). (gr. 2). 14.99 (978-1-338-80191-0(0), Graphix) Scholastic, Inc.

Dog Man: Twenty Thousand Fleas under the Sea: a Graphic Novel (Dog Man #11): from the Creator of Captain Underpants (Library Edition) Dav Pilkey. Illus. by Dav Pilkey. 2023. (Dog Man Ser.). (ENG.). 240p. (J). (gr. 2). 24.99 (978-1-338-80192-7(9), Graphix) Scholastic, Inc.

Dog Man Unleashed. Dav Pilkey. ed. 2016. (Dog Man Ser.: 2). (ENG.). (J). (gr. 2). lib. bdg. 20.85 (978-0-606-39709-4(4)); 240p. 20.85 (978-0-606-39115-3(0)) Turtleback.

Dog Man: Unleashed: Creator of Captain Underpants, Vol. 2. Dav Pilkey. Illus. by Dav Pilkey. 2016. (Dog Man Ser.: 2). (ENG., Illus.). 224p. (J). (gr. 2-7). 9.99 (978-0-545-93520-3(2), Graphix) Scholastic, Inc.

Dog Man Unleashed: a Graphic Novel (Dog Man #2): from the Creator of Captain Underpants. Dav Pilkey. Illus. by Dav Pilkey. 2021. (Dog Man Ser.: 2). (ENG., Illus.). 224p. (J). (gr. 2-2). 12.99 (978-1-338-74104-9(7), Graphix) Scholastic, Inc.

Dog Man Unleashed: a Graphic Novel (Dog Man #2): from the Creator of Captain Underpants (Library Edition) Dav Pilkey. Illus. by Dav Pilkey. 2019. (Dog Man Ser.: 2). (ENG., Illus.). 224p. (J). (gr. 2-2). 24.99 (978-1-338-61198-4(4), Graphix) Scholastic, Inc.

Dog Man with Love: the Official Coloring Book, 1 vol. Dav Pilkey. Illus. by Dav Pilkey. 2023. (Dog Man Ser.). (ENG.). 80p. (J). (gr. 2). pap. 12.99 (978-1-339-02727-2(5), Graphix) Scholastic, Inc.

Dog Mazes Activity Book for Children (6x9 Puzzle Book / Activity Book) Sheba Blake. 2020. (ENG.). 46p. (J). pap. 9.99 (978-1-222-28582-6(7)) Indy Pub.

Dog Mazes Activity Book for Children (8. 5x8. 5 Puzzle Book / Activity Book) Sheba Blake. 2020. (ENG.). 46p. (J). pap. 12.99 (978-1-222-28802-5(8)) Indy Pub.

Dog Mazes Activity Book for Children (8x10 Puzzle Book / Activity Book) Sheba Blake. 2020. (ENG.). 46p. (J). pap. 14.99 (978-1-222-28583-3(5)) Indy Pub.

Dog Meets Dog. Bernice Myers. (I Like to Read Ser.). (Illus.). 32p. (J). (gr. -1-3). 2021. pap. 7.99 (978-0-8234-5137-1(2)); 2020. 15.99 (978-0-8234-4451-9(1)) Holiday Hse., Inc.

Dog Named Beau... Wears a Bow. Daniel James. Illus. by Meg Clark. 2021. (ENG.). 16p. (J). (978-1-9990427-6-9(X)) Herman's Monster Hse. Publishing.

Dog Named Dog. Hayli Martinson. 2020. (ENG.). 32p. (J). (978-1-5255-6439-0(0)); pap. (978-1-5255-6440-6(4)) FriesenPress.

Dog Named Doug. Karma Wilson. Illus. by Matt Myers. 2018. (ENG.). 40p. (J). (gr. -1-3). 17.99 (978-1-4424-4931-2(4), McElderry, Margaret K. Bks.) McElderry, Margaret K. Bks.

Dog Named Haku: A Holiday Story from Nepal. Margarita Engle et al. Illus. by Ruth Jeyaveeran. 2018. (ENG.). 32p. (J). (gr. k-3). 19.99 (978-1-5124-3205-3(9), f7c55141-c8b7-4e5c-bd93-eb25853b9290, Millbrook Pr.) Lerner Publishing Group.

Dog Named Jax. Quentin Wilson. Illus. by Nadia Rajput. 2021. 36p. (J). pap. 15.00 (978-1-0983-4515-0(0)) BookBaby.

Dog Named Kane. Sarah Tuck. l.t. ed. 2020. (ENG.). 54p. (J). pap. 9.49 (978-0-578-79298-9(2)) Tuck, Sarah Bks.

Dog Named Lou. Jennifer Hartinger. Illus. by Isabel Zaw-Tun. 2019. (ENG.). 36p. (J). (gr. k-4). 16.99 (978-0-9964588-5-6(9)); pap. 9.99 (978-0-9964588-4-9(0)) Jennifer Hartinger.

Dog Named Rocky Finds the Missing Game Ball. Charlene Thomas. 2016. (ENG.). (J). 14.95 (978-1-63177-853-7(6)) Amplify Publishing Group.

Dog Named Shug & the SEC. Charlene Thomas. 2017. (ENG.). (J). 14.95 (978-1-68401-382-1(8)) Amplify Publishing Group.

Dog Named Trouble... Goes Fishing with Pawleys & Ryman. Anthony Gonzalez. 2023. (ENG.). 38p. (J). 17.95 (978-1-63755-344-2(7), Mascot Kids) Amplify Publishing Group.

Dog Notebook: For Dog Lovers Everywhere. Charmaine Kennedy. 2023. (ENG.). 100p. (YA). pap. (978-1-4476-7714-7(5)) Lulu Pr., Inc.

Dog of Flanders. Ouida. 2019. (ENG.). 134p. (J). pap. (978-3-337-81495-3(6)) Creation Pubs.

Dog of Flanders: A Christmas Story (Classic Reprint) Louisa De La Rame. 2017. (ENG., Illus.). (J). (gr. 3-7). 26.25 (978-1-5282-5027-6(3)) Forgotten Bks.

Dog of Flanders & the Nurnberg Stove (Classic Reprint) Maria Louise Rame. (ENG., Illus.). (J). 2017. 26.54 (978-0-266-54918-5(7)); 2016. pap. 9.57 (978-1-334-12224-8(5)) Forgotten Bks.

Dog of Flanders, the Nürnberg Stove & Other Stories. Louise De La Rame. 2019. (ENG., Illus.). 164p. (YA). pap. (978-93-5329-470-0(3)) Alpha Editions.

Dog of Flanders; the Nurnberg Stove; & Other Stories (Classic Reprint) Ouida Ouida. 2017. (ENG., Illus.). (J). pap. 11.57 (978-0-243-30158-4(8)) Forgotten Bks.

Dog of Flanders; the Nürnberg Stove; & Other Stories (Classic Reprint) Ouida Ouida. 2018. (ENG., Illus.). 250p. (J). 29.05 (978-0-666-63412-2(2)) Forgotten Bks.

Dog of St. Bernard & Other Stories: Printed in Oil Colors (Classic Reprint) Unknown Author. 2018. (ENG., Illus.). 20p. (J). 24.31 (978-0-267-90787-8(7)); pap. 7.97 (978-1-334-16472-9(X)) Forgotten Bks.

Dog on a Digger. Kate Prendergast. Illus. by Kate Prendergast. 2018. (ENG., Illus.). 32p. (J). (gr. -1-1). 16.99 (978-1-5362-0041-6(7)) Candlewick Pr.

Dog on the Log: (Step 1) Sound Out Books (systematic Decodable) Help Developing Readers, Including Those with Dyslexia, Learn to Read with Phonics. Pamela Brookes. Photos by Pamela Brookes. 2020. (Dog on a Log Let's Go! Books: 1). (ENG., Illus.). 42p. (J). 14.99 (978-1-64831-051-5(6), DOG ON A LOG Bks.) Jojoba Pr.

Dog on the Log Chapter Book: (Step 1) Sound Out Books (systematic Decodable) Help Developing Readers, Including Those with Dyslexia, Learn to Read with Phonics. Pamela Brookes. 2020. (Dog on a Log Chapter Books: Vol. 1). (ENG., Illus.). 40p. (J). 14.99 (978-1-949471-93-9(4), DOG ON A LOG Bks.) Jojoba Pr.

Dog or Wolf (Wild World: Pets & Wild Animals) Brenna Maloney. 2023. (Wild World Ser.). (ENG.). 32p. (J). (gr. k-2). 25.00 (978-1-338-89980-1(5)); pap. 6.99 (978-1-338-89981-8(3)) Scholastic Library Publishing. (Children's Pr.).

Dog Ownership & Training. Heather Pidcock-Reed. 2021. (Living with Dogs Ser.). (ENG.). (YA). (gr. 7-12). 34.60 (978-1-4222-4511-8(X)) Mason Crest.

Dog Pack Paradise. Mellani Day. 2022. (ENG.). 30p. (J). pap. 15.00 (978-1-0878-8388-5(1)) Indy Pub.

Dog Poop or Fox Poop?, 1 vol. George Fittleworth. 2019. (Scoop on Poop! Ser.). (ENG.). 24p. (gr. 1-2). 24.27 (978-1-5382-2955-2(2), c5453957-7319-4e5c-84fd-653382523262) Stevens, Gareth Publishing LLLP.

Dog Rules. Jef Czekaj. Illus. by Jef Czekaj. 2016. (ENG., Illus.). 32p. (J). (gr. -1-3). 17.99 (978-0-06-228018-3(X), Balzer & Bray) HarperCollins Pubs.

Dog Says, Cat Says. Marilyn Singer. Illus. by Sonia Sanchez. 2022. 32p. (J). (gr. -1-3). 17.99 (978-0-525-55396-0(7), Dial Bks) Penguin Young Readers Group.

Dog Science Unleashed. Jodi Wheeler-Toppen. 2019. (Nat'l Geo Kids Hands-On Science Ser.). (ENG.). 80p. (J). (gr. 4-5). 25.96 (978-0-87617-443-2(8)) Penworthy Co., LLC, The.

Dog Science Unleashed: Fun Activities to Do with Your Canine Companion. Jodi Wheeler-Toppen. 2018. (Illus.). 80p. (J). (gr. 3-7). pap. 12.99 (978-1-4263-3153-4(3), National Geographic Kids) Disney Publishing Worldwide.

Dog Show Disaster, 1 vol. Missy Robertson & Mia Robertson. 2018. (Faithgirlz / Princess in Camo Ser.: 3). (ENG., Illus.). 192p. (J). pap. 8.99 (978-0-310-76252-2(9)) Zonderkidz.

Dog Sled Star. Carol Kim. Illus. by Felia Hanakata. 2019. (Doggie Daycare Ser.). (ENG.). 48p. (J). (gr. 1-3). pap. 6.99 (978-1-63163-332-4(5), 1631633325); lib. bdg. 24.27 (978-1-63163-331-7(7), 1631633317) North Star Editions. (Jolly Fish Pr.).

Dog Snatchers (No. 1 Boy Detective) Barbara Mitchelhill. 2018. (No. 1 Boy Detective Ser.). (ENG., Illus.). 64p. (J). (gr. 2-4). 9.99 (978-1-78344-667-4(6)) Andersen Pr. GBR. Dist: Independent Pubs. Group.

Dog Squad, 1. Chris Grabenstein. ed. 2022. (Dog Squad Ser.). (ENG.). 313p. (J). (gr. 3-7). 21.96 (978-1-68505-654-4(7)) Penworthy Co., LLC, The.

Dog Squad. Chris Grabenstein. 2022. (Dog Squad Ser.: 1). (ENG., Illus.). 336p. (J). (gr. 3-7). 8.99 (978-0-593-30176-0(5), Yearling) Random Hse. Children's Bks.

Dog Squad. Chris Grabenstein. 2021. (Illus.). 336p. (J). (978-0-593-42559-6(6)) Random Hse., Inc.

Dog Squad 2: Cat Crew. Chris Grabenstein. 2022. (Illus.). 304p. (J). (978-0-593-64487-4(5)) Random Hse., Inc.

Dog Squad 2: Cat Crew. Chris Grabenstein. 2023. (Dog Squad Ser.). (Illus.). 304p. (J). (gr. 3-7). 8.99 (978-0-593-48089-2(9), Yearling) Random Hse. Children's Bks.

Dog Star. Megan Shepherd. 2022. (ENG., Illus.). 224p. (J). 16.99 (978-0-374-31458-3(6), 900234572, Farrar, Straus & Giroux (BYR)) Farrar, Straus & Giroux.

Dog Star. Megan Shepherd. 2023. (ENG., Illus.). 224p. (J). pap. 8.99 (978-1-250-85401-8(6), 900234573) Square Fish.

Dog Stars Three Luminaries in the Dog World (Classic Reprint) T. P. O'Connor. 2018. (ENG., Illus.). 296p. (J). 30.02 (978-0-483-88182-2(1)) Forgotten Bks.

Dog Steals Home, 1 vol. Kathleen Schrenk. 2017. (ENG., Illus.). 128p. (J). (gr. 3-7). pap. 8.95 *(978-1-4556-2228-3(1),* Pelican Publishing) Arcadia Publishing.

Dog Stories: Barktastic Tales from Your Favourite Australian Authors. Jules Faber. 2017. 208p. (J). (gr. 1-4). 12.99 *(978-0-14-378097-7(2))* Random Hse. Australia AUS. Dist: Independent Pubs. Group.

Dog Stories from the Spectator: Being Anecdotes of the Intelligence, Reasoning Power (Classic Reprint) John St Loe Strachey. 2018. (ENG., Illus.). 338p. (J). 30.89 *(978-0-483-72889-9(6))* Forgotten Bks.

Dog Tails. Peggy Lee Tremper. 2016. (ENG., Illus.). 44p. (J). pap. *(978-1-365-23932-8(2))* Lulu Pr., Inc.

Dog Tails Two. Peggy Lee Tremper. 2016. (ENG., Illus.). 54p. (J). pap. *(978-1-365-24251-9(X))* Lulu Pr., Inc.

Dog Tales: Some Are Tall & Some Are True but All Pay Humorous Tribute to Man's Best Friend. Compiled by John Martin Ramsay. 4th ed. 2019. (ENG., Illus.). 178p. (YA). (gr. 7-12). pap. 14.99 *(978-1-7330291-4-8(1))* ShareInPrint.

Dog Tales: True Stories of Heroic Hounds. Penelope Rich. Illus. by Isabel Muñoz. 2021. (ENG.). 96p. (J). pap. 9.99 *(978-1-83940-612-6(7),* e55f5f68-5942-483e-af01-65ed4c2e9a63) Arcturus Publishing GBR. Dist: Baker & Taylor Publisher Services (BTPS).

Dog Tales (Classic Reprint) Lilian Gask. 2018. (ENG., Illus.). (J). 70p. 25.34 *(978-0-366-56566-5(4));* 72p. pap. 9.57 *(978-0-366-24197-2(4))* Forgotten Bks.

Dog Tells a Story. Laurie Friedman. 2022. (Duck & Dog Ser.). (ENG.). 24p. (J). (gr. k-2). pap. 8.50 *(978-1-63897-635-6(X),* 19760); lib. bdg. 27.33 *(978-1-63897-520-5(5),* 19759) Seahorse Publishing.

Dog That Ate the World. Sandra Dieckmann. 2018. (ENG., Illus.). 32p. (J). (gr. -1-2). 17.95 *(978-1-911171-60-7(7))* Flying Eye Bks. GBR. Dist: Penguin Random Hse. LLC.

Dog That Barked Bear. Tiffany Ehnes. Illus. by Susanne Valla. (ENG.). (J). 2018. 40p. pap. 14.95 *(978-1-943419-66-1(3));* 2016. 19.95 *(978-1-943419-38-8(8))* Prospective Pr.

Dog That Couldn't Bark. Jeralynne Linder. 2022. (ENG.). (J). 28p. 19.99 *(978-1-0880-7814-3(1));* 26p. pap. 15.99 *(978-1-0880-7733-7(1))* Indy Pub.

Dog That Didn't Know How to Cuddle. Felicity Scherer. 2023. (ENG.). 26p. (J). pap. *(978-1-83875-616-1(7))* Vanguard Pr.

Dog That Didn't Like Leftovers. Aachi K. Machi. 2017. (ENG., Illus.). 28p. (J). 22.95 *(978-1-4808-5589-2(8));* pap. 16.95 *(978-1-4808-5591-5(X))* Archway Publishing.

Dog That Peed on Mars. Christine Hawe. 2016. (ENG., Illus.). 34p. (J). pap. 8.95 *(978-1-78554-454-5(3),* 17f9d29a-d00d-402d-b338-3d61d65c526b) Austin Macauley Pubs. Ltd. GBR. Dist: Baker & Taylor Publisher Services (BTPS).

Dog That Pitched a No-Hitter. Matt Christopher. Illus. by Steve Bjorkman. 2018. (Matt Christopher Sports Readers Ser.). (ENG.). 48p. (J). (gr. 1-4). lib. bdg. 31.36 *(978-1-5321-4255-0(2),* 31055) Spotlight.

Dog That Stole Football Plays. Matt Christopher. Illus. by Steve Bjorkman. 2018. (Matt Christopher Sports Readers Ser.). (ENG.). 32p. (J). (gr. 1-4). lib. bdg. 31.36 *(978-1-5321-4256-7(0),* 31056) Spotlight.

Dog That Would Not Bark. Shevelle Ford. 2019. (ENG.). 38p. (J). 14.95 *(978-1-68401-687-7(8))* Amplify Publishing Group.

Dog, the Man & the Cat. Stewart Marshall Gulley. 2021. (ENG.). 36p. (J). pap. 11.95 *(978-1-928561-17-0(9))* Gulley Institute of Creative Learning, Inc.

Dog to Cherish. Linda Grace Brooks. 2017. (ENG., Illus.). (J). pap. 15.19 *(978-1-365-64849-6(4))* Lulu Pr., Inc.

Dog Town. Debbie L. Richardson. 2020. (ENG., Illus.). 268p. (J). (gr. 2-6). pap. 9.99 *(978-1-64826-710-9(6))* Primedia eLaunch LLC.

Dog Toys: Animals, Dogs, Action! Children's Book. Darcy Neils. 2017. (ENG., Illus.). (J). pap. 9.99 *(978-0-9989194-1-6(1))* Golden Imprint Pubns.

Dog Trainer. Marie Pearson. 2019. (Jobs with Animals Ser.). (ENG., Illus.). 32p. (J). (gr. 4-6). pap. 7.95 *(978-1-5435-6048-0(2),* 140093); lib. bdg. 28.65 *(978-1-5435-5786-2(4),* 139742) Capstone.

Dog Training, Vol. 12. Julia Barnes. 2016. (Understanding & Caring for Your Pet Ser.: Vol. 12). (ENG., Illus.). 128p. (J). (gr. 5-8). 25.95 *(978-1-4222-3694-9(3))* Mason Crest.

Dog Training Made Easy - the ABC's of Dog Training: A Guide to Training Your Fury Friend. Ginger Paws. 2023. (ENG.). 123p. (J). pap. *(978-1-4478-2605-7(1))* Lulu Pr., Inc.

Dog Trouble! Galia Oz. 2017. (ENG.). 144p. (J). (gr. 3-7). 15.99 *(978-0-399-55020-1(8),* Crown Books For Young Readers) Random Hse. Children's Bks.

Dog Trouble! Galia Oz & Gilah Kahn-Hoffman. 2017. 135p. (J). pap. *(978-0-399-55023-2(2))* Bantam Doubleday Dell Large Print Group, Inc.

Dog Vella & the Parrot That Sang Together. Emily Potter. Illus. by Fariza Dzatalin Nurtsani. 2021. (ENG.). 30p. (J). pap. *(978-1-922750-06-8(9))* Library For All Limited.

Dog Walk, 20 vols. Sven Nordqvist. 2021. (Illus.). 32p. (J). 19.95 *(978-1-78250-743-7(4))* Floris Bks. GBR. Dist: Consortium Bk. Sales & Distribution.

Dog Walk & Cat Nap. Caitlin Gawa. 2018. (ENG., Illus.). 44p. (J). pap. 19.64 *(978-1-387-72029-3(5))* Lulu Pr., Inc.

Dog Walker. Ruth Daly. 2017. (Illus.). 24p. (J). *(978-1-4896-6086-2(0),* AV2 by Weigl) Weigl Pubs., Inc.

Dog-Walking Business. Virginia Loh-Hagan. 2016. (D. I. Y. Make It Happen Ser.). (ENG., Illus.). 32p. (J). (gr. 4-8). 32.07 *(978-1-63470-497-7(5),* 207719) Cherry Lake Publishing.

Dog Who Became a Magician. I-j Letters. Illus. by Ian R. Ward. 2022. (ENG.). 32p. (J). pap. *(978-1-80381-015-7(7))* Grosvenor Hse. Publishing Ltd.

Dog Who Chose Her Family. Daniel Gibson. 2018. (ENG., Illus.). 34p. (J). pap. *(978-0-2288-0600-4(3))* Tellwell Talent.

Dog Who Couldn't Make up His Mind. I-j Letters. 2020. (ENG.). 26p. (J). pap. *(978-1-83975-183-7(5))* Grosvenor Hse. Publishing Ltd.

Dog Who Cried Woof. Allison McWood. Illus. by Terry Castellani. 2019. (ENG.). 28p. (J). pap. *(978-1-9992475-2-2(3))* Annelid Pr.

Dog Who Found His Waggle. Kelsey Briggs. 2022. (ENG.). 40p. (J). pap. 15.95 *(978-1-63881-846-5(0))* Newman Springs Publishing, Inc.

Dog Who Had a Party. I-j Letters. Illus. by Ian R. Ward. 2022. (ENG.). 32p. (J). pap. *(978-1-83975-864-5(3))* Grosvenor Hse. Publishing Ltd.

Dog Who Lost His Bark. Eoin Colfer. Illus. by P. J. Lynch. 2021. (ENG.). 144p. (J). (gr. 2-5). pap. 7.99 *(978-1-5362-1917-3(7))* Candlewick Pr.

Dog Who Loved Coffee. Camille Lancaster. Illus. by Emma Renfroe. 2019. (ENG.). 24p. (J). (gr. k-4). pap. 8.99 *(978-0-578-51597-7(0))* Lancaster, Camille.

Dog Who Loves Socks. Alex Dwornoh. l.t. ed. 2021. (ENG.). 38p. (J). pap. *(978-0-6452683-3-1(X))* La'vie.

Dog Who Saved the World. Ross Welford. 2020. (ENG.). 400p. (J). (gr. 3-7). lib. bdg. 19.99 *(978-0-525-70749-3(2),* Schwartz & Wade Bks.) Random Hse. Children's Bks.

Dog Who Walks Himself. Lara Knitter. Illus. by Fionnuala Walsh. 2023. (ENG.). 30p. (J). *(978-0-2288-8744-7(5));* pap. *(978-0-2288-8743-0(7))* Tellwell Talent.

Dog Who Wanted to Fly. Helen Iles. Illus. by Helen Iles. 2023. (ENG.). 46p. (J). pap. *(978-1-922727-73-2(3))* Linellen Pr.

Dog Who Wanted to Fly. Kathy Stinson. Illus. by Brandon James Scott. 2019. 36p. (J). (gr. -1-1). 17.95 *(978-1-77321-280-7(X))* Annick Pr., Ltd. CAN. Dist: Publishers Group West (PGW).

Dog Who Wanted to Play. Fred Ash. Illus. by Kristina Shvedai. 2021. (ENG.). 36p. (J). pap. *(978-1-988983-34-9(7))* Siretona Creative.

Dog Who Would Be Prime Minister (the Dog Prime Minister Series Book 1) Mike Stone. 2018. (Dog Who Would Be Prime Minister Ser.: Vol. 1). (ENG., Illus.). 216p. (YA). pap. *(978-1-912145-00-3(6))* Acorn Independent Pr.

Dog Who Wouldn't Be. Farley Mowat. 2017. (ENG.). 224p. (gr. 7). pap. 16.95 *(978-1-56792-612-5(6))* Godine, David R. Pub.

Dog Who Wouldn't Bee-Have! Ali Driller. 2021. (ENG.). 28p. (J). *(978-1-4457-1497-4(3))* Lulu Pr., Inc.

Dog Who Wouldn't Bee-Have! Alison Driller. 2020. (ENG.). 28p. (J). *(978-1-716-54155-1(7))* Lulu Pr., Inc.

Dog with a Bad Name, Vol. 1 of 3 (Classic Reprint) Florence Warden. 2018. (ENG., Illus.). 304p. (J). 30.19 *(978-0-483-89692-5(6))* Forgotten Bks.

Dog with a Bad Name, Vol. 2 of 3 (Classic Reprint) Florence Warden. 2018. (ENG., Illus.). 306p. (J). 30.23 *(978-0-483-47660-8(9))* Forgotten Bks.

Dog with a Bad Name, Vol. 3 of 3 (Classic Reprint) Florence Warden. 2018. (ENG., Illus.). 334p. (J). 30.79 *(978-0-483-64218-8(5))* Forgotten Bks.

Dog with Nice Ears: Featuring Charlie & Lola. Lauren Child. Illus. by Lauren Child. 2018. (Charlie & Lola Ser.). (ENG., Illus.). 32p. (J). (gr. -1-2). 17.99 *(978-1-5362-0036-2(0))* Candlewick Pr.

Dog with the Crooked Tail. Chelsea Richardson. Illus. by Meghan Taylor. 2021. (Crooked Tail Ser.). (ENG.). 54p. (J). *(978-1-0391-2394-6(5));* pap. *(978-1-0391-2393-9(7))* FriesenPress.

Dog with the Golden Eyes. L. M. Kay. Illus. by Andrew Campbell-Howes. 2019. (ENG.). 116p. (J). (gr. 2-4). pap. *(978-2-901773-20-7(6))* Tither, Lesley.

Dogberry Bunch (Classic Reprint) Mary Hartwell Catherwood. 2018. (ENG., Illus.). 324p. (J). 30.58 *(978-0-483-40378-9(4))* Forgotten Bks.

Dogchild. Kevin Brooks. 2020. (ENG.). 480p. (YA). (gr. 9). 22.99 *(978-1-5362-0974-7(0))* Candlewick Pr.

Dogfferent. K. Hutson Warrington. 2021. (ENG.). 32p. (J). pap. 12.95 *(978-0-578-97515-3(7))* William Hutson.

Dogfight. Donovan Bixley. 2016. (Flying Furballs Ser.: 1). (Illus.). 112p. (J). (gr. 2-4). pap. 10.99 *(978-1-927262-53-5(4))* Upstart Pr. NZL. Dist: Independent Pubs. Group.

Dogfin. Eva Francesca Jansen. 2022. (ENG.). 176p. (YA). pap. *(978-1-3984-1289-7(9))* Austin Macauley Pubs. Ltd.

Dogfish, Just Be YOU! Rita Reed. Illus. by Craig Cartwright. 2023. (Dogfish Tales Ser.). (ENG.). 40p. (J). pap. 10.95 *(978-1-7357862-4-7(1))* Fine Eye Media.

Dogfish, Just Be YOU! Rita Reed. Illus. by Craig Cartwright. 2023. (ENG.). 40p. (J). 17.95 *(978-1-7357862-5-4(X))* Fine Eye Media.

Dogfish Saves the Ocean. Rita Reed. Illus. by Craig Cartwright. 2022. (ENG.). 52p. (J). 17.95 *(978-1-7357862-3-0(3))* Fine Eye Media.

Dogfish Stands up to Bullying. Rita Reed. Illus. by Craig Cartwright. 2022. (ENG.). 40p. (J). 17.95 *(978-1-7357862-2-3(5))* Fine Eye Media.

Dogger's Christmas. Shirley Hughes. 2022. (Illus.). 32p. (J). (gr. k-2). pap. 9.99 *(978-1-78295-977-9(7),* Red Fox) Random House Children's Books GBR. Dist: Independent Pubs. Group.

Doggie. Nancy Armo. 2022. (ENG., Illus.). 40p. (J). 18.95 *(978-1-60537-605-9(1))* Clavis Publishing.

Doggie Daycare Set 2 (Set Of 4) Carol Kim. Illus. by Courtney Godbey. 2020. (Doggie Daycare Set 2 Ser.). (ENG.). 192p. (J). (gr. 1-3). pap. 27.96 *(978-1-63163-454-3(2),* 1631634542); lib. bdg. 97.08 *(978-1-63163-453-6(4),* 1631634534) North Star Editions. (Jolly Fish Pr.).

Doggie Daycare (Set Of 4) Carol Kim. Illus. by Felia Hanakata. 2019. (Doggie Daycare Ser.). (ENG.). 192p. (J). (gr. 1-3). pap. 27.96 *(978-1-63163-324-9(4),* 1631633244); lib. bdg. 97.08 *(978-1-63163-323-2(6),* 1631633236) North Star Editions. (Jolly Fish Pr.).

Doggie Defendant: Ready-To-Read Graphics Level 3. Milo Stone et al. Illus. by Christopher Jordan. 2023. (Judge Kim & the Kids' Court Ser.). (ENG.). 64p. (J). (gr. 1-3). 17.99 *(978-1-6659-1967-8(1));* pap. 6.99 *(978-1-6659-1966-1(3))* Simon Spotlight. (Simon Spotlight).

Doggie Gets Scared. Leslie Patricelli. Illus. by Leslie Patricelli. 2020. (Leslie Patricelli Board Bks.). (ENG., Illus.). 26p. (J). (— 1). bds. 7.99 *(978-1-5362-0379-0(3))* Candlewick Pr.

Doggie Investigation Gang, (Dig) Series: Book Four: the Case of the Missing Tutu. Shara Puglisi Katsos. Illus. by John Bulens. 2018. (ENG.). 78p. (J). (gr. k-4). pap. 7.95 *(978-0-578-40341-0(2))* Independent Pub.

Doggie Tales. Kathy Gallimore. 2019. (ENG.). 46p. (J). pap. *(978-1-5289-2879-3(2))* Austin Macauley Pubs. Ltd.

Doggies Don't Surf. Jess Owen. 2022. (ENG.). 24p. (J). 16.99 *(978-1-0880-2803-2(9));* pap. 9.99 *(978-1-0880-2802-5(0))* Owen, Jessica.

Doggies Don't Wear Sunglasses. Jess Owen. (ENG.). 24p. (J). 2022. pap. 9.99 *(978-1-0880-1983-2(8));* 2021. 17.99 *(978-1-0879-7875-8(0))* Owen, Jessica.

Doggo & Pupper. Katherine Applegate. Illus. by Charlie Alder. 2021. (Doggo & Pupper Ser.: 1). (ENG.). 96p. (J). 9.99 *(978-1-250-62097-2(X),* 900223393) Feiwel & Friends.

Doggo & Pupper Save the World. Katherine Applegate. Illus. by Charlie Alder. 2022. (Doggo & Pupper Ser.: 2). (ENG.). 96p. (J). 9.99 *(978-1-250-62100-9(3),* 900223396) Feiwel & Friends.

Doggo & Pupper Search for Cozy. Katherine Applegate. Illus. by Charlie Alder. 2023. (Doggo & Pupper Ser.: 3). (ENG.). 96p. (J). 9.99 *(978-1-250-62102-3(X),* 900223399) Feiwel & Friends.

Doggone Magic! (Go Away, Unicorn #2) Emily Mullock. Illus. by Emily Mullock. 2020. (ENG., Illus.). 40p. (J). (gr. k-3). 9.99 *(978-1-338-62760-2(0))* Scholastic, Inc.

Doggy Adventures: The Race! Joshua Hill. Illus. by Jaylyn Lassiter. 2022. (Doggy Adventures Ser.: 1). (ENG.). 24p. (J). pap. 15.00 *(978-1-6678-2083-5(4))* BookBaby.

Doggy Alphabet Book. Haley Ball. Illus. by Haley Ball. 2022. (ENG.). 30p. (J). 27.00 *(978-1-387-62981-7(6))* Lulu Pr., Inc.

Doggy Called Dodo. Donna Harris. Illus. by Abigail Banks. 2020. (ENG.). 36p. (J). pap. *(978-0-9931802-8-6(0))* Oxford eBooks Ltd.

Doggy Dance Off. Steve Smallman. Illus. by Rob Starling. 2023. (ENG.). 32p. (J). (gr. -1-2). 18.99 *(978-1-6643-0025-5(2))* Tiger Tales.

Doggy Defenders: Dolley the Fire Dog. National Geographic Kids. 2019. (Doggy Defenders Ser.). (Illus.). 48p. (J). (gr. -1-k). 9.99 *(978-1-4263-3299-9(8),* National Geographic Kids) Disney Publishing Worldwide.

Doggy Defenders: Stella the Search Dog. National Geographic Kids. 2019. (Doggy Defenders Ser.). (Illus.). 48p. (J). (gr. -1-k). 9.99 *(978-1-4263-3449-8(4),* National Geographic Kids) Disney Publishing Worldwide.

Doggy Defenders: Tiger the Police Dog. National Geographic Kids. 2019. (Doggy Defenders Ser.). (Illus.). 48p. (J). (gr. -1-k). 9.99 *(978-1-4263-3297-5(1),* National Geographic Kids) Disney Publishing Worldwide.

Doggy Defenders: Willow the Therapy Dog. National Geographic Kids. 2019. (Doggy Defenders Ser.). (Illus.). 48p. (J). (gr. -1-k). 9.99 *(978-1-4263-3447-4(8),* National Geographic Kids) Disney Publishing Worldwide.

Doggy Dog Stories. Raymond Clark & Stephen McBrine. 2020. (ENG.). 24p. (J). *(978-1-5289-4728-2(2));* pap. *(978-1-5289-4727-5(4))* Austin Macauley Pubs. Ltd.

Doggy Dreams. Cardwell. l.t. ed. 2022. (ENG.). 38p. (J). pap. 15.00 *(978-1-7377407-2-8(9))* Cardwell, Robert K.

Doggy Tails. Sherri Eckworth. 2019. (ENG., Illus.). 36p. (J). (gr. -1-3). pap. *(978-1-5289-7357-1(7))* Austin Macauley Pubs. Ltd.

Doggy Tales of Arnold. Carey Blyton & Maurice Stevens. 2018. (ENG., Illus.). 44p. (J). *(978-1-5289-1065-1(6))* Austin Macauley Pubs. Ltd.

Doggy Tales of Arnold. Mary Blyton. 2018. (ENG., Illus.). 44p. (J). pap. *(978-1-5289-1064-4(8))* Austin Macauley Pubs. Ltd.

Doggy Time Printing Book 1: Letters Aa to Hh. Mary Susan Carey. 2017. (Doggy Time Printing Ser.: Vol. 1). (ENG., Illus.). 94p. (J). (gr. k-1). pap. *(978-0-9949906-7-9(7))* Carey, MS Media.

Doggy Time Printing Book 2: Letters Ii to Qq. Mary Susan Carey. 2017. (Doggy Time Printing Ser.: Vol. 2). (ENG., Illus.). 104p. (J). (gr. k-1). pap. *(978-0-9949906-8-6(5))* Carey, MS Media.

Doggy Time Printing Book 3: Letters Rr to Zz. Mary Susan Carey. 2017. (Doggy Time Printing Ser.: Vol. 3). (ENG., Illus.). 104p. (J). (gr. k-1). pap. *(978-0-9949906-9-3(3))* Carey, MS Media.

Doggy's Stroll License. Furuta Taruhi. 2018. (CHI.). (J). pap. *(978-7-5448-5351-4(9))* Jieli Publishing Hse.

Doghouse. Jan Thomas. Illus. by Jan Thomas. 2018. (Giggle Gang Ser.). (ENG., Illus.). 48p. (J). (gr. -1-3). 9.99 *(978-0-544-85003-3(3),* 1647486, Clarion Bks.) HarperCollins Pubs.

Doghouse Drama. Andra Gillum. 2023. (ENG.). 38p. (J). 16.95 *(978-1-63755-498-2(2),* Mascot Kids) Amplify Publishing Group.

Doghouse Gang. Catrienne McGuire. 2021. (Butters & Big Mac, School Detectives Ser.: Vol. 2). (ENG.). 80p. (J). pap. *(978-1-913833-60-2(7))* Mirador Publishing.

Dogland. Jennifer Degenhardt. Tr. by Sofia Salazar. Illus. by Ajax Heyman. 2021. (ENG.). 70p. (J). pap. 9.00 *(978-1-7362438-7-9(X))* Puentes.

Dogmai. Dennis A. Nehamen. 2016. (ENG.). 286p. (J). pap. 12.95 *(978-0-945329-08-1(4))* Golden Poppy Pubns.

Dogmother: Puppies Dog Log Book, Puppy Checklist, Pet Expense Tracker, Vet Appointment, Dog Mom Planner, New Puppy Gift, Pet Information. Illus. by Paperland Online Store. 2021. (ENG.). 102p. (J). pap. *(978-1-4583-1445-1(6))* Lulu Pr., Inc.

Dognappers. Jerry C. Mayo. 2017. (ENG., Illus.). (J). pap. 6.99 *(978-0-9985792-6-9(2))* Mayo, Jerry.

Dogo Graphy; the Life & Adventure of the Celebrated Dog Tiger: Comprising a Variety of Amusing & Instructive Examples, Illustrative of the Happy Effects of the Appropriate Training & Education of Dogs (Classic Reprint) Francis Butler. (ENG., Illus.). (J). 2018. 112p. 26.21 *(978-0-365-45706-0(X));* 2017. pap. 9.57 *(978-0-282-22616-9(8))* Forgotten Bks.

Dogs see Hombre Mosca Presenta: Perros (Fly Guy Presents: Dogs)

Dogs. Lisa J. Amstutz. 2018. (Our Pets Ser.). (ENG.). 24p. (J). pap. 41.70 *(978-1-5435-0191-9(5),* 27579, Capstone Pr.); (Illus.). (gr. -1-2). lib. bdg. 22.65 *(978-1-5435-0161-2(3),* 137103, Pebble) Capstone.

Dogs. Sophie Geister-Jones. 2019. (Pets Ser.). (ENG., Illus.). 24p. (J). (gr. k-3). lib. bdg. 31.36 *(978-1-5321-6569-6(2),* 33240, Pop! Cody Koala) Pop!.

Dogs. Katie Lajiness. 2016. (First Drawings (Big Buddy Books) Ser.). (ENG., Illus.). 32p. (J). (gr. 2-5). lib. bdg. 34.21 *(978-1-68078-523-4(0),* 23609, Big Buddy Bks.) ABDO Publishing Co.

Dogs. Christina Leaf. 2020. (Favorite Pets Ser.). (ENG., Illus.). 24p. (J). (gr. -1-2). pap. 7.99 *(978-1-68103-801-8(3),* 12890); lib. bdg. 25.95 *(978-1-64487-314-4(1))* Bellwether Media. (Blastoff! Readers).

Dogs. Joanne Mattern. 2020. (World's Smartest Animals Ser.). (ENG., Illus.). 24p. (J). (gr. k-3). lib. bdg. 26.95 *(978-1-64487-239-0(0),* Blastoff! Readers) Bellwether Media.

Dogs. Des. by Stephanie Meyers. 2019. (Animal Lovers Ser.). (ENG.). 20p. (J). (gr. -1 — 1). bds. 7.99 *(978-1-4867-1581-7(8),* 30afff67-2b71-4978-a9cc-d6d5e4d4607b) Flowerpot Pr.

Dogs. Miller Marie-Therese. 2022. (Early Animal Encyclopedias Ser.). (ENG., Illus.). 128p. (J). (gr. -1-4). lib. bdg. 47.07 *(978-1-0982-9041-2(0),* 40889, Early Encyclopedias) ABDO Publishing Co.

Dogs. Contrib. by Carla Mooney. 2023. (Essential Pets Ser.). (ENG.). 112p. (YA). (gr. 6-12). lib. bdg. 41.36 *(978-1-0982-9053-5(4),* 41786, Essential Library) ABDO Publishing Co.

Dogs. Marie Pearson. 2021. (Fascinating Facts Ser.). (ENG.). 24p. (J). (gr. 2-5). lib. bdg. 32.79 *(978-1-5038-4462-9(5),* 214229) Child's World, Inc, The.

Dogs. Nick Rebman. 2018. (Animals Ser.). (ENG., Illus.). 16p. (J). (gr. k-1). pap. 7.95 *(978-1-63517-948-4(3),* 1635179483); lib. bdg. 25.64 *(978-1-63517-847-0(9),* 1635178479) North Star Editions. (Focus Readers).

Dogs. Marcus Schneck & Jill Caravan. 2019. (Pet Library). (Illus.). 72p. (J). (gr. 12). lib. bdg. 34.60 *(978-1-4222-4315-2(X))* Mason Crest.

Dogs. Mari Schuh. 2018. (Spot Pets Ser.). (ENG.). 16p. (J). (gr. -1-2). *(978-1-68151-366-9(8),* 14946); pap. 7.99 *(978-1-68152-286-9(1),* 14954) Amicus.

Dogs, 6 vols. Leo Statts. 2016. (Dogs (Abdo Zoom) Ser.). (ENG.). 24p. (J). (gr. -1-2). 299.64 *(978-1-68079-338-3(1),* 22959, Abdo Zoom-Launch) ABDO Publishing Co.

Dogs, 1 vol. Dawn Titmus. 2018. (Cool Pets for Kids Ser.). (ENG.). 32p. (J). (gr. 3-3). 27.93 *(978-1-5383-3870-4(X),* 9bf9fbf7-1f98-44ad-889d-8e42f83c9e92, PowerKids Pr.) Rosen Publishing Group, Inc., The.

Dogs: A History of Our Best Friends. Lita Judge. 2023. (ENG., Illus.). 56p. (J). (gr. -1-3). 19.99 *(978-1-4197-5544-6(7),* 1738601, Abrams Bks. for Young Readers) Abrams, Inc.

Dogs: An Activity Book for Toddlers 3-7. Chloe Maloney. 2022. (ENG.). 50p. (J). pap. *(978-1-387-57068-3(4))* Lulu Pr., Inc.

Dogs: Animals That Change the World! (Engaging Readers, Level 2) Ashley Lee. Ed. by Alexis Roumanis. l.t. ed. 2021. (Animals That Change the World! Ser.: Vol. 13). (ENG., Illus.). 32p. (J). pap. *(978-1-77437-755-0(1))* AD Classic.

Dogs: Animals That Make a Difference! (Engaging Readers, Level 2) Ashley Lee. Ed. by Alexis Roumanis. l.t. ed. 2020. (Animals That Make a Difference! Ser.: Vol. 13). (ENG., Illus.). 32p. (J). *(978-1-77437-612-6(1));* pap. *(978-1-77437-611-9(3))* AD Classic.

Dogs: Children's Pet Book with Intriguing Informative Facts. Bold Kids. 2022. (ENG.). 42p. (J). pap. 14.99 *(978-1-0717-0948-1(8))* FASTLANE LLC.

Dogs! Dogs Animal Childrens Books, Dog Toys Bonus Books for Kids with Coloring Pages. Darcy Neils. 2018. (ENG., Illus.). 40p. (J). pap. 9.26 *(978-0-9989194-5-4(4))* Golden Imprint Pubns.

Dogs: From Predator to Protector. Illus. by Andy Hirsch. 2017. 119p. (J). *(978-0-605-99390-7(4),* First Second Bks.) Roaring Brook Pr.

Dogs: Questions & Answers, 2 vols. Christina Mia Gardeski. 2016. (Pet Questions & Answers Ser.). (ENG.). (J). (gr. k-1). 53.32 *(978-1-5157-5425-1(1));* (Illus.). 24p. (gr. -1-2). lib. bdg. 27.32 *(978-1-5157-0355-6(X),* 131989, Capstone Pr.) Capstone.

Dogs: Their Origin & Varieties; Directions As to Their General Management, & Simple Instructions As to Their Treatment under Disease (Classic Reprint) H. D. Richardson. (ENG., Illus.). (J). 2018. 128p. 26.54 *(978-0-428-96830-4(9));* 2017. pap. 9.57 *(978-0-282-36065-8(4))* Forgotten Bks.

Dogs / Perros. Gail Williams. Illus. by Suzie Mason. (Pets! / ¡Las Mascotas! Ser.). (MUL.). (J). (gr. -1-2). 2020. 20p. bds. 7.99 *(978-1-5158-6094-5(9),* 142374); 2018. 24p. lib. bdg. 33.99 *(978-1-68410-249-5(9),* 138447) Cantata Learning.

Dogs / Perros. Xist Publishing. 2017. (Xist Kids Bilingual Spanish English Ser.). (ENG & SPA.). 28p. (J). (gr. -1-3). pap. 9.99 *(978-1-5324-0325-5(9))* Xist Publishing.

Dog's 123: A Canine Counting Adventure! Illus. by Emma Dodd. 2016. (ENG.). 14p. (J). (gr. -1-12). bds. 14.99 *(978-1-86147-698-2(1),* Armadillo) Anness Publishing GBR. Dist: National Bk. Network.

Dog's ABC: An Alphabet Adventure! Illus. by Emma Dodd. 2016. 14p. (J). (gr. -1-12). bds. 14.99 *(978-1-86147-699-9(X),* Armadillo) Anness Publishing GBR. Dist: National Bk. Network.

Dog's Advice. Sean Stroud. 2017. (ENG.). 54p. (J). 19.95 *(978-1-78629-418-0(4),* 5d0a8264-7374-446b-b2fc-0d8590b64829); pap. 14.95 *(978-1-78629-417-3(6),* 0e07795b-34b9-4efd-820c-8560c050dfc3) Austin Macauley Pubs. Ltd. GBR. Dist: Baker & Taylor Publisher Services (BTPS).

Dogs & Cats: Domestic Animal Books for Kids Children's Animal Books. Baby Professor. 2017. (ENG., Illus.). 64p. (J). pap. 9.52 *(978-1-5419-3876-2(3),* Baby Professor (Education Kids)) Speedy Publishing LLC.

Dogs & Cats: Saving Our Precious Pets. Beth Adelman. 2017. (Protecting the Earth's Animals Ser.: Vol. 8). (ENG.). 64p. (YA). (gr. 5-8). 23.95 *(978-1-4222-3875-2(X))* Mason Crest.

Dogs & Cats Are Different! Celebrating Differences, 1 vol. Mitchell Allen. 2019. (Social & Emotional Learning for the

D

Real World Ser.). (ENG.). 8p. (gr. k-1). pap. *(978-1-7253-5410-4(1),* 2d2af2e9-9214-43ca-b606-43afc1a5ebd0, Rosen Classroom) Rosen Publishing Group, Inc., The.

Dogs & Puppies. Annabelle Lynch. 2017. (Animals & Their Babies Ser.). (Illus.). 24p. (gr. k-3). 28.50 *(978-1-62588-416-9(8),* Smart Apple Media) Black Rabbit Bks.

Dogs & Puppies. De La Bedoyere Camilla. Ed. by Richard Kelly. 2nd ed. 2017. 480p. (J). pap. 9.95 *(978-1-78209-357-2(5))* Miles Kelly Publishing, Ltd. GBR. Dist: Parkwest Pubns., Inc.

Dogs & Puppies: Learn to Draw Using Basic Shapes — Step by Step!, Vol. 5. Emily Fellah. 2022. (I Can Draw Ser.: 5). (ENG., Illus.). 32p. (J). (gr. -1-2). pap. 6.99 *(978-1-60058-962-1(6),* 346599, Walter Foster Jr) Quarto Publishing Group USA.

Dogs & Puppies (Classic Reprint) Frances Frances. 2018. (ENG., Illus.). 82p. (J). 25.59 *(978-0-484-69465-0(0))* Forgotten Bks.

Dogs & the Fleas (Classic Reprint) Frederic Scrimshaw. (ENG., Illus.). (J). 2018. 280p. 29.67 *(978-0-666-56439-9(6));* 2016. pap. 13.57 *(978-1-334-16190-2(9))* Forgotten Bks.

Dogs & Their People. Anne Lambelet. 2019. (ENG., Illus.). 32p. (J). 17.99 *(978-1-62414-689-3(9),* 900197803) Page Street Publishing Co.

Dogs & Their Puppies: A 4D Book. Linda Tagliaferro. rev. ed. 2018. (Animal Offspring Ser.). (ENG., Illus.). 24p. (J). (gr. -1-2). lib. bdg. 29.32 *(978-1-5435-0822-2(7),* 137585, Capstone Pr.) Capstone.

Dogs Are a Handful. Dionte Davis. 2022. (ENG., Illus.). 18p. (J). 23.95 *(978-1-68526-329-4(1))* Covenant Bks.

Dogs Are Good Pets. Cecilia Minden. Illus. by Sam Loman. 2023. (In Bloom Ser.). (ENG.). (J). (gr. 2-4). 24p. pap. 12.79 *(978-1-6689-1895-1(1),* 221873); 23p. lib. bdg. 30.64 ***(978-1-6689-2642-0(3),*** 222619) Cherry Lake Publishing. (Cherry Blossom Press).

Dogs Are Great. J. T. Hobbs. 2019. (ENG.). 30p. (J). pap. 12.99 *(978-1-7332346-0-3(8))* Mindstir Media.

Dogs at War: Military Canine Heroes. Connie Goldsmith. ed. 2017. (ENG., Illus.). 104p. (YA). (gr. 6-12). E-Book 9.99 *(978-1-5124-3905-2(3),* 9781512439052); E-Book 54.65 *(978-1-5124-2852-0(3));* E-Book 54.65 *(978-1-5124-3906-9(1),* 9781512439069) Lerner Publishing Group. (Twenty-First Century Bks.).

Dogs at Work: Good Dogs. Real Jobs. Margaret Cardillo. Illus. by Zachariah Ohora. 2021. (ENG.). 40p. (J). (gr. -1-3). 17.99 *(978-0-06-290631-1(3),* Balzer & Bray) HarperCollins Pubs.

Dogs at Work (Set Of 8) 2023. (Dogs at Work Ser.). (ENG., Illus.). 8p. (J). (gr. 2-3). pap. 79.60 *(978-1-63738-447-3(5));* lib. bdg. 250.80 *(978-1-63738-420-6(3))* North Star Editions. (Apex).

Dog's Bad Day. Rosemary J. Robson. 2023. (Incredible Ilsa Ser.: Vol. 2). (ENG.). 24p. (J). ***(978-0-2288-8703-4(8));*** pap. ***(978-0-2288-8702-7(X))*** Tellwell Talent.

Dog's Best Friend. Tex Huntley. ed. 2020. (Step into Reading Ser.). (ENG.). 23p. (J). (gr. 2-3). 14.96 *(978-1-64697-292-0(9))* Penworthy Co., LLC, The.

Dog's Best Friend (Must Love Pets #4) Saadia Faruqi. 2023. (Must Love Pets Ser.). (ENG.). 208p. (J). (gr. 3-7). pap. 7.99 *(978-1-338-78351-3(3),* Scholastic Paperbacks) Scholastic, Inc.

Dog's Bill of Rights. Lisa Diane Crislip Wilkinson. 2016. (ENG., Illus.). (J). 24.95 *(978-1-63525-732-8(8));* pap. 13.95 *(978-1-68197-591-7(2))* Christian Faith Publishing.

Dogs, Birds & Others: Natural History Letters from the Spectator; Chosen, with an Introduction & Notes (Classic Reprint) Harold John Massingham. (ENG., Illus.). (J). 2018. 236p. 28.76 *(978-0-267-54602-2(5));* 2016. pap. 11.57 *(978-1-333-47915-2(8))* Forgotten Bks.

Dogs Can Fly. Steve Rogers. 2018. (ENG., Illus.). 60p. (J). (gr. k-6). pap. 19.50 *(978-1-949483-17-8(7))* Strategic Book Publishing & Rights Agency (SBPRA).

Dogs Can Help. Rose Mary Berlin & Nancy O'Leary. 2022. (ENG.). 24p. (J). pap. ***(978-1-922835-24-6(2))*** Library For All Limited.

Dogs, Cats, & Dung Beetles. Dan Gutman. Illus. by Jim Paillot. 2018. 186p. (J). *(978-1-5490-6850-8(4))* HarperCollins Pubs.

Dogs, Cats, & Dung Beetles. Dan Gutman. ed. 2019. (My Weird School Fast Facts Ser.). (ENG.). 186p. (J). (gr. 2-3). 16.49 *(978-0-87617-476-0(4))* Penworthy Co., LLC, The.

Dogs, Cats & Other Critters: The Pets Coloring Book. Kreative Kids. 2016. (ENG., Illus.). (J). pap. 9.20 *(978-1-68377-403-7(5))* Whike, Traudl.

Dog's Christmas Present. Cynthia MacGregor. Illus. by Jane Elliott. 2018. (ENG.). 28p. (J). (gr. 1-6). pap. 9.99 *(978-1-68160-634-7(8))* Crimson Cloak Publishing.

Dogs Clean up! (Netflix: Go, Dog. Go!) Random House. Illus. by Random House. 2022. (Step into Reading Ser.). (Illus.). 32p. (J). (gr. -1-1). pap. 5.99 *(978-0-593-37350-7(2));* (ENG., lib. bdg. 14.99 *(978-0-593-37351-4(0))* Random Hse. Children's Bks. (Random Hse. Bks. for Young Readers).

Dog's Day Set #1-4. Catherine Stier. Illus. by Francesca Rosa. 2021. (Dog's Day Ser.). (ENG.). 384p. (J). (gr. 1-5). pap. 21.99 *(978-0-8075-1676-8(7),* 807516767) Whitman, Albert & Co.

Dog's Divorce. Jeremy Rose. 2018. (ENG., Illus.). 22p. (J). pap. *(978-1-78878-983-7(0))* Austin Macauley Pubs. Ltd.

Dogs, Dogs, Dogs: I Love Them All. Chad Geran. 2020. (ENG., Illus.). 16p. (J). bds. 12.99 *(978-1-57687-967-2(4))* POW! Kids Bks.

Dogs Don't Eat Apples. Caitlin Fusco. 2022. (ENG., Illus.). 8p. (J). bds. 12.95 *(978-1-63755-259-9(9),* Mascot Kids) Amplify Publishing Group.

Dogs Don't Wear Socks! Natalie Ferrington. 2020. (ENG., Illus.). 26p. (J). pap. 12.99 *(978-1-950034-99-4(2))* Yorkshire Publishing Group.

Dog's Farmyard Friends: A Touch & Tickle Book - with Fun-To-Feel Flocking! Illus. by Emma Dodd. 2016. (ENG.). 12p. (J). (gr. -1-1). bds. 14.99 *(978-1-86147-719-4(8),* Armadillo) Anness Publishing GBR. Dist: National Bk. Network.

Dog's First Baby: A Board Book. Natalie Nelson. 2021. (Illus.). 28p. (J). (-k). bds. 9.99 *(978-1-68369-279-9(9))* Quirk Bks.

Dogs from Head to Tail, 1 vol. Cole Mair. 2016. (Animals from Head to Tail Ser.). (ENG., Illus.). 24p. (J). (gr. k-2). lib. bdg. 24.27 *(978-1-4824-4537-4(9),* 2e8a1708-5247-4c30-9245-743129cd0e5b) Stevens, Gareth Publishing LLLP.

Dogs! Fun Facts about the Breeds We Love Card Deck (50 Cards) Allison Strine. Illus. by Allison Strine. 2022. (ENG., Illus.). 50p. (J). 5.99 *(978-1-4413-3878-5(0),* 78389369-f65b-4c43-a071-1f2458bc54f2) Peter Pauper Pr. Inc.

Dog's Gardener, 1 vol. Patricia Storms. Illus. by Nathalie Dion. 2021. 36p. (J). (gr. -1-2). 18.95 *(978-1-77306-256-3(5))* Groundwood Bks. CAN. Dist: Publishers Group West (PGW).

Dog's Guide to Dragons: Cute Drawings & Funny Advice from a Dog Who Knows His Dragons. Amanda Boulter. 2018. (ENG., Illus.). 122p. (J). pap. *(978-1-9999011-4-1(2))* Hartas, Leo.

Dogs I Have Known (Classic Reprint) Harry Jones. 2017. (ENG., Illus.). (J). 26.37 *(978-0-266-66592-2(6));* pap. 9.57 *(978-1-5276-4012-2(4))* Forgotten Bks.

Dogs, Jackals, Wolves, & Foxes. St George Jackson Mivart. 2017. (ENG.). 284p. (J). pap. *(978-3-337-29518-9(5))* Creation Pubs.

Dogs Love Cars. Leda Schubert. Illus. by Paul Meisel. 2021. (ENG.). 32p. (J). (gr. -1-3). 17.99 *(978-1-5362-0309-7(2))* Candlewick Pr.

Dog's Meow. Michelle Schusterman. 2022. (ENG.). 240p. (J). (gr. 3-7). pap. 6.99 *(978-1-338-61804-4(0))* Scholastic, Inc.

Dog's Mission, or the Story of the Old Avery House: And Other Stories (Classic Reprint) Harriet Stowe. 2017. (ENG., Illus.). (J). 26.72 *(978-0-331-07723-0(X));* pap. 9.57 *(978-0-260-25234-0(4))* Forgotten Bks.

Dog's National Park Vacation. Paul Meier. Illus. by Kathrine Gutkovskiy. 2021. (ENG.). 28p. (J). 13.99 *(978-1-7370400-1-9(8))* Paul F. Meier.

Dog's Neighbourhood. Jack Williams. 2020. (ENG.). 38p. (J). pap. *(978-1-5289-4209-6(4))* Austin Macauley Pubs. Ltd.

Dogs of All Nations: In Prose & Rhyme (Classic Reprint) Conrad J. Miller. (ENG., Illus.). (J). 2018. 244p. 28.95 *(978-0-483-57862-3(2));* 2017. pap. 11.57 *(978-0-243-21667-3(X))* Forgotten Bks.

Dogs of Boytown (Classic Reprint) Walter A. Dyer. 2018. (ENG., Illus.). 322p. (J). 30.54 *(978-0-267-15252-0(3))* Forgotten Bks.

Dogs of Great Britain, America, & Other Countries. John Henry Walsh. 2017. (ENG.). 388p. (J). pap. *(978-3-7446-7870-4(9))* Creation Pubs.

Dogs of Presidents. Grace Hansen. (Pets of Presidents Ser.). (ENG., Illus.). 24p. (J). 2022. (gr. k-k). pap. 8.95 *(978-1-64494-690-9(4),* Abdo Kids-Junior); 2021. (gr. -1-2). lib. bdg. 31.36 *(978-1-0982-0925-4(7),* 38282, Abdo Kids) ABDO Publishing Co.

Dogs of the British Islands. John Henry Walsh. 2017. (ENG.). 388p. (J). pap. *(978-3-7447-1908-7(1))* Creation Pubs.

Dogs of the British Islands: Being a Series of Articles & Letters by Various Contributors, Reprinted from the Field Newspaper (Classic Reprint) John Henry Walsh. 2018. (ENG., Illus.). 394p. (J). 32.02 *(978-0-267-27599-1(4))* Forgotten Bks.

Dogs of the Deadlands: Shortlisted for the Week Junior Book Awards. Anthony McGowan. 2022. (ENG.). 320p. (J). 17.99 *(978-0-86154-319-9(X),* Rock the Boat) Oneworld Pubns. GBR. Dist: Simon & Schuster, Inc.

Dogs of War: Wherein the Hero-Worshipper Portrays the Hero & Incidentally Gives an Account of the Greatest Dogs' Club in the World (Classic Reprint) Walter Emanuel. (ENG., Illus.). (J). 2018. 332p. 30.66 *(978-0-484-31988-1(4));* 2016. pap. 13.57 *(978-1-334-09168-1(4))* Forgotten Bks.

Dogs on Patrol Adult Coloring Books Dogs Edition. Activity Attic Books. 2016. (ENG., Illus.). (J). pap. 7.74 *(978-1-68323-031-1(0))* Twin Flame Productions.

Dog's Paradise. Brian D. Gorman. 2019. (ENG., Illus.). 48p. (J). (gr. k-5). 21.95 *(978-0-578-53790-0(7))* Gorman, Brian.

Dog's Porpoise. M. C. Ross. 2019. (ENG.). 240p. (J). (gr. 4-7). pap. 6.99 *(978-1-338-26397-8(8))* Scholastic, Inc.

Dogs R Amazing! Adam Galvin & Mark Baker. Illus. by Markus Baker. 2019. (ENG.). 46p. (J). pap. *(978-1-9161450-6-1(X))* R-and-Q.com.

Dogs Really Do Talk! John R. Scannell. 2021. (ENG.). 32p. pap. 16.95 *(978-0-578-25108-0(6))* Wutherwood Pr.

Dogs Retire to Montana. Jones. 2018. (ENG., Illus.). 40p. (J). pap. *(978-0-359-10410-9(X))* Lulu Pr., Inc.

Dogs Say Bau. Philip Bunting. 2021. (ENG., Illus.). 24p. (J). (gr. -1-k). bds. 12.99 *(978-1-76050-563-9(3))* Little Hare Bks. AUS. Dist: Independent Pubs. Group.

Dogs (Set), 6 vols. 2022. (Dogs (CK) Ser.). (ENG.). 24p. (J). (gr. k-3). lib. bdg. 188.16 *(978-1-0982-4316-6(1),* 41207, Pop! Cody Koala) Pop!.

Dogs Set 3 (Set), 6 vols. Grace Hansen. 2021. (Dogs (Abdo Kids Jumbo) Ser.). (ENG.). 24p. (J). (gr. -1-2). lib. bdg. 196.74 *(978-1-0982-0598-0(7),* 37843, Abdo Kids) ABDO Publishing Co.

Dog's Tail. Kashvi Silswal. Illus. by Kashvi Silswal. 2017. (Volume Ser.: Vol. 1). (ENG., Illus.). 184p. (J). (gr. 2-6). pap. 8.99 *(978-0-692-04749-1(2))* Kashvi'sArtwork.

Dog's Tale: A Furry Farm Fantasy. Susan Curry. 2020. (ENG.). 100p. (J). pap. 8.99 *(978-0-944176-06-1(2))* Across Ocean Bks.

Dog's Tale (Classic Reprint) Mark Twain, pseud. 2018. (ENG., Illus.). 50p. (J). 24.93 *(978-0-656-63647-1(5))* Forgotten Bks.

Dog's Trail: Adventures Around the World. Bradlee Potter. Illus. by Yuliia Zolotova. 2023. (ENG.). 82p. (J). 22.00 ***(978-1-956203-23-3(0));*** pap. 15.00 ***(978-1-956203-24-0(9))*** Hispanic Institute of Social Issues. (Many Seasons Pr.).

Dogs Who Work: The Canines We Cannot Live Without. Valeria Aloise. Tr. by Jeffrey K. Butt. Illus. by Margot Tissot. 2023. 104p. (J). 24.99 *(978-3-907293-71-3(1))* Helvetiq, RedCut Sarl CHE. Dist: Consortium Bk. Sales & Distribution.

Dogs with Attitude. Yvonne Bronstorph. 2022. (ENG., Illus.). 32p. (J). pap. 15.95 ***(978-1-68517-942-7(8))*** Christian Faith Publishing.

Dogs World Coloring Book: Fun Dogs Coloring Book for Kids, Animals Coloring Book, Stress Relieving & Relaxation Coloring Book. Shirley L. Maguire. 2020. (ENG., Illus.). 94p. (J). pap. 9.00 *(978-1-716-46890-2(6))* Lulu Pr., Inc.

Dogsled Molly. Janice McAlpine. Illus. by Merri Vacura. 2019. (ENG.). 44p. (J). *(978-1-5255-5168-0(X));* pap. *(978-1-5255-5169-7(8))* FriesenPress.

Dogsled to Dread: A QUIX Book. Robert Quackenbush. Illus. by Robert Quackenbush. 2019. (Miss Mallard Mystery Ser.). (ENG., Illus.). 80p. (J). (gr. k-3). 16.99 *(978-1-5344-1421-1(5));* pap. 5.99 *(978-1-5344-1420-4(7))* Simon & Schuster Children's Publishing. (Aladdin).

Dogsledding & Extreme Sports. Mary Pope Osborne & Natalie Pope Boyce. 2016. (Magic Tree House Fact Tracker Ser.: 34). lib. bdg. 16.00 *(978-0-606-38450-6(2))* Turtleback.

Dogsledding & Extreme Sports: A Nonfiction Companion to Magic Tree House Merlin Mission #26: Balto of the Blue Dawn. Mary Pope Osborne & Natalie Pope Boyce. Illus. by Carlo Molinari. 2016. (Magic Tree House (R) Fact Tracker Ser.: 34). 128p. (J). (gr. 2-5). 6.99 *(978-0-385-38644-9(3),* Random Hse. Bks. for Young Readers) Random Hse. Children's Bks.

Dogsong Novel Units Teacher Guide. Novel Units. 2019. (ENG.). (YA). pap. 12.99 *(978-1-56137-342-0(7),* Novel Units, Inc.) Classroom Library Co.

DogStar. Rocky Val-Hayden. 2022. (ENG.). 50p. (J). 24.99 *(978-1-0880-2451-5(3))* Indy Pub.

Dogtopia & Winter Wonderland: An Ice Breaking Adventure. Rachel Kaplan. 2021. (ENG.). 66p. (J). pap. 10.99 *(978-1-312-31152-7(5))* Lulu Pr., Inc.

Dogtopia & Winter Wonderland: an Ice-Breaking Adventure. Rachel Kaplan. 2021. (ENG.). 64p. (J). pap. ***(978-1-6671-4990-5(3))*** Lulu Pr., Inc.

Dogtown. Katherine Applegate & Gennifer Choldenko. Illus. by Wallace West. 2023. (Dogtown Book Ser.: 1). (ENG.). 352p. (J). 17.99 ***(978-1-250-81160-8(0),*** 900247967) Feiwel & Friends.

Dogtown: Being Some Chapters from the Annals of the Waddles Family, Set down in the Language of Housepeople (Classic Reprint) Mabel Osgood Wright. 2018. (ENG., Illus.). 436p. (J). 32.91 *(978-0-483-52951-9(6))* Forgotten Bks.

Doh-Mondor. C. K. King. 2023. (ENG.). 36p. (J). pap. ***(978-1-80369-697-3(4))*** Authors OnLine, Ltd.

Doing & Being. Farahana Surya Namaskar. 2017. (ENG., Illus.). (J). pap. 16.95 *(978-1-5043-7891-8(1),* Balboa Pr.) Author Solutions, LLC.

Doing Her Bit: A Story about the Women's Land Army of America. Erin Hagar. Illus. by Jen Hill. 2016. 32p. (J). (gr. 1-4). lib. bdg. 16.95 *(978-1-58089-646-7(4))* Charlesbridge Publishing, Inc.

Doing His Best (Classic Reprint) John Townsend Trowbridge. 2017. (ENG., Illus.). (J). 30.02 *(978-0-331-15384-2(X))* Forgotten Bks.

Doing It. Hannah Witton. 2018. (ENG., Illus.). 352p. (YA). (gr. 8-12). pap. 10.99 *(978-1-4926-6502-1(9))* Sourcebooks, Inc.

Doing Numbers. Lyt Mansa. 2022. (ENG.). 196p. (YA). pap. 14.95 *(978-1-6624-5777-7(4))* Page Publishing Inc.

Doing Right: A Course in Character Building (Classic Reprint) E. Hershey Sneath. (ENG., Illus.). (J). 2018. 576p. 35.80 *(978-0-483-40578-3(7));* 2016. pap. 19.57 *(978-1-333-67499-1(6))* Forgotten Bks.

Doing the Right Thing: Making Responsible Decisions. Alyssa Krekelberg. 2020. (Social & Emotional Learning Ser.). (ENG.). 24p. (J). (gr. -1-2). lib. bdg. 32.79 *(978-1-5038-4450-6(1),* 214217) Child's World, Inc, The.

Doing Time: Notes from the Undergrad. Rob Thomas & Leopoldo Macaya. 2018. (ENG.). 176p. (YA). (gr. 7). pap. 10.99 *(978-1-5344-3009-9(1),* Simon & Schuster Bks. For Young Readers) Simon & Schuster Bks. For Young Readers.

Doing Your Part. Shannon Stocker. 2020. (21st Century Junior Library: Together We Can: Pandemic Ser.). (ENG., Illus.). 24p. (J). (gr. 2-5). lib. bdg. 30.64 *(978-1-5341-8008-6(7),* 218312) Cherry Lake Publishing.

Doings in Maryland, or Matilda Douglas (Classic Reprint) Unknown Author. 2018. (ENG., Illus.). 328p. (J). 30.66 *(978-0-364-49149-2(3))* Forgotten Bks.

Doings of Berengaria (Classic Reprint) Shelland Bradley. (ENG., Illus.). (J). 2018. 352p. 31.16 *(978-0-483-65347-4(0));* 2017. pap. 13.57 *(978-0-243-38087-9(9))* Forgotten Bks.

Doings of Raffles Haw (Classic Reprint) Arthur Conan Doyle. 2017. (ENG., Illus.). 138p. (J). 26.74 *(978-0-332-10279-5(3))* Forgotten Bks.

Doings of the Bodley Family: In Town & Country (Classic Reprint) Horace Elisha Scudder. 2018. (ENG., Illus.). 258p. (J). 29.22 *(978-0-483-36321-2(9))* Forgotten Bks.

Doings of the Bodley Family in Town & Country. Horace Elisha Scudder. 2017. (ENG., Illus.). (J). pap. *(978-0-649-56420-0(0));* pap. *(978-0-649-23785-2(4))* Trieste Publishing Pty Ltd.

Doin's o' Jim o' Doads: Sketches of Lancashire Life (Classic Reprint) Arthur Smith. 2017. (ENG., Illus.). (J). 118p. 26.35 *(978-0-265-57620-5(2));* 120p. pap. 9.57 *(978-0-282-98901-9(3))* Forgotten Bks.

Dojo Surprise. Chris Tougas. 2016. (Dojo Ser.: 3). (ENG., Illus.). 32p. (J). (gr. -1-3). 16.95 *(978-1-77147-143-5(3),* Owlkids) Owlkids Bks. Inc. CAN. Dist: Publishers Group West (PGW).

Dokladny Slownik Polsko-Angielski I Angielsko-Polski: Czerpany Z Najlepszych Zrodel Krajowych I Obcych (Classic Reprint) Erazm Rykaczewski. (ENG., Illus.). (J). 2018. 546p. 35.16 *(978-0-365-32728-8(X));* 2017. pap. 19.57 *(978-0-282-48027-1(7))* Forgotten Bks.

Doktè (Doctor) Douglas Bender. Tr. by Jean Pierre Gaston. 2021. (Moun Mwen Rankontre Yo (People I Meet) Ser.). (CRP., Illus.). (J). (gr. -1-1). pap. ***(978-1-0396-2282-1(8),*** 10166, Crabtree Roots) Crabtree Publishing Co.

Doktor's Daughter. Nancy McDonald. 2022. (ENG.). 166p. (J). pap. *(978-1-77180-575-9(7))* Iguana Bks.

Dolch Kindergarten Sight Words Tracing. Esel Press. 2021. (ENG.). 56p. (J). 16.95 *(978-1-716-20372-5(4))* Lulu Pr., Inc.

Dolch Kindergarten Sight Words Tracing: Learn, Trace & Practice - Top 52 High-Frequency Words That Are Key to Reading Success. Esel Press. 2021. (ENG.). 56p. (J). pap. 8.95 *(978-1-716-27151-9(7))* Lulu Pr., Inc.

Doldrums & the Helmsley Curse. Nicholas Gannon. Illus. by Nicholas Gannon. (ENG., Illus.). 432p. (J). (gr. 3-7). 2018. pap. 8.99 *(978-0-06-232098-8(X));* 2017. 17.99 *(978-0-06-232097-1(1))* HarperCollins Pubs. (Greenwillow Bks.).

Dolf (Classic Reprint) Francis Evans Baily. (ENG., Illus.). (J). 2018. 254p. 29.14 *(978-0-483-00629-4(7));* 2016. pap. 11.57 *(978-1-333-58068-1(1))* Forgotten Bks.

Doll. Nhung N. Tran-Davies. Illus. by Ravy Puth. 2021. (ENG.). 24p. (J). (gr. 2-4). 19.95 *(978-1-77260-165-7(9))* Second Story Pr. CAN. Dist: Orca Bk. Pubs. USA.

Doll . . & Other Scary Stories. Max Brallier. ed. 2021. (Acorn Early Readers Ser.). (ENG., Illus.). 56p. (J). (gr. k-1). 15.46 *(978-1-64697-902-8(8))* Penworthy Co., LLC, The.

Doll & Her Friends: Or Memoirs of the Lady Scraphina (Classic Reprint) Julia Charlotte Maitland. 2018. (ENG., Illus.). 136p. (J). 26.70 *(978-0-267-12015-4(X))* Forgotten Bks.

Doll Book. Rebecca Schmitt. 2019. (ENG., Illus.). 38p. (J). pap. 14.95 *(978-1-64471-886-5(3))* Covenant Bks.

Doll Book (Classic Reprint) Laura B. Starr. 2017. (ENG., Illus.). (J). 31.12 *(978-0-266-40520-7(7))* Forgotten Bks.

Doll Collection: The Complete Series. Lisa Pinkham. 2018. (ENG., Illus.). 728p. (J). pap. 24.99 *(978-1-62522-118-6(5))* Indie Artist Pr.

Doll Collection (Books 4-6) Lisa Pinkham. 2017. (ENG., Illus.). (J). pap. 17.99 *(978-1-62522-093-6(6))* Indie Artist Pr.

Doll Collection (Books 7-9) Lisa Pinkham. 2018. (ENG., Illus.). 332p. (J). pap. 17.99 *(978-1-62522-105-6(3))* Indie Artist Pr.

Doll Crafts: A Kid's Guide to Making Simple Dolls, Clothing, Accessories, & Houses. Laurie Carlson. 2017. (ENG., Illus.). 144p. (J). (gr. 2). pap. 14.99 *(978-1-61373-778-1(5))* Chicago Review Pr., Inc.

Doll Designs I Love! Coloring Book. Bobo's Children Activity Books. 2016. (ENG., Illus.). (J). pap. 9.33 *(978-1-68327-725-5(2))* Sunshine In My Soul Publishing.

Doll-E 1. 0. Shanda McCloskey. 2018. (ENG., Illus.). 40p. (J). (gr. -1-3). 18.99 *(978-0-316-51031-8(9))* Little, Brown Bks. for Young Readers.

Doll Face. Dianne Stadhams. 2020. (ENG.). 234p. (YA). pap. *(978-1-907335-91-4(9))* Bridge Hse. Publishing.

Doll for Grandma: A Story About Alzheimer's Disease. Paulette Bochnig Sharkey. Illus. by Samantha Woo. 2020. 32p. (J). (gr. k-3). 17.99 *(978-1-5064-5738-3(X),* Beaming Books) 1517 Media.

Doll for Navidades see Muneca para el Dia de Reyes

Doll Hospital. Kallie George. Illus. by Sara Gillingham. 2018. (ENG.). 32p. (J). (gr. -1-3). 17.99 *(978-1-5344-0121-1(0))* Simon & Schuster Children's Publishing.

Doll in the Hall & Other Scary Stories: an Acorn Book (Mister Shivers #3) Max Brallier. Illus. by Letizia Rubegni. 2021. (Mister Shivers Ser.: 3). (ENG.). 64p. (J). (gr. k-2). pap. 5.99 *(978-1-338-61544-9(0))* Scholastic, Inc.

Doll in the Hall & Other Scary Stories: an Acorn Book (Mister Shivers #3) (Library Edition), Vol. 3. Max Brallier. Illus. by Letizia Rubegni. 2021. (Mister Shivers Ser.: 3). (ENG.). 64p. (J). (gr. k-2). lib. bdg. 23.99 *(978-1-338-61545-6(9))* Scholastic, Inc.

Doll People Set Sail. Laura Godwin & Ann M. Martin. Illus. by Brett Helquist. 2016. (Doll People Ser.: 4). (ENG.). 304p. (J). (gr. 3-7). pap. 7.99 *(978-1-4231-3998-0(4))* Little, Brown Bks. for Young Readers.

Doll Shop (Classic Reprint) Helen Langhanke. 2017. (ENG., Illus.). (J). 24.39 *(978-0-260-82965-8(X))* Forgotten Bks.

Doll That Saved an Army, an Historical Play in Four Scenes (Classic Reprint) Edyth M. Wormwood. 2018. (ENG., Illus.). 32p. (J). 24.56 *(978-0-332-78816-6(4))* Forgotten Bks.

Doll Who Thought She Was Ugly. Laurie A. Perkins. 2019. (ENG.). 42p. (J). pap. *(978-0-359-90567-6(6))* Lulu Pr., Inc.

Dolla the Lamb Goes on a Picnic. Sheila Quatro. 2019. (ENG., Illus.). 34p. (J). pap. 13.95 *(978-1-64531-147-8(3))* Newman Springs Publishing, Inc.

Dollar Bill in Translation: What It Really Means. Christopher Forest. rev. ed. 2016. (Kids' Translations Ser.). (ENG.). 32p. (J). (gr. 3-6). pap. 8.10 *(978-1-5157-6249-2(1),* 135064, Capstone Pr.) Capstone.

Dollar Bill Origami, 1 vol. Jane Yates. 2016. (Cool Crafts for Kids Ser.). (ENG.). 32p. (J). (gr. 3-3). pap. 12.75 *(978-1-4994-8226-3(4),* 5c547e7d-26e0-4eef-a8ad-3f1e9983fd2b, Windmill Bks.) Rosen Publishing Group, Inc., The.

Dollar Goes a Long Way. Christine Meunier. 2018. (ENG., Illus.). 106p. (J). pap. 7.36 *(978-1-326-52721-1(5))* Lulu Pr., Inc.

Dollar Kids. Jennifer Richard Jacobson. Illus. by Ryan Andrews. (ENG.). 416p. (J). (gr. 5-9). 2020. pap. 9.99 *(978-1-5362-1311-9(X));* 2018. 17.99 *(978-0-7636-9474-6(6))* Candlewick Pr.

Dollars & Cents (Classic Reprint) Amy Lothrop. 2017. (ENG., Illus.). (J). 29.49 *(978-0-331-76488-8(1))* Forgotten Bks.

Dollars & Cents, Vol. 2 (Classic Reprint) Amy Lothrop. (ENG., Illus.). (J). 2018. 256p. 29.18 *(978-0-484-80450-9(2));* 2016. pap. 11.57 *(978-1-334-11717-6(9))* Forgotten Bks.

Dollars & Duty (Classic Reprint) Emory J. Haynes. 2018. (ENG., Illus.). 460p. (J). 33.38 *(978-0-267-22648-1(9))* Forgotten Bks.

Dollars or Sense? A Tale of Every-Day Life in England & America (Classic Reprint) Arthur Louis. (ENG., Illus.). (J). 2018. 382p. 31.80 *(978-0-267-28717-8(8));* 2016. pap. 16.57 *(978-1-334-17174-1(2))* Forgotten Bks.

Dolley Madison & the War Of 1812: America's First Lady. Libby Carty McNamee. 2021. (ENG.). 256p. (J). pap. 14.99 *(978-1-7322202-4-9(7))* Sagebrush Writings.

DollFace Volume 3. Dan Mendoza & Bryan Seaton. Ed. by Nicole D'Andria. 2018. (ENG., Illus.). 128p. (YA). pap. 14.99 *(978-1-63229-331-2(5),*

528 The check digit for ISBN-10 appears in parentheses after the full ISBN-13

ccfbf84d-e2b8-43d4-aae2-a2f746d9067f) Action Lab Entertainment.

Dollhouse. Nicole Thorn. 2016. (Paper Dolls Ser.: Vol. 1). (ENG., Illus.). (YA). pap. 18.99 *(978-1-62007-114-4(2))* Curiosity Quills Pr.

Dollhouse: a Ghost Story. Charis Cotter. (J). (gr. 4-7). 2022. 368p. pap. 9.99 *(978-0-7352-6908-8(4))*; 2021. 360p. 17.99 *(978-0-7352-6906-4(8))* Tundra Bks. CAN. (Tundra Bks.). Dist: Penguin Random Hse. LLC.

Dollhouse Murders (35th Anniversary Edition) Betty Ren Wright. Illus. by Leo Nickolls. 35th ed. 2019. 160p. (J). (gr. 3-7). pap. 8.99 *(978-0-8234-3984-3(4))* Holiday Hse., Inc.

Dollhouse Murders (35th Anniversary Edition) Betty Ren Wright. 35th ed. 2018. 160p. (J). (gr. 3-7). 17.99 *(978-0-8234-4030-6(3))* Holiday Hse., Inc.

Dollhouses & Accessories Coloring Book. Activibooks. 2016. (ENG., Illus.). (J). pap. 9.20 *(978-1-68321-907-1(4))* Mimaxion.

Dollie Loves Christmas. Tracilyn George. 2020. (ENG.). 32p. (J). pap. 20.54 *(978-1-716-37344-2(1))*; pap. 11.00 *(978-1-990153-62-4(3))* Lulu Pr., Inc.

Dollikins & the Miser (Classic Reprint) Frances Eaton. 2018. (ENG., Illus.). 226p. (J). 28.58 *(978-0-483-79500-6(3))* Forgotten Bks.

Dolliver Romance, & Other Pieces (Classic Reprint) Nathanial Hawthorne. 2018. (ENG., Illus.). 200p. (J). 28.04 *(978-0-483-67638-1(1))* Forgotten Bks.

Dolliver Romance, Fanshawe & Septimius Felton: With an Appendix Containing the Ancestral Footstep (Classic Reprint) Nathanial Hawthorne. 2017. (ENG., Illus.). (J). 34.77 *(978-1-5282-6826-4(1))* Forgotten Bks.

Dolliver Romance, Fanshawe, & Septimius Felton: With an Appendix Containing the Ancestral Footstep (Classic Reprint) Nathanial Hawthorne. 2018. (ENG., Illus.). (J). 34.77 *(978-0-265-94246-8(2))* Forgotten Bks.

Dolliver Romance; Fanshawe; and, Septimius Felton: With an Appendix Containing the Ancestral Footstep (Classic Reprint) Nathanial Hawthorne. 2017. (ENG., Illus.). (J). 37.12 *(978-0-266-73438-3(3))*; pap. 19.57 *(978-1-5276-9754-6(1))* Forgotten Bks.

Dollmaker of Krakow. R. M. Romero. 2017. (ENG.). 336p. (J). (gr. 3-7). lib. bdg. 19.99 *(978-1-5247-1540-3(9))*, Delacorte Bks. for Young Readers) Random Hse. Children's Bks.

Dollop & Mrs. Fabulous. Jennifer Sattler. 2019. (ENG., Illus.). 32p. (J). (gr. -1-2). lib. bdg. 20.99 *(978-0-399-55336-3(3))*, Knopf Bks. for Young Readers) Random Hse. Children's Bks.

Dolls & Stuffed Animals Coloring Book. Activity Book Zone for Kids. 2016. (ENG., Illus.). (J). pap. 9.20 *(978-1-68376-460-1(9))* Sabeels Publishing.

Dolls & Trucks Are for Everyone. Robb Pearlman. Illus. by Eda Kaban. (ENG.). (J). (gr. -1 — 1). 2022. 24p. bds. 8.99 *(978-0-7624-7811-8(X))*; 2021. 40p. 17.99 *(978-0-7624-7156-0(5))* Running Pr. (Running Pr. Kids).

Doll's Eye. Marina Cohen. 2017. (ENG., Illus.). 208p. (J). 16.99 *(978-1-62672-204-0(8))*, 900145049) Roaring Brook Pr.

Doll's Eye. Marina Cohen. 2019. (ENG., Illus.). 208p. (J). pap. 18.99 *(978-1-250-14396-9(9))*, 900180601) Square Fish.

Dolls for Boys & Girls Coloring Book. Activibooks For Kids. 2016. (ENG., Illus.). (J). pap. 9.20 *(978-1-68321-917-0(1))* Mimaxion.

Dolls for Everyone Coloring Book. Creative Playbooks. 2016. (ENG., Illus.). (J). pap. 7.74 *(978-1-68323-883-6(4))* Twin Flame Productions.

Doll's House. Henrik Ibsen. 2018. (ENG., Illus.). 128p. (J). 23.22 *(978-1-7317-0626-3(X))*; pap. 11.16 *(978-1-7317-0627-0(8))*; 12.34 *(978-1-61382-562-4(5))*; 11.81 *(978-1-7317-0215-9(9))*; pap. 5.03 *(978-1-61382-563-1(3))*; pap. 5.02 *(978-1-7317-0216-6(7))* Simon & Brown.

Doll's House. Henrik Ibsen. 2018. (ENG., Illus.). 148p. (J). pap. 13.99 *(978-1-5287-0570-7(X))*, Classic Bks. Library) The Editorium, LLC.

Doll's House. Henrik. Ibsen. 2019. (ENG., Illus.). 106p. (J). pap. 6.49 *(978-956-310-105-8(7))* BN Publishing.

Doll's House. Henrik. Ibsen. Ed. by Sheba Blake. 2020. (ENG.). 82p. (J). pap. 9.99 *(978-1-222-29311-1(0))* Indy Pub.

Doll's House: And Two Other Plays (Classic Reprint) Henrik Ibsen. 2016. (ENG., Illus.). (J). pap. 13.57 *(978-1-333-16135-4(2))* Forgotten Bks.

Doll's House: And Two Other Plays (Classic Reprint) Henrik Ibsen. 2017. (ENG., Illus.). (J). 30.17 *(978-0-265-89875-8(7))* Forgotten Bks.

Doll's House: Children's Fantasy. Jean Maye. 2020. (ENG.). 100p. (J). pap. *(978-1-8382356-0-4(4))* Mouse Chased Cat Pub.

Doll's House/ Hedda Gabler Novel Units Student Packet. Novel Units. 2019. (ENG.). (YA). pap., stu. ed., wbk. ed. 13.99 *(978-1-56137-893-7(3))*, Novel Units, Inc.) Classroom Library Co.

Dolls' Journey (Classic Reprint) Louisa Alcott. 2018. (ENG., Illus.). 88p. (J). 25.71 *(978-0-365-17511-7(0))* Forgotten Bks.

Dolls of Doom: A Tale of Terror. Steve Brezenoff. Illus. by Mariano Epelbaum. 2018. (Michael Dahl Presents: Phobia Ser.). (ENG.). 72p. (J). (gr. 4-6). lib. bdg. 25.32 *(978-1-4965-7342-1(0))*, 138929, Stone Arch Bks.) Capstone.

Dolls of War. Shirley Parenteau. (Friendship Dolls Ser.: 3). 320p. (J). (gr. 3-7). 2019. (ENG.). pap. 7.99 *(978-1-5362-0889-4(2))*; 2017. 16.99 *(978-0-7636-9069-4(4))* Candlewick Pr.

Dolls on Dress Parade (Classic Reprint) Effa E. Preston. 2017. (ENG., Illus.). (J). 20p. 24.31 *(978-0-332-89427-0(4))*; pap. 7.97 *(978-0-259-91445-7(2))* Forgotten Bks.

Dolls Through the Ages Coloring Book. Creative Playbooks. 2016. (ENG., Illus.). (J). pap. 7.74 *(978-1-68323-884-3(2))* Twin Flame Productions.

Dolly: A Comic Opera, in One Act (Classic Reprint) Adolphe Adam. 2017. (ENG., Illus.). (J). 34p. 24.60 *(978-0-484-43250-4(8))*; pap. 7.97 *(978-0-259-20151-9(0))* Forgotten Bks.

Dolly, a Dog, & a Camper. Kay Whitehouse. Ed. by Jennifer Thomas. Illus. by Mark Wayne Adams. 2018. (Hand Truck Named Dolly Ser.: Vol. 3). (ENG.). 96p. (J). (gr. k-4). pap. 8.95 *(978-1-5323-6549-2(7))* Vance Hardy Publishing.

Dolly & Character: A Portrayal of Certain Phases of Metropolitan Life & Character (Classic Reprint) James L. Ford. 2017. (ENG., Illus.). (J). 32.39 *(978-0-266-19062-2(6))* Forgotten Bks.

Dolly & I. Oliver Optic, pseud. 2017. (ENG., Illus.). (J). pap. *(978-3-7447-7145-0(8))* Creation Pubs.

Dolly & I: A Story for Little Folks. Oliver Optic, pseud. 2018. (ENG., Illus.). 24p. (YA). (gr. 7-12). pap. *(978-93-5329-318-5(9))* Alpha Editions.

Dolly & I: A Story for Little Folks (Classic Reprint) Oliver Optic, pseud. (ENG., Illus.). (J). 2018. 98p. 25.92 *(978-0-364-85935-3(0))*; 2016. pap. 9.57 *(978-1-333-47743-1(0))* Forgotten Bks.

Dolly & Molly & the Farmer Man (Classic Reprint) Elizabeth Gordon. 2018. (ENG., Illus.). (J). 34p. 24.62 *(978-0-366-66408-5(5))*; 36p. pap. 7.97 *(978-0-366-66391-0(7))* Forgotten Bks.

Dolly Bakes Me Cookies. Lindsay Ahart. 2018. (ENG., Illus.). 16p. (J). *(978-1-387-52426-6(7))* Lulu Pr., Inc.

Dolly Dialogues (Classic Reprint) Anthony Hope. 2017. (ENG., Illus.). (J). 28.89 *(978-1-5280-8626-4(0))* Forgotten Bks.

Dolly Dialogues (Classic Reprint) Anthony Hope. 2018. (ENG., Illus.). 312p. (J). 30.39 *(978-0-484-14383-7(2))* Forgotten Bks.

Dolly Does Her Job. Susan Langlois. Illus. by Daniela Frongia. 2020. (ENG.). 42p. (J). (gr. k-4). 20.00 ***(978-1-0878-6611-6(1))*** Indy Pub.

Dolly Doughnut. Jenny Anne. (ENG., Illus.). 68p. (J). 2020. pap. *(978-1-83975-304-6(8))*; 2019. *(978-1-78623-435-3(1))* Grosvenor Hse. Publishing Ltd.

Dolly for Christmas: The True Story of a Family's Christmas Miracle. Kimberly Schlapman. Illus. by Morgan Huff. 2020. (ENG.). 40p. (J). (gr. -1-3). 18.99 *(978-0-316-54296-8(2))* Little, Brown Bks. for Young Readers.

Dolly French's Household (Classic Reprint) Jennie M. Drinkwater. 2018. (ENG., Illus.). 314p. (J). 30.37 *(978-0-267-15233-9(7))* Forgotten Bks.

Dolly May & the Magical Enchanted Garden. Carrol Coleman Nelson. Illus. by Jason Lee. 2019. (ENG.). 48p. (J). (gr. 3). pap. *(978-1-912551-60-6(8))* Conscious Dreams Publishing.

Dolly Mcduck. James F. Park. 2017. (ENG.). 44p. (J). pap. ***(978-0-244-63245-8(6))*** Lulu Pr., Inc.

Dolly Parton. Rebecca Felix. 2021. (Checkerboard Biographies Ser.). (ENG.). 32p. (J). (gr. 3-6). lib. bdg. 32.79 *(978-1-5321-9602-7(4))*, 37418, Checkerboard Library) ABDO Publishing Co.

Dolly Parton. Maria Isabel Sanchez Vegara. Illus. by Daria Solak. 2019. (Little People, BIG DREAMS Ser.: Vol. 28). (ENG.). 32p. (J). (gr. -1-2). 15.99 ***(978-1-78603-760-2(2))***, Frances Lincoln Children's Bks.) Quarto Publishing Group UK GBR. Dist: Hachette Bk. Group.

Dolly Parton. Emily Skwish. Illus. by Lidia Fernández Abril. 2022. (It's Her Story Ser.). (ENG.). 42p. (J). (gr. 2-5). pap. 9.95 ***(978-1-64996-741-1(1))***, 17112, Sequoia Kids Media) Sequoia Children's Bks.

Dolly Parton, Volume 28. Maria Isabel Sanchez Vegara. Illus. by Daria Solak. 2023. (Little People, BIG DREAMS Ser.). (ENG.). 32p. (J). (gr. -1-2). pap. 8.99 ***(978-0-7112-8387-9(7))***, Frances Lincoln Children's Bks.) Quarto Publishing Group UK GBR. Dist: Hachette Bk. Group.

Dolly Parton: Country Music Star. Kate Moening. 2020. (Women Leading the Way Ser.). (ENG., Illus.). 24p. (J). (gr. k-3). pap. 7.99 *(978-1-68103-833-9(1))*, 12922); lib. bdg. 26.95 *(978-1-64487-209-3(9))* Bellwether Media. (Blastoff! Readers).

Dolly Parton: Diamond in a Rhinestone World. Leslie Holleran. 2022. (Gateway Biographies Ser.). (ENG., Illus.). 48p. (J). (gr. 4-8). pap. 11.99 *(978-1-7284-4876-3(X))*, 2781e645-d32f-4c29-8dbb-621fd6381656); lib. bdg. 31.99 *(978-1-7284-4183-2(8))*, 29458fd6-4227-4ee4-bb4b-eb325e1b4e6d) Lerner Publishing Group. (Lerner Pubns.).

Dolly Parton: My First Dolly Parton. Maria Isabel Sanchez Vegara & Daria Solak. 2020. (Little People, BIG DREAMS Ser.: 28). (ENG., Illus.). 24p. (J). (gr. -1 — 1). bds. 9.99 ***(978-0-7112-4625-6(4))***, Frances Lincoln Children's Bks.) Quarto Publishing Group UK GBR. Dist: Hachette Bk. Group.

Dolly Parton: Singer & Cultural Icon. Rachel Rose. 2023. (Bearport Biographies (set 2) Ser.). (ENG.). 24p. (J). (gr. 2-5). lib. bdg. 19.95 Bearport Publishing Co., Inc.

Dolly Parton (My First Little People, Big Dreams) Maria Isabel Sanchez Vegara. Illus. by Daria Solak. 2020. (Little People, BIG DREAMS Ser.: 28). (ENG.). 24p. (J). (— 1). bds. 9.99 *(978-0-7112-4624-9(6))*, 330266, Frances Lincoln Children's Bks.) Quarto Publishing Group UK GBR. Dist: Hachette UK Distribution.

Dolly Parton's Billy the Kid Makes It Big. Dolly Parton & Erica S. Perl. Illus. by MacKenzie Haley. 2023. (ENG.). 40p. (J). (gr. -1-2). 19.99 ***(978-0-593-66157-4(5))***, Penguin Workshop) Penguin Young Readers Group.

Dolly Reforming Herself: A Comedy in Four Acts. Henry Arthur Jones. 2017. (ENG., Illus.). (J). pap. *(978-0-649-56425-5(1))*; pap. *(978-0-649-45048-0(5))* Trieste Publishing Pty Ltd.

Dolly Reforming Herself: A Comedy in Four Acts (Classic Reprint) Henry Arthur Jones. 2017. (ENG., Illus.). 108p. (J). 26.14 *(978-0-484-70331-4(5))* Forgotten Bks.

Dolly That Lost Her Socks. David Garberson. 2017. (ENG., Illus.). 20p. (J). pap. *(978-1-4602-7506-1(3))* FriesenPress.

Dolly, the Momma Cat. Sandy Toyne. 2022. (ENG., Illus.). 50p. (J). 24.95 *(978-1-68517-681-5(X))* Christian Faith Publishing.

Dolly Travers' Inheritance: A Play in Four Acts (Classic Reprint) Lilian Stair Schreiner. 2018. (ENG., Illus.). 56p. (J). 25.03 *(978-0-484-40575-1(6))* Forgotten Bks.

Dolly Visits the Museum. Emily Jane H. 2021. (ENG.). 50p. (J). 14.99 *(978-1-957220-18-5(X))*; pap. 11.99 *(978-1-957220-17-8(1))* Rushmore Pr. LLC.

Dolly Witch Sisters. Leilani Raven Katen. 2022. (ENG.). 34p. (J). pap. ***(978-1-83875-405-1(9))***, Nightingale Books) Pegasus Elliot Mackenzie Pubs.

Dolly's Adventure. Nasia Usikova. 2016. (ENG.). 32p. (J). pap. ***(978-1-365-15156-9(5))*** Lulu Pr., Inc.

Dolly's Rescue. Luanne J. Langdon. Illus. by Don Harrison Short. 2022. (ENG.). 36p. (J). *(978-1-0391-2064-8(4))*; pap. *(978-1-0391-2063-1(6))* FriesenPress.

Dolores: A Tale of Maine & Italy (Classic Reprint) Rudolph Leonhart. 2018. (ENG., Illus.). 446p. (J). 33.10 *(978-0-267-17620-5(1))* Forgotten Bks.

Dolores, a Tale of Disappointment & Distress: Compiled, Arranged & Edited from the Journal, Letters & Other Mss; of Roland Verson, Esq.; & from Contributions by & Conversations with the Vernon Family, of Rushbrook, in Carolina (Classic Reprint) Benjamin Robinson. 2017. (ENG., Illus.). 184p. (J). 27.69 *(978-0-484-64028-2(3))* Forgotten Bks.

Dolores Found a New Family. Corina Rades & Dennis Rades. 2020. (ENG., Illus.). 44p. (J). pap. *(978-0-2288-2012-3(X))* Tellwell Talent.

Dolores Huerta. Kate Moening. 2019. (Women Leading the Way Ser.). (ENG., Illus.). 24p. (J). (gr. k-3). lib. bdg. 26.95 *(978-1-64487-099-0(1))*, Blastoff! Readers) Bellwether Media.

Dolores Huerta: Advocate for Women & Workers. Linda Barghoorn. 2017. (Remarkable Lives Revealed Ser.). (Illus.). 32p. (J). (gr. 3-3). *(978-0-7787-3418-5(8))* Crabtree Publishing Co.

Dolores Huerta: Get to Know the Voice of Migrant Workers. Robert Liu-Trujillo. 2019. (People You Should Know Ser.). (ENG., Illus.). 32p. (J). (gr. 3-6). pap. 7.95 *(978-1-5435-7463-0(7))*, 140903); lib. bdg. 27.99 *(978-1-5435-7181-3(6))*, 140432) Capstone.

Dolores Huerta: Labor Activist: Labor Activist. Kate Moening. 2019. (Women Leading the Way Ser.). (ENG., Illus.). 24p. (J). (gr. k-3). pap. 7.99 *(978-1-61891-722-5(6))*, 12303, Blastoff! Readers) Bellwether Media.

Dolores Huerta: Labor Organizer. Meg Gaertner. 2021. (Important Women Ser.). (ENG., Illus.). 32p. (J). (gr. 2-3). pap. 9.95 *(978-1-64493-724-2(7))*; lib. bdg. 31.35 *(978-1-64493-688-7(7))* North Star Editions. (Focus Readers).

Dolores Huerta: Labor Leader. Alexis David. 2022. (Blue Delta Biographies Ser.). (ENG.). 48p. (YA). (gr. 8-12). pap. 12.95 *(978-1-63889-006-5(4))* Saddleback Educational Publishing, Inc.

Dolores Huerta Stands Strong: The Woman Who Demanded Justice. Marlene Targ Brill. 2018. (Biographies for Young Readers Ser.). (ENG.). 104p. pap. 15.95 *(978-0-8214-2330-1(4))*; (Illus.). 32.95 *(978-0-8214-2329-5(0))* Ohio Univ. Pr.

Dolorsolatio: A Local Political Burlesque (Classic Reprint) Sam Scribble. (ENG., Illus.). (J). 2018. 28p. 24.47 *(978-0-365-24594-0(1))*; 2017. pap. 7.97 *(978-0-259-91384-9(7))* Forgotten Bks.

Dolph Heyliger: A Story from Bracebridge Hall (Classic Reprint) Washington. Irving. 2019. (ENG., Illus.). 132p. (J). 26.62 *(978-0-365-28458-1(0))* Forgotten Bks.

Dolphin. Melissa Gish. 2019. (Spotlight on Nature Ser.). (ENG.). 32p. (J). (gr. 4-7). *(978-1-64026-180-8(X))*, 19176, Creative Education) Creative Co., The.

Dolphin. August Hoeft. (I See Animals Ser.). (ENG.). (J). (gr. k-1). 2022. 20p. 24.99 ***(978-1-5324-3399-3(9))***; 2022. 20p. pap. 12.99 ***(978-1-5324-4202-5(5))***; 2020. 12p. pap. 5.99 *(978-1-5324-1480-0(3))* Xist Publishing.

Dolphin Adventures. Nina Leipold. Ed. by Nina Leipold. 2023. (ENG.). 40p. (J). pap. 12.99 ***(978-1-0881-0482-8(7))*** Indy Pub.

Dolphin & Friends. Amber Lily. Illus. by Orchard Design House. 2021. (Peekaboo Window Bks.). (ENG.). 10p. (J). bds. 4.99 *(978-1-80105-117-0(8))* Top That! Publishing PLC GBR. Dist: Independent Pubs. Group.

Dolphin & the Superhero. David Brown. 2017. (ENG., Illus.). 90p. (J). pap. *(978-1-326-95106-1(8))* Lulu Pr., Inc.

Dolphin Boy. Michael Morpurgo. 2019. (ENG., Illus.). 32p. (J). (gr. -1-k). pap. 9.99 *(978-1-78344-750-3(8))* Penguin Random Hse. AUS. Dist: Independent Pubs. Group.

Dolphin Boy. Alex Tokareff. Illus. by Keith Russell Graden. 2022. (ENG.). 48p. (J). *(978-0-2288-6628-2(6))*; pap. *(978-0-2288-6627-5(8))* Tellwell Talent.

Dolphin Coloring Book. Cristie Publishing. 2020. (ENG.). 90p. (J). pap. 8.50 *(978-1-716-31932-7(3))* Lulu Pr., Inc.

Dolphin Coloring Book: Coloring Book for Kids Ages 3 - 8. Cosmin. 2021. (ENG.). 64p. (J). pap. *(978-0-8000-8564-3(7))* Neall-Crae Publishing Ltd.

Dolphin Coloring Book: Dolphins Colouring for Children - Coloring Book for Girls & Boys - Perfect Children Gift. Lena Bidden. 2021. (ENG.). 46p. (J). pap. 10.00 *(978-1-716-24456-8(0))* Lulu Pr., Inc.

Dolphin Coloring Book for Kids. R. R. Fratica. 2020. (ENG.). 96p. (J). pap. 120.00 *(978-1-716-33612-6(0))* Lulu Pr., Inc.

Dolphin Coloring Book for Kids: Cute Dolphin Coloring, Activity Book for Kids & Toddlers, Beautiful Coloring Pages for Kids, Boys & Girls, Ages 4-8, 8-12. R. R. Fratica. 2021. (ENG.). 78p. (J). pap. 9.50 *(978-1-716-27482-4(6))* Lulu Pr., Inc.

Dolphin Coloring Book for Kids: Fun Coloring Book for Kids Ages 3 - 8, Page Large 8. 5 X 11. Elma Angels. 2020. (ENG.). 96p. (J). pap. 9.79 *(978-1-716-30950-2(6))* Lulu Pr., Inc.

Dolphin Coloring Book for Kids: Stress Relief Cute Dolphin Coloring Book for Kindergarten & Toddlers Ages 4-8. Ariadne Rushford. l.t. ed. 2021. (ENG.). 44p. (J). pap. *(978-0-421-97020-5(0))* Green Submarine Ltd.

Dolphin Dreams. Cathy Hapka, pseud. 2017. 218p. (J). *(978-1-338-18434-1(2))* Scholastic, Inc.

Dolphin Girl 1: Trouble in Pizza Paradise! Zach Smith. 2020. (Dolphin Girl Ser.: 1). (Illus.). 144p. (J). (gr. 3-7). 22.99 *(978-1-64595-017-2(4))*; pap. 12.99 *(978-1-64595-018-9(2))* Pixel+Ink.

Dolphin Girl 2: Eye of the Baloney Storm. Zach Smith. 2022. (Dolphin Girl Ser.: 2). (Illus.). 224p. (J). (gr. 3-7). 22.99 *(978-1-64595-019-6(0))*; pap. 12.99 *(978-1-64595-020-2(4))* Pixel+Ink.

Dolphin Heptad. Amelia Lionheart. 2021. (Jeacs Ser.: Vol. 2). (ENG.). 170p. (YA). pap. *(978-0-9937493-3-9(X))* PageMaster Publication Services, Inc.

Dolphin Keeper. John Young. Illus. by Nancy Ruth. 2021. (ENG.). 30p. (J). 18.99 *(978-1-6629-0510-0(6))*; pap. 15.00 *(978-1-6629-0511-7(4))* Gatekeeper Pr.

Dolphin Named Star. Emma Bernay & Emma Carlson Berne. Illus. by Erwin Madrid. 2019. (Seaside Sanctuary Ser.). (ENG.). 112p. (J). (gr. 3-7). lib. bdg. 25.99 *(978-1-4965-7859-4(7))*, 139398, Stone Arch Bks.) Capstone.

Dolphin Rescue, 1. Catherine Nichols. ed. 2022. (Animal Planet Awesome Adventures Ser.). (ENG., Illus.). 108p. (J). (gr. 2-3). 16.46 *(978-1-68505-155-6(3))* Penworthy Co., LLC, The.

Dolphin School: Echo's New Pet. Catherine Hapka, pseud. 2017. (ENG., Illus.). 107p. (J). pap. 4.99 *(978-1-338-05374-6(4))* Scholastic, Inc.

Dolphin Sky. Rorby Ginny. 2016. (ENG., Illus.). (J). (gr. 3-6). pap. 9.95 *(978-0-9969401-3-9(8))* Lonely Child Pr.

Dolphin, the Sea, & Princess Annemarie. Michael F. Corriere. Illus. by Linda Metzgar. 2017. (ENG.). (J). pap. *(978-1-4602-8474-2(7))* FriesenPress.

Dolphin Wish, 1 vol. Natalie Grant. 2016. (Faithgirlz / Glimmer Girls Ser.). (ENG.). 208p. (J). pap. 8.99 *(978-0-310-75253-0(1))* Zonderkidz.

Dolphins. Emma Bassier. 2019. (Ocean Animals Ser.). (ENG., Illus.). 24p. (J). (gr. 1-1). pap. 8.95 *(978-1-64494-011-2(6))*, 1644940116) North Star Editions.

Dolphins. Emma Bassier. 2019. (Ocean Animals (POP) Ser.). (ENG., Illus.). 24p. (J). (gr. k-3). lib. bdg. 31.36 *(978-1-5321-6338-8(X))*, 31991, Pop! Cody Koala) Pop!.

Dolphins, 1 vol. Arthur Best. 2018. (Migrating Animals Ser.). (ENG.). 24p. (J). (gr. 1-1). 27.36 *(978-1-5026-3709-3(X))*, b3de5daa-3910-434c-a4d8-f331e906d31e) Cavendish Square Publishing LLC.

Dolphins. Beth Costanzo. 2020. (ENG.). 28p. (J). pap. 11.80 *(978-1-6781-0721-5(2))* Lulu Pr., Inc.

Dolphins. Grace Hansen. 2017. (Ocean Life Ser.). (ENG.). 24p. (J). (gr. -1-2). pap. 7.95 *(978-1-4966-1252-6(3))*, 135000, Capstone Classroom) Capstone.

Dolphins, 1 vol. Walter LaPlante. 2019. (Ocean Animals Ser.). (ENG.). 24p. (J). (gr. k-k). pap. 9.15 *(978-1-5382-4453-1(5))*, a36544b2-68ff-473b-b62a-b87c0254de27) Stevens, Gareth Publishing LLLP.

Dolphins. Kara L. Laughlin. 2017. (In the Deep Blue Sea Ser.). (ENG.). 24p. (J). (gr. k-3). lib. bdg. 32.79 *(978-1-5038-1685-5(0))*, 211519) Child's World, Inc, The.

Dolphins. Christina Leaf. 2020. (Ocean Animals Ser.). (ENG., Illus.). 24p. (J). (gr. -1-2). pap. 7.99 *(978-1-68103-811-7(0))*, 12900); lib. bdg. 25.95 *(978-1-64487-324-3(9))* Bellwether Media. (Blastoff! Readers).

Dolphins. Joanne Mattern. 2020. (World's Smartest Animals Ser.). (ENG., Illus.). 24p. (J). (gr. k-3). lib. bdg. 26.95 *(978-1-64487-240-6(4))*, Blastoff! Readers) Bellwether Media.

Dolphins. Julie Murray. 2019. (Animal Kingdom Ser.). (ENG., Illus.). 32p. (J). (gr. 2-5). lib. bdg. 34.21 *(978-1-5321-1627-8(6))*, 32365, Big Buddy Bks.) ABDO Publishing Co.

Dolphins! Laurence Pringle. Illus. by Meryl Learnihan Henderson. 2019. (Strange & Wonderful Ser.). 32p. (J). (gr. 2-5). 17.95 *(978-1-62979-680-2(8))*, Astra Young Readers) Astra Publishing Hse.

Dolphins. Nick Rebman. 2018. (Animals Ser.). (ENG., Illus.). 16p. (J). (gr. k-1). pap. 7.95 *(978-1-63517-949-1(1))*, 1635179491); lib. bdg. 25.64 *(978-1-63517-848-7(7))*, 1635178487) North Star Editions. (Focus Readers).

Dolphins. Mari Schuh. 2018. (Spot Ocean Animals Ser.). (ENG.). 16p. (J). (gr. -1-2). pap. 9.99 *(978-1-68152-299-9(3))*, 15001); lib. bdg. *(978-1-68151-379-9(X))*, 14995) Amicus.

Dolphins. Leo Statts. 2016. (Ocean Animals Ser.). (ENG., Illus.). 24p. (J). (gr. -1-2). lib. bdg. 31.36 *(978-1-68079-911-8(8))*, 24126, Abdo Zoom-Launch) ABDO Publishing Co.

Dolphins. Gail Terp. 2017. (Wild Animal Kingdom Ser.). (ENG.). (J). (gr. 4-7). pap. 9.95 *(978-1-68072-485-1(1))*; 32p. pap. 9.99 *(978-1-64466-222-9(1))*, 11497); (Illus.). 32p. lib. bdg. *(978-1-68072-188-1(7))*, 10559) Black Rabbit Bks. (Bolt).

Dolphins. Sylvaine Peyrols. ed. 2019. (My First Discoveries Ser.). (ENG., Illus.). 32p. (J). (gr. -1-3). spiral bd. 19.99 *(978-1-85103-468-0(4))* Moonlight Publishing, Ltd. GBR. Dist: Independent Pubs. Group.

Dolphins. Kate Riggs. 2nd ed. 2020. (Amazing Animals Ser.). 24p. (J). (gr. 1-3). pap. 10.99 *(978-1-62832-765-6(0))*, 18080, Creative Paperbacks) Creative Co., The.

Dolphins: Animals That Make a Difference! (Engaging Readers, Level 1) Ashley Lee. Ed. by Alexis Roumanis. 2021. (Animals That Make a Difference! Ser.: Vol. 4). (ENG., Illus.). 32p. (J). *(978-1-77437-687-4(3))*; pap. *(978-1-77437-688-1(1))* AD Classic.

Dolphins: Children's Marine Life Book with Intriguing Informative Facts. Bold Kids. 2022. (ENG.). 42p. (J). pap. 14.99 *(978-1-0717-0949-8(6))* FASTLANE LLC.

Dolphins / Delfines: Bilingual (English / Spanish) (Inglés / Español) Animals That Make a Difference! (Engaging Readers, Level 1) Ashley Lee. Ed. by Alexis Roumanis. l.t. ed. 2021. (Animals That Make a Difference! Bilingual (English / Spanish) (Inglés / Español) Ser.: Vol. 4). (ENG., Illus.). 32p. (J). *(978-1-77476-392-6(3))*; pap. *(978-1-77476-391-9(5))* AD Classic.

Dolphins / les Dauphins: Bilingual (English / French) (Anglais / Français) Animals That Make a Difference! (Engaging Readers, Level 1) Ashley Lee. Ed. by Alexis Roumanis. l.t. ed. 2021. (Animals That Make a Difference! Bilingual (English / French) (Anglais / Français) Ser.: Vol. 4). (ENG., Illus.). 32p. (J). *(978-1-77476-410-7(5))*; pap. *(978-1-77476-409-1(1))* AD Classic.

Dolphins (1 Hardcover/1 CD) Melissa Stewart. 2017. (National Geographic Kids Ser.). (ENG.). (J). 29.95 *(978-1-4301-2665-2(5))* Live Oak Media.

Dolphins (1 Paperback/1 CD) Melissa Stewart. 2017. (National Geographic Kids Ser.). (ENG.). (J). pap. 19.95 *(978-1-4301-2664-5(7))* Live Oak Media.

D

Dolphins (4 Paperbacks/1 CD), 4 vols. Melissa Stewart. 2017. (National Geographic Kids Ser.). (ENG.). (J). pap. 31.95 *(978-1-4301-2666-9(3))* Live Oak Media.

Dolphins Always Smile: A Marine Coloring Book. Kreative Kids. 2016. (ENG., Illus.). (J). pap. 9.20 *(978-1-68377-339-9(X))* Whike, Traudl.

Dolphins & Calves, 1 vol. Mike Rodrigo-Gomez. 2017. (Animal Family Ser.). (ENG.). 24p. (gr. k-k). pap. 9.15 *(978-1-4824-6377-4(6),* fd440a8f-8b6f-41b6-ae67-a9a6f249e586) Stevens, Gareth Publishing LLLP.

Dolphins & Me: Animals & Me. Sarah Harvey. l.t. ed. 2022. (Animals & Me Ser.: Vol. 1). (ENG., Illus.). 32p. (J). ***(978-1-77476-688-0(4))***; pap. ***(978-1-77476-689-7(2))*** AD Classic.

Dolphins & Porpoises. Marie Pearson. 2020. (Comparing Animal Differences Ser.). (ENG.). 24p. (J). (gr. k-3). lib. bdg. 32.79 *(978-1-5038-3589-4(8),* 213368) Child's World, Inc, The.

Dolphins Are Awesome. Samantha S. Bell. 2018. (Animals Are Awesome Ser.). (ENG., Illus.). 32p. (J). (gr. 3-6). 32.80 *(978-1-63235-434-1(9),* 13812, 12-Story Library) Bookstaves, LLC.

Dolphins at Daybreak, 9. Mary Pope Osborne. 2019. (Magic Tree House Ser.). (ENG.). 67p. (J). (gr. 2-3). 16.96 *(978-0-87617-698-6(8))* Penworthy Co., LLC, The.

Dolphins at the Zoo Coloring Book. Bobo's Children Activity Books. 2016. (ENG., Illus.). (J). pap. 9.33 *(978-1-68327-497-1(0))* Sunshine In My Soul Publishing.

Dolphins Coloring Book for Kids: Cute & Fun Dolphins Coloring Pages, Activity Book for Kids & Toddlers, Beautiful Coloring Pages for Kids, Boys & Girls, Ages 4-8, 8-12 - the Best Coloring Book for Dolphins Lovers with Amazing Dolphins Designs! Molly Osborne. 2020. (ENG., Illus.). 78p. (J). pap. 8.99 *(978-1-716-28669-8(7))* Lulu Pr., Inc.

Dolphin's Grace: An Unofficial Minecrafters Novel. Maggie Marks. 2020. (Aquatic Adventures in the Overworld Ser.: 3). 112p. (J). (gr. 2-8). pap. 7.99 *(978-1-5107-4731-9(1),* Sky Pony Pr.) Skyhorse Publishing Co., Inc.

Dolphins in the Mud. Jo Ramsey. 2017. (ENG., Illus.). (YA). 25.99 *(978-1-64080-332-9(7),* Harmony Ink Pr.) Dreamspinner Pr.

Dolphins in the Wild 3 Explorers. Anna Bunney. ed. 2017. (Cambridge Reading Adventures Ser.). (ENG., Illus.). 32p. pap. 8.60 *(978-1-108-40583-6(5))* Cambridge Univ. Pr.

Dolphins in the Wild Coloring Book. Bobo's Children Activity Books. 2016. (ENG., Illus.). (J). pap. 9.33 *(978-1-68327-445-2(8))* Sunshine In My Soul Publishing.

Dolphins Play. Rebecca Glaser. 2016. (ENG., Illus.). 16p. (J). (gr. -1 — 1). bds. 7.99 *(978-1-68152-067-4(2),* 15812) Amicus.

Dolphin's Secret: A Meditational Journey for Children. Meryl B. Lowell. Illus. by Polina Hrytskova. 2019. (ENG.). 34p. (J). (gr. k-2). pap. 9.95 *(978-0-578-21442-9(3))* Lowell, Meryl.

Dolphin's Wish: How You Can Help Make a Difference & Save Our Oceans. Trevor McCurdie. Illus. by Cinzia Battistel. 2020. (ENG.). 32p. (J). (gr. -1-3). 17.99 *(978-1-7282-0522-9(0))* Sourcebooks, Inc.

Dom Quick Jota (Classic Reprint) Tom Seavy. (ENG., Illus.). (J). 2018. 282p. 29.73 *(978-0-484-26377-1(3))*; 2016. pap. 13.57 *(978-1-334-13293-3(3))* Forgotten Bks.

Dombey & Son (Classic Reprint) Charles Dickens. (ENG., Illus.). (J). 2018. 724p. 38.83 *(978-0-666-97110-4(2))*; 2017. 41.76 *(978-1-5279-8122-5(3))*; 2017. pap. 23.57 *(978-0-259-26625-9(6))* Forgotten Bks.

Dombey & Son, Vol. 1 (Classic Reprint) Charles Dickens. (ENG., Illus.). (J). 2018. 564p. 35.55 *(978-0-267-49796-6(2))*; 2017. 33.92 *(978-0-266-37289-9(9))* Forgotten Bks.

Dombey & Son, Vol. 2 (Classic Reprint) Charles Dickens. 2017. (ENG., Illus.). (J). 30.50 *(978-0-265-37853-3(2))* Forgotten Bks.

Dombey & Son, Vol. 3 (Classic Reprint) Charles Dickens. 2017. (ENG., Illus.). (J). 30.62 *(978-0-260-56433-7(8))*; 34.33 *(978-1-5282-7329-9(X))* Forgotten Bks.

Dome 1897: A Quarterly Containing Examples of All the Arts (Classic Reprint) Unknown Author. (ENG., Illus.). (J). 2018. 124p. 26.47 *(978-0-666-99640-4(7))*; 2018. 136p. 26.72 *(978-0-483-61660-8(5))*; 2017. pap. 9.57 *(978-0-259-51006-2(8))*; 2017. pap. 9.57 *(978-0-243-28496-2(9))* Forgotten Bks.

Dome, 1897, Vol. 4: A Quarterly Containing Examples of All the Arts (Classic Reprint) Unknown Author. (ENG., Illus.). (J). 2018. 118p. 26.33 *(978-0-365-00748-7(X))*; 2017. pap. 9.57 *(978-0-259-46795-3(2))* Forgotten Bks.

Dome-Singer of Falenda. Katherine Bolger Hyde. 2019. (ENG., Illus.). 196p. (YA). pap. 10.99 *(978-1-7320873-2-3(6))* Waystone Pr.

Dome Stays Strong. Crystal Sikkens. 2018. (Be an Engineer! Designing to Solve Problems Ser.). (Illus.). 24p. (J). (gr. 3-3). *(978-0-7787-5159-5(7))* Crabtree Publishing Co.

Dome, Vol. 1: An Illustrated Magazine & Review of Literature, Music, Architecture, & the Graphic Arts; Containing the Numbers for October, November, & December, 1898 (Classic Reprint) Unknown Author. (ENG., Illus.). (J). 2018. 286p. 29.80 *(978-0-483-61827-5(6))*; 2017. pap. 13.57 *(978-0-243-28600-3(7))* Forgotten Bks.

Dome, Vol. 3: An Illustrated Magazine & Review of Literature, Music, Architecture & Graphic Arts; April, June, July, 1899 (Classic Reprint) Unknown Author. (ENG., Illus.). (J). 2018. 262p. 29.32 *(978-0-483-09038-5(7))*; 2017. pap. 11.97 *(978-1-334-91294-8(7))* Forgotten Bks.

Dome, Vol. 4: An Illustrated Magazine & Review of Literature, Music, Architecture, & the Graphic Arts; Containing the Numbers for August, September, & October 1899 (Classic Reprint) Unknown Author. (ENG., Illus.). (J). 2018. 246p. 28.97 *(978-0-483-62109-1(9))*; 2017. pap. 11.57 *(978-0-243-28857-1(3))* Forgotten Bks.

Dome, Vol. 4: An Illustrated Monthly Magazine & Review of Literature, Music, Architecture & the Graphic Arts; October, 1899 (Classic Reprint) Unknown Author. (ENG., Illus.). (J). 2018. 106p. 26.08 *(978-0-267-38414-3(9))*; 2016. pap. 9.57 *(978-1-334-15004-3(4))* Forgotten Bks.

Dome, Vol. 5: An Illustrated Magazine & Reviews of Literature, Music, Architecture, & the Graphic Arts; Containing the Numbers for November & December 1899, & January 1900 (Classic Reprint) Unknown Author. (ENG., Illus.). (J). 2018. 234p. 28.74 *(978-0-332-41965-7(7))*; 2017. pap. 11.57 *(978-0-243-28612-6(0))* Forgotten Bks.

Dome, Vol. 6: An Illustrated Magazine & Review of Literature, Music, Architecture, & the Graphic Arts, Containing the Numbers for February, March, & April 1900 (Classic Reprint) Unknown Author. 2017. (ENG., Illus.). (J). 266p. 29.38 *(978-0-332-63077-9(3))*; 268p. pap. 11.97 *(978-0-259-18468-3(3))* Forgotten Bks.

Domesday Book (Classic Reprint) Edgar Lee Masters. 2017. (ENG., Illus.). (J). 32.35 *(978-0-260-70749-9(X))* Forgotten Bks.

Domestic Adventurers (Classic Reprint) Josephine Daskam Bacon. 2017. (ENG., Illus.). (J). 29.14 *(978-0-265-71492-8(3))*; pap. 11.57 *(978-1-5276-7072-3(4))* Forgotten Bks.

Domestic Animals Spot the Difference Activity Book for Kids. Jupiter Kids. 2017. (ENG., Illus.). (J). pap. 9.05 *(978-1-5419-3288-3(9),* Jupiter Kids (Childrens & Kids Fiction)) Speedy Publishing LLC.

Domestic Crime, Vol. 20. Isobel Brown. Ed. by Manny Gomez. 2016. (Crime & Detection Ser.). (Illus.). 96p. (J). (gr. 7). 24.95 *(978-1-4222-3474-7(6))* Mason Crest.

Domestic Life in Rumania (Classic Reprint) Dorothea Kirke. (ENG., Illus.). (J). 2018. 318p. 30.48 *(978-0-484-43364-8(4))*; 2016. pap. 13.57 *(978-1-334-15105-7(9))* Forgotten Bks.

Domestic Scenes, Vol. 2 Of 3: A Novel (Classic Reprint) Lady Humdrum. 2018. (ENG., Illus.). 362p. (J). 31.42 *(978-0-484-50692-2(7))* Forgotten Bks.

Domestic Scenes, Vol. 3 Of 3: A Novel (Classic Reprint) Lady Humdrum. 2018. (ENG., Illus.). 394p. (J). 32.02 *(978-0-483-82864-3(5))* Forgotten Bks.

Domestic Sketches: Written for Newspaper Circulation (Classic Reprint) Kate Kate. (ENG., Illus.). (J). 2018. 56p. 25.05 *(978-0-364-55852-2(0))*; 2017. pap. 9.57 *(978-0-259-38243-0(4))* Forgotten Bks.

Domestic Stories (Classic Reprint) John Halifax. 2018. (ENG., Illus.). 354p. (J). 31.20 *(978-0-483-68711-0(1))* Forgotten Bks.

Domestic Tales & Allegories. Hannah More. 2017. (ENG.). 184p. (J). pap. *(978-3-337-01979-2(X))* Creation Pubs.

Domestic Tales & Allegories: Illustrating Human Life (Classic Reprint) Hannah More. 2017. (ENG., Illus.). (J). 27.69 *(978-0-331-82748-4(4))* Forgotten Bks.

Domestic Terrorism. Laura K. Murray. 2020. (Special Reports). (ENG., Illus.). 112p. (J). (gr. 6-12). lib. bdg. 41.36 *(978-1-5321-9414-6(5),* 36579, Essential Library) ABDO Publishing Co.

Domestic Terrorism, 1 vol. Ed. by Elizabeth Schmermund. 2016. (At Issue Ser.). (ENG.). 176p. (J). (gr. 10-12). pap. 28.80 *(978-1-5345-0039-6(1),* 7c3016d2-7617-42ea-8d6a-d6734a4bcffe); lib. bdg. 41.03 *(978-1-5345-0015-0(4),* 4111b9a1-273e-46c7-8c2b-39f321c31aa7) Greenhaven Publishing LLC. (Greenhaven Publishing).

Domesticated Animals. Nathaniel Southgate Shaler. 2017. (ENG.). 284p. (J). pap. *(978-3-337-23468-3(2))* Creation Pubs.

Domesticated Animals: Their Relation to Man & to His Advancement in Civilization (Classic Reprint) Nathaniel Southgate Shaler. 2018. (ENG., Illus.). 278p. (J). 29.65 *(978-0-365-50780-2(6))* Forgotten Bks.

Domesticated Cats from Around the World Children's Science & Nature. Baby Professor. 2017. (ENG., Illus.). (J). pap. 7.89 *(978-1-5419-0194-0(0),* Baby Professor (Education Kids)) Speedy Publishing LLC.

Domesticities a Little Book of Household Impressions (Classic Reprint) E. V. Lucas. 2018. (ENG., Illus.). 208p. (J). 28.19 *(978-0-483-82774-5(6))* Forgotten Bks.

Domesticus a Tale of the Imperial City (Classic Reprint) William Allen Butler. 2018. (ENG., Illus.). 296p. (J). 30.02 *(978-0-483-43171-3(0))* Forgotten Bks.

Domi und Die Hohle der Schwarzen Drachen. Ulla Wokkel. 2017. (GER., Illus.). (J). pap. *(978-3-7407-3096-3(X))* VICOO International Pr.

Dominance of Global Corporations, 1 vol. Ed. by Avery Elizabeth Hurt. 2019. (Global Viewpoints Ser.). (ENG.). 176p. (gr. 10-12). pap. 32.70 *(978-1-5345-0643-5(8),* eac15bbe-29ec-475a-987c-bbeb1e13e5f8) Greenhaven Publishing LLC.

Dominant Chord (Classic Reprint) Edward Kimball. 2017. (ENG., Illus.). (J). 30.87 *(978-1-5280-6568-9(9))* Forgotten Bks.

Dominant Dollar (Classic Reprint) Will Lillibridge. 2018. (ENG., Illus.). 364p. (J). 31.40 *(978-0-365-12158-9(4))* Forgotten Bks.

Dominant Male: Essays & Plays. Arnold Daly. 2017. (ENG., Illus.). (J). pap. *(978-0-649-44432-8(9))* Trieste Publishing Pty Ltd.

Dominant Male: Essays & Plays (Classic Reprint) Arnold Daly. (ENG., Illus.). (J). 2018. 110p. 26.17 *(978-0-364-76739-9(1))*; 2016. pap. 9.57 *(978-1-334-12471-6(X))* Forgotten Bks.

Dominant Passion (Classic Reprint) Marguerite Bryant. 2018. (ENG., Illus.). 474p. (J). 33.67 *(978-0-483-25842-6(3))* Forgotten Bks.

Dominant Seventh a Musical Story (Classic Reprint) Kate Elizabeth Clark. 2018. (ENG., Illus.). 168p. (J). 27.36 *(978-0-483-34159-3(2))* Forgotten Bks.

Doming, the Popsicle Boy: A Story of the Philippines. Rose-Mae Carvin & Bible Visuals International. 2020. (Flashcard Format 5100-Acs Ser.: Vol. 5100). (ENG.). 58p. (J). pap. 26.00 *(978-1-64104-103-4(X))* Bible Visuals International, Inc.

Dominic & His Bishop: A Little Boy's Experience with His New Shepherd. Phyllis Elder McAndrew. Illus. by Claire Peterson. 2020. (ENG.). 58p. (J). 19.99 *(978-0-578-70272-8(X))* Malone, Joseph.

Dominic (Classic Reprint) Franz Hofmann. (ENG., Illus.). (J). 2018. 262p. 29.30 *(978-0-365-18913-8(8))*; 2017. pap. 11.97 *(978-0-259-47701-3(X))* Forgotten Bks.

Dominic the Dog. Robert P. Barbieri. Ed. by Melanie Scott. 2020. (ENG.). 26p. (J). *(978-0-2288-2235-6(1))* Tellwell Talent.

Dominic the Dog. Robert P. Barbieri & Melanie Scott. 2020. (ENG.). 26p. (J). pap. *(978-0-2288-2234-9(3))* Tellwell Talent.

Dominic the Italian Donkey. Emil Milone. 2018. (ENG., Illus.). 32p. (J). pap. 12.95 *(978-1-64416-597-3(X))* Christian Faith Publishing.

Dominic Ties His Shoes. Etta Sare. 2019. (ENG.). 34p. (J). (gr. k-2). pap. 6.99 *(978-1-949723-63-2(1))* Bookwhip.

Dominican Heritage. Tamra Orr. 2018. (21st Century Junior Library: Celebrating Diversity in My Classroom Ser.). (ENG., Illus.). 24p. (J). (gr. 2-4). pap. 12.79 *(978-1-5341-0836-3(X),* 210708); lib. bdg. 30.64 *(978-1-5341-0737-3(1),* 210707) Cherry Lake Publishing.

Dominican Republic. Contrib. by Rachael Barnes. 2023. (Countries of the World Ser.). (ENG., Illus.). (J). (gr. k-3). lib. bdg. 26.95 Bellwether Media.

Dominican Republic. Rachel Anne Cantor. 2016. (Countries We Come From Ser.). (ENG., Illus.). 32p. (J). (gr. -1-3). 28.50 *(978-1-943553-33-4(5))* Bearport Publishing Co., Inc.

Dominican Republic. Jeri Cipriano. 2019. (Hello Neighbor (LOOK! Books (tm)) Ser.). (ENG., Illus.). 24p. (J). (gr. -1-3). pap. 8.99 *(978-1-63440-372-6(X),* 08e2e86a-e978-4e46-ae02-18b4bcc7565a) Red Chair Pr.

Dominican Republic. Amy Rechner. 2018. (Country Profiles Ser.). (ENG., Illus.). 32p. (J). (gr. 3-8). lib. bdg. 27.95 *(978-1-62617-841-0(0),* Blastoff! Discovery) Bellwether Media.

Dominican Republic (Enchantment of the World) (Library Edition) Barbara Radcliffe Rogers & Lura Rogers Seavey. 2019. (Enchantment of the World. Second Ser.). (ENG., Illus.). 144p. (J). (gr. 5-9). 40.00 *(978-0-531-12696-7(X),* Children's Pr.) Scholastic Library Publishing.

Dominick the Italian Donkey. Emil Milone. 2022. (ENG.). 34p. (J). pap. 9.99 *(978-1-957387-41-3(6))* Mars Hill Ink.

Dominie Dean: A Novel (Classic Reprint) Ellis Parker Butler. 2017. (ENG., Illus.). (J). 30.29 *(978-1-5283-6818-6(5))* Forgotten Bks.

Dominie Dismissed (Classic Reprint) A. S. Neill. 2017. (ENG., Illus.). (J). 28.89 *(978-0-260-48262-4(5))* Forgotten Bks.

Dominie Freylinghausen (Classic Reprint) Florence Wilford. (ENG., Illus.). (J). 2018. 346p. 31.03 *(978-0-483-09352-2(1))*; 2017. pap. 13.57 *(978-1-5276-1224-2(4))* Forgotten Bks.

Dominie in Doubt (Classic Reprint) A. S. Neill. 2018. (ENG., Illus.). 258p. (J). 29.22 *(978-0-483-55481-8(2))* Forgotten Bks.

Dominie of Harlem (Classic Reprint) Arnold Mulder. (ENG., Illus.). (J). 2018. 408p. 32.33 *(978-0-365-03174-1(7))*; 2017. pap. 16.57 *(978-0-259-19766-9(1))* Forgotten Bks.

Dominie's Legacy, Vol. 2 of 3 (Classic Reprint) Andrew Picken. (ENG., Illus.). (J). 2018. 282p. 29.71 *(978-0-483-36657-2(9))*; 2016. pap. 13.57 *(978-1-333-39485-1(3))* Forgotten Bks.

Dominie's Log (Classic Reprint) A. S. Neill. 2018. (ENG., Illus.). 228p. (J). 28.62 *(978-0-267-48829-2(7))* Forgotten Bks.

Dominion Language Series, Vol. 1 (Classic Reprint) E. G. Daniels. (ENG., Illus.). (J). 2018. 326p. 30.62 *(978-0-364-66850-4(4))*; 2017. pap. 13.57 *(978-0-259-38808-1(4))* Forgotten Bks.

Dominion of Domino: History of a Queen. Kelly a Cooper. 2019. (ENG.). 136p. (YA). pap. 20.95 *(978-1-64458-234-3(1))* Christian Faith Publishing.

Dominion over All: A Fantasy Adventure Series for Animal Lovers. W. Bradford Swift. Ed. by Caroline L. Wyrosdick. 2018. (Zak Bates Eco-Adventure Ser.: Vol. 1). (ENG.). 168p. (J). pap. 9.95 *(978-1-5199-2918-1(8))* Porpoise Publishing.

Dominique, Ambassador of Joy: Nana's Service Dog. Janet Kennedy Kiefer. Ed. by Alma Alvarez-Smith. 2020. (ENG.). 40p. (J). pap. *(978-1-5255-5400-1(X))* FriesenPress.

Domino Effect. Andrew Cotto. 2019. (ENG., Illus.). 192p. (YA). (gr. 7-12). pap. 17.95 *(978-1-68433-299-1(0))* Black Rose Writing.

Domino Learns His Colors: God's Gift to Us. Faith Daley. 2021. (ENG., Illus.). 32p. (J). 24.95 *(978-1-0980-8627-5(9))*; pap. 14.95 *(978-1-0980-8628-2(7))* Christian Faith Publishing.

Domino Learns His Numbers: The Ten Commandments. Faith Daley. 2021. (ENG., Illus.). 30p. (J). 23.95 *(978-1-63844-250-9(9))*; pap. 13.95 *(978-1-63844-248-6(7))* Christian Faith Publishing.

Domino Leaves Home. Katie Weisenbarger. Illus. by Rachel Hathaway. 2022. (ENG.). 48p. (J). 23.99 ***(978-1-0879-8253-3(7))***; pap. 12.49 ***(978-1-0880-6149-7(4))*** Weisenbarger, Katie.

Dominy's Dollars (Classic Reprint) Berman Paul Neuman. 2018. (ENG., Illus.). 338p. (J). 30.87 *(978-0-484-64543-0(9))* Forgotten Bks.

Domitia (Classic Reprint) S. Baring-Gould. 2018. (ENG., Illus.). 440p. (J). 32.97 *(978-0-483-55764-2(1))* Forgotten Bks.

Domitila: Cuento de la Cenicienta Basado en la Tradición Mexicana, 1 vol. Illus. by Connie McLennan. 2020. (Cinderella Ser.). (SPA.). 32p. (J). (gr. 2-5). pap. 10.95 *(978-1-64379-453-2(1),* leelowshens, Shen's Bks.) Lee & Low Bks., Inc.

Don-A-Dreams: A Story of Love & Youth (Classic Reprint) Harvey J. O'Higgins. 2017. (ENG., Illus.). (J). 32.66 *(978-0-265-16671-0(3))* Forgotten Bks.

Don & the Undergraduate: A Tale of St. Hilary's College, Oxford (Classic Reprint) William Edmund Wood Collins. (ENG., Illus.). (J). 2018. 338p. 30.89 *(978-0-483-53106-2(5))*; 2017. pap. 13.57 *(978-0-259-02807-9(X))* Forgotten Bks.

Don Balasco of Key West: A Novel (Classic Reprint) Archibald Clavering Gunter. 2018. (ENG., Illus.). 276p. (J). 29.59 *(978-0-267-45215-6(2))* Forgotten Bks.

Don de una Familia/the Gift of Family (Disney Encanto) Susana Illera Martínez. Illus. by The Disney Storybook Art Team. 2021. (Pictureback(R) Ser.). (ENG.). 24p. (J). (gr. -1-2). pap. 5.99 *(978-0-7364-4234-3(0),* RH/Disney) Random Hse. Children's Bks.

Don Esteban, or Memoirs of a Spaniard, Vol. 2 of 3 (Classic Reprint) Valentin Llanos Gutierrez. (ENG., Illus.). (J). 2017. 29.63 *(978-0-331-91788-8(2))*; 2016. pap. 13.57 *(978-1-334-15353-2(1))* Forgotten Bks.

Don Esteban, or Memoirs of a Spaniard, Vol. 3 of 3 (Classic Reprint) Valentin Llanos Gutierrez. (ENG., Illus.). (J). 2018. 306p. 30.21 *(978-0-365-29958-5(8))*; 2017. pap. 13.57 *(978-0-259-56359-4(5))* Forgotten Bks.

Don Esteban, Vol. 1 Of 3: Or, Memoirs of a Spaniard (Classic Reprint) Don Esteban. (ENG., Illus.). (J). 2018. 314p. 30.39 *(978-0-364-24155-4(1))*; 2017. pap. 13.57 *(978-0-259-56293-1(9))* Forgotten Bks.

Don Finimondone: Calabrian Sketches (Classic Reprint) Elisabeth Cavazza. 2018. (ENG., Illus.). 200p. (J). 28.02 *(978-0-484-58545-3(2))* Forgotten Bks.

Don Freeman Treasury of Animal Stories: Featuring Cyrano the Crow, Flash the Dash & the Turtle & the Dove. Don Freeman. 2016. (Dover Children's Classics Ser.). (ENG., Illus.). 128p. (J). (gr. 2-4). pap. 14.99 *(978-0-486-79746-5(5),* 797465) Dover Pubns., Inc.

Don Gordon's Shooting-Box. Harry Castlemon. 2019. (ENG.). 190p. (J). pap. *(978-93-5329-850-0(4))* Alpha Editions.

Don Gordon's Shooting-Box (Classic Reprint) Harry Castlemon. 2017. (ENG., Illus.). (J). 31.36 *(978-0-331-99455-1(0))* Forgotten Bks.

Don; His Recollections (Classic Reprint) Willard A. Paul. 2018. (ENG., Illus.). 304p. (J). 30.19 *(978-0-267-22081-6(2))* Forgotten Bks.

Don Jaime el Conquistador: Drama Historico en Cinco Actos y en Verso. Patricio De La Escosura. 2017. (SPA., Illus.). (J). 22.95 *(978-1-374-92598-4(5))*; pap. 12.95 *(978-1-374-92597-7(7))* Capital Communications, Inc.

Don John (Classic Reprint) Jean Ingelow. 2017. (ENG., Illus.). 396p. (J). 32.08 *(978-0-332-67952-5(7))* Forgotten Bks.

Don John of Austria. Margaret Yeo. 2017. (ENG., Illus.). (YA). (gr. 9-12). pap. 18.95 *(978-0-9991706-4-9(3))* Hillside Education.

Don John, Vol. 1 Of 3: A Story (Classic Reprint) Jean Ingelow. (ENG., Illus.). (J). 2018. 312p. 30.33 *(978-0-483-39401-8(7))*; 2016. pap. 13.57 *(978-1-333-35471-8(1))* Forgotten Bks.

Don John, Vol. 3 Of 3: A Story (Classic Reprint) Jean Ingelow. (ENG., Illus.). (J). 2018. 302p. 30.13 *(978-0-484-54692-8(9))*; 2016. pap. 13.57 *(978-1-334-26329-3(9))* Forgotten Bks.

Don Juan Tenorio. Jose Zorrilla. 2018. (SPA.). 96p. (YA). (gr. 8-12). pap. 6.95 *(978-607-453-200-5(1))* Selector, S.A. de C.V. MEX. Dist: Spanish Pubs., LLC.

Don Juan Tenorio. para Jovenes. Jose Zorrilla. 2018. (SPA.). 96p. (YA). pap. 6.95 *(978-970-643-932-1(3))* Selector, S.A. de C.V. MEX. Dist: Spanish Pubs., LLC.

Don Luis' Wife. Lillian Hinman Shuey. 2017. (ENG.). 248p. (J). pap. *(978-3-7447-7067-3(7))* Creation Pubs.

Don Luis Wife: A Romance of the West Indies, from Her Letters, & the Manuscripts of the Padre, the Doctor Caccavelli, Marc, Aurele Curate of Semana (Classic Reprint) Lillian Hinman Shuey. 2018. (ENG., Illus.). 246p. (J). 28.99 *(978-0-267-19139-0(1))* Forgotten Bks.

Don Orsino. F. Marion Crawford. 2017. (ENG., Illus.). (J). 28.95 *(978-1-374-96511-9(1))*; pap. 18.95 *(978-1-374-96510-2(3))* Capital Communications, Inc.

Don Que Puedo Dar (Bilingual Edition) see Gift That I Can Give - el Don Que Puedo Dar, a Bilingual Book

Don Quijote de la Mancha. Miguel De Cervantes & Josep Antoni Fluixa. 2018. (SPA.). 24p. (J). pap. 10.99 *(978-84-9845-910-4(9))* Algar Editorial, Feditres, S.L. ESP. Dist: Lectorum Pubns., Inc.

Don Quijote de la Mancha. Miguel de Cervantes Saavedra. 2018. (SPA.). 96p. (YA). (gr. 8-12). pap. 6.95 *(978-607-453-141-1(2))* Selector, S.A. de C.V. MEX. Dist: Spanish Pubs., LLC.

Don Quijote de la Mancha (Edición Adaptada y Anotada) Miguel De Cervantes. Photos by Constanza Bravo. 2016. (Serie Naranja Ser.). (SPA., Illus.). 304p. (J). (gr. 5-8). pap. 11.95 *(978-958-9002-27-8(7),* Loqueleo) Santillana USA Publishing Co., Inc.

Don Quijote de la Mancha para Niños. Miguel de Cervantes & Felipe Garrido. 2021. (Ficción Ser.). (SPA.). 144p. (J). (gr. 2-4). pap. 15.50 *(978-607-735-585-4(2))* Editorial Oceano de Mexico MEX. Dist: Independent Pubs. Group.

Don Quijote de la Mancha, Vol. 2 (Classic Reprint) Miguel de Cervantes Saavedra. 2018. (SPA., Illus.). (YA). 620p. 36.70 *(978-1-396-80442-7(0))*; 622p. pap. 19.57 *(978-1-396-80430-4(7))* Forgotten Bks.

Don Quixote see Don Quijote de La Mancha: Leer y Aprender

Don Quixote. Cervantes. 2017. (ENG.). 976p. (YA). pap. 19.99 ***(978-81-7599-443-0(6))*** Prakash Bk. Depot IND. Dist: Independent Pubs. Group.

Don Quixote. Miguel de Cervantes. Illus. by Louis Zansky. 2022. (Classics Illustrated Ser.: 74). (ENG.). 48p. (J). pap. 9.95 *(978-1-911238-27-0(2))* Classic Comic Store, Ltd. GBR. Dist: Casemate Pubs. & Bk. Distributors, LLC.

Don Quixote & Me. Donald A. Barr. 2020. (ENG.). 174p. (YA). pap. 15.95 *(978-1-64654-677-0(6))* Fulton Bks.

Don Quixote of America (Classic Reprint) Charles Hemstreet. 2018. (ENG., Illus.). (J). 244p. 28.93 *(978-0-332-63019-9(6))*; 246p. pap. 11.57 *(978-0-243-91395-4(8))* Forgotten Bks.

Don Raphael, Vol. 1 Of 3: A Romance (Classic Reprint) George Walker. 2018. (ENG., Illus.). (J). 352p. 31.18 *(978-0-366-52625-3(1))*; 354p. pap. 13.57 *(978-0-365-85020-5(9))* Forgotten Bks.

Don Raphael, Vol. 2 Of 3: A Romance (Classic Reprint) George Walker. 2018. (ENG., Illus.). 296p. (J). 30.02 *(978-0-483-64004-7(2))* Forgotten Bks.

Don Raphael, Vol. 3 Of 3: A Romance (Classic Reprint) George Walker. 2018. (ENG., Illus.). 304p. (J). 30.17 *(978-0-428-79739-3(3))* Forgotten Bks.

Don Sebastian, or the House of Braganza: An Historical Romance; Four Volumes in Two (Classic Reprint) Anna Maria Porter. 2018. (ENG., Illus.). (J). 284p. 29.75

(978-1-391-23393-2(X)); 286p. pap. 13.57 (978-1-390-96562-9(7)) Forgotten Bks.

Don Sebastian, or the House of Braganza: An Historical Romance; Four Volumes in Two; Vol. I. & II (Classic Reprint) Anna Maria Porter. (ENG., Illus.). (J). 2018. 228p. 28.60 (978-0-365-51481-7(0)); 2017. pap. 10.97 (978-0-259-92082-3(7)) Forgotten Bks.

Don Sebastian, or the House of Braganza: An Historical Romance; Four Volumes in Two; Volume I. & II (Classic Reprint) Anna Maria Porter. (ENG., Illus.). (J). 2018. 234p. 28.74 (978-0-483-64804-3(3)); 2017. pap. 11.57 (978-0-243-41782-7(9)) Forgotten Bks.

Don Strong of the Wolf Patrol (Classic Reprint) William Heyliger. 2018. (ENG., Illus.). 324p. (J). 30.58 (978-0-365-44716-0(1)) Forgotten Bks.

Doña Esmeralda, Who Ate Everything. Melissa de la Cruz. Illus. by Primo Gallanosa. 2022. (ENG.). 40p. (J). (gr. -1-3). 18.99 (978-1-338-75161-1(1), Orchard Bks.) Scholastic, Inc.

Dona Gracia: Beacon of Hope. Sandra Toro. 2016. 292p. (YA). pap. (978-1-935604-75-4(9)) Gaon Bks.

Dona Gracia's Secret: The Adventures of an Extraordinary Jewish Woman in the Renaissance Who Was Almost an Unsung Hero. Marilyn Froggatt. 2019. (ENG., Illus.). 56p. (J). pap. (978-965-7023-08-2(4)) Gefen Publishing Hse., Ltd.

Dona Hortensia (Madam Hortensia) Carmen. Gil. Illus. by Miguel Cerro. 2021. (SPA.). 32p. (J). (gr. k-3). 16.95 (978-84-18302-12-1(7)) Cuento de Luz SL ESP. Dist: Publishers Group West (PGW).

Dona Perfecta (Classic Reprint) B. Perez Galdos. 2017. (ENG., Illus.). (J). 30.87 (978-0-265-93542-2(3)) Forgotten Bks.

Doña Quixote: Rise of the Knight. Rey Terciero. Illus. by Monica M. Magana. 2023. (Doña Quixote Ser.: 1). (ENG.). 240p. (J). 22.99 (978-1-250-79547-2(8), 900239289); pap. 14.99 (978-1-250-79552-6(4), 900239290) Holt, Henry & Co. (Holt, Henry & Co. Bks. For Young Readers).

Dona Rugidora: Una Guía para niños para Sobrevivir a una Resonancia Magnética (MRI) Joan Yordy Brasher. Illus. by Joan Yordy Brasher & Susanna Pritchett. 2022. (Donut That Roared Ser.: Vol. 1). (SPA.). 36p. (J). 25.00 (978-0-578-29968-6(2)) Brasher, Joan.

Donahey's Cartoons (Classic Reprint) James Harrison Donahey. 2018. (ENG., Illus.). (J). 162p. 27.26 (978-0-366-80847-2(8)); 164p. pap. 9.97 (978-0-366-80838-0(9)) Forgotten Bks.

Donal Grant (Classic Reprint) George Mac Donald. 2017. (ENG., Illus.). (J). 40.15 (978-1-5284-6145-0(2)) Forgotten Bks.

Donald & Dorothy. Mary Mapes Dodge. 2019. (ENG., Illus.). 264p. (YA). pap. (978-93-5329-487-8(8)) Alpha Editions.

Donald & Dorothy (Classic Reprint) Mary Mapes Dodge. 2018. (ENG., Illus.). 366p. (J). 31.47 (978-0-483-08524-4(3)) Forgotten Bks.

Donald Fraser (Classic Reprint) Unknown Author. (ENG., Illus.). (J). 2018. 240p. 28.85 (978-0-483-91676-0(5)); 2016. pap. 11.57 (978-1-334-16098-1(8)) Forgotten Bks.

Donald J. Trump, 1 vol. Ed. by he New York Times. 2018. (Public Profiles Ser.). (ENG.). 224p. (YA). (gr. 9-9). lib. bdg. 54.93 (978-1-64282-017-1(2), d0d976a6-c01d-46c7-addf-2dd80e014566, New York Times Educational Publishing) Rosen Publishing Group, Inc., The.

Donald J. Trump, 1 vol. Ed. by The New York Times Editorial. 2018. (Public Profiles Ser.). (ENG.). 224p. (YA). (gr. 9-9). pap. 24.47 (978-1-64282-019-5(9), 7f57e885-aa25-4874-b508-1160e20be462, New York Times Educational Publishing) Rosen Publishing Group, Inc., The.

Donald Marcy (Classic Reprint) Elizabeth Stuart Phelps. 2017. (ENG., Illus.). 252p. (J). 29.09 (978-0-332-97507-8(X)) Forgotten Bks.

Donald Mcelroy Scotch Irishman (Classic Reprint) W. W. Caldwell. 2018. (ENG., Illus.). 360p. (J). 31.34 (978-0-484-69547-3(9)) Forgotten Bks.

Donald Monteith, the Handsomest Man of the Age, Vol. 3 Of 5: A Novel (Classic Reprint) Selina Davenport. (ENG., Illus.). (J). 2017. 29.26 (978-0-331-55934-7(X)); 2016. pap. 11.97 (978-1-334-11995-8(3)) Forgotten Bks.

Donald Ross of Heimra (Classic Reprint) William Black. 2017. (ENG., Illus.). (J). 31.67 (978-1-5285-3372-0(0)) Forgotten Bks.

Donald Ross of Heimra, Vol. 1 of 3 (Classic Reprint) William Black. 2018. (ENG., Illus.). 284p. (J). 29.75 (978-0-484-75102-5(6)) Forgotten Bks.

Donald Ross of Heimra, Vol. 2 (Classic Reprint) William Black. 2018. (ENG., Illus.). 278p. (J). 29.59 (978-0-332-03940-4(4)) Forgotten Bks.

Donald Ross of Heimra, Vol. 3 (Classic Reprint) William Black. 2018. (ENG., Illus.). 272p. (J). 29.51 (978-0-483-26373-4(7)) Forgotten Bks.

Donald Stephenson's Reminiscences: A True Story (Classic Reprint) Donald S. Mulhern. (ENG., Illus.). (J). 2018. 252p. 29.16 (978-0-332-94066-3(7)); 2016. pap. 11.57 (978-1-334-16340-1(5)) Forgotten Bks.

Donald the Magic Farty Bum. Chloe Twohig. 2016. (Hardcover Ser.). (ENG., Illus.). (J). (gr. k-4). (978-0-9946293-1-9(1)); pap. (978-0-9946293-0-2(3)) Amberfox Bks.

Donald Trump. Tamara L. Britton. 2021. (United States Presidents Ser.). (ENG., Illus.). 40p. (J). (gr. 2-5). lib. bdg. 35.64 (978-1-5321-9611-9(3), 38120, Big Buddy Bks.) ABDO Publishing Co.

Donald Trump. Grace Hansen. 2016. (United States President Biographies Ser.). (ENG., Illus.). 24p. (J). (gr. -1-2). lib. bdg. 32.79 (978-1-68080-939-8(3), 23361, Abdo Kids) ABDO Publishing Co.

Donald Trump. Jill C. Wheeler. 2020. (United States Presidents Ser.). (ENG., Illus.). 48p. (J). (gr. 3-6). lib. bdg. 35.64 (978-1-5321-9376-7(9), 34909, Checkerboard Library) ABDO Publishing Co.

Donald Trump: 45th President of the United States. Bonnie Hinman. 2017. (Newsmakers Set 2 Ser.). (ENG., Illus.). 48p. (J). (gr. 4-8). lib. bdg. 35.64 (978-1-5321-1185-3(1), 25946) ABDO Publishing Co.

Donald Trump: 45th US President. A. R. Carser. 2016. (Essential Lives Set 10 Ser.). (ENG., Illus.). 112p. (J). (gr. 6-12). lib. bdg. 41.36 (978-1-68078-366-7(1), 23222, Essential Library) ABDO Publishing Co.

Donald Trump: America's 45th President. Carole Marsh. 2016. (Here & Now Ser.). (ENG.). (J). (gr. 3-7). pap. 9.99 (978-0-635-10233-1(1)) Gallopade International.

Donald Trump: Businessman & President, 1 vol. Rita Santos. 2017. (Junior Biographies Ser.). (ENG.). 24p. (gr. 3-4). lib. bdg. 24.27 (978-0-7660-8666-1(6), 7385afec-7721-4292-9a52-5bf2e66ecba6) Enslow Publishing, LLC.

Donald Trump: Our 45th President. Ann Gaines Rodriguez. 2020. (United States Presidents Ser.). (ENG.). 48p. (J). (gr. 3-6). lib. bdg. 41.36 (978-1-5038-4436-0(6), 214213) Child's World, Inc, The.

Donald Trump: Outspoken Personality & President. Jill Sherman. 2017. (Gateway Biographies Ser.). (ENG., Illus.). 48p. (J). (gr. 4-8). lib. bdg. 31.99 (978-1-5124-2596-3(6), 73ddd6e7-9543-41d2-9c95-2b6efefcc36c, Lerner Pubns.) Lerner Publishing Group.

Donald Trump: Presidential Coloring & Activity Book. Carole Marsh. 2017. (Here & Now Ser.). (ENG., Illus.). (J). (gr. 3-7). 5.99 (978-0-635-12561-3(7)) Gallopade International.

Donald Trump: Real Estate Mogul & President, 1 vol. Sara Mcintosh Wooten. 2017. (Influential Lives Ser.). (ENG., Illus.). 128p. (gr. 7-7). lib. bdg. 40.27 (978-0-7660-8499-5(X), 9a36aa24-fde2-41d1-abe9-f162ce87fbcc) Enslow Publishing, LLC.

Donald Trump: Tbd. Jake Lee. 2016. (United States Presidents *2017 Ser.). (ENG., Illus.). 40p. (J). (gr. 2-5). lib. bdg. 31.35 (978-1-68078-362-9(9), 21865, Big Buddy Bks.) ABDO Publishing Co.

Donald Trump: 45th President of the United States. Bonnie Hinman. 2017. (Newsmakers Set 2 Ser.). (ENG., Illus.). 48p. (J). (gr. 4-8). 55.65 (978-1-68078-970-6(8), 26371) ABDO Publishing Co.

Donald Trump: 45th US President. James Stuart. 2020. (Essential Lives Ser.). (ENG., Illus.). 112p. (J). (gr. 6-12). lib. bdg. 41.36 (978-1-5321-9411-5(0), 36573, Essential Library) ABDO Publishing Co.

Donald Trump (Spanish Version) Grace Hansen. 2016. (Biografías de Los Presidentes de Los Estados Unidos (US Presidents Biographies) Ser.). (SPA.). 24p. (J). (gr. -1-2). lib. bdg. 32.79 (978-1-62402-936-3(1), 25071, Abdo Kids) ABDO Publishing Co.

Donalda: A Scottish-Canadian Story (Classic Reprint) Elizabeth S. MacLeod. (ENG., Illus.). (J). 2018. 292p. 29.94 (978-0-484-05137-8(7)); 2016. pap. 13.57 (978-1-334-16030-1(9)) Forgotten Bks.

Donalda: A Scottish-Canadian Story (Classic Reprint) Elizabeth Susan MacLeod. 2017. (ENG., Illus.). (J). 30.02 (978-0-331-75121-5(6)); pap. 13.57 (978-0-243-28285-2(0)) Forgotten Bks.

Donald's Hamper (Classic Reprint) Unknown Author. (ENG., Illus.). (J). 2018. 98p. 25.92 (978-0-332-54938-5(0)); 2016. pap. 9.57 (978-1-333-41655-3(5)) Forgotten Bks.

Donald's Week. C. Chérie Hardy. Illus. by Suzanne Horwitz. 2021. (ENG.). 26p. (J). pap. 12.95 (978-1-946753-55-7(6)) Avant-garde Bks.

Don&'t Vote for Me. Krista Van Dolzer. 2016. (ENG.). 240p. (J). (gr. 5-8). pap. 10.99 (978-1-4926-3184-2(1), 9781492631842) Sourcebooks, Inc.

Dont Look Down. Karishma Attari. 2016. (ENG.). 320p. (J). pap. 19.99 (978-0-14-342660-8(5), Penguin Enterprise) Penguin Bks. India PVT, Ltd IND. Dist: Independent Pubs. Group.

Donate Money. Emily Raij. 2019. (Earn It, Save It, Spend It! Ser.). (ENG., Illus.). 24p. (J). (gr. 1-3). pap. 7.95 (978-1-9771-1005-3(3), 140948); lib. bdg. 25.99 (978-1-9771-0834-0(2), 140455) Capstone. (Pebble).

Donating. Jennifer Colby. Illus. by Jeff Bane. 2018. (My Early Library: My Guide to Money Ser.). (ENG.). 24p. (J). (gr. k-1). lib. bdg. 30.64 (978-1-5341-2899-6(9), 211640) Cherry Lake Publishing.

Donation Party, or Thanksgiving Eve at the Parsonage: A Comedy in Three Acts (Classic Reprint) Martha Russell Orne. 2017. (ENG., Illus.). (J). 52p. 24.97 (978-0-332-82681-3(3)); pap. 9.57 (978-0-259-88630-3(0)) Forgotten Bks.

Donavan's Word Jar. Monalisa DeGross. Illus. by Cheryl Hanna. 2018. (ENG.). 80p. (J). (gr. 1-5). pap. 6.99 (978-0-06-442089-1(2), Amistad) HarperCollins Pubs.

¿Dónde Crece el Dinero? / Where Does Money Grow? Laura Mascaro. 2020. (SPA.). 128p. (J). (gr. 5-9). pap. 12.95 (978-1-64473-267-0(X), Montena) Penguin Random House Grupo Editorial ESP. Dist: Penguin Random Hse. LLC.

Donde Crece el Helecho Rojo / Where the Red Fern Grows. Wilson Rawls. 2023. (SPA.). 336p. (J). (gr. 4-7). pap. 13.95 (978-1-64473-750-7(7)) Penguin Random House Grupo Editorial ESP. Dist: Penguin Random Hse. LLC.

¿dónde Está Ana? Leveled Reader Book 80 Level d 6 Pack. Hmh Hmh. 2021. (SPA.). 16p. (J). pap. 74.40 (978-0-358-08206-4(4)) Houghton Mifflin Harcourt Publishing Co.

¿dónde Está Brinca? Leveled Reader Book 36 Level K 6 Pack. Hmh Hmh. 2020. (SPA.). 16p. (J). pap. 74.40 (978-0-358-08347-4(8)) Houghton Mifflin Harcourt Publishing Co.

¿dónde Está el Vaticano? Megan Stine & Who HQ. Tr. by Yanitzia Canetti. Illus. by Laurie A. Conley. 2023. (¿dónde Está? Ser.). 112p. (J). (gr. 3-7). 6.99 (978-0-593-52270-7(2), Penguin Workshop) Penguin Young Readers Group.

¿dónde Está la Patita? Where's the Butterfly? Sam Taplin. 2019. (What's Happening... Baby Board Bks.). (SPA.). 10ppp. (J). 6.99 (978-0-7945-4804-9(0), Usborne) EDC Publishing.

Donde Esta Mi Casa? Tali Carmi. Illus. by Mindy Liang. 2017. (Historias Hora de Dormir para Los Ninos Ser.: Vol. 3). (SPA.). (J). (gr. k-3). (978-965-7724-23-1(6)) Valcal Software Ltd.

¿dónde Está Mi Hogar? (Where Is My Home?) Margaret Salter. Tr. by Pablo de la Vega from ENG. Illus. by Margaret Salter. 2021. (Abrazos de Oso (Bear with Me) Ser.). (SPA., Illus.). 32p. (J). (gr. k-3). pap. (978-1-4271-3071-6(X), 13850); lib. bdg. (978-1-4271-3067-9(1), 13845) Crabtree Publishing Co. (Crabtree Classics).

¿dónde Estás, Cerdito? Margarita del Mazo. Illus. by Laure du Fay. 2022. (SPA.). 24p. (J). bds. 12.99 (978-84-18599-51-4(0)) NubeOcho Ediciones ESP. Dist: Consortium Bk. Sales & Distribution.

¿dónde Estás, Pequeño Unicornio? Are You There Little Unicorn. Sam Taplin. 2019. (Little Peek-Through Bks.). (SPA.). 12ppp. (J). 9.99 (978-0-7945-4805-6(9), Usborne) EDC Publishing.

¿dónde Se Fue Mi Risa?, 1 vol. Max Lucado. Illus. by Sarah Jennings. 2021. (SPA.). 32p. (J). 12.99 (978-1-4002-2969-7(3)) Grupo Nelson.

Donde Van? Gabriela Rosario Peyron Pichardo. 2017. (Ojitos Pajaritos Ser.). (SPA.). 32p. (J). 10.99 (978-607-16-5105-1(0)) Fondo de Cultura Economica USA.

Dónde Vive la Gente. Kristy Stark. rev. ed. 2019. (Social Studies: Informational Text Ser.). (SPA., Illus.). 24p. (J). (gr. 1-3). pap. 10.99 (978-1-64290-110-8(5)) Teacher Created Materials, Inc.

¿Donde Viven Las Familias? Jenna Lee Gleisner. 2017. (Somos Familia Ser.). (SPA.). 16p. (J). (gr. -1-2). pap. 7.95 (978-1-68320-103-8(5), 16899) RiverStream Publishing.

Donde Viven los Animales, 10 vols., Set. Valerie J. Weber. Incl. Por Qué Algunos Animales Tejen Telarañas (Why Animals Live in Webs) lib. bdg. 24.67 (978-0-8368-8812-6(X), dc43b668-8a47-41f9-941b-beaef87653ae); Por Qué Algunos Animales Tienen Caparazón (Why Animals Live in Shells) lib. bdg. 24.67 (978-0-8368-8811-9(1), f2707d25-aeb8-4748-8b4b-511074c7a202); Por Qué Algunos Animales Viven en Colmenas (Why Animals Live in Hives) lib. bdg. 24.67 (978-0-8368-8809-6(X), 69385b47-8648-4085-89d8-11f2ffef25f3); Por Qué Algunos Animales Viven en Cuevas (Why Animals Live in Caves) (J). lib. bdg. 24.67 (978-0-8368-8808-9(1), 47a1a2ee-e015-47ff-b3d6-8cda0ea07c9b); Por Qué Algunos Animales Viven en Madrigueras (Why Animals Live in Burrows) lib. bdg. 24.67 (978-0-8368-8807-2(3), 85f21d6c-50c3-4fde-9554-7865db902bda); Por Qué Algunos Animales Viven en Nidos (Why Animals Live in Nests) lib. bdg. 24.67 (978-0-8368-8810-2(3), 68568f75-cd95-40ce-a55e-4b3d5c33c67d); (Illus.). (gr. 2-4). (Donde Viven Los Animales (Where Animals Live) Ser.). (SPA.). 24p. 2008. Set lib. bdg. 123.35 (978-0-8368-8806-5(5), 49022e5d-3cc1-4780-8a13-255c30b526b9, Weekly Reader Leveled Readers) Stevens, Gareth Publishing LLLP.

¿dónde Viven Los Animales? (Through the Animal Kingdom) Animales Asombrosos y Sus Extraordinarios Hábitats. Derek Harvey. 2020. (Journey Through Ser.). Orig. Title: Through the Animal Kingdom. (SPA., Illus.). 96p. (J). (gr. -1-3). 14.99 (978-1-4654-9763-5(3), DK Children) Dorling Kindersley Publishing, Inc.

Donde Viven Los Monstruos (Where the Wild Things Are) Novel Units Teacher Guide. Novel Units. 2019. (ENG.). (J). pap. 12.99 (978-1-56137-544-8(6), NU5725, Novel Units, Inc.) Classroom Library Co.

Done & Dusted. James Skinner. 2020. (ENG.). 116p. (YA). pap. (978-1-5289-8390-7(4)) Austin Macauley Pubs. Ltd.

Donees: The Chest in the Forbidden Library. Jennifer Stadler. Ed. by Sally Jennings. 2018. (ENG., Illus.). 258p. (YA). (978-1-5255-2224-6(8)); pap. (978-1-5255-2225-3(6)) FriesenPress.

Donegal Fairy Stories. Seumas MacManus. 2017. (ENG., Illus.). (J). (gr. 3-8). pap. (978-0-649-56442-2(1)) Trieste Publishing Pty Ltd.

Donegal Fairy Stories (Classic Reprint) Seumas MacManus. (ENG., Illus.). (J). 2017. 29.55 (978-1-5284-7532-7(1)); 2016. pap. 11.97 (978-1-334-14525-4(3)) Forgotten Bks.

Dong Wu Yuan de Jiu Shi Zhu (Simplified Chinese) Cixin Liu. 2016. (CHI.). (J). pap. (978-7-5495-7286-1(0)) Guangxi Normal Univ. Pr. Group Ltd.

Donia & Her Amazing Undersea Adventure. Debbie Taborn. 2022. (ENG.). 42p. (J). (978-1-4717-3487-8(0)) Lulu Pr., Inc.

Donia & Her Marvelous Bag of Cents. Debbie Taborn. 2022. (ENG.). 33p. (J). (978-1-4717-2354-4(2)) Lulu Pr., Inc.

Donk & the Stubborn Donkeys. K. a Mulenga. 2020. (ENG., Illus.). 26p. (J). pap. (978-0-620-90915-0(3)) ALZuluBelle.

Donk & the Stubborn Donkeys. Kalenga Augustine Mulenga. 2020. (ENG.). 26p. (J). 22.50 (978-1-716-36211-8(3)) Lulu Pr., Inc.

Donkey. August Hoeft. (I See Animals Ser.). (ENG.). (J). (gr. k-1). 2022. 20p. 24.99 (978-1-5324-3400-6(6)); 2022. 20p. pap. 12.99 (978-1-5324-4203-2(3)); 2020. 12p. pap. 5.99 (978-1-5324-1481-7(1)) Xist Publishing.

Donkey. Lisa M. Hutchison. 2020. (ENG., Illus.). 24p. (J). pap. (978-1-4866-2029-6(9)) Word Alive Pr.

Donkey & Ox. Melese Getahun Wolde & Elizabeth Laird. Illus. by Salim Kasamba. 2022. (ENG.). 32p. (J). pap. (978-1-922910-96-7(1)) Library For All Limited.

Donkey & Ox - Punda Na Fahali. Melese Getahun Wolde. Illus. by Elizabeth Laird & Salim Kasamba. 2023. (SWA.). 32p. (J). pap. (978-1-922910-39-4(2)) Library For All Limited.

Donkey & the Mule. Hubert Severe. 2022. (First Edition Ser.). (ENG.). 50p. (YA). pap. 10.99 (978-1-6628-5903-8(1)) Salem Author Services.

Donkey & the Pig. Penelope Dyan. 2023. (ENG.). 98p. (YA). pap. 9.50 (978-1-61477-641-3(5)) Bellissima Publishing, LLC.

Donkey & the Rock. Retold by Susan Markowitz Meredith. 2016. (Spring Forward Ser.). (J). (gr. 2). (978-1-4900-9447-2(4)) Benchmark Education Co.

Donkey & the Wolf: Leveled Reader Book 48 Level G 6 Pack. Hmh Hmh. 2021. (SPA.). 16p. (J). pap. 74.40 (978-0-358-08113-5(0)) Houghton Mifflin Harcourt Publishing Co.

Donkey Boy. Doreen Harrison. 2019. (ENG.). 42p. pap. 9.00 (978-1-5326-6936-1(4), Wipf and Stock) Wipf & Stock Pubs.

Donkey Child - L'enfant âne. Lindiwe Matshikiza. Illus. by Meghan Judge. 2022. (FRE.). 48p. (J). pap. (978-1-922849-78-6(2)) Library For All Limited.

Donkey Child - Mtoto Wa Punda. Lindiwe Matshikiza. Illus. by Meghan Judge. 2023. (SWA.). 48p. (J). pap. (978-1-922876-34-8(8)) Library For All Limited.

Donkey Christmas. Ken Shores. 2019. (ENG.). 50p. (J). pap. (978-0-359-98292-9(1)) Lulu Pr., Inc.

Donkey-Donkey. Roger Duvoisin. 2016. (Illus.). 56p. (J). (-k). 17.95 (978-1-59017-964-2(1), NYR Children's Collection) New York Review of Bks., Inc., The.

Donkey Egg. Janet Stevens & Susan Stevens Crummel. Illus. by Janet Stevens. 2019. (ENG., Illus.). 48p. (J). (gr. -1-3). 17.99 (978-0-547-32767-9(6), 1416760, Clarion Bks.) HarperCollins Pubs.

Donkey, Fox, & the Lion. Carl Sommer. Illus. by Ignacio Noé. 2016. (ENG.). 32p. (J). (gr. k-4). lib. bdg. 16.95 (978-1-57537-926-5(0), Another Sommer-Time Story) Advance Publishing, Inc.

Donkey Hodie Helps an Elephant. Tina Gallo. ed. 2022. (Ready-To-Read Ser.). (ENG.). 32p. (J). (gr. k-1). 16.46 (978-1-68505-213-3(4)) Penworthy Co., LLC, The.

Donkey Hodie Helps an Elephant: Ready-To-Read Level 1. Adapted by Tina Gallo. 2021. (Donkey Hodie Ser.). (ENG.). 32p. (J). (gr. -1-1). 17.99 (978-1-5344-9941-6(5)); (Illus.). pap. 4.99 (978-1-5344-9940-9(7)) Simon Spotlight. (Simon Spotlight).

Donkey Kong: Protector of DK Island: Protector of DK Island. Kenny Abdo. (Video Game Heroes Set 2 Ser.). (ENG., Illus.). 24p. (J). (gr. 2-2). 2022. pap. 8.95 (978-1-64494-738-8(2)); 2021. lib. bdg. 31.36 (978-1-0982-2693-0(3), 38676) ABDO Publishing Co. (Abdo Zoom-Fly).

Donkey Oatie's Birthday Party. Tom H. Rath & Hazel Spencer. 2018. (Donkey Oatie Ser.: Vol. 8). (ENG., Illus.). 26p. (J). (gr. 1-4). pap. (978-1-987852-14-1(1)) Wood Islands Prints.

Donkey Oatie's Early Days. Tom H. Rath. Illus. by Aisilinn Nicholson. 2016. (Donkey Oatie Ser.: Vol. 7). (ENG.). 23p. (J). pap. (978-1-987852-08-0(7)) Wood Islands Prints.

Donkey Otis & Laffy Lamb. James Larkin. 2016. (ENG., Illus.). (J). pap. 12.95 (978-1-68197-846-8(6)) Christian Faith Publishing.

Donkey Smiled at Me Today. Cynthia Noles & Jr John E. Hume. 2019. (ENG., Illus.). 48p. (J). (gr. k-2). 24.95 (978-1-7322236-7-7(X)); pap. 14.95 (978-1-7322236-6-0(1)) Janneck Bks.

Donkey, the Elephant & the Goat: At a Public Meeting (Classic Reprint) J. P. Buschlen. (ENG., Illus.). (J). 2018. 22p. 24.35 (978-0-267-58589-2(6)); 2016. pap. 7.97 (978-1-334-15778-3(2)) Forgotten Bks.

Donkey Wolf. K. T. Guidero. 2021. (ENG., Illus.). 38p. (J). pap. 17.95 (978-1-6624-4897-3(X)) Page Publishing Inc.

Donkeys. Julia Jaske. 2022. (So Cute! Baby Animals Ser.). (ENG., Illus.). 16p. (J). (gr. -1-2). pap. 11.36 (978-1-6689-0878-5(6), 220845, Cherry Blossom Press) Cherry Lake Publishing.

Donkeys: Arabic-English Bilingual Edition. Anita Yasuda. 2016. (Animals on the Farm Ser.). (ARA & ENG.). (J). (gr. k-2). 29.99 (978-1-61913-877-3(8)) Weigl Pubs., Inc.

Donkey's Awesome, Extra Fun, Very Good Day! Adapted by Patty Michaels. 2022. (Donkey Hodie Ser.). (ENG.). 24p. (J). (gr. -1-2). pap. 4.99 (978-1-6659-1911-1(6), Simon Spotlight) Simon Spotlight.

Donkey's Tale: Level 2. Joanne Oppenheim. Illus. by Chris Demarest. 2020. (ENG.). 34p. (J). pap. 9.95 (978-1-876965-76-1(2)) ibooks, Inc.

Donna & Blitzen. Allison McWood. Illus. by Ronaldo Florendo. 2019. (ENG.). 28p. (J). pap. (978-1-9994377-8-7(0)) Annelid Pr.

Donna Plays Double Dutch: Working at the Same Time, 1 vol. Leigh McClure. 2017. (Computer Science for the Real World Ser.). (ENG.). 12p. (gr. 1-2). pap. (978-1-5383-5174-1(9), a1ff68b0-32f0-4e97-bccd-ef5fb8c67d78, Rosen Classroom) Rosen Publishing Group, Inc., The.

Donna's New Dress. Amy Cox. Illus. by Jeanie Daisy. 2019. (ENG.). 46p. (J). 14.99 (978-1-945464-94-2(1)) Cox & Castelluccio.

Donner Dinner Party: Bigger & Badder Edition (Nathan Hale's Hazardous Tales #3) A Pioneer Tale. Nathan Hale. 2020. (Nathan Hale's Hazardous Tales Ser.). (ENG.). 144p. (YA). (gr. 3-7). 19.99 (978-1-4197-4907-0(2), 1709801) Abrams, Inc.

Donnie the Dolphin. Jenna Brooke Bulfin. 2018. (ENG., Illus.). 32p. (J). (gr. 2-5). pap. (978-1-78830-216-6(8)) Olympia Publishers.

Donnington's Reef. Henrietta Benjamin. 3rd ed. 2018. (ENG., Illus.). 56p. (J). pap. (978-1-908135-01-8(8)) U P Pubns.

Donny's Inferno. P. W. Catanese. 2016. (Donny's Inferno Ser.: 1). (ENG.). 320p. (J). (gr. 3-7). 16.99 (978-1-4814-3800-1(X), Aladdin) Simon & Schuster Children's Publishing.

Donöt Cry, Learn! Alon Braun. 2018. (ENG., Illus.). 42p. (J). pap. 15.27 (978-1-4834-7914-9(5)) Lulu Pr., Inc.

Donovan. Edna Lyall. 2017. (ENG.). 334p. (J). pap. (978-3-337-03162-6(5)); pap. (978-3-337-04381-0(X)) Creation Pubs.

Donovan: A Modern Englishman; a Novel (Classic Reprint) Edna Lyall. (ENG., Illus.). (J). 2017. 466p. 33.51 (978-0-332-94296-4(1)); 2016. pap. 16.57 (978-1-333-56790-3(1)) Forgotten Bks.

Donovan a Novel, Vol. 2 of 3 (Classic Reprint) Edna Lyall. 2018. (ENG., Illus.). (J). 30.74 (978-0-332-00922-3(X)) Forgotten Bks.

Donovan, Vol. 1 Of 3: A Novel (Classic Reprint) Edna Lyall. 2018. (ENG., Illus.). 334p. (J). 30.79 (978-0-483-75023-4(9)) Forgotten Bks.

Donovan, Vol. 3 Of 3: A Novel (Classic Reprint) Edna Lyall. 2018. (ENG., Illus.). 360p. (J). 31.45 (978-0-484-29478-2(4)) Forgotten Bks.

Dons des Enfans de Latone: La Musique et la Chase du Cerf (Classic Reprint) Jean de Serre de Rieux. 2018.

D

(FRE., Illus.). (J). 178p. 27.57 *(978-1-396-72301-8(3))*; 180p. pap. 9.97 *(978-1-396-14544-5(3))* Forgotten Bks.

Dons des Enfans de Latone: La Musique et la Chasse du Cerf, Poëmes dédiés Au Roy (Classic Reprint) Jean de Serre de Rieux. 2018. (FRE., Illus.). (J). 412p. 32.39 *(978-0-332-55785-4(5))*; 414p. pap. 16.57 *(978-0-259-35379-9(5))* Forgotten Bks.

Don't: A Play, in One Act (Classic Reprint) Mary Meek Atkeson. 2017. (ENG., Illus.). (J). 24.39 *(978-0-265-79282-7(7))* Forgotten Bks.

Don't Ask a Dinosaur. Matt Forrest Esenwine & Deborah Bruss. Illus. by Louie Chin. 2018. (ENG.). 32p. (J). (gr. -1-2). 17.99 *(978-1-57687-841-5(4)*, powerHouse Bks.) powerHse. Bks.

Don't Ask Me Where I'm From. Jennifer De Leon. Illus. by Elena Garnu. 2020. (ENG.). 336p. (YA). (gr. 9). 19.99 *(978-1-5344-3824-8(6)*, Atheneum/Caitlyn Dlouhy Books) Simon & Schuster Children's Publishing.

Don't Ask! Please Wear a Mask! Penelope Dyan. Illus. by Penelope Dyan. l.t. ed. 2021. (ENG.). 34p. (J). pap. 12.60 *(978-1-61477-541-6(9))* Bellissima Publishing, LLC.

Don't Be a Bully. Joel Brown. Illus. by Garret Myers. 2017. (Zoom-Boom Book Ser.: 4). (ENG.). (J). (gr. k-2). 17.99 *(978-1-946683-00-7(0))* Rapier Publishing Co., LLC.

Don't Be a Bully. Joel Brown. Illus. by Garrett Myers. 2017. (Zoom-Boom the Scarecrow & Friends Ser.: 4). (ENG.). (J). (gr. k-3). pap. 12.95 *(978-1-946683-06-9(X))* Rapier Publishing Co., LLC.

Don't Be a Bully. Vicky Bureau. 2023. (Improving Your Social Skills Ser.). (ENG.). 32p. (J). (gr. 3-9). lib. bdg. ***(978-1-0396-6045-8(2)***, 32993); (Illus.). pap. ***(978-1-0396-6240-7(4)***, 32994) Crabtree Publishing Co.

Don't Be a Bully!, 1 vol. Therese Harasymiw. 2020. (Bully-Free Zone Ser.). (ENG.). 24p. (gr. 3-4). lib. bdg. 25.27 *(978-1-7253-1942-4(X)*, 5471e10e-2cec-4712-98b3-1c7c2c19d74f, PowerKids Pr.) Rosen Publishing Group, Inc., The.

Don't Be a Bully: Book Two of the Turtle & Giraffe Series. Patricia Aman. 2019. (Turtle & Giraffe Ser.: Vol. 2). (ENG.). 38p. (J). 24.95 *(978-1-64515-015-2(1))*; pap. 14.95 *(978-1-64515-013-8(5))* Christian Faith Publishing.

Don't Be a Bully, Little Tiger. Carol Roth. Illus. by Rashin Kheiriyeh. 2023. (ENG.). 32p. (J). (gr. -1-2). 19.95 ***(978-0-7358-4495-7(X))*** North-South Bks., Inc.

Don't Be a Cyberbully, 1 vol. Anthony Ardely. 2017. (Keep Yourself Safe on the Internet Ser.). (ENG.). 24p. (J). (gr. 1-2). 25.27 *(978-1-5383-2503-2(9)*, 6d5ff38a-3af4-48af-8a1b-5338a39cacc7, PowerKids Pr.) Rosen Publishing Group, Inc., The.

Don't Be a Donut: Find Your Grit. Scott Trent. 2020. (ENG.). 68p. (J). pap. 12.00 *(978-1-716-51391-6(X))* Lulu Pr., Inc.

Don't Be a Doofus: To Swing or Not to Swing. Illus. by Noor Alshalabi. 2022. (ENG.). 28p. (J). pap. 10.99 ***(978-1-0880-3196-4(X))*** Indy Pub.

Don't Be Afraid. Tiffiney Rogers-McDaniel. 2022. (ENG.). 28p. (J). pap. 14.99 *(978-1-7354173-3-2(5))* Tiffiney R. McDaniel.

Don't Be Afraid Little Ones. M. Christina Butler & Caroline Pedler. 2018. (ENG.). 32p. (J). (gr. -1-1). bds. 9.99 *(978-1-68099-425-4(5)*, Good Bks.) Skyhorse Publishing Co., Inc.

Don't Be Afraid Little Ones - Choice Edition. M. Christina Butler & Caroline Pedler. 2018. (ENG.). 32p. (J). (gr. -1-1). bds. 9.99 *(978-1-68099-428-5(X)*, Good Bks.) Skyhorse Publishing Co., Inc.

Don't Be Bored Kids Activity Book. Bobo's Children Activity Books. 2016. (ENG., Illus.). (J). pap. 7.99 *(978-1-68327-407-0(5))* Sunshine In My Soul Publishing.

Don't Be Chicken with Type 1 Diabetes. Justina A. Shipman. 2019. (ENG.). 24p. (J). pap. 13.95 *(978-1-0980-0224-4(5))* Christian Faith Publishing.

Don't Be Cross, Goldilocks! A Story about Forgiveness. Sue Nicholson. Illus. by Laura Brenlla. 2020. (Fairytale Friends Ser.). (ENG.). 24p. (J). (gr. -1-k). lib. bdg. 27.99 *(978-0-7112-4476-4(6)*, c685935b-bee1-4717-8a7a-44ebde4a6311) QEB Publishing Inc.

Don't Be Donny. Jackson Boomershine. 2023. (ENG.). 28p. (J). pap. 14.95 ***(978-1-63868-102-1(3))*** Virtualbookworm.com Publishing, Inc.

Don't Be Fooled, Spot the Difference Activity Book. Activibooks For Kids. 2016. (ENG., Illus.). (J). pap. 10.81 *(978-1-68321-256-0(8))* Mimaxion.

Don't Be Like Trump. David Olson. 2017. (ENG., Illus.). (J). 14.95 *(978-1-68401-258-9(9))* Amplify Publishing Group.

Don't Be Lost! Find Your Way Back Home Activity Book. Smarter Activity Books for Kids. 2016. (ENG., Illus.). (J). pap. 8.99 *(978-1-68374-290-6(7))* Examined Solutions PTE. Ltd.

Don't Be Preposterous, Mr. Rhinoceros! Gloria Figg. Illus. by Benjamin Figg. 2021. (ENG.). 52p. (J). *(978-1-5255-9103-7(7))* FriesenPress.

Don't Be Rude: Where Are Your Manners? Lytoni Brown. 2019. (ENG.). 84p. (J). pap. 14.99 *(978-0-9771358-8-2(8))* Unspoken Words.

Don't Be Rude, Little Dude! Christie Hainsby. Illus. by Jess Moorhouse. 2021. (ENG.). 14p. (J). (— 1). bds. 9.99 *(978-1-80058-316-0(8))* Make Believe Ideas GBR. Dist: Scholastic, Inc.

Don't Be Sad, Sam: It's Ok, 1 vol. Lisa Regan. 2017. (You Choose Ser.). (ENG.). 32p. (gr. 2-2). lib. bdg. 26.93 *(978-0-7660-8698-2(4)*, 34064797-c6df-4305-8093-0d6567b0a657) Enslow Publishing, LLC.

Don't Be Scared Little One-A Personalised Story Created by & for Children. Suman Jaswal. 2017. (ENG., Illus.). (J). pap. 13.08 *(978-0-244-63278-6(2))* Lulu Pr., Inc.

Don't Be Scared Little One-A Story Created by & for Children. Suman Jaswal. 2017. (ENG., Illus.). (J). pap. 11.88 *(978-0-244-63250-2(2))* Lulu Pr., Inc.

Don't Be Scared! Monsters Coloring Book. Jupiter Kids. 2016. (ENG., Illus.). 106p. (J). pap. 12.55 *(978-1-68326-256-5(5)*, Jupiter Kids (Childrens & Kids Fiction)) Speedy Publishing LLC.

Don't Believe Your Eyes! the Ultimate Hidden Object Activity Book. Activibooks For Kids. 2016. (ENG., Illus.). (J). pap. 10.81 *(978-1-68321-266-9(5))* Mimaxion.

Don't Bite Comma Llama! Stephanie Branham. 2023. (ENG., Illus.). 30p. (J). pap. 14.95 ***(978-1-64468-182-4(X))*** Covenant Bks.

Don't Blame the Dog. Joy Manne. 2016. (ENG., Illus.). (J). (gr. k-6). pap. *(978-2-9701092-4-2(7))* Manne, Joy.

Don't Blame the Mud. Marty Machowski. 2019. (ENG., Illus.). 32p. (J). 16.99 *(978-1-948130-96-7(3))* New Growth Pr.

Don't Blame the Yeti. Tess Burrows. 2021. (ENG.). 192p. (J). (gr. 4-7). pap. 15.95 *(978-1-78563-207-5(8))* Eye Bks. GBR. Dist: Independent Pubs. Group.

Don't Blink! Amy Krouse Rosenthal. Illus. by David Roberts. 2020. (ENG.). 40p. (J). (gr. -1-2). pap. 8.99 *(978-0-593-17569-9(7)*, Dragonfly Bks.) Random Hse. Children's Bks.

Don't Blow Your Top! Ame Dyckman. Illus. by Abhi Alwar. 2023. (ENG.). 40p. (J). (gr. -1-3). 17.99 ***(978-1-338-83784-1(2)***, Orchard Bks.) Scholastic, Inc.

Don't Blow Your Top! A Look Inside Volcanoes. Anna Prokos. Illus. by Elena Selivanova. ed. 2017. (Imagine That! Ser.). (ENG.). 32p. (J). (gr. 2-4). E-Book 39.99 *(978-1-63440-160-9(3))* Red Chair Pr.

Don't Bother Anton: For 8 Males, 2 Females & 3 Children (Classic Reprint) Unknown Author. 2018. (ENG., Illus.). 28p. (J). 24.47 *(978-0-267-27779-7(2))* Forgotten Bks.

Don't Bow Ballerina: A Tale on the Fragility of Perfection. Mya Barnett. 2023. (ENG.). 214p. (YA). pap. ***(978-0-2288-9271-7(6))*** Tellwell Talent.

Don't Bow with Teresa. Frances Gonzales Martinez. 2019. (ENG.). 56p. (J). pap. 11.99 *(978-1-63050-177-8(8))* Salem Author Services.

Don't Breathe a Word. Jordyn Taylor. (ENG.). (YA). (gr. 8). 2023. 368p. pap. 11.99 *(978-0-06-303889-9(7))*; 2021. 352p. 17.99 *(978-0-06-303888-2(9))* HarperCollins Pubs. (HarperTeen).

Don't Buy the Lie! Daniel S. Holmes. 2017. (ENG., Illus.). (YA). (gr. 7-12). pap. *(978-1-4600-0904-8(5)*, Guardian Bks.) Essence Publishing.

Don't Call It a Dream Call It a Plan. Angel Sandlin. 2021. (ENG.). 100p. (J). pap. *(978-1-304-39911-3(7))* Lulu Pr., Inc.

Don't Call Me a Dinosaur. Cynthia MacGregor. Illus. by Sanghamitra Dasgupta. 2018. (ENG.). 32p. (J). (gr. k-4). pap. 8.99 *(978-1-68160-639-2(9))* Crimson Cloak Publishing.

Don't Call Me a Hurricane. Ellen Hagan. 2022. (ENG.). 400p. (YA). 17.99 *(978-1-5476-0916-1(8)*, 900256772, Bloomsbury Young Adult) Bloomsbury Publishing USA.

Don't Call Me Bear! Aaron Blabey. Illus. by Aaron Blabey. 2019. (ENG., Illus.). 32p. (J). (gr. -1-k). 14.99 *(978-1-338-36002-8(7)*, Scholastic Pr.) Scholastic, Inc.

Don't Call Me Bunny! Joan Diehl. 2018. (ENG., Illus.). 24p. (J). (gr. 1-4). pap. 9.95 *(978-1-55571-905-0(8)*, Grid Pr.) L & R Publishing, LLC.

Don't Call Me Choochie Pooh! Sean Taylor. Illus. by Kate Hindley. 2016. (ENG.). 32p. (J). (gr. -1-2). 16.99 *(978-0-7636-8119-7(9))* Candlewick Pr.

(Don't) Call Me Crazy: 33 Voices Start the Conversation about Mental Health. Kelly Jensen. 2018. (ENG., Illus.). 240p. (YA). (gr. 9-12). pap. 16.95 *(978-1-61620-781-6(7)*, 73781) Algonquin Young Readers.

Don't Call Me Different. Mary S. Martin. Illus. by Marilyn Brubacher. 2016. (ENG.). 190p. (J). pap. 8.25 *(978-0-7399-2539-3(3))* Rod & Staff Pubs., Inc.

Don't Call Me Dumb. Noah Johnson. 2017. (ENG., Illus.). (J). pap. 14.99 *(978-1-945532-06-1(8))* Opportune Independent Publishing Co.

Don't Call Me Fatty see Please Don't Call Me Fatty!

Don't Call Me Fuzzybutt! Robin Newman. Illus. by Susan Batori. 2021. (ENG.). 32p. (J). (gr. k-3). 16.99 *(978-1-5341-1073-1(9)*, 205016) Sleeping Bear Pr.

Don't Call Me Grandma. Vaunda Micheaux Nelson. Illus. by Elizabeth Zunon. 2016. (ENG.). 32p. (J). (gr. k-3). lib. bdg. 19.99 *(978-1-4677-4208-5(2)*, 7ebadb0e-ecaf-4138-a062-ea1b71f8ddde); E-Book 30.65 *(978-1-4677-9559-3(3))*; E-Book 30.65 *(978-1-5124-0661-0(9)*, 9781512406610) Lerner Publishing Group. (Carolrhoda Bks.).

Don't Call Me Grumpycorn. Sarah McIntyre. Illus. by Sarah McIntyre. 2023. (ENG.). 32p. (J). (gr. -1-k). pap. 6.99 *(978-1-338-82871-9(1))* Scholastic, Inc.

Don't Call Me Lefty. Kris Condi. 2019. (ENG.). 32p. (J). (gr. -1-2). 12.99 *(978-1-4808-7856-3(1))* Archway Publishing.

Don't Call Me Mad see Please Don't Call Me Mad!

Don't Call Me Pretty. Jilian Lohnes. 2022. (ENG.). 28p. (J). *(978-1-0391-5041-6(1))*; pap. *(978-1-0391-5040-9(3))* FriesenPress.

Don't Call Me Princess. Kate Evans. 2018. (Illus.). 32p. (J). 12.95 *(978-1-78026-465-3(8))* New Internationalist Pubns., Ltd. GBR. Dist: Consortium Bk. Sales & Distribution.

Don't Call Me Turtle. Elaine A. Powers. Illus. by Nicholas Thorpe. 2017. (ENG.). (J). 19.95 *(978-0-9991669-3-2(X))* Powers, Elaine A.

Don't Call the Wolf. Aleksandra Ross. 2020. (ENG.). 512p. (YA). (gr. 8). 18.99 *(978-0-06-287797-0(6)*, HarperTeen) HarperCollins Pubs.

Don't Check Out This Book! Kate Klise. Illus. by M. Sarah Klise. 2021. (ENG.). 160p. (J). (gr. 3-7). pap. 6.95 *(978-1-64375-190-0(5)*, 74190) Algonquin Young Readers.

Don't Close Your Eyes: A Silly Bedtime Story, 1 vol. Bob Hostetler. Illus. by Mark Chambers. 2019. (ENG.). 20p. (J). bds. 9.99 *(978-1-4002-0951-4(X)*, Tommy Nelson) Nelson, Thomas Inc.

Don't Cook, Mom! Jackie Myers. 2020. (ENG.). 28p. (J). pap. 12.95 *(978-1-61244-875-6(5))* Halo Publishing International.

Don't Cosplay with My Heart. Cecil Castellucci. 2018. (ENG.). 288p. (YA). (gr. 7). 17.99 *(978-1-338-12549-8(4)*, Scholastic Pr.) Scholastic, Inc.

Don't Count Your Chicks. Edgar Parin d'Aulaire & Ingri d'Aulaire. 2023. (Illus.). 40p. (J). (gr. -1-2). 17.95 ***(978-1-5179-1446-2(9))*** Univ. of Minnesota Pr.

Don't Cross the Line! Isabel Minhos Martins. Illus. by Bernardo Carvalho. 2016. (ENG.). 40p. (J). (gr. k-3). 16.99 *(978-1-77657-074-4(X)*, f90a1442-5082-4900-92ba-3f40efc62b01) Gecko Pr. NZL. Dist: Lerner Publishing Group.

Don't Cross the Lines Coloring Book. Creative Playbooks. 2016. (ENG., Illus.). (J). pap. 7.74 *(978-1-68323-747-1(1))* Twin Flame Productions.

Don't Cry, Butterfly! Vidya Shankaran & Kavi Chatoorgoon. Illus. by Megha Vishwanath. 2021. (ENG.). 24p. (J). 22.95 *(978-1-6657-1334-4(8))*; pap. 10.95 *(978-1-6657-1333-7(X))* Archway Publishing.

Don't Cry, Little Spruce. Connie Reigel. 2019. (ENG.). 26p. (J). pap. 13.95 *(978-1-64492-062-6(X))* Christian Faith Publishing.

Don't Date Rosa Santos. Nina Moreno. 2020. (ENG.). 336p. (YA). (gr. 9-17). pap. 9.99 *(978-1-368-04086-0(1))* Little, Brown Bks. for Young Readers.

Don't Disturb the Dinosaurs. Ada Hopper. Illus. by Sam Ricks. 2016. (DATA Set Ser.: 2). (ENG.). 128p. (J). (gr. k-4). pap. 5.99 *(978-1-4814-5731-6(4)*, Little Simon) Little Simon.

Don't Disturb the Dinosaurs. Ada Hopper. Illus. by Sam Ricks. ed. 2018. 125p. (J). (gr. 1-4). 15.96 *(978-1-64310-198-9(6))* Penworthy Co., LLC, The.

Don't Do the Girl a Thing. Donna Kay Kakonge. 2018. (ENG., Illus.). 114p. (J). pap. 11.60 *(978-0-359-15861-4(7))* Lulu Pr., Inc.

Don't Do What Derek Did: Derek's Cowboy Caper. Jennifer Anne Sly. Ed. by S. H. Sly. Illus. by Jennifer Anne Sly. 2020. (Don't Do What Derek Did Ser.: Vol. 1). (ENG.). 26p. (J). pap. *(978-1-8381144-0-4(8))* Lane, Betty.

Don't Eat Me, Alligator! Brenda S. Bynum. Illus. by Deborah Smith. 2023. (ENG.). 38p. (J). pap. 13.00 ***(978-1-955309-49-3(3))*** Living Parables of Central Florida, Inc.

Don't Eat Me, Chupacabra! / No Me Comas, Chupacabra! A Delicious Story with Digestible Spanish Vocabulary. Kyle Sullivan. Illus. by Derek Sullivan. 2018. (Hazy Dell Press Monster Ser.). (ENG.). 30p. (J). (gr. k-1). bds. 13.95 *(978-0-9965787-7-6(3))* Hazy Dell Pr.

Don't Eat Me, Crocodile. Nate Ripley. Ed. by Tiffany Striga. 2020. (ENG.). 40p. (J). *(978-1-5255-7459-7(0))*; pap. *(978-1-5255-7460-3(4))* FriesenPress.

Don't Eat That. Drew Sheneman. 2018. (Illus.). 40p. (J). (-k). 17.99 *(978-1-101-99729-1(X)*, Viking Books for Young Readers) Penguin Young Readers Group.

Don't Eat That: A Story of Adventure, Friendship, & Broccoli. Matt Kiesling. 2021. 46p. (J). pap. 19.99 *(978-1-6678-0918-2(0))* BookBaby.

Don't Eat the Soap! April Hilland. Illus. by Melissa Hilsgen. 2017. (ENG.). (J). pap. *(978-1-5255-1430-2(X))* FriesenPress.

Don't Eat the Star. Xiaomin Liu. l.t. ed. 2020. (ENG.). 34p. (J). (gr. k-3). *(978-0-473-52483-8(X))* Liu, Xiaomin.

Don't Eat the Sun... or You Can Die to Death! & Other Survival Tips from a First Grader. Andrew K. Tran. 2017. (ENG., Illus.). 40p. (J). pap. *(978-1-365-37901-7(9))* Lulu Pr., Inc.

Don't Eat the Vegetables! Nicole Pontier-Carrels. 2018. (ENG., Illus.). 36p. (J). *(978-0-359-08180-6(0))* Lulu Pr., Inc.

Don't Ever Give Up! Tiffiney Rogers-McDaniel. 2021. (ENG.). 32p. (J). pap. 14.99 *(978-1-7354173-2-5(7))* Tiffiney R. McDaniel.

Don't Feed Santa Claus. Rosie Greening. Illus. by Jess Moorhouse. 2020. (ENG.). 10p. (J). (— 1). bds. 4.99 *(978-1-78947-687-3(9))* Make Believe Ideas GBR. Dist: Scholastic, Inc.

Don't Feed Santa Claus. Make Believe Ideas. Illus. by Jess Moorhouse. 2021. (ENG.). 10p. (J). bds. 6.99 *(978-1-80058-820-2(8))* Make Believe Ideas GBR. Dist: Scholastic, Inc.

Don't Feed the Bear. Kathleen Doherty. Illus. by Chip Wass. (J). (gr. -1-k). 2022. 28p. 8.99 *(978-1-4549-4622-9(9))*; 2018. 32p. 18.99 *(978-1-4549-1979-7(5))* Sterling Publishing Co., Inc.

Don't Feed the Coos! Jonathan Stutzman. Illus. by Heather Fox. 2020. (ENG.). 48p. (J). 17.99 *(978-1-250-30318-9(4)*, 900197053, Holt, Henry & Co. Bks. For Young Readers) Holt, Henry & Co.

Don't Feed the Fish French Fries. Gary McIlvain & Cooper McIlvain. 2017. (ENG., Illus.). 26p. (J). 20.95 *(978-1-64082-880-3(X))* Page Publishing Inc.

Don't Feed the Geckos! The Carver Chronicles, Book 3. Karen English. Illus. by Laura Freeman. 2016. (Carver Chronicles Ser.). (ENG.). 144p. (J). (gr. 1-4). pap. 6.99 *(978-0-544-81083-9(X)*, 1641525, Clarion Bks.) HarperCollins Pubs.

Don't Feed the Monster. Make Believe Ideas. Illus. by Jayne Schofield. 2021. (ENG.). 10p. (J). bds. 5.99 *(978-1-80058-241-5(2))* Make Believe Ideas GBR. Dist: Scholastic, Inc.

Don't Feed the Monster. Jessika Shields & Robert Shields. 2019. (ENG.). 40p. (J). 23.95 *(978-1-64544-096-3(6))* Page Publishing Inc.

Don't Feed the Pumpkin. Rosie Greening. Illus. by Jess Moorhouse. 2020. (ENG.). 10p. (J). (— 1). bds. 5.99 *(978-1-78947-686-6(0))* Make Believe Ideas GBR. Dist: Scholastic, Inc.

Don't Follow Vee. Oliver Phommavanh. 3rd ed. 2019. 192p. (J). (gr. 3-5). 16.99 *(978-0-14-350574-7(2)*, Puffin) Penguin Random Hse. AUS. Dist: Independent Pubs. Group.

Don't Forget the Umbrellas: The BackYard Trio Bible Stories #12. Jason Burkhardt & Sara Kendall. Illus. by Your Children's Book. 2021. (Backyard Trio Bible Stories Ser.: 12). (ENG.). 22p. (J). (gr. k-3). pap. 7.99 *(978-1-955227-14-8(4))* Set in Stone Pr.

Don't Forget to Bounce. Pam Harris. 2022. (ENG.). 20p. (J). pap. *(978-1-3984-3533-9(3))* Austin Macauley Pubs. Ltd.

Don't Forget to Brush! Fun Dentist Coloring Book. Creative Playbooks. 2016. (ENG., Illus.). (J). pap. 7.74 *(978-1-68323-808-9(7))*; pap. 7.74 *(978-1-68323-748-8(X))* Twin Flame Productions.

Don't Forget to Flush: A Bathroom Devotional for Kids. Britta Alton & Kevin Alton. Illus. by Graham Ross. 2017. 216p. (J). (gr. 4-6). pap. 14.99 *(978-1-5064-2701-0(4)*, Sparkhouse Family) 1517 Media.

Don't Forget to Pray: A Story of Love for Mankind & Faith in God. Bree Anna. Illus. by Joss Frank. 2022. (ENG.). 28p. (J). *(978-1-0391-3594-9(3))*; pap. *(978-1-0391-3593-2(5))* FriesenPress.

Don't Forget to Remember. Ellie Holcomb. Illus. by Kayla Harren. 2020. (ENG.). 24p. (J). (— 1). bds. 14.99 *(978-1-5359-7345-8(5)*, 005818138, B&H Kids) B&H Publishing Group.

Don't Get Angry!, 2. Random House. ed. 2022. (Everyday Lessons Ser.). (ENG.). 24p. (J). (gr. k-1). 16.96 ***(978-1-68505-344-4(0))*** Penworthy Co., LLC, The.

Don't Get Angry, Annie: Stay Calm, 1 vol. Lisa Regan. 2017. (You Choose Ser.). (ENG.). 32p. (gr. 2-2). lib. bdg. 26.93 *(978-0-7660-8700-2(X)*, 479b2854-51a2-4b83-aee6-d61a5b013484) Enslow Publishing, LLC.

Don't Get Caught. Kurt Dinan. 2016. (ENG.). 336p. (YA). (gr. 8-12). pap. 18.99 *(978-1-4926-3014-2(4)*, 9781492630142) Sourcebooks, Inc.

Don't Get It Twisted!! Tarsha M. Washington Illustrations B. Ag. Illus. by Jordan Caleb Washington. 2016. (ENG.). (J). pap. 10.99 *(978-1-4984-5860-3(2))* Salem Author Services.

Don't Get It Twisted. Robin Mederos. 2021. (ENG.). 65p. (YA). pap. *(978-1-716-19085-8(1))* Lulu Pr., Inc.

Don't Get Lost! Malin Hansen. Illus. by Mairi Anderson. 2020. (ENG.). 108p. (J). pap. *(978-0-2288-3399-4(X))* Tellwell Talent.

Don't Get on My Nerves. Sherry Blair. Illus. by Jayden Blair. 2021. (ENG.). 24p. (J). pap. 12.99 *(978-1-68515-364-9(X))* Palmetto Publishing.

Don't Get Sick! How Kids Can Keep Healthy & Safe - Good Hygiene for Kids - Children's Disease Books. Prodigy Wizard. 2016. (ENG., Illus.). (J). pap. 9.25 *(978-1-68323-989-5(X))* Twin Flame Productions.

Don't Get Turned Around! a Maze Runner Activity Book. Activibooks For Kids. 2016. (ENG., Illus.). (J). pap. 9.20 *(978-1-68321-267-6(3))* Mimaxion.

Don't Get Your Neck Tattooed: The Z to a of Life Skills That You Don't Get from Sitting Exams. Mark Kennedy & Jules Kennedy. 2019. (ENG.). 222p. (YA). pap. ***(978-1-911559-79-5(6))*** 3P Publishing.

Don't Get Your Tutu in a Twist. Jenny Moore. Illus. by Barbara Bakos. 2021. (ENG.). 32p. (J). (gr. -1-3). 17.99 *(978-1-84886-780-2(8)*, d93a7ece-716a-4a60-bbca-b89c45d7e741) Maverick Arts Publishing GBR. Dist: Lerner Publishing Group.

Don't Give a Tiger Shark Indigestion. Kia Kelly Ozmore. Illus. by Eugene Ruble. l.t. ed. 2018. (ENG.). 16p. (J). (gr. k-5). pap. 9.95 *(978-1-61633-957-9(8))* Guardian Angel Publishing, Inc.

Don't Give Up! Julia Giachetti. Illus. by Juan Bautista Juan. 2023. (ENG.). 16p. (J). (gr. -1-1). pap. 33.00 *(978-1-4788-0517-5(X)*, 4d4853e6-d717-4892-b36f-466b60f5228e) Newmark Learning LLC.

Don't Give up yet! White Band. Lauri Kubuitsile. Illus. by Moni Perez. ed. 2017. (Cambridge Reading Adventures Ser.). (ENG.). 24p. pap. 7.35 *(978-1-108-40078-7(7))* Cambridge Univ. Pr.

Don't Go down the Rabbit's Hole! Penelope Dyan. Illus. by Penelope Dyan. l.t. ed. 2021. (ENG.). 34p. (J). pap. 12.60 *(978-1-61477-559-1(1))* Bellissima Publishing, LLC.

Don't Go There! Jeanne Willis. Illus. by Hrefna Bragadottir. 2019. (ENG.). 32p. (J). (gr. -1-k). 17.99 *(978-1-5415-5508-2(2)*, 89fc0478-8b00-4f74-9ce9-c2c90363b4b8) Lerner Publishing Group.

Don't Go to Monster Town. Gary Sabio. Illus. by Abira Das. 2017. (ENG.). 28p. (J). (gr. k-1). pap. *(978-1-9998430-0-7(2))* Sabio, Gary.

Don't Go to Sleep. Bryce Moore. 2022. (ENG.). 320p. (YA). (gr. 8-12). pap. 10.99 *(978-1-7282-2914-0(6))* Sourcebooks, Inc.

Don't Go to Sleep Right Now! Terry James Johnson. 2021. (ENG.). 26p. (J). pap. 9.88 *(978-1-63795-117-0(5))* Primedia eLaunch LLC.

Don't Hate the Player. Alexis Nedd. (ENG.). 384p. (YA). 2022. pap. 10.99 *(978-1-5476-0999-4(0)*, 900256117); 2021. 17.99 *(978-1-5476-0502-6(2)*, 900225750) Bloomsbury Publishing USA. (Bloomsbury Young Adult).

Don't Have a Cow! Donald W. Kruse. Illus. by Aeryn Meyer. 2020. (ENG.). 56p. (J). pap. 15.95 *(978-0-9994571-9-1(5))* Zaccheus Entertainment Co.

Don't Hug Doug: (He Doesn't Like It) Carrie Finison. Illus. by Daniel Wiseman. 2021. (ENG.). 32p. (J). (gr. -1-2). 17.99 *(978-1-9848-1302-2(1)*, G.P. Putnam's Sons Books for Young Readers) Penguin Young Readers Group.

Don't Judge a Book by Its Cover. Robbie Michaels. 2016. (ENG., Illus.). (J). 24.99 *(978-1-63533-004-5(1)*, Harmony Ink Pr.) Dreamspinner Pr.

Don't Judge a Bug by Its Cover. Laura St John. 2018. (ENG.). (J). 16.95 *(978-0-578-20088-0(0))* Sky Sun Publishing.

Don't Judge a Girl by Her Cover. Ally Carter. 2016. (Gallagher Girls Ser.: 3). (ENG.). 288p. (YA). (gr. 7-17). pap. 10.99 *(978-1-4847-8504-1(5))* Hyperion Bks. for Children.

Don't Judge a Girl by Her Cover. Ally Carter. ed. 2016. (Gallagher Girls Ser.: 3). (J). lib. bdg. 20.85 *(978-0-606-38297-7(6))* Turtleback.

Don't Judge a Rat by Its Friends. Amir Nada. Illus. by Rizky Dewi. 2020. (ENG.). 30p. (J). ***(978-0-6489288-0-5(2))*** Nada, Amir.

Don't Judge a Thief by Her Dragon. Rakel Rae. 2020. (ENG.). 156p. (YA). pap. 15.95 *(978-1-64515-590-4(0))* Christian Faith Publishing.

Don't Judge Me. Lisa Schroeder. 2020. (ENG.). 256p. (J). (gr. 3-7). 17.99 *(978-1-338-62854-8(2)*, Scholastic Pr.) Scholastic, Inc.

Don't Judge the Day by the Dawn. Erica Dretzka. 2020. (ENG.). 402p. (YA). pap. 23.95 *(978-1-0980-3021-6(4))* Christian Faith Publishing.

Don't Jump. Blair Delancey. 2021. (ENG., Illus.). 40p. (J). pap. 11.95 *(978-1-64462-463-0(X))* Page Publishing Inc.

Don't Jump the Lines Coloring Book. Kreative Kids. 2016. (ENG., Illus.). (J). pap. 9.20 *(978-1-68377-404-4(3))* Whlke, Traudl.

Don't Let Go! Élisabeth Eudes-Pascal. 2020. (ENG.). 32p. (J). (gr. -1-3). 16.95 *(978-1-77147-359-0(2))* Owlkids Bks. Inc. CAN. Dist: Publishers Group West (PGW).

Don't Let in the Cold. Keely Parrack. 2022. (ENG.). 352p. (YA). (gr. 8-12). pap. 10.99 *(978-1-7282-5676-4(3))* Sourcebooks, Inc.

532

The check digit for ISBN-10 appears in parentheses after the full ISBN-13

Don't Let Me Go (Expanded Edition) Jamila Mikhail. 2018. (ENG., Illus.). 278p. (YA). (gr. 7-12). pap. *(978-1-7753089-1-1(X))* Mikhail, Jamila.

Don't Let the Beasties Escape This Book! Julie Berry. Illus. by April Lee. 2019. (ENG.). 40p. (J). (gr. -1-1). 17.99 *(978-1-947440-04-3(7)*, 1354401) Getty Pubns.

Don't Let the Doll In (Frightville #1) Mike Ford. 2020. (Frightville Ser.: 1). (ENG., Illus.). 128p. (J). (gr. 2-5). pap. 6.99 *(978-1-338-36009-7(4)*, Scholastic Paperbacks) Scholastic, Inc.

Don't Let the Pigeon Drive the Sleigh! Mo Willems. 2023. (ENG., Illus.). 40p. (J). (gr. -1-k). 18.99 ***(978-1-4549-5277-0(6)***, Union Square Pr.) Sterling Publishing Co., Inc.

Don't Let Them Disappear: 12 Endangered Species Across the Globe. Chelsea Clinton. Illus. by Gianna Marino. 2019. 40p. (J). (gr. -1-3). 17.99 *(978-0-525-51432-9(5)*, Philomel Bks.) Penguin Young Readers Group.

Don't Let Your Emotions Run Your Life for Teens: Dialectical Behavior Therapy Skills for Helping You Manage Mood Swings, Control Angry Outbursts, & Get along with Others. Sheri Van Dijk. 2nd rev. ed. 2021. (ENG.). 192p. (YA). (gr. 6-12). pap. 18.95 *(978-1-68403-736-0(0)*, 47360, Instant Help Books) New Harbinger Pubns.

Don't Look a Gift Horse in the Mouth! (and Other Weird Sayings) Cynthia Amoroso. Illus. by Mernie Gallagher-Cole. 2023. (Understanding Idioms Ser.). (ENG.). 24p. (J). (gr. 2-5). lib. bdg. 32.79 *(978-1-5038-6560-0(6)*, 216431, Wonder Books(r)) Child's World, Inc, The.

Don't Look Back: The BackYard Trio Bible Stories #5. Sara Kendall & Jason Burkhardt. 2020. (Backyard Trio Bible Stories Ser.: 5). (ENG., Illus.). 22p. (J). (gr. k-3). pap. 7.99 *(978-1-7343336-4-0(2))* Set in Stone Pr.

Don't Look Down: A Tale of Terror. Brandon Terrell. Illus. by Mariano Epelbaum. 2019. (Michael Dahl Presents: Phobia Ser.). (ENG.). 72p. (J). (gr. 4-6). lib. bdg. 25.32 *(978-1-4965-7912-6(7)*, 139617, Stone Arch Bks.) Capstone.

Don't Look Inside. Rosie Greening. 2020. (ENG., Illus.). 12p. (J). (— 1). bds. 9.99 *(978-1-78947-369-8(1))* Make Believe Ideas GBR. Dist: Scholastic, Inc.

Don't Look Inside. Illus. by Make Believe Ideas. 2021. (ENG.). 16p. (J). (— 1). bds. 9.99 *(978-1-80058-266-8(8))* Make Believe Ideas GBR. Dist: Scholastic, Inc.

Don't Look Inside! Make Believe Ideas. Illus. by Stuart Lynch. 2021. (ENG.). 12p. (J). bds. 9.99 *(978-1-80058-821-9(6))* Make Believe Ideas GBR. Dist: Scholastic, Inc.

Don't Look Inside (this Farm Is Full of Dinosaurs) Rosie Greening. Illus. by Stuart Lynch. 2022. (ENG.). 12p. (J). (— 1). bds. 9.99 *(978-1-80337-465-9(9))* Make Believe Ideas GBR. Dist: Scholastic, Inc.

Don't Look Now Book 4: Hobby Farm & Seeing Red. Paul Jennings & Andrew Weldon. 2016. (ENG., Illus.). 276p. (J). (gr. 2-6). pap. 9.99 *(978-1-74331-142-4(7))* Allen & Unwin AUS. Dist: Independent Pubs. Group.

Don't Lose Your Head. Cheryl Devleeschouwer. Illus. by John L. Gregorio. 2019. (ENG.). 32p. (J). 14.99 *(978-0-578-47452-6(2))* DeVleeschouwer, Darren.

Don't Mess with Me: The Strange Lives of Venomous Sea Creatures (How Nature Works), 1 vol. Paul Erickson. (How Nature Works: 0). (ENG., Illus.). 48p. (J). (gr. 3-7). 2021. pap. 9.95 *(978-0-88448-552-0(8)*, 884552); 2018. 17.95 *(978-0-88448-551-3(X)*, 884551) Tilbury Hse. Pubs.

Don't Mix up My Dinosaur! Rosamund Lloyd. Illus. by Spencer Wilson. 2023. (ENG.). 10p. (J). (-k). bds. 9.99 *(978-1-6643-5051-9(9))* Tiger Tales.

Don't Mix up My Farm! Rosamund Lloyd. Illus. by Spencer Wilson. 2023. (ENG.). 10p. (J). (-k). bds. 9.99 ***(978-1-6643-5075-5(6))*** Tiger Tales.

Don't Mix up My Ocean! Rosamund Lloyd. Illus. by Spencer Wilson. 2023. (ENG.). 10p. (J). (-k). bds. 9.99 ***(978-1-6643-5076-2(4))*** Tiger Tales.

Don't Mix up My Puppy! Rosamund Lloyd. Illus. by Spencer Wilson. 2023. (ENG.). 10p. (J). (-k). bds. 9.99 *(978-1-6643-5052-6(7))* Tiger Tales.

Don't Move a Muscle! P. J. Night. 2016. (You're Invited to a Creepover Ser.: 21). (ENG., Illus.). 160p. (J). (gr. 3-7). pap. 6.99 *(978-1-4814-2922-1(1)*, Simon Spotlight) Simon Spotlight.

Don't Move a Muscle! P. J. Night. ed. 2016. (Creepover Ser.: 21). lib. bdg. 17.20 *(978-0-606-38974-7(1))* Turtleback.

Don't Open It! Michael Dahl. 2016. (ENG., Illus.). 40p. (J). pap. *(978-1-4747-1054-1(9)*, Stone Arch Bks.) Capstone.

Don't Poke the Bear. Dominic Robert Villari. 2018. (ENG., Illus.). 48p. (J). pap. 12.99 *(978-0-9814940-9-8(9))* Rhapado Quick Reference.

Don't Pop the Bubble Ball! Cora Reef. Illus. by Liam Darcy. 2021. (Not-So-Tiny Tales of Simon Seahorse Ser.: 3). (ENG.). 128p. (J). (gr. k-4). 17.99 *(978-1-6659-0374-5(0))*; pap. 5.99 *(978-1-6659-0373-8(2))* Little Simon. (Little Simon).

Don't Pop the Bubble Ball, 3. Cora Reef. ed. 2022. (Not-So-Tiny Tales of Simon Seahorse Ser.). (ENG.). 116p. (J). (gr. 2-3). 16.46 ***(978-1-68505-335-2(1))*** Penworthy Co., LLC, The.

Don't Push the Button! A Christmas Adventure. Bill Cotter. 2017. (Illus.). 22p. (J). (gr. -1-k). bds. 8.99 *(978-1-4926-5704-0(2)*, Sourcebooks Jabberwocky) Sourcebooks, Inc.

Don't Push the Button! A Halloween Treat. Bill Cotter. 2018. (Illus.). 22p. (J). (gr. -1-k). bds. 7.99 *(978-1-4926-6095-8(7)*, Sourcebooks Jabberwocky) Sourcebooks, Inc.

Don't Push the Button! An Easter Surprise. Bill Cotter. 2019. 22p. (J). (gr. -1-k). bds. 8.99 *(978-1-4926-8012-3(5))*; (Illus.). bds. 6.99 *(978-1-4926-8011-6(7))* Sourcebooks, Inc. (Sourcebooks Jabberwocky).

Don't Push the Button! a Christmas Adventure: An Interactive Holiday Book for Toddlers. Bill Cotter. (J). (gr. -1-3). 2022. 24p. pap. 7.99 *(978-1-7282-6195-9(3))*; 2017. (Illus.). 22p. bds. 6.99 *(978-1-4926-5705-7(0))* Sourcebooks, Inc. (Sourcebooks Jabberwocky).

Don't Push the Button Gift Set: Interactive Storytime Books for Toddlers. Bill Cotter. 2020. (ENG.). (J). bds. 20.97 *(978-1-7282-4059-6(X)*, Sourcebooks Jabberwocky) Sourcebooks, Inc.

Don't Push the Button Holiday Gift Set: Interactive Christmas, Halloween & Easter Board Books for Toddlers. Bill Cotter. 2020. (ENG.). (J). bds. 20.97 *(978-1-7282-4058-9(1)*, Sourcebooks Jabberwocky) Sourcebooks, Inc.

Don't Put Gum in the Fish Bowl. Wesley Stuart. Illus. by Sirac. l.t. ed. 2018. (ENG.). 16p. (J). (gr. k-3). pap. 9.95 *(978-1-61633-911-1(X))* Guardian Angel Publishing, Inc.

Don't Put Water in the Hole! Linda P. Long. 2018. (ENG., Illus.). 46p. (J). pap. 20.45 *(978-1-4808-5789-6(0))* Archway Publishing.

Don't Rain on My Pug-Rade (Disney Junior Puppy Dog Pals) Lauren Forte. Illus. by Maryam Sefati. 2018. (Little Golden Book Ser.). (ENG.). 24p. (J). (-k). 4.99 *(978-0-7364-3900-8(5)*, Golden/Disney) Random Hse. Children's Bks.

Don't Read the Comments. Eric Smith. (ENG.). (YA). 2021. 352p. pap. 10.99 *(978-1-335-20996-2(4))*; 2020. 368p. 19.99 *(978-1-335-01602-7(3))* Harlequin Enterprises ULC CAN. Dist: HarperCollins Pubs.

Don't Read the Last Page. Catherine Downen. 2022. (ENG.). 396p. (YA). 21.99 *(978-1-0879-1219-6(9))* Indy Pub.

Don't Read This! Michael Dahl. Illus. by Patricio Clarey. 2020. (Secrets of the Library of Doom Ser.). (ENG.). 40p. (J). (gr. 3-5). pap. 5.95 *(978-1-4965-9898-1(9)*, 201275); lib. bdg. 23.99 *(978-1-4965-9721-2(4)*, 199355) Capstone. (Stone Arch Bks.).

Don't Read This Book Before Bed: Thrills, Chills, & Hauntingly True Stories. Anna Claybourne. 2017. (Illus.). 144p. (J). (gr. 5-9). pap. 14.99 *(978-1-4263-2841-1(9))*; (ENG., lib. bdg. 24.90 *(978-1-4263-2842-8(7))* Disney Publishing Worldwide. (National Geographic Kids).

Don't Read This Book Before Dinner: Revoltingly True Tales of Foul Food, Icky Animals, Horrible History, & More. Anna Claybourne. 2019. (Illus.). 144p. (J). (gr. 3-7). pap. 14.99 *(978-1-4263-3451-1(6)*, National Geographic Kids) Disney Publishing Worldwide.

Don't Rush Me! For Siblings of Children with Sensory Processing Disorder (SPD) Chynna Laird. 2018. (ENG., Illus.). 34p. (J). (gr. k-2). 26.95 *(978-1-61599-378-9(9))* Loving Healing Pr., Inc.

Don't Say a Word. Amber Lynn Natusch. 2020. (Hometown Antihero Ser.: 2). (ENG.). 384p. (YA). pap. 9.99 *(978-0-7653-9770-6(6)*, 900181549, Tor Teen) Doherty, Tom Assocs., LLC.

Don't Say Elephant! Stuart Heritage. 2023. (Illus.). 32p. (J). (-k). 15.99 ***(978-0-241-52958-4(1)***, Puffin) Penguin Bks., Ltd. GBR. Dist: Independent Pubs. Group.

Don't Say Gator. Douglas Killingtree. 2023. (ENG.). 38p. (J). 19.95 ***(978-1-63755-663-4(2)***, Mascot Kids) Amplify Publishing Group.

Don't Say Poop! Jimmy Matejek-Morris. Illus. by Fred Blunt. 2021. (ENG.). 32p. (J). (gr. -1-3). 9.99 *(978-0-358-42333-1(3)*, 1791953, Clarion Bks.) HarperCollins Pubs.

Don't Say That about My Daddy! Nicholas Case. 2023. (ENG.). 38p. (J). 18.95 *(978-1-63755-327-5(7)*, Mascot Kids) Amplify Publishing Group.

Don't Share Personal Information, 1 vol. Karen McMichael. 2017. (Keep Yourself Safe on the Internet Ser.). (ENG.). 24p. (J). (gr. 1-2). 25.27 *(978-1-5383-2505-6(5)*, da8d7d59-c128-452b-9eb2-5277782cd6d91); pap. 9.25 *(978-1-5383-2577-3(2)*, 49f8bb32-33d5-42c0-bc17-fd9e8bcbd7b5) Rosen Publishing Group, Inc., The. (PowerKids Pr.).

Don't Sit on the Baby, 2nd Edition: The Ultimate Guide to Sane, Skilled, & Safe Babysitting. Halley Bondy. 2nd rev. ed. 2022. (ENG., Illus.). 144p. (YA). (gr. 6-12). pap. 14.99 *(978-1-7284-2029-5(6)*, 2110be3e-e1d1-4993-bfc5-65b47d8ecaa3); lib. bdg. 37.32 *(978-1-7284-2028-8(8)*, 45da57d4-9496-4f3c-ab13-93f970d60ac2) Lerner Publishing Group. (Zest Bks.).

Don't Sneeze! Nancy Krulik. ed. 2017. (Kid from Planet Z Ser.: 2). lib. bdg. 16.00 *(978-0-606-40108-1(3))* Turtleback.

Don't Sneeze! #2. Nancy Krulik. Illus. by Louis Thomas. 2017. (Kid from Planet Z Ser.: 2). 96p. (J). (gr. 1-3). 5.99 *(978-0-451-53343-2(7)*, Grosset & Dunlap) Penguin Young Readers Group.

Don't Splat the Spiders: Why Insects & Bugs Are Important. Casey L Adams. 2018. (Love Bugs & Animals Ser.: Vol. 2). (ENG.). 42p. (J). pap. ***(978-1-912675-07-4(2))*** Aryla Publishing.

Don't Stand So Close to Me. Eric Walters. 2020. (ENG.). 128p. (J). (gr. 4-7). pap. 10.95 *(978-1-4598-2787-5(2))* Orca Bk. Pubs. USA.

Don't Stare at My Underwear - It's Rude. Kate Pennington. Illus. by Monika Zaper. 2019. (Beyond a Joke Ser.: Vol. 2). (ENG.). 32p. (J). pap. *(978-0-6483910-0-5(0))* Kate Frances Pennington.

Don't Step on the Ants. Amy Joy. 2017. (ENG., Illus.). 26p. (J). 21.95 *(978-1-64003-357-3(2))*; pap. 12.95 *(978-1-64003-356-6(4))* Covenant Bks.

Don't Stop: A Children's Picture Book. Christine McVie. Illus. by Nusha Ashjaee. 2020. (LyricPop Ser.). 24p. (J). 16.95 *(978-1-61775-805-8(1))* Akashic Bks.

Don't Stop Dreaming, Abby. Milena A. Nemecio. 2021. (ENG.). 24p. (J). 19.95 *(978-1-61244-976-0(X))*; pap. 13.95 *(978-1-61244-951-7(4))* Halo Publishing International.

Don't Swap Your Sweater for a Dog. Katherine Applegate. ed. 2016. (Roscoe Riley Rules Ser.: 3). (J). lib. bdg. 14.75 *(978-0-606-38736-1(6))* Turtleback.

Don't Swat the Bee: Why Insects & Bugs Are Important. Casey L Adams. 2019. (Love Bugs & Animals Ser.: Vol. 3). (ENG.). 54p. (J). pap. *(978-1-912675-49-4(8))* Aryla Publishing.

Don't Sweat It: How to Navigate Big Emotions. Sloane Hughes. 2022. (Life Works! Ser.). (ENG., Illus.). 24p. (J). (gr. 1-3). lib. bdg. 26.99 *(978-1-63691-426-8(8)*, 18599) Bearport Publishing Co., Inc.

Don't Sweat the Small Stuff see Ne Vous Noyez Pas dans une Verre D'Eau

Don't Tap-Dance on Your Teacher. Katherine Applegate. Illus. by Brian Biggs. ed. 2016. (Roscoe Riley Rules Ser.: 5). (ENG.). 112p. (J). (gr. 1-5). 14.75 *(978-0-606-39252-5(1))* Turtleback.

Don't Tease Mr. Beeze. Shawn Thom. Ed. by Vincenzo Coia. Illus. by Shawn Thom. 2017. (ENG., Illus.). (J). *(978-1-5255-1587-3(X))*; pap. *(978-1-5255-1588-0(8))* FriesenPress.

Don't Tell a Soul. Kirsten Miller. (ENG.). 384p. (YA). (gr. 9). 2022. pap. 9.99 *(978-0-525-58123-9(5)*, Ember); 2021. lib. bdg. 20.99 *(978-0-525-58121-5(9)*, Delacorte Pr.) Random Hse. Children's Bks.

Don't Tell Him I'm a Mermaid. Laura Kirkpatrick. 2020. (And Then I Turned into a Mermaid Ser.: 2). (ENG.). 208p. (J). (gr. 3-8). pap. 7.99 *(978-1-7282-1423-8(8))* Sourcebooks, Inc.

Don't Tell Jessie. Traci Jo Stotts. 2016. (ENG., Illus.). (J). pap. *(978-1-77339-116-8(X))* Evernight Publishing.

Don't Tell Me What to BOO! Laurie Friedman. Illus. by Mariano Epelbaum. 2022. (Scare Squad Ser.). (ENG.). 32p. (J). (gr. -1-3). pap. *(978-1-0396-6285-8(4)*, 21911); lib. bdg. *(978-1-0396-6090-8(8)*, 21910) Crabtree Publishing Co. (Crabtree Blossoms).

Don't Tell the Nazis. Marsha Forchuk Skrypuch. (ENG.). 240p. (J). (gr. 3-7). 2021. pap. 8.99 *(978-1-338-71363-3(9))*; 2019. 17.99 *(978-1-338-31053-5(4)*, Scholastic Pr.) Scholastic, Inc.

Don't They Know That. Edward David. 2020. (ENG., Illus.). 36p. 18.00 *(978-0-9829589-7-1(8))* Inkwell Books LLC.

Don't They Look Alike? Find the Difference Animals. Educando Kids. 2019. (ENG.). 42p. (J). pap. 8.55 *(978-1-64521-645-2(4)*, Educando Kids) Editorial Imagen.

Don't Throw It Away. Keb' Mo'. Illus. by Charlie Astrella. 2021. (ENG.). 40p. (J). (gr. k-2). 16.99 *(978-1-4867-2109-2(5)*, a75be5be-623d-4de0-9c64-c752aadc5673) Flowerpot Pr.

Don't Throw It Away... Craft It!, 12 vols. 2017. (Don't Throw It Away... Craft It! Ser.). 32p. (ENG.). (gr. 3-3). 181.62 *(978-1-4994-8269-0(8)*, 43687b5f-6249-4a49-a2ca-cf142586c88a); (gr. 8-8). pap. 70.50 *(978-1-4994-8405-2(4))* Rosen Publishing Group, Inc., The. (Windmill Bks.).

Don't Throw It to Mo! David A. Adler. 2016. (Penguin Young Readers Level 2 Ser.). lib. bdg. 13.55 *(978-0-606-38852-8(4))* Turtleback.

Don't Throw It to Mo! David A. Adler. Illus. by Sam Ricks. 2021. (Step into Reading Ser.). (ENG.). 32p. (J). (gr. -1-1). pap. 5.99 *(978-0-593-43234-1(7)*, Random Hse. Bks. for Young Readers) Random Hse. Children's Bks.

Don't Throw It to Mo! David A. Adler. ed. 2018. (Penguin Young Readers Ser.). (ENG.). 32p. (J). (gr. -1-1). 9.00 *(978-1-64310-531-4(0))* Penworthy Co., LLC, The.

Don't Throw Rubbish in the Ocean - Tai Karenakoi Maange I Taari (Te Kiribati) Tekaribwa Boota. Illus. by John Maynard Balinggao. 2022. (MIS.). 36p. (J). pap. ***(978-1-922910-59-2(7))*** Library For All Limited.

Don't Tickle the Pig. Sam Taplin. Illus. by Ana Martin Larranaga. 2023. (Touchy-Feely Sound Bks.). (ENG.). 10p. (J). bds. 17.99 ***(978-1-80531-987-0(6))*** Usborne Publishing, Ltd. GBR. Dist: HarperCollins Pubs.

Don't Tickle the Reindeer! Sam Taplin. Illus. by Ana Martin Larranaga. 2023. (Touchy-Feely Sound Bks.). (ENG.). 10p. (J). bds. 17.99 ***(978-1-80531-706-7(7))*** Usborne Publishing, Ltd. GBR. Dist: HarperCollins Pubs.

Don't Touch My Hair! Sharee Miller. (ENG., Illus.). (J). 2020. 24p. bds. 7.99 *(978-0-316-56260-7(2))*; 2019. 40p. 8.99 *(978-0-316-56257-7(2))*; 2018. 40p. (gr. -1-3). 17.99 *(978-0-316-56258-4(0))* Little, Brown Bks. for Young Readers.

Don't Touch That Flower! Alice Hemming. Illus. by Nicola Slater. 2023. (Squirrel & Bird Book Ser.). (ENG.). 32p. (J). (gr. -1-3). 17.99 *(978-1-7282-7136-1(3)*, Sourcebooks Jabberwocky) Sourcebooks, Inc.

Don't Touch This Book! Bill Cotter. (J). (gr. -1-k). 2017. 24p. bds. 8.99 *(978-1-4926-3319-8(4)*, 9781492633198); 2016. (Illus.). 28p. bds. 6.99 *(978-1-4926-4804-8(3)*, 9781492648048); 2016. (Illus.). 32p. 16.99 *(978-1-4926-3224-5(4)*, 9781492632245) Sourcebooks, Inc. (Sourcebooks Jabberwocky).

Don't Touch This Book! Navajo & English (Navaho Edition) Barbe Awalt. Tr. by Carmelita Lee. 2018. (ENG., Illus.). 30p. (J). (gr. 1-3). pap. 17.95 *(978-1-943681-72-3(4))* Nuevo Bks.

Don't Trash It! Reduce, Reuse, & Recycle! Conservation for Kids - Children's Conservation Books. Professor Gusto. 2016. (ENG., Illus.). (J). pap. 10.81 *(978-1-68321-984-2(8))* Mimaxion.

Don't Trust the Cat. Kristen Tracy. 2023. (ENG.). 336p. (J). (gr. 5-17). 16.99 *(978-1-7972-1506-8(X))* Chronicle Bks. LLC.

Don't Trust What's in Front of You! Kids Search Activity Book. Activity Attic Books. 2016. (ENG., Illus.). (J). pap. 10.81 *(978-1-68323-273-5(9))* Twin Flame Productions.

Don't Turn Out the Lights: A Tribute to Alvin Schwartz's Scary Stories to Tell in the Dark. Jonathan Maberry et al. Illus. by Iris Compiet. (ENG.). 416p. (J). (gr. 3-7). 2021. pap. 7.99 *(978-0-06-287768-0(2))*; 2020. 19.99 *(978-0-06-287767-3(4))* HarperCollins Pubs. (HarperCollins).

Don't Use Granny's Toothbrush. Ann Bianchi. Illus. by Tricia Lynn Cronin. 2019. (ENG.). 48p. (J). 24.95 *(978-0-578-61225-6(9))* Bianchi, Ann.

Don't Wake the Baby! / Huwag Mong Gisingin Ang Sanggol! Babl Children's Books in Tagalog & English. Chase Jensen. l.t. ed. 2017. (ENG., Illus.). (J). 14.99 *(978-1-68304-249-5(2))* Babl Books, Incorporated.

Don't Wake the Dragon. Bianca Schulze & Clever Media. Illus. by Samara Hardy. 2nd ed. 2023. (Clever Storytime Ser.). (ENG.). 32p. (J). (gr. -1-3). pap. 9.99 *(978-1-956560-04-6(1))* Clever Media Group.

Don't Wake the Dragon: An Interactive Bedtime Story! Bianca Schulze & Clever Publishing. Illus. by Samara Hardy. 2020. (Clever Storytime Ser.). (ENG.). 32p. (J). (gr. -1-2). 13.99 *(978-1-949998-64-1(9))* Clever Media Group.

Don't Wake the Yeti! Claire Freedman. Illus. by Claudia Ranucci. 2017. (ENG.). 32p. (J). (gr. -1-3). 17.99 *(978-0-8075-1690-4(2)*, 807516902) Whitman, Albert & Co.

Don't Wake up the Tiger. Britta Teckentrup. Illus. by Britta Teckentrup. 2016. (ENG., Illus.). 30p. (J). (-k). 18.99 *(978-0-7636-8996-4(3))* Candlewick Pr.

Don't Walk on Hot Lava! Hawaiian Coloring Book. Kreativ Entspannen. 2016. (ENG., Illus.). (J). pap. 9.20 *(978-1-68377-405-1(1))* Whlke, Traudl.

Don't Want to Be Your Monster. Deke Moulton. 2023. 304p. (J). (gr. 5-9). 17.99 ***(978-1-77488-049-4(0)***, Tundra Bks.) Tundra Bks. CAN. Dist: Penguin Random Hse. LLC.

Don't Wash My Hair! Tara F. Mozee. Illus. by Craig Hoagland. 2017. (ENG.). (J). (gr. k-2). 21.99 *(978-0-9976846-7-4(4))*; 30p. pap. 17.99 *(978-0-9976846-4-3(X))* Sevenhorns Publishing.

Don't Worry, Be Appy (the Story of Appy & Crabby) Ola Dapo. 2019. (ENG.). 26p. (J). pap. 12.95 *(978-1-64349-928-4(9))* Christian Faith Publishing.

Don't Worry, Bee Happy. Ross Burach. ed. 2020. (Acorn Early Readers Ser.). (ENG.). 44p. (J). (gr. k-1). 14.96 *(978-1-64697-296-8(1))* Penworthy Co., LLC, The.

Don't Worry, Bee Happy: an Acorn Book (Bumble & Bee #1) Ross Burach. Illus. by Ross Burach. 2019. (Bumble & Bee Ser.: 1). (ENG., Illus.). 48p. (J). (gr. -1-1). pap. 4.99 *(978-1-338-50492-7(4))* Scholastic, Inc.

Don't Worry, Bee Happy: an Acorn Book (Bumble & Bee #1) (Library Edition) Ross Burach. Illus. by Ross Burach. 2019. (Bumble & Bee Ser.: 1). (ENG., Illus.). 48p. (J). (gr. -1-1). lib. bdg. 23.99 *(978-1-338-50493-4(2))* Scholastic, Inc.

Don't Worry Book. todd Parr. 2019. (ENG., Illus.). 32p. (J). (gr. -1-1). 18.99 *(978-0-316-50668-7(0))* Little, Brown Bks. for Young Readers.

Don't Worry... It's Just Me. Ken McKenley Wallace. 2021. (ENG.). 20p. (J). pap. 12.95 *(978-1-64801-846-6(7))* Newman Springs Publishing, Inc.

Don't Worry, Little Crab. Chris Haughton. Illus. by Chris Haughton. (ENG.). (J). (-k). 2023. 46p. bds. 10.99 *(978-1-5362-2989-9(X))*; 2020. (Illus.). 48p. 18.99 *(978-1-5362-1119-1(2))* Candlewick Pr.

Don't Worry, Mason. Molly Smith. Illus. by Helen Poole. 2023. (ENG.). 16p. (J). (gr. -1-1). pap. 5.25 *(978-1-4788-0463-5(7)*, a1b758fe-fbb7-4948-a5c7-2424f50879f4); pap. 33.00 *(978-1-4788-0500-7(5)*, 41238337-94ae-4005-961d-bf5c9ec035be) Newmark Learning LLC.

Don't Worry, Murray. David Ezra Stein. Illus. by David Ezra Stein. 2022. (ENG., Illus.). 32p. (J). (gr. -1-3). 17.99 *(978-0-06-284524-5(1)*, Balzer & Bray) HarperCollins Pubs.

Don't You Cry for Me (Classic Reprint) Mary Freels Rosborough. (ENG., Illus.). (J). 2018. 254p. 29.20 *(978-0-332-79347-4(8))*; 2017. pap. 11.57 *(978-0-243-25434-7(2))* Forgotten Bks.

Don't You Dare Brush My Hair! Rosie Greening. Illus. by Lara Ede. 2020. (ENG.). (J). 32p. (— 1). pap. 6.99 *(978-1-78947-382-7(9))*; 12p. (— 1). bds. 9.99 *(978-1-78947-430-5(2))*; 32p. (gr. -1 — 1). 15.99 *(978-1-78947-383-4(7))* Make Believe Ideas GBR. Dist: Scholastic, Inc.

Don't You Dare Touch Me There! Kandra C. Albury. 2017. (ENG., Illus.). (J). (gr. k-5). 19.99 *(978-0-692-89859-8(X))* MTE Publishing.

Don't You Trust Me? Patrice Kindl. 2016. (ENG., Illus.). 256p. (YA). (gr. 7). 17.99 *(978-1-4814-5910-5(4))* Simon & Schuster Children's Publishing.

Don't You Worry, Child. Reb Flippen. 2022. (ENG., Illus.). 28p. (J). pap. 14.95 *(978-1-68517-721-8(2))* Christian Faith Publishing.

Donta Finds a Master. Frances Kroener. 2019. (ENG., Illus.). 28p. (J). pap. 13.95 *(978-1-64096-700-7(1))* Newman Springs Publishing, Inc.

Donut. Ellen Miles. ed. 2021. (Puppy Place Ser.). (ENG., Illus.). 83p. (J). (gr. 2-3). 16.86 *(978-1-68505-106-8(5))* Penworthy Co., LLC, The.

Donut & Her Daddy. Iyeesha Cook. 2018. (ENG., Illus.). 39p. (J). (gr. -1-4). pap. 13.99 *(978-1-7320698-0-0(8))* I C Legacy LLC.

Donut Delivery!, 8. Coco Simon. ed. 2022. (Donut Dreams Ser.). (ENG.). 144p. (J). (gr. 4-5). 20.46 ***(978-1-68505-367-3(X))*** Penworthy Co., LLC, The.

Donut Delivery! Coco Simon. 2021. (Donut Dreams Ser.: 8). (ENG.). 160p. (J). (gr. 3-7). 17.99 *(978-1-6659-0079-9(2))*; (Illus.). pap. 6.99 *(978-1-6659-0078-2(4))* Simon Spotlight. (Simon Spotlight).

Donut Dreams 4 Books in 1! Hole in the Middle; So Jelly!; Family Recipe; Donut for Your Thoughts. Coco Simon. 2022. (Donut Dreams Ser.). (ENG.). 624p. (J). (gr. 3-7). 14.99 *(978-1-6659-1842-8(X)*, Simon Spotlight) Simon Spotlight.

Donut Dreams Collection #2 (Boxed Set) Ready, Set, Bake!; Ready to Roll!; Donut Goals; Donut Delivery! Coco Simon. ed. 2022. (Donut Dreams Ser.). (ENG.). 640p. (J). (gr. 3-7). pap. 27.99 *(978-1-6659-0081-2(4)*, Simon Spotlight) Simon Spotlight.

Donut Dreams Collection (Boxed Set) Hole in the Middle; So Jelly!; Family Recipe; a Donut for Your Thoughts. Coco Simon. ed. 2021. (Donut Dreams Ser.). (ENG.). 640p. (J). (gr. 3-7). pap. 27.99 *(978-1-5344-7788-9(8))*, Simon Spotlight) Simon Spotlight.

Donut for Your Thoughts. Coco Simon. 2020. (Donut Dreams Ser.: 4). (ENG.). 160p. (J). (gr. 3-7). 17.99 *(978-1-5344-7373-7(4))*; pap. 6.99 *(978-1-5344-7372-0(6))* Simon Spotlight. (Simon Spotlight).

Donut Go Breaking My Heart. Suzanne Nelson. 2017. 275p. (J). *(978-1-338-04363-1(3))* Scholastic, Inc.

Donut Go Breaking My Heart: a Wish Novel. Suzanne Nelson. 2017. (ENG.). 288p. (J). (gr. 4-7). pap. 7.99 *(978-1-338-13742-2(5)*, Scholastic Paperbacks) Scholastic, Inc.

Donut Goals, 7. Coco Simon. ed. 2022. (Donut Dreams Ser.). (ENG.). 138p. (J). (gr. 4-5). 20.46 ***(978-1-68505-368-0(8))*** Penworthy Co., LLC, The.

Donut Goals. Coco Simon. 2021. (Donut Dreams Ser.: 7). (ENG.). 160p. (J). (gr. 3-7). 17.99 *(978-1-5344-9598-2(3))*; pap. 6.99 *(978-1-5344-9597-5(5))* Simon Spotlight. (Simon Spotlight).

Donut Hole: A Marine's Real-Life Battles in Vietnam During 1967 & 68 Marines, 1st Force Logistical

Command Clutch Platoon. R. C. LeBeau. 2020. (ENG.). (J). 360p. pap. 14.95 *(978-1-952263-70-5(0))*; 458p. pap. 84.95 *(978-1-952263-73-6(5))* Bk. Writing Inc.

Donut Hole: A Marine's Real_Life Battles in Vietnam During 1967 & 68 Marines, 1st Force Logistical Command Clutch Platoon. R. C. LeBeau. 2020. (ENG.). 458p. (J). pap. 17.95 *(978-1-952263-72-9(7))* Bk. Writing Inc.

Donut Metrics: A Data-Focused Food-Rating Journal. Maria Kirsten Adelmann & Tricia Aung. 2021. (ENG.). 115p. (J). pap. *(978-1-008-98408-0(6))* Lulu Pr., Inc.

Donut That Roared: A Child's Guide to Surviving an MRI. Joan Yordy Brasher. Illus. by Joan Yordy Brasher & Susanna Pritchett. 2019. (Donut That Roared Ser.: Vol. 1). (ENG.). 36p. (J). (gr. k-6). 20.00 *(978-0-578-43072-0(X))* Brasher, Joan.

Donut the Destroyer: a Graphic Novel. Sarah Graley & Stef Purenins. 2020. (ENG., Illus.). 192p. (J). (gr. 3-7). pap. 14.99 *(978-1-338-54192-2(7)*, Graphix) Scholastic, Inc.

Donut (the Puppy Place #63) Ellen Miles. 2021. (Puppy Place Ser.: 63). (ENG.). 96p. (J). (gr. 2-5). pap. 5.99 *(978-1-338-68702-6(6)*, Scholastic Paperbacks) Scholastic, Inc.

Donut Touch. Seb Davey. Illus. by Alex Willmore. 2021. (Padded Board Bks.). (ENG.). 24p. (J). bds. 9.99 *(978-1-80105-125-5(9))* Top That! Publishing PLC GBR. Dist: Independent Pubs. Group.

Donuts: The Hole Story. David W. Miles. 2018. (ENG., Illus.). 32p. (J). (gr. 1-4). 16.99 *(978-1-945547-93-5(6)*, 554793) Familius LLC.

Donuts & Other Proclamations of Love. Jared Reck. 2021. 320p. (YA). (gr. 7). 18.99 *(978-1-5247-1611-0(1)*, Knopf Bks. for Young Readers) Random Hse. Children's Bks.

Donuts with Dad. Margaret Bernstein. 2018. (ENG., Illus.). 28p. (J). (gr. k-6). 16.95 *(978-1-61244-694-3(9))*; pap. 11.95 *(978-1-61244-664-6(7))* Halo Publishing International.

Donutty Day. Tallulah May. 2022. (Mighty Express Ser.). (ENG.). 24p. (J). (-k). pap. 5.99 *(978-0-593-38413-8(X)*, Penguin Young Readers Licenses) Penguin Young Readers Group.

Doo-Funny Family: Humorous Entertainment (Classic Reprint) Mary Modena Burns. 2018. (ENG., Illus.). 36p. (J). 24.64 *(978-0-267-81470-1(4))* Forgotten Bks.

Doo Good Together, Scooby-Doo! Christianne Jones. Illus. by Comicup Design Studio SL. 2019. (Scooby-Doo! Ser.). (ENG.). 32p. (J). (gr. -1-1). lib. bdg. 17.95 *(978-1-68446-108-0(1)*, 141347, Capstone Editions) Capstone.

Dooby Dooby Moo. Doreen Cronin. ed. 2018. (Ready-To-Read Ser.). (ENG.). 38p. (J). (gr. -1-1). 13.89 *(978-1-64310-466-9(7))* Penworthy Co., LLC, The.

Dooby Dooby Moo/Ready-To-Read Level 2. Doreen Cronin. Illus. by Betsy Lewin. 2017. (Click Clack Book Ser.). (ENG.). 40p. (J). (gr. k-2). 16.99 *(978-1-5344-0177-8(6))*; pap. 4.99 *(978-1-5344-0176-1(8))* Simon Spotlight. (Simon Spotlight).

Dood & the First Day of School. Brittany Gilmore. 2023. (ENG.). 40p. (J). pap. ***(978-1-83934-589-0(6))*** Olympia Publishers.

Doodle Adventures! (PAW Patrol) Golden Books. Illus. by Golden Books. 2019. (ENG., Illus.). 48p. (J). (gr. -1-2). pap. 9.99 *(978-1-9848-4893-2(3)*, Golden Bks.) Random Hse. Children's Bks.

Doodle & Drawing Skills Activity Book for Kids. Bobo's Children Activity Books. 2016. (ENG., Illus.). (J). pap. 9.33 *(978-1-68327-409-4(1))* Sunshine In My Soul Publishing.

Doodle Cat Is Bored. Kat Patrick. Illus. by Lauren Farrell. 2020. (Doodle Cat Ser.: 2). (ENG.). 32p. (J). (gr. -1-2). 16.99 *(978-1-950354-34-4(2))* Scribe Pubns. AUS. Dist: Consortium Bk. Sales & Distribution.

Doodle Cat Is Bored. Kat Patrick. Illus. by Lauren Marriott. 2017. (Doodle Cat Ser.). 32p. (J). *(978-1-925321-88-3(6))* Scribe Pubns. AUS. Dist: Consortium Bk. Sales & Distribution.

Doodle Cat Wears a Cape. Kat Patrick. Illus. by Lauren Farrell. 2019. (ENG.). 32p. (J). (gr. -1-2). 16.99 *(978-1-947534-98-8(X))* Scribe Pubns. AUS. Dist: Consortium Bk. Sales & Distribution.

Doodle Coloring Book: Relaxing Coloring Books for Kids. Activibooks For Kids. 2016. (ENG., Illus.). (J). pap. 9.20 *(978-1-68321-016-0(6))* Mimaxion.

Doodle Coloring for Kids: Blue Edition. Wonder House Books. 2019. (ENG.). 32p. (J). (gr. -1-3). pap. 3.99 ***(978-93-89432-68-8(5))*** Prakash Bk. Depot IND. Dist: Independent Pubs. Group.

Doodle Coloring for Kids: Pink Edition. Wonder House Books. 2019. (ENG.). 32p. (J). (gr. -1-3). pap. 3.99 ***(978-93-89432-69-5(3))*** Prakash Bk. Depot IND. Dist: Independent Pubs. Group.

Doodle, Counting & Drawing Skills Activity Book for Kids. Bobo's Children Activity Books. 2016. (ENG., Illus.). (J). pap. 7.99 *(978-1-68327-430-8(X))* Sunshine In My Soul Publishing.

Doodle Design & Draw Dream Bridal Fashions. Eileen Rudisill Miller. 2017. (Dover Doodle Bks.). (ENG.). 64p. (J). (gr. 3-6). pap. 5.99 *(978-0-486-81273-1(1)*, 812731) Dover Pubns., Inc.

Doodle Designs, Intricate Patterns & Designs to Color Adult Coloring Books Volume 2 Edition. Activity Attic Books. 2016. (ENG., Illus.). (J). pap. 7.74 *(978-1-68323-016-8(7))* Twin Flame Productions.

Doodle Dots. Jessie Riley. Illus. by Kitanie Coloring Books. 2016. (ENG.). (J). (gr. k-6). pap. 12.95 *(978-1-935734-87-1(3))* Kitanie Bks.

Doodle Girl & the Monkey Mystery. Suzanne Smith & Lindsay Taylor. Illus. by Marnie Maurri. 2016. (ENG.). 32p. (J). pap. 9.99 *(978-1-4711-2318-4(9)*, Simon & Schuster Children's) Simon & Schuster, Ltd. GBR. Dist: Simon & Schuster, Inc.

Doodle Girl Summer Sticker Activity. Lindsay Taylor & Suzanne Smith. Illus. by Marnie Maurri. 2018. (ENG.). 24p. (J). 9.99 *(978-1-4711-2320-7(0)*, Simon & Schuster Children's) Simon & Schuster, Ltd. GBR. Dist: Simon & Schuster, Inc.

Doodle Journal. Sequoia Children's Publishing. 2019. (ENG.). 16p. (J). 2.99 *(978-1-64269-089-7(9)*, 4004, Sequoia Publishing & Media LLC) Phoenix International Publications, Inc.

Doodle Journeys: A Fill-In Journal for Everyday Explorers. Dawn Sokol. 2018. (ENG., Illus.). 160p. (J). (gr. 3-7). pap. 12.99 *(978-1-4197-2862-4(8)*, 1171003, Amulet Bks.) Abrams, Inc.

Doodle Magic: Animals. Margaret Griffiths. Illus. by Jake McDonald. 2016. (Doodle Magic Ser.). (ENG.). 64p. (J). (gr. k). spiral bd. 14.95 *(978-1-62686-480-1(2)*, Silver Dolphin Bks.) Readerlink Distribution Services, LLC.

Doodle Monsters Coloring Book: Coloring for Kids. Activibooks For Kids. 2016. (ENG., Illus.). (J). pap. 9.20 *(978-1-68321-678-0(4))* Mimaxion.

Doodle Noodle. Kate Seng. Illus. by Cat Kahnle. 2021. (ENG.). 24p. (J). 22.95 *(978-1-6657-0657-5(0))* Archway Publishing.

Doodle Patterns Coloring Fun: Relaxing Coloring Books for Boys. Activibooks For Kids. 2016. (ENG., Illus.). (J). pap. 9.20 *(978-1-68321-026-9(3))* Mimaxion.

Doodle Spots 1, 1 vol. Lonely Planet Kids & Christina Webb. Illus. by Thomas Flintham. 2016. (Lonely Planet Kids Ser.). (ENG.). 100p. (J). (gr. 1-3). pap. 12.99 *(978-1-76034-346-0(3)*, 5343) Lonely Planet Global Ltd. IRL. Dist: Hachette Bk. Group.

Doodle the Ancient World. Smarter Activity Books. 2016. (ENG., Illus.). (J). pap. 9.22 *(978-1-68374-532-7(9))* Examined Solutions PTE. Ltd.

Doodle Through the Bible for Kids. Jonny Hawkins. 2016. (ENG.). 144p. (J). (gr. 3-7). pap. 10.99 *(978-0-7369-6520-0(3)*, 6965200) Harvest Hse. Pubs.

Doodle Town. Dominika Lipniewska. 2016. (ENG., Illus.). 64p. (J). (gr. -1-2). pap. 16.95 *(978-1-84976-472-8(7)*, 1644303) Tate Publishing, Ltd. GBR. Dist: Abrams, Inc.

Doodle Your Worries Away: A CBT Doodling Workbook for Children Who Feel Worried or Anxious. Tanja Sharpe. 2021. 128p. (J). 19.95 *(978-1-78775-790-5(0)*, 795431) Kingsley, Jessica Pubs. GBR. Dist: Hachette UK Distribution.

Doodlebug & the Forever Home. Sue Lucas. 2022. (ENG.). 38p. (J). 18.95 *(978-1-63755-238-4(6)*, Mascot Kids) Amplify Publishing Group.

Doodlebug-Dowsers. R. K. K. Barbour. 2017. (ENG., Illus.). 140p. (J). pap. *(978-1-84897-885-0(5))* Olympia Publishers.

Doodlebug Elizabeth. Rachel Vail. Illus. by Paige Keiser. 2021. (Is for Elizabeth Ser.: 4). (ENG.). 128p. (J). pap. 6.99 *(978-1-250-79173-3(1)*, 900186226) Square Fish.

Doodlebug's ABC Adventure. Kathi Snow Smith. 2023. (ENG.). 48p. (J). 20.00 ***(978-1-0881-0301-2(4))*** Indy Pub.

Doodles: The Sunshine Boy (Classic Reprint) Emma C. Dowd. 2017. (ENG., Illus.). 366p. (J). 31.45 *(978-0-332-98986-0(0))* Forgotten Bks.

Doodles 1: Libro Da Colorare per Bambini. Bold Illustrations. 2017. (ITA., Illus.). (J). pap. 8.35 *(978-1-64193-113-7(2)*, Bold Illustrations) FASTLANE LLC.

Doodles 1: Libro para Colorear Ninos. Bold Illustrations. 2017. (SPA., Illus.). (J). pap. 8.35 *(978-1-64193-076-5(4)*, Bold Illustrations) FASTLANE LLC.

Doodles 2: Libro Da Colorare per Bambini. Bold Illustrations. 2017. (ITA., Illus.). (J). pap. 8.35 *(978-1-64193-114-4(0)*, Bold Illustrations) FASTLANE LLC.

Doodles 2: Libro para Colorear Ninos. Bold Illustrations. 2017. (SPA., Illus.). (J). pap. 8.35 *(978-1-64193-077-2(2)*, Bold Illustrations) FASTLANE LLC.

Doodles 3: Libro Da Colorare per Bambini. Bold Illustrations. 2017. (ITA., Illus.). (J). pap. 8.35 *(978-1-64193-115-1(9)*, Bold Illustrations) FASTLANE LLC.

Doodles 3: Libro para Colorear Ninos. Bold Illustrations. 2017. (SPA., Illus.). (J). pap. 8.35 *(978-1-64193-078-9(0)*, Bold Illustrations) FASTLANE LLC.

Doodles Lanhorn & the Search for the Missing Artifact. Russell D. Bernstein. 2016. (ENG., Illus.). (YA). 27.95 *(978-1-938998-90-4(1))*; pap. 14.95 *(978-1-938998-85-0(5))* Hannacroix Creek Bks., Inc.

Doodle's Search for Success. Sandy Moore. 2017. (ENG., Illus.). (J). 18.99 *(978-1-5456-2008-3(3))*; pap. 9.99 *(978-1-5456-1981-0(6))* Salem Author Services.

Doodles to Color Coloring Book Adventure Coloring Book. Kreative Kids. 2016. (ENG., Illus.). (J). pap. 9.20 *(978-1-68377-406-8(X))* Whlke, Traudl.

Doodlescapes: Pattern & Design Coloring Book - Calming Coloring Books for Adults. Coloring Therapist. 2016. (ENG., Illus.). 62p. (YA). pap. 10.55 *(978-1-68305-954-7(9))* Speedy Publishing LLC.

Doodleville: (a Graphic Novel) Chad Sell. 2020. (Doodleville Ser.: 1). (ENG., Illus.). 288p. (J). (gr. 3-7). 20.99 *(978-1-9848-9470-0(6))*; pap. 12.99 *(978-1-9848-9471-7(4))* Random Hse. Children's Bks. (Knopf Bks. for Young Readers).

Doodleville #2: Art Attacks! (a Graphic Novel) Chad Sell. 2022. (Doodleville Ser.: 2). (ENG.). 256p. (J). (gr. 3-7). 20.99 *(978-1-9848-9473-1(0))*; pap. 12.99 *(978-1-9848-9474-8(9))*; lib. bdg. 23.99 *(978-0-593-56930-6(X))* Random Hse. Children's Bks. (Knopf Bks. for Young Readers).

Doodleville/Cardboard Kingdom Indie 9-Copy Pre-Pack, 9 vols. Chad Sell. 2020. (ENG.). (J). (gr. 3-7). pap., pap. 116.91 *(978-0-593-22045-0(5)*, Knopf Bks. for Young Readers) Random Hse. Children's Bks.

Doodling 101: a Silly Symposium. Mo Willems. 2021. (ENG., Illus.). 144p. (J). (gr. 1-3). pap. 19.99 *(978-1-368-07501-5(0)*, Hyperion Books for Children) Disney Publishing Worldwide.

Doodling Dahlias! Flower Coloring Book. Activibooks. 2016. (ENG., Illus.). (J). pap. 9.20 *(978-1-68321-689-6(X))* Mimaxion.

Doodling for Cat Lovers: How to Draw Cats Step by Step (100 Pages) Tony R. Smith. 2020. (ENG., Illus.). 110p. (YA). (gr. 7-12). pap. 18.99 ***(978-1-952524-08-0(3))*** Smith Show Media Group.

Dooey the Duck. Kelly Beard. 2017. (ENG., Illus.). (J). 21.95 *(978-1-63525-277-4(6))*; pap. 12.95 *(978-1-68197-597-9(1))* Christian Faith Publishing.

Doofy Goes to School: The Bossy Goat. Elizabeth Lee Sorrell. Illus. by Sandra Js Coleman. 2018. (Doofy Goes to School Ser.: Vol. 1). (ENG.). 34p. (J). (gr. k-5). 19.99 *(978-0-9995800-5-9(1))* Yarbrough Hse. Publishing.

Doogie the Daring Dog! Nanette Pattee Francini. Illus. by Devika Joglekar. 2021. (ENG.). 38p. (J). pap. 9.99 *(978-1-7360695-3-0(5))* Nanette Pattee Francini.

Doogie's Dad. Richard W. Dyches. Ed. by Edward K. Hudson. Illus. by Edwin Garcia. 2016. (ENG.). (J). (gr. k-3). pap. 7.95 *(978-0-9829203-1-2(8))* Children Left Behind.

Doogles & Sports Advice. Jared Williams. 2022. (ENG., Illus.). 34p. (J). 26.95 ***(978-1-6624-8564-0(6))***; pap. 15.95 ***(978-1-6624-6440-9(1))*** Page Publishing Inc.

Doolies. Nancy Thurman. 2016. (ENG., Illus.). (J). pap. 12.99 *(978-1-68076-689-9(9)*, Epic Pr.) ABDO Publishing Co.

Doom at Grant's Tomb. Marcia Wells. Illus. by Marcos Calo. ed. 2017. (Eddie Red Undercover Ser.: 3). (ENG.). (J). (gr. 5-7). lib. bdg. 17.20 *(978-0-606-39813-8(9))* Turtleback.

Doom Castle: A Romance (Classic Reprint) Neil Munro. 2017. (ENG., Illus.). (J). 32.15 *(978-0-260-50716-7(4))* Forgotten Bks.

Doomed Mansion (Classic Reprint) Charles Sparrow. (ENG., Illus.). (J). 2018. 150p. 27.01 *(978-0-267-00204-7(1))*; 2017. pap. 9.57 *(978-0-243-53004-5(8))* Forgotten Bks.

Doomed on Death Row. Dee Phillips. 2016. (Cold Whispers II Ser.). (ENG.). 32p. (J). (gr. 2-7). 7.99 *(978-1-944998-98-1(5))*; (Illus.). 28.50 *(978-1-944102-35-7(3))* Bearport Publishing Co., Inc.

Doomed: Sacco, Vanzetti & the End of the American Dream. John Florio & Ouisie Shapiro. 2023. (ENG., Illus.). 208p. (YA). 20.99 *(978-1-250-62193-1(3)*, 900223530) Roaring Brook Pr.

Doomed Search for the Lost City of Z. Cindy L. Rodriguez. Illus. by Martin Bustamante. 2022. (Deadly Expeditions Ser.). (ENG.). 32p. (J). 36.65 *(978-1-6639-5890-7(4)*, 223036); pap. 7.95 *(978-1-6663-2228-6(8)*, 223018) Capstone. (Capstone Pr.).

Doomfire Secret (Celestial Mechanism Cycle #2) Annaliese Avery. 2023. (ENG.). 336p. (J). (gr. 3-7). 18.99 *(978-1-338-75449-0(1)*, Scholastic Pr.) Scholastic, Inc.

Doom's Day Camp. Joshua Hauke. 2022. (Illus.). 208p. (J). (gr. 3-7). 20.99 *(978-0-593-20538-9(3))*; pap. 12.99 *(978-0-593-20541-9(3))* Penguin Young Readers Group. (Razorbill).

Doomsday. R. L. Gemmill. 2022. (ENG.). 458p. (J). (gr. 5-6). pap. 22.95 *(978-1-4566-3882-5(3))* eBookit.com.

Doomsday Scenarios: Separating Fact from Fiction, 10 vols., Set. Incl. Catastrophic Climate Change & Global Warming. Frank Spalding. lib. bdg. 37.13 *(978-1-4358-3562-7(X)*, bdbac349-719e-40ef-ae93-e19e1cf9b212, Rosen Reference); Cyberterrorism. Jacqueline Ching. lib. bdg. 37.13 *(978-1-4358-3565-8(4)*, 8feae990-f68b-4325-b874-fd3e2cabe3a8); Food Supply Collapse. Philip Wolny. lib. bdg. 37.13 *(978-1-4358-3563-4(8)*, a7b6a55f-b1df-4245-91b2-833c35637278, Rosen Reference); Killer Viruses. Linley Erin Hall. lib. bdg. 37.13 *(978-1-4358-3561-0(1)*, 84bc09ad-a44a-4114-85cc-1e0de16ec068, Rosen Reference); Nuclear Annihilation. Frank Spalding. lib. bdg. 37.13 *(978-1-4358-3560-3(3)*, 26e39103-8f17-433b-9c0b-5cee1e78350f, Rosen Reference); World Financial Meltdown. Laura La Bella. lib. bdg. 37.13 *(978-1-4358-3564-1(6)*, 23d03a07-22c2-4bd8-8142-34d5f1df5e5c, Rosen Reference); (YA). (gr. 7-7). 2010. (Doomsday Scenarios Ser.). (ENG., Illus.). 64p. 2009. Set lib. bdg. 185.65 *(978-1-4358-3603-7(0)*, 126a8ee9-61da-44c3-8acf-964f2b591b50, Rosen Reference) Rosen Publishing Group, Inc., The.

Doomswoman (Classic Reprint) Gertrude Franklin Horn Atherton. 2017. (ENG., Illus.). (J). 29.53 *(978-0-260-67162-2(2))* Forgotten Bks.

Door. Lee Allums. 2018. (ENG., Illus.). 102p. (YA). pap. 13.95 *(978-1-64214-312-6(X))* Page Publishing Inc.

Door: (Wordless Children's Picture Book, Adventure, Friendship) Jihyeon Lee. 2018. (ENG., Illus.). 56p. (J). (gr. -1-k). 17.99 *(978-1-4521-7142-5(4))* Chronicle Bks. LLC.

Door at the End of the World. Caroline Carlson. (ENG.). (J). (gr. 3-7). 2020. 320p. pap. 7.99 *(978-0-06-236831-7(1))*; 2019. 304p. 16.99 *(978-0-06-236830-0(3))* HarperCollins Pubs. (HarperCollins).

Door Before (100 Cupboards Prequel) N. D. Wilson. 2018. (100 Cupboards Ser.). 256p. (J). (gr. 3-7). 8.99 *(978-0-449-81680-6(X)*, Yearling) Random Hse. Children's Bks.

Door by the Staircase. Katherine Marsh. Illus. by Kelly Murphy. 2017. (ENG.). 288p. (J). (gr. 3-7). pap. 7.99 *(978-1-4231-3785-6(X))* Hyperion Bks. for Children.

Door in My Hand. Hannah Strom. 2020. (ENG.). 256p. (YA). pap. 9.99 *(978-1-0878-9232-0(5))* Indy Pub.

Door in the Alley. Adrienne Kress. ed. 2018. (Explorers (Random House) Ser.: 1). lib. bdg. 18.40 *(978-0-606-40930-8(0))* Turtleback.

Door in the Book: Through Which the Children of to-Day Pass, to Walk & to Talk with the Children of Bible Times (Classic Reprint) Charles Barnard. 2018. (ENG., Illus.). 234p. (J). 28.72 *(978-0-483-50429-5(7))* Forgotten Bks.

Door in the Dark. Scott Reintgen. 2023. (Waxways Ser.: 1). (ENG., Illus.). 368p. (YA). (gr. 9). 19.99 *(978-1-6659-1868-8(3)*, McElderry, Margaret K. Bks.) McElderry, Margaret K. Bks.

Door in the Garden Wall. Sharon J. Seider. 2022. (ENG.). 134p. (YA). pap. 14.49 *(978-1-6628-4349-5(6))* Salem Author Services.

Door in the Hedges. Catherine L. Osornio & I. M. Lerner. 2020. (Under the Staircase - an Economic Adventure Series for Kids Ser.: Vol. 3). (ENG.). 174p. (J). pap. 7.99 ***(978-1-7347465-0-1(5))*** Susso.

Door in the Wall. Beverley A. Elliott. Illus. by Anna M. Costello. 2023. (ENG.). 40p. (J). ***(978-1-0391-6752-0(7))***; pap. ***(978-1-0391-6751-3(9))*** FriesenPress.

Door in the Wall Novel Units Student Packet. Novel Units. 2019. (ENG.). (J). pap. 13.99 *(978-1-56137-524-0(1)*, Novel Units, Inc.) Classroom Library Co.

Door into Dragonland. C. David Fultz. 2019. (ENG.). 132p. (J). 21.99 *(978-1-5456-7823-7(5))*; pap. 13.49 *(978-1-5456-7822-0(7))* Salem Author Services.

Door Made for Me. Tyler Merritt. Illus. by Lonnie Ollivierre. 2022. (ENG.). 40p. (J). (gr. k-3). 17.99 *(978-1-5460-1256-6(7)*, Worthy Kids/Ideals) Worthy Publishing.

Door of Colours. M. C. Lara. 2023. (ENG.). 222p. (YA). pap. ***(978-0-9934471-9-8(8))*** Avec Creations Ltd.

Door of No Return. Kwame Alexander. 2022. (ENG., Illus.). 432p. (J). (gr. 5-17). 17.99 *(978-0-316-44186-5(4))* Little, Brown Bks. for Young Readers.

Door of No Return. Kwame Alexander. l.t. ed. 2023. (ENG.). (J). lib. bdg. 22.99 Cengage Gale.

Door of No Return Signed Ed Hc. Alexander. 2021. (ENG.). (J). 16.99 *(978-0-358-57732-4(2)*, HarperCollins) HarperCollins Pubs.

Door of the Double Dragon: A Romance of the China of Yesterday & to-Day (Classic Reprint) Hector Blanding. (ENG., Illus.). (J). 2017. 300p. 30.10 *(978-0-332-71643-5(0))*; 2016. pap. 13.57 *(978-1-334-14643-5(8))* Forgotten Bks.

Door of the Unreal (Classic Reprint) Gerald Biss. 2017. (ENG., Illus.). (J). 30.46 *(978-0-265-27350-0(1))* Forgotten Bks.

Door on the Latch (Classic Reprint) Appleton Ellis. 2018. (ENG., Illus.). 250p. (J). 29.05 *(978-0-483-78461-1(3))* Forgotten Bks.

Door That Has No Key (Classic Reprint) Cosmo Hamilton. 2018. (ENG., Illus.). 328p. (J). 30.66 *(978-0-332-87749-5(3))* Forgotten Bks.

Door to Altharia: Trials of the Hopebreather: Book I. Martyn McGrath. 2018. (Trials of the Hopebreather Ser.: Vol. 1). (ENG., Illus.). 172p. (J). pap. *(978-1-7750458-1-6(1))* Gauvin, Jacques.

Door to January, 1 vol. Gillian French. 2nd ed. 2019. (ENG.). 212p. (YA). pap. 14.95 *(978-1-944762-61-2(2)*, bfd61ab4-190b-41be-a973-f62e0568c1f7) Islandport Pr., Inc.

Door to the Lost. Jaleigh Johnson. 2019. 320p. (J). (gr. 5). 8.99 *(978-1-101-93319-0(4)*, Yearling) Random Hse. Children's Bks.

Doorknob for a Nose. Jennifer Baker et al. 2019. (ENG., Illus.). 36p. (J). pap. *(978-0-9933275-7-5(5))* R-and-Q.com.

Doormaker: Library of Souls (Book 3) Jamie Thornton. 2020. (ENG.). 334p. (J). pap. 18.95 *(978-1-393-27287-8(8))* Draft2Digital.

Doormaker: Rock Heaven (Book 1) Jamie Thornton. 2018. (ENG.). 368p. (J). pap. 18.95 *(978-1-393-46867-7(5))* Draft2Digital.

Doormaker: The One Door (Book 4) Jamie Thornton. 2019. (ENG.). 342p. (J). pap. 18.95 *(978-1-393-10891-7(1))* Draft2Digital.

Doormaker: Torchlighters (a Short Novel) Jamie Thornton. 2019. (ENG.). 142p. (J). pap. 12.95 *(978-1-393-79623-7(0))* Draft2Digital.

Doormaker: Tower of Shadows (Book 2) Jamie Thornton. 2018. (ENG.). 334p. (J). pap. 18.95 *(978-1-393-15603-1(7))* Draft2Digital.

Doorman's Repose. Chris Raschka. 2017. (Illus.). 184p. (J). (gr. 3-7). 17.95 *(978-1-68137-100-9(6)*, NYR Children's Collection) New York Review of Bks., Inc., The.

Doors of AfterLater. Gary Pyle. 2021. 392p. (J). pap. 55.00 *(978-1-0983-5297-4(1))* BookBaby.

Doors to Yesterday. Paul Varnden Roberts. 2022. (ENG.). 176p. (J). pap. ***(978-1-80302-658-9(8))*** FeedARead.com.

Doorway & the Deep. K. E. Ormsbee. 2016. (Water & the Wild Ser.: 2). (ENG., Illus.). 480p. (J). (gr. 3-7). 16.99 *(978-1-4521-3636-3(X))* Chronicle Bks. LLC.

Doorway God. Tom Early, pseud. 2017. (Seasons Rising Ser.: Vol. 2). (ENG., Illus.). (YA). 26.99 *(978-1-64080-325-1(4)*, Harmony Ink Pr.) Dreamspinner Pr.

Doorway in Fairyland (Classic Reprint) Laurence Housman. 2018. (ENG., Illus.). 216p. (J). 28.35 *(978-0-364-74405-5(7))* Forgotten Bks.

Doorways of the Mind: The Chronicles of Julius Kraven. Roy Karpp. 2022. (ENG.). 144p. (YA). pap. 14.95 *(978-1-6624-5234-5(9))* Page Publishing Inc.

Dooryard Stories (Classic Reprint) Clara Dillingham Pierson. (ENG., Illus.). (J). 2018. 266p. 29.40 *(978-0-364-34426-2(1))*; 2017. pap. 11.97 *(978-0-259-43855-7(3))* Forgotten Bks.

Doozers Build a Birdhouse. Natalie Shaw. ed. 2020. (Ready-To-Read Ser.). (ENG., Illus.). 32p. (J). (gr. k-1). 13.96 *(978-1-64697-486-3(7))* Penworthy Co., LLC, The.

Doozers Have Bubble Trouble. Comment by Lisa Lauria. 2019. (Ready-To-Read Ser.). (ENG.). 32p. (J). (gr. k-1). 13.96 *(978-0-87617-778-5(X))* Penworthy Co., LLC, The.

Doozers Have Green Thumbs. Cordelia Evans. ed. 2018. (Ready-To-Read Ser.). (ENG.). 32p. (J). (gr. -1-1). 7.00 *(978-1-64310-452-2(7))* Penworthy Co., LLC, The.

Doozers Make a Rainbow. Comment by Natalie Shaw. 2019. (Ready-To-Read Ser.). (ENG.). 32p. (J). (gr. k-1). 13.96 *(978-0-87617-779-2(8))* Penworthy Co., LLC, The.

Dope. Sax Rohmer, pseud. 2018. (ENG., Illus.). 306p. (J). pap. *(978-93-5329-096-2(1))* Alpha Editions.

Doping in Sports: Winning at Any Cost? Stephanie Sammartino McPherson. 2016. (ENG., Illus.). 104p. (YA). (gr. 6-12). 34.65 *(978-1-4677-6148-2(6)*, 4b7a423e-7f32-4528-903d-098b99a5b840); E-Book 51.99 *(978-1-4677-9576-0(3))* Lerner Publishing Group. (Twenty-First Century Bks.).

Doppelganger Danger (Mission Multiverse Book 2) Rebecca Caprara. 2022. (Mission Multiverse Ser.). (ENG.). 288p. (YA). (gr. 3-7). 16.99 *(978-1-4197-4825-7(4)*, 1706701, Amulet Bks.) Abrams, Inc.

Dora Deane (Classic Reprint) Mary Jane Holmes. 2017. (ENG., Illus.). (J). 27.98 *(978-0-260-19473-2(5))* Forgotten Bks.

Dora Deane, or the East India Uncle, and, Maggie Miller, or Old Hagar's Secret (Classic Reprint) Mary J. Holmes. (ENG., Illus.). (J). 2018. 480p. 33.80 *(978-0-364-16376-4(3))*; 2016. pap. 16.57 *(978-1-334-26522-8(4))* Forgotten Bks.

Dora la Gallina (Golden Girl the Chicken) Lisa Mullarkey. Illus. by Paula Franco. 2019. (Amigos de la Granja (Farmyard Friends) Ser.). (SPA.). 32p. (J). (gr. -1-3). lib. bdg. 32.79 *(978-1-5321-3614-6(5)*, 31967, Calico Chapter Bks) Magic Wagon.

Dorado 29, along with Other Weird Alaskan Tales (Classic Reprint) Francis I. Maule. 2018. (ENG., Illus.). 126p. (J). 26.50 *(978-0-267-52031-2(X))* Forgotten Bks.

Dora's Defiance (Classic Reprint) Caroline Blanche Elizabeth Lindsay. (ENG., Illus.). (J). 2018. 174p. 27.49

534

The check digit for ISBN-10 appears in parentheses after the full ISBN-13

(978-0-483-58925-4(X)); 2017. pap. 9.97 *(978-0-243-23671-8(9))* Forgotten Bks.

Dora's Dolls: Practicing the d Sound, 1 vol. Jamal Brown. 2016. (Rosen Phonics Readers Ser.). (ENG.). 8p. (J). (gr. -1-2). pap. *(978-1-5081-3259-2(3))*, be4917e2-614c-4349-9e3e-a610c7e08e22, Rosen Classroom) Rosen Publishing Group, Inc., The.

Dora's Dream. Marilyn Gunders. Illus. by Robyn Nottingham. 2022. (ENG.). 30p. (J). (gr. 1-2). pap. *(978-0-6488889-6-3(7))* Nenge Books.

Dorcas Club: Or Our Girls Afloat (Classic Reprint) Oliver Optic, pseud. (ENG., Illus.). (J). 2018. 404p. 32.25 *(978-0-484-08767-4(3))*; 2016. pap. 16.57 *(978-1-334-23613-6(5))* Forgotten Bks.

Dorcas Learns about Roald Amundsen. Tracilyn George. 2023. (ENG.). 26p. (J). pap. 12.99 ***(978-1-77475-819-9(9))*** Draft2Digital.

Dorcas Society, & Other Sketches (Classic Reprint) Paul Pastnor. 2018. (ENG., Illus.). 232p. (J). 28.68 *(978-0-483-77337-0(9))* Forgotten Bks.

Dorcas, Vol. 1 of 3 (Classic Reprint) Georgiana M. Craik. 2018. (ENG., Illus.). 280p. (J). 29.69 *(978-0-332-90207-4(2))* Forgotten Bks.

Dorcas, Vol. 2 of 3 (Classic Reprint) Georgiana M. Craik. 2018. (ENG., Illus.). 284p. (J). 29.77 *(978-0-483-84449-0(7))* Forgotten Bks.

Dorcas, Vol. 3 of 3 (Classic Reprint) Georgiana M. Craik. 2018. (ENG., Illus.). 318p. (J). 30.46 *(978-0-484-44740-9(8))* Forgotten Bks.

Dorchester Polytechnic Academy (Classic Reprint) James De Koven. 2017. (ENG., Illus.). (J). 28.66 *(978-0-266-89128-4(4))* Forgotten Bks.

D'Ordel's Pantechnicon: An Universal Directory of the Mechanical Art of Manufacturing Illustrated Magazines, Intended As a Course of Learning for Future Writers; Containing an Account of the Advance of Literature in Modern Times (Classic Reprint) Mark Sykes. (ENG., Illus.). (J). 2018. 128p. 26.54 *(978-0-484-65796-9(8))*; 2016. pap. 9.57 *(978-1-333-43032-0(9))* Forgotten Bks.

Dore (Classic Reprint) Stroller In Europe. 2017. (ENG., Illus.). (J). 31.98 *(978-0-260-23140-6(1))* Forgotten Bks.

Doreen (Classic Reprint) C. J. Dennis. 2017. (ENG., Illus.). (J). 24.66 *(978-0-260-07861-2(1))* Forgotten Bks.

Doreen Cronin: Click, Clack & More Set 2 (Set), 6 vols. Doreen Cronin. Illus. by Betsy Lewin. 2020. (Doreen Cronin: Click, Clack & More Ser.). (ENG.). 36p. (J). (gr. -1-3). 188.16 *(978-1-5321-4463-9(6))*, 35153, Picture Bk.) Spotlight.

Doreen the Gorilla Queen. Meredith Henderson. Illus. by Chrissy Chabot. 2022. (ENG.). 40p. (J). pap. 12.99 *(978-1-63984-232-2(2))* Pen It Pubns.

Doreen the Story of a Singer (Classic Reprint) Edna Lyall. 2018. (ENG., Illus.). 514p. (J). 34.50 *(978-0-331-91352-1(6))* Forgotten Bks.

Dorian (Classic Reprint) Nephi Anderson. 2018. (ENG., Illus.). 230p. (J). 28.58 *(978-0-484-23247-0(9))* Forgotten Bks.

Dorie Daydream in the Land of Idoj - Book Five: Prota. Glenn Murdock. 2021. (ENG.). 223p. (YA). pap. *(978-1-6671-0190-3(0))* Lulu Pr., Inc.

Dorinda & Her Daughter (Classic Reprint) Mannington Caffyn. 2018. (ENG., Illus.). 328p. (J). 30.66 *(978-0-267-22232-2(7))* Forgotten Bks.

Dorinda, Vol. 1 of 3 (Classic Reprint) Countess Of Munster. 2018. (ENG., Illus.). 292p. (J). 29.94 *(978-0-483-92440-6(7))* Forgotten Bks.

Dorinda, Vol. 2 of 3 (Classic Reprint) Countess Of Munster. 2018. (ENG., Illus.). 286p. (J). 29.82 *(978-0-483-91400-1(2))* Forgotten Bks.

Dorinda's Birthday: A Cornish Idyll (Classic Reprint) Charles Lee. (ENG., Illus.). (J). 2018. 286p. 29.82 *(978-0-267-35127-5(5))*; 2016. pap. 13.57 *(978-1-333-75640-6(2))* Forgotten Bks.

Doris. Sarah Jacoby. Illus. by Sarah Jacoby. 2023. (ENG., Illus.). 40p. (J). 18.99 *(978-1-250-82938-2(0))*, 900252513) Roaring Brook Pr.

Doris: A Novel (Classic Reprint) Unknown Author. (ENG., Illus.). (J). 2018. 314p. 30.37 *(978-0-267-37488-5(7))*; 2016. pap. 13.57 *(978-1-334-16017-2(1))* Forgotten Bks.

Doris, a Mount Holyoke Girl (Classic Reprint) Julia Redford Tomkinson. (ENG., Illus.). (J). 2018. 190p. 27.84 *(978-0-428-51136-4(8))*; 2017. pap. 10.57 *(978-0-259-38692-6(8))* Forgotten Bks.

Doris & Theodora (Classic Reprint) Margaret Vandegrift. 2018. (ENG., Illus.). 392p. (J). 31.98 *(978-0-483-79101-5(6))* Forgotten Bks.

Doris Barugh a Yorkshire Story, Vol. 1 of 3 (Classic Reprint) Katharine S. Macquoid. 2018. (ENG., Illus.). 312p. (J). 30.35 *(978-0-267-16709-8(1))* Forgotten Bks.

Doris Barugh a Yorkshire Story, Vol. 2 of 3 (Classic Reprint) Katharine S. Macquoid. 2018. (ENG., Illus.). 312p. (J). 30.35 *(978-0-483-72763-2(6))* Forgotten Bks.

Doris Barugh, Vol. 3 Of 3: A Yorkshire Story (Classic Reprint) Katharine S. Macquoid. 2018. (ENG., Illus.). 326p. (J). 30.64 *(978-0-483-84853-5(0))* Forgotten Bks.

Doris' Dear Delinquents. Emma Ward. 2021. (ENG., Illus.). 32p. (J). 17.95 *(978-1-60537-690-5(6))* Clavis Publishing.

Doris Dingo & the Dreadful Din. Maureen Larter. Illus. by Johanna de Roder. 2023. (ENG.). 32p. (J). pap. ***(978-0-6450325-9-8(X))*** Sweetfields Publishing.

Doris la Vache Qui Avait le Vertige. Laura Mathew. Tr. by Bastien Gavoille. Illus. by Amanda Rigby. 2018. (FRE.). 28p. (J). pap. *(978-1-78623-395-0(9))* Grosvenor Hse. Publishing Ltd.

Dori's Stories Dori Hiding. Marjorie Evans. Illus. by Charlene Anne. 2018. (ENG.). 20p. (J). pap. 9.99 *(978-1-5456-4983-1(9))*, Mill City Press, Inc) Salem Author Services.

Doris, the Dizzy Cow. Laura Mathew. Illus. by Amanda Rigby. 2017. (ENG.). (J). pap. *(978-1-78623-257-1(X))* Grosvenor Hse. Publishing Ltd.

Doris the Frowner. Maxine Yu. Illus. by Chad Thompson. 2021. (ENG.). 28p. (J). *(978-1-0391-0553-9(X))*; pap. *(978-1-0391-0552-2(1))* FriesenPress.

Dorito's Great Escape. Sarah Keyes & Hannah Keyes. 2017. (ENG., Illus.). 40p. (J). pap. *(978-1-387-45218-7(5))* Lulu Pr., Inc.

Dork Diaries 11: Tales from a Not-So-Friendly Frenemy. Rachel Renée Russell. Illus. by Rachel Renée Russell. 2016. (Dork Diaries: 11). (ENG.). 288p. (J). (gr. 4-8). 13.99 *(978-1-4814-7920-2(2))*, Aladdin) Simon & Schuster Children's Publishing.

Dork Diaries 12: Tales from a Not-So-Secret Crush Catastrophe. Rachel Renée Russell. Illus. by Rachel Renée Russell. 2017. (Dork Diaries: 12). (ENG., Illus.). 272p. (J). (gr. 4-8). 13.99 *(978-1-5344-0560-8(7))*, Aladdin) Simon & Schuster Children's Publishing.

Dork Diaries 13: Tales from a Not-So-Happy Birthday. Rachel Renée Russell. Illus. by Rachel Renée Russell. 2018. (Dork Diaries: 13). (ENG., Illus.). 304p. (J). (gr. 4-8). 13.99 *(978-1-5344-2638-2(8))*, Aladdin) Simon & Schuster Children's Publishing.

Dork Diaries 14: Tales from a Not-So-Best Friend Forever. Rachel Renée Russell. Illus. by Rachel Renée Russell. 2019. (Dork Diaries: 14). (ENG., Illus.). 320p. (J). (gr. 4-8). 13.99 *(978-1-5344-2720-4(1))*, Aladdin) Simon & Schuster Children's Publishing.

Dork Diaries 6: Tales from a Not-So-Happy Heartbreaker. Rachel R. Russell. 2016. (CHI.). 480p. (J). pap. *(978-986-6104-74-9(5))* DaskoviK, Izdatel'sko-torgovaja korporacija.

Dork Diaries 7: Tales from a Not-So-Glam TV Star. Rachel R. Russell. 2016. (CHI.). 456p. (J). *(978-986-6104-80-0(X))* DaskoviK, Izdatel'sko-torgovaja korporacija.

Dork Diaries Books 1-10 (Plus 3 1/2 & OMG!) (Boxed Set) Dork Diaries 1; Dork Diaries 2; Dork Diaries 3; Dork Diaries 3 1/2; Dork Diaries 4; Dork Diaries 5; Dork Diaries 6; Dork Diaries 7; Dork Diaries 8; Dork Diaries 9; Dork Diaries 10; Dork Diaries OMG! Rachel Renée Russell. Illus. by Rachel Renée Russell. ed. 2018. (Dork Diaries). (ENG., Illus.). 4000p. (J). (gr. 4-8). 166.99 *(978-1-5344-2459-3(8))*, Aladdin) Simon & Schuster Children's Publishing.

Dork Diaries Books 10-12 (Boxed Set) Dork Diaries 10; Dork Diaries 11; Dork Diaries 12. Rachel Renée Russell. Illus. by Rachel Renée Russell. ed. 2018. (Dork Diaries). (ENG., Illus.). 880p. (J). (gr. 4-8). 41.99 *(978-1-5344-2458-6(X))*, Aladdin) Simon & Schuster Children's Publishing.

Dork Diaries Friendship Box. Rachel Renée Russell. Illus. by Rachel Renée Russell. ed. 2018. (Dork Diaries). (ENG., Illus.). 352p. (J). (gr. 3). 24.99 *(978-1-5344-4062-3(3))*, Aladdin) Simon & Schuster Children's Publishing.

Dork Knight, 3. Roy L. Hinuss. ed. 2020. (Prince Not-So Charming Ser.). (ENG.). 135p. (J). (gr. 2-3). 15.96 *(978-1-64697-018-6(7))* Penworthy Co., LLC, The.

Dorktacular Terror: #6. Mike Allegra. Illus. by Kiersten Eagan. 2021. (Kimmie Tuttle Ser.). (ENG.). 112p. (J). (gr. 2-5). lib. bdg. 38.50 *(978-1-0982-3169-9(4))*, 38722, Calico Chapter Bks.) ABDO Publishing Co.

Dorme Bem, Lobinho - Que Duermas Bien, Pequeno Lobo. Livro Infantil Bilingue (Portugues - Espanhol) Ulrich Renz. 2017. (SPA., Illus.). (J). pap. *(978-3-7399-0495-5(X))* Boedeker, Kirsten. Sefa Verlag.

Dormi Bene, Piccolo Lupo - Priyatnykh Snov, Malen'kiy Volchyonok (Italiano - Russo) Libro per Bambini Bilingue Da 2-4 Anni, con Audiolibro MP3 Da Scaricare. Ulrich Renz. Tr. by Margherita Haase. Illus. by Barbara Brinkmann. 2018. (Sefa Libri Illustrati in Due Lingue Ser.). (ITA.). 28p. (J). pap. *(978-3-7399-0612-6(X))* Boedeker, Kirsten. Sefa Verlag.

Dormi Bene, Piccolo Lupo - Schlaf Gut, Kleiner Wolf (Italiano - Tedesco) Libro per Bambini Bilingue Da 2-4 Anni, con Audiolibro MP3 Da Scaricare. Ulrich Renz. Tr. by Margherita Haase. Illus. by Barbara Brinkmann. 2018. (Sefa Libri Illustrati in Due Lingue Ser.). (ITA.). 28p. (J). pap. *(978-3-7399-0605-8(7))* Boedeker, Kirsten. Sefa Verlag.

Dormi Bene, Piccolo Lupo - Sleep Tight, Little Wolf (Italiano - Inglese) Libro per Bambini Bilingue Da 2-4 Anni, con Audiolibro MP3 Da Scaricare. Ulrich Renz. Tr. by Margherita Haase. Illus. by Barbara Brinkmann. 2018. (Sefa Libri Illustrati in Due Lingue Ser.). (ITA.). 28p. (J). pap. *(978-3-7399-0623-2(5))* Boedeker, Kirsten. Sefa Verlag.

¡Dormilones! (Dr. Seuss's Sleep Book Spanish Edition) Seuss. 2019. (Classic Seuss Ser.). (SPA.). 64p. (J). 16.99 *(978-1-9848-3140-8(2))*; lib. bdg. 19.99 *(978-0-593-12295-2(X))* Random Hse. Children's Bks. (Random Hse. Bks. for Young Readers).

¡Dormiré la Siesta! Mo Willems. 2021. (Elephant & Piggie Book Ser.). (SPA.). 64p. (J). (gr. 1-3). 9.99 *(978-1-368-07163-5(5))*, Hyperion Books for Children) Disney Publishing Worldwide.

Dormouse & His Seven Beds. Susanna Isern. Illus. by Marco Soma. 2018. (ENG.). 40p. (J). 16.95 *(978-84-946926-6-6(6))* NubeOcho Ediciones ESP. Dist: Consortium Bk. Sales & Distribution.

Dormouse Snoremouse. Gail Clarke. Illus. by Gail Clarke. 2019. (ENG., Illus.). 30p. (J). (gr. k-2). *(978-1-912406-35-7(7))*; pap. *(978-1-912406-34-0(9))* Gupole Pubns.

Dorotea la Oruga. Ricardo Méndez Aranguren. 2022. (SPA.). 36p. (J). pap. 14.95 *(978-1-63765-247-3(X))* Halo Publishing International.

Dorothea (Classic Reprint) Louise Stockton. 2018. (ENG., Illus.). 326p. (J). 30.64 *(978-0-267-21498-3(7))* Forgotten Bks.

Dorothea Lange. Carole Boston Weatherford. 2018. (2019 Av2 Fiction Ser.). (ENG.). 32p. (J). lib. bdg. 34.28 *(978-1-4896-8255-0(4))*, AV2 by Weigl) Weigl Pubs., Inc.

Dorothea Lange: The Photographer Who Found the Faces of the Depression. Carole Boston Weatherford. Illus. by Sarah Green. 2021. (ENG.). 32p. (J). (gr. -1-3). pap. 7.99 *(978-0-8075-1702-4(X))*, 080751702X) Whitman, Albert & Co.

Dorothea's Eyes: Dorothea Lange Photographs the Truth. Barb Rosenstock. Illus. by Gerard Dubois. 2016. (ENG.). 40p. (J). (gr. 2-5). 18.99 *(978-1-62979-208-8(X))*, Calkins Creek) Highlights Pr., c/o Highlights for Children, Inc.

Dorothy: A Country Story, in Elegiac Verse (Classic Reprint) Arthur Joseph Munby. (ENG., Illus.). (J). 2018. 236p. 28.78 *(978-0-267-31765-3(4))*; 2016. pap. 11.57 *(978-1-333-47223-8(4))* Forgotten Bks.

Dorothy: A Tale (Classic Reprint) Margaret Agnes Colville. (ENG., Illus.). (J). 2018. 322p. 30.54 *(978-0-365-24883-5(5))*; 2017. pap. 13.57 *(978-0-259-19786-7(6))* Forgotten Bks.

Dorothy: A Tale of Two Lands (Classic Reprint) Elizabeth Sisson. (ENG., Illus.). (J). 2018. 344p. 31.01 *(978-0-484-48399-5(4))*; 2016. pap. 13.57 *(978-1-333-44690-1(X))* Forgotten Bks.

Dorothy & Her Friends (Classic Reprint) Ellen Olney Kirk. (ENG., Illus.). (J). 2018. 396p. 32.06 *(978-0-483-62915-8(4))*; 2017. pap. 16.57 *(978-0-243-30231-4(2))* Forgotten Bks.

Dorothy & the Great Quake: A Story about Dorothy Day As a Young Girl. Barbara Allaire. 2019. (ENG.). 36p. (J). pap. 8.95 *(978-1-68192-535-6(4))* Our Sunday Visitor, Publishing Div.

Dorothy & the Wizard in Oz. L. Frank Baum. 2017. (ENG., Illus.). (J). pap. *(978-0-649-07630-7(3))* Trieste Publishing Pty Ltd.

Dorothy & the Wizard in Oz, 1 vol. L. Frank Baum. 2nd ed. 2016. (Wizard of Oz Collection). (ENG., Illus.). 172p. (J). (gr. 4-8). 7.99 *(978-1-78226-308-1(X))*, 29ba1016-650a-4197-a7b9-28139a06af9f) Sweet Cherry Publishing GBR. Dist: Baker & Taylor Publisher Services (BTPS).

Dorothy & the Wizard in Oz (Classic Reprint) L. Frank Baum. (ENG., Illus.). (J). 2018. 238p. 28.81 *(978-0-364-33344-0(8))*; 2016. pap. 11.97 *(978-1-333-60379-3(7))* Forgotten Bks.

Dorothy & the Wizard of Oz Coloring Book: A Creativity Coloring Book for All Ages. an Interesting Way to Relieve Stress & a Good Idea for Exclusive Gift. Mellow Maxim. 2021. (ENG.). 62p. (YA). pap. 7.99 *(978-1-716-09368-5(6))* Lulu Pr., Inc.

Dorothy & the Wooden Soldiers of Oz. Ken Romer. 2021. (ENG.). 52p. (J). pap. ***(978-1-365-82238-4(9))*** Lulu Pr., Inc.

Dorothy & Toto. Debbi Michiko Florence. Illus. by Monika Roe. 2016. (Dorothy & Toto Ser.). (ENG.). 40p. (J). (gr. k-2). 90.60 *(978-1-4795-8714-8(1))*, 24142) Capstone.

Dorothy & Toto Little Dog Lost. Debbi Michiko Florence. Illus. by Monika Roe. 2016. (Dorothy & Toto Ser.). (ENG.). 40p. (J). (gr. k-2). lib. bdg. 21.32 *(978-1-4795-8705-6(2))*, 130954) Capstone.

Dorothy & Toto the Disappearing Picnic. Debbi Michiko Florence. Illus. by Monika Roe. 2016. (Dorothy & Toto Ser.). (ENG.). 40p. (J). (gr. k-2). lib. bdg. 21.32 *(978-1-4795-8704-9(4))*, 130953) Capstone.

Dorothy & Toto the Hunt for the Perfect Present. Debbi Michiko Florence. Illus. by Monika Roe. 2016. (Dorothy & Toto Ser.). (ENG.). 40p. (J). (gr. k-2). lib. bdg. 21.32 *(978-1-4795-8703-2(6))*, 130952) Capstone.

Dorothy & Toto What's YOUR Name? Debbi Michiko Florence. Illus. by Monika Roe. 2016. (Dorothy & Toto Ser.). (ENG.). 40p. (J). (gr. k-2). lib. bdg. 21.32 *(978-1-4795-8702-5(8))*, 130945) Capstone.

Dorothy Brooke's Vacation (Classic Reprint) Frances Campbell Sparhawk. (ENG., Illus.). (J). 2018. 364p. 31.40 *(978-0-267-32957-1(1))*; 2016. pap. 13.97 *(978-1-333-55689-1(6))* Forgotten Bks.

Dorothy Dainty at School (Classic Reprint) Amy Brooks. 2018. (ENG., Illus.). 268p. (J). 29.42 *(978-0-483-83852-9(7))* Forgotten Bks.

Dorothy Dainty at the Mountains. Amy Brooks. 2018. (ENG., Illus.). 110p. (YA). (gr. 7-12). pap. *(978-93-5329-375-8(8))* Alpha Editions.

Dorothy Dainty at the Mountains (Classic Reprint) Amy Brooks. 2018. (ENG., Illus.). 270p. (J). 29.47 *(978-0-483-71741-1(X))* Forgotten Bks.

Dorothy Dainty at the Shore (Classic Reprint) Amy Brooks. 2018. (ENG., Illus.). 238p. (J). 28.83 *(978-0-483-89145-6(2))* Forgotten Bks.

Dorothy Dainty (Classic Reprint) Amy Brooks. 2018. (ENG., Illus.). 238p. (J). 28.81 *(978-0-332-39806-8(4))* Forgotten Bks.

Dorothy Dainty in the Country (Classic Reprint) Amy Brooks. 2018. (ENG., Illus.). 268p. (J). 29.49 *(978-0-332-03075-3(X))* Forgotten Bks.

Dorothy Dainty's Gay Times. Amy Brooks. 2017. (ENG., Illus.). (J). 22.95 *(978-1-374-91772-9(9))* Capital Communications, Inc.

Dorothy Dale. Margaret Penrose. 2018. (ENG., Illus.). 154p. (YA). (gr. 7-12). pap. *(978-93-5297-341-5(0))* Alpha Editions.

Dorothy Dale S Camping Days. Margaret Penrose. 2017. (ENG., Illus.). (J). 23.95 *(978-1-374-96769-4(6))* Capital Communications, Inc.

Dorothy Dale's Camping Days. Margaret Penrose. 2018. (ENG., Illus.). 158p. (YA). (gr. 7-12). pap. *(978-93-5297-342-2(9))* Alpha Editions.

Dorothy Dale's Queer Holidays. Margaret Penrose. 2018. (ENG., Illus.). 166p. (YA). (gr. 7-12). pap. *(978-93-5297-343-9(7))* Alpha Editions.

Dorothy Day: A Story for Girls (Classic Reprint) Julie Mathilde Lippmann. 2018. (ENG., Illus.). 354p. (J). 31.22 *(978-0-267-18802-4(1))* Forgotten Bks.

Dorothy Day (Classic Reprint) William Dudley Foulke. 2018. (ENG., Illus.). 300p. (J). 30.10 *(978-0-365-37967-6(0))* Forgotten Bks.

Dorothy Deane: A Children's Story. Ellen Olney Kirk. 2017. (ENG.). 350p. (J). pap. *(978-3-337-21497-5(5))* Creation Pubs.

Dorothy Deane: A Children's Story (Classic Reprint) Ellen Olney Kirk. 2018. (ENG., Illus.). 352p. (J). 31.07 *(978-0-484-74751-6(7))* Forgotten Bks.

Dorothy Delafield (Classic Reprint) Mary Harriott Norris. (ENG., Illus.). (J). 2018. 436p. 32.89 *(978-0-428-26229-7(5))*; 2017. pap. 16.57 *(978-1-5276-5688-8(8))* Forgotten Bks.

Dorothy Firebrace, or the Armourer's Daughter of Birmingham, Vol. 1 of 3 (Classic Reprint) Emma Robinson. (ENG., Illus.). (J). 2018. 342p. 30.95 *(978-0-483-43350-2(0))*; 2016. pap. 13.57 *(978-1-334-16478-1(9))* Forgotten Bks.

Dorothy Firebrace, Vol. 2 Of 3: Or the Armourer's Daughter of Birmingham (Classic Reprint) Emma Robinson. 2018. (ENG., Illus.). 348p. (J). 31.07 *(978-0-267-45726-7(X))* Forgotten Bks.

Dorothy Firebrace, Vol. 3 Of 3: Or the Armourer's Daughter of Birmingham (Classic Reprint) Emma Robinson. 2018. (ENG., Illus.). 334p. (J). 30.79 *(978-0-332-06714-8(9))* Forgotten Bks.

Dorothy Forster: A Novel (Classic Reprint) Walter Besant. 2017. (ENG., Illus.). (J). 31.03 *(978-0-331-42195-8(X))* Forgotten Bks.

Dorothy Forster, Vol. 1 Of 3: A Novel (Classic Reprint) Walter Besant. (ENG., Illus.). (J). 2017. 30.23 *(978-0-331-73451-5(6))*; 2016. pap. 13.57 *(978-1-333-71291-4(X))* Forgotten Bks.

Dorothy Forster, Vol. 2 Of 3: A Novel (Classic Reprint) Walter Besant. (ENG., Illus.). (J). 2017. 30.79 *(978-0-331-57257-5(5))*; 2016. pap. 13.57 *(978-1-333-51957-5(5))* Forgotten Bks.

Dorothy Forster, Vol. 3 Of 3: A Novel (Classic Reprint) Walter Besant. (ENG., Illus.). (J). 2017. 30.52 *(978-0-331-60518-1(X))*; 2016. pap. 13.57 *(978-1-334-32517-5(0))* Forgotten Bks.

Dorothy Fox (Classic Reprint) Louisa Parr. 2017. (ENG., Illus.). (J). 31.86 *(978-0-266-38160-0(X))* Forgotten Bks.

Dorothy Fox (Classic Reprint) Louisa Taylor Parr. 2018. (ENG., Illus.). 642p. (J). 37.14 *(978-0-267-21026-8(4))* Forgotten Bks.

Dorothy Grey (Classic Reprint) Louise Creighton. 2017. (ENG., Illus.). (J). 29.86 *(978-0-266-87475-1(4))* Forgotten Bks.

Dorothy Hodgkin: Biochemist & Developer of Protein Crystallography, 1 vol. Kristin Thiel. 2016. (Women in Science Ser.). (ENG., Illus.). 128p. (J). (gr. 9-9). lib. bdg. 47.36 *(978-1-5026-2313-3(7))*, becac5ab-b36b-4864-bd8e-0d71d6e8829e) Cavendish Square Publishing LLC.

Dorothy May. Joseph Hopkins. 2017. (ENG., Illus.). (J). pap. 10.40 *(978-1-5272-1006-6(5))* Nielsen-Bks.

Dorothy Must Die 2-Book Box Set: Dorothy Must Die, the Wicked Will Rise. Danielle Paige. 2016. (Dorothy Must Die Ser.). (ENG.). 800p. (YA). (gr. 9). pap. 19.98 *(978-0-06-256982-0(1))*, HarperCollins) HarperCollins Pubs.

Dorothy Must Die Epic Reads Edition. Danielle Paige. 2020. (Dorothy Must Die Ser.). (ENG.). 480p. (YA). (gr. 9). pap. 10.00 *(978-0-06-305507-0(4))*, HarperCollins) HarperCollins Pubs.

Dorothy Must Die Stories Volume 2: Heart of Tin, the Straw King, Ruler of Beasts. Danielle Paige. 2016. (Dorothy Must Die Novella Ser.). (ENG.). 336p. (YA). (gr. 9). pap. 10.99 *(978-0-06-240397-1(4))*, HarperCollins) HarperCollins Pubs.

Dorothy Must Die Stories Volume 3 (Order of the Wicked, Dark Side of the Rainbow, the Queen of Oz) Danielle Paige. 2017. (Dorothy Must Die Novella Ser.). (ENG.). 288p. (YA). (gr. 9). pap. 10.99 *(978-0-06-242383-2(5))*, HarperCollins) HarperCollins Pubs.

Dorothy Q. Oliver Wendell Holmes, Sr. 2017. (ENG., Illus.). (J). pap. *(978-3-7447-7402-4(3))* Creation Pubs.

Dorothy Q: Together with a Ballad of the Boston Tea Party Grandmother's Story of Bunker Hill Battle (Classic Reprint) Oliver Wendell Holmes, Sr. 2018. (ENG., Illus.). 132p. (J). 26.64 *(978-0-364-08523-3(1))* Forgotten Bks.

Dorothy South: A Love Story of Virginia Just Before the War (Classic Reprint) George Cary Eggleston. 2018. (ENG., Illus.). 466p. (J). 33.55 *(978-0-332-87972-7(0))* Forgotten Bks.

Dorothy the Brave. Meghan P. Browne. Illus. by Brooke Smart. 2022. 40p. (J). (gr. -1-3). 17.99 *(978-0-593-11699-9(2))*, Viking Books for Young Readers) Penguin Young Readers Group.

Dorothy the Sheepdog & Her Dreamland Adventures Present: Princess Dorothy. Carole Sellers & Jason Brashear. 2021. (ENG.). 26p. (J). pap. 12.95 *(978-1-64468-891-5(3))* Covenant Bks.

Dorothy Vaughan. Virginia Loh-Hagan. Illus. by Jeff Bane. 2018. (Mi Mini Biografía (My Itty-Bitty Bio): My Early Library). (ENG.). 24p. (J). (gr. k-1). pap. 12.79 *(978-1-5341-0810-3(6))*, 210604); lib. bdg. 30.64 *(978-1-5341-0711-3(8))*, 210603) Cherry Lake Publishing.

Dorothy Vaughan: NASA's Leading Human Computer. Deirdre R. J. Head. 2020. (Movers, Shakers, & History Makers Ser.). (ENG.). 48p. (J). (gr. 3-5). pap. 8.95 *(978-1-4966-8819-4(8))*, 201752); (Illus.). lib. bdg. 31.99 *(978-1-4966-8477-6(X))*, 200353) Capstone. (Capstone Pr.).

Dorothy Vernon of Haddon Hall (Classic Reprint) 2018. (ENG., Illus.). 400p. (J). 32.15 *(978-0-483-72132-6(8))* Forgotten Bks.

Dorothy's Double, Vol. 1 (Classic Reprint) G. A. Henty. 2018. (ENG., Illus.). 280p. (J). 29.67 *(978-0-332-84023-9(9))* Forgotten Bks.

Dorothy's Double, Vol. 2 of 3 (Classic Reprint) George Henty. (ENG., Illus.). (J). 2018. 272p. 29.53 *(978-0-483-63262-2(7))*; 2016. pap. 11.97 *(978-1-334-25609-7(8))* Forgotten Bks.

Dorothy's Double, Vol. 3 of 3 (Classic Reprint) G. A. Henty. (ENG., Illus.). (J). 2018. 268p. 29.38 *(978-0-267-11127-5(4))*; 2016. pap. 11.97 *(978-1-333-60540-7(4))* Forgotten Bks.

Dorothy's Great Teacup Adventures: The Fiery Teacup. Conor Geary. 2019. (Dorothy's Teacup Adventures Ser.: Vol. 4). (ENG., Illus.). 42p. (J). pap. 14.99 *(978-1-951263-19-5(7))* Pen It Pubns.

Dorothy's Great Teacup Adventures: The Nestled Teacup. Conor Geary. 2020. (Dorothy's Teacup Adventures Ser.: Vol. 5). (ENG., Illus.). 42p. (J). pap. 14.99 *(978-1-952011-52-8(3))* Pen It Pubns.

Dorothy's Great Teacup Adventures: The Pixie Teacup. Conor Geary. 2021. (Dorothy's Teacup Adventures Ser.: Vol. 6). (ENG., Illus.). 70p. (J). pap. 17.99 *(978-1-954004-32-0(X))* Pen It Pubns.

Dorothy's Great Teacup Adventures: The Webbed Tea Cup. Conor Geary. 2019. (ENG., Illus.). 46p. (J). pap. 13.99 *(978-1-950454-99-0(1))* Pen It Pubns.

Dorothy's Playmates (Classic Reprint) Amy Brooks. (ENG., Illus.). (J). 2018. 278p. 29.63 *(978-0-484-50081-4(3))*; 2016. pap. 13.57 *(978-1-333-32855-9(9))* Forgotten Bks.

Dorothy's Tea Cup Adventures: The Adventure Begins. Conor Geary. 2018. (ENG., Illus.). 44p. (J). pap. 13.99 *(978-1-949609-03-5(0))* Pen It Pubns.

Dorothy's Teacup Adventures: The Mermaid Teacup. Conor Geary. 2019. (Dorothy's Teacup Adventures Ser.:

D

Vol. 2). (ENG., Illus.). 36p. (J). pap. 13.99 *(978-1-950454-11-2(8))* Pen It Pubns.

Dorothy's Temptation (Classic Reprint) Barbara Yechton. (ENG., Illus.). (J). 2018. 30p. 24.52 *(978-0-656-06667-4(9))*; 2017. pap. 7.97 *(978-0-259-47623-8(4))* Forgotten Bks.

Dorothy's Travels (Classic Reprint) Evelyn Raymond. 2018. (ENG., Illus.). 264p. (J). 29.34 *(978-0-483-81693-0(0))* Forgotten Bks.

Dorothy's Triumph (Classic Reprint) Evelyn Raymond. 2018. (ENG., Illus.). 268p. (J). 29.42 *(978-0-267-28485-6(3))* Forgotten Bks.

Dorrien Carfax: A Game of Hide & Seek (Classic Reprint) Nowell Griffith. (ENG., Illus.). (J). 2018. 382p. 31.80 *(978-0-483-57686-5(7))*; 2017. pap. 16.57 *(978-0-243-21501-0(0))* Forgotten Bks.

Dorrington Deed-Box (Classic Reprint) Arthur. Morrison. (ENG., Illus.). (J). 2018. 354p. 31.20 *(978-0-267-38403-7(3))*; 2016. pap. 13.57 *(978-1-334-15123-1(7))* Forgotten Bks.

Dors Bien, Petit Loup - Dormi Bene, Piccolo Lupo (Français - Italien) Livre Bilingue Pour Enfants À Partir de 2-4 Ans, Avec Livre Audio MP3 À Télécharger. Ulrich Renz. Tr. by Celeste Lottigier. Illus. by Barbara Brinkmann. 2018. (Sefa Albums Illustrés en Deux Langues Ser.). (FRE.). 28p. (J). pap. *(978-3-7399-0601-0(4))* Boedeker, Kirsten. Sefa Verlag.

Dors Bien, Petit Loup - Lala Salama, Mbwa Mwitu Mdogo (français - Swahili) Livre Bilingue Pour Enfants à Partir de 2-4 Ans, Avec Livre Audio MP3 à Télécharger. Tr. by Celeste Lottigier & George Aclay Makasi. Illus. by Barbara Brinkmann. 2018. (FRE.). 42p. (J). pap. *(978-3-7399-0632-4(4))* Boedeker, Kirsten. Sefa Verlag.

Dors Bien, Petit Loup - Nam Jayyidan Ayyuha Adh-Dhaib As-Sagir (Français - Arabe) Livre Bilingue Pour Enfants À Partir de 2-4 Ans, Avec Livre Audio MP3 À Télécharger. Ulrich Renz. Tr. by Abdelaaziz Boussayer. Illus. by Barbara Brinkmann. 2018. (Sefa Albums Illustrés en Deux Langues Ser.). (FRE.). 28p. (J). pap. *(978-3-7399-0621-8(9))* Boedeker, Kirsten. Sefa Verlag.

Dors Bien, Petit Loup - Nuku Hyvin, Pieni Susi (français - Finlandais) Livre Bilingue Pour Enfants à Partir de 2-4 Ans, Avec Livre Audio MP3 à Télécharger. Tr. by Celeste Lottigier & Virpi Hach. Illus. by Barbara Brinkmann. 2018. (FRE.). 42p. (J). pap. *(978-3-7399-0695-9(2))* Boedeker, Kirsten. Sefa Verlag.

Dors Bien, Petit Loup - Que Duermas Bien, Pequeño Lobo (Français - Espagnol) Livre Bilingue Pour Enfants À Partir de 2-4 Ans, Avec Livre Audio MP3 À Télécharger. Ulrich Renz. Tr. by Anneli Landmesser. Illus. by Barbara Brinkmann. 2018. (Sefa Albums Illustrés en Deux Langues Ser.). (FRE.). 28p. (J). pap. *(978-3-7399-0616-4(2))* Boedeker, Kirsten. Sefa Verlag.

Dors Bien, Petit Loup - Shpii Dobshe, Mawi Vilku (Français - Polonais) Livre Bilingue Pour Enfants À Partir de 2-4 Ans, Avec Livre Audio MP3 À Télécharger. Ulrich Renz. Tr. by Celeste Lottigier. Illus. by Barbara Brinkmann. 2018. (Sefa Albums Illustrés en Deux Langues Ser.). (FRE.). 28p. (J). pap. *(978-3-7399-0620-1(0))* Boedeker, Kirsten. Sefa Verlag.

Dors Bien, Petit Loup - Slaap Lekker, Kleine Wolf (Français - Néerlandais) Livre Bilingue Pour Enfants À Partir de 2-4 Ans, Avec Livre Audio MP3 À Télécharger. Tr. by Celeste Lottigier & Jonathan Van Den Berg. Illus. by Barbara Brinkmann. 2018. (FRE.). 42p. (J). pap. *(978-3-7399-0646-1(4))* Boedeker, Kirsten. Sefa Verlag.

Dors Bien, Petit Loup - Sleep Tight, Little Wolf (Français - Anglais) Livre Bilingue Pour Enfants À Partir de 2-4 Ans, Avec Livre Audio MP3 À Télécharger. Ulrich Renz. Tr. by Celeste Lottigier. Illus. by Barbara Brinkmann. 2018. (Sefa Albums Illustrés en Deux Langues Ser.). (FRE.). 28p. (J). pap. *(978-3-7399-0602-7(2))* Boedeker, Kirsten. Sefa Verlag.

Dors Bien, Petit Loup - Sov Godt, Lille Ulv (français - Norvégien) Livre Bilingue Pour Enfants, Avec Livre Audio à Télécharger. Tr. by Celeste Lottigier & David Immanuel Glathe. Illus. by Barbara Brinkmann. 2019. (FRE.). 42p. (J). pap. *(978-3-7399-0923-3(4))* Boedeker, Kirsten. Sefa Verlag.

Dors Bien, Petit Loup - Sov Gott, Lilla Vargen (français - Suédois) Livre Bilingue Pour Enfants à Partir de 2-4 Ans, Avec Livre Audio MP3 à Télécharger. Tr. by Celeste Lottigier & Katrin Bienzle Arruda. Illus. by Barbara Brinkmann. 2018. (FRE.). 42p. (J). pap. *(978-3-7399-0693-5(6))* Boedeker, Kirsten. Sefa Verlag.

Dors Mon Petit, Dors: Berceuses Traditionnelles. Carmen Campagne. Illus. by Marie Lafrance. 2021. (ENG.). 12p. (J). bds. 14.95 *(978-2-923163-40-6(0))* Secret Mountain CAN. Dist: Independent Pubs. Group.

Dorset Dear: Idylls of Country Life (Classic Reprint) M. E. Francis. 2017. (ENG., Illus.). (J). 30.95 *(978-0-265-21734-4(2))* Forgotten Bks.

Dorsey: The Young Inventor (Classic Reprint) Edward S. Ellis. 2018. (ENG., Illus.). 326p. (J). 30.64 *(978-0-656-45123-4(8))* Forgotten Bks.

Dory & the Real True Friend. Abby Hanlon. 2016. (Dory Ser.: 2). lib. bdg. 18.40 *(978-0-606-38846-7(X))* Turtleback.

Dory Fantasmagory: 2 Books In 1!, 2 bks. in 1! Abby Hanlon. 2020. (Dory Fantasmagory Ser.). (ENG., Illus.). 336p. (J). (gr. 1-3). 10.99 *(978-1-9848-1527-9(X)*, Puffin Books) Penguin Young Readers Group.

Dory Fantasmagory: Can't Live Without You. Abby Hanlon. 2023. (Dory Fantasmagory Ser.: 6). 160p. (J). (gr. 1-3). 16.99 ***(978-0-593-61598-0(0)***, Dial Bks) Penguin Young Readers Group.

Dory Fantasmagory: Dory Dory Black Sheep. Abby Hanlon. 2017. (Dory Fantasmagory Ser.: 3). (Illus.). 176p. (J). (gr. 1-3). 7.99 *(978-1-101-99427-6(4)*, Puffin Books) Penguin Young Readers Group.

Dory Fantasmagory: Head in the Clouds. Abby Hanlon. 2019. (Dory Fantasmagory Ser.: 4). (Illus.). 176p. (J). (gr. 1-3). 7.99 *(978-0-7352-3047-7(1)*, Puffin Books) Penguin Young Readers Group.

Dory Fantasmagory: Outside the Box, 4 vols. Abby Hanlon. 2019. (Dory Fantasmagory Ser.). (ENG.). 704p. (J). (gr. 1-3). 31.96 *(978-1-9848-1489-0(3)*, Puffin Books) Penguin Young Readers Group.

Dory Fantasmagory: Tiny Tough. Abby Hanlon. 2020. (Dory Fantasmagory Ser.: 5). 160p. (J). (gr. 1-3). 7.99 *(978-0-525-55398-4(3)*, Puffin Books) Penguin Young Readers Group.

Dory's Story. Disney Editors. ed. 2016. (Step into Reading Level 2 Ser.). lib. bdg. 14.75 *(978-0-606-38891-7(5))* Turtleback.

Dos & Don'ts of Gerbils. C. M. Lovegrove. 2017. (ENG.). 36p. (J). pap. ***(978-0-244-63073-7(9))*** Lulu Pr., Inc.

Do's & Don'ts to a Better Way of Living: How to Live Peaceably among All Mankind. Sharese Dawkins. 2020. (ENG.). 74p. (YA). 22.95 *(978-1-0980-2263-1(7))*; pap. 12.95 *(978-1-0980-2131-3(2))* Christian Faith Publishing.

Dos & Donuts of Love. Adiba Jaigirdar. 2023. (ENG.). 336p. (YA). 19.99 *(978-1-250-84211-4(5)*, 900255917) Feiwel & Friends.

Do's & Dots: Let's Connect the Dots. Activibooks For Kids. 2016. (ENG., Illus.). (J). pap. 7.55 *(978-1-68321-489-2(7))* Mimaxion.

DOS Cucharadas de Amor. D E. Maria Guadalupe. 2018. (SPA., Illus.). 48p. (J). pap. *(978-0-359-07153-1(8))* Lulu Pr., Inc.

DOS Hermanas Gemelas: Basado en Personajes Reales, Version en Espanol. Rosalie Bocelli-Hernandez. 2017. (SPA., Illus.). (J). pap. 9.95 *(978-0-9908444-8-8(X))* Bocelli Production.

DOS Historias Cortas para Dormir: La Historia de la Rana Amelia y el Gran Pirata Malaquias. Lina Quinonez. Illus. by Kalpart. 2017. (SPA.). 58p. (J). (gr. k-6). pap. 12.99 *(978-1-946540-40-9(4))* Strategic Book Publishing & Rights Agency (SBPRA).

Dos Idiomas, One Me: A Bilingual Reader. Maggy Williams. Illus. by Briana Arrington. 2020. (ENG.). 32p. (J). 26.95 *(978-1-61599-545-5(5))*; pap. 15.95 *(978-1-61599-544-8(7))* Loving Healing Pr., Inc.

DOS Ojos, DOS Orejas: Leveled Reader Book 78 Level d 6 Pack. Hmh Hmh. 2021. (SPA.). 16p. (J). pap. 74.40 *(978-0-358-08204-0(8))* Houghton Mifflin Harcourt Publishing Co.

Dos Perros Dos Vidas Two Dogs Two Lives. Marti McGinnis. 2021. (ENG.). 68p. (J). 24.95 ***(978-1-0880-0063-2(0))*** Indy Pub.

DOS Piratas y un Pincel. Katish Mira. Illus. by Maria Fernanda Rojas. 2018. (SPA.). 32p. (J). (gr. k-3). *(978-958-48-3873-5(3))* Restrepo, Ana.

Dos Pollitos Gallinas. Valeri Gorbachev. Tr. by Lawrence Schimel. 2021. (SPA., Illus.). 40p. (J). (gr. -1-3). 17.95 *(978-0-7358-4463-6(1))* North-South Bks., Inc.

Dos Reinos Oscuros. Kendare Blake. 2020. (Tres Coronas Oscuras Ser.). (SPA.). 416p. (YA). (gr. 7). pap. 22.95 *(978-987-609-756-7(3))* Editorial de Nuevo Extremo S.A. ARG. Dist: Independent Pubs. Group.

Dos Tortugas y un Sombrero. Jon Klassen. Illus. by Jon Klassen. 2021. (Somos8 Ser.). (SPA.). 56p. (J). 16.95 *(978-84-18133-94-7(5))* NubeOcho Ediciones ESP. Dist: Consortium Bk. Sales & Distribution.

Dosia: A Russian Story (Classic Reprint) Henry Greville. (ENG., Illus.). (J). 2018. 294p. 29.98 *(978-0-267-00736-3(1))*; 2017. pap. 13.57 *(978-0-259-06279-0(0))* Forgotten Bks.

Dosia's Daughter (Classic Reprint) Henry Greville. 2018. (ENG., Illus.). 340p. (J). 30.91 *(978-0-484-16869-4(X))* Forgotten Bks.

Dot: A Story of the Fresh Air Fund (Classic Reprint) Samuel Hume Blake. (ENG., Illus.). (J). 2018. 40p. 24.72 *(978-0-364-35012-6(1))*; 2017. pap. 7.97 *(978-0-259-86573-5(7))* Forgotten Bks.

Dot: The Story of a City Waif. Annie Lucas. 2017. (ENG., Illus.). (J). pap. *(978-0-649-37714-5(1))* Trieste Publishing Pty Ltd.

Dot: The Story of a City Waif (Classic Reprint) Annie Lucas. 2018. (ENG., Illus.). 266p. (J). 29.38 *(978-0-483-96872-1(2))* Forgotten Bks.

Dot 2 Dot for Kids Activity Book. Smarter Activity Books for Kids. 2016. (ENG., Illus.). (J). pap. 9.22 *(978-1-68374-007-0(6))* Examined Solutions PTE. Ltd.

Dot Activity Book for Grownups - Dot to Dot for Adults Edition. Activity Attic Books. 2016. (ENG., Illus.). (J). pap. 7.74 *(978-1-68323-042-7(6))* Twin Flame Productions.

Dot Adventures to the New Earth. Marilyn Picard. Illus. by Jayne Negus. 2021. (ENG.). 68p. (J). *(978-1-0391-0565-2(3))*; pap. *(978-1-0391-0564-5(5))* FriesenPress.

Dot & Dan & Snack Attack. Katie Dale. Illus. by Dean Gray. 2020. (Early Bird Readers — Pink (Early Bird Stories (tm)) Ser.). (ENG.). 32p. (J). (gr. -1-2). pap. 9.99 *(978-1-5415-8724-3(3)*, 4527ef1f-ad9f-480b-a70a-dffaa4db72f9, Lerner Pubns.) Lerner Publishing Group.

Dot & Jabber & the Big Bug Mystery. Ellen Stoll Walsh. ed. 2017. (Green Light Readers Level 2 Ser.: Vol. 3). (ENG.). (J). (gr. -1-3). lib. bdg. 13.55 *(978-0-606-39827-5(9))* Turtleback.

Dot at the Top, 1 vol. Laurie Friedman. Illus. by Gal Weizman. 2022. (Super Starz Ser.). (ENG.). 48p. (J). (gr. 2-4). lib. bdg. *(978-1-0396-4597-4(6)*, 16323); pap. *(978-1-0396-4724-4(3)*, 17329) Crabtree Publishing Co. (Leaves Chapter Books).

Dot Challenge: A Kids Dot to Dot Puzzle Book. Activity Attic Books. 2016. (ENG., Illus.). (J). pap. 7.74 *(978-1-68323-477-7(4))* Twin Flame Productions.

Dot, Dot, Draw! Connect the Dots Book. Activibooks For Kids. 2016. (ENG., Illus.). (J). pap. 9.20 *(978-1-68321-276-8(2))* Mimaxion.

Dot Es la Mejor. Laurie Friedman. Illus. by Gal Weizman. 2022. (Las Superestrellas (the Super Starz) Ser.). (SPA.). 48p. (J). (gr. 2-4). pap. *(978-1-0396-5010-7(4)*, 20249); lib. bdg. *(978-1-0396-4883-8(5)*, 20248) Crabtree Publishing Co. (Leaves Chapter Books).

Dot: for Pet's Sake. Candlewick Press. Illus. by The Jim Henson Company. 2020. (Dot Ser.). (ENG.). 80p. (J). (gr. k-3). 14.99 *(978-1-5362-1656-1(9)*, Candlewick Entertainment) Candlewick Pr.

Dot Goes Fishing. Candlewick Press. Illus. by The Jim Henson Company. 2020. (Dot Ser.). (ENG.). 80p. (J). (gr. k-3). 14.99 *(978-1-5362-1333-1(0)*, Candlewick Entertainment) Candlewick Pr.

Dot Grid: 200 Dotted Pages to Write, Sketch, Writing down Thoughts, Taking Notes, Drawing, Listing Ideas 8. 5 X 11. Julie Love Witcher. 2021. (ENG.). 202p. (J). pap. 12.99 *(978-0-7756-7816-1(3))* Lulu Pr., Inc.

Dot Grid Journal. Monica Popa. 2020. (ENG.). 208p. (YA). pap. 8.99 *(978-1-716-34526-5(X))* Lulu Pr., Inc.

Dot Grid Journal: Track Your Thoughts - 6 X 9 Inches - Cream Paper - Grey Dots - 150 Pages - Brown Glossy Cover. Pink Paws. 2021. (Dot Grid Journals). (ENG.). 158p. (YA). pap. 9.00 *(978-0-00-382014-0(9))* Indy Pub.

Dot Grid Journal: Track Your Thoughts - 6 X 9 Inches - Cream Paper - Place to Write the Date - Grey Dots - 180 Pages - Black Glossy Cover. Pink Paws. 2021. (Dot Grid Journals). (ENG.). 188p. (YA). pap. 9.25 *(978-1-02-912483-0(3))* Indy Pub.

Dot Grid Journal: Track Your Thoughts - 6 X 9 Inches - White Paper - Grey Dots - 120 Pages - Dusty Pink Glossy Cover. Pink Paws. 2021. (Dot Grid Journals). (ENG.). 128p. (YA). pap. 7.50 *(978-0-498-27468-8(3))* Indy Pub.

Dot Grid Notebook. Happy Dot's. 2021. (ENG.). 104p. (YA). pap. 8.99 *(978-1-716-20718-1(5))* Lulu Pr., Inc.

Dot Grid Notebook: 6x9 Journal with Dot Grid for Lists, Drawing, Making Graphs & More. Korey's World. 2022. (ENG.). 122p. (YA). pap. 8.99 *(978-1-4583-0311-0(X))* Lulu Pr., Inc.

Dot Grid Notebook: Amazing Notebook Bullet Dotted Grid - Dot Grid Journal for Drawing & Writing. Happy Dot's. 2021. (ENG.). 104p. (YA). pap. 8.99 *(978-1-716-21020-4(8))*; pap. 8.99 *(978-1-716-21463-9(7))* Lulu Pr., Inc.

Dot Grid Notebook: Amazing Notebook Bullet Dotted Grid Dot Grid Journal for Drawing & Writing. Happy Dot's. 2021. (ENG.). 104p. (YA). pap. 7.99 *(978-1-716-20148-6(9))*; pap. 7.99 *(978-1-716-20160-8(8))*; pap. 7.99 *(978-1-716-20189-9(6))*; pap. 7.99 *(978-1-716-20192-9(6))*; pap. 8.99 *(978-1-716-20195-0(0))*; pap. 8.99 *(978-1-716-20196-7(9))*; pap. 8.99 *(978-1-716-20205-6(1))*; pap. 8.99 *(978-1-716-20209-4(4))*; pap. 8.99 *(978-1-716-20432-6(1))*; pap. 7.99 *(978-1-716-23758-4(0))* Lulu Pr., Inc.

Dot Grid Notebook: Dotted Paper Journal, Notebook & Planner for Bullet Journaling, Artsy Lettering, Field Notes. Homer T. Raymond. 2020. (ENG.). 122p. (YA). pap. 9.99 *(978-1-716-35096-2(4))* Lulu Pr., Inc.

Dot Grid Notebook Abstract Notebook Large (8. 5 X 11 Inches) - Black Dotted Notebook/Journal 100 Dotted Pages. G. McBride. 2020. (ENG.). 102p. (YA). pap. 9.65 *(978-1-716-40727-7(3))* Lulu Pr., Inc.

Dot Invasion! Fun Connect the Dot Activity Book for 4 Year Old. Jupiter Kids. 2017. (ENG., Illus.). (J). pap. 9.20 *(978-1-5419-0979-3(8)*, Jupiter Kids (Childrens & Kids Fiction)) Speedy Publishing LLC.

Dot It Down: A Story of Life in the North-West (Classic Reprint) Alexander Begg. (ENG., Illus.). (J). 2018. 354p. 31.20 *(978-0-364-91426-7(2))*; 2017. pap. 13.57 *(978-0-259-40424-8(1))* Forgotten Bks.

Dot-Line 2020: A Futurist Connect the Dots Activity Book. Activibooks For Kids. 2016. (ENG., Illus.). (J). pap. 7.55 *(978-1-68321-880-7(9))* Mimaxion.

Dot Marker - Ocean Activity Workbook. Beth Costanzo. 2023. (ENG.). 30p. (J). pap. 8.99 ***(978-1-0881-0599-3(8))*** Adventures of Scuba Jack Pubs., The.

Dot Marker Alpaca Activity Book for Kids for Pre-K & Kindergarten. Beth Costanzo. 2022. (ENG.). 28p. (J). pap. 7.99 *(978-1-0880-2281-8(2))* Adventures of Scuba Jack Pubs., The.

Dot Marker Dinosaur Activity Workbook for Ages 2-6. Beth Costanzo. 2021. (ENG.). 26p. (J). pap. 7.99 *(978-1-0880-0133-2(5))* Adventures of Scuba Jack Pubs., The.

Dot Marker Sea Creatures - Activity Workbook. Beth Costanzo. 2023. (ENG.). 26p. (J). pap. 7.99 ***(978-1-0881-3811-3(X))*** Adventures of Scuba Jack Pubs., The.

Dot Markers Activity Book! Kindergarten, First & Second Grade. Ages 5-9. Beth Costanzo. 2021. (ENG.). 26p. (J). pap. 7.99 *(978-1-0879-9678-3(3))* Adventures of Scuba Jack Pubs., The.

Dot Markers Activity Book! under the a-B-Sea Learning Alphabet Letters Ages 3-5. Beth Costanzo. 2022. (ENG.). 28p. (J). pap. 6.99 ***(978-1-0880-5967-8(8))*** Adventures of Scuba Jack Pubs., The.

Dot Markers Farm Animals Activity Workbook. Beth Costanzo. 2023. (ENG.). 26p. (J). pap. 8.99 ***(978-1-0880-6825-0(1))*** Adventures of Scuba Jack Pubs., The.

Dot Markers Sea Life Activity Book for Kids: Dot Marker Activity Books for Children, Ocean Life Activity Book, Fish, Sea, Ocean Activity Book for Kids 3-5. Laura Bidden. l.t. ed. 2023. (ENG.). 32p. (J). pap. ***(978-0-612-49259-2(1))*** Christian Focus Pubns.

Dot Markers Shark Activity Workbook. Beth Costanzo. 2023. (ENG.). 26p. (J). pap. 8.99 ***(978-1-0879-8776-7(8))*** Adventures of Scuba Jack Pubs., The.

Dot Markers WINTER Activity Workbook for Ages 2-5. Beth Costanzo. 2023. (ENG.). 26p. (J). pap. 8.99 ***(978-1-0880-8944-6(5))*** Adventures of Scuba Jack Pubs., The.

Dot See the Picture yet! Connect the Dots Book. Activibooks For Kids. 2016. (ENG., Illus.). (J). pap. 7.55 *(978-1-68321-495-3(1))* Mimaxion.

Dot, Stripe, Squiggle. Illus. by Miriam Nerlove. 2018. (ENG.). 28p. (J). (gr. -1-1). bds. 9.99 *(978-1-56846-325-4(1)*, 19710, Creative Editions) Creative Co., The.

Dot the Bird. Howie Minsky. 2019. (Hello, Everglades! Ser.). (ENG., Illus.). 16p. (J). (gr. -1-2). pap. 11.36 *(978-1-5341-5725-5(5)*, 214150, Cherry Blossom Press) Cherry Lake Publishing.

Dot the Ladybug: Dot Day. Kallie George. Illus. by Stephanie Fizer Coleman. 2023. (My First I Can Read Ser.). (ENG.). 32p. (J). (gr. -1-3). 17.99 ***(978-0-06-313747-9(X))***; pap. 5.99 ***(978-0-06-313746-2(1))*** HarperCollins Pubs. (HarperCollins).

Dot the Rainbow Butterfly. Angel L J Aranha. 2019. (ENG.). 38p. (J). 14.95 *(978-1-64307-224-1(2))* Amplify Publishing Group.

Dot to Dot. Robin Mainnie & Carol Mainnie. 2022. (ENG.). 26p. (J). pap. *(978-1-3984-4682-3(3))* Austin Macauley Pubs. Ltd.

Dot to Dot: A Journey to Completeness. Smarter Activity Books for Kids. 2016. (ENG., Illus.). (J). pap. 9.22 *(978-1-68374-016-2(5))* Examined Solutions PTE. Ltd.

Dot to Dot: An Awesome Activity Book. Kreative Kids. 2016. (ENG., Illus.). (J). pap. 10.81 *(978-1-68377-106-7(0))* Whlke, Traudl.

Dot to Dot: Connect the Dots Activity Book. Kreative Kids. 2016. (ENG., Illus.). (J). pap. 10.81 *(978-1-68377-107-4(9))* Whlke, Traudl.

Dot to Dot: Fun for the Whole Family. Smarter Activity Books for Kids. 2016. (ENG., Illus.). (J). pap. 9.22 *(978-1-68374-017-9(3))* Examined Solutions PTE. Ltd.

Dot to Dot: My Tot's Connect the Dots Activity Book. Kreative Kids. 2016. (ENG., Illus.). (J). pap. 10.81 *(978-1-68377-108-1(7))* Whlke, Traudl.

Dot to Dot ABC's: Kids Dot to Dot Drawing Letters. Lillian Armstrong. 2021. (ENG.). 54p. (J). pap. ***(978-1-300-15510-2(8))*** Lulu Pr., Inc.

Dot to Dot Activity Book for Kids: Connect the Dots & Coloring Fun for Kids Ages 4-8. Teylan Borens. 2022. (ENG.). 124p. (J). pap. 9.99 ***(978-1-0880-6904-2(5))*** Indy Pub.

Dot to Dot Activity Book for Kids: Funny Animals (Connect the Dots Ultimate Fun) Work, Play & Learn Series Grade 1 Up. Baby Professor. 2017. (ENG., Illus.). (J). (gr. 1-4). pap. 13.00 *(978-1-5419-1008-9(7)*, Baby Professor (Education Kids)) Speedy Publishing LLC.

Dot-To-Dot Age 3-5 Wipe Clean Activity Book: Ideal for Home Learning (Collins Easy Learning Preschool) Collins Easy Learning. 2019. (Collins Easy Learning Preschool Ser.). (ENG.). 24p. (J). (gr. -1-k). 8.99 *(978-0-00-833582-3(6))* HarperCollins Pubs. Ltd. GBR. Dist: Independent Pubs. Group.

Dot to Dot Alphabet - Reading Book for Preschool Children's Reading & Writing Books. Baby Professor. 2017. (ENG., Illus.). (J). pap. 9.55 *(978-1-5419-2558-8(0)*, Baby Professor (Education Kids)) Speedy Publishing LLC.

Dot-To-Dot Alphabet & Letter Tracing for Kids Ages 4-6: A Fun & Interactive Workbook for Kids to Learn the Alphabet with Dot-To-dot Lines, Shapes, Pictures & Letter Practice - 100 Pages - 8. 5 X 11 Inch. Romney Nelson. 2020. (ENG.). 74p. (J). pap. *(978-1-922515-62-9(0))* Life Graduate, The.

Dot-To-Dot Ancient World: Join the Dots to Discover the Wonders of Antiquity, with up to 1098 Dots. Glyn Bridgewater. 2017. (Illus.). 96p. (J). (gr. -1-12). pap. 12.99 *(978-1-78019-511-7(7)*, Southwater) Anness Publishing GBR. Dist: National Bk. Network.

Dot to Dot & a to Z - Connect the Dots Activity Book. Activity Book Zone for Kids. 2016. (ENG., Illus.). (J). pap. 9.20 *(978-1-68376-137-2(5))* Sabeels Publishing.

Dot to Dot & Coloring Book for Toddlers - Puzzles Toddler Edition. Activibooks For Kids. 2016. (ENG., Illus.). (J). pap. 9.20 *(978-1-68321-125-9(1))* Mimaxion.

Dot to Dot & How to Draw Step by Step Activity Book. Cristie Publishing. 2021. (ENG.). 82p. (J). pap. 9.50 *(978-1-716-24259-5(2))* Lulu Pr., Inc.

Dot-To-Dot & Mazes: Over 100 Fun Puzzles! IglooBooks. 2023. (ENG.). 128p. (J). (gr. k). pap. 7.99 ***(978-1-83771-578-7(5))*** Igloo Bks. GBR. Dist: Simon & Schuster, Inc.

Dot to Dot & Opposites Activity Book for Kids. Bobo's Children Activity Books. 2016. (ENG., Illus.). (J). pap. 7.99 *(978-1-68327-420-9(2))* Sunshine In My Soul Publishing.

Dot-To-Dot Animals: With Stickers. Isadora Smunket. 2022. (ENG.). 32p. (J). (gr. -1-2). pap. 9.99 *(978-1-63761-080-0(7))* Imagine & Wonder.

Dot-To-Dot Bible Stories. Jo Moon. 2018. (ENG.). 96p. (J). pap. 9.99 *(978-1-78828-491-2(7)*, 8cc2b81e-d2f8-4879-82cd-f99fcde8dc40) Arcturus Publishing GBR. Dist: Baker & Taylor Publisher Services (BTPS).

Dot to Dot Book for Kids. Porto O'Karolyn. 2021. (ENG.). 106p. (J). pap. 5.99 *(978-1-716-08523-9(3))* Lulu Pr., Inc.

Dot to Dot Book for Kids: Connect the Dots & Coloring Books for Children, Toddlers. Moty M. Publisher. 2022. (ENG.). 96p. (J). pap. 10.99 *(978-1-915105-24-0(2))* Lulu Pr., Inc.

Dot to Dot Book for Kids Ages 4-8: Amazing & Fun Dot to Dot Puzzles for Kids Easy Kids Dot to Dot Workbook Boy & Girls Connect the Dots Activity Books. Hannelore C. Thomson. 2020. (ENG.). 104p. (J). pap. 5.99 *(978-1-716-30840-6(2))* Lulu Pr., Inc.

Dot to Dot Book for Kids Ages 4-8: Connect the Dots Book for Kids Age 4, 5, 6, 7, 8 100 PAGES Dot to Dot Books for Children Boys & Girls Connect the Dots Activity Books. Penelope Moore. 2022. (ENG.). 102p. (J). pap. 9.99 ***(978-1-80353-712-2(4))*** Baker & Taylor Bks.

Dot to Dot Book for Kids Ages 4-8: Connect the Dots for Kids, Coloring Book for Kids, Activity Book for Kids. Young Dreamers Press. Illus. by Fairy Crocs. 2021. (ENG.). 114p. (J). pap. *(978-1-990136-18-4(4))* EnemyOne.

Dot to Dot Book for Kids Ages 6-8: 101 Awesome Connect the Dots Books for Kids Age 3, 4, 5, 6, 7, 8 - Easy Fun Kids Dot to Dot Books Ages 4-6 3-8 3-5 6-8 (Boys & Girls Connect the Dots Activity Books) Scarlett Evans. 2020. (ENG.). 108p. (J). 14.99 *(978-1-954392-10-6(9))*; pap. 7.99 *(978-1-954392-11-3(7))* Kids Activity Publishing.

Dot to Dot Book for Kids Ages 6-8: 101 Awesome Connect the Dots Books for Kids Age 3, 4, 5, 6, 7, 8 Easy Fun Kids Dot to Dot Books Ages 4-6 3-8 3-5 6-8 (Boys & Girls Connect the Dots Activity Books) Scarlett Evans. 2021. (ENG.). 108p. (J). pap. 7.71 *(978-1-954392-23-6(0))* Kids Activity Publishing.

Dot to Dot Books Extreme Bundle Includes Two Extre, 2 vols. Speedy Publishing LLC Staff. 2016. (ENG., Illus.). 100p. (J). pap. 15.99 *(978-1-68326-019-6(8))* Speedy Publishing LLC.

Dot to Dot Books for Kids Ages 4-8: 101 Fun Connect the Dots Books for Kids Age 3, 4, 5, 6, 7, 8 - Easy Kids Dot to Dot Books Ages 4-6 3-8 3-5 6-8 (Boys & Girls Connect the Dots Activity Books) Jennifer L. Trace.

536 The check digit for ISBN-10 appears in parentheses after the full ISBN-13

2020. (ENG.). 108p. (J). pap. 7.33 *(978-1-946525-67-3(7))* Kids Activity Publishing.

Dot to Dot Books for Kids Ages 4-8. Connect the Dots Exercises of All the Animals & Insects of the World. Dot Activity Book for Boys & Girls. Speedy Kids. 2017. (ENG., Illus.). 200p. (J). pap. 12.26 *(978-1-5419-4811-2(4))* Speedy Publishing LLC.

Dot to Dot Books for Kids & Adults: The Book for Little Geniuses, Connect the Dots Books for Kids Age, 6, 7, 8,9,10,12for Adults Easy Kids Dot to Dot Books Ages 4-6 3-8 3-5 6-8 (Boys & Girls Connect the Dots Activity Books) Prince Milan Benton. 2021. (ENG.). 68p. (J). pap. 10.89 *(978-0-413-13873-6(9))*, Mosby Ltd.) Elsevier - Health Sciences Div.

Dot to Dot Books for Kids Bundle Includes Two Awes, 2 vols. Speedy Publishing LLC Staff. 2016. (ENG., Illus.). 100p. (J). pap. 15.99 *(978-1-68326-020-2(1))* Speedy Publishing LLC.

Dot to Dot by the Number Kids Picture Drawing Activity Book. Activity Book Zone for Kids. 2016. (ENG., Illus.). (J). pap. 7.55 *(978-1-68376-138-9(3))* Sabeels Publishing.

Dot to Dot Challenge Activity Book. Activity Book Zone. 2016. (ENG., Illus.). (J). pap. 9.20 *(978-1-68376-088-7(3))* Sabeels Publishing.

Dot to Dot Challenges to Rule Them All! a Kid Friendly Activity Book. Activity Book Zone for Kids. 2016. (ENG., Illus.). (J). pap. 7.55 *(978-1-68376-089-4(1))* Sabeels Publishing.

Dot to Dot Count & Colour 1 To 20. Illus. by Angela Hewitt. 2017. (ENG.). 32p. (J). pap. 4.99 *(978-1-78270-169-9(9))* Parkwest Pubns., Inc.

Dot to Dot Count To 10: 30 Colorable Pages, Ages 3 to 5, Preschool to Kindergarten, Connect the Dots; Numerical Order, Counting, & Fun Facts about Animals. Johnny B. Good. 2021. (ENG.). 72p. (J). pap. 10.99 *(978-1-6904-3730-7(8))*; pap. 19.98 *(978-1-6904-3729-1(4))* IIG Pub.

Dot to Dot Discovery! Connect the Dots Activity Book. Activity Book Zone for Kids. 2016. (ENG., Illus.). (J). pap. 9.20 *(978-1-68376-139-6(1))* Sabeels Publishing.

Dot to Dot, Doodling & Counting Activity Book for Kids. Bobo's Children Activity Books. 2016. (ENG., Illus.). (J). pap. 7.99 *(978-1-68327-438-4(5))* Sunshine In My Soul Publishing.

Dot to Dot Driver! Connect the Dots with Cars Activity Book. Kreative Kids. 2016. (ENG., Illus.). (J). pap. 10.81 *(978-1-68377-105-0(2))* Whlke, Traudl.

Dot-To-Dot Farm: With Stickers. Isadora Smunket. 2022. 32p. (J). (gr. -1-2). pap. 9.99 *(978-1-63761-081-7(5))* Imagine & Wonder.

Dot to Dot for Kids. Emily Twomey. 2022. (ENG.). 192p. (J). pap. 9.99 *(978-1-78055-835-6(X))*, Buster Bks.) O'Mara, Michael Bks., Ltd. GBR. Dist: Independent Pubs. Group.

Dot to Dot for Kids Ages 3-8. Dot To Dot Markers. 2020. (ENG.). 52p. (J). pap. *(978-1-716-98011-4(9))* Lulu Pr., Inc.

Dot to Dot for Kids Bundle - 4 Connect the Dots Puzzle Books for Children Ages 4-8, 3 vols. Jupiter Kids. 2019. (ENG.). 318p. (J). pap. 29.99 *(978-1-5419-6834-9(4))*, Jupiter Kids (Childrens & Kids Fiction)) Speedy Publishing LLC.

Dot to Dot for Relaxation for Adults. Creative Playbooks. 2016. (ENG., Illus.). (J). pap. 7.74 *(978-1-68323-275-9(5))* Twin Flame Productions.

Dot to Dot Fun for Adults. Activibooks. 2016. (ENG., Illus.). (J). pap. 9.20 *(978-1-68321-274-4(6))* Mimaxion.

Dot to Dot, Grid by Grid, That's the Way to Build Fine Motor Skills! Activity Book for 6 Year Old. Jupiter Kids. 2018. (ENG., Illus.). 106p. (J). pap. 12.55 *(978-1-5419-3807-6(0))*, Jupiter Kids (Childrens & Kids Fiction)) Speedy Publishing LLC.

Dot to Dot Hits the Spot! Connect the Dots Books for Teens. Jupiter Kids. 2018. (ENG., Illus.). 106p. (J). pap. 12.55 *(978-1-5419-3522-8(5))*, Jupiter Kids (Childrens & Kids Fiction)) Speedy Publishing LLC.

Dot-To-Dot House: With Stickers. Isadora Smunket. 2022. (ENG.). 32p. (J). (gr. -1-2). pap. 9.99 *(978-1-63761-082-4(3))* Imagine & Wonder.

Dot to Dot, Is That Spot? Animal Connect the Dots Book. Bobo's Children Activity Books. 2016. (ENG., Illus.). (J). pap. 9.33 *(978-1-68327-100-0(9))* Sunshine In My Soul Publishing.

Dot to Dot Journey Around the Pages Activity Book. Activibooks For Kids. 2016. (ENG., Illus.). (J). pap. 9.20 *(978-1-68321-275-1(4))* Mimaxion.

Dot-To-Dot: Mystery & Magic: Join the Dots to Discover a World of Enchantment. Jeni Child. 2017. (Illus.). 96p. (J). (gr. -1-12). pap. 12.99 *(978-1-78019-513-1(3))*, Southwater) Anness Publishing GBR. Dist: National Bk. Network.

Dot-To-Dot Natural World: Join the Dots to Discover Fascinating Scenes from Nature, with up to 1324 Dots. Glyn Bridgewater. 2017. (Illus.). 96p. (J). (gr. -1-12). pap. 12.99 *(978-1-78019-512-4(5))*, Southwater) Anness Publishing GBR. Dist: National Bk. Network.

Dot to Dot Pets: Dot to Dot Animals - a Fun & Educational Book with Pets for Boys & Girls. School K. Tedy. 2020. (ENG.). 94p. (J). pap. 9.99 *(978-1-716-35875-3(2))* Lulu Pr., Inc.

Dot to Dot, Puzzles, & Games Workbook Prek-Grade 1 - Ages 4 To 7. Baby Professor. 2017. (ENG., Illus.). (J). pap. 7.89 *(978-1-68368-054-3(5))*, Baby Professor (Education Kids)) Speedy Publishing LLC.

Dot to Dot Puzzles for a Road Trip. Puzzles Conceptis. 2019. (Puzzlewright Junior Dot-To-Dot Ser.: 3). (ENG.). 96p. (J). (gr. 2-6). pap. 7.95 *(978-1-4549-3156-0(6))*, Puzzlewright) Sterling Publishing Co., Inc.

Dot to Dot Puzzles for Adults. Creative Playbooks. 2016. (ENG., Illus.). (J). pap. 7.74 *(978-1-68323-283-4(6))* Twin Flame Productions.

Dot to Dot Puzzles for Grown Ups. Bobo's Adult Activity Books. 2016. (ENG., Illus.). (J). pap. 9.33 *(978-1-68327-099-7(1))* Sunshine In My Soul Publishing.

Dot to Dot Puzzles for the Weekend. Puzzles Conceptis. 2019. (Puzzlewright Junior Dot-To-Dot Ser.: 2). (ENG.). 96p. (J). (gr. 2-6). pap. 6.95 *(978-1-4549-3157-7(4))*, Puzzlewright) Sterling Publishing Co., Inc.

Dot-To-Dot Puzzles for Vacation. Conceptis Puzzles. 2018. (Puzzlewright Junior Dot-To-Dot Ser.: 1). (ENG.). 96p. (J). (gr. 2-6). pap. 6.95 *(978-1-4549-3023-5(3))*, Puzzlewright) Sterling Publishing Co., Inc.

Dot to Dot Republic - a Fun Activity Book for Summer. Jupiter Kids. 2018. (ENG., Illus.). 106p. (J). pap. 12.55 *(978-1-5419-3425-2(3))*, Jupiter Kids (Childrens & Kids Fiction)) Speedy Publishing LLC.

Dot-To-Dot School: With Stickers. Isadora Smunket. 2022. (ENG.). 32p. (J). (gr. -1-2). pap. 9.99 *(978-1-63761-083-1(1))* Imagine & Wonder.

Dot to Dot to Dot: A Kids Activity Book. Creative. 2016. (ENG., Illus.). (J). pap. 10.81 *(978-1-68323-483-8(9))* Twin Flame Productions.

Dot to Dot to Dot: Connect the Dots & Draw a Lot. Activity Book Zone for Kids. 2016. (ENG., Illus.). (J). pap. 9.20 *(978-1-68376-090-0(5))* Sabeels Publishing.

Dot-To-Dot: under the Sea: Join the Dots to Discover the World below the Waves & on the High Seas. Jeni Child. 2017. (Illus.). 96p. (J). (gr. -1-12). pap. 12.99 *(978-1-78019-514-8(1))*, Southwater) Anness Publishing GBR. Dist: National Bk. Network.

Dot-To-Dot with Animals Activity Book for Children (6x9 Coloring Book / Activity Book) Sheba Blake. 2020. (ENG.). 104p. (J). pap. 9.99 *(978-1-222-28420-1(0))* Indy Pub.

Dot-To-Dot with Animals Activity Book for Children (8. 5x8. 5 Coloring Book / Activity Book) Sheba Blake. 2020. (ENG.). 104p. (J). pap. 12.99 *(978-1-222-28761-5(7))* Indy Pub.

Dot-To-Dot with Animals Activity Book for Children (8x10 Coloring Book / Activity Book) Sheba Blake. 2020. (ENG.). 104p. (J). pap. 14.99 *(978-1-222-28421-8(9))* Indy Pub.

Dot-To-Dots. Julie Orr. 2019. (ENG., Illus.). 64p. (J). (gr. k-2). pap., wbk. ed. 4.49 *(978-1-58947-052-1(4))*, 3faefbfc-224e-40a9-87c2-09083af471ad) School Zone Publishing Co.

Dot to Dots for Christmas! Connect the Dots Activity Book Age 7. Jupiter Kids. 2018. (ENG., Illus.). 106p. (J). pap. 12.55 *(978-1-5419-3462-7(8))*, Jupiter Kids (Childrens & Kids Fiction)) Speedy Publishing LLC.

Dot Unplugged. Candlewick Press. Illus. by The Jim Henson Company. 2020. (Dot Ser.). (ENG.). 32p. (J). (gr. -1-1). 16.99 *(978-1-5362-0983-9(X))*, Candlewick Entertainment) Candlewick Pr.

Dotmeme. Mike A. Lancaster. 2018. (ENG.). 420p. (YA). (gr. 9-9). 17.99 *(978-1-5107-0807-5(3))*, Sky Pony Pr.) Skyhorse Publishing Co., Inc.

Dots & Boxes Game Activity Book. Cristie Publishing. 2020. (ENG.). 122p. (J). pap. 11.99 *(978-1-716-30828-4(3))* Lulu Pr., Inc.

Dots & Dogs: A Connect the Dots Activity Book. Activibooks For Kids. 2016. (ENG., Illus.). (J). pap. 7.55 *(978-1-68321-491-5(9))* Mimaxion.

Dots & Lines: Dot to Dot Adventure Book. Activity Book Zone for Kids. 2016. (ENG., Illus.). (J). pap. 7.55 *(978-1-68376-091-7(3))* Sabeels Publishing.

Dots & Lots More Fun! Connect the Dots for Children. Educando Kids. 2019. (ENG.). 42p. (J). pap. 8.55 *(978-1-64521-690-2(X))*, Educando Kids) Editorial Imagen.

Dots & Spots: A Super-Duper Squiggly Doodle & Drawing Book. Kelli Chipponeri & Ryan Hayes. 2020. (ENG., Illus.). 112p. (J). (gr. 1-3). pap. 14.99 *(978-1-63322-894-8(0))*, 333695, Walter Foster Jr) Quarto Publishing Group USA.

Dots & the Glass Door: Our House Book 3. Cameron MacKenzie Walser. Illus. by Jon J. Klassen. 2021. (ENG.). 32p. (J). pap. 9.25 *(978-1-7372594-2-8(7))* Bourg, Cameron.

Dots & You: A Connect the Dots Activity Book. Activity Book Zone for Kids. 2016. (ENG., Illus.). (J). pap. 7.55 *(978-1-68376-092-4(1))* Sabeels Publishing.

Dot's Barnyard Caper. Cathy Stewart. 2016. (ENG., Illus.). 26p. (J). pap. 9.99 *(978-0-692-06071-1(5))* Stewart, Cathy L.

Dots, Dots, & More Dots! Connect the Dots Activity Book. Activibooks For Kids. 2016. (ENG., Illus.). (J). pap. 7.55 *(978-1-68321-478-6(1))* Mimaxion.

Dots, Dots & More Dots! Dot to Dot Puzzle Book. Speedy Kids. 2017. (ENG., Illus.). (J). pap. 9.20 *(978-1-5419-0965-6(8))* Speedy Publishing LLC.

Dots Everywhere! a Kid's Connect the Dots Activity Book. Activity Book Zone for Kids. 2016. (ENG., Illus.). (J). pap. 7.55 *(978-1-68376-093-1(X))* Sabeels Publishing.

Dots for Tots! Connect the Dots Activity Book. Kreative Kids. 2016. (ENG., Illus.). (J). pap. 10.81 *(978-1-68377-109-8(5))* Whlke, Traudl.

Dots Galore! Connect the Dots Activity Book. Creative. 2016. (ENG., Illus.). (J). pap. 10.81 *(978-1-68323-491-3(X))* Twin Flame Productions.

Dots Galore! Kid Dot to Dot Activity Book. Activity Book Zone for Kids. 2016. (ENG., Illus.). (J). pap. 7.55 *(978-1-68376-094-8(8))* Sabeels Publishing.

Dots, Mazes & Differences Activity Book 8 Year Old. Educando Kids. 2019. (ENG.). 42p. (J). pap. 8.55 *(978-1-64521-769-5(8))*, Educando Kids) Editorial Imagen.

Dot's Pot. Amani Uduman. 2021. (ENG.). 36p. (J). pap. *(978-1-922550-41-5(8))* Library For All Limited.

Dot's Pot - Linda Nia Vazu. Amani Uduman. 2021. (TET.). 36p. (J). pap. *(978-1-922591-41-8(6))* Library For All Limited.

Dots to Details: Connect the Dots Activity Book. Kreative Kids. 2016. (ENG., Illus.). (J). pap. 10.81 *(978-1-68377-110-4(9))* Whlke, Traudl.

Dotted Drawings: Connect the Dots Activity Book. Kreative Kids. 2016. (ENG., Illus.). (J). pap. 10.81 *(978-1-68377-111-1(7))* Whlke, Traudl.

Dotted Wonderland! a Connect the Dots Activity Book. Smarter Activity Books for Kids. 2016. (ENG., Illus.). (J). pap. 8.99 *(978-1-68374-260-9(5))* Examined Solutions PTE. Ltd.

Dottie Sprinkles: Fairy Special Fall Festival. Pamela Burba & Cheryl Goodwill. 2017. (ENG., Illus.). 44p. (J). pap. 19.45 *(978-1-4808-5580-9(4))*; (gr. 1-4). 25.95 *(978-1-4808-5581-6(2))* Archway Publishing.

Dottie Sprinkles: Fairy Special Ice Cream Shop. Pamela Burba. 2017. (ENG., Illus.). (J). (gr. 1-4). 25.95 *(978-1-4808-4393-6(8))*; pap. 19.45 *(978-1-4808-4395-0(4))* Archway Publishing.

Dotting the Pictures: Connect the Dots Activity Book. Kreative Kids. 2016. (ENG., Illus.). (J). pap. 10.81 *(978-1-68377-112-8(5))* Whlke, Traudl.

Dottings of a Lounger (Classic Reprint) Frank Fowler. 2017. (ENG., Illus.). (J). 27.82 *(978-0-260-90741-7(3))*; pap. 10.57 *(978-1-5280-5640-3(X))* Forgotten Bks.

Dotto! Fun Animals Dot to Dot Puzzles for Kids. Speedy Kids. 2017. (ENG., Illus.). (J). pap. 9.20 *(978-1-5419-0947-2(X))* Speedy Publishing LLC.

Dotty. Paola Opal. 2021. (Simply Small Ser.). (ENG.). 24p. (J). (gr. -1 — 1). bds. 6.95 *(978-1-77229-042-4(4))* Simply Read Bks. CAN. Dist: Ingram Publisher Services.

Dotty & the Calendar House Key. Emma Warner-Reed. 2016. (Dotty Ser.: Vol. 1). (ENG., Illus.). (J). (gr. 3-6). pap. *(978-0-9955662-1-7(6))* Calendar Hse. Pr.

Dotty & the Calendar House Key: (a Magical Fantasy Adventure Mystery for 8-12 Year Olds) Emma Warner-Reed. 2019. (Dotty Ser.: Vol. 1). (ENG.). 248p. (J). (gr. 3-6). pap. *(978-0-9955662-8-6(3))* Calendar Hse. Pr.

Dotty & the Chimney Thief. Emma Warner-Reed. 2016. (Dotty Ser.: Vol. 2). (ENG., Illus.). iv, 212p. (J). (gr. 3-6). pap. *(978-0-9955662-0-0(8))* Calendar Hse. Pr.

Dotty & the Dream Catchers. Emma Warner-Reed. 2017. (Dotty Ser.: Vol. 3). (ENG., Illus.). (J). pap. *(978-0-9955662-7-9(5))* Calendar Hse. Pr.

Dotty & the Dream Catchers: A Magical Fantasy Adventure for 8-12 Year Olds. Emma Warner-Reed. 2017. (ENG., Illus.). (J). pap. *(978-0-9955662-6-2(7))* Calendar Hse. Pr.

Dotty Detective (Dotty Detective, Book 1) Clara Vulliamy. 2017. (Dotty Detective Ser.: 1). (ENG.). 176p. (J). 4.99 *(978-0-00-824370-8(0))*, HarperCollins Children's Bks.) HarperCollins Pubs. Ltd. GBR. Dist: HarperCollins Pubs.

Dotty Dimple at Her Grandmother's. Sophie May. 2018. (ENG., Illus.). 90p. (YA). (gr. 7-12). pap. *(978-93-5297-344-6(5))* Alpha Editions.

Dotty Dimple at Her Grandmother's (Classic Reprint) Sophie May. 2018. (ENG., Illus.). 200p. (J). 28.02 *(978-0-666-91730-0(2))* Forgotten Bks.

Dotty Dimple at Home. Sophie May. 2018. (ENG., Illus.). 76p. (YA). (gr. 7-12). pap. *(978-93-5297-345-3(3))* Alpha Editions.

Dotty Dimple at Home (Classic Reprint) Sophie May. 2018. (ENG., Illus.). 190p. (J). 27.82 *(978-0-267-24319-8(7))* Forgotten Bks.

Dotty Dimple at Play. Sophie May. 2018. (ENG., Illus.). 80p. (YA). (gr. 7-12). pap. *(978-93-5297-346-0(1))* Alpha Editions.

Dotty Dimple at Play (Classic Reprint) Sophie May. 2018. (ENG., Illus.). 204p. (J). 28.10 *(978-0-267-14995-7(6))* Forgotten Bks.

Dotty Dimple at School (Classic Reprint) Sophie May. 2018. (ENG., Illus.). 208p. (J). 28.19 *(978-0-267-25928-1(X))* Forgotten Bks.

Dotty Dimple Out West. Sophie May. 2018. (ENG.). 84p. (J). pap. *(978-93-5297-347-7(X))* Alpha Editions.

Dotty Dimple's Flyaway. Sophie May. 2018. (ENG., Illus.). 90p. (YA). (gr. 7-12). pap. *(978-93-5297-348-4(8))* Alpha Editions.

Dotty Dimple's Flyaway (Classic Reprint) Sophie May. 2018. (ENG., Illus.). 218p. (J). 28.27 *(978-0-483-91632-6(3))* Forgotten Bks.

Dotty Lends a Dream. Catherine Mary Brown. Illus. by Catherine Mary Brown. 2022. (ENG.). 22p. (J). pap. ***(978-1-80227-796-8(X))*** Publishing Push Ltd.

Dotty on the Potty. Claudia Merandi. Illus. by Stephanie Gibadlo. 2019. (ENG.). 34p. (J). pap. 10.99 ***(978-1-7335264-7-0(1))*** JEBWizard Publishing.

Dotty Series: The Complete Books 1-3: a Dotty Series Compendium. Emma Warner-Reed. 2019. (Dotty Ser.: Vol. 5). (ENG.). 698p. (J). pap. *(978-0-9955662-9-3(1))* Calendar Hse. Pr.

Dotty the Little Potty. Oscar Klass. 2023. (ENG.). 30p. (J). pap. ***(978-1-80369-853-3(5))*** Authors OnLine, Ltd.

Dotty's First Book: Colours, Shapes, Numbers. Becky Baur. 2017. (ENG., Illus.). 16p. (J). (gr. -1-k). bds. 12.95 *(978-0-500-65107-0(8))*, 565107) Thames & Hudson.

Dotwav. Mike A. Lancaster. (ENG.). 2017. 456p. (YA). (gr. 7-7). pap. 9.99 *(978-1-5107-2659-8(4))*; 2016. 448p. (J). (gr. 6-6). 17.99 *(978-1-5107-0404-6(3))* Skyhorse Publishing Co., Inc. (Sky Pony Pr.).

Doty Dontcare: A Story of the Garden of the Antilles (Classic Reprint) Mary Farrington Foster. (ENG., Illus.). (J). 2018. 190p. 27.84 *(978-0-484-25052-8(3))*; 2016. pap. 10.57 *(978-1-334-71674-4(9))* Forgotten Bks.

Double Agent: Searching for Spymaster Z. Brian Hawkins. Illus. by Anthony Pugh. 2021. (Agent Danger Ser.). (ENG.). 144p. (J). (gr. 3-4). pap. 7.99 *(978-1-63163-527-4(1))*; lib. bdg. 25.70 *(978-1-63163-526-7(3))* North Star Editions. (Jolly Fish Pr.).

Double Axel or Nothing. Anita Saxena. 2022. (ENG.). 194p. (YA). pap. 12.99 *(978-1-6629-2040-0(7))* Gatekeeper Pr.

Double Barrelled Detective Story. Mark Twain, pseud. 2022. (ENG.). 44p. (J). pap. ***(978-1-387-90987-2(8))*** Lulu Pr., Inc.

Double Barrelled Detective Story (Classic Reprint) Twain. 2016. (ENG., Illus.). (J). pap. 10.57 *(978-1-334-14946-7(1))* Forgotten Bks.

Double Barrelled Detective Story (Classic Reprint) Mark Twain, pseud. 2017. (ENG., Illus.). (J). 28.04 *(978-0-265-45126-7(4))* Forgotten Bks.

Double Bass Blues. Andrea J. Loney. Illus. by Rudy Gutierrez. 2019. 32p. (J). (gr. -1-3). 18.99 *(978-1-5247-1852-7(1))*, Knopf Bks. for Young Readers) Random Hse. Children's Bks.

Double Challenge: Being LGBTQ & a Minority. Rebecca Kaplan & Avery Kaplan. 2019. (LGBTQ Life Ser.). (Illus.). 96p. (J). (gr. 12). lib. bdg. 34.60 *(978-1-4222-4276-6(5))* Mason Crest.

Double Clique: a Wish Novel. Anna Staniszewski. 2021. (ENG.). 240p. (J). (gr. 3-7). pap. 6.99 *(978-1-338-68029-4(3))* Scholastic, Inc.

Double Cross. Donovan Bixley. 2019. (Flying Furballs Ser.: 6). (Illus.). 112p. (J). (gr. 2-4). pap. 9.99 *(978-1-988516-17-2(X))* Upstart Pr. NZL. Dist: Independent Pubs. Group.

Double Cross. Beth McMullen. 2019. (Mrs. Smith's Spy School for Girls Ser.: 3). (ENG., Illus.). 272p. (J). (gr. 4-8). 18.99 *(978-1-4814-9026-9(5))*, Aladdin) Simon & Schuster Children's Publishing.

Double Cross: Deception Techniques in War. Paul B. Janeczko. 2017. (ENG., Illus.). 256p. (J). (gr. 5-9). 16.99 *(978-0-7636-6042-0(6))* Candlewick Pr.

Double Dare You. Meredith Costain. Illus. by Danielle McDonald. 2017. (Ella Diaries Ser.: 1). 144p. (J). pap. 5.99 *(978-1-61067-520-8(7))* Kane Miller.

Double Dealer, Vol. 1 (Classic Reprint) Julius Weis Friend. 2017. (ENG., Illus.). (J). 35.53 *(978-0-331-83620-2(3))* Forgotten Bks.

Double-Decker & Other Strange Bus Designs Coloring Book. Activity Book Zone for Kids. 2016. (ENG., Illus.). (J). pap. 9.20 *(978-1-68376-461-8(7))* Sabeels Publishing.

Double-Decker Playbus Colouring Book. Sue Wickstead. 2021. (ENG., Illus.). 40p. (J). pap. *(978-1-9163923-2-8(6))* Wickstead, Sue.

Double-Digit Addition Workbook Math Grade 2 Children's Math Books. Baby Professor. 2017. (ENG., Illus.). (J). pap. 9.25 *(978-1-5419-0423-1(0))*, Baby Professor (Education Kids)) Speedy Publishing LLC.

Double Digit Garrett: Night of the Moon Attack. Mary Lee Gutwein. 2023. (ENG.). 46p. (J). pap. 15.99 ***(978-1-960752-71-0(5))*** WorkBk. Pr.

Double-Digit Numbers for Budding Mathematicians - Math Books for 1st Graders Children's Math Books. Baby Professor. 2017. (ENG., Illus.). (J). pap. 9.55 *(978-1-5419-2784-1(2))*, Baby Professor (Education Kids)) Speedy Publishing LLC.

Double Dino Trouble. Diana Aleksandrova. Illus. by Svilen Dimitrov. 2021. (Dino Trouble Ser.). (ENG.). 112p. (J). 15.99 ***(978-1-953118-12-7(7))***; pap. 7.90 ***(978-1-953118-13-4(5))*** Dedoni.

Double Dog Dare. Ian Boothby. ed. 2021. (Sparks! Ser.). (ENG., Illus.). 203p. (J). (gr. 2-3). 24.96 *(978-1-64697-656-0(8))* Penworthy Co., LLC, The.

Double, Double, Twins & Trouble. Luna Graves. 2022. (Witches of Peculiar Ser.: 1). (ENG.). 144p. (J). (gr. 2-5). 17.99 *(978-1-6659-0623-4(5))*; pap. 7.99 *(978-1-6659-1426-0(2))* Simon & Schuster Children's Publishing. (Aladdin).

Double Down. Gwenda Bond. 2016. (Lois Lane Ser.). (ENG.). 384p. (YA). (gr. 9-12). 16.95 *(978-1-63079-038-7(9))*, 130898, Switch Pr.) Capstone.

Double Down. Jeff Kinney. 2016. (Diary of a Wimpy Kid Ser.: Bk. 11). (ENG., Illus.). 224p. (J). (gr. 3-7). E-Book 13.49 *(978-1-61312-992-0(0))*, Amulet Bks.) Abrams, Inc.

Double Down. Jeff Kinny. 2016. (Diary of a Wimpy Kid Ser.). (ENG.). 224p. (J). 26.95 *(978-1-6903-1984-9(4))* Turtleback Bks. Publishing, Ltd.

Double Down. Jeff Kinney. ed. 2016. (Diary of a Wimpy Kid Ser.: 11). (J). lib. bdg. 25.70 *(978-0-606-38998-3(9))* Turtleback.

Double down (Diary of a Wimpy Kid #11) Jeff Kinney. 2016. (Diary of a Wimpy Kid Ser.). (ENG.). 224p. (J). (gr. 3-7). 14.99 *(978-1-4197-4197-5(7))* Abrams, Inc.

Double down (Diary of a Wimpy Kid #11 B&N Signed Copies) Jeff Kinney. 2016. (Diary of a Wimpy Kid Ser.). 224p. (J). (gr. 3-7). 13.95 *(978-1-4197-2590-6(4))*, Amulet Bks.) Abrams, Inc.

Double down (Diary of a Wimpy Kid #11 First Book Edition) Jeff Kinney. 2016. (Diary of a Wimpy Kid Ser.). 224p. (J). (gr. 3-7). pap. 2.00 *(978-1-4197-2451-0(7))*, Amulet Bks.) Abrams, Inc.

Double down (Diary of a Wimpy Kid #11 Target Exclusive Edition) Jeff Kinney. 2016. (Diary of a Wimpy Kid Ser.). 224p. (J). (gr. 3-7). 13.95 *(978-1-4197-2593-7(9))*, Amulet Bks.) Abrams, Inc.

Double Duel, or Hoboken, Vol. 1 of 3 (Classic Reprint) Theodore S. Fay. (ENG., Illus.). (J). 2018. 284p. 29.75 *(978-0-267-35500-6(9))*; 2016. pap. 13.57 *(978-1-334-17186-4(6))* Forgotten Bks.

Double Eagles (Classic Reprint) Mark S. Gross. 2017. (ENG., Illus.). (J). 29.67 *(978-1-5284-7251-7(9))* Forgotten Bks.

Double Exposure. Bridget Birdsall. alt. ed. 2016. (ENG.). 284p. (J). (gr. 6-6). pap. 9.99 *(978-1-5107-1158-7(9))*, Sky Pony Pr.) Skyhorse Publishing Co., Inc.

Double Fault. Jerry B. Jenkins & Chris Fabry. 2020. (Red Rock Mysteries Ser.: 7). (ENG.). 256p. (J). pap. 6.99 *(978-1-4964-4243-7(1))*, 20_33652, Tyndale Kids) Tyndale Hse. Pubs.

Double Gifted. Douglas Palma. 2020. (ENG.). 188p. (YA). pap. 16.95 *(978-1-64584-918-6(X))* Page Publishing Inc.

Double Golden Chains with Blazing Diamonds Strung (Classic Reprint) Henry Hampton Hyder. (ENG., Illus.). (J). 2017. 160p. 27.20 *(978-0-332-99476-5(7))*; 2016. pap. 9.57 *(978-1-333-77249-9(1))* Forgotten Bks.

Double Harness (Classic Reprint) Anthony Hope. 2018. (ENG., Illus.). 438p. (J). 32.93 *(978-0-332-80790-4(8))* Forgotten Bks.

Double Jeopardy, Self-Incrimination, & Due Process of Law: The Fifth Amendment, 1 vol. John Rokutani. 2017. (Bill of Rights Ser.). (ENG.). 48p. (gr. 5-6). lib. bdg. 29.60 *(978-0-7660-8557-2(0))*, 8e251f7e-a406-44d56-b3ed-0e9b998a2a2d) Enslow Publishing, LLC.

Double Knot, Vol. 1 Of 3: A Novel (Classic Reprint) George Manville Fenn. 2018. (ENG., Illus.). 258p. (J). 29.24 *(978-0-483-77257-1(7))* Forgotten Bks.

Double Knot, Vol. 2 Of 3: A Novel (Classic Reprint) George Manville Fenn. 2018. (ENG., Illus.). 254p. (J). 29.16 *(978-0-484-24539-5(2))* Forgotten Bks.

Double Knot, Vol. 3 Of 3: A Novel (Classic Reprint) George Manville Fenn. (ENG., Illus.). (J). 2018. 272p. 29.53 *(978-0-483-99247-4(X))*; 2016. pap. 11.97 *(978-1-333-43136-5(8))* Forgotten Bks.

Double Life: A Novel (Classic Reprint) Grant Richards. 2018. (ENG., Illus.). 312p. (J). 30.33 *(978-0-428-97107-6(5))* Forgotten Bks.

Double Life of Danny Day. Mike Thayer. 2021. (ENG., Illus.). 320p. (J). 16.99 *(978-1-250-77099-8(8))*, 900233848) Feiwel & Friends.

Double Life of Danny Day. Mike Thayer. 2023. (ENG.). 336p. (J). pap. 8.99 *(978-1-250-83274-0(8))*, 900233849) Square Fish.

D

Double Life, or Starr Cross: An Hypnotic Romance (Classic Reprint) Herbert E. Chase. (ENG., Illus.). (J). 2018. 306p. 30.21 *(978-0-666-25613-3(6))*; 2017. pap. 13.57 *(978-0-259-84218-7(4))* Forgotten Bks.
Double Marriage, Vol. 1 Of 3: A Novel (Classic Reprint) A. Crawford. 2018. (ENG., Illus.). 306p. (J). 30.23 *(978-0-483-99097-5(3))* Forgotten Bks.
Double Marriage, Vol. 2 Of 3: A Novel (Classic Reprint) A. Crawford. 2018. (ENG., Illus.). 304p. (J). 30.19 *(978-0-483-44758-5(7))* Forgotten Bks.
Double Marriage, Vol. 3 Of 3: A Novel (Classic Reprint) A. Crawford. 2018. (ENG., Illus.). 308p. (J). 30.27 *(978-0-484-00085-7(3))* Forgotten Bks.
Double Murder in Eastern Ohio. D. J Cotten. 2019. (ENG.). 112p. (YA). pap. 13.95 *(978-1-68456-854-3(4))* Page Publishing Inc.
Double Negative. Susan Marshall. 2021. (ENG.). 324p. (J). pap. *(978-0-3695-0457-9(7))* Evernight Publishing.
Double o Stephen & the Ghostly Realm. Angela Ahn. (ENG.). 320p. (J). (gr. 4-7). 2023. pap. 8.99 ***(978-0-7352-6829-6(0))***; 2022. 17.99 *(978-0-7352-6827-2(4))* Tundra Bks. CAN. (Tundra Bks.). Dist: Penguin Random Hse. LLC.
Double or Nothing. Brooke Carter. 2020. (Orca Soundings Ser.). (ENG.). 152p. (YA). (gr. 8-12). pap. 10.95 *(978-1-4598-2381-5(8))* Orca Bk. Pubs. USA.
Double or Nothing: A Makers Story about 3D Printing. Catherine Daly. Illus. by Tammie Lyon. 2018. (Makers Make It Work Ser.). 32p. (J). (gr. k-3). pap. 6.99 *(978-1-57565-989-3(1)*, 1b82b37e-f971-49a5-bd2a-c3b5e07aa673, Kane Press) Astra Publishing Hse.
Double or Nothing with the Two & Only Kelly Twins. Johanna Hurwitz. Illus. by Tuesday Mourning. (ENG.). 80p. (J). (gr. 1-4). 2019. pap. 4.99 *(978-1-5362-0372-1(6))*; 2017. 14.99 *(978-0-7636-8808-0(8))* Candlewick Pr.
Double Play: Baseball Genius 2. Tim Green & Derek Jeter. 2018. (Jeter Publishing Ser.). (ENG., Illus.). 352p. (J). (gr. 3-7). 17.99 *(978-1-5344-0668-1(9)*, Aladdin) Simon & Schuster Children's Publishing.
Double Play: Baseball Genius 2. Tim Green & Derek Jeter. 2019. (Jeter Publishing Ser.). (ENG.). 352p. (J). (gr. 3-7). pap. 8.99 *(978-1-5344-0669-8(7)*, Simon & Schuster/Paula Wiseman Bks.) Simon & Schuster/Paula Wiseman Bks.
Double Play a Story of School & Baseball (Classic Reprint) Ralph Henry Barbour. 2018. (ENG., Illus.). 336p. (J). 30.83 *(978-0-267-16142-3(5))* Forgotten Bks.
Double Puppy Trouble. Danica McKellar. Illus. by Josée Masse. 2022. (McKellar Math Ser.). 40p. (J). (gr. -1-2). 17.99 *(978-1-101-93386-2(0))*; (ENG.). lib. bdg. 20.99 *(978-1-101-93387-9(9))* Random Hse. Children's Bks. (Crown Books For Young Readers).
Double Rainbow: Sanjay Has Two Moms. Shakeema Funchess. 2023. (Adventures of Sanjay Ser.: Vol. 2). (ENG.). 46p. (J). pap. 20.00 ***(978-1-0881-6092-3(1))*** Indy Pub.
Double-Runner Club: Or the Lively Boys of Rivertown (Classic Reprint) Benjamin Penhallow Shillaber. 2018. (ENG., Illus.). 328p. (J). 30.66 *(978-0-483-51859-9(X))* Forgotten Bks.
Double Scribble. Jake Maddox. Illus. by Jesus Aburto. 2017. (Jake Maddox Graphic Novels Ser.). (ENG.). 72p. (J). (gr. 3-8). lib. bdg. 26.65 *(978-1-4965-3701-0(7)*, 132940, Stone Arch Bks.) Capstone.
Double Shuffle (Classic Reprint) Henry Oldham Hanlon. 2018. (ENG., Illus.). 24p. (J). 24.39 *(978-0-483-99345-7(X))* Forgotten Bks.
Double Story. George MacDonald. 2017. (ENG., Illus.). (J). pap. *(978-0-649-15133-2(X))* Trieste Publishing Pty Ltd.
Double Story (Classic Reprint) George MacDonald. 2017. (ENG., Illus.). (J). 28.85 *(978-0-265-51189-3(5))* Forgotten Bks.
Double Take! a New Look at Opposites. Susan Hood. Illus. by Jay Fleck. 2017. (ENG.). 32p. (J). (gr. -1-2). 18.99 *(978-0-7636-7291-1(2))* Candlewick Pr.
Double the Danger & Zero Zucchini. Betsy Uhrig. 2020. (ENG.). 304p. (J). (gr. 3-7). 17.99 *(978-1-5344-6765-1(3)*, McElderry, Margaret K. Bks.) McElderry, Margaret K. Bks.
Double the Dinosaurs. Diana Murray. ed. 2020. (Step into Reading Ser.). (ENG., Illus.). 32p. (J). (gr. k-1). 14.96 *(978-1-64697-451-1(4))* Penworthy Co., LLC, The.
Double Thread (Classic Reprint) Ellen Thorneycroft Fowler. 2018. (ENG., Illus.). 386p. (J). 31.86 *(978-0-428-94563-3(5))* Forgotten Bks.
Double Trouble. Illus. by Sarah Dyer. 2020. (ENG.). 32p. (J). (gr. -1-17). 16.99 *(978-1-84976-659-3(2))* Tate Publishing, Ltd. GBR. Dist: Abrams, Inc.
Double Trouble. Lyn Kang. 2023. (Figuring Life Out Ser.). (ENG.). 32p. (J). (gr. 4-7). pap. 8.99 ***(978-981-5044-45-4(1))*** Marshall Cavendish International (Asia) Private Ltd. SGP. Dist: Independent Pubs. Group.
Double Trouble. Suzanne Brooks Kuhn. 2017. (ENG., Illus.). 192p. (J). 14.99 *(978-1-943785-22-3(8)*, 6a1cd02a-8d0e-4cd5-9724-047263757f7d) Rabbit Pubs.
Double Trouble, 1 vol. Joanne Levy. 2019. (Orca Currents Ser.). (ENG.). 144p. (J). (gr. 4-7). pap. 9.95 *(978-1-4598-2133-0(5))* Orca Bk. Pubs. USA.
Double Trouble. Jonathan Roth. Illus. by Jonathan Roth. 2018. (Beep & Bob Ser.: 4). (ENG., Illus.). 128p. (J). (gr. 1-4). 16.99 *(978-1-4814-8862-4(7))*; pap. 5.99 *(978-1-4814-8861-7(9))* Simon & Schuster Children's Publishing. (Aladdin).
Double Trouble. Jayne Stennett. 2019. (ENG.). 54p. (J). pap. *(978-1-913179-01-4(X))* UK Bk. Publishing.
Double Trouble. Dawn Thompson. 2017. (ENG.). (J). 14.95 *(978-1-63177-614-4(2))* Amplify Publishing Group.
Double Trouble. Bill Yu. Illus. by Eduardo and Sebastian Garcia. 2021. (Get in the Game Set 2 Ser.). (ENG.). 32p. (J). (gr. 3-3). pap. 9.95 *(978-1-64494-479-0(0)*, Graphic Planet) ABDO Publishing Co.
Double Trouble. Bill Yu. Illus. by Eduardo Garcia & Sebastian Garcia. 2020. (Get in the Game Ser.). (ENG.). 24p. (J). (gr. 3-8). lib. bdg. 32.79 *(978-1-5321-3830-0(X)*, 35270, Graphic Planet - Fiction) Magic Wagon.
Double Trouble. Kate Howard. ed. 2018. (Lego Chapter Ser.). (ENG.). 68p. (J). (gr. 1-3). 9.00 *(978-1-64310-427-0(6))* Penworthy Co., LLC, The.
Double Trouble, 4. Jonathan Roth. ed. 2019. (Beep & Bob Ser.). (ENG.). 104p. (J). (gr. 2-3). 15.59 *(978-0-87617-989-5(8))* Penworthy Co., LLC, The.
Double Trouble: A Principal Possessed. Jason M. Burns. Illus. by Dustin Evans. 2023. (Nightmares of Nightmute Ser.: 6). (ENG.). 32p. (J). (gr. 4-8). pap. 14.21 *(978-1-6689-2094-7(8)*, 222072); lib. bdg. 32.07 *(978-1-6689-1992-7(3)*, 221970) Cherry Lake Publishing. (Torch Graphic Press).
Double Trouble at Pioneer Tunnel. Marsha Hubler. 2021. (ENG.). 160p. (YA). pap. 9.99 *(978-1-64949-362-0(2))* Elk Lake Publishing, Inc.
Double Trouble at the Pioneer Tunnel. Marsha Hubler. 2021. (ENG.). 160p. (J). pap. 9.99 *(978-1-64949-361-3(4))* Elk Lake Publishing, Inc.
Double Trouble: d-Bot Squad 3. Mac Park. Illus. by James Hart. 2018. (D-Bot Squad Ser.: 3). (ENG.). 80p. (J). (gr. k-2). pap. 8.99 *(978-1-76029-599-8(X))* Allen & Unwin AUS. Dist: Independent Pubs. Group.
Double Trouble Halloween. Sandy Heitmeier Thompson. 2019. (ENG., Illus.). 38p. (J). (gr. -1-3). 13.95 *(978-1-64559-491-8(2))*; 23.95 *(978-1-63630-823-4(6))* Covenant Bks.
Double Trouble in Bugland. William Kotzwinkle. Illus. by Joe Servello. 2016. (ENG.). 190p. (J). pap. 14.95 *(978-1-56792-564-7(2))* Godine, David R. Pub.
Double Trouble in Hodag Country. Pamela Hillan & Penelope Dyan. 2021. (ENG.). 96p. (YA). pap. 9.50 *(978-1-61477-560-7(5))* Bellissima Publishing, LLC.
Double Trouble, or Every Hero His Own Villain (Classic Reprint) Herbert Quick. 2018. (ENG., Illus.). 364p. (J). 31.40 *(978-0-364-38236-3(8))* Forgotten Bks.
Double Trouble Society. Carrie Hope Fletcher. (Illus.). 288p. (J). (gr. 4-6). 2023. 12.99 ***(978-0-241-55892-8(1))***; 2022. 24.99 ***(978-0-241-55890-4(5))*** Penguin Bks., Ltd. GBR. (Puffin). Dist: Independent Pubs. Group.
Double Trouble Society & the Worst Curse. Carrie Hope Fletcher. 2023. 256p. (J). (gr. 4-7). 23.99 ***(978-0-241-55895-9(6))***; 24.99 ***(978-0-241-55894-2(8))*** Penguin Bks., Ltd. GBR. (Puffin). Dist: Independent Pubs. Group.
Double Wedding, Vol. 1 of 3 (Classic Reprint) Eliza Tabor. (ENG., Illus.). (J). 2018. 320p. 30.50 *(978-0-656-34989-0(1))*; 2017. pap. 13.57 *(978-0-243-44446-3(4))* Forgotten Bks.
Doublecross: (and Other Skills I Learned As a Superspy) Jackson Pearce. 2016. (ENG.). 304p. (J). pap. 8.99 *(978-1-61963-939-3(4)*, 900152561, Bloomsbury USA Childrens) Bloomsbury Publishing USA.
Doublecross: (And Other Skills I Learned As a Superspy) Jackson Pearce. ed. 2016. (J). lib. bdg. 18.40 *(978-0-606-38555-8(X))* Turtleback.
Doubles. Jennifer Liss. 2023. (White Lightning Mysteries Ser.). (ENG.). 80p. (J). (gr. 6-8). pap. 10.95 ***(978-1-63889-205-2(9))*** Saddleback Educational Publishing, Inc.
Doubles & Quits (Classic Reprint) Laurence W. M. Lockhart. 2018. (ENG., Illus.). 368p. (J). 31.51 *(978-0-332-18231-5(2))* Forgotten Bks.
Doubles Trouble. Jake Maddox. Illus. by Sean Tiffany. 2017. (Jake Maddox Sports Stories Ser.). (ENG.). 72p. (J). (gr. 3-6). lib. bdg. 25.99 *(978-1-4965-4957-0(0)*, 135852, Stone Arch Bks.) Capstone.
Doubling Back: Autobiography of an Actor, Serio-Comical (Classic Reprint) Edwards Hoag Meade. 2018. (ENG., Illus.). 198p. (J). 27.98 *(980-0-484-91899-2(0))* Forgotten Bks.
Doubling Every Day: Math Reader 3 Grade 5. Hmh Hmh. 2018. (SPA.). 8p. (J). pap. 9.00 *(978-1-328-57713-9(9))* Houghton Mifflin Harcourt Publishing Co.
Doubling Every Day: Math Reader Grade 5. Hmh Hmh. 2017. (Math Expressions Ser.). (ENG.). 12p. (J). (gr. 5). pap. 3.07 *(978-1-328-77189-6(X))* Houghton Mifflin Harcourt Publishing Co.
Doubloons (Classic Reprint) Eden Phillpotts. 2017. (ENG., Illus.). (J). 31.20 *(978-1-5284-7769-7(3))* Forgotten Bks.
Doubloons & the & the Girl (Classic Reprint) John Maxwell Forbes. 2018. (ENG., Illus.). 350p. (J). 31.12 *(978-0-483-45251-0(3))* Forgotten Bks.
Doubt. Pia Valentinis. 2022. (ENG., Illus.). 36p. (J). 14.99 *(978-0-7643-6438-9(3)*, 24785) Schiffer Publishing, Ltd.
Doubt Factory: A Page-Turning Thriller of Dangerous Attraction & Unscrupulous Lies. Paolo Bacigalupi. 2016. (ENG.). 512p. (YA). (gr. 10-17). pap. 12.99 *(978-0-316-22076-7(0))* Little, Brown Bks. for Young Readers.
Doubting Castle (Classic Reprint) Elinor Chipp. 2017. (ENG., Illus.). (J). 29.63 *(978-0-265-68139-8(1))*; pap. 13.57 *(978-1-5276-5237-8(8))* Forgotten Bks.
Doubting Heart (Classic Reprint) Annie Keary. (ENG., Illus.). (J). 2018. 628p. 36.85 *(978-0-332-77508-1(9))*; 2016. pap. 19.57 *(978-1-334-13998-7(9))* Forgotten Bks.
Doubting Heart, Vol. 1 of 3 (Classic Reprint) Annie Keary. (ENG., Illus.). (J). 2018. 318p. 30.46 *(978-0-484-47649-2(1))*; 2016. pap. 13.57 *(978-1-333-28714-6(3))* Forgotten Bks.
Doubting Heart, Vol. 2 of 3 (Classic Reprint) Annie Keary. 2018. (ENG., Illus.). 378p. (J). 31.69 *(978-0-428-82075-6(1))* Forgotten Bks.
Doubting Heart, Vol. 3 of 3 (Classic Reprint) Annie Keary. (ENG., Illus.). (J). 2018. 380p. 31.73 *(978-0-332-66597-9(6))*; 2017. pap. 16.57 *(978-1-334-94388-1(5))* Forgotten Bks.
Doubting Tommy. Sage Kennedy. 2020. (ENG., Illus.). 338p. (YA). pap. 25.95 *(978-1-0980-3781-9(2))* Christian Faith Publishing.
Doudou, First Grade. Miss Fox. 2020. (ENG.). 220p. (J). 34.95 *(978-1-4878-0206-6(4))* Royal Collins Publishing Group Inc. CAN. Dist: Independent Pubs. Group.
Doudou, First Grade(Hindi Edition) Miss Fox. 2020. (ENG.). 140p. (J). pap. 12.95 *(978-1-4878-0444-2(X))* Royal Collins Publishing Group Inc. CAN. Dist: Independent Pubs. Group.
Doug. Paul Birch. 2019. (ENG., Illus.). 34p. (J). pap. *(978-1-78830-205-0(2))* Olympia Publishers.
Doug & Dex, Zombie Detectives. Diane Harding. 2022. (ENG.). 60p. (J). pap. *(978-1-3984-0466-3(7))* Austin Macauley Pubs. Ltd.
Doug & Sparky's Christmas Adventure. Eloise. F. Illus. by Lamya Sharaby. 2020. (ENG.). 26p. (J). pap. 25.01 *(978-1-5437-6216-7(6))* Partridge Pub.
Doug Can & Doug Will. Clare McBride. Illus. by Stefanie St Denis. 2022. (ENG.). 24p. (J). *(978-0-2288-5153-0(X))*; pap. *(978-0-2288-5152-3(1))* Tellwell Talent.
Doug the Pug: A Working Dog's Tale. Cate Archer. Illus. by Alice Palace. 2016. (ENG.). 64p. pap. 14.95 *(978-1-910455-15-9(6))* 5m Publishing GBR. Dist: Independent Pubs. Group.
Doug the Pug & the Kindness Crew (Doug the Pug Picture Book) Karen Yin. Illus. by Lavanya Naidu. 2022. (ENG.). 32p. (J). (gr. -1-3). pap. 6.99 *(978-1-338-78140-3(5))* Scholastic, Inc.
Doug the Pug: Food for Thought. Leslie Mosier & Megan Faulkner. 2019. (ENG., Illus.). 112p. (J). (gr. -1-3). pap. 7.99 *(978-1-338-60111-4(3))* Scholastic, Inc.
Doug the Slug. Cat Fisher & Stu Fisher. Illus. by Fleur Orchard. 2018. (ENG.). 26p. (J). pap. *(978-0-9956127-5-4(7))* Snufflesnout Hse. Bks.
Doug the Tug: One Wheel Rupert. Doug Edmonds. Illus. by Toby Mikle. 2022. (ENG.). 32p. (J). 15.99 ***(978-1-7355273-4-5(3))*** Edmonds, Doug.
Doug the Tug Gets a New Captain. Doug Edmonds. Illus. by Toby Mikle. 2021. (ENG.). 32p. (J). 15.99 *(978-1-7355273-3-8(5))* Edmonds, Doug.
Doug Unplugged. Dan Yaccarino. 2016. (ENG.). 40p. (J). (gr. k-4). 8.99 *(978-0-375-85921-2(7)*, Dragonfly Bks.) Random Hse. Children's Bks.
Dougall & Friends (Classic Reprint) Henry Craigie. 2018. (ENG., Illus.). 56p. (J). 25.07 *(978-0-483-95157-0(9))* Forgotten Bks.
Dough Boys. Paula Chase. (ENG.). (J). (gr. 3-7). 2020. 352p. pap. 9.99 *(978-0-06-269182-8(1))*; 2019. 336p. 16.99 *(978-0-06-269181-1(3))* HarperCollins Pubs. (Greenwillow Bks.).
Dough Boys (Classic Reprint) Patrick Macgill. 2018. (ENG., Illus.). 308p. (J). 30.25 *(978-0-267-49342-5(8))* Forgotten Bks.
Dough Knights & Dragons. Dee Leone. Illus. by George Ermos. 2017. 40p. (J). (gr. k). 16.95 *(978-1-4549-2141-7(2))* Sterling Publishing Co., Inc.
Doughboy Dope: From a to Z (Classic Reprint) Donovan George Rowse. (ENG., Illus.). (J). 2018. 112p. 26.23 *(978-0-267-72432-1(2))*; 2016. pap. 9.57 *(978-1-333-60098-3(4))* Forgotten Bks.
Doughboy's Poems of the World War While over There: A Book Showing the Doughboy's Thoughts in Poems from Actual Experience in the Recent Conflict in Europe (Classic Reprint) David M. Funk. 2018. (ENG., Illus.). 64p. (J). 25.24 *(978-0-364-40522-2(8))* Forgotten Bks.
Doughnut Fix. Jessie Janowitz. (Doughnut Fix Ser.: 1). (ENG., Illus.). (J). (gr. 3-7). 2019. 336p. pap. 7.99 *(978-1-4926-7148-0(7))*; 2018. 304p. 16.99 *(978-1-4926-5541-1(4))* Sourcebooks, Inc.
Doughnut King. Jessie Janowitz. (Doughnut Fix Ser.: 2). (ENG.). 336p. (J). (gr. 3-7). 2020. pap. 7.99 *(978-1-4926-9155-6(0))*; 2019. (Illus.). 16.99 *(978-1-4926-5544-2(9))* Sourcebooks, Inc.
Doughnut Whodunit. Created by Gertrude Chandler Warner. 2018. (Boxcar Children Mysteries Ser.: 146). (ENG., Illus.). 128p. (J). (gr. 2-5). 12.99 *(978-0-8075-0731-5(8)*, 807507318); pap. 6.99 *(978-0-8075-0732-2(6)*, 807507326) Random Hse. Children's Bks. (Random Hse. Bks. for Young Readers).
Doughnuts. Joanne Mattern. 2021. (Our Favorite Foods Ser.). (ENG., Illus.). 24p. (J). (gr. k-3). lib. bdg. 26.95 *(978-1-64487-433-2(4)*, Blastoff! Readers) Bellwether Media.
Doughnuts & Doom. Balazs Lorinczi. 2022. (Illus.). 136p. (YA). (gr. 8-12). pap. 14.99 *(978-1-60309-513-6(6))* Top Shelf Productions.
Doughnuts: the Hole Story. Julie Knutson. 2021. (21st Century Skills Library: the Dish on the Dish: a History of Your Favorite Foods Ser.). (ENG., Illus.). 32p. (J). (gr. 4-7). pap. 14.21 *(978-1-5341-8873-0(8)*, 219203); lib. bdg. 32.07 *(978-1-5341-8733-7(2)*, 219202) Cherry Lake Publishing.
Dougie Dunks Doughnuts. Tracilyn George. 2020. (ENG.). 22p. (J). pap. 11.00 *(978-1-990153-02-0(X))* Lulu Pr., Inc.
Dougie Dunks Doughnuts. Tracilyn George. Illus. by Aria Jones. 2020. (ENG.). 24p. (J). pap. 17.14 *(978-1-716-62106-2(2))* Lulu Pr., Inc.
Dougie Dunks Doughnuts. Tracilyn George. 2020. (ENG.). 24p. (J). pap. 11.58 *(978-1-716-03756-6(5))* Lulu Pr., Inc.
Douglas. Randy Cecil. Illus. by Randy Cecil. 2019. (ENG., Illus.). 120p. (J). (gr. k-3). 19.99 *(978-0-7636-3397-4(6))* Candlewick Pr.
Douglas. Coleen Sweet. 2021. (ENG., Illus.). 30p. (J). 24.95 *(978-1-63692-573-8(1))* Newman Springs Publishing, Inc.
Douglas: Tender & True (Classic Reprint) Susanna Shulrick Hayne Pinckney. 2017. (ENG., Illus.). (J). 28.31 *(978-0-266-54405-0(3))*; pap. 10.97 *(978-1-5278-9957-5(8))* Forgotten Bks.
Douglas (Classic Reprint) Hiram W. Hayes. 2018. (ENG., Illus.). 196p. (J). 27.94 *(978-0-332-46615-6(9))* Forgotten Bks.
Douglas Has a Cough. Cecilia Minden. Illus. by Sam Loman. 2022. (Little Blossom Stories Ser.). (ENG.). 16p. (J). (gr. -1-2). pap. 11.36 *(978-1-6689-0867-9(0)*, 220834, Cherry Blossom Press) Cherry Lake Publishing.
Douglas Jerrold & Punch (Classic Reprint) Walter Jerrold. 2018. (ENG., Illus.). 468p. (J). 33.57 *(978-0-483-91398-1(7))* Forgotten Bks.
Douglas Jerrold's Shilling Magazine, 1846, Vol. 4 (Classic Reprint) Douglas William Jerrold. (ENG., Illus.). (J). 2018. 584p. 35.92 *(978-0-484-43571-0(X))*; 2017. pap. 19.57 *(978-0-243-51953-8(2))* Forgotten Bks.
Douglas Jerrold's Shilling Magazine, Vol. 1: January to June, 1845 (Classic Reprint) Douglas William Jerrold. 2017. (ENG., Illus.). (J). 588p. 36.02 *(978-0-332-63228-5(8))*; pap. 19.57 *(978-0-259-18974-9(X))* Forgotten Bks.
Douglas Jerrold's Shilling Magazine, Vol. 2: July to December, 1845 (Classic Reprint) Douglas Jerrold. 2017. (ENG., Illus.). (J). 36.31 *(978-0-265-51590-7(4))*; pap. 19.57 *(978-1-334-92769-0(3))* Forgotten Bks.
Douglas Jerrold's Shilling Magazine, Vol. 3: January to June, 1846 (Classic Reprint) Douglas Jerrold. 2017. (ENG., Illus.). (J). 36.17 *(978-0-265-68046-9(8))*; pap. 19.57 *(978-1-5276-4979-8(2))* Forgotten Bks.
Douglas Jerrold's Shilling Magazine, Vol. 3: January to June, 1846 (Classic Reprint) Douglas William Jerrold. 2018. (ENG., Illus.). (J). 588p. 36.02 *(978-0-366-28380-4(4))*; 590p. pap. 19.57 *(978-0-365-90317-8(5))* Forgotten Bks.
Douglas Jerrold's Shilling Magazine, Vol. 4: July to December, 1846 (Classic Reprint) Douglas Jerrold. (ENG., Illus.). (J). 2018. 586p. 35.98 *(978-0-483-02006-1(0))*; 2017. pap. 19.57 *(978-1-334-91924-4(0))* Forgotten Bks.
Douglas Jerrold's Shilling Magazine, Vol. 5: January to June, 1847 (Classic Reprint) Douglas William Jerrold. 2017. (ENG., Illus.). (J). 35.80 *(978-0-265-71332-7(3))*; pap. 19.57 *(978-1-5276-6725-9(1))* Forgotten Bks.
Douglas Romance (Classic Reprint) Douglas Brooke Wheelton Sladen. 2018. (ENG., Illus.). 446p. (J). 33.10 *(978-0-483-12210-9(6))* Forgotten Bks.
Douglas the Pinecone's Christmas Crunch. Allison McWood. Illus. by Andra Pana. 2019. (ENG.). 30p. (J). pap. *(978-1-9992475-6-0(6))* Annelid Pr.
Douglas, You Need Glasses! Ged Adamson. Illus. by Ged Adamson. 2016. (Illus.). 40p. (J). (gr. -1-2). 18.99 *(978-0-553-52243-3(4))* Random Hse. Children's Bks.
Douglass Farm: Juvenile Story of Life in Virginia (Classic Reprint) Mary E. Bradley. 2018. (ENG., Illus.). 216p. (J). 28.35 *(978-0-656-07478-5(7))* Forgotten Bks.
Doug's Dung. Jo Rooks. 2020. (Illus.). 32p. (J). *(978-1-4338-3237-6(2)*, Magination Pr.) American Psychological Assn.
Douha & the Mystery of the Oak Tree. Farah Yaghmour Elsaket. Illus. by Farah Hassan. 2021. (ENG.). 138p. (J). pap. ***(978-0-6451965-0-4(9))*** Aly's Bks.
DOUNIA Aie J'ai Mal Aux Dents. Kawtar Notredame. 2023. (FRS.). 32p. (J). 33.00 ***(978-1-4477-1619-8(1))*** Lulu Pr., Inc.
Dounia & the Magic Seeds. Marya Zarif. Tr. by Yvette Ghione from FRE. 2023. (ENG., Illus.). 32p. (J). (gr. 5). 18.95 *(978-1-77147-523-5(4))* Owlkids Bks. Inc. CAN. Dist: Publishers Group West (PGW).
DOUNIA C'est Mes Parents à Moi ! Kawtar Notredame. 2023. (FRE.). 32p. (J). ***(978-1-4477-2148-2(9))*** Lulu Pr., Inc.
DOUNIA Elle Sont où Mes Chaussures ? Kawtar Notredame. 2023. (FRE.). 36p. (J). 34.00 ***(978-1-4476-6950-0(9))*** Lulu Pr., Inc.
Douphne Parker. Laura Misellie. 2018. (GER., Illus.). 412p. (J). pap. *(978-3-7407-4642-1(4))* VICOO International Pr.
Dour Denise. Jana Heller. Illus. by Jana Heller. 2020. (ENG.). 40p. (J). pap. *(978-1-716-87697-4(4))* Lulu Pr., Inc.
Dove & the Ant. Esther Goh. 2022. (ENG.). 28p. (J). pap. ***(978-1-922827-82-1(7))*** Library For All Limited.
Dove Cottage (Classic Reprint) Stopford Augustus Brooke. (ENG., Illus.). (J). 2017. 25.48 *(978-0-331-46171-8(4))*; 2016. pap. 9.57 *(978-1-334-39233-7(1))* Forgotten Bks.
Dove Finisce la Città. Davide Bonamici. 2021. (ITA.). 145p. (YA). pap. ***(978-1-6781-6146-0(2))*** Lulu Pr., Inc.
Dove Hunt: Carolina Catastrophe: Carolina Catastrophe. Emily L. Hay Hinsdale. Illus. by Caitlin O'Dwyer. 2023. (Wilderness Adventures Ser.). (ENG.). 112p. (J). (gr. 2-5). lib. bdg. 38.50 ***(978-1-0982-3713-4(7)***, 42572, Calico Chapter Bks.) ABDO Publishing Co.
Dove in the Eagle's Nest (Classic Reprint) Charlotte M. Yonge. 2017. (ENG., Illus.). (J). 32.91 *(978-0-266-21367-3(7))* Forgotten Bks.
Dove in the Eagle's Nest, Vol. 1 of 2 (Classic Reprint) Charlotte Mary Yonge. 2018. (ENG., Illus.). 294p. (J). 29.96 *(978-0-484-14617-3(3))* Forgotten Bks.
Dove in the Eagle's Nest, Vol. 2 of 2 (Classic Reprint) Charlotte Mary Yonge. 2018. (ENG., Illus.). 262p. (J). 29.32 *(978-0-428-52213-1(0))* Forgotten Bks.
Dove Strong. Erin Lorence. 2019. (Dove Strong Ser.: 1). (ENG.). 320p. (YA). (gr. 7). pap. 16.99 *(978-1-5223-0118-9(6))* Pelican Ventures, LLC.
Dove Tales. Robert David Burris. 2018. (ENG., Illus.). 66p. (J). pap. 12.95 *(978-1-64140-601-7(1))* Christian Faith Publishing.
Dove Uncaged a Play in One Act (Classic Reprint) E. Hamilton Moore. 2018. (ENG., Illus.). 28p. (J). 24.47 *(978-0-267-50862-4(X))* Forgotten Bks.
Dove Who Learned How to Love. Mike Tilles. Illus. by Simon Thompson. 2022. (ENG.). 22p. (J). pap. ***(978-1-912587-77-3(7))*** Phoenix Pr. Ltd.
Dovecote, or the Heart of the Homestead (Classic Reprint) George Canning Hill. (ENG., Illus.). (J). 2018. 368p. 31.51 *(978-0-483-17818-2(7))*; 2016. pap. 13.97 *(978-1-333-52092-2(1))* Forgotten Bks.
Doves' Nest: And Other Stories (Classic Reprint) Katherine Mansfield. 2017. (ENG., Illus.). (J). 29.14 *(978-0-331-53556-3(4))*; pap. 11.57 *(978-0-243-27979-1(5))* Forgotten Bks.
Dovey Undaunted. Tonya Bolden. 2021. (ENG., Illus.). 224p. (J). (gr. 5-9). 19.95 *(978-1-324-00317-5(0)*, 340317, Norton Young Readers) Norton, W. W. & Co., Inc.
Dowager, or the New School for Scandal, Vol. 1 of 3 (Classic Reprint) Catherine Grace Frances Gore. (ENG., Illus.). (J). 2018. 332p. 30.76 *(978-0-483-73924-6(3))*; 2016. pap. 13.57 *(978-1-333-25993-8(X))* Forgotten Bks.
Dowager, or the New School for Scandal, Vol. 2 of 3 (Classic Reprint) Gore. (ENG., Illus.). (J). 2018. 328p. 30.68 *(978-0-483-44095-1(7))*; 2016. pap. 13.57 *(978-1-333-73727-6(0))* Forgotten Bks.
Dowager, Vol. 3 Of 3: Or, the New School for Scandal (Classic Reprint) Gore. 2018. (ENG., Illus.). 326p. (J). 30.62 *(978-0-483-93816-8(5))* Forgotten Bks.
Dowd's Adventure: Summer Camping. Dineo Dowd. 2020. (ENG.). 32p. (J). 17.00 *(978-1-0879-0111-4(1))* Indy Pub.
Dowe Twins: The Days of the Week. A. K. Dowe. 2017. (ENG., Illus.). (J). pap. 9.99 *(978-0-9979520-6-3(7))* Lauren Simone Publishing Hse.

538 The check digit for ISBN-10 appears in parentheses after the full ISBN-13

Dowe Twins: The Months of the Year. A. K. Dowe et al. 2017. (ENG., Illus.). 34p. (J). pap. 9.99 *(978-1-948071-06-2(1))* Lauren Simone Publishing Hse.

Dowe Twins: Would You Know Who I Am. A. K. Dowe et al. 2018. (ENG., Illus.). 26p. (J). pap. 9.99 *(978-1-948071-07-9(X))* Lauren Simone Publishing Hse.

Dowie: Anointed of the Lord (Classic Reprint) Arthur Newcomb. 2017. (ENG., Illus.). (J). 32.79 *(978-0-331-89101-0(8))*; pap. 16.57 *(978-0-243-24788-2(5))* Forgotten Bks.

Down-Adown-Derry: A Book of Fairy Poems. Walter De La Mare. 2017. (ENG., Illus.). (J). pap. *(978-0-649-56467-5(7))*; pap. *(978-0-649-17721-9(5))* Trieste Publishing Pty Ltd.

Down among Men (Classic Reprint) Will Levington Comfort. 2018. (ENG., Illus.). 300p. (J). 30.10 *(978-0-483-14694-5(3))* Forgotten Bks.

Down among the Crackers (Classic Reprint) Rosa Pendleton Chiles. 2018. (ENG., Illus.). 342p. (J). 30.95 *(978-0-365-17975-7(2))* Forgotten Bks.

Down & Across. Arvin Ahmadi. 2019. 352p. (YA). (gr. 7). pap. 11.99 *(978-0-425-28988-4(5)*, Penguin Books) Penguin Publishing Group.

Down at Uncle Hiram's: A Musical Drama in Three Acts (Classic Reprint) Samuel Miller. 2017. (ENG., Illus.). 40p. (J). 24.72 *(978-0-484-45209-0(6))* Forgotten Bks.

Down below & the Archon's Castle. Michael A. Susko. 2019. (ENG.). 98p. (J). pap. 5.99 *(978-1-393-17958-0(4))* Draft2Digital.

Down by the Banks. Kay Widdowson. 2021. (Turn Without Tearing Read & Sing Ser.). (ENG.). 32p. (J). (gr. -1-1). 7.99 *(978-1-4867-2113-9(3)*, 996f8804-32fd-4738-8269-8ddb30c6bfac) Flowerpot Pr.

Down by the Dock: The Adventures of an Irish Dolphin Named Finn & How He Came to Be in Carlingford Lough, Now & Again. Lori Henninger Smith. Illus. by Alice Pescarin. 2021. (ENG.). 38p. (J). pap. 10.99 ***(978-1-7379407-3-9(6))*** Silver Maple Bks.

Down by the Ocean. Kimberley-Rose Latimer-Goodwin. 2022. (ENG.). 18p. (J). ***(978-0-2288-6336-6(8))***; pap. ***(978-0-2288-6335-9(X))*** Tellwell Talent.

Down by the River: A Family Fly Fishing Story. Andrew Weiner. Illus. by April Chu. 2018. (ENG.). 40p. (J). (gr. k-4). 17.99 *(978-1-4197-2293-6(X)*, 1150101, Abrams Bks. for Young Readers) Abrams, Inc.

Down by the Watering Hole. Erik Dunton. 2020. (ENG.). 32p. (J). 24.99 *(978-1-0878-6137-1(3))* Indy Pub.

Down Came the Rain. Jennifer Mathieu. 2023. (ENG.). 288p. (YA). 19.99 *(978-1-250-23267-0(8)*, 900209888) Roaring Brook Pr.

Down Comes the Night: A Novel. Allison Saft. 2021. (ENG., Illus.). 400p. (YA). 18.99 *(978-1-250-62363-8(4)*, 900223925, Wednesday Bks.) St. Martin's Pr.

Down Comes the Rain. Franklyn M. Branley. Illus. by Mary Ann Fraser. 2017. (Let's-Read-And-Find-Out Science 2 Ser.). (ENG.). 40p. (J). (gr. -1-3). pap. 7.99 *(978-0-06-238663-2(8)*, HarperCollins) HarperCollins Pubs.

Down Coon Hollow Road. Joy Gradert. 2021. (ENG.). 246p. (YA). 27.95 *(978-1-63814-107-5(X))*; pap. 17.95 *(978-1-63814-106-8(1))* Covenant Bks.

Down Cut Shin Creek: The Pack Horse Librarians of Kentucky. Kathi Appelt & Jeanne Cannella Schmitzer. 2019. (ENG., Illus.). 58p. (J). (gr. 3-7). 19.95 *(978-1-948959-10-0(0))* Purple Hse. Pr.

Down Dartmoor Way (Classic Reprint) Eden Phillpotts. (ENG., Illus.). (J). 2017. 30.13 *(978-0-260-34666-7(7))*; 2016. pap. 13.57 *(978-1-334-51063-2(6))* Forgotten Bks.

Down, down the Mountain. Ellis Credle. 2021. (ENG.). 48p. (J). pap. 14.99 *(978-1-948959-63-6(1))* Purple Hse. Pr.

Down Durley Lane: And Other Ballads (Classic Reprint) Virginia Woodward Cloud. 2018. (ENG., Illus.). 104p. (J). 26.04 *(978-0-483-94616-3(8))* Forgotten Bks.

Down East: A Comedy Drama in Four Acts (Classic Reprint) Justin Adams. (ENG., Illus.). (J). 2018. 52p. 24.97 *(978-0-332-31951-3(2))*; 2016. pap. 9.57 *(978-1-334-13490-6(1))* Forgotten Bks.

down-Easters, &C. &C. &C, Vol. 1 of 2 (Classic Reprint) John Neal. 2018. (ENG., Illus.). 218p. (J). 28.39 *(978-0-332-37552-6(8))* Forgotten Bks.

down-Easters, &C. &C. &C, Vol. 2 of 2 (Classic Reprint) John Neal. 2018. (ENG., Illus.). 208p. (J). 28.19 *(978-0-483-79131-2(8))* Forgotten Bks.

Down Flew a Black Bird to Peck on Me! Bird-Inspired Coloring & Activity Book for Kids. Speedy Kids. 2017. (ENG., Illus.). (J). pap. 9.20 *(978-1-5419-0984-7(4))* Speedy Publishing LLC.

Down for Air #3. Brian Crawford. 2018. (Vertical World Ser.). (ENG.). 191p. (YA). (gr. 5-12). 32.84 *(978-1-68076-913-5(8)*, 28624, Epic Escape) EPIC Pr.

Down Home with Jennie Allen (Classic Reprint) Grace Donworth. (ENG., Illus.). (J). 2018. 358p. 31.28 *(978-0-484-53898-5(5))*; 2016. pap. 13.97 *(978-1-333-73076-5(4))* Forgotten Bks.

Down in a Mine: Or Buried Alive (Classic Reprint) George Eliel Sargent. (ENG., Illus.). (J). 2018. 200p. 28.04 *(978-0-484-32174-7(9))*; 2016. pap. 10.57 *(978-1-334-11991-0(0))* Forgotten Bks.

Down in Arkansas (Classic Reprint) Charles Henry Hibler. 2017. (ENG., Illus.). (J). 29.73 *(978-0-266-56962-6(5))*; pap. 13.57 *(978-0-282-83697-9(7))* Forgotten Bks.

Down in Devon, Vol. 1 Of 3: A Pastoral (Classic Reprint) S. W. Fullom. 2018. (ENG., Illus.). 314p. (J). 30.39 *(978-0-267-21795-3(1))* Forgotten Bks.

Down in Devon, Vol. 2 Of 3: A Pastoral (Classic Reprint) S. W. Fullom. 2018. (ENG., Illus.). 342p. (J). 30.97 *(978-0-483-77497-1(9))* Forgotten Bks.

Down in Devon, Vol. 3 Of 3: A Pastoral (Classic Reprint) S. W. Fullom. 2018. (ENG., Illus.). 344p. (J). 30.99 *(978-0-484-57780-9(8))* Forgotten Bks.

Down in Flames. P. W. Catanese. 2018. (Donny's Inferno Ser.: 2). (ENG.). 336p. (J). (gr. 3-7). pap. 8.99 *(978-1-4814-3804-9(2)*, Aladdin) Simon & Schuster Children's Publishing.

Down in Flames. P. W. Catanese. 2017. (Donny's Inferno Ser.: 2). (ENG., Illus.). 336p. (J). (gr. 3-7). 16.99 *(978-1-4814-3803-2(4)*, Simon & Schuster/Paula Wiseman Bks.) Simon & Schuster/Paula Wiseman Bks.

Down in Mississippi, 1 vol. Johnette Downing. Illus. by Katherine Zecca. 2016. (ENG.). 32p. (J). 16.99 *(978-1-4556-2098-2(X)*, Pelican Publishing) Arcadia Publishing.

Down in the Dumps #3: a Very Trashy Christmas: A Christmas Holiday Book for Kids. Wes Hargis. Illus. by Wes Hargis. 2022. (HarperChapters Ser.). (ENG., Illus.). 96p. (J). (gr. 1-5). 16.99 *(978-0-06-291019-6(1))*; pap. 5.99 *(978-0-06-291020-2(5))* HarperCollins Pubs. (HarperCollins).

Down in the Valley. Liz Keeling. Illus. by Rob Pugh. 2018. (ENG.). 16p. (J). pap. *(978-1-78056-013-7(3))* Skoobebooks.

Down in the Woods. Maureen Caskey. 2023. (ENG.). 68p. (J). pap. ***(978-1-3984-7130-6(5))*** Austin Macauley Pubs. Ltd.

Down into the Nether: An Unofficial Overworld Adventure, Book Four. Danica Davidson. 2016. (Unofficial Overworld Adventure Ser.). (ENG., Illus.). 112p. (J). (gr. 1-7). pap. 7.99 *(978-1-5107-1220-1(8)*, Sky Pony Pr.) Skyhorse Publishing Co., Inc.

Down North & up along (Classic Reprint) Margaret Warner Morley. 2017. (ENG., Illus.). 354p. (J). 31.20 *(978-0-484-01325-3(4))* Forgotten Bks.

Down North on the Labrador (Classic Reprint) Wilfred Thomason Grenfell. 2017. (ENG., Illus.). (J). 28.93 *(978-1-5279-8766-1(3))* Forgotten Bks.

Down on Devil's Creek (Classic Reprint) T. W. Whitmer. 2018. (ENG., Illus.). 92p. (J). 25.81 *(978-0-483-61400-0(9))* Forgotten Bks.

Down on the Farm. Robert Butters. 2022. (ENG., Illus.). 36p. (J). pap. 16.95 ***(978-1-63881-890-8(8))*** Newman Springs Publishing, Inc.

Down on the Pond. Gina Frisby. Illus. by Marilyn Strachan. 2020. (ENG.). 24p. (J). *(978-0-2288-3565-3(8))*; pap. *(978-0-2288-3564-6(X))* Tellwell Talent.

Down on the Ridge: Reminiscences of the Old Days in Coalport & down on the Ridge; Marion County, Iowa (Classic Reprint) Alfred B. McCown. 2017. (ENG., Illus.). (J). 27.65 *(978-0-265-66401-8(2))* Forgotten Bks.

Down Our Way: Stories of Southern & Western Character (Classic Reprint) Mary Jameson Judah. 2018. (ENG., Illus.). 270p. (J). 29.49 *(978-0-483-31945-5(7))* Forgotten Bks.

Down Smugglers' Dungeon. Hazel Stuart. Illus. by Georgie Beable. 2021. (Castle Collection Tale Ser.: Vol. 1). (ENG.). 44p. (J). pap. *(978-1-83975-456-2(7))* Grosvenor Hse. Publishing Ltd.

Down South Before the War, Vol. 2 (Classic Reprint) Unknown Author. 2018. (ENG., Illus.). 30p. (J). 24.52 *(978-0-267-46459-3(2))* Forgotten Bks.

Down Syndrome, 1 vol. Richard Spilsbury. 2018. (Genetic Diseases & Gene Therapies Ser.). (ENG.). 48p. (gr. 5-5). 33.47 *(978-1-5081-8280-1(9)*, 7b609a10-ad6f-4440-8c3b-b82d86db5727, Rosen Central) Rosen Publishing Group, Inc., The.

Down Syndrome Giving up Your Dreams. Yael Manor. Illus. by Julia Po. 2020. (ENG.). 54p. (J). pap. 11.11 *(978-1-63649-910-9(4))* Primedia eLaunch LLC.

down Syndrome Superhero. Eugene Tossany. 2020. (ENG.). 122p. (YA). pap. *(978-1-78830-779-6(8))* Olympia Publishers.

down Syndrome Superhero 3. Eugene Tossany. 2023. (ENG.). 106p. (YA). pap. ***(978-1-80074-522-3(2))*** Olympia Publishers.

Down That Hallway! Daring Maze Adventure Activity Book. Activibooks For Kids. 2016. (ENG., Illus.). (J). pap. 9.20 *(978-1-68321-277-5(0))* Mimaxion.

Down the Avenue of Ninety Years (Classic Reprint) Martha Campbell Vivian. 2017. (ENG., Illus.). (J). 27.69 *(978-0-331-27786-9(7))*; pap. 10.57 *(978-0-259-29705-5(4))* Forgotten Bks.

Down the Big River. Stephen W. Meader. Illus. by Edward Shenton. 2022. (ENG.). 180p. (YA). pap. 10.99 *(978-1-948959-72-8(0))* Purple Hse. Pr.

Down the Brain Drain. Ada Hopper. Illus. by Rafael Kirschner & Glass House Glass House Graphics. 2020. (DATA Set Ser.: 8). (ENG.). 128p. (J). (gr. k-4). 17.99 *(978-1-5344-1130-2(5))*; pap. 6.99 *(978-1-5344-1129-6(1))* Little Simon. (Little Simon).

Down the Dark Well. Andy Statia. Illus. by Andy Statia. 2019. (Worlds Within Ser.: Vol. 4). (ENG., Illus.). 62p. (J). (gr. 3-6). *(978-1-988419-05-3(0))* Never Dot.

Down the Drain! Robert Munsch. Illus. by Michael Martchenko. 2020. (ENG.). 32p. (J). pap. 8.99 *(978-0-545-98600-7(1))* Scholastic Canada, Ltd. CAN. Dist: Publishers Group West (PGW).

Down the Eastern & up the Black Brandywine: God Gives It Snow, Men Give It Sewage; Hugo (Classic Reprint) Wilmer W. Maceiree. 2017. (ENG., Illus.). (J). 30.72 *(978-0-265-17092-2(3))* Forgotten Bks.

Down the Field 10, 20, 30: A Football Counting by Tens Book. Martha E. H. Rustad. 2016. (1, 2, 3 Count with Me Ser.). (ENG., Illus.). 24p. (J). (gr. k-2). pap. 8.99 *(978-1-68152-112-1(1)*, 15523); lib. bdg. 20.95 *(978-1-60753-921-6(7)*, 15517) Amicus.

Down the Gully: A Meathead Book. James B. Zimmerman. 2021. (ENG.). 78p. (J). pap. 13.95 *(978-1-68433-787-3(9))* Black Rose Writing.

Down the Line. Michelle D. Argyle. Ed. by Dalton Diane. 2019. (Down the Line Ser.: Vol. 1). (ENG.). 338p. (YA). (gr. 11-13). pap. 15.95 *(978-1-7342146-0-4(0))* Lorenc, Micah.

Down the Line with John Henry (Classic Reprint) Hugh McHugh. 2018. (ENG., Illus.). 128p. (J). 26.54 *(978-0-666-47278-6(5))* Forgotten Bks.

Down the Mississippi (Classic Reprint) Edward Sylvester Ellis. (ENG., Illus.). (J). 2018. 320p. 30.52 *(978-0-364-28929-7(5))*; 2017. pap. 13.57 *(978-0-259-41502-2(2))* Forgotten Bks.

Down the Mother Lode (Classic Reprint) Vivia Hemphill. (ENG., Illus.). (J). 2018. 94p. 25.86 *(978-0-483-70170-0(X))*; 2017. pap. 9.57 *(978-0-243-38457-0(2))* Forgotten Bks.

Down the o-Hi-O (Classic Reprint) Charles Humphrey Roberts. 2018. (ENG., Illus.). 322p. (J). 30.54 *(978-0-483-57368-0(X))* Forgotten Bks.

Down the Ravine (Classic Reprint) Charles Egbert Craddock. 2017. (ENG., Illus.). (J). 28.39 *(978-1-5285-7579-9(2))* Forgotten Bks.

Down the Rhine: Young America in Germany. Oliver Optic, pseud. 2017. (ENG.). 352p. (J). pap. *(978-3-337-21073-1(2))* Creation Pubs.

Down the Rhine; or Young America in Germany: A Story of Travel & Adventure (Classic Reprint) Oliver Optic, pseud. 2018. (ENG., Illus.). 360p. (J). 31.32 *(978-0-364-29409-3(4))* Forgotten Bks.

Down the River: Or Buck Bradford & His Tyrants (Classic Reprint) Oliver Optic, pseud. (ENG., Illus.). (J). 2018. 338p. 30.87 *(978-0-483-39573-2(0))*; 2016. pap. 13.57 *(978-1-334-13576-7(2))* Forgotten Bks.

Down the River (Classic Reprint) Roscoe W. Brink. 2018. (ENG., Illus.). 178p. (J). 27.59 *(978-0-484-19425-9(9))* Forgotten Bks.

Down the River Road (Classic Reprint) Mabel O'Donnell. (ENG., Illus.). (J). 2018. 130p. 26.60 *(978-0-365-40811-6(5))*; 2017. pap. 9.57 *(978-0-259-86759-3(4))* Forgotten Bks.

Down the River to the Sea (Classic Reprint) Agnes Machar. (ENG., Illus.). (J). 2018. 290p. 29.90 *(978-0-267-37119-8(5))*; 2016. pap. 13.57 *(978-1-334-15939-8(4))* Forgotten Bks.

'down the Road', or Reminiscences of a Gentleman Coachman (Classic Reprint) Charles Thomas Samuel Birch Reynardson. (ENG., Illus.). (J). 2017. 30.17 *(978-0-331-86223-2(9))*; 2016. pap. 13.57 *(978-1-333-50025-2(4))* Forgotten Bks.

Down the Slope (Classic Reprint) James Otis. 2018. (ENG., Illus.). 282p. (J). 29.73 *(978-0-483-11444-9(8))* Forgotten Bks.

Down the Snow Stairs, or from Good-Night to Good-Morning (Classic Reprint) Alice Corkran. 2018. (ENG., Illus.). 276p. (J). 29.59 *(978-0-483-33353-6(0))* Forgotten Bks.

Down the Waterfall. Anisha Malhotra. Illus. by Elizaveta Kazakova. 2021. (ENG.). 162p. (J). pap. 9.99 *(978-1-0879-4164-6(4))* Indy Pub.

Down the West Branch, Camps & Tramps Around Katahdin: Being an Account of a Trip Through One of the Wildest, Regions of Maine, by Several Members of the Lake & Forest Club, in Search of Sport & Recreation (Classic Reprint) Charles A. J. Farrar. 2018. (ENG., Illus.). 348p. (J). 31.07 *(978-0-332-15489-3(0))* Forgotten Bks.

Down the Yellowstone (Classic Reprint) Lewis R. Freeman. 2018. (ENG., Illus.). 370p. (J). 31.53 *(978-0-483-12954-2(2))* Forgotten Bks.

Down to a Science! Alexandra West. ed. 2018. (World of Reading Ser.). (ENG.). 31p. (J). (gr. -1-1). 13.89 *(978-1-64310-453-9(5))* Penworthy Co., LLC, The.

Down to Dirt. Kevin Killiany. Ed. by Philip A. Lee. 2nd ed. 2022. (Dirt & Stars Ser.: Vol. 1). (ENG.). 350p. (YA). pap. 19.95 *(978-1-62253-353-4(4))* Evolved Publishing.

Down to Earth. Emma Berry. 2018. (Massenden Chronicles Series 2 Ser.: Vol. 5). (ENG., Illus.). 542p. (YA). (gr. 7-12). pap. *(978-1-912694-31-0(X))* Spiderwize.

Down to Earth. Betty Culley. 2021. 224p. (J). (gr. 3-7). 16.99 *(978-0-593-17573-6(5))*; (ENG.). lib. bdg. 19.99 *(978-0-593-17574-3(3))* Random Hse. Children's Bks. (Crown Books For Young Readers).

Down to Fall: A Young Adult Romance. Michelle Areaux. 2019. (Shady Oaks Ser.: Vol. 4). (ENG.). 134p. (YA). (gr. 7-12). pap. 9.99 *(978-1-64533-060-8(5))* Kingston Publishing Co.

Down to Oath. Tyrolin Puxty. 2nd ed. 2020. (ENG.). 144p. (YA). pap. 14.99 *(978-1-7349046-9-7(0))* Immortal Works LLC.

Down to Ride. Jakayla Gabrielle. 2020. (ENG.). 336p. (YA). (gr. 9-12). pap. 12.99 *(978-1-7324761-4-1(4))* Exit 81 Publishing LLC.

Down to the Wire. Jai Schelbach. 2020. (ENG.). 34p. (J). *(978-0-6488904-1-6(4))*; pap. *(978-0-6488904-0-9(6))* Schelbach, Jai.

Down West: And Other Sketches of Irish Life (Classic Reprint) Alice Dease. 2018. (ENG., Illus.). 136p. (J). 26.70 *(978-0-483-62153-4(6))* Forgotten Bks.

Down Wild Goose Canyon. Charles Elmer Upton. 2017. (ENG., Illus.). (J). pap. *(978-0-649-32334-0(3))* Trieste Publishing Pty Ltd.

Down Wild Goose Canyon (Classic Reprint) Charles Elmer Upton. (ENG., Illus.). (J). 2018. 64p. 25.24 *(978-0-364-75842-7(2))*; 2017. pap. 9.57 *(978-0-259-19967-0(2))* Forgotten Bks.

Down with Fear! see Abajo el Miedo!

Down with the Shine. Kate Karyus Quinn. 2016. (ENG.). 368p. (YA). (gr. 8). 17.99 *(978-0-06-235604-8(6)*, HarperTeen) HarperCollins Pubs.

Down with the Ship. Katie Kingman. 2021. (ENG.). 344p. (YA). (gr. 9-12). pap. 9.99 *(978-1-63583-067-5(2)*, Flux) North Star Editions.

Down World. Rebecca Phelps. 2021. (Down World Ser.: 1). (ENG.). 352p. (YA). pap. 10.99 *(978-1-989365-59-5(0)*, 900233864) Wattpad Bks. CAN. Dist: Macmillan.

Down Yan & Thereabout: Collected Poems (Classic Reprint) George Beswick Hynson. 2018. (ENG., Illus.). 92p. (J). 25.81 *(978-0-267-50864-8(6))* Forgotten Bks.

Downdrift. Johanna Drucker. 2018. (ENG.). 256p. pap. 15.95 *(978-1-941110-61-4(4))* Three Rooms Pr.

Downfall. Emile Zola. 2017. (ENG., Illus.). 542p. (J). *(978-3-7326-1771-5(8))* Klassik Literatur. ein Imprint der Salzwasser Verlag GmbH.

Downfall: Flying Furballs 8. Donovan Bixley. Illus. by Donovan Bixley. 2020. (Flying Furballs Ser.: 8). (Illus.). 112p. (J). (gr. 2-4). pap. 10.99 *(978-1-988516-61-5(7))* Upstart Pr. NZL. Dist: Independent Pubs. Group.

Downfall: La Debacle, the Smash-Up (Classic Reprint) Emile Zola. 2017. (ENG., Illus.). (J). 37.92 *(978-0-266-19675-4(6))* Forgotten Bks.

Downfall & Rise of a Genius Series: The Downfall of a Proud Prince & the Portrait of a Virtuous Woman. Evans Oniha. 2022. (Book 1 Ser.). (ENG.). 454p. (YA). pap. 27.95 ***(978-1-6624-3515-7(0))*** Page Publishing Inc.

Downfall (la Debacle) a Story of the Horrors of War (Classic Reprint) Emile Zola. 2018. (ENG., Illus.). 588p. (J). 36.02 *(978-0-365-17626-8(5))* Forgotten Bks.

Downfall of Poor Speech (Classic Reprint) Kate Alice White. (ENG., Illus.). (J). 2018. 20p. 24.31 *(978-0-656-30135-5(X))*; 2016. pap. 7.97 *(978-1-334-11755-8(1))* Forgotten Bks.

Downfall of the Dinosaurs. Amelia Howard. 2019. (ENG., Illus.). 34p. (J). pap. 13.95 *(978-1-64300-313-9(5))* Covenant Bks.

Downhill Skateboarding & Other Extreme Skateboarding. Drew Lyon. 2020. (Natural Thrills Ser.). (ENG.). 32p. (J). (gr. 3-9). pap. 7.95 *(978-1-4966-6607-9(0)*, 142285); lib. bdg. 28.65 *(978-1-5435-9002-9(0)*, 141363) Capstone.

Downie Del Folk of Stonehaven. the Day the Castle Ran Away. David P. Matheson. 2018. (ENG., Illus.). 58p. (J). pap. *(978-0-244-73228-8(0))* Lulu Pr., Inc.

Downie Del Folk of Stonehaven. the Pirates. David P. Matheson. 2018. (ENG., Illus.). 48p. (J). pap. *(978-0-244-13197-5(X))* Lulu Pr., Inc.

Downie Del Folk of Stonehaven. the Rainbow Adventure. David P. Matheson. 2018. (ENG., Illus.). 78p. (J). pap. *(978-0-244-73389-6(9))* Lulu Pr., Inc.

Downland Echoes (Classic Reprint) Victor L. Whitechurch. (ENG., Illus.). (J). 2017. 28.87 *(978-0-331-69327-0(5))*; 2016. pap. 11.57 *(978-1-333-62305-0(4))* Forgotten Bks.

Downrenter's Son (Classic Reprint) Ruth Hall. 2017. (ENG., Illus.). (J). 30.37 *(978-0-266-19312-8(9))* Forgotten Bks.

Downriver Novel Units Student Packet. Novel Units. 2019. (ENG.). (YA). pap. 13.99 *(978-1-58130-623-1(7)*, Novel Units, Inc.) Classroom Library Co.

Downriver Novel Units Teacher Guide. Novel Units. 2019. (ENG.). (YA). pap. 12.99 *(978-1-58130-622-4(9)*, Novel Units, Inc.) Classroom Library Co.

Downstairs Girl. Stacey Lee. (ENG.). (YA). (gr. 7). 2021. 400p. pap. 10.99 *(978-1-5247-4097-9(7)*, Penguin Books); 2019. 384p. 18.99 *(978-1-5247-4095-5(0)*, G.P. Putnam's Sons Books for Young Readers) Penguin Young Readers Group.

Downstream: Claudia & the Science Club Book One. Kathryn Foster. 2023. (ENG.). 230p. (J). pap. 12.99 ***(978-1-0881-0996-0(9))*** Indy Pub.

Downstream (Classic Reprint) Sigfrid Siwertz. 2018. (ENG., Illus.). (J). 414p. 32.46 *(978-1-397-21372-3(8))*; 416p. pap. 16.57 *(978-1-397-21356-3(6))* Forgotten Bks.

Downtown Cowboy. Jean Blasiar. 2nd ed. 2019. (ENG.). 188p. (YA). (gr. 7-8). pap. 12.95 *(978-1-940676-41-8(X))* Charles River Pr.

Downward: A Slice of Life (Classic Reprint) Maud Churton Braby. 2018. (ENG., Illus.). 322p. (J). 30.54 *(978-0-332-14957-8(9))* Forgotten Bks.

Downward & Upward (Classic Reprint) Unknown Author. 2018. (ENG., Illus.). 240p. (J). 28.87 *(978-0-332-32938-3(0))* Forgotten Bks.

Downward Doggy. Samarrah Fine Clayman. Illus. by Marian Gorin. 2020. (ENG.). 30p. (J). pap. 10.99 *(978-1-7356809-0-3(7))* Southampton Publishing.

Downward Mule. Jenna Hammond. Illus. by Steve Page. 2017. (ENG.). (J). (gr. k-4). 17.99 *(978-1-365-44567-5(4))*; pap. 13.99 *(978-1-365-44564-4(X))* Lulu Pr., Inc.

Downward Mule Dyslexic Font. Jenna Hammond. Illus. by Steve Page. 2017. (ENG.). (J). (gr. k-6). pap. 13.99 *(978-1-365-44566-8(6))* Lulu Pr., Inc.

Doxi the Dog in Ambienceworld. Jeremy Tinson Holliday. 2018. (ENG., Illus.). 56p. (J). pap. *(978-1-9997232-9-3(5))* Dark Paradigm Publishing.

Doxie Adventure Mysteries the Cheep-Chirp Mystery. Se Stout. 2019. (ENG.). 40p. (J). pap. *(978-0-359-95990-7(3))* Lulu Pr., Inc.

Doy Gracias: (I Say Thanks) Juliana O'Neill. Illus. by Olivia Kincaid. 2018. (Xist Kids Spanish Bks.). (SPA.). 28p. (J). (gr. k-3). pap. 9.99 *(978-1-5324-0735-2(1))* Xist Publishing.

Dozen Be's for Boys (Classic Reprint) Jennie Fowler Willing. (ENG., Illus.). (J). 2018. 156p. 27.11 *(978-0-483-54308-9(X))*; 2017. pap. 9.57 *(978-0-243-16762-3(8))* Forgotten Bks.

Dozen Differences. Kirsten Elaine. Illus. by Gaby Alayon. 2017. (Dozen Differences Ser.: Vol. 1). (ENG.). (J). (gr. k-2). pap. 12.99 *(978-1-64136-329-7(0))* North Bound Bks.

Dozen Dizzy Dogs: Level 1. William H. Hooks. Illus. by Gary Baseman. 2020. (ENG.). 34p. (J). 16.95 *(978-1-876966-40-9(8))* ibooks, Inc.

Dozen Dozens. Tom Green. Illus. by Victoria U'Ren & Carole Wanner. 2017. (ENG.). (J). *(978-1-5255-0926-1(8))*; pap. *(978-1-77097-056-4(8))* FriesenPress.

Dozen Pair of Wedding Gloves (Classic Reprint) Unknown Author. 2018. (ENG., Illus.). 232p. (J). 28.70 *(978-0-332-84548-7(6))* Forgotten Bks.

Dozens of Dachshunds: A Counting, Woofing, Wagging Book. Stephanie Calmenson. Illus. by Zoe Persico. 2021. (ENG.). 32p. (J). 17.99 *(978-1-5476-0222-3(8)*, 900204195, Bloomsbury Children's Bks.) Bloomsbury Publishing USA.

Dozers Don't Doze. Melinda Lee Rathjen. Illus. by Gareth Williams. 2021. (ENG.). 24p. (J). (gr. -1 — 1). bds. 7.99 *(978-1-5460-1382-2(2)*, Worthy Kids/Ideals) Worthy Publishing.

Dozers, Dump Trucks & Loaders Coloring Book. Activity Book Zone for Kids. 2016. (ENG., Illus.). (J). pap. 9.20 *(978-1-68376-462-5(5))* Sabeels Publishing.

Dozey Dog & Kitty Katnap. Linda Tarry. 2022. (ENG.). 36p. (J). pap. ***(978-1-7397303-0-7(5))*** Stockwell, Arthur H. Ltd.

Dozier School for Boys: Forensics, Survivors, & a Painful Past. Elizabeth A. Murray. 2019. (ENG., Illus.). 120p. (YA). (gr. 8-12). lib. bdg. 37.32 *(978-1-5415-1978-7(7)*, 698256b9-e8ed-4069-8a61-1f79ec05c420, Twenty-First Century Bks.) Lerner Publishing Group.

Dozy: A Journey from Embryo to Koala. Kasia Pintscher. Illus. by Narcisa Cret. 2023. (Life Cycle Ser.). (ENG.). 28p. (J). ***(978-1-0391-6685-1(7))***; pap. ***(978-1-0391-6684-4(9))*** FriesenPress.

Dozy Bear & the Secret of Food. Katie Blackburn. Illus. by Richard Smythe. 2018. (Dozy Bear Ser.). (ENG.). 32p. (J). pap. 9.95 *(978-0-571-33443-8(1)*, Faber & Faber Children's Bks.) Faber & Faber, Inc.

Dozy Bear & the Secret of Sleep. Katie Blackburn. Illus. by Richard Smythe. 2017. (ENG.). 32p. (J). (gr. -1-3). 17.99 *(978-0-06-256426-9(9)*, HarperCollins) HarperCollins Pubs.

D

DP Kids. Thelma Daniels. 2022. (ENG.). 34p. (J). pap. 14.95 *(978-1-63961-975-7(5))* Christian Faith Publishing.
Dr. Adriaan (Classic Reprint) Louis Couperus. 2018. (ENG., Illus.). 330p. (J). 30.72 *(978-0-483-99182-8(1))* Forgotten Bks.
Dr Bakewell & the Cupcake Queen. L. T. Talbot. 2017. (ENG.). 296p. (J). *(978-0-244-92151-4(2))* Lulu Pr., Inc.
Dr Bakewell & the Gingerbread Man. L. T. Talbot. 2020. (ENG.). 422p. pap. *(978-1-716-46524-6(9))* Lulu Pr., Inc.
Dr Bakewell & the Three Chocolatiers. L. T. Talbot. 2018. (ENG., Illus.). 264p. (J). *(978-0-244-98444-1(1))*; pap. *(978-0-244-68287-3(9))* Lulu Pr., Inc.
Dr Bakewell's Wondrous School of Confectionery. L. T. Talbot. 2017. (ENG.). 284p. (J). *(978-0-244-92150-7(4))* Lulu Pr., Inc.
Dr. Barnardo As I Knew Him (Classic Reprint) A. R. Neuman. (ENG., Illus.). (J). 2018. 138p. 26.74 *(978-0-483-99643-4(2))*; 2016. pap. 9.57 *(978-1-333-76733-4(1))* Forgotten Bks.
Dr. Bibo & the Magic Cat. Elizabeth Burns. 2022. (ENG.). 30p. (J). *(978-0-2288-7945-9(0))*; pap. *(978-0-2288-7944-2(2))* Tellwell Talent.
Dr Boogaloo & the Girl Who Lost Her Laughter. Lisa Nicol. 2019. (Illus.). 192p. (J). (gr. 2-4). 9.99 *(978-1-76089-236-4(X)*, Puffin) Penguin Random Hse. AUS. Dist: Independent Pubs. Group.
Dr. Charles Drew: Medical Pioneer. Susan Whitehurst. 2021. (Black American Journey Ser.). (ENG.). 32p. (J). (gr. 4-7). lib. bdg. 35.64 *(978-1-5038-5445-1(0)*, 215322) Child's World, Inc, The.
DR Congo a Variety of Facts 4th Grade Children's Book. Bold Kids. 2023. (ENG.). 42p. (J). pap. 14.99 *(978-1-0717-1946-6(7))* FASTLANE LLC.
Dr. Coo & the Pigeon Protest. Sarah Hampson. Illus. by Kass Reich. 2018. (ENG.). 32p. (J). (gr. -1-2). 19.99 *(978-1-77138-361-5(5))* Kids Can Pr., Ltd. CAN. Dist: Hachette Bk. Group.
Dr. Critchlore's School for Minions: Book One. Sheila Grau. Illus. by Joe Sutphin. 2016. (Dr. Critchlore's School for Minions Ser.). (ENG.). 304p. (J). (gr. 3-7). pap. 7.95 *(978-1-4197-2029-1(5)*, 1091603, Amulet Bks.) Abrams, Inc.
Dr. Critchlore's School for Minions: Book Two: Gorilla Tactics. Sheila Grau & Joe Sutphin. 2016. (Dr. Critchlore's School for Minions Ser.). (ENG., Illus.). 304p. (J). (gr. 3-7). 14.95 *(978-1-4197-1371-2(X)*, 1091701, Amulet Bks.) Abrams, Inc.
Dr. David (Classic Reprint) Marjorie Benton Cooke. 2018. (ENG., Illus.). 372p. (J). 31.59 *(978-0-666-65556-1(1))* Forgotten Bks.
Dr. Deane's Way, & Other Stories (Classic Reprint) Faye Huntington. 2018. (ENG., Illus.). 272p. (J). 29.51 *(978-0-666-86594-6(9))* Forgotten Bks.
Dr. Dee Dee Dynamo: Ice Worm Intervention. Oneeka Williams. 2018. (ENG.). (J). 14.95 *(978-1-68401-841-3(2))* Amplify Publishing Group.
Dr Dee Dee Dynamo Bee More Breakthru Coloring Book. Oneeka Williams. 2016. (ENG.). (J). (gr. -1-3). pap. 9.99 *(978-1-63177-912-1(5))* Amplify Publishing Group.
Dr. Dee Dee Dynamo's Beemore Breakthru. Oneeka Williams. Illus. by Valerie Bouthyette. 2017. (ENG.). (J). (gr. -1-3). 14.95 *(978-1-68401-016-5(0))* Amplify Publishing Group.
Dr. des Coveries & the Wild Bunch. Gary Bussa. 2021. (ENG.). 26p. (J). pap. 12.95 *(978-1-64801-695-0(2))* Newman Springs Publishing, Inc.
Dr. Dodd's School (Classic Reprint) James Lauren Ford. (ENG., Illus.). (J). 2018. 218p. 28.43 *(978-0-428-97915-7(7))*; 2017. pap. 10.97 *(978-0-243-40523-7(5))* Forgotten Bks.
Dr. Dots: A Dot to Dot Activity Book. Activity Book Zone for Kids. 2016. (ENG., Illus.). (J). pap. 7.55 *(978-1-68376-095-5(6))* Sabeels Publishing.
Dr. Dr. Come Very Quick! Dr in the House Coloring Book. Jupiter Kids. 2016. (ENG., Illus.). 106p. (J). pap. 12.55 *(978-1-68305-192-3(0)*, Jupiter Kids (Childrens & Kids Fiction)) Speedy Publishing LLC.
Dr. Dreams: The Same Scary Dream Cool. Stephen Monk. Illus. by Natalia Starikova. 2021. (ENG.). 36p. (J). *(978-1-5255-7789-5(1))*; pap. *(978-1-5255-7790-1(5))* FriesenPress.
Dr. Dumany's Wife: A Romance (Classic Reprint) Maurus Jokai. 2017. (ENG., Illus.). (J). 30.99 *(978-1-5285-6565-3(7))* Forgotten Bks.
Dr. Ellen (Classic Reprint) Juliet Wilbor Tompkins. 2018. (ENG., Illus.). 284p. (J). 29.75 *(978-0-365-50265-4(0))* Forgotten Bks.
Dr. e's Super Stellar Solar System: Massive Mountains! Supersize Storms! Alien Atmospheres! Bethany Ehlmann. 2018. (Science Superheroes Ser.). (Illus.). 128p. (J). (gr. 3-7). pap. 12.99 *(978-1-4263-2798-8(6)*, National Geographic Kids) Disney Publishing Worldwide.
Dr. F. Ahn's Praktischer Lehrgang Zur Schnellen und Leichten Erlernung der Englischen Sprache (Classic Reprint) F. Ahn. (ENG., Illus.). (J). 2017. 28.43 *(978-0-265-50428-4(7))*; 2016. pap. 10.97 *(978-1-334-11669-8(5))* Forgotten Bks.
Dr. Fauci: How a Boy from Brooklyn Became America's Doctor. Kate Messner. Illus. by Alexandra Bye. 2021. (ENG.). 48p. (J). (gr. -1-3). 17.99 *(978-1-6659-0243-4(4)*, Simon & Schuster Bks. For Young Readers) Simon & Schuster Bks. For Young Readers.
Dr. Fauci: a Little Golden Book Biography. Suzanne Slade. Illus. by Fanny Liem. 2022. (Little Golden Book Ser.). 24p. (J). (gr. -1-3). 5.99 *(978-0-593-48406-7(1)*, Golden Bks.) Random Hse. Children's Bks.
Dr. Floss Is the Boss. 3. Dan Gutman. ed. 2020. (My Weirder-est School Ser.). (ENG., Illus.). 104p. (J). (gr. 2-3). 15.49 *(978-1-64697-438-2(7))* Penworthy Co., LLC, The.
Dr. Ford Freud: Skeletons Are Not Scary. Freud Ford & J. A. Ford. 2022. (ENG.). 384p. (J). pap. 14.95 *(978-1-64543-803-8(1))* Amplify Publishing Group.
Dr. Gilbert's Daughters: A Story for Girls (Classic Reprint) Margaret Harriet Mathews. 2018. (ENG., Illus.). 384p. (J). 31.84 *(978-0-483-61131-3(X))* Forgotten Bks.
Dr. Goldilocks & Baby Bear's Diabetes. Edward Gale Movius M D. 2019. (ENG.). 50p. (J). pap. 13.95 *(978-1-64462-218-6(1))* Page Publishing Inc.
Dr. Goldilocks & the Three Bears Fight COVID-19. Edward Gale Movius. Illus. by Kayla Victoria Byrnes. 2020. (ENG.). 56p. (J). pap. 14.95 *(978-0-9986759-2-3(X))* Edward J. Flora.
Dr. Hardhack's Prescription: A Play for Children in Four Acts (Classic Reprint) K. McDowell Rice. 2018. (ENG., Illus.). 36p. (J). 24.68 *(978-0-484-12240-5(1))* Forgotten Bks.
Dr. Heidenhoffs Process (Classic Reprint) Edward Bellamy. 2018. (ENG., Illus.). 142p. (J). 26.83 *(978-0-484-79767-2(0))* Forgotten Bks.
Dr. Heidenhoff's Process (Classic Reprint) Edward Bellamy. 2018. (ENG., Illus.). (J). 152p. 27.05 *(978-1-396-63093-4(7))*; 154p. pap. 9.57 *(978-1-391-59447-7(9))* Forgotten Bks.
Dr. Howell's Family (Classic Reprint) H. B. Goodwin. (ENG., Illus.). (J). 2017. 31.59 *(978-0-266-42019-4(2))*; 2016. pap. 13.97 *(978-1-333-69996-3(4))* Forgotten Bks.
Dr. Jekyll & Mr. Hyde. Kenny Abdo. 2018. (Hollywood Monsters Ser.). (ENG., Illus.). 24p. (J). (gr. 2-8). lib. bdg. 31.36 *(978-1-5321-2316-0(7)*, 28399, Abdo Zoom-Fly) ABDO Publishing Co.
Dr. Jekyll & Mr. Hyde. Adapted by Jason Ho. Illus. by Jason Ho. 2023. (Horror Stories Ser.). (ENG.). 32p. (J). (gr. 3-8). lib. bdg. 32.79 *(978-1-0982-3601-4(7)*, 42593, Graphic Planet - Fiction) Magic Wagon.
Dr. Jekyll & Mr. Hyde. Robert Louis Stevenson. Illus. by Penko Gelev. 2017. (Classic Graphic Fiction Ser.). (ENG.). 48p. (J). (gr. 4). pap. 7.95 *(978-1-912006-01-4(4))* Book Hse. GBR. Dist: Sterling Publishing Co., Inc.
Dr Jekyll & Mr Hyde: AQA GCSE 9-1 English Literature Text Guide: Ideal for Home Learning, 2022 & 2023 Exams. Collins GCSE. 2017. (ENG., Illus.). 80p. (YA). (gr. 9-11). pap. 8.99 *(978-0-00-824710-2(2))* HarperCollins Pubs. Ltd. GBR. Dist: Independent Pubs. Group.
Dr. Jekyll & Mr. Hyde Novel Units Student Packet. Novel Units. 2019. (ENG.). (YA). (gr. 9-12). pap., stu. ed. 13.99 *(978-1-58130-785-6(3)*, Novel Units, Inc.) Classroom Library Co.
Dr. Jekyll & Mr. Hyde (Worldview Edition) Robert Louis Stevenson. 2019. (ENG.). (YA). pap. 9.95 *(978-1-944503-59-8(5))* Canon Pr.
Dr. Jett, Monster Vet. A. C. Washington. Illus. by Merve Uygan. 2021. (ENG.). 26p. (J). 18.99 *(978-1-7350697-8-4(7))* Scruffy Pup Pr.
Dr. Jo: How Sara Josephine Baker Saved the Lives of America's Children. Monica Kulling. Illus. by Julianna Swaney. 2018. 32p. (J). (gr. k-3). 17.99 *(978-1-101-91789-3(X)*, Tundra Bks.) Tundra Bks. CAN. Dist: Penguin Random Hse. LLC.
Dr. Jo & Aussie's Outdoor Adventures. Joanna Johannes. Illus. by Tim Lovering. 2022. (Dr. Jo & Aussie Ser.: Vol. 1). (ENG.). 36p. (J). pap. 25.99 *(978-1-6628-4188-0(4))* Salem Author Services.
Dr. John Brown & His Sister Isabella: Outlines (Classic Reprint) Elizabeth T. M'Laren. 2017. (ENG., Illus.). (J). 25.92 *(978-0-260-55929-6(6))* Forgotten Bks.
Dr. Jon Jon Saves the Moon. Jackson Apollo Mancini. 2021. (ENG.). 32p. (J). 14.99 *(978-1-58270-761-7(8)*, Beyond Words) Simon & Schuster.
Dr. Jonas Salk: a Little Golden Book Biography. Deborah Hopkinson. Illus. by Dave SZALAY. 2023. (Little Golden Book Ser.). 24p. (J). (gr. -1-3). 5.99 *(978-0-593-37925-7(X)*, Golden Bks.) Random Hse. Children's Bks.
Dr. Jonathan: A Play in Three Acts (Classic Reprint) Winston Churchill. 2018. (ENG., Illus.). 166p. (J). 27.34 *(978-0-483-96234-7(1))* Forgotten Bks.
Dr Karl's Little Book of Dino's. Karl Kruszelnicki. 2017. (ENG.). 160p. (J). (gr. 2-4). pap. 9.99 *(978-1-925481-24-2(7)*, Pan) Pan Macmillan Australia Pty, Ltd. AUS. Dist: Independent Pubs. Group.
Dr Karl's Little Book of Space. Karl Kruszelnicki. 2017. (ENG.). 160p. (J). (gr. 2-4). pap. 9.99 *(978-1-925481-23-5(9)*, Pan) Pan Macmillan Australia Pty, Ltd. AUS. Dist: Independent Pubs. Group.
Dr Keith, Pleeease Fix My Teeth! Kate Pennington. Illus. by Monika Zaper. 2022. (ENG.). 32p. (J). pap. *(978-0-646-86593-5(5))* Kate Frances Pennington.
Dr. Latimer a Story of Casco Bay (Classic Reprint) Clara Louise Burnham. 2018. (ENG., Illus.). 392p. (J). 32.00 *(978-0-332-20010-1(8))* Forgotten Bks.
Dr. Lavendar's People (Classic Reprint) Margaret Deland. 2017. (ENG., Illus.). (J). 32.31 *(978-0-265-18970-2(5))* Forgotten Bks.
Dr. Lebaron & His Daughter: A Story of the Old Colony (Classic Reprint) Jane G. Austin. 2017. (ENG., Illus.). (J). 33.67 *(978-0-265-73362-2(6))* Forgotten Bks.
Dr Maggie's Grand Tour of the Solar System. Maggie Aderin-Pocock & Chelen Ecija. 2023. (ENG.). 136p. pap. *(978-1-80528-005-7(8))* Quadry, Fatima.
Dr. Martin Luther King Jr. , Coloring & Activity Book. Sylvia Black. 2018. (ENG.). 124p. (YA). pap. *(978-0-359-24429-4(7))* Lulu Pr., Inc.
Dr. Martin Luther King Jr. Activity & Coloring Book. Sylvia Black. 2016. (ENG., Illus.). (J). pap. 19.99 *(978-1-365-05622-2(8))* Lulu Pr., Inc.
Dr. Mirabel's Theory: A Psychological Study (Classic Reprint) Ross George Dering. 2018. (ENG., Illus.). 348p. (J). 31.07 *(978-0-483-54067-5(6))* Forgotten Bks.
Dr. Mom's Super Duper Cookbook of Science You Can Eat: Molecular Gastronomy for Kids. Mom. Illus. by Shana Koppel. 2019. (ENG.). 32p. (J). (gr. 1-6). pap. *(978-965-7043-00-4(X))* StellarNova.
Dr. Montessori's Own Handbook. Maria Montessori. 2018. (ENG., Illus.). 92p. (YA). (gr. 7-12). pap. *(978-93-5329-189-1(5))* Alpha Editions.
Dr. Nicholas Stone (Classic Reprint) E. Spence De Pue. 2018. (ENG., Illus.). 278p. (J). 29.65 *(978-0-428-94803-0(0))* Forgotten Bks.
Dr. Nick (Classic Reprint) L. M. Steele. 2017. (ENG., Illus.). (J). 33.07 *(978-0-260-13138-6(5))*; pap. 16.57 *(978-1-5282-0202-2(3))* Forgotten Bks.
Dr. North & His Friends (Classic Reprint) S. Weir Mitchell. 2017. (ENG., Illus.). (J). 34.44 *(978-0-265-20557-0(3))* Forgotten Bks.
Dr. North & His Friends (Classic Reprint) Silas Weir Mitchell. 2018. (ENG., Illus.). (J). 512p. 34.48 *(978-1-396-81611-6(9))*; 514p. pap. 16.97 *(978-1-396-81531-7(7))* Forgotten Bks.
Dr. Ochoa's Stellar World: We Are All Scientists / Todos Somos Cientificos. Ellen Ochoa. Illus. by Citlali Reyes. 2022. 22p. (J). (-k). bds. 12.99 *(978-1-948066-28-0(9))* Little Libros, LLC.
Dr. Paul (Classic Reprint) Ethel Penman Hope. (ENG., Illus.). (J). 2018. 248p. 29.03 *(978-0-656-87568-9(2))*; 2017. pap. 11.57 *(978-0-243-50787-0(9))* Forgotten Bks.
Dr. Paull's Theory: A Romance (Classic Reprint) A. M. Diehl. (ENG., Illus.). (J). 2018. 294p. 29.96 *(978-0-484-46951-7(7))*; 2017. pap. 13.57 *(978-0-243-89504-5(6))* Forgotten Bks.
Dr. Pied Piper & the Alien Invasion: A Graphic Novel. Brandon Terrell. Illus. by Fern Cano. 2021. (Far Out Fairy Tales Ser.). (ENG.). 40p. (J). 25.32 *(978-1-6639-1075-2(8)*, 211253); pap. 5.95 *(978-1-6639-2142-0(3)*, 211235) Capstone. (Stone Arch Bks.).
Dr. Pladoo's Expedition: Dr. Pladoo's Expedition to Lion Den. Steven Akinnfest. 2022. (ENG.). 128p. (J). pap. 14.95 *(978-1-6624-3581-2(9))* Page Publishing Inc.
Dr. Potts, My Pets Have Spots! Rod Hull. Illus. by Miriam Latimer. 2017. (ENG.). 32p. (J). (gr. -1-2). 16.99 *(978-1-78285-319-0(7))*; pap. 9.99 *(978-1-78285-324-4(3))* Barefoot Bks., Inc.
Dr. Rumsey's Patient: A Very Strange Story (Classic Reprint) L.T. Mead. (ENG., Illus.). (J). 2018. 312p. 30.35 *(978-0-267-32145-2(7))*; 2016. pap. 13.57 *(978-1-333-49343-1(6))* Forgotten Bks.
Dr. Seuss. Julie Murray. 2021. (Children's Authors Ser.). (ENG., Illus.). 24p. (J). (gr. -1-2). lib. bdg. 32.79 *(978-1-0982-0721-2(1)*, 38204, Abdo Kids) ABDO Publishing Co.
Dr. Seuss. Jennifer Strand. 2016. (Amazing Authors Ser.). (ENG.). 24p. (J). (gr. -1-2). 49.94 *(978-1-68079-382-6(9)*, 23003, Abdo Zoom-Launch) ABDO Publishing Co.
Dr. Seuss Beginner Fun Activity Book: 5 Books in 1: Opposites & Differences; Rhyming Words; Letter Sounds; Easy Addition; Counting Beyond 100. Seuss. 2020. (ENG.). 160p. (J). (gr. 1-3). pap. 12.99 *(978-0-593-37301-9(4)*, Random Hse. Bks. for Young Readers) Random Hse. Children's Bks.
Dr. Seuss Bright & Early Book Boxed Set Collection: The Foot Book; Marvin K. Mooney Will You Please Go Now!; Mr. Brown Can Moo! Can You?, the Shape of Me & Other Stuff; There's a Wocket in My Pocket! Seuss. 2021. (Bright & Early Books(R) Ser.). (ENG.). 180p. (J). (-k). 49.95 *(978-0-593-48547-7(5)*, Random Hse. Bks. for Young Readers) Random Hse. Children's Bks.
Dr. Seuss Discovers: Bugs. Seuss. 2021. (Dr. Seuss Discovers Ser.). (ENG., Illus.). 26p. (J). (— 1). bds. 7.99 *(978-1-9848-2988-7(2)*, Random Hse. Bks. for Young Readers) Random Hse. Children's Bks.
Dr. Seuss Discovers: Dinosaurs. Seuss. 2022. (Dr. Seuss Discovers Ser.). (ENG.). 26p. (J). (— 1). bds. 7.99 *(978-1-9848-2989-4(0)*, Random Hse. Bks. for Young Readers) Random Hse. Children's Bks.
Dr. Seuss Discovers: Dogs. Seuss. 2023. (Dr. Seuss Discovers Ser.). (ENG., Illus.). 26p. (J). (— 1). bds. 7.99 *(978-1-9848-2993-1(9)*, Random Hse. Bks. for Young Readers) Random Hse. Children's Bks.
Dr. Seuss Discovers: Sharks. Seuss. 2022. (Dr. Seuss Discovers Ser.). (ENG., Illus.). 26p. (J). (— 1). bds. 7.99 *(978-1-9848-2991-7(2)*, Random Hse. Bks. for Young Readers) Random Hse. Children's Bks.
Dr. Seuss Discovers: Space. Seuss. 2021. (Dr. Seuss Discovers Ser.). (ENG., Illus.). 26p. (J). (— 1). bds. 7.99 *(978-1-9848-2987-0(4)*, Random Hse. Bks. for Young Readers) Random Hse. Children's Bks.
Dr. Seuss Discovers: the Farm. Seuss. 2022. (Dr. Seuss Discovers Ser.). (ENG., Illus.). 26p. (J). (— 1). bds. 7.99 *(978-1-9848-2990-0(4)*, Random Hse. Bks. for Young Readers) Random Hse. Children's Bks.
Dr. Seuss Discovers: the Human Body. Seuss. 2022. (Dr. Seuss Discovers Ser.). (ENG.). 26p. (J). (— 1). bds. 7.99 *(978-1-9848-2992-4(0)*, Random Hse. Bks. for Young Readers) Random Hse. Children's Bks.
Dr. Seuss Discovers: the Ocean. Seuss. 2022. (Dr. Seuss Discovers Ser.). (ENG., Illus.). 26p. (J). (— 1). bds. 8.99 *(978-1-9848-2994-8(7)*, Random Hse. Bks. for Young Readers) Random Hse. Children's Bks.
Dr. Seuss Libro de Animales (Dr. Seuss's Book of Animals Spanish Edition) Seuss. 2020. (Bright & Early Books(R) Ser.). (SPA.). 40p. (J). (-k). 9.99 *(978-1-9848-3130-9(5))*; lib. bdg. 12.99 *(978-0-593-12813-8(3))* Random Hse. Children's Bks. (Random Hse. Bks. for Young Readers).
Dr. Seuss Wipe-Clean Workbook: Learning Fun: Activity Workbook for Ages 3-5. Seuss. 2022. (Dr. Seuss Workbooks Ser.). (ENG.). 56p. (J). (-k). pap. 12.99 *(978-0-525-57224-4(4)*, Bright Matter Books) Random Hse. Children's Bks.
Dr. Seuss Wipe-Clean Workbook: Letters & Numbers: Activity Workbook for Ages 3-5. Seuss. 2022. (Dr. Seuss Workbooks Ser.). (ENG.). 56p. (J). (-k). pap. 12.99 *(978-0-525-57225-1(2)*, Bright Matter Books) Random Hse. Children's Bks.
Dr. Seuss Workbook: Grade 1: 260+ Fun Activities with Stickers & More! (Spelling, Phonics, Sight Words, Writing, Reading Comprehension, Math, Addition & Subtraction, Science, SEL) Seuss. 2022. (Dr. Seuss Workbooks Ser.). (ENG.). 304p. (J). (gr. -1-2). pap. 12.99 *(978-0-525-57221-3(X)*, Random Hse. Bks. for Young Readers) Random Hse. Children's Bks.
Dr. Seuss Workbook: Grade 2: 260+ Fun Activities with Stickers & More! (Spelling, Phonics, Reading Comprehension, Grammar, Math, Addition & Subtraction, Science) Seuss. 2022. (Dr. Seuss Workbooks Ser.). (ENG.). 304p. (J). (gr. -1-3). pap. 12.99 *(978-0-525-57222-0(8)*, Random Hse. Bks. for Young Readers) Random Hse. Children's Bks.
Dr. Seuss Workbook: Grade 3: 260+ Fun Activities with Stickers & More! (Language Arts, Vocabulary, Spelling, Reading Comprehension, Writing, Math, Multiplication, Science, SEL) Seuss. 2022. (Dr. Seuss Workbooks Ser.). (ENG.). 304p. (J). (gr. -1-3). pap. 12.99 *(978-0-525-57223-7(6)*, Random Hse. Bks. for Young Readers) Random Hse. Children's Bks.
Dr. Seuss Workbook: Kindergarten: 300+ Fun Activities with Stickers & More! (Math, Phonics, Reading, Spelling, Vocabulary, Science, Problem Solving, Exploring Emotions) Seuss. 2021. (Dr. Seuss Workbooks Ser.). (ENG.). 304p. (J). (gr. -1-2). pap. 12.99 *(978-0-525-57220-6(1)*, Random Hse. Bks. for Young Readers) Random Hse. Children's Bks.
Dr. Seuss Workbook: Preschool: 300+ Fun Activities with Stickers & More! (Alphabet, ABCs, Tracing, Early Reading, Colors & Shapes, Numbers, Counting, Exploring Emotions, Science) Seuss. 2021. (Dr. Seuss Workbooks Ser.). (ENG.). 304p. (J). (gr. -1-2). pap. 12.99 *(978-0-525-57219-0(8)*, Random Hse. Bks. for Young Readers) Random Hse. Children's Bks.
Dr. Seuss Workbooks (Pre-K + K) 12-Copy Sidekick Display Fall 2021. Seuss. 2021. (J). (gr. -1-2). pap. 155.88 *(978-0-593-39155-6(1)*, Random Hse. Bks. for Young Readers) Random Hse. Children's Bks.
Dr. Seuss's 1 2 3. Seuss. 2019. (Beginner Books(R) Ser.). (ENG., Illus.). 48p. (J). (-k). 9.99 *(978-0-525-64605-1(1)*, Random Hse. Bks. for Young Readers) Random Hse. Children's Bks.
Dr. Seuss's 100 First Words see Dr. Seuss's 100 First Words/Las Primeras 100 Palabras de Dr. Seuss (Bilingual Edition)
Dr. Seuss's 100 First Words. Seuss. 2018. (ENG., Illus.). 16p. (J). (— 1). bds. 11.99 *(978-1-5247-7087-7(6)*, Random Hse. Bks. for Young Readers) Random Hse. Children's Bks.
Dr. Seuss's 100 First Words/Las Primeras 100 Palabras de Dr. Seuss (Bilingual Edition) Seuss. ed. 2022.Tr. of Dr. Seuss's 100 First Words. 16p. (J). (— 1). bds. 11.99 *(978-0-593-43059-0(X)*, Random Hse. Bks. for Young Readers) Random Hse. Children's Bks.
Dr. Seuss's ABC. Seuss. ed. 2019. (Dr. Seuss Beginner Bks.). (ENG.). 63p. (J). (gr. k-1). 17.49 *(978-0-87617-603-0(1))* Penworthy Co., LLC, The.
Dr. Seuss#s Birthday 36-Copy Sidekick Display (Spring 2023) Seuss. 2023. (J). (gr. -1-2). 359.64 *(978-0-593-57537-6(7)*, Random Hse. Bks. for Young Readers) Random Hse. Children's Bks.
Dr. Seuss's Book of Animals. Seuss. 2018. (Bright & Early Books(R) Ser.). (ENG., Illus.). 36p. (J). (-k). 9.99 *(978-1-5247-7055-6(8)*, Random Hse. Bks. for Young Readers) Random Hse. Children's Bks.
Dr. Seuss's Book of Colors. Seuss. 2018. (Bright & Early Books(R) Ser.). (ENG., Illus.). 40p. (J). (gr. k-k). 9.99 *(978-1-5247-6618-4(6)*, Random Hse. Bks. for Young Readers) Random Hse. Children's Bks.
Dr. Seuss's Classic 4-Book Boxed Set Collection: Happy Birthday to You!; Horton Hears a Who!; the Lorax; the Sneetches & Other Stories. Seuss. 2021. (Classic Seuss Ser.). (ENG.). 280p. (J). (gr. k-4). 67.96 *(978-0-593-48533-0(5)*, Random Hse. Bks. for Young Readers) Random Hse. Children's Bks.
Dr. Seuss's Every Voice Counts! Make Yourself Heard! Seuss. 2020. (Dr. Seuss's Gift Bks.). (ENG.). 32p. (J). (gr. 2-12). 8.99 *(978-0-593-12328-7(X)*, Random Hse. Bks. for Young Readers) Random Hse. Children's Bks.
Dr. Seuss's Green Eggs & Ham: With 12 Silly Sounds! Seuss. 2022. (Dr. Seuss Sound Bks.). (ENG.). 14p. (J). (— 1). bds. 18.99 *(978-0-593-43429-1(3)*, Random Hse. Bks. for Young Readers) Random Hse. Children's Bks.
Dr. Seuss's Hats off to Reading 36-Copy Sidekick Display. Seuss. 2022. (J). (gr. -1-2). 359.64 *(978-0-593-39230-0(2)*, Random Hse. Bks. for Young Readers) Random Hse. Children's Bks.
Dr. Seuss's Horse Museum. Seuss. Illus. by Andrew Joyner. 2019. (Classic Seuss Ser.). (ENG.). 80p. (J). (gr. 2). 18.99 *(978-0-399-55912-9(4))*; lib. bdg. 21.99 *(978-0-399-55913-6(2))* Random Hse. Children's Bks. (Random Hse. Bks. for Young Readers).
Dr. Seuss's Horton Hears a Boo! Wade Bradford. Illus. by Tom Brannon. 2023. (ENG.). 32p. (J). (gr. -1-3). 10.99 *(978-0-593-64353-2(4))*; lib. bdg. 13.99 *(978-0-593-64354-9(2))* Random Hse. Children's Bks. (Random Hse. Bks. for Young Readers).
Dr. Seuss's How the Grinch Lost Christmas! Alastair Heim. Illus. by Aristides Ruiz. 2023. (Classic Seuss Ser.). (ENG.). 40p. (J). (gr. k-4). 19.99 *(978-0-593-56316-8(6)*, Random Hse. Bks. for Young Readers) Random Hse. Children's Bks.
Dr. Seuss's I Love Pop! A Celebration of Dads. Seuss. 2019. (Dr. Seuss's Gift Bks.). (ENG., Illus.). 32p. (J). (gr. 2-12). 8.99 *(978-1-9848-4812-3(7)*, Random Hse. Bks. for Young Readers) Random Hse. Children's Bks.
Dr. Seuss's Lovey Things. Seuss. Illus. by Tom Brannon. 2019. (Dr. Seuss's Things Board Bks.). (ENG.). 26p. (J). (— 1). bds. 8.99 *(978-1-9848-5188-8(8)*, Random Hse. Bks. for Young Readers) Random Hse. Children's Bks.
Dr. Seuss's Mr. Brown Can Moo! Can You? With 12 Silly Sounds! Seuss. 2021. (Dr. Seuss Sound Bks.). (ENG.). 14p. (J). (— 1). bds. 18.99 *(978-0-593-43392-8(0)*, Random Hse. Bks. for Young Readers) Random Hse. Children's Bks.
Dr. Seuss's Oh, the Places You'll Go! Coloring Book. Seuss. 2020. (ENG.). 80p. (J). (gr. 2-12). pap. 15.99 *(978-0-593-37240-1(9)*, Random Hse. Bks. for Young Readers) Random Hse. Children's Bks.
Dr. Seuss's Oh, What I've Learned: Thanks to My TEACHERS! Seuss. 2022. (Dr. Seuss's Gift Bks.). (ENG.). 32p. (J). (gr. 2). 8.99 *(978-0-593-38119-9(X)*, Random Hse. Bks. for Young Readers) Random Hse. Children's Bks.
Dr. Seuss's People, Places, & Things. Seuss. 2019. (ENG., Illus.). 16p. (J). (— 1). bds. 11.99 *(978-1-9848-2986-3(6)*, Random Hse. Bks. for Young Readers) Random Hse. Children's Bks.
Dr. Seuss's School Things. Seuss. Illus. by Tom Brannon. 2020. (Dr. Seuss's Things Board Bks.). (ENG.). 26p. (J). (—

1). bds. 8.99 *(978-0-593-17396-1(1),* Random Hse. Bks. for Young Readers) Random Hse. Children's Bks.

Dr. Seuss's Sleepy Sounds: With 12 Silly Sounds! Seuss. 2022. (Dr. Seuss Sound Bks.). (ENG.). 14p. (J). (— 1). bds. 18.99 *(978-0-593-43428-4(5),* Random Hse. Bks. for Young Readers) Random Hse. Children's Bks.

Dr. Seuss's Spooky Things. Seuss. Illus. by Tom Brannon. 2019. (Dr. Seuss's Things Board Bks.). (ENG.). 26p. (J). (— 1). bds. 8.99 *(978-1-9848-5097-3(0),* Random Hse. Bks. for Young Readers) Random Hse. Children's Bks.

Dr. Seuss's Spring Things. Seuss. Illus. by Tom Brannon. 2020. (Dr. Seuss's Things Board Bks.). (ENG.). 26p. (J). (— 1). bds. 8.99 *(978-1-9848-9509-7(5),* Random Hse. Bks. for Young Readers) Random Hse. Children's Bks.

Dr. Seuss's Summer Things. Seuss. 2021. (Dr. Seuss's Things Board Bks.). (ENG., Illus.). 26p. (J). (— 1). bds. 8.99 *(978-0-593-30329-0(6),* Random Hse. Bks. for Young Readers) Random Hse. Children's Bks.

Dr. Seuss's Thank You for Being Green: & Speaking for the Trees. Seuss. 2021. (Dr. Seuss's Gift Bks.). (ENG.). 32p. (J). (gr. 2-12). 8.99 *(978-0-593-12329-4(8),* Random Hse. Bks. for Young Readers) Random Hse. Children's Bks.

Dr. Seuss's Thankful Things. Seuss. 2021. (Dr. Seuss's Things Board Bks.). (ENG., Illus.). 26p. (J). (— 1). bds. 8.99 *(978-0-593-30217-0(6),* Random Hse. Bks. for Young Readers) Random Hse. Children's Bks.

Dr. Seuss's the Cat in the Hat (Dr. Seuss Sound Books) With 12 Silly Sounds! Seuss. 2023. (Dr. Seuss Sound Bks.). (ENG.). 14p. (J). (— 1). bds. 20.99 *(978-0-593-43427-7(7),* Random Hse. Bks. for Young Readers) Random Hse. Children's Bks.

Dr Seuss's the Sounds of Grinchmas: With 12 Silly Sounds! Seuss. 2021. (Dr. Seuss Sound Bks.). (ENG.). 14p. (J). (— 1). bds. 18.99 *(978-0-593-43393-5(9),* Random Hse. Bks. for Young Readers) Random Hse. Children's Bks.

Dr. Seuss's 'Tis the Season: a Holiday Celebration. Seuss. 2019. (Dr. Seuss's Gift Bks.). (ENG., Illus.). 32p. (J). (gr. 2-12). 8.99 *(978-1-9848-4813-0(5),* Random Hse. Bks. for Young Readers) Random Hse. Children's Bks.

Dr. Seuss's Ultimate Beginning Reader Boxed Set Collection: Includes 16 Beginner Books & Bright & Early Books. Seuss. 2022. (Beginner Books(R) Ser.). (ENG.). 868p. (J). (gr. -1-2). 159.84 *(978-0-593-64659-5(2),* Random Hse. Bks. for Young Readers) Random Hse. Children's Bks.

Dr. Seuss's Winter Things. Seuss. 2021. (Dr. Seuss's Things Board Bks.). (ENG., Illus.). 26p. (J). (— 1). bds. 8.99 *(978-0-593-30330-6(X),* Random Hse. Bks. for Young Readers) Random Hse. Children's Bks.

Dr. Seuss's You Are Kind: Featuring Horton the Elephant. Seuss. 2018. (Dr. Seuss's Gift Bks.). (ENG., Illus.). 32p. (J). (gr. 2-12). 8.99 *(978-0-525-58215-1(0),* Random Hse. Bks. for Young Readers) Random Hse. Children's Bks.

Dr. Seuss's You Are You! a Birthday Greeting. Seuss. 2020. (Dr. Seuss's Gift Bks.). (ENG.). 32p. (J). (gr. 2-12). 8.99 *(978-0-593-12327-0(1),* Random Hse. Bks. for Young Readers) Random Hse. Children's Bks.

Dr. Sevier (Classic Reprint) George Washington Cable. 2017. (ENG., Illus.). (J). 34.11 *(978-0-265-19004-3(5))* Forgotten Bks.

Dr. Sinclair's Sister, Vol. 1 of 3 (Classic Reprint) Edward Grey. 2018. (ENG., Illus.). 350p. (J). 31.12 *(978-0-483-98183-6(4))* Forgotten Bks.

Dr. Sinclair's Sister, Vol. 2 of 3 (Classic Reprint) Edward Grey. 2018. (ENG., Illus.). 324p. (J). 30.60 *(978-0-483-13302-0(7))* Forgotten Bks.

Dr. Snow Has Got to Go!, 1. Dan Gutman. ed. 2019. (My Weirder-Est School Ser.). (ENG.). 105p. (J). (gr. 2-3). 15.36 *(978-0-87617-540-8(X))* Penworthy Co., LLC, The.

Dr. Thorne's Idea: Originally Published As Gloria Victis (Classic Reprint) John Ames Mitchell. 2018. (ENG., Illus.). 254p. (J). 29.14 *(978-0-332-31595-9(9))* Forgotten Bks.

Dr. Vaccine & the Immunization Team. Tim Calder Rph. 2022. (ENG.). 42p. (J). 25.95 *(978-1-63885-152-3(2));* pap. 14.95 *(978-1-63885-150-9(6))* Covenant Bks.

Dr. Valentine & Yankee Hill's Metamorphoses: Being the Second Series of Dr. Valentine's Comic Lectures, with Characters As Given by the Late Yankee Hill (Classic Reprint) William Valentine. (ENG., Illus.). (J). 2018. 226p. 28.56 *(978-0-365-46499-0(6));* 2017. pap. 10.97 *(978-0-259-25352-5(9))* Forgotten Bks.

Dr. Vermont's Fantasy: And Other Stories (Classic Reprint) Hannah Lynch. 2018. (ENG., Illus.). 344p. (J). 30.99 *(978-0-483-19643-8(6))* Forgotten Bks.

Dr. Wainwright's Patient, Vol. 1 Of 3: A Novel (Classic Reprint) Edmund Yates. 2018. (ENG., Illus.). 282p. (J). 29.73 *(978-0-483-01829-7(5))* Forgotten Bks.

Dr. Wainwright's Patient, Vol. 2 Of 3: A Novel (Classic Reprint) Edmund Yates. 2018. (ENG., Illus.). 252p. (J). 29.09 *(978-0-332-18394-7(7))* Forgotten Bks.

Dr. Wainwright's Patient, Vol. 3 Of 3: A Novel (Classic Reprint) Edmund Yates. 2018. (ENG., Illus.). 276p. (J). 29.59 *(978-0-483-98390-8(X))* Forgotten Bks.

Dr. Wangari Maathai Plants a Forest. Rebel Girls & Corinne Purtill. 2020. (Rebel Girls Chapter Bks.). (Illus.). 128p. (J). (gr. 3-7). 12.99 *(978-1-7333292-1-7(8))* Rebel Girls.

Dr. Wilmer's Love; or, a Question of Conscience. Margaret Lee. 2017. (ENG.). 426p. (J). pap. *(978-3-337-03071-1(8))* Creation Pubs.

Dr. Wilmer's Love, or a Question of Conscience: A Novel (Classic Reprint) Margaret Lee. (ENG., Illus.). (J). 2017. 32.64 *(978-0-265-40439-3(8));* 2016. pap. 16.57 *(978-1-333-40939-5(7))* Forgotten Bks.

Dr. Wortle's School. Anthony Trollope. 2017. (ENG.). 426p. (J). pap. *(978-3-337-04844-0(7))* Creation Pubs.

Dr You Visits the School - e Kawara Te Reirei Dr You (Te Kiribati) Rimeta Sambo. Illus. by Jovan Carl Segura. 2023. (ENG.). 32p. (J). pap. ***(978-1-922795-87-8(9))*** Library For All Limited.

Dr. Zell & the Princess Charlotte: An Autobiographical Relation of Adventures in the Life of a Distinguished Modern Necromancer, Seer & Theosophist (Classic Reprint) Warren Richardson. 2017. (ENG., Illus.). (J). 31.03 *(978-0-265-71110-1(X));* pap. 13.57 *(978-1-5276-6357-2(4))* Forgotten Bks.

Draagonus Adventurus. Sanjay Ravishankar. 2021. (ENG.). 182p. (YA). pap. 16.99 *(978-1-956380-08-8(6))* Society of Young Inklings.

Drache Von Basel. Jeannine Piesold. 2017. (GER.). 116p. (J). *(978-3-903155-56-5(X))* novum pocket Verlag in der novum publishing GmbH.

Drachen-Malbuch: Aktivitätsbuch Mit Seiten Zum Ausmalen, Punktmarkierung, Scherenfähigkeiten Si, Wie Man Zeichnet. Darcy Harvey. 2022. (GER.). 98p. (J). pap. 16.99 *(978-1-80361-640-7(7))* Adamson, Bruce Campbell.

Draco. Laurie S. Sutton. Illus. by James Nathan. 2017. (Bug Team Alpha Ser.). (ENG.). 112p. (J). (gr. 3-6). lib. bdg. 26.65 *(978-1-4965-5186-3(9),* 136189, Stone Arch Bks.) Capstone.

Draco Twins Make a Discovery. Carol Basile. Illus. by John Dickinson. 2018. (Draco Twins Make a Discovery Ser.: Vol. 1). (ENG.). 34p. (J). (gr. k-5). 18.99 *(978-1-7324359-2-6(8))* Dragon Gate Media.

Draco Twins Make a Discovery. Carol Jean Basile. Illus. by John Michael Dickinson. 2018. (Draco Twins Ser.: Vol. 1). (ENG.). 34p. (J). (gr. k-5). pap. 9.99 *(978-1-7324359-1-9(X))* Dragon Gate Media.

Draconfyx: A Fable of Addiction. C. R. May. 2020. (ENG.). 95p. (YA). pap. *(978-1-716-50059-6(1))* Lulu Pr., Inc.

Dracula. Kenny Abdo. 2018. (Hollywood Monsters Ser.). (ENG., Illus.). 24p. (J). (gr. 2-8). lib. bdg. 31.36 *(978-1-5321-2317-7(5),* 28401, Abdo Zoom-Fly) ABDO Publishing Co.

Dracula. Illus. by Daniel Connor. 2023. (Horror Stories Ser.). (ENG.). 32p. (J). (gr. 3-8). lib. bdg. 32.79 ***(978-1-0982-3602-1(5),*** 42596, Graphic Planet - Fiction) Magic Wagon.

Dracula. Bram Stoker. Illus. by Penko Gelev. 2017. (Classic Graphic Fiction Ser.). (ENG.). 48p. (J). (gr. 4). pap. 7.95 *(978-1-912006-02-1(2))* Book Hse. GBR. Dist: Sterling Publishing Co., Inc.

Dracula. Bram Stoker. 2018. (ENG.). 220p. (YA). (gr. 7-13). pap. *(978-80-268-9205-2(4))* E-Artnow.

Dracula. Bram Stoker. (ENG.). (YA). (gr. 7-17). 2020. 342p. pap. *(978-1-77426-035-7(2));* 2018. (Illus.). 282p. pap. *(978-1-989201-33-6(4))* East India Publishing Co.

Dracula. Bram Stoker. 2022. (Read in English Ser.). (ENG & SPA.). 496p. (gr. 9-7). pap. 12.95 *(978-607-21-2435-6(6))* Larousse, Ediciones, S. A. de C. V. MEX. Dist: Independent Pubs. Group.

Dracula. Bram Stoker. 2019. (ENG.). 234p. (J). (gr. 3-7). *(978-1-989631-59-1(2));* 234p. (J). (gr. 3-7). pap. *(978-1-989631-30-0(4));* 438p. (YA). (gr. 7). pap. *(978-1-989629-38-3(5))* OMNI Publishing.

Dracula, 1 vol. Bram Stoker. Illus. by Anthony Williams. 2019. (Graphic Novel Classics Ser.). (ENG.). 32p. (J). (gr. 4-4). 27.93 *(978-1-7253-0628-8(X),* e424f511-7698-4778-9520-041578f88279); pap. 11.00 *(978-1-7253-0627-1(1),* f43f3147-14a7-439d-9de6-2a5ce29c92c4) Rosen Publishing Group, Inc., The. (PowerKids Pr.).

Dracula. Bram Stoker. 2018. (SPA.). 88p. (J). (gr. 1-7). pap. 7.95 *(978-607-453-476-4(4));* 96p. (YA). (gr. 8-12). pap. 6.95 *(978-607-453-224-1(9))* Selector, S.A. de C.V. MEX. Dist: Spanish Pubs., LLC.

Dracula. Bram Stoker. 2018. (ENG., Illus.). 406p. (YA). (gr. 7-13). 14.94 *(978-1-61382-522-8(6));* pap. 9.81 *(978-1-61382-523-5(4))* Simon & Brown.

Dracula. Bram Stoker. 2020. (ENG.). 338p. (YA). (gr. 7-17). 19.99 *(978-1-64798-518-9(8))* Wyatt North.

Dracula. Grace Baranowski. ed. 2021. (Disney 8x8 Ser.). (ENG., Illus.). 32p. (J). (gr. k-1). 15.46 *(978-1-68505-024-5(7))* Penworthy Co., LLC, The.

Dracula: A Mystery Story (Classic Reprint) Bram Stoker. 2017. (ENG., Illus.). (J). 31.75 *(978-0-331-89946-7(9));* pap. 16.57 *(978-0-259-19997-7(4))* Forgotten Bks.

Dracula: The Original Tale of the Count of Darkness. Bram Stoker. 2019. (ENG.). 332p. (J). (gr. 3-7). pap. *(978-3-95855-969-1(7))* fabula Verlag Hamburg. in Diplomica Verlag GmbH.

Dracula (Classic Reprint) Bram Stoker. 2017. (ENG., Illus.). (J). 32.85 *(978-1-5281-6103-9(3))* Forgotten Bks.

Dracula y Frankenstein. Bram Stoker & Mary W. Shelly. 2018. (SPA.). 160p. (YA). pap. 8.95 *(978-607-453-109-1(9))* Selector, S.A. de C.V. MEX. Dist: Spanish Pubs., LLC.

Draekora. Lynette Noni. 2022. (Medoran Chronicles Ser.: 3). (ENG.). 320p. (YA). (gr. 7). 17.99 *(978-0-6487951-5-5(2))* Pantera Pr. AUS. Dist: Independent Pubs. Group.

Drafted In: A Sequel to the Bread-Winners; a Social Study (Classic Reprint) Faith Templeton. (ENG., Illus.). (J). 2018. 354p. 31.22 *(978-0-483-95174-7(9));* 2016. pap. 13.57 *(978-1-333-37457-0(7))* Forgotten Bks.

Drag-Net: A Prison Story of the Present Day (Classic Reprint) Elizabeth Baker Bohan. 2018. (ENG., Illus.). 358p. (J). 31.28 *(978-0-267-19317-2(3))* Forgotten Bks.

Drag Teen. Jeffery Self. 2016. (ENG.). 272p. (YA). (gr. 9). 17.99 *(978-0-545-82993-9(3),* PUSH) Scholastic, Inc.

Dragal III: The Dragon's Fraternity. Elena Gallego Abad. 2017. (Galician Wave Ser.: Vol. 13). (ENG., Illus.). (YA). (gr. 7-12). pap. *(978-954-384-076-2(8))* Small Stations Pr. = Smol Stejsans Pres.

Dragal IV: The Dragon's Lineage. Elena Gallego Abad. Tr. by Jonathan Dunne. Illus. by Miguel Abad. 2019. (Galician Wave Ser.: Vol. 19). (ENG.). 272p. (YA). (gr. 7-12). pap. *(978-954-384-100-4(4))* Small Stations Pr. = Smol Stejsans Pres.

Dragnet (Classic Reprint) Evelyn Snead Barnett. 2018. (ENG., Illus.). 392p. (J). 32.00 *(978-0-484-07747-7(3))* Forgotten Bks.

Drago a Natale: (a Dragon Christmas) Aiuta Il Tuo Drago a Fare I Preparativi per Il Natale. una Simpatica Storia per Bambini, per Celebrare Il Giorno Più Speciale Dell'anno. Steve Herman. 2020. (My Dragon Books Italiano Ser.: Vol. 21). (ITA.). 42p. (J). 18.95 *(978-1-64916-029-4(1));* pap. 12.95 *(978-1-64916-028-7(3))* Digital Golden Solutions LLC.

Drago Bugiardo: (Teach Your Dragon to Stop Lying) un Libro Sui Draghi per Insegnare Ai Bambini a NON Mentire. una Simpatica Storia per Bambini, per Educarli All'onestà e Insegnare Loro a Dire la Verità. Steve Herman. 2020. (My Dragon Books Italiano Ser.: Vol. 15). (ITA.). 42p. (J). 18.95 *(978-1-64916-003-4(8));* pap. 12.95 *(978-1-64916-002-7(X))* Digital Golden Solutions LLC.

Drago e il Bullo: (Dragon & the Bully) una Simpatica Storia per Bambini, per Educarli Ad Affrontare il Bullismo a Scuola. Steve Herman. 2020. (My Dragon Books Italiano Ser.: Vol. 5). (ITA.). 46p. (J). (gr. k-3). 18.95 *(978-1-950280-64-3(0));* pap. 12.95 *(978-1-950280-63-6(2))* Digital Golden Solutions LLC.

Drago e il Suo Amico: (Dragon & His Friend) un Libro Sui Draghi e l'autismo. una Simpatica Storia per Bambini, per Spiegare Loro le Basi Dell'autismo. Steve Herman. 2020. (My Dragon Books Italiano Ser.: Vol. 31). (ITA.). 44p. (J). 18.95 *(978-1-64916-061-4(5));* pap. 12.95 *(978-1-64916-060-7(7))* Digital Golden Solutions LLC.

Drago e la Principessa - le Dragon et la Princesse: Racconto Fantastico - Narration Fantastique. Caterina Nikolaus. 2019. (ITA.). 62p. (J). pap. *(978-2-902412-44-0(4))* Nikolaus, Annemarie.

Drago e lo Yoga: (the Yoga Dragon) una Simpatica Storia per Bambini, per Educarli Al Potere Dello Yoga per Rafforzare il Corpo e Calmare la Mente . Steve Herman. 2020. (My Dragon Books Italiano Ser.: Vol. 4). (ITA.). 44p. (J). (gr. k-3). pap. 12.95 *(978-1-950280-53-7(5))* Digital Golden Solutions LLC.

Drago e lo Yoga: (the Yoga Dragon) una Simpatica Storia per Bambini, per Educarli Al Potere Dello Yoga per Rafforzare il Corpo e Calmare la Mente. Steve Herman. 2020. (My Dragon Books Italiano Ser.: Vol. 4). (ITA.). 44p. (J). (gr. k-3). 18.95 *(978-1-950280-54-4(3))* Digital Golden Solutions LLC.

Drago in Affidamento: Una Storia Sull'affido Familiare. Steve Herman. 2021. (My Dragon Books Italiano Ser.: Vol. 40). (ITA.). 50p. (J). 18.95 *(978-1-64916-098-0(4));* pap. 12.99 *(978-1-64916-097-3(6))* Digital Golden Solutions LLC.

Drago Triste: (the Sad Dragon) una Simpatica Storia per Bambini, per Aiutarli a Comprendere la Perdita Di una Persona Cara, e Insegnare Loro Ad Affrontare Questi Momenti Difficili. Steve Herman. 2020. (My Dragon Books Italiano Ser.: Vol. 28). (ITA.). 42p. (J). 18.95 *(978-1-64916-053-9(4));* pap. 12.95 *(978-1-64916-052-2(6))* Digital Golden Solutions LLC.

Drago Troppo Chiacchierone: (a Dragon with His Mouth on Fire) una Simpatica Storia per Bambini, per Insegnare Loro a Non Interrompere le Altre Persone Quando Stanno Parlando. Steve Herman. 2020. (My Dragon Books Italiano Ser.: Vol. 10). (ITA.). 46p. (J). (gr. k-3). 18.95 *(978-1-950280-80-3(2));* pap. 12.95 *(978-1-950280-79-7(9))* Digital Golden Solutions LLC.

Dragon. Zito Camillo. Illus. by Margot Mendes & Wendas Lima. 2021. (POR.). 30p. (J). pap. 6.90 ***(978-1-0879-9262-4(1))*** Indy Pub.

Dragon. Heather DiLorenzo Williams. Illus. by Haylee Troncone. 2021. (Magical Creatures Ser.). (ENG.). 24p. (J). (gr. k-2). lib. bdg. 26.65 *(978-1-62920-884-8(1),* 830d1d7b-fd72-4262-afd0-cddf10079d93) Full Tilt Pr. NZL. Dist: Lerner Publishing Group.

Dragon: A Wonder Play in Three Acts (Classic Reprint) Augusta Gregory. 2018. (ENG., Illus.). 106p. (J). 26.08 *(978-0-483-63131-1(0))* Forgotten Bks.

Dragón 1: un Amigo para Dragón (a Friend for Dragon) Un Libro de la Serie Acorn. Dav Pilkey. Illus. by Dav Pilkey. 2019. (Dragón Ser.: 1). (SPA., Illus.). 64p. (J). (gr. k-2). pap. 4.99 *(978-1-338-60117-6(2),* Scholastic en Espanol) Scholastic, Inc.

Dragon Amy's Flames. Michelle Nott. Illus. by Kc Snider. I.t. ed. 2019. (ENG.). 20p. (J). (gr. k-1). pap. 10.95 *(978-1-951545-00-0(1))* Guardian Angel Publishing, Inc.

Dragon & His Grandmother. Wiley Blevins. Illus. by Steve Cox. 2023. (Scary Tales Retold Ser.). (ENG.). 24p. (J). (gr. k-3). pap. 8.99 ***(978-1-64371-218-5(7),*** 2fd1729c-ebeb-4262-b8e8-430654dab9a8); lib. bdg. 27.99 ***(978-1-64371-214-7(4),*** abd25fe1-9766-4338-9969-2239f2b07c26) Red Chair Pr.

Dragon & the Bully: Teach Your Dragon How to Deal with the Bully. a Cute Children Story to Teach Kids about Dealing with Bullying in Schools. Steve Herman. 2018. (My Dragon Bks.: 5). (ENG., Illus.). 48p. (J). pap. 17.95 *(978-1-948040-14-3(X),* DG Bks. Publishing) Digital Golden Solutions LLC.

Dragon & the Iron Factory. Leah Kaminski. Illus. by Jared Sams. 2020. (Secret Society of Monster Hunters Ser.). (ENG.). 32p. (J). (gr. 5-8). lib. bdg. 32.07 *(978-1-5341-6940-1(7),* 215647, Torch Graphic Press) Cherry Lake Publishing.

Dragon & the Onion Girl. Jeremy Burner. 2017. (ENG., Illus.). (YA). (gr. 7-12). pap. 12.00 *(978-1-60039-237-5(7))* Lamp Post Inc.

Dragon & the Princess Coloring Book: For Kids Ages 4 Years Old & Up. Beatrice Harrison. 2019. (ENG.). 34p. (J). pap. 4.99 *(978-1-7947-7937-2(X))* Lulu Pr., Inc.

Dragon & the Raven. G. A. Henty. 2018. (ENG., Illus.). 206p. (J). 19.99 *(978-1-5154-3195-4(9))* Wilder Pubns., Corp.

Dragon & the Raven: Or, the Days of King Alfred. George Henty. 2017. (ENG., Illus.). (J). 24.95 *(978-1-374-91442-1(8))* Capital Communications, Inc.

Dragon & the Raven: Or the Days of King Alfred (Classic Reprint) G. A. Henty. 2018. (ENG., Illus.). 376p. (J). 31.65 *(978-0-656-48462-1(4))* Forgotten Bks.

Dragon & the Sunshine Eggs. Eric Johns. 2016. (ENG.). 106p. (J). pap. ***(978-1-326-61780-6(X))*** Lulu Pr., Inc.

Dragon & the Swordmaker: A Graphic Novel. Stephanie True Peters. Illus. by Fernando Cano. 2020. (Far Out Fairy Tales Ser.). (ENG.). 40p. (J). (gr. 3-6). pap. 5.95 *(978-1-4965-9907-0(1),* 201318); lib. bdg. 25.32 *(978-1-4965-9685-7(4),* 199252) Capstone. (Stone Arch Bks.).

Dragon Ark: Join the Quest to Save the Rarest Dragon on Earth. Curatoria Draconis. Ed. by Emma Roberts. Illus. by Tomislav Tomic. 2020. (ENG.). 80p. (J). (gr. 3-7). 29.99 *(978-1-4197-4837-0(8),* 1708901) Magic Cat GBR. Dist: Abrams, Inc.

Dragon Arum Smells Awful!, 1 vol. Janey Levy. 2019. (World's Weirdest Plants Ser.). (ENG.). 24p. (J). (gr. 2-3). pap. 9.15 *(978-1-5382-4638-2(4),* 6a78eea0-7bd4-4bb8-b760-55e8f7553cda) Stevens, Gareth Publishing LLLP.

Dragon Ball Full Color Freeza Arc, Volume 1. Akira Toriyama. ed. 2016. (Dragon Ball Freeza Ser.: 1). lib. bdg. 33.05 *(978-0-606-38706-4(4))* Turtleback.

Dragon Ball Full Color Freeza Arc, Volume 2. Akira Toriyama. ed. 2016. (Dragon Ball Freeza Ser.: 2). lib. bdg. 33.05 *(978-0-606-38934-1(2))* Turtleback.

Dragon Ball Full Color Freeza Arc, Volume 4. Akira Toriyama. ed. 2016. (Dragon Ball Freeza Ser.: 4). lib. bdg. 33.05 *(978-0-606-39489-5(3))* Turtleback.

Dragon Boat Festival. Grace Hansen. 2022. (World Festivals Ser.). (ENG., Illus.). 24p. (J). (gr. -1-2). lib. bdg. 32.79 *(978-1-0982-6175-7(5),* 40967, Abdo Kids) ABDO Publishing Co.

Dragon Boat Racing Designs Coloring Book. Activity Book Zone for Kids. 2016. (ENG., Illus.). (J). pap. 9.20 *(978-1-68376-463-2(3))* Sabeels Publishing.

Dragon Bonded. Kath Boyd Marsh. 2018. (ENG.). 312p. (J). (gr. 3-6). pap. 9.95 *(978-1-944821-40-1(6))* CBAY Bks.

Dragon Bones. Lisa McMann. (Unwanteds Quests Ser.: 2). (ENG., Illus.). (J). (gr. 3-7). 2019. 432p. pap. 9.99 *(978-1-4814-5685-2(7));* 2018. 416p. 19.99 *(978-1-4814-5684-5(9))* Simon & Schuster Children's Publishing. (Aladdin).

Dragon Bones: The Fantastic Fossil Discoveries of Mary Anning. Sarah Glenn Marsh. Illus. by Maris Wicks. 2022. (ENG.). 48p. (J). 19.99 *(978-1-250-14021-0(8),* 900179533) Roaring Brook Pr.

Dragon Book for Kids (All in One) Activity Book (Coloring, Dot Marker, Cut & Paste, Scissor, How to Draw) Darcy Harvey. 2021. (ENG.). 98p. (J). pap. 15.99 *(978-1-892500-74-8(4))* Adamson, Bruce Campbell.

Dragon Bots. Russ Bolts. Illus. by Jay Cooper. 2019. (Bots Ser.: 4). (ENG.). 128p. (J). (gr. k-4). 16.99 *(978-1-5344-4420-1(3));* pap. 6.99 *(978-1-5344-4419-5(X))* Little Simon. (Little Simon).

Dragon Boy: Book One of the Star Trilogy. Donald Samson. Illus. by Adam Agee. 2022. (Star Trilogy Ser.). (ENG.). 250p. (J). pap. 14.00 ***(978-1-7325372-6-2(7))*** Star Trilogy Publishing.

Dragon Boy (Reading Ladder Level 3) Pippa Goodhart. Illus. by Martin Ursell. 2nd ed. 2016. (Reading Ladder Level 3 Ser.). (ENG.). 48p. (gr. k-2). pap. 4.99 *(978-1-4052-8238-3(X),* Reading Ladder) Farshore GBR. Dist: HarperCollins Pubs.

Dragon Breath. Dixie Phillips. l.t. ed. 2017. (ENG., Illus.). (J). pap. 10.95 *(978-1-61633-868-8(7))* Guardian Angel Publishing, Inc.

Dragon Breath Chronicles. David Turnbull. 2023. (ENG.). 390p. (YA). pap. ***(978-1-78695-840-2(6))*** Zadkiel Publishing.

Dragon by Midnight. Karen Kincy. 2021. (ENG.). 232p. (YA). 24.99 *(978-1-7379251-0-1(9))* Kincy, Karen.

Dragon Called Môr. Jilly Bebbington. Illus. by Andrea Grealy. 2020. (ENG.). 64p. (J). pap. 7.99 *(978-1-78461-799-8(7))* Y Lolfa GBR. Dist: Casemate Pubs. & Bk. Distributors, LLC.

Dragon Captives. Lisa McMann. 2017. (Unwanteds Quests Ser.: 1). (ENG., Illus.). 432p. (J). (gr. 3-7). 19.99 *(978-1-4814-5681-4(4),* Simon & Schuster/Paula Wiseman Bks.) Simon & Schuster/Paula Wiseman Bks.

Dragon Captives. Lisa McMann. ed. 2018. (Unwanteds Quests Ser.: 1). lib. bdg. 18.40 *(978-0-606-40846-2(0))* Turtleback.

Dragon Chameleon: Episodes 1-4. Sarah K. L. Wilson. 2019. (Dragon Chameleon Ser.). (ENG.). 302p. (J). *(978-0-9878502-4-9(5))* Wilson, Sarah K. L.

Dragon Chameleon: Episodes 5-8. Sarah K. L. Wilson. 2019. (Dragon Chameleon Ser.). (ENG.). 290p. (J). *(978-0-9878502-5-6(3))* Wilson, Sarah K. L.

Dragon Chameleon: Episodes 9-12. Sarah K. L. Wilson. 2019. (Dragon Chameleon Ser.). (ENG.). 282p. (J). *(978-0-9878502-6-3(1))* Wilson, Sarah K. L.

Dragon Chronicles: Book 3: Healing. D. R. Grady. 2018. (ENG., Illus.). 322p. (YA). pap. 13.99 *(978-1-68291-613-1(6))* Soul Mate Publishing.

Dragon Chronicles Book Two: Shifting. D. R. Grady. 2016. (ENG., Illus.). (YA). pap. 13.99 *(978-1-68291-204-1(3))* Soul Mate Publishing.

Dragon City. Katie Tsang & Kevin Tsang. 2022. (Dragon Realm Ser.: 3). (ENG.). 224p. (J). (gr. 3-7). pap. 9.99 *(978-1-4549-4636-6(9),* Union Square Pr.); 16.99 *(978-1-4549-3600-8(2))* Sterling Publishing Co., Inc.

Dragon Clan. Linda McNabb. 2020. (Dragons of Avenir Ser.: Vol. 1). (ENG.). 192p. (YA). pap. 11.99 *(978-1-393-04529-8(4))* Draft2Digital.

Dragon Coloring Book for Kids. Jocelyn Smirnova. 2020. (ENG.). 98p. (J). pap. 10.89 *(978-1-716-33209-8(5))* Lulu Pr., Inc.

Dragon Cottage. Angela Patchett. 2019. (ENG., Illus.). 182p. (YA). (gr. 7-12). pap. *(978-1-912021-80-2(3),* Nightingale Books) Pegasus Elliot Mackenzie Pubs.

Dragon Crown, 7. Gerónimo Stilton. 2019. (Geronimo Stilton Ser.). (ENG.). 113p. (J). (gr. 2-3). 18.36 *(978-1-64310-993-0(6))* Penworthy Co., LLC, The.

Dragon Crown. Volume 5. Jack Henseleit. 2019. (Witching Hours Ser.: 5). (ENG.). 256p. (J). (gr. 4-7). pap. 15.99 *(978-1-76050-177-8(8))* Hardie Grant Children?s Publishing AUS. Dist: Independent Pubs. Group.

Dragon Curse. Lisa McMann. 2020. (Unwanteds Quests Ser.: 4). (ENG.). 448p. (J). (gr. 3-7). pap. 9.99 *(978-1-5344-1602-4(1),* Aladdin) Simon & Schuster Children's Publishing.

Dragon Curse. Lisa McMann. 2019. (Unwanteds Quests Ser.: 4). (ENG., Illus.). 432p. (J). (gr. 3-7). 18.99 *(978-1-5344-1601-7(3),* Simon & Schuster/Paula Wiseman Bks.) Simon & Schuster/Paula Wiseman Bks.

Dragon Curve: A Magical Math Journey. Alicia Burdess. Illus. by Katrina Shirley. 2021. (ENG.). 56p. (J). *(978-1-0391-1024-3(X));* pap. *(978-1-0391-1023-6(1))* FriesenPress.

Dragon Dance: Part 3 of the Dragon Talisman Trilogy. Jordan Zlotolow. 2022. (ENG.). 366p. (YA). pap. 22.95 *(978-1-6624-4606-1(3))* Page Publishing Inc.

Dragon Dancer. Joyce Chng. Illus. by Jeremy Pailler. 2018. (ENG.). 32p. (J). (gr. -1-2). 17.99 *(978-1-911373-26-1(9),*

D

2d6cdb95-2e5d-4d53-9409-75a60ce23e78) Lantana Publishing GBR. Dist: Lerner Publishing Group.

Dragon Daughter. Steven Armstrong. 2021. (ENG.). 204p. (YA). pap. 17.99 *(978-1-63649-575-0(3))* Primedia eLaunch LLC.

Dragon Day! Tina Gallo. ed. 2020. (Ready-To-Read Ser.). (ENG., Illus.). 32p. (J). (gr. k-1). 13.96 *(978-1-64697-424-5(7))* Penworthy Co., LLC, The.

Dragon Day! Ready-To-Read Level 1. Adapted by Tina Gallo. 2020. (DreamWorks Dragons: Rescue Riders Ser.). (ENG.). 32p. (J). (gr. -1-1). 17.99 *(978-1-5344-7413-0(7))*; pap. 4.99 *(978-1-5344-7412-3(9))* Simon Spotlight. (Simon Spotlight).

Dragon Daze. Margaret L. Thompson. 2020. (ENG.). 42p. (J). pap. *(978-1-5289-2835-9(0))* Austin Macauley Pubs. Ltd.

Dragon de Diego, Segundo Libro: Los Dragones de la Grieta Oscura. Kevin Gerard. Tr. by Lucia Bonis. Illus. by Benito Gallego. 2018. (SPA.). 234p. (J). pap. 14.49 *(978-0-9859802-9-0(X))* Crying Cougar Pr.

Dragon Defence League — Dyslexia-Friendly Edition. Robinne L. Weiss. 2019. (Dragon Slayer Ser.: Vol. 3). (ENG.). 560p. (J). pap. *(978-0-473-47851-3(X))* Sandfly Bks.

Dragon Del Amanecer Rojo. Mary Pope Osborne et al. Illus. by Sal Murdocca. 2018. (SPA.). 132p. (J). (gr. 2-4). pap. 6.99 *(978-1-63245-680-9(X))* Lectorum Pubns., Inc.

Dragon D'Helium. Nicolas Celeguegne. 2018. (FRE., Illus.). 94p. (J). pap. 5.53 *(978-0-244-35801-3(X))* Lulu Pr., Inc.

Dragon Diamond. James Ashley Nicholson. Illus. by Catherine Kay. 2018. (ENG.). 40p. (J). (gr. k-2). pap. *(978-1-911424-37-6(8))* Black Wolf Edition & Publishing Ltd.

Dragon Diaries: Dragon Stories from Around the World. Jim Weiss. 2021. (ENG.). (J). (gr. 2-12). audio compact disk 14.95 *(978-1-945841-97-2(4)*, 458497) Well-Trained Mind Pr.

Dragon Dinner. Little Bee Books. Illus. by Allison Black. 2021. (Crunchy Board Bks.). (ENG.). 12p. (J). (gr. -1-1). bds. 9.99 *(978-1-4998-1207-7(8))* Little Bee Books Inc.

Dragon Disarray. Illus. by Jennifer Bettio. 2019. (ENG.). 34p. (J). pap. *(978-1-989027-12-7(1))* Cavern of Dreams Publishing Hse.

dragón dorado - Libros para niños de 10 años: Con lupa descifradora - Cada capítulo es un caso distinto para resolver. Ursel Scheffler. 2022. (Comisario Caramba Ser.). (SPA.). 124p. (J). (gr. 2-4). 11.99 *(978-84-17210-37-3(7))* Editorial el Pirata ESP. Dist: Independent Pubs. Group.

Dragon Dreams. Cora Reef. Illus. by Jake McDonald. 2023. (Not-So-Tiny Tales of Simon Seahorse Ser.: 7). (ENG.). 128p. (J). (gr. k-4). 17.99 *(978-1-6659-2965-3(0))*; pap. 6.99 *(978-1-6659-2964-6(2))* Little Simon. (Little Simon).

Dragon Dreams. Lynnette Waldrep Poole. 2018. (ENG., Illus.). 42p. (J). 22.95 *(978-1-64082-814-8(1))* Page Publishing Inc.

Dragon Egg Princess. Ellen Oh. 2021. (ENG.). 272p. (J). (gr. 3-7). pap. 9.99 *(978-0-06-287580-8(9)*, HarperCollins) HarperCollins Pubs.

Dragon Feast. Dixie Phillips & Jacob Gibson. Illus. by Kc Snider. 2021. (ENG.). 20p. (J). pap. 10.98 ***(978-1-951545-19-2(2))*** Guardian Angel Publishing, Inc.

Dragon Fire. Lisa McMann. (Unwanteds Quests Ser.: 5). (ENG.). (J). (gr. 3-7). 2021. 496p. pap. 9.99 *(978-1-5344-1605-5(6))*; 2020. 480p. 18.99 *(978-1-5344-1604-8(8))* Simon & Schuster Children's Publishing. (Aladdin).

Dragon Flames. Nate Bitt. Illus. by Glass House Glass House Graphics. 2023. (Arcade World Ser.: 6). (ENG.). 144p. (J). (gr. k-4). 19.99 *(978-1-6659-0477-3(1))*; pap. 9.99 *(978-1-6659-0476-6(3))* Little Simon. (Little Simon).

Dragon Flute. Jordan Zlotolow. 2018. (ENG.). 296p. (YA). pap. 18.95 ***(978-1-64424-401-2(2))*** Page Publishing Inc.

Dragon for Your Birthday: A Grandmother's Wish for Her Granddaughter with Autism. Deborah Albers. 2021. (ENG., Illus.). 28p. (J). pap. 13.95 *(978-1-0980-9040-1(3))* Christian Faith Publishing.

Dragon Friends. Christine Hwang Panzer. 2023. (ENG.). 44p. (J). pap. 16.99 ***(978-1-63984-393-0(0))*** Pen It Pubns.

Dragon Fury. Lisa McMann. 2021. (Unwanteds Quests Ser.: 7). (ENG., Illus.). 480p. (J). (gr. 3-7). pap. 9.99 *(978-1-5344-1611-6(0))*; 18.99 *(978-1-5344-1610-9(2))* Simon & Schuster Children's Publishing. (Aladdin).

Dragon Fusion. Karen Carnahan. 2020. (ENG.). 266p. (YA). pap. 14.99 *(978-1-393-52675-9(6))* Draft2Digital.

Dragon Gem: Venas & the Caves of Nottingham the Spectrum Dia. Vanessa Xu. l.t. ed. 2021. (ENG.). 342p. (YA). pap. 12.99 *(978-1-5262-0897-2(0))* Primedia eLaunch LLC.

Dragon Gem: Venas & the Hidden Era. Vanessa Xu. l.t. ed. 2020. (Dragon Gem Ser.: Vol. 1). (ENG.). 286p. (YA). pap. 11.99 *(978-1-64970-867-0(X))* Primedia eLaunch LLC.

Dragon Gets By. Dav Pilkey. ed. (Acorn Early Readers Ser.). 54p. (J). (gr. k-1). 2021. (SPA., Illus.). 15.46 *(978-1-68505-100-6(6))*; 2019. (ENG.). 14.96 *(978-1-64697-085-8(3))* Penworthy Co., LLC, The.

Dragon Gets by: an Acorn Book (Dragon #3) Dav Pilkey. Illus. by Dav Pilkey. 2019. (Dragon Ser.: 3). (ENG., Illus.). 64p. (J). (gr. k-2). pap. 4.99 *(978-1-338-34750-0(0))* Scholastic, Inc.

Dragon Gets by: an Acorn Book (Dragon #3) (Library Edition) Dav Pilkey. Illus. by Dav Pilkey. 2019. (Dragon Ser.: 3). (ENG., Illus.). 64p. (J). (gr. k-2). lib. bdg. 23.99 *(978-1-338-34751-7(9))* Scholastic, Inc.

Dragon Ghosts. Lisa McMann. (Unwanteds Quests Ser.: 3). (ENG.). (J). (gr. 3-7). 2020. 544p. pap. 9.99 *(978-1-5344-1599-7(8))*; 2019. (Illus.). 528p. 19.99 *(978-1-5344-1598-0(X))* Simon & Schuster Children's Publishing. (Aladdin).

Dragon Gilby. Mary Vine. Illus. by Kaylynne Dowling. 2020. (ENG.). 26p. (J). pap. 9.95 *(978-1-952447-02-0(X))* Windtree Pr.

Dragon Goes House-Hunting Vol. 1. Kawo Tanuki. 2018. (Dragon Goes House-Hunting Ser.: 1). (ENG., Illus.). 180p. pap. 12.99 *(978-1-62692-885-5(1)*, 900195570) Seven Seas Entertainment, LLC.

Dragon Goes House-Hunting Vol. 2. Kawo Tanuki. 2019. (Dragon Goes House-Hunting Ser.: 2). (ENG., Illus.). 180p. pap. 12.99 *(978-1-62692-979-1(3)*, 900197850) Seven Seas Entertainment, LLC.

Dragon Goes to the Dentist: A Children's Story about Dental Visit. Steve Herman. 2022. (My Dragon Bks.: Vol. 57). (ENG.). 48p. (J). 20.95 *(978-1-64916-131-4(X))*; pap. 12.95 *(978-1-64916-130-7(1))* Digital Golden Solutions LLC.

Dragon Goes to the Doctor: A Story about Doctor Visits. Steve Herman. 2022. (ENG.). 52p. (J). pap. 12.95 *(978-1-64916-120-8(4))*; (My Dragon Bks.: Vol. 52). 20.95 *(978-1-64916-121-5(2))* Digital Golden Solutions LLC.

Dragon Grammar Book: Grammar for Kids, Dragons, & the Whole Kingdom. Diane Mae Robinson. Illus. by Breadcrumbs Ink. 2017. (ENG.). 140p. (J). pap. *(978-1-988714-01-1(X))* Robinson, Diane Mae.

Dragon Grammar Book: Grammar for Kids, Dragons, & the Whole Kingdom. Diane Mae Robinson. Illus. by Ink Breadcrumbs. 2017. (ENG.). 140p. (YA). (gr. 7-12). *(978-1-988714-00-4(1))* Robinson, Diane Mae.

Dragon Has to Persevere: A Story about Perseverance, Persistence, & Not Giving Up. Steve Herman. 2021. (ENG.). 52p. (J). 18.95 *(978-1-64916-115-4(8))*; pap. 12.95 *(978-1-64916-114-7(X))* Digital Golden Solutions LLC.

Dragon Heart: Part 1. Katrina Cope. 2023. (Dragoria: the Lost Dragon Realm Ser.: Vol. 2). (ENG.). (YA). 412p. ***(978-0-6455102-7-0(0))***; 440p. pap. ***(978-0-6455102-6-3(2))*** Cosy Burrow Bks.

Dragon Heroes. Natalie Shaw. ed. 2020. (Ready-To-Read Ser.). (ENG., Illus.). 32p. (J). (gr. k-1). 13.96 *(978-1-64697-425-2(5))* Penworthy Co., LLC, The.

Dragon Heroes: Ready-To-Read Level 1. Adapted by Natalie Shaw. 2020. (DreamWorks Dragons: Rescue Riders Ser.). (ENG.). 32p. (J). (gr. -1-1). 17.99 *(978-1-5344-7670-7(9))*; (Illus.). pap. 4.99 *(978-1-5344-7669-1(5))* Simon Spotlight. (Simon Spotlight).

Dragon Home. Adeline Roberts. 2021. (ENG.). 72p. (J). pap. 15.00 *(978-1-953507-43-3(3))* Brightlings.

Dragon Homecoming. Robinne Lee Weiss. 2020. (Dragon Slayer Ser.: Vol. 4). (ENG.). 238p. (J). (gr. 4-6). pap. *(978-0-473-51349-8(8))* Sandfly Bks.

Dragon Homecoming — Dyslexia-Friendly Edition. Robinne Weiss. 2020. (Dragon Slayer Ser.: Vol. 4). (ENG.). 562p. (J). pap. *(978-0-473-51352-8(8))* Sandfly Bks.

Dragon Hoops. Gene Luen Yang. 2020. (ENG., Illus.). 448p. (YA). 25.99 *(978-1-62672-079-4(7)*, 900134881, First Second Bks.) Roaring Brook Pr.

Dragon Hunt. Ongley. 2022. (Adventures of Rosie Hart Ser.: Vol. 4). (ENG.). 138p. (J). pap. ***(978-0-473-63614-2(X))*** Ongley, Iveta.

Dragon Hunt Goes Back in Time. MacKenzie Keeble. 2018. (ENG., Illus.). 202p. (J). pap. *(978-0-9957906-3-6(9))* PJK Publishing.

Dragon Hunters Coloring Book for Boys. Educando Kids. 2019. (ENG.). 42p. (J). pap. 6.99 *(978-1-64521-162-4(2)*, Educando Kids) Editorial Imagen.

Dragon Hunters' Secret. David G. Kirkcaldy. 2023. (ENG.). 414p. (YA). pap. ***(978-1-0391-4344-9(X))***; ***(978-1-0391-4345-6(8))*** FriesenPress.

Dragon in Shallow Waters (Classic Reprint) Vita Sackville-West. 2017. (ENG., Illus.). (J). 30.15 *(978-1-5285-6276-8(3))* Forgotten Bks.

Dragon in the Bookshop. Ewa Jozefkowicz. 2022. (ENG.). 256p. (J). 12.99 ***(978-1-80110-920-8(6)***, 668682, Zephyr) Head of Zeus GBR. Dist: Bloomsbury Publishing Plc.

Dragon in the Castle? Jessica Brody. 2018. (Illus.). 94p. (J). *(978-1-5444-2142-1(7))* Disney Publishing Worldwide.

Dragon in the Castle?, 2. Jessica Brody. ed. 2019. (Lego Disney Princess Ch Bks). (ENG., Illus.). 96p. (J). (gr. 2-4). 16.79 *(978-1-64310-791-2(7))* Penworthy Co., LLC, The.

Dragon in the Closet, Book One: Null. Carolyn Watson-Dubisch. 2023. (ENG.). 102p. (J). pap. 45.28 ***(978-1-329-56904-1(0))*** Lulu Pr., Inc.

Dragon in the Family. Jackie French Koller. Illus. by Judith Mitchell. 2018. (Dragonling Ser.: 2). (ENG.). 96p. (J). (gr. 2-5). 16.99 *(978-1-5344-0065-8(6))*; pap. 5.99 *(978-1-5344-0064-1(8))* Simon & Schuster Children's Publishing. (Aladdin).

Dragon in the Library. Louie Stowell. Illus. by Davide Ortu. 2021. (Kit the Wizard Ser.). (ENG.). 208p. (J). (gr. 2-4). 17.99 *(978-1-5362-1493-2(0))*; pap. 8.99 *(978-1-5362-1960-9(6))* Candlewick Pr.

Dragon in the Library, 1. Louie Stowell. ed. 2022. (Kit the Wizard Book Ser.). (ENG.). 196p. (J). (gr. 2-3). 20.46 ***(978-1-68505-519-6(2))*** Penworthy Co., LLC, The.

Dragon in the Tomb. Christina Hil. Illus. by Jared Sams. 2021. (Secret Society of Monster Hunters Ser.). (ENG.). 32p. (J). (gr. 5-8). pap. 14.21 *(978-1-5341-8927-0(0)*, 219419); lib. bdg. 32.07 *(978-1-5341-8787-0(1)*, 219418) Cherry Lake Publishing. (Torch Graphic Press).

Dragon Justice. J. D. Hallowell. 2018. (Legion of Riders Ser.: Vol. 2). (ENG., Illus.). 384p. (YA). pap. 14.95 *(978-1-62927-026-5(1))* Smithcraft Pr.

Dragon Keeper's Academy. Michelle Wilson. 2021. (ENG.). 292p. (YA). pap. 12.99 *(978-1-393-11797-1(X))* Draft2Digital.

Dragon Kingdom of Wrenly Graphic Novel Collection #2 (Boxed Set) Ghost Island; Inferno New Year; Ice Dragon. Jordan Quinn. Illus. by Glass House Glass House Graphics. ed. 2022. (Dragon Kingdom of Wrenly Ser.). (ENG.). 432p. (J). (gr. k-4). pap. 29.99 *(978-1-6659-1399-7(1)*, Little Simon) Little Simon.

Dragon Kingdom of Wrenly Graphic Novel Collection #3 (Boxed Set) Cinder's Flame; the Shattered Shore; Legion of Lava. Jordan Quinn. Illus. by Glass House Glass House Graphics. ed. 2023. (Dragon Kingdom of Wrenly Ser.). (ENG.). 432p. (J). (gr. k-4). pap. 29.99 ***(978-1-6659-3627-9(4)***, Little Simon) Little Simon.

Dragon Kingdom of Wrenly Graphic Novel Collection (Boxed Set) The Coldfire Curse; Shadow Hills; Night Hunt. Jordan Quinn. Illus. by Glass House Glass House Graphics. ed. 2021. (Dragon Kingdom of Wrenly Ser.). (ENG.). 432p. (J). (gr. k-4). pap. 29.99 *(978-1-5344-9567-8(3)*, Little Simon) Little Simon.

Dragon Kingdom vs the Virus. Kendi Kane. 2022. (ENG.). 44p. (J). pap. 18.99 ***(978-1-6629-2740-9(1))***; 28.95 ***(978-1-6629-2739-3(8))*** Gatekeeper Pr.

Dragon Land (Pixel Raiders #2) Steven O'Donnell & Stephanie Bendixsen. Illus. by Chris Kennett. 2018. (ENG.). 192p. (J). (gr. 3-7). pap. 6.99 *(978-1-338-16119-9(9)*, Scholastic Paperbacks) Scholastic, Inc.

Dragon Lantern: A League of Seven Novel. Alan Gratz. 2016. (League of Seven Ser.: 2). (ENG., Illus.). 336p. (J). pap. 11.99 *(978-0-7653-3826-6(2)*, 900126215, Starscape) Doherty, Tom Assocs., LLC.

Dragon Law. Andreas Zimmermann. 2021. (Legend of Shard Ser.). (ENG.). 336p. (YA). *(978-1-5255-9356-7(0))*; pap. *(978-1-5255-9355-0(2))* FriesenPress.

Dragon Law II: The Rise of Arcon. Alysse May. 2021. (ENG.). 238p. (J). pap. *(978-1-716-16359-3(5))* Lulu Pr., Inc.

Dragon Legacy. Jethro J. Burch. 2020. (ENG.). 178p. (YA). pap. *(978-1-5289-1989-0(0))* Austin Macauley Pubs. Ltd.

Dragon Legend. Katie Tsang & Kevin Tsang. (Dragon Realm Ser.: 2). (ENG.). (J). (gr. 3-7). 2022. 240p. pap. 8.99 *(978-1-4549-4582-6(6))*; 2021. (Illus.). 224p. 16.99 *(978-1-4549-3598-8(7))* Sterling Publishing Co., Inc.

Dragon LONG the Mountain Keeper: A Dragon's Guide to Forest Sustainability. Christine Oei. l.t. ed. 2021. (ENG.). 34p. (J). pap. *(978-0-6450986-1-7(2))* Oei, Christine.

Dragon Lords: The Return of the Generals. Trent R. Bingham. 2021. (ENG., Illus.). 270p. (YA). pap. 18.95 *(978-1-64670-491-0(6))* Covenant Bks.

Dragon Lords: The Return of the Generals. Trent R. Bingham. 2022. (ENG.). 274p. (YA). pap. 12.99 ***(978-1-958176-99-3(0))*** WorkBk. Pr.

Dragon Magic (Reading Ladder Level 3) Pippa Goodhart. Illus. by Lesley Danson. 2nd ed. 2017. (Reading Ladder Level 3 Ser.). (ENG.). 48p. (gr. k-2). 4.99 *(978-1-4052-8244-4(4)*, Reading Ladder) Farshore GBR. Dist: HarperCollins Pubs.

Dragon Masters, Books 1-5: a Branches Box Set, 1 vol. Tracey West. Illus. by Graham Howells & Damien Jones. 2021. (Dragon Masters Ser.). (ENG.). 480p. (J). (gr. 1-3). pap., pap., pap. 29.95 *(978-1-338-77726-0(2))* Scholastic, Inc.

Dragon Meets a Mermaid. Christine DuBois. Illus. by Christine DuBois. 2021. (ENG.). 22p. (J). *(978-0-2288-5629-0(9))*; pap. *(978-0-2288-5628-3(0))* Tellwell Talent.

Dragón Mentiroso: (Teach Your Dragon to Stop Lying) un Libro de Dragones para Enseñar a Los niños a NO Mentir. una Linda Historia para niños para Enseñar a Los niños a Decir la Verdad y Ser Honestos. Steve Herman. 2020. (My Dragon Books Español Ser.: Vol. 15). (SPA.). 42p. (J). 18.95 *(978-1-64916-021-8(6))*; pap. 12.95 *(978-1-64916-020-1(8))* Digital Golden Solutions LLC.

Dragon Moon: Part 1. Katrina Cope. 2023. (Dragoria: the Lost Dragon Realm Ser.: Vol. 1). (ENG.). (YA). 408p. ***(978-0-6455102-5-6(4))***; 432p. pap. ***(978-0-6455102-4-9(6))*** Cosy Burrow Bks.

Dragon Mountain. Katie Tsang & Kevin Tsang. (Dragon Realm Ser.: 1). (ENG.). (J). (gr. 3-7). 2021. 256p. pap. 8.99 *(978-1-4549-4394-5(7))*; 2020. 240p. 16.95 *(978-1-4549-3596-4(0))* Sterling Publishing Co., Inc.

Dragon Mouse. Chris Gates. 2019. (ENG.). 90p. (J). pap. *(978-0-244-79625-9(4))* Lulu Pr., Inc.

Dragon Moves In. Lisa Falkenstern. Illus. by Lisa Falkenstern. 2018. (ENG., Illus.). 34p. (J). (gr. k-3). pap. 9.99 *(978-1-5420-9204-3(3)*, 9781542092043, Two Lions) Amazon Publishing.

Dragon Myths, 1 vol. Jennifer Mason. 2017. (Myths Across the Map Ser.). (ENG.). 48p. (J). (gr. 5-6). pap. 15.05 *(978-1-5382-1441-1(5)*, e9bfe891-a7f9-4efd-a762-aadcf7dfaf7e); lib. bdg. 33.60 *(978-1-5382-1368-1(0)*, 96b84c3b-cb17-4578-a0f2-1dd3dc092789) Stevens, Gareth Publishing LLLP.

Dragon Named Egg, 1 vol. Heidi Howarth. Illus. by Daniel Howarth. 2020. (ENG.). 32p. (J). (gr. 1-2). pap. 11.00 *(978-1-4994-8643-8(X)*, 55c758cd-c3f7-4814-9d63-e1d9850b6a9a); lib. bdg. 28.93 *(978-1-4994-8644-5(8)*, 5104d93e-87bf-4bcf-8216-ed2e945a9c76) Rosen Publishing Group, Inc., The. (Windmill Bks.).

Dragon Named Sin. Rebekah Pratt McHoul. 2017. (ENG., Illus.). (J). pap. 12.99 *(978-0-9986975-4-3(0))* Mindstir Media.

Dragon Needs His Sleep: A Story about the Importance of a Good Night's Sleep. Steve Herman. 2021. (ENG.). 46p. (J). 18.95 *(978-1-64916-113-0(1))*; pap. 12.95 *(978-1-64916-112-3(3))* Digital Golden Solutions LLC.

Dragon Night. J. R. Krause. Illus. by J. R. Krause. 2019. (Illus.). 32p. (J). (gr. -1-2). 16.99 *(978-0-525-51424-4(4)*, G.P. Putnam's Sons Books for Young Readers) Penguin Young Readers Group.

Dragon Noodle Party. Ying Chang Compestine. Illus. by Paula Pang. 2023. 40p. (J). (gr. -1-2). pap. 8.99 ***(978-0-8234-5588-1(2))*** Holiday Hse., Inc.

Dragon of Cyprus. Tom Noble. Illus. by Luke Morrisby. 2020. (Dragon Tales Ser.: Vol. 3). (ENG.). 16p. (J). pap. *(978-0-6489739-2-8(1))* Noble, Tom.

Dragon of Dawson's Farm. Joanna Hardej. 2019. (ENG.). 38p. (J). pap. *(978-1-5289-2305-7(7))* Austin Macauley Pubs. Ltd.

Dragon of Dornoch & the Dragons of Lucerne. Tom Noble. Illus. by Imogen Piercey. 2022. (Dragon Tales Ser.: Vol. 7). (ENG.). 24p. (J). pap. *(978-0-6489739-7-3(2))* Noble, Tom.

Dragon of Dragon Grove. Meg McLaren. 2019. (ENG.). 26p. (YA). pap. *(978-1-5289-3432-9(6))* Austin Macauley Pubs. Ltd.

Dragon of Durham. Tom Noble. Illus. by Bethlynn Dowdle. 2020. (ENG.). 18p. (J). pap. *(978-0-6489739-1-1(3))* Noble, Tom.

Dragon of Fortune (Geronimo Stilton & the Kingdom of Fantasy: Special Edition #2) An Epic Kingdom of Fantasy Adventure. Geronimo Stilton. 2017. (Geronimo Stilton & the Kingdom of Fantasy Ser.: 2). (ENG., Illus.). 592p. (J). (gr. 2-5). 19.99 *(978-1-338-15939-4(9)*, Scholastic Paperbacks) Scholastic, Inc.

Dragon of Hanya. Abigail Coulson. 2nd ed. 2022. (Alicia Rivers Ser.: Vol. 1). (ENG.). 468p. (J). pap. ***(978-1-80068-059-3(7))*** Independent Publishing Network.

Dragon of Suffolk. Tom Noble. Illus. by Bethlynn Dowdle. 2020. (Dragon Tales Ser.: Vol. 1). (ENG.). 20p. (J). pap. *(978-0-6489739-0-4(5))* Noble, Tom.

Dragon of Terre-Reim. David Fahrenholz. 2022. (ENG.). 70p. (J). pap. 25.95 ***(978-1-63844-912-6(0))*** Christian Faith Publishing.

Dragon of Two Hearts: Book Two of the Star Trilogy. Donald Samson. Illus. by Adam Agee. 2nd ed. 2022. (Star Trilogy Ser.). (ENG.). 320p. (J). pap. 15.00 ***(978-1-7325372-4-8(0))*** Star Trilogy Publishing.

Dragon of Wantley. Owen Wister. 2017. (ENG.). 212p. (J). pap. *(978-3-337-02292-1(8))* Creation Pubs.

Dragon of Wantley: His Tale (Classic Reprint) Owen Wister. 2018. (ENG., Illus.). (J). 28.19 *(978-0-260-93261-7(2))* Forgotten Bks.

Dragon on the Roof: A Children's Book Inspired by Antoni Gaudí. Cecile Alix. Illus. by Fred Sochard. 2019. (Children's Books Inspired by Famous Artworks Ser.). (ENG.). 32p. (J). (gr. -1-3). 14.95 *(978-3-7913-7391-1(9))* Prestel Verlag GmbH & Co KG. DEU. Dist: Penguin Random Hse. LLC.

Dragon Ops. Mari Mancusi. 2021. (ENG.). 400p. (J). (gr. 3-7). pap. 7.99 *(978-0-7595-5516-7(8))* Little, Brown Bks. for Young Readers.

Dragon Ops: Dragons vs. Robots. Mari Mancusi. (Dragon Ops Ser.: 2). (ENG.). (J). (gr. 3-7). 2023. 400p. pap. 8.99 *(978-0-316-10307-7(1))*; 2021. (Illus.). 384p. 16.99 *(978-0-7595-5518-1(4))* Little, Brown Bks. for Young Readers.

Dragon Overnight (Upside-Down Magic #4), 1 vol. Sarah Mlynowski et al. (Upside-Down Magic Ser.: 4). (ENG.). 192p. (J). (gr. 3-7). 2019. pap. 5.99 *(978-1-338-11116-3(7))*; 2018. 14.99 *(978-1-338-11115-6(9)*, Scholastic Pr.) Scholastic, Inc.

Dragon Overnight (Upside-Down Magic #4) (Unabridged Edition), 1 vol. Sarah Mlynowski et al. unabr. ed. 2018. (Upside-Down Magic Ser.: 4). (ENG.). 1p. (J). (gr. 3-7). audio compact disk 24.99 *(978-1-338-22741-3(6))* Scholastic, Inc.

Dragon Painter (Classic Reprint) Mary McNeil Fenollosa. (ENG., Illus.). (J). 2018. 290p. 29.88 *(978-0-483-33483-0(9))*; 2016. pap. 13.57 *(978-1-333-28613-2(9))* Forgotten Bks.

Dragon Path: a Graphic Novel. Ethan Young. 2021. (ENG., Illus.). 208p. (J). (gr. 5-9). 24.99 *(978-1-338-36330-2(1))*; pap. 12.99 *(978-1-338-36329-6(8))* Scholastic, Inc. (Graphix).

Dragon Path The. Ethan Young. ed. 2022. (ENG., Illus.). 198p. (J). (gr. 4-5). 26.46 ***(978-1-68505-410-6(2))*** Penworthy Co., LLC, The.

Dragon Pearl. Yoon Lee. 2019. (ENG.). 320p. lib. bdg. 18.80 *(978-1-6636-2730-8(4))* Perfection Learning Corp.

Dragon Pearl. Yoon Ha Lee. 2020. (Thousand Worlds (Trade) Ser.). (ENG.). 320p. (gr. 4-7). 24.94 *(978-1-5364-6113-8(X)*, Riordan, Rick) Disney Pr.

Dragon Pearl. Yoon Ha Lee. 2019. 320p. 16.99 *(978-1-368-01519-6(0))* Disney Publishing Worldwide.

Dragon Pet (Diary of a Roblox Pro #2: an AFK Book), Vol. 2. Ari Avatar. 2023. (Diary of a Roblox Pro Ser.). (ENG.). 128p. (J). (gr. 2-5). pap. 6.99 *(978-1-338-86347-5(9))* Scholastic, Inc.

Dragon Pox. Camille Smithson. Illus. by Shareen Halliday. 2022. (Glitched Science Ser.: Vol. 1). (ENG.). 204p. (J). pap. 10.99 *(978-1-956357-80-6(7))*; 15.99 *(978-1-956357-22-6(X))* Lawley Enterprises.

Dragon Pox! (Shimmer & Shine) Courtney Carbone. Illus. by Cartobaleno. 2018. (Little Golden Book Ser.). (ENG.). 24p. (J). (-k). 4.99 *(978-1-5247-6798-3(0)*, Golden Bks.) Random Hse. Children's Bks.

Dragon Princess. S. L. Carlson. 2018. (ENG., Illus.). 160p. (YA). pap. *(978-0-2286-0681-9(0))* Books We Love Publishing Partners.

Dragon Princess. Hans M. Hirschi. Illus. by Felicity Swan. 2018. (ENG.). 40p. (J). pap. *(978-1-78645-274-0(X))* Beaten Track Publishing.

Dragon Princess: Sleeping Beauty Reimagined. Lichelle Slater. 2019. (Forgotten Kingdom Ser.: Vol. 1). (ENG.). 324p. (YA). (gr. 7-12). pap. 12.99 *(978-1-0878-0211-4(3))* Indy Pub.

Dragon Protocol: A Novel. Ali Archer. 2022. 388p. (YA). (gr. 8-12). pap. 24.95 *(978-1-63195-868-7(2))* Morgan James Publishing.

Dragon Puncher: Dragon Puncher Punches Back, Bk. 3. James Kochalka. 2022. (Dragon Puncher Ser.: 3). (Illus.). 40p. (J). (gr. -1-3). 9.99 *(978-1-60309-514-3(4))* Top Shelf Productions.

Dragon Queen. 2016. 126p. (J). *(978-1-5182-0562-0(3))* Scholastic, Inc.

Dragon Queen. Andy Coltart. 2021. (ENG.). 220p. (YA). pap. *(978-1-80031-061-2(7))* Authors OnLine, Ltd.

Dragon Queen. Stacia Deutsch. 2016. (LEGO Elves Chapter Book Ser.: 2). (ENG.). 128p. (J). (gr. 2-5). lib. bdg. 16.00 *(978-0-606-38108-6(2))* Turtleback.

Dragon Quest. Jackie French Koller. Illus. by Judith Mitchell. 2018. (Dragonling Ser.: 3). (ENG.). 128p. (J). (gr. 2-5). 16.99 *(978-1-5344-0068-9(0))*; pap. 5.99 *(978-1-5344-0067-2(2))* Simon & Schuster Children's Publishing. (Aladdin).

Dragon Quest. Linda McNabb. 2019. (ENG.). 178p. (YA). pap. 10.99 *(978-1-393-92626-9(6))* Draft2Digital.

Dragon Quest: A Music Composition Adventure. Ereddia Ben. Illus. by Ereddia Ben. 2018. (Music Composition Adventures Ser.: Vol. 1). (ENG., Illus.). 92p. (J). (gr. 1-6). pap. 12.95 *(978-0-9998338-0-3(4))* Bonsai Bks.

Dragon Racer. Joey Weiser. 2021. (Ghost Hog Ser.: 2). (ENG., Illus.). 168p. (J). pap. 12.99 *(978-1-62010-932-8(8))* Oni Pr., Inc.

Dragon Redeemer. Amy Bearce. 2017. (World of Aluvia Ser.: Vol. 3). (ENG., Illus.). (J). (gr. 3-7). pap. 16.99 *(978-1-62007-976-8(3))* Curiosity Quills Pr.

Dragon Rider. T. J. Weekes. 2019. (ENG., Illus.). 184p. (YA). (gr. 7-12). pap. *(978-1-78465-486-3(8)*, Vanguard Press) Pegasus Elliot Mackenzie Pubs.

Dragon Riders. James Russell. Illus. by Link Choi. 2017. (ENG.). 40p. (J). pap. *(978-1-4926-4989-2(9))* Sourcebooks, Inc.

Dragon Riders (Cowboys & Dragons Book 2) Anthony a Kerr. Illus. by Anthony a Kerr. 2016. (ENG., Illus.). (J). pap. 12.99 *(978-0-9968565-2-2(8))* Thunder Mountain Bks., Co.

542 The check digit for ISBN-10 appears in parentheses after the full ISBN-13

Dragon River. Rob Saunders. Illus. by Gillian Martin. 2020. (ENG.). 114p. (J). pap. *(978-1-78132-927-6(3))* SilverWood Bks.

Dragon School: Episodes 1-5. Sarah K. L. Wilson. 2018. (Dragon School Ser.). (ENG., Illus.). 356p. (YA). *(978-0-9878502-0-1(2))* Wilson, Sarah K. L.

Dragon School: Episodes 11 - 15. Sarah K. L. Wilson. 2018. (Dragon School Ser.). (ENG., Illus.). 354p. (YA). *(978-0-9878502-2-5(9))* Wilson, Sarah K. L.

Dragon School: Episodes 16 - 20. Sarah K. L. Wilson. 2018. (Dragon School Ser.: Vol. 20). (ENG., Illus.). 360p. (YA). *(978-0-9878502-3-2(7))* Wilson, Sarah K. L.

Dragon School: Episodes 6-10. Sarah K. L. Wilson. 2018. (Dragon School Ser.). (ENG., Illus.). 364p. (YA). *(978-0-9878502-1-8(0))* Wilson, Sarah K. L.

Dragon School: The Complete Series. Sarah Wilson. 2021. (ENG.). 1190p. (YA). *(978-1-990516-00-9(9))* Wilson, Sarah K. L.

Dragon School: Ruby's SO Rude. Judith Heneghan. 2016. (Dragon School Ser.). (ENG., Illus.). 32p. (J). (gr. -1-k). pap. *(978-0-7502-8356-4(4)*, Wayland) Hachette Children's Group GBR. Dist: Hachette Bk. Group.

Dragon Scroll of Nepthali. B. L. Madole. 2017. (Dragon Scroll of Nepthali Ser.). (ENG., Illus.). (YA). (gr. 7-12). pap. 18.50 *(978-0-9987338-0-7(6))* Moon Chaser Publishing.

Dragon Shifter. Leah Ward. 2020. (ENG.). 162p. (J). pap. 12.95 *(978-0-578-79873-8(5))* Ward Publishing.

Dragon Skin I. Angela Paulsen. 2019. (ENG.). 370p. (YA). pap. *(978-3-7407-5135-7(5))* VICOO International Pr.

Dragon Slayer. Andy Coltart. 2021. (ENG.). 214p. (YA). pap. *(978-1-80031-238-8(5))* Authors OnLine, Ltd.

Dragon Slayer: Folktales from Latin America: A TOON Graphic. Jaime Hernandez. 2018. (Illus.). (J). (gr. 3-7). 48p. 17.99 *(978-1-943145-28-7(8))*; 40p. pap. 11.99 *(978-1-943145-29-4(6))* Astra Publishing Hse. (Toon Books).

Dragon Slayers. Paul Farrell. 2018. (ENG., Illus.). 144p. (J). (gr. 1-6). pap. *(978-1-911589-89-1(X)*, Choir Pr., The) Action Publishing Technology Ltd.

Dragon Slayers. Lisa McMann. (Unwanteds Quests Ser.: 6). (ENG.). (J). (gr. 3-7). 2021. 448p. pap. 9.99 *(978-1-5344-1608-6(0))*; 2020. (Illus.). 432p. 19.99 *(978-1-5344-1607-9(2))* Simon & Schuster Children's Publishing. (Aladdin).

Dragon Sneezes. Sandra Elkin. 2023. (ENG.). 34p. (J). pap. ***(978-0-2288-7828-5(4))*** Tellwell Talent.

Dragon Song. Andreas Zimmermann. 2021. (Legend of Shard Ser.). (ENG.). 366p. (J). *(978-1-5255-9353-6(6))*; pap. *(978-1-5255-9352-9(8))* FriesenPress.

Dragon Speaker. Elana A. Mugdan. 4th ed. 2021. (Shadow War Saga Ser.: Vol. 1). (ENG.). 332p. (YA). pap. 11.99 *(978-0-578-82572-4(4))* Mugdan, Elana.

Dragon Squad of Aurora Mountain. Rocky Val-Hayden. Illus. by Rocky Val-Hayden. 2021. (ENG.). 102p. (J). 25.00 *(978-1-0878-6629-1(4))* Indy Pub.

Dragon Squad of Aurora Mountain & the Koi Fish Knights of Lion Tribe Inkanyamba. Rocky Val-Hayden. 2021. (ENG.). 284p. (J). 47.99 *(978-1-0878-5709-1(0))* Indy Pub.

Dragon Squisher: Book One of the Nigel Chronicles. Scott McCormick. 2020. (Nigel Chronicles Ser.: 1). (ENG.). 300p. (YA). pap. 14.99 *(978-1-5439-7916-9(5))* BookBaby.

Dragon Stones. Carolyn Watson Dubisch. 2022. (ENG.). 40p. (J). pap. 12.74 *(978-1-4357-8224-2(0))* Lulu Pr., Inc.

Dragon Storm #1: Tom & Ironskin. Alastair Chisholm. Illus. by Eric Deschamps. 2022. (Dragon Storm Ser.: 1). (ENG.). 160p. (J). (gr. 2-5). 6.99 *(978-0-593-47954-4(8))*; lib. bdg. 12.99 *(978-0-593-47955-1(6))* Random Hse. Children's Bks. (Random Hse. Bks. for Young Readers).

Dragon Storm #2: Cara & Silverthief. Alastair Chisholm. Illus. by Eric Deschamps. 2022. (Dragon Storm Ser.: 2). (ENG.). 160p. (J). (gr. 2-5). 5.99 *(978-0-593-47957-5(2))*; lib. bdg. 12.99 *(978-0-593-47958-2(0))* Random Hse. Children's Bks. (Random Hse. Bks. for Young Readers).

Dragon Storm #3: Ellis & Pathseeker. Alastair Chisholm. Illus. by Eric Deschamps. 2022. (Dragon Storm Ser.: 3). (ENG.). 160p. (J). (gr. 2-5). 6.99 *(978-0-593-47960-5(2))*; lib. bdg. 12.99 *(978-0-593-47961-2(0))* Random Hse. Children's Bks. (Random Hse. Bks. for Young Readers).

Dragon Storm #4: Mira & Flameteller. Alastair Chisholm. Illus. by Eric Deschamps. 2023. (Dragon Storm Ser.: 4). (ENG.). 160p. (J). (gr. 2-5). 6.99 *(978-0-593-47963-6(7))*; lib. bdg. 12.99 *(978-0-593-47964-3(5))* Random Hse. Children's Bks. (Random Hse. Bks. for Young Readers).

Dragon Story: Leveled Reader Green Fiction Level 14 Grade 1-2. Hmh Hmh. 2019. (Rigby PM Ser.). (ENG.). 16p. (J). (gr. 1-2). pap. 11.00 *(978-0-358-12077-3(2))* Houghton Mifflin Harcourt Publishing Co.

Dragon Swan Princess. Tamara Grantham. 2019. (ENG.). 288p. (YA). (gr. 7). pap. 10.95 *(978-1-63422-447-5(7))* Clean Teen Publishing.

Dragon Sword - Excalibur. Tom Noble. 2023. (ENG.). 30p. (J). pap. ***(978-0-6489739-9-7(9))*** Noble, Tom.

Dragon Taiji. Yutaka Hara. 2018. (ENG.). (J). *(978-4-591-15916-3(7))* Poplar Publishing.

Dragon Tale - Kind des Feuers. Aylin Hacker. 2019. (GER.). 700p. (J). pap. *(978-3-7407-5330-6(7))* VICOO International Pr.

Dragon, the Blade & the Thread: Book Three of the Star Trilogy. Donald Samson. Illus. by Adam Agee. 2nd ed. 2022. (Star Trilogy Ser.). (ENG.). 368p. (J). pap. 16.00 ***(978-1-7325372-1-7(6))*** Star Trilogy Publishing.

Dragon, the Princess & the Peanut Butter Sandwiches. Daniel Roberts. Illus. by Daniel Roberts. (ENG.). 34p. (J). 2022. pap. 9.94 *(978-1-6781-0513-6(9))*; 2021. 23.95 *(978-1-6781-5589-6(6))* Lulu Pr., Inc.

Dragon Thief. Zetta Elliott. Illus. by Geneva Geneva B. 2019. (Dragons in a Bag Ser.: 2). 176p. (J). (gr. 3-7). 16.99 *(978-1-5247-7049-5(3)*, Random Hse. Bks. for Young Readers) Random Hse. Children's Bks.

Dragon Tide: Episodes 1-5. Sarah K. L. Wilson. 2020. (Dragon Tide Omnibuses Ser.: Vol. 1). (ENG.). 332p. (YA). *(978-1-9992872-5-2(8))* Wilson, Sarah K. L.

Dragon Tide: Episodes 6-10. Sarah K. L. Wilson. 2020. (Dragon Tide Omnibuses Ser.: Vol. 2). (ENG.). 340p. (YA). *(978-1-9992872-6-9(6))* Wilson, Sarah K. L.

Dragon Tide: The Complete Series. Sarah K. L. Wilson. 2023. (ENG.). 708p. (YA). ***(978-1-990516-41-2(6))*** Wilson, Sarah K. L.

Dragon Times. Anita Mulvey. 2022. (ENG.). 84p. (J). *(978-1-3984-4631-1(9))*; pap. *(978-1-3984-4630-4(0))* Austin Macauley Pubs. Ltd.

Dragon to the Rescue. Victoria Kann. ed. 2020. (I Can Read Ser.). (ENG., Illus.). 31p. (J). (gr. k-1). 14.96 *(978-1-64697-010-0(1))* Penworthy Co., LLC, The.

Dragon Train. Rj The Story Guy. 2020. (ENG.). 220p. (YA). pap. 17.99 *(978-1-7334361-2-0(X))* High Desert Libris.

Dragon Train Rebellion. Rj The Story Guy. 2022. (ENG.). 246p. (YA). pap. 17.99 ***(978-1-7334361-8-2(9))*** High Desert Libris.

Dragon Treasure Hoard of Beowulf. Tom Noble. Illus. by Darkstarart Darkstarart. 2021. (ENG.). 32p. (J). pap. *(978-0-6489739-5-9(6))* Noble, Tom.

Dragon Trouble. Jackie French Koller. Illus. by Judith Mitchell. 2019. (Dragonling Ser.: 5). (ENG.). 128p. (J). (gr. 2-5). 16.99 *(978-1-5344-0074-0(5))*; pap. 5.99 *(978-1-5344-0073-3(7))* Simon & Schuster Children's Publishing. (Aladdin).

Dragon, Tu y Crois, Toi? Zito Camillo. 2022. (FRE.). 30p. (J). pap. 9.99 ***(978-1-0879-6839-1(9))*** Indy Pub.

Dragon under the Dome. Holly Kerr. 2017. (ENG., Illus.). 172p. (J). pap. *(978-0-9958045-9-3(1))* Three Bird Pr.

Dragon Used to Live Here. Annette LeBlanc Cate. Illus. by Annette LeBlanc Cate. 2022. (ENG., Illus.). 256p. (J). (gr. 2-5). 17.99 *(978-1-5362-0451-3(X))* Candlewick Pr.

Dragon Waking. Grayson Towler. (ENG.). 288p. (J). (gr. 3-7). 2017. pap. 9.99 *(978-0-8075-1706-2(2)*, 807517062); 2016. 14.99 *(978-0-8075-1704-8(6)*, 807517046) Whitman, Albert & Co.

Dragon Warrior. Katie Zhao. (Dragon Warrior Ser.). (ENG.). (J). 2020. 368p. pap. 8.99 *(978-1-5476-0479-1(4)*, 900225098); 2019. (Illus.). 352p. 16.99 *(978-1-5476-0200-1(7)*, 900203292) Bloomsbury Publishing USA. (Bloomsbury Children's Bks.).

Dragon Was Terrible. Kelly DiPucchio. Illus. by Greg Pizzoli. 2016. (ENG.). 40p. (J). 19.99 *(978-0-374-30049-4(6)*, 900132959, Farrar, Straus & Giroux (BYR)) Farrar, Straus & Giroux.

Dragon Weebee Book 13. R. M. Price-Mohr. 2021. (ENG.). 34p. (J). pap. *(978-1-913946-32-6(0))* Crossbridge Bks.

Dragon Weebee Book 13a. R. M. Price-Mohr. 2021. (ENG.). 34p. (J). pap. *(978-1-913946-41-8(X))* Crossbridge Bks.

Dragon Who Didn't Like Fire. Gemma Merino. 2021. (ENG., Illus.). 32p. (J). (gr. -1-k). 19.99 *(978-1-5290-4481-2(2)*, 900325997, Macmillan Children's Bks.) Pan Macmillan GBR. Dist: Macmillan.

Dragon Who Didn't Like Fire. Gemma Merino & Gemma Merino. 2021. (ENG., Illus.). 32p. (J). (gr. -1-k). pap. 14.99 *(978-1-5290-4482-9(0)*, 900325998, Macmillan Children's Bks.) Pan Macmillan GBR. Dist: Macmillan.

Dragon Who Got the Fairy Godmother to Like Vegetables. Karen Magnan. 2019. (ENG.). 20p. (J). pap. 11.25 *(978-0-359-53295-7(0))* Lulu Pr., Inc.

Dragon Who Had a Sweet Tooth. Richard J. Scherr Jr. 2016. (ENG., Illus.). 24p. (J). pap. 9.99 *(978-0-692-08140-2(2))* Kilbride, Harry.

Dragon Who Learned to Fly. University of Phoenix Staff. 2019. (J). 3.00 net. *(978-0-578-52063-6(X))* Univ. of Phoenix Bookstore.

Dragon Who Lost His Fire. Kay Williams. Illus. by Danna Victoria. 2016. (ENG.). 29p. (J). pap. *(978-0-9955317-7-2(3))* Cambria Bks.

Dragon Who Lost His Fire. Kay Williams. Illus. by Danna Victoria. 2nd ed. 2019. (ENG.). 30p. (J). pap. 7.91 *(978-1-913165-09-3(4))* TinydragonBks.

Dragon Who Lost the Map. Helen Jo. 2018. (ENG., Illus.). 48p. (J). 16.99 *(978-1-7329969-5-3(4))* Smore Bks.

Dragon Who Loved Opera. Shari A. Leroy. Illus. by Stenly Graphics. 2021. (ENG.). 148p. (J). 23.00 *(978-0-9947682-2-3(2))* Author Pubns.

Dragon Who Saved the Mermaid. Paula Magone. 2022. (ENG.). 46p. (J). 30.95 *(978-1-68570-606-7(1))* Christian Faith Publishing.

Dragon Who Swallowed the Sun. Susie Beiler. 2019. (ENG., Illus.). 34p. (J). (gr. k-3). 24.99 ***(978-0-9835862-3-4(3))***; pap. 21.99 ***(978-0-9835862-1-0(7))*** Spectrum Health Consulting.

Dragon Who Wanted to Be Pink. Cynthia Hickey. 2022. (ENG.). 32p. (J). pap. 14.99 ***(978-1-0880-5001-9(8))*** Winged Pubns.

Dragon with a Chocolate Heart. Stephanie Burgis. 2018. (Dragon Heart Ser.). (ENG.). 272p. (J). pap. 8.99 *(978-1-68119-695-4(6)*, 900182249, Bloomsbury Children's Bks.) Bloomsbury Publishing USA.

Dragon with a Chocolate Heart. Stephanie Burgis. ed. 2018. (J). lib. bdg. 18.40 *(978-0-606-41075-5(9))* Turtleback.

Dragon with a Cold. Alvaro Colmenares. Ed. by Emmett Cervelli. Illus. by Carlos Lemos. 2021. (ENG.). 38p. (J). 20.00 *(978-1-0879-8537-4(4))* Indy Pub.

Dragon with ADHD: A Children's Story about ADHD. a Cute Book to Help Kids Get Organized, Focus, & Succeed. Steve Herman. 2021. (My Dragon Bks.: Vol. 41). (ENG.). 46p. (J). 18.95 *(978-1-64916-096-6(8))*; pap. 12.95 *(978-1-64916-095-9(X))* Digital Golden Solutions LLC.

Dragon with the One-Coin Hoard. Jeff Gorbski. Illus. by Zhang Lin. 2020. (ENG.). 48p. (J). pap. *(978-1-77830-424-5(1))* Olympia Publishers.

Dragon World. Tamara Macfarlane. Illus. by Alessandra Fusi. 2021. (Mythical Worlds Ser.). (ENG.). 80p. (J). (gr. 3-7). 17.99 *(978-0-7440-2765-5(9)*, DK Children) Dorling Kindersley Publishing, Inc.

Dragón y Sus Labores (Dragon Gets By) Un Libro de la Serie Acorn. Dav Pilkey. Illus. by Dav Pilkey. 2021. (Dragón Ser.). (SPA.). 64p. (J). (gr. k-2). pap. 4.99 *(978-1-338-76751-3(8)*, Scholastic en Espanol) Scholastic, Inc.

Dragonbird in the Fern. Laura Rueckert. 2021. (ENG., Illus.). 392p. (YA). (gr. 9-12). pap. 9.99 *(978-1-63583-065-1(6)*, 1635830656, Flux) North Star Editions.

DragonBirth. Raina Nightingale. 2020. (Return of the Dragonriders Ser.: Vol. 1). (ENG., Illus.). 204p. (YA). (gr. 7-12). pap. 9.99 *(978-1-952176-06-7(9))* Raina Nightingale.

Dragonbound. Chelsea M. Campbell. 2016. (ENG.). 288p. (YA). (gr. 7-11). pap. 9.99 *(978-1-5039-3609-6(0)*, 9781503936096, Skyscape) Amazon Publishing.

Dragonboy & the Wonderful Night. Fabio Napoleoni. 2022. (Dragonboy Ser.: 2). (ENG.). 40p. (J). (gr. -1-3). 17.99 *(978-0-316-46218-1(7))* Little, Brown Bks. for Young Readers.

Dragonbreath #11: The Frozen Menace. Ursula Vernon. 2016. (Dragonbreath Ser.: 11). (Illus.). 208p. (J). (gr. 3-7). 14.99 *(978-0-8037-3986-4(9)*, Dial Bks) Penguin Young Readers Group.

Dragondogs. A. R. Mayer. 2019. (ENG.). 188p. (J). pap. *(978-1-78876-970-9(8))* FeedARead.com.

Dragones y Tacos 2: la Continuación. Adam Rubin. Illus. by Daniel Salmieri. 2018. 32p. (J). (-k). pap. 8.99 *(978-0-451-47920-4(3)*, Puffin Books) Penguin Young Readers Group.

Dragonestone: Tale of Ufloria: Book 1 - Part 1. A. W. Ortiz. 2022. (ENG.). 97p. (YA). pap. ***(978-1-6780-1635-7(7))*** Lulu Pr., Inc.

Dragonet Prophecy, 1. Barry Deutsch. 2019. (Wings of Fire Ser.). (ENG.). 210p. (J). (gr. 4-5). 23.96 *(978-0-87617-934-5(0))* Penworthy Co., LLC, The.

Dragonfell. Sarah Prineas. 2020. (ENG.). 272p. (J). (gr. 3-7). pap. 7.99 *(978-0-06-266556-0(1)*, HarperCollins) HarperCollins Pubs.

Dragonfire. David J. Patterson. 2019. (ENG.). 204p. (J). (gr. 5-6). pap. *(978-1-78955-594-3(9))* Authors OnLine, Ltd.

Dragonflies. Nessa Black. 2019. (Spot Creepy Crawlies Ser.). (ENG.). 16p. (J). (gr. -1-2). lib. bdg. *(978-1-68151-537-3(7)*, 14498) Amicus.

Dragonflies. Ashley Gish. 2018. (X-Books: Insects Ser.). (ENG.). 32p. (J). (gr. 3-5). pap. 9.99 *(978-1-62832-618-5(2)*, 20007, Creative Paperbacks); *(978-1-60818-991-5(0)*, 19999, Creative Education) Creative Co., The.

Dragonflies. Patric Perish. 2017. (Insects up Close Ser.). (ENG., Illus.). 24p. (J). (gr. k-3). lib. bdg. 26.95 *(978-1-62617-662-1(0)*, Blastoff! Readers) Bellwether Media.

Dragonflies. Jared Siemens. 2017. (Illus.). 24p. (J). *(978-1-5105-0632-9(2))* SmartBook Media, Inc.

Dragonflies. Leo Statts. 2016. (Swamp Animals Ser.). (ENG.). 24p. (J). (gr. -1-2). 49.94 *(978-1-68079-377-2(2)*, 22998, Abdo Zoom-Launch) ABDO Publishing Co.

Dragonflies. Kim Thompson. 2022. (Bugs in My Yard Ser.). (ENG.). 16p. (J). (gr. -1-1). pap. 7.95 *(978-1-63897-541-0(8)*, 19410); lib. bdg. 25.27 *(978-1-63897-426-0(8)*, 19409) Seahorse Publishing.

Dragonflies: A Tale of Courage & Respect. Bree Wolf. 2019. (Heroes Next Door Ser.: Vol. 3). (ENG.). 134p. (YA). (gr. 7-12). pap. *(978-3-96482-053-2(9))* Wolf, Sabrina.

Dragonflies: Water Angels & Brilliant Bioindicators. Marta Magellan. Illus. by Mauro Magellan. 2020. (ENG.). 34p. (J). (gr. k-5). 14.99 *(978-1-63233-259-2(0))*; pap. 9.99 *(978-1-63233-258-5(2))* Eifrig Publishing.

Dragonflies Lived with the Dinosaurs!, 1 vol. Mark J. Harasymiw. 2016. (Living with the Dinosaurs Ser.). (ENG.). 24p. (J). (gr. 2-3). pap. 9.15 *(978-1-4824-5649-3(4)*, 142bc99b-8b88-4ebe-b4c7-684b26390a24) Stevens, Gareth Publishing LLLP.

Dragonflies up Close, 1 vol. Amanda Vink. 2019. (Bugs up Close! Ser.). (ENG.). 24p. (gr. 1-2). pap. 9.25 *(978-1-7253-0786-5(3)*, e0bc654e-43f4-4303-98ad-ed5cbdf6797c, PowerKids Pr.) Rosen Publishing Group, Inc., The.

Dragonfly. Aimée M. Bissonette. Illus. by Catherine Pearson. 2020. (Imagine This! Ser.). (ENG.). 32p. (J). (gr. -1-3). 17.99 *(978-0-8075-5821-8(4)*, 807558214) Whitman, Albert & Co.

Dragonfly. August Hoeft. 2022. (I See Insects Ser.). (ENG.). (J). 20p. pap. 12.99 ***(978-1-5324-4158-5(4))***; 16p. (gr. -1-2). 24.99 ***(978-1-5324-3341-2(7))***; 16p. (gr. -1-2). pap. 12.99 ***(978-1-5324-2833-3(2))*** Xist Publishing.

Dragonfly. David Miller. 2017. (Up Close & Scary Ser.). (Illus.). 32p. (gr. 2-5). 31.35 *(978-1-911242-05-5(9))* Book Hse. GBR. Dist: Black Rabbit Bks.

Dragonfly. Howie Minsky. 2019. (Hello, Everglades! Ser.). (ENG., Illus.). 16p. (J). (gr. -1-2). pap. 11.36 *(978-1-5341-5737-8(9)*, 214186, Cherry Blossom Press) Cherry Lake Publishing.

Dragonfly. Alyssa Thiessen. 2016. (ENG., Illus.). (YA). *(978-1-988276-05-2(5))* Peasantry Pr.

Dragonfly. Anastasiya Vasilyeva. 2016. (See Them Grow Ser.). (ENG., Illus.). 24p. (J). (gr. -1-3). 26.99 *(978-1-68402-039-3(5))* Bearport Publishing Co., Inc.

Dragonfly. Annette Vermette. 2023. (ENG.). 144p. (YA). ***(978-1-0391-7201-2(6))***; pap. ***(978-1-0391-7200-5(8))*** FriesenPress.

Dragonfly & Me: An Enchanted Adventure in Ecology for Children. Donald Green. 2018. (ENG., Illus.). 76p. (J). pap. 11.95 *(978-1-64138-596-1(0))* Page Publishing Inc.

Dragonfly Coloring Book for Kids! a Variety of Coloring Pages. Bold Illustrations. 2022. (ENG.). 82p. (J). pap. 14.99 *(978-1-0717-0681-7(0)*, Bold Illustrations) FASTLANE LLC.

Dragonfly Dance. Dianne Dickinson Terry. 2019. (ENG., Illus.). 26p. (J). pap. 12.95 *(978-1-64531-192-8(9))* Newman Springs Publishing, Inc.

Dragonfly Dragonfly: A Spiritual Book for the Littles in Our Lives. Kerralee Nelson. Illus. by Kerralee Nelson. 2020. (ENG.). 18p. (J). *(978-0-2288-4530-0(0))*; pap. *(978-0-2288-4529-4(7))* Tellwell Talent.

Dragonfly Dreams. Eleanor McCallie Cooper. 2021. (ENG.). 184p. (YA). 28.95 *(978-1-64663-423-1(3))*; pap. 16.95 *(978-1-64663-421-7(7))* Koehler Bks.

Dragonfly Effect. Gordon Korman. ed. 2016. (Hypnotists Ser.: 3). lib. bdg. 17.20 *(978-0-606-38813-9(3))* Turtleback.

Dragonfly Eyes. Cao Wenxuan. 2022. (ENG.). 384p. (J). (gr. 4-7). 19.99 *(978-1-5362-0618-0(2))* Candlewick Pr.

Dragonfly Farms: The Great Adventure. Jennifer Anne Ortiz. Illus. by Zechmana (abby Zechman). 2019. (Dragonfly Farms Ser.: Vol. 1). (ENG.). 40p. (J). pap. 9.99 *(978-0-578-40926-9(7))* Dragonfly Farms: The Great Adventure.

Dragonfly Girl. Marti Leimbach. (ENG.). 384p. (YA). (gr. 8). 2022. pap. 10.99 *(978-0-06-299587-2(1))*; 2021. (Illus.). 17.99 *(978-0-06-299586-5(3))* HarperCollins Pubs. (Tegen, Katherine Bks).

Dragonfly Kites, 1 vol. Tomson Highway. Illus. by Julie Flett. 2019. (Songs of the North Wind Ser.). (ENG.). 32p. (J). (gr. -1-8). 14.95 *(978-1-897252-64-2(1)*, b894c312-9daa-4707-8541-d20f91eb5c2e) Fifth Hse. Pubs. CAN. Dist: Firefly Bks., Ltd.

Dragonfly Migration. Grace Hansen. 2020. (Animal Migration Ser.). (ENG., Illus.). 24p. (J). (gr. -1-2). lib. bdg. 32.79 *(978-1-0982-0231-6(7)*, 34595, Abdo Kids) ABDO Publishing Co.

Dragonfly Song. Wendy Orr. 2017. (Minoan Wings Ser.: 1). (ENG., Illus.). 408p. (J). (gr. 4-10). 17.95 *(978-1-77278-037-6(5))* Pajama Pr. CAN. Dist: Publishers Group West (PGW).

Dragonfly's Journey. Benjamin Tunby. 2018. (Lightning Bolt Books (r) — Amazing Migrators Ser.). (ENG., Illus.). 24p. (J). (gr. 1-3). pap. 9.99 *(978-1-5415-1181-1(6)*, 1834da7b-1a52-4382-bb0f-433d46072059); lib. bdg. 29.32 *(978-1-5124-8636-0(1)*, c5a04004-1c95-45e5-875e-88e3b61e4172, Lerner Pubns.) Lerner Publishing Group.

Dragonkyn. Nathan Smith Jones. 2017. 214p. (YA). pap. 14.99 *(978-1-4621-1978-3(6))* Cedar Fort, Inc./CFI Distribution.

Dragonling. Jackie French Koller. Illus. by Judith Mitchell. 2018. (Dragonling Ser.: 1). (ENG.). 80p. (J). (gr. 2-5). 16.99 *(978-1-5344-0062-7(1))*; pap. 5.99 *(978-1-5344-0061-0(3))* Simon & Schuster Children's Publishing. (Aladdin).

Dragonling Complete Collection (Boxed Set) The Dragonling; a Dragon in the Family; Dragon Quest; Dragons of Krad; Dragon Trouble; Dragons & Kings. Jackie French Koller. Illus. by Judith Mitchell. ed. 2020. (Dragonling Ser.). (ENG.). 672p. (J). (gr. 2-5). pap. 35.99 *(978-1-5344-5996-0(0)*, Aladdin) Simon & Schuster Children's Publishing.

Dragonmaster's Revenge: An Unofficial Graphic Novel for Minecrafters. Cara J. Stevens. Illus. by Sam Needham. 2021. (Unofficial Battle Station Prime Ser.: 6). 192p. (J). (gr. 2-7). pap. 11.99 *(978-1-5107-5987-9(5)*, Sky Pony Pr.) Skyhorse Publishing Co., Inc.

Dragonpuss Apple Mcgee. Linda S Woodrum. 2019. (ENG.). 26p. (J). pap. 14.95 *(978-1-64462-841-6(4))* Page Publishing Inc.

Dragonquest. Nathaniel Farny. 2020. (ENG.). 77p. (J). *(978-1-716-33424-5(1))* Lulu Pr., Inc.

Dragons. Theresa Jarosz Alberti. 2018. (Illus.). 32p. (J). *(978-1-4896-9838-4(8)*, AV2 by Weigl) Weigl Pubs., Inc.

Dragons. Valerie Bodden. 2020. (Amazing Mysteries Ser.). (ENG.). 24p. (J). (gr. 1-4). *(978-1-64026-217-1(2)*, 18169, Creative Education) Creative Co., The.

Dragons. Matt Doeden. Illus. by Martin Bustamante. 2019. (Mythical Creatures Ser.). (ENG.). 32p. (J). (gr. k-2). lib. bdg. 29.99 *(978-1-5158-4443-3(9)*, 140563, Picture Window Bks.) Capstone.

Dragons. Marty Erickson. 2022. (Legendary Creatures Ser.). (ENG.). 24p. (J). (gr. 2-5). lib. bdg. 32.79 *(978-1-5038-4979-2(1)*, 214828) Child's World, Inc, The.

Dragons. Ashley Gish. (Amazing Mysteries Ser.). (J). 2020. 24p. (gr. 1-3). pap. 9.99 *(978-1-62832-780-9(4)*, 18170); 2019. (ENG.). 32p. (gr. 3-5). pap. 9.99 *(978-1-62832-758-8(8)*, 19233) Creative Co., The. (Creative Paperbacks).

Dragons. Grace Hansen. 2022. (World of Mythical Beings Ser.). (ENG., Illus.). 24p. (J). (gr. -1-2). lib. bdg. 32.79 *(978-1-0982-6188-7(7)*, 39429, Abdo Kids) ABDO Publishing Co.

Dragons. Theresa Jarosz Alberti. 2018. (Mythical Creatures Ser.). (ENG., Illus.). 32p. (J). (gr. 2-3). pap. 9.95 *(978-1-64185-002-5(7)*, 1641850027); lib. bdg. 31.35 *(978-1-63517-900-2(9)*, 1635179009) North Star Editions. (Focus Readers).

Dragons. Virginia Loh-Hagan. 2016. (Magic, Myth, & Mystery Ser.). (ENG., Illus.). 32p. (J). (gr. 4-8). 32.07 *(978-1-63471-113-5(0)*, 208563, 45th Parallel Press) Cherry Lake Publishing.

Dragons. Martha London. 2019. (Mythical Creatures Ser.). (ENG., Illus.). 32p. (J). (gr. 2-5). lib. bdg. 32.79 *(978-1-5321-6574-0(9)*, 33250, DiscoverRoo) Pop!.

Dragons. Lisa Owings. 2020. (Mythical Creatures Ser.). (ENG., Illus.). 24p. (J). (gr. 3-7). lib. bdg. 26.95 *(978-1-64487-273-4(0))* Bellwether Media.

Dragons. Erin Peabody. Illus. by Victor Rivas. 2018. (Behind the Legend Ser.). (ENG.). 128p. (J). (gr. 2-5). pap. 9.99 *(978-1-4998-0571-0(3))* Little Bee Books Inc.

Dragons?! Lila Prap. 2019. (ENG., Illus.). 32p. (J). (gr. 3-7). 16.95 *(978-0-2281-0207-6(3)*, f876694c-c2a5-44d5-b9b9-51e09eb7c593) Firefly Bks., Ltd.

Dragons - Riders of Berk: Tales from Berk, Vol. 2. Simon Furman & Iwan Nazif. 2016. (Dragons: Riders of Berk Ser.: 2). (Illus.). 112p. (J). (gr. 3-7). pap. 12.99 *(978-1-78585-176-6(4))* Titan Bks. Ltd. GBR. Dist: Penguin Random Hse. LLC.

Dragons & Cherry Blossoms (Classic Reprint) Robert C. Morris. 2017. (ENG., Illus.). (J). 29.30 *(978-0-260-64520-3(6))* Forgotten Bks.

Dragons & Demons! Wizards in Combat Coloring Book. Activibooks For Kids. 2016. (ENG., Illus.). (J). pap. 9.20 *(978-1-68321-690-2(3))* Mimaxion.

Dragons & Dragonslayers. Tim Chester. Illus. by Meghan Antkowiak. 2020. (ENG.). 98p. (J). pap. 10.99 *(978-1-947644-23-6(8)*, Canonball Bks.) Canon Pr.

Dragons & Kings. Jackie French Koller. Illus. by Judith Mitchell. 2020. (Dragonling Ser.: 6). (ENG.). 112p. (J). (gr. 2-5). 17.99 *(978-1-5344-0077-1(X))*; pap. 5.99 *(978-1-5344-0076-4(1))* Simon & Schuster Children's Publishing. (Aladdin).

Dragons & Mythical Creatures: A Nonfiction Companion to Magic Tree House Merlin Mission #27: Night of the Ninth Dragon. Mary Pope Osborne & Natalie Pope Boyce. Illus. by Carlo Molinari. 2016. (Magic Tree House (R) Fact Tracker Ser.: 35). 128p. (J). (gr. 2-5). 6.99 *(978-1-101-93636-8(3)*, Random Hse. Bks. for Young Readers) Random Hse. Children's Bks.

Dragons & Treasures (Dungeons & Dragons) A Young Adventurer's Guide. Jim Zub & Official Dungeons & Dragons Licensed. 2022. (Dungeons & Dragons Young Adventurer's Guides). (Illus.). 112p. (J). (gr. 3-7). 12.99

D

(978-1-9848-5880-1(7), Ten Speed Pr.) Potter/Ten Speed/Harmony/Rodale.

Dragons Are Real! Holly Hatam. 2019. (Mythical Creatures Are Real! Ser.). (Illus.). 26p. (J). (— 1). bds. 7.99 *(978-0-525-64875-8(5),* Random Hse. Bks. for Young Readers) Random Hse. Children's Bks.

Dragon's Blood (Classic Reprint) Henry Milner Rideout. (ENG., Illus.). (J). 2018. 290p. 29.88 *(978-0-483-19854-8(4));* 2017. pap. 13.57 *(978-0-243-91562-0(4))* Forgotten Bks.

Dragon's Blood Trees Bleed!, 1 vol. Janey Levy. 2019. (World's Weirdest Plants Ser.). (ENG.). 24p. (gr. 2-3). pap. 9.15 *(978-1-5382-4642-9(2),* 398ba70c-1f9a-47ca-ad6b-f6aad17e6efd) Stevens, Gareth Publishing LLLP.

Dragon's Breath. Dawn Menge. 2023. (ENG.). 30p. (J). pap. 9.99 ***(978-1-960546-08-1(2))*** Rushmore Pr. LLC.

Dragon's Breath: 2018 Edition. Compiled by Ilead Encino. 2018. (ENG., Illus.). 292p. (YA). (gr. 7-12). pap. 49.95 *(978-1-64136-158-3(1))* Primedia eLaunch LLC.

Dragon's Bride & Other Dragon Stories: Band 14/Ruby (Collins Big Cat) Fiona Macdonald. 2017. (Collins Big Cat Tales Ser.). (ENG., Illus.). 48p. (J). (gr. 3-4). pap. 12.99 *(978-0-00-817939-7(5))* HarperCollins Pubs. Ltd. GBR. Dist: Independent Pubs. Group.

Dragon's Bridge. Melissa Burns. 2022. (ENG.). 34p. (J). 16.99 *(978-1-7373291-2-1(3))* Pacific Bks.

Dragons Can Do It! You Can Do It!, 1 vol. Rosie McKee. 2019. (Social & Emotional Learning for the Real World Ser.). (ENG.). 12p. (gr. 1-2). pap. *(978-1-7253-5542-2(6),* 435235b0-f2fa-45eb-8093-4966f0ae5a6d, Rosen Classroom) Rosen Publishing Group, Inc., The.

Dragons Can Sing. Basirat Razaq-Shuaib. Illus. by Lekan Salami. 2021. (Inclusion Starts with Me Ser.: Vol. 2). (ENG.). 26p. (J). pap. *(978-1-80049-253-0(7))* Independent Publishing Network.

Dragons Can't Spell. Susie Heinrichs & Christina Grall. 2019. (Sis&chrys Book Ser.). (ENG.). 48p. (J). *(978-1-5255-5664-7(9));* pap. *(978-1-5255-5665-4(7))* FriesenPress.

Dragon's Castle. Laurent Richard. 2020. (ENG.). 16p. (J). bds. 12.99 *(978-0-7643-6033-6(7),* 24684) Schiffer Publishing, Ltd.

Dragons Coloring Book. Cristie Dozaz. 2020. (ENG.). 54p. (J). pap. 13.00 *(978-1-716-35659-9(8));* pap. 13.00 *(978-1-716-35680-3(6))* Lulu Pr., Inc.

Dragons Coloring Book: A Cute Dragons, Animals & Dinosaurs Coloring Book for Kids Ages 4-8, 9-12 Stress Relief & Relaxation for Teenagers, Tweens, Older Kids, Boys, & Girls. Metta Pub Press. 2021. (Coloring Books for Kids Ser.). (ENG.). 56p. (J). pap. 8.99 *(978-1-7750327-9-3(5))* 90-Minute Bks.

Dragons Coloring Book for Children (6x9 Coloring Book / Activity Book) Sheba Blake. 2020. (ENG.). 42p. (J). pap. 9.99 *(978-1-222-28450-8(2))* Indy Pub.

Dragons Coloring Book for Children (8. 5x8. 5 Coloring Book / Activity Book) Sheba Blake. 2020. (ENG.). 42p. (J). pap. 12.99 *(978-1-222-28766-0(8))* Indy Pub.

Dragons Coloring Book for Children (8x10 Coloring Book / Activity Book) Sheba Blake. 2020. (ENG.). 42p. (J). pap. 14.99 *(978-1-222-28451-5(0))* Indy Pub.

Dragons Coloring Book for Kids: Beautiful Illustrations of Adorable Dragons to Color. Great Gift for All Ages, Boys & Girls, Little Kids, Preschool, Kindergarten & Elementary. Jasmine Taylor. 2021. (ENG.). 45p. (J). pap. ***(978-1-7947-9720-8(3))*** Lulu Pr., Inc.

Dragons Coloring Book for Kids Ages 4 & Up: Cute Coloring & Scissor Skills Activity Book for Kids, Workbook for Preschoolers with Dragons Themed Promoting Creativity. Anastasia Reece. 2021. (ENG.). 65p. (J). pap. *(978-1-291-22161-9(1))* Lulu Pr., Inc.

Dragons Creativity Book. Andrea Pinnington. 2019. (Creativity Ser.). (ENG., Illus.). 84p. (J). (gr. 1-3). pap. 14.95 *(978-1-78312-461-9(X))* Carlton Kids GBR. Dist: Two Rivers Distribution.

Dragon's Curse. Mary Lynne Gibbs. 2019. (ENG.). 258p. (J). pap. 12.00 *(978-0-9988878-8-3(9))* Dragon's Roost Pr.

Dragon's Curse (a Transference Novel) Bethany Wiggins. 2018. (Transference Trilogy Ser.: 2). 336p. (YA). (gr. 7). 17.99 *(978-0-399-55101-7(8),* Crown Books For Young Readers) Random Hse. Children's Bks.

Dragons' Daughter. Sue Hampton. 2017. (ENG., Illus.). (J). (gr. 1-6). pap. *(978-1-910094-46-4(3))* Magic Oxygen.

Dragon's Daughter (Classic Reprint) Clyde C. Westover. 2018. (ENG., Illus.). 184p. (J). 27.71 *(978-0-331-99467-4(4))* Forgotten Bks.

Dragons Defenders of Berk: Ice & Fire. Simon Furman. Illus. by Iwan Nazif & Jack Lawrence. 2016. (FBI Profiler Novel Ser.: 1). 112p. (J). (gr. 1-4). pap. 12.99 *(978-1-78585-678-5(2))* Titan Bks. Ltd. GBR. Dist: Penguin Random Hse. LLC.

Dragons: Defenders of Berk, the Endless Night Vol. 1: Defenders of Berk. Simon Furman. 2016. (FBI Profiler Novel Ser.: 1). (Illus.). 64p. (J). (gr. 3-7). pap. 6.99 *(978-1-78276-214-0(0))* Titan Bks. Ltd. GBR. Dist: Penguin Random Hse. LLC.

Dragon's Descent, 1 vol. Laurice Elehwany Molinari. (Ether Novel Ser.: 3). (ENG.). 384p. (J). 2017. pap. 8.99 *(978-0-310-73563-2(7));* 2016. 16.99 *(978-0-310-73557-1(2))* Zonderkidz.

Dragons, Dragons, Dragons: A Trilogy. Val Edward Simone. 2019. (ENG., Illus.). 120p. (J). pap. 5.99 *(978-1-936210-68-8(1))* Morningside Publishing, LLC.

Dragons Eat Noodles on Tuesdays. Jon Stahl. Illus. by Tadgh Bentley. 2019. (ENG.). 40p. (J). (gr. -1-3). 17.99 *(978-1-338-12551-1(6),* Scholastic Pr.) Scholastic, Inc.

Dragons, Elves, Sprites! Children's Norse Folktales. Baby Professor. 2017. (ENG., Illus.). (J). pap. 7.89 *(978-1-5419-0256-5(4),* Baby Professor (Education Kids)) Speedy Publishing LLC.

Dragon's Eye. Cynthia A. Sears. 2017. (ENG., Illus.). (J). *(978-1-5255-1578-1(0));* pap. *(978-1-5255-1579-8(9))* FriesenPress.

Dragon's Eye (Spirit Animals: Fall of the Beasts, Book 8), Bk. 8. Sarwat Chadda. 2018. (Spirit Animals: Fall of the Beasts Ser.: 8). (ENG., Illus.). 208p. (J). (gr. 3-7). 12.99 *(978-1-338-11671-7(1))* Scholastic, Inc.

Dragons Far & Near: Story Book. Dan Peeler & Charles Rose. Illus. by Dan Peeler. 2017. (Dragons of Romania Ser.). (ENG., Illus.). (J). (gr. k-2). 18.50 *(978-1-946182-98-2(2))* Texas Bk. Pubs. Assn.

Dragon's Fat Cat. Dav Pilkey. ed. 2019. (Acorn Early Readers Ser.). (ENG.). 53p. (J). (gr. k-1). 14.96 *(978-1-64697-086-5(1))* Penworthy Co., LLC, The.

Dragon's Fat Cat: an Acorn Book (Dragon #2) Dav Pilkey. Illus. by Dav Pilkey. 2019. (Dragon Ser.: 2). (ENG., Illus.). 64p. (J). (gr. k-2). pap. 4.99 *(978-1-338-34746-3(2))* Scholastic, Inc.

Dragon's First Taco (from the Creators of Dragons Love Tacos) Adam Rubin. Illus. by Daniel Salmieri. 2023. 18p. (J). (— 1). bds. 8.99 ***(978-0-593-53317-8(8),*** Dial Bks) Penguin Young Readers Group.

Dragon's First Taco Mixed 10c Prepack W/Plush. Adam Rubin. 2023. (J). (— 1). bds. 189.80 ***(978-0-593-72029-5(6),*** Dial Bks) Penguin Young Readers Group.

Dragons from Around the World Coloring Book. Activity Book Zone for Kids. 2016. (ENG., Illus.). (J). pap. 9.20 *(978-1-68376-464-9(1))* Sabeels Publishing.

Dragons from Mars. Deborah Aronson. Illus. by Colin Jack. 2016. (ENG.). 32p. (J). (gr. -1-3). 17.99 *(978-0-06-236850-8(8),* HarperCollins) HarperCollins Pubs.

Dragons from Mars Go to School. Deborah Aronson. Illus. by Colin Jack. 2019. (ENG.). 32p. (J). (gr. -1-3). 17.99 *(978-0-06-236851-5(6),* HarperCollins) HarperCollins Pubs.

Dragon's Game. James Erith. 2018. (Eden Chronicles Ser.: Vol. 4). (ENG., Illus.). (YA). (gr. 7-12). 294p. *(978-1-910134-25-2(2));* 290p. pap. *(978-1-910134-24-5(4))* Jerico Pr.

Dragons Get Colds Too. Rebecca Roan. Illus. by Charles Santoso. 2019. (ENG.). 40p. (J). 17.99 *(978-1-68119-044-0(3),* 900156928, Bloomsbury Children's Bks.) Bloomsbury Publishing USA.

Dragons Go a-Dancing! Chinese New Year Activity Books for Kids Age 5-6. Speedy Kids. 2017. (ENG., Illus.). (J). pap. 8.33 *(978-1-5419-3442-9(3))* Speedy Publishing LLC.

Dragon's Green. Scarlett Thomas. (Worldquake Ser.: 1). (ENG.). (J). (gr. 4-7). 2018. 400p. pap. 8.99 *(978-1-4814-9785-5(5));* 2017. (Illus.). 384p. 18.99 *(978-1-4814-9784-8(7))* Simon & Schuster Bks. For Young Readers. (Simon & Schuster Bks. For Young Readers).

Dragon's Halloween. Dav Pilkey. ed. 2020. (Acorn Early Readers Ser.). (ENG., Illus.). 54p. (J). (gr. k-1). 14.96 *(978-1-64697-459-7(X))* Penworthy Co., LLC, The.

Dragon's Halloween: an Acorn Book (Dragon #4) Dav Pilkey. Illus. by Dav Pilkey. 2020. (Dragon Ser.: 4). (ENG., Illus.). 64p. (J). (gr. k-2). pap. 5.99 *(978-1-338-34748-7(9))* Scholastic, Inc.

Dragon's Halloween: an Acorn Book (Dragon #4) (Library Edition) Dav Pilkey. Illus. by Dav Pilkey. 2020. (Dragon Ser.: 4). (ENG., Illus.). 64p. (J). (gr. k-2). lib. bdg. 23.99 *(978-1-338-34749-4(7))* Scholastic, Inc.

Dragon's Heart. Martin Gallagher. 2019. (ENG.). 214p. (YA). pap. *(978-1-78830-249-4(4))* Olympia Publishers.

Dragon's Heart. Alysha King. (Rose Chronicles Ser.: Vol. 2). (ENG., Illus.). 352p. (YA). (gr. 7-12). 2020. *(978-0-6485003-3-9(0));* 2019. pap. *(978-0-6485003-2-2(2))* Alysha King.

Dragon's Heart: A LaVóndian Fairytale. David Powers King. 2020. (ENG.). 418p. (J). pap. 14.95 *(978-0-9971308-1-2(4))* DPK, Inc.

Dragon's Hometown. Hongyou Dong. Illus. by Hechen Yu. 2019. (ENG.). 32p. (J). 15.95 ***(978-1-4788-6803-3(1))*** Newmark Learning LLC.

Dragons in a Bag, 1. Zetta Elliott. ed. 2020. (Penworthy Picks YA Fiction Ser.). (ENG.). 154p. (J). (gr. 4-5). 18.49 *(978-1-64697-190-9(6))* Penworthy Co., LLC, The.

Dragons in a Bag. Zetta Elliott. Illus. by Geneva Geneva B. 2018. (Dragons in a Bag Ser.: 1). 160p. (J). (gr. 3-7). 16.99 *(978-1-5247-7045-7(0),* Random Hse. Bks. for Young Readers) Random Hse. Children's Bks.

Dragons in a Box: Magical Creatures Collection. Zetta Elliott. Illus. by Geneva Geneva B & Cherise Harris. 2023. (Dragons in a Bag Ser.). 624p. (J). (gr. 3-7). 23.97 *(978-0-593-64887-2(0),* Random Hse. Bks. for Young Readers) Random Hse. Children's Bks.

Dragons in My Dreams. MacKenzie Loof. 2021. (ENG.). 26p. (J). pap. *(978-1-5289-0831-3(7))* Austin Macauley Pubs. Ltd.

Dragons in Peril. Daphne Ashling Purpus. 2023. (Dragonwind Novels Ser.: Vol. 6). (ENG.). 198p. (YA). pap. 9.27 ***(978-1-7326402-5-2(4))*** Purpus Publishing.

Dragons in Snow. Judy Hayman. Illus. by Caroline Wolfe-Murray. 2016. (Dragon Tales Ser.: Vol. 5). (ENG.). 216p. (J). (gr. 1-3). pap. *(978-1-910056-42-4(1))* Practical Inspiration Publishing.

Dragons in Space. Aimee Gordon & Tyson Gordon. 2023. (ENG.). 34p. (J). pap. 17.49 ***(978-1-6628-7615-8(7))*** Salem Author Services.

Dragons, Inc. D. D. McDee. 2022. (ENG.). 178p. (YA). pap. 14.99 *(978-1-948261-67-8(7))* Hugo House Publishers, Ltd.

Dragons Love Taco Tuesday. Orn Wolf. 2023. (ENG.). 32p. (J). pap. 12.99 ***(978-1-0880-9986-5(6))*** Indy Pub.

Dragons Love Tacos 2 Book & Toy Set. Adam Rubin. Illus. by Daniel Salmieri. 2019. (ENG.). 48p. (J). (gr. -1-2). 19.99 *(978-1-9848-1577-4(6),* Dial Bks) Penguin Young Readers Group.

Dragons Love Tacos 2: the Sequel. Adam Rubin. Illus. by Daniel Salmieri. 2017. (ENG.). 48p. (J). (-k). 18.99 *(978-0-525-42888-6(7),* Dial Bks) Penguin Young Readers Group.

Dragons Love Tacos Book & Toy Set. Adam Rubin & Daniel Salmieri. 2016. (ENG., Illus.). 40p. (J). (gr. -1-2). 18.99 *(978-0-7352-2823-8(X),* Dial Bks) Penguin Young Readers Group.

Dragons Love Tacos: the Definitive Collection, 2 vols. Adam Rubin. Illus. by Daniel Salmieri. 2017. 88p. (J). (gr. -1-2). 38.00 *(978-0-7352-3017-0(X),* Dial Bks) Penguin Young Readers Group.

Dragons Make Great Friends. Cassandra Hames. Ed. by Cottage Door Press. Illus. by Forrest Burdett. 2021. (ENG.). 24p. (J). (gr. -1-1). bds. 9.99 *(978-1-64638-294-1(3),* 1007210, Parragon Books) Cottage Door Pr.

Dragon's Mark. Eclipsa Moon. 2020. (ENG.). 164p. (YA). pap. 14.95 *(978-1-0879-3558-4(X))* Indy Pub.

Dragon's Mask: A Cute Children's Story to Teach Kids the Importance of Wearing Masks to Help Prevent the Spread of Germs & Viruses. Steve Herman. 2020. (My Dragon Bks.: Vol. 38). (ENG.). 48p. (J). 18.95 *(978-1-64916-069-0(0));* pap. 12.95 *(978-1-64916-068-3(2))* Digital Golden Solutions LLC.

Dragon's Merry Christmas. Dav Pilkey. ed. 2020. (Acorn Early Readers Ser.). (ENG., Illus.). 54p. (J). (gr. k-1). 14.96 *(978-1-64697-460-3(3))* Penworthy Co., LLC, The.

Dragon's Merry Christmas: an Acorn Book (Dragon #5) Dav Pilkey. Illus. by Dav Pilkey. 2020. (Dragon Ser.: 5). (ENG., Illus.). 64p. (J). (gr. k-2). pap. 4.99 *(978-1-338-34752-4(7))* Scholastic, Inc.

Dragon's Mist. Randy Cruts. 2020. (ENG., Illus.). 138p. (J). (gr. 3-7). pap. *(978-1-913359-68-3(9))* Markosia Enterprises, Ltd.

Dragons Never Die: Redstone Junior High #3. Cara J. Stevens. Illus. by Walker Melby. 2018. (Redstone Junior High Ser.: 3). 192p. (J). (gr. 3-7). pap. 11.99 *(978-1-5107-3797-6(9),* Sky Pony Pr.) Skyhorse Publishing Co., Inc.

Dragons of Arrebeliza. Jenni B. 2022. (ENG.). 40p. (J). 19.99 ***(978-1-0879-7288-6(4))*** Indy Pub.

Dragons of Chinese Mythology. Samantha S. Bell. 2022. (Chinese Mythology Ser.). (ENG., Illus.). 32p. (J). (gr. 2-5). lib. bdg. 34.21 *(978-1-5321-9993-6(7),* 40855, Kids Core) ABDO Publishing Co.

Dragons of Darmoore. Michaela Foley. 2018. (ENG.). 112p. (J). pap. ***(978-0-359-07653-6(X))*** Lulu Pr., Inc.

Dragons of Dorcastle. Jack Campbell. 2019. (Pillars of Reality Ser.). (ENG., Illus.). 336p. (YA). pap. 15.99 *(978-1-62567-421-0(X))* Jabberwocky Literary Agency, Inc.

Dragons of Krad. Jackie French Koller. Illus. by Judith Mitchell. 2019. (Dragonling Ser.: 4). (ENG.). 128p. (J). (gr. 2-5). 16.99 *(978-1-5344-0071-9(0));* pap. 6.99 *(978-1-5344-0070-2(2))* Simon & Schuster Children's Publishing. (Aladdin).

Dragons of Middle Earth Coloring Book. Jupiter Kids. 2017. (ENG., Illus.). (J). pap. 9.20 *(978-1-68326-992-2(6),* Jupiter Kids (Childrens & Kids Fiction)) Speedy Publishing LLC.

Dragons of Norse Mythology. Contrib. by Amy C. Rea. 2023. (Norse Mythology Ser.). (ENG.). 32p. (J). (gr. 2-5). lib. bdg. 34.21 ***(978-1-0982-9116-7(6),*** 42044, Kids Core) ABDO Publishing Co.

Dragons of the Castle Coloring Book: For Kids Ages 4 Years Old & Up. Beatrice Harrison. 2019. (ENG.). 34p. (J). pap. 4.99 *(978-1-7947-7926-6(4))* Lulu Pr., Inc.

Dragons of the Far East Coloring Book. Kreative Kids. 2016. (ENG., Illus.). (J). pap. 9.20 *(978-1-68377-407-5(8))* Whike, Traudl.

Dragons of the Game of Thrones Coloring Book. Activity Book Zone. 2016. (ENG., Illus.). (J). pap. 9.20 *(978-1-68376-284-3(3))* Sabeels Publishing.

Dragons of the Land & Sea Coloring Book. Activity Book Zone for Kids. 2016. (ENG., Illus.). (J). pap. 9.20 *(978-1-68376-465-6(X))* Sabeels Publishing.

Dragons of the Past. Lorna J. Carleton. 2022. (ENG.). 438p. (YA). pap. *(978-1-7775448-0-5(7))* Go Free Directory.

Dragons of Wonder: the Big Change. Reena Stevens. 2022. (ENG.). 448p. (J). pap. 16.95 *(978-1-64543-138-1(X))* Amplify Publishing Group.

Dragons on the Inside (and Other Big Feelings) Valerie Coulman. Illus. by Alexandra Colombo. 2022. (ENG.). 32p. (J). (gr. -1-3). 16.99 *(978-1-63198-540-9(X),* 85409) Free Spirit Publishing Inc.

Dragon's Promise. Elizabeth Lim. (Six Crimson Cranes Ser.: 2). (ENG.). (YA). (gr. 7). 2023. 512p. pap. 12.99 *(978-0-593-30098-5(X),* Ember); 2022. (Illus.). 496p. lib. bdg. 22.99 *(978-0-593-30096-1(3),* Knopf Bks. for Young Readers); 2022. (Illus.). 496p. 19.99 *(978-0-593-30095-4(5),* Knopf Bks. for Young Readers) Random Hse. Children's Bks.

Dragon's Quests. Brian Williams. 2018. (ENG., Illus.). 266p. (gr. 1-6). pap. 12.99 *(978-1-78719-704-6(2))* New Generation Publishing GBR. Dist: Independent Pubs. Group.

Dragon's Return. Stuart Moore et al. 2016. *(978-1-4847-7415-1(9))* Disney Publishing Worldwide.

Dragon's Return. Stan Lee. ed. 2017. (Zodiac Legacy Ser.: 2). (J). lib. bdg. 20.85 *(978-0-606-39500-7(8))* Turtleback.

Dragons Riders of Berk - Volume 1: Dragons down & Dangers of the Deep, Vol. 1. Simon Furman. 2016. (Dragons: Riders of Berk Ser.: 1). (Illus.). 64p. (J). (gr. 3-7). pap. 12.99 *(978-1-78276-696-4(0))* Titan Bks. Ltd. GBR. Dist: Penguin Random Hse. LLC.

Dragons Riders of Berk: Myths & Mysteries. Simon Furman. Illus. by Iwan Nasif. 2016. (Dragons: Riders of Berk Ser.: 3). (ENG.). 112p. (J). (gr. 1-4). pap. 12.99 *(978-1-78585-177-3(2))* Titan Bks. Ltd. GBR. Dist: Penguin Random Hse. LLC.

Dragons Rule, Princesses Drool! Courtney Pippin-Mathur. Illus. by Courtney Pippin-Mathur. 2017. (ENG., Illus.). 40p. (J). (gr. -1-3). 17.99 *(978-1-4814-6138-2(9),* Little Simon) Little Simon.

Dragons, Slime & Soggy Socks: Cool Poems to Inspire Positivity, Laughter & Discussion. A. F. B. Griffey. Illus. by R. W B. 2019. (ENG.). 34p. (J). (gr. k-4). pap. *(978-0-9935564-4-9(2))* Louannvee Publishing.

Dragon's Song. Binh Pham & R. M. Clark. 2023. (ENG.). 248p. (J). pap. 17.99 ***(978-1-63984-397-8(3))*** Pen It Pubns.

Dragons Sticker Book. Fiona Watt. 2023. (Sticker Bks.). (ENG.). (J). pap. 9.99 ***(978-1-80507-039-9(8))*** Usborne Publishing, Ltd. GBR. Dist: HarperCollins Pubs.

Dragon's Tail. Geri Schmalle- Scharber. 2018. (ENG., Illus.). 28p. (J). pap. 13.95 *(978-1-64298-824-6(3))* Page Publishing Inc.

Dragon's Tale, 6. Nancy Krulik. ed. 2020. (Princess Pulverizer Ser.). (ENG.). 140p. (J). (gr. 2-3). 17.49 *(978-1-64697-033-9(0))* Penworthy Co., LLC, The.

Dragon's Tale: Friendship & Adventure. Joseph Penton. 2023. (ENG.). 20p. (J). pap. ***(978-1-68583-652-8(6))*** Tablo Publishing.

Dragon's Tale #6. Nancy Krulik. Illus. by Justin Rodrigues. 2019. (Princess Pulverizer Ser.: 6). 144p. (J). (gr. 1-3). 6.99 *(978-1-5247-9153-7(9));* 15.99 *(978-1-5247-9154-4(7))* Penguin Young Readers Group. (Penguin Workshop).

Dragon's Tears. Joan M. Miller. 2022. (Jessica's Quest Ser.). (ENG.). 198p. (J). ***(978-1-0391-5423-0(9));*** pap. ***(978-1-0391-5422-3(0))*** FriesenPress.

Dragon's Teeth. Ian Napier. 2019. (ENG.). 296p. (J). (gr. 2-6). pap. *(978-1-78465-553-2(8))* Vanguard Pr.

Dragons Teeth, Vol. 1 of 2 (Classic Reprint) James Pycroft. 2018. (ENG., Illus.). (J). 31.24 *(978-0-260-46455-2(4))* Forgotten Bks.

Dragons Teeth, Vol. 2 of 2 (Classic Reprint) James Pycroft. 2017. (ENG., Illus.). (J). 31.12 *(978-0-266-84783-0(8))* Forgotten Bks.

Dragon's Truth. Leanne M. Pankuch. 2019. (ENG., Illus.). 220p. (YA). (gr. 7-12). pap. 15.99 *(978-1-7327112-3-5(2))* Vinspire Publishing LLC.

Dragons vs. Griffins. Virginia Loh-Hagan. 2020. (Battle Royale: Lethal Warriors Ser.). (ENG., Illus.). 32p. (J). (gr. 4-8). pap. 14.21 *(978-1-5341-6163-4(5),* 214652); lib. bdg. 32.07 *(978-1-5341-5933-4(9),* 214651) Cherry Lake Publishing. (45th Parallel Press).

Dragons vs. Unicorns. Kate Biberdorf. 2020. (Kate the Chemist Ser.). (ENG., Illus.). 144p. (J). (gr. 3-7). 12.99 *(978-0-593-11655-5(0),* Philomel Bks.) Penguin Young Readers Group.

Dragons Walk among Us. Dan Rice. 2021. (Allison Lee Chronicles Ser.). (ENG.). 366p. (YA). pap. 18.99 *(978-1-5092-3655-8(4))* Wild Rose Pr., Inc., The.

Dragon's Winter. Kandi J. Wyatt. 2020. (ENG.). 178p. (J). pap. 12.95 *(978-1-393-84815-8(X))* Draft2Digital.

Dragonsitter in the Land of the Dragons. Josh Lacey. 2019. (Dragonsitter Ser.: 10). (ENG., Illus.). 80p. (J). (gr. 2-4). 8.99 *(978-1-78344-800-5(8))* Penguin Random Hse. AUS. Dist: Independent Pubs. Group.

Dragonsitter: Trick or Treat? Josh Lacey. Illus. by Garry Parsons. 2017. (Dragonsitter Ser.). (ENG.). 80p. (J). (gr. 1-5). 15.99 *(978-0-316-55582-1(7));* pap. 8.99 *(978-0-316-55584-5(3))* Little, Brown Bks. for Young Readers.

Dragonsitter's Island. Josh Lacey. Illus. by Garry Parsons. 2016. (Dragonsitter Ser.: 4). (ENG.). 96p. (J). (gr. 1-5). pap. 8.99 *(978-0-316-29908-4(1))* Little, Brown Bks. for Young Readers.

Dragonsitter's Surprise. Josh Lacey. Illus. by Garry Parsons. 2019. (Dragonsitter Ser.: 9). (ENG.). 80p. (J). (gr. 2-4). 8.99 *(978-1-78344-623-0(4))* Penguin Random Hse. AUS. Dist: Independent Pubs. Group.

Dragonslayer (Wings of Fire: Legends) Tui T. Sutherland. (Wings of Fire Ser.). (ENG.). 512p. (J). (gr. 3-7). 2021. pap. 9.99 *(978-1-338-21461-1(6));* 2020. (Illus.). 17.99 *(978-1-338-21460-4(8),* Scholastic Pr.) Scholastic, Inc.

Dragonslaying Maiden. Daniel Pertierra. 2017. (ENG., Illus.). 224p. (YA). (gr. 7-12). pap. 18.95 *(978-1-61296-825-4(2))* Black Rose Writing.

Dragonsoul. Kayl Karadjian. 2016. (Dragonsoul Ser.: Vol. 1). (ENG., Illus.). (YA). pap. 14.99 *(978-0-692-79862-1(5))* Karadjian, Kayl.

Dragonstar Chronicles: Sofi's Diary. Jonathan Bowser. 2020. (ENG., Illus.). 46p. (YA). pap. *(978-1-913359-74-4(3))* Markosia Enterprises, Ltd.

Dragonstar Chronicles 2: President's Memoir: President's Memoir. Jonathan Bowser. 2022. (ENG.). 50p. (YA). pap. ***(978-1-915387-31-8(0))*** Markosia Enterprises, Ltd.

Dragonstone Journal. Beth Kemey & Beth Pestell. 2016. (ENG.). 165p. (J). pap. 10.95 *(978-1-78554-787-4(9),* ea4e7e36-d1eb-44d4-9977-556e65ee65f2) Austin Macauley Pubs. Ltd. GBR. Dist: Baker & Taylor Publisher Services (BTPS).

DragonSword. Raina Nightingale. 2020. (Return of the Dragonriders Ser.: Vol. 3). (ENG.). 240p. (YA). (gr. 7-12). pap. 9.99 *(978-1-952176-05-0(0))* Raina Nightingale.

Dragonville: A Little Tale about Dragons. Niki Verzuh Smith. 2021. (ENG.). 32p. (J). *(978-1-5255-3665-6(6));* pap. *(978-1-5255-3666-3(4))* FriesenPress.

Dragonwatch. Brandon Mull. 2017. (Dragonwatch Ser.: 1). (ENG., Illus.). 384p. (J). (gr. 3). 18.99 *(978-1-62972-256-6(1),* 5158440, Shadow Mountain) Shadow Mountain Publishing.

Dragonwatch. Brandon Mull. ed. 2018. (Dragonwatch Ser.: 1). lib. bdg. 19.65 *(978-0-606-40838-7(X))* Turtleback.

Dragonwatch: A Fablehaven Adventure. Brandon Mull. Illus. by Brandon Dorman. 2018. (Dragonwatch Ser.: 1). (ENG.). 384p. (J). (gr. 3-8). pap. 9.99 *(978-1-4814-8502-9(4),* Aladdin) Simon & Schuster Children's Publishing.

Dragonwatch Complete Boxed Set: Dragonwatch; Wrath of the Dragon King; Master of the Phantom Isle; Champions of the Titan Games; Return of the Dragon Slayers. Brandon Mull. 2021. (Dragonwatch Ser.). (ENG.). 2448p. (J). (gr. 3-6). 99.99 *(978-1-62972-936-7(1),* 5252623, Shadow Mountain) Deseret Bk. Co.

Dragonwatch Complete Collection (Boxed Set) (Fablehaven Adventures) Dragonwatch; Wrath of the Dragon King; Master of the Phantom Isle; Champion of the Titan Games; Return of the Dragon Slayers. Brandon Mull. ed. 2022. (Dragonwatch Ser.). (ENG.). 2496p. (J). (gr. 3-8). pap. 49.99 *(978-1-6659-2198-5(6),* Aladdin) Simon & Schuster Children's Publishing.

DragonWing. Raina Nightingale. 2020. (Return of the Dragonriders Ser.: Vol. 2). (ENG.). 238p. (YA). (gr. 7-12). pap. 9.99 *(978-1-952176-01-2(8))* Raina Nightingale.

Dragonwings Novel Units Teacher Guide. Novel Units. 2019. (ENG.). (YA). pap. 12.99 *(978-1-56137-073-3(8),* Novel Units, Inc.) Classroom Library Co.

Dragor's Fire. Ken Johnson & Bruce Kilby. 2021. (ENG.). 358p. (J). pap. *(978-0-9920742-8-9(2))* Fireside Stories Publishing.

Dragowyn: Breaking Free from the Kingdom Zoo. Mavis Sybil. 2021. (ENG.). 66p. (J). pap. 9.99 *(978-1-0879-7165-0(9))* Indy Pub.

Dragster Mania see Fiebre Por los Drágsters

Dragster Mania, 1 vol. Craig Stevens. 2022. (Insane Speed Ser.). (ENG.). 24p. (J). (gr. k-2). lib. bdg. *(978-0-0396-4483-0(X),* 16271); (Illus.). pap. *(978-1-0396-4674-2(3),* 17213) Crabtree Publishing Co. (Crabtree Seedlings).

Dragsters. Thomas K. Adamson. 2019. (Full Throttle Ser.). (ENG., Illus.). 24p. (J). (gr. 3-7). lib. bdg. 26.95 *(978-1-62617-931-8(X)*, Epic Bks.) Bellwether Media.

Dragsters. Ashley Gish. 2020. (Amazing Machines: Racing Cars Ser.). (ENG., Illus.). 24p. (J). (gr. 1-3). pap. 9.99 *(978-1-62832-818-9(5)*, 18461, Creative Paperbacks) Creative Co., The.

Dragsters. Wendy Hinote Lanier. 2017. (Let's Roll Ser.). (ENG., Illus.). 32p. (J). (gr. 2-3). pap. 9.95 *(978-1-63517-104-4(0)*, 1635171040); lib. bdg. 31.35 *(978-1-63517-048-1(6)*, 1635170486) North Star Editions. (Focus Readers).

Dragsters. Martha London. 2019. (Start Your Engines! Ser.). (ENG., Illus.). 32p. (J). (gr. 3-3). pap. 9.95 *(978-1-64494-212-3(7)*, 1644942127) Bigfoot Bks. GBR. Dist: North Star Editions.

Dragsters Funny Car. Deanna Caswell. 2017. (Passion Mécanique Ser.). (FRE.). 32p. (J). (gr. 4-6). *(978-1-77092-414-7(0)*, 10608, Bolt) Black Rabbit Bks.

Dragsters Funny Cars. Deanna Caswell. 2018. (SPA.). (J). lib. bdg. *(978-1-68072-574-2(2))* Black Rabbit Bks.

Dragsters Top Fuel. Deanna Caswell. 2017. (Passion Mécanique Ser.). (FRE.). 32p. (J). (gr. 4-6). *(978-1-77092-418-5(3)*, 10612, Bolt) Black Rabbit Bks.

Dragsters Top Fuel. Deanna Caswell. 2017. (Pasión Por Los Motores Ser.). (SPA.). 32p. (J). (gr. 4-6). lib. bdg. *(978-1-68072-578-0(5)*, 10581, Bolt) Black Rabbit Bks.

Drake. Katie Lajiness. 2017. (Big Buddy Pop Biographies Set 2 Ser.). (ENG., Illus.). 32p. (J). (gr. 2-5). lib. bdg. 34.21 *(978-1-5321-1060-3(X)*, 25696, Big Buddy Bks.) ABDO Publishing Co.

Drake. Bradley Steffens. 2020. (ENG.). 64p. (YA). (gr. 6-12). 41.27 *(978-1-68282-771-0(2))* ReferencePoint Pr., Inc.

Drake, Vol. 11. Chris Snellgrove. 2018. (Hip-Hop & R & B: Culture, Music & Storytelling Ser.). (Illus.). 80p. (J). (gr. 7). lib. bdg. 33.27 *(978-1-4222-4180-6(7))* Mason Crest.

Drake: Acting & Rapping to the Top, 1 vol. Barbara Gottfried. 2019. (Hip-Hop Revolution Ser.). (ENG.). 32p. (gr. 5-5). pap. 11.53 *(978-1-9785-1010-4(1)*, c74c6488-1426-4a06-91a8-d074052f957b) Enslow Publishing, LLC.

Drake: Actor & Rapper, 1 vol. Hannah Isbell. 2017. (Junior Biographies Ser.). (ENG.). 24p. (gr. 3-4). pap. 10.35 *(978-0-7660-8789-7(1)*, f6e3ba55-e187-4cb7-8fc0-79efcb3fd914); lib. bdg. 24.27 *(978-0-7660-8668-5(2)*, 06a9fcd1-81c6-4829-afd6-9fdedd640c63) Enslow Publishing, LLC.

Drake: Hip-Hop Superstar. Contrib. by Alexis Burling. 2017. (Hip-Hop Artists Ser.). (ENG., Illus.). 112p. (J). (gr. 6-12). lib. bdg. 41.36 *(978-1-5321-1327-7(7)*, 27535, Essential Library) ABDO Publishing Co.

Drake: Rapper & Actor, 1 vol. Barbara Gottfried. 2019. (Stars of Hip-Hop Ser.). (ENG.). 32p. (gr. 2-2). 26.93 *(978-1-9785-0957-3(X)*, cf188fca-45e8-4d04-8ece-92947152336f) Enslow Publishing, LLC.

Drake & Daphne Make a Discovery. Illus. by Faythe Payol. 2020. (ENG.). 34p. (J). 21.99 *(978-1-952894-96-1(4))* Pen It Pubns.

Drake & Daphne Make a Discovery. Renee Vajko Srch. Illus. by Faythe Payol. 2021. (ENG.). 34p. (J). pap. 13.99 *(978-1-954868-11-3(1))* Pen It Pubns.

Drake & His Magical Drawings. Robert Irish. 2021. (ENG.). 133p. (J). pap. *(978-1-257-11214-2(7))* Lulu Pr., Inc.

Drake & His Magical Drawings: Dark Powers. Robert Irish. 2023. (ENG.). 214p. (J). pap. ***(978-1-329-09335-5(6))*** Lulu Pr., Inc.

Drake by George (Classic Reprint) John Trevena. 2018. (ENG., Illus.). 386p. (J). 31.86 *(978-0-332-94953-6(2))* Forgotten Bks.

Drake the Dragon. K. L. White-Hartman. 2019. (Drake & Friends Ser.: Vol. 1). (ENG.). 30p. (J). pap. 12.95 *(978-1-64492-549-2(4))* Christian Faith Publishing.

Drake the Super-Excited, Overeager, in-Your-Face Snake: A Book about Consent. Michaele Razi. 2023. 40p. (J). (gr. -1-3). 17.99 ***(978-1-63217-353-9(0)***, Little Bigfoot) Sasquatch Bks.

Drake Thomas. Tyler Svec & Jordan Svec. 2020. (ENG.). 404p. (YA). *(978-1-716-54253-4(7))* Lulu Pr., Inc.

Drakestone (Classic Reprint) Oliver Onions. 2017. (ENG., Illus.). (J). 30.95 *(978-0-266-61438-8(8))* Forgotten Bks.

Drako & Rawr. William Embry II. 2017. (ENG., Illus.). (J). pap. 32.50 *(978-0-578-12149-9(2))* Dreams of Dragons.

Drako, le Bebe Dragon. Christine Gschwind. 2016. (FRE., Illus.). (J). pap. *(978-2-9556805-3-7(2))* Christine, Gschwind.

Drama. Rebecca Kraft Rector. 2016. (Essential Literary Genres Ser.). (ENG., Illus.). 112p. (J). (gr. 6-12). lib. bdg. 41.36 *(978-1-68078-378-0(5)*, 23521, Essential Library) ABDO Publishing Co.

Drama. Raina Telgemeier. Illus. by Raina Telgemeier. 2021. (ENG.). 240p. (J). lib. bdg. 24.50 *(978-1-6636-3274-6(X))* Perfection Learning Corp.

Drama. Orli Zuravicky. 2017. 181p. (J). *(978-1-338-19299-5(X))* Scholastic, Inc.

Drama en la Secundaria. Jane B. Mason. Tr. by Aparicio Publishing LLC. Illus. by Sumin Cho. 2020. (Drama en la Secundaria Ser.).Tr. of Junior High Drama. (SPA.). 64p. (J). (gr. 3-6). pap., pap., pap. 27.80 *(978-1-4965-9337-5(5)*, 30086, Stone Arch Bks.) Capstone.

Drama en la Secundaria. Louise Simonson. Illus. by Sumin Cho. 2020. (Drama en la Secundaria Ser.).Tr. of Junior High Drama. (SPA.). 64p. (J). (gr. 3-6). 106.60 *(978-1-4965-9185-2(2)*, 29929, Stone Arch Bks.) Capstone.

Drama in Dutch (Classic Reprint) Z. Z. 2018. (ENG., Illus.). 286p. (J). 29.80 *(978-0-483-08745-3(9))* Forgotten Bks.

Drama in Pokerville: The Bench & Bar of Jurytown, & Other Stories (Classic Reprint) Everpoint Everpoint. 2018. (ENG., Illus.). 232p. (J). 28.68 *(978-0-483-68391-7(X))* Forgotten Bks.

Drama in Sunshine: A Novel (Classic Reprint) Horace Annesley Vachell. (ENG., Illus.). (J). 2018. 354p. 31.22 *(978-0-483-86332-3(7))*; 2017. pap. 13.57 *(978-0-243-19662-3(8))* Forgotten Bks.

Drama Need No Llama: 5 Good Things a Day for Happiness 365 Days a Year. Daily Gratitude Journal for Kids to Write in. (Llama Custom Diary) Janice Walker. 2018. (ENG.). 100p. (J). pap. *(978-1-911492-86-3(1))* Rose, Erin Publishing.

Drama Noodle. Jessica Lee Anderson. Illus. by Alejandra Barajas. 2023. (Naomi Nash Ser.). (ENG.). 112p. (J). 25.99 *(978-1-6663-4944-3(5)*, 238973); pap. 7.99 *(978-1-6663-4948-1(8)*, 238957) Capstone. (Picture Window Bks.).

Drama Nuevo: Drama en Tres Actos. Manuel Tamayo y Baus. 2017. (SPA., Illus.). (J). 21.95 *(978-1-374-92590-8(X))*; pap. 10.95 *(978-1-374-92589-2(6))* Capital Communications, Inc.

Drama of African-American History, 5 bks., Set. Incl. Africa: A Look Back. James Haskins & Kathleen Benson Haskins. (J). lib. bdg. 38.36 *(978-0-7614-2148-1(3)*, 1c1cd1b9-2063-462a-943d-5d55457363e9); Civil War. Anne Devereaux Jordan & Virginia Schomp. lib. bdg. 38.36 *(978-0-7614-2179-5(3)*, 146ebe8a-4308-4cb1-abfc-dedf6c7f07df); Reconstruction Era. Bettye Stroud & Virginia Schomp. lib. bdg. 38.36 *(978-0-7614-2181-8(5)*, 563d4ded-5401-44f3-8d44-514783079efe); Slave Trade & the Middle Passage. S. Pearl Sharp & Virginia Schomp. lib. bdg. 38.36 *(978-0-7614-2176-4(9)*, 54b03cf0-3993-459b-8d39-1da98298bb58); Slavery & Resistance. Anne Devereaux Jordan & Virginia Schomp. (J). lib. bdg. 38.36 *(978-0-7614-2178-8(5)*, 4fb9f4af-0981-4ebf-ae63-bf2b8438c5bc); (Illus.). 80p. (gr. 6-6). 2007. lib. bdg. *(978-0-7614-2174-0(2)*, Cavendish Square) Cavendish Square Publishing LLC.

Drama of the Forests Romance & Adventure (Classic Reprint) Arthur Henry Howard Heming. 2017. (ENG., Illus.). 366p. (J). 31.45 *(978-0-332-05222-9(2))* Forgotten Bks.

Drama Queen. Monica Brown. ed. 2016. (Lola Levine Ser.: 2). (J). lib. bdg. 16.00 *(978-0-606-38329-5(8))* Turtleback.

Drama Queen: EJ12 Girl Hero. Susannah McFarlane. 2017. (Illus.). 128p. (J). pap. 5.99 *(978-1-61067-509-3(6))* Kane Miller.

Drama (Spanish Edition) Raina Telgemeier. Illus. by Raina Telgemeier. 2018. (SPA., Illus.). 240p. (J). (gr. 4-7). pap. 12.99 *(978-1-338-26916-1(X)*, Scholastic en Espanol) Scholastic, Inc.

Drama with Doomsdays. Scott Reintgen. 2023. (Celia Cleary Ser.: 2). (ENG.). 368p. (J). (gr. 5-9). 17.99 ***(978-1-6659-0360-8(0)***, Aladdin) Simon & Schuster Children's Publishing.

Dramacon. Illus. by Svetlana Chmakova. 2020. (Dramacon Ser.). (ENG.). 624p. (gr. 8-1). pap. 24.99 *(978-1-4278-6406-2(3)*, 0de8be6d-73aa-4c4c-ac6f-f23d049643eb, TOKYOPOP Manga) TOKYOPOP, Inc.

Dramacon Manga Volume 1. Illus. by Svetlana Chmakova. 2020. (Dramacon Manga Ser.: 1). (ENG.). 192p. (gr. 7). pap. 9.99 *(978-1-59816-129-8(6)*, 383af851-c457-46c0-b414-773e1664c142, TOKYOPOP Manga) TOKYOPOP, Inc.

Dramas. Nicholas Patrick Wiseman. 2017. (ENG.). 188p. (J). pap. *(978-3-337-34204-3(3))* Creation Pubs.

Dramas: The Witch of Rosenburg; the Hidden Gem (Classic Reprint) H. E. Cardinal Wiseman. 2018. (ENG., Illus.). 182p. (J). 27.67 *(978-0-483-86637-9(7))* Forgotten Bks.

Dramas: The Witch of Rosenburg; the Hidden Gem (Classic Reprint) Nicholas Patrick Wiseman. (ENG., Illus.). (J). 2018. 182p. 27.65 *(978-0-332-80880-2(7))*; 2016. pap. 10.57 *(978-1-334-57452-8(9))* Forgotten Bks.

Dramas & Historic Legends: Illustrated; Elaborated from the Startling Events of the New England Wars of an Hundred Years Tragic, Comical, Progressive, & Divine (Classic Reprint) Robert Boodey Caverly. 2018. (ENG., Illus.). 406p. (J). 32.27 *(978-0-332-82853-4(0))* Forgotten Bks.

Dramatic Dialogues: For the Use of Young Persons (Classic Reprint) Elizabeth Sibthorpe Pinchard. 2018. (ENG., Illus.). 214p. (J). 28.31 *(978-0-483-47862-6(8))* Forgotten Bks.

Dramatic Disappearance: A Boxcar Children Book. Stacia Deutsch. 2023. (Jessie Files Ser.: 3). (ENG.). 192p. (J). (gr. 3-7). 17.99 *(978-0-8075-3792-3(6)*, 0807537926, Random Hse. Bks. for Young Readers) Random Hse. Children's Bks.

Dramatic Discoveries. Angie Smibert. 2018. (Unbelievable Ser.). (ENG., Illus.). 32p. (J). (gr. 3-6). 32.80 *(978-1-63235-419-8(5)*, 13767, 12-Story Library) Bookstaves, LLC.

Dramatic Festival: A Consideration of the Lyrical Method As a Factor in Preparatory Education (Classic Reprint) Anne A. T. Craig. 2017. (ENG., Illus.). (J). 32.08 *(978-1-5281-6407-8(5))* Forgotten Bks.

Dramatic First Reader. Ellen M. Cyr. 2017. (ENG., Illus.). (J). pap. *(978-0-649-43637-8(7))* Trieste Publishing Pty Ltd.

Dramatic First Reader (Classic Reprint) Ellen M. Cyr. (ENG., Illus.). (J). 2018. 114p. 26.25 *(978-0-364-65718-8(9))*; 2016. pap. 9.57 *(978-1-334-37381-7(7))* Forgotten Bks.

Dramatic History of Master Edward, Miss. Ann, & Others, the Extraordinaries of These Times: Collected from Zaphaniel's Original Papers (Classic Reprint) George Alexander Stevens. (ENG., Illus.). (J). 2018. 226p. 28.56 *(978-0-332-15470-1(X))*; 2017. pap. 10.97 *(978-0-243-25551-1(9))* Forgotten Bks.

Dramatic History of the Negro (Classic Reprint) B. Sampson. 2018. (ENG., Illus.). 30p. (J). 24.52 *(978-0-267-18562-7(6))* Forgotten Bks.

Dramatic Letters: A Titular Novelty (Classic Reprint) H. T. Hall. (ENG., Illus.). (J). 2018. 36p. 24.64 *(978-0-656-27164-1(7))*; 2017. pap. 7.97 *(978-0-259-77670-3(X))* Forgotten Bks.

Dramatic Life of Azaleah Lane. Nikki Shannon Smith. Illus. by Gloria Felix. 2020. (Azaleah Lane Ser.). (ENG.). 112p. (J). (gr. k-2). 14.95 *(978-1-5158-4465-5(X)*, 186484, Picture Window Bks.) Capstone.

Dramatic Method of Teaching (Classic Reprint) Harriet Finlay-Johnson. 2017. (ENG., Illus.). (J). 28.35 *(978-0-266-78243-8(4))* Forgotten Bks.

Dramatic Reader: For Grammar Grades (Classic Reprint) Marietta Knight. 2018. (ENG., Illus.). 276p. (J). 29.59 *(978-0-666-62672-1(3))* Forgotten Bks.

Dramatic Reader: For Lower Grades (Classic Reprint) Florence Holbrook. 2018. (ENG., Illus.). 198p. (J). 27.98 *(978-0-267-49177-3(8))* Forgotten Bks.

Dramatic Reader for Seventh & Eighth Years (Classic Reprint) Pearl Beaudry Wood. 2018. (ENG., Illus.). 356p. (J). 31.24 *(978-0-656-13731-2(2))* Forgotten Bks.

Dramatic Reader, Vol. 1: Book I (Classic Reprint) A. R. Headland. 2018. (ENG., Illus.). 116p. (J). 26.29 *(978-0-484-89556-9(7))* Forgotten Bks.

Dramatic Readings: For Schools; a Practice Book in Dramatics (Classic Reprint) Marion Florence Lansing. 2018. (ENG., Illus.). 260p. (J). 29.26 *(978-0-483-34921-6(6))* Forgotten Bks.

Dramatic Scenes from Real Life, Vol. 1 of 2 (Classic Reprint) Sydney Morgan. 2017. (ENG., Illus.). (J). 29.80 *(978-0-265-21898-3(5))* Forgotten Bks.

Dramatic Stories for Home & School Entertainment (Classic Reprint) Lavinia Howe Phelps. (ENG., Illus.). (J). 2018. 262p. 29.30 *(978-0-428-36469-4(1))*; 2017. pap. 11.97 *(978-0-243-40239-7(2))* Forgotten Bks.

Dramatic Stories for Reading & Acting (Classic Reprint) Ada M. Skinner. 2018. (ENG., Illus.). 228p. (J). 28.60 *(978-0-483-76515-3(5))* Forgotten Bks.

Dramatic Stories, Vol. 2 Of 3: Godwin & Goda (Classic Reprint) Thomas Arnold. (ENG., Illus.). (J). 2018. 328p. 30.68 *(978-0-484-44308-1(9))*; 2017. pap. 13.57 *(978-0-243-07618-5(5))* Forgotten Bks.

Dramatic Stories, Vol. 3 of 3 (Classic Reprint) Thomas Arnold. (ENG., Illus.). (J). 2018. 304p. 30.17 *(978-0-484-72726-6(5))*; 2017. pap. 13.57 *(978-0-243-07872-1(2))* Forgotten Bks.

Dramatic Works of Gerhart Hauptmann, Vol. 1: Authorised Edition, Edited by Ludwig Lewisohn; Social Dramas (Classic Reprint) Gerhart Hauptmann. (ENG., Illus.). (J). 2017. 38.19 *(978-0-266-46031-2(3))*; 2016. pap. 20.57 *(978-1-334-14528-5(8))* Forgotten Bks.

Dramatic Works of Gerhart Hauptmann, Vol. 2: Social Dramas (Classic Reprint) Gerhart Hauptmann. (ENG., Illus.). (J). 2017. 35.08 *(978-0-266-41348-6(X))*; 2016. pap. 19.57 *(978-1-333-58178-7(5))* Forgotten Bks.

Dramatic Works of Gerhart Hauptmann, Vol. 6: Later Dramas in Prose (Classic Reprint) Gerhart Hauptmann. 2017. (ENG., Illus.). (J). 32.83 *(978-0-266-74095-7(2))*; pap. 16.57 *(978-1-5277-0719-1(9))* Forgotten Bks.

Dramatic Works of Gerhart Hauptmann, Vol. 6 (Classic Reprint) Gerhart Hauptmann. 2018. (ENG., Illus.). 434p. (J). 32.87 *(978-0-267-95098-0(5))* Forgotten Bks.

Dramatic Works of Gerhart Hauptmann; Volume I. Gerhart Hauptmann. 2017. (ENG., Illus.). (J). 30.95 *(978-1-374-88918-7(0))* Capital Communications, Inc.

Dramatic Works of Gerhart Hauptmann; Volume II. Gerhart Hauptmann. 2017. (ENG., Illus.). (J). 28.95 *(978-1-375-01163-1(4))*; pap. 18.95 *(978-1-375-01162-4(6))* Capital Communications, Inc.

Dramatic Works of John O'Keeffe. John O'Keeffe. 2017. (ENG.). (J). 474p. pap. *(978-3-337-30333-4(1))*; 468p. pap. *(978-3-337-30334-1(X))*; 432p. pap. *(978-3-337-30335-8(8))* Creation Pubs.

Dramatic Works of John o'Keeffe, Esq. , Vol. 3 Of 4: Published under the Gracious Patronage of His Royal Highness the Prince of Wales (Classic Reprint) John O'Keeffe. (ENG., Illus.). (J). 2018. 476p. 33.71 *(978-0-267-78560-5(7))*; 2016. pap. 16.57 *(978-1-334-32137-5(X))* Forgotten Bks.

Dramatic Works of John o'Keeffe, Esq. , Vol. 3 of 4 (Classic Reprint) John O'Keeffe. (ENG., Illus.). (J). 2018. 476p. 33.71 *(978-0-267-53705-1(0))*; 2016. pap. 16.57 *(978-1-333-32624-1(6))* Forgotten Bks.

Dramatic Works of John o'Keeffe, Esq. , Vol. 4 Of 4: Published under the Gracious Patronage of the Royal Highness the Prince of Wales (Classic Reprint) John O'Keeffe. 2018. (ENG., Illus.). 514p. (J). 34.52 *(978-0-332-18213-1(4))* Forgotten Bks.

Dramatic Works of Samual Foote, Esq., Vol. 4 Of 4: To Which Is Prefixed a Life of the Author (Classic Reprint) Samuel Foote. 2018. (ENG., Illus.). 394p. (J). 32.04 *(978-0-267-83879-0(4))* Forgotten Bks.

Dramatic Works of St. John Hankin, Three Volume. John Hankin. 2017. (ENG., Illus.). (J). pap. *(978-0-649-38239-2(0))* Trieste Publishing Pty Ltd.

Dramatic Works of St. John Hankin; Volume One. John Hankin. 2017. (ENG., Illus.). (J). pap. *(978-0-649-27335-5(4))* Trieste Publishing Pty Ltd.

Dramatic Works St. John Hankin, Vol. 3: With an Introduction by John Drinkwater (Classic Reprint) John Hankin. 2018. (ENG., Illus.). 248p. (J). 29.14 *(978-0-484-33917-9(6))* Forgotten Bks.

Dramatically Ever After: Ever after Book Two. Isabel Bandeira. 2017. (Ever After Ser.: 2). (ENG.). 370p. (YA). (gr. 7-12). pap. 9.95 *(978-1-63392-100-9(X))* Spencer Hill Pr.

Dramatick Works of George Colman, Vol. 4: Containing, Polly Honeycombe; the Musical Lady; the Deuce Is in Him; the Oxonian in Town; the Portrait; the Fairy Prince; Occasional Prelude; the Spleen, or Islington-Spa; New Brooms (Classic Reprint) George Colman. (ENG., Illus.). (J). 2018. 352p. 31.16 *(978-0-267-00624-3(1))*; 2017. pap. 13.57 *(978-0-259-02580-1(1))* Forgotten Bks.

Dramatization in the Grammar Grades (Classic Reprint) Sarah E. Woodbury. (ENG., Illus.). (J). 2018. 64p. 25.22 *(978-0-332-16797-8(6))*; 2016. pap. 9.57 *(978-1-333-38706-8(7))* Forgotten Bks.

Dramatization of Hiawatha (Classic Reprint) C.L. McCarthy. 2018. (ENG., Illus.). 34p. (J). 24.60 *(978-0-666-42057-2(2))* Forgotten Bks.

Dramatizations of School Classics: A Dramatic Reader, for Grammar & Secondary Schools (Classic Reprint) Mary A. Laselle. 2018. (ENG., Illus.). 174p. (J). 27.49 *(978-0-267-26522-0(0))* Forgotten Bks.

Dramatizing the Little Red Hen see Dramatizando la Gallinita Roja: Un Cuento para Contar y Actuar

Drang. Arthur Slade. 2022. (Northern Frights Ser.: Vol. 2). (ENG.). 166p. (J). pap. *(978-1-989252-08-6(7))* Slade, Arthur.

Draped in Deceit. M. D. Charles. 2020. (ENG.). 372p. (YA). (gr. 7-12). pap. *(978-1-78465-563-1(5)*, Vanguard Press) Pegasus Elliot Mackenzie Pubs.

Drastic Plastic & Troublesome Trash: What's the Big Deal with Rubbish & How Can YOU Recycle? Hannah Wilson. 2021. (Earth Action Ser.). (ENG.). 64p. (J). (gr. 3-7). 11.95 *(978-1-78312-643-9(4))* Welbeck Publishing Group Ltd. GBR. Dist: Two Rivers Distribution.

Drat That Cat! Susan R. Ross. Illus. by Stephanie Amatori. 2017. (ENG.). (J). (gr. k-3). pap. *(978-0-9879404-4-5(9))* Susan Ross (self publishing).

Drat That Fat Cat! Julia Patton. 2018. (2019 Av2 Fiction Ser.). (ENG.). 32p. (J). (gr. -1-2). lib. bdg. 34.28 *(978-1-4896-8257-4(0)*, AV2 by Weigl) Weigl Pubs., Inc.

Drat That Fat Cat! Julia Patton. Illus. by Julia Patton. 2016. (ENG., Illus.). 32p. (J). (gr. -1-3). 16.99 *(978-0-8075-1713-0(5)*, 807517135) Whitman, Albert & Co.

Draught in My Memory: A Purple Penguin. Humanscapes. Nathan Brusovani. 2021. (ENG.). 224p. (J). pap. 12.70 *(978-1-304-01549-5(1))* Lulu Pr., Inc.

Draugr. Geoff Hill. 2016. (ENG., Illus.). (J). pap. *(978-1-911473-64-0(6))* Mirador Publishing.

Draugr. Arthur Slade. 2020. (Northern Frights Ser.: Vol. 1). (ENG.). 178p. (J). pap. *(978-1-989252-07-9(9))* Slade, Arthur.

Draw 200 Animals: The Step-By-Step Way to Draw Horses, Cats, Dogs, Birds, Fish, & Many More Creatures. Lee J. Ames. 2019. (Illus.). 208p. pap. 19.99 *(978-0-399-58021-5(2)*, Watson-Guptill) Potter/Ten Speed/Harmony/Rodale.

Draw 50 Outer Space: The Step-By-Step Way to Draw Astronauts, Rockets, Space Stations, Planets, Meteors, Comets, Asteroids, & More. Lee J. Ames & Erin Harvey. 2017. (Illus.). 64p. pap. 9.99 *(978-0-399-58019-2(0)*, Watson-Guptill) Potter/Ten Speed/Harmony/Rodale.

Draw 50 Sea Creatures: The Step-By-Step Way to Draw Fish, Sharks, Mollusks, Dolphins, & More. Lee J. Ames & Erin Harvey. 2017. (Illus.). 64p. pap. 9.99 *(978-0-399-58017-8(4)*, Watson-Guptill) Potter/Ten Speed/Harmony/Rodale.

Draw a d*ck on It: A Naughty Drawing Game. Field Character. 2017. (ENG., Illus.). 200p. 9.95 *(978-1-4521-5467-1(8))* Chronicle Bks. LLC.

Draw a Dot to Dot Dinosaur. Activibooks For Kids. 2016. (ENG., Illus.). (J). pap. 7.55 *(978-1-68321-288-1(6))* Mimaxion.

Draw a Funny Alphabet! Luke Colins. 2019. (Silly Sketcher Ser.). (ENG., Illus.). 24p. (J). (gr. 2-4). pap. 8.99 *(978-1-64466-070-6(9)*, 12997, Hi Jinx) Black Rabbit Bks.

Draw AlphaBeasts: 130+ Monsters, Aliens & Robots from Letters & Numbers. Steve Harpster. 2018. (AlphaDraw Ser.). (Illus.). 144p. (J). (gr. 1-3). pap. 14.99 *(978-1-4403-5404-5(9)*, IMPACT Books) Penguin Publishing Group.

Draw AlphaToons. S. Harpster. 2019. (AlphaDraw Ser.). (Illus.). 144p. (J). (gr. 1-3). pap. 14.99 *(978-1-4403-5405-2(7)*, IMPACT Books) Penguin Publishing Group.

Draw Amazing Animal Mash-Ups. Mari Bolte. Illus. by Alan Brown. 2017. (Drawing Mash-Ups Ser.). (ENG.). 32p. (J). (gr. 3-9). lib. bdg. 28.65 *(978-1-5157-6936-1(4)*, 135415, Capstone Pr.) Capstone.

Draw & Color ABCs Workbook Toddler-Grade K - Ages 1 To 6. Left Brain Kids. 2016. (ENG., Illus.). (J). pap. 7.51 *(978-1-68376-640-7(7))* Sabeels Publishing.

Draw & Learn Fun Activity for Kids: Drawing Textbook. Jupiter Kids. 2016. (ENG., Illus.). 106p. (J). pap. 12.55 *(978-1-68305-193-0(9)*, Jupiter Kids (Childrens & Kids Fiction)) Speedy Publishing LLC.

Draw & Write Book for Kids. Addison Greer. 2021. (ENG.). 100p. (J). pap. 10.55 *(978-1-716-16226-8(2))* Lulu Pr., Inc.

Draw & Write Journal for Kids. Addison Greer. 2021. (ENG.). 100p. (J). pap. 10.50 *(978-1-716-16213-8(0))* Lulu Pr., Inc.

Draw & Write Journal for Kids. Malkovich Rickblood. 2020. (ENG.). 116p. (J). pap. 6.99 *(978-1-716-30443-9(1))*; pap. 6.99 *(978-1-716-30446-0(6))*; pap. 6.99 *(978-1-716-30449-1(0))* Lulu Pr., Inc.

Draw & Write Notebook for Kids. Deeasy Books. 2021. (ENG.). 104p. (J). pap. 10.00 *(978-1-716-07891-0(1))* Indy Pub.

Draw & Write Notebook for Kids. Cristie Jameslake. 2020. (ENG.). 102p. (J). pap. 12.00 *(978-1-716-42123-5(3))* Lulu Pr., Inc.

Draw & Write Primary Journal Composition Book with Alphabet Guide. Journals and Notebooks. 2019. (ENG.). 120p. (J). pap. 12.99 *(978-1-5419-6634-5(1)*, @ Journals & NoteBks.) Speedy Publishing LLC.

Draw Animals Dressed Like People! Luke Colins. 2019. (Silly Sketcher Ser.). (ENG.). 24p. (J). (gr. 2-4). pap. 8.99 *(978-1-64466-071-3(7)*, 13001, Hi Jinx) Black Rabbit Bks.

Draw Animals Dressed Like People! Luke Colins. Illus. by Catherine Cates. 2019. (Silly Sketcher Ser.). (ENG.). 24p. (J). (gr. 4-6). lib. bdg. *(978-1-68072-946-7(2)*, 13000, Hi Jinx) Black Rabbit Bks.

Draw Animals on Wheels! Luke Colins. 24p. (J). 2019. (Illus.). pap. *(978-1-68072-745-6(1))*; 2018. (ENG.). (gr. 4-6). pap. 8.99 *(978-1-64466-298-4(1)*, 12487, Hi Jinx) Black Rabbit Bks.

Draw Animals on Wheels! Luke Colins. Illus. by Catherine Cates. 2018. (Silly Sketcher Ser.). (ENG.). 24p. (J). (gr. 4-6). lib. bdg. 28.50 *(978-1-68072-597-1(1)*, 12486, Hi Jinx) Black Rabbit Bks.

Draw Animals with Simple Shapes. Jo Moon. Illus. by Jo Moon. 2019. (ENG., Illus.). 96p. (J). pap. 9.99 *(978-1-78888-746-5(8)*, fa85797e-d6ce-4175-9e38-ed6aa5648162) Arcturus Publishing GBR. Dist: Baker & Taylor Publisher Services (BTPS).

Draw Astonishing Warrior Mash-Ups. Mari Bolte. Illus. by Raphael Kan-J. 2017. (Drawing Mash-Ups Ser.). (ENG.). 32p. (J). (gr. 3-9). lib. bdg. 28.65 *(978-1-5157-6937-8(2)*, 135416, Capstone Pr.) Capstone.

Draw Bobbleheads! Luke Colins. 24p. (J). 2019. (Illus.). pap. *(978-1-68072-746-3(X))*; 2018. (ENG.). (gr. 4-6). pap. 8.99 *(978-1-64466-299-1(X)*, 12491, Hi Jinx) Black Rabbit Bks.

Draw Bobbleheads! Luke Colins. Illus. by Catherine Cates. 2018. (Silly Sketcher Ser.). (ENG.). 24p. (J). (gr. 4-6). lib.

D

bdg. 28.50 *(978-1-68072-598-8(X)*, 12490, Hi Jinx) Black Rabbit Bks.

Draw Cats & Kittens. Mark Bergin. Illus. by Mark Bergin. 2017. (Step-By-Step Ser.). 32p. (gr. 3-8). 31.35 *(978-1-911242-21-5(0))* Book Hse. GBR. Dist: Black Rabbit Bks.

Draw Colors & Shapes Workbook Toddler-Grade K - Ages 1 To 6. Professor Gusto. 2016. (ENG., Illus.). (J). pap. 10.81 *(978-1-68321-596-7(6))* Mimaxion.

Draw Everything in 5 Simple Steps. Beth Gunnell. 2019. (ENG., Illus.). 80p. (J). (gr. 2-4). pap. 12.99 *(978-1-78055-602-4(0)*, Buster Bks.) O'Mara, Michael Bks., Ltd. GBR. Dist: Independent Pubs. Group.

Draw Funny 3-D Pictures! Luke Colins. 24p. (J). 2020. pap. *(978-1-62310-134-3(4))*; 2019. (ENG.). (gr. 2-4). pap. 9.99 *(978-1-64466-072-0(5)*, 13005, Hi Jinx) Black Rabbit Bks.

Draw Funny Bugs! Luke Colins. 2019. (Silly Sketcher Ser.). (ENG.). 24p. (J). (gr. 2-4). pap. 8.99 *(978-1-64466-073-7(3)*, 13009, Hi Jinx) Black Rabbit Bks.

Draw Funny Bugs! Luke Colins. Illus. by Catherine Cates. 2019. (Silly Sketcher Ser.). (ENG.). 24p. (J). (gr. 4-6). lib. bdg. *(978-1-68072-948-1(9)*, 13008, Hi Jinx) Black Rabbit Bks.

Draw Funny Faces! Luke Colins. 24p. (J). 2019. (Illus.). pap. *(978-1-68072-747-0(8))*; 2018. (ENG.). (gr. 4-6). pap. 8.99 *(978-1-64466-300-4(7)*, 12495, Hi Jinx) Black Rabbit Bks.

Draw Funny Faces! Luke Colins. Illus. by Catherine Cates. 2018. (Silly Sketcher Ser.). (ENG.). 24p. (J). (gr. 4-6). lib. bdg. 28.50 *(978-1-68072-599-5(8)*, 12494, Hi Jinx) Black Rabbit Bks.

Draw Funny Holiday Pictures! Luke Colins. 2019. (Silly Sketcher Ser.). (ENG.). 24p. (J). (gr. 2-4). pap. 8.99 *(978-1-64466-074-4(1)*, 13013, Hi Jinx) Black Rabbit Bks.

Draw Funny Holiday Pictures! Luke Colins. Illus. by Catherine Cates. 2019. (Silly Sketcher Ser.). (ENG.). 24p. (J). (gr. 4-6). lib. bdg. *(978-1-68072-949-8(7)*, 13012, Hi Jinx) Black Rabbit Bks.

Draw Here: An Activity Book (Interactive Children's Book for Preschoolers, Activity Book for Kids Ages 5-6) Hervé Tullet. 2019. (Press Here by Herve Tullet Ser.). (ENG., Illus.). 140p. (J). (gr. -1-k). pap. 14.99 *(978-1-4521-7860-8(7))* Chronicle Bks. LLC.

Draw Horses. Mark Bergin. Illus. by Mark Bergin. 2017. (Step-By-Step Ser.). 32p. (gr. 3-8). 31.35 *(978-1-911242-23-9(7))* Book Hse. GBR. Dist: Black Rabbit Bks.

Draw It 3D. Editors of Klutz. 2016. (ENG.). 70p. (J). (gr. 3-7). 16.99 *(978-1-338-03748-7(X))* Klutz.

Draw It! Color It! Creatures. Clarion Clarion Books. Illus. by Emily Gravett et al. 2016. (ENG.). 120p. (J). 11.99 *(978-0-544-77979-2(7)*, 1638036, Clarion Bks.) HarperCollins Pubs.

Draw-It-Yourself Adventures: Alien Attack. Andrew Judge. 2017. (Draw-It-Yourself Adventures Ser.: 1). (ENG., Illus.). 128p. (J). (gr. 1-5). 10.99 *(978-0-316-46421-5(X))* Little, Brown Bks. for Young Readers.

Draw-It-Yourself Adventures: Spy Mission. Andrew Judge. 2017. (Draw-It-Yourself Adventures Ser.: 2). (ENG., Illus.). 144p. (J). (gr. 1-5). 10.99 *(978-0-316-46422-2(8))* Little, Brown Bks. for Young Readers.

Draw-It-Yourself Adventures: Superhero Saga. Andrew Judge. 2017. (Draw-It-Yourself Adventures Ser.: 3). (ENG.). 160p. (J). (gr. 1-5). 10.99 *(978-0-316-46424-6(4))* Little, Brown Bks. for Young Readers.

Draw Kawaii: Cute Animals: Step-By-Step. Isobel Lundie. ed. 2019. (Draw Kawaii Ser.: 1). (ENG., Illus.). 64p. (J). (gr. 1). pap. 9.99 *(978-1-912904-41-9(1))* Book Hse. GBR. Dist: Sterling Publishing Co., Inc.

Draw Kawaii: Cute Food: Step-By-Step. Isobel Lundie. ed. 2020. (Draw Kawaii Ser.: 1). (ENG., Illus.). 64p. (J). (gr. 1). pap. 9.95 *(978-1-913337-56-8(1))* Book Hse. GBR. Dist: Sterling Publishing Co., Inc.

Draw Kawaii: Cute Mythical Creatures: Step-By-Step. Isobel Lundie. ed. 2020. (Draw Kawaii Ser.: 1). (ENG., Illus.). 64p. (J). (gr. 1). pap. 9.95 *(978-1-913337-55-1(3))* Book Hse. GBR. Dist: Sterling Publishing Co., Inc.

Draw Kawaii: Cute People: Cute People. Isobel Lundie. ed. 2019. (Draw Kawaii Ser.: 2). (ENG., Illus.). 64p. (J). (gr. 1). pap. 9.95 *(978-1-912904-42-6(X))* Book Hse. GBR. Dist: Sterling Publishing Co., Inc.

Draw Kawaii in 5 Simple Steps. Illus. by Jess Bradley. 2020. (ENG.). 80p. (J). (gr. 1-3). pap. 9.95 *(978-1-4549-4283-2(5))* Sterling Publishing Co., Inc.

Draw Like an Egyptian. Joe Gamble. 2018. (ENG., Illus.). 48p. (J). (gr. k-6). pap. 14.95 *(978-1-908714-49-7(2))* Cicada Bks. GBR. Dist: Consortium Bk. Sales & Distribution.

Draw Me a Hero. N. K. Ashworth. (ENG.). (YA). 2021. 152p. pap. *(978-0-9951398-5-5(7))*; 2020. 150p. pap. *(978-0-9951282-1-7(9))* Lasavia Publishing Ltd.

Draw Me a Picture Connect the Dot Fun: Invisible Ink Activity Books. Jupiter Kids. 2016. (ENG., Illus.). 76p. (J). pap. 13.75 *(978-1-68305-391-0(5)*, Jupiter Kids (Childrens & Kids Fiction)) Speedy Publishing LLC.

Draw Me a Picture Sketching Fun: Sketch & Scratch Books. Jupiter Kids. 2016. (ENG., Illus.). 76p. (J). pap. 13.75 *(978-1-68305-392-7(3)*, Jupiter Kids (Childrens & Kids Fiction)) Speedy Publishing LLC.

Draw Me Book. Grandma. 2021. (ENG.). 36p. (J). 14.99 ***(978-1-915206-40-4(5))***; 14.99 ***(978-1-915206-49-7(9))*** Indy Pub.

Draw Me Please! Connect the Dots Activities. Bobo's Children Activity Books. 2016. (ENG., Illus.). (J). pap. 9.33 *(978-1-68327-107-9(6))* Sunshine In My Soul Publishing.

Draw Me Some Clothes on! Weather-Themed Drawing Book for Kids. Speedy Kids. 2017. (ENG., Illus.). (J). pap. 9.20 *(978-1-5419-3373-6(7))* Speedy Publishing LLC.

Draw, Paint, & Stick. Illus. by Isobel Lundie & Carolyn Scrace. 2020. (ENG.). 160p. (J). (gr. k). 12.95 *(978-1-912904-85-3(3)*, Scribblers) Book Hse. GBR. Dist: Sterling Publishing Co., Inc.

Draw Paint Tell. Caren Sacks. 2022. (ENG.). 38p. (J). (gr. -1-k). 17.95 *(978-1-63755-184-4(3))* Amplify Publishing Group.

Draw Puns! Luke Colins. 24p. (J). 2019. (Illus.). pap. *(978-1-68072-748-7(6))*; 2018. (ENG.). (gr. 4-6). pap. 8.99 *(978-1-64466-301-1(5)*, 12499, Hi Jinx) Black Rabbit Bks.

Draw Puns! Luke Colins. Illus. by Catherine Cates. 2018. (Silly Sketcher Ser.). (ENG.). 24p. (J). (gr. 4-6). lib. bdg. 28.50 *(978-1-68072-600-8(5)*, 12498, Hi Jinx) Black Rabbit Bks.

Draw Robots & Monsters! Luke Colins. 24p. (J). 2019. (Illus.). pap. *(978-1-68072-749-4(4))*; 2018. (ENG.). (gr. 4-6). pap. 8.99 *(978-1-64466-302-8(3)*, 12503, Hi Jinx) Black Rabbit Bks.

Draw Robots & Monsters! Luke Colins. Illus. by Catherine Cates. 2018. (Silly Sketcher Ser.). (ENG.). 24p. (J). (gr. 4-6). lib. bdg. 28.50 *(978-1-68072-601-5(3)*, 12502, Hi Jinx) Black Rabbit Bks.

Draw Scary Monster Mash-Ups. Mari Bolte. Illus. by Stefano Azzalin. 2017. (Drawing Mash-Ups Ser.). (ENG.). 32p. (J). (gr. 3-9). lib. bdg. 28.65 *(978-1-5157-6935-4(6)*, 135414, Capstone Pr.) Capstone.

Draw Silly Superheroes! Luke Colins. 2019. (Silly Sketcher Ser.). (ENG.). 24p. (J). (gr. 2-4). pap. 8.99 *(978-1-64466-075-1(X)*, 13017, Hi Jinx) Black Rabbit Bks.

Draw Silly Superheroes! Luke Colins. Illus. by Catherine Cates. 2019. (Silly Sketcher Ser.). (ENG.). 24p. (J). (gr. 4-6). lib. bdg. *(978-1-68072-950-4(0)*, 13016, Hi Jinx) Black Rabbit Bks.

Draw Stuff Real Easy. Shoo Rayner. Illus. by Shoo Rayner. 2022. (Draw Stuff Real Easy Ser.: Vol. 1). (ENG.). 50p. (J). pap. *(978-1-908944-44-3(7))* Rayner, Shoo.

Draw Swords: In the Horse Artillery (Classic Reprint) G. Manville Fenn. 2018. (ENG., Illus.). 406p. (J). 32.29 *(978-0-484-41075-5(X))* Forgotten Bks.

Draw Tanks & Other Military Vehicles. Mark Bergin. Illus. by Mark Bergin. 2017. (Step-By-Step Ser.). 32p. (gr. 3-8). 31.35 *(978-1-911242-24-6(5))* Book Hse. GBR. Dist: Black Rabbit Bks.

Draw the Chinese Characters. Xiang Han Zi Xiao. 2017. (CHI.). (J). pap. *(978-7-5339-4943-3(9))* Zhejiang Pubn. Hse. of Literature and Art.

Draw the Line. Laurent Linn. Illus. by Laurent Linn. 2016. (ENG., Illus.). 528p. (YA). (gr. 7). 17.99 *(978-1-4814-5280-9(0)*, McElderry, Margaret K. Bks.) McElderry, Margaret K. Bks.

Draw the Line. Kathryn Otoshi. 2017. (ENG., Illus.). 48p. (J). 18.99 *(978-1-62672-563-8(2)*, 900161308) Roaring Brook Pr.

Draw the Line. Kathryn Otoshi. 2021. (ENG., Illus.). 48p. (J). pap. 9.99 *(978-1-250-82271-0(8)*, 900250861) Square Fish.

Draw the World Turquoise Band. Catherine Chambers. ed. 2016. (Cambridge Reading Adventures Ser.). (ENG., Illus.). 24p. pap. 8.80 *(978-1-107-57684-1(9))* Cambridge Univ. Pr.

Draw This! Art Activities to Unlock the Imagination. Marion Deuchars. 2023. (ENG., Illus.). 64p. (J). (gr. 1-3). pap. 12.99 ***(978-1-5102-3020-0(3)***, King, Laurence Publishing) Orion Publishing Group, Ltd. GBR. Dist: Hachette Bk. Group.

Draw Walking Food! Luke Colins. 24p. (J). 2019. (Illus.). pap. *(978-1-68072-750-0(8))*; 2018. (ENG.). (gr. 4-6). pap. 8.99 *(978-1-64466-303-5(1)*, 12507, Hi Jinx) Black Rabbit Bks.

Draw Walking Food! Luke Colins. Illus. by Catherine Cates. 2018. (Silly Sketcher Ser.). (ENG.). 24p. (J). (gr. 4-6). lib. bdg. 28.50 *(978-1-68072-602-2(1)*, 12506, Hi Jinx) Black Rabbit Bks.

Draw with Me! Illus. by Silvia Cheung. 2021. (ENG.). 128p. (J). (gr. 1-3). pap. 8.99 *(978-1-64517-446-2(8)*, Silver Dolphin Bks.) Printers Row Publishing Group.

Draw with Me DOT to DOT for KIDS: Activity Book, Easy Kids DOT to DOT Book Ages 4-8, Fun Connect the Dots Book for Children (Boys & Girls) Christopher Morrison. 2021. (ENG.). 104p. (J). pap. *(978-1-008-99038-8(8))* Lulu.com.

Draw with Me DOT to DOT for Kids BLUE Edition: Activity Book for Children, 53 COLOR Drawing Pages, Ages 3-8. Easy, Large Picture for Drawing with Dot Instructions That Includes Farm Animals, Kids, Dinosaurs, Castle, & Lots More. Great Gift for Boys & Girls. Christopher Norris. 2021. (ENG.). 58p. (J). pap. *(978-1-008-97623-8(7))* Lulu.com.

Draw with Simple Shapes. Jo Moon. 2019. (ENG.). 96p. (J). pap. 9.99 *(978-1-78950-603-7(4)*, 779e06fc-642c-4d2f-b629-6b84a5f6c735) Arcturus Publishing GBR. Dist: Baker & Taylor Publisher Services (BTPS).

Draw, Write & Color - Primary Story Journal with Picture Space + Dotted Lines Area + a-Z Letters to Color: Grades K-2 School - Exercise Book Great Size 8. 5 X 11 in - 160 Pages Notebook. Brotss Studio. 2019. (ENG.). 164p. (J). pap. 13.75 *(978-1-716-11333-8(4))* Lulu Pr., Inc.

Draw Your Day for Kids! How to Sketch & Paint Your Amazing Life. Samantha Dion Baker. 2022. (Illus.). 224p. (J). (gr. 3-7). pap. 14.99 *(978-0-593-37890-8(3)*, Crown Books For Young Readers) Random Hse. Children's Bks.

Draw Your Own Animal Zendoodles. Abby Huff. Illus. by Angelika Scudamore et al. 2017. (Draw Your Own Zendoodles Ser.). (ENG.). 48p. (J). (gr. 4-8). lib. bdg. 31.99 *(978-1-5157-4840-3(5)*, 134448, Capstone Pr.) Capstone.

Draw Your Own Comic Book: Action-Ready Comic Pages, Kid-Friendly Instructions, & Colorful Stickers to Bring Your Amazing Story to Life! Clark Banner. 2020. (ENG., Illus.). 112p. (J). pap. 12.99 *(978-1-250-25358-3(6)*, 900218736) St. Martin's Pr.

Draw Your Own Comic Book: Heroes & Villains: Battle-Ready Comic Pages, Story Starters to Boost Your Imagination, & Colorful Stickers to Give Your Story Zing! Clark Banner. 2020. (ENG., Illus.). 104p. (J). pap. 12.99 *(978-1-250-27127-3(4)*, 900226352) St. Martin's Pr.

Draw Your Own Encyclopaedia Amphibians. Colin M. Drysdale. 2018. (Draw Your Own Encyclopaedia Ser.: Vol. 4). (ENG., Illus.). 34p. (J). (gr. 3-6). pap. *(978-1-909832-43-5(X))* Pictish Beast Pubns.

Draw Your Own Encyclopaedia Birds. Colin M. Drysdale. 2018. (Draw Your Own Encyclopaedia Ser.: Vol. 2). (ENG., Illus.). 34p. (J). (gr. 3-6). pap. *(978-1-909832-41-1(3))* Pictish Beast Pubns.

Draw Your Own Encyclopaedia Dinosaurs. Colin M. Drysdale & Aidan Aims. 2020. (Draw Your Own Encyclopaedia Ser.: Vol. 16). (ENG.). 34p. (J). (gr. 3-6). pap. *(978-1-909832-80-0(4))* Pictish Beast Pubns.

Draw Your Own Encyclopaedia Fish. Colin M. Drysdale. 2018. (Draw Your Own Encyclopaedia Ser.: Vol. 5). (ENG., Illus.). 34p. (J). (gr. 3-6). pap. *(978-1-909832-44-2(8))* Pictish Beast Pubns.

Draw Your Own Encyclopaedia Hebridean Marine Life. Colin M. Drysdale. 2019. (Draw Your Own Encyclopaedia Ser.: Vol. 14). (ENG.). 34p. (J). (gr. 3-6). pap. *(978-1-909832-54-1(5))* Pictish Beast Pubns.

Draw Your Own Encyclopaedia Invertebrates. Colin M. Drysdale. 2018. (Draw Your Own Encyclopaedia Ser.: Vol. 6). (ENG., Illus.). 34p. (J). (gr. 3-6). pap. *(978-1-909832-45-9(6))* Pictish Beast Pubns.

Draw Your Own Encyclopaedia Mammals. Colin M. Drysdale. 2018. (Draw Your Own Encyclopaedia Ser.: Vol. 1). (ENG., Illus.). 34p. (J). (gr. 3-6). pap. *(978-1-909832-39-8(1))* Pictish Beast Pubns.

Draw Your Own Encyclopaedia Reptiles. Colin M. Drysdale. 2018. (Draw Your Own Encyclopaedia Ser.: Vol. 3). (ENG., Illus.). 34p. (J). (gr. 3-6). pap. *(978-1-909832-42-8(1))* Pictish Beast Pubns.

Draw Your Own Encyclopaedia Scotland's Dolphins. Colin M. Drysdale. 2018. (Draw Your Own Encyclopaedia Ser.: Vol. 8). (ENG., Illus.). 34p. (J). (gr. 2-6). pap. *(978-1-909832-55-8(3))* Pictish Beast Pubns.

Draw Your Own Encyclopaedia Scotland's Seabirds. Colin M. Drysdale. 2018. (Draw Your Own Encyclopaedia Ser.: Vol. 9). (ENG., Illus.). 34p. (J). (gr. 2-6). pap. *(978-1-909832-59-6(6))* Pictish Beast Pubns.

Draw Your Own Encyclopaedia Space Exploration. Colin M. Drysdale. 2019. (Draw Your Own Encyclopaedia Ser.: Vol. 15). (ENG.). 34p. (J). (gr. 3-6). pap. *(978-1-909832-49-7(9))* Pictish Beast Pubns.

Draw Your Own Fairy Tale Zendoodles. Abby Huff. Illus. by Lizzie Preston et al. 2017. (Draw Your Own Zendoodles Ser.). (ENG.). 48p. (J). (gr. 4-8). lib. bdg. 31.99 *(978-1-5157-4842-7(1)*, 134450, Capstone Pr.) Capstone.

Draw Your Own Imaginary Menagerie. Colin M. Drysdale. 2017. (Draw Your Own Ser.: Vol. 2). (ENG., Illus.). 24p. (J). (gr. k-6). pap. *(978-1-909832-33-6(2))* Pictish Beast Pubns.

Draw Your Own Lettering & Decorative Zendoodles. Abby Huff. Illus. by Pimlada Phuapradit et al. 2017. (Draw Your Own Zendoodles Ser.). (ENG.). 48p. (J). (gr. 4-8). lib. bdg. 31.99 *(978-1-5157-4841-0(3)*, 134449, Capstone Pr.) Capstone.

Draw Your Own Monsters & Aliens - Drawing Book for Kids. Jupiter Kids. 2017. (ENG., Illus.). (J). pap. 9.20 *(978-1-5419-3457-3(1)*, Jupiter Kids (Childrens & Kids Fiction)) Speedy Publishing LLC.

Draw Your Own Nature Zendoodles. Abby Huff. Illus. by Pimlada Phuapradit et al. 2017. (Draw Your Own Zendoodles Ser.). (ENG.). 48p. (J). (gr. 4-8). lib. bdg. 31.99 *(978-1-5157-4843-4(X)*, 134451, Capstone Pr.) Capstone.

Draw Your Own Zendoodles. Abby Huff. 2017. (Draw Your Own Zendoodles Ser.). (ENG., Illus.). 48p. (J). (gr. 4-8). 135.96 *(978-1-5157-4845-8(6)*, 25972, Capstone Pr.) Capstone.

Draw/Color/Write Journal for Kids: Featuring Ro-Bits. Everything Journals. Illus. by Phyllis Mignard. 2016. (ENG.). (J). pap. 14.95 *(978-0-9980714-2-8(0))* Everything Journals.

Drawing, 12 vols., Set 1. Sally Henry. Incl. Card Making. lib. bdg. 30.27 *(978-1-4358-2506-2(3)*, e98332e3-5734-417a-8826-e23c60aa3200); Clay Modeling. lib. bdg. 30.27 *(978-1-4358-2508-6(X)*, 89020edc-cf7d-44e6-b170-245ed1de5a49); Collage. lib. bdg. 30.27 *(978-1-4358-2509-3(8)*, 20c79d9c-abd9-4986-9397-8a8a9d4eb5c8); lib. bdg. 30.27 *(978-1-4358-2510-9(1)*, f7777292-91bc-44d7-80b5-fb82d73b69b1); Painting. lib. bdg. 30.27 *(978-1-4358-2511-6(X)*, 7296eaa9-fbdb-41c1-bcde-f7eaeeee7b12); Paper Folding. lib. bdg. 30.27 *(978-1-4358-2507-9(1)*, 09a8d395-82f9-4f76-94aa-1532ef08ccf5); (J). (gr. 3-4). (Make Your Own Art Ser.). (ENG., Illus.). 32p. 2008. Set lib. bdg. 181.62 *(978-1-4358-2549-9(7)*, 3fce187b-c18a-47c1-b974-447e2b54b804, PowerKids Pr.) Rosen Publishing Group, Inc., The.

Drawing: Materials, Technique, Styles, & Practice, 1 vol. Ed. by Trenton Campbell. 2016. (Britannica's Practical Guide to the Arts Ser.). (ENG.). 192p. (J). (gr. 10-10). lib. bdg. 37.82 *(978-1-68048-371-0(4)*, dfcb701e-24e6-46fb-bf05-97eaddfb54e7) Rosen Publishing Group, Inc., The.

Drawing a Bear with Squares, 1 vol. Jo Marie Anderson. 2018. (Drawing with Shapes Is Fun! Ser.). (ENG.). 24p. (J). (gr. 1-1). 25.27 *(978-1-5383-3103-3(9)*, 9b732ca6-d9f4-459d-b8ef-f85491b22525, PowerKids Pr.) Rosen Publishing Group, Inc., The.

Drawing a Butterfly with Circles, 1 vol. Bree Pavone. 2018. (Drawing with Shapes Is Fun! Ser.). (ENG.). 24p. (J). (gr. 1-1). 25.27 *(978-1-5383-3115-6(2)*, 745b4753-09c0-4b83-8a41-4476e773ee01, PowerKids Pr.) Rosen Publishing Group, Inc., The.

Drawing a Fish with Triangles, 1 vol. Sara Milner. 2018. (Drawing with Shapes Is Fun! Ser.). (ENG.). 24p. (J). (gr. 1-1). 25.27 *(978-1-5383-3107-1(1)*, a644e5a2-fef2-40e1-b8cc-0477ba213898, PowerKids Pr.) Rosen Publishing Group, Inc., The.

Drawing a Frog with Ovals, 1 vol. Meredith P. Owens. 2018. (Drawing with Shapes Is Fun! Ser.). (ENG.). 24p. (J). (gr. 1-1). 25.27 *(978-1-5383-3111-8(X)*, aa176451-b50c-4cc1-ba5d-901e3b04de6b, PowerKids Pr.) Rosen Publishing Group, Inc., The.

Drawing a Horse with Rectangles, 1 vol. Nia Kennedy. 2018. (Drawing with Shapes Is Fun! Ser.). (ENG.). 24p. (J). (gr. 1-1). 25.27 *(978-1-5383-3119-4(5)*, 347af15f-2c97-4e17-a432-b352c2849050, PowerKids Pr.) Rosen Publishing Group, Inc., The.

Drawing a Turtle with Half Circles, 1 vol. Avery Adams. 2018. (Drawing with Shapes Is Fun! Ser.). (ENG.). 24p. (J). (gr. 1-1). 25.27 *(978-1-5383-3123-1(3)*, e5aa4344-c2da-47e4-b16f-fb9f45fc81bb, PowerKids Pr.) Rosen Publishing Group, Inc., The.

Drawing Activity Books: Drawings Color. Jupiter Kids. 2016. (ENG., Illus.). 106p. (J). pap. 16.55 *(978-1-68305-194-7(7)*, Jupiter Kids (Childrens & Kids Fiction)) Speedy Publishing LLC.

Drawing Aircraft, Ships, & High-Speed Vehicles: 4D an Augmented Reading Drawing Experience. Clara Cella. Illus. by Jon Westwood. 2018. (Drawing With 4D Ser.). (ENG.). 32p. (J). (gr. 3-9). lib. bdg. 33.99 *(978-1-5435-3188-6(1)*, 138814, Capstone Pr.) Capstone.

Drawing Aliens, Spacecraft, & Other Stuff Beyond the Galaxy: 4D an Augmented Reading Drawing Experience. Clara Cella. Illus. by S. Altmann. 2018. (Drawing With 4D Ser.). (ENG.). 32p. (J). (gr. 3-9). lib. bdg. 33.99 *(978-1-5435-3187-9(3)*, 138813, Capstone Pr.) Capstone.

Drawing & Painting. Christina Wedberg. 2019. (World Art Tour Ser.). (Illus.). 112p. (J). (gr. 12). lib. bdg. 34.60 *(978-1-4222-4289-6(7))* Mason Crest.

Drawing & Tracing Skills Activity Book for Kids. Bobo's Children Activity Books. 2016. (ENG., Illus.). (J). pap. 9.33 *(978-1-68327-410-0(5))* Sunshine In My Soul Publishing.

Drawing Animals. Carolyn Scrace. 2016. (Art Works). 32p. (gr. 2-6). 31.35 *(978-1-62588-343-8(9)*, Smart Apple Media) Black Rabbit Bks.

Drawing Animals: Learn How to Draw Everything from Dogs, Sharks, & Dinosaurs to Cats, Llamas, & More! Lise Herzog. 2021. (How to Draw Bks.). (ENG.). 96p. (J). (gr. 3-7). pap. 10.00 *(978-1-64604-157-2(7))* Ulysses Pr.

Drawing Animals IR. Anna Milbome. 2019. (Art Ideas Ser.). (ENG.). 64ppp. (J). pap. 8.99 *(978-0-7945-4431-7(2)*, Usborne) EDC Publishing.

Drawing Book Exercises for Kids Aged 6-8. Speedy Kids. 2017. (ENG., Illus.). (J). pap. 9.20 *(978-1-5419-3378-1(8))* Speedy Publishing LLC.

Drawing Book for Kids. Echo Wade. 2021. (ENG.). 72p. (J). pap. ***(978-1-008-93438-2(0))*** Lulu.com.

Drawing Book for Kids: - Great Activity Book for Kids Learn How to Draw for Kids, Teens & Adults. Echo Wade. 2021. (ENG.). 72p. (J). pap. ***(978-1-008-93337-8(6))*** Lulu.com.

Drawing Book for Kids 6-8. 100 Days of Drawing & Connecting Dots. the One Activity per Day Promise for Improved Mental Acuity (All Things Not Living Edition) Jupiter Kids. 2017. (ENG., Illus.). 200p. (J). pap. 12.26 *(978-1-5419-4786-3(X)*, Jupiter Kids (Childrens & Kids Fiction)) Speedy Publishing LLC.

Drawing Book for Pretty Things: Drawing Book for Children. Jupiter Kids. 2017. (ENG., Illus.). (J). pap. 9.20 *(978-1-5419-3303-3(6)*, Jupiter Kids (Childrens & Kids Fiction)) Speedy Publishing LLC.

Drawing Book Kids. How to Draw Birds & Other Activities for Motor Skills. Winged Animals Coloring, Drawing & Color by Number. Jupiter Kids. 2017. (ENG., Illus.). 200p. (J). pap. 12.26 *(978-1-5419-4808-2(4)*, Jupiter Kids (Childrens & Kids Fiction)) Speedy Publishing LLC.

Drawing Book of Anime Characters for Older Kids. Educando Kids. 2019. (ENG.). 42p. (J). pap. 8.55 *(978-1-64521-635-3(7)*, Educando Kids) Editorial Imagen.

Drawing Book of Trucks & Trains (All Things That Go!) Educando Kids. 2019. (ENG.). 42p. (J). pap. 8.55 *(978-1-64521-638-4(1)*, Educando Kids) Editorial Imagen.

Drawing California's Sights & Symbols, 1 vol. Elissa Thompson. 2018. (Drawing Our States Ser.). (ENG.). 32p. (gr. 3-3). pap. 11.53 *(978-1-9785-0312-0(1)*, 00807967-c24a-4506-af34-4ed8cc170e5f) Enslow Publishing, LLC.

Drawing Cars see Coches

Drawing Cartoons from Numbers: Create Fun Characters from 1 To 1001. Christopher Hart & Christopher Hart. 2018. (Christopher Hart Books for Kids Ser.: 4). (Illus.). 176p. (J). (gr. -1). pap. 14.95 *(978-1-64021-012-7(1)*, Hart, Chris Bks.) Sixth&Spring Bks.

Drawing Cartoons IR. Anna Milborne. 2019. (Art Ideas Ser.). (ENG.). 64ppp. (J). pap. 8.99 *(978-0-7945-4432-4(0)*, Usborne) EDC Publishing.

Drawing Chibi: Learn How to Draw Kawaii People, Animals, & Other Utterly Cute Stuff. Ed. by Kierra Sondereker. Illus. by Tessa Creative Art. 2020. (How to Draw Bks.). 168p. (J). pap. 12.95 *(978-1-64604-093-3(7))* Ulysses Pr.

Drawing Class in a Book! Learn to Draw Activity Book. Kreative Kids. 2016. (ENG., Illus.). (J). pap. 9.20 *(978-1-68377-113-5(3))* Whlke, Traudl.

Drawing Closer to God: How to Seek Christ Through Relationship Desires. Sophia Allison. 2022. (ENG.). 86p. (YA). pap. 13.95 ***(978-1-63814-021-4(9))*** Covenant Bks.

Drawing Creepy Creatures with Scooby-Doo! Steve Korté. Illus. by Scott Jeralds. 2022. (Drawing Fun with Scooby-Doo! Ser.). (ENG.). 32p. (J). 33.99 *(978-1-6639-5885-3(8)*, 226175, Capstone Pr.) Capstone.

Drawing, Cut Outs & Tracing Skills Activity Book for Kids. Bobo's Children Activity Books. 2016. (ENG., Illus.). (J). pap. 7.99 *(978-1-68327-431-5(8))* Sunshine In My Soul Publishing.

Drawing Dinosaurs & Other Prehistoric Animals. Carolyn Scrace. 2016. (Art Works). 32p. (gr. 2-6). 31.35 *(978-1-62588-344-5(7)*, Smart Apple Media) Black Rabbit Bks.

Drawing Exercises for Your Future Picasso: Drawing Book for Boys. Speedy Kids. 2017. (ENG., Illus.). (J). pap. 9.05 *(978-1-5419-3264-7(1))* Speedy Publishing LLC.

Drawing Faces IR. Anna Milborne. 2019. (Art Ideas Ser.). (ENG.). 64ppp. (J). pap. 8.99 *(978-0-7945-4433-1(9)*, Usborne) EDC Publishing.

Drawing Fairies & Mermaids. Carolyn Scrace. 2016. (Art Works). 32p. (gr. 2-6). 31.35 *(978-1-62588-345-2(5)*, Smart Apple Media) Black Rabbit Bks.

Drawing Fantasy Chibi: Learn How to Draw Kawaii Unicorns, Mermaids, Dragons, & Other Mythical, Magical Creatures (How to Draw Books) Illus. by Tessa Creative Art. 2022. (How to Draw Bks.). 168p. (J). (gr. 3-7). pap. 10.00 *(978-1-64604-402-3(9))* Ulysses Pr.

Drawing Fantasy Creatures. A. J. Sautter. 2016. (Drawing Fantasy Creatures Ser.). (ENG., Illus.). 32p. (J). (gr. 3-9). 122.60 *(978-1-4914-8669-6(4)*, 24312, Capstone Pr.) Capstone.

Drawing Florida's Sights & Symbols, 1 vol. Elissa Thompson. 2018. (Drawing Our States Ser.). (ENG.). 32p. (gr. 3-3). pap. 11.53 *(978-1-9785-0316-8(4)*, 1b025d35-15c2-4abe-b4f8-6277a1c87416) Enslow Publishing, LLC.

546

The check digit for ISBN-10 appears in parentheses after the full ISBN-13

Drawing for Children & Others (Yesterday's Classics) Vernon Blake. 2021. (ENG.). 204p. (YA). pap. 11.95 *(978-1-63334-149-4(6))* Yesterday's Classics.

Drawing from a to Z: How to Draw Activity Book. Kreative Kids. 2016. (ENG., Illus.). (J). pap. 9.20 *(978-1-68377-114-2(1))* Whlke, Traudl.

Drawing Fun Fashions. Mari Bolte. Illus. by Jennifer Rzasa et al. 2022. (Drawing Fun Fashions Ser.). (ENG.). 32p. (J). 153.25 *(978-1-6690-6060-4(8)*, 257596, Capstone Pr.) Capstone.

Drawing Fun for Kids: A Dot to Dot Activity Book. Kreative Kids. 2016. (ENG., Illus.). (J). pap. 10.81 *(978-1-68377-115-9(X))* Whlke, Traudl.

Drawing Fun with Scooby-Doo! Steve Korté. Illus. by Scott Jeralds. 2022. (Drawing Fun with Scooby-Doo! Ser.). (ENG.). 32p. (J). 135.96 *(978-1-6663-1738-1(1)*, 233845, Capstone Pr.) Capstone.

Drawing Ghosts & Ghouls with Scooby-Doo! Steve Korté. Illus. by Scott Jeralds. 2022. (Drawing Fun with Scooby-Doo! Ser.). (ENG.). 32p. (J). 33.99 *(978-1-6639-5886-0(6)*, 226174, Capstone Pr.) Capstone.

Drawing Ideas Eagle: A Blank A5 Dummy for Your Drawings. Dutch Noonajoon. 2022. (ENG.). 200p. pap. ***(978-1-4710-9041-7(8))*** Lulu Pr., Inc.

Drawing Illinois's Sights & Symbols, 1 vol. Elissa Thompson. 2018. (Drawing Our States Ser.). (ENG.). 32p. (gr. 3-3). 26.93 *(978-1-9785-0318-2(0)*, a95de290-406c-449a-92c1-86a922c032c4) Enslow Publishing, LLC.

Drawing in Style - Kids Activity Book Book. Kreative Kids. 2016. (ENG., Illus.). (J). pap. 9.20 *(978-1-68377-116-6(8))* Whlke, Traudl.

Drawing in Style! How to Draw Activity Book. Kreative Kids. 2016. (ENG., Illus.). (J). pap. 9.20 *(978-1-68377-117-3(6))* Whlke, Traudl.

Drawing in the Details: Connect the Dots Activity Book. Kreative Kids. 2016. (ENG., Illus.). (J). pap. 10.81 *(978-1-68377-118-0(4))* Whlke, Traudl.

Drawing Inspirations from Every Season: Drawing Book for Beginners. Speedy Kids. 2017. (ENG., Illus.). (J). pap. 9.05 *(978-1-5419-3258-6(7))* Speedy Publishing LLC.

Drawing Is a Great Hobby Learn to Draw Activity Book. Kreativ Entspannen. 2016. (ENG., Illus.). (J). pap. 6.92 *(978-1-68377-119-7(2))* Whlke, Traudl.

Drawing Is Fun, 12 vols., Set 1. Trevor Cook & Lisa Miles. Incl. Drawing Fantasy Figures. lib. bdg. 29.27 *(978-1-4339-5022-3(7)*, 0d13cf59-0277-4900-94ec-76605cebdb8c); Drawing Manga. lib. bdg. 29.27 *(978-1-4339-5024-7(3)*, 9f1b2305-4105-461d-995f-4b51c2cae0c1); Drawing Pets & Farm Animals. lib. bdg. 29.27 *(978-1-4339-5026-1(X)*, 0d52b103-2074-432a-8255-ed448fc5feb7); Drawing Sports Figures. lib. bdg. 29.27 *(978-1-4339-5028-5(6)*, 80245e2a-e3ed-48a5-b6b5-16b94117cc8d); Drawing Vehicles. lib. bdg. 29.27 *(978-1-4339-5030-8(8)*, 384e448d-ee35-4472-bdae-64f83c32a9f9); Drawing Wild Animals. lib. bdg. 29.27 *(978-1-4339-5032-2(4)*, cd2c4e76-b043-44da-b32b-6d0352aa0fc2); (J). (gr. 1-2). (Drawing Is Fun Ser.). (ENG., Illus.). 32p. 2011. Set lib. bdg. 175.62 *(978-1-4339-5036-0(7)*, b81f9c01-2cd1-4084-b93a-968471175510, Gareth Stevens Learning Library) Stevens, Gareth Publishing LLLP.

Drawing Is Fun Anytime! Dot to Dot Activity Book. Kreative Kids. 2016. (ENG., Illus.). (J). pap. 10.81 *(978-1-68377-120-3(6))* Whlke, Traudl.

Drawing Legendary Monsters, 12 vols., Set. Steve Beaumont. Incl. Drawing Dragons: And Other Cold-Blooded Creatures. lib. bdg. 30.27 *(978-1-4488-3324-5(8)*, 149c16db-2674-430a-8cda-cca7cace3f4e); Drawing Griffins & Other Winged Wonders. lib. bdg. 30.27 *(978-1-4488-3253-8(5)*, d3a938bb-1b49-4efe-9867-a4e9e0a9a8e7); Drawing the Kraken & Other Sea Monsters. lib. bdg. 30.27 *(978-1-4488-3252-1(7)*, 23ad63e2-a907-4899-b536-e961cfda7b75); Drawing the Minotaur & Other Demihumans. lib. bdg. 30.27 *(978-1-4488-3250-7(0)*, 29fcab51-cef4-42b3-bd1a-b6a2ab3c9714); Drawing Unicorns & Other Mythical Beasts. lib. bdg. 30.27 *(978-1-4488-3251-4(9)*, 7fdbc74d-fe4f-4f40-ad2a-2022c6a18a30); Drawing Werewolves & Other Gothic Ghouls. 30.27 *(978-1-4488-3254-5(3)*, b198716e-8499-413e-b6ea-3faf8c5b3776); (J). (gr. 4-4). (Drawing Legendary Monsters Ser.). (ENG., Illus.). 32p. 2011. Set lib. bdg. 181.62 *(978-1-4488-3267-5(5)*, a36ff2a1-4ca3-444e-85cb-91b9d4c9410d, PowerKids Pr.) Rosen Publishing Group, Inc., The.

Drawing Lesson. Cecilia Minden & Joanne Meier. Illus. by Bob Ostrom. 2022. (Bear Essential Readers Ser.). (ENG.). 32p. (J). (gr. -1-2). lib. bdg. 35.64 *(978-1-5038-5916-6(9)*, 215814, First Steps) Child's World, Inc, The.

Drawing Lessons - Kids Activity Book. Kreative Kids. 2016. (ENG., Illus.). (J). pap. 9.20 *(978-1-68377-121-0(4))* Whlke, Traudl.

Drawing Monsters. Carolyn Scrace. 2016. (Art Works). 32p. (gr. 2-6). 31.35 *(978-1-62588-346-9(3)*, Smart Apple Media) Black Rabbit Bks.

Drawing My Cat. Seng Visal & Soeurn Kakada. 2022. (ENG.). 18p. (J). pap. ***(978-1-922932-39-6(6))*** Library For All Limited.

Drawing New York's Sights & Symbols, 1 vol. Elissa Thompson. 2018. (Drawing Our States Ser.). (ENG.). 32p. (gr. 3-3). 26.93 *(978-1-9785-0321-2(0)*, 5959a786-b464-4916-afe5-34338e023b3a) Enslow Publishing, LLC.

Drawing North Carolina's Sights & Symbols, 1 vol. Elissa Thompson. 2018. (Drawing Our States Ser.). (ENG.). 32p. (gr. 3-3). 26.93 *(978-1-9785-0322-9(9)*, 8eb15c34-5c67-4d39-9bce-701305c92146) Enslow Publishing, LLC.

Drawing Notepad (Because of Love) A Blank Sketchbook with 100 Pages Suitable for Sketching, Drawing, & Art. This Blank Sketchbook May Make a Loving Gift. James Manning. 2019. (Drawing Notepad Ser.: Vol. 2). (ENG.). 100p. (YA). pap. *(978-1-83884-076-1(1))* Coloring Pages.

Drawing Outside the Box! How to Draw Activity Book. Kreative Kids. 2016. (ENG., Illus.). (J). pap. 9.20 *(978-1-68377-122-7(2))* Whlke, Traudl.

Drawing Pad for Boys Sketch Books for Kids Artistic Sketchbook Drawing Notebook BoysArt Pad Paper Huge SketchbookBlank Paper for Drawing. Bella Kindflower. 2021. (ENG.). 130p. (J). pap. 9.49 *(978-1-716-18414-7(2))* Lulu Pr., Inc.

Drawing Pad for BoysDrawing Notebook Boys Kids Art JournalSketchbook Drawing PaintingArt Paper KidsColoring Notebook. Bella Kindflower. 2021. (ENG.). 130p. (J). pap. 10.29 *(978-1-716-18418-5(5))* Lulu Pr., Inc.

Drawing Pad for Girls Kids Art Journal Sketchbook for Girls Art Pad PaperSketchbook Drawing PaintingArt Paper KidsHuge Sketchbook. Bella Kindflower. 2021. (ENG.). 130p. (J). pap. 12.49 *(978-1-716-18424-6(X))* Lulu Pr., Inc.

Drawing Pad for GirlsDrawing Pads for Kids Ages 4-8Sketch Books for KidsSketchbook for GirlsDrawing Pads for Kids 9-12. Bella Kindflower. 2021. (ENG.). 130p. (J). pap. 11.00 *(978-1-716-18421-5(5))* Lulu Pr., Inc.

Drawing Pad for Kids Art Paper Kids120 Page Sketchbook Artistic SketchbookHuge SketchbookKids Art JournalBlank Paper for Drawing. Bella Kindflower. 2021. (ENG.). 130p. (J). pap. 12.39 *(978-1-716-18440-6(1))* Lulu Pr., Inc.

Drawing Pad for KidsSketch Books for Kids Artistic SketchbookArt Pad PaperDrawing Pads for Kids 9-12Coloring Notebook. Bella Kindflower. 2021. (ENG.). 130p. (J). pap. 12.49 *(978-1-716-18432-1(0))* Lulu Pr., Inc.

Drawing Paper Pad (Because of Love) A Blank Sketchbook with 100 Pages Suitable for Sketching, Drawing, & Art. This Blank Sketchbook May Make a Loving Gift. James Manning. 2019. (Drawing Paper Pad Ser.: Vol. 2). (ENG.). 100p. (YA). pap. *(978-1-83884-077-8(X))* Coloring Pages.

Drawing Pennsylvania's Sights & Symbols, 1 vol. Elissa Thompson. 2018. (Drawing Our States Ser.). (ENG.). 32p. (gr. 3-3). 26.93 *(978-1-9785-0324-3(5)*, 80eb936b-2958-453f-a111-a4c6d0e76512) Enslow Publishing, LLC.

Drawing Pictures from Dot to Dot: Activity Book Preschool. Jupiter Kids. 2017. (ENG., Illus.). (J). pap. 9.20 *(978-1-5419-0973-1(9)*, Jupiter Kids (Childrens & Kids Fiction)) Speedy Publishing LLC.

Drawing Pictures Grid by Grid: Drawing Book for Beginners. Speedy Kids. 2017. (ENG., Illus.). (J). pap. 9.05 *(978-1-5419-3256-2(0))* Speedy Publishing LLC.

Drawing Princesses, Trolls, & Other Fairy-Tale Characters: 4D an Augmented Reading Drawing Experience. Clara Cella. Illus. by Lisa K. Weber. 2018. (Drawing With 4D Ser.). (ENG.). 32p. (J). (gr. 3-9). lib. bdg. 33.99 *(978-1-5435-3190-9(3)*, 138816, Capstone Pr.) Capstone.

Drawing Projects for Children. Paula Briggs. ed. 2021. (Illus.). 144p. pap. 24.95 *(978-1-908966-74-2(2))* Black Dog Publishing Ltd. GBR. Dist: Consortium Bk. Sales & Distribution.

Drawing Puppies, Chicks, & Other Baby Animals: 4D an Augmented Reading Drawing Experience. Clara Cella. Illus. by Sydney Hanson. 2018. (Drawing With 4D Ser.). (ENG.). 32p. (J). (gr. 3-9). lib. bdg. 33.99 *(978-1-5435-3189-3(X)*, 138815, Capstone Pr.) Capstone.

Drawing Robots. Carolyn Scrace. 2016. (Art Works). 32p. (gr. 2-6). 31.35 *(978-1-62588-347-6(1)*, Smart Apple Media) Black Rabbit Bks.

Drawing Robots & Aliens with Scooby-Doo! Steve Korté. Illus. by Scott Jeralds. 2022. (Drawing Fun with Scooby-Doo! Ser.). (ENG.). 32p. (J). 33.99 *(978-1-6639-5887-7(4)*, 222840, Capstone Pr.) Capstone.

Drawing-Room Plays & Parlour Pantomimes (Classic Reprint) Clement Scott. (ENG., Illus.). (J). 2018. 376p. 31.65 *(978-0-365-26852-9(6))*; 2017. pap. 16.57 *(978-0-259-20615-6(6))* Forgotten Bks.

Drawing School: Learn to Draw More Than 250 Things! Illus. by Nila Aye. 2017. (ENG.). 256p. (J). (gr. 1-3). pap. 19.99 *(978-1-63322-379-0(5)*, 225468, Walter Foster Jr) Quarto Publishing Group USA.

Drawing School — Volume 2: Learn to Draw More Than 50 Cool Animals, Objects, People, & Figures! Illus. by Nila Aye. 2018. (Drawing School Ser.). (ENG.). 64p. (J). (gr. 2-5). lib. bdg. 33.32 *(978-1-942875-66-6(5)*, 0308dce3-b5bd-4a55-8acc-6f62efc2ba93, Walter Foster Jr) Quarto Publishing Group USA.

Drawing Shapes Inside Shapes Inside Shapes Activity Book. Smarter Activity Books for Kids. 2016. (ENG., Illus.). (J). pap. 8.99 *(978-1-68374-291-3(5))* Examined Solutions PTE. Ltd.

Drawing Sketchbook for BoysHuge SketchbookSketch Pad KidsPainting Sketch BookKids Drawing PadArtistic SketchbookArt Supplies Sketch Book. Bella Kindflower. 2021. (ENG.). 130p. (J). pap. 11.00 *(978-1-716-18446-8(0))* Lulu Pr., Inc.

Drawing Sketchbook for BoysSketch Book 8x5 Painting Sketch Book Kids Drawing PadArtistic SketchbookSketch Book Boy. Bella Kindflower. 2021. (ENG.). 130p. (J). pap. 12.39 *(978-1-716-18457-4(6))* Lulu Pr., Inc.

Drawing Sketchbook for Girls. Bella Kindflower. 2021. (ENG.). 130p. (J). pap. 10.29 *(978-1-716-18684-4(6))* Lulu Pr., Inc.

Drawing Sketchbook for GirlsHuge SketchbookSketch Book 8x5 Drawing Pads for Kids 9-12Kids Drawing PadArt Supplies Sketch BookDrawing Paper Kid. Bella Kindflower. 2021. (ENG.). 130p. (YA). pap. 12.49 *(978-1-716-18561-8(0))* Lulu Pr., Inc.

Drawing Sketchbook for KidsHuge SketchbookKids SketchpadDrawing Pads for Kids Art Pads for Drawing for Kids120 Page Sketchbook. Bella Kindflower. 2021. (ENG.). 130p. (J). pap. 11.49 *(978-1-716-18731-5(1))* Lulu Pr., Inc.

Drawing Sketchbook for KidsSketch Book 8x5 Sketch Pad KidsArtistic SketchbookDrawing Pads for Kids 9-12Kids Drawing Pad. Bella Kindflower. 2021. (ENG.). 130p. (J). pap. 12.49 *(978-1-716-18695-0(1))* Lulu Pr., Inc.

Drawing Skills Lab. Sandee Ewasiuk. 2018. (Art Skills Lab Ser.). (Illus.). 32p. (J). (gr. 4-4). *(978-0-7787-5221-9(6))* Crabtree Publishing Co.

Drawing South Carolina's Sights & Symbols, 1 vol. Elissa Thompson. 2018. (Drawing Our States Ser.). (ENG.). 32p. (gr. 3-3). 26.93 *(978-1-9785-0319-9(9)*, cf6488d7-5093-4faf-a846-234396969323) Enslow Publishing, LLC.

Drawing Spooky Chibi: Learn How to Draw Kawaii Vampires, Zombies, Ghosts, Skeletons, Monsters, & Other Cute, Creepy, & Gothic Creatures. Illus. by Tessa Creative Art. 2023. (How to Draw Bks.). 128p. (J). (gr. 6-6). pap. 10.00 ***(978-1-64604-496-2(7))*** Ulysses Pr.

Drawing Step by Step: How to Draw Activity Book. Kreative Kids. 2016. (ENG., Illus.). (J). pap. 9.20 *(978-1-68377-124-1(9))* Whlke, Traudl.

Drawing Symmetry see Simetrias

Drawing Tennessee's Sights & Symbols, 1 vol. Elissa Thompson. 2018. (Drawing Our States Ser.). (ENG.). 32p. (gr. 3-3). 26.93 *(978-1-9785-0323-6(7)*, ed656361-bbdd-483f-9515-313e5e908d3f) Enslow Publishing, LLC.

Drawing Texas's Sights & Symbols, 1 vol. Elissa Thompson. 2018. (Drawing Our States Ser.). (ENG.). 32p. (gr. 3-3). 26.93 *(978-1-9785-0325-0(3)*, 5726b6fb-dd59-4527-899a-b052024b1c1a) Enslow Publishing, LLC.

Drawing the Mystery Inc. Gang with Scooby-Doo! Steve Korté. Illus. by Scott Jeralds. 2022. (Drawing Fun with Scooby-Doo! Ser.). (ENG.). 32p. (J). 33.99 *(978-1-6639-5888-4(2)*, 226173, Capstone Pr.) Capstone.

Drawing Things That Go. Carolyn Scrace. 2016. (Art Works). 32p. (gr. 2-6). 31.35 *(978-1-62588-348-3(X)*, Smart Apple Media) Black Rabbit Bks.

Drawing With 4D. Clara Cella. Illus. by Jon Westwood et al. 2018. (Drawing With 4D Ser.). (ENG.). 32p. (J). (gr. 3-9). 135.96 *(978-1-5435-3191-6(1)*, 28607, Capstone Classroom) Capstone.

Drawing with Crayola (r) ! Animals, Robots, Monsters, Cars, & More. Kathy Allen. 2018. (ENG., Illus.). 112p. (J). (gr. -1-3). pap. 12.99 *(978-1-5415-2878-9(6)*, 4c1e8c18-8b37-493b-aa41-2ab1c488ecb4, Lerner Pubns.) Lerner Publishing Group.

Drawing with Detail: Kids How to Draw Activity Book. Kreative Kids. 2016. (ENG., Illus.). (J). pap. 9.20 *(978-1-68377-125-8(7))* Whlke, Traudl.

Drawing with Shapes Is Fun! (Set), 12 vols. 2018. (Drawing with Shapes Is Fun! Ser.). (ENG.). 24p. (J). (gr. 1-1). lib. bdg. 151.62 *(978-1-5383-3202-3(7)*, 40fedf72-3475-43dc-9461-497a1d6f7808, PowerKids Pr.) Rosen Publishing Group, Inc., The.

Drawing with Whitman. Kristin McGlothlin. 2021. (Sourland Mountain Ser.). (Illus.). 146p. (J). 14.95 *(978-1-954854-01-7(3))*; pap. 8.95 *(978-1-7348802-6-7(0))* Girl Friday Bks. (Bird Upstairs).

Drawing with Whitman. Kristin McGlothlin. 2019. (Sourland Mountain Ser.: Vol. 1). (ENG.). 148p. (J). pap. 9.95 *(978-1-7332865-0-3(0))* Sourland Mountain Bks.

Drawing Zentangle Animals. Catherine Ard. Illus. by Hannah Geddes. 2017. (How to Draw Zentangle Art Ser.). 32p. (gr. 3-3). pap. 63.00 *(978-1-5382-0705-5(2))* Stevens, Gareth Publishing LLLP.

Drawing Zentangle Birds. Catherine Ard. Illus. by Hannah Geddes. 2017. (How to Draw Zentangle Art Ser.). 32p. (gr. 3-3). pap. 63.00 *(978-1-5382-0706-2(0))* Stevens, Gareth Publishing LLLP.

Drawing Zentangle(r) Bugs & Butterflies, 1 vol. Catherine Ard. Illus. by Hannah Geddes. 2017. (How to Draw Zentangle(r) Art Ser.). (ENG.). 32p. (gr. 3-3). pap. 11.50 *(978-1-5382-0840-3(7)*, 54485b4d-2198-4744-8728-baf6d0f73a1e) Stevens, Gareth Publishing LLLP.

Drawing Zentangle(r) Decorations, 1 vol. Jane Marbaix. 2019. (How to Draw Zentangle(r) Art Ser.). (ENG.). 32p. (J). (gr. 3-3). pap. 11.50 *(978-1-5382-4267-4(2)*, 901f5afe-ab79-4b73-b354-10708adede29); lib. bdg. 28.27 *(978-1-5382-4208-7(7)*, cc0ccc80-cb9e-4960-bef5-1caccefa05f0) Stevens, Gareth Publishing LLLP.

Drawing Zentangle Fantasy Worlds. Catherine Ard. Illus. by Hannah Geddes. 2017. (How to Draw Zentangle Art Ser.). 32p. (gr. 3-3). pap. 63.00 *(978-1-5382-0708-6(7))* Stevens, Gareth Publishing LLLP.

Drawing Zentangle Holidays. Catherine Ard. Illus. by Hannah Geddes. 2017. (How to Draw Zentangle Art Ser.). 32p. (gr. 3-3). pap. 63.00 *(978-1-5382-0709-3(5))* Stevens, Gareth Publishing LLLP.

Drawing Zentangle(r) Nature, 1 vol. Jane Marbaix. 2019. (How to Draw Zentangle(r) Art Ser.). (ENG.). 32p. (J). (gr. 3-3). pap. 11.50 *(978-1-5382-4261-2(3)*, 98abbf01-c61a-4fe8-9d6f-19eb4b1e8998); lib. bdg. 28.27 *(978-1-5382-4205-6(2)*, 6388d5d5-04db-4e0e-834d-e2ed38633b49) Stevens, Gareth Publishing LLLP.

Drawing Zentangle(r) Ocean Life, 1 vol. Jane Marbaix. 2019. (How to Draw Zentangle(r) Art Ser.). (ENG.). 32p. (J). (gr. 3-3). pap. 11.50 *(978-1-5382-4263-6(X)*, 85a0d53b-77fa-4b03-a0ed-9378d24d0039); lib. bdg. 28.27 *(978-1-5382-4206-3(0)*, 1a9efbe2-5213-4417-8a65-64c61c67040b) Stevens, Gareth Publishing LLLP.

Drawing Zentangle Sea Life. Catherine Ard. Illus. by Hannah Geddes. 2017. (How to Draw Zentangle Art Ser.). 32p. (gr. 3-3). pap. 63.00 *(978-1-5382-0710-9(9))* Stevens, Gareth Publishing LLLP.

Drawing Zentangle(r) Wildlife, 1 vol. Jane Marbaix. 2019. (How to Draw Zentangle(r) Art Ser.). (ENG.). 32p. (J). (gr. 3-3). pap. 11.50 *(978-1-5382-4265-0(6)*, bf578df2-960f-4358-bf75-d8d40984a3bc); lib. bdg. 28.27 *(978-1-5382-4207-0(9)*, d70a19a4-a9b4-4411-a2ba-fbba3a976fe9) Stevens, Gareth Publishing LLLP.

Drawings from the Duck Pond. Astor Branch. 2016. (ENG., Illus.). (J). pap. 10.99 *(978-0-9984148-0-5(8))* Appointed Media Group, LLC.

Drawmaster Marvel Avengers: Captain America, Hawkeye & Black Widow (Deluxe Set) Imports Dragon. 2018. (ENG., Illus.). 6p. (J). (gr. k). 17.99 *(978-2-924866-02-3(2)*, CrackBoom! Bks.) Chouette Publishing CAN. Dist: Publishers Group West (PGW).

Drawmaster Marvel Avengers: Captain America Super Stencil Kit: 4 Easy Steps to Draw Your Heroes. Illus. by Marvel. 2019. (Drawmaster Ser.). (ENG.). 24p. (J). (gr. k). 11.99 *(978-2-89802-134-3(2)*, CrackBoom! Bks.) Chouette Publishing CAN. Dist: Publishers Group West (PGW).

Drawmaster Marvel Avengers: Hulk, Thor & Loki (Deluxe Set) Imports Dragon. 2018. (ENG., Illus.). 6p. (J). (gr. k). 17.99 *(978-2-924866-00-9(6)*, CrackBoom! Bks.) Chouette Publishing CAN. Dist: Publishers Group West (PGW).

Drawmaster Marvel Spider-Man: Super Stencil Kit: 4 Easy Steps to Draw Your Heroes. Illus. by Marvel. 2019. (Drawmaster Ser.). (ENG.). 24p. (J). (gr. k). 11.99 *(978-2-89802-086-5(9)*, CrackBoom! Bks.) Chouette Publishing CAN. Dist: Publishers Group West (PGW).

Drawmaster Robocar Poli: Super Stencil Kit: 4 Easy Steps to Draw Your Heroes. Illus. by Roi Visuals. 2019. (Drawmaster Ser.). (ENG.). 24p. (J). (gr. k). 11.99 *(978-2-89802-093-3(1)*, CrackBoom! Bks.) Chouette Publishing CAN. Dist: Publishers Group West (PGW).

Drawn Across Borders: True Stories of Human Migration. George Butler. Illus. by George Butler. 2021. (ENG.). 56p. (J). (gr. 5). 18.99 *(978-1-5362-1775-9(1))* Candlewick Pr.

Drawn at a Venture: A Collection of Drawings (Classic Reprint) Fougasse Fougasse. (ENG., Illus.). (J). 2019. 110p. 26.19 *(978-0-365-12416-0(8))*; 2017. pap. 9.57 *(978-0-259-83560-8(9))* Forgotten Bks.

Drawn Away, 1 vol. Holly Bennett. 2017. (ENG., Illus.). 208p. (YA). (gr. 8-12). 19.95 *(978-1-4598-1252-9(2))* Orca Bk. Pubs. USA.

Drawn by a China Moon: Introducing Lottie Moon. Dave Jackson & Neta Jackson. 2016. (ENG., Illus.). (J). pap. 7.99 *(978-1-939445-36-0(1))* Castle Rock Creative, Inc.

Drawn from Life: Sketches of Young Ladies, Young Gentlemen, & Young Couples (Classic Reprint) Charles Dickens. (ENG., Illus.). (J). 2018. 320p. 30.50 *(978-0-484-46520-5(1))*; 2017. pap. 13.57 *(978-0-243-07778-6(5))* Forgotten Bks.

Drawn from Memory: Containing Many of the Author's Famous Cartoons & Sketches (Classic Reprint) John T. McCutcheon. (ENG., Illus.). (J). 2018. 484p. 33.88 *(978-0-332-46740-5(6))*; 2017. pap. 16.57 *(978-0-243-12626-2(3))* Forgotten Bks.

Drawn from Nature. Helen Ahpornsiri. Illus. by Helen Ahpornsiri. 2018. (ENG., Illus.). 64p. (J). (gr. 1-4). 22.00 *(978-0-7636-9898-0(9)*, Big Picture Press) Candlewick Pr.

Drawn In. Jillian Her. Illus. by Kevin Cook. 2020. (ENG.). 48p. (J). (gr. k-6). pap. *(978-0-2288-1864-9(8))* Tellwell Talent.

Drawn into Danger: Living on the Edge in the Sahara. Keith Costelloe. 2022. (ENG.). 234p. (YA). *(978-1-0391-2037-2(7))*; pap. *(978-1-0391-2036-5(9))* FriesenPress.

Drawn Onward. Meg McKinlay. Illus. by Andrew Frazer. 2018. 32p. (J). (gr. 6). 14.99 *(978-1-925164-84-8(5))* Fremantle Pr. AUS. Dist: Independent Pubs. Group.

Drawn Out. Courtney Huynh. 2021. (ENG.). 34p. (J). pap. 5.99 *(978-1-68223-242-2(5))* Around the World Publishing LLC.

Drawn to Change the World Graphic Novel Collection: 16 Youth Climate Activists, 16 Artists. Emma Reynolds. Illus. by Emma Reynolds et al. 2023. (ENG.). 208p. (J). (gr. 3-7). 24.99 *(978-0-06-308422-3(8)*, HarperAlley) HarperCollins Pubs.

Drawn to Change the World Graphic Novel Collection: 16 Youth Climate Activists, 16 Artists. Contrib. by Emma Reynolds. 2023. (ENG., Illus.). 208p. (J). (gr. 3-7). pap. 15.99 *(978-0-06-308421-6(X)*, HarperAlley) HarperCollins Pubs.

Drawn to Color: A Pacific Northwest Coloring Book. Ed. by Ben Clanton. 2017. (ENG., Illus.). 64p. (J). pap. 15.99 *(978-1-63217-109-2(0)*, Little Bigfoot) Sasquatch Bks.

Drawn to the Tides. Amanda LaBonte. 2018. (Call of the Sea Ser.: Vol. 2). (ENG.). 300p. (YA). (gr. 10-12). pap. *(978-1-989473-10-8(5))* Engen Bks.

Drayton: A Story of American Life (Classic Reprint) Thomas Hopkins Shreve. (ENG., Illus.). (J). 2017. 29.84 *(978-0-265-50897-8(5))*; 2016. pap. 13.57 *(978-1-334-23761-4(1))* Forgotten Bks.

Draytons & the Davenants: A Story of the Civil Wars (Classic Reprint) Elizabeth Rundle Charles. 2017. (ENG., Illus.). (J). 34.39 *(978-1-5280-7480-3(7))* Forgotten Bks.

Dread & Alive: Duppy Conqueror. Created by Nicholas Da Silva. 2021. (Illus.). 32p. (YA). 10.00 *(978-0-9830637-8-0(8)*, ComiXstand) Zoolook.

Dread Nation. Justina Ireland. (ENG.). (YA). (gr. 9). 2019. 480p. pap. 11.99 *(978-0-06-257061-1(7))*; 2018. 464p. 17.99 *(978-0-06-257060-4(9))* HarperCollins Pubs. (Balzer & Bray).

Dread Pirate Arcanist. Shami Stovall. (Frith Chronicles Ser.: Vol. 2). (ENG.). (YA). (gr. 7-12). 2020. 448p. 19.99 *(978-1-7334428-8-6(X))*; 2019. 446p. pap. 14.99 *(978-0-9980452-6-9(8))* Capital Station Bks., LLC.

Dreaded Middle School. Can You Relate? Ivette P. Guerra. 2018. (ENG.). 174p. (J). pap. ***(978-1-387-71230-4(6))*** Lulu Pr., Inc.

Dreadful Demise of Jake Walton. J. a Kahn. 2016. (ENG., Illus.). 294p. (J). pap. *(978-1-909467-95-8(2))* Maran, Geko Publishing.

Dreadful Fairy Book. Jon Etter. (Those Dreadful Fairy Bks.: 1). (ENG.). (J). (gr. 4-7). 2020. 304p. pap. 9.99 *(978-1-948705-46-2(X))*; 2018. (Illus.). 300p. 16.99 *(978-1-948705-14-1(1))* Amberjack Publishing Co.

Dreadful Fluff. Aaron Blabey. 2017. (Illus.). 32p. (J). (gr. -1-k). pap. 13.99 *(978-0-14-350700-0(1))* Random Hse. Australia AUS. Dist: Independent Pubs. Group.

Dreadful River Cave: Chief Black Elk's Story. James Willard Schultz. 2022. (ENG.). 182p. (J). pap. ***(978-1-387-71012-6(5))*** Lulu Pr., Inc.

Dreadful Story. Jill Kavalek. 2021. (ENG.). 24p. (J). *(978-0-2288-6001-3(6))*; pap. *(978-0-2288-5992-5(1))* Tellwell Talent.

Dreadful Tale of Prosper Redding-The Dreadful Tale of Prosper Redding, Book 1. Alexandra Bracken. 2018. (Prosper Redding Ser.: 1). (ENG.). 384p. (J). (gr. 3-7). pap.

7.99 *(978-1-4847-9010-6(3)*, Disney-Hyperion) Disney Publishing Worldwide.

Dreadful Visitation, in a Short Account of the Progress & Effects of the Plague: The Last Time It Spread in the City of London, in the Year 1665, Extracted from the Memoirs of a Person Who Resided There During the Whole Time of That Infection. Daniel Dafoe. 2018. (ENG., Illus.). (J). 20p. 24.31 *(978-1-396-60824-7(9))*; 22p. pap. 7.97 *(978-1-391-71174-4(2))* Forgotten Bks.

Dreadful Visitation in a Short Account of the Progress & Effects of the Plague (Classic Reprint) Daniel Dafoe. (ENG., Illus.). (J). 2018. 20p. 24.31 *(978-0-428-83582-8(1))*; 2016. pap. 7.97 *(978-1-333-37724-3(X))* Forgotten Bks.

Dreadful Visitation, in a Short Account of the Progress & Effects of the Plague, the Last Time It Spread in the City of London, in the Year 1665: Extracted from the Memoirs of a Gentleman Who Resided There During the Whole Time of That Infection. Daniel Dafoe. 2018. (ENG., Illus.). (J). 20p. 24.31 *(978-1-396-59556-1(2))*; 22p. pap. 7.97 *(978-1-391-70568-2(8))* Forgotten Bks.

Dreadful Visitation in a Short Account of the Progress & Effects of the Plague, the Last Time It Spread in the City of London in the Year 1665 Extracted from the Memoirs of a Person Who Resided There, During the Whole Time of the Infection: With SOM. Daniel Dafoe. 2018. (ENG., Illus.). (J). 22p. 24.37 *(978-1-396-61053-0(7))*; 24p. pap. 7.97 *(978-1-391-66534-4(1))* Forgotten Bks.

Dreadknot. S. E. Anderson. 2022. (ENG.). 474p. (YA). pap. *(978-1-912996-34-6(0))* Bolide Publishing Ltd.

Dreadnought: Nemesis, Bk. 1. April Daniels. 2017. (Nemesis Ser.: 1). 280p. pap. 14.99 *(978-1-68230-068-8(4)*, Diversion Bks.) Diversion Publishing Corp.

Dream. Sharon Clark. Illus. by Sharon Clark. 2018. (ENG., Illus.). 40p. (J). (gr. k-3). *(978-0-6484268-0-6(7))* Dream Blossom Pr.

Dream. Jaguar. 2021. (ENG.). 124p. (YA). pap. 14.95 *(978-1-63710-049-3(3))* Fulton Bks.

Dream. Andy PHILLIPS. 2020. (ENG.). 32p. (YA). pap. ***(978-1-716-97691-9(X))*** Lulu Pr., Inc.

Dream. Emile Zola. 2017. (ENG., Illus.). 218p. (J). *(978-3-7326-1773-9(4))* Klassik Literatur. ein Imprint der Salzwasser Verlag GmbH.

Dream: (la Reve) Emile Zola. 2017. (ENG., Illus.). (J). 24.95 *(978-1-374-88646-9(7))*; pap. 14.95 *(978-1-374-88645-2(9))* Capital Communications, Inc.

Dream: With Sesame Street. Sesame Workshop & Susanna Leonard Hill. Illus. by Marybeth Nelson. (Sesame Street Scribbles Ser.). (ENG.). (J). (gr. k-3). 2020. 40p. 17.99 *(978-1-7282-1050-6(X))*; 2019. 32p. 12.99 *(978-1-4926-9500-4(9))* Sourcebooks, Inc.

Dream 4 Real. Mariana Leader. 2021. (ENG.). 112p. (J). pap. *(978-0-6488508-8-5(9))* Leader, Mariana.

Dream a Dream. Jackie Zurawski. 2018. (ENG., Illus.). 34p. (J). pap. 10.95 *(978-0-9968902-8-1(9))* Cherokee Rose Publishing, LLC.

Dream a Rainbow. Carlotta Penn. Illus. by Joelle Avelino. 2017. (ENG.). 30p. (J). pap. 12.00 *(978-0-9996613-0-7(2)*, Daydreamers Pr.) Penn, Carlotta.

Dream Adventures of Little Bill (Classic Reprint) Edmund K. Goldsborough. 2018. (ENG., Illus.). 180p. (J). 27.59 *(978-0-332-19025-9(0))* Forgotten Bks.

Dream Alive ! Kendra Williams. 2016. (ENG.). (J). 36p. pap. ***(978-1-365-41316-2(0))***; 74p. pap. ***(978-1-365-32715-5(9))*** Lulu Pr., Inc.

Dream & a Forgetting (Classic Reprint) Julian Hawthorne. 2018. (ENG., Illus.). 212p. (J). 28.29 *(978-0-484-32122-8(6))* Forgotten Bks.

Dream & Draw Journal for Kids. Cristie Publishing. 2021. (ENG.). 112p. (J). pap. 10.50 *(978-1-716-23081-3(0))* Lulu Pr., Inc.

Dream & Mindfulness Journal: Daily Notes, Meditation Pages, & Reflections for Living in the Present. Pixie Publishing House. 2023. (ENG.). 63p. (YA). pap. ***(978-1-312-73182-0(6))*** Lulu Pr., Inc.

Dream & the Business (Classic Reprint) John Oliver Hobbes. 2018. (ENG., Illus.). 460p. (J). 33.38 *(978-0-483-19490-8(5))* Forgotten Bks.

Dream, Annie, Dream. Waka T. Brown. 2022. (ENG.). 352p. (J). (gr. 3-7). 19.99 *(978-0-06-301716-0(4)*, Quill Tree Bks.) HarperCollins Pubs.

Dream Big. Kat Kronenberg. 2017. (ENG., Illus.). 48p. (gr. -1-5). 15.95 *(978-1-62634-347-4(0))* Greenleaf Book Group.

Dream Big. Jedonna Mathis & Zamyah Albert. 2019. (ENG.). 24p. (J). pap. 12.00 *(978-0-359-80448-1(9))* Lulu Pr., Inc.

Dream Big: A True Story of Courage & Determination. Dave McGillivray & Nancy Feehrer. Illus. by Ron Himler. 2018. (ENG.). 32p. (J). 16.95 *(978-1-61930-618-9(2)*, d6b095db-9a57-41d0-968d-ef8d7bc7dbef) Nomad Pr.

Dream Big: American Idol Superstars, 13 vols., Set. Incl. American Idol Profiles Index: Top Finalists from Each Season (82 Contestants) Chuck Bednar. (YA). pap. 9.95 *(978-1-4222-1593-7(8))*; Chris Daughtry. Hal Marcovitz. (YA). pap. 9.95 *(978-1-4222-1595-1(4))*; David Archuleta. Chuck Bednar. (Illus.). (J). pap. 9.95 *(978-1-4222-1597-5(0))*; Elliott Yamin. Hal Marcovitz. (YA). pap. 9.95 *(978-1-4222-1599-9(7))*; Insights into American Idol. Chuck Bednar. (YA). pap. 9.95 *(978-1-4222-1600-2(4))*; Jordin Sparks. Hal Marcovitz. (YA). pap. 9.95 *(978-1-4222-1602-6(0))*; Kellie Pickler. Hal Marcovitz. (YA). pap. 9.95 *(978-1-4222-1603-3(9))*; Kelly Clarkson. Gail Snyder. (YA). pap. 9.95 *(978-1-4222-1604-0(7))*; Kris Allen. Chuck Bednar. (Illus.). (J). pap. 9.95 *(978-1-4222-1596-8(2))*; (gr. 5-18). 2009. Set pap. 129.35 *(978-1-4222-1592-0(X))*; Set lib. bdg. 298.35 *(978-1-4222-1504-3(0))* Mason Crest.

Dream Big & Other Life Lessons from the Enormous Crocodile. Roald Dahl. Illus. by Quentin Blake. 2019. (ENG.). 32p. (J). (gr. -1-2). 8.99 *(978-1-5247-9209-1(8)*, Grosset & Dunlap) Penguin Young Readers Group.

Dream Big Dreams: Photographs from Barack Obama's Inspiring & Historic Presidency (Young Readers) Pete Souza. 2017. (ENG., Illus.). 96p. (J). (gr. 5-17). 21.99 *(978-0-316-51439-2(X))* Little, Brown Bks. for Young Readers.

Dream Big for Kids. Bob Goff & Lindsey Goff Viducich. Illus. by Sian James. 2022. (ENG.). 32p. (J). 18.99 *(978-1-4002-2089-2(0)*, Tommy Nelson) Nelson, Thomas Inc.

Dream Big, Laugh Often: And More Great Advice from the Bible. Hanoch Piven & Shira Hecht-Koller. Illus. by Hanoch Piven. 2023. (ENG., Illus.). 48p. (J). 19.99 *(978-0-374-39010-5(X)*, 900256949, Farrar, Straus & Giroux (BYR)) Farrar, Straus & Giroux.

Dream Big, Little One. Becky Davies. Illus. by Dana Brown. 2022. (ENG.). 32p. (J). (gr. -1-2). 17.99 *(978-1-68010-266-6(4))* Tiger Tales.

Dream Big, Little One. Vashti Harrison. 2018. (Vashti Harrison Ser.). (ENG., Illus.). 26p. (J). (gr. -1 — 1). bds. 8.99 *(978-0-316-47509-9(2))* Little, Brown Bks. for Young Readers.

Dream Big Little One. Jess L. Owen. 2018. (ENG., Illus.). 28p. (J). 15.99 *(978-1-64316-949-1(1))* Owen, Jessica.

Dream Big, My Precious One. Jill Roman Lord. Illus. by Brittany E. Lakin. (ENG.). (J). (gr. -1-1). 2023. 24p. bds. 7.99 *(978-1-5460-3433-9(1))*; 2021. 32p. 17.99 *(978-1-5460-3432-2(3))* Worthy Publishing. (Worthy Kids/Ideals).

Dream Big Notebook. Adrienne Edwards. 2022. (ENG.). 100p. (YA). pap. *(978-1-4583-4002-3(3))* Lulu Pr., Inc.

Dream Big, Princess! (Disney Princess) Andrea Posner-Sanchez. Illus. by RH Disney. 2016. (ENG.). 80p. (J). (gr. -1-2). 9.99 *(978-0-7364-3709-7(6)*, RH/Disney) Random Hse. Children's Bks.

Dream Bigger: Etta, Be Bold, Be Brave, Be Brilliant. W. F. Duncan. Ed. by L. Duncan. Illus. by Peaches Publications. 2021. (ENG.). 34p. (J). pap. *(978-1-8381472-5-9(X))* Peaches Pubns.

Dream Bigger: Ezra, Be Bold, Be Brave, Be Brilliant. W. F. Duncan. Illus. by Peaches Publications. 2021. (ENG.). 34p. (J). pap. *(978-1-8381472-4-2(1))* Peaches Pubns.

Dream Blocks (Classic Reprint) Aileen Cleveland Higgins. (ENG., Illus.). (J). 2018. 86p. 25.67 *(978-0-267-30802-6(7))*; 2016. pap. 9.57 *(978-1-333-70537-4(9))* Forgotten Bks.

Dream Boats, & Other Stories: Portraits & Histories of Fauns, Fairies, Fishes & Other Pleasant Creatures (Classic Reprint) Dugald Stewart Walker. 2017. (ENG., Illus.). 270p. (J). 29.47 *(978-0-266-81886-1(2))* Forgotten Bks.

Dream Book. Cecilia Minden. Illus. by Anna Jones. 2022. (Little Blossom Stories Ser.). (ENG.). 16p. (J). (gr. -1-2). pap. 11.36 *(978-1-6689-0876-1(X)*, 220843, Cherry Blossom Press) Cherry Lake Publishing.

Dream Builder, 1 vol. Lyons. 2020. (ENG., Illus.). 40p. (J). (gr. 3-5). 20.95 *(978-1-62014-955-3(9)*, leelowbooks) Lee & Low Bks., Inc.

Dream Can Be Achieved: Luxton, a Swimming Champion. Brianna Clement. 2023. (Dream Can Be Achieved Ser.: 1). (Illus.). 30p. (J). 23.00 ***(978-1-6678-8737-1(8))*** BookBaby.

Dream Carver / el Tallador de Sueños, 1 vol. Diana Cohn. Illus. by Amy Córdova Boone. 2023. (SPA.). 40p. (J). (gr. 2-4). 12.95 ***(978-1-64379-635-2(6)***, 23353382, Cinco Puntos Press) Lee & Low Bks., Inc.

Dream Catcher. Michelle Areaux & K. M. Sparks. 2019. (Dreamer Ser.: Vol. 2). (ENG.). 108p. (YA). (gr. 7-12). pap. 7.99 *(978-1-64533-151-3(2))* Kingston Publishing Co.

Dream Catcher. Mary Mauck. 2019. (ENG., Illus.). 258p. (YA). pap. 17.95 *(978-1-64471-962-6(2))* Covenant Bks.

Dream Catcher Coloring Book for Extreme Fun. Speedy Kids. 2017. (ENG., Illus.). (J). pap. 9.20 *(978-1-5419-0941-0(0))* Speedy Publishing LLC.

Dream Catcher Lullabies. Trista Osburn. 2016. (ENG., Illus.). (J). pap. 12.45 *(978-1-5043-6761-5(8)*, Balboa Pr.) Author Solutions, LLC.

Dream Catchers & Feather Designs Coloring Book: An Anti Stress Coloring Book for Adults. Activibooks. 2016. (ENG., Illus.). (J). pap. 9.20 *(978-1-68321-010-8(7))* Mimaxion.

Dream-Catcher's Curse. Paul Weightman. 2019. (ENG.). 80p. (J). pap. 9.83 *(978-0-244-77837-8(X))* Lulu Pr., Inc.

Dream-Charlotte: A Story of Echoes (Classic Reprint) M. Betham-Edwards. (ENG., Illus.). (J). 2018. 392p. 32.00 *(978-0-483-57214-0(4))*; 2016. pap. 16.57 *(978-1-334-73037-5(7))* Forgotten Bks.

Dream Chasers. Revern A. Somai. 2020. (ENG.). 60p. (YA). pap. *(978-0-646-82318-8(3))* Rev.

Dream Children (Classic Reprint) Elizabeth B. Brownell. (ENG., Illus.). (J). 2018. 218p. 28.41 *(978-0-483-44585-7(1))*; 2017. pap. 10.97 *(978-0-243-95451-3(4))* Forgotten Bks.

Dream Chintz (Classic Reprint) Henry S. Mackarness. (ENG., Illus.). (J). 2018. 114p. 26.25 *(978-0-365-33678-5(5))*; 2017. pap. 9.57 *(978-0-259-29836-6(0))* Forgotten Bks.

Dream (Classic Reprint) Emile Zola. 2018. (ENG., Illus.). 368p. (J). 31.49 *(978-0-483-94466-4(1))* Forgotten Bks.

Dream Cloud. Joel Peterson. 2021. (ENG.). 32p. (J). *(978-0-6451347-6-6(7))* Dreaming Doorways.

Dream Code: Interpretation & Dictionary. Veronica Mayer. 2022. (ENG.). 370p. (J). pap. 37.70 *(978-1-716-05293-4(9))* Lulu Pr., Inc.

Dream Coloring/Workbook. Joseph Caffiero. Illus. by Louise Roy. 2022. (Adventures in Your Dream Ser.: Vol. 1). (ENG.). 50p. (J). pap. 4.95 *(978-1-7364129-2-3(2))* Rhinehart, Joseph.

Dream Come True. Leslie Griffin. 2017. (ENG., Illus.). (J). pap. 14.95 *(978-1-4834-6288-2(9))* Lulu Pr., Inc.

Dream Comes True. J. Eileen. 2021. (ENG., Illus.). 140p. (YA). 30.95 *(978-1-64654-717-3(9))*; pap. 20.95 *(978-1-64654-715-9(2))* Fulton Bks.

Dream Country. Shannon Gibney. 2019. (ENG., Illus.). 368p. (YA). (gr. 9). pap. 10.99 *(978-0-7352-3168-9(0)*, Penguin Books) Penguin Young Readers Group.

Dream Crasher. Issey Sherman. 2023. (ENG.). 134p. (YA). pap. ***(978-1-312-71735-0(1))*** Lulu Pr., Inc.

Dream Day in the Park. Jeffrey Parliament. 2022. (ENG., Illus.). 30p. (J). pap. 14.95 *(978-1-68570-772-9(6))* Christian Faith Publishing.

Dream Days. Kenneth Grahame. 2018. (ENG., Illus.). 110p. (YA). (gr. 7-12). pap. *(978-93-5329-263-8(8))* Alpha Editions.

Dream Days. Kenneth Grahame. 2021. (Mint Editions — The Children's Library). (ENG.). 94p. (J). pap. 6.99 *(978-1-5132-8020-2(1)*, West Margin Pr.) West Margin Pr.

Dream Days (Classic Reprint) Kenneth Grahame. 2017. (ENG., Illus.). (J). 30.43 *(978-0-260-82042-6(3))* Forgotten Bks.

Dream Dream Dream... Kalhari Bandara. 2023. (ENG.). 28p. (J). ***(978-0-2288-8762-1(3))***; pap. ***(978-0-2288-8761-4(5))*** Tellwell Talent.

Dream Fighters. Sharon Gilmore. 2018. (ENG., Illus.). 74p. (YA). pap. 11.95 *(978-1-64138-895-5(1))* Page Publishing Inc.

Dream Flights on Arctic Nights. Brooke Hartman. Illus. by Evon Zerbetz. (ENG.). 32p. (J). (gr. k-3). 2022. 12.99 *(978-1-5131-3808-4(1))*; 2019. 22.99 *(978-1-5132-6189-8(4))* West Margin Pr. (Alaska Northwest Bks.).

Dream Flower a Descriptive Australian, Novel with an Attractive Native Background (Classic Reprint) Thomas Sidney Groser. 2018. (ENG., Illus.). 282p. (J). 29.71 *(978-0-267-28769-7(0))* Forgotten Bks.

Dream for a Princess. Melissa Lagonegro. ed. 2018. (Step into Reading Ser.). (ENG.). 23p. (J). (gr. -1-1). 13.89 *(978-1-64310-764-6(X))* Penworthy Co., LLC, The.

Dream for Every Season. Haddy Njie. Tr. by Megan Turney & Rachel Rankin. Illus. by Lisa Aisato. 2022. (ENG.). 40p. (J). (gr. -1-3). 18.00 *(978-1-64690-023-7(5))* North-South Bks., Inc.

Dream Fulfilled: Or the Trials & Triumphs of the Moreland Family (Classic Reprint) Unknown Author. 2017. (ENG., Illus.). 194p. (J). 27.90 *(978-0-484-73637-4(X))* Forgotten Bks.

Dream Girl. Denisse Villalta. 2021. (ENG.). 20p. (J). 19.99 ***(978-1-0880-0690-0(6))***; pap. 12.99 ***(978-1-0880-0110-3(6))*** Indy Pub.

Dream Girl: Dream Girl Book 1. S. J. Lomas. 2017. (ENG., Illus.). 294p. (YA). (gr. 9-12). pap. 12.99 *(978-0-9992523-0-7(5))* 8N Publishing, LLC.

Dream Girl (Classic Reprint) Ethel Gertrude Hart. 2018. (ENG., Illus.). 284p. (J). 29.77 *(978-0-267-11641-6(1))* Forgotten Bks.

Dream Grabber. John R Green. 2020. (ENG.). 40p. (J). 19.99 *(978-1-4808-9475-4(3))* Archway Publishing.

Dream High As the Sky. Paula McClellan Gregory. 2021. (ENG.). 36p. (J). 19.99 *(978-0-2288-3954-5(8))*; pap. *(978-0-2288-3953-8(X))* Tellwell Talent.

Dream in the Land of Perdition. Ahmed Zerouana. 2018. (ARA.). 164p. (J). pap. ***(978-0-359-51590-5(8))*** Lulu Pr., Inc.

Dream Is a Wish Your Heart Makes: A Fairies Coloring Book. Bobo's Children Activity Books. 2016. (ENG., Illus.). (J). pap. 9.33 *(978-1-68327-035-5(5))* Sunshine In My Soul Publishing.

Dream Island: The Fox & the Race. Victoria Lynn & Lauren Hernandez. 2021. (ENG.). 26p. (J). pap. 14.95 *(978-1-63692-260-7(0))* Newman Springs Publishing, Inc.

Dream It! A Playbook to Spark Your Awesomeness. Scott Stoll & Sara E. Williams. 2018. (ENG., Illus.). 80p. (J). pap. *(978-1-4338-2795-2(6)*, Magination Pr.) American Psychological Assn.

Dream It, Believe It, Manatee Patty. Jenny Rose. 2019. (ENG.). 64p. (J). 31.95 *(978-1-4808-7893-8(6))*; pap. 27.95 *(978-1-4808-7895-2(2))* Archway Publishing.

Dream It! Draw It! Think It! Do It! Activities to Ignite Creativity. Courtney Watkins. 2016. (ENG., Illus.). 96p. (J). pap. 9.99 *(978-1-4494-8034-9(9))* Andrews McMeel Publishing.

Dream Job As a Sports Agent, 1 vol. Mary-Lane Kamberg. 2017. (Great Careers in the Sports Industry Ser.). (ENG.). 128p. (J). (gr. 7-7). 44.13 *(978-1-5383-8136-6(2)*, e1dfcbf1-3274-407e-84c3-18aca92b1f77); pap. 21.00 *(978-1-5081-7860-6(7)*, 6fba67f5-48b9-4b8e-bdc2-ffdf0e426502) Rosen Publishing Group, Inc., The.

Dream Job As a Sports Statistician, 1 vol. Marty Gitlin. 2017. (Great Careers in the Sports Industry Ser.). (ENG., Illus.). 128p. (J). (gr. 7-7). 44.13 *(978-1-5383-8138-0(9)*, 80f657fb-a281-4368-97b4-1fb9474bb74b); pap. 21.00 *(978-1-5081-7861-3(5)*, 636db28e-6189-4bec-98f3-c9c860619426) Rosen Publishing Group, Inc., The.

Dream Jobs: Set 1, 8 vols. Katie Franks. Incl. I Want to Be a Baseball Player. (J). lib. bdg. 26.27 *(978-1-4042-3622-6(8)*, 164646bb-2da3-4e4f-92d5-798a0f66589f); I Want to Be a Basketball Player. (J). lib. bdg. 26.27 *(978-1-4042-3621-9(X)*, a4f8b420-cda0-45fa-a2e2-5e45d03a75d6); I Want to Be a Movie Star. (YA). lib. bdg. 26.27 *(978-1-4042-3619-6(8)*, 173dd864-0ee6-4483-b772-e364699a0208); I Want to Be a Race Car Driver. (J). lib. bdg. 26.27 *(978-1-4042-3623-3(6)*, 87391c97-8ca6-46cb-9cd5-ea5e17a97521); (Illus.). 24p. (gr. 2-3). (Dream Jobs Ser.). (ENG.). 2006. Set lib. bdg. 105.08 *(978-1-4042-3598-4(1)*, 75a959c7-dddc-45f9-bf28-32d74732aa6c) Rosen Publishing Group, Inc., The.

Dream Jobs for Future You. Amie Jane Leavitt. 2020. (Dream Jobs for Future You Ser.). (ENG.). 32p. (J). (gr. 3-5). 187.92 *(978-1-4966-8558-2(X)*, 200740, Capstone Pr.) Capstone.

Dream Jobs If You Like Dinosaurs. Amie Jane Leavitt. 2020. (Dream Jobs for Future You Ser.). (ENG.). 32p. (J). (gr. 3-5). lib. bdg. 31.32 *(978-1-4966-8399-1(4)*, 200271, Capstone Pr.) Capstone.

Dream Jobs If You Like Food. Amie Jane Leavitt. 2020. (Dream Jobs for Future You Ser.). (ENG.). 32p. (J). (gr. 3-5). lib. bdg. 31.32 *(978-1-4966-8396-0(X)*, 200268, Capstone Pr.) Capstone.

Dream Jobs If You Like Kids. Amie Jane Leavitt. 2020. (Dream Jobs for Future You Ser.). (ENG.). 32p. (J). (gr. 3-5). lib. bdg. 31.32 *(978-1-4966-8398-4(6)*, 200270, Capstone Pr.) Capstone.

Dream Jobs If You Like Robots. Amie Jane Leavitt. 2020. (Dream Jobs for Future You Ser.). (ENG.). 32p. (J). (gr. 3-5). lib. bdg. 31.32 *(978-1-4966-8397-7(8)*, 200269, Capstone Pr.) Capstone.

Dream Jobs If You Like Toys. Amie Jane Leavitt. 2020. (Dream Jobs for Future You Ser.). (ENG.). 32p. (J). (gr. 3-5). lib. bdg. 31.32 *(978-1-4966-8395-3(1)*, 200267, Capstone Pr.) Capstone.

Dream Jobs If You Like Videos. Amie Jane Leavitt. 2020. (Dream Jobs for Future You Ser.). (ENG.). 32p. (J). (gr. 3-5). lib. bdg. 31.32 *(978-1-4966-8400-4(1)*, 200272, Capstone Pr.) Capstone.

Dream Jobs in Architecture & Construction. Adrianna Morganelli. 2018. (Cutting-Edge Careers in Technical Education Ser.). (ENG., Illus.). 32p. (J). (gr. 5-5). *(978-0-7787-4437-5(X))*; pap. *(978-0-7787-4448-1(5))* Crabtree Publishing Co.

Dream Jobs in Engineering. Colin Hynson. 2017. (Cutting-Edge Careers in STEM Ser.). (Illus.). 32p. (J). (gr. 5-5). *(978-0-7787-2945-7(1))* Crabtree Publishing Co.

Dream Jobs in Green & Sustainable Living. Cynthia O'Brien. 2018. (ENG.). (J). (gr. 5-9). *(978-1-4271-2031-1(5))*; (Illus.). 32p. *(978-0-7787-4440-5(X))*; (Illus.). 32p. pap. *(978-0-7787-4451-1(5))* Crabtree Publishing Co.

Dream Jobs in Human Services. Helen Mason. 2018. (Cutting-Edge Careers in Technical Education Ser.). (ENG., Illus.). 32p. (J). (gr. 5-5). *(978-0-7787-4441-2(8))*; pap. *(978-0-7787-4452-8(3))* Crabtree Publishing Co.

Dream Jobs in Information Technology. Helen Mason. 2018. (ENG.). (J). (gr. 5-9). *(978-1-4271-2029-8(3))*; (Illus.). 32p. *(978-0-7787-4438-2(8))*; (Illus.). 32p. pap. *(978-0-7787-4449-8(3))* Crabtree Publishing Co.

Dream Jobs in Manufacturing. Adrianna Morganelli. 2018. (ENG.). (J). (gr. 3-7). *(978-1-4271-2030-4(7))*; (Illus.). 32p. (gr. 5-5). *(978-0-7787-4439-9(6))*; (Illus.). 32p. (gr. 5-5). pap. *(978-0-7787-4450-4(7))* Crabtree Publishing Co.

Dream Jobs in Math. Colin Hynson. 2017. (Cutting-Edge Careers in STEM Ser.). (Illus.). 32p. (J). *(978-0-7787-2963-1(X))* Crabtree Publishing Co.

Dream Jobs in Science. Colin Hynson. 2017. (Cutting-Edge Careers in STEM Ser.). (Illus.). 32p. (J). (gr. 5-5). *(978-0-7787-2965-5(6))* Crabtree Publishing Co.

Dream Jobs in Sports Equipment Design, 1 vol. Tracy Brown Hamilton. 2017. (Great Careers in the Sports Industry Ser.). (ENG.). 128p. (J). (gr. 7-7). 44.13 *(978-1-5383-8140-3(0)*, 94190847-71d9-4cfb-8415-258be7f6fa63); pap. 21.00 *(978-1-5081-7862-0(3)*, 2fe611b9-109b-4c4d-a8af-531e598b11f9) Rosen Publishing Group, Inc., The.

Dream Jobs in Sports Personnel, 1 vol. Carla Mooney. 2017. (Great Careers in the Sports Industry Ser.). (ENG.). 128p. (J). (gr. 7-7). 44.13 *(978-1-5383-8142-7(7)*, 5a1128ad-58ca-40e2-9b7a-6eab98faeabf) Rosen Publishing Group, Inc., The.

Dream Jobs in Sports Personnel, 1 vol. Contrib. by Carla Mooney. 2017. (Great Careers in the Sports Industry Ser.). (ENG.). 128p. (J). (gr. 7-7). pap. 21.00 *(978-1-5081-7863-7(1)*, bb628a19-693c-45cc-9f4e-a96bd935ab7d) Rosen Publishing Group, Inc., The.

Dream Jobs in Sports Psychology, 1 vol. Jessica Shaw. 2017. (Great Careers in the Sports Industry Ser.). (ENG., Illus.). 128p. (J). (gr. 7-7). 44.13 *(978-1-5383-8144-1(3)*, ac94670e-c36e-44e0-afec-60f4c492e1b5); pap. 21.00 *(978-1-5081-7864-4(X)*, 9251ba13-4dc3-4ff6-b900-ca522bfb2278) Rosen Publishing Group, Inc., The.

Dream Jobs in Sports Retail, 1 vol. Alison Downs. 2017. (Great Careers in the Sports Industry Ser.). (ENG., Illus.). 128p. (J). (gr. 7-7). pap. 21.00 *(978-1-5081-7865-1(8)*, b539e715-441a-49bb-b5b7-22bbeecc7e08) Rosen Publishing Group, Inc., The.

Dream Jobs in Technology. Colin Hynson. 2017. (Cutting-Edge Careers in STEM Ser.). (Illus.). 32p. (J). *(978-0-7787-2967-9(2))* Crabtree Publishing Co.

Dream Jobs in Transportation, Distribution & Logistics. Cynthia O'Brien. 2018. (Cutting-Edge Careers in Technical Education Ser.). (ENG., Illus.). 32p. (J). (gr. 5-5). *(978-0-7787-4447-4(7))*; pap. *(978-0-7787-4458-0(2))* Crabtree Publishing Co.

Dream Journal. Rocio Morales. 2022. (ENG.). 100p. pap. *(978-1-6781-9712-4(2))* Lulu Pr., Inc.

Dream Journal. Angel Sandlin. 2021. (ENG.). 100p. (YA). pap. *(978-1-300-51484-8(1))* Lulu Pr., Inc.

Dream Journal. Yvonne Simpson. 2020. (ENG.). 120p. (J). pap. *(978-1-716-79348-6(3))* Lulu Pr., Inc.

Dream Journal: Your Ultimate Guide to Unlocking Your Mind's Mysteries & Catching the Zzz's You Deserve! Cs Creatives. 2023. (ENG.). 204p. (J). pap. ***(978-1-4477-3925-8(6))*** Lulu Pr., Inc.

Dream Jumper. John R Green. 2020. (ENG.). 32p. (J). 19.99 *(978-1-4808-9538-6(5))* Archway Publishing.

Dream Keeper. Robert Ingpen. Illus. by Robert Ingpen. 2019. (Illus.). 32p. (J). (gr. k-4). 12.00 *(978-988-8341-93-1(6)*, Minedition) Penguin Young Readers Group.

Dream Keepers. April Hartmann. 2021. (ENG., Illus.). 32p. (J). 17.99 *(978-1-57687-987-0(9))* POW! Kids Bks.

Dream Kit Workbook. Linda Leigh Hargrove & Claude Michael Hargrove. 2021. (ENG.). 88p. (J). pap. 8.99 *(978-0-9909412-6-2(4))* Hargrove, Linda Leigh.

Dream-Land by Daylight: A Panorama of Romance (Classic Reprint) Caroline Chesebro'. 2017. (ENG., Illus.). (J). 33.38 *(978-0-331-90837-4(9))* Forgotten Bks.

Dream Life & Real Life: A Little African Story. Olive Schreiner. 2018. (ENG., Illus.). 28p. (J). pap. *(978-93-87600-44-7(0))* Alpha Editions.

Dream Life & Real Life: A Little African Story (Classic Reprint) Olive Schreiner. 2017. (ENG., Illus.). (J). 25.90 *(978-1-5281-8176-1(X))* Forgotten Bks.

Dream Life (Classic Reprint) Donald Grant Mitchell. (ENG., Illus.). (J). 2018. 90p. 25.77 *(978-0-666-84138-4(1))*; 2016. pap. 9.57 *(978-1-334-15602-1(6))* Forgotten Bks.

Dream Life for Children (Classic Reprint) Mattie K. Foster. 2018. (ENG., Illus.). 172p. (J). 27.44 *(978-0-484-67039-5(5))* Forgotten Bks.

Dream Life of Little Paul. Elizabeth Guyon Spennato. Illus. by Benyamin Aghhavani Shajari. 2019. (ENG.). 56p. (J). *(978-99957-96-01-3(5))* Faraxa Publishing.

Dream Life Teen Journal: A 30-Day Guide to Escaping the Drama & Chasing Your Best Life. Denise Walsh. 2020. (ENG.). 274p. (J). pap. 11.99 ***(978-0-578-67649-4(4))*** Southampton Publishing.

548

The check digit for ISBN-10 appears in parentheses after the full ISBN-13

Dream Like a Queen. Cynthia O. Illus. by Perla Jones. 2021. (ENG.). 28p. (J). pap. 15.00 *(978-1-0879-6988-6(3))* Indy Pub.

Dream Little One, Dream. Sally Morgan. 2020. 32p. (J). (— 1). 14.99 *(978-0-14-350721-5(4)*, Puffin) Penguin Random Hse. AUS. Dist: Independent Pubs. Group.

Dream, Love & Happiness: Proof J-Hope: a Bullet Journal to Write All Your Thoughts & Creative Ideas. Dutch Noonajoon. 2022. (ENG.). 200p. (YA). pap. *(978-1-4717-1033-9(5))* Lulu Pr., Inc.

Dream, Love, Happiness An Unofficial Bts Journal. Jin's Eve. 2022. (ENG.). 200p. pap. *(978-1-4710-6321-3(6))*; pap. *(978-1-4710-6326-8(7))* Lulu Pr., Inc.

Dream, Love, Happiness: Proof Jimin. Dutch Noonajoon. 2022. (ENG.). 200p. (YA). pap. *(978-1-4716-0703-5(8))* Lulu Pr., Inc.

Dream, Love, Happiness | Proof Jin. Dutch Noonajoon. 2022. (ENG.). 200p. (YA). pap. *(978-1-4710-9814-7(1))* Lulu Pr., Inc.

Dream, Love, Happiness | Proof Jungkook. Dutch Noonajoon. 2022. (ENG.). 200p. (YA). pap. *(978-1-4710-9808-6(7))* Lulu Pr., Inc.

Dream, Love, Happiness | Proof RM. Dutch Noonajoon. 2022. (ENG.). 200p. (YA). pap. *(978-1-4710-9804-8(4))* Lulu Pr., Inc.

Dream, Love, Happiness | Proof Suga. Dutch Noonajoon. 2022. (ENG.). 200p. (YA). pap. *(978-1-4710-9799-7(4))* Lulu Pr., Inc.

Dream, Love, Happiness | Proof V. Dutch Noonajoon. 2022. (ENG.). 200p. (YA). pap. *(978-1-4710-9797-3(8))* Lulu Pr., Inc.

Dream, Love, Happiness Daechwita JinKook: An Unofficial BTS Journal. Jin's Eve. 2022. (ENG.). 200p. pap. *(978-1-4710-6324-4(0))* Lulu Pr., Inc.

Dream, Love, Happiness Daechwita Suga: An Unofficial BTS Journal. Jin's Eve. 2022. (ENG.). 200p. pap. *(978-1-4710-6331-2(3))* Lulu Pr., Inc.

Dream Machine. Candace Amarante. Ed. by Argerie Tsimicalis. Illus. by Dave Reed. 2023. (ENG.). 126p. (J). pap. *(978-0-2288-4652-9(8))* Tellwell Talent.

Dream Machine. Joshua Jay. Illus. by Andy J. Miller. 2021. (ENG.). 16p. (J). (gr. -1-k). 17.99 *(978-1-4521-7487-7(3))* Chronicle Bks. LLC.

Dream Machine. Martha Maker. Illus. by Xindi Yan. 2018. (Craftily Ever After Ser.: 4). (ENG.). 128p. (J). (gr. k-4). 17.99 *(978-1-5344-1731-1(1))*; pap. 6.99 *(978-1-5344-1730-4(3))* Little Simon. (Little Simon).

Dream Machine: Create Your Own Magical Adventures. Mameta Viegas. 2022. (Relax Kids Ser.). (ENG., Illus.). 208p. (J). (gr. k-12). pap. 21.95 *(978-1-78904-998-5(9)*, Our Street Bks.) Hunt, John Publishing Ltd. GBR. Dist: National Bk. Network.

Dream Magic. Joshua Khan. 2018. (Shadow Magic Novel Ser.). (ENG.). 352p. (J). (gr. 3-7). pap. 6.99 *(978-1-4847-3798-9(9))* Hyperion Bks. for Children.

Dream Maker's Book. Emmanuelle Caumont. 2018. (ENG.). 190p. (J). pap. *(978-0-359-15972-7(9))* Lulu Pr., Inc.

Dream March: Dr. Martin Luther King, Jr. , & the March on Washington. Vaunda Micheaux Nelson. Illus. by Sally Wern Comport. 2017. (Step into Reading Ser.). 48p. (J). (gr. k-3). 4.99 *(978-1-101-93669-6(X)*, Random Hse. Bks. for Young Readers) Random Hse. Children's Bks.

Dream Match. Sylvia C. Reid. 2019. (ENG., Illus.). 20p. (J). *(978-1-78878-668-3(8))*; pap. *(978-1-78878-667-6(X))* Austin Macauley Pubs. Ltd.

Dream Monsters: A 4D Book. Gina Kammer. Illus. by Chris Chalik. 2018. (Mind Drifter Ser.). (ENG.). 128p. (J). (gr. 3-8). lib. bdg. 27.32 *(978-1-4965-5896-1(0)*, 137057, Stone Arch Bks.) Capstone.

Dream, My Child. R. H. Sin. Illus. by Janie Secker. 2022. (ENG.). 32p. (J). 17.99 *(978-1-5248-6786-7(1))* Andrews McMeel Publishing.

Dream Numbers, Vol. 1 Of 3: A Novel (Classic Reprint) Thomas Adolphus Trollope. 2018. (ENG., Illus.). 352p. (J). 31.16 *(978-0-483-84258-8(3))* Forgotten Bks.

Dream of a Throne: The Story of a Mexican Revolt (Classic Reprint) Charles Fleming Embree. 2018. (ENG., Illus.). 484p. (J). 33.88 *(978-0-483-58776-2(1))* Forgotten Bks.

Dream of Birds. Shenaz Patel. Tr. by Edwige-Renée Dro. Illus. by Emmanuelle Tchoukriel. 2022. 32p. (J). (gr. k-3). 17.99 *(978-1-6625-0093-0(9)*, 9781662500930, AmazonCrossing) Amazon Publishing.

Dream of Blue Roses (Classic Reprint) Hubert Barclay. (ENG., Illus.). (J). 2018. 358p. 31.28 *(978-0-267-11418-4(4))*; 2016. pap. 13.97 *(978-1-333-71180-1(8))* Forgotten Bks.

Dream of Chicago Cregier's Clean City, or Full Account of the World's Fair at Chicago, U. S. a (Classic Reprint) Arthur Brown. (ENG., Illus.). (J). 2018. 92p. 25.81 *(978-0-666-97285-9(0))*; 2017. pap. 9.57 *(978-0-259-41481-0(6))* Forgotten Bks.

Dream of Darkness. H. M. Gooden. 2022. (Rise of the Light Ser.: Vol. 1). (ENG.). 228p. (J). pap. *(978-1-989156-23-0(1))* Gooden, H.M.

Dream of Debs: A Story of Industrial Revolt (Classic Reprint) Jack. London. 2018. (ENG., Illus.). (J). 40p. 24.72 *(978-0-365-05712-3(6))*; 42p. pap. 7.97 *(978-0-267-76450-1(2))* Forgotten Bks.

Dream of Empire, or the House of Blennerhassett. William Henry Venable. 2018. (ENG., Illus.). 206p. (J). *(978-3-7326-2354-9(8))* Klassik Literatur. ein Imprint der Salzwasser Verlag GmbH.

Dream of Empire, or the House of Blennerhassett (Classic Reprint) William Henry Venable. (ENG., Illus.). (J). 2018. 352p. 31.16 *(978-0-484-18057-3(6))*; 2016. pap. 13.57 *(978-1-333-50075-7(0))* Forgotten Bks.

Dream of Flying *see* **Traum Von Fliegen**

Dream of Little Tuk: And Other Tales (Classic Reprint) Hans Christian Anderson. 2017. (ENG., Illus.). (J). 27.77 *(978-0-260-76967-1(3))*; pap. 10.57 *(978-0-243-12071-0(0))* Forgotten Bks.

Dream of Provence (Orgeas & Miradou) Frederick Wedmore. 2017. (ENG., Illus.). (J). pap. *(978-0-649-22568-2(6))* Trieste Publishing Pty Ltd.

Dream of Provence (Orgeas & Miradou) (Classic Reprint) Frederick Wedmore. 2018. (ENG., Illus.). 38p. (J). 24.68 *(978-0-483-55501-3(0))* Forgotten Bks.

Dream of Sadler's Wells. Lorna Hill. (ENG.). 222p. (YA). 2021. pap. *(978-1-77464-161-3(5))*; 2018. (Illus.). pap. *(978-1-77323-169-3(3))* Rehak, David.

Dream of Surrealism 1000 Piece Puzzle: Spot the Artists & Jump down the Rabbit Hole. Brecht Vandenbroucke. 2018. (ENG., Illus.). 19.99 *(978-1-78627-313-0(6)*, King, Laurence Publishing) Orion Publishing Group, Ltd. GBR. Dist: Hachette Bk. Group.

Dream of the Bright, Beautiful Bird. Louis S. Hampton. Illus. by Victoria Hawkins. 2022. (ENG.). 66p. (J). pap. 14.99 *(978-1-956544-05-3(4))* Southern Willow Publishing.

Dream of the Centuries & Other Entertainments for Parlor & Hall (Classic Reprint) George Bradford Bartlett. (ENG., Illus.). (J). 2018. 724p. 38.83 *(978-0-365-36993-6(4))*; 2017. pap. 23.57 *(978-0-259-26160-5(2))* Forgotten Bks.

Dream of the Months: A New Year Pageant (Classic Reprint) Elspeth Moray. 2018. (ENG., Illus.). 34p. (J). 24.62 *(978-0-484-09331-6(2))* Forgotten Bks.

Dream of the Red Chamber (Classic Reprint) Hsüeh-Chin Tsao. (ENG., Illus.). (J). 2016. pap. 19.57 *(978-1-334-12342-9(X))*; 2018. 600p. 36.27 *(978-0-267-77524-8(5))* Forgotten Bks.

Dream of the Tortoise. Nyako Nakar. 2019. (ENG., Illus.). 36p. (J). pap. *(978-1-912850-96-9(6))* Clink Street Publishing.

Dream of Utopia. Andrew G. Edwards. 2017. (ENG., Illus.). (YA). (gr. 7-12). pap. 14.95 *(978-1-63492-562-4(9))* Booklocker.com, Inc.

Dream of Wings (Classic Reprint) Martia Leonard. 2018. (ENG., Illus.). 28p. (J). 24.49 *(978-0-267-27968-5(X))* Forgotten Bks.

Dream of Wolf King (Hindi Edition) Shixi SHEN. 2022. (ENG.). 224p. (J). 45.95 *(978-1-4878-0884-6(4))* Royal Collins Publishing Group Inc. CAN. Dist: Independent Pubs. Group.

Dream On... Anna Stilianessis & Emmanuela Stilianessis. 2018. (ENG., Illus.). 28p. (J). pap. 9.95 *(978-0-692-18047-1(8))* Anna Stilianessis.

Dream on, Amber. Emma Shevah. Illus. by Helen Crawford-White. 2016. (ENG.). 288p. (J). (gr. 3-7). pap. 11.99 *(978-1-4926-3592-5(8)*, 9781492635925) Sourcebooks, Inc.

Dream on, Amber. Emma Shevah. Illus. by Helen Crawford-White. ed. 2016. (ENG.). 272p. (J). (gr. 3-7). 18.40 *(978-0-606-39305-8(6))* Turtleback.

Dream on Unicorns Coloring Book. Cristie Publishing. 2020. (ENG.). 94p. (J). pap. 8.99 *(978-1-716-32121-4(2))* Lulu Pr., Inc.

Dream Pancake. Jenna Hammond. 2023. (ENG.). 32p. (J). 19.99 *(978-1-948256-43-8(6))* Willow Moon Publishing.

Dream Pony (revised) 2017. (Sandy Lane Stables Ser.). (ENG.). (J). pap. 5.99 *(978-0-7945-3624-4(7)*, Usborne) EDC Publishing.

Dream Portal. Jordan Quinn. Illus. by Robert McPhillips. 2021. (Kingdom of Wrenly Ser.: 16). (ENG.). 128p. (J). (gr. k-4). 17.99 *(978-1-5344-9551-7(7))*; pap. 6.99 *(978-1-5344-9550-0(9))* Little Simon. (Little Simon).

Dream, Read, Think Positive, Plan, & You Will Win. Mujahid Abdus Samee. 2021. (ENG.). 86p. (J). pap. 9.99 *(978-1-6624-0627-0(4))* Page Publishing Inc.

Dream Reaper. Pauline Humber. 2017. (ENG., Illus.). (YA). *(978-1-5255-1455-5(5))*; pap. *(978-1-5255-1456-2(3))* FriesenPress.

Dream Runners. Shveta Thakrar. (ENG.). 448p. (YA). (gr. 8). 2023. pap. 15.99 *(978-0-06-289467-0(6))*; 2022. 17.99 *(978-0-06-289466-3(8))* HarperCollins Pubs. (HarperTeen).

Dream So Dark. L. L. McKinney. 2019. (Nightmare-Verse Ser.: 2). (ENG.). 416p. (YA). 18.99 *(978-1-250-15392-0(1)*, 900184244) Imprint IND. Dist: Macmillan.

Dream So Dark. L. L. McKinney. 2023. (Nightmare-Verse Ser.: 2). (ENG.). 432p. (YA). pap. 12.99 *(978-1-250-62083-5(X)*, 900184245) Square Fish.

Dream Song. Walter de la Mare. Illus. by Monique Felix. 2019. (ENG.). 16p. (J). (gr. 1-3). 14.99 *(978-1-56846-337-7(5)*, 18891, Creative Editions) Creative Co., The.

Dream Spies. Nicole Lesperance. 2022. (Nightmare Thief Ser.: 2). (ENG.). 368p. (J). (gr. 3-8). 16.99 *(978-1-7282-1537-2(4))* Sourcebooks, Inc.

Dream Stories. Ages D. From. Ed. by D. J. Pigott & S. D. Renfrey. 2021. (ENG.). 292p. (J). pap. 26.99 *(978-1-716-92677-8(7))* Lulu Pr., Inc.

Dream Story. Hanah Bjorklund. 2018. (ENG., Illus.). 26p. (J). 22.95 *(978-1-4808-6155-8(3))*; pap. 16.95 *(978-1-4808-6154-1(5))* Archway Publishing.

Dream Tales & Prose Poems. Ivan Turgénev. 2017. (ENG., Illus.). (J). pap. 13.95 *(978-1-374-88405-2(7))* Capital Communications, Inc.

Dream Tales & Prose Poems. Ivan Turgenev. 2022. (ENG.). 180p. (J). 24.95 *(978-1-63637-851-0(X))*; pap. 12.95 *(978-1-63637-850-3(1))* Bibliotech Pr.

Dream Tales & Prose Poems. Iván Turgénev & Constance Garnett. 2017. (ENG., Illus.). (J). pap. *(978-0-649-56538-2(X))* Trieste Publishing Pty Ltd.

Dream Tales & Prose Poems (Classic Reprint) Iván Turgénev. 2017. (ENG., Illus.). (J). 30.76 *(978-0-266-18750-9(1))* Forgotten Bks.

Dream Team: Charligh Green vs. the Spotlight. Priscilla Mante. 2022. (Illus.). 288p. (J). 14.95 *(978-0-241-48203-2(8)*, Puffin) Penguin Bks., Ltd. GBR. Dist: Independent Pubs. Group.

Dream Team: Jaz Santos vs. the World. Priscilla Mante. 2021. (Illus.). 352p. (J). 14.95 *(978-0-241-48200-1(3)*, Puffin) Penguin Bks., Ltd. GBR. Dist: Independent Pubs. Group.

Dream Team (Love Puppies #3) Janay Brown-Wood. 2023. (Love Puppies Ser.). (ENG.). 128p. (J). (gr. 2-5). pap. 5.99 *(978-1-338-83410-9(X)*, Scholastic Paperbacks) Scholastic, Inc.

Dream Team on the Farm: On the Farm. Annie Sweet. Illus. by Patricia Srigley. 2020. (On the Farm Ser.: Vol. 2). (ENG.). 46p. (J). pap. *(978-0-9880081-7-5(3))* Wingate Pr.

Dream Thief. H. M. Clarke. 2020. (ENG.). 190p. (J). pap. 12.99 *(978-1-393-49120-0(0))* Draft2Digital.

Dream Things True: A Novel. Marie Marquardt. 2018. (ENG.). 352p. (YA). pap. 25.99 *(978-1-250-13536-0(2)*, 900160838, Wednesday Bks.) St. Martin's Pr.

Dream Time: Tray of Books. John Townsend. Illus. by Carolyn Scrace. ed. 2020. (ENG.). 90p. (J). (— 1). bds. 14.95 *(978-1-913337-38-4(3)*, Scribblers) Book Hse. GBR. Dist: Sterling Publishing Co., Inc.

Dream to Me. Megan Paasch. 2023. (ENG.). 384p. (YA). 19.99 *(978-1-250-81705-1(6)*, 900249218) Feiwel & Friends.

Dream Train: Poems for Bedtime. Sean Taylor. Illus. by Anuska Allepuz. 2023. (ENG.). 88p. (J). (-k). 19.99 *(978-1-5362-2834-2(6))* Candlewick Pr.

Dream Traveler. Yi Nuo Yu. 2018. (CHI.). (J). *(978-7-5489-3283-3(9))* Yunnan Fine Arts Publishing Hse.

Dream Walker Shattered. Cherise Briscoe. 2019. (ENG.). 348p. (YA). pap. 21.95 *(978-1-64544-553-1(4))* Page Publishing Inc.

Dream Walker Shattered: Ultimate Power: Book 2. Cherise Briscoe. 2021. (ENG.). 595p. (YA). pap. *(978-1-387-92375-5(7))*; pap. *(978-1-716-03400-8(0))* Lulu Pr., Inc.

Dream Wanderer. Michelle Areaux & K. M. Sparks. 2019. (ENG., Illus.). 136p. (YA). pap. 9.99 *(978-1-970068-90-0(6))* Kingston Publishing Co.

Dream Wanderers Apprentices. Paula Brown. 2016. (Dream Wanderers Ser.: Vol. 2). (ENG., Illus.). (YA). (gr. 7-12). pap. 14.95 *(978-1-59095-792-9(X)*, ExamWise) Total Recall Learning, Inc.

Dream Wanderers Trials. Paula Brown. 2019. (Dream Wanderers Ser.: Vol. 3). (ENG.). 252p. (YA). (gr. 7-12). pap. 14.99 *(978-1-59095-016-6(X)*, ExamWise) Total Recall Learning, Inc.

Dream War. Julie Wenzlick. Illus. by Jaime J. Buckley. 2020. (ENG.). 50p. (J). 25.00 *(978-1-7351213-1-4(2))* Wordmeister Pr.

Dream War: Annabelle vs. Maisie. Julie Wenzlick. Illus. by Jaime Buckley. 2020. (ENG.). 50p. (J). pap. 15.00 *(978-1-7351213-0-7(4))* Wordmeister Pr.

Dream Watchman: Rise of the Three-Headed Dragon; Book II. Tina Roberts. 2017. (ENG., Illus.). (YA). (gr. 7-12). pap. 15.95 *(978-1-68181-899-3(X))* Strategic Book Publishing & Rights Agency (SBPRA).

Dream Weaver. Reina Luz Alegre. 2020. (ENG.). 272p. (J). (gr. 3-7). 17.99 *(978-1-5344-6231-1(7)*, Simon & Schuster Bks. For Young Readers) Simon & Schuster Bks. For Young Readers.

Dream Weaver. Reina Luz Alegre. 2021. (ENG.). 272p. (J). (gr. 3-7). pap. 8.99 *(978-1-5344-6232-8(5))* Simon & Schuster, Inc.

Dream Weaver. Antonio Williams. 2023. (ENG.). 174p. (YA). pap. 11.99 *(978-1-63751-308-9(9))* Cadmus Publishing.

Dream Weaver: A Children's Picture Book. Gary Wright. Illus. by Rob Sayegh. 2021. (LyricPop Ser.). 24p. (J). 16.95 *(978-1-61775-857-7(4))* Akashic Bks.

Dream Wedding Paper Dolls with Glitter! Eileen Rudisill Miller. 2016. (Dover Paper Dolls Ser.). (ENG.). 32p. (J). (gr. k-3). 12.99 *(978-0-486-80122-3(5)*, 801225) Dover Pubns., Inc.

Dream Wings: Sweet Dreams. Brenda N. Lukasiewicz. 2021. (ENG.). 34p. (J). 24.00 *(978-1-64913-356-4(1))* Dorrance Publishing Co., Inc.

Dream with Me: I Love You to the Moon & Beyond (Mother & Daughter Edition) Sharon Purtill. Illus. by Tamara Piper. 2022. (Wherever Shall We Go Children's Bedtime Story Ser.). (ENG.). 34p. (J). pap. *(978-1-990469-21-3(3))* Dunhill-Clare Publishing.

Dream with Me: I Love You to the Moon & Beyond (Mother & Daughter Edition) Sharon Purtill & Tamara Piper. 2022. (Wherever Shall We Go Children's Bedtime Story Ser.). (ENG.). 34p. (J). *(978-1-990469-20-6(5))* Dunhill-Clare Publishing.

Dream with Me: I Love You to the Moon & Beyond (Mother & Son Edition) Sharon Purtill. Illus. by Tamara Piper. 2nd ed. 2022. (Wherever Shall We Go Children's Bedtime Story Ser.). (ENG.). 34p. (J). *(978-1-990469-23-7(X))*; pap. *(978-1-990469-24-4(8))* Dunhill-Clare Publishing.

Dream Within a Dream. Patricia MacLachlan. 2019. (ENG., Illus.). 128p. (J). (gr. 3-7). 16.99 *(978-1-5344-2959-8(X)*, McElderry, Margaret K. Bks.) McElderry, Margaret K. Bks.

Dream World: Illustrated Fantasy Adventure Book for Children about the Power of Dreams & Imagination. Zinaida Kirko. Illus. by Victoria Harwood. 2023. (ENG.). 108p. (J). pap. 18.50 *(978-1-4476-7081-0(7))* Lulu Pr., Inc.

Dream World Matching Game: A Memory Game with 20 Matching Pairs for Children. Emily Winfield Martin. 2019. (Illus.). 40p. (J). (gr. -1-2). 14.99 *(978-1-9848-2459-2(7)*, Clarkson Potter) Crown Publishing Group, The.

Dream Worthy of the Risk. Courtney Reece & Ken. 2022. (ENG.). 210p. (YA). pap. 18.95 *(978-1-6624-5775-3(8))* Page Publishing Inc.

Dream You'll Be. Joseph T. Garcia. Illus. by Kimberly Barnes. 2018. (ENG.). 40p. (J). 16.99 *(978-1-926444-85-7(X))* Rainstorm Pr.

Dream'ar. N. Heinz. 2019. (Rosewood Ser.: Vol. 2). (ENG.). 112p. (YA). (gr. 7-12). pap. 9.99 *(978-1-64533-076-9(1))* Kingston Publishing Co.

Dreamatics. Michelle Cuevas. 2023. 320p. (J). (gr. 3-7). 18.99 *(978-0-593-53222-5(8)*, Rocky Pond Bks.) Penguin Young Readers Group.

Dreambender. Ronald Kidd. (ENG.). 256p. (J). (gr. 3-7). 2017. pap. 9.99 *(978-0-8075-1726-0(7)*, 807517267); 2016. (Illus.). 16.99 *(978-0-8075-1725-3(9)*, 807517259) Whitman, Albert & Co.

Dreamboat Bobby. Jana Gatien. 2017. (ENG., Illus.). 36p. (J). *(978-1-5255-1384-8(2))*; pap. *(978-1-5255-1385-5(0))* FriesenPress.

Dreamcatcher. Barrett. 2017. (ENG., Illus.). (YA). (gr. 7-12). pap. 18.95 *(978-1-943353-67-5(0))* Sapphire Bks. Publishing.

Dreamcatcher Codes. Barbara Newman. 2021. (ENG.). 300p. (YA). pap. 19.95 *(978-1-7336534-7-3(3))* Green Writers Pr.

Dreamchild. Alivia Byers. 2018. (ENG., Illus.). 26p. (J). 19.95 *(978-0-578-41346-4(9))* Sparrow's Nest Enterprises, LLC, The.

Dreamer. Azy Afsar. 2018. (ENG., Illus.). 42p. (J). 24.99 *(978-0-692-14501-2(X))* Kardooni, Azadeh Afsar.

Dreamer: A Play in Three Acts (Classic Reprint) Annie Nathan Meyer. (ENG., Illus.). (J). 2018. 124p. 26.45 *(978-0-332-72371-6(2))*; 2016. pap. 9.57 *(978-1-334-58462-6(1))* Forgotten Bks.

Dreamer: A Romantic Rendering of the Life-Story of Edgar Allan Poe by Stanard. Mary Newton Stanard. 2017. (ENG., Illus.). (J). 26.95 *(978-1-374-84164-2(1))*; pap. 16.95 *(978-1-374-84163-5(3))* Capital Communications, Inc.

Dreamer: A Romantic Rendering, of the Life-Story of Edgar Allan Poe (Classic Reprint) Mary Newton Stanard. 2018. (ENG., Illus.). 384p. (J). 31.84 *(978-0-267-20373-4(X))* Forgotten Bks.

Dreamer: I Am a Dreamer: Coloring Book. Gwen GATES. 2022. (ENG.). 27p. (J). *(978-1-4357-9726-0(4))* Lulu Pr., Inc.

Dreamer: (Inspirational Story, Picture Book for Children, Books about Perseverance) 2018. (ENG., Illus.). 52p. (J). (gr. -1-k). 16.99 *(978-1-4521-5608-8(5))* Chronicle Bks. LLC.

Dreamer & the Worker (Classic Reprint) Douglas Jerrold. (ENG., Illus.). (J). 2018. 100p. 25.98 *(978-0-332-08148-9(6))*; 2016. pap. 9.57 *(978-1-334-14199-7(1))* Forgotten Bks.

Dreamer & the Worker, Vol. 1 Of 2: A Story of the Present Time (Classic Reprint) Richard Henry Horne. 2018. (ENG., Illus.). 338p. (J). 30.89 *(978-0-483-38139-1(X))* Forgotten Bks.

Dreamer & the Worker, Vol. 2 Of 2: A Story of the Present Time (Classic Reprint) Richard H. Horne. 2017. (ENG., Illus.). (J). 330p. 30.72 *(978-0-332-05950-1(2))*; pap. 13.57 *(978-0-259-40961-8(8))* Forgotten Bks.

Dreamer (Classic Reprint) Helen Hester Colvill. 2018. (ENG., Illus.). 300p. (J). 30.10 *(978-0-332-14906-6(4))* Forgotten Bks.

Dreamer in Paris (Classic Reprint) William Jasper Nicolls. 2017. (ENG., Illus.). (J). 29.07 *(978-0-265-18850-7(4))* Forgotten Bks.

Dreamer in the Snows. David Forster. 2017. (ENG.). 312p. pap. 15.95 *(978-1-78629-823-2(6)*, 88116579-8ebb-4025-83b0-81635dd9e28f) Austin Macauley Pubs. Ltd. GBR. Dist: Baker & Taylor Publisher Services (BTPS).

Dreamer, Vol. 1 of 3 (Classic Reprint) Helen Hester Colvill. 2018. (ENG., Illus.). 290p. (J). 29.88 *(978-0-483-93823-6(8))* Forgotten Bks.

Dreamer, Vol. 3 of 3 (Classic Reprint) Katharine Wylde. 2018. (ENG., Illus.). 324p. (J). 30.60 *(978-0-483-99785-1(4))* Forgotten Bks.

Dreamers. Ezekiel Kwaymullina. Illus. by Sally Morgan. 2020. 32p. (J). 12.95 *(978-1-922089-84-7(2))* Fremantle Pr. AUS. Dist: Independent Pubs. Group.

Dreamers. Yuyi Morales. 2018. (Illus.). 40p. (J). (gr. -1-3). 18.99 *(978-0-8234-4055-9(9)*, Neal Porter Bks) Holiday Hse., Inc.

Dreamers: A Club, Being a More or Less Faithful Account of the Literary Exercises of the First Regular Meeting of That Organization. John Kendrick Bangs. 2017. (ENG., Illus.). (J). pap. *(978-0-649-22220-9(2))* Trieste Publishing Pty Ltd.

Dreamers: A Club; Being a More or Less Faithful Account of the Literary Exercises Pf the First Regular Meeting of That Organization (Classic Reprint) John Kendrick Bangs. 2018. (ENG., Illus.). 268p. (J). 29.42 *(978-0-666-40740-5(X))* Forgotten Bks.

Dreamers: A Play in Three Acts (Classic Reprint) Lennox Robinson. 2018. (ENG., Illus.). 84p. (J). 25.65 *(978-0-666-89727-5(1))* Forgotten Bks.

Dreamers: Max & Sam & the Fly Away Kite. Judith C. Nyirongo. 2019. (ENG.). 30p. (J). pap. 12.95 *(978-1-64569-297-3(3))* Christian Faith Publishing.

Dreamers: When Worlds Collide. Maynard Tait. 2021. (ENG.). 256p. (YA). pap. *(978-1-80227-151-5(1))* Publishing Push Ltd.

Dreamers - Noora's Quest. R. Y. Suben. 2022. (ENG.). 136p. (J). pap. 13.95 *(978-1-949290-77-6(8))* Bedazzled Ink Publishing Co.

Dreamers & DACA. Duchess Harris & Nina Judith Katz. 2018. (Special Reports). (ENG., Illus.). 112p. (J). (gr. 6-12). lib. bdg. 41.36 *(978-1-5321-1677-3(2)*, 30606, Essential Library) ABDO Publishing Co.

Dreamers & Daca. Barbara Sheen. 2020. (Immigration Issues Ser.). (ENG.). 80p. (J). (gr. 6-12). 41.27 *(978-1-68282-769-7(0))* ReferencePoint Pr., Inc.

Dreamer's Harvest (Classic Reprint) Mount Houmas. (ENG., Illus.). (J). 2018. 324p. 30.60 *(978-0-483-45933-5(X))*; 2017. pap. 13.57 *(978-0-243-59010-0(5))* Forgotten Bks.

Dreamer's Powerful Tiger: A New Lucid Dreaming Classic for Children & Parents of the 21st Century. Angel Morgan. Illus. by Angel Morgan. 2018. (ENG., Illus.). 90p. (J). (gr. k-6). 39.95 *(978-0-692-10397-5(X))*; pap. 29.95 *(978-0-692-10136-0(5))* Dreambridge.

Dreamer's Tales. Lord Dunsany. 2023. (ENG.). 104p. (J). pap. 14.99 *(978-1-0881-3421-4(1))* Indy Pub.

Dreamfall. Amy Plum. (Dreamfall Ser.: 1). (ENG.). (YA). (gr. 9). 2018. 304p. pap. 10.99 *(978-0-06-242988-9(4))*; 2017. 288p. 17.99 *(978-0-06-242987-2(6))* HarperCollins Pubs. (HarperTeen).

Dreaming: Short Stories, Vol. 1. Da Jolley. Illus. by Alejandro Echavez. 2023. (ENG.). 97p. (J). (gr. k-6). pap. *(978-1-365-86198-7(8))* Lulu Pr., Inc.

Dreaming a Revolution. Richard Marazano. 2020. (ENG., Illus.). 112p. (J). pap. 12.99 *(978-1-941302-55-2(6)*, 412e9b0a-d443-4d4e-a209-1260fbb84b5f) Magnetic Pr.

Dreaming about the Boy Next Door. Sarah Sutton. 2022. (ENG.). 410p. (YA). pap. 14.99 *(978-1-957283-03-6(3))* Golden Crown Publishing, LLC.

Dreaming Dangerous. Lauren DeStefano. 2018. (ENG.). 208p. (J). 16.99 *(978-1-68119-447-9(3)*, 900172801, Bloomsbury Children's Bks.) Bloomsbury Publishing USA.

Dreaming Darkly. Caitlin Kittredge. 2019. (ENG.). 368p. (YA). (gr. 9). 17.99 *(978-0-06-266562-1(6)*, Tegen, Katherine Bks) HarperCollins Pubs.

Dreaming Eagles Sc - New Edition. Garth Ennis. Ed. by Mike Marts. 2021. (ENG., Illus.). 160p. (YA). pap. 16.99 *(978-1-949028-64-5(X))* AfterShock Comics.

D

Dreaming Giant: A Children's Book Inspired by Wassily Kandinsky. Véronique Massenot. Illus. by Peggy Nille. 2017. (Children's Books Inspired by Famous Artworks Ser.). (ENG.). 32p. (J). (gr. -1-3). 14.95 *(978-3-7913-7279-2(3))* Prestel Verlag GmbH & Co KG. DEU. Dist: Penguin Random Hse. LLC.

Dreaming in a Time of Dragons. G. Claire. 2021. (Aerie Ser.: Vol. 1). (ENG.). 320p. (YA). 24.99 *(978-1-63848-638-1(7))*; pap. 17.99 *(978-1-63848-741-8(3))* Trimble Hollow Pr., The.

Dreaming in Code: Ada Byron Lovelace, Computer Pioneer. Emily Arnold McCully. (ENG.). 176p. (gr. 7). 2022. (YA). pap. 9.99 *(978-1-5362-2823-6(0))*; 2019. (Illus.). (J). 19.99 *(978-0-7636-9356-5(1))* Candlewick Pr.

Dreaming in Color. Melanie Florence. 2020. (Orca Soundings Ser.). (ENG.). 144p. (YA). (gr. 8-12). pap. 10.95 *(978-1-4598-2586-4(1))* Orca Bk. Pubs. USA.

Dreaming in Indian: Contemporary Native American Voices. Ed. by Lisa Charleyboy & Mary Beth Leatherdale. 2016. (ENG., Illus.). 128p. (J). (gr. 6). pap. 12.95 *(978-1-55451-686-5(2))* Annick Pr., Ltd. CAN. Dist: Publishers Group West (PGW).

Dreaming of Atlanta. Gloria Day. 2023. (Dreaming Of Ser.). (ENG.). 16p. (J). bds. 9.99 ***(978-1-4671-9720-5(3))*** Arcadia Publishing.

Dreaming of Boston: Counting down Around the Town. Gretchen Everin. 2019. (Dreaming Of Ser.). (ENG., Illus.). 16p. (J). bds. 9.99 *(978-1-64194-131-0(6)*, Commonwealth Editions) Applewood Bks.

Dreaming of Christmas. Arcadia Children's Books. 2022. (Dreaming Of Ser.). (ENG., Illus.). 18p. (J). (gr. k-1). bds. 9.99 *(978-1-4671-9705-2(X))* Arcadia Publishing.

Dreaming of Halloween: Holiday Fun from Ten to One. Illus. by Nathan Heinze. 2022. (Dreaming Of Ser.). (ENG.). 16p. (J). bds. 9.99 *(978-1-64194-038-2(7)*, Commonwealth Editions) Applewood Bks.

Dreaming of Hanukkah. Amy Shoenthal. 2022. (Dreaming Of Ser.). (ENG., Illus.). 18p. (J). (gr. k-1). bds. 9.99 *(978-1-4671-9706-9(8))* Arcadia Publishing.

Dreaming of Horses. Nicola Jane Swinney. Photos by Bob Langrish. 2019. (ENG., Illus.). 96p. (J). (gr. 3-5). pap. 12.95 *(978-0-2281-0209-0(X)*, 2ecd8bdc-260b-466a-a545-06fd6f70adf5) Firefly Bks., Ltd.

Dreaming of Neverland: Peter's Story. Janet Contreras. 2020. (ENG., Illus.). 128p. (YA). pap. 13.95 *(978-1-64559-936-4(1))* Covenant Bks.

Dreaming of New Orleans: Counting down Around the Town. Gretchen Everin. 2019. (Dreaming Of Ser.). (ENG., Illus.). 16p. (J). bds. 9.99 *(978-1-64194-132-7(4)*, Commonwealth Editions) Applewood Bks.

Dreaming of Newport: Counting down Around the Town. Gretchen Everin. Illus. by Nahyun Chung. 2019. (Dreaming Of Ser.). (ENG.). 16p. (J). bds. 9.99 *(978-1-64194-130-3(8)*, Commonwealth Editions) Applewood Bks.

Dreaming of Orlando: Counting down Around the Town. Gretchen Everin. Illus. by Stephanie Snow. 2019. (Dreaming Of Ser.). (ENG.). 16p. (J). bds. 9.99 *(978-1-64194-133-4(2)*, Commonwealth Editions) Applewood Bks.

Dreaming of Salt Lake City: Counting down Around the Town. Applewood Books. 2020. (Dreaming Of Ser.). (ENG., Illus.). 16p. (J). bds. 14.99 *(978-1-64194-163-1(4)*, Commonwealth Editions) Applewood Bks.

Dreaming of Tampa. Arcadia Children's Books. 2022. (Dreaming Of Ser.). (ENG., Illus.). 18p. (J). (gr. k-1). bds. 9.99 *(978-1-4671-9704-5(1))* Arcadia Publishing.

Dreaming of the Letter A: The Princess & the Partner Alphabet Series. Dion Johnson & Christione Johnson. Illus. by Yasenia D. Maye. 2022. (ENG.). 34p. (J). 14.95 *(978-1-0880-0381-7(8))* JayMedia Publishing.

Dreaming of You. Amy Ludwig VanDerwater. Illus. by Aaron DeWitt. 2018. (ENG.). 32p. (J). (gr. -1-k). 17.95 *(978-1-62979-212-5(8)*, Astra Young Readers) Astra Publishing Hse.

Dreaming Out Loud. Baby Baby Ariel. 2018. (ENG.). 256p. (YA). (gr. 8). 19.99 *(978-0-06-285748-4(7)*, HarperCollins) HarperCollins Pubs.

Dreaming Spires. William Kingshart. 2017. (Changeling Ser.: Vol. 1). (ENG., Illus.). 168p. (YA). pap. *(978-1-78686-301-0(4))* Totally Entwinded Group.

Dreaming the Bear. Mimi Thebo. 2017. 169p. (YA). pap. *(978-0-399-55753-8(9))* Earthscan Canada.

Dreaming Well Dream Catchers Coloring Book. Activity Book Zone. 2016. (ENG., Illus.). (J). pap. 9.20 *(978-1-68376-328-4(9))* Sabeels Publishing.

Dreaming with Animals: Anna Hyatt Huntington & Brookgreen Gardens. L. Kerr Dunn et al. 2017. (Young Palmetto Bks.). (ENG., Illus.). 40p. 18.99 *(978-1-61117-820-3(7)*, P544770) Univ. of South Carolina Pr.

Dreamkeeper. Pamela Saul. 2022. (ENG.). 174p. (J). ***(978-1-0391-2505-6(0))***; pap. ***(978-1-0391-2504-9(2))*** FriesenPress.

Dreamland. R. K. Dosanjh & Niyah Lalli. Illus. by Jaslyne Shaw. 2016. (Dreamland Ser.: Vol. 1). (ENG.). 18p. (J). (gr. 3-6). *(978-0-9939283-7-6(4))* Big Heart Publishing Inc.

Dreamland. Noah Klocek. Illus. by Noah Klocek. 2018. (ENG., Illus.). 40p. (J). (gr. -1-2). 16.99 *(978-0-7636-9426-5(6))* Candlewick Pr.

Dreamland. Robyn Van Teunenbroek. 2023. (ENG.). 36p. (J). pap. ***(978-0-2288-8416-3(0))*** Tellwell Talent.

Dreamland. Joshua Walter. 2020. (ENG.). 24p. (J). 21.99 *(978-1-64921-239-9(9))*; pap. 9.99 *(978-1-64921-238-2(0))* Regency Pubs., The.

Dreamland Burning. Jennifer Latham.Tr. of s. (ENG.). (YA). (gr. 9-17). 2018. 400p. pap. 11.99 *(978-0-316-38490-2(9))*; 2017. 384p. 36.99 *(978-0-316-38493-3(3))* Little, Brown Bks. for Young Readers.

Dreamland Burning. Jennifer Latham. ed. 2018.Tr. of s. (YA). lib. bdg. 22.10 *(978-0-606-40637-6(9))* Turtleback.

Dreamland (YA Edition) The True Tale of America's Opiate Epidemic. Sam Quinones. 2019. (ENG., Illus.). 224p. (YA). 18.99 *(978-1-5476-0131-8(0)*, 900199623, Bloomsbury Young Adult) Bloomsbury Publishing USA.

Dreamnesia: Retrospect. S. T. Upton. (ENG., Illus.). (J). 2018. 428p. pap. 19.68 *(978-1-61947-316-4(X))*; 2017. pap. 19.68 *(978-1-61947-315-7(1))* Spatterlight Pr. (Quantalore).

Dreamology. Lucy Keating. 2016. (ENG.). 336p. (YA). (gr. 8). 17.99 *(978-0-06-238000-5(1)*, HarperTeen) HarperCollins Pubs.

Dreams. Logos2rhemalife Press. 2022. (ENG.). 150p. (J). pap. ***(978-1-387-62514-7(4))*** Lulu Pr., Inc.

Dreams & Memories (Classic Reprint) George McLean Harper. 2018. (ENG., Illus.). 202p. (J). 28.08 *(978-0-483-25870-9(9))* Forgotten Bks.

Dreams & Nightmares: I Fled Alone to the United States When I Was Fourteen. Liliana Velasquez. 2017. (Working & Writing for Change Ser.). (ENG., Illus.). 211p. (YA). (gr. 9-12). pap. 22.95 *(978-1-60235-939-0(3))* Parlor Pr.

Dreams & Realities in the Life of a Pastor & Teacher (Classic Reprint) Samuel H. Elliot. (ENG., Illus.). (J). 2017. 33.12 *(978-0-266-39454-9(X))*; 2016. pap. 16.57 *(978-1-333-25584-8(5))* Forgotten Bks.

Dreams & Reveries of a Quiet Man, Vol. 1 Of 2: Consisting of the Little Genius & Other Essays (Classic Reprint) Unknown Author. 2017. (ENG., Illus.). (J). 28.68 *(978-0-260-36673-3(0))* Forgotten Bks.

Dreams & Reveries of a Quiet Man, Vol. 2 Of 2: Consisting of the Little Genius, & Other Essays (Classic Reprint) Unknown Author. (ENG., Illus.). (J). 2018. 222p. 28.50 *(978-0-364-77526-4(2))*; 2017. pap. 10.97 *(978-0-282-98754-1(1))* Forgotten Bks.

Dreams & Things. Ryan Foret. 2017. (ENG., Illus.). (J). pap. 18.99 *(978-1-365-77007-4(9))* Lulu Pr., Inc.

Dreams & What They Mean: Facts, Trivia, & Quizzes. Elsie Olson. 2017. (Mind Games Ser.). (ENG., Illus.). 32p. (J). (gr. 2-5). 27.99 *(978-1-5124-3417-0(5)*, 84ed1b7f-5405-4b99-887d-50f81be18452, Lerner Pubns.) Lerner Publishing Group.

Dreams & Wishes. Make Believe Ideas. Illus. by Make Believe Ideas. 2019. (ENG.). 80p. (J). (gr. 3-7). 9.99 *(978-1-78843-678-6(4))* Make Believe Ideas GBR. Dist: Scholastic, Inc.

Dreams, Arts & Success. Ke'monte' Figgs. Ed. by Alandes Powell. 2022. (ENG.). 40p. (J). 27.00 ***(978-1-6678-5404-5(6))*** BookBaby.

Dreams Come to Life: an AFK Book (Bendy #1), 1 vol. Adrienne Kress. 2019. (Bendy Ser.: 1). (ENG.). 304p. (J). (gr. 7-7). pap. 12.99 *(978-1-338-34394-6(7))* Scholastic, Inc.

Dreams Come True. Cadence Chancellor. 2016. (ENG., Illus.). 32p. (J). pap. *(978-1-365-53024-1(8))* Lulu Pr., Inc.

Dreams Come True. Meredith Costain. Illus. by Danielle McDonald. 2017. (Ella Diaries Ser.: 4). 144p. (J). pap. 5.99 *(978-1-61067-523-9(1))* Kane Miller.

Dreams Come True: A Fairies Coloring Book. Smarter Activity Books for Kids. 2016. (ENG., Illus.). (J). pap. 9.22 *(978-1-68374-533-4(7))* Examined Solutions PTE. Ltd.

Dreams Do Come True: I Am a Dream of a Slave: Coloring Book. Gwen GATES. 2022. (ENG.). 35p. (J). pap. ***(978-1-4583-2150-3(9))*** Lulu Pr., Inc.

Dreams Forever. Patricia Cruzan. 2023. (ENG.). 454p. (YA). pap. 18.00 ***(978-0-9975839-7-7(5))*** Clear Creek Pubs.

Dreams from Many Rivers: A Hispanic History of the United States Told in Poems. Margarita Engle. Illus. by Beatriz Gutierrez Hernandez. 2019. (ENG.). 208p. (J). 21.99 *(978-1-62779-531-9(6)*, 900153936, Holt, Henry & Co. Bks. For Young Readers) Holt, Henry & Co.

Dreams from My Father (Adapted for Young Adults) A Story of Race & Inheritance. Barack. Obama. 2021. (ENG., Illus.). 320p. (YA). (gr. 7). 18.99 *(978-0-385-73872-9(2))*; lib. bdg. 21.99 *(978-0-385-90744-6(3))* Random Hse. Children's Bks. (Delacorte Pr.).

Dreams Fulfilled: Or, the Story of Joseph & His Brethren (Classic Reprint) Unknown Author. (ENG., Illus.). (J). 2018. 26p. 24.45 *(978-0-484-10424-1(1))*; 2016. pap. 7.97 *(978-1-334-19612-6(5))* Forgotten Bks.

Dreams in Homespun. Sam Walter Foss. 2019. (ENG.). 114p. (J). pap. *(978-0-359-73308-8(5))* Lulu Pr., Inc.

Dreams in Homespun. Sam Walter Foss. 2019. (ENG., Illus.). 116p. (J). pap. *(978-1-78987-080-0(1))* Pantianos Classics.

Dreams in Homespun. Sam Walter Foss. 2017. (ENG., Illus.). (J). pap. *(978-0-649-11502-0(3))* Trieste Publishing Pty Ltd.

Dreams Lie Beneath. Rebecca Ross. (ENG.). 496p. (YA). (gr. 9). 2022. pap. 11.99 *(978-0-06-301594-4(3))*; 2021. (Illus.). 17.99 *(978-0-06-301592-0(7))* HarperCollins Pubs. (Quill Tree Bks.).

Dreams Need Faith to Run Free: An Intimate Memoir of Grace & Redemption. Hope Taubinger. 2021. (ENG.). 52p. (YA). pap. 9.99 *(978-1-6628-0757-2(0))* Salem Author Services.

Dreams of Fire & Gods: Dreams. James Erich. 2016. (ENG., Illus.). (J). 27.99 *(978-1-63533-005-2(X)*, Harmony Ink Pr.) Dreamspinner Pr.

Dreams of Fire & Gods: Fire. James Erich. 2016. (ENG., Illus.). (J). 24.99 *(978-1-63533-006-9(8)*, Harmony Ink Pr.) Dreamspinner Pr.

Dreams of Fire & Gods: Gods. James Erich. 2016. (ENG., Illus.). (J). 24.99 *(978-1-63533-007-6(6)*, Harmony Ink Pr.) Dreamspinner Pr.

Dreams of Flight: Aircraft. Eun Phil. Illus. by Ki-Hwan Kim. 2020. (Science Storybooks Ser.). (ENG.). 32p. (J). (gr. k-4). lib. bdg. 27.99 *(978-1-925235-54-8(8)*, 7814bfe4-5cc3-414e-bf57-04fa887386c4, Big and SMALL) ChoiceMaker Pty. Ltd., The AUS. Dist: Lerner Publishing Group.

Dreams of Gods & Monsters. Laini Taylor. ed. 2020. (Daughter of Smoke & Bone Ser.: 3). (ENG.). 656p. (YA). (gr. 9-17). pap. 14.99 *(978-0-316-45920-4(8))* Little, Brown Bks. for Young Readers.

Dreams of Gold. Sarah Peacocke. 2021. (ENG.). 228p. (J). pap. *(978-1-912765-44-7(6))* Blue Falcon Publishing.

Dreams of Orlow (Classic Reprint) A. M. Irvine. 2018. (ENG., Illus.). 258p. (J). 29.22 *(978-0-483-59543-9(8))* Forgotten Bks.

Dreams of Singers & Sluggers. Antoinette Truglio Martin. 2021. (ENG.). 226p. (J). pap. 7.99 *(978-1-63777-157-0(6))* Red Penguin Bks.

Dreams of Space: Before Apollo. David Jefferis. 2019. (Moon Flight Atlas Ser.). (Illus.). 32p. (J). (gr. 5-5). *(978-0-7787-5408-4(1))*; pap. *(978-0-7787-5417-6(0))* Crabtree Publishing Co.

Dreams of Zugunruhe. Michael C. Kinsey. Illus. by Ros Webb. 2020. (ENG.). 54p. (J). 21.99 *(978-0-578-67223-6(5))* Kinsey, Michael.

Dreams of Zugunruhe. Michael C. Kinsey. Illus. by Ros Webb. 2020. (ENG.). 54p. (J). pap. 14.99 ***(978-0-578-67227-4(8))*** Susso.

Dreams on Fire, 1 vol. Annette Daniels Taylor. 2018. (YA Verse Ser.). (ENG.). 200p. (YA). (gr. 3-4). 25.80 *(978-1-5383-8248-6(2)*, f03a2e4c-471d-4267-a7eb-63cc319d6d8b); pap. 16.35 *(978-1-5383-8247-9(4)*, 6a2e7dfe-d621-4d97-b5c1-8a8c3540fe56) Enslow Publishing, LLC.

Dreams That Sparkle, 4. Lisa Ann Scott. Illus. by Heather Burns. 2017. (Enchanted Pony Academy Ser.). (ENG.). 128p. (J). (gr. 1-4). 17.44 *(978-1-5364-0219-3(2))* Scholastic, Inc.

Dreams That Sparkle (Enchanted Pony Academy #4) Lisa Ann Scott. 2017. (Enchanted Pony Academy Ser.: 4). (ENG., Illus.). 128p. (J). (gr. 2-5). pap. 4.99 *(978-0-545-90897-9(3)*, Scholastic Paperbacks) Scholastic, Inc.

Dreams Unseen. Walter Pierce. 2021. (ENG.). 258p. (J). 29.99 *(978-1-63821-639-1(8))*; pap. 15.99 *(978-1-63821-638-4(X))* Regency Pubs., The.

Dreams We Made. Lisa Bentley. Illus. by Lisa Bentley. 2023. (ENG., Illus.). 48p. (J). (gr. -1-3). 18.99 ***(978-1-6659-1765-0(2)***, Simon & Schuster/Paula Wiseman Bks.) Simon & Schuster/Paula Wiseman Bks.

Dreams We Share. Alex Beene. Illus. by Omari Booker. 2020. (ENG.). 32p. (J). 19.99 *(978-1-7342711-3-3(2))* Hilliard Pr.

Dreamshores. Mike Robiinson. 2016. (ENG., Illus.). (YA). pap. 15.99 *(978-1-62007-793-1(0))* Curiosity Quills Pr.

Dreamwalker & Chloe. Callie Michael. Illus. by Scott Dubar. 2021. (Dreamwalker's Diaries: Vol. 1). (ENG.). 48p. (J). 28.99 *(978-1-0878-8852-1(2))* Indy Pub.

Dreamway. Lisa Papademetriou. 2018. (ENG.). 304p. (J). (gr. 3-7). 16.99 *(978-0-06-237111-9(8)*, HarperCollins) HarperCollins Pubs.

Dreamweavers. G. Z. Schmidt. 272p. (J). (gr. 3-7). 2023. pap. 9.99 *(978-0-8234-5320-7(0))*; 2021. 17.99 *(978-0-8234-4423-6(6))* Holiday Hse., Inc.

Dreamworks Classics: Game On!, Vol. 3. Dan Abnett. Illus. by S. Gallant. 2016. (DreamWorks Classics Ser.: 3). (ENG.). 64p. (J). (gr. 3-7). pap. 6.99 *(978-1-78276-248-5(5))* Titan Bks. Ltd. GBR. Dist: Penguin Random Hse. LLC.

Dreamworks Classics: Let the Fur Fly, Vol. 2. 2016. (DreamWorks Classics Ser.: 2). (ENG., Illus.). 64p. (J). (gr. 1-4). pap. 6.99 *(978-1-78276-247-8(7))* Titan Bks. Ltd. GBR. Dist: Penguin Random Hse. LLC.

DreamWorks Dragons: Adventures with Dragons: A Pop-Up History. Joshua Pruett. 2019. (ENG.). 12p. (J). 65.00 *(978-1-60887-847-5(3))* Insight Editions.

Dreamworks Madagascar Comics Collection. Patrick Storck & Rik Hoskin. ed. 2017. (J). lib. bdg. 20.85 *(978-0-606-39426-0(5))* Turtleback.

DreamWorks Shrek. Golden Books. Illus. by Ovi Nedelcu. 2017. (Little Golden Book Ser.). 24p. (J). (-k). 5.99 *(978-1-5247-6770-9(0)*, Golden Bks.) Random Hse. Children's Bks.

Dreamworks Shrek Comics Collection. Patrick Storck. ed. 2016. (J). lib. bdg. 20.85 *(978-0-606-39427-7(3))* Turtleback.

DreamWorks Spirit Untamed: Magnetic Hardcover. Maggie Fischer. 2021. (Magnetic Hardcover Ser.). (ENG.). 10p. (J). (gr. -1-k). 12.99 *(978-0-7944-4724-3(4)*, Studio Fun International) Printers Row Publishing Group.

Dreamworks the Bad Guys: a Very Bad Holiday Novelization, 1 vol. Kate Howard. 2023. (Bad Guys Ser.). (ENG.). 96p. (J). (gr. 2-5). pap. 5.99 ***(978-1-339-02379-3(2))*** Scholastic, Inc.

DreamWorks Trolls: 12 Board Books, 12 vols. PI Kids. 2018. (ENG.). 120p. (J). bds., bds., bds. 16.99 *(978-1-5037-1418-2(7)*, 4340, PI Kids) Phoenix International Publications, Inc.

Dreamworks Trolls Cinestory Comic. Dreamworks Editors. ed. 2016. (J). lib. bdg. 26.95 *(978-0-606-39834-3(1))* Turtleback.

DreamWorks Trolls: First Look & Find. PI Kids. Illus. by Art Mawhinney. 2020. (ENG.). 16p. (J). bds. 10.99 *(978-1-5037-5468-3(5)*, 3659, PI Kids) Phoenix International Publications, Inc.

DreamWorks Trolls: First Look & Find. Veronica Wagner. Illus. by Art Mawhinney. 2018. (ENG.). 16p. (J). bds. 12.99 *(978-1-5037-3613-9(X)*, 2889, PI Kids) Phoenix International Publications, Inc.

DreamWorks Trolls: Get Back up Again Sound Book. Veronica Wagner. 2016. (ENG., Illus.). 12p. (J). bds. 15.99 *(978-1-5037-1242-3(7)*, 2222, PI Kids) Phoenix International Publications, Inc.

DreamWorks Trolls: Good Hair Day Sound Book. Veronica Wagner & P. I. Kids Staff. 2016. (ENG.). 12p. (J). bds. 19.99 *(978-1-5037-1984-2(7)*, 13927, PI Kids) Phoenix International Publications, Inc.

Dreamworks Trolls: Holly Jolly Holidays! Illus. by Adam Devaney. 2022. (Lift-The-Flap Ser.). (ENG.). 10p. (J). (gr. -1-k). bds. 8.99 *(978-0-7944-4968-1(9)*, Studio Fun International) Printers Row Publishing Group.

Dreamworks Trolls Look & Find. Veronica Wagner. ed. 2018. (Look & Find Ser.). (ENG.). 19p. (J). (gr. -1-1). 22.36 *(978-1-64310-378-5(4))* Penworthy Co., LLC, The.

DreamWorks Trolls: Me Reader Electronic Reader & 8-Book Library Sound Book Set. Riley Beck & Erin Rose Wage. 2018. (ENG.). 192p. (J). 34.99 *(978-1-5037-3616-0(4)*, 2890, PI Kids) Phoenix International Publications, Inc.

DreamWorks Trolls: Meet the Trolls! Sound Book. Veronica Wagner. 2016. (ENG.). 12p. (J). bds. 21.99 *(978-1-5037-0943-0(4)*, 2130, PI Kids) Phoenix International Publications, Inc.

DreamWorks Trolls Music Player Storybook. Adapted by Barbara Layman. 2017. (Music Player Storybook Ser.). (ENG.). 32p. (J). (gr. -1-k). 19.99 *(978-0-7944-3996-5(9)*, Studio Fun International) Printers Row Publishing Group.

DreamWorks Trolls Party Time Activity Book. Editors of Studio Fun International. 2019. (Pencil Toppers Ser.). (ENG.). 64p. (J). (gr. k-7). pap. 9.99 *(978-0-7944-4292-7(7)*, Studio Fun International) Printers Row Publishing Group.

DreamWorks Trolls: Poppy's Pals! an I'm Ready to Read Sound Book. Kathy Broderick. 2019. (ENG.). 24p. (J). 11.99 *(978-1-5037-4572-8(4)*, 3244, PI Kids) Phoenix International Publications, Inc.

Dreamworks Trolls: TrollsTopia: Living in Harmony Coloring & Activity Book. Courtney Acampora. 2022. (Marker Pouch Ser.). (ENG.). 64p. (J). (gr. 1-3). pap. 10.99 *(978-0-7944-4860-8(7)*, Studio Fun International) Printers Row Publishing Group.

DreamWorks Trolls World Tour: a Troll New World Look & Find. Illus. by Art Mawhinney. 2020. (ENG.). 24p. (J). 9.99 *(978-1-5037-5231-3(3)*, 3542, PI Kids) Phoenix International Publications, Inc.

DreamWorks Trolls World Tour: Heart & Troll Look & Find. PI Kids. 2020. (ENG.). 24p. (J). pap. 5.99 *(978-1-5037-5232-0(1)*, 3543, PI Kids) Phoenix International Publications, Inc.

DreamWorks Trolls World Tour: Look & Find. PI Kids. Illus. by Art Mawhinney. 2020. (ENG.). 20p. (J). bds. 11.99 *(978-1-5037-5486-7(3)*, 3672, PI Kids) Phoenix International Publications, Inc.

DreamWorks Trolls World Tour: Troll Lotta Love! Sound Book. PI Kids. 2020. (ENG.). 12p. (J). bds. 25.99 *(978-1-5037-5234-4(8)*, 3545, PI Kids) Phoenix International Publications, Inc.

DreamWorks Trolls Write-And-Erase Look & Find Sound Book. PI Kids. 2020. (ENG.). 12p. (J). bds. 14.99 *(978-1-5037-5233-7(X)*, 3544, PI Kids) Phoenix International Publications, Inc.

Dreamworld: Two Books in One: Dreamfire & Dreamfever. Kit Alloway. 2017. (Dream Walker Trilogy Ser.: 3). (ENG.). 704p. (YA). pap. 29.99 *(978-1-250-12251-3(1)*, 900173648, St. Martin's Griffin) St. Martin's Pr.

Dreamy Dress-Up (Colorforms) Rufus Downy. Ed. by Cottage Door Press. Illus. by Heather Burns. 2019. (Colorforms Ser.). (ENG.). 12p. (J). (gr. -1-2). bds. 11.99 *(978-1-68052-740-7(1)*, 1004610) Cottage Door Pr.

Dreamy Hollow (Classic Reprint) Sumner Charles Britton. 2018. (ENG., Illus.). 322p. (J). 30.56 *(978-0-483-41786-1(6))* Forgotten Bks.

Dreamy Jeany Series: The Light. Clayre Bennett. Illus. by Sarah-Leigh Wills. 2017. (Dreamy Jeany Ser.: Vol. 1). (ENG.). 42p. (J). (gr. 1-2). pap. *(978-0-9957228-0-4(3))* Bennett, Clayre.

Dreamy Town. T. R. Sami. 2022. (ENG.). 136p. (YA). pap. ***(978-1-387-76165-4(X))*** Lulu Pr., Inc.

Dreamz. Valentin Davis. 2020. (ENG.). 48p. (YA). ***(978-1-716-82286-5(6))*** Lulu Pr., Inc.

Dred: A Tale of the Great Dismal Swamp (Classic Reprint) Harriet Stowe. (ENG., Illus.). (J). 2017. 33.18 *(978-0-266-91970-4(7))*; 2016. 445p. pap. 16.57 *(978-1-332-74898-3(8))* Forgotten Bks.

Dred, a Tale of the Great Dismal Swamp: A Drama, in Four Acts, Founded on the Novel of the Same Title, by Mrs. H. B. Stowe (Classic Reprint) H. J. Conway. 2017. (ENG., Illus.). (J). 25.67 *(978-1-5282-8238-3(8))* Forgotten Bks.

Dred, a Tale of the Great Dismal Swamp: A Drama, in Four Acts, Founded on the Novel of the Same Title (Classic Reprint) Harriet Stowe. 2016. (ENG., Illus.). (J). pap. 9.57 *(978-1-333-30937-4(6))* Forgotten Bks.

Dred, a Tale of the Great Dismal Swamp, Vol. 2 Of 2: Together with Anti-Slavery Tales & Papers, & Life in Florida after the War (Classic Reprint) Harriet Stowe. 2017. (ENG., Illus.). (J). 34.35 *(978-0-331-65088-4(6))* Forgotten Bks.

Dred, Vol. 1 Of 2: A Tale of the Great Dismal Swamp (Classic Reprint) Harriet Stowe. (ENG., Illus.). (J). 2018. 494p. 34.11 *(978-0-365-52954-5(0))*; 2017. pap. 13.57 *(978-0-243-42121-3(4))* Forgotten Bks.

Dred, Vol. 2 Of 2: A Tale of the Great Dismal Swap (Classic Reprint) Harriet Stowe. 2017. (ENG., Illus.). (J). 31.65 *(978-0-265-70752-4(8))* Forgotten Bks.

Dreidel! a Hanukkah Coloring Book. Jupiter Kids. 2017. (ENG., Illus.). (J). pap. 9.20 *(978-1-68326-738-6(9)*, Jupiter Kids (Childrens & Kids Fiction)) Speedy Publishing LLC.

Dreidel Day. Amalia Hoffman. Illus. by Amalia Hoffman. 2018. (ENG., Illus.). 18p. (J). (gr. -1 — 1). bds. 5.99 *(978-1-5415-0245-1(0)*, d42e6f99-3eeb-4dc4-82af-7f7f87c144ed, Kar-Ben Publishing) Lerner Publishing Group.

Dreidel in Time: A New Spin on an Old Tale. Marcia Berneger. Illus. by Beatriz Castro. 2019. (ENG.). 88p. (J). (gr. 3-7). 17.99 *(978-1-5415-4672-1(5)*, 192e3233-0d85-465d-9d2d-d3070039f409, Kar-Ben Publishing) Lerner Publishing Group.

Dreiecke 1: Kinder Malbuch. Bold Illustrations. 2017. (GER., Illus.). (J). pap. 8.35 *(978-1-64193-167-0(1)*, Bold Illustrations) FASTLANE LLC.

Dreiecke 2: Kinder Malbuch. Bold Illustrations. 2017. (GER., Illus.). 82p. (J). pap. 8.35 *(978-1-64193-168-7(X)*, Bold Illustrations) FASTLANE LLC.

Drekken. Jeffrey J. Jackson. 2021. (ENG.). 132p. (YA). pap. 14.95 *(978-1-6624-2798-5(0))* Page Publishing Inc.

Dress. Ed. by Linda Fox Felker. Illus. by Lourdes Elizabeth David. 2023. (ENG.). 28p. (J). pap. 12.95 ***(978-1-63066-550-0(9))*** Indigo Sea Pr., LLC.

Dress & the Girl. Camille Andros. Illus. by Julie Morstad. 2018. (ENG.). 40p. (J). (gr. -1-3). 17.99 *(978-1-4197-3161-7(0)*, 1167501, Abrams Bks. for Young Readers) Abrams, Inc.

Dress Code: Doodlebug & Dandelion. Pamela Dell. Illus. by Dom Mansell. 2020. (ENG.). 24p. (J). pap. *(978-1-922331-18-2(X))* Library For All Limited.

Dress Coded. Carrie Firestone. (J). (gr. 5). 2022. 336p. 8.99 *(978-1-9848-1645-0(4))*; 2020. (ENG.). 320p. 17.99 *(978-1-9848-1643-6(8))* Penguin Young Readers Group. (G.P. Putnam's Sons Books for Young Readers).

Dress Codes for Small Towns. Courtney Stevens. (ENG.). (YA). (gr. 9). 2018. 368p. pap. 10.99 *(978-0-06-239852-9(0))*; 2017. 352p. 17.99 *(978-0-06-239851-2(2))* HarperCollins Pubs. (HarperTeen).

Dress for Grandma. Evanda Prophete. 2016. (ENG., Illus.). (J). pap. 10.00 *(978-1-59755-429-9(4)*, Advantage BibleStudy) Advantage Bks.

550

The check digit for ISBN-10 appears in parentheses after the full ISBN-13

Dress for the Wicked. Autumn Krause. (ENG.). 400p. (YA). (gr. 8). 2020. pap. 10.99 (978-0-06-285734-7(7)); 2019. (Illus.). 17.99 (978-0-06-285733-0(9)) HarperCollins Pubs. (HarperTeen).

Dress Like a Girl. Patricia Toht. Illus. by Lorian Tu-Dean. 2019. (ENG.). 32p. (J). (gr. -1-3). 17.99 (978-0-06-279892-3(8), HarperCollins) HarperCollins Pubs.

Dress Like a Rockstar: Coloring Book for Teens. Jupiter Kids. 2016. (ENG., Illus.). 106p. (J). pap. 12.55 (978-1-68305-195-4(5), Jupiter Kids (Childrens & Kids Fiction)) Speedy Publishing LLC.

Dress Me Up! Princess Jumbo Coloring Book. Jupiter Kids. 2016. (ENG., Illus.). 106p. (J). pap. 12.55 (978-1-68305-196-1(3), Jupiter Kids (Childrens & Kids Fiction)) Speedy Publishing LLC.

Dress up & Let's Have a Party. Created by Remy Charlip. 2018. (ENG., Illus.). 32p. (J). 14.95 (978-1-59270-234-3(1)) Enchanted Lion Bks., LLC.

Dress-Up Box. Patrick Guest. Illus. by Nathaniel Eckstrom. 2018. (ENG.). 32p. (J). (gr. -1-k). 19.99 (978-1-76012-492-2(3)) Little Hare Bks. AUS. Dist: Independent Pubs. Group.

Dress up Day & Other Stories. Pam Holden. 2018. (ENG., Illus.). 136p. (J). lib. bdg. (978-1-77654-194-2(4), Red Rocket Readers) Flying Start Bks.

Dress up Meghan. Georgie Fearns. 2018. (ENG., Illus.). 34p. (J). (gr. 1-4). pap. 9.99 (978-1-78055-579-9(2)) O'Mara, Michael Bks., Ltd. GBR. Dist: Independent Pubs. Group.

Dress up Mix & Match for Girls: Girl Activity Books. Jupiter Kids. 2016. (ENG., Illus.). 76p. (J). pap. 13.75 (978-1-68305-393-4(1), Jupiter Kids (Childrens & Kids Fiction)) Speedy Publishing LLC.

Dress up Stylist. Natalie Lambert. 2016. (My Fashion Studio Ser.). (ENG.). (J). pap. (978-1-78445-673-3(X)) Top That! Publishing PLC.

Dress up Stylist: Cut, Color, Make & Create! Nancy Lambert. Illus. by Diane Le Feyer. 2016. (My Fashion Studio Ser.). (ENG.). 56p. (J). (gr. 3). pap. 9.99 (978-1-78445-644-3(6)) Top That! Publishing PLC GBR. Dist: Independent Pubs. Group.

Dress up the Dolls - a Fashionable End-Of-Day Activity Book for Girls. Jupiter Kids. 2018. (ENG., Illus.). 106p. (J). pap. 12.55 (978-1-5419-3526-6(8), Jupiter Kids (Childrens & Kids Fiction)) Speedy Publishing LLC.

Dress with Pockets. Lily Murray. Illus. by Jenny Løvlie. 2023. (ENG.). 32p. (J). (gr. -1-3). 18.99 (978-1-68263-533-9(3)) Peachtree Publishing Co. Inc.

Dressed to Play. Jennifer Manuel. 2019. (Lorimer Sports Stories Ser.). (ENG.). 128p. (J). (gr. 5-8). pap. 9.95 (978-1-4594-1467-9(5), 7cc752b4-55be-4d3f-aa4f-06b9636b58b4) James Lorimer & Co. Ltd., Pubs. CAN. Dist: Lerner Publishing Group.

Dresses for Women & Girls Coloring Book. Activity Book Zone for Kids. 2016. (ENG., Illus.). (J). pap. 9.20 (978-1-68376-466-3(8)) Sabeels Publishing.

Dresses Worn by British Royalty Coloring Book. Activity Book Zone for Kids. 2016. (ENG., Illus.). (J). pap. 9.20 (978-1-68376-467-0(6)) Sabeels Publishing.

Dressing Dandies & Darlings Coloring Book. Smarter Activity Books for Kids. 2016. (ENG., Illus.). (J). pap. 9.22 (978-1-68374-534-1(5)) Examined Solutions PTE. Ltd.

Dressing for the Weather Green Band. Kathryn Harper. Illus. by Sean Sims. ed. 2016. (Cambridge Reading Adventures Ser.). (ENG.). 16p. pap. 7.95 (978-1-316-50324-9(0)) Cambridge Univ. Pr.

Dressing Gown: A Farce in One Act (Classic Reprint) Robert C. V. Meyers. (ENG., Illus.). (J). 2018. 22p. 24.35 (978-0-267-55439-3(7)); 2016. pap. 7.97 (978-1-333-62347-0(X)) Forgotten Bks.

Dressing Gowns & Glue (Classic Reprint) Lance De G. Sieveking. 2018. (ENG., Illus.). 50p. (J). 24.91 (978-0-484-38565-7(8)) Forgotten Bks.

Dressing Up. 8 vols. 2019. (Fantastic Fashion Origami Ser.). (ENG.). 32p. (J). (gr. 3-4). lib. bdg. 117.08 (978-1-7253-0342-3(6), 7717dc75-03c6-40a7-b58a-c1a96c528c48, PowerKids Pr.) Rosen Publishing Group, Inc., The.

Dressing Up. Simon Mugford. 2021. (QEB Essentials Let's Read Ser.). (ENG., Illus.). 24p. (J). (gr. -1 — 1). lib. bdg. 27.99 (978-0-7112-4427-6(8), 02ab8465-03b9-400b-b8fb-0d7f94dc4271) QEB Publishing Inc.

Dressing Up. Carol Thompson. Illus. by Carol Thompson. 2018. (Amazing Me! Ser.: 4). (Illus.). 12p. (J). (gr. k-k). spiral bd. (978-1-84643-960-5(4)) Child's Play International Ltd.

Dressmaker's Daughter. Linda Boroff. 2022. (ENG.). 240p. (YA). pap. 12.99 (978-1-59580-107-4(3)) Santa Monica Pr.

Drew & Jot: Dueling Doodles. Art Baltazar. 2020. (ENG., Illus.). 208p. (J). 14.99 (978-1-68415-430-2(8)) BOOM! Studios.

Drew Bees Gets a Foster Home! Hope. Wendy Recktenwald. Illus. by Patricia Knight. 2022. (ENG.). 22p. (J). (978-0-2288-7358-7(4)); pap. (978-0-2288-7357-0(6)) Tellwell Talent.

Drew Brees. Jon M. Fishman. 2020. (Sports All-Stars (Lerner (tm) Sports) Ser.). (ENG., Illus.). 32p. (J). (gr. 2-5). 29.32 (978-1-5415-7727-5(2), 0ead1a16-2a8e-4d9f-8525-7f3184df58ac, Lerner Pubns.) Lerner Publishing Group.

Drew Brees, Vol. 9. Joe L. Morgan. 2018. (Gridiron Greats: Pro Football's Best Players Ser.). 80p. (J). (gr. 7). lib. bdg. 33.27 (978-1-4222-4198-1(X)) Mason Crest.

Drew Brees: Record-Breaking Quarterback, 1 vol. Gerry Boehme. 2019. (At the Top of Their Game Ser.). (ENG.). 112p. (gr. 9-9). pap. 20.99 (978-1-5026-5120-4(3), 51e8a5d8-11ec-48d8-a11f-49463923fe82) Cavendish Square Publishing LLC.

Drew Brees: Superstar Quarterback. Dennis St. Sauver. 2019. (NFL Superstars Ser.). (ENG., Illus.). 32p. (J). (gr. 2-5). lib. bdg. 34.21 (978-1-5321-1979-8(8), 32437, Big Buddy Bks.) ABDO Publishing Co.

Drew Drop: It's a Great Big Sky Out There... John Benjamin Gray. 2019. (Drew Drop Ser.: Vol. 1). (ENG.). 280p. (J). pap. 10.99 (978-0-578-43434-6(2), Misguided Ink) Gray, John.

Drew Leclair Crushes the Case. Katryn Bury. 2023. (ENG.). 304p. (J). (gr. 3-7). 19.99 (978-0-358-70152-1(X), HarperCollins) HarperCollins Pubs.

Drew Leclair Gets a Clue. Katryn Bury. (ENG.). 288p. (J). (gr. 3-7). 2023. pap. 9.99 (978-0-358-74927-1(1)); 2022. 16.99 (978-0-358-63960-2(3), 1819334) HarperCollins Pubs. (Clarion Bks.).

Drew Loves to Draw. Guo Qinghua. Illus. by Huang Lili. 2021. (Perfect Picture Bks.). (ENG.). 36p. (J). (gr. 1-3). lib. bdg. 27.29 (978-1-64996-172-3(3), 4927, Sequoia Kids Media) Phoenix International Publications, Inc.

Drew the Drone. Alexander Deardorff. 2023. (ENG.). 26p. (J). pap. 12.99 (978-1-958729-20-5(5)) Mindstir Media.

Drew the Screw. Mattia Cerato. 2016. (I Like to Read Ser.). (ENG., Illus.). 24p. (J). (gr. -1-3). pap. 7.99 (978-0-8234-3541-8(5)) Holiday Hse., Inc.

Drewbie Loves to Camp: Book 1. Jenn Ford. 2022. (ENG., Illus.). 32p. (J). 25.95 (978-1-68526-215-0(5)); pap. 15.95 (978-1-68526-213-6(9)) Covenant Bks.

Drew's Heart. Alia Lee. 2021. (Nuggets of Knowledge Ser.). (ENG., Illus.). 32p. (J). pap. 12.95 (978-1-63844-565-4(6)) Christian Faith Publishing.

Drex Harding: Versus the Middle School Mafia. Jon O'Connor. 2018. (Drex Harding Ser.: Vol. 1). (ENG., Illus.). 136p. (J). (gr. 5-6). pap. 8.99 (978-1-949575-11-8(X)) Celtic Hearts Pr.

Dreyer's English (Adapted for Young Readers) Good Advice for Good Writing. Benjamin Dreyer. (ENG.). 304p. (J). (gr. 5). 2022. 8.99 (978-0-593-17683-2(9), Yearling); 2021. 17.99 (978-0-593-17680-1(4), Delacorte Bks. for Young Readers); 2021. lib. bdg. 20.99 (978-0-593-17681-8(2), Delacorte Bks. for Young Readers) Random Hse. Children's Bks.

D'Ri & I: A Tale of Daring Deeds in the Second War with the British, Being the Memoirs (Classic Reprint) Irving Bacheller. 2017. (ENG., Illus.). 386p. (J). 31.88 (978-0-484-86173-1(5)) Forgotten Bks.

Dribble! a Basketball Coloring Book. Activibooks For Kids. 2016. (ENG., Illus.). (J). pap. 9.20 (978-1-68321-691-9(1)) Mimaxion.

Dribble, Dribble, Drool! Nancy Krulik. Illus. by Aaron Blecha. ed. 2016. (George Brown, Class Clown Ser.: 18). (ENG.). 128p. (J). (gr. 2-4). 14.75 (978-0-606-39308-9(0)) Turtleback.

Dribble, Dribble, Drool! #18. Nancy Krulik. Illus. by Aaron Blecha. 2016. (George Brown, Class Clown Ser.: 18). 128p. (J). (gr. 2-4). 5.99 (978-0-448-48286-6(X), Grosset & Dunlap) Penguin Young Readers Group.

Dribble, Shoot, Score! a Coloring Book. Jupiter Kids. 2016. (ENG., Illus.). 106p. (J). pap. 12.55 (978-1-68326-304-3(9), Jupiter Kids (Childrens & Kids Fiction)) Speedy Publishing LLC.

Dribbles & Friends Save STEAM Valley. Troy Watts & Simone Vincent. 2022. (ENG.). 38p. (J). 23.98 (978-1-0880-1131-7(4)) Indy Pub.

Dried Persimmons of Happiness. Aili Mou. 2022. (Taste of China Ser.). (ENG.). 34p. (J). (gr. k-2). pap. 8.95 (978-1-4878-0986-7(7)) Royal Collins Publishing Group Inc. CAN. Dist: Independent Pubs. Group.

Driehoek. Bradley Charbonneau. 2020. (Lu & Lu Ser.: Vol. 5). (ENG.). 70p. (YA). pap. 6.99 (978-1-393-55712-8(0)) Charbonneau, Bradley.

Drift. Clare Littlemore. 2019. (Flow Ser.: Vol. 3). (ENG.). 360p. (YA). (gr. 7-12). pap. (978-1-9998381-5-7(7)) Littlemore, Clare.

Drift (Classic Reprint) Mary Aldis. 2018. (ENG., Illus.). 376p. (J). 31.67 (978-0-483-95069-6(6)) Forgotten Bks.

Drift (Classic Reprint) Marguerite Mooers Marshall. (ENG., Illus.). (J). 2018. 264p. 29.34 (978-0-483-59376-3(1)); 2017. pap. 11.97 (978-0-259-02872-7(X)) Forgotten Bks.

Drift from Longshore (Classic Reprint) A. Son of the Marshes. 2018. (ENG., Illus.). 272p. (J). 29.53 (978-0-484-66584-1(7)) Forgotten Bks.

Drift from Two Shores, Maruja: By Shore & Sedge, Thankful Blossom (Classic Reprint) Bret Harte. 2017. (ENG., Illus.). (J). 33.36 (978-0-265-19722-6(8)) Forgotten Bks.

Drifted & Sifted: A Domestic Chronicle of the Seventeenth Century (Classic Reprint) Unknown Author. 2018. (ENG., Illus.). 402p. (J). 32.21 (978-0-483-65093-0(5)) Forgotten Bks.

Drifted Together, Vol. 1 Of 3: A Novel (Classic Reprint) Elizabeth Savile. (ENG., Illus.). (J). 2018. 248p. 29.01 (978-0-267-32977-9(6)); 2016. pap. 11.57 (978-1-333-56221-2(7)) Forgotten Bks.

Drifted Together, Vol. 2 Of 3: A Novel (Classic Reprint) Elizabeth Savile. (ENG., Illus.). (J). 2018. 248p. 29.01 (978-0-483-86799-6(2)); 2017. pap. 11.57 (978-1-333-34916-5(5)) Forgotten Bks.

Drifters. Kevin Emerson. 2022. (ENG., Illus.). 592p. (J). (gr. 3-7). 16.99 (978-0-06-297696-3(6), Walden Pond Pr.) HarperCollins Pubs.

Drifters Realm. AnneMarie Mazotti Gouveia. 2023. (ENG.). 148p. (J). 24.99 (978-1-63988-829-0(2)) Primedia eLaunch LLC.

Drifting. Thomas Buchanan Read & Lizbeth Bullock Humphrey. 2016. (ENG., Illus.). (J). pap. (978-3-7436-0442-1(6)) Creation Pubs.

Drifting About: Or What Jeems Pipes, of Pipesville Saw-And-Did (Classic Reprint) Stephen C. Massett. 2018. (ENG., Illus.). 380p. (J). 31.75 (978-0-267-30626-8(1)) Forgotten Bks.

Drifting & Steering (Classic Reprint) Lynde Palmer. 2018. (ENG., Illus.). 312p. (J). 30.33 (978-0-483-87113-7(3)) Forgotten Bks.

Drifting Diamond (Classic Reprint) Lincoln Colcord. 2018. (ENG., Illus.). 296p. (J). 30.02 (978-0-428-72375-0(6)) Forgotten Bks.

Drifting Round the World: A Boy's Adventures by Sea & Land (Classic Reprint) Charles Winslow Hall. (ENG., Illus.). (J). 2018. 388p. 31.92 (978-0-365-20181-6(2)); 2017. pap. 16.57 (978-0-282-53066-2(5)) Forgotten Bks.

Drifting (with Browne) (Classic Reprint) Byers Fletcher. (ENG., Illus.). (J). 2018. 274p. 29.55 (978-0-483-14495-8(9)); 2017. pap. 11.97 (978-0-243-88305-9(6)) Forgotten Bks.

Driftwood (Classic Reprint) Ida Adaline Powell. 2018. (ENG., Illus.). 188p. (J). 27.77 (978-0-484-00810-5(2)) Forgotten Bks.

Driftwood Days. William Miniver. Illus. by Charles Vess. 2019. (ENG.). 48p. (J). (978-0-8028-5370-7(6), Eerdmans Bks For Young Readers) Eerdmans, William B. Publishing Co.

Drill Book in Plane Geometry. Robert Remington Goff. 2017. (ENG., Illus.). (J). pap. (978-0-649-46533-0(4)) Trieste Publishing Pty Ltd.

Drill Book in Plane Geometry (Classic Reprint) Robert Remington Goff. 2018. (ENG., Illus.). 132p. (J). 26.62 (978-0-332-82402-4(0)) Forgotten Bks.

Drill Team Determination. Jake Maddox & Jake Maddox. 2021. (Jake Maddox JV Girls Ser.). (ENG.). 96p. (J). 25.99 (978-1-6639-1099-8(5), 212812); pap. 5.95 (978-1-6639-2024-9(9), 212794) Capstone. (Stone Arch Bks.).

Drilling & Fracking. Ellen Labrecque. 2017. (21st Century Skills Library: Global Citizens: Environmentalism Ser.). (ENG., Illus.). 32p. (J). (gr. 4-7). lib. bdg. 32.07 (978-1-63472-868-3(8), 209898) Cherry Lake Publishing.

Drilling Practice & Jig Design: A Treatise Covering Comprehensively Drilling & Tapping Operations, & the Design of Drill Jigs & Fixtures for Interchangeable Manufacture (Classic Reprint) Erik Oberg. (ENG., Illus.). (J). 2018. 310p. 30.31 (978-0-666-47113-0(4)); 2017. pap. 13.57 (978-0-282-21389-3(9)) Forgotten Bks.

Drills & Plays for Patriotic Days (Classic Reprint) Laura Rountree Smith. 2017. (ENG., Illus.). (J). 72p. 25.38 (978-0-484-74370-9(8)); pap. 9.57 (978-0-259-88545-0(2)) Forgotten Bks.

Drilo. la Nueva Amiga de Papa. Marichel Roca. 2017. (SPA.). 36p. (J). (978-607-748-096-9(7)) Ediciones Urano S. A.

Drilo. Mama y Papa Ya No Viven Juntos. Marichel Roca & Adriana Carrera. 2017. (SPA.). 27p. (J). 7.95 (978-607-748-061-7(4)) Ediciones Urano S. A. ESP. Dist: Spanish Pubs., LLC.

Drink of Pink Ink. Spencer Brinker. 2019. (Read & Rhyme Level 3 Ser.). (ENG., Illus.). 16p. (J). (gr. -1-1). 24.21 (978-1-64280-560-4(2)) Bearport Publishing Co., Inc.

Drink of Water. John Yeoman. Illus. by Quentin Blake. 2017. 64p. (J). (gr. 2-8). 14.95 (978-0-500-65135-3(3), 565135) Thames & Hudson.

Drinking & Drugs? Skills to Avoid 'Em & Stay Cool, 1 vol. Louise Spilsbury. 2018. (Life Skills Ser.). (ENG.). 48p. (gr. 5-5). lib. bdg. 30.93 (978-0-7660-9971-5(7), 810996e9-69d4-444a-b4d2-4849143948d9) Enslow Publishing, LLC.

Drinking Capybara Coloring Book: Coloring Books for Adult, Animal Painting Page with Coffee & Cocktail Recipes, Gifts for Capybara Lovers. Illus. by Paperland Online Store. 2022. (ENG.). 62p. (YA). pap. (978-1-4583-7378-6(9)) Lulu Pr., Inc.

Drinking Dachshund Coloring Book: Coloring Books for Adults, Adult Coloring Book with Many Coffee & Drinks Recipes, Dachshund Lover Gift. Illus. by Paperland Online Store. 2021. (ENG.). 62p. (J). pap. (978-1-008-91241-0(7)) Lulu Pr., Inc.

Drinking German Shepherd: Coloring Books for Adults, Adult Coloring Book with Many Coffee & Drinks Recipes, German Shepherd Lover Gift. Illus. by Paperland Online Store. 2021. (ENG.). 62p. (YA). pap. (978-1-7947-6813-0(0)) Lulu Pr., Inc.

Drinking Otter Coloring Book. Illus. by Paperland Online Store. 2021. (ENG.). 62p. (YA). pap. (978-1-6671-8673-3(6)) Lulu Pr., Inc.

Drinks & Desserts, 1 vol. Claudia Martin. 2018. (Cooking Skills Ser.). (ENG.). 48p. (gr. 5-5). pap. 12.70 (978-1-9785-0664-0(3), 6a583344-68ff-4b9b-baa1-8627fe03e089); lib. bdg. 29.60 (978-1-9785-0637-4(6), 52d6be94-153f-473e-8062-a2b678b85440) Enslow Publishing, LLC.

Drip. Maggie Li. Illus. by Maggie Li. 2022. (Little Life Cycles Ser.). (ENG.). 26p. (J). (-k). bds. 9.99 (978-1-5362-2388-0(3), Templar) Candlewick Pr.

Drip, Drop & Drizzle: A Journal for Growing Your Child's Creativity. Mary Ostrowski. 2019. (ENG., Illus.). 108p. (J). (gr. 4-6). pap. 15.95 (978-1-61244-753-7(8)) Halo Publishing International.

Drip-Drop in a Tea Shop. Spencer Brinker. 2019. (Read & Rhyme Level 3 Ser.). (ENG., Illus.). 16p. (J). (gr. -1-1). 24.21 (978-1-64280-562-8(9)) Bearport Publishing Co., Inc.

Drip's Big Journey. Magdalena Simonis. 2017. (ENG., Illus.). (J). pap. (978-0-646-97013-4(5)) Simonis, Magdalena.

Drive. Joyce Moyer Hostetter. 2018. (Bakers Mountain Stories Ser.). (Illus.). 352p. (J). (gr. 5-9). 18.95 (978-1-62979-865-3(7), Calkins Creek) Highlights Pr., c/o Highlights for Children, Inc.

Drive! Corinna Turner. 2017. (Unsparked Ser.: Vol. 1). (ENG., Illus.). 72p. (YA). (gr. 7-12). pap. (978-1-910806-83-8(8)) Zephyr Publishing.

Drive It! Fix It! Larry Dane Brimner. ed. 2022. (Acorn Early Readers Ser.). (ENG.). 43p. (J). (gr. k-1). 15.96 (978-1-68505-354-3(8)) Penworthy Co., LLC, The.

Drive Me Crazy. Terra Elan McVoy. 2016. (ENG.). 320p. (J). (gr. 3-7). pap. 6.99 (978-0-06-232244-9(3), Tegen, Katherine Bks) HarperCollins Pubs.

Drive Me! Race Car: Interactive Driving Book. IglooBooks. Illus. by Natasha Rimmington. 2023. (ENG.). 12p. (J). (— 1). bds., bds. 7.99 (978-1-80368-374-4(0)) Igloo Bks. GBR. Dist: Simon & Schuster, Inc.

Drive Me to the Moon. Cisco the Original. Illus. by Emilian Chicado. 2016. (ENG.). (J). (gr. k-6). pap. 11.95 (978-1-68181-601-2(6)) Strategic Book Publishing & Rights Agency (SBPRA).

Drive the Fire Truck. Illus. by Dave Mottram. 2021. (Drive Interactive Ser.). (ENG.). 14p. (J). (gr. -1 — 1). 9.99 (978-1-4521-7885-1(2)) Chronicle Bks. LLC.

Drive the Race Car. Illus. by Dave Mottram. 2021. (Drive Interactive Ser.). (ENG.). 14p. (J). (gr. -1 — 1). 9.99 (978-1-4521-7886-8(0)) Chronicle Bks. LLC.

Drive Through England, or a Thousand Miles of Road Travel (Classic Reprint) James John Hissey. (ENG., Illus.). (J). 2018. 444p. 33.07 (978-0-267-34622-6(0)); 2016. pap. 16.57 (978-1-333-71159-7(X)) Forgotten Bks.

Drive-Thru Miracle. Dana Edwards. 2022. (ENG.). 224p. (J). (gr. 3-7). pap. 14.99 (978-1-0877-4706-4(6), 005832273, B&H Kids) B&H Publishing Group.

Driven. Will Hallewell. 2019. (Legacy Ser.: Vol. 1). (ENG.). 168p. (YA). (gr. 7-12). pap. 7.99 (978-1-64533-165-0(2)) Kingston Publishing Co.

Driven. MB Mulhall. 2017. (ENG., Illus.). (YA). (gr. 10-12). 25.99 (978-1-64080-345-9(9), Harmony Ink Pr.) Dreamspinner Pr.

Driven Back to Eden (Classic Reprint) E. P. Roe. 2018. (ENG., Illus.). 300p. (J). 30.08 (978-0-483-78957-9(7)) Forgotten Bks.

Driven Before the Storm, Vol. 1 of 3 (Classic Reprint) Gertrude Forde. 2018. (ENG., Illus.). 312p. (J). 30.33 (978-0-428-97456-5(2)) Forgotten Bks.

Driven Before the Storm, Vol. 2 of 3 (Classic Reprint) Gertrude Forde. 2018. (ENG., Illus.). 298p. (J). 30.04 (978-0-428-46633-6(8)) Forgotten Bks.

Driven Before the Storm, Vol. 3 of 3 (Classic Reprint) Gertrude Forde. (ENG., Illus.). (J). 2018. 312p. 30.33 (978-0-483-87945-4(2)); 2016. pap. 13.57 (978-1-333-38803-4(9)) Forgotten Bks.

Driven from Home: A True Story of a Converted Jewess (Classic Reprint) Jeanette Gedalius. 2017. (ENG., Illus.). (J). 26.78 (978-1-5282-8105-8(5)) Forgotten Bks.

Driven from Home: Carl Crawford's Experience. Horatio Alger. 2019. (ENG.). 206p. (YA). (gr. 7-12). pap. (978-93-5329-587-5(4)) Alpha Editions.

Driven from Home: Or, Carl Crawford S Experience. Horatio Alger. 2017. (ENG., Illus.). (J). 24.95 (978-1-374-88076-4(0)); pap. 14.95 (978-1-374-88075-7(2)) Capital Communications, Inc.

Driven from Home: Or Carl Crawford's Experience (Classic Reprint) Horatio Alger. 2018. (ENG., Illus.). 290p. (J). 29.90 (978-0-428-87229-8(8)) Forgotten Bks.

Driven from Sea to Sea: Or Just a Campin (Classic Reprint) C. C. Post. 2017. (ENG., Illus.). (J). 32.48 (978-0-331-21910-4(7)) Forgotten Bks.

Driven to Bay, Vol. 1 Of 3: A Novel (Classic Reprint) Florence Marryat. (ENG., Illus.). (J). 2018. 244p. 28.93 (978-0-483-73245-2(1)); 2016. pap. 11.57 (978-1-334-11905-7(8)) Forgotten Bks.

Driven to Bay, Vol. 2 Of 3: A Novel (Classic Reprint) Florence Marryat. (ENG., Illus.). (J). 2018. 250p. 29.07 (978-0-267-40880-1(3)); 2016. pap. 11.57 (978-1-334-20886-7(7)) Forgotten Bks.

Driven to Bay, Vol. 3 Of 3: A Novel (Classic Reprint) Florence Marryat. 2018. (ENG., Illus.). 258p. (J). 29.22 (978-0-428-22115-7(7)) Forgotten Bks.

Driven to Win! (Disney/Pixar Cars 3) RH Disney. Illus. by RH Disney. 2017. (Step into Reading Ser.). (ENG., Illus.). 32p. (J). (gr. -1-1). pap. 5.99 (978-0-7364-3682-3(0), RH/Disney) Random Hse. Children's Bks.

Driver Ants Army. Augustus y Voahn. Illus. by Shabamukama Osbert. 2020. (ENG.). 28p. (J). pap. 10.95 (978-1-945408-60-1(X)) Village Tales Publishing.

Driver Boy (Classic Reprint) Unknown Author. 2018. (ENG., Illus.). 266p. (J). 29.38 (978-0-483-93822-9(X)) Forgotten Bks.

Driver (Classic Reprint) Garet Garrett. (ENG., Illus.). (J). 2018. 298p. 30.04 (978-0-483-56642-2(X)); 2016. pap. 13.57 (978-1-334-68142-4(2)) Forgotten Bks.

Driverless Cars. Ryan James. 2022. (Car Mania Ser.). (ENG.). 24p. (J). (gr. 3-6). pap. 8.95 (978-1-63897-590-8(6), 19510); lib. bdg. 27.93 (978-1-63897-475-8(6), 19509) Seahorse Publishing.

Driverless Vehicle Developers. Andrew Morkes. 2019. (Cool Careers in Science Ser.). (Illus.). 96p. (J). (gr. 12). lib. bdg. 34.60 (978-1-4222-4296-4(X)) Mason Crest.

Driver's License to Kill. A. P. Afgan Bsit Chsp. 2018. (ENG., Illus.). 262p. (YA). (gr. 7-12). pap. 17.95 (978-1-63492-949-3(7)) Booklocker.com, Inc.

Drives & Puts: A Book of Golf Stories (Classic Reprint) Walter Camp. (ENG., Illus.). (J). 2018. 254p. 29.16 (978-0-267-60460-9(2)); 2016. pap. 11.57 (978-1-334-13457-9(X)) Forgotten Bks.

Driving by Starlight. Anat Deracine. 2019. (ENG.). 288p. (YA). pap. 21.99 (978-1-250-30895-5(X), 900177285) Square Fish.

Driving Force (Classic Reprint) George Acorn. (ENG., Illus.). (J). 2018. 344p. 30.99 (978-0-483-74969-6(9)); 2016. pap. 13.57 (978-1-333-49815-3(2)) Forgotten Bks.

Driving, Sailing & Flying Around the World Coloring Book. Creative Playbooks. 2016. (ENG., Illus.). (J). pap. 7.74 (978-1-68323-749-5(8)) Twin Flame Productions.

Driving School (Elbow Grease) John Cena. Illus. by Dave Aikins. 2021. (Step into Reading Ser.). 32p. (J). (gr. -1-1). pap. 5.99 (978-0-593-18207-9(3)); (ENG.). lib. bdg. 14.99 (978-0-593-18208-6(1)) Random Hse. Children's Bks. (Random Hse. Bks. for Young Readers).

Drizzle, Dreams, & Lovestruck Things. Maya Prasad. 2022. 464p. (YA). (gr. 7-12). 17.99 (978-1-368-07580-0(0), Disney-Hyperion) Disney Publishing Worldwide.

Droids & Robots. M. G. Higgins. 2019. (White Lightning Nonfiction Ser.). (ENG.). 64p. (J). (gr. 6-8). pap. 11.95 (978-1-68021-639-4(2)) Saddleback Educational Publishing, Inc.

Droll Stories: Collected from the Abbeys of Touraine (Classic Reprint) Gustave Dore. 2018. (ENG., Illus.). 658p. (J). 37.47 (978-0-483-40367-3(9)) Forgotten Bks.

Droll Stories (Contes Drolatiques), Vol. 1: Collected from the Abbeys of Touraine (Classic Reprint) Honore de Balzac. 2017. (ENG., Illus.). (J). 31.12 (978-0-266-52257-7(2)) Forgotten Bks.

Droll Stories (Contes Drolatiques), Vol. 2: With Sarrasine, etc (Classic Reprint) Honore de Balzac. 2018. (ENG., Illus.). 366p. (J). 31.47 (978-0-483-69619-8(6)) Forgotten Bks.

Droll Stories of Isthmian Life (Classic Reprint) Evelyn Saxton. 2018. (ENG., Illus.). 244p. (J). 28.93 (978-0-483-26315-4(X)) Forgotten Bks.

Drolls from Shadowland (Classic Reprint) J. H. Pearce. (ENG., Illus.). (J). 2018. 178p. 27.57 (978-0-483-41929-2(X)); 2016. pap. 9.97 (978-1-334-16442-2(8)) Forgotten Bks.

D

Drone: A Play in Three Acts (Classic Reprint) Rutherford Mayne. 2018. (ENG., Illus.). 84p. (J). 25.63 (978-0-267-27600-4(1)) Forgotten Bks.

Drone: Poems. Nicky Tee. 2019. (ENG.). 90p. (YA). (978-1-5255-5009-6(8)); pap. (978-1-5255-5010-2(1)) FriesenPress.

Drone Academy, 4 vols. Matthew K. Manning. Illus. by Allen Douglas. 2018. (Drone Academy Ser.). (ENG.). 112p. (J). (gr. 4-8). 109.28 (978-1-4965-6085-8(X), 27719, Stone Arch Bks.) Capstone.

Drone Academy: Swarm. Matthew K. Manning. ed. 2018. (ENG.). 224p. (J). (gr. 4-8). pap., pap., pap. 8.95 (978-1-62370-992-1(X), 137507, Capstone Young Readers) Capstone.

Drone & a Dreamer (Classic Reprint) Nelson Lloyd. (ENG., Illus.). (J). 2018. 290p. 29.88 (978-0-484-43679-3(1)); 2017. pap. 13.57 (978-0-243-86004-3(8)) Forgotten Bks.

Drone, & Other Plays (Classic Reprint) Rutherford Mayne. 2018. (ENG., Illus.). 162p. (J). 27.24 (978-0-267-45326-9(4)) Forgotten Bks.

Drone at the Diamond Valley Chop Shop. Lara Malmqvist. 2019. (Jacob Wheeler Mystery Ser.). (ENG.). 150p. (J). (978-1-5255-3752-3(0)); pap. (978-1-5255-3753-0(9)) FriesenPress.

Drone Away from Home. Michael Lee. Illus. by Nyrryl Cadiz. 2023. 34p. (J). pap. 17.99 **(978-1-6678-9295-5(9))** BookBaby.

Drone Chase. Pam Withers. 2021. (ENG.). 232p. (YA). pap. 12.99 (978-1-4597-4743-2(7)) Dundurn Pr. CAN. Dist: Publishers Group West (PGW).

Drone Pilots. Andrew Morkes. 2019. (Cool Careers in Science Ser.). (Illus.). 96p. (J). (gr. 12). lib. bdg. 34.60 (978-1-4222-4297-1(8)) Mason Crest.

Drone Pursuit. Victor Appleton. 2019. (Tom Swift Inventors' Academy Ser.: 1). (ENG., Illus.). 144p. (J). (gr. 3-7). pap. 7.99 (978-1-5344-3630-5(8), Simon & Schuster/Paula Wiseman Bks.) Simon & Schuster/Paula Wiseman Bks.

Dronehunter. George Saoulidis. 2019. (ENG.). 66p. (YA). pap. 5.99 (978-1-393-05616-4(4)) Draft2Digital.

Drones. Matt Chandler et al. 2017. (Drones Ser.). (ENG.). 32p. (J). (gr. 3-9). 114.60 (978-1-5157-3798-8(5), 25484, Capstone Pr.) Capstone.

Drones. Tammy Gagne. 2018. (21st Century Inventions Ser.). (ENG.). 24p. (J). (gr. 1-1). pap. 8.95 (978-1-63517-790-9(1), 1635177901) North Star Editions.

Drones. Tammy Gagne. 2018. (21st Century Inventions Ser.). (ENG., Illus.). 24p. (J). (gr. k-3). lib. bdg. 31.36 (978-1-5321-6039-4(9), 28710, Pop! Cody Koala) Pop!.

Drones. Susan Henneberg. 2020. (Red Rhino Nonfiction Ser.). (ENG., Illus.). 60p. (J). (gr. 4-7). pap. 11.95 (978-1-68021-862-6(X)) Saddleback Educational Publishing, Inc.

Drones. Wendy Hinote Lanier. 2019. (Let's Fly Ser.). (ENG., Illus.). 32p. (J). (gr. 2-3). 31.35 (978-1-64185-336-1(0), 1641853360, Focus Readers) North Star Editions.

Drones. Kirsten W. Larson. (Robotics in Our World Ser.). (ENG., Illus.). 32p. (J). (gr. 2-5). 2018. pap. 9.99 (978-1-68152-171-8(7), 14802); 2017. 20.95 (978-1-68151-140-5(1), 14683) Amicus.

Drones. Julie Murray. 2020. (High Technology Ser.). (ENG., Illus.). 24p. (J). (gr. k-4). lib. bdg. 31.36 (978-1-0982-2116-4(8), 34479, Abdo Zoom-Dash) ABDO Publishing Co.

Drones. Lauren Newman. 2017. (21st Century Skills Innovation Library: Emerging Tech Ser.). (ENG., Illus.). 32p. (J). (gr. 4-8). lib. bdg. 32.07 (978-1-63472-699-3(5), 210122) Cherry Lake Publishing.

Drones. Elsie Olson. 2017. (Modern Engineering Marvels Ser.). (ENG., Illus.). 32p. (J). (gr. 3-6). lib. bdg. 32.79 (978-1-5321-1089-4(8), 25754, Checkerboard Library) ABDO Publishing Co.

Drones. Betsy Rathburn. 2020. (Cutting Edge Technology Ser.). (ENG., Illus.). 24p. (J). (gr. 3-7). lib. bdg. 26.95 (978-1-64487-286-4(2)) Bellwether Media.

Drones. Kate Riggs. 2020. (Odysseys in Technology Ser.). (ENG.). 80p. (J). (gr. 7-10). (978-1-64026-237-9(7), 18249, Creative Education) Creative Co., The.

Drones. Simon Rose. 2017. (J). (978-1-5105-2225-1(5)) SmartBook Media, Inc.

Drones. Jim Whiting. 2020. (Odysseys Ser.). (ENG.). 80p. (J). (gr. 7-10). pap. 15.99 (978-1-62832-800-4(2), 18250, Creative Paperbacks) Creative Co., The.

Drones: A 4D Book. Matt Scheff. 2018. (Mighty Military Machines Ser.). (ENG., Illus.). 24p. (J). (gr. -1-2). lib. bdg. 24.65 (978-1-9771-0114-3(3), 138305, Pebble) Capstone.

Drones: Remote-Controlled Warfare, 1 vol. Judy Silverstein Gray & Taylor Baldwin Kiland. 2016. (Military Engineering in Action Ser.). (ENG.). 48p. (gr. 5-6). pap. 12.70 (978-0-7660-7510-8(9), bcf42993-52d7-4f5e-8fb7-65411ca4dc56) Enslow Publishing, LLC.

Drones (a True Book: Engineering Wonders) Katie Marsico. 2016. (True Book (Relaunch) Ser.). (ENG., Illus.). 48p. (J). (gr. 3-5). pap. 6.95 (978-0-531-22270-6(5), Children's Pr.) Scholastic Library Publishing.

Drones & Commerce, 1 vol. Mary-Lane Kamberg. 2016. (Inside the World of Drones Ser.). (ENG., Illus.). 64p. (J). (gr. 7-7). 36.13 (978-1-5081-7341-0(9), ce3424a2-8dea-4f13-a865-467a5f1255f6) Rosen Publishing Group, Inc., The.

Drones & Entertainment, 1 vol. Laura La Bella. 2016. (Inside the World of Drones Ser.). (ENG.). 64p. (J). (gr. 7-7). 36.13 (978-1-5081-7339-7(7), 8300ba43-9f9e-465a-a6ac-dd705e2f28d1) Rosen Publishing Group, Inc., The.

Drones & Flying Robots. Mary Lindeen. 2017. (Cutting-Edge Robotics (Alternator Books (r)) Ser.). (ENG., Illus.). 32p. (J). (gr. 3-6). 29.32 (978-1-5124-4009-6(4), 69322ea5-17af-446d-b0cf-b5846c6850c2, Lerner Pubns.) Lerner Publishing Group.

Drones & Law Enforcement, 1 vol. Laura La Bella. 2016. (Inside the World of Drones Ser.). (ENG., Illus.). 64p. (J). (gr. 7-7). 36.13 (978-1-5081-7343-4(5), 13e3ca74-0dbc-460d-8f05-aec736704be1, Rosen Young Adult) Rosen Publishing Group, Inc., The.

Drones & Surveillance. Virginia M. Fair. 2021. (Contemporary Issues Ser.). (ENG.). (YA). (gr. 7-12). 35.93 (978-1-4222-4540-8(3)) Mason Crest.

Drones Are Everywhere! Set, 14 vols. 2019. (Drones Are Everywhere! Ser.). (ENG.). 24p. (J). (gr. 2-3). lib. bdg. 176.89 (978-1-7253-1196-1(8), 6aec0aac-e641-406d-9bdc-d20844147b09, PowerKids Pr.) Rosen Publishing Group, Inc., The.

Drones Don't Dream. Mreeuh Chang. 2018. (ENG., Illus.). 44p. (J). pap. 22.99 (978-1-4834-8959-9(0)) Lulu Pr., Inc.

Drones for Helping the Environment, 1 vol. Shannon Harts. 2019. (Drones Are Everywhere! Ser.). (ENG.). 24p. (gr. 2-3). pap. 9.25 (978-1-7253-0922-7(X), e115872d-267e-4d4a-ae9b-26ff32e01731, PowerKids Pr.) Rosen Publishing Group, Inc., The.

Drones Honey (Classic Reprint) Rebecca Sophia Clarke. 2018. (ENG., Illus.). 290p. (J). 29.90 (978-0-484-17192-2(5)) Forgotten Bks.

Drones in Action. Mari Bolte. 2023. (Military Machines (UpDog Books (tm)) Ser.). (ENG., Illus.). 32p. (J). (gr. 3-5). pap. 10.99 Lerner Publishing Group.

Drones in the Classroom, 1 vol. Katherine Yaun. 2016. (Inside the World of Drones Ser.). (ENG., Illus.). 64p. (J). (gr. 7-7). 36.13 (978-1-5081-7345-8(1), 3399359e-4c45-4ce8-aca6-ba5a2bde0c42, Rosen Young Adult) Rosen Publishing Group, Inc., The.

Drones Must Die. Max Simon Nordau. 2017. (ENG.). 456p. (J). pap. (978-3-337-03225-8(7)) Creation Pubs.

Drones Must Die: A Novel (Classic Reprint) Max Simon Nordau. 2018. (ENG., Illus.). 456p. (J). 33.30 (978-0-332-88585-8(2)) Forgotten Bks.

Drones (Set), 4 vols. 2020. (Drones Ser.). (ENG.). 32p. (J). (gr. 2-5). lib. bdg. 136.88 (978-1-5321-9277-7(0), 35017, Kids Core) ABDO Publishing Co.

Drones (Set Of 4) 2021. (Drones Ser.). (ENG.). 128p. (J). (gr. 2-3). pap. 39.80 (978-1-64494-437-0(5)) North Star Editions.

Drones, Surveillance, & Targeted Killings, 1 vol. Ed. by Anne C. Cunningham. 2016. (Current Controversies Ser.). (ENG.). 168p. (J). (gr. 10-12). pap. 33.00 (978-1-5345-0036-5(7), b449b6a2-128d-4f99-aef4-79e1ba527ce5); lib. bdg. 48.03 (978-1-5345-0020-4(0), b535a98d-51c0-4849-82b0-bb226a3e126a) Greenhaven Publishing LLC. (Greenhaven Publishing).

Droogledots: The Escape. Susan V. Feehan. 2017. (ENG., Illus.). 34p. (J). pap. 14.95 (978-0-578-19933-7(5)) Droogle Inc.

Droogledots - Just Try Again. Susan V. Feehan. 2017. (ENG., Illus.). (J). pap. 14.95 (978-1-365-82656-6(2)) Lulu Pr., Inc.

Drooling & Dangerous: The Riot Brothers Return! Mary Amato. Illus. by Ethan Long. 2020. (Riot Brothers Ser.: 2). 160p. (J). (gr. 1-4). pap. 7.99 (978-0-8234-4527-1(5)) Holiday Hse., Inc.

Drop: An Adventure Through the Water Cycle. Emily Kate Moon. 2021. (Illus.). 32p. (J). (gr. -1-3). 18.99 (978-0-8037-4144-7(8), Dial Bks) Penguin Young Readers Group.

Drop Bear. Hiro Inkin. Illus. by Chris Edser. 2021. (ENG.). 32p. (J). (-4). 24.99 (978-1-922385-31-4(X)) Bonnier Publishing GBR. Dist: Independent Pubs. Group.

Drop Bear. Hiro Inkin. Illus. by Chris Edser. 2022. (ENG.). 32p. (J). (gr. -1-4). pap. 17.99 **(978-1-922677-87-7(6))** Bonnier Publishing GBR. Dist: Independent Pubs. Group.

Drop by Drop: A Story of Rabbi Akiva. Jacqueline Jules. Illus. by Yevgenia Nayberg. 2017. (ENG.). 32p. (J). (gr. -1-2). 9.99 (978-1-5124-2090-6(5), 98ad8064-6655-48bb-927b-96802b2bbf64, Kar-Ben Publishing) Lerner Publishing Group.

Drop, Cover, & Hold on! Earthquake Safety Tips for Children & Their Families - Children's Earthquake & Volcano Books. Bobo's Little Brainiac Books. 2016. (ENG., Illus.). (J). pap. 7.99 (978-1-68327-791-0(0)) Sunshine In My Soul Publishing.

Drop Dead Gorgeous. R. L. Stine. 2019. (Return to Fear Street Ser.: 3). (ENG.). 336p. (YA). (gr. 8). pap. 10.99 (978-0-06-269429-4(4), HarperTeen) HarperCollins Pubs.

Drop in Infinity (Classic Reprint) Gerald Grogan. (ENG., Illus.). (J). 2018. 340p. 30.91 (978-0-428-73252-3(6)); 2016. pap. 13.57 (978-1-334-16843-7(1)) Forgotten Bks.

Drop It, Rocket! Tad Hills. ed. 2022. (Step into Reading Ser.). (SPA., Illus.). 32p. (J). (gr. k-1). 16.99 (978-1-68505-139-6(1)) Penworthy Co., LLC, The.

Drop of Happiness. Moises D. Rodriguez. 2017. (ENG., Illus.). (J). pap. 20.95 (978-1-5127-7782-6(X), WestBow Pr.) Author Solutions, LLC.

Drop of Hope, 1 vol. Keith Calabrese. 2020. (ENG.). 320p. (J). (gr. 3-7). pap. 7.99 (978-1-338-23321-6(1), Scholastic Pr.) Scholastic, Inc.

Drop of Rain Green Band. Tanya Landman. Illus. by Carys Tait. ed. 2016. (Cambridge Reading Adventures Ser.). (ENG.). 16p. pap. 7.95 (978-1-107-55060-5(2)) Cambridge Univ. Pr.

Drop of Rainbow Magic. Ann Burnett. 2017. (ENG., Illus.). 65p. (J). pap. (978-0-9558540-5-7(9)) Ladybug Pubns.

Drop of the Sea. Ingrid Chabbert. Illus. by Raúl Nieto Guridi. 2018. (ENG.). 36p. (J). (gr. -1-2). 16.99 (978-1-5253-0124-7(1)) Kids Can Pr., Ltd. CAN. Dist: Hachette Bk. Group.

Drop Season. Braden Thompson. 2022. (ENG.). 206p. (YA). pap. **(978-1-387-93380-8(9))** Lulu Pr., Inc.

Drop the Beat! David Lewman. Illus. by Fabio Laguna & Gabriella Matta. 2017. 24p. (J). (978-1-5379-5751-7(1)) Random Hse., Inc.

Drop the Beat! David Lewman. ed. 2017. (Step into Reading - Level 1 Ser.). lib. bdg. 14.75 (978-0-606-40252-1(7)) Turtleback.

Droplet's Ocean Dream. Katie. 2022. (ENG.). 30p. (J). 22.95 (978-1-63710-739-3(0)); pap. 14.95 (978-1-64952-924-4(4)) Fulton Bks.

Dropping the Ball: The Worst Fails in Sports. Thomas Kingsley Troupe. 2023. (Sports Illustrated Kids Heroes & Heartbreakers Ser.). (ENG.). 32p. (J). 31.32 (978-1-6690-1122-4(4), 248312); pap. 7.99 (978-1-6690-1117-0(8), 248307) Capstone. (Capstone Pr.).

Dropping the Mic: My Break-Up with the American Media. Joangel Concepcion. 2017. (ENG., Illus.). 232p. (J). 20.95 (978-1-78693-010-1(2), 3aa1d386-e837-40c1-b3b2-05fcd8857265) Austin Macauley Pubs. Ltd. GBR. Dist: Baker & Taylor Publisher Services (BTPS).

Drops of Spray, from Southern Seas (Classic Reprint) Lucy Brown Reynolds. 2017. (ENG., Illus.). (J). 29.82 (978-0-265-53890-6(4)) Forgotten Bks.

Dropy. la Gotita Inteligente. Pedro Rojas Pedregosa. 2017. (SPA., Illus.). (J). pap. (978-84-9993-631-4(8)) Wanceulen, Editorial.

Dropy. la Gotita Inteligente (Edicion Bolsillo) Pedro Rojas Pedregosa. 2017. (SPA., Illus.). (J). pap. (978-84-9993-635-2(0)) Wanceulen, Editorial.

Dross: A Strange Drama of American Life in Four Acts (Classic Reprint) Edmund Edmund. 2018. (ENG., Illus.). 60p. (J). 25.15 (978-0-483-87585-2(6)) Forgotten Bks.

Dross (Classic Reprint) Harold Tremayne. 2018. (ENG., Illus.). 240p. (J). 28.87 (978-0-483-70443-5(1)) Forgotten Bks.

Drought Daze. Alexander Lowe. Illus. by Sebastian Kadlecik. 2021. (Norwood Discovery Graphics Ser.). (ENG.). 32p. (J). (gr. 2-3). pap. 14.60 (978-1-68404-591-4(6)) Norwood Hse. Pr.

Drought Daze. Alexander Lowe. Illus. by Sebastian Kadlecik. 2020. (Norwood Discovery Graphics: Weather Warriors Ser.). (ENG.). 32p. (J). (gr. 2-3). 29.27 (978-1-68450-856-3(8)) Norwood Hse. Pr.

Drought Rescue. Karen Tyrrell. 2021. (Song Bird Ser.: Vol. 5). (ENG.). 202p. (J). pap. (978-0-6481617-6-9(5)) Digital Future Press.

Droughts. Megan Gendell. 2022. (Severe Weather Ser.). (ENG., Illus.). 32p. (J). (gr. 2-3). pap. 9.95 (978-1-63738-337-7(1)); lib. bdg. 31.35 (978-1-63738-301-8(0)) North Star Editions. (Apex).

Droughts. Jaclyn Jaycox. 2022. (Wild Earth Science Ser.). (ENG.). 32p. (J). 31.32 (978-1-6639-7703-8(8), 229176); pap. 7.95 (978-1-6663-2739-7(5), 229134) Capstone. (Pebble).

Droughts. Martha London. 2019. (Extreme Weather Ser.). (ENG., Illus.). 32p. (J). (gr. 2-5). lib. bdg. 32.79 (978-1-5321-6392-0(4), 32099, DiscoverRoo) Pop!.

Droughts. Rebecca Pettiford. 2020. (Natural Disasters Ser.). (ENG.). 24p. (J). (gr. k-3). lib. bdg. 26.95 (978-1-64487-150-8(5), Blastoff! Readers) Bellwether Media.

Droughts. Andrea Rivera. 2017. (Natural Disasters (Launch!) Ser.). (ENG., Illus.). 24p. (J). (gr. -1-2). lib. bdg. 31.36 (978-1-5321-2036-7(2), 25322, Abdo Zoom-Launch) ABDO Publishing Co.

Droughts. Melissa Stewart. Illus. by Andre Ceolin. 2017. (Let's-Read-And-Find-Out Science 2 Ser.). (ENG.). 40p. (J). (gr. -1-3). 17.99 (978-0-06-238666-3(2)); pap. 6.99 (978-0-06-238665-6(4)) HarperCollins Pubs. (HarperCollins).

Droughts. World Book. 2023. (Library of Natural Disasters Ser.). (ENG.). 58p. (J). pap. **(978-0-7166-9476-2(X))** World Bk.-Childcraft International.

Droughts. 3rd ed. 2018. (J). (978-0-7166-9930-9(3)) World Bk., Inc.

Droughts & Crop Failure, 1 vol. Kaitlyn Duling. 2018. (21st-Century Engineering Solutions for Climate Change Ser.). (ENG.). 80p. (J). (gr. 8-8). lib. bdg. 38.79 (978-1-5026-3835-9(5), 3d3e7559-8fed-4c45-ace4-f51b9bc0fea0) Cavendish Square Publishing LLC.

Droughts & Heat Waves, 1 vol. Therese Shea. 2018. (Spotlight on Weather & Natural Disasters Ser.). (ENG.). 24p. (gr. 4-6). 27.93 (978-1-5081-6891-1(1), 0a0dda2a-d58c-48a2-9c3e-b310dbb6854f, PowerKids Pr.) Rosen Publishing Group, Inc., The.

Droughts & Heatwaves: Childrens Weather Book with Intriguing Informative Facts. Bold Kids. 2022. (ENG.). 46p. (J). pap. 14.99 (978-1-0717-0950-4(X)) FASTLANE LLC.

Drovers Boy. Inrvine Hunt. 2019. (ENG.). 178p. (J). (gr. 3-5). pap. (978-0-9552009-4-6(6)) Handstand Pr.

Drover's Secret Life. John R. Erickson. Illus. by Gerald L. Holmes. 2017. (Hank the Cowdog Ser.: Vol. 53). (ENG.). 118p. (J). (gr. 3-6). 15.99 (978-1-59188-253-4(2)) Maverick Bks., Inc.

Drown It Out. Tori Rios. 2022. (Drown It Out Ser.: Vol. 1). (ENG.). 306p. (YA). pap. 14.00 **(978-1-0880-2625-0(7))** Indy Pub.

Drowned City: Hurricane Katrina & New Orleans. Don Brown. ed. 2017. (ENG.). (YA). (gr. 7). lib. bdg. 20.85 (978-0-606-39819-0(8)) Turtleback.

Drowned Him, Drowned Him. Margaret James & Trudi Inkamala. 2021. (ENG.). 44p. (J). pap. (978-1-922591-51-7(3)) Library For All Limited.

Drowned Kingdom. Kate Forsyth. 2016. (Illus.). 185p. (J). pap. 5.99 (978-1-61067-417-1(0)) Kane Miller.

Drowned Woods. Emily Lloyd-Jones. 2022. (ENG.). 352p. (YA). (gr. 9-17). 18.99 (978-0-7595-5631-7(8)) Little, Brown Bks. for Young Readers.

Drownin University a Fresh Year. Recall. 2017. (ENG., Illus.). (YA). (gr. 10-12). pap. 24.00 (978-1-60571-352-6(X)) Northshire Pr.

Drowning: Rising Oceans & Frequent Floods, 1 vol. Alex David. 2019. (Taking Action on Climate Change Ser.). (ENG.). 64p. (gr. 6-6). pap. 16.28 (978-1-5026-5228-7(5), 54d26c0e-b0f5-43b6-9f2e-6af6f57d2e9b) Cavendish Square Publishing LLC.

Drowning Days. Muriel Ellis Pritchett. 2022. (ENG.). 164p. (J). 23.95 (978-1-68433-975-4(8)); pap. 18.95 (978-1-68433-911-2(1)) Black Rose Writing.

Drowning Eyes. Emily Foster. 2016. (ENG.). 144p. pap. 13.99 (978-0-7653-8768-4(9), 900161511, Tor.com) Doherty, Tom Assocs., LLC.

Drowning in Ink: Null. N a U. 2022. (ENG.). 87p. (YA). pap. **(978-1-387-46158-5(3))** Lulu Pr., Inc.

Drowsy (Classic Reprint) John Ames Mitchell. 2017. (ENG., Illus.). 354p. (J). 31.22 (978-0-484-68349-4(7)) Forgotten Bks.

Dru, 1933 (Classic Reprint) Fred B. Windover. 2017. (ENG., Illus.). (J). 25.18 (978-0-260-52201-6(5)); pap. 9.57 (978-0-265-05379-9(X)) Forgotten Bks.

Drug Abuse: Inside an American Epidemic, 1 vol. Nicole Horning. 2018. (Hot Topics Ser.). (ENG.). 104p. (gr. 7-7). 41.03 (978-1-5345-6350-6(4), 748b7d05-91a0-43a6-b000-2ccf6eee7c80, Lucent Pr.) Greenhaven Publishing LLC.

Drug Abuse & Society: Set 1, 10 vols. Incl. Ghb & Analogs: High-Risk Club Drugs. Marie Wolf. lib. bdg. 37.13 (978-1-4042-0910-7(7), 3bf07622-2a0d-46a9-b5d6-2be14830961b); Ketamine: Dangerous Hallucinogen. Brad Lockwood. lib. bdg. 37.13 (978-1-4042-0911-4(5), b08110cc-d8d0-4bc7-b6ef-1e61251ced9d); Methamphetamine: The Dangers of Crystal Meth. Frank Spalding. lib. bdg. 37.13 (978-1-4042-0912-1(3), f9922ef8-01fb-42da-bef5-e134af4a8ecb); Oxycontin: From Pain Relief to Addiction. Brad Lockwood. lib. bdg. 37.13 (978-1-4042-0913-8(1), 6b296ef4-25e0-493c-aac2-f3fcef2e1b90); Prescription Drugs. Fred Ramen. lib. bdg. 37.13 (978-1-4042-0915-2(8), 886d6ecb-20fb-4721-af18-7f55f6b679dd); (Illus.). 64p. (YA). (gr. 6-6). 2006. (Drug Abuse & Society Ser.). (ENG.). 2006. 185.65 (978-1-4042-1016-5(4), e116eda9-2762-4674-aa4a-a8a956b75c64) Rosen Publishing Group, Inc., The.

Drug Abuse Prevention Library: Drugs & Your Life, 7 vols., Set. Incl. Drugs & Politics. Peggy Santamaria. lib. bdg. 31.95 (978-0-8239-1703-7(7), DRPOLI); Drugs & Prison. Victor Adint. lib. bdg. 35.45 (978-0-8239-1705-1(3), DRPRIS); Drugs & Sex. George Boyd. lib. bdg. 17.95 (978-0-8239-1538-5(7)); 64p. (YA). (gr. 7-12). 1994. (Illus.). Set lib. bdg. 125.65 (978-0-8239-9080-1(X)) Rosen Publishing Group, Inc., The.

Drug Abuse Prevention Library: The Risks of Drug Use, 7 vols., Set. Incl. Drug Abuse Relapse: Helping Teens to Get Clean Again. Barbara Moe. lib. bdg. 37.13 (978-0-8239-3157-6(9), 47aa58aa-fa3e-44c5-bc0d-c31612f119c7); Drugs & Mental Illness. Maia Miller. lib. bdg. 37.13 (978-0-8239-3155-2(2), e546798d-8a06-495e-aa51-cb0fc8ff361c); Polysubstance Abuse. Jeanne M. Nagle. lib. bdg. 37.13 (978-0-8239-3154-5(4), 30f76803-d33e-428a-a6cf-f20728307437); Prescription Drug Abuse. Jeremy Roberts. lib. bdg. 37.13 (978-0-8239-3158-3(7), 5f6e8c9c-d33f-42f4-b2c4-833da0af1f28); 64p. (YA). (gr. 5-5). 1999. (Illus.). Set lib. bdg. 125.65 (978-0-8239-9075-7(3)) Rosen Publishing Group, Inc., The.

Drug Abuse Prevention Library Set: Getting off Dangerous Ground, 8 vols. Incl. Drug Interactions: Protecting Yourself from Dangerous Drug, Medication & Food Combinations. Melanie Apel Gordon. (YA). lib. bdg. 31.95 (978-0-8239-2825-5(X), DRINTE); Drugs, Runaways & Teen Prostitution. Clare Tattersall. (J). lib. bdg. 35.45 (978-0-8239-2827-9(6), DRTEPR); Lithium: What You Should Know. Dan Eshom. (YA). lib. bdg. 31.95 (978-0-8239-2828-6(4), DRLITH); Ritalin: Its Use & Abuse. Eileen J. Beal. (YA). lib. bdg. 17.95 (978-0-8239-2775-3(X), DRRITA); Steroids. Lawrence Clayton. (YA). 31.95 (978-0-8239-2888-0(8), DRSTER); When Someone You Love Is Addicted. Jessica Hanan. (YA). 35.45 (978-0-8239-2831-6(4), DRSOLO); 64p. (gr. 7-12). 1999. (Illus.). Set lib. bdg. 143.60 (978-0-8239-9022-1(2)) Rosen Publishing Group, Inc., The.

Drug Abuse Prevention Library Set: Making Smart Decisions, 8 vols. Incl. Barbiturates & Other Depressants. Lawrence Clayton. (YA). 1998. lib. bdg. 17.95 (978-0-8239-2601-5(X), DRBADE); Designer Drugs. Lawrence Clayton. Ed. by Ruth C. Rosen. (YA). 1998. 31.95 (978-0-8239-2602-2(8), DRDEDR); Drugs & Codependency. Mary Price Lee & Richard S. Lee. (YA). 1998. lib. bdg. 31.95 (978-0-8239-2744-9(X), DRCODE); Drugs & the Legalization Debate. Jennifer Croft. (YA). 2000. lib. bdg. 17.95 (978-0-8239-2509-4(9), 2509-9); Drugs & the Pressure to Be Perfect. Michael B. Langer. (J). 1998. 35.45 (978-0-8239-2552-0(8), DRPERF); Ecstasy: The Danger of False Euphoria. Anne Alvergue. (YA). 1997. lib. bdg. 17.95 (978-0-8239-2506-3(4), D2506-4); 64p. (gr. 7-12). (Illus.). Set lib. bdg. 143.60 (978-0-8239-9025-2(7)) Rosen Publishing Group, Inc., The.

Drug Abuse Prevention Library Set: Safety Through Knowledge, 8 vols. Incl. Chemical Dependency & the Dysfunctional Family. Jeff Biggers. 1998. lib. bdg. 17.95 (978-0-8239-2749-4(0), DRDYFA); Cross-Addiction: The Hidden Risk of Multiple Addictions. Marlys Johnson. 1999. lib. bdg. 31.95 (978-0-8239-2776-0(2), DRCRAD); Drugs & Fitting In. George Glass. 1998. 35.45 (978-0-8239-2554-4(4), DRFIIN); 64p. (YA). (gr. 7-12). (Illus.). Set lib. bdg. 143.60 Rosen Publishing Group, Inc., The.

Drug Education Library, 12 vols. 2016. (Drug Education Library). (ENG.). 104p. (J). (gr. 7-7). lib. bdg. 234.48 (978-1-5345-6063-5(7), 859c7db7-bd9e-4625-b512-46fe7ad8c29f, Lucent Pr.) Greenhaven Publishing LLC.

Drug Guerror: The Error That Is the Drug War, & Why It Must End. P a C M. 2022. (ENG.). 36p. (YA). (978-1-0391-0715-1(X)); pap. (978-1-0391-0714-4(1)) FriesenPress.

Drug Kingpins: the People Behind Drug Trafficking, 1 vol. Ed. by The New York Times Editorial. 2020. (In the Headlines Ser.). (ENG.). 224p. (gr. 9-9). pap. 24.47 (978-1-64282-338-7(4), 002bf98f-c9d9-4509-a373-924b4d90ad39, New York Times Educational Publishing) Rosen Publishing Group, Inc., The.

Drug Use & Mental Health, Vol. 13. Michael Centore. Ed. by Sara Becker. 2016. (Drug Addiction & Recovery Ser.). (Illus.). 64p. (J). (gr. 7). 23.95 (978-1-4222-3601-7(3)) Mason Crest.

Drug Use & the Family, Vol. 13. Michael Centore. Ed. by Sara Becker. 2016. (Drug Addiction & Recovery Ser.). 64p. (J). (gr. 7). 23.95 (978-1-4222-3603-1(X)) Mason Crest.

Drug Use & the Law, Vol. 13. Michael Centore. Ed. by Sara Becker. 2016. (Drug Addiction & Recovery Ser.). (Illus.).

64p. (J). (gr. 7). 23.95 *(978-1-4222-3602-4(1))* Mason Crest.

Drug Wars, 1 vol. Claudia Martin. 2017. (I Witness War Ser.). (ENG.). 48p. (gr. 5-6). pap. 13.93 *(978-1-5026-3435-1(X)*, d063993b-1334-449e-b698-deaefeb566f2); lib. bdg. 33.07 *(978-1-5026-3258-6(6)*, 61f9586c-f6b5-4cca-9e4f-b438e648da99) Cavendish Square Publishing LLC.

Drug 'x' Enigma. Paul C. Bown. 2017. (ENG., Illus.). 144p. (J). pap. *(978-0-244-90471-5(5))* Lulu Pr., Inc.

Drugs, 10 vols., Group 2. Incl. Facts about Amphetamines. Francha Roffé Menhard. 45.50 *(978-0-7614-1972-3(1)*, 43ec107a-81e8-4388-b8c4-48e312a15dd7); Facts about Cocaine. Suzanne LeVert. 45.50 *(978-0-7614-1973-0(X)*, ad8291e8-5622-4d72-80e8-ac3f5b8ea0ba); Facts about Depressants. Lorrie Klosterman. 45.50 *(978-0-7614-1976-1(4)*, 7c326748-e487-47f0-99c6-e656bb7c3bb7); Facts about Facts about LSD. Suzanne LeVert. 45.50 *(978-0-7614-1974-7(8)*, 204d61f5-f9a4-40e5-827d-97284bbdcc7d); Facts about Heroin. Suzanne LeVert. 45.50 *(978-0-7614-1975-4(6)*, 1ac2e701-6ee9-4cdd-ab77-3a365699d463); (Illus.). 128p. (gr. 6-6). (Facts about Drugs Ser.). (ENG.). 2007. 227.50 *(978-0-7614-1971-6(3)*, 49f95208-0b5a-4c35-afaa-8ab3294be9c4, Cavendish Square) Cavendish Square Publishing LLC.

Drugs - Group 4, 8 vols., Set. Incl. a-Z of Drugs. Corinne Naden. 144p. lib. bdg. 45.50 *(978-0-7614-2673-8(6)*, 62ed4f5a-a6ea-4bde-9a86-830e0fc1dd2d); Drug Abuse & Society. Joan Axelrod-Contrada. 136p. lib. bdg. 45.50 *(978-0-7614-2674-5(4)*, 135fd830-0788-4710-af3c-70d405af8f4f); Facts about Drug Dependence to Treatment. Lorrie Klosterman. 128p. lib. bdg. 45.50 *(978-0-7614-2676-9(0)*, 3a5b7b83-e42c-41c0-8c3e-659ce4c6a918); Facts about Drugs & the Body. Lorrie Klosterman. 136p. lib. bdg. 45.50 *(978-0-7614-2675-2(2)*, f126ebfe-ac46-4681-88ff-5c5e71252d1d); (Illus.). (gr. 6-6). (Facts about Drugs Ser.). (ENG.). 2008. Set lib. bdg. 182.00 *(978-0-7614-2672-1(8)*, addad38f-5373-4a27-8e11-aed6a1b0c721, Cavendish Square) Cavendish Square Publishing LLC.

Drugs & the Law. Michael Centore. 2017. (Illus.). 64p. (J). *(978-1-4222-3598-0(X))* Mason Crest.

Drugs Group 3, 10 vols., Set. Incl. Facts about Antidepressants. Suzanne LeVert. lib. bdg. 45.50 *(978-0-7614-2241-9(2)*, 9e836141-79dd-48fa-8f82-d744198a6e72); Facts about Caffeine. Lorrie Klosterman. lib. bdg. 45.50 *(978-0-7614-2242-6(0)*, e49c6d59-2621-4d32-9d5c-f9d0dc2709b5); Facts about Nicotine. Suzanne LeVert. lib. bdg. 45.50 *(978-0-7614-2244-0(7)*, 0265ed30-e887-407a-afda-da8a28d67173); (Illus.). 128p. (gr. 6-6). (Facts about Drugs Ser.). (ENG.). 2007. Set lib. bdg. 227.50 *(978-0-7614-2240-2(4)*, 5190079c-1d5c-4b0d-84e3-0180a8b4f0dc, Cavendish Square) Cavendish Square Publishing LLC.

Drugs in Real Life (Set), 10 vols. 2018. (Drugs in Real Life Ser.). (ENG.). 112p. (J). (gr. 6-12). lib. bdg. 413.60 *(978-1-5321-1411-3(7)*, 28804, Essential Library) ABDO Publishing Co.

Drum Dream Girl. Paek Hui-Na. 2019. (CHI.). (J). *(978-7-5217-0131-9(3))* CITIC Publishing Hse.

Drum from the Heart. Ren Louie. Ed. by Kaitlyn Stampflee. Illus. by Karlene Harvey. 2022. (ENG.). 34p. (J). (gr. 1-3). 16.99 *(978-1-989122-88-4(4))* Medicine Wheel Education CAN. Dist: Orca Bk. Pubs. USA.

Drum from the Heart Teacher Lesson Plan. Ren Louie. Illus. by Karlene Harvey. 2022. (ENG.). 12p. (J). (gr. 1-3). ring bd. 7.99 *(978-1-989122-89-1(2))* Medicine Wheel Education CAN. Dist: Orca Bk. Pubs. USA.

Drum Roll, Please. Lisa Jenn Bigelow. (ENG.). (J). (gr. 3-7). 2019. 336p. pap. 9.99 *(978-0-06-279115-3(X))*; 2018. 320p. 17.99 *(978-0-06-279114-6(1))* HarperCollins Pubs. (HarperCollins).

Drummeldale Lights & Shadows from the Border Hills: Sketches & Poems (Classic Reprint) C. M. Thomson. 2018. (ENG., Illus.). 216p. (J). 28.35 *(978-0-267-23913-9(0))* Forgotten Bks.

Drummer Boy. Ed. by Donald Kasen. 2018. (ENG., Illus.). 24p. (J). (gr. k-2). pap. 8.99 *(978-0-7396-0248-5(9))* Inspired Studios Inc.

Drummer Boy. Calie Schmidt. Illus. by Alycia Pace. 2019. (ENG.). 32p. (J). 15.99 *(978-1-4621-3586-8(2))* Cedar Fort, Inc./CFI Distribution.

Drummer Boy. Calie Schmidt. Illus. by Alycia Pace. 2021. (ENG.). 32p. (J). pap. 12.99 *(978-1-4621-4020-6(3))* Cedar Fort, Inc./CFI Distribution.

Drummer Boy: Or, the Battle-Field of Shiloh; a New Military Drama in Six Acts, & Accompanying Tableaux, Arranged from Incidents of the Late War, & Respectfully Dedicated to the Grand Army of the Republic (Classic Reprint) Unknown Author. 2018. (ENG., Illus.). 38p. (J). 24.70 *(978-0-267-49680-8(X))* Forgotten Bks.

Drummer Boy: Or the Last Charge at Shiloh (Classic Reprint) Unknown Author. 2018. (ENG., Illus.). 42p. (J). 24.78 *(978-0-267-49389-0(4))* Forgotten Bks.

Drummer Boy (Classic Reprint) John Townsend Trowbridge. 2018. (ENG., Illus.). 356p. (J). 31.24 *(978-0-267-25786-7(4))* Forgotten Bks.

Drummer Boy of the Ozarks: Or Sketches in the Life of Ben Elder (Classic Reprint) W. S. Kirby. (ENG., Illus.). (J). 2017. 26.29 *(978-0-266-53948-3(3))*; 2016. pap. 9.57 *(978-1-334-51113-4(6))* Forgotten Bks.

Drummer-Boy of the Rappahannock: Or Taking Sides (Classic Reprint) Edward A. Rand. 2018. (ENG., Illus.). 392p. (J). 32.00 *(978-0-483-40130-3(7))* Forgotten Bks.

Drummer Boy of the Shenandoah (Classic Reprint) George W. Heath. 2018. (ENG., Illus.). 40p. (J). 24.74 *(978-0-484-37402-6(8))* Forgotten Bks.

Drummer Boy, or Battle Field of Shiloh (Classic Reprint) Unknown Author. (ENG., Illus.). (J). 2018. 22p. 24.35 *(978-0-267-60490-6(4))*; 2016. pap. 7.97 *(978-1-334-13336-7(0))* Forgotten Bks.

Drummer Boy, Vol. 6: Or, Out with the Twelfth Corps (Classic Reprint) Walter Wilmot. 2018. (ENG., Illus.). 28p. (J). 24.47 *(978-0-267-48894-0(7))* Forgotten Bks.

Drummer Boy's Battle: Introducing Florence Nightingale. Dave Jackson & Neta Jackson. 2016. (ENG., Illus.). (J). pap. 7.99 *(978-1-939445-23-0(X))* Castle Rock Creative, Inc.

Drummer Boys Lead the Charge: Courageous Kids of the Civil War. Bruce Berglund. Illus. by Aleksandar Sotirovski. 2020. (Courageous Kids Ser.). (ENG.). 32p. (J). (gr. 3-5). pap. 7.95 *(978-1-4966-8805-7(8)*, 201690); lib. bdg. 31.32 *(978-1-4966-8504-9(0)*, 200560) Capstone. (Capstone Pr.).

Drummer (Classic Reprint) John Preston Buschlen. (ENG., Illus.). (J). 2018. 346p. 31.03 *(978-0-364-01345-8(1))*; 2017. pap. 13.57 *(978-0-243-51072-6(1))* Forgotten Bks.

Drummer of the Dawn (Classic Reprint) Raymond Paton. 2018. (ENG., Illus.). 324p. (J). 30.58 *(978-0-483-61461-1(0))* Forgotten Bks.

Drummer's Coat (Classic Reprint) John William Fortescue. (ENG., Illus.). (J). 2018. 204p. 28.10 *(978-0-365-24308-3(6))*; 2017. pap. 10.57 *(978-0-259-39451-8(3))* Forgotten Bks.

Drummer's Experience (Classic Reprint) J. S. Dearing. 2018. (ENG., Illus.). 568p. (J). 35.63 *(978-0-483-68982-4(3))* Forgotten Bks.

Drummer's Parlor Stories (Classic Reprint) Paul Gardiner. (ENG., Illus.). (J). 2018. 114p. 26.25 *(978-0-365-18170-5(6))*; 2016. pap. 9.57 *(978-1-333-35287-5(5))* Forgotten Bks.

Drumming Book IR (was Drum Kit Book) Sam Taplin. 2019. (My First Musical Bks.). (ENG.). 18ppp. (J). pap. 24.99 *(978-0-7945-4414-0(2)*, Usborne) EDC Publishing.

Drummond: Learning to Find Himself in the Music. Patrick R. F. Blakley. 2022. (ENG.). 262p. (YA). pap. 19.99 ***(978-1-0880-3772-0(0))*** Indy Pub.

Drummond: a Novel by Patrick R. F. Blakley. Patrick R. F. Blakley. 2021. (ENG.). (YA). 306p. *(978-1-716-48649-4(1))*; 320p. pap. *(978-1-6780-6776-2(8))* Lulu Pr., Inc.

Drummy Drum Joins Marchy Band. Patrick R. F. Blakley & Emily Hogan. 2017. (ENG., Illus.). (J). pap. 15.95 *(978-1-365-57277-7(3))* Lulu Pr., Inc.

Drummy Drum Joins Marchy Band Activity Book. Patrick R. F. Blakley. Illus. by Emily Hogan. 2021. (ENG.). 36p. (J). pap. 5.99 *(978-1-716-26666-9(1))* Lulu Pr., Inc.

Drums. Pamela K. Harris. 2019. (Musical Instruments Ser.). (ENG.). 24p. (J). (gr. 3-6). lib. bdg. 32.79 *(978-1-5038-3183-4(3)*, 213316) Child's World, Inc, The.

Drums. Nick Rebman. 2023. (Musical Instruments Ser.). (ENG., Illus.). 24p. (J). (gr. -1-1). pap. 8.95 *(978-1-64619-730-9(5)*, Little Blue Readers) Little Blue Hse.

Drums. Contrib. by Nick Rebman. 2023. (Musical Instruments Ser.). (ENG., Illus.). 24p. (J). (gr. -1-1). lib. bdg. 28.50 *(978-1-64619-698-2(8)*, Little Blue Readers) Little Blue Hse.

Drums Afar: An International Romance (Classic Reprint) John Murray Gibbon. 2017. (ENG., Illus.). (J). 31.16 *(978-1-5284-7035-3(4))* Forgotten Bks.

Drum's House (Classic Reprint) Ida Wild. 2018. (ENG., Illus.). 352p. (J). 31.18 *(978-0-332-61634-6(7))* Forgotten Bks.

Drums of Dundurn. Kelly Evans. 2020. (ENG.). 174p. (J). pap. *(978-0-9958578-5-5(5))* ESKA PUBLISHING.

Drums of Father Ned (Classic Reprint) Sean O'Casey. 2017. (ENG., Illus.). (J). 26.39 *(978-0-331-57924-6(3))*; pap. 9.57 *(978-0-259-51097-0(1))* Forgotten Bks.

Drums of Jeopardy (Classic Reprint) Harold Macgrath. (ENG., Illus.). (J). 2018. 428p. 32.72 *(978-0-483-62488-7(8))*; 2017. 32.23 *(978-1-5282-6955-1(1))*; 2017. pap. 16.57 *(978-0-243-29555-5(3))* Forgotten Bks.

Drums of the 47th (Classic Reprint) Robert J. Burdette. (ENG., Illus.). (J). 2017. 28.52 *(978-0-331-79878-4(6))*; 2016. pap. 10.97 *(978-1-333-42026-0(9))* Forgotten Bks.

Drums of War (Classic Reprint) Henry de Vere Stacpoole. (ENG., Illus.). (J). 2018. 306p. 30.23 *(978-0-484-18461-8(X))*; 2016. pap. 13.57 *(978-1-334-14305-2(6))* Forgotten Bks.

Drums Save the Day, 1 vol. Chad Taylor. 2016. (Rosen REAL Readers: STEM & STEAM Collection). (ENG.). 12p. (gr. k-1). pap. 6.33 *(978-1-5081-2649-2(6)*, 20a1a111-4752-425a-87d4-a142d4a88f33, Rosen Classroom) Rosen Publishing Group, Inc., The.

Drums Send a Signal, 1 vol. Chad Taylor. 2016. (Rosen REAL Readers: STEM & STEAM Collection). (ENG.). 12p. (gr. k-1). pap. 6.33 *(978-1-5081-2434-4(5)*, 79b6ddc6-bafc-4455-9a6b-e0363b716aac, Rosen Classroom) Rosen Publishing Group, Inc., The.

Drum's Story: And Other Tales (Classic Reprint) Delavan S. Miller. (ENG., Illus.). (J). 2018. 254p. 29.16 *(978-0-267-73574-7(X))*; 2016. pap. 11.57 *(978-1-334-16272-5(7))* Forgotten Bks.

Drumsticks: A Little Story of a Sinner & a Child (Classic Reprint) Katharine Mary Cheever Meredith. 2017. (ENG., Illus.). (J). 27.94 *(978-1-5283-7903-8(9))* Forgotten Bks.

Drury, 1914 (Classic Reprint) Arthur B. Bissaillon. (ENG., Illus.). (J). 2018. 78p. 25.51 *(978-0-666-79866-4(4))*; 2017. pap. 9.57 *(978-0-259-97898-5(1))* Forgotten Bks.

Drury Class Book: Class of 1935 (Classic Reprint) Drury High School. 2018. (ENG., Illus.). (J). 60p. 25.13 *(978-0-366-85315-1(5))*; 62p. pap. 9.57 *(978-0-366-85295-6(7))* Forgotten Bks.

Drury Class Book, 1920 (Classic Reprint) Berkley P. Glynn. (ENG., Illus.). (J). 2018. 74p. 25.42 *(978-0-666-10790-9(4))*; 2017. pap. 9.57 *(978-0-259-96031-7(4))* Forgotten Bks.

Drury Class Book, 1924 (Classic Reprint) Drury High School. 2017. (ENG., Illus.). (J). 72p. 25.40 *(978-0-260-57194-6(6))*; 74p. pap. 9.57 *(978-0-266-03790-3(9))* Forgotten Bks.

Drury Class Book, 1925 (Classic Reprint) John Edward McMillin. (ENG., Illus.). (J). 2018. 86p. 25.67 *(978-0-365-15647-5(7))*; 2017. pap. 9.57 *(978-0-259-91272-9(7))* Forgotten Bks.

Drury Class Book, 1932 (Classic Reprint) Charlotte Kemp. 2017. (ENG., Illus.). (J). 25.18 *(978-0-260-51785-2(2))*; pap. 9.57 *(978-0-265-05523-6(7))* Forgotten Bks.

Drusilla. Melissa Frost. 2017. (ENG., Illus.). (J). pap. *(978-1-77339-159-5(3))* Evernight Publishing.

Drusilla & Her Dolls: A True Story of a Little Girl of Boston in the '60 (Classic Reprint) Belle Bacon Bond. 2018. (ENG., Illus.). 66p. (J). 25.28 *(978-0-267-45350-4(7))* Forgotten Bks.

Drusilla with a Million (Classic Reprint) Elizabeth Cooper. 2018. (ENG., Illus.). 322p. (J). 30.56 *(978-0-666-39202-2(1))* Forgotten Bks.

Dry. Neal Shusterman & Jarrod Shusterman. (ENG.). (YA). (gr. 7). 2019. 416p. pap. 12.99 *(978-1-4814-8197-7(5))*; 2018. (Illus.). 400p. 19.99 *(978-1-4814-8196-0(7))* Simon & Schuster Bks. For Young Readers. (Simon & Schuster Bks. For Young Readers).

Dry Desert - Our Yarning. J. Owen. Illus. by Jason Lee. 2022. (Our Yarning Ser.). (ENG.). 26p. (J). pap. ***(978-1-922951-64-9(1))*** Library For All Limited.

Dry Fish & Wet: Tales from a Norwegian Seaport (Classic Reprint) Elias Kraemmer. 2018. (ENG., Illus.). 336p. (J). 30.83 *(978-0-483-57488-5(0))* Forgotten Bks.

Dry Points: Studies in Black & White. Henry Martyn Hoyt. 2017. (ENG., Illus.). (J). pap. *(978-0-649-34461-1(8))* Trieste Publishing Pty Ltd.

Dry Points: Studies in Black & White (Classic Reprint) Henry Martyn Hoyt. (ENG., Illus.). (J). 2018. 82p. 25.61 *(978-0-666-61606-7(X))*; 2016. pap. 9.57 *(978-1-333-34685-0(9))* Forgotten Bks.

Dry Souls. Denise Getson. 2nd ed. 2019. (Humanity's Final Hope Ser.). (ENG.). 200p. (YA). (gr. 7). pap. 10.95 *(978-1-944821-18-0(X))* CBAY Bks.

Dry Stories (Classic Reprint) Namie Harrison Bell. 2018. (ENG., Illus.). 58p. (J). 25.11 *(978-0-484-85178-7(0))* Forgotten Bks.

Dryad: A Novel (Classic Reprint) Justin Huntly McCarthy. 2017. (ENG., Illus.). (J). 30.58 *(978-0-265-67047-7(0))*; pap. 13.57 *(978-1-5276-4172-3(4))* Forgotten Bks.

Dryers & Clams. Chantal Leipsig. 2019. (ENG.). 24p. (J). *(978-1-5255-4213-8(3))*; pap. *(978-1-5255-4214-5(1))* FriesenPress.

Drying off the Wet Dog Opposites Book for Kids. Pfiffikus. 2016. (ENG., Illus.). (J). pap. 10.81 *(978-1-68377-658-1(5))* Whike, Traudl.

Drylings of Acchora. Andrew Kooman. 2018. (ENG., Illus.). 246p. (J). pap. *(978-1-7750580-0-7(X))* Fair Winds Creative Co.

Dsc Mickey 5 X 8. 5 Shaped Board Book. Des. by Bendon. 2020. (ENG.). (J). bds. 1.00 ***(978-1-6902-0491-6(5))*** Bendon, Inc.

Dsc Mickey 6 X 6 Board Book (Value) Des. by Bendon. 2020. (ENG.). (J). bds. 0.98 *(978-1-6902-1285-0(3))* Bendon, Inc.

Dsc Mickey Imagine Ink Color! Book with Mini Markers (Value) Des. by Bendon. 2019. (ENG.). (J). 5.00 ***(978-1-5050-4078-4(7))*** Bendon, Inc.

Dsc Mickey Imagine Ink Magic Ink Pictures. Des. by Bendon. 2020. (ENG.). (J). 4.99 ***(978-1-5050-5561-0(X))***; 5.00 ***(978-1-6902-1203-4(9))*** Bendon, Inc.

Dsc Mickey Imagine Ink Magic Ink Pictures (Value) Des. by Bendon. (ENG.). (J). 2020. 3.00 ***(978-1-6902-1168-6(7))***; 2018. 3.00 ***(978-1-5050-7901-2(2))***; 2018. 3.00 ***(978-1-5050-7411-6(8))*** Bendon, Inc.

Dsc Mickey Jumbo Coloring & Activity Book. Des. by Bendon. 2020. (ENG.). (J). pap. 1.00 ***(978-1-6902-1037-5(0))*** Bendon, Inc.

Dsc Mickey Jumbo Coloring & Activity Book (Value) Des. by Bendon. 2019. (ENG.). (J). pap. 1.00 ***(978-1-5050-8375-0(3))*** Bendon, Inc.

Dsc Mickey Read & Color Kit. Des. by Bendon. 2020. (ENG.). (J). 5.00 ***(978-1-6902-1083-2(4))*** Bendon, Inc.

Dsc Mickey Storybook Classic with Dust Jacket. Des. by Bendon. 2020. (ENG.). (J). 5.00 ***(978-1-6902-1297-3(7))*** Bendon, Inc.

Dsc Mickey/Minnie Imagine Ink Magic Ink Pictures. Des. by Bendon. 2020. (ENG.). (J). 4.99 ***(978-1-6902-0960-7(7))*** Bendon, Inc.

Dsc Minnie 5 X 8. 5 Shaped Board Book. Des. by Bendon. 2020. (ENG.). (J). bds. 1.00 ***(978-1-6902-1192-1(X))*** Bendon, Inc.

Dsc Minnie 6 X 6 Board Book (Value) Des. by Bendon. 2020. (ENG.). (J). bds. 0.98 *(978-1-6902-1276-8(4))* Bendon, Inc.

Dsc Minnie 7. 5 X 7. 5 Hardcover Storybook. Des. by Bendon. 2020. (ENG.). (J). 1.00 ***(978-1-6902-1184-6(9))*** Bendon, Inc.

Dsc Minnie Jumbo Coloring & Activity Book. Des. by Bendon. 2020. (ENG.). (J). pap. 1.00 ***(978-1-6902-1141-9(5))*** Bendon, Inc.

Dschungel Tiere Färbung Buch Für Kinder: Fantastische Färbung & Activity Book Mit Wilden Tieren und Dschungel-Tiere Für Kinder, Kleinkinder und Kinder, Spaß Mit Niedlichen Dschungel-Tiere, Einzigartige Wilde Tiere Färbung Seiten Für Jungen & Mädchen. Happy Coloring. 2021. (GER.). 80p. (J). pap. 11.99 *(978-1-008-94350-6(9))* McGraw-Hill Education.

Du Iz Tak? Carson Ellis. Illus. by Carson Ellis. (ENG.). 48p. (J). (gr. -1-3). 2023. 9.99 *(978-1-5362-2352-1(2))*; 2016. (Illus.). 18.99 *(978-0-7636-6530-2(4))* Candlewick Pr.

Du Kan Flyga, Lilla Fågel: You Can Fly, Little Bird, Swedish Edition. Tuula Pere. Tr. by Elisabeth Torstensson. Illus. by Alexandra Burda. 2018. (SWE.). 36p. (J). (gr. k-4). *(978-952-7107-08-9(3))*; pap. *(978-952-5878-46-2(5))* Wickwick oy.

Dual Alliance (Classic Reprint) Marjorie Benton Cooke. 2018. (ENG., Illus.). 176p. (J). 27.55 *(978-0-365-30043-4(8))* Forgotten Bks.

Dual Earth: The Experiment. Mary-Louise Hurford. 2021. (ENG.). 320p. (YA). pap. *(978-1-922444-83-7(9))* Shawline Publishing Group.

Dual Lives, Vol. 1 of 3 (Classic Reprint) J. C. Chillington. 2018. (ENG., Illus.). 290p. (J). 29.88 *(978-0-484-63077-1(6))* Forgotten Bks.

Dual Lives, Vol. 2 of 3 (Classic Reprint) J. C. Chillington. 2018. (ENG., Illus.). 288p. (J). 29.84 *(978-0-483-39227-4(8))* Forgotten Bks.

Dual Lives, Vol. 3 of 3 (Classic Reprint) J. C. Chillington. 2018. (ENG., Illus.). 282p. (J). 29.73 *(978-0-483-85219-8(8))* Forgotten Bks.

Dual Reflection (Classic Reprint) Eve Orme. 2018. (ENG., Illus.). 186p. (J). 27.73 *(978-0-332-47582-0(4))* Forgotten Bks.

Dual Role: A Romance (Classic Reprint) William Isaac Yopp. 2018. (ENG., Illus.). 196p. (J). 27.96 *(978-0-483-77209-0(7))* Forgotten Bks.

Dual Souls: Shadow. Nicholas Sumonja. 2020. (ENG.). 122p. (YA). pap. 11.95 *(978-1-64701-148-2(5))* Page Publishing Inc.

Dual the Very Good Savior & the Gift of That Baby: The Story of Easter & Christmas Combined into One Beautiful Book. Kent Wagner. 2022. (ENG.). 90p. (J). 40.24 ***(978-1-387-52119-7(5))*** Lulu Pr., Inc.

Duality. Krisha Anant. 2021. (ENG.). 74p. (YA). pap. 8.99 *(978-1-6657-0664-3(3))* Archway Publishing.

Dubai. Ken Lake & Angie Lake. Illus. by Vishnu Madhav. 2016. (Diaries of Robin's Travels Ser.). (ENG.). 96p. (J). (gr. 1-5). 5.99 *(978-1-78226-054-7(4)*, 4cfcef68-24ae-4012-93fe-3f3c70eaf8e9) Sweet Cherry Publishing GBR. Dist: Baker & Taylor Publisher Services (BTPS).

Dubbie: The Double-Headed Eagle. Eduard Habsburg-Lothringen. Ed. by Amanda Lauer. Illus. by James Hrkach. 2020. (ENG.). 120p. (J). pap. *(978-1-987970-20-3(9))* Full Quiver Publishing.

Dubbj e Pensieri Sopra la Teoria Degli Elettrici Fenomeni (Classic Reprint) Carlo Barletti. 2018. (ITA., Illus.). 294p. (J). 29.96 *(978-0-365-99149-6(X))* Forgotten Bks.

Dublin Christmas. Nicola Colton. 2021. (ENG., Illus.). 32p. (J). 19.95 *(978-0-7171-9084-3(6))* Gill Bks. IRL. Dist: Casemate Pubs. & Bk. Distributors, LLC.

Dublin Diary of Stanislaus Joyce (Classic Reprint) Stanislaus Joyce. 2017. (ENG., Illus.). (J). 26.35 *(978-0-331-43536-8(5))*; pap. 9.57 *(978-1-334-90211-6(9))* Forgotten Bks.

Dublin Folk Tales for Children. Órla McGovern. 2018. (Folk Tales for Children Ser.). (ENG., Illus.). 160p. (J). (gr. 2-6). pap. 24.95 *(978-0-7509-8423-2(6))* History Pr. Ltd., The GBR. Dist: Independent Pubs. Group.

Dublin Journal of Temperance, Science, & Literature, 1843, Vol. 2 (Classic Reprint) Unknown Author. 2017. (ENG., Illus.). (J). 32.89 *(978-0-331-14094-1(2))*; pap. 16.57 *(978-0-266-00142-3(4))* Forgotten Bks.

Dublin Types (Classic Reprint) Sidney Davies. 2018. (ENG., Illus.). 88p. (J). 25.71 *(978-0-267-67687-3(5))* Forgotten Bks.

Dublin University Magazine, Vol. 10: A Literary & Political Journal; July to December, 1837 (Classic Reprint) Dublin University. 2018. (ENG., Illus.). (J). 770p. 39.78 *(978-1-391-15017-8(1))*; 772p. pap. 23.57 *(978-1-390-99190-1(3))* Forgotten Bks.

Dublin University Magazine, Vol. 12: A Literary & Political Journal; July to December, 1838 (Classic Reprint) Unknown Author. (ENG., Illus.). (J). 2018. 732p. 39.01 *(978-0-484-23558-7(3))*; 2018. 714p. 38.64 *(978-0-364-06465-8(X))*; 2017. pap. 23.57 *(978-0-243-88192-5(4))*; 2017. pap. 23.57 *(978-0-243-94084-4(X))* Forgotten Bks.

Dublin University Magazine, Vol. 18: A Literary & Political Journal; July to December, 1841 (Classic Reprint) Unknown Author. 2018. (ENG., Illus.). 810p. (J). 40.62 *(978-0-483-37861-2(5))* Forgotten Bks.

Dublin University Magazine, Vol. 2: Literary & Political Journal; July to December, 1833 (Classic Reprint) Unknown Author. 2018. (ENG., Illus.). 732p. (J). 39.01 *(978-0-365-46113-5(X))* Forgotten Bks.

Dublin University Magazine, Vol. 22: A Literary & Political Journal; July to December, 1843 (Classic Reprint) Unknown Author. (ENG., Illus.). (J). 2018. 768p. 39.74 *(978-0-483-61110-8(7))*; 2016. pap. 23.57 *(978-1-334-07004-4(0))* Forgotten Bks.

Dublin University Magazine, Vol. 28: A Literary & Political Journal; July to December, 1846 (Classic Reprint) Dublin University. (ENG., Illus.). (J). 2018. 794p. 40.27 *(978-1-396-37157-8(5))*; 2018. 796p. pap. 23.57 *(978-1-390-98210-7(6))*; 2016. pap. 23.57 *(978-1-334-12104-3(4))* Forgotten Bks.

Dublin University Magazine, Vol. 53: A Literary & Political Journal; January to June, 1859 (Classic Reprint) Unknown Author. 2018. (ENG., Illus.). 850p. (J). 41.43 *(978-0-267-00226-9(2))* Forgotten Bks.

Dublin University Magazine, Vol. 55: January, 1860-June, 1860 (Classic Reprint) Unknown Author. 2018. (ENG., Illus.). 766p. (J). 39.72 *(978-0-484-46605-9(4))* Forgotten Bks.

Dublin University Magazine, Vol. 58: A Literary & Political Journal; July to December, 1861 (Classic Reprint) Unknown Author. (ENG., Illus.). (J). 2018. 856p. 41.57 *(978-0-484-67052-4(2))*; 2017. pap. 23.97 *(978-0-243-58440-6(7))* Forgotten Bks.

Dublin University Magazine, Vol. 59: A Literary & Political Journal; January to June, 1862 (Classic Reprint) Unknown Author. (ENG., Illus.). (J). 2018. 882p. 42.11 *(978-0-364-73529-9(5))*; 2017. pap. 24.45 *(978-0-243-57686-9(2))* Forgotten Bks.

Dublin University Magazine, Vol. 63: A Literary & Political Journal; January to June, 1864 (Classic Reprint) Unknown Author. (ENG., Illus.). (J). 2018. 712p. 38.58 *(978-0-365-11687-5(4))*; 2016. pap. 20.97 *(978-1-333-32434-6(0))* Forgotten Bks.

Dublin University Magazine, Vol. 63: A Literary & Political Journal; January to June, 1864 (Classic Reprint) Dublin University. 2017. (ENG., Illus.). (J). 742p. 39.20 *(978-0-332-31159-3(7))*; 744p. pap. 23.57 *(978-0-332-29006-5(9))* Forgotten Bks.

Dublin University Magazine, Vol. 65: A Literary & Political Journal; January to June, 1865 (Classic Reprint) Dublin University. (ENG., Illus.). (J). 2018. 390p. 31.96 *(978-0-267-74336-0(X))*; 2016. pap. 16.57 *(978-1-334-15800-1(2))* Forgotten Bks.

Dublin University Magazine, Vol. 67: A Literary & Political Journal; January to June, 1866 (Classic Reprint) Unknown Author. (ENG., Illus.). (J). 2018. 712p. 38.58 *(978-0-483-76074-5(9))*; 2016. pap. 20.97 *(978-1-334-15076-0(1))* Forgotten Bks.

Dublin University Magazine, Vol. 67: A Literary & Political Journal; January to June, 1866 (Classic Reprint) Dublin

D

University. (ENG., Illus.). (J). 2018. 702p. 38.40 *(978-0-656-09686-2(1))*; 2016. pap. 20.97 *(978-1-334-15853-7(3))* Forgotten Bks.

Dublin University Magazine, Vol. 7: A Literary & Political Journal; January to June, 1836 (Classic Reprint) Unknown Author. 2017. (ENG., Illus.). (J). pap. 23.57 *(978-0-243-58356-0(7))* Forgotten Bks.

Dublin University Magazine, Vol. 71: A Literary & Political Journal; January to June, 1868 (Classic Reprint) Unknown Author. (ENG., Illus.). (J). 2018. 720p. 38.75 *(978-0-484-64516-4(1))*; 2017. pap. 23.57 *(978-0-243-29105-2(1))* Forgotten Bks.

Dublin University Magazine, Vol. 80: A Literary & Political Journal; July to December 1872 (Classic Reprint) Unknown Author. 2018. (ENG., Illus.). (J). 724p. 38.83 *(978-1-396-33565-5(X))*; 726p. pap. 23.57 *(978-1-390-90050-7(9))* Forgotten Bks.

Dublin University Magazine, Vol. 88: Literary & Political Journal; July to December, 1876 (Classic Reprint) Unknown Author. 2018. (ENG., Illus.). 812p. (J). 40.64 *(978-0-483-57958-3(0))* Forgotten Bks.

Dubliners. James Joyce. 2020. (ENG.). 155p. (YA). pap. ***(978-1-716-15230-6(5))*** Lulu Pr., Inc.

Dubliners (Classic Reprint) James Joyce. 2017. (ENG., Illus.). (J). 29.96 *(978-0-265-86317-6(1))* Forgotten Bks.

Duchess: A Story (Classic Reprint) Duchess Duchess. 2018. (ENG., Illus.). 338p. (J). 30.87 *(978-0-364-10865-9(7))* Forgotten Bks.

Duchess of Dreams (Classic Reprint) Edith Macvane. 2017. (ENG., Illus.). (J). 312p. 30.33 *(978-0-484-10510-1(8))*; pap. 13.57 *(978-0-259-24615-2(8))* Forgotten Bks.

Duchess of Few Clothes: A Comedy (Classic Reprint) Philip Payne. 2019. (ENG., Illus.). 342p. (J). 30.97 *(978-0-267-20589-9(9))* Forgotten Bks.

Duchess of Rosemary Lane, Vol. 1 Of 3: A Novel (Classic Reprint) B. L. Farjeon. 2018. (ENG., Illus.). 294p. (J). 29.96 *(978-0-365-08551-5(0))* Forgotten Bks.

Duchess of Rosemary Lane, Vol. 2 Of 3: A Novel (Classic Reprint) B. L. Farjeon. 2017. (ENG., Illus.). (J). 30.33 *(978-0-260-58647-6(1))* Forgotten Bks.

Duchesses, 1 vol. Sarita McDaniel. 2019. (Meet the Royals Ser.). (ENG.). 24p. (gr. 1-2). pap. 10.35 *(978-1-9785-1197-2(3),* 734dccfc-82b2-4efb-8dd6-6baf546e9a67) Enslow Publishing, LLC.

Duck. Martin Bailey. 2019. (BigThymeRhyme Ser.). (ENG., Illus.). 12p. (J). (— 1). bds. 9.99 *(978-0-9951093-1-5(1))* Black Chook Bks. NZL. Dist: Independent Pubs. Group.

Duck. Nancy Dickmann. 2023. (Life Cycles Ser.). (ENG.). 24p. (J). (gr. 2-4). pap. 10.99 *(978-1-78121-563-0(4),* 16635) Black Rabbit Bks.

Duck. Nancy Dickmann. 2020. (Life Cycles Ser.). (ENG.). 24p. (J). (gr. 2-4). 29.95 *(978-1-78121-536-4(7),* 16629) Brown Bear Bks.

Duck. August Hoeft. (I See Animals Ser.). (ENG.). (J). (gr. k-1). 2022. 20p. 24.99 ***(978-1-5324-3401-3(4))***; 2022. 20p. pap. 12.99 ***(978-1-5324-4204-9(1))***; 2020. 12p. pap. 5.99 *(978-1-5324-1482-4(X))* Xist Publishing.

Duck! Meg McKinlay. Illus. by Nathaniel Eckstrom. 2019. (ENG.). 32p. (J). (gr. k-4). 16.99 *(978-1-5362-0422-3(6))* Candlewick Pr.

Duck. Ted Rupnik. 2022. (ENG., Illus.). 32p. (J). pap. 14.95 *(978-1-6624-7303-6(6))* Page Publishing Inc.

Duck & Cat's Rainy Day. Carin Bramsen. ed. 2020. (Step into Reading Ser.). (ENG., Illus.). 32p. (J). (gr. k-1). 14.96 *(978-1-64697-452-8(2))* Penworthy Co., LLC, The.

Duck & Dog Bake a Pie. Laurie Friedman. 2022. (Duck & Dog Ser.). (ENG.). 24p. (J). (gr. k-2). pap. 8.50 *(978-1-63897-634-9(1),* 19764); lib. bdg. 27.33 *(978-1-63897-519-9(1),* 19763) Seahorse Publishing.

Duck & Dog, Friends Forever. Laurie Friedman. 2022. (Duck & Dog Ser.). (ENG.). 24p. (J). (gr. k-2). pap. 8.50 *(978-1-63897-636-3(8),* 19772); lib. bdg. 27.33 *(978-1-63897-521-2(3),* 19771) Seahorse Publishing.

Duck & Dog Take a Hike. Laurie Friedman. 2022. (Duck & Dog Ser.). (ENG.). 24p. (J). (gr. k-2). pap. 8.50 *(978-1-63897-633-2(3),* 19768); lib. bdg. 27.33 *(978-1-63897-518-2(3),* 19767) Seahorse Publishing.

Duck & Friends: A Soft & Fuzzy Book Just for Baby! Illus. by Francesca Ferri. 2017. (Friends Cloth Bks.). (ENG.). 8p. (J). (gr. -1-k). 12.99 *(978-1-4380-0975-9(5))* Sourcebooks, Inc.

Duck & Goose, a Gift for Goose. Tad Hills & Tad Hills. 2019. (Step into Reading Ser.). (Illus.). 32p. (J). (gr. -1-1). pap. 5.99 *(978-0-525-64490-3(3))*; (ENG., lib. bdg. 14.99 *(978-0-525-64491-0(1))* Random Hse. Children's Bks. (Schwartz & Wade Bks.).

Duck & Goose, a Gift for Goose. Tad Hills. ed. 2019. (Step into Reading Ser.). (ENG.). 32p. (J). (gr. k-1). 14.96 *(978-0-87617-964-2(2))* Penworthy Co., LLC, The.

Duck & Goose, Honk! Quack! Boo! Tad Hills & Tad Hills. 2017. (Duck & Goose Ser.). (ENG., Illus.). 40p. (J). (gr. -1-2). 16.99 *(978-1-5247-0175-8(0),* Schwartz & Wade Bks.) Random Hse. Children's Bks.

Duck & Goose, Let's Dance! (with an Original Song) Tad Hills. Illus. by Tad Hills. 2016. (Duck & Goose Ser.). (ENG., Illus.). 26p. (J). (gr. -1-2). bds. 8.99 *(978-0-385-37245-9(0),* Schwartz & Wade Bks.) Random Hse. Children's Bks.

Duck & Hippo in the Rainstorm. Jonathan London. Illus. by Andrew Joyner. 2017. (Duck & Hippo Ser.: 1). (ENG.). 32p. (J). (gr. -1-2). 17.99 *(978-1-5039-3723-9(2),* 9781503937239, Two Lions) Amazon Publishing.

Duck & Hippo the Secret Valentine. Jonathan London. Illus. by Andrew Joyner. 2018. (Duck & Hippo Ser.: 4). 32p. (J). (gr. -1-2). 17.99 *(978-1-5039-0035-6(5),* 9781503900356, Two Lions) Amazon Publishing.

Duck & His Friends. Kathryn Jackson & Byron Jackson. Illus. by Richard Scarry. 2019. (Little Golden Book Ser.). 24p. (J). (-k). 4.99 *(978-1-9848-4978-6(6),* Golden Bks.) Random Hse. Children's Bks.

Duck & His Truck. Daniel Roberts. 2020. (ENG.). 32p. (J). *(978-1-716-77706-6(2))*; pap. *(978-1-716-77710-3(0))* Lulu Pr., Inc.

Duck & Penguin Are NOT Friends, 1 vol. Julia Woolf. 2019. (ENG., Illus.). 32p. (J). (gr. -1-3). 16.95 *(978-1-68263-132-4(X))* Peachtree Publishing Co. Inc.

Duck & Penguin Do NOT Like Sleepovers. Julia Woolf. 2020. (ENG., Illus.). 32p. (J). (gr. -1-3). 16.99 *(978-1-68263-201-7(6))* Peachtree Publishing Co. Inc.

Duck! & the Rainbow Room. Jenny Jinks. Illus. by Patricia Pessoa. 2022. (Early Bird Readers — Red (Early Bird Stories (tm)) Ser.). (ENG.). 32p. (J). (gr. -1-2). pap. 9.99 *(978-1-7284-6311-7(4),* c3326b83-210c-4edb-badf-e7cba318c9e4); lib. bdg. 30.65 *(978-1-7284-5681-2(X),* a5887b99-37f9-4bae-a14e-9242386e969a) Lerner Publishing Group. (Lerner Pubns.).

Duck-Billed Dinos. Josh Anderson. 2023. (Dino Discovery Ser.). (ENG.). 24p. (J). (gr. k-3). lib. bdg. 32.79 *(978-1-5038-6522-8(3),* 216419, Wonder Books(r)) Child's World, Inc, The.

Duck-Billed Dinosaurs see Dinosaurios Pico de Pato

Duck-Billed Dinosaurs: Ranking Their Speed, Strength, & Smarts. Mark Weakland. 2019. (Dinosaurs by Design Ser.). (ENG.). 32p. (J). (gr. 4-6). pap. 9.99 *(978-1-64466-027-0(X),* 12697); (Illus.). lib. bdg. *(978-1-68072-822-4(9),* 12696) Black Rabbit Bks. (Bolt).

Duck by Any Other Name. Penelope Dyan. Illus. by Penelope Dyan. l.t. ed. 2021. (ENG.). 34p. (J). pap. 12.60 *(978-1-61477-550-8(8))* Bellissima Publishing, LLC.

Duck Called Brian. Al Murphy. 2023. (ENG.). 32p. (J). (gr. -1-1). pap. 6.99 ***(978-1-338-84811-3(9),*** Scholastic Pr.) Scholastic, Inc.

Duck Coloring Book: Adult Coloring Book, Animal Coloring Book, Floral Mandala Coloring Pages, Quotes Coloring Book, Gift for Duck Lovers. Illus. by Paperland Online Store. 2021. (ENG.). 42p. (J). pap. *(978-1-716-11103-7(X))* Lulu Pr., Inc.

Duck Coloring Book - Children Coloring Book: Animal Coloring Book for Kids - Ducks Illustrations for Kids to Color - Colouring Books. Mary Wayne. l.t. ed. 2021. (ENG.). 42p. (J). pap. 12.99 *(978-1-80443-206-8(7))* Lulu Pr., Inc.

Duck, Cover & Hold Prepping for Natural Disasters Coloring Book Educational. Educando Kids. 2019. (ENG.). 42p. (J). pap. 6.99 *(978-1-64521-160-0(6),* Educando Kids) Editorial Imagen.

Duck Creek Ballads (Classic Reprint) John Henton Carter. 2018. (ENG., Illus.). 218p. (J). 28.39 *(978-0-267-21684-0(X))* Forgotten Bks.

Duck Days. Sara Leach. Illus. by Rebecca Bender & Rebecca Bender. 2022. (Slug Days Stories Ser.: 3). 120p. (J). (gr. 2-4). pap. 11.95 *(978-1-77278-255-4(6))* Pajama Pr. CAN. Dist: Publishers Group West (PGW).

Duck Days. Sara Leach. Illus. by Rebecca Bender. 2020. (Slug Days Stories Ser.: 3). 104p. (J). (gr. 2-4). 17.95 *(978-1-77278-148-9(7))* Pajama Pr. CAN. Dist: Publishers Group West (PGW).

Duck Derby Debacle. Carolyn Keene. Illus. by Peter Francis. 2021. (Nancy Drew Clue Book Ser.: 16). (ENG.). 112p. (J). (gr. 1-4). 17.99 *(978-1-5344-5031-8(9))*; pap. 5.99 *(978-1-5344-5030-1(0))* Simon & Schuster Children's Publishing. (Aladdin).

Duck, Duck, Dad? Lorna Scobie. Illus. by Lorna Scobie. (ENG.). (J). 2023. 28p. bds. 8.99 ***(978-1-250-29109-7(7),*** 900293286); 2022. (Illus.). 32p. 18.99 *(978-1-250-82273-4(4),* 900250800) Holt, Henry & Co. (Holt, Henry & Co. Bks. For Young Readers).

Duck, Duck, Dinosaur. Kallie George. Illus. by Oriol Vidal. 2016. (ENG.). 40p. (J). (gr. -1-3). 18.99 *(978-0-06-235308-5(X),* HarperCollins) HarperCollins Pubs.

Duck, Duck, Dinosaur: Perfect Pumpkin. K. George. Illus. by Oriol Vidal. 2017. 32p. (J). *(978-1-5182-4363-9(0))* Harper & Row Ltd.

Duck, Duck, Dinosaur: Perfect Pumpkin. Kallie George. Illus. by Oriol Vidal. 2017. (My First I Can Read Ser.). (ENG.). 32p. (J). (gr. -1-3). 16.99 *(978-0-06-235315-3(2))*; pap. 4.99 *(978-0-06-235314-6(4))* HarperCollins Pubs. (HarperCollins).

Duck, Duck, Dinosaur: Bubble Blast. Kallie George. Illus. by Oriol Vidal. 2017. (My First I Can Read Ser.). (ENG.). 32p. (J). (gr. -1-3). pap. 4.99 *(978-0-06-235311-5(X),* HarperCollins) HarperCollins Pubs.

Duck, Duck, Dinosaur: Snowy Surprise. Kallie George. Illus. by Oriol Vidal. 2017. (My First I Can Read Ser.). (ENG.). 32p. (J). (gr. -1-3). 16.99 *(978-0-06-235319-1(5))*; pap. 5.99 *(978-0-06-235318-4(7))* HarperCollins Pubs. (HarperCollins).

Duck, Duck, Dinosaur: Spring Smiles. Kallie George. Illus. by Oriol Vidal. 2019. (My First I Can Read Ser.). (ENG.). 32p. (J). (gr. -1-3). 16.99 *(978-0-06-235322-1(5))*; pap. 4.99 *(978-0-06-235321-4(7))* HarperCollins Pubs. (HarperCollins).

Duck, Duck, Goose. Wiley Blevins. Illus. by Elliot Kreloff. 2018. (Basic Concepts Ser.). (ENG.). 24p. (J). (gr. -1 — 1). pap. 7.99 *(978-1-63440-419-8(X),* 4ddb9180-ca8a-4631-87c2-cc87d593c1ed, Rocking Chair Kids) Red Chair Pr.

Duck Duck Goose Goose Match-Making Activity Book. Smarter Activity Books For Kids. 2016. (ENG., Illus.). (J). pap. 9.43 *(978-1-68374-049-0(1))* Examined Solutions PTE. Ltd.

Duck, Duck, Moose! Sudipta Bardhan-Quallen. Illus. by Noah Z. Jones. 2020. (ENG.). 32p. (J). (gr. -1 — 1). bds. 7.99 *(978-1-368-05485-0(4))* Little, Brown Bks. for Young Readers.

Duck, Duck, Moose. Mary Sullivan. Illus. by Mary Sullivan. 2021. (ENG., Illus.). 40p. (J). (gr. -1-3). 17.99 *(978-0-358-31349-6(X),* 1778355, Clarion Bks.) HarperCollins Pubs.

Duck, Duck, Porcupine! Salina Yoon. 2017. (Duck, Duck, Porcupine Book Ser.: 1). (ENG., Illus.). 64p. (J). pap. 6.99 *(978-1-61963-724-5(3),* 900146367, Bloomsbury USA Childrens) Bloomsbury Publishing USA.

Duck, Duck, Porcupine! Salina Yoon. ed. 2018. (Duck, Duck, Porcupine Ser.). (ENG.). 64p. (J). (gr. -1-1). 15.96 *(978-1-64310-557-4(4))* Penworthy Co., LLC, The.

Duck, Duck, Porcupine! Salina Yoon. ed. 2017. (J). lib. bdg. 16.00 *(978-0-606-40593-5(3))* Turtleback.

Duck, Duck, Tiger. Brittany R. Jacobs. 2023. (Illus.). 32p. (J). 18.99 *(978-1-5064-8743-4(2),* Beaming Books) 1517 Media.

Duck for Turkey Day. Jacqueline Jules. ed. 2018. (ENG.). 32p. (J). (gr. -1-1). 19.49 *(978-1-64310-547-5(7))* Penworthy Co., LLC, The.

Duck for Turkey Day. Jacqueline Jules. 2018. (2019 Av2 Fiction Ser.). (ENG.). 32p. (J). (gr. 1-3). lib. bdg. 34.28 *(978-1-4896-8259-8(7),* AV2 by Weigl) Weigl Pubs., Inc.

Duck for Turkey Day. Jacqueline Jules. Illus. by Kathryn Mitter. 2017. (ENG.). 32p. (J). (gr. -1-3). pap. 8.99 *(978-0-8075-1735-2(6),* 807517356) Whitman, Albert & Co.

Duck from Oregon Tries to Fly! The Duck. Tr. by Mikey Navarro & Teigh Bowen. 2021. (ENG.). 64p. (J). 24.95 *(978-1-7334304-0-1(7))* Amplify Publishing Group.

Duck Gets a Job. Sonny Ross. Illus. by Sonny Ross. 2018. (ENG., Illus.). 32p. (J). (gr. -1-2). 16.99 *(978-0-7636-9896-6(2),* Templar) Candlewick Pr.

Duck Hunt: Capsized in the Boundary Waters: Capsized in the Boundary Waters. Emily L. Hay Hinsdale. Illus. by Caitlin O'Dwyer. 2023. (Wilderness Adventures Ser.). (ENG.). 112p. (J). (gr. 2-5). lib. bdg. 38.50 ***(978-1-0982-3714-1(5),*** 42575, Calico Chapter Bks.) ABDO Publishing Co.

Duck Hunting. Tom Carpenter. 2017. (Outdoors Ser.). (ENG., Illus.). 32p. (J). (gr. 3-5). pap. 9.95 *(978-1-63517-293-5(4),* 1635172934); lib. bdg. 31.35 *(978-1-63517-228-7(4),* 1635172284) North Star Editions. (Focus Readers).

Duck Hunting. Matt Doeden. 2016. (Great Outdoors Ser.). (ENG., Illus.). 32p. (J). (gr. 2-5). pap. 9.99 *(978-1-68152-077-3(X),* 15763); lib. bdg. 20.95 *(978-1-60753-798-4(2),* 15757) Amicus.

Duck in a Sock: Four Phonics Stories. Elspeth Rae & Rowena Rae. Illus. by Elisa Gutiérrez. 2017. (Meg & Greg Ser.). (ENG.). (J). (gr. 1-4). pap. *(978-0-9952933-0-4(9))* 44 Sounds Publishing.

Duck in a Tree. Stacy Vaught. Illus. by Kelly Lane. 2023. (ENG.). 34p. (J). (gr. k-3). pap. 15.95 ***(978-1-958754-62-7(5),*** Belle Isle Bks.) Brandylane Pubs., Inc.

Duck in the Muck. Spencer Brinker. 2019. (Read & Rhyme Level 3 Ser.). (ENG., Illus.). 16p. (J). (gr. -1-1). 24.21 *(978-1-64280-559-8(9))* Bearport Publishing Co., Inc.

Duck Is Stuck. Zoubida Mouhssin. Illus. by Pascale Moutte-Baur. 2018. (ENG.). 32p. (J). 17.95 *(978-1-60537-415-4(6))*; 9.95 *(978-1-60537-429-1(6))* Clavis Publishing.

Duck Is Stuck! Dana Regan. ed. 2022. (Ready-To-Read Ser.). (ENG.). 30p. (J). (gr. k-1). 16.46 ***(978-1-68505-370-3(X))*** Penworthy Co., LLC, The.

Duck Is Stuck! Ready-To-Read Level 1. Dana Regan. Illus. by Berta Maluenda. 2021. (Mike Delivers Ser.). (ENG.). 32p. (J). (gr. -1-1). 17.99 *(978-1-5344-8910-3(X))*; pap. 4.99 *(978-1-5344-8909-7(6))* Simon Spotlight. (Simon Spotlight).

Duck Is Stuck & Get the Ball! Katie Dale. Illus. by Serena Lombardo. 2021. (Early Bird Readers — Pink (Early Bird Stories (tm)) Ser.). (ENG.). 32p. (J). (gr. -1-2). pap. 9.99 *(978-1-7284-2041-7(5),* b5dd683f-b0f7-4985-876f-5b3dc21fc942); lib. bdg. 30.65 *(978-1-7284-1723-3(6),* 4502ce64-48f8-4ba1-b5f9-b8b3638ffea8) Lerner Publishing Group. (Lerner Pubns.).

Duck Lake: Stories of the Canadian Backwoods (Classic Reprint) E. Ryerson Young. 2018. (ENG., Illus.). 228p. (J). 28.70 *(978-0-332-92795-4(4))* Forgotten Bks.

Duck Makes a Splash! Laurie Friedman. 2022. (Duck & Dog Ser.). (ENG.). 24p. (J). (gr. k-2). pap. 8.50 *(978-1-63897-632-5(5),* 19776); lib. bdg. 27.33 *(978-1-63897-517-5(5),* 19775) Seahorse Publishing.

Duck Named Lily. Evelyn Cook. Illus. by Amber N. Calderon. 2021. (ENG.). 58p. (J). 19.00 *(978-1-0878-9001-2(2))* Indy Pub.

Duck Never Blinks. Alex Latimer. Illus. by Alex Latimer. 2023. (ENG., Illus.). 32p. (J). 18.99 *(978-1-250-88599-9(X),* 900286809) Roaring Brook Pr.

Duck on a Bike. 2017. 59.95 *(978-1-338-18702-1(3))* Scholastic, Inc.

Duck on a Bike. David Shannon. Illus. by David Shannon. 2021. (ENG.). 32p. (J). (gr. -1-3). pap. 7.99 *(978-1-338-74490-3(9),* Scholastic Paperbacks) Scholastic, Inc.

Duck on a Disco Ball. Jeff Mack. 2018. (Duck in the Fridge Book Ser.). (ENG., Illus.). 40p. (J). (gr. -1-2). 17.99 *(978-1-5039-0292-3(7),* 9781503902923, Two Lions) Amazon Publishing.

Duck on a Tractor. David Shannon. 2017. 59.95 *(978-1-338-16188-5(1))* Scholastic, Inc.

Duck on a Tractor. David Shannon. Illus. by David Shannon. 2016. (ENG., Illus.). 40p. (J). (gr. -1-3). 18.99 *(978-0-545-61941-7(6),* Blue Sky Pr., The) Scholastic, Inc.

Duck on a Truck. Scott Selsor. 2023. (ENG.). 30p. (J). pap. 7.49 ***(978-1-0881-1965-5(4))*** Indy Pub.

Duck Parade of Spokane. Keri Lightner-Ems. 2017. (ENG.). (J). 14.95 *(978-1-63177-754-7(8))* Amplify Publishing Group.

Duck Pond: The Days with Dad Series. Brian Cooper. Ed. by Jennifer Kellett. Illus. by Alex Bonfield. 2023. (ENG.). 52p. (J). pap. 11.70 ***(978-1-312-40293-5(8))*** Lulu Pr., Inc.

Duck Pond Gang: Volume 2 & 3. Alex Earl, Jr. 2020. (Duck Pond Gang Ser.: Vol. 2). (ENG.). 34p. (J). pap. 11.99 *(978-1-63625-661-0(9))* Primedia eLaunch LLC.

Duck Poo Island's Fun World: Part 1. Jizammie J. Griggs. 2019. (ENG.). 80p. (YA). pap. 12.95 *(978-1-68456-611-2(8))* Page Publishing Inc.

Duck! Rabbit! Amy Krouse Rosenthal. 2018. (My Arabic Library). (ARA.). 40p. (J). (gr. -1-k). pap. 7.99 *(978-1-338-26754-9(X))* Scholastic, Inc.

Duck Says. Troy Wilson. Illus. by Mike Boldt. 2016. 29p. (J). *(978-1-338-03466-0(9))* Scholastic, Inc.

Duck Sees the Rain. Margo Gates. Illus. by Carol Herring. 2019. (Let's Look at Weather (Pull Ahead Readers — Fiction) Ser.). (ENG.). 16p. (J). (gr. -1-1). 27.99 *(978-1-5415-5839-7(1),* f68036da-4f21-4b91-a168-3e2c414bc554, Lerner Pubns.) Lerner Publishing Group.

Duck Stays in the Truck. Doreen Cronin. ed. 2020. (Ready-To-Read Ser.). (ENG., Illus.). 30p. (J). (gr. 2-3). 13.96 *(978-1-64697-426-9(3))* Penworthy Co., LLC, The.

Duck Stays in the Truck/Ready-To-Read Level 2. Doreen Cronin. Illus. by Betsy Lewin. 2020. (Click Clack Book Ser.). (ENG.). 32p. (J). (gr. k-2). 17.99 *(978-1-5344-5415-6(2))*; pap. 4.99 *(978-1-5344-5414-9(4))* Simon Spotlight. (Simon Spotlight).

Duck Talk. John Charles Duffany. 2019. (ENG.). 38p. (J). pap. 13.95 *(978-1-64424-376-3(8))* Page Publishing Inc.

Duck That Came Home. James Creaton. Illus. by Jacqueline Tee. 2021. (ENG.). 40p. (J). pap. *(978-1-83975-857-7(0))* Grosvenor Hse. Publishing Ltd.

Duck the Dog & the Moon. Janet White. Illus. by Janet White. 2021. (ENG.). 24p. (J). pap. *(978-0-2288-5966-6(2))* Tellwell Talent.

Duck Trail. Steven G. Matthews. 2018. (ENG., Illus.). 29p. (J). 23.95 *(978-1-78823-731-4(5),* c7b91119-42aa-491e-8059-2ef51b24a48f); pap. 14.95 *(978-1-78823-730-7(7),* 31531f8c-2234-4a92-8d2e-2827b7be2e80) Austin Macauley Pubs. Ltd. GBR. Dist: Baker & Taylor Publisher Services (BTPS).

Duck Who Couldn't Swim. D-J Sinclair. 2018. (ENG., Illus.). 72p. (J). pap. *(978-3-99064-275-7(8))* novum pocket Verlag in der novum publishing GmbH.

Duck Who Didn't Like Water. Steve Small. Illus. by Steve Small. 2021. (ENG., Illus.). 32p. (J). (gr. -1-3). 17.99 *(978-1-5344-8917-2(7),* Simon & Schuster/Paula Wiseman Bks.) Simon & Schuster/Paula Wiseman Bks.

Duck Who Loved Raindrops. Elaine Pinede. 2018. (ENG., Illus.). 30p. (J). pap. 12.95 *(978-1-64140-159-3(1))* Christian Faith Publishing.

Duck Who Turned into a Dog. Shaun Begell. 2022. (ENG.). 38p. (J). 24.00 *(978-1-64913-842-2(3))* Dorrance Publishing Co., Inc.

Duck with a Broken Wing: Leveled Reader Blue Fiction Level 9 Grade 1. Hmh Hmh. 2019. (Rigby PM Ser.). (ENG.). 16p. (J). (gr. 1). pap. 11.00 *(978-0-358-12026-1(8))* Houghton Mifflin Harcourt Publishing Co.

Duck with Luck. Barbara Poor. 2020. (ENG.). 38p. (J). pap. 14.80 *(978-1-7948-5791-9(5))* Lulu Pr., Inc.

Duckling. Kamila Shamsie. Illus. by Laura Barrett. 2022. (Fairy Tale Revolution Ser.). (ENG.). 32p. (J). 17.95 *(978-1-64259-575-8(6))* Haymarket Bks.

Duckling & Friends Touch & Feel. Roger Priddy. 2017. (Baby Touch & Feel Ser.). (ENG., Illus.). 10p. (J). bds. 7.99 *(978-0-312-52201-8(0),* 900171718) St. Martin's Pr.

Duckling Days (Tiger Days, Book 4) Sarah Lean. 2018. (Tiger Days Ser.: 4). (ENG.). 160p. (J). 4.99 *(978-0-00-828223-3(4),* HarperCollins Children's Bks.) HarperCollins Pubs. Ltd. GBR. Dist: HarperCollins Pubs.

Duckling Duckling. Cammie Ho. 2016. (Life Cycle Bks.). (ENG., Illus.). 33p. (J). (gr. k-2). pap. 7.99 *(978-1-943241-00-2(7))* Phonic Monic.

Duckling, Duckling Peekaboo. Grace Habib. 2023. (Peekaboo Ser.). (ENG.). 8p. (J). (— 1). bds. 10.99 ***(978-1-914912-78-8(0))*** Boxer Bks., Ltd. GBR. Dist: Sterling Publishing Co., Inc.

Duckling for Daniel. Illus. by Jason Fruchter. 2016. (Daniel Tiger's Neighborhood Ser.). (ENG.). 14p. (J). (gr. -1-k). bds. 5.99 *(978-1-4814-5781-1(0),* Simon Spotlight) Simon Spotlight.

Duckling Learns How to Swim. Ha Xuan. 2018. (VIE., Illus.). (J). pap. *(978-604-963-534-2(X))* Van hoc.

Duckling Rescue: Leveled Reader Green Fiction Level 12 Grade 1-2. Hmh Hmh. 2019. (Rigby PM Ser.). (ENG.). 16p. (J). (gr. 1-2). pap. 11.00 *(978-0-358-12049-0(7))* Houghton Mifflin Harcourt Publishing Co.

Ducklings. Meg Gaertner. 2019. (Animal Babies Ser.). (ENG., Illus.). 16p. (J). (gr. k-1). pap. 7.95 *(978-1-64185-814-4(1),* 1641858141); lib. bdg. 25.64 *(978-1-64185-745-1(5),* 1641857455) North Star Editions. (Focus Readers).

Ducklings. Julia Jaske. 2022. (So Cute! Baby Animals Ser.). (ENG., Illus.). 16p. (J). (gr. -1-2). pap. 11.36 *(978-1-6689-0883-9(2),* 220850, Cherry Blossom Press) Cherry Lake Publishing.

Ducklings. Julie Murray. 2017. (Baby Animals (Abdo Kids Junior) Ser.). (ENG., Illus.). 24p. (J). (gr. -1-2). lib. bdg. 31.36 *(978-1-5321-0001-7(9),* 25088, Abdo Kids) ABDO Publishing Co.

Ducklings. Anastasia Suen. 2019. (Spot Baby Farm Animals Ser.). (ENG.). 16p. (J). (gr. -1-2). lib. bdg. *(978-1-68151-530-4(X),* 14491) Amicus.

Ducklings Grow up - 6 Pack: Set of 6 Common Core Edition. Victoria Torres. 2016. (Early Explorers Ser.). (J). (gr. k-1). 39.00 net. *(978-1-5125-8628-2(5))* Benchmark Education Co.

Ducklings on the Run. Abby Summerhill & Noni Summerhill. Illus. by Alyssa Mazon. 2019. (ENG.). 34p. (J). (gr. k-3). pap. 10.95 *(978-1-7322135-7-9(7))* Legacies & Memories.

DuckMeat: On the Case: a DuckMeat Treasury. Theo Morton. Illus. by Theo Morton. 2021. (ENG.). 70p. (YA). pap. 16.00 ***(978-1-6671-3122-1(2))*** Lulu Pr., Inc.

DuckMeat: (Very Odd) Tales from New Bedford: a DuckMeat Treasury. Theo Morton. Illus. by Theo Morton. annot. ed. 2020. (ENG.). 33p. (YA). pap. ***(978-1-716-84077-7(5))*** Lulu Pr., Inc.

Duckrt: Mystery at the Museum. Zeb Rosenzweig. 2016. (ENG., Illus.). (J). pap. 6.00 *(978-1-945941-03-0(0))* Yard Dog Pr.

Duckrt Escapes from Jail. Zeb Rosenzweig. 2017. (ENG., Illus.). 34p. (J). pap. 6.00 *(978-1-945941-11-5(1))* Yard Dog Pr.

Duckrt the Lost Story. Zeb Rosenzweig. 2019. (Duckrt Ser.: Vol. 3). (ENG.). 26p. (J). pap. 6.25 ***(978-1-945941-24-5(3))*** Yard Dog Pr.

Ducks. Meg Gaertner. 2019. (Pond Animals Ser.). (ENG., Illus.). 24p. (J). (gr. 1-1). pap. 8.95 *(978-1-64185-578-5(9),* 1641855789) North Star Editions.

Ducks. Meg Gaertner. 2018. (Pond Animals Ser.). (ENG., Illus.). 24p. (J). (gr. k-3). lib. bdg. 31.36 *(978-1-5321-6207-7(3),* 30197, Pop! Cody Koala) Pop!.

Ducks. Lydia Lukidis. 2019. (J). *(978-1-7911-1648-4(5),* AV2 by Weigl) Weigl Pubs., Inc.

Ducks. Kate Riggs. 2018. (Seedlings: Backyard Animals Ser.). (ENG.). 24p. (J). (gr. k-2). pap. 8.99 *(978-1-62832-597-3(6),* 19926, Creative Paperbacks); (gr. -1-k). *(978-1-60818-970-0(8),* 19918, Creative Education) Creative Co., The.

Ducks. Kari Schuetz. 2018. (Animals on the Farm Ser.). (ENG., Illus.). 24p. (J). (gr. k-3). lib. bdg. 26.95

554

The check digit for ISBN-10 appears in parentheses after the full ISBN-13

(978-1-62617-722-2(8), Blastoff! Readers) Bellwether Media.
Ducks. Jared Siemens. 2017. (Illus.). 24p. (J). (978-1-5105-0617-6(9)) SmartBook Media, Inc.
Ducks! Deborah Underwood. Illus. by T. L. McBeth. (ENG.). (J). 2023. 24p. bds. 8.99 (978-1-250-86377-5(5), 900277576); 2020. 40p. 17.99 (978-1-250-12709-9(2), 900175376) Holt, Henry & Co. (Holt, Henry & Co. Bks. For Young Readers).
Ducks: Children's Duck Book with Amazing Intriguing Facts! Bold Kids. 2022. (ENG.). 40p. (J). pap. 14.99 (978-1-0717-0951-1(8)) FASTLANE LLC.
Ducks & Donuts. Robert Denicola. 2017. (ENG.). (J). 14.95 (978-1-68401-010-3(1)) Amplify Publishing Group.
Ducks & Ducklings, 1 vol. Natalie K. Humphrey. 2020. (Animal Family Ser.). (ENG.). 24p. (gr. k-k). pap. 9.15 (978-1-5382-5586-5(3), cfcd8b71-4b67-4424-8e2c-166c82a58b61) Stevens, Gareth Publishing LLLP.
Ducks & Green Peas or, the Newcastle Rider: Founded on Fact; to Which Is Added, the Newcastle Rider, a Tale in Rhyme (Classic Reprint) Unknown Author. 2018. (ENG., Illus.). 40p. (J). 24.72 (978-0-267-28530-3(2)) Forgotten Bks.
Ducks & the Frogs: A Tale of the Bogs (Classic Reprint) Fanny Fire-Fly. 2018. (ENG., Illus.). 36p. (J). 24.64 (978-0-267-66273-9(4)) Forgotten Bks.
Ducks & Their Ducklings: A 4D Book. Margaret Hall. rev. ed. 2018. (Animal Offspring Ser.). (ENG., Illus.). 24p. (J). (gr. -1-2). pap. 6.95 (978-1-5435-0835-2(9), 137598); lib. bdg. 29.32 (978-1-5435-0823-9(5), 137586) Capstone. (Capstone Pr.).
Ducks Away! Mem Fox. Illus. by Judy Horacek. 2018. (ENG.). 32p. (J). (gr. -1-k). 16.99 (978-1-338-18566-9(7), Scholastic Pr.) Scholastic, Inc.
Ducks Coloring Book for Children (6x9 Coloring Book / Activity Book) Sheba Blake. 2020. (ENG.). 44p. (J). pap. 9.99 (978-1-222-28889-6(3)) Indy Pub.
Ducks Coloring Book for Children (8. 5x8. 5 Coloring Book / Activity Book) Sheba Blake. 2021. (ENG.). 44p. (J). pap. 12.99 (978-1-222-29133-9(9)) Indy Pub.
Ducks Coloring Book for Children (8x10 Coloring Book / Activity Book) Sheba Blake. 2020. (ENG.). 44p. (J). pap. 14.99 (978-1-222-28890-2(7)) Indy Pub.
Ducks Coloring Book for Kids. Cristie Dozaz. 2020. (ENG.). 44p. (J). pap. 8.99 (978-1-716-35628-5(8)) Lulu Pr., Inc.
Ducks Coloring Book for Kids & Toddlers! a Unique Collection of Coloring Pages. Bold Illustrations. 2018. (ENG., Illus.). 60p. (J). (gr. k-3). pap. 11.99 (978-1-64193-820-4(X), Bold Illustrations) FASTLANE LLC.
Duck's Ditty. Kenneth Grahame. Illus. by Alex Willmore. (ENG.). (J). 2020. 36p. (gr. k-2). 16.99 (978-1-4867-1815-3(9), 7f82a09a-4298-489f-9644-fece2f0e25d1); 2018. 20p. (gr. -1-1). bds. 12.99 (978-1-4867-1386-8(6), 6d1f94b8-fd1b-4da9-a984-59d92dc2d372) Flowerpot Pr.
Ducks Eat Pancakes. Kate Curit. 2019. (ENG., Illus.). 34p. (J). 21.99 (978-1-951263-42-3(1)); pap. 13.99 (978-1-950454-63-1(0)) Pen It Pubns.
Ducks in a Pond: Math Reader 3 Grade 1. Hmh Hmh. 2018. (SPA.). 8p. (J). pap. 23.60 (978-1-328-57683-5(3)) Houghton Mifflin Harcourt Publishing Co.
Ducks in a Pond: Math Reader Grade 1. Hmh Hmh. 2017. (Math Expressions Ser.). (ENG.). 8p. (J). (gr. 1). pap. 3.07 (978-1-328-77225-1(X)) Houghton Mifflin Harcourt Publishing Co.
Ducks in the Pond. Jessie Haines. 2022. (ENG., Illus.). 30p. (J). pap. 14.95 (978-1-63874-474-0(2)) Christian Faith Publishing.
Ducks of Park Place. Mary Ann Wolfzorn. Photos by Gene Wolfzorn. 2016. (ENG., Illus.). (J). (gr. k-4). pap. 10.00 (978-0-9848802-7-0(5)) Oak Hill Studios.
Ducks on the Road: A Counting Adventure. Anita Lobel. Illus. by Anita Lobel. 2021. (ENG., Illus.). 40p. (J). (gr. -1-3). 17.99 (978-1-5344-6592-3(8), Simon & Schuster/Paula Wiseman Bks.) Simon & Schuster/Paula Wiseman Bks.
Ducks Overboard!: a True Story of Plastic in Our Oceans. Markus Motum. Illus. by Markus Motum. 2021. (ENG., Illus.). 32p. (J). (gr. 2-5). 17.99 (978-1-5362-1772-8(7)) Candlewick Pr.
Ducks Quack. Rebecca Glaser. 2016. (Illus.). 14p. (J). (gr. -1 — 1). bds. 7.99 (978-1-68152-127-5(X), 15813) Amicus.
Ducks Run Amok! J. E. Morris. Illus. by J. E. Morris. 2021. (Illus.). 32p. (J). (gr. -1-3). 9.99 (978-0-593-22291-1(1)); (gr. k-2). 5.99 (978-0-593-22290-4(3)) Penguin Young Readers Group. (Penguin Workshop).
Ducks That Flew Every Which Way. Russ Towne. 2019. (ENG., Illus.). 50p. (J). 18.95 (978-0-578-51700-1(0)) Towne, Russ.
Duckscares: Cooking up Trouble. Tommy Greenwald. Illus. by Elisa Ferrari. 2021. (Disney's Spooky Zone Ser.). (ENG.). 224p. (J). (gr. 3-7). 12.99 (978-1-4197-5079-3(8), 1713401, Amulet Bks.) Abrams, Inc.
Duckscares: the Nightmare Formula. Tommy Greenwald. 2021. (Disney's Spooky Zone Ser.). (ENG., Illus.). 208p. (J). (gr. 3-7). 12.99 (978-1-4197-5077-9(1), 1713301, Amulet Bks.) Abrams, Inc.
DuckTales: Woooo! ReadAlong Storybook & CD. Disney Books. 2018. (Read-Along Storybook & CD Ser.). (ENG., Illus.). 32p. (J). (gr. 1-3). pap. 6.99 (978-1-368-02049-7(6), Disney Press Books) Disney Publishing Worldwide.
Duckworth, the Difficult Child. Michael Sussman. Illus. by Júlia Sardà. 2019. (ENG.). 40p. (J). (gr. -1-3). 17.99 (978-1-5344-0512-7(7)) Simon & Schuster Children's Publishing.
Ducky & Bunny Help Out! Lauren Clauss. ed. 2020. (Step into Reading Ser.). (ENG.). 24p. (J). (gr. 2-3). 14.96 (978-1-64697-160-2(4)) Penworthy Co., LLC, The.
Ducky & Bunny Help Out! (Disney/Pixar Toy Story 4) RH Disney. Illus. by Disney Storybook Disney Storybook Art Team. 2020. (Step into Reading Ser.). (ENG.). 24p. (J). (gr. -1-1). 5.99 (978-0-7364-4055-4(0), RH/Disney) Random Hse. Children's Bks.
Ducky's Real Life Adventures. Robbin Joanna Scott. 2017. (ENG., Illus.). 50p. (J). 26.95 (978-1-64138-138-3(8)); pap. 16.95 (978-1-64138-136-9(1)) Page Publishing Inc.
Duct Tape. Dana Meachen Rau. Illus. by Ashley Dugan. 2023. (Getting Crafty Ser.). (ENG.). 32p. (J). (gr. 4-8). lib. bdg. 32.07 (978-1-6689-1958-3(3), 221936, 45th Parallel Press) Cherry Lake Publishing.
Duct Tape. Contrib. by Dana Meachen Rau. 2023. (Getting Crafty Ser.). (ENG., Illus.). 32p. (J). (gr. 4-8). pap. 14.21 (978-1-6689-2060-2(3), 222038, 45th Parallel Press) Cherry Lake Publishing.
Duct Tape & Tag-A-Long. Shawn Duncan. 2021. (ENG., Illus.). 30p. (J). pap. 14.95 (978-1-0980-2600-4(4)) Christian Faith Publishing.
Duct Tape Animals. Carolyn Bernhardt. 2017. (Create with Duct Tape Ser.). (ENG., Illus.). 32p. (J). (gr. 2-5). 26.65 (978-1-5124-2668-7(7), ca05269c-a310-49e6-827d-8557af1bb14e); E-Book 6.99 (978-1-5124-3846-8(4), 9781512438468); E-Book 39.99 (978-1-5124-3845-1(6), 9781512438451); E-Book 39.99 (978-1-5124-2765-3(9)) Lerner Publishing Group. (Lerner Pubns.).
Duct Tape Costumes. Carolyn Bernhardt. 2017. (Create with Duct Tape Ser.). (ENG., Illus.). 32p. (J). (gr. 2-5). 26.65 (978-1-5124-2667-0(9), e2b62b4b-5403-41c4-bf13-9387211f84ff); E-Book 39.99 (978-1-5124-2764-6(0)); E-Book 39.99 (978-1-5124-3848-2(0), 9781512438482); E-Book 6.99 (978-1-5124-3849-9(9), 9781512438499) Lerner Publishing Group. (Lerner Pubns.).
Duct Tape Creations, 1 vol. Jane Yates. 2016. (Cool Crafts for Kids Ser.). (ENG.). 32p. (J). (gr. 3-3). pap. 12.75 (978-1-4994-8229-4(9), 5e187be6-dab2-4b85-a539-3d23fd536fb1, Windmill Bks.) Rosen Publishing Group, Inc., The.
Duct Tape Fashion. Carolyn Bernhardt. 2017. (Create with Duct Tape Ser.). (ENG., Illus.). 32p. (J). (gr. 2-5). 26.65 (978-1-5124-2669-4(5), e39b57f1-ecfb-4cf3-998a-6de7f7542015); E-Book 6.99 (978-1-5124-3852-9(9), 9781512438529); E-Book 39.99 (978-1-5124-3851-2(0), 9781512438512); E-Book 39.99 (978-1-5124-2766-0(7)) Lerner Publishing Group. (Lerner Pubns.).
Duct Tape Survival Gear. Rebecca Felix. 2017. (Create with Duct Tape Ser.). (ENG., Illus.). 32p. (J). (gr. 2-5). 26.65 (978-1-5124-2666-3(0), fea61926-d718-4de2-861e-2f1f33c89d26); E-Book 6.99 (978-1-5124-3855-0(3), 9781512438550); E-Book 39.99 (978-1-5124-3854-3(5), 9781512438543); E-Book 39.99 (978-1-5124-2763-9(2)) Lerner Publishing Group. (Lerner Pubns.).
Dude! Aaron Reynolds. Illus. by Dan Santat. 2018. (ENG.). 40p. (J). 17.99 (978-1-62672-603-1(5), 900162895) Roaring Brook Pr.
Dude Gruff! Beards Rule Coloring Book. Bobo's Adult Activity Books. 2016. (ENG., Illus.). (J). pap. 9.33 (978-1-68327-157-4(2)) Sunshine In My Soul Publishing.
Dude Perfect. Jessica Rusick. (YouTubers Ser.). (ENG., Illus.). 32p. (J). 2020. (gr. 4-4). pap. 9.95 (978-1-64494-358-8(1), 1644943581); 2019. (gr. 3-6). lib. bdg. 32.79 (978-1-5321-9180-0(4), 33534) ABDO Publishing Co. (Checkerboard Library).
Dude Perfect 101 Tricks, Tips, & Cool Stuff, 1 vol. Travis Thrasher & DudePerfect. 2021. (ENG., Illus.). 256p. (J). 28.99 (978-1-4002-1707-6(5), Tommy Nelson) Nelson, Thomas Inc.
Dude, Where's My Car Seat? Bella Ray & Dorian Schwartz. 2022. (ENG.). 26p. (J). (978-1-68583-306-0(3)); pap. (978-1-68583-307-7(1)) Tablo Publishing.
Dude, Where's My Dots? a Connect the Dots Adventure. Activity Book Zone for Kids. 2016. (ENG., Illus.). (J). pap. 7.55 (978-1-68376-096-2(4)) Sabeels Publishing.
Dudley & the Forest Monster. Emmett & Kalan Prentice. 2018. (ENG., Illus.). 62p. (J). pap. (978-0-2288-0608-0(9)) Tellwell Talent.
Dudley Gets His Wish. Niki Hill. 2017. (ENG., Illus.). (J). pap. 13.00 (978-0-9894443-1-6(7)) Family Value Series.
Dudley Leavitt, Pioneer to Southern Utah (Classic Reprint) Juanita Brooks. 2017. (ENG., Illus.). (J). 26.60 (978-0-331-38202-0(4)); pap. 9.57 (978-0-282-44612-3(5)) Forgotten Bks.
Dudley the Digger. Linda Groene. 2022. 30p. (J). pap. 13.00 (978-1-6678-4397-1(4)) BookBaby.
Dudley, Vol. 1 of 3 (Classic Reprint) Adelaide O'Keeffe. (ENG., Illus.). (J). 2018. 380p. 31.75 (978-0-332-77505-0(4)); 2016. pap. 16.57 (978-1-334-15524-6(0)) Forgotten Bks.
Dudley, Vol. 2 of 3 (Classic Reprint) Adelaide O'Keeffe. (ENG., Illus.). (J). 2018. 468p. 33.55 (978-0-267-39482-1(9)); 2016. pap. 16.57 (978-1-334-13280-3(1)) Forgotten Bks.
Dudley, Vol. 3 of 3 (Classic Reprint) Adelaide O'Keeffe. (ENG., Illus.). (J). 2018. 468p. 33.55 (978-0-483-29328-1(8)); 2016. pap. 16.57 (978-1-333-41346-0(7)) Forgotten Bks.
Dudley's Day at Home. Karen Kaufman Orloff. Illus. by Renee Andriani. 2020. 32p. (J). (gr. -1-k). 17.95 (978-1-947277-26-7(X)) Flashlight Pr.
Duds (Classic Reprint) Henry C. Rowland. 2017. (ENG., Illus.). (J). 338p. 30.87 (978-0-332-32074-8(X)); pap. 13.57 (978-1-5276-6003-8(6)) Forgotten Bks.
Due Case Piene D'amore: Una Storia Che Parla Di Divorzio e Separazione. Steve Herman. 2020. (My Dragon Books Italiano Ser.: Vol. 37). (ITA.). 44p. (J). 18.95 (978-1-64916-084-3(4)); pap. 12.95 (978-1-64916-083-6(6)) Digital Golden Solutions LLC.
Due Fratelli. David Sciuga. 2023. (ITA.). 113p. (J). pap. (978-1-4478-5203-2(6)) Lulu Pr., Inc.
Duel: The Parallel Lives of Alexander Hamilton & Aaron Burr. Judith St. George. 2016. lib. bdg. 20.85 (978-0-606-38853-5(2)) Turtleback.
Duel (Classic Reprint) A. I. Kuprin. 2017. (ENG., Illus.). (J). 30.60 (978-0-265-58433-0(7)) Forgotten Bks.
Duel in the Dark: An Original Farce in One Act (Classic Reprint) Stirling Coyne. 2018. (ENG., Illus.). 22p. (J). 24.41 (978-0-484-26900-1(3)) Forgotten Bks.
Duel of Fire. Jordan Rivet. 2021. (Steel & Fire Ser.: Vol. 1). (ENG.). 324p. (YA). 21.99 (978-1-0879-6463-8(6)) Indy Pub.
Duel with a Dragon. George Neeb. 2020. (ENG.). 36p. (J). pap. (978-1-9991190-1-0(0)) Neeb, George.
Duels & Deception. Cindy Anstey. 2017. (ENG.). 368p. (YA). pap. 26.99 (978-1-250-11909-4(X), 900172672) Feiwel & Friends.
Duenna of a Genius (Classic Reprint) M. E. Francis. (ENG., Illus.). (J). 2018. 382p. 31.80 (978-0-364-85641-3(6)); 2017. pap. 16.57 (978-0-259-26081-3(9)) Forgotten Bks.
Duerme Cariño: (Slumber My Darling) Stephen Foster. Illus. by Beatriz Castro. 2017. (Xist Kids Spanish Bks.). (SPA.). 32p. (J). (gr. -1-3). pap. 9.99 (978-1-5324-0395-8(X)) Xist Publishing.
Duérmete, Bebé (Hush a Bye, Baby) Alyssa Satin Capucilli. Tr. by Alexis Romay. Illus. by Shahrzad Maydani. 2020. (New Books for Newborns Ser.). (SPA.). 16p. (J). (gr. -1 — 1). bds. 8.99 (978-1-5344-6550-3(2), Libros Para Niños) Libros Para Ninos.
¡duérmete Paco! Katrina Streza & Ariana Vargas. Illus. by Brenda Ponnay. 2023. (Little Lectores Ser.: Vol. 17). (SPA.). 22p. (J). 24.99 (978-1-5324-3481-5(2)); pap. 12.99 (978-1-5324-3284-2(4)) Xist Publishing.
Duermevela. Juan Muñoz-Tébar. 2017. (SPA.). 30p. (J). (gr. k-2). 17.99 (978-84-946699-0-3(7)) Ekare, Ediciones VEN. Dist: Lectorum Pubns., Inc.
Duet: With an Occasional Chorus (Classic Reprint) Arthur Conan Doyle. 2018. (ENG., Illus.). 356p. (J). 31.24 (978-0-365-25038-8(4)) Forgotten Bks.
Duet for Home. Karina Yan Glaser. 2023. (ENG.). 368p. (J). (gr. 3-7). pap. 9.99 (978-0-06-329079-2(0), Clarion Bks.) HarperCollins Pubs.
Duet for Home. Karina Yan Glaser. 2022. (ENG.). 368p. (J). (gr. 3-7). 16.99 (978-0-544-87640-8(7), 1649656, Clarion Bks.) HarperCollins Pubs.
Dueto Oscuro. Victoria Schwab. 2018. (SPA.). 480p. (YA). pap. 16.95 (978-84-96886-96-4(4)) Ediciones Urano S. A. ESP. Dist: Spanish Pubs., LLC.
Duffels (Classic Reprint) Edward Eggleston. 2017. (ENG., Illus.). (J). 29.59 (978-1-5283-9042-2(3)) Forgotten Bks.
Duffy's Hibernian Magazine, Vol. 1: A Monthly Journal of Literature, Science, & Art; January to June, 1862 (Classic Reprint) James Duffy. (ENG., Illus.). (J). 2018. 620p. 36.68 (978-0-267-44274-4(2)); 2016. pap. 19.57 (978-1-334-14321-2(8)) Forgotten Bks.
Duffy's Hibernian Magazine, Vol. 2: A Monthly Journal of Literature, Science, & Art; July to December, 1862 (Classic Reprint) Unknown Author. 2017. (ENG., Illus.). (J). 38.17 (978-0-265-52147-2(5)); pap. 20.57 (978-0-243-93521-5(8)) Forgotten Bks.
Duffy's Hibernian Magazine, Vol. 3: July to Dec., 1861 (Classic Reprint) James Duffy. 2017. (ENG., Illus.). (J). 30.99 (978-0-331-23364-3(9)); pap. 13.57 (978-0-266-04935-7(4)) Forgotten Bks.
Dufief's Nature Display in Her Mode of Teaching Language to Man or, a New & Infallible Method of Acquiring a Language in the Shortest Time Possible, Deduced from the Analysis of the Human Mind, & Consequently Suited to Every Capacity, Vol. 1: Containi. N. G. Dufief. 2017. (ENG., Illus.). (J). 35.61 (978-0-265-53720-6(7)); pap. 19.57 (978-0-282-74083-2(X)) Forgotten Bks.
Dufief's Nature Displayed in Her Mode of Teaching Language to Man, or a New & Infallible Method of Acquiring a Language, in the Shortest Time Possible, Deduced from the Analysis of the Human Mind, & Consequently Suited to Every Capacity, Vol. 1: Adapt. Nicolas Gouin Dufief. (ENG., Illus.). (J). 2018. 592p. 36.11 (978-1-396-83077-8(4)); 2018. 594p. pap. 19.57 (978-1-396-83064-8(2)); 2017. 590p. 36.07 (978-0-332-78294-2(8)); 2017. pap. 19.57 (978-0-259-77999-5(7)) Forgotten Bks.
Dug: The Scales of Gondraca. Cooper Schaar. 2022. (ENG.). 70p. (YA). pap. 13.95 (978-1-63985-756-2(7)) Fulton Bks.
Dug & Rustle: The Bear Brothers. Anna Funk. 2020. (ENG.). 32p. (J). pap. (978-1-5255-4571-9(X)); (978-1-5255-4570-2(1)) FriesenPress.
Dugan: The Dog Who Said, Mom. Joanne Russo Insull. 2016. (ENG., Illus.). (J). 22.95 (978-1-4808-4049-2(1)); pap. 16.95 (978-1-4808-4050-8(5)) Archway Publishing.
Dugdale Millions: A Novel (Classic Reprint) William C. Hudson. 2018. (ENG., Illus.). 334p. (J). 30.79 (978-0-267-28020-9(3)) Forgotten Bks.
Duggins' Demise. David Seanor Brierley. 2018. (Duggins' Ser.: Vol. 1). (ENG.). 266p. (YA). (gr. 10-12). pap. (978-1-912014-08-8(4)) 2QT, Ltd. (Publishing).
Dugout: the Zombie Steals Home: a Graphic Novel. Scott Morse. Illus. by Scott Morse. 2019. (ENG., Illus.). 256p. (J). (gr. 3-7). pap. 12.99 (978-1-338-18809-7(7), Graphix) Scholastic, Inc.
Dugout: the Zombie Steals Home: a Graphic Novel (Library Edition) Scott Morse. Illus. by Scott Morse. 2019. (ENG., Illus.). 256p. (J). (gr. 3-7). 24.99 (978-1-338-18810-3(0), Graphix) Scholastic, Inc.
Duke & Friends. Regina Thornburg. 2022. (ENG., Illus.). 36p. (J). 26.95 (978-1-63961-539-1(3)) Christian Faith Publishing.
Duke & the Fly. Steve Atkinson. Illus. by Jan Sampson. 2020. (ENG.). 31p. (J). (978-1-716-47228-2(8)) Lulu Pr., Inc.
Duke & the Lonely Boy. Lynn Langan. 2021. (ENG.). 184p. (YA). pap. 17.95 (978-1-68433-751-4(8)) Black Rose Writing.
Duke Christian of Luneburg, or Tradition from the Hartz, Vol. 1 of 2 (Classic Reprint) Jane Porter. (ENG., Illus.). (J). 2018. 304p. 30.17 (978-0-483-38730-0(4)); 2016. pap. 13.57 (978-1-333-29620-9(7)) Forgotten Bks.
Duke Christian of Luneburg, or Tradition from the Hartz, Vol. 3 (Classic Reprint) Jane Porter. (ENG., Illus.). (J). 2017. 32.39 (978-0-260-96255-3(4)); 2016. pap. 16.57 (978-1-333-43900-2(8)) Forgotten Bks.
Duke Christian of Luneburg, Vol. 2 Of 3: Or Tradition from the Hartz (Classic Reprint) Jane Porter. 2017. (ENG., Illus.). (J). 32.68 (978-0-260-88492-3(8)) Forgotten Bks.
Duke (Classic Reprint) John Beames. (ENG., Illus.). (J). 2018. 294p. 29.96 (978-0-484-77730-8(0)); 2017. pap. 13.57 (978-0-243-38268-2(5)) Forgotten Bks.
Duke (Classic Reprint) Joseph Storer Clouston. 2018. (ENG., Illus.). 354p. (J). 31.22 (978-0-483-91722-4(2)) Forgotten Bks.
Duke Decides (Classic Reprint) Headon Hill. 2018. (ENG., Illus.). 338p. (J). 30.89 (978-0-332-15912-6(4)) Forgotten Bks.
Duke Ellington. Chyina Powell. 2022. (Black Voices on Race Ser.). (ENG., Illus.). 32p. (J). (gr. 3-5). pap. 9.95 (978-1-63739-314-7(8)); lib. bdg. 31.35 (978-1-63739-262-1(1)) North Star Editions. (Focus Readers).
Duke Ellington (Revised Edition) (Getting to Know the World's Greatest Composers) (Library Edition) Mike Venezia. Illus. by Mike Venezia. 2017. (Getting to Know the World's Greatest Composers Ser.). (ENG., Illus.). 40p. (J). (gr. 3-4). lib. bdg. 29.00 (978-0-531-22658-2(1), Children's Pr.) Scholastic Library Publishing.
Duke Ellington's Nutcracker Suite. Anna Harwell Celenza. Illus. by Don Tate. 2018. (Once upon a Masterpiece Ser.: 5). 32p. (J). (gr. 1-4). 16.99 (978-1-57091-701-1(9)) Charlesbridge Publishing, Inc.
Duke Goes to Puppy Class. Mary Nicholas. 2022. (ENG.). 32p. (J). pap. 8.00 (978-1-0880-7189-2(9)) Crooked Tree Stories.
Duke of Alba in Flanders: Or, the Amnesty (Classic Reprint) Unknown Author. 2018. (ENG., Illus.). 326p. (J). 30.62 (978-0-483-69632-7(3)) Forgotten Bks.
Duke of Alba in Flanders, Vol. 2 Of 2: Or, the Amnesty; an Historical Novel of the Sixteenth Century (Classic Reprint) Charles F. Ellerman. (ENG., Illus.). (J). 2018. 318p. 30.46 (978-0-364-99714-7(1)); 2017. pap. 13.57 (978-0-259-20707-8(1)) Forgotten Bks.
Duke of Bannerman Prep. Katie A. Nelson. 2017. (ENG.). 320p. (J). (gr. 8-8). 17.99 (978-1-5107-1040-5(X), Sky Pony Pr.) Skyhorse Publishing Co., Inc.
Duke of Stockbridge. Edward Bellamy. 2018. (ENG.). 164p. (J). pap. (978-80-273-3095-9(5)) E-Artnow.
Duke of Stockbridge: A Romance of Shays' Rebellion (Classic Reprint) Edward Bellamy. 2017. (ENG., Illus.). (J). 32.15 (978-0-265-17760-0(X)) Forgotten Bks.
Duke Stories: Vacation Lake. Jennifer Nevin. 2021. (ENG.). 38p. (J). pap. 12.99 (978-1-7375130-1-8(3)) Shine Bright Bks.
Duke the Dog, 1 vol. David Lee. 2017. (Pet Tales! Ser.). (ENG.). 24p. (J). (gr. 1-1). 25.27 (978-1-5081-5736-6(7), 0f2cf627-336a-444a-b6fb-aa3303ecf646, PowerKids Pr.) Rosen Publishing Group, Inc., The.
Duke the Duck. Peter D. 2022. (ENG.). 76p. (J). pap. 15.00 (978-1-64883-096-9(X), ExamWise) Total Recall Learning, Inc.
Dukes, 1 vol. Sarita McDaniel. 2019. (Meet the Royals Ser.). (ENG.). 24p. (gr. 1-2). pap. 10.35 (978-1-9785-1193-4(0), 89cbf796-3bb6-449a-ad1a-7f7a0e817b02) Enslow Publishing, LLC.
Duke's Daughter & the Fugitives, Vol. 2 of 3 (Classic Reprint) Margaret Oliphant. 2018. (ENG., Illus.). 268p. (J). 29.42 (978-0-484-89640-5(7)) Forgotten Bks.
Duke's Daughter & the Fugitives, Vol. 2 of 3 (Classic Reprint) Margaret O. W. Oliphant. 2016. (ENG., Illus.). (J). pap. 11.97 (978-1-334-13460-9(X)) Forgotten Bks.
Duke's Den, 1 vol. Becky Citra. 2016. (ENG.). 208p. (J). (gr. 4-7). pap. 10.95 (978-1-4598-0901-7(7)) Orca Bk. Pubs. USA.
Duke's Heartbreak & Other Tales. Beatrice Holloway. 2018. (ENG.). 38p. (J). pap. (978-0-244-06585-0(3)) Lulu Pr., Inc.
Duke's Journey of Courage: Learning Skills to Cope with Anxiety. Lcsw Tanya Lindquist. 2018. (ENG., Illus.). 32p. (J). pap. (978-1-387-87235-0(4)) Lulu Pr., Inc.
Duke's Marriage (Classic Reprint) Unknown Author. 2018. (ENG., Illus.). 340p. (J). 30.91 (978-0-428-42499-2(6)) Forgotten Bks.
Dukes Marriage (Classic Reprint) Unknown Author. 2018. (ENG., Illus.). 358p. (J). 31.28 (978-0-484-23704-8(7)) Forgotten Bks.
Duke's Marriage, Vol. 2 of 3 (Classic Reprint) James Brinsley- Richards. 2018. (ENG., Illus.). 338p. (J). 30.89 (978-0-483-15668-5(X)) Forgotten Bks.
Duke's Price (Classic Reprint) Demetra Brown. (ENG., Illus.). (J). 2018. 310p. 30.29 (978-0-365-34512-1(1)); 2017. pap. 13.57 (978-1-5276-3885-3(5)) Forgotten Bks.
Duke's Servants (Classic Reprint) Sidney Herbert Burchell. 2017. (ENG., Illus.). (J). 30.33 (978-0-331-85424-4(4)) Forgotten Bks.
Dukesborough Tales (Classic Reprint) Philemon Perch. 2017. (ENG., Illus.). (J). 28.93 (978-0-265-69803-7(0)) Forgotten Bks.
Dukesborough Tales the Chronicles of Mr. Bill Williams (Classic Reprint) Richard Malcolm Johnston. 2018. (ENG., Illus.). 302p. (J). 30.13 (978-0-483-57943-9(2)) Forgotten Bks.
Dukudu Comes to Town. K. Moses Nagbe. 2022. (ENG.). 44p. (J). pap. (978-1-387-89054-5(9)) Lulu Pr., Inc.
Dulall the Forest Guard: A Tale of Sport & Adventure in the Forests of Bengal (Classic Reprint) C. e. Gouldsbury. 2018. (ENG., Illus.). (J). 30.25 (978-0-266-93061-7(1)) Forgotten Bks.
Dulce Tesoro (the Sweet Treasure) Kirsten McDonald. Illus. by Fátima Anaya. 2021. (Carlos & Carmen (Spanish Version) (Calico Kid) Ser.). (SPA.). 32p. (J). (gr. -1-3). lib. bdg. 32.79 (978-1-0982-3142-2(2), 37733, Calico Chapter Bks) Magic Wagon.
Dulci Fistula: A Book of Nonsense Verse (Classic Reprint) Evaline MacFarlane Holliday. (ENG., Illus.). (J). 2018. 120p. 26.39 (978-0-364-04361-5(X)); 2017. pap. 9.57 (978-0-259-25000-5(7)) Forgotten Bks.
Dulcibel a Tale of Old Salem (Classic Reprint) Henry Peterson. 2018. (ENG., Illus.). 428p. (J). 32.72 (978-0-666-55408-6(0)) Forgotten Bks.
Dulcibel, Vol. 1 of 3 (Classic Reprint) Gertrude M. Hayward. 2018. (ENG., Illus.). 326p. (J). 30.62 (978-0-483-28749-5(0)) Forgotten Bks.
Dulcibel, Vol. 2 of 3 (Classic Reprint) Gertrude M. Hayward. 2018. (ENG., Illus.). 304p. (J). 30.19 (978-0-483-89192-0(4)) Forgotten Bks.
Dulcibel, Vol. 3 of 3 (Classic Reprint) Gertrude M. Hayward. 2018. (ENG., Illus.). 308p. (J). 30.25 (978-0-483-08814-6(5)) Forgotten Bks.

D

Dulcie & the Whipples. Barry Ireland. 2018. (ENG., Illus.). 272p. (J). pap. *(978-1-78876-535-0(4))* FeedARead.com.
Dulcie Carlyon, Vol. 1 Of 3: A Novel (Classic Reprint) James Grant. 2018. (ENG., Illus.). 272p. (J). 29.51 *(978-0-483-33953-8(9))* Forgotten Bks.
Dulcie Carlyon, Vol. 2 Of 3: A Novel (Classic Reprint) James Grant. 2018. (ENG., Illus.). 278p. (J). 29.63 *(978-0-484-07612-8(4))* Forgotten Bks.
Dulcie Carlyon, Vol. 3 Of 3: A Novel (Classic Reprint) James Grant. 2018. (ENG., Illus.). 260p. (J). 29.26 *(978-0-484-22936-4(2))* Forgotten Bks.
Dulcinea in the Forbidden Forest. Ole Könnecke. Illus. by Ole Könnecke. 2021. (ENG., Illus.). 64p. (J). (gr. k-3). 18.99 *(978-1-77657-395-0(1),* 85f8f72f-7aad-443f-893b-6151912a9bd1) Gecko Pr. NZL. Dist: Lerner Publishing Group.
Dullahan the Headless Horseman & Other Legendary Creatures of Ireland, 1 vol. Craig Boutland. 2018. (Cryptozoologist's Guide to Curious Creatures Ser.). (ENG.). 32p. (gr. 4-5). lib. bdg. 28.27 *(978-1-5382-2710-7(X),* 46184d89-29e2-44f1-835d-ed22186ad698) Stevens, Gareth Publishing LLLP.
Duluth the Dragon: A Big Red Bully. Devon Buffett. 2016. (ENG., Illus.). (J). 22.95 *(978-1-4808-3494-1(7))*; pap. 16.95 *(978-1-4808-3269-5(3))* Archway Publishing.
Duluth the Dragon: Duluth Bullies Kids. Devon Buffett. 2017. (ENG., Illus.). 26p. (J). 22.95 *(978-1-4808-5533-5(2))*; pap. 16.95 *(978-1-4808-5531-1(6))* Archway Publishing.
Duluth the Dragon: Duluth Learns to Paint. Devon Buffett. 2019. (ENG.). 24p. (J). 22.95 *(978-1-4808-8065-8(5))*; pap. 12.45 *(978-1-4808-8064-1(7))* Archway Publishing.
Dum Dum to the Rescue & yet More Adventures of Little Shambu: Book 3. Reena Ittyerah Puri. 2023. (ENG.). 124p. (J). (gr. 2). pap. 8.99 ***(978-0-14-345900-2(7)**,* Puffin) Penguin Bks. India PVT, Ltd IND. Dist: Independent Pubs. Group.
Duma Says: Let's Live! Nathi Ngubane. 2021. (Duma Says Ser.). (ENG., Illus.). 80p. (J). pap. *(978-0-620-91593-9(5))* African Public Policy & Research Institute, The.
Duma Says: Your ABCs to Good Health! Nathi Ngubane. 2021. (ENG.). 62p. (J). pap. *(978-0-620-95170-8(2))* African Public Policy & Research Institute, The.
Dumaresq's Daughter. Grant Allen. 2017. (ENG.). (J). 302p. pap. *(978-3-337-04036-9(5))*; 268p. pap. *(978-3-337-04037-6(3))*; 292p. pap. *(978-3-337-04039-0(X))* Creation Pubs.
Dumaresq's Daughter: A Novel (Classic Reprint) Grant Allen. (ENG., Illus.). (J). 2018. 304p. 30.19 *(978-0-483-78415-4(X))*; 2017. pap. 13.57 *(978-0-243-55747-9(7))* Forgotten Bks.
Dumaresq's Daughter, Vol. 1 Of 3: A Novel (Classic Reprint) Grant Allen. 2018. (ENG., Illus.). 300p. (J). 30.13 *(978-0-483-06110-1(7))* Forgotten Bks.
Dumaresq's Daughter, Vol. 2 Of 3: A Novel (Classic Reprint) Grant Allen. 2018. (ENG., Illus.). 268p. (J). 29.44 *(978-0-483-25707-8(9))* Forgotten Bks.
Dumaresq's Daughter, Vol. 3 Of 3: A Novel (Classic Reprint) Grant Allen. 2018. (ENG., Illus.). 290p. (J). 29.90 *(978-0-483-46764-4(2))* Forgotten Bks.
Dumb & the Blind: A Play in One Act (Classic Reprint) Harold Chapin. 2018. (ENG., Illus.). 42p. (J). 24.76 *(978-0-656-02375-2(9))* Forgotten Bks.
Dumb-Bell of Brookfield (Classic Reprint) John Taintor Foote. 2017. (ENG., Illus.). (J). 29.53 *(978-0-266-41300-4(5))* Forgotten Bks.
Dumb Foxglove: And Other Stories (Classic Reprint) Annie Trumbull Slosson. 2018. (ENG., Illus.). 228p. (J). 28.60 *(978-0-484-27382-4(5))* Forgotten Bks.
Dumb Projector: Being a Surprizing Account of a Trip to Holland Made by Mr. Duncan Campbell, with the Manner of His Reception & Behaviour There; As Also the Various & Diverting Occurrences That Happened on His Departure (Classic Reprint) Daniel Dafoe. 2018. (ENG., Illus.). 44p. (J). 24.80 *(978-0-483-00101-5(5))* Forgotten Bks.
Dumbleton Common, Vol. 1 of 2 (Classic Reprint) Eleanor Eden. (ENG., Illus.). (J). 2017. 310p. 30.29 *(978-0-484-09628-7(1))*; 2016. pap. 13.57 *(978-1-333-58176-3(9))* Forgotten Bks.
Dumbleton Common, Vol. 2 of 2 (Classic Reprint) Eleanor Eden. 2018. (ENG., Illus.). 306p. (J). 30.23 *(978-0-484-83587-9(4))* Forgotten Bks.
Dumbness Is a Dish Best Served Cold (Dear Dumb Diary: Deluxe) Jim Benton. Illus. by Jim Benton. 2016. (Dear Dumb Diary Ser.). (ENG., Illus.). 224p. (J). (gr. 3-7). 12.99 *(978-0-545-93228-8(9),* Scholastic Pr.) Scholastic, Inc.
Dumbo. Alessandro Ferrari. Illus. by Michela Frare. 2020. (Disney Classics Ser.). (ENG.). 52p. (J). (gr. 2-6). lib. bdg. 32.79 *(978-1-5321-4536-0(5),* 35183, Graphic Novels) Spotlight.
Dumbo. Thea Feldman. ed. 2019. (Disney 8x8 Ser.). (ENG.). 32p. (J). (gr. k-1). 13.89 *(978-0-87617-322-0(9))* Penworthy Co., LLC, The.
Dumbo. Christy Webster. ed. 2019. (Step into Reading Ser.). (ENG.). 21p. (J). (gr. k-1). 14.96 *(978-0-87617-962-8(6))* Penworthy Co., LLC, The.
Dumbo. la Novela. Disney Disney. 2019. (ENG & SPA.). 400p. (J). pap. 16.95 *(978-607-07-5572-9(3),* Planeta Publishing) Planeta Publishing Corp.
Dumbstruck: An Aldo Zelnick Comic Novel. Karla Oceanak. Illus. by Kendra Spanjer. 2016. (Aldo Zelnick Comic Novel Ser.: 4). (ENG.). 160p. (J). (gr. 1-8). pap. 8.95 *(978-1-934649-68-8(6))* Bailiwick Pr.
Dumme Ballon. Zito Camillo. 2022. (GER.). 26p. (J). pap. 9.99 *(978-1-0879-2977-4(6))* Indy Pub.
Dummy Meets the Mummy!, 8. R. L. Stine. 2019. (Goosebumps SlappyWorld Ser.). (ENG.). 142p. (J). (gr. 4-5). 16.49 *(978-0-87617-663-4(5))* Penworthy Co., LLC, The.
Dummy Meets the Mummy! (Goosebumps SlappyWorld #8) R. L. Stine. 2019. (Goosebumps SlappyWorld Ser.: 8). (ENG.). 160p. (J). (gr. 3-7). pap. 6.99 *(978-1-338-22305-7(4),* Scholastic Paperbacks) Scholastic, Inc.
Dummy Pass. Patrick Smith. Illus. by Joshua Smith. 2021. (ENG.). 302p. (J). pap. *(978-1-913579-30-2(1))* Pink Parties Pr.
Dummy Run. Annie Flanagan. 2022. (ENG.). 188p. (YA). pap. *(978-1-915338-16-7(6))* UK Bk. Publishing.
Dumnonian Compass: The Journeys into Dumnonia. S. B. Postlewhite. 2021. (ENG.). 192p. (YA). pap. *(978-1-922444-77-6(4))* Shawline Publishing Group.
Dump. Johnny Close. 2017. (ENG.). 128p. pap. 11.95 *(978-1-78629-240-7(8),* 2c7bc344-04f5-4713-b463-21e42d4719ac) Austin Macauley Pubs. Ltd. GBR. Dist: Baker & Taylor Publisher Services (BTPS).
Dump Truck. Samantha Bell. 2018. (21st Century Basic Skills Library: Level 1: Welcome to the Construction Site Ser.). (ENG., Illus.). 24p. (J). (gr. k-3). lib. bdg. 30.64 *(978-1-5341-2918-4(9),* 211716) Cherry Lake Publishing.
Dump Truck Disco. Skye Silver. Illus. by Christiane Engel. (Barefoot Singalongs Ser.). (ENG.). 32p. (J). (gr. -1-2). 2021. pap. 9.99 *(978-1-64686-439-3(5))*; 2018. 16.99 *(978-1-78285-407-4(X))* Barefoot Bks., Inc.
Dump Truck Disco. Skye Silver. ed. 2019. (ENG.). (J). (gr. k-1). 18.96 *(978-1-64310-890-2(5))* Penworthy Co., LLC, The.
Dump Truck Duck. Megan E. Bryant. Illus. by Jo de Ruiter. 2016. (ENG.). 32p. (J). (gr. -1-3). 16.99 *(978-0-8075-1736-9(4),* 807517364) Whitman, Albert & Co.
Dump Truck Duel. Jodie Parachini. Illus. by John Joven. 2023. (Digby & the Construction Crew Ser.). (ENG.). 32p. (J). (gr. -1-3). 18.99 *(978-0-8075-1593-8(0),* 0807515930) Whitman, Albert & Co.
Dump Trucks. Quinn M. Arnold. 2018. (Amazing Machines Ser.). (ENG., Illus.). 24p. (J). (gr. -1-4). *(978-1-60818-890-1(6),* 19540, Creative Education); pap. 8.99 *(978-1-62832-506-5(2),* 19538, Creative Paperbacks) Creative Co., The.
Dump Trucks. Katie Chanez. 2019. (Construction Vehicles Ser.). (ENG.). 24p. (J). (gr. 1-1). pap. 8.95 *(978-1-64494-004-4(3),* 1644940043) North Star Editions.
Dump Trucks. Katie Chanez. 2019. (Construction Vehicles (POP) Ser.). (ENG.). 24p. (J). (gr. k-3). lib. bdg. 31.36 *(978-1-5321-6331-9(2),* 31977, Pop! Cody Koala) Pop!.
Dump Trucks. Kathryn Clay. 2016. (Construction Vehicles at Work Ser.). (ENG., Illus.). 24p. (J). (gr. -1-2). lib. bdg. 22.65 *(978-1-5157-2526-8(X),* 132897, Pebble) Capstone.
Dump Trucks. Contrib. by Ryan Earley. 2023. (Mighty Trucks Ser.). (ENG.). 16p. (J). (gr. -1-1). lib. bdg. 25.27 ***(978-1-63897-946-3(4)**,* 33161) Seahorse Publishing.
Dump Trucks. Ryan Earley. 2023. (Mighty Trucks Ser.). (ENG., Illus.). (J). (gr. -1-1). pap. 7.95 Seahorse Publishing.
Dump Trucks. Amy McDonald. 2021. (Machines with Power! Ser.). (ENG., Illus.). 24p. (J). (gr. -1-2). lib. bdg. 25.95 *(978-1-64487-369-4(9),* Blastoff! Readers) Bellwether Media.
Dump Trucks, 1 vol. Marie Morrison. 2019. (XL Machines! Ser.). (ENG.). 24p. (gr. 1-2). pap. 9.25 *(978-1-7253-1146-6(1),* 2bbb0af1-665e-4cd1-ae24-ac2a34c60e1e, PowerKids Pr.) Rosen Publishing Group, Inc., The.
Dump Trucks. Julie Murray. 2018. (Construction Machines (Dash!) Ser.). (ENG., Illus.). 24p. (J). (gr. k-4). lib. bdg. 31.36 *(978-1-5321-2516-4(X),* 30041, Abdo Zoom-Dash) ABDO Publishing Co.
Dump Trucks. Emily Rose Oachs. 2017. (Mighty Machines in Action Ser.). (ENG., Illus.). 24p. (J). (gr. k-3). lib. bdg. 26.95 *(978-1-62617-603-4(5),* Blastoff! Readers) Bellwether Media.
Dump Trucks. Mari Schuh. (Spot Ser.). (ENG.). 16p. (J). (gr. -1-1). 2018. pap. 7.99 *(978-1-68152-213-5(6),* 14744); 2017. 17.95 *(978-1-68151-102-3(9),* 14625) Amicus.
Dump Trucks: Children's Truck Book with Amazing Informative Facts! Bold Kids. 2022. (ENG.). 40p. (J). pap. 14.99 *(978-1-0717-0952-6(6))* FASTLANE LLC.
Dump Trucks / Camiones de Volteo. Erin Falligant. Illus. by Sr. Sánchez. 2019. (Machines! / ¡Las Máquinas! Ser.). (MUL.). 24p. (J). (gr. -1-2). lib. bdg. 33.99 *(978-1-68410-338-6(X),* 140258) Cantata Learning.
Dump Truck's Colors: Goodnight, Goodnight, Construction Site. Sherri Duskey Rinker. Illus. by Ethan Long. 2018. (Goodnight, Goodnight, Construc Ser.). (ENG.). 20p. (J). (gr. -1 — 1). bds. 6.99 *(978-1-4521-5320-9(5))* Chronicle Bks. LLC.
Dump Truck's Day. Betsy Rathburn. 2022. (Machines at Work Ser.). (ENG., Illus.). 24p. (J). (gr. k-3). pap. 7.99 *(978-1-64834-846-4(7),* 21700, Blastoff! Readers) Bellwether Media.
Dumper Truck Danger. Rose Impey. Illus. by Chris Chatterton. 2018. (Dino Diggers Ser.). (ENG.). 24p. (J). pap. *(978-1-4088-7248-2(X),* 296272, Bloomsbury Children's Bks.) Bloomsbury Publishing Plc.
Dumping Rump: The Bongsters Save New Blighty! Susan J. Adams. 2021. (Bongster Stories Ser.: Vol. 1). (ENG.). 90p. (J). *(978-0-2288-4259-0(X))*; pap. *(978-0-2288-4258-3(1))* Tellwell Talent.
Dumplin' Julie Murphy. ed. 2017. (YA). lib. bdg. 20.85 *(978-0-606-39647-9(0))* Turtleback.
Dumplin' Movie Tie-In Edition. Julie Murphy. movie tie-in ed. 2018. (Dumplin' Ser.: 1). (ENG.). 400p. (YA). (gr. 8). pap. 9.99 *(978-0-06-293467-3(8),* Balzer & Bray) HarperCollins Pubs.
Dumpling: A Detective Love Story, of a Great Labour Rising (Classic Reprint) Coulson Kernahan. 2018. (ENG., Illus.). 362p. (J). 31.38 *(978-0-484-55499-2(9))* Forgotten Bks.
Dumpling Cats Coloring Book with Stickers. Sarah Sloyer. 2019. (Dover Animal Coloring Bks.). (ENG.). 32p. pap. 7.99 *(978-0-486-82917-3(0),* 829170) Dover Pubns., Inc.
Dumpling Day. Meera Sriram. Illus. by Inés de Antuñano. 2021. (ENG.). 40p. (J). (gr. -1-4). 17.99 *(978-1-64686-281-8(3))*; pap. 9.99 *(978-1-64686-282-5(1))* Barefoot Bks., Inc.
Dumpling Days. Grace Lin. ed. 2019. (Pacy Lin Novel Ser.: 3). (ENG., Illus.). 272p. (J). (gr. 3-7). pap. 7.99 *(978-0-316-53133-7(2))* Little, Brown Bks. for Young Readers.
Dumpling Dreams: How Joyce Chen Brought the Dumpling from Beijing to Cambridge. Carrie Clickard. Illus. by Katy Wu. 2017. (ENG.). 48p. (J). (gr. -1-3). 18.99 *(978-1-4814-6707-0(7),* Simon & Schuster Bks. For Young Readers) Simon & Schuster Bks. For Young Readers.
Dumps (Classic Reprint) Pan. 2018. (ENG., Illus.). 234p. (J). 28.72 *(978-0-484-17214-1(X))* Forgotten Bks.
Dumpster Dog! Colas Gutman. Illus. by Marc Boutavant. 2019. (Adventures of Dumpster Dog Ser.). (ENG.). 64p. (J). 8.95 *(978-1-59270-252-7(X))* Enchanted Lion Bks., LLC.
Dumpster Dog! Colas Gutman. Tr. by Allison M. Charette. Illus. by Marc Boutavant. 2019. (Adventures of Dumpster Dog Ser.). (ENG.). 64p. (J). 14.95 *(978-1-59270-235-0(X))* Enchanted Lion Bks., LLC.
Dumpster Dogs. Ann Colberson Schiebert. Illus. by Jack Varonin. 2020. (Dumpster Dogs Ser.). (ENG.). 142p. (J). pap. 9.95 *(978-1-950562-21-3(2))* Benzie, Andrew Bks.
Duncan Polite: The Watchman of Glenoro (Classic Reprint) Marian Keith. 2018. (ENG., Illus.). 308p. (J). 30.27 *(978-0-483-88990-3(3))* Forgotten Bks.
Duncan the Story Dragon. Amanda Driscoll. ed. 2017. lib. bdg. 18.40 *(978-0-606-39866-4(X))* Turtleback.
Dundee Street Songs, Rhymes & Games: The William Montgomerie Collection 1952. Margaret Bennett. Illus. by Les McConnell. 2021. (ENG.). 136p. (J). pap. *(978-1-913162-14-6(1))* Grace Note Pubns.
Dune Buggies. Kenny Abdo. 2017. (Off Road Vehicles Ser.). (ENG., Illus.). 24p. (J). (gr. 2-8). lib. bdg. 31.36 *(978-1-5321-2101-2(6),* 26784, Abdo Zoom-Fly) ABDO Publishing Co.
Dune Country (Classic Reprint) Earl H. Reed. 2017. (ENG., Illus.). (J). 29.92 *(978-0-265-58273-2(3))* Forgotten Bks.
Dune (Set), 4 vols. Brian Herbert & Kevin J. Anderson. Illus. by Dev Pramanik & Alex Guimarães. 2021. (Dune Ser.). (ENG.). (YA). (gr. 8-12). lib. bdg. 125.44 *(978-1-0982-5114-7(8),* 39365, Graphic Novels) Spotlight.
Dunehaven Council. Patty Ritchie. 2021. (ENG.). (J). 80p. 25.95 *(978-1-7370839-1-7(4))*; 82p. pap. 19.95 *(978-1-7370839-2-4(2))* Peace of Sky.
Dung Beetle vs. Elephant. Eric Braun. 2018. 24p. (J). (Illus.). lib. bdg. *(978-1-68072-348-9(0))*; (ENG.). (gr. 4-6). pap. 9.99 *(978-1-64466-331-8(7),* 12159, Hi Jinx) Black Rabbit Bks.
Dung Beetle vs. Tarantula Hawk. Nathan Sommer. 2023. (Animal Battles Ser.). (ENG., Illus.). (J). (gr. 3-7). pap. 7.99. lib. bdg. 26.95 Bellwether Media.
Dung Beetles. Martha E. H. Rustad. 2020. (Animals Ser.). (ENG.). 32p. (J). (gr. 1-3). pap. 6.95 *(978-1-9771-2649-8(9),* 201633); (Illus.). lib. bdg. 31.32 *(978-1-9771-2315-2(5),* 199490) Capstone. (Pebble).
Dungeon Crawl! (Minecraft Woodsword Chronicles #5) Nick Eliopulos. Illus. by Alan Batson. 2020. (Minecraft Woodsword Chronicles Ser.). (ENG.). 144p. (J). (gr. 1-4). 9.99 *(978-1-9848-5065-2(2),* Random Hse. Bks. for Young Readers) Random Hse. Children's Bks.
Dungeon Crawlers Academy: Book 1: Into the Portal. J. P. Sullivan. Illus. by Elmer Damaso. 2022. (Dungeon Crawlers Academy Ser.: 1). 256p. (J). (gr. 4-7). pap. 13.99 *(978-1-64505-978-3(2))* Seven Seas Entertainment, LLC.
Dungeon Critters. Natalie Riess & Sara Goetter. 2020. (ENG., Illus.). 256p. (J). 22.99 *(978-1-250-19546-3(2),* 900193928); pap. 15.99 *(978-1-250-19547-0(0),* 900193929) Roaring Brook Pr. (First Second Bks.).
Dungeon of Doom. John R. Erickson. Illus. by Gerald L. Holmes. 2017. (Hank the Cowdog Ser.: Vol. 44). (ENG.). 122p. (J). (gr. 3-6). 15.99 *(978-1-59188-244-2(3))* Maverick Bks., Inc.
Dungeonology. Matt Forbeck. 2016. (Ologies Ser.). (ENG., Illus.). 30p. (J). (gr. 5). 24.99 *(978-0-7636-9353-4(7))* Candlewick Pr.
Dungeons & Detectives. Franklin W. Dixon. 2019. (Hardy Boys Adventures Ser.: 19). (ENG., Illus.). 208p. (J). (gr. 3-7). pap. 6.99 *(978-1-5344-2105-9(X),* Simon & Schuster/Paula Wiseman Bks.) Simon & Schuster/Paula Wiseman Bks.
Dungeons & Dragons #1. Jody Houser. Illus. by Diego Galindo. 2021. (Stranger Things Ser.). (ENG.). 24p. (YA). (gr. 6-12). lib. bdg. 31.36 *(978-1-0982-5074-4(5),* 38875, Graphic Novels) Spotlight.
Dungeons & Dragons #2. Jody Houser. Illus. by Diego Galindo. 2021. (Stranger Things Ser.). (ENG.). 24p. (YA). (gr. 6-12). lib. bdg. 31.36 *(978-1-0982-5075-1(3),* 38876, Graphic Novels) Spotlight.
Dungeons & Dragons #3. Jody Houser. Illus. by Diego Galindo. 2021. (Stranger Things Ser.). (ENG.). 24p. (YA). (gr. 6-12). lib. bdg. 31.36 *(978-1-0982-5076-8(1),* 38877, Graphic Novels) Spotlight.
Dungeons & Dragons #4. Jody Houser. Illus. by Diego Galindo. 2021. (Stranger Things Ser.). (ENG.). 24p. (YA). (gr. 6-12). lib. bdg. 31.36 *(978-1-0982-5077-5(X),* 38878, Graphic Novels) Spotlight.
Dungeons & Dragons: a Goblin Problem. Diane Walker. Illus. by Tim Probert. 2022. (HarperChapters Ser.). (ENG.). 96p. (J). (gr. 1-5). pap. 5.99 *(978-0-06-303918-6(4),* HarperCollins) HarperCollins Pubs.
Dungeons & Dragons: Behold! a Search & Find Adventure. Wizards of Wizards of the Coast. Illus. by Ulises Farinas. 2023. (ENG.). 40p. (J). (gr. 3-7). 10.99 *(978-0-06-313755-4(0),* HarperCollins) HarperCollins Pubs.
Dungeons & Dragons: Big Trouble: An Endless Quest Book. Matt Forbeck. 2018. (Endless Quest Ser.). (ENG., Illus.). 128p. (J). (gr. 3-7). 16.99 *(978-1-5362-0245-8(2))*; pap. 8.99 *(978-1-5362-0244-1(4))* Candlewick Pr. (Candlewick Entertainment).
Dungeons & Dragons Coloring Book. Jasmine Taylor. 2019. (ENG., Illus.). 90p. (J). pap. 9.95 *(978-0-359-87156-8(9))* Lulu Pr., Inc.
Dungeons & Dragons: Dungeon Academy: No Humans Allowed! Madeleine Roux. Illus. by Tim Probert. 2021. (Dungeons & Dragons: Dungeon Academy Ser.: 1). (ENG.). 208p. (J). (gr. 3-7). 15.99 *(978-0-06-303912-4(5),* HarperCollins) HarperCollins Pubs.
Dungeons & Dragons: Dungeon Academy: Tourney of Terror. Madeleine Roux. Illus. by Tim Probert. 2022. (Dungeons & Dragons: Dungeon Academy Ser.). (ENG.). 224p. (J). (gr. 3-7). 12.99 *(978-0-06-303914-8(1),* HarperCollins) HarperCollins Pubs.
Dungeons & Dragons: Dungeon Club: Roll Call. Molly Knox Ostertag. Illus. by Xanthe Bouma. 2022. (Dungeons & Dragons: Dungeon Club Ser.: 1). (ENG.). 208p. (J). (gr. 3-7). 19.99 *(978-0-06-303924-7(9),* HarperAlley) HarperCollins Pubs.
Dungeons & Dragons: Escape from Castle Ravenloft: An Endless Quest Book. Matt Forbeck. 2019. (Endless Quest Ser.). (ENG., Illus.). 128p. (J). (gr. 3-7). 16.99 *(978-1-5362-0922-8(8),* Candlewick Entertainment) Candlewick Pr.
Dungeons & Dragons: Escape the Underdark: An Endless Quest Book. Matt Forbeck. 2018. (Endless Quest Ser.). (ENG., Illus.). 128p. (J). (gr. 3-7). 16.99 *(978-1-5362-0242-7(8),* Candlewick Entertainment) Candlewick Pr.
Dungeons & Dragons: Goreball Scrimmage. Diane Walker. Illus. by Mario Oscar Gabriele. 2023. (HarperChapters Ser.). (ENG.). 96p. (J). (gr. 1-5). pap. 7.99 *(978-0-06-303920-9(6),* HarperCollins) HarperCollins Pubs.
Dungeons & Dragons: Honor among Thieves: Official Activity Book (Dungeons & Dragons: Honor among Thieves) Random House. Illus. by Random House. 2023. (ENG., Illus.). 48p. (J). (gr. -1-2). pap. 7.99 ***(978-0-593-64798-1(X)**,* Random Hse. Bks. for Young Readers) Random Hse. Children's Bks.
Dungeons & Dragons: Honor among Thieves: the Deluxe Junior Novelization (Dungeons & Dragons: Honor among Thieves) David Lewman. 2023. (ENG., Illus.). 144p. (J). (gr. 3-7). 10.99 ***(978-0-593-64797-4(1)**,* Random Hse. Bks. for Young Readers) Random Hse. Children's Bks.
Dungeons & Dragons: Honor among Thieves: the Junior Novelization (Dungeons & Dragons: Honor among Thieves) David Lewman. 2023. (ENG., Illus.). 144p. (J). (gr. 3-7). 7.99 ***(978-0-593-64795-0(5)**,* Random Hse. Bks. for Young Readers) Random Hse. Children's Bks.
Dungeons & Dragons. Honor Entre Ladrones. la Novela. Dungeons & Dungeons & Dragons. 2023. (SPA.). 144p. (J). pap. 12.95 ***(978-607-07-9997-6(6))*** Editorial Planeta, S. A. ESP. Dist: Two Rivers Distribution.
Dungeons & Dragons: Inside the World of Dungeons & Dragons. Susie Rae. 2023. (Dungeons & Dragons: Dungeon Academy Ser.). (ENG.). 96p. (J). (gr. 3-7). 10.99 *(978-0-06-326680-3(6),* HarperFestival) HarperCollins Pubs.
Dungeons & Dragons: Into the Jungle: An Endless Quest Book. Matt Forbeck. 2018. (Endless Quest Ser.). (ENG., Illus.). 128p. (J). (gr. 3-7). 16.99 *(978-1-5362-0246-5(0))*; pap. 8.99 *(978-1-5362-0241-0(X))* Candlewick Pr. (Candlewick Entertainment).
Dungeons & Dragons Mad Libs: World's Greatest Word Game. Christina Dacanay. 2020. (Mad Libs Ser.). (ENG.). 48p. (J). (gr. 3-7). pap. 5.99 *(978-0-593-09517-1(0),* Mad Libs) Penguin Young Readers Group.
Dungeons & Dragons: the Mad Mage's Academy: An Endless Quest Book. Matt Forbeck. 2019. (Endless Quest Ser.). (ENG., Illus.). 128p. (J). (gr. 3-7). 16.99 *(978-1-5362-0924-2(4),* Candlewick Entertainment) Candlewick Pr.
Dungeons & Dragons: to Catch a Thief: An Endless Quest Book. Matt Forbeck. 2018. (Endless Quest Ser.). (ENG., Illus.). 128p. (J). (gr. 3-7). 16.99 *(978-1-5362-0243-4(6),* Candlewick Entertainment) Candlewick Pr.
Dungeons & Tombs (Dungeons & Dragons) A Young Adventurer's Guide. Jim Zub et al. 2019. (Dungeons & Dragons Young Adventurer's Guides). (Illus.). 112p. (J). (gr. 3-7). 12.99 *(978-1-9848-5644-9(8),* Ten Speed Pr.) Potter/Ten Speed/Harmony/Rodale.
Dungeon's Soul: Book 3 of the Adventures on Brad. Wong Tao. 2020. (Adventures on Brad Ser.: Vol. 3). (ENG.). 340p. (YA). (gr. 7-11). pap. *(978-1-989458-78-5(5))* Tao Wong.
Dungzilla. James Foley. 2018. (S. Tinker Inc Ser.). (Illus.). 120p. (J). (gr. 1-5). pap. 6.99 *(978-1-925164-83-1(7))* Fremantle Pr. AUS. Dist: Independent Pubs. Group.
Dunkleosteus. Ben Garrod. Illus. by Gabriel Ugueto. 2022. (Extinct the Story of Life on Earth Ser.: 2). (ENG.). 128p. (J). pap. 15.99 ***(978-1-83893-530-6(4)**,* 668798, Zephyr) Head of Zeus GBR. Dist: Bloomsbury Publishing Plc.
Dunnock Family. Leslie Rocker. 2021. (ENG.). 44p. (J). pap. *(978-1-80369-134-3(4))* Authors OnLine, Ltd.
Dunny: A Mountain Romance (Classic Reprint) Philip Verrill Mighels. 2018. (ENG., Illus.). 274p. (J). 29.55 *(978-1-5285-7515-7(6))* Forgotten Bks.
Dunsany, Vol. 1: An Irish Story (Classic Reprint) Unknown Author. (ENG., Illus.). (J). 2018. 296p. 30.00 *(978-0-483-19744-2(0))*; 2016. pap. 13.57 *(978-1-333-75606-2(2))* Forgotten Bks.
Dunsany, Vol. 2: An Irish Story (Classic Reprint) Unknown Author. (ENG., Illus.). (J). 2018. 320p. 30.50 *(978-0-267-60398-5(3))*; 2016. pap. 13.57 *(978-1-334-13517-0(7))* Forgotten Bks.
Dunster Castle, Vol. 1 Of 3: An Historical Romance of the Great Rebellion (Classic Reprint) I. T. Hewlett. (ENG., Illus.). (J). 2018. 348p. 31.09 *(978-0-267-72013-2(0))*; 2016. pap. 13.57 *(978-1-333-48334-0(1))* Forgotten Bks.
Dunster Castle, Vol. 2 Of 3: An Historical Romance of the Great Rebellion (Classic Reprint) I. T. Hewlett. (ENG., Illus.). (J). 2018. 344p. 31.01 *(978-0-267-35041-4(4))*; 2016. pap. 13.57 *(978-1-333-73763-4(7))* Forgotten Bks.
Dunster Castle, Vol. 3 Of 3: An Historical Romance of the Great Rebellion (Classic Reprint) I. T. Hewlett. 2017. (ENG., Illus.). (J). 30.37 *(978-0-265-16232-3(7))* Forgotten Bks.
Dunvarlich, or Round about the Bush (Classic Reprint) David MacRae. (ENG., Illus.). (J). 2018. 274p. 29.57 *(978-0-483-70382-7(6))*; 2017. pap. 11.97 *(978-0-243-33001-0(4))* Forgotten Bks.
Dupatta Is ... Marzieh Abbas. Illus. by Anu Chouhan. 2023. (ENG.). 32p. (J). 18.99 *(978-1-250-82094-5(4),* 900250400) Feiwel & Friends.
Duplication: Book 9. Roland Boike. 2022. (ENG.). 84p. (YA). pap. 9.99 ***(978-1-956998-71-9(3))*** Bookwhip.
Duplicity: Arazi Crossing Book Two. Carolyn Hockley. 2016. (ENG., Illus.). (YA). (gr. 8-12). pap. *(978-0-9950593-1-3(4))* Wizardry of Wordz.
Dur et Mou. Amy Culliford. Tr. by Annie Evearts. 2021. (Contraires Autour de Moi! (Opposites All Around Me!) Ser.). (FRE., Illus.). 16p. (J). (gr. -1-1). pap. *(978-1-0396-0584-8(2),* 12908) Crabtree Publishing Co.

556

The check digit for ISBN-10 appears in parentheses after the full ISBN-13

Dura Den: A Monograph of the Yellow Sandstone & Its Remarkable Fossil Remains (Classic Reprint) John Anderson. (ENG., Illus.). (J). 2017. 26.78 *(978-0-265-42954-9(4))*; 2016. pap. 9.57 *(978-1-334-49536-6(X))* Forgotten Bks.

Durarara!! SH, Vol. 2 (light Novel) Ryohgo Narita. 2021. (Durarara!! SH (light Novel) Ser.). (ENG., Illus.). 200p. (gr. 8-17). pap. 15.00 *(978-1-9753-2346-2(7)*, Yen Pr.) Yen Pr. LLC.

Durarara!!, Vol. 5 (light Novel) Ryohgo Narita. 2016. (Durarara!! (novel) Ser.: 5). (ENG., Illus.). 192p. (gr. 8-17). pap. 14.00 *(978-0-316-30479-5(4)*, Yen Pr.) Yen Pr. LLC.

Durarara!!, Vol. 7 (light Novel) Ryohgo Narita. 2017. (Durarara!! (novel) Ser.: 7). (ENG., Illus.). 224p. (gr. 8-17). pap. 14.00 *(978-0-316-43968-8(1)*, Yen Pr.) Yen Pr. LLC.

Durbar (Classic Reprint) Mortimer Menpes. 2017. (ENG., Illus.). (J). 36.68 *(978-0-265-59204-5(6))* Forgotten Bks.

Durga: the Invincible One. Wonder House Books. 2023. (Tales from Indian Mythology Ser.). (J). (gr. 3-7). (ENG.). 80p. 9.99 ***(978-93-5440-850-2(8))***; (HIN.). 16p. pap. 2.99 ***(978-93-5856-188-3(2))*** Prakash Bk. Depot IND. Dist: Independent Pubs. Group.

Durham Village: A Temperance Tale (Classic Reprint) Corra Lynn. (ENG., Illus.). (J). 2018. 178p. 27.57 *(978-0-484-54556-3(6))*; 2016. pap. 9.97 *(978-1-333-35552-4(1))* Forgotten Bks.

During Her Majesty's Pleasure (Classic Reprint) Mary Elizabeth Braddon. (ENG., Illus.). (J). 2018. 266p. 29.40 *(978-0-267-36670-5(1))*; 2016. pap. 11.97 *(978-1-334-16348-7(0))* Forgotten Bks.

Duro y Blando (Hard & Soft) Julie Murray. 2019. (Contrarios (Opposites) Ser.). (SPA.). 24p. (J). (gr. -1-2). lib. bdg. 31.36 *(978-1-5321-8733-9(5)*, 31314, Abdo Kids) ABDO Publishing Co.

Dusantes: A Sequel to the Casting Away of Mrs. Lecks & Mrs. Aleshine (Classic Reprint) Frank Richard Stockton. 2017. (ENG., Illus.). (J). 26.99 *(978-0-266-35884-8(5))* Forgotten Bks.

Dusk Chronicles. Vicki-Ann Bush. 2020. (ENG.). 162p. (J). pap. 10.99 *(978-1-7348413-8-1(9))* Faccia Brutta.

Dusk of the Clans: Cats of the Future: the CatNap. Kennedy J. Edwards. l.t. ed. 2022. (ENG.). 72p. (J). pap. 9.50 *(978-1-0880-2619-9(2))* Indy Pub.

Duskwing & the Super Spy. R. P. Moss & Clyde. 2018. (ENG., Illus.). 60p. (J). pap. 11.95 *(978-1-64138-680-7(0))* Page Publishing Inc.

Dust. Dusti Bowling. 2023. (ENG.). 352p. (J). (gr. 3-7). 16.99 ***(978-0-316-41423-4(9))*** Little, Brown Bks. for Young Readers.

Dust: A Novel (Classic Reprint) Julian Hawthorne. (ENG., Illus.). (J). 2018. 420p. 32.56 *(978-0-483-72428-0(9))*; 2016. pap. 16.57 *(978-1-334-16870-3(9))* Forgotten Bks.

Dust & Grim. Chuck Wendig. 2022. (ENG.). 384p. (J). (gr. 3-7). pap. 7.99 *(978-0-316-70626-1(4))* Little, Brown Bks. for Young Readers.

Dust & Laurel: A Study in Nineteenth Century Womanhood (Classic Reprint) Mary L. Pendered. 2018. (ENG., Illus.). (J). 296p. 30.00 *(978-1-391-54333-8(5))*; 298p. pap. 13.57 *(978-1-390-90149-8(1))* Forgotten Bks.

Dust Bath Revival. Marianne Kirby. 2016. (Feral Seasons Ser.: Vol. 1). (ENG., Illus.). (YA). pap. 14.99 *(978-1-62007-196-0(7))* Curiosity Quills Pr.

Dust Before the Wind, Vol. 1 Of 2: A Novel (Classic Reprint) May Crommelin. 2018. (ENG., Illus.). 204p. (J). 28.10 *(978-0-332-94294-0(5))* Forgotten Bks.

Dust Before the Wind, Vol. 2 Of 2: A Novel (Classic Reprint) May Crommelin. (ENG., Illus.). (J). 2018. 214p. 28.33 *(978-0-267-55385-3(4))*; 2016. pap. 10.97 *(978-1-333-60994-8(9))* Forgotten Bks.

Dust Bodies. William Rainer. 2022. (ENG.). 24p. (YA). pap. 11.95 *(978-1-63985-214-7(X))* Fulton Bks.

Dust Bowl, 1 vol. Marie Roesser. 2019. (Look at U. S. History Ser.). (ENG.). 32p. (J). (gr. 2-2). pap. 11.50 *(978-1-5382-4871-3(9)*, 1b3cd4d7-a080-4cb0-b5eb-3f37f254e2d0) Stevens, Gareth Publishing LLLP.

Dust Bowl: An Interactive History Adventure. Allison Lassieur. rev. ed. 2016. (You Choose: History Ser.). (ENG., Illus.). 112p. (J). (gr. 3-7). pap. 6.95 *(978-1-5157-4262-3(8)*, 134016, Capstone Pr.) Capstone.

Dust Bowl! The 1930s Black Blizzards. Richard H. Levey & Daniel H. Franck. 2016. (X-Treme Disasters That Changed America Ser.). (ENG., Illus.). 32p. (J). (gr. 2-7). pap. 7.99 *(978-1-944998-75-2(6))* Bearport Publishing Co., Inc.

Dust Bowl #1. Michelle Jabès Corpora. 2021. (American Horse Tales Ser.: 1). 160p. (J). (gr. 3-7). 7.99 *(978-0-593-22525-7(2)*, Penguin Workshop) Penguin Young Readers Group.

Dust Bunnies under My Bed. Jennifer L. Rabideau. 2018. (ENG., Illus.). 40p. (J). pap. 24.99 *(978-1-387-54948-1(0))* Lulu Pr., Inc.

Dust Bunny Dance. Susie M. Sivill. Illus. by Chord LeClaire. 2022. (ENG.). 32p. (J). 19.99 ***(978-1-0880-3917-5(0))*** Indy Pub.

Dust Bunny Wants a Friend. Amy Hevron. 2019. (Illus.). 32p. (J). (gr. -1-2). 17.99 *(978-1-5247-6569-9(4)*, Schwartz & Wade Bks.) Random Hse. Children's Bks.

Dust (Classic Reprint) Haldeman-Julius Haldeman-Julius. 2017. (ENG., Illus.). (J). 29.07 *(978-1-5282-6611-6(0))* Forgotten Bks.

Dust Everywhere. Robert Rosen. Illus. by Chiara Fiorentino. 2017. (I Help My Friends Ser.). (ENG.). 24p. (gr. -1-2). 28.50 *(978-1-68342-720-9(3)*, 9781683427209) Rourke Educational Media.

Dust Flower (Classic Reprint) Basil King. 2019. (ENG., Illus.). 368p. (J). 31.51 *(978-0-365-15641-3(8))* Forgotten Bks.

Dust Flowers. Lisa Gammon Olson. Illus. by Kyle Olson. 2018. (Tales from American Herstory Ser.: Vol. 1). (ENG.). (J). (gr. k-5). pap. 9.99 *(978-1-63233-076-5(8))* Eifrig Publishing.

Dust in the Balance (Classic Reprint) George Knight. 2018. (ENG., Illus.). 360p. (J). 31.32 *(978-0-332-31003-9(5))* Forgotten Bks.

Dust of 100 Dogs. A. S. King. 2017. 336p. (YA). (gr. 9). pap. 10.99 *(978-0-425-29057-6(3)*, Speak) Penguin Young Readers Group.

Dust of Conflict (Classic Reprint) Harold Bindloss. (ENG., Illus.). (J). 2018. 344p. 31.01 *(978-0-483-14919-9(5))*; 2017. pap. 13.57 *(978-1-334-93696-8(X))* Forgotten Bks.

Dust of Desire (Classic Reprint) Margaret Peterson. (ENG., Illus.). (J). 2018. 320p. 30.50 *(978-0-483-69495-8(9))*; 2016. pap. 13.57 *(978-1-334-12816-5(2))* Forgotten Bks.

Dust of Eden. Mariko Nagai. 2018. (ENG.). 144p. (J). (gr. 3-7). pap. 9.99 *(978-0-8075-1738-3(0)*, 807517380) Whitman, Albert & Co.

Dust of India (Classic Reprint) Frank Harrison Beckmann. (ENG., Illus.). (J). 2018. 356p. 31.24 *(978-0-428-99689-5(2))*; 2017. pap. 13.97 *(978-0-259-51137-3(4))* Forgotten Bks.

Dust of New York (Classic Reprint) Konrad Bercovici. 2018. (ENG., Illus.). 256p. (J). 29.20 *(978-0-483-27108-1(X))* Forgotten Bks.

Dust of the Desert (Classic Reprint) Robert Welles Ritchie. 2018. (ENG., Illus.). 310p. (J). 30.29 *(978-0-483-31263-0(0))* Forgotten Bks.

Dust of the Earth: Sergel's Acting Drama (Classic Reprint) Katharine Kavanaugh. 2018. (ENG., Illus.). 68p. (J). 25.32 *(978-0-332-80109-4(8))* Forgotten Bks.

Dust of the Road: A Play in One Act (Classic Reprint) Kenneth Sawyer Goodman. 2017. (ENG., Illus.). (J). 24.47 *(978-0-265-18331-1(6))* Forgotten Bks.

Dust of the Road (Classic Reprint) Marjorie Patterson. (ENG., Illus.). (J). 2018. 338p. 30.87 *(978-0-483-17160-2(3))*; 2017. pap. 13.57 *(978-0-259-20501-2(X))* Forgotten Bks.

Dust Puppy the Prairie Dog. Tracey Barker. 2019. (ENG.). 46p. (J). pap. *(978-1-78848-541-8(6))* Austin Macauley Pubs. Ltd.

Dust Storm! Terry Lynn Johnson. Illus. by Jani Orban. 2018. (Survivor Diaries). (ENG.). 128p. (J). (gr. 1-5). 9.99 *(978-0-544-97098-4(5)*, 1662531); pap. 6.99 *(978-1-328-52929-9(0)*, 1722007) HarperCollins Pubs. (Clarion Bks.).

Dust Storm. Jane McKellips. Illus. by Christopher Nick. 2016. 48p. (J). 16.95 *(978-1-938923-25-8(1))* Oklahoma Heritage Assn.

Dust Storm! Terry Lynn Johnson. ed. 2021. (Survivor Diaries). (ENG., Illus.). 119p. (J). (gr. 2-3). 16.46 *(978-1-64697-823-6(4))* Penworthy Co., LLC, The.

Dust Storms. Megan Gendell. 2022. (Severe Weather Ser.). (ENG., Illus.). 32p. (J). (gr. 2-3). pap. 9.95 *(978-1-63738-338-4(X))*; lib. bdg. 31.35 *(978-1-63738-302-5(9))* North Star Editions. (Apex).

Dust Thou Art: A Leafy Tom Adventure. Robin Buckallew. 2021. (ENG.). 205p. (YA). pap. ***(978-1-329-05075-4(4))*** Lulu Pr., Inc.

Dust to Dust. Melissa Walker. 2016. (ENG.). 320p. (YA). (gr. 8). pap. 9.99 *(978-0-06-207738-7(4)*, Tegen, Katherine Bks) HarperCollins Pubs.

Dustborn. Erin Bowman. (ENG.). 432p. (YA). (gr. 8). 2023. pap. 15.99 *(978-0-06-329080-8(4))*; 2021. 17.99 *(978-0-358-24443-1(9)*, 1767948) HarperCollins Pubs. (Clarion Bks.).

Dusternuffle. Rebecca Greenfield. Illus. by Cassandra Zook. 2020. (ENG.). 30p. (J). 19.99 *(978-0-578-77936-2(6))* Mills, Rebecca.

Dustin Doghair: A Blues Hound Onthe Wrong Side of Town. Sir Rhymesalot. 2022. (ENG.). 32p. (J). (gr. 4-6). 9.99 *(978-1-953652-57-7(3))* Imagine & Wonder.

Dustman's Belle: An Original Comic Drama, in Two Acts (Classic Reprint) Charles Dance. (ENG., Illus.). (J). 2018. 48p. 24.89 *(978-0-666-97492-1(6))*; 2017. pap. 9.57 *(978-0-243-45212-5(8))* Forgotten Bks.

Dusty. Mona Marshall. 2020. (Dusty Ser.: Vol. 1). (ENG., Illus.). 32p. (J). (gr. k-6). pap. ***(978-0-9730616-3-5(4))*** Hooge, Ellen.

Dusty A. Mouse. Heather Klein. 2020. (ENG.). 34p. (J). pap. 13.99 *(978-1-0983-3224-2(5))* BookBaby.

Dusty & Steven & the Big Adventure. Maggie Hickman. 2017. (ENG., Illus.). (J). (gr. -1-3). pap. 12.95 *(978-1-63525-045-9(5))* Christian Faith Publishing.

Dusty & the Milk Can. Nancy Dees. 2019. (ENG.). 32p. (J). pap. 12.95 *(978-1-64416-712-0(3))* Christian Faith Publishing.

Dusty Diamonds Cut & Polished. Robert Michael Ballantyne. 2017. (ENG.). 452p. (J). pap. *(978-3-7447-5181-0(3))* Creation Pubs.

Dusty Diamonds Cut & Polished: A Tale of City Arab Life & Adventure. Robert Michael Ballantyne. 2019. (ENG.). 276p. (J). pap. *(978-93-5329-683-4(8))* Alpha Editions.

Dusty Diamonds Cut & Polished: A Tale of City-Arab Life & Adventure (Classic Reprint) R. M. Ballantyne. 2018. (ENG., Illus.). 450p. (J). 33.18 *(978-0-332-81248-9(0))* Forgotten Bks.

Dusty Donkey Detourar. Mike Nawrocki. Illus. by Luke Séguin-Magee. 2021. (Dead Sea Squirrels Ser.: 8). (ENG.). 144p. (J). pap. 6.99 *(978-1-4964-4977-1(0)*, 20_34945, Tyndale Kids) Tyndale Hse. Pubs.

Dusty Goes on a Picnic. Janice Baldridge. 2022. (ENG., Illus.). 26p. (J). pap. 14.95 *(978-1-68517-563-4(5))* Christian Faith Publishing.

Dusty Path: A Play in One Act (Classic Reprint) Wilfred T. Coleby. 2018. (ENG., Illus.). 32p. (J). 24.56 *(978-0-267-20628-5(3))* Forgotten Bks.

Dusty (Rescue Dogs #2) Jane B. Mason & Sarah Hines-Stephens. 2020. (Rescue Dogs Ser.: 2). (ENG.). 304p. (J). (gr. 3-7). pap. 6.99 *(978-1-338-36206-0(2))* Scholastic, Inc.

Dusty Road (Classic Reprint) Therese Tyler. (ENG., Illus.). (J). 2018. 330p. 30.70 *(978-0-364-08686-5(6))*; 2017. pap. 13.57 *(978-0-259-21230-0(X))* Forgotten Bks.

Dusty Sandal. Christine Caligiuri. 2017. (ENG., Illus.). (J). pap. 12.95 *(978-1-64028-163-9(0))* Christian Faith Publishing.

Dusty Star (Classic Reprint) Olaf Baker. 2018. (ENG., Illus.). 318p. (J). 30.46 *(978-0-483-34106-7(1))* Forgotten Bks.

Dusty the Dachshund & the Snake. Zuzana Clark. 2019. (ENG., Illus.). 56p. (J). (gr. k-3). *(978-80-907461-5-2(2))* Clark, Zuzana Praha.

Dusty the Dustball & Family: Their Adventure Begins. Edward Pickhardt Jr. Illus. by Kim Sponaugle. 2018. (ENG.). 80p. (J). (gr. 7-9). pap. 15.95 *(978-1-61244-594-6(2))* Halo Publishing International.

Dusty, the Wish-Giving Angel: A Christmas Story. Patty O'Bryan Penrod. 2017. (ENG., Illus.). (J). 22.95 *(978-1-4808-4675-3(9))*; pap. 12.45 *(978-1-4808-4677-7(5))* Archway Publishing.

Dusty's Adventures: The Beginning. T. J. Akers. Illus. by Rebecca P. Minor. 2018. (Dusty's Adventures: Ser.: Vol. 1). (ENG.). 354p. (J). (gr. 4-6). pap. 14.99 *(978-0-692-13912-7(5))* Peterson, Mark.

Dusty's Adventures: The Beginning. T. J. Akers. 2017. (Dusty's Adventures Ser.: Vol. 1). (ENG., Illus.). (J). (gr. 3-6). pap. 13.99 *(978-0-692-76713-9(4))* Peterson, Mark.

Dusty's Awesome Alphabet Sounds. Deborah Napoleon. l.t. ed. 2020. (ENG.). 44p. (J). 17.99 *(978-1-0878-9510-9(3))* Indy Pub.

Dusty's Tale. Carol Ernst. 2021. (ENG., Illus.). 30p. (J). 24.95 *(978-1-63814-343-7(9))*; pap. 13.95 *(978-1-63814-341-3(2))* Covenant Bks.

Dutch Courage & Other Stories. Jack. London. 2017. (ENG., Illus.). (J). pap. *(978-0-649-12353-7(0))* Trieste Publishing Pty Ltd.

Dutch Days (Classic Reprint) May Emery Hall. 2018. (ENG., Illus.). 242p. (J). 28.91 *(978-0-483-39310-3(X))* Forgotten Bks.

Dutch Dominie of the Catskills, or the Times of the Bloody Brandt (Classic Reprint) David Murdoch. (ENG., Illus.). (J). 2017. 33.69 *(978-0-266-41498-8(2))*; 2016. pap. 16.57 *(978-1-333-60565-0(X))* Forgotten Bks.

Dutch-Henry. Edwin Gilven. 2017. (ENG., Illus.). 32p. (J). pap. *(978-1-365-84063-0(8))* Lulu Pr., Inc.

Dutch Pictures: With Some Sketches in the Flemish Manner; & Pictures Done with a Quill (Classic Reprint) George Augustus Sala. (ENG., Illus.). (J). 2018. 480p. 33.80 *(978-0-484-85621-8(9))*; 2016. pap. 16.57 *(978-1-334-37886-7(X))* Forgotten Bks.

Dutch Pictures: With Some Sketches in the Flemish Manner (Classic Reprint) George Augustus Sala. 2018. (ENG., Illus.). 352p. (J). 31.18 *(978-0-483-79557-0(7))* Forgotten Bks.

Dutch Twins. Lucy Fitch Perkins. 2018. (ENG., Illus.). 70p. (YA). (gr. 7-12). pap. *(978-93-5297-562-4(6))* Alpha Editions.

Dutch Twins. Lucy Fitch Perkins. 2017. (ENG., Illus.). (J). pap. *(978-0-649-56603-7(3))*; pap. *(978-0-649-15441-8(X))* Trieste Publishing Pty Ltd.

Dutch Twins (Classic Reprint) Lucy Fitch Perkins. 2017. (ENG., Illus.). (J). 28.04 *(978-0-331-79162-4(5))* Forgotten Bks.

Dutchess Scarlett Isabella: A Stanton Pack Adventure. Debi Stanton. 2018. (Stanton Pack Adventures Ser.: Vol. 3). (ENG., Illus.). 42p. (J). pap. 12.99 *(978-1-949609-73-8(1))* Pen It Pubns.

Dutchman's Fireside: A Tale (Classic Reprint) James Kirke Paulding. 2018. (ENG., Illus.). 388p. (J). 31.90 *(978-0-483-61732-2(6))* Forgotten Bks.

Dutchman's Fireside: A Tale, in Two Volumes, Vol. I. James Kirke Paulding. 2017. (ENG., Illus.). (J). pap. *(978-0-649-62291-7(X))* Trieste Publishing Pty Ltd.

Dutchman's Fireside, Vol. 1 Of 2: A Tale (Classic Reprint) James Kirke Paulding. (ENG., Illus.). (J). 2017. 28.19 *(978-0-266-47400-5(4))*; 2016. pap. 10.57 *(978-1-334-14208-6(4))* Forgotten Bks.

Dutchman's Fireside, Vol. 2 Of 2: A Tale (Classic Reprint) James Kirke Paulding. (ENG., Illus.). (J). 2017. 27.63 *(978-0-331-82489-6(2))*; 2016. pap. 9.97 *(978-1-334-13261-2(5))* Forgotten Bks.

Dutiful Child: From the German (Classic Reprint) Franz Xaver Wetzel. (ENG., Illus.). (J). 2018. 138p. 26.74 *(978-0-483-58283-5(2))*; 2017. pap. 9.57 *(978-0-243-22633-7(0))* Forgotten Bks.

Dutton's Holiday Annual, 1890 (Classic Reprint) E. P. Dutton Co. 2018. (ENG., Illus.). 134p. (J). 26.68 *(978-0-484-09802-1(0))* Forgotten Bks.

Duty: A Novel, Vol. 2 of 3 (Classic Reprint) Roberts. 2018. (ENG., Illus.). 206p. (J). 28.17 *(978-0-483-70816-7(X))* Forgotten Bks.

Duty: A Novel, Vol. 3 of 3 (Classic Reprint) Roberts. 2018. (ENG., Illus.). 184p. (J). 27.73 *(978-0-484-48944-7(5))* Forgotten Bks.

Duty & Defiance. John Selby. 2020. (Zanchee Chronicles Ser.: Vol. 1). (ENG.). 440p. (YA). pap. 18.99 *(978-1-5092-3217-8(6))* Wild Rose Pr., Inc., The.

Duty & Service: Letters from the Front (Classic Reprint) Lionel William Crouch. 2017. (ENG., Illus.). (J). 27.44 *(978-0-265-31239-1(6))* Forgotten Bks.

Duty or Desire. Marshunna Clark & Patrick Jones. 2016. (Unbarred Ser.). (ENG.). 112p. (YA). (gr. 6-12). pap. 7.99 *(978-1-5124-0089-2(0)*, 7e7f910c-b924-41c6-8a5b-472ea3801b0f); E-Book 42.65 *(978-1-5124-0090-8(4))* Lerner Publishing Group. (Darby Creek).

Duty, Vol. 1 Of 3: A Novel (Classic Reprint) Margaret Wade Roberts. (ENG., Illus.). (J). 2018. 248p. 29.01 *(978-0-332-62015-2(8))*; 2016. pap. 11.57 *(978-1-333-61300-6(8))* Forgotten Bks.

Duxberry Doings: A New England Story (Classic Reprint) Caroline Bigelow Le Row. (ENG., Illus.). (J). 2018. 436p. 32.89 *(978-0-267-67371-1(X))*; 2017. pap. 16.57 *(978-0-259-20775-7(6))* Forgotten Bks.

D'varim / Deuteronomy Activity Book: Torah Portions for Kids. Pip Reid. 2020. (ENG.). 108p. (J). (gr. 3-6). pap. *(978-1-988585-63-5(5))* Bible Pathway Adventures.

Dwale Bluth Hebditch's Legacy, Vol. 1: And Other Literary Remains of Oliver Madox-Brown (Classic Reprint) Oliver Madox Brown. 2017. (ENG., Illus.). (J). 30.19 *(978-0-266-20136-6(9))* Forgotten Bks.

Dwarf Caiman. Julie Murray. (Mini Animals Ser.). (ENG.). 24p. (J). 2020. (gr. k-k). pap. 8.95 *(978-1-64494-301-4(8)*, 1644943018, Abdo Kids-Junior); 2019. (Illus.). (gr. -1-2). lib. bdg. 31.36 *(978-1-5321-8879-4(X)*, 32926, Abdo Kids) ABDO Publishing Co.

Dwarf Planets. Betsy Rathburn. 2022. (Journey into Space Ser.). (ENG., Illus.). 24p. (J). (gr. k-3). pap. 7.99 *(978-1-64834-838-9(6)*, 21692, Blastoff! Readers) Bellwether Media.

Dwarf Planets. Susan Ring & Alexis Roumanis. 2016. (Illus.). 24p. (J). *(978-1-5105-0968-9(2))* SmartBook Media, Inc.

Dwarf Planets. Arnold Ringstad. 2021. (Blast off to Space Ser.). (ENG.). 24p. (J). (gr. 1-4). lib. bdg. 32.79 *(978-1-5038-4471-1(4)*, 214238) Child's World, Inc, The.

Dwarf Planets. Alexis Roumanis. 2016. (J). *(978-1-5105-2043-1(0))* SmartBook Media, Inc.

Dwarf Rabbits. Buffy Silverman. 2018. (Lightning Bolt Books (r) — Little Pets Ser.). (ENG., Illus.). 24p. (J). (gr. 1-3). lib. bdg. 29.32 *(978-1-5415-1029-6(1)*, 05fc0335-0078-4fdf-a44a-5a177f41f31b, Lerner Pubns.) Lerner Publishing Group.

Dwarf Warfare, 1 vol. Chris Pramas. 2017. (Creature Warfare Ser.). (ENG.). 72p. (YA). (gr. 8-8). 38.80 *(978-1-5081-7628-2(0)*, 2b90f58c-cfcd-4c0d-973f-e2255e2d86f8, Rosen Young Adult) Rosen Publishing Group, Inc., The.

Dwarfs. Virginia Loh-Hagan. 2018. (Magic, Myth, & Mystery Ser.). (ENG., Illus.). 32p. (J). (gr. 4-8). lib. bdg. 32.07 *(978-1-5341-2937-5(5)*, 211792, 45th Parallel Press) Cherry Lake Publishing.

Dwarf's Chamber & Other Stories (Classic Reprint) Fergus Hume. 2018. (ENG., Illus.). 412p. (J). 32.39 *(978-0-267-24333-4(2))* Forgotten Bks.

Dwarf's Spectacles & Other Fairy Tales: Told by Max Nordau to His Maxa from the Fourth to Her Seventh Birthday (Classic Reprint) Max Simon Nordau. (ENG., Illus.). (J). 2018. 402p. 32.21 *(978-0-483-54114-6(1))*; 2017. pap. 16.57 *(978-0-243-15646-7(4))* Forgotten Bks.

Dwarfstone. John Jansen in de Wal. 2018. (ENG., Illus.). 28p. (J). *(978-0-2288-0200-6(8))*; pap. *(978-0-2288-0201-3(6))* Tellwell Talent.

Dwarves of Catalon: Thordina's Globe. Safiya Farah. 2021. (ENG.). 192p. (YA). *(978-1-5255-8067-3(1))*; pap. *(978-1-5255-8068-0(X))* FriesenPress.

Dwayne Johnson. Kenny Abdo. 2018. (Star Biographies Ser.). (ENG., Illus.). 24p. (J). (gr. 2-8). lib. bdg. 31.36 *(978-1-5321-2544-7(5)*, 30097, Abdo Zoom-Fly) ABDO Publishing Co.

Dwayne Johnson. Samantha S. Bell. 2019. (Influential People Ser.). (ENG., Illus.). 32p. (J). (gr. 4-6). pap. 7.95 *(978-1-5435-6039-8(3)*, 140085); lib. bdg. 28.65 *(978-1-5435-5794-7(5)*, 139750) Capstone.

Dwayne Johnson. Jen Jones. 2016. (Hollywood Action Heroes Ser.). (ENG., Illus.). 32p. (J). (gr. 3-9). lib. bdg. 28.65 *(978-1-5157-1096-7(3)*, 132312) Capstone.

Dwayne Johnson. Maria Isabel Sanchez Vegara. Illus. by Lirios Bou. 2022. (Little People, Big Dreams Ser.: Vol. 90). (ENG.). 32p. (J). (gr. -1-2). ***(978-0-7112-8155-4(6))*** Frances Lincoln Childrens Bks.

Dwayne Johnson. Dennis St. Sauver. 2018. (Big Buddy Pop Biographies Ser.). (ENG., Illus.). 32p. (J). (gr. 2-5). lib. bdg. 34.21 *(978-1-5321-1800-5(7)*, 30646, Big Buddy Bks.) ABDO Publishing Co.

Dwayne Johnson, 1 vol. Joan Stoltman. 2018. (Little Biographies of Big People Ser.). (ENG.). 24p. (gr. 1-2). 24.27 *(978-1-5382-2893-7(9)*, a0bdae60-f685-4760-a7e5-f7dacbab9988) Stevens, Gareth Publishing LLLP.

Dwayne Johnson: The Rock's Rise to Fame, 1 vol. Ryan Nagelhout. 2018. (People in the News Ser.). (ENG.). 104p. (gr. 7-7). 41.03 *(978-1-5345-6329-2(6)*, 0637fc73-bd43-4a86-a4c6-2207323effc8, Lucent Pr.) Greenhaven Publishing LLC.

Dwayne Johnson: a Little Golden Book Biography. Frank Berrios. Illus. by Irene Chan. 2023. (Little Golden Book Ser.). 24p. (J). (gr. -1-3). 5.99 *(978-0-593-48548-4(3)*, Golden Bks.) Random Hse. Children's Bks.

Dwayne the Contractor Builds a Wheelchair Ramp. Dwayne A. Jones. 2022. (ENG.). 28p. (J). 15.95 *(978-1-7374068-7-7(X))*; pap. 13.95 *(978-1-7374068-8-4(8))* Red Yellow Blue.

Dwayne the Contractor Builds a Wood Fence. Dwayne A. Jones. 2021. (ENG.). 28p. (J). 15.95 *(978-1-7374068-3-9(7))* Red Yellow Blue.

Dwayne the Contractor Builds a Wood Fence. Dwayne Jones. l.t. ed. 2021. (ENG.). 28p. (J). pap. 13.95 *(978-1-7374068-4-6(5))* Red Yellow Blue.

Dwayne the Rock Johnson. Contrib. by Alex Monnig. 2023. (Xtreme Wrestling Royalty Ser.). (ENG.). 48p. (J). (gr. 3-9). lib. bdg. 34.21 ***(978-1-0982-9146-4(8)***, 41765, Abdo & Daughters) ABDO Publishing Co.

Dwayne the Rock Johnson: Pro Wrestler & Actor, 1 vol. Rita Santos. 2019. (Junior Biographies Ser.). (ENG.). 24p. (gr. 3-4). pap. 10.35 *(978-1-9785-0886-6(7)*, 19787e17-b29c-4486-849b-a9c01914850d) Enslow Publishing, LLC.

Dwayne's Water Fund, 1 vol. Elliot Paderewski. 2016. (Rosen REAL Readers: Social Studies Nonfiction / Fiction: Myself, My Community, My World Ser.). (ENG.). 12p. (gr. k-1). pap. 6.33 *(978-1-5081-2568-6(6)*, 3185d983-9697-4deb-8dcc-ea832904638e, Rosen Classroom) Rosen Publishing Group, Inc., The.

Dwayne's World. Brenda's Child. 2017. (ENG., Illus.). 48p. (J). pap. *(978-1-387-15426-5(5))* Lulu Pr., Inc.

Dweezil. Lisa Passen. 2016. (ENG., Illus.). 116p. (J). pap. 10.99 *(978-1-944770-24-2(0))* MLR Pr., LLC.

Dwell Deep, or Hilda Thorn's Life Story (Classic Reprint) Amy Le Feuvre. 2017. (ENG., Illus.). (J). 28.15 *(978-0-266-66605-9(1))*; pap. 10.57 *(978-1-5276-4022-1(1))* Forgotten Bks.

Dwellers in Arcady: The Story of an Abandoned Farm. Albert Bigelow Paine & Thomas Fogarty. 2017. (ENG., Illus.). (J). pap. *(978-0-649-56616-7(5))* Trieste Publishing Pty Ltd.

Dwellers in Arcady: The Story of an Abandoned Farm (Classic Reprint) Albert Bigelow Paine. 2018. (ENG., Illus.). 268p. (J). 29.44 *(978-0-332-69772-7(X))* Forgotten Bks.

Dwellers in Five-Sisters Court (Classic Reprint) H. E. Scudder. 2018. (ENG., Illus.). 292p. (J). 29.92 *(978-0-483-39300-4(2))* Forgotten Bks.

Dwellers in Gotham. Annan Dale. 2017. (ENG.). 404p. (J). pap. *(978-3-7446-9267-0(1))* Creation Pubs.

Dwellers in Gotham: A Romance of New York (Classic Reprint) Annan Dale. 2017. (ENG., Illus.). (J). 32.19 *(978-1-5281-7112-0(8))* Forgotten Bks.

Dwellers in the Hills (Classic Reprint) Melville Davisson Post. 2018. (ENG., Illus.). 290p. (J). 29.88 (978-0-365-45797-8(3)) Forgotten Bks.

Dwellers in the Mist (Classic Reprint) Norman MacLean. 2018. (ENG., Illus.). 284p. (J). 29.75 (978-0-483-91438-4(X)) Forgotten Bks.

Dwellers in Vale Sunrise: How They Got Together & Lived Happy Ever after; a Sequel to the Natural Man; Being an Account of the Tribes of Him (Classic Reprint) John William Lloyd. (ENG., Illus.). (J). 2018. 200p. 28.02 (978-0-483-42551-4(6)); 2016. pap. 10.57 (978-1-334-29298-9(1)) Forgotten Bks.

Dwelling-Place of Light (Classic Reprint) Winston Churchill. 2017. (ENG., Illus.). (J). 33.82 (978-1-5280-8952-4(9)) Forgotten Bks.

Dwight D. Eisenhower. Miriam Aronin. 2016. (First Look at America's Presidents Ser.). (ENG., Illus.). 24p. (J). (gr. -1-3). 26.99 (978-1-943553-31-0(9)) Bearport Publishing Co., Inc.

Dwight D. Eisenhower. Tamara L. Britton. (United States Presidents Ser.). (ENG., Illus.). (J). 2020. 48p. (gr. 3-6). lib. bdg. 35.64 (978-1-5321-9347-7(5), 34851, Checkerboard Library); 2016. 40p. (gr. 2-5). lib. bdg. 35.64 (978-1-68078-091-8(3), 21799, Big Buddy Bks.) ABDO Publishing Co.

Dwight D. Eisenhower: Our 34th President. Sarah Hansen. 2020. (United States Presidents Ser.). (ENG.). 48p. (J). (gr. 3-6). lib. bdg. 41.36 (978-1-5038-4425-4(0), 214202) Child's World, Inc, The.

Dwight Knows Random Facts. Tracilyn George. 2023. (ENG.). 26p. (J). pap. 12.99 (978-1-77475-787-1(7)) Draft2Digital.

DWOBAS Method: Start Your Business with Success in Mind. Timea Ashraf. 2021. (ENG.). 134p. (YA). pap. (978-1-329-04885-0(7)) Lulu Pr., Inc.

D.W.'s Library Card see D. W. y el Carne de Biblioteca

Dyani the Super Swimmer. Stephanie Sage. Illus. by Paula Vidal. 2022. (ENG.). 34p. (J). pap. 14.99 (978-1-5243-1830-7(2)) Lantia LLC.

Dyce the Pony: A Barrel Racing Adventure. Teresa Watson. 2022. (ENG.). 30p. (J). 24.95 (978-1-63710-665-5(3)) Fulton Bks.

Dyer's Hand. Tracy Vonder Brink. 2020. (ENG.). 30p. (J). pap. (978-1-922374-92-9(X)) Library For All Limited.

Dying Bryan. Joe Billington. 2017. (ENG., Illus.). (J). pap. (978-3-7103-3378-1(4)) united p.c. Verlag.

Dying Fires (Classic Reprint) Allan Monkhouse. 2018. (ENG., Illus.). 338p. (J). 30.89 (978-0-483-67955-9(0)) Forgotten Bks.

Dying of the Light (Skulduggery Pleasant, Book 9) Derek Landy. 2019. (Skulduggery Pleasant Ser.: 9). (ENG.). 624p. (J). 7.99 (978-0-00-826644-8(1), HarperCollins Children's Bks.) HarperCollins Pubs. Ltd. GBR. Dist: HarperCollins Pubs.

Dying Off: Endangered Plants & Animals, 1 vol. Alex David. 2019. (Taking Action on Climate Change Ser.). (ENG.). 64p. (J). (gr. 6-6). pap. 16.28 (978-1-5026-5231-7(5), c4398af3-9733-40db-8ab6-30e00844d2a7) Cavendish Square Publishing LLC.

Dyingly Love You: Dyingly Love You. S. P. Deshpande. 2021. (ENG.). 148p. (YA). pap. 13.04 (978-1-68494-227-5(6)) Notion Pr., Inc.

Dylan & His Magical Robot. Sol Regwan. Illus. by Taranggana. 2019. (ENG.). 30p. (J). (gr. k-3). 16.99 (978-1-0878-4815-0(6)) Indy Pub.

Dylan & His Magical Robot. Sol Regwan. 2018. (ENG., Illus.). 30p. (J). (gr. k-6). 21.99 (978-1-387-59644-7(6)); pap. 15.99 (978-1-387-59646-1(2)) Lulu Pr., Inc.

Dylan & His Magical Robot Dyslexic Font. Sol Regwan. (Illus.). (J). (gr. k-6). 2022. (SPA.). 142p. pap. (978-1-387-59648-5(9)); 2018. (ENG., 30p. 21.99 (978-1-387-59647-8(0)) Lulu Pr., Inc.

Dylan & the Dinosaurs. Dominic McNally. 2019. (ENG.). 36p. (J). pap. 10.96 (978-0-244-98846-3(3)) Lulu Pr., Inc.

Dylan Discovers Shona: Vol. 1: a Delightful Book That Introduces Young Readers to the Shona Language. Batsirai Madzonga & Debbie Madzonga. 2023. (ENG.). 40p. (J). (978-1-4477-5328-5(3)) Lulu Pr., Inc.

Dylan I Love You All Ways. Marianne Richmond. Illus. by Dubravka Kolanovic. 2023. (I Love You All Ways Ser.). (ENG.). 32p. (J). (gr. -1-3). 8.99 (978-1-7282-7347-1(1)) Sourcebooks, Inc.

Dylan Just Couldn't Do It. C. A. Harris. 2023. (ENG.). 22p. (J). pap. (978-1-914560-65-1(5)) Fisher King Publishing.

Dylan Mcfinn & the Sea Serpent's Fury. Liam Jenkins. 2022. (ENG.). 220p. (J). pap. (978-1-80378-013-9(4)) Cranthorpe Millner Pubs.

Dylan Murphy & the Harvest Moon. Brian Glenn. 2019. (Eldora Chronicles XI Ser.). (ENG.). 222p. (YA). pap. 17.95 (978-1-64531-271-0(2)) Newman Springs Publishing, Inc.

Dylan on the North Pole Express. J. D. Green. 2019. (North Pole Express Ser.). (ENG.). 32p. (J). (gr. -1-3). 7.99 (978-1-7282-0325-6(2)) Sourcebooks, Inc.

Dylan Santa's Secret Elf. Put Me In The Story & Katherine Sully. Illus. by Julia Seal. 2018. (Santa's Secret Elf Ser.). (ENG.). 32p. (J). (gr. k-3). 5.99 (978-1-4926-8134-2(2)) Sourcebooks, Inc.

Dylan the Deer: A Chesapeake Bay Adventure. Cindy Freland. I.t. ed. 2021. (ENG.). 36p. (J). 18.00 (978-1-0880-0216-2(1)); pap. 12.00 (978-1-0880-0161-5(0)) Maryland Secretarial Services, Inc.

Dylan the Dump Truck. Peter Bently. Illus. by Sébastien Chebret. 2020. (Whizzy Wheels Academy Ser.). (ENG.). 24p. (J). (gr. -1-1). lib. bdg. 26.65 (978-0-7112-4348-4(4), 8c07e0c4-af08-4cfc-b3f5-60e2b157b0a7) QEB Publishing Inc.

Dylan the Villain. Illus. by K. G. Campbell. 2016. (J). (978-0-698-40517-2(X)) Penguin Bks., Ltd.

Dylan the Villain. K. G. Campbell. Illus. by K. G. Campbell. 2016. (Illus.). 32p. (J). (gr. -1-1). 17.99 (978-0-451-47642-5(5), Viking Books for Young Readers) Penguin Young Readers Group.

Dylan 'Twas the Night Before Christmas. Illus. by Lisa Alderson. 2019. (Night Before Christmas Ser.). (ENG.). 32p. (J). (gr. -1-3). 7.99 (978-1-7282-0218-1(3)) Sourcebooks, Inc.

Dylan's Adventure into the Unknown. Spela Perc. 2021. (ENG.). 62p. (J). (978-0-2288-2325-4(0)); pap. (978-0-2288-2324-7(2)) Tellwell Talent.

Dylan's Christmas Wish. Put Me In The Story & J. D. Green. Illus. by Julia Seal. 2018. (Christmas Wish Ser.). (ENG.). 32p. (J). (gr. k-3). 6.99 (978-1-4926-8319-3(1)) Sourcebooks, Inc.

Dylan's Dragon. Annie Silvestro. Illus. by Ben Whitehouse. 2021. (ENG.). 32p. (J). (gr. -1-3). 16.99 (978-0-8075-1742-0(9), 807517429) Whitman, Albert & Co.

Dylan's Questions. Claire Daniel. Illus. by Juan Bautista Juan. 2023. (ENG.). 16p. (J). (gr. -1-1). pap. 33.00 (978-1-4788-0519-9(6), afd848c5-2bcf-4418-9af8-fe300cb9f99a) Newmark Learning LLC.

Dylights. Zack Dyl. 2019. (ENG.). 58p. (J). pap. 11.95 (978-1-64654-111-9(1)) Fulton Bks.

Dylights 3. Zack Dyl. 2020. (ENG.). 58p. (J). pap. 11.95 (978-1-64952-174-3(X)) Fulton Bks.

Dymphna the Dowdy Dragon. Kathleen S. Clymer. 2022. (ENG.). 102p. (YA). pap. 25.95 (978-1-63860-547-8(5)) Fulton Bks.

Dynamic Dots! Connect the Dots Activity Book. Kreative Kids. 2016. (ENG., Illus.). (J). pap. 10.81 (978-1-68377-128-9(1)) Whike, Traudl.

Dynamic Dots for Terrific Tots: Connect the Dots Activity Book. Kreative Kids. 2016. (ENG., Illus.). (J). pap. 10.81 (978-1-68377-126-5(5)) Whike, Traudl.

Dynamic Dots for Tots: Connect the Dots Activity Book. Kreative Kids. 2016. (ENG., Illus.). (J). pap. 10.81 (978-1-68377-127-2(3)) Whike, Traudl.

Dynamic Drawers! How to Draw Activity Book. Kreative Kids. 2016. (ENG., Illus.). (J). pap. 9.20 (978-1-68377-129-6(X)) Whike, Traudl.

Dynamic Modern Women Series, 4 vols. Laurie Lindop. Incl. Athletes. (YA). (gr. 7-18). lib. bdg. 24.90 (978-0-8050-4167-5(2)); Champions of Equality. (J). (gr. 7-18). lib. bdg. 24.90 (978-0-8050-4165-1(6)); Scientists & Doctors. (YA). (gr. 4-6). lib. bdg. 24.90 (978-0-8050-4166-8(4)); (Illus.). 128p. 1997. Set pap. 57.53 (978-0-8050-5383-8(2), Twenty-First Century Bks.) Lerner Publishing Group.

Dynamic Website Developers. Heather C. Hudak. 2018. (It's a Digital World! Ser.). (ENG., Illus.). 32p. (J). (gr. 3-6). lib. bdg. 32.79 (978-1-5321-1532-5(6), 28918, Checkerboard Library) ABDO Publishing Co.

Dynamic World of Chemical Reactions with Max Axiom, Super Scientist: 4D an Augmented Reading Science Experience. Agnieszka Biskup & Amber J. Keyser. Illus. by Cynthia Martin. 2019. (Graphic Science 4D Ser.). (ENG.). 32p. (J). (gr. 3-9). pap. 7.95 (978-1-5435-6005-3(9), 140067); lib. bdg. 36.65 (978-1-5435-5872-2(0), 139796) Capstone.

Dynamic World of Drones: Max Axiom STEM Adventures. Nikole Brooks Bethea. Illus. by Iman Max. 2017. (STEM Adventures Ser.). (ENG.). 32p. (J). (gr. 3-9). lib. bdg. 31.32 (978-1-5157-7390-0(6), 135720, Capstone Pr.) Capstone.

Dynamical Theory of the Formation of the Earth, Vol. 2 (Classic Reprint) Archibald Tucker Ritchie. 2018. (ENG., Illus.). 644p. (J). 37.18 (978-0-365-15470-9(9)) Forgotten Bks.

Dynamite Adventures of Drew Sketcher. Charles Williams. 2018. (ENG., Illus.). 36p. (J). pap. 9.99 (978-1-945532-54-2(8)) Opportune Independent Publishing Co.

Dynamite Dinos! a Super Fun Dinosaur Coloring Book. Jupiter Kids. 2016. (ENG., Illus.). 106p. (J). pap. 12.55 (978-1-68326-305-0(7), Jupiter Kids (Childrens & Kids Fiction)) Speedy Publishing LLC.

Dynamite on the Diamond. Donald B. Lucas. 2020. (ENG.). 218p. (YA). 33.95 (978-1-4808-9697-0(7)); pap. 15.99 (978-1-4808-9699-4(3)) Archway Publishing.

Dynamite Stories & Some Interesting Facts about Explosives (Classic Reprint) Hudson Maxim. (ENG., Illus.). (J). 2017. 28.93 (978-0-331-80940-4(0)); 2016. pap. 11.57 (978-1-333-45584-2(4)) Forgotten Bks.

Dynamiter. Robert Louis Stevenson. 2017. (ENG., Illus.). (J). 24.95 (978-1-374-91414-8(2)); pap. 14.95 (978-1-374-91413-1(4)) Capital Communications, Inc.

Dynamometers & the Measurement of Power: A Treatise on the Construction & Application of Dynamometers (Classic Reprint) John Joseph Flather. 2018. (ENG., Illus.). 428p. (J). 32.72 (978-0-666-85349-3(5)) Forgotten Bks.

Dynasty: A Novel of Chicago's Industrial Evolution (Classic Reprint) Max Skiovsky. (ENG., Illus.). (J). 2018. 216p. 28.37 (978-0-483-99360-0(3)); 2017. pap. 10.97 (978-0-243-38526-3(9)) Forgotten Bks.

Dynestie Mathematics First Edition. Michael Devinci. 2017. (ENG., Illus.). 36p. (J). pap. (978-1-387-12084-0(0)) Lulu Pr., Inc.

Dynevor Terrace: Or the Clue of Life (Classic Reprint) Charlotte Mary Yonge. 2018. (ENG., Illus.). 620p. (J). 36.68 (978-0-365-47536-1(X)) Forgotten Bks.

Dynevor Terrace, Vol. 1 Of 2: Or, the Clue of Life (Classic Reprint) Charlotte Mary Yonge. 2017. (ENG., Illus.). 340p. (J). 30.91 (978-0-332-87740-2(X)) Forgotten Bks.

Dynevor Terrace, Vol. 2 Of 2: Or, the Clue of Life (Classic Reprint) Unknown Author. 2018. (ENG., Illus.). (J). 30.91 (978-0-260-27777-0(0)) Forgotten Bks.

Dynor & Eenar. Joel Meer. Illus. by David Andre. 2020. (ENG.). 34p. (J). (978-0-578-80543-6(X)); pap. (978-0-578-80540-5(5)) Dr Joe.

Dysasters. P.c. Cast. 2019. (ENG.). (YA). (gr. 7-13). pap. 11.99 (978-1-250-22515-3(9), Wednesday Bks.) St. Martin's Pr.

Dysasters: the Graphic Novel: Volume 1. P.c. Cast & Kristin Cast. 2020. (Dysasters Ser.). (ENG., Illus.). 128p. (J). pap. 16.99 (978-1-250-26877-8(X), 900222709, Wednesday Bks.) St. Martin's Pr.

Dysfunctional Family. Meryl McCurry. 2021. (ENG.). 328p. (YA). pap. 9.99 (978-1-7358010-9-4(7)) Stellar Literary.

Dyslexia: Understand Your Mind & Body (Engaging Readers, Level 3) Alexis Roumanis. I.t. ed. 2023. (Understand Your Mind & Body Ser.). (ENG., Illus.). 32p. (J). (978-1-77878-165-0(9)); pap. (978-1-77878-166-7(7)) AD Classic.

Dyslexia Assessment. Gavin Reid & Jennie Guise. 2017. (ENG.). 176p. pap. (978-1-4729-4508-2(5), 337029, Bloomsbury Education) Bloomsbury Publishing Plc.

Dyslexia Next Steps for Teens: Everything You Need to Know about College, University & the Workplace. Ann-Marie McNicholas. 2018. (Illus.). 88p. pap. 17.95 (978-1-78592-559-7(8), 696888) Kingsley, Jessica Pubs. GBR. Dist: Hachette UK Distribution.

Dysnomia: Outcasts on a Distant Moon. Jenny Story. 2016. (ENG., Illus.). 234p. (J). (gr. 4-6). pap. (978-0-9953111-2-1(9)) Walmsley, Janet.

Dyspeptic Ogre: A Modernized Fairy Play; Opus 57 (Classic Reprint) Percival Wilde. (ENG., Illus.). (J). 2018. 38p. 24.68 (978-0-267-31925-1(8)); 2016. pap. 7.97 (978-1-333-47883-4(6)) Forgotten Bks.

Dystopia 2153: Escape from the Rathouse. W. L. Liberman. Illus. by Miranda McGuire. 2018. (ENG.). 76p. (J). pap. (978-1-987834-08-6(9)) TEACH Magazine.

Dzcouvre la Vie Avec Gaspard et Ses Amis. R. Mach. 2018. (FRE., Illus.). 230p. (J). pap. (978-0-244-40704-9(5)) Lulu Pr., Inc.

E

E? Contrib. by Mary Elizabeth Salzmann. 2023. (Long Vowels Ser.). (ENG.). 24p. (J). (gr. -1-2). lib. bdg. 31.36 (978-1-0982-8262-2(0), 42236, Abdo Zoom-Launch) ABDO Publishing Co.

E. Xist Publishing. 2019. (Discover the Alphabet Ser.). (ENG.). 20p. (J). (gr. -1-1). pap. 24.99 (978-1-5324-1357-5(2)) Xist Publishing.

E. Xist Publishing & Xist Publishing. 2019. (Discover the Alphabet Ser.). (ENG.). 22p. (J). (gr. -1-1). 22.99 (978-1-5324-1303-2(3)) Xist Publishing.

E: Volve. Dominic DiMarco. 2020. (ENG.). 382p. (YA). pap. 18.99 (978-1-393-82277-6(0)) Draft2Digital.

E. A. Rabbit Crimefighter the Case of Milo Mole. Randy A. Abar. 2022. (ENG., Illus.). 28p. (J). pap. 14.95 (978-1-63881-693-5(X)) Newman Springs Publishing, Inc.

E-Ability: Robots in the Community. Nathan Nganji & Shawn Nganji. 2022. (ENG.). 84p. (J). pap. 10.00 (978-1-7782677-2-7(6)) Your Destiny Productions.

E. Burke Collins: One of the Foremost Writers of America, Author of a Modern Heathen, Tony, etc;, etc (Classic Reprint) Unknown Author. 2018. (ENG., Illus.). 270p. (J). 29.47 (978-0-267-26476-6(3)) Forgotten Bks.

E-Cigarette & Vaping Risks. Stephanie Lundquist-Arora. 2020. (Drug Risks Ser.). (ENG.). 80p. (YA). (gr. 6-12). 41.27 (978-1-68282-903-5(0)) ReferencePoint Pr., Inc.

E-Cigarettes: Affecting Lives. Jeanne Marie Ford. 2021. (Affecting Lives: Drugs & Addiction Ser.). (ENG.). 32p. (J). (gr. 4-7). lib. bdg. 35.64 (978-1-5038-4487-2(0), 214254, MOMENTUM) Child's World, Inc, The.

E-Cigarettes & Their Dangers. Kari A. Cornell. 2019. (Drugs & Their Dangers Ser.). (ENG.). 80p. (YA). (gr. 6-12). 41.27 (978-1-68282-705-5(4), BrightPoint Pr.) ReferencePoint Pr., Inc.

E-Commerce. Breanne LaCamera. 2019. (21st Century Skills Innovation Library: Disruptors in Tech Ser.). (ENG., Illus.). 32p. (J). (gr. 4-8). pap. 14.21 (978-1-5341-5041-6(2), 213471); lib. bdg. 32.07 (978-1-5341-4755-3(1), 213470) Cherry Lake Publishing.

E. D. Camps, Adventure Awaits. Lindsay Gonzales. Illus. by Yuliia Zolotova. 2023. (E. D. Camps Ser.: Vol. 1). (ENG.). 40p. (J). 24.00 (978-1-956203-32-5(X)); pap. 15.00 (978-1-956203-31-8(1)) Hispanic Institute of Social Issues. (Many Seasons Pr.).

E el GI Piddr. Dawn Doig. 2018. (ENG.). 64p. (J). pap. 13.99 (978-1-948390-01-9(9)) Pen It Pubns.

E Famia Ku a Haña Abusu Na Lugá Di Hustisia Despues Ku a Hasi Denunsia Di Insesto: Ku Mi No Por Konfia Mi Tata, Ken Mi Por Konfia? Paris Myers. 2021. (PAP.). 75p. (J). pap. (978-1-7947-8038-5(6)) Lulu Pr., Inc.

E Free Island. Elizabeth Stryker. 2018. (ENG., Illus.). 144p. (J). pap. (978-0-244-98677-3(0)) Lulu Pr., Inc.

E Gadfly (Classic Reprint) E. L. Voynich. 2018. (ENG., Illus.). 386p. (J). 31.86 (978-0-428-84671-8(8)) Forgotten Bks.

E Is for Easter, 1 vol. Illus. by Greg Paprocki. 2019. (BabyLit Ser.). 32p. (J). (— 1). bds. 12.99 (978-1-4236-5091-1(3)) Gibbs Smith, Publisher.

E Is for Egg Tart: A Multicultural Alphabet Book. Jessica Lam. 2021. (Multicultural Alphabet Book Ser.: 1). (ENG.). 32p. (J). 24.99 (978-1-7367101-2-8(5)) Gallagher, Jessica.

E Is for Eiffel Tower: A France Alphabet. Helen Wilbur & Helen L Wilbur. 2016. (Av2 Fiction Readalong 2017 Ser.). (ENG.). (J). (gr. k-6). 34.28 (978-1-4896-5209-6(4), AV2 by Weigl) Weigl Pubs., Inc.

E Is for Elephant. Meg Gaertner. 2021. (Alphabet Fun Ser.). (ENG., Illus.). 24p. (J). (gr. k-1). pap. 8.95 (978-1-64619-396-7(2)); lib. bdg. 28.50 (978-1-64619-369-1(5)) Little Blue Hse. (Little Blue Readers).

E Is for Elijah: Now I Know My ABCs & 123s Coloring & Activity Book with Writing & Spelling Exercises (Age 2-6) 128 Pages. Crawford House Learning Books. 2020. (ENG.). 130p. (J). pap. (978-1-989828-18-2(3)) Crawford Hse.

E Is for Emery: Now I Know My ABCs & 123s Coloring & Activity Book with Writing & Spelling Exercises (Age 2-6) 128 Pages. Crawford House Learning Books. 2020. (ENG.). 130p. (J). pap. (978-1-7770594-8-4(8)) Crawford Hse.

E Is for Emily: Now I Know My ABCs & 123s Coloring & Activity Book with Writing & Spelling Exercises (Age 2-6) 128 Pages. Crawford House Learning Books. 2020. (ENG.). 130p. (J). pap. (978-1-7770594-9-1(6)) Crawford Hse.

E Is for Emma: Now I Know My ABCs & 123s Coloring & Activity Book with Writing & Spelling Exercises (Age 2-6) 128 Pages. Crawford House Learning Books. 2020. (ENG.). 130p. (J). pap. (978-1-989828-19-9(1)) Crawford Hse.

E Is for Escuela. Shawna Bishop Simmons. 2022. (ENG.). 24p. (J). pap. 9.99 (978-1-7372791-2-9(6)) Mindstir Media.

E Is for Essie Elephant: Reading/Coloring Activity Book. Tracey Conley Bray. 2019. (ENG.). 46p. (J). pap. (978-1-7947-2983-4(6)) Lulu Pr., Inc.

E Is for Ethan: Now I Know My ABCs & 123s Coloring & Activity Book with Writing & Spelling Exercises (Age 2-6) 128 Pages. Crawford House Learning Books. 2020. (ENG.). 130p. (J). pap. (978-1-989828-45-8(0)) Crawford Hse.

E Is for Evelyn: Now I Know My ABCs & 123s Coloring & Activity Book with Writing & Spelling Exercises (Age 2-6) 128 Pages. Crawford House Learning Books. 2020. (ENG.). 130p. (J). pap. (978-1-989828-58-8(2)) Crawford Hse.

E Is for Everyone! Every Vote & Every Voice: A Democracy Alphabet. Elissa Grodin. Illus. by Victor Juhasz. 2020. (ENG.). 32p. (J). (gr. k-3). 15.99 (978-1-5341-1136-3(0), 205086) Sleeping Bear Pr.

E. K. Means (Classic Reprint) E. K. Means. 2018. (ENG., Illus.). 418p. (J). 32.52 (978-0-267-51904-0(4)) Forgotten Bks.

E. M. Sanchez & the Missing Acorns. Autumn Siders. Illus. by Carli Gauvin. 2022. (E. M. Sanchez Ser.: Vol. 2). (ENG.). 112p. (J). pap. 10.00 (978-1-7364919-2-8(X)) Siders, Autumn.

E-Sports & the World of Competitive Gaming. Heather L. Bode. 2019. (World of Video Games Ser.). (ENG.). 80p. (YA). (gr. 6-12). (978-1-68282-557-0(4)) ReferencePoint Pr., Inc.

E-Sports Competitions. Meg Marquardt. 2017. (ESports: Game On! Ser.). (ENG.). 48p. (J). (gr. 5-8). 29.27 (978-1-59953-893-8(8)) Norwood Hse. Pr.

E-Sports Game Design. Cecilia Pinto McCarthy. 2017. (ESports: Game On! Ser.). (ENG., Illus.). 48p. (J). (gr. 5-8). 29.27 (978-1-59953-892-1(X)) Norwood Hse. Pr.

E. T. Entanglement: #2. Mike Allegra. Illus. by Kiersten Eagan. 2021. (Kimmie Tuttle Ser.). (ENG.). 112p. (J). (gr. 2-5). lib. bdg. 38.50 (978-1-0982-3165-1(1), 38714, Calico Chapter Bks.) ABDO Publishing Co.

E. T. the Extra-Terrestrial: The Classic Illustrated Storybook. Illus. by Kim Smith. 2017. (Pop Classics Ser.: 3). 40p. (J). (gr. -1-3). 18.99 (978-1-68369-010-8(9)) Quirk Bks.

E. T. the Extra-Terrestrial (Funko Pop!) Arie Kaplan. Illus. by Chris Fennell. 2022. (Little Golden Book Ser.). 24p. (J). (-k). 5.99 (978-0-593-48300-8(6), Golden Bks.) Random Hse. Children's Bks.

E-Textiles. Jan Toth-Chernin. 2017. (Makerspace Ser.). (ENG.). 32p. (J). (gr. 4-8). lib. bdg. 29.99 (978-1-5105-2019-6(8)) SmartBook Media, Inc.

E, the Complete & Somewhat Mad History of the Family of Montague Vincent, Esq., Gent (Classic Reprint) Julian Hinckley. 2017. (ENG., Illus.). (J). 32.08 (978-0-265-20009-4(1)); pap. 16.57 (978-1-5276-6900-0(9)) Forgotten Bks.

E-Waste. David M. Barker. 2017. (Ecological Disasters Ser.). (ENG., Illus.). 112p. (J). (gr. 6-12). lib. bdg. 41.36 (978-1-5321-1022-1(7), 25620, Essential Library) ABDO Publishing Co.

E-Waste in Guiyu, China. Shannon Berg. 2019. (21st Century Disasters Ser.). (ENG., Illus.). 32p. (J). (gr. 2-3). pap. 9.95 (978-1-64185-807-6(9), 1641858079); lib. bdg. 31.35 (978-1-64185-738-3(2), 1641857382) North Star Editions. (Focus Readers).

E-Z Clothin', 5000 vols., vol. 5000. Created by george lawson-easley & prince george. movie tie-in ed. 2019. (ENG.). (YA). (gr. 7-17). 10.95 net. (978-0-9785256-2-0(0), E-z Clothin') Prince Zone Publishing.

E-Z Dickens Superhero Complete Series Books 1-4: Tattoo Angel; the Three; Red Room; on Ice. Cathy McGough. 2021. (E-Z Dickens Superhero Ser.). (ENG.). 760p. (J). pap. (978-1-990332-02-9(1)) McGough, Cathy.

E-Z Dickens Superhero: Book Four: on Ice. Cathy McGough. 2021. (E-Z Dickens Superhero Ser.: Vol. 4). (ENG.). 362p. (J). pap. (978-1-988201-79-5(9)) McGough, Cathy.

E-Z Dickens Superhero: Book One: Tattoo Angel. Cathy McGough. 2020. (E-Z Dickens Superhero Ser.: Vol. 1). (ENG.). 282p. (J). pap. (978-1-988201-65-8(9)) McGough, Cathy.

E-Z Dickens Superhero: Book Two: the Three. Cathy McGough. 2020. (E-Z Dickens Superhero Ser.: Vol. 2). (ENG.). 282p. (J). pap. (978-1-988201-75-7(6)) McGough, Cathy.

E-Z Dickens Superhero Book Three: Red Room. Cathy McGough. 2021. (ENG.). 282p. (J). pap. (978-1-988201-94-8(2)) McGough, Cathy.

Ea. Contrib. by Mary Elizabeth Salzmann. 2023. (Vowel Teams Ser.). (ENG.). 24p. (J). (gr. -1-2). lib. bdg. 31.36 (978-1-0982-8283-7(3), 42299, Abdo Zoom-Launch) ABDO Publishing Co.

Each & All. Jane Andrews. 2017. (ENG.). 190p. (J). pap. (978-3-337-36666-7(X)) Creation Pubs.

Each & All: A Companion to the Seven Little Sisters Who Live on the Round Ball That Floats in the Air, Ten Boys Who Lived on the Road from Long Ago to Now, Geographical Plays, etc (Classic Reprint) Jane Andrews. 2018. (ENG., Illus.). 170p. (J). 27.40 (978-0-267-62014-2(4)) Forgotten Bks.

Each Crossroad Sign Was Labeled Lies. Joseph Sizemore. 2021. (ENG.). 58p. (J). 35.04 (978-1-6671-1849-9(8)) Lulu Pr., Inc.

Each for Himself, or the Two Adventurers (Classic Reprint) Friedrich Gerstaecker. (ENG., Illus.). (J). 2018. 452p. 33.22 (978-0-364-24864-5(5)); 2017. pap. 16.57 (978-0-243-20157-0(5)) Forgotten Bks.

Each Life Unfulfilled (Classic Reprint) Anna Chapin Ray. (ENG., Illus.). (J). 2018. 268p. 29.42 (978-0-267-31727-1(1)); 2016. pap. 11.97 (978-1-333-46790-6(7)) Forgotten Bks.

Each Night Was Illuminated. Jodi Lynn Anderson. 2022. (ENG.). 256p. (YA). (gr. 9). 17.99 (978-0-06-239357-9(X), Quill Tree Bks.) HarperCollins Pubs.

558 The check digit for ISBN-10 appears in parentheses after the full ISBN-13

Each of Us a Desert. Mark Oshiro. (ENG.). 432p. (YA). 2021. pap. 19.99 *(978-1-250-16922-8(4),* 900187877); 2020. (Illus.). 17.99 *(978-1-250-16921-1(6),* 900187876) Doherty, Tom Assocs., LLC. (Tor Teen).

Each of Us a Universe. Jeanne Zulick Ferruolo & Ndengo Gladys Mwilelo. 2022. (ENG.). 320p. (J). 16.99 *(978-0-374-38868-3(7),* 900243248, Farrar, Straus & Giroux (BYR)) Farrar, Straus & Giroux.

Each of Us a Universe. Jeanne Zulick Ferruolo & Ndengo Gladys Mwilelo. 2023. (ENG.). 320p. (J). pap. 9.99 *(978-1-250-80295-8(4),* 900243249) Square Fish.

Each One Precious. Natasha Stonehouse. 2017. (ENG., Illus.). (J). pap. 12.45 *(978-1-5127-9296-6(9),* WestBow Pr.) Author Solutions, LLC.

Each Tiny Spark. Pablo Cartaya. (ENG.). (J). (gr. 5). 2020. 352p. 8.99 *(978-0-451-47974-7(2),* Puffin Books); 2019. 336p. 17.99 *(978-0-451-47972-3(6),* Kokila) Penguin Young Readers Group.

Each to the Other: A Novel in Verse (Classic Reprint) Christopher La Farge. 2017. (ENG., Illus.). (J). 32.77 *(978-0-331-48859-3(0));* pap. 16.57 *(978-0-260-87286-9(5))* Forgotten Bks.

Eagle. Melissa Gish. 2019. (Spotlight on Nature Ser.). (ENG.). 32p. (J). (gr. 4-7). pap. 9.99 *(978-1-62832-744-1(8),* 19177, Creative Paperbacks) Creative Co., The.

Eagle. August Hoeft. (I See Animals Ser.). (ENG.). (J). (gr. k-1). 2022. 20p. 24.99 ***(978-1-5324-3402-0(2))***; 2022. 20p. pap. 12.99 ***(978-1-5324-4205-6(X))***; 2020. 12p. pap. 5.99 *(978-1-5324-1483-1(8))* Xist Publishing.

Eagle, 1861, Vol. 2: A Magazine Support by Members of St. John's College (Classic Reprint) St. John'S College. 2018. (ENG., Illus.). 360p. (J). 31.32 *(978-0-483-26237-9(4))* Forgotten Bks.

Eagle, 1936, Vol. 6 (Classic Reprint) Rupert's Land College. (ENG., Illus.). (J). 2018. 38p. 24.68 *(978-0-666-92668-5(9));* 2017. pap. 7.97 *(978-0-259-87495-9(7))* Forgotten Bks.

Eagle & the Bear. B. Smith. Illus. by Joseph Koensgen. 2021. (ENG.). 36p. (J). *(978-1-0391-0559-1(9));* pap. *(978-1-0391-0558-4(0))* FriesenPress.

Eagle & the Beautiful Game. M. C. Stephens. 2020. (ENG.). 152p. (J). pap. *(978-1-78465-745-1(X),* Vanguard Press) Pegasus Elliot Mackenzie Pubs.

Eagle & the Chickens. Carl Sommer. Illus. by Noé. 2016. (J). *(978-1-57537-945-6(7))* Advance Publishing, Inc.

Eagle & the Phoenix - Coventry Stories for Young People. Sheila Woolf. 2020. (ENG.). 120p. (J). pap. *(978-1-908837-17-2(9))* Takahe Publishing Ltd.

Eagle & the Raven. Maggie Shaw. Illus. by Maggie Shaw. 2021. (ENG.). 232p. (YA). pap. *(978-1-8381313-6-4(1))* Eregendal.

Eagle. Animals in the Wild. Renee Rahir. 2017. (Animals in the Wild Ser.). (ENG., Illus.). 32p. (J). (gr. k-k). 16.95 *(978-1-60537-353-9(2))* Clavis ROM. Dist: Publishers Group West (PGW).

Eagle Blood (Classic Reprint) James Creelman. (ENG., Illus.). (J). 2018. 490p. 34.00 *(978-0-267-40957-0(5));* 2016. pap. 16.57 *(978-1-334-22915-2(5))* Forgotten Bks.

Eagle Creek: A Mystery Novel. R. J. Bales. 2021. (ENG.). 290p. (YA). 30.95 *(978-1-63710-217-6(8));* pap. 19.95 *(978-1-63710-215-2(1))* Fulton Bks.

Eagle, Crow & Emu: Bird Stories. Jill Milroy & Gladys Milroy. 2017. (Illus.). 88p. (J). (gr. 2-4). 9.95 *(978-1-925163-71-1(7))* Fremantle Pr. AUS. Dist: Independent Pubs. Group.

Eagle Drums. Contrib. by Rainey Nasugraq Hopson. 2023. (ENG., Illus.). 256p. (J). 18.99 *(978-1-250-75065-5(2),* 900224676) Roaring Brook Pr.

Eagle Eye. Daniel Glock. 2022. (Illus.). 32p. (J). pap. 9.99 *(978-1-6678-6677-2(X))* BookBaby.

Eagle Eye: Find the Pictures Activity Book. Activibooks For Kids. 2016. (ENG., Illus.). (J). pap. 7.55 *(978-1-68321-318-5(1))* Mimaxion.

Eagle-Eyed: Are Eagles Sharp-Sighted? Laura Perdew. 2022. (Animal Idioms Ser.). (ENG., Illus.). 32p. (J). (gr. 2-3). pap. 9.95 *(978-1-64494-646-6(7))* North Star Editions.

Eagle-Eyed: Are Eagles Sharp-Sighted? Are Eagles Sharp-Sighted? Laura Perdew. 2021. (Animal Idioms Ser.). (ENG., Illus.). 32p. (J). (gr. 2-5). lib. bdg. 34.21 *(978-1-5321-9667-6(9),* 38310, Kids Core) ABDO Publishing Co.

Eagle Huntress: The True Story of the Girl Who Soared Beyond Expectations. Aisholpan Nurgaiv. (ENG., Illus.). 208p. (J). (gr. 3-7). 2021. pap. 9.99 *(978-0-316-52262-5(7));* 2020. 17.99 *(978-0-316-52261-8(9))* Little, Brown Bks. for Young Readers.

Eagle Inside. Jack Manning Bancroft. Illus. by Bronwyn Bancroft. 2019. (ENG.). 32p. (J). (— 1). pap. 11.99 *(978-1-76012-527-1(X))* Little Hare Bks. AUS. Dist: Independent Pubs. Group.

Eagle Kite see Cometa Rota

Eagle Learns about Christmas - el Águila Aprende Sobre la Navidad. Ledezna Puerto. Illus. by Laura Gutierrez Cortes & Lucia Doblas Gutierrez. 2018. (MUL.). 52p. (J). pap. 13.95 *(978-1-64471-035-7(8))* Covenant Bks.

Eagle Mother. Hetxw'ms Gyetxw Brett D. Huson. Illus. by Natasha Donovan. 2020. (Mothers of Xsan Ser.: 3). (ENG.). 32p. (J). (gr. 4-6). 23.00 *(978-1-55379-859-0(7),* HighWater Pr.) Portage & Main Pr. CAN. Dist: Orca Bk. Pubs. USA.

Eagle Nest. Pamela Dell. Illus. by Begoña Corbalán. 2016. (Spring Forward Ser.). (J). (gr. 1). *(978-1-4900-9382-6(6))* Benchmark Education Co.

Eagle of Rome: A Lottie Lipton Adventure. Dan Metcalf. Illus. by Rachelle Panagarry. 2017. (Adventures of Lottie Lipton Ser.). (ENG.). 80p. (J). (gr. 2-5). pap. 6.99 *(978-1-5124-8187-7(4),* c93d2499-cc33-4c5f-a008-6dd45c987a49, Darby Creek) Lerner Publishing Group.

Eagle of the Empire: A Story of Waterloo. Cyrus Townsend Brady. 2019. (ENG.). 262p. (J). pap. *(978-93-5329-840-1(7))* Alpha Editions.

Eagle of the Empire: A Story of Waterloo. Cyrus Townsend Brady. 2017. (ENG., Illus.). (J). 25.95 *(978-1-374-92720-9(1));* pap. 15.95 *(978-1-374-92719-3(8))* Capital Communications, Inc.

Eagle of the Empire: A Story of Waterloo (Classic Reprint) Cyrus Townsend Brady. 2017. (ENG., Illus.). 374p. (J). 31.61 *(978-0-484-62701-6(5))* Forgotten Bks.

Eagle Project. Mandy Imlay. Illus. by Jacqueline Tee. 2020. (ENG.). 106p. (J). pap. *(978-1-83975-051-9(0))* Grosvenor Hse. Publishing Ltd.

Eagle River Ycc, 1978 (Classic Reprint) United States Department Of Agriculture. 2018. (ENG., Illus.). (J). 70p. 25.34 *(978-1-396-74630-7(7));* 72p. pap. 9.57 *(978-1-391-98898-6(1))* Forgotten Bks.

Eagle Soars. Elizabeth Marie. Illus. by Elizabeth Marie. 2022. (Eagle Soars Ser.). (ENG.). 38p. (YA). pap. 12.99 ***(978-1-0880-6653-9(4))*** Indy Pub.

Eagle Soars: A Story about a Mother Letting Go. Margaret Rebello. Illus. by Dana Vacca. 2021. (ENG.). 40p. (J). 30.74 *(978-0-578-81313-4(0))* BookBaby.

Eagle Story: How to Conquer Habits. Institute in Basic Life Principles Staff. Illus. by Severt Anderson. 2016. 78p. (YA). 10.00 *(978-0-916888-69-5(X))* Institute in Basic Life Principles.

Eagle Strike: an Alex Rider Graphic Novel. Anthony Horowitz & Antony Johnston. Illus. by Kanako & Yuzuru. 2017. (Alex Rider Ser.). (ENG.). 176p. (J). (gr. 4-7). pap. 14.99 *(978-0-7636-9256-8(5))* Candlewick Pr.

Eagle Tree: A Novel. Ned Hayes. 2016. (ENG.). 270p. pap. 14.95 *(978-1-5039-3664-5(3),* 9781503936645, Little A) Amazon Publishing.

Eagle, Vol. 1: A Magazine (Classic Reprint) Unknown Author. 2018. (ENG., Illus.). 646p. (J). 37.22 *(978-0-483-32034-5(X))* Forgotten Bks.

Eagle, Vol. 1: June, 1929 (Classic Reprint) Rupert's Land College. (ENG., Illus.). (J). 2019. 94p. 25.84 *(978-0-365-12426-9(5));* 2017. pap. 9.57 *(978-0-259-84206-4(0))* Forgotten Bks.

Eagle, Vol. 10: June, 1942 (Classic Reprint) Norma Dukes. (ENG., Illus.). (J). 2018. 84p. 25.63 *(978-0-364-95751-6(4));* 2017. pap. 9.57 *(978-0-259-95483-5(7))* Forgotten Bks.

Eagle, Vol. 11: June, 1943 (Classic Reprint) Anne Cunningham. (ENG., Illus.). (J). 2019. 88p. 25.71 *(978-0-365-15642-0(6));* 2017. pap. 9.57 *(978-0-259-86716-6(0))* Forgotten Bks.

Eagle, Vol. 12: June, 1944 (Classic Reprint) Rupert's Land College. (ENG., Illus.). (J). 2018. 68p. 25.30 *(978-0-332-89521-5(1));* 2017. pap. 9.57 *(978-0-259-95358-6(X))* Forgotten Bks.

Eagle, Vol. 2: Rupert's Land College Magazine; May, 1930 (Classic Reprint) Rupert's Land College. (ENG., Illus.). (J). 2018. 82p. 25.59 *(978-0-267-61698-5(8));* 2016. pap. 9.57 *(978-1-334-11632-2(6))* Forgotten Bks.

Eagle, Vol. 3: A Magazine; Supported by Members of St. John's College (Classic Reprint) Unknown Author. (ENG., Illus.). (J). 2018. 404p. 32.23 *(978-0-365-53262-0(2));* 2017. pap. 16.57 *(978-1-5276-5302-3(1))* Forgotten Bks.

Eagle, Vol. 3: June, 1931 (Classic Reprint) Rupert's Land College. (ENG., Illus.). (J). 2018. 78p. 25.51 *(978-0-364-00049-6(X));* 2017. pap. 9.57 *(978-0-243-49304-3(5))* Forgotten Bks.

Eagle, Vol. 4: October, 1932 (Classic Reprint) Rupert's Land College. (ENG., Illus.). (J). 2018. 68p. 25.32 *(978-0-332-81888-7(8));* 2017. pap. 9.57 *(978-0-243-48857-5(2))* Forgotten Bks.

Eagle, Vol. 5: Rupert's Land College Magazine; October, 1933 (Classic Reprint) Rupert's Land College. (ENG., Illus.). (J). 2018. 42p. 24.76 *(978-0-484-29962-6(X));* 2017. pap. 7.97 *(978-0-243-52095-4(6))* Forgotten Bks.

Eagle, Vol. 7: June, 1939 (Classic Reprint) Rupert's Land Girls' School. (ENG., Illus.). (J). 2018. 74p. 25.42 *(978-0-364-02620-5(0));* 2017. pap. 9.57 *(978-0-243-55288-7(2))* Forgotten Bks.

Eagle, Vol. 8: June, 1840 (Classic Reprint) S. L. Turner. (ENG., Illus.). (J). 2018. 82p. 25.59 *(978-0-364-02576-5(X));* 2017. pap. 9.57 *(978-0-243-54108-9(2))* Forgotten Bks.

Eagle, Vol. 9: June, 1941 (Classic Reprint) Rupert's Land Girls' School. (ENG., Illus.). (J). 2018. 80p. 25.55 *(978-0-484-91193-1(7));* 2017. pap. 9.57 *(978-0-243-53432-6(9))* Forgotten Bks.

Eagle Who Was Afraid to Fly. Julene Bailie. 2017. (ENG., Illus.). (J). pap. 15.99 *(978-0-692-90946-1(X))* Bailie, Julene.

Eagle Wings Flapping: Beaver Learns to Manage Big Emotions. Shelley Spear Chief & Moses Spear Chief. Illus. by Shianne Gould. 2022. (ENG.). 38p. (J). ***(978-0-2288-7681-6(8))***; pap. ***(978-0-2288-7680-9(X))*** Tellwell Talent.

Eagle Woman's Bones. Eelonqa K. Harris. Ed. by Lisa Kenney. Illus. by Eelonqa K. Harris. 2019. (ENG., Illus.). 40p. (J). pap. *(978-1-989388-03-7(5))* TaleFeather Publishing.

Eagle Womans Knochen. Eelonqa K. Harris. Illus. by Eelonqa K. Harris. 2019. (GER.). 40p. (J). pap. *(978-1-989388-05-1(1))* TaleFeather Publishing.

Eagles. Golriz Golkar. 2022. (Birds of Prey Ser.). (ENG., Illus.). 32p. (J). (gr. 2-3). pap. 9.95 *(978-1-63738-177-9(8));* lib. bdg. 31.35 *(978-1-63738-141-0(7))* North Star Editions. (Apex).

Eagles. Julie Murray. (Animals with Strength Ser.). (ENG., Illus.). (J). 2022. 24p. (gr. k-4). lib. bdg. 31.36 *(978-1-0982-8001-7(6),* 41037, Abdo Zoom-Dash); 2019. 32p. (gr. 2-5). lib. bdg. 34.21 *(978-1-5321-1628-5(4),* 32367, Big Buddy Bks.) ABDO Publishing Co.

Eagles. Nick Rebman. 2018. (Animals Ser.). (ENG., Illus.). 16p. (J). (gr. k-1). pap. 7.95 *(978-1-63517-950-7(5),* 1635179505); lib. bdg. 25.64 *(978-1-63517-849-4(5),* 1635178495) North Star Editions. (Focus Readers).

Eagles. Nathan Sommer. 2018. (Birds of Prey Ser.). (ENG., Illus.). 24p. (J). (gr. 3-7). lib. bdg. 26.95 *(978-1-62617-878-6(X),* Epic Bks.) Bellwether Media.

Eagles. Leo Statts. 2017. (Awesome Birds Ser.). (ENG., Illus.). 24p. (J). (gr. -1-2). lib. bdg. 31.36 *(978-1-5321-2057-2(5),* 26740, Abdo Zoom-Launch) ABDO Publishing Co.

Eagles. Gail Terp. 2017. (Wild Animal Kingdom Ser.). (ENG.). (J). (gr. 4-7). pap. 9.95 *(978-1-68072-486-8(X));* 32p. pap. 9.99 *(978-1-64466-223-6(X),* 11499); (Illus.). 32p. lib. bdg. *(978-1-68072-189-8(5),* 10561) Black Rabbit Bks. (Bolt).

Eagles: Built for the Hunt. Tammy Gagne. 2016. (Predator Profiles Ser.). (ENG., Illus.). 24p. (J). (gr. 1-3). lib. bdg. 27.99 *(978-1-4914-8842-3(5),* 131466, Capstone Pr.) Capstone.

Eagles: Children's Bird Book with Informative Facts for Kids. Bold Kids. 2022. (ENG.). 46p. (J). pap. 14.99 *(978-1-0717-0953-5(4))* FASTLANE LLC.

Eagles: Discover Pictures & Facts about Eagles for Kids! a Children's Eagles Book. Bold Kids. 2021. (ENG.). 34p. (J). pap. 11.99 *(978-1-0717-0790-6(6))* FASTLANE LLC.

Eagle's Feather: Based on a Story by the Philippine Eagle Foundation, 1 vol. Minfong Ho. Illus. by Frances Alvarez. 2018. (ENG.). 36p. (J). (gr. -1-1). 15.95 *(978-1-943645-23-7(X),* 75af4e8a-267b-4374-9f56-d351e094d8f5, Cornell Lab Publishing Group, The) WunderMill, Inc.

Eagle's Feather (Classic Reprint) Emily Post. (ENG., Illus.). (J). 2019. 314p. 30.39 *(978-0-365-13734-4(0));* 2017. pap. 13.57 *(978-1-5276-5502-7(4))* Forgotten Bks.

Eagle's Heart (Classic Reprint) Hamlin Garland. 2018. (ENG., Illus.), 376p. (J). 31.67 *(978-0-483-31106-0(5))* Forgotten Bks.

Eagles in the End Zone: Ready-To-Read Level 1. Heidi E. Y. Stemple. Illus. by Eva Byrne. 2023. (Ready-To-Read Ser.). (ENG.). 32p. (J). (gr. -1-1). 17.99 ***(978-1-6659-3838-9(2))***; pap. 4.99 ***(978-1-6659-3837-2(4))*** Simon Spotlight. (Simon Spotlight).

Eagle's Masque (Classic Reprint) Tom Tit. 2018. (ENG., Illus.). 40p. (J). 24.72 *(978-0-267-51658-2(4))* Forgotten Bks.

Eagle's Plume: A Story of the Early Days of Vermont (Classic Reprint) S. E. H. 2018. (ENG., Illus.). 116p. (J). 26.29 *(978-0-483-58063-3(5))* Forgotten Bks.

Eagle's Shadow (Classic Reprint) James Branch Cabell. (ENG., Illus.). (J). 2018. 308p. 30.25 *(978-0-267-76148-7(1));* 2017. pap. 13.57 *(978-0-243-25924-3(7))* Forgotten Bks.

Eaglets. Meg Gaertner. 2019. (Animal Babies Ser.). (ENG., Illus.). 16p. (J). (gr. k-1). pap. 7.95 *(978-1-64185-815-1(X),* 164185815X); lib. bdg. 25.64 *(978-1-64185-746-8(3),* 1641857463) North Star Editions. (Focus Readers).

Ealcrue in Exile. A. A. Mullins. 2022. (ENG.). 124p. (YA). pap. 10.00 ***(978-1-990089-47-3(X))*** Birch Tree Publishing.

Ear: The Story of Van Gogh's Missing Ear. Piret Raud. 2019. (ENG., Illus.). 32p. (J). (gr. -1-1). 14.95 *(978-0-500-65163-6(9),* 565163) Thames & Hudson.

Ear Flaps on Kneecaps. Max Lee. 2022. (ENG., Illus.). 24p. (J). pap. 14.95 *(978-1-68517-156-8(7))* Christian Faith Publishing.

Ear in Health & Disease: With Practical Remarks on the Prevention & Treatment of Deafness (Classic Reprint) William Harvey. (ENG., Illus.). (J). 2017. pap. 11.57 *(978-0-282-83503-3(2));* 2016. pap. 11.97 *(978-1-334-66482-3(X))* Forgotten Bks.

Ear of Wheat. Olha Tkachenko. 2021. (ENG.). 32p. (J). pap. ***(978-1-7750402-3-1(2))*** Tkachenko, Olha.

Ear Wax & Cadillacs: The Final Adventure of Mucus Phlegmball. Kerry Crowley. 2018. (ENG., Illus.). 252p. (J). pap. *(978-1-77127-983-3(4))* MuseItUp Publishing.

Ear We Go! Roshni Patel. Illus. by Lin Siegel. 2023. (Courageous Creatures Collection: Vol. 1). (ENG.). 30p. (J). pap. ***(978-1-78963-360-3(5)***, Choir Pr., The) Action Publishing Technology Ltd.

Ear Worm! Jo Knowles. Illus. by Galia Bernstein. 2022. (ENG.). 32p. (J). (-k). 17.99 *(978-1-5362-0783-5(7))* Candlewick Pr.

Earl. Lauren Greene. 2018. (ENG., Illus.). 22p. (J). pap. 11.95 *(978-1-64028-652-8(7))* Christian Faith Publishing.

Earl Learns a Lesson: A Story about Respecting Diversity. Bryan Patrick Avery. Illus. by Román Díaz. 2023. (My Spectacular Self Ser.). (ENG.). 32p. (J). 24.65 *(978-1-4846-7231-0(3),* 245914); pap. 8.95 *(978-1-4846-7383-6(2),* 245899) Capstone. (Picture Window Bks.).

Earl, the Not-So-Great White Shark. George Neeb. 2021. (ENG.). 36p. (J). pap. *(978-1-9991190-3-4(7))* Neeb, George.

Earl the Squirrel. Earl Leatherwood. Illus. by Jon Kjosa & Lissa Kjosa. 2022. (ENG.). 26p. (J). 24.99 *(978-1-6678-1342-4(0))* BookBaby.

Earl the Squirrel & His Unexpected Friend. Barbara Jones. Illus. by David E. Brooks. 2022. (ENG.). 36p. (J). pap. 25.99 *(978-1-6628-3818-7(2))* Salem Author Services.

Earl the Squirrel & His Unexpected Friend. Barbara Jones & David E. Brooks. 2022. (ENG.). 36p. (J). 35.99 *(978-1-6628-3819-4(0))* Salem Author Services.

Earle Wayne's Nobility (Classic Reprint) Georgie Sheldon. 2017. (ENG., Illus.). 356p. (J). 31.24 *(978-0-331-73507-9(5))* Forgotten Bks.

Earlham (Classic Reprint) Percy Lubbock. 2017. (ENG., Illus.). (J). 29.36 *(978-0-260-47472-8(X))* Forgotten Bks.

Earlier Letters of Gertrude Bell (Classic Reprint) Gertrude Bell. 2017. (ENG., Illus.). (J). 31.67 *(978-0-331-65951-1(4));* pap. 16.57 *(978-0-259-38576-9(X))* Forgotten Bks.

Earlier Stories, Second Series: Kathleen Mavourneen; Pretty Polly Pemberton (Classic Reprint) Frances Burnett. 2017. (ENG., Illus.). (J). 450p. 33.18 *(978-0-484-88319-1(4));* pap. 16.57 *(978-1-5276-6203-2(9))* Forgotten Bks.

Earlier Work of Titian. Claude Phillips. (Painters Ser.). (ENG., Illus.). (J). 2018. 140p. pap. *(978-1-86171-612-5(5));* 2017. *(978-1-86171-701-6(6))* Crescent Moon Publishing.

Earlier Work of Titian. Claude Phillips. 2017. (ENG., Illus.). (J). pap. *(978-0-649-56642-6(4))* Trieste Publishing Pty Ltd.

Earliest English Version of the Fables of Bidpai: The Morall Philosophie of Doni (Classic Reprint) Thomas North. 2017. (ENG., Illus.). (J). 31.03 *(978-0-260-37942-9(5))* Forgotten Bks.

Earl's Cedars, Vol. 1 of 2 (Classic Reprint) Rosa Mackenzie Kettle. 2018. (ENG., Illus.). 310p. (J). 30.31 *(978-0-483-36188-1(7))* Forgotten Bks.

Earl's Cedars, Vol. 2 of 2 (Classic Reprint) Unknown Author. 2018. (ENG., Illus.). 314p. (J). 30.37 *(978-0-483-49787-0(8))* Forgotten Bks.

Earl's Daughter (Classic Reprint) Elizabeth Missing Sewell. 2018. (ENG., Illus.). 370p. (J). 31.53 *(978-0-484-38100-0(8))* Forgotten Bks.

Earl's Daughter, Vol. 1 (Classic Reprint) Elizabeth Missing Sewell. 2018. (ENG., Illus.). 246p. (J). 28.97 *(978-0-332-95148-5(0))* Forgotten Bks.

Earl's Daughter, Vol. 2 (Classic Reprint) Elizabeth Missing Sewell. 2018. (ENG., Illus.). 256p. (J). 29.18 *(978-0-267-23846-0(0))* Forgotten Bks.

Earl's Promise. J. H. Riddell. 2017. (ENG.). (J). 334p. pap. *(978-3-337-04649-1(5));* 316p. pap. *(978-3-337-04647-7(9));* 324p. pap. *(978-3-337-04648-4(7))* Creation Pubs.

Earl's Promise: A Novel (Classic Reprint) J. H. Riddell. (ENG., Illus.). (J). 2018. 432p. 32.81 *(978-0-267-38292-7(8));* 2016. pap. 16.57 *(978-1-334-15253-5(5))* Forgotten Bks.

Earl's Promise, Vol. 1 Of 3: A Novel (Classic Reprint) Charlotte Riddell. (ENG., Illus.). (J). 2018. 316p. 30.41 *(978-0-483-44083-8(3));* 2016. pap. 13.57 *(978-1-333-55051-6(0))* Forgotten Bks.

Earl's Promise, Vol. 2 Of 3: A Novel (Classic Reprint) Riddell. (ENG., Illus.). (J). 2018. 330p. 30.70 *(978-0-484-35700-5(X));* 2016. pap. 13.57 *(978-1-333-53925-2(8))* Forgotten Bks.

Earl's Promise, Vol. 3 Of 3: A Novel (Classic Reprint) J. H. Riddell. (ENG., Illus.). (J). 2018. 332p. 30.74 *(978-0-428-96345-3(5));* 2016. pap. 13.57 *(978-1-334-20794-5(1))* Forgotten Bks.

Earl's Story. Janet Hutchinson. 2018. (ENG., Illus.). 24p. (J). *(978-1-5255-2003-7(2));* pap. *(978-1-5255-2004-4(0))* FriesenPress.

Earl's World: Great Canadian Culinary Adventures. Robin Renaud. Illus. by Pauline Ryzebol. 2021. (ENG.). 44p. (J). *(978-1-0391-1477-7(6));* pap. *(978-1-0391-1476-0(8))* FriesenPress.

Earlscourt: A Novel of Provincial Life (Classic Reprint) Alexander Allardyce. (ENG., Illus.). (J). 2018. 372p. 31.57 *(978-0-484-89103-5(0));* 2016. pap. 13.97 *(978-1-333-25866-5(6))* Forgotten Bks.

Early 20th Century. Briony Ryles. 2018. (Scientific Discovery Ser.). (ENG.). 48p. (YA). lib. bdg. 34.99 *(978-1-5105-3767-5(8))* SmartBook Media, Inc.

Early American Legends & Folktales, 1 vol. Ed. by Joanne Randolph. 2017. (Mythology & Legends Around the World Ser.). (ENG.). 64p. (gr. 4-4). pap. 13.93 *(978-1-5026-3450-4(3),* 126fc57d-d171-4759-bd8f-be008729cd4d); lib. bdg. 35.93 *(978-1-5026-3283-8(7),* bbf32198-0337-448f-b155-9df43fd22f44) Cavendish Square Publishing LLC.

Early American Wars, 8 vols., Set. Incl. American Revolutionary War. Daniel Marston & Robert John O'Neill. lib. bdg. 38.47 *(978-1-4488-1331-5(X),* 97fdd7f5-b6c0-4a56-9c61-1c0f72d38d88); Texas War of Independence. Alan C. Huffines & Robert O'Neill. lib. bdg. 38.47 *(978-1-4488-1332-2(8),* 36cb7ba9-dc13-4896-8a71-3cada86c271c); War of 1812: The Fight for American Trade Rights. Carl Benn & Robert O'Neill. lib. bdg. 38.47 *(978-1-4488-1333-9(6),* d72506c9-ca2b-4440-b2de-85ad9710d12d); (YA). (gr. 10-10). 2011. (Early American Wars Ser.). (ENG., Illus.). 96p. 2010. Set lib. bdg. 153.88 *(978-1-4488-1387-2(5),* 2707729f-2e44-4276-a727-6c417d4c68f7) Rosen Publishing Group, Inc., The.

Early & Late Papers: Hitherto Uncollected (Classic Reprint) William Makepeace Thackeray. 2018. (ENG., Illus.). 418p. (J). 32.54 *(978-0-364-02780-6(0))* Forgotten Bks.

Early Animal Encyclopedias (Set), 6 vols. 2022. (Early Animal Encyclopedias Ser.). (ENG., Illus.). 128p. (J). lib. bdg. 282.42 ***(978-1-0982-9038-2(0)***, 40883, Early Encyclopedias) ABDO Publishing Co.

Early Battles of the Civil War. Kelsey Jopp. 2020. (Civil War Ser.). (ENG., Illus.). 48p. (J). (gr. 5-6). pap. 11.95 *(978-1-64493-158-5(3),* 1644931583); lib. bdg. 34.21 *(978-1-64493-079-3(X),* 164493079X) North Star Editions. (Focus Readers).

Early Bird. Michael Koffler. Ed. by Denis Lynch. Illus. by Keri Costantino. 2023. (ENG.). 32p. (J). ***(978-1-0391-4852-9(2))***; pap. ***(978-1-0391-4851-2(4))*** FriesenPress.

Early Bird: A Business Man's Love Story (Classic Reprint) George R. Chester. 2018. (ENG., Illus.). 298p. (J). 30.06 *(978-0-267-17786-8(0))* Forgotten Bks.

Early Bird: A Comedy in Three Acts (Classic Reprint) Walter Ben Hare. (ENG., Illus.). (J). 2018. 94p. 25.84 *(978-0-484-28750-0(8));* 2016. pap. 9.57 *(978-1-333-42781-8(6))* Forgotten Bks.

Early Bird: A Farce in Two Acts (Classic Reprint) Clara Harriet Sherwood. (ENG., Illus.). (J). 2018. 20p. 24.33 *(978-0-428-63512-1(1));* 2016. pap. 7.97 *(978-1-333-27401-6(7))* Forgotten Bks.

Early Bird Animals. Evan-Moor Educational Publishers. 2016. (Early Bird Ser.). (ENG., Illus.). (J). (gr. -1-k). pap., tchr. ed. 8.99 *(978-1-62938-339-2(2))* Evan-Moor Educational Pubs.

Early Bird Astronomy, 15 vols., Set. Incl. Dwarf Planet Pluto. Gregory Vogt. 2009. lib. bdg. 26.60 *(978-0-7613-4157-4(9));* Earth. Jeffrey Zuehlke. 2009. lib. bdg. 26.60 *(978-0-7613-4149-9(8));* Jupiter. Rosanna Hansen. 2009. lib. bdg. 26.60 *(978-0-7613-4153-6(6));* Mars. Conrad J. Storad. 2009. lib. bdg. 26.60 *(978-0-7613-4152-9(8));* Mercury. Gregory Vogt. 2009. lib. bdg. 26.60 *(978-0-7613-4150-5(1));* Meteors & Comets. Gregory Vogt. 2010. lib. bdg. 26.60 *(978-0-7613-3876-5(4));* Milky Way. Gregory Vogt. 2010. lib. bdg. 26.60 *(978-0-7613-3875-8(6));* Moon. Laura Hamilton Waxman. 2010. lib. bdg. 26.60 *(978-0-7613-3872-7(1));* Neptune. Paul Fleisher. 2009. lib. bdg. 26.60 *(978-0-7613-4155-0(2));* Saturn. Laura Hamilton Waxman. 2009. lib. bdg. 26.60 *(978-0-7613-4154-3(4));* Solar System. Laura Hamilton Waxman. 2010. lib. bdg. 26.60 *(978-0-7613-3874-1(8));* Stars. Gregory Vogt. 2010. lib. bdg. 26.60 *(978-0-7613-3873-4(X));* Sun. Laura Hamilton Waxman. 2010. lib. bdg. 26.60 *(978-0-7613-3871-0(3));* Uranus. Gregory Vogt. 2009. lib. bdg. 26.60 *(978-0-7613-4156-7(0));* Venus. Paul Fleisher. 2009. lib. bdg. 26.60 *(978-0-7613-4151-2(X));* 48p. (gr. 2-5). 2009. Set lib. bdg. 399.00 *(978-0-7613-3870-3(5),* Lerner Pubns.) Lerner Publishing Group.

E

Early Bird Body. Evan-Moor Educational Publishers. 2016. (Early Bird Ser.). (ENG., Illus.). (J). (gr. -1-k). pap., tchr. ed. 8.99 *(978-1-62938-340-8(6))* Evan-Moor Educational Pubs.

Early Bird Catches the Worm! (and Other Strange Sayings) Contrib. by Cynthia Amoroso. 2023. (Understanding Idioms Ser.). (ENG.). 24p. (J). (gr. 2-5). lib. bdg. 32.79 *(978-1-5038-6565-5(7),* 216436, Wonder Books(r)) Child's World, Inc, The.

Early Bird Food Webs, 6 vols., Set. Paul Fleisher. Incl. Desert Food Webs. (J). lib. bdg. 26.60 *(978-0-8225-6728-8(8));* Forest Food Webs. (J). lib. bdg. 26.60 *(978-0-8225-6729-5(6));* Grassland Food Webs. lib. bdg. 26.60 *(978-0-8225-6730-1(X));* Lake & Pond Food Webs. lib. bdg. 26.60 *(978-0-8225-6731-8(8));* (Illus.). 48p. (gr. 2-5). 2007., Lerner Pubns. 2007. Set lib. bdg. 159.60 *(978-0-8225-6726-4(1))* Lerner Publishing Group.

Early Bird Insects. Evan-Moor Educational Publishers. 2016. (Early Bird Ser.). (ENG., Illus.). (J). (gr. -1-k). pap., tchr. ed. 8.99 *(978-1-62938-341-5(4))* Evan-Moor Educational Pubs.

Early Bird Ocean. Evan-Moor Educational Publishers. 2016. (Early Bird Ser.). (ENG., Illus.). (J). (gr. -1-k). pap., tchr. ed. 8.99 *(978-1-62938-342-2(2))* Evan-Moor Educational Pubs.

Early Bird Plants. Evan-Moor Educational Publishers. 2016. (Early Bird Ser.). (ENG., Illus.). (J). (gr. -1-k). pap., tchr. ed. 8.99 *(978-1-62938-343-9(0))* Evan-Moor Educational Pubs.

Early Bird Weather. Evan-Moor Educational Publishers. 2016. (Early Bird Ser.). (ENG., Illus.). (J). (gr. -1-k). pap., tchr. ed. 8.99 *(978-1-62938-345-3(7))* Evan-Moor Educational Pubs.

Early California: A Drama, in Five Acts (Classic Reprint) William Bausman. (ENG., Illus.). (J). 2018. 46p. 24.87 *(978-0-666-90047-0(7));* 2017. pap. 9.57 *(978-0-259-84746-5(1))* Forgotten Bks.

Early Called: The Stoic, & the Lansbys of Lansby Hall (Classic Reprint) Caroline Bowles Southey. 2018. (ENG., Illus.). 210p. (J). 28.23 *(978-0-483-71735-0(5))* Forgotten Bks.

Early Cave-Men, Vol. 1 (Classic Reprint) Katharine Elizabeth Dopp. 2018. (ENG., Illus.). 188p. (J). 27.77 *(978-0-267-24446-1(0))* Forgotten Bks.

Early Childhood Student Pack (Nt1) Concordia Publishing House. 2016. (ENG.). 128p. (J). pap. 7.80 *(978-0-7586-5112-9(0))* Concordia Publishing Hse.

Early Childhood Student Pack (Nt2) Concordia Publishing House. 2016. (ENG.). 128p. (J). pap. 7.80 *(978-0-7586-5303-1(4))* Concordia Publishing Hse.

Early Childhood Student Pack (Nt3) Concordia Publishing House. 2016. (ENG.). 128p. (J). pap. 7.80 *(978-0-7586-5193-8(7))* Concordia Publishing Hse.

Early Childhood Student Pack (Nt4) Concordia Publishing House. 2016. (ENG.). 128p. (J). pap. 7.80 *(978-0-7586-5364-2(6))* Concordia Publishing Hse.

Early Childhood Student Pack (Nt5) Concordia Publishing House. 2016. (ENG.). 128p. (J). pap. 7.80 *(978-0-7586-5420-5(0))* Concordia Publishing Hse.

Early Childhood Student Pack (Ot1) Concordia Publishing House. 2016. (ENG.). 56p. (J). ring bd. 7.80 *(978-0-7586-5336-9(0))* Concordia Publishing Hse.

Early Childhood Student Pack (Ot2) Concordia Publishing House. 2016. (ENG.). 56p. (J). ring bd. 7.80 *(978-0-7586-5082-5(5))* Concordia Publishing Hse.

Early Childhood Student Pack (Ot3) Concordia Publishing House. 2016. (ENG.). 128p. (J). pap. 7.80 *(978-0-7586-5275-1(5))* Concordia Publishing Hse.

Early Childhood Student Pack (Ot4) Concordia Publishing House. 2016. (ENG.). 128p. (J). pap. 7.80 *(978-0-7586-5392-5(1))* Concordia Publishing Hse.

Early Childhood Teacher Guide (NT 3) Concordia Publishing House. 2016. (ENG.). 56p. (J). ring bd. 18.49 *(978-0-7586-5191-4(0))* Concordia Publishing Hse.

Early Childhood Teacher Guide (Nt1) Concordia Publishing House. 2016. (ENG.). 56p. (J). ring bd. 18.49 *(978-0-7586-5110-5(4))* Concordia Publishing Hse.

Early Childhood Teacher Guide (Nt2) Concordia Publishing House. 2016. (ENG.). 56p. (J). ring bd. 18.49 *(978-0-7586-5301-7(8))* Concordia Publishing Hse.

Early Childhood Teacher Guide (Nt4) Concordia Publishing House. 2016. (ENG.). 56p. (J). ring bd. 18.49 *(978-0-7586-5362-8(X))* Concordia Publishing Hse.

Early Childhood Teacher Guide (Nt5) Concordia Publishing House. 2016. (ENG.). 56p. (J). ring bd. 18.49 *(978-0-7586-5418-2(9))* Concordia Publishing Hse.

Early Childhood Teacher Guide (Ot1) Concordia Publishing House. 2016. (ENG.). 128p. (J). pap. 13.49 *(978-0-7586-5334-5(4))* Concordia Publishing Hse.

Early Childhood Teacher Guide (Ot3) Concordia Publishing House. 2016. (ENG.). 56p. (J). ring bd. 18.49 *(978-0-7586-5273-7(9))* Concordia Publishing Hse.

Early Childhood Teacher Guide (Ot4) Concordia Publishing House. 2016. (ENG.). 56p. (J). ring bd. 18.49 *(978-0-7586-5390-1(5))* Concordia Publishing Hse.

Early Childhood Teacher Tools (Ot2) Concordia Publishing House. 2016. (ENG.). 128p. (J). pap. 13.49 *(978-0-7586-5081-8(7))* Concordia Publishing Hse.

Early Colonial Life English Colonization US History History 7th Grade Children's American History. Baby Professor. 2022. (ENG.). 72p. (J). 31.99 ***(978-1-5419-9686-1(0))***; pap. 19.99 ***(978-1-5419-5057-3(7))*** Speedy Publishing LLC. (Baby Professor (Education Kids)).

Early Concepts, 10 vols. 2017. (Early Concepts Ser.). 24p. (ENG.). (gr. 1-1). 126.35 *(978-1-5081-6249-0(2),* 37c3ce03-efc1-469b-81b7-ecfc03fbf84b); (gr. 4-6). pap. 41.25 *(978-1-5081-6252-0(2))* Rosen Publishing Group, Inc., The. (PowerKids Pr.).

Early Cretaceous Volume 2: Notes, Drawings, & Observations from Prehistory. Juan Carlos Alonso & Gregory S. Paul. Illus. by Juan Carlos Alonso. 2017. (Ancient Earth Journal Ser.). (ENG., Illus.). 48p. (J). (gr. 3-8). lib. bdg. 31.99 *(978-1-942875-31-4(2),* ef30216a-1b08-4a43-99f3-7751cb34d97d, Walter Foster Jr) Quarto Publishing Group USA.

Early Day in the North West (Classic Reprint) John H. Kinzie. 2018. (ENG., Illus.). 702p. (J). 38.40 *(978-0-364-91757-2(1))* Forgotten Bks.

Early Days among the Cheyenne & Arapaho Indians (Classic Reprint) John H. Seger. 2018. (ENG., Illus.). (J). 96p. 25.90 *(978-1-396-76385-4(6));* 98p. pap. 9.57 *(978-1-391-82987-6(5))* Forgotten Bks.

Early Days & Misadventures of Ravensthorpe Tinker: A Cocker Spaniel Tale. Lorraine Collinson. Illus. by Lorraine Collinson. 2018. (Ravensthorpe Tinker Ser.: Vol. 1). (ENG., Illus.). 42p. (J). (gr. 2-4). pap. *(978-1-911589-68-6(7),* Choir Pr., The) Action Publishing Technology Ltd.

Early Days at St. Mary's Knoxville, Illinois (Classic Reprint) Charles Wesley Leffingwell. (ENG., Illus.). (J). 2018. 402p. 32.19 *(978-0-365-40099-8(8));* 2017. pap. 16.57 *(978-0-259-49283-2(3))* Forgotten Bks.

Early Days at Uppingham under Edward Thring (Classic Reprint) Willingham Franklin Rawnsley. 2018. (ENG., Illus.). 176p. (J). 27.55 *(978-0-332-85028-3(5))* Forgotten Bks.

Early Days in Llano (Classic Reprint) Miles Barler. 2017. (ENG., Illus.). (J). 80p. 25.55 *(978-0-484-68860-4(X));* pap. 9.57 *(978-0-282-57579-3(0))* Forgotten Bks.

Early Days in Texas & Rains County (Classic Reprint) William Oscar Hebison. 2018. (ENG., Illus.). 58p. (J). 25.09 *(978-0-484-78582-2(6))* Forgotten Bks.

Early Days of Marlborough College: Or, Public School Life Between Forty & Fifty Years Ago. Edward Lockwood. 2017. (ENG., Illus.). (J). pap. *(978-0-649-56654-9(8))* Trieste Publishing Pty Ltd.

Early Days of Marlborough College: Or Public School Life Between Forty & Fifty Years Ago; to Which Is Added a Glimpse of Old Haileybury; Patna During the Mutiny; a Sketch of the Natural History of the Riviera; & Life in an Oxfordshire Village. Edward Lockwood. 2018. (ENG., Illus.). 256p. (J). 29.18 *(978-0-364-87914-6(9))* Forgotten Bks.

Early Days of Marlborough College, or, Public School Life Between Forty & Fifty Years Ago. Edward Lockwood. 2017. (ENG., Illus.). (J). pap. *(978-0-649-56653-2(X))* Trieste Publishing Pty Ltd.

Early Days of Marlborough College; or, Public School Life Between Forty & Fifty Years Ago. to Which Is Added a Glimpse of Old Haileybury; Patna During the Mutiny; a Sketch of the Natural History of the Riviera; and, Life in an Oxfordshire Village. Edward Lockwood. 2017. (ENG., Illus.). (J). pap. *(978-0-649-12664-4(5))* Trieste Publishing Pty Ltd.

Early Days of Space Exploration, 1 vol. Daniel E. Harmon. 2017. (From Earth to the Stars Ser.). (ENG., Illus.). 7.2p. (J). (gr. 6-7). pap. 15.05 *(978-1-68048-665-0(9),* 1a1ea672-46cc-4314-96dc-37b124d52795, Britannica Educational Publishing) Rosen Publishing Group, Inc., The.

Early Days on the Western Range: A Pastoral Narrative (Classic Reprint) C. C. Walsh. (ENG., Illus.). (J). 2017. 27.59 *(978-0-331-80143-9(4));* 2016. pap. 10.57 *(978-1-333-49753-8(9))* Forgotten Bks.

Early Days Recalled (Classic Reprint) Janet Ross. 2017. (ENG., Illus.). (J). 28.25 *(978-0-265-95706-6(0))* Forgotten Bks.

Early Departures. Justin A. Reynolds. (ENG.). 480p. (YA). (gr. 9). 2022. pap. 10.99 *(978-0-06-274841-6(6));* 2020. 17.99 *(978-0-06-274840-9(8))* HarperCollins Pubs. (Tegen, Katherine Bks).

Early Development of Planorbis: A Dissertation (Classic Reprint) Samuel Jackson Holmes. (ENG., Illus.). (J). 2017. 26.04 *(978-0-266-48463-9(8));* 2016. pap. 9.57 *(978-1-334-41433-6(5))* Forgotten Bks.

Early Diary of Frances Burney, Vol. 2 Of 2: 1768-1778; with a Selection from the Correspondence, & from the Journal of Her Sisters Susan & Charlotte Burney (Classic Reprint) Annie Raine Ellis. 2018. (ENG., Illus.). 392p. (J). 32.00 *(978-0-666-65513-4(8))* Forgotten Bks.

Early English Meals & Manners: John Russell's Boke of Nurture, Wynkyn de Worde's Boke of Keruynge, the Boke of Curtasye, R. Weste's Booke of Demeanor, Seager's Schoole of Vertue (Classic Reprint) Frederick James Furnivall. 2017. (ENG., Illus.). (J). 34.62 *(978-0-265-55456-2(X))* Forgotten Bks.

Early English Poetry, Ballads, & Popular Literature of the Middle Ages, Vol. 12: Edited from Original Manuscripts & Scarce Publications (Classic Reprint) Percy Society. 2017. (ENG., Illus.). (J). 30.52 *(978-0-265-61824-0(X))* Forgotten Bks.

Early English Poetry, Ballads, & Popular Literature of the Middle Ages, Vol. 23: Edited from Original Manuscripts & Scarce Publications (Classic Reprint) Percy Society. 2018. (ENG., Illus.). 428p. (J). 32.72 *(978-0-484-79994-2(0))* Forgotten Bks.

Early English Poetry, Ballads, & Popular Literature of the Middle Ages, Vol. 24: Edited from Original Manuscripts & Scarce Publications (Classic Reprint) Percy Society. 2017. (ENG., Illus.). (J). 31.05 *(978-0-266-22255-2(2))* Forgotten Bks.

Early English Poetry, Ballads, & Popular Literature of the Middle Ages, Vol. 25: Edited from Original Manuscripts & Scarce Publications (Classic Reprint) Percy Society. 2017. (ENG., Illus.). (J). 32.11 *(978-0-266-16252-0(5))* Forgotten Bks.

Early English Poetry, Ballads, & Popular Literature of the Middle Ages, Vol. 26: Edited from Original Manuscripts & Scarce Publications (Classic Reprint) Percy Society. 2017. (ENG., Illus.). (J). 30.83 *(978-0-331-03428-8(X))* Forgotten Bks.

Early English Poetry, Ballads, & Popular Literature of the Middle Ages, Vol. 27: Edited from Original Manuscripts & Scarce Publications (Classic Reprint) Percy Society. 2018. (ENG., Illus.). 282p. (J). 29.73 *(978-0-364-86049-6(9))* Forgotten Bks.

Early English Poetry, Ballads, & Popular Literature of the Middle Ages, Vol. 31: Edited from Original Manuscripts & Scarce Publications (Classic Reprint) Percy Society. 2018. (ENG., Illus.). (J). 202p. 28.08 *(978-0-366-55579-6(0));* 204p. pap. 10.57 *(978-0-366-04872-4(4))* Forgotten Bks.

Early English Poetry, Ballads, & Popular Literature of the Middle Ages, Vol. 6: Edited from Original Manuscripts & Scarce Publications (Classic Reprint) Percy Society. 2018. (ENG., Illus.). 286p. (J). 29.80 *(978-0-365-37674-3(4))* Forgotten Bks.

Early English Poetry, Ballads, Vol. 11: And Popular Literature of the Middle Ages (Classic Reprint) Percy Society. 2018. (ENG., Illus.). 390p. (J). 31.96 *(978-0-365-13152-6(0))* Forgotten Bks.

Early English Poetry, Ballads, Vol. 17: And Popular Literature of the Middle Ages; Edited from Original Manuscripts & Scarce Publications (Classic Reprint) Percy Society. 2017. (ENG., Illus.). (J). 32.17 *(978-0-266-17755-5(7))* Forgotten Bks.

Early English Prose Romances, Vol. 2: With Bibliographical & Historical Introductions (Classic Reprint) William John Thoms. 2018. (ENG., Illus.). 362p. (J). 31.38 *(978-0-484-86312-4(6))* Forgotten Bks.

Early Explorers. Heather E. Schwartz. rev. ed. 2016. (Social Studies: Informational Text Ser.). (ENG., Illus.). 32p. (gr. 4-8). pap. 11.99 *(978-1-4938-3073-2(2))* Teacher Created Materials, Inc.

Early Explorers Primary Sources Pack. Created by Gallopade International. 2017. (Primary Sources Ser.). (ENG.). (J). 12.99 *(978-0-635-12599-6(4))* Gallopade International.

Early Friendships: A Tale (Classic Reprint) Copley. 2018. (ENG., Illus.). 200p. (J). 28.04 *(978-0-484-12987-9(2))* Forgotten Bks.

Early Herdsmen (Classic Reprint) Katharine Elizabeth Dopp. (ENG., Illus.). (J). 2018. 236p. 28.76 *(978-0-666-35735-9(8));* 2017. pap. 11.57 *(978-0-259-52539-4(1))* Forgotten Bks.

Early Historic State Flags Coloring Book. Activity Book Zone for Kids. 2016. (ENG., Illus.). (J). pap. 9.20 *(978-1-68376-468-7(4))* Sabeels Publishing.

Early History of Jackson County, Georgia: The Writings of the Late G. J. N. Wilson, Embracing Some of the Early History of Jackson County; the First Settlers, 1784; Formation & Boundaries to the Present Time (Classic Reprint) Gustavus James Nash Wilson. 2017. (ENG., Illus.). (J). 31.01 *(978-0-266-36025-4(4))* Forgotten Bks.

Early History of Nashville (Classic Reprint) Lizzie P. Elliott. 2017. (ENG., Illus.). (J). 30.21 *(978-0-331-60016-2(1))* Forgotten Bks.

Early History of the Gay Rights Movement, 1 vol. Greg Baldino. 2018. (History of the LGBTQ+ Rights Movement Ser.). (ENG., Illus.). 112p. (J). (gr. 7-7). 38.80 *(978-1-5383-8128-1(1),* b60b9c04-aee1-47dc-bcaf-fe47a7c03c18); pap. 18.65 *(978-1-5081-8308-2(2),* ef37e959-e929-424a-a9ad-1f488fa1c338) Rosen Publishing Group, Inc., The.

Early History of the Town of Bethlehem, New Hampshire (Classic Reprint) Simeon Bolles. (ENG., Illus.). (J). 2019. 120p. 26.37 *(978-0-267-86940-4(1));* 2018. 122p. 26.41 *(978-0-267-18744-7(0))* Forgotten Bks.

Early Ideas: A Group of Hindoo Stories (Classic Reprint) Anaryan Anaryan. 2018. (ENG., Illus.). 162p. (J). 27.24 *(978-0-364-00426-5(6))* Forgotten Bks.

Early Identification, Palliative Care, & Prevention of Psychotic Disorders in Children & Youth. Mary Nichols et al. 2016. (ENG., Illus.). 100p. *(978-1-59056-539-1(8))* Lantern Publishing & Media.

Early Impressions (Classic Reprint) Abel Bowen. (ENG., Illus.). (J). 2018. 142p. 26.83 *(978-0-267-38321-4(5));* 2016. pap. 9.57 *(978-1-334-15212-2(8))* Forgotten Bks.

Early Italian Literature (Classic Reprint) Ernesto Grillo. 2018. (ITA., Illus.). 206p. (J). 28.21 *(978-0-656-99629-2(3))* Forgotten Bks.

Early Kings of England: Band 14/Ruby (Collins Big Cat) J. M. Sertori. 2016. (Collins Big Cat Ser.). (ENG., Illus.). 48p. (J). (gr. 3-4). pap. 12.99 *(978-0-00-816386-0(3))* HarperCollins Pubs. Ltd. GBR. Dist: Independent Pubs. Group.

Early Kings of Norway. Thomas Carlyle. 2017. (ENG., Illus.). (J). 22.95 *(978-1-374-87174-8(5));* pap. 12.95 *(978-1-374-87173-1(7))* Capital Communications, Inc.

Early Kings of Norway (Classic Reprint) Thomas Carlyle. 2018. (ENG., Illus.). 114p. (J). 26.27 *(978-0-656-04946-2(4))* Forgotten Bks.

Early Learning. Little Grasshopper Books & Publications International Ltd. Staff. 2019. (Read Hear & Play Ser.). (ENG.). 144p. (J). (gr. -1-k). 15.98 *(978-1-64030-937-1(3),* 6103800) Publications International, Ltd.

Early Learning Essentials for Your Preschooler - Children's Early Learning Books. Baby Professor. 2017. (ENG., Illus.). (J). pap. 7.89 *(978-1-5419-0230-5(0),* Baby Professor (Education Kids)) Speedy Publishing LLC.

Early Learning Guide to Charlotte Brontë's Jane Eyre. Melissa Medina & Fredrik Colting. Illus. by Madalina Andronic. 2017. (KinderGuides Early Learning Guide to Culture Classics Ser.). (ENG.). 48p. (J). 16.95 *(978-0-9988205-0-7(4))* Moppet Bks.

Early Learning Guide to Homer's the Odyssey. Fredrik Colting & Melissa Medina. Illus. by Yeji Yun. 2017. (KinderGuides Early Learning Guide to Culture Classics Ser.). (ENG.). 48p. (J). 16.95 *(978-0-9988205-1-4(2))* Moppet Bks.

Early Learning Guide to Jane Austen's Pride & Prejudice. Melissa Medina & Fredrik Colting. Illus. by Lett Yice. 2017. (KinderGuides Early Learning Guide to Culture Classics Ser.). (ENG.). 45p. (J). 16.95 *(978-0-9977145-5-5(7))* Moppet Bks.

Early Learning Library: 10 Books!, 10 vols. Tiger Tales. 2022. (My First Home Learning Ser.). (ENG.). 200p. (J). (— 1). bds. 19.99 *(978-1-6643-5029-8(2))* Tiger Tales.

Early Learning: Ready to Learn. Scholastic Teacher Resources. Ed. by Scholastic. 2018. (ENG.). 256p. (gr. -1-k). pap. 9.99 *(978-1-338-32316-0(4))* Scholastic, Inc.

Early Learning: Ready to Read. Scholastic. 2018. (ENG.). 256p. (gr. -1-1). pap. 9.99 *(978-1-338-32317-7(2))* Scholastic, Inc.

Early Lessons, Vol. 2 Of 4: Containing, Rosamond; Harry & Lucy (Classic Reprint) Maria Edgeworth. 2017. (ENG., Illus.). (J). pap. 13.57 *(978-0-259-20185-4(5))* Forgotten Bks.

Early Lessons, Vol. 2 Of 4: Containing, Rosamond; Harry & Lucy (Classic Reprint) Maria Edgeworth. 2017. (ENG., Illus.). 306p. (J). 30.21 *(978-0-484-54133-6(1))* Forgotten Bks.

Early Lessons, Vol. 2 of 4 (Classic Reprint) Maria Edgeworth. 2017. (ENG., Illus.). 308p. (J). 30.25 *(978-0-484-85143-5(8))* Forgotten Bks.

Early Lessons, Vol. 3 Of 4: Containing the Continuation of Frank, & the Beginning of the Continuation of Rosamond (Classic Reprint) Maria Edgeworth. 2017. (ENG., Illus.). (J). 32.48 *(978-0-265-68240-1(1));* pap. 16.57 *(978-1-5276-5514-0(8))* Forgotten Bks.

Early Lessons, Vol. 3 of 4 (Classic Reprint) Maria Edgeworth. 2018. (ENG., Illus.). 324p. (J). 30.58 *(978-0-483-95956-9(1))* Forgotten Bks.

Early Lessons, Vol. 4 (Classic Reprint) Maria Edgeworth. 2016. (ENG., Illus.). (J). pap. 13.57 *(978-1-333-96907-3(4))* Forgotten Bks.

Early Lessons, Vol. 4 (Classic Reprint) Maria Edgeworth. 2018. (ENG., Illus.). 326p. (J). 30.81 *(978-0-484-45793-4(4))* Forgotten Bks.

Early Lessons, Vol. 4 Of 4: Containing the Conclusion of the Continuation of Rosamond, & the Continuation of Harry & Lucy (Classic Reprint) Maria Edgeworth. 2017. (ENG., Illus.). (J). 32.85 *(978-0-266-71971-7(6));* pap. 16.57 *(978-1-5276-7601-5(3))* Forgotten Bks.

Early Life & Times of a Princess. Stanley Longman. 2021. (ENG.). 114p. (J). pap. 15.00 *(978-1-7364598-0-5(5))* Bilbo Bks.

Early Life Leadership in Workbook for Girls: 101 Strategies to Grow Great Leaders. Christina Demara. 2018. (Early Life Leadership Ser.). (ENG., Illus.). 262p. (YA). (gr. 7-12). pap. 15.99 *(978-1-947442-07-8(4))* DeMara-Kirby & Assocs., LLC.

Early Life Leadership Workbook: 101 Strategies to Grow Great Leaders. Christina Demara. 2017. (Early Life Leadership Ser.). (ENG., Illus.). 172p. (YA). (gr. 7-12). pap. 15.99 *(978-1-947442-05-4(8))* DeMara-Kirby & Assocs., LLC.

Early Listening Skills. Diana Williams. ed. 2016. (Early Skills Ser.). (ENG., Illus.). 288p. (C). pap. 55.95 *(978-0-86388-344-6(3),* Y328667) Routledge.

Early Man: The Junior Novelization. Aardman Animation Ltd. 2018. (ENG., Illus.). 152p. (J). (gr. 2-5). pap. 6.99 *(978-1-5107-3538-5(0),* Sky Pony Pr.) Skyhorse Publishing Co., Inc.

Early Man Sticker & Activity Book. Aardman Animation Ltd. 2018. (ENG., Illus.). 72p. (J). (gr. 2-5). 6.99 *(978-1-5107-3539-2(9),* Sky Pony Pr.) Skyhorse Publishing Co., Inc.

Early Married Life of Maria Josepha, Lady Stanley: With Extracts from Sir John Stanley's Praeterita (Classic Reprint) Maria Josepha Stanley. (ENG., Illus.). (J). 2017. 34.62 *(978-0-331-92381-0(5));* 2016. pap. 16.97 *(978-1-334-12140-1(0))* Forgotten Bks.

Early Math. Compiled by School Zone. 2018. (Mini Holiday Board Book 3 Pack Ser.). (ENG.). 18p. (J). bds. 4.99 *(978-1-68147-198-3(1))* School Zone Publishing Co.

Early Memories for the Children: By the Author of 'Tom Brown's Schooldays' (Classic Reprint) Thomas Hughes. 2017. (ENG., Illus.). (J). 25.57 *(978-0-331-70787-8(X));* pap. 9.57 *(978-0-259-47822-5(9))* Forgotten Bks.

Early Modern World 1492-1783. Tim Cook. 2017. (World History Ser.). (ENG.). 48p. (J). lib. bdg. 34.99 *(978-1-5105-2189-6(5))* SmartBook Media, Inc.

Early Naval Ballads of England (Classic Reprint) James Orchard Halliwell-Phillipps. 2017. (ENG., Illus.). (J). 406p. 32.27 *(978-0-484-42816-3(0));* pap. 16.57 *(978-0-259-89352-3(8))* Forgotten Bks.

Early Ohios & Rhode Islands Reds: A Comedy in One Act (Classic Reprint) Mary Katharine Reely. 2018. (ENG., Illus.). 32p. (J). 24.56 *(978-0-267-27972-2(8))* Forgotten Bks.

Early One Morning. Mem Fox. Illus. by Christine Davenier. 2021. (ENG.). 32p. (J). (gr. -1-3). 17.99 *(978-1-4814-0139-5(4),* Beach Lane Bks.) Beach Lane Bks.

Early Opposites. Ian Franklin. ed. 2017. (Colorcards Ser.). (ENG.). 36p. (C). 13.95 *(978-0-86388-255-5(2),* Y330183) Routledge.

Early Papers & Some Memories (Classic Reprint) Henry Morley. 2018. (ENG., Illus.). (J). 31.90 *(978-0-331-06652-4(1))* Forgotten Bks.

Early Phonetic Readers: 6 Book Collection. Shelley Davidow. Illus. by Shelley Davidow. 2020. (ENG., Illus.). 116p. (J). (gr. 1-3). pap. 17.95 *(978-1-931061-00-1(9))* Jalmar Pr.

Early Phonetic Readers - Set A, 5 bks., Set. Bonnie Kalar. Illus. by Kathe Spreen. Incl. Bob. pap. *(978-1-891619-01-4(2));* Cat & the Ant. pap. *(978-1-891619-02-1(0));* Gus on the Bus. pap. *(978-1-891619-03-8(9));* Hen & the Jet. pap. *(978-1-891619-05-2(5));* Tim & Kim. pap. *(978-1-891619-04-5(7));* 8p. (J). (gr. -1-2). 1998. (Illus.). 8.25 *(978-1-891619-00-7(4))* Corona Pr.

Early Phonetic Readers - Set B, 5 bks., Set. Bonnie Kalar. Illus. by Kathe Spreen. Incl. At the Pond. pap. *(978-1-891619-07-6(1));* Fran & the Doll. pap. *(978-1-891619-09-0(8));* Fred. pap. *(978-1-891619-10-6(1));* Stan & His Sled. pap. *(978-1-891619-08-3(X));* Trip. pap. *(978-1-891619-11-3(X));* 8p. (J). (gr. -1-2). (Illus.). 8.25 *(978-1-891619-06-9(3))* Corona Pr.

Early Phonetic Readers - Set C, 20 bks., Set. Bonnie Kalar. Illus. by Kathe Spreen. Incl. At Dawn. 8p. pap. *(978-1-891619-24-3(1));* At the Zoo. 8p. pap. *(978-1-891619-18-2(7));* Beth & Thad. 12p. pap. *(978-1-891619-17-5(9));* Bird & the Shirt. 12p. pap. *(978-1-891619-30-4(6));* Bright Light. 8p. 5.25 hd *(978-1-891619-32-8(2));* Burt. 8p. pap. *(978-1-891619-31-1(4));* Chuck & the Chick. 8p. pap. *(978-1-891619-16-8(0));* Clown. 12p. pap. *(978-1-891619-22-9(5));* Cook & the Crook. 12p. pap. *(978-1-891619-29-8(2));* Crows. 8p. pap. *(978-1-891619-28-1(4));* Dream. 12p. pap. *(978-1-891619-23-6(3));* Gail Sails. 12p. pap. *(978-1-891619-20-5(9));* Gay & Jay Play. 8p. pap. *(978-1-891619-19-9(5));* Jack. 12p. pap. *(978-1-891619-13-7(6));* Joan's Coat. 12p. pap. *(978-1-891619-21-2(7));* Josh & the Fish. 8p. pap. *(978-1-891619-14-4(4));* Lew & His New Cap. 8p. pap. *(978-1-891619-27-4(6));* Mark at the Farm. 12p. pap. *(978-1-891619-25-0(X));* Scouts. 8p. pap. *(978-1-891619-26-7(8));* Sheep & the Bee. 8p. pap.

TITLE INDEX EARTH BELOW

(978-1-891619-15-1(2)); (J). (gr. -1-2). (Illus.). 38.50 (978-1-891619-12-0(8)) Corona Pr.

Early Phonetic Readers - Set D, 3 bks., Set. Bonnie Kalar. Illus. by Kathe Spreen. Incl. At the Lake. 12p. pap. (978-1-891619-34-2(9)); Mike. 8p. pap. (978-1-891619-35-9(7)); Rose & the Mole. 12p. pap. (978-1-891619-36-6(5)); (J). (gr. -1-2). (Illus.). 6.25 (978-1-891619-33-5(0)) Corona Pr.

Early Phonetic Readers - Set E, 7 bks., set. Bonnie Kalar. Illus. by Kathe Spreen. Incl. Ann Paints & Plays. pap. (978-1-891619-40-3(3)); Clair at Home. pap. (978-1-891619-44-1(6)); Good Day. pap. (978-1-891619-41-0(1)); Kirk & the Deer. pap. (978-1-891619-43-4(8)); Miss Lane's Class. pap. (978-1-891619-38-0(1)); Neal Camps Out. pap. (978-1-891619-39-7(X)); Trip to the Beach. pap. (978-1-891619-42-7(X)); 12p. (J). (gr. -1-2). (Illus.). Set pap. 14.50 (978-1-891619-37-3(3)) Corona Pr.

Early Pioneer Days in Texas. J. Taylor Allen. 2017. (ENG., Illus.). (J). pap. (978-0-649-00482-9(5)); pap. (978-0-649-08403-6(9)) Trieste Publishing Pty Ltd.

Early Pioneer Days in Texas (Classic Reprint) J. Taylor Allen. 2018. (ENG., Illus.). 278p. (J). 29.65 (978-0-331-73619-9(5)) Forgotten Bks.

Early Reader: the Loch Ness Monster Spotters. Tony De Saulles. 2017. (Early Reader Ser.). (ENG., Illus.). 64p. (J). (gr. 1-3). 4.99 (978-1-5101-0185-2(3), Orion Children's Bks.) Hachette Children's Group GBR. Dist: Hachette Bk. Group.

Early Readers' Fairy Tale Collection: Updated Edition. Samuel Valentino. 2021. (ENG.). 88p. (J). pap. 15.99 (978-0-9905872-6-2(6)) Brattle Publishing Group.

Early Reading. Compiled by School Zone. 2018. (Mini Holiday Board Book 3 Pack Ser.). (ENG.). 18p. (J). bds. 4.99 (978-1-68147-197-6(3)) School Zone Publishing Co.

Early Recollections of James Whitcomb Riley (Classic Reprint) Ridgeway Ridgeway. 2019. (ENG., Illus.). 96p. (J). 25.90 (978-0-267-68834-0(2)) Forgotten Bks.

Early Reminiscences: A Poem, Recounting Incidents Occurring in the Youth of the Author, & Describing Country Life in the Province of New Brunswick, Forty Years Ago (Classic Reprint) Leonard Scott. (ENG., Illus.). (J). 2018. 62p. 25.18 (978-0-656-33711-8(7)); 2017. pap. 9.57 (978-0-243-26392-9(9)) Forgotten Bks.

Early Reviews of English Poets. John Louis Haney. 2017. (ENG., Illus.). (J). 25.95 (978-1-374-97131-8(6)); pap. 15.95 (978-1-374-97130-1(8)) Capital Communications, Inc.

Early Reviews of English Poets (Classic Reprint) John Louis Haney. 2018. (ENG., Illus.). 292p. (J). 29.94 (978-0-364-67206-8(4)) Forgotten Bks.

Early River Valley Civilizations, 1 vol. Rebecca Kraft Rector. 2016. (First Humans & Early Civilizations Ser.). (ENG., Illus.). 64p. (J). (gr. 6-6). pap. 13.95 (978-1-4994-6326-2(X), b68fcc6e-1e8a-4c13-9354-53e0b0c2dfd1) Rosen Publishing Group, Inc., The.

Early Science Experiment Book: For Preschoolers. Ginger Green. 2023. (ENG.). 27p. (J). **(978-1-312-66236-0(0))** Lulu Pr., Inc.

Early Self-Regard: It's My Choice. Tony Avitia. 2018. (It's My Choice Ser.: Vol. 1). (ENG., Illus.). 36p. (YA). (gr. 7-10). pap. 19.95 (978-0-9996978-4-9(6)) Amuzed Art.

Early Self Regard: It's My Choice. Tony Avitia. 2018. (It's My Choice Ser.: Vol. 1). (ENG., Illus.). 36p. (YA). (gr. 7-9). 22.99 (978-0-333-69787-0(1)) Amuzed Art.

Early Sensory Skills. Jackie Cooke. ed. 2017. (Early Skills Ser.). (ENG., Illus.). 180p. (C). pap. 54.95 (978-0-86388-371-2(0), Y329898) Routledge.

Early Spanish Explorers & the Exploration of Southwest America Exploration of the Americas Grade 3 Children's Exploration Books. Baby Professor. 2021. (ENG.). 72p. (J). 27.99 (978-1-5419-8087-7(5)); pap. 16.99 (978-1-5419-5930-9(2)) Speedy Publishing LLC. (Baby Professor (Education Kids)).

Early Sports Encyclopedias (Set), 6 vols. 2023. (Early Sports Encyclopedias Ser.). (ENG.). 128p. (J). (gr. -1-4). lib. bdg. 282.42 **(978-1-0982-9124-2(7)**, 42068, Early Encyclopedias) ABDO Publishing Co.

Early Spring in Massachusetts 1881: From the Journal of Henry D. Thoreau (Classic Reprint) Henry D. Thoreau. 2017. (ENG., Illus.). (J). 31.45 (978-0-266-86205-5(5)) Forgotten Bks.

Early Start Academy, Learn Your Letters for Kindergartners: (Ages 5-6) ABC Letter Guides, Letter Tracing, Activities, & More! (Backpack Friendly 6 X9 Size) Lauren Dick. l.t. ed. 2021. (Early Start Academy for Kindergartners Ser.: Vol. 2). (ENG.). 64p. (J). pap. (978-1-77437-776-5(4)) AD Classic.

Early Start Academy, Learn Your Letters for Preschoolers: (Ages 4-5) ABC Letter Guides, Letter Tracing, Activities, & More! (Backpack Friendly 6 X9 Size) Lauren Dick. l.t. ed. 2021. (Early Start Academy for Preschoolers Ser.: Vol. 2). (ENG.). 64p. (J). pap. (978-1-77437-772-7(1)) AD Classic.

Early Start Academy, Learn Your Letters for Toddlers: (Ages 3-4) ABC Letter Guides, Letter Tracing, Activities, & More! (Backpack Friendly 6 X9 Size) Lauren Dick. l.t. ed. 2021. (Early Start Academy for Toddlers Ser.: Vol. 2). (ENG.). 64p. (J). pap. (978-1-77437-764-2(0)) AD Classic.

Early Start Academy, Learn Your Numbers for Kindergartners: (Ages 5-6) 1-20 Number Guides, Number Tracing, Activities, & More! (Backpack Friendly 6 X9 Size) Lauren Dick. l.t. ed. 2020. (Early Start Academy for Kindergartners Ser.: Vol. 3). (ENG.). 64p. (J). pap. (978-1-77437-777-2(2)) AD Classic.

Early Start Academy, Learn Your Numbers for Preschoolers: (Ages 4-5) 1-20 Number Guides, Number Tracing, Activities, & More! (Backpack Friendly 6 X9 Size) Lauren Dick. l.t. ed. 2021. (Early Start Academy for Preschoolers Ser.: Vol. 3). (ENG.). 64p. (J). pap. (978-1-77437-773-4(X)) AD Classic.

Early Start Academy, Learn Your Numbers for Toddlers: (Ages 3-4) 1-10 Number Guides, Number Tracing, Activities, & More! (Backpack Friendly 6 X9 Size) Lauren Dick. l.t. ed. 2021. (Early Start Academy for Toddlers Ser.: Vol. 3). (ENG.). 64p. (J). pap. (978-1-77437-765-9(9)) AD Classic.

Early Start Academy, Learn Your Shapes for Kindergartners: (Ages 5-6) Basic Shape Guides & Tracing, Patterns, Matching, Activities, & More! (Backpack Friendly 6 X9 Size) Lauren Dick. l.t. ed. 2021. (Early Start Academy for Kindergartners Ser.: Vol. 4). (ENG.). 64p. (J). pap. (978-1-77437-778-9(0)) AD Classic.

Early Start Academy, Learn Your Shapes for Preschoolers: (Ages 4-5) Basic Shape Guides & Tracing, Patterns, Matching, Activities, & More! (Backpack Friendly 6 X9 Size) Lauren Dick. l.t. ed. 2021. (Early Start Academy for Preschoolers Ser.: Vol. 4). (ENG.). 64p. (J). pap. (978-1-77437-774-1(8)) AD Classic.

Early Start Academy, Learn Your Shapes for Toddlers: (Ages 3-4) Basic Shape Guides & Tracing, Patterns, Matching, Activities, & More! (Backpack Friendly 6 X9 Size) Lauren Dick. l.t. ed. 2021. (Early Start Academy for Toddlers Ser.: Vol. 4). (ENG.). 64p. (J). pap. (978-1-77437-766-6(7)) AD Classic.

Early Start Academy, Tracing Lines for Kindergartners (Backpack Friendly 6 X9 Size!) Lauren Dick. l.t. ed. 2020. (Early Start Academy for Kindergartners Ser.: Vol. 5). (ENG.). 64p. (J). pap. (978-1-77437-825-0(6)) AD Classic.

Early Start Academy, Tracing Lines for Kindergartners (Large 8. 5 X11 Size!) Lauren Dick. l.t. ed. 2020. (Early Start Academy for Kindergartners Ser.: Vol. 6). (ENG.). 64p. (J). pap. (978-1-77437-826-7(4)) AD Classic.

Early Start Academy Workbook for Kindergartners: (Ages 5-6) Alphabet, Numbers, Shapes, Sizes, Patterns, Matching, Activities, & More! (Large 8. 5 X11 Size) Lauren Dick. l.t. ed. 2020. (Early Start Academy for Kindergartners Ser.: Vol. 1). (ENG.). 150p. (J). pap. (978-1-77437-779-6(9)) AD Classic.

Early Start Academy Workbook for Preschoolers: (Ages 4-5) Alphabet, Numbers, Shapes, Sizes, Patterns, Matching, Activities, & More! (Large 8. 5 X11 Size) Lauren Dick. l.t. ed. 2020. (Early Start Academy for Preschoolers Ser.: Vol. 1). (ENG.). 150p. (J). pap. (978-1-77437-775-8(6)) AD Classic.

Early Start Academy Workbook for Toddlers: (Ages 3-4) Alphabet, Numbers, Shapes, Sizes, Patterns, Matching, Activities, & More! (Large 8. 5 X11 Size) Lauren Dick. l.t. ed. 2020. (Early Start Academy for Toddlers Ser.: Vol. 1). (ENG.). 150p. (J). pap. (978-1-77437-767-3(5)) AD Classic.

Early Struggles, Vol. 1 (Classic Reprint) A. Crawford. (ENG., Illus.). (J). 2018. 336p. 30.83 (978-0-484-73078-5(9)); 2016. pap. 13.57 (978-1-333-60034-1(8)) Forgotten Bks.

Early Struggles, Vol. 2 (Classic Reprint) A. Crawford. (ENG., Illus.). (J). 2018. 340p. 30.91 (978-0-483-58084-8(8)); 2016. pap. 13.57 (978-1-333-61205-4(2)) Forgotten Bks.

Early Struggles, Vol. 3 (Classic Reprint) A. Crawford. 2018. (ENG., Illus.). 328p. (J). 30.66 (978-0-483-34884-4(8)) Forgotten Bks.

Early Sunday Morning. Denene Millner. Illus. by Vanessa Brantley-Newton. 2020. (ENG.). 40p. (J). (gr. -1-3). 18.99 (978-1-5344-7653-0(9)) Simon & Schuster, Inc.

Early Times in Texas (Classic Reprint) John C. Duval. 2018. (ENG., Illus.). (J). 31.94 (978-0-260-53057-8(3)) Forgotten Bks.

Early Vows: A Comedy in Two Acts (Classic Reprint) Charles Townsend. 2017. (ENG., Illus.). (J). 24.72 (978-0-331-47048-2(9)); pap. 7.97 (978-0-260-34081-8(2)) Forgotten Bks.

Early World Civilizations: 2nd Grade History Book Children's Ancient History Edition. Baby Professor. 2016. (ENG., Illus.). 42p. (J). pap. 11.65 (978-1-68305-499-3(7), Baby Professor (Education Kids)) Speedy Publishing LLC.

Early Writing Practice Workbook Toddler-Grade K - Ages 1 To 6. Left Brain Kids. 2016. (ENG., Illus.). (J). pap. 7.51 (978-1-68376-635-3(0)) Sabeels Publishing.

Earn It! Cinders McLeod. Illus. by Cinders McLeod. (Moneybunny Book Ser.). (ENG., Illus.). 32p. (J). (-k). 2021. pap. 8.99 (978-0-593-40619-9(2)); 2017. 16.99 (978-0-399-54444-6(5)) Penguin Young Readers Group. (Nancy Paulsen Books).

Earn It, Save It, Spend It! Emily Raij & Mary Reina. 2019. (Earn It, Save It, Spend It! Ser.). (ENG.). 24p. (J). (gr. 1-3). 111.96 (978-1-9771-0835-7(0), 29307); pap., pap., pap. 31.80 (978-1-9771-1082-4(7), 29535) Capstone. (Pebble).

Earn Money. Emily Raij. 2019. (Earn It, Save It, Spend It! Ser.). (ENG., Illus.). 24p. (J). (gr. 1-3). pap. 7.95 (978-1-9771-1002-2(9), 140945); lib. bdg. 25.99 (978-1-9771-0831-9(8), 140452) Capstone. (Pebble).

Earn, Save, & Spend Money Earn Money Books Economics for Kids 3rd Grade Social Studies Children's Money & Saving Reference. Biz Hub. 2020. (ENG.). 72p. (J). 24.99 (978-1-5419-7929-1(X)); pap. 14.99 (978-1-5419-4975-1(7)) Speedy Publishing LLC. (Biz Hub (Business & Investing)).

Earnest Trifler (Classic Reprint) Miss E. Sprague. 2018. (ENG., Illus.). 254p. (J). 29.16 (978-0-484-31821-1(7)) Forgotten Bks.

Earnests Bridge of I WILL Joe Woods. Illus. by Zoe Ranucci. 2021. (Adventures of Cat & Hamster Ser.: 3). (ENG.). 24p. (J). pap. 10.00 (978-1-0983-9997-9(8)) BookBaby.

Earning a Living: A Comedy in Five Acts (Classic Reprint) Unknown Author. (ENG., Illus.). (J). 2018. 68p. 25.32 (978-0-483-92048-4(7)); 2016. pap. 9.57 (978-1-334-21715-9(7)) Forgotten Bks.

Earning an Income. Rebecca J. Allen. 2020. (Strong, Healthy Girls Ser.). (ENG., Illus.). 112p. (J). (gr. 6-12). lib. bdg. 41.36 (978-1-5321-9216-6(9), 34985, Essential Library) ABDO Publishing Co.

Earning Money. Ben Hubbard. Illus. by Beatriz Castro. 2020. 32p. (J). (978-0-7787-7371-9(X)) Crabtree Publishing Co.

Earning Money. Nick Hunter. 2022. (Understanding Money Ser.). (ENG.). 48p. (J). pap. 9.95 (978-1-4846-8316-3(1), 252778, Heinemann) Capstone.

Earning Money. Mary Lindeen. 2019. (BeginningtoRead Ser.). (ENG., Illus.). 32p. (J). (gr. -1-2). 22.60 (978-1-68450-934-8(3)); (gr. k-2). pap. 13.26 (978-1-68404-434-4(0)) Norwood Hse. Pr.

Earning Money. Connor Stratton. 2022. (Exploring Money Ser.). (ENG.). 24p. (J). (gr. 1-2). pap. 8.95 (978-1-63739-289-8(3)); lib. bdg. 28.50 (978-1-63739-237-9(0)) North Star Editions. (Focus Readers).

Earning My Spots. Mark Eastburn. 2016. (ENG.). 288p. (J). (gr. 2-7). 15.99 (978-1-5107-0778-8(6), Sky Pony Pr.) Skyhorse Publishing Co., Inc.

Earning Our Heavenly Wings. Tammy Eastman. 2019. (ENG., Illus.). 30p. (J). pap. 12.95 (978-1-64471-740-0(9)) Covenant Bks.

Earning, Saving, & Investing. Sue Bradford Edwards. 2019. (Financial Literacy Ser.). (ENG.). 112p. (J). (gr. 6-12). lib. bdg. 41.36 (978-1-5321-1911-8(9), 32287, Essential Library) ABDO Publishing Co.

Earning the Blue Stripe (Classic Reprint) L. S. Wannamaker. 2018. (ENG., Illus.). 54p. (J). 25.03 (978-0-332-48689-5(3)) Forgotten Bks.

Ears. Katrine Crow. (Whose Is It? Ser.). (ENG.). (J). (gr. -1-1). 2019. 32p. 6.99 (978-1-4867-1572-5(9), 5432d208-f59f-4dff-b842-d89203eabec4); 2018. (Illus.). 20p. bds. 7.99 (978-1-4867-1381-3(5), fb15ab8f-ade3-4ab8-b00f-de8f9f978031) Flowerpot Pr.

Ears, 1 vol. Amy Culliford. 2022. (What Animal Has These Parts? Ser.). (ENG., Illus.). 16p. (J). (gr. -1-1). pap. (978-1-0396-4628-5(X), 17347); lib. bdg. (978-1-0396-4437-3(6), 16341) Crabtree Publishing Co. (Crabtree Roots).

Ears. Kym Simoncini. Illus. by John Maynard Balinggao. 2021. (ENG.). 26p. (J). pap. (978-1-922750-00-6(X)) Library For All Limited.

Ears - Taian Taninga (Te Kiribati) Kym Simoncini. Illus. by John Maynard Balinggao. 2022. (MIS.). 26p. (J). pap. **(978-1-922918-09-3(1))** Library For All Limited.

Ears & Nose (a Disgusting Augmented Reality Experience) Gillia M. Olson. 2020. (Gross Human Body in Action: Augmented Reality Ser.). (ENG., Illus.). 32p. (J). (gr. 3-5). lib. bdg. 31.99 (978-1-5415-9810-2(5), db3b4f0a-0746-41c1-9c36-82a21ece1834, Lerner Pubns.) Lerner Publishing Group.

Ears, Nose, Eyes... Surprise! Sarah Jones. 2018. (ROYGBaby Ser.). (ENG., Illus.). 14p. (J). (— 1). bds. 7.99 (978-1-936669-62-2(5)) Blue Manatee Press.

Earth. Quinn M. Arnold. 2018. (Illus.). 24p. (J). (978-1-56660-965-4(8), Creative Education); (ENG., (gr. -1-k). (978-1-60818-913-7(9), 19543, Creative Education); (ENG., (gr. -1-k). pap. 9.99 (978-1-62832-529-4(1), 19541, Creative Paperbacks) Creative Co., The.

Earth. Emma Bassier. 2020. (Planets Ser.). (ENG., Illus.). 24p. (J). (gr. k-3). lib. bdg. 31.36 (978-1-5321-6907-6(8), 36435, Pop! Cody Koala) Pop!.

Earth. J. P. Bloom. 2017. (Planets Ser.). (ENG.). 24p. (J). (gr. -1-2). pap. 7.95 (978-1-4966-1280-9(9), 135012, Capstone Classroom) Capstone.

Earth. Czeena Devera. Illus. by Jeff Bane. 2020. (My Early Library: My Guide to the Planets Ser.). (ENG.). 24p. (J). (gr. k-1). pap. 12.79 (978-1-5341-6111-5(2), 214444); lib. bdg. 30.64 (978-1-5341-5881-8(2), 214443) Cherry Lake Publishing.

Earth. Dorling Kindersley Publishing Staff. 2017. (Illus.). 64p. (J). (978-0-241-28510-7(0)) Dorling Kindersley Publishing, Inc.

Earth. Renae Gilles & Warren Rylands. 2019. (Illus.). 24p. (J). (978-1-4896-8007-5(1), AV2 by Weigl) Weigl Pubs., Inc.

Earth. KELLY MILES. Ed. by Richard Kelly. 2017. (Illus.). 128p. (J). pap. 15.95 (978-1-78209-764-8(3)) Miles Kelly Publishing, Ltd. GBR. Dist: Parkwest Pubns., Inc.

Earth. Ellen Lawrence. 2022. (Zoom into Space Ser.). (ENG.). 24p. (J). (gr. 3-6). pap. 9.50 **(978-1-64996-765-7(9)**, 17151, Sequoia Kids Media) Sequoia Children's Bks.

Earth. Mary Lindeen. 2021. (Beginning-To-Read - Read & Discover - Science Ser.). (ENG.). 32p. (J). (gr. k-2). 25.27 (978-1-68450-828-0(2)); pap. 13.26 (978-1-68404-654-6(8)) Norwood Hse. Pr.

Earth. Kerri Mazzarella. 2023. (Our Amazing Solar System Ser.). (ENG.). (J). (gr. 3-6). 24p. lib. bdg. 27.93 **(978-1-63897-972-2(3)**, 33381); (Illus.). pap. 8.95 Seahorse Publishing.

Earth. Julie Murray. 2018. (Planets (Dash!) Ser.). (ENG., Illus.). 24p. (J). (gr. k-4). lib. bdg. 31.36 (978-1-5321-2526-3(7), 30061, Abdo Zoom-Dash) ABDO Publishing Co.

Earth. Becky Noelle. 2020. (Space Systems: Patterns & Cycles Ser.). (ENG.). 24p. (J). lib. bdg. 22.99 (978-1-5105-5526-6(9)) SmartBook Media, Inc.

Earth. Jody S. Rake. 2020. (Planets in Our Solar System Ser.). (ENG., Illus.). 32p. (J). (gr. 1-3). pap. 7.95 (978-1-9771-2693-1(6), 201727); lib. bdg. 29.32 (978-1-9771-2393-0(7), 200403) Capstone. (Pebble).

Earth. Betsy Rathburn. 2019. (Space Science Ser.). (ENG., Illus.). 24p. (J). (gr. 3-7). lib. bdg. 26.95 (978-1-62617-971-4(9), Torque Bks.) Bellwether Media.

Earth. Susan Ring & Alexis Roumanis. 2016. (Illus.). 24p. (J). (978-1-5105-0971-9(2)) SmartBook Media, Inc.

Earth. Alexis Roumanis. 2016. (J). (978-1-5105-2045-5(7)) SmartBook Media, Inc.

Earth. Martha E. H. Rustad. 2016. (Space Ser.). (ENG., Illus.). 24p. (J). (gr. -1-2). lib. bdg. 22.65 (978-1-4914-8321-3(0), 130794, Capstone Pr.) Capstone.

Earth, 1 vol. Francis Spencer. 2022. (Destination Space Ser.). (ENG.). 24p. (J). (gr. k-2). lib. bdg. (978-1-0396-4468-7(6), 16239); (Illus.). pap. (978-1-0396-4659-9(X), 17181) Crabtree Publishing Co. (Crabtree Seedlings).

Earth. Alissa Thielges. 2023. (ENG.). 16p. (J). (gr. 1-3). pap. 9.99 **(978-1-68152-794-9(4))** Amicus.

Earth. Dawn Titmus. 2017. (21st Century Science Ser.). (ENG.). 48p. (J). lib. bdg. 34.99 (978-1-5105-1893-3(2)) SmartBook Media, Inc.

Earth. Mary-Jane Wilkins. 2017. (Our Solar System Ser.). (ENG.). 24p. (J). (gr. 2-4). 28.50 (978-1-78121-364-3(X), 16653) Brown Bear Bks.

Earth. M. J. York. 2021. (Fascinating Facts Ser.). (ENG.). 24p. (J). (gr. 2-5). lib. bdg. 32.79 (978-1-5038-4465-0(X), 214232) Child's World, Inc, The.

Earth: A Descriptive History of the Phenomena of the Life of the Globe. Elisee Reclus & Henry Woodward. 2017. (ENG.). 406p. (J). pap. (978-3-337-41500-6(8)) Creation Pubs.

Earth: A First Look. Percy Leed. 2022. (Read about Space (Read for a Better World (tm)) Ser.). (ENG., Illus.). 24p. (J). (gr. k-2). pap. 9.99 (978-1-7284-6432-9(3), ace5cb01-1b44-4f13-b8b6-ef3b8b0606c1); lib. bdg. 29.32 (978-1-7284-5921-9(4), 5ed8c651-5e06-4e3b-8cc4-15de46b3068a) Lerner Publishing Group. (Lerner Pubns.).

Earth: By the Numbers. Steve Jenkins. 2019. (By the Numbers Ser.). (ENG., Illus.). 40p. (J). (gr. -1-3). 14.99 (978-1-328-85101-7(X), 1693466); pap. 9.99 (978-1-328-85102-4(8), 1693468) HarperCollins Pubs. (Clarion Bks.).

Earth: Children's Earth Sciences Book with Informative Facts for Kids. Bold Kids. 2022. (ENG.). 42p. (J). pap. 14.99 (978-1-0717-0954-2(2)) FASTLANE LLC.

Earth: One-Of-a-Kind Planet. Laura Perdew. Illus. by Hui Li. 2021. (Picture Book Science Ser.). 32p. (J). (gr. k-3). pap. 9.95 (978-1-61930-984-5(X), cbe79f73-938e-4b65-970b-5e02ae5b7572) Nomad Pr.

Earth: Planets in Our Solar System Children's Astronomy Edition. Baby Professor. 2017. (ENG., Illus.). (J). pap. 9.25 (978-1-68280-600-5(6), Baby Professor (Education Kids)) Speedy Publishing LLC.

Earth: Ready-To-Read Level 1. Marion Dane Bauer. Illus. by John Wallace. 2021. (Our Universe Ser.). (ENG.). 32p. (J). (gr. -1-1). 17.99 (978-1-5344-8649-2(6)); pap. 4.99 (978-1-5344-8648-5(8)) Simon Spotlight. (Simon Spotlight).

Earth: The Illustrated Geography of Our World. Susan Martineau. Illus. by Vicky Barker. 2019. (Geographics Geography for Kids Ser.). (ENG.). 24p. (J). (gr. 1-5). pap. 6.99 (978-1-63158-489-3(8), Racehorse Publishing) Skyhorse Publishing Co., Inc.

Earth: The Third Rock from the Sun Astronomy Beginners' Guide Grade 4 Children's Astronomy & Space Books. Baby Professor. 2020. (ENG.). 74p. (J). 24.99 (978-1-5419-8037-2(9)); pap. 14.99 (978-1-5419-5953-8(1)) Speedy Publishing LLC. (Baby Professor (Education Kids)).

Earth - a Planet of Water. Miriam Fabiancic. (Spot on Science & Technology Ser.). (ENG.). (J). (gr. 1). 7.17 net. (978-1-5322-5303-4(6)) Benchmark Education Co.

Earth - The Living Planet see Tierra - el Planeta Vivo

Earth 1: Sun, Earth, Moon & Stars. Created by Heron Books. 2019. (Earth Ser.: Vol. 1). (ENG., Illus.). 92p. (J). pap. (978-0-89739-042-2(3), Heron Bks.) Quercus.

Earth 2: Earth & Its Neighbors. Created by Heron Books. 2019. (Earth Ser.: Vol. 2). (ENG., Illus.). 136p. (J). pap. (978-0-89739-041-5(5), Heron Bks.) Quercus.

Earth 2 P. L. A. Y. Joanne Wiess. 2021. (ENG.). 26p. (J). pap. 12.95 (978-1-63844-129-8(4)) Christian Faith Publishing.

Earth 3: Where on Earth? Created by Heron Books. 2019. (Earth Ser.: Vol. 3). (ENG., Illus.). 170p. (J). pap. (978-0-89739-043-9(1), Heron Bks.) Quercus.

Earth & Atmosphere: Science Made Easy. Wonder House Books. 2023. (Science Essentials Ser.). (ENG.). 24p. (J). (gr. 3-7). 6.99 **(978-93-5440-987-5(3))** Prakash Bk. Depot IND. Dist: Independent Pubs. Group.

Earth & Its Natural Resource - Solar System & the Universe - Fourth Grade Non Fiction Books - Children's Astronomy & Space Books. Baby Professor. (ENG.). 78p. (J). 2020. pap. 15.23 (978-1-5419-4934-8(X)); 2019. 25.22 (978-1-5419-7522-4(7)) Speedy Publishing LLC. (Baby Professor (Education Kids)).

Earth & Other Inner Planets. Gail Terp. 2018. (Deep Space Discovery Ser.). (ENG.). 32p. (gr. 2-7). 9.95 (978-1-68072-713-5(3)); (J). (gr. 4-6). pap. 9.99 (978-1-64466-266-3(3), 12317); (Illus.). (J). (gr. 4-6). lib. bdg. (978-1-68072-419-6(3), 12316) Black Rabbit Bks. (Bolt).

Earth & Other Planets. Ellen Labrecque. 2019. (Our Place in the Universe Ser.). (ENG., Illus.). 24p. (J). (gr. 1-3). 25.99 (978-1-9771-0848-7(2), 140466, Pebble) Capstone.

Earth & Our Solar System. Francis Spencer. 2022. (My First Space Bks.). (ENG.). 24p. (J). (gr. k-2). pap. (978-1-0396-6214-8(5), 20819); lib. bdg. (978-1-0396-6019-9(3), 20818) Crabtree Publishing Co.

Earth & Rock Excavation: A Practical Treatise (Classic Reprint) Charles Prelini. 2018. (ENG., Illus.). (J). 454p. 33.28 (978-1-396-68632-0(0)); 456p. pap. 16.57 (978-1-390-94091-6(8)) Forgotten Bks.

Earth & Sky: Number 1, a First Grade Nature Reader & Text-Book (Classic Reprint) Jenny H. Stickney. (ENG., Illus.). (J). 2018. 130p. 26.58 (978-0-656-14858-5(6)); 2016. pap. 9.57 (978-1-334-14224-6(6)) Forgotten Bks.

Earth & Sky, Vol. 2: A Second & Third Grade Nature Reader & Text-Book (Classic Reprint) J. H. Stickney. (ENG., Illus.). (J). 2018. 138p. 26.74 (978-0-364-15390-1(3)); 2017. pap. 9.57 (978-1-5276-6677-1(8)) Forgotten Bks.

Earth & Space, 1 vol. Georgia Amson-Bradshaw. 2017. (Science in a Flash Ser.). (ENG.). 32p. (J). (gr. 5-5). pap. 11.50 (978-1-5382-1487-9(3), 64480c70-b6f7-4502-a49c-badcffb49c16); lib. bdg. 28.27 (978-1-5382-1392-6(3), 8edf34c0-8b65-4f79-880c-a576c6bba306) Stevens, Gareth Publishing LLLP.

Earth & Space, 1 vol. Clare Hibbert. 2018. (Science Explorers Ser.). (ENG.). 32p. (gr. 3-3). lib. bdg. 26.93 (978-1-9785-0642-8(2), a686963a-ff9a-4e00-8a0a-0e4197fc3d31) Enslow Publishing, LLC.

Earth & Space: Let's Investigate. Ruth Owen. 2021. (Science Essentials Ser.). (ENG., Illus.). 32p. (J). (gr. 3-6). pap. 9.99 (978-1-78856-181-5(3), 9367dba3-56e1-4621-b8cc-77a49b6708e9); lib. bdg. 30.65 (978-1-78856-180-8(5), cbbb25b5-10df-468e-a544-f3956a6b6cc9) Ruby Tuesday Books Limited GBR. Dist: Lerner Publishing Group.

Earth & the Fullness Thereof: A Romance of Modern Styria (Classic Reprint) Peter Rosegger. 2017. (ENG., Illus.). (J). 32.31 (978-1-5279-7425-8(1)) Forgotten Bks.

Earth Atlas. DK. Illus. by Richard Bonson. 2022. (DK Pictorial Atlases Ser.). (ENG.). 64p. (J). (gr. 4-7). 20.00 (978-0-7440-6505-3(4), DK Children) Dorling Kindersley Publishing, Inc.

Earth Below. Katy Barnett. 2019. (ENG.). 260p. (YA). (gr. 7-12). pap. (978-1-925883-17-6(5)) Ligature.

E

Earth Book. Camilla De la Bédoyère et al. Ed. by Richard Kelly. 2017. (ENG., Illus.). 160p. (J). 22.95 *(978-1-78209-840-9(2))* Miles Kelly Publishing, Ltd. GBR. Dist: Parkwest Pubns., Inc.

Earth Book for Kids: Volcanoes, Earthquakes & Landforms. Dan R. Lynch. 2022. (Simple Introductions to Science Ser.). (ENG., Illus.). 176p. (J). (gr. 1-7). pap. 12.95 *(978-1-64755-283-1(4)*, Adventure Pubns.) AdventureKEEN.

Earth Borers, 1 vol. Ryan Nagelhout. 2016. (Technology Takes on Nature Ser.). (ENG.). 32p. (J). (gr. 3-4). pap. 11.50 *(978-1-4824-5783-4(0)*, 1454a9d1-afff-45a6-8475-b1554f217c16) Stevens, Gareth Publishing LLLP.

Earth-Bot's Solution to Plastic Pollution. Russell Ayto. Illus. by Russell Ayto. 2021. (ENG., Illus.). 40p. (J). (gr. -1-2). 17.99 *(978-1-5253-0538-2(7))* Kids Can Pr., Ltd. CAN. Dist: Hachette Bk. Group.

Earth Bound. Luke Evans. 2020. (Earth Bound Ser.: Vol. 1). (ENG.). 302p. (YA). (gr. 7-12). pap. 16.99 *(978-0-9997510-4-6(2))* Charlie's Port.

Earth Boy: The Hidden Watchers. Jc Mansell. 2019. (ENG., Illus.). 388p. (YA). pap. *(978-1-9993608-3-2(4))* Sholari Publishing.

Earth Called: Tales of a New World. P.c. Cast. 2023. (Tales of a New World Ser.: 4). (ENG., Illus.). 480p. (YA). 19.99 *(978-1-250-87943-1(4)*, 900281989, Wednesday Bks.) St. Martin's Pr.

Earth Carer's Guide to Climate Change. 2019. (ENG.). 36p. (J). pap. *(978-93-88284-16-5(X))* Katha.

Earth Children & the Golden Key. T. T. Hague. 2022. (ENG.). 246p. (J). pap. *(978-1-83975-916-1(X))* Grosvenor Hse. Publishing Ltd.

Earth Circles. Sandra Ure Griffin. 2020. (ENG.). 32p. pap. *(978-1-716-47459-0(0))* Lulu Pr., Inc.

Earth Class Planets! - Where Can We Live in the Universe - Cosmology for Kids - Children's Cosmology Books. Professor Gusto. 2016. (ENG., Illus.). (J). pap. 10.81 *(978-1-68321-993-4(7))* Mimaxion.

Earth (Classic Reprint) Muriel Coxon. 2018. (ENG., Illus.). 366p. (J). 31.47 *(978-0-483-76318-0(7))* Forgotten Bks.

Earth Clock: The History of Our Planet in 24 Hours. Tom Jackson. Illus. by Nic Jones. 2022. (ENG.). 64p. (J). (gr. 3-7). 19.95 *(978-1-78312-849-5(6))* Welbeck Publishing Group Ltd. GBR. Dist: Two Rivers Distribution.

Earth Cycles (Set), 6 vols. 2022. (Earth Cycles Ser.). (ENG.). 32p. (J). (gr. 2-5). lib. bdg. 196.74 *(978-1-0982-4218-3(1)*, 40039, DiscoverRoo) Pop!.

Earth Day. Emma Bernay & Emma Carlson Berne. Illus. by Mike Bundad. 2018. (Holidays in Rhythm & Rhyme Ser.). (ENG.). 24p. (J). (gr. k-2). lib. bdg. 33.99 *(978-1-68410-378-2(9)*, 140362); pap. 7.95 *(978-1-68410-191-7(3)*, 137466) Cantata Learning.

Earth Day. Meg Gaertner. 2020. (Spring Is Here Ser.). (ENG., Illus.). 16p. (J). (gr. k-1). pap. 7.95 *(978-1-64493-099-1(4)*, 1644930994); lib. bdg. 25.64 *(978-1-64493-020-5(X)*, 164493020X) North Star Editions. (Focus Readers).

Earth Day. Katie Gillespie. 2018. (Illus.). 24p. (J). *(978-1-4896-5907-1(2)*, AV2 by Weigl) Weigl Pubs., Inc.

Earth Day. Rachel Grack. 2017. (Celebrating Holidays Ser.). (ENG., Illus.). 24p. (J). (gr. k-3). lib. bdg. 26.95 *(978-1-62617-619-5(1)*, Blastoff! Readers) Bellwether Media.

Earth Day. Charly Haley. 2019. (Holidays Ser.). (ENG.). 24p. (J). (gr. 1-1). pap. 8.95 *(978-1-64185-567-9(3)*, 1641855673) North Star Editions.

Earth Day. Charly Haley. 2018. (Holidays (Cody Koala) Ser.). (ENG., Illus.). 24p. (J). (gr. k-3). lib. bdg. 31.36 *(978-1-5321-6196-4(4)*, 30175, Pop! Cody Koala) Pop!.

Earth Day. Rebecca Sabelko. 2022. (Happy Holidays! Ser.). (ENG., Illus.). 24p. (J). (gr. -1-2). pap. 7.99 *(978-1-64834-852-5(1)*, 21706, Blastoff! Readers) Bellwether Media.

Earth Day & the Environmental Movement: Standing up for Earth. Christy Peterson. 2020. (ENG., Illus.). 120p. (YA). (gr. 6-12). 37.32 *(978-1-5415-5281-4(4)*, bf83b4b0-89e7-4e20-8075-d6db93d1fb55, Twenty-First Century Bks.) Lerner Publishing Group.

Earth Day Extravaganza. Ali Bovis. 2020. (Sylvie Ser.). (ENG.). 112p. (J). (gr. 2-2). pap. 11.95 *(978-1-64494-322-9(0)*, 1644943220, Calico Chapter Bks.) ABDO Publishing Co.

Earth Day Extravaganza: Book 4. Ali Bovis. Illus. by Jen Taylor. 2019. (Sylvie Ser.). (ENG.). 112p. (J). (gr. 2-5). lib. bdg. 38.50 *(978-1-5321-3654-2(4)*, 33754, Calico Chapter Bks.) ABDO Publishing Co.

Earth Day from the Black Lagoon. Mike Thaler. Illus. by Jared Lee. 2016. (Black Lagoon Adventures Set 4 Ser.). (ENG.). 64p. (J). (gr. 2-6). lib. bdg. 31.36 *(978-1-61479-603-9(3)*, 24336, Chapter Bks.) Spotlight.

Earth Detectives (Set), 6 vols. 2017. (Earth Detectives Ser.). (ENG.). 24p. (J). (gr. k-4). lib. bdg. 196.74 *(978-1-5321-1228-7(9)*, 27615, Super SandCastle) ABDO Publishing Co.

Earth Experiment: A Handbook on Climate Change for the World's Young Keepers. Hwee Goh & David Liew. 2023. (Change Makers Ser.). (ENG.). 72p. (J). (gr. 4-7). pap. 12.99 ***(978-981-5066-01-2(3))*** Marshall Cavendish International (Asia) Private Ltd. SGP. Dist: Independent Pubs. Group.

Earth: Exploring Our Home. Timothy Polnaszek. 2021. (Foundations of Science Ser.). (ENG., Illus.). (J). (gr. 1-5). pap. 29.95 *(978-1-5051-1902-2(2)*, 2933) TAN Bks.

Earth: Exploring Our Home Workbook. Timothy Polnaszek. 2021. (Foundations of Science Ser.). (ENG.). (J). (gr. 1-5). pap. 24.95 *(978-1-5051-1903-9(0)*, 2934) TAN Bks.

Earth Family Smith. Chun-Tien Leung. 2020. (ENG.). 312p. (YA). pap. *(978-1-716-95140-4(2))* Lulu Pr., Inc.

Earth-Friendly Animal Crafts. Veronica Thompson. Photos by Veronica Thompson. 2018. (Green STEAM Ser.). (ENG., Illus.). 32p. (J). (gr. 3-5). pap. 9.99 *(978-1-5415-2778-2(X)*, f31b05e2-0c04-4bd9-9548-10437ce5c9b8); lib. bdg. 29.32 *(978-1-5415-2421-7(7)*, 9c552c6b-7a5a-4919-9997-9ba9b5e64251, Lerner Pubns.) Lerner Publishing Group.

Earth-Friendly Earth Day Crafts. Veronica Thompson. Photos by Veronica Thompson. 2018. (Green STEAM Ser.). (ENG., Illus.). 32p. (J). (gr. 3-5). 29.32 *(978-1-5415-2420-0(9)*, 6fc4f025-4835-4427-a063-df5524037423, Lerner Pubns.) Lerner Publishing Group.

Earth-Friendly Engineering Crafts. Veronica Thompson. Photos by Veronica Thompson. 2018. (Green STEAM Ser.). (ENG., Illus.). 32p. (J). (gr. 3-5). pap. 9.99 *(978-1-5415-2780-5(1)*, bf4eecfa-38a0-49a0-9d9d-e44c43cc8fe9); lib. bdg. 29.32 *(978-1-5415-2418-7(7)*, 06fa4fdf-d292-4e07-8e9c-f4c3bcb3af5c, Lerner Pubns.) Lerner Publishing Group.

Earth-Friendly Math Crafts. Veronica Thompson. Photos by Veronica Thompson. 2018. (Green STEAM Ser.). (ENG., Illus.). 32p. (J). (gr. 3-5). 29.32 *(978-1-5415-2419-4(5)*, 7c033490-0ebf-4b98-a7d9-8a782e01c1f1, Lerner Pubns.) Lerner Publishing Group.

Earth-Friendly Science Crafts. Veronica Thompson. Photos by Veronica Thompson. 2018. (Green STEAM Ser.). (ENG., Illus.). 32p. (J). (gr. 3-5). 29.32 *(978-1-5415-2416-3(0)*, b29c50a1-7aec-4605-99f4-6bffce3fc5b0, Lerner Pubns.) Lerner Publishing Group.

Earth-Friendly Tech Crafts. Veronica Thompson. Photos by Veronica Thompson. 2018. (Green STEAM Ser.). (ENG., Illus.). 32p. (J). (gr. 3-5). pap. 9.99 *(978-1-5415-2783-6(6)*, e8358290-a14a-4efa-9b60-4f947388db68); lib. bdg. 29.32 *(978-1-5415-2417-0(9)*, cd62244f-4bf2-4e99-9101-65cbf48ef5de, Lerner Pubns.) Lerner Publishing Group.

Earth Girl. Jennie Stretch. 2021. (ENG.). 238p. (YA). pap. 17.95 *(978-1-0980-8453-0(5))* Christian Faith Publishing.

Earth Gives More. Sue Fliess. ed. 2022. (ENG.). 32p. (J). (gr. k-1). 20.46 ***(978-1-68505-374-1(2))*** Penworthy Co., LLC, The.

Earth Gives More. Sue Fliess. Illus. by Christiane Engel. (ENG.). 32p. (J). (gr. -1-3). 2022. pap. 8.99 *(978-0-8075-7713-4(8)*, 807577138); 2019. 16.99 *(978-0-8075-7710-3(3)*, 807577103) Whitman, Albert & Co.

Earth Hates Me: True Confessions from a Teenage Girl. Ruby Karp. 2017. (ENG., Illus.). 288p. (YA). (gr. 8-17). 15.99 *(978-0-7624-6260-5(4)*, Running Pr. Kids) Running Pr.

Earth Heroes! Help Save Our Planet - Conservation for Kids - Children's Conservation Books. Professor Gusto. 2016. (ENG., Illus.). (J). pap. 10.81 *(978-1-68321-986-6(4))* Mimaxion.

Earth Hour: A Lights-Out Event for Our Planet. Nanette Heffernan. Illus. by Bao Luu. 2020. 32p. (J). (gr. -1-2). lib. bdg. 16.99 *(978-1-58089-942-0(0))* Charlesbridge Publishing, Inc.

Earth in Space. Edward Payson Jackson. 2017. (ENG., Illus.). 96p. (J). pap. *(978-3-337-39589-6(9))* Creation Pubs.

Earth Is a Changing Planet - Earthquakes, Glaciers, Volcanoes & Forces That Affect Surface Changes Grade 3 - Children's Earth Sciences Books. Baby Professor. 2019. (ENG.). 74p. (J). pap. 14.89 *(978-1-5419-5284-3(7))*; 24.88 *(978-1-5419-7484-5(0))* Speedy Publishing LLC. (Baby Professor (Education Kids)).

Earth Is Flat. V. C. Thompson. 2022. (Conspiracy Theories: DEBUNKED Ser.). (ENG., Illus.). 32p. (J). (gr. 4-8). pap. 14.21 *(978-1-6689-1104-4(3)*, 221049); lib. bdg. 32.07 *(978-1-6689-0944-7(8)*, 220911) Cherry Lake Publishing. (45th Parallel Press).

Earth Keeper's Gift. Tara Langella & Maria Langella Sorgie. 2018. (ENG.). 32p. (YA). 25.95 *(978-1-4808-7027-7(7))*; pap. 16.95 *(978-1-4808-7026-0(9))* Archway Publishing.

Earth Keepers Legend: The Secret Trail. Atalina Wright. Ed. by Roxana Coumans. 2019. (Earth Keepers Ser.: Vol. 1). (ENG.). 250p. (J). (gr. 4-6). pap. *(978-0-9933954-9-9(X))* Atalina Wright Publishing.

Earth Knowledge Genius! DK. 2022. (DK Knowledge Genius Ser.). (ENG.). 176p. (J). (gr. 4-7). 21.99 *(978-0-7440-5071-4(5)*, DK Children) Dorling Kindersley Publishing, Inc.

Earth, Long since Conquered. Don Penwrite. 2021. (ENG.). 282p. (YA). *(978-1-5255-9683-4(7))*; pap. *(978-1-5255-9682-7(9))* FriesenPress.

Earth Looks Different: Forces That Change Landforms Introduction to Physical Geology Grade 3 Children's Earth Sciences Books. Baby Professor. 2021. (ENG.). 72p. (J). 27.99 *(978-1-5419-7290-2(2))*; pap. 16.99 *(978-1-5419-5911-8(6))* Speedy Publishing LLC. (Baby Professor (Education Kids)).

Earth Magic. Dionne Brand. Illus. by Eugenie Fernandes. 2020. (ENG.). 32p. (J). (gr. 5-9). pap. 10.99 *(978-1-5253-0458-3(5))* Kids Can Pr., Ltd. CAN. Dist: Hachette Bk. Group.

Earth Materials. Emily Sohn. 2019. (IScience Ser.). (ENG., Illus.). 32p. (J). (gr. 3-4). 23.94 *(978-1-68450-963-8(7))*; pap. 13.26 *(978-1-68404-378-1(6))* Norwood Hse. Pr.

Earth Materials & Systems. Keli Sipperley & Tamra Orr. 2020. (Earth Materials & Systems Ser.). (ENG.). 32p. (J). (gr. 1-3). 187.92 *(978-1-9771-2565-1(4)*, 200746); pap., pap., pap. 47.70 *(978-1-9771-2717-4(7)*, 201782) Capstone. (Pebble).

Earth Matters, 6 bks., Set. Dana Meachen Rau. Incl. Air. lib. bdg. 25.50 *(978-0-7614-3042-1(3)*, 023fb073-70cd-415c-8471-980deef96c0a); Land. lib. bdg. 25.50 *(978-0-7614-3043-8(1)*, 36cf1a21-dca9-464d-afc8-08f3bdb3e081); Life. lib. bdg. 25.50 *(978-0-7614-3044-5(X)*, 503e5fcb-1f54-410a-b810-519e51c64b68, Cavendish Square); Maps. lib. bdg. 25.50 *(978-0-7614-3046-9(6)*, 5c028b62-2e3a-424b-a75b-6611a6b9bbe2); Oceans. lib. bdg. 25.50 *(978-0-7614-3048-3(2)*, 91011cae-96a6-483d-9bf7-0defd75371b5, Cavendish Square); Space & Time. lib. bdg. 25.50 *(978-0-7614-3049-0(0)*, 91797fe1-a50e-4ea7-b87b-7e4d7caab1a8); 32p. (gr. 1-2). 2009. (Bookworms: Earth Matters Ser.). 2008. Set lib. bdg. 95.70 net. *(978-0-7614-3040-7(7)*, Cavendish Square) Cavendish Square Publishing LLC.

Earth Matters/El Planeta Es Importante, 6 bks., Set. Dana Meachen Rau. Incl. Aire / Air. lib. bdg. 25.50 *(978-0-7614-3488-7(7)*, d838b490-a186-4917-b660-ffe12fd51b8a); Los Mapas / Maps. lib. bdg. 25.50 *(978-0-7614-3493-1(3)*, 8a57ae17-e33f-413e-978d-8517be711a70); Los Océanos / Oceans. lib. bdg. 25.50 *(978-0-7614-3494-8(1)*, 816c53bf-0161-48f7-aa6e-a5818d0777bf); Tiempo y el Espacio / Space & Time. lib. bdg. 25.50 *(978-0-7614-3496-2(8)*, 363b2c2d-4381-40c1-8cc1-c313d066b158); Tierra / Land. lib. bdg. 25.50 *(978-0-7614-3490-0(9)*, ea2a66cf-4ec8-4429-a4ca-a787b0833168); Vida / Life. lib. bdg. 25.50 *(978-0-7614-3491-7(7)*, 74579308-ab57-49bc-a996-5a57120bddc2); 32p. (gr. 1-2). 2010. (Bookworms — Bilingual Editions: Earth Matters/el Planeta Es Importante Ser.). (ENG & SPA.). 2008. Set lib. bdg. 95.70 net. *(978-0-7614-3487-0(9)*, Cavendish Square) Cavendish Square Publishing LLC.

Earth Movers. Rebecca Pettiford. 2017. (Mighty Machines in Action Ser.). (ENG., Illus.). 24p. (J). (gr. k-3). lib. bdg. 26.95 *(978-1-62617-631-7(0)*, Blastoff! Readers) Bellwether Media.

Earth, My Butt, & Other Big Round Things. Carolyn Mackler. 2018. (ENG.). 288p. (YA). pap. 11.99 *(978-1-68119-798-2(7)*, 900187324, Bloomsbury USA Childrens) Bloomsbury Publishing USA.

Earth! My First 4. 54 Billion Years. Stacy McAnulty. Illus. by David Litchfield. 2017. (Our Universe Ser.: 1). (ENG.). 40p. (J). 18.99 *(978-1-250-10808-1(X)*, 900165029, Holt, Henry & Co. Bks. For Young Readers) Holt, Henry & Co.

Earth Myths, Busted! Meg Marquardt. 2017. (Science Myths, Busted! Ser.). (ENG., Illus.). 32p. (J). (gr. 3-6). 32.80 *(978-1-63235-302-3(4)*, 11807, 12-Story Library) Bookstaves, LLC.

Earth Needs a Break from Plastic. Jaime Hilditch. 2021. (ENG.). 32p. (J). *(978-1-5255-9731-2(0))* FriesenPress.

Earth Ninja: A Children's Book about Recycling, Reducing, & Reusing. Mary Nhin & Grow Grit Press. Illus. by Jelena Stupar. 2020. (ENG.). 34p. (J). 18.99 *(978-1-951056-20-9(5))* Grow Grit Pr.

Earth: One-Of-a-Kind Planet. Laura Perdew. Illus. by Hui Li. 2021. (Picture Book Science Ser.). (ENG.). 32p. (J). (gr. k-3). 19.95 *(978-1-61930-981-4(5)*, 318ad61d-d056-438a-99a9-d2199166f13e) Nomad Pr.

Earth Riddles. Emma Huddleston. 2022. (Riddle Fun Ser.). (ENG.). 24p. (J). (gr. k-3). lib. bdg. 32.79 *(978-1-5038-4990-7(2)*, 214839) Child's World, Inc, The.

Earth Rocks! - All about the Rocks & Minerals Beneath Our Feet. Earth Science for Kids - Children's Earth Sciences Books. Prodigy Wizard. 2016. (ENG., Illus.). (J). pap. 9.25 *(978-1-68323-998-7(9))* Twin Flame Productions.

Earth Satellites. Allan Morey. 2017. (Space Tech Ser.). (ENG., Illus.). 24p. (J). (gr. 3-7). lib. bdg. 26.95 *(978-1-62617-699-7(X)*, Epic Bks.) Bellwether Media.

Earth School: Making the World a Better Place. Treea Forest Waters. 2019. (ENG., Illus.). 26p. (J). pap. *(978-0-2288-0937-1(1))* Tellwell Talent.

Earth Science, 1 vol., 1. Ed. by Philip Wolny. 2016. (Study of Science Ser.). (ENG., Illus.). 144p. (J). (gr. 8-8). 37.82 *(978-1-68048-226-3(2)*, fd48f377-69a1-4937-89b0-0f5a655e8aee, Britannica Educational Publishing) Rosen Publishing Group, Inc., The.

Earth Science, 6 vols., Set. Incl. Earthquakes. Jennifer Nault. pap. 11.95 *(978-1-60596-965-7(6))*; Fossils. Megan Lappi. pap. 11.95 *(978-1-60596-974-9(5))*; Minerals. Patricia Miller-Schroeder. pap. 11.95 *(978-1-60596-977-0(X))*; Rock Cycle. Melanie Ostopowich. pap. 11.95 *(978-1-60596-968-8(0))*; Rocks. Melanie Ostopowich. pap. 11.95 *(978-1-60596-962-6(1))*; (Illus.). 24p. (J). (gr. 3-5). 2010. 2010. pap. *(978-1-61690-219-3(1))* Weigl Pubs., Inc.

Earth Science in Your Everyday Life, 1 vol. Gina Hagler. 2019. (Real World Science Ser.). (ENG.). 64p. (gr. 6-6). pap. 16.24 *(978-1-9785-0947-4(2)*, ffaca476-f139-4cd6-bd29-6572836674ee) Enslow Publishing, LLC.

Earth Science Projects for Kids, 6 vols., Set. Incl. Project Guide to Earthquakes. Claire O'Neal. lib. bdg. 29.95 *(978-1-58415-870-7(0))*; Project Guide to Earth's Waters. Christine Petersen. lib. bdg. 29.95 *(978-1-58415-871-4(9))*; Project Guide to Rocks & Minerals. Claire O'Neal. lib. bdg. 29.95 *(978-1-58415-866-0(2))*; Project Guide to the Solar System. Colleen Kessler. lib. bdg. 29.95 *(978-1-58415-867-7(0))*; Project Guide to Volcanoes. Claire O'Neal. lib. bdg. 29.95 *(978-1-58415-868-4(9))*; Project Guide to Wind, Weather, & the Atmosphere. Marylou Morano Kjelle. lib. bdg. 29.95 *(978-1-58415-869-1(7))*; (Illus.). 48p. (J). (gr. 4-7). 2010. Set lib. bdg. 179.70 *(978-1-58415-872-1(7))* Mitchell Lane Pubs.

Earth, Sea & Stars: Inspiring Tales of the Natural World. Illus. by Ana Sender. 2022. (ENG.). 120p. (J). (gr. 2). 19.99 *(978-1-68010-278-9(8))* Tiger Tales.

Earth-Shaking Facts about Earthquakes with Max Axiom, Super Scientist: 4D an Augmented Reading Science Experience. Katherine Krohn. Illus. by Tod Smith & Al Milgrom. 2019. (Graphic Science 4D Ser.). (ENG.). 32p. (J). (gr. 3-9). pap. 7.95 *(978-1-5435-6004-6(0)*, 140065); lib. bdg. 36.65 *(978-1-5435-5871-5(2)*, 139795) Capstone.

Earth, Sky & Air in Song (Classic Reprint) William Harold Neidlinger. (ENG., Illus.). (J). 2018. 128p. 26.56 *(978-0-365-21225-6(3))*; 2017. pap. 9.57 *(978-0-259-77687-1(4))* Forgotten Bks.

Earth, Sky & Air in Song; Pp. 1-159. W. H. Neidlinger. 2017. (ENG., Illus.). (J). pap. *(978-0-649-54257-4(6))* Trieste Publishing Pty Ltd.

Earth, Sky & Air in Song, Vol. 1 (Classic Reprint) William Harold Neidlinger. 2017. (ENG., Illus.). (J). pap. 9.57 *(978-0-259-94200-9(6))* Forgotten Bks.

Earth, Sky, & Air in Song, Vol. 2 (Classic Reprint) William Harold Neidlinger. (ENG., Illus.). (J). 2018. 162p. 27.24 *(978-0-483-46786-6(3))*; 2017. pap. 9.97 *(978-0-259-54140-0(0))* Forgotten Bks.

Earth Squad: 50 People Who Are Saving the Planet. Alexandra Zissu. Illus. by Nhung Lê. 2021. (ENG.). 160p. (J). (gr. 3-7). 17.99 *(978-0-7624-9921-2(4)*, Running Pr. Kids) Running Pr.

Earth, Sun, & Moon: Cyclic Patterns of Lunar Phases, Eclipses, & the Seasons, 1 vol. Derek L. Miller. 2016. (Space Systems Ser.). (ENG., Illus.). 112p. (J). (gr. 8-8). 44.50 *(978-1-5026-2291-4(2)*, 57747697-6be6-413c-89a6-556ec9ddfb6e) Cavendish Square Publishing LLC.

Earth to Aliens. Nate Bitt. Illus. by Glass House Glass House Graphics. 2022. (Arcade World Ser.: 4). (ENG.). 144p. (J). (gr. k-4). 19.99 *(978-1-6659-0474-2(7))*; pap. 9.99 *(978-1-6659-0473-5(9))* Little Simon. (Little Simon).

Earth to Charlie. Justin Olson. 2019. (ENG., Illus.). 288p. (YA). (gr. 7). 18.99 *(978-1-5344-1952-0(7)*, Simon & Schuster Bks. For Young Readers) Simon & Schuster Bks. For Young Readers.

Earth to Dad. Krista Van Dolzer. 2018. (ENG.). 320p. (J). (gr. 4-8). 15.95 *(978-1-68446-012-0(3)*, 138859, Capstone Editions) Capstone.

Earth to Earth (Classic Reprint) Richard Dehan. 2018. (ENG., Illus.). 354p. (J). 31.20 *(978-0-332-63008-3(0))* Forgotten Bks.

Earth to Kids. Peta Kelly. Illus. by Nynne Mors. 2020. (ENG.). 36p. (J). *(978-0-6487624-8-5(3))*; pap. *(978-0-6487624-9-2(1))* Karen Mc Dermott.

Earth under Attack!, 12 vols. 2017. (Earth under Attack! Ser.). (ENG.). 48p. (J). (gr. 5-5). lib. bdg. 201.60 *(978-1-5382-1430-5(X)*, 759c5058-30bd-483b-a2ef-9a93b3894e51) Stevens, Gareth Publishing LLLP.

Earth Verse: Haiku from the Ground Up. Sally M. Walker. Illus. by William Grill. 2018. (ENG.). 48p. (J). (gr. 2-4). 17.99 *(978-0-7636-7512-7(1))* Candlewick Pr.

Earth vs. Mars. Mari Bolte. 2022. (21st Century Skills Library: Mission: Mars Ser.). (ENG., Illus.). 32p. (J). (gr. 4-8). pap. 14.21 *(978-1-6689-0100-7(5)*, 220191); lib. bdg. 32.07 *(978-1-5341-9986-6(1)*, 220047) Cherry Lake Publishing.

Earth Will Come to Laugh & Feast. Gabriele. Tinti. 2020. (ENG., Illus.). 1p. 50.00 *(978-1-57687-948-1(8)*, powerHouse Bks.) powerHse. Bks.

Earth Will Survive: ... but We May Not. Katie Coppens. 2021. (ENG., Illus.). 194p. (YA). (gr. 6-10). 18.95 *(978-1-943431-73-1(6))*; pap. 14.95 *(978-1-943431-77-9(9))* Tumblehome Learning.

Earth, Wind, Fire, & Rain: Real Tales of Temperamental Elements. Judy Dodge Cummings. 2018. (Mystery & Mayhem Ser.). (ENG., Illus.). 128p. (J). (gr. 5-8). 19.95 *(978-1-61930-626-4(3)*, 7a0fba13-3dd8-4c1a-b8b0-315ee8c168f8) Nomad Pr.

EARTH, WIND, FIRE, AND RAIN: REAL TALES OF TEMPERAMENTAL ELEMENTS. Judy Dodge Cummings. 2018. (Mystery & Mayhem Ser.). (ENG., Illus.). 128p. (J). (gr. 5-8). pap. 9.95 *(978-1-61930-628-8(X)*, ff5f83fa-d0ee-4184-8d48-16380a7539e7) Nomad Pr.

Earth Words. Taylor Farley. 2021. (My First Science Words Ser.). (ENG., Illus.). 24p. (J). (gr. -1-1). pap. *(978-1-4271-3048-8(5)*, 11655); lib. bdg. *(978-1-4271-3043-3(4)*, 11649) Crabtree Publishing Co.

Earthcore Book 1: Rotovegas. Grace Bridges. 2017. (ENG., Illus.). (J). pap. *(978-1-927154-50-2(2))* Splashdown Bks.

Earthcore Book 2: Volcano City. Grace Bridges. 2018. (ENG.). 200p. (J). pap. *(978-1-927154-51-9(0))* Splashdown Bks.

Earthcore Book 3: Aftershocks. Grace Bridges. 2019. (Earthcore Ser.: Vol. 3). (ENG.). 200p. (J). pap. *(978-1-927154-52-6(9))* Splashdown Bks.

Earthen Mold: The Evolution of a Girl (Classic Reprint) Edward Powhatan Buford. (ENG., Illus.). (J). 2018. 320p. 30.50 *(978-0-484-54188-6(9))*; 2017. pap. 13.57 *(978-0-259-24554-4(2))* Forgotten Bks.

Earthkeeper: The Second Adventure of Arthur. Simon Mitchell. 2016. (ENG., Illus.). 54p. (J). pap. *(978-1-326-59318-6(8))* Lulu Pr., Inc.

Earthly & the Gemstones. Mary Amy. Ed. by Katherine Matthews. Illus. by Kirsten Travers. 2019. (ENG.). 40p. (J). pap. 12.99 *(978-0-578-54081-8(9))* Amy, Mary.

Earthly Discords & How to Heal Them. Malcolm James McLeod. 2017. (ENG., Illus.). (J). pap. *(978-0-649-35977-6(1))* Trieste Publishing Pty Ltd.

Earthly Discords, & How to Heal Them (Classic Reprint) Malcolm James McLeod. 2017. (ENG., Illus.). (J). 28.43 *(978-1-5284-7864-9(9))* Forgotten Bks.

Earthly Paragon: A Novel (Classic Reprint) Eva Wilder McGlasson. (ENG., Illus.). (J). 2018. 232p. 28.68 *(978-0-666-21610-6(X))*; 2017. pap. 11.57 *(978-0-259-79236-9(5))* Forgotten Bks.

Earthly Stories with Heavenly Meanings (Classic Reprint) J. W. Bothem. (ENG., Illus.). (J). 2018. 126p. 26.50 *(978-0-656-34922-7(0))*; 2017. pap. 9.57 *(978-0-243-44192-1(4))* Forgotten Bks.

Earthquake. Ruskin Bond. 2016. (ENG., Illus.). 72p. (J). (gr. 1-3). pap. 8.99 *(978-0-14-333405-7(0)*, Puffin) Penguin Bks. India PVT, Ltd IND. Dist: Independent Pubs. Group.

Earthquake! Elizabeth Raum. 2016. (Natural Disasters Ser.). (ENG., Illus.). 32p. (J). (gr. 2-5). pap. 9.99 *(978-1-68152-082-7(6)*, 15793) Amicus.

Earthquake! Elizabeth Raum. 2016. (Natural Disasters Ser.). (ENG., Illus.). 32p. (J). (gr. k-3). 20.95 *(978-1-60753-989-6(6))* Amicus Learning.

Earthquake at Casamicciola: July 28, 1883 (Classic Reprint) Thomas W. S. Jones. 2017. (ENG., Illus.). (J). 27.09 *(978-0-331-64303-9(0))* Forgotten Bks.

Earthquake Challenge. Bear Grylls. Illus. by Emma McCann. 2019. 117p. (J). pap. *(978-1-61067-930-5(X))* Kane Miller.

Earthquake (Classic Reprint) Arthur Train. (ENG., Illus.). (J). 2019. 316p. 30.43 *(978-0-483-01102-1(9))*; 2018. 332p. 30.76 *(978-0-483-72452-5(1))*; 2017. pap. 13.57 *(978-1-334-91217-7(3))* Forgotten Bks.

Earthquake Disaster! San Francisco 1906. Nancy Dickmann. 2022. (Doomed History Ser.). (ENG.). (J). (gr. 3-7). lib. bdg. 28.50 Bearport Publishing Co., Inc.

Earthquake Geo Facts. Georgia Amson-Bradshaw. 2018. (Geo Facts Ser.). (Illus.). 32p. (J). (gr. 5-5). *(978-0-7787-4382-8(9))* Crabtree Publishing Co.

Earthquake in the Early Morning, 24. Mary Pope Osborne. 2019. (Magic Tree House Ser.). (ENG.). 72p. (J). (gr. 2-3). 16.96 *(978-0-87617-713-6(5))* Penworthy Co., LLC, The.

Earthquake Investigation Committee Catalogue of Japanese Earthquakes (Classic Reprint) Seiku Sekiya. 2017. (ENG., Illus.). (J). 27.18 *(978-0-331-69614-1(2))* Forgotten Bks.

562

The check digit for ISBN-10 appears in parentheses after the full ISBN-13

Earthquake-Proof Buildings, 1 vol. Melissa Raé Shofner. 2016. (Technology Takes on Nature Ser.). (ENG.). 32p. (J). (gr. 3-4). pap. 11.50 *(978-1-4824-5767-4(9),* edd83398-f8f7-47c8-8dca-9b1007e1225b) Stevens, Gareth Publishing LLLP.

Earthquake Shatters Country, 1 vol. Louise Spilsbury & Richard Spilsbury. 2017. (Earth under Attack! Ser.). (ENG.). 48p. (J). (gr. 5-5). pap. 15.05 *(978-1-5382-1298-1(6),* 08d9caae-54a6-49f9-aa10-05c0cb8573e4) Stevens, Gareth Publishing LLLP.

Earthquake Shatters Country, 1 vol. Louise Spilsbury & Richard Spilsbury. 2017. (Earth under Attack! Ser.). (ENG.). 48p. (J). (gr. 5-5). lib. bdg. 33.60 *(978-1-5382-1300-1(1),* 37adee75-cb1b-4bce-9988-abd0df6d57b3) Stevens, Gareth Publishing LLLP.

Earthquake, Vol. 2 Of 3: A Tale (Classic Reprint) John Galt. 2017. (ENG., Illus.). (J). 30.19 *(978-0-331-64826-3(1))* Forgotten Bks.

Earthquakes. Tracy Vonder Brink. 2022. (Natural Disasters Where I Live Ser.). (ENG.). 24p. (J). (gr. 3-6). pap. 8.95 *(978-1-63897-592-2(2),* 21403); lib. bdg. 27.93 *(978-1-63897-477-2(2),* 21402) Seahorse Publishing.

Earthquakes. Elizabeth Drummond. 2021. (ENG.). 34p. (J). pap. *(978-1-922550-17-0(5))* Library For All Limited.

Earthquakes. Rebecca Felix. 2017. (Our Extreme Earth Ser.). (ENG.). 24p. (J). (gr. -1-3). lib. bdg. 29.93 *(978-1-5321-1222-5(X),* 27609, SandCastle) ABDO Publishing Co.

Earthquakes. Sara Gilbert. 2018. (Earth Rocks! Ser.). (ENG., Illus.). 24p. (J). (gr. 1-4). *(978-1-60818-892-5(2),* 19546, Creative Education); pap. 9.99 *(978-1-62832-508-9(9),* 19544, Creative Paperbacks); pap. 9.99 *(978-1-62832-507-2(0),* 19511, Creative Paperbacks) Creative Co., The.

Earthquakes. Golriz Golkar. 2022. (Wild Earth Science Ser.). (ENG.). 32p. (J). 31.32 *(978-1-6639-7702-1(X),* 229173); pap. 7.95 *(978-1-6663-2715-1(8),* 229131) Capstone. (Pebble).

Earthquakes, 1 vol. Paula Johanson. 2018. (Nature's Mysteries Ser.). (ENG.). 32p. (gr. 2-3). pap. 13.90 *(978-1-5081-0648-7(7),* 30ac2e68-0639-4c46-a4e2-0e21132374b3, Britannica Educational Publishing) Rosen Publishing Group, Inc., The.

Earthquakes. Jennifer Nault. 2016. (Illus.). 24p. (J). *(978-1-5105-1148-4(2))* SmartBook Media, Inc.

Earthquakes, 1 vol. Meredith P. Owens. 2016. (Spotlight on Earth Science Ser.). (ENG.). 24p. (J). (gr. 4-6). 27.93 *(978-1-4994-2616-8(X),* 83f33639-4b7d-4646-87bc-9e0477dff389, PowerKids Pr.) Rosen Publishing Group, Inc., The.

Earthquakes. Ellen J. Prager. 2017. (Jump into Science Ser.). (Illus.). 32p. (J). (gr. -1-k). pap. 7.99 *(978-1-4263-2833-6(8),* National Geographic Kids) Disney Publishing Worldwide.

Earthquakes. Betsy Rathburn. 2019. (Natural Disasters Ser.). (ENG., Illus.). 24p. (J). (gr. k-3). pap. 7.99 *(978-1-61891-746-1(3),* 12315, Blastoff! Readers) Bellwether Media.

Earthquakes. Andrea Rivera. 2017. (Natural Disasters (Launch!) Ser.). (ENG., Illus.). 24p. (J). (gr. -1-2). lib. bdg. 31.36 *(978-1-5321-2037-4(0),* 25324, Abdo Zoom-Launch) ABDO Publishing Co.

Earthquakes. Marne Ventura. 2018. (Illus.). 24p. (J). *(978-1-4896-9781-3(0),* AV2 by Weigl) Weigl Pubs., Inc.

Earthquakes. World Book. 2023. (Library of Natural Disasters Ser.). (ENG.). 58p. (J). pap. ***(978-0-7166-9477-9(8))*** World Bk.-Childcraft International.

Earthquakes. Mari Schuh. rev. ed. 2016. (Earth in Action Ser.). (ENG.). 24p. (J). (gr. -1-2). pap. 6.95 *(978-1-5157-6224-9(6),* 135059, Capstone Pr.) Capstone.

Earthquakes. 3rd ed. 2018. (J). *(978-0-7166-9931-6(1))* World Bk., Inc.

Earthquakes: An Introduction to Seismic Geology (Classic Reprint) William Herbert Hobbs. 2018. (ENG., Illus.). 430p. (J). 32.77 *(978-0-365-21068-9(4))* Forgotten Bks.

Earthquakes: Children's Earth Science Book with Informative Facts for Kids. Bold Kids. 2022. (ENG.). 42p. (J). pap. 15.99 ***(978-1-0717-0955-9(0))*** FASTLANE LLC.

Earthquakes! - an Earthshaking Book on the Science of Plate Tectonics. Earth Science for Kids - Children's Earth Sciences Books. Prodigy Wizard. 2016. (ENG., Illus.). (J). pap. 9.25 *(978-1-68323-999-4(7))* Twin Flame Productions.

Earthquakes a Variety of Facts Children's Environmental Book. Bold Kids. 2023. (ENG.). 42p. (J). pap. 14.99 ***(978-1-0717-1745-5(6))*** FASTLANE LLC.

Earthquakes & Other Natural Disasters. Contrib. by Harriet Griffey. 2023. (DK Super Readers Ser.). (ENG.). 48p. (J). (gr. 4-7). pap. 4.99 *(978-0-7440-7150-4(X),* DK Children) Dorling Kindersley Publishing, Inc.

Earthquakes & Volcanoes, 1 vol. Susie Brooks. 2016. (Where on Earth? Ser.). (ENG.). 32p. (gr. 4-5). 27.93 *(978-1-4994-2256-6(3),* 29d6a1f5-1eeb-4c93-ae23-135e6a9e81ba, PowerKids Pr.) Rosen Publishing Group, Inc., The.

Earthquakes & Volcanoes — Learn How Both Are Caused by Plate Tectonics on the Earth - Children's Earthquake & Volcano Books. Bobo's Little Brainiac Books. 2016. (ENG., Illus.). (J). pap. 7.99 *(978-1-68327-789-7(9))* Sunshine In My Soul Publishing.

Earthquakes in California in 1890 & 1891 (Classic Reprint) Edward Singleton Holden. (ENG., Illus.). (J). 2018. 162p. 27.24 *(978-0-365-45571-4(7));* 2017. pap. 9.97 *(978-0-282-78543-7(4))* Forgotten Bks.

Earthquakes in the Light of the New Seismology (Classic Reprint) Clarence Edward Dutton. 2018. (ENG., Illus.). 370p. (J). 31.53 *(978-0-364-64714-1(0))* Forgotten Bks.

Earthquakes White Band. Kathryn Harper. Illus. by Venitia Dean. ed. 2016. (Cambridge Reading Adventures Ser.). (ENG.). 24p. pap. 8.80 *(978-1-316-50342-3(9))* Cambridge Univ. Pr.

Earthrise: Apollo 8 & the Photo That Changed the World. James Gladstone. Illus. by Christy Lundy. 2018. (ENG.). 32p. (J). (gr. 2-5). 16.95 *(978-1-77147-316-3(9))* Owlkids Bks. Inc. CAN. Dist: Publishers Group West (PGW).

Earth's Acrobats: Book One of Neeble Nobber Land. Stu Sleen. Illus. by Katie Glasgow-Palmer. 2021. (ENG.). 88p. (J). pap. *(978-1-9911519-5-7(0))* Lasavia Publishing Ltd.

Earth's Aquarium: Discover 15 Real-Life Water Worlds. Alexander Kaufman. 2021. (ENG., Illus.). 80p. (J). (gr. 3-7). 24.99 *(978-1-4197-5289-6(8),* 1726401) Magic Cat GBR. Dist: Abrams, Inc.

Earth's Atmosphere, 1 vol. Melissa Raé Shofner. 2018. (Understanding Earth's Systems Ser.). (ENG.). 32p. (gr. 5-5). 27.93 *(978-1-5383-2979-5(4),* c0e58d0c-3a64-437a-8a82-fcb825e7551d, PowerKids Pr.) Rosen Publishing Group, Inc., The.

Earth's Biomes, 12 vols., Set. Tom Warhol. Incl. Chaparral & Scrub. lib. bdg. 36.93 *(978-0-7614-2195-5(5),* ad9006a1-f04f-4647-b0ba-42d7ef353b50); Desert. lib. bdg. 36.93 *(978-0-7614-2194-8(7),* 00341a7e-c7b9-477b-97f9-42163649bbd9); Forest. lib. bdg. 36.93 *(978-0-7614-2189-4(0),* 878fe4ce-8856-4358-92b6-52efc3d1ba3f); Grassland. lib. bdg. 36.93 *(978-0-7614-2196-2(3),* 23829f6e-cc3f-4d3e-8e2b-2fd00f581e3a); Tundra. lib. bdg. 36.93 *(978-0-7614-2193-1(9),* f2e3a69a-84e0-4ff0-817b-dff2e2956dc5); Water. lib. bdg. 36.93 *(978-0-7614-2192-4(0),* aa77649f-877b-40a3-9b6a-4129375b4904); (Illus.). 80p. (gr. 6-6). (Earth's Biomes Ser.). (ENG.). 2007. Set lib. bdg. 221.58 *(978-0-7614-2188-7(2),* 1fc0a4a2-b580-4bf4-bd4f-06121b654236, Cavendish Square) Cavendish Square Publishing LLC.

Earth's Biomes Ecology & Biodiversity Encyclopedia Kids Science Grade 7 Children's Environment Books. Baby Professor. 2020. (ENG.). 106p. (J). 27.99 *(978-1-5419-7595-8(2));* pap. 17.99 *(978-1-5419-4955-3(2))* Speedy Publishing LLC. (Baby Professor (Education Kids)).

Earth's Biosphere, 1 vol. Charles Hofer. 2018. (Understanding Earth's Systems Ser.). (ENG.). 32p. (gr. 5-5). 27.93 *(978-1-5383-2983-2(2),* 5e7b007d-c6d5-49e7-9de4-7bd1bceabd33, PowerKids Pr.) Rosen Publishing Group, Inc., The.

Earth's Climate Zones Meteorology Books for Kids Grade 5 Children's Weather Books. Baby Professor. 2021. (ENG.). 74p. (J). 27.99 *(978-1-5419-8045-7(X));* pap. 16.99 *(978-1-5419-5390-1(8))* Speedy Publishing LLC. (Baby Professor (Education Kids)).

Earth's Continents, 1 vol. Irene Harris. 2016. (Spotlight on Earth Science Ser.). (ENG.). 24p. (J). (gr. 4-6). pap. 11.00 *(978-1-4994-2496-6(5),* 99979f96-56b7-4dd1-ac39-598015f34d93, PowerKids Pr.) Rosen Publishing Group, Inc., The.

Earth's Crust. Patricia Urie. 2022. (ENG.). 98p. (YA). pap. *(978-1-55035-648-9(8))* S & S Learning Material, Ltd.

Earth's Ecliptic Angle Demonstrated to Be the Standard, Universal (Classic Reprint) Edward Dingle. 2017. (ENG., Illus.). (J). 25.01 *(978-0-265-55648-1(1));* pap. 9.57 *(978-0-282-80616-3(4))* Forgotten Bks.

Earth's Energy Experiments (Set), 8 vols. 2018. (Earth's Energy Experiments Ser.). (ENG.). 32p. (J). (gr. k-4). lib. bdg. 273.76 *(978-1-5321-1559-2(8),* 28972, Super SandCastle) ABDO Publishing Co.

Earth's Energy Innovations (Set), 8 vols. 2018. (Earth's Energy Innovations Ser.). (ENG.). 24p. (J). (gr. k-4). lib. bdg. 262.32 *(978-1-5321-1568-4(7),* 28990, Super SandCastle) ABDO Publishing Co.

Earth's Energy Resources (Set), 8 vols. 2018. (Earth's Energy Resources Ser.). (ENG.). 24p. (J). (gr. -1-3). lib. bdg. 239.44 *(978-1-5321-1550-9(4),* 28954, SandCastle) ABDO Publishing Co.

Earth's Enigmas (Classic Reprint) Charles G. D. Roberts. 2018. (ENG., Illus.). 300p. (J). 30.10 *(978-0-666-58189-1(4))* Forgotten Bks.

Earth's Environment in Danger, 12 vols. 2017. (Earth's Environment in Danger Ser.). (ENG.). (J). (gr. 3-3). lib. bdg. 151.62 *(978-1-5081-6280-3(8),* 3f8e7121-17ca-4ce9-8289-d98d7589f157, PowerKids Pr.) Rosen Publishing Group, Inc., The.

Earth's Features. Ed. by World Book, Inc. Staff. 2016. (Learning Ladders 2/Hardcover Ser.: Vol. 3). (ENG., Illus.). 34p. (J). *(978-0-7166-7925-6(0))* World Bk.-Childcraft International.

Earth's Geosphere, 1 vol. Jenna Tolli. 2018. (Understanding Earth's Systems Ser.). (ENG.). 32p. (gr. 5-5). 27.93 *(978-1-5383-2975-7(1),* c8facdad-70a1-46a8-982f-de22a67dd76f, PowerKids Pr.) Rosen Publishing Group, Inc., The.

Earth's Got Talent! (Book 4) Courage. Lori Haskins Houran. Illus. by Jessica Warrick. ed. 2016. (How to Be an Earthling (r) Ser.: 4). (ENG.). 64p. (J). (gr. 1-3). E-Book 34.65 *(978-1-57565-829-2(1))* Astra Publishing Hse.

Earth's Hemispheres, 1 vol. Todd Bluthenthal. 2017. (Where on Earth? Mapping Parts of the World Ser.). (ENG.). 24p. (gr. 1-2). pap. 9.15 *(978-1-4824-6417-7(9),* 8ea60716-cf9d-4999-a601-b3979fb99be4) Stevens, Gareth Publishing LLLP.

Earth's History: An Introduction to Modern Geology (Classic Reprint) Robert Davies Roberts. 2017. (ENG., Illus.). (J). 30.41 *(978-0-331-83146-7(5))* Forgotten Bks.

Earth's History Through Rocks: Set, 12 vols. 2019. (Earth's History Through Rocks Ser.). (ENG.). 32p. (J). (gr. 4-5). lib. bdg. 167.58 *(978-1-7253-0172-6(5),* 641499b4-8dba-46cc-98ad-8c43223b7ada, PowerKids Pr.) Rosen Publishing Group, Inc., The.

Earth's Hydrosphere, 1 vol. Amy Hayes. 2018. (Understanding Earth's Systems Ser.). (ENG.). 32p. (gr. 5-5). 27.93 *(978-1-5383-2987-0(5),* 848837f8-df91-4e8a-92de-e6b89edc0634); pap. 11.00 *(978-1-5383-2989-4(1),* bd1517ef-514e-41e3-a0f8-e147d0a38ab6) Rosen Publishing Group, Inc., The. (PowerKids Pr.).

Earth's Incredible Oceans. Jess French. Illus. by Claire McElfatrick. 2021. (Magic & Mystery of Nature Ser.). (ENG.). 80p. (J). (gr. 2-4). 16.99 *(978-0-7440-2667-2(9),* DK Children) Dorling Kindersley Publishing, Inc.

Earth's Incredible Places: Everest. Sangma Francis. Illus. by Lisk Feng. 2023. (Earth's Incredible Places Ser.). (ENG.). 88p. (J). (gr. 2-6). pap. 14.99 *(978-1-83874-868-5(7))* Flying Eye Bks. GBR. Dist: Penguin Random Hse. LLC.

Earth's Incredible Places: Yellowstone. Cath Ard. Illus. by Bianca Austria. 2023. (Earth's Incredible Places Ser.). (ENG.). 80p. (J). (gr. 2-6). 21.99 *(978-1-83874-856-2(3))* Flying Eye Bks. GBR. Dist: Penguin Random Hse. LLC.

Earth's Innovators. 2019. (Earth's Innovators Ser.). (ENG.). 48p. (J). pap. 84.30 *(978-1-5345-6800-6(X));* (gr. 6-6). lib. bdg. 211.38 *(978-1-5345-6598-2(1),* 901a201b-cc13-4d3c-86d8-3332b88c57f4) Greenhaven Publishing LLC. (Lucent Pr.).

Earth's Insects Need You! Understand the Problems, How You Can Help, Take Action. Ruth Owen. 2023. (ENG., Illus.). 32p. (J). (gr. 3-6). pap. 9.99 *(978-1-78856-284-3(4),* 9d3bfb8f-482e-4a63-95c3-1eb855166a40); lib. bdg. 30.65 *(978-1-78856-283-6(6),* bfc496fc-1bba-4277-a7dd-5aa9e13717ab) Ruby Tuesday Books Limited GBR. Dist: Lerner Publishing Group.

Earth's Interior Discover Intriguing Facts Children's Earth Sciences Book. Bold Kids. 2022. (ENG.). 42p. (J). pap. 14.99 ***(978-1-0717-1782-0(0))*** FASTLANE LLC.

Earth's Landforms. Lisa J. Amstutz. 2020. (Earth's Landforms Ser.). (ENG.). 24p. (J). (gr. k-2). 179.94 *(978-1-9771-2572-9(7),* 200752); pap., pap., pap. 41.70 *(978-1-9771-2707-5(X),* 201772) Capstone. (Pebble).

Earth's Magnificent Natural Surroundings Coloring Book. Activity Book Zone for Kids. 2016. (ENG., Illus.). (J). pap. 9.20 *(978-1-68376-469-4(2))* Sabeels Publishing.

Earth's Major Fault Zones Earthquakes & Volcanoes Book Grade 5 Children's Earth Sciences Books. Baby Professor. 2021. (ENG.). 72p. (J). 27.99 *(978-1-5419-8410-3(2));* pap. 16.99 *(978-1-5419-5408-3(4))* Speedy Publishing LLC. (Baby Professor (Education Kids)).

Earth's Many Voices (Classic Reprint) Promoting Christian Knowledge Society. (ENG., Illus.). (J). 2018. 164p. 27.28 *(978-0-483-33251-5(8));* 2016. pap. 9.97 *(978-1-333-31818-5(9))* Forgotten Bks.

Earth's Most Powerful Telescopes Optics for Grade 5 Children's Physics Books. Tech Tron. 2022. (ENG.). 72p. (J). 31.99 ***(978-1-5419-9468-3(X));*** pap. 19.99 ***(978-1-5419-5382-6(7))*** Speedy Publishing LLC.

Earth's Nearest Neighbors: Can You Explore the Inner Planets?, 1 vol. David Hawksett. 2017. (Be a Space Scientist! Ser.). (ENG.). 48p. (J). (gr. 5-5). pap. 12.75 *(978-1-5383-2292-5(7),* 59354c16-92a0-43d1-b473-ac466ffd66f2); (Illus.). 31.93 *(978-1-5383-2199-7(8),* 7f11b839-9099-44dd-b787-edaa2968a566) Rosen Publishing Group, Inc., The. (PowerKids Pr.).

Earth's Neighbors: Inner, Outer & Outermost Planets - Beginner's Guide to Astronomy Grade 3 - Children's Astronomy & Space Books. Baby Professor. (ENG.). 76p. (J). 2020. pap. 15.06 *(978-1-5419-5291-1(X));* 2019. 25.05 *(978-1-5419-7545-3(6))* Speedy Publishing LLC. (Baby Professor (Education Kids)).

Earth's Oceans, 1 vol. Amy Austen. 2016. (Spotlight on Earth Science Ser.). (ENG., Illus.). 24p. (J). (gr. 4-6). pap. 11.00 *(978-1-4994-2501-7(5),* 33b12f8d-0891-4abf-a344-77b22ec39e94, PowerKids Pr.) Rosen Publishing Group, Inc., The.

Earth's Oceans - Composition & Underwater Features - Interactive Science Grade 8 - Children's Oceanography Books. Baby Professor. 2019. (ENG.). 74p. (J). pap. 14.89 *(978-1-5419-4967-6(6));* 24.88 *(978-1-5419-7459-3(X))* Speedy Publishing LLC. (Baby Professor (Education Kids)).

Earth's Path. Katie Marsico. Illus. by Jeff Bane. 2018. (My Early Library: My World of Science Ser.). (ENG.). 24p. (J). (gr. k-1). lib. bdg. 30.64 *(978-1-5341-2893-4(X),* 211616) Cherry Lake Publishing.

Earth's Record Breakers. Nadia Higgins. Illus. by Jia Liu. 2018. (What Shapes Our Earth? Ser.). (ENG.). 24p. (gr. 1-3). 33.99 *(978-1-68410-314-0(2),* 140696); (J). 33.99 *(978-1-68410-135-1(2),* 31858) Cantata Learning.

Earth's Resources & You: Renewable & Non-Renewable Environmental Management Grade 3 Children's Science & Nature Books. Baby Professor. 2021. (ENG.). 72p. (J). 27.99 *(978-1-5419-8331-1(9));* pap. 16.99 *(978-1-5419-5904-0(3))* Speedy Publishing LLC. (Baby Professor (Education Kids)).

Earth's Resources Geo Facts. Izzi Howell. 2018. (Geo Facts Ser.). (Illus.). 32p. (J). (gr. 5-5). *(978-0-7787-4383-5(7))* Crabtree Publishing Co.

Earth's Scary Animals. Lyn A. Sirota. 2017. (Rank It! Ser.). (ENG.). 32p. (gr. 2-7). 9.95 *(978-1-68072-471-4(1));* (J). (gr. 4-6). pap. 9.99 *(978-1-64466-208-3(6),* 11470); (Illus.). (J). (gr. 4-6). lib. bdg. *(978-1-68072-174-4(7),* 10532) Black Rabbit Bks. (Bolt).

Earth's Spheres, 6 bks., Set. Incl. Atmosphere: Planetary Heat Engine. Gregory Vogt. (gr. 6-8). 2007. lib. bdg. 29.27 *(978-0-7613-2841-4(6),* Twenty-First Century Bks.); Biosphere: Realm of Life. Gregory Vogt. (gr. 6-8). 2007. lib. bdg. 29.27 *(978-0-7613-2840-7(8));* Earth's Core & Mantle: Heavy Metal, Moving Rock. Gregory L. Vogt. (YA). (gr. 7-12). 2006. lib. bdg. 29.27 *(978-0-7613-2837-7(8));* Earth's Outer Atmosphere: Bordering Space. Gregory Vogt. (YA). (gr. 7-12). 2007. lib. bdg. 29.27 *(978-0-7613-2842-1(4));* Hydrosphere: Agent of Change. Gregory Vogt. (gr. 6-8). 2007. lib. bdg. 29.27 *(978-0-7613-2839-1(4));* Lithosphere: Earth's Crust. Gregory L. Vogt. (gr. 6-8). 2007. lib. bdg. 29.27 *(978-0-7613-2838-4(6));* (Illus.). 80p. 2007. Set lib. bdg. 175.62 *(978-0-8225-8058-4(6),* Twenty-First Century Bks.) Lerner Publishing Group.

Earth's Spheres: Leveled Reader Card Book 13 Level V. Hmh Hmh. 2019. (ENG.). (J). pap. 14.13 *(978-0-358-16184-4(3))* Houghton Mifflin Harcourt Publishing Co.

Earth's Spheres: Leveled Reader Card Book 13 Level V 6 Pack. Hmh Hmh. 2021. (J). (ENG.). pap. 69.33 *(978-0-358-18835-3(0));* (SPA.). pap. 74.40 *(978-0-358-27292-2(0))* Houghton Mifflin Harcourt Publishing Co.

Earth's Structure. Samantha Bell. Illus. by Jeff Bane. 2018. (Mi Mini Biografía (My Itty-Bitty Bio): My Early Library). (ENG.). 24p. (J). (gr. k-1). pap. 12.79 *(978-1-5341-0825-7(4),* 210664); lib. bdg. 30.64 *(978-1-5341-0726-7(6),* 210663) Cherry Lake Publishing.

Earth's Time: The Hidden City of Chelldrah-Ham: Book 4. Stephan Von Clinkerhoffen. 2019. (ENG., Illus.). 378p. (YA). (gr. 7-12). 22.95 *(978-1-64764-958-6(7));* pap. 16.95 *(978-1-64764-618-6(2))* Waldorf Publishing.

Earth's Underground Structures. Heather C. Hudak. 2018. (Underground Worlds Ser.). (Illus.). 32p. (J). (gr. 4-4). *(978-0-7787-6079-5(0))* Crabtree Publishing Co.

Earthstone. P. M. Biswas. 2nd ed. 2020. (ENG.). 248p. (YA). pap. 14.99 *(978-1-64405-557-1(0),* Harmony Ink Pr.) Dreamspinner Pr.

Earthworms. Leo Statts. 2017. (Backyard Animals (Launch!) Ser.). (ENG., Illus.). 24p. (J). (gr. -1-2). lib. bdg. 31.36 *(978-1-5321-2004-6(4),* 25272, Abdo Zoom-Launch) ABDO Publishing Co.

Earthworms. Jasmine Wilhelm. 2017. (Wt Bugs Ser.). (ENG., Illus.). 36p. (J). pap. 8.00 *(978-1-64053-220-5(X),* ARC Pr. Bks.) American Reading Co.

Earthworms: Children's Science Book with Informative Facts for Kids. Bold Kids. 2022. (ENG.). 42p. (J). pap. 15.99 ***(978-1-0717-0956-6(9))*** FASTLANE LLC.

Earthworms Don't Like Pickles, Do They ? Shelli A. Stanley. 2016. (ENG., Illus.). 38p. (J). pap. *(978-1-365-64328-6(X))* Lulu Pr., Inc.

Earthy. Raskita Taylor. Illus. by Ksenia Yulenkova. 2022. (ENG.). 30p. (J). pap. 14.99 ***(978-1-0880-3818-5(2))*** Indy Pub.

Earwax. Grace Hansen. (Beginning Science: Gross Body Functions Ser.). (ENG.). 24p. (J). 2021. (gr. 1-1). pap. 8.95 *(978-1-64494-384-7(0),* Abdo Kids-Jumbo); 2020. (Illus.). (gr. -1-2). lib. bdg. 32.79 *(978-1-0982-0237-8(6),* 34607, Abdo Kids) ABDO Publishing Co.

Earwax & Boogers!, 1 vol. Melvin Hightower. 2017. (Your Body at Its Grossest Ser.). (ENG.). 24p. (gr. 1-2). pap. 9.15 *(978-1-4824-6461-0(6),* 19ef2264-7c4c-4ab5-9043-005422c9f457) Stevens, Gareth Publishing LLLP.

Earwig. August Hoeft. 2022. (I See Insects Ser.). (ENG.). (J). 20p. pap. 12.99 ***(978-1-5324-4147-9(9));*** 16p. (gr. -1-2). 24.99 ***(978-1-5324-3342-9(5));*** 16p. (gr. -1-2). pap. 12.99 ***(978-1-5324-2834-0(0))*** Xist Publishing.

Earwig & the Witch Movie Tie-In Edition. Diana Wynne Jones. Illus. by Paul O. Zelinsky. 2021. (ENG.). 128p. (J). (gr. 3-7). pap. 6.99 *(978-0-06-313652-6(X),* Greenwillow Bks.) HarperCollins Pubs.

Earwig, the Firefly & the Cricket. Nancy Gaselona Palmer. Illus. by Elizaveta Borisova. 2021. (ENG.). 26p. (J). pap. *(978-1-922647-48-1(9))* Library For All Limited.

Earwig y la Bruja / Earwig & the Witch. Diana Wynne Jones. ed. 2021. (SPA.). 224p. (J). (gr. 4-7). 16.95 *(978-84-204-5922-6(4),* Alfaguara) Penguin Random House Grupo Editorial ESP. Dist: Penguin Random Hse. LLC.

Earwigs. Patric Perish. 2017. (Insects up Close Ser.). (ENG., Illus.). 24p. (J). (gr. k-3). lib. bdg. 26.95 *(978-1-62617-663-8(9),* Blastoff! Readers) Bellwether Media.

Ease in Conversation, or Hints to the Ungrammatical (Classic Reprint) Emma Churchman Hewitt. 2017. (ENG., Illus.). (J). 166p. 27.34 *(978-0-332-11311-1(6));* pap. 9.97 *(978-0-259-21306-2(3))* Forgotten Bks.

Ease into It with Edgar Degas: Learn to Draw Book. Activibooks for Kids. 2016. (ENG., Illus.). (J). pap. 9.20 *(978-1-68321-319-2(X))* Mimaxion.

Easiest Way: A Play in Four Acts (Classic Reprint) Eugene Walter. 2017. (ENG., Illus.). (J). 25.77 *(978-0-331-63554-6(2))* Forgotten Bks.

Easiest Way: Representative Plays by American Dramatists: 1856-1911. Eugene Walter. 2017. (ENG., Illus.). (J). 22.95 *(978-1-374-97723-5(3));* pap. 12.95 *(978-1-374-97722-8(5))* Capital Communications, Inc.

Easiest Way to Learn to Draw Activity Book for Kids Activity Book. Kreative Kids. 2016. (ENG., Illus.). (J). pap. 9.20 *(978-1-68377-038-1(2))* Whlke, Traudl.

East. Edith Pattou. 2018. (ENG.). 512p. (YA). (gr. 7). pap. 9.99 *(978-1-328-58158-7(6),* 1728775, Clarion Bks.) HarperCollins Pubs.

East African Drought Of 2011. Sue Gagliardi. 2019. (21st Century Disasters Ser.). (ENG., Illus.). 32p. (J). (gr. 2-3). pap. 9.95 *(978-1-64185-806-9(0),* 1641858060); lib. bdg. 31.35 *(978-1-64185-737-6(4),* 1641857374) North Star Editions. (Focus Readers).

East & West. Edwin Arnold. 2017. (ENG.). 410p. (J). pap. *(978-3-337-25089-8(0))* Creation Pubs.

East & West: A Story of New-Born Ohio (Classic Reprint) Edward Everett Hale. 2017. (ENG., Illus.). (J). 29.53 *(978-1-5279-7135-6(X))* Forgotten Bks.

East & West: Being Papers Reprinted from the Daily Telegraph & Other Sources (Classic Reprint) Edwin Arnold. 2018. (ENG., Illus.). 412p. (J). 32.41 *(978-0-365-38241-6(8))* Forgotten Bks.

East & West: The Confessions of a Princess (Classic Reprint) Unknown Author. 2018. (ENG., Illus.). 292p. (J). 29.92 *(978-0-483-38227-5(2))* Forgotten Bks.

East & West: The Story of a Missionary Band (Classic Reprint) Mary N. Tuck. 2018. (ENG., Illus.). 232p. (J). 28.68 *(978-0-484-81609-0(8))* Forgotten Bks.

East & West (Classic Reprint) Daphne Smith Giles. 2017. (ENG., Illus.). (J). 252p. 29.09 *(978-0-484-56324-6(6));* pap. 11.57 *(978-1-5276-3876-1(6))* Forgotten Bks.

East & West, or Once upon a Time, Vol. 3 of 3 (Classic Reprint) J. Frazer Corkran. (ENG., Illus.). (J). 2018. 348p. 31.07 *(978-0-267-34901-2(7));* 2016. pap. 13.57 *(978-1-333-72604-1(X))* Forgotten Bks.

East & West, Vol. 1 Of 2: A Novel (Classic Reprint) Frederick William Thomas. (ENG., Illus.). (J). 2018. 248p. 29.01 *(978-0-666-96955-2(8));* 2017. pap. 11.57 *(978-0-259-20203-5(7))* Forgotten Bks.

East & West, Vol. 1 Of 3: Or, Once upon a Time (Classic Reprint) J. Frazer Corkran. 2018. (ENG., Illus.). 326p. (J). 30.64 *(978-0-332-82014-9(9))* Forgotten Bks.

East & West, Vol. 2 Of 2: A Novel (Classic Reprint) Frederick William Thomas. (ENG., Illus.). (J). 2018. 238p. 28.81 *(978-0-656-35487-0(9));* 2017. pap. 11.57 *(978-0-259-40447-7(0))* Forgotten Bks.

East & West, Vol. 2 Of 3: Or, Once upon a Time (Classic Reprint) J. Frazer Corkran. 2018. (ENG., Illus.). 338p. (J). 30.89 *(978-0-483-71625-4(1))* Forgotten Bks.

E

East Angels (Classic Reprint) Constance Fenimore Woolson. 2017. (ENG., Illus.). (J). 36.27 *(978-0-331-02476-0(4))* Forgotten Bks.

East Asia & the Pacific, Vol. 10. Amy Hackney Blackwell. 2016. (Social Progress & Sustainability Ser.). (Illus.). 80p. (J). (gr. 7). 24.95 *(978-1-4222-3494-5(0))* Mason Crest.

East Coast Scenery: Rambles Through Towns & Villages; Nutting, Blackberrying, & Mushrooming; Sea Fishing, Wild-Fowl Shooting, Etc. William J. Tate. 2017. (ENG., Illus.). (J). pap. *(978-0-649-56721-8(8))* Trieste Publishing Pty Ltd.

East Coast Scenery: Rambles Through Towns & Villages; Nutting, Blackberrying, & Mushrooming; Sea Fishing, Wild-Fowl Shooting, etc (Classic Reprint) William J. Tate. 2018. (ENG., Illus.). 272p. (J). 29.51 *(978-0-332-68189-4(0))* Forgotten Bks.

East Country: With Sir Thomas Browne, Kr;, Physician & Philosopher of the City of Norwich (Classic Reprint) Emma Marshall. 2018. (ENG., Illus.). 322p. (J). 30.56 *(978-0-483-63415-2(8))* Forgotten Bks.

East Florida Romance (Classic Reprint) Caroline Washburn Rockwood. 2017. (ENG., Illus.). (J). 29.47 *(978-0-265-58087-5(0))*; pap. 11.97 *(978-0-282-86333-3(8))* Forgotten Bks.

East Is East: Stories of Indian Life (Classic Reprint) T. D. Pilcher. 2018. (ENG., Illus.). 262p. (J). 29.30 *(978-0-483-64494-6(3))* Forgotten Bks.

East London Visions (Classic Reprint) O' Dermid W. Lawler. 2018. (ENG., Illus.). 322p. (J). 30.54 *(978-0-484-53331-7(2))* Forgotten Bks.

East Lothian Folk Tales for Children. Tim Porteus. Illus. by Morvern Graham. 2019. (ENG.). 192p. pap. 18.95 *(978-0-7509-8899-5(1))* History Pr. Ltd.,The GBR. Dist: Independent Pubs. Group.

East Lynne (Classic Reprint) Henry Wood. (ENG., Illus.). (J). 2017. 32.81 *(978-0-265-18473-8(8))*; 2017. 33.84 *(978-0-265-19681-6(7))*; 2016. pap. 16.57 *(978-1-333-31618-1(6))* Forgotten Bks.

East Lynne, Vol. 1 of 3 (Classic Reprint) Henry Wool. 2018. (ENG., Illus.). 326p. (J). 30.62 *(978-0-484-01900-2(7))* Forgotten Bks.

East Lynne, Vol. 2 of 3 (Classic Reprint) Henry Wood. (ENG., Illus.). (J). 2018. 330p. 30.70 *(978-0-483-83903-8(5))*; 2016. pap. 13.57 *(978-1-334-16140-7(2))* Forgotten Bks.

East Lynne, Vol. 3 of 3 (Classic Reprint) Henry Wood. 2018. (ENG., Illus.). 312p. (J). 30.33 *(978-0-332-85845-6(6))* Forgotten Bks.

East o' the Sun & West o' the Moon: And Other Norse Fairy Tales (Classic Reprint) G. W. Dasent. 2017. (ENG., Illus.). (J). 30.79 *(978-0-266-34516-9(6))* Forgotten Bks.

East o' the Sun & West o' the Moon: With Other Norwegian Folk Tales. Gudrun Thorne-Thomsen. 2017. (ENG., Illus.). (J). pap. 12.95 *(978-1-374-81425-7(3))* Capital Communications, Inc.

East o' the Sun & West o' the Moon: With Other Norwegian Folk Tales (Classic Reprint) Gudrun Thorne-Thomsen. 2017. (ENG., Illus.). (J). 28.43 *(978-1-5284-6056-9(1))* Forgotten Bks.

East of the Shadows (Classic Reprint) Hubert Barclay. (ENG., Illus.). (J). 2018. 316p. 30.43 *(978-0-483-14340-1(5))*; 2017. pap. 13.57 *(978-0-243-96530-4(3))* Forgotten Bks.

East of the Sun & West of the Moon. Mercer Mayer. Illus. by Mercer Mayer. 2017. (ENG., Illus.). 32p. (J). (gr. k-3). 13.99 *(978-1-5344-1240-8(9))*, Aladdin) Simon & Schuster Children's Publishing.

East of the Sun & West of the Moon: An Old Tale from the North. Tr. by George Webbe Dasent. Illus. by John Patience. 2022. (ENG.). 44p. (J). ***(978-1-7398518-6-6(2))*** Talewater Pr.

East of the Sun & West of the Moon: Old Tales from the North (Classic Reprint) Kay Nielsen. 2016. (ENG., Illus.). (J). 19.57 *(978-1-334-99710-5(1))* Forgotten Bks.

East Side (Classic Reprint) Zoe Anderson Norris. 2017. (ENG., Illus.). (J). 26.33 *(978-0-260-73698-7(8))* Forgotten Bks.

East Tennessee Sketches (Classic Reprint) Cecile Chavannes. 2018. (ENG., Illus.). (J). 26.41 *(978-0-260-00259-4(3))* Forgotten Bks.

East-West House: Noguchi's Childhood in Japan, 1 vol. Christy Hale. 2018. (ENG.). 32p. (J). (gr. 2-8). 10.95 *(978-1-62014-858-7(7))*, leelowbooks) Lee & Low Bks., Inc.

Eastbury: A Tale (Classic Reprint) Anna Harriet Drury. 2017. (ENG., Illus.). (J). 32.97 *(978-0-266-73732-2(3))*; pap. 16.57 *(978-1-5277-0192-2(1))* Forgotten Bks.

Eastclyffe und Die Fahrrad-Connection. Muno L. Mullins. 2018. (GER., Illus.). 104p. (J). pap. *(978-3-7469-3358-0(7))* tredition Verlag.

Easter. Carole Crimeen & Suzanne Fletcher. 2023. (Celebrations & Events Ser.). (ENG., Illus.). 16p. (J). (gr. -1-2). pap. 7.99 ***(978-1-925398-38-0(2))***, 0ef6a107-03b2-44fd-8662-aa9dcb170591) Knowledge Bks. & Software AUS. Dist: Lerner Publishing Group.

Easter. Lori Dittmer. (Seedlings Ser.). (ENG.). 24p. (J). (gr. -1-k). 2021. *(978-1-64026-328-4(4))*, 17870, Creative Education); 2020. pap. 8.99 *(978-1-62832-860-8(6))*, 17871, Creative Paperbacks) Creative Co., The.

Easter. Gail Gibbons. 2022. (Illus.). 18p. (J). (— 1). bds. 8.99 *(978-0-8234-5095-4(3))* Holiday Hse., Inc.

Easter. M. C. Goldrick. 2019. (I Spy with My Little Fly Ser.: Vol. 4). (ENG., Illus.). 24p. (J). pap. *(978-1-9995735-8-4(7))* MotherButterfly Bks.

Easter. Rachel Grack. 2017. (Celebrating Holidays Ser.). (ENG., Illus.). 24p. (J). (gr. k-3). pap. 7.99 *(978-1-61891-273-2(9))*, 12062); lib. bdg. 26.95 *(978-1-62617-594-5(2))* Bellwether Media. (Blastoff! Readers).

Easter. Mary Lindeen. 2018. (Beginning-To-Read Ser.). (ENG.). 32p. (J). (gr. k-2). pap. 13.26 *(978-1-68404-162-6(7))*; (Illus.). (gr. -1-2). lib. bdg. 22.60 *(978-1-59953-906-5(3))* Norwood Hse. Pr.

Easter. Julie Murray. 2017. (Holidays (Abdo Kids Junior) Ser.). (ENG., Illus.). 24p. (J). (gr. -1-2). lib. bdg. 31.36 *(978-1-5321-0393-3(X))*, 26519, Abdo Kids) ABDO Publishing Co.

Easter. Rebecca Sabelko. 2022. (Happy Holidays! Ser.). (ENG., Illus.). 24p. (J). (gr. -1-2). pap. 7.99 *(978-1-64834-853-2(X))*, 21707, Blastoff! Readers) Bellwether Media.

Easter. Mari Schuh. 2020. (Spot Holidays Ser.). (ENG.). 16p. (J). (gr. -1-2). lib. bdg. *(978-1-68151-803-9(1))*, 10677) Amicus.

Easter 2023 36c Full Display W/ RISER. 2023. (J). (gr. -1-3). pap., bds. 267.64 *(978-0-593-32258-1(4))*, Grosset & Dunlap) Penguin Young Readers Group.

Easter (a Play in Three Acts) And Stories (Classic Reprint) August Strindberg. 2018. (ENG., Illus.). 294p. (J). 29.96 *(978-0-332-42798-0(6))* Forgotten Bks.

Easter Activity Book. Simon Christian. 2021. (ENG., Illus.). 172p. (J). pap. 9.19 *(978-0-404-02055-2(0))* McGraw-Hill Education.

Easter Activity Book. A. Green. 2021. (ENG.). 100p. (J). pap. 10.00 *(978-1-6780-9095-1(6))* Lulu Pr., Inc.

Easter Activity Book. Cristie Publishing. 2021. (ENG.). 102p. (J). pap. 12.00 *(978-1-716-25046-0(3))* Lulu Pr., Inc.

Easter Activity Book for Kids. Cristie Publishing. (ENG.). (J). 2021. 102p. pap. 12.00 *(978-1-716-23386-9(0))*; 2020. 72p. pap. 10.50 *(978-1-716-29429-7(0))*; 2020. 102p. pap. 11.50 *(978-1-716-29591-1(2))* Lulu Pr., Inc.

Easter Activity Book for Kids: A Fun Easter Basket Stuffer for Boys & Girls with Coloring, Learning, Mazes, Dot to Dot, Puzzles, Word Search & More! Happy Harper. 2020. (ENG.). 72p. (J). pap. *(978-1-989543-93-1(6))*, Happy Harper) Gill, Karanvir.

Easter Activity Book for Kids: Happy Easter -A Fun Cut & Paste Activity Book for Kids, Toddlers & Preschool: Coloring & Cutting Book Activity Bunny Workbook Easter. Arina Sunset. 2021. (ENG.). 38p. (J). pap. *(978-1-6780-6256-9(1))* Lulu.com.

Easter Activity Book for Kids Age 4-8: 52 Easter Fun Activities for Boys & Girls Easter Gift for Kids Coloring, Dot to Dot, Dice Game, Find the Differences & Much More Easter Books for Kids, Toddler & Preschool. Penciol Press. 2021. (ENG.). 108p. (J). pap. 11.00 *(978-1-716-17261-8(6))* Lulu Pr., Inc.

Easter Activity Book for Kids Ages 3-10: An Easter Activity Book for Kids with Fun Activities Cute Easter Activity Book Featuring Coloring, Dot to Dot, Mazes, Word Search. Bunny Jump Press. 2021. (ENG.). 102p. (J). pap. 10.99 *(978-1-008-99700-4(5))* Lulu Pr., Inc.

Easter Activity Book for Kids Ages 4-8. Two Brothers Publishing. 2021. (ENG.). 104p. (J). pap. 11.99 *(978-1-6780-6517-1(X))* Lulu Pr., Inc.

Easter Activity Book for Kids Ages 6-8: Easter Coloring Book, Dot to Dot, Maze Book, Kid Games, & Kids Activities. Young Dreamers Press. Illus. by Fairy Crocs. 2021. (Fun Activities for Kids Ser.: Vol. 2). (ENG.). 62p. (J). pap. *(978-1-990136-02-3(8))* EnemyOne.

Easter Activity Fun: Pack Of 5. Tim Dowley. ed. 2019. (ENG.). 64p. (J). (gr. k). pap. 17.99 *(978-1-78128-372-1(9))*, 7d177ed1-a498-42c3-b308-bfa3d35eba9e, Candle Bks.) Lion Hudson PLC GBR. Dist: Baker & Taylor Publisher Services (BTPS).

Easter Alligator. Kim A. Nasr. 2021. (ENG.). 28p. (J). 21.00 *(978-1-0880-0001-4(0))* Indy Pub.

Easter Alphabet Coloring Book for Children (6x9 Coloring Book / Activity Book) Sheba Blake. 2021. (ENG.). 56p. (J). pap. 9.99 *(978-1-222-29126-1(6))* Indy Pub.

Easter Alphabet Coloring Book for Children (8. 5x8. 5 Coloring Book / Activity Book) Sheba Blake. 2021. (ENG.). 56p. (J). pap. 12.99 *(978-1-222-29215-2(7))* Indy Pub.

Easter Alphabet Coloring Book for Children (8x10 Coloring Book / Activity Book) Sheba Blake. 2021. (ENG.). 56p. (J). pap. 14.99 *(978-1-222-29127-8(4))* Indy Pub.

Easter & Me: A Bible Story for Children with Life Applications. Martha Yamnitz. Illus. by Jeri Hanson. 2021. (ENG.). 52p. (J). pap. 16.95 *(978-1-0980-8795-1(X))* Christian Faith Publishing.

Easter Art. Make Believe Ideas. Illus. by Make Believe Ideas. 2018. (ENG.). 80p. (J). (gr. 3-7). 9.99 *(978-1-78692-877-1(9))* Make Believe Ideas GBR. Dist: Scholastic, Inc.

Easter Art. Make Believe Ideas. 2018. (ENG.). 80p. (J). (gr. 3-7). 7.99 *(978-1-78843-087-6(5))* Make Believe Ideas GBR. Dist: Scholastic, Inc.

Easter Basket Filled with Love: Sharing the Joy & Grace of Jesus. Susan Jones. Illus. by Lee Holland. 2021. (Forest of Faith Bks.). (ENG.). 32p. (J). (gr. -1-2). 12.99 *(978-1-68099-713-2(0))*, Good Bks.) Skyhorse Publishing Co., Inc.

Easter Basket Mad Libs: World's Greatest Word Game. Gabrielle Reyes. 2020. (Mad Libs Ser.). 48p. (J). (gr. 3-7). pap. 6.99 *(978-0-593-09396-2(8))*, Mad Libs) Penguin Young Readers Group.

Easter Baskets, Daffodils & Chocolate Eggs Coloring Book. Activity Book Zone for Kids. 2016. (ENG., Illus.). (J). pap. 9.20 *(978-1-68376-471-7(4))* Sabeels Publishing.

Easter Baskets from Then & Now Coloring Book. Activity Book Zone for Kids. 2016. (ENG., Illus.). (J). pap. 9.20 *(978-1-68376-470-0(6))* Sabeels Publishing.

Easter Beaver. John B. Kelly. Illus. by Jeremy Begley. 2021. (ENG.). 34p. (J). pap. 12.99 *(978-1-63752-896-9(5))* Primedia eLaunch LLC.

Easter Bible Coloring Book for Children (6x9 Coloring Book / Activity Book) Sheba Blake. 2021. (ENG.). 34p. (J). pap. 9.99 *(978-1-222-31139-6(9))* Indy Pub.

Easter Bible Coloring Book for Children (8x10 Coloring Book / Activity Book) Sheba Blake. 2021. (ENG.). 34p. (J). pap. 14.99 *(978-1-222-31140-2(2))* Indy Pub.

Easter, Board Book. B&H Kids Editorial Staff. Illus. by Holli Conger. 2017. (Little Words Matter(tm) Ser.). (ENG.). 24p. (J). (gr. -1 — 1). bds. 8.99 *(978-1-4336-4453-5(3))*, 005787711, B&H Kids) B&H Publishing Group.

Easter Books for Kids: A Fun Easter Gift Filled with Coloring & Jokes. Happy Harper. 2020. (ENG.). 102p. (J). pap. *(978-1-989543-95-5(2))*, Happy Harper) Gill, Karanvir.

Easter Bunnies, Eggs & Candy Coloring Book. Activity Book Zone for Kids. 2016. (ENG., Illus.). (J). pap. 9.20 *(978-1-68376-472-4(2))* Sabeels Publishing.

Easter Bunny: A Wag My Tail Book. Salina Yoon. Illus. by Salina Yoon. 2020. (Wag My Tail Book Ser.). (ENG., Illus.). 12p. (J). (gr. -1). bds. 7.99 *(978-1-5344-4344-0(4))*, Little Simon) Little Simon.

Easter Bunny & Egg Coloring Book. Bianca Montgomery. 2021. (ENG.). 106p. (J). pap. 9.99 *(978-1-716-18227-3(1))* Lulu Pr., Inc.

Easter Bunny & the Egg Mystery Coloring Book. Kreative Kids. 2016. (ENG., Illus.). (J). pap. 9.20 *(978-1-68377-360-3(8))* Whike, Traudl.

Easter Bunny Coloring Book for Children (6x9 Coloring Book / Activity Book) Sheba Blake. 2021. (ENG.). 44p. (J). pap. 9.99 *(978-1-222-29124-7(X))* Indy Pub.

Easter Bunny Coloring Book for Children (8. 5x8. 5 Coloring Book / Activity Book) Sheba Blake. 2021. (ENG.). 44p. (J). pap. 12.99 *(978-1-222-29214-5(9))* Indy Pub.

Easter Bunny Coloring Book for Children (8x10 Coloring Book / Activity Book) Sheba Blake. 2021. (ENG.). 44p. (J). pap. 14.99 *(978-1-222-29125-4(8))* Indy Pub.

Easter Bunny Comes to Town Coloring Book. Bobo's Children Activity Books. 2016. (ENG., Illus.). (J). pap. 9.33 *(978-1-68327-446-9(6))* Sunshine In My Soul Publishing.

Easter Bunny Comes to Wales. Eric James. 2016. (ENG.). (J). *(978-1-78553-233-7(2))* Home Town World.

Easter Bunny Flap Book. Sam Taplin. ed. 2019. (Flap Bks.). (ENG.). 10ppp. (J). 7.99 *(978-0-7945-3256-7(X))*, Usborne) EDC Publishing.

Easter Bunny Is Ready Themed Coloring Books for Kids. Educando Kids. 2019. (ENG.). 42p. (J). pap. 6.99 *(978-1-64521-079-5(0))*, Educando Kids) Editorial Imagen.

Easter Bunny Meets Jesus. Debbie Wood. 2023. (ENG.). 26p. (J). pap. 6.99 ***(978-1-0881-2637-0(5))*** Debra L. Wood.

Easter Bunny Moves to Imagination Island: A Fun Kids Easter Story & Colouring Activity Workbook. Jean Shaw. 2021. (ENG.). 66p. (J). pap. *(978-1-9999339-5-1(8))* Jeans Jottings.

Easter Bunnyroo. Susannah Chambers. Illus. by Laura Wood. 2020. (ENG.). 32p. (J). (gr. -1-k). 15.99 *(978-1-76063-501-5(4))*, A&U Children's) Allen & Unwin AUS. Dist: Independent Pubs. Group.

Easter Bunny's Bakery: Padded Board Book. IglooBooks. Illus. by Ela Jarzabek. 2022. (ENG.). 24p. (J). (-k). bds. 9.99 *(978-1-80368-855-8(6))* Igloo Bks. GBR. Dist: Simon & Schuster, Inc.

Easter Bunny's Easter. Andrew Wade. 2021. (ENG.). 56p. (J). 29.99 *(978-1-7367917-0-7(2))* Niedermaier, Andrew.

Easter Bunny's Great Hunt: Join Easter Bunny on a Layer-By-layer Egg Hunt! Illus. by Jennie Bradley. 2022. (Secrets of the Season Ser.). (ENG.). 10p. (J). (gr. -1-k). bds. 9.99 *(978-0-7603-7194-7(6))*, 344138) becker&mayer! books.

Easter Bunny's Guessing Game. Edward Miller, III. 2023. (Illus.). 18p. (J). (— 1). bds. 7.99 *(978-0-593-48670-2(6))*, Random Hse. Bks. for Young Readers) Random Hse. Children's Bks.

Easter Bunny's Helpers. Anne Mangan. Illus. by Tamsin Ainslie. 2017. 32p. 9.99 *(978-0-7322-9576-9(9))*, HarperCollins) HarperCollins Pubs.

Easter Bunny's Present Hunt. Mieke Goethals. 2021. (ENG., Illus.). 32p. (J). 18.95 *(978-1-60537-620-2(5))* Clavis Publishing.

Easter Chick. Géraldine Elschner. Illus. by Alexandra Junge. 2022. (ENG.). 32p. (J). (gr. -1-2). 17.95 *(978-0-7358-4474-2(7))* North-South Bks., Inc.

Easter Chicken. Eliana Blanchard. Illus. by Eliana Blanchard. 2018. (ENG., Illus.). 24p. (J). 20.00 *(978-0-692-07621-7(2))* KidsCanPublish.Org.

Easter Chicken: Henrietta Chicken Learns the True Meaning of Easter. Suzanne Hill. 2019. (ENG., Illus.). 52p. (J). pap. 15.99 *(978-1-950454-30-3(4))* Pen It Pubns.

Easter Color by Number for Kids: Coloring Book of Easter Rabbit, Eggs, Bunny. Moty M. Publisher. 2022. (ENG.). 76p. (J). pap. 10.49 *(978-1-915105-30-1(7))* Lulu Pr., Inc.

Easter Coloring & Activity Book - Easter Fun (5-7) 6-Pack Coloring & Activity Books. Warner Press. 2017. (ENG.). (J). pap. 13.74 *(978-1-59317-913-7(8))* Warner Pr., Inc.

Easter Coloring Book. A. Green. 2021. (ENG.). 100p. (J). pap. 9.50 *(978-1-716-61747-8(2))* Lulu Pr., Inc.

Easter Coloring Book: Easter Basket Stuffer & Books for Kids Ages 4-8. Young Dreamers Press. Illus. by Fairy Crocs. 2020. (Coloring Books for Kids Ser.: Vol. 6). (ENG.). 64p. (J). (gr. 3-6). pap. *(978-1-989790-13-7(5))* EnemyOne.

Easter Coloring Book: Great Easter Coloring Book for for Kids Ages 4-12, Beautiful Designs of Rabbits, Chicks, Eggs, & More, Perfect As a Easter Gift or Present! Snow Thome. 2021. (ENG.). 106p. (J). pap. 11.00 *(978-0-8401-3471-4(1))* Lulu Pr., Inc.

Easter Coloring Book 2 for Kids! Discover These Amazing Collection of Pages. Bold Illustrations. 2018. (ENG., Illus.). 84p. (J). pap. 6.92 *(978-1-64193-974-4(5))*, Bold Illustrations) FASTLANE LLC.

Easter Coloring Book 3 for Children! an Amazing Set of Coloring Pages 3. Bold Illustrations. 2018. (ENG., Illus.). 64p. (J). pap. 6.92 *(978-1-64193-965-2(6))*, Bold Illustrations) FASTLANE LLC.

Easter Coloring Book! a Unique Collection of Pages. Bold Illustrations. 2018. (ENG., Illus.). 84p. (J). pap. 6.92 *(978-1-64193-976-8(1))*, Bold Illustrations) FASTLANE LLC.

Easter Coloring Book for Adults: Lovely Easter Coloring Book for Adults with Beautiful Eggs Design, Tangled Ornaments, & More! Elli Steele. 2021. (ENG.). 128p. (YA). pap. 10.95 *(978-1-008-99685-4(8))* Lulu Pr., Inc.

Easter Coloring Book for Children - Create Your Own Doodle Cover (8x10 Hardcover Personalized Coloring Book / Activity Book) Sheba Blake. 2021. (Easter Coloring Bks.: Vol. 1). (ENG.). 46p. (J). 24.99 ***(978-1-222-34315-1(0))*** Indy Pub.

Easter Coloring Book for Children (6x9 Coloring Book / Activity Book) Sheba Blake. 2020. (ENG.). (J). 60p. pap. 9.99 *(978-1-222-28913-8(X))*; 48p. pap. 9.99 *(978-1-222-28395-2(6))* Indy Pub.

Easter Coloring Book for Children (8. 5x8. 5 Coloring Book / Activity Book) Sheba Blake. (ENG.). (J). 2021. 60p. pap. 12.99 *(978-1-222-29136-0(3))*; 2020. 48p. pap. 12.99 *(978-1-222-28751-6(X))* Indy Pub.

Easter Coloring Book for Children (8x10 Coloring Book / Activity Book) Sheba Blake. 2020. (ENG.). (J). 60p. pap. 14.99 *(978-1-222-28914-5(8))*; 48p. pap. 14.99 *(978-1-222-28396-9(4))* Indy Pub.

Easter Coloring Book for Children Part 5! Amazing Rabbit, Eggs, Easter Coloring Pages & More! Bold Illustrations. 2018. (ENG., Illus.). 62p. (J). pap. 6.92 *(978-1-64193-963-8(X))*, Bold Illustrations) FASTLANE LLC.

Easter Coloring Book for Kids. Deeasy Books. 2021. (ENG.). 66p. (J). pap. 9.00 *(978-1-008-98792-0(1))* Indy Pub.

Easter Coloring Book for Kids: A Fun Coloring Book with Cute Animals, Eggs & Easter Patterns for Kids, Toddler & Preschool Great Gift for Your Little Ones (Activity Book) Hector England. 2021. (ENG.). 74p. (J). pap. 12.00 *(978-1-716-11181-5(1))* Lulu Pr., Inc.

Easter Coloring Book for Kids: A Fun Coloring Book with Easter Eggs, Cute Bunnies, Flowers & More. Darrell Vandagriff. 2021. (ENG.). 84p. (J). pap. 14.00 *(978-0-948142-81-9(2))* Lulu Pr., Inc.

Easter Coloring Book for Kids: Fun & Cute Collection of Easter Coloring Illustrations for Kids, Toddlers & Preschool Children. Easy Easter Bunny Coloring Pages, Easter Eggs, Easter Chicken, Little Rabbit & Much More. Best Easter Day Coloring Books. Andrea Jensen. 2021. (ENG.). 112p. (J). pap. 10.99 *(978-1-716-34905-8(2))* Lulu Pr., Inc.

Easter Coloring Book for Kids: The Fun Hippity Hoppity Coloring Book for Boys & Girls. Happy Harper. 2019. (ENG., Illus.). 82p. (J). pap. *(978-1-9990944-8-5(4))*, Happy Harper) Gill, Karanvir.

Easter Coloring Book for Kids 4! Part 4 of the Collection of Unique Easter Coloring Pages. Bold Illustrations. 2018. (ENG., Illus.). 64p. (J). pap. 6.92 *(978-1-64193-964-5(8))*, Bold Illustrations) FASTLANE LLC.

Easter Coloring Book for Kids Age 3-7 Years: Cute Easter Coloring Pages for Boys & Girls Suitable Age 3-7 Years with Amazing Graphics for Your Kid to Color & Enjoy Perfect As a Gift! Malkovich Rickblood. l.t. ed. 2021. (ENG.). 106p. (J). pap. 8.99 *(978-0-539-48254-6(4))* Lulu Pr., Inc.

Easter Coloring Book for Kids Age 6-12 Years: Cute Easter Coloring Pages for Boys & Girls Suitable Age 6-12 Years with Amazing Graphics for Your Kid to Color & Enjoy Perfect As a Gift! Malkovich Rickblood. l.t. ed. 2021. (ENG.). 106p. (J). pap. 8.99 *(978-0-89873-677-9(3))* Lulu Pr., Inc.

Easter Coloring Book for Kids Ages 3-5: Great & Fun Illustrations for Children. Darcy Harvey. 2022. (ENG.). 56p. (J). pap. 14.99 *(978-1-892500-96-0(5))* Adamson, Bruce Campbell.

Easter Coloring Book for Kids Ages 3-8: An Easter Coloring Book for Kids with Fun, Easy, & Relaxing Designs Cute Easter Coloring Book Featuring Easter Eggs, Easter Baskets, Bunnies, Spring Flowers, & More. Bunny Jump Press. 2021. (ENG.). 102p. (J). pap. 10.99 *(978-1-008-99701-1(3))* Lulu Pr., Inc.

Easter Coloring Book for Kids Ages 4-8: 30 Easter Unique Coloring Pages for Kids, Including Bunnies, Eggs, Easter Baskets & More! Great Fun for Kids! Anna M. Yardley. 2021. (ENG.). 62p. (J). pap. 6.49 *(978-0-496-85654-1(5))* Lulu Pr., Inc.

Easter Coloring Book for Kids Ages 4-8: 31 Easter Coloring Pages for Boys & Girls Easter Books for Kindergarteners Easter Gift for Kids Easter Unique Designs for Kids, Toddler & Preschool. Penciol Press. 2021. (ENG.). 66p. (J). pap. 9.00 *(978-1-716-17281-6(0))* Lulu Pr., Inc.

Easter Coloring Book for Kids Ages 4-8 Years: Wonderful Easter Coloring Pages for Boys & Girls Suitable Age 4-8 Years with Amazing Graphics for Your Kid to Color & Enjoy Perfect As a Gift! Malkovich Rickblood. l.t. ed. 2021. (ENG.). 106p. (J). pap. 8.99 *(978-0-384-44238-2(2))* Lulu Pr., Inc.

Easter Coloring Book for Toddlers: Coloring Book for Kids Ages 2-4. Young Dreamers Press. Illus. by Olena Shkoliar. 2022. (Young Dreamers Coloring Bks.: Vol. 8). (ENG.). 106p. (J). pap. *(978-1-990136-57-3(5))* EnemyOne.

Easter Coloring Book for Toddlers: Lovely Easter Coloring Book for for Kids Ages 3-12, Beautiful Designs of Rabbits, Chicks, Eggs, & More, Perfect As a Easter Gift or Present! Thome. 2021. (ENG.). 106p. (J). pap. 11.00 *(978-0-517-72552-8(5))* Lulu Pr., Inc.

Easter Coloring Book for Young Adults: Amazing Easter Coloring Book for Young Adults with Beautiful Eggs Design, Tangled Ornaments, & More! Elli Steele. 2021. (ENG.). 72p. (YA). pap. 9.95 *(978-1-008-99698-4(X))* Lulu Pr., Inc.

Easter Coloring/Activity Book - Easter Hidden Pictures (8-10) 6-Pack Coloring & Activity Books. Warner Press. 2017. (ENG.). (J). pap. 13.74 *(978-1-59317-916-8(2))* Warner Pr., Inc.

Easter Coloring/Activity Book - My Easter Pictures- (2-4) 6-Pack Coloring & Activity Books. Warner Press. 2017. (ENG.). (J). pap. 13.74 *(978-1-59317-911-3(1))* Warner Pr., Inc.

Easter Colouring Book for Kids: Easter Themed Colouring for Children Ages 4+ Marcelline Hubble. 2022. (ENG.). 50p. (J). pap. *(978-1-4583-6763-1(0))* Lulu Pr., Inc.

Easter Counting. Barbara Barbieri McGrath. Illus. by Peggy Tagel. 2017. (First Celebrations Ser.: 5). 12p. (J). (— 1). bds. 6.99 *(978-1-58089-535-4(2))* Charlesbridge Publishing, Inc.

Easter Crack-Ups: Knock-Knock Jokes Funny-Side Up. Katy Hall, pseud. Illus. by Steve Bjorkman. 2023. (ENG.). 16p. (J). (gr. -1-3). 7.99 *(978-0-06-321621-1(3))*, HarperFestival) HarperCollins Pubs.

Easter Crafts. Anita Yasuda. Illus. by Mernie Gallagher-Cole. 2016. (Holiday Crafts Ser.). (ENG.). 24p. (J). (gr. k-3). 32.79 *(978-1-5038-0817-1(3))*, 210653) Child's World, Inc, The.

Easter Croc: Full of Pop-Up Surprises! Roger Priddy. 2018. (ENG., Illus.). 10p. (J). bds. 9.99 *(978-0-312-52558-3(3))*, 900180422) St. Martin's Pr.

Easter Days. Sue deGennaro. 2022. (Different Days Ser.). (ENG.). 24p. (J). (gr. -1-k). 17.99 *(978-1-76050-567-7(6))* Little Hare Bks. AUS. Dist: Independent Pubs. Group.

564 The check digit for ISBN-10 appears in parentheses after the full ISBN-13

Easter Do-Votional & Activity Book for Kids - Ittybitty Activity Book. Created by Warner Press. 2023. (ENG.). 48p. (J). pap. 15.54 ***(978-1-68434-459-8(X))*** Warner Pr., Inc.

Easter Donkey. Richard Van Der Dys, III. Ed. by Effie Christopher. 2021. (ENG.). 34p. (J). pap. *(978-1-716-08429-4(6))* Lulu Pr., Inc.

Easter Dot Marker Activity Book: Alphabet, Numbers & Easter Illustrations Easy Guided Big Dots Easter Books for Kids Easter Dot Marker Coloring Book Dot Markers Activity Book Easter Gift for Kids. Penciol Press. 2021. (ENG.). 122p. (J). pap. 11.00 *(978-1-716-17269-4(1))* Lulu Pr., Inc.

Easter Dot Marker Activity Book for Kids Vol. 1. Exploration Clip Art. 2022. (ENG.). 66p. (J). pap. 7.70 *(978-1-4357-8918-0(0))* Lulu Pr., Inc.

EASTER DoT to DoT Activity Book for Kids: Vol. 2, a Happy Easter Workbook Full of Nice Dot to Dot Images, Coloring & a Lot More Fun, for All Ages, 8. 5x11 Inches, 60 Engaging Pages. B D Andy Bradradrei. 2021. (ENG.). 62p. (J). pap. 10.22 *(978-1-01-563739-9(6))* Pearson Learning Solutions.

Easter Dreams. Robert Van Fossen. 2017. (ENG., Illus.). 40p. (J). 21.95 *(978-1-64079-863-2(3))*; pap. 12.95 *(978-1-64079-861-8(7))* Christian Faith Publishing.

Easter Egg Coloring Book. Ed. by Cordial Press. 2023. (ENG.). 43p. (J). pap. ***(978-1-329-36477-6(5))*** Lulu Pr., Inc.

Easter Egg Coloring Book for Children (6x9 Coloring Book / Activity Book) Sheba Blake. 2021. (ENG.). 54p. (J). pap. 9.99 *(978-1-222-29012-7(X))* Indy Pub.

Easter Egg Coloring Book for Children (8. 5x8. 5 Coloring Book / Activity Book) Sheba Blake. 2021. (ENG.). 54p. (J). pap. 12.99 *(978-1-222-29179-7(7))* Indy Pub.

Easter Egg Coloring Book for Children (8x10 Coloring Book / Activity Book) Sheba Blake. 2021. (ENG.). 54p. (J). pap. 14.99 *(978-1-222-29013-4(8))* Indy Pub.

Easter Egg Countdown (Pat the Bunny) Random House. Illus. by Gillian Flint. 2022. 14p. (J). (— 1). bds. 9.99 *(978-0-593-42685-2(1)*, Golden Bks.) Random Hse. Children's Bks.

Easter Egg Day, 1 vol. Tara Knudson. Illus. by Pauline Siewert. 2020. (ENG.). 16p. (J). bds. 9.99 *(978-0-310-76752-7(0))* Zonderkidz.

Easter Egg Decorating Fun Coloring Book. Jupiter Kids. 2017. (ENG., Illus.). (J). pap. 9.20 *(978-1-68326-739-3(7)*, Jupiter Kids (Childrens & Kids Fiction)) Speedy Publishing LLC.

Easter Egg Hunt, 1 vol. Rick Faltross. 2016. (We Love Spring! Ser.). (ENG., Illus.). 24p. (J). (gr. k-k). pap. 9.15 *(978-1-4824-5454-3(8)*, 1133c5cc-a9e6-4e1c-804b-de8f70d1a65d) Stevens, Gareth Publishing LLLP.

Easter Egg Hunt. Christie Hainsby. Illus. by Dawn Machell. 2019. (ENG.). 14p. (J). (— 1). bds. 6.99 *(978-1-78843-538-3(9))* Make Believe Ideas GBR. Dist: Scholastic, Inc.

Easter Egg Hunt Extravaganza Coloring Book. Jupiter Kids. 2016. (ENG., Illus.). 106p. (J). pap. 12.55 *(978-1-68326-306-7(5)*, Jupiter Kids (Childrens & Kids Fiction)) Speedy Publishing LLC.

Easter Egg Hunt for Jesus: God Gave Us Easter to Celebrate His Life. Susan Jones. Illus. by Lee Holland. 2019. (Forest of Faith Bks.). (ENG.). 32p. (J). (gr. -1-1). 12.99 *(978-1-68099-437-7(9)*, Good Bks.) Skyhorse Publishing Co., Inc.

Easter Egg Hunting Mazes for Preschool. Educando Kids. 2019. (ENG.). 42p. (J). pap. 8.55 *(978-1-64521-619-3(5)*, Educando Kids) Editorial Imagen.

Easter Egg Is Missing! The: An Easter & Springtime Book for Kids. Clarion Clarion Books. Illus. by Kathryn Selbert. 2021. (ENG.). 16p. (J). (— 1). bds. 8.99 *(978-0-358-19265-7(X)*, 1762735, Clarion Bks.) HarperCollins Pubs.

Easter Egg Surprise! Alexandra West. ed. 2022. (My Little Pony 8x8 Bks). (ENG.). 24p. (J). (gr. k-1). 15.96 ***(978-1-68505-238-6(X))*** Penworthy Co., LLC, The.

Easter Eggs & Matzo Balls. Janie Emaus. Illus. by Bryan Langdo. 2023. 32p. (J). (gr. -1-1). 19.99 *(978-1-5107-6922-9(6)*, Sky Pony Pr.) Skyhorse Publishing Co., Inc.

Easter Eggs Coloring Book. Cristie Publishing. 2020. (ENG.). 102p. (J). pap. 11.50 *(978-1-716-27883-9(X))* Lulu Pr., Inc.

Easter Eggscapade: An Easter & Springtime Book for Kids. Henri Meunier. Illus. by Nathalie Choux. 2018. (Super-Duper Duo Ser.). (ENG.). 32p. (J). (gr. -1-3). 8.99 *(978-1-328-76679-3(9)*, 1680917, Clarion Bks.) HarperCollins Pubs.

Easter Eggstravaganza Mad Libs: The Egg-Stra Special Edition. Mad Libs. 2019. (Mad Libs Ser.). 48p. (J). (gr. 3-7). pap. 7.99 *(978-1-5247-9067-7(2)*, Mad Libs) Penguin Young Readers Group.

Easter EGGxtravaganza! Kids Activity Books Ages 4-6 Bundle, 2 vols. Speedy Publishing Books. 2019. (ENG.). 172p. (J). pap. 19.99 *(978-1-5419-7193-6(0))* Speedy Publishing LLC.

Easter Fix. Steph Williams. 2021. (Little Me, Big God Ser.). (ENG., Illus.). 24p. (J). pap. *(978-1-78498-584-4(8))* Good Bk. Co., The.

Easter Flower & Candy-Filled Baskets Coloring Book. Activity Book Zone for Kids. 2016. (ENG., Illus.). (J). pap. 9.20 *(978-1-68376-473-1(0))* Sabeels Publishing.

Easter Fun. Created by Highlights. 2023. (Holiday Fun Activity Bks.). 48p. (J). (-k). pap. 8.99 *(978-1-64472-939-7(3)*, Highlights) Highlights Pr., c/o Highlights for Children, Inc.

Easter Fun Activity Workbook! Beth Costanzo. 2023. (ENG.). 30p. (J). pap. 8.99 ***(978-1-0880-8391-8(9))*** Adventures of Scuba Jack Pubs., The.

Easter Fun! (Kindi Kids) Adapted by Rebecca Potters. 2020. (ENG.). 24p. (J). (gr. -1-k). pap. 5.99 *(978-1-338-70143-2(6))* Scholastic, Inc.

Easter! Fun Things to Make & Do. Christina Goodings. Illus. by Christina Goodings. ed. 2017. (ENG., Illus.). 104p. (J). (gr. k-2). spiral bd. 10.99 *(978-0-7459-7715-7(4)*, e016ed78-8c83-4d25-b7b6-c88fcab48bbb, Lion Children's) Lion Hudson PLC GBR. Dist: Baker & Taylor Publisher Services (BTPS).

Easter Gift from Jesus: His Love Lifts Us Up. Susan Jones. Illus. by Lee Holland. 2020. (Forest of Faith Bks.). (ENG.). 32p. (J). (-1). 12.99 *(978-1-68099-569-5(3)*, Good Bks.) Skyhorse Publishing Co., Inc.

Easter Googly-Eyed Jokes. Created by Highlights. 2022. (Highlights Fun to Go Ser.). 32p. (J). (gr. 1-4). pap. 6.99 *(978-1-64472-719-5(6)*, Highlights) Highlights Pr., c/o Highlights for Children, Inc.

Easter Hares. John Holshoe. 2018. (ENG., Illus.). 16p. (J). *(978-0-359-24738-7(5))* Lulu Pr., Inc.

Easter, Here I Come! D. J. Steinberg. Illus. by Emanuel Wiemans. 2021. (Here I Come! Ser.). 32p. (J). (gr. -1-1). pap. 5.99 *(978-0-593-22401-4(9)*, Grosset & Dunlap) Penguin Young Readers Group.

Easter, Here I Come! D. J. Steinberg. ed. 2021. (Here I Come Ser.). (ENG., Illus.). 32p. (J). (gr. k-1). 15.96 *(978-1-64697-693-5(2))* Penworthy Co., LLC, The.

Easter Hidden Pictures Puffy Sticker Playscenes. Created by Highlights. 2021. (Highlights Puffy Sticker Playscenes Ser.). 48p. (J). (-k). pap. 8.99 *(978-1-64472-329-6(8)*, Highlights) Highlights Pr., c/o Highlights for Children, Inc.

Easter Hidden Pictures Puzzles to Highlight. Created by Highlights. 2019. (Highlights Hidden Pictures Puzzles to Highlight Activity Bks.). 32p. (J). (gr. 1-4). pap. 6.99 *(978-1-68437-268-3(2)*, Highlights) Highlights Pr., c/o Highlights for Children, Inc.

Easter Hidden Pictures Puzzles to Highlight Clip Strip, 12 vols. Highlights. 2019. (J). (gr. 1-4). pap. 83.88 *(978-1-68437-692-6(0)*, Highlights) Highlights Pr., c/o Highlights for Children, Inc.

Easter Hunt: Over 800 Egg-Citing Objects! Clever Publishing. 2021. (Look & Find Ser.). (ENG.). 24p. (J). (gr. -1-2). 10.99 *(978-1-951100-51-3(4))* Clever Media Group.

Easter in Ramallah. Wafa Shami. Illus. by Shaima' Farouki. 2020. (ENG.). 32p. (J). 21.99 ***(978-0-9600147-3-6(X))*** Shami, Wafa.

Easter Is Coming! (padded) Text by Tama Fortner. 2019. (ENG., Illus.). 24p. (J). (-1). bds. 9.99 *(978-1-5359-3764-1(5)*, 005810783, B&H Kids) B&H Publishing Group.

Easter Is More Than Just Baskets of Candy Coloring Book. Activity Book Zone for Kids. 2016. (ENG., Illus.). (J). pap. 9.20 *(978-1-68376-474-8(9))* Sabeels Publishing.

Easter Island. Sue Gagliardi. 2023. (Unsolved Mysteries Ser.). (ENG., Illus.). 32p. (J). (gr. 2-3). lib. bdg. 31.35 *(978-1-63738-433-6(5)*, Apex) North Star Editions.

Easter Island. Contrib. by Sue Gagliardi. 2023. (Unsolved Mysteries Ser.). (ENG., Illus.). 32p. (J). (gr. 2-3). pap. 9.95 *(978-1-63738-460-2(2)*, Apex) North Star Editions.

Easter Journal for Kids: Fun Easter Themed Journal for Boys & Girls to Write in Their Easter Wishes, Thoughts & Spring Season Activities. Eightldd Fun Time. 2021. (ENG.). 112p. (J). pap. 9.99 *(978-0-7845-8660-0(8))* Lulu Pr., Inc.

Easter Kids' Coloring & Activity Book: 50+ Coloring Pages, Dot-To-Dots, Mazes Pre-K To 8. Big Blue World Books. 2019. (ENG., Illus.). 56p. (J). pap. 7.89 *(978-1-945887-68-0(0)*, Big Blue World Bks.) Gumdrop Pr.

Easter Kitty Bunny (Gabby's Dollhouse Storybook) (Media Tie-In), 1 vol. Pamela Bobowicz. ed. 2022. (ENG.). 24p. (J). (gr. -1-k). pap. 5.99 *(978-1-338-85115-1(2))* Scholastic, Inc.

Easter Letter Tracing for Preschoolers & Kindergarten Kids: Letter & Alphabet Handwriting Practice for Kids to Practice Pen Control, Line Tracing, Letters, & Shapes - Ages 3+ The Life Graduate Publishing Group. 2021. (ENG.). 66p. (J). pap. *(978-1-922568-86-1(4))* Life Graduate, The.

Easter LILLI & the Mystery of the Bunny Eggs. LaDann Hendley. Illus. by Deborah Boren. 2017. (ENG.). (J). (gr. k-5). 20.00 *(978-1-941516-28-7(9))*; pap. 11.00 *(978-1-941516-27-0(0))* Franklin Scribes.

Easter Lined Journal. Deeasy Books. 2021. (ENG.). 124p. (YA). pap. 8.00 *(978-1-004-18445-3(X))* Indy Pub.

Easter Lined Journal for Kids. Cristie Publishing. 2021. (ENG.). 122p. (J). pap. 10.50 *(978-1-716-23567-2(7))* Lulu Pr., Inc.

Easter Mandalas Coloring Book: Easter Activity Book for Kids 8-12, Creative Easter Coloring Pages, Fun Kids Easter Coloring Book for Stress Relief & Relaxation. Tanitatatiana. 2021. (ENG.). 138p. (J). pap. 11.99 *(978-0-259-42939-5(2))* Lulu Pr., Inc.

Easter Mice! Bethany Roberts. ed. 2018. (Green Light Readers Ser.). (ENG.). 32p. (J). (gr. -1-1). 13.89 *(978-1-64310-585-7(X))* Penworthy Co., LLC, The.

Easter Morning, Easter Sun. Rosanna Battigelli. Illus. by Tara Anderson. 2022. 24p. (J). (gr. -1-k). bds. 10.95 *(978-1-77278-233-2(5))* Pajama Pr. CAN. Dist: Publishers Group West (PGW).

Easter Morning Sunrise Service at Church Coloring Book. Activity Book Zone for Kids. 2016. (ENG., Illus.). (J). pap. 9.20 *(978-1-68376-475-5(7))* Sabeels Publishing.

Easter on the Farm: A Seek & Find Flap Book. Roger Priddy. 2022. (ENG.). 14p. (J). bds. 7.99 *(978-1-68449-192-6(4)*, 900250915) St. Martin's Pr.

Easter Parade Peekaboo! Christie Hainsby. 2019. (ENG., Illus.). 12p. (J). (— 1). bds. 6.99 *(978-1-78843-537-6(0))* Make Believe Ideas GBR. Dist: Scholastic, Inc.

Easter, Passover & Festivals of Hope, Vol. 10. Betsy Richardson. 2018. (Celebrating Holidays & Festivals Around the World Ser.). (Illus.). 112p. (J). (gr. 7). lib. bdg. 34.60 *(978-1-4222-4146-2(7))* Mason Crest.

Easter Prayer Touch & Feel, 1 vol. Amy Parker & Alison Edgson. 2019. (Prayers for the Seasons Ser.). (ENG., Illus.). 12p. (J). bds. 9.99 *(978-1-4003-1689-2(8)*, Tommy Nelson) Nelson, Thomas Inc.

Easter Promise Coloring Book - E4858: Coloring Activity Books - Easter - Ages 5-7. Created by Warner Press. 2022. (ENG.). 16p. (J). pap. 2.49 *(978-1-68434-322-5(4))* Warner Pr., Inc.

Easter Puzzles. Created by Highlights. 2017. (Highlights Puzzlemania Activity Bks.). (ENG.). 144p. (J). (gr. 1-4). pap. 9.95 *(978-1-62979-700-7(6)*, Highlights) Highlights Pr., c/o Highlights for Children, Inc.

Easter Puzzles Deluxe. Created by Highlights. 2023. (Highlights Hidden Pictures Ser.). 96p. (J). (gr. -1-3). pap. 12.99 *(978-1-64472-914-4(8)*, Highlights) Highlights Pr., c/o Highlights for Children, Inc.

Easter Rising 1916: Molly's Diary. Patricia Murphy. 2017. (ENG., Illus.). (J). pap. *(978-1-78199-974-5(0))* Poolbeg Pr.

Easter Scissor Skills: Easter Activity Book for Kids, Activity Book for Children, Scissor Skills Book for Kids 4-8 Years Old. Laura Bidden. l.t. ed. 2023. (ENG.). 34p. (J). pap. ***(978-0-9683946-8-7(X))*** Christian Focus Pubns.

Easter Scissor Skills for Kids: Book to Learn How to Use Scissors/ Scissor Skills Practice. Moty M. Publisher. 2022. (ENG.). 78p. (J). pap. 10.49 *(978-1-915105-29-5(3))* Lulu Pr., Inc.

Easter Scissors Skill Activity Book for Kids: A Fun Easter Cutting & Coloring Practice for Toddlers / Images with Happy Easter Eggs & Basket/Easter Gifts for Kids. Moty M. Publisher. 2021. (ENG.). 76p. (J). pap. 9.99 *(978-1-900757-76-8(1))* Lulu Pr., Inc.

Easter Special Drawing Book for Kids 6-8. Educando Kids. 2019. (ENG.). 42p. (J). pap. 8.55 *(978-1-64521-639-1(X)*, Educando Kids) Editorial Imagen.

Easter Starring Egg! Cynthia Platt. Illus. by Leire Martín. 2022. (ENG.). 24p. (J). (gr. -1-3). 9.99 *(978-0-358-56185-9(X)*, 1804340, Clarion Bks.) HarperCollins Pubs.

Easter Stories: A Storyteller Book. Bob Hartman. Illus. by Nadine Wickenden. ed. 2019. (Storyteller Book Ser.). (ENG.). 96p. (J). (gr. k-3). pap. 10.99 *(978-0-7459-7809-3(6)*, a8ea8f47-780e-4503-9b64-f91dd4e9ad83, Lion Children's) Lion Hudson PLC GBR. Dist: Baker & Taylor Publisher Services (BTPS).

Easter Stories on Stage: A Collection of Plays Based on Easter Stories. Julie Meighan. 2022. (On Stage Bks.: Vol. 17). (ENG.). 48p. (J). pap. *(978-1-9163195-7-8(2))* JemBks.

Easter Story. Russell Punter. 2019. (Picture Bks.). (ENG.). 24ppp. (J). 9.99 *(978-0-7945-3760-9(X)*, Usborne) EDC Publishing.

Easter Story. Brendan Powell Smith. 2018. (Illus.). 32p. (J). 14.99 *(978-1-5107-1277-5(1)*, Sky Pony Pr.) Skyhorse Publishing Co., Inc.

Easter Story, 1 vol. Zondervan Staff. 2021. (ENG.). 12p. (J). bds. 6.99 *(978-1-4002-2981-9(2)*, Tommy Nelson) Nelson, Thomas Inc.

Easter Story. Juliet David & Lois Rock. Illus. by Jo Parry & Alex Ayliffe. ed. 2021. (ENG.). 16p. (J). (gr. -1). pap. 21.99 *(978-0-7459-7884-0(3)*, 5e0b4309-b09c-47f2-a0c4-c58f80e75ff0, Lion Children's) Lion Hudson PLC GBR. Dist: Baker & Taylor Publisher Services (BTPS).

Easter Story. Karen Williamson. Illus. by Marie Allen. ed. 2022. (ENG.). 72p. (J). 9.99 *(978-1-78128-408-7(3)*, 92618285-ff92-4dc2-9bf9-c44b1d6a2eb8, Candle Bks.) Lion Hudson PLC GBR. Dist: Baker & Taylor Publisher Services (BTPS).

Easter Story: 10 Pack. Juliet David. Illus. by Jo Parry. ed. 2021. (Candle Bible for Kids Ser.). (ENG.). 24p. (J). pap. 34.99 *(978-1-78128-412-4(1)*, b9912aa1-e9df-414c-a90d-87260c2405b8, Candle Bks.) Lion Hudson PLC GBR. Dist: Baker & Taylor Publisher Services (BTPS).

Easter Story: A Bible-Based Activity Book. Corine Hyman & Corine Williams. 2021. (ENG.). 36p. (J). pap. 6.99 *(978-1-948476-05-8(3))* Teaching Christ's Children Publishing.

Easter Story - Pack 10. Lois Rock. Illus. by Alex Ayliffe. ed. 2019. (ENG.). 16p. (J). (gr. -1). pap. 27.99 *(978-0-7459-7827-7(4)*, b2b53632-39bf-4a00-9d4e-613ce381084a, Lion Children's) Lion Hudson PLC GBR. Dist: Baker & Taylor Publisher Services (BTPS).

Easter Story 10 Pack. Juliet David. Illus. by Elina Ellis. ed. 2022. (ENG.). 32p. (J). pap. 33.99 *(978-1-78128-431-5(8)*, 408cfeea-a8bb-40a0-aad4-a50b5514392a, Candle Bks.) Lion Hudson PLC GBR. Dist: Baker & Taylor Publisher Services (BTPS).

Easter Story Sticker Book: 5 Pack. Alex Ayliffe, Lois Rock. Illus. by Alex Ayliffe. ed. 2021. (My Very First Sticker Bks.). (ENG.). 16p. (J). 19.99 *(978-0-7459-7958-8(0)*, 9ddf9e32-b2f1-43c5-ad84-c6d988e95798, Lion Children's) Lion Hudson PLC GBR. Dist: Baker & Taylor Publisher Services (BTPS).

Easter Storybook: 40 Bible Stories Showing Who Jesus Is. Laura Richie. Illus. by Ian Dale. 2020. (Bible Storybook Ser.). (ENG.). 96p. (J). 18.99 *(978-0-8307-7860-7(8)*, 149072) Cook, David C.

Easter Sunday. Jennifer Mary Croy. 2018. (ENG.). 58p. (J). ***(978-1-387-69051-0(5))*** Lulu Pr., Inc.

Easter Super Activity Book: Preschool Kindergarten Activities, Fun Activities for Kids Ages 2-5, Easter Gift, Easter Symbols, Connect the Dots, Coloring by Numbers, Mazes, Find Differences, Trace & Color, Match Shadows & More. Axinte. 2022. (ENG.). 42p. (J). pap. 14.99 *(978-1-956555-44-8(7))* ATS Publish.

Easter Surprise. Wes Adams. 2019. (Pout-Pout Fish 8x8 Bks). (ENG.). 24p. (J). (gr. k-1). 14.96 *(978-1-64310-985-5(5))* Penworthy Co., LLC, The.

Easter Surprise. Jennifer Churchman & John Churchman. (Sweet Pea & Friends Ser.: 5). (ENG., Illus.). (J). (gr. -1 — 1). 2020. 22p. bds. 8.99 *(978-0-316-53822-0(1))*; 2019. 40p. 17.99 *(978-0-316-41166-0(3))* Little, Brown Bks. for Young Readers.

Easter Surprise! Adapted by Tina Gallo. 2023. (CoComelon Ser.). (ENG.). 14p. (J). (gr. -1-k). bds. 7.99 *(978-1-6659-2534-1(5)*, Simon Spotlight) Simon Spotlight.

Easter Surprise (Peppa Pig) Scholastic. Illus. by EOne. 2017. (ENG.). 10p. (J). (gr. -1-k). bds. 7.99 *(978-1-338-21028-6(9))* Scholastic, Inc.

Easter Tales. Created by Highlights. 2019. (Highlights Hidden Pictures Silly Sticker Stories Ser.). (ENG.). 48p. (J). (gr. 1-4). pap. 5.99 *(978-1-62979-928-5(9)*, Highlights) Highlights Pr., c/o Highlights for Children, Inc.

Easter the Bunny. Joni Arlan. Illus. by Valeria Zater. 2018. (ENG.). 22p. (J). pap. 10.99 *(978-1-5456-5352-4(6)*, Mill City Press, Inc) Salem Author Services.

Easter the Snake. Bridget & Dalton. 2021. (ENG., Illus.). 28p. (J). 23.95 *(978-1-63860-326-9(X))*; pap. 13.95 *(978-1-63710-930-4(X))* Fulton Bks.

Easter Traditions Around the World. M. J. Cosson. Illus. by Elisa Chavarri. 2021. (Traditions Around the World Ser.). (ENG.). 32p. (J). (gr. k-3). lib. bdg. 35.64 *(978-1-5038-5015-6(3)*, 214863) Child's World, Inc, The.

Easter Witch. D. Melhoff. 2019. (ENG.). 52p. (J). pap. *(978-1-9995486-0-5(4))* Bellwoods Publishing.

Easterly. Shawna Romkey. 2019. (ENG.). 190p. (J). pap. *(978-1-7752478-1-4(3))* LoGreco, Bruno.

Eastern Bluebirds. Julie Murray. 2021. (State Birds Ser.). (ENG., Illus.). 24p. (J). (gr. -1-2). lib. bdg. 31.36 *(978-1-0982-0715-1(7)*, 37835, Abdo Kids) ABDO Publishing Co.

Eastern Chipmunks. Chris Bowman. 2016. (North American Animals Ser.). (ENG., Illus.). 24p. (J). (gr. k-3). lib. bdg. 26.95 *(978-1-62617-335-4(4)*, Blastoff! Readers) Bellwether Media.

Eastern England, Vol. 2 Of 2: From the Thames to the Humber (Classic Reprint) Walter White. (ENG., Illus.). (J). 2018. 336p. 30.85 *(978-0-365-50916-5(7))*; 2017. pap. 13.57 *(978-0-282-29333-8(7))* Forgotten Bks.

Eastern Gray Squirrels Invade European Habitats. Susan H. Gray. 2021. (21st Century Junior Library: Invasive Species Science: Tracking & Controlling Ser.). (ENG., Illus.). 24p. (J). (gr. 2-5). pap. 12.79 *(978-1-5341-8845-7(2)*, 219115); lib. bdg. 30.64 *(978-1-5341-8705-4(7)*, 219114) Cherry Lake Publishing.

Eastern Pilgrims: The Travels of Three Ladies (Classic Reprint) Agnes Smith Lewis Agnes Smith. 2017. (ENG., Illus.). (J). 31.14 *(978-0-331-89345-8(2))*; pap. 13.57 *(978-0-259-99766-5(8))* Forgotten Bks.

Eastern Seashore Life: An Introduction to Familiar Species. James Kavanagh & Waterford Press Staff. Illus. by Raymond Leung. rev. ed. 2017. (Wildlife & Nature Identification Ser.). (ENG.). 12p. 7.95 *(978-1-58355-070-0(4))* Waterford Pr., Inc.

Eastern Tales (Classic Reprint) Valentine. 2018. (ENG., Illus.). 566p. (J). 35.57 *(978-0-267-45543-0(7))* Forgotten Bks.

Eastern Voyage, 1910, Vol. 2: A Journal of the the Travels of Count Fritz Hochberg Through the British Empire in the East & Japan (Classic Reprint) Friedrich Maximilian Hochberg. 2017. (ENG., Illus.). (J). 32.83 *(978-0-331-57588-0(4))* Forgotten Bks.

Eastern Voyage, Vol. 1: A Journal of the the Travels of Count Fritz Hochberg Through the British Empire in the East & Japan (Classic Reprint) Friedrich Maximilian Hochberg. 2017. (ENG., Illus.). 398p. (J). 32.13 *(978-0-331-55690-2(1))* Forgotten Bks.

Eastern White Pine. Scix Maddix. (ENG.). (YA). 2022. 238p. pap. 16.00 ***(978-1-387-91422-7(7))***; 2021. 250p. pap. 14.99 *(978-1-329-73413-5(0))* Lulu Pr., Inc.

Eastford: Or, Household Sketches (Classic Reprint) Wesley Brooke. 2018. (ENG., Illus.). 336p. (J). 30.83 *(978-0-483-85632-5(0))* Forgotten Bks.

Easton, What Do You See? Char Nair-Gafur. 2020. (ENG.). 28p. (J). *(978-1-5255-9094-8(4))*; pap. *(978-1-5255-9093-1(6))* FriesenPress.

Eastover Court House: A Novel (Classic Reprint) Henry Burnham Boone. 2018. (ENG., Illus.). 322p. (J). 30.56 *(978-0-483-85321-8(6))* Forgotten Bks.

Eastside Extra (Set Of 4) Anita Storey. Illus. by Nathalie Ortega. 2022. (Eastside Extra Ser.). (ENG.). (J). (gr. 3-4). pap. 35.96 *(978-1-63163-640-0(5))*; lib. bdg. 108.52 *(978-1-63163-639-4(1))* North Star Editions. (Jolly Fish Pr.).

Eastside Story. Thedford. 2022. (ENG.). 206p. (YA). 37.99 ***(978-1-0880-6289-0(X))*** New World Pr., Inc.

Eastward, Ho! or Adventures at Rangeley Lakes: Containing the Amusing Experience & Startling Incidents Connected with a Trip of a Party of Boston Boys to the Wilds of Maine; a Story Founded on Fact (Classic Reprint) Charles Alden John Farrar. (ENG., Illus.). (J). 2018. 380p. 31.75 *(978-0-666-52423-2(8))*; 2017. pap. 16.57 *(978-0-259-48453-0(9))* Forgotten Bks.

Eastward, or a Buddhist Lover: A Novel (Classic Reprint) Lucy Klinck Rice Hosea. 2018. (ENG., Illus.). 286p. (J). 29.82 *(978-0-483-62053-7(X))* Forgotten Bks.

Eastward to the Land of the Morning (Classic Reprint) M. Shoemaker. 2018. (ENG., Illus.). 276p. (J). 29.61 *(978-0-483-26996-5(4))* Forgotten Bks.

Eastwards, or Realities of Indian Life. C. P. A. Oman. 2016. (ENG.). 308p. (J). pap. *(978-3-7433-8516-0(3))* Creation Pubs.

Eastwards, or Realities of Indian Life (Classic Reprint) C. P. A. Oman. 2017. (ENG., Illus.). (J). 30.29 *(978-0-331-36764-5(5))* Forgotten Bks.

Easy 8: A Bull's View. Carrolyn Foster. 2017. (ENG., Illus.). (J). (gr. k-3). pap. 11.99 *(978-1-942451-72-3(5))* Yorkshire Publishing Group.

Easy 8: The Big Event. Carrolyn Foster. 2017. (ENG., Illus.). (J). pap. 9.99 *(978-1-942451-71-6(7))* Yorkshire Publishing Group.

Easy Activity Book for 4 Year Old Basic Concepts for Children. Educando Kids. 2019. (ENG.). 42p. (J). pap. 8.55 *(978-1-64521-705-3(1)*, Educando Kids) Editorial Imagen.

Easy Addition Exercises for Beginner Students - Math Books for Grade 1 Children's Math Books. Baby Professor. 2017. (ENG., Illus.). (J). pap. 9.55 *(978-1-5419-2624-0(2)*, Baby Professor (Education Kids)) Speedy Publishing LLC.

Easy & FUN Activity Book for Children Celebrating Valentines Day: Featuring Mazes, Word Search, Odd One Out, & More. over 50 Activities with a Valentines Day Theme. Moon Lake Books. 2022. (ENG.). 68p. (J). pap. 8.99 *(978-1-716-04419-9(7))* Lulu Pr., Inc.

Easy & Fun Hidden Picture Activity Book. Activibooks For Kids. 2016. (ENG., Illus.). (J). pap. 7.55 *(978-1-68321-329-1(7))* Mimaxion.

Easy & Fun Paint Magic with Water: Animals. Clorophyl Editions. 2022. (ENG., Illus.). 24p. (J). pap. 7.99 *(978-1-64124-172-4(1)*, 1724) Fox Chapel Publishing Co., Inc.

Easy & Fun Paint Magic with Water: Dinosaurs. Clorophyl Editions. 2022. (ENG., Illus.). 24p. (J). pap. 7.99 *(978-1-64124-173-1(X)*, 1731) Fox Chapel Publishing Co., Inc.

Easy & Fun Paint Magic with Water: Fairies & Friends. Clorophyl Editions. 2022. (ENG., Illus.). 24p. (J). pap. 7.99

(978-1-64124-174-8(8), 1748) Fox Chapel Publishing Co., Inc.

Easy & Fun Paint Magic with Water: Unicorns & Friends. Clorophyl Editions. 2022. (ENG., Illus.). 24p. (J). pap. 7.99 *(978-1-64124-175-5(6)*, 1755U) Fox Chapel Publishing Co., Inc.

Easy & Simple Workbook - Multiplication & Division for Kids. Pfiffikus. 2016. (ENG., Illus.). (J). pap. 10.81 *(978-1-68377-679-6(8))* Whlke, Traudl.

Easy Animal Mazes for Preschoolers: Pre K Activity Book. Jupiter Kids. 2016. (ENG., Illus.). 76p. (J). pap. 13.75 *(978-1-68305-394-1(X)*, Jupiter Kids (Childrens & Kids Fiction)) Speedy Publishing LLC.

Easy Artwork for Kids: A Dot to Dot Activity Book. Kreative Kids. 2016. (ENG., Illus.). (J). pap. 10.81 *(978-1-68377-131-9(1))* Whlke, Traudl.

Easy As 1-2-3, A-B-C: Alphabets & Numbers Coloring Books for Kids - Coloring Books 3 Years Old Edition. Activibooks For Kids. 2016. (ENG., Illus.). (J). pap. 9.20 *(978-1-68321-119-8(7))* Mimaxion.

Easy As 1-2-3! Numbers Matching Game Activity Book. Activibooks for Kids. 2016. (ENG., Illus.). (J). pap. 7.55 *(978-1-68321-330-7(0))* Mimaxion.

Easy As Pie: Easy Coloring Books. Jupiter Kids. 2016. (ENG., Illus.). 106p. (J). pap. 12.55 *(978-1-68305-197-8(1)*, Jupiter Kids (Childrens & Kids Fiction)) Speedy Publishing LLC.

Easy As uno, Due, Tre. Rose Cocchiara. Illus. by Veronika Hipolito. 2022. (ENG.). 24p. (J). *(978-0-2288-6422-6(4))*; pap. *(978-0-2288-6423-3(2))* Tellwell Talent.

Easy Bake Oven Complete Cookbook: 150 Simple & Delicious Easy Bake Oven Recipes for Girls & Boys. Karen Puente. 2020. (ENG.). 82p. (J). 20.99 *(978-1-953732-27-9(5))* Jason, Michael.

Easy Bake Oven Cookbook: 100+ Cake, Cookies, Frosting, Miscellaneous, & More Easy Bake Oven Recipes for Girls & Boys. Caroline Jansen. 2020. (ENG.). 88p. (J). 23.99 *(978-1-953732-22-4(4))* Jason, Michael.

Easy-Bake Oven: Ronald Howes: Ronald Howes. Jessica Rusick. 2021. (Toy Stories Ser.). (ENG., Illus.). 32p. (J). (gr. 2-5). lib. bdg. 34.21 *(978-1-5321-9710-9(1)*, 38554, Big Buddy Bks.) ABDO Publishing Co.

Easy Bake Ultimate Oven Cookbook: 110+ Amazing & Delicious Recipes for Young Chefs to Learn the Easy Bake Ultimate Oven Baking Basic. April Mays. 2020. (ENG.). 94p. (J). 20.99 *(978-1-80121-974-7(5))* Jason, Michael.

Easy-Chair Memories & Rambling Notes (Classic Reprint) E. Marston. 2018. (ENG., Illus.). 220p. (J). 28.43 *(978-0-267-16549-0(8))* Forgotten Bks.

Easy Connect & Color Activities for Children - Connect the Dot Coloring Books. Jupiter Kids. 2018. (ENG., Illus.). 106p. (J). pap. 12.55 *(978-1-5419-3572-3(1)*, Jupiter Kids (Childrens & Kids Fiction)) Speedy Publishing LLC.

Easy Connect the Dot Puzzles for Kids & Kids-At-Heart. Jupiter Kids. 2017. (ENG., Illus.). (J). pap. 9.20 *(978-1-5419-3404-7(0)*, Jupiter Kids (Childrens & Kids Fiction)) Speedy Publishing LLC.

Easy Connect the Dots & Mazes Activities for Kids - Activities 3 Year Old Edition. Activibooks For Kids. 2016. (ENG., Illus.). (J). pap. 9.25 *(978-1-68321-048-1(4))* Mimaxion.

Easy Connecting the Dots for Children. Kreative Kids. 2016. (ENG., Illus.). (J). pap. 9.20 *(978-1-68377-039-8(0))* Whlke, Traudl.

Easy Dinosaur Math Games-Multiplication & Division for Kids. Pfiffikus. 2016. (ENG., Illus.). (J). pap. 10.81 *(978-1-68377-680-2(1))* Whlke, Traudl.

Easy Dot 2 Dot for Little Children. Kreative Kids. 2016. (ENG., Illus.). (J). pap. 9.20 *(978-1-68377-040-4(4))* Whlke, Traudl.

Easy Eats. Katrina Jorgensen. 2020. (Easy Eats Ser.). (ENG.). 32p. (J). (gr. 3-5). 135.96 *(978-1-4966-8102-7(9)*, 199229, Capstone Pr.) Capstone.

Easy Entertainments for Young People: Containing, the Court of the Year; a Carnival of Sports; the Sniggles Family; Doctor Cure-All; the Courting of Mother Goose; Vice Versa; My Country (Classic Reprint) E. C. Whitney. (ENG., Illus.). (J). 2018. 162p. 27.24 *(978-0-484-40634-5(5))*; 2017. pap. 9.97 *(978-0-243-40383-7(6))* Forgotten Bks.

Easy Experiments in Elementary Science (Yesterday's Classics) Herbert McKay. 2021. (ENG.). 168p. (J). pap. 10.95 *(978-1-63334-147-0(X))* Yesterday's Classics.

Easy for Me Bible Verses. B&H Kids Editorial Staff. 2021. (ENG., Illus.). 24p. (J). (— 1). bds. 8.99 *(978-1-0877-3940-3(3)*, 005831034, B&H Kids) B&H Publishing Group.

Easy French for Children - Coloring & Activity Book: Fun & Easy Activities - Worksheets - Word Searches - Coloring Pages - for Beginners - Ages 6+ Madly Chatterjee. Illus. by Madly Chatterjee. 2023. (ENG.). 62p. (J). pap. 11.99 ***(978-1-9160491-3-0(3))*** Peacock Tree Publishing.

Easy French for Kids. Jason Hill. 2020. (ENG.). 66p. (J). pap. 15.99 ***(978-1-952524-29-5(6))*** Smith Show Media Group.

Easy Games Find the Difference Puzzle Books for Kids. Educando Kids. 2019. (ENG.). 42p. (J). pap. 8.55 *(978-1-64521-654-4(3)*, Educando Kids) Editorial Imagen.

Easy Grid by Grid Exercises: Drawing for Beginners. Jupiter Kids. 2017. (ENG., Illus.). (J). pap. 9.20 *(978-1-5419-3306-4(0)*, Jupiter Kids (Childrens & Kids Fiction)) Speedy Publishing LLC.

Easy Introduction to the Knowledge of Nature, & Reading the Holy Scriptures: Adapted to the Capacities of Children (Classic Reprint) Trimmer. (ENG., Illus.). (J). 2018. 162p. 27.26 *(978-0-267-40340-0(2))*; 2017. pap. 9.97 *(978-0-259-27919-8(6))* Forgotten Bks.

Easy Learning Gaelic Age 5-7: Ideal for Learning at Home (Collins Easy Learning Primary Languages) Collins Easy Learning. 2020. (ENG.). 32p. (J). (gr. k-2). pap. 8.95 *(978-0-00-838943-7(8))* HarperCollins Pubs. Ltd. GBR. Dist: Independent Pubs. Group.

Easy Learning Gaelic Age 7-11: Ideal for Learning at Home (Collins Easy Learning Primary Languages) Collins Easy Learning. 2020. (ENG.). 32p. (J). (gr. 2-4). pap. 8.95 *(978-0-00-838944-4(6))* HarperCollins Pubs. Ltd. GBR. Dist: Independent Pubs. Group.

Easy Learning Mandarin Chinese Age 7-11: Ideal for Learning at Home (Collins Easy Learning Primary Languages) Collins Easy Learning. 2020. (ENG.). 32p. (J). (gr. 2-4). pap. 8.95 *(978-0-00-838945-1(4))* HarperCollins Pubs. Ltd. GBR. Dist: Independent Pubs. Group.

Easy Lessons in Popular Science: And Hand-Book to Pictorial Chart. James Monteith. 2017. (ENG., Illus.). (J). pap. *(978-0-649-56741-6(2))* Trieste Publishing Pty Ltd.

Easy Lessons in Reading: For the Use of the Younger Classes in Common Schools (Classic Reprint) Joshua Leavitt. (ENG., Illus.). (J). 2018. 156p. 27.11 *(978-0-332-88583-4(6))*; 2017. pap. 9.57 *(978-0-259-20556-2(7))* Forgotten Bks.

Easy Lessons in Reading: With an English & Marathee Vocabulary (Classic Reprint) Unknown Author. 2018. (ENG., Illus.). (J). 316p. 30.43 *(978-0-484-44567-2(7))*; 298p. 30.06 *(978-0-483-28438-8(6))* Forgotten Bks.

Easy Mandala Coloring Book: Mandala Coloring for Kids Edition. Activibooks For Kids. 2016. (ENG., Illus.). (J). pap. 9.20 *(978-1-68321-033-7(6))* Mimaxion.

Easy Mandala Coloring Book for Adults: Awesome Adult Coloring Book Stress Relieving. Elli Steele. 2021. (ENG.). 106p. (YA). pap. 10.33 *(978-1-716-23856-7(0))* Lulu Pr., Inc.

Easy Mandala Relaxation Coloring Book. Bobo's Adult Activity Books. 2016. (ENG., Illus.). (J). pap. 9.33 *(978-1-68327-498-8(9))* Sunshine In My Soul Publishing.

Easy Mandalas for Relaxation Coloring Book. Smarter Activity Books. 2016. (ENG., Illus.). (J). pap. 9.22 *(978-1-68374-431-3(4))* Examined Solutions PTE. Ltd.

Easy Math & Logic - Sudoku for Kids. Senor Sudoku. 2019. (ENG.). 78p. (J). pap. 10.99 *(978-1-64521-400-7(1))* Editorial Imagen.

Easy Math Exercises for Kids Age 10: Color by Number & Color by Sum Activity Books Bundle, 2 vols. Speedy Publishing Books. 2019. (ENG.). 212p. (J). pap. 19.99 *(978-1-5419-7267-4(8))* Speedy Publishing LLC.

Easy Maze for Kids from 3 Years - Part3. Attilaslov Maze. 2021. (ENG.). 202p. (J). pap. 13.99 *(978-0-927192-34-7(9))* Findaway World, LLC.

Easy Maze for Kids from 3 Years - Part4. Attilaslov Maze. 2021. (ENG.). 202p. (J). pap. 13.99 *(978-0-06-847400-5(8))* Findaway World, LLC.

Easy Mazes & Spot the Difference Activities Book - Activity 1 Year Old Edition. Activibooks For Kids. 2016. (ENG., Illus.). (J). pap. 9.25 *(978-1-68321-040-5(9))* Mimaxion.

Easy Mazes for Absolute Beginners Activity Book. Activity Attic Books. 2016. (ENG., Illus.). (J). pap. 7.74 *(978-1-68323-329-9(8))* Twin Flame Productions.

Easy Mazes for Hard-To-Please Players: Activity Book Elementary. Speedy Kids. 2017. (ENG., Illus.). 106p. (J). pap. 9.20 *(978-1-5419-3356-9(7))* Speedy Publishing LLC.

Easy Mazes for Kids - Mazes Preschool Activity Zone Ages 3-5 Edition. Creative Playbooks. 2016. (ENG., Illus.). (J). pap. 7.74 *(978-1-68323-128-8(7))* Twin Flame Productions.

Easy Mermaid Coloring Book for Kids: (Ages 4-8) with Unique Coloring Pages! Engage Books. 2020. (ENG.). 80p. (J). pap. *(978-1-77476-003-1(7))* AD Classic.

Easy Origami, 6 vols., Set. Christopher L. Harbo. Incl. Easy Animal Origami. 2010. lib. bdg. 25.99 *(978-1-4296-5384-8(1)*, 113810); Easy Magician Origami. 2011. lib. bdg. 25.99 *(978-1-4296-6000-6(7)*, 114937); Easy Ocean Origami. 2010. lib. bdg. 25.99 *(978-1-4296-5385-5(X)*, 113811); Easy Origami Toys. 2010. lib. bdg. 25.99 *(978-1-4296-5386-2(8)*, 113812); Easy Space Origami. 2011. lib. bdg. 25.99 *(978-1-4296-6001-3(5)*, 114938); (J). (gr. 1-3). (Easy Origami Ser.). (ENG.). 24p. 2011. 167.94 *(978-1-4296-6137-9(2)*, 15999, Capstone Pr.) Capstone.

Easy Origami Animals 4D: An Augmented Reading Paper Folding Experience. John Montroll. 2018. (Easy Origami Animals 4D Ser.). (ENG.). 32p. (J). (gr. 3-5). 135.96 *(978-1-5435-1316-5(6)*, 27947, Capstone Classroom) Capstone.

Easy Origami Decorations: An Augmented Reality Crafting Experience. Christopher Harbo. 2017. (Origami Crafting 4D Ser.). (ENG., Illus.). 24p. (J). (gr. 1-3). lib. bdg. 30.65 *(978-1-5157-3585-4(0)*, 133585, Capstone Pr.) Capstone.

Easy Origami Greeting Cards: An Augmented Reality Crafting Experience. Christopher Harbo. 2017. (Origami Crafting 4D Ser.). (ENG., Illus.). 24p. (J). (gr. 1-3). lib. bdg. 30.65 *(978-1-5157-3587-8(7)*, 133587, Capstone Pr.) Capstone.

Easy Origami Jungle Animals: 4D an Augmented Reading Paper Folding Experience. John Montroll. 2018. (Easy Origami Animals 4D Ser.). (ENG., Illus.). 32p. (J). (gr. 3-5). lib. bdg. 33.99 *(978-1-5435-1306-6(9)*, 137752, Capstone Pr.) Capstone.

Easy Origami Ornaments: An Augmented Reality Crafting Experience. Christopher Harbo. 2017. (Origami Crafting 4D Ser.). (ENG., Illus.). 24p. (J). (gr. 1-3). lib. bdg. 30.65 *(978-1-5157-3586-1(9)*, 133586, Capstone Pr.) Capstone.

Easy Origami Polar Animals: 4D an Augmented Reading Paper Folding Experience. John Montroll. 2018. (Easy Origami Animals 4D Ser.). (ENG., Illus.). 32p. (J). (gr. 3-5). lib. bdg. 33.99 *(978-1-5435-1304-2(2)*, 137750, Capstone Pr.) Capstone.

Easy Origami Woodland Animals: 4D an Augmented Reading Paper Folding Experience. John Montroll. 2018. (Easy Origami Animals 4D Ser.). (ENG., Illus.). 32p. (J). (gr. 3-5). lib. bdg. 33.99 *(978-1-5435-1305-9(0)*, 137751, Capstone Pr.) Capstone.

Easy Out. Steven Sandor. 2020. (Lorimer Sports Stories Ser.). (ENG.). 160p. (J). (gr. 5-8). pap. 9.95 *(978-1-4594-1488-4(8)*, 19d6a943-6159-4f75-b103-caddbabcb7e5) James Lorimer & Co. Ltd., Pubs. CAN. Dist: Lerner Publishing Group.

Easy Part of Impossible. Sarah Tomp. (ENG.). 352p. (YA). (gr. 9). 2021. pap. 10.99 *(978-0-06-289829-6(9)*, Quill Tree Bks.); 2020. 17.99 *(978-0-06-289828-9(0)*, HarperTeen) HarperCollins Pubs.

Easy Peasy. Ky Garvey. Illus. by Amy Calautti. 2023. (ENG.). 32p. (J). (gr. 4-8). 19.99 *(978-1-922539-44-1(9)*, EK Bks.) Exisle Publishing Pty Ltd. AUS. Dist: Two Rivers Distribution.

Easy Peasy: Gardening for Kids. Kirsten Bradley. Ed. by Little Little Gestalten. Illus. by Aitch. 2019. (ENG.). 56p. 19.95 *(978-3-89955-824-1(3))* Die Gestalten Verlag DEU. Dist: Ingram Publisher Services.

Easy Peasy! Real Cooking for Kids. Mary Contini & Pru Irvine. 2018. (ENG., Illus.). 144p. pap. 18.95 *(978-1-78027-528-4(5)*, BC Bks.) Birlinn, Ltd. GBR. Dist: Casemate Pubs. & Bk. Distributors, LLC.

Easy Peasy: When You Know. L. F. Radley. 2019. (ENG., Illus.). 260p. (YA). pap. 16.95 *(978-0-9585487-6-2(5))* Booklocker.com, Inc.

Easy Peasy: When You Know. L. F. Radley. 2017. (ENG., Illus.). (J). pap. *(978-0-9585487-8-6(1))* Creative 30 Publishing.

Easy-Peasy! Mazes Book for Children Ages 3-5. Speedy Kids. 2017. (ENG., Illus.). (J). pap. 9.20 *(978-1-5419-3333-0(8))* Speedy Publishing LLC.

Easy Phrases in the Canton Dialect of the Chinese Language (Classic Reprint) Donald Bruce. 2017. (ENG., Illus.). (J). 27.26 *(978-0-331-79064-1(5))*; pap. 9.97 *(978-0-259-50767-3(9))* Forgotten Bks.

Easy Plays for Lincoln's Birthday (Classic Reprint) Theodore Johnson. (ENG., Illus.). (J). 2018. 136p. 26.70 *(978-0-365-39689-5(3))*; 2017. pap. 9.57 *(978-0-259-89680-7(2))* Forgotten Bks.

Easy Prey. Catherine Lo. 2018. (ENG.). 352p. (gr. 9-17). 17.99 *(978-1-4197-3190-7(4)*, 1247601, Amulet Bks.) Abrams, Inc.

Easy Primer (Classic Reprint) Geoffrey Buckwalter. 2017. (ENG., Illus.). (J). 116p. 26.29 *(978-0-332-23036-8(8))*; pap. 9.57 *(978-0-259-77861-5(3))* Forgotten Bks.

Easy Primer (Classic Reprint) Sarah C. Richards. 2018. (ENG., Illus.). 132p. (J). 26.62 *(978-0-332-96737-0(9))* Forgotten Bks.

Easy Projects for Kids (Paper Town - Create Your Own Town Using 20 Templates) 20 Full-Color Kindergarten Cut & Paste Activity Sheets Designed to Create Your Own Paper Houses. the Price of This Book Includes 12 Printable PDF Kindergarten Workbooks. James Manning & Christabelle Manning. 2019. (Easy Projects for Kids Ser.: Vol. 46). (ENG., Illus.). 42p. (J). (gr. 4-6). pap. *(978-1-83897-941-6(7))* West Suffolk CBT Service Ltd., The.

Easy Read Adventure Stories - Sight Words for Kids. Baby Professor. 2017. (ENG., Illus.). (J). pap. 7.89 *(978-1-5419-0450-7(8)*, Baby Professor (Education Kids)) Speedy Publishing LLC.

Easy Read, Easy Learn German Language Book for Kids - Children's Foreign Language Books. Baby Professor. 2018. (ENG., Illus.). 64p. (J). pap. 12.99 *(978-1-5419-3021-6(5)*, Baby Professor (Education Kids)) Speedy Publishing LLC.

Easy Reader, or Introduction to the National Preceptor: Consisting of Familiar & Progressive Lessons, Designed to Aid in Thinking, Spelling, Defining, & Correct Reading (Classic Reprint) J. Olney. 2017. (ENG., Illus.). (J). 26.95 *(978-0-265-65727-0(X))*; 150p. pap. 9.57 *(978-1-5276-1460-4(3))* Forgotten Bks.

Easy Rhymes for Children from Five to Ten Years of Age: With Eight Engravings (Classic Reprint) Unknown Author. (ENG., Illus.). (J). 2018. 110p. 26.17 *(978-0-267-73235-7(X))*; 2016. pap. 9.57 *(978-1-334-16573-3(4))* Forgotten Bks.

Easy Road to Reading: Primer (Classic Reprint) Carrie Josephine Smith. 2017. (ENG., Illus.). (J). pap. 9.57 *(978-0-259-92893-5(3))* Forgotten Bks.

Easy Road to Reading: Third Reader (Classic Reprint) Carrie Josephine Smith. 2018. (ENG., Illus.). 328p. (J). 30.64 *(978-0-332-11033-2(8))* Forgotten Bks.

Easy Road to Reading Second Reader (Classic Reprint) Carrie Josephine Smith. (ENG., Illus.). (J). 2018. 200p. 28.02 *(978-0-365-35096-5(6))*; 2017. pap. 10.57 *(978-0-259-39006-0(2))* Forgotten Bks.

Easy Space Definitions Astronomy Picture Book for Kids Astronomy & Space Science. Baby Professor. 2017. (ENG., Illus.). (J). pap. 9.25 *(978-1-5419-0515-3(6)*, Baby Professor (Education Kids)) Speedy Publishing LLC.

Easy Spanish for Kids - Language Book 4th Grade Children's Foreign Language Books. Baby Professor. 2018. (ENG., Illus.). 64p. (J). pap. 12.99 *(978-1-5419-2982-1(9)*, Baby Professor (Education Kids)) Speedy Publishing LLC.

Easy Spanish Phrases for Kids Children's Learn Spanish Books. Baby Professor. 2017. (ENG., Illus.). (J). pap. 7.89 *(978-1-5419-0244-2(0)*, Baby Professor (Education Kids)) Speedy Publishing LLC.

Easy Star Lessons. Richard Anthony Proctor. 2017. (ENG.). 244p. (J). pap. *(978-3-337-04167-0(1))* Creation Pubs.

Easy Steps (Classic Reprint) Christian Brothers. (ENG., Illus.). (J). 2018. 116p. 26.29 *(978-0-484-72072-4(4))*; 2016. pap. 9.57 *(978-1-334-13432-6(4))* Forgotten Bks.

Easy Stories (Classic Reprint) Elizabeth A. Turner. (ENG., Illus.). (J). 2018. 190p. 27.82 *(978-0-483-70335-3(4))*; 2017. pap. 10.57 *(978-0-243-40044-7(6))* Forgotten Bks.

Easy Street. Jeff Ross. 2020. (Orca Soundings Ser.). (ENG.). 128p. (YA). (gr. 8-12). pap. 9.95 *(978-1-4598-2401-0(6))* Orca Bk. Pubs. USA.

Easy Sudoku Puzzle Book (16x16) (6x9 Puzzle Book / Activity Book) Sheba Blake. 2021. (ENG.). 106p. (YA). pap. 9.99 *(978-1-222-29069-1(3))* Indy Pub.

Easy Sudoku Puzzle Book (16x16) (8x10 Puzzle Book / Activity Book) Sheba Blake. 2021. (ENG.). 106p. (YA). pap. 14.99 *(978-1-222-29070-7(7))* Indy Pub.

Easy Target. Tim Shoemaker. 2021. (ENG.). 416p. (YA). pap. 15.99 *(978-1-64607-019-0(4)*, 20_34991) Focus on the Family Publishing.

Easy to Difficult Maze Puzzles, Adult Activity Book. D. Brewer. 2021. (ENG.). 158p. (YA). pap. *(978-1-300-22644-4(7))* Lulu Pr., Inc.

Easy to Do Mandala Coloring Book for Teens. Educando Kids. 2019. (ENG.). 42p. (J). pap. 6.99 *(978-1-64521-032-0(4)*, Educando Kids) Editorial Imagen.

Easy to Follow How to Draw Insects for Kids. Educando Kids. 2019. (ENG.). 42p. (J). pap. 8.55 *(978-1-64521-624-7(1)*, Educando Kids) Editorial Imagen.

Easy-To-Follow Lesson on Heat & Light Energy Books for Kids Grade 3 Children's Physics Books. Baby Professor. 2021. (ENG.). 72p. (J). 27.99 *(978-1-5419-7293-3(7))*; pap. 16.99 *(978-1-5419-5897-5(7))* Speedy Publishing LLC. (Baby Professor (Education Kids)).

Easy to Follow Mazes for You — an Activity Book for Young Children. Kreative Kids. 2016. (ENG., Illus.). (J). pap. 10.81 *(978-1-68377-132-6(X))* Whlke, Traudl.

Easy to Follow Steps on Drawing Manga Activity Book. Creative Playbooks. 2016. (ENG., Illus.). (J). pap. 7.74 *(978-1-68323-330-5(1))* Twin Flame Productions.

Easy to Hard 6x6 Sudoku for Teens. Porto O'Karolyn. 2020. (ENG.). 72p. (YA). pap. 6.99 *(978-1-716-36781-6(6))* Lulu Pr., Inc.

Easy to Intermediate Grid Copy Activities: Drawing Book for Kids. Jupiter Kids. 2017. (ENG., Illus.). (J). pap. 9.20 *(978-1-5419-3339-2(7)*, Jupiter Kids (Childrens & Kids Fiction)) Speedy Publishing LLC.

Easy to Intermediate Spelling Practice Workbook - Writing Books for Kids Children's Reading & Writing Books. Baby Professor. 2017. (ENG., Illus.). (J). pap. 9.55 *(978-1-5419-2812-1(1)*, Baby Professor (Education Kids)) Speedy Publishing LLC.

Easy to Intermediate Word Scrabble Activity Book 3rd Grade. Jupiter Kids. 2018. (ENG., Illus.). 106p. (J). pap. 12.55 *(978-1-5419-3729-1(5)*, Jupiter Kids (Childrens & Kids Fiction)) Speedy Publishing LLC.

Easy-To-Read Facts of Religious Holidays Celebrated Around the World - Holiday Books for Children Children's Holiday Books. Baby Professor. 2017. (ENG., Illus.). (J). pap. 8.79 *(978-1-5419-1053-9(2)*, Baby Professor (Education Kids)) Speedy Publishing LLC.

Easy Virtue: A Play in Three Acts (Classic Reprint) Noel Coward. 2018. (ENG., Illus.). (J). 296p. 30.00 *(978-1-396-74646-8(3))*; 298p. pap. 13.57 *(978-1-391-98902-0(3))* Forgotten Bks.

Easy Way to Draw Beautiful Horses Activity Book. Kreative Kids. 2016. (ENG., Illus.). (J). pap. 9.20 *(978-1-68377-041-1(2))* Whlke, Traudl.

Easy Wood Carving for Children: Fun Whittling Projects for Adventurous Kids, 36 vols. Frank Egholm. Tr. by Anna Cardwell. 2018. Orig. Title: Das Große Buch Vom Schnitzen. (ENG., Illus.). 128p. pap. 14.95 *(978-1-78250-515-0(6))* Floris Bks. GBR. Dist: Consortium Bk. Sales & Distribution.

Easy Word Problems for Multiplication & Division for Kids. Pfiffikus. 2016. (ENG., Illus.). (J). pap. 10.81 *(978-1-68377-683-3(6))* Whlke, Traudl.

Eat - Amwarake (Te Kiribati) Amani Uduman. Illus. by Graham Evans. 2022. (MIS.). 28p. (J). pap. ***(978-1-922918-16-1(4))*** Library For All Limited.

Eat / Comer: A Board Book about Mealtime/un Libro de Carton Sobre la Hora de la Comida. Elizabeth Verdick & Marjorie Lisovskis. 2021. (Happy Healthy Baby(r) Ser.). (ENG., Illus.). 24p. (J). (— 1). bds. 7.99 *(978-1-63198-646-8(5)*, 86468) Free Spirit Publishing Inc.

Eat, & Love Yourself. Sweeney Boo. 2020. (ENG., Illus.). 160p. (YA). pap. 14.99 *(978-1-68415-506-4(1))* BOOM! Studios.

Eat at Grandma's? Kids Review a New Restaurant. Layla Matthews et al. 2017. (Text Connections Guided Close Reading Ser.). (J). (gr. 2). *(978-1-4900-1860-7(3))* Benchmark Education Co.

Eat, Eat, Eat! Cheese, Cheese, Cheese! T. C. Bartlett. Illus. by T. C. Bartlett. 2023. (ENG.). 48p. (J). 19.99 ***(978-1-7339086-5-8(X))*** Over The Edge Studios.

Eat 'em Ups Apples. Gail Tuchman. Illus. by Kathy Voerg. 2019. (ENG.). 12p. (J). (gr. -1-1). pap. 7.99 *(978-0-486-82508-3(6)*, 825086) Dover Pubns., Inc.

Eat 'em Ups Bananas. Gail Tuchman. Illus. by Kathy Voerg. 2019. (ENG.). 12p. (J). (gr. -1-1). pap. 7.99 *(978-0-486-82511-3(6)*, 825116) Dover Pubns., Inc.

Eat God's Food: A Kid's Guide to Healthy Eating. Susan U. Neal. Illus. by Courtney Smith. 2021. (ENG.). 58p. (J). 24.99 *(978-1-64949-290-6(1))*; pap. 12.99 *(978-1-64949-291-3(X))* Elk Lake Publishing, Inc.

Eat God's Food: Kids Activity Guide to Healthy Eating. Susan U. Neal. Illus. by Courtney Smith. 2021. (ENG.). 58p. (J). pap. 12.99 *(978-1-64949-289-0(8))* Elk Lake Publishing, Inc.

Eat Healthy, Eat Fit, Eat Fun! Journal Meal Planner. @ Journals and Notebooks. 2016. (ENG., Illus.). 106p. (YA). pap. 12.25 *(978-1-68326-548-1(3))* Speedy Publishing LLC.

Eat Healthy Foods! Katie Marsico. Illus. by Jeff Bane. 2019. (My Early Library: My Healthy Habits Ser.). (ENG.). 24p. (J). (gr. k-1). pap. 12.79 *(978-1-5341-3934-3(6)*, 212565); lib. bdg. 30.64 *(978-1-5341-4278-7(9)*, 212564) Cherry Lake Publishing.

Eat Healthy, Stay Active, Have Fun! Wellness Guide & Activity Workbook. Shawna Doyle. 2018. (Designer Discipline, Wellness Sketch(tm) Ser.: Vol. 100). (ENG., Illus.). 54p. (J). (gr. k-4). pap. 14.99 *(978-0-692-09750-2(3))* Designer Discipline.

Eat in Moderation - Kauareerekea Kanakiia (Te Kiribati) Teani K. Illus. by John Maynard Balinggao. 2022. (MIS.). 28p. (J). pap. ***(978-1-922895-92-9(X))*** Library For All Limited.

Eat Like a Bird. Jackie A. Forrey. Illus. by Lori D. Jolliffe & Robby Medina. 2020. (ENG.). 32p. (J). pap. 12.99 *(978-1-0879-1588-3(0))* Indy Pub.

Eat Me, Drink Me! Katie Woolley. 2021. (QEB Essentials Let's Read Ser.). (ENG., Illus.). 24p. (J). (gr. -1 — 1). lib. bdg. 27.99 *(978-0-7112-4424-5(3)*, bd199665-9908-4ee5-b78d-cec103bcc8b8) QEB Publishing Inc.

Eat Not Thy Heart. Julien Gordon. 2017. (ENG.). 352p. (J). pap. *(978-3-7446-6614-5(X))* Creation Pubs.

Eat Not Thy Heart (Classic Reprint) Julien Gordon. 2018. (ENG., Illus.). 350p. (J). 31.14 *(978-0-484-55129-8(9))* Forgotten Bks.

Eat Pete. Michael Rex. Illus. by Michael Rex. 2018. (Illus.). 32p. (J). (-k). 17.99 *(978-1-5247-3880-8(8)*, Nancy Paulsen Books) Penguin Young Readers Group.

566

The check digit for ISBN-10 appears in parentheses after the full ISBN-13

Eat, Prey, Blood. Elizabeth Russell. 2018. (ENG., Illus.). 252p. (YA). (gr. 9-12). pap. 14.95 *(978-1-7323362-1-6(0))*; pap. 14.95 *(978-1-943258-70-3(8))* Warren Publishing, Inc.

Eat Right: Take a Bite. Agnes De Bezenac & Salem De Bezenac. Illus. by Agnes De Bezenac. 2017. (Eat Right Ser.). (ENG., Illus.). (J). (gr. k-2). 18.95 *(978-1-63474-073-9(4))*; pap. 11.95 *(978-1-63474-074-6(2))* iCharacter.org. (Kidible).

Eat Rutabagas. Jerry Apps. 2016. (ENG., Illus.). 28p. (J). (gr. 1-6). 10.00 *(978-1-930596-08-5(1))* Guest Cottage, Incorporated, The.

Eat, Sleep, Quiz, Rinse, Repeat. Rachel McMahon. 2021. (Ultimate Quick Quizzes Ser.). (Illus.). 64p. (J). (gr. 3-7). 6.99 *(978-0-593-22564-6(3)*, Penguin Workshop) Penguin Young Readers Group.

Eat Smart! Meal Planner & Grocery List Journal. @ Journals and Notebooks. 2016. (ENG., Illus.). 106p. (YA). pap. 12.25 *(978-1-68326-545-0(9))* Speedy Publishing LLC.

Eat the Sky, Drink the Ocean. Ed. by Kirsty Murray et al. 2018. (ENG., Illus.). 240p. (YA). (gr. 9). pap. 11.99 *(978-1-4814-7058-2(2)*, McElderry, Margaret K. Bks.) McElderry, Margaret K. Bks.

Eat This! How Fast Food Marketing Gets You to Buy Junk (and How to Fight Back), 1 vol. Andrea Curtis. Illus. by Peggy Collins. 2018. (ENG.). 40p. (J). (gr. 5-12). pap. 16.95 *(978-0-88995-532-5(8)*, 19479690-5878-4db4-b1cc-60245e73e16d) Trifolium Bks., Inc. CAN. Dist: Firefly Bks., Ltd.

Eat Together. Miguel Ordonez. Illus. by Miguel Ordonez. 2022. (Illus.). 32p. (J). (— 1). bds. 9.99 *(978-0-593-38480-0(6))* Penguin Young Readers Group.

Eat Up! An Infographic Exploration of Food. Paula Ayer & Antonia Banyard. Illus. by Belle Wuthrich. 2017. (Visual Exploration Ser.). (ENG.). 72p. (gr. 3-7). 22.95 *(978-1-55451-884-5(9))* Annick Pr., Ltd. CAN. Dist: Publishers Group West (PGW).

Eat Up! An Inforgraphic Exploration of Food. Paula Ayer & Antonia Banyard. Illus. by Belle Wuthrich. 2017. (Visual Exploration Ser.). (ENG.). 72p. (gr. 3-7). pap. 12.95 *(978-1-55451-883-8(0))* Annick Pr., Ltd. CAN. Dist: Publishers Group West (PGW).

Eat Your Colors (Rookie Toddler) Amanda Miller. 2016. (Rookie Toddler Ser.). (ENG., Illus.). 14p. (J). (gr. -1 — 1). bds. 6.95 *(978-0-531-22619-3(0)*, Children's Pr.) Scholastic Library Publishing.

Eat Your Heart Out. Kelly deVos. 2021. 352p. (J). (gr. 7). 18.99 *(978-0-593-20482-5(4)*, Razorbill) Penguin Young Readers Group.

Eat Your People! Lou Kuenzler. 2016. (ENG.). 32p. (J). (gr. -1-k). 17.99 *(978-1-4083-3033-3(4)*, Orchard Bks.) Hachette Children's Group GBR. Dist: Hachette Bk. Group.

Eat Your Rocks, Croc!: Dr. Glider's Advice for Troubled Animals. Jess Keating. Illus. by Pete Oswald. 2020. (ENG.). 40p. (J). (gr. -1-3). 17.99 *(978-1-338-23988-1(0)*, Orchard Bks.) Scholastic, Inc.

Eat Your Superpowers! How Colorful Foods Keep You Healthy & Strong. Toni Buzzeo. Illus. by Serge Bloch. 2023. 80p. (J). (-k). 17.99 *(978-0-593-52295-0(8))* Penguin Young Readers Group.

Eat Your Woolly Mammoths! Two Million Years of the World's Most Amazing Food Facts, from the Stone Age to the Future. James Solheim. 2022. (ENG., Illus.). 56p. (J). (gr. -1-3). 18.99 *(978-0-06-239705-8(2)*, Greenwillow Bks.) HarperCollins Pubs.

Eaters. Virginia Loh-Hagan. 2016. (Wild Wicked Wonderful Ser.). (ENG., Illus.). 32p. (J). (gr. 4-8). 32.07 *(978-1-63470-503-5(3)*, 207743) Cherry Lake Publishing.

Eating & Drinking Difficulties in Children: A Guide for Practitioners. April Winstock. ed. 2017. (ENG., Illus.). 312p. (C). pap. 70.95 *(978-0-86388-426-9(1)*, Y329924) Routledge.

Eating at a King's Table: Finding the Beauty in Every Animal. Philip Sossou. 2022. (ENG.). 38p. (J). 18.95 *(978-1-63755-394-7(3)*, Mascot Kids) Amplify Publishing Group.

Eating Bugs As Sustainable Food. Cecilia Pinto McCarthy. 2019. (Unconventional Science Ser.). (ENG., Illus.). 48p. (J). (gr. 4-8). lib. bdg. 35.64 *(978-1-5321-1899-9(6)*, 32667) ABDO Publishing Co.

Eating Disorders: When Food Is an Obsession, 1 vol. Kristen Rajczak Nelson & Toney Allman. 2016. (Hot Topics Ser.). (ENG.). 112p. (YA). (gr. 7-7). lib. bdg. 41.03 *(978-1-5345-6014-7(9)*, 7a33e54e-3320-4f1f-9411-28c1326a84f3, Lucent Pr.) Greenhaven Publishing LLC.

Eating Green. Anita Yasuda. 2016. (Illus.). 32p. (J). *(978-1-5105-2213-8(1))* SmartBook Media, Inc.

Eating Healthy. Kirsten Chang & Kirsten Chang. 2022. (Healthy Life Ser.). (ENG., Illus.). 24p. (J). (gr. k-3). pap. 7.99 *(978-1-64834-663-7(4)*, 21375, Blastoff! Readers) Bellwether Media.

Eating Healthy Is Fun: A Coloring Book. Gwen GATES. 2022. (ENG.). 47p. (J). pap. ***(978-1-387-96287-7(6))*** Lulu Pr., Inc.

Eating Local. Laura Perdew. 2016. (Growing Green Ser.). (ENG., Illus.). 64p. (J). (gr. 6-8). lib. bdg. 34.65 *(978-1-4677-9388-9(4)*, 0f238b5e-d702-4938-a964-adf1f1f0e36e); E-Book 51.99 *(978-1-4677-9711-5(1))* Lerner Publishing Group. (Lerner Pubns.).

Eating Records to Chew On! Contrib. by Kenny Abdo. 2023. (Broken Records Ser.). (ENG.). 24p. (J). (gr. 2-8). lib. bdg. 31.36 ***(978-1-0982-8139-7(X)***, 42392, Abdo Zoom-Fly) ABDO Publishing Co.

Eating Right. Meg Gaertner. 2022. (Taking Care of Myself Ser.). (ENG., Illus.). 24p. (J). (gr. k-1). pap. 8.95 *(978-1-64619-517-6(5))*; lib. bdg. 28.50 *(978-1-64619-490-2(X))* Little Blue Hse. (Little Blue Readers).

Eating Right Through Planning Portions Appropriately with a Journal. @ Journals and Notebooks. 2016. (ENG., Illus.). 106p. (YA). pap. 12.25 *(978-1-68326-551-1(3))* Speedy Publishing LLC.

Eating the Sun: Small Musings on a Vast Universe. Ella Frances Sanders. 2019. (ENG., Illus.). 160p. 20.00 *(978-0-14-313316-2(0)*, Penguin Bks.) Penguin Publishing Group.

Eating These Foods Makes Me... Rd Cbs Rodriguez M Sc. Illus. by Madeleine Migallos. 2021. (ENG.). 28p. (J). *(978-0-2288-6090-7(3))*; pap. *(978-0-2288-6091-4(1))* Tellwell Talent.

Eating Well!/¡Comer Bien! Tr. by Teresa Mlawer. Illus. by Ailie Busby. 2020. (Just Like Me/¡Igual Que Yo! (English/Spanish Bilingual) Ser.: 4). (ENG.). 12p. (J). bds. *(978-1-78628-448-8(0))* Child's Play International Ltd.

Eaton & Bradbury's Mathematical Series. Lessons in Number. Francis Cogswell. 2017. (ENG., Illus.). (J). pap. *(978-0-649-63017-2(3))* Trieste Publishing Pty Ltd.

Eaton Readers: Second Reader (Classic Reprint) Isabel (Kellogg) Moore. 2018. (ENG., Illus.). 164p. (J). 27.28 *(978-0-267-26728-6(2))* Forgotten Bks.

Eaton Readers: Third Reader (Classic Reprint) Isabel Moore. 2017. (ENG., Illus.). (J). 28.31 *(978-0-265-66008-9(4))*; pap. 10.97 *(978-1-5276-3336-0(5))* Forgotten Bks.

Eats MORE, Shoots & Leaves: Why, ALL Punctuation Marks Matter! Lynne Truss. Illus. by Bonnie Timmons. 2019. (ENG.). 64p. (J). (gr. 1-4). pap. 9.99 *(978-1-9848-1574-3(1)*, G.P. Putnam's Sons Books for Young Readers) Penguin Young Readers Group.

eau. Québec Amérique. 2020. (Savoir - L'environnement Ser.: 2). (FRE., Illus.). 32p. (J). (gr. 4-8). 18.95 *(978-2-7644-4077-3(4))* Quebec Amerique CAN. Dist: Orca Bk. Pubs. USA.

Eau, de l'Eau Partout. Julie K. Lundgren. Tr. by Annie Evearts. 2021. (Science Dans Mon Monde: Niveau 2 (Science in My World: Level 2) Ser.). (FRE.). 32p. (J). (gr. k-2). pap. *(978-1-0396-0946-4(5)*, 12803) Crabtree Publishing Co.

Eavesdropper: An Unparalleled Experience (Classic Reprint) James Payn. 2018. (ENG., Illus.). 126p. (J). 26.52 *(978-0-483-39182-6(4))* Forgotten Bks.

Eavesdropping on Elephants: How Listening Helps Conservation. Patricia Newman. (ENG., Illus.). 56p. (J). (gr. 4-8). 2023. pap. 12.99 ***(978-1-7284-7779-4(4)***, 2e9896a0-ec5b-435c-907a-cb5e251bcc68); 2018. 33.32 *(978-1-5415-1571-0(4)*, 6c6f661d-1725-4d3c-97c9-9b7ed2e87a03) Lerner Publishing Group. (Millbrook Pr.).

Eb 2 the Mystical Books of Eb. Angel Dunworth. 2018. (ENG., Illus.). 220p. (J). pap. 20.00 *(978-1-387-59141-1(X))* Lulu Pr., Inc.

Eb 3 the Ominous Apparitions of Eb. Angel Dunworth. 2018. (ENG., Illus.). 192p. (J). pap. 20.00 *(978-1-387-59151-0(7))* Lulu Pr., Inc.

Eb & Flow. Kelly J. Baptist. 2023. (ENG.). 224p. (J). (gr. 3-7). 16.99 *(978-0-593-42913-6(3))*; lib. bdg. 19.99 *(978-0-593-42914-3(1))* Random Hse. Children's Bks. (Crown Books For Young Readers).

Ébano Salvaje: Hoja de Sangre 3. Crystal Smith. 2023. (SPA.). 520p. (YA). (gr. 11). pap. 23.00 ***(978-607-557-592-6(8))*** Editorial Oceano de Mexico MEX. Dist: Independent Pubs. Group.

Ebawob: Wants to Play. Silka Corbett. 2017. (ENG., Illus.). (J). 14.99 *(978-1-64133-158-6(5))*; pap. 7.99 *(978-1-64133-102-9(X))* MainSpringBks.

Ebb & Flow. Heather Smith. 2022. (ENG.). 232p. (J). (gr. 4-7). pap. 9.99 *(978-1-5253-0335-7(X))* Kids Can Pr., Ltd. CAN. Dist: Hachette Bk. Group.

Ebb-Tide: A Trio & Quartette. Robert Louis Stevenson & Lloyd Osbourne. 2020. (ENG.). (J). 136p. 16.95 *(978-1-64799-535-5(3))*; 134p. pap. 9.95 *(978-1-64799-534-8(5))* Bibliotech Pr.

Ebb-Tide: A Trio & Quartette (Classic Reprint) Robert Louis Stevenson. 2017. (ENG., Illus.). (J). 29.47 *(978-0-265-56797-5(1))* Forgotten Bks.

Ebb-Tide Weir of Hermiston Heathercat: The Young Chevalier (Classic Reprint) Robert Louis Stevenson. 2018. (ENG., Illus.). 492p. (J). 34.04 *(978-0-484-76415-5(2))* Forgotten Bks.

Ebba Exactly. Gertie Frank. Illus. by Valerie Gibson. 2017. (ENG.). (J). (gr. 3-6). 28.95 *(978-1-935186-88-5(4))*; pap. 14.95 *(978-1-935186-87-8(6))* Waldenhouse Pubs., Inc.

Ebbing of the Tide. Louis Becke. 2017. (ENG.). 310p. (J). pap. *(978-3-7447-1813-4(1))* Creation Pubs.

Ebell: A Journal of Literature & Current Events; May (Classic Reprint) Ebell Society. 2018. (ENG., Illus.). 188p. (J). 27.77 *(978-0-483-38093-6(8))* Forgotten Bks.

Ebell, Vol. 2: A Journal of Literature & Current Events (Classic Reprint) Los Angeles Ebell Society. (ENG., Illus.). (J). 2018. 352p. 31.18 *(978-0-428-75380-1(9))*; 2016. pap. 13.57 *(978-1-333-21060-1(4))* Forgotten Bks.

Eben-Ezer, or a Small Monument of Great Mercy: Appearing in the Miraculous Deliverance of William Okeley, William Adams, John Anthony, John Jephs, John-Carpenter from the Miserable Slavery of Algiers (Classic Reprint) William Okeley. (ENG., Illus.). (J). 2017. 26.35 *(978-0-266-82034-5(4))*; 2016. pap. 9.57 *(978-1-333-27660-7(5))* Forgotten Bks.

Eben Holden: A Tale of the North Country (Classic Reprint) Irving Bacheller. 2017. (ENG., Illus.). (J). 33.34 *(978-1-5283-7132-2(1))* Forgotten Bks.

Eben Holden's Last Day a-Fishing (Classic Reprint) Irving Bacheller. 2017. (ENG., Illus.). (J). 25.34 *(978-0-265-20575-4(1))* Forgotten Bks.

Ebena Hidden Magic. Patricia E. Sandoval. 2021. (ENG.). 272p. (J). 24.95 *(978-1-0879-6644-1(2))* Indy Pub.

Ebena Hidden Magic. Patricia E. Sandoval. 2021. (ENG.). 270p. (J). pap. *(978-1-300-44618-7(8))* Lulu Pr., Inc.

Ebenezer. Foster Evans. 2020. (ENG.). 100p. (J). pap. 8.48 *(978-1-716-33551-8(5))* Lulu Pr., Inc.

Ebenezer Has a Word for Everything, 1 vol. Chelsea H. Rowe. Illus. by Frank DORMER. 2018. 32p. (J). (gr. -1-3). 17.95 *(978-1-56145-848-6(1))* Peachtree Publishing Co. Inc.

Eben's Sprachmeister: Handbuch der Englischen Sprache Fur Den Schul-Und Selbstunterricht (Classic Reprint) Carl Theodor Eben. 2017. (ENG., Illus.). (J). 34.46 *(978-0-331-26003-8(4))*; pap. 16.97 *(978-0-265-13013-1(1))* Forgotten Bks.

Ebola. Tammy Gagne. 2021. (Deadly Diseases Ser.). (ENG.). 48p. (J). (gr. 4-8). lib. bdg. 35.64 *(978-1-5321-9658-4(X)*, 38328) ABDO Publishing Co.

Ebola: How a Viral Fever Changed History. Mark K. Lewis. 2019. (Infected! Ser.). (ENG., Illus.). 32p. (J). (gr. 3-9). lib. bdg. 28.65 *(978-1-5435-7239-1(1)*, 140585) Capstone.

Ebola Epidemic: The Fight, the Future. Connie Goldsmith. ed. 2016. (ENG., Illus.). 112p. (YA). (gr. 6-12). E-Book 54.65 *(978-1-4677-9577-7(1)*, Twenty-First Century Bks.) Lerner Publishing Group.

Ebola Outbreak. Kenny Abdo. 2020. (Outbreak! Ser.). (ENG., Illus.). 24p. (J). (gr. 2-8). lib. bdg. 31.36 *(978-1-0982-2328-1(4)*, 36279, Abdo Zoom-Fly) ABDO Publishing Co.

Ebon & Gold: A Novel (Classic Reprint) C. L. M. 2018. (ENG., Illus.). 336p. (J). 30.85 *(978-0-428-97401-5(5))* Forgotten Bks.

Ebonilocks. Marcia Layer-Howard. Illus. by Undiscover. 2022. (ENG.). 38p. (J). pap. 14.99 ***(978-1-5243-1810-9(8))*** Lantia LLC.

Ebonwilde. Crystal Smith. (Bloodleaf Trilogy Ser.). (ENG.). 512p. (YA). (gr. 9). 2023. pap. 15.99 *(978-0-06-329081-5(2))*; 2022. (Illus.). 18.99 *(978-1-328-49632-4(5)*, 1717297) HarperCollins Pubs. (Clarion Bks.).

Ebony Horse. Isabel Nash. 2019. (ENG., Illus.). 38p. (J). *(978-1-78878-259-3(3))*; pap. *(978-1-78878-258-6(5))* Austin Macauley Pubs. Ltd.

Ebony Idol (Classic Reprint) Unknown Author. 2018. (ENG., Illus.). 292p. (J). 29.94 *(978-0-332-07830-4(2))* Forgotten Bks.

Ebony Pearl & the Brown Pearls. Alisha Johnson. 2017. (ENG., Illus.). (J). pap. 12.99 *(978-0-9988715-0-9(8))* Ebony Pearl's World Bks. & Publishing.

Ebv 2018 Guía Del Evangelio para niños (20 Por Paquete) Lifeway Kids. 2017. (SPA.). 2p. (J). (gr. -1-6). pap. 7.99 *(978-1-4627-7550-7(0))* Lifeway Christian Resources.

Ebv 2018 Guía para Los Padres (10 Por Paquete) Lifeway Kids. 2017. (SPA.). 4p. (J). (gr. -1-6). pap. 3.99 *(978-1-4627-7551-4(9))* Lifeway Christian Resources.

Ecce Femina: Or, the Woman Zoe (Classic Reprint) Ellen Peck. 2018. (ENG., Illus.). 136p. (J). 26.70 *(978-0-267-48023-4(7))* Forgotten Bks.

Eccentric Electric Everything You Need to Know about Electricity Basic Electronics Science Grade 5 Children's Electricity Books. Baby Professor. 2021. (ENG.). 72p. (J). 27.99 *(978-1-5419-7579-8(0))*; pap. 16.99 *(978-1-5419-4937-9(4))* Speedy Publishing LLC. (Baby Professor (Education Kids)).

Eccentric Mr. Clark: Stories in Prose (Classic Reprint) James Whitcomb Riley. 2018. (ENG., Illus.). (J). 292p. 29.92 *(978-0-332-34686-1(2))*; 294p. pap. 13.57 *(978-1-330-97758-3(0))* Forgotten Bks.

Eccentric Traveller, Vol. 1 of 4 (Classic Reprint) Andre Masson. 2018. (ENG., Illus.). (J). 356p. 31.26 *(978-0-366-56550-4(8))*; 358p. pap. 13.97 *(978-0-366-23045-7(X))* Forgotten Bks.

Eccentric Traveller, Vol. 2 Of 4: With Forty-Four Engravings (Classic Reprint) Andre Masson. 2018. (ENG., Illus.). 348p. (J). 31.01 *(978-0-428-88123-8(8))* Forgotten Bks.

Eccentric Traveller, Vol. 3 of 4 (Classic Reprint) Andre Masson. (ENG., Illus.). (J). 2018. 350p. 31.14 *(978-0-267-34964-7(5))*; 2016. pap. 13.57 *(978-1-333-73009-3(8))* Forgotten Bks.

Eccentric Traveller, Vol. 4 of 4 (Classic Reprint) Andre Masson. (ENG., Illus.). (J). 2018. 362p. 31.36 *(978-0-267-32603-7(3))*; 2016. pap. 13.97 *(978-1-333-52983-3(X))* Forgotten Bks.

Eccentricities of John Edwin, Comedian, Vol. 1 Of 2: Collected from His Manuscripts; & Enriched with Several Hundred Original Anecdotes (Classic Reprint) Anthony Pasquin. 2018. (ENG., Illus.). 342p. (J). 30.95 *(978-0-483-27288-0(4))* Forgotten Bks.

Eccentricities of John Edwin, Comedian, Vol. 2: Collected from His Manuscripts, & Enriched with Several Hundred Original Anecdotes (Classic Reprint) John Williams. 2016. (ENG., Illus.). (J). pap. 13.57 *(978-1-334-15504-8(6))* Forgotten Bks.

Eccentricities of John Edwin, Comedian, Vol. 2: Collected from His Manuscripts, & Enriched with Several Hundred Original Anecdotes (Classic Reprint) John Williams. 2018. (ENG., Illus.). 354p. (J). 31.22 *(978-0-483-83091-2(7))* Forgotten Bks.

Ecclesiastes: To Everything There Is a Season. Cynthia Rylant. Illus. by Cynthia Rylant. 2018. (ENG., Illus.). 40p. (J). (gr. -1-3). 17.99 *(978-1-4814-7654-6(8)*, Beach Lane Bks.) Beach Lane Bks.

Eccnetric Earthlings A-Z: Fun Land Creatures from British Columbia, Canada. Diane M. R. Stevens. Illus. by David T. Stevens. 2018. (ENG.). 32p. (J). *(978-0-9950594-2-9(X))* Treewind Publishing.

Ecdysis, As Morphological Evidence of the Original Tetradactyle Feathering of the Bird's Fore-Limb, Based Especially on the Perennial Moult in Gymnorhina Tibicen (Classic Reprint) Edward Degen. 2017. (ENG., Illus.). (J). pap. 9.57 *(978-1-5277-4495-0(7))* Forgotten Bks.

Echinoderms, 1 vol. Joanna Brundle. 2019. (Animal Classification Ser.). (ENG.). 32p. (gr. 3-4). pap. 11.50 *(978-1-5345-3057-7(6)*, 8ec01633-9568-4e11-98e2-4e736d1edbd5); lib. bdg. 28.88 *(978-1-5345-3030-0(4)*, 40e1f7f1-aeef-488a-b9c4-d935fafdb43e) Greenhaven Publishing LLC. (KidHaven Publishing).

Echo. J. Donnini. 2019. (ENG., Illus.). 34p. (J). (gr. k-3). pap. 15.00 ***(978-0-578-57484-4(5))*** JDonniniLLC.

Echo: A Story about William & Dick (Classic Reprint) Unknown Author. 2018. (ENG., Illus.). 20p. (J). 24.31 *(978-0-267-97095-7(1))* Forgotten Bks.

Echo: And Other Verses (Classic Reprint) Newbold Noyes. 2018. (ENG., Illus.). 76p. (J). 25.46 *(978-0-484-84126-9(2))* Forgotten Bks.

Echo: Senior Number, 1922-1923 (Classic Reprint) Vera High School. 2018. (ENG., Illus.). (J). 40p. 24.72 *(978-1-396-36901-8(5))*; 42p. pap. 7.97 *(978-1-390-98087-5(1))* Forgotten Bks.

Echo 17 (Classic Reprint) Greensboro College for Women. 2018. (ENG., Illus.). 172p. (J). 27.46 *(978-0-267-66934-9(8))* Forgotten Bks.

Echo, 1908 (Classic Reprint) Greensboro Female College. (ENG., Illus.). (J). 2018. 182p. 27.65 *(978-0-267-53277-3(6))*; 2016. pap. 10.57 *(978-1-333-11246-2(7))* Forgotten Bks.

Echo, 1911 (Classic Reprint) Greensboro Female College. (ENG., Illus.). (J). 2018. 140p. 26.80 *(978-0-364-32080-8(X))*; 2017. pap. 9.57 *(978-0-282-54005-0(9))* Forgotten Bks.

Echo, 1918 (Classic Reprint) Greensboro College for Women. (ENG., Illus.). (J). 2018. 214p. 28.31 *(978-0-656-46508-8(5))*; 2016. pap. 10.97 *(978-1-334-16423-1(1))* Forgotten Bks.

Echo, 1923, Vol. 3 (Classic Reprint) Salisbury High School. 2017. (ENG., Illus.). (J). 86p. 25.67 *(978-0-332-75667-7(X))*; 88p. pap. 9.57 *(978-0-332-56010-6(4))* Forgotten Bks.

Echo, 1933 (Classic Reprint) Boyden High School. 2017. (ENG., Illus.). (J). 68p. 25.30 *(978-0-332-72504-8(9))*; 70p. pap. 9.57 *(978-0-332-46440-4(7))* Forgotten Bks.

Echo 1935 (Classic Reprint) Boyden High School Salisbury C. 2017. (ENG., Illus.). (J). 68p. 25.30 *(978-0-332-72481-2(6))*; 70p. pap. 9.57 *(978-0-332-46224-0(2))* Forgotten Bks.

Echo after Echo. A. R. Capetta. (ENG.). 432p. (YA). (gr. 9). 2021. pap. 9.99 *(978-1-5362-1580-9(5))*; 2017. 17.99 *(978-0-7636-9164-6(X))* Candlewick Pr.

Echo Amigo. Shawn Christine. Illus. by Chloe Pascual. 2022. (ENG.). 34p. (J). 26.95 *(978-1-6657-1688-8(6))*; pap. 16.95 *(978-1-6657-1689-5(4))* Archway Publishing.

Echo Annual, 1922, Vol. 2 (Classic Reprint) Salisbury High School. 2017. (ENG., Illus.). (J). 66p. 25.28 *(978-0-332-72270-2(8))*; 68p. pap. 9.57 *(978-0-332-45582-2(3))* Forgotten Bks.

Echo Echo: Reverso Poems about Greek Myths. Marilyn Singer. Illus. by Josée Masse. 2016. 32p. (J). (gr. 1-4). 17.99 *(978-0-8037-3992-5(3)*, Dial Bks) Penguin Young Readers Group.

Echo for 1925 (Classic Reprint) York Collegiate Institute. 2017. (ENG., Illus.). (J). 98p. 25.92 *(978-0-332-80763-8(0))*; pap. 9.57 *(978-0-282-54439-3(9))* Forgotten Bks.

Echo Island. Jared C. Wilson. 2020. (ENG.). 272p. (J). (gr. 7-12). pap. 14.99 *(978-1-5359-9671-6(4)*, 005822630, B&H Kids) B&H Publishing Group.

Echo Mountain. Lauren Wolk. (ENG.). 368p. (J). (gr. 5). 2021. 8.99 *(978-0-525-55558-2(7))*; 2020. 17.99 *(978-0-525-55556-8(0))* Penguin Young Readers Group. (Dutton Books for Young Readers).

Echo of the Pines, 1945 (Classic Reprint) Saint Genevieve-Of-The-Pines. 2018. (ENG., Illus.). (J). 56p. 25.07 *(978-0-364-80650-0(8))*; 58p. pap. 9.57 *(978-0-364-61356-6(4))* Forgotten Bks.

Echo of Union Chapel: A Tale of the Ozark Low Hill Country (Classic Reprint) Clarence E. Hatfield. 2017. (ENG., Illus.). (J). 226p. 28.56 *(978-0-332-85715-2(8))*; pap. 10.97 *(978-1-5276-5597-3(0))* Forgotten Bks.

Echo of Voices (Classic Reprint) Richard Curle. (ENG., Illus.). (J). 2019. 306p. 30.23 *(978-0-365-28445-1(9))*; 2016. pap. 13.57 *(978-1-334-15707-3(3))* Forgotten Bks.

Echo Park Castaways. M. G. Hennessey. 2019. (ENG.). 208p. (J). (gr. 3-7). 16.99 *(978-0-06-242769-4(5)*, HarperCollins) HarperCollins Pubs.

Echo Room. Parker Peevyhouse. 2019. (ENG.). 320p. (YA). pap. 9.99 *(978-0-7653-9940-3(7)*, 900185092, Tor Teen) Doherty, Tom Assocs., LLC.

Echo the Copycat. Joan Holub & Suzanne Williams. 2016. (Goddess Girls Ser.: 19). lib. bdg. 18.40 *(978-0-606-38269-4(0))* Turtleback.

Echo the Copycat. Joan Holub & Suzanne Williams. 2016. (Goddess Girls Ser.: 19). (ENG., Illus.). 272p. (J). (gr. 3-7). pap. 8.99 *(978-1-4814-5001-0(8)*, Aladdin) Simon & Schuster Children's Publishing.

Echo the Mystical Cave Spirit. Alma Brabham Kent. 2023. (ENG.). 52p. (J). pap. ***(978-0-2288-9604-3(5))*** Tellwell Talent.

Echo the Mystical Cave Spirit. Alma Brabham Kent & Anna E. Landry. 2023. (ENG.). 52p. (J). ***(978-0-2288-9605-0(3))*** Tellwell Talent.

Echo, Vol. 1: A Semi-Monthly Magazine; September 17, 1894 (Classic Reprint) Fred Cellarins. (ENG., Illus.). (J). 2018. 20p. 24.31 *(978-0-364-98472-7(4))*; 2017. pap. 7.97 *(978-0-259-88340-1(9))* Forgotten Bks.

Echo, Vol. 1: Feb. , 1985 (Classic Reprint) Fred Callarias. 2017. (ENG., Illus.). (J). 20p. 24.31 *(978-0-332-70512-5(9))*; pap. 7.97 *(978-0-259-87879-7(0))* Forgotten Bks.

Echo, Vol. 1: March 15, 1984 (Classic Reprint) Leichter and Manor. 2018. (ENG., Illus.). 22p. (J). 24.37 *(978-0-267-52543-0(5))* Forgotten Bks.

Echo, Vol. 14: Christmas, 1917 (Classic Reprint) Turner Falls High School. (ENG., Illus.). (J). 2018. 24p. 24.41 *(978-0-656-60775-4(0))*; 2017. pap. 7.97 *(978-0-259-82719-1(3))* Forgotten Bks.

Echo, Vol. 14: June 1918 (Classic Reprint) Turners Falls High School. 2017. (ENG., Illus.). (J). 24.45 *(978-0-265-77243-0(5))*; pap. 7.97 *(978-1-5277-5172-9(4))* Forgotten Bks.

Echo, Vol. 6: June 1920 (Classic Reprint) Vera High School. 2017. (ENG., Illus.). (J). 26.14 *(978-0-331-03830-9(7))*; pap. 9.57 *(978-0-260-30667-8(3))* Forgotten Bks.

Echo, Vol. 7: June, 1921 (Classic Reprint) Vera High School. 2017. (ENG., Illus.). (J). 90p. 25.75 *(978-0-332-30496-0(5))*; 92p. pap. 9.57 *(978-0-332-24130-2(0))* Forgotten Bks.

Echo, Vol. 7: March 1921 (Classic Reprint) Esther Barney. 2018. (ENG., Illus.). (J). 42p. 24.76 *(978-1-396-35807-4(2))*; 44p. pap. 7.97 *(978-1-390-97505-5(3))* Forgotten Bks.

Echoes. Howard J. Truman. 2017. (ENG., Illus.). (J). pap. *(978-0-649-43058-1(1))* Trieste Publishing Pty Ltd.

Echoes & Empires. Morgan Rhodes. 2022. (Echoes & Empires Ser.: 1). 400p. (YA). (gr. 7). 18.99 *(978-0-593-35165-9(7)*, Razorbill) Penguin Young Readers Group.

Echoes & Prophecies: Dramatic Sparks Struck from the Anvil of the Times by the Hammer of the Spirit (Classic

Reprint) Virginia Douglass Hyde Vogl. 2018. (ENG., Illus.). 198p. (J). 28.00 *(978-0-332-07615-7(6))* Forgotten Bks.

Echoes Between Us. Katie McGarry. 2021. (ENG.). 384p. (YA). pap. 10.99 *(978-1-250-19605-7(1)*, 900194023, Tor Teen) Doherty, Tom Assocs., LLC.

Echoes from Dartmouth: A Collection of Poems, Stories, & Historical Sketches by the Graduate & Undergraduate Writers of Dartmouth College (Classic Reprint) H. J. Hapgood. 2017. (ENG., Illus.). (J). 28.64 *(978-0-266-20397-1(3))* Forgotten Bks.

Echoes from Erin. William Wescott Fink. 2017. (ENG., Illus.). (J). pap. *(978-0-649-56777-5(3))* Trieste Publishing Pty Ltd.

Echoes from Hospital & White House. Anna L. Boyden. 2017. (ENG.). (J). 262p. pap. *(978-3-337-40929-6(6))*; 260p. pap. *(978-3-337-16203-0(7))* Creation Pubs.

Echoes from Hospital & White House: A Record of Mrs. Rebecca Pomroy's Experience in War-Times (Classic Reprint) Anna L. Boyden. 2018. (ENG., Illus.). (J). 29.34 *(978-0-260-50584-2(6))* Forgotten Bks.

Echoes from Storyland (Classic Reprint) Unknown Author. (ENG., Illus.). (J). 2018. 78p. 25.51 *(978-0-267-61953-5(7))*; 2016. pap. 9.57 *(978-1-334-23897-0(9))* Forgotten Bks.

Echoes from the Farm. Jonathan T. Jefferson. Illus. by Benjamin Davis. 2016. (ENG.). (J). *(978-1-4602-9673-8(7))*; pap. *(978-1-4602-9674-5(5))* FriesenPress.

Echoes from the Gun of 1861, Vol. 3: A Book for Boys (Classic Reprint) Unknown Author. 2018. (ENG., Illus.). 252p. (J). 29.09 *(978-0-483-97087-8(5))* Forgotten Bks.

Echoes from the Rainbow City (Classic Reprint) Clarence J. Selby. 2017. (ENG., Illus.). (J). 26.45 *(978-0-331-67257-2(X))*; pap. 9.57 *(978-0-243-41580-9(X))* Forgotten Bks.

Echoes of 1936 (Classic Reprint) Wendell High School. 2018. (ENG., Illus.). (J). 30p. 24.54 *(978-0-428-73223-3(2))*; 32p. pap. 7.97 *(978-0-428-16876-6(0))* Forgotten Bks.

Echoes of a Belle: Or, a Voice from the Past (Classic Reprint) Ben Shadow. 2018. (ENG., Illus.). 204p. (J). 28.12 *(978-0-483-83244-2(8))* Forgotten Bks.

Echoes of Belecia: Flowers in the Desert. J. R. Holmes. 2022. (ENG., Illus.). 356p. (YA). pap. 22.95 *(978-1-63881-348-4(5))* Newman Springs Publishing, Inc.

Echoes of Grace, 1 vol. Guadalupe García McCall. 2022. (ENG.). 384p. (YA). (gr. 8-12). 21.95 *(978-1-64379-425-9(6)*, leelowtu, Tu Bks.) Lee & Low Bks., Inc.

Echoes of Long Ago (Classic Reprint) A. H. Gunnett. (ENG., Illus.). (J). 2018. 64p. 25.24 *(978-0-267-78709-8(X))*; 2016. pap. 9.57 *(978-1-334-34482-4(5))* Forgotten Bks.

Echoes of Memory. A. R. Kahler. 2017. (Ravenborn Ser.: 2). (ENG.). 336p. (YA). (gr. 9). pap. 11.99 *(978-1-4814-3261-0(3))*; (Illus.). 17.99 *(978-1-4814-3260-3(5))* Simon Pulse. (Simon Pulse).

Echoes of Memory (Classic Reprint) Luman a Ballou. (ENG., Illus.). (J). 2018. 236p. 28.78 *(978-0-483-29103-4(X))*; 2016. pap. 11.57 *(978-1-333-35599-9(8))* Forgotten Bks.

Echoes of Myself: Romantic Studies of the Human Soul. Ivan Narodny. 2017. (ENG., Illus.). (J). pap. *(978-0-649-56790-4(0))* Trieste Publishing Pty Ltd.

Echoes of Myself: Romantic Studies of the Human Soul (Classic Reprint) Ivan Narodny. 2017. (ENG., Illus.). (J). 28.91 *(978-0-260-42715-1(2))* Forgotten Bks.

Echoes of the Foot-Hills. Bret Harte. 2017. (ENG., Illus.). (J). pap. *(978-0-649-56772-0(2))* Trieste Publishing Pty Ltd.

Echoes of the Lakes & Mountains: Or Wonderful Things in the Lake District (Being a Companion to the Guides) (Classic Reprint) Unknown Author. 2018. (ENG., Illus.). 180p. (J). 27.63 *(978-0-267-65098-9(1))* Forgotten Bks.

Echoes of the War. James Matthew Barrie. 2017. (ENG., Illus.). (J). 21.95 *(978-1-374-88680-3(7))*; pap. 10.95 *(978-1-374-88679-7(3))* Capital Communications, Inc.

Echoes of the War (Classic Reprint) James Matthew Barrie. 2018. (ENG., Illus.). 180p. (J). 27.63 *(978-0-666-45917-6(7))* Forgotten Bks.

Echoing. Jessica Blackburn. 2016. (ENG.). vi, 211p. (YA). pap. 14.99 *(978-1-4621-1894-6(1)*, Bonneville Bks.) Cedar Fort, Inc./CFI Distribution.

Echoing & Re-Echoing (Classic Reprint) Faye Huntington. 2017. (ENG., Illus.). (J). 30.66 *(978-0-331-58457-8(3))* Forgotten Bks.

Echo's Pack. Sara Rydstrom & Natalie Merendino. 2018. (ENG.). 232p. (J). pap. ***(978-1-387-86139-2(5))*** Lulu Pr., Inc.

Echo's Revenge: The Other Side: the Ongoing Investigation of Sean Austin Book 2 V 1. 0. Sean Austin. 2017. (ENG., Illus.). (J). (gr. 8-12). pap. 12.99 *(978-0-9837264-6-3(9))* AAA Reality Games LLC.

Echo's Sister. Paul Mosier. 2018. (ENG., Illus.). 240p. (J). (gr. 3-7). 16.99 *(978-0-06-245567-3(2)*, HarperCollins) HarperCollins Pubs.

Échoué. Eric Walters. Tr. by Rachel Martinez from ENG. 2023. (Orca Currents en Français Ser.). Orig. Title: On the Rocks. (FRE.). 128p. (J). (gr. 4-7). pap. 10.95 *(978-1-4598-3578-8(6))* Orca Bk. Pubs. USA.

Éclairs. Douglas Bender. Tr. by Annie Evearts. 2021. (Prévisions Météo (the Weather Forecast) Ser.). (FRE., Illus.). 16p. (J). (gr. -1-1). pap. *(978-1-0396-0674-6(1)*, 13159) Crabtree Publishing Co.

Eclectic Magazine of Foreign Literature, Science, & Art, Vol. 15: January to June, 1872 (Classic Reprint) W. H. Bidwell. 2018. (ENG., Illus.). (J). 790p. 40.19 *(978-0-331-04242-9(8))*; 792p. pap. 23.57 *(978-1-5283-9384-3(8))* Forgotten Bks.

Eclectic School Readings - Stories from Life - a Book for Young People. Orison Swett Marden. 2019. (ENG.). 172p. (YA). pap. *(978-1-5287-1388-7(5))* Freeman Pr.

Eclipse. Benita Kendrick. 2021. (ENG.). 38p. (J). pap. 12.95 *(978-1-6624-5785-2(5))* Page Publishing Inc.

Eclipse. Jennifer Liss. 2023. (White Lightning Mysteries Ser.). (ENG.). 76p. (J). (gr. 6-8). pap. 10.95 ***(978-1-63889-206-9(7))*** Saddleback Educational Publishing, Inc.

Eclipse. Andy Rash. Illus. by Andy Rash. 2023. (ENG.). 40p. (J). (gr. -1-3). 18.99 ***(978-1-338-60882-3(7)***, Scholastic Pr.) Scholastic, Inc.

Eclipse. Bianca Ryans. 2017. (ENG., Illus.). (YA). (gr. 7-12). 18.95 *(978-1-63587-273-6(1))*; pap. 8.95 *(978-1-63587-278-1(2))* Aardvark Global Publishing.

Eclipse. Stephenie Meyer. ed. 2022. (Twilight Saga Ser.). (ENG.). 528p. (YA). (gr. 7-17). pap. 16.99 *(978-0-316-32814-2(6))* Little, Brown Bks. for Young Readers.

Eclipse: A Comedy in One Act (Classic Reprint) McElbert Moore. 2018. (ENG., Illus.). 28p. (J). 24.47 *(978-0-267-19525-1(7))* Forgotten Bks.

Eclipse Chaser: Science in the Moon's Shadow. Ilima Loomis. 2019. (Scientists in the Field Ser.). (ENG., Illus.). 80p. (J). (gr. 5-7). 18.99 *(978-1-328-77096-7(6)*, 1681112, Clarion Bks.) HarperCollins Pubs.

Eclipse Miracle: The Sun Is the Same Size As the Moon in the Sky. Sand Sheff. Illus. by Sand Sheff. 2017. (ENG., Illus.). 54p. (J). (gr. k-6). 21.95 ***(978-0-9988445-1-0(9))***; pap. 14.95 ***(978-0-9988445-0-3(0))*** upheaval dome.

Eclipse of Memory: A Novel (Classic Reprint) Morton Grinnell. 2018. (ENG., Illus.). 260p. (J). 29.26 *(978-0-483-51753-0(4))* Forgotten Bks.

Eclipse the Skies. Maura Milan. (Ignite the Stars Ser.: 2). (ENG.). 400p. (YA). (gr. 8-12). 2020. pap. 9.99 *(978-0-8075-3643-8(1)*, 807536431, AW Teen); 2019. 17.99 *(978-0-8075-3638-4(5)*, 807536385) Whitman, Albert & Co.

Eclipse Total de Néstor lópez / the Total Eclipse of Nestor Lopez (Spanish Edition) Adrianna Cuevas. Tr. by Alexis Romay. 2022. (SPA.). 368p. (J). 17.99 *(978-0-374-39084-6(3)*, 900278566, Farrar, Straus & Giroux (BYR)) Farrar, Straus & Giroux.

Eclipse Volume 2. Zack Kaplan. 2017. (ENG., Illus.). 128p. (YA). pap. 16.99 *(978-1-5343-0233-4(6)*, 0148e0f9-eae6-4f81-964b-0013381d9c6b) Image Comics.

Eclipse Volume 4. Zack Kaplan. 2019. (ENG., Illus.). 128p. (YA). pap. 16.99 *(978-1-5343-1240-1(4)*, 54da2e42-8a96-4faf-b538-2985e9408de4) Image Comics.

Eclipses. Grace Hansen. 2019. (Sky Lights Ser.). (ENG., Illus.). 24p. (J). (gr. -1-2). lib. bdg. 32.79 *(978-1-5321-8907-4(9)*, 32982, Abdo Kids) ABDO Publishing Co.

Eclipses, 1 vol. Seth Kingston. 2020. (Lighting up the Sky Ser.). (ENG.). 24p. (J). (gr. 3-4). pap. 9.25 *(978-1-7253-1841-0(5)*, 062b4501-a53f-46ae-abc5-367f3abc07db); lib. bdg. 25.27 *(978-1-7253-1843-4(1)*, 34d39cc6-c304-4276-bf32-de00da5ca1b4) Rosen Publishing Group, Inc., The. (PowerKids Pr.).

Eclipses. Jessica Morrison & Steve Goldsworthy. 2016. (Illus.). 32p. (J). *(978-1-4896-5812-8(2)*, AV2 by Weigl) Weigl Pubs., Inc.

Eclipses. Martha E. H. Rustad. 2017. (Amazing Sights of the Sky Ser.). (ENG., Illus.). 24p. (J). (gr. -1-2). pap. 6.95 *(978-1-5157-6759-6(0)*, 135296); lib. bdg. 27.32 *(978-1-5157-6753-4(1)*, 135291) Capstone. (Capstone Pr.).

Eclipses (Eclipses) Grace Hansen. 2021. (Luces en el Firmamento (Sky Lights) Ser.). (SPA.). 24p. (J). (gr. -1-2). lib. bdg. 32.79 *(978-1-0982-0446-4(8)*, 35382, Abdo Kids) ABDO Publishing Co.

Eclipses, Past & Future: With General Hints for Observing the Heavens (Classic Reprint) Samuel Jenkins Johnson. 2017. (ENG., Illus.). (J). 28.19 *(978-1-5283-7909-0(8))* Forgotten Bks.

Eco. Pam Muñoz Ryan. 2020. (SPA.). 460p. (J). (gr. 4-7). pap. 13.50 *(978-607-527-910-7(5))* Editorial Oceano de Mexico MEX. Dist: Independent Pubs. Group.

Eco Baby Where Are You Elephant? A Plastic-Free Touch & Feel Book. DK. 2021. (Eco Baby Ser.). (ENG.). 14p. (J). (— 1). bds. 12.99 *(978-0-7440-3414-1(0)*, DK Children) Dorling Kindersley Publishing, Inc.

Eco Baby Where Are You Koala? A Plastic-Free Touch & Feel Book. DK. 2021. (Eco Baby Ser.). (ENG.). 14p. (J). (— 1). bds. 12.99 *(978-0-7440-2759-4(4)*, DK Children) Dorling Kindersley Publishing, Inc.

Eco Baby Where Are You Penguin? A Plastic-Free Touch & Feel Book. DK. 2021. (Eco Baby Ser.). (ENG.). 14p. (J). (— 1). bds. 12.99 *(978-0-7440-3942-9(8)*, DK Children) Dorling Kindersley Publishing, Inc.

Eco Baby Where Are You Polar Bear? A Plastic-Free Touch & Feel Book. DK. 2020. (Eco Baby Ser.). (ENG.). 14p. (J). (— 1). bds. 12.99 *(978-1-4654-9984-4(9)*, DK Children) Dorling Kindersley Publishing, Inc.

Eco Baby Where Are You Tiger? A Plastic-Free Touch & Feel Book. DK. 2020. (Eco Baby Ser.). (ENG.). 14p. (J). (— 1). bds. 12.99 *(978-1-4654-9983-7(0)*, DK Children) Dorling Kindersley Publishing, Inc.

Eco Crafts: Reduce & Reuse Items from Your Home to Create Amazing Crafts. IglooBooks. Illus. by Agnes Saccani. 2023. (ENG.). 96p. (J). (gr. k). pap. 14.99 ***(978-1-80368-376-8(7))*** Igloo Bks. GBR. Dist: Simon & Schuster, Inc.

Eco Girl. Ken Wilson-Max. Illus. by Ken Wilson-Max. 2023. (ENG.). 32p. (J). (gr. -1-3). 17.99 *(978-1-5362-2809-0(5))* Candlewick Pr.

Eco Hero in Training: Become a Top Ecologist. Jo Hanks. Illus. by Sarah Lawrence. 2021. (In Training Ser.). (ENG.). 48p. (J). pap. 8.99 *(978-0-7534-7638-3(X)*, 900226432, Kingfisher) Roaring Brook Pr.

Eco Kids Self-Sufficiency Handbook: STEAM Projects to Help Kids Make a Difference. A. & G. Bridgewater. ed. 2019. (ENG., Illus.). 168p. (J). pap. 14.99 *(978-1-64124-030-7(X)*, 0307) Fox Chapel Publishing Co., Inc.

Eco-Leena: Goes to Washington. Morris-Carter Susan. 2016. (Eco-Leena Goes to Washington Ser.: Vol. 1). (ENG., Illus.). (J). (gr. k-4). 16.95 *(978-0-9906567-1-5(3))* SuProCo.

Eco STEAM, 12 vols. 2019. (Eco STEAM Ser.). (ENG., Illus.). 48p. (J). (gr. 5-5). lib. bdg. 198.42 *(978-1-5026-4899-0(7)*, 6a57cf67-36dc-45fc-b821-87c17b54f9d6) Cavendish Square Publishing LLC.

Eco Steam (Set) 2019. (Eco Steam Ser.). (ENG., Illus.). 48p. (J). pap. 77.58 *(978-1-5026-5420-5(2))* Cavendish Square Publishing LLC.

Eco Warrior: Understand, Persuade, Change, Campaign, Act! Catherine Barr. 2020. (Haynes Pocket Manual Ser.). (ENG., Illus.). 128p. (J). (gr. 2-6). pap. 6.95 *(978-1-78521-725-8(9))* Haynes Publishing Group P.L.C. GBR. Dist: Hachette Bk. Group.

Eco-Worrier. Ian Slatter. 2020. (Marty Marsh Ser.: Vol. 1). (ENG.). 168p. (J). pap. 8.99 ***(978-1-393-69229-4(X))*** Draft2Digital.

Ecoeducacion. Mario Gomboli. 2nd ed. (Coleccion Lobo Rojo).Tr. of Ecoeducation. (SPA., Illus.). 32p. (J). (gr. k-3). 6.36 *(978-84-216-3287-1(6))* Bruño, Editorial ESP. Dist: Lectorum Pubns., Inc.

Ecoeducation see Ecoeducacion

Ecole a la Maison. Nathalie Macqret-Dumaine. 2020. (FRE.). 125p. (J). *(978-1-716-94386-7(8))* Lulu Pr., Inc.

Ecological Disasters (Set), 6 vols. 2017. (Ecological Disasters Ser.). (ENG.). 112p. (J). (gr. 6-12). lib. bdg. 248.16 *(978-1-5321-1019-1(7)*, 25614, Essential Library) ABDO Publishing Co.

Ecologist. Blaine Wiseman. 2020. (J). *(978-1-7911-1676-7(0)*, AV2 by Weigl) Weigl Pubs., Inc.

Ecology, 1 vol. Omar Stone. 2016. (Spotlight on Ecology & Life Science Ser.). (ENG.). 24p. (J). (gr. 4-6). pap. 11.00 *(978-1-4994-2560-4(0)*, 7086de05-0fa0-4822-beeb-d22b2e538102, PowerKids Pr.) Rosen Publishing Group, Inc., The.

Ecology in Your Everyday Life, 1 vol. Lisa Idzikowski. 2019. (Real World Science Ser.). (ENG.). 64p. (gr. 6-6). pap. 16.24 *(978-1-9785-0949-8(9)*, d580f517-33b4-4a9f-b9b7-9d74dd2bfe3b) Enslow Publishing, LLC.

Ecology of Woodland Plants in the Neighbourhood of Huddersfield: Inaugural-Dissertation (Classic Reprint) Thomas William Woodhead. 2017. (ENG., Illus.). (J). pap. 9.57 *(978-1-5280-2393-1(5))* Forgotten Bks.

Ecomasters, a Planet in Peril: Book One Pathfinder. Donna L. Goodman. Illus. by Luisa Faletti. 2020. (Ecomasters Ser.: Vol. 1). (ENG.). 198p. (YA). pap. 16.99 *(978-1-7357256-1-1(7))* Isabella Media Inc.

Econo-Graphics Jr. (Set), 8 vols. Christina Hill. 2023. (21st Century Junior Library: Econo-Graphics Jr Ser.). (ENG., Illus.). 24p. (J). (gr. 2-5). 245.12 *(978-1-6689-1872-2(2)*, 221850); pap., pap., pap. 102.32 *(978-1-6689-2002-2(6)*, 221980) Cherry Lake Publishing.

Econo-Graphics (Set), 8 vols. Christina Hill. 2022. (21st Century Skills Library: Econo-Graphics Ser.). (ENG., Illus.). 32p. (J). (gr. 4-8). 256.56 *(978-1-6689-1016-0(0)*, 220825); pap., pap., pap. 113.71 *(978-1-6689-1037-5(3)*, 220982) Cherry Lake Publishing.

Economia de Estados Unidos 1861-1941. Christian García. 2017. (Vitales Ser.). (SPA.). (YA). (gr. 6-8). pap. *(978-1-5021-6873-3(1))* Benchmark Education Co.

Economia de Estados Unidos 1861-1941 - 6 Pack: Set of 6 Common Core Edition. Christian García. 2017. (Vitales Ser.). (SPA.). (YA). (gr. 6-8). 75.00 *(978-1-5021-7095-8(7))* Benchmark Education Co.

Economia de Maria. Telma G. Castro Andrade. 2021. (SPA.). 32p. (J). (gr. 1-3). 13.99 *(978-958-30-6269-8(3))* Panamericana Editorial COL. Dist: Lectorum Pubns., Inc.

Economias de la Antigüedad. Alexandra Hanson-Harding. 2017. (Vitales Ser.). (SPA.). (YA). (gr. 6-8). pap. *(978-1-5021-6891-7(X))* Benchmark Education Co.

Economías de la Antigüedad - 6 Pack: Set of 6 Common Core Edition. Alexandra Hanson-Harding. 2017. (Vitales Ser.). (SPA.). (YA). (gr. 6-8). 75.00 *(978-1-5021-7113-9(9))* Benchmark Education Co.

Economic Impact of COVID-19. Hudd Emily. 2020. (Core Library Guide to COVID-19 Ser.). (ENG., Illus.). 48p. (J). (gr. 4-5). pap. 11.95 *(978-1-64494-500-1(2)*, Core Library) ABDO Publishing Co.

Economic Impact of COVID-19. Emily Hudd. 2020. (Core Library Guide to COVID-19 Ser.). (ENG., Illus.). 48p. (J). (gr. 4-8). lib. bdg. 35.64 *(978-1-5321-9403-0(X)*, 36030) ABDO Publishing Co.

Economic Impact of COVID-19. Jill C. Wheeler. 2022. (Fighting COVID-19 Ser.). (ENG., Illus.). 112p. (YA). (gr. 6-12). lib. bdg. 41.36 *(978-1-5321-9797-0(7)*, 39683, Essential Library) ABDO Publishing Co.

Economic Inequality: The American Dream under Siege. Coral Celeste Frazer. 2018. (ENG., Illus.). 128p. (YA). (gr. 6-12). lib. bdg. 37.32 *(978-1-5124-3107-0(9)*, 1df8e5fe-2f84-4f9e-b2a7-d1561a2e7642, Twenty-First Century Bks.) Lerner Publishing Group.

Economic Interdependence: How Countries Exchange Goods to Survive - Things Explained Book Grade 3 - Economics. Biz Hub. 2020. (ENG.). 74p. (J). 24.88 *(978-1-5419-7510-1(3))*; pap. 14.89 *(978-1-5419-5320-8(7))* Speedy Publishing LLC. (Biz Hub (Business & Investing)).

Economic Role of Government: Health, Safety & the Environment in Government Grade 5 Social Studies Children's Government Books. Baby Professor. 2022. (ENG.). 72p. (J). 31.99 ***(978-1-5419-9449-2(3))***; pap. 19.99 ***(978-1-5419-8192-8(8))*** Speedy Publishing LLC. (Baby Professor (Education Kids)).

Economic Sanctions, 1 vol. Ed. by Kristina Lyn Heitkamp. 2018. (Global Viewpoints Ser.). (ENG.). 200p. (gr. 10-12). 47.83 *(978-1-5345-0343-4(9)*, 74f6f265-5f76-43c3-86f4-a16df7f5b0ef) Greenhaven Publishing LLC.

Economic Systems - 6 Pack: Set of 6 Bridges Edition with Common Core Teacher Materials. Daniel Rosen. 2016. (Prime Ser.). (YA). (gr. 6-8). 69.00 *(978-1-5125-8875-0(X))* Benchmark Education Co.

Economic Systems - 6 Pack: Set of 6 with Common Core Teacher Materials. Daniel Rosen. 2016. (Prime Ser.). (YA). (gr. 6-8). 69.00 *(978-1-5125-8857-6(1))* Benchmark Education Co.

Economic Systems Explained the Easy Way Traditional, Command & Market Grade 6 Economics. Baby Professor. 2022. (ENG.). 72p. (J). 31.99 ***(978-1-5419-8640-4(7))***; pap. 19.99 ***(978-1-5419-5512-7(9))*** Speedy Publishing LLC. (Baby Professor (Education Kids)).

Economical Boomerang: A Farce in One Act (Classic Reprint) W. H. Neall. (ENG., Illus.). (J). 2018. 26p. 24.43 *(978-0-484-08248-8(5))*; 2016. pap. 7.97 *(978-1-333-25151-2(3))* Forgotten Bks.

Economics for Beginners. Andrew Prentice & Lara Bryan. Illus. by Federico Mariani. 2023. (For Beginners Ser.). (ENG.). 128p. (J). 14.99 ***(978-1-80507-006-1(1))*** Usborne Publishing, Ltd. GBR. Dist: HarperCollins Pubs.

Economics for Infants. Steven Kates. Illus. by Liam Cappello. 2017. (ENG.). (J). ***(978-1-925501-43-8(4))*** Connor Court Publishing Pty Ltd.

Economics for Kids - Understanding the Basics of an Economy Economics 101 for Children 3rd Grade Social Studies. Baby Professor. 2017. (ENG., Illus.). 64p. (J). pap. 9.52 *(978-1-5419-1741-5(3)*, Baby Professor (Education Kids)) Speedy Publishing LLC.

Economics How It Works & What It Is Children's History Book. Bold Kids. 2022. (ENG.). 42p. (J). pap. 14.99 ***(978-1-0717-1746-2(4))*** FASTLANE LLC.

Economics in Three Lessons & One Hundred Economics Laws: Two Works in One Volume. Hunter Lewis. 2017. (ENG.). 403p. (YA). (gr. 9-16). 15.00 *(978-1-60419-114-7(1))* Axios Pr.

Economics of Clean Energy, 1 vol. Ed. by Kathryn Roberts. 2018. (Current Controversies Ser.). (ENG.). 200p. (gr. 10-12). 48.03 *(978-1-5345-0385-4(4)*, 68583cdb-f36f-4e7f-8c4c-01867690acfa) Greenhaven Publishing LLC.

Economics of Global Trade, Vol. 7. Xina M. Uhl. 2016. (Understanding Global Trade & Commerce Ser.: Vol. 7). (ENG., Illus.). 80p. (J). (gr. 7-12). 24.95 *(978-1-4222-3663-5(3))* Mason Crest.

Economie Sociale de la France Sous Henri IV (Classic Reprint) Gustave Fagniez. 2018. (ENG., Illus.). 298p. (J). 30.04 *(978-0-332-13364-5(8))* Forgotten Bks.

Economies in Ancient Times - 6 Pack: Set of 6 Bridges Edition with Common Core Teacher Materials. Alexandra Hanson-Harding. 2016. (Prime Ser.). (YA). (gr. 6-8). 69.00 *(978-1-5125-8876-7(8))* Benchmark Education Co.

Economies in Ancient Times - 6 Pack: Set of 6 with Common Core Teacher Materials. Alexandra Hanson-Harding. 2016. (Prime Ser.). (YA). (gr. 6-8). 69.00 *(978-1-5125-8858-3(X))* Benchmark Education Co.

Economies in Medieval Times - 6 Pack: Set of 6 Bridges Edition with Common Core Teacher Materials. Vidas Barzdukas. 2016. (Prime Ser.). (YA). (gr. 6-8). 69.00 *(978-1-5125-8877-4(6))* Benchmark Education Co.

Economies in Medieval Times - 6 Pack: Set of 6 with Common Core Teacher Materials. Vidas Barzdukas. 2016. (Prime Ser.). (YA). (gr. 6-8). 69.00 *(978-1-5125-8859-0(8))* Benchmark Education Co.

Economists Amazing & Intriguing Facts Children's Career Book. Bold Kids. 2023. (ENG.). 42p. (J). pap. 14.99 ***(978-1-0717-1880-3(0))*** FASTLANE LLC.

Economy 101. Yvette LaPierre. 2019. (Financial Literacy Ser.). (ENG.). 112p. (J). (gr. 6-12). lib. bdg. 41.36 *(978-1-5321-1912-5(7)*, 32289, Essential Library) ABDO Publishing Co.

Economy in Contemporary Africa, 1 vol. Derek L. Miller. 2016. (Focus on Africa Ser.). (ENG., Illus.). 128p. (YA). (gr. 9-9). 47.36 *(978-1-5026-2374-4(9)*, a20abbd3-730b-4f91-a5b8-d2ec47dfa83f) Cavendish Square Publishing LLC.

Economy of Latin America. Carla Mooney. 2017. (Exploring Latin America Ser.). (Illus.). 48p. (J). (gr. 10-12). 84.30 *(978-1-68048-678-0(0)*, Britannica Educational Publishing) Rosen Publishing Group, Inc., The.

Econuts Mystery Series Value Pack. Sonia Mehta. 2020. (ENG.). 320p. (J). (gr. 1-3). 31.99 *(978-0-14-344718-4(1)*, Puffin) Penguin Bks. India PVT, Ltd IND. Dist: Independent Pubs. Group.

Ecosystem Architects. Martha London. 2020. (Team Earth Ser.). (ENG., Illus.). 48p. (J). (gr. 4-5). pap. 11.95 *(978-1-64494-326-7(3)*, 1644943263, Core Library) ABDO Publishing Co.

Ecosystem Architects: Animals Building Incredible Structures. Martha London. 2019. (Team Earth Ser.). (ENG., Illus.). 48p. (J). (gr. 4-8). lib. bdg. 35.64 *(978-1-5321-9099-5(9)*, 33708) ABDO Publishing Co.

Ecosystem Facts That You Should Know - the Desert & Grasslands Edition - Nature Picture Books Children's Nature Books. Baby Professor. 2017. (ENG., Illus.). (J). pap. 8.79 *(978-1-5419-4025-3(3)*, Baby Professor (Education Kids)) Speedy Publishing LLC.

Ecosystem Facts That You Should Know - the Forests Edition - Nature Picture Books Children's Nature Books. Baby Professor. 2017. (ENG., Illus.). (J). pap. 8.79 *(978-1-5419-4027-7(X)*, Baby Professor (Education Kids)) Speedy Publishing LLC.

Ecosystem Facts That You Should Know - the Fresh & Saltwater Edition - Nature Picture Books Children's Nature Books. Baby Professor. 2017. (ENG., Illus.). (J). pap. 8.79 *(978-1-5419-4028-4(8)*, Baby Professor (Education Kids)) Speedy Publishing LLC.

Ecosystem Facts That You Should Know - the Savanna & Tundra Edition - Nature Picture Books Children's Nature Books. Baby Professor. 2017. (ENG., Illus.). (J). pap. 8.79 *(978-1-5419-4026-0(1)*, Baby Professor (Education Kids)) Speedy Publishing LLC.

Ecosystems. Annabel Griffin. 2021. (One Planet Ser.). (ENG., Illus.). 32p. (J). (gr. 4-6). lib. bdg. 29.32 *(978-1-914087-01-1(1)*, 8613b5b3-e55d-4d48-aa1a-369265a4d874, Hungry Tomato (r)) Lerner Publishing Group.

Ecosystems. Mary Lindeen. 2017. (Beginning-To-Read Ser.). (ENG.). 32p. (J). (gr. k-2). pap. 13.26 *(978-1-68404-097-1(3))*; (Illus.). 22.60 *(978-1-59953-878-5(4))* Norwood Hse. Pr.

Ecosystems. Martha London. 2021. (Discover Biology Ser.). (ENG., Illus.). 32p. (J). (gr. 2-5). lib. bdg. 34.21 *(978-1-5321-9531-0(1)*, 37512, Kids Core) ABDO Publishing Co.

Ecosystems. Gillian Richardson. 2016. (J). *(978-1-5105-2235-0(2))* SmartBook Media, Inc.

Ecosystems & How They Work. Julie K. Lundgren. 2022. (Animals in Their World Ser.). (ENG.). 24p. (J). (gr. k-2). pap. *(978-1-0396-6186-8(6)*, 19260); lib. bdg. *(978-1-0396-5991-9(8)*, 19259) Crabtree Publishing Co.

Ecosystems & Species: The Web of Nature (the Foundations of Science) Contrib. by Timothy Polnaszek. 2023. (ENG., Illus.). 144p. (J). (gr. 1-5). pap. 29.95 ***(978-1-5051-2866-6(8)***, 3183) TAN Bks.

Ecosystems & Species: The Web of Nature Workbook (the Foundations of Science) Timothy Polnaszek. 2023. (ENG.). 128p. (J). (gr. 1-5). pap. 14.95 **(978-1-5051-2867-3(6)**, 3184) TAN Bks.

Ecotarian Kids(tm) & the Big Four. Toni Toney. Illus. by Jennah Sekaz. 2019. (ENG.). 48p. (J). 21.99 *(978-1-5456-6961-7(9))* Salem Author Services.

Ecrits d'un Homme en Rémission. Gabriel Elhouch. 2021. (FRE.). 93p. (YA). pap. **(978-1-008-95996-5(0))** Lulu Pr., Inc.

Ecstasy: A Study of Happiness; a Novel. Louis Couperus & Alexander Teixeira De Mattos. 2017. (ENG., Illus.). (J). pap. *(978-0-649-56829-1(X))* Trieste Publishing Pty Ltd.

Ecstasy: A Study of Happiness, a Novel (Classic Reprint) Louis Couperus. 2018. (ENG., Illus.). 252p. (J). 29.09 *(978-0-483-77753-8(6))* Forgotten Bks.

Ecstasy & MDMA Abuse, 1 vol. Jennifer Peters. 2018. (Overcoming Addiction Ser.). (ENG., Illus.). 64p. (J). (gr. 7-7). 36.13 *(978-1-5081-7941-2(7)*, 90bf3065-65b1-40f2-ae34-ea1d0e36d45f) Rosen Publishing Group, Inc., The.

Ecuador, 1 vol. Lisa Idzikowski. 2020. (Exploring World Cultures (First Edition) Ser.). (ENG.). 32p. (gr. 3-3). pap. 12.16 *(978-1-5026-5669-8(8)*, 13d1abba-a136-4f8b-b174-59c62480d7b1) Cavendish Square Publishing LLC.

Ecuador. Michelle Lomberg. 2016. (Illus.). 32p. (J). *(978-1-4896-5408-3(9))* Weigl Pubs., Inc.

Ecuador. Joyce L. Markovics. (Los Países de Donde Venimos/Countries We Come From Ser.). (Illus.). 32p. (J). 2019. (SPA.). (gr. k-3). 19.95 *(978-1-64280-229-0(8))*; 2016. (ENG., (gr. -1-3). 28.50 *(978-1-944102-71-5(X))* Bearport Publishing Co., Inc.

Ecuador, 1 vol. Erin Foley et al. 3rd rev. ed. 2016. (Cultures of the World (Third Edition)(r) Ser.). (ENG., Illus.). 144p. (gr. 5-5). 48.79 *(978-1-5026-1701-9(3)*, 91869a3b-0cd3-4706-8c03-5ed6d40468b7) Cavendish Square Publishing LLC.

Ed... a Newf's Story. Tara Whalen. 2021. (ENG.). 32p. (J). pap. 16.95 *(978-1-64544-438-1(4))* Page Publishing Inc.

Ed & Brenda's Big Adventures. Emma Cary & Fee Ainsworth. 2019. (ENG.). 24p. (J). (gr. -1-k). 21.99 *(978-0-6485557-7-3(1)*, Brolly Bks.) Borghesi & Adam Pubs. Pty Ltd AUS. Dist: Independent Pubs. Group.

Ed & Kip. Kay Chorao. ed. 2018. (I Like to Read Ser.). (ENG.). 27p. (J). (gr. -1-1). 10.00 *(978-1-64310-693-9(7))* Penworthy Co., LLC, The.

Ed Emberley's How to Draw Monsters & More Scary Stuff. Ed Emberley. 2018. (ENG., Illus.). 64p. (J). (gr. 2-17). 10.99 *(978-0-316-44344-9(1))* Little, Brown Bks. for Young Readers.

Ed (or Fred) the Indecisive Donkey. Josh Bryer. Illus. by Isabelle Ford. 2019. (ENG.). 24p. (J). (gr. -1-1). pap. *(978-0-6487204-2-3(X))* Agency23.

Ed Sheeran. Tammy Gagne. 2017. lib. bdg. 25.70 *(978-1-68020-129-1(8))* Mitchell Lane Pubs.

Ed Sheeran. Emma Huddleston. 2020. (Biggest Names in Music Ser.). (ENG., Illus.). 32p. (J). (gr. 3-5). pap. 9.95 *(978-1-64493-647-4(X)*, 164493647X); lib. bdg. 31.35 *(978-1-64493-638-2(0)*, 1644936380) North Star Editions. (Focus Readers).

Ed Sheeran. Katie Lajiness. 2017. (Big Buddy Pop Biographies Set 3 Ser.). (ENG.). 32p. (J). (gr. 2-5). lib. bdg. 34.21 *(978-1-5321-1218-8(1)*, 27570, Big Buddy Bks.) ABDO Publishing Co.

Ed Sheeran. Rachel Seigel. 2018. (Superstars! Ser.). (ENG., Illus.). 32p. (J). (gr. 4-4). *(978-0-7787-4832-8(4))*; pap. *(978-0-7787-4847-2(2))* Crabtree Publishing Co.

Ed Sheeran: Singer-Songwriter, 1 vol. Kristen Rajczak Nelson. 2018. (Junior Biographies Ser.). (ENG.). 24p. (gr. 3-4). 24.27 *(978-0-7660-9727-8(7)*, 5672c608-83d6-409d-8903-75430b9efa9f) Enslow Publishing, LLC.

Ed the Elf. David Bulmer. Illus. by Evee Lees. 2020. (ENG.). 48p. (J). pap. *(978-1-83975-145-5(2))* Grosvenor Hse. Publishing Ltd.

Edad Media. Renzo Barsotti. 2019. (SPA.). 40p. (J). 13.99 *(978-84-9786-684-2(3))* Edimat Libros, S. A. ESP. Dist: Lectorum Pubns., Inc.

Edam & Pasta's Bicycle Adventure. Adam Birchweaver & Pascia Birchweaver. 2023. (ENG.). 50p. (J). pap. 9.69 **(978-1-312-52182-7(1))** Lulu Pr., Inc.

Edda's Birthright: A Novel (Classic Reprint) Harriet Lewis. 2017. (ENG., Illus.). (J). 35.94 *(978-0-331-17178-5(3))*; pap. 19.57 *(978-0-265-00928-4(6))* Forgotten Bks.

Eddie Bauer: Down Jacket Developer. Rebecca Felix. 2017. (First in Fashion Ser.). (ENG., Illus.). 32p. (J). (gr. 3-6). lib. bdg. 32.79 *(978-1-5321-1073-3(1)*, 25722, Checkerboard Library) ABDO Publishing Co.

Eddie Gets a Fright! Little Stories, Big Lessons. Jacqui Shepherd. 2018. (Animal Adventures Ser.). (ENG., Illus.). 32p. (J). (gr. k-6). pap. *(978-1-77008-949-5(7))* Awareness Publishing.

Eddie in the Zoo. Kat Howarth. 2020. (ENG., Illus.). 44p. (J). pap. *(978-1-5289-1377-5(9))* Austin Macauley Pubs. Ltd.

Eddie Motion & the Tangible Magik. Suzanne de Malplaquet. 2017. v, 183p. pap. 13.99 *(978-1-62747-183-1(9))* Tom Bird Retreats, Inc.

Eddie Red Undercover: Doom at Grant's Tomb. Marcia Wells. Illus. by Marcos Calo. 2017. (Eddie Red Undercover Ser.: 3). (ENG.). 208p. (J). (gr. 5-7). pap. 7.99 *(978-0-544-93733-8(3)*, 1658347, Clarion Bks.) HarperCollins Pubs.

Eddie Red Undercover: Mystery in Mayan Mexico. Marcia Wells. Illus. by Marcos Calo. 2016. (Eddie Red Undercover Ser.: 2). (ENG.). 224p. (J). (gr. 5-7). pap. 7.99 *(978-0-544-66850-8(2)*, 1625472, Clarion Bks.) HarperCollins Pubs.

Eddie Spaghetti. Rutu Modan. 2019. (ENG., Illus.). 24p. (J). 12.99 *(978-1-68396-177-2(3)*, 683177) Fantagraphics Bks.

Eddie the Bully. Henry Cole. 2016. (ENG., Illus.). 40p. (J). (gr. -1-3). 17.99 *(978-1-4998-0181-1(5))* Little Bee Books Inc.

Eddie the Electron Moves Out. Melissa Rooney. Illus. by Harry Pulver, Jr. 2017. (Eddie the Electron Ser.: 2). (ENG.). 27p. (J). (gr. 5-7). pap. 12.99 *(978-1-944995-14-0(5))* Amberjack Publishing Co.

Eddie the Elephant & Me. Jack Spencer. Illus. by T. W. Pierce. 2020. (ENG.). 20p. (J). pap. 12.95 *(978-1-6624-1424-4(2))* Page Publishing Inc.

Eddie the Elf. James F. Park. 2018. (ENG.). 100p. (J). pap. **(978-0-244-12621-6(6))** Lulu Pr., Inc.

Eddie the Fox Goes to London: Children's Travel Book Series. Yasar Zangenberg. 2018. (Children's Travel Book Ser.: Vol. 1). (ENG., Illus.). 48p. (J). pap. *(978-82-92944-16-5(8))* Acanexus Publishing.

Eddie the Gobbler. Edward Lee Rocha. Illus. by Sara Reyes. 2021. (ENG.). 30p. (J). 12.99 *(978-1-0879-8261-8(8))* Indy Pub.

Eddie the Squirrel: My Nutty Family's Thanksgiving Traditions. Suzanne Hill. 2018. (ENG., Illus.). 34p. (J). pap. 12.99 *(978-1-949609-62-2(6))* Pen It Pubns.

Eddie, the Stubborn Elephant: A Story about the Importance of Listening. Tricia Service. 2020. (ENG.). 32p. (J). *(978-0-2288-1566-2(5))*; pap. *(978-0-2288-1565-5(7))* Tellwell Talent.

Eddie Versus the Shadow Shifters: In the Battle for Christmas. Brandon Stevenson. 2017. (ENG., Illus.). (J). pap. 10.99 *(978-0-692-93725-9(0))* Monkey Brain Factory.

Eddie Whatever. Lois Ruby. 2023. (ENG.). 264p. (J). (gr. 5-8). pap. 12.99 Lerner Publishing Group.

Eddie's Big Day. J. C. Hart. Illus. by Iva Pazin. 2022. (ENG.). 26p. (J). pap. **(978-0-6454894-0-8(9))** Hart, J.C.

Eddie's Big Day. J. C. Hart & Iva Pazin. 2022. (ENG.). 26p. (J). **(978-0-6454894-2-2(5))** Hart, J.C.

Eddison Pie: Can You Give It Another Try? Carra Robertson. Illus. by Kelson Steele. 2021. (Superhero Social Skills Ser.). (ENG.). 34p. (J). pap. 11.99 *(978-1-7354435-3-9(0))* Robertson, Carra.

Eddy the Talking Toothbrush. Donna Alt. 2022. (ENG., Illus.). 24p. (J). pap. 12.95 *(978-1-64531-994-8(6))* Newman Springs Publishing, Inc.

Edee & Penguine. Megan Broome. 2020. (ENG.). 34p. (J). pap. *(978-1-5289-2708-6(7))* Austin Macauley Pubs. Ltd.

Edelaine's Folly: Book One of the Idoramin Chronicles. Morigan Shaw. 2017. (Idoramin Chronicles Ser.). (ENG.). 326p. (YA). pap. 14.00 *(978-1-0879-3838-7(4))* Indy Pub.

Edelweiß: Eine Erzählung (Classic Reprint) Berthold Auerbach. 2018. (GER., Illus.). (J). 408p. 32.31 *(978-0-366-11832-8(3))*; 410p. pap. 16.57 *(978-0-365-94201-6(4))* Forgotten Bks.

Edelweiss: A Story (Classic Reprint) Berthold Auerbach. 2017. (ENG., Illus.). (J). 30.52 *(978-0-331-86533-2(5))*; pap. 13.57 *(978-0-243-10434-5(0))* Forgotten Bks.

Edelweiss: Eine Erzählung (Classic Reprint) Berthold Auerbach. 2018. (GER., Illus.). 422p. (J). 32.60 *(978-0-364-98286-0(1))* Forgotten Bks.

Edelweiss of the Sierras, Golden-Rod & Other Tales (Classic Reprint) Burton Harrison. 2018. (ENG., Illus.). 224p. (J). 28.52 *(978-0-483-79347-7(7))* Forgotten Bks.

Edelweiss Pirates. Jennifer Elvgren. Illus. by Daniela Stamatiadi. 2018. (ENG.). 32p. (J). (gr. 3-6). 12.99 *(978-1-5124-8360-4(5)*, 791f516e-7c1a-4768-8987-e9aa55d662c7, Kar-Ben Publishing) Lerner Publishing Group.

Eden: Dogma School of Magic & Flight. S. T. Anderson. 2017. (ENG., Illus.). (YA). pap. 16.99 *(978-1-947426-93-1(1))* Winters Publishing Group.

Eden at the Edge of Midnight. John Kerry. 2nd ed. 2018. (Vara Volumes Ser.: Vol. 1). (ENG., Illus.). 388p. (YA). (gr. 7-12). pap. *(978-0-9572389-4-7(0))* EATEOM Publishing, Ltd.

Eden Chronicles Book Set, Books 1-3. James Erith. 2018. (Eden Chronicles Ser.: Vol. 123). (ENG., Illus.). 778p. (YA). (gr. 7-12). pap. *(978-1-910134-16-0(3))* Jerico Pr.

Eden Conquered. Joelle Charbonneau. (ENG.). (YA). (gr. 8). 2019. 432p. pap. 10.99 *(978-0-06-245388-4(2))*; 2018. 320p. 17.99 *(978-0-06-245387-7(4))* HarperCollins Pubs. (HarperTeen).

Eden Conspiracy. C. A. Gray. 2020. (ENG.). 274p. (J). pap. 14.99 *(978-1-6781-6884-1(X))* Lulu Pr., Inc.

Eden vs the Baby. Liahona Hunt. 2017. (ENG.). (J). 14.95 *(978-1-68401-378-4(X))* Amplify Publishing Group.

Eden's Everdark. Karen Strong. 2022. (ENG., Illus.). 272p. (J). (gr. 3-7). 17.99 *(978-1-6659-0447-6(X)*, Simon & Schuster Bks. For Young Readers) Simon & Schuster Bks. For Young Readers.

Eden's Secret Garden. Alyse Mader. Illus. by Kasia Jakubowska. 2020. (ENG.). 26p. (J). pap. 12.99 *(978-1-63732-653-4(X))* Primedia eLaunch LLC.

Edexcel GCSE 9-1 Business All-In-One Complete Revision & Practice: Ideal for the 2024 & 2025 Exams. Collins GCSE. ed. 2017. (ENG.). 232p. (YA). (gr. 9-11). pap. 16.99 *(978-0-00-822739-5(X))* HarperCollins Pubs. Ltd. GBR. Dist: Independent Pubs. Group.

Edexcel GCSE 9-1 Maths Foundation Grade Booster (Grades 3-5) Ideal for Home Learning, 2021 Assessments & 2022 Exams. Collins GCSE. 2017. (ENG.). 144p. (J). (gr. 3-5). pap. 8.99 *(978-0-00-822735-7(7))* HarperCollins Pubs. Ltd. GBR. Dist: Independent Pubs. Group.

Edexcel GCSE 9-1 Maths Foundation Practice Papers: Ideal for the 2024 & 2025 Exams. Collins GCSE. 2019. (ENG.). 112p. (gr. 8-11). pap. 10.95 *(978-0-00-832148-2(5))* HarperCollins Pubs. Ltd. GBR. Dist: Independent Pubs. Group.

Edexcel GCSE 9-1 Maths Higher Practice Papers: Ideal for the 2024 & 2025 Exams. Collins GCSE. 2019. (ENG.). 112p. (gr. 8-11). pap. 10.95 *(978-0-00-832149-9(3))* HarperCollins Pubs. Ltd. GBR. Dist: Independent Pubs. Group.

Edexcel Maths a Level Year 1 (and AS) All-In-One Complete Revision & Practice: Ideal for Home Learning, 2023 & 2024 Exams (Collins a Level Revision) Collins A-level. 2018. (ENG.). 240p. (YA). (gr. 7). pap. 19.99 *(978-0-00-826851-0(7))* HarperCollins Pubs. Ltd. GBR. Dist: Independent Pubs. Group.

Edgar: The Mouse Who Left His Field & Discovered the Ocean. Ruth Van Vierzen. Illus. by Anda Ansheen. 2018. (ENG.). 38p. (J). (gr. k-3). *(978-1-7752047-1-8(5))*; pap. *(978-1-7752047-2-5(3))* Vierzen, Ruth van.

Edgar Allan Poe: A Collection of Stories Novel Units Student Packet. Novel Units. 2019. (ENG.). (YA). pap. 13.99 *(978-1-58130-510-4(9)*, Novel Units, Inc.) Classroom Library Co.

Edgar Allan Poe: A Collection of Stories Novel Units Teacher Guide. Novel Units. 2019. (ENG.). (YA). pap. 12.99 *(978-1-58130-509-8(5)*, Novel Units, Inc.) Classroom Library Co.

Edgar Allan Poe, Cuentos de Terror Contados para Niños. Edgar Poe. 2017. (Brújula y la Veleta Ser.). (SPA.). 64p. (J). (gr. 4-7). pap. 9.95 *(978-987-718-357-3(9))* Ediciones Lea S.A. ARG. Dist: Independent Pubs. Group.

Edgar Allan Poe's Tales of Terror. Edgar Allan Poe et al. 2021. (ENG.). 144p. (YA). pap. 19.95 *(978-0-9963888-0-1(X)*, ec5daf4d-265c-4158-b830-006e6a6f96e7) Eureka Productions.

Edgar & Elouise - Sagas 1 & 2: For 9 to 90 Year Olds. Sue Johnson. Illus. by Peter Loebel. 2022. (ENG.). 100p. (J). **(978-1-0391-5056-0(X))**; pap. **(978-1-0391-5055-3(1))** FriesenPress.

Edgar Chirrup (Classic Reprint) Peggy Webling. (ENG., Illus.). (J). 2018. 378p. 31.71 *(978-0-484-59993-1(3))*; 2016. pap. 16.57 *(978-1-334-15923-7(8))* Forgotten Bks.

Edgar Clifton, or Right & Wrong: A Story of School Life (Classic Reprint) Charlotte Adams. (ENG., Illus.). (J). 2018. 426p. 32.70 *(978-0-656-39690-0(3))*; 2017. pap. 16.57 *(978-0-243-99240-9(8))* Forgotten Bks.

Edgar G. Frog & the Yellow Paint. Linda D. Washington. 2019. (Pray & Learn with Edgar G. Frog Ser.). (ENG., Illus.). 20p. (J). pap. 7.95 **(978-1-946904-14-0(7))** Products & Activities for Christian Education (PACE) LTD.

Edgar the Brave. Frank Rose. 2017. (ENG., Illus.). 94p. (J). *(978-0-244-90169-1(4))* Lulu Pr., Inc.

Edgar the Crow. Ricky Tweets. 2021. (Ricky Tweets Feathered Friend Adventures Ser.: 1). 44p. (J). pap. 16.49 *(978-1-0983-4112-1(0))* BookBaby.

Edgar the Farting Dragon. Lisa K. Greenwood. Illus. by John J. Donnelly. 2018. (ENG.). 38p. (J). (gr. k-3). 19.95 *(978-0-692-08066-5(X))* Greenwood, Lisa K.

Edgar the Lonely Electron. Benedict Maresca. 2021. (ENG.). 18p. (J). pap. 9.99 *(978-1-956010-16-9(5))* Rushmore Pr. LLC.

Edgar to the Rescue! Carol McGinnis-Yeje. 2020. (ENG.). 102p. (J). pap. 43.50 *(978-1-6781-3468-6(6))*; pap. 44.50 *(978-1-6781-3516-4(X))* Lulu Pr., Inc.

Edgar, Vol. 2 Of 3: A National Tale (Classic Reprint) Miss Appleton. (ENG., Illus.). (J). 2018. 282p. 29.71 *(978-0-484-64830-1(6))*; 2016. pap. 13.57 *(978-1-333-72889-2(1))* Forgotten Bks.

Edgar Wallace-Krimis: 78 Titel in Einem Band (Vollständige Deutsche Ausgaben) (Band 1/8) Edgar Wallace. 2017. (GER., Illus.). 644p. (YA). pap. *(978-80-268-5650-4(3))* E-Artnow.

Edgar Wallace-Krimis: 78 Titel in Einem Band (Vollständige Deutsche Ausgaben) (Band 2/8) Edgar Wallace. 2017. (GER., Illus.). 740p. (YA). pap. *(978-80-268-6174-4(4))* E-Artnow.

Edgar Wallace-Krimis: 78 Titel in Einem Band (Vollständige Deutsche Ausgaben) (Band 3/8) Edgar Wallace. 2017. (GER., Illus.). 708p. (YA). pap. *(978-80-268-6271-0(6))* E-Artnow.

Edgar Wallace-Krimis: 78 Titel in Einem Band (Vollständige Deutsche Ausgaben) (Band 4/8) Edgar Wallace. 2017. (GER., Illus.). 704p. (YA). pap. *(978-80-268-5794-5(1))* E-Artnow.

Edgar Wallace-Krimis: 78 Titel in Einem Band (Vollständige Deutsche Ausgaben) (Band 5/8) Edgar Wallace. 2017. (GER., Illus.). 684p. (YA). pap. *(978-80-268-5821-8(2))* E-Artnow.

Edgar Wallace-Krimis: 78 Titel in Einem Band (Vollständige Deutsche Ausgaben) (Band 6/8) Edgar Wallace. 2017. (GER., Illus.). 688p. (YA). pap. *(978-80-268-5660-3(0))* E-Artnow.

Edgar Wallace-Krimis: 78 Titel in Einem Band (Vollständige Deutsche Ausgaben) (Band 7/8) Edgar Wallace. 2017. (GER., Illus.). 684p. (YA). pap. *(978-80-268-6077-8(2))* E-Artnow.

Edgar Wallace-Krimis: 78 Titel in Einem Band (Vollständige Deutsche Ausgaben) (Band 8/8) Edgar Wallace. 2017. (GER., Illus.). 636p. (YA). pap. *(978-80-268-5563-7(9))* E-Artnow.

Edgar's Journey. Marion L. Dennis. 2017. (ENG., Illus.). (J). pap. 12.45 *(978-1-4808-4539-8(6))* Archway Publishing.

Edgar's Speech Lessons. Brad Imbody et al. 2021. (ENG., Illus.). 34p. (J). pap. 11.95 *(978-1-0980-8848-4(4))* Christian Faith Publishing.

Edge. Melissa A. Craven. 2020. (ENG.). 170p. (YA). 16.99 *(978-1-970052-07-7(4))* United Bks. Publishing.

Edge. Roland Smith. 2016. (Peak Marcello Adventure Ser.: 2). (ENG.). 240p. (YA). (gr. 7). pap. 7.99 *(978-0-544-81354-0(5)*, 1641953, Clarion Bks.) HarperCollins Pubs.

Edge. Ronald L. Smith. ed. 2016. lib. bdg. 18.40 *(978-0-606-38911-2(3))* Turtleback.

Edge: A Novel (Classic Reprint) John Corbin. 2018. (ENG., Illus.). 18p. (J). 32.41 *(978-0-483-19749-7(1))* Forgotten Bks.

EDGE - Dream to Win: Leo Messi. Roy Apps. 2017. (EDGE - Dream to Win Ser.). (ENG.). 48p. (J). (gr. 2-4). pap. 9.99 *(978-1-4451-4145-9(0)*, Franklin Watts) Hachette Children's Group GBR. Dist: Hachette Bk. Group.

EDGE - Dream to Win: Louis Smith. Roy Apps. 2017. (EDGE - Dream to Win Ser.). (ENG.). 48p. (J). (gr. 2-4). pap. 9.99 *(978-1-4451-4092-6(6)*, Franklin Watts) Hachette Children's Group GBR. Dist: Hachette Bk. Group.

EDGE - Dream to Win: Nicola Adams. Roy Apps. 2017. (EDGE - Dream to Win Ser.). (ENG.). 48p. (J). (gr. 2-4). pap. 9.99 *(978-1-4451-4136-7(1)*, Franklin Watts) Hachette Children's Group GBR. Dist: Hachette Bk. Group.

EDGE: I HERO: Monster Hunter: Vampire. Steve Barlow & Steve Skidmore. Illus. by Paul Davidson. 2019. (EDGE: I HERO: Monster Hunter Ser.). (ENG.). 64p. (J). (gr. 1-5). pap., pap. 9.99 **(978-1-4451-5936-2(8)**, Franklin Watts) Hachette Children's Group GBR. Dist: Hachette Bk. Group.

Edge of Annihilation. Brady Helkenn. 2019. (ENG.). 168p. (J). pap. 7.99 *(978-1-7340909-0-1(1))* Helkenn, Brady.

Edge of Anything. Nora Shalaway Carpenter. 2022. (ENG.). 384p. (YA). (gr. 8-17). pap. 10.99 *(978-0-7624-6755-6(X)*, Running Pr. Kids) Running Pr.

Edge of Awake. Ginna Moran. 2018. (Destined for Dreams Ser.: Vol. 3). (ENG., Illus.). 332p. (YA). (gr. 9-12). pap. 9.99 *(978-1-942073-43-7(7))* Sunny Palms Pr.

Edge of Being. James Brandon. 2022. 304p. (YA). (gr. 7). 18.99 *(978-0-525-51767-2(7)*, Nancy Paulsen Books) Penguin Young Readers Group.

Edge of Brilliance. Susan Traugh. 2016. (ENG., Illus.). 210p. (YA). pap. *(978-1-78686-005-7(8))* Totally Entwinded Group.

Edge of Empire (Classic Reprint) Joan Sutherland. (ENG., Illus.). (J). 2018. 334p. 30.79 *(978-0-484-59013-6(8))*; 2016. pap. 13.57 *(978-1-333-37221-7(3))* Forgotten Bks.

Edge of Everything. Jeff Giles. ed. 2018. (YA). lib. bdg. 22.10 *(978-0-606-41079-3(1))* Turtleback.

Edge of Everywhen. A. S. Mackey. 2020. (ENG.). 240p. (J). (gr. 3-9). pap. 14.99 *(978-1-5359-9261-9(1)*, 005821687, B&H Kids) B&H Publishing Group.

Edge of Extinction #1: the Ark Plan. Laura Martin. Illus. by Eric Deschamps. 2017. (Edge of Extinction Ser.: 1). (ENG.). 384p. (J). (gr. 3-7). pap. 6.99 *(978-0-06-241623-0(5)*, HarperCollins) HarperCollins Pubs.

Edge of Extinction #2: Code Name Flood. Laura Martin. Illus. by Eric Deschamps. 2018. (Edge of Extinction Ser.: 2). (ENG.). 368p. (J). (gr. 3-7). pap. 7.99 *(978-0-06-241626-1(X)*, HarperCollins) HarperCollins Pubs.

Edge of Falling. Rebecca Serle. 2021. (ENG.). 304p. (YA). (gr. 9). pap. 12.99 *(978-1-5344-8803-8(0)*, Simon & Schuster Bks. For Young Readers) Simon & Schuster Bks. For Young Readers.

Edge of Great (Julie & the Phantoms, Season One Novelization) Micol Ostow. 2020. (ENG., Illus.). 208p. (J). (gr. 3-7). pap. 7.99 *(978-1-338-71337-4(X))* Scholastic, Inc.

Edge of Hazard (Classic Reprint) George Horton. 2018. (ENG., Illus.). 452p. (J). 33.20 *(978-0-332-94634-4(7))* Forgotten Bks.

Edge of Honesty (Classic Reprint) Charles Gleig. 2017. (ENG., Illus.). (J). 398p. 32.11 *(978-0-484-90847-4(2))*; pap. 16.57 *(978-0-259-10215-1(6))* Forgotten Bks.

Edge of in Between. Lorelei Savaryn. 2022. (ENG.). 304p. (J). (gr. 3-7). 17.99 *(978-0-593-20209-8(0)*, Viking Books for Young Readers) Penguin Young Readers Group.

Edge of Nowhere. C. H. Armstrong. 2019. (ENG.). 272p. (YA). pap. 16.99 *(978-1-77168-161-2(6))* Central Avenue Publishing CAN. Dist: Independent Pubs. Group.

Edge of over There. Shawn Smucker. 2019. (ENG.). 384p. (YA). pap. 18.00 *(978-0-8007-3541-8(2))* Revell.

Edge of the Abyss. Emily Skrutskie. 2017. (Abyss Ser.). (ENG., Illus.). 296p. (YA). (gr. 9-12). pap. 11.99 *(978-1-63583-000-2(1)*, 1635830001, Flux) North Star Editions.

Edge of the Abyss. Emily Skrutskie. ed. 2017. lib. bdg. 23.30 *(978-0-606-40232-3(2))* Turtleback.

Edge of the Desert (Classic Reprint) Ianthe Dunbar. 2018. (ENG., Illus.). 172p. (J). 27.46 *(978-0-666-92390-5(6))* Forgotten Bks.

Edge of the Galaxy: 30 Faith-Filled Adventures. Brock Eastman. 2023. (ENG., Illus.). 240p. (J). pap. 15.99 *(978-1-64607-067-1(4)*, 20_42674) Focus on the Family Publishing.

Edge of the Ocean, 2. L. D. Lapinski. ed. 2022. (Strangeworlds Travel Agency Ser.). (ENG.). 359p. (J). (gr. 3-7). 19.96 **(978-1-68505-727-5(6))** Penworthy Co., LLC, The.

Edge of the Ocean. L. D. Lapinski. (Strangeworlds Travel Agency Ser.: 2). (ENG.). (J). (gr. 3-7). 2022. 384p. pap. 8.99 *(978-1-5344-8355-2(1))*; 2021. (Illus.). 368p. 17.99 *(978-1-5344-8354-5(3))* Simon & Schuster Children's Publishing. (Aladdin).

Edge of the Sky. Caroline Ann Coe. 2017. (ENG., Illus.). 58p. (J). pap. *(978-1-326-93002-8(8))* Lulu Pr., Inc.

Edge of the World: Paladero Book 3, Volume 3. Steven Lochran. 2019. (Paladero Ser.: 3). (ENG., Illus.). 352p. (J). (gr. 5-7). pap. 11.99 *(978-1-76012-472-4(9))* Hardie Grant Children?s Publishing AUS. Dist: Independent Pubs. Group.

Edge of the World (Classic Reprint) Edith Blinn. 2017. (ENG., Illus.). (J). 30.62 *(978-0-266-19714-0(0))* Forgotten Bks.

Edge of Things (Classic Reprint) Elia Wilkinson Peattie. (ENG., Illus.). (J). 2018. 266p. 29.40 *(978-0-364-45301-8(X))*; 2017. pap. 11.97 *(978-0-282-58163-3(4))* Forgotten Bks.

Edge Rules. Melanie Hooyenga. 2018. (Rules Ser.: Vol. 3). (ENG.). 300p. (YA). (gr. 7-12). pap. 15.99 *(978-0-692-04449-0(3))* Melanie Hooyenga.

EDGE: Sporting Heroes: Cristiano Ronaldo. Roy Apps. Illus. by Alessandro Valdrighi. 2019. (EDGE: Sporting Heroes Ser.). (ENG.). 48p. (J). (gr. 2-7). pap. 9.99 *(978-1-4451-5321-6(1)*, Franklin Watts) Hachette Children's Group GBR. Dist: Hachette Bk. Group.

EDGE: Sporting Heroes: Fara Williams. Roy Apps. Illus. by Alessandro Valdrighi. 2019. (EDGE: Sporting Heroes Ser.). (ENG.). 48p. (J). (gr. 2-7). pap. 9.99 *(978-1-4451-5329-2(7)*, Franklin Watts) Hachette Children's Group GBR. Dist: Hachette Bk. Group.

EDGE: Sporting Heroes: Greg Rutherford. Roy Apps. Illus. by Alessandro Valdrighi. 2019. (EDGE: Sporting Heroes Ser.). (ENG.). 48p. (J). (gr. 2-7). pap. 9.99 *(978-1-4451-5337-7(8)*, Franklin Watts) Hachette Children's Group GBR. Dist: Hachette Bk. Group.

EDGE: Sporting Heroes: Harry Kane. Roy Apps. Illus. by Alessandro Valdrighi. 2019. (EDGE: Sporting Heroes Ser.). (ENG.). 48p. (J). (gr. 2-7). pap. 9.99 *(978-1-4451-5213-4(4)*, Franklin Watts) Hachette Children's Group GBR. Dist: Hachette Bk. Group.

EDGE: Sporting Heroes: Jamie Vardy. Roy Apps. Illus. by Alessandro Valdrighi. 2019. (EDGE: Sporting Heroes Ser.). (ENG.). 48p. (J). (gr. 2-7). pap. 9.99 *(978-1-4451-5325-4(4)*, Franklin Watts) Hachette Children's Group GBR. Dist: Hachette Bk. Group.

EDGE: Sporting Heroes: Jamie Vardy. Roy Apps. ed. 2017. (EDGE: Sporting Heroes Ser.). (ENG., Illus.). 48p. (J). (gr. 2-7). 12.99 *(978-1-4451-5322-3(X)*, Franklin Watts) Hachette Children's Group GBR. Dist: Hachette Bk. Group.

E

EDGE: Sporting Heroes: Serena Williams. Roy Apps. Illus. by Alessandro Valdrighi. 2019. (EDGE: Sporting Heroes Ser.). (ENG.). 48p. (J). (gr. 2-7). pap. 9.99 *(978-1-4451-5341-4(6)*, Franklin Watts) Hachette Children's Group GBR. Dist: Hachette Bk. Group.

EDGE: Sporting Heroes: Serena Williams. Roy Apps. 2018. (EDGE: Sporting Heroes Ser.). (ENG.). 48p. (J). (gr. 2-4). 12.99 *(978-1-4451-5338-4(6)*, Franklin Watts) Hachette Children's Group GBR. Dist: Hachette Bk. Group.

EDGE: Stat Attack: Awesome Animals: Facts, Stats & Quizzes. Tracey Turner. 2018. (EDGE: Stat Attack Ser.). (ENG.). 32p. (J). (gr. 2-4). pap. 11.99 *(978-1-4451-2754-5(7)*, Franklin Watts) Hachette Children's Group GBR. Dist: Hachette Bk. Group.

EDGE: Tommy Donbavand's Funny Shorts: Dinner Ladies of Doooooom! Tommy Donbavand. Illus. by Kevin Myers. ed. 2018. (EDGE: Tommy Donbavand's Funny Shorts Ser.). (ENG.). 64p. (J). (gr. 2-4). 12.99 *(978-1-4451-5385-8(8)*, Franklin Watts) Hachette Children's Group GBR. Dist: Hachette Bk. Group.

EDGE: Tommy Donbavand's Funny Shorts: Granny Bit My Bum! Tommy Donbavand. 2016. (EDGE: Tommy Donbavand's Funny Shorts Ser.). (ENG.). 64p. (J). (gr. 1-3). 12.99 *(978-1-4451-4617-1(7)*, Franklin Watts) Hachette Children's Group GBR. Dist: Hachette Bk. Group.

EDGE: Tommy Donbavand's Funny Shorts: There's a Time Portal in My Pants! Tommy Donbavand. Illus. by Alice Risi. ed. 2018. (EDGE: Tommy Donbavand's Funny Shorts Ser.). (ENG.). 64p. (J). (gr. 2-4). 12.99 *(978-1-4451-5388-9(2)*, Franklin Watts) Hachette Children's Group GBR. Dist: Hachette Bk. Group.

EDGE: Tommy Donbavand's Funny Shorts: Viking Kong. Tommy Donbavand. ed. 2016. (EDGE: Tommy Donbavand's Funny Shorts Ser.). (ENG., Illus.). 64p. (J). (gr. 2-4). 12.99 *(978-1-4451-4673-7(8)*, Franklin Watts) Hachette Children's Group GBR. Dist: Hachette Bk. Group.

Edgeland. Jake Halpern & Peter Kujawinski. 2018. (ENG., Illus.). 288p. (J). (gr. 5). 8.99 *(978-0-14-751741-8(9)*, Puffin Books) Penguin Young Readers Group.

Edgewater People (Classic Reprint) Mary Wilkins Freeman. 2017. (ENG., Illus.). (J). 30.64 *(978-0-331-43018-9(5))* Forgotten Bks.

Edgewood: A Novel. Kristen Ciccarelli. 2022. (ENG., Illus.). 400p. (YA). 18.99 *(978-1-250-82152-2(5)*, 900250617, Wednesday Bks.) St. Martin's Pr.

Edgy Estella Aces the Sleepover Party. Mamie Ventura. Illus. by Leo Trinidad. 2016. (Worry Warriors Ser.). (ENG.). 96p. (J). (gr. 2-4). lib. bdg. 25.99 *(978-1-4965-3610-5(X)*, 132816, Stone Arch Bks.) Capstone.

Edible Colours. Jennifer Vogel Bass. 2016. (ENG., Illus.). 30p. (J). bds. 8.99 *(978-1-62672-284-2(6)*, 900148613) Roaring Brook Pr.

Edible Garden & Wild Flowers Coloring Book. Activity Book Zone. 2016. (ENG., Illus.). (J). pap. 9.20 *(978-1-68376-476-2(5))* Sabeels Publishing.

Edible Gardening: Growing Your Own Vegetables, Fruits, & More. Lisa J. Amstutz. 2016. (Gardening Guides). (ENG., Illus.). 32p. (J). (gr. 3-9). lib. bdg. 28.65 *(978-1-4914-8235-3(4)*, 130701, Capstone Pr.) Capstone.

Edible Numbers. Jennifer Vogel Bass. 2016. (ENG., Illus.). 30p. (J). bds. 8.99 *(978-1-62672-285-9(4)*, 900148616) Roaring Brook Pr.

Edible Science Experiments - Children's Science & Nature. Baby Professor. 2017. (ENG., Illus.). (YA). pap. 7.89 *(978-1-5419-0180-3(0)*, Baby Professor (Education Kids)) Speedy Publishing LLC.

Edie in Between. Laura Sibson. 2021. (ENG.). 384p. (YA). (gr. 7). 18.99 *(978-0-451-48114-6(3)*, Viking Books for Young Readers) Penguin Young Readers Group.

Edie Medium. Dan Soderberg. 2017. (ENG.). 32p. (J). 12.95 *(978-1-945174-77-3(3)*, 9781945174773) Waldorf Publishing.

Edie's Experiments 1: How to Make Friends. Charlotte Barkla. Illus. by Sandy Flett. 2020. (Edie's Experiments Ser.: 1). 240p. (J). (gr. 4-7). 14.99 *(978-1-76089-177-0(0)*, Puffin) Penguin Random Hse. AUS. Dist: Independent Pubs. Group.

Edie's Experiments 2: How to Be the Best. Charlotte Barkla. Illus. by Sandy Flett. 2020. (Edie's Experiments Ser.: 2). 240p. (J). (gr. 3-5). 14.99 *(978-1-76089-176-3(2)*, Puffin) Penguin Random Hse. AUS. Dist: Independent Pubs. Group.

Edie's Forest Adventures: Miracles, Unexpected Friends & Life Lessons. Robert Sexton. 2021. (ENG.). 265p. (YA). pap. *(978-1-716-22534-5(5))* Lulu Pr., Inc.

Edificios Extraordinarios: Leveled Reader Book 30 Level S 6 Pack. Hmh Hmh. 2021. (SPA.). 32p. (J). pap. 74.40 *(978-0-358-08599-7(3))* Houghton Mifflin Harcourt Publishing Co.

Edina: A Novel (Classic Reprint) Henry Wood. 2017. (ENG., Illus.). (J). 33.45 *(978-1-5279-5209-6(6))* Forgotten Bks.

Edina: A Novel, Vol. 1 of 3 (Classic Reprint) Henry Wood. 2018. (ENG., Illus.). 298p. (J). 30.13 *(978-0-484-28622-0(6))* Forgotten Bks.

Edina: A Novel, Vol. 3 of 3 (Classic Reprint) Henry Wood. 2018. (ENG., Illus.). 308p. (J). 30.27 *(978-0-332-60144-1(7))* Forgotten Bks.

Edina, Vol. 2 Of 3: A Novel (Classic Reprint) Henry Wood. (ENG., Illus.). (J). 2018. 302p. 30.15 *(978-0-484-49536-3(4))*; 2016. pap. 13.57 *(978-1-334-12012-1(9))* Forgotten Bks.

Edinburgh: Picturesque Notes (Classic Reprint) Robert Louis Stevenson. 2017. (ENG., Illus.). (J). 28.41 *(978-1-5283-7626-6(9))* Forgotten Bks.

Edinburgh: Picturesque Notes, the Silverado Squatters, Memories & Portraits (Classic Reprint) Robert Louis Stevenson. 2017. (ENG., Illus.). (J). 33.05 *(978-0-266-81968-4(0))* Forgotten Bks.

Edinburgh Castle. Grace Hansen. 2021. (Famous Castles Ser.). (ENG., Illus.). 24p. (J). (gr. -1-2). lib. bdg. 32.79 *(978-1-0982-0729-8(7)*, 37863, Abdo Kids) ABDO Publishing Co.

Edinburgh Castle: A Chilling Interactive Adventure. Matt Doeden. 2017. (You Choose: Haunted Places Ser.). (ENG., Illus.). 112p. (J). (gr. 3-7). lib. bdg. 32.65 *(978-1-5157-3648-6(2)*, 133620, Capstone Pr.) Capstone.

Edinburgh Literary Album (Classic Reprint) Unknown Author. (ENG., Illus.). (J). 2018. 342p. 30.95 *(978-0-484-34613-9(X))*; 2016. pap. 13.57 *(978-1-333-30226-9(6))* Forgotten Bks.

Edinburgh Tales, Vol. 1 (Classic Reprint) Johnstone. 2018. (ENG., Illus.). 424p. (J). 32.64 *(978-0-483-53269-4(X))* Forgotten Bks.

Edinburgh Tales, Vol. 2 (Classic Reprint) Johnstone. 2018. (ENG., Illus.). 420p. (J). 32.56 *(978-0-365-08706-9(8))* Forgotten Bks.

Edinburgh Tales, Vol. 3 (Classic Reprint) Johnstone. 2017. (ENG., Illus.). (J). 31.88 *(978-1-5281-8489-2(0))* Forgotten Bks.

Edinburgh, Vol. 3: Picturesque Notes; the Silverdo Squatters Will o' the Mill (Classic Reprint) Robert Louis Stevenson. 2018. (ENG., Illus.). 262p. (J). 29.30 *(978-0-483-47481-9(9))* Forgotten Bks.

Edison: The Mystery of the Missing Mouse Treasure. Torben Kuhlmann. 2018. (Mouse Adventures Ser.). (ENG., Illus.). 112p. (J). (gr. 2-6). 19.95 *(978-0-7358-4322-6(8))* North-South Bks., Inc.

Edison's Alley. Neal Shusterman & Eric Elfman. 2016. (Accelerati Trilogy Ser.: 2). (ENG.). 256p. (J). (gr. 5-9). pap. 7.99 *(978-1-4231-5517-1(3))* Little, Brown Bks. for Young Readers.

Edita Series: Jess (Classic Reprint) James Matthew Barrie. 2018. (ENG., Illus.). 236p. (J). 28.76 *(978-0-666-98912-3(5))* Forgotten Bks.

Edith: A Story of Chinatown (Classic Reprint) Harry M. Johnson. (ENG., Illus.). (J). 2018. 98p. 25.92 *(978-0-483-10914-8(2))*; 2016. pap. 9.57 *(978-1-333-58510-5(1))* Forgotten Bks.

Edith & Finn. Tony Peyton. 2021. (ENG.). 52p. (J). pap. *(978-1-64969-795-0(3))* Tablo Publishing.

Edith & Frankie: More Adventures with a Capital A. Tony Peyton. 2021. (ENG.). 74p. (J). pap. *(978-1-68583-057-1(9))* Tablo Publishing.

Edith & Her Ayah, & Other Stories (Classic Reprint) Charlotte Maria Tucker. (ENG., Illus.). (J). 2018. 122p. 26.41 *(978-0-365-22578-2(9))*; 2017. pap. 9.57 *(978-0-259-47921-5(7))* Forgotten Bks.

Edith & John: A Story of Pittsburgh (Classic Reprint) Franklin S. Farquhar. (ENG., Illus.). (J). 2018. 260p. 29.26 *(978-0-267-34300-3(0))*; 2016. pap. 11.97 *(978-1-333-66209-7(2))* Forgotten Bks.

Edith Bonham (Classic Reprint) Mary Hallock Foote. 2018. (ENG., Illus.). 356p. (J). 31.24 *(978-0-483-34769-4(8))* Forgotten Bks.

Edith Loves the Winter Olympics. Tracilyn George. 2021. (ENG.). 24p. (J). pap. 11.00 *(978-1-77475-273-9(5))* Lulu Pr., Inc.

Edith Lyle: A Novel (Classic Reprint) Mary J. Holmes. (ENG., Illus.). (J). 2018. 426p. 32.70 *(978-0-483-98748-7(4))*; 2016. pap. 16.57 *(978-1-333-49556-5(0))* Forgotten Bks.

Edith, or the Light of Home (Classic Reprint) Eliza B. Davis. 2018. (ENG., Illus.). 288p. (J). 29.84 *(978-0-267-46271-1(9))* Forgotten Bks.

Edith, or the Quaker's Daughter: A Tale of Puritan Times (Classic Reprint) Unknown Author. (ENG., Illus.). (J). 2019. 408p. 32.33 *(978-0-365-24682-4(4))*; 2016. pap. 16.57 *(978-1-334-12596-6(1))* Forgotten Bks.

Edith Percival: A Novel (Classic Reprint) May Agnes Fleming. (ENG., Illus.). (J). 2018. 336p. 30.85 *(978-0-428-90925-3(6))*; 2017. pap. 13.57 *(978-0-243-60228-5(6))* Forgotten Bks.

Edith Vernon: Or Crime & Retribution (Classic Reprint) Francis A. Durivage. 2018. (ENG., Illus.). 58p. (J). 25.09 *(978-0-483-56905-8(4))* Forgotten Bks.

Editha's Burglar: A Story for Children (Classic Reprint) Frances Burnett. (ENG., Illus.). (J). 2018. 74p. 25.42 *(978-0-267-42118-3(4))*; 2017. 24.78 *(978-0-266-76733-6(8))*; 2016. pap. 7.97 *(978-1-334-57022-3(1))* Forgotten Bks.

Edith's Ministry (Classic Reprint) Harriet B. McKeever. 2018. (ENG., Illus.). 406p. (J). 32.27 *(978-0-483-78339-3(0))* Forgotten Bks.

Editions L. A. - How Can I Have a Good Day? English French Bilingual Book for Kids. Anissa Sutton & Michael B. Sutton. 2021. (ENG.). 18p. (J). pap. 9.99 *(978-1-0878-9347-1(X))* Pump it up magazine.

Editorial Wild Oats (Classic Reprint) Mark Twain, pseud. 2018. (ENG., Illus.). 104p. (J). 26.06 *(978-0-483-11075-5(2))* Forgotten Bks.

Editor's Tales (Classic Reprint) Anthony Trollope. 2017. (ENG., Illus.). (J). 31.67 *(978-0-266-87325-9(1))* Forgotten Bks.

Edleen Vaughan, or Paths of Peril (Classic Reprint) Carmen Sylva. (ENG., Illus.). (J). 2018. 420p. 32.56 *(978-0-483-64141-9(3))*; 2017. pap. 16.57 *(978-0-243-33527-5(X))* Forgotten Bks.

Edm. Jamuna Carroll. 2019. (Music Scene Ser.). (ENG.). 80p. (J). (gr. 6-12). 41.27 *(978-1-68282-639-3(2))* ReferencePoint Pr., Inc.

Edmond: The Thing. Astrid Desbordes. Illus. by Marc Boutavant. 2017. (ENG.). 32p. (J). (gr. -1-3). 17.95 *(978-1-59270-217-6(1))* Enchanted Lion Bks., LLC.

Edmonds Beginner's Cookbook. Goodman Fielder. 2022. (ENG., Illus.). 136p. (J). (gr. -1-17). spiral bd. 22.99 *(978-1-86971-075-0(4))* Hachette New Zealand NZL. Dist: Hachette Bk. Group.

Edmonia Lewis: Internationally Renowned Sculptor, 1 vol. Charlotte Etinde-Crompton & Samuel Willard Crompton. 2019. (Celebrating Black Artists Ser.). (ENG.). 104p. (gr. 7-7). 38.93 *(978-1-9785-1471-3(9)*, 6921823c-3c41-4da5-ab0e-436b232739e0) Enslow Publishing, LLC.

Edmonton Oilers. Ted Coleman. 2023. (NHL Teams Set 2 Ser.). (ENG., Illus.). 32p. (J). (gr. 3-4). pap. 9.95 *(978-1-63494-611-7(1))*; lib. bdg. 31.35 *(978-1-63494-593-6(X))* Pr. Room Editions LLC.

Edmontosaurus & Other Duck-Billed Dinosaurs: The Need-to-Know Facts. Rebecca Rissman. Illus. by Jon Hughes. 2016. (Dinosaur Fact Dig Ser.). (ENG.). 32p. (J). (gr. -1-2). lib. bdg. 27.99 *(978-1-5157-2698-2(3)*, 133127, Capstone Pr.) Capstone.

Edmund Dulac's Picture-Book: For the French Red Cross (Classic Reprint) Edmund Dulac. 2017. (ENG., Illus.). 184p. (J). 27.69 *(978-1-5283-7518-4(1))* Forgotten Bks.

Edmund the Cat with No Tail: Goes to the Beach! Rohn Dungee. 2020. 38p. (J). pap. 14.99 *(978-1-0983-3112-2(5))* BookBaby.

Edmund the Dazzling Dancer. Zanni Louise. 2021. (Stardust School of Dance Ser.). (ENG.). 112p. (J). (gr. k-2). pap. 9.99 *(978-1-925970-69-2(8))* Bonnier Publishing GBR. Dist: Independent Pubs. Group.

Edmund the Elephant Who Forgot. Kate Dalgleish. Illus. by Isobel Lundie. ed. 2021. (ENG.). 32p. (J). (gr. -1-1). 16.95 *(978-1-913337-39-1(1)*, Scribblers) Book Hse. GBR. Dist: Sterling Publishing Co., Inc.

Edmus & Ferdmus Leave Home: Mindfulness for Children. Crystal-Marie Sealy. 2023. (ENG.). 38p. (J). pap. ***(978-1-7779984-3-1(3))*** LoGreco, Bruno.

Edmvnd Dvalacs Fairy-Book: Fairy Tales of the Allied Nations (Classic Reprint) Edmund Dulac. 2017. (ENG., Illus.). (J). 29.05 *(978-0-260-82700-5(2))* Forgotten Bks.

Edna Browning: Or the Leighton Homestead (Classic Reprint) Mary J. Holmes. 2018. (ENG., Illus.). 436p. (J). 32.89 *(978-0-364-27481-1(6))* Forgotten Bks.

Edna Harrington, or the Daughter's Influence in the Home Circle (Classic Reprint) Mary C. Bristol. 2018. (ENG., Illus.). 326p. (J). 30.62 *(978-0-332-59048-6(8))* Forgotten Bks.

Edna the Egg. Kim Feliciano. 2022. (ENG.). 38p. (J). *(978-1-64979-485-7(1))*; pap. *(978-1-64979-486-4(X))* Austin Macauley Pubs. Ltd.

Ednah & Her Brothers (Classic Reprint) Eliza Orne White. 2018. (ENG., Illus.). 162p. (J). 27.26 *(978-0-332-59187-2(5))* Forgotten Bks.

Edna's Secret Marriage, or Love's Champion (Classic Reprint) Charles Garvice. (ENG., Illus.). (J). 2018. 306p. 30.23 *(978-0-267-31544-4(9))*; 2016. pap. 13.57 *(978-1-333-45241-4(1))* Forgotten Bks.

Edouard Manet: Find My Painting Book #1. Cindy Prince. 2021. (ENG.). 28p. (J). pap. 11.99 *(978-1-7333932-9-4(3))* Button Pr.

Eds. P. D. Workman. 2016. (ENG., Illus.). (J). (Medical Kidnap Files Ser.: Vol. 2). *(978-1-988390-38-3(9))*; (Medical Kidnap Files Ser.: Vol. 2). pap. *(978-1-988390-37-6(0))*; 277p. pap. *(978-1-988390-33-8(8))* PD Workman.

Edson-Laing Readers: Book Five; Opportunity (Classic Reprint) Andrew W. Edson. 2017. (ENG., Illus.). (J). 32.11 *(978-0-331-79720-6(8))* Forgotten Bks.

Edson-Laing Readers: Book One, Busy Folk (Classic Reprint) Mary E. Laing. (ENG., Illus.). (J). 2018. 138p. 26.74 *(978-0-666-70567-9(4))*; 2017. pap. 9.57 *(978-0-259-40262-6(1))* Forgotten Bks.

Eduard. Attila Kovacs. 2018. (GER., Illus.). 32p. (J). *(978-3-7469-0435-1(8))*; pap. *(978-3-7469-0434-4(X))* tredition Verlag.

Eduardo the Egg. Robert K. Cardwell. 2019. (ENG., Illus.). 30p. (J). (gr. k-6). pap. 9.99 *(978-1-7338348-0-3(X))* Cardwell, Robert K.

Educa il Tuo Drago Alla Diversità: (Teach Your Dragon about Diversity) Addestra il Tuo Drago a Rispettare la Diversità. una Simpatica Storia per Bambini, per Insegnare Loro la Diversità e le Differenze. Steve Herman. 2020. (My Dragon Books Italiano Ser.: Vol. 25). (ITA.). 42p. (J). 18.95 *(978-1-64916-027-0(5))*; pap. 12.95 *(978-1-64916-026-3(7))* Digital Golden Solutions LLC.

Educación a Distancia (Distance Learning) Julie Murray. 2020. (Coronavirus (the Coronavirus) Ser.). (SPA.). 24p. (J). (gr. -1-2). lib. bdg. 32.79 *(978-1-0982-0868-4(4)*, 36906, Abdo Kids) ABDO Publishing Co.

Educating by Story-Telling: Showing the Value of Story-Telling As an Educational, Tool for the Use of All Workers with Children (Classic Reprint) Katherine Dunlap Cather. 2018. (ENG., Illus.). 422p. (J). 32.60 *(978-0-483-86343-9(2))* Forgotten Bks.

Education. Ashley Nicole. 2019. (Contemporary Issues Ser.). (Illus.). 112p. (J). (gr. 12). lib. bdg. 35.93 *(978-1-4222-4389-3(3))* Mason Crest.

Education Activism. Virginia Loh-Hagan. 2021. (Stand up, Speak OUT Ser.). (ENG., Illus.). 32p. (J). (gr. 4-8). pap. 14.21 *(978-1-5341-8896-9(7)*, 219295); lib. bdg. 32.07 *(978-1-5341-8756-6(1)*, 219294) Cherry Lake Publishing. (45th Parallel Press).

Education & Empire: Addresses on Certain Topics of the Day. Richard Burdon Haldane. 2017. (ENG., Illus.). (J). pap. *(978-0-649-56880-2(X))* Trieste Publishing Pty Ltd.

Education & Training. Diane Lindsey Reeves. 2017. (Bright Futures Press: World of Work Ser.). (ENG., Illus.). 32p. (J). (gr. 4-7). lib. bdg. 32.07 *(978-1-5341-0172-2(1)*, 210158) Cherry Lake Publishing.

Education Books for 2 Year Olds (Trace & Color Worksheets to Develop Pen Control) 50 Preschool/Kindergarten Worksheets to Assist with the Development of Fine Motor Skills in Preschool Children. James Manning. 2019. (2 Ser.: Vol. 50). (ENG., Illus.). 56p. (J). pap. *(978-1-83856-878-8(6))* West Suffolk CBT Service Ltd., The.

Education for All, 1 vol. Amanda Vink. 2021. (Spotlight on Global Issues Ser.). (ENG., Illus.). 32p. (J). (gr. 6-7). lib. bdg. 28.93 *(978-1-7253-2322-3(2)*, aff501b2-646d-45fe-b10c-b1888241a287) Rosen Publishing Group, Inc., The.

Education for Better Life. Jako Depo. 2017. (ENG., Illus.). (YA). pap. 14.49 *(978-1-5456-0820-3(2))* Salem Author Services.

Education for Citizenship: Prize Essay. Georg Kerschensteiner. 2017. (ENG., Illus.). (J). pap. *(978-0-649-50235-6(3))*; pap. *(978-0-649-51853-1(5))* Trieste Publishing Pty Ltd.

Education for Citizenship: Prize Essay; Pp. 1-132. Georg Kerschensteiner. 2017. (ENG., Illus.). (J). pap. *(978-0-649-03316-4(7))* Trieste Publishing Pty Ltd.

Education in California (California) Gretchen O'Brien. rev. ed. 2017. (Social Studies: Informational Text Ser.). (ENG., Illus.). 32p. (J). (gr. 3-5). pap. 11.99 *(978-1-4258-3246-9(6))* Teacher Created Materials, Inc.

Education in Ruin. Alexis Bass. 2021. (ENG.). 384p. (YA). pap. 19.99 *(978-1-250-19596-8(9)*, 900193988, Tor Teen) Doherty, Tom Assocs., LLC.

Education of Antonia (Classic Reprint) F. Emily Phillips. (ENG., Illus.). (J). 2018. 34.37 *(978-0-331-97491-1(6))*; 2017. pap. 16.97 *(978-0-243-41873-2(6))* Forgotten Bks.

Education of Eric Lane. Stephen McKenna. 2017. (ENG., Illus.). (J). pap. *(978-0-649-28426-9(7))* Trieste Publishing Pty Ltd.

Education of Eric Lane: A Novel (Classic Reprint) Stephen McKenna. 2018. (ENG., Illus.). 286p. (J). 29.82 *(978-0-484-35695-4(X))* Forgotten Bks.

Education of Loosy Potts. Brien Perry. 2020. (ENG.). 44p. (J). *(978-1-64575-908-9(3))*; pap. *(978-1-64575-909-6(1))* Austin Macauley Pubs. Ltd.

Education of Loosy Potts: Clean Your Room. Brien Perry. Illus. by Blair Webb. 2018. (ENG.). 38p. (J). pap. 11.99 *(978-0-9980260-1-5(8))* Perry, Brien.

Education of Margot Sanchez. Lilliam Rivera. 2017. (ENG., Illus.). 304p. (YA). (gr. 9). 19.99 *(978-1-4814-7211-1(9)*, Simon & Schuster Bks. For Young Readers) Simon & Schuster Bks. For Young Readers.

Education of the Feelings: A Moral System, Revised & Abridged for Secular Schools. Charles Bray. 2017. (ENG., Illus.). (J). pap. *(978-0-649-53304-6(6))* Trieste Publishing Pty Ltd.

Education of Uncle Paul (Classic Reprint) Algernon Blackwood. 2018. (ENG., Illus.). 356p. (J). 31.24 *(978-0-483-10512-6(0))* Forgotten Bks.

Education, Poverty, & Inequality. John Perritano. 2017. (Illus.). 64p. (J). *(978-1-4222-3634-5(X))* Mason Crest.

Education Professionals: A Practical Career Guide. Kezia Endsley. 2019. (Practical Career Guides). (Illus.). 116p. (YA). (gr. 8-17). pap. 41.00 *(978-1-5381-1175-8(6))* Rowman & Littlefield Publishers, Inc.

Education Question & the Liberal Party. Malcolm MacColl. 2017. (ENG., Illus.). (J). pap. *(978-0-649-53342-8(9))* Trieste Publishing Pty Ltd.

Education Question & the Liberal Party (Classic Reprint) Malcolm MacColl. 2018. (ENG., Illus.). 122p. (J). 26.41 *(978-0-484-51354-8(0))* Forgotten Bks.

Education, Race, & the Law. Duchess Harris & Cynthia Kennedy Henzel. 2019. (Race & American Law Ser.). (ENG., Illus.). 112p. (J). (gr. 6-12). lib. bdg. 41.36 *(978-1-5321-9025-4(5)*, 33370, Essential Library) ABDO Publishing Co.

Educational ABC Horse Coloring Book for Kids P Is for Pony. Elaine Heney. 2022. (ENG.). 76p. (J). pap. ***(978-1-915542-20-5(0))*** Irish Natural Horsemanship.

Educational ABC Horse Colouring Book for Kids P Is for Pony. Elaine Heney. 2022. (ENG.). 76p. (J). pap. ***(978-1-915542-21-2(9))*** Irish Natural Horsemanship.

Educational Activities for Kids Activity Book. Smarter Activity Books for Kids. 2016. (ENG., Illus.). (J). pap. 8.99 *(978-1-68374-294-4(X))* Examined Solutions PTE. Ltd.

Educational Activity Book. the Everything Kids Do Activity Book of Colors, Dots & Numbers for Children Ages 6-8. Consistent Practice for Comfortable School Learning. Speedy Kids. 2017. (ENG., Illus.). 200p. (J). pap. 12.26 *(978-1-5419-4784-9(3))* Speedy Publishing LLC.

Educational Classics: Froebel's Chief Writings on Education, Rendered into English. S. S. F. Fletcher et al. 2017. (ENG., Illus.). (J). pap. *(978-0-649-58916-6(5))* Trieste Publishing Pty Ltd.

Educational Ideas of Pestalozzi. J. A. Green. 2017. (ENG., Illus.). (J). pap. *(978-0-649-56852-9(4))* Trieste Publishing Pty Ltd.

Educational Puzzles Activity Book for 7 Year Old. Educando Kids. 2019. (ENG.). 42p. (J). pap. 8.55 *(978-1-64521-747-3(7)*, Educando Kids) Editorial Imagen.

Educational Toys for Babies Coloring Book. Activity Book Zone for Kids. 2016. (ENG., Illus.). (J). pap. 9.20 *(978-1-68376-477-9(3))* Sabeels Publishing.

Edutaining Mazes & Puzzles: Kids Activities Books Bundle for Ages 7-8, 2 vols. Speedy Publishing Books. 2019. (ENG.). 212p. (J). pap. 19.99 *(978-1-5419-7216-2(3))* Speedy Publishing LLC.

Edutaining Mazes for 5 - 7 Year Olds. Speedy Kids. 2017. (ENG., Illus.). (J). pap. 9.20 *(978-1-5419-3377-4(X))* Speedy Publishing LLC.

Edutaining Word Scrabble Bundle: Word Games for Kids Age 8, 2 vols. Speedy Publishing Books. 2019. (ENG.). 212p. (J). pap. 19.99 *(978-1-5419-7256-8(2))* Speedy Publishing LLC.

Edward. Ellen Miles. ed. 2019. (Puppy Place Ser.). (ENG.). 81p. (J). (gr. 2-3). 16.36 *(978-1-64310-876-6(X))* Penworthy Co., LLC, The.

Edward. Ellen Miles. 2018. 81p. (J). *(978-1-5444-0689-3(4))* Scholastic, Inc.

Edward & Alfred's Tour in France & Switzerland, in the Year 1824, Vol. 1 of 2 (Classic Reprint) Unknown Author. (ENG., Illus.). (J). 2018. 250p. 29.05 *(978-0-267-35964-6(0))*; 2016. pap. 11.57 *(978-1-334-17084-3(3))* Forgotten Bks.

Edward & Alfred's Tour in France & Switzerland in the Year 1824, Vol. 2 (Classic Reprint) Author Of Tales Of Boys As They Are. 2018. (ENG., Illus.). 224p. (J). 28.52 *(978-0-483-93676-8(6))* Forgotten Bks.

Edward & Annie: A Penguin Adventure, 1 vol. Caryn Rivadeneira. Illus. by Katy Tanis. 2022. (ENG.). 32p. (J). 17.99 *(978-1-4002-2828-7(X)*, Tommy Nelson) Nelson, Thomas Inc.

Edward & Mark's Adventure. James F. Park. 2018. (ENG.). 102p. (J). pap. ***(978-0-244-12795-4(6))*** Lulu Pr., Inc.

Edward & Mary: Designed to Illustrate the Nature & Effects of True Love to God (Classic Reprint) Unknown Author. 2018. (ENG., Illus.). 90p. (J). 25.81 *(978-0-332-44974-6(2))* Forgotten Bks.

Edward & the Horse. Ann Rand. Illus. by Olle Eksell. 2023. (ENG.). 40p. (J). (gr. -1-k). 17.95 ***(978-0-500-65302-9(X)***, 565302) Thames & Hudson.

Edward Buttoneye & His Adventures (Classic Reprint) Cyril F. Austin. (ENG., Illus.). (J). 2018. 56p. 25.15 *(978-0-484-02222-4(9))*; 2016. pap. 9.57 *(978-1-334-16534-4(3))* Forgotten Bks.

Edward Eternal. J. S. Frankel. 2021. (ENG.). 232p. (J). pap. *(978-1-4874-3017-7(5)*, Devine Destinies) eXtasy Bks.

Edward Fitzgerald: An Aftermath (Classic Reprint) Francis Hindes Croome. 2018. (ENG., Illus.). 210p. (J). 28.25 *(978-0-267-47355-7(9))* Forgotten Bks.

570 The check digit for ISBN-10 appears in parentheses after the full ISBN-13

TITLE INDEX

EGG BOOK

Edward George, or Lessons from Real Life: For Children of Early Years (Classic Reprint) Unknown Author. 2018. (ENG., Illus.). 168p. (J). 27.38 *(978-0-483-87083-3(8))* Forgotten Bks.

Edward George; or, Lessons from Real Life, Vol. 2: For Children of Early Years (Classic Reprint) Unknown Author. 2018. (ENG., Illus.). 180p. (J). 27.77 *(978-0-483-67046-4(4))* Forgotten Bks.

Edward Gets Messy. Rita Meade. Illus. by Olga Stern. 2016. (ENG.). 32p. (J). (gr. -1-3). 19.99 *(978-1-4814-3777-6(1),* Simon & Schuster Bks. For Young Readers) Simon & Schuster Bks. For Young Readers.

Edward H. Taylor: Recollections of an Herpetologist (Classic Reprint) Edward Harrison Taylor. 2017. (ENG., Illus.). (J). 27.49 *(978-0-266-84587-4(8))* Forgotten Bks.

Edward Henry Harriman (Classic Reprint) John Muir. 2017. (ENG., Illus.). 44p. (J). 24.82 *(978-0-332-20401-7(4))* Forgotten Bks.

Edward Hopper: An American Master, Vol. 8. Ita G Berkow. 2018. (American Artists Ser.). 80p. (J). (gr. 7). 33.27 *(978-1-4222-4156-1(4))* Mason Crest.

Edward Reynolds (Classic Reprint) William L. Lillibridge. 2018. (ENG., Illus.). 434p. (J). 32.87 *(978-0-483-82291-7(4))* Forgotten Bks.

Edward & Curtis Chronicles Native Nations. Don Nardo. 2017. (Defining Images Ser.). (ENG.). 112p. (J). (gr. 6-12). 59.93 *(978-1-68078-800-9(0),* 26201(1),* Illus.). lib. bdg. 41.36 *(978-1-5321-1015-3(4),* 25600) ABDO Publishing Co. (Essential Library).

Edward Snowden: Heroic Whistleblower or Traitorous Spy?, 1 vol. Gerry Boehme. 2017. (Spying, Surveillance, & Privacy in the 21st Century Ser.). (ENG.). 112p. (YA). (gr. 8-8). 44.50 *(978-1-5026-2673-8(X),* 6572639-1-3e6-4a1ac959-69e6e54544e(9) Cavendish Square Publishing, LLC.

Edward Snowden: NSA Contractor & Whistle-Blower, 1 vol. Fiona Young-Brown. 2018. (Hero or Villain? Claims & Counterclaims Ser.). (ENG.). 112p. (YA). (gr. 8-8). 45.93 *(978-1-5026-3539-6(X),* 25bc332-8bb7-4e49-ae7O-a79c2bf05760) Cavendish Square Publishing, LLC.

Edward Snowden: Nsa Whistle-Blower. Melissa Higgins. 2016. (Essential Lives Set 10 Ser.). (ENG., Illus.). 112p. (J). (gr. 8-12). lib. bdg. 41.36 *(978-1-68078-300-1(6),* 21737, Essential Library) ABDO Publishing Co.

Edward Snowden: Whistleblower in Exile, 1 vol. Adam Furgang. 2018. (Influential Lives Ser.). (ENG.). 128p. (gr. 7-7). 40.27 *(978-0-7660-9208-2(9),* f55cd22f-29be-4420-b09a-d8ec5cf7f4675) Enslow Publishing, LLC.

Edward Various Views of Human Nature, Taken from Life & Manners, Chiefly in England, Vol. 1 of 2 (Classic Reprint) John Moore. 2018. (ENG., Illus.). 526p. (J). 34.77 *(978-0-267-21182-1(1))* Forgotten Bks.

Edward Various Views of Human Nature, Taken from Life & Manners, Chiefly in England, Vol. 2 of 2 (Classic Reprint) John Moore. 2018. (ENG., Illus.). 608p. (J). 36.44 *(978-0-332-47904-0(9))* Forgotten Bks.

Edward, Vol. 1 Of 2: Various Views of Human Nature, Taken from Life & Manners, Chiefly in England (Classic Reprint) John Moore. 2017. (ENG., Illus.). (J). 524p. 34.72 *(978-0-484-37306-6(2)),* pap. 19.57 *(978-0-259-19158-2(2))* Forgotten Bks.

Edward, Vol. 2 Of 2: Various Views of Human Nature, Taken from Life & Manners, Chiefly in England (Classic Reprint) John Moore. 2017. (ENG., Illus.). (J). 35.35 *(978-0-265-71586-4(5)),* pap. 19.57 *(978-1-3276-7146-2(6))* Forgotten Bks.

Edward Wortley Montagu: An Autobiography (Classic Reprint) Edward Vaughan Hyde Kenealy. (ENG., Illus.). (J). 2018. 546p. 35.20 *(978-0-332-09957-6(1)),* 2016. pap. 19.57 *(978-1-334-48733-6(2))* Forgotten Bks.

Edward Wortley Montagu, Vol. 1 Of 3: An Autobiography (Classic Reprint) Unknown Author. 2018. (ENG., Illus.). 364p. (J). 31.40 *(978-0-483-68041-3(5))* Forgotten Bks.

Edward Wortley Montagu, Vol. 2 Of 3: An Autobiography (Classic Reprint) Edward Vaughan Hyde Kenealy. 2018. (ENG., Illus.). 318p. (J). 30.46 *(978-0-483-33942-2(3))* Forgotten Bks.

Edward Wortley Montagu, Vol. 3 Of 3: An Autobiography (Classic Reprint) Edward Vaughan Hyde Kenealy. 2018. (ENG., Illus.). 326p. (J). 30.62 *(978-0-483-40517-0(1))* Forgotten Bks.

Edward Wyndham Tennant: A Memoir (Classic Reprint) Pamela Glenconner. (ENG., Illus.). (J). 2017. 364p. 31.40 *(978-0-331-72295-5(9)),* 2016. pap. 13.97 *(978-1-334-15704-2(9))* Forgotten Bks.

Edward's Cat. Maria P. Ffinco. 2023. (ENG.). 152p. (YA). pap. *(978-0-64889645-8(1))* Ffinco, Maria P.

Edward's Dream (Classic Reprint) Wilhelm Busch. (ENG., Illus.). (J). 2018. 80p. 25.55 *(978-0-332-44787-0(3)),* 2016. pap 9.57 *(978-1-334-13462-3(6))* Forgotten Bks.

Edwin & Henry, or the Week's Holidays: Containing Original, Moral & Instructive Tales for the Improvement of Youth (Classic Reprint) Robert Huish. 2018. (ENG., Illus.). 112p. (J). 26.21 *(978-0-332-83420-7(4))* Forgotten Bks.

Edwin Brothertoft (Classic Reprint) Theodore Winthrop. 2017. (ENG., Illus.). (J). 31.94 *(978-1-5284-7263-0(2))* Forgotten Bks.

Edwin Drood & Reprinted Pieces (Classic Reprint) Charles Dickens. (ENG., Illus.). (J). 2018. 456p. 33.34 *(978-0-483-96609-7(6)),* 2016. pap. 16.57 *(978-1-334-09174-2(9))* Forgotten Bks.

Edwin the Wise (St. Jennifer Carmack. 2017. (ENG., Illus.). 31p. (J). 28.95 *(978-1-78554-248-0(6),* 6c5d35c7-937b-4cda-9227-001 4ade63e66); pap. 16.95 *(978-1-78554-247-3(6),* 17c5bce-3042-4b51-b074-c3a06a38ee74e) Austin Macauley Pubs. Ltd. GBR. Dist: Baker & Taylor Publisher Services (BTPS).

Edwin, the Young Rabbit Fancier: And Other Stories (Classic Reprint) Unknown Author. 2018. (ENG., Illus.). 72p. (J). 25.38 *(978-0-666-25643-0(8))* Forgotten Bks.

Edwina the Exquisite. Cassandra French. 2016. (ENG., Illus.). (J). pap. 16.95 *(978-1-5127-5471-1(4),* WestBow Pr.) Author Solutions, LLC.

Ee. Bela Davis. 2016. (Alphabet Ser.). (ENG., Illus.). 24p. (J). (gr. -1-2). lib. bdg. 31.36 *(978-1-68080-881-0(8),* 23237, Abdo Kids) ABDO Publishing Co.

Ee. Contrib. by Mary Elizabeth Salzmann. 2023. (Vowel Teams Ser.). (ENG.). 24p. (J). (gr. -1-2). lib. bdg. 31.36 *(978-1-0982-8284-4(1),* 42302, Abdo Zoom-Launch) ABDO Publishing Co.

Ee (Spanish Language) Maria Puchol. 2017. (Abecedario (the Alphabet) Ser.). (SPA.). 24p. (J). (gr. -1-2). lib. bdg. 31.36 *(978-1-5321-0304-9(2),* 21719, Abdo Kids) ABDO Publishing Co.

Ee. Uu. un Pais Extremo: Leveled Reader Book 59 Level R 6 Pack. Hmh Hmh. 2021. (SPA.). 40p. (J). pap. 74.40 *(978-0-358-08539-3(X))* Houghton Mifflin Harcourt Publishing Co.

Eéá ×ánU! L3 Activity Book. Papaloizos Publications Inc. 2018. (GRE & ENG.). *(978-0-932416-30-8(6))* Papaloizos Pubns., Inc.

Eéa ×ánU! L3 STUDENT'S BOOK. Papaloizos Publications Inc. 2018. (J). (gr. -1-7). pap. *(978-0-932416-29-2(2))* Papaloizos Pubns., Inc.

Eediotic Etiquette: An up-to-Date Manual of the Manners of Men & Women for Men & Women of Manners, & a Complete Catalogue of the Social Dutes & Most of the Don'ts for All Disciples of Deportment (Classic Reprint) Gideon Wurdz. 2017. (ENG., Illus.). (J). 26.95 *(978-0-260-76125-5(7))* Forgotten Bks.

Eedoo. Br. 1. W. W. Rowe. 2018. (ENG., Illus.). 124p. (J). (gr. 3-6). pap. 9.95 *(978-1-93032-64-8(7))* Larson Pubns.

Eedoo: Invaders from Blore, Bk. 2. W. W. Rowe. 2019. (Eedoo Trilogy Ser.; 2). (ENG., Illus.). 125p. (J). (gr. 3-6). pap. 9.95 *(978-1-93032-66-2(3))* Larson Pubns.

Eedoo Book III: Friends from Lollia. W. W. Rowe. 2019. (Eedoo Trilogy Ser.; 3). (ENG., Illus.). 131p. (J). (gr. 4-7). pap. 9.95 *(978-1-93032-68-6(X))* Larson Pubns.

Eee-Ka Trouve Sa Vraie Famille. Bart Fischer. Illus. by Kathy Pogan. 2021. (FRE.). 40p. (J). pap. 12.95 *(978-1-7377523-2-3(6))* Potluck of Brownington, Llc.

Eee-Ka's True Family. Bart Fischer. Illus. by Kathy Pogan. 2021. (ENG.). 40p. (J). pap. 12.95 *(978-1-7377523-0-1(1))* Potluck of Brownington, Llc.

Eee-Moo! Annika Dunklee. Illus. by Brian Won. 2019. (ENG.). 40p. (J). (gr. -1-3). 17.99 *(978-1-5344-0174-7(1),* Simon & Schuster/Paula Wiseman Bks.) Simon & Schuster/Paula Wiseman Bks.

Eeek! the Runway Alien. Karen Inglis. Illus. by Rachel Lawston. 2nd ed. 2022. (ENG.). 132p. (J). pap. *(978-1-913846-15-5(2))* Well Said Pr.

Eeen There Is a Fly on Me! Tyriek Hill. 2022. (ENG.). 28p. (J). *(978-0-2288-8130-8(7));* pap. *(978-0-2288-8129-2(3))* Tellwell Talent.

Eesy Beesy the Easter Bunny Story Book. Jean Shaw. Illus. by Arun Kumar. 2017. (ENG.). 30p. (J). pap. *(978-0-9557736-8-6(7))* Simply Mo LLC.

Eek! A Noisy Journey from a to Z. Julie Larios. Illus. by Julie Paschkis. 2020. 32p. (J). (gr. -1-2). 16.99 *(978-1-68263-169-0(9))* Peachtree Publishing Co. Inc.

Eek & Beek from Zeek. Lori Heffington. 2016. (ENG., Illus.). (J). pap. 13.95 *(978-1-6988-3226-8(0))* Archway Publishing.

Eek! Halloween! Sandra Boynton. Illus. by Sandra Boynton. 2023. (Boynton on Board Ser.). (ENG., Illus.). 24p. (J). (gr. -1-k). bds., bds. 7.99 *(978-1-6659-2514-3(0))* Simon & Schuster Children's Publishing.

EEKI I'm Afraid of Ants in Word. Fraser Veeseijoks. Illus. by Blueberry Illustrations. 2021. (ENG.). 46p. (J). 19.99 *(978-1-73682260-9-8(8))* Womensinc, Inc.

EEK! Mini Monsters Tattoos. Julie Dobson Miner. 2016. (Dover Little Activity Bks.). (ENG.). 4p. (J). (gr. -1-2). pap. 3.50 *(978-0-486-80586-3(7),* 805867) Dover Pubns., Inc.

EEK! Monsters Coloring Book. Julie Dobson Miner. 2017. (Dover Fantasy Coloring Bks.). (ENG., Illus.). 32p. (J). (gr. -1-2). pap. 3.99 *(978-0-486-81441-4(6),* 814416) Dover Pubns., Inc.

EEK! Said Amy. L. J. Zimmerman. 2018. (ENG., Illus.). pap. *(978-1-5018-5695-0(3))* Abingdon Pr.

Eek! Yikes! Boo! Illus. by Fermin Solis. ed. 2019. *(Bookscape Ser.). (ENG.). 3 vols. (J). — 1. 9.95 *(978-1-91290-44-8(8),* Scribens) Book Hse. GBR. Dist: Sterling Publishing Co., Inc.

Eek, You Reek! Poems about Animals That Stink, Stank, Stunk. Heidi E. Y. Stemple & Jane Yolen. Illus. by Eugenia Nobati. 2019. (ENG.). 32p. (J). (gr. 2-5). 18.99 *(978-1-5124-8201-0(3),* a68e86e7-183-4c3b-90cc-c549d16eae41, Millbrook Pr.) Lerner Publishing Group.

Eeko & the Nosy Neighbour. Diane Charbonneau. Illus. by Brent Spencer. 2019. (Adventures of Eeko, the Friendly Alien Ser.). (ENG.). 46p. (J). *(978-1-5255-5544-2(8));* pap. *(978-1-5255-5545-9(6))* FriesenPress.

Eeko Comes to Earth. Royston Chappel. 2018. (ENG., Illus.). 22p. (J). *(978-1-7862-0254-7(0)),* pap. *(978-1-7862-0253-4(1))* Austin Macauley Pubs. Ltd.

Eeko Returns to Earth: The Adventures of Eeko, the Friendly Alien. Diane Charbonneau. Illus. by Brent Spencer. 2018. (Adventures of Eeko the Friendly Alien Ser.). (ENG.). 54p. (J). pap. *(978-1-5255-1175-2(0))* FriesenPress.

Eeksi! I Saw a Bee! Arthy Muthanna Singh. 2021. (ENG.). 40p. (J). (gr. 2-4). pap. 9.99 *(978-0-14-345101-3(4),* Puffin) Penguin Bks. India PVT, Ltd IND. Dist: Independent Pubs. Group.

Eeksi! I Saw a Cockroach! Arthy Muthanna Singh. 2021. (ENG.). 40p. (J). (gr. 2-4). pap. 9.99 *(978-0-14-345100-6(6),* Puffin) Penguin Bks. India PVT, Ltd IND. Dist: Independent Pubs. Group.

Eeks ! I Saw a Mosquito! Arthy Muthanna Singh. 2021. (ENG.). 40p. (J). (gr. 2-4). pap. 9.99 *(978-0-14-345102-0(2),* Puffin) Penguin Bks. India PVT, Ltd IND. Dist: Independent Pubs. Group.

Eekss! I Saw an Ant! Arthy Muthanna Singh. 2021. (ENG.). 40p. (J). (gr. 2-4). pap. 9.99 *(978-0-14-345099-3(9),* Puffin) Penguin Bks. India PVT, Ltd IND. Dist: Independent Pubs. Group.

Eels. Rachel Poliquin & Nicholas John Frith. 2020. (Superpower Field Guide Ser.). (ENG., Illus.). 96p. (J). (gr. 3-7). 18.99 *(978-0-544-94921-8(8),* 1659968); pap. 8.99

(978-0-358-27258-8(0), 1771929) HarperCollins Pubs. (Clarion Bks.)

Eels. Nathan Sommer. 2018. (Ocean Life up Close Ser.). (ENG., Illus.). 24p. (J). (gr. k-3). lib. bdg. 26.95 *(978-1-6261-7765-5(1),* Blast! Readers) Bellwether Media.

Een Supersteil Zijn: Being a Superdire - Dutch Edition. Liz Chuluota & KiddoBooks. 2019. (Dutch Bedtime Collection). (DUT., Illus.). 34p. (J). (gr. k-3). *(978-1-5259-1475-1(8));* pap. *(978-1-5259-1474-4(X))* KiddoBooks Bks.

Eenhoorn Kleurtjes: Voor Kinderen Van 4 Tot 8 Jaar. Young Dreamers Press. Illus. by Fairy Crocs. 2020. (Kleurboek Voor Kinderen Ser., Vol. 4). (DUT.). 64p. (J). (gr. 3-6). pap. *(978-1-98976-302-8(1))* Everyday Magic.

Eerie Meenie Halloweenie. Susan Eaddy. Illus. by Lucy Fleming. 2020. (ENG.). 32p. (J). (gr. -1-3). 15.99 *(978-0-06-2899-67-6(3)),* HarperCollins/HarperCollins Children's Bks.

Eeriy up Above. Jane Yolen. Illus. by Kathryn Brown. 2021. (ENG.). 32p. (J). 17.95 *(978-1-62371-865-7(1),* Crocodile Bks.) Interlink Publishing Group, Inc.

Eerie Book (Classic Reprint) Margarat Armour. (ENG., Illus.). (J). 2018. 218p. 28.39 *(978-0-484-76344-9(4)),* 2017. 28.52 *(978-0-266-75655-2(2)),* pap. 19.97 *(978-1-5277-2964-6(7)),* 2018. pap. 19.97 *(978-1-333-62517-7(0))* Forgotten Bks.

Eerie Elementary, Books 1-4: a Branches Box Set, 1 vol. Max Brallier & Jack Chabert. Illus. by Sam Ricks. 2020. (Eerie Elementary Ser.). (ENG.). (J). (gr. 1-3). pap., pap. 19.96 *(978-1-338-67797-3(7))* Scholastic, Inc.

Eerie Elementary (Set) 6 vols. 2018. (Eerie Elementary Ser.). (ENG.). 96p. (J). (gr. 1-5). lib. bdg. 188.18 *(978-1-5321-4259-8(5),* 31068, Chapter Bks.) Spotlight, A Division of ABDO.

Eerie Entrances from the Peculiar Repository. David James. 2022. (ENG.). 160p. (YA). 32.95 *(978-1-4864-7950-2(6))* Page Publishing Inc.

Eerie Haunted Houses. Candice Ransom. 2020. (Lightning Bolt Bks. — Spooked! Ser.). (ENG., Illus.). 24p. (J). (gr. -1-3). pap. 8.99 *(978-1-7284-1383-1(0)),* a2b963589-92df-4716-8a16-147142583(5); lib. bdg. 29.32 *(978-1-5415-8686-7(9),* 1a876f326-42b-4072bce32b8149ae1126e) Lerner Publishing Group. (Lerner Pubns.).

Eerie Railtrails, 1 vol. Alex Wood. 2019. (World's Scariest Places Ser.). (ENG.). 32p. (J). 26.60 *(978-1-5382-4633-7(6),* 28469845-ae24-4d5e-ae4e02-0e287fd19181); lib. bdg. 28.27 *(978-1-5382-4649-8(4),* eba053817-7656-4a57-8778e9afe8) Stevens, Gareth Publishing LLLP.

Eerie Science Experiments, 1 vol. Terri Kayne Duncan. 2019. (Creepy, Kooky Science Ser.). (ENG.). 48p. (gr. 5-5). pap. 12.70 *(978-1-9785-1374-7(0),* c3e71a89e-634ae-cee9-569a-56e3d7c04b7v) Cavendish Square Publishing, LLC.

Eerie Singing Sirens: Leveled Reader Book 72 Level V 6 Pack. Hmh Hmh. 2021. (SPA.). 32p. (J). pap. 74.40 *(978-0-358-08105-0(X))* Houghton Mifflin Harcourt Publishing Co.

Eerie Tales from the School of Screams. Graham Annable. 2023. (ENG., Illus.). 38p. (J). 22.89 *(978-1-25-19504-6(3),* 9001938181(9); pap. *(978-1-250-19503-6(9),* 9001938191) Roaring Brook Pr. (First Second Bks.).

EFI. Horns Bat Garvey. 2017. (ENG., Illus.). (YA). pap. *(978-0-99583920-9-5(1))* Neo Publishing Ltd.

Efecto Elefante. Marisa Potas. (SPA.). (YA). (gr. 7-12). 2021. 472p. pap. 22.00 *(978-987-801-74-7(1));* 2019. 408p. pap. *(978-629-5656-09-7(6-2(7))* Editorial de Nuevo Extremo S.A. ARG. Dist: Independent Pubs. Group.

Efecto Mariposa: Un Católico Efecto…S. de Jesús Guijarro. 2021. (SPA.). 39p. (YA). *(978-1-304-06746-9(3))* Lulu Pr., Inc.

Effect of Gamma Rays on Man-in-the-Moon Marigolds (Kindle Edition: Efrén Divided (Spanish Edition)) Novel Units. by David Bowles. 2023. (ENG.). 288p. (J). (gr. 3-7). pap. 9.99 *(978-0-06-324964-6(2),* Quill Tree Bks.) HarperCollins Pubs.

Novel Units Teacher Guide. Novel Units. 2019. (ENG.). (YA). (J). 8-12. pap. 12.98 *(978-1-56137-155-6(1),* EN5184, Novel Units, Inc.) Classroom Library Co.

Effective Literacy Instruction for Learners with Complex Support Needs. Ed. by Susan R. Copeland. ed. and 2018. (Illus.). 400p. (J). (gr. k-12). pap. 49.95 *(978-1-68125-093-4(4))* Brookes Publishing.

Effectiveness of Alternative Medicine, 1 vol. by Lisa Idzikowski. 2018. (Introducing Issues with Opposing Viewpoints Ser.). 120p. (gr. 7-10). 43.63 *(978-1-5345-0421-9(4),* 1978f-1-7ace-7-415-9e34-d935e3678e6a) Greenhaven Publishing LLC.

Effe Hetherington (Classic Reprint) Robert Buchanan. (ENG., Illus.). (J). 2018. 274p. 29.55 *(978-0-666-67482-1(5));* 2017. pap. 11.97 *(978-1-5276-1539-7(1))* Forgotten Bks.

Effie Ogilvie, Vol. 1 Of 2: The Story of a Young Life (Classic Reprint) Margaret O. W. Oliphant. 2018. (ENG., Illus.). (J). 266p. 29.38 *(978-0-365-59315-7(X));* 268p. pap. 11.97 *(978-0-365-59312-6(5))* Forgotten Bks.

Effie Ogilvie, Vol. 2 Of 2: The Story of a Young Life (Classic Reprint) Margaret Oliphant. 2018. (ENG., Illus.). 260p. (J). 29.28 *(978-0-483-12961-0(5))* Forgotten Bks.

Effie Starr Zook Has One More Question. Martha Freeman. ed. 2019. (Penworthy Picks Middle School Ser.). (ENG.). 217p. (J). (gr. 4-5). 19.36 *(978-1-64310-940-4(5))* Penworthy Co., LLC, The.

Effie Starr Zook Has One More Question. Martha Freeman. (ENG.). (J). (gr. 3-7). 2018. 240p. pap. 7.99 *(978-1-4814-7265-4(8));* 2017. (Illus.). 224p. 16.99 *(978-1-4814-7264-7(X))* Simon & Schuster/Paula Wiseman Bks. (Simon & Schuster/Paula Wiseman Bks.).

Effie Starr Zook Has One More Question. Martha Freeman. ed. 2018. lib. bdg. 18.40 *(978-0-606-40835-6(5))* Turtleback.

Effie's Chance to Dance. Gelia Dolcimascolo. Illus. by Rob Rice. 2018. (ENG.). 48p. (J). (gr. k-3). pap. 10.00 *(978-0-9972158-1-6(X))* Autumn Gold Pr.

Efftwelve: The HOMIES GUIDE to DEALING with 12 (cops/police, Illustrated, Comic, Know Your Rights, the Ultimate Guidebook, Social Justice) Ricardo Sosa. Ed. by Kristina Phu. Illus. by Charbak Dipta. 2021. (ENG.). 50p. (YA). 35.99 *(978-1-7371332-0-9(2))* 4themasses LLC.

Efil Brothers. Collin Lee. 2017. (ENG., Illus.). (YA). (gr. 7-12). 19.95 *(978-0-692-82896-0(6))* Lee, Collin.

Efrén Divided. Ernesto Cisneros. (ENG.). 272p. (J). (gr. 3-7). 2021. pap. 9.99 *(978-0-06-288169-4(8));* 2020. 17.99 *(978-0-06-288168-7(X))* HarperCollins Pubs. (Quill Tree Bks.).

Efrén Dividido: Efrén Divided (Spanish Edition) Ernesto Cisneros. Tr. by David Bowles. 2023. (ENG.). 288p. (J). (gr. 3-7). pap. 9.99 *(978-0-06-324964-6(2),* Quill Tree Bks.) HarperCollins Pubs.

Egan (Classic Reprint) Holworthy Hall. (ENG., Illus.). (J). 2018. 388p. 31.90 *(978-0-364-45380-3(X));* 2016. pap. 16.57 *(978-1-333-65622-5(X))* Forgotten Bks.

Egels Kunnen Niet Vliegen. Tim Leach. 2019. (DUT.). 34p. (J). pap. *(978-0-359-77188-2(2))* Lulu Pr., Inc.

Egg. Margo Gates. Illus. by Lisa Hunt. 2019. (Seasons All Around Me (Pull Ahead Readers — Fiction) Ser.). (ENG.). 16p. (J). (gr. -1-1). 27.99 *(978-1-5415-5876-2(6),* f267d425-8413-451b-af3e-52cfe3fe5688, Lerner Pubns.) Lerner Publishing Group.

Egg. Amy Sky Koster. Illus. by Lisel Jane Ashlock. 2020. (ENG.). 14p. (J). (gr. -1 — 1). bds. 11.99 *(978-1-56846-351-3(0),* 18358, Creative Editions) Creative Co., The.

Egg. Frederick Mandell. Illus. by Len Karsakov. 2021. (ENG.). 26p. (J). 16.99 *(978-1-7372791-5-0(0))* Mindstir Media.

Egg. René Mettler. 2023. (My First Discovery Paperbacks Ser.). (ENG., Illus.). 32p. (J). (gr. k-2). pap. 9.99 *(978-1-85103-754-4(3))* Moonlight Publishing, Ltd. GBR. Dist: Independent Pubs. Group.

Egg. Britta Teckentrup. 2017. (ENG., Illus.). 96p. (J). (gr. k-4). 16.95 *(978-3-7913-7294-5(7))* Prestel Verlag GmbH & Co KG. DEU. Dist: Penguin Random Hse. LLC.

Egg. Geraldo Valério. 2020. (ENG., Illus.). 40p. (J). (gr. -1-3). 18.95 *(978-1-77147-374-3(6))* Owlkids Bks. Inc. CAN. Dist: Publishers Group West (PGW).

Egg: An Easter & Springtime Book for Kids. Kevin Henkes. Illus. by Kevin Henkes. 2017. (ENG., Illus.). 40p. (J). (gr. -1-3). 17.99 *(978-0-06-240872-3(0),* Greenwillow Bks.) HarperCollins Pubs.

Egg Bird. James William Storey. 2021. (ENG.). 32p. (J). pap. *(978-1-914195-15-0(9))* UK Bk. Publishing.

Egg Board Book: An Easter & Springtime Book for Kids. Kevin Henkes. Illus. by Kevin Henkes. 2019. (ENG., Illus.). 32p. (J). (gr. -1 — 1). bds. 8.99 *(978-0-06-240874-7(7),* Greenwillow Bks.) HarperCollins Pubs.

Egg Book: See How Baby Animals Hatch, Step by Step! DK. 2023. (ENG.). 80p. (J). (gr. k-2). 17.99 *(978-0-7440-6996-9(3),* DK Children) Dorling Kindersley Publishing, Inc.

Effects of Force & Motion on Simple Machines Changes in Matter & Energy Grade 4 Children's Physics Books. Baby Professor. 2020. (ENG.). 72p. (J). 24.99 *(978-1-5419-7952-9(4));* pap. 14.99 *(978-1-5419-7809-6(9))* Speedy Publishing LLC. (Baby Professor (Education Kids)).

Effects of Force on Motion & Direction: Cool Science Experiments Grade 3 Children's Physics Books. Baby Professor. 2021. (ENG.). 72p. (J). 27.99 *(978-1-5419-8368-7(8));* pap. 16.99 *(978-1-5419-7889-8(7))* Speedy Publishing LLC. (Baby Professor (Education Kids)).

Efficiency Arithmetic: Intermediate, Pp. 1-281. Charles E. Chadsey. 2017. (ENG., Illus.). (J). pap. *(978-0-649-56919-9(9))* Trieste Publishing Pty Ltd.

Efficiency Arithmetic: Primary. Charles E. Chadsey. 2017. (ENG., Illus.). (J). pap. *(978-0-649-56918-2(0))* Trieste Publishing Pty Ltd.

Efficiency Arithmetic: Primary. Charles E. Chadsey & James H. Smith. 2017. (ENG., Illus.). (J). pap. *(978-0-649-56920-5(2))* Trieste Publishing Pty Ltd.

Efficiency Edgar (Classic Reprint) Clarence Budington Kelland. 2018. (ENG., Illus.). (J). 104p. 26.04 *(978-0-428-50525-7(2));* 106p. pap. 9.57 *(978-0-428-50524-0(4))* Forgotten Bks.

Efficient, Inventive (Often Annoying) Melvil Dewey. Alexis O'Neill. Illus. by Edwin Fotheringham. 2020. (ENG.). 40p. (J). (gr. 2-5). 18.99 *(978-1-68437-198-3(8),* Calkins Creek) Highlights Pr., c/o Highlights for Children, Inc.

Effie & Her Strange Acquaintances: A Very Curious Story, Almost True (Classic Reprint) John Crofts. 2017. (ENG., Illus.). 258p. (J). 29.22 *(978-0-265-65159-9(X))* Forgotten Bks.

Effie Hetherington (Classic Reprint) Robert Buchanan. (ENG., Illus.). (J). 2018. 274p. 29.55 *(978-0-666-67482-1(5));* 2017. pap. 11.97 *(978-1-5276-1539-7(1))* Forgotten Bks.

Effie Ogilvie, Vol. 1 Of 2: The Story of a Young Life (Classic Reprint) Margaret O. W. Oliphant. 2018. (ENG., Illus.). (J). 266p. 29.38 *(978-0-365-59315-7(X));* 268p. pap. 11.97 *(978-0-365-59312-6(5))* Forgotten Bks.

Effie Ogilvie, Vol. 2 Of 2: The Story of a Young Life (Classic Reprint) Margaret Oliphant. 2018. (ENG., Illus.). 260p. (J). 29.28 *(978-0-483-12961-0(5))* Forgotten Bks.

Effie Starr Zook Has One More Question. Martha Freeman. ed. 2019. (Penworthy Picks Middle School Ser.). (ENG.). 217p. (J). (gr. 4-5). 19.36 *(978-1-64310-940-4(5))* Penworthy Co., LLC, The.

Effie Starr Zook Has One More Question. Martha Freeman. (ENG.). (J). (gr. 3-7). 2018. 240p. pap. 7.99 *(978-1-4814-7265-4(8));* 2017. (Illus.). 224p. 16.99 *(978-1-4814-7264-7(X))* Simon & Schuster/Paula Wiseman Bks. (Simon & Schuster/Paula Wiseman Bks.).

Effie Starr Zook Has One More Question. Martha Freeman. ed. 2018. lib. bdg. 18.40 *(978-0-606-40835-6(5))* Turtleback.

Effie's Chance to Dance. Gelia Dolcimascolo. Illus. by Rob Rice. 2018. (ENG.). 48p. (J). (gr. k-3). pap. 10.00 *(978-0-9972158-1-6(X))* Autumn Gold Pr.

Efftwelve: The HOMIES GUIDE to DEALING with 12 (cops/police, Illustrated, Comic, Know Your Rights, the Ultimate Guidebook, Social Justice) Ricardo Sosa. Ed. by Kristina Phu. Illus. by Charbak Dipta. 2021. (ENG.). 50p. (YA). 35.99 *(978-1-7371332-0-9(2))* 4themasses LLC.

Efil Brothers. Collin Lee. 2017. (ENG., Illus.). (YA). (gr. 7-12). 19.95 *(978-0-692-82896-0(6))* Lee, Collin.

Efrén Divided. Ernesto Cisneros. (ENG.). 272p. (J). (gr. 3-7). 2021. pap. 9.99 *(978-0-06-288169-4(8));* 2020. 17.99 *(978-0-06-288168-7(X))* HarperCollins Pubs. (Quill Tree Bks.).

Efrén Dividido: Efrén Divided (Spanish Edition) Ernesto Cisneros. Tr. by David Bowles. 2023. (ENG.). 288p. (J). (gr. 3-7). pap. 9.99 *(978-0-06-324964-6(2),* Quill Tree Bks.) HarperCollins Pubs.

Egan (Classic Reprint) Holworthy Hall. (ENG., Illus.). (J). 2018. 388p. 31.90 *(978-0-364-45380-3(X));* 2016. pap. 16.57 *(978-1-333-65622-5(X))* Forgotten Bks.

Egels Kunnen Niet Vliegen. Tim Leach. 2019. (DUT.). 34p. (J). pap. *(978-0-359-77188-2(2))* Lulu Pr., Inc.

Egg. Margo Gates. Illus. by Lisa Hunt. 2019. (Seasons All Around Me (Pull Ahead Readers — Fiction) Ser.). (ENG.). 16p. (J). (gr. -1-1). 27.99 *(978-1-5415-5876-2(6),* f267d425-8413-451b-af3e-52cfe3fe5688, Lerner Pubns.) Lerner Publishing Group.

Egg. Amy Sky Koster. Illus. by Lisel Jane Ashlock. 2020. (ENG.). 14p. (J). (gr. -1 — 1). bds. 11.99 *(978-1-56846-351-3(0),* 18358, Creative Editions) Creative Co., The.

Egg. Frederick Mandell. Illus. by Len Karsakov. 2021. (ENG.). 26p. (J). 16.99 *(978-1-7372791-5-0(0))* Mindstir Media.

Egg. René Mettler. 2023. (My First Discovery Paperbacks Ser.). (ENG., Illus.). 32p. (J). (gr. k-2). pap. 9.99 *(978-1-85103-754-4(3))* Moonlight Publishing, Ltd. GBR. Dist: Independent Pubs. Group.

Egg. Britta Teckentrup. 2017. (ENG., Illus.). 96p. (J). (gr. k-4). 16.95 *(978-3-7913-7294-5(7))* Prestel Verlag GmbH & Co KG. DEU. Dist: Penguin Random Hse. LLC.

Egg. Geraldo Valério. 2020. (ENG., Illus.). 40p. (J). (gr. -1-3). 18.95 *(978-1-77147-374-3(6))* Owlkids Bks. Inc. CAN. Dist: Publishers Group West (PGW).

Egg: An Easter & Springtime Book for Kids. Kevin Henkes. Illus. by Kevin Henkes. 2017. (ENG., Illus.). 40p. (J). (gr. -1-3). 17.99 *(978-0-06-240872-3(0),* Greenwillow Bks.) HarperCollins Pubs.

Egg Bird. James William Storey. 2021. (ENG.). 32p. (J). pap. *(978-1-914195-15-0(9))* UK Bk. Publishing.

Egg Board Book: An Easter & Springtime Book for Kids. Kevin Henkes. Illus. by Kevin Henkes. 2019. (ENG., Illus.). 32p. (J). (gr. -1 — 1). bds. 8.99 *(978-0-06-240874-7(7),* Greenwillow Bks.) HarperCollins Pubs.

Egg Book: See How Baby Animals Hatch, Step by Step! DK. 2023. (ENG.). 80p. (J). (gr. k-2). 17.99 *(978-0-7440-6996-9(3),* DK Children) Dorling Kindersley Publishing, Inc.

Effects of Electricity in Paralytic & Rheumatic Affections, Gutta Serena, Deafness, Inflammations of the Liver, Dropsy, Chlorosis, & Many Other Female Complaints, &c: Illustrated with a Variety of Cases Which Have Occurred at the Medico-Electrical R. Charles Henry Wilkinson. 2017. (ENG., Illus.). (J). pap. *(978-0-282-19874-9(1))* Forgotten Bks.

Effects of Electricity in Paralytic & Rheumatic Affections, Gutta Serena, Deafness, Inflammations of the Liver, Dropsy, Chlorosis, & Many Other Female Complaints, &c: Illustrated with a Variety of Cases Which Have Occurred at the Medico-Electrical R. Charles Henry Wilkinson. 2018. (ENG., Illus.). pap. 370p. (J). 31.53 *(978-0-364-25230-7(8))* Forgotten Bks.

Effects of Excessive Parental Indulgence, Exhibited in the History of Robert Jones: To Which Is Added, the Hermit of Coombsditch, & His Dutiful Grandson (Classic

Reprint) William B. M. Hallett. (ENG., Illus.). (J). 2018. 106p. 26.08 *(978-0-364-12903-6(4));* 2017. pap. 9.57 *(978-0-259-37522-7(5))* Forgotten Bks.

Effects of Force & Motion on Simple Machines Changes in Matter & Energy Grade 4 Children's Physics Books. Baby Professor. 2020. (ENG.). 72p. (J). 24.99 *(978-1-5419-7952-9(4));* pap. 14.99 *(978-1-5419-7809-6(9))* Speedy Publishing LLC. (Baby Professor (Education Kids)).

Effects of Force on Motion & Direction: Cool Science Experiments Grade 3 Children's Physics Books. Baby Professor. 2021. (ENG.). 72p. (J). 27.99 *(978-1-5419-8368-7(8));* pap. 16.99 *(978-1-5419-7889-8(7))* Speedy Publishing LLC. (Baby Professor (Education Kids)).

Efficiency Arithmetic: Intermediate, Pp. 1-281. Charles E. Chadsey. 2017. (ENG., Illus.). (J). pap. *(978-0-649-56919-9(9))* Trieste Publishing Pty Ltd.

Efficiency Arithmetic: Primary. Charles E. Chadsey. 2017. (ENG., Illus.). (J). pap. *(978-0-649-56918-2(0))* Trieste Publishing Pty Ltd.

Efficiency Arithmetic: Primary. Charles E. Chadsey & James H. Smith. 2017. (ENG., Illus.). (J). pap. *(978-0-649-56920-5(2))* Trieste Publishing Pty Ltd.

Efficiency Edgar (Classic Reprint) Clarence Budington Kelland. 2018. (ENG., Illus.). (J). 104p. 26.04 *(978-0-428-50525-7(2));* 106p. pap. 9.57 *(978-0-428-50524-0(4))* Forgotten Bks.

Efficient, Inventive (Often Annoying) Melvil Dewey. Alexis O'Neill. Illus. by Edwin Fotheringham. 2020. (ENG.). 40p. (J). (gr. 2-5). 18.99 *(978-1-68437-198-3(8),* Calkins Creek) Highlights Pr., c/o Highlights for Children, Inc.

Effie & Her Strange Acquaintances: A Very Curious Story, Almost True (Classic Reprint) John Crofts. 2017. (ENG., Illus.). 258p. (J). 29.22 *(978-0-265-65159-9(X))* Forgotten Bks.

Eerie Elementary (Set) 6 vols. 2018. (Eerie Elementary Ser.). (ENG.). 96p. (J). (gr. 1-5). lib. bdg. 188.18 *(978-1-5321-4259-8(5),* 31068, Chapter Bks.) Spotlight, A Division of ABDO.

Eerie Entrances from the Peculiar Repository. David James. 2022. (ENG.). 160p. (YA). 32.95 *(978-1-4864-7950-2(6))* Page Publishing Inc.

Eerie Haunted Houses. Candice Ransom. 2020. (Lightning Bolt Bks. — Spooked! Ser.). (ENG., Illus.). 24p. (J). (gr. -1-3). pap. 8.99 *(978-1-7284-1383-1(0)),* a2b963589-92df-4716-8a16-147142583(5); lib. bdg. 29.32 *(978-1-5415-8686-7(9),* 1a876f326-42b-4072bce32b8149ae1126e) Lerner Publishing Group. (Lerner Pubns.).

Eerie Railtrails, 1 vol. Alex Wood. 2019. (World's Scariest Places Ser.). (ENG.). 32p. (J). 26.60 *(978-1-5382-4633-7(6),* 28469845-ae24-4d5e-ae4e02-0e287fd19181); lib. bdg. 28.27 *(978-1-5382-4649-8(4),* eba053817-7656-4a57-8778e9afe8) Stevens, Gareth Publishing LLLP.

Eerie Science Experiments, 1 vol. Terri Kayne Duncan. 2019. (Creepy, Kooky Science Ser.). (ENG.). 48p. (gr. 5-5). pap. 12.70 *(978-1-9785-1374-7(0),* c3e71a89e-634ae-cee9-569a-56e3d7c04b7v) Cavendish Square Publishing, LLC.

Eerie Singing Sirens: Leveled Reader Book 72 Level V 6 Pack. Hmh Hmh. 2021. (SPA.). 32p. (J). pap. 74.40 *(978-0-358-08105-0(X))* Houghton Mifflin Harcourt Publishing Co.

Eerie Tales from the School of Screams. Graham Annable. 2023. (ENG., Illus.). 38p. (J). 22.89 *(978-1-25-19504-6(3),* 9001938181(9); pap. *(978-1-250-19503-6(9),* 9001938191) Roaring Brook Pr. (First Second Bks.).

EFI. Horns Bat Garvey. 2017. (ENG., Illus.). (YA). pap. *(978-0-99583920-9-5(1))* Neo Publishing Ltd.

Efecto Elefante. Marisa Potas. (SPA.). (YA). (gr. 7-12). 2021. 472p. pap. 22.00 *(978-987-801-74-7(1));* 2019. 408p. pap. *(978-629-5656-09-7(6-2(7))* Editorial de Nuevo Extremo S.A. ARG. Dist: Independent Pubs. Group.

Efecto Mariposa: Un Católico Efecto…S. de Jesús Guijarro. 2021. (SPA.). 39p. (YA). *(978-1-304-06746-9(3))* Lulu Pr., Inc.

Effect of Gamma Rays on Man-in-the-Moon Marigolds (Kindle Edition: Efrén Divided (Spanish Edition)) Novel Units Teacher Guide. Novel Units. 2019. (ENG.). (YA). (J). 8-12. pap. 12.98 *(978-1-56137-155-6(1),* EN5184, Novel Units, Inc.) Classroom Library Co.

Effective Literacy Instruction for Learners with Complex Support Needs. Ed. by Susan R. Copeland. ed. and 2018. (Illus.). 400p. (J). (gr. k-12). pap. 49.95 *(978-1-68125-093-4(4))* Brookes Publishing.

Effectiveness of Alternative Medicine, 1 vol. by Lisa Idzikowski. 2018. (Introducing Issues with Opposing Viewpoints Ser.). 120p. (gr. 7-10). 43.63 *(978-1-5345-0421-9(4),* 1978f-1-7ace-7-415-9e34-d935e3678e6a) Greenhaven Publishing LLC.

Effects of Ancient Greece in Modern Times - History Lessons 3rd Grade Children's History Books. Baby Professor. 2017. (ENG., Illus.). (J). pap. 25.57 *(978-1-5419-1047-8(8),* Baby Professor (Education Kids)) Speedy Publishing LLC.

Effects of Climate Change. Martha London. (Climate Change Ser.). (ENG., Illus.). 48p. (J). (gr. 4-5). 2021. pap. 11.95 *(978-1-64494-426-4(X),* Core Library) 2020. lib. bdg. 37.84 *(978-1-5321-9277-7(3),* 34935) ABDO Publishing

Egg-Cellent Easter Activity Book: Choc-Full of Mazes, Spot-the-difference Puzzles, Matching Pairs & Other Brilliant Bunny Games. Buster Books. Illus. by Kathryn Selbert. 2023. (ENG.). 64p. (J). (gr. 1-3). pap. 9.99 *(978-1-78055-817-2(1)*, Buster Bks.) O'Mara, Michael Bks., Ltd. GBR. Dist: Independent Pubs. Group.

Egg-Cellent Egg-venture (Waffles + Mochi) Random House. Illus. by Random House. 2022. (Illus.). 26p. (J). (— 1). 7.99 *(978-0-593-43190-0(1)*, Random Hse. Bks. for Young Readers) Random Hse. Children's Bks.

Egg for Bunny. Elisabeth Zuniga. 2019. (ENG., Illus.). 24p. (J). (— 1). bds. 7.99 *(978-1-9848-4947-2(6)*, Random Hse. Bks. for Young Readers) Random Hse. Children's Bks.

Egg for Shabbat. Mirik Snir. Illus. by Eleyor Snir. 2021. (ENG.). 40p. (J). (gr. -1-1). 7.99 *(978-1-5415-9665-8(X)*, 25a4be10-2766-42d7-88b2-d53054990f64, Kar-Ben Publishing) Lerner Publishing Group.

Egg in Your Pants. Jay Bird. 2023. (ENG.). 184p. (J). pap. ***(978-1-922851-26-0(4))*** Shawline Publishing Group.

Egg Keeper. F. Louise Smith. Illus. by Robin. 2020. (ENG.). 56p. (J). pap. *(978-1-5255-6239-6(8))* FriesenPress.

Egg Marks the Spot (Skunk & Badger 2) Amy Timberlake. Illus. by Jon Klassen. 2021. (Skunk & Badger Ser.: 2). (ENG.). 160p. (J). (gr. 2-5). 18.95 *(978-1-64375-006-4(2)*, 74006) Algonquin Young Readers.

Egg-Stra Special Easter (Beanie Boos: Storybook with Egg Stands) Meredith Rusu. Illus. by Jennifer Bricking. 2018. (Beanie Boos Ser.). (ENG.). 24p. (J). (gr. -1-k). pap. 4.99 *(978-1-338-30756-6(8))* Scholastic, Inc.

Egg Thief. Paul Murdoch. 2017. (ENG., Illus.). (J). pap. *(978-1-908898-32-6(1))* Neetah Bks.

Egg to Butterfly. Rachel Tonkin. Illus. by Stephanie Fizer Coleman. 2019. (Follow the Life Cycle Ser.). (ENG.). 24p. (J). (gr. 2-2). pap. *(978-0-7787-6395-6(1)*, 6958f327-c87c-4857-9eb5-f99fa204056f); lib. bdg. *(978-0-7787-6384-0(6)*, 630ed18a-3f47-4f47-8fe1-a6763438316f) Crabtree Publishing Co.

Egg to Chicken. Holly Duhig. 2019. (Life Cycles Ser.). (ENG.). 24p. (J). (gr. k-2). pap. 6.99 *(978-1-78637-649-7(0))* BookLife Publishing Ltd. GBR. Dist: Independent Pubs. Group.

Egg to Chicken. Rachel Tonkin. Illus. by Stephanie Fizer Coleman. 2019. (Follow the Life Cycle Ser.). (ENG.). 24p. (J). (gr. 2-2). pap. *(978-0-7787-6396-3(X)*, ee6e78b4-bfb0-4b31-aaa1-982e3dacb9d1); lib. bdg. *(978-0-7787-6385-7(4)*, 770e5ae3-e994-4bce-af7f-99ee75d8dcbd) Crabtree Publishing Co.

Egg to Chicken (Growing up) (Library Edition) Jodie Shepherd. 2021. (Growing Up Ser.). (ENG., Illus.). 32p. (J). (gr. 1-2). lib. bdg. 25.00 *(978-0-531-13695-9(7)*, Children's Pr.) Scholastic Library Publishing.

Egg to Frog. Rachel Tonkin. Illus. by Stephanie Fizer Coleman. 2019. (Follow the Life Cycle Ser.). (ENG.). 24p. (J). (gr. 2-2). pap. *(978-0-7787-6397-0(8)*, fcef0923-86ca-4245-b28b-668bd4ddcb12); lib. bdg. *(978-0-7787-6386-4(2)*, f4073435-d8a2-40e4-84c1-cb89728d0ef7) Crabtree Publishing Co.

Egg Weebee Book 9. R. M. Price-Mohr. 2021. (ENG., Illus.). 34p. (J). pap. *(978-1-913946-28-9(2))* Crossbridge Bks.

Egg Weebee Book 9a. R. M. Price-Mohr. 2021. (ENG.). 34p. (J). pap. *(978-1-913946-37-1(1))* Crossbridge Bks.

Egg Who Couldn't Decide: Graphic Design by Craig Taylor Illustrated by Jim Allen Jackson. Illus. by Jim Allen Jackson. 2021. (ENG.). 33p. (J). pap. ***(978-1-68474-974-4(3))*** Lulu Pr., Inc.

Egg Who Couldn't Decide: Graphic Design by Craig Taylor Illustrated by Jim Allen Jackson. Craig Taylor & Jim Allen Jackson. 2021. (ENG.). 29p. (J). ***(978-1-716-08209-2(9))*** Lulu Pr., Inc.

Eggcellent Easter Mazes: 47 Colorful Mazes. Clever Publishing. 2021. (Clever Mazes Ser.). (ENG.). 48p. (J). (gr. -1-1). pap. 5.99 *(978-1-951100-44-5(1))* Clever Media Group.

Egghead: A Novel (Anniversary Edition), 1 vol. Caroline Pignat. ed. 2020. (ENG.). 192p. (YA). (gr. 7-10). 12.95 *(978-0-88995-580-6(8)*, 09af4a57-64c7-4f11-8678-ddb30dd4ad99) Red Deer Pr. CAN. Dist: Firefly Bks., Ltd.

Egghead: An Aldo Zelnick Comic Novel. Karla Oceanak. Illus. by Kendra Spanjer. 2016. (Aldo Zelnick Comic Novel Ser.: 5). (ENG.). 160p. (J). (gr. 1-8). pap. 8.95 *(978-1-934649-69-5(4))* Bailiwick Pr.

Egghead Detective Agency: Pika Nani. Pika Nani. 2022. (ENG.). 224p. (J). pap. 9.99 *(978-0-14-345372-7(6)*, Puffin) Penguin Bks. India PVT, Ltd IND. Dist: Independent Pubs. Group.

Eggs Are Everywhere: (Baby's First Easter Board Book, Easter Egg Hunt Book, Lift the Flap Book for Easter Basket) Chronicle Books. Illus. by Wednesday Kirwan. 2020. (ENG.). 10p. (J). (gr. -1 — 1). bds. 10.99 *(978-1-4521-7457-0(1))* Chronicle Bks. LLC.

Eggs, Baskets, Spring! Easter Activity Book. Erin Alladin. 2022. (Pajama Press High Value Activity Bks.). (ENG.). 64p. (J). (gr. k-1). pap. 9.95 *(978-1-77278-232-5(7))* Pajama Pr. CAN. Dist: Ingram Publisher Services.

Eggs for Breakfast. J. Owen. Illus. by Fariza Dzatalin Nurtsani. 2022. (ENG.). 30p. (J). pap. *(978-1-922835-72-7(2))* Library For All Limited.

Eggs for Breakfast: Leveled Reader Red Non Fiction Level 5/6 Grade 1. Hmh Hmh. 2019. (Rigby PM Ser.). (ENG.). 16p. (J). (gr. 1). pap. 11.00 *(978-0-358-12144-2(2))* Houghton Mifflin Harcourt Publishing Co.

Eggs from Red Hen Farm: Farm to Table with Mazes & Maps. Monica Wellington. 2023. 40p. (J). (gr. -1-2). pap. 8.99 ***(978-0-8234-5460-0(6))*** Holiday Hse., Inc.

EGGS-Traordinary Tale of Hattie Peck. Emma Levey. 2022. (Padded Board Bks.). (ENG.). 24p. (J). bds. 8.99 *(978-1-80105-262-7(X))* Top That! Publishing PLC GBR. Dist: Independent Pubs. Group.

EGGSciting Sleepover. Dee Pichardo. Illus. by Troy Howard. 2021. (ENG.). 40p. (J). 19.99 *(978-1-953237-02-6(9))*; pap. 14.99 *(978-1-953237-33-0(9))* Kia Harris, LLC (Publishing Co.).

Eggstra-Special Easter! (LEGO Iconic) Matt Huntley. Illus. by Jason May. 2022. (ENG.). 32p. (J). (gr. -1-2). 10.99 *(978-0-593-43178-8(2)*, Random Hse. Bks. for Young Readers) Random Hse. Children's Bks.

Eggtastic Easter Kids Coloring Book: Large Print, Cute Easter Graphics Kids Workbook with 50 Unique Fun Pictures,a Delightful Easter Adventure for Kid. Ruva Publishers. 2023. (ENG.). 106p. (J). pap. ***(978-1-4477-2771-2(1))*** Lulu Pr., Inc.

Eggxactly Where Did We Come From? Gayle Savage Davidson. 2022. (ENG.). 38p. (J). 26.95 ***(978-1-63961-243-7(2))*** Christian Faith Publishing.

Egholm & His God (Classic Reprint) W. W. Worster. 2018. (ENG., Illus.). 304p. (J). 30.17 *(978-0-483-44122-4(8))* Forgotten Bks.

Egil's Saga: The Story of Egil Skallagrimsson: an Icelandic Classic. Illus. by Halldór Baldursson. 2016. (ENG.). 64p. pap. 7.95 *(978-1-906230-87-6(0))* Real Reads Ltd. GBR. Dist: Casemate Pubs. & Bk. Distributors, LLC.

Egipto: (Egypt) Xist Publishing. 2017. (Xist Kids Spanish Bks.). (SPA.). 28p. (J). (gr. -1-3). pap. 9.99 *(978-1-5324-0397-2(6))* Xist Publishing.

Egipto (Egypt) Grace Hansen. 2019. (Países (Countries) Ser.). (SPA.). 24p. (J). (gr. -1-2). lib. bdg. 32.79 *(978-1-0982-0089-3(6)*, 33052, Abdo Kids) ABDO Publishing Co.

Eglamore Portraits (Classic Reprint) Mary E. Mann. (ENG., Illus.). (J). 2018. 366p. 31.45 *(978-0-656-99096-2(1))*; 2017. pap. 13.97 *(978-0-259-21398-7(5))* Forgotten Bks.

Eglantine: A Novel (Classic Reprint) Eliza Tabor. (ENG., Illus.). (J). 2018. 164p. 27.28 *(978-0-483-19788-6(2))*; 2017. pap. 9.97 *(978-0-243-93576-5(5))* Forgotten Bks.

Eglantine & the Elves: A Magical Encounter. David Checkley. 2016. (ENG., Illus.). 70p. (J). pap. *(978-1-326-85815-5(7))* Lulu Pr., Inc.

Eglantine, Vol. 1 of 3 (Classic Reprint) Unknown Author. 2018. (ENG., Illus.). 314p. (J). 30.43 *(978-0-332-69527-3(1))* Forgotten Bks.

Eglantine, Vol. 2 of 3 (Classic Reprint) Eliza Tabor. (ENG., Illus.). (J). 2018. 326p. 30.64 *(978-0-332-84909-6(0))*; 2016. pap. 13.57 *(978-1-333-39102-7(1))* Forgotten Bks.

Eglantine, Vol. 3 of 3 (Classic Reprint) Unknown Author. 2018. (ENG., Illus.). 326p. (J). 30.62 *(978-0-483-96162-3(0))* Forgotten Bks.

Ego Book: A Book of Selfish Ideals (Classic Reprint) Vance Thompson. 2018. (ENG., Illus.). 196p. (J). 27.94 *(978-0-666-78082-9(X))* Forgotten Bks.

Ego-Land. Angela Mihaela Neag. 2019. (ENG.). 66p. (J). pap. *(978-3-7103-4230-1(9))* united p.c. Verlag.

Egoist, Vol. 1: A Comedy in Narrative (Classic Reprint) George Meredith. 2017. (ENG., Illus.). (J). 31.42 *(978-1-5281-7613-2(8))* Forgotten Bks.

Egotistical I (Classic Reprint) Ellen Wilkins Tompkins. 2018. (ENG., Illus.). 184p. (J). 27.69 *(978-0-267-22787-7(6))* Forgotten Bks.

Egret & the Cow. Gareth Stamp. 2020. (ENG.). 28p. (J). pap. *(978-1-913356-14-9(0))* Hertfordshire Pr.

Egrets & Hippos. Kevin Cunningham. 2016. (21st Century Junior Library: Better Together Ser.). (ENG., Illus.). 24p. (J). (gr. 2-5). 29.21 *(978-1-63471-081-7(9)*, 208403) Cherry Lake Publishing.

Egy Pumi AZ Alfoldon. Kerekes Kiss Gyula. 2017. (HUN., Illus.). (J). pap. *(978-3-7103-2949-4(3))* united p.c. Verlag.

Egypt. Eva Bargalló. 2017. (ENG.). 32p. (J). 7.99 *(978-1-910596-85-2(X)*, 2d5eca67-3b5c-4dc7-ad7c-6369f397e578) Design Media Publishing Ltd. HKG. Dist: Baker & Taylor Publisher Services (BTPS).

Egypt. A. W. Buckey. 2022. (Essential Library of Countries Ser.). (ENG.). 112p. (YA). (gr. 6-12). lib. bdg. 41.36 *(978-1-5321-9939-4(2)*, 40667, Essential Library) ABDO Publishing Co.

Egypt. Rachel Anne Cantor. 2018. (Countries We Come From Ser.). (ENG.). 32p. (J). (gr. k-3). lib. bdg. 19.95 *(978-1-68402-473-5(0))* Bearport Publishing Co., Inc.

Egypt, 1 vol. Steffi Cavell-Clarke. 2017. (World Adventures Ser.). (ENG.). 24p. (J). (gr. 2-2). pap. 9.25 *(978-1-5345-2401-9(0)*, f22fb546-5fc5-4c7f-9b38-805c64142b29); lib. bdg. 26.23 *(978-1-5345-2399-9(5)*, ec67e083-f5e6-4a9c-9fb9-a280b0b9631c) Greenhaven Publishing LLC.

Egypt. Contrib. by Monika Davies. 2023. (Countries of the World Ser.). (ENG., Illus.). (J). (gr. k-3). lib. bdg. 26.95 Bellwether Media.

Egypt. Lori Dittmer. 2019. (Ancient Times Ser.). (ENG.). 24p. (J). (gr. 1-4). pap. 8.99 *(978-1-62832-676-5(X)*, 18922, Creative Paperbacks) Creative Co., The.

Egypt. Grace Hansen. 2019. (Countries Ser.). (ENG., Illus.). 24p. (J). (gr. -1-2). lib. bdg. 32.79 *(978-1-5321-8550-2(2)*, 31438, Abdo Kids) ABDO Publishing Co.

Egypt. Amy Rechner. 2018. (Country Profiles Ser.). (ENG., Illus.). 32p. (J). (gr. 3-8). lib. bdg. 27.95 *(978-1-62617-842-7(9)*, Blastoff! Discovery) Bellwether Media.

Egypt. R. L. Van. 2022. (Countries (BBB) Ser.). (ENG., Illus.). 32p. (J). (gr. 2-5). lib. bdg. 34.21 *(978-1-5321-9959-2(7)*, 40707, Big Buddy Bks.) ABDO Publishing Co.

Egypt: A Play in Four Acts (Classic Reprint) Edward Sheldon. (ENG., Illus.). (J). 2018. 88p. 25.71 *(978-0-364-00791-4(5))*; 2017. pap. 9.57 *(978-0-243-50398-8(9))* Forgotten Bks.

Egypt / Egipto. Xist Publishing. 2017. (Xist Kids Bilingual Spanish English Ser.). (ENG & SPA., Illus.). 28p. (J). (gr. -1-3). pap. 9.99 *(978-1-5324-0329-3(1))* Xist Publishing.

Egypt a Variety of Facts 2nd Grade Children's Book. Bold Kids. 2023. (ENG.). 42p. (J). pap. 14.99 ***(978-1-0717-1948-0(3))*** FASTLANE LLC.

Egypt, Africa, & Arabia, the World's Story, Vol. 3: A History of the World in Story Song & Art (Classic Reprint) Eva March Tappan. 2018. (ENG., Illus.). 616p. (J). 36.60 *(978-0-332-77777-1(4))* Forgotten Bks.

Egypt (Follow Me Around) (Library Edition) Wiley Blevins. 2018. (Follow Me Around... Ser.). (ENG., Illus.). 32p. (J). (gr. 3-4). lib. bdg. 27.00 *(978-0-531-12920-3(9)*, Children's Pr.) Scholastic Library Publishing.

Egypt for Kids: People, Places & Cultures - Children Explore the World Books. Baby Professor. 2016. (ENG., Illus.). 42p. (J). pap. 11.65 *(978-1-68305-610-2(8)*, Baby Professor (Education Kids)) Speedy Publishing LLC.

Egypt Game Novel Units Student Packet. Novel Units. 2019. (ENG.). (J). pap. 13.99 *(978-1-56137-824-1(0)*, Novel Units, Inc.) Classroom Library Co.

Egypt Game Novel Units Teacher Guide. Novel Units. 2019. (ENG.). (J). pap. 12.99 *(978-1-56137-500-4(4)*, NU5004, Novel Units, Inc.) Classroom Library Co.

Egypt, Greece, & Rome (Classic Reprint) Celia Richmond. (ENG., Illus.). (J). 2018. 294p. 29.98 *(978-0-484-23538-9(9))*; 2017. pap. 13.57 *(978-0-243-89240-2(3))* Forgotten Bks.

Egypt Magnified: With a 3x Magnifying Glass. David Long. Illus. by Harry Bloom. 2018. (Magnified Ser.). (ENG.). 48p. (J). (gr. k-3). ***(978-1-78603-097-9(7)***, Wide Eyed Editions) Quarto Publishing Group UK.

Egypt vs. Nubia! Ancient Battles: Egyptian & Nubian Conflicts Grade 5 Social Studies Children's Books on Ancient History. Baby Professor. 2022. (ENG.). 72p. (J). 31.99 ***(978-1-5419-8683-1(0))***; pap. 19.99 ***(978-1-5419-8153-9(7))*** Speedy Publishing LLC. (Baby Professor (Education Kids)).

Egyptian Adventure. Frances Durkin. Illus. by Grace Cooke. 2019. (Histronauts Ser.). (ENG.). (J). (gr. 3-4). 88p. pap. 10.99 *(978-1-63163-240-2(X)*, 163163240X); 81p. lib. bdg. 29.99 *(978-1-63163-239-6(6)*, 1631632396) North Star Editions. (Jolly Fish Pr.).

Egyptian Cat Mystery. John Blaine. 2019. (ENG.). 222p. (J). pap. *(978-0-359-70358-6(5))* Lulu Pr., Inc.

Egyptian Childhood: The Autobiography of Taha Hussein (Classic Reprint) Taha Hussein. 2017. (ENG., Illus.). (J). 27.57 *(978-0-331-55041-2(5))*; pap. 9.97 *(978-0-259-52978-1(8))* Forgotten Bks.

Egyptian Culture Amazing & Intriguing Facts Children's History Book. Bold Kids. 2022. (ENG.). 42p. (J). pap. 14.99 ***(978-1-0717-1839-1(8))*** FASTLANE LLC.

Egyptian Enchantment: A Lottie Lipton Adventure. Dan Metcalf. Illus. by Rachelle Panagarry. 2017. (Adventures of Lottie Lipton Ser.). (ENG.). 96p. (J). (gr. 2-5). pap. 6.99 *(978-1-5124-8188-4(2)*, 4fed1583-9683-4856-8a90-024c82752f05); lib. bdg. 25.32 *(978-1-5124-8182-2(3)*, b8fef38d-820d-4af0-a6d3-a069159248c1) Lerner Publishing Group. (Darby Creek).

Egyptian Gods & Goddesses. Tyler Gieseke. 2021. (Ancient Egypt Ser.). (ENG., Illus.). 32p. (J). (gr. 2-3). pap. 9.95 *(978-1-64494-533-9(9))*; lib. bdg. 32.79 *(978-1-5321-6986-1(8)*, 38049, DiscoverRoo) Pop!.

Egyptian Gods, Heroes, & Mythology. Tammy Gagne. 2018. (Gods, Heroes, & Mythology Ser.). (ENG., Illus.). 48p. (J). (gr. 4-8). lib. bdg. 35.64 *(978-1-5321-1781-7(7)*, 30850) ABDO Publishing Co.

Egyptian Heir. Janelle Filteau. Illus. by Rebecca Romphf. 2021. (ENG.). 384p. (YA). *(978-1-0391-1027-4(4))*; pap. *(978-1-0391-1026-7(6))* FriesenPress.

Egyptian Lullaby. Zeena M. Pliska. Illus. by Hatem Aly. 2023. (ENG.). 40p. (J). 18.99 *(978-1-250-22249-7(4)*, 900208036) Roaring Brook Pr.

Egyptian Maus. Domini Brown. 2016. (Cool Cats Ser.). (ENG., Illus.). 24p. (J). (gr. k-3). lib. bdg. 26.95 *(978-1-62617-310-1(9)*, Blastoff! Readers) Bellwether Media.

Egyptian Money Tree. Tega Collins. Illus. by Abu Taher. 2021. (ENG.). 20p. (J). 19.45 *(978-1-970109-75-7(0)*, AnewPr., Inc.) 2Nimble.

Egyptian Mummies. Tyler Gieseke. 2021. (Ancient Egypt Ser.). (ENG., Illus.). 32p. (J). (gr. 2-3). pap. 9.95 *(978-1-64494-534-6(7))*; lib. bdg. 32.79 *(978-1-5321-6987-8(6)*, 38051, DiscoverRoo) Pop!.

Egyptian Mummies. Joyce Markovics. 2021. (Unwrapped: Marvelous Mummies Ser.). (ENG., Illus.). 24p. (J). (gr. 2-4). lib. bdg. 30.64 *(978-1-5341-8041-3(9)*, 218444) Cherry Lake Publishing.

Egyptian Mummies a Different Look at Them Children's History Book. Bold Kids. 2022. (ENG.). 42p. (J). pap. 14.99 ***(978-1-0717-1736-3(7))*** FASTLANE LLC.

Egyptian Mythology. Don Nardo. 2020. (World Mythology Ser.). (ENG.). 80p. (YA). (gr. 6-12). 41.27 *(978-1-68282-811-3(5))* ReferencePoint Pr., Inc.

Egyptian Mythology: Children's Middle Eastern History with Informative Facts for Kids. Bold Kids. 2022. (ENG.). 46p. (J). pap. 15.99 ***(978-1-0717-0957-3(7))*** FASTLANE LLC.

Egyptian Mythology & Egyptian Christianity. Samuel Sharpe. 2017. (ENG.). 138p. (J). pap. *(978-3-337-18036-2(1))* Creation Pubs.

Egyptian Mythology & Egyptian Christianity: With Their Influence on the Opinions of Modern Christendom (Classic Reprint) Samuel Sharpe. 2018. (ENG., Illus.). 140p. (J). 26.78 *(978-0-483-43249-9(0))* Forgotten Bks.

Egyptian Mythology & Egyptian Christianity, with Their Influence on the Opinions of Modern Christendom. Samuel Sharpe. 2017. (ENG., Illus.). 140p. (J). pap. *(978-0-649-74467-1(5))* Trieste Publishing Pty Ltd.

Egyptian Mythology for Kids: Discover Fascinating History, Facts, Gods, Goddesses, Bedtime Stories, Pharaohs, Pyramids, Mummies & More from Ancient Egypt. History Brought Alive. 2022. (ENG.). 134p. (J). pap. *(978-1-914312-32-8(5))*; ***(978-1-914312-95-3(3))*** Thomas W Swain.

Egyptian Mythology for Kids: Discover This Children's Ancient Egypt Picture & Fact History Book. Bold Kids. 2021. (ENG.). 62p. (J). pap. 11.99 *(978-1-0717-0791-3(4))* FASTLANE LLC.

Egyptian Mythology (Set), 8 vols. 2022. (Egyptian Mythology Ser.). (ENG.). 32p. (J). (gr. 2-5). lib. bdg. 273.76 *(978-1-5321-9864-9(7)*, 39721, Kids Core) ABDO Publishing Co.

Egyptian Mythology (Set Of 8) 2022. (Egyptian Mythology Ser.). (ENG., Illus.). 8p. (J). (gr. 3-3). pap. 79.60 *(978-1-64494-772-2(2))* North Star Editions.

Egyptian Myths. Eric Braun. 2018. (Mythology Around the World Ser.). (ENG., Illus.). 32p. (J). (gr. 3-6). lib. bdg. 27.99 *(978-1-5157-9603-9(5)*, 136776, Capstone Pr.) Capstone.

Egyptian Myths. Jean Menzies. Illus. by Katie Ponder. 2022. (Ancient Myths Ser.). (ENG.). 144p. (J). (gr. k-4). 21.99 *(978-0-7440-5677-8(2)*, DK Children) Dorling Kindersley Publishing, Inc.

Egyptian Princess (Classic Reprint) Eleanor Grove. (ENG., Illus.). (J). 2018. 1016p. 44.87 *(978-0-483-50982-5(5))*; 2017. pap. 27.21 *(978-0-243-06270-6(2))* Forgotten Bks.

Egyptian Princess, Vol. 1 of 2 (Classic Reprint) Georg Ebers. (ENG., Illus.). (J). 2018. 726p. 38.87 *(978-0-365-38107-5(1))*; 2018. 348p. 31.07 *(978-0-365-42269-3(X))*; 2017. pap. 13.57 *(978-0-259-50030-8(5))* Forgotten Bks.

Egyptian Princess, Vol. 2 of 2 (Classic Reprint) Georg Ebers. 2017. (ENG., Illus.). (J). 31.61 *(978-0-265-71658-8(6))*; pap. 13.97 *(978-1-5276-7226-0(3))* Forgotten Bks.

Egyptian Pyramids! Ancient History for Children: Secrets of the Pyramids - Children's Ancient History Books. Left Brain Kids. 2016. (ENG., Illus.). (J). pap. 7.51 *(978-1-68376-595-0(8))* Sabeels Publishing.

Egyptian Pyramids: How Did They Get Built? Megan Cooley Peterson. 2018. (History's Mysteries Ser.). (ENG.). 32p. (J). (gr. 4-6). pap. 9.99 *(978-1-64466-256-4(6)*, 12277); (Illus.). lib. bdg. *(978-1-68072-409-7(6)*, 12276) Black Rabbit Bks. (Bolt).

Egyptian Scarab Mystery. Andy Adams. 2018. (ENG., Illus.). 174p. (J). pap. 14.95 *(978-1-947964-29-7(1))* Fiction Hse. Pr.

Egyptian Sketch Book (Classic Reprint) Charles G. Leland. 2017. (ENG., Illus.). (J). 344p. 31.01 *(978-0-484-34281-0(9))*; pap. 13.57 *(978-1-5276-6207-0(1))* Forgotten Bks.

Egyptian Tombs. Tyler Gieseke. 2021. (Ancient Egypt Ser.). (ENG., Illus.). 32p. (J). (gr. 2-3). pap. 9.95 *(978-1-64494-535-3(5))*; lib. bdg. 32.79 *(978-1-5321-6988-5(4)*, 38053, DiscoverRoo) Pop!.

Egyptian Town. Scott Steedman. Illus. by David Antram. 2017. (Time Traveler's Guide Ser.). 48p. (gr. 3-7). 37.10 *(978-1-910706-99-2(X))* Book Hse. GBR. Dist: Black Rabbit Bks.

Egyptian Treasure. Matt Beighton. Illus. by Amalia Rendon. 2018. (Monstacademy Ser.: Vol. 2). (ENG.). 108p. (J). (gr. 2-5). pap. *(978-1-9997244-4-3(5))* Green Monkey Pr.

Egyptian Treasure: Dyslexia Friendly Edition. Matt Beighton. Illus. by Amalia Rendon. 2018. (Monstacademy Dyslexia Adapted Ser.: Vol. 2). (ENG.). 156p. (J). (gr. 2-5). pap. *(978-1-9997244-7-4(X))* Green Monkey Pr.

Egyptian Warrior. Benjamin Hulme-Cross. 2016. (Warrior Heroes Ser.). (ENG., Illus.). 160p. (J). (gr. 5-9). *(978-0-7787-2864-1(1))* Crabtree Publishing Co.

Egyptians. Christa Bedwin & Heather Kissock. 2016. (Illus.). 32p. *(978-1-5105-1098-2(2))* SmartBook Media, Inc.

Egyptians, Vol. 5. Mason Crest Publishers Staff. 2019. (Untold History of Ancient Civilizations Ser.). (Illus.). 64p. (J). (gr. 8). lib. bdg. 31.93 *(978-1-4222-3519-5(X))* Mason Crest.

Egyptians, Greeks & Romans: Powerful Ancient Nations. Baby Professor. 2017. (ENG., Illus.). (J). pap. 7.89 *(978-1-5419-0282-4(3)*, Baby Professor (Education Kids)) Speedy Publishing LLC.

Egyptians of Long Ago (Classic Reprint) Louise Mohr. (ENG., Illus.). (J). 2018. 158p. 27.16 *(978-0-365-28425-3(4))*; 2017. pap. 9.57 *(978-0-282-63382-0(0))* Forgotten Bks.

Egyptische Märchen (Alme) - Vollständige Ausgabe. Benedikte Naubert. 2017. (GER., Illus.). 172p. (YA). pap. *(978-80-268-5682-5(1))* E-Artnow.

Egypt's Best Embalmer. Cat Barker. 2020. (ENG.). 30p. (J). pap. *(978-1-5289-8456-0(0))* Austin Macauley Pubs. Ltd.

Egypt's Pharaohs & Mummies Ancient History for Kids Children's Ancient History. Baby Professor. 2017. (ENG., Illus.). (J). pap. 9.25 *(978-1-5419-0516-0(4)*, Baby Professor (Education Kids)) Speedy Publishing LLC.

Eid Al Fitr. Carole Crimeen & Suzanne Fletcher. 2023. (Celebrations & Events Ser.). (ENG., Illus.). 16p. (J). (gr. -1-2). pap. 7.99 ***(978-1-925714-89-0(6)***, 825f82dc-14c4-4f7b-b794-eace23ba61fe) Knowledge Bks. & Software AUS. Dist: Lerner Publishing Group.

Eid Al-Fitr. Rebecca Sabelko. 2023. (Happy Holidays! Ser.). (ENG., Illus.). (J). (gr. -1-2). lib. bdg. 25.95 Bellwether Media.

Eid Al-Fitr. Contrib. by Rebecca Sabelko. 2023. (Happy Holidays! Ser.). (ENG., Illus.). (J). (gr. -1-2). pap. 7.99 Bellwether Media.

Eid Al-Fitr Mad Libs: World's Greatest Word Game. Saadia Faruqi. 2022. (Mad Libs Ser.). 48p. (J). (gr. 3-7). pap. 5.99 *(978-0-593-09402-0(6)*, Mad Libs) Penguin Young Readers Group.

Eid Surprises. Marzieh A. Ali. Illus. by Lala Stellune. 2022. (Nadia & Nadir Ser.). (ENG.). 32p. (J). (gr. 2-2). pap. 9.95 *(978-1-64494-822-4(2)*, Calico Kid) ABDO Publishing Co.

Eid Surprises. Marzieh A. Ali. Illus. by Lala Stellune. 2022. (Nadia & Nadir Ser.). (ENG.). 32p. (J). (gr. -1-3). lib. bdg. 32.79 *(978-1-0982-3308-2(5)*, 39847, Calico Chapter Bks) Magic Wagon.

Eid UL Fitr / Aidilfitri: A Day of Love & Forgiveness / Hari Kemaafan Dan Kasih Sayang. Irawan Gani. 2017. (ENG., Illus.). (J). pap. 32.98 *(978-1-5437-4166-7(5))* Partridge Pub.

Eiffel Tower. Heather Kissock. 2018. (Structural Wonders of the World Ser.). (ENG.). 24p. (J). (gr. 2-5). lib. bdg. 28.55 *(978-1-4896-8181-2(7)*, AV2 by Weigl) Weigl Pubs., Inc.

Eiffel Tower: Children's Architecture Book with Informative Facts for Kids. Bold Kids. 2022. (ENG.). 42p. (J). pap. 15.99 ***(978-1-0717-0958-0(5))*** FASTLANE LLC.

Eiffel's Tower for Young People. Jill Jonnes. 2019. (For Young People Ser.). (Illus.). (YA). (gr. 7). 360p. 40.00 *(978-1-60980-905-8(X))*; 368p. pap. 17.95 *(978-1-60980-917-1(3))* Seven Stories Pr. (Triangle Square).

Eight. Xist Publishing. 2019. (Discover Numbers Ser.). (ENG.). 8p. (J). (gr. -1-2). pap. 5.99 *(978-1-5324-0983-7(4))* Xist Publishing.

Eight Acres & a Cow. Carol Patricia Richardson. 2019. (ENG.). 282p. (YA). (gr. 7-12). pap. 14.99 *(978-1-63337-268-9(5))* Roland Golf Services.

Eight Candles, Eight Nights! Hanukkah Coloring Book. Bobo's Children Activity Books. 2016. (ENG., Illus.). (J).

pap. 9.33 (978-1-68327-447-6(4)) Sunshine In My Soul Publishing.

Eight Comedies for Little Theatres (Classic Reprint) Percival Wilde. 2018. (ENG., Illus.). 190p. (J). 27.82 (978-0-483-71285-0(X)) Forgotten Bks.

Eight Cousins. L. M. Alcott. 2022. (ENG.). 158p. (J). pap. 29.90 (978-1-4583-3875-4(4)) Lulu Pr., Inc.

Eight Cousins. Louisa Alcott. 2017. (ENG.). 308p. (J). pap. (978-3-337-32729-3(X)) Creation Pubs.

Eight Cousins. Louisa May Alcott. 2023. (Louisa May Alcott Hidden Gems Collection). (ENG.). 288p. (J). (gr. 3). 17.99 (978-1-5344-9753-5(6)); pap. 7.99 (978-1-5344-9752-8(8)) Simon & Schuster Children's Publishing. (Aladdin).

Eight Cousins: Or, the Aunt-Hill. Louisa Alcott. 2019. (ENG., Illus.). 224p. (YA). pap. (978-93-5329-488-5(6)) Alpha Editions.

Eight Cousins: Or the Aunt-Hill (Classic Reprint) Louisa Alcott. 2017. (ENG., Illus.). (J). 30.21 (978-0-266-31984-9(X)) Forgotten Bks.

Eight Cousins & Rose in Bloom - a Sequel (Children's Classic) A Story of Rose Campbell. Louisa Alcott. 2018. (ENG.). 260p. (J). pap. (978-80-268-9193-2(7)) E-Artnow.

Eight Cousins, or, the Aunt-Hill. Louisa Alcott. 2018. (ENG., Illus.). (J). (gr. 4-7). 180p. 17.95 (978-1-61895-366-7(4)); 178p. pap. 9.95 (978-1-61895-365-0(6)) Bibliotech Pr.

Eight Days a Survivor. Benjamin Moore. 2020. (ENG.). 170p. (YA). pap. 12.99 (978-1-63649-130-1(8)) Primedia eLaunch LLC.

Eight Days Gone. Linda McReynolds. Illus. by Ryan O'Rourke. 2019. 28p. (J). (— 1). bds. 8.99 (978-1-57091-024-1(3)) Charlesbridge Publishing, Inc.

Eight Days on Planet Earth. Cat Jordan. 2017. (ENG.). 320p. (YA). (gr. 8). 17.99 (978-0-06-257173-1(7), HarperTeen) HarperCollins Pubs.

Eight Days Out (Classic Reprint) Merrick Abner Richardson. (ENG., Illus.). (J). 2018. 158p. 27.18 (978-0-666-72477-9(6)); 2016. pap. 9.57 (978-1-334-11751-0(9)) Forgotten Bks.

Eight Forty-Five: Extracts from the Diary of John Skinner a Commuter (Classic Reprint) Robert M. Gay. 2018. (ENG., Illus.). 162p. (J). 27.24 (978-0-267-22454-8(0)) Forgotten Bks.

Eight Great Gifts. Bill McKenzie. 2021. (ENG.). 28p. (J). pap. 12.99 (978-1-63103-056-7(6)) CaryPr. International Bks.

Eight Hundred Leagues on the Amazon. Jules Vern. 2020. (ENG.). 228p. (J). pap. 10.95 (978-1-64799-210-1(9)) Bibliotech Pr.

Eight Hundred Leagues on the Amazon: (world Classics, Unabridged) Jules Vern. 2018. (ENG., Illus.). 214p. (J). pap. (978-93-86423-74-0(X)) Alpha Editions.

Eight Hundred Leagues on the Amazon Jules Verne. Jules Vern. 2020. (ENG.). 230p. (J). 19.95 (978-1-64799-211-8(7)) Bibliotech Pr.

Eight Hundred Miles in an Ambulance (Classic Reprint) Laura Winthrop Johnson. 2017. (ENG., Illus.). (J). 26.68 (978-0-260-97930-8(9)) Forgotten Bks.

Eight Journeys Abroad (Classic Reprint) Frank H. Rosengarten. 2017. (ENG., Illus.). 696p. (J). 38.25 (978-0-332-13139-9(4)) Forgotten Bks.

Eight Knights of Hanukkah. Leslie Kimmelman. Illus. by Galia Bernstein. 2020. 48p. (J). (gr. -1-3). 17.99 (978-0-8234-3958-4(5)) Holiday Hse., Inc.

Eight Knights of Hanukkah. Irv Korman. Illus. by Kyle D. Traum. 2021. (ENG.). 80p. (J). pap. 14.95 (978-1-948613-13-2(1)) Sunny Day Publishing, LLC.

Eight Lands in Eight Weeks: A Package of Diary Letters to Beloved Stay-At-Homes (Classic Reprint) Marcia Penfield Snyder. (ENG., Illus.). (J). 2018. 540p. 35.05 (978-0-483-30638-7(X)); 2016. pap. 19.57 (978-1-334-15552-9(6)) Forgotten Bks.

Eight Lies We Tell Each Other. Christine Anna Kirchoff. 2020. (ENG.). 358p. (J). pap. (978-0-3695-0246-9(9)) Evernight Publishing.

Eight Nights of Flirting. Hannah Reynolds. 2022. 400p. (YA). (gr. 7). 19.99 (978-0-593-34975-5(X), Razorbill) Penguin Young Readers Group.

Eight Nights of Lights: a Celebration of Hanukkah. Leslie Kimmelman. Illus. by Hilli Kushnir. 2023. (ENG.). 72p. (J). (gr. -1-3). 19.99 (978-0-06-324248-7(6), HarperCollins) HarperCollins Pubs.

Eight-Oared Victors: A Story of College Water Sports (Classic Reprint) Lester Chadwick. 2018. (ENG., Illus.). 330p. (J). 30.70 (978-0-364-83959-1(7)) Forgotten Bks.

Eight o'Clock, & Other Studies (Classic Reprint) St. John G. Ervine. 2018. (ENG., Illus.). 126p. (J). 26.52 (978-0-484-52317-2(1)) Forgotten Bks.

Eight One-Act Plays (Classic Reprint) George Calderon. 2018. (ENG., Illus.). 190p. (J). 27.84 (978-0-483-87203-5(2)) Forgotten Bks.

Eight Paws One Adventure: Baby Odin Comes Home. C. J. Pollock. 2022. (ENG.). 36p. (J). pap. (978-1-80381-124-6(2)) Grosvenor Hse. Publishing Ltd.

Eight Princesses & a Magic Mirror. Natasha Farrant. Illus. by Lydia Corry. 2020. (ENG.). 224p. (J). (gr. 4-7). 19.95 (978-1-324-01556-7(X), 341556, Norton Young Readers) Norton, W. W. & Co., Inc.

Eight Rivers of Shadow. Leo Hunt. (ENG.). 368p. (YA). (gr. 9). 2017. pap. 9.99 (978-0-7636-9457-9(6)); 2016. 17.99 (978-0-7636-8994-0(7)) Candlewick Pr.

Eight Secrets (Classic Reprint) Ernest Ingersoll. 2018. (ENG., Illus.). 364p. (J). 31.40 (978-0-483-32277-6(6)) Forgotten Bks.

Eight Selections from the Sketch Book (Classic Reprint) Washington. Irving. 2018. (ENG., Illus.). 166p. (J). 27.32 (978-0-267-29016-1(0)) Forgotten Bks.

Eight Short Stories (Classic Reprint) Lennox Robinson. 2017. (ENG., Illus.). (J). 26.41 (978-0-260-98960-4(6)) Forgotten Bks.

Eight Silly Monkeys see Ocho Monitos

Eight Special Nights Coloring Book. Jupiter Kids. 2016. (ENG., Illus.). 106p. (J). pap. 12.55 (978-1-68326-307-4(3), Jupiter Kids (Childrens & Kids Fiction)) Speedy Publishing LLC.

Eight Stories for Isabel (Classic Reprint) Unknown Author. (ENG., Illus.). (J). 2018. 22p. 24.35 (978-0-267-73199-2(X)); 2016. pap. 7.97 (978-1-333-17373-9(3)) Forgotten Bks.

Eight Times Up, 1 vol. John Corr. 2019. (ENG.). 224p. (J). (gr. 4-7). pap. 12.95 (978-1-4598-1861-3(X)) Orca Bk. Pubs. USA.

Eight-Wheel Wonder. Jake Maddox. 2022. (Jake Maddox JV Ser.). (ENG.). 96p. (J). 26.65 (978-1-6663-4486-8(9), 238364); pap. 5.95 (978-1-6663-4490-5(7), 238359) Capstone. (Stone Arch Bks.).

Eight Will Fall. Sarah Harian. 2020. (ENG.). 368p. (YA). pap. 10.99 (978-1-250-61987-7(4), 900194133) Square Fish.

Eighteen Hundred & Fifteen, Vol. 1 Of 3: A Satirical Novel (Classic Reprint) Humphrey Hedgehog. 2017. (ENG., Illus.). (J). 222p. 28.50 (978-0-332-48460-0(2)); pap. 10.97 (978-0-259-20053-6(0)) Forgotten Bks.

Eighteen Hundred & Fifteen, Vol. 2 Of 3: A Satirical Novel (Classic Reprint) Humphrey Hedgehog. 2017. (ENG., Illus.). (J). 216p. 28.37 (978-0-332-38790-1(9)); pap. 10.97 (978-0-259-18969-5(3)) Forgotten Bks.

Eighteen Hundred & Fifteen, Vol. 3 Of 3: A Satirical Novel (Classic Reprint) Humphrey Hedgehog. 2018. (ENG., Illus.). 214p. (J). 28.33 (978-0-484-27285-8(3)) Forgotten Bks.

Eighteen Lives. Dove Calderwood. 2018. (ENG., Illus.). 392p. (YA). (gr. 10-12). pap. (978-1-908600-69-1(1)) Inspired Quill.

Eighteen Months in the War Zone (Classic Reprint) Kate John Finzi. 2018. (ENG., Illus.). 320p. (J). 30.58 (978-0-484-23326-2(2)) Forgotten Bks.

Eighteen Vats of Water. Ji-Li Jiang. Illus. by Nadia Hsieh. 2022. (ENG.). 32p. (J). (gr. 2-5). 18.99 (978-1-954354-06-7(1), 650ec1b3-4878-4d59-b276-906811f09f19) Creston Bks.

Eighteen Years on the Sandringham Estate (Classic Reprint) Lady Farmer. 2017. (ENG., Illus.). (J). 28.91 (978-0-260-75710-4(1)); pap. 11.57 (978-0-243-99694-0(2)) Forgotten Bks.

Eighteen Years Seth: Growing up in Foster Care. Brad Heyen. 2021. (ENG.). 130p. (J). pap. 14.95 (978-1-6624-4768-6(X)) Page Publishing Inc.

Eighteenth Century Essays (Classic Reprint) Austin Dobson. 2018. (ENG., Illus.). 316p. (J). 30.41 (978-0-428-92584-0(7)) Forgotten Bks.

Eighth Auction Sale Coin Catalogue of Rare Coins: To Be Sold at Mail Order Auction May 4, 1940 (Classic Reprint) W. H. Livingston. 2018. (ENG., Illus.). (J). 30p. 24.54 (978-0-365-05467-2(4)); 32p. pap. 7.97 (978-0-656-79946-6(3)) Forgotten Bks.

Eighth Grade vs. the Machines. Joshua S. Levy. 2023. (Adventures of the PSS 118 Ser.). (ENG.). 280p. (J). (gr. 4-7). pap. 10.99 Lerner Publishing Group.

Eighth Husband (Classic Reprint) May Howell Beecher. 2017. (ENG., Illus.). (J). 28.43 (978-1-5279-3384-2(9)); pap. 10.97 (978-1-5280-0000-0(5)) Forgotten Bks.

Eighth Reader (Classic Reprint) James Baldwin. (ENG., Illus.). (J). 2018. 262p. 29.30 (978-0-332-83780-2(7)); 2016. pap. 11.97 (978-1-334-46870-4(2)) Forgotten Bks.

Eighth Reader (Classic Reprint) James H. Van Sickle. (ENG., Illus.). (J). 2018. 326p. 30.62 (978-0-365-27580-0(8)); 2017. pap. 13.57 (978-1-5276-5746-5(9)) Forgotten Bks.

Eighty Days. A. C. Esguerra. 2021. (ENG., Illus.). 336p. (YA). 29.99 (978-1-68415-657-3(2), Archaia Entertainment) BOOM! Studios.

Eighty-Dollar Champion (Adapted for Young Readers) The True Story of a Horse, a Man, & an Unstoppable Dream. Elizabeth Letts. 2020. (ENG., Illus.). 272p. (J). (gr. 3-7). lib. bdg. 20.99 (978-0-593-12713-1(7), Delacorte Bks. for Young Readers) Random Hse. Children's Bks.

Eighty-First Annual Report of the Trustees of the Boston City Hospital: Including the Report of the Superintendent upon the Hospital Proper, the South Department for Infectious Diseases, the East Boston Relief Station, Also the Sanatorium Division, for Th. Boston City Hospital. 2018. (ENG., Illus.). 36p. (J). (gr. 3-7). pap. 7.97 (978-0-483-10548-5(1)) Forgotten Bks.

Eighty-Seven (Classic Reprint) Pansy Pansy. 2018. (ENG., Illus.). 356p. (J). 31.24 (978-0-332-51572-4(9)) Forgotten Bks.

Eighty Years' Reminiscences (Classic Reprint) Anstruther-Thomson Anstruther-Thomson. 2017. (ENG., Illus.). (J). 32.77 (978-0-266-28155-9(9)) Forgotten Bks.

Eighty Years' Reminiscences, Vol. 1 of 2 (Classic Reprint) Anstruther Thomson. (ENG., Illus.). (J). 2018. 468p. 33.55 (978-0-364-07326-1(8)); 2016. pap. 16.57 (978-1-334-13193-6(7)) Forgotten Bks.

Eileen Gu. Kenny Abdo. 2022. (Sports Biographies Ser.). (ENG., Illus.). 24p. (J). (gr. 2-8). lib. bdg. 31.36 (978-1-0982-8024-6(5), 41083, Abdo Zoom-Fly) ABDO Publishing Co.

Eileen's Journey: History in Fairyland (Classic Reprint) Ernest Arthur Jelf. 2018. (ENG., Illus.). 442p. (J). 33.01 (978-0-484-79537-1(6)) Forgotten Bks.

Einer Vom Hause Lesa (Klassiker der Kinder- und Jugendliteratur) - Vollständige Ausgabe. Johanna Spyri. 2017. (GER., Illus.). 104p. (J). pap. (978-80-268-5605-4(8)) E-Artnow.

Einfaches Winterhandwerk 28 Schneeflockenvorlagen - Schwierige Kunst- und Handwerksaktivitäten Für Kinder: Kunsthandwerk Für Kinder. James Manning & Christabelle Manning. 2019. (Einfaches Winterhandwerk 28 Schneeflockenvorlagen Ser.: Vol. 4). (GER., Illus.). 58p. (J). (gr. 4-6). pap. (978-1-83900-767-5(2)) West Suffolk CBT Service Ltd., The.

Einfärben Dicker Linien (Malbuch Für Kinder) - Superhelden. Nicola Ridgeway & James Manning. 2020. (GER.). 84p. (J). pap. (978-1-80027-346-7(0)) CBT Bks.

Einführung in Die Mykologie der Gebrauchs-Und Abwässer (Classic Reprint) Alexander Kossowicz. 2018. (GER., Illus.). 240p. (J). pap. 11.57 (978-1-390-61861-7(7)) Forgotten Bks.

Einhorn Malbuch: Schönes Fantasy Malbuch Für Erwachsene Mit Magischen Einhörnern (Designs Zum Stressabbau und Zur Entspannung) Lenard Vinci Press. 2021. (GER.). 78p. (J). pap. 9.99 (978-1-716-24374-5(2)) Lulu Pr., Inc.

Einhorn Malbuch Für Mädchen: Erstaunlich Einhorn Färbung Buch Für Mädchen Im Alter Von 4-8. Osia Publishing. 2021. (GER.). 66p. (J). pap. 10.99 (978-0-457-55659-6(5)) Mudturtle Media LLC.

Einhorn Meerjungfrau und Prinzessin: Magisches Malbuch Für Jungen und Mädchen - Geschenkidee. Lenard Vinci Press. 2020. (GER.). 100p. (J). pap. 9.99 (978-1-716-28770-1(7)) Lulu Pr., Inc.

Einhorn, Meerjungfrau und Prinzessin Malbuch Für Kinder Im Alter Von 8-12: Niedliche Ausmalbilder Für Kinder 8-12 Jahre Mit Tollen Meerjungfrauen, Prinzessinnen, Feen, Einhörnern und Vielen Mehr Fröhliche Ausmalbilder Grafiken Perfekt Geeignet Für Kinder 6-8 8-10 10-12 Perfekt Als Geschenk ! Malkovich Rickblood. 2021. (GER.). 106p. (J). pap. 10.99 (978-1-008-94875-4(6)) Lulu Pr., Inc.

Einstein: El genio de la luz. Jorge Alcalde Lagranja. 2021. (Genios de la Ciencia Ser.). (SPA.). 36p. (J). (gr. 2-4). 19.95 (978-84-17137-16-8(5)) Vegueta Ediciones S. L. ESP. Dist: Independent Pubs. Group.

Einstein: The Fantastic Journey of a Mouse Through Space & Time. Torben Kuhlmann. 2021. (Mouse Adventures Ser.). (ENG.). 128p. (J). (gr. 2-6). 22.00 (978-0-7358-4444-5(5)) North-South Bks., Inc.

Einstein & Moo & the Quest for the Catnip. Jennifer Milius. 2017. (Einstein & Moo Ser.: Vol. 3). (ENG., Illus.). (J). 19.99 (978-1-945355-86-8(7)) Rocket Science Productions, LLC.

Einstein & Moo & the Unexpected Visitor. Jennifer Milius. 2017. (Einstein & Moo Ser.: Vol. 6). (ENG., Illus.). (J). pap. 14.99 (978-1-945355-82-0(4)) Rocket Science Productions, LLC.

Einstein & the Leaf. Jennifer Milius. 2017. (Einstein & Moo Ser.: Vol. 1). (ENG., Illus.). (J). 19.99 (978-1-945355-84-4(0)) Rocket Science Productions, LLC.

Einstein & the Snow. Jennifer Milius. 2017. (Einstein & Moo Ser.: Vol. 4). (ENG., Illus.). (J). 19.99 (978-1-945355-85-1(9)) Rocket Science Productions, LLC.

Einstein Code. J. D. Welch. 2016. (ENG.). 304p. (J). pap. 13.95 (978-1-78612-987-1(6), 92fe78e9-f95c-4bb1-9363-5914295786c3) Austin Macauley Pubs. Ltd. GBR. Dist: Baker & Taylor Publisher Services (BTPS).

Einstein's Compass: A YA Time Traveler Adventure. Grace Allison & Laren Bright. 2019. (ENG.). 400p. (YA). (gr. 7-12). pap. 14.99 (978-0-9988308-8-9(7)) Networlding.

Einsteins of Vista Point. Ben Guterson. Illus. by Petur Antonsson. 2022. (ENG.). 272p. (J). (gr. 3-7). 16.99 (978-0-316-31743-6(8)) Little, Brown Bks. for Young Readers.

Einstein's Theory of Relativity - Physics Reference Book for Grade 5 Children's Physics Books. Baby Professor. 2017. (ENG., Illus.). (YA). pap. 8.79 (978-1-5419-1148-2(2), Baby Professor (Education Kids)) Speedy Publishing LLC.

Eirene: Or, a Woman's Right (Classic Reprint) Mary Clemmer Ames. 2017. (ENG., Illus.). (J). 28.54 (978-1-5284-8330-8(8)) Forgotten Bks.

Eirene, or a Woman's Right (Classic Reprint) Mary Clemmer Ames. (ENG., Illus.). (J). 2018. 228p. 28.60 (978-0-365-22498-3(7)); 2017. pap. 10.97 (978-0-259-26072-1(X)) Forgotten Bks.

Eirik the Red's Saga: A Translation; Read Before the Literary & Ad Society of Liverpool, January 12th, 1880 (Classic Reprint) J. Sephton. 2017. (ENG., Illus.). (J). 24.78 (978-0-331-81709-6(8)) Forgotten Bks.

Eisleigh Jae's Awesome Day. Illus. by Gregory Atkins. 2022. (ENG.). 40p. (J). 23.00 (978-1-7379591-4-4(3)) ATKINS ARTHse.

Either, or (Classic Reprint) Rudolph Leonhart. 2017. (ENG., Illus.). 412p. (J). 32.39 (978-0-332-81839-9(X)) Forgotten Bks.

Ejah. Jr Matthew Britton. 2018. (ENG., Illus.). 28p. (J). pap. 11.95 (978-1-64114-850-4(0)) Christian Faith Publishing.

Ejected Fox. Cynthia Noles & Jr John E. Hume. 2018. (ENG., Illus.). (J). 32p. 24.95 (978-1-7322236-1-5(0)); 48p. pap. 14.95 (978-1-7322236-0-8(2)) Janneck Bks.

Ejercicio para Todos: Leveled Reader Book 63 Level M 6 Pack. Hmh Hmh. 2020. (SPA.). 24p. (J). pap. 74.40 (978-0-358-08371-9(0)) Houghton Mifflin Harcourt Publishing Co.

Ejercicios de Caligrafía 1° de Primaria. Ed. by Ediciones Larousse. 2022. (Ejercicios de Caligrafía Ser.). (SPA.). 80p. (J). (gr. 2-4). pap. 4.95 (978-607-21-2109-6(8)) Larousse, Ediciones, S. A. de C. V. MEX. Dist: Independent Pubs. Group.

Ejercicios de Caligrafía 2° de Primaria. Ed. by Ediciones Larousse. 2022. (Ejercicios de Caligrafía Ser.). (SPA.). 80p. (J). (gr. 2-4). pap. 4.95 (978-607-21-2110-2(1)) Larousse, Ediciones, S. A. de C. V. MEX. Dist: Independent Pubs. Group.

Ejercicios de Caligrafía 3° de Primaria. Ed. by Ediciones Larousse. 2022. (Ejercicios de Caligrafía Ser.). (SPA.). 80p. (J). (gr. 2-4). pap. 4.95 (978-607-21-2111-9(X)) Larousse, Ediciones, S. A. de C. V. MEX. Dist: Independent Pubs. Group.

Ejercicios de Caligrafía 4° de Primaria. Ed. by Ediciones Larousse. 2022. (Ejercicios de Caligrafía Ser.). (SPA.). 80p. (J). (gr. 4-7). pap. 4.95 (978-607-21-2112-6(8)) Larousse, Ediciones, S. A. de C. V. MEX. Dist: Independent Pubs. Group.

Ejercicios de Caligrafía 5° de Primaria. Ed. by Ediciones Larousse. 2022. (Ejercicios de Caligrafía Ser.). (SPA.). 80p. (J). (gr. 4-7). pap. 1.29 (978-607-21-2119-5(5)) Larousse, Ediciones, S. A. de C. V. MEX. Dist: Independent Pubs. Group.

Ejercicios de Caligrafía 6° de Primaria. Ed. by Ediciones Larousse. 2022. (Ejercicios de Caligrafía Ser.). (SPA.). 80p. (J). (gr. 4-7). pap. 1.29 (978-607-21-2121-8(7)) Larousse, Ediciones, S. A. de C. V. MEX. Dist: Independent Pubs. Group.

Ejercicios de Ortografía 1° Primaria. Ed. by Ediciones Larousse. 2022. (Ejercicios de Ortografía Ser.). (SPA.). 88p. (J). (gr. 2-4). pap. 2.19 (978-607-21-2113-3(6)) Larousse, Ediciones, S. A. de C. V. MEX. Dist: Independent Pubs. Group.

Ejercicios de Ortografía 2° Primaria. Ed. by Ediciones Larousse. 2022. (Ejercicios de Ortografía Ser.). (SPA.). 88p. (J). (gr. 2-4). pap. 2.19 (978-607-21-2114-0(4)) Larousse, Ediciones, S. A. de C. V. MEX. Dist: Independent Pubs. Group.

Ejercicios de Ortografía 3° Primaria. Ed. by Ediciones Larousse. 2022. (Ejercicios de Ortografía Ser.). (SPA.). 88p. (J). (gr. 2-4). pap. 2.19 (978-607-21-2115-7(2)) Larousse, Ediciones, S. A. de C. V. MEX. Dist: Independent Pubs. Group.

Ejercicios de Ortografía 4° Primaria. Ed. by Ediciones Larousse. 2022. (Ejercicios de Ortografía Ser.). (SPA.). 88p. (J). (gr. 4-7). pap. 1.29 (978-607-21-2116-4(0)) Larousse, Ediciones, S. A. de C. V. MEX. Dist: Independent Pubs. Group.

Ejercicios de Ortografía 5° Primaria. Ed. by Ediciones Larousse. 2022. (Ejercicios de Ortografía Ser.). (SPA.). 88p. (J). (gr. 4-7). pap. 1.29 (978-607-21-2117-1(9)) Larousse, Ediciones, S. A. de C. V. MEX. Dist: Independent Pubs. Group.

Ejercicios de Ortografía 6° Primaria. Ed. by Ediciones Larousse. 2022. (Ejercicios de Ortografía Ser.). (SPA.). 88p. (J). (gr. 4-7). pap. 1.29 (978-607-21-2118-8(7)) Larousse, Ediciones, S. A. de C. V. MEX. Dist: Independent Pubs. Group.

Ek Navo Divas: A New Day - a Gujarati English Bilingual Picture Book for Children to Develop Conversational Language Skills. Anuja Mohla. Tr. by Priti Gosar-Patil. Illus. by Noor Alshalabi. 2022. (ENG.). 32p. (J). 19.99 (978-1-7377740-4-4(6)) Apni Heritage LLC.

Ek Naya Din: A New Day - a Hindi English Bilingual Picture Book for Children to Develop Conversational Language Skills. Anuja Mohla. Ed. by Aditi Singh. Illus. by Noor Alshalabi. 2021. (ENG.). 32p. (J). 19.95 (978-1-7377740-0-6(3)) Apni Heritage LLC.

Eka & the Elephants: A Dance-It-Out Creative Movement Story for Young Movers. Once Upon A Dance & Leah Irby. Illus. by Cristian Gheorghita. 2022. (Dance-It-Out! Creative Movement Stories for Young Movers Ser.). (ENG.). 34p. (J). pap. 9.99 (978-1-955555-47-0(8)); 24.99 (978-1-955555-46-3(X)) Once Upon a Dance.

Ekkehard, Vol. 1: A Tale of the Tenth Century (Classic Reprint) Joseph V von Scheffel. (ENG., Illus.). (J). 2018. 386p. 31.86 (978-0-483-33869-2(9)); 2016. pap. 16.57 (978-1-334-13891-1(5)) Forgotten Bks.

Ekkehard, Vol. 1 Of 2: A Tale of the Tenth Century (Classic Reprint) Joseph Viktor von Scheffel. 2018. (ENG., Illus.). 322p. (J). 30.56 (978-0-428-80284-4(2)) Forgotten Bks.

Ekkehard, Vol. 2 Of 2: A Tale of the Tenth Century (Classic Reprint) Joseph Viktor Scheffel. 2017. (ENG., Illus.). (J). 30.66 (978-0-265-15413-7(8)) Forgotten Bks.

Ekko Falls to Earth. James Henry. 2022. (ENG.). 152p. (YA). pap. (978-1-80381-265-6(6)) Grosvenor Hse. Publishing Ltd.

El Almohadón de Plumas: y Otros Cuentos de Terror. Horacio Quiroga. 2022. (Brujula y la Veleta Ser.). (SPA.). 64p. (gr. 4-7). pap. 9.70 (978-987-718-602-4(0)) Ediciones Lea S.A. ARG. Dist: Independent Pubs. Group.

El Auto. Helen Oxenbury.Tr. of In the Car. (SPA.). 24p. (J). 7.50 (978-84-261-2000-7(8)) Juventud, Editorial ESP. Dist: AIMS International Bks., Inc.

(el Autobus Mágico Vuelve a Despegar) see Unidos o Nada: Explora Bancos de Peces (el Autobus Mágico Vuelve a Despegar)

El Blog de Daniel see Danny's Blog/El Blog de Daniel

¡el Cucuy También Tiene Miedo! / el Cucuy Is Scared, Too! Donna Barba Higuera. Illus. by Juliana Perdomo. 2023. (SPA.). 40p. (J). (gr. -1-3). 17.95 (978-1-64473-821-4(X)) Penguin Random House Grupo Editorial ESP. Dist: Penguin Random Hse. LLC.

¡el Cuerpo Humano! 2017. (SPA.). 48p. (J). (gr. 2-4). 15.99 (978-958-30-5039-8(3)) Panamericana Editorial COL. Dist: Lectorum Pubns., Inc.

¡el día de la Carrera! Leveled Reader Card Book 60 Level o 6 Pack. Hmh Hmh. 2021. (SPA.). (J). pap. 74.40 (978-0-358-08455-6(5)) Houghton Mifflin Harcourt Publishing Co.

El Dia La Noche see Day of the Dead

¡el Director Está Cada Vez Peor! Dan Gutman. 2018. (SPA.). 96p. (J). (gr. 2-4). pap. 8.99 (978-84-696-2593-4(4)) Lectorum Pubns., Inc.

¡el Español Es Mi Superpoder! (Sesame Street) (Spanish Is My Superpower! Spanish Edition) Maria Correa. Illus. by Shane Clester. 2022. (Pictureback(R) Ser.). (SPA.). 24p. (J). (gr. -1-2). 5.99 (978-0-593-56667-1(X), Random Hse. Bks. for Young Readers) Random Hse. Children's Bks.

El Gran Libro Juego de los Monstruos. Joan Subirana Queralt. 2023. (Libros Juego Ser.). 14p. (J). (gr. k-2). bds. 17.99 (978-84-18664-14-4(2)) Editorial el Pirata ESP. Dist: Independent Pubs. Group.

¡el Hámster Se Escapo! Juliette Parachini-Deny & Olivier Dupin. 2017. (SPA.). 48p. (J). (gr. 2-4). 13.99 (978-958-30-5134-0(9)) Panamericana Editorial COL. Dist: Lectorum Pubns., Inc.

¡el Invierno Es Divertido! (Winter Is Fun!) Walt K. Moon. 2017. (Bumba Books (r) en Español — Diviértete con Las Estaciones (Season Fun) Ser.). (SPA., Illus.). 24p. (J). (gr. -1-1). 26.65 (978-1-5124-2863-6(9), 6a1560b8-2617-43f2-98a3-48e81151b8e6); E-Book 4.99 (978-1-5124-3537-5(6), 9781512435375); E-Book 39.99 (978-1-5124-2959-6(7)); E-Book 39.99 (978-1-5124-3536-8(8), 9781512435368) Lerner Publishing Group. (Ediciones Lerner).

¡el Libro Del Ombligo! (Belly Button Book!) Sandra Boynton. Illus. by Sandra Boynton. 2023. (Boynton on Board Ser.). (SPA., Illus.). 24p. (J). (gr. -1-k). bds., bds. 7.99 (978-1-6659-2521-1(3)) Simon & Schuster Children's Publishing.

¡el Otoño Es Divertido! (Fall Is Fun!) Walt K. Moon. 2017. (Bumba Books (r) en Español — Diviértete con Las Estaciones (Season Fun) Ser.). (SPA., Illus.). 24p. (J). (gr. -1-1). 26.65 (978-1-5124-2860-5(4), 47ac3250-e64d-4611-803f-b21a06bc995e); E-Book 4.99 (978-1-5124-3540-5(6), 9781512435405); E-Book 39.99 (978-1-5124-3539-9(2), 9781512435399); E-Book 39.99 (978-1-5124-2953-4(8)) Lerner Publishing Group. (Ediciones Lerner).

el Paso Dragon. Dustin Hurst. 2020. (ENG.). 248p. (YA). pap. (978-1-716-94351-5(5)) Lulu Pr., Inc.

¡el Pequeño Panda Está Libre! Juliette Parachini-Deny & Olivier Dupin. 2017. (SPA.). 48p. (J). (gr. 2-4). 13.99

(978-958-30-5131-9(4)) Panamericana Editorial COL. Dist: Lectorum Pubns., Inc.

¡el Pez Arco Iris Al Rescate! (Spanish Edition) Marcus Pfister. Tr. by Lawrence Schimel. 2023. (Rainbow Fish Ser.). (SPA.). 32p. (J). (gr. -1-2). 19.95 ***(978-0-7358-4540-4(9))*** North-South Bks., Inc.

¡el Primer Mordisco! see First Bite

El Restaurante de Mis Tíos. Helen Oxenbury. (SPA.). 16p. (J). 7.50 *(978-84-261-1944-5(1))* Juventud, Editorial ESP. Dist: AIMS International Bks., Inc.

El Sombrero Del Tío Nacho see Uncle Nacho's Hat

¡el Sr. Brown Hace Muuu! ¿Podrías Hacerlo Tú? (Mr. Brown Can Moo! Can You? Spanish Edition) Seuss. 2019. (Bright & Early Books(R) Ser.). (SPA.). 36p. (J). (-k). 9.99 *(978-1-9848-3119-4(4))*; lib. bdg. 12.99 *(978-1-9848-9498-4(6))* Random Hse. Children's Bks. (Random Hse. Bks. for Young Readers).

¡el Trabajo en Equipo Hace Que el Cuerpo Funcione! Trabajar en Equipo, 1 vol. Sommer Conway. 2017. (Computación Científica en el Mundo Real (Computer Science for the Real World) Ser.). (SPA.). 24p. (J). (gr. 3-4). pap. *(978-1-5383-5693-7(7)*, 6e3d265a-22a1-444f-afc7-7a50b4ca924f, Rosen Classroom) Rosen Publishing Group, Inc., The.

¡el Trabajo en Equipo Hace Que el Cuerpo Funcione! Trabajar en Equipo (Teamwork Makes the Body Work!: Working As a Team), 1 vol. Sommer Conway. 2017. (Niños Digitales: Superdotados con Pensamiento Computacional (Computer Kids: Powered by Computational Thinking) Ser.). (SPA.). 24p. (J). (gr. 3-4). 25.27 *(978-1-5383-2862-0(3)*, ab7d8b03-8bf4-4a19-9ab6-d2c2801b17e6, PowerKids Pr.) Rosen Publishing Group, Inc., The.

¡el Universo! 2017. (SPA.). 48p. (J). (gr. 2-4). 15.99 *(978-958-30-5043-5(1))* Panamericana Editorial COL. Dist: Lectorum Pubns., Inc.

¡el Verano Es Divertido! (Summer Is Fun!) Walt K. Moon. 2017. (Bumba Books (r) en Español — Diviértete con Las Estaciones (Season Fun) Ser.). (SPA., Illus.). 24p. (J). (gr. -1-1). 26.65 *(978-1-5124-2862-9(0)*, 1353f998-bcca-449a-968a-524c8282993d); E-Book 39.99 *(978-1-5124-2957-2(0))*; E-Book 39.99 *(978-1-5124-3542-9(2)*, 9781512435429); E-Book 4.99 *(978-1-5124-3543-6(0)*, 9781512435436) Lerner Publishing Group. (Ediciones Lerner).

Él Viene Conmigo - 6 Pack. Judy Kentor Schmauss. 2016. (Early Rising Readers Ser.). (SPA.). (J). (gr. 1). 40.00 net. *(978-1-4788-4704-5(2))* Newmark Learning LLC.

Elaboración de la Constitución: Set of 6 Common Core Edition. Gare Thompson & Benchmark Education Company, LLC Staff. 2016. (Navigators Ser.). (SPA.). (J). (gr. 5). 58.00 net. *(978-1-5125-0802-4(0))* Benchmark Education Co.

Elafantita Rosadita. Shannon L. Mokry. Tr. by Katie Hornor. Illus. by Shannon L. Mokry. 2nd ed. 2019.Tr. of Little Pink Elephant. (SPA., Illus.). 20p. (J). 15.99 *(978-1-951521-07-3(2))* Sillygeese Publishing, LLC.

Elaina & the Dragon. Jessica Monahan. Illus. by Nicolas Peruzzo. 2022. (ENG.). 28p. (J). pap. 9.99 ***(978-1-61225-477-7(2))*** Mirror Publishing.

Elaina & the Elephant. Melissa Morris. Illus. by Rachel Shead. 2022. (Adventures with Elaina & George Ser.). (ENG.). 28p. (J). *(978-1-0391-3711-0(3))*; pap. *(978-1-0391-3710-3(5))* FriesenPress.

Elaina & the Sisters: A Christian Fairytale. Kim Michelle Gerber. 2021. (ENG., Illus.). 38p. (J). 25.95 *(978-1-63874-347-7(9))* Christian Faith Publishing.

Elaine, Dwayne & Zane's Train Adventure. Bill Meadows. 2020. (ENG.). 34p. (J). pap. 14.95 *(978-1-64628-112-1(8))* Page Publishing Inc.

Elaine Takes a Train: Practicing the Al Sound, 1 vol. Ethan Lewis. 2016. (Rosen Phonics Readers Ser.). (ENG., Illus.). 8p. (J). (gr. -1-2). pap. *(978-1-5081-3016-1(7)*, 0788067d-7589-4594-ba43-3ee73b179be9, Rosen Classroom) Rosen Publishing Group, Inc., The.

Elaine Townsend: At Home Around the World. Simona Gorton. 2022. (ENG.). 176p. (J). pap. 9.99 *(978-1-5271-0732-8(9)*, b5b54e33-a2ac-4185-b71d-16e4f63890b7, CF4Kids) Christian Focus Pubns. GBR. Dist: Baker & Taylor Publisher Services (BTPS).

Elam Storm, the Wolfer: Or the Lost Nugget (Classic Reprint) Harry Castlemon. 2018. (ENG., Illus.). 382p. (J). 31.78 *(978-0-483-32188-5(5))* Forgotten Bks.

Elania e la Miniera Dei Sette Laghi. Massimo Renaldini. 2020. (ITA.). 242p. (YA). pap. 14.22 *(978-1-716-41150-2(5))* Lulu Pr., Inc.

Ela's Diary. Vivian Olson. 2018. (ENG., Illus.). 48p. (YA). (gr. 7-12). pap. 8.99 *(978-0-9987157-9-7(4))* RMA Publicity LLC dba Sigma's Bookshelf.

Ela's World: A Playful Story about Heritage & World Cultures. Laura Caputo-Wickham. Illus. by Davide Corradino. l.t. ed. 2019. (ENG.). 28p. (J). (gr. k-1). pap. 6.99 *(978-1-938712-21-0(8))* Long Bridge Publishing.

Elaytay's Adventures in Space & Time: Part Two - We Meet at Last. Laurea a Tomlinson. Illus. by Lauresa Tomlinson. 2018. (We Meet at Last Ser.). (ENG.). 198p. (YA). (gr. 7-12). 17.99 *(978-1-950421-22-0(8))* Young of Heart Publishing.

Elaytay's Adventures in Space & Time: Part Two - We Meet at Last. Laurea a Tomlinson. 2018. (We Meet at Last Ser.). (ENG., Illus.). 198p. (YA). (gr. 7-12). pap. 10.99 *(978-0-9995608-8-4(3))* Young of Heart Publishing.

Elaytay's Adventures in Space & Time: We Came to Visit. Lauresa A. Tomlinson. Illus. by Lauresa Tomlinson. 2018. (ENG.). 166p. (YA). (gr. 7-12). 17.99 *(978-1-950421-19-0(8))* Young of Heart Publishing.

Elaytay's Adventures in Space & Time: We Came to Visit. Lauresa A. Tomlinson. 2018. (ENG., Illus.). 162p. (YA). (gr. 7-12). pap. 9.99 *(978-1-4243-4173-3(6))* Young of Heart Publishing.

Elaytay's Adventures in Space & Time - (pt3) Which Time May Be. Tomlinson Lauresa. Illus. by Tomlinson Lauresa. 2019. (ENG.). (YA). (gr. 7-12). 246p. 18.99 *(978-1-950421-23-7(6))*; (Illus.). 236p. pap. 11.99 *(978-1-950421-10-7(4))* Young of Heart Publishing.

Elba & Elsewhere (Classic Reprint) Don Carlos Seitz. 2018. (ENG., Illus.). 108p. (J). 26.12 *(978-0-428-90574-3(9))* Forgotten Bks.

Elbert in the Air. Monica Wesolowska. Illus. by Jerome Pumphrey. 2023. 40p. (J). (gr. -1-3). 18.99 *(978-0-593-32520-9(6)*, Dial Bks) Penguin Young Readers Group.

Elbow Grease. John Cena. Illus. by Howard McWilliam. (Elbow Grease Ser.). (ENG.). (J). 2019. 34p. (— 1). bds. 8.99 *(978-1-5247-7356-4(5))*; 2018. 40p. (gr. -1-2). 17.99 *(978-1-5247-7350-2(6))*; 2018. 40p. (gr. -1-2). lib. bdg. 20.99 *(978-1-5247-7351-9(4))* Random Hse. Children's Bks. (Random Hse. Bks. for Young Readers).

Elbow Grease: Cleanup Crew. John Cena. Illus. by Dave Aikins. 2022. (Elbow Grease Ser.). (ENG.). 24p. (J). (gr. -1-2). pap. 5.99 *(978-0-593-37705-5(2)*, Random Hse. Bks. for Young Readers) Random Hse. Children's Bks.

Elbow Grease: Fast Friends. John Cena. Illus. by Howard McWilliam. 2020. (Elbow Grease Ser.). 40p. (J). (gr. -1-2). 18.99 *(978-0-593-17934-5(X))*; (ENG.). lib. bdg. 21.99 *(978-0-593-17935-2(8))* Random Hse. Children's Bks. (Random Hse. Bks. for Young Readers).

Elbow Grease Magnetic Play Book. John Cena. Illus. by Dave Aikins. 2020. (Elbow Grease Ser.). 8p. (J). (gr. -1-2). bds. 12.99 *(978-0-525-57763-8(7)*, Random Hse. Bks. for Young Readers) Random Hse. Children's Bks.

Elbow Grease Saves Christmas. John Cena. Illus. by Dave Aikins. 2021. (Elbow Grease Ser.). 16p. (J). (— 1). bds. 8.99 *(978-0-525-64603-7(5)*, Random Hse. Bks. for Young Readers) Random Hse. Children's Bks.

Elbow Grease: Teamwork Wins! John Cena. 2021. (Step into Reading Ser.). (Illus.). 32p. (J). (gr. -1-1). pap. 5.99 *(978-0-593-18204-8(9))*; (ENG., lib. bdg. 14.99 *(978-0-593-18205-5(7))* Random Hse. Children's Bks. (Random Hse. Bks. for Young Readers).

Elbow Grease vs. Motozilla. John Cena. Illus. by Howard McWilliam. (Elbow Grease Ser.). (J). 2020. 36p. (— 1). bds. 8.99 *(978-0-525-57761-4(0))*; 2019. (ENG.). 40p. (gr. -1-2). 17.99 *(978-1-5247-7353-3(0))* Random Hse. Children's Bks. (Random Hse. Bks. for Young Readers).

Elbow Injury Guidelines for Grappling Athletes. Pt Dpt Choi & Pta Augusto a Arnesen. 2021. (ENG.). 63p. (YA). pap. *(978-1-312-23531-1(4))* Lulu Pr., Inc.

Elbow Lane (Classic Reprint) Unknown Author. 2019. (ENG., Illus.). 218p. (J). 28.39 *(978-0-483-35090-8(7))* Forgotten Bks.

Elbow-Room: A Novel Without a Plot (Classic Reprint) Max Adeler. 2018. (ENG., Illus.). 388p. (J). 32.00 *(978-0-428-26555-7(3))* Forgotten Bks.

Elbows in My Applesauce. Christina O'Brien. 2023. (ENG.). 38p. (J). 19.95 ***(978-1-63755-216-2(5)***, Mascot Kids) Amplify Publishing Group.

Elbrus. Rochelle Groskreutz. 2019. (Illus.). 32p. (J). *(978-1-7911-1407-7(5)*, AV2 by Weigl) Weigl Pubs., Inc.

Elchanite: June, 1934 (Classic Reprint) Talmudical Academy High School. (ENG., Illus.). (J). 2018. 82p. 25.59 *(978-0-483-82236-8(1))*; 2017. pap. 9.57 *(978-0-243-38902-5(7))* Forgotten Bks.

Elchanite: June, 1938 (Classic Reprint) Talmudical Academy High School. (ENG., Illus.). (J). 2018. 104p. 26.04 *(978-0-656-34454-3(7))*; 2017. pap. 9.57 *(978-0-243-41710-0(1))* Forgotten Bks.

Elchanite: June, 1939 (Classic Reprint) Talmudical Academy High School. (ENG., Illus.). (J). 2018. 76p. 25.46 *(978-0-483-90187-2(3))*; 2017. pap. 9.57 *(978-0-243-44040-5(5))* Forgotten Bks.

Elchanite: June, 1942 (Classic Reprint) Talmudical Academy High School. (ENG., Illus.). (J). 2018. 122p. 26.41 *(978-0-656-34527-4(6))*; 2017. pap. 9.57 *(978-0-243-42686-7(0))* Forgotten Bks.

Elchanite, 1923 (Classic Reprint) Yeshiva University High School for Boys. 2017. (ENG., Illus.). (J). 26.47 *(978-0-331-66427-0(5))* Forgotten Bks.

Elchanite, 1928 (Classic Reprint) Yeshiva University High School. 2018. (ENG., Illus.). 114p. (J). 26.27 *(978-0-332-42385-2(9))* Forgotten Bks.

Elder Boise: A Novel (Classic Reprint) Everett Tomlinson. 2018. (ENG., Illus.). 412p. (J). 32.39 *(978-0-483-20161-3(8))* Forgotten Bks.

Elder Brother: A Novel in Which Are Presented the Vital Questions Now Confronting the South Growing Out of Reconstruction, & in Which the Author Defines the True Relations Between the Races Now Existing in the South (Classic Reprint) Theodore D. Jervey. 2017. (ENG., Illus.). (J). 34.70 *(978-0-266-93554-4(0))* Forgotten Bks.

Elder Brothers & the Keeper of Time. C. J. Elgert. 2018. (ENG., Illus.). 210p. (J). (gr. k-6). 29.00 *(978-1-948858-54-0(1))*; pap. 14.50 *(978-1-948260-40-4(9))* Strategic Book Publishing & Rights Agency (SBPRA).

Elder Conklin: And Other Stories (Classic Reprint) Frank Harris. 2017. (ENG., Illus.). 248p. (J). 29.03 *(978-0-332-52806-9(5))* Forgotten Bks.

Elder God Dance Squad. Carrie Harris. 2021. (ENG.). (YA). 324p. *(978-1-913600-19-8(X))*; 312p. pap. *(978-1-913600-18-1(1))* Inked Entertainment Ltd.

Elder MacGregor (Classic Reprint) Charles Hannan. 2018. (ENG., Illus.). 182p. (J). 27.67 *(978-0-267-48291-7(4))* Forgotten Bks.

Elder Northfield's Home: Or, Sacrificed on the Mormon Altar; a Story of Territorial Days in Utah (Classic Reprint) Jennie Bartlett Switzer. 2018. (ENG., Illus.). 320p. (J). 30.52 *(978-0-267-20336-9(5))* Forgotten Bks.

ElderBerry Wine. Angela Drew. Illus. by Stephanie Hider. 2021. (ENG.). 32p. (J). pap. 12.99 *(978-1-7372648-2-8(X))*; 17.99 ***(978-1-7372648-1-1(1))*** Linguistic Artistry.

Elderdrift Birth of Destruction. Dawn Warren. 2018. (ENG., Illus.). 202p. (J). pap. *(978-0-359-11817-5(8))* Lulu Pr., Inc.

Elders. Inbali Iserles. 2016. (Illus.). 281p. (J). *(978-1-338-13298-4(9)*, Scholastic Pr.) Scholastic, Inc.

Elders (Foxcraft, Book 2) Inbali Iserles. 2017. (Foxcraft Ser.: 2). (ENG.). 304p. (J). (gr. 3-7). pap. 7.99 *(978-0-545-69085-0(4)*, Scholastic Paperbacks) Scholastic, Inc.

Elder's People (Classic Reprint) Harriet Prescott Spofford. 2018. (ENG., Illus.). 346p. (J). 31.05 *(978-0-483-01751-1(5))* Forgotten Bks.

Eldest Son: A Domestic Drama in Three Acts (Classic Reprint) John Galsworthy. 2018. (ENG., Illus.). 88p. (J). 25.73 *(978-0-484-82876-5(2))* Forgotten Bks.

Eldest Son (Classic Reprint) Archibald Marshall. 2017. (ENG., Illus.). (J). 31.90 *(978-0-265-20247-0(7))* Forgotten Bks.

Eldie Makes New Friends! / Eldie Hace Nuevos Amigos! Lissarette Nisnevich. Ed. by Carisa Musialik. 2021. (ENG.). 30p. (J). pap. 12.99 *(978-1-7366439-0-7(8))* Lissarette.

Eldie Makes New Friends! / Eldie Hace Nuevos Amigos! Lissarette Nisnevich. 2021. (ENG.). 30p. (J). 16.99 *(978-0-578-82621-9(6))* Lissarette.

Eldridge the Scaredy Red Balloon. Anthony Canonica. 2021. (ENG.). 26p. (J). pap. 13.95 *(978-1-64952-318-1(1))*; (Illus.). 21.95 *(978-1-63985-188-1(7))* Fulton Bks.

Eleanor: A Novel (Classic Reprint) Mary Humphry Ward. 2018. (ENG., Illus.). 638p. (J). 37.06 *(978-0-656-77425-8(8))* Forgotten Bks.

Eleanor, Alice, & the Roosevelt Ghosts. Dianne K. Salerni. (ENG., Illus.). 240p. (J). (gr. 4-7). 2021. pap. 8.99 *(978-0-8234-4991-0(2))*; 2020. 17.99 *(978-0-8234-4697-1(2))* Holiday Hse., Inc.

Eleanor Amplified & the Trouble with Mind Control. John Sheehan. 2021. (ENG., Illus.). 240p. (J). (gr. 5-17). 16.99 *(978-0-7624-9883-3(8)*, Running Pr. Kids) Running Pr.

Eleanor & the Egret Volume 1. John Layman. Ed. by Mike Marts. 2018. (ENG., Illus.). 120p. (J). pap. 14.99 *(978-1-935002-76-5(7)*, 0e6aa812-51a9-4acb-8441-2416fb2b9919) AfterShock Comics.

Eleanor Boies Tileston, (1886-1912) (Classic Reprint) Eleanor Boies Tileston. (ENG., Illus.). (J). 2018. 302p. 30.15 *(978-0-483-28828-7(4))*; 2017. pap. 13.57 *(978-0-259-47224-7(7))* Forgotten Bks.

Eleanor Dayton (Classic Reprint) Nathaniel Wright Stephenson. (ENG., Illus.). (J). 2018. 324p. 30.58 *(978-0-666-64660-6(0))*; 2017. pap. 13.57 *(978-1-5276-0835-1(2))* Forgotten Bks.

Eleanor Hurl the Peculiar Girl. Sl Kins. 2018. (ENG., Illus.). 32p. (J). pap. *(978-1-912765-11-9(X))* Blue Falcon Publishing.

Eleanor I Love You All Ways. Marianne Richmond. Illus. by Dubravka Kolanovic. 2023. (I Love You All Ways Ser.). (ENG.). 32p. (J). (gr. -1-3). 8.99 ***(978-1-7282-7348-8(X))*** Sourcebooks, Inc.

Eleanor Lee: A Novel (Classic Reprint) Margaret E. Sangster. 2017. (ENG., Illus.). (J). 30.58 *(978-1-5279-3405-4(5))* Forgotten Bks.

Eleanor Roosevelt. Emma E. Haldy. Illus. by Jeff Bane. 2016. (My Early Library: My Itty-Bitty Bio Ser.). (ENG.). 24p. (J). (gr. k-1). 30.64 *(978-1-63470-483-0(5)*, 207663) Cherry Lake Publishing.

Eleanor Roosevelt. Elizabeth Massie. 2016. (Spring Forward Ser.). (J). (gr. 1). *(978-1-4900-9385-7(0))* Benchmark Education Co.

Eleanor Roosevelt, 1 vol. Joan Stoltman. 2018. (Little Biographies of Big People Ser.). (ENG.). 24p. (gr. 1-2). 24.27 *(978-1-5382-1832-7(1)*, 3e5db8ca-c8eb-442a-baff-08b4749ee825) Stevens, Gareth Publishing LLLP.

Eleanor Roosevelt. Jennifer Strand. 2017. (First Ladies (Launch!) Ser.). (ENG., Illus.). 24p. (J). (gr. -1-2). lib. bdg. 31.36 *(978-1-5321-2019-0(2)*, 25288, Abdo Zoom-Launch) ABDO Publishing Co.

Eleanor Roosevelt Champions Women's Rights. Duchess Harris Jd & A. R. Carser. 2018. (Perspectives on American Progress Ser.). (ENG., Illus.). 48p. (J). (gr. 4-8). lib. bdg. 35.64 *(978-1-5321-1489-2(3)*, 29110) ABDO Publishing Co.

Eleanor Roosevelt (Eleanor Roosevelt - First Lady & Equal Rights Advocate) Primera Dama Estadounidense y Defensora de la Igualdad de Derechos. Grace Hansen. 2016. (Biografías: Personas Que Han Hecho Historia (History Maker Biographies Set 2) Ser.). (SPA.). 24p. (J). (gr. -1-2). lib. bdg. 32.79 *(978-1-62402-680-5(X)*, 24864, Abdo Kids) ABDO Publishing Co.

Eleanor Roosevelt, Fighter for Justice: Her Impact on the Civil Rights Movement, the White House, & the World. Ilene Cooper. 2018. (ENG., Illus.). 192p. (J). (gr. 5-9). 17.99 *(978-1-4197-2295-0(6)*, 1108501, Abrams Bks. for Young Readers) Abrams, Inc.

Eleanor Roosevelt SP. Emma E. Haldy. Illus. by Jeff Bane. 2018. (My Early Library: Mi Mini Biografía (My Itty-Bitty Bio) Ser.). (SPA.). 24p. (J). (gr. k-1). lib. bdg. 30.64 *(978-1-5341-3002-9(0)*, 212056) Cherry Lake Publishing.

Eleanor Roosevelt's in My Garage! Candace Fleming. Illus. by Mark Fearing. 2018. (History Pals Ser.). (J). (gr. 2-5). 272p. 13.99 *(978-1-5247-6786-0(7))*; (ENG.). 336p. lib. bdg. 16.99 *(978-1-5247-6787-7(5))* Random Hse. Children's Bks. (Schwartz & Wade Bks.).

Eleanor Shaw & the Tempest Rescue. N. E. O'Shaughnessy. 2017. (ENG., Illus.). v, 84p. (YA). pap. *(978-1-78623-958-7(2))* Grosvenor Hse. Publishing Ltd.

Eleanor Smith Music Course, Vol. 1 (Classic Reprint) Eleanor Smith. (ENG., Illus.). (J). 2018. 114p. 26.25 *(978-0-364-64610-6(1))*; 2017. pap. 9.57 *(978-0-259-99196-0(1))* Forgotten Bks.

Eleanor the Snow White Fairy. Daisy Meadows. 2016. (Illus.). 65p. (J). *(978-0-545-88738-0(0))* Scholastic, Inc.

Eleanor, Vol. 2: A Novel (Classic Reprint) Humphry Ward. (ENG., Illus.). (J). 2018. 274p. 29.55 *(978-0-483-52161-2(2))*; 2017. pap. 11.97 *(978-0-243-09952-8(5))* Forgotten Bks.

Eleanora, Vol. 1: From the Sorrows of Werter; a Tale (Classic Reprint) Johann Wolfgang Von Goethe. 2017. (ENG., Illus.). (J). 30.50 *(978-0-265-72026-4(5))*; pap. 13.57 *(978-1-5276-8182-8(3))* Forgotten Bks.

Eleanor's Elephants. Tracilyn George. 2023. (ENG.). 22p. (J). pap. 12.99 ***(978-1-77475-424-5(X))*** Draft2Digital.

Eleanor's Moon. Maggie Knaus. 2023. (ENG., Illus.). 32p. (J). (gr. 1). 18.95 ***(978-1-77147-555-6(2))*** Owlkids Bks. Inc. CAN. Dist: Publishers Group West (PGW).

Eleanor's Secret. R. Janell. Ed. by Madison Lawson. 2020. (ENG.). 44p. (J). pap. 17.95 *(978-1-951883-27-0(6))* Butterfly Typeface, The.

Eleanor's Victor, Vol. 2 of 3 (Classic Reprint) M. E. Braddon. 2018. (ENG., Illus.). 328p. (J). 30.66 *(978-0-483-91604-3(8))* Forgotten Bks.

Eleanor's Victory (Classic Reprint) M. E. Braddon. 2017. (ENG., Illus.). (J). 32.23 *(978-0-331-24246-1(X))* Forgotten Bks.

Eleanor's Victory, Vol. 1 of 3 (Classic Reprint) M. E. Braddon. 2018. (ENG., Illus.). 336p. (J). 30.83 *(978-0-267-22228-5(9))* Forgotten Bks.

Eleanor's Victory, Vol. 3 of 3 (Classic Reprint) M. E. Braddon. (ENG., Illus.). (J). 2018. 346p. 31.03 *(978-0-267-55052-4(9))*; 2016. pap. 13.57 *(978-1-333-55410-1(9))* Forgotten Bks.

Eleanor's Wicked Epiphany. I. K. Dockins. 2020. (ENG.). 188p. (YA). pap. 16.95 *(978-1-6624-0552-5(9))* Page Publishing Inc.

Electa (Classic Reprint) Jennie M. Drinkwater. (ENG., Illus.). (J). 2018. 338p. 30.89 *(978-0-483-76770-6(0))*; 2016. pap. 13.57 *(978-1-334-12740-3(9))* Forgotten Bks.

Elected. Rori Shay. 2018. (Elected Ser.: Vol. 1). (ENG., Illus.). 266p. (YA). pap. 12.88 *(978-1-7320479-0-7(1))* Rori Shay Author.

Elected Mother: A Story of Woman's Equal Rights. Maria Thompson Daviess. 2017. (ENG., Illus.). (J). pap. *(978-0-649-28153-4(5))* Trieste Publishing Pty Ltd.

Elected Mother: A Story of Woman's Equal Rights (Classic Reprint) Maria Thompson Daviess. 2018. (ENG., Illus.). 40p. (J). 24.74 *(978-0-483-67908-5(9))* Forgotten Bks.

Electing Leaders. Wil Mara. 2016. (21st Century Skills Library: a Citizen's Guide Ser.). (ENG., Illus.). 32p. (J). (gr. 4-7). 32.07 *(978-1-63471-066-4(5)*, 208343) Cherry Lake Publishing.

Electing U. S. Leaders, 1 vol. Charlotte Taylor. 2020. (Being a U. S. Citizen Ser.). (ENG.). 24p. (J). (gr. 1-2). pap. 10.35 *(978-1-9785-1743-1(2)*, c4f3939f-c96a-414e-a841-f509f61e7b16) Enslow Publishing, LLC.

Election: A Tale of Irish Life (Classic Reprint) George Brittaine. 2018. (ENG., Illus.). 336p. (J). 30.85 *(978-0-483-61553-3(6))* Forgotten Bks.

Election: North America Edition. Eleanor Levenson. Illus. by Marek Jagucki. 2018. (ENG.). 34p. (J). (gr. k-5). pap. *(978-0-9930773-6-4(6))* Fisherton Pr. Ltd.

Election 2020: A Lesson in Civics. Bailey J. Russell. 2021. (United States Presidents Ser.). (ENG.). 48p. (J). (gr. 3-6). lib. bdg. 35.64 *(978-1-5321-9591-4(5)*, 36899, Checkerboard Library) ABDO Publishing Co.

Election Campaigns: A Kid's Guide. Emma Bernay & Emma Carlson Berne. 2020. (Kids' Guide to Elections Ser.). (ENG., Illus.). 32p. (J). (gr. 3-5). pap. 7.95 *(978-1-4966-6606-2(2)*, 142284); lib. bdg. 31.32 *(978-1-5435-9208-5(2)*, 141571) Capstone.

Election Day Dilemma. Created by Gertrude Chandler Warner. 2016. (Boxcar Children Mysteries Ser.: 145). (ENG., Illus.). 128p. (J). (gr. 2-5). 15.99 *(978-0-8075-0721-6(0)*, 807507210, Random Hse. Bks. for Young Readers) Random Hse. Children's Bks.

Election Day with the Robinsons, 1 vol. Nancy Anderson. 2016. (Rosen REAL Readers: Social Studies Nonfiction / Fiction: Myself, My Community, My World Ser.). (ENG.). 12p. (gr. k-1). pap. 6.33 *(978-1-5081-2565-5(1)*, 5f1c06b2-e322-49c0-a75b-a99c4e2a740c, Rosen Classroom) Rosen Publishing Group, Inc., The.

Election Manipulation: Is America's Voting System Secure? John Allen. 2020. (ENG.). 80p. (J). (gr. 6-12). 41.27 *(978-1-68282-807-6(7))* ReferencePoint Pr., Inc.

Election Of 1860: A Nation Divides on the Eve of War. Jessica Gunderson. 2016. (Presidential Politics Ser.). (ENG.). 48p. (J). pap. 54.70 *(978-1-4914-8737-2(2)*, 24425); (Illus.). (gr. 3-6). lib. bdg. 29.99 *(978-1-4914-8240-7(0)*, 130711) Capstone.

Elections: Why They Matter to You (a True Book: Why It Matters) (Library Edition) John Son. 2019. (True Book (Relaunch) Ser.). (ENG., Illus.). 48p. (J). (gr. 3-5). lib. bdg. 31.00 *(978-0-531-23184-5(4)*, Children's Pr.) Scholastic Library Publishing.

Elective Affinities: A Novel (Classic Reprint) Johann Wolfgang Von Goethe. 2017. (ENG., Illus.). (J). 35.10 *(978-1-5285-5479-4(5))* Forgotten Bks.

Electoral College, 1 vol. Phil Corso. 2019. (U. S. Presidential Elections: How They Work Ser.). (ENG.). 32p. (gr. 4-5). pap. 11.60 *(978-1-7253-1074-2(0)*, 312969ff-bb62-4ba6-ae0a-9f625160136f, PowerKids Pr.) Rosen Publishing Group, Inc., The.

Electoral College. Daniel R. Faust. 2022. (U. S. Government: Need to Know Ser.). (ENG., Illus.). 32p. (J). (gr. 5-7). lib. bdg. 28.50 *(978-1-63691-598-2(1)*, 18665, SilverTip Books) Bearport Publishing Co., Inc.

Electoral College. Margaret King. 2018. (TIME(r): Informational Text Ser.). (ENG., Illus.). 48p. (J). (gr. 7-8). pap. 13.99 *(978-1-4258-5013-5(8))* Teacher Created Materials, Inc.

Electoral College: A Kid's Guide. Cari Meister. 2020. (Kids' Guide to Elections Ser.). (ENG., Illus.). 32p. (J). (gr. 3-5). pap. 7.95 *(978-1-4966-6602-4(X)*, 142280); lib. bdg. 31.32 *(978-1-5435-9138-5(8)*, 141537) Capstone.

Electoral College & the Popular Vote, 1 vol. Ed. by Lisa Idzikowski. 2017. (Introducing Issues with Opposing Viewpoints Ser.). (ENG.). 120p. (YA). (gr. 7-10). 43.63 *(978-1-5345-0193-5(2)*, 3373069d-372c-4919-b905-1da417d26ce4) Greenhaven Publishing LLC.

Electric Aircraft. S. L. Hamilton. 2021. (Xtreme Aircraft Ser.). (ENG., Illus.). 48p. (J). (gr. 3-9). lib. bdg. 34.21 *(978-1-5321-9733-8(0)*, 38592, Abdo & Daughters) ABDO Publishing Co.

Electric Animals. Cari Meister. Ed. by Jenny Fretland VanVoorst. 2016. (Back off! Animal Defenses). (Illus.). 24p. (J). (gr. 2-5). lib. bdg. *(978-1-62031-309-1(X)*, Pogo) Jump! Inc.

Electric Bikes. Contrib. by Jessica Rusick. 2023. (It's Electric! Ser.). (ENG.). 32p. (J). (gr. 2-5). lib. bdg. 34.21

574

The check digit for ISBN-10 appears in parentheses after the full ISBN-13

(978-1-0982-9151-8(4), 41849, Big Buddy Bks.) ABDO Publishing Co.

Electric Boats. Contrib. by Scott Wilken. 2023. (It's Electric! Ser.). (ENG.). 32p. (J). (gr. 2-5). lib. bdg. 34.21 ***(978-1-0982-9152-5(2)***, 41852, Big Buddy Bks.) ABDO Publishing Co.

Electric Boogerloo. Mark Maciejewski. ed. 2018. lib. bdg. 18.40 *(978-0-606-41349-7(9))* Turtleback.

Electric Boogerloo: I Am Fartacus. Mark Maciejewski. 2018. (Max Ser.). (ENG.). 352p. (J). (gr. 4-8). 17.99 *(978-1-4814-6423-9(X))*; (Illus.). pap. 7.99 *(978-1-4814-6422-2(1))* Simon & Schuster Children's Publishing. (Aladdin).

Electric Buses. Contrib. by Scott Wilken. 2023. (It's Electric! Ser.). (ENG.). 32p. (J). (gr. 2-5). lib. bdg. 34.21 ***(978-1-0982-9153-2(0)***, 41855, Big Buddy Bks.) ABDO Publishing Co.

Electric Cars. Nancy Dickmann. 2020. (Wild about Wheels Ser.). (ENG., Illus.). 24p. (J). (gr. k-2). lib. bdg. 29.99 *(978-1-9771-2484-5(4)*, 200495, Pebble) Capstone.

Electric Cars. Contrib. by Jessica Rusick. 2023. (It's Electric! Ser.). (ENG.). 32p. (J). (gr. 2-5). lib. bdg. 34.21 ***(978-1-0982-9154-9(9)***, 41858, Big Buddy Bks.) ABDO Publishing Co.

Electric Cars. Debbie Vilardi. 2018. (21st Century Inventions Ser.). (ENG.). 24p. (J). (gr. 1-1). pap. 8.95 *(978-1-63517-791-6(X)*, 163517791X) North Star Editions.

Electric Cars. Debbie Vilardi. 2018. (21st Century Inventions Ser.). (ENG., Illus.). 24p. (J). (gr. k-3). lib. bdg. 31.36 *(978-1-5321-6040-0(2)*, 28712, Pop! Cody Koala) Pop!.

Electric Cars: A First Look. Percy Leed. 2023. (Read about Vehicles (Read for a Better World (tm)) Ser.). (ENG., Illus.). 24p. (J). (gr. k-2). pap. 9.99 Lerner Publishing Group.

Electric Cars: Book 28. Carole Crimeen & Suzanne Fletcher. 2023. (Sustainability Ser.). (ENG.). 16p. (J). (gr. -1-k). pap. 7.99 ***(978-1-922370-34-1(7)***, 8aeeca9c-fb6e-4484-856e-5113d93f2d97) Knowledge Bks. & Software AUS. Dist: Lerner Publishing Group.

Electric Claw, 2 vols. Illus. by Andy Catling. 2016. (Igor's Lab of Fear Ser.). (ENG.). (J). (gr. 1-3). 53.32 *(978-1-4965-4515-2(X)*, Stone Arch Bks.) Capstone.

Electric Claw. Michael Dahl. Illus. by Andy Catling. 2016. (Igor's Lab of Fear Ser.). (ENG.). 40p. (J). (gr. 4-8). lib. bdg. 23.99 *(978-1-4965-3527-6(8)*, 132639, Stone Arch Bks.) Capstone.

Electric Currents Amazing & Intriguing Facts Children's Science Book. Bold Kids. 2022. (ENG.). 42p. (J). pap. 14.99 ***(978-1-0717-1875-9(4))*** FASTLANE LLC.

Electric Eel: Children's Marine Life Book with Informative Facts for Kids. Bold Kids. 2022. (ENG.). 46p. (J). pap. 14.99 ***(978-1-0717-0959-7(3))*** FASTLANE LLC.

Electric Emergency. Kirsty Holmes. 2021. (Science Academy Ser.). (ENG., Illus.). 24p. (J). (gr. 1-4). pap. *(978-1-4271-3058-7(2)*, 11889); lib. bdg. *(978-1-4271-3054-9(X)*, 11884) Crabtree Publishing Co. (Crabtree Classics).

Electric Heir. Victoria Lee. 2020. (Feverwake Ser.: 2). (ENG., Illus.). 480p. (YA). (gr. 7-12). 16.99 *(978-1-5420-0508-1(6)*, 9781542005081); pap. 9.99 *(978-1-5420-0507-4(8)*, 9781542005074) Amazon Publishing. (Skyscape).

Electric Kingdom. David Arnold. (ENG., Illus.). (YA). (gr. 7). 2022. 448p. pap. 12.99 *(978-0-593-20224-1(4))*; 2021. 432p. 18.99 *(978-0-593-20222-7(8))* Penguin Young Readers Group. (Viking Books for Young Readers).

Electric Motorcycles. Contrib. by Jessica Rusick. 2023. (It's Electric! Ser.). (ENG.). 32p. (J). (gr. 2-5). lib. bdg. 34.21 ***(978-1-0982-9155-6(7)***, 41861, Big Buddy Bks.) ABDO Publishing Co.

Electric Pickle: 50 Experiments from the Periodic Table, from Aluminum to Zinc. Joey Green. 2017. (ENG., Illus.). 272p. pap. 19.99 *(978-1-61373-959-4(1))* Chicago Review Pr., Inc.

Electric Secret (Pokémon: Scholastic Reader, Level 2), 1 vol. Maria S. Barbo. 2023. (Scholastic Reader, Level 2 Ser.). (ENG.). 32p. (J). (gr. 1-3). pap. 5.99 *(978-1-338-87140-1(4))* Scholastic, Inc.

Electric Slide & Kai, 1 vol. Kelly J. Baptist. Illus. by Darnell Johnson. 2021. (ENG.). 40p. (J). (gr. k-3). 20.95 *(978-1-64379-052-7(8)*, leelowbooks) Lee & Low Bks., Inc.

Electric Theft (Classic Reprint) Neil Wynn Williams. 2017. (ENG., Illus.). (J). 30.60 *(978-0-265-72042-4(7))*; pap. 13.57 *(978-1-5276-7823-1(7))* Forgotten Bks.

Electric Trucks. Contrib. by Scott Wilken. 2023. (It's Electric! Ser.). (ENG.). 32p. (J). (gr. 2-5). lib. bdg. 34.21 ***(978-1-0982-9156-3(5)***, 41864, Big Buddy Bks.) ABDO Publishing Co.

Electric Vehicles. Lesley Ward. rev. ed. 2018. (Smithsonian: Informational Text Ser.). (ENG., Illus.). 32p. (J). (gr. 3-5). pap. 11.99 *(978-1-4938-6702-8(4))* Teacher Created Materials, Inc.

Electric War: Edison, Tesla, Westinghouse, & the Race to Light the World. Mike Winchell. 2019. (ENG., Illus.). 272p. (YA). 19.99 *(978-1-250-12016-8(0)*, 900172928, Holt, Henry & Co. Bks. For Young Readers) Holt, Henry & Co.

Electric Zombie (Set), 4 vols. 2018. (Electric Zombie Ser.). (ENG.). 112p. (J). (gr. 2-5). lib. bdg. 154.00 *(978-1-5321-3360-2(X)*, 31143, Calico Chapter Bks.) ABDO Publishing Co.

Electrical Boy, or the Career of Greatman & Greatthings (Classic Reprint) John Trowbridge. (ENG., Illus.). (J). 2018. 396p. 32.15 *(978-0-332-59647-1(8))*; 2017. pap. 16.57 *(978-1-333-34798-7(7))* Forgotten Bks.

Electrical Energy: Children's Electricity Book with Informative Facts for Kids. Bold Kids. 2022. (ENG.). 42p. (J). pap. 15.99 ***(978-1-0717-0960-3(7))*** FASTLANE LLC.

Electrical Energy: Leveled Reader Card Book 9 Level U. Hmh Hmh. 2019. (ENG.). (J). pap. 14.13 *(978-0-358-16195-0(9))* Houghton Mifflin Harcourt Publishing Co.

Electrical Energy: Leveled Reader Card Book 9 Level U 6 Pack. Hmh Hmh. 2021. (J). (ENG.). pap. 69.33 *(978-0-358-18934-3(9))*; (SPA.). pap. 74.40 *(978-0-358-27331-8(5))* Houghton Mifflin Harcourt Publishing Co.

Electrical Engineer. Contrib. by Betsy Rathburn. 2023. (Careers in STEM Ser.). (ENG., Illus.). (J). (gr. k-3). lib. bdg. 26.95 Bellwether Media.

Electrical Engineering: Learn It, Try It! Ed Sobey. 2017. (Science Brain Builders Ser.). (ENG., Illus.). 48p. (J). (gr. 4-9). pap. 9.10 *(978-1-5157-6431-1(1)*, 135170); lib. bdg. 32.65 *(978-1-5157-6426-7(5)*, 135166) Capstone. (Capstone Classroom).

Electrical Installations of the United States Navy: A Manual of the Latest Approved Material, Including Its Use, Operation, Inspection, Care & Management & Method of Installation on Board Ship (Classic Reprint) Burns Tracy Walling. (ENG., Illus.). (J). 2018. 662p. 37.55 *(978-0-365-50732-1(6))*; 2017. pap. 19.97 *(978-0-282-19793-3(1))* Forgotten Bks.

Electrical Safety a Variety of Facts Children's Engineering Book. Bold Kids. 2023. (ENG.). 42p. (J). pap. 14.99 ***(978-1-0717-1747-9(2))*** FASTLANE LLC.

Electrician. Ellen Labrecque. 2016. (21st Century Skills Library: Cool Vocational Careers Ser.). (ENG., Illus.). 32p. (J). (gr. 4-7). 32.07 *(978-1-63471-062-6(2)*, 208327) Cherry Lake Publishing.

Electrician, Vol. 10. Andrew Morkes. 2018. (Careers in the Building Trades: a Growing Demand Ser.). 80p. (J). (gr. 7). lib. bdg. 33.27 *(978-1-4222-4114-1(9))* Mason Crest.

Electricians. Cecilia Minden. 2022. (Community Helpers Ser.). (ENG.). 24p. (J). (gr. k-3). lib. bdg. 32.79 *(978-1-5038-5828-2(6)*, 215694, Wonder Books(r)) Child's World, Inc, The.

Electricians. Rebecca Sabelko. 2020. (Community Helpers Ser.). (ENG., Illus.). 24p. (J). (gr. k-3). pap. 7.99 *(978-1-61891-786-7(2)*, 12571, Blastoff! Readers) Bellwether Media.

Electricians: A Practical Career Guide. Marcia Santore. 2021. (Practical Career Guides). (Illus.). 144p. (YA). (gr. 8-17). pap. 37.00 *(978-1-5381-5203-4(7))* Rowman & Littlefield Publishers, Inc.

Electricians on the Job. Heidi Ayarbe. 2020. (Exploring Trade Jobs Ser.). (ENG.). 32p. (J). (gr. 3-6). lib. bdg. 35.64 *(978-1-5038-3551-1(0)*, 213381, MOMENTUM) Child's World, Inc, The.

Electricidad. Julia Vogel. 2018. (Ciencia De Ser.). (SPA.). 24p. (J). lib. bdg. 23.99 *(978-1-5105-3434-6(2))* SmartBook Media, Inc.

Electricidad: Leveled Reader Card Book 31 Level N 6 Pack. Hmh Hmh. 2021. (SPA.). (J). pap. 74.40 *(978-0-358-08428-0(8))* Houghton Mifflin Harcourt Publishing Co.

Electricidad (Electricity) Sally M. Walker. Photos by Andy King. 2022. (Libros de Energía para Madrugadores (Early Bird Energy) Ser.). (SPA., Illus.). 48p. (J). (gr. 2-5). pap. 9.99 *(978-1-7284-7539-4(2)*, a7262a90-99ed-4953-a0ee-3e70dc05c4f6, Ediciones Lerner) Lerner Publishing Group.

Electricidad Lógica: Set of 6 Common Core Edition. Suzanne Lyons & Benchmark Education Company, LLC Staff. 2016. (Navigators Ser.). (SPA.). (J). (gr. 5). 58.00 net. *(978-1-5125-0795-9(4))* Benchmark Education Co.

Electricidad y Magnetismo. Andrea Pelleschi. 2017. (Vitales Ser.). (SPA.). (YA). (gr. 6-8). pap. *(978-1-5021-6905-1(3))* Benchmark Education Co.

Electricidad y Magnetismo - 6 Pack: Set of 6 Common Core Edition. Andrea Pelleschi. 2017. (Vitales Ser.). (SPA.). (YA). (gr. 6-8). 75.00 *(978-1-5021-7127-6(9))* Benchmark Education Co.

Electricity, 1 vol. Georgia Amson-Bradshaw. 2017. (Science in a Flash Ser.). (ENG.). 32p. (J). (gr. 5-5). pap. 11.50 *(978-1-5382-1485-5(7)*, 57713b44-2136-409d-ab18-de6d6c4ee379); lib. bdg. 28.27 *(978-1-5382-1394-0(X)*, acaecd63-1036-4d43-9fdb-1e4da70d24c3) Stevens, Gareth Publishing LLLP.

Electricity, 1 vol. Joanna Brundle. 2019. (Science in Action Ser.). (ENG.). 32p. (gr. 4-5). pap. 11.50 *(978-1-5345-3086-7(X)*, 1444ccfe-a04b-403e-a071-de4f2fbc30d5); lib. bdg. 28.88 *(978-1-5345-3015-7(0)*, 279a88bf-a57f-4eae-98e8-19f2442c2cf3) Greenhaven Publishing LLC. (KidHaven Publishing).

Electricity, 1 vol. Steffi Cavell-Clarke. 2017. (First Science Ser.). (ENG.). 24p. (J). (gr. 1-1). pap. 9.25 *(978-1-5345-2386-9(3)*, c8767780-3fb9-4e42-8c65-d141f5e5c98c); lib. bdg. 26.23 *(978-1-5345-2384-5(7)*, 4ea38413-65b7-4367-adce-e5b6577e46e7) Greenhaven Publishing LLC.

Electricity, 1 vol. Kathleen Connors. 2018. (Look at Physical Science Ser.). (ENG.). 32p. (gr. 2-2). 28.27 *(978-1-5382-2139-6(X)*, acefe9f1-5256-4953-a62e-2d34889959f2) Stevens, Gareth Publishing LLLP.

Electricity. Abbie Dunne. 2016. (Physical Science Ser.). (ENG., Illus.). 24p. (J). (gr. -1-2). lib. bdg. 27.32 *(978-1-5157-0935-0(3)*, 132234, Capstone Pr.) Capstone.

Electricity. Meg Gaertner. 2019. (Science All Around Ser.). (ENG., Illus.). 24p. (J). (gr. k-3). lib. bdg. 31.36 *(978-1-5321-6356-2(8)*, 32027, Pop! Cody Koala) Pop!.

Electricity. Jane Parks Gardner. 2022. (Intro to Physics: Need to Know Ser.). (ENG.). (J). (gr. 5-7). lib. bdg. 28.50 Bearport Publishing Co., Inc.

Electricity. Kaite Goldsworthy. 2017. (Illus.). 24p. (J). *(978-1-5105-1123-1(7))* SmartBook Media, Inc.

Electricity. Gina Hagler. 2016. (J). *(978-1-4896-5274-4(4))* Weigl Pubs., Inc.

Electricity. Joseph Midthun. Illus. by Samuel Hiti. 2016. (Building Blocks of Physical Science/Hardcover Ser.: Vol. 1). (ENG.). 34p. (J). *(978-0-7166-7850-2(0))* World Bk.-Childcraft International.

Electricity. Joseph Midthun. Illus. by Samuel Hiti. 2022. (ENG.). 42p. (J). pap. ***(978-0-7166-5054-6(1))*** World Bk.-Childcraft International.

Electricity. Rebecca Pettiford. 2018. (Science Starters Ser.). (ENG., Illus.). 24p. (J). (gr. k-3). pap. 7.99 *(978-1-61891-461-3(8)*, 12114); lib. bdg. 26.95 *(978-1-62617-805-2(4))* Bellwether Media. (Blastoff! Readers).

Electricity, 1 vol. Peter Riley. 2016. (Moving up with Science Ser.). (ENG., Illus.). 32p. (J). (gr. 3-4). pap. 11.00 *(978-1-4994-3137-7(6)*, c33366b0-0b9c-4bdb-a593-ed307f782640, PowerKids Pr.) Rosen Publishing Group, Inc., The.

Electricity, 1 vol. Patrice Sherman. 2017. (Great Discoveries in Science Ser.). (ENG., Illus.). 128p. (YA). (gr. 9-9). 47.36 *(978-1-5026-2772-8(8)*, 215d070b-964f-453a-abe0-4f566703f31f) Cavendish Square Publishing LLC.

Electricity. Wayne Tunks. 2022. (ENG.). 204p. (YA). pap. *(978-1-922812-12-4(9))* MoshPit Publishing.

Electricity. Julia Vogel. 2017. (Science Of Ser.). (ENG.). 24p. (J). lib. bdg. 22.99 *(978-1-5105-2415-6(0))* SmartBook Media, Inc.

Electricity, Vol. 6. Contrib. by Mason Crest Publishers Staff. 2019. (Science & Technology Ser.). 48p. (J). (gr. 8). 27.93 *(978-1-4222-4206-3(4))* Mason Crest.

Electricity: Book 21. Carole Crimeen & Suzanne Fletcher. 2023. (Sustainability Ser.). (ENG.). 16p. (J). (gr. -1-2). pap. 7.99 ***(978-1-922370-27-3(4)***, 87dd5040-f3a0-43f0-8ef8-65b85ad82d6e) Knowledge Bks. & Software AUS. Dist: Lerner Publishing Group.

Electricity: Circuits, Static, & Electromagnets with Hands-On Science Activities for Kids. Carmella Van Vleet. Illus. by Micah Rauch. 2022. (ENG.). 112p. (J). (gr. 3-7). 22.95 *(978-1-64741-003-2(7)*, 96bb5515-7952-4367-998a-6467e5f859ea); pap. 17.95 *(978-1-64741-006-3(1)*, 0b16bd4e-b44a-42dc-8476-59c899c1a56b) Nomad Pr.

Electricity: From Benjamin Franklin to Nikola Tesla. Jenny Mason. 2018. (STEM Stories Ser.). (ENG., Illus.). 32p. (J). (gr. 3-6). lib. bdg. 32.79 *(978-1-5321-1546-2(6)*, 28946, Checkerboard Library) ABDO Publishing Co.

Electricity: What Makes Stuff Work? Emily Kington. 2020. (Stickmen's Science Stars Ser.). (ENG., Illus.). 24p. (J). (gr. 1-3). lib. bdg. 26.65 *(978-1-913077-52-5(7)*, e59542d3-9dba-45af-b384-b42be25a5316, Hungry Tomato (r)) Lerner Publishing Group.

Electricity & Electronics. Dawn Titmus. 2017. (Physics Ser.). (ENG.). 48p. (J). lib. bdg. 34.99 *(978-1-5105-2354-8(5))* SmartBook Media, Inc.

Electricity & Magnetism: A Mathematical Treatise for Advanced Undergraduate Students (Classic Reprint) Francis Eugene Nipher. 2017. (ENG., Illus.). (J). 30.00 *(978-0-265-52945-4(X))*; pap. 13.57 *(978-0-282-68339-9(9))* Forgotten Bks.

Electricity & Magnetism (a True Book: Physical Science) (Library Edition) Cody Crane. 2019. (True Book (Relaunch) Ser.). (ENG., Illus.). 48p. (J). (gr. 3-5). lib. bdg. 31.00 *(978-0-531-13137-4(8)*, Children's Pr.) Scholastic Library Publishing.

Electricity, Electrometer Magnetism, & Electrolysis (Classic Reprint) George Chrystal. 2016. (ENG., Illus.). (J). pap. 10.57 *(978-1-334-25664-6(0))* Forgotten Bks.

Electricity for Beginners. Trevor Wrightson. 2020. (ENG.). 72p. (YA). pap. 24.95 *(978-1-5043-2380-2(7)*, Balboa Pr.) Author Solutions, LLC.

Electricity for Boys. J. S. Zerbe. 2017. (ENG., Illus.). (J). 23.95 *(978-1-375-00567-8(7))*; pap. 13.95 *(978-1-375-00566-1(9))* Capital Communications, Inc.

Electricity for Public Schools & Colleges (Classic Reprint) Walter Larden. 2018. (ENG., Illus.). 524p. (J). 34.70 *(978-0-267-13432-8(0))* Forgotten Bks.

Electricity from Coal: Book 37. Carole Crimeen & Suzanne Fletcher. 2023. (Sustainability Ser.). (ENG.). 16p. (J). (gr. -1-k). pap. 7.99 ***(978-1-922370-43-3(6)***, 203df652-8a31-433d-a19d-669faae7a84b) Knowledge Bks. & Software AUS. Dist: Lerner Publishing Group.

Electricity from the Earth: Book 32. Carole Crimeen & Suzanne Fletcher. 2023. (Sustainability Ser.). (ENG.). 16p. (J). (gr. -1-k). pap. 7.99 ***(978-1-922370-38-9(X)***, 300a04e8-a870-4de5-abb4-de71246a7806) Knowledge Bks. & Software AUS. Dist: Lerner Publishing Group.

Electricity from the Sun: Book 29. Carole Crimeen & Suzanne Fletcher. 2023. (Sustainability Ser.). (ENG.). 16p. (J). (gr. -1-k). pap. 7.99 ***(978-1-922370-35-8(5)***, c9bb789d-5618-4684-879b-e4fee3b140a2) Knowledge Bks. & Software AUS. Dist: Lerner Publishing Group.

Electricity from Tides: Book 35. Carole Crimeen & Suzanne Fletcher. 2023. (Sustainability Ser.). (ENG.). 16p. (J). (gr. -1-k). pap. 7.99 ***(978-1-922370-41-9(X)***, 2cd86577-70fe-4c2c-875a-52cc2c171096) Knowledge Bks. & Software AUS. Dist: Lerner Publishing Group.

Electricity from Water: Book 30. Carole Crimeen & Suzanne Fletcher. 2023. (Sustainability Ser.). (ENG.). 16p. (J). (gr. -1-k). pap. 7.99 ***(978-1-922370-36-5(3)***, ed32d5b2-82b9-448a-a652-c6adb26a6b5c) Knowledge Bks. & Software AUS. Dist: Lerner Publishing Group.

Electricity from Wind: Book 31. Carole Crimeen & Suzanne Fletcher. 2023. (Sustainability Ser.). (ENG.). 16p. (J). (gr. -1-k). pap. 7.99 ***(978-1-922370-37-2(1)***, b4bfe832-1ea3-4f02-a1cb-49911afd5169) Knowledge Bks. & Software AUS. Dist: Lerner Publishing Group.

Electricity from Wood: Book 33. Carole Crimeen & Suzanne Fletcher. 2023. (Sustainability Ser.). (ENG.). 16p. (J). (gr. -1-k). pap. 7.99 ***(978-1-922370-39-6(8)***, 1bbaaa8e-955f-46b2-a0ae-727b760b348e) Knowledge Bks. & Software AUS. Dist: Lerner Publishing Group.

Electricity in Gynecology: The Practical Uses of Electricity in Diseases of Women (Classic Reprint) May Cushman Rice. 2018. (ENG., Illus.). 168p. (J). 27.38 *(978-0-365-38075-7(X))* Forgotten Bks.

Electricity in the City: Book 23. Carole Crimeen & Suzanne Fletcher. 2023. (Sustainability Ser.). (ENG.). 16p. (J). (gr. -1-2). pap. 7.99 ***(978-1-922370-29-7(0)***, 98cc7bd1-1d6c-40f5-9d4f-ac128a456d74) Knowledge Bks. & Software AUS. Dist: Lerner Publishing Group.

Electricity Is Energy: Book 34. Carole Crimeen & Suzanne Fletcher. 2023. (Sustainability Ser.). (ENG.). 16p. (J). (gr. -1-k). pap. 7.99 ***(978-1-922370-40-2(1)***, c40d7510-d03d-411a-89f3-3eb21637f00a) Knowledge Bks. & Software AUS. Dist: Lerner Publishing Group.

Electrified Teen: Unleashing God's Design in Christian Youth. Jacob E. Wilcox. 2018. (ENG.). 168p. (YA). 30.95 *(978-1-9736-1662-7(9))*; pap. 13.95 *(978-1-9736-1660-3(2))* Author Solutions, LLC. (WestBow Pr.).

Electrifying Eco-Race Cars. Michael Sandler & Mike McNessor. 2016. (Fast Rides Ser.). (ENG., Illus.). 24p. (J). (gr. 1-6). pap. 7.99 *(978-1-944998-57-8(8))* Bearport Publishing Co., Inc.

Electrifyingly Elementary: History of Electricity for Kids - Children's Electricity & Electronics. Bobo's Little Brainiac Books. 2016. (ENG., Illus.). (J). pap. 7.99 *(978-1-68327-806-1(2))* Sunshine In My Soul Publishing.

Electrigirl. Jo Cotterill. Illus. by Cathy Brett. 2017. (Electrigirl Ser.). (ENG.). 240p. (J). (gr. 4-8). pap. 8.95 *(978-1-4965-5654-7(2)*, 136670); pap., pap., pap. 26.85 *(978-1-4965-5646-2(1)*, 27371) Capstone. (Stone Arch Bks.).

Electrigirl & the Deadly Swarm. Jo Cotterill. Illus. by Cathy Brett. 2017. (Electrigirl Ser.). (ENG.). 240p. (J). (gr. 4-8). pap. 8.95 *(978-1-4965-5661-5(5)*, 136671, Stone Arch Bks.) Capstone.

Electrigirl & the Invisible Thieves. Jo Cotterill. Illus. by Cathy Brett. 2017. (Electrigirl Ser.). (ENG.). 240p. (J). (gr. 4-8). pap. 8.95 *(978-1-4965-5669-1(0)*, 136672, Stone Arch Bks.) Capstone.

Electrolysis of Water: Processes & Applications (Classic Reprint) Viktor Engelhardt. 2016. (ENG., Illus.). (J). pap. 9.57 *(978-1-333-93331-9(2))* Forgotten Bks.

Electromagnetic Spectrum, 12 vols. 2021. (Electromagnetic Spectrum Ser.). (ENG.). 64p. (YA). (gr. 7-7). lib. bdg. 217.62 *(978-1-9785-1594-9(4)*, 2837c1cd-5083-4bcc-b41c-0d68a1847e10) Enslow Publishing, LLC.

Electromagnetic Spectrum Properties of Light Self Taught Physics Science Grade 6 Children's Physics Books. Baby Professor. 2021. (ENG.). 72p. (J). 27.99 *(978-1-5419-7592-7(8))*; pap. 16.99 *(978-1-5419-4951-5(X))* Speedy Publishing LLC. (Baby Professor (Education Kids)).

Electromagnetism for Babies. Chris Ferrie. 2018. (Baby University Ser.: 0). (Illus.). 24p. (J). (gr. -1-k). bds. 9.99 *(978-1-4926-5629-6(1))* Sourcebooks, Inc.

Electromagnetism for Kids! How to Make Electricity at Home - Electricity for Kids - Children's Energy Books. Baby Iq Builder Books. 2016. (ENG., Illus.). (J). pap. 8.99 *(978-1-68374-710-9(0))* Examined Solutions PTE. Ltd.

Electron Microscopes! How They Work - Microscopes for Kids - Children's Electron Microscopes & Microscopy Books. Baby Iq Builder Books. 2016. (ENG., Illus.). (J). pap. 8.99 *(978-1-68374-706-2(2))* Examined Solutions PTE. Ltd.

Electronic Arts: Makers of Madden NFL & the Sims: Makers of Madden NFL & the Sims. Contrib. by Carla Mooney. 2023. (Video Game Companies Ser.). (ENG.). 112p. (YA). (gr. 6-12). lib. bdg. 41.36 ***(978-1-0982-9059-7(3)***, 41831, Essential Library) ABDO Publishing Co.

Electronic Dance Music DJs. Stuart A. Kallen. 2016. (ENG., Illus.). 80p. (J). (gr. 5-12). *(978-1-60152-966-4(X))* ReferencePoint Pr., Inc.

Electronic Dance Music (EDM) Julie K. Godard. 2019. (Evolution & Cultural Influences of Music Ser.). (Illus.). 96p. (J). (gr. 12). lib. bdg. 34.60 *(978-1-4222-4371-8(0))* Mason Crest.

Electronica 2021: Poetry for Modern Life. Paula Glynn. 2021. (ENG.). 77p. (YA). pap. *(978-1-008-96965-0(6))* Lulu Pr., Inc.

Electronics. Faith Woodland. 2018. (J). *(978-1-5105-3560-2(8))* SmartBook Media, Inc.

Electronics, Vol. 6. Contrib. by Mason Crest Publishers Staff. 2019. (Science & Technology Ser.). 48p. (J). (gr. 8). 27.93 *(978-1-4222-4207-0(2))* Mason Crest.

Electronics for Kids: Play with Simple Circuits & Experiment with Electricity! Oyvind Nydal Dahl. ed. 2016. (Illus.). 328p. (J). (gr. 5). pap. 24.95 *(978-1-59327-725-3(3))* No Starch Pr., Inc.

Electronics Projects for Beginners: 4D an Augmented Reading Experience. Tammy Enz. Illus. by Dario Brizuela. 2018. (Junior Makers 4D Ser.). (ENG.). 48p. (J). (gr. 3-9). lib. bdg. 33.99 *(978-1-5157-9491-2(1)*, 136717, Capstone Classroom) Capstone.

Electronics Projects to Build On: 4D an Augmented Reading Experience. Tammy Enz. 2019. (Take Making to the Next Level 4D Ser.). (ENG., Illus.). 48p. (J). (gr. 3-5). lib. bdg. 33.99 *(978-1-5435-2846-6(5)*, 138336, Capstone Classroom) Capstone.

Elee & the Shining Star - Noah Text Edition - HB. Sylvia Medina. Illus. by Morgan Spicer. 2021. (ENG.). 34p. (J). 24.99 *(978-1-955023-89-4(1))* Green Kids Club, Inc.

Elee & the Shining Star - Noah Text Edition - PB. Sylvia Medina. Illus. by Morgan Spicer. 2021. (ENG.). 34p. (J). pap. 14.49 *(978-1-955023-87-0(5))* Green Kids Club, Inc.

Elefant Malbuch Für Kinder Ab 4 Jahre: Elefanten-Malbuch Für Kinder Im Alter Von 4-8 Jahren, Jungen und Mädchen Lustige Elefanten Färbung Seiten Für Kinder. Emil Rana O'Neil. 2021. (GER.). 92p. (J). pap. 11.99 *(978-1-006-86006-5(1))* Ridley Madison, LLC.

Elefante. Melissa Gish. 2023. (SPA.). 48p. (J). (gr. 5-7). pap. 13.99 ***(978-1-68277-300-0(0)***, Creative Paperbacks) Creative Co., The.

Elefante a la Vista. Flor Aguilera. 2019. (SPA.). 40p. (J). pap. 11.99 *(978-607-746-802-8(9))* Progreso, Editorial, S. A. MEX. Dist: Lectorum Pubns., Inc.

Elefante, ¿dónde Estás? (Eco Baby Where Are You Elephant?) DK. 2022. (Eco Baby Ser.). (SPA.). 14p. (J). (— 1). bds. 12.99 *(978-0-7440-5955-7(0)*, DK Children) Dorling Kindersley Publishing, Inc.

Elefante en el Salón. Alicia Stenard. Tr. by Natalia Sepúlveda. Illus. by Greg Matusic. 2020. (SPA.). 32p. (J). pap. 12.99 ***(978-1-7339929-7-8(9))*** St. Cyr Pr.

Elefante: Numbers / Numeros: Numbers- Numeros, 1 vol. Patty Rodriguez & Ariana Stein. Illus. by Citlali Reyes. 2018. Tr. of Spanish. 22p. (J). (gr. -1-k). bds. 9.99 *(978-0-9861099-4-2(0))* Little Libros, LLC.

Elefante Se Balanceaba. Judy Goldman & Carolina Covarrubias. 2021. (SPA., Illus.). 36p. (J). (gr. k-2). pap. 11.50 *(978-607-557-308-3(9))* Editorial Oceano de Mexico MEX. Dist: Independent Pubs. Group.

Elefante Tiene Miedo Al Agua. Elisenda Castells. 2021. (SPA.). 36p. (J). (gr. k-2). 11.99 *(978-84-18211-80-5(6))* Pluton Ediciones ESP. Dist: Lectorum Pubns., Inc.

E

Elefante y Los Ciegos: Leveled Reader Card Book 66 Level S 6 Pack. Hmh Hmh. 2021. (SPA.). (J). pap. 74.40 *(978-0-358-08546-1(2))* Houghton Mifflin Harcourt Publishing Co.

Elefantenjunge Aruba. Tante Bambi. 2017. (GER., Illus.). (J). *(978-3-7439-1125-3(6))*; pap. *(978-3-7439-1124-6(8))* tredition Verlag.

Elefantes Africanos (African Elephants) Grace Hansen. 2018. (Especies Extraordinarias (Super Species) Ser.). (SPA.). 24p. (J). (gr. -1-2). lib. bdg. 32.79 *(978-1-5321-8406-2(9))*, 30005, Abdo Kids) ABDO Publishing Co.

Elegant Art Designs of Animals, Nature, Gardens, & Landscapes Coloring Book: For Older Kids Ages 7 Years Old & up (Use Colored Pencils) Beatrice Harrison. 2018. (ENG., Illus.). 34p. (J). pap. 6.75 *(978-0-359-15934-5(6))* Lulu Pr., Inc.

Elegant Butterflies Coloring Book: For Older Kids Ages 6 to 17 Years Old. Beatrice Harrison. 2018. (ENG., Illus.). 34p. (J). pap. 6.75 *(978-0-359-15927-7(3))* Lulu Pr., Inc.

Elegantly Modeled Dress Coloring Book. Activibooks For Kids. 2016. (ENG., Illus.). (J). pap. 9.20 *(978-1-68321-750-3(0))* Mimaxion.

Elegido. Victor Hugo Rivera Jasso. 2021. (SPA.). 88p. (YA). pap. 12.99 *(978-1-0878-8273-4(7))* Indy Pub.

Elegy on the Death & Burial of Cock Robin: Ornamented with Cuts (Classic Reprint) J. Kendrew. 2018. (ENG., Illus.). 20p. (J). 24.31 *(978-0-656-09264-2(5))*; pap. 7.97 *(978-1-334-16214-5(X))* Forgotten Bks.

Elegy on the Death of a Mad Dog (Classic Reprint) Oliver Goldsmith. 2018. (ENG., Illus.). 36p. (J). 24.64 *(978-0-364-57161-3(6))* Forgotten Bks.

Elegy on the Death of a Mad Dog (Classic Reprint) Frederic Norton. (ENG., Illus.). (J). 2018. 36p. 24.64 *(978-0-267-89809-1(6))*; 2016. pap. 7.97 *(978-1-333-63999-0(6))* Forgotten Bks.

Elektra's Adventures in Tragedy. Douglas Rees. 2018. (ENG.). 288p. (YA). (gr. 8-17). 33.99 *(978-0-7624-6303-9(1))*, Running Pr. Kids) Running Pr.

Elektronen Oder Die Natur und Die Eigenschaften der Negativen Elektrizitat (Classic Reprint) Oliver Lodge. 2018. (GER., Illus.). 218p. (J). 28.41 *(978-0-267-45784-7(7))* Forgotten Bks.

Élémens de Géographie Physique et de Météorologie, Ou Résumé des Notions Acquises Sur les Grands Phénomènes et les Grandes Lois de la Nature: Servant d'Introduction a l'Étude de la Géologie (Classic Reprint) Henri Lecoq. 2018. (FRE., Illus.). (J). 550p. 35.24 *(978-1-396-63111-5(9))*; 552p. pap. 19.57 *(978-1-391-42109-4(4))* Forgotten Bks.

Élémens de Géométrie: A l'Usage de l'École Centrale des Quatre-Nations (Classic Reprint) Silvestre-Francois LaCroix. 2018. (FRE., Illus.). 248p. (J). 29.05 *(978-0-656-74502-9(9))* Forgotten Bks.

Élémens de Géométrie: À l'Usage de l'École Centrale des Quatre-Nations (Classic Reprint) Silvestre-Francois LaCroix. 2018. (FRE., Illus.). (J). 392p. 32.00 *(978-0-366-33535-0(9))*; 394p. pap. 16.57 *(978-0-366-33518-3(9))* Forgotten Bks.

Élémens de Géométrie: Comprenant les Deux Trigonométriques, une Introduction a la Géométrie Descriptive, les Élémens de la Polygonométrie et Quelques Notions Sur le Levé des Plans (Classic Reprint) Jean Guillaume Garnier. 2018. (FRE., Illus.). (J). 322p. 30.54 *(978-1-391-64416-5(6))*; 324p. pap. 13.57 *(978-1-390-84078-0(6))* Forgotten Bks.

Élémens de l'Art Vétérinaire: Traité de la Conformation Extérieure du Cheval; de Sa Beauté, et de Ses défauts; des Considérations Auxquelles il Importe de S'Arrêter Dans le Choix Qu'on Doit en Faire Pour les Différens Services; des Soins Qu'il. Claude Bourgelat. 2018. (FRE., Illus.). (J). 484p. 33.88 *(978-0-364-30414-3(6))*; 486p. pap. 16.57 *(978-0-267-75142-6(7))* Forgotten Bks.

Elemens de l'Art Veterinaire . Zootomie, Ou Anatomie Comparee a l'Usage des Eleves des Ecoles Veterinaires. Claude Bourgelat. 2016. (Sciences Ser.). (FRE., Illus.). (J). pap. *(978-2-01-134578-3(2))* Hachette Groupe Livre.

Elemens de Physique Experimentale, de Chimie et de Mineralogie, Vol. 1: Suivis d'un Abrege d'Astronomie, a l'Usage des Lycees et Autres Etablissemens d'Instruction Publique (Classic Reprint) Pierre Jacotot. (FRE., Illus.). (J). 2018. 426p. 32.68 *(978-0-484-13876-5(6))*; 2017. pap. 16.57 *(978-0-243-34867-1(3))* Forgotten Bks.

Element in the Room: Investigating the Atomic Ingredients That Make up Your Home. Mike Barfield. Illus. by Lauren Humphrey. 2018. (ENG.). 64p. (J). (gr. 2-6). 19.99 *(978-1-78627-178-5(8))*, King, Laurence Publishing) Orion Publishing Group, Ltd. GBR. Dist: Hachette Bk. Group.

Element Saga: Welcome to Charm City. Johnson Cornell Kevin. 2019. (Element Saga Ser.: Vol. 1). (ENG.). 206p. (YA). (gr. 7-12). pap. 11.00 *(978-1-7923-1091-1(9))* Independent Pub.

Elemental Ascension. E. Rachael Hardcastle. 2023. (ENG.). 302p. (YA). 19.99 ***(978-1-7399188-7-3(8))***; pap. 13.99 ***(978-1-7399188-6-6(X))*** Legacy Bound. (Curious Cat Bks.).

Elemental Guardians Book II: City of Thieves. Jacqueline M. Kastberg. 2017. (ENG., Illus.). (YA). pap. 14.95 *(978-1-63568-398-1(X))* Page Publishing Inc.

Elemental Heir. Rachel Morgan. 2020. (Ridley Kayne Chronicles Ser.: Vol. 3). (ENG.). 348p. (YA). pap. *(978-1-928510-29-1(9))* Morgan, Rachel.

Elemental Horses: Axis Mundi: Null. Diana Huang. 2023. (ENG.). 41p. (J). ***(978-1-365-11797-8(9))*** Lulu Pr., Inc.

Elemental Horses: Cohesion: Null. Diana Huang. 2023. (ENG.). 30p. (J). ***(978-1-365-12319-1(7))*** Lulu Pr., Inc.

Elemental Horses: Flight: Null. Diana Huang. 2023. (ENG.). 35p. (J). ***(978-1-365-11987-3(4))*** Lulu Pr., Inc.

Elemental Horses: The Jade Emperor's Court. Diana Huang. 2023. (ENG.). 46p. (J). ***(978-1-387-73902-8(6))*** Lulu Pr., Inc.

Elemental Power. Rachel Morgan. 2018. (Ridley Kayne Chronicles Ser.: Vol. 2). (ENG.). 334p. (YA). pap. *(978-0-6399436-6-4(7))* Morgan, Rachel.

Elemental Queen: A Short Story. Middlemist Red. 2021. (ENG.). 28p. (YA). pap. 8.99 *(978-1-68494-999-1(8))* Notion Pr., Inc.

Elemental Staff: Book One - the Spreading Darkness-Evolved. S. L. H. Tolley. 2018. (ENG., Illus.). 400p. (YA). (gr. 7-12). pap. 23.50 *(978-1-948858-19-9(3))* Strategic Book Publishing & Rights Agency (SBPRA).

Elemental Staff Book Two: Courage & Sacrifice-Evolved. S. L. H. Tolley. 2020. (ENG.). 460p. (YA). (gr. 7-12). pap. 22.00 *(978-1-950015-72-6(6))* Strategic Book Publishing & Rights Agency (SBPRA).

Elemental Thief. Rachel Morgan. 2018. (Ridley Kayne Chronicles Ser.: Vol. 1). (ENG., Illus.). 312p. (YA). pap. *(978-0-6399436-3-3(2))* Morgan, Rachel.

Elementals: An Elemental Origins Novel. Al Knorr. 2018. (Elemental Origins Ser.: Vol. 6). (ENG., Illus.). 240p. (YA). (gr. 8-12). pap. *(978-1-7750671-6-0(5))* Intellectually Promiscuous Pr.

Elementals: The Complete Series. Michelle Madow. 2020. (ENG.). 704p. (YA). 39.99 *(978-0-578-78607-0(9))* Dreamscape Publishing.

Elementals: The Prophecy of Shadows. Michelle Madow. 2021. (ENG.). 350p. (YA). 19.99 *(978-0-578-98855-9(0))* Dreamscape Publishing.

Elementals 2: The Blood of the Hydra. Michelle Madow. 2021. (ENG.). 348p. (YA). 19.99 *(978-0-578-98856-6(9))* Dreamscape Publishing.

Elementals 3: The Head of Medusa. Michelle Madow. 2021. (ENG.). 308p. (YA). 19.99 *(978-0-578-98858-0(5))* Dreamscape Publishing.

Elementals 4: The Portal to Kerberos. Michelle Madow. 2021. (ENG.). 272p. (YA). 19.99 *(978-0-578-98859-7(3))* Dreamscape Publishing.

Elementals 5: The Hands of Time. Michelle Madow. 2021. (ENG.). 274p. (YA). 19.99 *(978-0-578-98860-3(7))* Dreamscape Publishing.

Elementals Academy: The Discovery of Magic. Michelle Madow. 2022. (ENG.). 306p. (YA). 24.99 *(978-0-578-36395-0(X))* Dreamscape Publishing.

Elementals: Battle Born. Amie Kaufman. Illus. by Levente Szabo. (Elementals Ser.: 3). (ENG.). (J). (gr. 3-7). 2021. 288p. pap. 7.99 *(978-0-06-245805-6(1))*; 2020. 272p. 16.99 *(978-0-06-245804-9(3))* HarperCollins Pubs. (HarperCollins).

Elementals: Ice Wolves. Amie Kaufman. Illus. by Levente Szabo. (Elementals Ser.: 1). (ENG.). (J). (gr. 3-7). 2019. 368p. pap. 7.99 *(978-0-06-245799-8(3))*; 2018. 352p. 16.99 *(978-0-06-245798-1(5))* HarperCollins Pubs. (HarperCollins).

Elementals of Sacred Lake: Book 3: the Hole of the Undead. Michele Skaggs. 2021. (ENG.). 674p. (YA). pap. 28.95 *(978-1-63692-832-6(3))* Newman Springs Publishing, Inc.

Elementals: Scorch Dragons. Amie Kaufman. (Elementals Ser.: 2). (ENG.). (J). (gr. 3-7). 2020. 384p. pap. 9.99 *(978-0-06-245802-5(7))*; 2019. (Illus.). 368p. 16.99 *(978-0-06-245801-8(9))* HarperCollins Pubs. (HarperCollins).

Elementary Arithmetic, with Oral & Written Exercises. Geo W. Hull. 2017. (ENG., Illus.). (J). pap. *(978-0-649-05354-4(0))* Trieste Publishing Pty Ltd.

Elementary Astronomy for Academies & Schools: Illustrated by Numerous Original Diagrams, & Adapted to Use Either with or Without the Author's Large Maps (Classic Reprint) Hiram Mattison. 2018. (ENG., Illus.). 196p. (J). 27.94 *(978-0-364-90613-2(8))* Forgotten Bks.

Elementary Chemistry, Inorganic & Organic: Alternative Course (Classic Reprint) William S. Furneaux. 2017. (ENG., Illus.). (J). pap. 9.57 *(978-1-5277-9658-4(2))* Forgotten Bks.

Elementary Composition, Vol. 5 (Classic Reprint) Dorothy Canfield Fisher. 2017. (ENG., Illus.). (J). 30.00 *(978-0-266-22129-6(7))* Forgotten Bks.

Elementary Course in Practical Zoölogy (Classic Reprint) Buel Preston Colton. 2019. (ENG., Illus.). (J). 234p. 28.72 *(978-1-397-27754-1(8))*; 236p. pap. 11.57 *(978-1-397-27743-5(2))* Forgotten Bks.

Elementary Education in Saxony. John L. Bashford. 2017. (ENG., Illus.). (J). pap. *(978-0-649-53444-9(1))* Trieste Publishing Pty Ltd.

Elementary English Composition (Classic Reprint) Frederick Henry Sykes. 2017. (ENG., Illus.). 354p. (J). 31.20 *(978-0-484-08081-1(4))* Forgotten Bks.

Elementary English Reader: For Spanish-Speaking Students (Classic Reprint) Colley F. Sparkman. 2018. (ENG., Illus.). 246p. (J). 28.97 *(978-0-267-69401-3(6))* Forgotten Bks.

Elementary Exercises for the Deaf & Dumb (Classic Reprint) Samuel Akerly. 2017. (ENG., Illus.). (J). 31.96 *(978-0-331-08077-3(X))*; pap. 16.57 *(978-0-260-24794-0(4))* Forgotten Bks.

Elementary Geography, Book I in the Ambleside Geography Series (Yesterday's Classics) Charlotte M. Mason. 2022. (ENG.). 136p. (J). pap. 12.95 *(978-1-59915-400-8(5))* Yesterday's Classics.

Elementary German Composition, for High Schools & Colleges (Classic Reprint) Frederick Wilson Truscott. (ENG., Illus.). (J). 2018. 162p. 27.24 *(978-0-267-66403-0(6))*; 2017. pap. 9.97 *(978-0-259-27595-4(6))* Forgotten Bks.

Elementary Grammar & Composition. Thos W. Harvey. 2017. (ENG., Illus.). (J). (gr. 4-6). pap. *(978-0-649-46416-6(8))* Trieste Publishing Pty Ltd.

Elementary Jane (Classic Reprint) Richard Pryce. (ENG., Illus.). (J). 2018. 368p. 31.49 *(978-0-364-01234-5(X))*; 2017. pap. 13.97 *(978-0-243-51041-2(1))* Forgotten Bks.

Elementary JavaScript. Siddharth Dalal. 2020. (ENG.). 225p. pap. *(978-1-716-77397-6(0))* Lulu Pr., Inc.

Elementary Mathematical Astronomy. Crossley William Crosby Barlow & George Hartley Bryan. 2017. (ENG.). 458p. (J). pap. *(978-3-337-27586-0(9))* Creation Pubs.

Elementary Meteorology. Robert Henry Scott. 2017. (ENG.). 446p. (J). pap. *(978-3-337-27983-7(X))* Creation Pubs.

Elementary Moral Lessons: For Schools & Families. M. F. Cowdery. 2017. (ENG., Illus.). (J). pap. *(978-0-649-57057-7(X))* Trieste Publishing Pty Ltd.

Elementary Moral Lessons: For Schools & Families (Classic Reprint) M. F. Cowdery. 2018. (ENG., Illus.). 228p. (J). 28.60 *(978-0-332-38745-1(3))* Forgotten Bks.

Elementary Particles: The Building Blocks of the Universe - Physics & the Universe Children's Physics Books. Baby Professor. 2017. (ENG., Illus.). (YA). pap. 8.79 *(978-1-5419-1151-2(2))*, Baby Professor (Education Kids)) Speedy Publishing LLC.

Elementary Physiography: Being a Description of the Laws & Wonders of Nature (Classic Reprint) Richard Gregory. 2017. (ENG., Illus.). (J). 418p. 32.54 *(978-0-332-15130-4(1))*; pap. 16.57 *(978-0-282-02823-7(4))* Forgotten Bks.

Elementary Plane Geometry: Inductive & Deductive (Classic Reprint) Alfred Baker. (ENG., Illus.). (J). 2018. 160p. 27.20 *(978-1-396-68343-5(7))*; 2018. 162p. pap. 9.57 *(978-1-391-60795-5(3))*; 2017. pap. 9.57 *(978-1-5277-0679-8(6))* Forgotten Bks.

Elementary Science: Soil, Sea, & Sky (Teacher Guide) Ed. by Craig Froman. 2017. (ENG.). 150p. (gr. 4-6). pap. 24.99 *(978-1-68344-025-3(0))*, Master Books) New Leaf Publishing Group.

Elementary Spanish Reader: With Practical Exercises for Conversation (Classic Reprint) Aurelio Macedonio Espinosa. 2017. (SPA., Illus.). (J). 28.56 *(978-0-265-35869-6(8))*; pap. 10.97 *(978-1-332-70218-3(X))* Forgotten Bks.

Elementary Study of English: Hints to Teachers. William J Rolfe. 2017. (ENG., Illus.). (J). pap. *(978-0-649-41679-0(1))* Trieste Publishing Pty Ltd.

Elementary Tabular System of Instruction in French: The Comprising the Following Subjects, to Be Studied in Connection with the Grammar Text-Book, Viz. , the Definite Article, the Indefinite Article, Partitive Article, the Demonstrative Pron. Conjunctive. Hyacinth R. Agnel. 2017. (ENG., Illus.). (J). 27.32 *(978-0-266-55353-3(2))*; pap. 9.97 *(978-0-282-95393-5(0))* Forgotten Bks.

Elementary Text-Book of the Microscope: Including a Description of the Methods of Preparing & Mounting Objects, etc (Classic Reprint) John William Griffith. (ENG., Illus.). (J). 2017. 29.18 *(978-0-266-40977-9(6))*; 2016. pap. 11.57 *(978-1-333-12686-5(7))* Forgotten Bks.

Elementary Text-Book of Zoology. Carl Claus & Adam Sedgwick. 2017. (ENG.). 356p. (J). pap. *(978-3-337-27829-8(9))* Creation Pubs.

Elementary Treatise on Algebra: Designed As First Lessons in That Science (Classic Reprint) Horatio Nelson Robinson. (ENG., Illus.). (J). 2017. 28.99 *(978-0-265-41800-0(3))*; 2016. pap. 11.57 *(978-1-333-66084-0(7))* Forgotten Bks.

Elementary Treatise on Algebra, Theoretical & Practical: Adapted to the Instruction of Youth in Schools & Colleges (Classic Reprint) James Ryan. 2017. (ENG., Illus.). (J). pap. 19.57 *(978-0-282-99195-1(6))* Forgotten Bks.

Elementary Treatise on Astronomy: In Two Parts; the First Containing, a Clear & Compendious View of the Theory; the Second, a Number of Practical Problems, to Which Are Added, Solar, Lunar, & Other Astronomical Tables (Classic Reprint) John Gummere. 2018. (ENG., Illus.). 478p. (J). 33.86 *(978-0-332-56359-6(6))* Forgotten Bks.

Elementary Treatise on Conic Sections (Classic Reprint) Charles Smith. 2018. (ENG., Illus.). 370p. (J). 31.53 *(978-0-267-14359-7(1))* Forgotten Bks.

Elementary Treatise on Pure Geometry with Numerous Examples. John Wellesley Russell. 2017. (ENG.). 344p. (J). pap. *(978-3-337-27844-1(2))* Creation Pubs.

Elementary Treatise on the Wave-Theory of Light (Classic Reprint) Humphrey Lloyd. 2018. (ENG., Illus.). 224p. (J). 28.52 *(978-0-267-26759-0(2))* Forgotten Bks.

Elementary Treatise upon the Method of Least Squares: With Numerical Examples of Its Applications. George C. Comstock. 2017. (ENG., Illus.). (J). pap. *(978-0-649-35143-5(6))* Trieste Publishing Pty Ltd.

Elementary Treatise upon the Method of Least Squares, with Numerical Examples of Its Applications. George C. Comstock. 2017. (ENG., Illus.). (J). pap. *(978-0-649-34616-5(5))* Trieste Publishing Pty Ltd.

Elementary Writing Paper Book (Advanced 13 Lines per Page) A Handwriting & Cursive Writing Book with 100 Pages of Extra Large 8. 5 by 11. 0 Inch Writing Practise Pages. This Book Has Guidelines for Practising Writing. James Manning. 2018. (Elementary Writing Paper Book Ser.: Vol. 5). (ENG., Illus.). 104p. (J). (gr. k-2). pap. *(978-1-78970-356-6(5))* Elige Cogniscere.

Elementary Writing Paper Book (Beginners 9 Lines per Page) A Handwriting & Cursive Writing Book with 100 Pages of Extra Large 8. 5 by 11. 0 Inch Writing Practise Pages. This Book Has Guidelines for Practising Writing. James Manning. 2018. (Elementary Writing Paper Book Ser.: Vol. 3). (ENG., Illus.). 104p. (J). (gr. k-6). pap. *(978-1-78970-290-3(9))* Elige Cogniscere.

Elementary Writing Paper Book (Highly Advanced 18 Lines per Page) A Handwriting & Cursive Writing Book with 100 Pages of Extra Large 8. 5 by 11. 0 Inch Writing Practise Pages. This Book Has Guidelines for Practising Writing. James Manning. 2018. (Elementary Writing Paper Book Ser.: Vol. 7). (ENG., Illus.). 104p. (J). (gr. k-6). pap. *(978-1-78970-387-0(5))* Elige Cogniscere.

Elementary Writing Paper Book (Intermediate 11 Lines per Page) A Handwriting & Cursive Writing Book with 100 Pages of Extra Large 8. 5 by 11. 0 Inch Writing Practise Pages. This Book Has Guidelines for Practising Writing. James Manning. 2018. (Elementary Writing Paper Book Ser.: Vol. 4). (ENG., Illus.). 104p. (J). (gr. k-6). pap. *(978-1-78970-322-1(0))* Elige Cogniscere.

Elemente der Geometrie in Lehrsätzen und Aufgaben, Vol. 1: Zum Gebrauch an Gewerbeschulen, Sowie Zur Selbstbelehrung Für Gewerbtreibende; Die Ebene Geometrie Enthaltend (Classic Reprint) Carl Spitz. 2018. (GER., Illus.). 502p. (J). 34.25 *(978-0-365-33923-6(7))* Forgotten Bks.

Elemente der Technischen Chemie, Vol. 1: Zum Gebrauch Beim Unterricht Im Königl. Gewerbinstitut und Den Provinzial-Gewerbschulen; Erste Abtheilung (Classic Reprint) Ernst Ludwig Schubarth. 2018. (GER., Illus.). 546p. (J). 35.18 *(978-0-364-87173-7(3))* Forgotten Bks.

Elementi Di Matematica: Ne'quali Sono con Miglior Ordine, e Nuovo Metodo Dimostrate le Più Nobili, e Necessarie Proposizioni Di Euclide, Apollonio, e Archimede (Classic Reprint) Odoardo Corsini. 2017. (ITA., Illus.). (J). pap. 13.57 *(978-0-282-49618-0(1))* Forgotten Bks.

Elementi Di Matematica: Ne'quali Sono con Miglior Ordine, e Nuovo Metodo Dimostrate le Più Nobili, e Necessarie Proposizioni Di Euclide, Apollonio, e Archimede (Classic Reprint) Odoardo Corsini. 2018. (ITA., Illus.). 324p. (J). 30.62 *(978-0-484-85065-0(2))* Forgotten Bks.

Elementos de Geometria: Con Notas (Classic Reprint) Adrien Marie Legendre. 2018. (SPA., Illus.). (J). 328p. 30.66 *(978-0-428-37708-3(4))*; 330p. pap. 13.57 *(978-0-428-12259-1(0))* Forgotten Bks.

Elements. Rajwant Kaur. 2020. (ENG.). 52p. (YA). pap. *(978-1-78222-799-1(7))* Paragon Publishing, Rothersthorpe.

Elements, 1 vol. Kennon O'Mara. 2018. (Look at Chemistry Ser.). (ENG.). 32p. (gr. 2-2). 28.27 *(978-1-5382-3011-4(9))*, bc8e6785-92d2-4898-bc79-9a8c6b0c0e1c) Stevens, Gareth Publishing LLLP.

Elements. Adrian Dingle. ed. 2023. (DK Eyewitness Ser.). (ENG.). 72p. (J). (gr. 4-8). 23.96 ***(978-1-68505-848-7(5))*** Penworthy Co., LLC, The.

Elements, 8 vols., Gorup 8. Incl. Boron. Richard W. Beatty. lib. bdg. 31.21 *(978-0-7614-1921-1(7))*, eab203b5-fbd4-4238-9992-b491a64dbb65); Chromium. Nathan Lepora. lib. bdg. 31.21 *(978-0-7614-1920-4(9))*, 8f567f63-9a4c-46b0-b003-23e7a58848fd); Radioactive Elements. Tom Jackson. lib. bdg. 31.21 *(978-0-7614-1923-5(3))*, 2d3a69a6-89ac-414a-90ce-eea7b07bdb45); Zinc. Leon Gray. lib. bdg. 31.21 *(978-0-7614-1922-8(5))*, 18e634bb-230d-4e2e-9c3b-44c38449f6f6); (Illus.). (gr. 4-4). (Elements Ser.). (ENG.). 32p. 2007. 124.84 *(978-0-7614-1919-8(5))*, 9b182fd9-5b5c-4223-a01a-548406b01f3c, Cavendish Square) Cavendish Square Publishing LLC.

Elements - Group 10, 8 vols., Set. Incl. Cadmium. Allan B. Cobb. lib. bdg. 31.21 *(978-0-7614-2686-8(8))*, 30b72578-62dd-4245-b47b-2d9102063d17); Lanthanides. Richard W. Beatty. lib. bdg. 31.21 *(978-0-7614-2687-5(6))*, 82648b8e-7a04-46b9-a5eb-afe53af8c6d7); Zirconium. Susan Watt. lib. bdg. 31.21 *(978-0-7614-2688-2(4))*, 8122ba2a-09c0-4e54-bc3d-2e4da5dc1faa); (Illus.). 32p. (gr. 4-4). (Elements Ser.) (ENG.). 2008. Set lib. bdg. 124.84 *(978-0-7614-2684-4(1))*, dcc333ee-997b-428a-9961-c66314394032, Cavendish Square) Cavendish Square Publishing LLC.

Elements - I. Lily Blake. 2022. (ENG.). 142p. (YA). pap. *(978-1-3984-3108-9(7))* Austin Macauley Pubs. Ltd.

Elements & Compounds Made Easy Chemistry Books Grade 5 Children's Science Education Books. Baby Professor. 2021. (ENG.). 72p. (J). 27.99 *(978-1-5419-8385-4(8))*; pap. 16.99 *(978-1-5419-5997-2(3))* Speedy Publishing LLC. (Baby Professor (Education Kids)).

Elements de Geometrie: Avec des Notes (Classic Reprint) Adrien Marie Legendre. 2018. (FRE., Illus.). (J). 440p. 32.97 *(978-0-428-40280-8(1))*; 442p. pap. 16.57 *(978-0-428-29797-8(8))* Forgotten Bks.

Elements du Caractere et Leurs Lois de Combinaison (Classic Reprint) Paulin Malapert. 2017. (FRE., Illus.). (J). 30.56 *(978-0-266-32828-5(8))*; pap. 13.57 *(978-0-282-92767-7(0))* Forgotten Bks.

Elements Group 9, 8 vols., Set. Incl. Arsenic. Christopher Cooper. lib. bdg. 31.21 *(978-0-7614-2203-7(X))*, f67f3b8a-0756-469d-83a0-b17d7fafb947); Cobalt. Susan Watt. lib. bdg. 31.21 *(978-0-7614-2200-6(5))*, bc1be9d9-4501-44c4-ae9d-cbc06f9c2938); Lithium. Tom Jackson. lib. bdg. 31.21 *(978-0-7614-2199-3(8))*, 7fca172d-a348-49a4-b031-4d1fd4406fd3); Molybdenum. Nathan Lepora. lib. bdg. 31.21 *(978-0-7614-2201-3(3))*, 73551fcb-41c8-4523-9131-14b85fbc379b); (Illus.). 32p. (gr. 4-4). (Elements Ser.). (ENG.). 2007. Set lib. bdg. 124.84 *(978-0-7614-2197-9(1))*, b6acda9e-c253-412b-ad6e-3124c8de385e, Cavendish Square) Cavendish Square Publishing LLC.

Elements of Astronomy. Robert Stawell Ball. 2017. (ENG.). 476p. (J). pap. *(978-3-337-27662-1(8))* Creation Pubs.

Elements of Astronomy: Adapted for Use in Schools & Private Study (Classic Reprint) Hugo Reid. (ENG., Illus.). (J). 2018. 278p. 29.63 *(978-0-332-80991-5(9))*; 2017. pap. 13.57 *(978-0-282-00170-4(0))* Forgotten Bks.

Elements of Astronomy: Designes As a Text-Book for Academies, Seminaries, & Families (Classic Reprint) John Davis. (ENG., Illus.). (J). 2018. 346p. 31.05 *(978-0-428-70304-2(6))*; 2017. pap. 13.57 *(978-0-259-99128-1(7))* Forgotten Bks.

Elements of Astronomy: With Methods for Determining the Longitudes, Aspects, &C. of the Planets for Any Future Time; & an Extensive Set of Geographical & Astronomical Problems on the Globes, Designed for the Use of Schools & Junior Students. S. Treeby. (ENG., Illus.). (J). 2018. 232p. 28.68 *(978-0-666-31138-2(2))*; 2017. pap. 11.57 *(978-0-282-00051-6(8))* Forgotten Bks.

Elements of Astronomy, Physical & Geometrical, Vol. 2 of 2 (Classic Reprint) David Gregory. (ENG., Illus.). (J). 2018. 512p. 34.46 *(978-0-365-47642-9(0))*; 2017. pap. 16.97 *(978-0-282-23577-2(9))* Forgotten Bks.

Elements of Chemistry: Embracing the General Principles, & Reference to the Most Important Applications of the Science, with a Description of the Chief Inorganic & Organic Substances, in Accordance with Recent Discoveries & Present Theories. James Hyatt. 2018. (ENG., Illus.). 184p. (J). pap. 10.57 *(978-1-391-63624-5(4))* Forgotten Bks.

Elements of Chemistry: Illustrated by More Than One Hundred Engravings; Designed Especially for the Use Schools & Academies (Classic Reprint) Leonard Dunnell Gale. 2017. (ENG., Illus.). (J). 130p. 26.60 *(978-0-484-44908-3(7))*; pap. 9.57 *(978-0-282-63042-3(2))* Forgotten Bks.

576

The check digit for ISBN-10 appears in parentheses after the full ISBN-13

Elements of Chemistry: In Which the Recent Discoveries in the Science Are Included, & Its Doctrines Familiarly Explained (Classic Reprint) John Lee Comstock. 2017. (ENG., Illus.). (J). 31.47 *(978-0-266-58892-4(1))*; pap. 13.97 *(978-1-5276-0063-8(7))* Forgotten Bks.

Elements of Chemistry: Including the Recent Discoveries & Doctrines of the Science (Classic Reprint) Edward Turner. (ENG., Illus.). (J). 2019. 512p. 34.48 *(978-1-396-78957-1(X))*; 2019. 514p. pap. 16.97 *(978-1-396-37938-3(X))*; 2018. 708p. 38.52 *(978-1-391-62519-5(6))*; 2018. 710p. pap. 20.97 *(978-1-391-62489-1(0))*; 2018. 1056p. 45.68 *(978-0-365-05585-3(9))* Forgotten Bks.

Elements of Chemistry: Theoretical & Practical, Vol. 3: Chemistry of Carbon Compounds or Organic Chemistry; Section I; Hydrocarbons, Alcohols, Ethers, Aldehydes & Paraffinoid Acids (Classic Reprint) William Allen Miller. 2018. (ENG., Illus.). (J). 1110p. 46.79 *(978-0-366-15447-0(8))*; 1112p. pap. 29.13 *(978-0-366-10885-5(9))* Forgotten Bks.

Elements of Dynamic Electricity & Magnetism. Philip Atkinson. 2017. (ENG.). 426p. (J). pap. *(978-3-7447-9042-0(8))* Creation Pubs.

Elements of English Composition: Designed for Use in Secondary Schools (Classic Reprint) Tuley Francis Huntington. (ENG., Illus.). (J). 2018. 378p. 31.71 *(978-0-656-73290-6(3))*; 2016. pap. 16.57 *(978-1-333-91450-9(4))* Forgotten Bks.

Elements of Ethics; an Introduction to Moral Philosophy. J. H. Muirhead. 2017. (ENG., Illus.). (J). pap. *(978-0-649-16856-9(9))* Trieste Publishing Pty Ltd.

Elements of Ethics, an Introduction to Moral Philosophy. J. H. Muirhead. 2017. (ENG., Illus.). (J). pap. *(978-0-649-18014-1(3))* Trieste Publishing Pty Ltd.

Elements of Euclid Books I to III with Deductions, Appendicies, & Historical Notes (Classic Reprint) John Sturgeon MacKay. 2018. (ENG., Illus.). 232p. (J). 28.68 *(978-0-364-14414-5(9))* Forgotten Bks.

Elements of Euclid for the Use of Schools & Colleges: Comprising the First Two Books & Portions of the Eleventh & Twelfth Books; with Notes & Exercises (Classic Reprint) Isaac Todhunter. (ENG., Illus.). (J). 2018. 162p. 27.24 *(978-0-365-31828-6(0))*; 2016. pap. 9.57 *(978-1-334-01541-0(4))* Forgotten Bks.

Elements of General Method: Based on the Principles of Herbart. Charles A. McMurry. 2017. (ENG., Illus.). (J). pap. *(978-0-649-57155-0(X))* Trieste Publishing Pty Ltd.

Elements of General Method: Based on the Principles of Herbart (Classic Reprint) Charles A. McMurry. 2017. (ENG., Illus.). 204p. (J). 28.10 *(978-0-332-83768-0(8))* Forgotten Bks.

Elements of General Method: Based on the Principles of Herbert. Charles A. McMurry. 2017. (ENG., Illus.). (J). pap. *(978-0-649-57156-7(8))* Trieste Publishing Pty Ltd.

Elements of Geology: Including Fossil Botany & Palaeontology; a Popular Treatise on the Most Interesting Parts of the Science (Classic Reprint) John Lee Comstock. 2017. (ENG., Illus.). (J). 32.89 *(978-0-265-52704-7(X))*; pap. 16.57 *(978-0-282-66630-9(3))* Forgotten Bks.

Elements of Geology: Including Fossil Botany & Palaeontology; a Popular Treatise on the Most Interesting Parts of the Science, Designed for the Use of Schools & General Readers (Classic Reprint) John Lee Comstock. 2017. (ENG., Illus.). (J). 32.64 *(978-0-266-60433-4(1))*; pap. 16.57 *(978-0-282-95027-9(3))* Forgotten Bks.

Elements of Geometry: With Practical Applications, for the Use of Schools (Classic Reprint) Timothy Walker. 2018. (ENG., Illus.). 132p. (J). 26.64 *(978-0-483-00254-8(2))* Forgotten Bks.

Elements of Geometry: With Their Application to the Mensuration of Superficies & Solids, to the Determination of the Maxima & Minima of Geometrical Quantities, & to the Construction of a Great Variety of Geometrical Problems (Classic Reprint) Thomas Simpson. 2017. (ENG., Illus.). (J). 29.96 *(978-0-265-56484-4(0))* Forgotten Bks.

Elements of Geometry, & Plane Trigonometry: With an Appendix, & Very Copious Notes & Illustrations (Classic Reprint) John Leslie. abr. ed. 2017. (ENG., Illus.). (J). 33.78 *(978-0-265-53653-7(7))* Forgotten Bks.

Elements of Geometry & Trigonometry, from the Works of A. M. Legendre: Adapted to the Course of Mathematical Instructions in the Unites States (Classic Reprint) Adrien Marie Legendre. (ENG., Illus.). (J). 2018. 458p. 33.34 *(978-0-365-16695-5(2))*; 2017. pap. 16.57 *(978-0-282-61307-5(2))* Forgotten Bks.

Elements of Geometry, Based on Euclid. Book I. Edward Atkins. 2017. (ENG., Illus.). (J). pap. *(978-0-649-33223-6(7))* Trieste Publishing Pty Ltd.

Elements of Geometry, Theoretical & Practical: Containing a Full Explanation of the Construction & Use of Tables, & a New System of Surveying (Classic Reprint) George Clinton Whitlock. 2018. (ENG., Illus.). 320p. (J). 30.52 *(978-0-267-22538-5(5))* Forgotten Bks.

Elements of Human Anatomy: General, Descriptive, & Practical (Classic Reprint) Tobias Gibson Richardson. (ENG., Illus.). (J). 2018. 752p. 39.41 *(978-1-396-61806-2(6))*; 2018. 754p. pap. 23.57 *(978-1-391-66324-1(1))*; 2017. pap. 23.57 *(978-0-331-55316-1(3))* Forgotten Bks.

Elements of Medical Zoology. Alfred Moquin-Tandon & Robert Thomas Hulme. 2016. (ENG.). 444p. (J). pap. *(978-3-7433-4361-0(4))* Creation Pubs.

Elements of Meteorology. John Brocklesby. 2017. (ENG.). 282p. (J). pap. *(978-3-337-27536-5(2))* Creation Pubs.

Elements of Meteorology: With Questions for Examination, Designed for Schools & Academies. John Brocklesby. 2017. (ENG., Illus.). (J). pap. *(978-0-649-57197-0(5))* Trieste Publishing Pty Ltd.

Elements of Meteorology: With Questions for Examination, Designed for Schools & Academies (Classic Reprint) John Brocklesby. 2018. (ENG., Illus.). 284p. (J). 29.75 *(978-0-666-12143-1(5))* Forgotten Bks.

Elements of Morality: For the Use of Young Persons (Classic Reprint) Christian Gotthilf Salzmann. (ENG., Illus.). (J). 2018. 270p. 29.47 *(978-0-483-53717-0(9))*; 2016. pap. 11.97 *(978-1-334-14121-8(5))* Forgotten Bks.

Elements of Morality, for the Use of Children: With an Introductory Address to Parents; Translated from the German (Classic Reprint) Christian G. Salzmann. (ENG., Illus.). (J). 2018. 236p. 28.76 *(978-0-365-47346-6(4))*; 2017. pap. 11.57 *(978-0-259-44460-2(X))* Forgotten Bks.

Elements of Plane & Solid Geometry: With Chapters on Mensuration & Modern Geometry. Isaac Sharpless. 2017. (ENG., Illus.). (J). pap. *(978-0-649-57220-5(3))* Trieste Publishing Pty Ltd.

Elements of Plane & Solid Geometry: With Chapters on Mensuration & Modern Geometry (Classic Reprint) Isaac Sharpless. 2018. (ENG., Illus.). 270p. (J). 29.47 *(978-0-428-99493-8(8))* Forgotten Bks.

Elements of Practical Agriculture: Comprehending the Cultivation of Plants, the Husbandry of Animals, & the Economy of the Farm (Classic Reprint) David Low. (ENG., Illus.). (J). 2018. 756p. 39.49 *(978-0-267-49022-6(4))*; 2016. pap. 23.57 *(978-1-334-42542-4(6))* Forgotten Bks.

Elements of Practical Geology As Applicable to Mining, Engineering, Architecture, &C, Vol. 1 (Classic Reprint) Frederick Burr. 2017. (ENG., Illus.). (J). 30.95 *(978-1-5280-4819-4(9))* Forgotten Bks.

Elements of School Hygiene: For the Use of Teachers in Schools. Walter E. Roth. 2017. (ENG., Illus.). (J). pap. *(978-0-649-40798-9(9))* Trieste Publishing Pty Ltd.

Elements of School Hygiene: For the Use of Teachers in Schools, with a Bibliography (Classic Reprint) Walter E. Roth. 2018. (ENG., Illus.). 96p. (J). 25.88 *(978-0-365-21041-2(2))* Forgotten Bks.

Elements of Synthetic Solid Geometry. Nathan Fellowes Dupuis. 2016. (ENG.). 256p. (J). pap. *(978-3-7433-4431-0(9))* Creation Pubs.

Elements of the Crown. Kay L. Moody. 2019. (Elements of Kamdaria Ser.: Vol. 1). (ENG.). 450p. (YA). (gr. 8-12). pap. 16.99 *(978-1-954335-05-9(9))* Marten Pr.

Elements of the Gate. Kay L. Moody. 2020. (Elements of Kamdaria Ser.: Vol. 2). (ENG.). 544p. (YA). pap. 16.99 *(978-1-954335-06-6(7))* Marten Pr.

Elements of the Storm. Kay L. Moody. 2020. (Elements of Kamdaria Ser.). (ENG.). 560p. (YA). pap. 16.99 *(978-1-7324588-9-5(8))*; pap. 16.99 *(978-1-954335-07-3(5))* Marten Pr.

Elements of War. Dionnara Dawson. 2021. (ENG.). 256p. (YA). pap. *(978-0-6486804-6-8(0))* Dawson, Dionnara.

Elements of Zoology: A Text-Book (Classic Reprint) Sanborn Tenney. 2018. (ENG., Illus.). 520p. (J). 34.64 *(978-0-365-20420-6(X))* Forgotten Bks.

Elena Delle Donne, 1 vol. Katie Kawa. 2018. (Young Sports Greats Ser.). (ENG.). 24p. (gr. 3-3). 25.27 *(978-1-5383-3039-5(3),* 11bf5c7f-0c38-4e97-94d3-ef7c427c78a9, PowerKids Pr.) Rosen Publishing Group, Inc., The.

Elena Delle Donne. Erin Nicks. 2022. (WNBA Superstars Ser.). (ENG., Illus.). 32p. (J). (gr. 3-5). pap. 9.95 *(978-1-63739-120-4(X))*; lib. bdg. 31.35 *(978-1-63739-066-5(1))* North Star Editions. (Focus Readers).

Elena Monta en Bici. Juana Medina. Illus. by Juana Medina. 2023. (SPA.). 32p. (J). (gr. k-3). 9.99 *(978-1-5362-1641-7(0))* Candlewick Pr.

Elena of Avalor: Isabel's School Adventure. Sara Miller & Mercedes Valle. Illus. by Premise Entertainment. 2019. (World of Reading Level 1 Ser.). (ENG.). 32p. (J). (gr. -1-3). lib. bdg. 31.36 *(978-1-5321-4399-1(0),* 33804) Spotlight.

Elena of Avalor: the Secret Spell Book. Tom Rogers. Illus. by Disney Storybook Art Team. 2019. (World of Reading Level 2 Ser.). (ENG.). 32p. (J). (gr. k-3). lib. bdg. 31.36 *(978-1-5321-4410-3(5),* 33815) Spotlight.

Elena on the North Pole Express. J. D. Green. Illus. by Joanne Partis. 2022. (North Pole Express Bears Ser.). (ENG.). 32p. (J). (gr. -1-3). 7.99 ***(978-1-7282-6927-6(X))*** Sourcebooks, Inc.

Elena Rides. Juana Medina. Illus. by Juana Medina. 2023. (ENG.). 32p. (J). (gr. -1-1). 9.99 *(978-1-5362-1635-6(6))* Candlewick Pr.

Elena Rides / Elena Monta en Bici: a Dual Edition see Elena Rides / Elena Monta en Bici: a Dual Edition Flip Book

Elena Rides / Elena Monta en Bici: a Dual Edition Flip Book. Juana Medina. Illus. by Juana Medina. ed. 2023.Tr. of Elena Rides / Elena Monta en Bici: a Dual Edition. 64p. (J). (gr. -1-1). 15.99 *(978-1-5362-3250-9(5))* Candlewick Pr.

Elena 'Twas the Night Before Christmas. Illus. by Lisa Alderson. 2021. (Night Before Christmas Ser.). (ENG.). 32p. (J). (gr. -1-3). 7.99 ***(978-1-7282-5211-7(3))*** Sourcebooks, Inc.

Elena y Laudo. Juanita Carime Hernandez. Illus. by Yury Borgen. 2022. (SPA.). 26p. (J). pap. 14.95 ***(978-1-952070-51-8(1))*** Rose Gold Publishing, LLC.

Elena's Shells. Rose Robbins. 2023. (Illus.). 24p. (J). (gr. k-2). pap. 9.95 *(978-1-76036-159-4(3),* 5384cdd5-93d5-4ef4-b6d5-3b63b4c30d36) Starfish Bay Publishing Pty Ltd. AUS. Dist: Baker & Taylor Publisher Services (BTPS).

Eleneja. Luis Amavisca. 2017. 40p. (J). (-2). 17.99 *(978-84-946035-8-7(2))* Editorial Flamboyant ESP. Dist: Lectorum Pubns., Inc.

Elenora Mandragora: Daughter of Merlin. Severine Gauthier. Illus. by Thomas Labourot. 2017. (Eleanor Mandragore Ser.: 1). 64p. (YA). (gr. 4-7). 14.99 *(978-1-68405-008-6(1))* Idea & Design Works, LLC.

Elepants. Joshua George. Illus. by Jennie Poh. 2016. (J). *(978-1-4351-6486-4(5))* Barnes & Noble, Inc.

Elephant. Aaron Carr. 2017. (World Languages Ser.). (ENG.). 24p. (J). (gr. -1-1). lib. bdg. 35.70 *(978-1-4896-6568-3(4),* AV2 by Weigl) Weigl Pubs., Inc.

Elephant, 1 vol. Meredith Costain. Illus. by Gary Hanna. 2016. (Wild World Ser.). (ENG.). 32p. (J). (gr. 1-2). pap. 11.00 *(978-1-4994-8206-5(X),* 5a7889df-b64c-4729-87f2-4ab6f8dc011a, Windmill Bks.) Rosen Publishing Group, Inc., The.

Elephant. Jenni Desmond. 2018. (Illus.). 48p. (J). (gr. -1-3). 18.95 *(978-1-59270-264-0(3))* Enchanted Lion Bks., LLC.

Elephant. Melissa Gish. 2019. (Spotlight on Nature Ser.). (ENG.). 32p. (J). (gr. 4-7). *(978-1-64026-182-2(6),* 19184, Creative Education) Creative Co., The.

Elephant. August Hoeft. (I See Animals Ser.). (ENG.). (J). (gr. k-1). 2022. 20p. 24.99 ***(978-1-5324-3403-7(0))***; 2022. 20p. pap. 12.99 ***(978-1-5324-4206-3(8))***; 2020. 12p. pap. 5.99 *(978-1-5324-1484-8(6))* Xist Publishing.

Elephant: Arabic-English Bilingual Edition. Aaron Carr. 2016. (I Am Ser.). (ARA & ENG.). (J). (gr. -1-1). 29.99 *(978-1-61913-906-0(5))* Weigl Pubs., Inc.

Elephant: The Big 5 & Other Wild Animals. Megan Emmett. 2018. (Big 5 & Other Wild Animals Ser.). (ENG., Illus.). 68p. (J). (gr. k-6). pap. *(978-0-6393-0010-8(3))* Awareness Publishing.

Elephant - Te Erebwanti (Te Kiribati) Faria Islam. Illus. by Jovan Carl Segura. 2023. (ENG.). 26p. (J). pap. ***(978-1-922844-42-2(X))*** Library For All Limited.

Elephant @ the Party. Julie D'Amour. 2017. (ENG., Illus.). 232p. (YA). (gr. 7-12). pap. *(978-1-9998586-0-5(3))* What The Dickens Bks.

Elephant Acts & Acrobats Coloring Book. Activity Book Zone. 2016. (ENG., Illus.). (J). pap. 9.20 *(978-1-68376-478-6(1))* Sabeels Publishing.

Elephant & Bird Mindset Journal: Don't Just Fly Soar. amy hussey. 2023. (ENG.). 70p. (YA). ***(978-1-4477-2611-1(1))*** Lulu Pr., Inc.

Elephant & Castle: A Reconstruction (Classic Reprint) R.C. Hutchinson. (ENG., Illus.). (J). 2018. 686p. 38.05 *(978-0-332-85907-1(X))*; 2017. pap. 20.57 *(978-0-243-28085-8(8))* Forgotten Bks.

Elephant & Piggie Biggie! Mo Willems. 2017. (Elephant & Piggie Book Ser.). (ENG., Illus.). 320p. (J). (gr. 1-3). 16.99 *(978-1-4847-9967-3(4),* Hyperion Books for Children) Disney Publishing Worldwide.

Elephant & Piggie Biggie Volume 2! Mo Willems. 2019. (Elephant & Piggie Book Ser.). (ENG., Illus.). 320p. (J). (gr. 1-3). 16.99 *(978-1-368-04570-4(7),* Hyperion Books for Children) Disney Publishing Worldwide.

Elephant & Piggie Biggie! Volume 3. Mo Willems. 2020. (Elephant & Piggie Book Ser.). (ENG.). 320p. (J). (gr. 1-3). 16.99 *(978-1-368-05715-8(2),* Hyperion Books for Children) Disney Publishing Worldwide.

Elephant & Piggie Biggie! Volume 4. Mo Willems. 2021. (Elephant & Piggie Book Ser.). (ENG.). 320p. (J). (gr. 1-3). 16.99 *(978-1-368-07112-3(0),* Hyperion Books for Children) Disney Publishing Worldwide.

Elephant & Piggie Biggie! Volume 5. Mo Willems. 2022. (Elephant & Piggie Book Ser.). (ENG.). 320p. (J). (gr. 1-3). 16.99 *(978-1-368-07224-3(0),* Hyperion Books for Children) Disney Publishing Worldwide.

Elephant & Piggie: the Complete Collection-An Elephant & Piggie Book. Mo Willems. 2018. (Elephant & Piggie Book Ser.). (ENG., Illus.). 1600p. (J). (gr. 1-3). 150.00 *(978-1-368-02131-9(X),* Hyperion Books for Children) Disney Publishing Worldwide.

Elephant & the King - Rebrand. Sylvia M. Medina. Ed. by Krista Hill. Illus. by Ann Jasperson. 2019. (ENG.). 36p. (J). pap. 10.75 *(978-1-939871-80-0(8))* Green Kids Club, Inc.

Elephant & the Mouse: An Unlikely Story. Stewart Marshall Gulley. 2018. (ENG., Illus.). 32p. (J). pap. 15.95 *(978-1-928561-11-8(X))* Gulley Institute of Creative Learning, Inc.

Elephant & Zebra Coloring Book. Cristie Dozaz. 2020. (ENG.). 102p. (J). pap. 14.99 *(978-1-716-35647-6(4))* Lulu Pr., Inc.

Elephant at Christmas. Bob Williams. 2017. (ENG., Illus.). (J). (gr. 1-6). pap. 9.99 *(978-1-68160-273-8(3))* Crimson Cloak Publishing.

Elephant at Christmas, Activity Book. Bob Williams. 2017. (ENG., Illus.). (J). (gr. 2-6). pap. 8.99 *(978-1-68160-345-2(4))* Crimson Cloak Publishing.

Elephant Called Andre. Gedling Day Services. 2018. (ENG., Illus.). 30p. (J). (gr. 1-4). pap. 12.99 *(978-1-78955-351-2(2))* New Generation Publishing GBR. Dist: Independent Pubs. Group.

Elephant Calves see Crías de Elefantes

Elephant Calves. Susan H. Gray. 2020. (21st Century Basic Skills Library: Level 3: Babies at the Zoo Ser.). (ENG., Illus.). 24p. (J). (gr. k-3). pap. 12.79 *(978-1-5341-6121-4(X),* 214484); lib. bdg. 30.64 *(978-1-5341-5891-7(X),* 214483) Cherry Lake Publishing.

Elephant Calves. Julie Murray. 2017. (Baby Animals (Abdo Kids Junior) Ser.). (ENG., Illus.). 24p. (J). (gr. -1-2). lib. bdg. 31.36 *(978-1-5321-0002-4(7),* 25090, Abdo Kids) ABDO Publishing Co.

Elephant Coloring Book: Elephant Coloring Book for Kids Ages 4-8, Boys & Girls Funny Elephants Coloring Pages for Children. Emil Rana O'Neil. l.t. ed. 2021. (ENG.). 92p. (J). pap. 11.99 *(978-1-006-86007-2(X))* Ridley Madison, LLC.

Elephant Coloring Book for Adults: Beautiful Elephants Designs for Stress Relief & Relaxation. Elli Steele. 2021. (ENG.). 96p. (YA). pap. 9.95 *(978-1-716-21198-0(0))* Lulu Pr., Inc.

Elephant Coloring Book for Kids! Discover These Fun & Enjoyable Coloring Pages. Bold Illustrations. 2022. (ENG.). 82p. (J). pap. 15.99 ***(978-1-0717-0661-9(6)***, Bold Illustrations) FASTLANE LLC.

Elephant Dance (Classic Reprint) Frances Hubbard Flaherty. (ENG., Illus.). (J). 2018. 200p. 28.02 *(978-0-364-46471-7(2))*; 2017. pap. 10.57 *(978-0-259-47761-7(3))* Forgotten Bks.

Elephant, Deer, & Other Herds. Cynthia O'Brien. 2023. (Pods, Troops, & Other Animal Groups Ser.). (ENG.). 32p. (J). (gr. 3-6). pap. ***(978-1-0398-0678-8(3)***, 33426); lib. bdg. ***(978-1-0398-0652-8(X)***, 33425) Crabtree Publishing Co.

Elephant Designs for Grownups: Adult Coloring Books Elephants Edition. Activity Attic Books. 2016. (ENG., Illus.). (J). pap. 7.74 *(978-1-68323-003-8(5))* Twin Flame Productions.

Elephant Doctor of India. Janie Chodosh. (Illus.). 174p. (J). (gr. 4-7). 2023. pap. 16.99 *(978-1-64160-899-2(4))*; 2021. (ENG., 19.99 *(978-1-64160-307-2(0))* Chicago Review Pr., Inc.

Elephant Dream. Arthur Radun. 2020. (ENG.). 20p. (J). 18.95 *(978-1-64654-441-7(2))* Fulton Bks.

Elephant, Elephant, What Can You See? Amelia Hepworth. Illus. by Pintachan. 2022. (What Can You See? Ser.). (ENG.). 12p. (J). (— 1). bds. 8.99 *(978-0-593-37920-2(9),* Random Hse. Bks. for Young Readers) Random Hse. Children's Bks.

Elephant Girl. James Patterson & Ellen Banda-Aaku. 2022. (ENG.). 272p. (J). (gr. 5-9). 16.99 *(978-0-316-31692-7(X),* Jimmy Patterson) Little Brown & Co.

Elephant in My Kitchen! Smriti Halls. Illus. by Ella Okstad. 2020. (ENG.). 32p. (J). pap. 6.99 *(978-1-4052-9566-6(X))* Farshore GBR. Dist: HarperCollins Pubs.

Elephant in the Room. Holly Goldberg Sloan. (ENG.). (J). (gr. 5-9). 2022. 272p. 8.99 *(978-0-7352-2995-2(3))*; 2021. 256p. 17.99 *(978-0-7352-2994-5(5))* Penguin Young Readers Group. (Dial Bks).

Elephant in the Room: A Lockdown Story. Alicia Cyr Stenard. Illus. by Greg Matusic. 2019. (ENG.). 32p. (J). (gr. k-2). 16.99 *(978-1-7339929-6-1(0))* St. Cyr Pr.

Elephant in the Spring: Celebrating Similarities-For Interfaith Families. Suzan Loeb. 2017. (ENG., Illus.). (J). 23.95 *(978-1-4808-4895-5(6))*; pap. 14.95 *(978-1-4808-4894-8(8))* Archway Publishing.

Elephant in the Sukkah. Sherri Mandell. Illus. by Ivana Kuman. 2019. (ENG.). 32p. (J). (gr. -1-2). 17.99 *(978-1-5415-2212-1(5),* 74932875-71e9-4511-bcc7-4c7c08af1988); pap. 7.99 *(978-1-5415-2213-8(3),* 6f257079-ee4c-48b2-872c-f747f0da82da) Lerner Publishing Group. (Kar-Ben Publishing).

Elephant in the Window. Bob Williams. 2017. (Elephant in the Window Ser.: Vol. 1). (ENG., Illus.). (J). (gr. 1-5). pap. 10.99 *(978-1-68160-380-3(2))* Crimson Cloak Publishing.

Elephant in the Zoom. Paula Rainey Crofts. 2021. (ENG.). 36p. (J). pap. *(978-1-80031-212-8(1))* Authors OnLine, Ltd.

Elephant Is Afraid of the Water. Elisenda Castells. Illus. by Frank Endersby. 2022. (Fun Facts about Growing Up Ser.). (ENG.). 36p. (J). (gr. k-2). 12.99 *(978-1-5107-6122-3(5),* Sky Pony Pr.) Skyhorse Publishing Co., Inc.

Elephant Island. Leo Timmers. Illus. by Leo Timmers. 2022. (ENG., Illus.). 40p. (J). (gr. -1-k). 18.99 *(978-1-77657-434-6(6),* 4f15b68d-2439-440c-9b2a-5ffc8de2e1b2) Gecko Pr. NZL. Dist: Lerner Publishing Group.

Elephant Journey: The True Story of Three Zoo Elephants & Their Rescue from Captivity. Rob Laidlaw. Illus. by Brian Deines. 2016. (ENG.). 40p. (J). (gr. 1-4). 19.95 *(978-1-927485-77-4(0))* Pajama Pr. CAN. Dist: Publishers Group West (PGW).

Elephant Keeper: Caring for Orphaned Elephants in Zambia. Margriet Ruurs. Illus. by Pedro Covo. 2017. (CitizenKid Ser.). (ENG.). 48p. (J). (gr. 3-7). 18.99 *(978-1-77138-561-9(8))* Kids Can Pr., Ltd. CAN. Dist: Hachette Bk. Group.

Elephant Learns to Share: A Book about Sharing. Sue Graves. Illus. by Trevor Dunton. 2021. (Behavior Matters Ser.). (ENG.). 32p. (J). (gr. -1-2). pap. 7.99 *(978-1-338-75808-5(X))*; lib. bdg. 25.00 *(978-1-338-75807-8(1))* Scholastic Library Publishing. (Watts, Franklin).

Elephant Man & Other Reminiscences. Frederick Treves. (ENG.). 110p. (J). 2022. 23.95 ***(978-1-63637-895-4(1))***; 2018. (Illus.). pap. 7.95 *(978-1-61895-238-7(2))* Bibliotech Pr.

Elephant Man & Other Reminiscences. Frederick Treves. 2022. (ENG.). 171p. (J). pap. *(978-1-387-78857-6(4))* Lulu Pr., Inc.

Elephant Man & Other Reminiscences (Classic Reprint) Frederick Treves. (ENG., Illus.). (J). 2017. 28.64 *(978-0-266-38666-7(0))*; 2016. pap. 11.57 *(978-1-334-13357-2(3))* Forgotten Bks.

Elephant Moo. Joy Pelton. Illus. by Jonathan Pelton. 2017. (ENG.). 24p. (J). 21.95 *(978-1-64003-361-0(0))* Covenant Bks.

Elephant Named Clyde: A Children's Story Poem. John Marinelli. 2022. (Original Story Poems Ser.: Vol. 1). (ENG.). 24p. (J). pap. *(978-1-0879-3858-5(9))* Quadry, Fatima.

Elephant Never Forgets. Amelia Lionheart. 2nd ed. 2021. (Jeacs Ser.: Vol. 3). (ENG.). 178p. (YA). pap. *(978-0-9937493-9-1(9))* PageMaster Publication Services, Inc.

Elephant of Frimley. Nicholas Rawls. 2017. (ENG., Illus.). (J). pap. *(978-1-911525-68-4(9))* Clink Street Publishing.

Elephant on Aarons Chest. B. Z. Tebo. Illus. by Arturo Laparra. 2022. (ENG.). 36p. (J). 25.68 *(978-1-6678-1850-4(3))* BookBaby.

Elephant on My Head. Bill Franz. 2023. (ENG.). 84p. (J). 21.99 ***(978-1-0880-3284-8(2))*** Indy Pub.

Elephant Rescue: True-Life Stories. Louisa Leaman & The Born The Born Free Foundation. 2017. (Born Free... Bks.). (ENG., Illus.). 96p. (J). (gr. 2-6). pap. 6.99 *(978-1-4380-0987-2(9))* Sourcebooks, Inc.

Elephant Scientist. Donna M. Jackson & Caitlin O'Connell. 2016. (Scientists in the Field Ser.). lib. bdg. 20.85 *(978-0-606-37983-0(5))* Turtleback.

Elephant Scientist. Caitlin O'Connell & Donna M. Jackson. Illus. by Timothy Rodwell. 2016. (Scientists in the Field Ser.). (ENG.). 80p. (J). (gr. 5-7). 11.99 *(978-0-544-66830-0(8),* 1625422, Clarion Bks.) HarperCollins Pubs.

Elephant Seals. Ashley Gish. 2019. (X-Books: Marine Mammals Ser.). (ENG.). 32p. (J). (gr. 3-5). pap. 9.99 *(978-1-62832-752-6(9),* 19209, Creative Paperbacks); *(978-1-64026-189-1(3),* 19212, Creative Education) Creative Co., The.

Elephant Secret. Eric Walters. (ENG.). 352p. (J). (gr. 5-7). 2019. pap. 7.99 *(978-0-358-20637-8(5),* 1763859); 2018. 16.99 *(978-1-328-79617-2(5),* 1685560) HarperCollins Pubs. (Clarion Bks.).

Elephant Shoes Are Hard to Find. Melissa Phen. 2016. (ENG., Illus.). (J). pap. 15.95 *(978-1-4834-4868-8(1))* Lulu Pr., Inc.

Elephant Story. Carly Wallin & Sydney Webb. Illus. by Michael Magpantay. 2022. (ENG.). 26p. (J). pap. ***(978-1-922827-88-3(6))*** Library For All Limited.

Elephant Symphony. Nikki Noffsinger. 2016. (ENG., Illus.). (J). pap. *(978-1-926458-20-5(6))* LadyBee Publishing.

E

Elephant Tales. Vivien Gomes. 2018. (ENG., Illus.). 26p. (J). pap. 19.91 *(978-1-5437-4448-4(6))* Partridge Pub.

Elephant That Ate the Night. Bing Bai. Illus. by Qingyue Li. 2020. (ENG.). 48p. (J). pap. 9.95 *(978-1-4788-6914-6(3))* Newmark Learning LLC.

Elephant That Lost Its Trunk. Kym and Elaine Smith. 2019. (ENG., Illus.). 36p. (J). *(978-1-78878-450-4(2))*; pap. *(978-1-78878-449-8(9))* Austin Macauley Pubs. Ltd.

Elephant vs. Rhinoceros. Isabel Thomas. 2017. (Animal Rivals Ser.). (ENG., Illus.). 24p. (J). (gr. k-2). lib. bdg. 25.99 *(978-1-4846-4072-2(1)*, 135683, Heinemann) Capstone.

Elephant vs. Rhinoceros, 2 vols. Isabel Thomas. 2018. (Animal Rivals Ser.). (ENG.). (J). (gr. k-2). *(978-1-4846-4123-1(X))* Heinemann Educational Bks.

Elephant Whisperer. Linda Ragsdale. Illus. by Cat LeMaster. 2023. (ENG.). 36p. (J). (gr. -1-1). 16.99 *(978-1-4867-2699-8(2)*, f1a3c01b-41c7-4c37-8e88-51b36c30f971) Flowerpot Pr.

Elephant Whisperer (Young Readers Adaptation) My Life with the Herd in the African Wild. Lawrence Anthony and Graham Spence; adapted by Thea Feldman. 2017. (Elephant Whisperer Ser.). (ENG., Illus.). 256p. (J). 19.99 *(978-1-62779-309-4(7)*, 900146134, Holt, Henry & Co. Bks. For Young Readers) Holt, Henry & Co.

Elephant Who Believes in Santa Claus. V. Kaci Sehr. 2018. (ENG., Illus.). 40p. (J). (gr. k-3). 24.99 *(978-0-578-41140-8(7))* Lang Verhaal Co.

Elephant Who Forgot His Listening Ears. Mary Kay Ferguson. 2020. (ENG.). 62p. (J). 19.99 *(978-1-952011-10-8(8))* Pen It Pubns.

Elephant Who Had Allergies. Norma Slavit. 2019. (ENG.). 48p. (J). pap. 20.00 *(978-0-578-22043-7(1))* Slavit, Norma.

Elephant Who Snored. Heather M. Bruhl. Illus. by Heather M. Bruhl. 2018. (ENG., Illus.). 38p. (J). pap. 14.95 *(978-1-7324181-0-3(1))* Longwood Publishing.

Elephants. Amy Culliford. 2022. (Zoo Animal Friends Ser.). (ENG.). 16p. (J). (gr. -1-1). pap. *(978-1-0396-6161-5(0)*, 22079); lib. bdg. *(978-1-0396-5966-7(7)*, 22078) Crabtree Publishing Co.

Elephants. Camilla De la Bédoyère & Miles Kelly. Ed. by Richard Kelly. 2017. (Illus.). 48p. (J). pap. 9.95 *(978-1-84810-102-9(3))* Miles Kelly Publishing, Ltd. GBR. Dist: Parkwest Pubns., Inc.

Elephants. Emma Huddleston. 2019. (Wild about Animals Ser.). (ENG., Illus.). 32p. (J). (gr. 3-3). pap. 9.95 *(978-1-64494-244-4(5)*, 1644942445) Bigfoot Bks. GBR. Dist: North Star Editions.

Elephants. Emily Kington. 2022. (Animals in Danger Ser.). (ENG., Illus.). 32p. (J). (gr. 3-6). lib. bdg. 29.32 *(978-1-914087-56-1(9)*, 39beebb6-1836-488d-b0e2-1eea6775e32a, Hungry Tomato (r)) Lerner Publishing Group.

Elephants. Mary Ellen Klukow. 2019. (Spot African Animals Ser.). (ENG.). 16p. (J). (gr. -1-2). lib. bdg. *(978-1-68151-638-7(1)*, 10770) Amicus.

Elephants. Christy Mihaly. 2017. (Animals of Africa Ser.). (ENG., Illus.). 32p. (J). (gr. 2-3). pap. 9.95 *(978-1-63517-326-0(4)*, 1635173264); lib. bdg. 31.35 *(978-1-63517-261-4(6)*, 1635172616) North Star Editions. (Focus Readers).

Elephants. Julie Murray. (Animals with Strength Ser.). (ENG., Illus.). (J). 2022. 24p. (gr. k-4). lib. bdg. 31.36 *(978-1-0982-8002-4(4)*, 41039, Abdo Zoom-Dash); 2019. 32p. (gr. 2-5). lib. bdg. 34.21 *(978-1-5321-1629-2(2)*, 32369, Big Buddy Bks.) ABDO Publishing Co.

Elephants. Illus. by James Prunier. 2019. (My First Discoveries Ser.). (ENG.). 36p. (J). (gr. -1-k). spiral bd. 19.99 *(978-1-85103-473-4(0))* Moonlight Publishing, Ltd. GBR. Dist: Independent Pubs. Group.

Elephants. Alicia Rodriguez. 2022. (Asian Animals Ser.). (ENG.). 16p. (J). (gr. -1-1). pap. 7.95 *(978-1-63897-550-2(7)*, 19276); lib. bdg. 25.27 *(978-1-63897-435-2(7)*, 19275) Seahorse Publishing.

Elephants. Seymour Simon. 2018. (ENG., Illus.). 40p. (J). (gr. 1-5). 17.99 *(978-0-06-247061-4(2))*; pap. 7.99 *(978-0-06-247060-7(4))* HarperCollins Pubs. (HarperCollins).

Elephants. Leo Statts. 2016. (Savanna Animals Ser.). (ENG.). 24p. (J). (gr. -1-2). 49.94 *(978-1-68079-368-0(3)*, 22989, Abdo Zoom-Launch) ABDO Publishing Co.

Elephants. Avery Elizabeth Hurt. ed. 2018. (National Geographic Readers Ser.). (ENG.). 48p. (J). (gr. -1-1). 11.00 *(978-1-64310-488-1(8))* Penworthy Co., LLC, The.

Elephants, Vol. 12. Leonard Lee Rue. 2018. (Animals in the Wild Ser.). (Illus.). 80p. (J). (gr. 7). 33.27 *(978-1-4222-4169-1(6))* Mason Crest.

Elephants: Animals That Change the World! (Engaging Readers, Level 2) Ashley Lee. Ed. by Alexis Roumanis. l.t. ed. 2021. (Animals That Change the World! Ser.: Vol. 14). (ENG., Illus.). 32p. (J). pap. *(978-1-77437-756-7(X))* AD Classic.

Elephants: Animals That Make a Difference! (Engaging Readers, Level 2) Ashley Lee. Ed. by Alexis Roumanis. l.t. ed. 2020. (Animals That Make a Difference! Ser.: Vol. 14). (ENG., Illus.). 32p. (J). *(978-1-77437-616-4(4))*; pap. *(978-1-77437-617-1(2))* AD Classic.

Elephants: Children's Elephant Book with Informative Facts for Kids. Bold Kids. 2022. (ENG.). 42p. (J). pap. 15.99 *(978-1-0717-0962-7(3))* FASTLANE LLC.

Elephants: Discover This Children's Elephant Book. Bold Kids. 2021. (ENG.). 48p. (J). pap. 11.99 *(978-1-0717-0792-0(2))* FASTLANE LLC.

Elephants Activity Workbook for Kids Ages 4-8! Beth Costanzo. 2021. (ENG.). 34p. (J). pap. 9.95 *(978-1-0879-5695-4(1))* Adventures of Scuba Jack Pubs., The.

Elephant's Advice. Wayne Gerard Trotman. 2020. (Wayne Gerard Trotman's Rhyming Stories Ser.: Vol. 3). (ENG., Illus.). 46p. (J). *(978-1-9161848-2-4(0))* Red Moon Productions, Ltd.

Elephants & Bears Coloring Book for Kids. Deeasy Books. 2020. (ENG.). 102p. (J). pap. 8.00 *(978-1-716-27907-2(0))* Indy Pub.

Elephants & Me: Animals & Me. Sarah Harvey. l.t. ed. 2022. (Animals & Me Ser.: Vol. 2). (ENG., Illus.). 32p. (J). *(978-1-77476-680-4(9))*; pap. *(978-1-77476-681-1(7))* AD Classic.

Elephants & Their Calves. Margaret Hall. rev. ed. 2016. (Animal Offspring Ser.). (ENG.). 24p. (J). (gr. -1-2). pap. 7.29 *(978-1-5157-4236-4(9)*, 133995, Capstone Pr.) Capstone.

Elephants Are Not Artists. William Hart. Illus. by Trini Dinton Law. 2023. (ENG.). 36p. (J). pap. 12.99 *(978-1-958302-10-1(4))* Lawley Enterprises.

Elephant's Ball, & Grand Fete Champetre: Intended As a Companion to Those Much Admired Pieces, the Butterfly's Ball, & the Peacock at Home (Classic Reprint) W. B. 2017. (ENG., Illus.). (J). 24.72 *(978-0-265-36143-6(5))* Forgotten Bks.

Elephant's Ball & Grande Fete Champetre: A Facsimile Reproduction of the Edition of 1807, with an Introduction (Classic Reprint) William Mulready. (ENG., Illus.). (J). 2018. 48p. 24.89 *(978-0-656-29070-3(6))*; 2016. pap. 9.57 *(978-1-334-12007-7(2))* Forgotten Bks.

Elephant's Big Solo. Sarah Kurpiel. 2022. (ENG., Illus.). 40p. (J). (gr. -1-3). 17.99 *(978-0-06-309320-1(0)*, Greenwillow Bks.) HarperCollins Pubs.

Elephants Book. Beth Costanzo. 2020. (ENG.). 32p. (J). *(978-1-716-12809-7(9))* Lulu Pr., Inc.

Elephants Can't Do Yoga. Britt Huse. 2018. (ENG., Illus.). 32p. (J). 21.95 *(978-1-64300-439-6(5))*; pap. 11.95 *(978-1-64300-438-9(7))* Covenant Bks.

Elephant's Child. Rudyard Kipling. Illus. by Jonas Laustroer. 2018. 64p. (J). (gr. k-2). 19.99 *(978-988-8341-67-2(7)*, Minedition) Penguin Young Readers Group.

Elephants Coloring Books for Adults, Teens, Kids: Nice Art Design in Elephants Theme for Color Therapy & Relaxation - Increasing Positive Emotions- 8. 5 X11. Over The Rainbow Publishing. 2020. (ENG.). 42p. (J). pap. 8.88 *(978-1-716-28822-7(3))* Google.

Elephants! Coloring Designs for Kids. Speedy Kids. 2017. (ENG., Illus.). (J). pap. 9.20 *(978-1-5419-0957-1(7))* Speedy Publishing LLC.

Elephants Do Not Belong in Trees. Russ Willms. 2021. (ENG., Illus.). 32p. (J). (gr. -1-k). 19.95 *(978-1-4598-2599-4(3))* Orca Bk. Pubs. USA.

Elephants Don't Like Ants! And Other Amazing Facts (Ready-To-Read Level 2) Thea Feldman. Illus. by Lee Cosgrove. 2021. (Super Facts for Super Kids Ser.). (ENG.). 32p. (J). (gr. k-2). 17.99 *(978-1-5344-9633-0(5))*; pap. 4.99 *(978-1-5344-9632-3(7))* Simon Spotlight. (Simon Spotlight).

Elephant's Euphonium: A Little Tusker's Adventures in Africa. James Alexander Currie & Bonnie J. Fladung. Illus. by Margo Gabrielle Damian. 2018. (Little Global Adventurers Ser.: Vol. 1). (ENG.). 46p. (J). pap. 9.99 *(978-1-7327242-0-4(2))* Feather Star Pr.

Elephant's Euphonium: A Little Tusker's Adventures in Africa. Bonnie J. Fladung. Illus. by Margo Gabrielle Damian. 2018. (Little Global Adventurers Ser.). (ENG.). 46p. (J). (gr. 2-5). 19.99 *(978-1-7327242-1-1(0))* Feather Star Pr.

Elephant's Girl. Celesta Rimington. ed. 2022. (Penworthy Picks - Middle Grade Ser.). (ENG.). 324p. (J). (gr. 4-5). 19.46 *(978-1-68505-245-4(2))* Penworthy Co., LLC, The.

Elephant's Girl. Celesta Rimington. 2021. (ENG.). 352p. (J). (gr. 3-7). 8.99 *(978-0-593-12125-2(2)*, Yearling) Random Hse. Children's Bks.

Elephants' Guide to Hide-And-Seek. Kjersten Hayes. Illus. by Gladys Jose. 2020. 32p. (J). (gr. -1-3). 17.99 *(978-1-4926-7846-5(5)*, Sourcebooks Jabberwocky) Sourcebooks, Inc.

Elephants in the House. Ailsa Hebert. Illus. by Natalia Starikova. 2021. (ENG.). 20p. (J). *(978-1-5255-9470-0(2))*; pap. *(978-1-5255-9469-4(9))* FriesenPress.

Elephants Make Great House Pets. Mal Karlin. 2018. (Elephants Make Great... Ser.: Vol. 1). (ENG., Illus.). 42p. (J). (gr. k-1). 15.95 *(978-0-692-19405-8(3))* Karlin, Malcolm.

Elephants (Nature's Children) (Library Edition) Anna Prokos. 2018. (Nature's Children, Fourth Ser.). (ENG., Illus.). 48p. (J). (gr. 3-5). lib. bdg. 30.00 *(978-0-531-23479-2(7)*, Children's Pr.) Scholastic Library Publishing.

Elephants Never Forget. Abel Coelho & Elizabeth Lowe. 2017. (ENG.). 228p. (gr. 5-11). pap. 19.95 *(978-1-933227-80-1(X)*, P590960) Tagus Pr.

Elephant's New Shoe. Laurel Neme & Wildlife Alliance. Illus. by Ariel Landy. 2020. (ENG.). 40p. (J). (gr. -1-1). 18.99 *(978-1-338-26687-0(X)*, Orchard Bks.) Scholastic, Inc.

Elephants of Africa (New & Updated Edition) Gail Gibbons. 2021. (Illus.). 32p. (J). (gr. -1-3). 18.99 *(978-0-8234-4988-0(2))* Holiday Hse., Inc.

Elephants of Art: An Educational Art Story. 2016. (ENG.). (J). pap. 14.95 *(978-1-4808-2834-6(3))* Archway Publishing.

Elephants of Art: An Educational Art Story. Jo O'Mara. 2016. (ENG.). (J). 19.95 *(978-1-4808-2835-3(1))* Archway Publishing.

Elephants on the Move: A Day with an Asian Elephant Family. Lela Nargi. 2022. (Smithsonian Ser.). (ENG.). 32p. (J). 18.99 *(978-1-68446-538-5(9)*, 239308, Capstone Editions) Capstone.

Elephants on Tour: A Search & Find Journey Around the World. Illus. by Guillaume Cornet. 2018. (ENG.). 48p. (J). (gr. 1-4). 19.99 *(978-1-78627-222-5(9)*, King, Laurence Publishing) Orion Publishing Group, Ltd. GBR. Dist: Hachette Bk. Group.

Elephant's Shoes. Charity Yoder. 2019. (ENG.). 40p. (J). *(978-1-5255-3407-2(6))*; pap. *(978-1-5255-3408-9(4))* FriesenPress.

Elephant's Story. Jamie Renee Heraver. 2018. (ENG., Illus.). 48p. (J). (gr. k-6). pap. 11.99 *(978-0-692-15830-2(8))* Heraver, Jamie Renee.

Elephants' Tale & Other Fabulous Fables. Bernice Ramsdin-Firth. 2018. (ENG.). 54p. (J). pap. *(978-0-9958194-3-6(2))* Haresend Publishing.

Elephant's Track: And Other Stories (Classic Reprint) M. E. M. Davis. 2018. (ENG., Illus.). 326p. (J). 30.62 *(978-0-267-26575-6(1))* Forgotten Bks.

Elephants Walk Together. Cheryl Lawton Malone. 2018. (2019 Av2 Fiction Ser.). (ENG.). 32p. (J). lib. bdg. 34.28 *(978-1-4896-8261-1(9)*, AV2 by Weigl) Weigl Pubs., Inc.

Elephants Walk Together. Cheryl Lawton Malone. Illus. by Bistra Masseva. 2017. (ENG.). 32p. (J). (gr. -1-3). 16.99 *(978-0-8075-1960-8(X)*, 080751960X) Whitman, Albert & Co.

Elephi: The Cat with the High IQ. Jean Stafford. Illus. by Erik Blegvad. 2017. (ENG.). 80p. (gr. 1-3). pap. 6.95 *(978-0-486-81426-1(2)*, 814262) Dover Pubns., Inc.

Elephie the Elephant. Josie Merriweather. Illus. by Bonnie Lemaire. 2022. (ENG.). 24p. (J). pap. 13.95 *(978-1-63765-178-0(3))* Halo Publishing International.

Elétrico 28. Davide Cali. 2018. (SPA.). 36p. (J). 21.99 *(978-84-947432-2-1(8))* Editorial Flamboyant ESP. Dist: Lectorum Pubns., Inc.

Eleu Cloud. Dada. 2021. (ENG.). 35p. (J). *(978-1-6780-9687-8(3))* Lulu Pr., Inc.

Eleu in the Deep Blue. Dada. 2023. (ENG.). 40p. (J). *(978-1-312-43669-5(7))* Lulu Pr., Inc.

Eleu Island. Dada. 2022. (ENG.). 36p. (J). *(978-1-6781-9647-9(9))* Lulu Pr., Inc.

Elevator: A Farce (Classic Reprint) W. D. Howells. 2018. (ENG., Illus.). 94p. (J). 25.84 *(978-0-666-31500-7(0))* Forgotten Bks.

Elevator: Farce. W. D. Howells. 2017. (ENG., Illus.). (J). pap. *(978-0-649-40167-3(0))* Trieste Publishing Pty Ltd.

Elevator Bird. Sarah Williamson. 2020. (Illus.). 40p. (J). (gr. -1-2). 17.99 *(978-0-525-64881-9(X))*; (ENG., lib. bdg. 20.99 *(978-0-525-64882-6(8))* Random Hse. Children's Bks. (Knopf Bks. for Young Readers).

Elevators. Tracy Maurer. 2017. (Engineering Wonders Ser.). (ENG.). 48p. (gr. 3-5). 35.64 *(978-1-68342-392-8(5)*, 9781683423928); pap. 10.95 *(978-1-68342-462-8(X)*, 9781683424628) Rourke Educational Media.

Eleven & Holding. Mary Penney. 2016. (ENG.). 256p. (J). (gr. 3-7). 16.99 *(978-0-06-240547-0(0)*, HarperCollins) HarperCollins Pubs.

Eleven Dancing Sisters. Melody Wiklund. 2017. (ENG., Illus.). (J). pap. *(978-1-77339-443-5(6))* Evernight Publishing.

Eleven Possible Cases (Classic Reprint) Frank Richard Stockton. 2018. (ENG., Illus.). 296p. (J). 30.00 *(978-0-484-57625-3(9))* Forgotten Bks.

Eleven Quirky Bedtime Stories. Michael Mackriell. Illus. by Robert Page. 2022. (ENG.). 104p. (J). pap. *(978-1-78963-284-2(6)*, Choir Pr., The) Action Publishing Technology Ltd.

Eleventh Annual Report of the Board of Education, Together with the Thirty-Sixth Annual Report of the Commissioner of Public Schools, of Rhode Island, January 1881. 2017. (ENG., Illus.). (J). pap. *(978-0-649-05749-8(X))* Trieste Publishing Pty Ltd.

Eleventh Annual Report of the Board of Prison Commissioners of Massachusetts for the Year 1911; January 1912. 2017. (ENG., Illus.). (J). pap. *(978-0-649-46171-4(1))* Trieste Publishing Pty Ltd.

Eleventh Hour. Jacques Goldstyn. 2023. (ENG., Illus.). 60p. (J). 10.95 *(978-1-77147-623-2(0))* Owlkids Bks. Inc. CAN. Dist: Publishers Group West (PGW).

Eleventh Trade. Alyssa Hollingsworth. 2020. (ENG.). 320p. (J). pap. 13.99 *(978-1-250-21146-0(8)*, 900184762) Square Fish.

Elf: The Classic Illustrated Storybook. Illus. by Kim Smith. 2020. (Pop Classics Ser.: 9). 40p. (J). (gr. -1-3). 18.99 *(978-1-68369-220-1(9))* Quirk Bks.

Elf & Dwarf Fashions Coloring Book. Activity Book Zone. 2016. (ENG., Illus.). (J). pap. 9.20 *(978-1-68376-479-3(X))* Sabeels Publishing.

Elf & Her Friends: A Horse Story Founded on Fact (Classic Reprint) Isabel Wortley. 2018. (ENG., Illus.). (J). 296p. 30.00 *(978-0-366-55992-3(3))*; 298p. pap. 13.57 *(978-0-366-05701-6(4))* Forgotten Bks.

Elf & the Witch. James Flynn. 2016. (ENG., Illus.). (J). pap. *(978-0-9927838-4-6(4))* Annadale Pr.

Elf Child: The Blue Dark. Kenneth Michael Davidson. Illus. by Donna Louise Moore. 2018. (ENG.). 28p. (J). pap. *(978-0-9958107-2-3(9))* FriesenPress.

Elf Dancer. Wil Van Der Helm. 2016. (ENG., Illus.). (J). pap. 16.95 *(978-1-68290-834-1(8))* America Star Bks.

Elf Dog & Owl Head. M. T. Anderson. Illus. by Junyi Wu. 2023. (ENG.). 240p. (J). (gr. 3-7). 18.99 *(978-1-5362-2281-4(X))* Candlewick Pr.

Elf E. Ramone: Cookies & Milk. Alexander Hiers et al. 2021. (Elf E. Ramone Ser.: 1). (ENG.). 56p. (J). 35.00 *(978-1-6678-1131-4(2))* BookBaby.

Elf-Errant (Classic Reprint) Moira O'Neill. 2018. (ENG., Illus.). 130p. (J). 26.60 *(978-0-483-72123-4(9))* Forgotten Bks.

Elf Flute: Lily the Elf. Anna Branford. Illus. by Lisa Coutts. 2017. 44p. (J). pap. 4.99 *(978-1-61067-532-1(0))* Kane Miller.

Elf-Girl: Book Two of the Conway Chronicles. Barry Durham. 2021. (ENG.). 266p. (YA). pap. 15.99 *(978-1-7947-1133-4(3))* Lulu Pr., Inc.

Elf in the House. Ammi-Joan Paquette. Illus. by Adam Record. (ENG.). 32p. (J). (gr. -1-2). 2019. 6.99 *(978-1-5362-0900-6(7))*; 2017. 15.99 *(978-0-7636-8132-6(6))* Candlewick Pr.

Elf in the House. Ammi-Joan Paquette. 2019. (Holidays in the House Ser.). (ENG.). 30p. (J). (gr. k-1). 15.36 *(978-0-87617-752-5(6))* Penworthy Co., LLC, The.

Elf Maiden: And Other Stories from the Brown, Pink, & Yellow Fairy Books (Classic Reprint) Andrew Lang. (ENG., Illus.). (J). 2018. 194p. 27.90 *(978-0-332-96696-0(8))*; 2016. pap. 10.57 *(978-1-334-14191-1(6))* Forgotten Bks.

Elf Music for Small Hands: A Piano Music, Story, & Coloring Book. Devin Carroll. Illus. by Madeline Carroll. 2022. (ENG.). 43p. (J). pap. *(978-1-6781-3899-8(1))* Lulu Pr., Inc.

Elf NOT on the Shelf: Gilbert Small's Journey. Robert N. Reusch. 2021. (ENG.). 58p. (J). 27.95 *(978-1-63844-839-6(6))* Christian Faith Publishing.

Elf on the Shelf 5 X 7 Mini Sticker Activity Book (Value) Des. by Bendon. 2020. (ENG.). (J). pap. 1.00 *(978-1-6902-1028-3(1))* Bendon, Inc.

Elf on the Shelf Imagine Ink Magic Ink Pictures. Des. by Bendon. 2020. (ENG.). (J). 4.99 *(978-1-6902-1029-0(X))* Bendon, Inc.

Elf on the Shelf: Magnet Set & Christmas Countdown Calendar. Running Press. 2018. (RP Minis Ser.). (ENG., Illus.). 25p. (J). (gr. -1-17). pap. 9.95 *(978-0-7624-6447-0(X)*, Running Pr. Minature Editions) Running Pr.

Elf on the Shelf: Meet the Scout Elves. Alexandra West. Illus. by The Lumistella Company. 2023. (I Can Read Level 1 Ser.). (ENG.). 32p. (J). (gr. -1-3). pap. 5.99 *(978-0-06-332739-9(2)*, HarperCollins) HarperCollins Pubs.

Elf on the Shelf: Night Before Christmas: Includes a Letter to Santa, Elf-Themed Wrapping Paper, & Elftastic Stickers! Chanda A. Bell. Illus. by The Lumistella Company. 2023. (Elf on the Shelf Ser.). (ENG.). 24p. (J). (gr. -1-3). pap. 7.99 *(978-0-06-332737-5(6)*, HarperCollins) HarperCollins Pubs.

Elf on the Shelf Search & Find. Elf on the Shelf. 2021. (ENG.). 40p. (J). (gr. 2-5). pap. 9.99 *(978-0-7624-7361-8(4)*, Running Pr. Kids) Running Pr.

Elf on the Shelf Search & Find. Elf on the Shelf. ed. 2021. (ENG., Illus.). 38p. (J). (gr. k-1). 23.46 *(978-1-68505-071-9(9))* Penworthy Co., LLC, The.

Elf on the Shelf: Stocking Stuffer Sticker Book. The Lumistella Company. Illus. by The Lumistella Company. 2023. (Elf on the Shelf Ser.). (ENG., Illus.). 24p. (J). (gr. 1-5). 10.99 *(978-0-06-332751-1(1)*, HarperCollins) HarperCollins Pubs.

Elf Owls. Contrib. by Elizabeth Neuenfeldt. 2023. (Who's Hoo? Owls! Ser.). (ENG., Illus.). (J). (gr. k-3). lib. bdg. 26.95 Bellwether Media.

Elf Prince & Protector. Elisabeth Lorow. 2022. (ENG.). 26p. (J). 18.99 *(978-1-7346660-7-6(2))* Imagination UnLtd.

Elf Road. Jacqui Hazell. 2022. (ENG.). 128p. (J). pap. *(978-0-9957268-6-4(8))* Nowness Bks.

Elf the Eagle. Ron Smith. Illus. by Ruth Campbell. 2023. (ENG.). 42p. (J). pap. *(978-1-77244-280-9(1))*; (Elf the Eagle Ser.: Vol. 1). *(978-1-77244-279-3(8))* Rock's Mills Pr.

Elf Village Coloring Book: An Adult Coloring Book Featuring over 30 Pages of Giant Super Jumbo Large Designs of Adorable & Whimsical Elves Full of Holiday Fun & Christmas Cheer for Stress Relief. Beatrice Harrison. 2020. (ENG.). 34p. (YA). pap. 7.86 *(978-1-716-51097-7(X))* Lulu Pr., Inc.

Elf Village Coloring Book: An Adult Coloring Book Featuring over 30 Pages of Giant Super Jumbo Large Designs of Adorable & Whimsical Elves Full of Holiday Fun & Christmas Cheer for Stress Relief (Book Edition:2) Beatrice Harrison. 2020. (ENG.). 34p. (YA). pap. 7.86 *(978-1-716-51096-0(1))* Lulu Pr., Inc.

Elf Warfare, 1 vol. Chris Pramas. 2017. (Creature Warfare Ser.). (ENG., Illus.). 72p. (J). (gr. 8-8). 38.80 *(978-1-5081-7626-8(4)*, 1e1d51c6-5bad-44a0-8e7e-78049600914a, Rosen Young Adult) Rosen Publishing Group, Inc., The.

Elf Who Didn't Like Christmas. Jessie Best. Ed. by Bdt Goran. Illus. by Polina Polynkakul. 2018. (ENG.). 42p. (J). (gr. k-4). *(978-0-9952015-6-9(0))* Craven Tree Prs.

Elf Who Didn't Like Christmas. Jessie L. Best. Illus. by Polina Polyankakul. 2018. (ENG.). 42p. (J). pap. *(978-0-9952015-7-6(9))* Craven Tree Prs.

Elf with Ear Hair. Shalini Vallepur. Illus. by Angelika Waigand. 2023. (Level 6 - Orange Set Ser.). (ENG.). 32p. (J). (gr. 1-4). lib. bdg. 19.95 Bearport Publishing Co., Inc.

Elfa: A Romance (Classic Reprint) Arthur W. Marchmont. (ENG., Illus.). (J). 2018. 320p. 30.50 *(978-0-428-78143-9(8))*; 2017. pap. 13.57 *(978-1-334-91098-2(7))* Forgotten Bks.

Elfblood. Kyra Dune. 2017. (ENG.). 184p. (YA). pap. 12.99 *(978-1-393-12332-3(5))* Draft2Digital.

Elfentausch. Daniela Mattes. 2018. (GER., Illus.). 162p. (J). pap. *(978-3-7407-4565-3(7))* VICOO International Pr.

Elfhame. Anthea Sharp. 2016. (ENG., Illus.). (J). pap. 12.99 *(978-1-68013-083-6(8))* Fiddlehead Pr.

Elfie Selfie. Jo Parker. Illus. by Debbie Palen. 2021. 10p. (J). (— 1). bds. 9.99 *(978-0-593-38442-8(3)*, Grosset & Dunlap) Penguin Young Readers Group.

Elfie Unperfect. Kristin Mahoney. (Illus.). 256p. (J). (gr. 3-7). 2023. (ENG.). 8.99 *(978-0-593-17585-9(9)*, Yearling); 2021. 16.99 *(978-0-593-17582-8(4)*, Knopf Bks. for Young Readers); 2021. (ENG.). lib. bdg. 19.99 *(978-0-593-17583-5(2)*, Knopf Bks. for Young Readers) Random Hse. Children's Bks.

Elfin Songs of Sunland (Classic Reprint) Charles Keeler. 2017. (ENG., Illus.). (J). 26.64 *(978-0-260-39662-4(1))* Forgotten Bks.

Elfis. Jonathan Spees & Jonas Kjaer. 2023. (ENG.). 136p. (J). pap. *(978-1-80074-854-5(X))* Olympia Publishers.

Elfis the Singing Elf. Naila N. Illus. by Vera S. 2019. (ENG.). 32p. (J). pap. *(978-99957-96-13-6(9))* Faraxa Publishing.

Elfish: The King of Rockfish. Billy Martin Simpson, Jr. 2019. (ENG.). 30p. (J). pap. 12.95 *(978-0-578-48467-9(6))* Bsimps Productions LLC.

Elfling. Corinna Turner. 2017. (ENG.). 364p. (YA). (gr. 7-12). pap. *(978-1-910806-40-1(4))* Zephyr Publishing.

Elfling & the Woodpecker. Isolde Paul. 2019. (ENG.). 40p. (J). *(978-1-5255-4015-8(7))*; pap. *(978-1-5255-4016-5(5))* FriesenPress.

Elfred: Or, the Blind Boy & His Pictures (Classic Reprint) Jacob Abbott. 2018. (ENG., Illus.). 164p. (J). 27.28 *(978-0-483-36480-6(0))* Forgotten Bks.

Elf's Family Tree. Ron Smith. Illus. by Ruth Campbell. 2023. (Elf the Eagle Ser.: Vol. 2). (ENG.). 42p. (J). *(978-1-77244-275-5(5))*; pap. *(978-1-77244-276-2(3))* Rock's Mills Pr.

Elf's Journey. Rosita Bird. 2017. (Tralado Ser.: Vol. 3). (ENG., Illus.). (J). (gr. k-4). pap. 9.99 *(978-1-68160-412-1(4))* Crimson Cloak Publishing.

Elf's Secret. Rosita Bird. 2017. (ENG., Illus.). (J). (gr. 1-5). pap. 9.99 *(978-1-68160-265-3(2))* Crimson Cloak Publishing.

Eli: More Than Just a Kitten with Ambition to Go on a Mission (New Edition) Sherralee Tinney. 2019. (ENG.). 296p. (J). pap. 10.99 *(978-1-64550-700-0(9))* Matchstick Literary.

Eli, a Shepherd Boy, Completes Eighth Grade. Ronald B. McPherson. 2021. (ENG.). 94p. (YA). pap. 12.95 *(978-1-63630-401-4(X))* Covenant Bks.

Eli & Jedi's Super Sky Adventure. Lerone Landis. Illus. by Wallok Art. 2020. (ENG.). 34p. (J). (gr. 1-5). 16.95 *(978-0-578-54977-4(8))* Lerone Landis.

578 The check digit for ISBN-10 appears in parentheses after the full ISBN-13

TITLE INDEX

ELIZABETH ANNE

Eli Finds His Zen. Ginette Valiquette. Illus. by Jupiters Muse. 2022. (ENG.). 30p. (J). ***(978-0-2288-7616-8(8))***; pap. ***(978-0-2288-7615-1(X))*** Tellwell Talent.

Eli Makes Room. Jaala Torrence. Illus. by Garrett Myers. 2019. (ENG.). 22p. (J). (gr. k-2). 16.95 *(978-1-946683-28-1(0))* Rapier Publishing Co., LLC.

Eli Makes Room. Jaala Torrence & Garrett Myers. Illus. by Garrett Myers. 2019. (ENG., Illus.). 22p. (J). (gr. k-2). pap. 12.95 *(978-1-946683-30-4(2))* Rapier Publishing Co., LLC.

Eli Manning. Jim Gigliotti. 2016. (Football Heroes Making a Difference Ser.). (ENG.). 24p. (J). (gr. 1-6). 26.99 *(978-1-943553-40-2(8))* Bearport Publishing Co., Inc.

Eli Meets Someone New. Jaala Torrence. Illus. by Garrett Myers. 2019. (ENG.). 20p. (J). (gr. k-2). pap. 12.95 *(978-1-946683-32-8(9))*; 16.95 *(978-1-946683-29-8(9))* Rapier Publishing Co., LLC.

Eli Michaels, Rule Breaker, 1 vol. Charley Pickle. 2021. (We the Weirdos Ser.). (ENG.). 64p. (J). (gr. 2-3). 23.25 *(978-1-5383-8210-3(5),* cd097c0a-e03e-4439-832a-5a3b8179027b); pap. 13.35 *(978-1-5383-8209-7(1),* e891deda-13d1-47b9-98cf-4f737e19f3dd) Enslow Publishing, LLC. (West 44 Bks.).

Eli of the Downs (Classic Reprint) C. M. A. Peake. 2017. (ENG., Illus.). (J). 31.24 *(978-0-266-71754-6(3))*; pap. 13.97 *(978-1-5276-7364-9(2))* Forgotten Bks.

Eli Perkins (at Large) His Sayings & Doings (Classic Reprint) Melville D. Landon. 2018. (ENG., Illus.). 290p. (J). 29.88 *(978-0-267-23226-0(8))* Forgotten Bks.

Eli the Dancing Duck: How Differences Define Us. Catherine Bernhardt. 2021. (ENG.). 22p. (J). pap. *(978-0-2288-5867-6(4))* Tellwell Talent.

Eli the Elephant & His Trunk of Truth. Courtney Montepara. 2019. (ENG.). 38p. (J). 14.95 *(978-1-68401-826-0(9))* Amplify Publishing Group.

Eli the Praying Squirrel. Regina Holder. Illus. by Buffy Ellis. 2022. (ENG.). 24p. (J). pap. 12.95 *(978-1-68570-079-9(9))* Christian Faith Publishing.

Eli Whitney & the Industrial Revolution, 1 vol. Heather Moore Niver. 2016. (Great Entrepreneurs in U. S. History Ser.). (ENG.). 32p. (J). (gr. 5-5). pap. 12.75 *(978-1-4994-2123-1(0),* 05018ace-70ff-42ae-8754-27df131147b9, PowerKids Pr.) Rosen Publishing Group, Inc., The.

Eli Whitney (Classic Reprint) Educational Publishing Company. 2017. (ENG., Illus.). (J). 40p. 24.72 *(978-0-484-50361-7(8))*; pap. 7.97 *(978-0-259-81921-9(2))* Forgotten Bks.

Elia: Essays Which Have Appeared under That Signature in the London Magazine (Classic Reprint) Charles Lamb. (ENG., Illus.). (J). 2017. 28.66 *(978-0-260-40425-1(X))*; 2016. pap. 11.57 *(978-1-334-13582-8(7))* Forgotten Bks.

Elia: Or, Spain Fifty Years Ago (Classic Reprint) Fernán Caballero. 2018. (ENG., Illus.). 328p. (J). 30.66 *(978-0-365-01958-9(5))* Forgotten Bks.

Elia (Classic Reprint) Charles Lamb. 2019. (ENG., Illus.). (J). 348p. 31.07 *(978-1-397-28552-2(4))*; 350p. pap. 13.57 *(978-1-397-28542-3(7))* Forgotten Bks.

Eliab's Lunch. Becci J. Terrill. 2017. (ENG., Illus.). (J). pap. 13.95 *(978-1-5127-9685-8(9),* WestBow Pr.) Author Solutions, LLC.

Eliana. Charles Lamb & Joseph Edward Babson. 2017. (ENG.). 440p. (J). pap. *(978-3-337-21778-5(8))* Creation Pubs.

Eliana: Being the Hitherto Uncollected Writings of Charles Lamb (Classic Reprint) Unknown Author. 2017. (ENG., Illus.). (J). 32.91 *(978-1-5285-7464-8(8))* Forgotten Bks.

Eliana, Where Do Thoughts Come From? Janice Marie Wilson. Illus. by Shayda Windle. 2019. (ENG.). 44p. (J). pap. 9.95 *(978-0-692-03668-6(7))* Goodness Experience, The.

Elias - Hombres y Mujeres de la Biblia. Contrib. by Casscom Media. 2017. (Men & Women of the Bible - Revised Ser.). (ENG & SPA.). (J). pap. *(978-87-7132-614-7(6))* Scandinavia Publishing Hse.

Elias' Alphabets. Marilyn Heyward. 2021. (ENG., Illus.). 62p. (J). 29.95 *(978-1-0980-7241-4(3))*; pap. 18.95 *(978-1-0980-9439-3(5))* Christian Faith Publishing.

Elias Howe & His Sewing Machine U. S. Economy in the Mid-1800s Grade 5 Children's Computers & Technology Books. Tech Tron. 2021. (ENG.). 72p. (J). 27.99 *(978-1-5419-8478-3(1))*; pap. 16.99 *(978-1-5419-6045-9(9))* Speedy Publishing LLC.

Elias Zapple's Book of Slugs. Elias Zapple. Illus. by Maru Salem & Reimarie Cabalu. 2018. (ENG.). 70p. (J). (gr. 4-6). pap. *(978-1-912704-09-5(9))* Heads or Tales Pr.

Elias Zapple's Book of Slugs: American-English Edition. Elias Zapple. Illus. by Maru Salem & Reimarie Cabalu. 2018. (ENG.). 70p. (J). (gr. 4-6). pap. *(978-1-912704-08-8(0))* Heads or Tales Pr.

Elias Zapple's Book of Slugs Coloring Book. Elias Zapple. Illus. by Reimarie Cabalu. 2018. (ENG.). 200p. (J). (gr. 3-5). pap. *(978-1-912704-06-4(4))* Heads or Tales Pr.

Elias Zapple's Book of Slugs Colouring Book. Elias Zapple. Illus. by Reimarie Cabalu. 2018. (ENG.). 200p. (J). (gr. 2-5). pap. *(978-1-912704-07-1(2))* Heads or Tales Pr.

Elias Zapple's Rhymes from the Cabbage Patch. Elias Zapple. Illus. by Ilaeira Misirlou. 2018. (ENG.). 84p. (J). (gr. 4-6). pap. *(978-1-912704-11-8(0))* Heads or Tales Pr.

Elias Zapple's Rhymes from the Cabbage Patch: American-English Edition. Elias Zapple. Illus. by Ilaeira Misirlou. 2018. (ENG.). 84p. (J). (gr. 4-6). pap. *(978-1-912704-10-1(2))* Heads or Tales Pr.

Elif the Chimney Fairy. Vani Twigg. 2022. (ENG.). 36p. (J). pap. ***(978-1-922913-17-3(0))*** Aurora House.

Elihu Jan's Story: Or the Private Life of an Eastern Queen (Classic Reprint) W. Knighton. 2018. (ENG., Illus.). 220p. (J). 28.43 *(978-0-365-26680-8(9))* Forgotten Bks.

Elijah - Men & Women of the Bible Revised. Contrib. by Casscom Media. 2017. (Men & Women of the Bible - Revised Ser.). (ENG., Illus.). (J). pap. *(978-87-7132-580-5(8))* Scandinavia Publishing Hse.

Elijah - Teen Girls' Bible Study Book: Faith & Fire. Priscilla Shirer. 2021. (ENG.). 176p. (YA). pap. 14.99 *(978-1-0877-4277-9(3))* Lifeway Christian Resources.

Elijah - Teen Girls' Bible Study Leader Kit: Faith & Fire. Priscilla Shirer. 2021. (ENG.). 176p. (YA). 59.99 *(978-1-0877-4691-3(4))* Lifeway Christian Resources.

Elijah & His Invisible Friend. Sabrena Bishop & Elijah Bishop. Illus. by Lionel Emabat. 2018. (Madison & Elijah Ser.: Vol. 1). (ENG.). 34p. (J). (gr. k-5). 19.99 *(978-1-948071-34-5(7))* Lauren Simone Publishing Hse.

Elijah & Moses. Melody S. Scott. 2019. (ENG.). 30p. (J). pap. 13.95 *(978-1-64492-537-9(0))* Christian Faith Publishing.

Elijah, God's Mighty Prophet, 1 vol. David Miles. 2016. (I Can Read! / Adventure Bible Ser.). (ENG., Illus.). 32p. (J). pap. 4.99 *(978-0-310-75081-9(4))* Zonderkidz.

Elijah Harper - Politician, Peacemaker & Pioneer of the Oji-Cree Tribe Canadian History for Kids True Canadian Heroes - Indigenous People of Canada Edition. Professor Beaver. 2021. (ENG.). 80p. (J). 25.99 *(978-0-2282-3584-2(7))*; pap. 14.99 *(978-0-2282-3522-4(7))* Speedy Publishing LLC. (Professor Beaver).

Elijah I Love You All Ways. Marianne Richmond. Illus. by Dubravka Kolanovic. 2023. (I Love You All Ways Ser.). (ENG.). 32p. (J). (gr. -1-3). 8.99 ***(978-1-7282-7349-5(8))*** Sourcebooks, Inc.

Elijah on the North Pole Express. J. D. Green. Illus. by Joanne Partis. 2022. (North Pole Express Bears Ser.). (ENG.). 32p. (J). (gr. -1-3). 7.99 ***(978-1-7282-6928-3(8))*** Sourcebooks, Inc.

Elijah on the North Pole Express. J. D. Green. 2019. (North Pole Express Ser.). (ENG.). 32p. (J). (gr. -1-3). 7.99 ***(978-1-7282-0326-3(0))*** Sourcebooks, Inc.

Elijah Santa's Secret Elf. Put Me In The Story & Katherine Sully. Illus. by Julia Seal. 2018. (Santa's Secret Elf Ser.). (ENG.). 32p. (J). (gr. k-3). 5.99 *(978-1-4926-8135-9(0))* Sourcebooks, Inc.

Elijah the Prophet: Volume 1. Tj Walton. Illus. by Haley Walton. 2020. (ENG.). 28p. (J). 22.99 *(978-1-63129-626-0(4))*; pap. 12.49 *(978-1-63129-625-3(6))* Salem Author Services.

Elijah 'Twas the Night Before Christmas. Illus. by Lisa Alderson. 2019. (Night Before Christmas Ser.). (ENG.). 32p. (J). (gr. -1-3). 7.99 ***(978-1-7282-0219-8(1))*** Sourcebooks, Inc.

Elijah/John the Baptist Flip-Over Book. Victoria Kovacs. Illus. by David Ryley. 2016. (Little Bible Heroes(tm) Ser.). (ENG.). 32p. (J). (gr. k-2). pap. 3.99 *(978-1-4336-4324-8(3),* 005786142, B&H Kids) B&H Publishing Group.

Elijah's Christmas Wish. Put Me In The Story & J. D. Green. Illus. by Julia Seal. 2018. (Christmas Wish Ser.). (ENG.). 32p. (J). (gr. k-3). 6.99 ***(978-1-4926-8320-9(5))*** Sourcebooks, Inc.

Elijah's Hope. Tracy Boone. 2017. (ENG., Illus.). (J). pap. 17.99 *(978-1-4984-9888-3(4))* Salem Author Services.

Elijah's Outrage. Amy Nordlund. 2020. (ENG.). 30p. (J). pap. 13.95 *(978-1-64952-834-6(5))*; 23.95 *(978-1-64654-467-7(6))* Fulton Bks.

Elijah's Super Halloween: Bilingual Inuktitut & English Edition. Heather Main. Illus. by Jazmine Gubbe. 2020. (ENG.). 40p. (J). 20.95 *(978-1-77450-044-6(2))* Inhabit Education Bks. Inc. CAN. Dist: Consortium Bk. Sales & Distribution.

Elijer Goff: His Kristmus Book (Classic Reprint) William Dawes. (ENG., Illus.). (J). 2018. 132p. 26.62 *(978-0-364-01254-3(4))*; 2017. pap. 9.57 *(978-0-243-50987-4(1))* Forgotten Bks.

Elijer Goff's Complete Works: His Travels, Trubbles & Othur Amoozements (Classic Reprint) Elijer Goff. (ENG., Illus.). (J). 2018. 456p. 33.32 *(978-0-365-29733-8(X))*; 2017. pap. 16.57 *(978-1-5276-6442-5(2))* Forgotten Bks.

Elimination. Stormy Corrin Russell. 2017. (ENG., Illus.). (J). pap. *(978-1-77339-160-1(7))* Evernight Publishing.

Elinka's World: And Other Verses by Elinka (Little Ellen) Ellen Hajek. 2018. (ENG., Illus.). 38p. (J). pap. 12.95 *(978-1-64140-804-2(9))* Christian Faith Publishing.

Elinor Wonders Why: Bugging Out. Created by Jorge Cham & Daniel Whiteson. 2023. (Elinor Wonders Why Ser.). (ENG., Illus.). 40p. (J). (gr. -1-1). 14.99 ***(978-1-5253-0621-1(9))*** Kids Can Pr., Ltd. CAN. Dist: Hachette Bk. Group.

Elinor Wonders Why: Forest Giants. Created by Jorge Cham & Daniel Whiteson. 2022. (Elinor Wonders Why Ser.). (ENG., Illus.). 40p. (J). (gr. -1-1). 14.99 *(978-1-5253-0620-4(0))* Kids Can Pr., Ltd. CAN. Dist: Hachette Bk. Group.

Elinor Wonders Why: Hiding in Plain Sight. Created by Jorge Cham & Daniel Whiteson. 2022. (Elinor Wonders Why Ser.). (ENG., Illus.). 40p. (J). (gr. -1-1). 14.99 *(978-1-5253-0619-8(7))* Kids Can Pr., Ltd. CAN. Dist: Hachette Bk. Group.

Elinor Wonders Why: How to Carry a Cupcake. Created by Jorge Cham & Daniel Whiteson. 2023. (Elinor Wonders Why Ser.). (ENG., Illus.). 40p. (J). (gr. -1-1). 14.99 ***(978-1-5253-0622-8(7))*** Kids Can Pr., Ltd. CAN. Dist: Hachette Bk. Group.

Elinor Wonders Why: the Mystery of the Zigzag Plant. Created by Jorge Cham & Daniel Whiteson. 2023. (Elinor Wonders Why Ser.). (ENG., Illus.). 32p. (J). (gr. -1-1). pap. 7.99 ***(978-1-5253-0623-5(5))*** Kids Can Pr., Ltd. CAN. Dist: Hachette Bk. Group.

Elinor Wonders Why: the Seed of an Idea. Created by Jorge Cham & Daniel Whiteson. 2023. (Elinor Wonders Why Ser.). (ENG., Illus.). 32p. (J). (gr. -1-1). pap. 7.99 ***(978-1-5253-0624-2(3))*** Kids Can Pr., Ltd. CAN. Dist: Hachette Bk. Group.

Elinor Wyllys, or the Young Folk of Longbridge, Vol. 2 Of 2: A Tale (Classic Reprint) Amabel Penfeather. (ENG., Illus.). (J). 2018. 336p. 30.83 *(978-0-365-27479-7(8))*; 2017. pap. 13.57 *(978-0-259-30408-1(5))* Forgotten Bks.

Elinor's College Career, Vol. 1 of 4 (Classic Reprint) Julia A. Schwartz. (ENG., Illus.). (J). 2018. 360p. 31.32 *(978-0-331-82822-1(7))*; 2017. pap. 13.97 *(978-0-259-20913-3(9))* Forgotten Bks.

Elinor's Glad-To-Be-Together Family. Susan Layne. 2023. (ENG.). 38p. (J). 19.95 ***(978-1-63755-554-5(7)***, Mascot Kids) Amplify Publishing Group.

Elior! Marilyn Oliver & Melody Lott. Illus. by Justin Bowman. 2021. (ENG.). 278p. (YA). pap. 20.95 *(978-1-63903-604-2(0))* Christian Faith Publishing.

Eliot the Younger, Vol. 1 Of 3: A Fiction in FreeHand (Classic Reprint) Bernard Barker. 2018. (ENG., Illus.). 280p. (J). 29.69 *(978-0-267-19722-4(5))* Forgotten Bks.

Eliot the Younger, Vol. 2 Of 3: A Fiction in FreeHand (Classic Reprint) Bernard Barker. 2018. (ENG., Illus.). 276p. (J). 29.59 *(978-0-267-24509-3(2))* Forgotten Bks.

Eliot the Younger, Vol. 3 Of 3: A Fiction in FreeHand (Classic Reprint) Bernard Barker. 2018. (ENG., Illus.). 278p. (J). 29.63 *(978-0-428-72222-7(9))* Forgotten Bks.

Eli's Baby Story. Sonja Martin & Laura McMaster. 2020. (ENG.). 28p. (J). pap. *(978-0-2288-2997-3(6))* Tellwell Talent.

Eli's Children: The Chronicles of an Unhappy Family (Classic Reprint) George Manville Fenn. 2017. (ENG., Illus.). (J). 492p. 34.04 *(978-0-484-19417-4(8))*; pap. 16.57 *(978-0-259-39138-8(7))* Forgotten Bks.

Eli's Children, Vol. 1 Of 3: The Chronicles of an Unhappy Family (Classic Reprint) George Manville Fenn. 2018. (ENG., Illus.). 340p. (J). 30.93 *(978-0-483-85956-2(7))* Forgotten Bks.

Eli's Children, Vol. 2 Of 3: The Chronicles of an Unhappy Family (Classic Reprint) George Manville Fenn. (ENG., Illus.). (J). 2018. 354p. 31.20 *(978-0-267-30789-0(6))*; 2016. pap. 13.57 *(978-1-333-35236-3(0))* Forgotten Bks.

Eli's Children, Vol. 3 Of 3: The Chronicles of an Unhappy Family (Classic Reprint) George Manville Fenn. 2018. (ENG., Illus.). 354p. (J). 31.20 *(978-0-332-28195-7(7))* Forgotten Bks.

Eli's Story What Makes Me, Me! Tracey Lear. 2022. (ENG.). 36p. (J). pap. *(978-1-912765-55-3(1))* Blue Falcon Publishing.

Eli's Travels. Israel S. Gonzalez. 2021. (ENG.). 44p. (J). *(978-1-257-00442-3(5))* Lulu Pr., Inc.

Elisa Es Feminista. Michelle Quach. 2023. (SPA.). 384p. (YA). (gr. 9). pap. 18.95 ***(978-607-557-487-5(5))*** Editorial Oceano de Mexico MEX. Dist: Independent Pubs. Group.

Elisabeth: The Baby Blue Whale. Nana Debbie. Illus. by Nana Debbie. 2020. (ENG.). 54p. (J). pap. 14.00 *(978-0-9998833-5-8(6))* MAKE BELIEVE PUBLISHING.

Elisabeth & the Unwanted Advice. C. H. Deriso. 2016. (Babysitter Chronicles Ser.). (ENG., Illus.). 160p. (J). (gr. 4-7). lib. bdg. 26.65 *(978-1-4965-2757-8(7),* 131485, Stone Arch Bks.) Capstone.

Elisabeth Elliot: Do the Next Thing. Selah Helms. rev. ed. 2018. (Trail Blazers Ser.). (ENG., Illus.). 160p. (J). pap. 8.99 *(978-1-5271-0161-6(4),* 037bec46-87f9-4801-b21e-b9fefd87127c, CF4Kids) Christian Focus Pubns. GBR. Dist: Baker & Taylor Publisher Services (BTPS).

Elisabeth of Roumania: A Study, with Two Tales from the German of Carmen Sylva, Her Majesty Queen Elisabeth (Classic Reprint) Blanche Roosevelt. 2017. (ENG., Illus.). (J). 31.96 *(978-0-331-84004-9(9))* Forgotten Bks.

Elisabeth y Los Gusanitos de Seda. Marie Elisabeth Cruz Rodriguez & Luis Cruz Rodriguez. 2019. (SPA.). 50p. (J). pap. *(978-2-9568439-0-0(7))* Bekalle-Akwe (Henri Junior).

Elisapee & Her Baby Seagull, 1 vol. Nancy Mike. Illus. by Charlene Chua. 2020. (ENG.). 44p. (J). (gr. 1-3). 11.95 *(978-1-77227-293-2(0))* Inhabit Media Inc. CAN. Dist: Consortium Bk. Sales & Distribution.

Elisa's Journey. Lisa Isabel Costa Kane. 2017. (ENG., Illus.). (J). pap. 16.95 *(978-1-4808-4775-0(5))* Archway Publishing.

Elisa's Magical Christmas the Flower Fairies Gift. Rekha Chadha. 2021. (ENG.). 35p. (J). pap. ***(978-1-7947-1099-3(X))*** Lulu Pr., Inc.

Elise: A Story of the Civil War (Classic Reprint) S. M. M. X. 2017. (ENG., Illus.). (J). 29.55 *(978-0-331-08857-1(6))* Forgotten Bks.

Elisha & the Tale of Two Weddings. Benjamin Sabaroche. 2019. (ENG., Illus.). 38p. (J). (gr. -1-5). pap. *(978-1-913455-06-4(8))* Scribblecity Pubns.

Elisha Brooks: The Life-Story of a California Pioneer (Classic Reprint) Elisha Brooks. (ENG., Illus.). (J). 2017. 25.30 *(978-0-331-85607-1(7))*; 2016. pap. 9.57 *(978-1-334-12177-7(X))* Forgotten Bks.

Elisiner, or the Mysteries of an Old Stone Mansion: A Historical Story Founded upon Facts (Classic Reprint) Elizabeth Barnes Richards. (ENG., Illus.). (J). 2018. 306p. 30.23 *(978-0-484-60473-4(2))*; 2016. pap. 13.57 *(978-1-334-13954-3(7))* Forgotten Bks.

Elissa Finds a Home: Elissa the Curious Snail Series Volume 3. Jeff S. Bray. 2018. (Elissa the Curious Snail Ser.: Vol. 2). (ENG., Illus.). 40p. (J). (gr. k-3). pap. 8.99 *(978-0-9994459-7-6(9))* Isabella Media Inc.

Elissa Learns Thankfulness: Elissa the Curious Snail Series Volume 4. Jeff S. Bray. 2019. (Elissa the Curious Snail Ser.: Vol. 4). (ENG., Illus.). 46p. (J). pap. 12.99 *(978-1-7330416-3-8(X))* Isabella Media Inc.

Elite: A Hunter Novel. Mercedes Lackey. ed. 2017. (Hunter Ser.: 2). (YA). lib. bdg. 20.85 *(978-0-606-40645-1(X))* Turtleback.

Elite des Bons Mots et des Pensees Choisies, Vol. 2: Recueillies Avec Soin des Plus Celebres Auteurs, et Principalement des Livres en Ana (Classic Reprint) Unknown Author. 2017. (FRE., Illus.). (J). pap. 16.57 *(978-0-259-29099-5(8))* Forgotten Bks.

Élite des Bons Mots et des Pensées Choisies, Vol. 2: Recueillies Avec Soin des Plus Célèbres Auteurs, et Principalement des Livres en Ana (Classic Reprint) Unknown Author. 2018. (FRE., Illus.). 482p. (J). 33.86 *(978-0-332-34916-9(0))* Forgotten Bks.

Elite des Contes du Sieur d'Ouville, Vol. 2 (Classic Reprint) Antoine Le Metel D'Ouville. (FRE., Illus.). (J). 2018. 360p. 31.34 *(978-0-656-61974-0(0))*; 2017. pap. 13.97 *(978-1-332-66646-1(9))* Forgotten Bks.

Elite Squad: A Sci-Fi Intergalactic Basketball Adventure. Teko Bernard. 2017. (ENG., Illus.). 82p. (J). pap. 9.99 *(978-0-9860593-1-5(5))*; (gr. 3-6). pap. 9.99 *(978-0-9860593-5-3(8))* Tabron Publishing.

Elite/ the Elite, Vol. 2. Kiera Cass. 2017. (SelecciÓn / the Selection Ser.: 2). (SPA.). 224p. (J). (gr. 8-12). pap. 12.95 *(978-84-16240-61-6(2))* Penguin Random House Grupo Editorial ESP. Dist: Penguin Random Hse. LLC.

Elites of Eden: A Novel. Joey Graceffa. 2018. (Children of Eden Ser.: 2). (ENG.). 288p. (gr. 7-12). pap. 15.00 *(978-1-5011-7454-4(1),* Atria Bks.) Simon & Schuster.

Elius & the Glimmering Ruby. Alisa Zadvorkina. 2020. (ENG.). 16p. (J). pap. 6.71 *(978-0-244-87144-4(2))* Lulu Pr., Inc.

Elixir, 1 vol. James Sy. 2018. (ENG.). 136p. (YA). pap. 12.99 *(978-1-59555-817-6(9))* Elm Hill.

Elixir, 1 vol. James O. Sy. 2018. (ENG.). 136p. (YA). 24.99 *(978-1-59555-769-8(5))* Elm Hill.

Elixir: And Other Tales (Classic Reprint) Georg Ebers. (ENG., Illus.). (J). 2018. 272p. 29.51 *(978-0-365-34191-8(6))*; 2017. pap. 11.97 *(978-1-5276-5281-1(5))* Forgotten Bks.

Elixirs of Life & Death. Slubby & Hobo. 2018. (ENG., Illus.). 122p. (J). pap. *(978-3-7103-3401-6(2))* united p.c. Verlag.

Eliza: The Mouse in Grammy's House. Christie Jones Ray. Illus. by Christie Jones Ray. 2nd ed. 2020. (ENG.). 28p. (J). 21.95 *(978-0-9961393-7-3(0))* Rose Water Cottage Pr.

Eliza & a Cottage Door. Christie Jones Ray. Illus. by Christie Jones Ray. 2nd ed. 2020. (ENG., Illus.). 36p. (J). 21.95 *(978-0-9961393-8-0(9))* Rose Water Cottage Pr.

Eliza & Etheldreda in Mexico Notes of Travel (Classic Reprint) Patty Guthrie. 2018. (ENG., Illus.). 154p. (J). 27.09 *(978-0-483-43517-9(1))* Forgotten Bks.

Eliza & Her Monsters. Francesca Zappia. (ENG.). (YA). (gr. 9). 2019. 432p. pap. 11.99 *(978-0-06-229014-4(2))*; 2017. (Illus.). 400p. 17.99 *(978-0-06-229013-7(4))* HarperCollins Pubs. (Greenwillow Bks.).

Eliza & the Chocolate Bunnies. Dorothy Tinkler. 2020. (ENG.). 50p. (J). pap. 9.99 *(978-1-7363113-1-8(X))* Tink Tales, LLC.

Eliza & the Fox: A Story to Encourage Mindfulness. Abby McPhee. Ed. by Gillian Austen. Illus. by Ros Webb. 2023. (ENG.). 42p. (J). 16.99 ***(978-1-7393869-1-7(4))***; pap. 11.99 ***(978-1-7393869-0-0(6))*** AJ Publishing.

Eliza at Rose Water Cottage. Christie Jones Ray. 2017. (ENG., Illus.). (J). (gr. 1-3). 18.95 *(978-0-9961393-3-5(8))* Rose Water Cottage Pr.

Eliza Bing Is (Not) a Big, Fat Quitter. Carmella Van Vleet. 2017. (Eliza Bing Ser.). (ENG.). 176p. (J). (gr. 2-5). pap. 7.99 *(978-0-8234-3878-5(3))* Holiday Hse., Inc.

Eliza Bing Is (Not) a Big, Fat Quitter. Carmella Van Vleet. ed. 2018. (Penworthy Picks Middle School Ser.). (ENG.). 165p. (J). (gr. 3-5). 18.96 *(978-1-64310-484-3(5))* Penworthy Co., LLC, The.

Eliza Bing Is (Not) a Star. Carmella Van Vleet. (Eliza Bing Ser.). (ENG.). 256p. (J). (gr. 3-7). 2019. pap. 7.99 *(978-0-8234-4430-4(9))*; 2018. 16.99 *(978-0-8234-4024-5(9))* Holiday Hse., Inc.

Eliza Celebrates a Royal Wedding. Christie Ray. Illus. by Christie Ray. 2020. (ENG.). 48p. (J). 21.95 *(978-1-7352333-0-7(7))* Rose Water Cottage Pr.

Eliza (Classic Reprint) Barry Pain. 2018. (ENG., Illus.). 222p. (J). 28.50 *(978-0-364-25549-0(8))* Forgotten Bks.

Eliza Cook's Journal, 1851, Vol. 4 (Classic Reprint) Eliza Cook. 2018. (ENG., Illus.). (J). 426p. 32.70 *(978-0-365-67704-8(3))*; 428p. pap. 16.57 *(978-0-365-67703-1(5))* Forgotten Bks.

Eliza Cook's Journal, Vol. 1: October, 1849 (Classic Reprint) Eliza Cook. (ENG., Illus.). (J). 2018. 426p. 32.68 *(978-1-396-35178-5(7))*; 2018. 428p. pap. 16.57 *(978-1-390-92444-2(0))*; 2018. 426p. 32.68 *(978-0-484-43973-2(1))*; 2016. pap. 16.57 *(978-1-334-13028-1(0))* Forgotten Bks.

Eliza Cook's Journal, Vol. 1 (Classic Reprint) Eliza Cook. 2017. (ENG., Illus.). (J). 32.68 *(978-0-260-11558-4(4))* Forgotten Bks.

Eliza Cook's Journal, Vol. 3: October, 1850 (Classic Reprint) Eliza Cook. 2017. (ENG., Illus.). (J). 32.68 *(978-0-265-39141-9(5))* Forgotten Bks.

Eliza Hamilton: Founding Mother. Monica Kulling. Illus. by Valerio Fabbretti. 2018. (Step into Reading Ser.). 48p. (J). (gr. k-3). pap. 4.99 *(978-1-5247-7232-1(1),* Random Hse. Bks. for Young Readers) Random Hse. Children's Bks.

Eliza Has a Cousin. Christie Ray. Illus. by Christie Ray. 2020. (ENG.). 32p. (J). 21.95 *(978-0-9961393-9-7(7))* Rose Water Cottage Pr.

Eliza Meets a Kind Traveler. Bryce Barfield. 2017. (ENG., Illus.). (J). pap. 9.95 *(978-1-947491-81-6(4))* Yorkshire Publishing Group.

Eliza Ross: Or, Illustrated Guide of Lookout Mountain (Classic Reprint) A. M. Meeker. 2018. (ENG., Illus.). 114p. (J). 26.25 *(978-0-267-46788-4(5))* Forgotten Bks.

Eliza Ross, or Illustrated Guide of Lookout Mountain (Classic Reprint) A. M. Meeker. 2018. (ENG., Illus.). 64p. (J). 25.22 *(978-0-332-94404-3(2))* Forgotten Bks.

Eliza: the Story of Elizabeth Schuyler Hamilton: With an Afterword by Phillipa Soo, the Original Eliza from Hamilton: an American Musical. Margaret McNamara. Illus. by Esmé Shapiro. 2018. 48p. (J). (gr. -1-3). 17.99 *(978-1-5247-6588-0(0),* Schwartz & Wade Bks.) Random Hse. Children's Bks.

Eliza Wren & the Multicoloured Peacock. Jennifer Paul. Illus. by Jennifer Paul. 2020. (ENG.). 102p. (J). pap. *(978-1-716-90494-3(3))* Lulu Pr., Inc.

Elizabeth & Her German Garden: With Twelve Photogravure Illustrations from Photographs (Classic Reprint) Elizabeth von Arnim. 2017. (ENG., Illus.). (J). 30.19 *(978-0-331-09690-3(0))* Forgotten Bks.

Elizabeth & the Piccadilly Council: When Buckingham Calls. Janet McCarroll. Illus. by Turine Tran. 2021. (Elizabeth & the Piccadilly Council Ser.: 1). 66p. (J). pap. 13.95 *(978-1-0983-9743-2(6))* BookBaby.

Elizabeth & the Potato Dolly. Barbara Sorensen Fallick. 2017. (ENG., Illus.). 34p. (J). (gr. k-3). pap. 12.95 *(978-0-9997020-0-0(9),* Gold Street Pubs.) Fallick, Barbara.

Elizabeth & the Time-Travel Car: Part 1. Alexa. 2022. (ENG.). 84p. (YA). 28.95 *(978-1-68570-021-8(7))*; pap. 13.95 *(978-1-63903-944-9(9))* Christian Faith Publishing.

Elizabeth & the Wooly Bear. Nonny. Illus. by Elizabeth. 2023. (Life with Elizabeth Ser.: Vol. 1). (ENG.). 70p. (J). 24.99 ***(978-1-6628-7239-6(9))***; pap. 16.49 ***(978-1-6628-7238-9(0))*** Salem Author Services.

Elizabeth & Zenobia: The Walls of Witheringe House. Jessica Miller. Illus. by Yelena Bryksenkova. 2019. (ENG.). 224p. (J). (gr. 4-8). pap. 8.99 *(978-1-4197-3378-9(8),* 1194703, Amulet Bks.) Abrams, Inc.

Elizabeth Anne: Goodness Girl & Her Green-Eyed Monster. Casey Hoffmaster. Illus. by David Eldred. 2018.

(ENG.). 36p. (J). pap. 17.99 *(978-0-692-13484-9(0))* Hoffmaster, Casey Camille.

Elizabeth Báthory: The Blood Countess, 1 vol. Jill Keppeler. 2016. (History's Most Murderous Villains Ser.). (ENG., Illus.). 32p. (J). (gr. 4-5). pap. 11.50 *(978-1-4824-4785-9(1)*, dd231e0a-025f-4d97-8799-cb239d871a69) Stevens, Gareth Publishing LLLP.

Elizabeth Blackwell: Doctor & Advocate for Women in Medicine, 1 vol. Lisa A. Crayton. 2016. (Heroes of the Women's Suffrage Movement Ser.). (ENG., Illus.). 128p. (gr. 6-6). 38.93 *(978-0-7660-7890-1(6)*, 8a48dd6b-799b-440c-a49b-0ce996a37e86) Enslow Publishing, LLC.

Elizabeth Blackwell: Trailblazing Woman Doctor. Matt Doeden. 2022. (Gateway Biographies Ser.). (ENG., Illus.). 48p. (J). (gr. 4-8). pap. 11.99 *(978-1-7284-7756-5(5)*, e272d645-7655-45dd-ac48-27ead14cf0e1, Lerner Pubns.) Lerner Publishing Group.

Elizabeth Cady Stanton, 1 vol. Joan Stoltman. 2018. (Little Biographies of Big People Ser.). (ENG.). 24p. (gr. 1-2). 24.27 *(978-1-5382-1836-5(4)*, c624885d-3665-4dee-b5d7-777942743dfd) Stevens, Gareth Publishing LLLP.

Elizabeth Cady Stanton: Fighter for Women's Rights. Jeri Cipriano. Illus. by Scott R. Brooks. 2020. (Beginner Biography (LOOK! Books (tm)) Ser.). (ENG.). 24p. (J). (gr. k-2). pap. 8.99 *(978-1-63440-988-9(4)*, 9045855b-7745-4291-8fc3-ef2755b90e94); lib. bdg. 25.32 *(978-1-63440-987-2(6)*, d00bcc29-6d9f-4bc6-8d78-8db56f017f7c) Red Chair Pr.

Elizabeth Cady Stanton: Founder of the Women's Suffrage Movement, 1 vol. Deborah Kent. 2016. (Heroes of the Women's Suffrage Movement Ser.). (ENG.). 128p. (gr. 6-6). 38.93 *(978-0-7660-7889-5(2)*, 05025743-f964-4f6c-8e70-67989020d66a) Enslow Publishing, LLC.

Elizabeth Clark's Christmas Stories. Elizabeth Clark. Illus. by Nina Brisley. 2017. (ENG.). 80p. (J). (gr. k-2). 16.99 *(978-0-9934884-6-7(3))* Pikku Publishing GBR. Dist: Independent Pubs. Group, Casemate Pubs. & Bk. Distributors, LLC.

Elizabeth de Bruce, Vol. 1 of 3 (Classic Reprint) C. I. Johnstone. 2018. (ENG., Illus.). 394p. (J). 32.04 *(978-0-484-70732-9(9))* Forgotten Bks.

Elizabeth de Bruce, Vol. 2 of 3 (Classic Reprint) Unknown Author. 2017. (ENG., Illus.). (J). 32.39 *(978-0-266-17732-6(8))* Forgotten Bks.

Elizabeth de Bruce, Vol. 3 of 3 (Classic Reprint) C. I. Johnstone. 2017. (ENG., Illus.). (J). 32.31 *(978-0-260-32641-6(0))* Forgotten Bks.

Elizabeth Finds Her Brave. Laura Bridle-Smith. 2022. (ENG.). 22p. (J). pap. ***(978-1-80227-436-3(7))*** Publishing Push Ltd.

Elizabeth Friedman: Expert Codebreaker of World War (II) Contrib. by Elizabeth Pagel-Hogan. 2023. (Women Warriors of World War II Ser.). (ENG.). 32p. (J). pap. 7.99 ***(978-1-6690-1341-9(3)***, 248445, Capstone Pr.) Capstone.

Elizabeth Fry: The Angel of the Prisons (Classic Reprint) Laura E. Richards. 2017. (ENG., Illus.). (J). 28.56 *(978-0-260-55736-0(6))* Forgotten Bks.

Elizabeth Fry: The Angel of the Prisons, Pp. 1-205. Laura E. Richards. 2017. (ENG., Illus.). (J). pap. *(978-0-649-57275-5(0))* Trieste Publishing Pty Ltd.

Elizabeth Gets Healed. Angela Trujillo. 2019. (ENG., Illus.). 24p. (J). (gr. k-4). 20.95 *(978-1-61244-788-9(0))*; pap. 13.95 *(978-1-61244-755-1(4))* Halo Publishing International.

Elizabeth Gets Her Wings. Janet Stobie. Illus. by Olivia Phillips. 2017. (ENG.). (J). pap. *(978-0-9737986-8-5(8))* Child's Play Productions.

Elizabeth Glen. M. B: The Experiences of a Lady Doctor (Classic Reprint) Annie S. Swan. 2018. (ENG., Illus.). (J). 348p. 31.07 *(978-1-397-21377-8(9))*; 350p. pap. 13.57 *(978-1-397-21376-1(0))* Forgotten Bks.

Elizabeth Goes Camping. Darlene Unruh. 2022. (ENG.). 36p. (J). ***(978-0-2288-7714-1(8))***; pap. ***(978-0-2288-7713-4(X))*** Tellwell Talent.

Elizabeth Goes to Mars! Betty R. Robinson. 2020. (Elizabeth Ser.: Vol. 1). (ENG.). 38p. (J). *(978-0-2288-2811-2(2))*; pap. *(978-0-2288-2810-5(4))* Tellwell Talent.

Elizabeth Goes to the Hospital. Darlene Unruh. 2020. (Elizabeth Ser.: Vol. 1). (ENG.). 34p. (J). *(978-0-2288-3117-4(2))*; pap. *(978-0-2288-3116-7(4))* Tellwell Talent.

Elizabeth I. Jacob Abbott. 2019. (J). pap. *(978-1-947644-18-2(1))* Canon Pr.

Elizabeth I: Queen of England, 1 vol. Barbara Gottfried Hollander. 2017. (Women Who Changed History Ser.). (ENG., Illus.). 48p. (J). (gr. 6-7). lib. bdg. 28.41 *(978-1-68048-643-8(8)*, 251dc564-d495-4be1-82c8-296e89b76a95, Britannica Educational Publishing) Rosen Publishing Group, Inc., The.

Elizabeth I (a True Book: Queens & Princesses) Nel Yomtov. 2020. (True Book (Relaunch) Ser.). (ENG., Illus.). 48p. (J). (gr. 3-5). pap. 7.95 *(978-0-531-13434-4(2)*, Children's Pr.) Scholastic Library Publishing.

Elizabeth I (a True Book: Queens & Princesses) (Library Edition) Nel Yomtov. 2020. (True Book (Relaunch) Ser.). (ENG., Illus.). 48p. (J). (gr. 3-5). lib. bdg. 31.00 *(978-0-531-13174-9(2)*, Children's Pr.) Scholastic Library Publishing.

Elizabeth I Love You All Ways. Marianne Richmond. Illus. by Dubravka Kolanovic. 2023. (I Love You All Ways Ser.). (ENG.). 32p. (J). (gr. -1-3). 8.99 ***(978-1-7282-7350-1(1))*** Sourcebooks, Inc.

Elizabeth in Retreat (Classic Reprint) Margaret Westrup. (ENG., Illus.). (J). 2018. 438p. 32.93 *(978-0-483-98053-2(6))*; 2016. pap. 16.57 *(978-1-333-45972-7(6))* Forgotten Bks.

Elizabeth Makes a Friend: Coloring Book. Carmen K. Jimenez. 2019. (Elizabeth Ser.: Vol. 2). (ENG., Illus.). 20p. (J). (gr. k-3). pap. 7.99 *(978-1-7339945-2-1(1))* Warren Publishing, Inc.

Elizabeth Massie's Ameri-Scares Michigan: The Dragon of Lake Superior. Stephen Mark Rainey. 2019. (ENG.). 144p. (J). pap. 9.99 *(978-1-950565-43-6(2))* Crossroad Pr.

Elizabeth on the North Pole Express. J. D. Green. Illus. by Joanne Partis. 2022. (North Pole Express Bears Ser.). (ENG.). 32p. (J). (gr. -1-3). 7.99 ***(978-1-7282-6929-0(6))*** Sourcebooks, Inc.

Elizabeth on the North Pole Express. J. D. Green. 2019. (North Pole Express Ser.). (ENG.). 32p. (J). (gr. -1-3). 7.99 ***(978-1-7282-0327-0(9))*** Sourcebooks, Inc.

Elizabeth or the Exiles of Siberia; a Tale Founded on Facts (Classic Reprint) Marie Cottin. 2018. (ENG., Illus.). 166p. (J). 27.32 *(978-0-484-47397-2(2))* Forgotten Bks.

Elizabeth Prentiss: More Love. Claire Williams. rev. ed. 2019. (Trail Blazers Ser.). (ENG.). 144p. (J). pap. 8.99 *(978-1-5271-0299-6(8)*, 3e3cfcad-d94d-4321-931b-efcca1a0d22c, CF4Kids) Christian Focus Pubns. GBR. Dist: Baker & Taylor Publisher Services (BTPS).

Elizabeth Santa's Secret Elf. Put Me In The Story & Katherine Sully. Illus. by Julia Seal. 2018. (Santa's Secret Elf Ser.). (ENG.). 32p. (J). (gr. k-3). 5.99 *(978-1-4926-8136-6(9))* Sourcebooks, Inc.

Elizabeth Schuyler: A Story of Old New York (Classic Reprint) Mary Elizabeth Springer. 2017. (ENG., Illus.). (J). 29.32 *(978-1-5282-8673-2(1))*; pap. 11.97 *(978-0-243-41133-7(2))* Forgotten Bks.

Elizabeth Sees the World: Finding Beauty. Paul L. Shipton. 2023. (What's Next? Ser.: 2). (Illus.). 28p. (J). 29.99 ***(978-1-6678-7211-7(7))*** BookBaby.

Elizabeth Started All the Trouble. Doreen Rappaport. Illus. by Matt Faulkner. 2016. (ENG.). 40p. (J). (gr. -1-3). 18.99 *(978-0-7868-5142-3(2))* Disney Pr.

Elizabeth, the Mirror & the Zombie. Yohawnn Bynes. 2021. (ENG.). 38p. (J). pap. 15.95 *(978-1-64801-523-6(9))* Newman Springs Publishing, Inc.

Elizabeth Tilley, a Pilgrim Traveler, & Michael & Grace Elizabeth of Plymouth, Massachusetts. R. Constance Wiener. 2021. (ENG.). 100p. (YA). pap. *(978-1-7947-6380-7(5))* Lulu Pr., Inc.

Elizabeth 'Twas the Night Before Christmas. Illus. by Lisa Alderson. 2019. (Night Before Christmas Ser.). (ENG.). 32p. (J). (gr. -1-3). 7.99 ***(978-1-7282-0220-4(5))*** Sourcebooks, Inc.

Elizabeth Visits America (Classic Reprint) Elinor Glyn. (ENG., Illus.). (J). 2018. 350p. 31.12 *(978-0-483-61141-2(7))*; 2016. pap. 13.57 *(978-1-334-13285-8(2))* Forgotten Bks.

Elizabeth Warren: Democratic Senator from Massachusetts, 1 vol. Jeri Freedman. 2017. (Leading Women Ser.). (ENG., Illus.). 112p. (YA). (gr. 7-7). 41.64 *(978-1-5026-2699-8(3)*, fd6cd751-fce0-41ed-92f6-f460528a8cbf) Cavendish Square Publishing LLC.

Elizabeth Warren: Get to Know the Persistent Politician. Dani Gabriel. 2019. (People You Should Know Ser.). (ENG., Illus.). 32p. (J). (gr. 3-6). pap. 7.95 *(978-1-5435-7464-7(5)*, 140904); lib. bdg. 27.99 *(978-1-5435-7182-0(4)*, 140433) Capstone.

Elizabeth Warren: Nevertheless, She Persisted. Susan Wood. Illus. by Sarah Green. 2018. (ENG.). 48p. (J). (gr. 1-4). 18.99 *(978-1-4197-3162-4(9)*, 1210001, Abrams Bks. for Young Readers) Abrams, Inc.

Elizabeth Warren: What It Takes to Run for President. Janet Nichols Lynch. 2022. (ENG.). 88p. (J). pap. 11.95 *(978-1-949290-88-2(3))* Bedazzled Ink Publishing Co.

Elizabeth Warren's Big, Bold Plans. Laurie Ann Thompson. Illus. by Susanna Chapman. 2020. (ENG.). 40p. (J). (gr. -1-3). 17.99 *(978-1-5344-7580-9(X)*, Atheneum Bks. for Young Readers) Simon & Schuster Children's Publishing.

Elizabeth Webster & the Chamber of Stolen Ghosts. William Lashner. 2021. (Elizabeth Webster Ser.: 3). (ENG.). 320p. (J). (gr. 3-7). 16.99 *(978-0-7595-5772-7(1))* Little, Brown Bks. for Young Readers.

Elizabeth Webster & the Court of Uncommon Pleas. William Lashner. (Elizabeth Webster Ser.: 1). (ENG.). (J). (gr. 5-9). 2020. 336p. pap. 17.99 *(978-1-368-06520-7(1))*; 2019. 320p. 16.99 *(978-1-368-04128-7(0))* Hyperion Bks. for Children.

Elizabeth Webster & the Portal of Doom. William Lashner. 2020. (Elizabeth Webster Ser.: 2). (ENG.). 336p. (J). (gr. 5-9). 16.99 *(978-1-368-06289-3(X))* Hyperion Bks. for Children.

Elizabethan, 1905 (Classic Reprint) Elizabeth College. (ENG., Illus.). (J). 2018. 200p. 28.02 *(978-0-483-25730-6(3))*; 2017. pap. 10.57 *(978-0-259-94437-9(8))* Forgotten Bks.

Elizabethan, 1909 (Classic Reprint) Edna Oliver Harper. 2017. (ENG., Illus.). (J). 27.07 *(978-0-266-87866-7(0))*; pap. 9.57 *(978-1-5280-2046-6(4))* Forgotten Bks.

Elizabethan, 1910 (Classic Reprint) Elizabeth College. 2017. (ENG., Illus.). (J). 27.24 *(978-0-260-62552-6(3))*; pap. 9.97 *(978-0-265-02020-3(4))* Forgotten Bks.

Elizabethan, 1912, Vol. 11 (Classic Reprint) Elizabeth College. 2017. (ENG., Illus.). (J). 27.24 *(978-0-331-46809-0(3))*; pap. 9.97 *(978-0-260-31448-2(X))* Forgotten Bks.

Elizabethan, 1913, Vol. 12 (Classic Reprint) Elizabeth College. 2017. (ENG., Illus.). (J). 170p. 27.42 *(978-0-260-62495-6(0))*; 172p. pap. 9.97 *(978-0-265-02074-6(3))* Forgotten Bks.

Elizabethan & Edwardian Attire Coloring Book. Jupiter Kids. 2018. (ENG., Illus.). 106p. (J). pap. 12.55 *(978-1-68326-259-6(X)*, Jupiter Kids (Childrens & Kids Fiction)) Speedy Publishing LLC.

Elizabethan Parish in Its Ecclesiastical & Financial Aspects. Sedley Lynch Ware. 2017. (ENG., Illus.). (J). 22.95 *(978-1-374-91064-5(3))*; pap. 12.95 *(978-1-374-91063-8(5))* Capital Communications, Inc.

Elizabeth's Campaign (Classic Reprint) Humphry Ward. 2017. (ENG., Illus.). 336p. (J). 30.85 *(978-0-332-88144-7(X))* Forgotten Bks.

Elizabeth's Charm-String (Classic Reprint) Cora B. Forbes. (ENG., Illus.). (J). 2018. 278p. 29.63 *(978-0-267-39513-2(2))*; 2016. pap. 13.57 *(978-1-334-13300-8(X))* Forgotten Bks.

Elizabeth's Christmas Wish. Put Me In The Story & J. D. Green. Illus. by Julia Seal. 2018. (Christmas Wish Ser.). (ENG.). 32p. (J). (gr. k-3). 6.99 ***(978-1-4926-8321-6(3))*** Sourcebooks, Inc.

Elizabeth's Enlightening Day at the Zoo. Betty R. Robinson. 2022. (ENG.). 44p. (J). *(978-0-2288-5757-0(0))*; pap. *(978-0-2288-5756-3(2))* Tellwell Talent.

Elizabeth's First Day of School. Starla L. Baldwin. Illus. by Seantaya Breckenridge-Coates. 2023. (Elizabeth's First Ser.: Vol. 6). (ENG.). 28p. (J). pap. 14.99 ***(978-1-6628-6342-4(X))*** Salem Author Services.

Elizabeth's First Kiss see Flechazo

Elizabeth's Prisoner (Classic Reprint) L. T. Meade. (ENG., Illus.). (J). 2018. 302p. 30.13 *(978-0-364-00573-6(4))*; 2017. pap. 13.57 *(978-0-243-50027-7(0))* Forgotten Bks.

Elizabeth's Song. Michael Wenberg. Illus. by Cornelius Van Wright. 2022. (ENG.). 32p. (J). 10.99 *(978-1-58270-889-8(4)*, Beyond Words) Simon & Schuster.

Elizabeth's Story. Gerda Cristal. 2021. 30p. (J). pap. 12.95 *(978-1-0983-5597-5(0))* BookBaby.

Eliza's Noisy Stroll. Braden Denslow et al. 2022. (ENG.). 50p. (J). 17.99 *(978-0-9998736-7-0(9))*; pap. 9.99 *(978-0-9998736-6-3(0))* Peepy Squeeky Publishing.

Elk. Valerie Bodden. 2019. (Amazing Animals Ser.). (ENG.). 24p. (J). (gr. 1-3). pap. 9.99 *(978-1-62832-623-9(9)*, 18684, Creative Paperbacks); *(978-1-64026-035-1(8)*, 18683) Creative Co., The.

Elk. Melissa Gish. 2017. (Living Wild Ser.). (ENG., Illus.). 48p. (J). (gr. 4-7). *(978-1-60818-829-1(9)*, 20192, Creative Education) Creative Co., The.

Elk. August Hoeft. (I See Animals Ser.). (ENG.). (J). 2022. 20p. 24.99 ***(978-1-5324-3404-4(9))***; 2022. 20p. pap. 12.99 ***(978-1-5324-4207-0(6))***; 2020. 12p. pap. 5.99 *(978-1-5324-1485-5(4))* Xist Publishing.

Elk Eyes & Fireflies. Jennifer Pagan. 2020. (ENG.). 42p. (J). pap. 20.99 *(978-1-7947-5388-4(5))* Lulu Pr., Inc.

Elk Hunt Adventure. Monica Roe. Illus. by Gregor Forster. 2022. (Wilderness Ridge Ser.). (ENG.). 72p. (J). 25.99 *(978-1-6639-7493-8(4)*, 226329); pap. 5.95 *(978-1-6663-2963-6(0)*, 226311) Capstone. (Stone Arch Bks.).

Elkan Lubliner, American (Classic Reprint) Montague Glass. 2017. (ENG., Illus.). (J). 30.74 *(978-0-266-23826-3(2))* Forgotten Bks.

Elkie's Escape. Maria McKinnon. Illus. by Bridget Acreman. 2022. (ENG.). 32p. (J). pap. *(978-1-922751-69-0(3))* Shawline Publishing Group.

Elkswatawa, or the Prophet of the West, Vol. 1 Of 2: A Tale of the Frontier (Classic Reprint) James Strange French. 2018. (ENG., Illus.). 250p. (J). 29.05 *(978-0-483-64813-5(2))* Forgotten Bks.

Elkswatawa, or the Prophet of the West, Vol. 2 Of 2: A Tale of the Frontier (Classic Reprint) James Strange French. 2017. (ENG., Illus.). 258p. (J). 29.24 *(978-0-332-88017-4(6))* Forgotten Bks.

Elkwood. Dawn Meredith. 2022. (ENG.). 210p. (YA). pap. *(978-1-925821-97-0(8))* Shooting Star Pr.

Ella. Anthony Reninger. 2019. (ENG.). 282p. (YA). (gr. 8-12). pap. *(978-0-646-99930-2(3))* Thee & Thou Publishing.

Ella: How a Sad Girl Learns She's Perfect Just the Way She Is. Marisa Chiorello. 2017. (ENG., Illus.). (J). (gr. k-3). pap. 12.95 *(978-0-9911860-0-6(1))* Showtime Bks.

Ella: Or, Turning over a New Leaf (Classic Reprint) Walter Aimwell. 2017. (ENG., Illus.). (J). 29.86 *(978-0-266-19449-1(4))* Forgotten Bks.

Ella & Alora & the Secret Drain: The Extraordinary Travels of Two Sisters. Kathryn O'Dwyer. Illus. by Sasha Baines. 2023. (ENG.). 64p. (J). ***(978-1-0391-6314-0(9))***; pap. ***(978-1-0391-6313-3(0))*** FriesenPress.

Ella & Ash. K. A. Last. 2019. (ENG.). 156p. (YA). pap. *(978-0-6480257-9-5(9))* Last, K. A.

Ella & Kay Kay. Ari Ella. 2019. (ENM., Illus.). 28p. (J). (gr. k-1). *(978-1-950817-00-9(8))* Power Corner Pr..com(r).

Ella & Kay Kay Coloring Book. Ari Ella. Illus. by Milena Matic. 2020. (ENG.). 26p. (J). pap. 10.00 *(978-1-950817-15-3(6))* Power Corner Pr..com(r).

Ella & Leo Save the Fairies. Dave Reed. 2018. (ENG.). 176p. (J). ***(978-0-359-14355-9(5))*** Lulu Pr., Inc.

Ella & Monkey at Sea. Emilie Boon. Illus. by Emilie Boon. 2018. (Illus.). 32p. (J). (gr. -1-2). 16.99 *(978-0-7636-9233-9(6))* Candlewick Pr.

Ella & Owen 1: the Cave of Aaaaah! Doom! Jaden Kent. Illus. by Iryna Bodnaruk. 2017. (Ella & Owen Ser.: 1). (ENG.). 112p. (J). (gr. k-3). pap. 5.99 *(978-1-4998-0368-6(0))* Little Bee Books Inc.

Ella & Owen 10: the Dragon Games! Jaden Kent. Illus. by Iryna Bodnaruk. 2018. (Ella & Owen Ser.: 10). (ENG.). 112p. (J). (gr. k-3). 16.99 *(978-1-4998-0617-5(5))*; pap. 5.99 *(978-1-4998-0616-8(7))* Little Bee Books Inc.

Ella & Owen 2: Attack of the Stinky Fish Monster! Jaden Kent. Illus. by Iryna Bodnaruk. 2017. (Ella & Owen Ser.: 2). (ENG.). 112p. (J). (gr. k-3). pap. 5.99 *(978-1-4998-0369-3(9))* Little Bee Books Inc.

Ella & Owen: 4 Books In 1! Jaden Kent. Illus. by Iryna Bodnaruk. 2019. (Ella & Owen Ser.: 1). (ENG.). 416p. (J). (gr. k-3). 14.99 *(978-1-4998-0998-5(0))* Little Bee Books Inc.

Ella & Owen 5: the Great Troll Quest. Jaden Kent. Illus. by Iryna Bodnaruk. 2017. (Ella & Owen Ser.: 5). (ENG.). 112p. (J). (gr. k-3). 16.99 *(978-1-4998-0474-4(1))*; pap. 5.99 *(978-1-4998-0473-7(3))* Little Bee Books Inc.

Ella & Owen 6: Dragon Spies! Jaden Kent. Illus. by Iryna Bodnaruk. 2017. (Ella & Owen Ser.: 6). (ENG.). 112p. (J). (gr. k-3). 16.99 *(978-1-4998-0476-8(8))*; pap. 5.99 *(978-1-4998-0475-1(X))* Little Bee Books Inc.

Ella & Owen 7: Twin Trouble. Jaden Kent. Illus. by Iryna Bodnaruk. 2018. (Ella & Owen Ser.: 7). (ENG.). 112p. (J). (gr. k-3). 16.99 *(978-1-4998-0611-3(6))*; pap. 5.99 *(978-1-4998-0610-6(8))* Little Bee Books Inc.

Ella & Owen 8: the Worst Pet. Jaden Kent. Illus. by Iryna Bodnaruk. 2018. (Ella & Owen Ser.: 8). (ENG.). 112p. (J). (gr. k-3). 16.99 *(978-1-4998-0613-7(2))*; pap. 5.99 *(978-1-4998-0612-0(4))* Little Bee Books Inc.

Ella & Owen 9: Grumpy Goblins. Jaden Kent. Illus. by Iryna Bodnaruk. 2018. (Ella & Owen Ser.: 9). (ENG.). 112p. (J). (gr. k-3). 16.99 *(978-1-4998-0615-1(9))*; pap. 5.99 *(978-1-4998-0614-4(0))* Little Bee Books Inc.

Ella & Penguin: a Perfect Match. Megan Maynor. Illus. by Rosalinde Bonnet. 2017. (ENG.). 32p. (J). (gr. -1-3). 17.99 *(978-0-06-233089-5(6)*, HarperCollins) HarperCollins Pubs.

Ella & Penguin Stick Together. Megan Maynor. Illus. by Rosalinde Bonnet. 2016. (ENG.). 32p. (J). (gr. -1-3). 17.99 *(978-0-06-233088-8(8)*, HarperCollins) HarperCollins Pubs.

Ella & the Halloween Mystery. 2016. (Illus.). 24p. (J). *(978-1-5182-3174-2(8))* Baker & Taylor, CATS.

Ella & the Imp & Tap, Tap, Tap. Robin Twiddy. Illus. by Maia Batumashvili & Alex Dingley. 2023. (Level 2 - Red Set Ser.). (ENG.). 32p. (J). (gr. k-2). lib. bdg. 19.95 Bearport Publishing Co., Inc.

Ella & the Pink Creature. Stella Businge. 2016. (ENG., Illus.). 34p. (J). pap. *(978-1-326-88619-6(3))* Lulu Pr., Inc.

Ella & the Wicked Old Witch. Ellie Windgassen. 2019. (ENG.). 16p. (J). pap. 14.99 *(978-0-359-58283-9(4))* Lulu Pr., Inc.

Ella & the Wonderful, Colorful Food Cape. Veronica Naudin. Illus. by Richard Naudin. 2022. 40p. (J). pap. 10.99 *(978-1-0983-8647-4(7))* BookBaby.

Ella Bakes!: the Secret Ingredient. Lisa Lessi. 2022. (ENG.). 38p. (J). 17.95 *(978-1-64543-771-0(X))* Amplify Publishing Group.

Ella Bella Ballerina & the Magic Toyshop. James Mayhew. 2017. (ENG., Illus.). 32p. (J). (gr. -1-3). 14.99 *(978-1-4380-5005-8(4)*, Sourcebooks Jabberwocky) Sourcebooks, Inc.

Ella Clinton: Or by Their Fruits Ye Shall Know Them (Classic Reprint) Martha Farquharson. 2017. (ENG., Illus.). (J). 28.27 *(978-0-266-98343-9(X))* Forgotten Bks.

Ella Digs a Garden. Cecilia Minden. Illus. by Megan Higgins. 2021. (Little Blossom Stories Ser.). (ENG.). 16p. (J). (gr. -1-2). pap. 11.36 *(978-1-5341-8807-5(X)*, 218979, Cherry Blossom Press) Cherry Lake Publishing.

Ella Enchanted: A Newbery Honor Award Winner. Gail Carson Levine. 2022. (ENG.). 304p. (J). (gr. 3-7). pap. 9.99 *(978-0-06-440705-2(5)*, Quill Tree Bks.) HarperCollins Pubs.

Ella Enchanted Novel Units Student Packet. Novel Units. 2019. (ENG.). (J). pap. 13.99 *(978-1-58130-627-9(X)*, Novel Units, Inc.) Classroom Library Co.

Ella Enchanted Novel Units Teacher Guide. Novel Units. 2019. (ENG.). (J). pap. 12.99 *(978-1-58130-626-2(1)*, Novel Units, Inc.) Classroom Library Co.

Ella Es la Jefa. Alana Toulopoulos. 2023. (SPA.). 38p. (J). 19.95 ***(978-1-63755-499-9(0)***, Mascot Kids) Amplify Publishing Group.

Ella Ewing: The Missouri Giantess. Jason Offutt. 2016. (Illus.). 48p. (J). pap. 27.00 *(978-1-61248-172-2(8))* Truman State Univ. Pr.

Ella Fitzgerald. Illus. by Isabel Munoz. 2020. (Genius Ser.). (ENG.). 42p. (J). (gr. 1). 9.95 *(978-88-544-1622-2(3))* White Star Publishers ITA. Dist: Sterling Publishing Co., Inc.

Ella Fitzgerald: A Kid's Book about Not Giving up on Your Passion. Mary Nhin. 2022. (Mini Movers & Shakers Ser.: Vol. 34). (ENG.). 36p. (J). 25.99 ***(978-1-63731-690-0(9))*** Grow Grit Pr.

Ella Fitzgerald: Cantante Estadounidense de Jazz (Ella Fitzgerald: American Jazz Singer) (Spanish Version) Grace Hansen. 2016. (Biografías: Personas Que Han Hecho Historia (History Maker Biographies Set 2) Ser.). (SPA.). 24p. (J). (gr. -1-2). lib. bdg. 32.79 *(978-1-62402-681-2(8)*, 24866, Abdo Kids) ABDO Publishing Co.

Ella Fitzgerald: My First Ella Fitzgerald. Maria Isabel Sanchez Vegara & Bàrbara Alca. 2019. (Little People, BIG DREAMS Ser.: 11). (ENG., Illus.). 24p. (J). (gr. -1 — 1). bds. 9.99 ***(978-1-78603-257-7(0)***, Frances Lincoln Children's Bks.) Quarto Publishing Group UK GBR. Dist: Hachette Bk. Group.

Ella Goes to the Park: A Book about Shapes. Charly Haley. 2018. (My Day Readers Ser.). (ENG.). 24p. (J). (gr. -1-2). lib. bdg. 32.79 *(978-1-5038-2487-4(X)*, 212353) Child's World, Inc, The.

Ella Has a Plan. Davina Hamilton. Illus. by Elena Reinoso. 2020. (ENG.). 42p. (J). pap. *(978-0-9957005-7-4(5))* Ella Riley Group, The.

Ella Herbert: Or, Self-Denial. Anonymous. 2017. (ENG., Illus.). (J). pap. *(978-0-649-34865-7(6))* Trieste Publishing Pty Ltd.

Ella Herbert: Or Self-Denial (Classic Reprint) A. Lady. 2017. (ENG., Illus.). (J). 25.57 *(978-0-266-20644-6(1))* Forgotten Bks.

Ella I Love You All Ways. Marianne Richmond. Illus. by Dubravka Kolanovic. 2023. (I Love You All Ways Ser.). (ENG.). 32p. (J). (gr. -1-3). 8.99 ***(978-1-7282-7351-8(X))*** Sourcebooks, Inc.

Ella in Her Garden. Cecilia Minden. Illus. by Megan Higgins. 2021. (Little Blossom Stories Ser.). (ENG.). 16p. (J). (gr. -1-2). pap. 11.36 *(978-1-5341-8809-9(6)*, 218985, Cherry Blossom Press) Cherry Lake Publishing.

Ella in the Garden of Giverny: A Picture Book about Claude Monet. Daniel Fehr. Illus. by Monika Vaicenaviciene. 2022. (ENG.). 40p. (J). (gr. -1-3). 16.95 *(978-3-7913-7476-5(1))* Prestel Verlag GmbH & Co KG. DEU. Dist: Penguin Random Hse. LLC.

Ella Learns to Dance. Stenetta Anthony. 2022. (ENG., Illus.). 30p. (J). pap. 14.95 ***(978-1-68526-665-3(7))*** Covenant Bks.

Ella Lincoln, or Western Prairie Life: An Autobiography (Classic Reprint) Eliza Ann Woodruff Hopkins. (ENG., Illus.). (J). 2018. 358p. 31.30 *(978-0-364-40118-7(4))*; 2017. pap. 13.97 *(978-0-259-20086-4(7))* Forgotten Bks.

Ella Mckeen, Kickball Queen. Beth Mills. Illus. by Beth Mills. 2019. (ENG., Illus.). 32p. (J). (gr. k-3). lib. bdg. 17.99 *(978-1-5415-2897-0(2)*, 389cf0a7-c32c-4742-bec1-f969fa10e0eb, Carolrhoda Bks.) Lerner Publishing Group.

Ella Midnight & the Mystery of the Missing Nose. Rosemary Noble. 2020. (ENG., Illus.). 152p. (J). (gr. 2-3). pap. *(978-1-9998644-6-0(8))* Chichester Publishing.

Ella No Quiere Los Gusanos: Un Misterio (with Pronunciation Guide in English) Karl Beckstrand. Illus. by David Hollenbach. 2019. (Misterios para Los Menores Ser.: Vol. 3). (SPA.). 26p. (J). (gr. -1-3). 26.55 *(978-1-7320696-4-0(6))* Premio Publishing & Gozo Bks., LLC.

Ella of Garveloch: A Tale (Classic Reprint) Harriet Martineau. (ENG., Illus.). (J). 2018. 594p. 36.15 *(978-0-483-67651-0(9))*; 2016. pap. 19.57 *(978-1-334-15823-0(1))* Forgotten Bks.

Ella on the North Pole Express. J. D. Green. Illus. by Joanne Partis. 2022. (North Pole Express Bears Ser.). (ENG.). 32p. (J). (gr. -1-3). 7.99 ***(978-1-7282-6930-6(X))*** Sourcebooks, Inc.

Ella on the North Pole Express. J. D. Green. 2019. (North Pole Express Ser.). (ENG.). 32p. (J). (gr. -1-3). 7.99 ***(978-1-7282-0328-7(7))*** Sourcebooks, Inc.

Ella Persistió: 13 Mujeres Americanas Que Cambiaron el Mundo. Chelsea Clinton. Illus. by Alexandra Boiger. 2017. (She Persisted Ser.). 32p. (J). (gr. -1-3). 18.99 *(978-0-525-51494-7(5)*, Philomel Bks.) Penguin Young Readers Group.

Ella Persistió Alrededor Del Mundo: 13 Mujeres Que Cambiaron la Historia. Chelsea Clinton. Illus. by Alexandra Boiger. 2018. (She Persisted Ser.). 32p. (J). (gr. -1-3). 18.99 *(978-0-525-51702-3(2)*, Philomel Bks.) Penguin Young Readers Group.

Ella Persistió: Coretta Scott King / She Persisted: Coretta Scott King. Kelly Starling Lyons. Illus. by Gillian Flint. 2022. (Ella Persistio Ser.). (SPA.). 80p. (J). (gr. 1-4). pap. 9.95 *(978-1-64473-638-8(1))* Penguin Random House Grupo Editorial ESP. Dist: Penguin Random Hse. LLC.

Ella Persistió: Diana Taurasi / She Persisted: Diana Taurasi. Monica Brown. Illus. by Alexandra Boiger. 2023. (Ella Persistio Ser.: 6). (SPA.). 80p. (J). (gr. 1-4). pap. 9.95 ***(978-1-64473-654-8(3))*** Penguin Random House Grupo Editorial ESP. Dist: Penguin Random Hse. LLC.

Ella Persistió en el Deporte: Americanas Olímpicas Que Revolucionaron el Juego. Chelsea Clinton. Illus. by Alexandra Boiger. 2020. (She Persisted Ser.). (SPA.). 32p. (J). (gr. -1-3). 17.99 *(978-0-593-20478-8(6)*, Philomel Bks.) Penguin Young Readers Group.

Ella Persistió en la Ciencia: Mujeres Brillantes Que Marcaron la Diferencia. Chelsea Clinton. Illus. by Alexandra Boiger. 2022. (She Persisted Ser.). 32p. (J). (gr. -1-3). 17.99 *(978-0-593-52487-9(X)*, Philomel Bks.) Penguin Young Readers Group.

Ella Persistió: Harriet Tubman / She Persisted: Harriet Tubman. Andrea Davis Pinkney. 2022. (Ella Persistio Ser.). (SPA.). 80p. (J). (gr. 1-4). pap. 9.95 *(978-1-64473-555-8(5))* Penguin Random House Grupo Editorial ESP. Dist: Penguin Random Hse. LLC.

Ella Persistió: Malala Yousafzai / She Persisted: Malala Yousafzai. Aisha Saeed. Illus. by Alexandra Boiger. 2023. (Ella Persistio Ser.: 5). (SPA.). 80p. (J). (gr. 1-4). pap. 9.95 ***(978-1-64473-649-4(7))*** Penguin Random House Grupo Editorial ESP. Dist: Penguin Random Hse. LLC.

Ella Persistió: Sonia Sotomayor / She Persisted: Sonia Sotomayor. Meg Medina. Illus. by Gillian Flint. 2022. (Ella Persistio Ser.). (SPA.). 80p. (J). (gr. 1-4). pap. 9.95 *(978-1-64473-554-1(7))* Penguin Random House Grupo Editorial ESP. Dist: Penguin Random Hse. LLC.

Ella Persistió: Temple Grandin / She Persisted: Temple Grandin. Lyn Miller-Lachmann. Illus. by Gillian Flint. 2022. (Ella Persistio Ser.). (SPA.). 80p. (J). (gr. 1-4). pap. 9.95 *(978-1-64473-636-4(5))* Penguin Random House Grupo Editorial ESP. Dist: Penguin Random Hse. LLC.

Ella Plans a Garden. Cecilia Minden. Illus. by Megan Higgins. 2021. (Little Blossom Stories Ser.). (ENG.). 16p. (J). (gr. -1-2). pap. 11.36 *(978-1-5341-8806-8(1)*, 218976, Cherry Blossom Press) Cherry Lake Publishing.

Ella Plant Plants a Tree. Michael Amaral. 2021. (Ella Plant Ser.: 1). (ENG.). 34p. (J). pap. 12.95 *(978-1-0983-4744-4(7))* BookBaby.

Ella Plant Plants a Tree: Coloring Book Edition. Michael S. Amaral. Illus. by Shauna Moroney-Hamade. 2021. 34p. (J). pap. 10.49 *(978-1-0983-8673-3(6))* BookBaby.

Ella Plants a Garden. Cecilia Minden. Illus. by Megan Higgins. 2021. (Little Blossom Stories Ser.). (ENG.). 16p. (J). (gr. -1-2). pap. 11.36 *(978-1-5341-8808-2(8)*, 218982, Cherry Blossom Press) Cherry Lake Publishing.

Ella Santa's Secret Elf. Put Me In The Story & Katherine Sully. Illus. by Julia Seal. 2018. (Santa's Secret Elf Ser.). (ENG.). 32p. (J). (gr. k-3). 5.99 *(978-1-4926-8137-3(7))* Sourcebooks, Inc.

Ella Shops for Her Garden. Cecilia Minden. Illus. by Megan Higgins. 2021. (Little Blossom Stories Ser.). (ENG.). 16p. (J). (gr. -1-2). pap. 11.36 *(978-1-5341-8810-5(X)*, 218988, Cherry Blossom Press) Cherry Lake Publishing.

Ella the Elephant. Isabelle Mace. Illus. by Joyce Mace. 2018. (ENG.). 28p. (J). pap. 10.00 *(978-1-7329995-0-3(3))* OutFlow Publishing.

Ella the Swinging Duck. Suzan Overmeer. Illus. by Myriam Berenschot. 2020. (ENG.). 32p. (J). (gr. -1). 9.95 *(978-1-60537-517-5(9))*; 17.95 *(978-1-60537-498-7(9))* Clavis Publishing.

Ella 'Twas the Night Before Christmas. Illus. by Lisa Alderson. 2019. (Night Before Christmas Ser.). (ENG.). 32p. (J). (gr. -1-3). 7.99 ***(978-1-7282-0221-1(3))*** Sourcebooks, Inc.

Ella Unleashed. Alison Cherry. 2018. (ENG., Illus.). 208p. (J). (gr. 3-7). 17.99 *(978-1-5344-1212-5(3)*, Aladdin) Simon & Schuster Children's Publishing.

Ellabeth's Light. Aleesah Darlison. Illus. by Jill Brailsford. 2017. (Unicorn Riders Ser.). (ENG.). 112p. (J). (gr. 3-5). pap. 5.95 *(978-1-4795-6559-7(8)*, 128549, Picture Window Bks.) Capstone.

Ellabeth's Test. Aleesah Darlison. Illus. by Jill Brailsford. 2017. (Unicorn Riders Ser.). (ENG.). 112p. (J). (gr. 3-5). pap. 5.95 *(978-1-4795-6555-9(5)*, 128545, Picture Window Bks.) Capstone.

Ella's Big Catch. Tina Reich. Illus. by WIndha Sukmanindya. 2019. (ENG.). 44p. (J). pap. 9.99 *(978-1-7343186-2-3(7))* Reich, Tina.

Ella's Choice. Gaiathry Jeyarajan. 2021. (ENG.). 30p. (J). *(978-0-2288-3899-9(1))*; pap. *(978-0-2288-3898-2(3))* Tellwell Talent.

Ella's Christmas Wish. Put Me In The Story & J. D. Green. Illus. by Julia Seal. 2018. (Christmas Wish Ser.). (ENG.). 32p. (J). (gr. k-3). 6.99 ***(978-1-4926-8322-3(1))*** Sourcebooks, Inc.

Ella's Escapades. Zoe Drew. 2019. (ENG.). 72p. (J). pap. *(978-0-244-81500-4(3))* Lulu Pr., Inc.

Ella's Great American Adventure. Gracie D. Ramirez. 2016. (ENG., Illus.). (J). 17.99 *(978-1-4984-9045-0(X))*; pap. 8.99 *(978-1-4984-9044-3(1))* Salem Author Services.

Ella's Lost Her Earrings Coloring Book. Bobo's Children Activity Books. 2016. (ENG., Illus.). (J). pap. 9.33 *(978-1-68327-448-3(2))* Sunshine In My Soul Publishing.

Ella's Night Lights. Lucy Fleming. Illus. by Lucy Fleming. 2020. (ENG.). 32p. (J). (gr. -1-2). 17.99 *(978-1-5362-1269-3(5))* Candlewick Pr.

Ella's School Picture Day. Lana Jacobs. ed. 2018. (Penguin Young Readers Ser.). (ENG.). 32p. (J). (gr. -1-1). 7.00 *(978-1-64310-299-3(0))* Penworthy Co., LLC, The.

Ella's Stormy Summer Break. Amy Sparling. 2020. (ENG.). 226p. (YA). pap. 9.99 *(978-1-393-82713-9(6))* Draft2Digital.

Ella's Trip of a Lifetime. Melanie Ewbank. Illus. by Sylvia Itzel XIMI. 2021. (ENG.). 60p. (J). 20.99 *(978-1-63732-615-2(7))*; pap. 13.99 *(978-1-63732-629-9(7))* Climbing Angel Publishing.

Ella's Twisted Senior Year. Amy Sparling. 2020. (ENG.). 252p. (YA). pap. 9.99 *(978-1-393-98684-3(6))* Draft2Digital.

Ella's Umbrella. Courtney Shannon Strand. Illus. by Jennica Lounsbury. 2020. (ENG.). 32p. (J). (gr. k-2). 18.99 *(978-1-7342789-0-3(0))* Kicky Cane Pr.

Elle & Birdy. Michelle Wanasundera. Illus. by Ila Aydingoz. 2023. (ENG.). 32p. (J). pap. ***(978-1-922991-87-4(2))*** Library For All Limited.

Elle & Birdy. Michelle Wanasundera. Illus. by Mila Aydingoz. 2022. (ENG.). 32p. (J). pap. ***(978-1-922910-01-1(5))*** Library For All Limited.

Elle & Birdy - Elle Na Birdy. Michelle Wanasundera. Illus. by Mila Aydingoz. 2023. (SPA.). 32p. (J). pap. ***(978-1-922951-27-4(7))*** Library For All Limited.

Elle Campbell Wins Their Weekend. Ben Kahn. 2023. (ENG.). 272p. (J). (gr. 3-7). 18.99 ***(978-1-338-81530-6(X)***, Scholastic Pr.) Scholastic, Inc.

Elle Fanning. Dennis St. Sauver. 2018. (Big Buddy Pop Biographies Ser.). (ENG., Illus.). 32p. (J). (gr. 2-5). lib. bdg. 34.21 *(978-1-5321-1799-2(X)*, 30644, Big Buddy Bks.) ABDO Publishing Co.

Elle of the Ball. Elena Delle Donne. (Hoops Ser.: 1). (ENG., Illus.). (J). (gr. 3-7). 2019. 176p. pap. 7.99 *(978-1-5344-1232-3(8))*; 2018. 160p. 17.99 *(978-1-5344-1231-6(X))* Simon & Schuster Bks. For Young Readers. (Simon & Schuster Bks. For Young Readers).

Elle the Thumbelina Fairy. Daisy Meadows. 2017. (Illus.). 63p. (J). *(978-1-5182-3952-6(8))* Scholastic, Inc.

Elle the Thumbelina Fairy. Daisy Meadows. ed. 2017. (Rainbow Magic — Storybook Fairies Ser.: 1). (Illus.). 63p. (J). lib. bdg. 14.75 *(978-0-606-39717-9(5))* Turtleback.

Elleanor's Second Book (Classic Reprint) Frances Harriet Green. 2018. (ENG., Illus.). 128p. (J). 26.56 *(978-0-267-24004-3(X))* Forgotten Bks.

Ellegance the Mermaid. Susan Gardiner. (ENG.). (J). 2019. 42p. pap. 9.19 *(978-0-244-80394-0(3))*; 2017. (Illus.). 40p. *(978-1-326-92743-1(4))* Lulu Pr., Inc.

Ellen: A Poem for the Times (Classic Reprint) Unknown Author. 2018. (ENG., Illus.). 62p. (J). 25.18 *(978-0-428-52242-1(4))* Forgotten Bks.

Ellen: Or the Fanatic's Daughter (Classic Reprint) V. G. Cowdin. 2017. (ENG., Illus.). (J). 28.15 *(978-0-331-84717-8(5))*; pap. 10.57 *(978-0-259-37459-6(8))* Forgotten Bks.

Ellen: The Life-Review of a Human Spirit (Classic Reprint) Unknown Author. (ENG., Illus.). (J). 2018. 142p. 26.83 *(978-0-484-68755-3(7))*; 2017. pap. 9.57 *(978-0-243-20935-4(5))* Forgotten Bks.

Ellen & Mr. Man (Classic Reprint) Gouverneur Morris. 2018. (ENG., Illus.). 202p. (J). 28.08 *(978-0-483-07447-7(0))* Forgotten Bks.

Ellen & Sarah, or the Samplers: And Other Stories (Classic Reprint) Unknown Author. (ENG., Illus.). (J). 2018. 206p. 28.19 *(978-0-483-18498-5(5))*; 2016. pap. 10.57 *(978-1-333-57004-0(X))* Forgotten Bks.

Ellen Clifford: Or the Genius of Reform (Classic Reprint) Unknown Author. 2018. (ENG., Illus.). 144p. (J). 26.87 *(978-0-484-32746-6(1))* Forgotten Bks.

Ellen, Countess of Castle Howel, Vol. 1 Of 4: A Novel (Classic Reprint) Bennett. 2018. (ENG., Illus.). 492p. (J). 34.04 *(978-0-267-29108-3(6))* Forgotten Bks.

Ellen, Countess of Castle Howel, Vol. 3 Of 4: A Novel (Classic Reprint) Agnes Maria Bennett. (ENG., Illus.). (J). 2018. 464p. 33.47 *(978-0-365-28038-5(0))*; 2017. pap. 16.57 *(978-0-259-47705-1(2))* Forgotten Bks.

Ellen Degeneres. Little Bee Books. Illus. by Victoria Grace Elliott. 2020. (People of Pride Ser.). (ENG.). 22p. (J). (gr. -1-k). bds. 6.99 *(978-1-4998-1015-8(6))* Little Bee Books Inc.

Ellen Degeneres. Rae Simons. 2016. (ENG., Illus.). (J). pap. 18.99 *(978-1-62524-436-9(3)*, Village Earth Pr.) Harding Hse. Publishing Sebice Inc.

Ellen DeGeneres: Groundbreaking Entertainer. Jill C. Wheeler. 2017. (Newsmakers Set 2 Ser.). (ENG., Illus.). 48p. (J). (gr. 4-8). lib. bdg. 35.64 *(978-1-5321-1182-2(7)*, 25940) ABDO Publishing Co.

Ellen Degeneres: Groundbreaking Television Star, 1 vol. Sophie Washburne. 2018. (People in the News Ser.). (ENG.). 104p. (gr. 7-7). 41.03 *(978-1-5345-6332-2(6)*, 2e749f33-ecf1-43fc-821d-185c5ff73061, Lucent Pr.) Greenhaven Publishing LLC.

Ellen Degeneres: Television Comedian & Gay Rights Activist, 1 vol. Kelly Spence. 2016. (Leading Women Ser.). (ENG., Illus.). 112p. (YA). (gr. 7-7). 41.64 *(978-1-5026-1989-1(X)*, 58095109-7488-401a-96ca-42d5782be0ea) Cavendish Square Publishing LLC.

Ellen Degeneres: Groundbreaking Entertainer. Jill C. Wheeler. 2017. (Newsmakers Set 2 Ser.). (ENG.). 48p. (J). (gr. 4-8). 55.65 *(978-1-68078-967-6(8)*, 26368) ABDO Publishing Co.

Ellen Durand (Classic Reprint) Ruphemia Barnes. 2018. (ENG., Illus.). 240p. (J). 28.85 *(978-0-483-90864-2(9))* Forgotten Bks.

Ellen Groovyeverything Happens: By Macchu True, As Told to Othniel Poole. Othniel Poole. 2019. (ENG.). 134p. (YA). pap. 12.50 *(978-1-950860-00-5(0))* Strategic Book Publishing & Rights Agency (SBPRA).

Ellen Leslie: Or, the Reward of Self-Control (Classic Reprint) Unknown Author. 2018. (ENG., Illus.). 130p. (J). 26.58 *(978-0-267-23844-6(4))* Forgotten Bks.

Ellen Levis: A Novel (Classic Reprint) Elsie Singmaster. 2018. (ENG., Illus.). 294p. (J). 29.96 *(978-0-365-47334-3(0))* Forgotten Bks.

Ellen Mason: Or, Principle & Prejudice (Classic Reprint) Unknown Author. 2018. (ENG., Illus.). 116p. (J). 26.29 *(978-0-332-39331-5(3))* Forgotten Bks.

Ellen Middleton: A Tale (Classic Reprint) Georgiana Fullerton. (ENG., Illus.). (J). 2018. 776p. 39.92 *(978-0-365-50529-7(3))*; 2017. 31.49 *(978-0-265-48881-2(8))*; 2017. pap. 23.57 *(978-0-259-24605-3(0))*; 2016. pap. 13.97 *(978-1-334-12839-4(1))* Forgotten Bks.

Ellen Middleton, Vol. 1 Of 3: A Tale (Classic Reprint) Georgiana Fullerton. 2018. (ENG., Illus.). 286p. (J). 29.75 *(978-0-484-36034-0(5))* Forgotten Bks.

Ellen Ochoa. Christine Juarez. 2016. (Great Hispanic & Latino Americans Ser.). (ENG., Illus.). 24p. (J). (gr. -1-2). lib. bdg. 24.65 *(978-1-5157-1888-8(3)*, 132586, Pebble) Capstone.

Ellen Ochoa, 1 vol. Joan Stoltman. 2018. (Little Biographies of Big People Ser.). (ENG.). 24p. (J). (gr. 1-2). 24.27 *(978-1-5382-1840-2(2)*, 90786848-14f7-4e99-a61f-1bb8a131ae07) Stevens, Gareth Publishing LLLP.

Ellen Ochoa: Astronaut. Connor Stratton. 2021. (Important Women Ser.). (ENG., Illus.). 32p. (J). (gr. 2-3). pap. 9.95 *(978-1-64493-727-3(1))*; lib. bdg. 31.35 *(978-1-64493-691-7(7))* North Star Editions. (Focus Readers).

Ellen Ochoa: Dynamic Space Director. Rebecca Felix. 2018. (Space Crusaders Ser.). (ENG., Illus.). 32p. (J). (gr. 3-6). lib. bdg. 32.79 *(978-1-5321-1703-9(5)*, 30694, Checkerboard Library) ABDO Publishing Co.

Ellen Ochoa: Astronaut & Engineer. Monika Davies. 2022. (Blue Delta Biographies Ser.). (ENG.). 48p. (YA). (gr. 8-12). pap. 12.95 *(978-1-63889-049-2(8))* Saddleback Educational Publishing, Inc.

Ellen Outside the Lines. A. J. Sass. (ENG.). (J). (gr. 3-7). 2023. 352p. pap. 8.99 ***(978-0-7595-5629-4(6))***; 2022. 336p. 16.99 *(978-0-7595-5627-0(X))* Little, Brown Bks. for Young Readers.

Ellen Parry, or Trials of the Heart (Classic Reprint) Emily Edson Briggs. 2018. (ENG., Illus.). 194p. (J). 27.90 *(978-0-364-74446-8(4))* Forgotten Bks.

Ellen Prior (Classic Reprint) Alice Brown. (ENG., Illus.). (J). 2018. 186p. 27.73 *(978-0-483-47456-7(8))*; 2017. pap. 10.57 *(978-1-334-93148-2(8))* Forgotten Bks.

Ellen Stanley: And Other Stories (Classic Reprint) Unknown Author. 2018. (ENG., Illus.). 186p. (J). 27.73 *(978-0-332-16111-2(0))* Forgotten Bks.

Ellen Tebbits Novel Units Teacher Guide. Novel Units. 2019. (ENG.). (J). pap. 12.99 *(978-1-56137-387-1(7)*, Novel Units, Inc.) Classroom Library Co.

Ellen Terry (Classic Reprint) Clement Scott. 2017. (ENG., Illus.). (J). 28.17 *(978-0-331-69227-3(9))* Forgotten Bks.

Ellesmere Ms. of Chaucer's Canterbury Tales (Classic Reprint) Geoffrey Chaucer. 2017. (ENG., Illus.). (J). 37.43 *(978-0-331-46351-4(2))*; pap. 19.97 *(978-0-331-46345-3(8))* Forgotten Bks.

Ellesmere, Vol. 1 Of 4: A Novel (Classic Reprint) Meeke. 2018. (ENG., Illus.). 242p. (J). 28.91 *(978-0-267-27602-8(8))* Forgotten Bks.

Ellesmere, Vol. 2 Of 4: A Novel (Classic Reprint) Meeke. 2018. (ENG., Illus.). 264p. (J). 29.34 *(978-0-332-14990-5(0))* Forgotten Bks.

Ellesmere, Vol. 3 Of 4: A Novel (Classic Reprint) Mary Meeke. 2017. (ENG., Illus.). (J). 29.98 *(978-0-265-72846-8(0))*; pap. 13.57 *(978-1-5276-8879-7(8))* Forgotten Bks.

Ellesmere, Vol. 4 Of 4: A Novel (Classic Reprint) Mary Meeke. (ENG., Illus.). (J). 2018. 312p. 30.35 *(978-0-365-52318-5(6))*; 2017. pap. 13.57 *(978-0-259-39171-5(9))* Forgotten Bks.

Elli: A Day in the Life of a Kid with ADHD. Ari H. G. Yates & Elias Bjarnar Baldurssen. Illus. by Ari H. G. Yates. 2021. (ENG.). 44p. (J). pap. 16.99 *(978-1-930583-90-0(7))* Cast, Inc.

Ellia the Elephant: Outside the Herd. Evan Stuart. 2017. (ENG.). (J). 14.95 *(978-1-68401-299-2(6))* Amplify Publishing Group.

Ellie. Seymour C. Hamilton. Illus. by Shirley MacKenzie. 2nd ed. 2022. (Astreya's World Ser.: Vol. 6). (ENG.). 224p. (YA). pap. ***(978-1-990524-01-1(X))*** Seymour Hamilton.

Ellie & Emma Share the Moon. Lisa Sunderland. Illus. by Gennel Marie Sollano. 2019. (ENG.). 26p. (J). pap. 13.95 *(978-1-9736-7624-9(9)*, WestBow Pr.) Author Solutions, LLC.

Ellie & Her 2 Boys. Dimas Soares. 2017. (ENG., Illus.). (J). pap. *(978-1-5255-1001-4(0))* FriesenPress.

Ellie & Her Elephant. Wayne Edmiston. 2021. (ENG.). 38p. (J). pap. 7.99 *(978-1-0879-8442-1(4))* WEDmiston Publishing.

Ellie & the Good-Luck Pig: #10. Callie Barkley. Illus. by Marsha Riti. 2020. (Critter Club Ser.). (ENG.). 128p. (J). (gr. k-4). lib. bdg. 31.36 *(978-1-5321-4739-5(2)*, 36729, Chapter Bks.) Spotlight.

Ellie & the Jelly. Jon Casey. 2023. (ENG.). 34p. (J). 21.99 ***(978-1-960146-20-5(3))***; pap. 13.99 ***(978-1-960146-21-2(1))*** Warren Publishing, Inc.

Ellie & the Pandemic. Susan Strauss. 2022. (ENG.). 34p. (J). pap. *(978-1-83875-477-8(6)*, Nightingale Books) Pegasus Elliot Mackenzie Pubs.

Ellie & the Red Leprechaun. Thomas S. Lowbridge. 2017. (ENG., Illus.). 80p. (J). *(978-1-78623-938-9(8))* Grosvenor Hse. Publishing Ltd.

Ellie Anders: The Impossible School Project. Craig Kunce. 2017. (Ellie Anders Ser.: Vol. 1). (ENG., Illus.). (J). (gr. 1-5). pap. 14.00 *(978-1-944734-10-7(4))* Windhill Bks. LLC.

Ellie Elephant Earns a Star. Shoshonna Shoap. 2022. (Zoo School Bks.). (ENG.). 44p. (J). 22.00 ***(978-1-0880-6410-8(8))***; pap. 15.00 ***(978-1-0880-5572-4(9))*** Indy Pub.

Ellie Emu & Her Pink Tutu. Kim Taylor. 2017. (ENG., Illus.). (J). pap. 20.99 *(978-1-5043-1055-0(1)*, Balboa Pr.) Author Solutions, LLC.

Ellie, Engineer. Jackson Pearce. 2018. (Ellie, Engineer Ser.). (ENG., Illus.). (J). 208p. pap. 7.99 *(978-1-68119-948-1(3)*, 900194081, Bloomsbury Children's Bks.); 192p. 15.99 *(978-1-68119-519-3(4)*, 900175872, Bloomsbury USA Childrens) Bloomsbury Publishing USA.

Ellie, Engineer: in the Spotlight. Jackson Pearce. 2019. (Ellie, Engineer Ser.). (ENG., Illus.). 208p. (J). 16.99 *(978-1-5476-0185-1(X)*, 900203119, Bloomsbury Children's Bks.) Bloomsbury Publishing USA.

Ellie, Engineer: the Next Level. Jackson Pearce. (Ellie, Engineer Ser.). (ENG., Illus.). (J). 2019. 208p. pap. 7.99 *(978-1-5476-0206-3(6)*, 900203290); 2018. 192p. 15.99 *(978-1-68119-521-6(6)*, 900175873) Bloomsbury Publishing USA. (Bloomsbury Children's Bks.).

Ellie Engle Saves Herself. Leah Johnson. 2023. (Ellie Engle Ser.). (ENG.). 288p. (J). (gr. 3-7). 18.99 *(978-1-368-08555-7(5)*, Disney-Hyperion) Disney Publishing Worldwide.

Ellie Goes to Japan with Baba. Yoko Ashcroft. Illus. by Yoko Ashcroft. 2019. (ENG.). 60p. (J). pap. 12.99 *(978-0-9993077-2-4(X))* Ashcroft, Yoko.

Ellie Helps Emerald Feel Better. Yasmin Ladak. Illus. by I. Cenizal. 2022. (ENG.). 32p. (J). *(978-0-2288-3743-5(X))*; pap. *(978-0-2288-3742-8(1))* Tellwell Talent.

Ellie I Love You All Ways. Marianne Richmond. Illus. by Dubravka Kolanovic. 2023. (I Love You All Ways Ser.). (ENG.). 32p. (J). (gr. -1-3). 8.99 ***(978-1-7282-7352-5(8))*** Sourcebooks, Inc.

Ellie in Color. Mike Wu. 2018. (Illus.). 48p. (J). (— 1). bds. 7.99 ***(978-1-368-01200-3(0)***, Disney-Hyperion) Disney Publishing Worldwide.

Ellie Jelly & the Massive Mum Meltdown: A Story about When Parents Lose Their Temper & Want to Put Things Right. Sarah Naish. Illus. by Kath Grimshaw. 2018. (ENG.). 32p. (J). 19.95 *(978-1-78592-516-0(4)*, 696827) Kingsley, Jessica Pubs. GBR. Dist: Hachette UK Distribution.

Ellie-Mae's Caribbean Adventure - Phil the Follower. Emris Lindsay. 2017. (ENG., Illus.). 38p. (J). pap. *(978-1-365-99484-5(8))* Lulu Pr., Inc.

Ellie Makes a Friend. Mike Wu. 2020. (Illus.). 20p. (J). (-k). 16.99 ***(978-1-368-01000-9(8)***, Disney-Hyperion) Disney Publishing Worldwide.

Ellie Makes Her Move. Marilyn Kaye. (Spyglass Sisterhood Ser.: 1). 176p. (J). (gr. 3-7). 2022. pap. 7.99 *(978-0-8234-5110-4(0))*; 2021. 16.99 *(978-0-8234-4609-4(3))* Holiday Hse., Inc.

Ellie May on April Fools' Day: An Ellie May Adventure. Hillary Homzie. Illus. by Jeffrey Ebbeler. 2018. (Ellie May Ser.: 2). (ENG.). 112p. (J). (gr. 1-4). lib. bdg. 14.99 *(978-1-58089-820-1(3))* Charlesbridge Publishing, Inc.

Ellie May on Presidents' Day: An Ellie May Adventure. Hillary Homzie. Illus. by Jeffrey Ebbeler. 2018. (Ellie May Ser.: 1). (ENG.). 112p. (J). (gr. 1-4). lib. bdg. 14.99 *(978-1-58089-819-5(X))* Charlesbridge Publishing, Inc.

Ellie on the Mat. Danielle Marie Price. 2022. (ENG.). 24p. (J). 18.95 *(978-1-954614-63-5(2))*; pap. 9.95 *(978-1-954614-64-2(0))* Warren Publishing, Inc.

Ellie on the North Pole Express. J. D. Green. Illus. by Joanne Partis. 2022. (North Pole Express Bears Ser.). (ENG.). 32p. (J). (gr. -1-3). 7.99 ***(978-1-7282-6931-3(8))*** Sourcebooks, Inc.

Ellie on the North Pole Express. J. D. Green. 2019. (North Pole Express Ser.). (ENG.). 32p. (J). (gr. -1-3). 7.99 ***(978-1-7282-0329-4(5))*** Sourcebooks, Inc.

Ellie Sparrow & the Great Fire of London: Sizzling Adventure Story for Girls Ages 9-12. Claire Vorster. 2018. (ENG., Illus.). 112p. (J). pap. *(978-0-9567441-1-1(7))* Lane, Betty.

Ellie Steps up to the Plate. Callie Barkley. Illus. by Tracy Bishop. 2018. (Critter Club Ser.: 18). (ENG.). 128p. (J). (gr. k-4). 17.99 *(978-1-5344-1179-1(8))*; pap. 6.99 *(978-1-5344-1178-4(X))* Little Simon. (Little Simon).

Ellie Tames the Tiger. Callie Barkley. Illus. by Tracy Bishop. 2021. (Critter Club Ser.: 22). (ENG.). 128p. (J). (gr. k-4). 17.99 *(978-1-5344-8065-0(X))*; pap. 6.99 *(978-1-5344-8064-3(1))* Little Simon. (Little Simon).

Ellie, the ADHD SuperGirl, Conquers the First Grade. Yael Manor. Illus. by Julia Po. 2020. (ENG.). 50p. (J). pap. 10.67 *(978-1-63649-927-7(9))* Primedia eLaunch LLC.

Ellie the Elephant Visits the Dentist. Ashley Kenny. 2021. (ENG.). 24p. (J). pap. 14.95 *(978-1-63684-847-1(8))* Waldorf Publishing.

Ellie the Flower Girl. Callie Barkley. Illus. by Tracy Bishop. 2016. (Critter Club Ser.: 14). (ENG.). 128p. (J). (gr. k-4). pap. 6.99 *(978-1-4814-6718-6(2)*, Little Simon) Little Simon.

Ellie the Flower Girl. Callie Barkley. 2016. (Critter Club Ser.: 14). lib. bdg. 16.00 *(978-0-606-38965-5(2))* Turtleback.

Ellie, the Wandering Elephant. Philip N. Peterman. 2021. (ENG., Illus.). 30p. (J). pap. 13.95 *(978-1-63844-637-8(7))* Christian Faith Publishing.

Ellie 'Twas the Night Before Christmas. Illus. by Lisa Alderson. 2019. (Night Before Christmas Ser.). (ENG.). 32p. (J). (gr. -1-3). 7.99 ***(978-1-7282-0222-8(1))*** Sourcebooks, Inc.

Ellie Visita Ellis Island: Recabar Datos, 1 vol. Tana Hensley. 2017. (Computación Científica en el Mundo Real (Computer Science for the Real World) Ser.). (SPA.). 24p. (J). (gr. 3-4). pap. *(978-1-5383-5744-6(5)*, 88df5d88-a00a-4206-9430-2bfa6bc596b2, Rosen Classroom) Rosen Publishing Group, Inc., The.

Ellie Visita Ellis Island: Recabar Datos (Ellie's Trip to Ellis Island: Collecting Data), 1 vol. Tana Hensley. 2017. (Niños Digitales: Superdotados con Pensamiento Computacional (Computer Kids: Powered by Computational Thinking) Ser.). (SPA.). 24p. (J). (gr. 3-4). 25.27 *(978-1-5383-2878-1(X)*, f40f3f90-f2e3-4a29-9072-1ede8333cf40, PowerKids Pr.) Rosen Publishing Group, Inc., The.

Ellies Day at the Shore. Carol Story. 2021. (ENG.). 42p. (J). pap. 12.95 *(978-1-0983-5225-7(4))* BookBaby.

Ellie's Amazing Outfits. Patrick Potter. Illus. by Haley Rachel Smith. 2018. (ENG.). 40p. (J). pap. 9.95 *(978-1-908211-63-7(6))* Pro-Actif Communications GBR. Dist: Ingram Publisher Services.

Ellie's Brave Search: A Search & Rescue Dog Graphic Novel. Mari Bolte. Illus. by Diego Vaisberg. 2023. (Service Pups in Training Ser.). (ENG.). 32p. (J). pap. 6.99 ***(978-1-4846-8021-6(9)***, 252026, Picture Window Bks.) Capstone.

Ellie's Christmas Wish. Put Me In The Story & J. D. Green. Illus. by Julia Seal. 2018. (Christmas Wish Ser.). (ENG.). 32p. (J). (gr. k-3). 6.99 *(978-1-4926-8519-7(4))* Sourcebooks, Inc.

Ellie's Day at the Zoo. Carol Story. 2022. (Ellie's Day Ser.: 2). 50p. (J). pap. 14.95 *(978-1-6678-3584-6(X))* BookBaby.

Ellie's Deli: Wishing on Matzo Ball Soup!, Volume 1. Lisa Greenwald. Illus. by Galia Bernstein. 2023. (Ellieâe(tm)s Deli Ser.: 1). (ENG.). 224p. (J). 19.99 *(978-1-5248-8455-0(3))*; pap. 11.99 *(978-1-5248-8111-5(2))* Andrews McMeel Publishing.

Ellie's Dragon. Bob Graham. Illus. by Bob Graham. 2020. (ENG., Illus.). 40p. (J). (gr. -1-2). 16.99 *(978-1-5362-1113-9(3))* Candlewick Pr.

Ellie's First Word: La Primera Palabra de Eli. T.J. Norris. 2016. (ENG., Illus.). (J). pap. 16.99 *(978-1-4834-5577-8(7))* Lulu Pr., Inc.

Ellie's House. Janice Coleby. Illus. by Mike Shepherd. 2023. (ENG.). 50p. (J). *(978-0-2288-8864-2(6))*; pap. *(978-0-2288-8863-5(8))* Tellwell Talent.

Ellie's Lovely Idea: #6. Callie Barkley. Illus. by Marsha Riti. 2020. (Critter Club Ser.). (ENG.). 128p. (J). (gr. k-4). lib. bdg. 31.36 *(978-1-5321-4735-7(X)*, 36725, Chapter Bks.) Spotlight.

Ellie's Magic Wellies. Amy Sparkes. Illus. by Nick East. 2017. (ENG.). 32p. (J). (gr. -1-k). pap. 7.99 *(978-1-4052-7379-4(8))* Farshore GBR. Dist: HarperCollins Pubs.

Ellie's Magical Adventure. Melanie Hayes. 2023. (ENG.). 34p. (J). pap. 9.71 *(978-1-7782000-2-1(8))* Your Destiny Productions.

Ellie's Spooky Surprise. Callie Barkley. Illus. by Tracy Bishop. 2023. (Critter Club Ser.: 26). (ENG.). 128p. (J). (gr. k-4). 17.99 *(978-1-6659-2830-4(1))*; pap. 6.99 *(978-1-6659-2829-8(8))* Little Simon. (Little Simon).

Ellie's Stories: Kindergarten & 1st Grade. Blanchard Eliana. Illus. by Blanchard Eliana. 2016. (ENG., Illus.). (J). pap. 34.00 *(978-0-692-78442-6(X))* KidsCanPublish.Org.

Ellie's Strand: Exploring the Edge of the Pacific. M. L. Herring. 2018. (ENG., Illus.). 112p. (J). (gr. 3-5). pap. 17.95 *(978-0-87071-941-7(6))* Oregon State Univ. Pr.

Ellie's Trip to Ellis Island: Collecting Data, 1 vol. Tana Hensley. 2017. (Computer Kids: Powered by Computational Thinking Ser.). (ENG.). 24p. (J). (gr. 3-4). 25.27 *(978-1-5383-2392-2(3)*, 0daffc28-8127-435d-94b6-20e545e0c9e4, PowerKids Pr.); pap. *(978-1-5081-3778-8(1)*, fba8d102-3686-4098-9cf1-5347d3ca654d, Rosen Classroom) Rosen Publishing Group, Inc., The.

Ellie's Wish. Joan Mitchell David. Illus. by Jessi Leigh Small. 2019. (ENG.). 42p. (J). (gr. 1-3). 14.95 *(978-0-578-54664-3(7))*; pap. 6.95 *(978-0-578-54665-0(5))* Joan Mitchell David.

Elliot. Julie Pearson. Tr. by Erin Woods. Illus. by Manon Gauthier. 2022. (ENG.). 32p. (J). (gr. k-3). 12.95 *(978-1-77278-235-6(1))* Pajama Pr. CAN. Dist: Publishers Group West (PGW).

Elliot Gets Adopted. Debra Senegal. 2021. (ENG.). 32p. (J). 27.00 *(978-1-63684-208-0(9))* Primedia eLaunch LLC.

Elliot Gets Adopted. Debra Senegal. 2021. (ENG.). 32p. (J). pap. 12.99 *(978-1-7364690-0-2(2))* Southampton Publishing.

Elliot HATES His Lunch! Adalia Yang. Illus. by Dorothy Yang. 2020. (ENG.). 28p. (J). *(978-0-2288-2722-1(1))*; pap. *(978-0-2288-2720-7(5))* Tellwell Talent.

Elliot Jelly-Legs & the Bobblehead Miracle. Yolanda Ridge. Illus. by Sydney Barnes. 2023. (ENG.). 240p. (J). (gr. 4-7). pap. 12.95 *(978-1-4598-3379-1(1))* Orca Bk. Pubs. USA.

Elliot the Egret. Kelsey Sweetland. 2021. (ENG.). 38p. (J). 16.99 *(978-1-0879-5538-4(6))* Indy Pub.

Elliot the Elephant. Anna Award. 2017. (ENG., Illus.). 12p. (J). bds. 5.00 *(978-1-84135-069-1(9))* Award Pubns. Ltd. GBR. Dist: Parkwest Pubns., Inc.

Elliot the Elephant: And the Day He Lost His Yellow Rain Hat. Sydney Grace Grubbs. 2022. (ENG.). 32p. (J). 25.95 *(978-1-63985-984-9(5))*; pap. 14.95 *(978-1-63860-102-9(X))* Fulton Bks.

Elliot the Heart-Shaped Frog. Kidsbooks. 2021. (ENG.). (J). bds. 8.99 *(978-1-62885-802-0(8))* Kidsbooks, LLC.

Elliot's Pond. Michael Buffie. Illus. by Sara Passarini & Aimee Parker. 2021. (ENG.). 28p. (J). pap. *(978-0-9938627-8-6(0))* Okanagan Publishing Hse.

Elliott Family, or the Trials of New-York Seamstresses (Classic Reprint) Charles Burdett. 2018. (ENG., Illus.). 164p. (J). 27.28 *(978-0-656-72927-2(9))* Forgotten Bks.

Elliott's Guide to Dinosaurs. Elliott Seah. 2016. (Illus.). 48p. (J). (gr. 1-5). 16.95 *(978-1-77164-237-8(8)*, Greystone Kids) Greystone Books Ltd. CAN. Dist: Publishers Group West (PGW).

Ellipsis Reading Journal 50 Log. Ellipsis Books. 2021. (ENG.). 224p. (YA). pap. *(978-1-716-07756-2(7))* Lulu Pr., Inc.

Ellis Doesnt Need a Bandage. Jacqueline Pfaum-Carlson & Jayna Gardner-Gray. 2021. (ENG.). 26p. (J). pap. 11.99 *(978-1-0983-4807-6(9))* BookBaby.

Ellis Island: Gateway to America. Joanne Mattern. 2017. (Core Content Social Studies — Let's Celebrate America Ser.). (ENG., Illus.). 32p. (J). (gr. 2-5). pap. 8.99 *(978-1-63440-232-3(4)*, 3415b7e2-4c10-4d10-9c75-e32b47bbd4d5) Red Chair Pr.

Ellis Island (1 Hardcover/1 CD) Beth Carney. 2018. (National Geographic Kids Ser.). (ENG.). (J). 29.95 *(978-1-4301-2957-8(3))* Live Oak Media.

Ellis Island (1 Paperback/1 CD) Beth Carney. 2018. (National Geographic Kids Ser.). (ENG.). (J). pap. 19.95 incl. audio compact disk *(978-1-4301-2956-1(5))* Live Oak Media.

Ellis Island (4 Paperback/1 CD) Beth Carney. 2018. (National Geographic Kids Ser.). (ENG.). (J). 31.95 *(978-1-4301-2958-5(1))* Live Oak Media.

Ellis Island & Immigration for Kids: A History with 21 Activities. Jean Daigneau. 2022. (For Kids Ser.). (ENG., Illus.). 144p. (J). (gr. 4-7). pap. 17.99 *(978-1-64160-468-0(9))* Chicago Review Pr., Inc.

Ellis Island Christmas. Maxinne Rhea Leighton. Illus. by Dennis Nolan. 2018. 32p. (J). (gr. k-3). pap. 7.99 *(978-0-451-48133-7(X)*, Puffin Books) Penguin Young Readers Group.

Ellis Island Time Capsule: Artifacts of the History of Immigration. Rachael Hanel. 2020. (Time Capsule History Ser.). (ENG., Illus.). 48p. (J). (gr. 3-5). pap. 8.95 *(978-1-4966-6627-7(5)*, 142335); lib. bdg. 31.99 *(978-1-5435-9229-0(5)*, 141594) Capstone. (Capstone Pr.).

Ellises & the Time Machine: Why Do We Have to Say Black Lives Matter? Devale Ellis. Illus. by Hh -Pax. 2020. (ENG.). 46p. (J). pap. 20.00 *(978-1-7361082-0-8(4))* McBride Collection of Stories LLC.

Ellises & the Time Machine: Why Do We Have to Say Black Lives Matter? Devale Ellis. Illus. by Hh -Pax. 2020. (ENG.). 46p. (J). 35.00 *(978-1-7361082-6-0(3))* McBride Collection of Stories LLC.

Ellison Onizuka. Stephanie Cham. 2018. (Great Asian Americans Ser.). (ENG., Illus.). 24p. (J). (gr. -1-2). lib. bdg. 27.32 *(978-1-5157-9956-6(5)*, 136954, Capstone Pr.) Capstone.

Ellos Dijeron No. Daniele Aristarco. 2021. (SPA.). 200p. (J). 15.99 *(978-958-30-6311-4(8))* Panamericana Editorial COL. Dist: Lectorum Pubns., Inc.

Ellowyn Noel O'Wynn: There's Something Wrong with Mommy. Sylvia Moore Myers. 2021. (ENG., Illus.). 32p. (J). 24.95 *(978-1-0980-7941-3(8))*; pap. 14.95 *(978-1-0980-7940-6(X))* Christian Faith Publishing.

EllRay Jakes 2 Books In 1. Sally Warner. Illus. by Jamie Harper. ed. 2022. (EllRay Jakes Ser.). (ENG.). 240p. (J). (gr. 1-3). 6.99 *(978-0-593-52730-6(5)*, Viking Books for Young Readers) Penguin Young Readers Group.

EllRay Jakes: 4-Book Set, 4 vols. Sally Warner. 2020. (ENG.). (J). (gr. 1-3). 27.96 *(978-0-593-35236-6(X)*, Puffin Books) Penguin Young Readers Group.

EllRay Jakes Stands Tall. Sally Warner. Illus. by Brian Biggs. 2016. (EllRay Jakes Ser.: 9). (ENG.). 176p. (J). (gr. 1-3). 6.99 *(978-0-14-751253-6(0)*, Puffin Books) Penguin Young Readers Group.

Ellray Jakes Stands Tall. Sally Warner. ed. 2016. (EllRay Jakes Ser.: 9). lib. bdg. 16.00 *(978-0-606-38420-9(0))* Turtleback.

Elly: A Learning Experience in a New Country! Carlos Luis Canales. 2022. (ENG.). 32p. (J). 32.99 *(978-1-63751-194-7(9))*; pap. 12.99 *(978-1-63751-163-3(9))* Cadmus Publishing.

Elly's Adventure Saving the Coral. Linda Nissen Samuels. 2017. (ENG., Illus.). 32p. (J). pap. *(978-0-9954790-3-6(8))* PatoPr.

Ellyse Perry: Double Time. Sherryl Clark & Ellyse Perry. 2017. (Ellyse Perry Ser.: 4). 160p. (J). (gr. 4-7). 13.99 *(978-0-14-378130-1(8))* Random Hse. Australia AUS. Dist: Independent Pubs. Group.

Ellyse Perry: Winning Touch. Sherryl Clark & Ellyse Perry. 2017. (Ellyse Perry Ser.: 3). 160p. (J). (gr. 4-7). 13.99 *(978-0-14-378128-8(6))* Random Hse. Australia AUS. Dist: Independent Pubs. Group.

ELM Creek Sunday (Classic Reprint) Anson Uriel Hancock. 2017. (ENG., Illus.). (J). 27.24 *(978-0-331-99487-2(9))* Forgotten Bks.

ELM Island Stories: Lion Ben of ELM Islan (Classic Reprint) Elijah Kellogg. 2018. (ENG., Illus.). 276p. (J). 29.59 *(978-0-365-27442-1(9))* Forgotten Bks.

Elm Tree Tales (Classic Reprint) F. Irene Burge Smith. 2018. (ENG., Illus.). 350p. (J). 31.12 *(978-0-483-87928-7(2))* Forgotten Bks.

Elma Bakes Grandma's Cake - e Umuna Ana Keeke Tibuna Elma (Te Kiribati) Caroline Evari. Illus. by Muhammad Ali Khalid. 2023. (ENG.). 24p. (J). pap. *(978-1-922844-82-8(9))* Library For All Limited.

Elmer. David Mckee. Illus. by David Mckee. 2023. (ENG., Illus.). 32p. (J). (gr. -1-3). pap. 7.99 *(978-0-06-329560-5(1)*, HarperCollins) HarperCollins Pubs.

Elmer & Aunt Zelda. David McKee. Illus. by David McKee. 2017. (Elmer Ser.). (ENG., Illus.). 32p. (J). (gr. -1-3). 17.99 *(978-1-5124-3945-8(2)*, 5760b89f-74a3-4fee-bcab-186c1b37be5d) Lerner Publishing Group.

Elmer & the Bedtime Story. David McKee. Illus. by David McKee. 2022. (Elmer Ser.). (ENG., Illus.). 32p. (J). (gr. -1-3). 17.99 *(978-1-7284-4970-8(7)*, 9b48f82a-9c1d-4bc2-bbfe-635979dfaa57) Lerner Publishing Group.

Elmer & the Gift. David McKee. Illus. by David McKee. 2023. (Elmer Ser.). (ENG., Illus.). 32p. (J). (gr. -1-3). 18.99 *(978-1-7284-9205-6(X)*, 4c40dabf-cb2c-440c-a24b-f02f5ee5e5a0) Lerner Publishing Group.

Elmer & the Lost Teddy. David McKee. 2018. (Elmer Ser.). (ENG., Illus.). 24p. (J). (-k). bds. 9.99 *(978-1-78344-583-7(1))* Andersen Pr. GBR. Dist: Independent Pubs. Group.

Elmer & the Lost Treasure. David McKee. Illus. by David McKee. 2021. (Elmer Ser.). (ENG., Illus.). 32p. (J). (gr. -1-3). 17.99 *(978-1-7284-2410-1(0)*, 56d3857a-7a67-42bd-a784-26bf8a3b9b06) Lerner Publishing Group.

Elmer & the Race. David McKee. Illus. by David McKee. 2016. (Elmer Ser.). (ENG., Illus.). 32p. (J). (gr. -1-3). 17.99 *(978-1-5124-1624-4(X)*, 648b377c-7450-48f1-a53b-ea9b1626bb7f) Lerner Publishing Group.

Elmer & the Rainbow. David McKee. 2016. (Elmer Ser.). (ENG., Illus.). 30p. (J). (-k). bds. 13.99 *(978-1-78344-424-3(X))* Andersen Pr. GBR. Dist: Independent Pubs. Group.

Elmer & the Talent Show. Danny Robertshaw et al. Illus. by Laura Catrinella. 2022. (Life in the Doghouse Ser.). (ENG.). 160p. (J). (gr. 2-5). 17.99 *(978-1-5344-8260-9(1))*; pap. 6.99 *(978-1-5344-8261-6(X))* Simon & Schuster Children's Publishing. (Aladdin).

Elmer & Wilbur. David McKee. 2018. (Elmer Ser.). (ENG., Illus.). 26p. (J). (-k). bds. 9.99 *(978-1-78344-530-1(0))* Andersen Pr. GBR. Dist: Independent Pubs. Group.

Elmer Padded Board Book. David Mckee. Illus. by David Mckee. 2018. (ENG., Illus.). 32p. (J). (gr. -1 — 1). bds. 9.99 *(978-0-06-274160-8(8)*, HarperFestival) HarperCollins Pubs.

Elmer, the Pet Horse: A Beyond the Blue Barn Book. Peter Fowkes. 2017. (Beyond the Blue Barn Ser.). (ENG., Illus.). (J). 19.99 *(978-0-692-84855-5(X))* Blue Barn, Inc.

Elmer's Birthday. David McKee. Illus. by David McKee. 2019. (Elmer Ser.). (ENG., Illus.). 32p. (J). (gr. -1-3). 17.99 *(978-1-5415-7764-0(7)*, 22056430-9ea8-4519-ad9d-0d92c1024416) Lerner Publishing Group.

Elmer's Day. David McKee. 2018. (Elmer Ser.). (ENG., Illus.). 10p. (J). (— 1). bds. 9.99 *(978-1-78344-608-7(0))* Andersen Pr. GBR. Dist: Independent Pubs. Group.

Elmer's Elephant Tales. Rosanna Flamer-Caldera. Ed. by Tashana Brown-Parkes. 2017. (ENG., Illus.). 60p. (J). (gr. 2-6). pap. *(978-1-9998152-3-3(8))* Tamarind Hill Pr.

Elmer's Feelings. Kari Milito. 2019. (ENG.). 38p. (J). 14.95 *(978-1-64307-547-1(0))* Amplify Publishing Group.

Elmer's Friends. David McKee. 2018. (Elmer Ser.).Tr. of Amigos de Elmer. (ENG., Illus.). 16p. (J). (— 1). bds. 9.99 *(978-1-78344-607-0(2))* Andersen Pr. GBR. Dist: Independent Pubs. Group.

Elmer's Walk. David McKee. Illus. by David McKee. 2018. (Elmer Ser.). (ENG., Illus.). 32p. (J). (gr. -1-3). 17.99 *(978-1-5415-3554-1(5)*, 5065be78-503a-4ed9-b0c9-1c9e170daf43) Lerner Publishing Group.

Elmer's Weather. David McKee. 2018. (Elmer Ser.). (ENG., Illus.). 10p. (J). (— 1). bds. 9.99 *(978-1-78344-606-3(4))* Andersen Pr. GBR. Dist: Independent Pubs. Group.

Elmira College Stories (Classic Reprint) Sylvia Chatfield Bates. 2017. (ENG., Illus.). (J). 27.73 *(978-0-331-77534-1(4))* Forgotten Bks.

Elmo & Friends 6-Copy Clip Strip Summer 2021, 6 vols. 2021. (J). (-k). bds., bds. 45.94 *(978-0-593-38907-2(7)*, Golden Bks.) Random Hse. Children's Bks.

Elmo Is Kind (Sesame Street) Jodie Shepherd. Illus. by Tom Brannon. 2021. (Little Golden Book Ser.). (ENG.). 24p. (J). (-k). 5.99 *(978-0-593-30825-7(5)*, Golden Bks.) Random Hse. Children's Bks.

Elmo Is Mindful (Sesame Street) How to Stay Focused, Calm, & Kind. Random House. Illus. by Joe Mathieu. 2021. (Sesame Street Wellness Ser.). (ENG.). 16p. (J). (-k). bds. 11.99 *(978-0-593-18216-1(2)*, Random Hse. Bks. for Young Readers) Random Hse. Children's Bks.

Elmo Loves His Teachers! Christy Webster. ed. 2022. (Sesame Street 8x8 Bks). (ENG.). 24p. (J). (gr. k-1). 17.46 *(978-1-68505-462-5(5))* Penworthy Co., LLC, The.

Elmo Loves His Teachers! (Sesame Street) Christy Webster. Illus. by Steph Lew. 2022. (Pictureback(R) Ser.). (ENG.). 24p. (J). (gr. -1-2). 6.99 *(978-0-593-42691-3(6)*, Random Hse. Bks. for Young Readers) Random Hse. Children's Bks.

Elmo Loves Puppies! (Sesame Street) Andrea Posner-Sanchez. Illus. by Random House. 2021. (ENG.). 12p. (J). (— 1). bds. 8.99 *(978-0-593-31008-3(X)*, Random Hse. Bks. for Young Readers) Random Hse. Children's Bks.

Elmo (Sesame Street Friends) Andrea Posner-Sanchez. 2019. (Sesame Street Friends Ser.). (ENG., Illus.). 26p. (J). (— 1). bds. 7.99 *(978-1-9848-9429-8(3)*, Random Hse. Bks. for Young Readers) Random Hse. Children's Bks.

Elmore & Pinky. Holly Hobbie. 2020. 40p. (J). (gr. -1-2). 17.99 *(978-1-5247-7081-5(7)*, Random Hse. Bks. for Young Readers) Random Hse. Children's Bks.

Elmo's 101 First Words see Elmo's 101 First Words/Las Primeras 101 Palabras de Elmo (Sesame Street)

Elmo's 101 First Words/Las Primeras 101 Palabras de Elmo (Sesame Street) Random House. Illus. by Barry Goldberg. ed. 2023.Tr. of Elmo's 101 First Words. 16p. (J). (-k). bds. 11.99 *(978-0-593-64577-2(4)*, Random Hse. Bks. for Young Readers) Random Hse. Children's Bks.

Elmo's Alphabet Fun (Sesame Street) Jennifer Liberts. Illus. by Joe Mathieu & Shane Clester. 2023. (Pictureback(R) Ser.). (ENG.). 24p. (J). (gr. -1-2). pap. 6.99 *(978-0-593-64607-6(X)*, Random Hse. Bks. for Young Readers) Random Hse. Children's Bks.

Elmo's Best Thanksgiving Ever! (Sesame Street) Jodie Shepherd. Illus. by Shane Clester. 2022. (Little Golden Book Ser.). (ENG.). 24p. (J). (-k). 5.99 *(978-0-593-48311-4(1)*, Golden Bks.) Random Hse. Children's Bks.

Elmo's Book of Friends (Sesame Street) Naomi Kleinberg. 2016. (ENG., Illus.). 16p. (J). (-k). bds. 7.99 *(978-0-399-55211-3(1)*, Random Hse. Bks. for Young Readers) Random Hse. Children's Bks.

Elmo's Countdown to Christmas (Sesame Street) Naomi Kleinberg. Illus. by Tom Brannon. 2016. (Lift-The-Flap Ser.). (ENG.). 12p. (J). (-k). bds. 7.99 *(978-0-399-55213-7(8)*, Random Hse. Bks. for Young Readers) Random Hse. Children's Bks.

Elmo's Daddy Day (Sesame Street) Andrea Posner-Sanchez. Illus. by Adua Hernandez. 2023. (ENG.). 12p. (J). (— 1). bds. 8.99 *(978-0-593-57203-0(3)*, Random Hse. Bks. for Young Readers) Random Hse. Children's Bks.

Elmo's Easter Egg Surprises (Sesame Street) Christy Webster. Illus. by Tom Brannon. (ENG.). (J). (— 1). 2023. 26p. bds. 8.99 *(978-0-593-57049-4(9)*, Random Hse. Bks. for Young Readers); 2020. 24p. 4.99 *(978-0-593-12251-8(8)*, Golden Bks.) Random Hse. Children's Bks.

Elmo's Humorous Speaker: Uniform with Elmo's Model Speaker, Elmo's Children's Speaker, & Two Thousand & Ten Choice Quotations (Classic Reprint) Thomas W. Handford. (ENG., Illus.). (J). 2018. 352p. 31.16 *(978-0-365-33091-2(4))*; 2017. pap. 13.57 *(978-0-259-38287-4(6))* Forgotten Bks.

Elmo's Lucky Day (Sesame Street) Andrea Posner-Sanchez. Illus. by Joe Mathieu. 2020. (ENG.). 22p. (J). (-k). bds. 6.99 *(978-0-593-12247-1(X)*, Random Hse. Bks. for Young Readers) Random Hse. Children's Bks.

Elmo's Model Speaker for Platform, School & Home: Arranged on an Entirely New Plan; Providing Programmes for Twelve Evening Entertainment Selections Suitable for Juvenile Gatherings, Brief Responses to Encores; Speeches for Weddings, Presentations, Fare. Unknown Author. (ENG., Illus.). (J). 2018. 426p. 32.70 *(978-0-483-88727-5(7))*; 2016. pap. 16.57 *(978-1-334-24836-8(2))* Forgotten Bks.

Elmo's Mommy Day (Sesame Street) Andrea Posner-Sanchez. Illus. by Adua Hernandez. 2023. (ENG.). 12p. (J). (— 1). bds. 8.99 *(978-0-593-57204-7(1)*, Random Hse. Bks. for Young Readers) Random Hse. Children's Bks.

Elmo's Mother Goose Rhymes (Sesame Street) Constance Allen. Illus. by Maggie Swanson. 2017. (Little Golden Book Ser.). 24p. (J). (-k). 4.99 *(978-1-101-93994-9(X)*, Golden Bks.) Random Hse. Children's Bks.

Elmo's Super-Duper Birthday (Sesame Street) Naomi Kleinberg. Illus. by Joe Mathieu. 2016. (Pictureback(R) Ser.). (ENG.). 24p. (J). (gr. -1-2). pap. 5.99 *(978-0-399-55216-8(2)*, Random Hse. Bks. for Young Readers) Random Hse. Children's Bks.

Elmo's Trick-Or-Treat Fun!: a Halloween Counting Book (Sesame Street) Andrea Posner-Sanchez. Illus. by Joe Mathieu. 2022. (ENG.). 18p. (J). (— 1). bds. 8.99 *(978-0-593-48308-4(1)*, Random Hse. Bks. for Young Readers) Random Hse. Children's Bks.

Elmo's Tricky Tongue Twisters. Sarah Albee. Illus. by Maggie Swanson. 2016. 24p. (J). *(978-1-4806-9705-8(2)*, Golden Bks.) Random Hse. Children's Bks.

Elmo's Tricky Tongue Twisters (Sesame Street) Sarah Albee. Illus. by Maggie Swanson. 2016. (Little Golden Book Ser.). (ENG.). 24p. (J). (gr. -1-k). 4.99 *(978-1-101-93138-7(8)*, Golden Bks.) Random Hse. Children's Bks.

Elmo's World: Dancing! (Sesame Street) Random House. Illus. by Random House. 2018. (Lift-The-Flap Ser.). (ENG., Illus.). 12p. (J). (— 1). bds. 7.99 *(978-0-525-57838-3(2)*, Random Hse. Bks. for Young Readers) Random Hse. Children's Bks.

Elms Homestead (Classic Reprint) M. O. Johnson. 2018. (ENG., Illus.). 140p. (J). 26.78 *(978-0-484-82923-6(8))* Forgotten Bks.

Elmwood Folks: A Drama in Three Acts (Classic Reprint) Charles S. Bird. (ENG., Illus.). (J). 2018. 58p. 25.09 *(978-0-483-93403-0(8))*; 2016. pap. 9.57 *(978-1-333-71519-9(6))* Forgotten Bks.

Elo. E. A. Cross. 2022. (ENG.). 295p. (YA). pap. *(978-1-387-59792-5(2))* Lulu Pr., Inc.

Elo & the Stars. Brett Blaylock. 2022. (ENG.). 40p. (J). 24.99 *(978-1-0879-7484-2(4))* Indy Pub.

Elocutionist's Annual, Number 15: Comprising New & Popular Readings, Recitations, Declamations, Dialogues, Tableaux, etc;, etc (Classic Reprint) J. W. Shoemaker. 2018. (ENG., Illus.). 228p. (J). 28.60 *(978-0-484-61624-9(2))* Forgotten Bks.

Elodie: Being a Sketch of the Life of Elodie Farnum As Set Forth in a Letter (Classic Reprint) John Russell. (ENG., Illus.). (J). 2017. 24.64 *(978-0-331-17960-6(1))*; 2016. pap. 7.97 *(978-1-334-11871-5(X))* Forgotten Bks.

Elodie's First Day Jitters. Claudia Pacheco. 2021. (ENG.). 30p. (J). pap. 13.95 *(978-1-64468-864-9(6))* Covenant Bks.

Eloge de Rien: Dedie a Personne, Avec une Postface (Classic Reprint) Louis Coquelet. 2017. (FRE., Illus.). (J). 25.01 *(978-0-260-68447-9(3))*; pap. 9.57 *(978-0-266-00299-4(4))* Forgotten Bks.

Eloia Born. Britta Jensen. 2019. (Eloia Born Ser.: Vol. 1). (ENG., Illus.). 302p. (YA). (gr. 7-12). 24.00 *(978-1-7328995-1-3(7))*; pap. 14.99 *(978-1-7328995-0-6(9))* Murasaki Pr.

Eloise at the Ball Game: Ready-To-Read Level 1. Kay Thompson. 2018. (Eloise Ser.). (ENG., Illus.). 32p. (J). (gr. -1-1). 17.99 *(978-1-5344-1510-2(6)*, Simon Spotlight) Simon Spotlight.

Eloise Breaks Some Eggs/Ready-To-Read: Ready-To-Read Level 1. Margaret McNamara. Illus. by Tammie Lyon. 2018. (Eloise Ser.). (ENG.). 32p. (J). (gr. -1-1). 16.99 *(978-1-4814-7680-5(7)*, Simon Spotlight) Simon Spotlight.

Eloise Has a Lesson: Ready-To-Read Level 1. Kay Thompson. 2018. (Eloise Ser.). (ENG., Illus.). 32p. (J). (gr. -1-1). 17.99 *(978-1-5344-1509-6(2)*, Simon Spotlight) Simon Spotlight.

Eloise the Football Champion. Liam Ward. 2020. (ENG.). 32p. (J). pap. *(978-1-78830-665-2(1))* Olympia Publishers.

Elomopens: The Mariners. Noam Wolf. 2021. (ENG.). 373p. pap. *(978-0-557-94640-2(9))* Lulu Pr., Inc.

Elon Musk. Anita Nahta Amin. 2020. (STEM Superstars Ser.). (ENG., Illus.). 24p. (J). (gr. k-2). 22.60 *(978-1-68450-837-2(1))*; pap. 11.94 *(978-1-68404-631-7(9))* Norwood Hse. Pr.

Elon Musk: A Kid's Book about Inventions. Mary Nhin. Illus. by Yuliia Zolotova. 2020. (Mini Movers & Shakers Ser.: Vol. 3). (ENG.). 36p. (J). 18.99 *(978-1-63731-014-4(5))* Grow Grit Pr.

Elon Musk: Engineer & Inventor for the Future, 1 vol. Sarah Machajewski. 2017. (Breakout Biographies Ser.). (ENG., Illus.). 32p. (J). (gr. 4-5). 27.93 *(978-1-5081-6056-4(2)*, 5aee46f6-eee0-4aa1-ac03-f4572dd82299, PowerKids Pr.) Rosen Publishing Group, Inc., The.

Elon Musk: Entrepreneur. Kathy Furgang. 2019. (Junior Biographies Ser.). (ENG.). 24p. (gr. 3-4). 56.10 *(978-1-9785-0893-4(X))* Enslow Publishing, LLC.

Elon Musk: Entrepreneur & Innovator. Marne Ventura. 2017. (Newsmakers Set 2 Ser.). (ENG., Illus.). 48p. (J). (gr. 4-8). lib. bdg. 35.64 *(978-1-5321-1184-6(3)*, 25944) ABDO Publishing Co.

Elon Musk: Space Entrepreneur, 1 vol. Ryan Nagelhout. 2016. (People in the News Ser.). (ENG.). 104p. (YA). (gr. 7-7). lib. bdg. 41.03 *(978-1-5345-6035-2(1)*, ef7c4eda-14bb-482f-af53-aecb5893d8f9, Lucent Pr.) Greenhaven Publishing LLC.

Elon Musk: This Book Is about Rockets. Evan Loomis. 2017. (ENG.). 38p. (J). 18.95 *(978-1-68401-363-0(1))* Amplify Publishing Group.

Elon Musk: a Mission to Save the World. Anna Crowley Redding. 2021. (ENG., Illus.). 256p. (YA). pap. 14.99 *(978-1-250-79209-9(6)*, 900199420) Square Fish.

Elon Musk & the Quest for a Fantastic Future Young Readers' Edition. Ashlee Vance. 2017. (ENG.). 288p. (J). (gr. 3). pap. 7.99 *(978-0-06-246327-2(6))*; (Illus.). 16.99

582

The check digit for ISBN-10 appears in parentheses after the full ISBN-13

(978-0-06-246328-9(4)) HarperCollins Pubs. (HarperCollins).

Elon Musk & the Quest for a Fantastic Future Young Reader's Edition. Ashlee Vance. 2018. (ENG.). 288p. (J). (gr. 3). pap. 6.99 *(978-0-06-286243-3(X)*, HarperCollins) HarperCollins Pubs.

Elopers: A Farce-Comedy in One Act (Classic Reprint) Paul Merion. 2018. (ENG., Illus.). 26p. (J). 24.45 *(978-0-267-27781-0(4))* Forgotten Bks.

Eloping Maharani (Classic Reprint) C. B. Hunter. 2018. (ENG., Illus.). 234p. (J). 28.76 *(978-0-484-28198-0(4))* Forgotten Bks.

ELPHA! Happy to Be Me! Gwen Mercer. Illus. by Jon Merchant. 2020. (Elpha Ser.). (ENG.). 28p. (J). *(978-1-5255-6562-5(1))* FriesenPress.

Elphie & Lili Go Sailing. S. Patrick Hanna. Illus. by Mariya Stoyanova. 2023. 28p. (J). 25.00 ***(978-1-6678-7662-7(7))*** BookBaby.

Elphie Goes Trick or Treating. Hagit R. Oron. 2017. (Elphie Bks.: Vol. 3). (ENG., Illus.). (J). (gr. k-2). 17.99 *(978-1-947095-02-1(1))* Oron's.

Elphinstone, Vol. 1 of 3 (Classic Reprint) Alfred Butler. (ENG., Illus.). (J). 2018. 312p. 30.35 *(978-0-332-26589-6(7))*; 2017. pap. 13.57 *(978-1-334-92478-1(3))* Forgotten Bks.

Elpida. C. Kennedy. 2017. (Elpida Ser.: Vol. 3). (ENG., Illus.). (YA). (gr. 7-12). 29.99 *(978-1-64080-338-1(6))*; 350p. pap. 17.99 *(978-1-63533-373-2(3))* Dreamspinner Pr. (Harmony Ink Pr.).

Elpída (Français) (Translation) C. Kennedy. Tr. by Bénédicte Girault. 2017. (Elpida (Francais) Ser.: Vol. 3). (FRE., Illus.). 388p. pap. 19.99 *(978-1-64080-007-6(7)*, Harmony Ink Pr.) Dreamspinner Pr.

El'rey Saves the Day: Affirmations. Dominique Carr. 2023. (ENG.). 30p. (J). 24.99 ***(978-1-63616-137-2(5))*** Opportune Independent Publishing Co.

El'rey Saves the Day: Affirmations & Coloring Book. Dominique Carr. 2023. (ENG.). 24p. (J). pap. 14.99 ***(978-1-63616-140-2(5))*** Opportune Independent Publishing Co.

El'rey Saves the Day: Sharing Is Caring. Dominique Carr. 2020. (ENG., Illus.). 24p. (J). (gr. k-2). 17.99 *(978-1-970079-75-3(4))* Opportune Independent Publishing Co.

Elroy the Eel: Little Stories, Big Lessons. Jacqui Shepherd. 2018. (Sea Stories Ser.). (ENG., Illus.). 32p. (J). (gr. k-6). pap. *(978-1-77008-931-0(4))* Awareness Publishing.

Els Objectes Vivents. Miriam Monleon Gimenez. 2016. (CAT.). 44p. (J). pap. ***(978-1-326-62313-5(3))*** Lulu Pr., Inc.

Elsa & the Motmot. Danielle Thompson-Ochoa. 2019. (ENG.). 50p. (J). pap. *(978-1-5289-4004-7(0))* Austin Macauley Pubs. Ltd.

Elsa's Epic Journey. Susan Amerikaner. 2019. (Step into Reading Ser.). (ENG.). 32p. (J). (gr. 2-3). 14.96 *(978-0-87617-764-8(X))* Penworthy Co., LLC, The.

Elsa's Epic Journey (Disney Frozen 2) Susan Amerikaner. Illus. by Disney Storybook Disney Storybook Art Team. 2019. (Step into Reading Ser.). (ENG.). 32p. (J). (gr. -1-1). 5.99 *(978-0-7364-4026-4(7)*, RH/Disney) Random Hse. Children's Bks.

Elsa's Icy Rescue, 2. Kate Egan. ed. 2020. (Disney Before the Story Ser.). (ENG., Illus.). 121p. (J). (gr. 2-3). 16.96 *(978-1-64697-383-5(6))* Penworthy Co., LLC, The.

Elsbeth & the Freedom Fighters: Book II in the Cape Cod Witch Series. J. Bean Palmer. Illus. by Melanie Therrien. 3rd ed. 2018. (Cape Cod Witch Ser.: Vol. 2). (ENG.). 196p. (J). (gr. 3-6). pap. 9.95 *(978-0-578-41542-0(9))* Holly Hill Pr.

Elsewhere Emporium, 30 vols. Ross MacKenzie. 2018. 288p. (J). 12.95 *(978-1-78250-519-8(9)*, Kelpies) Floris Bks. GBR. Dist: Consortium Bk. Sales & Distribution.

Elsewhere Volume 1. Jay Faerber. 2018. (ENG., Illus.). 112p. (YA). pap. 9.99 *(978-1-5343-0469-7(X)*, b173ae60-f9fa-449f-bbad-032ab236d08d) Image Comics.

Elsewhere Volume 2. Jay Faerber. 2018. (ENG., Illus.). 112p. (YA). pap. 16.99 *(978-1-5343-0689-9(7)*, 9d71010e-2fbd-4a51-beb3-851cb6365c8c) Image Comics.

Elsie. Nadine Robert. Illus. by Maja Kastelic. 2020. (ENG.). 40p. (J). (gr. -1-3). 16.99 *(978-1-4197-4072-5(5)*, 1303701, Abrams Bks. for Young Readers) Abrams, Inc.

Elsie: A Christmas Story (Classic Reprint) Alexander Lange Kjelland. 2017. (ENG., Illus.). (J). 26.31 *(978-0-331-89535-3(8))*; pap. 9.57 *(978-0-259-20652-1(0))* Forgotten Bks.

Elsie & Her Loved Ones. Martha Finley. 2018. (ENG., Illus.). 152p. (YA). (gr. 7-12). pap. *(978-93-5329-376-5(6))* Alpha Editions.

Elsie & Her Loved Ones (Classic Reprint) Martha Finley. 2018. (ENG., Illus.). 308p. (J). 30.27 *(978-0-332-02053-2(3))* Forgotten Bks.

Elsie & Her Namesakes (Classic Reprint) Martha Finley. 2018. (ENG., Illus.). 314p. (J). 30.37 *(978-0-267-49560-3(9))* Forgotten Bks.

Elsie & the Raymonds (Classic Reprint) Martha Finley. 2018. (ENG., Illus.). 330p. (J). 30.70 *(978-0-483-61370-6(3))* Forgotten Bks.

Elsie at Home. Martha Finley. 2018. (ENG., Illus.). 162p. (YA). (gr. 7-12). pap. *(978-93-5297-351-4(8))* Alpha Editions.

Elsie at Ion. Martha Finley. 2018. (ENG., Illus.). 186p. (YA). (gr. 7-12). pap. *(978-93-5329-377-2(4))* Alpha Editions.

Elsie at Ion (Classic Reprint) Martha Finley. (ENG., Illus.). (J). 2018. 298p. 30.04 *(978-0-483-90481-1(3))*; 2016. pap. 13.57 *(978-1-333-25456-8(3))* Forgotten Bks.

Elsie at Nantucket. Martha Finley. 2018. (ENG., Illus.). 218p. (YA). (gr. 7-12). pap. *(978-93-5297-352-1(6))* Alpha Editions.

Elsie at Nantucket. Martha Finley. 2017. (ENG., Illus.). (J). 24.95 *(978-1-374-83782-9(2))* Capital Communications, Inc.

Elsie at Nantucket: A Sequel to Elsie's New Relations (Classic Reprint) Martha Finley. 2018. (ENG., Illus.). 344p. (J). 30.99 *(978-0-332-14232-6(9))* Forgotten Bks.

Elsie at the World's Fair. Martha Finley. 2018. (ENG., Illus.). 162p. (YA). (gr. 7-12). pap. *(978-93-5297-353-8(4))* Alpha Editions.

Elsie at Viamede. Martha Finley. 2018. (ENG., Illus.). 188p. (YA). (gr. 7-12). pap. *(978-93-5329-378-9(2))* Alpha Editions.

Elsie at Viamede (Classic Reprint) Martha Finley. 2018. (ENG., Illus.). 300p. (J). 30.10 *(978-0-267-79363-1(4))* Forgotten Bks.

Elsie Dinsmore. Martha Finley. 2018. (ENG., Illus.). 238p. (YA). (gr. 7-12). pap. *(978-93-5297-354-5(2))* Alpha Editions.

Elsie Dinsmore (Classic Reprint) Martha Finley. 2017. (ENG., Illus.). (J). 30.58 *(978-0-265-40449-2(5))* Forgotten Bks.

Elsie Mae Has Something to Say. Nancy J. Cavanaugh. (ENG.). 320p. (J). (gr. 3-7). 2018. pap. 11.99 *(978-1-4926-6818-3(4))*; 2017. 16.99 *(978-1-4926-4022-6(0))* Sourcebooks, Inc.

Elsie Magoon: Or the Old Still-House in the Hollow; a Tale of the Past (Classic Reprint) Frances Dana Gage. 2017. (ENG., Illus.). (J). 30.83 *(978-0-331-91358-3(5))* Forgotten Bks.

Elsie on the Hudson & Elsewhere (Classic Reprint) Martha Finley. 2018. (ENG., Illus.). 340p. (J). 30.93 *(978-0-666-98424-1(7))* Forgotten Bks.

Elsie Piddock Skips in Her Sleep. Eleanor Farjeon. Illus. by Charlotte Voake. 2017. (ENG.). 96p. (J). (gr. 2-5). 12.00 *(978-0-7636-9055-7(4))* Candlewick Pr.

Elsie, the Itty-Bitty 'Peacemaker' Peggy Schultz. 2022. (ENG., Illus.). 33p. (J). 23.00 *(978-1-63764-255-9(5))* Dorrance Publishing Co., Inc.

Elsie Venner, Vol. 1 Of 2: A Romance of Destiny (Classic Reprint) Oliver Wendell Holmes, Sr. 2018. (ENG., Illus.). 288p. (J). 29.92 *(978-0-484-47296-8(8))* Forgotten Bks.

Elsie Wood: A Story for Girls (Classic Reprint) John Andrew. 2018. (ENG., Illus.). 104p. (J). 26.06 *(978-0-267-19019-5(0))* Forgotten Bks.

Elsie Yachting with the Raymonds. Martha Finley. 2017. (ENG., Illus.). (J). pap. *(978-0-649-57300-4(5))*; pap. *(978-0-649-16806-4(2))* Trieste Publishing Pty Ltd.

Elsie Yachting with the Raymonds (Classic Reprint) Martha Finley. 2018. (ENG., Illus.). 288p. (J). 29.84 *(978-0-365-48544-5(6))* Forgotten Bks.

Elsie's Anxious. Jenna Nicole Alessi. 2022. (ENG.). 30p. (J). 24.95 *(978-1-63710-803-1(6))* Fulton Bks.

Elsie's Children. Martha Finley. 2018. (ENG., Illus.). 224p. (YA). (gr. 7-12). pap. *(978-93-5297-355-2(0))* Alpha Editions.

Elsie's Children: A Sequel to Elsie's Motherhood (Classic Reprint) Martha Finley. (ENG., Illus.). (J). 2018. 334p. 30.79 *(978-0-483-97955-0(4))*; 2016. pap. 13.57 *(978-1-332-71023-2(9))* Forgotten Bks.

Elsie's Girlhood. Martha Finley. 2018. (ENG., Illus.). 280p. (YA). (gr. 7-12). pap. *(978-93-5297-356-9(9))* Alpha Editions.

Elsie's Girlhood: A Sequel to Elsie Dinsmore & Elsie's Holidays at Roselands. Martha Finley. 2017. (ENG., Illus.). (J). pap. 15.95 *(978-1-374-88907-1(5))* Capital Communications, Inc.

Elsie's Journey on Inland Waters. Martha Finley. 2017. (ENG.). 292p. (YA). (gr. 8-12). pap. *(978-3-7447-9686-6(8))*; pap. *(978-3-7446-4919-3(9))* Creation Pubs.

Elsie's Journey on Inland Waters (Classic Reprint) Martha Finley. 2018. (ENG., Illus.). 290p. (J). 29.90 *(978-0-267-22696-2(9))* Forgotten Bks.

Elsie's Kith & Kin. Martha Finley. 2018. (ENG., Illus.). 232p. (YA). (gr. 7-12). pap. *(978-93-5297-357-6(7))* Alpha Editions.

Elsie's Kith & Kin (Classic Reprint) Martha Finley. 2018. (ENG., Illus.). 346p. (J). 31.03 *(978-0-483-91494-0(0))* Forgotten Bks.

Elsie's Motherhood. Martha Finley. 2018. (ENG., Illus.). 252p. (YA). (gr. 7-12). pap. *(978-93-5297-358-3(5))* Alpha Editions.

Elsie's Motherhood. Martha Finley. 2017. (ENG., Illus.). (J). 25.95 *(978-1-374-95817-3(4))* Capital Communications, Inc.

Elsie's Motherhood: A Sequel to Elsie's Womanhood (Classic Reprint) Martha Finley. 2018. (ENG., Illus.). 356p. (J). 31.24 *(978-0-483-86700-0(4))* Forgotten Bks.

Elsie's New Relations. Martha Finley. 2018. (ENG., Illus.). 214p. (YA). (gr. 7-12). pap. *(978-93-5297-359-0(3))* Alpha Editions.

Elsie's New Relations: What They Did & How They Fared at Ion (Classic Reprint) Martha Finley. 2018. (ENG., Illus.). 328p. (J). 30.66 *(978-0-483-80163-9(1))* Forgotten Bks.

Elsie's Story: This Story Has No Hero. Michael Murphy. Illus. by Carissa McDonald. 2018. (ENG.). 42p. (J). pap. 10.50 *(978-0-692-17801-0(5))* Murphy, Michael.

Elsie's Vacation & after Events. Martha Finley. 2018. (ENG., Illus.). 192p. (YA). (gr. 7-12). pap. *(978-93-5297-360-6(7))* Alpha Editions.

Elsie's Vacation & after Events. Martha Finley. 2017. (ENG., Illus.). (J). 23.95 *(978-1-374-90322-7(1))*; pap. 13.95 *(978-1-374-90321-0(3))* Capital Communications, Inc.

Elsie's Widowhood. Martha Finley. 2019. (ENG.). 336p. (J). pap. *(978-3-337-73142-7(2))* Creation Pubs.

Elsie's Widowhood: A Sequel to Elsie's Children (Classic Reprint) Martha Finley. (ENG., Illus.). (J). 2017. 30.93 *(978-0-265-40217-7(4))*; 2016. pap. 13.57 *(978-1-333-36279-9(X))* Forgotten Bks.

Elsie's Winter Trip. Martha Finley. 2017. (ENG., Illus.). (J). pap. *(978-0-649-57298-4(X))* Trieste Publishing Pty Ltd.

Elsie's Winter Trip (Classic Reprint) Martha Finley. 2018. (ENG., Illus.). 292p. (J). 29.92 *(978-0-666-55624-0(5))* Forgotten Bks.

Elsie's Womanhood. Martha Finley. 2018. (ENG., Illus.). 268p. (YA). (gr. 7-12). pap. *(978-93-5297-361-3(5))* Alpha Editions.

Elsie's Womanhood: A Sequel to Elsie's Girlhood (Classic Reprint) Martha Finley. 2018. (ENG., Illus.). 354p. (J). 31.22 *(978-0-484-43440-9(3))* Forgotten Bks.

Elsie's Young Folks in Peace & War (Classic Reprint) Martha Finley. 2018. (ENG., Illus.). 290p. (J). 29.96 *(978-0-483-02069-6(9))* Forgotten Bks.

Elsket: And Other Stories (Classic Reprint) Thomas Nelson Page. 2018. (ENG., Illus.). 226p. (J). 28.56 *(978-0-364-03748-5(2))* Forgotten Bks.

Elson Basic Readers: Primer (Classic Reprint) William Harris Elson. (ENG., Illus.). (J). 2018. 146p. 26.93 *(978-0-267-32465-1(0))*; 2017. pap. 9.57 *(978-0-259-93493-6(3))* Forgotten Bks.

Elson Basic Readers, Vol. 1 (Classic Reprint) William Harris Elson. (ENG., Illus.). (J). 2018. 182p. 27.65 *(978-0-656-61170-6(7))*; 2017. pap. 10.57 *(978-0-259-87554-3(6))* Forgotten Bks.

Elson Grammar School Reader, Vol. 1 (Classic Reprint) William Harris Elson. 2017. (ENG., Illus.). 346p. (J). 31.03 *(978-0-484-55454-1(9))* Forgotten Bks.

Elson Grammar School Reader, Vol. 4 (Classic Reprint) William Harris Elson. 2017. (ENG., Illus.). (J). 32.68 *(978-0-265-73175-8(5))* Forgotten Bks.

Elson-Gray Basic Readers, Vol. 4 (Classic Reprint) William Harris Elson. (ENG., Illus.). (J). 2018. 386p. 31.88 *(978-0-484-81995-4(X))*; 2017. pap. 16.57 *(978-0-243-28637-9(6))* Forgotten Bks.

Elson-Gray Basic Readers, Vol. 5 (Classic Reprint) William Harris Elson. (ENG., Illus.). (J). 2018. 450p. 33.20 *(978-0-656-33840-5(7))*; 2017. pap. 16.57 *(978-0-243-30657-2(1))* Forgotten Bks.

Elson-Gray Basic Readers, Vol. 6 (Classic Reprint) William Harris Elson. (ENG., Illus.). (J). 2018. 466p. 33.53 *(978-0-656-33799-6(0))*; 2017. pap. 16.57 *(978-0-243-28771-0(2))* Forgotten Bks.

Elson Primary School Reader: Book One. William H. Elson. 2017. (ENG., Illus.). (J). pap. *(978-0-649-45571-3(1))* Trieste Publishing Pty Ltd.

Elson Primary School Reader: Book One (Classic Reprint) William H. Elson. 2017. (ENG., Illus.). (J). 27.34 *(978-0-331-28031-9(0))* Forgotten Bks.

Elson Primary School Reader. Book Two. William H. Elson. 2017. (ENG., Illus.). (J). pap. *(978-0-649-49008-0(8))* Trieste Publishing Pty Ltd.

Elson Primary School Reader, Vol. 2 (Classic Reprint) William H. Elson. (ENG., Illus.). (J). 2018. 234p. 28.72 *(978-0-484-76214-4(1))*; 2018. 400p. 32.15 *(978-0-483-72733-5(4))*; 2016. pap. 16.57 *(978-1-333-65613-3(0))* Forgotten Bks.

Elson Primary School Reader, Vol. 3 (Classic Reprint) William Harris Elson. (ENG., Illus.). (J). 2018. 292p. 29.92 *(978-0-484-62140-3(8))*; 2017. 30.04 *(978-0-266-52160-0(6))*; 2017. pap. 13.57 *(978-0-243-97534-1(1))*; 2017. pap. 13.57 *(978-0-243-09307-6(1))* Forgotten Bks.

Elson Primary School Reader, Vol. 4 (Classic Reprint) William H. Elson. 2017. (ENG., Illus.). (J). 30.58 *(978-0-265-20089-6(X))* Forgotten Bks.

Elson Readers: Book Eight (Revision of Elson Grammar School Reader, Book Four) (Classic Reprint) William H. Elson. (ENG., Illus.). (J). 2018. 554p. 35.32 *(978-0-365-27887-0(4))*; 2017. pap. 19.97 *(978-0-243-89188-7(1))* Forgotten Bks.

Elson Readers: Book 8, Teacher's Guide, Bk. 8. Catherine Andrews et al. 2018. (ENG., Illus.). 272p. (gr. -1-12). tchr. ed. 18.95 *(978-1-890623-32-6(6))* Applewood Bks.

Elson Readers: Book Eight, Vol. 8. William Elson et al. 2017. (ENG., Illus.). 575p. (gr. -1-12). 27.95 *(978-1-890623-22-7(9))* Applewood Bks.

Elson Readers: Book Five, Bk. 5. William Elson et al. 2017. (ENG., Illus.). 439p. (gr. -1-12). 23.95 *(978-1-890623-19-7(9))* Applewood Bks.

Elson Readers: Book Four, Bk. 4. William Elson. 2017. (ENG., Illus.). 367p. (gr. -1-12). 21.95 *(978-1-890623-18-0(0))* Applewood Bks.

Elson Readers: Book Seven, Bk. 7. William Elson et al. 2017. (ENG., Illus.). 549p. (gr. -1-12). 25.95 *(978-1-890623-21-0(0))* Applewood Bks.

Elson Readers: Book Six, Bk. 6. William Elson et al. 2017. (ENG., Illus.). 477p. (gr. -1-12). tchr. ed. 24.95 *(978-1-890623-20-3(2))* Applewood Bks.

Elson Readers, Vol. 1 (Classic Reprint) William Harris Elson. 2018. (ENG., Illus.). 344p. (J). 30.99 *(978-0-656-36746-7(6))* Forgotten Bks.

Elson Readers, Vol. 3: Revision of Elson Primary School Reader, Book Three (Classic Reprint) William H. Elson. (ENG., Illus.). (J). 2018. 402p. 32.19 *(978-0-483-41868-4(4))*; 2016. pap. 16.57 *(978-1-334-15613-7(1))* Forgotten Bks.

Elson Readers, Vol. 6: Revision of Elson Grammar School Reader, Book Two (Classic Reprint) William Harris Elson. 2017. (ENG., Illus.). (J). 538p. 34.99 *(978-0-484-64462-4(9))*; pap. 16.57 *(978-0-243-26245-8(0))* Forgotten Bks.

Elson-Runkel Primer. William H. Elson. 2017. (ENG., Illus.). (J). pap. *(978-0-649-57304-2(8))*; pap. *(978-0-649-57305-9(6))* Trieste Publishing Pty Ltd.

Elson-Runkel Primer (Classic Reprint) William H. Elson. 2018. (ENG., Illus.). 276p. (J). 29.59 *(978-0-364-32620-6(4))* Forgotten Bks.

Elson-Runkel Primer (Classic Reprint) William Harris Elson. 2017. (ENG., Illus.). (J). 132p. 26.62 *(978-0-484-43965-7(0))*; pap. 9.57 *(978-0-259-92861-4(5))* Forgotten Bks.

Elspeth. Christopher D. Wayland. 2020. (ENG.). 206p. (J). pap. 12.95 *(978-0-578-82415-4(9))* Brooklyn Girl Bks.

Elspeth, the Living Dead Girl. Stuart R. West. 2023. (ENG.). 356p. (YA). pap. 19.99 ***(978-1-5092-5012-7(3))*** Wild Rose Pr., Inc., The.

Elstones: A Novel (Classic Reprint) Isabel C. Clarke. 2017. (ENG., Illus.). (J). 32.17 *(978-0-265-52227-1(7))* Forgotten Bks.

Eltham House (Classic Reprint) Humphry Ward. 2018. (ENG., Illus.). 388p. (J). 31.90 *(978-0-267-19863-4(9))* Forgotten Bks.

Elton Hazlewood: A Memoir, by His Friend Henry Vane (Classic Reprint) Frederick George Scott. 2018. (ENG., Illus.). 154p. (J). 27.09 *(978-0-332-60825-9(5))* Forgotten Bks.

Elton John. Maria Isabel Sanchez Vegara. Illus. by Sophie Beer. 2020. (Little People, BIG DREAMS Ser.: 51). (ENG.). 32p. (J). (gr. -1-2). ***(978-0-7112-5840-2(6)***, Frances Lincoln Children's Bks.) Quarto Publishing Group UK.

Elton the Elf. Lisa Mallen. 2022. 32p. (J). 24.00 *(978-1-6678-4074-1(6))* BookBaby.

Elton's Comic All-My-Nack, 1842, Vol. 1 (Classic Reprint) Unknown Author. 2017. (ENG., Illus.). (J). 24.72 *(978-0-331-91261-6(9))*; pap. 7.97 *(978-0-259-56347-1(1))* Forgotten Bks.

Élus III: le Calice des Anges. Jade Coll. 2016. (FRE.). 728p. (YA). pap. ***(978-1-326-81979-8(8))*** Lulu Pr., Inc.

Elusive Hildegarde: A Novel (Classic Reprint) H. R. Martin. 2017. (ENG., Illus.). (J). 328p. 30.66 *(978-0-484-24216-5(4))*; pap. 13.57 *(978-0-259-37673-6(6))* Forgotten Bks.

Elusive Lover (Classic Reprint) Virna Woods. (ENG., Illus.). (J). 2018. 262p. 29.32 *(978-0-484-28485-1(1))*; 2016. pap. 11.97 *(978-1-334-13455-5(3))* Forgotten Bks.

Elven Stones: Abundance: an Elven Legend Quest. P. A. Wilson. 2017. (Elven Stones Ser.: Vol. 2). (ENG., Illus.). (YA). (gr. 9-12). pap. *(978-1-927669-38-9(3))* Wilson, Perry Anne.

Elven Stones: Family: an Elven Legend Quest. P. A. Wilson. 2017. (Elven Stones Ser.: Vol. 1). (ENG., Illus.). (YA). (gr. 9-12). pap. *(978-1-927669-17-4(0))* Wilson, Perry Anne.

Elven Stones; Orphan. P. A. Wilson. 2019. (Elven Stones Ser.: Vol. 3). (ENG.). 232p. (YA). pap. *(978-1-927669-56-3(1))* Wilson, Perry Anne.

Elvenhalm. M. T. Boulton. 2017. (ENG., Illus.). (J). pap. 6.49 *(978-1-326-90935-2(5))* Lulu Pr., Inc.

Elves. Grace Hansen. 2022. (World of Mythical Beings Ser.). (ENG., Illus.). 24p. (J). (gr. -1-2). lib. bdg. 32.79 *(978-1-0982-6189-4(5)*, 39431, Abdo Kids) ABDO Publishing Co.

Elves. Virginia Loh-Hagan. 2017. (Magic, Myth, & Mystery Ser.). (ENG., Illus.). 32p. (J). (gr. 4-8). lib. bdg. 32.07 *(978-1-63472-884-3(X)*, 209962, 45th Parallel Press) Cherry Lake Publishing.

Elves, 1 vol. Joel Newsome. 2016. (Creatures of Fantasy Ser.). (ENG.). 64p. (gr. 6-6). 35.93 *(978-1-5026-1852-8(4)*, 1adba839-6065-43d7-a01b-4f3a53362a66) Cavendish Square Publishing LLC.

Elves & the Shoemaker. Rob Lloyd Jones. 2018. (Picture Bks.). (ENG.). 24p. (J). 9.99 *(978-0-7945-4014-2(7)*, Usborne) EDC Publishing.

Elves & the Shoemaker. Tiger Tales. Illus. by Erica-Jane Waters. 2017. (My First Fairy Tales Ser.). (ENG.). 32p. (J). (gr. -1-2). pap. 7.99 *(978-1-58925-496-1(1))* Tiger Tales.

Elves & the Shoemaker. Ladybird. ed. 2016. (Well-Loved Tales Ser.). (Illus.). 56p. (J). (gr. 3-7). 10.99 *(978-0-7232-9756-7(8))* Penguin Bks., Ltd. GBR. Dist: Independent Pubs. Group.

Elves, Dwarves & Fantasy Creatures Coloring Book. Activity Book Zone. 2016. (ENG., Illus.). (J). pap. 9.20 *(978-1-68376-480-9(3))* Sabeels Publishing.

Elves, Gods, & Spirits Children's Norse Folktales. Baby Professor. 2017. (ENG., Illus.). (J). pap. 7.89 *(978-1-5419-0316-6(1)*, Baby Professor (Education Kids)) Speedy Publishing LLC.

Elves' Night Before Christmas. Holly Kowitt & David Manis. Illus. by Richard Watson. 2016. (J). pap. *(978-1-338-08903-5(X))* Scholastic, Inc.

Elves of Mount Fern (Classic Reprint) Katherine Creighton. (ENG., Illus.). (J). 2018. 112p. 26.21 *(978-0-365-17675-6(3))*; 2017. pap. 9.57 *(978-0-259-85709-9(2))* Forgotten Bks.

Elvin Link, Please Report to the Principal's Office! Drew Dernavich. Illus. by Drew Dernavich. 2021. (ENG., Illus.). 224p. (J). pap. 7.99 *(978-1-250-79170-2(7)*, 900238557) Square Fish.

Elvin the Clumsy Elf. Holly Noelle. 2021. (ENG.). 36p. (J). pap. *(978-1-83875-303-0(6)*, Nightingale Books) Pegasus Elliot Mackenzie Pubs.

Elvin the Elf. Synthia Hardy Kushner. Illus. by Gail Maguire. 2018. (ENG.). 26p. (J). 18.99 *(978-1-7329442-0-6(2))* Hardy Ink LLC.

Elvira Hopkins of Tompkins Corner (Classic Reprint) Izora Chandler. 2018. (ENG., Illus.). 198p. (J). 28.00 *(978-0-332-96665-6(8))* Forgotten Bks.

Elvira Hopkins of Tompkin's Corner (Classic Reprint) Izora Chandler. (ENG., Illus.). (J). 2018. 200p. 28.02 *(978-0-483-37481-2(4))*; 2016. pap. 10.57 *(978-1-334-13669-6(6))* Forgotten Bks.

Elvis & Tequila: My Babies: a True Story: E. T. Joan Marie Ann Fisher. 2021. (ENG., Illus.). 30p. (J). 23.95 *(978-1-0980-7337-4(1))*; pap. 14.95 *(978-1-64492-235-4(5))* Christian Faith Publishing.

Elvis & the Talent Show. Charles Weaver. 2021. (ENG., Illus.). 30p. (J). 19.95 *(978-1-63710-501-6(0))*; pap. 13.95 *(978-1-64952-364-8(5))* Fulton Bks.

Elvis & the World As It Stands. Lisa Frenkel Riddiough. Illus. by Olivia Chin Mueller. 2021. (ENG.). 256p. (J). (gr. 3-7). 16.99 *(978-1-4197-5239-1(1)*, 1723701, Amulet Bks.) Abrams, Inc.

Elvis Is King! Jonah Winter. Illus. by Red Nose Studio. 2019. 40p. (J). (gr. -1-3). 18.99 *(978-0-399-55470-4(X)*, Schwartz & Wade Bks.) Random Hse. Children's Bks.

Elvis, Me, & the Lemonade Stand Summer. Leslie Gentile. 2021. (ENG.). 192p. (J). (gr. 4-7). pap. 13.95 *(978-1-77086-615-7(9)*, Dancing Cat Bks.) Cormorant Bks. Inc. CAN. Dist: Orca Bk. Pubs. USA.

Elvis Presley. Maria Isabel Sanchez Vegara. Illus. by Ana Albero. 2022. (Little People, BIG DREAMS Ser.: 80). (ENG.). 32p. (J). (gr. -1-2). ***(978-0-7112-7087-9(2)***, Frances Lincoln Children's Bks.) Quarto Publishing Group UK.

Elvis Presley: Fighting for the Right to Rock, 1 vol. John Micklos & John Micklos, Jr. 2017. (Rebels with a Cause Ser.). (ENG.). 128p. (J). (gr. 8-8). 38.93 *(978-0-7660-9258-7(5)*, 5908d67d-754a-4219-b3d7-6ea667662142); pap. 20.95 *(978-0-7660-9549-6(5)*, b5ea81c8-5ee6-4f61-97e4-afe4efbaaad3) Enslow Publishing, LLC.

Elvis Presley's Love Me Tender. Elvis Presley. Illus. by Stephanie Graegin. 2017. 40p. (J). (-k). 18.99 *(978-0-7352-3122-1(2)*, Dial Bks) Penguin Young Readers Group.

Elvis Puffs Out: A Breaking Cat News Adventure. Georgia Dunn. 2020. (Breaking Cat News Ser.: 3). (ENG.). 176p. (J). pap. 11.99 *(978-1-5248-5819-3(6))* Andrews McMeel Publishing.

Elwin. M. L. Borges. 2017. (ENG., Illus.). (J). pap. 18.95 *(978-1-365-97818-0(4))* Lulu Pr., Inc.

Ely, Life As a Service Dog Puppy. Bennett. 2022. (ENG.). 92p. (J). 19.99 *(978-1-7357990-3-2(3))* Fetch Pr. Publishing.

Elyot Goes to Earth. 2021. (ENG.). 60p. (J). pap. 17.99 *(978-1-6629-1255-9(2))* Gatekeeper Pr.

Elyot Goes to Earth. Keadi-Ann Williams. 2021. (ENG.). 60p. (J). 22.99 *(978-1-6629-1254-2(4))* Gatekeeper Pr.

Elyse & Me: Conversations Between a Child & God about Dying. John R. Hanson. 2016. (ENG., Illus.). (J). pap. 16.95 *(978-1-5043-6566-6(6)*, Balboa Pr.) Author Solutions, LLC.

Elysia: The Magical World. Malcolm Chester. 2022. (ENG.). 118p. (YA). 21.00 ***(978-1-959071-62-4(9))***; pap. 7.99 ***(978-1-959071-02-0(5))*** New Age Literary Agency.

Elysia: The World in Children's Dreams. Malcolm Chester. 2022. (ENG.). 292p. (YA). 28.99 ***(978-1-959071-61-7(0))***; pap. 8.75 ***(978-1-955531-92-4(7))*** New Age Literary Agency.

Elysium Girls. Kate Pentecost. 2020. (ENG.). 400p. (YA). (gr. 9-17). 17.99 *(978-1-368-04186-7(8))* Hyperion Bks. for Children.

Elysium Girls. Kate Pentecost. 2021. (ENG.). 416p. (YA). (gr. 9-17). pap. 10.99 *(978-0-7595-5505-1(2))* Little, Brown Bks. for Young Readers.

Elzevir Library, Vol. 2: A Tri-Weekly Magazine, June 19, 1883 (Classic Reprint) John B. Alden. 2018. (ENG., Illus.). 182p. (J). 27.65 *(978-0-484-06278-7(6))* Forgotten Bks.

Elzevir Library, Vol. 2: A Tri-Weekly Magazine, June 21, 1883 (Classic Reprint) Hans Christian Anderson. 2018. (ENG., Illus.). 170p. (J). 27.40 *(978-0-483-36438-7(X))* Forgotten Bks.

Ema, the Votive Pictures of Japan (Classic Reprint) De Forest. 2018. (ENG., Illus.). 26p. (J). 24.45 *(978-0-656-92959-7(6))* Forgotten Bks.

Emajen. Ashley Ledigo. 2018. (ENG., Illus.). 216p. (J). (gr. -1-12). pap. 11.95 *(978-1-78535-681-0(X)*, Our Street Bks.) Hunt, John Publishing Ltd. GBR. Dist: National Bk. Network.

Emancipated a Novel (Classic Reprint) George Gissing. 2018. (ENG., Illus.). 500p. (J). 34.21 *(978-0-267-15569-9(7))* Forgotten Bks.

Emancipated, Vol. 1 Of 3: A Novel (Classic Reprint) George Gissing. 2018. (ENG., Illus.). 310p. (J). 30.29 *(978-0-483-02889-0(4))* Forgotten Bks.

Emancipated, Vol. 2 Of 3: A Novel (Classic Reprint) George Gissing. 2018. (ENG., Illus.). 308p. (J). 30.25 *(978-0-483-09777-3(2))* Forgotten Bks.

Emancipated Woman (Classic Reprint) Wm R. Gray. 2018. (ENG., Illus.). 20p. (J). 24.31 *(978-0-484-66538-4(3))* Forgotten Bks.

Emancipation: A Play in Three Acts (Classic Reprint) Leonard Inkster. 2018. (ENG., Illus.). 98p. (J). 25.92 *(978-0-483-71447-2(X))* Forgotten Bks.

Emancipation a Woman's Question Considered in Story (Classic Reprint) Arthur Beckett. 2018. (ENG., Illus.). 358p. (J). 31.28 *(978-0-483-58398-6(7))* Forgotten Bks.

Emancipation (Classic Reprint) Sherwood. 2018. (ENG., Illus.). 154p. (J). 27.07 *(978-0-484-40517-1(9))* Forgotten Bks.

Emancipation of Grandpa Sandy Wills. Cheryl Wills. Illus. by Randell Pearson. 2016. (ENG.). 48p. (J). pap. 18.63 *(978-1-61717-886-3(1))* Sussman Sales Co.

Emancipation Proclamation, 1 vol. Ann Byers. 2018. (America's Most Important Documents: Inquiry into Historical Sources Ser.). (ENG.). 64p. (J). (gr. 6-6). lib. bdg. 37.36 *(978-1-5026-3598-3(4)*, 7f22fdda-24b7-47c9-8648-ab69c99a32a1) Cavendish Square Publishing LLC.

Emancipation Proclamation. Charles W. Carey. 2021. (Black American Journey Ser.). (ENG.). 32p. (J). (gr. 4-7). lib. bdg. 35.64 *(978-1-5038-5368-3(3)*, 215257) Child's World, Inc, The.

Emancipation Proclamation, 1 vol. Judy Dodge Cummings. 2016. (Essential Library of the Civil War Ser.). (ENG., Illus.). 112p. (J). (gr. 8-12). lib. bdg. 41.36 *(978-1-68078-279-0(7)*, 21713, Essential Library) ABDO Publishing Co.

Emancipation Proclamation. Kevin Cunningham. 2020. (Civil War Ser.). (ENG., Illus.). 48p. (J). (gr. 5-6). pap. 11.95 *(978-1-64493-159-2(1)*, 1644931591); lib. bdg. 34.21 *(978-1-64493-080-9(3)*, 1644930803) North Star Editions. (Focus Readers).

Emancipation Proclamation, 1 vol. Seth Lynch. 2018. (Look at U. S. History Ser.). (ENG.). 32p. (J). (gr. 2-2). 28.27 *(978-1-5382-2119-8(5)*, 6585d053-970a-4d85-9432-f4efcb166780) Stevens, Gareth Publishing LLLP.

Emancipation Proclamation, 1 vol. Ryan Nagelhout. 2016. (Documents of American Democracy Ser.). (ENG., Illus.). 32p. (J). (gr. 5-5). pap. 11.00 *(978-1-4994-2081-4(1)*, 515d919a-4b81-4a74-9fc0-c271ac727e37, PowerKids Pr.) Rosen Publishing Group, Inc., The.

Emancipation Proclamation, 1 vol. Monique Vescia. 2016. (Let's Find Out! Primary Sources Ser.). (ENG., Illus.). 32p. (J). (gr. 2-3). lib. bdg. 26.06 *(978-1-5081-0405-6(0)*, bf2c8f3c-c00f-498d-9c78-61f20b774f67) Rosen Publishing Group, Inc., The.

Emancipation Proclamation: Asking Tough Questions. Nel Yomtov. 2020. (Questioning History Ser.). (ENG.). 48p. (J). (gr. 3-5). pap. 8.95 *(978-1-4966-8815-6(5)*, 201748); (Illus.). lib. bdg. 31.99 *(978-1-4966-8469-1(9)*, 200345) Capstone. (Capstone Pr.).

Emanuel. Manuel Vicente Sánchez Castro. (SPA.). (J). 2022. 74p. pap. 6.40 *(978-1-4717-3644-5(X))*; 2021. 76p. pap. 7.58 *(978-1-008-99776-9(5))* Lulu Pr., Inc.

Emanuel: Or Children of the Soil from the Danish of Henrik Pontoppidan (Classic Reprint) Edgar Lucas. 2017. (ENG., Illus.). (J). 30.48 *(978-0-266-98359-0(6))* Forgotten Bks.

Embarcaciones Militares. Julia Garstecki. 2017. (Tecnología Militar Ser.). (SPA., Illus.). 32p. (J). (gr. 4-6). lib. bdg. *(978-1-68072-583-4(1)*, 10591, Bolt) Black Rabbit Bks.

Embargo on Hope. Justin Doyle. 2021. (ENG.). 368p. (YA). pap. 16.99 *(978-1-63752-816-7(7))* Primedia eLaunch LLC.

Embarrassed. Amy Culliford. 2023. (My Emotions Ser.). (ENG.). 16p. (J). (gr. -1-1). pap. ***(978-1-0396-9744-7(5)***, 33240); lib. bdg. ***(978-1-0396-9637-2(6)***, 33239) Crabtree Publishing Co.

Embarrassed. Charly Haley. 2019. (Learning about Emotions Ser.). (ENG.). 24p. (J). (gr. -1-2). lib. bdg. 32.79 *(978-1-5038-2808-7(5)*, 212615) Child's World, Inc, The.

Embarrassed by My Squawk, 1 vol. Amy Culliford. Illus. by John Joseph. 2022. (Phoenix & Goose Ser.). (ENG.). 24p. (J). (gr. -1-3). lib. bdg. *(978-1-0396-4493-9(7)*, 16300); pap. *(978-1-0396-4684-1(0)*, 17306) Crabtree Publishing Co. (Crabtree Blossoms).

Embarrassing - Ai Kamaamaara (Te Kiribati) Melina Lameko Anterea. Illus. by John Maynard Balinggao. 2023. (ENG.). 26p. (J). pap. ***(978-1-922795-81-6(X))*** Library For All Limited.

Embarrassing Life of King Ficklefred. Allison McWood. Illus. by Terry Castellani. 2019. (ENG.). 28p. (J). pap. *(978-1-9994377-6-3(4))* Annelid Pr.

Embarrassments (Classic Reprint) Henry James. 2017. (ENG., Illus.). (J). 29.88 *(978-0-266-21016-0(3))* Forgotten Bks.

Embassy of the Dead. Will Mabbitt. Illus. by Taryn Knight. (Embassy of the Dead Ser.). (ENG.). (J). (gr. 3-7). 2022. 288p. pap. 8.99 *(978-1-5362-2582-2(7))*; 2020. 272p. 16.99 *(978-1-5362-1047-7(1))* Candlewick Pr.

Embassy of the Dead: Destiny Calling. Will Mabbitt. Illus. by Taryn Knight. 2022. (Embassy of the Dead Ser.). (ENG.). 240p. (J). (gr. 3-7). 17.99 *(978-1-5362-1049-1(8))* Candlewick Pr.

Embassy of the Dead: Hangman's Crossing. Will Mabbitt. Illus. by Taryn Knight. 2021. (Embassy of the Dead Ser.). (ENG.). 240p. (J). (gr. 3-7). 17.99 *(978-1-5362-1048-4(X))* Candlewick Pr.

Embassy to Provence (Classic Reprint) Thomas A. Janvier. 2018. (ENG., Illus.). 138p. (J). 26.74 *(978-0-365-18778-3(X))* Forgotten Bks.

Ember & Ezra. Lindamarie Ketter. Illus. by Yousra Zekrifa. 2021. (ENG.). 26p. (J). pap. 9.99 *(978-1-68524-805-5(5))* Primedia eLaunch LLC.

Ember & the Fire Sprite. Diana Reynolds. 2016. (Ember Ser.: Vol. 1). (ENG., Illus.). (J). pap. *(978-0-9954210-0-4(5))* GalleryDiana.

Ember & the Ice Dragons. Heather Fawcett. (ENG.). (J). (gr. 3-7). 2020. 384p. pap. 7.99 *(978-0-06-285452-0(6))*; 2019. (Illus.). 368p. 16.99 *(978-0-06-285451-3(8))* HarperCollins Pubs. (Balzer & Bray).

Ember & the Island of Lost Creatures. Jason Pamment. Illus. by Jason Pamment. 2023. (ENG., Illus.). 288p. (J). (gr. 3-7). pap. 15.99 *(978-0-06-306520-8(7)*, HarperAlley) HarperCollins Pubs.

Ember & Twine. Eliza Prokopovits. 2021. (ENG.). 192p. (YA). pap. 9.99 *(978-1-0878-7449-4(1))* Indy Pub.

Ember in the Ashes. Sabaa Tahir. l.t. ed. (Ember in the Ashes Ser.: 1). 2018. (ENG.). pap. 15.99 *(978-1-4328-5034-0(2))*; 2016. 648p. 25.99 *(978-1-4104-8875-6(6))* Cengage Gale.

Ember in the Ashes. Sabaa Tahir. 2016. 464p. lib. bdg. 23.30 *(978-0-606-38848-1(6))* Turtleback.

Ember of Night. Molly E. Lee. (Ember of Night Ser.: 1). (ENG.). 400p. (YA). 2022. pap. 10.99 *(978-1-64937-216-1(7)*, 900259405); 2021. 17.99 *(978-1-64937-031-0(8)*, 900243104) Entangled Publishing, LLC.

Ember Queen. Laura Sebastian. (Ash Princess Ser.: 3). (ENG., Illus.). 480p. (YA). (gr. 7). 2021. pap. 11.99 *(978-1-5247-6717-4(4)*, Ember); 2020. 18.99 *(978-1-5247-6714-3(X)*, Delacorte Pr.); 2020. lib. bdg. 21.99 *(978-1-5247-6715-0(8)*, Delacorte Pr.) Random Hse. Children's Bks.

Ember (Rescue Dogs #1) Jane B. Mason & Sarah Hines-Stephens. 2020. (Rescue Dogs Ser.: 1). (ENG.). 304p. (J). (gr. 3-7). pap. 6.99 *(978-1-338-36202-2(X))* Scholastic, Inc.

Ember Stone, 1. Katrina Charman. ed. 2018. (Branches Early Ch Bks). (ENG.). 89p. (J). (gr. 1-3). 15.96 *(978-1-64310-324-2(5))* Penworthy Co., LLC, The.

Ember Stone: a Branches Book (the Last Firehawk #1) Katrina Charman. Illus. by Jeremy Norton. 2017. (Last Firehawk Ser.: 1). (ENG.). 96p. (J). (gr. 1-3). pap. 5.99 *(978-1-338-12213-8(4))* Scholastic, Inc.

Emberlynn Does Gymnastics. Tracilyn George. 2023. (ENG.). 22p. (J). pap. 12.99 ***(978-1-77475-609-6(9))*** Draft2Digital.

Embers. John Myers O'Hara. 2017. (ENG., Illus.). (J). pap. *(978-0-649-34370-6(0))* Trieste Publishing Pty Ltd.

Embers. Susan Reimer. 2020. (Forged in Flames Ser.: Vol. 1). (ENG.). 208p. (YA). (gr. 7-12). pap. *(978-1-4866-1912-2(6))* Word Alive Pr.

Embers: A Novel (Classic Reprint) Jeffrey Deprend. (ENG., Illus.). (J). 2018. 342p. 30.97 *(978-0-483-54961-6(4))*; 2016. pap. 13.57 *(978-1-334-49531-1(9))* Forgotten Bks.

Ember's Dragons. Isabel Tilton. 2020. (ENG.). 268p. (YA). pap. 19.95 *(978-1-970063-42-4(4))* Braughler Bks. LLC.

Embers of Aloessia: Revised Edition. Nicholas Gagnier. 2020. (ENG.). 280p. (YA). pap. 9.99 *(978-1-393-99277-6(3))* Draft2Digital.

Embers of Destruction. J. Scott Savage. (Mysteries of Cove Ser.: 3). (ENG., Illus.). (J). (gr. 3-6). 2018. 352p. pap. 7.99 *(978-1-62972-420-1(3)*, 5194505); 2017. 336p. 17.99 *(978-1-62972-339-6(8)*, 5177716) Shadow Mountain Publishing. (Shadow Mountain).

Embers of Elden. Tr Dillon. 2019. (Chronicles of Cloth & Crystal Ser.: Vol. 2). (ENG.). 404p. (J). pap. 14.99 *(978-1-7334754-0-2(0))* RJA Enterprises.

Embers of the Raven: A Fantasy Adventure Story from Greenland. Chris Paton. 2019. (Christmas Raven Ser.: Vol. 1). (ENG.). 66p. (J). pap. *(978-87-93680-72-2(4))* Aarluuk Pr.

Emblem, 1912 (Classic Reprint) Chicago Normal College. 2018. (ENG., Illus.). 96p. (J). 25.90 *(978-0-267-29900-3(1))* Forgotten Bks.

Emblem, 1922 (Classic Reprint) Chicago Normal College. (ENG., Illus.). (J). 2018. 104p. 26.06 *(978-0-656-44448-9(7))*; 2016. pap. 9.57 *(978-1-333-61694-6(5))* Forgotten Bks.

Emblem, 1923 (Classic Reprint) Chicago Normal College. (ENG., Illus.). (J). 2018. 144p. 26.89 *(978-0-428-44707-6(4))*; 2016. pap. 9.57 *(978-1-333-55184-1(3))* Forgotten Bks.

Emblem Brightly Shines with Casper Joe. Connie Randolph. 2017. (Casper Joe Ser.: Vol. 5). (ENG., Illus.). 26p. (J). (gr. 1-6). 14.99 *(978-0-9994285-4-2(3))* Randolph, Connie.

Emblem Throne: The Runes of Issalia, Book II. Jeffrey L. Kohanek. 2016. (Runes of Issalia Ser.: Vol. 2). (ENG., Illus.). (YA). (gr. 7-12). pap. 17.95 *(978-1-61296-761-5(2))* Black Rose Writing.

Emblemes et Devises Latines, Espagnoles et Italiennes, Vol. 1: Avec Leurs Explications Francoises (Classic Reprint) Nicolas Verien. 2017. (FRE., Illus.). (J). 30.83 *(978-0-332-00665-9(4))*; pap. 13.57 *(978-0-282-43534-9(4))* Forgotten Bks.

Emblemland (Classic Reprint) John Kendrick Bangs. 2018. (ENG., Illus.). 170p. (J). 27.40 *(978-0-332-17881-3(1))* Forgotten Bks.

Emblems, Banners & Streamers: Flag Coloring Book. Jupiter Kids. 2016. (ENG., Illus.). 106p. (J). pap. 12.55 *(978-1-68305-198-5(X)*, Jupiter Kids (Childrens & Kids Fiction)) Speedy Publishing LLC.

Emblems of the Infinite King: Enter the Knowledge of the Living God. J. Ryan Lister. Illus. by Anthony M. Benedetto. 2019. (ENG.). 184p. 24.99 *(978-1-4335-6338-6(X))* Crossway.

Embrace the Chaos, Enjoy the Journey: A Leadership Awakening for Students & Young Adults. Bill McKenzie. 2021. (ENG.). 236p. (YA). pap. 16.96 *(978-1-63837-517-3(8))* Palmetto Publishing.

Embrace the Chicken see Vive le Poulet!

Embrace the Chicken. Mahtab Narsimhan. 2nd ed. 2020. (Orca Currents Ser.). (ENG.). 120p. (J). (gr. 4-7). pap. 10.95 *(978-1-4598-2743-1(0))* Orca Bk. Pubs. USA.

Embrace Your Body. Taryn Brumfitt. Illus. by Sinead Hanley. 2021. 24p. (J). (gr. -1-k). 16.99 *(978-1-76089-598-3(9)*, Puffin) Penguin Random Hse. AUS. Dist: Independent Pubs. Group.

Embrace Your Imagination. Mary Tabitha Deutsch. 2019. (ENG., Illus.). 28p. (J). pap. 19.99 *(978-1-946629-47-0(2))* Performance Publishing Group.

Embrace Your Skin, Embrace Yourself. Heibel. 2022. (ENG.). 32p. (J). 18.95 *(978-1-63755-179-0(7)*, Mascot Kids) Amplify Publishing Group.

Embracing the Awkward: A Guide for Teens to Succeed at School, Life & Relationships. Joshua Rodriguez. 2018. (ENG.). 236p. (YA). (gr. 7-9). pap. 18.99 *(978-1-63353-736-1(6))* Mango Media.

Embracing You. Sylvia McCree-Huntley. 2021. (ENG.). 28p. (J). 15.99 *(978-1-7356183-1-9(4))* Harvest Ctr., The.

Embryology of a Termite, Eutermes (rippertii?) Henry McElderry Knower. 2017. (ENG.). 188p. (J). pap. *(978-3-337-32504-6(1))* Creation Pubs.

Emeline Meets Lavender the Mermaid. Emeline King. Illus. by Michael Verrett. 2020. (ENG.). 32p. (J). pap. 12.95 *(978-1-716-49704-9(3))* Lulu Pr., Inc.

Emeline Meets Lavender the Mermaid. Emeline Monica King. Illus. by Michael Verrett. 2020. (ENG.). 32p. (J). 24.95 *(978-1-0879-0693-5(8))* Indy Pub.

Emerald: Or Book of Irish Melodies (Classic Reprint) Unknown Author. 2018. (ENG., Illus.). 172p. (J). 27.44 *(978-0-267-26645-6(6))* Forgotten Bks.

Emerald & Ermine: A Tale of the Argoat (Classic Reprint) Marguerite Cuniffe-Owen. 2017. (ENG., Illus.). (J). pap. 13.57 *(978-0-243-54083-9(3))* Forgotten Bks.

Emerald & Ermine: A Tale of the Argoät (Classic Reprint) Marguerite Cuniffe-Owen. 2018. (ENG., Illus.). 344p. (J). 31.01 *(978-0-365-12180-0(0))* Forgotten Bks.

Emerald Book of Stories. Ruby Klein. 2020. (ENG.). 80p. (YA). pap. 15.49 *(978-1-63050-769-5(5))* Salem Author Services.

Emerald Buddha (Classic Reprint) Joseph B. Ames. (ENG., Illus.). (J). 2018. 314p. 30.37 *(978-0-332-75714-8(5))*; 2016. pap. 13.57 *(978-1-334-14235-2(1))* Forgotten Bks.

Emerald City of Oz. L. Frank Baum. 2017. (ENG., Illus.). (J). 23.95 *(978-1-374-87904-1(5))* Capital Communications, Inc.

Emerald City of Oz. L. Frank Baum. 2020. (ENG.). 240p. (J). pap. 18.00 *(978-1-6781-3238-5(1))* Lulu Pr., Inc.

Emerald City of Oz, 1 vol. L. Frank Baum. 2nd ed. 2016. (Wizard of Oz Collection: 6). (ENG., Illus.). 228p. (J). (gr. 4-8). 7.99 *(978-1-78226-310-4(1)*, 28271305-f4e6-4c04-9280-b43c74488c16) Sweet Cherry Publishing GBR. Dist: Baker & Taylor Publisher Services (BTPS).

Emerald City of Oz (Classic Reprint) L. Frank Baum. 2018. (ENG., Illus.). 300p. (J). 30.08 *(978-0-483-83366-1(5))* Forgotten Bks.

Emerald City Series: Jack the Raven. Mende Smith. 2020. (ENG.). 170p. (J). pap. 12.99 *(978-1-716-55672-2(4))* Lulu Pr., Inc.

Emerald City Series: The Green Goddess. Mende Smith. 2020. (ENG.). 110p. (J). pap. 12.99 *(978-1-716-55921-1(9))* Lulu Pr., Inc.

Emerald Cloth. Clare C. Marshall. 2018. (Violet Fox Ser.: Vol. 3). (ENG., Illus.). 360p. (YA). (gr. 7-12). pap. *(978-1-988110-05-9(X))* Faery Ink Pr.

Emerald Dagger. Dennis Staginnus. 2016. (Raiders of Folklore Ser.: Vol. 2). (ENG., Illus.). (YA). pap. *(978-0-9936824-8-3(0))* Stag's Head Bks.

Emerald Dreams. Olwyn Harris. 2022. (Gems of Australia Ser.: Vol. 3). (ENG.). 240p. (YA). pap. *(978-0-6451512-3-7(8))* Reading Stones Publishing.

Emerald Fire. Robin Buckallew. 2021. (ENG.). 213p. (YA). pap. *(978-1-716-84438-6(X))* Lulu Pr., Inc.

Emerald Forest. Catherine Ward & Karin Littlewood. 2023. (ENG., Illus.). 32p. (J). (gr. -1-k). 19.99 ***(978-1-913074-14-2(5))*** Otter-Barry Bks. GBR. Dist: Independent Pubs. Group.

Emerald Greene: Instruments of Darkness. Daniel Robert Blythe. 2017. (Emerald Greene Ser.: Vol. 2). (ENG., Illus.). 302p. (YA). pap. *(978-0-9957761-0-4(5))* Firecroft Bay Bks.

Emerald Hours in New Zealand (Classic Reprint) Alys Lowth. (ENG., Illus.). (J). 2018. 250p. 29.07 *(978-0-484-12158-3(8))*; 2016. pap. 11.57 *(978-1-333-66566-1(0))* Forgotten Bks.

Emerald Isle Princess & the Silver Tiara. Beverly Banfield. Illus. by Beverly Banfield. 2016. (ENG., Illus.). (J). pap. *(978-0-9951611-0-8(0))* Copper Tree Publishing.

Emerald Jones: The Fashion Designer Diva. Vanessa Womack. Illus. by Rosemarie Gillen. 2020. (ENG.). 44p. (J). pap. 9.99 *(978-1-7348975-0-0(3))* Womack, Vanessa Consulting LLC.

Emerald Key: A Peacock Door Tale Book Two. Wanda Kay Knight. 2019. (ENG., Illus.). 242p. (J). (gr. 3-6). 19.95 *(978-1-64633-171-0(0))* Waldorf Publishing.

Emerald Levels 25-26 Add-To Package Grades 3-4. Hmh Hmh. 2019. (Rigby PM Collection). (ENG.). (J). (gr. 3-4). pap. 165.00 *(978-0-358-14646-9(1))* Houghton Mifflin Harcourt Publishing Co.

Emerald Mask. H. K. Varian. 2016. (Hidden World of Changers Ser.: 2). (ENG., Illus.). 176p. (J). (gr. 3-7). pap. 6.99 *(978-1-4814-6619-6(4)*, Simon Spotlight) Simon Spotlight.

Emerald Maze, 5. Linda Chapman. ed. 2022. (Mermaids Rock Ser.). (ENG.). 124p. (J). (gr. 1-4). 19.96 ***(978-1-68505-653-7(9))*** Penworthy Co., LLC, The.

Emerald Maze. Linda Chapman. Illus. by Mirelle Ortega. 2022. (Mermaids Rock Ser.: 5). (ENG.). 160p. (J). (gr. 1-4). pap. 6.99 *(978-1-6643-4028-2(9))* Tiger Tales.

Emerald Prison of Terror. David Matley. 2021. (ENG.). 130p. (YA). pap. *(978-0-2288-6937-5(4))* Tellwell Talent.

Emerald Saves the Day. Ruth Jones. Illus. by Patricia Goff. 2022. (Fluttabee Tales Ser.: Vol. 4). (ENG.). 48p. (J). pap. ***(978-1-7398048-3-1(X))*** R A Jones.

Emerald Sea. Richelle Mead. 2018. (Glittering Court Ser.: 3). (ENG.). 496p. (YA). (gr. 7). 19.99 *(978-1-59514-845-2(0)*, Razorbill) Penguin Young Readers Group.

Emerald Story Book: Stories & Legends of Spring, Nature & Easter (Classic Reprint) Ada M. Skinner. 2017. (ENG., Illus.). (J). 31.92 *(978-1-5279-8863-7(5))* Forgotten Bks.

Emerald Sword of Souls. Forrest R. Blackova. 2021. (ENG., Illus.). 528p. (YA). pap. 26.95 *(978-1-63692-246-1(5))* Newman Springs Publishing, Inc.

Emerald Tablet. Dan Jolley. ed. 2017. (Five Elements Ser.: 1). (ENG.). (J). (gr. 3-7). lib. bdg. 17.20 *(978-0-606-40054-1(0))* Turtleback.

Emerald the Green Dolphin. Gilbar. 2022. (ENG.). 38p. (J). 17.95 *(978-1-63755-176-9(2)*, Mascot Kids) Amplify Publishing Group.

Emerald Treasure Chamber. Gillian Leggat. 2019. (ENG.). 136p. (YA). *(978-1-78848-363-6(4))*; pap. *(978-1-78848-362-9(6))* Austin Macauley Pubs. Ltd.

Emerald Tree. Nina Oram. 2020. (Carrowkeel Ser.: Vol. 2). (ENG.). 214p. (YA). (gr. 7-12). pap. *(978-1-911143-86-4(7))* Luna Pr. Publishing.

Emerald's Fracture. Kate Kennelly. 2018. (Isles of Stone Ser.: Vol. 1). (ENG.). 264p. (J). pap. 10.99 *(978-0-9990977-1-7(7))* Emerald Light Pr.

Emerge. Melissa A. Craven. 2020. (Immortals of Indriell Ser.: Vol. 1). (ENG.). 370p. (YA). 21.99 *(978-1-970052-06-0(6))* United Bks. Publishing.

Emergence. Gaja J. Kos & Boris Kos. 2019. (Shadowfire Ser.: Vol. 2). (ENG.). (YA). (gr. 11-12). 574p. *(978-961-94501-4-7(0))*; 684p. pap. *(978-961-94501-3-0(2))* Kos, , Boris s.p., zalo¿ni¿tvo.

Emergence of Modern Europe, 1 vol. Ed. by Kelly Roscoe. 2017. (Power & Religion in Medieval & Renaissance Times Ser.). (ENG., Illus.). 112p. (gr. 10-10). 37.82 *(978-1-68048-621-6(7)*, 7a7149ed-cb3a-4624-949f-b3d634fbd13b, Britannica Educational Publishing) Rosen Publishing Group, Inc., The.

Emergencia Bajo el Hielo: Leveled Reader Card Book 16 Level M 6 Pack. Hmh Hmh. 2021. (SPA.). (J). pap. 74.40 *(978-0-358-08413-6(X))* Houghton Mifflin Harcourt Publishing Co.

Emergency! Illus. by Cheryl Lane. 2019. (ENG.). 12p. (J). (— 1). bds. 9.99 *(978-1-78843-657-1(1))* Make Believe Ideas GBR. Dist: Scholastic, Inc.

Emergency. Child's Play. Illus. by Cocoretto. alt. ed. 2017. (Wheels at Work (US Edition) Ser.: 4). (ENG.). 12p. (J). bds. *(978-1-78628-080-0(9))* Child's Play International Ltd.

Emergency! A Lego Adventure in the Real World. 2017. (Illus.). 31p. *(978-1-338-20717-0(2))* Scholastic, Inc.

Emergency Contact. Mary H. K. Choi. (ENG.). (YA). (gr. 9). 2019. 416p. pap. 12.99 *(978-1-5344-0897-5(5))*; 2018. (Illus.). 400p. 17.99 *(978-1-5344-0896-8(7))* Simon & Schuster Bks. For Young Readers. (Simon & Schuster Bks. For Young Readers).

Emergency Husband (Classic Reprint) A. M. Gwynne. 2018. (ENG., Illus.). 274p. (J). 29.55 *(978-0-428-36868-5(9))* Forgotten Bks.

Emergency Jobs (Set), 6 vols. Julie Murray. 2020. (Emergency Jobs Ser.). (ENG.). 24p. (J). (gr. k-4). lib. bdg. 188.16 *(978-1-0982-2303-8(9)*, 36243, Abdo Zoom-Dash) ABDO Publishing Co.

Emergency! (LEGO Nonfiction) A LEGO Adventure in the Real World. Penelope Arlon. 2017. (LEGO Nonfiction Ser.). (ENG.). 32p. (J). (gr. -1-3). pap. 4.99 *(978-1-338-14914-2(8))* Scholastic, Inc.

Emergency Machines. Chris Oxlade. 2018. (ENG., Illus.). 48p. (J). (gr. 1-5). pap. 6.95 *(978-0-2281-0112-3(3)*, 92a13dd1-4926-4e72-9f0a-9c96376b6e15) Firefly Bks., Ltd.

Emergency Rescue. Camilla Gersh. 2016. (Illus.). 64p. (J). *(978-1-4806-9867-3(9))* Dorling Kindersley Publishing, Inc.

Emergency Rescue - Read It Yourself with Ladybird (non-Fiction) Level 2. Ladybird. 2016. (Read It Yourself with Ladybird Ser.). (ENG.). 32p. (J). (gr. 2-4). 5.99 *(978-0-241-24442-5(0))* Penguin Bks., Ltd. GBR. Dist: Independent Pubs. Group.

Emergency Trucks. Julie Murray. 2023. (Trucks at Work Ser.). (ENG.). 24p. (J). (gr. -1-2). lib. bdg. 31.36 ***(978-1-0982-6613-4(7)***, 42134, Abdo Kids) ABDO Publishing Co.

Emergency Vehicles. Katy Duffield. 2018. (My World Ser.). (ENG., Illus.). 16p. (gr. -1-2). lib. bdg. 28.50 *(978-1-64156-200-3(5)*, 9781641562003) Rourke Educational Media.

Emerging Tech Careers (Set), 8 vols. 2018. (Bright Futures Press: Emerging Tech Careers Ser.). (ENG., Illus.). 32p. (J). (gr. 4-8). 256.56 *(978-1-5341-2857-6(3)*, 211488); pap., pap., pap. 113.71 *(978-1-5341-3193-4(0)*, 211489) Cherry Lake Publishing.

Emerging Tech (Set), 8 vols. 2017. (21st Century Skills Innovation Library: Emerging Tech Ser.). (ENG., Illus.). 32p.

584

The check digit for ISBN-10 appears in parentheses after the full ISBN-13

(J). (gr. 4-8). 256.56 *(978-1-5341-0225-5(6)*, 209674); pap., pap., pap. 113.71 *(978-1-5341-0275-0(2)*, 209675) Cherry Lake Publishing.

Emerson & Princess Peep. Valerie Tripp. Illus. by Thu Thai. 2018. (American Girl(r) WellieWishers(tm) Ser.). (J). (ENG.). 100p. pap. 5.99 *(978-1-68337-086-4(4))*; 97p. *(978-1-5444-0754-8(8)*, American Girl) American Girl Publishing, Inc.

Emerson's Story (Creepy Hollow Books 7, 8 & 9) Rachel Morgan. (Creepy Hollow Collection: Vol. 3). (ENG., Illus.). (YA). (gr. 7-12). 2022. 754p. ***(978-1-998988-03-7(1))***; 2019. 754p. *(978-1-928510-20-8(5))*; 2019. 752p. pap. *(978-1-928510-17-8(5))* Morgan, Rachel.

Emerson's Wife: And Other Western Stories (Classic Reprint) Florence Finch Kelly. 2018. (ENG., Illus.). 344p. (J). 31.01 *(978-0-483-20571-0(0))* Forgotten Bks.

Emery, It's Time for Bed: The Magnificent Rainbow! Ashley Davis. Ed. by Iris M. Williams. Illus. by Ashley Davis. 2016. (ENG., Illus.). (J). pap. 10.95 *(978-1-942022-79-4(4))* Butterfly Typeface, The.

Emery's Journal: Blank Lined 120-Page Journal, Composition Book, Notebook (6 X9) Date Fields Are Left Blank to Fill As Needed, Eliminating Wasted Pages. Crawford House Journals & Kenn Crawford. 2019. (ENG.). 122p. (J). pap. *(978-0-9865236-8-7(2))* Crawford Hse.

Emi & Mini. Hanako Masutani & Stéphane Jorisch. 2023. (ENG., Illus.). 48p. (J). (gr. 1-3). 18.95 ***(978-1-926890-20-3(5))*** Tradewind Bks. CAN. Dist: Orca Bk. Pubs. USA.

Emi Isn't Scared of Monsters. Alina Tysoe. Illus. by Alina Tysoe. 2022. (ENG., Illus.). 40p. (J). (gr. -1-3). 17.99 *(978-1-338-75565-7(X)*, Orchard Bks.) Scholastic, Inc.

Emidrion. Amy Koumis. 2022. (ENG.). 340p. (YA). pap. 14.99 ***(978-1-0880-8166-2(5))*** Parker Hayden Media.

Emigrant: A Tale of Australia (Classic Reprint) W. H. Leigh. (ENG., Illus.). (J). 2018. 246p. 28.97 *(978-0-483-80596-5(3))*; 2016. pap. 11.57 *(978-1-334-15752-3(9))* Forgotten Bks.

Emigrant: The Life, Experience & Humorous Adventures of A. Jager, Emigrant to South America in 1882, to Australia in 1885, & to California in 1908 (Classic Reprint) A. Jager. 2018. (ENG., Illus.). 520p. (J). 34.64 *(978-0-483-20661-8(X))* Forgotten Bks.

Emigrant (Classic Reprint) L. F. Dostoevskaia. 2018. (ENG., Illus.). 332p. (J). 30.74 *(978-0-483-46765-1(0))* Forgotten Bks.

Emigrant Family, Vol. 1 Of 3: Or the Story of an Australian Settler (Classic Reprint) Alexander Harris. 2018. (ENG., Illus.). 334p. (J). 30.79 *(978-0-267-99544-8(X))* Forgotten Bks.

Emigrant Family, Vol. 2 Of 3: Or the Story of an Australian Settler (Classic Reprint) Alexander Harris. 2018. (ENG., Illus.). 326p. (J). 30.62 *(978-0-484-54549-5(3))* Forgotten Bks.

Emigrant Family, Vol. 3 Of 3: Or the Story of an Australian Settler (Classic Reprint) Alexander Harris. 2018. (ENG., Illus.). 314p. (J). 30.37 *(978-0-483-20437-9(4))* Forgotten Bks.

Emigrant Life in Kansas (Classic Reprint) Percy G. Ebbutt. (ENG., Illus.). (J). 2017. 29.53 *(978-0-265-30031-2(2))*; 2016. pap. 11.97 *(978-1-334-13060-1(4))* Forgotten Bks.

Emigrant Trail (Classic Reprint) Geraldine Bonner. 2018. (ENG., Illus.). 506p. (J). 34.33 *(978-0-483-42243-8(6))* Forgotten Bks.

Emigrants: A Tale of Irish Life (Classic Reprint) William Carleton. 2018. (ENG., Illus.). 326p. (J). 30.64 *(978-0-484-50703-5(6))* Forgotten Bks.

Emigrants, &C. or the History of an Expatriated Family, Vol. 1: Being a Delineation of English Manners, Drawn from Real Characters, Written in America (Classic Reprint) G. Imlay. 2018. (ENG., Illus.). 238p. (J). 28.83 *(978-0-483-38130-8(6))* Forgotten Bks.

Emigrants (Classic Reprint) Johan Bojer. 2017. (ENG., Illus.). (J). 356p. 31.26 *(978-0-332-62736-6(5))*; 358p. pap. 13.97 *(978-0-243-16492-9(0))* Forgotten Bks.

Emigrant's Daughter: A Border Drama, in Three Acts (Classic Reprint) Len Ellsworth Tilden. (ENG., Illus.). (J). 2018. 34p. 24.62 *(978-0-484-51865-9(8))*; 2016. pap. 7.97 *(978-1-333-25929-7(8))* Forgotten Bks.

Emigrant's Guide: To the Western States of America; or, Backwoods & Prairies (Classic Reprint) John Regan. 2018. (ENG., Illus.). 418p. (J). 32.52 *(978-0-267-66857-1(0))* Forgotten Bks.

Emigrants of Ahadarra: The Works of William Carleton; Volume 2. William Carleton. 2017. (ENG., Illus.). (J). 27.95 *(978-1-374-96721-2(1))* Capital Communications, Inc.

Emigrants' Party: An Entertainment Introducing Folk, Songs & Dances (Classic Reprint) Jessie A. Kelley. (ENG., Illus.). (J). 2018. 382p. 31.88 *(978-0-428-94066-9(8))*; 2017. pap. 16.57 *(978-0-243-38007-7(0))* Forgotten Bks.

Emigration: Copy of a Letter, from Mr. John Freeman, Residing at Goderich, Lake Huron, Upper Canada, Dated the 21st of June, 1832 (Classic Reprint) John Freeman. 2017. (ENG., Illus.). (J). 24.31 *(978-0-266-84820-2(6))*; pap. 7.97 *(978-1-5277-9711-6(2))* Forgotten Bks.

Emil: Stories from the Dolls Storybook. Peggy Stuart. 2021. (Stories from the Doll's Storybook Ser.: 2). (ENG.). 60p. (J). pap. 15.99 *(978-1-6678-0998-4(9))* BookBaby.

Emil Celebrates Canada Day. Tracilyn George. 2021. (ENG.). 22p. (J). pap. 11.00 *(978-1-77475-275-3(1))* Lulu Pr., Inc.

Emil und Die Kobolde. Christopher Bunte. 2017. (GER., Illus.). (J). pap. *(978-3-7407-1217-4(1))* VICOO International Pr.

Emil Von der Alm. Melanie Kartal. 2018. (GER., Illus.). 72p. (J). *(978-3-7469-2204-1(6))*; pap. *(978-3-7469-2203-4(8))* tredition Verlag.

Emile: The Helpful Octopus. Tomi Ungerer. 2019. (ENG., Illus.). 32p. (gr. -1-3). 18.95 *(978-0-7148-4973-7(1))* Phaidon Pr., Inc.

Emile & the Field. Kevin Young. Illus. by Chioma Ebinama. 2022. 40p. (J). (gr. -1-3). 18.99 *(978-1-9848-5042-3(3))*; (ENG.). lib. bdg. 20.99 *(978-1-9848-5043-0(1))* Random Hse. Children's Bks. (Make Me a World).

Emilia! Melyssa G. Sprott. 2020. (ENG.). 19p. (J). *(978-1-716-32039-2(9))* Lulu Pr., Inc.

Emilia I Love You All Ways. Marianne Richmond. Illus. by Dubravka Kolanovic. 2023. (I Love You All Ways Ser.). (ENG.). 32p. (J). (gr. -1-3). 8.99 ***(978-1-7282-7353-2(6))*** Sourcebooks, Inc.

Emilia in England, Vol. 3 of 3 (Classic Reprint) George Meredith. 2017. (ENG., Illus.). (J). 31.20 *(978-1-5282-7436-4(9))* Forgotten Bks.

Emilia Rose & the Rainbow Adventure: The Adventures of Emilia Rose & the LiaBots. Stories for Children Based on the Tao. Debra Ford Msc D. 2019. (Emilia Rose & Rainbows Ser.: Vol. 1). (ENG.). 70p. (J). pap. *(978-1-987975-22-2(7))* Energy Mountain Inc.

Emilia, the King & the Place Beyond. Felicity Sears. I.t. ed. 2021. (ENG.). 178p. (YA). pap. *(978-1-913247-57-7(0))* Kingdom Pub.

Emilia Understands Equity: Fair Doesn't Always Mean Equal, Volume 2. Jeff Tucker. Illus. by Miranda Morrissey. ed. 2021. (Chicoree Elementary Stories for Success Ser.: 2). (ENG.). 31p. (J). (gr. k-5). pap. 10.95 *(978-1-944882-76-1(6))* Boys Town Pr.

Emilia Wyndham, Vol. 1 of 2 (Classic Reprint) Anne Marsh-Caldwell. (ENG., Illus.). (J). 2018. 360p. 31.32 *(978-0-483-66815-7(X))*; 2016. pap. 13.97 *(978-1-334-11592-9(3))* Forgotten Bks.

Emilia Wyndham, Vol. 1 of 3 (Classic Reprint) Anne Marsh-Caldwell. 2018. (ENG., Illus.). 330p. (J). 30.70 *(978-0-267-22786-0(8))* Forgotten Bks.

Emilia Wyndham, Vol. 2 of 2 (Classic Reprint) Anne Marsh-Caldwell. (ENG., Illus.). (J). 2018. 348p. 31.07 *(978-0-484-06454-5(1))*; 2016. pap. 13.57 *(978-1-334-13546-0(0))* Forgotten Bks.

Emilia Wyndham, Vol. 2 of 3 (Classic Reprint) Anne Marsh-Caldwell. 2018. (ENG., Illus.). 332p. (J). 30.76 *(978-0-332-14248-7(5))* Forgotten Bks.

Emilia Wyndham, Vol. 3 of 3 (Classic Reprint) Unknown Author. 2018. (ENG., Illus.). 366p. (J). 31.45 *(978-0-483-67309-0(9))* Forgotten Bks.

Emilia y el Mar. Diana Coronado. 2018. (SPA.). 40p. (J). pap. 18.99 *(978-607-8380-54-1(0))* Progreso, Editorial, S. A. MEX. Dist: Lectorum Pubns., Inc.

Emiliano Zapata: Mexico's Social Revolutionary. Paul Hart. 2017. (World in a Life Ser.). (ENG., Illus.). 352p. (C). pap. 39.99 *(978-0-19-068808-0(4))* Oxford Univ. Pr., Inc.

Emilie the Little Elephant. Isabel Scheck. 2019. (ENG.). 32p. (J). pap. *(978-0-244-17961-8(1))* Lulu Pr., Inc.

Emilie the Peacemaker (Classic Reprint) Thomas Geldart. 2018. (ENG., Illus.). 182p. (J). 27.67 *(978-0-267-23240-6(3))* Forgotten Bks.

Emilio: Through My Eyes. Sophie Masson & Lyn White. 2016. (Through My Eyes Ser.). (ENG., Illus.). 184p. (J). (gr. 6-9). 15.99 *(978-1-74331-247-6(4))* Allen & Unwin AUS. Dist: Independent Pubs. Group.

Emily: 10-Year-Old Champion of Rainforest Animals in Need. Cathleen Burnham. 2018. (ENG.). 32p. (J). 18.95 *(978-1-933987-26-2(X)*, Crickhollow Bks.) Great Lakes Literary, LLC.

Emily: A Moral Tale Including Letters from a Father to His Daughter upon the Important Subjects, Vol. 2 of 2 (Classic Reprint) Henry Kett. 2017. (ENG., Illus.). (J). 30.79 *(978-0-266-93089-1(1))* Forgotten Bks.

Emily: A Tale for Young Persons (Classic Reprint) Unknown Author. 2018. (ENG., Illus.). 206p. (J). 28.17 *(978-0-267-17075-3(0))* Forgotten Bks.

Emily: The Incredible Life of Emily Carr. Elyse Kishimoto. Illus. by Doug Feaver. I.t. ed. 2022. (Incredible Life Of Ser.). (ENG.). 44p. (J). ***(978-0-9940897-5-5(9))*** Green Jellybean Pr.

Emily, a Moral Tale, Vol. 1 Of 2: Including Letters from a Father to His Daughter, upon the Most Important Subjects (Classic Reprint) Henry Kett. 2018. (ENG., Illus.). 338p. (J). 30.89 *(978-0-364-93817-1(X))* Forgotten Bks.

Emily & Daniel's First Dollar. Amit Eshet. Illus. by Emily Zieroth. 2017. (ENG.). 40p. (J). (gr. k-3). *(978-965-92633-5-6(X))*; pap. *(978-965-92633-6-3(8))* Simple Story.

Emily & Emerald. Kelly McKain. ed. 2021. (Pony Camp Diaries). (ENG., Illus.). 99p. (J). (gr. 2-3). 15.49 *(978-1-64697-561-7(8))* Penworthy Co., LLC, The.

Emily & Emerald. Kelly McKain. Illus. by Mandy Stanley. 2019. (Pony Camp Diaries). (ENG.). 128p. (J). (gr. 1-4). 4.99 *(978-1-68010-443-1(8))* Tiger Tales.

Emily & Her Faithful Friends: Following Rules. Nancy Ware. Illus. by Clifford Ware. 2021. (ENG.). 26p. (J). pap. 14.99 *(978-1-6628-2548-4(X))* Salem Author Services.

Emily & Her Lemon Tree. Nancy Gaselona Palmer. Illus. by Elizaveta Borisova. 2021. (ENG.). 26p. (J). pap. *(978-1-922647-34-4(9))* Library For All Limited.

Emily & the Bull. Pete Montacute. 2016. (ENG., Illus.). 54p. (J). pap. *(978-1-365-31860-3(5))* Lulu Pr., Inc.

Emily & the Ghost of Mr. Mentor. George E. Kellogg. 2022. (ENG.). 484p. (YA). pap. 26.95 *(978-1-63814-504-2(0))* Covenant Bks.

Emily & the Monster: The Story of a Little Girl. Ruth Finnegan. 2021. (ENG.). 49p. (J). pap. *(978-1-304-54331-8(5))* Lulu Pr., Inc.

Emily & the Penny Adventure. Clare Phillips. 2017. (ENG., Illus.). (J). (gr. -1-2). 27.99 *(978-1-5456-0399-4(5))*; 17.99 *(978-1-5456-0569-1(6))* Salem Author Services.

Emily & the Red Balloon Club. Guetty a Stewart. 2020. (ENG.). 36p. (J). pap. 9.99 *(978-0-578-62440-2(0))* Guetty A Stewart.

Emily & the Spellstone. Michael Rubens. 2017. (ENG.). 288p. (J). (gr. 5-7). 16.99 *(978-0-544-79086-5(3)*, 1639147, Clarion Bks.) HarperCollins Pubs.

Emily & the Westie. Tracilyn George. 2020. (ENG.). 22p. (J). pap. 11.00 *(978-1-990153-03-7(8))* Lulu Pr., Inc.

Emily & the Westie. Tracilyn George. Illus. by Aria Jones. 2020. (ENG.). 24p. (J). pap. 17.14 *(978-1-716-62104-8(6))* Lulu Pr., Inc.

Emily, Angel of the Yukon. Mary de Chesnay. 2021. (ENG.). 42p. (J). *(978-0-2288-5940-6(9))*; pap. *(978-0-2288-5939-0(5))* Tellwell Talent.

Emily Bronte (Classic Reprint) A. Mary F. Robinson. 2018. (ENG., Illus.). 250p. (J). 29.07 *(978-0-365-18330-3(X))* Forgotten Bks.

Emily Brown & Father Christmas. Cressida Cowell. Illus. by Neal Layton. 2020. (Emily Brown Ser.). (ENG.). 32p. (J). (gr. -1-k). 10.99 *(978-1-4449-4200-2(X))* Hachette Children's Group GBR. Dist: Hachette Bk. Group.

Emily Chester: A Novel (Classic Reprint) Anne Moncure Seemuller. 2018. (ENG., Illus.). 374p. (J). 31.63 *(978-0-483-18902-7(2))* Forgotten Bks.

Emily Climbs. L. M. Montgomery. 2021. (ENG.). 238p. (J). 19.99 *(978-1-5154-4719-1(7))*; pap. 9.99 *(978-1-5154-4720-7(0))* Wilder Pubns., Corp.

Emily Climbs. L. M. Montgomery. 2022. (ENG.). 256p. (J). 22.00 *(978-1-64594-110-1(8))* Athanatos Publishing Group.

Emily Climbs. L. M. Montgomery. 2022. (ENG.). 236p. (J). pap. 33.11 ***(978-1-4583-3872-3(X))*** Lulu Pr., Inc.

Emily Crece. Kathleen Christina Esposito. Tr. by Beatriz Gonzalez Torre. Illus. by Beatriz Gonzalez Torre. 2019. (SPA.). 40p. (J). pap. 9.99 *(978-1-7327815-4-2(0))* Centiramo Publishing.

Emily Dove into a Bowl of Pea Soup. Mary Margaret Phillips. Illus. by Ana Rodic. 2021. (ENG.). 38p. (J). pap. 11.95 *(978-1-6629-1972-5(7))*; 17.99 *(978-1-6629-1971-8(9))* Gatekeeper Pr.

Emily E. Emily Jusic. Illus. by Katelynn McConnell. 2019. (ENG.). 34p. (J). pap. *(978-0-9952320-0-6(8))* Jusic, Emily.

Emily Emmins Papers (Classic Reprint) Carolyn Wells. 2018. (ENG., Illus.). 290p. (J). 29.88 *(978-0-483-89850-9(3))* Forgotten Bks.

Emily Everything. Michelle Wanasundera. Illus. by Mariia Stepanova. (ENG.). 30p. (J). 2023. pap. ***(978-1-922991-69-0(4))***; 2022. pap. ***(978-1-922895-01-1(6))*** Library For All Limited.

Emily Everything - Rehema ni Kila Kitu. Michelle Wanasundera. Illus. by Mariia Stepanova. 2023. (SWA.). 30p. (J). pap. ***(978-1-922951-10-6(2))*** Library For All Limited.

Emily Fox-Seton. Frances Burnett. 2020. (ENG.). (J). 182p. 19.95 *(978-1-64799-752-6(6))*; 180p. pap. 9.95 *(978-1-64799-751-9(8))* Bibliotech Pr.

Emily Fox-Seton: Being the Making of a Marchioness & the Methods of Lady Walderhurst (Classic Reprint) Frances Burnett. 2018. (ENG., Illus.). 354p. (J). 31.20 *(978-0-483-80768-6(0))* Forgotten Bks.

Emily Goes to the Park: A Book about Healthy Habits. Kerry Dinmont. 2017. (My Day Readers Ser.). (ENG.). 24p. (J). (gr. -1-2). lib. bdg. 32.79 *(978-1-5038-2021-0(1)*, 211858) Child's World, Inc, The.

Emily Goes to the Zoo. Michelle Birbeck. 2017. (ENG., Illus.). 16p. (J). pap. 10.12 *(978-0-244-63775-0(X))* Lulu Pr., Inc.

Emily Grace & the What-Ifs: A Story for Children about Nighttime Fears. Lisa B. Gehring. Illus. by Regina Flath. 2016. 32p. (J). *(978-1-4338-2106-6(0)*, Magination Pr.) American Psychological Assn.

Emily Gray & the Resurrection Men. R. W. Kent. Illus. by Gemma Stanley. 2018. (ENG.). 296p. (J). (gr. 4-6). pap. *(978-1-9164451-0-9(1))* Kent, R. W.

Emily Grows. Kathleen Christina Esposito. Illus. by Beatriz Gonzalez Torre. 2019. (ENG.). 40p. (J). pap. 9.99 *(978-1-7327815-2-8(4))* Centiramo Publishing.

Emily I Love You All Ways. Marianne Richmond. Illus. by Dubravka Kolanovic. 2023. (I Love You All Ways Ser.). (ENG.). 32p. (J). (gr. -1-3). 8.99 ***(978-1-7282-7354-9(4))*** Sourcebooks, Inc.

Emily Is Being Bullied, What Can She Do? A Story & Anti-Bullying Guide for Children & Adults to Read Together. Helen Cowie et al. 2018. (Illus.). 64p. pap. 14.95 *(978-1-78592-548-1(2)*, 696882) Kingsley, Jessica Pubs. GBR. Dist: Hachette UK Distribution.

Emily Learns about Christianity. John R. Mitchell. 2023. (ENG.). 104p. (J). pap. 9.95 ***(978-1-0880-8386-4(2))*** John R. Mitchell.

Emily Moreland, or the Maid of the Valley (Classic Reprint) Hannah Maria Jones. (ENG., Illus.). (J). 2018. 782p. 40.03 *(978-0-267-57534-3(3))*; 2016. pap. 23.57 *(978-1-334-16312-8(X))* Forgotten Bks.

Emily of New Moon. Lucy Maud Montgomery & L. M. Montgomery. 2019. (ENG., Illus.). 316p. (J). (gr. k-6). 19.99 *(978-1-5154-3983-7(6))*; pap. 9.99 *(978-1-5154-3982-0(8))* Wilder Pubns., Corp.

Emily of New Moon (100 Copy Collector's Edition) L. M. Montgomery. 2020. (ENG.). 280p. (J). (gr. k-6). *(978-1-77226-977-2(8))* AD Classic.

Emily of New Moon (Royal Collector's Edition) (Case Laminate Hardcover with Jacket) L. M. Montgomery. 2021. (ENG.). 280p. (J). *(978-1-77476-112-0(2))* AD Classic.

Emily on the North Pole Express. J. D. Green. Illus. by Joanne Partis. 2022. (North Pole Express Bears Ser.). (ENG.). 32p. (J). (gr. -1-3). 7.99 ***(978-1-7282-6932-0(6))*** Sourcebooks, Inc.

Emily on the North Pole Express. J. D. Green. 2019. (North Pole Express Ser.). (ENG.). 32p. (J). (gr. -1-3). 7.99 ***(978-1-7282-0330-0(9))*** Sourcebooks, Inc.

Emily Out of Focus. Miriam Spitzer Franklin. 2019. (ENG.). 240p. (J). (gr. 2-7). 15.99 *(978-1-5107-3854-6(1)*, Sky Pony Pr.) Skyhorse Publishing Co., Inc.

Emily Santa's Secret Elf. Put Me In The Story & Katherine Sully. Illus. by Julia Seal. 2018. (Santa's Secret Elf Ser.). (ENG.). 32p. (J). (gr. k-3). 5.99 *(978-1-4926-8138-0(5))* Sourcebooks, Inc.

Emily Sparkes & the Backstage Blunder: Book 4. Ruth Fitzgerald. 2018. (Emily Sparkes Ser.). (ENG.). 288p. (J). (gr. 4-6). pap. 8.99 ***(978-0-349-00188-3(X))*** Little, Brown Bks. for Young Readers.

Emily Sparkes & the Disco Disaster: Book 3. Ruth Fitzgerald. 2018. (Emily Sparkes Ser.). (ENG., Illus.). 288p. (J). (gr. 4-6). pap. 8.99 *(978-0-349-00187-6(1))* Little Brown & Co.

Emily Starr Series; All Three Novels - Emily of New Moon, Emily Climbs & Emily's Quest. L. M. Montgomery. 2017. (Emily Starr Ser.). (ENG., Illus.). (YA). (gr. 7-12). pap. *(978-1-4733-4477-8(8))* Freeman Pr.

Emily 'Twas the Night Before Christmas. Illus. by Lisa Alderson. 2019. (Night Before Christmas Ser.). (ENG.). 32p. (J). (gr. -1-3). 7.99 ***(978-1-7282-0223-5(X))*** Sourcebooks, Inc.

Emily, Vol. 1 Of 3: Or, the Countess of Rosendale, a Novel (Classic Reprint) Maberly. (ENG., Illus.). (J). 2018. 318p. 30.43 *(978-0-484-74196-5(9))*; 2016. pap. 13.57 *(978-1-334-49222-8(0))* Forgotten Bks.

Emily Windsnap & the Castle in the Mist: #3. Liz Kessler. Illus. by Natacha Ledwidge. 2022. (Emily Windsnap Ser.). (ENG.). 208p. (J). (gr. 3-7). lib. bdg. 32.79 *(978-1-0982-5122-2(9)*, 40069, Chapter Bks.) Spotlight.

Emily Windsnap & the Falls of Forgotten Island. Liz Kessler. Illus. by Erin Farley. (Emily Windsnap Ser.: 7). (ENG.). 320p. (J). (gr. 3-7). 2019. pap. 6.99 *(978-1-5362-0635-7(0))*; 2018. 15.99 *(978-0-7636-9574-3(2))* Candlewick Pr.

Emily Windsnap & the Falls of Forgotten Island: #7. Liz Kessler. Illus. by Erin Farley. 2022. (Emily Windsnap Ser.). (ENG.). 312p. (J). (gr. 3-7). lib. bdg. 32.79 *(978-1-0982-5126-0(1)*, 40073, Chapter Bks.) Spotlight.

Emily Windsnap & the Land of the Midnight Sun: #5. Liz Kessler. Illus. by Natacha Ledwidge. 2022. (Emily Windsnap Ser.). (ENG.). 280p. (J). (gr. 3-7). lib. bdg. 32.79 *(978-1-0982-5124-6(5)*, 40071, Chapter Bks.) Spotlight.

Emily Windsnap & the Monster from the Deep: #2. Liz Kessler. Illus. by Sarah Gibb. 2022. (Emily Windsnap Ser.). (ENG.). 224p. (J). (gr. 3-7). lib. bdg. 32.79 *(978-1-0982-5121-5(0)*, 40068, Chapter Bks.) Spotlight.

Emily Windsnap & the Pirate Prince. Liz Kessler. Illus. by Erin Farley. (Emily Windsnap Ser.: 8). (ENG.). 288p. (J). (gr. 3-7). 2020. pap. 6.99 *(978-1-5362-1312-6(8))*; 2019. 15.99 *(978-1-5362-0299-1(1))* Candlewick Pr.

Emily Windsnap & the Pirate Prince: #8. Liz Kessler. Illus. by Erin Farley. 2022. (Emily Windsnap Ser.). (ENG.). 288p. (J). (gr. 3-7). lib. bdg. 32.79 *(978-1-0982-5127-7(X)*, 40074, Chapter Bks.) Spotlight.

Emily Windsnap & the Ship of Lost Souls: #6. Liz Kessler. Illus. by Sarah Gibb & Natacha Ledwidge. 2022. (Emily Windsnap Ser.). (ENG.). 288p. (J). (gr. 3-7). lib. bdg. 32.79 *(978-1-0982-5125-3(3)*, 40072, Chapter Bks.) Spotlight.

Emily Windsnap & the Siren's Secret: #4. Liz Kessler. Illus. by Natacha Ledwidge. 2022. (Emily Windsnap Ser.). (ENG.). 296p. (J). (gr. 3-7). lib. bdg. 32.79 *(978-1-0982-5123-9(7)*, 40070, Chapter Bks.) Spotlight.

Emily Windsnap & the Tides of Time. Liz Kessler. Illus. by Erin Farley. (Emily Windsnap Ser.: 9). (ENG.). 272p. (J). (gr. 3-7). 2021. pap. 6.99 *(978-1-5362-1899-2(5))*; 2020. 16.99 *(978-1-5362-0969-3(4))* Candlewick Pr.

Emily Windsnap & the Tides of Time: #9. Liz Kessler. Illus. by Erin Farley. 2022. (Emily Windsnap Ser.). (ENG.). 272p. (J). (gr. 3-7). lib. bdg. 32.79 *(978-1-0982-5128-4(8)*, 40075, Chapter Bks.) Spotlight.

Emily Windsnap (Set), 9 vols. 2022. (Emily Windsnap Ser.). (ENG.). 208p. (J). (gr. 3-7). lib. bdg. 295.11 *(978-1-0982-5119-2(9)*, 40066, Chapter Bks.) Spotlight.

Emily Windsnap: Six Swishy Tails of Land & Sea: Books 1-6, 6 vols. Liz Kessler. 2016. (Emily Windsnap Ser.). (ENG.). 1552p. (J). (gr. 3-7). pap. 41.00 *(978-0-7636-9223-0(9))* Candlewick Pr.

Emily Winfield Martin WONDERFUL Board Book '23 8-Copy Mixed Counter Display. Emily Winfield Martin. 2023. (J). (— 1). bds., bds. 71.92 ***(978-0-593-78112-8(0))***, Random Hse. Bks. for Young Readers) Random Hse. Children's Bks.

Emily's Big Discovery, 1. Liz Kessler. ed. 2022. (World of Emily Windsnap Ser.). (ENG.). 56p. (J). (gr. 1-4). 16.46 ***(978-1-68505-598-1(2))*** Penworthy Co., LLC, The.

Emily's Book of Words. Ricci Mann Victorio. 2019. (ENG.). 44p. (J). pap. *(978-0-359-89339-3(2))* Lulu Pr., Inc.

Emily's Choice: An Australian Tale (Classic Reprint) Maud Jeanne Franc. 2018. (ENG., Illus.). 404p. (J). 32.23 *(978-0-483-71619-3(7))* Forgotten Bks.

Emily's Christmas Wish. Put Me In The Story & J. D. Green. Illus. by Julia Seal. 2018. (Christmas Wish Ser.). (ENG.). 32p. (J). (gr. k-3). 6.99 ***(978-1-4926-8323-0(X))*** Sourcebooks, Inc.

Emily's Dream: A Geographical Pageant (Classic Reprint) Mary Frix Kidd. 2018. (ENG., Illus.). 24p. (J). 24.41 *(978-0-267-50876-1(X))* Forgotten Bks.

Emily's Emotional Empathy. Kim Feeney. Illus. by Addison Gustafson. 2021. (ENG.). 28p. (J). 24.00 ***(978-1-7373178-0-7(X))***; pap. 16.00 ***(978-1-7373178-1-4(8))*** Fanatic4Feelings.

Emily's Great Adventure. Samantha Callen. 2020. (ENG.). 36p. (J). pap. 11.99 *(978-1-7342645-1-7(9))* Wild Child Education Co.

Emily's Idea. Christine Evans. 2020. (ENG., Illus.). 32p. (J). 17.99 *(978-1-68364-416-3(6)*, 900220964) Sounds True, Inc.

Emily's Mysterious Adventures: The Search for the Ancient Island Key. Paul Brown. 2020. (ENG.). 78p. (J). pap. *(978-0-9957920-2-9(X))* Bk. Nut Publishing, The.

Emily's Pranking Problem. Wendy L. Brandes. Illus. by Eleonora Lorenzet. 2016. (Summer Camp Ser.). (ENG.). 96p. (J). (gr. 4-6). lib. bdg. 25.32 *(978-1-4965-2599-4(X)*, 130728, Stone Arch Bks.) Capstone.

Emily's Pumpkin. Margo Gates. Illus. by Liam Darcy. 2019. (Science All Around Me (Pull Ahead Readers — Fiction) Ser.). (ENG.). 16p. (J). (gr. -1-1). pap. 8.99 *(978-1-5415-7338-3(2)*, 9f42e8de-eb9a-49b2-8cd6-956a7a0fb500, Lerner Pubns.) Lerner Publishing Group.

Emily's Reindeer Christmas. Toni Thomas. Illus. by Peter Wadsworth. 2018. (ENG.). (J). 38p. *(978-0-9956652-2-4(2))*; 42p. pap. *(978-0-9956652-5-5(7))* Annalese Pr.

Emily's Secret Slippers. Veronica Gunnerson. 2022. (ENG.). 38p. (J). pap. 16.99 ***(978-1-62720-413-2(X))*** Apprentice Hse.

Emily's Secret Slippers. Veronica Gunnerson. Illus. by Hailey Taylor. 2022. (ENG.). 38p. (J). 27.99 ***(978-1-62720-412-5(1))*** Apprentice Hse.

Emily's Surprise: Leveled Reader Book 33 Level K 6 Pack. Hmh Hmh. 2021. (SPA.). (gr. -1-3). 16p. (J). pap. 74.40 *(978-0-358-08117-3(3))* Houghton Mifflin Harcourt Publishing Co.

E

Emily's Surprise: Leveled Reader Purple Level 19. Rg Rg. 2016. (PM Ser.). (ENG.). 16p. (J). (gr. 2). pap. 11.00 *(978-0-544-89193-7(7))* Rigby Education.

Emin Pasha & the Rebellion at the Equator: A Story of Nine Months Experience in the Last of the Soudan Provinces (Classic Reprint) A. J. Mounteney-Jephson. 2017. (ENG., Illus.). (J). 35.53 *(978-0-265-83826-6(6))* Forgotten Bks.

Eminem: Rap Legend. Carla Mooney. 2021. (Hip-Hop Artists Ser.). (ENG.). 112p. (YA). (gr. 6-12). lib. bdg. 41.36 *(978-1-5321-9614-0(8),* 38412, Essential Library) ABDO Publishing Co.

Eminence in Shadow, Vol. 1 (manga) Daisuke Aizawa. Tr. by Nathaniel Thrasher. 2021. (Eminence in Shadow (manga) Ser.: 1). (ENG., Illus.). 164p. (gr. 8-17). pap., pap. 13.00 *(978-1-9753-2518-3(4),* Yen Pr.) Yen Pr. LLC.

Emjay Brooks Saves the Day. Madisyn Julien-Brooks. 2019. (ENG., Illus.). 32p. (J). (gr. k-4). pap. 10.97 *(978-0-578-51015-6(4))* SNJ Enterprises.

Emma. Jane. Austen. 2018. (Victorian Classic Ser.). (ENG.). 410p. (J). (gr. 4-6). pap. 22.99 *(978-1-78724-595-2(0))* Adelphi Pr.

Emma. Jane. Austen. 2020. (ENG.). 352p. (J). (gr. 4-6). pap. *(978-1-78982-249-6(1))* Andrews UK Ltd.

Emma. Jane. Austen. 2019. (ENG.). 268p. (J). (gr. 4-6). *(978-1-78943-080-6(1));* pap. *(978-1-78943-079-0(8))* Benediction Classics.

Emma. Jane. Austen. 2018. (ENG.). 246p. (J). (gr. 4-6). pap. *(978-80-273-3051-5(3))* E-Artnow.

Emma. Jane. Austen. 2018. (ENG., Illus.). 476p. (J). (gr. 4-6). pap. *(978-1-5287-0758-9(3))* Freeman Pr.

Emma. Jane. Austen. 2022. (SPA.). 381p. (J). (gr. 4-6). pap. ***(978-1-387-89929-6(5))*** Lulu Pr., Inc.

Emma. Jane. Austen. 2018. (ENG., Illus.). 490p. (J). (gr. 4-6). 34.30 *(978-1-7317-0443-6(7));* pap. 22.24 *(978-1-7317-0444-3(5));* 18.05 *(978-1-7317-0006-3(7));* pap. 11.26 *(978-1-7317-0007-0(5))* Simon & Brown.

Emma. Paola Opal. 2020. (Simply Small Ser.: 12). (ENG.). 24p. (J). (gr. -1-k). bds. 6.95 *(978-1-77229-047-9(5))* Simply Read Bks. CAN. Dist: Ingram Publisher Services.

Emma: A Full Length Play. Roger Stockman. 2020. (ENG.). 118p. (J). pap. 8.99 *(978-1-7348560-0-2(9))* Stockman, Roger Theatricals.

Emma: Emma, Afrikaans Edition. Jane. Austen. 2019. (AFR.). 540p. (J). (gr. 4-6). pap. 14.99 *(978-955-3409-54-6(7))* Sunflower Pr.

Emma: Emma, Albanian Edition. Jane. Austen. 2019. (ALB.). 554p. (J). (gr. 4-6). pap. 13.99 *(978-84-07-20289-0(4))* Sunflower Pr.

Emma: Emma, Azerbaijani Edition. Jane. Austen. 2019. (AZE.). 584p. (J). (gr. 4-6). pap. 16.99 *(978-80-501-4120-1(9))* Sunflower Pr.

Emma: Emma, Basque Edition. Jane. Austen. 2019. (BAQ.). 526p. (J). (gr. 4-6). pap. 16.99 *(978-87-26-46781-9(X))* Sunflower Pr.

Emma: Emma, Bosnian Edition. Jane. Austen. 2019. (BOS.). 512p. (J). (gr. 4-6). pap. 16.99 *(978-92-0-974526-4(4))* Sunflower Pr.

Emma: Emma, Catalan Edition. Jane. Austen. 2019. (CAT.). 542p. (J). (gr. 4-6). pap. 12.99 *(978-94-94820-99-8(1))* Sunflower Pr.

Emma: Emma, Cebuano Edition. Jane. Austen. 2019. (CEB.). 644p. (J). (gr. 4-6). pap. 16.99 *(978-9936-8491-5-0(9))* Sunflower Pr.

Emma: Emma, Chichewa Edition. Jane. Austen. 2019. (NYA.). 600p. (J). (gr. 4-6). pap. 14.99 *(978-83-10-81895-9(5))* Sunflower Pr.

Emma: Emma, Corsican Edition. Jane. Austen. 2019. (COS.). 536p. (J). (gr. 4-6). pap. 12.99 *(978-968-6804-76-8(5))* Sunflower Pr.

Emma: Emma, Croatian Edition. Jane. Austen. 2019. (HRV.). 520p. (J). (gr. 4-6). pap. 13.99 *(978-85-86469-24-4(6))* Sunflower Pr.

Emma: Emma, Czech Edition. Jane. Austen. 2019. (CZE.). 502p. (J). (gr. 4-6). pap. 13.99 *(978-81-648-2936-1(6));* pap. 12.99 *(978-973-35-6010-4(3))* Sunflower Pr.

Emma: Emma, Danish Edition. Jane. Austen. 2019. (DAN.). 546p. (J). (gr. 4-6). pap. 14.99 *(978-90-423-4687-1(6))* Sunflower Pr.

Emma: Emma, Dutch Edition. Jane. Austen. 2019. (DUT.). 586p. (J). (gr. 4-6). pap. 14.99 *(978-84-366-2701-5(6))* Sunflower Pr.

Emma: Emma, Esperanto Edition. Jane. Austen. 2019. (EPO.). 504p. (J). (gr. 4-6). pap. 12.99 *(978-87-997123-5-5(4))* Sunflower Pr.

Emma: Emma, Estonian Edition. Jane. Austen. 2019. (EST.). 504p. (J). (gr. 4-6). pap. 14.99 *(978-89-7121-748-1(0))* Sunflower Pr.

Emma: Emma, Filipino Edition. Jane. Austen. 2019. (FIL.). 662p. (J). (gr. 4-6). pap. 16.99 *(978-954-667-722-8(1))* Sunflower Pr.

Emma: Emma, Finnish Edition. Jane. Austen. 2019. (FIN.). 550p. (J). (gr. 4-6). pap. 14.99 *(978-981-356-333-9(8))* Sunflower Pr.

Emma: Emma, French Edition. Jane. Austen. 2019. (FRE.). 572p. (J). (gr. 4-6). pap. 14.99 *(978-982-82-8081-8(7))* Sunflower Pr.

Emma: Emma, Frisian Edition. Jane. Austen. 2019. (FRY.). 518p. (J). (gr. 4-6). pap. 14.99 *(978-80-568-9521-4(3))* Sunflower Pr.

Emma: Emma, Galician Edition. Jane. Austen. 2019. (GLG.). 538p. (J). (gr. 4-6). pap. 14.99 *(978-86-6020-865-3(X))* Sunflower Pr.

Emma: Emma, Haitian Edition. Jane. Austen. 2019. (HAT.). 524p. (J). (gr. 4-6). pap. 14.99 *(978-81-554-2042-3(6))* Sunflower Pr.

Emma: Emma, Hausa Edition. Jane. Austen. 2019. (HAU.). 542p. (J). (gr. 4-6). pap. 14.99 *(978-90-410-5994-9(6))* Sunflower Pr.

Emma: Emma, Hmong Edition. Jane. Austen. 2019. (SIT.). 606p. (J). (gr. 4-6). pap. 14.99 *(978-83-13-37627-2(9))* Sunflower Pr.

Emma: Emma, Hungarian Edition. Jane. Austen. 2019. (HUN.). 530p. (J). (gr. 4-6). pap. 14.99 *(978-81-07-02610-9(1))* Sunflower Pr.

Emma: Emma, Icelandic Edition. Jane. Austen. 2019. (ICE.). 538p. (J). (gr. 4-6). pap. 14.99 *(978-953-6168-07-1(3))* Sunflower Pr.

Emma: Emma, Igbo Edition. Jane. Austen. 2019. (IBO.). 506p. (J). (gr. 4-6). pap. 14.99 *(978-974-9773-62-8(4))* Sunflower Pr.

Emma: Emma, Indonesian Edition. Jane. Austen. 2019. (IND.). 624p. (J). (gr. 4-6). pap. 14.99 *(978-979-26-5568-1(9))* Sunflower Pr.

Emma: Emma, Irish Edition. Jane. Austen. 2019. (GLE.). 560p. (J). (gr. 4-6). pap. 14.99 *(978-81-296-4414-5(2))* Sunflower Pr.

Emma: Emma, Italian Edition. Jane. Austen. 2019. (ITA.). 564p. (J). (gr. 4-6). pap. 14.99 *(978-94-122-0355-1(1))* Sunflower Pr.

Emma: Emma, Javanese Edition. Jane. Austen. 2019. (JAV.). 560p. (J). (gr. 4-6). pap. 14.99 *(978-82-7079-933-6(5))* Sunflower Pr.

Emma: Emma, Kurdish Edition. Jane. Austen. 2019. (KUR.). 482p. (J). (gr. 4-6). pap. 12.99 *(978-81-932225-1-5(2))* Sunflower Pr.

Emma: Emma, Latin Edition. Jane. Austen. 2019. (LAT.). 736p. (J). (gr. 4-6). pap. 9.99 *(978-83-7661-390-1(1))* Sunflower Pr.

Emma: Emma, Latvian Edition. Jane. Austen. 2019. (LAV.). 512p. (J). (gr. 4-6). pap. 14.99 *(978-84-564-8827-6(5))* Sunflower Pr.

Emma: Emma, Luxembourgish Edition. Jane. Austen. 2019. (LTZ.). 568p. (J). (gr. 4-6). pap. 14.99 *(978-87-7356-992-4(5))* Sunflower Pr.

Emma: Emma, Malagasy Edition. Jane. Austen. 2019. (MLG.). 586p. (J). (gr. 4-6). pap. 15.99 *(978-92-9169-631-4(5))* Sunflower Pr.

Emma: Emma, Malay Edition. Jane. Austen. 2019. (MAY.). 722p. (J). (gr. 4-6). pap. 17.99 *(978-90-15-86198-1(6))* Sunflower Pr.

Emma: Emma, Maltese Edition. Jane. Austen. 2019. (MLT.). 506p. (J). (gr. 4-6). pap. 12.99 *(978-973-38-5452-4(2))* Sunflower Pr.

Emma: Emma, Maori Edition. Jane. Austen. 2019. (MAO.). 482p. (J). (gr. 4-6). pap. 12.99 *(978-957-9551-17-5(0))* Sunflower Pr.

Emma: Emma, Norwegian Edition. Jane. Austen. 2019. (NOR.). 488p. (J). (gr. 4-6). pap. 12.99 *(978-94-225-2089-1(4))* Sunflower Pr.

Emma: Emma, Polish Edition. Jane. Austen. 2019. (POL.). 508p. (J). (gr. 4-6). pap. 12.99 *(978-83-03-93127-6(X))* Sunflower Pr.

Emma: Emma, Portuguese Edition. Jane. Austen. 2019. (POR.). 522p. (J). (gr. 4-6). pap. 14.99 *(978-89-474-7713-0(3))* Sunflower Pr.

Emma: Emma, Romanian Edition. Jane. Austen. 2019. (RUM.). 494p. (J). (gr. 4-6). pap. 14.99 *(978-80-950242-6-2(0))* Sunflower Pr.

Emma: Emma, Samoan Edition. Jane. Austen. 2019. (SMO.). 488p. (J). (gr. 4-6). pap. 12.99 *(978-80-02-62199-7(9))* Sunflower Pr.

Emma: Emma, Scottish Edition. Jane. Austen. 2019. (SCO.). 560p. (J). (gr. 4-6). pap. 15.99 *(978-87-19-56635-2(2))* Sunflower Pr.

Emma All Stirred Up!: #7. Coco Simon. Illus. by Laura Roode & Abigail Halpin. 2023. (Cupcake Diaries). (ENG.). 144p. (J). (gr. 3-7). lib. bdg. 32.79 ***(978-1-0982-5197-0(0),*** 42656, Chapter Bks.) Spotlight.

Emma & Cricket: An Interactive Dog Story. Susan Turner Dotson. 2022. (ENG.). 32p. (J). pap. 14.95 *(978-1-63860-537-9(8))* Fulton Bks.

Emma & Jane Ones Fancy Ones Plain. Peggy Nelson. 2022. (ENG.). 24p. (J). pap. 10.95 *(978-1-6678-2018-7(4))* BookBaby.

Emma & Julia Love Ballet. Barbara McClintock. Illus. by Barbara McClintock. 2016. (ENG., Illus.). 32p. (J). (gr. -1-3). 18.99 *(978-0-439-89401-2(8),* Scholastic Pr.) Scholastic, Inc.

Emma & Muse. Nancy Lemon. Illus. by Nancy Lemon. 2018. (ENG., Illus.). 32p. (J). (gr. -1-3). 16.99 *(978-0-8075-1994-3(4),* 807519944) Whitman, Albert & Co.

Emma & Starfire: A Story of the Star Horses. Lauren Marie. Illus. by Jenna Leigh. 2019. (ENG.). 32p. (J). (gr. 1-3). 25.95 *(978-1-949290-23-3(9))* Bedazzled Ink Publishing Co.

Emma & the Big Orange Monster: A Tale of Unity & Bravery. Masti Lashkari. 2017. (ENG., Illus.). 40p. (J). 25.95 *(978-1-4808-5432-1(8));* pap. 16.95 *(978-1-4808-5431-4(X))* Archway Publishing.

Emma & the Ice People. Dave White. 2017. (ENG., Illus.). (J). (gr. k-4). pap. 8.99 *(978-1-68160-480-0(9))* Crimson Cloak Publishing.

Emma & the Ice People: Special Dave White Tribute Edition. Dave White & Barbi White. Illus. by Dave White. 2018. (ENG., Illus.). 44p. (J). (gr. k-4). pap. 10.99 *(978-1-68160-632-3(1))* Crimson Cloak Publishing.

Emma & the Sea Creatures (Full Color) Tiffany Nixon. 2nd ed. 2019. (ENG., Illus.). 86p. (YA). 16.99 *(978-1-947928-41-1(4));* pap. 14.99 *(978-1-947928-40-4(6))* VMH Publishing.

Emma & the Silk Thieves. Matthew S. Cox. 2017. (Tales of Widowswood Ser.: Vol. 2). (ENG., Illus.). (YA). (gr. 7-12). pap. 17.99 *(978-1-62007-325-4(0))* Curiosity Quills Pr.

Emma & the Silverbell Faeries. Matthew S. Cox. 2018. (Tales of Widowswood Ser.: Vol. 3). (ENG., Illus.). 258p. (J). pap. 17.99 *(978-1-948099-61-5(6))* Curiosity Quills Pr.

Emma Bartlett, or Prejudice & Fanaticism (Classic Reprint) Rebecca S. Pollard. 2017. (ENG., Illus.). (J). 34.50 *(978-0-265-72344-9(2));* pap. 16.97 *(978-1-5276-8176-7(9))* Forgotten Bks.

Emma Catwalks & Cupcakes! Coco Simon. 2018. (Cupcake Diaries: 31). (ENG.). 160p. (J). (gr. 3-7). 17.99 *(978-1-5344-1736-6(2));* (Illus.). pap. 6.99 *(978-1-5344-1735-9(4))* Simon Spotlight. (Simon Spotlight).

Emma Chamberlain. Jessica Rusick. (YouTubers Ser.). (ENG., Illus.). 32p. (J). 2020. (gr. 4-4). pap. 9.95 *(978-1-64494-356-4(5),* 1644943565); 2019. (gr. 3-6). lib. bdg. 32.79 *(978-1-5321-9178-7(2),* 33530) ABDO Publishing Co. (Checkerboard Library).

Emma Darwin, Vol. 1 Of 2: A Century of Family Letters, 1792 1896 (Classic Reprint) Henrietta Litchfield. (ENG., Illus.). (J). 2018. 350p. 31.14 *(978-0-666-84234-3(5));* 2016. pap. 13.57 *(978-1-334-14943-6(7))* Forgotten Bks.

Emma Darwin, Vol. 1 Of 2: A Century of Family Letters, 1792-1896 (Classic Reprint) Henrietta Emma Litchfield. 2017. (ENG., Illus.). (J). 348p. 31.09 *(978-0-484-19362-7(7));* pap. 13.57 *(978-0-259-30710-5(6))* Forgotten Bks.

Emma Darwin, Vol. 2 Of 2: A Century of Family Letters, 1792 1896 (Classic Reprint) Henrietta Litchfield. (ENG., Illus.). (J). 2018. 394p. 32.02 *(978-0-483-25709-2(5));* 2016. pap. 16.57 *(978-1-334-16379-1(0))* Forgotten Bks.

Emma Decides. Gail Galbraith Everett. 2018. (ENG., Illus.). 104p. (J). pap. 12.95 *(978-1-64191-937-1(X))* Christian Faith Publishing.

Emma Dilemma & the Camping Nanny. Patricia Hermes. Illus. by Abby Carter. 2019. (Emma Dilemma Ser.: 4). (ENG.). 146p. (J). (gr. 3-6). pap. 9.99 *(978-1-4778-1079-8(X),* 9781477810798, Two Lions) Amazon Publishing.

Emma Eats Sweets. Tracilyn George. 2023. (ENG.). 22p. (J). pap. 12.99 ***(978-1-77475-426-9(6))*** Draft2Digital.

Emma Elephant Plays a Tune. Kevin Rogers. Illus. by Kate Rogers. 2022. (Emma Elephant Ser.: Vol. 1). (ENG.). 34p. (J). pap. 13.99 ***(978-1-0879-5988-7(8))*** Indy Pub.

Emma Gets Braces! Baron Hall. 2017. (ENG.). (J). 11.99 *(978-1-68401-064-6(0))* Amplify Publishing Group.

Emma Goes to School. Kristin Pack. 2017. (ENG., Illus.). (J). pap. 14.99 *(978-0-9993624-2-6(9))* Pack, Kristin.

Emma Goes to School. Kristin Pack. Illus. by Sage Steiner. 2017. (ENG.). (J). 19.99 *(978-0-9993624-0-2(2))* Pack, Kristin.

Emma Goes to the Eye Doctor. Claudine Courey & Gabriella Courey. Illus. by Marianne Abenoja. 2023. (ENG.). 24p. (J). pap. ***(978-0-2288-7551-2(X))*** Tellwell Talent.

Emma I Love You All Ways. Marianne Richmond. Illus. by Dubravka Kolanovic. 2023. (I Love You All Ways Ser.). (ENG.). 32p. (J). (gr. -1-3). 8.99 ***(978-1-7282-7355-6(2))*** Sourcebooks, Inc.

Emma le Bourdon: Une Merveilleuse Histoire Concue Pour Aider les Enfants a Croire en Eux et Se Faire Confiance, en Leur Donnant de la Confidence et des Habiletes de Leadership. Monica Dumont. 2016. (FRE., Illus.). (J). pap. *(978-0-9952590-0-3(3))* Dumont, Monica.

Emma Lernt Fliegen. Silke Bockelkamp. 2017. (GER., Illus.). (J). pap. *(978-3-95840-451-9(0))* Novum Verlag in der Verlags- und Medienhaus WSB GmbH.

Emma Lou Her Book (Classic Reprint) Mary M. Mears. 2018. (ENG., Illus.). 288p. (J). 29.86 *(978-0-484-33968-1(0))* Forgotten Bks.

Emma Marshall: A Biographical Sketch (Classic Reprint) Beatrice Marshall. 2018. (ENG., Illus.). 380p. (J). 31.73 *(978-0-331-59527-7(3))* Forgotten Bks.

Emma Mason Turns Paperwork into a Profit. Mara Williams. Illus. by Fiona Reed. 2021. (ENG.). 48p. (J). pap. 7.99 *(978-1-7356784-2-9(2))* Success Hse. Publishing.

Emma Meets Rosa: Scurrying Through Time. Vicki Croucher. Illus. by H. Rankine. 2020. (ENG.). 56p. (J). pap. *(978-1-913460-14-3(2))* Cloister Hse. Pr., The.

Emma Moves In, 1. Clare Hutton. ed. 2018. (American Girl Contemporary Ser.). (ENG.). 188p. (J). (gr. 4-5). 16.96 *(978-1-64310-229-0(X))* Penworthy Co., LLC, The.

Emma Oliver & the Song of Creation. Susan Elizabeth Hale. 2016. (ENG., Illus.). 178p. (J). (gr. -1-12). pap. 11.95 *(978-1-78535-386-4(1),* Our Street Bks.) Hunt, John Publishing Ltd. GBR. Dist: National Bk. Network.

Emma on Mars. Billy Dunne. Illus. by Vanessa Port. 2021. (ENG.). 32p. (J). (gr. -1-3). 17.99 *(978-1-84886-705-5(0),* ced9b345-da26-4209-b7f3-3add07dfed21) Maverick Arts Publishing GBR. Dist: Lerner Publishing Group.

Emma on the North Pole Express. J. D. Green. Illus. by Joanne Partis. 2022. (North Pole Express Bears Ser.). (ENG.). 32p. (J). (gr. -1-3). 7.99 ***(978-1-7282-6933-7(4))*** Sourcebooks, Inc.

Emma on the North Pole Express. J. D. Green. 2019. (North Pole Express Ser.). (ENG.). 32p. (J). (gr. -1-3). 7.99 ***(978-1-7282-0331-7(7))*** Sourcebooks, Inc.

Emma on Thin Icing: #3. Coco Simon. Illus. by Laura Roode & Abigail Halpin. 2023. (Cupcake Diaries). (ENG.). 160p. (J). (gr. 3-7). lib. bdg. 32.79 ***(978-1-0982-5193-2(8),*** 42652, Chapter Bks.) Spotlight.

Emma on Thin Icing the Graphic Novel. Coco Simon. Illus. by Glass House Glass House Graphics. 2023. (Cupcake Diaries: the Graphic Novel Ser.: 3). (ENG.). 160p. (J). (gr. 3-7). 20.99 *(978-1-6659-1656-1(7));* pap. 11.99 *(978-1-6659-1655-4(9))* Simon Spotlight. (Simon Spotlight).

Emma, or the Three Misfortunes of a Belle (Classic Reprint) Unknown Author. 2018. (ENG., Illus.). 164p. (J). 27.28 *(978-0-267-67417-6(1))* Forgotten Bks.

Emma Raining Cats & Dogs ... & Cupcakes! Coco Simon. 2016. (Cupcake Diaries: 27). (ENG., Illus.). 160p. (J). (gr. 3-7). pap. 7.99 *(978-1-4814-5524-4(9),* Simon Spotlight) Simon Spotlight.

Emma Raining Cats & Dogs... & Cupcakes! Coco Simon. 2016. (Cupcake Diaries: 27). lib. bdg. 17.20 *(978-0-606-38251-9(8))* Turtleback.

Emma Santa's Secret Elf. Put Me In The Story & Katherine Sully. Illus. by Julia Seal. 2018. (Santa's Secret Elf Ser.). (ENG.). 32p. (J). (gr. k-3). 5.99 *(978-1-4926-8139-7(3))* Sourcebooks, Inc.

Emma: Sticker Storytime. The The Wiggles. 2022. (Wiggles Ser.). (ENG.). 24p. (J). (gr. -1-4). pap. 7.99 *(978-1-922514-66-0(7))* Bonnier Publishing GBR. Dist: Independent Pubs. Group.

Emma Stone: Actress, 1 vol. Therese M. Shea. 2018. (Junior Biographies Ser.). (ENG.). 24p. (gr. 3-4). 24.27 *(978-0-7660-9731-5(5),* f0b1f7a8-f645-4487-a091-05c476e1dc76) Enslow Publishing, LLC.

Emma Tate Gets Lost at the Fete. Rosita Bird. 2017. (ENG., Illus.). (J). (gr. 1-4). pap. 8.99 *(978-1-68160-338-4(1))* Crimson Cloak Publishing.

Emma Tate Learns to Skate. Rosita Bird. Illus. by Lynn Costelloe. 2017. (Emma Tate Ser.: Vol. 3). (ENG.). 30p. (J). (gr. 1-5). pap. 9.99 *(978-1-68160-514-2(7))* Crimson Cloak Publishing.

Emma the MEDEVAC Pilot. M. C. Wingate. Illus. by Ethan Roffler. 2019. (ENG.). 26p. (J). (gr. k-2). 14.99 *(978-1-0878-2107-8(X))* Indy Pub.

Emma 'Twas the Night Before Christmas. Illus. by Lisa Alderson. 2019. (Night Before Christmas Ser.). (ENG.). 32p. (J). (gr. -1-3). 7.99 ***(978-1-7282-0224-2(8))*** Sourcebooks, Inc.

Emma Watson. Petrice Custance. 2018. (Superstars! Ser.). (ENG., Illus.). 32p. (J). (gr. 4-4). *(978-0-7787-4834-2(0));* pap. *(978-0-7787-4860-1(X))* Crabtree Publishing Co.

Emma Watson: Actress & Activist, 1 vol. Kathy Furgang. 2018. (Junior Biographies Ser.). (ENG.). 24p. (gr. 3-4). 24.27 *(978-0-7660-9735-3(8),* 224f910b-a3a7-459d-909d-748a4256f9c6) Enslow Publishing, LLC.

Emma Watson: Actress, Women's Rights Activist, & Goodwill Ambassador, 1 vol. Tanya Dellaccio. 2017. (Breakout Biographies Ser.). (ENG.). 32p. (J). (gr. 4-5). 27.93 *(978-1-5383-2547-6(0),* e5695529-e3a7-4fbf-97f3-77bb5a84c34d, PowerKids Pr.) Rosen Publishing Group, Inc., The.

Emma Watson: Actress, Women's Rights Activist, & Goodwill Ambassador, 1 vol. Contrib. by Tanya Dellaccio. 2017. (Breakout Biographies Ser.). (ENG.). 32p. (J). (gr. 4-5). pap. 11.00 *(978-1-5383-2617-6(5),* 78e54936-3a14-40c2-b040-f8b5c97e7653, PowerKids Pr.) Rosen Publishing Group, Inc., The.

Emma Watson: The Fantastically Feminist (and Totally True) Story of the Astounding Actor & Activist. Anna Doherty. (Fantastically Feminist Ser.). (ENG., Illus.). 32p. (J). (gr. k-2). 2023. pap. 12.99 *(978-1-5263-6113-4(2));* 2022. 19.99 *(978-1-5263-6112-7(4))* Hachette Children's Group GBR. (Wren & Rook). Dist: Hachette Bk. Group.

Emma Watson: Women's Rights Activist. Kate Moening. 2020. (Women Leading the Way Ser.). (ENG., Illus.). 24p. (J). (gr. k-3). pap. 7.99 *(978-1-61891-796-6(X),* 12581, Blastoff! Readers) Bellwether Media.

Emma with Something Extra. Pamela Woods-Jackson. 2018. (ENG., Illus.). 272p. (J). pap. *(978-1-77339-752-8(4))* Evernight Publishing.

Emmas Ballet Books Slipcase. The Wiggles. 2021. (Wiggles Ser.). (ENG.). 64p. (J). (gr. -1-k). 32.99 *(978-1-922385-41-3(7))* Bonnier Publishing GBR. Dist: Independent Pubs. Group.

Emmas Big Surprise. Papa Thom. Illus. by Jim Hunt. 2021. (Emma's Dilemmas Ser.: 1). (ENG.). 54p. (J). 26.43 *(978-1-0983-8382-4(6))* BookBaby.

Emmas Busy Bag. The The Wiggles. 2020. (Wiggles Ser.). (ENG.). 24p. (J). (-k). pap. 12.99 *(978-1-922385-09-3(3))* Bonnier Publishing GBR. Dist: Independent Pubs. Group.

Emmas Nutcracker Ballet. The Wiggles. 2022. (Wiggles Ser.). (ENG.). 32p. (J). (gr. -1-3). 24.99 *(978-1-922514-54-7(3))* Bonnier Publishing GBR. Dist: Independent Pubs. Group.

Emmas Swan Ballet. The The Wiggles. 2021. (Wiggles Ser.). (ENG., Illus.). 24p. (J). (gr. -1-k). 19.99 *(978-1-922385-08-6(5))* Bonnier Publishing GBR. Dist: Independent Pubs. Group.

Emmaline Gremlin. John Paulits. 2020. (ENG., Illus.). 150p. (J). pap. 13.99 *(978-1-61950-624-4(6))* Gypsy Shadow Publishing Co.

Emmaline the Porcupine: A Rhyming Animal Tale. Alexandra Langstaff. Illus. by Gretchen Hammell. 2022. (ENG.). 42p. (J). pap. 12.99 ***(978-1-0879-2635-3(1))*** Indy Pub.

Emman Omenapuut. Kaarina Brooks. 2018. (FIN., Illus.). 26p. (J). pap. 12.00 *(978-1-988763-13-2(4))* Villa Wisteria Pubns.

Emman, Time Traveller: The Redhill Tragedy. Josephine Chia. 2022. 80p. (YA). 13.99 *(978-981-4954-83-9(7))* Penguin Random House SEA Pte. Ltd. SGP. Dist: Independent Pubs. Group.

Emmanuel: The Boy Whose Name Meant 'God is with Us' Melissa Crickard. 2020. (ENG.). 322p. (YA). pap. 14.99 *(978-1-951482-06-0(9))* MelissaCrickard.

Emmanuel Kelly: Dream Big! Mamen Sanchez. Tr. by Jon Brokenbrow. Illus. by Zuzanna Celej. 2019. (What Really Matters Ser.). (ENG.). 24p. (J). (gr. k-4). 16.95 *(978-84-16733-40-8(6))* Cuento de Luz SL ESP. Dist: Publishers Group West (PGW).

Emmanuel Kelly - Suena a lo Grande! (Emmanuel Kelly - Dream Big!) Suena a lo Grande! (Emmanuel Kelly - Dream Big!) Mamen Sanchez. Illus. by Zuzanna Celej. 2019. (Lo Que de Verdad Importa Ser.). (SPA.). 24p. (J). (gr. k-4). 16.95 *(978-84-16733-39-2(2))* Cuento de Luz SL ESP. Dist: Publishers Group West (PGW).

Emmanuel Macron: President of France. Rebecca Rowell. 2018. (World Leaders Ser.). (ENG., Illus.). 48p. (J). (gr. 5-6). pap. 11.95 *(978-1-63517-620-9(4),* 1635176204); lib. bdg. 34.21 *(978-1-63517-548-6(8),* 1635175488) North Star Editions. (Focus Readers).

Emma's Adventure: Mommy's Work Trip. Alyssa Kapaona. Illus. by Bryce Watanabe. 2019. (ENG.). 36p. (J). 14.99 *(978-1-58351-173-2(3),* 13632) Univ. of Hawaii Pr.

Emma's & Sally's Unicorn Can Dance. Joseph Lee Smith. 2023. (ENG.). 36p. (J). pap. ***(978-1-83875-801-1(1),*** Nightingale Books) Pegasus Elliot Mackenzie Pubs.

Emma's Apple Trees. Kaarina Brooks. 2017. (ENG., Illus.). 26p. (J). pap. 12.00 *(978-0-9735152-6-8(0))* Villa Wisteria Pubns.

Emma's Birthday Wish. Victoria Burnett. Illus. by Sally Vetch. 2021. (ENG.). 26p. (J). pap. *(978-1-913460-17-4(7))* Cloister Hse. Pr., The.

Emma's Book of Courage. Emma Lindberg. 2018. (ENG., Illus.). 20p. (J). (gr. k-3). pap. 10.99 *(978-0-9997307-1-3(1))* Emma Lindberg.

Emma's Christmas Wish. Put Me In The Story & J. D. Green. Illus. by Julia Seal. 2018. (Christmas Wish Ser.). (ENG.). 32p. (J). (gr. k-3). 6.99 ***(978-1-4926-8324-7(8))*** Sourcebooks, Inc.

Emma's Dancing Day. Kimberly S. Hoffman. 2018. (ENG., Illus.). 44p. (J). pap. 12.99 *(978-1-948390-89-7(2))* Pen It Pubns.

Emma's Funny Birds. Christy Jordan Wrenn. 2016. (ENG., Illus.). (J). 22.95 *(978-1-68348-329-8(4));* pap. 12.95 *(978-1-68348-327-4(8))* Page Publishing Inc.

Emmas Gerechtigkeit. Owen Bishop. 2023. (GER.). 88p. (YA). pap. *(978-1-4477-9586-5(5))* Lulu Pr., Inc.
Emma's Gift. Nancy Kehoe. 2019. (ENG.). 146p. (YA). pap. *(978-0-2288-1013-1(2))* Tellwell Talent.
Emma's Present Shaped Board Book. The The Wiggles. 2022. (Wiggles Ser.). (ENG., Illus.). 10p. (J). (gr. -1-3). bds. 15.99 *(978-1-922514-57-8(8))* Bonnier Publishing GBR. Dist: Independent Pubs. Group.
Emma's Quest. T. R. Willard. 2021. (ENG.). 48p. (J). pap. *(978-1-913340-80-3(5))* Clink Street Publishing.
Emma's Special Tummy. Illus. by Pixels Gen. 2018. (J). pap. 11.95 *(978-1-7322513-0-4(4))* Lancaster, Paula.
Emma's Sunflower. Phillipa Warden. Illus. by Grace Ward. 2022. (ENG.). 36p. (J). (gr. -1-1). pap. 10.95 *(978-1-955119-13-9(9))*, Purple Butterfly Pr.) WritePublishSell.
Emma's Watch. Deny Dallaire. 2018. (ENG., Illus.). 216p. (YA). *(978-1-5255-3548-2(X))*; pap. *(978-1-5255-3549-9(8))* FriesenPress.
Emmeline. J. R. Manawa. 2016. (ENG., 196p. (J). Illus.). pap. *(978-1-326-90535-4(X))*; pap. *(978-1-326-88337-9(2))* Lulu Pr., Inc.
Emmeline: With Some Other Pieces (Classic Reprint) Mary Brunton. 2017. (ENG., Illus.). (J). 30.60 *(978-0-265-93476-0(1))* Forgotten Bks.
Emmeline & the Plucky Pup. Megan Rix. 2018. 272p. (J). (gr. 1-4). pap. 14.99 *(978-0-14-138570-9(7)*, Puffin) Penguin Bks., Ltd. GBR. Dist: Independent Pubs. Group.
Emmeline (Classic Reprint) Elsie Singmaster. 2018. (ENG., Illus.). 176p. (J). 27.55 *(978-0-332-36500-8(X))* Forgotten Bks.
Emmeline Grant & the Monstrous Beesh. Janice Phelps Williams. Illus. by Janice Phelps Williams. 2020. (ENG.). 302p. (J). pap. 12.00 *(978-0-9855870-3-1(2))* Tyler's Field.
Emmeline Pankhurst, Volume 8. Lisbeth Kaiser. Illus. by Ana Sanfelippo. 2017. (Little People, BIG DREAMS Ser.: 8). (ENG.). 32p. (J). (gr. k-3). 15.99 *(978-1-78603-020-7(9)*, Frances Lincoln Children's Bks.) Quarto Publishing Group UK GBR. Dist: Hachette Bk. Group.
Emmeline Pankhurst: My First Emmeline Pankhurst. Lisbeth Kaiser. Illus. by Ana Sanfelippo. ed. 2019. (Little People, BIG DREAMS Ser.: Vol. 8). (ENG.). 24p. (J). (gr. -1 — 1). bds. 9.99 *(978-1-78603-261-4(9)*, Frances Lincoln Children's Bks.) Quarto Publishing Group UK GBR. Dist: Hachette Bk. Group.
Emmet Gets Tough. Meredith Rusu. ed. 2019. (Lego 8x8 Ser.). (ENG.). 24p. (J). (gr. k-1). 13.89 *(978-1-64310-874-2(3))* Penworthy Co., LLC, The.
Emmet Otter's Jug-Band Christmas. Russell Hoban. Illus. by Lillian Hoban. 2017. (ENG.). 48p. (J). (gr. -1-2). 16.99 *(978-1-5247-1457-4(7)*, Doubleday Bks. for Young Readers) Random Hse. Children's Bks.
Emmet to the Rescue. Julia March. ed. 2019. (DK Readers Ser.). (ENG.). 23p. (J). (gr. k-1). 14.49 *(978-1-64310-851-3(4))* Penworthy Co., LLC, The.
Emmett: A Rescue Dog's True Story. Kat Cloud. 2017. (ENG., Illus.). (J). (gr. -1-3). 18.99 *(978-0-692-88310-5(X))* Cloud, Kat Creations.
Emmett & Jez. Hannah Shaw. ed. 2022. (Adventures in Fosterland Ser.). (ENG.). 136p. (J). (gr. 1-4). 19.96 *(978-1-68505-567-7(2))* Penworthy Co., LLC, The.
Emmett & the Bright Blue Cape. Alyssa Satin Capucilli. ed. 2018. (Ready-To-Read Ser.). (ENG.). 24p. (J). (gr. -1-1). 13.89 *(978-1-64310-551-2(5))* Penworthy Co., LLC, The.
Emmett & the Bright Blue Cape: Ready-To-Read Level 1. Alyssa Satin Capucilli. Illus. by Henry Cole. 2017. (Ready-To-Read Ser.). (ENG.). 24p. (J). (gr. -1-1). 16.99 *(978-1-4814-5873-3(6))*; pap. 4.99 *(978-1-4814-5869-6(8))* Simon Spotlight. (Simon Spotlight).
Emmett Bonlore (Classic Reprint) Opie Read. 2018. (ENG., Illus.). 384p. (J). 31.92 *(978-0-332-79410-5(5))* Forgotten Bks.
Emmett Cole Letters, 1861-1862 (Classic Reprint) Emmett Cole. 2018. (ENG., Illus.). (J). 148p. 26.95 *(978-1-396-76565-0(4))*; 150p. pap. 9.57 *(978-1-396-00700-2(8))* Forgotten Bks.
Emmett Lawler (Classic Reprint) Jim Tully. 2017. (ENG., Illus.). (J). 30.56 *(978-0-266-83297-3(0))* Forgotten Bks.
Emmi in the City: A Great Chicago Fire Survival Story. Salima Alikhan. Illus. by Alessia Trunfio. 2019. (Girls Survive Ser.). (ENG.). 112p. (J). (gr. 3-7). lib. bdg. 26.65 *(978-1-4965-7851-8(1)*, 139369, Stone Arch Bks.) Capstone.
Emmie & Ellie Love Hats. Sarah Demidiuk. Illus. by Keely Bays-Egri. 2021. (Emmie & Ellie Love Hats Ser.: Vol. 1). (ENG.). 22p. (J). pap. *(978-0-2288-3203-4(9))* Tellwell Talent.
Emmie & Friends 4-Book Box Set: Invisible Emmie, Positively Izzy, Just Jaime, Becoming Brianna. Terri Libenson. Illus. by Terri Libenson. 2020. (Emmie & Friends Ser.). (ENG., Illus.). 992p. (J). (gr. 3-7). pap. 51.96 *(978-0-06-305454-7(X)*, Balzer & Bray) HarperCollins Pubs.
Emmie Es Invisible / Invisible Emmie. Terri Libenson. 2021. (SPA.). 192p. (J). (gr. 7). pap. 12.95 *(978-1-64473-334-9(X)*, Alfaguara) Penguin Random House Grupo Editorial ESP. Dist: Penguin Random Hse. LLC.
Emmie Marie & Magical Moments with Mimi. E. a Bordelon. 2021. (ENG.). 46p. (J). 25.00 *(978-1-7947-8189-4(7))* Lulu Pr., Inc.
Emmie Marie & Magical Moments with Mimi. Elizabeth Bordelon. 2021. (ENG.). 46p. (J). 22.96 *(978-1-7948-2848-3(6))* Lulu Pr., Inc.
Emmie of Indianapolis: The Story of an American Girl. Kay Castaneda. 2023. (ENG., Illus.). 226p. (YA). pap. 12.99 *(978-0-578-43935-8(2))* Bk.places Publishing.
Emmy & the Stone of Faith. Janine Summers. 2020. (Matchstick House Ser.: Vol. 2). (ENG.). 256p. (YA). *(978-0-2288-2686-6(1))*; pap. *(978-0-2288-2685-9(3))* Tellwell Talent.
Emmy Budd - Risky Business. Jean Blasiar. 2020. (ENG.). 108p. (YA). pap. 12.95 *(978-1-940676-39-5(8))* Charles River Pr.
Emmy Budd & the Monster. Jean Blasiar. 2018. (Emmy Budd Mysteries Ser.: Vol. 9). (ENG., Illus.). 124p. (J). (gr. 5-6). pap. 12.95 *(978-1-940676-18-0(5))* Charles River Pr.
Emmy in the Key of Code. Aimee Lucido. (ENG.). (J). (gr. 3-7). 2021. 432p. pap. 7.99 *(978-0-358-43462-7(9)*, 1793091); 2019. 416p. 16.99 *(978-0-358-04082-8(5)*, 1740459) HarperCollins Pubs. (Versify).
Emmy Lou: Her Book Heart (Classic Reprint) George Madden Martin. 2018. (ENG., Illus.). 294p. (J). 29.96 *(978-0-428-73489-3(8))* Forgotten Bks.
Emmy Lou's Road to Grace: Being a Little Pilgrim's Progress. George Madden Martin. 2019. (ENG., Illus.). 134p. (YA). pap. *(978-93-5329-489-2(4))* Alpha Editions.
Emmy Lou's Road to Grace: Being a Little Pilgrim's Progress (Classic Reprint) George Madden Martin. 2017. (ENG., Illus.). (J). 31.16 *(978-0-331-21792-6(9))*; pap. 13.57 *(978-0-243-27647-9(8))* Forgotten Bks.
Emmy Noether: The Most Important Mathematician You've Never Heard Of. Helaine Becker. Illus. by Kari Rust. 2020. (ENG.). 40p. (J). (gr. 1-4). 18.99 *(978-1-5253-0059-2(8))* Kids Can Pr., Ltd. CAN. Dist: Hachette Bk. Group.
Emocionómetro Del Inspector Drilo. Susanna Isern. Illus. by Mónica Carretero. 2018. (SPA.). 100p. (J). 22.95 *(978-84-17123-16-1(4))* NubeOcho Ediciones ESP. Dist: Consortium Bk. Sales & Distribution.
Emogen & the Rainbow. Christina Hazel Stephen. 2018. (ENG., Illus.). 28p. (J). pap. *(978-0-9944802-4-8(5))* Ranger Red.
Emogies. Xander Belcher. 2017. (ENG., Illus.). 8p. (J). *(978-1-365-99456-2(2))* Lulu Pr., Inc.
Emoji: Libro Da Colorare per Bambini. Bold Illustrations. 2017. (ITA., Illus.). 82p. (J). pap. 8.35 *(978-1-64193-112-0(4)*, Bold Illustrations) FASTLANE LLC.
Emoji Coloring Book for Kids, Teenagers & Adults: Fun & Cool Collection of Emoji Mandala Coloring Pages - Relaxing Patterns & Stress Relieving Coloring Book for Teens & Adults with High Quality Graphics Illustration of Funny Emoticons - Coloring B. Molly Osborne. 2020. (ENG.). 58p. (J). pap. 7.99 *(978-1-716-33153-4(6))* Lulu Pr., Inc.
Emoji Diary: Writing Drawing Journal for Kids. At Home with Cristin. 2019. (ENG.). 112p. (J). pap. 6.99 *(978-1-942236-98-6(0)*, At Home With Cristin) Mill Creek Pr.
Emoji of Doom, 1 vol. Evan Jacobs. 2016. (White Lightning Ser.). (ENG.). 91p. (J). (gr. 6-8). pap. 10.95 *(978-1-68021-354-6(7))* Saddleback Educational Publishing, Inc.
Emoji of Doom. Evan Jacobs. ed. 2016. (White Lightning Ser.). (J). lib. bdg. 19.60 *(978-0-606-40318-4(3))* Turtleback.
Emoji Tattoos. Dover. 2018. (Dover Tattoos Ser.). (ENG., Illus.). 4p. (J). (gr. k-4). pap. 1.99 *(978-0-486-82029-3(7)*, 820297) Dover Pubns., Inc.
Emojis: Kinder Malbuch. Bold Illustrations. 2017. (GER., Illus.). (J). pap. 8.35 *(978-1-64193-149-6(3)*, Bold Illustrations) FASTLANE LLC.
Emojis: Libro para Colorear Ninos. Bold Illustrations. 2017. (SPA., Illus.). (J). pap. 8.35 *(978-1-64193-075-8(6)*, Bold Illustrations) FASTLANE LLC.
Emojis: Livre Coloriage Pour Enfants. Bold Illustrations. 2017. (FRE., Illus.). (J). pap. 8.35 *(978-1-64193-038-3(1)*, Bold Illustrations) FASTLANE LLC.
E'Moree the Bully Proof Kid. Joanne F. Blake. 2020. (ENG.). 26p. (J). pap. 10.99 *(978-1-0878-9976-3(1))* Indy Pub.
Emotimania. Make Believe Ideas. Illus. by Make Believe Ideas. 2017. (ENG.). 86p. (J). (gr. -1-7). pap. 9.99 *(978-1-78692-224-3(X))* Make Believe Ideas GBR. Dist: Scholastic, Inc.
Emotion & Your Brain, 1 vol. Robert Snedden. 2018. (What Goes on Inside Your Brain? Ser.). (ENG.). 48p. (gr. 4-5). pap. 15.05 *(978-1-5382-3569-0(2)*, c71b6de2-e0af-46c6-ae6f-6e5240828143) Stevens, Gareth Publishing LLLP.
Emotion Feelings Inside Me Bear. Ezra Harper. 2022. (ENG.). 64p. (J). pap. 12.99 *(978-1-0879-7263-3(9))* Indy Pub.
Emotion of Great Delight. Tahereh Mafi. (ENG.). (YA). (gr. 8). 2022. 272p. pap. 12.99 *(978-0-06-297242-2(1))*; 2021. 256p. 19.99 *(978-0-06-297241-5(3))* HarperCollins Pubs. (HarperCollins).
Emotional Abyss: Overcoming the Traumatic Teen Years with Poetry. Lori L. Evans. 2021. (ENG.). 232p. (YA). 33.95 *(978-1-9822-6882-4(4))*; pap. 16.99 *(978-1-9822-6884-8(0))* Author Solutions, LLC. (Balboa Pr.).
Emotional Explorers: A Creative Approach to Managing Emotions, 1 vol. Maria Mercè Conangla & Jaume. Soler. 2018. (ENG., Illus.). 64p. (gr. 3-6). 16.99 *(978-0-7643-5553-0(8)*, 9921) Schiffer Publishing, Ltd.
Emotional Fluctuations (& Other Stories) Stéphanie Bouchard. 2023. (ENG.). 214p. (YA). pap. *(978-0-2288-9273-1(2))* Tellwell Talent.
Emotional Health Issues, 10 vols., Set. Incl. Alcohol & Drug Abuse. Jillian Powell. lib. bdg. 33.67 *(978-0-8368-9199-7(6)*, ba0b2392-037c-43b9-ac8c-58860d6978a8); Family Crises. Jillian Powell. lib. bdg. 33.67 *(978-0-8368-9201-7(1)*, 53a8411a-ec69-4f66-9db3-bad9be868c27); Self-Harm & Suicide. Jillian Powell. lib. bdg. 33.67 *(978-0-8368-9202-4(X)*, 8da98a51-125a-42a6-abc7-8aba982b6538); Stress & Depression. Jane Bingham. lib. bdg. 33.67 *(978-0-8368-9203-1(8)*, 77b5cb10-c78f-4baf-b26e-ac50850884b5); (Illus.). (YA). (gr. 5-6). (Emotional Health Issues Ser.). (ENG.). 48p. 2008. Set lib. bdg. 168.35 *(978-0-8368-9301-4(8)*, 5b22db67-8bb4-46fb-be86-15d917bef63c, Gareth Stevens Secondary Library) Stevens, Gareth Publishing LLLP.
Emotional Moments (Classic Reprint) Sarah Grand. (ENG., Illus.). (J). 2018. 388p. 31.90 *(978-0-365-49652-6(9))*; 2017. pap. 16.57 *(978-1-5276-6973-4(4))* Forgotten Bks.
Emotional Support Nightmare. Patrick T. Fibbs. 2022. (ENG.). 162p. (YA). pap. 15.00 *(978-1-890096-97-7(0))* Padwolf Publishing Inc.
Emotionally Intelligent Ninja: A Children's Book about Developing Emotional Intelligence (EQ) Mary Nhin. Illus. by Jelena Stupar. 2020. (Ninja Life Hacks Ser.: Vol. 35). (ENG.). 38p. (J). 18.99 *(978-1-63731-005-2(6))* Grow Grit Pr.
Emotionally Unstable. S. A. Fenech. (Empath Chronicles Ser.: Vol. 2). (ENG.). 242p. (YA). (gr. 7-12). 2020. *(978-1-922390-13-4(5))*; 2019. pap. *(978-0-6485427-7-3(7))* Fairies & Fantasy Pty. Ltd.
Emotionary: A Dictionary of Words That Don't Exist for Feelings That Do. Eden Sher. Illus. by Julia Wertz. 2017. (ENG.). 208p. (YA). (gr. 7). pap. 11.99 *(978-0-448-49384-8(5)*, Razorbill) Penguin Young Readers Group.
Emotions, 1 vol. Patricia Billings. 2021. (ENG., Illus.). 24p. (J). (— 1). bds. 8.99 *(978-1-78508-947-3(1))* Milet Publishing.
Emotions. Joyce Markovics. 2022. (Mind Blowing! the Brain Ser.). (ENG., Illus.). 24p. (J). (gr. 4-6). pap. 12.79 *(978-1-6689-0067-3(X)*, 220158); lib. bdg. 30.64 *(978-1-5341-9953-8(5)*, 220014) Cherry Lake Publishing.
Emotions. Dayna Martin. 2018. (Illus.). 31p. (J). *(978-1-4896-9649-6(0)*, AV2 by Weigl) Weigl Pubs., Inc.
Emotions, 4 vols. Julie Murray. 2016. (Emotions Ser.). (ENG.). 24p. (J). (gr. -1-2). lib. bdg. 125.44 *(978-1-68080-520-8(7)*, 21320, Abdo Kids) ABDO Publishing Co.
Emotions: Play & Learn. Clever Publishing. Illus. by Natalia Vetrova. 2023. (Clever Baby Ser.). (ENG.). 14p. (J). (gr. -1 — 1). bds. 8.99 *(978-1-956560-70-1(X))* Clever Media Group.
Emotions Are Awesome (My4faces) (Jumbo Coloring Book) Nathaniel Baker. 2017. (ENG., Illus.). 8p. (J). *(978-1-365-80089-4(X))* Lulu Pr., Inc.
Empanada de Mamut. Jeanne Willis. 2018. (SPA.). 28p. (J). 22.99 *(978-84-947284-0-2(7))* Libros del Zorro Rojo ESP. Dist: Lectorum Pubns., Inc.
Empanadas. Richard Sebra. 2020. (Cultural Cuisine Ser.). (ENG., Illus.). 32p. (J). (gr. 2-5). lib. bdg. 32.79 *(978-1-5321-6774-4(1)*, 34709, DiscoverRoo) Pop!.
Empath & Psychic Abilities: The Highly Sensitive People Practical Guide to Enhance Your Psychic Intuition, Clairvoyance, Telepathy, Expand Your Mind & Awake Your Hidden Inner Powers. David Michael Wood. 2022. (ENG.). 96p. (YA). 34.99 *(978-1-4716-5610-1(1))*; pap. 20.49 *(978-1-4716-5611-8(X))* Lulu Pr., Inc.
Empath Chronicles - Series Omnibus: Complete Young Adult Paranormal Superhero Romance Series. S. A. Fenech. 2020. (Empath Chronicles Ser.). (ENG.). 694p. (YA). (gr. 7-12). *(978-0-6487080-5-6(5))*; pap. *(978-0-6487080-3-2(9))* Fairies & Fantasy Pty. Ltd.
Empathy, 1 vol. Patricia Billings. 2020. (ENG., Illus.). 24p. (J). (— 1). bds. 8.99 *(978-1-78508-838-4(6))* Milet Publishing.
Empathy. Katie Marsico. Illus. by Jeff Bane. 2019. (My Early Library: My Mindful Day Ser.). (ENG.). 24p. (J). (gr. k-1). pap. 12.79 *(978-1-5341-4995-3(3)*, 213287); lib. bdg. 30.64 *(978-1-5341-4709-6(8)*, 213286) Cherry Lake Publishing.
Empathy. Julie Murray. (Character Education Set 2 Ser.). (ENG.). 24p. (J). 2020. (gr. k-k). pap. 8.95 *(978-1-64494-274-1(7)*, 1644942747, Abdo Kids-Junior); 2019. (Illus.). (gr. -1-2). lib. bdg. 31.36 *(978-1-5321-8866-4(8)*, 32900, Abdo Kids) ABDO Publishing Co.
Empathy Elephant. Sandra Wilson. 2018. (Emotional Animal Alphabet Ser.: Vol. 5). (ENG.). 36p. (J). pap. *(978-1-988215-26-6(9))* words ... along the path.
Empathy/Pain. L. C. Mawson. 2017. (ENG.). 214p. (YA). pap. 8.99 *(978-1-386-31259-8(2))* Draft2Digital.
Empatia (Empathy) Julie Murray. 2020. (Nuestra Personalidad (Character Education) Ser.). (SPA.). 24p. (J). (gr. -1-2). lib. bdg. 31.36 *(978-1-0982-0405-1(0)*, 35300, Abdo Kids) ABDO Publishing Co.
Emperor Akihito. Haraikawa Manabu. 2019. (JPN.). (J). pap. *(978-4-09-270133-5(0))* Shogakukan.
Emperor, and, Serapis (Classic Reprint) George Ebers. (ENG., Illus.). (J). 2018. 616p. 36.62 *(978-0-428-93588-7(5))*; 2016. pap. 19.57 *(978-1-333-37954-4(4))* Forgotten Bks.
Emperor & the Seed. Carl Sommer. Illus. by Jorge Martinez. 2016. (J). *(978-1-57537-946-3(5))* Advance Publishing, Inc.
Emperor (Classic Reprint) Georg Ebers. (ENG., Illus.). (J). 2018. 1010p. 44.73 *(978-0-483-97019-9(0))*; 2017. pap. 27.07 *(978-0-243-93330-3(4))* Forgotten Bks.
Emperor of Elam, & Other Stories (Classic Reprint) H. G. Dwight. 2017. (ENG., Illus.). (J). 32.27 *(978-1-5281-7873-0(4))* Forgotten Bks.
Emperor of Mars. Patrick Samphire. Illus. by Jeremy Holmes. 2017. (Secrets of the Dragon Tomb Ser.: 2). (ENG.). 368p. (J). 34.99 *(978-0-8050-9908-9(5)*, 900125300, Holt, Henry & Co. Bks. For Young Readers) Holt, Henry & Co.
Emperor of Portugallia (Classic Reprint) Selma Lagerlöf. 2017. (ENG., Illus.). (J). 30.76 *(978-0-265-18031-0(7))* Forgotten Bks.
Emperor of San Francisco. Max Thompson. 2016. (ENG., Illus.). (YA). (gr. 7-12). (Wick Chronicles Ser.: Vol. 1). 19.95 *(978-1-932461-37-4(X))*; (Wick Chronicles Ser.: Vol. 1). pap. 15.95 *(978-1-932461-36-7(1))*; pap. 15.95 *(978-1-932461-47-3(7))* Inkblot Bks.
Emperor of the Ice: How a Changing Climate Affects a Penguin Colony. Nicola Davies. Illus. by Catherine Rayner. 2023. (ENG.). 32p. (J). (gr. k-4). 18.99 *(978-1-5362-2839-7(7))* Candlewick Pr.
Emperor of the Universe. David Lubar. 2019. (Emperor of the Universe Ser.: 1). (ENG., Illus.). 368p. (J). 13.99 *(978-1-250-18923-3(3)*, 900192211, Starscape) Doherty, Tom Assocs., LLC.
Emperor Penguin. Meish Goldish. 2018. (More SuperSized! Ser.). (ENG.). 24p. (J). (gr. k-3). 7.99 *(978-1-64280-079-1(1))* Bearport Publishing Co., Inc.
Emperor Penguin Migration. Susan H. Gray. 2020. (21st Century Junior Library: Marvelous Migrations Ser.). (ENG., Illus.). 24p. (J). (gr. 2-5). lib. bdg. 30.64 *(978-1-5341-6858-9(3)*, 215319) Cherry Lake Publishing.
Emperor Penguin Migration. Grace Hansen. 2020. (Animal Migration Ser.). (ENG., Illus.). 24p. (J). (gr. -1-2). lib. bdg. 32.79 *(978-1-0982-0232-3(5)*, 34597, Abdo Kids) ABDO Publishing Co.
Emperor Penguin (Young Zoologist) A First Field Guide to the Flightless Bird from Antarctica. Michelle LaRue & Neon Squid. Illus. by Pham Quang Phuc. 2022. (Young Zoologist Ser.). (ENG.). 32p. (J). 15.99 *(978-1-68449-251-0(3)*, 900258813, Neon Squid) St. Martin's Pr.
Emperor Penguins. Heather Adamson. 2017. (Ocean Life up Close Ser.). (ENG., Illus.). 24p. (J). (gr. k-3). lib. bdg. 26.95 *(978-1-62617-641-6(8)*, Blastoff! Readers) Bellwether Media.
Emperor Penguins. Jody S. Rake. 2019. (Penguins! Ser.). (ENG., Illus.). 24p. (J). (gr. -1-2). lib. bdg. 27.32 *(978-1-9771-0935-4(7)*, 140539, Pebble) Capstone.
Emperor Penguins, 1 vol. Rita Santos. 2019. (Life at the Poles Ser.). (ENG.). 24p. (gr. 2-2). pap. 10.35 *(978-1-9785-1209-2(0)*, dee7ead9-f2e4-48c6-a4b8-0153abf08def) Enslow Publishing, LLC.
Emperor Pickletine Rides the Bus (Origami Yoda #6) Tom Angleberger. 2016. (Origami Yoda Ser.). (ENG., Illus.). 240p. (J). (gr. 3-7). pap. 7.95 *(978-1-4197-2201-1(8)*, 1074103, Amulet Bks.) Abrams, Inc.
Emperor Shi Huangdi: The First Chinese Emperor Ancient History Grade 6 Children's Historical Biographies. Dissected Lives. 2021. (ENG.). 72p. (J). 27.99 *(978-1-5419-8405-9(6))*; pap. 16.99 *(978-1-5419-5473-1(4))* Speedy Publishing LLC. (Dissected Lives (Auto Biographies)).
Emperor, Vol. 1 (Classic Reprint) Georg Ebers. 2018. (ENG., Illus.). 654p. (J). 37.41 *(978-0-483-60453-7(4))* Forgotten Bks.
Emperor, Vol. 1 Of 2: A Romance (Classic Reprint) Georg Ebers. (ENG., Illus.). (J). 2018. 330p. 30.72 *(978-0-332-96568-0(6))*; 2017. pap. 13.57 *(978-0-243-12836-5(3))* Forgotten Bks.
Emperor Who Vanished: Strange Facts from Indian History. Kavitha Mandana. 2018. (ENG., Illus.). 192p. (YA). (gr. 7-12). pap. *(978-93-88326-37-7(7))* Speaking Tiger Publishing.
Emperor's Code. Josh Gregory & Gordon Korman. 2017. (39 Clues Ser.: 8). (ENG.). 48p. (J). (gr. 3-7). 55.99 *(978-1-338-24130-3(3))* Scholastic, Inc.
Emperor's Cool Clothes. Lee Harper. Illus. by Lee Harper. 2018. (ENG., Illus.). 32p. (J). (gr. -1-2). pap. 9.99 *(978-1-5420-4259-8(3)*, 9781542042598, Two Lions) Amazon Publishing.
Emperor's Guide. Catherine Chambers. Illus. by Ryan Pentney. ed. 2017. (How-To Guides for Fiendish Rulers Ser.). (ENG.). 32p. (J). (gr. 3-6). E-Book 42.65 *(978-1-5124-3620-4(8)*, 9781512436204); E-Book 4.99 *(978-1-5124-3621-1(6)*, 9781512436211) Lerner Publishing Group. (Hungry Tomato (r)).
Emperor's Last Stand. David Lubar. 2023. (Emperor of the Universe Ser.: 3). (ENG.). 192p. (J). 17.99 *(978-1-250-18935-6(7)*, 900192232, Starscape) Doherty, Tom Assocs., LLC.
Emperor's New Bicycle / Ang Bagong Bisikleta Ng Emperador: Babl Children's Books in Tagalog & English. Michelle Christensen. l.t. ed. 2017. (ENG., Illus.). (J). 14.99 *(978-1-68304-250-1(6))* Babl Books, Incorporated.
Emperor's New Clones (Reading Ladder Level 3) Jonathan Emmett. Illus. by Martin Chatterton. 2nd ed. 2017. (Reading Ladder Level 3 Ser.). (ENG.). 48p. (gr. k-2). pap. 4.99 *(978-1-4052-8252-9(5)*, Reading Ladder) Farshore GBR. Dist: HarperCollins Pubs.
Emperor's New Clothes see Traje Nuevo del Emperador
Emperor's New Clothes: An Interactive Fairy Tale Adventure. Eric Braun. Illus. by Álex López. 2020. (You Choose: Fractured Fairy Tales Ser.). (ENG.). 112p. (J). (gr. 3-7). pap. 6.95 *(978-1-4966-5811-1(6)*, 142243); lib. bdg. 32.65 *(978-1-5435-9011-1(X)*, 141367) Capstone.
Emperor's New Clothes: a Story about Honesty (Tales to Grow by) (Library Edition) Illus. by Carlos Arbat. 2020. (Tales to Grow By Ser.). (ENG.). 32p. (J). (gr. k-1). lib. bdg. 26.00 *(978-0-531-23190-6(9)*, Children's Pr.) Scholastic Library Publishing.
Emperor's New Clothes Coloring Book for Children (6x9 Coloring Book / Activity Book) Sheba Blake. 2021. (ENG.). 28p. (J). pap. 9.99 *(978-1-222-29286-2(6))* Indy Pub.
Emperor's New Clothes Coloring Book for Children (8. 5x8. 5 Coloring Book / Activity Book) Sheba Blake. 2021. (ENG.). 28p. (J). pap. 12.99 *(978-1-222-29305-0(6))* Indy Pub.
Emperor's New Clothes Coloring Book for Children (8x10 Coloring Book / Activity Book) Sheba Blake. 2021. (ENG.). 28p. (J). pap. 14.99 *(978-1-222-29287-9(4))* Indy Pub.
Emperor's Nightingale & Other Feathery Tales. Jane Ray. 2022. (Story Collector Ser.). (ENG.). 176p. (J). (gr. 3-5). pap. 18.99 *(978-1-914912-11-5(X))* Boxer Bks., Ltd. GBR. Dist: Sterling Publishing Co., Inc.
Emperors of the Roman Empire - Biography History Books Children's Historical Biographies. Baby Professor. 2017. (ENG., Illus.). (YA). pap. 8.79 *(978-1-5419-4001-7(6)*, Baby Professor (Education Kids)) Speedy Publishing LLC.
Emperor's Ostrich. Julie Berry. ed. 2018. (J). lib. bdg. 18.40 *(978-0-606-41103-5(8))* Turtleback.
Emperor's Regret. Barbara A. Pierce. 2019. (ENG., Illus.). 46p. (J). 18.99 *(978-1-970072-33-4(4))*; pap. 12.99 *(978-1-970072-32-7(6))* New Leaf Media, LLC.
Emperor's Regret. Barbara A. Pierce. 2018. (ENG., Illus.). 44p. (J). 27.99 *(978-1-948304-21-4(X))*; pap. 12.99 *(978-1-948304-20-7(1))* PageTurner: Pr. & Media.
Emperor's Riddle. Kat Zhang. (ENG.). (J). (gr. 3-7). 2018. 272p. pap. 8.99 *(978-1-4814-7863-2(X))*; 2017. (Illus.). 256p. 16.99 *(978-1-4814-7862-5(1))* Simon & Schuster Children's Publishing. (Aladdin).
Emperor's Rout (Classic Reprint) Catherine Ann Turner Dorset. (ENG., Illus.). (J). 2018. 86p. 25.67 *(978-0-656-08626-9(2))*; 2016. pap. 9.57 *(978-1-333-84440-0(9))* Forgotten Bks.
Empezando a Escribir Seire de Redaccion Creativa Spanish Story Starters Grades 4-6. Veneda Murtha. 2022. (SPA.). 66p. (J). pap. *(978-1-55495-150-5(X))* S & S Learning Material, Ltd.
Empezar Otra Vez (the Do-Over) Jennifer Torres. 2023. (SPA.). 256p. (J). (gr. 3-7). pap. 7.99 *(978-1-338-84921-9(2)*, Scholastic en Espanol) Scholastic, Inc.

E

Empire at War. Kathy Lee. 2017. (ENG.). 160p. (J). pap. 14.99 *(978-0-281-07639-0(1),* ae980ae6-f288-459b-9f2a-97af57b46501) SPCK Publishing GBR. Dist: Baker & Taylor Publisher Services (BTPS).

Empire Builders (Classic Reprint) Francis Lynde. (ENG., Illus.). (J). 2018. 398p. 32.13 *(978-0-332-11310-4(8))*; 2018. 412p. 32.41 *(978-0-484-33950-6(8))*; 2017. pap. 16.57 *(978-0-243-28565-5(5))* Forgotten Bks.

Empire (Classic Reprint) Basil Ewes. 2018. (ENG., Illus.). (J). 410p. 32.35 *(978-0-366-55117-0(5))*; 412p. pap. 16.57 *(978-0-366-05685-9(9))* Forgotten Bks.

Empire Days: Britain & the Empire in a Year. Ray Bostock. 2016. (ENG., Illus.). 430p. (J). 27.95 *(978-1-78554-611-2(2),* b0a9f852-5018-4d25-9ed3-dedc3eba2700); pap. 19.95 *(978-1-78554-610-5(4),* 30b11f40-2479-4f5f-8ce0-67228ebbb153) Austin Macauley Pubs. Ltd. GBR. Dist: Baker & Taylor Publisher Services (BTPS).

Empire in Runes: The Runes of Issalia, Book III. Jeffrey L. Kohanek. 2017. (Runes of Issalia Ser.: Vol. 3). (ENG., Illus.). (YA). (gr. 7-12). pap. 19.95 *(978-1-61296-860-5(0))* Black Rose Writing.

Empire Makers: A Romance of Adventure & War in South Africa (Classic Reprint) Hume Nisbet. (ENG., Illus.). (J). 2018. 324p. 30.58 *(978-0-332-96561-1(9))*; 2017. pap. 13.57 *(978-1-5276-1447-5(6))* Forgotten Bks.

Empire of Dreams. Rae Carson. (ENG.). 448p. (YA). (gr. 8). 2021. pap. 10.99 *(978-0-06-269191-0(0))*; 2020. (Illus.). 18.99 *(978-0-06-269190-3(2))* HarperCollins Pubs. (Greenwillow Bks.).

Empire of Dust. Eleanor Herman. 2016. (Blood of Gods & Royals Ser.: 2). (ENG., Illus.). 384p. (YA). 19.99 *(978-0-373-21192-0(9),* Harlequin Teen) Harlequin Enterprises ULC CAN. Dist: HarperCollins Pubs.

Empire of Storms. Sarah J. Maas. ed. 2017. (Throne of Glass Ser.: 5). (YA). lib. bdg. 22.10 *(978-0-606-40598-0(4))* Turtleback.

Empire of the Lotus: The Complete Series Collection. Dorothy Dreyer. 2021. (ENG.). 658p. (YA). 40.00 *(978-1-952667-37-4(2))*; pap. 24.99 *(978-1-952667-35-0(6))* Snowy Wings Publishing.

Empire of the Nairs, or the Rights of Women, Vol. 1 Of 4: An Utopian Romance, in Twelve Books (Classic Reprint) James Lawrence. 2017. (ENG., Illus.). (J). 29.55 *(978-0-260-27310-9(4))* Forgotten Bks.

Empire of the Nairs, or the Rights of Women, Vol. 2 Of 4: An Utopian Romance, in Twelve Books (Classic Reprint) James Lawrence. (ENG., Illus.). (J). 2018. 250p. 29.05 *(978-0-364-01973-3(5))*; 2017. 29.09 *(978-0-331-51482-7(6))*; 2017. pap. 11.57 *(978-0-331-49723-6(9))*; 2017. pap. 11.57 *(978-0-259-41518-3(9))* Forgotten Bks.

Empire of the Nairs, or the Rights of Women, Vol. 3 Of 4: An Utopian Romance, in Twelve Books (Classic Reprint) James Lawrence. 2018. (ENG., Illus.). 262p. (J). 29.30 *(978-0-483-93098-8(9))* Forgotten Bks.

Empire of the Nairs, or the Rights of Women, Vol. 4 Of 4: An Utopian Romance, in Twelve Books (Classic Reprint) James Lawrence. (ENG., Illus.). (J). 2018. 29.57 *(978-0-331-00166-2(7))*; 2016. pap. 11.97 *(978-1-333-46406-6(1))* Forgotten Bks.

Empire State Building. Lori Dittmer. 2019. (Landmarks of America Ser.). (ENG.). 24p. (J). (gr. 1-4). pap. 8.99 *(978-1-62832-686-4(7),* 18962, Creative Paperbacks) Creative Co., The.

Empire State Building. Lori Dittmer. 2019. (Landmarks of America Ser.). (ENG.). 24p. (J). (gr. 1-4). *(978-1-64026-123-5(0),* 18961, Creative Education) Creative Co., The.

Empire State Building. Meish Goldish. 2016. (American Places: from Vision to Reality Ser.). (ENG., Illus.). 32p. (J). (gr. 2-7). 28.50 *(978-1-944102-43-2(4))* Bearport Publishing Co., Inc.

Empire Strikes Back. Emma Grange. ed. 2018. (DK Readers Ser.). (ENG.). 32p. (J). (gr. -1-1). 13.89 *(978-1-64310-735-6(6))* Penworthy Co., LLC, The.

Empire Strikes Back (Star Wars) RH Disney. Illus. by Neil Erickson. 2020. (Screen Comix Ser.). (ENG.). 320p. (J). (gr. 3-7). pap. 14.99 *(978-0-7364-4145-2(X),* Random Hse. Bks. for Young Readers) Random Hse. Children's Bks.

Empires in the Middle Ages, 12 vols. 2017. (Empires in the Middle Ages Ser.). (ENG.). 48p. (J). (gr. 6-7). lib. bdg. 170.46 *(978-1-5383-0097-8(4),* faaaced3-a84f-4882-9eef-30655e0edf31, Britannica Educational Publishing) Rosen Publishing Group, Inc., The.

Empire's Orphans. Robin Kristoff. 2018. (Traitors & Fools Ser.: Vol. 1). (ENG., Illus.). 308p. (YA). (gr. 7-9). pap. 11.99 *(978-0-9995431-2-2(1))* Mountain Horse Pr.

Empire's Rogues: Volume 1: a Space Opera Adventure Collection. Richard Parry. 2019. (ENG.). 214p. (J). pap. *(978-0-473-47087-6(X))* Rare Design Ltd.

Emplois Repoussants et dégoûtants (Gross & Disgusting Jobs) Julie K. Lundgren. Tr. by Annie Evearts. 2021. (Choses Repoussantes et dégoûtantes (Gross & Disgusting Things) Ser.). (FRE.). (J). (gr. 3-9). pap. ***(978-1-0396-0317-2(3)***, 12890, Crabtree Branches) Crabtree Publishing Co.

Employment: The True Source of Happiness, or the Good Uncle & Aunt (Classic Reprint) Bayley. 2018. (ENG., Illus.). 162p. (J). 27.24 *(978-0-267-17961-9(8))* Forgotten Bks.

Employment & Workers' Rights. Jack Covarubias. 2018. (Foundations of Democracy Ser.). (ENG.). 48p. (YA). lib. bdg. 34.99 *(978-1-5105-3871-9(2))* SmartBook Media, Inc.

Employment Office: A Farce in One Act (Classic Reprint) Jessie A. Kelley. (ENG., Illus.). (J). 2018. 26p. 24.43 *(978-0-484-59466-0(4))*; 2016. pap. 7.97 *(978-1-334-12851-6(0))* Forgotten Bks.

Employment, Race, & the Law. Duchess Harris & Nel Yomtov. 2019. (Race & American Law Ser.). (ENG., Illus.). 112p. (J). (gr. 6-12). lib. bdg. 41.36 *(978-1-5321-9026-1(3),* 33372, Essential Library) ABDO Publishing Co.

Empowered. Katrina Cope. 2019. (Valkyrie Academy Dragon Alliance Ser.: Vol. 5). (ENG., Illus.). 126p. (YA). pap. ***(978-0-6486613-4-4(2))*** Cosy Burrow Bks.

Empowered: How God Shaped 11 Women's Lives (and Can Shape Yours Too) Catherine Parks. Illus. by Breezy Brookshire. 2019. (ENG.). 208p. (J). (gr. 2-8). pap. 14.99 *(978-1-5359-3455-8(7),* 005809927, B&H Kids) B&H Publishing Group.

Empowering a Queen: 64 Pages Stress Relief Coloring Book. Hayde Miller. 2023. (ENG.). 64p. (J). pap. ***(978-1-312-79394-1(5))*** Lulu Pr., Inc.

Empowering Coloring Book for Girls: 25 Inspirational Coloring Pages to Boost Girl Confidence Positive Affirmations Coloring Book for Kids Coloring Books for Young Girls. Penciol Press. 2021. (ENG.). 64p. (J). pap. 9.00 *(978-1-4171-4648-2(6))* Lulu Pr., Inc.

Empowering Women to Speak Out. Demetria Buie. 2021. (ENG.). (YA). 32p. pap. ***(978-1-300-82898-3(6))***; 35p. pap. ***(978-1-300-69337-6(1))*** Lulu Pr., Inc.

Empress. S. J. Kincaid. (Diabolic Ser.: 2). (ENG.). 384p. (YA). (gr. 9). 2018. pap. 13.99 *(978-1-5344-0993-4(9))*; 2017. (Illus.). 17.99 *(978-1-5344-0992-7(0))* Simon & Schuster Bks. For Young Readers. (Simon & Schuster Bks. For Young Readers).

Empress & the Archer. Erich Otto Wildgrube. 2018. (Book 1 Ser.). (ENG., Illus.). 260p. (YA). (gr. 7-12). pap. 12.50 *(978-0-9993830-0-1(0))* Borgo Publishing.

Empress Crowned in Red. Ciannon Smart. 2022. (ENG.). 768p. (YA). (gr. 9). 17.99 *(978-0-06-294601-0(3),* HarperTeen) HarperCollins Pubs.

Empress Eugénie & Her Circle (Classic Reprint) E. Barthez. 2018. (ENG., Illus.). 328p. (J). 30.68 *(978-0-365-49519-2(0))* Forgotten Bks.

Empress Eugenie in Exile (Classic Reprint) Agnes Carey. (ENG., Illus.). (J). 2018. 446p. 33.10 *(978-0-364-79449-4(6))*; 2016. pap. 16.57 *(978-1-333-42896-9(0))* Forgotten Bks.

Empress Frederick Writes to Sophie Her Daughter, Crown Princess & Later Queen of the Hellenes: Letters 1889-1901 (Classic Reprint) Empress Frederick. 2017. (ENG., Illus.). (J). 31.57 *(978-1-5280-7844-3(6))* Forgotten Bks.

Empress Frederick Writes to Sophie Her Daughter, Crown Princess & Later Queen of the Hellenes: Letters 1889-1901 (Classic Reprint) Empress Victoria. 2016. (ENG., Illus.). (J). pap. 13.97 *(978-1-334-14359-5(5))* Forgotten Bks.

Empress Nügua Repairs the Pillar of Heaven. Red Fox. 2022. (Chinese Myths & Legends Ser.). (ENG.). 40p. (J). (gr. k-2). 19.95 *(978-1-4878-0933-1(6))* Royal Collins Publishing Group Inc. CAN. Dist: Independent Pubs. Group.

Empress Octavia: A Romance of the Reign of Nero (Classic Reprint) Wilhelm Walloth. 2017. (ENG., Illus.). (J). 31.90 *(978-0-331-83270-9(4))* Forgotten Bks.

Empress of a Thousand Skies. Rhoda Belleza. 2017. (ENG.). 352p. (YA). (gr. 7). pap. 9.99 *(978-1-101-99911-0(X),* Razorbill) Penguin Young Readers Group.

Empress of All Seasons. Emiko Jean. 2019. (ENG.). 400p. (YA). (gr. 7). pap. 15.99 *(978-0-358-10826-9(8),* 1748893, Clarion Bks.) HarperCollins Pubs.

Empress of Flames. Mimi Yu. 2022. (ENG.). 512p. (J). (gr. 9-17). pap. 15.99 *(978-1-4732-2315-8(6),* Gollancz) Orion Publishing Group, Ltd. GBR. Dist: Hachette Bk. Group.

Empress of Time. Kylie Lee Baker. (Keeper of Night Duology Ser.: 2). (ENG.). (YA). 2023. 384p. pap. 15.99 ***(978-1-335-00599-1(4))***; 2022. 416p. 18.99 *(978-1-335-91585-6(0))* Harlequin Enterprises ULC CAN. Dist: HarperCollins Pubs.

Empress Unveiled. Jenna Morland. 2018. (ENG., Illus.). 350p. (YA). (gr. 12). pap. *(978-1-9999633-5-4(0))* Oftomes Publishing.

Empress Wu: Breaking & Expanding China - Ancient China Books for Kids Children's Ancient History. Baby Professor. 2017. (ENG., Illus.). (J). pap. 9.55 *(978-1-5419-1470-4(8),* Baby Professor (Education Kids)) Speedy Publishing LLC.

Emptiness Above. M. E. Purfield. 2021. (ENG.). 216p. (YA). pap. 14.95 *(978-1-393-97546-5(1))* Draft2Digital.

Empty & Me: A Tale of Friendship & Loss, 1 vol. Parisa Saranj & Azam Mahdavi. Illus. by Maryam Tahmasebi. 2023. (ENG.). 48p. (J). (gr. -1-3). 21.95 ***(978-1-64379-622-2(4)***, leelowbooks) Lee & Low Bks., Inc.

Empty Balloon. Vicki Abadesco! & Joseph Savage. 2019. (ENG., Illus.). 32p. (J). (gr. k-6). pap. 12.95 *(978-0-578-52540-2(2))* Soul Shoppe.

Empty Beach. Marianna Palmer. 2023. (ENG.). 236p. (YA). 25.99 ***(978-1-0880-9560-7(7))*** Indy Pub.

Empty Beaches: (Advanced: Vol 1) Brett Fleishman. Illus. by Sam White. 2017. (ENG.). (J). (gr. 6-8). pap. 16.99 *(978-0-9993872-1-4(9))* Mindstir Media.

Empty Bowl. Ai Wener & Xing Huo. Illus. by Xing Huo. 2020. (Hopeful Picture Bks.). (ENG.). 32p. (J). (gr. k-2). lib. bdg. 27.29 *(978-1-64996-000-9(X),* 4090, Sequoia Publishing & Media LLC) Phoenix International Publications, Inc.

Empty Cabin: A Choose Your Path Mystery. Deb Mercier. 2022. (Detective: You Ser.). 152p. (J). (gr. 4-8). 24.95 *(978-1-940647-78-4(9))*; (ENG.). pap. 9.95 *(978-1-940647-73-9(8))* Lake 7 Creative, LLC.

Empty Cage. Sandra Wilson. 2021. (Feeling Empty Ser.). (ENG.). 40p. (J). pap. *(978-1-7775576-5-2(8))* Wilson, Sandra.

Empty Christmas Stockings. L. M. Haynes. Illus. by L. M. Haynes. 2023. (ENG.). 26p. (J). 19.99 ***(978-1-0880-8823-4(6))*** Indy Pub.

Empty Christmas Stockings. Illus. by L. M. Haynes. 2023. (ENG.). 26p. (J). pap. 15.00 ***(978-1-0880-8799-2(X))*** Indy Pub.

Empty Crib: A Celebration of the Life of an Angel Baby. Sandra Wilson. 2021. (ENG.). 32p. (J). pap. *(978-1-7775576-4-5(X))* Wilson, Sandra.

Empty Halls: Class in Session. Jason M. Burns. Illus. by Dustin Evans. 2023. (Nightmares of Nightmute Ser.: 1). (ENG.). 32p. (J). (gr. 4-8). pap. 14.21 *(978-1-6689-2089-3(1),* 222067); lib. bdg. 32.07 *(978-1-6689-1987-3(7),* 221965) Cherry Lake Publishing. (Torch Graphic Press).

Empty Heart; or Husks: For Better, for Worse (Classic Reprint) Marion Harland Carleton Co. 2018. (ENG., Illus.). 366p. (J). 31.45 *(978-0-483-86701-7(2))* Forgotten Bks.

Empty Hotel (Classic Reprint) Archibald Clavering Gunter. (ENG., Illus.). (J). 2018. 308p. 30.25 *(978-0-267-33197-0(5))*; 2016. pap. 13.57 *(978-1-333-57506-9(8))* Forgotten Bks.

Empty House: A Comedy-Drama, in Three Acts & Epilogue (Classic Reprint) Lindsey Barbee. (ENG., Illus.). (J). 2017. 26.35 *(978-0-331-84378-1(1))*; 2016. pap. 9.57 *(978-1-333-36281-2(1))* Forgotten Bks.

Empty House: And Other Stories (Classic Reprint) Elizabeth Stuart Phelps. (ENG., Illus.). (J). 2018. 354p. 31.20 *(978-0-484-45410-0(2))*; 2017. pap. 13.57 *(978-1-5276-5349-8(8))* Forgotten Bks.

Empty House (Classic Reprint) Unknown Author. 2017. (ENG., Illus.). (J). 320p. 30.50 *(978-0-484-48487-9(7))*; pap. 13.57 *(978-1-5276-7632-9(3))* Forgotten Bks.

Empty Houses: A Ghost Story. John Paulits. 2019. (ENG., Illus.). 124p. (J). pap. 12.99 *(978-1-61950-354-0(9))* Gypsy Shadow Publishing Co.

Empty Net. David Starr. 2020. (Lorimer Sports Stories Ser.). (ENG.). 128p. (J). (gr. 5-8). lib. bdg. 27.99 *(978-1-4594-1362-7(8),* 272e3d38-7bfb-474a-b8f5-f71cb82b6582) James Lorimer & Co. Ltd., Pubs. CAN. Dist: Lerner Publishing Group.

Empty Ochestra. Elizabeth Priest. 2021. (Troutespond Ser.: Vol. 5). (ENG.). 166p. (YA). pap. *(978-1-913387-10-5(0))* Luna Pr. Publishing.

Empty Places. Kathy Cannon Wiechman. 2016. (ENG., Illus.). 240p. (J). (gr. 4-7). 17.95 *(978-1-62979-451-8(1),* Calkins Creek) Highlights Pr., c/o Highlights for Children, Inc.

Empty Pockets (Classic Reprint) Rupert Hughes. 2018. (ENG., Illus.). 626p. (J). 36.81 *(978-0-483-24603-4(4))* Forgotten Bks.

Empty Pot - Ladybird Readers Level 1. Ladybird. 2020. (Ladybird Readers Ser.). (Illus.). 48p. (J). (gr. k-1). pap. 9.99 *(978-0-241-40170-5(4),* Ladybird) Penguin Bks., Ltd. GBR. Dist: Independent Pubs. Group.

Empty Pot Activity Book - Ladybird Readers Level 1. Ladybird. 2020. (Ladybird Readers Ser.). (Illus.). 16p. (J). (gr. k-1). pap. 5.99 *(978-0-241-40172-9(0),* Ladybird) Penguin Bks., Ltd. GBR. Dist: Independent Pubs. Group.

Empty Purse. Linda Sherrell. 2018. (ENG., Illus.). 30p. (J). 22.95 *(978-1-64191-086-6(0))*; pap. 12.95 *(978-1-64140-281-1(4))* Christian Faith Publishing.

Empty Rocking Chair. Sandra Wilson. 2021. (Feeling Empty Ser.). (ENG.). 36p. (J). pap. *(978-1-7775576-7-6(4))* Wilson, Sandra.

Empty Sack (Classic Reprint) Basil King. 2018. (ENG., Illus.). 458p. (J). 33.34 *(978-0-483-32316-2(0))* Forgotten Bks.

Empty Smiles. Katherine Arden. (Small Spaces Quartet Ser.: 4). (J). (gr. 5). 2023. 224p. 8.99 ***(978-0-593-10920-5(1))***; 2022. 288p. 16.99 *(978-0-593-10918-2(X))* Penguin Young Readers Group. (G.P. Putnam's Sons Books for Young Readers).

Empty Stocking. Richard Curtis. 2020. (Illus.). 48p. (J). pap. 15.99 *(978-0-241-49240-6(8),* Puffin) Penguin Bks., Ltd. GBR. Dist: Independent Pubs. Group.

Empty Stocking Elf (Classic Reprint) May Harbin Flint. 2018. (ENG., Illus.). 26p. (J). 24.41 *(978-0-484-31681-1(8))* Forgotten Bks.

Empty Swing: A Book about the Loss of a Friend. Sandra Wilson. 2021. (Feeling Empty Ser.). (ENG.). 30p. (J). pap. *(978-1-7775576-8-3(2))* Wilson, Sandra.

Empty Threat: A Novel of the Black Pages. Danny Bell. 2017. (Black Pages Ser.: Vol. 1). (ENG., Illus.). 294p. (J). pap. 14.99 *(978-0-692-99739-0(3))* Bell, Danny.

Empty Wallet: Null. Bonnie J. Guenther. Ed. by James R. Guenther. 2023. (ENG.). 32p. (J). pap. ***(978-1-4357-7916-7(9))*** Lulu Pr., Inc.

Empujar y Halar. Judy Kentor Schmauss. 2016. (Early Rising Readers Ser.). (SPA.). 16p. (J). (gr. 1). 6.67 *(978-1-4788-4199-9(0))* Newmark Learning LLC.

Empujar y Halar - 6 Pack. Judy Kentor Schmauss. 2016. (Early Rising Readers Ser.). (SPA.). (J). (gr. 1). 40.00 net. *(978-1-4788-4718-2(2))* Newmark Learning LLC.

Empujar Y Jalar. Sharon Coan. 2nd rev. ed. 2016. (TIME for KIDS(r): Informational Text Ser.). (SPA., Illus.). 12p. (gr. -1-k). 7.99 *(978-1-4938-2961-3(0))* Teacher Created Materials, Inc.

Empyre. Al Ewing & Marvel Various. Illus. by Marvel Various & Valerio Schiti. 2020. (Empyre Ser.: 1). 296p. (gr. 8-17). pap. 39.99 *(978-1-302-92438-6(9),* Marvel Universe) Marvel Worldwide, Inc.

Empyre: Road to Empyre. Robbie Thompson & Marvel Various. Illus. by Marvel Various & Javier Rodriguez. 2020. 168p. (gr. 8-17). pap. 19.99 *(978-1-302-92588-8(1),* Marvel Universe) Marvel Worldwide, Inc.

EmSAT Chemistry Achieve. Sinclair Steele. 2021. (ENG.). 144p. (J). pap. *(978-0-9566443-8-1(4))* Academic Medical Pr. (div. of Academic Medical Consulting, Ltd.).

EMT Morales - Book #1 - Clamshell Stretcher. James Burd Brewster. 2017. (EMT Morales Ser.: Vol. 1). (ENG., Illus.). (J). (gr. k-2). 18.99 *(978-1-941927-52-6(1))* J2B Publishing LLC.

EMT Morales #1 Clamshell Stretcher. James Burd Brewster. Illus. by Mary Barrows. 2017. (ENG.). 32p. (J). pap. 10.99 *(978-1-941927-51-9(3))* J2B Publishing LLC.

EMT Morales Comfort Bear. James Burd Brewster. Illus. by Mary Barrows. 2017. (ENG.). 36p. (J). pap. 12.00 *(978-1-941927-53-3(X))* J2B Publishing LLC.

EMTs. Kate Moening. 2021. (Community Helpers Ser.). (ENG., Illus.). 24p. (J). (gr. k-3). pap. 7.99 *(978-1-64834-242-4(6),* 20353); lib. bdg. 26.95 *(978-1-64487-402-8(4))* Bellwether Media. (Blastoff! Readers).

Emts & Paramedics. Samantha Simon. 2017. (Careers in Healthcare Ser.: Vol. 13). (ENG.). (YA). (gr. 7-12). 23.95 *(978-1-4222-3799-1(0))* Mason Crest.

Emu. Grace Hansen. 2019. (Australian Animals (AK) Ser.). (ENG., Illus.). 24p. (J). (gr. -1-2). lib. bdg. 32.79 *(978-1-5321-8543-4(X),* 31424, Abdo Kids) ABDO Publishing Co.

Emú (Emu) Grace Hansen. 2019. (Animales de Australia (Australian Animals) Ser.). (SPA.). 24p. (J). (gr. -1-2). lib. bdg. 32.79 *(978-1-0982-0082-4(9),* 33038, Abdo Kids) ABDO Publishing Co.

Emu or Ostrich? Kirsten Chang. 2021. (Spotting Differences Ser.). (ENG., Illus.). 24p. (J). (gr. k-3). lib. bdg. 26.95 *(978-1-64487-403-5(2),* Blastoff! Readers) Bellwether Media.

Emus Can't Fly. Chloe Daniels. Illus. by Caitlyn McPherson. 2022. (ENG.). 28p. (J). pap. *(978-1-922895-43-1(1))* Library For All Limited.

Emu's Halloween. Anne Mangan. Illus. by David Cornish. 2017. 32p. 9.99 *(978-0-7322-9890-6(3),* HarperCollins) HarperCollins Pubs.

Emu's Head, Vol. 1 Of 2: A Chronicle of Dead Man's Flat (Classic Reprint) W. Carlton Dawe. 2018. (ENG., Illus.). 250p. (J). 29.05 *(978-0-483-68590-1(9))* Forgotten Bks.

Emu's Head, Vol. 2 Of 2: A Chronicle of Dead Man's Flat (Classic Reprint) W. Carlton Dawe. (ENG., Illus.). (J). 2018. 244p. 28.93 *(978-0-484-54733-8(X))*; 2016. pap. 11.57 *(978-1-333-39753-1(4))* Forgotten Bks.

En: A Girl Energy-Bending Between Worlds. Michelle Reynoso. 2019. (Girl, the Pendant & the Portal Ser.: Vol. 1). (ENG.). 372p. (YA). (gr. 8-12). 27.99 *(978-0-9997189-5-7(9),* Caterpillar & Gypsy Moth Pr.) Reynoso, Michelle.

En Africa. Estela Ortells. (Coleccion Pequeno Simon). (SPA., Illus.). 32p. (J). 7.95 *(978-84-7189-177-8(8),* ORT342) Ortells, Alfredo Editorial S.L. ESP. Dist: Continental Bk. Co., Inc.

En Alemania see In Germany/en Alemania

En Busca de Agua en un Mundo Que Se Está Recalentando. Joshua Lawrence Patel Deutsch. Illus. by Afzal Khan. 2023. (SPA.). 54p. (J). pap. 18.50 ***(978-1-0880-8946-0(1))*** Indy Pub.

En Busca de Heredera. Madeline Hunter. 2022. (SPA.). 399p. (YA). pap. 22.95 *(978-607-07-8836-9(2))* Editorial Planeta, S. A. ESP. Dist: Two Rivers Distribution.

En Busca de Kimiko: Leveled Reader Book 50 Level o 6 Pack. Hmh Hmh. 2021. (SPA.). 40p. (J). pap. 74.40 *(978-0-358-08445-7(8))* Houghton Mifflin Harcourt Publishing Co.

En Busca de la Bruja. Lawrence Schimel. 2018. (SPA.). 36p. (J). (-2). 14.99 *(978-958-30-5710-6(X))* Panamericana Editorial COL. Dist: Lectorum Pubns., Inc.

En Busca de la Madre. Alejandro Ayala Polanco. 2016. (SPA., Illus.). 36p. (J). pap. *(978-1-326-86393-7(2))* Lulu Pr., Inc.

En Busca de Nuevos Territorios: Leveled Reader Book 23 Level S 6 Pack. Hmh Hmh. 2021. (SPA.). 32p. (J). pap. 74.40 *(978-0-358-08592-8(6))* Houghton Mifflin Harcourt Publishing Co.

En Busca de un Talento: Leveled Reader Book 50 Level I 6 Pack. Hmh Hmh. 2020. (SPA.). 32p. (J). pap. 74.40 *(978-0-358-08359-7(1))* Houghton Mifflin Harcourt Publishing Co.

En Busca Del Ayer. Alison Jay. 2020. (SPA.). 36p. (J). (gr. k-2). 13.99 *(978-958-30-6000-7(3))* Panamericana Editorial COL. Dist: Lectorum Pubns., Inc.

En Cada Latido / in Every Heartbeat. Alejandro Ordóñez. 2022. (SPA.). 336p. (YA). (gr. 7). pap. 13.95 *(978-607-38-1316-7(3),* Nube De Tinta) Penguin Random House Grupo Editorial ESP. Dist: Penguin Random Hse. LLC.

En Camino. Carmen Corriols. 2016. (Early Rising Readers Ser.). (SPA.). (J). (gr. -1). 6.67 *(978-1-4788-3696-4(2))* Newmark Learning LLC.

En Camino - 6 Pack. Carmen Corriols. 2016. (Early Rising Readers Ser.). (SPA.). (J). (gr. 1). 40.00 net. *(978-1-4788-4639-0(9))* Newmark Learning LLC.

En casa de mis Padrinos. (Spanish Early Intervention Levels Ser.). (SPA.). 28.38 *(978-0-7362-0847-5(X))* CENGAGE Learning.

En Cuba see In Cuba/en Cuba

En donde marchan los Elefantes? Small Book. (Pebble Soup Exploraciones Ser.). (SPA.). 16p. (gr. -1-18). 5.00 *(978-0-7578-1719-9(X))* Rigby Education.

En Dondequiera Coquies see Everywhere Coquis

En el Agua. Mary Lindeen. 2016. (Early Rising Readers Ser.). (SPA.). 16p. (J). (gr. 1). 6.67 *(978-1-4788-4209-5(1))* Newmark Learning LLC.

En el Agua - 6 Pack. Mary Lindeen. 2016. (Early Rising Readers Ser.). (SPA.). (J). (gr. 1). 40.00 net. *(978-1-4788-4728-1(X))* Newmark Learning LLC.

En el baño. Andrea Wayne von Königslöw. 2019. (SPA.). 24p. (J). (gr. k-k). bds. 11.99 *(978-84-948859-5-2(2))* Ekare, Ediciones VEN. Dist: Lectorum Pubns., Inc.

En el Bosque. Alyssa Wees. 2021. (SPA.). 312p. (YA). pap. 18.99 *(978-607-8712-86-1(1))* V&R Editoras.

En el Bosque: Leveled Reader Book 23 Level B 6 Pack. Hmh Hmh. 2021. (SPA.). 16p. (J). pap. 74.40 *(978-0-358-08152-4(1))* Houghton Mifflin Harcourt Publishing Co.

En el Centro de Reciclaje: Compartir y Reutilizar, 1 vol. Miriam Phillips. 2017. (Computación Científica en el Mundo Real (Computer Science for the Real World) Ser.). (SPA.). 16p. (J). (gr. 2-3). pap. *(978-1-5081-3816-7(8),* af63bf94-e6be-487b-ba34-0df08f5eea0e, Rosen Classroom) Rosen Publishing Group, Inc., The.

En el Dentista. Mary Lindeen. Illus. by Bill Ledger. 2016. (Early Rising Readers Ser.). (SPA.). (J). (gr. -1). 6.67 *(978-1-4788-3683-4(0))* Newmark Learning LLC.

En el Dentista - 6 Pack. Mary Lindeen. 2016. (Early Rising Readers Ser.). (SPA.). (J). (gr. 1). 40.00 net. *(978-1-4788-4626-0(7))* Newmark Learning LLC.

En el Estanque. Taylor Farley. Tr. by Pablo de la Vega from ENG. 2021. (En Mi Comunidad (in My Community) Ser.). (SPA., Illus.). 24p. (J). (gr. -1-1). pap. *(978-1-4271-3140-9(6),* 14198); lib. bdg. *(978-1-4271-3130-0(9),* 14187) Crabtree Publishing Co.

En el Mercado. Linda Koons. Illus. by Helen Poole. 2016. (Early Rising Readers Ser.). (SPA.). (J). (gr. -1). 6.67 *(978-1-4788-3663-6(6))* Newmark Learning LLC.

En el Mercado - 6 Pack. Linda Koons. 2016. (Early Rising Readers Ser.). (SPA.). (J). (gr. 1). 40.00 net. *(978-1-4788-4606-2(2))* Newmark Learning LLC.

The check digit for ISBN-10 appears in parentheses after the full ISBN-13

TITLE INDEX ENCHANTED GLOBE

En el Museo. Carmen Corriols. 2016. (Early Rising Readers Ser.). (SPA.). 16p. (J). (gr. 1). 29.00 *(978-1-4788-4223-1(7))* Newmark Learning LLC.
En el Parque. Linda Koons. 2016. (Early Rising Readers Ser.). (SPA.). 16p. (J). (gr. 1). 6.67 *(978-1-4788-3719-0(5))* Newmark Learning LLC.
En el Parque - 6 Pack. Linda Koons. 2016. (Early Rising Readers Ser.). (SPA.). (J). (gr. 1). 40.00 net. *(978-1-4788-4662-8(3))* Newmark Learning LLC.
En el Parque de Atracciones (Amusement Park Rides) (Set), 6 vols. 2018. (En el Parque de Atracciones (Amusement Park Rides) Ser.). (SPA.). 24p. (J). (gr. -1-2). lib. bdg. 196.74 *(978-1-5321-8379-9(8),* 29951, Abdo Kids) ABDO Publishing Co.
En el Supermercado: Leveled Reader Book8 Level a 6 Pack. Hmh Hmh. 2021. (SPA.). 16p. (J). pap. 74.40 *(978-0-358-08137-1(8))* Houghton Mifflin Harcourt Publishing Co.
En el Trabajo, 6 vols., Set. Dana Meachen Rau. Incl. Bombero (Firefighter) 2009. lib. bdg. 25.50 *(978-0-7614-2782-7(1),* 32503656-7abe-4dfb-abbf-1d4c0c2d2b91); Cartero (Mail Carrier) 2009. lib. bdg. 25.50 *(978-0-7614-2785-8(6),* 5bbe1ef7-1cb9-494f-9798-dad73e9a73e9); Oficial de la Policía (Police Officer) 2009. lib. bdg. 25.50 *(978-0-7614-2786-5(4),* 21f81cbe-c6ba-43fd-8543-07c8ae0c8acc); Panadero (Baker) 2009. lib. bdg. 25.50 *(978-0-7614-2781-0(3),* 8f35c52e-75fc-4977-b2ed-b6d3b409abbb); Tendero (Grocer) 2009. lib. bdg. 25.50 *(978-0-7614-2784-1(8),* 715d67eb-4ded-467b-8616-59be761d71c7); Veterinaria (Veterinarian) 2008. lib. bdg. 25.50 *(978-0-7614-2787-2(2),* 992e7d7f-afa6-4377-94fd-ee5bca0e7762); (Illus.). 24p. (gr. k-1). (Benchmark Rebus: en el Trabajo Ser.). (SPA.). 2007. lib. bdg. *(978-0-7614-2780-3(5),* Cavendish Square) Cavendish Square Publishing LLC.
En el Trabajo: Fotógrafo: Valor Posicional. Kristy Stark. rev. ed. 2018. (Mathematics in the Real World Ser.). (SPA., Illus.). 32p. (J). (gr. 2-3). pap. 10.99 *(978-1-4258-2858-5(2))* Teacher Created Materials, Inc.
En el Trabajo: Veterinarios: Comparación de Grupos. Linda Claire. rev. ed. 2019. (Mathematics in the Real World Ser.). (SPA.). 20p. (gr. k-1). 8.99 *(978-1-4258-2822-6(1))* Teacher Created Materials, Inc.
En el Zoologico. Jaclyn Nunez. 2016. (Early Rising Readers Ser.). (SPA.). 16p. (J). (gr. 1). 6.67 *(978-1-4788-4213-2(X))* Newmark Learning LLC.
En el Zoológico. Lucía M. Sánchez & Gina Cline. 2017. (1-3A en Mi Mundo Ser.). (SPA.). 16p. (J). pap. 9.60 *(978-1-64053-118-5(1),* ARC Pr. Bks.) American Reading Co.
En el Zoológico - 6 Pack. Jaclyn Nunez. 2016. (Early Rising Readers Ser.). (SPA.). (J). (gr. 1). 40.00 net. *(978-1-4788-4732-8(8))* Newmark Learning LLC.
En Este Banco (the Bench Spanish Edition) The Duchess of Sussex Meghan, The Duchess of Sussex. Illus. by Christian Robinson. 2021. (SPA.). 40p. (J). (gr. -1-2). 18.99 *(978-0-593-48724-2(9),* Random Hse. Bks. for Young Readers) Random Hse. Children's Bks.
En Garde! Chivalrous Duels Coloring Book. Jupiter Kids. 2016. (FRE., Illus.). 106p. (J). pap. 12.55 *(978-1-68326-308-1(1),* Jupiter Kids (Childrens & Kids Fiction)) Speedy Publishing LLC.
En Hojas de Cerezo: Haikus. Cuca Serratos. 2022. (SPA.). 30p. (J). (gr. -1-k). pap. 6.95 *(978-607-8237-53-1(5))* Nostra Ediciones MEX. Dist: Independent Pubs. Group.
En Ingles, Por Supuesto see In English, of Course
¡en la Cima Del Mundo! Fran Manushkin. Tr. by Aparicio Publishing Aparicio Publishing LLC. Illus. by Tammie Lyon. 2019. (Pedro en Español Ser.). (SPA.). 32p. (J). (gr. k-2). pap. 4.95 *(978-1-5158-4694-9(6),* 141321); lib. bdg. 21.32 *(978-1-5158-4660-4(1),* 141259) Capstone. (Picture Window Bks.).
En la Estación Espacial: Shine-A-light. Carron Brown. Illus. by Bee Johnson. 2019.Tr. of On the Space Station. (SPA.). (J). 12.99 *(978-1-61067-913-8(X))* Kane Miller.
En la Granja. Linda Koons. Illus. by Kelly Pulley. 2016. (Early Rising Readers Ser.). (SPA.). 16p. (J). (gr. 1-1). 6.67 *(978-1-4788-3745-9(4))* Newmark Learning LLC.
En la Granja: Leveled Reader Book 64 Level I 6 Pack. Hmh Hmh. 2021. (SPA.). 16p. (J). pap. 74.40 *(978-0-358-08281-1(1))* Houghton Mifflin Harcourt Publishing Co.
En la Granja - 6 Pack. Linda Koons. 2016. (Early Rising Readers Ser.). (SPA.). (J). (gr. 1). 40.00 net. *(978-1-4788-4688-8(7))* Newmark Learning LLC.
En la Laguna. Linda Koons. 2016. (Early Rising Readers Ser.). (SPA.). 16p. (J). (gr. 1). 6.67 *(978-1-4788-4215-6(6))* Newmark Learning LLC.
En la Laguna: Leveled Reader Book6 Level a 6 Pack. Hmh Hmh. 2021. (SPA.). 16p. (J). pap. 74.40 *(978-0-358-08135-7(1))* Houghton Mifflin Harcourt Publishing Co.
En la Laguna - 6 Pack. Linda Koons. 2016. (Early Rising Readers Ser.). (SPA.). (J). (gr. 1). 40.00 net. *(978-1-4788-4734-2(4))* Newmark Learning LLC.
En la Oscuridad / in the Darkness (Buenas Noches) Judy Goldman. 2017. (Buenas Noches Ser.). (ENG & SPA., Illus.). (J). (gr. -1-1). pap. *(978-607-722-134-0(1))* Norma Ediciones, S.A.
En la Playa: Leveled Reader Book5 Level a 6 Pack. Hmh Hmh. 2021. (SPA.). 16p. (J). pap. 74.40 *(978-0-358-08134-0(3))* Houghton Mifflin Harcourt Publishing Co.
En la Selva. Linda Koons. 2016. (Early Rising Readers Ser.). (SPA.). (J). (gr. -1). 6.67 *(978-1-4788-3686-5(5))* Newmark Learning LLC.
En la Selva - 6 Pack. Linda Koons. 2016. (Early Rising Readers Ser.). (SPA.). (J). (gr. 1). 40.00 net. *(978-1-4788-4629-1(1))* Newmark Learning LLC.
En la Tienda de Juguetes: Leveled Reader Book9 Level a 6 Pack. Hmh Hmh. 2021. (SPA.). 16p. (J). pap. 74.40 *(978-0-358-08138-8(6))* Houghton Mifflin Harcourt Publishing Co.
En la Vida Real. Jessica Love. 2018. (SPA.). 310p. (YA). 19.99 *(978-958-30-5526-3(3))* Panamericana Editorial COL. Dist: Lectorum Pubns., Inc.
En la Zona. Bill Yu. Illus. by Eduardo Garcia & Sebastian Garcia. 2022. (Métete Al Juego Set 2 (Get in the Game Set 2) Ser.). (SPA.). 32p. (J). (gr. 3-8). lib. bdg. 32.79 *(978-1-0982-3546-8(0),* 41129, Graphic Planet - Fiction) Magic Wagon.
En Las Afueras 2: Niños Jugando. Richard Thompson. 2022. (SPA.). 128p. (J). (gr. -1-k). pap. 12.50 *(978-607-557-148-5(5))* Editorial Oceano de Mexico MEX. Dist: Independent Pubs. Group.
En Las Afueras. Próxima Salida. Richard Thompson. 2021. (Ficción Ser.). (SPA.). 128p. (J). (gr. 4-7). pap. 12.50 *(978-607-527-906-0(7))* Editorial Oceano de Mexico MEX. Dist: Independent Pubs. Group.
En Las Estaciones. Petra Craddock. Illus. by Begona Corbalan. 2016. (Early Rising Readers Ser.). (SPA.). 16p. (J). (gr. 1-1). 6.67 *(978-1-4788-3732-9(2))* Newmark Learning LLC.
En Las Estaciones - 6 Pack. Petra Craddock. 2016. (Early Rising Readers Ser.). (SPA.). (J). (gr. 1). 40.00 net. *(978-1-4788-4675-8(5))* Newmark Learning LLC.
En Llamas / Catching Fire. Suzanne Collins. 2022. (Juegos Del Hambre Ser.: 2). (SPA.). 416p. (YA). (gr. 9). pap. 19.95 *(978-607-38-0785-2(6))* Penguin Random House Grupo Editorial ESP. Dist: Penguin Random Hse. LLC.
En lo alto. Emilie Vast. 2021. (Álbumes Ser.). (SPA.). 48p. (J). (gr. k-2). 12.50 *(978-607-557-151-5(5))* Editorial Oceano de Mexico MEX. Dist: Independent Pubs. Group.
En lo Alto: Leveled Reader Book 77 Level d 6 Pack. Hmh Hmh. 2021. (SPA.). 16p. (J). pap. 74.40 *(978-0-358-08203-3(X))* Houghton Mifflin Harcourt Publishing Co.
En los Estados Unidos see In the United States/en los Estados Unidos
En Marcha: Migraciones Animales, 8 vols. Incl. Animales Migratorios: en el Agua (Migrating Animals of the Water) Susan Labella. lib. bdg. 24.67 *(978-0-8368-8426-5(4),* d9a2a914-b2e6-47ac-93de-7411a0c77c06); Animales Migratorios: Por Aire (Migrating Animals of the Air) Jacqueline A. Ball. lib. bdg. 24.67 *(978-0-8368-8427-2(2),* 22471c03-9704-4c5e-a2b6-8589564e7d05); Animales Migratorios: Por Tierra (Migrating Animals of the Land) Thea Feldman. lib. bdg. 24.67 *(978-0-8368-8428-9(0),* 942535c5-1053-4b9f-9e50-88b1309f52a2); Cómo Migran Los Animales (How Animals Migrate) Susan Labella. lib. bdg. 24.67 *(978-0-8368-8429-6(9),* cb68c1c9-8a1a-40c3-8d8c-b84bd06c3344); (Illus.). (gr. 2-4). (En Marcha: Migraciones Animales (on the Move: Animal Migration) Ser.). (SPA.). 24p. 2007. Set lib. bdg. 98.68 *(978-0-8368-8425-8(6),* b30076c0-8f75-48fe-8346-6d8b810470dc, Weekly Reader Leveled Readers) Stevens, Gareth Publishing LLLP.
En Memoria De: Una Guía para niños en Entender un Funeral de Cremación y el Proceso Del Duelo. Katherine Pendergast et al. 2020. (SPA.). 34p. (J). pap. 11.95 *(978-1-7351053-1-4(7))* Kat's Socks.
En Memoria De: Una Guía para niños en Entender un Funeral y el Proceso Del Duelo. Katherine Pendergast et al. 2020. (SPA.). 34p. (J). pap. 11.95 *(978-1-7351053-0-7(9))* Kat's Socks.
En México see In Mexico/en México
En Mi Casa. Linda Koons. Illus. by Natalie Smillie. 2016. (Early Rising Readers Ser.). (SPA.). 16p. (J). (gr. 1-1). 6.67 *(978-1-4788-4183-8(4))* Newmark Learning LLC.
En Mi Casa - 6 Pack. Linda Koons. 2016. (Early Rising Readers Ser.). (SPA.). (J). (gr. 1). 40.00 net. *(978-1-4788-4762-5(X))* Newmark Learning LLC.
En Mi Cuadra: Leveled Reader Book11 Level a 6 Pack. Hmh Hmh. 2021. (SPA.). 16p. (J). pap. 74.40 *(978-0-358-08140-1(8))* Houghton Mifflin Harcourt Publishing Co.
En Movimiento, 6 bks., Set. Dana Meachen Rau. Incl. ¡a Conducir! (Driving) lib. bdg. 25.50 *(978-0-7614-2422-2(9),* d562d517-0bcb-4f77-9d9e-55c736a736ce); ¡a Flotar! (Floating) lib. bdg. 25.50 *(978-0-7614-2420-8(2),* f3c6d2be-3278-48ea-9712-4152559b992e); ¡a Montar! (Riding) lib. bdg. 25.50 *(978-0-7614-2423-9(7),* 89632a7a-05c8-41c4-88d4-b39adab7ff08); ¡a Rodar! (Rolling) lib. bdg. 25.50 *(978-0-7614-2419-2(9),* 9332c010-8b6a-4b38-970a-84a3088edc44); ¡a Trepar! (Climbing) lib. bdg. 25.50 *(978-0-7614-2424-6(5),* 57c869a9-5085-43c9-9d4e-1fdb1a2e78cd); ¡a Volar! (Flying) lib. bdg. 25.50 *(978-0-7614-2425-3(3),* 3ffa301d-8a07-42c4-985d-0334ceffc052); (Illus.). 32p. (gr. k-1). 2008. (Benchmark Rebus: en Movimiento Ser.). (SPA.). 2006. lib. bdg. *(978-0-7614-2417-8(2),* Cavendish Square) Cavendish Square Publishing LLC.
En Movimiento Migración Animal: Leveled Reader Card Book 77 Level W 6 Pack. Hmh Hmh. 2021. (SPA.). (J). pap. 74.40 *(978-0-358-08641-3(8))* Houghton Mifflin Harcourt Publishing Co.
En Nigeria see In Nigeria/en Nigeria
En Quatre Quatrains. Alex Prudman. 2023. (FRE.). 102p. (YA). *(978-1-4477-9770-8(1))* Lulu Pr., Inc.
En Repos & Elsewhere over There: Verses Written in France, 1917-1918 (Classic Reprint) Lansing Warren. 2017. (ENG., Illus.). (J). 26.74 *(978-0-260-52764-6(5))* Forgotten Bks.
En Serio, ¡Juan y Sus Frijoles Son unos Horrores! El Cuento de Juan y Los Frijoles Contado Por el Gigante. Eric Mark Braun. Illus. by Cristian Luis Bernardini. 2019. (Otro Lado Del Cuento Ser.).Tr. of Trust Me, Jack's Beanstalk Stinks!. (SPA.). 24p. (J). (gr. -1-3). lib. bdg. 27.99 *(978-1-5158-4653-6(9),* 141253); pap. 6.95 *(978-1-5158-6088-4(4),* 142365) Capstone. (Picture Window Bks.).
En Suenos Puedo Volar. Eveline Hasler. (Barril Sin Fondo Ser.).Tr. of In Dreams I Can Fly. (SPA.). (J). (gr. 3-5). pap. 8.76 *(978-968-6465-04-4(9))* Casa de Estudios de Literatura y Talleres Artisticos Amaquemecan A.C. MEX. Dist: Lectorum Pubns., Inc.
En Suiza see In Switzerland/en Suiza
En Sus Zapatos. Valeria Gallo. 2021. (SPA.). 32p. (J). (gr. k-2). pap. 12.50 *(978-607-557-067-9(5))* Editorial Oceano de Mexico MEX. Dist: Independent Pubs. Group.
En un Arrecife: Leveled Reader Book 40 Level B 6 Pack. Hmh Hmh. 2021. (SPA.). 16p. (J). pap. 74.40 *(978-0-358-08169-2(6))* Houghton Mifflin Harcourt Publishing Co.
En un Lugar de la Ciencia. Luis Javier Plata. 2022. (SPA.). 224p. (YA). pap. 26.95 ***(978-607-07-7924-4(X))*** Editorial Planeta, S. A. ESP. Dist: Two Rivers Distribution.
En Utflykt till Djurparken. Mohammed Umar. Tr. by Matilda Wallin. Illus. by Tom Velterop. 2023. (SWE.). 30p. (J). pap. ***(978-1-915637-12-3(0))*** Salaam Publishing.
En Voyage: A Collection of Conversations in French & English, Adapted to the Use of Tourists & Classes; the Journey, Conversations Anglaises et Francaises, a l'Usage des Tourists et des Classes (Classic Reprint) Theodore Minot Clark. 2018. (ENG., Illus.). 152p. (J). 27.03 *(978-0-656-39011-3(5))* Forgotten Bks.
Ena (Classic Reprint) Frances Elizabeth Herring. (ENG., Illus.). (J). 2018. 204p. 28.10 *(978-0-483-99077-7(9));* 2017. pap. 10.57 *(978-0-243-49726-3(1))* Forgotten Bks.
Enamel the Camel. Mike King. Illus. by Rick Ellis. 2022. (ENG.). 32p. (J). (gr. -1-3). 16.95 *(978-1-951412-50-0(8))* Collective Bk. Studio, The.
Enamorada de la Apuesta. Iran Flores. 2016. (SPA., Illus.). 298p. (YA). (gr. 7-12). pap. *(978-607-453-436-8(5))* Selector, S.A. de C.V.
Enamorada de la Apuesta. Iran Marcela Flores. 2018. (SPA.). 296p. (YA). (gr. 10-12). pap. 18.95 *(978-607-453-426-9(8))* Selector, S.A. de C.V. MEX. Dist: Spanish Pubs., LLC.
Enamorada de la Apuesta: Tick Tock, Se Acaba el Tiempo. Iran Flores. 2017.Tr. of In Love with Gambling. (SPA.). 296p. (J). pap. 23.95 *(978-1-68165-495-9(4))* Trialtea USA, LLC.
Encanto: a Tale of Three Sisters. Anika Fajardo. ed. 2022. (ENG.). 256p. (J). (gr. 3-7). pap. 8.99 *(978-1-368-09218-0(7),* Disney Press Books) Disney Publishing Worldwide.
Encanto: Music from the Motion Picture Soundtrack Arranged for Recorder. Composed by Lin-Manuel Miranda. 2022. (ENG.). 24p. (J). pap. 10.99 *(978-1-7051-6917-9(1),* 00684851) Leonard, Hal Corp.
Encanto: We Don't Talk about Bruno. Disney Books. 2023. (ENG.). 40p. (J). (gr. -1-k). 16.99 *(978-1-368-09416-0(3),* Disney Press Books) Disney Publishing Worldwide.
Encanto: We Don't Talk about Bruno (Spanish Version) Disney Books. Illus. by Olga Mosqueda. 2023. (SPA.). 40p. (J). (-k). 16.99 ***(978-1-368-09882-3(7),*** Disney Press Books) Disney Publishing Worldwide.
Encarcelamientos Masivos, Hombres Negros y la Lucha Por la Justicia (Mass Incarceration, Black Men, & the Fight for Justice) Cicely Lewis. 2022. (Debates en Marcha (Issues in Action) (Read Woke (tm) Books en Español) Ser.). (SPA., Illus.). 32p. (J). (gr. 4-8). pap. 10.99 *(978-1-7284-7449-6(3),* 362e441d-7eae-4dad-9c63-7aafc7143440); lib. bdg. 30.65 *(978-1-7284-7429-8(9),* a21ca6ee-47a1-49c1-8c17-8bf8a8971f66) Lerner Publishing Group. (Ediciones Lerner).
Enchaînements du Monde Animal Dans les Temps Géologiques: Mammifères Tertiaires (Classic Reprint) Albert Gaudry. 2018. (FRE., Illus.). (J). 302p. 30.15 *(978-0-366-12571-5(0));* 304p. pap. 13.57 *(978-0-366-12560-9(5))* Forgotten Bks.
Enchanta's Choices Chapter 1. Benjamin Thomas & Arkay Evans. 2018. (ENG.). 40p. (J). *(978-1-387-79581-9(3))* Lulu Pr., Inc.
Enchante! a Fashion Forward Coloring Book. Bobo's Adult Activity Books. 2016. (ENG., Illus.). (J). pap. 9.33 *(978-1-68327-449-0(0))* Sunshine In My Soul Publishing.
Enchanted. Jc Brennan. 2021. (ENG.). 314p. (YA). 26.99 *(978-1-0879-5556-8(4));* pap. 15.99 *(978-1-0879-1568-5(6))* Indy Pub.
Enchanted. K. B. Hoyle. 2016. (ENG., Illus.). (J). 29.99 *(978-1-61213-399-7(1))* Writer's Coffee Shop, The.
Enchanted: An Authentic Account of the Strange Origin of the New Psychical Club (Classic Reprint) John Bell Bouton. 2017. (ENG., Illus.). (J). 30.04 *(978-1-5279-8622-0(5))* Forgotten Bks.
Enchanted Air: Two Cultures, Two Wings: A Memoir. Margarita Engle. ed. 2016. lib. bdg. 20.85 *(978-0-606-38989-1(X))* Turtleback.
Enchanted Barn (Classic Reprint) Grace Livingston Hill. (ENG., Illus.). (J). 2018. 318p. 30.48 *(978-0-483-30012-5(8));* 2016. pap. 13.57 *(978-1-333-63247-2(9))* Forgotten Bks.
Enchanted Beach Hut. Suzanne King. 2016. (ENG., Illus.). (J). (gr. 3-6). pap. 10.99 *(978-1-68160-177-9(X))* Crimson Cloak Publishing.
Enchanted Bells: Marco Piccolo's Musical Adventure. April Chung. Illus. by Li-Ling Chen. 2021. (ENG.). 34p. (J). pap. *(978-1-911221-92-0(2))* Balestier Pr.
Enchanted Book: Book One of the Ninja Quest. N. M. Bernia. 2017. (ENG., Illus.). (J). pap. 27.95 *(978-1-64028-159-2(2))* Christian Faith Publishing.
Enchanted Burro: And Other Stories As I Have Known Them from Maine to Chile & California (Classic Reprint) Charles F. Lummis. 2017. (ENG., Illus.). (J). 31.92 *(978-1-5284-8894-5(6))* Forgotten Bks.
Enchanted Bus: Lily & the Lost Soldiers. Anne Stamp. Illus. by Simon Collins. 2017. (ENG.). 68p. (J). pap. *(978-1-909985-22-3(8))* Green, Callisto.
Enchanted Canyon (Classic Reprint) Honore Morrow. 2017. (ENG., Illus.). (J). 31.26 *(978-1-5283-7232-9(8))* Forgotten Bks.
Enchanted Carousel. J. R. Patrick. 2022. (ENG.). 64p. (YA). pap. 12.95 *(978-1-6624-8257-1(4))* Page Publishing Inc.
Enchanted Carousel. Shari Penny. 2019. (ENG.). 240p. (YA). (gr. 7-12). pap. *(978-1-78465-567-9(8),* Vanguard Press) Pegasus Elliot Mackenzie Pubs.
Enchanted Castle. E. Nesbit. 2018. (ENG., Illus.). 244p. (YA). (gr. 7-12). pap. *(978-93-5329-313-0(8))* Alpha Editions.
Enchanted Castle. E. Nesbit. 2017. (ENG., Illus.). (J). 24.95 *(978-1-374-92024-8(X));* pap. 14.95 *(978-1-374-92023-1(1))* Capital Communications, Inc.
Enchanted Castle. E. Nesbit. 2018. (Vintage Children's Classics Ser.). (Illus.). 336p. (J). (gr. 3). pap. 10.99 *(978-1-78487-307-3(1))* Penguin Random Hse. GBR. Dist: Independent Pubs. Group.
Enchanted Castle (Classic Reprint) E. Nesbit. (ENG., Illus.). (J). 2017. 31.40 *(978-0-331-52632-5(8));* 2016. pap. 13.97 *(978-1-334-13717-4(X))* Forgotten Bks.
Enchanted Cello Case. Hilary Wang & Julian Wang. 2016. (ENG., Illus.). (J). pap. 7.96 *(978-1-365-60655-7(4))* Lulu Pr., Inc.
Enchanted Chest. Jean-François Chabas. 2018. (ENG., Illus.). 28p. (J). 17.99 *(978-1-941302-54-5(8),* a451b085-b6f4-4ab6-931d-57eeadc69642, Lion Forge) Oni Pr., Inc.
Enchanted Color by Numbers. Andres Vaisberg & Andres Vaisberg. 2022. (ENG., Illus.). 96p. (J). pap. 9.99 *(978-1-3988-1963-4(8),* b1a30deb-1d95-4dd1-bb4d-ebb05b4c78d3) Arcturus Publishing GBR. Dist: Baker & Taylor Publisher Services (BTPS).
Enchanted Coloring: Inspirational Artworks to Spark Your Creativity. Tracey Kelly. 2023. (ENG.). 64p. (J). pap. 9.99 *(978-1-3988-2563-5(8),* 1d94dbc8-b63f-47aa-ac87-5fdb553bcd79) Arcturus Publishing GBR. Dist: Baker & Taylor Publisher Services (BTPS).
Enchanted Columns. Taiwanna Anthony. 2021. (ENG.). 60p. (J). 25.00 *(978-1-7348113-7-7(4))* Lightning Fast Bk. Publishing.
Enchanted Comet. Shalini Vallepur. Illus. by Andrew Heather. 2023. (Level 6 - Orange Set Ser.). (ENG.). 32p. (J). (gr. 1-4). lib. bdg. 19.95 Bearport Publishing Co., Inc.
Enchanted Cottage: A Fable, in Three Acts (Classic Reprint) Arthur Pinero. (ENG., Illus.). (J). 2018. 204p. 28.12 *(978-0-484-06253-4(0));* 2017. pap. 10.57 *(978-0-243-25653-2(1))* Forgotten Bks.
Enchanted Crown: A Sleeping Beauty Retelling. Bethany Atazadeh. 2021. (Stolen Kingdom Ser.: Vol. 4). (ENG.). (YA). 318p. 19.99 *(978-1-7332888-7-3(2));* 342p. pap. 14.99 *(978-1-7332888-1-1(3))* Grace Hse. Pr.
Enchanted Egg. Kallie George. Illus. by Alexandra Boiger. 2016. (Magical Animal Adoption Agency Ser.: 2). (ENG.). 160p. (J). (gr. 1-4). pap. 5.99 *(978-1-4847-0146-1(1))* Little, Brown Bks. for Young Readers.
Enchanted Fairies Coloring Book: Magical Coloring Book Full of Beautiful Fairies & Flowers Coloring Pages for Relaxation & Fun - Amazing Fantasy Scenes & Beautiful Nature - Wonderful Coloring Book for Girls, Boys & Adults. Molly Osborne. 2020. (ENG., Illus.). 48p. (J). pap. 7.99 *(978-1-716-28681-0(6))* Lulu Pr., Inc.
Enchanted Fairies Coloring Book: Magical Coloring Book with Beautiful Fairies & Flowers Coloring Pages for Fun & Relaxation Time - Wonderful Coloring Book for Girls, Boys & Adults - Amazing Fantasy Scenes with Fairies in the Beautiful Nature. Molly Osborne. 2020. (ENG., Illus.). 86p. (J). pap. 9.99 *(978-1-716-28666-7(2))* Lulu Pr., Inc.
Enchanted Fairies Coloring Book: Magical Fairies Coloring Pages with Beautiful Fairies, Flowers & Butterflies Coloring Designs - Wonderful Coloring Book for Girls, Boys & Adults to Have Fun & Relax - Amazing Fantasy Scenes with Fairies in Fairylan. Shirley L. Maguire. 2021. (ENG., Illus.). 80p. (J). pap. 8.89 *(978-1-716-37761-7(7))* Lulu Pr., Inc.
Enchanted Fairy Stories. Maggie Moss. 2019. (ENG., Illus.). 62p. (J). pap. *(978-1-912183-98-2(6))* UK Bk. Publishing.
Enchanted Fairy Tales. Judy Mastrangelo. 2020. (ENG.). 56p. (J). *(978-1-913294-63-2(3))* TSL Pubns.
Enchanted Fantasy Puzzles. Created by Highlights. 2022. (Highlights Hidden Pictures Ser.). (Illus.). 144p. (J). (gr. 1-4). pap. 9.95 *(978-1-64472-676-1(9),* Highlights) Highlights Pr., c/o Highlights for Children, Inc.
Enchanted Files: Hatched. Bruce Coville. 2017. (Enchanted Files Ser.: 2). (ENG., Illus.). 288p. (J). (gr. 3-7). pap. 9.99 *(978-0-385-39258-7(3),* Yearling) Random Hse. Children's Bks.
Enchanted Forest. Savannah Berger. 2023. (ENG.). 58p. (YA). pap. 6.50 ***(978-1-312-71627-8(4))*** Lulu Pr., Inc.
Enchanted Forest. Pref. by Suzanne Francis. 2019. (ENG.). 144p. (J). (gr. 2-3). 18.96 *(978-0-87617-771-6(2))* Penworthy Co., LLC, The.
Enchanted Forest. Maidment Joyce. Ed. by Walsh Lynne. 2019. (ENG., Illus.). 42p. (J). pap. 5.71 *(978-1-913165-11-6(6))* TinydragonBks.
Enchanted Forest. Taliah McGonigal. 2018. (ENG., Illus.). 28p. (J). pap. *(978-1-5255-3231-3(6))* FriesenPress.
Enchanted Forest Activity Book. Lisa Regan. Illus. by Sam Loman. 2023. (ENG.). 96p. (J). pap. 9.99 *(978-1-3988-2558-1(1),* b3b4c05b-3c07-48a8-96fe-57bd23ff71b6) Arcturus Publishing GBR. Dist: Baker & Taylor Publisher Services (BTPS).
Enchanted Forest Scenes Coloring Book: An Adult Coloring Book Features over 30 Pages of Giant Super Jumbo Large Designs of Enchanting Magical Forests, Forest Fairies, Tropical Forests, & Flowers for Meditation. Beatrice Harrison. 2020. (ENG.). 34p. (YA). pap. 7.86 *(978-1-716-71558-7(X))* Lulu Pr., Inc.
Enchanted Fortress. Joann Klusmeyer. 2021. (ENG.). 88p. (J). pap. 12.95 *(978-1-61314-757-3(0))* Watchman Publishing.
Enchanted Garden: Fairy Stories. Molesworth. 2017. (ENG., Illus.). (J). pap. *(978-0-649-09374-8(7))* Trieste Publishing Pty Ltd.
Enchanted Garden: Fairy Stories (Classic Reprint) Molesworth. 2018. (ENG., Illus.). 248p. (J). 29.01 *(978-0-483-44523-9(1))* Forgotten Bks.
Enchanted Garden: Relaxing Coloring Book for Adults. Speedy Kids. 2017. (ENG., Illus.). (J). pap. 9.20 *(978-1-5419-3419-1(9))* Speedy Publishing LLC.
Enchanted Garden (Classic Reprint) Henry James Forman. 2018. (ENG., Illus.). (J). 324p. 30.60 *(978-1-397-18055-1(2));* 326p. pap. 13.57 *(978-1-397-18047-6(1))* Forgotten Bks.
Enchanted Gardening: Growing Miniature Gardens, Fairy Gardens, & More. Lisa J. Amstutz. 2016. (Gardening Guides). (ENG., Illus.). 32p. (J). (gr. 3-9). lib. bdg. 28.65 *(978-1-4914-8234-6(6),* 130699, Capstone Pr.) Capstone.
Enchanted Globe. Sean Faircloth. 2016. (ENG., Illus.). 224p. (J). (gr. 4-7). pap. 12.95 *(978-1-63431-101-4(9))* Pitchstone LLC.

E

Enchanted Ground: An Episode in the Life of a Young Man (Classic Reprint) Harry James Smith. 2017. (ENG., Illus.). (J). 31.20 *(978-1-5281-8751-0(2))* Forgotten Bks.

Enchanted Grove. Stephen Hayes. 2021. (ENG.). 248p. (J). pap. ***(978-1-920707-63-7(8))*** EdSonic Pty, Ltd.

Enchanted Hat (Classic Reprint) Harold Macgrath. 2018. (ENG., Illus.). 246p. (J). 28.97 *(978-0-365-45767-1(1))* Forgotten Bks.

Enchanted Hearts: Dramatized As a Prince There Was (Classic Reprint) Darragh Aldrich. 2018. (ENG., Illus.). 420p. (J). 32.56 *(978-0-483-84554-1(X))* Forgotten Bks.

Enchanted Hill (Classic Reprint) Peter B. Kyne. 2018. (ENG., Illus.). (J). 386p. 31.86 *(978-1-397-20201-7(7))*; 388p. pap. 16.57 *(978-1-397-20196-6(7))* Forgotten Bks.

Enchanted Horse. Harpendore & Kelley Townley. Illus. by Anja Gram. 2016. (ENG.). 102p. (J). pap. *(978-1-911030-05-8(1))* Harpendore.

Enchanted House, & Other Fairy Stories (Classic Reprint) Edith Ogden Harrison. 2018. (ENG., Illus.). (J). 138p. 26.76 *(978-1-391-60288-2(9))*; 140p. pap. 9.57 *(978-1-391-59363-0(4))* Forgotten Bks.

Enchanted India (Classic Reprint) Bojidar Karageorgevitch. 2017. (ENG., Illus.). (J). 30.46 *(978-0-331-84970-7(4))* Forgotten Bks.

Enchanted Island. Fannie Louise Apjohn. 2017. (ENG., Illus.). (J). 22.95 *(978-1-374-87152-6(4))*; pap. 12.95 *(978-1-374-87151-9(6))* Capital Communications, Inc.

Enchanted Kingdom of Sir Thomas Tattletale. Johnathan Hallgrey. 2017. (ENG.). 254p. (J). *(978-1-387-06226-3(3))* Lulu Pr., Inc.

Enchanted Lake. Sinead de Valera. 2016. (ENG., Illus.). 136p. 20.00 *(978-1-85607-979-2(1))* Columba Pr. IRL. Dist: Dufour Editions, Inc.

Enchanted Lake: Classic Irish Fairy Tales. Sinéad De Valera. Illus. by Alexis Sierra. 2020. (ENG.). 110p. (J). 26.99 *(978-1-78218-923-7(8))* Currach Pr. IRL. Dist: Casemate Pubs. & Bk. Distributors, LLC.

Enchanted Landscapes. Contrib. by World Book, Inc. Staff. 2017. (Illus.). 40p. (J). *(978-0-7166-3366-2(3))* World Bk., Inc.

Enchanted Library: Stories for All Seasons. Enid Blyton. Illus. by Becky Cameron. 2023. (Enchanted Library). (ENG.). 32p. (J). (gr. -1-k). 9.99 ***(978-1-4449-6607-7(3))*** Hachette Children's Group GBR. Dist: Hachette Bk. Group.

Enchanted Little Egg. 2017. (ENG., Illus.). 176p. (J). 9.00 *(978-1-78270-142-2(7))* Award Pubns. Ltd. GBR. Dist: Parkwest Pubns., Inc.

Enchanted Meadow Origami, 1 vol. Joe Fullman. 2020. (Enchanting Origami Ser.). (ENG., Illus.). 24p. (J). (gr. 3-3). pap. 9.25 *(978-1-4994-8537-0(9),* 2b9cfb38-9634-48d5-9522-8204eaeae108); lib. bdg. 26.27 *(978-1-4994-8539-4(5),* db4f1641-ff6a-44cc-8e4f-cb45c63b72ba) Rosen Publishing Group, Inc., The. (Windmill Bks.).

Enchanted Misadventures with Great Aunt Poppy: Magic, Mayhem, & Monsters. Hallie Christensen. 2021. (ENG.). 120p. (J). pap. 12.99 *(978-1-4621-4048-0(3),* Sweetwater Bks.) Cedar Fort, Inc./CFI Distribution.

Enchanted Nightingale: The Classic Grimm's Tale of Jorinda & Joringel, 34 vols. Bernadette Watts & Jacob and Wilhelm Grimm. 2017. Orig. Title: Jorinde und Joringel. (Illus.). 32p. (J). 17.95 *(978-1-78250-436-8(2))* Floris Bks. GBR. Dist: Consortium Bk. Sales & Distribution.

Enchanted Oak Tree. Sarah Duchess of York. 2020. (Duchess Serenity Collection). (ENG.). 34p. (J). pap. *(978-0-6488408-4-8(0))* Karen Mc Dermott.

Enchanted Paradise of Sugar Creek. Becky Paneck. Illus. by Megan Benham Colbert. 2016. (Sugar Creek Ser.: Vol. 1). (ENG.). (J). (gr. k-4). pap. 12.00 *(978-1-942168-62-1(4),* Compass Flower Pr.) AKA:yoLa.

Enchanted Parrot: Being a Selection from the Suka Saptati, or the Seventy Tales of a Parrot (Classic Reprint) B. Hale Wortham. 2018. (ENG., Illus.). 128p. (J). 26.56 *(978-0-331-58709-8(2))* Forgotten Bks.

Enchanted People. Jennifer Pool. 2021. (Children's Bks.: 25). (ENG., Illus.). 103p. (J). (gr. 2-6). pap. 17.95 *(978-1-77183-539-8(7),* MiroLand) Guernica Editions, Inc. CAN. Dist: Independent Pubs. Group.

Enchanted Prince. Leonid Solovyov. 2022. (ENG.). 332p. (J). pap. ***(978-1-989788-90-5(4))*** Frizzle, Douglas R.

Enchanted Puppy, Bk. 2. Jessica Ennis-Hill. Illus. by Elen Caldecott. 2021. (Evie's Magic Bracelet Ser.). (ENG.). 144p. (J). (gr. 2-4). pap. 9.99 *(978-1-4449-3440-3(6))* Hachette Children's Group GBR. Dist: Hachette Bk. Group.

Enchanted Puzzles, 1 vol. Sam Loman. 2019. (Magical Puzzles Ser.). (ENG.). 32p. (J). (gr. 1-1). pap. 11.00 *(978-1-5383-9172-3(4),* 19589258-e74b-4d74-bee0-8a96fc44a2bc); (Illus.). 28.93 *(978-1-5383-9174-7(0),* f510509b-3e01-4f65-ba73-b7aa5b2bf97b) Rosen Publishing Group, Inc., The. (Windmill Bks.).

Enchanted Rainbows. Gabriella Eva Nagy. 2019. (ENG., Illus.). 24p. (J). (gr. k-4). pap. 11.95 *(978-1-61244-722-3(8))* Halo Publishing International.

Enchanted Sacred Garden: Dragon. Angie Rooker. 2018. (ENG.). 160p. (J). pap. 10.99 *(978-0-359-06017-7(X))* Lulu Pr., Inc.

Enchanted Scribe: Book 1 - the Gate & the Girl. Tabatha Deans Stewart. 2021. (ENG.). 146p. (YA). pap. 11.95 *(978-1-68235-464-3(4))* Strategic Book Publishing & Rights Agency (SBPRA).

Enchanted Seasons: A Boy Named Jack- a Storybook Series - Book Six. Quay Roads. 2017. (ENG., Illus.). 72p. (J). pap. 16.00 *(978-0-9987153-6-0(0))* A Boy Named Jack.

Enchanted Snow Pony. Sarah KilBride. Illus. by Sophie Tilley. 2022. (Princess Evie Ser.: 4). (ENG.). 112p. (J). (gr. 1-4). 17.99 *(978-1-5344-7637-0(7))*; pap. 6.99 *(978-1-5344-7636-3(9))* Simon & Schuster Children's Publishing. (Aladdin).

Enchanted Sonata. Heather Louise Wallwork. 2018. (Sonata Suite Ser.: Vol. 1). (ENG., Illus.). 386p. (YA). (gr. 7-11). 19.99 *(978-1-7328315-0-6(5))* Wallworkshop, The.

Enchanted Souls: The Day They Came to School. Rebekah Louise. 2022. (ENG.). 248p. (YA). pap. ***(978-1-80227-507-0(X))*** Publishing Push Ltd.

Enchanted Stream Colouring Book. Shirley Ann Stanley. 2022. (ENG.). 26p. (J). pap. ***(978-1-3984-9002-4(4))*** Austin Macauley Pubs. Ltd.

Enchanted Symphony. Julie Andrews & Emma Walton Hamilton. Illus. by Elly MacKay. 2023. (ENG.). 40p. (J). (gr. -1-3). 19.99 ***(978-1-4197-6319-9(9)***, 1781701, Abrams Bks. for Young Readers) Abrams, Inc.

Enchanted Tower Garden: Tower Garden by Juice Plus+(r) Julie Mohr & Noel Leon. Illus. by Helen E. Gettner. 2016. (ENG.). (J). (gr. k-6). pap. 12.00 *(978-1-68181-539-8(7))* Strategic Book Publishing & Rights Agency (SBPRA).

Enchanted Tree. Davy Liu. 2016. (ENG., Illus.). (J). 12.99 *(978-1-937212-25-4(4))* Three Sixteen Publishing.

Enchanted Tulips: And Other Verses for Children (Classic Reprint) A. E. 2018. (ENG., Illus.). 126p. (J). 26.50 *(978-0-483-63172-4(8))* Forgotten Bks.

Enchanted Type-Writer (Classic Reprint) John Kendrick Bangs. 2018. (ENG., Illus.). 210p. (J). 28.23 *(978-0-483-36095-2(3))* Forgotten Bks.

Enchanted Valley. A a Hamie. 2018. (ENG., Illus.). 30p. (J). pap. *(978-1-77370-965-9(8))* Tellwell Talent.

Enchanted Waterfall. Astrid Foss. Illus. by Monique Dong. 2021. (Snow Sisters Ser.: 4). (ENG.). 128p. (J). (gr. 2-5). 17.99 *(978-1-5344-4358-7(4))*; pap. 6.99 *(978-1-5344-4357-0(6))* Simon & Schuster Children's Publishing. (Aladdin).

Enchanted Waterfall (Classic Reprint) Kate James. (ENG., Illus.). (J). 2018. 22p. 24.37 *(978-0-267-32708-9(0))*; 2016. pap. 7.97 *(978-1-333-53744-9(1))* Forgotten Bks.

Enchanted Wood. Ruth Sanderson. 2016. (Ruth Sanderson Collection). (ENG., Illus.). 32p. (J). (gr. 1-2). 17.95 *(978-1-56656-057-3(8),* Crocodile Bks.) Interlink Publishing Group, Inc.

Enchanted Woods. Shirley Barber. 2019. (ENG.). 24p. (J). (gr. k-2). 19.99 *(978-0-6484095-4-0(6),* Brolly Bks.) Borghesi & Adam Pubs. Pty Ltd AUS. Dist: Independent Pubs. Group.

Enchanted Woods: And Other Essays on the Genius of Places (Classic Reprint) Vernon Lee. 2018. (ENG., Illus.). 346p. (J). 31.03 *(978-0-666-66694-9(6))* Forgotten Bks.

Enchanted World Color by Numbers. Sara Storino & Nathalie Ortega. 2021. (Arcturus Color by Numbers Collection: 17). (ENG.). 128p. (J). pap. 12.99 *(978-1-83940-738-3(7),* 072a16cf-36da-4055-b3c7-6efa100772f1) Arcturus Publishing GBR. Dist: Baker & Taylor Publisher Services (BTPS).

Enchanted World of Bracken Lea. Esma Race. Illus. by Martin Greaves. 2018. (Fairy Folk of Bracken Lea Wood Ser.: Vol. 2). (ENG.). 100p. (J). (gr. 2-6). pap. 9.99 *(978-1-68160-560-9(0))* Crimson Cloak Publishing.

Enchanted World of Bracken Lea. Esma Race & Martin Greaves. 2018. (Fairy Folk of Bracken Lea Wood Ser.: Vol. 2). (ENG., Illus.). 100p. (J). (gr. 2-6). 16.99 *(978-1-68160-642-2(9))* Crimson Cloak Publishing.

Enchantée. Gita Trelease. 2019. (ENG.). (YA). (gr. 7-13). pap. 11.99 *(978-1-250-23196-3(5))* Flatiron Bks.

Enchanter: A Young Adult / New Adult Fantasy Novel. Joanne Wadsworth. 2020. (Princesses of Myth Ser.: Vol. 3). (ENG.). 212p. (YA). pap. *(978-1-990034-17-6(9))* Wadsworth, Joanne.

Enchanter, or Wonderful Story Teller: In Which Is Contained a Series of Adventures, Curious, Surprising, & Uncommon; Calculated to Amuse, Instruct, & Improve Younger Minds (Classic Reprint) Minerva Press. (ENG., Illus.). (J). 2018. 136p. 26.70 *(978-0-483-44086-9(8))*; 2016. pap. 9.57 *(978-1-334-16751-5(6))* Forgotten Bks.

Enchanter's Child #1: Twilight Hauntings. Angie Sage. 2021. (ENG.). 384p. (J). (gr. 3-7). pap. 7.99 *(978-0-06-287515-0(9),* Tegen, Katherine Bks) HarperCollins Pubs.

Enchanter's Child #2: Midnight Train. Angie Sage. (ENG.). (J). (gr. 3-7). 2022. 368p. pap. 7.99 *(978-0-06-287519-8(1))*; 2021. (Illus.). 352p. 16.99 *(978-0-06-287517-4(5))* HarperCollins Pubs. (Tegen, Katherine Bks).

Enchanter's Child, Book One: Twilight Hauntings. Angie Sage. 2020. 368p. (J). (gr. 3-7). (ENG.). 16.99 *(978-0-06-287514-3(0))*; (Illus.). pap. 9.99 *(978-0-06-301072-7(0))* HarperCollins Pubs. (Tegen, Katherine Bks).

Enchanters of Men (Classic Reprint) Ethel Colburn Mayne. 2018. (ENG., Illus.). (J). 32.64 *(978-0-331-98070-7(3))* Forgotten Bks.

Enchanticer Creature Secrets: Monty Labfoot & the Wicked Warlock. M. T. Boulton. 2018. (ENG., Illus.). 334p. (J). 27.58 *(978-0-244-10625-6(8))* Lulu Pr., Inc.

Enchanting & Enchanted: From the German of Hacklander (Classic Reprint) A. L. Wister. 2017. (ENG., Illus.). (J). 28.81 *(978-0-331-57626-9(0))* Forgotten Bks.

Enchanting & Potions in Minecraft. Josh Gregory. 2018. (21st Century Skills Innovation Library: Unofficial Guides Junior Ser.). (ENG., Illus.). 24p. (J). (gr. 2-4). lib. bdg. 30.64 *(978-1-5341-2982-5(0),* 211972) Cherry Lake Publishing.

Enchanting Christmas Stories from Switzerland. Larissa Baiter. 2020. (ENG.). 116p. (J). pap. 12.99 *(978-1-393-79761-6(X))* Draft2Digital.

Enchanting Creatures. Camilla de la Bedoyere. 2022. (ENG., Illus.). 48p. (J). (gr. k-2). lib. bdg. 31.99 *(978-0-7112-7989-6(6),* fc04729d-748c-461e-8677-6c42f82dda11) QEB Publishing Inc.

Enchanting Escapades of Phoebe & Her Unicorn: Two Books in One! Dana Simpson. 2022. (ENG., Illus.). 352p. (J). pap. 14.99 *(978-1-5248-7694-4(1))* Andrews McMeel Publishing.

Enchanting Fairies Coloring Book: Beautiful Fairies to Color & Complete. Margaret Tarrant. 2021. 3. (ENG.). 96p. (J). pap. 12.99 *(978-1-3988-1020-4(7),* 0869e1ef-516f-438e-b544-7ecc488e323c) Arcturus Publishing GBR. Dist: Baker & Taylor Publisher Services (BTPS).

Enchanting Fairy-Tale Crafts: 4D an Augmented Reading Crafts Experience. Marne Ventura. 2018. (Next Chapter Crafts 4D Ser.). (ENG., Illus.). 32p. (J). (gr. 1-5). lib. bdg. 33.99 *(978-1-5435-0689-1(5),* 137435, Capstone Classroom) Capstone.

Enchanting Me: 31 Daily Affirmations for Kids: 31 Daily. Adia Johnson. 2021. (ENG.). 42p. (J). pap. 15.00 *(978-1-0879-6099-9(1))* Indy Pub.

Enchanting Nature. Kathleen Corrigan. 2023. (Decoables - Search for Sounds Ser.). (ENG.). 16p. (J). (gr. k-k). 27.93 ***(978-1-68450-719-1(7))***; pap. 11.93 ***(978-1-68404-867-0(2))*** Norwood Hse. Pr.

Enchanting Origami, 8 vols. 2020. (Enchanting Origami Ser.). (ENG.). 24p. (J). (gr. 3-3). lib. bdg. 105.08 *(978-1-4994-8607-0(3),* f0087227-a9ab-438e-bd5c-5f23e1b192d6, Windmill Bks.) Rosen Publishing Group, Inc., The.

Enchanting Short Stories. Hannah C. E Lamont. 2022. (ENG.). 30p. (YA). 13.99 ***(978-1-952754-39-5(9))***; pap. 10.99 *(978-1-956876-49-9(9))* WorkBk. Pr.

Enchantment (Classic Reprint) Harold Macgrath. 2018. (ENG., Illus.). 220p. (J). 28.43 *(978-0-428-72929-5(0))* Forgotten Bks.

Enchantment (Classic Reprint) Ernest Temple Thurston. 2018. (ENG., Illus.). 304p. (J). 30.62 *(978-0-332-05331-8(8))* Forgotten Bks.

Enchantment Lake: A Northwoods Mystery. Margi Preus. 2017. 200p. pap. 11.95 *(978-1-5179-0419-7(6))* Univ. of Minnesota Pr.

Enchantment of Danny Dockett. M. a Macklin. 2017. (ENG., Illus.). 124p. (J). pap. *(978-0-244-60358-8(8))* Lulu Pr., Inc.

Enchantment of Darkness. Shana J. Caldwell. 2021. (ENG.). (YA). 402p. *(978-0-646-83288-3(3))*; 376p. pap. *(978-0-646-82984-5(X))* Caldwell, Shana J.

Enchantment of Ravens. Margaret Rogerson. (ENG., Illus.). (YA). (gr. 9). 2018. 320p. pap. 12.99 *(978-1-4814-9759-6(6))*; 2017. 304p. 19.99 *(978-1-4814-9758-9(8))* McElderry, Margaret K. Bks. (McElderry, Margaret K. Bks.).

Enchantment of the World, Second Series, 6 vols., Set. Incl. Enchantment of the World: Afghanistan. Terri Willis. 39.00 *(978-0-531-18483-7(8))*; Enchantment of the World: Iran. JoAnn Milivojevic. 39.00 *(978-0-531-18484-4(6),* Children's Pr.); (Illus.). 144p. (J). (gr. 5-9). 2008. Set lib. bdg. 222.00 *(978-0-531-20409-2(X))*; 216.00 *(978-0-516-25407-4(3))* Scholastic Library Publishing. (Children's Pr.).

Enchantment of the World, Second Series, 93 bks., Set. Incl. Belgium. Michael Burgan. (J). 2000. 37.00 *(978-0-516-21006-3(8),* Children's Pr.); Cambodia. Sara Louise Kras. (YA). 2005. 39.00 *(978-0-516-23679-7(2))*; Chile. Sylvia McNair. (J). 2000. 37.00 *(978-0-516-21007-0(6),* Children's Pr.); Croatia. Martin Hintz. (YA). 2004. 37.00 *(978-0-516-24253-8(9),* Children's Pr.); Czech Republic. JoAnn Milivojevic. (YA). 2004. 37.00 *(978-0-516-24255-2(5),* Children's Pr.); Enchantment of the World: Guatemala. Marion Morrison. (YA). 2005. 39.00 *(978-0-516-23674-2(1))*; Enchantment of the World: Guyana. Marion Morrison. (YA). 2003. 39.00 *(978-0-516-22377-3(1))*; Enchantment of the World: Hungary. Ann Stalcup. (YA). 2005. 39.00 *(978-0-516-23683-4(0))*; Enchantment of the World: Luxembourg. Ann Heinrichs. (YA). 2005. 39.00 *(978-0-516-23681-0(4))*; Enchantment of the World: Nicaragua. Marion Morrison. (YA). 2002. 37.00 *(978-0-516-20963-0(9),* Children's Pr.); Enchantment of the World: Tibet. Patricia K. Kummer. (YA). 2003. 39.00 *(978-0-516-22693-4(2))*; Enchantment of the World: United Arab Emirates. Byron Augustin. (YA). 2002. 36.00 *(978-0-516-20473-4(4),* Children's Pr.); Enchantment of the World: Vietnam. Terri Willis. (YA). 2002. 39.00 *(978-0-516-22150-2(7))*; Ethiopia. Ann Heinrichs & Anne Heinrichs. (YA). 2005. 39.00 *(978-0-516-23680-3(6))*; Greenland. Jean F. Blashfield. (YA). 2005. 39.00 *(978-0-516-23678-0(4))*; Iceland. Barbara A. Somervill. (J). 2003. 37.00 *(978-0-516-22694-1(0),* Children's Pr.); India. Erin Pembrey Swan. (J). 2002. 37.00 *(978-0-516-21121-3(8),* Children's Pr.); Indonesia. Tamra Orr & Miriam Greenblatt. (YA). 2005. 39.00 *(978-0-516-23684-1(9))*; Ireland. Jean F. Blashfield & Jean Blashfield. (YA). 2002. 39.00 *(978-0-516-21127-5(7))*; Lebanon. Terri Willis. (YA). 2005. 39.00 *(978-0-516-23685-8(7))*; Monaco. Martin Hintz. (YA). 2004. 39.00 *(978-0-516-24251-4(2))*; Panama. Byron Augustin. (YA). 2005. 39.00 *(978-0-516-23676-6(8))*; Paraguay. Byron Augustin. (YA). 2005. 39.00 *(978-0-516-23675-9(X))*; Portugal. Ettagale Blauer. (YA). 2002. 37.00 *(978-0-516-21109-1(9),* Children's Pr.); Scotland. R. Conrad Stein. (YA). 2001. 39.00 *(978-0-516-21112-1(9))*; Singapore. Patricia K. Kummer. (YA). 2003. 39.00 *(978-0-516-22531-9(6))*; Syria. Patricia K. Kummer. (YA). 2005. 39.00 *(978-0-516-23677-3(6))*; Venezuela. Terri Willis. (YA). 2003. 37.00 *(978-0-516-24214-9(8),* Children's Pr.); Wales. Ann Heinrichs. (J). 2003. 37.00 *(978-0-516-22288-2(0),* Children's Pr.); (gr. 5-9). (Enchantment of the World Ser.). (Illus.). 144p. 2004. Set lib. bdg. 3348.00 *(978-0-516-20870-1(5),* Children's Pr.) Scholastic Library Publishing.

Enchantment of Thorns. Shana J. Caldwell. 2022. (ENG.). 346p. (YA). pap. ***(978-0-6455788-0-5(0))*** Caldwell, Shana J.

Enchantress: And Other Stories (Classic Reprint) H. E. Bates. 2017. (ENG., Illus.). (J). 28.19 *(978-0-331-83000-2(0))*; pap. 10.57 *(978-0-243-38956-8(6))* Forgotten Bks.

Enchantress from the Stars. Sylvia Engdahl. 2018. (ENG.). 368p. (J). pap. 10.99 *(978-1-68119-613-8(1),* 900179035, Bloomsbury USA Childrens) Bloomsbury Publishing USA.

Enchiridion: Containing Institutions: Divine - Contemplative, Practical; Moral - Ethical, Economical, Political. Francis Quarles. 2017. (ENG., Illus.). (J). pap. *(978-0-649-57346-2(3))* Trieste Publishing Pty Ltd.

Enciclopedia de Fósiles: Leveled Reader Book 71 Level M 6 Pack. Hmh Hmh. 2020. (SPA.). 24p. (J). pap. 74.40 *(978-0-358-08379-5(6))* Houghton Mifflin Harcourt Publishing Co.

Enciclopedia de Preguntas y Respuestas. Mark Darling. 2017. (SPA.). 288p. (J). (gr. 4-6). pap. 30.99 *(978-958-30-5133-3(0))* Panamericana Editorial COL. Dist: Lectorum Pubns., Inc.

Enciclopedia Del Bosque Lluvioso: Leveled Reader Book 86 Level N 6 Pack. Hmh Hmh. 2021. (SPA.). 24p. (J). pap. 74.40 *(978-0-358-08394-8(X))* Houghton Mifflin Harcourt Publishing Co.

Enciclopedia Del Saber. Moira Butterfield. 2017. (SPA.). 320p. (J). (gr. 4-6). 41.99 *(978-958-766-525-3(2))* Panamericana Editorial COL. Dist: Lectorum Pubns., Inc.

Enciclopedia Ilustrada de Ciencia Naturaleza (Understanding Science & Nature), 16 bks. Incl. Comportamiento de los Animales (Animal Behavior) 17.95 *(978-0-7835-3358-2(6))*; Cuerpo Humano (Human Body) 17.95 *(978-0-7835-3350-6(0))*; Era de la Computadora. 17.95 *(978-0-7835-3375-9(6))*; Espacio y Planetas. 17.95 *(978-0-7835-3370-4(5))*; Estructura de la Materia (Structure of Matter) 17.95 *(978-0-7835-3383-4(7))*; Evolucion de la Vida. 17.95 *(978-0-7835-3354-4(3))*; Fuerzas Fisicas (Physical Forces) 17.95 *(978-0-7835-3395-7(0))*; Geografia. 17.95 *(978-0-7835-3387-2(X))*; Insectos y Aranas. 17.95 *(978-0-7835-3398-8(5))*; Maquinas e Inventos (Machines & Inventions) 17.95 *(978-0-7835-3400-8(0))*; Mundo Submarino (Underwater World) 17.95 *(978-0-7835-3397-1(7))*; Planeta Tierra (Planet Earth) 17.95 *(978-0-7835-3396-4(9))*; Plantas (Plant Life) 17.95 *(978-0-7835-3399-5(3))*; Tiempo y Clima (Weather & Climate) 17.95 *(978-0-7835-3366-7(7))*; Transporte y la Navegacion (Transportation) 17.95 *(978-0-7835-3379-7(9))*; 152p. (YA). (gr. 6-18). 1996. (Illus.). Set lib. bdg. 319.20 *(978-0-7835-3391-9(8))* Time-Life, Inc.

Enciclopedia Infantil de Los Dinosaurios. 2018. (SPA.). 144p. (J). (gr. 3-5). 18.90 *(978-84-17477-12-7(8))* Pluton Ediciones ESP. Dist: Lectorum Pubns., Inc.

Encontrando Mi Superpoder. Sarah Ackermann. 2021. (SPA.). 42p. (J). 17.99 *(978-1-64538-306-2(7))* Orange Hat Publishing.

Encontrando Su Ser: El Pensador. Rafael Morales & Gisela Acevedo. Illus. by Laura Xielem. 2021.Tr. of One Who Found Its Being. (SPA.). 20p. (J). pap. 13.99 *(978-1-68515-150-8(7))* Palmetto Publishing.

Encore! Illus. by Alex Cho. 2021. (Vivo Ser.). (ENG.). 24p. (J). (gr. -1-2). pap. 4.99 *(978-1-5344-6813-9(7),* Simon Spotlight) Simon Spotlight.

Encore! A New Book of Platform Sketches (Classic Reprint) Jessie Alexander. (ENG., Illus.). (J). 2018. 320p. 30.50 *(978-0-428-73439-8(1))*; 2016. pap. 13.57 *(978-1-334-14655-8(1))* Forgotten Bks.

Encore (Classic Reprint) Margaret Deland. 2017. (ENG., Illus.). (J). 25.81 *(978-1-5283-8956-3(5))* Forgotten Bks.

Encore to an Empty Room. Kevin Emerson. 2016. (Exile Ser.: 2). (ENG.). 336p. (YA). (gr. 9). pap. 9.99 *(978-0-06-213399-1(3),* Tegen, Katherine Bks) HarperCollins Pubs.

Encounter. Brittany Luby. Illus. by Michaela Goade. 2019. (ENG.). 40p. (J). (gr. -1-3). 18.99 *(978-0-316-44918-2(0))* Little, Brown Bks. for Young Readers.

Encounter (Animorphs Graphix #3) K. A. Applegate, pseud & Michael Grant. Illus. by Chris Grine. 2022. (Animorphs Graphic Novels Ser.). (ENG.). 208p. (J). (gr. 4-6). 24.99 *(978-1-338-53841-0(1))*; pap. 12.99 *(978-1-338-53840-3(3))* Scholastic, Inc. (Graphix).

Encounter Between the Sioux Indians of the Pine Ridge Agency, S. Dak;, & a Sheriff's Posse of Wyoming: Letter from the Secretary of the Interior, Transmitting Records Giving a History of the Recent Encounter Between Sioux Indians of the Pine Ridge Agenc. United States. Bureau Of Indian Affairs. 2018. (ENG., Illus.). 138p. (J). 26.74 *(978-0-656-02392-9(9))* Forgotten Bks.

Encounter: Narrative Nonfiction Stories. Rebecca Langston-George et al. 2018. (Encounter: Narrative Nonfiction Stories Ser.). (ENG.). (J). (gr. 3-7). 188.58 *(978-1-5435-1394-3(8),* 27974, Capstone Pr.) Capstone.

Encounter Vol. 1: Out of This World. Art Baltazar & Franco. Illus. by Chris Giarrusso. 2018. (ENG.). 136p. (J). pap. 12.99 *(978-1-5493-0270-1(1),* cf2f2f92-4425-4179-9471-936c2c8dff06, Lion Forge) Oni Pr., Inc.

Encounter Vol. 2: Welcome to the Team! Art Baltazar & Franco Aureliani. 2019. (ENG., Illus.). 136p. (J). pap. 12.99 *(978-1-5493-0271-8(X),* 5b1a3cee-636e-4760-9243-fbae8f0f72bf, Lion Forge) Oni Pr., Inc.

Encountering Christmas. Carolyn Sweers. 2019. (ENG.). 70p. (J). pap. 6.99 *(978-1-949746-95-2(X))* Lettra Pr. LLC.

Encountering God - Teen Girls' Bible Study Book: Cultivating Habits of Faith Through the Spiritual Disciplines. Kelly Minter. 2022. (ENG.). 192p. (YA). pap. 14.99 *(978-1-0877-5833-6(5))* Lifeway Christian Resources.

Encounters. Jason Wallace. 2018. (ENG.). 320p. (YA). (gr. 7). 13.99 *(978-1-84939-621-9(3))* Andersen Pr. GBR. Dist: Independent Pubs. Group.

Encounters; Stories (Classic Reprint) Elizabeth Bowen. 2018. (ENG., Illus.). 216p. (J). 28.37 *(978-0-365-03994-5(2))* Forgotten Bks.

Encounters the Plagues: The BackYard Trio Bible Stories #11. Sara Kendall & Jason Burkhardt. Illus. by Your Children's Book. 2021. (Backyard Trio Bible Stories Ser.: 11). (ENG.). 22p. (J). (gr. k-3). pap. 7.99 *(978-1-955227-12-4(8))* Set in Stone Pr.

Encourage Mind Use Kids Activity Book. Smarter Activity Books for Kids. 2016. (ENG., Illus.). (J). pap. 8.99 *(978-1-68374-295-1(8))* Examined Solutions PTE. Ltd.

Encouragement for the Discouraged: A Young Woman's Invitation to Courage Through Dyslexia. Abigail Winslow. 2020. (ENG.). 58p. pap. *(978-1-716-50555-3(0))* Lulu Pr., Inc.

Encouragers with a Capital E: Stop Bullying in Its Tracks. Vanessa Marshall Jones. 2018. (Encouragers with a Capital E Ser.: Vol. 1). (ENG., Illus.). 62p. (J). (gr. 3-6). pap. 6.99 ***(978-1-64440-913-8(5))*** Primedia eLaunch LLC.

Encouraging Others. Brienna Rossiter. 2021. (Spreading Kindness Ser.). (ENG., Illus.). 24p. (J). (gr. 1-2). pap. 8.95 *(978-1-64493-719-8(0))*; lib. bdg. 28.50 *(978-1-64493-683-2(6))* North Star Editions. (Focus Readers).

Encre de Lumière: De Simples Mots Pour éveiller L'esprit. Assia Mihoubi. 2021. (FRE.). 109p. (YA). pap. ***(978-1-4710-6202-5(3))*** Lulu Pr., Inc.

TITLE INDEX ENDANGEREDS

Encrucijada (the Crossroads) Alexandra Diaz. 2018. (SPA.). 368p. (J). (gr. 3-7). 17.99 *(978-1-5344-2989-5(1))*; (Illus.). pap. 8.99 *(978-1-5344-2990-1(5))* Simon & Schuster/Paula Wiseman Bks. (Simon & Schuster/Paula Wiseman Bks.).

Encuentra Tu Calma. Gabi Garcia. Illus. by Marta Pineda. 2021. (SPA.). 36p. (J). 18.99 *(978-1-949633-33-7(0))* Skinned Knee Publishing.

Encyclopaedia Britannica Kids: 4 Nature Books. PI Kids. 2021. (ENG.). 72p. (J). 19.99 *(978-1-5037-5295-5(X)*, 4554, PI Kids) Phoenix International Publications, Inc.

Encyclopaedia Britannica Kids: Animal Sound Treasury. PI Kids. (ENG.). 34p. (J). 2021. 29.99 *(978-1-5037-5565-9(7)*, 3717); 2016. 29.99 *(978-1-5037-1210-2(9)*, 2217) Phoenix International Publications, Inc. (PI Kids).

Encyclopaedia Britannica Kids: Farm Animals Sound Book. PI Kids. 2020. (ENG.). 20p. (J). bds. 18.99 *(978-1-5037-5562-8(2)*, 3715, PI Kids) Phoenix International Publications, Inc.

Encyclopaedia Britannica Kids: Lift & Learn Baby Animals. PI Kids. 2020. (ENG., Illus.). 20p. (J). bds. 8.99 *(978-1-5037-5216-0(X)*, 3535, PI Kids) Phoenix International Publications, Inc.

Encyclopaedia Britannica Kids: Look at Her Go! Women Athletes Who Played to Win. Kathy Broderick. Illus. by Giovana Medeiros. 2020. (ENG.). 20p. (J). bds. 9.99 *(978-1-5037-5278-8(X)*, 3569, PI Kids) Phoenix International Publications, Inc.

Encyclopedia Britannica Kids: Animals All Around. PI Kids. Illus. by Jan Smith. 2016. (ENG.). 24p. (J). 10.99 *(978-1-5037-1052-8(1)*, 2165, PI Kids) Phoenix International Publications, Inc.

Encyclopedia Britannica Kids: Around the World Sights & Sounds for Adventure Seekers. PI Kids. 2019. (ENG.). 24p. (J). 19.99 *(978-1-5037-4576-6(7)*, 3248, PI Kids) Phoenix International Publications, Inc.

Encyclopedia Brown: Boy Detective Novel Units Teacher Guide. Novel Units. 2019. (ENG.). (J). pap. 12.99 *(978-1-56137-282-9(X)*, Novel Units, Inc.) Classroom Library Co.

Encyclopedia for Kids - Great Inventors & Inventions in History - Children's Education & Reference Books. Bobo's Little Brainiac Books. 2016. (ENG., Illus.). (J). pap. 7.99 *(978-1-68327-800-9(3))* Sunshine In My Soul Publishing.

Encyclopedia for Kids - Great Warriors, Captains & Generals in History - Children's Education & Reference Books. Bobo's Little Brainiac Books. 2016. (ENG., Illus.). (J). pap. 7.99 *(978-1-68327-799-6(6))* Sunshine In My Soul Publishing.

Encyclopedia Lumberjanica: an Illustrated Guide to the World of Lumberjanes. Created by Shannon Watters. 2020. (Lumberjanes Ser.). (ENG., Illus.). 96p. (J). pap. 9.99 *(978-1-68415-599-6(1))* BOOM! Studios.

Encyclopedia of Animals: An Illustrated Guide to the Animals of the Earth-Contains over 250 Animals! Jules Howard. 2022. (ENG., Illus.). 192p. (J). (gr. 1-4). 24.99 *(978-0-7858-4166-1(0)*, Chartwell) Book Sales, Inc.

Encyclopedia of Animals for Young Readers: For Young Readers. Tomas Tuma. Illus. by Tomas Tuma. 2022. (Encyclopedias for Young Readers Ser.). 48p. (J). 19.95 *(978-80-00-06352-2(2))* Albatros, Nakladatelstvi pro deti mladez, a.s. CZE. Dist: Consortium Bk. Sales & Distribution.

Encyclopedia of Australian Animals. Martyn Robinson. 2023. (ENG.). 128p. (J). (gr. k-2). pap. 16.99 ***(978-1-921580-54-3(2))*** New Holland Pubs. Pty, Ltd. AUS. Dist: Independent Pubs. Group.

Encyclopedia of Biblical Prophecy: The Complete Guide to Scriptural Predictions & Their Fulfillment. J. Barton Payne. 2020. (ENG.). 782p. (Orig.). 114.00 *(978-1-7252-8674-0(2))*; pap. 89.00 *(978-1-7252-8675-7(0))* Wipf & Stock Pubs. (Wipf and Stock).

Encyclopedia of Careers & Vocational Guidance, 6. Ferguson Publishing. 17th ed. 2018. (ENG., Illus.). 6344p. (gr. 9). 299.95 *(978-0-8160-8514-9(5)*, P560536) Ferguson Publishing.

Encyclopedia of Comedy: For Professional Entertainers, Social Clubs, Comedians, Lodges & All Who Are in Search of Humorous Literature (Classic Reprint) James Melville Janson. (ENG., Illus.). (J). 2018. 504p. 34.31 *(978-0-483-54394-2(2))*; 2016. pap. 16.97 *(978-1-334-15817-9(7))* Forgotten Bks.

Encyclopedia of Dinosaurs & Prehistoric Life. Ed. by Richard Kelly. 2017. (ENG.). 512p. (J). 39.95 *(978-1-78617-022-4(1))* Miles Kelly Publishing, Ltd. GBR. Dist: Parkwest Pubns., Inc.

Encyclopedia of Fantastic Creatures. Hjcs Scholars. 2022. (ENG.). 60p. (J). pap. *(978-1-4583-8499-7(3))* Lulu Pr., Inc.

Encyclopedia of Grannies. Éric Veillé. Illus. by Éric Veillé. 2019. (ENG., Illus.). 32p. (J). (gr. -1-2). 17.99 *(978-1-77657-243-4(2)*, a04bcfb5-6642-42fc-9846-356cb85e64c9) Gecko Pr. NZL. Dist: Lerner Publishing Group.

Encyclopedia of Insects: An Illustrated Guide to Nature's Most Weird & Wonderful Bugs - Contains over 250 Insects! Jules Howard. 2022. (ENG., Illus.). 160p. (J). (gr. 2-6). 24.99 *(978-0-7858-4167-8(9)*, Chartwell) Book Sales, Inc.

Encyclopedia of Insects: An Illustrated Guide to Nature's Most Weird & Wonderful Bugs - Contains over 300 Insects! Jules Howard. Illus. by Miranda Zimmerman. 2020. (ENG.). 160p. (J). (gr. 2-6). 24.99 ***(978-0-7112-4915-8(6)***, Wide Eyed Editions) Quarto Publishing Group UK GBR. Dist: Hachette Bk. Group.

Encyclopedia of Instruction, or Apologues & Breviats on Man & Manners (Classic Reprint) Alexander Bryan Johnson. (ENG., Illus.). (J). 2018. 410p. 32.37 *(978-0-666-89605-6(4))*; 2017. pap. 16.57 *(978-0-259-48464-6(4))* Forgotten Bks.

Encyclopedia of Knowledge. Simon Adams. Ed. by Richard Kelly. 2017. (ENG., Illus.). 512p. (J). 39.95 *(978-1-78617-019-4(1))* Miles Kelly Publishing, Ltd. GBR. Dist: Parkwest Pubns., Inc.

Encyclopedia of Life. Camilla De la Bédoyère. Ed. by Richard Kelly. 2017. (ENG., Illus.). 512p. (J). 39.95 *(978-1-78617-020-0(5))* Miles Kelly Publishing, Ltd. GBR. Dist: Parkwest Pubns., Inc.

Encyclopedia of My Imaginary Friends, 3 vols. Bimba Landmann. 2022. (Trilogy of Inner Journeys Ser.: 2). (ENG., Illus.). 64p. (J). 18.99 *(978-0-7643-6485-3(5)*, 29194) Schiffer Publishing, Ltd.

Encyclopedia of Ordinary Things. Stepanka Sekaninova. Illus. by Eva Chupikova. 2021. (Ordinary World Ser.). 96p. (J). 16.95 *(978-80-00-06128-3(7))* Albatros, Nakladatelstvi pro deti mladez, a.s. CZE. Dist: Consortium Bk. Sales & Distribution.

Encyclopedia of Plants, Fungi, & Lichens for Young Readers: For Young Readers. Tereza Nemcova. Illus. by Tomas Pernicky. 2022. (Encyclopedias for Young Readers Ser.). 48p. (J). 19.95 *(978-80-00-06351-5(4))* Albatros, Nakladatelstvi pro deti mladez, a.s. CZE. Dist: Consortium Bk. Sales & Distribution.

Encyclopedia of Sharks. Barbara Taylor. Ed. by Richard Kelly. 2017. (ENG., Illus.). 512p. (J). 39.95 *(978-1-78617-021-7(3))* Miles Kelly Publishing, Ltd. GBR. Dist: Parkwest Pubns., Inc.

Encyclopedia of Unbelievable Facts: With 500 Perplexing Questions to Bamboozle Your Friends! Jane Wilsher. Illus. by Louise Lockhart. 2021. (ENG.). 112p. (J). (gr. 2-4). ***(978-0-7112-5626-2(8)***, Frances Lincoln Children's Bks.) Quarto Publishing Group UK.

Encyklopaedie und Methodologie der Romanischen Philologie: Mit Besonderer Berücksichtigung des Französischen und Italienischen; Zusatzheft; Register; Nachträge Zu Den Litteratur-Angaben (Classic Reprint) Gustav Korting. 2018. (GER., Illus.). 210p. (J). 28.25 *(978-0-666-49575-4(0))* Forgotten Bks.

Encyklopaedie und Methodologie der Romanischen Philologie Mit Besonderer Berücksichtigung des Französischen und Italienischen, Vol. 3: Die Encyklopaedie der Romanischen Einzelphilologien (Classic Reprint) Gustav Korting. 2018. (GER., Illus.). 864p. (J). 41.74 *(978-0-364-28173-4(1))* Forgotten Bks.

ENCYKLOPAEDIE UND METHODOLOGIE DER ROMANISCHEN PHILOLOGIE, VOL. 1: MIT BESONDERER BERÜCKSICHTIGUNG DES FRANZÖSISCHEN UND ITALIENISCHEN; ERSTES BUCH: ERÖRTERUNG DER VORBEGRIFFE, ZWEITES BUCH: EINLEITUNG IN DAS STUDIUM DER ROMANISCHEN PHILOLOGIE. Gustav Körting. (GER., Illus.). (J). 2018. 40.11 *(978-0-265-44926-4(X))*; 2017. pap. 23.57 *(978-0-259-92169-1(6))* Forgotten Bks.

End. Charlie Higson. (Enemy Novel Ser.: 7). (ENG.). 512p. (YA). (gr. 9-17). 2017. pap. 10.99 *(978-1-4847-3291-5(X))*; 2016. 17.99 *(978-1-4847-1695-3(7))* Hyperion Bks. for Children.

End. Mats Strandberg. (ENG.). (YA). (gr. 9). 2022. 320p. pap. 10.00 *(978-1-64690-800-4(7))*; 2020. 384p. 18.95 *(978-1-64690-006-0(5))* North-South Bks., Inc.

End. Adam Warren et al. Illus. by Carmen Carnero. 2020. 200p. (gr. 8-17). pap. 24.99 ***(978-1-302-92499-7(0)***, Marvel Universe) Marvel Worldwide, Inc.

End & Other Beginnings: Stories from the Future. Veronica Roth. 272p. (YA). (gr. 8). 2021. (ENG.). pap. 10.99 *(978-0-06-279653-0(4))*; 2019. pap. 12.00 *(978-0-06-293757-5(X))*; 2019. (ENG., Illus.). 18.99 *(978-0-06-279652-3(6))* HarperCollins Pubs. (Tegen, Katherine Bks).

End Game. Alan Gibbons. 2016. (ENG.). 304p. (YA). (gr. 7-12). pap. 7.99 *(978-1-78062-181-4(7)*, Orion Children's Bks.) Hachette Children's Group GBR. Dist: Hachette Bk. Group.

End Is Just the Beginning. Mike Bender. Illus. by Diana Mayo. 2021. (ENG.). 40p. (J). (gr. -1-2). 18.99 *(978-1-9848-9693-3(8))*; lib. bdg. 20.99 *(978-1-9848-9694-0(6))* Random Hse. Children's Bks. (Crown Books For Young Readers).

End of a Coil (Classic Reprint) Unknown Author. 2018. (ENG., Illus.). 724p. (J). 38.83 *(978-0-483-85687-5(8))* Forgotten Bks.

End of a Rainbow: An American Story (Classic Reprint) Rossiter Johnson. 2017. (ENG., Illus.). (J). 31.49 *(978-1-5280-6510-8(7))* Forgotten Bks.

End of a Song (Classic Reprint) Jeannette Marks. 2018. (ENG., Illus.). 272p. (J). 29.51 *(978-0-483-52760-7(2))* Forgotten Bks.

End of Apartheid, 1 vol. Jason Glaser. 2018. (History Just Before You Were Born Ser.). (ENG.). 32p. (J). (gr. 4-5). 28.27 *(978-1-5382-3026-8(7)*, ca0fbf99-9636-4934-8636-5dd3787b25a1) Stevens, Gareth Publishing LLLP.

End of Days: Doomsday Myths Around the World. Blake Hoena. Illus. by Felipe Kroll. 2017. (Universal Myths Ser.). (ENG.). 48p. (J). (gr. 3-9). lib. bdg. 31.32 *(978-1-5157-6626-1(8)*, 135197, Capstone Pr.) Capstone.

End of Dreams: A Novel of New England (Classic Reprint) Philip Jerome Cleveland. 2017. (ENG., Illus.). (J). 30.74 *(978-0-331-56646-8(X))*; pap. 13.57 *(978-0-243-27270-9(7))* Forgotten Bks.

End of It: A Novel (Classic Reprint) Mitchell Goodman. (ENG., Illus.). (J). 2018. 284p. 29.77 *(978-0-483-41716-8(5))*; 2017. pap. 13.57 *(978-0-243-23989-4(0))* Forgotten Bks.

End of Life Planner: Everything You Need to Know When I'm Gone, a Simple Guide to Write in about Important Information for Family to Make My Passing Easier with Black Golden Mandala Cover. Marvelous Marc. 2021. (ENG.). 136p. (YA). pap. 11.99 *(978-1-716-11565-3(5))* Lulu Pr., Inc.

End of Olympus. Kate O'Hearn. 2017. (Pegasus Ser.: 6). (ENG.). 432p. (J). (gr. 3-7). pap. 8.99 *(978-1-4814-4718-8(1)*, Aladdin) Simon & Schuster Children's Publishing.

End of Olympus. Kate O'Hearn. 2016. (Pegasus Ser.: 6). (ENG., Illus.). 432p. (J). (gr. 3-7). 17.99 *(978-1-4814-4717-1(3)*, Simon & Schuster/Paula Wiseman Bks.) Simon & Schuster/Paula Wiseman Bks.

End of Orson Eerie? a Branches Book (Eerie Elementary #10) Jack Chabert. Illus. by Matt Loveridge. 2019. (Eerie Elementary Ser.: 10). (ENG.). 96p. (J). (gr. 1-3). pap. 5.99 *(978-1-338-31856-2(X))* Scholastic, Inc.

End of Oz. Danielle Paige. 2017. 304p. (YA). *(978-0-06-266023-7(3))* Harper & Row Ltd.

End of Oz. Danielle Paige. (Dorothy Must Die Ser.: 4). (ENG.). 304p. (YA). (gr. 9). 2018. pap. 10.99 *(978-0-06-242378-8(9))*; 2017. 18.99 *(978-0-06-242377-1(0))* HarperCollins Pubs. (HarperCollins).

End of Schooling. David Hugh Morley Wright. 2017. (ENG.). 324p. (J). 18.95 *(978-1-78629-293-3(9)*, e367d25b-042d-4afc-a3d8-26b924888597) Austin Macauley Pubs. Ltd. GBR. Dist: Baker & Taylor Publisher Services (BTPS).

End of Something Wonderful: A Practical Guide to a Backyard Funeral. Stephanie V. W. Lucianovic & Stephanie V. W. Lucianovic. Illus. by George Ermos. 2019. 32p. (J). (gr. -1-3). 16.95 *(978-1-4549-3211-6(2))* Sterling Publishing Co., Inc.

End of the Battle (Classic Reprint) Evelyn Waugh. 2017. (ENG., Illus.). (J). 30.85 *(978-0-260-94014-8(3))*; pap. 13.57 *(978-0-243-38152-4(2))* Forgotten Bks.

End of the Beginning (Classic Reprint) Charles F. Richardson. 2018. (ENG., Illus.). 328p. (J). 30.66 *(978-0-428-78720-2(7))* Forgotten Bks.

End of the Cities: Book Three. Laurel Solorzano. 2022. (ENG.). 264p. (YA). pap. 12.95 *(978-1-7373974-2-7(0))* Solorzano, Laurel.

End of the Cold War. Kate Riggs. 2016. (Turning Points Ser.). (ENG., Illus.). 48p. (J). (gr. 4-7). *(978-1-60818-748-5(9)*, 20810, Creative Education); pap. 12.00 *(978-1-62832-344-3(2)*, 20808, Creative Paperbacks) Creative Co., The.

End of the Flight (Classic Reprint) Burton Kline. 2018. (ENG., Illus.). 450p. (J). 33.18 *(978-0-483-39284-7(7))* Forgotten Bks.

End of the Game: A Novel (Classic Reprint) Arthur Hornblow. 2018. (ENG., Illus.). 472p. (J). 33.71 *(978-0-332-03677-9(4))* Forgotten Bks.

End of the House of Alard (Classic Reprint) Sheila Kaye-Smith. (ENG., Illus.). (J). 2017. 31.32 *(978-0-265-55701-3(1))*; 2016. pap. 13.97 *(978-1-334-12343-6(8))* Forgotten Bks.

End of the Ice Age Saga. James Palmer. 2022. (ENG.). 72p. (YA). pap. 7.00 ***(978-1-4717-5380-0(8))*** Lulu Pr., Inc.

End of the Innocence. John Goode. 2016. (ENG., Illus.). (J). 29.99 *(978-1-63533-008-3(4)*, Harmony Ink Pr.) Dreamspinner Pr.

End of the Middle Ages, 1 vol. Ed. by Kelly Roscoe. 2017. (Power & Religion in Medieval & Renaissance Times Ser.). (ENG., Illus.). 112p. (J). (gr. 10-10). 37.82 *(978-1-68048-623-0(3)*, 33215f07-3ad7-4514-821c-d3b1ec52c0d5, Britannica Educational Publishing) Rosen Publishing Group, Inc., The.

End of the Rainbow. Liza Donnelly. ed. 2018. (I Like to Read Ser.). (ENG.). 24p. (J). (gr. -1-1). 10.00 *(978-1-64310-691-5(0))* Penworthy Co., LLC, The.

End of the Rainbow: With a Frontispiece by Ethel Pennewill Brown (Classic Reprint) Stella M. During. 2018. (ENG., Illus.). 328p. (J). 30.68 *(978-0-365-49538-3(7))* Forgotten Bks.

End of the Rainbow (Classic Reprint) Marian Keith. (ENG., Illus.). (J). 2018. 368p. 31.49 *(978-0-364-01365-6(6))*; 2017. pap. 13.97 *(978-0-243-51234-8(1))* Forgotten Bks.

End of the Road: A Novel (Classic Reprint) Stanley Portal Hyatt. (ENG., Illus.). (J). 2018. 352p. 31.16 *(978-0-365-21927-9(4))*; 2017. pap. 13.57 *(978-1-5276-2967-7(8))* Forgotten Bks.

End of the Wild. Nicole Helget. 2018. (ENG., Illus.). 288p. (J). (gr. 3-7). pap. 7.99 *(978-0-316-24513-5(5))* Little, Brown Bks. for Young Readers.

End of the Wild. Nicole Helget. ed. 2018. (J). lib. bdg. 18.40 *(978-0-606-40989-6(0))* Turtleback.

End of the World: A Love Story. Edward Eggleston. 2017. (ENG., Illus.). (J). (gr. -1-7). 24.95 *(978-1-374-95435-9(7))* Capital Communications, Inc.

End of the World: A Love Story (Classic Reprint) Edward Eggleston. 2018. (ENG., Illus.). 304p. (J). (gr. -1-7). 30.17 *(978-0-365-51399-5(7))* Forgotten Bks.

End of the World: Kindergarten Activity Book Filled with Mazes. Kreative Kids. 2016. (ENG., Illus.). (J). pap. 10.81 *(978-1-68377-042-8(0))* Whike, Traudl.

End of Time (Poptropica Book 4) Mitch Krpata. Illus. by Kory Merritt. 2017. (Poptropica Ser.). (ENG.). 112p. (J). (gr. 1-4). 9.99 *(978-1-4197-2557-9(2)*, 1140501, Amulet Bks.) Abrams, Inc.

End of World War II: The Japanese Surrender. Christopher Chant. 2017. (World War II Ser.: Vol. 5). (ENG., Illus.). 79p. (YA). (gr. 7-12). 24.95 *(978-1-4222-3898-1(9))* Mason Crest.

End User. Steve Brezenoff. Illus. by Juan Calle Velez. 2019. (Michael Dahl Presents: Screams in Space 4D Ser.). (ENG.). 112p. (J). (gr. 3-5). lib. bdg. 27.32 *(978-1-4965-8335-2(3)*, 140515, Stone Arch Bks.) Capstone.

Endangered. Lamar Giles. 2016. (ENG.). 304p. (YA). (gr. 9). pap. 10.99 *(978-0-06-229757-0(0)*, HarperTeen) HarperCollins Pubs.

Endangered. W. Bradford Swift. 2018. (Zak Bates Eco-Adventure Ser.: Vol. 2). (ENG.). 192p. (J). pap. 9.95 *(978-1-930328-24-2(9))* Porpoise Publishing.

Endangered!, 12 vols., Set. Incl. Bears. Karen Diane Haywood. lib. bdg. 32.64 *(978-0-7614-2987-6(5)*, eb42bf9a-1569-484e-a301-b3581c1e98d1); Eagles. Karen Diane Haywood. lib. bdg. 32.64 *(978-0-7614-2991-3(3)*, a01a16fd-1c3d-4819-a0b8-8f164b110d5c); Sharks. Marc Tyler Nobleman. lib. bdg. 32.64 *(978-0-7614-2988-3(3)*, efe848f2-c7ea-4614-b0e3-00be5a061653); Tigers. Marc Tyler Nobleman. lib. bdg. 32.64 *(978-0-7614-2986-9(7)*, 09541cd4-e7a3-4f5b-854a-2076a965ba40); Whales. Johannah Haney. lib. bdg. 32.64 *(978-0-7614-2990-6(5)*, 0b87e2a0-ccb1-4e77-95af-6aac0e997680); Wolves. Ruth Bjorklund. lib. bdg. 32.64 *(978-0-7614-2993-7(X)*, 54ef9bc6-07e7-4326-a10b-dc66f8fc0af7); 48p. (gr. 3-3). (Endangered! Ser.). (ENG.). 2009. Set lib. bdg. 195.84 *(978-0-7614-2985-2(9)*, 9cfad842-8cb2-4da3-913c-c01b577db8a8, Cavendish Square) Cavendish Square Publishing LLC.

Endangered & Threatened Animals. Abbie Dunne. 2016. (Life Science Ser.). (ENG., Illus.). 24p. (J). (gr. -1-2). lib. bdg. 27.32 *(978-1-5157-0945-9(0)*, 132259, Capstone Pr.) Capstone.

Endangered Animal Tales 2: Poppy, the Punk Turtle. Aleesah Darlison. Illus. by Mel Matthews. 2021. (Endangered Animals Ser.). 32p. (J). (— 1). 19.99 *(978-1-76089-923-3(2)*, Puffin) Penguin Random Hse. AUS. Dist: Independent Pubs. Group.

Endangered Animal Tales 4: Banjo, the Woylie with Bounce. Aleesah Darlison. Illus. by Mel Matthews. 2023. (Endangered Animals Ser.). 32p. (J). (-k). 19.99 *(978-1-76089-925-7(9)*, Puffin) Penguin Random Hse. AUS. Dist: Independent Pubs. Group.

Endangered Animals, 1 vol. Anita Ganeri. 2017. (Last Chance to Save Ser.). (ENG.). 32p. (J). (gr. 4-5). 27.93 *(978-1-5383-2283-3(8)*, 8c2865fd-ec76-499a-8550-af8bcb194636); pap. 11.00 *(978-1-5383-2382-3(6)*, 1ed75d0a-e5f3-440d-b9cf-12cdba0357d7) Rosen Publishing Group, Inc., The. (PowerKids Pr.).

Endangered Animals: Children's Zoology Book with Informative Facts for Kids. Bold Kids. 2022. (ENG.). 42p. (J). pap. 14.99 ***(978-1-0717-0963-4(1))*** FASTLANE LLC.

Endangered Animals: Wildlife Around the World People Must Protect. Jo a Steele. 2016. (ENG., Illus.). (J). pap. *(978-1-4602-9413-0(0))* FriesenPress.

Endangered Animals Atlas. Tom Jackson. Illus. by Sam Caldwell. 2023. (Amazing Adventures Ser.). (ENG.). 64p. (J). (gr. 1-4). 16.99 ***(978-0-7112-8346-6(X)***, Words & Pictures) Quarto Publishing Group UK GBR. Dist: Hachette Bk. Group.

Endangered Animals Bingo: Learn about 64 Threatened Species That Need Our Help. Illus. by Marcel George. 2021. (ENG.). (gr. 1-5). 29.99 *(978-1-913947-43-9(2)*, King, Laurence Publishing) Orion Publishing Group, Ltd. GBR. Dist: Hachette Bk. Group.

Endangered Animals Coloring Book: Cute Endangered Animals Coloring Book Adorable Endangered Animals Coloring Pages for Kids 25 Incredibly Cute & Lovable Endangered Animals. Welove Coloringbooks. 2021. (ENG., Illus.). 106p. (J). pap. 10.99 *(978-1-716-25507-6(4))* Lulu Pr., Inc.

Endangered Animals (Set), 12 vols. 2021. (Endangered Animals Ser.). (ENG.). 24p. (J). (gr. 1-2). lib. bdg. 151.62 *(978-1-7253-3654-4(5)*, 45ffec73-f12b-47d1-bebb-732a9dee8ee1, PowerKids Pr.) Rosen Publishing Group, Inc., The.

Endangered Insects. Contrib. by Christa Kelly. 2023. (Focus on Endangered Species Ser.). (ENG.). 64p. (YA). (gr. 6-12). 43.93 ***(978-1-6782-0644-4(X)***, BrightPoint Pr.) ReferencePoint Pr., Inc.

Endangered Mammals. Contrib. by Tammy Gagne. 2023. (Focus on Endangered Species Ser.). (ENG.). 64p. (YA). (gr. 6-12). 43.93 ***(978-1-6782-0646-8(6)***, BrightPoint Pr.) ReferencePoint Pr., Inc.

Endangered Mammals from Around the World: Animal Books for Kids Age 9-12 Children's Animal Books. Baby Professor. 2017. (ENG., Illus.). (J). pap. 9.55 *(978-1-5419-3878-6(X)*, Baby Professor (Education Kids)) Speedy Publishing LLC.

Endangered Operation. Clarion Clarion Books. 2019. (Carmen Sandiego Chase-Your-Own Capers Ser.). (ENG., Illus.). 160p. (J). (gr. 3-7). 14.99 *(978-1-328-62906-7(6)*, 1734769, Clarion Bks.) HarperCollins Pubs.

Endangered Operation. Houghton Mifflin Harcourt. 2019. (Carmen Sandiego Chase-Your-Own Capers Ser.). (ENG., Illus.). 160p. (J). (gr. 3-7). pap. 7.99 *(978-1-328-62907-4(4)*, 1734814, Clarion Bks.) HarperCollins Pubs.

Endangered People, 1 vol. Anita Ganeri. 2017. (Last Chance to Save Ser.). (ENG.). 32p. (J). (gr. 4-5). 27.93 *(978-1-5383-2284-0(6)*, c4e16d60-1069-46cc-9754-e03c4357542e); pap. 11.00 *(978-1-5383-2384-7(2)*, d9e4e8be-6f21-4b67-b44d-53f143c8e6b1) Rosen Publishing Group, Inc., The. (PowerKids Pr.).

Endangered Places, 1 vol. Anita Ganeri. 2017. (Last Chance to Save Ser.). (ENG.). 32p. (J). (gr. 4-5). 27.93 *(978-1-5383-2286-4(2)*, b7a5b881-4af5-4444-8274-8234bce8876c); pap. 11.00 *(978-1-5383-2386-1(9)*, 70188c63-f368-42af-b5c8-9320c1b77ad2) Rosen Publishing Group, Inc., The. (PowerKids Pr.).

Endangered Plants, 1 vol. Anita Ganeri. 2017. (Last Chance to Save Ser.). (ENG.). 32p. (J). (gr. 4-5). 27.93 *(978-1-5383-2288-8(9)*, 4d8a5fa5-0f46-4cd7-8ecc-8f1d6daefaaa); pap. 11.00 *(978-1-5383-2388-5(5)*, 556fa2b2-aaa7-4503-8554-2f7e8eb79825) Rosen Publishing Group, Inc., The. (PowerKids Pr.).

E

Endangered Sharks. Elisa A. Bonnin. 2022. (All about Sharks Ser.). (ENG.). 64p. (J). (gr. 6-12). 43.93 *(978-1-6782-0364-1(5)*, BrightPoint Pr.) ReferencePoint Pr., Inc.

Endangered Species & Our Future, 1 vol. Sabrina Adams. 2021. (Spotlight on Our Future Ser.). (ENG.). 32p. (J). (gr. 3-4). pap. 11.60 *(978-1-7253-2389-6(3)*, 4e06f941-3d4c-4b91-833d-a6bb346017b8, PowerKids Pr.) Rosen Publishing Group, Inc., The.

Endangered Species Have Feelings Too: An Educational Coloring Book for Children Ages 7-12. Alexandra Delis-Abrams. Illus. by Kim Howard. 2020. (ENG.). 64p. (J). pap. 12.95 *(978-1-879889-50-7(1))* Southampton Publishing.

Endangered Species Series, Elephants. Russell Scott & Patti Petrone Miller. Illus. by Gabriella Fiorillo. 2017. (ENG.). 54p. (J). 21.28 *(978-1-5380-3470-5(0))* Barnes & Noble Pr.

Endangered Whales. Contrib. by Clara MacCarald. 2023. (Focus on Endangered Species Ser.). (ENG.). 64p. (YA). (gr. 6-12). 43.93 ***(978-1-6782-0650-5(4))***, BrightPoint Pr.) ReferencePoint Pr., Inc.

Endangereds. Philippe Cousteau. 2020. (ENG., Illus.). 352p. (J). (gr. 3-7). 16.99 *(978-0-06-289416-8(1)*, HarperCollins) HarperCollins Pubs.

Endangereds. Philippe Cousteau & James Madsen. 2021. (ENG.). 368p. (J). (gr. 3-7). pap. 7.99 *(978-0-06-289417-5(X)*, HarperCollins) HarperCollins Pubs.

Endangereds: Melting Point. Philippe Cousteau. 2021. (ENG.). 368p. (J). (gr. 3-7). 16.99 (978-0-06-289419-9(6), HarperCollins) HarperCollins Pubs.

Endangereds: Melting Point. Philippe Cousteau & Austin Asian. 2023. (ENG.). 384p. (J). (gr. 3-7). pap. 9.99 (978-0-06-289420-5(X), HarperCollins) HarperCollins Pubs.

Endearing Fidgets Fall: Another World, Another Challenge. Ruthie Dean. 2023. (Endearing Fidgets Ser.: Vol. 2). (ENG.). 210p. (J). pap. (978-1-80381-362-2(8)) Grosvenor Hse. Publishing Ltd.

Endeavour's Long Journey/la Larga Travesía de Endeavour. John D. Olivas. Illus. by Gayle G. Roski. 2016. (SPA.). 40p. (J). 19.95 (978-0-9973947-2-6(2)) East West Discovery Pr.

Ender Eye Prophecy: An Unofficial Graphic Novel for Minecrafters, #3. Cara J. Stevens. Illus. by David Norgren & Elias Norgren. 2016. (Unofficial Graphic Novel for Minecrafters Ser.: 3). 192p. (J). (gr. 2-7). pap. 11.99 (978-1-5107-1483-0(9), Sky Pony Pr.) Skyhorse Publishing Co., Inc.

Enderman's Diary: An Unofficial Minecraft Book for Kids. Miner. 2020. (ENG.). 108p. (J). pap. 15.99 (978-1-954075-26-9(X)) Malinda Real Estate Holding LLC.

Ender's Game Novel Units Student Packet. Novel Units. 2019. (ENG.). (YA). (gr. 7-8). pap., stu. ed. 13.99 (978-1-58130-512-8(5), Novel Units, Inc.) Classroom Library Co.

Endgame: Rules of the Game. James Frey & Nils Johnson-Shelton. (Endgame Ser.: 3). (ENG.). (YA). (gr. 9). 2017. 368p. pap. 10.99 (978-0-06-233265-3(1)); 2016. (Illus.). 352p. 19.99 (978-0-06-233264-6(3)) HarperCollins Pubs. (HarperCollins).

Endgame: the Complete Fugitive Archives. James Frey. 2017. (Endgame: the Fugitive Archives Ser.). (ENG.). 352p. (YA). (gr. 9). pap. 9.99 (978-0-06-233278-3(3), HarperCollins) HarperCollins Pubs.

Endgame: the Complete Zero Line Chronicles. James Frey. 2016. (Endgame: the Zero Line Chronicles Ser.). (ENG.). 288p. (YA). (gr. 9). pap. 9.99 (978-0-06-233277-6(5), HarperCollins) HarperCollins Pubs.

EndGames: a Graphic Novel (NewsPrints #2) Ru Xu. Illus. by Ru Xu. 2019. (ENG., Illus.). 208p. (J). (gr. 3-7). pap. 12.99 (978-0-545-80317-5(9), Graphix) Scholastic, Inc.

Endicott & I (Classic Reprint) Frances Lester Warner. 2018. (ENG., Illus.). 226p. (J). 28.56 (978-0-267-22426-5(5)) Forgotten Bks.

Ending Easter. Mark Andrew Poe. 2017. (ENG., Illus.). 216p. (J). 14.99 (978-1-943785-21-6(X), bb59e8ca-369e-4833-824c-092265cbd8df) Rabbit Pubs.

Ending in Cadence. Catherine Downen. 2022. (ENG.). 400p. (YA). 22.00 (978-1-0879-2408-3(1)) Indy Pub.

Ending the Energy Crisis: It's Time to Take Eco Action! Robyn Hardyman. 2023. (Eco Action Ser.). (ENG., Illus.). 48p. (J). (gr. 5-8). pap. 10.99 (978-1-915153-62-3(X), 265a39b4-0ff6-4d06-a46b-6a9ddead57d8); lib. bdg. 31.99 (978-1-914383-78-6(8), 6fcc578d-b21e-4f9f-9132-bfade2667685) Cheriton Children's Bks. GBR. Dist: Lerner Publishing Group.

Endless Change. P. D. Workman. 2017. (ENG., Illus.). (YA). (gr. 7-12). (978-1-988390-62-8(1)); pap. (978-1-988390-61-1(3)) PD Workman.

Endless Journey. Sumedha Jena. 2020. (ENG.). 58p. (YA). (gr. 8-12). pap. 10.00 (978-1-64560-073-2(4)) Black Eagle Bks.

Endless King. Dave Rudden. 2018. (J). (978-0-553-52305-8(8)) Random Hse., Inc.

Endless Puzzle Patterns of Snowflakes Coloring Book. Jupiter Kids. 2016. (ENG., Illus.). 106p. (J). pap. 12.55 (978-1-68326-260-2(3), Jupiter Kids (Childrens & Kids Fiction)) Speedy Publishing LLC.

Endless Skies. Shannon Price. 2022. (ENG.). 304p. (YA). pap. 15.99 (978-1-250-21943-5(4), 900207424, Tor Teen) Doherty, Tom Assocs., LLC.

Endless Spring Break. Jeremy Oberstein. Illus. by Erica Kepler. 2021. (ENG.). 38p. (J). pap. 15.00 (978-1-6629-1039-5(8)) Gatekeeper Pr.

Endless Steppe: Growing up in Siberia. Esther Hautzig. 2018. (ENG., Illus.). 256p. (J). (gr. 3-18). pap. 9.99 (978-0-06-440577-5(X), HarperCollins) HarperCollins Pubs.

Endless Story, & Other Oriental (Classic Reprint) Violet Moore Higgins. 2018. (ENG., Illus.). 88p. (J). 25.73 (978-0-267-42593-8(7)) Forgotten Bks.

Endless Treasures! Kids Hidden Objects Activity Book. Bobo's Children Activity Books. 2016. (ENG., Illus.). (J). pap. 7.99 (978-1-68327-138-3(6)) Sunshine In My Soul Publishing.

Endless Water, Starless Sky. Rosamund Hodge. 2019. (Bright Smoke, Cold Fire Ser.: 2). (ENG.). 448p. (YA). (gr. 8). pap. 10.99 (978-0-06-236945-1(8), Balzer & Bray) HarperCollins Pubs.

Endling #1: the Last. Katherine Applegate. (Endling Ser.: 1). (ENG.). (J). (gr. 3-7). 2019. 416p. pap. 9.99 (978-0-06-233554-8(5)); 2018. (Illus.). 400p. 17.99 (978-0-06-233552-4(9)) HarperCollins Pubs. (HarperCollins).

Endling #2: the First. Katherine Applegate. Illus. by Max Kostenko. (Endling Ser.: 2). (ENG.). (J). (gr. 3-7). 2020. 416p. pap. 7.99 (978-0-06-233557-9(X)); 2019. 400p. 17.99 (978-0-06-233556-2(1)) HarperCollins Pubs. (HarperCollins).

Endling 3-Book Paperback Box Set: The Last, the First, the Only. Katherine Applegate. Illus. by Max Kostenko. 2022. (Endling Ser.). (ENG.). 1152p. (J). (gr. 3-7). pap. 23.97 (978-0-06-321149-0(1), HarperCollins) HarperCollins Pubs.

Endling #3: the Only. Katherine Applegate. (Endling Ser.: 3). (ENG.). (J). (gr. 3-7). 2022. 320p. pap. 9.99 (978-0-06-233561-6(8)); 2021. (Illus.). 304p. 17.99 (978-0-06-233559-3(6)) HarperCollins Pubs. (HarperCollins).

Endlings: the Last Species (Set), 8 vols. Joyce Markovics. 2022. (Endlings: the Last Species Ser.). (ENG., Illus.). 24p. (J). (gr. 4-6). 245.12 (978-1-6689-1020-7(9), 220828); pap., pap., pap. 102.29 (978-1-6689-1041-2(1), 220986) Cherry Lake Publishing.

Endocrine & Reproductive Systems. Joseph Midthun. Illus. by Samuel Hiti. 2022. (ENG.). 42p. (J). pap. (978-0-7166-5068-3(1)) World Bk.-Childcraft International.

Endocrine System. Marne Ventura. 2022. (Body Systems Ser.). (ENG.). 32p. (J). (gr. 2-5). lib. bdg. 34.21 (978-1-5321-9858-8(2), 40839, Kids Core) ABDO Publishing Co.

EndoMEtriosis: A Guide for Girls. Tamer Seckin. 2020. 208p. (YA). pap. 21.99 (978-1-68442-365-1(1)) Turner Publishing Co.

Endow: A Blood Inheritance Novel. M. Ainihi. 2020. (Blood Inheritance Quartet Ser.: Vol. 3). (ENG.). 302p. (YA). pap. 15.99 (978-0-9993514-9-9(4)) Virella, Mary.

Ends with X. Christina Earley. 2022. (My Phonics Words - Alphabet: Consonants Ser.). (ENG.). (J). (gr. -1-2). 16p. lib. bdg. (978-1-0396-9481-1(0), 21088); 24p. pap. (978-1-0396-4535-6(6), 17237) Crabtree Publishing Co. (Little Honey Books).

Endsister. Penni Russon. 2018. (ENG., Illus.). 256p. (J). (gr. 6-9). pap. 14.99 (978-1-74175-065-2(2)) Allen & Unwin AUS. Dist: Independent Pubs. Group.

Endura, or Three Generations: A New England Romance (Classic Reprint) B. P. Moore. 2017. (ENG., Illus.). (J). 30.41 (978-0-265-40500-0(9)) Forgotten Bks.

Endurance Racing. Kenny Abdo. 2023. (Motor Mayhem Ser.). (ENG.). 24p. (J). (gr. 2-8). lib. bdg. 31.36 (978-1-0982-8143-4(8), 42404, Abdo Zoom-Fly) ABDO Publishing Co.

Endurance: Shackleton's Incredible Antarctic Expedition. Anita Ganeri. 2016. (ENG.). 48p. (J). (gr. 4-6). pap. 12.99 (978-0-7502-9709-7(3), Wayland) Hachette Children's Group GBR. Dist: Hachette Bk. Group.

Endurance Test: How Clear Grit Won the Day. Alan Douglas. 2018. (ENG., Illus.). 116p. (YA). (gr. 7-12). pap. (978-93-5329-252-2(2)) Alpha Editions.

Endurance, Young Readers Edition: My Year in Space & How I Got There. Scott Kelly. (ENG.). 320p. (J). (gr. 3-7). 2020. 8.99 (978-1-5247-6427-2(2), Yearling); 2018. (Illus.). 17.99 (978-1-5247-6424-1(8), Crown Books For Young Readers) Random Hse. Children's Bks.

Enduring the Oregon Trail: A This or That Debate. Jessica Rusick. 2020. (This or That?: History Edition Ser.). (ENG., Illus.). 32p. (J). (gr. 3-5). pap. 7.95 (978-1-4966-8788-3(4), 201673); lib. bdg. 29.32 (978-1-4966-8390-8(0), 200262) Capstone. (Capstone Pr.).

Enduro & Other Extreme Mountain Biking. Elliott Smith. 2019. (Natural Thrills Ser.). (ENG., Illus.). 32p. (J). (gr. 3-9). lib. bdg. 28.65 (978-1-5435-7324-4(X), 140624) Capstone.

Eneas: Text Critique (Classic Reprint) Jacques Salverda de Grave. 2017. (FRE., Illus.). (J). 40.48 (978-0-260-96405-2(0)); pap. 23.57 (978-0-265-64384-6(8)) Forgotten Bks.

Eneas: Texte Critique (Classic Reprint) Jacques Salverda de Grave. (FRE., Illus.). (J). 2018. 766p. 39.70 (978-1-390-17131-0(0)); 2018. 768p. pap. 23.57 (978-1-390-15663-8(X)); 2018. 554p. 35.34 (978-0-484-37273-2(4)); 2017. pap. 19.57 (978-1-332-65959-3(4)) Forgotten Bks.

Enemies. Svetlana CHMAKOVA. ed. 2022. (Berrybrook Middle School Ser.: 5). (ENG., Illus.). 224p. (J). (gr. 5-17). 25.00 (978-1-9753-1279-4(1)); pap. 13.00 (978-1-9753-1272-5(4)) Yen Pr. LLC. (JY).

Enemies & Friends of a Heart - Ana Kairiribai Ao Raoraon Te Buroo (Te Kiribati) Tekaribwa Boota. Illus. by Jovan Carl Segura. 2022. (MIS.). 36p. (J). pap. (978-1-922918-61-1(X)) Library For All Limited.

Enemies in the Rear; or a Golden Circle Squared: A Story of Southeastern Pennsylvania in the Time of Our Civil War (Classic Reprint) Francis T. Hoover. 2018. (ENG., Illus.). 628p. (J). 36.87 (978-0-484-58410-4(3)) Forgotten Bks.

Enemies Inside. Mohammed Umar. 2018. (Salaam Early Reader Ser.: Vol. 1). (ENG., Illus.). 28p. (J). pap. (978-1-912450-09-1(7)) Salaam Publishing.

Enemies Inside (Macedonian Edition) Mohammed Umar. 2018. (ENG., Illus.). 128p. (J). pap. (978-1-912450-13-8(5)) Salaam Publishing.

Enemies of Anime Ninja Coloring Book. Creative Playbooks. 2016. (ENG., Illus.). (J). pap. 7.74 (978-1-68323-885-0(0)) Twin Flame Productions.

Enemies of Israel: A Hanukkah Fantasy in One Act (Classic Reprint) Louis Broido. 2018. (ENG., Illus.). 30p. (J). 24.52 (978-0-267-68844-9(X)) Forgotten Bks.

Enemies of Women: Los Enemigos de la Mujer (Classic Reprint) Vicente Blasco Ibanez. 2018. (ENG., Illus.). 556p. (J). 35.38 (978-0-483-46313-4(2)) Forgotten Bks.

Enemies Rising Part 1: A Tacrem Adventure. Paul a Stretton-Stephens. 2017. (Tacrem Adventure Ser.: Vol. 1). (ENG., Illus.). 155p. (YA). pap. (978-0-9955129-7-9(3)) Pen of Paul.

Enemies Rising Part 2: A Tacrem Adventure. Paul a Stretton-Stephens. 2017. (Tacrem Adventure Ser.: Vol. 2). (ENG.). 162p. (YA). pap. (978-0-9955129-8-6(1)) Pen of Paul.

Enemy: Detroit 1954. Sara E. Holbrook. 2017. (ENG., Illus.). 224p. (J). (gr. 5-9). 17.99 (978-1-62979-498-3(8), Calkins Creek) Highlights Pr., c/o Highlights for Children, Inc.

Enemy Asteroids, 1 vol. Angie Timmons. 2018. (Creepy, Kooky Science Ser.). (ENG.). 48p. (J). (gr. 5-5). 29.60 (978-1-9785-0374-8(1), 6c7c2e01-a5cf-4ab5-bb5a-53b14f07eb68) Enslow Publishing, LLC.

Enemy Child: The Story of Norman Mineta, a Boy Imprisoned in a Japanese American Internment Camp During World War II. Andrea Warren. (Illus.). 224p. (J). (gr. 5). 2021. pap. 14.99 (978-0-8234-5002-2(3)); 2019. 22.99 (978-0-8234-4151-8(2)) Holiday Hse., Inc. (Margaret Ferguson Books).

Enemy (Classic Reprint) George R. Chester. (ENG., Illus.). (J). 2017. 31.94 (978-0-331-21790-2(2)); 2016. pap. 16.57 (978-1-333-53000-6(5)) Forgotten Bks.

Enemy Mind: A 4D Book. Gina Kammer. Illus. by Chris Chalik. 2018. (Mind Drifter Ser.). (ENG.). 128p. (J). (gr. 3-8). lib. bdg. 27.32 (978-1-4965-5898-5(7), 137059, Stone Arch Bks.) Capstone.

Enemy to Society: A Romance of New York of Yesterday & to-Day (Classic Reprint) George Bronson-Howard. 2018. (ENG., Illus.). 370p. (J). 31.53 (978-0-656-75226-3(2)) Forgotten Bks.

Enemy's Camp (Classic Reprint) Hugh T. Sheringham. 2018. (ENG., Illus.). 382p. (J). 31.78 (978-0-483-78946-3(1)) Forgotten Bks.

Enemy's Keeper: Forbidden Ties (Enemy's Keeper Series Book 1) Kyrie Wang. 2022. (ENG.). 248p. (YA). (978-0-2288-6453-0(4)); pap. (978-0-2288-6452-3(6)) Tellwell Talent.

Energía. Julia Vogel. 2018. (Ciencia De Ser.). (SPA.). 24p. (J). lib. bdg. 23.99 (978-1-5105-3436-0(9)) SmartBook Media, Inc.

Energía Hidráulica. Christine Webster. 2016. (Agua de la Tierra Ser.). (SPA.). 24p. (J). lib. bdg. 24.99 (978-1-5105-2433-0(9)) SmartBook Media, Inc.

Energía para el Presente, 12 vols., Set. Tea Benduhn. Incl. Energía Del Agua (Water Power) lib. bdg. 24.67 (978-0-8368-9270-3(4), 70d44206-a175-4a35-8833-67c084f638d1); Energía Del Viento (Wind Power) lib. bdg. 24.67 (978-0-8368-9271-0(2), ad1981df-5e0b-4325-993e-accf14cf9c0e); Energía Nuclear (Nuclear Power) lib. bdg. 24.67 (978-0-8368-9268-0(2), efaf551b-2983-49ac-91f8-85da85139b69); Energía Solar (Solar Power) lib. bdg. 24.67 (978-0-8368-9269-7(0), 311f6ee4-5d03-4bee-9e86-66b55aa45de4); Etanol y Otros Combustibles Nuevos (Ethanol & Other New Fuels) lib. bdg. 24.67 (978-0-8368-9266-6(6), a1d5a969-5b9b-48e7-96b1-a6e1ebbe7abc); Petróleo, Gas y Carbón (Oil, Gas, & Coal) lib. bdg. 24.67 (978-0-8368-9267-3(4), c1ae05a3-f486-4854-912a-1cad33c1762c); (J). (gr. 3-3). (Energía para el Presente (Energy for Today) Ser.). (SPA.). 24p. 2008. Set lib. bdg. 148.02 (978-0-8368-9319-9(0), 89ff1fe9-a1c5-4d03-be58-9bac74ab3434, Weekly Reader Leveled Readers) Stevens, Gareth Publishing LLLP.

Energía Termica. Ted Kestral. 2017. (Vitales Ser.). (SPA.). (YA). (gr. 6-8). pap. (978-1-5021-6908-2(8)) Benchmark Education Co.

Energía Termica - 6 Pack: Set of 6 Common Core Edition. Ted Kestral. 2017. (Vitales Ser.). (SPA.). (YA). (gr. 6-8). 75.00 (978-1-5021-7130-6(9)) Benchmark Education Co.

Energie et Ses Transformations: Mecanique, Chaleur, Lumiere, Chimie, Electricite, Magnetisme (Classic Reprint) Rene Colson. 2018. (FRE., Illus.). 244p. (J). 28.93 (978-0-483-14781-2(8)) Forgotten Bks.

Energist. Brandon Butler. 2021. (Omni & the Omen Ser.: Vol. 1). (ENG.). 280p. (YA). pap. 17.99 (978-1-6628-2368-8(1)) Salem Author Services.

Energy. Michael Burgan. 2019. (Stem Today Ser.). (ENG.). 48p. (J). lib. bdg. 29.99 (978-1-5105-4461-1(5)) SmartBook Media, Inc.

Energy. Nancy Dickmann. 2023. (Science Starters Ser.). (ENG., Illus.). 24p. (J). (gr. 5-7). pap. 10.99 (978-1-78121-821-1(8), 23959) Black Rabbit Bks.

Energy. Andi Diehn. Illus. by Hui Li. 2018. (Picture Book Science Ser.). (ENG.). 32p. (J). (gr. k-3). 19.95 (978-1-61930-639-4(5), 4226f10c-b2e6-4c06-abf6-1c0183c553dc) Nomad Pr.

Energy. Joy Gregory. 2017. (978-1-5105-1931-2(9)) SmartBook Media, Inc.

Energy. Melissa Higgins. 2019. (Little Physicist Ser.). (ENG., Illus.). 32p. (J). (gr. 1-3). pap. 6.95 (978-1-9771-1063-3(0), 141137); lib. bdg. 28.65 (978-1-9771-0960-6(8), 140551) Capstone. (Pebble).

Energy. Joseph Midthun. Illus. by Samuel Hiti. 2022. (ENG.). 42p. (J). pap. (978-0-7166-5055-3(X)) World Bk.-Childcraft International.

Energy. Rebecca Pettiford. 2018. (Science Starters Ser.). (ENG., Illus.). 24p. (J). (gr. k-3). pap. 7.99 (978-1-61891-462-0(6), 12115); lib. bdg. 26.95 (978-1-62617-806-9(2)) Bellwether Media. (Blastoff! Readers).

Energy. Julia Vogel. 2017. (Science Of Ser.). (ENG.). 24p. (J). lib. bdg. 22.99 (978-1-5105-2417-0(7)) SmartBook Media, Inc.

Energy, Vol. 10. Michael Burgan. 2016. (Stem in Current Events Ser.). (Illus.). 64p. (J). (gr. 7). 23.95 (978-1-4222-3589-8(0)) Mason Crest.

Energy: I Can Help Save Earth (Engaging Readers, Level 2) Ashley Lee. Ed. by Alexis Roumanis. 2021. (I Can Help Save Earth Ser.: Vol. 1). (ENG., Illus.). 32p. (J). (978-1-77437-722-2(5)); pap. (978-1-77437-723-9(3)) AD Classic.

Energy: Science Made Easy. Wonder House Books. 2023. (Science Essentials Ser.). (ENG.). 24p. (J). (gr. 3-7). 6.99 (978-93-5440-993-6(8)) Prakash Bk. Depot IND. Dist: Independent Pubs. Group.

Energy (a True Book: Physical Science) Jacob Batchelor. 2019. (True Book (Relaunch) Ser.). (ENG., Illus.). 48p. (J). (gr. 3-5). pap. 7.95 (978-0-531-13601-0(9), Children's Pr.) Scholastic Library Publishing.

Energy (a True Book: Physical Science) (Library Edition) Jacob Batchelor. 2019. (True Book (Relaunch) Ser.). (ENG., Illus.). 48p. (J). (gr. 3-5). lib. bdg. 31.00 (978-0-531-13138-1(6), Children's Pr.) Scholastic Library Publishing.

Energy & Matter. Tom Jackson. 2017. (21st Century Science Ser.). (ENG.). 48p. (J). lib. bdg. 34.99 (978-1-5105-1889-6(4)) SmartBook Media, Inc.

Energy at the Amusement Park. Karen Latchana Kenney. 2019. (Amusement Park Science Ser.). (ENG., Illus.). 32p. (J). (gr. 3-6). pap. 7.95 (978-1-5435-7522-4(6), 141053) Capstone.

Energy Causes Motion Energy, Force & Motion Grade 3 Children's Physics Books. Baby Professor. 2021. (ENG.). 72p. (J). 27.99 (978-1-5419-7299-5(6)); pap. 16.99 (978-1-5419-5906-4(X)) Speedy Publishing LLC. (Baby Professor (Education Kids)).

Energy Eco Facts. Izzi Howell. 2019. (Eco Facts Ser.). (ENG., Illus.). 32p. (J). (gr. 5-5). pap. (978-0-7787-6362-8(5), 0039eab2-ce12-43e0-bb93-23b6f0d810f9); lib. bdg. (978-0-7787-6346-8(3), 4d1e2ec4-014b-47bb-9f0f-2a497d2d4856) Crabtree Publishing Co.

Energy Engineering & Powering the Future. Jonathan Nixon. 2016. (Engineering in Action Ser.). (ENG., Illus.). 32p. (J). (gr. 5-9). (978-0-7787-7539-3(9)) Crabtree Publishing Co.

Energy Entrepreneurs. Helen Mason. 2018. (Science & Technology Start-Up Stars Ser.). (ENG., Illus.). 32p. (J). (gr. 5-5). (978-0-7787-4411-5(6)) Crabtree Publishing Co.

Energy Exchange. Tara Haelle. 2017. (Science Alliance Ser.). (ENG.). 32p. (J). (gr. 3-6). pap. 9.95 (978-1-68342-445-1(X), 9781683424451) Rourke Educational Media.

Energy for the Future & Global Warming, 16 vols., Set. Incl. Biofuels. Andrew Solway. (Illus.). lib. bdg. 29.67 (978-0-8368-8398-5(5), b37a3099-a2fa-49ed-96e6-2365d9bcc976); Fossil Fuels. Andrew Solway. (Illus.). lib. bdg. 29.67 (978-0-8368-8399-2(3), d52b7a13-b7b4-4a82-82cf-6c0bdfb7be37); Geothermal Energy. Nigel Saunders. (Illus.). lib. bdg. 29.67 (978-0-8368-8400-5(0), 6169338a-728e-4025-b46b-58364b039626); Hydrogen Fuel. Andrew Solway. (Illus.). lib. bdg. 29.67 (978-0-8368-8401-2(9), 19867080-b8d2-41f0-9c6e-c73fb75056e7); Nuclear Energy. Nigel Saunders. (Illus.). lib. bdg. 29.67 (978-0-8368-8402-9(7), d0fadce1-90fe-4349-9b62-1716bb96f8df); Solar Power. Anne Rooney. (Illus.). lib. bdg. 29.67 (978-0-8368-8403-6(5), 8c21aafb-3dec-46a2-b196-6c1a2e4b99c7); Water Power. Andrew Solway. lib. bdg. 29.67 (978-0-8368-8404-3(3), 4156a92b-09ad-4bf3-ba3a-5502850c3e20); Wind Power. Nigel Saunders. (Illus.). (J). lib. bdg. 29.67 (978-0-8368-8405-0(1), 69993bcb-a7e9-496f-ba5e-60d2344ee22b); (gr. 3-3). (Energy for the Future & Global Warming Ser.). (ENG.). 32p. 2007. Set lib. bdg. 237.36 (978-0-8368-8397-8(7), 228badb3-994b-4d86-ad40-f0b3d608040b) Stevens, Gareth Publishing LLLP.

Energy for the Future (Set Of 6) 2022. (Energy for the Future Ser.). (ENG.). 192p. (J). (gr. 3-5). pap. 59.70 (978-1-63739-110-5(2)); lib. bdg. 188.10 (978-1-63739-056-6(4)) North Star Editions. (Focus Readers).

Energy for Today, 8 vols., Set. Tea Benduhn. Incl. Ethanol & Other New Fuels. lib. bdg. 24.67 (978-0-8368-9260-4(7), 864984a0-bbfe-44da-a754-69dfdd168eed6); Nuclear Power. lib. bdg. 24.67 (978-0-8368-9262-8(3), 75a03bf9-9898-4309-8a58-3c22a49f5885); Oil, Gas, & Coal. lib. bdg. 24.67 (978-0-8368-9261-1(5), 2f03570a-dc2b-40bb-85ab-7bfd48783f3b); Solar Power. lib. bdg. 24.67 (978-0-8368-9263-5(1), 00ea634b-05b8-49a6-a454-a6097b38e363); Water Power. lib. bdg. 24.67 (978-0-8368-9264-2(X), 31418883-593d-4e1b-8b3f-326adad1666d); (J). (gr. 3-3). (Energy for Today Ser.). (ENG.). 24p. 2008. Set lib. bdg. 98.68 (978-0-8368-9318-2(2), 6e476b70-42b0-4230-8711-093c5c8665e2, Weekly Reader Leveled Readers) Stevens, Gareth Publishing LLLP.

Energy from Algae. Clara MacCarald. 2022. (Energy for the Future Ser.). (ENG., Illus.). 32p. (J). (gr. 3-5). pap. 9.95 (978-1-63739-111-2(0)); lib. bdg. 31.35 (978-1-63739-057-3(2)) North Star Editions. (Focus Readers).

Energy from the Earth. Susan Wroble. 2022. (Energy for the Future Ser.). (ENG., Illus.). 32p. (J). (gr. 3-5). pap. 9.95 (978-1-63739-112-9(9)); lib. bdg. 31.35 (978-1-63739-058-0(0)) North Star Editions. (Focus Readers).

Energy from the Sun. Heron Books. 2022. (ENG.). 60p. (J). pap. (978-0-89739-274-7(4), Heron Bks.) Quercus.

Energy from Water. Christy Mihaly. 2022. (Energy for the Future Ser.). (ENG., Illus.). 32p. (J). (gr. 3-5). pap. 9.95 (978-1-63739-114-3(5)); lib. bdg. 31.35 (978-1-63739-060-3(2)) North Star Editions. (Focus Readers).

Energy from Water: Hydroelectric, Tidal, & Wave Power. Nancy Dickmann. 2016. (Next Generation Energy Ser.). (ENG., Illus.). 32p. (J). (gr. 5-8). (978-0-7787-2380-6(1)) Crabtree Publishing Co.

Energy from Wind. Joanna K. Cooke. 2022. (Energy for the Future Ser.). (ENG., Illus.). 32p. (J). (gr. 3-5). pap. 9.95 (978-1-63739-115-0(3)); lib. bdg. 31.35 (978-1-63739-061-0(0)) North Star Editions. (Focus Readers).

Energy in Action, 4 vols., Set. Ian F. Mahaney. Incl. Heat. (YA). lib. bdg. 26.27 (978-1-4042-3477-2(2), c7a457ef-db3c-4391-abdf-b561fd4a3278); Light. (YA). lib. bdg. 26.27 (978-1-4042-3476-5(4), 6f958087-0feb-4b4d-865d-94bbf08a35e0); Solar Energy. (J). lib. bdg. 26.27 (978-1-4042-3479-6(9), caa8fd1d-7f50-4d7e-9267-b4708a556374, PowerKids Pr.); (Illus.). 24p. (gr. 3-3). 2007. (Energy in Action Ser.). (ENG.). 2006. Set lib. bdg. 52.54 (978-1-4042-3504-5(3), 888f1685-a313-4558-9910-008b3766a673) Rosen Publishing Group, Inc., The.

Energy in Nature. William Lant Carpenter. 2017. (ENG.). 238p. (J). pap. (978-3-337-25961-7(8)) Creation Pubs.

Energy in Nature: Being, with Some Additions, the Substance of a Course of Six Lectures upon the Forces of Nature & Their Mutual Relations (Classic Reprint) William Dant Carpenter. 2017. (ENG., Illus.). 242p. (J). 28.89 (978-0-484-01294-2(0)) Forgotten Bks.

Energy Industry, 1 vol. Ed. by Kristina Lyn Heitkamp. 2018. (Current Controversies Ser.). (ENG.). 200p. (gr. 10-12). 48.03 (978-1-5345-0301-4(3), d9e509f0-6bbe-4405-96ff-a05ceb43ebe8) Greenhaven Publishing LLC.

Energy Investigations. Karen Latchana Kenney. 2017. (Key Questions in Physical Science (Alternator Books (r)) Ser.). (ENG., Illus.). 32p. (J). (gr. 3-6). 29.32 (978-1-5124-4003-4(5), 3474451b-a346-4366-9111-ff41cef7335f, Lerner Pubns.) Lerner Publishing Group.

Energy Lab for Kids: 40 Exciting Experiments to Explore, Create, Harness, & Unleash Energy, Volume 11. Emily Hawbaker. 2017. (Lab for Kids Ser.: 11). (ENG., Illus.). 144p. (J). (gr. 5-9). pap. 22.99 (978-1-63159-250-8(5), 223698, Quarry Bks.) Quarto Publishing Group USA.

592

The check digit for ISBN-10 appears in parentheses after the full ISBN-13

Energy, Light & Electricity - Introduction to Physics - Physics Book for 12 Year Old Children's Physics Books. Baby Professor. 2017. (ENG., Illus.). 64p. (J). pap. 9.52 *(978-1-5419-1490-2(2)*, Baby Professor (Education Kids)) Speedy Publishing LLC.

Energy Makes Changes: Energy Transformation. Chocolate Tree. Illus. by Ji-yeong Kim. 2020. (Science Storybooks Ser.). (ENG.). 32p. (J). (gr. k-4). pap. 8.99 *(978-1-925235-51-7(3)*, c6aea811-3852-44cd-b9f3-a13dbf5846ec, Big and SMALL) ChoiceMaker Pty. Ltd., The AUS. Dist: Lerner Publishing Group.

Energy Makes Changes: Energy Transformation. Chocolate Chocolate Tree. Illus. by Ji-yeong Kim. 2020. (Science Storybooks Ser.). (ENG.). 32p. (J). (gr. k-4). lib. bdg. 27.99 *(978-1-925235-55-5(6)*, a9107799-fc3e-4daa-8010-eab4def4ae9e, Big and SMALL) ChoiceMaker Pty. Ltd., The AUS. Dist: Lerner Publishing Group.

Energy of Tomorrow. Martha London. 2020. (Special Reports). (ENG., Illus.). 112p. (J). (gr. 6-12). lib. bdg. 41.36 *(978-1-5321-9415-3(3)*, 36581, Essential Library) ABDO Publishing Co.

Energy Problems on Our Earth, 1 vol. Kathy Furgang. 2021. (Spotlight on Our Future Ser.). (ENG.). 32p. (J). (gr. 3-4). lib. bdg. 27.93 *(978-1-7253-2387-2(7)*, 5db1cf72-7859-499d-a534-7d4354243c68, PowerKids Pr.) Rosen Publishing Group, Inc., The.

Energy Pyramid: How Energy Flows from One Object to Another Physics Books for Beginners Grade 4 Children's Physics Books. Baby Professor. 2020. (ENG.). 72p. (J). 24.99 *(978-1-5419-8053-2(0))*; pap. 14.99 *(978-1-5419-5960-6(4))* Speedy Publishing LLC. (Baby Professor (Education Kids)).

Energy Resources - 6 Pack: Set of 6 Bridges Edition with Common Core Teacher Materials. Laura McDonald. 2016. (Prime Ser.). (YA). (gr. 6-8). 69.00 *(978-1-5125-8837-8(7))* Benchmark Education Co.

Energy Resources - 6 Pack: Set of 6 with Common Core Teacher Materials. Laura McDonald. 2016. (Prime Ser.). (YA). (gr. 6-8). 69.00 *(978-1-5125-8819-4(9))* Benchmark Education Co.

Energy Self-Defense for Young Adults. Anni Sennov & Carsten Sennov. 2017. (Energy Self-Defense Ser.: Vol. 3). (ENG., Illus.). (YA). pap. *(978-87-7206-002-6(6))* Good Adventures Publishing.

Energy Song. Erika Goodman. Illus. by Maja Larson & Samantha Don. 2021. (ENG.). 30p. (J). *(978-0-2288-6004-4(0))*; pap. *(978-0-2288-4879-0(2))* Tellwell Talent.

Energy Technology. James Bow. 2018. (Illus.). 32p. (J). *(978-1-4896-9721-9(7)*, AV2 by Weigl) Weigl Pubs., Inc.

Energy Technology Inspired by Nature. James Bow. 2018. (Technology Inspired by Nature Ser.). (ENG., Illus.). 32p. (J). (gr. 3-5). pap. 9.95 *(978-1-64185-042-1(6)*, 1641850426); lib. bdg. 31.35 *(978-1-63517-940-8(8)*, 1635179408) North Star Editions. (Focus Readers).

Enero. Julie Murray. 2017. (Los Meses (Months) Ser.).Tr. of January. (SPA.). 24p. (J). (gr. -1-2). lib. bdg. 31.36 *(978-1-5321-0628-6(9)*, 27219, Abdo Kids) ABDO Publishing Co.

Enfant a la Rencontre du Dauphin. Jeanine Ghirardelli. 2016. (FRE., Illus.). (J). pap. 10.21 *(978-1-326-75027-5(5))* Lulu Pr., Inc.

Enfant Bilingue: Bubble et la Douce Fée Rose: Edition Bilingue Français - Anglais. Anne Schneeberger. Tr. by Ratatouille. 2021. (ENG.). 34p. (J). pap. *(978-1-991024-09-1(6))* Mika Design Ltd.

Enfant Bilingue: Bubble et le Meilleur Ami: Edition Bilingue Français - Anglais. Ratatouille & Anne Schneeberger. 2021. (ENG.). 34p. (J). pap. *(978-1-991024-08-4(8))* Mika Design Ltd.

Enfant Lointain. Jason Ray Forbus. Illus. by Pompeo Di Mambro. (FRE.). (J). 2020. 50p. *(978-88-3346-509-8(8))*; 2018. 46p. pap. *(978-88-3346-110-6(6))* Ali Ribelli Edizioni.

Enfants: A Book of Verse in French-Canadian Dialect (Classic Reprint) Gertrude Litchfield. 2017. (ENG., Illus.). (J). 25.22 *(978-0-260-64159-5(6))*; pap. 9.57 *(978-0-260-64155-7(3))* Forgotten Bks.

Enfants de la Ferme (Classic Reprint) Julie Gouraud. 2017. (FRE., Illus.). (J). 29.26 *(978-0-266-33225-1(0))*; pap. 11.97 *(978-0-265-15911-8(3))* Forgotten Bks.

Enfermera Florence, Ayuda, Estoy Sangrando. Michael Dow. Tr. by Perla Dow. 2021. (SPA.). 44p. (J). 25.99 *(978-1-7947-2858-5(9))*; pap. 11.49 *(978-1-7947-2860-8(0))* Lulu Pr., Inc.

Enfermera Florence, ¿Cómo Crecen Nuestras Uñas? Michael Dow. Tr. by Perla Dow. 2022. (SPA.). 44p. (J). 25.99 *(978-1-716-00457-5(8))*; pap. 11.49 *(978-1-716-00468-1(3))* Lulu Pr., Inc.

Enfermera Florence, ¿Cómo Escuchamos Las Cosas? Michael Dow. Tr. by Perla Dow. 2022. (SPA.). 44p. (J). 25.99 *(978-1-4357-6957-1(0))*; pap. 11.49 *(978-1-4357-6978-6(3))* Lulu Pr., Inc.

Enfermera Florence, ¿Cómo Movemos Nuestros Cuerpos? Michael Dow. Tr. by Perla Dow. 2021. (SPA.). 64p. (J). 27.49 *(978-1-7947-2807-3(4))*; pap. 12.99 *(978-1-7947-2815-8(5))* Lulu Pr., Inc.

Enfermera Florence, ¿Cómo Olemos Las Cosas? Michael Dow. Tr. by Perla Dow. 2022. (SPA.). 46p. (J). 26.49 *(978-1-4583-4813-5(X))*; pap. 11.99 *(978-1-4583-5011-4(8))* Lulu Pr., Inc.

Enfermera Florence, ¿Cómo Sentimos Las Cosas Calientes y Frías? Michael Dow. Tr. by Perla Dow. 2022. (SPA.). 46p. (J). 26.49 *(978-1-4357-6905-2(8))*; pap. 11.99 *(978-1-4357-6910-6(4))* Lulu Pr., Inc.

Enfermera Florence (R) Libro para Colorear: ¿Cómo Sentimos el Tacto? (Latinoamérica) Michael Dow. Tr. by Perla Dow. 2023. (SPA.). 50p. (J). pap. 11.99 ***(978-1-312-55787-1(7))*** Lulu Pr., Inc.

Enfermera Florence (R) Libro para Colorear: ¿Por Qué y Cómo Respiramos? (Latinoamérica) Michael Dow. Tr. by Perla Dow. 2023. (SPA.). 50p. (J). pap. ***(978-1-312-78908-1(5))*** Lulu Pr., Inc.

Enfermera Florence, Tengo Problemas para Dormir. Michael Dow. Tr. by Perla Dow. 2021. (SPA.). 142p. (J). pap. 18.98 *(978-1-7947-2888-2(0))*; (YA). 33.99 *(978-1-7947-2887-5(2))* Lulu Pr., Inc.

Enfermera Florence(R), Ayuda, Estoy Sangrando (Latinoamérica) Michael Dow. Tr. by Perla Dow. 2023. (SPA.). 48p. ***(978-1-365-13043-4(6))***; pap. ***(978-1-365-13053-3(3))*** Lulu Pr., Inc.

Enfermera Florence(R), ¿Cómo Crece Nuestro Cabello? (Latinoamérica) Michael Dow. Tr. by Perla Dow. 2023. (SPA.). 52p. ***(978-1-365-09130-8(9))*** Lulu Pr., Inc.

Enfermera Florence(R), ¿Cómo Crecen Nuestras Uñas? (Latinoamérica) Michael Dow. Tr. by Perla Dow. 2023. (SPA.). 48p. ***(978-1-365-09278-7(X))*** Lulu Pr., Inc.

Enfermera Florence(R), ¿Cómo Escuchamos Las Cosas? (Latinoamérica) Michael Dow. Tr. by Perla Dow. 2023. (SPA.). 48p. ***(978-1-365-08890-2(1))***; pap. ***(978-1-365-08926-8(6))*** Lulu Pr., Inc.

Enfermera Florence(R), ¿Cómo Nos Sentimos Mareados? (Latinoamérica) Michael Dow. Tr. by Perla Dow. 2023. (SPA.). 48p. ***(978-1-365-09202-2(X))*** Lulu Pr., Inc.

Enfermera Florence(R), ¿Cómo Sentimos el Tacto? Michael Dow. Tr. by Perla Dow. 2022. (SPA.). 48p. (J). 26.99 ***(978-1-387-50227-1(1))*** Lulu Pr., Inc.

Enfermera Florence(R), ¿Cómo Sentimos el Tacto? (Latinoamérica) Michael Dow. Tr. by Perla Dow. 2023. (SPA.). 48p. ***(978-1-329-95541-7(2))***; pap. ***(978-1-329-95551-6(X))*** Lulu Pr., Inc.

Enfermera Florence(R), ¿Cómo Sentimos Las Cosas Calientes y Frías? (Latinoamérica) Michael Dow. Tr. by Perla Dow. 2023. (SPA.). 50p. ***(978-1-365-08681-6(X))***; pap. ***(978-1-365-08729-5(8))*** Lulu Pr., Inc.

Enfermera Florence(R), ¿Cómo Vemos Las Cosas? (Latinoamérica) Michael Dow. Tr. by Perla Dow. 2023. (SPA.). 50p. ***(978-1-365-08101-9(X))***; pap. ***(978-1-365-08133-0(8))*** Lulu Pr., Inc.

Enfermera Florence(R), Dime Como Funciona el CorazóN. (Latinoamérica) Michael Dow. Tr. by Perla Dow. 2023. (SPA.). 66p. ***(978-1-365-13025-0(8))***; pap. ***(978-1-365-13027-4(4))*** Lulu Pr., Inc.

Enfermera Florence(R) para Discapacitados Visuales con Ilustradora Sandra Islas: Volumen 1 (Latinoamérica) Michael Dow. Tr. by Perla Dow. 2023. (SPA.). 302p. (J). pap. 49.99 ***(978-1-312-66545-3(9))*** Lulu Pr., Inc.

Enfermera Florence(R), ¿Por Qué y Cómo Respiramos? Michael Dow. Tr. by Perla Dow. 2022. (SPA.). 50p. (J). 26.99 ***(978-1-387-50217-2(4))***; pap. 11.99 ***(978-1-387-50219-6(0))*** Lulu Pr., Inc.

Enfermera Florence(R), ¿Qué Es el Asma? (Latinoamérica) Michael Dow. Tr. by Perla Dow. 2023. (SPA.). 84p. (J). pap. ***(978-1-365-62503-9(6))***; 83p. ***(978-1-365-62470-4(6))*** Lulu Pr., Inc.

Enfermera Florence(R), ¿Qué Es una Infección Renal? (Latinoamérica) Michael Dow. Tr. by Perla Dow. 2023. (SPA.). 90p. (J). pap. 15.99 ***(978-1-312-60446-9(8))*** Lulu Pr., Inc.

Enfermera Florence(R), ¿Qué Es una Lesión Cerebral Traumática? Michael Dow. Tr. by Perla Dow. 2022. (SPA.). 104p. (J). pap. 15.99 ***(978-1-387-50192-2(5))*** Lulu Pr., Inc.

Enfermera Florence(R), ¿Qué Hace Nuestro Cuerpo con Los Alimentos? Michael Dow. Tr. by Perla Dow. 2022. (SPA.). 50p. (J). 26.99 ***(978-1-387-50194-6(1))***; pap. 11.99 ***(978-1-387-50199-1(2))*** Lulu Pr., Inc.

Enfermera Florence(R), Tengo Problemas para Dormir. (Latinoamérica) Michael Dow. Tr. by Perla Dow. 2023. (SPA.). 146p. ***(978-1-365-12988-9(8))*** Lulu Pr., Inc.

Enfermeras: Libro para Colorear Ninos. Bold Illustrations. 2017. (SPA., Illus.). (J). pap. 8.35 *(978-1-64193-087-1(X)*, Bold Illustrations) FASTLANE LLC.

Enfermeros (Nurses) Julie Murray. 2022. (Trabajos en Mi Comunidad Ser.). (ENG.). 24p. (J). (gr. -1-2). lib. bdg. 31.36 *(978-1-0982-6326-3(X)*, 39453, Abdo Kids) ABDO Publishing Co.

Enfield Echo, Vol. 14: June, 1926 (Classic Reprint) Enfield Historical Society. 2017. (ENG., Illus.). (J). 25.18 *(978-0-260-67495-1(8))*; pap. 9.57 *(978-0-265-00499-9(3))* Forgotten Bks.

Enfrentando la Tormenta. Terence Houston et al. 2019. (Las Aventuras de David y Joshua Ser.: Vol. 1). (SPA.). 26p. (J). pap. 14.95 *(978-1-947574-19-9(1))* TDR Brands Publishing.

Enfrentándose Al Gigante: Las Aventuras de David y Goliat. Pip Reid. 2020. (Defensores de la Fe Ser.: Vol. 3). (SPA.). 42p. (J). pap. *(978-1-989961-01-8(0))* Bible Pathway Adventures.

Engage 365: Beginnings & Endings: Connecting You with God's Word. Ed. by Alison Mitchell. 2020. (Engage Ser.). (ENG.). 400p. (YA). *(978-1-78498-449-6(3))* Good Bk. Co., The.

Engage 365: Get to Know God's People: Daily Bible Readings That Connect with Your Life. Contrib. by Alison Mitchell. 2023. (ENG.). 400p. (YA). ***(978-1-78498-882-1(0))*** Good Bk. Co., The.

Engage CD (Nt4) Concordia Publishing House. 2017. (ENG.). (YA). cd-rom 20.99 *(978-0-7586-5380-2(8))* Concordia Publishing Hse.

Engage CD (Nt5) Concordia Publishing House. 2017. (ENG.). (YA). cd-rom 20.99 *(978-0-7586-5436-6(7))* Concordia Publishing Hse.

Engage CD (Ot1) Concordia Publishing House. 2016. (ENG.). (YA). cd-rom 20.99 *(978-0-7586-5352-9(2))* Concordia Publishing Hse.

Engage CD (Ot4) Concordia Publishing House. 2017. (ENG.). (YA). cd-rom 20.99 *(978-0-7586-5408-3(1))* Concordia Publishing Hse.

Engage Literacy - Reading Recovery Approved Bookroom. 2022. (ENG.). (J). pap., pap., pap. 5984.28 *(978-0-7565-7298-3(3)*, 249126, Capstone Classroom) Capstone.

Engage Literacy - Reading Recovery Approved Classroom Library. 2022. (ENG.). (J). pap., pap., pap. 1078.20 *(978-0-7565-7299-0(1)*, 249127, Capstone Classroom) Capstone.

Engage Literacy Kindergarten Levels a-D: Bookroom Package. 2022. (ENG.). (J). pap., pap., pap. 5753.96 ***(978-1-6690-6646-0(0)***, 260846, Capstone Pr.) Capstone.

Engage Literacy Kindergarten Levels a-D: Classroom Library. 2022. (ENG.). (J). pap., pap., pap. 936.66 ***(978-1-6690-6645-3(2)***, 260845, Capstone Pr.) Capstone.

Engage Literacy Leveled Readers Levels A-P: Bookroom Package with Extensions. 2016. (Engage Literacy Ser.). (ENG.). (gr. k-3). pap., pap., pap. 7955.00 *(978-1-5157-4814-4(6)*, 175729, Capstone Pr.) Capstone.

Engagement of Convenience: A Novel (Classic Reprint) Louis Zangwill. 2018. (ENG., Illus.). 348p. (J). 31.09 *(978-0-483-00171-8(6))* Forgotten Bks.

Engaging Books (Classic Reprint) Jerome Melvin Edelstein. (ENG., Illus.). (J). 2018. 352p. 31.18 *(978-0-365-40088-2(2))*; 2017. pap. 13.57 *(978-0-259-46177-7(6))* Forgotten Bks.

Engaging Janet: A Farce in One Act (Classic Reprint) Esther W. Bates. 2018. (ENG., Illus.). 26p. (J). 24.43 *(978-0-267-27975-3(2))* Forgotten Bks.

Engaging Position: A Comedy in Two Acts (Classic Reprint) Lewis E. Macbrayne. 2019. (ENG., Illus.). 34p. (J). 24.60 *(978-0-483-85348-5(8))* Forgotten Bks.

Engaging with Politics, Vol. 10. Robert Rodi & Laura Ross. Ed. by Kevin Jennings. 2016. (Living Proud! Growing up LGBTQ Ser.). (Illus.). 64p. (J). (gr. 7). 23.95 *(978-1-4222-3504-1(1))* Mason Crest.

Engel Vom Blauen Mond. Lilia Summer. 2017. (GER., Illus.). (J). *(978-3-7439-2598-4(2))*; pap. *(978-3-7439-2597-7(4))* tredition Verlag.

Engelberta Finds Her Feet. Josie Montano. Illus. by Andrea Peixoto. 2018. (ENG.). 28p. (J). (gr. k-6). 17.99 *(978-1-365-86178-9(3))* Lulu Pr., Inc.

Engelberta Finds Her Feet. Josie Montano. Illus. by Andrea Peixoto Emmerick. 2018. (ENG.). 28p. (J). (gr. k-6). pap. 13.99 *(978-1-365-86180-2(5))* Lulu Pr., Inc.

Engelsk-Dansk Og Dansk-Engelsk Haand-Ordbog: Til Brug for Begge Nationer (Classic Reprint) Cecil Hornbeck. (ENG., Illus.). (J). 2018. 456p. 33.30 *(978-0-365-33415-6(4))*; 2017. pap. 16.57 *(978-0-282-34023-0(8))* Forgotten Bks.

Engelsk-Dansk Og Dansk-Engelsk Haand-Ordbog Til Brug for Begge Nationer: Engelsk-Dansk Deel (Classic Reprint) Cecil Hornbeck. 2017. (ENG., Illus.). (J). 45.72 *(978-0-265-77813-5(1))*; pap. 28.06 *(978-1-5277-5724-0(2))* Forgotten Bks.

Engine-Driving Life: Or Stirring Adventures & Incidents in the Lives of Locomotive Engine-Drivers (Classic Reprint) Michael Reynolds. 2017. (ENG., Illus.). (J). 28.27 *(978-1-5279-6333-7(0))* Forgotten Bks.

Engine Whistles (Classic Reprint) Mabel O'Donnell. 2017. (ENG., Illus.). (J). 26.74 *(978-0-331-20770-5(2))*; 31.96 *(978-0-331-68420-9(9))*; pap. 9.57 *(978-0-259-49935-0(8))*; pap. 16.57 *(978-0-243-38037-4(2))* Forgotten Bks.

Engineer Academy: Space. Rob Colson. Illus. by Eric Smith. 2020. (Engineer Academy Ser.). (ENG.). 64p. (J). (gr. 3-7). pap. 21.99 *(978-1-68412-986-7(9)*, Silver Dolphin Bks.) Printers Row Publishing Group.

Engineer Arielle & the Israel Independence Day Surprise. Deborah Bodin Cohen. Illus. by Yael Kimhi Orrelle. 2017. (ENG.). 32p. (J). (gr. k-3). pap. 7.99 *(978-1-5124-2095-1(6)*, dd3698d6-6646-4d26-b8b8-9f61ee612b7f, Kar-Ben Publishing) Lerner Publishing Group.

Engineer Coloring Book for Kids! Discover a Variety of Unique Coloring Pages for Children. Bold Illustrations. 2022. (ENG.). 82p. (J). pap. 14.99 *(978-1-0717-0701-2(9)*, Bold Illustrations) FASTLANE LLC.

Engineer in Training. Cath Ard. Illus. by Sarah Lawrence. 2019. (ENG.). 48p. (J). pap. 8.99 *(978-0-7534-7469-3(7)*, 900196713, Kingfisher) Roaring Brook Pr.

Engineer It! Bridge Projects. Carolyn Bernhardt. 2017. (Super Simple Engineering Projects Ser.). (ENG., Illus.). 32p. (J). (gr. k-4). lib. bdg. 34.21 *(978-1-5321-1122-8(3)*, 25820, Super SandCastle) ABDO Publishing Co.

Engineer It! Canal Projects. Carolyn Bernhardt. 2017. (Super Simple Engineering Projects Ser.). (ENG., Illus.). 32p. (J). (gr. k-4). lib. bdg. 34.21 *(978-1-5321-1123-5(1)*, 25822, Super SandCastle) ABDO Publishing Co.

Engineer It! Dam Projects. Carolyn Bernhardt. 2017. (Super Simple Engineering Projects Ser.). (ENG., Illus.). 32p. (J). (gr. k-4). lib. bdg. 34.21 *(978-1-5321-1124-2(X)*, 25824, Super SandCastle) ABDO Publishing Co.

Engineer It! Road Projects. Carolyn Bernhardt. 2017. (Super Simple Engineering Projects Ser.). (ENG., Illus.). 32p. (J). (gr. k-4). lib. bdg. 34.21 *(978-1-5321-1125-9(8)*, 25826, Super SandCastle) ABDO Publishing Co.

Engineer It! Skyscraper Projects. Carolyn Bernhardt. 2017. (Super Simple Engineering Projects Ser.). (ENG., Illus.). 32p. (J). (gr. k-4). lib. bdg. 34.21 *(978-1-5321-1126-6(6)*, 25828, Super SandCastle) ABDO Publishing Co.

Engineer It! Tunnel Projects. Carolyn Bernhardt. 2017. (Super Simple Engineering Projects Ser.). (ENG., Illus.). 32p. (J). (gr. k-4). lib. bdg. 34.21 *(978-1-5321-1127-3(4)*, 25830, Super SandCastle) ABDO Publishing Co.

Engineer, or How to Travel in the Woods (Classic Reprint) Jacob Abbott. 2017. (ENG., Illus.). (J). 27.32 *(978-0-260-02563-0(1))*; pap. 9.97 *(978-1-5278-7474-9(5))* Forgotten Bks.

Engineer Se Insaan Tak. Saumya Gupta & Saransh Goswami. 2018. (HIN., Illus.). 98p. (J). pap. 9.99 *(978-1-64324-907-0(X))* Notion Pr., Inc.

Engineered! Engineering Design at Work. Shannon Hunt. Illus. by James Gulliver Hancock. 2017. (ENG.). 48p. (J). (gr. 3-7). 17.99 *(978-1-77138-560-2(X))* Kids Can Pr., Ltd. CAN. Dist: Hachette Bk. Group.

Engineered by Nature (Set), 8 vols. Martha London. 2020. (Engineered by Nature Ser.). (ENG.). 32p. (J). (gr. 2-5). lib. bdg. 273.76 *(978-1-5321-9282-1(7)*, 35027, Kids Core) ABDO Publishing Co.

Engineering, 4 vols. Ed. by Raina G. Merchant. 2016. (Study of Science Ser.). (ENG.). 112p. (gr. 8-8). 75.64 *(978-1-68048-237-9(8)*, 1a789b76-b6fc-439f-9c81-c0e132455f60, Britannica Educational Publishing) Rosen Publishing Group, Inc., The.

Engineering. Angie Smibert. 2021. (Fascinating Facts Ser.). (ENG.). 24p. (J). (gr. 2-5). lib. bdg. 32.79 *(978-1-5038-4461-2(7)*, 214228) Child's World, Inc, The.

Engineering. Marzia Tempoli. 2019. (Stem! Ser.). (ENG.). 24p. (J). lib. bdg. 22.99 *(978-1-5105-4416-1(X))* SmartBook Media, Inc.

Engineering, 1 vol., 1. Raina G. Merchant. 2016. (Study of Science Ser.). (ENG., Illus.). 112p. (J). (gr. 8-8). 37.82 *(978-1-68048-238-6(6)*, cc3640d1-40fd-4b92-a43a-d0262ba2a28f, Britannica Educational Publishing) Rosen Publishing Group, Inc., The.

Engineering, Vol. 10. Mari Rich. Ed. by Malinda Gilmore & Mel Pouson. 2016. (Black Achievement in Science Ser.). 64p. (J). (gr. 7). 23.95 *(978-1-4222-3558-4(0))* Mason Crest.

Engineering: Cool Women Who Design. Vicki V. May. Illus. by Allison Bruce. 2016. (Girls in Science Ser.). (ENG.). 112p. (J). (gr. 3-7). 19.95 *(978-1-61930-341-6(8)*, 0c186801-3282-46ef-8be4-8d9339cf98e8); 26.19 *(978-1-4844-8450-0(9)*, 1401403) Nomad Pr.

Engineering an Escape! Exciting Maze Activity Book. Kreativ Entspannen. 2016. (ENG., Illus.). (J). pap. 10.81 *(978-1-68377-133-3(8))* Wilke, Traudl.

Engineering & Building Robots for Competitions, 1 vol. Margaux Baum & Joel Chaffee. 2017. (Hands-On Robotics Ser.). (ENG.). 48p. (J). (gr. 5-5). pap. 12.75 *(978-1-4994-3884-0(2)*, 640db9b5-618f-4932-b312-56c9da0020da) Rosen Publishing Group, Inc., The.

Engineering & Construction That We Can Still See Today - Ancient History Rome Children's Ancient History. Baby Professor. 2017. (ENG., Illus.). (J). pap. 8.79 *(978-1-5419-1323-3(X)*, Baby Professor (Education Kids)) Speedy Publishing LLC.

Engineering at&T Stadium. Barbara Lowell. (Building by Design Ser.). (ENG., Illus.). 48p. (J). (gr. 4-4). 2018. pap. 11.95 *(978-1-64185-250-0(X)*, 164185250X, Core Library); 2017. lib. bdg. 35.64 *(978-1-5321-1161-7(4)*, 25898) ABDO Publishing Co.

Engineering Bridges: Connecting the World. Pendred E. Noyce. 2019. (Gateway to Engineering Ser.). (ENG., Illus.). 184p. (J). (gr. 6). 22.95 *(978-1-943431-49-6(3))* Tumblehome Learning.

Engineering Burj Khalifa. Cecilia Pinto McCarthy. 2017. (Building by Design Set 2 Ser.). (ENG., Illus.). 48p. (J). (gr. 4-8). lib. bdg. 35.64 *(978-1-5321-1371-0(4)*, 27669) ABDO Publishing Co.

Engineering Careers. Christine Wilcox. 2018. (STEM Careers Ser.). (ENG.). 80p. (YA). (gr. 6-12). 39.93 *(978-1-68282-431-3(4))* ReferencePoint Pr., Inc.

Engineering Challenges, 8 vols. 2017. (Engineering Challenges Ser.). (ENG.). 256p. (J). (gr. 3-5). pap. 79.60 *(978-1-63517-324-6(8)*, 1635173248); lib. bdg. 250.80 *(978-1-63517-259-1(4))* North Star Editions. (Focus Readers).

Engineering Disasters (Set), 6 vols. 2019. (Engineering Disasters Ser.). (ENG.). 48p. (J). (gr. 4-8). lib. bdg. 213.84 *(978-1-5321-9069-8(7)*, 33648) ABDO Publishing Co.

Engineering Entrepreneurs. Heather Hudak. 2018. (Science & Technology Start-Up Stars Ser.). (ENG., Illus.). 32p. (J). (gr. 5-5). *(978-0-7787-4412-2(4))* Crabtree Publishing Co.

Engineering Eurekas, 12 vols. 2016. (Engineering Eurekas Ser.). (ENG.). 00032p. (J). (gr. 3-4). 167.58 *(978-1-5081-5319-1(1)*, f1bcdfa8-44a0-4918-b968-4e43fa690789, PowerKids Pr.) Rosen Publishing Group, Inc., The.

Engineering for Avalanches & Landslides. Samantha S. Bell. 2020. (Engineering for Disaster Ser.). (ENG., Illus.). 32p. (J). (gr. 3-5). pap. 9.95 *(978-1-64493-453-1(1)*, 1644934531); lib. bdg. 31.35 *(978-1-64493-377-0(2)*, 1644933772) North Star Editions. (Focus Readers).

Engineering for Curious Kids: An Illustrated Introduction to Design, Building, Problem Solving, Materials - & More! Chris Oxlade. Illus. by Alex Foster. 2023. (ENG.). 128p. (J). 14.99 *(978-1-3988-2018-0(0)*, 7e23bc8f-6d2c-4a24-8dcb-0b79ad5ff82e) Arcturus Publishing GBR. Dist: Baker & Taylor Publisher Services (BTPS).

Engineering for Disaster (Set Of 6) Ed. by North Star North Star Editions. 2020. (Engineering for Disaster Ser.). (ENG., Illus.). 192p. (J). (gr. 3-5). pap. 59.70 *(978-1-64493-452-4(3)*, 1644934523); lib. bdg. 188.10 *(978-1-64493-376-3(4)*, 1644933764) North Star Editions. (Focus Readers).

Engineering for Earthquakes. Marne Ventura. 2020. (Engineering for Disaster Ser.). (ENG., Illus.). 32p. (J). (gr. 3-5). pap. 9.95 *(978-1-64493-454-8(X)*, 164493454X); lib. bdg. 31.35 *(978-1-64493-378-7(0)*, 1644933780) North Star Editions. (Focus Readers).

Engineering for Floods. Samantha S. Bell. 2020. (Engineering for Disaster Ser.). (ENG., Illus.). 32p. (J). (gr. 3-5). pap. 9.95 *(978-1-64493-455-5(8)*, 1644934558); lib. bdg. 31.35 *(978-1-64493-379-4(9)*, 1644933799) North Star Editions. (Focus Readers).

Engineering for Hurricanes. Wendy Hinote Lanier. 2020. (Engineering for Disaster Ser.). (ENG., Illus.). 32p. (J). (gr. 3-5). pap. 9.95 *(978-1-64493-456-2(6)*, 1644934566); lib. bdg. 31.35 *(978-1-64493-380-0(2)*, 1644933802) North Star Editions. (Focus Readers).

Engineering for Space Disasters. Marne Ventura. 2020. (Engineering for Disaster Ser.). (ENG., Illus.). 32p. (J). (gr. 3-5). pap. 9.95 *(978-1-64493-457-9(4)*, 1644934574); lib. bdg. 31.35 *(978-1-64493-381-7(0)*, 1644933810) North Star Editions. (Focus Readers).

Engineering for Tornadoes. Marne Ventura. 2020. (Engineering for Disaster Ser.). (ENG., Illus.). 32p. (J). (gr. 3-5). pap. 9.95 *(978-1-64493-458-6(2)*, 1644934582); lib. bdg. 31.35 *(978-1-64493-382-4(9)*, 1644933829) North Star Editions. (Focus Readers).

Engineering in My Community. Robin Johnson. 2019. (Full STEAM Ahead! - Engineering Everywhere Ser.). (Illus.). 24p. (J). (gr. 1-1). *(978-0-7787-6205-8(X))*; (ENG., pap. *(978-0-7787-6250-8(5))* Crabtree Publishing Co.

Engineering in Your Everyday Life, 1 vol. Danell Dykstra. 2019. (Real World Science Ser.). (ENG.). 64p. (gr. 6-6). 36.27 *(978-1-9785-0762-3(3)*, cf0aa535-0c10-4767-8857-fc754da0e751) Enslow Publishing, LLC.

Engineering Lab: Explore Structures with Art & Activities: Engineering LabExplore Structures with Art & Activities. Contrib. by Elsie Olson. 2023. (STEAM Lab Ser.). (ENG.). 32p. (J). (gr. 3-6). lib. bdg. 34.21 ***(978-1-0982-9160-0(3)***, 41876, Checkerboard Library) ABDO Publishing Co.

Engineering Marvels: Birdhouses. Logan Avery. 2018. (Mathematics in the Real World Ser.). (ENG., Illus.). 20p.

E

(J). (gr. k-1). 8.99 *(978-1-4258-5630-4(6))* Teacher Created Materials, Inc.
Engineering Marvels: Bridges Around the World: Understanding Fractions (Grade 5) Elise Wallace. 2018. (Mathematics in the Real World Ser.). (ENG., Illus.). 32p. (J). (gr. 4-8). pap. 11.99 *(978-1-4258-5812-4(0))* Teacher Created Materials, Inc.
Engineering Marvels: Landmarks Around the World: Addition & Subtraction (Grade 2) Jennifer Prior. 2018. (Mathematics in the Real World Ser.). (ENG., Illus.). 32p. (J). (gr. 2-3). pap. 10.99 *(978-1-4258-5749-3(3))* Teacher Created Materials, Inc.
Engineering Marvels: Roller Coasters: Dividing Fractions (Grade 5) Ben Nussbaum. 2018. (Mathematics in the Real World Ser.). (ENG., Illus.). 32p. (J). (gr. 4-8). pap. 11.99 *(978-1-4258-5817-9(1))* Teacher Created Materials, Inc.
Engineering Marvels: Stand-Out Skyscrapers: Area (Grade 3) Stacy Monsman. 2017. (Mathematics in the Real World Ser.). (ENG., Illus.). 32p. (gr. 3-4). pap. 11.99 *(978-1-4807-5810-0(8))* Teacher Created Materials, Inc.
Engineering Marvels: The Eiffel Tower: Measurement (Grade 4) Dona Herweck Rice. 2017. (Mathematics in the Real World Ser.). (ENG., Illus.). 32p. (gr. 4-5). pap. 11.99 *(978-1-4258-5559-8(8))* Teacher Created Materials, Inc.
Engineering Marvels: The London Eye: Odd & Even Numbers (Grade 2) Monika Davies. 2018. (Mathematics in the Real World Ser.). (ENG., Illus.). 32p. (J). (gr. 2-3). pap. 10.99 *(978-1-4258-5750-9(7))* Teacher Created Materials, Inc.
Engineering Marvels: Toys: Partitioning Shapes (Grade 1) Logan Avery. rev. ed. 2018. (Mathematics in the Real World Ser.). (ENG., Illus.). 24p. (J). (gr. 1-2). pap. 9.99 *(978-1-4258-5695-3(0))* Teacher Created Materials, Inc.
Engineering Mount Rushmore. Kate Conley. (Building by Design Ser.). (ENG., Illus.). 48p. (J). (gr. 4-4). 2018. pap. 11.95 *(978-1-64185-251-7(8)*, 1641852518, Core Library); 2017. lib. bdg. 35.64 *(978-1-5321-1162-4(2)*, 25900) ABDO Publishing Co.
Engineering North America's Landmarks, 12 vols. 2017. (Engineering North America's Landmarks Ser.). (ENG.). 32p. (J). (gr. 3-3). lib. bdg. 181.26 *(978-1-5026-3232-6(2)*, 19290c2d-4d86-436c-ab37-3c2e39a7ca0e) Cavendish Square Publishing LLC.
Engineering One World Trade Center. Cecilia Pinto McCarthy. (Building by Design Ser.). (ENG., Illus.). 48p. (J). (gr. 4-4). 2018. pap. 11.95 *(978-1-64185-252-4(6)*, 1641852526, Core Library); 2017. lib. bdg. 35.64 *(978-1-5321-1163-1(0)*, 25902) ABDO Publishing Co.
Engineering Our World: Sets 1 - 2. 2020. (Engineering Our World Ser.). (ENG.). (J). pap. 109.80 *(978-1-5382-4915-4(4))*; (gr. 2-3). lib. bdg. 291.24 *(978-1-5382-4908-6(1)*, a8f2e87f-8309-4245-a057-4ddb3708e08d) Stevens, Gareth Publishing LLLP.
Engineering Power!, 8 vols. 2022. (Engineering Power! Ser.). (ENG.). 32p. (J). (gr. 4-5). lib. bdg. 113.08 *(978-1-5382-8144-4(9)*, c8d8cb38-505f-46be-90cf-741c4730519f) Stevens, Gareth Publishing LLLP.
Engineering Projects to Build On: 4D an Augmented Reading Experience. Tammy Enz. 2019. (Take Making to the Next Level 4D Ser.). (ENG., Illus.). 48p. (J). (gr. 3-5). lib. bdg. 33.99 *(978-1-5435-2849-7(X)*, 138339, Capstone Classroom) Capstone.
Engineering Scribble Book IR. Eddie Reynolds. 2019. (Scribble Books* Ser.). (ENG.). 80ppp. (J). 12.99 *(978-0-7945-4418-8(5)*, Usborne) EDC Publishing.
Engineering Solutions for Drought, 1 vol. Avery Elizabeth Hurt. 2019. (Preparing for Disaster Ser.). (ENG.). 48p. (gr. 5-5). pap. 12.75 *(978-1-7253-4772-4(5)*, 4200e1fa-6697-4c3e-ab26-2b3a4a128bb5) Rosen Publishing Group, Inc., The.
Engineering Solutions for Earthquakes, 1 vol. Jason Porterfield. 2019. (Preparing for Disaster Ser.). (ENG., Illus.). 48p. (J). (gr. 5-5). pap. 12.75 *(978-1-7253-4775-5(X)*, 44210424-6e6d-4333-be26-7f138788e2ba) Rosen Publishing Group, Inc., The.
Engineering Solutions for Epidemics & Pandemics, 1 vol. Kara Rogers. 2019. (Preparing for Disaster Ser.). (ENG.). 48p. (J). (gr. 5-5). pap. 12.75 *(978-1-7253-4778-6(4)*, 8adae46e-d865-4698-8397-8cb3a21ab455) Rosen Publishing Group, Inc., The.
Engineering Solutions for Hurricanes, 1 vol. Jeri Freedman. 2019. (Preparing for Disaster Ser.). (ENG.). 48p. (gr. 5-5). pap. 12.75 *(978-1-7253-4784-7(9)*, dff6a2e8-a871-4c96-9c28-feff7f6bba7) Rosen Publishing Group, Inc., The.
Engineering Solutions for Wildfires, 1 vol. Carol Hand. 2019. (Preparing for Disaster Ser.). (ENG.). 48p. (gr. 5-5). pap. 12.75 *(978-1-7253-4787-8(3)*, f21dc200-65bc-4b5b-a216-b329b6acb863) Rosen Publishing Group, Inc., The.
Engineering the Colosseum. Yvette Lapierre. 2017. (Building by Design Ser.). (ENG., Illus.). 48p. (J). (gr. 4-8). lib. bdg. 35.64 *(978-1-5321-1164-8(9)*, 25904) ABDO Publishing Co.
Engineering the Eiffel Tower. Janet Slingerland. (Building by Design Ser.). (ENG., Illus.). 48p. (J). (gr. 4-4). 2018. pap. 11.95 *(978-1-64185-253-1(4)*, 1641852534, Core Library); 2017. 55.65 *(978-1-68078-950-8(3)*, 26351); 2017. lib. bdg. 35.64 *(978-1-5321-1165-5(7)*, 25906) ABDO Publishing Co.
Engineering the Golden Gate Bridge. Kate Conley. (Building by Design Ser.). (ENG., Illus.). 48p. (J). (gr. 4-4). 2018. pap. 11.95 *(978-1-64185-254-8(2)*, 1641852542, Core Library); 2017. lib. bdg. 35.64 *(978-1-5321-1166-2(5)*, 25908) ABDO Publishing Co.
Engineering the Great Wall of China. Yvette Lapierre. 2017. (Building by Design Ser.). (ENG., Illus.). 48p. (J). (gr. 4-8). lib. bdg. 35.64 *(978-1-5321-1167-9(3)*, 25910) ABDO Publishing Co.
Engineering the Human Body (Set Of 8) 2019. (Engineering the Human Body Ser.). (ENG.). 256p. (J). (gr. 3-5). pap. 79.60 *(978-1-64185-829-8(X)*, 164185829X); lib. bdg. 250.80 *(978-1-64185-760-4(9)*, 1641857609) North Star Editions. (Focus Readers).
Engineering the International Space Station. Cecilia Pinto McCarthy. (Building by Design Ser.). (ENG., Illus.). 48p. (J). (gr. 4-4). 2018. pap. 11.95 *(978-1-64185-255-5(0)*, 1641852550, Core Library); 2017. lib. bdg. 35.64 *(978-1-5321-1372-7(2)*, 27670) ABDO Publishing Co.
Engineering the Leaning Tower of Pisa. Adam Furgang. 2017. (Building by Design Set 2 Ser.). (ENG., Illus.). 48p. (J). (gr. 4-8). lib. bdg. 35.64 *(978-1-5321-1373-4(0)*, 27671) ABDO Publishing Co.
Engineering the London Underground. Kate Conley. 2017. (Building by Design Set 2 Ser.). (ENG., Illus.). 48p. (J). (gr. 4-8). lib. bdg. 35.64 *(978-1-5321-1374-1(9)*, 27672) ABDO Publishing Co.
Engineering the NYC Subway System. Cecilia Pinto McCarthy. (Building by Design Ser.). (ENG., Illus.). 48p. (J). (gr. 4-4). 2018. pap. 11.95 *(978-1-64185-256-2(9)*, 1641852569, Core Library); 2017. lib. bdg. 35.64 *(978-1-5321-1168-6(1)*, 25912) ABDO Publishing Co.
Engineering the Panama Canal. Yvette LaPierre. 2017. (Building by Design Set 2 Ser.). (ENG., Illus.). 48p. (J). (gr. 4-8). lib. bdg. 35.64 *(978-1-5321-1375-8(7)*, 27673) ABDO Publishing Co.
Engineering the Pyramids of Giza. Christine Zuchora-Walske. 2017. (Building by Design Set 2 Ser.). (ENG., Illus.). 48p. (J). (gr. 4-8). lib. bdg. 35.64 *(978-1-5321-1376-5(5)*, 27674) ABDO Publishing Co.
Engineering the Space Needle. Kate Conley. (Building by Design Ser.). (ENG., Illus.). 48p. (J). (gr. 4-4). 2018. pap. 11.95 *(978-1-64185-257-9(7)*, 1641852577, Core Library); 2017. lib. bdg. 35.64 *(978-1-5321-1377-2(3)*, 27675) ABDO Publishing Co.
Engineering the Taj Mahal. Laura K. Murray. 2017. (Building by Design Set 2 Ser.). (ENG., Illus.). 48p. (J). (gr. 4-8). lib. bdg. 35.64 *(978-1-5321-1378-9(1)*, 27676) ABDO Publishing Co.
Engineering with Circuits: DIY Motor & Robotics Projects. Elsie Olson. 2022. (Craft to Career Ser.). (ENG., Illus.). 64p. (J). (gr. 5-9). lib. bdg. 35.64 *(978-1-5321-9888-5(4)*, 39521, Abdo & Daughters) ABDO Publishing Co.
Engineering Wonders. Ed. by Saddleback Educational Saddleback Educational Publishing. 2020. (Space 8 Ser.). (ENG.). 60p. (J). (gr. 9-12). pap. 11.95 *(978-1-68021-757-5(7))* Saddleback Educational Publishing, Inc.
Engineering Wonders. Rebecca Stefoff & Rebecca Stanborough. 2016. (Engineering Wonders Ser.). (ENG.). 32p. (J). (gr. 3-6). 119.96 *(978-1-4914-8211-7(7)*, 24006, Capstone Pr.) Capstone.
Engineering Wonders of the 21st Century, 12 vols. 2022. (Engineering Wonders of the 21st Century Ser.). (ENG.). 48p. (J). (gr. 5-6). lib. bdg. 198.42 *(978-1-5026-6642-0(1)*, 55fcd37e-8c5e-4eae-88e8-f9ac3505a87b) Cavendish Square Publishing LLC.
Engineering You Can Eat. Megan Borgert-Spaniol. 2018. (Super Simple Science You Can Snack On Ser.). (ENG., Illus.). 32p. (J). (gr. k-4). lib. bdg. 34.21 *(978-1-5321-1724-4(8)*, 30736, Super SandCastle) ABDO Publishing Co.
Engineers. Laura K. Murray. 2023. (Seedlings Ser.). (ENG., Illus.). 24p. (J). (gr. 1-3). pap. 10.99 *(978-1-62832-942-1(4)*, 23572, Creative Paperbacks) Creative Co., The.
Engineers: With Stem Projects for Kids. Diane Taylor. Illus. by Hui Li. 2019. (Gutsy Girls Ser.). (ENG.). 112p. (J). (gr. 3-5). 19.95 *(978-1-61930-782-7(0)*, 4ebea85d-9f0a-4119-909e-2aed50989c0c) Nomad Pr.
Engineers Are Problem Solvers. Nikole Bethea. 2018. (Starting with STEAM Ser.). (ENG., Illus.). 24p. (J). (gr. 1-3). lib. bdg. 28.50 *(978-1-64156-423-6(7)*, 9781641564236) Rourke Educational Media.
Engineers at Work, 1 vol. Monique Vescia. 2017. (Scientists at Work Ser.). (ENG., Illus.). 32p. (J). (gr. 2-3). pap. 13.90 *(978-1-68048-757-2(4)*, 526679c5-933b-471e-b841-8e1b92d691fd, Britannica Educational Publishing) Rosen Publishing Group, Inc., The.
Engineers Solve Problems! A Song for Budding Scientists, 2 vols. Katie Hoena & Blake Hoena. Illus. by Kelly Canby. 2016. (My First Science Songs: Stem Ser.). (ENG.). (J). 53.32 *(978-1-5158-1302-6(9))* Cantata Learning.
EngiNerds. Jarrett Lerner. (Max Ser.). (ENG., Illus.). 192p. (J). (gr. 4-8). 2019. pap. 7.99 *(978-1-4814-6871-8(5))*; 2017. 17.99 *(978-1-4814-6872-5(3))* Simon & Schuster Children's Publishing. (Aladdin).
EngiNerds Rogue Robot Collection (Boxed Set) EngiNerds; Revenge of the EngiNerds; the EngiNerds Strike Back. Jarrett Lerner. ed. (Max Ser.). (ENG.). (J). (gr. 4-8). 2022. 624p. pap. 23.99 *(978-1-6659-1556-4(0))*; 2021. 608p. 53.99 *(978-1-5344-8102-2(8))* Simon & Schuster Children's Publishing. (Aladdin).
EngiNerds Strike Back. Jarrett Lerner. (Max Ser.). (ENG.). 208p. (J). (gr. 4-8). 2022. pap. 7.99 *(978-1-5344-6935-8(4))*; 2021. (Illus.). 17.99 *(978-1-5344-6934-1(6))* Simon & Schuster Children's Publishing. (Aladdin).
Engines Animated. Tyler Jorden. Illus. by Elsa Martins. 2022. (ENG.). 14p. (J). (gr. -1 — 1). bds. 14.99 *(978-1-64170-447-2(0)*, 550447) Familius LLC.
Engines Around the World. Christy Webster. ed. 2019. (Thomas the Tank Engine 8x8 Bks). (ENG.). 24p. (J). (gr. k-1). 15.96 *(978-0-87617-574-3(4))* Penworthy Co., LLC, The.
Engines! How Do Car Engines Work - Cars for Kids Edition - Children's Cars, Trains & Things That Go Books. Pfiffikus. 2016. (ENG., Illus.). (J). pap. 10.81 *(978-1-68377-610-9(0))* Whlke, Traudl.
England. Allan Finn. 2016. (Countries We Come From Ser.). (ENG., Illus.). 32p. (J). (gr. -1-3). 28.50 *(978-1-68402-054-6(9))* Bearport Publishing Co., Inc.
England. Grace Hansen. 2019. (Countries Ser.). (ENG., Illus.). 24p. (J). (gr. -1-2). lib. bdg. 32.79 *(978-1-5321-8551-9(0)*, 31440, Abdo Kids) ABDO Publishing Co.
England. Amy Rechner. 2017. (Country Profiles Ser.). (ENG., Illus.). 32p. (J). (gr. 3-8). lib. bdg. 27.95 *(978-1-62617-679-9(5)*, Blastoff! Discovery) Bellwether Media.
England from a Back-Window: With Views of Scotland & Ireland (Classic Reprint) James Montgomery Bailey. 2018. (ENG., Illus.). 482p. (J). 33.84 *(978-0-428-75865-3(7))* Forgotten Bks.
England Hath Need of Thee (Classic Reprint) Sydney C. Grier. 2018. (ENG., Illus.). 354p. (J). 31.20 *(978-0-428-85387-7(0))* Forgotten Bks.
England, My England. D. H. Lawrence. 2022. (ENG.). 156p. (J). 24.95 ***(978-1-63637-914-2(1))***; pap. 12.95 ***(978-1-63637-913-5(3))*** Bibliotech Pr.
England, My England: And Other Stories (Classic Reprint) David Herbert Lawrence. 2017. (ENG., Illus.). (J). 29.69 *(978-0-331-41137-9(7))* Forgotten Bks.
England to America (Classic Reprint) Margaret Prescott Montague. 2018. (ENG., Illus.). 66p. (J). 25.28 *(978-0-484-44829-1(3))* Forgotten Bks.
England Was an Island Once (Classic Reprint) Elswyth Thane. 2018. (ENG., Illus.). (J). 338p. 30.87 *(978-1-396-36595-9(8))*; 340p. pap. 13.57 *(978-1-390-97973-2(3))* Forgotten Bks.
England's Story for Children (Classic Reprint) E. Baumer Williams. (ENG., Illus.). (J). 2018. 512p. 34.46 *(978-0-332-86065-7(5))*; 2016. pap. 16.97 *(978-1-334-12248-4(2))* Forgotten Bks.
England's Yeomen. Maria Louisa Charlesworth. 2017. (ENG.). 398p. (J). pap. *(978-3-7447-1362-7(8))* Creation Pubs.
England's Yeomen: From Life in the Nineteenth Century (Classic Reprint) Maria Louisa Charlesworth. 2017. (ENG., Illus.). (J). 32.02 *(978-1-5284-8666-8(8))* Forgotten Bks.
Englisch-Deutsches Supplement-Lexikon: ALS Erganzung Zu Allen Bis Jetzt Erschienenen Englisch-Deutschen Worterbuchern Insbesondere Zu Lucas (Classic Reprint) Alexander Hoppe. 2017. (ENG., Illus.). (J). 34.00 *(978-0-265-71043-2(X))*; pap. 16.57 *(978-1-5276-6205-6(5))* Forgotten Bks.
Englisch-Deutsches Supplement Lexikon: ALS Erganzung Zu Allen Bis Jetzt Erschienenen Englisch-Deutschen Worterbuchern, Insbesondere Zu Lucas; Mit Theilweiser Angabe der Aussprache Nach Dem Phonetischen System der Methode Toussaint-Langenscheidt. Alexander Hoppe. 2017. (ENG., Illus.). (J). pap. 16.57 *(978-1-334-93488-9(6))* Forgotten Bks.
Englisch-Deutsches Supplement Lexikon: ALS Ergänzung Zu Allen Bis Jetzt Erschienenen Englisch-Deutschen Wörterbüchern, Insbesondere Zu Lucas; Mit Theilweiser Angabe der Aussprache Nach Dem Phonetischen System der Methode Toussaint-Langenscheidt. Alexander Hoppe. 2019. (ENG., Illus.). 504p. (J). 34.29 *(978-0-365-15053-4(3))* Forgotten Bks.
Englische Chrestomathie Fur Den Schul-Und Privat-Unterricht: Erstes Cursus (Classic Reprint) Ludwig Gantter. 2017. (ENG., Illus.). (J). pap. 13.57 *(978-0-259-50515-0(3))* Forgotten Bks.
Englische Chrestomathie Für Den Schul-Und Privat-Unterricht: Erstes Cursus (Classic Reprint) Ludwig Gantter. 2018. (ENG., Illus.). 342p. (J). 30.95 *(978-0-364-56118-8(1))* Forgotten Bks.
Englische Ergänzungsgrammatik und Stilistisches (Classic Reprint) Gustav Kruger. 2018. (ENG., Illus.). (J). 254p. 29.14 *(978-1-396-64604-1(3))*; 256p. pap. 11.57 *(978-1-396-64593-8(4))* Forgotten Bks.
Englisches Lesebuch (Classic Reprint) Wilhelm Vietor. 2017. (ENG., Illus.). (J). 30.99 *(978-0-265-71380-8(3))*; pap. 13.57 *(978-1-5276-6812-6(6))* Forgotten Bks.
Englisches Lesebuch Fur Schulen und Erziehungsanstalten: In Drei Stufen (Classic Reprint) Gottfried Ebener. 2018. (ENG., Illus.). 158p. (J). 27.16 *(978-0-483-23579-3(2))* Forgotten Bks.
English, 1895, Vol. 12: Illustrated Magazine (Classic Reprint) Unknown Author. (ENG., Illus.). (J). 2018. 686p. 38.05 *(978-0-428-89913-4(7))*; 2017. pap. 20.57 *(978-0-243-52054-1(9))* Forgotten Bks.
English a - a Concise Revision Course for CSEC(r). Mike Gould et al. 2017. (ENG.). 260p. (YA). (gr. 9). pap. 19.99 *(978-0-00-820813-4(1))* HarperCollins Pubs. Ltd. GBR. Dist: Independent Pubs. Group.
English Age 5-6 (Letts Make It Easy) Letts Letts KS1. 2019. (Letts Make It Easy Ser.). (ENG.). 64p. (J). (gr. k-1). pap. 8.99 *(978-0-00-832286-1(4)*, Letts & Lonsdale) HarperCollins Pubs. Ltd. GBR. Dist: Independent Pubs. Group.
English Age 6-7 (Letts Make It Easy) Letts Letts KS1. 2019. (Letts Make It Easy Ser.). (ENG., Illus.). 64p. (J). (gr. 1-2). pap. 8.99 *(978-0-00-832286-1(4)*, Letts & Lonsdale) HarperCollins Pubs. Ltd. GBR. Dist: Independent Pubs. Group.
English Age 7-8 (Letts Make It Easy) Letts Letts KS2. 2019. (Letts Make It Easy Ser.). (ENG.). 64p. (J). (gr. 2-3). pap. 8.99 *(978-0-00-832287-8(2)*, Letts & Lonsdale) HarperCollins Pubs. Ltd. GBR. Dist: Independent Pubs. Group.
English Age 8-9 (Letts Make It Easy) Letts Letts KS2. 2019. (Letts Make It Easy Ser.). (ENG.). 64p. (J). (gr. 3-4). pap. 8.99 *(978-0-00-832288-5(0)*, Letts & Lonsdale) HarperCollins Pubs. Ltd. GBR. Dist: Independent Pubs. Group.
English Alphabet Letters Writing Book: For Children Three Years & Older. Jean Florent Romaric Gnayoro. 2022. (ENG.). 85p. pap. *(978-1-387-81326-1(9))* Lulu Pr., Inc.
English & Chinese Dictionary: Compiled from the Latest & Best Authorities, & Containing All Words in Common Use, with Many Examples of Their Use (Classic Reprint) Kwong Ki Chiu. 2017. (ENG., Illus.). (J). 854p. 41.51 *(978-0-484-44798-0(X))*; pap. 23.97 *(978-0-282-56103-1(X))* Forgotten Bks.
English & Chinese Dictionary (Classic Reprint) I. M. Condit. (ENG., Illus.). (J). 2018. 142p. 26.83 *(978-0-484-63309-3(0))*; 2017. pap. 9.57 *(978-0-259-53156-2(1))* Forgotten Bks.
English & Chinese Reader: With a Dictionary (Classic Reprint) I. M. Condit. (ENG., Illus.). (J). 2018. 292p. 29.94 *(978-0-483-87297-4(0))*; 2016. pap. 13.57 *(978-1-334-15045-6(1))* Forgotten Bks.
English & Chinese Reader: With a Dictionary (Classic Reprint) Ira M. Condit. 2018. (ENG., Illus.). (J). 290p. 29.88 *(978-1-396-33817-5(9))*; 292p. pap. 13.57 *(978-1-390-89988-7(8))* Forgotten Bks.
English & French Fought for Fur Causes of French & Indian War Grade 4 Children's American Revolution History. Baby Professor. 2020. (ENG.). 76p. (J). 24.99 *(978-1-5419-7926-0(5))*; pap. 14.99 *(978-1-5419-5361-1(4))* Speedy Publishing LLC. (Baby Professor (Education Kids)).
English & Hebrew Lexicon: Composed after Johnson's Dictionary, Containing Fifteen Thousand English Words, Rendered into Biblical, or Rabbinical Hebrew, or into Chaldee; to Which Is Annexed a List of English & Hebrew Words the Expressions & Meanin. Selig Newman. (ENG., Illus.). (J). 2018. 420p. 32.56 *(978-0-666-44483-7(8))*; 2017. pap. 16.57 *(978-0-282-52878-2(4))* Forgotten Bks.
English & Hebrew Lexicon Composed after Johnson's Dictionary: Containing Fifteen Thousand English Words, Rendered into Biblical, or Rabbinical Hebrew, or into Chaldee, to Which Is Annexed a List of English & Hebrew Words, the Expressions & Meanin. Selig Newman. 2017. (ENG., Illus.). (J). 32.58 *(978-0-265-78883-7(8))*; pap. 16.57 *(978-1-5277-6859-8(7))* Forgotten Bks.
English & Hebrew Lexicon Composed after Johnson's Dictionary: Containing Fifteen Thousand English Words, Rendered into Biblical, or Rabbinical Hebrew, or into Chaldee; to Which Is Annexed a List of English & Hebrew Words the Expressions & Meaning. Selig Newman. (ENG., Illus.). (J). 2018. 420p. 32.58 *(978-0-666-53930-4(8))*; 2017. pap. 16.57 *(978-0-282-40598-4(4))* Forgotten Bks.
English & Language Arts Grade 1 Workbook: First Grade Reading Comprehension & Writing Ela Book. Reading & Writing Workbook Team. 2016. (ENG., Illus.). (J). (gr. 1). pap. 9.99 *(978-1-62845-394-2(X))* Windham Pr.
English & Language Arts Grade 2 Workbook: Ela 2nd Grade Reading Comprehension & Writing Book. Reading & Writing Workbook Team. 2016. (ENG., Illus.). (J). (gr. 1-3). pap. 8.99 *(978-1-62845-402-4(4))* Windham Pr.
English & Muskokee Dictionary: Collected from Various Sources & Revised; Creek Mission, Indian Territory (Classic Reprint) Robert McGill Loughridge. 2017. (ENG., Illus.). (J). 28.97 *(978-0-331-48635-3(0))*; pap. 11.57 *(978-0-282-31098-1(3))* Forgotten Bks.
English & Persian Dictionary (Classic Reprint) Sorabshaw Byramji. 2017. (ENG., Illus.). (J). 34.77 *(978-0-266-52810-4(4))*; pap. 19.57 *(978-0-282-66692-7(3))* Forgotten Bks.
English & Scottish Popular Ballads. Francis James Child. 2017. (ENG.). (J). 264p. pap. *(978-3-7447-9285-1(4))*; 272p. pap. *(978-3-7447-9286-8(2))*; 266p. pap. *(978-3-7447-9287-5(0))*; 266p. pap. *(978-3-7447-9288-2(9))*; 276p. pap. *(978-3-7447-9289-9(7))*; 268p. pap. *(978-3-7447-9291-2(9))*; 294p. pap. *(978-3-7447-9293-6(5))* Creation Pubs.
English & Scottish Popular Ballads. Francis James Child & George Lyman Kittredge. 2017. (ENG.). (J). 272p. pap. *(978-3-7447-9290-5(0))*; 284p. pap. *(978-3-7447-9292-9(7))* Creation Pubs.
English & Scottish Popular Ballads. Part VIII; Pp. 255-525. Francis James Child. 2017. (ENG., Illus.). (J). pap. *(978-0-649-57398-1(6))* Trieste Publishing Pty Ltd.
English & Scottish Popular Ballads, Vol. 1 of 5 (Classic Reprint) Francis James Child. 2017. (ENG., Illus.). (J). 29.47 *(978-0-331-35494-2(2))* Forgotten Bks.
English & Scottish Popular Ballads, Vol. 2 (Classic Reprint) Francis James Child. 2017. (ENG., Illus.). (J). 29.51 *(978-0-266-88154-4(8))* Forgotten Bks.
English & Scottish Popular Ballads, Vol. 3 Of 5: Part I (Classic Reprint) Francis James Child. (ENG., Illus.). (J). 2017. 29.34 *(978-0-265-41287-9(0))*; 2016. pap. 11.97 *(978-1-333-56908-2(4))* Forgotten Bks.
English & Scottish Popular Ballads, Vol. 5 Of 5: Part I (Classic Reprint) Francis James Child. 2018. (ENG., Illus.). 294p. (J). 29.96 *(978-0-267-55916-9(X))* Forgotten Bks.
English & Siamese Vocabulary (Classic Reprint) William J. Gedney. 2017. (ENG., Illus.). (J). 31.05 *(978-0-265-81745-2(5))*; pap. 13.57 *(978-1-5278-9059-6(7))* Forgotten Bks.
English & Sinhalese Lesson Book on Ollendorff's System: Designed to Teach Sinhalese Through the Medium of the English Language (Classic Reprint) Charles Carter. 2018. (ENG., Illus.). 182p. (J). 27.65 *(978-0-267-19075-1(1))* Forgotten Bks.
English & Vinland Younger Futhark Havamal. Dylon Lawrence. 2020. (ENG.). 40p. (J). pap. 5.84 *(978-1-716-69481-3(7))* Lulu Pr., Inc.
English Annual: For 1836 (Classic Reprint) Caroline Sheridan Norton. (ENG., Illus.). (J). 2018. 442p. 33.01 *(978-0-483-38963-2(3))*; 2016. pap. 16.57 *(978-1-334-13329-9(8))* Forgotten Bks.
English Annual, for 1837 (Classic Reprint) Caroline Sheridan Norton. (ENG., Illus.). (J). 2018. 396p. 32.11 *(978-0-428-58785-7(2))*; 2017. pap. 16.57 *(978-0-243-08302-2(5))* Forgotten Bks.
English-Arabic Dictionary: For the Use of Schools (Classic Reprint) John Wortabet. 2019. (ENG., Illus.). (J). 832p. 41.08 *(978-1-397-29627-6(5))*; 834p. pap. 23.57 *(978-1-397-29623-8(2))* Forgotten Bks.
English-Arabic Vocabulary for the Use of Students of the Colloquial (Classic Reprint) Edward Vincent Stace. 2017. (ENG., Illus.). (J). 232p. 28.70 *(978-0-484-63739-8(8))*; pap. 11.57 *(978-0-259-99566-1(5))* Forgotten Bks.
English As She Is Spoke: Or a Jest in Sober Earnest (Classic Reprint) Pedro Carolino. 2017. (ENG., Illus.). (J). 26.04 *(978-0-265-24884-3(1))* Forgotten Bks.
English As She Is Wrote: Showing Curious Ways in Which the English Language May Be Made to Convey Ideas or Obscure Them; a Companion to English As She Is Spoke (Classic Reprint) Unknown Author. 2017. (ENG., Illus.). (J). 26.21 *(978-0-266-24951-1(5))* Forgotten Bks.

594

The check digit for ISBN-10 appears in parentheses after the full ISBN-13

English As Spoken & Written To-Day: With Idiomatic Notes & Grammatical Exercises (Classic Reprint) M. M. Mason. 2018. (ENG., Illus.). 270p. (J). 29.49 *(978-0-484-42761-6(X))* Forgotten Bks.

English As Spoken & Written to-Day; with Idiomatic Notes & Grammatical Exercises. M. M. Mason. 2017. (ENG., Illus.). (J). pap. *(978-0-649-08214-8(1))* Trieste Publishing Pty Ltd.

English at the North Pole. Jules Vern. 2020. (ENG.). (J). 160p. 17.95 *(978-1-63637-179-5(5))*; 158p. pap. 9.95 *(978-1-63637-178-8(7))* Bibliotech Pr.

English-Biluchi Dictionary (Classic Reprint) Thomas John Lee Mayer. (ENG., Illus.). (J). 2018. 226p. 28.58 *(978-0-365-29550-1(7))*; 2017. pap. 10.97 *(978-0-282-37325-2(X))* Forgotten Bks.

English Bodley Family, & the Viking Bodleys (Classic Reprint) Horace E. Scudder. 2018. (ENG., Illus.). 400p. (J). 32.11 *(978-0-267-40701-9(7))* Forgotten Bks.

English Bodley Family (Classic Reprint) Horace E. Scudder. 2017. (ENG., Illus.). 198p. (J). 28.00 *(978-0-484-43726-4(7))* Forgotten Bks.

English Boy at the Cape, Vol. 1 Of 3: An Anglo-African Story (Classic Reprint) Edward Augustus Kendall. (ENG., Illus.). (J). 2018. 282p. 29.71 *(978-0-483-16376-8(7))*; 2016. pap. 13.57 *(978-1-333-41753-6(5))* Forgotten Bks.

English Boy at the Cape, Vol. 2 Of 3: An Anglo-African Story (Classic Reprint) Edward Augustus Kendall. 2017. (ENG., Illus.). (J). 30.21 *(978-0-331-56442-6(4))* Forgotten Bks.

English Boy at the Cape, Vol. 3 Of 3: An Anglo-African Story (Classic Reprint) Edward Augustus Kendall. 2018. (ENG., Illus.). 300p. (J). 30.08 *(978-0-483-19356-7(9))* Forgotten Bks.

English Boy's Life & Adventures in Uganda (Classic Reprint) Charles W. Hattersley. (ENG., Illus.). (J). 2018. 306p. 30.21 *(978-0-267-53891-1(X))*; 2016. pap. 13.57 *(978-1-333-35572-2(6))* Forgotten Bks.

English Brothers, or Anecdotes of the Howard Family, Vol. 1 of 4 (Classic Reprint) Unknown Author. (ENG., Illus.). (J). 2018. 328p. 30.66 *(978-0-484-47967-7(9))*; 2016. pap. 13.57 *(978-1-333-34618-8(2))* Forgotten Bks.

English Brothers, or Anecdotes of the Howard Family, Vol. 3 of 4 (Classic Reprint) Unknown Author. (ENG., Illus.). (J). 2018. 328p. 30.66 *(978-0-483-81874-3(7))*; 2016. pap. 13.57 *(978-1-334-22917-6(1))* Forgotten Bks.

English Brothers, Vol. 2 Of 4: Or Anecdotes of the Howard Family (Classic Reprint) Unknown Author. 2018. (ENG., Illus.). 344p. (J). 30.99 *(978-0-483-58900-1(4))* Forgotten Bks.

English Brothers, Vol. 4 Of 4: Or, Anecdotes of the Howard Family (Classic Reprint) Unknown Author. 2018. (ENG., Illus.). 384p. (J). 31.82 *(978-0-267-25950-2(6))* Forgotten Bks.

English Bulldog Coloring Book: Zentangle Coloring Books for Adult, Floral Mandala Coloring Pages, Stress Relief Picture, Gifts for Dog Lover. Illus. by Paperland Online Store. 2022. (ENG.). 42p. (J). pap. *(978-1-387-76217-0(6))* Lulu Pr., Inc.

English Children in the Olden Time (Classic Reprint) Elizabeth Godfrey. (ENG., Illus.). (J). 2018. 460p. 33.38 *(978-0-666-36269-8(6))*; 2016. pap. 16.57 *(978-1-334-11193-8(6))* Forgotten Bks.

English Collection, or Choice of Extracts from Several Authors: For the Use of Those, Who Desire to Improve the Knowledge of the English Language (Classic Reprint) Unknown Author. 2017. (ENG., Illus.). (J). 366p. 31.45 *(978-0-484-87474-8(8))*; pap. 13.97 *(978-0-259-56757-8(4))* Forgotten Bks.

English Colonies Before 1750 13 Colonies for Kids Grade 4 Children's Exploration Books. Baby Professor. 2020. (ENG.). 76p. (J). 24.99 *(978-1-5419-7969-7(9))*; pap. 14.99 *(978-1-5419-5971-2(X))* Speedy Publishing LLC. (Baby Professor (Education Kids)).

English Colonies Establishment & Expansion U. S. Revolutionary Period Fourth Grade Social Studies Children's Geography & Cultures Books. Baby Professor. 2020. (ENG.). 74p. (J). 24.99 *(978-1-5419-7975-8(3))*; pap. 14.99 *(978-1-5419-4986-7(2))* Speedy Publishing LLC. (Baby Professor (Education Kids)).

English Composition: 150 Specimens Arranged for Use in Psychological & Educational Experiments (Classic Reprint) Edward L. Thorndike. (ENG., Illus.). (J). 2018. 150p. 27.01 *(978-0-364-21498-5(8))*; 2016. pap. 9.57 *(978-1-334-20129-5(3))* Forgotten Bks.

English Composition, Vol. 1 (Classic Reprint) George Guest. (ENG., Illus.). (J). 2018. 44p. 24.80 *(978-0-365-01810-0(4))*; 2017. pap. 7.97 *(978-0-282-57392-8(5))* Forgotten Bks.

English Compound Words & Phrases (Classic Reprint) Francis Horace Teall. 2018. (ENG., Illus.). 318p. (J). 30.46 *(978-0-365-42711-7(X))* Forgotten Bks.

English Country Life (Classic Reprint) Walter Raymond. 2018. (ENG., Illus.). 518p. (J). 34.58 *(978-0-483-09786-5(1))* Forgotten Bks.

English Dialect Dictionary, Being the Complete Vocabulary of All Dialect Words Still in Use, or Known to Have Been in Use During the Last Two Hundred Years, Vol. 4 (Classic Reprint) Joseph Wright. 2017. (ENG., Illus.). (J). 38.29 *(978-0-265-78994-0(X))* Forgotten Bks.

English Dialect Dictionary, Being the Complete Vocabulary of All Dialect Words Still in Use, or Known to Have Been in Use During the Last Two Hundred Years (Volume I) A-C. Ed. by Joseph Wright. 2019. (ENG.). 932p. (J). pap. *(978-93-5386-489-7(5))* Alpha Editions.

English Dialect Dictionary, Being the Complete Vocabulary of All Dialect Words Still in Use, or Known to Have Been in Use During the Last Two Hundred Years (Volume II) Joseph Wright. 2019. (ENG.). 782p. (J). pap. *(978-93-5386-441-5(0))* Alpha Editions.

English Dialect Dictionary, Vol. 1: Being the Complete Vocabulary of All Dialect Words Still in Use, or Known to Have Been in Use During the Last Two Hundred Years; a-C (Classic Reprint) Joseph Wright. (ENG., Illus.). (J). 2018. 894p. 42.36 *(978-0-365-25302-0(2))*; 2017. pap. 24.70 *(978-0-282-45781-5(X))* Forgotten Bks.

English Dialect Dictionary, Vol. 2: Being the Complete Vocabulary of All Dialect Words Still in Use, or Known to Have Been in Use During the Last Two Hundred Years (Classic Reprint) Joseph Wright. 2017. (ENG., Illus.). (J). 40.15 *(978-0-266-18208-5(9))* Forgotten Bks.

English Dialect Dictionary, Vol. 3: Being the Complete Vocabulary of All Dialect Words Still in Use, or Known to Have Been in Use During the Last Two Hundred Years (Classic Reprint) Joseph Wright. 2018. (ENG., Illus.). 708p. (J). 38.50 *(978-0-364-09709-0(4))* Forgotten Bks.

English Dialect Dictionary, Vol. 5: Being the Complete Vocabulary of All Dialect Words Still in Use, or Known to Have Been in Use During the Last Two Hundred Years; Founded on the Publications of the English Dialect Society & on a Large Amount of Ma. Joseph Wright. 2017. (ENG., Illus.). (J). 42.62 *(978-0-331-90238-9(9))*; pap. 24.97 *(978-0-282-51495-2(3))* Forgotten Bks.

English Dialect Dictionary, Vol. 6: Being the Complete Vocabulary of All Dialect Words Still in Use, or Known to Have Been in Use During the Last Two Hundred Years, Founded on the Publications of the English Dialect Society & on a Large Amount of Ma. Joseph Wright. 2017. (ENG., Illus.). (J). 1044p. 45.45 *(978-0-332-83603-4(7))*; pap. 27.79 *(978-0-282-44714-4(8))* Forgotten Bks.

English Echo: A Practical Guide to the Conversation & Customs of Every-Day Life in Great-Britain (Classic Reprint) Samuel Danks Waddy. (ENG., Illus.). (J). 2018. 220p. 28.43 *(978-0-332-81738-5(5))*; 2017. pap. 10.97 *(978-0-243-39057-1(2))* Forgotten Bks.

English Explorers. Jennifer Howse. 2016. (Illus.). 32p. (J). *(978-1-5105-1867-4(3))* SmartBook Media, Inc.

English Extracts from the Best Classical Authors: Consisting of Moral, Amusing & Instructive Anecdotes, Pieces of Prose from the Most Popular Writers, Scenes of Comedies, & a Selection of Poetry; the Whole Preceded by a New Method Calculated to Facili. S. Warrand. (ENG., Illus.). (J). 2018. 410p. 32.37 *(978-0-332-88403-5(1))*; 2017. pap. 16.57 *(978-0-243-50951-5(0))* Forgotten Bks.

English Fairy & Other Folk Tales (Classic Reprint) Edwin Sidney Hartland. 2017. (ENG., Illus.). (J). 30.83 *(978-0-266-33543-6(8))* Forgotten Bks.

English Fairy Tales. Joseph Jacobs. 2017. (ENG., Illus.). (YA). (gr. 7-12). pap. *(978-93-86367-96-9(3))* Alpha Editions.

English Fairy Tales. Flora Annie Steel. 2017. (ENG., Illus.). (J). pap. 15.95 *(978-1-374-82021-0(0))* Capital Communications, Inc.

English Fairy Tales (Classic Reprint) Flora Annie Webster Steel. 2018. (ENG., Illus.). 364p. (J). 31.40 *(978-0-364-79191-2(8))* Forgotten Bks.

English Fairy Tales, Folklore & Legends (Classic Reprint) Charles John Tibbits. 2017. (ENG., Illus.). (J). 28.97 *(978-0-266-30827-0(9))* Forgotten Bks.

English Fashionables Abroad, Vol. 1 Of 3: A Novel (Classic Reprint) C. D. Burdett. 2018. (ENG., Illus.). 332p. (J). 30.74 *(978-0-483-74253-6(8))* Forgotten Bks.

English Fashionables Abroad, Vol. 2 Of 3: A Novel (Classic Reprint) C. D. Burdett. 2018. (ENG., Illus.). 356p. (J). 31.24 *(978-0-483-31002-5(6))* Forgotten Bks.

English Fifth Reader: With Explanations & Notes (Classic Reprint) Unknown Author. (ENG., Illus.). (J). 2018. 308p. 30.25 *(978-0-483-77923-5(7))*; 2017. pap. 13.57 *(978-0-243-54252-9(6))* Forgotten Bks.

English Fireside, Vol. 1 Of 3: A Tale of the Past (Classic Reprint) John Mills. (ENG., Illus.). (J). 2018. 330p. 30.70 *(978-0-332-16660-5(0))*; 2017. pap. 13.57 *(978-0-282-54044-9(X))* Forgotten Bks.

English Fireside, Vol. 2 Of 3: A Tale of the Past (Classic Reprint) John Mills. 2018. (ENG., Illus.). 284p. (J). 29.77 *(978-0-483-84444-5(6))* Forgotten Bks.

English Fireside, Vol. 3 Of 3: A Tale of the Past (Classic Reprint) John Mills. 2018. (ENG., Illus.). 260p. (J). 29.28 *(978-0-332-59380-7(0))* Forgotten Bks.

English Folk-Chanteys: With Pianoforte Accompaniment, Introduction & Notes (Classic Reprint) Cecil James Sharp. 2017. (ENG., Illus.). (J). 25.86 *(978-1-5282-7386-2(9))* Forgotten Bks.

English Folk-Rhymes: A Collection of Traditional Verses, Relating to Places & Persons, Customs, Superstitions, etc (Classic Reprint) G. F. Northall. 2018. (ENG., Illus.). 576p. (J). 35.80 *(978-0-656-44205-8(0))* Forgotten Bks.

English Folk-Songs for Schools (Classic Reprint) S. Baring Gould. (ENG., Illus.). (J). 2018. 118p. 26.33 *(978-0-484-13515-3(5))*; 2016. pap. 9.57 *(978-1-334-55489-6(7))* Forgotten Bks.

English Folk Songs from the Southern Appalachians: Comprising 122 Songs & Ballads, & 323 Tunes (Classic Reprint) Olive Dame Campbell. 2017. (ENG., Illus.). (J). 31.63 *(978-1-5282-4908-9(9))* Forgotten Bks.

English for Coming Americans: Beginner's Reader-2 (Classic Reprint) Peter Roberts. 2018. (ENG., Illus.). 68p. (J). 25.32 *(978-0-484-44766-9(1))* Forgotten Bks.

English for Coming Americans: Beginner's Reader 3 (Classic Reprint) Peter Roberts. 2018. (ENG., Illus.). 98p. (J). 25.92 *(978-0-484-03911-6(3))* Forgotten Bks.

English for Everyone Junior: 5 Words a Day: Learn & Practice 1,000 English Words. DK. 2021. (DK English for Everyone Junior Ser.). (ENG.). 240p. (J). (gr. 1-4). pap. 19.99 *(978-0-7440-2754-9(3))*, DK Children) Dorling Kindersley Publishing, Inc.

English for Everyone Junior: Beginner's Course. DK. 2020. (DK English for Everyone Junior Ser.). (ENG., Illus.). 256p. (J). (gr. 1-4). pap. 19.99 *(978-1-4654-9230-2(5)*, DK Children) Dorling Kindersley Publishing, Inc.

English for Everyone Junior Beginner's Course Practice Book. DK. 2022. (DK English for Everyone Junior Ser.). (ENG.). 224p. (J). (gr. 1-4). pap. 16.99 *(978-0-7440-2846-1(9)*, DK Children) Dorling Kindersley Publishing, Inc.

English for Everyone Junior English Alphabet Flash Cards. DK. 2022. (DK English for Everyone Junior Ser.). (ENG.). 56p. (J). (gr. k-4). 9.99 *(978-0-7440-5616-7(0)*, DK Children) Dorling Kindersley Publishing, Inc.

English for Everyone Junior English Dictionary: Learn to Read & Say 1,000 Words. DK. 2022. (DK English for Everyone Junior Ser.). (ENG.). 136p. (J). (gr. -1-1). pap. 14.99 *(978-0-7440-4573-4(8)*, DK Children) Dorling Kindersley Publishing, Inc.

English for Everyone Junior First Words Animals Flash Cards. DK. 2023. (DK English for Everyone Junior Ser.). (ENG.). 105p. (J). (gr. 1-4). 9.99 *(978-0-7440-7740-7(0)*, DK Children) Dorling Kindersley Publishing, Inc.

English for Everyone Junior First Words Colors, Shapes & Numbers Flash Cards. DK. 2023. (DK English for Everyone Junior Ser.). (ENG.). 75p. (J). (gr. 1-4). 9.99 *(978-0-7440-7741-4(9)*, DK Children) Dorling Kindersley Publishing, Inc.

English for Everyone Junior First Words Flash Cards. DK. 2022. (DK English for Everyone Junior Ser.). (ENG.). 105p. (J). (gr. k-4). 9.99 *(978-0-7440-4574-1(6)*, DK Children) Dorling Kindersley Publishing, Inc.

English for Everyone Junior Sight Words Flash Cards. DK. 2022. (DK English for Everyone Junior Ser.). (ENG.). 105p. (J). (gr. k-2). 9.99 *(978-0-7440-5617-4(9)*, DK Children) Dorling Kindersley Publishing, Inc.

English for Italians (Lezioni d'Inglese per Gl'italiani) (Classic Reprint) Edith Waller. 2017. (ENG., Illus.). (J). 30.60 *(978-0-265-72567-2(4))*; pap. 13.57 *(978-1-5276-8541-3(1))* Forgotten Bks.

English for Mathematics: Book A, Bk. A. Karen Greenway. 2016. (ENG., Illus.). 80p. (J). pap. 9.95 *(978-0-00-813570-6(3))* HarperCollins Pubs. Ltd. GBR. Dist: Independent Pubs. Group.

English for New Americans (Classic Reprint) Wilbur Stanwood Field. (ENG., Illus.). (J). 2018. 394p. 32.02 *(978-0-365-14207-2(7))*; 2016. pap. 16.57 *(978-1-333-46482-0(7))* Forgotten Bks.

English for New-Canadians (Classic Reprint) George Elmore Reaman. (ENG., Illus.). (J). 2018. 100p. 25.96 *(978-0-332-91302-5(3))*; 2016. pap. 9.57 *(978-1-334-14885-9(6))* Forgotten Bks.

English Gipsies & Their Language. Charles G. Leland. 2017. (ENG., Illus.). (J). pap. 13.95 *(978-1-374-81373-1(7))* Capital Communications, Inc.

English Gipsies & Their Language (Classic Reprint) Charles G. Leland. 2017. (ENG., Illus.). (J). 29.69 *(978-1-5282-6804-2(0))* Forgotten Bks.

English-Gipsy Songs: In Rommany, with Metrical English Translations (Classic Reprint) Charles G. Leland. (ENG., Illus.). (J). 2018. 292p. 29.92 *(978-0-484-25625-4(4))*; 2017. pap. 13.57 *(978-0-282-36884-5(1))* Forgotten Bks.

English Girl: A Romance (Classic Reprint) Ford Madox Ford. 2017. (ENG., Illus.). (J). 31.24 *(978-0-260-33850-1(8))* Forgotten Bks.

English Girl in Japan (Classic Reprint) Ella M. Hart Bennett. 2017. (ENG., Illus.). (J). 27.90 *(978-0-331-64944-4(6))*; pap. 10.57 *(978-0-282-54111-8(X))* Forgotten Bks.

English Girl in Tokyo (Classic Reprint) Teresa Eden Richardson. (ENG., Illus.). (J). 2018. 172p. 27.46 *(978-0-484-72660-3(9))*; 2016. pap. 9.97 *(978-1-334-12729-8(8))* Forgotten Bks.

English Girl's Account of a Moravian Settlement in the Black Forest (Classic Reprint) Beatrice Batty. 2017. (ENG., Illus.). (J). 30.56 *(978-0-331-23628-6(1))*; pap. 13.57 *(978-0-266-99293-6(5))* Forgotten Bks.

English Girl's Adventures in Hostile Germany (Classic Reprint) Mary Littlefair. (ENG., Illus.). (J). 2018. 130p. 26.58 *(978-0-267-41014-9(X))*; 2016. pap. 9.57 *(978-1-334-23903-8(7))* Forgotten Bks.

English Girl's First Impression of Burmah. Beth Ellis. 2017. (ENG.). 270p. (J). pap. *(978-3-337-22738-8(4))* Creation Pubs.

English Girl's First Impressions of Burmah (Classic Reprint) Beth Ellis. 2018. (ENG., Illus.). 272p. (J). 29.51 *(978-0-267-66302-6(1))* Forgotten Bks.

English Grammar: Taught with Help from Stanford. Melanie Richardson Dundy. 2019. (ENG., Illus.). 148p. (J). (gr. 3-6). pap. 15.95 *(978-0-578-54088-7(6))* M D C T Publishing.

English Grammar in Familiar Lectures. Samuel Kirkham. 2018. (ENG., Illus.). 322p. (J). pap. *(978-93-5329-206-5(9))* Alpha Editions.

English Grammar (Set), 12 vols. 2019. (English Grammar Ser.). (ENG.). (J). (gr. 2-5). lib. bdg. 427.68 *(978-1-5038-4004-1(2)*, 213611) Child's World, Inc, The.

English Helicon: A Selection of Modern Poetry (Classic Reprint) Thomas Kibble Hervey. 2017. (ENG., Illus.). (J). pap. 16.57 *(978-0-243-39774-7(7))* Forgotten Bks.

English Hermit: Or Unparalleled Sufferings & Surprising Adventures of Mr. Philip Quarll, Who Was Lately Discovered on an Uninhabited Island in the South Sea; Where He Had Lived about Fifty Years Without Any Human Assistance (Classic Reprint) Peter Longueville. 2018. (ENG., Illus.). 262p. (J). 29.32 *(978-0-267-23418-9(X))* Forgotten Bks.

English High School Record, Vol. 38: April, 1923 (Classic Reprint) Joseph H. Melhado. 2017. (ENG., Illus.). (J). pap. 7.97 *(978-0-259-85183-7(3))* Forgotten Bks.

English High School Record, Vol. 38: March, 1923 (Classic Reprint) Joseph H. Melhado. 2017. (ENG., Illus.). (J). pap. 7.97 *(978-0-259-85331-2(3))* Forgotten Bks.

English High School Record, Vol. 38: May, 1923 (Classic Reprint) Joseph H. Melhado. (ENG., Illus.). (J). 2018. 48p. 24.89 *(978-0-365-19871-0(4))*; 2017. pap. 9.57 *(978-0-259-86402-8(1))* Forgotten Bks.

English High School Record, Vol. 39: April, 1924 (Classic Reprint) Chandler M. Wright. (ENG., Illus.). (J). 2018. 48p. 24.89 *(978-0-267-68237-9(9))*; 2017. pap. 9.57 *(978-0-259-48428-8(8))* Forgotten Bks.

English High School Record, Vol. 40: Humor Issue, April 1925 (Classic Reprint) Abraham M. Aloff. (ENG., Illus.). (J). 2018. 36p. 24.64 *(978-0-483-66668-9(8))*; 2017. pap. 7.97 *(978-0-259-48426-4(1))* Forgotten Bks.

English High School Record, Vol. 40: May, 1925 (Classic Reprint) Abraham M. Aloff. (ENG., Illus.). (J). 2018. 40p. 24.72 *(978-0-365-38991-0(9))*; 2017. pap. 7.97 *(978-0-259-95754-6(2))* Forgotten Bks.

English High School Record, Vol. 49: April, 1934 (Classic Reprint) Eric G. Makris. 2017. (ENG., Illus.). (J). 26p. 24.43 *(978-0-484-28831-6(8))*; pap. 7.97 *(978-0-259-98784-0(0))* Forgotten Bks.

English High School Record, Vol. 49: January 1934 (Classic Reprint) English High School. 2017. (ENG., Illus.). (J). 24.43 *(978-0-266-74049-0(9))*; pap. 7.97 *(978-1-5277-0433-6(5))* Forgotten Bks.

English High School Record, Vol. 50: March 1935 (Classic Reprint) Amadeo J. Fulginiti. 2017. (ENG., Illus.). (J). 24.72 *(978-0-265-74052-1(5))*; pap. 7.97 *(978-1-5277-0479-4(3))* Forgotten Bks.

English High School Record, Vol. 51: April 1936 (Classic Reprint) English High School. 2017. (ENG., Illus.). (J). 24.76 *(978-0-266-74033-9(2))*; pap. 7.97 *(978-1-5277-0422-0(X))* Forgotten Bks.

English High School Record, Vol. 51: December 1935 (Classic Reprint) English High School. 2017. (ENG., Illus.). (J). 24.72 *(978-0-266-74041-4(3))*; pap. 7.97 *(978-1-5277-0424-4(6))* Forgotten Bks.

English High School Record, Vol. 51: January, 1936 (Classic Reprint) English High School. 2017. (ENG., Illus.). (J). 24.78 *(978-0-266-74035-3(9))*; pap. 7.97 *(978-1-5277-0423-7(8))* Forgotten Bks.

English High School Record, Vol. 51: March, 1936 (Classic Reprint) James E. Powers. (ENG., Illus.). (J). 2018. 40p. 24.72 *(978-0-483-23658-5(6))*; 2017. pap. 7.97 *(978-0-259-48425-7(3))* Forgotten Bks.

English High School Record, Vol. 52: November, 1931 (Classic Reprint) English High School. 2017. (ENG., Illus.). (J). 24.68 *(978-0-266-74025-4(1))*; pap. 7.97 *(978-1-5277-0420-6(3))* Forgotten Bks.

English History Story-Book (Classic Reprint) Albert Franklin Blaisdell. 2018. (ENG., Illus.). 226p. (J). 28.56 *(978-0-267-17295-5(8))* Forgotten Bks.

English Holiday with Car & Camera (Classic Reprint) James John Hissey. (ENG., Illus.). (J). 2017. 504p. 34.31 *(978-0-484-11302-1(X))*; 2016. pap. 16.97 *(978-1-333-46153-9(4))* Forgotten Bks.

English Honeymoon (Classic Reprint) Anne Hollingsworth Wharton. 2018. (ENG., Illus.). 338p. (J). 30.87 *(978-0-483-27161-6(6))* Forgotten Bks.

English Hotel Nuisance (Classic Reprint) Albert Smith. 2018. (ENG., Illus.). 38p. (J). 24.68 *(978-0-666-96300-0(2))* Forgotten Bks.

English Humorists of the Eighteenth Century: Sir Richard Steele, Joseph Addison, Laurence Sterne, Oliver Goldsmith (Classic Reprint) William Hogarth. 2018. (ENG., Illus.). 576p. (J). 35.78 *(978-0-428-97150-2(4))* Forgotten Bks.

English Humorists of to-Day (Classic Reprint) J. A. Hammerton. 2018. (ENG., Illus.). 324p. (J). 30.58 *(978-0-267-46903-1(9))* Forgotten Bks.

English Humour in Phonetic Transcript (Classic Reprint) George Noel-Armfield. 2018. (ENG., Illus.). 90p. (J). 25.86 *(978-0-484-37779-9(5))* Forgotten Bks.

English Husbandman: The First Part: Contayning the Knowledge of the True Nature of Euery Soyle Within This Kingdome: How to Plow It; & the Manner of the Plough, & Other Instruments. Gervase Markham. 2017. (ENG., Illus.). (J). 24.95 *(978-1-374-86190-9(1))*; pap. 14.95 *(978-1-374-86189-3(8))* Capital Communications, Inc.

English Illustrated Magazine: 1883 1884 (Classic Reprint) Unknown Author. (ENG., Illus.). (J). 2018. 786p. 40.11 *(978-0-483-57944-6(0))*; 2016. pap. 23.57 *(978-1-334-13035-9(3))* Forgotten Bks.

English Illustrated Magazine: 1884-1885 (Classic Reprint) Unknown Author. (ENG., Illus.). (J). 2018. 854p. 41.45 *(978-0-428-49362-2(9))*; 2017. pap. 23.97 *(978-0-243-92973-3(0))* Forgotten Bks.

English Illustrated Magazine, 1885-1886 (Classic Reprint) Unknown Author. 2018. (ENG., Illus.). (J). 842p. 41.28 *(978-1-391-20153-5(1))*; 844p. pap. 23.97 *(978-1-390-96032-7(3))* Forgotten Bks.

English Illustrated Magazine, 1887-1888 (Classic Reprint) Unknown Author. 2017. (ENG., Illus.). (J). 41.22 *(978-0-265-72234-3(9))*; pap. 23.57 *(978-1-5276-7961-0(6))* Forgotten Bks.

English Illustrated Magazine, 1887 (Classic Reprint) Unknown Author. (ENG., Illus.). (J). 2018. 836p. 41.14 *(978-0-484-68400-2(0))*; 2017. pap. 23.57 *(978-1-334-92094-3(X))* Forgotten Bks.

English Illustrated Magazine, 1888-1889 (Classic Reprint) Unknown Author. 2017. (ENG., Illus.). (J). 42.73 *(978-0-266-72715-6(8))*; pap. 25.07 *(978-1-5276-8712-7(0))* Forgotten Bks.

English Illustrated Magazine, 1889-1890 (Classic Reprint) Unknown Author. (ENG., Illus.). (J). 2018. 910p. 42.69 *(978-0-267-10874-9(5))*; 2017. pap. 25.03 *(978-1-334-92377-7(9))* Forgotten Bks.

English Illustrated Magazine, 1890-1891 (Classic Reprint) Unknown Author. (ENG., Illus.). (J). 2018. 906p. 42.58 *(978-0-267-26409-4(7))*; 2017. pap. 24.92 *(978-1-334-92052-3(4))* Forgotten Bks.

English Illustrated Magazine, 1891-1892 (Classic Reprint) Unknown Author. 2017. (ENG., Illus.). (J). 43.26 *(978-0-260-30219-9(8))*; pap. 25.60 *(978-1-5285-1082-0(8))* Forgotten Bks.

English Illustrated Magazine, Vol. 10: 1892-1893 (Classic Reprint) Edward Arnold. 2017. (ENG., Illus.). (J). 43.80 *(978-0-331-17987-3(3))*; pap. 26.14 *(978-0-265-00837-9(9))* Forgotten Bks.

English Illustrated Magazine, Vol. 13: April to September, 1895 (Classic Reprint) Unknown Author. (ENG., Illus.). (J). 2017. 35.82 *(978-0-331-06345-5(X))*; 2016. pap. 19.57 *(978-1-333-25769-9(4))* Forgotten Bks.

English Illustrated Magazine, Vol. 14: October, 1895, to March, 1896 (Classic Reprint) Unknown Author. (ENG., Illus.). (J). 2018. 692p. 38.17 *(978-0-365-07658-2(9))*; 2016. pap. 20.57 *(978-1-334-15813-1(4))* Forgotten Bks.

English Illustrated Magazine, Vol. 15: April to September, 1896 (Classic Reprint) Unknown Author. 2017. (ENG., Illus.). (J). 35.74 *(978-0-266-52259-1(9))*; pap. 19.57 *(978-0-259-38416-8(X))* Forgotten Bks.

English Illustrated Magazine, Vol. 16: October 1896 to March 1897 (Classic Reprint) Unknown Author. (ENG.,

E

Illus.). (J). 2018. 764p. 39.67 *(978-0-483-14837-6(7))*; 2017. pap. 23.57 *(978-0-259-20742-9(X))* Forgotten Bks.

English Illustrated Magazine, Vol. 17: April to September, 1897 (Classic Reprint) Unknown Author. (ENG., Illus.). (J). 2018. 754p. 39.45 *(978-0-483-11516-3(9))*; 2017. pap. 23.57 *(978-1-334-92468-2(6))* Forgotten Bks.

English Illustrated Magazine, Vol. 18: October, 1897 (Classic Reprint) Unknown Author. 2017. (ENG., Illus.). (J). 39.14 *(978-0-266-52222-5(X))*; pap. 20.57 *(978-0-259-29872-4(7))* Forgotten Bks.

English Illustrated Magazine, Vol. 19: April to September 1898 (Classic Reprint) Unknown Author. (ENG., Illus.). (J). 2018. 582p. 35.90 *(978-0-267-00392-1(7))*; 2017. pap. 19.57 *(978-0-243-97051-3(X))* Forgotten Bks.

English Illustrated Magazine, Vol. 20: October, 1898, to March, 1899 (Classic Reprint) Unknown Author. (ENG., Illus.). (J). 2018. 786p. 40.13 *(978-0-267-00239-9(4))*; 2017. pap. 23.57 *(978-0-243-93519-2(6))* Forgotten Bks.

English Illustrated Magazine, Vol. 21: April to September, 1899 (Classic Reprint) Unknown Author. (ENG., Illus.). (J). 2018. 694p. 38.23 *(978-0-428-81529-5(4))*; 2016. pap. 19.57 *(978-1-334-15798-1(7))* Forgotten Bks.

English Illustrated Magazine, Vol. 22: October 1899 to March 1900 (Classic Reprint) Unknown Author. 2017. (ENG., Illus.). (J). 37.78 *(978-0-266-97765-0(0))*; pap. 20.57 *(978-1-5278-5286-0(5))* Forgotten Bks.

English Illustrated Magazine, Vol. 23: April to September, 1900 (Classic Reprint) Unknown Author. (ENG., Illus.). (J). 2018. 628p. 36.85 *(978-0-666-63829-8(2))*; 2017. pap. 19.57 *(978-0-243-89651-6(4))* Forgotten Bks.

English Illustrated Magazine, Vol. 24: October 1900 to March 1901 (Classic Reprint) Unknown Author. (ENG., Illus.). (J). 2018. 614p. 36.58 *(978-0-656-92743-2(7))*; 2017. pap. 19.57 *(978-0-259-38051-1(2))* Forgotten Bks.

English Illustrated Magazine, Vol. 25: April to September, 1901 (Classic Reprint) Unknown Author. 2017. (ENG., Illus.). (J). 35.88 *(978-0-265-66528-2(0))*; pap. 19.57 *(978-1-5276-3685-9(2))* Forgotten Bks.

English Illustrated Magazine, Vol. 28: October, 1902, to March, 1903 (Classic Reprint) Unknown Author. 2017. (ENG., Illus.). (J). 36.54 *(978-0-260-93688-2(X))*; pap. 19.57 *(978-1-5279-5918-7(X))* Forgotten Bks.

English Illustrated Magazine, Vol. 29: April to September, 1903 (Classic Reprint) Unknown Author. (ENG., Illus.). (J). 2018. 676p. 37.84 *(978-0-483-43435-6(3))*; 2017. pap. 20.57 *(978-1-334-92818-5(5))* Forgotten Bks.

English Illustrated Magazine, Vol. 30: October, 1903, to March, 1904 (Classic Reprint) Unknown Author. (ENG., Illus.). (J). 2018. 706p. 38.46 *(978-0-484-14629-6(7))*; 2017. pap. 20.97 *(978-0-243-92300-7(7))* Forgotten Bks.

English Illustrated Magazine, Vol. 31: April to September, 1904 (Classic Reprint) Unknown Author. (ENG., Illus.). (J). 2018. 630p. 36.91 *(978-0-483-03991-9(8))*; 2017. pap. 19.57 *(978-0-243-60249-0(9))* Forgotten Bks.

English Illustrated Magazine, Vol. 32: October, 1904-March, 1905 (Classic Reprint) Unknown Author. 2017. (ENG., Illus.). (J). 37.10 *(978-0-331-18033-6(2))*; pap. 19.57 *(978-0-266-00836-1(4))* Forgotten Bks.

English Illustrated Magazine, Vol. 33: April to September, 1905 (Classic Reprint) Unknown Author. (ENG., Illus.). (J). 2018. 604p. 36.35 *(978-0-483-77650-0(5))*; 2017. pap. 19.57 *(978-0-243-53841-6(3))* Forgotten Bks.

English Illustrated Magazine, Vol. 34: October, 1905, to March, 1906 (Classic Reprint) Unknown Author. (ENG., Illus.). (J). 2017. 638p. 37.08 *(978-0-332-82495-6(0))*; 2016. pap. 19.57 *(978-1-334-16559-7(9))* Forgotten Bks.

English Illustrated Magazine, Vol. 35: April, 1906, to September, 1906 (Classic Reprint) Unknown Author. (ENG., Illus.). (J). 2018. 608p. 36.46 *(978-0-428-82913-1(9))*; 2017. pap. 19.57 *(978-0-243-90011-4(2))* Forgotten Bks.

English Illustrated Magazine, Vol. 36: October, 1906, to March, 1907 (Classic Reprint) Unknown Author. (ENG., Illus.). (J). 2018. 656p. 37.43 *(978-0-428-93431-6(5))*; 2017. pap. 19.57 *(978-1-334-92723-2(5))* Forgotten Bks.

English Illustrated Magazine, Vol. 37: April, 1907, to September, 1907 (Classic Reprint) Unknown Author. 2018. (ENG., Illus.). (J). 602p. 36.31 *(978-0-365-08028-2(4))*; 604p. pap. 19.57 *(978-0-364-31092-2(8))* Forgotten Bks.

English Illustrated Magazine, Vol. 38: October, 1907, to March, 1908 (Classic Reprint) Unknown Author. 2017. (ENG., Illus.). (J). 37.01 *(978-0-260-21994-7(0))*; pap. 19.57 *(978-1-5283-0668-3(6))* Forgotten Bks.

English Illustrated Magazine, Vol. 39: April, 1908, to September, 1908 (Classic Reprint) Unknown Author. 2017. (ENG., Illus.). (J). 36.52 *(978-0-265-73089-8(9))*; pap. 19.57 *(978-1-5276-9206-0(X))* Forgotten Bks.

English Instructor: Or Useful & Entertaining Passages in Prose, Selected from the Most Eminent English Writers, & Designed for the Use & Improvement of Those Who Learn That Language (Classic Reprint) John Gravier. abr. ed. 2017. (ENG., Illus.). (J). 29.01 *(978-0-266-66101-6(7))*; pap. 11.57 *(978-1-5276-3426-8(4))* Forgotten Bks.

English Instructor (Classic Reprint) Religious Tract and Book Society. 2018. (ENG., Illus.). (J). 182p. 27.65 *(978-1-396-39061-6(8))*; 184p. pap. 10.57 *(978-1-390-90055-2(X))* Forgotten Bks.

English into French: A Book of Practice in French Conversation, Designed to Accompany Any Speaking French Grammar (Classic Reprint) Francis S. Williams. 2017. (ENG., Illus.). (J). 30.95 *(978-0-331-60952-3(5))* Forgotten Bks.

English into German: German Composition, English Prose Speciments (Classic Reprint) Alfred G. Havet. 2018. (ENG., Illus.). 196p. (J). 27.94 *(978-0-332-18025-0(5))* Forgotten Bks.

English Irish Dictionary, Intended for the Use of Schools: Containing Upwards of Eight Thousand English Words, with Their Corresponding Explanation in Irish (Classic Reprint) Thaddeus Connellan. 2017. (ENG., Illus.). (J). 27.13 *(978-0-260-91144-5(5))*; pap. 9.57 *(978-0-260-30478-0(6))* Forgotten Bks.

English-Irish Phrase Dictionary. Lambert McKenna. 2019. (ENG.). 292p. (J). pap. *(978-93-5386-693-8(6))* Alpha Editions.

English-Irish Phrase Dictionary: Compiled from the Works of the Best Writers of the Living Speech (Classic Reprint) L. McKenna. 2018. (ENG., Illus.). 294p. (J). 29.98 *(978-0-267-70271-8(X))* Forgotten Bks.

English-Irish Phrase Dictionary: Compiled from the Works of the Best Writers of the Living Speech (Classic Reprint) Lambert McKenna. 2017. (ENG., Illus.). (J). 29.94 *(978-0-331-90055-2(6))* Forgotten Bks.

English Lakes (Classic Reprint) William Thomas Palmer. 2018. (ENG., Illus.). 534p. (J). 34.93 *(978-0-365-45566-0(0))* Forgotten Bks.

English Language Arts Activity Book: A Sight Words & Phonics Workbook for Beginning Learners Ages 3-6. Sheba Blake. 2023. (ENG.). 28p. (J). pap. 14.99 ***(978-1-0881-5775-6(0))*** Indy Pub.

English Language Arts Performance Task Package Grade 10. Houghton Mifflin Harcourt. 2016. (ENG.). (J). 49.70 *(978-0-544-85359-1(8))* Houghton Mifflin Harcourt Publishing Co.

English Language Arts Performance Task Package Grade 11. Houghton Mifflin Harcourt. 2016. (ENG.). (J). 49.70 *(978-0-544-85360-7(1))* Houghton Mifflin Harcourt Publishing Co.

English Language Arts Performance Task Package Grade 12. Houghton Mifflin Harcourt. 2016. (ENG.). (J). 49.70 *(978-0-544-85361-4(X))* Houghton Mifflin Harcourt Publishing Co.

English Language Arts Performance Task Package Grade 3. Houghton Mifflin Harcourt. 2016. (ENG.). (J). 49.70 *(978-0-544-85362-1(8))* Houghton Mifflin Harcourt Publishing Co.

English Language Arts Performance Task Package Grade 4. Houghton Mifflin Harcourt. 2016. (ENG.). (J). 49.70 *(978-0-544-85363-8(6))* Houghton Mifflin Harcourt Publishing Co.

English Language Arts Performance Task Package Grade 5. Houghton Mifflin Harcourt. 2016. (ENG.). (J). 49.70 *(978-0-544-85364-5(4))* Houghton Mifflin Harcourt Publishing Co.

English Language Arts Performance Task Package Grade 6. Houghton Mifflin Harcourt. 2016. (ENG.). (J). 49.70 *(978-0-544-85365-2(2))* Houghton Mifflin Harcourt Publishing Co.

English Language Arts Performance Task Package Grade 7. Houghton Mifflin Harcourt. 2016. (ENG.). (J). 49.70 *(978-0-544-85366-9(0))* Houghton Mifflin Harcourt Publishing Co.

English Language Arts Performance Task Package Grade 8. Houghton Mifflin Harcourt. 2016. (ENG.). (J). 49.70 *(978-0-544-85367-6(9))* Houghton Mifflin Harcourt Publishing Co.

English Language Arts Performance Task Package Grade 9. Houghton Mifflin Harcourt. 2016. (ENG.). (J). 49.70 *(978-0-544-85368-3(7))* Houghton Mifflin Harcourt Publishing Co.

English-Latin Dictionary, or Dictionary of the Latin Tongue: With the English Words Rendered into the Latin; Together with an Appendix of French & Italian Words, Which Have Their Origin from the Latin (Classic Reprint) Thomas Goodwin. 2017. (ENG., Illus.). (J). 27.49 *(978-0-331-37697-5(0))*; pap. 9.97 *(978-0-282-37805-9(7))* Forgotten Bks.

English Lesson Book: For the Junior Classes (Classic Reprint) Lucy Aikin. 2018. (ENG., Illus.). 232p. (J). 28.70 *(978-0-267-26920-4(X))* Forgotten Bks.

English Lessons: Kurze Praktische Anleitung Zum Raschen und Sicheren Erlernen der Spanischen Sprache Fur Den Mundlichen und Schriftlichen Freien Gebrauch (Classic Reprint) Oskar Thiergen. 2017. (ENG., Illus.). (J). 28.83 *(978-0-260-00033-0(7))*; pap. 11.57 *(978-1-5281-4567-1(4))* Forgotten Bks.

English Lessons, Vol. 1 (Classic Reprint) John Morrow. 2018. (ENG., Illus.). 240p. (J). 28.85 *(978-0-484-37093-6(6))* Forgotten Bks.

English Literature Chaucer (Classic Reprint) Alfred William Pollard. 2018. (ENG., Illus.). 48p. (J). 24.89 *(978-0-267-67242-4(X))* Forgotten Bks.

English-Lonkundo & Lonkundo-English Vocabulary (Classic Reprint) Unknown Author. 2017. (ENG., Illus.). (J). 33.24 *(978-0-266-58413-1(6))*; pap. 16.57 *(978-0-282-87027-0(X))* Forgotten Bks.

English Lyrics. William Ernest Henley. 2017. (ENG.). 434p. (J). pap. *(978-3-7447-6930-3(5))* Creation Pubs.

English Lyrics: Chaucer to Poe, 1340-1809 (Classic Reprint) William Ernest Henley. (ENG., Illus.). (J). 2018. 468p. 33.55 *(978-0-267-09413-4(2))*; 2017. pap. 16.57 *(978-1-5276-8140-8(6))* Forgotten Bks.

English Made Easy: Eine Neue Methode English Lesen, Schreiben und Sprechen Zu Lernen Fur Schul-Privat-Und Pensionsunterricht (Classic Reprint) Constance Mitcalfe. 2017. (ENG., Illus.). (J). pap. 9.97 *(978-0-259-94733-2(4))* Forgotten Bks.

English Made Easy: Eine Neue Methode English Lesen, Schreiben und Sprechen Zu Lernen Für Schul-Privat-Und Pensionsunterricht (Classic Reprint) Constance Mitcalfe. 2018. (ENG., Illus.). 170p. (J). 27.40 *(978-0-331-74669-3(7))* Forgotten Bks.

English Men of Letters. Matthew Arnold. Herbert W. Paul. 2017. (ENG., Illus.). (J). pap. *(978-0-649-64477-3(8))* Trieste Publishing Pty Ltd.

English Men of Letters; Matthew Arnold. Herbert W Paul. 2017. (ENG., Illus.). (J). pap. *(978-0-649-64478-0(6))* Trieste Publishing Pty Ltd.

English Nights' Entertainments: First Series, Contain a Day in Stowe Gardens (Classic Reprint) Unknown Author. (ENG., Illus.). (J). 2018. 342p. 30.97 *(978-0-484-38743-9(X))*; 2017. pap. 13.57 *(978-0-243-96331-7(9))* Forgotten Bks.

English Notes for American Circulation: With Apologies to Charles Dickens (Classic Reprint) Richard Tangye. 2018. (ENG., Illus.). 124p. (J). 26.45 *(978-0-428-97784-9(7))* Forgotten Bks.

English Novel Before the Nineteenth Century: Excerpts from Representative Types (Classic Reprint) Annette Brown Hopkins. 2017. (ENG., Illus.). 824p. (J). 40.89 *(978-1-5280-4771-5(0))* Forgotten Bks.

English Novelist: A Collection of Tales by the Most Celebrated English Writers, 1838 (Classic Reprint) Unknown Author. (ENG., Illus.). (J). 2018. 420p. 32.56 *(978-0-483-68378-5(7))*; 2016. pap. 16.57 *(978-1-334-15372-3(8))* Forgotten Bks.

English Nun, or the Sorrows of Edward & Louisa: A Novel (Classic Reprint) Catharine Selden. 2018. (ENG., Illus.). 190p. (J). 27.84 *(978-0-267-20259-1(8))* Forgotten Bks.

English Orphans: Or, a Home in the New World (Classic Reprint) Mary Jane Holmes. 2018. (ENG., Illus.). 340p. (J). 30.91 *(978-0-428-58965-3(0))* Forgotten Bks.

English Poets. Thomas Humphry Ward. 2017. (ENG.). 172p. (J). pap. *(978-3-337-38627-6(X))* Creation Pubs.

English Poets: Selections with Critical Introductions (Classic Reprint) Thomas Humphry Ward. 2018. (ENG., Illus.). 622p. (J). 36.73 *(978-0-365-27875-7(0))* Forgotten Bks.

English Primary School (Classic Reprint) A. K. Pritchard. 2018. (ENG., Illus.). 142p. (J). 26.83 *(978-0-267-26712-5(6))* Forgotten Bks.

English Prose: Narrative, Descriptive & Dramatic (Classic Reprint) H. A. Treble. 2018. (ENG., Illus.). 534p. (J). 34.91 *(978-0-484-24454-1(X))* Forgotten Bks.

English Prose, for Use in Colleges & Schools, Vol. 1: A Wonder Book; a Christmas Carol; the Sir Roger de Coverly Papers (Classic Reprint) Nathanial Hawthorne. (ENG., Illus.). (J). 2018. 316p. 30.43 *(978-0-483-60937-2(4))*; 2017. pap. 13.57 *(978-0-243-27974-6(4))* Forgotten Bks.

English Prose from Mandeville to Ruskin (Classic Reprint) William Peacock. 2017. (ENG., Illus.). (J). 32.00 *(978-0-265-72489-7(9))*; pap. 16.57 *(978-1-5276-8392-1(3))* Forgotten Bks.

English Prose, Vol. 2 of 5 (Classic Reprint) William Peacock. 2018. (ENG., Illus.). 628p. (J). 36.85 *(978-0-267-16251-2(0))* Forgotten Bks.

English Prose, Vol. 3 of 5 (Classic Reprint) William Peacock. 2018. (ENG., Illus.). 580p. (J). 35.86 *(978-0-484-54210-4(9))* Forgotten Bks.

English Proverbs & Proverbial Phrases: Collected from the Most Authentic Sources, Alphabetically Arranged & Annotated (Classic Reprint) William Carew Hazlitt. annot. ed. (ENG., Illus.). (J). 2018. 568p. 35.63 *(978-0-267-87936-6(9))*; 2016. pap. 19.57 *(978-1-333-30644-1(X))* Forgotten Bks.

English Proverbs & Proverbial Phrases: Collected from the Most Authentic Sources, Alphabetically Arranged, & Annotated (Classic Reprint) William Carew Hazlitt. annot. ed. (ENG., Illus.). (J). 2017. 35.14 *(978-0-331-02195-0(1))*; 2016. pap. 19.57 *(978-1-334-14022-8(7))* Forgotten Bks.

English Proverbs & Proverbial Phrases (Classic Reprint) William Carew Hazlitt. 2017. (ENG., Illus.). (J). 36.75 *(978-0-331-42001-2(5))*; pap. 19.57 *(978-0-259-46948-3(3))* Forgotten Bks.

English Quick Quizzes Ages 7-9: Ideal for Home Learning. Collins Easy Learning. 2017. (Collins Easy Learning KS2 Ser.). (ENG., Illus.). 32p. (J). (gr. 2-4). pap. 6.99 *(978-0-00-821263-6(5))* HarperCollins Pubs. Ltd. GBR. Dist: Independent Pubs. Group.

English Reader: Ergänzungsband. Emil Hausknecht. 2017. (ENG.). 156p. (J). pap. *(978-3-337-15982-5(6))* Creation Pubs.

English Reader: Ergnzungsband Zu the English Student, Lehrbuch Zur Einfhrung in Die Englische Sprache und Landeskunde (Classic Reprint) Emil Hausknecht. 2018. (ENG., Illus.). 154p. (J). 27.07 *(978-0-666-14659-5(4))* Forgotten Bks.

English Readers, Vol. 2 (Classic Reprint) J. M. D. Meiklejohn. 2018. (ENG., Illus.). (J). 26.95 *(978-0-331-99672-2(3))* Forgotten Bks.

English Readers, Vol. 3 (Classic Reprint) J. M. D. Meiklejohn. 2018. (ENG., Illus.). 194p. (J). 27.90 *(978-0-666-70331-6(0))* Forgotten Bks.

English Review: August, 1921 (Classic Reprint) Austin Harrison. (ENG., Illus.). (J). 2018. 98p. 25.94 *(978-0-483-30833-6(1))*; 2016. pap. 9.57 *(978-1-334-14633-6(0))* Forgotten Bks.

English Review: July, 1915 (Classic Reprint) Austin Harrison. (ENG., Illus.). (J). 2018. 148p. 26.95 *(978-0-483-81876-7(3))*; 2016. pap. 9.57 *(978-1-334-14756-2(6))* Forgotten Bks.

English Review: October, 1915 (Classic Reprint) Austin Harrison. (ENG., Illus.). (J). 2018. 126p. 26.50 *(978-0-267-58092-7(4))*; 2016. pap. 9.57 *(978-1-334-15944-2(0))* Forgotten Bks.

English Review, Vol. 3 (Classic Reprint) Unknown Author. 2018. (ENG., Illus.). 128p. (J). 26.54 *(978-0-267-65535-9(5))* Forgotten Bks.

English Review, Vol. 79: June, 1915 (Classic Reprint) Austin Harrison. (ENG., Illus.). (J). 2018. 152p. 27.03 *(978-0-483-41733-5(5))*; 2016. pap. 9.57 *(978-1-334-11654-4(7))* Forgotten Bks.

English Riddles: With Explanations & Notes in Dutch (Classic Reprint) Benj S. Berrington. (ENG., Illus.). (J). 2018. 50p. 24.95 *(978-0-365-41486-5(7))*; 2017. pap. 9.57 *(978-0-259-75842-6(6))* Forgotten Bks.

English Rogue: Described, in the Life of Meriton Latroon, a Witty Extravagant; Being a Compleat History of the Most Eminent Cheats of Both Sexes (Classic Reprint) Richard. Head. 2018. (ENG., Illus.). 502p. (J). 34.27 *(978-0-483-42750-1(0))* Forgotten Bks.

English Rogue, Vol. 2: Continued in the Life of Meriton Latroon, & Other Extravagants (Classic Reprint) Francis Kirkman. 2018. (ENG., Illus.). 410p. (J). 32.35 *(978-0-428-73822-8(2))* Forgotten Bks.

English Rogue, Vol. 3: Continued in the Life of Meriton Latroon & Other Extravagants; Comprehending the Most Eminent Cheats of Both Sexes (Classic Reprint) Richard. Head. 2018. (ENG., Illus.). 320p. (J). 30.50 *(978-0-483-38615-0(4))* Forgotten Bks.

English Rogue, Vol. 4: Continued in the Life of Meriton Latroon, & Other Extravagants, Comprehending the Most Eminent Cheats of Both Sexes (Classic Reprint) Richard. Head. 2018. (ENG., Illus.). 342p. (J). 31.01 *(978-0-332-39294-3(5))* Forgotten Bks.

English Roses. Madonna. 10th ed. 2017. (ENG., Illus.). 48p. (J). (gr. 3-5). 24.95 *(978-0-935112-10-8(3))* Callaway Editions, Inc.

English Roses: Goodbye, Grace. Madonna. ed. 2018. (ENG., Illus.). 144p. (J). (gr. -1-k). 14.95 *(978-0-935112-70-2(7))* Callaway Editions, Inc.

English Roses: The New Girl. Madonna. ed. 2018. (ENG., Illus.). 144p. (J). (gr. 3-7). 14.95 *(978-0-935112-69-6(3))* Callaway Editions, Inc.

English Scholar: Special Edition of the English Student for Beginners in the Higher Forms; Lehrbuch Zue Einfuhrung in Die Englische Sprache, Landeskunde und Geisteswelt Fur Die Oberen Klassen Hoherer Lehranstalten Unter Mitwirkung. Emil Hausknecht. 2017. (ENG., Illus.). (J). 33.28 *(978-0-266-83751-0(4))* Forgotten Bks.

English Serfdom & American Slavery: Or, Ourselves As Others See Us (Classic Reprint) Lucien Bonaparte Chase. 2018. (ENG., Illus.). 264p. (J). 29.36 *(978-0-267-24508-6(4))* Forgotten Bks.

English Short Stories, Selected to Show the Development of the Short Story from the Fifteenth to the Twentieth Century (Classic Reprint) Unknown Author. 2018. (ENG., Illus.). 386p. (J). 31.86 *(978-0-483-76365-4(9))* Forgotten Bks.

English Sketches: From the Sketch Book (Classic Reprint) Washington. Irving. 2018. (ENG., Illus.). 84p. (J). 25.63 *(978-0-666-24940-1(7))* Forgotten Bks.

English-Spanish Alphabet Coloring Book. Stunning Educational Book. Contains Coloring Pages with Letters, Objects & Words Starting with Each Letters of the Alphabet. Cristie Publishing. 2021. (ENG.). 82p. (J). pap. 10.99 *(978-1-006-84715-8(4))* Lulu Pr., Inc.

English-Spanish Picture Dictionary. Continental Press Staff. 2017. (SPA & ENG., Illus.). 92p. (J). (gr. k-8). pap., stu. ed. 18.95 *(978-1-5240-0263-1(1))* Continental Pr., Inc.

English Spelling Book. William Fordyce Mavor. 2017. (ENG.). 172p. (J). pap. *(978-3-337-39198-0(2))* Creation Pubs.

English Spelling-Book: Accompanied by a Progressive Series of Easy & Familiar Lessons (Classic Reprint) William Mavor. 2018. (ENG., Illus.). (J). 110p. 26.17 *(978-0-428-62576-4(2))*; 112p. pap. 9.57 *(978-0-428-15273-4(2))* Forgotten Bks.

English Spelling-Book: Accompanied by a Progressive Series of Easy & Familiar Lessons, Intended As an Introduction to a Correct Knowledge of the English Language (Classic Reprint) William Mavor. 2017. (ENG., Illus.). (J). pap. 9.97 *(978-0-259-40018-9(1))* Forgotten Bks.

English Spelling Book: Accompanied by a Progressive Series of Easy & Familiar Lessons, Intended As an Introduction to the Reading & Spelling of the English Language (Classic Reprint) William Mavor. (ENG., Illus.). (J). 2018. 174p. 27.44 *(978-0-267-23354-0(X))*; 2016. pap. 9.97 *(978-1-334-15019-7(2))*; 2016. pap. 9.97 *(978-1-334-31897-9(2))* Forgotten Bks.

English Spelling Book, with Reading Lessons: For the Use of the Parish & Other Schools of New Brunswick (Classic Reprint) William Corry. 2018. (ENG., Illus.). (J). 130p. 26.60 *(978-0-366-56945-8(7))*; 132p. pap. 9.57 *(978-0-366-50347-6(2))* Forgotten Bks.

English Spelling Is Bonkers. Gina Claye. 2016. (ENG., Illus.). (J). pap. *(978-1-910779-13-2(X))* Oxford eBooks Ltd.

English Spoken & Written: Book I; Lessons in Language, for Primary Grades (Classic Reprint) Henry P. Emerson. 2017. (ENG., Illus.). (J). 28.74 *(978-0-331-73112-5(6))* Forgotten Bks.

English Sportsman in the Western Prairies (Classic Reprint) Grantley F. Berkeley. 2018. (ENG., Illus.). 504p. (J). 34.29 *(978-0-666-41011-5(9))* Forgotten Bks.

English Spy, Vol. 1: An Original Work, Characteristic, Satirical, & Humorous (Classic Reprint) Charles Molloy Westmacott. 2018. (ENG., Illus.). (J). 34.99 *(978-0-260-64435-0(8))* Forgotten Bks.

English Spy, Vol. 2: An Original Work, Characteristic, Satirical, & Humorous, Comprising Scenes & Sketches in Every Rank of Society, Being Portraits of the Illustrious, Eminent, Eccentric & Notorious (Classic Reprint) Unknown Author. 2018. (ENG., Illus.). (J). 34.50 *(978-0-260-26599-9(3))* Forgotten Bks.

English Squire, Vol. 1 Of 3: A Novel (Classic Reprint) C. R. Coleridge. 2018. (ENG., Illus.). 304p. (J). 30.19 *(978-0-483-82039-5(3))* Forgotten Bks.

English Squire, Vol. 2 Of 3: A Novel (Classic Reprint) C. R. Coleridge. 2018. (ENG., Illus.). 276p. (J). 29.59 *(978-0-483-85426-0(3))* Forgotten Bks.

English Squire, Vol. 3 Of 3: A Novel in Three Volumes (Classic Reprint) Christabel Rose Coleridge. 2018. (ENG., Illus.). 314p. (J). 30.37 *(978-0-483-84904-4(9))* Forgotten Bks.

English Stories (Classic Reprint) Edward Everett Hale. (ENG., Illus.). (J). 2018. 258p. 29.22 *(978-0-483-97017-5(4))*; 2017. pap. 11.57 *(978-0-243-93220-7(0))* Forgotten Bks.

English Stories to Read & Tell 2: For Beginner & Pre-Intermediate Students. Eszter Gergely. 2020. (ENG.). 57p. pap. *(978-1-716-39169-9(5))* Lulu Pr., Inc.

English Struwwelpeter: Or Pretty Stories & Funny Pictures (Classic Reprint) Heinrich Hoffmann. 2017. (ENG., Illus.). (J). 25.09 *(978-0-266-26987-8(7))* Forgotten Bks.

English Synonymes Explained in Alphabetical Order: With Copious Illustrations & Examples, Drawn from the Best Writers (Classic Reprint) George Crabb. 2018. (ENG., Illus.). (J). 720p. 38.77 *(978-1-391-38281-4(1))*; 722p. pap. 23.57 *(978-1-390-99760-6(X))* Forgotten Bks.

English Synonymes Explained in Alphabetical Order: With Copious Illustrations & Examples Drawn from the Best Writers, to Which Is Now Added an Index to the Words (Classic Reprint) George Crabb. 2018. (ENG., Illus.). (J). 810p. 40.62 *(978-0-366-16932-0(7))*; 812p. pap. 23.57 *(978-0-366-16891-0(6))* Forgotten Bks.

English Tales & Sketches (Classic Reprint) Newton Crosland. 2017. (ENG., Illus.). 338p. (J). 30.87 *(978-0-332-90571-6(3))* Forgotten Bks.

596 The check digit for ISBN-10 appears in parentheses after the full ISBN-13

English Teacher Comics - Issue 3: Epic School Life. Shoshana Brand. 2017. (ENG., Illus.). (J). pap. 9.50 (978-0-9978213-4-5(5)) Shoshana Brand.

English Translation of the Babu: A Bengali Society Farce (Classic Reprint) Amrita Lal Bose. 2018. (ENG., Illus.). 136p. (J). 26.70 (978-0-483-84616-6(3)) Forgotten Bks.

English Travelers & Italian Brigands. William John Charles Moens. 2017. (ENG.). 364p. (J). pap. (978-3-337-20466-2(X)) Creation Pubs.

English Travelers & Italian Brigands: A Narrative of Capture & Captivity (Classic Reprint) W. j. c. Moens. 2017. (ENG., Illus.). (J). 31.40 (978-0-266-93778-4(0)) Forgotten Bks.

English Travellers & Italian Brigands. William John Charles Moens. 2017. (ENG.). (J). 364p. pap. (978-3-337-20566-9(6)); 338p. pap. (978-3-7411-2111-1(8)) Creation Pubs.

English Travellers & Italian Brigands, Vol. 1 (Classic Reprint) Unknown Author. 2017. (ENG., Illus.). (J). 350p. 31.12 (978-0-484-46896-1(0)); pap. 13.57 (978-0-282-46194-2(9)) Forgotten Bks.

English Travellers & Italian Brigands, Vol. 2 Of 2: A Narrative of Capture & Captivity (Classic Reprint) William John Charles Moens. (ENG., Illus.). (J). 2018. 376p. 31.63 (978-0-484-41082-3(2)); 2016. pap. 16.57 (978-1-333-78975-6(0)) Forgotten Bks.

English-Tulu Dictionary (Classic Reprint) A. Manner. (ENG., Illus.). (J). 2018. 660p. 37.53 (978-0-365-50723-9(7)); 2016. pap. 19.97 (978-1-334-14711-1(6)) Forgotten Bks.

English Visual Dictionary: a Photo Guide to Everyday Words & Phrases in English (Collins Visual Dictionary) Collins Dictionaries. 2020. (ENG., Illus.). 248p. (YA). (gr. 7). pap. 11.95 (978-0-00-837227-9(6)) HarperCollins Pubs. Ltd. GBR. Dist: Independent Pubs. Group.

English Ways & By-Ways: Being the Letters of John & Ruth Dobson Written from England to Their Friend, Leighton Parks (Classic Reprint) Leighton Parks. 2017. (ENG., Illus.). (J). 28.93 (978-1-5282-8275-8(2)) Forgotten Bks.

English Woman-Sergeant in the Serbian Army (Classic Reprint) Flora Sandes. 2017. (ENG., Illus.). (J). 29.55 (978-0-331-85522-7(4)) Forgotten Bks.

Englishman: A Novel (Classic Reprint) Medora Gordon Byron. 2018. (ENG., Illus.). 240p. (J). 28.85 (978-0-483-80193-6(3)) Forgotten Bks.

Englishman in China (Classic Reprint) Unknown Author. (ENG., Illus.). (J). 2019. 286p. 29.80 (978-0-365-21148-8(6)); 2017. pap. 13.57 (978-0-259-47233-9(6)) Forgotten Bks.

Englishman's Home: A Play in Three Acts (Classic Reprint) Guy Du Maurier. 2017. (ENG., Illus.). (J). 26.78 (978-0-265-17126-4(1)) Forgotten Bks.

Englishwoman in the Philippines (Classic Reprint) Campbell Dauncey. 2018. (ENG., Illus.). 426p. (J). 32.70 (978-0-484-82473-6(2)) Forgotten Bks.

Englishwoman in the Philippines (Classic Reprint) Campbell Pauncey. (ENG., Illus.). (J). 2018. 424p. 32.64 (978-0-267-00450-8(8)); 2017. pap. 16.57 (978-0-243-97459-7(0)) Forgotten Bks.

Englishwoman's Adventures in the German Lines (Classic Reprint) Gladys Lloyd. 2018. (ENG., Illus.). 130p. (J). 26.58 (978-0-484-54234-0(6)) Forgotten Bks.

Englishwoman's Home (Classic Reprint) A. Burnett Smith. 2018. (ENG., Illus.). 180p. (J). 27.63 (978-0-483-43228-4(8)) Forgotten Bks.

Englishwoman's Love-Letters (Classic Reprint) Laurence Housman. 2017. (ENG., Illus.). (J). 30.70 (978-1-5281-7565-4(4)) Forgotten Bks.

Engn. Simon Kewin. 2019. (Engn Ser.: Vol. 1). (ENG., Illus.). 466p. (YA). (gr. 7-12). pap. (978-1-9993395-8-6(4)) Stormcrow Bks.

Engn II: The Clockwork War. Simon Kewin. 2019. (Engn Ser.: Vol. 2). (ENG.). 330p. (YA). (gr. 7-12). pap. (978-1-9993395-9-3(2)) Stormcrow Bks.

Engnali Bai & Confucius. You Fu Bian Ji Bu. 2019. (ENG.). (J). (978-986-243-725-4(1)) Yow Fwu Culture Co., Ltd.

Engnaludwig Van Beethoven & Wolfgang Amadeus Mozart. You Fu Bian Ji Bu. 2019. (ENG.). (J). (978-986-243-724-7(3)) Yow Fwu Culture Co., Ltd.

Engrafted Rose: A Novel (Classic Reprint) Emma Brooke. 2018. (ENG., Illus.). 362p. (J). 31.38 (978-0-484-69492-6(8)) Forgotten Bks.

Enhanced. Candace Kade. 2023. (Hybrid Ser.: 1). (ENG.). 368p. (YA). (gr. 8-12). 24.99 Oasis Audio.

Eniauton MCMI (Classic Reprint) Unknown Author. 2018. (ENG., Illus.). 140p. (J). 26.78 (978-0-364-28206-9(1)) Forgotten Bks.

Eniauton of 1900 (Classic Reprint) Fort Wayne High School. 2018. (ENG., Illus.). 142p. (J). 26.83 (978-0-267-12884-6(3)) Forgotten Bks.

Eniauton of '97 (Classic Reprint) Fort Wayne High School. 2018. (ENG., Illus.). 136p. (J). 26.70 (978-0-483-11738-9(2)) Forgotten Bks.

Enid: A Novel (Classic Reprint) Marmaduke Pickthall. 2017. (ENG., Illus.). (J). 31.36 (978-0-331-87366-5(4)) Forgotten Bks.

Enid Blyton Holiday Book (Classic Reprint) Enid Blyton. (ENG., Illus.). (J). 2017. 30.25 (978-0-265-19714-1(7)); 2016. pap. 13.57 (978-1-334-31746-0(1)) Forgotten Bks.

Enid Blyton's Christmas Tales. Enid Blyton. 2016. (Enid Blyton Story Collections). (ENG., Illus.). 352p. (J). (gr. 4-7). pap. 13.99 (978-1-4449-3113-6(X)) Hachette Children's Group GBR. Dist: Hachette Bk. Group.

Enid's Victory (Classic Reprint) Cecilia Selby Lowndes. (ENG., Illus.). (J). 2018. 132p. 26.62 (978-0-484-78817-5(5)); 2017. pap. 9.57 (978-1-331-81189-3(9)) Forgotten Bks.

Enigma. Jenn Melon. 2019. (ENG.). 66p. (J). pap. (978-0-359-82500-4(1)) Lulu Pr., Inc.

Enigma. Clara Villanueva. 2016. (SPA.). 204p. (J). pap. (978-2-9530468-3-0(6)) Mimbelle bks.

Enigma: An Error of Destiny. Tanya Singh. 2021. (ENG.). 104p. (YA). pap. 15.99 (978-1-68494-756-0(1)) Notion Pr., Inc.

Enigma: Awakening. Damien T. Taylor. 2019. (Enigma Ser.: Vol. 1). (ENG., Illus.). 328p. (YA). (gr. 8-12). pap. 24.99 (978-0-9970208-2-3(2)) EPOCH Studios, LLC.

Enigma: Save the Rubber Duck! Dayna Young. 2022. (ENG.). 24p. (J). (978-0-2288-6677-0(4)); pap. (978-0-2288-6676-3(6)) Tellwell Talent.

Enigma Game. Elizabeth Wein. (ENG.). 448p. (YA). (gr. 7-17). 2021. pap. 10.99 (978-0-7595-5762-8(4)); 2020. 18.99 (978-1-368-01258-4(2)) Little, Brown Bks. for Young Readers.

Enigma in Biblioteca. Matteo Abbate Lo Scrivistorie. 2018. (ITA.). 36p. (J). pap. **(978-0-244-44017-6(4))** Lulu Pr., Inc.

Enigma Twins: A Leafy Tom Adventure. Robin Buckallew. 2022. (ENG.). 213p. (YA). pap. (978-1-716-01835-0(8)) Lulu Pr., Inc.

Enigmas: Animais Da Fazenda. Larissa Caroline. 2019. (POR.). 32p. (J). pap. (978-0-359-38263-7(0)) Lulu Pr., Inc.

Enigmatic Pearl. Linda Jordan. 2016. (ENG., Illus.). (J). pap. 14.99 (978-0-9977971-3-8(4)) Metamorphosis.

ENinja: A Children's Book about Virtual Learning Practices for Online Student Success. Mary Nhin & Grow Grit Press. Illus. by Jelena Stupar. 2020. (Ninja Life Hacks Ser.: Vol. 33). (ENG.). 38p. (J). 18.99 (978-1-953399-83-0(5)) Grow Grit Pr.

Enjoy Learning How to Draw Animals! an Exciting Activity Book. Bobo's Children Activity Books. 2016. (ENG., Illus.). (J). pap. 9.33 (978-1-68327-139-0(4)) Sunshine In My Soul Publishing.

Enjoy the Moment. Monique Fuchs & Emilia Schreitmueller. 2019. (Enjoy the Moment Ser.: Vol. 1). (ENG., Illus.). 38p. (J). (gr. k-6). 18.95 (978-1-7335624-0-9(0)) Fuchs, Monique.

Enjoy the Ride! A Book to Help Understand & Cope with Feelings. Kate Stark. 2021. (ENG.). 30p. (J). pap. 14.97 (978-1-7362913-0-6(0)) Stark, Kate.

Enjoy Without Soy: Easy & Delecious Soy-Free Recipes for Kids with Allergies. Contrib. by Chef Luca Della Casa. 2016. (Allergy Aware Cookbooks Ser.). (ENG., Illus.). 32p. (J). (gr. 3-9). lib. bdg. 28.65 (978-1-4914-8056-4(4), 130555, Capstone Pr.) Capstone.

Enjoying Our Land (Classic Reprint) Maybell Grace Bush. (ENG., Illus.). (J). 2018. 208p. 28.21 (978-0-267-57715-6(X)); 2016. pap. 10.57 (978-1-334-16219-0(0)) Forgotten Bks.

Enjoying the Many Colors of the Great Outdoors Coloring Book. Creative Playbooks. 2016. (ENG., Illus.). (J). pap. 7.74 (978-1-68323-750-1(1)) Twin Flame Productions.

Enjoyment of Poetry. Max Eastman. 2017. (ENG., Illus.). (J). pap. (978-0-649-57523-7(7)); pap. (978-0-649-57524-4(5)); pap. (978-0-649-57525-1(3)) Trieste Publishing Pty Ltd.

Enjoyment of Poetry: With Anthology for Enjoyment of Poetry (Classic Reprint) Max Eastman. 2017. (ENG., Illus.). 238p. (J). 28.81 (978-1-5285-7304-7(8)) Forgotten Bks.

Enlèvement Au Collège. Joel Verbauwhede. 2017. (FRE., Illus.). 144p. (J). pap. (978-2-9561506-1-9(8)) Joël, Verbauwhede.

Enlèvement Au Collège - Version Dys. Joel Verbauwhede. 2017. (FRE., Illus.). 288p. (J). pap. (978-2-9561506-2-6(6)) Joël, Verbauwhede.

Enlightenment of Paulina: A Novel (Classic Reprint) Ellen Wilkins Tompkins. 2018. (ENG., Illus.). 338p. (J). 30.89 (978-0-483-64027-6(1)) Forgotten Bks.

Enlightenment, Revolution, & War Children's European History. Baby Professor. 2017. (ENG., Illus.). (J). pap. 7.89 (978-1-5419-0225-1(4), Baby Professor (Education Kids)) Speedy Publishing LLC.

Enmiendas a la Constitución: Set of 6 Common Core Edition. Eric Oatman & Benchmark Education Company, LLC Staff. 2016. (Navigators Ser.). (SPA.). (J). (gr. 5). 58.00 net. (978-1-5125-0796-6(2)) Benchmark Education Co.

Enna Burning. Shannon Hale. 2017. (Books of Bayern Ser.). (ENG.). 368p. (YA). pap. 10.99 (978-1-68119-317-5(5), 900165752, Bloomsbury USA Childrens) Bloomsbury Publishing USA.

Ennead: Book 9 of the Kristen-Seraphim Saga. G. V. Loewen. 2022. (ENG.). 678p. (YA). pap. 29.95 (978-1-68235-594-7(2)) Strategic Book Publishing & Rights Agency (SBPRA).

Enneagram. Virginia Loh-Hagan. 2020. (Who Are You? Ser.). (ENG., Illus.). 32p. (J). (gr. 4-8). lib. bdg. 32.07 (978-1-5341-6914-2(8), 215543, 45th Parallel Press) Cherry Lake Publishing.

Enneagram Handbook. Megan Duckworth. Ed. by Sarah Leininger. Illus. by Megan Duckworth. 2020. (ENG.). 138p. pap. (978-1-6780-7114-1(5)) Lulu Pr., Inc.

Ennui. Amy Culliford. Tr. by Annie Evearts. 2021. (Mes émotions (My Emotions) Ser.). (FRE., Illus.). 16p. (J). (gr. -1-1). pap. (978-1-0396-0528-2(1), 13321) Crabtree Publishing Co.

Ennui: Etude Psychologique (Classic Reprint) Émile Tardieu. (FRE., Illus.). (J). 2017. 30.33 (978-0-265-34088-2(8)); 2016. pap. 13.57 (978-1-334-51934-5(X)) Forgotten Bks.

Ennui & the New Canoe in Kakadu. Pamela Lilian Valemont. 2017. (ENG.). 36p. (J). pap. (978-0-244-63754-5(7)) Lulu Pr., Inc.

Enny Penny's Valentine's Day Wish. Erin Lee. Illus. by Ishan Trivedi. 2018. (Enny Penny Ser.: 4). (ENG.). 24p. (J). (gr. k-2). pap. 9.95 (978-0-9910907-3-0(X)) StoryBk. Genius, LLC.

Enoch Calendar 2021-2022 A. D. 5946 A. M. Kenneth Jenkerson. 2021. (ENG.). 30p. (YA). (978-1-716-90843-9(4)) Lulu Pr., Inc.

Enoch Calendar 2022-2023 A. D. 5947 A. M. URGENT!!! Current Situation Update Included!!! Kenneth Jenkerson. 2021. (ENG.). 58p. (J). pap. 7.32 (978-1-716-13372-5(6)) Lulu Pr., Inc.

Enoch Calendar 2023-2024 A. D. 5948 A. M. URGENT!!! Current Situation Update Included!!! Kenneth Jenkerson. 2022. (ENG.). 99p. pap. **(978-1-387-44329-1(1))** Lulu Pr., Inc.

Enoch Crane: A Novel (Classic Reprint) F Hopkinson Smith. (ENG., Illus.). (J). 2018. 372p. 31.59 (978-0-484-55768-9(8)); 2017. 31.32 (978-0-331-90841-1(7)); 2017. pap. 13.97 (978-0-243-29098-7(5)) Forgotten Bks.

Enoch Strone: A Master of Men (Classic Reprint) E. Phillips Oppenheim. 2017. (ENG., Illus.). (J). 314p. 30.37 (978-0-332-47792-3(4)); pap. 13.57 (978-0-259-20330-8(0)) Forgotten Bks.

Enoch Willoughby: A Novel (Classic Reprint) James A. Wickersham. 2018. (ENG., Illus.). 368p. (J). 31.49 (978-0-484-50777-6(X)) Forgotten Bks.

Enoch's Music Notes. Crystal Lynn Rodriguez. 2023. (ENG., Illus.). 28p. (J). pap. 14.95 **(978-1-63814-416-8(8))** Covenant Bks.

Enojado see Enojado (Angry) Bilingual

Enojado (Angry) Bilingual. Amy Culliford. 2022. (Mis Emociones (My Emotions) Bilingual Ser.).Tr. of Enojado. (SPA.). 16p. (J). (gr. -1-1). pap. (978-1-0396-2449-8(9), 20710) Crabtree Publishing Co.

Enojo (Angry) Julie Murray. 2016. (Emociones (Emotions) Ser.). (SPA.). 24p. (J). (gr. -1-2). lib. bdg. 31.36 (978-1-62402-609-6(5), 24722, Abdo Kids) ABDO Publishing Co.

Enola Holmes & the Black Barouche. Nancy Springer. 2021. (Enola Holmes Ser.: 7). (ENG., Illus.). 272p. (YA). 17.99 (978-1-250-82295-6(5), 900250929, Wednesday Bks.) St. Martin's Pr.

Enola Holmes & the Elegant Escapade. Nancy Springer. (Enola Holmes Ser.: 8). (ENG.). 240p. (YA). 2023. pap. 12.00 **(978-1-250-90622-9(9)**, 900291210); 2022. (Illus.). 18.99 (978-1-250-82297-0(1), 900250931) St. Martin's Pr. (Wednesday Bks.).

Enola Holmes & the Mark of the Mongoose. Nancy Springer. 2023. (Enola Holmes Ser.: 9). (ENG.). 304p. (YA). 20.00 **(978-1-250-88573-9(6)**, 900286708, Wednesday Bks.) St. Martin's Pr.

Enola Holmes: Mycroft's Dangerous Game. Illus. by Giorgia Sposito. 2022. (ENG.). 104p. (YA). (gr. 4). pap. 17.99 (978-1-68116-088-7(9)) Legendary Comics.

Enola Holmes: the Case of the Disappearing Duchess. Nancy Springer. 2022. (Enola Holmes Mystery Ser.: 6). (ENG.). 192p. (J). (gr. 3-7). 7.99 (978-0-593-62192-9(1), Puffin Books) Penguin Young Readers Group.

Enola Holmes: the Graphic Novels: The Case of the Missing Marquess, the Case of the Left-Handed Lady, & the Case of the Bizarre Bouquets, Volume 1. Serena Blasco. Tr. by Tanya Gold. 2022. (Enola Holmes Ser.: 1). (ENG., Illus.). 192p. (J). pap. 14.99 (978-1-5248-7132-1(X)) Andrews McMeel Publishing.

Enola Holmes: the Graphic Novels: The Case of the Peculiar Pink Fan, the Case of the Cryptic Crinoline, & the Case of Baker Street Station, Volume 2. Serena Blasco. Tr. by Tanya Gold. 2022. (Enola Holmes Ser.: 2). (ENG., Illus.). 208p. (J). pap. 14.99 (978-1-5248-7135-2(4)) Andrews McMeel Publishing.

Enor. C. C. Carson. 2021. (ENG.). 40p. (J). 24.95 (978-1-63814-299-7(8)); pap. 14.95 (978-1-63814-298-0(X)) Covenant Bks.

Enor-Mouse: Fun with Words, Valuable Lessons. Jacqui Shepherd. 2018. (Farm-Tastic Ser.). (ENG., Illus.). 42p. (J). (gr. k-6). pap. (978-1-77008-970-9(5)) Awareness Publishing.

Enormous Collection of Activities for Kids Coloring Book. Bobo's Children Activity Books. 2016. (ENG., Illus.). (J). pap. 7.99 (978-1-68327-738-5(4)) Sunshine In My Soul Publishing.

Enormous Dinosaurs: Dinosaurs Coloring Book. Jupiter Kids. 2016. (ENG., Illus.). 106p. (J). pap. 12.55 (978-1-68305-200-5(5), Jupiter Kids (Childrens & Kids Fiction)) Speedy Publishing LLC.

Enormous Egg Novel Units Teacher Guide. Novel Units. 2019. (ENG.). (J). pap. 12.99 (978-1-56137-256-0(0), Novel Units, Inc.) Classroom Library Co.

Enormous Morning. Louise Greig. Illus. by Lizzie Stewart. 2022. (ENG.). 32p. (J). 6.99 (978-1-4052-9856-8(1)) Farshore GBR. Dist: HarperCollins Pubs.

Enormous Potato see Grosse Patate

Enormous Room Enormous (Classic Reprint) E. E. Cummings. 2017. (ENG., Illus.). (J). 29.71 (978-1-5285-6570-7(3)) Forgotten Bks.

Enormous Suitcase. Robert Munsch. Illus. by Michael Martchenko. 2019. (ENG.). 32p. (J). pap. 7.99 (978-1-4431-6318-7(X)) Scholastic Canada, Ltd. CAN. Dist: Publishers Group West (PGW).

Enormous Turnip # Ladybird Readers Level 1, Vol. 1. Ladybird. 2016. (Ladybird Readers Ser.). (Illus.). 48p. (J). pap., act. bk. ed. 9.99 (978-0-241-25408-0(6)) Penguin Bks., Ltd. GBR. Dist: Independent Pubs. Group.

Enormous Watermelon. Alison Hawes. Illus. by Elba Rodriguez. ed. 2016. (Cambridge Reading Adventures Ser.). (ENG.). 16p. pap. 7.95 (978-1-107-54924-1(8)) Cambridge Univ. Pr.

Enos, or the Last of the Modocs: A Melodrama, in Two Acts (Classic Reprint) R. F. Ryan. 2018. (ENG., Illus.). 36p. (J). 24.64 (978-0-267-50540-1(X)) Forgotten Bks.

#enough. Tasha Ellis Ed D. 2018. (ENG., Illus.). 32p. (J). 22.95 (978-1-64458-858-1(7)); pap. 12.95 (978-1-64416-839-4(1)) Christian Faith Publishing.

Enough: Just As You Are! Wendy Reed. 2022. (ENG.). 32p. (J). pap. (978-1-387-86109-5(3)) Lulu Pr., Inc.

Enough! 20 Protesters Who Changed America. Emily Easton. Illus. by Ziyue Chen. 2018. (ENG.). 48p. (J). (gr. k-3). 17.99 (978-1-9848-3197-2(6)); lib. bdg. 20.99 (978-1-9848-3199-6(2)) Random Hse. Children's Bks. (Crown Books For Young Readers).

Enough! 20+ Protesters Who Changed America. Emily Easton. Illus. by Ziyue Chen. 2021. 48p. (J). (gr. k-3). pap. 7.99 (978-1-9848-3200-9(X), Dragonfly Bks.) Random Hse. Children's Bks.

Enough Apples. Kim Kane. Illus. by Lucia Masciullo. 2019. (ENG.). 32p. (J). (gr. -1-k). 18.99 (978-1-76012-491-5(5)) Little Hare Bks. AUS. Dist: Independent Pubs. Group.

Enough Is... Jessica Whipple. Illus. by Nicole Wong. 2023. (ENG.). 32p. (J). (gr. k-3). 18.95 (978-0-88448-932-0(9), 884932) Tilbury Hse. Pubs.

Enough Is Enough. Earl Fambro & Artemis Fambro. 2023. (ENG.). 24p. (J). 20.00 **(978-1-960146-24-3(6))**; pap. 15.99 **(978-1-960146-25-0(4))** Warren Publishing, Inc.

Enough Is Enough! Barney Saltzberg. Illus. by Barney Saltzberg. 2018. (ENG., Illus.). 32p. (J). (gr. -1-k). 16.99 (978-1-939547-42-2(3), 152caa52-2579-43f5-b008-cab6309601bb) Creston Bks.

Enough Is Enough: How Students Can Join the Fight for Gun Safety. Michelle Roehm McCann. 2019. (ENG., Illus.). 320p. (YA). (gr. 7). 22.99 (978-1-58270-700-6(6)); pap. 12.99 (978-1-58270-701-3(4)) Simon Pulse/Beyond Words.

Enough to Go Around: A Story of Generosity. Kristin Johnson. Illus. by Hannah Wood. 2018. (Cloverleaf Books (tm) — Stories with Character Ser.). (ENG.). 24p. (J). (gr. k-2). pap. 8.99 (978-1-5415-1067-8(4), b11a2eb6-d3de-4c4e-b031-b886dd34886c, Millbrook Pr.) Lerner Publishing Group.

Enough Water? A Guide to What We Have & How We Use It. Intro. by Steve Conrad. 2016. (ENG., Illus.). 72p. (J). (gr. 4-7). pap. 9.95 (978-1-77085-818-3(0), 0b69b466-21ed-46b4-9719-14fc5a7036aa) Firefly Bks., Ltd.

Enquêtes de Gyzmo et Jasko. Glenna Catiaurip. 2023. (FRE.). 62p. (J). pap. **(978-1-4477-9065-5(0))** Lulu Pr., Inc.

Enquiry Concerning the Principles of Morals. David Hume. 2018. (ENG., Illus.). 150p. (J). 13.95 (978-1-947844-76-6(8)) Athanatos Publishing Group.

Enquiry Concerning the Principles of Morals. David Hume. 2017. (ENG., Illus.). (J). 22.95 (978-1-374-93748-2(7)); pap. 12.95 (978-1-374-93747-5(9)) Capital Communications, Inc.

Enquiry Concerning the Principles of Morals. David Hume. 2019. (ENG.). 146p. (J). (978-1-989743-90-4(0)) Westland, Brian.

Enredados. Otra Vez. la Guía de Rapunzel. Disney Disney. 2019. (SPA.). 176p. (J). pap. 11.95 (978-607-07-5717-4(3), Planeta Publishing) Planeta Publishing Corp.

Enregistrez Vos Meilleures Victoires, Jeux et Souvenirs: Enregistrez Vos Meilleures Victoires, Jeux et Souvenirs. Petal Publishing Co. 2021. (FRE.). 32p. (YA). pap. (978-1-922568-50-2(3)) Life Graduate, The.

Enrique Puede Escuchar. Fynisa Engler. Tr. by Jaden Turley. Illus. by Milanka Reardon. 2023. (ENG.). 32p. (J). pap. 10.99 **(978-1-958302-49-1(X))** Lawley Enterprises.

Ensalada de Frutas. Petra Craddock. Illus. by Natalie Smillie. 2016. (Early Rising Readers Ser.). (SPA.). (J). (gr. -1). 6.67 (978-1-4788-3673-5(3)) Newmark Learning LLC.

Ensalada de Frutas - 6 Pack. Petra Craddock. 2016. (Early Rising Readers Ser.). (SPA.). (J). (gr. 1). 40.00 net. (978-1-4788-4616-1(X)) Newmark Learning LLC.

Ensamblar. Lidia Leticia Risso. 2019. (SPA.). 158p. (J). pap. (978-84-17964-57-3(6)) Wanceulen, Editorial.

Enseignants. Quinn M. Arnold. 2017. (Graines de Savoir Ser.). (FRE., Illus.). 24p. (J). (gr. -1-k). (978-1-77092-389-8(6), 20429) Creative Co., The.

Enseignants. Douglas Bender. Tr. by Annie Evearts. 2021. (Gens Que Je Rencontre (People I Meet) Ser.).Tr. of Teacher. (FRE., Illus.). 16p. (J). (gr. -1-1). pap. (978-1-0396-0646-3(6), 12938) Crabtree Publishing Co.

Enseignements de Robert de Ho Dits Enseignements Trebor: Publiés Pour la Première Fois d'Après les Manuscrits de Paris et de Cheltenham (Classic Reprint) Robert De Ho. 2018. (FRE., Illus.). (J). 186p. 27.73 (978-1-391-76097-1(2)); 188p. pap. 10.57 (978-1-390-78017-8(1)); 184p. 27.69 (978-0-366-26960-0(7)); 186p. pap. 10.57 (978-0-366-26946-4(1)) Forgotten Bks.

Enseignements du Danseur de Cerceaux. Teddy Anderson. Tr. by Marie-Christine Payette. Illus. by Jessika von Innerebner. 2020. Orig. Title: The Hoop Dancer's Teachings. (FRE.). 24p. (J). (gr. -1-k). 11.95 (978-1-989122-49-5(3)) Medicine Wheel Education CAN. Dist: Orca Bk. Pubs. USA.

Ensemble. Joanna Rzezak. Illus. by Joanna Rzezak. 2022. (ENG., Illus.). 32p. (J). 16.99 (978-1-4413-3550-0(1), f5de12c4-1382-4c54-8580-c75d49882384) Peter Pauper Pr. Inc.

Enseña a Tu Dragón a Compartir: (Teach Your Dragon to Share) un Lindo Cuento para Ayudar a Los niños a Comprender el Compartir y el Trabajo en Equipo. Steve Herman. 2020. (My Dragon Books Español Ser.: Vol. 17). (SPA.). 42p. (J). 18.95 (978-1-64916-037-9(2)); pap. 12.95 (978-1-64916-036-2(4)) Digital Golden Solutions LLC.

Enseña a Tu Dragón a Hacer Amigos: (Teach Your Dragon to Make Friends) un Lindo Cuento Infantil para Enseñar a Los niños Sobre la Amistad y Las Habilidades Sociales. Steve Herman. 2020. (My Dragon Books Español Ser.: Vol. 16). (SPA.). 42p. (J). 18.95 (978-1-64916-035-5(6)); pap. 12.95 (978-1-64916-034-8(8)) Digital Golden Solutions LLC.

Enseña a Tu Dragón Sobre la Diversidad: (Teach Your Dragon about Diversity) un Lindo Cuento Infantil para Enseñar a Los niños Sobre la Diversidad y Las Diferencias. Steve Herman. 2020. (My Dragon Books Español Ser.: Vol. 25). (SPA.). 42p. (J). 18.95 (978-1-64916-039-3(9)); pap. 12.95 (978-1-64916-038-6(0)) Digital Golden Solutions LLC.

Enseña a Tu Dragón Sobre Las Consecuencias: (Teach Your Dragon to Understand Consequences) un Lindo Cuento Infantil para Enseñar a Los niños a Comprender Las Consecuencias y Cómo Tomar Buenas Decisiones. Steve Herman. 2020. (My Dragon Books Español Ser.: Vol. 14). (SPA.). 42p. (J). 18.95 (978-1-64916-011-9(9)); pap. 12.95 (978-1-64916-010-2(0)) Digital Golden Solutions LLC.

Enséñese el Ajedrez Usted Mismo. Dmitri Dobrovolski. 2019. (SPA.). 118p. (J). pap. 7.99 (978-1-393-40454-5(5)) Draft2Digital.

Ensign Knightley: And Other Stories (Classic Reprint) A. E. W. Mason. 2017. (ENG., Illus.). (J). 30.83 (978-1-5280-5330-3(3)) Forgotten Bks.

Ensign Russell (Classic Reprint) David Gray. 2018. (ENG., Illus.). 254p. (J). 29.16 (978-0-484-81031-9(6)) Forgotten Bks.

Ensnared in the Wolf's Lair: Inside the 1944 Plot to Kill Hitler & the Ghost Children of His Revenge. Ann Bausum. 2021. (ENG., Illus.). 144p. (J). (gr. 5-9). 19.99 (978-1-4263-3854-0(6)); lib. bdg. 29.90 (978-1-4263-3855-7(4)) Disney Publishing Worldwide. (National Geographic Kids).

EnTa - Human. David A. Bartsch. 2023. (ENG.). 288p. (J). pap. 16.78 **(978-1-387-39671-9(4))** Lulu Pr., Inc.

E

Entail (Classic Reprint) John Galt. 2018. (ENG., Illus.). 414p. (J). 32.46 *(978-0-484-72624-5(2))* Forgotten Bks.

Entail, Vol. 1: Or the Lairds of Grippy (Classic Reprint) John Galt. (ENG., Illus.). (J). 2018. 384p. 31.82 *(978-0-666-42032-9(7))*; 2017. pap. 16.57 *(978-0-259-37578-4(0))* Forgotten Bks.

Entail, Vol. 2: Or the Lairds of Grippy (Classic Reprint) S. R. Crockett. 2018. (ENG., Illus.). 336p. (J). 30.83 *(978-0-365-49685-4(5))* Forgotten Bks.

Entailed Hat, or Patty Cannon's Times: A Romance (Classic Reprint) George Alfred Townsend. 2017. (ENG., Illus.). (J). 36.19 *(978-0-265-58737-9(9))* Forgotten Bks.

Entdeckung der Wahren Ursache Von der Wunderbahren Vermehrung des Getreydes: Dadurch Zugleich der Wachsthum der Bæume und Pflantzen Überhaupt Erläutert Wird, ALS Die Erste Probe der Untersuchungen Von Dem Wachsthume der Pflanzen (Classic Reprint) Christian. Wolff. 2018. (GER., Illus.). 634p. (J). pap. 19.57 *(978-1-390-61135-9(3))* Forgotten Bks.

Entendamos la Economia. Monika Davies. rev. ed. 2019. (Social Studies: Informational Text Ser.). (SPA., Illus.). 32p. (J). (gr. 3-5). pap. 11.99 *(978-1-64290-119-1(9))* Teacher Created Materials, Inc.

Enter at Your Own Risk: Leveled Reader Book 45 Level G 6 Pack. Hmh Hmh. 2021. (SPA.). 16p. (J). pap. 74.40 *(978-0-358-08114-2(9))* Houghton Mifflin Harcourt Publishing Co.

Enter Jerry (Classic Reprint) Edwin Meade Robinson. (ENG., Illus.). (J). 2018. 322p. 30.56 *(978-0-483-13804-9(5))*; 2017. pap. 13.57 *(978-0-243-12070-3(2))* Forgotten Bks.

Enter Spice. Laurie Brady. 2022. (ENG.). 116p. (YA). pap. ***(978-1-3984-4485-0(5))*** Austin Macauley Pubs. Ltd.

Enter the Body. Joy McCullough. 2023. 336p. (YA). (gr. 9). 18.99 *(978-0-593-40675-5(3)*, Dutton Books for Young Readers) Penguin Young Readers Group.

Enter the Parkerverse. C. L. Baxter. 2023. (Parallel Parker Ser.: Vol. 1). (ENG.). 154p. (J). pap. ***(978-1-7387114-4-4(7))*** DMS Print.

Entering the Depths - the Unoffical Minecraft Book. Robert Bowman. 2021. (ENG.). 29p. (YA). ***(978-1-300-89464-3(4))*** Lulu Pr., Inc.

Enterprise of the Mayflower: In Four Parts (Classic Reprint) Amice Macdonell. 2018. (ENG., Illus.). 72p. (J). 25.38 *(978-0-365-47342-8(1))* Forgotten Bks.

Entertain & Train Your Brain! a Fun-Filled, Challenging Activity Book for Kids. Smarter Activity Books for Kids. 2016. (ENG., Illus.). (J). pap. 8.99 *(978-1-68374-296-8(6))* Examined Solutions PTE. Ltd.

Entertainers. Kaite Goldsworthy. 2016. (Illus.). 48p. *(978-1-5105-1158-3(X))* SmartBook Media, Inc.

Entertaining & Educational Kids Activity Book. Smarter Activity Books for Kids. 2016. (ENG., Illus.). (J). pap. 8.99 *(978-1-68374-297-5(4))* Examined Solutions PTE. Ltd.

Entertaining Anecdotes from Every Available Source (Classic Reprint) J. b. McClure. 2018. (ENG., Illus.). 290p. (J). 29.90 *(978-0-428-90487-6(4))* Forgotten Bks.

Entertaining Anecdotes from Every Available Source (Classic Reprint) James Baird McClure. 2017. (ENG., Illus.). (J). 30.35 *(978-0-265-71181-1(9))*; pap. 13.57 *(978-1-5276-6498-2(8))* Forgotten Bks.

Entertaining Dialogues Designed for the Use of Young Students in Schools & Academies (Classic Reprint) Charles Northend. (ENG., Illus.). (J). 2018. 314p. 30.37 *(978-0-332-93665-9(1))*; 2016. pap. 13.57 *(978-1-334-31895-5(6))* Forgotten Bks.

Entertaining Drawing Exercises for Princesses: Drawing Book for Girls. Speedy Kids. 2017. (ENG., Illus.). (J). pap. 9.05 *(978-1-5419-3266-1(8))* Speedy Publishing LLC.

Entertaining Entanglements! Adult Maze Activity Book. Smarter Activity Books. 2016. (ENG., Illus.). (J). pap. 9.22 *(978-1-68374-055-1(6))* Examined Solutions PTE. Ltd.

Entertaining Escapes! Adult Maze Activity Book. Activity Book Zone. 2016. (ENG., Illus.). (J). pap. 7.55 *(978-1-68376-097-9(2))* Sabeels Publishing.

Entertaining Hidden Picture Books for Children Age 8. Jupiter Kids. 2018. (ENG., Illus.). 64p. (J). pap. 12.55 *(978-1-5419-3622-5(1)*, Jupiter Kids (Childrens & Kids Fiction)) Speedy Publishing LLC.

Entertaining History of Jobson & Nell: Illustrated with Numerous Engravings (Classic Reprint) Unknown Author. (ENG., Illus.). (J). 2018. 32p. 24.56 *(978-0-656-74367-4(0))*; 2016. pap. 7.97 *(978-1-334-15267-2(5))* Forgotten Bks.

Entertaining History of Tommy Gingerbread: A Little Boy, Who Lived upon Learning (Classic Reprint) John Newbery. (ENG., Illus.). (J). 2018. 32p. 24.58 *(978-0-332-10636-6(5))*; 2018. 38p. 24.70 *(978-0-267-30172-0(3))*; 2016. pap. 7.97 *(978-1-333-20610-9(0))* Forgotten Bks.

Entertaining History of Whittington & His Cat: A Fairy Tale (Classic Reprint) Unknown Author. 2018. (ENG., Illus.). 20p. (J). 24.31 *(978-0-267-51660-5(6))* Forgotten Bks.

Entertaining Made Easy (Classic Reprint) Emily Rose Burt. 2018. (ENG., Illus.). 170p. (J). 27.40 *(978-0-267-50878-5(6))* Forgotten Bks.

Entertaining Memoirs of Little Personages, or Moral Amusements for Young Ladies: Contained in the Histories of Miss. Sally Spellwell, Miss. Polly Pert, Miss. Nancy Nightingale, the Dutiful Daughter, or the Filial Piety Rewarded, Miss. Jenny Gentle, Miss. Unknown Author. 2018. (ENG., Illus.). 132p. (J). 26.64 *(978-0-483-90113-1(X))* Forgotten Bks.

Entertaining, Moral, & Religious Repository: Containing, Many Performances, All of Which Are Written in a Simple yet Pleasing Stile, & Are Eminently Calculated for the Amusement & Instruction of the Youth of Both Sexes (Classic Reprint) Unknown Author. (ENG., Illus.). (J). 2018. 420p. 32.58 *(978-0-428-73940-9(7))*; 2017. pap. 16.57 *(978-0-243-53143-1(5))* Forgotten Bks.

Entertaining Physics Problems. Yakov Perelman. 2019. (ENG., Illus.). 172p. (YA). (gr. 7-12). pap. *(978-2-917260-61-6(0))* Prodinnova.

Entertaining Science Stories. Yakov Perelman. 2018. (ENG., Illus.). 76p. (YA). (gr. 7-12). pap. *(978-2-917260-47-0(5))* Prodinnova.

Entertaining Story of Little Red Riding Hood, and, Tom Thumb's Toy: Adorned with Cuts (Classic Reprint) Unknown Author. (ENG., Illus.). (J). 2018. 34p. 24.62 *(978-0-364-99759-8(1))*; 2016. pap. 7.97 *(978-1-334-11609-4(1))* Forgotten Bks.

Entertaining Story of Little Red Riding Hood; to Which Is Added, Tom Thumb's Toy: Adorned with Cuts (Classic Reprint) Unknown Author. 2017. (ENG., Illus.). (J). 24.64 *(978-0-260-34892-0(9))* Forgotten Bks.

Entertaining Story of the House That Jack Built (Classic Reprint) George W. Burgess. 2018. (ENG., Illus.). (J). 24p. 24.39 *(978-0-656-69812-7(8))*; 26p. pap. 7.97 *(978-1-333-87321-9(2))* Forgotten Bks.

Entertaining the Islanders (Classic Reprint) Struthers Burt. (ENG., Illus.). (J). 2018. 468p. 33.55 *(978-0-483-44205-4(4))*; 2017. pap. 16.57 *(978-1-334-92066-0(4))* Forgotten Bks.

Entertainment. Faith Woodland. 2018. (J). *(978-1-5105-3552-7(7))* SmartBook Media, Inc.

Entertainment & Video Games. Abby Bryn. 2021. (Contemporary Issues Ser.). (ENG.). (YA). (gr. 7-12). 35.93 *(978-1-4222-4541-5(1))* Mason Crest.

Entertainment Delight Through a Rainbow of Colors Coloring Book. Activity Book Zone for Kids. 2016. (ENG., Illus.). (J). pap. 9.20 *(978-1-68376-481-6(1))* Sabeels Publishing.

Entertainment Engineers. Andrew Morkes. 2019. (Cool Careers in Science Ser.). 96p. (J). (gr. 12). lib. bdg. 34.60 *(978-1-4222-4298-8(6))* Mason Crest.

Entertainment Industry, Vol. 10. Michael Centore. 2016. (Stem in Current Events Ser.). (Illus.). 64p. (J). (gr. 7). 23.95 *(978-1-4222-3590-4(4))* Mason Crest.

Entertainment Industry. Michael Centore. 2019. (Stem Today Ser.). (ENG.). 48p. (J). lib. bdg. 29.99 *(978-1-5105-4464-2(X))* SmartBook Media, Inc.

Entertainment Robots. Ashley Strehle Hartman. 2018. (Robot Innovations Ser.). (ENG., Illus.). 48p. (J). (gr. 4-8). lib. bdg. 35.64 *(978-1-5321-1466-3(4)*, 29124) ABDO Publishing Co.

Entertainment Robots. Ashley Strehle Hartman. 2018. (Robot Innovations Ser.). (ENG., Illus.). 48p. (J). (gr. 4-4). pap. 11.95 *(978-1-64185-274-6(7)*, 1641852747, Core Library) ABDO Publishing Co.

Entertainments: Comprising Directions for Holiday Merry-Makings, New Programmes for Amateur Performances, & Many Novel Sunday-School Exercises (Classic Reprint) Lizzie W. Champney. (ENG., Illus.). (J). 2018. 376p. 31.67 *(978-0-484-23328-6(9))*; 2017. pap. 16.57 *(978-0-243-43189-2(9))* Forgotten Bks.

Entertainments for All the Year (Classic Reprint) Clara Janetta Denton. 2018. (ENG., Illus.). 224p. (J). 28.52 *(978-0-365-34885-6(6))* Forgotten Bks.

Entertainments for Bazaars, Fancy Fairs, & Home Circles: How to Prepare & Arrange Them at Small Cost. Charles Harrison. 2017. (ENG., Illus.). (J). pap. *(978-0-649-48240-5(9))* Trieste Publishing Pty Ltd.

Entertainments for Bazaars, Fancy Fairs, & Home Circles: How to Prepare & Arrange Them at Small Cost (Classic Reprint) Charles Harrison. (ENG., Illus.). (J). 2018. 128p. 26.54 *(978-0-365-31937-5(6))*; 2017. pap. 9.57 *(978-0-259-48089-1(4))* Forgotten Bks.

Enthralled: A Story of International Life Setting Forth the Curious Circumstances Concerning Lord Cloden & Oswald Quain (Classic Reprint) Edgar Saltus. 2017. (ENG., Illus.). (J). 28.66 *(978-0-260-93205-1(1))* Forgotten Bks.

Enthusiast (Classic Reprint) E. Somerville. 2018. (ENG., Illus.). 286p. (J). 29.82 *(978-0-483-88606-3(8))* Forgotten Bks.

Enthusiast, Vol. 1 of 3 (Classic Reprint) Caroline Fothergill. (ENG., Illus.). (J). 2018. 258p. 29.22 *(978-0-483-89965-0(8))*; 2016. pap. 11.57 *(978-1-334-60771-4(0))* Forgotten Bks.

Enthusiast, Vol. 2 of 3 (Classic Reprint) Caroline Fothergill. 2018. (ENG., Illus.). 260p. (J). 29.28 *(978-0-483-41416-7(6))* Forgotten Bks.

Enticed. Ginna Moran. 2018. (Demon Watcher Ser.: Vol. 2). (ENG., Illus.). 318p. (YA). pap. 9.99 *(978-1-942073-27-7(5))* Sunny Palms Pr.

Entick's New Spelling Dictionary: Teaching to Write & Pronounce the English Tongue with Ease & Propriety (Classic Reprint) John Entick. (ENG., Illus.). (J). 2018. 384p. 31.82 *(978-0-332-16730-5(5))*; 2017. pap. 16.57 *(978-0-259-58691-3(9))* Forgotten Bks.

Entire New Collection of Romances & Novels: Never Before Published, Embellished with Ten Elegant Copper-Plates (Classic Reprint) Unknown Author. 2018. (ENG., Illus.). 412p. (J). 32.41 *(978-0-332-40112-6(X))* Forgotten Bks.

Entomologische Beyträge Zu des Ritter Linné Zwölften Ausgabe des Natursystems, Vol. 3: Erster Band (Classic Reprint) Johann August Ephraim Goeze. 2018. (GER., Illus.). 434p. (J). 32.87 *(978-0-666-47205-2(X))* Forgotten Bks.

Entomologische Beytrage Zu des Ritter Linne Zwolften Ausgabe des Natursystems, Vol. 3 of 3 (Classic Reprint) Johann August Ephraim Goeze. 2017. (GER., Illus.). (J). pap. 16.57 *(978-0-282-42801-3(1))* Forgotten Bks.

Entomologische Beyträge Zu des Ritter Linné Zwölften Ausgabe des Natursystems, Vol. 3 of 3 (Classic Reprint) Johann August Ephraim Goeze. 2018. (GER., Illus.). 484p. (J). 34.04 *(978-0-483-91487-2(8))* Forgotten Bks.

Entomologists in Action. Anne Rooney. 2018. (Scientists in Action Ser.). (Illus.). 32p. (J). (gr. 5-5). *(978-0-7787-5206-6(2))* Crabtree Publishing Co.

Entonces Llega el Verano. Tom Brenner. Illus. by Jaime Kim. 2020. (And Then Comes Ser.). (SPA.). 32p. (J). (gr. -1-3). 7.99 *(978-1-5362-1169-6(9))* Candlewick Pr.

Entra en un Cuento - Caperucita Roja(Peek Insd Ltl Red Riding Hd) Anna Milbourne. 2019. (Peek Inside a Fairy Tale Ser.). (SPA.). 14p. (J). 14.99 *(978-0-7945-4615-1(3)*, Usborne) EDC Publishing.

Entra en un Cuento Blancanieves y Los Siete Enanitos(Peek Inside Snow White) Anna Milbourne. 2019. (Peek Inside a Fairy Tale Ser.). (SPA.). 14p. (J). 14.99 *(978-0-7945-4617-5(X)*, Usborne) EDC Publishing.

Entra en un Cuento Cenicienta(Peek Inside F/T Cinderella) Anna Milbourne. 2019. (Peek Inside a Fairy Tale Ser.). (SPA.). 14p. (J). 14.99 *(978-0-7945-4614-4(5)*, Usborne) EDC Publishing.

Entra en un Cuento la Bella Durmiente(Peek Inside Sleeping Beauty) Anna Milbourne. 2019. (Peek Inside a Fairy Tale Ser.). (SPA.). 14p. (J). 14.99 *(978-0-7945-4616-8(1)*, Usborne) EDC Publishing.

Entra en un Cuento la Bella y la Bestia(Peek Inside a Fairy Tale Beauty & the Beast) Anna Milbourne. 2019. (Peek Inside a Fairy Tale Ser.). (SPA.). 14p. (J). 14.99 *(978-0-7945-4613-7(7)*, Usborne) EDC Publishing.

Entranced with a Dream, Vol. 1 Of 3: A Novel (Classic Reprint) Richard Rowlatt. 2018. (ENG., Illus.). 304p. (J). 30.17 *(978-0-483-97247-6(9))* Forgotten Bks.

Entranced with a Dream, Vol. 2 Of 3: A Novel (Classic Reprint) Richard Rowlatt. (ENG., Illus.). (J). 2018. 294p. 29.98 *(978-0-484-28446-2(0))*; 2016. pap. 13.57 *(978-1-333-35493-0(2))* Forgotten Bks.

Entranced with a Dream, Vol. 3 Of 3: A Novel (Classic Reprint) Richard Rowlatt. 2018. (ENG., Illus.). 314p. (J). 30.37 *(978-0-483-83854-3(3))* Forgotten Bks.

Entrapment. Katrina Cope. 2020. (Valkyrie Academy Dragon Alliance Ser.: Vol. 10). (ENG., Illus.). 200p. (YA). pap. *(978-0-6487661-9-3(5))* Cosy Burrow Bks.

Entrapped (Classic Reprint) Alice Mangold Diehl. 2017. (ENG., Illus.). (J). 306p. 30.21 *(978-0-332-37758-2(X))*; pap. 13.57 *(978-1-5276-3059-8(5))* Forgotten Bks.

Entre Bestias I: Hijo Del Bermellon. N. G. Cavaletto. 2018. (SPA., Illus.). 174p. (J). pap. *(978-956-398-145-2(6))* Cámara Chilena del Libro A.G.

Entre Deux Rives. Mymi Kibö. 2020. (FRE.). 132p. (YA). pap. ***(978-1-716-63457-4(1))*** Lulu Pr., Inc.

Entre la Chispa y la Hoguera. April Genevieve Tucholke. 2017. 312p. (YA). pap. 14.99 *(978-987-747-278-3(3))* V&R Editoras.

Entre Nosches y Fantasmas. Francisco. Tario. Illus. by Isidro R. Esquivel. 2016. (SPA.). 120p. (YA). 13.99 *(978-607-16-4268-4(X))* Fondo de Cultura Economica USA.

Entrena a Tu Dragón para Amarse a Sí Mismo: (Train Your Dragon to Love Himself) un Lindo Cuento Infantil para Enseñar a Los niños Sobre la Autoestima y a Amarse Tal Como Son. Steve Herman. 2020. (My Dragon Books Español Ser.: Vol. 13). (SPA.). 42p. (J). (gr. k-4). 18.95 *(978-1-64916-001-0(1))*; pap. 12.95 *(978-1-64916-000-3(3))* Digital Golden Solutions LLC.

Entrenadora de Cabras (Goat Trainer) Amy Cobb. Illus. by Alexandria Neonakis. 2018. (Libby Wimbley Ser.). (SPA.). 32p. (J). (gr. -1-3). lib. bdg. 32.79 *(978-1-5321-3473-9(8)*, 31199, Calico Chapter Bks) Magic Wagon.

Entrenadores (Coaches) Julie Murray. 2018. (Trabajos en Mi Comunidad (My Community: Jobs) Ser.). (SPA.). 24p. (J). (gr. -1-2). lib. bdg. 31.36 *(978-1-5321-8367-6(4)*, 29927, Abdo Kids) ABDO Publishing Co.

Entrenadores: Trabajadores de Nuestra Comunidad (Helpers in Our Community) Set, 16 vols. 2019. (Trabajadores de Nuestra Comunidad (Helpers in Our Community) Ser.). (SPA.). 24p. (J). (gr. 1-2). lib. bdg. 202.16 *(978-1-7253-1396-5(0)*, 1c313dcd-c1d2-4ad4-b690-8704b6c78d0c, PowerKids Pr.) Rosen Publishing Group, Inc., The.

Entrepeneur Academy. Steve Martin. Illus. by Maisie Robertson. 2019. (ENG.). 64p. (J). pap. 12.99 *(978-1-61067-716-5(1))* Kane Miller.

entrepôt. Eniah REGISTO. 2023. (FRE.). 156p. (YA). pap. ***(978-1-4476-7784-0(6))*** Lulu Pr., Inc.

Entrepreneur Child. Charles Ategbole. Ed. by Kenya N. Phifer-Jones. Illus. by Travis a Thompson. 2020. (ENG.). 28p. (J). (gr. k-4). 19.99 *(978-0-578-63571-2(2))* Ategbole, Charles.

Entrepreneur Ninja: A Children's Book about Developing an Entrepreneurial Mindset. Mary Nhin. 2023. (Ninja Life Hacks Ser.: Vol. 90). (ENG.). 36p. (J). 22.99 ***(978-1-63731-672-6(0))*** Grow Grit Pr.

Entrepreneurship for Teens. Blake Reynolds Martin. 2022. (ENG.). 120p. (YA). pap. 13.95 ***(978-1-0879-8727-9(X))*** Indy Pub.

Entrevistando un Gigante. Felipe Rivera. 2020. (ENG.). 44p. (YA). pap. 11.95 *(978-1-64584-613-0(X))* Page Publishing Inc.

Entro Dentro Me: Il Cammino Di Santiago. Michele Menolascina. 2022. (ITA.). 111p. (YA). pap. *(978-1-4717-1532-7(9))* Lulu Pr., Inc.

Entwickelungsgeschichte der Säugethiere und des Menschen (Classic Reprint) Theodor Ludwig Wilhelm Bischoff. 2018. (GER., Illus.). 592p. (J). 36.13 *(978-0-666-62436-9(4))* Forgotten Bks.

Entwined. Cara Beatrice. 2017. (ENG.). (YA). pap. *(978-0-6481060-0-5(4))* CB Publishing.

Entwined. Andi Bremner. 2017. (ENG., Illus.). (J). pap. *(978-1-77339-460-2(6))* Evernight Publishing.

Entwined. A. J. Rosen. 2020. (ENG.). 288p. (YA). pap. 10.99 *(978-1-989365-12-0(4)*, 900221183) Wattpad Bks. CAN. Dist: Macmillan.

Entwined Lives of Miss. Gabrielle Austin, Daughter of the Late REV. Ellis C. Austin, & of Redmond, the Outlaw, Leader of the North Carolina Moonshiners (Classic Reprint) Edwin Crittenden. (ENG., Illus.). (J). 2018. 68p. 25.30 *(978-0-267-40636-4(3))*; 2016. pap. 9.57 *(978-1-334-11764-0(0))* Forgotten Bks.

Enunciation & Articulation: A Practical Manual for Teachers & Schools (Classic Reprint) Ella M. Boyce. 2017. (ENG., Illus.). (J). 26.00 *(978-0-331-29097-4(9))* Forgotten Bks.

Enviro-Graphics Jr. (Set), 8 vols. 2022. (21st Century Junior Library: Enviro-Graphics Jr Ser.). (ENG., Illus.). 24p. (J). (gr. 2-5). 245.12 *(978-1-6689-1009-2(8)*, 220818); pap., pap., pap. 102.29 *(978-1-6689-1030-6(6)*, 220975) Cherry Lake Publishing.

Enviro-Graphics (Set), 8 vols. 2020. (21st Century Skills Library: Enviro-Graphics Ser.). (ENG., Illus.). 32p. (J). (gr. 4-8). 256.56 *(978-1-5341-6812-1(5)*, 215149); pap., pap., pap. 113.71 *(978-1-5341-6994-4(6)*, 215150) Cherry Lake Publishing.

Enviromental Chemistry. William D. Adams. 2023. (Building Blocks of Chemistry Ser.). (ENG.). 42p. (J). pap. ***(978-0-7166-4856-7(3))*** World Bk.-Childcraft International.

Environment. Heather Pidcock-Reed. 2019. (Contemporary Issues Ser.). (Illus.). 112p. (J). (gr. 12). lib. bdg. 35.93 *(978-1-4222-4390-9(7))* Mason Crest.

Environment & Ecology for Kids Weather, Water & Heat Quiz Book for Kids Children's Questions & Answer Game Books. Dot Edu. 2017. (ENG., Illus.). 64p. (J). pap. 9.52 *(978-1-5419-1689-0(1)*, Dot EDU (Educational & Textbooks)) Speedy Publishing LLC.

Environment & Sustainability, Vol. 10. Michael Centore. 2016. (Stem in Current Events Ser.). (Illus.). 64p. (J). (gr. 7). 23.95 *(978-1-4222-3591-1(2))* Mason Crest.

Environment & Sustainability. Michael Centore. 2019. (Stem Today Ser.). (ENG.). 48p. (J). lib. bdg. 29.99 *(978-1-5105-4467-3(4))* SmartBook Media, Inc.

Environment at Risk, 10 vols., Set. Incl. Controlling Earth's Pollutants. Christine Petersen. 42.64 *(978-0-7614-4005-5(4)*, 47ba427e-3740-418d-adde-5bd9c766bbc3); Protecting Earth's Food Supply. Christine Petersen. 42.64 *(978-0-7614-4008-6(9)*, 13baa59a-d219-4e68-ab28-5b5be5b47709); Renewing Earth's Waters. Christine Petersen. 42.64 *(978-0-7614-4004-8(6)*, 7d6430a0-882b-4bf7-8dee-3ad90cdf4698); Sustaining Earth's Energy Resources. Ann Heinrichs. 42.64 *(978-0-7614-4007-9(0)*, 91ead577-e9d7-4a26-b43b-cd10a492902b); 112p. (YA). (gr. 7-7). (Environment at Risk Ser.). (ENG.). 2011. Set lib. bdg. 213.20 *(978-0-7614-4002-4(X)*, e70226ed-be4a-4e38-9079-13c5efad0725, Cavendish Square) Cavendish Square Publishing LLC.

Environment Detective Investigates: Making Air Cleaner. Jen Green. 2016. (Environment Detective Investigates Ser.). (ENG., Illus.). 32p. (J). (gr. 4-6). pap. 11.99 *(978-0-7502-9430-0(2)*, Wayland) Hachette Children's Group GBR. Dist: Hachette Bk. Group.

Environment in Contemporary Africa, 1 vol. Laura Byrne Paquet. 2016. (Focus on Africa Ser.). (ENG., Illus.). 128p. (YA). (gr. 9-9). 47.36 *(978-1-5026-2393-5(5)*, 50b3d86a-7303-4c05-bdad-c7283b0ac41e) Cavendish Square Publishing LLC.

Environmental Activist Wangari Maathai. Jennifer Swanson. 2018. (STEM Trailblazer Bios Ser.). (ENG., Illus.). 32p. (J). (gr. 2-5). pap. 8.99 *(978-1-5415-1215-3(4)*, f4632edc-ce4f-4012-b76a-c2d9b6afb0fd); lib. bdg. 26.65 *(978-1-5124-9982-7(X)*, c99e835f-9a46-418c-9012-40ad8b652ff3, Lerner Pubns.) Lerner Publishing Group.

Environmental & Conservation Issues Primary Sources Pack. Created by Gallopade International. 2017. (Primary Sources Ser.). (ENG.). (J). 12.99 *(978-0-635-12601-6(X))* Gallopade International.

Environmental Catastrophe, 1 vol. Ed. by Bridey Heing. 2019. (Current Controversies Ser.). (ENG.). 176p. (gr. 10-12). pap. 33.00 *(978-1-5345-0616-9(0)*, 705dc2e2-dca0-41f5-899e-599c55479c68) Greenhaven Publishing LLC.

Environmental Disasters, 1 vol. Emilie Dufresne. 2019. (Environmental Issues Ser.). (ENG.). 24p. (gr. 2-3). pap. 9.25 *(978-1-5345-3069-0(X)*, 5f6acbba-8ea4-47c2-a6c2-89f78a308c83); lib. bdg. 26.23 *(978-1-5345-3034-8(7)*, e5202e5f-f042-4037-99a5-6021195bb798) Greenhaven Publishing LLC. (KidHaven Publishing).

Environmental Engineer. Tammy Gagne. 2020. (J). *(978-1-7911-1684-2(1)*, AV2 by Weigl) Weigl Pubs., Inc.

Environmental Engineer. Contrib. by Betsy Rathburn. 2023. (Careers in STEM Ser.). (ENG., Illus.). (J). (gr. k-3). lib. bdg. 26.95 Bellwether Media.

Environmental Engineering in the Real World. Angie Smibert. 2016. (STEM in the Real World Set 2 Ser.). (ENG., Illus.). 48p. (J). (gr. 4-8). lib. bdg. 35.64 *(978-1-68078-478-7(1)*, 23893) ABDO Publishing Co.

Environmental Issues. 2017. (Environmental Issues Ser.). (ENG.). (J). 198.00 *(978-1-5345-2127-8(5)*, KidHaven Publishing) Greenhaven Publishing LLC.

Environmental Issues (Set) 2017. (Environmental Issues Ser.). (ENG.). (J). pap. 33.00 *(978-1-5345-2128-5(3)*, KidHaven Publishing) Greenhaven Publishing LLC.

Environmental Issues: Set 1, 8 vols. 2016. (Environmental Issues Ser.). (ENG.). 24p. (J). (gr. 2-3). lib. bdg. 104.92 *(978-1-5345-2125-4(9)*, d611a6b5-1709-4ec1-a032-6cee8e49eec2, KidHaven Publishing) Greenhaven Publishing LLC.

Environmental Issues: Set 2. 2019. (Environmental Issues Ser.). (ENG.). 24p. (J). pap. 66.00 *(978-1-5345-3172-7(6))*; (gr. 2-3). lib. bdg. 209.84 *(978-1-5345-3042-3(8)*, 79e3772a-ac50-4722-9203-0336bb03b1c4) Greenhaven Publishing LLC. (KidHaven Publishing).

Environmental Issues: Sets 1 - 2. 2019. (Environmental Issues Ser.). (ENG.). (J). pap. 111.00 *(978-1-5345-3174-1(2))*; (gr. 2-3). lib. bdg. 314.76 *(978-1-5345-3043-0(6)*, e7a167ca-6704-4234-940d-f21963dcb89a) Greenhaven Publishing LLC. (KidHaven Publishing).

Environmental Journalism. Diane Dakers. 2018. (Investigative Journalism That Inspired Change Ser.). (Illus.). 48p. (J). (gr. 6-6). pap. *(978-0-7787-5362-9(X))* Crabtree Publishing Co.

Environmental Movement. Stuart A. Kallen. 2018. (Push for Social Change Ser.). (ENG.). 80p. (YA). (gr. 6-12). 39.93 *(978-1-68282-423-8(3))* ReferencePoint Pr., Inc.

Environmental Movement: Then & Now. Rebecca Stefoff. 2018. (America: 50 Years of Change Ser.). (ENG.). 64p. (J). (gr. 5-9). lib. bdg. 34.65 *(978-1-5435-0388-3(8)*, 137217, Capstone Pr.) Capstone.

Environmental Protests. Duchess Harris. 2017. (Protest Movements Ser.). (ENG.). 48p. (J). (gr. 4-8). lib. bdg. 35.64 *(978-1-5321-1397-0(8)*, 27695) ABDO Publishing Co.

Environmental Racism & Classism, 1 vol. Ed. by Anne C. Cunningham. 2016. (At Issue Ser.). (ENG.). 160p. (J). (gr. 10-12). pap. 28.80 *(978-1-5345-0040-2(5)*, 4f9a596d-7f09-446d-b3ff-f8a5dd5ed776); lib. bdg. 41.03 *(978-1-5345-0016-7(2)*,

TITLE INDEX EPILEPSY

0be850a1-cd82-451e-9893-84154bbe5763) Greenhaven Publishing LLC. (Greenhaven Publishing).

Environmental Rights. Virginia Loh-Hagan. 2021. (Stand up, Speak OUT Ser.). (ENG., Illus.). 32p. (J). (gr. 4-8). pap. 14.21 *(978-1-5341-8891-4(6),* 219275); lib. bdg. 32.07 *(978-1-5341-8751-1(0),* 219274) Cherry Lake Publishing. (45th Parallel Press).

Environmental Scientists in Action. Robin Johnson. 2018. (Scientists in Action Ser.). (ENG., Illus.). 32p. (J). (gr. 5-5). *(978-0-7787-4652-2(6));* pap. *(978-0-7787-4656-0(9))* Crabtree Publishing Co.

Environmental Threats Educational Facts Children's Earth Sciences Book. Bold Kids. 2022. (ENG.). 42p. (J). pap. 14.99 ***(978-1-0717-1687-8(5))*** FASTLANE LLC.

Environmentalism & Nature Book Set: Environment Education Books for Kids. Kristin Joy Pratt-Serafini et al. 2020. (ENG.). (J). (gr. 5-8). pap. 43.80 *(978-1-7282-4201-9(0),* Dawn Pubns.) Sourcebooks, Inc.

Environmentalist Rachel Carson. Douglas Hustad. 2016. (STEM Trailblazer Bios Ser.). (ENG., Illus.). 32p. (J). (gr. 2-5). lib. bdg. 26.65 *(978-1-5124-0787-7(9),* 71706330-1186-4f5c-b659-d7d68008c0ed, Lerner Pubns.) Lerner Publishing Group.

Environments. Emily Sohn. 2019. (IScience Ser.). (ENG., Illus.). 48p. (J). (gr. 5-6). 23.94 *(978-1-68450-952-2(1));* pap. 13.26 *(978-1-68404-400-9(6))* Norwood Hse. Pr.

Envision Verses. Deva Spencer. 2019. (ENG., Illus.). 74p. (J). pap. 25.95 *(978-1-64515-992-6(2))* Christian Faith Publishing.

Envisioning the Mastery of Wondrous Tales. Earnest J. Lewis. 2020. (ENG.). 62p. (J). 14.99 *(978-1-6662-1787-2(5))* Barnes & Noble Pr.

Envy on the Ice. Todd Kortemeier. 2022. (In the Clutch Ser.). (ENG.). 72p. (J). (gr. 3-4). pap. 7.99 *(978-1-63163-662-2(6));* lib. bdg. 25.70 *(978-1-63163-661-5(8))* North Star Editions. (Jolly Fish Pr.).

Enzo & the Fourth of July Races. Garth Stein. Illus. by R. W. Alley. 2017. (ENG.). 40p. (J). (gr. -1-3). 17.99 *(978-0-06-238059-3(1),* HarperCollins) HarperCollins Pubs.

Enzo Es un Bibliotecario/Enzo Is a Librarian. Jessica Spanyol. Tr. by Yanitzia Canetti. Illus. by Jessica Spanyol. 2022. (Enzo & Friends Ser.: 4). (ENG., Illus.). 14p. (J). bds. *(978-1-78628-672-7(6))* Child's Play International Ltd.

Enzo Es un Enfermero/Enzo Is a Nurse. Jessica Spanyol. Tr. by Yanitzia Canetti. Illus. by Jessica Spanyol. 2022. (Enzo & Friends Ser.: 4). (ENG., Illus.). 14p. (J). bds. *(978-1-78628-673-4(4))* Child's Play International Ltd.

Enzo Es un Maestro/Enzo Is a Teacher. Jessica Spanyol. Tr. by Yanitzia Canetti. Illus. by Jessica Spanyol. 2022. (Enzo & Friends Ser.: 4). (ENG., Illus.). 14p. (J). bds. *(978-1-78628-674-1(2))* Child's Play International Ltd.

Enzo y Su Arte/Enzo & His Art. Jessica Spanyol. Tr. by Yanitzia Canetti. Illus. by Jessica Spanyol. 2022. (Enzo & Friends Ser.: 4). (ENG., Illus.). 14p. (J). bds. *(978-1-78628-675-8(0))* Child's Play International Ltd.

Enzo's Pizza Party. Alyssa Gagliardi. Illus. by Sanghamitra Dasgupta. 2021. (ENG.). 26p. (J). 20.99 *(978-1-63984-100-4(8))* Pen It Pubns.

Enzo's Very Scary Halloween. Garth Stein. Illus. by R. W. Alley. 2016. (ENG.). 40p. (J). (gr. -1-3). 17.99 *(978-0-06-238061-6(3),* HarperCollins) HarperCollins Pubs.

Enzymes. Cara Florance. 2020. (Baby University Ser.). (Illus.). 24p. (J). (gr. -1-k). bds. 9.99 *(978-1-4926-9402-1(9))* Sourcebooks, Inc.

EO & Stymie. Barbara Williamson. 2018. (ENG., Illus.). 122p. (J). pap. 18.95 *(978-1-64140-008-4(0))* Christian Faith Publishing.

EOD Soldiers, 4 vols. Matthew K. Manning. Illus. by Rico Lima & Dijjo Lima. 2016. (EOD Soldiers Ser.). (ENG.). 40p. (J). (gr. 4-8). 109.28 *(978-1-4965-3415-6(8),* 24961, Stone Arch Bks.) Capstone.

Eoin Colfer: Artemis Fowl: the Arctic Incident: the Graphic Novel-Graphic Novel. Eoin Colfer. 2021. (Artemis Fowl Ser.). (ENG.). 128p. (J). (gr. 3-7). 21.99 *(978-1-368-06470-5(1));* pap. 12.99 *(978-1-368-06530-6(9))* Disney Publishing Worldwide. (Disney-Hyperion).

Eoin Colfer: Artemis Fowl: the Graphic Novel. Eoin Colfer. ed. 2019. (Artemis Fowl Ser.). (ENG., Illus.). 128p. (J). (gr. 3-7). 21.99 *(978-1-368-04314-4(3),* Disney-Hyperion) Disney Publishing Worldwide.

Eoline; or Magnolia Vale; or the Heiress of Glenmore (Classic Reprint) Caroline Lee Hentz. 2018. (ENG., Illus.). 286p. (J). 29.80 *(978-0-365-39219-4(7))* Forgotten Bks.

Eos the Lighthearted. Joan Holub & Suzanne Williams. 2018. (Goddess Girls Ser.: 24). (ENG.). 272p. (J). (gr. 3-7). 17.99 *(978-1-4814-7021-6(3));* pap. 7.99 *(978-1-4814-7020-9(5))* Simon & Schuster Children's Publishing. (Aladdin).

Eothen (Classic Reprint) Alexander William Kinglake. 2017. (ENG., Illus.). (J). 32.46 *(978-1-5280-6427-9(5))* Forgotten Bks.

Epaminondas & His Auntie. Sara Cone Bryant. Illus. by Inez Hogan. 2022. (ENG.). 22p. (J). pap. ***(978-1-77323-884-5(1))*** Rehak, David.

Epaminondas & His Auntie (Classic Reprint) Sara Cone Bryant. (ENG., Illus.). (J). 2017. 24.33 *(978-1-5285-4908-0(2));* 2016. pap. 7.97 *(978-1-333-48708-9(8))* Forgotten Bks.

Epaminondas Helps in the House (Classic Reprint) Constance Egan. 2017. (ENG., Illus.). (J). 25.28 *(978-0-265-46638-4(5))* Forgotten Bks.

Ephemeral Wings. Eva Silverfine. 2022. (ENG.). 180p. (YA). pap. 19.95 *(978-1-68513-041-1(0))* Black Rose Writing.

Ephesians - Teen Bible Study: Your Identity in Christ. Tony Merida. 2016. (ENG.). (YA). (gr. 7-12). pap. 12.99 *(978-1-4300-6547-0(8))* Lifeway Christian Resources.

Ephraim & Jasper. Debbie York. 2018. (ENG., Illus.). 30p. (J). pap. 12.95 *(978-1-64300-478-5(6))* Covenant Bks.

Epi de Mais Magique: Chloe Decouvre Ses Pouvoirs. Corinne Guilbert. 2016. (FRE., Illus.). (J). pap. *(978-2-9555721-4-6(4))* Bekalle-Akwe (Henri Junior).

Epic! The Story of Jesus's Holy Catholic Church. Tom Peterson. 2020. (ENG., Illus.). 28p. (J). (gr. -1-3). 16.95 *(978-1-5051-1695-3(3),* 2882) TAN Bks.

Epic: The Story That Changed the World. B&H Kids Editorial Staff. Illus. by Heath McPherson. 2019. (One Big Story Ser.). (ENG.). 320p. (J). (gr. 3-7). 16.99 *(978-1-5359-3812-9(9),* 005810873, B&H Kids) B&H Publishing Group.

Epic Adventures, 12 vols. 2019. (Ultimate Fantasy Art Ser.). (ENG., Illus.). 32p. (J). (gr. 3-4). lib. bdg. 175.62 *(978-1-7253-0344-7(2),* 5598a514-8bfd-4d99-9e83-0d7af26cbb5f, PowerKids Pr.) Rosen Publishing Group, Inc., The.

Epic Adventures, 1 vol. William Potter. Illus. by Juan Calle. 2019. (Ultimate Fantasy Art Ser.). (ENG.). 32p. (gr. 3-4). 29.27 *(978-1-7253-0340-9(X),* 6e930ac2-0d56-411e-8f01-493135eccedb); pap. 12.75 *(978-1-7253-0338-6(8),* 1771d6db-4336-480b-a860-41f41c737dcc) Rosen Publishing Group, Inc., The. (PowerKids Pr.).

Epic Adventures. Julia March. ed. 2020. (DK Readers Ser.). (ENG.). 64p. (J). (gr. 2-3). 14.96 *(978-1-64697-025-4(X))* Penworthy Co., LLC, The.

Epic Adventures: Explore the World in 12 Amazing Train Journeys. Sam Sedgman. 2022. (ENG.). 64p. (J). 19.99 *(978-0-7534-7801-1(3),* 900248777, Kingfisher) Roaring Brook Pr.

Epic Adventures of Chandrini Yogini: Chandrini Yogini Goes to India. Chandra Winzenried. Illus. by Avijit Sil. 2018. (Epic Adventures of Chandrini Yogini Ser.: Vol. 1). (ENG.). 40p. (J). (gr. 3-6). pap. 15.99 *(978-1-948365-02-4(2))* Orange Hat Publishing.

Epic Adventures of Huggie & Stick. Drew Daywalt. Illus. by David Spencer. 2018. 40p. (J). (gr. -1-3). 17.99 *(978-0-399-17276-2(9),* Philomel Bks.) Penguin Young Readers Group.

Epic Adventures of Odysseus: An Interactive Mythological Adventure. Blake Hoena. Illus. by Stefano Azzalin. 2016. (You Choose: Ancient Greek Myths Ser.). (ENG.). 112p. (J). (gr. 3-7). lib. bdg. 32.65 *(978-1-4914-8114-1(5),* 130605, Capstone Pr.) Capstone.

Epic Animal Journeys: Migration & Navigation by Air, Land & Sea. Ed J. Brown. 2023. (ENG., Illus.). 72p. (J). 22.99 *(978-1-80066-029-8(4))* Cicada Bks. GBR. Dist: Consortium Bk. Sales & Distribution.

Epic Athletes: Alex Morgan. Dan Wetzel. Illus. by Cory Thomas. 2020. (Epic Athletes Ser.: 2). (ENG.). 176p. (J). pap. 8.99 *(978-1-250-25071-1(4),* 900195184) Square Fish.

Epic Athletes: Kevin Durant. Dan Wetzel. Illus. by Marcelo Baez. 2020. (Epic Athletes Ser.: 8). (ENG.). 176p. (J). 16.99 *(978-1-250-29583-5(1),* 900195523, Holt, Henry & Co. Bks. For Young Readers) Holt, Henry & Co.

Epic Athletes: Kevin Durant. Dan Wetzel. Illus. by Marcelo Baez. 2021. (Epic Athletes Ser.: 8). (ENG.). 176p. (J). pap. 8.99 *(978-1-250-76349-5(5),* 900198028) Square Fish.

Epic Athletes: Lebron James. Dan Wetzel. Illus. by Setor Fiadzigbey. 2020. (Epic Athletes Ser.: 5). (ENG.). 176p. (J). pap. 8.99 *(978-1-250-61984-6(X),* 900198025) Square Fish.

Epic Athletes: Lionel Messi. Dan Wetzel. Illus. by Jay Reed. 2019. (Epic Athletes Ser.: 6). (ENG.). 160p. (J). 16.99 *(978-1-250-29581-1(5),* 900195496, Holt, Henry & Co. Bks. For Young Readers) Holt, Henry & Co.

Epic Athletes: Lionel Messi. Dan Wetzel. Illus. by Jay Reed. 2020. (Epic Athletes Ser.: 6). (ENG.). 160p. (J). pap. 8.99 *(978-1-250-61983-9(1),* 900198026) Square Fish.

Epic Athletes: Patrick Mahomes. Dan Wetzel. Illus. by Marcelo Baez. 2020. (Epic Athletes Ser.: 9). (ENG.). 160p. (J). 17.99 *(978-1-250-76231-3(6),* 900231783, Holt, Henry & Co. Bks. For Young Readers) Holt, Henry & Co.

Epic Athletes: Patrick Mahomes. Dan Wetzel. Illus. by Marcelo Baez. 2021. (Epic Athletes Ser.: 9). (ENG.). 160p. (J). pap. 8.99 *(978-1-250-80210-1(5),* 900231784) Square Fish.

Epic Athletes: Serena Williams. Dan Wetzel. Illus. by Sloane Leong. 2019. (Epic Athletes Ser.: 3). (ENG.). 176p. (J). 16.99 *(978-1-250-29578-1(5),* 900195301, Holt, Henry & Co. Bks. For Young Readers) Holt, Henry & Co.

Epic Athletes: Serena Williams. Dan Wetzel. Illus. by Sloane Leong. 2020. (Epic Athletes Ser.: 3). (ENG.). 192p. (J). pap. 7.99 *(978-1-250-25072-8(2),* 900198023) Square Fish.

Epic Athletes: Simone Biles. Dan Wetzel. Illus. by Marcelo Baez. 2021. (Epic Athletes Ser.: 7). (ENG.). 176p. (J). pap. 8.99 *(978-1-250-76350-1(9),* 900198027) Square Fish.

Epic Athletes: Stephen Curry. Dan Wetzel. Illus. by Zeke Pena. 2019. (Epic Athletes Ser.: 1). (ENG.). 160p. (J). 16.99 *(978-1-250-29576-7(9),* 900195180, Holt, Henry & Co. Bks. For Young Readers) Holt, Henry & Co.

Epic Athletes: Stephen Curry. Dan Wetzel. Illus. by Zeke Pena. 2020. (Epic Athletes Ser.: 1). (ENG.). 176p. (J). pap. 8.99 *(978-1-250-25062-9(5),* 900195181) Square Fish.

Epic Athletes: Tom Brady. Dan Wetzel. Illus. by Kazimir Lee Iskander. 2019. (Epic Athletes Ser.: 4). (ENG.). 176p. (J). 16.99 *(978-1-250-29579-8(3),* 900195492, Holt, Henry & Co. Bks. For Young Readers) Holt, Henry & Co.

Epic Athletes: Tom Brady. Dan Wetzel. Illus. by Kazimir Lee Iskander. 2020. (Epic Athletes Ser.: 4). (ENG.). 176p. (J). pap. 8.99 *(978-1-250-25061-2(7),* 900198024) Square Fish.

Epic Athletes: Zion Williamson. Dan Wetzel. Illus. by David SanAngelo. 2022. (Epic Athletes Ser.: 10). (ENG.). 160p. (J). pap. 8.99 *(978-1-250-82128-7(2),* 900231787) Square Fish.

Epic Battle Between Superheroes & Villains: Activity Book for Boys. Jupiter Kids. 2017. (ENG., Illus.). (J). pap. 8.33 *(978-1-5419-3363-7(X),* Jupiter Kids (Childrens & Kids Fiction)) Speedy Publishing LLC.

Epic!: Battles. Rob Colson. 2017. (Epic! Ser.). (ENG.). 32p. (J). (gr. 4-6). pap. 11.99 ***(978-0-7502-9731-8(X),*** Wayland) Hachette Children's Group GBR. Dist: Hachette Bk. Group.

Epic Bible see Biblia épica: La Historia de Dios Desde el Edén Hasta la EternidadGod's Story from Eden to Eternity

Epic Bible: God's Story from Eden to Eternity. Created by Kingstone Media Group, Inc. 2020. (ENG., Illus.). 840p. (YA). 36.99 *(978-1-4143-9667-5(8),* 20_8955, Wander) Tyndale Hse. Pubs.

Epic Big Nate. Lincoln Peirce. 2016. (Big Nate Ser.). (ENG., Illus.). 472p. 50.00 *(978-1-4494-7195-8(1))* Andrews McMeel Publishing.

Epic Cardboard Adventures. Leslie Manlapig. ed. 2018. (ENG., Illus.). 144p. (J). (gr. 2-6). pap., pap., pap. 14.95 *(978-1-62370-931-0(8),* 136680, Capstone Young Readers) Capstone.

Epic Crush of Genie Lo. F. C. Yee. (Genie lo Novel Ser.). (ENG.). 336p. 2019. (YA). (gr. 7-17). pap. 9.99 *(978-1-4197-3209-6(9),* 1180403); 2017. (J). (gr. 8-17). 18.99 *(978-1-4197-2548-7(3),* 1180401) Abrams, Inc. (Amulet Bks.).

Epic Devotions: 52 Weeks in the Story That Changed the World. Aaron Armstrong. Illus. by Heath McPherson. 2019. (One Big Story Ser.). (ENG.). 224p. (J). (gr. 3-7). 16.99 *(978-1-4336-4933-2(0),* 005791142, B&H Kids) B&H Publishing Group.

Epic Ellisons: Cosmos Camp. Lamar Giles. Illus. by Morgan Bissant. 2023. (ENG.). 288p. (J). (gr. 3-7). 18.99 *(978-0-358-42337-9(6),* Versify) HarperCollins Pubs.

Epic!: Empires. Philip Steele. 2019. (Epic! Ser.). (ENG., Illus.). 32p. (J). (gr. 5-7). pap. 11.99 *(978-0-7502-9732-5(8),* Wayland) Hachette Children's Group GBR. Dist: Hachette Bk. Group.

Epic Encounters in the Animal Kingdom (Brave Adventures Vol. 2) Coyote Peterson. 2019. (Brave Wilderness Ser.: 2). (ENG., Illus.). 272p. (J). (gr. 3-7). 17.99 *(978-0-316-45240-3(8))* Little, Brown Bks. for Young Readers.

Epic Engineering at Home! STEAM Craft Learning Kit. IglooBooks. Illus. by Pawel Gierlinski. 2023. (ENG.). 16p. (J). (gr. k). pap. 14.99 ***(978-1-80368-375-1(9))*** Igloo Bks. GBR. Dist: Simon & Schuster, Inc.

Epic Fail. Cristy Watson. (Lorimer SideStreets Ser.). (ENG.). 176p. (YA). (gr. 9-12). 2018. lib. bdg. 27.99 *(978-1-4594-1266-8(4),* 1d076c54-d218-4cec-a875-50958948f8c7); 2017. pap. 8.99 *(978-1-4594-1237-8(0),* 75ae2fb3-5e03-455a-8c1c-7a40eba3cdd4) James Lorimer & Co. Ltd., Pubs. CAN. Dist: Lerner Publishing Group.

Epic Fail of Arturo Zamora. Pablo Cartaya. (ENG.). (J). (gr. 5). 2018. 272p. 8.99 *(978-1-101-99725-3(7),* Puffin Books); 2017. 256p. 17.99 *(978-1-101-99723-9(0),* Viking Books for Young Readers) Penguin Young Readers Group.

Epic Fail of Arturo Zamora. Pablo Cartaya. ed. 2018. lib. bdg. 19.65 *(978-0-606-40872-1(X))* Turtleback.

Epic Fails. Virginia Loh-Hagan. 2017. (Stranger Than Fiction Ser.). (ENG., Illus.). 32p. (J). (gr. 4-8). lib. bdg. 32.07 *(978-1-63472-893-5(9),* 209998, 45th Parallel Press) Cherry Lake Publishing.

Epic Feats: The Legends of Hercules & Perseus. Paul D. Storrie. Illus. by Steve Kurth & Thomas Yeates. 2023. (Graphic Mythology Ser.). (ENG.). 96p. (J). (gr. 4-8). lib. bdg. 31.99 Lerner Publishing Group.

Epic Games: Makers of Fortnite & Gears of War: Makers of Fortnite & Gears of War. Contrib. by Tom Streissguth. 2023. (Video Game Companies Ser.). (ENG.). 112p. (YA). (gr. 6-12). lib. bdg. 41.36 ***(978-1-0982-9060-3(7),*** 41834, Essential Library) ABDO Publishing Co.

Epic Graphic Novel Crafts: 4D an Augmented Reading Crafts Experience. Jen Donatelli & Jen Jones. 2018. (Next Chapter Crafts 4D Ser.). (ENG., Illus.). 32p. (J). (gr. 1-5). lib. bdg. 33.99 *(978-1-5435-0688-4(7),* 137434, Capstone Classroom) Capstone.

Epic Hidden Picture Activity Book. Jupiter Kids. 2016. (ENG., Illus.). 106p. (J). pap. 16.55 *(978-1-68326-179-7(6),* Jupiter Kids (Childrens & Kids Fiction)) Speedy Publishing LLC.

Epic Joke Book. Sally Lindley & Joe Fullman. 2019. (ENG.). 96p. (J). pap. 9.99 *(978-1-78950-610-5(7),* 56c6776a-4ab0-4875-a8a5-6f81dda31c36) Arcturus Publishing GBR. Dist: Baker & Taylor Publisher Services (BTPS).

Epic Kale: And Other Cleanses for a Broken Heart. Lisa Greenwald. 2017. 264p. (YA). pap. *(978-0-399-55641-8(9))* Random Hse., Inc.

Epic LEGO Adventures with Bricks You Already Have: Build Crazy Worlds Where Aliens Live on the Moon, Dinosaurs Walk among Us, Scientists Battle Mutant Bugs & You Bring Their Hilarious Tales to Life. Sarah Dees. 2017. (ENG., Illus.). 192p. (J). pap. 19.99 *(978-1-62414-386-1(5),* 900177087) Page Street Publishing Co.

Epic Life. Jon Daugherty. Illus. by Bonnie Lemaire. 2020. (ENG.). 46p. (J). *(978-0-2288-3237-9(3));* pap. *(978-1-7771823-0-4(1))* Tellwell Talent.

Epic Migrations by Air. Natalie Hyde. 2019. (Epic Animal Journeys Ser.). (ENG.). 32p. (J). (gr. 4-5). pap. *(978-0-7787-6371-0(4),* 8c79ad3d-4702-4ad9-8a11-a6bb069dea68); lib. bdg. *(978-0-7787-6367-3(6),* bada59cb-ed06-4df9-9b47-beab5aa1bcfe) Crabtree Publishing Co.

Epic Migrations by Land. Sonya Newland. 2019. (Epic Animal Journeys Ser.). (ENG.). 32p. (J). (gr. 4-5). pap. *(978-0-7787-6372-7(2),* e3670579-db89-4e64-b7a9-852de4658e16); lib. bdg. *(978-0-7787-6368-0(4),* a5c1835d-4cbf-4ee8-bdc4-5f3d16484567) Crabtree Publishing Co.

Epic Migrations by Water. Heather C. Hudak. 2019. (Epic Animal Journeys Ser.). (ENG.). 32p. (J). (gr. 4-5). pap. *(978-0-7787-6373-4(0),* 71748963-42f0-4217-aa0a-907b66cf4aa6); lib. bdg. *(978-0-7787-6369-7(2),* 9d38b793-1833-456d-8ed9-78c6048dbd54) Crabtree Publishing Co.

Epic Myths for Fearless Girls. Claudia Martin. Illus. by Khoa Le. 2022. (ENG.). 128p. (J). 19.99 *(978-1-3988-1996-2(4),* 7c286fb7-5195-483d-8715-e912f66ecdc2) Arcturus Publishing GBR. Dist: Baker & Taylor Publisher Services (BTPS).

Epic of Gilgamesh: A Poetic Version. Robert W. Watson. Illus. by Mateo Cardo. 2023. (ENG.). 120p. (YA). pap. 19.99 ***(978-1-6629-3967-9(1));*** 27.00 ***(978-1-6629-3451-3(3))*** Gatekeeper Pr.

Epic of the Wheat the Octopus: A a Story of California (Classic Reprint) Frank Norris. 2018. (ENG., Illus.). 658p. (J). 37.47 *(978-0-365-12627-0(6))* Forgotten Bks.

Epic Science at Home! 12 Amazing Experiments - STEAM Box Set for Kids. IglooBooks. 2021. (ENG.). 24p. (J). pap. 12.99 *(978-1-80022-742-2(6))* Igloo Bks. GBR. Dist: Simon & Schuster, Inc.

Epic Story Of 1776. Libby C. McNamee & Jenny L. Cote. 2022. (ENG.). 374p. (YA). pap. 16.99 ***(978-1-7322202-8-7(X))*** Sagebrush Writings.

Epic Story of Every Living Thing. Deb Caletti. 2022. 416p. (YA). (gr. 9). 18.99 *(978-0-593-48550-7(5));* (ENG.). lib. bdg. 21.99 *(978-0-593-48551-4(3))* Random Hse. Children's Bks. (Laybrinth Road).

Epic Trolls Sticker Book (DreamWorks Trolls) Rachel Chlebowski. Illus. by Golden Books. 2016. (ENG.). 64p. (J). (gr. -1-2). pap. 12.99 *(978-0-399-55901-3(9),* Golden Bks.) Random Hse. Children's Bks.

Epic Voyage Colouring Book: Volume 1. Jacek Michal Pawlowski. 2019. (Epic Voyage Ser.: Vol. 1). (ENG.). 104p. (J). pap. *(978-1-9160256-2-2(5))* Jacek M Pawlowski.

Epic Voyage Colouring Book: Volume 2. Jacek Michal Pawlowski. 2019. (Epic Voyage Ser.: Vol. 2). (ENG.). 106p. (J). pap. *(978-1-9160256-3-9(3))* Jacek M Pawlowski.

Epic Voyage of Sir Benjamin Sweet. Jacek Michal Pawlowski. 2019. (ENG., Illus.). 42p. (J). pap. ***(978-1-9160256-1-5(7))*** Jacek M Pawlowski.

Épica Conquista de Genie Lo. Christian Yee. 2019. (SPA.). 352p. (YA). (gr. 7). pap. 19.95 *(978-607-527-554-3(1))* Editorial Oceano de Mexico MEX. Dist: Independent Pubs. Group.

Epically Awesome Tales of the Brave Boy Knight & the Animal Princess. Pranas T. Naujokaitis. 2019. (Balloon Toons Ser.). (ENG.). 36p. (J). (gr. k-1). 22.96 *(978-0-87617-894-2(8))* Penworthy Co., LLC, The.

Epically Earnest. Molly Horan. 2022. (ENG.). 208p. (YA). (gr. 7). 18.99 *(978-0-358-56613-7(4),* 1809766, Clarion Bks.) HarperCollins Pubs.

Epics & Romances of the Middle Ages (Classic Reprint) Wilhelm Wagner. 2017. (ENG., Illus.). (J). 33.96 *(978-0-260-76156-9(7))* Forgotten Bks.

Epics of Oneiroheim: Erementaru SAGA: [Chronicle 1]- Yuuyami. Shienji Ryuu. 2021. (ENG.). 335p. (YA). pap. *(978-1-300-68165-6(9))* Lulu Pr., Inc.

Epidemia de Los Opioides y la Crisis de Las Adicciones (the Opioid Epidemic & the Addiction Crisis) Elliott Smith. 2022. (Debates en Marcha (Issues in Action) (Read Woke (tm) Books en Español) Ser.). (SPA., Illus.). 32p. (J). (gr. 4-8). pap. 10.99 *(978-1-7284-7454-0(X),* 775c8678-60d2-47f6-a9e7-b29306bc5b5f); lib. bdg. 30.65 *(978-1-7284-7430-4(2),* c924f111-e951-4449-a820-07765f96eec6) Lerner Publishing Group. (Ediciones Lerner).

Epidemic. Suzanne Young. 2016. (Program Ser.: 4). (ENG., Illus.). 384p. (YA). (gr. 9). 19.99 *(978-1-4814-4470-5(0),* Simon Pulse) Simon Pulse.

Epidemic Influenza: Notes on Its Origin & Method of Spread. Richard Sisley. 2017. (ENG., Illus.). (J). pap. *(978-0-649-48721-9(4))* Trieste Publishing Pty Ltd.

Epidemic, Pandemic, Should I Call the Medic? Biology Books for Kids Children's Biology Books. Baby Professor. 2017. (ENG., Illus.). (J). pap. 8.79 *(978-1-5419-1418-6(X),* Baby Professor (Education Kids)) Speedy Publishing LLC.

Epidemics & Pandemics, Vol. 6. James Shoals. 2018. (Science of the Human Body Ser.). (Illus.). 80p. (J). (gr. 7). lib. bdg. 33.27 *(978-1-4222-4197-4(1))* Mason Crest.

Epidemics & Pandemics: Real Tales of Deadly Diseases. Judy Dodge Cummings. 2018. (Mystery & Mayhem Ser.). (ENG., Illus.). 128p. (J). (gr. 5-8). 19.95 *(978-1-61930-623-3(9),* a805827d-f0ef-46fc-83de-bb1801c87df6) Nomad Pr.

EPIDEMICS AND PANDEMICS: REAL TALES OF DEADLY DISEASES. Judy Dodge Cummings. 2018. (Mystery & Mayhem Ser.). (ENG., Illus.). 128p. (J). (gr. 5-8). pap. 9.95 *(978-1-61930-625-7(5),* 9ad5f007-4082-4dcf-99ee-bb72b26affa8) Nomad Pr.

Epidermal Cells of Roots: A Dissertation Submitted to the Faculty of the Ogden Graduate School, of Science in Candidacy for the Degree of Doctor of Philosophy (Department of Botany) (Classic Reprint) Edith Adelaide Roberts. 2017. (ENG., Illus.). (J). 24.33 *(978-0-266-97453-6(8))* Forgotten Bks.

Epididymites Suppurees de la Blennorrhagie, Par M. Laurent, Laurent-M. 2016. (Sciences Ser.). (FRE., Illus.). (J). pap. *(978-2-01-957602-8(3))* Hachette Groupe Livre.

Épigrammes de M. Val. Martial, Vol. 2 (Classic Reprint) Martial Martial. 2018. (FRE., Illus.). (J). 446p. 33.10 *(978-0-364-70160-7(9));* 448p. pap. 16.57 *(978-0-666-73941-4(2))* Forgotten Bks.

Epigrammes de M. Val. Martial, Vol. 3 (Classic Reprint) Charles Louis Fleury Panckoucke Martial. (FRE., Illus.). (J). 2018. 506p. 34.33 *(978-0-267-16393-9(2));* 2017. pap. 16.97 *(978-0-259-12098-8(7))* Forgotten Bks.

Epigrammes de M. Val. Martial, Vol. 4 (Classic Reprint) Victor Verger. 2017. (FRE., Illus.). (J). pap. 16.57 *(978-0-259-09353-4(X))* Forgotten Bks.

Epigrammes de M. Val. Martial, Vol. 4 (Classic Reprint) Victor Verg'r. 2018. (FRE., Illus.). 408p. (J). 32.31 *(978-0-656-97904-2(6))* Forgotten Bks.

Epigrams & Sermonettes: Including Hammie Smoogles (Classic Reprint) Jacob Thompson Johnson. 2018. (ENG., Illus.). 200p. (J). 28.02 *(978-0-267-50880-8(8))* Forgotten Bks.

Epigrams of Martial, &C., with Mottos from Horace, &C: Translated, Imitated, Adapted & Addrest to the Nobility, Clergy, & Gentry; with Notes Moral, Historical, Explanatory & Humorous (Classic Reprint) William Scott Martial. (ENG., Illus.). (J). 2018. 290p. 29.90 *(978-0-483-43727-2(1));* 2016. pap. 13.57 *(978-1-334-16145-2(3))* Forgotten Bks.

Epilepsy: Coming to Terms with Chronic Seizures, 1 vol. Simon Pierce. 2017. (Diseases & Disorders Ser.). (ENG.). 104p. (YA). (gr. 7-7). pap. 20.99 *(978-1-5345-6286-8(9),* 2b92d67b-48a6-4ab3-a6db-1f73eb1eb360); lib. bdg. 41.53 *(978-1-5345-6258-5(3),* 13b5d3e0-9902-4b8f-b157-9d9dd230b2ee) Greenhaven Publishing LLC. (Lucent Pr.).

Epilepsy: The Ultimate Teen Guide. Kathlyn Gay. 2nd rev. ed. 2017. (It Happened to Me Ser.: 52). (Illus.). 158p. (YA).

E

(gr. 8-14). 56.00 *(978-1-4422-7171-5(X))* Rowman & Littlefield Publishers, Inc.

Epilepsy Journal & Seizure Tracker: Record, Reflect & Revise Your Plan. Jennifer Sparks & Chiara Sparks. 2019. (ENG.). 76p. (J). pap. *(978-1-988675-26-8(X))* STOKE Publishing.

Epiphani's Bridge. Mario Nolan-Dillard I. Illus. by Toonky Berry. 2021. (ENG.). 36p. (J). 21.00 *(978-1-0983-7397-9(9))* BookBaby.

Epiphany. Priya Sridhar. Illus. by Meg Owenson. 2019. (Powered Ser.). (ENG.). 112p. (J). (gr. 3-6). lib. bdg. 26.65 *(978-1-4965-7884-6(8))*, 139560, Stone Arch Bks.) Capstone.

Epiphany at Lancaster: An Awakening. Roger A. Culbreth, Sr. 2022. (ENG.). 110p. (YA). pap. 11.50 *(978-1-68235-559-6(4))* Strategic Book Publishing & Rights Agency (SBPRA).

Episcopo Company (Classic Reprint) Gabriele D'Annunzio. 2017. (ENG., Illus.). (J). 26.74 *(978-1-5285-8739-6(1))* Forgotten Bks.

Episode. Tracey Morait. 2019. (ENG.). 232p. (J). pap. *(978-0-9558550-4-7(7))* K & T Mitchell.

Episode 1: The Phantom Vandals Mystery: Episode 2: the Familiar Enemies Mystery. A. M. Gonzalez. 2022. (Lola Derez S. T. E. M. Mysteries Ser.). (ENG.). 182p. (J). pap. 16.95 *(978-1-68517-310-4(1))* Christian Faith Publishing.

Episode 2. LEO. Illus. by Fred Simon. 2022. (Mutations Ser.: 2). 64p. (J). (gr. 7-12). pap. 15.95 *(978-1-80044-011-1(1))* CineBook GBR. Dist: National Bk. Network.

Episode 5. LEO. 2021. (Mermaid Project Ser.: 5). (Illus.). 48p. (YA). (gr. 8-17). pap. 11.95 *(978-1-84918-425-0(9))* CineBook GBR. Dist: National Bk. Network.

Episode on a Desert Island (Classic Reprint) Unknown Author. 2018. (ENG., Illus.). 182p. (J). 27.67 *(978-0-332-43717-0(5))* Forgotten Bks.

Episodes Before Thirty (Classic Reprint) Algernon Blackwood. 2017. (ENG., Illus.). (J). pap. 13.57 *(978-1-334-91504-8(0))* Forgotten Bks.

Episodes Before Thirty (Classic Reprint) Algernon Blackwood. 2018. (ENG., Illus.). 320p. (J). 30.52 *(978-0-483-44692-2(0))* Forgotten Bks.

Episodes in an Obscure Life: Being Experiences in the Tower Hamlets (Classic Reprint) Unknown Author. (ENG., Illus.). (J). 2018. 450p. 33.18 *(978-0-484-15319-5(6))*; 2017. pap. 16.57 *(978-0-243-87142-1(2))* Forgotten Bks.

Episodes in an Obscure Life, Vol. 1 of 3 (Classic Reprint) Unknown Author. 2018. (ENG., Illus.). 282p. (J). 29.71 *(978-0-428-66623-1(X))* Forgotten Bks.

Episodes in an Obscure Life, Vol. 2 of 3 (Classic Reprint) Unknown Author. 2018. (ENG., Illus.). 286p. (J). 29.80 *(978-0-267-24507-9(6))* Forgotten Bks.

Episodes in an Obscure Life, Vol. 3 (Classic Reprint) Unknown Author. 2018. (ENG., Illus.). 260p. (J). 29.26 *(978-0-332-88659-6(X))* Forgotten Bks.

Episodes in Van Bibber's Life (Classic Reprint) Richard Harding Davis. 2018. (ENG., Illus.). 104p. (J). 26.04 *(978-0-483-53628-9(8))* Forgotten Bks.

Episodes of Insect Life (Classic Reprint) Acheta Domestica. 2018. (ENG., Illus.). 338p. (J). 30.87 *(978-0-364-55850-8(4))* Forgotten Bks.

Episodes of Vathek (Classic Reprint) William Beckford. 2018. (ENG., Illus.). 388p. (J). 31.92 *(978-0-267-27469-7(6))* Forgotten Bks.

Epistaxis, 1920 (Classic Reprint) University Of Toronto. 2018. (ENG., Illus.). (J). 24p. 24.41 *(978-1-397-19056-7(6))*; 26p. pap. 7.97 *(978-1-397-19053-6(1))* Forgotten Bks.

Epistaxis, 1921 (Classic Reprint) University Of Toronto. 2018. (ENG., Illus.). (J). 38p. 24.68 *(978-1-397-19059-8(0))*; 40p. pap. 7.97 *(978-1-397-19057-4(4))* Forgotten Bks.

Epistaxis, 1922 (Classic Reprint) University Of Toronto. 2018. (ENG., Illus.). (J). 32p. 24.58 *(978-1-397-19055-0(8))*; 34p. pap. 7.97 *(978-1-397-19051-2(5))* Forgotten Bks.

Epistaxis, 1923, Vol. 25 (Classic Reprint) University Of Toronto. 2018. (ENG., Illus.). (J). 36p. 24.64 *(978-1-397-19054-3(X))*; 38p. pap. 7.97 *(978-1-397-19052-9(3))* Forgotten Bks.

Epistaxis, 1924 (Classic Reprint) University Of Toronto. 2018. (ENG., Illus.). (J). 34p. 24.62 *(978-1-397-19191-5(0))*; 36p. pap. 7.97 *(978-1-397-19182-3(1))* Forgotten Bks.

Epistaxis, 1925 (Classic Reprint) University Of Toronto. 2018. (ENG., Illus.). (J). 26p. 24.45 *(978-1-397-19189-2(9))*; 28p. pap. 7.97 *(978-1-397-19180-9(5))* Forgotten Bks.

Epistaxis, 1926 (Classic Reprint) University Of Toronto. 2018. (ENG., Illus.). (J). 22p. 24.37 *(978-1-397-19188-5(0))*; 24p. pap. 7.97 *(978-1-397-19181-6(3))* Forgotten Bks.

Epistaxis, 1927 (Classic Reprint) University Of Toronto. 2018. (ENG., Illus.). (J). 34p. 24.62 *(978-1-397-19190-8(2))*; 36p. pap. 7.97 *(978-1-397-19179-3(1))* Forgotten Bks.

Epistaxis, 1928 (Classic Reprint) University Of Toronto. 2018. (ENG., Illus.). (J). 34p. 24.62 *(978-1-397-19187-8(2))*; 36p. pap. 7.97 *(978-1-397-19183-0(X))* Forgotten Bks.

Epistaxis, 1933, Vol. 22 (Classic Reprint) University Of Toronto. 2018. (ENG., Illus.). (J). 32p. 24.56 *(978-1-397-19176-2(7))*; 34p. pap. 7.97 *(978-1-397-19153-3(8))* Forgotten Bks.

Epistaxis, 1934, Vol. 23 (Classic Reprint) University Of Toronto. 2018. (ENG., Illus.). (J). 30p. 24.52 *(978-1-397-19175-5(9))*; 32p. pap. 7.97 *(978-1-397-19151-9(1))* Forgotten Bks.

Epistaxis, 1936, Vol. 25 (Classic Reprint) University Of Toronto. 2018. (ENG., Illus.). (J). 36p. 24.64 *(978-1-397-19174-8(0))*; 38p. pap. 7.97 *(978-1-397-19150-2(3))* Forgotten Bks.

Epistaxis, 1937, Vol. 26 (Classic Reprint) University Of Toronto. 2018. (ENG., Illus.). (J). 50p. 24.95 *(978-1-397-19177-9(5))*; 52p. pap. 9.57 *(978-1-397-19152-6(X))* Forgotten Bks.

Epistaxis, 1938, Vol. 27 (Classic Reprint) University Of Toronto. 2018. (ENG., Illus.). (J). 42p. 24.78 *(978-1-397-19173-1(2))*; 44p. pap. 7.97 *(978-1-397-19149-6(X))* Forgotten Bks.

Epistaxis, 1939, Vol. 28 (Classic Reprint) University Of Toronto. 2018. (ENG., Illus.). (J). 42p. 24.78 *(978-1-397-19172-4(4))*; 44p. pap. 7.97 *(978-1-397-19148-9(1))* Forgotten Bks.

Epistle of James (a Pastoral Letter) A Study Guide with Relevant & Biblical Insights for the Christian Believers. Joseph Roosevelt Rogers, Sr. 2020. (ENG.). 70p. (J). pap. *(978-1-716-64229-6(9))* Lulu Pr., Inc.

Epistle to Posterity (Classic Reprint) M. E. W. Sherwood. 2018. (ENG., Illus.). 402p. (J). 32.19 *(978-0-267-84384-8(4))* Forgotten Bks.

Epistles of Atkins (Classic Reprint) James Milne. 2017. (ENG., Illus.). (J). 28.87 *(978-0-265-18171-3(2))* Forgotten Bks.

Epistles on the Romance of the Rose & Other Documents in the Debate: A Dissertation, Submitted to the Faculty of the Graduate School of Arts & Literature in Candidacy for the Degree of Doctor of Philosophy, Department of Romance Languages & Lite. Charles Frederick Ward. 2017. (FRE., Illus.). (J). 26.47 *(978-0-331-72702-9(1))*; pap. 9.57 *(978-0-259-32178-1(8))* Forgotten Bks.

Epistolario D'Arlecchino: Tristano Martinelli, 1556-1631 (Classic Reprint) Tristano Martinelli. (ITA., Illus.). (J). 2018. 74p. 25.44 *(978-0-428-33021-7(5))*; 2017. pap. 9.57 *(978-0-282-81439-7(6))* Forgotten Bks.

Epistolary Flirt. Esmerie Amory. 2017. (ENG.). 118p. (J). pap. *(978-3-337-40412-3(X))* Creation Pubs.

Epistolary Flirt: In Four Exposures (Classic Reprint) Esmerie Amory. 2018. (ENG., Illus.). 114p. (J). 26.25 *(978-0-484-78077-3(8))* Forgotten Bks.

Epitaphs, Epigrams: And Other Ephemera (Classic Reprint) George Graham Currie. 2017. (ENG., Illus.). (J). 29.38 *(978-0-5280-7996-9(5))* Forgotten Bks.

Epitaphs of Some Dear Dumb Beasts (Classic Reprint) Isabel Valle. 2018. (ENG., Illus.). 76p. (J). 25.46 *(978-0-267-29260-8(0))* Forgotten Bks.

Epitome, 1922, Vol. 4: The Year Book of Hagerstown High School (Classic Reprint) Hagerstown High School. (ENG., Illus.). (J). 2018. 116p. 26.29 *(978-0-365-34694-4(2))*; 2016. pap. 9.57 *(978-1-333-55692-1(6))* Forgotten Bks.

Epitome of Chemistry: In Three Parts (Classic Reprint) William Henry, Sr. 2017. (ENG., Illus.). (J). pap. 9.97 *(978-0-243-27186-3(7))* Forgotten Bks.

Epitome of Modern European Literature (Classic Reprint) Frances C. Henderson. 2018. (ENG., Illus.). 416p. (J). 32.50 *(978-0-484-74218-4(3))* Forgotten Bks.

época Colonial: Set of 6 Common Core Edition. Jeri Cipriano & Benchmark Education Company, LLC Staff. 2016. (Navigators Ser.). (SPA.). (J). (gr. 4). 58.00 net. *(978-1-5125-0803-1(9))* Benchmark Education Co.

Época Liberal. Fabiola García. 2020. (Historias de Verdad - México Ser.). (SPA.). 96p. (J). (gr. 4-7). pap. 13.95 *(978-607-8469-75-8(4))* Nostra Ediciones MEX. Dist: Independent Pubs. Group.

Epoca: the Tree of Ecrof. Ivy Claire. ed. 2019. (Epoca Ser.: 1). 368p. (J). (gr. 4-12). 16.99 *(978-1-949520-07-1(2))* Granity Studios.

Epocalypse: Inception. G. Adler. 2016. (ENG., Illus.). (J). pap. 19.99 *(978-1-940233-38-3(0))* Montag Pr.

Epona's Gift. Cat Spydell. 2021. (ENG.). 278p. (YA). pap. 15.95 *(978-1-938208-42-3(0))* World Nouveau.

Epopeya de San Martin Contada para Niños. Norma Santos. 2019. (Brújula y la Veleta Ser.). (SPA.). 64p. (J). (gr. 2-4). pap. 9.95 *(978-987-718-600-0(4))* Ediciones Lea S.A. ARG. Dist: Independent Pubs. Group.

Eq Biography Series - Abraham Lincoln. Nam Kin Kim. 2018. (VIE.). (J). pap. *(978-604-2-07565-7(9))* Kim Dong Publishing Hse.

Equal. Joyce Moyer Hostetter. 2021. (Bakers Mountain Stories Ser.). (Illus.). 320p. (J). (gr. 4-7). 17.99 *(978-1-68437-813-5(3))*, Calkins Creek) Highlights Pr., c/o Highlights for Children, Inc.

Equal Shot: How the Law Title IX Changed America. Helaine Becker. Illus. by Dow Phumiruk. 2021. (ENG.). 40p. (J). 19.99 *(978-1-250-24195-5(2))*, 900211884, Holt, Henry & Co. Bks. For Young Readers) Holt, Henry & Co.

Equal to the Occasion (Classic Reprint) Edward Garrett. 2018. (ENG., Illus.). 258p. (J). 29.22 *(978-0-483-46244-1(6))* Forgotten Bks.

Equal under the Law, 1 vol. Chad Taylor. 2016. (Rosen REAL Readers: Social Studies Nonfiction / Fiction: Myself, My Community, My World Ser.). (ENG.). 12p. (gr. k-1). pap. 6.33 *(978-1-5081-2544-0(9))*, f9497622-af3e-48a2-929d-1f8a7668bb1b, Rosen Classroom) Rosen Publishing Group, Inc., The.

Equality & Diversity. Charlie Ogden. 2017. (Our Values - Level 3 Ser.). 32p. (J). (gr. 5-6). *(978-0-7787-3265-5(7))* Crabtree Publishing Co.

Equality & Social Justice, 1 vol. Rachael Morlock. 2021. (Spotlight on Global Issues Ser.). (ENG., Illus.). 32p. (J). (gr. 6-7). pap. 11.55 *(978-1-7253-2334-6(6))*, a1bc92b3-cd5a-4729-977c-05b6b76458fd); lib. bdg. 28.93 *(978-1-7253-2337-7(0))*, b901b254-cfd5-4592-bb3e-6ccb650db901) Rosen Publishing Group, Inc., The.

EQUALITY Her Game. Caroline Elwood-Stokes. 2022. (ENG.). 202p. (YA). pap. ***(978-1-4710-2974-5(3))*** Lulu Pr., Inc.

Equality, Social Justice, & Our Future, 1 vol. Sabrina Adams. 2021. (Spotlight on Our Future Ser.). (ENG.). 32p. (J). (gr. 3-4). lib. bdg. 27.93 *(978-1-7253-2397-1(4))*, 50d11cf0-8f42-421c-82f8-c7f7c1b77ead, PowerKids Pr.) Rosen Publishing Group, Inc., The.

Equality under the Law. Jeanne Marie Ford. 2018. (Civic Values Ser.). (ENG.). 32p. (J). (gr. 2-5). 21.40 *(978-1-5311-8765-1(X))* Perfection Learning Corp.

Equality's Call: The Story of Voting Rights in America. Deborah Diesen. Illus. by Magdalena Mora. 2020. (ENG.). 48p. (J). (gr. -1-3). 17.99 *(978-1-5344-3958-0(7))*, Beach Lane Bks.) Beach Lane Bks.

Equalizers: Evening the Odds Against Cobra! Ron Pleune, Jr. 2021. (ENG.). 37p. (J). pap. ***(978-1-329-73489-0(0))*** Lulu Pr., Inc.

Equation of God: Supernatural Consciousness. Rocky Cosmo Manu. 2020. (ENG.). 72p. (J). pap. 8.50 *(978-1-950543-96-0(X))* Legaia Bks. USA.

Equator, 1 vol. Todd Bluthenthal. 2017. (Where on Earth? Mapping Parts of the World Ser.). (ENG.). 24p. (gr. 1-2). pap. 9.15 *(978-1-4824-6421-4(7))*, d702983b-fc2c-4ed5-b2d0-39258a1918fc) Stevens, Gareth Publishing LLLP.

Equillian's Key. K. L. Harris. 2019. (Archives of the Night-Watchers Ser.: Vol. 1). (ENG., Illus.). 306p. (YA). (gr. 8-12). pap. 16.00 *(978-1-7323686-0-6(0))* Make-believe Pr. LLC.

Equine Educational Programs Directory see Horse Specialist's Guide to Educational Opportunities: A comprehensive guide to trade schools, degree programs, & certificate programs covering activities & careers with Horses

Equinox. J. E. Nicassio. 2018. (Beyond Moondust2 Ser.). (ENG., Illus.). (YA). (gr. 8-12). pap. 14.95 *(978-0-578-19899-6(1))* NIEJE Production LLC.

Equipment on the Construction Site Coloring Book. Activity Book Zone for Kids. 2016. (ENG., Illus.). (J). pap. 9.20 *(978-1-68376-482-3(X))* Sabeels Publishing.

Equipo Pesado. Xist Publishing. 2018. (Xist Kids Spanish Bks.). (SPA., Illus.). 28p. (J). (gr. -1-3). pap. 9.99 *(978-1-5324-0709-3(2))* Xist Publishing.

Equipos de Fútbol Del Mundo. Megan Cooley Peterson. 2017. (En la Cancha Ser.). (SPA., Illus.). 32p. (J). (gr. 4-6). lib. bdg. *(978-1-68072-569-8(6))*, 10599, Bolt) Black Rabbit Bks.

Equipos y Suministros Militares. Julia Garstecki. 2017. (Tecnología Militar Ser.). (SPA., Illus.). 32p. (J). (gr. 4-6). lib. bdg. *(978-1-68072-581-0(5))*, 10587, Bolt) Black Rabbit Bks.

Equisaurs & Ptero-Measurements: Math Adventures. Ed. by Mattia Crivellini. Illus. by Agnese Baruzzi. 2021. (Mad for Math Ser.). (ENG.). 56p. (J). (gr. 2-3). pap. 9.95 *(978-88-544-1747-2(5))* White Star Publishers ITA. Dist: Sterling Publishing Co., Inc.

Equity Is Love. Wendy Reed. 2023. (ENG.). 36p. (J). pap. ***(978-1-329-00151-0(6))*** Lulu Pr., Inc.

Equiwak: Tomes 1 Et 2. Aïsha Cloutier. 2020. (FRE.). 317p. (YA). *(978-1-716-64349-1(X))* Lulu Pr., Inc.

Equiwak: Tomes 3 & 4. Aïsha Cloutier. 2020. (FRE.). 236p. (YA). *(978-1-716-54318-0(5))* Lulu Pr., Inc.

Equiwak: Tomes 1 &2: Tomes 1 Et 2. Aïsha Cloutier. 2020. (FRE.). 317p. (YA). pap. ***(978-1-716-53159-0(4))*** Lulu Pr., Inc.

Equiwak: Tomes 3 And 4: Tomes 3 Et 4. Aïsha Cloutier. 2020. (FRE.). 236p. (YA). pap. ***(978-1-716-54312-8(6))*** Lulu Pr., Inc.

ER Doctors. Julie Murray. 2020. (Emergency Jobs Ser.). (ENG., Illus.). 24p. (J). (gr. k-4). lib. bdg. 31.36 *(978-1-0982-2304-5(7))*, 36245, Abdo Zoom-Dash) ABDO Publishing Co.

Er for Alphabet/ a Is for Alphabet. Tish Gilbert. Illus. by Claudia Varjotie. 2016. (NOR.). (J). pap. *(978-82-690472-0-2(1))* Mort Homme Bks.

ER Nurses. Julie Murray. 2020. (Emergency Jobs Ser.). (ENG., Illus.). 24p. (J). (gr. k-4). lib. bdg. 31.36 *(978-1-0982-2305-2(5))*, 36247, Abdo Zoom-Dash) ABDO Publishing Co.

Er Soll Dein Herr Sein: Edited with Introduction, Notes, Exercises & Vocabulary (Classic Reprint) Paul Heyse. 2017. (ENG., Illus.). 116p. (J). 26.29 *(978-0-260-46768-3(5))* Forgotten Bks.

Er Soll Dein Herr Sein (Classic Reprint) Paul Heyse. 2017. (ENG., Illus.). (J). 114p. 26.25 *(978-0-332-10604-5(7))*; 116p. pap. 9.57 *(978-0-332-10593-2(8))* Forgotten Bks.

Era Chimera. Jared Perrine. Illus. by Karen Dishaw. 2018. (ENG.). 36p. (J). pap. 9.99 *(978-0-9985067-0-8(2))* Overhead Pr., LLC.

Era de Los Descubrimientos: Leveled Reader Card Book 79 Level W 6 Pack. Hmh Hmh. 2021. (SPA.). (J). pap. 74.40 *(978-0-358-08643-7(4))* Houghton Mifflin Harcourt Publishing Co.

Era la Vispera de Navidad. Clement Clarke Moore & Sally M. Veillette. 2020. (SPA.). 62p. (J). pap. 12.99 ***(978-1-953501-06-6(0))*** Sally Veillette.

Era, Vol. 10: An Illustrated Monthly Magazine of Literature & of General Interest, July to December 1902 (Classic Reprint) Unknown Author. 2017. (ENG., Illus.). (J). 38.09 *(978-0-260-89783-1(3))*; pap. 20.57 *(978-1-5285-4248-7(7))* Forgotten Bks.

Erafeen, Volume 1: Books 1-3. David F. Farris. 2018. (Erafeen Volumes Ser.: Vol. 1). (ENG., Illus.). 1026p. (YA). (gr. 7-12). pap. 34.99 *(978-1-7323585-1-5(6))* Sphaira Publishing.

Érase una Vez una Princesa Algo Desafortunada / Dork Diaries: Tales from a Not-So-Happily Ever After. Rachel Renée Russell. 2022. (Diario de una Dork Ser.: 8). (SPA.). 304p. (J). (gr. 4-7). pap. 14.95 *(978-1-64473-529-9(6))* Penguin Random House Grupo Editorial ESP. Dist: Penguin Random Hse. LLC.

Érase una Vez y Otras Mentiras / Cheshire Crossing. Andy Weir. Illus. by Sarah Andersen. 2020. (SPA.). 128p. (YA). (gr. 8-12). pap. 18.95 *(978-607-31-8911-8(7))*, Montena) Penguin Random House Grupo Editorial ESP. Dist: Penguin Random Hse. LLC.

Eraser. Anna Kang. Illus. by Christopher Weyant. 2018. (ENG.). 40p. (J). (gr. -1-2). 17.99 *(978-1-5039-0258-9(7))*, 9781503902589, Two Lions) Amazon Publishing.

Eraser Cookies. Rosina G. Schnurr. Illus. by Suzanne Marsden. 2020. (ENG.). 130p. (J). pap. *(978-0-2288-1175-6(9))* Tellwell Talent.

Eraser Strikes Back. Michael Dahl. Illus. by Patricio Clarey. 2020. (Secrets of the Library of Doom Ser.). (ENG.). 40p. (J). (gr. 3-5). pap. 5.95 *(978-1-4965-9901-8(2))*, 201278); lib. bdg. 23.99 *(978-1-4965-9722-9(2))*, 199356) Capstone. (Stone Arch Bks.).

Erasers on Strike: A Funny, Rhyming, Read Aloud Kid's Book about Respect & Responsibility. Jennifer Jones. 2022. (On Strike Ser.: Vol. 7). (ENG.). 36p. (J). 19.99 ***(978-1-63731-607-8(0))*** Grow Grit Pr.

Erasmi Colloquia Selecta: The Select Colloquies of Erasmus; with an English Translation, As Literal As Possible (Classic Reprint) Desiderius Erasmus. 2017. (ENG., Illus.). (J). 28.39 *(978-0-265-57879-7(5))*; pap. 10.97 *(978-0-282-90684-9(3))* Forgotten Bks.

Erasmi Colloquia Selecta, or the Select Colloquies of Erasmus: With an English Translation, As Literal As Possible, Design'd for the Use of Beginners in the Latin Tongue (Classic Reprint) Desiderius Erasmus. (ENG., Illus.). (J). 2017. 28.68 *(978-0-265-40963-3(2))*; 2016. pap. 11.57 *(978-1-334-13928-4(8))* Forgotten Bks.

Erasmi Colloquia Selecta, or the Select Colloquies of Erasmus: With an English Translation, As Literal As Possible, Designed for the Use of Beginners in the Latin Tongue (Classic Reprint) Desiderius Erasmus. 2017. (ENG., Illus.). (J). 27.88 *(978-0-265-88215-3(X))*; 28.35 *(978-0-265-94916-0(5))*; pap. 10.57 *(978-1-5278-0920-8(X))*; pap. 10.97 *(978-1-5283-0697-3(X))* Forgotten Bks.

Erasmus T. Muddiman: A Tale of Publick Distemper. Katherine Pym. 2016. (ENG., Illus.). (YA). (gr. 7-12). pap. *(978-1-77299-233-5(X))*; pap. *(978-1-77299-202-1(X))* Books We Love Publishing Partners.

Eratosthenes & His Sieve: Math Reader 1 Grade 4. Hmh Hmh. 2018. (SPA.). 8p. (J). pap. 9.00 *(978-1-328-57703-0(1))* Houghton Mifflin Harcourt Publishing Co.

Eratosthenes & His Sieve: Math Reader Grade 4. Hmh Hmh. 2017. (Math Expressions Ser.). (ENG.). 8p. (J). (gr. 4). pap. 3.07 *(978-1-328-77185-8(7))* Houghton Mifflin Harcourt Publishing Co.

Erb (Classic Reprint) W. Pett Ridge. 2018. (ENG., Illus.). 348p. (J). 31.09 *(978-0-483-82843-8(2))* Forgotten Bks.

Erchie: My Droll Friend (Classic Reprint) Hugh Foulis. 2017. (ENG., Illus.). 210p. (J). 28.23 *(978-0-260-05022-9(9))* Forgotten Bks.

'Ere! (Classic Reprint) Wish Wynne. (ENG., Illus.). (J). 2018. 214p. 28.31 *(978-0-483-94256-1(1))*; 2016. pap. 10.97 *(978-1-334-16987-8(X))* Forgotten Bks.

Erecting & Operating: An Educational Treatise for Constructing Engineers, Machinists, Millwrights & Master Builders (Classic Reprint) Nehemiah Hawkins. (ENG., Illus.). (J). 2017. 36.52 *(978-0-260-48707-0(4))*; 2016. pap. 19.57 *(978-1-334-18361-4(9))* Forgotten Bks.

Erema: Or My Father's Sin, Vol. 2 of 3 (Classic Reprint) R. D. Blackmore. 2018. (ENG., Illus.). 304p. (J). 30.17 *(978-0-267-21020-6(5))* Forgotten Bks.

Erema, or My Father's Sin (Classic Reprint) R. D. Blackmore. 2018. (ENG., Illus.). (J). 33.12 *(978-0-260-62570-0(1))* Forgotten Bks.

Erema or My Father's Sin, Vol. 3 of 3 (Classic Reprint) R. D. Blackmore. 2018. (ENG., Illus.). 316p. (J). 30.41 *(978-0-484-85284-5(1))* Forgotten Bks.

Erema, Vol. 1 Of 3: Or My Father's Sin (Classic Reprint) R. D. Blackmore. 2018. (ENG., Illus.). 292p. (J). 29.92 *(978-0-428-96743-7(4))* Forgotten Bks.

Eres Extraordianoio: Consejos Magicos para Ninos Felices - un Libro para Que Lean Juntos Chicos y Grandes. Alexandra Kleeberg. 2017. (SPA., Illus.). (J). pap. *(978-3-946586-08-1(2))* Busacker, Dietrich, u. Alexandra Kleeberg GbR. eVision.

Eres Extraordinario, 1 vol. Craig Johnson & Samantha Johnson. Illus. by Sally Garland. ed. 2020. (SPA.). 32p. (J). 14.99 *(978-1-4002-1639-4(X))* Grupo Nelson.

Eres Mi Corazón. Marianne Richmond. 2022. (SPA.). 32p. (J). (gr. -1-k). 21.99 *(978-84-16470-08-2(1))* Fineo Editorial, S.L. ESP. Dist: Independent Pubs. Group.

¿Eres Tú Mi Mamá? (Are You My Mother? Spanish Edition) P. D. Eastman. 2016. (Beginner Books(R) Ser.). (SPA., Illus.). 72p. (J). (gr. -1-2). 9.99 *(978-0-553-53989-9(2))*, Random Hse. Bks. for Young Readers) Random Hse. Children's Bks.

¿Eres Tú un Pez? Lucía M. Sánchez & Matt Reher. 2017. (1V Vida Marina Ser.). (SPA.). 28p. (J). pap. 9.60 *(978-1-64053-143-7(2))*, ARC Pr. Bks.) American Reading Co.

Eres un Artista! Carmen Corriols. 2016. (Early Rising Readers Ser.). (SPA.). 16p. (J). (gr. 1). 6.67 *(978-1-4788-4181-4(8))* Newmark Learning LLC.

¡Eres un Artista! - 6 Pack. Carmen Corriols. 2016. (Early Rising Readers Ser.). (SPA.). (J). (gr. 1). 40.00 net. *(978-1-4788-4760-1(3))* Newmark Learning LLC.

Eres un Regalo de Dios / God Gave Us You. Lisa Tawn Bergren. Illus. by Laura J. Bryant. 2018. (SPA.). 40p. (J). (gr. -1-2). 9.95 *(978-1-947783-03-4(3))* Penguin Random House Grupo Editorial ESP. Dist: Penguin Random Hse. LLC.

¡Eres Unico! Randa Canter. Tr. by Jeff Grover. Illus. by Amanda Kriese. 2020. (SPA.). 36p. (J). 16.99 *(978-1-952209-05-5(6))* Lawley Enterprises.

Ereth's Birthday. Avi. Illus. by Brian Floca. 2020. (Poppy Ser.: 5). (ENG.). 224p. (J). (gr. 3-7). pap. 7.99 *(978-0-380-80490-0(5))*, HarperCollins) HarperCollins Pubs.

Erewhon Revisited Twenty Years Later: Both by the Original Discoverer of the Country & by His Son (Classic Reprint) Samuel Butler. 2017. (ENG., Illus.). (J). 31.57 *(978-0-265-20644-7(8))* Forgotten Bks.

Erf. Garth Ennis. 2019. (ENG., Illus.). 48p. (J). 6.99 *(978-1-5241-1221-9(6))*, edbb875c-d334-46e5-8473-fb902b8e5aab, Dynamite Entertainment) Dynamic Forces, Inc.

Ergo. Alexis Deacon. Illus. by Viviane Schwarz. 2021. (ENG.). 40p. (J). (-k). 17.99 *(978-1-5362-1780-3(8))* Candlewick Pr.

Eri & the Fairies. Leni Puccio. 2023. (ENG.). 34p. (J). pap. 14.95 ***(978-1-958211-53-3(2))*** HigherLife Development Services, Inc.

Eric. Shaun Tan. Illus. by Shaun Tan. 2020. (ENG., Illus.). 32p. (J). (gr. k). 19.99 *(978-1-338-62208-9(0))*, Scholastic Pr.) Scholastic, Inc.

Eric & the Green-Eyed God. Barbara Mitchelhill. Illus. by Tony Ross. 2020. (Eric Ser.: 4). 64p. (J). (gr. 2-4). 11.99 *(978-1-78344-901-9(2))* Andersen Pr. GBR. Dist: Independent Pubs. Group.

Eric & the Pimple Potion. Barbara Mitchelhill. 2019. (Eric Ser.: 3). (ENG., Illus.). 64p. (J). (gr. k-2). pap. 11.99 *(978-1-78344-827-2(X))* Andersen Pr. GBR. Dist: Independent Pubs. Group.

Eric & the Striped Horror. Barbara Mitchelhill. 2019. (ENG., Illus.). 64p. (J). (gr. 2-4). pap. 11.99 *(978-1-78344-796-1(6))* Penguin Random Hse. AUS. Dist: Independent Pubs. Group.

Eric & the Voice of Doom. Barbara Mitchelhill. Illus. by Tony Ross. 2020. (Eric Ser.: 5). (ENG.). 64p. (J). (gr. 2). 9.99 *(978-1-78344-956-9(X))* Andersen Pr. GBR. Dist: Independent Pubs. Group.

600

The check digit for ISBN-10 appears in parentheses after the full ISBN-13

Eric & the Wishing Stone. Barbara Mitchelhill. 2019. (ENG., Illus.). 64p. (J). (gr. 2-4). pap. 11.99 *(978-1-78344-797-8(4))* Penguin Random Hse. AUS. Dist: Independent Pubs. Group.

Eric Carle: Around the Farm. Created by P. i p i kids. 2016. (First Look & Find Ser.). (ENG.). 16p. (J). bds. Phoenix International Publications, Inc.

Eric Carle Six Classic Board Books Box Set. Eric Carle. Illus. by Eric Carle. 2018. (ENG., Illus.). 160p. (J). (gr. -1 — 1). pap. 48.94 *(978-0-06-281568-2(7)*, HarperFestival) HarperCollins Pubs.

Eric Carle's Book of Many Things. Eric Carle. Illus. by Eric Carle. 2019. (World of Eric Carle Ser.). (ENG., Illus.). 80p. (J). (gr. -1-2). 16.99 *(978-1-5247-8867-4(8))* Penguin Young Readers Group.

Eric Carle's Twinkle, Twinkle, Little Star & Other Nursery Rhymes: A Lift-The-Flap Book. Eric Carle. Illus. by Eric Carle. 2021. (World of Eric Carle Ser.). (Illus.). 10p. (J). (— 1). bds. 12.99 *(978-0-593-22431-1(0))* Penguin Young Readers Group.

Eric Church. Tammy Gagne. 2018. lib. bdg. 25.70 *(978-1-68020-158-1(1))* Mitchell Lane Pubs.

Eric (Classic Reprint) Susan Blagge C. Samuels. (ENG., Illus.). (J). 2018. 186p. 27.73 *(978-0-484-27172-1(5))*; 2017. pap. 10.57 *(978-0-243-31291-7(1))* Forgotten Bks.

Eric Loves Animals: (Just Like You!) Eric Carle. Illus. by Eric Carle. 2023. (World of Eric Carle Ser.). (Illus.). 172p. (J). (-k). 29.99 *(978-0-593-22436-6(1))* Penguin Young Readers Group.

Eric; or Little by Little: A Tale of Roslyn School (Classic Reprint) F. W. Farrar. (ENG., Illus.). (J). 2018. 368p. 31.51 *(978-0-364-39440-3(4))*; 2017. pap. 13.97 *(978-0-243-32970-0(9))* Forgotten Bks.

Eric Prince of Lolonia or the Valley of Wishes: A Fairy Tale of the Days of Chivalry (Classic Reprint) Unknown Author. 2018. (ENG., Illus.). 216p. (J). 28.35 *(978-0-364-13741-3(X))* Forgotten Bks.

Eric Says Please. Dai Hankey. 2017. (Eric Says Ser.). (ENG., Illus.). 30p. (J). pap. *(978-1-910307-54-0(8))* Good Bk. Co., The.

Eric St. Winifred's & Julian Home (Classic Reprint) F. W. Farrar. 2018. (ENG., Illus.). 462p. (J). 33.43 *(978-0-484-90151-2(6))* Forgotten Bks.

Eric the Awkward Orc. Alex Dyson. Illus. by Laura Wood. 2023. (ENG.). 32p. (J). (gr. -1-k). 17.99 ***(978-1-76050-813-5(6))*** Little Hare Bks. AUS. Dist: Independent Pubs. Group.

Eric the Earthworm. Cheryl Bond-Nelms. 2022. (ENG.). 34p. (J). 19.99 ***(978-1-0880-2334-1(7))*** Indy Pub.

Erica's Story. Kathy Gallimore. 2019. (ENG.). 38p. (J). pap. *(978-1-5289-7320-5(8))* Austin Macauley Pubs. Ltd.

Erica's Treehouse. Kelly B. 2016. (ENG., Illus.). (J). pap. 16.95 *(978-1-4808-3196-4(4))* Archway Publishing.

Eric's Book of Beasts Done in Water-Colors & Accompanied with Appropriate Jingles (Classic Reprint) David Starr Jordan. 2017. (ENG., Illus.). (J). 126p. 26.50 *(978-0-332-59697-6(4))*; pap. 9.57 *(978-0-259-53216-3(9))* Forgotten Bks.

Erie Canal, 1 vol. Walter LaPlante. 2016. (Road Trip: Famous Routes Ser.). (ENG., Illus.). 24p. (J). (gr. 2-3). pap. 9.15 *(978-1-4824-4674-6(X)*, e1849b3f-c692-4714-bbe9-b74124e85cf5) Stevens, Gareth Publishing LLLP.

Erie Canal. Jeanne Nagle. 2017. (Westward Expansion: America's Push to the Pacific Ser.). (Illus.). 48p. (J). (gr. 10-14). 84.30 *(978-1-5383-0012-1(5)*, Britannica Educational Publishing) Rosen Publishing Group, Inc., The.

Erie Canal: Children's American Historical Book with Interesting & Informative Facts. Bold Kids. 2022. (ENG.). 36p. (J). pap. 11.99 ***(978-1-0717-0965-8(8))*** FASTLANE LLC.

Erie Train Boy (Classic Reprint) Horatio Alger. 2017. (ENG., Illus.). (J). 29.92 *(978-0-331-71596-5(1))* Forgotten Bks.

Erif the Helpful Dragon. Joan Lily Duffill. 2022. (ENG.). 60p. (J). pap. *(978-1-3984-3524-7(4))* Austin Macauley Pubs. Ltd.

Erik & Dakota with the Angels. Colleen Edwards. Illus. by Jack Foster. 2021. (ENG.). 144p. (J). pap. 16.95 *(978-1-63765-103-2(1))* Halo Publishing International.

Erik Dorn (Classic Reprint) Ben Hecht. 2018. (ENG., Illus.). 432p. (J). 32.81 *(978-0-483-50619-0(2))* Forgotten Bks.

Erik the Red. Tilman Roehrig. 2021. (ENG.). 412p. (YA). (gr. 7). 18.95 *(978-1-64690-003-9(0))* North-South Bks., Inc.

Erik vs. Everything. Christina Uss. (ENG.). 288p. (J). (gr. 3-7). 2023. pap. 9.99 *(978-0-06-329082-2(0))*; 2021. 16.99 *(978-0-358-12671-3(1)*, 1752516) HarperCollins Pubs. (Clarion Bks.).

Erin & the Mouse. Clare Latham. 2023. (ENG.). 32p. (J). pap. ***(978-1-912031-04-7(3))*** Boughton, George Publishing.

Erin-Go-Bragh, or Irish Life Pictures, Vol. 1 of 2 (Classic Reprint) W. H. Maxwell. 2018. (ENG., Illus.). 374p. (J). 31.61 *(978-0-483-36574-2(2))* Forgotten Bks.

Erin Go Bragh St. Patrick's Day Coloring Book. Bobo's Children Activity Books. 2016. (ENG., Illus.). (J). pap. 9.33 *(978-1-68327-450-6(4))* Sunshine In My Soul Publishing.

Erin-Go-Bragh, Vol. 2 Of 2: Or, Irish Life Pictures (Classic Reprint) W. H. Maxwell. 2018. (ENG., Illus.). 376p. (J). 31.65 *(978-0-484-08017-0(2))* Forgotten Bks.

Erin Kennedy Project. Aimat Dawn. 2022. (ENG.). 312p. (YA). pap. 21.95 *(978-1-6624-5930-6(0))* Page Publishing Inc.

Erin's Gift. Patrick A. Williams. Illus. by Rob Shauf. 2017. (ENG.). 46p. (J). *(978-1-988001-26-5(9))* Ahelia Publishing, Inc.

Erinyes. George Saoulidis. 2018. (ENG.). 128p. (YA). pap. 9.99 *(978-1-386-61187-5(5))* Draft2Digital.

Eris (Classic Reprint) Robert W. Chambers. (ENG., Illus.). (J). 2018. 30.68 *(978-0-265-97012-6(1))*; 2016. pap. 13.57 *(978-1-333-63947-1(3))* Forgotten Bks.

Eritrea, 1 vol. Roseline NgCheong-Lum & Tamra Orr. 3rd ed. 2020. (Cultures of the World (Third Edition)(r) Ser.). (ENG.). 144p. (J). (gr. 5-5). 48.79 *(978-1-5026-5577-6(2)*, a561b43b-a2b4-4923-8e5c-02b03b7cbda8) Cavendish Square Publishing LLC.

Erizo Pigmeo Africano (African Pygmy Hedgehog) Julie Murray. 2020. (Animales Miniatura (Mini Animals) Ser.). (SPA.). 24p. (J). (gr. -1-2). lib. bdg. 31.36 *(978-1-0982-0417-4(4)*, 35324, Abdo Kids) ABDO Publishing Co.

Erizo y Conejo Descubren la Lluvia. Pablo Albo. Illus. by GOMEZ. 2019. (SPA.). 36p. (J). 14.95 *(978-84-946551-8-0(3))* NubeOcho Ediciones ESP. Dist: Consortium Bk. Sales & Distribution.

Erizo y Conejo. el Susto Del Viento (Junior Library Guild Selection) Pablo Albo. Illus. by GOMEZ. 2017. (SPA.). 32p. (J). (gr. -1-k). 14.95 *(978-84-945971-6-9(7))* NubeOcho Ediciones ESP. Dist: Consortium Bk. Sales & Distribution.

Erizo y Conejo. la Nube Cabezota. Pablo Albo. Illus. by GOMEZ. 2017. (SPA.). 32p. (J). (gr. -1-k). 14.95 *(978-84-945971-8-3(3))* NubeOcho Ediciones ESP. Dist: Consortium Bk. Sales & Distribution.

Erizos. Julie Murray. 2018. (Animales Nocturnos (Nocturnal Animals) Ser.). (SPA.). 24p. (J). (gr. -1-2). lib. bdg. 31.36 *(978-1-5321-8017-0(9)*, 28249, Abdo Kids) ABDO Publishing Co.

Erlach Court: Translated from the German of Ossip Schubin (Classic Reprint) A. L. Wister. 2018. (ENG., Illus.). 374p. (J). 31.61 *(978-0-267-20325-3(X))* Forgotten Bks.

Erling a Tale from the Land of the Midnight-Sun (Classic Reprint) Ola Johann Saervold. 2017. (ENG., Illus.). (J). 26.66 *(978-1-5281-6611-9(6))* Forgotten Bks.

Ermine. Grace Hansen. 2019. (Arctic Animals Ser.). (ENG., Illus.). 24p. (J). (gr. -1-2). lib. bdg. 32.79 *(978-1-5321-8886-2(2)*, 32942, Abdo Kids) ABDO Publishing Co.

Ernest & Coraline Are Touring the USA. Hisame Artwork. 2016. (ENG.). 48p. (J). pap. *(978-1-716-46478-2(1))* Lulu Pr., Inc.

Ernest & the Prince of Peace. Beverley Joseph. 2020. (ENG.). 42p. (J). pap. *(978-1-78830-512-9(4))* Olympia Publishers.

Ernest Carroll, or Artist-Life in Italy: A Novel, in Three Parts (Classic Reprint) Henry Greenough. (ENG., Illus.). (J). 2018. 362p. 31.36 *(978-0-365-11595-3(9))*; 2017. pap. 13.97 *(978-0-259-19770-6(X))* Forgotten Bks.

Ernest from Earth. Luke Nielsen. Ed. by Kristi King-Morgan. 2020. (ENG.). 264p. (J). pap. 13.99 *(978-1-947381-25-4(3))* Dreaming Big Pubns.

Ernest Grey, or the Sins of Society: A Story of New York Life (Classic Reprint) Maria Maxwell. (ENG., Illus.). (J). 2018. 346p. 31.05 *(978-0-483-68833-9(9))*; 2016. pap. 13.57 *(978-1-334-13525-5(8))* Forgotten Bks.

Ernest Hemingway. Quinn M. Arnold. 2017. (Odysseys in Artistry Ser.). (ENG., Illus.). 80p. (J). (gr. 7-11). pap. 14.99 *(978-1-62832-313-9(2)*, 20651, Creative Paperbacks) Creative Co., The.

Ernest Hummingbird. David Feiss. 2017. (Ernest Hummingbird Ser.). (ENG., Illus.). (J). (gr. k-4). 22.95 *(978-1-947934-00-9(7))* Half Nelson Enterprises.

Ernest Maltravers (Classic Reprint) Lord Lytton. 2018. (ENG., Illus.). 444p. (J). 33.07 *(978-0-267-26026-3(1))* Forgotten Bks.

Ernest Maltravers, Vol. 1 Of 3: Or the Eleusinia (Classic Reprint) Edward Bulwer Lytton. 2018. (ENG., Illus.). 324p. (J). 30.60 *(978-0-484-50593-2(9))* Forgotten Bks.

Ernest Maltravers, Vol. 2 of 3 (Classic Reprint) Unknown Author. 2018. (ENG., Illus.). 312p. (J). 30.33 *(978-0-483-63411-4(5))* Forgotten Bks.

Ernest, or No Humbug (Classic Reprint) Unknown Author. 2018. (ENG., Illus.). 248p. (J). 29.01 *(978-0-483-54715-5(8))* Forgotten Bks.

Ernest Richmond: And His Little Mother (Classic Reprint) Mary Grace Halpine. (ENG., Illus.). (J). 2018. 300p. 30.10 *(978-0-483-28987-1(6))*; 2016. pap. 13.57 *(978-1-333-30451-5(X))* Forgotten Bks.

Ernest Shackleton. Maria Isabel Sanchez Vegara. Illus. by Olivia Holden. 2020. (Little People, BIG DREAMS Ser.: 45). (ENG.). 32p. (J). (gr. -1-2). 15.99 ***(978-0-7112-4571-6(1)***, Frances Lincoln Children's Bks.) Quarto Publishing Group UK GBR. Dist: Hachette Bk. Group.

Ernest Shackleton: Survival in the Antarctic. Virginia Loh-Hagan. 2018. (True Survival Ser.). (ENG.). 32p. (J). (gr. 4-8). pap. 14.21 *(978-1-5341-0868-4(8)*, 210836); (Illus.). lib. bdg. 32.07 *(978-1-5341-0769-4(X)*, 210835) Cherry Lake Publishing. (45th Parallel Press).

Ernest Vane, Vol. 1 of 2 (Classic Reprint) Alexander Baillie Cochrane. 2018. (ENG., Illus.). 308p. (J). 30.25 *(978-0-484-24354-4(3))* Forgotten Bks.

Ernestin, or the Heart's Longing (Classic Reprint) Aleth Aleth. 2018. (ENG., Illus.). 542p. (J). 35.08 *(978-0-483-75648-9(2))* Forgotten Bks.

Ernestine, Catastrophe Queen. Merrill Wyatt. 2018. (ENG., Illus.). 304p. (J). (gr. 3-7). 13.99 *(978-0-316-47158-9(5)*, Jimmy Patterson) Little Brown & Co.

Ernestine or the Child of Mystery, Vol. 1 of 3 (Classic Reprint) Blackwell Miss. 2017. (ENG., Illus.). (J). 268p. 29.42 *(978-0-332-86491-4(X))*; pap. 11.97 *(978-0-259-10113-0(3))* Forgotten Bks.

Ernie Loves Unicorns. Tracilyn George. 2023. (ENG.). 22p. (J). pap. 12.99 ***(978-1-77475-601-0(3))*** Draft2Digital.

Ernie the Blue Beagle. Sarah Tooker. 2021. (Ernie the Blue Beagle Ser.: 1). (ENG.). 44p. (J). pap. 14.99 *(978-0-578-79280-4(X))* BookBaby.

Ernie the Eraser. Ashlyn Parker. 2019. (ENG.). 44p. (J). pap. *(978-1-7330407-0-9(6))* Be The Light Publishing.

Ernie the Fangless Bat. Charmain Ingleton. 2020. (ENG.). 40p. (J). pap. 17.98 *(978-0-244-88417-8(X))* Lulu Pr., Inc.

Ernie the Unusual Elephant. Michael Randolph Boozer. 2021. (ENG., Illus.). 30p. (J). 23.95 *(978-1-63885-085-4(2))* Covenant Bks.

Eros. Teri Temple. 2016. (J). *(978-1-4896-4641-5(8))* Weigl Pubs., Inc.

Eros: God of Love. Teri Temple. Illus. by Robert Squier. 2019. (Greek Gods & Goddesses Ser.). (ENG.). 32p. (J). (gr. 3-6). lib. bdg. 35.64 *(978-1-5038-3256-5(2)*, 213024) Child's World, Inc, The.

Eros & Anteros: Or, the Bachelor's Ward (Classic Reprint) Judith Canute. 2018. (ENG., Illus.). 362p. (J). 31.36 *(978-0-267-21668-0(8))* Forgotten Bks.

Erosion see Erosión: Set Of 6

Erosion. Tamra B. Orr. 2020. (Earth Materials & Systems Ser.). (ENG.). 32p. (J). (gr. 1-3). pap. 7.95 *(978-1-9771-2678-8(2)*, 201711); (Illus.). lib. bdg. 29.32 *(978-1-9771-2378-7(3)*, 200388) Capstone. (Pebble).

Erosion: Children's Environment & Ecology Book with Interesting & Informative Facts. Bold Kids. 2022. (ENG.). 42p. (J). pap. 11.99 ***(978-1-0717-0966-5(6))*** FASTLANE LLC.

Erosion: How Hugh Bennett Saved America's Soil & Ended the Dust Bowl. Darcy Pattison. Illus. by Peter Willis. 2020. (Moments in Science Ser.: 5). (ENG.). 34p. (J). (gr. 1-5). 23.99 *(978-1-62944-149-8(X))*; pap. 11.99 *(978-1-62944-150-4(3))* Mims Hse.

Erosion a Variety of Facts Children's Earth Sciences Book. Bold Kids. 2023. (ENG.). 42p. (J). pap. 14.99 ***(978-1-0717-1891-9(6))*** FASTLANE LLC.

Erosion & Sediments, 1 vol. Steve Wilson. 2016. (Spotlight on Earth Science Ser.). (ENG.). 24p. (J). (gr. 4-6). pap. 11.00 *(978-1-4994-2509-3(0)*, 2625ca6f-e802-4acd-b131-bfe11128d6da, PowerKids Pr.) Rosen Publishing Group, Inc., The.

Errand. Leo LaFleur. Illus. by Adam Oehlers. 2017. 44p. (J). (gr. 1-5). 16.95 *(978-1-77229-024-0(6))* Simply Read Bks. CAN. Dist: Ingram Publisher Services.

Errand Boy. Horatio Alger. 2017. (ENG., Illus.). (J). 24.95 *(978-1-374-96587-4(1))*; pap. 14.95 *(978-1-374-96586-7(3))* Capital Communications, Inc.

Errand Boy: How Phil Brent Won Success. Horatio Alger. 2019. (ENG.). 208p. (YA). (gr. 7-12). pap. *(978-93-5329-588-2(2))* Alpha Editions.

Errand Boy: Or, How Phil Brent Won Success (Classic Reprint) Horatio Alger. 2017. (ENG., Illus.). 320p. (J). 30.50 *(978-0-332-69371-2(6))* Forgotten Bks.

Errant, Vol. 3 Of 3: A Life-Story of Latter-Day Chivalry (Classic Reprint) Percy Greg. (ENG., Illus.). (J). 2018. 314p. 30.39 *(978-0-267-31398-3(5))*; 2016. pap. 13.57 *(978-1-333-43505-9(3))* Forgotten Bks.

Errant Wooing (Classic Reprint) Burton Harrison. (ENG., Illus.). (J). 2018. 306p. 30.25 *(978-0-483-06377-8(0))*; 2016. pap. 13.57 *(978-1-333-43470-0(7))* Forgotten Bks.

Errol: The Cat Who Wasn't a Cat. Ross Grifkin. Illus. by Tonya Grifkin. 2023. (Errol Ser.: Vol. 1). (ENG.). 80p. (J). pap. 12.99 ***(978-1-954819-78-8(1))*** Briley & Baxter Publications.

Errol's Garden. Gillian Hibbs. Illus. by Gillian Hibbs. 2018. (Child's Play Library). (Illus.). 32p. (J). pap. *(978-1-78628-084-8(1))*; *(978-1-78628-085-5(X))* Child's Play International Ltd.

Errol's Garden. Gillian Hibbs. 2019. (ENG.). 28p. (J). (gr. k-1). 17.96 *(978-1-64310-964-0(2))* Penworthy Co., LLC, The.

Errol's Garden 8x8 Edition. Gillian Hibbs. Illus. by Gillian Hibbs. 2023. (Child's Play Mini-Library). (ENG., Illus.). 32p. (J). pap. *(978-1-78628-418-1(9))* Child's Play International Ltd.

Error Rico (the Yummy Mistake) Kirsten McDonald. Illus. by Erika Meza. 2018. (Carlos & Carmen (Spanish Version) (Calico Kid) Ser.). (SPA.). 32p. (J). (gr. -1-3). lib. bdg. 32.79 *(978-1-5321-3324-4(3)*, 28511, Calico Chapter Bks) Magic Wagon.

Erschütterungsbezirk des Grossen Erdbebens Zu Lissabon: Ein Beitrag Zur Geschichte der Erdbeben (Classic Reprint) Hans Woerle. 2018. (GER., Illus.). 162p. (J). 27.24 *(978-0-364-60416-8(6))* Forgotten Bks.

Ersilia (Classic Reprint) Eleanor Frances Poynter. (ENG., Illus.). (J). 2018. 380p. 31.75 *(978-0-666-72642-1(6))*; 2017. pap. 16.57 *(978-0-259-28032-3(1))* Forgotten Bks.

Erskine Dale, Pioneer (Classic Reprint) John Fox. 2017. (ENG., Illus.). (J). 29.75 *(978-0-266-21733-6(8))* Forgotten Bks.

Erstes Ausmalbuch 1-3 Tiere Zum Ausmalen: Erstaunliches und Lustiges Activity-Buch Für Kinder, Kleinkinder, Jungen und Mädchen. Maryann Alake. 2021. (GER.). 52p. (J). pap. *(978-1-003-71987-8(2))* Taylor & Francis Group.

Eructos (Burps) Grace Hansen. 2021. (Ciencia Básica: Las Funciones Físicas Del Cuerpo (Beginning Science: Gross Body Functions) Ser.).Tr. of Burps. (SPA.). 24p. (J). (gr. -1-2). lib. bdg. 32.79 *(978-1-0982-6079-8(1)*, 38260, Abdo Kids) ABDO Publishing Co.

Erupt! 100 Fun Facts about Volcanoes. Joan Marie Galat. ed. 2020. (National Geographic Readers Ser.). (ENG.). 48p. (J). (gr. 2-3). 14.96 *(978-1-64697-283-8(X))* Penworthy Co., LLC, The.

Eruption! Volcanoes & the Science of Saving Lives. Elizabeth Rusch. Illus. by Tom Uhlman. 2017. (Scientists in the Field Ser.). (ENG.). 80p. (J). (gr. 5-7). pap. 10.99 *(978-0-544-93245-6(5)*, 1657947, Clarion Bks.) HarperCollins Pubs.

Eruption of Mount St. Helens - Volcano Book Age 12 Children's Earthquake & Volcano Books. Baby Professor. 2017. (ENG., Illus.). (J). pap. 9.55 *(978-1-5419-1551-0(8)*, Baby Professor (Education Kids)) Speedy Publishing LLC.

Eruption of Tarawera: A Report to the Surveyor-General (Classic Reprint) Stephenson Percy Smith. 2017. (ENG., Illus.). (J). 182p. 27.65 *(978-0-484-61931-8(4))*; pap. 10.57 *(978-0-282-24736-2(X))* Forgotten Bks.

ERUPTIONS AND EXPLOSIONS: REAL TALES OF VIOLENT OUTBURST. Judy Dodge Cummings. 2018. (Mystery & Mayhem Ser.). (ENG., Illus.). 128p. (J). (gr. 5-8). pap. 9.95 *(978-1-61930-631-8(X)*, bd8e4739-a491-49af-b4c4-fc0ce151e534) Nomad Pr.

Eruptions & Explosions: Real Tales of Violent Outbursts. Judy Dodge Cummings. 2018. (Mystery & Mayhem Ser.). (ENG., Illus.). 128p. (J). (gr. 5-8). 19.95 *(978-1-61930-629-5(8)*, 62c54c69-2990-4afe-a340-191cd7b5d75f) Nomad Pr.

Ervas Daninhas No Jardim de Voinha: Uma Sincera História de Amor Que Ajuda a Explicar a Doença de Alzheimer e Outras Demências. Kathryn E. Harrison. Tr. by Ana D'Almeida. 2017. (POR., Illus.). 34p. (J). (gr. k-4). pap. *(978-0-9949467-5-1(9))* Fliptum Publishing.

Es Asunto de Esta Mona. Debra M+res. 2017. (SPA., Illus.). 34p. (J). pap. *(978-1-387-18958-8(1))* Lulu Pr., Inc.

Es de Chica o de Chico? S. Bear Bergman. Tr. by Lucas Platero from ENG. Illus. by Rachel Dougherty. 2017. (SPA.). 28p. (J). (gr. 1-3). 15.95 *(978-1-7750840-4-4(3))* Flamingo Rampant! CAN. Dist: Orca Bk. Pubs. USA.

¡Es Diwali! (It's Diwali!) Richard Sebra. 2018. (Bumba Books (r) en Español — ¡Es una Fiesta! (It's a Holiday!) Ser.). (SPA., Illus.). 24p. (J). (gr. -1-1). pap. 8.99 *(978-1-5415-2660-0(0)*, 4068caed-f078-4cdf-9cea-4a733488a0d7); lib. bdg. 26.65 *(978-1-5415-0346-5(5)*, 5cd9c5ab-3d6d-4325-870c-e2729e516143) Lerner Publishing Group. (Ediciones Lerner).

¡Es el día de San Patricio! (It's St. Patrick's Day!) Richard Sebra. 2018. (Bumba Books (r) en Español — ¡Es una Fiesta! (It's a Holiday!) Ser.). (SPA., Illus.). 24p. (J). (gr. -1-1). pap. 8.99 *(978-1-5415-2666-2(X)*, 4f627b2e-9806-46ab-bfd9-bdc4a0881ca1, Ediciones Lerner) Lerner Publishing Group.

Es Halloween. ¿Qué Pasará? Sebastian Smith. Tr. by Santiago Ochoa. 2021. (Leo y Rimo (I Read-N-Rhyme) Ser.). (SPA.). 24p. (J). (gr. -1-3). pap. *(978-1-4271-3115-7(5)*, 14622); lib. bdg. *(978-1-4271-3104-1(X)*, 14610) Crabtree Publishing Co.

Es Halloween, Querido Dragón. Margaret Hillert. Illus. by Jack Pullan. 2017. (BeginningtoRead Ser.).Tr. of It's Halloween, Dear Dragon. (ENG & SPA.). 32p. (J). (-2). 22.60 *(978-1-59953-836-5(9))*; pap. 11.94 *(978-1-68404-022-3(1))* Norwood Hse. Pr.

Es Hora de... / It's Time: Set 2, 8 vols. 2017. (Es Hora de... / It's Time Ser.). (ENG & SPA.). (J). (gr. 1-1). lib. bdg. 101.08 *(978-1-5081-6391-6(X)*, 0a928dc6-5a03-4653-85f5-a575ba7453ee, PowerKids Pr.) Rosen Publishing Group, Inc., The.

Es Hora de... / It's Time: Sets 1 - 2, 16 vols. 2017. (Es Hora de... / It's Time Ser.). (SPA & ENG.). (J). (gr. 1-1). lib. bdg. 202.16 *(978-1-5081-6486-9(X)*, cbb511bc-5091-4064-a8ed-a444ed03d07b, PowerKids Pr.) Rosen Publishing Group, Inc., The.

Es Hora de Comer. Esther Burgueño. 2021. (Pasito a Pasito Me Hago Grandecito Ser.). (SPA.). 10p. (J). (— 1). bds. 7.99 *(978-84-17210-84-7(9))* Editorial el Pirata ESP. Dist: Independent Pubs. Group.

Es Hora de Cortarse el Pelo / It's Time for a Haircut, 1 vol. Cathryn Summers. 2017. (Es Hora de... / It's Time Ser.). (ENG & SPA., Illus.). 24p. (J). (gr. 1-1). lib. bdg. 25.27 *(978-1-5081-6362-6(6)*, 26370d9b-8f13-45bd-aef7-edf546a22895, PowerKids Pr.) Rosen Publishing Group, Inc., The.

Es Hora de Cortarse el Pelo (It's Time for a Haircut), 1 vol. Cathryn Summers. 2017. (Es Hora de... (It's Time) Ser.). (SPA.). 24p. (J). (gr. 1-1). pap. 9.25 *(978-1-5383-2735-7(X)*, 7d2f6fad-0826-48b0-9d79-812c004955df); (Illus.). lib. bdg. 25.27 *(978-1-5081-6358-9(8)*, 736b4083-179d-461d-bb87-8e2f6813ea41) Rosen Publishing Group, Inc., The. (PowerKids Pr.).

Es Hora de Hacer un Picnic / It's Time for a Picnic, 1 vol. Richard Moore. 2017. (Es Hora de... / It's Time Ser.). (ENG & SPA., Illus.). 24p. (J). (gr. 1-1). lib. bdg. 25.27 *(978-1-5081-6359-6(6)*, 4d1629c6-ed1a-49d5-84cc-47011c2c2ab5, PowerKids Pr.) Rosen Publishing Group, Inc., The.

Es Hora de Hacer un Picnic (It's Time for a Picnic), 1 vol. Richard Moore. 2017. (Es Hora de... (It's Time) Ser.). (SPA., Illus.). 24p. (J). (gr. 1-1). lib. bdg. 25.27 *(978-1-5081-6355-8(3)*, 1c8f7f23-3333-44a6-9a02-e7b038f89e3a, PowerKids Pr.) Rosen Publishing Group, Inc., The.

Es Hora de Hacer un Pícnic (It's Time for a Picnic), 1 vol. Richard Moore. 2017. (Es Hora de... (It's Time) Ser.). (SPA.). 24p. (J). (gr. 1-1). pap. 9.25 *(978-1-5383-2732-6(5)*, e4000e79-aa1f-4caf-8c50-193314dbe3c2, PowerKids Pr.) Rosen Publishing Group, Inc., The.

Es Hora de... (It's Time) Set 2, 8 vols. 2017. (Es Hora de... (It's Time) Ser.). (SPA.). (J). (gr. 1-1). lib. bdg. 101.08 *(978-1-5081-6390-9(1)*, 994997db-a774-4de5-b5f3-027ecdc10ef9, PowerKids Pr.) Rosen Publishing Group, Inc., The.

Es Hora de... (It's Time): Sets 1 - 2. 2017. (Es Hora de... (It's Time) Ser.). (SPA.). (J). pap. 74.00 *(978-1-5081-6559-0(9))*; (gr. 1-1). lib. bdg. 202.16 *(978-1-5081-6487-6(8)*, 3a33b615-ca6f-4e18-a388-47cbeb1bb6ef) Rosen Publishing Group, Inc., The. (PowerKids Pr.).

Es Hora de la Fiesta de Cumpleanos / It's Time for a Birthday Party, 1 vol. Thomas Kennedy. 2017. (Es Hora de... / It's Time Ser.). (ENG & SPA., Illus.). 24p. (J). (gr. 1-1). lib. bdg. 25.27 *(978-1-5081-6360-2(X)*, e7fc8a0b-e1c2-40e5-9a69-b0de3105e575, PowerKids Pr.) Rosen Publishing Group, Inc., The.

Es Hora de la Fiesta de Cumpleaños (It's Time for a Birthday Party), 1 vol. Thomas Kennedy. 2017. (Es Hora de... (It's Time) Ser.). (SPA.). 24p. (J). (gr. 1-1). pap. 9.25 *(978-1-5383-2733-3(3)*, ebaab8e1-c333-4afa-b1b3-3525e8ccdc5e); (Illus.). lib. bdg. 25.27 *(978-1-5081-6356-5(1)*, f3711a50-4bb1-409e-95df-c4387912e7a1) Rosen Publishing Group, Inc., The. (PowerKids Pr.).

Es Hora de la Pijamada / It's Time for a Sleepover, 1 vol. Jennifer Brown. 2017. (Es Hora de... / It's Time Ser.). (ENG & SPA., Illus.). 24p. (J). (gr. 1-1). lib. bdg. 25.27 *(978-1-5081-6361-9(8)*, 9cb1becf-62b4-433b-b80f-5c80f3ccb7d3, PowerKids Pr.) Rosen Publishing Group, Inc., The.

Es Hora de la Pijamada (It's Time for a Sleepover), 1 vol. Jennifer Brown. 2017. (Es Hora de... (It's Time) Ser.). (SPA.). 24p. (J). (gr. 1-1). pap. 9.25 *(978-1-5383-2734-0(1)*, 83c8d80d-7fd9-4928-b6ec-6f03c000f8b1); (Illus.). lib. bdg. 25.27 *(978-1-5081-6357-2(X)*, 4558b122-e3bc-4787-ba86-c133467073d7) Rosen Publishing Group, Inc., The. (PowerKids Pr.).

Es Hora de Mi Bano... pero No Me Gusta el Agua! Antonio R. Garcia & Shannon Benish. 2019. (It's Time Ser.: Vol. 2). (SPA.). 40p. (J). pap. 9.99 *(978-0-9984228-6-2(X))* Rebel Redd Bks.

Es Hora de Salir: Leveled Reader Book 67 Level d 6 Pack. Hmh Hmh. 2021. (SPA.). 16p. (J). pap. 74.40 *(978-0-358-08194-4(7))* Houghton Mifflin Harcourt Publishing Co.

¡Es la Hora de Alistarse, Conejito! Brenda Ponnay. Tr. by Lenny Sandoval. Illus. by Brenda Ponnay. 2017. (Xist Kids Spanish Bks.). (SPA., Illus.). 32p. (J). (gr. -1-1). pap. 9.99 *(978-1-5324-0365-1(8))* Xist Publishing.

¡Es la Hora de Los Esqueletos! / It's Skeleton Time! (Bilingual) (Bilingual Edition) Illus. by Rodrigo Luján. ed. 2017. (SPA.). 32p. (J). (gr. -1-3). pap. 7.99 *(978-1-338-18785-4(6)*, Scholastic en Espanol) Scholastic, Inc.

Es Mi Hora de Dormir... pero Estoy Sediento! Shannon Benish. Illus. by Judith Bicking. 2019. (It's Time Ser.: Vol. 1). (SPA.). 50p. (J). pap. 10.99 *(978-0-9984228-7-9(8))* Rebel Redd Bks.

Es Navidad (It's Christmas!) Set, 16 vols. 2019. (Es Navidad (It's Christmas!) Ser.). (SPA.). 24p. (J). (gr. 2-2). lib. bdg. 202.16 *(978-1-7253-0546-5(1)*, a3f7cded-3807-46d2-a789-8ec1a69d8fc1, PowerKids Pr.) Rosen Publishing Group, Inc., The.

¡Es Pascua! (It's Easter!) Richard Sebra. 2018. (Bumba Books (r) en Español — ¡Es una Fiesta! (It's a Holiday!) Ser.). (SPA., Illus.). 24p. (J). (gr. -1-1). pap. 8.99 *(978-1-5415-2661-7(9)*, d70aaefe-c03b-4de7-9123-cf7852c2df52, Ediciones Lerner) Lerner Publishing Group.

¿Es Posible? Ponte el Disfraz en una Cabina Telefónica: Leveled Reader Card Book 18 Level M 6 Pack. Hmh Hmh. 2021. (SPA.). (J). pap. 74.40 *(978-0-358-08415-0(6))* Houghton Mifflin Harcourt Publishing Co.

Es Posible: ¿Qué Es el Color? Leveled Reader Card Book 51 Level R 6 Pack. Hmh Hmh. 2021. (SPA.). (J). pap. 74.40 *(978-0-358-08531-7(4))* Houghton Mifflin Harcourt Publishing Co.

Es Puro Cuento. Monica Lavin & Maria Lavin. 2018. (SPA.). 232p. (YA). (gr. 10-12). pap. 17.95 *(978-607-453-425-2(X))* Selector, S.A. de C.V. MEX. Dist: Spanish Pubs., LLC.

Es Puro Cuento: Guía Práctica y Fácil para Escribir Relatos de Todo Tipo. Monica Lavin. 2017.Tr. of It's a Complete Myth. (SPA.). 232p. (J). pap. 20.95 *(978-1-68165-499-7(7))* Trialtea USA, LLC.

¡Es Ramadán y Eid Al-Fitr! (It's Ramadan & Eid Al-Fitr!) Richard Sebra. 2018. (Bumba Books (r) en Español — ¡Es una Fiesta! (It's a Holiday!) Ser.). (SPA., Illus.). 24p. (J). (gr. -1-1). pap. 8.99 *(978-1-5415-2665-5(1)*, 47a6fc43-87d7-4dc3-b493-afe40ac3d1bf, Ediciones Lerner) Lerner Publishing Group.

Es-Tu la Princesse? Cynthia Audal. 2019. (FRE.). 42p. (J). pap. *(978-0-359-65604-2(8))* Lulu Pr., Inc.

¿Es Tu Primer día en el Cole?: Incluye 5 Consejos para Empezar Bien el Cole / Is This Your First Day at School? 5 Tips to Start on the Right Foot. Chiara Piroddi. 2021. (Los Trucos de Teo Ser.: 4). (SPA.). 10p. (J). (-k). bds. 10.95 *(978-84-488-5682-3(1)*, Beascoa) Penguin Random House Grupo Editorial ESP. Dist: Penguin Random Hse. LLC.

Es Un árbol. Susan Batori. 2023. (¡Me Gusta Leer! Ser.). 32p. (J). (gr. -1-3). pap. 8.99 ***(978-0-8234-5471-6(1))*** Holiday Hse., Inc.

¡Es un Chimpancé! (It's a Chimpanzee!) Tessa Kenan. 2017. (Bumba Books (r) en Español — Animales de la Selva Tropical (Rain Forest Animals) Ser.). (SPA., Illus.). 24p. (J). (gr. -1-1). pap. 8.99 *(978-1-5124-5409-3(5)*, 31fd6a8f-c0ba-4078-b77c-8ed4e29059cc, Ediciones Lerner) Lerner Publishing Group.

¡Es un Murciélago Vampiro! (It's a Vampire Bat!) Tessa Kenan. 2017. (Bumba Books (r) en Español — Animales de la Selva Tropical (Rain Forest Animals) Ser.). (SPA., Illus.). 24p. (J). (gr. -1-1). 26.65 *(978-1-5124-4129-1(5)*, 48c8135f-5ce3-47e3-b90b-e02d1918c073, Ediciones Lerner) Lerner Publishing Group.

¡Es una Boa Constrictora! (It's a Boa Constrictor!) Tessa Kenan. 2017. (Bumba Books (r) en Español — Animales de la Selva Tropical (Rain Forest Animals) Ser.). (SPA., Illus.). 24p. (J). (gr. -1-1). pap. 8.99 *(978-1-5124-5407-9(9)*, 3dc33dd5-4454-4e8a-8afd-45c5ddf5c085, Ediciones Lerner) Lerner Publishing Group.

¡Es una Señal! Leveled Reader Book 65 Level I 6 Pack. Hmh Hmh. 2021. (SPA.). 16p. (J). pap. 74.40 *(978-0-358-08282-8(X))* Houghton Mifflin Harcourt Publishing Co.

Es War ein Heier Sommer. D K Albert. 2017. (GER., Illus.). (J). pap. *(978-3-95840-427-4(8))* Novum Verlag in der Verlags- und Medienhaus WSB GmbH.

Es War Einmal Auf Unserer Welt. Harrison F. Carter. Tr. by Florence Kloep. 2022. (GER.). 76p. (J). pap. ***(978-1-4717-4193-7(1))*** Lulu Pr., Inc.

ESA Manana / That Morning (Buenas Noches) Tono Malpica. 2017. (Buenas Noches Ser.). (ENG & SPA., Illus.). (J). (gr. -1-1). pap. *(978-607-13-0580-0(2))* Norma Ediciones, S.A.

Esau Hardery: A Novel of American Life (Classic Reprint) William Osborn Stoddard. 2018. (ENG., Illus.). 412p. (J). 32.39 *(978-0-483-77422-3(7))* Forgotten Bks.

Esay Lessons in Reading: For the Use of the Younger Classes in Common Schools (Classic Reprint) Joshua Leavitt. (ENG., Illus.). (J). 2018. 158p. 27.18 *(978-0-364-55826-3(1))*; 2017. pap. 9.57 *(978-0-259-36020-9(1))* Forgotten Bks.

Escalade de Cadillac (Escalade by Cadillac) Tracy Nelson Maurer. Tr. by Annie Evearts. 2021. (Véhicules de Luxe (Luxury Rides) Ser.). (FRE.). (J). (gr. 3-9). pap. ***(978-1-0396-0334-9(3)***, 13225, Crabtree Branches) Crabtree Publishing Co.

Escalation of American Involvement in the Vietnam War. Christopher Chant. 2017. (Vietnam War Ser.: Vol. 5). (ENG., Illus.). 79p. (J). (gr. 7-12). 24.95 *(978-1-4222-3889-9(X))* Mason Crest.

Escalera a la Luna. Maya Soetoro-Ng. Illus. by Yuyi Morales. 2017. (SPA.). 48p. (J). (gr. k-4). 8.99 *(978-0-7636-9342-8(1))*; 17.99 *(978-0-7636-9341-1(3))* Candlewick Pr.

Escalofríos / Stinetinglers: All New Stories by the Master of Scary Tales. R. L. Stine. 2023. (SPA.). 240p. (J). (gr. 4-7). pap. 14.95 *(978-607-38-2353-1(3)*, Montena) Penguin Random House Grupo Editorial ESP. Dist: Penguin Random Hse. LLC.

Escalofríos en Halloween. Lucia Vaccarino. 2017. (SPA.). 200p. (J). (gr. 5-7). pap. 12.99 *(978-84-683-2485-2(X))* Edebé ESP. Dist: Lectorum Pubns., Inc.

Escalofríos Navideños: Has Cerrado la Puerta? Mavis Sybil. 2021. (SPA.). 82p. (J). pap. 9.99 *(978-1-0879-1031-4(5))* Indy Pub.

Escapade de Miquette (Classic Reprint) Camo Camo. (FRE., Illus.). (J). 2018. 20p. 24.33 *(978-0-484-02335-1(7))*; 2017. pap. 7.97 *(978-0-282-30051-7(1))* Forgotten Bks.

Escapades of Condy Corrigan: An Amusing Series of Irish Fireside Stories (Classic Reprint) Cahir Healy. 2018. (ENG., Illus.). 180p. (J). 27.61 *(978-0-483-22825-2(7))* Forgotten Bks.

Escapades of Nae. Melissa Willis-Sell. 2017. (ENG., Illus.). 26p. (J). 18.96 *(978-1-365-93174-1(9))* Lulu Pr., Inc.

¡Escápate Del Minotauro! Leveled Reader Book 37 Level T 6 Pack. Hmh Hmh. 2021. (SPA.). 48p. (J). pap. 74.40 *(978-0-358-08606-2(X))* Houghton Mifflin Harcourt Publishing Co.

Escape!, 10 vols. 2022. (Escape! Ser.). (ENG.). 32p. (J). (gr. 3-4). lib. bdg. 141.35 *(978-1-5382-8145-1(7)*, 70993773-5aec-4970-b5a3-8ccc6d22431d) Stevens, Gareth Publishing LLLP.

Escape. K. R. Alexander. 2022. (ENG.). 240p. (J). (gr. 4-7). pap. 7.99 *(978-1-338-26047-2(2))* Scholastic, Inc.

Escape. S. L. Carlson. 2018. (ENG., Illus.). 190p. (YA). (gr. 7-12). pap. *(978-0-2286-0682-6(9))* Books We Love Publishing Partners.

Escape. Gabriel Dedji. 2019. (ENG.). 138p. (YA). *(978-1-5289-3100-7(9))*; pap. *(978-1-5289-3099-4(1))* Austin Macauley Pubs. Ltd.

Escape! Jannette LaRoche. 2019. (Reality Show Ser.). (ENG.). 112p. (YA). (gr. 6-12). 26.65 *(978-1-5415-4027-9(1)*, c1a965a0-bdcd-46b0-87ab-7f5c74827e22, Darby Creek) Lerner Publishing Group.

Escape. Isaiah Marquardt. 2017. (ENG., Illus.). (J). pap. 6.95 *(978-1-387-31450-8(5))* Lulu Pr., Inc.

Escape! Alexander Prezioso et al. 2019. (ENG.). 68p. (J). pap. *(978-1-7948-3397-5(8))* Lulu Pr., Inc.

Escape. K. R. Alexander. ed. 2022. (K. R. Alexander Scares Ser.). (ENG.). 235p. (J). (gr. 4-8). 19.96 ***(978-1-68505-613-1(X))*** Penworthy Co., LLC, The.

Escape: Book 2. Linwood Barclay. 2019. (Chase Ser.). 240p. (J). (gr. 4-7). 10.99 *(978-1-5101-0221-7(3)*, Orion Children's Bks.) Hachette Children's Group GBR. Dist: Hachette Bk. Group.

Escape: One Day We Had to Run ... 1 vol. Ming Chen & Wah Chen. Illus. by Carmen Vela. 2021. (ENG.). 40p. (J). (gr. 4-6). 18.99 *(978-1-911373-81-0(1)*, 1edc54a1-18fd-425b-9791-8e5ff7f5842e) Lantana Publishing GBR. Dist: Lerner Publishing Group.

Escape: The War Unicorn Chronicles. S. L. Carlson. 2018. (War Unicorn Chronicles Ser.: Vol. 2). (ENG., Illus.). 190p. (YA). (gr. 7-12). pap. *(978-0-2286-0512-6(1))* Books We Love Publishing Partners.

Escape Artist. Mayra Araujo. 2019. (ENG.). 200p. (YA). pap. 15.95 *(978-1-64462-704-4(3))* Page Publishing Inc.

Escape at 10,000 Feet: D. B. Cooper & the Missing Money Graphic Novel. Tom Sullivan. 2021. (Unsolved Case Files Ser.: 1). (ENG., Illus.). 104p. (J). (gr. 3-7). 21.99 *(978-0-06-299152-2(3)*, Balzer & Bray) HarperCollins Pubs.

Escape at 10,000 Feet: DB Cooper & the Missing Money Graphic Novel. Tom Sullivan. 2021. (Unsolved Case Files Ser.: 1). (ENG., Illus.). 104p. (J). (gr. 3-7). pap. 13.99 *(978-0-06-299151-5(5)*, Balzer & Bray) HarperCollins Pubs.

Escape Book: Madam Mortell's Haunted House. Arthur Tenor. 2021. (Escape Book Ser.: 3). (ENG.). 96p. (J). pap. 9.99 *(978-1-5248-5592-5(8))* Andrews McMeel Publishing.

Escape Book: Mystery Island. Stéphane Anquetil. 2020. (Escape Book Ser.: 2). (ENG., Illus.). 96p. (J). 13.99 *(978-1-5248-6140-7(5))*; pap. 9.99 *(978-1-5248-5591-8(X))* Andrews McMeel Publishing.

Escape Book: The Cursed Temple. Alain T. Puysségur. 2020. (Escape Book Ser.: 1). (ENG.). 96p. (J). pap. 9.99 *(978-1-5248-5589-5(8))* Andrews McMeel Publishing.

Escape Book: The Museum Heist. Stéphane Anquetil. 2021. (Escape Book Ser.: 4). (ENG.). 96p. (J). 13.99 *(978-1-5248-5593-2(6))*; pap. 9.99 *(978-1-5248-6752-2(7))* Andrews McMeel Publishing.

Escape Book (volume 1) The Cursed Temple. Alain T. Puysségur. 2020. (ENG.). 96p. (J). 13.99 *(978-1-5248-5886-5(2))* Andrews McMeel Publishing.

Escape de la Prisión de Papel. Michael Dahl. Tr. by Aparicio Publishing Aparicio Publishing LLC. Illus. by Bradford Kendall. 2020. (Biblioteca Maldita Ser.).Tr. of Escape from the Pop-Up Prison. (SPA.). 40p. (J). (gr. 4-8). pap. 6.95 *(978-1-4965-9310-8(3)*, 142322); lib. bdg. 24.65 *(978-1-4965-9171-5(2)*, 142084) Capstone. (Stone Arch Bks.).

Escape de la Robot Salvaje. Peter Brown. 2019. (SPA.). 288p. (J). pap. 14.95 *(978-607-07-5946-8(X))* Editorial Planeta, S. A. ESP. Dist: Two Rivers Distribution.

Escape Del Asylum. Madeleine Roux. 2017. 352p. (YA). (gr. 9-12). pap. 15.99 *(978-987-747-253-0(8))* V&R Editoras.

Escape from ... Hurricane Katrina. Judy Allen Dodson. Illus. by Nigel Chilvers. 2021. (Escape From ... Ser.). (ENG.). 144p. (J). (gr. 2-5). 16.99 *(978-1-4998-1168-1(3))*; pap. 5.99 *(978-1-4998-1108-7(X))* Little Bee Books Inc.

Escape from ... Pompeii. Ben Richmond. Illus. by Nigel Chilvers. 2021. (Escape From ... Ser.). (ENG.). 144p. (J). (gr. 2-5). 16.99 *(978-1-4998-1167-4(5))*; pap. 5.99 *(978-1-4998-1107-0(1))* Little Bee Books Inc.

Escape from ... the 1916 Shark Attacks. Mary Kay Carson. 2023. (Escape From ... Ser.). (ENG.). 144p. (J). (gr. 2-5). 16.99 ***(978-1-4998-1402-6(X))***; pap. 5.99 ***(978-1-4998-1171-1(3))*** Little Bee Books Inc.

Escape from ... the Terrorist Attacks Of 9/11. Elaine Berkowitz. 2022. (Escape From ... Ser.). (ENG.). 144p. (J). (gr. 2-5). 16.99 *(978-1-4998-1319-7(8))*; pap. 5.99 *(978-1-4998-1169-8(1))* Little Bee Books Inc.

Escape from ... the Titanic. Mary Kay Carson. Illus. by Nigel Chilvers. 2021. (Escape From ... Ser.). (ENG.). 144p. (J). (gr. 2-5). 16.99 *(978-1-4998-1166-7(7))*; pap. 5.99 *(978-1-4998-1106-3(3))* Little Bee Books Inc.

Escape from a Video Game: Mystery on the Starship Crusader. Dustin Brady. Illus. by Jesse Brady. 2021. (Escape from a Video Game Ser.: 2). (ENG.). 192p. (J). 15.99 *(978-1-5248-6803-1(5))*; pap. 11.99 *(978-1-5248-5884-1(6))* Andrews McMeel Publishing.

Escape from a Video Game: The Complete Series. Dustin Brady. Illus. by Jesse Brady. 2022. (Escape from a Video Game Ser.). (ENG.). 192p. (J). pap. 45.00 *(978-1-5248-7606-7(2))* Andrews McMeel Publishing.

Escape from a Video Game: The Endgame. Dustin Brady. 2022. (Escape from a Video Game Ser.: 3). (ENG., Illus.). 192p. (J). 15.99 *(978-1-5248-7389-9(6))*;Volume 3. pap. 11.99 *(978-1-5248-7195-6(8))* Andrews McMeel Publishing.

Escape from a Video Game: The Secret of Phantom Island. Dustin Brady. Illus. by Jesse Brady. 2020. (Escape from a Video Game Ser.: 1). (ENG.). 176p. (J). 15.99 *(978-1-5248-5887-2(0))*;Volume 1. pap. 11.99 *(978-1-5248-5880-3(3))* Andrews McMeel Publishing.

Escape from Alcatraz: The Mystery of the Three Men Who Escaped from the Rock. Eric Braun. 2017. (Encounter: Narrative Nonfiction Stories Ser.). (ENG.). 112p. (J). (gr. 3-6). lib. bdg. 30.65 *(978-1-5157-4551-8(1)*, 134273, Capstone Pr.) Capstone.

Escape from Aleppo. N. H. Senzai. (ENG.). (J). (gr. 3-7). 2020. 352p. pap. 8.99 *(978-1-4814-7218-0(6))*; 2018. (Illus.). 336p. 17.99 *(978-1-4814-7217-3(8))* Simon & Schuster/Paula Wiseman Bks. (Simon & Schuster/Paula Wiseman Bks.).

Escape from Asylum. Madeleine Roux. 2016. (Asylum Ser.: 4). (ENG., Illus.). 352p. (YA). (gr. 9). 17.99 *(978-0-06-242442-6(4)*, HarperCollins) HarperCollins Pubs.

Escape from Atlantis. Kate O'Hearn. 2021. (Atlantis Ser.: 1). (ENG.). 448p. (J). (gr. 3-7). 18.99 *(978-1-5344-5691-4(0)*, Aladdin) Simon & Schuster Children's Publishing.

Escape from Aurora. Jamie Littler. 2021. (ENG., Illus.). 480p. (J). (gr. 3-7). 15.99 *(978-0-451-48137-5(2)*, Viking Books for Young Readers) Penguin Young Readers Group.

Escape from Baxters' Barn. Rebecca Bond. 2017. (ENG., Illus.). 256p. (J). (gr. 3-7). pap. 9.99 *(978-1-328-74093-9(5)*, 1677137, Clarion Bks.) HarperCollins Pubs.

Escape from Camp Bedlam. Robert Armstrong. 2018. (ENG.). 128p. (J). 17.95 *(978-1-78629-886-7(4)*, cb5c0f1d-32c9-4657-86b0-13b731e03b12) Austin Macauley Pubs. Ltd. GBR. Dist: Baker & Taylor Publisher Services (BTPS).

Escape from Camp Boring. Tom Mitchell. 2021. (ENG.). 288p. (J). 7.99 *(978-0-00-840350-8(3)*, HarperCollins Children's Bks.) HarperCollins Pubs. Ltd. GBR. Dist: HarperCollins Pubs.

Escape from Cat City: Pepper's Incredible Adventure. M. Mammonek. 2018. (ENG., Illus.). 102p. (J). *(978-1-5255-0320-7(0))*; pap. *(978-1-5255-0321-4(9))* FriesenPress.

Escape from Cat City 2: Secret of Zoltar. M. Mammonek. 2022. (ENG.). 232p. (J). ***(978-1-5255-8562-3(2))***; pap. ***(978-1-5255-8563-0(0))*** FriesenPress.

Escape from Chernobyl (Escape From #1) Andy Marino. 2021. (Escape From Ser.). (ENG.). 176p. (J). (gr. 3-7). pap. 7.99 *(978-1-338-71845-4(2))* Scholastic, Inc.

Escape from Deadman's Gully: A Riwaka Gang Adventure. Denis W. Shuker. 2018. (Riwaka Gang Ser.: Vol. 2). (ENG., Illus.). 216p. (J). pap. 10.99 *(978-0-473-44175-3(6))* Joyful Pubs.

Escape from Earth (Science Fiction), 1 vol. Janice Greene. 2017. (Pageturners Ser.). (ENG.). 76p. (YA). (gr. 9-12). 10.75 *(978-1-68021-394-2(6))* Saddleback Educational Publishing, Inc.

Escape from East Berlin (Escape From #2) Andy Marino. 2022. (Escape From Ser.). (ENG.). 176p. (J). (gr. 3-7). pap. 7.99 *(978-1-338-83204-4(2))* Scholastic, Inc.

Escape from Eerie Island. Laurie Friedman. Illus. by Jake Hill. 2022. (Camp Creepy Lake Ser.). (ENG.). 48p. (J). (gr. 2-4). pap. *(978-1-0396-6291-9(9)*, 19458); lib. bdg. *(978-1-0396-6096-0(7)*, 19457) Crabtree Publishing Co. (Leaves Chapter Books).

Escape from Egg Harbor. Adam Thompson. 2016. (ENG.). (J). (gr. 1-4). pap. 8.99 *(978-1-63177-598-7(7))* Amplify Publishing Group.

Escape from Egypt: Moses & the Ten Plagues. Pip Reid. 2020. (Defenders of the Faith Ser.: Vol. 1). (ENG.). 44p. (J). pap. *(978-0-473-39816-3(8))* Bible Pathway Adventures.

Escape from Egypt: a Branches Book (Time Jumpers #2) Wendy Mass. Illus. by Oriol Vidal. 2018. (Time Jumpers Ser.: 2). (ENG.). 96p. (J). (gr. 1-3). pap. 5.99 *(978-1-338-21739-1(9))* Scholastic, Inc.

Escape from Eridu: Aesa's Fables. D. L. Blumer. 2018. (ENG., Illus.). 80p. (J). pap. 8.68 *(978-1-387-92289-5(0))* Lulu Pr., Inc.

Escape from Everything. Donald W. Desaulniers. 2017. (ENG., Illus.). 200p. (J). pap. *(978-1-987888-36-2(7))* One Door Pr.

Escape from Fire Lake. Robert Vernon. 2021. (Last Chance Detectives Ser.: 4). (ENG.). 128p. (J). pap. 9.99 *(978-1-64607-053-4(4)*, 20_36361) Focus on the Family Publishing.

Escape from Giant's Crown (Illustrated Hardcover Edition) Black & White Illustrated Edition. Trent Kaniuga. Illus. by Trent Kaniuga. 2020. (ENG.). 124p. (YA). ***(978-1-716-74903-2(4))*** Lulu Pr., Inc.

Escape from Grimstone Manor (Monsterious, Book 1) Matt McMann. 2023. (Monsterious Ser.: 1). 192p. (J). (gr. 3-7). 7.99 *(978-0-593-53071-9(3))*; 17.99 *(978-0-593-53069-6(1))* Penguin Young Readers Group. (G.P. Putnam's Sons Books for Young Readers).

Escape from Hat. Adam Kline. Illus. by Brian Taylor. 2020. (ENG.). 176p. (J). (gr. 3-7). 17.99 *(978-0-06-283997-8(7)*, HarperCollins) HarperCollins Pubs.

Escape from Haunted Treasure Island: A 4D Book. Michael Anthony Steele. Illus. by Pauline Reeves. 2018. (Nearly Fearless Monkey Pirates Ser.). (ENG.). 48p. (J). (gr. k-2). lib. bdg. 23.99 *(978-1-5158-2678-1(3)*, 137833, Picture Window Bks.) Capstone.

Escape from Hotel Infinity (Numbers) Kjartan Poskitt. Illus. by Sachin Nagar & Amit Tayal. 2017. (Mission Math Ser.). (ENG.). 48p. (J). (gr. 2-4). lib. bdg. 31.99 *(978-1-68297-188-8(0)*, 12887f5c-0f5b-4830-b9ca-70a123a388ed) QEB Publishing Inc.

Escape from Jabar-Loo (the Secrets of Droon #30) Tony Abbott. Illus. by David Merrell. 2016. (Star Wars: Jedi Academy Ser.: 30). (ENG.). 128p. (J). (gr. 3-7). E-Book 12.99 *(978-0-545-41843-0(7)*, Scholastic Paperbacks) Scholastic, Inc.

Escape from Kufa. Tehseen Merali. 2023. (ENG.). 142p. (YA). pap. ***(978-1-908110-90-9(2))*** Sunlight Pubns.

Escape from Lucien, 6. Kazu Kibuishi. ed. 2018. (Amulet Ser.). (ENG.). 213p. (J). (gr. 4-5). 23.96 *(978-1-64310-260-3(5))* Penworthy Co., LLC, The.

Escape from Mystery Island. Michael Anthony Steele. Illus. by Dario Brizuela. 2021. (Batman & Scooby-Doo! Mysteries Ser.). (ENG.). 72p. (J). pap. 6.95 *(978-1-6639-2021-8(4)*, 212477, Stone Arch Bks.) Capstone.

Escape from Nettle Farm. Justin Davis. 2019. (ENG., Illus.). 122p. (J). pap. *(978-1-912765-30-0(6))*; (Baker Family Ser.: Vol. 1). pap. *(978-1-912765-02-7(0))* Blue Falcon Publishing.

Escape from Philistia: A Novel (Classic Reprint) Russell P. Jacobus. 2018. (ENG., Illus.). 218p. (J). 28.39 *(978-0-484-04289-5(0))* Forgotten Bks.

Escape from Planet Alcatraz. Michael Dahl. 2020. (Escape from Planet Alcatraz Ser.). (ENG.). 40p. (J). (gr. 3-6). 295.80 *(978-1-4965-8683-4(2)*, 29776); pap., pap., pap. 35.70 *(978-1-4965-9343-6(X)*, 30104) Capstone. (Stone Arch Bks.).

Escape from Prison Island. J. E. Bright. 2016. (LEGO City 8X8 Ser.). lib. bdg. 13.55 *(978-0-606-38828-3(1))* Turtleback.

Escape from Shudder Mansion (Goosebumps SlappyWorld #5) R. L. Stine. 2018. (Goosebumps SlappyWorld Ser.: 5). (ENG.). 160p. (J). (gr. 3-7). pap. 6.99 *(978-1-338-22299-9(6)*, Scholastic Paperbacks) Scholastic, Inc.

Escape from Slavery: Abolitionists & the Underground Railroad. Catherine A. Gildae. 2019. (Rare Glimpses of Slave Life Ser.). (Illus.). 80p. (J). (gr. 12). lib. bdg. 34.60 *(978-1-4222-4404-3(0))* Mason Crest.

Escape from Stalingrad (Escape From #3) Andy Marino. 2023. (Escape From Ser.). (ENG.). 176p. (J). (gr. 3-7). pap. 7.99 ***(978-1-338-85856-3(4))*** Scholastic, Inc.

Escape from Syria. Samya Kullab. Illus. by Jackie Roche. 2017. (ENG.). 96p. (gr. 7-12). 19.95 *(978-1-77085-982-1(9)*, d1b74160-dd04-46de-bb91-929f73e88949) Firefly Bks., Ltd.

Escape from the Children's Horrible House. N. Jane Quackenbush. 2017. (ENG., Illus.). (J). pap. 11.99 *(978-0-9968922-7-8(3))* Hidden Wolf Bks.

Escape from the End: An Unofficial Minecraft Adventure for Children Ages 8 - 14. Liam O'Donnell. 2016. (ENG., Illus.). (J). pap. *(978-0-9948469-2-1(4))* Feeding Change Media.

Escape from the Everglades. Tim Shoemaker. 2021. (High Water Ser.: 1). (ENG.). 464p. (YA). pap. 15.99 *(978-1-64607-026-8(7)*, 20_35540) Focus on the Family Publishing.

Escape from the Great Earthquake (Ranger in Time #6) Kate Messner. Illus. by Kelley McMorris. 2017. (Ranger in Time Ser.: 6). (ENG.). 160p. (J). (gr. 2-5). pap. 5.99 *(978-0-545-90983-9(X)*, Scholastic Pr.) Scholastic, Inc.

Escape from the Hospital. Ewen Raballand & Hélène Lesbats. 2023. (ENG.). 56p. (J). pap. 9.99 ***(978-1-312-52376-0(X))*** Lulu Pr., Inc.

Escape from the Isle of the Lost: A Descendants Novel. Melissa de la Cruz. 2019. (Descendants Ser.). (ENG.). 272p. (J). (gr. 3-7). 17.99 *(978-1-368-02005-3(4)*, Disney-Hyperion) Disney Publishing Worldwide.

Escape from the Magic Maze. Samuel Warren Joseph & Phil Proctor. 2020. (ENG.). 114p. (J). pap. 10.00 *(978-1-7357908-2-4(6))* Sam/Phil Bks.

Escape from the Nether! (Minecraft) Nick Eliopulos. Illus. by Random House. 2022. (Step into Reading Ser.). (ENG.). 32p. (J). (gr. k-3). 5.99 *(978-0-593-43067-5(0)*, Random Hse. Bks. for Young Readers) Random Hse. Children's Bks.

Escape from the Palace. Santa Montefiore & Simon Sebag Montefiore. Illus. by Kate Hindley. (Royal Rabbits Ser.: 2). (ENG.). 224p. (J). (gr. 3-7). 2020. pap. 7.99 *(978-1-4814-9864-7(9))*; 2019. 16.99 *(978-1-4814-9863-0(0))* Simon & Schuster Children's Publishing. (Aladdin).

Escape from the Past: At Witches' End. Annette Oppenlander. 2nd ed. 2019. (Escape from the Past Ser.: Vol. 3). (ENG., Illus.). 288p. (YA). (gr. 7-12). pap. 15.99 *(978-3-948100-07-0(1))* Oppenlander Enterprises LLC.

Escape from the Past: The Duke's Wrath. Annette Oppenlander. 2nd ed. 2019. (Escape from the Past Ser.: Vol. 1). (ENG., Illus.). 292p. (YA). (gr. 7-12). pap. 15.99 *(978-3-948100-03-2(9))* Oppenlander Enterprises LLC.

Escape from the Past: The Kid. Annette Oppenlander. 2nd ed. 2019. (Escape from the Past Ser.: Vol. 2). (ENG., Illus.). 284p. (YA). (gr. 7-12). pap. 15.99 *(978-3-948100-05-6(5))* Oppenlander Enterprises LLC.

Escape from the Perfect World. Dan Michalski. 2019. (ENG.). 264p. (J). pap. *(978-1-7947-6594-8(8))* Lulu Pr., Inc.

Escape from the Pop-Up Prison see Escape de la Prisión de Papel

Escape from the Psi Academy. Vincent L. Scarsella. 2017. (ENG., Illus.). (J). pap. *(978-1-988863-03-0(1))* Digital Science Fiction.

Escape from the Roller Ghoster. Andres Miedoso. Illus. by Victor Rivas. 2020. (Desmond Cole Ghost Patrol Ser.: 11). (ENG.). 128p. (J). (gr. k-4). 17.99 *(978-1-5344-6491-9(3))*; pap. 6.99 *(978-1-5344-6490-2(5))* Little Simon. (Little Simon).

Escape from the Roller Ghoster, 11. Andres Miedoso. ed. 2021. (Desmond Cole Ghost Patrol Ser.). (ENG., Illus.). 122p. (J). (gr. 2-3). 16.46 *(978-1-68505-021-4(2))* Penworthy Co., LLC, The.

Escape from the Twin Towers (Ranger in Time #11) Kate Messner. Illus. by Kelley McMorris. 2020. (Ranger in Time Ser.: 11). (ENG.). 144p. (J). (gr. 2-5). pap. 5.99 *(978-1-338-53794-9(6)*, Scholastic Pr.) Scholastic, Inc.

Escape from the Wildfire. Dorothy Bentley. 2023. (ENG.). 136p. (YA). (gr. 9-12). 27.99 *(978-1-4594-1703-8(8)*, bec0c0d3-1962-40c7-a786-b2f61a1d346a); pap. 9.99 *(978-1-4594-1702-1(X)*, ba2e9328-b779-4a6f-97ad-7dcb22c1c49f) James Lorimer & Co. Ltd., Pubs. CAN. Dist: Lerner Publishing Group.

Escape from Wolfhaven Castle. Kate Forsyth. 2016. (Illus.). 185p. (J). pap. 5.99 *(978-1-61067-414-0(6))* Kane Miller.

602

The check digit for ISBN-10 appears in parentheses after the full ISBN-13

TITLE INDEX ESKIMO TWINS

Escape Galápagos. Ellen Prager. 2019. (Wonderlist Adventures Ser.). (ENG.). 180p. (J). (gr. 3-6). pap. 13.95 *(978-1-943431-55-7(8))* Tumblehome Learning.

Escape Game Adventure: the Mad Hacker: The Mad Hacker, 4 vols. Mélanie Vives & Rémi Prieur. Illus. by El Gunto. 2020. (Escape Game Adventure Ser.: 1). (ENG.). 48p. (gr. 3-6). pap. 9.99 *(978-0-7643-5896-8(0)*, 17502) Schiffer Publishing, Ltd.

Escape Goat. Ann Patchett. Illus. by Robin Preiss Glasser. 2020. (ENG.). 32p. (J). (gr. -1-3). 18.99 *(978-0-06-288339-1(9)*, HarperCollins) HarperCollins Pubs.

Escape Greenland. Ellen Prager. 2021. (Wonderlist Adventures Ser.). (ENG.). 248p. (J). (gr. 4-7). pap. 13.95 *(978-1-943431-70-0(1))* Tumblehome Learning.

Escape into the Forest. Tina Potter & Kenny Dietrich. Ed. by Sydney Shoemaker. 2020. (ENG.). 156p. (YA). pap. 9.99 *(978-0-9995792-7-5(4))* UglyTent.

Escape into the Land of Hidden Pictures Activity Book. Activity Attic Books. 2016. (ENG., Illus.). (J). pap. 10.81 *(978-1-68323-332-9(8))* Twin Flame Productions.

Escape North: Underground Railroad. Virginia Loh-Hagan. 2019. (Behind the Curtain Ser.). (ENG.). 32p. (J). (gr. 4-8). pap. 14.21 *(978-1-5341-3997-8(4)*, 212817); (Illus.). lib. bdg. 32.07 *(978-1-5341-4341-8(6)*, 212816) Cherry Lake Publishing. (45th Parallel Press).

Escape of Alexander the Great. Kelly Michele Buchanan. 2018. (ENG., Illus.). 32p. (J). (gr. k-6). 15.95 *(978-0-578-40991-7(7))* KMB Creative.

Escape of Light. Fred Venturini. 2019. (ENG.). 240p. (YA). pap. 16.99 *(978-1-68442-392-7(9))* Turner Publishing Co.

Escape of Mr. Trimm: His Plight & Other Plights (Classic Reprint) Irvin S. Cobb. 2017. (ENG., Illus.). (J). 29.92 *(978-1-5283-6828-5(2))* Forgotten Bks.

Escape of Robert Smalls: A Daring Voyage Out of Slavery. Jehan Jones-Radgowski. Illus. by Poppy Kang. 2019. (ENG.). 40p. (J). (gr. 3-6). 18.95 *(978-1-5435-1281-6(X)*, 137747, Capstone Editions) Capstone.

Escape of the Notorious Sir William Heans: And the Mystery of Mr. Daunt; a Romance of Tasmania (Classic Reprint) William Hay. 2018. (ENG., Illus.). 424p. (J). 32.66 *(978-0-483-76549-8(X))* Forgotten Bks.

Escape on Skis (Classic Reprint) Brian Meredith. (ENG., Illus.). (J). 2018. 306p. 30.23 *(978-0-332-83264-7(3))*; 2016. pap. 13.57 *(978-1-334-12697-0(6))* Forgotten Bks.

Escape: Prelude. Cavan Scott. Illus. by Lucy Ruth Cummins & David Buisán. 2019. (Star Wars: Adventures in Wild Space Ser.). (ENG.). 88p. (J). (gr. 3-7). lib. bdg. 31.36 *(978-1-5321-4317-5(6)*, 31847, Chapter Bks.) Spotlight.

Escape Room. Maren Stoffels. 2020. (Underlined Paperbacks Ser.). 224p. (YA). (gr. 7). pap. 9.99 *(978-0-593-17594-1(8)*, Underlined) Random Hse. Children's Bks.

Escape Room Adventures: Sherlock's Greatest Case: A Thrilling Interactive Puzzle Story. Alex Woolf. Illus. by Sian James. 2023. (ENG.). 64p. (J). 12.99 *(978-1-3988-2564-2(6)*, b4a929d9-863c-4b2d-9bfc-e7ad3a5bd01e) Arcturus Publishing GBR. Dist: Baker & Taylor Publisher Services (BTPS).

Escape Room Adventures: the Hunt for Agent 9: A Thrilling Interactive Puzzle Story. Alex Woolf. Illus. by Sian James. 2023. (ENG.). 64p. (J). 12.99 *(978-1-3988-2579-6(4)*, 3e1ed434-6c03-4b51-b66a-083371bcae45) Arcturus Publishing GBR. Dist: Baker & Taylor Publisher Services (BTPS).

Escape Room Puzzles: Dinosaur Island. Editors of Kingfisher. 2022. (Escape Room Ser.). (ENG., Illus.). 64p. (J). pap. 9.99 *(978-0-7534-7682-6(7)*, 900233920, Kingfisher) Roaring Brook Pr.

Escape Room Puzzles: Eco Dome Disaster. Editors of Kingfisher. 2022. (Escape Room Ser.). (ENG.). 64p. (J). pap. 9.99 *(978-0-7534-7838-7(2)*, 900256799, Kingfisher) Roaring Brook Pr.

Escape Room Puzzles: Space Station X. Editors of Kingfisher. 2022. (Escape Room Ser.). (ENG., Illus.). 64p. (J). pap. 9.99 *(978-0-7534-7683-3(5)*, 900233921, Kingfisher) Roaring Brook Pr.

Escape Room Puzzles: Tomb of the Pharaohs. Editors of Kingfisher. 2022. (Escape Room Ser.). (ENG.). 64p. (J). pap. 9.99 *(978-0-7534-7837-0(4)*, 900256796, Kingfisher) Roaring Brook Pr.

Escape Route. Cassandra Rose Clarke. 2023. (Star Trek: Prodigy Ser.). (ENG.). 160p. (J). (gr. 3-7). 17.99 ***(978-1-6659-2121-3(8))***; pap. 6.99 ***(978-1-6659-2120-6(X))*** Simon Spotlight. (Simon Spotlight).

Escape Route. Joud Sayed. 2022. (ENG.). 164p. (J). pap. *(978-1-989500-01-9(3))* Gauvin, Jacques.

Escape That Did Not Set Me Free: A by-Product of Morgan's Raid; a Paper Read Before the Ohio Commandery of the Loyal Legion, April 7, 1915 (Classic Reprint) David Hastings Moore. (ENG., Illus.). (J). 2018. 24.31 *(978-0-266-97927-2(0))*; 2016. pap. 7.97 *(978-1-333-47399-0(0))* Forgotten Bks.

Escape the Labyrinth: A Mystery Mazes Activity Book. Activibooks For Kids. 2016. (ENG., Illus.). (J). pap. 9.20 *(978-1-68321-337-6(8))* Mimaxion.

Escape the Medieval Castle: Use the Clues, Solve the Puzzles, & Make Your Escape! (Escape Room Book, Logic Books for Kids, Adventure Books for Kids) Stella A. Caldwell. 2022. (Escape Ser.: 2). (ENG.). 72p. (J). pap. 14.99 *(978-1-68188-743-2(6)*, Earth Aware Editions) Insight Editions.

Escape the Mummy's Tomb: Crack the Codes, Solve the Puzzles, & Make Your Escape! Philip Steele. 2021. (ENG.). 72p. (J). pap. 14.99 *(978-1-68188-549-0(2)*, Earth Aware Editions) Insight Editions.

Escape the Pain to Survive. Katherine Nelson. 2016. (New Waiver Trilogy Ser.: 1). (ENG., Illus.). (YA). (gr. 9-12). pap. 18.99 *(978-1-63213-302-1(4))* eLectio Publishing.

Escape (the Plot to Kill Hitler #3) Andy Marino. 2020. (Plot to Kill Hitler Ser.: 3). (ENG.). 176p. (J). (gr. 3-7). pap. 6.99 *(978-1-338-35906-0(1)*, Scholastic Paperbacks) Scholastic, Inc.

Escape This Book! Race to the Moon. Bill Doyle. Illus. by Sarah Sax. 2020. (Escape This Book! Ser.: 3). 192p. (J). (gr. 3-7). 10.99 *(978-0-593-11925-9(8)*, Random Hse. Bks. for Young Readers) Random Hse. Children's Bks.

Escape This Book! Titanic. Bill Doyle. Illus. by Sarah Sax. (Escape This Book! Ser.). 192p. (J). (gr. 3-7). 2021. pap. 8.99 *(978-0-525-64421-7(0)*, Yearling); 2019. 10.99 *(978-0-525-64420-0(2)*, Random Hse. Bks. for Young Readers) Random Hse. Children's Bks.

Escape This Book! Tombs of Egypt. Bill Doyle. Illus. by Sarah Sax. (Escape This Book! Ser.). 192p. (J). (gr. 3-7). 2021. pap. 8.99 *(978-0-525-64423-1(7)*, Yearling); 2020. 10.99 *(978-0-525-64422-4(9)*, Random Hse. Bks. for Young Readers) Random Hse. Children's Bks.

Escape Through the Exit! Maze Activity Book. Kreativ Entspannen. 2016. (ENG., Illus.). (J). pap. 10.81 *(978-1-68377-134-0(6))* Whlke, Traudl.

Escape Through the Sacred Forest - Lich Lord Wars Book 2. Marc Van Pelt. 2019. (ENG.). 86p. (J). pap. 7.99 *(978-0-359-80054-4(8))* Lulu Pr., Inc.

Escape to Dorland. Florie Parker. 2022. (ENG.). 202p. (J). ***(978-1-3984-6065-2(6))***; pap. ***(978-1-3984-6064-5(8))*** Austin Macauley Pubs. Ltd.

Escape to Eden. Rachel McClellan. 2016. (ENG.). 295p. (YA). pap. 17.99 *(978-1-4621-1777-2(5)*, Sweetwater Bks.) Cedar Fort, Inc./CFI Distribution.

Escape to King Alfred. Geoffrey Trease. 2021. (ENG.). 228p. (J). pap. 16.95 *(978-1-955402-00-2(0))* Hillside Education.

Escape to Landis, 3. Ridley Pearson. ed. 2021. (Super Sons Ser.). (ENG., Illus.). 159p. (J). (gr. 4-5). 21.96 *(978-1-64697-645-4(2))* Penworthy Co., LLC, The.

Escape to Ninothia. M. T. Kores. Ed. by Christian Zander. Illus. by Kalie Fick. 2016. (ENG.). (J). (gr. 3-6). 24.99 *(978-0-692-78763-2(1))* Kores, Michelle.

Escape to Silverado. A. Cort Sinnes. 2021. (Silverado Journals). (ENG.). 290p. (YA). pap. 34.00 ***(978-0-578-98345-5(1))*** Hearth & Garden Productions.

Escape to Vindor. Emily Golus. 2017. (ENG., Illus.). 354p. (YA). (gr. 7-12). pap. 18.95 *(978-0-9891064-8-1(9)*, Taberah Pr.) Sonfire Media, LLC.

Escape to Virginia: From Nazi Germany to Thalhimer S Farm. Robert H. Gillette. 2016. (ENG., Illus.). (YA). (gr. 9-12). 30.99 *(978-1-5402-1334-1(X)*, History Pr., The) Arcadia Publishing.

Escape to Witch City. E. Latimer. (ENG.). 312p. (J). (gr. 5). 2022. pap. 9.99 *(978-1-101-91933-0(7))*; 2021. 17.99 *(978-1-101-91931-6(0))* Tundra Bks. CAN. (Tundra Bks.). Dist: Penguin Random Hse. LLC.

Escape Undersea. Ellen Prager. 2022. (Wonderlist Adventures Ser.). (ENG.). 248p. (J). pap. 14.95 *(978-1-943431-80-9(9))* Tumblehome Learning.

Escaped. Gary Urey. 2018. (Secrets of the X-Point Ser.: 2). (ENG.). 272p. (J). (gr. 3-7). pap. 9.99 *(978-0-8075-6689-3(6)*, 807566896) Whitman, Albert & Co.

Escaping a POW Camp. Jacque Summers. 2018. (Great Escapes in History Ser.). (ENG.). 32p. (J). (gr. 3-6). lib. bdg. 35.64 *(978-1-5038-2528-4(0)*, 212344, MOMENTUM) Child's World, Inc, The.

Escaping a Sinking Ship. Emily Rose Oachs. 2018. (Great Escapes in History Ser.). (ENG.). 32p. (J). (gr. 3-6). lib. bdg. 35.64 *(978-1-5038-2529-1(9)*, 212345, MOMENTUM) Child's World, Inc, The.

Escaping Alcatraz. Christine Evans. 2018. (Great Escapes in History Ser.). (ENG.). 32p. (J). (gr. 3-6). lib. bdg. 35.64 *(978-1-5038-2525-3(6)*, 212346, MOMENTUM) Child's World, Inc, The.

Escaping an Animal Attack. Alisha Gabriel. 2018. (Great Escapes in History Ser.). (ENG.). 32p. (J). (gr. 3-6). lib. bdg. 35.64 *(978-1-5038-2526-0(4)*, 212347, MOMENTUM) Child's World, Inc, The.

Escaping Club (Classic Reprint) Alfred John Evans. (ENG., Illus.). (J). 2017. 30.60 *(978-0-265-79182-0(0))*; 2016. pap. 13.57 *(978-1-333-50555-4(8))* Forgotten Bks.

Escaping Darkness. Jerry B. Jenkins & Chris Fabry. 2020. (Red Rock Mysteries Ser.: 10). (ENG.). 240p. (J). pap. 7.99 *(978-1-4964-4255-0(5)*, 20_33664, Tyndale Kids) Tyndale Hse. Pubs.

Escaping East Germany. Barbara Krasner. 2018. (Great Escapes in History Ser.). (ENG.). 32p. (J). (gr. 3-6). lib. bdg. 35.64 *(978-1-5038-2532-1(9)*, 212351, MOMENTUM) Child's World, Inc, The.

Escaping Eleven. Jerri Chisholm. 2020. (Eleven Trilogy Ser.: 1). (ENG.). 400p. (YA). 17.99 *(978-1-68281-501-4(3)*, 900233479) Entangled Publishing, LLC.

Escaping from Houdini. Kerri Maniscalco. (Stalking Jack the Ripper Ser.: 3). (ENG., Illus.). (YA). (gr. 10-17). 2019. 480p. pap. 12.99 *(978-0-316-55172-4(4))*; 2018. 448p. 19.99 *(978-0-316-55170-0(8))* Little Brown & Co. (Jimmy Patterson).

Escaping from the Maze! a Kids Activity Book. Kreative Kids. 2016. (ENG., Illus.). (J). pap. 10.81 *(978-1-68377-135-7(4))* Whlke, Traudl.

Escaping Gardenia. Shannon L. Mokry. Illus. by Shannon L. Mokry. 2023. (Gemstone Dragons Ser.: Vol. 1). (ENG., Illus.). 162p. (J). (gr. 3-6). 19.95 ***(978-1-951521-50-9(1))*** Sillygeese Publishing, LLC.

Escaping Gardenia. Shannon L. Mokry. (Gemstone Dragons Ser.: Vol. 1). (ENG., Illus.). (J). 2019. 162p. (gr. 3-6). 16.99 *(978-1-951521-01-1(3))*; 2017. 164p. (gr. 3-6). pap. 10.99 *(978-0-9987112-4-9(1))*; 2nd ed. 2023. 162p. pap. 12.99 ***(978-1-951521-51-6(X))*** Sillygeese Publishing, LLC.

Escaping Hitler. Barbara Krasner. 2018. (Great Escapes in History Ser.). (ENG.). 32p. (J). (gr. 3-6). lib. bdg. 35.64 *(978-1-5038-2527-7(2)*, 212348, MOMENTUM) Child's World, Inc, The.

Escaping in the Pages. Ashley Tropea. 2023. (ENG.). 364p. (YA). pap. 13.99 ***(978-1-0881-3246-3(4))*** Indy Pub.

Escaping Nazi Atrocities, 1 vol. Hallie Murray & Linda Jacobs Altman. 2018. (Tales of Atrocity & Resistance: First-Person Stories of Teens in the Holocaust Ser.). (ENG.). 128p. (gr. 7-7). 40.27 *(978-0-7660-9827-5(3)*, c3f61e0d-f5b6-417e-ac43-17c38121a1f2) Enslow Publishing, LLC.

Escaping Ordinary. Scott Reintgen. (Talespinners Ser.: 2). (ENG.). (J). (gr. 3-7). 2022. 352p. 7.99 *(978-0-525-64675-4(2)*, Yearling); 2021. (Illus.). 336p. 16.99 *(978-0-525-64672-3(8)*, Crown Books For Young Readers) Random Hse. Children's Bks.

Escaping Perfect. Emma Harrison. 2016. (ENG., Illus.). 336p. (YA). (gr. 9). 17.99 *(978-1-4814-4212-1(0)*, Simon Pulse) Simon Pulse.

Escaping Peril. Tui T. Sutherland. ed. 2017. (Wings of Fire Ser.: 8). lib. bdg. 17.20 *(978-0-606-40142-5(3))* Turtleback.

Escaping Slavery. Peggy Caravantes. 2018. (Great Escapes in History Ser.). (ENG.). 32p. (J). (gr. 3-6). lib. bdg. 35.64 *(978-1-5038-2530-7(2)*, 212349, MOMENTUM) Child's World, Inc, The.

Escaping Space. Laura Lane. 2018. (Great Escapes in History Ser.). (ENG.). 32p. (J). (gr. 3-6). lib. bdg. 35.64 *(978-1-5038-2531-4(0)*, 212350, MOMENTUM) Child's World, Inc, The.

Escaping the Dashia. Rebecca Inch-Partridge. 2023. (Paraxous Star Cluster Ser.: Vol. 1). (ENG.). 290p. (YA). pap. 22.95 ***(978-1-68513-145-6(X))*** Black Rose Writing.

Escaping the Illusion. Brian Rubenstein & Terry Rubenstein. 2018. (ENG., Illus.). 300p. (YA). (gr. 7-12). pap. *(978-1-78705-337-3(7))* MX Publishing, Ltd.

Escaping the ILLUSION. Brian Rubenstein & Terry Rubenstein. 2nd ed. 2021. (ENG.). 300p. (YA). pap. *(978-1-78705-836-1(0))* MX Publishing, Ltd.

Escaping the Maze! Kids Maze Activity Book. Kreative Kids. 2016. (ENG., Illus.). (J). pap. 10.81 *(978-1-68377-136-4(2))* Whlke, Traudl.

Escaping the Nazis: Jan Baalsrud. Betsy Rathburn. Illus. by Taylor Yotter. 2021. (True Survival Stories Ser.). (ENG.). 24p. (J). (gr. 3-8). pap. 8.99 *(978-1-64834-502-9(6)*, 21167, Black Sheep) Bellwether Media.

Escaping the Nazis on the Kindertransport. Emma Bernay & Emma Carlson Berne. 2017. (Encounter: Narrative Nonfiction Stories Ser.). (ENG., Illus.). 112p. (J). (gr. 3-6). lib. bdg. 30.65 *(978-1-5157-4545-7(7)*, 134269, Capstone Pr.) Capstone.

Escaping the Predators: How Animals Use Camouflage - Animal Book for 8 Year Olds Children's Animal Books. Baby Professor. 2017. (ENG., Illus.). (J). pap. 8.79 *(978-1-5419-1058-4(3)*, Baby Professor (Education Kids)) Speedy Publishing LLC.

Escarabajo de vacaciones. Pep Bruno Galán. 2019. (SPA.). 80p. (J). 18.99 *(978-84-948900-3-1(4))* Ekare, Ediciones VEN. Dist: Lectorum Pubns., Inc.

Escarabajos Goliat (Goliath Beetles) Grace Hansen. 2016. (Especies Extraordinarias (Super Species) Ser.). (SPA.). 24p. (J). (gr. -1-2). lib. bdg. 32.79 *(978-1-62402-695-9(8)*, 24894, Abdo Kids) ABDO Publishing Co.

Escarcha Como Noche. Sara Raasch. 2021. (Nieve Como Cenizas Ser.). (SPA.). 464p. (YA). (gr. 7). pap. 19.99 *(978-987-609-695-9(8))* Editorial de Nuevo Extremo S.A. ARG. Dist: Independent Pubs. Group.

Escargot. Dashka Slater. Illus. by Sydney Hanson. (Escargot Ser.). (ENG.). (J). 2021. 34p. bds. 8.99 *(978-0-374-31428-6(4)*, 900226448); 2017. 40p. 18.99 *(978-0-374-30281-8(2)*, 900151640) Farrar, Straus & Giroux. (Farrar, Straus & Giroux (BYR)).

Esclarmonde, Clarisse et Florent, Yde et Olive: Drei Fortsetzungen der Chanson Von Huon de Bordeaux, Nach der Einzigen Turiner Handschrift Zum Erstenmal Veroeffentlicht (Classic Reprint) Max Schweigel. 2018. (GER., Illus.). (J). 656p. 37.43 *(978-1-390-13185-7(8))*; 658p. pap. 19.97 *(978-1-390-10187-4(8))* Forgotten Bks.

Esclavitud y la Guerra Civil (Slavery & the Civil War) El Origen en el Racismo (Rooted in Racism) Elliott Smith. 2023. (Esclavitud en Estados Unidos y la Lucha Por la Libertad (American Slavery & the Fight for Freedom) (Read Woke (tm) Books en Español) Ser.). (SPA., Illus.). 32p. (J). (gr. 4-8). pap. 10.99. lib. bdg. 30.65 ***(978-1-7284-9190-5(8)***, 3f4638f9-9c60-4d8e-82b0-dadde312a61f) Lerner Publishing Group. (Ediciones Lerner).

Esclavitud y la Reconstrucción (Slavery & Reconstruction) La Lucha Por Los Derechos Civiles de Los Negros (the Struggle for Black Civil Rights) Elliott Smith. 2023. (Esclavitud en Estados Unidos y la Lucha Por la Libertad (American Slavery & the Fight for Freedom) (Read Woke (tm) Books en Español) Ser.). (SPA., Illus.). 32p. (J). (gr. 4-8). pap. 10.99. lib. bdg. 30.65 ***(978-1-7284-9189-9(4)***, 78f8efaa-9d6d-45d6-bac5-385fe2fc3ded) Lerner Publishing Group. (Ediciones Lerner).

Esconder una Avellana. Tr. by Rand Simmons & Julie A. Sellers. Illus. by Onalee Nicklin. 2023. (SPA.). 34p. (J). pap. 15.00 ***(978-1-956578-36-2(6))*** Meadowlark.

Esconderme. Katrina Streza & Ariana Vargas. Illus. by Brenda Ponnay. 2023. (Little Lectores Ser.: Vol. 31). (SPA.). 20p. (J). 24.99 ***(978-1-5324-4441-8(9))***; pap. 12.99 ***(978-1-5324-4440-1(0))*** Xist Publishing.

Escondite de Los Compas. Mikecrack Mikecrack. 2023. (SPA.). 32p. (J). pap. 9.95 ***(978-607-39-0328-8(6))*** Editorial Planeta, S. A. ESP. Dist: Two Rivers Distribution.

Escondites see **Hiding Places**

Escorpion Fv101. Kate Riggs. 2018. (¡Ahora Es Rápido! Ser.). (SPA.). 24p. (J). (gr. 1-4). lib. bdg. *(978-1-64026-085-6(4)*, 19867, Creative Education) Creative Co., The.

Escribe Paco. Katrina Streza & Ariana Vargas. Illus. by Brenda Ponnay. 2023. (Little Lectores Ser.: Vol. 24). (SPA.). 20p. (J). 24.99 ***(978-1-5324-4385-5(4))***; pap. 12.99 ***(978-1-5324-4384-8(6))*** Xist Publishing.

Escrito y Dibujado Por Enriqueta: TOON Level 3. Liniers. 2016. (ENG.). 64p. (J). (gr. k-1). pap. 7.99 *(978-1-935179-13-9(6)*, Toon Books) Astra Publishing Hse.

Escuadrón de la Sombra. Carl Bowen. Illus. by Wilson Tortosa & Benny Fuentes. 2019. (Escuadrón de la Sombra Ser.). (SPA.). 112p. (J). (gr. 4-8). 109.28 *(978-1-4965-8572-1(0)*, 29721, Stone Arch Bks.) Capstone.

¡Escucha Mi Trompeta!-An Elephant & Piggie Book, Spanish Edition. Mo Willems. 2020. (Elephant & Piggie Book Ser.). (SPA., Illus.). 64p. (J). (gr. 1-3). 9.99 *(978-1-368-05613-7(X)*, Hyperion Books for Children) Disney Publishing Worldwide.

Escuchando a Mi Cuerpo. Gabi Garcia. Illus. by Ying Hui Tan. 2020. (SPA.). 34p. (J). 18.99 *(978-1-949633-25-2(X))* Skinned Knee Publishing.

Escuchando a Mi Cuerpo: Una Guía para Ayudar a Los niños Entender la Conexión Entre Las Sensaciones Físicas y Sus Sentimientos. Gabi Garcia. Illus. by Ying Hui Tan. 2018. (SPA.). 34p. (J). (gr. -1-3). pap. 11.95 *(978-1-949633-01-6(2))* Skinned Knee Publishing.

Escuchando con Mi Corazón: Un Cuento de Bondad y Autocompasión. Gabi Garcia. Illus. by Ying Hui Tan. 2020. (SPA.). 34p. (J). 18.99 *(978-1-949633-24-5(1))* Skinned Knee Publishing.

Escuchando con Mi Corazón: Una Cuento de Bondad y Autocompasión. Gabi Garcia. Illus. by Ying Hui Tan. 2018. (SPA.). 36p. (J). pap. 11.95 *(978-0-9989580-6-4(9))* Skinned Knee Publishing.

Escuchar a Los Demás (Listening to Others), 1 vol. Kenneth Adams. 2021. (Ser Educado (Being Polite) Ser.). (SPA., Illus.). 24p. (gr. 1-1). lib. bdg. 25.27 *(978-1-7253-1247-0(6)*, 5b816953-a2de-425f-bd9f-cc3fdc711fc3, PowerKids Pr.) Rosen Publishing Group, Inc., The.

Escucho el Sonido. Francis Spencer. Tr. by Pablo de la Vega from ENG. 2021. (Mis Primeros Libros de Ciencia (My First Science Books) Ser.). (SPA., Illus.). 24p. (J). (gr. k-2). pap. *(978-1-4271-3223-9(2)*, 15038); lib. bdg. *(978-1-4271-3212-3(7)*, 15021) Crabtree Publishing Co.

Escuela. Aaron Carr. 2017. (Los Lugares de Mi Comunidad Ser.). (SPA.). 24p. (J). lib. bdg. 22.99 *(978-1-5105-2392-0(8))* SmartBook Media, Inc.

Escuela de Buenas Maneras de Doña Carmela(Miss Molly's School of Manners) James Maclaine. 2019. ((none) Ser.). (SPA.). 32p. (J). 14.99 *(978-0-7945-4573-4(4)*, Usborne) EDC Publishing.

Escuela de Espanto #3: ¡el Recreo Es una Jungla! (Recess Is a Jungle) Un Libro de la Serie Branches, Vol. 3. Jack Chabert. Illus. by Sam Ricks. 2018. (Escuela de Espanto Ser.: 3). (SPA.). 96p. (J). (gr. 1-3). pap. 5.99 *(978-1-338-26906-2(2)*, Scholastic en Espanol) Scholastic, Inc.

Escuela de Espías (Spy School) Stuart Gibbs. Tr. by Alexis Romay. 2020. (Spy School Ser.). (SPA.). 336p. (J). (gr. 3-7). 19.99 *(978-1-5344-5540-5(X))*; pap. 8.99 *(978-1-5344-5539-9(6))* Simon & Schuster Bks. For Young Readers. (Simon & Schuster Bks. For Young Readers).

Escuela de Sirenas. Lucy Courtenay. Illus. by Sheena Dempsey. 2023. (SPA.). 128p. (J). (gr. 4-7). pap. 12.95 ***(978-607-557-510-0(3))*** Editorial Oceano de Mexico MEX. Dist: Independent Pubs. Group.

Escuela de Sirenas 2: Espectáculo en la Gruta. Lucy Courtenay. Illus. by Sheena Dempsey. 2023. (SPA.). 128p. (J). (gr. 4-7). pap. 12.95 ***(978-607-557-519-3(7))*** Editorial Oceano de Mexico MEX. Dist: Independent Pubs. Group.

Escuela del bien y del mal 2. Un mundo sin principes. Soman Chainani. 2019. (SPA.). 448p. (YA). (gr. 6-9). pap. 15.95 *(978-84-92918-49-2(7))* Ediciones Urano S. A. ESP. Dist: Spanish Pubs., LLC.

Escuela Del Campo: Leveled Reader Book 63 Level I 6 Pack. Hmh Hmh. 2021. (SPA.). 16p. (J). pap. 74.40 *(978-0-358-08280-4(3))* Houghton Mifflin Harcourt Publishing Co.

Escuela Nueva de Emily: Leveled Reader Book 22 Level P 6 Pack. Hmh Hmh. 2021. (SPA.). 32p. (J). pap. 74.40 *(978-0-358-08504-1(7))* Houghton Mifflin Harcourt Publishing Co.

Escuela Raptorgamer: el Felino Infiltrado. Raptor Gamer Raptor Gamer. 2023. (SPA.). 200p. (YA). pap. 16.95 ***(978-607-07-9369-1(2))*** Editorial Planeta, S. A. ESP. Dist: Two Rivers Distribution.

Escuelas Escalofriantes. Kathryn Camisa. 2018. (De Puntillas en Lugares Escalofriantes/Tiptoe into Scary Places Ser.). (SPA.). 24p. (J). (gr. k-3). 18.95 *(978-1-68402-611-1(3))* Bearport Publishing Co., Inc.

Escuela/School. Tr. by Yanitzia Canetti. Illus. by Jan Lewis. 2021. (Primara Vez/First Time Ser.). (ENG.). 24p. (J). *(978-1-78628-641-3(6))* Child's Play International Ltd.

Esculapédie: Poëme Divisé en Huit Chants (Classic Reprint) M. De S. 2018. (FRE., Illus.). 116p. (J). 26.31 *(978-0-267-54456-1(1))* Forgotten Bks.

Esculapius of the North: Being the Random Reminiscences of a General Practitioner (Classic Reprint) David Lechmere Anderson. (ENG., Illus.). (J). 2018. 198p. 28.00 *(978-0-484-07819-1(4))*; 2016. pap. 10.57 *(978-1-334-15808-7(8))* Forgotten Bks.

Escultura. Jenny Fretland VanVoorst. 2016. (El Estudio del Artista (Artist's Studio)).Tr. of Scupture. (SPA., Illus.). 24p. (J). (gr. k-2). lib. bdg. 25.65 *(978-1-62031-323-7(5)*, Bullfrog Bks.) Jump! Inc.

Esculturas de la Naturaleza: Leveled Reader Book 25 Level M 6 Pack. Hmh Hmh. 2021. (SPA.). 16p. (J). pap. 74.40 *(978-0-358-08422-8(9))* Houghton Mifflin Harcourt Publishing Co.

Escúter de Josué: Leveled Reader Book 84 Level e 6 Pack. Hmh Hmh. 2021. (SPA.). 16p. (J). pap. 74.40 *(978-0-358-08210-1(2))* Houghton Mifflin Harcourt Publishing Co.

¿Ese Fui Yo? R. J. Magdaleno. 2020. (SPA.). 44p. (J). pap. 14.95 *(978-1-64334-417-1(X))* Page Publishing Inc.

Ese Libro de Niños: Sobre Aceites Esenciales. Jackie Kartak. Illus. by Jaclyn Thompson. 2019. (SPA.). 28p. (J). pap. 12.95 *(978-1-7339972-1-8(0))* Essentially Strong.

Ese's Golden Smile. Amanda Bricard. Illus. by Qorina Prameswari. 2022. (ENG.). 58p. (J). pap. 18.22 *(978-1-6780-4368-1(0))* Lulu Pr., Inc.

Esfera. Manuel Tristante. 2016. (SPA., Illus.). (J). pap. *(978-84-945136-0-2(5))* Librando Mundos SC.

Eshe: La Fiesta de Cocina Etiope de Eshe. Nancy Hahn. 2017. (SPA., Illus.). (J). pap. 14.99 *(978-1-61813-264-2(4))* eBooks2go Inc.

Eshek the Oppressor (Classic Reprint) Gertrude Potter Daniels. 2018. (ENG., Illus.). 394p. (J). 32.02 *(978-0-483-26221-8(8))* Forgotten Bks.

Eskdale Herd-Boy: A Scottish Tale for the Instruction & Amusement. Blackford. 2017. (ENG., Illus.). (J). 22.95 *(978-1-374-96349-8(6))*; pap. 12.95 *(978-1-374-96348-1(8))* Capital Communications, Inc.

Eskimo Stories (Classic Reprint) Mary Emily Estella Smith. 2017. (ENG., Illus.). (J). 27.84 *(978-0-265-60727-5(2))*; pap. 10.57 *(978-0-282-96764-2(8))* Forgotten Bks.

Eskimo Twins. Lucy Fitch Perkins. 2018. (ENG., Illus.). 76p. (YA). (gr. 7-12). pap. *(978-93-5297-563-1(4))* Alpha Editions.

Eskimo Twins. Lucy Fitch Perkins. 2017. (ENG., Illus.). (J). pap. *(978-0-649-57613-5(6))*; pap. *(978-0-649-57614-2(4))*; pap. *(978-0-649-28881-6(5))* Trieste Publishing Pty Ltd.

Eskimo Twins (Classic Reprint) Lucy Fitch Perkins. 2017. (ENG., Illus.). (J). 28.27 *(978-0-331-84114-5(2))* Forgotten Bks.

Eskimo Village (Classic Reprint) Samuel King Hutton. 2018. (ENG., Illus.). 174p. (J). 27.49 *(978-0-267-46661-0(7))* Forgotten Bks.

ESL Word Search Plus: Post-Beginner: Puzzle Fun to Boost Your English Vocabulary & Spelling. Clare Harris. 2020. (ENG.). 102p. (J). pap. *(978-1-922191-27-4(2))* Book Next Door, The.

Esmarelda's Shoe. Edee Troncale. 2022. (ENG., Illus.). 34p. (J). pap. 14.95 *(978-1-6624-7637-2(X))* Page Publishing Inc.

Esme. James F. Park. 2018. (ENG.). 100p. (J). pap. ***(978-0-244-42168-7(4))*** Lulu Pr., Inc.

Esme Visits Liverpool. Tracilyn George. 2021. (ENG.). 24p. (J). pap. 11.00 *(978-1-77475-277-7(8))* Lulu Pr., Inc.

Esmeralda: Or Every Little Bit Helps (Classic Reprint) Nina Wilcox Putnam. (ENG., Illus.). (J). 2018. 192p. 27.88 *(978-0-484-36235-1(6))*; 2017. pap. 10.57 *(978-0-243-27008-8(9))* Forgotten Bks.

ESMERALDA English Version. Encarni Martínez Espinosa. 2020. (ENG.). 96p. (J). pap. *(978-0-244-27282-1(4))* Lulu Pr., Inc.

Esmeralda II. Encarni Martínez Espinosa. 2020. (SPA.). 108p. (J). pap. *(978-0-244-27233-3(6))* Lulu Pr., Inc.

Esme's Birthday Conga Line. Lourdes Heuer. Illus. by Marissa Valdez. (Esme! Ser.). 76p. (J). (gr. 1-4). 2023. pap. 8.99 *(978-0-7352-6945-3(9))*; 2022. 12.99 *(978-0-7352-6940-8(8))* Tundra Bks. CAN. (Tundra Bks.). Dist: Penguin Random Hse. LLC.

Esme's Gift. Elizabeth Foster. 2019. (Esme Trilogy Ser.: Vol. 2). (ENG., Illus.). 268p. (YA). (gr. 7-12). pap. *(978-1-925652-83-3(1))* Odyssey Bks.

Esme's Wish. Elizabeth Foster. 2017. 1. (ENG., Illus.). 254p. (YA). (gr. 7-12). pap. 13.95 *(978-1-925652-24-6(6))* Odyssey Bks. AUS. Dist: Ingram Content Group.

¡Eso Es Mío! - That's Mine! Sumana Seeboruth. Illus. by Ashleigh Corrin. ed. 2022. (Feelings & Firsts Ser.). (ENG.). 26p. (J). (gr. 1-4). bds. 7.99 ***(978-1-64686-539-0(1))*** Barefoot Bks., Inc.

¡Eso No Es Normal! Mar Pavon. Illus. by Laure Du Fay. 2021. (SPA.). 40p. (J). 16.99 *(978-84-17673-73-4(3))* NubeOcho Ediciones ESP. Dist: Consortium Bk. Sales & Distribution.

Esope en Belle Humeur, Ou Derniere Traduction, et Augmentation de Ses Fables en Prose, et en Vers, Vol. 1 (Classic Reprint) Aesop Aesop. 2017. (FRE., Illus.). (J). pap. 16.57 *(978-0-259-07471-7(3))* Forgotten Bks.

Ésope en Belle Humeur, Ou Dernière Traduction, et Augmentation de Ses Fables en Prose, et en Vers, Vol. 1 (Classic Reprint) Aesop Aesop. 2018. (FRE., Illus.). 446p. (J). 33.12 *(978-0-484-00377-3(1))* Forgotten Bks.

Esos Zapatos. Maribeth Boelts. Illus. by Noah Z. Jones. 2018. (SPA.). 40p. (J). (gr. k-3). 15.99 *(978-1-5362-0392-9(0))*; 8.99 *(978-0-7636-9979-6(9))* Candlewick Pr.

Esp. Contrib. by Carla Mooney. 2023. (Are They Real? Ser.). (ENG.). 64p. (YA). (gr. 6-12). 43.93 ***(978-1-6782-0626-0(1))***, BrightPoint Pr.) ReferencePoint Pr., Inc.

Esp. Elizabeth Noll. 2016. (Strange ... but True? Ser.). (ENG.). 32p. (J). (gr. 4-6). 31.35 *(978-1-68072-022-8(8))*, 10333); pap. 9.99 *(978-1-64466-158-1(6))*, 10334) Black Rabbit Bks. (Bolt).

ESP. Paige V. Polinsky. 2019. (Investigating the Unexplained Ser.). (ENG., Illus.). 32p. (J). (gr. 3-8). lib. bdg. 27.95 *(978-1-64487-040-2(1))*, Blastoff! Discovery) Bellwether Media.

Esp: Does a Sixth Sense Exist? Megan Borgert-Spaniol. 2018. (Science Fact or Science Fiction? Ser.). (ENG., Illus.). 32p. (J). (gr. 3-6). lib. bdg. 32.79 *(978-1-5321-1540-0(7))*, 28934, Checkerboard Library) ABDO Publishing Co.

ESP Cases in History, 1 vol. Anita Croy. 2019. (Paranormal Throughout History Ser.). (ENG., Illus.). 48p. (J). (gr. 5-5). 33.47 *(978-1-7253-4655-0(9))*, 1fc6ab80-b786-4644-8bf9-386df2627f32); pap. 12.75 *(978-1-7253-4661-1(3))*, 3f059eeb-1de1-467b-8f12-1c76943d1004) Rosen Publishing Group, Inc., The. (Rosen Central).

ESP, Superhuman Abilities, & Unexplained Powers, 1 vol. Alicia Z. Klepeis. 2017. (Paranormal Investigations Ser.). (ENG.). 64p. (J). (gr. 6-6). lib. bdg. 35.93 *(978-1-5026-2849-7(X))*, 46e45b9b-3b04-405c-a381-be9937336561) Cavendish Square Publishing LLC.

ESPACIO JOVEN 360 A1- Student Print Edition Plus 1 Year Online Premium Access (all Digital Inc. María del Carmen Cabeza, Sánchez et al. 2017. (SPA.). 136p. (J). pap. 39.34 ***(978-84-9848-936-1(9))*** Edinumen, Editorial ESP. Dist: Ingram Publisher Services.

ESPACIO JOVEN 360 A2. 1 - Activity Book. María Carmen Cabeza Sánchez et al. 2018. (SPA.). 72p. (J). pap. 18.36 ***(978-84-9848-940-8(7))*** Edinumen, Editorial ESP. Dist: Ingram Publisher Services.

ESPACIO JOVEN 360 A2. 1 - Student Print Edition Plus 1 Year Online Premium Access (all Digital Included) María Carmen Cabeza Sánchez et al. 2018. (SPA.). 128p. (J). pap. 39.34 ***(978-84-9848-939-2(3))*** Edinumen, Editorial ESP. Dist: Ingram Publisher Services.

Espacio Libro de Colorear: Maravilloso Libro de Colorear Espacial para Adultos (un Libro de Colorear para Adultos Que Alivia el Estrés) Lenard Vinci Press. 2020. (SPA.). 86p. (J). pap. 9.99 *(978-1-716-34189-2(2))* Lulu Pr., Inc.

Espacio Libro de Colorear: Mi Primer Gran Libro Del Espacio Exterior, Fantástico para Colorear Del Espacio Exterior con Planetas, Astronautas, Naves Espaciales, Cohetes y Más, Libro para Colorear de Astronomía. Lenard Vinci Press. 2020. (SPA.). 176p. (J). pap. 14.49 *(978-1-716-38768-5(X))* Lulu Pr., Inc.

Espacios Pequeños. Katherine Arden. 2022. (SPA.). 240p. (J). pap. 11.95 *(978-607-07-6050-1(6))* Editorial Planeta, S. A. ESP. Dist: Two Rivers Distribution.

Espada de Goliat. Juan Diego Llanos. 2016. (SPA., Illus.). (J). pap. *(978-958-46-9090-6(6))* Pedroza Castro, Omar Antonio.

Espada de la Asesina. Relatos de Trono de Cristal / the Assassin's Blade: the Throne of Glass Novellas. Sarah J. Maas. 2022. (Trono de Cristal / Throne of Glass Ser.: 8). (SPA.). 528p. (YA). (gr. 7). pap. 19.95 *(978-607-38-1442-3(9))*, Alfaguara) Penguin Random House Grupo Editorial ESP. Dist: Penguin Random Hse. LLC.

Español Es la Lengua de Mi Familia. Michael Genhart. Illus. by John Parra. 2023. 40p. (J). (gr. -1-3). 18.99 ***(978-0-8234-5446-4(0))***, Neal Porter Bks) Holiday Hse., Inc.

Español para Todos A1-Bloque DOS: El Nopal Spanish. Marta Hoyo Gérard. Ed. by Juan Antonio Dupond Latorre. 2021. (SPA.). 118p. pap. ***(978-1-387-76236-1(2))*** Lulu Pr., Inc.

Espantamiedos. María José Ferrada & Karina Letelier. 2022. (SPA.). 32p. (J). pap. 12.95 *(978-607-07-8488-0(X))* Editorial Planeta, S. A. ESP. Dist: Two Rivers Distribution.

Especies Extraordinarias (Super Species Set 2) (Set), 6 vols. 2018. (Especies Extraordinarias (Super Species) Ser.). (SPA.). 24p. (J). (gr. -1-2). lib. bdg. 196.74 *(978-1-5321-8405-5(0))*, 30003, Abdo Kids) ABDO Publishing Co.

Esperance (Classic Reprint) Meta Lander. 2018. (ENG., Illus.). 344p. (J). 30.99 *(978-0-428-76010-6(4))* Forgotten Bks.

Esperando a Papa see Waiting for Papá/Esperando a Papá

Esperando Al Bebé/Waiting for Baby. Tr. by Teresa Mlawer. Illus. by Rachel Fuller. ed. 2018. (New Baby Spanish/English Edition Ser.: 4). 12p. (J). *(978-1-78628-150-0(3))* Child's Play International Ltd.

Esperanza Caramelo, la Estrella de Nochebuena (Esperanza Caramelo, the Star of Nochebuena Spanish Edition) Karla Arenas Valenti. Illus. by Elisa Chavarri. 2023. 40p. (J). (-k). 18.99 ***(978-0-593-70501-8(7))***, Knopf Bks. for Young Readers) Random Hse. Children's Bks.

Esperanza (Classic Reprint) Susan L. Valerga. 2018. (ENG., Illus.). 174p. (J). 27.51 *(978-0-483-92850-3(X))* Forgotten Bks.

Esperanza (Hope) Julie Murray. 2020. (Nuestra Personalidad (Character Education) Ser.). (SPA.). 24p. (J). (gr. -1-2). lib. bdg. 31.36 *(978-1-0982-0407-5(7))*, 35304, Abdo Kids) ABDO Publishing Co.

Esperanza, or the Home of the Wanderers (Classic Reprint) Anne Bowman. (ENG., Illus.). (J). 2018. 396p. 32.06 *(978-0-365-49186-6(1))*; 2017. pap. 16.57 *(978-0-259-50879-3(9))* Forgotten Bks.

Esperanza Rising. Pam Muñoz Ryan. l.t. ed. 2019. (ENG.). 260p. (J). (gr. 6-10). pap. 12.99 *(978-1-4328-6388-3(6))*, Large Print Pr.) Thorndike Pr.

Esperanza Rising. Pam Muñoz Ryan. ed. 2016. (gr. 5-8). lib. bdg. 17.20 *(978-0-613-53807-7(2))* Turtleback.

Esperanza y Pecas: Huyendo Hacia un Bosque Mejor. Bill Kiley. 2022. (SPA.). 38p. (J). 15.95 *(978-1-63755-169-1(X))* Amplify Publishing Group.

¡Esperar No Es Fácil!-An Elephant & Piggie Book, Spanish Edition. Mo Willems. 2017. (Elephant & Piggie Book Ser.). (ENG., Illus.). 64p. (J). (gr. 1-k). 10.99 *(978-1-4847-8698-7(X))*, Hyperion Books for Children) Disney Publishing Worldwide.

Esperienze con Amici a 4 Zampe. Giovanni Gravante. 2021. (ITA.). 243p. (J). pap. *(978-1-6671-3819-0(7))* Lulu Pr., Inc.

Espero Mi Turno. Paul Leveno. Illus. by Julia Patton. 2023. (SPA.). 16p. (J). (gr. -1-1). pap. 36.00 *(978-1-4788-2320-9(8))*, 409d0f52-45c4-4876-b767-a451c6c298e2); pap. 5.75 *(978-1-4788-1975-2(8))*, b63d59f7-1c57-465f-aebe-fbf032efd411) Newmark Learning LLC.

Espino Gris. Crystal Smith. 2021. (SPA.). 364p. (YA). (gr. 7). pap. 21.00 *(978-607-557-263-5(5))* Editorial Oceano de Mexico MEX. Dist: Independent Pubs. Group.

Espinosaurio. Aaron Carr. 2019. (Dinosaurios Ser.). (SPA.). 24p. (J). (gr. k-2). lib. bdg. 28.55 *(978-1-7911-1438-1(5))* Weigl Pubs., Inc.

Espinosaurio. Grace Hansen. 2017. (Dinosaurios (Dinosaurs Set 2) Ser.).Tr. of Spinosaurus. (SPA., Illus.). 24p. (J). (gr. -1-2). lib. bdg. 32.79 *(978-1-5321-0652-1(1))*, 27243, Abdo Kids) ABDO Publishing Co.

Espiritu Santo: A Novel (Classic Reprint) Henrietta Dana Skinner. 2018. (ENG., Illus.). (J). 342p. 30.95 *(978-0-366-57087-4(0))*; 344p. pap. 13.57 *(978-0-366-57086-7(2))* Forgotten Bks.

Espn. Sara Green. 2017. (Brands We Know Ser.). (ENG.). 24p. (J). (gr. 3-8). lib. bdg. 27.95 *(978-1-62617-651-5(5))*, Pilot Bks.) Bellwether Media.

ESPN: Top Sports News Channel: Top Sports News Channel. Contrib. by Kristian R. Dyer. 2023. (Big Sports Brands Ser.). (ENG.). 48p. (J). (gr. 3-9). lib. bdg. 34.21 ***(978-1-0982-9067-2(4))***, 41897, SportsZone) ABDO Publishing Co.

Esporadicus: el Misterio Del Exterminador/ Sporadicus. J. F. Celis. 2017. (SPA.). 344p. (YA). (gr. 8-12). pap. 22.95 *(978-607-529-061-4(3))*, B De Block) Penguin Random House Grupo Editorial ESP. Dist: Penguin Random Hse. LLC.

Esports. M. G. Higgins. 2019. (White Lightning Nonfiction Ser.). (ENG.). 64p. (J). (gr. 6-8). pap. 11.95 *(978-1-68021-739-1(9))* Saddleback Educational Publishing, Inc.

Esports: A Billion Eyeballs & Growing, Vol. 6. Craig Ellenport. 2018. (Tech 2. 0: World-Changing Entertainment Companies Ser.). (Illus.). 64p. (J). (gr. 7). 31.93 *(978-1-4222-4054-0(1))* Mason Crest.

Esports & the New Gaming Culture. Bradley Steffens. 2020. (ENG.). 80p. (YA). (gr. 6-12). 41.27 *(978-1-68282-925-7(1))* ReferencePoint Pr., Inc.

Esports Careers. Heather E. Schwartz. 2023. (Esports Zone (Lerner (tm) Sports) Ser.). (ENG., Illus.). 32p. (J). (gr. 2-5). pap. 9.99 Lerner Publishing Group.

Esports Championships. Heather E. Schwartz. 2023. (Esports Zone (Lerner (tm) Sports) Ser.). (ENG., Illus.). 32p. (J). (gr. 2-5). pap. 9.99 Lerner Publishing Group.

Esports Competitions. Erin Nicks. 2020. (Esports Explosion Ser.). (ENG., Illus.). 32p. (J). (gr. 3-6). lib. bdg. 32.79 *(978-1-5321-9443-6(9))*, 36641, SportsZone) ABDO Publishing Co.

Esports Explosion (Set), 6 vols. 2020. (Esports Explosion Ser.). (ENG.). 32p. (J). (gr. 3-6). lib. bdg. 196.74 *(978-1-5321-9440-5(4))*, 36635, SportsZone) ABDO Publishing Co.

Esports: Game Design. Josh Gregory. 2020. (21st Century Skills Library: Esports LIVE Ser.). (ENG., Illus.). 32p. (J). (gr. 4-7). lib. bdg. 32.07 *(978-1-5341-6890-9(7))*, 215447) Cherry Lake Publishing.

Esports: Games & Genres. Josh Gregory. 2020. (21st Century Skills Library: Esports LIVE Ser.). (ENG., Illus.). 32p. (J). (gr. 4-7). lib. bdg. 32.07 *(978-1-5341-6889-3(3))*, 215443) Cherry Lake Publishing.

Esports: Greatest Moments. Josh Gregory. 2020. (21st Century Skills Library: Esports LIVE Ser.). (ENG., Illus.). 32p. (J). (gr. 4-7). lib. bdg. 32.07 *(978-1-5341-6886-2(9))*, 215431) Cherry Lake Publishing.

Esports LIVE (Set), 8 vols. Josh Gregory. 2020. (21st Century Skills Library: Esports LIVE Ser.). (ENG., Illus.). 32p. (J). (gr. 4-7). 256.56 *(978-1-5341-6811-4(7))*, 215145); pap., pap., pap. 113.71 *(978-1-5341-6993-7(8))*, 215146) Cherry Lake Publishing.

Esports Revolution. Daniel Montgomery Cole Mauleón & Daniel Montgomery Cole Mauleón. 2019. (Video Game Revolution Ser.). (ENG., Illus.). 32p. (J). (gr. 3-9). E-Book 30.65 *(978-1-5435-7168-4(9))*, 83099) Capstone.

Esports (Set), 6 vols. 2022. (Esports Ser.). (ENG.). 24p. (J). (gr. 2-8). lib. bdg. 188.16 *(978-1-0982-2845-3(6))*, 39969, Abdo Zoom-Fly) ABDO Publishing Co.

Esports (Set Of 6) Kenny Abdo. 2022. (Esports Ser.). (ENG., Illus.). (J). (gr. 2-2). pap. 53.70 *(978-1-64494-781-4(1))*, Abdo Zoom-Fly) ABDO Publishing Co.

Esports Stars. Erin Nicks. 2020. (Esports Explosion Ser.). (ENG., Illus.). 32p. (J). (gr. 3-6). lib. bdg. 32.79 *(978-1-5321-9444-3(7))*, 36643, SportsZone) ABDO Publishing Co.

Esports Superstars. Marie-Therese Miller. 2023. (Esports Zone (Lerner (tm) Sports) Ser.). (ENG., Illus.). 32p. (J). (gr. 2-5). pap. 9.99 Lerner Publishing Group.

ESports Superstars: Get the Lowdown on the World of Pro Gaming. Carlton Kids. 2019. (Y Ser.). (ENG., Illus.). 64p. (J). (gr. 3-7). pap. 9.95 *(978-1-78312-452-7(0))* Carlton Bks., Ltd. GBR. Dist: Two Rivers Distribution.

Esports Technology. Heather E. Schwartz. 2023. (Esports Zone (Lerner (tm) Sports) Ser.). (ENG., Illus.). 32p. (J). (gr. 2-5). pap. 9.99. lib. bdg. 30.65 ***(978-1-7284-9090-8(1))***, a7a6c52f-0c20-4d9d-be81-ef94fb305070) Lerner Publishing Group. (Lerner Pubns.).

ESports: the Ultimate Gamer's Guide: The Who's Who & How-To of ESports. Mike Stubbs. 2018. (ENG., Illus.). 128p. (YA). (gr. 9). pap. 9.99 *(978-0-06-289414-4(5))*, HarperCollins) HarperCollins Pubs.

Esports: the Ultimate Guide. Scholastic. 2019. (ENG., Illus.). 144p. (J). (gr. 7-7). pap. 9.99 *(978-1-338-58054-9(X))* Scholastic, Inc.

Esports the Ultimate Guide. Scholastic. ed. 2020. (ENG.). 144p. (J). (gr. 6-8). 20.96 *(978-1-64697-325-5(9))* Penworthy Co., LLC, The.

Esprit et l'Enfant Perdu. Gehel. 2016. (FRE., Illus.). (J). pap. *(978-2-89717-050-9(6))* Éditions Gayrard.

Esquí de Las Pequeñas Estrellas. Taylor Farley. Tr. by Pablo de la Vega. 2021. (Pequeñas Estrellas (Little Stars) Ser.). (SPA., Illus.). 24p. (J). (gr. k-2). pap. *(978-1-4271-3186-7(4))*, 15142); lib. bdg. *(978-1-4271-3168-3(6))*, 15123) Crabtree Publishing Co.

Esquire's 2nd Sports Reader (Classic Reprint) Arnold Gingrich. 2017. (ENG., Illus.). (J). 32.99 *(978-0-260-96693-3(2))*; pap. 16.57 *(978-1-5280-6450-7(X))* Forgotten Bks.

Esquivel: Space-Age Sound Artist see ¡Esquivel! un Artista Del Sonido de la Era Espacial / Esquivel! Space-Age Sound Artist

Esquivel! Space-Age Sound Artist. Susan Wood. Illus. by Duncan Tonatiuh. 32p. (J). (gr. 1-4). 2020. pap. 8.99 *(978-1-58089-674-0(X))*; 2016. lib. bdg. 17.95 *(978-1-58089-673-3(1))* Charlesbridge Publishing, Inc.

¡Esquivel! un Artista Del Sonido de la Era Espacial / Esquivel! Space-Age Sound Artist. Susan Wood. Tr. by Carlos E. Calvo. Illus. by Duncan Tonatiuh. ed. 2016.Tr. of Esquivel: Space-Age Sound Artist. 32p. (J). (gr. 1-4). lib. bdg. 18.99 *(978-1-58089-733-4(9))* Charlesbridge Publishing, Inc.

Essai Critique Sur les Principes Fondamentaux de la Geometrie Elementaire, Ou Commentaire Sur les XXXII Premieres Propositions des Elements d'Euclide (Classic Reprint) Jules Houel. 2018. (FRE., Illus.). 102p. (J). 26.02 *(978-0-428-30093-7(6))* Forgotten Bks.

Essai Historique et Bibliographique Sur les Rebus (Classic Reprint) Octave Delepierre. 2018. (FRE., Illus.). 66p. (J). pap. 9.57 *(978-0-484-98814-8(X))* Forgotten Bks.

Essai Sur la Fable en France Au Dix-Huitieme Siecle (Classic Reprint) Gustave Saillard. 2017. (FRE., Illus.). (J). pap. 9.97 *(978-0-259-96472-8(7))* Forgotten Bks.

Essai Sur la Fable en France Au Dix-Huitième Siècle (Classic Reprint) Gustave Saillard. 2018. (FRE., Illus.). 176p. (J). 27.53 *(978-0-666-73637-6(5))* Forgotten Bks.

Essai Sur la Physionomie des Serpens (Classic Reprint) Hermann Schlegel. 2017. (FRE., Illus.). (J). 36.93 *(978-0-266-89971-6(4))*; pap. 19.57 *(978-0-243-89277-8(2))* Forgotten Bks.

Essai Sur la Propagation de l'Alphabet Phenicien Dans l'Ancien Monde, Vol. 2 (Classic Reprint) François Lenormant. 2017. (FRE., Illus.). (J). pap. 9.97 *(978-0-282-90878-2(1))* Forgotten Bks.

Essai Sur le Phlogistique, et Sur la Constitution des Acides: Traduit de l'Anglois (Classic Reprint) Richard Kirwan. 2018. (FRE., Illus.). 358p. (J). 31.28 *(978-0-364-34125-4(4))* Forgotten Bks.

Essai Sur le Phlogistique, et Sur la Constitution des Acides (Classic Reprint) Richard Kirwan. 2017. (FRE., Illus.). (J). pap. 13.97 *(978-0-259-46004-6(4))* Forgotten Bks.

Essai Sur l'Entomologie Horticole: Comprenant, l'Histoire des Insectes Nuisibles a l'Horticulture Avec l'Indication des Moyens Propres a les Eloigner Ou a les Detruire, et l'Histoire des Insectes et Autres Animaux Utiles Aux Cultures. Jean Alphonse Boisduval. 2017. (FRE., Illus.). (J). 37.59 *(978-0-265-48541-5(X))*; pap. 19.97 *(978-0-259-13383-4(3))* Forgotten Bks.

Essai Sur l'Entomologie Horticole: Comprenant l'Histoire des Insectes Nuisibles a l'Horticulture Avec l'Indication des Moyens Propres a les Éloigner Ou a les détruire et l'Histoire des Insectes et Autres Animaux Utiles Aux Cultures (Classic Reprint) Jean Alphonse Boisduval. 2018. (FRE., Illus.). 664p. (J). pap. 19.97 *(978-1-391-10458-4(7))* Forgotten Bks.

Essai Sur les Comètes en Général, et Particulièrement Sur Celles Qui Peuvent Approcher de l'Orbite de la Terre (Classic Reprint) Achille Pierre Dionis Du Sejour. 2018. (FRE., Illus.). (J). 394p. 32.04 *(978-1-391-34756-1(0))*; 396p. pap. 16.57 *(978-1-390-56022-0(8))* Forgotten Bks.

Essai Sur les Fables de la Fontaine: Thèse Sur le Doctorat Ès Lettres Présentée À la Faculté de Paris (Classic Reprint) Hippolyte. Taine. 2018. (FRE., Illus.). (J). 204p. 28.10 *(978-0-364-23770-0(8))*; 206p. pap. 10.57 *(978-0-267-55921-3(6))* Forgotten Bks.

Essai Sur les Fables Indiennes et Sur Leur Introduction en Europe: Suivi du Roman des Sept Sages de Rome, en Prose (Classic Reprint) Auguste Loiseleur-Deslongchamps. 2017. (FRE., Illus.). (J). 35.05 *(978-0-331-65395-3(8))*; pap. 19.57 *(978-0-282-67824-1(7))* Forgotten Bks.

Essai Sur les Fables Indiennes et Sur Leur Introduction en Europe (Classic Reprint) A. -L -A Loiseleur-Deslongchamps. (FRE., Illus.). (J). 2018. 550p. 35.26 *(978-0-428-29555-4(X))*; 2017. pap. 19.57 *(978-1-5276-1597-7(9))* Forgotten Bks.

Essai Sur les Passions (Classic Reprint) Theodule Ribot. 2017. (FRE., Illus.). (J). pap. 13.57 *(978-0-243-96394-2(7))* Forgotten Bks.

Essai Sur les Passions (Classic Reprint) Theodule Armand Ribot. 2018. (FRE., Illus.). 310p. (J). 30.29 *(978-0-364-13727-7(4))* Forgotten Bks.

Essai Sur les Rapports de l'Organe Auditif: Avec les Hallucinations de l'Ouïe (Classic Reprint) Rene Legay. 2018. (FRE., Illus.). 70p. (J). pap. 9.57 *(978-1-391-17672-7(3))* Forgotten Bks.

Essai Sur les Rapports Qui Existent Entre les Apologues de l'Inde et les Apologues de la Grèce (Classic Reprint) Auguste Wagener. 2018. (FRE., Illus.). (J). 178p. 27.57 *(978-0-365-65079-9(X))*; 180p. pap. 9.97 *(978-0-365-65077-5(3))* Forgotten Bks.

Essais Philosophiques Sur les Moeurs de Divers Animaux-Étrangers, Avec des Observations Relatives Aux Principes et Usages de Plusieurs Peuples: Ou Extraits des Voyages de M* en Asie; Ouvrage Pour Sérvir de Suite À l'Histoire Naturelle de M. de Buffon.** Foucher D'Obsonville. 2018. (FRE., Illus.). 420p. (J). pap. 16.57 *(978-1-391-19756-2(9))* Forgotten Bks.

Essay at Deer Hunting (Classic Reprint) James Newton Kimball. 2018. (ENG., Illus.). 34p. (J). 24.60 *(978-0-267-21480-8(4))* Forgotten Bks.

Essay of a Delaware-Indian & English Spelling-Book: For the Use of the Schools of the Christian Indians on Muskingum River (Classic Reprint) David Zeisberger. 2017. (ENG., Illus.). (J). pap. 9.57 *(978-0-282-35674-3(6))* Forgotten Bks.

Essay on External Appended Remedies: Occasioned by the Very Great Increase of Late Years in the Bills of Mortality, Which Plainly Shew, That in & about London Only, above 12000 Children Yearly Die of Their Teeth, & Convulsions & Feavers Caused Th. P. Chamberlaine. 2017. (ENG., Illus.). (J). 24.47 *(978-0-331-15337-8(8))*; pap. 7.97 *(978-0-260-12241-4(6))* Forgotten Bks.

Essay on Irish Bulls (Classic Reprint) Richard Lovel Edgeworth. 2017. (ENG., Illus.). (J). 248p. 29.01 *(978-0-484-47835-9(4))*; pap. 11.57 *(978-0-259-44010-9(8))* Forgotten Bks.

Essay on the Archaeology of Our Popular Phrases, & Nursery Rhymes, Vol. 1 of 2 (Classic Reprint) John Bellenden Ker. (ENG., Illus.). (J). 2018. 308p. 30.25 *(978-1-396-81938-4(X))*; 2018. 310p. pap. 13.57 *(978-1-396-81935-3(5))*; 2017. 30.25 *(978-0-260-11954-4(7))*; 2017. pap. 13.57 *(978-1-5281-0147-9(2))* Forgotten Bks.

Essay on the Archaeology of Our Popular Phrases, & Nursery Rhymes, Vol. 2 of 2 (Classic Reprint) John Bellenden Ker. 2017. (ENG., Illus.). (J). 30.54 *(978-0-265-75216-6(7))*; pap. 13.57 *(978-1-5277-2379-5(8))* Forgotten Bks.

Essay on the Archaeology of Our Popular Phrases, Terms, & Nursery Rhymes, Vol. 1 (Classic Reprint) John Bellenden Ker. (ENG., Illus.). (J). 2018. 324p. 30.60 *(978-0-364-55912-3(8))*; 2017. pap. 13.57 *(978-0-259-42106-1(5))* Forgotten Bks.

Essay on the Archaeology of Our Popular Phrases, Terms & Nursery Rhymes, Vol. 2 (Classic Reprint) John Bellenden Ker. (ENG., Illus.). (J). 2018. 340p. 30.91 *(978-0-267-09884-2(7))*; 2016. pap. 13.57 *(978-1-333-91607-7(8))* Forgotten Bks.

Essay on the Art of Ingeniously Tormenting: With Proper Rules for the Exercise of That Pleasant Art (Classic Reprint) Jane Collier. 2017. (ENG., Illus.). (J). 28.78 *(978-0-265-73179-6(8))*; pap. 11.57 *(978-1-5276-9329-6(5))* Forgotten Bks.

Essay on the Genius of George Cruikshank. William Makepeace Thackeray. 2017. (ENG., Illus.). (J). pap. *(978-0-649-02211-3(4))* Trieste Publishing Pty Ltd.

Essay on the Genius of George Cruikshank: Reprinted Verbatim (Classic Reprint) William Makepeace Thackeray. 2017. (ENG., Illus.). (J). 25.86 *(978-0-260-55839-8(7))* Forgotten Bks.

Essay on the Investigation of the First Principles of Nature, Vol. 1: Together with the Application Thereof to Solve the Phenomena of the Physical System; Containing a New Philosophical Theory Whereby First Principles, with Their Material Substances An. Felix O'Gallagher. (ENG., Illus.). (J). 2018. 412p. 32.39 *(978-0-656-46985-7(4))*; 2017. pap. 16.57 *(978-0-282-11943-0(4))* Forgotten Bks.

TITLE INDEX ESSENTIALLY ME

Essay on the Investigation of the First Principles of Nature, Vol. 2: Together with the Application Thereof to Solve the Phaenomena of the Physical System; in Which the Nature & Fuel of the Sun Are Physically Investigated; the Real Principles of Cold. Felix O'Gallagher. 2017. (ENG., Illus.). (J). pap. 16.57 *(978-0-282-03595-2(8))* Forgotten Bks.

Essay on the Investigation of the First Principles of Nature, Vol. 2: Together with the Application Thereof to Solve the PHænomena of the Physical System; in Which the Nature & Fuel of the Sun Are Physically Investigated; the Real Principles of Cold. Felix O'Gallagher. 2018. (ENG., Illus.). 416p. (J). 32.48 *(978-0-666-22673-0(3))* Forgotten Bks.

Essay on the Management of Bees (Classic Reprint) John Mills. 2018. (ENG., Illus.). 178p. (J). 27.57 *(978-0-364-86495-1(8))* Forgotten Bks.

Essay on the Means & Importance of Introducing the Natural Sciences into the Family Library, & Diffusing the Elements of Geometry into the Plan of the Popular Education (Classic Reprint) Dennis McCurdy. 2018. (ENG., Illus.). 50p. (J). 24.93 *(978-0-656-80312-5(6))* Forgotten Bks.

Essay on the Power & Harmony of Prosaic Numbers: Being a Sequel to One on the Power of Numbers & the Principles of Harmony in Poetic Compositions (Classic Reprint) John Mason. (ENG., Illus.). (J). 2018. 88p. 25.71 *(978-0-267-45517-1(8))*; 2016. pap. 9.57 *(978-1-334-43201-9(5))* Forgotten Bks.

Essay on the Principles of Education, Physiologically Considered. Charles Collier. 2017. (ENG., Illus.). (J). pap. *(978-0-649-05441-1(5))* Trieste Publishing Pty Ltd.

Essay upon the Study of Geometry in Common Schools (Classic Reprint) Stephen Chase. (ENG., Illus.). (J). 2018. 20p. 24.31 *(978-0-267-09451-6(5))*; 2017. pap. 7.97 *(978-0-282-59516-6(3))* Forgotten Bks.

Essays: The Indicator, the Seer (Classic Reprint) Leigh Hunt. (ENG., Illus.). (J). 2018. 376p. 31.63 *(978-0-332-73718-8(7))*; 2017. pap. 16.57 *(978-1-334-91964-0(X))* Forgotten Bks.

Essays & Criticisms (Classic Reprint) Robert Louis Stevenson. 2017. (ENG., Illus.). (J). 29.77 *(978-0-260-65478-6(7))* Forgotten Bks.

Essays & Miscellanies (Classic Reprint) Leigh Hunt. 2018. (ENG., Illus.). 506p. (J). 34.33 *(978-0-365-29668-3(6))* Forgotten Bks.

Essays & Photographs: Some Birds of the Canary Islands & South Africa (Classic Reprint) Henry E. Harris. (ENG., Illus.). (J). 2018. 450p. 33.18 *(978-0-267-54498-1(7))*; 2016. pap. 16.57 *(978-1-333-45761-7(8))* Forgotten Bks.

Essays & Sketches of Character (Classic Reprint) Richard Ayton. 2018. (ENG., Illus.). 296p. (J). 30.00 *(978-0-428-94761-3(1))* Forgotten Bks.

Essays (Classic Reprint) Leigh Hunt. 2018. (ENG., Illus.). 340p. (J). 30.91 *(978-0-484-46866-4(9))* Forgotten Bks.

Essays (Classic Reprint) Winthrop Mackworth Praed. 2018. (ENG., Illus.). 296p. (J). 30.10 *(978-0-484-53970-8(1))* Forgotten Bks.

Essays from the Sketch-Book (Classic Reprint) Washington. Irving. 2017. (ENG., Illus.). (J). 27.26 *(978-0-260-55965-4(2))* Forgotten Bks.

Essays from Work (Classic Reprint) Charles Little. (ENG., Illus.). (J). 2018. 52p. 24.97 *(978-0-656-45093-0(2))*; 2017. pap. 9.57 *(978-0-259-47935-2(7))* Forgotten Bks.

Essays in Freedom & Rebellion (Classic Reprint) Henry W. Nevinson. 2017. (ENG., Illus.). (J). 28.62 *(978-0-260-02106-9(7))* Forgotten Bks.

Essays of Douglas Jerrold (Classic Reprint) Douglas William Jerrold. 2017. (ENG., Illus.). (J). 29.75 *(978-0-260-45822-3(8))* Forgotten Bks.

Essays of Elia & Eliana (Classic Reprint) Charles Lamb. 2018. (ENG., Illus.). 836p. (J). 41.14 *(978-0-484-88391-7(7))* Forgotten Bks.

Essays of Elia (Chosen) (Classic Reprint) Charles Lamb. 2017. (ENG., Illus.). (J). 26.66 *(978-0-266-16956-7(2))* Forgotten Bks.

Essays of Elia (Classic Reprint) Charles Lamb. 2017. (ENG., Illus.). (J). 32.77 *(978-0-260-86719-3(5))* Forgotten Bks.

Essays of Elia, Vol. 1 (Classic Reprint) Charles Lamb. (ENG., Illus.). (J). 2017. 31.12 *(978-0-266-45939-2(0))*; 2016. pap. 13.57 *(978-1-334-14572-8(5))* Forgotten Bks.

Essays of Leigh Hunt (Classic Reprint) Leigh Hunt. 2018. (ENG., Illus.). 392p. (J). 31.98 *(978-0-483-25591-3(2))* Forgotten Bks.

Essays of Travel (Classic Reprint) Robert Louis Stevenson. (ENG., Illus.). (J). 2018. 350p. 31.12 *(978-0-428-77432-5(6))*; 2017. 29.28 *(978-0-265-47365-8(9))*; 2016. pap. 11.57 *(978-1-334-14017-4(0))* Forgotten Bks.

Essays on Mathematical Education. G. St L. Carson. 2017. (ENG., Illus.). (J). pap. *(978-0-649-49165-0(3))* Trieste Publishing Pty Ltd.

Essays on Natural History: Chiefly Ornithology (Classic Reprint) Charles Waterton. 2017. (ENG., Illus.). (J). 32.97 *(978-0-260-81685-6(X))* Forgotten Bks.

Essays on Natural History (Classic Reprint) Charles Waterton. 2018. (ENG., Illus.). (J). 388p. 31.92 *(978-1-397-20645-9(4))*; 390p. pap. 16.57 *(978-1-397-20612-1(8))*; 656p. 37.47 *(978-0-428-36184-6(6))* Forgotten Bks.

Essays on Several Curious & Useful Subjects, in Speculative & Mix'd Mathematicks: Illustrated by a Variety of Examples (Classic Reprint) Thomas Simpson. 2017. (ENG., Illus.). (J). 34.64 *(978-0-331-19909-3(2))* Forgotten Bks.

Essays on Song-Writing: With a Collection of Such English Songs As Are Most Eminent for Poetical Merit, to Which Are Added, Some Original Pieces (Classic Reprint) John Aikin. 2018. (ENG., Illus.). 302p. (J). 30.13 *(978-0-484-49519-6(4))* Forgotten Bks.

Essays on the Distinguishing Traits of Christian Character (Classic Reprint) Gardiner Spring. 2017. (ENG., Illus.). (J). 26.70 *(978-0-331-18916-2(X))*; pap. 9.57 *(978-0-259-00066-2(3))* Forgotten Bks.

Essays on the Distinguishing Traits of Christian Character, Vol. 5 (Classic Reprint) Gardiner Spring. 2018. (ENG., Illus.). 186p. (J). 27.73 *(978-0-484-48946-1(1))* Forgotten Bks.

Essays on Various Subjects: Principally Designed for Young Ladies (Classic Reprint) Unknown Author. 2018. (ENG., Illus.). 526p. (J). 34.77 *(978-0-267-24405-8(3))* Forgotten Bks.

Essays on Various Subjects: Written for the Amusement of Everybody, by One Who Is Considered Nobody (Classic Reprint) Unknown Author. 2018. (ENG., Illus.). 160p. (J). 27.22 *(978-0-365-11946-3(6))* Forgotten Bks.

Essays That Every Child Should Know: A Selection of the Writings of English & American Essayists (Classic Reprint) Hamilton Wright Mabie. 2018. (ENG., Illus.). 296p. (J). 30.02 *(978-0-483-43521-6(X))* Forgotten Bks.

Essays Then & Now (Classic Reprint) Alice Cecilia Cooper. (ENG., Illus.). (J). 2018. 418p. 32.52 *(978-0-483-84695-1(3))*; 2017. pap. 16.57 *(978-0-243-28856-4(5))* Forgotten Bks.

Essays Towards a Theory of Knowledge (Classic Reprint) Alexander Philip. (ENG., Illus.). (J). 2018. 132p. 26.62 *(978-0-483-48854-0(2))*; 2016. pap. 9.57 *(978-1-333-45737-2(5))* Forgotten Bks.

Esse & Friends Handwriting Practice Workbook Numbers: 123 Number Tracing Size 2 Practice Lines Ages 3 to 5 Preschool, Kindergarten, Early Primary School & Homeschooling. Esse & Friends Learning Books. 2019. (Esse & Friends Learning Workbooks Ser.: Vol. 3). (ENG.). 88p. (J). (gr. k-1). pap. ***(978-0-6487433-2-3(2))***; pap. ***(978-0-6487433-3-0(0))***; pap. ***(978-0-6487433-5-4(7))*** eDiY Publishing.

Esselen, 1 vol. Miranda Rathjen. 2017. (Spotlight on the American Indians of California Ser.). (ENG.). 32p. (J). (gr. 4-5). 27.93 *(978-1-5383-2456-1(3))*, e2e8654b-e3ba-4a0e-99d3-519071cf3a63, PowerKids Pr.) Rosen Publishing Group, Inc., The.

Essence: The Woman God Uses. Robin Walton (M. Ed). 2018. (ENG.). 80p. (YA). pap. 9.95 *(978-1-9736-4730-0(3))*, WestBow Pr.) Author Solutions, LLC.

Essence of Eid. Najmun Riyaz. 2023. (ENG.). 38p. (J). (gr. k-6). 19.99 ***(978-1-0881-2074-3(1))***; pap. 11.99 ***(978-1-0881-1898-6(4))*** Indy Pub.

Essence of Eid. Najmun Riyaz. Illus. by Insha Qazi. (ENG.). 38p. (J). (gr. k-6). 2020. 17.99 *(978-1-0878-1486-5(3))*; 2019. pap. 14.99 *(978-1-0878-1835-1(4))* Indy Pub.

Essence of Zola's Time. Tattiana Tesfaye Kifile. I.t. ed. 2022. (ENG.). 42p. (J). pap. 12.99 *(978-1-0880-3201-5(X))* Indy Pub.

Essence Thief. Adrianna W. Collins. 2018. (Essence Saga Ser.: Vol. 1). (ENG., Illus.). 610p. (YA). (gr. 7-12). pap. *(978-91-984866-0-5(8))* Collins, Adrianna W.

Essence Weaver. Wolfe J. Locke. 2020. (Monster Mage Ser.: Vol. 1). (ENG.). 196p. (YA). pap. 10.99 *(978-1-393-37954-6(0))* Primedia eLaunch LLC.

Essential Amphibians. Marie Pearson. 2021. (Essential Animals Ser.). (ENG., Illus.). 112p. (YA). (gr. 6-12). lib. bdg. 41.36 *(978-1-5321-9550-1(8))*, 38342, Essential Library) ABDO Publishing Co.

Essential Animals (Set), 6 vols. 2021. (Essential Animals Ser.). (ENG.). 112p. (YA). (gr. 6-12). lib. bdg. 248.16 *(978-1-5321-9549-5(4))*, 38340, Essential Library) ABDO Publishing Co.

Essential Birds. Arnold Ringstad. 2021. (Essential Animals Ser.). (ENG.). 112p. (YA). (gr. 6-12). lib. bdg. 41.36 *(978-1-5321-9551-8(6))*, 38344, Essential Library) ABDO Publishing Co.

Essential Careers: Set 7, 12 vols. 2017. (Essential Careers Ser.). (ENG.). 80p. (J). (gr. 6-6). lib. bdg. 224.82 *(978-1-5081-7773-9(2))*, 946139b8-38e4-47bf-b394-226ed13f47ca, Rosen Young Adult) Rosen Publishing Group, Inc., The.

Essential Careers: Sets 1 - 7, 94 vols. 2017. (Essential Careers Ser.). (ENG.). (YA). (gr. 6-6). lib. bdg. 1761.09 *(978-1-5081-7772-2(4))*, 7a11615a-a206-4a18-9689-fadeb2422e26) Rosen Publishing Group, Inc., The.

Essential Classroom Package 1 Year Print/8 Year Digital 2019. Hmh Hmh. 2018. (Modern World History Ser.). (ENG.). (YA). (gr. 10). pap. 9815.13 *(978-1-328-83830-8(7))* Houghton Mifflin Harcourt Publishing Co.

Essential Classroom Package Grade 6 with 1 Year Digital 2018. Hmh Hmh. 2017. (World History: Ancient Civilizations Ser.). (ENG.). (J). (gr. 6). pap. 8380.33 *(978-0-544-94913-3(7))* Houghton Mifflin Harcourt Publishing Co.

Essential Classroom Package Grade 7 with 1 Year Digital 2018. Hmh Hmh. 2017. (Civics in Practice Integrated: Civics, Economics, & Geography Ser.). (ENG.). (J). (gr. 7). pap. 9130.80 *(978-0-544-94968-3(4))* Houghton Mifflin Harcourt Publishing Co.

Essential Classroom Package Grades 6-8 with 1 Year Digital 2018. Hmh Hmh. 2017. (United States History: Beginnings To 1877 Ser.). (ENG.). (J). (gr. 6-8). pap. 9004.20 *(978-0-544-94982-9(X))* Houghton Mifflin Harcourt Publishing Co.

Essential Classroom Package with 1 Year Digital 2018. Hmh Hmh. 2017. (High School Us History Ser.). (ENG.). (J). (gr. 9-12). pap. 10774.27 *(978-0-544-94956-0(0))*; pap. 10469.20 *(978-0-544-95319-2(3))* Houghton Mifflin Harcourt Publishing Co.

Essential Classroom Package with 8 Year Digital 2019. Hmh Hmh. 2018. (American History: Reconstruction to the Present Ser.). (ENG.). (YA). (gr. 11). pap. 9815.33 *(978-1-328-83811-7(0))* Houghton Mifflin Harcourt Publishing Co.

Essential Concepts in Computer Science (Set), 12 vols. 2018. (Essential Concepts in Computer Science Ser.). (ENG.). 32p. (gr. 4-5). lib. bdg. 167.58 *(978-1-5383-3203-0(5))*, a74ca897-105a-4478-82b7-5bb79edd802d, PowerKids Pr.) Rosen Publishing Group, Inc., The.

Essential Events Set 4, 8 vols. Sue Vander Hook. Incl. United States Enters World War I. (ENG.). 112p. (YA). (gr. 6-12). 2010. lib. bdg. 41.36 *(978-1-60453-947-9(X))*, 6397, Essential Library); (Essential Events Set 4 Ser.: 8). (ENG.). 112p. 2010. Set lib. bdg. 330.88 *(978-1-60453-941-7(0))*, 6385, Essential Library) ABDO Publishing Co.

Essential Fish. Alyssa Krekelberg. 2021. (Essential Animals Ser.). (ENG., Illus.). 112p. (YA). (gr. 6-12). lib. bdg. 41.36 *(978-1-5321-9552-5(4))*, 38346, Essential Library) ABDO Publishing Co.

Essential Guide to Comic Book Lettering. Nate Piekos & Tom Orzechowski. 2021. (ENG., Illus.). 256p. (YA). pap., pap. 16.99 *(978-1-5343-1995-0(6))* Image Comics.

Essential Harry Styles Fanbook: His Life, His Songs, His Story. Mortimer Children's. 2023. (ENG.). 64p. (J). (gr. 3-7). 12.95 ***(978-1-83935-252-2(3)**, Mortimer Children's Bks.)* Welbeck Publishing Group Ltd. GBR. Dist: Two Rivers Distribution.

Essential Histories: War & Conflict in Modern Times, 8 vols., Set. Incl. Arab-Israeli Conflict: The 1948 War. Efraim Karsh. lib. bdg. 38.47 *(978-1-4042-1842-0(4))*, 83253158-6ad2-4a5c-b3cb-ef330d170f20); Korean War. Carter Malkasian. lib. bdg. 38.47 *(978-1-4042-1834-5(3))*, 5db45bbf-3e65-40c9-8e60-f54806e8b5d1); (Illus.). 96p. (YA). (gr. 10-10). (Essential Histories: War & Conflict in Modern Times Ser.). (ENG.). 2008. Set lib. bdg. 153.88 *(978-1-4042-1894-9(7))*, 99b8f345-b0b7-4dcc-a7ef-c286314a825c) Rosen Publishing Group, Inc., The.

Essential Invertebrates. Alyssa Krekelberg. 2021. (Essential Animals Ser.). (ENG.). 112p. (YA). (gr. 6-12). lib. bdg. 41.36 *(978-1-5321-9553-2(2))*, 38348, Essential Library) ABDO Publishing Co.

Essential Jobs (Set Of 8) Brienna Rossiter. 2022. (Essential Jobs Ser.). (ENG.). 192p. (J). (gr. 1-2). pap. 71.60 *(978-1-63739-081-8(5))*; lib. bdg. 228.00 *(978-1-63739-027-6(0))* North Star Editions. (Focus Readers).

Essential Library of Countries (Set), 18 vols. 2022. (Essential Library of Countries Ser.). (ENG.). 112p. (YA). (gr. 6-12). lib. bdg. 744.48 *(978-1-5321-9933-2(3))*, 40655, Essential Library) ABDO Publishing Co.

Essential Library of the Civil War, 10 vols. 2016. (Essential Library of the Civil War Ser.). (ENG.). 112p. (J). (gr. 8-12). lib. bdg. 413.60 *(978-1-68078-270-7(3))*, 21695, Essential Library) ABDO Publishing Co.

Essential Library of the Information Age, 6 vols. 2016. (Essential Library of the Information Age Ser.). (ENG.). 112p. (J). (gr. 8-12). lib. bdg. 248.16 *(978-1-68078-281-3(9))*, 21717, Essential Library) ABDO Publishing Co.

Essential List: A Letter to the Teacher. Meron H. Izakson & Leanne Raday. 2017. (ENG., Illus.). 59p. (J). pap. *(978-965-229-919-2(7))* Gefen Publishing Hse., Ltd.

Essential Literary Genres (Set), 8 vols. 2016. (Essential Literary Genres Ser.). (ENG.). 112p. (J). (gr. 6-12). lib. bdg. 330.88 *(978-1-68078-376-6(9))*, 23517, Essential Library) ABDO Publishing Co.

Essential Lives, 8 vols., Set. Incl. Albert Einstein: Physicist & Genius. Lillian E. Forman. lib. bdg. 41.36 *(978-1-60453-524-2(5))*, 6677); Alexander the Great: Ancient King & Conqueror. Katie Marsico. lib. bdg. 41.36 *(978-1-60453-520-4(2))*, 6669); Andrew Carnegie: Industrial Giant & Philanthropist. Scott Gillam. lib. bdg. 41.36 *(978-1-60453-521-1(0))*, 6671); Barack Obama: 44th U. S. President. Tom Robinson. lib. bdg. 41.36 *(978-1-60453-527-3(X))*, 6683); Fidel Castro: Cuban President & Revolutionary. Katie Marsico. lib. bdg. 41.36 *(978-1-60453-522-8(9))*, 6673); Winston Churchill: British Prime Minister & Statesman. Sue Vander Hook. lib. bdg. 41.36 *(978-1-60453-523-5(7))*, 6675); (YA). (gr. 6-12). (Essential Lives Set 3 Ser.: 8). (ENG., Illus.). 112p. 2009. Set lib. bdg. 330.88 *(978-1-60453-519-8(9))*, 6667); Set lib. bdg. 330.88 *(978-1-60453-697-3(7))*, 6685); Set lib. bdg. 289.52 *(978-1-61714-778-4(8))*, 6721) ABDO Publishing Co. (Essential Library).

Essential Mammals. Marie Pearson. 2021. (Essential Animals Ser.). (ENG.). 112p. (YA). (gr. 6-12). lib. bdg. 41.36 *(978-1-5321-9554-9(0))*, 38350, Essential Library) ABDO Publishing Co.

Essential Maps for the Lost. Deb Caletti. 2016. (ENG., Illus.). 336p. (YA). (gr. 9). 17.99 *(978-1-4814-1516-3(6))*, Simon Pulse) Simon Pulse.

Essential Maps for the Lost. Deb Caletti. ed. 2017. lib. bdg. 22.10 *(978-0-606-39750-6(7))* Turtleback.

Essential Natural Resource. Joy Gregory. 2018. (Earth's Precious Water Ser.). (ENG.). 24p. (J). lib. bdg. 22.99 *(978-1-5105-3883-2(6))* SmartBook Media, Inc.

Essential Pets (Set), 6 vols. 2023. (Essential Pets Ser.). (ENG.). 112p. (YA). (gr. 6-12). lib. bdg. 248.16 ***(978-1-0982-9050-4(X)**, 41777, Essential Library)* ABDO Publishing Co.

Essential Prayer Journal. Tolyaniell Bennett Barnes. 2022. (ENG.). 198p. (YA). ***(978-1-4583-7466-0(1))*** Lulu Pr., Inc.

Essential Prayer Journal. Tolyaniell Bennett. 2022. (ENG.). 198p. (YA). ***(978-1-387-90892-9(8))***; ***(978-1-387-90965-0(7))***; ***(978-1-387-91242-1(9))*** Lulu Pr., Inc.

Essential Reptiles. K. A. Hale. 2021. (Essential Animals Ser.). (ENG.). 112p. (YA). (gr. 6-12). lib. bdg. 41.36 *(978-1-5321-9555-6(9))*, 38352, Essential Library) ABDO Publishing Co.

Essential Singularity. Ram V. 2018. (ENG., Illus.). 128p. (YA). pap. 9.99 *(978-1-5343-0883-1(0))*, 6d256e4f-253c-4aa9-9232-49f51c192c36) Image Comics.

Essential Skills & Practice Workbook Prek - Ages 4 To 5. Prodigy. 2016. (ENG., Illus.). (J). pap. 9.25 *(978-1-68323-903-1(2))* Twin Flame Productions.

Essential Student Resouce Package with 1 Year Digital. Hmh Hmh. 2017. (Modern World History Ser.). (ENG.). (J). (gr. 9-12). pap. 136.47 *(978-0-544-95320-8(7))* Houghton Mifflin Harcourt Publishing Co.

Essential Student Resource Package 1 Year Digital 2018. Hmh Hmh. 2018. (Psychology Ser.). (ENG.). (J). (gr. 9-12). 115.20 *(978-1-328-60655-6(4))*; 134.33 *(978-1-328-61262-5(7))* Houghton Mifflin Harcourt Publishing Co.

Essential Student Resource Package 1 Year Digital 2019. Hmh Hmh. 2018. (Social Studies Global Geography Ser.). (ENG.). (J). (gr. 9-12). 127.60 *(978-1-328-60666-2(X))* Houghton Mifflin Harcourt Publishing Co.

Essential Student Resource Package 1 Year Print/8 Year Digital. Hmh Hmh. 2018. (Modern World History Ser.). (ENG.). (YA). (gr. 10). pap. 122.00 *(978-1-328-83831-5(5))* Houghton Mifflin Harcourt Publishing Co.

Essential Student Resource Package 6 Year Digital 2018. Hmh Hmh. 2018. (Psychology Ser.). (ENG.). (J). (gr. 9-12). 128.00 *(978-1-328-60650-1(3))*; pap. 147.80 *(978-1-328-61257-1(0))* Houghton Mifflin Harcourt Publishing Co.

Essential Student Resource Package 6 Year Digital 2019. Hmh Hmh. 2018. (Social Studies Global Geography Ser.). (ENG.). (J). (gr. 9-12). 141.07 *(978-1-328-60661-7(9))* Houghton Mifflin Harcourt Publishing Co.

Essential Student Resource Package Grade 6 with 1 Year Digital. Hmh Hmh. 2017. (World History: Ancient Civilizations Ser.). (ENG.). (J). (gr. 6). pap. 109.60 *(978-0-544-94915-7(3))* Houghton Mifflin Harcourt Publishing Co.

Essential Student Resource Package Grade 6 with 1 Year Digital 2018. Hmh Hmh. 2018. (United States History: Civil War to the Present Ser.). (ENG.). (J). (gr. 6). pap. 123.87 *(978-1-328-60376-0(8))* Houghton Mifflin Harcourt Publishing Co.

Essential Student Resource Package Grade 6 with 6 Year Digital 2018. Hmh Hmh. 2018. (United States History: Civil War to the Present Ser.). (ENG.). (J). (gr. 6). pap. 131.47 *(978-1-328-60373-9(3))* Houghton Mifflin Harcourt Publishing Co.

Essential Student Resource Package Grade 7 with 1 Year Digital. Hmh Hmh. 2017. (Civics in Practice Integrated: Civics, Economics, & Geography Ser.). (ENG.). (J). (gr. 7). 119.40 *(978-0-544-94970-6(6))* Houghton Mifflin Harcourt Publishing Co.

Essential Student Resource Package Grade 7 with 1 Year Digital 2018. Hmh Hmh. 2018. (World History: World Civilizations Ser.). (ENG.). (J). (gr. 7). pap. 125.27 *(978-1-328-60349-4(0))* Houghton Mifflin Harcourt Publishing Co.

Essential Student Resource Package Grade 7 with 6 Year Digital 2018. Hmh Hmh. 2018. (World History: World Civilizations Ser.). (ENG.). (J). (gr. 7). pap. 133.87 *(978-1-328-60346-3(6))* Houghton Mifflin Harcourt Publishing Co.

Essential Student Resource Package Grades 6-8 with 1 Year Digital. Hmh Hmh. 2017. (United States History: Beginnings To 1877 Ser.). (ENG.). (J). (gr. 6-8). 117.73 *(978-0-544-94984-3(6))* Houghton Mifflin Harcourt Publishing Co.

Essential Student Resource Package with 1 Year Digital. Hmh Hmh. (Modern World History Ser.). (ENG.). 2020. (YA). (gr. 10). pap. 141.20 *(978-0-358-32400-3(9))*; 2020. (J). (gr. 6). pap. 116.60 *(978-0-358-32331-0(2))*; 2020. (YA). (gr. 7). pap. 116.60 *(978-0-358-32307-5(X))*; 2020. (YA). (gr. 8). pap. 135.93 *(978-0-358-32354-9(1))*; 2020. (YA). (gr. 9-12). pap. 125.20 *(978-0-358-31437-0(2))*; 2020. (YA). (gr. 9-12). pap. 125.20 *(978-0-358-31462-2(3))*; 2020. (YA). (gr. 9-12). pap. 133.67 *(978-0-358-31931-3(5))*; 2017. (J). (gr. 9-12). 140.40 *(978-0-544-95287-4(1))* Houghton Mifflin Harcourt Publishing Co.

Essential Student Resource Package with 1 Year Digital 2018. Hmh Hmh. (Economics Ser.). (ENG.). 2019. (YA). (gr. 9-12). pap. 137.80 *(978-0-358-28221-1(7))*; 2018. (J). (gr. 10). pap. 131.00 *(978-1-328-60603-7(1))*; 2018. (J). (gr. 9-12). 113.80 *(978-1-328-60634-1(1))*; 2018. (J). (gr. 9-12). 128.60 *(978-1-328-60644-0(9))*; 2018. (J). (gr. 9-12). 115.00 *(978-1-328-61254-0(6))* Houghton Mifflin Harcourt Publishing Co.

Essential Student Resource Package with 3 Year Digital. Hmh Hmh. 2020. (Modern World History Ser.). (ENG.). (YA). (gr. 10). pap. 141.20 *(978-0-358-32399-0(1))*; (J). (gr. 6). pap. 116.60 *(978-0-358-32330-3(4))*; (YA). (gr. 7). pap. 116.60 *(978-0-358-32306-8(1))*; (YA). (gr. 8). pap. 135.93 *(978-0-358-32353-2(3))*; (YA). (gr. 9-12). pap. 125.20 *(978-0-358-31436-3(4))*; (YA). (gr. 9-12). pap. 125.20 *(978-0-358-31461-5(5))*; (YA). (gr. 9-12). pap. 133.67 *(978-0-358-31915-3(3))* Houghton Mifflin Harcourt Publishing Co.

Essential Student Resource Package with 3 Year Digital 2018. Hmh Hmh. 2019. (Economics Ser.). (ENG.). (YA). (gr. 9-12). pap. 137.80 *(978-0-358-28219-8(5))* Houghton Mifflin Harcourt Publishing Co.

Essential Student Resource Package with 6 Year Digital. Hmh Hmh. 2020. (Modern World History Ser.). (ENG.). (YA). (gr. 10). pap. 151.80 *(978-0-358-32398-3(3))*; (J). (gr. 6). pap. 125.07 *(978-0-358-32329-7(0))*; (YA). (gr. 7). pap. 125.07 *(978-0-358-32305-1(3))*; (YA). (gr. 8). pap. 143.60 *(978-0-358-32352-5(5))*; (YA). (gr. 9-12). pap. 135.80 *(978-0-358-31435-6(6))*; (YA). (gr. 9-12). pap. 135.80 *(978-0-358-31460-8(7))*; (YA). (gr. 9-12). pap. 144.27 *(978-0-358-31914-6(5))* Houghton Mifflin Harcourt Publishing Co.

Essential Student Resource Package with 6 Year Digital 2018. Hmh Hmh. (Economics Ser.). (ENG.). 2019. (YA). (gr. 9-12). pap. 148.40 *(978-0-358-28218-1(7))*; 2018. (J). (gr. 10). pap. 144.00 *(978-1-328-60598-6(1))*; 2018. (J). (gr. 9-12). 126.87 *(978-1-328-60628-0(7))*; 2018. (J). (gr. 9-12). 142.00 *(978-1-328-60639-6(2))*; 2018. (J). (gr. 9-12). 128.00 *(978-1-328-60678-5(3))* Houghton Mifflin Harcourt Publishing Co.

Essential Student Resource Package with 8 Year Digital. Hmh Hmh. 2018. (American History: Reconstruction to the Present Ser.). (ENG.). (YA). (gr. 11). pap. 122.00 *(978-1-328-83812-4(9))* Houghton Mifflin Harcourt Publishing Co.

Essential Thing (Classic Reprint) Arthur Hodges. (ENG., Illus.). (J). 2018. 394p. 32.04 *(978-0-483-45343-2(9))*; 2016. pap. 16.57 *(978-1-333-70318-9(X))* Forgotten Bks.

Essential Workers, Essential Heroes. Heather DiLorenzo Williams. 2020. (Covid-19 Ser.). (ENG., Illus.). 32p. (J). (gr. 5-8). lib. bdg. 27.99 *(978-1-7284-2798-0(3))*, 0902987a-5fb1-42f0-b6bc-22c8ab0a5cfc, Lerner Pubns.) Lerner Publishing Group.

Essentially Charli: The Ultimate Guide to Keeping It Real. Charli D'Amelio. 2020. (ENG., Illus.). 192p. (YA). (gr. 7-9). 18.99 *(978-1-4197-5232-2(4))*, 1723401) Abrams, Inc.

Essentially Me: Coloring Book. Samantha O'Bannon. 2020. (ENG.). 52p. (J). pap. 9.99 *(978-1-63625-885-0(9))* Primedia eLaunch LLC.

E

Essentials of Anatomy: Designed As a Text-Book for Students & As a Book of Easy Reference for the Practitioner (Classic Reprint) William Darling. 2017. (ENG., Illus.). (J). 37.78 *(978-0-266-24889-7(6))* Forgotten Bks.

Essentials of English: Lower Grades (Classic Reprint) Henry Carr Pearson. 2017. (ENG., Illus.). (J). 196p. 27.94 *(978-0-484-08734-6(7))*; pap. 10.57 *(978-0-259-54088-5(9))* Forgotten Bks.

Essentials of Geometry. Webster Wells. 2016. (ENG., Illus.). (J). pap. *(978-3-7428-1094-6(4))* Creation Pubs.

Essentials of Milk Hygiene: A Practical Treatise on Dairy & Milk Inspection & on the Hygienic Production & Handling of Milk, for Students of Dairying & Sanitarians. C. O. Jensen. 2017. (ENG., Illus.). (J). pap. *(978-0-649-16929-0(8))* Trieste Publishing Pty Ltd.

Essentials of Milk Hygiene: A Practical Treatise on Dairy & Milk Inspection & on the Hygienic Production & Handling of Milk, for Students of Dairying & Sanitarians (Classic Reprint) Carl Oluf Jensen. 2018. (ENG., Illus.). 282p. (J). 29.73 *(978-0-484-29192-7(0))* Forgotten Bks.

Essentials of Spelling. Henry Carr Pearson. 2017. (ENG., Illus.). (J). pap. *(978-0-649-41944-9(8))* Trieste Publishing Pty Ltd.

Essentials of Spelling: Lower Grades (Classic Reprint) Henry Carr Pearson. 2017. (ENG., Illus.). (J). 25.94 *(978-0-266-22332-0(X))*; pap. 9.57 *(978-1-5276-0923-5(5))* Forgotten Bks.

Essentials of Spirituality. Felix Adler. 2017. (ENG., Illus.). (J). pap. *(978-0-649-42441-2(7))* Trieste Publishing Pty Ltd.

Essentialz. Paul Cicchini. 2021. (ENG.). 274p. (YA). (gr. 7-12). pap. 16.99 *(978-1-63795-355-6(0))* Primedia eLaunch LLC.

Essentialz. Paul Cicchini. 2019. (ENG.). 274p. (YA). (gr. 7-12). pap. 16.95 *(978-1-64316-596-7(8))* Waldorf Publishing.

Essere Umani. Lisa Hai My Cardaci. 2022. (ITA.). 84p. (YA). pap. ***(978-1-4716-4098-8(1))*** Lulu Pr., Inc.

Essere un Supereroe: Being a Superhero - Italian Children's Book. Liz Shmuilov & Kidkiddos Books. 2019. (Italian Bedtime Collection). (ITA., Illus.). 34p. (J). (gr. k-3). *(978-1-5259-1411-9(1))*; pap. *(978-1-5259-1410-2(3))* Kidkiddos Bks.

Essere un Supereroe Being a Superhero: Italian English Bilingual Book. Liz Shmuilov & Kidkiddos Books. 2019. (Italian English Bilingual Collection). (ITA., Illus.). 34p. (J). (gr. k-3). *(978-1-5259-1868-1(0))*; pap. *(978-1-5259-1867-4(2))* Kidkiddos Bks.

Essex Ballads, & Other Poems (Classic Reprint) Charles E. Benham. (ENG., Illus.). (J). 2018. 102p. 26.00 *(978-0-483-99244-3(5))*; 2016. pap. 9.57 *(978-1-333-37041-1(5))* Forgotten Bks.

Essex Folk Tales for Children. Jan Williams. Illus. by Simon Peecock. 2018. (ENG.). 192p. pap. 16.95 *(978-0-7509-8347-1(7))* History Pr. Ltd., The GBR. Dist: Independent Pubs. Group.

Essie. Diana Nikkels & Sarah Bartlett. 2020. (ENG.). 34p. (J). pap. 19.95 *(978-1-716-99929-1(4))* Lulu Pr., Inc.

Essie Rose's Revelation Summer. Deanie Yasner. 2019. (ENG.). 214p. (J). (gr. 3-6). pap. 8.99 *(978-1-7320276-9-5(2))* Golden Alley Pr.

Essie's Flowers. Marian Rogers-Lindsay. 2022. (ENG.). 56p. (J). pap. *(978-1-63829-263-0(9))* Austin Macauley Pubs. Ltd.

Est-Ce la Réalité ?! Myriam Demoncourt. 2019. (FRE.). 116p. (YA). pap. ***(978-0-244-18479-7(8))*** Lulu Pr., Inc.

Est-Ce la Réalité ? VERSION 2. Myriam Demoncourt. 2022. (FRE.). 133p. (YA). pap. ***(978-1-4710-3386-5(4))*** Lulu Pr., Inc.

Est-Ce Long? Ou Est-Ce Lourd? Julie K. Lundgren. Tr. by Annie Evearts. 2021. (Science Dans Mon Monde: Niveau 1 (Science in My World: Level 1) Ser.). (FRE.). 24p. (J). (gr. k-2). pap. *(978-1-0396-0921-1(X), 12781)* Crabtree Publishing Co.

Est-Ce Que Ça Flottera? Alan Walker. Tr. by Claire Savard. 2021. (Mes Premiers Livres de Science (My First Science Books) Ser.). (FRE.). 24p. (J). (gr. k-2). pap. *(978-1-4271-3690-9(4), 13364)* Crabtree Publishing Co.

Est-Ce Que Ça Flottera? (Will It Float?) Alan Walker. Tr. by Claire Savard. 2021. (FRE.). 24p. (J). (gr. k-2). lib. bdg. ***(978-1-4271-5070-7(2))*** Crabtree Publishing Co.

Est-Ce Que Tu Grimpes? Isabelle Bernier. 2017. (FRE., Illus.). 50p. (J). pap. *(978-2-9816809-5-2(1))* Bernier, Isabelle.

Est-Ce Que Tu M'Aimes Vraiment? Isabelle Bernier. 2017. (FRE., Illus.). (J). pap. *(978-2-9816809-2-1(7))* Bernier, Isabelle.

Está BIEN Ser Diferente: Un Libro Infantil Ilustrado Sobre la Diversidad y la Empatía. Sharon Purtill. Tr. by Mariana Hornsberger. Illus. by Sujata Saha. 2020. (SPA.). 30p. (J). pap. *(978-1-989733-55-4(7))* Dunhill-Clare Publishing.

¡Esta Caca Es Mía! Gusti. Illus. by Gusti. 2020. (SPA., Illus.). 40p. (J). 15.95 *(978-84-17673-87-1(3))* NubeOcho Ediciones ESP. Dist: Consortium Bk. Sales & Distribution.

¡Está Caliente! Leveled Reader Book 8 Level C 6 Pack. Hmh Hmh. 2021. (SPA.). 16p. (J). pap. 74.40 *(978-0-358-08224-8(2))* Houghton Mifflin Harcourt Publishing Co.

Esta Es Mi Familia: Leveled Reader Book 11 Level d 6 Pack. Hmh Hmh. 2021. (SPA.). 16p. (J). pap. 74.40 *(978-0-358-08227-9(7))* Houghton Mifflin Harcourt Publishing Co.

Ésta Es Mi Familia (This Is My Family) (Set), 6 vols. Julie Murray. 2021. (Ésta Es Mi Familia (This Is My Family) Ser.).Tr. of This Is My Family. (SPA.). 24p. (J). (gr. -1-2). lib. bdg. 188.16 *(978-1-0982-6056-9(2), 38228,* Abdo Kids) ABDO Publishing Co.

ésta Es Mi Familia (This Is My Family) (Set Of 6) Julie Murray. 2022. (Ésta Es Mi Familia Ser.). (SPA.). 144p. (J). (gr. k-k). pap. 53.70 *(978-1-64494-743-2(9),* Abdo Kids-Junior) ABDO Publishing Co.

Está Húmedo: Leveled Reader Book16 Level a 6 Pack. Hmh Hmh. 2021. (SPA.). 16p. (J). pap. 74.40 *(978-0-358-08145-6(9))* Houghton Mifflin Harcourt Publishing Co.

Esta No Es Mi Sirenita(That's Not My Mermaid) Fiona Watt. 2019. (That's Not My Ser.). (SPA.). 10p. (J). 9.99 *(978-0-7945-4629-8(3),* Usborne) EDC Publishing.

Esta Noche Las Calles Son Nuestras. Leila Sales. 2016. (SPA.). 376p. (YA). (gr. 9-12). pap. 17.99 *(978-987-747-143-4(4))* V&R Editoras.

Establishing Judicial Branch. Cara Maccarald. 2018. (Forming Our Nation Ser.). (ENG.). 32p. (J). lib. bdg. 22.99 *(978-1-5105-3797-2(X))* SmartBook Media, Inc.

Establishing the American Colonies. Tyler Omoth. 2017. (Foundations of Our Nation Ser.). (ENG., Illus.). 32p. (J). (gr. 3-5). pap. 9.95 *(978-1-63517-310-9(8),* 1635173108); lib. bdg. 31.35 *(978-1-63517-245-4(4),* 1635172454) North Star Editions. (Focus Readers).

Establishing the American Colonies. Tyler Omoth. 2018. (Forming Our Nation Ser.). (ENG.). 32p. (J). lib. bdg. 22.99 *(978-1-5105-3795-8(3))* SmartBook Media, Inc.

Establishing the Judicial Branch. Clara MacCarald. 2017. (Foundations of Our Nation Ser.). (ENG., Illus.). 32p. (J). (gr. 3-5). pap. 9.95 *(978-1-63517-311-6(6),* 1635173116); lib. bdg. 31.35 *(978-1-63517-246-1(2),* 1635172462) North Star Editions. (Focus Readers).

Establishing the Legislative Branch. Tyler Omoth. 2017. (Foundations of Our Nation Ser.). (ENG., Illus.). 32p. (J). (gr. 3-5). pap. 9.95 *(978-1-63517-312-3(4),* 1635173124); lib. bdg. 31.35 *(978-1-63517-247-8(0),* 1635172470) North Star Editions. (Focus Readers).

Establishing the Legislative Branch. Tyler Omoth. 2018. (Forming Our Nation Ser.). (ENG.). 32p. (J). lib. bdg. 22.99 *(978-1-5105-3799-6(6))* SmartBook Media, Inc.

Establishment of the Environmental Protection Agency, 1 vol. Jeri Freedman. 2017. (History of Conservation: Preserving Our Planet Ser.). (ENG.). 112p. (YA). (gr. 9-9). lib. bdg. 44.50 *(978-1-5026-3128-2(8),* 603cb8b8-0335-4a68-ae1e-96e5da18116c) Cavendish Square Publishing LLC.

Estación de Bomberos. Aaron Carr. 2017. (Los Lugares de Mi Comunidad Ser.). (SPA.). 24p. (J). lib. bdg. 23.99 *(978-1-5105-2393-7(6))* SmartBook Media, Inc.

Estación de Bomberos. Judy Kentor Schmauss. 2016. (Early Rising Readers Ser.). (SPA.). (J). (gr. -1). 6.67 *(978-1-4788-3662-9(8))* Newmark Learning LLC.

Estación de Bomberos - 6 Pack. Judy Kentor Schmauss. 2016. (Early Rising Readers Ser.). (SPA.). (J). (gr. 1). 40.00 net. *(978-1-4788-4605-5(4))* Newmark Learning LLC.

Estación de Las Tormentas de Arena. Mary Pope Osborne et al. Illus. by Sal Murdocca. 2016. (SPA.). 107p. (J). (gr. 2-4). pap. 5.99 *(978-1-63245-644-1(3))* Lectorum Pubns., Inc.

Estación de Policía. Aaron Carr. 2017. (Los Lugares de Mi Comunidad Ser.). (SPA.). 24p. (J). lib. bdg. 22.99 *(978-1-5105-2394-4(4))* SmartBook Media, Inc.

Estados Unidos Entonces y Ahora. Dona Herweck Rice. rev. ed. 2019. (Social Studies: Informational Text Ser.). (SPA., Illus.). 24p. (J). (gr. 1-3). pap. 10.99 *(978-1-64290-111-5(3))* Teacher Created Materials, Inc.

Estados Unidos Por Mar: Leveled Reader Book 18 Level S 6 Pack. Hmh Hmh. 2021. (SPA.). 48p. (J). pap. 74.40 *(978-0-358-08587-4(X))* Houghton Mifflin Harcourt Publishing Co.

Estados Unidos (United States), 1 vol. Anna Obiols. 2018. (Camino a la Escuela (on the Way to School) Ser.). (SPA.). 32p. (gr. 3-3). 28.93 *(978-1-5081-9603-7(6),* 557b7e3f-788e-4f34-b9cd-91d0d75d0f59); pap. 11.00 *(978-1-5081-9604-4(4),* 5618e82f-2e17-498d-aec1-90acfca4c366) Rosen Publishing Group, Inc., The. (Windmill Bks.).

Estamos Juntos. Mary Lindeen. Illus. by Tiziana Longo. 2016. (Early Rising Readers Ser.). (SPA.). 16p. (J). (gr. 1-1). 6.67 *(978-1-4788-3737-4(3))* Newmark Learning LLC.

Estamos Juntos - 6 Pack. Mary Lindeen. 2016. (Early Rising Readers Ser.). (SPA.). (J). (gr. 1). 40.00 net. *(978-1-4788-4680-2(1))* Newmark Learning LLC.

¿Estás Ahí, Dios? Soy Yo, Margaret. Judy Blume. 2021. (SPA.). 164p. (YA). (gr. 7). pap. 13.95 *(978-607-557-108-9(6))* Editorial Oceano de Mexico MEX. Dist: Independent Pubs. Group.

Estas Brujas No Se Rinden. Isabel Sterling. 2022. (SPA.). 352p. (YA). (gr. 9-12). pap. 18.99 ***(978-607-8828-20-3(7))*** V&R Editoras.

¿Estás Lista para Jugar Afuera?-An Elephant & Piggie Book, Spanish Edition. Mo Willems. 2018. (Elephant & Piggie Book Ser.). (SPA., Illus.). 64p. (J). (gr. 1-k). 9.99 *(978-1-368-02133-3(6),* Hyperion Books for Children) Disney Publishing Worldwide.

¿Estás Muy Enfadado?: Incluye 5 Consejos para Ayudar a Gestionar Las Emociones/ Are You Very Angry? Chiara Piroddi. 2021. (Los Trucos de Teo Ser.). (SPA.). 10p. (J). (-k). bds. 10.95 *(978-84-488-5685-4(6),* Beascoa) Penguin Random House Grupo Editorial ESP. Dist: Penguin Random Hse. LLC.

Estate Case: Detective Omar Investigates. Sar. 2021. (ENG.). 154p. (YA). pap. 9.99 *(978-1-68487-993-9(0))* Notion Pr., Inc.

Estatua de la Libertad. 2017. (Los Símbolos Estadounidenses Ser.). (SPA.). 24p. (J). lib. bdg. 22.99 *(978-1-5105-2389-0(8))* SmartBook Media, Inc.

Estatua de la Libertad: Leveled Reader Book 39 Level N 6 Pack. Hmh Hmh. 2021. (SPA.). 16p. (J). pap. 74.40 *(978-0-358-08435-8(0))* Houghton Mifflin Harcourt Publishing Co.

Estatua de la Libertad (the Statue of Liberty) Julie Murray. 2017. (Lugares Simbólicos de Los Estados Unidos (US Landmarks) Ser.). (SPA.). 24p. (J). (gr. -1-2). lib. bdg. 31.36 *(978-1-5321-0190-8(2), 25206,* Abdo Kids) ABDO Publishing Co.

Este Cerdito/This Little Piggy. Tr. by Yanitzia Canetti. Illus. by Annie Kubler & Sarah Dellow. 2021. (Baby Rhyme Time (Spanish/English) Ser.). (ENG.). 12p. (J). bds. *(978-1-78628-574-4(6))* Child's Play International Ltd.

Este Es. Katrina Streza & Ariana Vargas. Illus. by Brenda Ponnay. 2023. (Little Lectores Ser.: Vol. 9). (SPA.). 20p. (J). 24.99 ***(978-1-5324-3471-6(5))***; pap. 12.99 ***(978-1-5324-3116-6(3))*** Xist Publishing.

Este Es Mi Mural. Mary Lindeen. Illus. by Erika Meza. 2016. (Early Rising Readers Ser.). (SPA.). 16p. (J). (gr. 1-1). 6.67 *(978-1-4788-4177-7(X))* Newmark Learning LLC.

Este Es Mi Mural - 6 Pack. Mary Lindeen. 2016. (Early Rising Readers Ser.). (SPA.). (J). (gr. 1). 40.00 net. *(978-1-4788-4756-4(5))* Newmark Learning LLC.

Este Es Mi Trabajo: Leveled Reader Book 32 Level B 6 Pack. Hmh Hmh. 2021. (SPA.). 16p. (J). pap. 74.40 *(978-0-358-08160-9(2))* Houghton Mifflin Harcourt Publishing Co.

Este Libro Ayudará a Los niños Pequeños a Desarrollar el Control de la Pluma y Ejercitar Sus Habilidades Motoras Finas. Nicola Ridgeway & James Manning. 2020. (Fichas de Trazar y Colorear Ser.: Vol. 19). (SPA.). 86p. (J). pap. *(978-1-80027-234-7(0))* CBT Bks.

Este Libro Contiene 40 láminas para Colorear con líneas Extra Gruesas. Este Libro Ayudará a Los niños Muy Pequeños a Desarrollar el Control Del lápiz y Ejercitar Sus Habilidades Motoras Finas. Nicola Ridgeway & James Manning. 2020. (Libros de Pintar para Niños Ser.). (SPA.). 86p. (J). pap. *(978-1-80027-162-3(X))*; pap. *(978-1-80027-161-6(1))* CBT Bks.

Este Libro Es Gris. Lindsay Ward. 2020. (SPA.). 40p. (J). (gr. -1-3). 16.95 *(978-84-9145-387-1(3),* Picarona Editorial) Ediciones Obelisco ESP. Dist: Spanish Pubs., LLC.

Éste No Es Mi Dinosaurio(That's Not My Dinosaur) Fiona Watt. 2019. (That's Not My Ser.). (SPA.). 10p. (J). 9.99 *(978-0-7945-4628-1(5),* Usborne) EDC Publishing.

Éste No Es Mi Perrito... (That's Not My Puppy) Fiona Watt. 2019. (That's Not My Ser.). (SPA.). 12p. (J). 9.99 *(978-0-7945-4630-4(7),* Usborne) EDC Publishing.

Este No Es Mi Tren(That's Not My Train) Fiona Watt. 2019. (That's Not My Ser.). (SPA.). 10p. (J). 9.99 *(978-0-7945-4631-1(5),* Usborne) EDC Publishing.

¡Este Oso, No! Bernice Myers. 2017. (SPA.). 48p. (J). (gr. k-2). 24.99 *(978-84-8470-551-2(X))* Corimbo, Editorial S.L. ESP. Dist: Lectorum Pubns., Inc.

Esteban de Luna, Baby Rescuer / Esteban de Luna, ¡rescatador de Bebés! Larissa Mercado-López. Illus. by Alex Pardo DeLange. 2017. (ENG & SPA.). 32p. (J). (gr. k-3). 17.95 *(978-1-55885-847-3(4),* Piñata Books) Arte Publico Pr.

Esteban Vence Sus Miedos: Y Conoce Al Mejor Súper Héroe. Diana Baker. 2016. (SPA., Illus.). 44p. (J). (gr. k-6). pap. *(978-1-5419-9009-8(9))* Marcelo Laffitte.

Estegosaurio. Aaron Carr. 2019. (Dinosaurios Ser.). (SPA.). 24p. (J). (gr. k-2). lib. bdg. 28.55 *(978-1-7911-1440-4(7))* Weigl Pubs., Inc.

¡Estela, Grita Muy Fuerte! Bel Olid. Illus. by Martina Vanda. (SPA.). 24p. (J). (gr. k-2). 2022. pap. 13.95 *(978-607-97244-8-1(0))*; 2021. 15.95 *(978-84-16470-10-5(3))* Fineo Editorial, S.L. ESP. Dist: Independent Pubs. Group.

Estelar / Starsight. Brandon Sanderson. 2020. (EscuadrÓn / Skyward Ser.: 2). (SPA.). 464p. (YA). (gr. 8-12). pap. 19.95 *(978-84-17347-74-1(7))* Ediciones B ESP. Dist: Penguin Random Hse. LLC.

Estella's Legacy: Grandma Estella... I Have a Question. Sharon Cummings et al. 2021. (ENG.). 50p. (J). 20.99 *(978-1-0879-7797-3(5))* Indy Pub.

Estelle: A Pastoral Romance (Classic Reprint) de Florian. 2018. (ENG., Illus.). (J). 224p. 28.52 *(978-0-366-56187-2(1))*; 226p. pap. 10.97 *(978-0-366-08966-6(8))* Forgotten Bks.

Estelle Russell (Classic Reprint) Mary Allan-Olney. 2018. (ENG., Illus.). 392p. (J). 32.00 *(978-0-267-46415-9(0))* Forgotten Bks.

Ester - Hombres y Mujeres de la Biblia. Contrib. by Casscom Media. 2017. (Men & Women of the Bible - Revised Ser.). (ENG & SPA.). (J). pap. *(978-87-7132-615-4(4))* Scandinavia Publishing Hse.

Estevo Ultrapassa OS Seus Medos. Diana Baker. 2016. (POR., Illus.). (J). (gr. k-3). pap. 7.99 *(978-1-5419-9011-1(0))* Editorial Imagen.

Esther. Henry Adams. 2017. (ENG., Illus.). (J). 23.95 *(978-1-374-93434-4(8))*; pap. 13.95 *(978-1-374-93433-7(X))* Capital Communications, Inc.

Esther: A Book for Girls (Classic Reprint) Rosa Nouchette Carey. 2018. (ENG., Illus.). 338p. (J). 30.89 *(978-0-483-92980-7(8))* Forgotten Bks.

Esther - Bible People: The Story of Esther. Agnes De Bezenac & Salem De Bezenac. Illus. by Agnes De Bezenac. 2018. (Bible People Ser.: Vol. 6). (ENG., Illus.). 26p. (J). (gr. k-2). 11.50 *(978-1-63474-229-0(X))*; pap. 6.00 *(978-1-63474-239-9(7))* iCharacter.org.

Esther - Men & Women of the Bible Revised. Contrib. by Casscom Media. 2017. (Men & Women of the Bible - Revised Ser.). (ENG., Illus.). (J). pap. *(978-87-7132-581-2(6))* Scandinavia Publishing Hse.

Esther Activity Book. Pip Reid. 2020. (ENG.). 98p. (J). (gr. 3-6). pap. *(978-1-9992275-1-7(4))* Bible Pathway Adventures.

Esther & Ben. James F. Park. 2018. (ENG.). 100p. (J). pap. ***(978-0-244-42357-5(1))*** Lulu Pr., Inc.

Esther & the Very Brave Plan. Tim Thornborough. Illus. by Jennifer Davison. 2021. (Very Best Bible Stories Ser.). (ENG.). 24p. (J). *(978-1-78498-620-9(8))* Good Bk. Co., The.

Esther Becomes Queen. Flabia Thembeka. 2018. (ENG., Illus.). 40p. (J). (gr. k-6). pap. 10.99 *(978-1-64088-048-1(8))* Trilogy Christian Publishing, Inc.

Esther Reid (Classic Reprint) Pansy Pansy. 2017. (ENG., Illus.). (J). 29.01 *(978-0-265-24310-7(6))* Forgotten Bks.

Esther the Kindness Fairy. Daisy Meadows. 2017. (Illus.). 65p. (J). *(978-1-5379-1854-9(0))* Scholastic, Inc.

Esther the Kindness Fairy. Daisy Meadows. ed. 2017. (Rainbow Magic — Friendship Fairies Ser.: 1). (Illus.). 65p. (J). lib. bdg. 14.75 *(978-0-606-40175-3(X))* Turtleback.

Esther Vanhomrigh, Vol. 1 Of 2: In Two Volumes (Classic Reprint) Margaret L. Woods. 2018. (ENG., Illus.). 380p. (J). 31.73 *(978-0-484-33164-7(7))* Forgotten Bks.

Esther Vanhomrigh, Vol. 1 of 3 (Classic Reprint) Margaret Louisa Woods. (ENG., Illus.). (J). 2018. 274p. 29.57 *(978-0-483-77041-6(8))*; 2016. pap. 11.97 *(978-1-333-33901-2(1))* Forgotten Bks.

Esther Waters. George Moore. 2017. (ENG.). 384p. (J). pap. *(978-3-337-02987-6(6))* Creation Pubs.

Esther Waters: A Novel (Classic Reprint) George Moore. 2017. (ENG., Illus.). 404p. (J). 32.23 *(978-0-332-07670-6(9))* Forgotten Bks.

Esther Waters: A Play in Five Acts (Classic Reprint) George Moore. 2017. (ENG., Illus.). 172p. (J). 27.46 *(978-0-332-52232-6(6))* Forgotten Bks.

Esther West: A Story (Classic Reprint) Isa Craig-Knox. (ENG., Illus.). (J). 2018. 444p. 33.05 *(978-0-483-59766-2(X))*; 2016. pap. 16.57 *(978-1-333-98037-5(X))* Forgotten Bks.

Esther's Charge: A Story for Girls (Classic Reprint) E. Everett-Green. 2018. (ENG., Illus.). 338p. (J). 30.87 *(978-0-484-58973-4(3))* Forgotten Bks.

Esther's Gragger: A Toyshop Tale of Purim. Martha Seif Simpson. 2019. (Illus.). 40p. (J). (gr. k-3). 16.95 *(978-1-937786-75-5(7),* Wisdom Tales) World Wisdom, Inc.

Estimado Futuro Millonario: Instrucción Financiera para Niños. Adeola Ayanwale. 2021. (SPA.). 64p. (J). pap. 13.99 *(978-1-0878-9410-2(7))* Indy Pub.

Estimating with Elephants, 1 vol. Rory McDonnell. 2017. (Animal Math Ser.). (ENG.). 24p. (J). (gr. 1-2). pap. 9.15 *(978-1-5382-0848-9(2),* 088c1a24-b854-40f7-bbe4-c27046331c22) Stevens, Gareth Publishing LLLP.

Estiracosaurio. Grace Hansen. 2017. (Dinosaurios (Dinosaurs Set 2) Ser.).Tr. of Styracosaurus. (SPA., Illus.). 24p. (J). (gr. -1-2). lib. bdg. 32.79 *(978-1-5321-0653-8(X),* 27244, Abdo Kids) ABDO Publishing Co.

¡Esto Es el Colmo! / the Last Straw. Jeff Kinney. 2022. (Diario Del Wimpy Kid Ser.: 3). (SPA.). 224p. (J). (gr. 3-7). 15.95 *(978-1-64473-506-0(7))* Penguin Random House Grupo Editorial ESP. Dist: Penguin Random Hse. LLC.

Esto Es Rock / This Is Rock! Manu Guix. Illus. by Patri de Pedro. 2023. (SPA.). 32p. (J). (gr. -1-3). 18.95 ***(978-84-488-6397-5(6),*** Beascoa) Penguin Random House Grupo Editorial ESP. Dist: Penguin Random Hse. LLC.

Esto No Es un Libro (This Is Not a Book) (Spanish Edition) Jean Jullien. 2016. (SPA.). 32p. (J). (gr. -1 — 1). bds. 12.95 *(978-0-7148-7153-0(2))* Phaidon Pr., Inc.

Esto No Es una Selva. Susanna Isern. 2017. (SPA.). 36p. (J). (gr. k-2). 19.99 *(978-84-946035-2-5(3))* Editorial Flamboyant ESP. Dist: Lectorum Pubns., Inc.

Esto Que Brilla en el Aire. Cecilia Mabel Pisos. 2017. (Varias / No Definida Ser.). (SPA., Illus.). 56p. (J). 10.99 *(978-607-16-5106-8(9))* Fondo de Cultura Economica USA.

Estonia. Michael Spilling & Emily Anderson. 2018. (J). pap. *(978-1-5026-4056-7(2))* Musa Publishing.

Estonnement de la Cour, de l'Esprit Qui Va de Nuict (Classic Reprint) Unknown Author. 2018. (FRE., Illus.). 20p. (J). 24.33 *(978-0-666-10574-5(X))* Forgotten Bks.

Estornudos: El Gato de San Francisco. Mark A. Shoffner. Tr. by Alejandra Gritsipis. 2016. (SPA., Illus.). (J). 14.99 *(978-1-68418-776-8(1))* Primedia eLaunch LLC.

Estranged. Ethan M. Aldridge. Illus. by Ethan M. Aldridge. 2018. (ENG., Illus.). 224p. (J). (gr. 3-7). 21.99 *(978-0-06-265387-1(3))*; pap. 13.99 *(978-0-06-265386-4(5))* HarperCollins Pubs. (Quill Tree Bks.).

Estranged #2: the Changeling King. Ethan M. Aldridge. Illus. by Ethan M. Aldridge. 2019. (ENG., Illus.). 256p. (J). (gr. 3-7). pap. 12.99 *(978-0-06-265389-5(X),* Quill Tree Bks.) HarperCollins Pubs.

Estranjero: The Stranger; a Story of Southern California (Classic Reprint) Russell Judson Waters. 2017. (ENG., Illus.). (J). 31.16 *(978-1-5285-7983-4(6))* Forgotten Bks.

Estrèla Do Oriente: Contos para Crianças (Classic Reprint) Adriana Rodrigues. 2018. (POR., Illus.). (J). 158p. 27.18 *(978-0-365-79219-2(5))*; 160p. pap. 9.57 *(978-0-365-78922-2(4))* Forgotten Bks.

Estrella de Mar / Starfish. Lisa Fipps. 2023. (SPA.). 272p. (J). (gr. 3-7). pap. 12.95 *(978-1-64473-642-5(X))* Penguin Random House Grupo Editorial ESP. Dist: Penguin Random Hse. LLC.

Estrella Del Pop Muy Poco Brillante / Dork Diaries: Tales from a Not-So-Talented Pop Star. Rachel Renée Russell. 2022. (Diario de una Dork Ser.: 3). (SPA.). 320p. (J). (gr. 4-7). pap. 14.95 *(978-1-64473-524-4(5))* Penguin Random House Grupo Editorial ESP. Dist: Penguin Random Hse. LLC.

Estrella en el Bosque (Star in the Forest) Laura Resau. ed. 2016. (ENG & SPA.). 160p. (J). (gr. 2-5). 18.40 *(978-0-606-39132-0(0))* Turtleback.

Estrella Errante. Romina Russell. 2017. (Zodiaco Ser.). (SPA.). 352p. (YA). (gr. 7). pap. 22.99 *(978-987-609-644-7(3))* Editorial de Nuevo Extremo S.A. ARG. Dist: Independent Pubs. Group.

Estrella Estrellada / a Fallen Star. Begona Oro. 2022. (Misterios a Domicilio Ser.: 2). (SPA.). 240p. (J). (gr. 2-5). pap. 12.95 *(978-607-38-0838-5(0))* Penguin Random House Grupo Editorial ESP. Dist: Penguin Random Hse. LLC.

Estrella Mas Oscura. Jennifer L. Armentrout. 2019. (SPA.). (YA). (gr. 9-12). pap. *(978-84-92918-11-9(X))* Ediciones Urano S. A.

Estrellas. Grace Hansen. 2017. (Nuestra Galaxia (Our Galaxy) Ser.).Tr. of Stars. (SPA.). 24p. (J). (gr. -1-2). lib. bdg. 32.79 *(978-1-5321-0664-4(5),* 27257, Abdo Kids) ABDO Publishing Co.

Estrellas: Leveled Reader Card Book 16 Level P 6 Pack. Hmh Hmh. 2021. (SPA.). (J). pap. 74.40 *(978-0-358-08498-3(9))* Houghton Mifflin Harcourt Publishing Co.

Estrellas Del Futbol (Soccer Stars), 12 vols. 2018. (Estrellas Del Fútbol (Soccer Stars) Ser.). (SPA.). 24p. (J). (gr. 3-3). lib. bdg. 151.62 *(978-1-5383-4905-2(1),* 586e7e09-6eb5-4de7-be3e-94a02e32f207, PowerKids Pr.) Rosen Publishing Group, Inc., The.

Estrellas en la Alfombra Roja: Leveled Reader Book 54 Level U 6 Pack. Hmh Hmh. 2021. (SPA.). 64p. (J). pap. 74.40 *(978-0-358-08622-2(1))* Houghton Mifflin Harcourt Publishing Co.

Estrellita, ¿dónde Estás? / Twinkle Twinkle Little Star (Spanish Edition) Ed. by Cottage Door Press. 2019. (SPA.). 12p. (J). (gr. -1 — 1). bds. 7.99 *(978-1-68052-582-3(4),* 2000371-SLA) Cottage Door Pr.

Estrellita Solitaria: Nuestras Diferencias Nos Ayudan a Descubrir Nuestro Destino. Cathy Summar Flynn. Illus. by Cathy Summar Flynn. (Estrellita Solitaria Ser.: Vol. 1).Tr. of Lonely Little Star. (SPA., Illus.). (J). 2019. 32p. (gr. k-5). pap. 14.99 *(978-0-9962188-7-0(4))*; 2017. (gr. -1-5). 21.90 *(978-0-9962188-4-9(X))* — High Art Forms, LLC.

Estrellitas y Nopales, Little Stars & Cactus: (a Bilingual Poetry Book for Children) Jose Chavez. 2017. (ENG.,

Illus.). (J). 25.95 *(978-1-4808-4242-7(7))*; pap. 16.95 *(978-1-4808-4241-0(9))* Archway Publishing.

¡Estres! Michelle Reneé Prather. 2019. (SPA.). (J). pap. *(978-1-4938-9053-8(0))* Teacher Created Materials, Inc.

Estructura de la Tierra. Laura McDonald. 2017. (Vitales Ser.). (SPA.). (YA). (gr. 6-8). pap. *(978-1-5021-6889-4(8))* Benchmark Education Co.

Estructura de la Tierra - 6 Pack: Set of 6 Common Core Edition. Laura McDonald. 2017. (Vitales Ser.). (SPA.). (YA). (gr. 6-8). 75.00 *(978-1-5021-7111-5(2))* Benchmark Education Co.

Estuaries. Simon Rose. 2017. (J). *(978-1-5105-2171-1(2))* SmartBook Media, Inc.

Estuche Trilogía Hermanos Hidalgo / the Hidalgo Trilogy Pack. Ariana Godoy. 2023. (Wattpad. Clover Ser.). (SPA.). 1040p. (YA). (gr. 9). 51.95 *(978-84-19241-34-4(2))*, Montena) Penguin Random House Grupo Editorial ESP. Dist: Penguin Random Hse. LLC.

Estudiamos el Viento: Fragmentar el Problema, 1 vol. Roman Ellis. 2017. (Computación Científica en el Mundo Real (Computer Science for the Real World) Ser.). (SPA.). 16p. (J). (gr. 2-3). pap. *(978-1-5383-5587-9(6),* 571d0f51-57ba-4d4e-81ac-0a139b5037db, Rosen Classroom) Rosen Publishing Group, Inc., The.

Estudiamos la Temperatura: Organizar los Datos, 1 vol. Dalton Blaine. 2017. (Computación Científica en el Mundo Real (Computer Science for the Real World) Ser.). (SPA.). 24p. (J). (gr. 3-4). pap. *(978-1-5383-5746-0(1),* f7fbc600-360a-49a1-9a00-27ea2c84a8c0, Rosen Classroom) Rosen Publishing Group, Inc., The.

Estudiamos la Temperatura: Organizar Los Datos (We Study Temperature: Organizing Data), 1 vol. Dalton Blaine. 2017. (Niños Digitales: Superdotados con Pensamiento Computacional (Computer Kids: Powered by Computational Thinking) Ser.). (SPA.). 24p. (J). (gr. 3-4). 25.27 *(978-1-5383-2879-8(8),* 1e9c1168-e8b4-4bff-b480-6f5d780c8ed5, PowerKids Pr.) Rosen Publishing Group, Inc., The.

Estudiante Mayor: Cómo Mary Walker Aprendió a Leer / the Oldest Student: How Mary Walker Learned to Read. Rita Lorraine Hubbard. Illus. by Oge Mora. 2022. (SPA.). 40p. (J). (gr. -1-3). 17.95 *(978-1-64473-379-0(X))* Penguin Random House Grupo Editorial ESP. Dist: Penguin Random Hse. LLC.

Estudio de día y de Noche: Organizar los Datos, 1 vol. Reggie Harper. 2017. (Computación Científica en el Mundo Real (Computer Science for the Real World) Ser.). (SPA.). 24p. (J). (gr. 4-5). pap. *(978-1-5383-5824-5(7),* 00822663-1fc2-4b76-965e-8798ecf4e8c7, Rosen Classroom) Rosen Publishing Group, Inc., The.

Estudio de día y de Noche: Organizar Los Datos (I Study Day & Night: Organizing Data), 1 vol. Reggie Harper. 2017. (Niños Digitales: Superdotados con Pensamiento Computacional (Computer Kids: Powered by Computational Thinking) Ser.). (SPA.). 24p. (J). (gr. 4-5). 25.27 *(978-1-5383-2906-1(9),* 328a6640-8176-46fo-ba2b-b0b0101c1211, PowerKids Pr.) Rosen Publishing Group, Inc., The.

Estudios Bíblicos para la Vida - Guía Diaria de Discipulado para Jóvenes 2021 Volumen 1. Lifeway Students. 2020. (SPA.). 112p. (YA). pap. 3.15 *(978-1-5359-9333-3(2))* Lifeway Christian Resources.

Estudios Bíblicos para la Vida para Escolares: Manual para el líder niños Menores/Mayores 2021 Volumen 1. Lifeway Kids. 2020. (SPA.). 120p. (J). pap. 7.75 *(978-1-0877-4086-7(X))* Lifeway Christian Resources.

Estudios Bíblicos para la Vida para Jóvenes - Manual para el líder 2021 Volumen 1. Lifeway Students. 2020. (SPA.). 112p. (YA). pap. 7.75 *(978-1-5359-9301-2(4))* Lifeway Christian Resources.

Estudios Poeticos: Con una Carta-Prologo Del Excmo. Senor Marques de Valmar de la Academia Espanola (Classic Reprint) Marcelino Menéndez Y. Pelayo. 2017. (SPA., Illus.). (J). pap. 16.57 *(978-0-243-96032-3(8))* Forgotten Bks.

Estudios Poéticos: Con una Carta-PRólogo Del Excmo. Señor Marqués de Valmar de la Academia Española (Classic Reprint) Marcelino Menéndez Y. Pelayo. 2018. (SPA., Illus.). 382p. (J). 31.80 *(978-0-332-83796-3(3))* Forgotten Bks.

Estudios Sociales Domain Set. 2016. (Early Rising Readers Ser.). (SPA.). (J). (gr. 1). 1370.00 net. *(978-1-4788-4776-2(X))* Newmark Learning LLC.

Estudios Sociales Theme Level a Book Set. 2016. (Early Rising Readers Ser.). (SPA.). (J). (gr. 1-2). 359.00 *(978-1-4788-5195-0(3))* Newmark Learning LLC.

Estudios Sociales Theme Level AA Book Set. 2016. (Early Rising Readers Ser.). (SPA.). (J). (gr. 1-2). 359.00 *(978-1-4788-5194-3(5))* Newmark Learning LLC.

Estudios Sociales Theme Level B Book Set. 2016. (Early Rising Readers Ser.). (SPA.). (J). (gr. 1-2). 359.00 *(978-1-4788-5196-7(1))* Newmark Learning LLC.

(estupenda) Historia de Dragones y Princesas (mss o Menos) Jordi Sierra i Fabra. 2016. (Serie Azul Ser.). (SPA.). 120p. (J). (gr. 5-8). pap. 10.95 *(978-958-59289-3-0(0),* Loqueleo) Santillana USA Publishing Co., Inc.

Esturiones Beluga (Beluga Sturgeons) Grace Hansen. 2018. (Especies Extraordinarias (Super Species) Ser.). (SPA.). 24p. (J). (gr. -1-2). lib. bdg. 32.79 *(978-1-5321-8407-9(7),* 30007, Abdo Kids) ABDO Publishing Co.

Estuvimos Aquí / We Were Here. Nana Rademacher. 2019. (SPA.). 264p. (YA). (gr. 8-12). pap. 17.95 *(978-607-31-7199-1(4),* B De Blook) Penguin Random House Grupo Editorial ESP. Dist: Penguin Random Hse. LLC.

Et Cetera 1924: A Collector's Scrap-Book (Classic Reprint) Vincent Starrett. (ENG., Illus.). (J). 2018. 268p. 29.44 *(978-0-483-55190-9(2))*; 2017. pap. 11.97 *(978-0-243-18416-3(6))* Forgotten Bks.

Et Medicus Cattus: Latin Edition of the Healer Cat. Tuula Pere. Tr. by Rose Udraoni. Illus. by Klaudia Bezak. 2019. (LAT.). 40p. (J). (gr. k-4). *(978-952-357-187-7(7))*; pap. *(978-952-357-188-4(5))* Wickwick oy.

Et Si Je Brillais? Isabelle Bernier. 2017. (FRE., Illus.). (J). pap. *(978-2-9816809-3-8(5))* Bernier, Isabelle.

Et Si les Merveilleux Animaux d'Afrique Se Présentaient! Amadou Ba. 2022. (FRE.). 38p. (J). pap. *(978-1-990497-22-3(5))* Energy Tours.

Et Si on Parlait de la Pauvreté ? Jillian Roberts & Jaime Casap. Tr. by Olivier Bilodeau from ENG. Illus. by Jane Heinrichs. 2021. (Et Si on Parlait De... ? Ser.: 2). Orig. Title: On Our Street. (FRE.). 32p. (J). (gr. 1-3). 19.95 *(978-2-7644-4243-2(2))* Quebec Amerique CAN. Dist: Orca Bk. Pubs. USA.

Et Si on Parlait des Préjugés ? Jillian Roberts. Tr. by Olivier Bilodeau from ENG. Illus. by Jane Heinrichs. 2021. (Et Si on Parlait De... ? Ser.: 4). Orig. Title: On the Playground. (FRE.). 32p. (J). (gr. 1-3). 19.95 *(978-2-7644-4249-4(1))* Quebec Amerique CAN. Dist: Orca Bk. Pubs. USA.

Et Si on Parlait des Tragédies ? Jillian Roberts. Tr. by Olivier Bilodeau from ENG. Illus. by Jane Heinrichs. 2021. (Et Si on Parlait De... ? Ser.: 1). Orig. Title: On the News. (FRE.). 32p. (J). (gr. 1-3). 19.95 *(978-2-7644-4240-1(8))* Quebec Amerique CAN. Dist: Orca Bk. Pubs. USA.

Et Si on Parlait D'Internet ? Jillian Roberts. Tr. by Olivier Bilodeau from ENG. Illus. by Jane Heinrichs. 2021. (Et Si on Parlait De... ? Ser.: 3). Orig. Title: On the Internet. (FRE.). 32p. (J). (gr. 1-3). 19.95 *(978-2-7644-4246-3(7))* Quebec Amerique CAN. Dist: Orca Bk. Pubs. USA.

E'Ta N'Ishtey Keyah Derho - the Little Red Hen - Tigrinya Children Book. Kiazpora. 2017. (TIR., Illus.). 52p. (J). pap. 8.99 *(978-1-946057-17-4(7))* Kiazpora LLC.

E'Ta N'Ishtey Keyah Derho - the Little Red Hen - Tigrinya Children's Book. Kiazpora. 2017. (TIR., Illus.). 52p. (J). 14.99 *(978-1-946057-18-1(5))* Kiazpora LLC.

E'ta Q'Atchiel M'en y'Esera - Who Will Bell the Cat? Kiazpora. 2022. (TIR.). 48p. (J). 14.99 *(978-1-946057-81-5(9))*; pap. 9.99 *(978-1-946057-80-8(0))* Kiazpora LLC.

Établissements de Saint Louis, Accompagnés des Textes Primitifs et des Textes dérivéS. Tome 2. Viollet-P. 2018. (FRE., Illus.). 554p. (J). pap. *(978-2-01-930597-0(6))* Hachette Groupe Livre.

Établissements de Saint Louis, Accompagnés des Textes Primitifs et des Textes dérivéS. Tome 4. Viollet-P. 2018. (FRE., Illus.). 402p. (J). pap. *(978-2-01-930596-3(8))* Hachette Groupe Livre.

Établissements de Saint Louis, Vol. 1: Accompagnés des Textes Primitifs et de Textes dérivés Avec une Introduction et des Notes (Classic Reprint) Paul Viollet. 2018. (FRE., Illus.). 542p. (J). 35.08 *(978-0-265-44200-5(1))* Forgotten Bks.

Etablissements de Saint Louis, Vol. 2: Accompagnes des Textes Primitifs et de Textes Derives, Avec une Introduction et des Notes; Texte des Etablissements (Classic Reprint) Paul Viollet. 2017. (FRE., Illus.). (J). pap. 19.57 *(978-0-259-61026-7(7))* Forgotten Bks.

Établissements de Saint Louis, Vol. 2: Accompagnés des Textes Primitifs et de Textes dérivés, Avec une Introduction et des Notes; Texte des Établissements (Classic Reprint) Paul Viollet. 2018. (FRE., Illus.). (J). 548p. 35.22 *(978-0-267-02942-6(X))*; 552p. 35.30 *(978-0-267-14051-0(7))*; 550p. pap. 19.57 *(978-0-483-96258-3(9))* Forgotten Bks.

Établissements de Saint Louis, Vol. 3: Accompagnes des Textes Primitifs et de Textes Derives, Avec une Introduction et des Notes; Publies, Pour la Societe de l'Histoire de France; Textes Primitifs, Textes Derivees, Notes (Classic Reprint) Paul Viollet. 2017. (FRE., Illus.). (J). pap. 16.57 *(978-0-282-96681-2(1))* Forgotten Bks.

Établissements de Saint Louis, Vol. 3: Accompagnés des Textes Primitifs et de Textes dérivés; Avec une Introduction et des Notes; Textes Primitifs, Textes dérivés, Notes (Classic Reprint) Louis IX. 2018. (FRE., Illus.). (J). 386p. 31.88 *(978-0-364-65941-0(6))*; 388p. pap. 16.57 *(978-0-666-57976-8(8))* Forgotten Bks.

Établissements de Saint Louis, Vol. 3: Accompagnés des Textes Primitifs et de Textes dérivés Avec une Introduction et des Notes; Textes Primitifs, Textes dérivés, Notes (Classic Reprint) Paul Viollet. 2018. (FRE., Illus.). 388p. (J). 31.92 *(978-0-364-57059-3(8))* Forgotten Bks.

Établissements de Saint Louis, Vol. 4: Accompagnés des Textes Primitifs et de Textes dérivés Avec une Introduction et des Notes; Notes (Suite et Fin), Table-Glossaire (Classic Reprint) Paul Viollet. 2018. (FRE., Illus.). 422p. (J). 32.60 *(978-0-666-37848-4(7))* Forgotten Bks.

Établissements et Coutumes, Assises et Arrêts de l'Échiquier de Normandie, Au Treizième Siècle (1207 A 1245) D'Après le Manuscrit Français Ff. 2 de la Bibliothèque de Sainte-Geneviève (Classic Reprint) Ange-Ignace Marnier. 2018. (FRE., Illus.). (J). 260p. 29.26 *(978-0-364-47006-0(2))*; 262p. pap. 11.97 *(978-0-656-58314-0(2))* Forgotten Bks.

Etait une Fois l'Intimidation (Theatre Pour les Adolescents) Texte a Jouer Pour les 10 a 14 ANS. Sophie Torris. 2018. (FRE., Illus.). 102p. (J). pap. *(978-2-924809-12-9(6))* Toge théâtre éditeur.

Étangs. Douglas Bender. Tr. by Annie Evearts. 2021. (Plans d'eau (Bodies of Water) Ser.). (FRE., Illus.). 16p. (J). (gr. -1-1). pap. *(978-1-0396-0390-5(4),* 13124) Crabtree Publishing Co.

Etats Generaux D'Esope: Traduction des Manuscripts de l'Assemblee Generale des Betes, Tenue Dans l'Empire d'Esope (Classic Reprint) P. La Courboistouerade. 2017. (FRE., Illus.). (J). pap. 7.97 *(978-0-282-26514-4(7))* Forgotten Bks.

Etchings: Camp Arcadie; Summer, 1920 (Classic Reprint) Arcadie Camp New York. (ENG., Illus.). (J). 2018. 48p. 24.91 *(978-0-332-04887-1(X))*; 2016. pap. 9.57 *(978-1-334-15571-0(2))* Forgotten Bks.

Etchings: From a Parsonage Veranda (Classic Reprint) E. Jeffers Graham. (ENG., Illus.). (J). 2018. 192p. 27.86 *(978-0-483-32074-1(9))*; 2017. pap. 10.57 *(978-0-243-59785-7(1))* Forgotten Bks.

Ete. Amy Culliford. Tr. by Jean Pierre Gaston. 2021. (Sezon Nan Ane Yo (Seasons in a Year) Ser.). (CRP., Illus.). 16p. (J). (gr. -1-1). pap. *(978-1-4271-3769-2(2),* 10197) Crabtree Publishing Co.

été D'enfer. Melle Séraphine. 2021. (FRE.). 63p. (YA). pap. *(978-1-257-63108-7(X))* Lulu Pr., Inc.

Eternal Career. Frank L. Hammer. 2017. (ENG., Illus.). (J). 21.95 *(978-1-374-87370-4(5))*; pap. 10.95 *(978-1-374-87369-8(1))* Capital Communications, Inc.

Eternal Darkness (the Passage of Hellsfire, Book 4) Marc Johnson. 2019. (Passage of Hellsfire Ser.: Vol. 4). (ENG.). 242p. (J). pap. 14.95 *(978-0-9834770-9-9(4))* Longshot Publishing.

Eternal Darkness: the Poetry of Ashen Fowler: Poetry of the Vampyre. Brian Charles Alexander. 2020. (DUT.). 42p. (J). *(978-1-716-96689-7(2))* Lulu Pr., Inc.

Eternal Empire Volume 1. Sarah Vaughn & Jonathan Luna. 2017. (ENG., Illus.). 136p. (YA). pap. 16.99 *(978-1-5343-0340-9(5),* 058b24c6-8fef-4735-9c39-e97d664f352e) Image Comics.

Eternal Empire Volume 2. Jonathan Luna & Sarah Vaughn. 2018. (ENG., Illus.). 136p. (YA). pap. 16.99 *(978-1-5343-0687-5(0),* 9e204e34-746c-42a6-a6a2-17117b1699ab) Image Comics.

Eternal Enigma: A Romance in the Life of Yvette Guilbert (Classic Reprint) Louis de Robert. (ENG., Illus.). (J). 2018. 226p. 28.58 *(978-0-332-80379-1(1))*; 2017. pap. 10.97 *(978-0-282-99926-1(4))* Forgotten Bks.

Eternal Feminine: And Other Stories (Classic Reprint) Mary Raymond Shipman Andrews. (ENG., Illus.). (J). 2018. 392p. 32.00 *(978-0-364-38441-1(7))*; 2017. pap. 16.57 *(978-0-243-95367-7(4))* Forgotten Bks.

Eternal Feminine (Classic Reprint) Carolyn Wells. 2018. (ENG., Illus.). 66p. (J). 25.26 *(978-0-267-24743-1(5))* Forgotten Bks.

Eternal Feminine Monologues (Classic Reprint) May Isabel Fisk. 2018. (ENG., Illus.). 262p. (J). 29.30 *(978-0-365-50556-3(0))* Forgotten Bks.

Eternal Fires: A Novel (Classic Reprint) Victoria Cross. (ENG., Illus.). (J). 2018. 366p. 31.45 *(978-0-483-71217-1(5))*; 2016. pap. 13.97 *(978-1-334-12217-0(2))* Forgotten Bks.

Eternal Love. Jm Mercedes. 2021. (ENG.). 120p. (YA). pap. 12.99 *(978-1-393-42314-0(0))* Draft2Digital.

Eternal Magdalene (Classic Reprint) Robert H. McLaughlin. (ENG., Illus.). (J). 2018. 304p. 30.17 *(978-0-483-53698-2(9))*; 2018. 312p. 30.35 *(978-0-484-42661-9(3))*; 2017. pap. 13.57 *(978-0-243-28740-6(2))*; 2016. pap. 13.57 *(978-1-333-48134-6(9))* Forgotten Bks.

Eternal Masculine: Stories of Men & Boys (Classic Reprint) Mary Raymond Shipman Andrews. (ENG., Illus.). (J). 2018. 476p. 33.71 *(978-0-656-33770-5(2))*; 2017. pap. 16.57 *(978-0-243-28749-9(6))* Forgotten Bks.

Eternal Masculine Stories of Men & Boys (Classic Reprint) Mary Raymond. 2018. (ENG., Illus.). 460p. (J). 33.38 *(978-0-332-10774-5(4))* Forgotten Bks.

Eternal Priestess: A Novel of China Manners (Classic Reprint) B. L. Putnam Weale. 2017. (ENG., Illus.). (J). 33.24 *(978-0-260-47087-4(2))* Forgotten Bks.

Eternal Salvation: New Testament Volume 35: Hebrews, Part 2. R. Iona Lyster et al. 2019. (Visualized Bible Ser.: Vol. 1035). (ENG.). 30p. (J). pap. 15.00 *(978-1-64104-063-1(7))* Bible Visuals International, Inc.

Eternal Seas. Lexi Rees. 2020. (Relic Hunters Ser.: Vol. 1). (ENG.). 176p. (J). pap. *(978-1-913799-00-7(X))* Outset Publishing Ltd.

Eternal Soldier: The True Story of How a Dog Became a Civil War Hero. Allison Crotzer Kimmel. Illus. by Rotem Teplow. 2019. (ENG.). 40p. (J). (gr. k-4). 18.99 *(978-1-4998-0863-6(1))* Little Bee Books Inc.

Eternal Spring: A Novel (Classic Reprint) Neith Boyce. (ENG., Illus.). (J). 2018. 426p. 32.68 *(978-0-484-77285-3(6))*; 2016. pap. 16.57 *(978-1-333-56185-7(7))* Forgotten Bks.

Eternal Triangle (Classic Reprint) Lindsay Russell. 2018. (ENG., Illus.). 320p. (J). 30.50 *(978-0-267-23232-1(2))* Forgotten Bks.

Eternal Vow. Lavay Byrd. 2021. (ENG.). 152p. (YA). pap. 6.99 *(978-1-393-65722-4(2))* Draft2Digital.

Eternal Woman (Classic Reprint) Dorothea Gerard. 2017. (ENG., Illus.). (J). 30.81 *(978-0-260-91510-8(6))*; pap. 13.57 *(978-1-5282-5699-5(9))* Forgotten Bks.

Eternally Yours. Patrice Caldwell. 2022. 416p. (YA). (gr. 7). 19.99 *(978-0-593-20687-4(8),* Viking Books for Young Readers) Penguin Young Readers Group.

Eternity: Where Will You Spend It? Russ Walsh. 2018. (ENG., Illus.). 286p. (YA). pap. 16.99 *(978-1-5456-3619-0(2))* Salem Author Services.

Eternity & You. Dragisa Armus. rev. ed. 2018. (ENG., Illus.). 24p. (YA). 1.50 *(978-1-5271-0258-3(0),* 2b459b35-da63-4e5d-82a0-86ccacca9c16, CF4Kids) Christian Focus Pubns. GBR. Dist: Baker & Taylor Publisher Services (BTPS).

Eternity Code, the-Artemis Fowl, Book 3. Eoin Colfer. 2018. (Artemis Fowl Ser.: 3). (ENG.). 384p. (J). (gr. 5-9). pap. 8.99 *(978-1-368-03695-5(3),* Disney-Hyperion) Disney Publishing Worldwide.

Eternity Elixir. Frank L. Cole. 2018. (Potion Masters Ser.: 1). (ENG., Illus.). 304p. (J). (gr. 5). pap. 7.99 *(978-1-62972-460-7(2),* 5206090) Shadow Mountain Publishing.

Eternity Gate. Katherine Briggs. 2023. (Threshold Duology Ser.: 1). (ENG.). 368p. (YA). (gr. 8-12). 24.99 Oasis Audio.

Eternity in Tangiers. Eyoum Nganguè. Tr. by André Naffis-Sahely. Illus. by Faustin Titi. 2017. (ENG.). 56p. (YA). (gr. 6). pap. 16.95 *(978-1-934919-79-8(9))* Deep Vellum Publishing.

Eternity of Love, Happiness, & Dreams Come True Coloring Book. Smarter Activity Books. 2016. (ENG., Illus.). (J). pap. 9.22 *(978-1-68374-432-0(2))* Examined Solutions PTE. Ltd.

Eternity Stone. M. Marinan. 2023. (Across Time & Space Ser.: Vol. 1). (ENG.). 400p. (YA). pap. *(978-1-990014-18-5(6))* Silversmith Publishing.

Eternity Stone (hardcover) M. Marinan. 2023. (Across Time & Space Ser.: Vol. 1). (ENG.). 400p. (YA). *(978-1-990014-19-2(4))* Silversmith Publishing.

Ethan. Ryan Loveless. 2017. (ENG., Illus.). (YA). 25.99 *(978-1-64080-364-0(5),* Harmony Ink Pr.) Dreamspinner Pr.

Ethan Allen & the Green Mountain Boys. Audrey Ades. 2017. (Illus.). 32p. (J). 25.70 *(978-1-61228-952-6(5))* Mitchell Lane Pubs.

Ethan & Dragon. Lisa Tink Ulman. 2020. (ENG.). 40p. (J). pap. 9.00 *(978-1-716-64501-3(8))* Lulu Pr., Inc.

Ethan & the Magic Hat. Debbie Brewer. 2018. (ENG., Illus.). 80p. (J). pap. *(978-0-244-14416-6(8))* Lulu Pr., Inc.

Ethan Frome Novel Units Student Packet. Novel Units. 2019. (ENG.). (YA). pap. 13.99 *(978-1-56137-513-4(6),* Novel Units, Inc.) Classroom Library Co.

Ethan Frome Novel Units Teacher Guide. Novel Units. 2019. (ENG.). (YA). pap. 12.99 *(978-1-56137-512-7(8),* Novel Units, Inc.) Classroom Library Co.

Ethan I Love You All Ways. Marianne Richmond. Illus. by Dubravka Kolanovic. 2023. (I Love You All Ways Ser.). (ENG.). 32p. (J). (gr. -1-3). 8.99 ***(978-1-7282-7356-3(0))*** Sourcebooks, Inc.

Ethan I Was Before. Ali Standish. (ENG.). (J). (gr. 3-7). 2018. 384p. pap. 7.99 *(978-0-06-243339-8(3))*; 2017. (Illus.). 368p. 16.99 *(978-0-06-243338-1(5))* HarperCollins Pubs. (HarperCollins).

Ethan Loves Cowboys. Tracilyn George. 2023. (ENG.). 26p. (J). pap. 12.99 ***(978-1-77475-603-4(X))*** Draft2Digital.

Ethan Marcus Makes His Mark. Michele Weber Hurwitz. (ENG.). 272p. (J). (gr. 3-7). 2019. pap. 7.99 *(978-1-4814-8929-4(1))*; 2018. (Illus.). 17.99 *(978-1-4814-8928-7(3))* Simon & Schuster Children's Publishing. (Aladdin).

Ethan Marcus Stands Up. Michele Weber Hurwitz. (ENG.). (J). (gr. 3-7). 2018. 288p. pap. 7.99 *(978-1-4814-8926-3(7))*; 2017. (Illus.). 272p. 17.99 *(978-1-4814-8925-6(9))* Simon & Schuster Children's Publishing. (Aladdin).

Ethan on the North Pole Express. J. D. Green. Illus. by Joanne Partis. 2022. (North Pole Express Bears Ser.). (ENG.). 32p. (J). (gr. -1-3). 7.99 ***(978-1-7282-6934-4(2))*** Sourcebooks, Inc.

Ethan on the North Pole Express. J. D. Green. 2019. (North Pole Express Ser.). (ENG.). 32p. (J). (gr. -1-3). 7.99 ***(978-1-7282-0332-4(5))*** Sourcebooks, Inc.

Ethan Santa's Secret Elf. Put Me In The Story & Katherine Sully. Illus. by Julia Seal. 2018. (Santa's Secret Elf Ser.). (ENG.). 32p. (J). (gr. k-3). 5.99 *(978-1-4926-8140-3(7))* Sourcebooks, Inc.

Ethan 'Twas the Night Before Christmas. Illus. by Lisa Alderson. 2019. (Night Before Christmas Ser.). (ENG.). 32p. (J). (gr. -1-3). 7.99 ***(978-1-7282-0225-9(6))*** Sourcebooks, Inc.

Ethan's Christmas Wish. Put Me In The Story & J. D. Green. Illus. by Julia Seal. 2018. (Christmas Wish Ser.). (ENG.). 32p. (J). (gr. k-3). 6.99 ***(978-1-4926-8325-4(6))*** Sourcebooks, Inc.

Ethan's Secret. Loriedith Serrano. Illus. by Jason Velazquez. 2020. (Educate Me Ethan Ser.: Vol. 1). (ENG.). 22p. (J). 19.99 ***(978-1-7347356-8-0(6))*** Publify Consulting.

Ethan's STEM Adventures: I Can Be a Scientist! Louis Desforges. 2021. (ENG.). 36p. (J). *(978-0-2288-4360-3(X))*; pap. *(978-0-2288-4359-7(6))* Tellwell Talent.

Ethcara. Ruby Steele. 2022. (ENG.). 122p. (J). pap. ***(978-1-3984-8485-6(7))*** Austin Macauley Pubs. Ltd.

Ethel (Classic Reprint) John Joy Bell. (ENG., Illus.). (J). 2018. 208p. 28.19 *(978-0-484-47458-0(8))*; 2016. pap. 10.57 *(978-1-333-23908-4(4))* Forgotten Bks.

Ethel Hollister's Second Summer As a Campfire Girl. Irene Elliott Benson. 2018. (ENG., Illus.). 80p. (YA). (gr. 7-12). pap. *(978-93-5297-310-1(0))* Alpha Editions.

Ethel Morton & the Christmas Ship. Mabell S. C. Smith. 2018. (ENG., Illus.). 202p. (YA). (gr. 7-12). pap. *(978-93-5329-379-6(0))* Alpha Editions.

Ethel Morton at Chautauqua. Mabell S. C. Smith. 2018. (ENG., Illus.). 188p. (YA). (gr. 7-12). pap. *(978-93-5329-380-2(4))* Alpha Editions.

Ethel Morton at Rose House. Mabell S. C. Smith. 2018. (ENG., Illus.). 100p. (YA). (gr. 7-12). pap. *(978-93-5297-364-4(X))* Alpha Editions.

Ethel Morton at Rose House (Classic Reprint) Mabell Shippie Clarke Smith. 2018. (ENG., Illus.). (J). 252p. 29.09 *(978-0-366-56318-0(1))*; 254p. pap. 11.57 *(978-0-366-11997-4(4))* Forgotten Bks.

Ethel Morton's Enterprise. Mabell S. C. Smith. 2018. (ENG., Illus.). 192p. (YA). (gr. 7-12). pap. *(978-93-5297-365-1(8))* Alpha Editions.

Ethel Morton's Enterprise. Mabell S. C. Smith. 2017. (ENG., Illus.). (J). pap. 13.95 *(978-1-374-90595-5(X))* Capital Communications, Inc.

Ethel Morton's Holidays. Mabell S. C. Smith. 2018. (ENG., Illus.). 104p. (YA). (gr. 7-12). pap. *(978-93-5297-366-8(6))* Alpha Editions.

Ethel Opens the Door: An Exploit of the Shadowers, Inc (Classic Reprint) David Fox. 2018. (ENG., Illus.). 344p. (J). 31.01 *(978-0-483-75126-2(X))* Forgotten Bks.

Ethel the Lonely Egret. Darlene J. Forbes. 2022. (ENG.). 36p. (J). 20.00 *(978-1-68537-051-0(9))*; pap. 13.00 ***(978-1-68537-036-7(5))*** Dorrance Publishing Co., Inc.

Ethel's Keepsake (Classic Reprint) Unknown Author. 2018. (ENG., Illus.). 52p. (J). 24.97 *(978-0-332-19143-0(5))* Forgotten Bks.

Ethel's Story: Illustrating the Advantages of Patience (Classic Reprint) Unknown Author. 2018. (ENG., Illus.). 160p. (J). 27.20 *(978-0-267-45289-7(6))* Forgotten Bks.

Ethel's Sunday School Class (Classic Reprint) Minerva Hunter. (ENG., Illus.). (J). 2017. 20p. 24.31 *(978-0-484-10858-4(1))*; 2016. pap. 7.97 *(978-1-334-13466-1(9))* Forgotten Bks.

Ethelyn's Mistake, or the Home in the West: A Novel (Classic Reprint) Mary J. Holmes. (ENG., Illus.). (J). 2018. 388p. 31.90 *(978-0-484-04920-7(8))*; 2016. pap. 16.57 *(978-1-334-16218-3(2))* Forgotten Bks.

Etherworld. Claudia Gabel & Cheryl Klam. 2016. (Elusion Ser.: 2). (ENG.). 352p. (YA). (gr. 9). pap. 9.99 *(978-0-06-212245-2(2),* Tegen, Katherine Bks) HarperCollins Pubs.

Ethic Amusements: Ethic Tales & Fables (Classic Reprint) D. Bellamy. (ENG., Illus.). (J). 2018. 114p. 26.25 *(978-0-267-31102-6(8))*; 2016. pap. 9.57 *(978-1-333-39424-0(1))* Forgotten Bks.

Ethical Beauty Products, 1 vol. A. L. Rowser. 2019. (Ethical Living Ser.). (ENG., Illus.). 64p. (J). (gr. 6-6). pap. 13.95

E

(978-1-5081-8085-2(7), d789ad5a-5a26-4b7d-8edc-9ff060543e38) Rosen Publishing Group, Inc., The.

Ethical Data Use. Jo Angela Oehrli. 2017. (21st Century Skills Library: Data Geek Ser.). (ENG., Illus.). 32p. (J). (gr. 4-7). lib. bdg. 32.07 *(978-1-63472-713-6(4),* 210110) Cherry Lake Publishing.

Ethical Debates: Advertising. Jen Green. 2017. (Ethical Debates Ser.). (ENG.). 48p. (J). (gr. 6-11). pap. 12.99 *(978-0-7502-9745-5(X),* Wayland) Hachette Children's Group GBR. Dist: Hachette Bk. Group.

Ethical Diet, 1 vol. Erica Green. 2019. (Ethical Living Ser.). (ENG., Illus.). 64p. (J). (gr. 6-6). 36.13 *(978-1-5081-8052-4(0),* 4a191024-bc67-4750-95be-a702be019922) Rosen Publishing Group, Inc., The.

Ethical Entertainment, 1 vol. Jackson Nieuwland. 2019. (Ethical Living Ser.). (ENG.). 64p. (J). (gr. 6-6). 36.13 *(978-1-5081-8058-6(X),* b7f81a59-894f-44af-be98-4b1fc57db7f6) Rosen Publishing Group, Inc., The.

Ethical Fashion, 1 vol. Johanna Knox. 2019. (Ethical Living Ser.). (ENG., Illus.). 64p. (J). (gr. 6-6). 36.13 *(978-1-5081-8049-4(0),* 177de722-3122-4888-8beb-64e6002aff50) Rosen Publishing Group, Inc., The.

Ethical Fashion: Set, 12 vols. 2019. (Ethical Living Ser.). (ENG.). 64p. (J). (gr. 6-6). lib. bdg. 216.78 *(978-1-5081-8092-0(X),* fa92333f-2352-455e-864f-366632bb003a) Rosen Publishing Group, Inc., The.

Ethical Heroes: Develop Responsible & Responsive Leadership Practices That Can Enable Engaging, Inspiring, & Ethical Workplace Environments. Ettiene P Hoffman. 2018. (ENG.). 174p. (J). pap. 14.99 *(978-1-64324-701-4(8))* Notion Pr., Inc.

Ethical Pet Ownership, 1 vol. Lucy K. Shaw. 2019. (Ethical Living Ser.). (ENG.). 64p. (J). (gr. 6-6). 36.13 *(978-1-5081-8061-6(X),* 31bec12b-a767-47cc-aca9-9e82f7972d74) Rosen Publishing Group, Inc., The.

Ethical Pet Ownership: Puppy Mills, Rescue Pets, & Exotic Animal Trade, 1 vol. Ed. by Lisa Idzikowski. 2018. (At Issue Ser.). (ENG.). 128p. (gr. 10-12). 41.03 *(978-1-5345-0379-3(X),* d8029ed0-1b83-4a66-b330-f5d1ea2f5d8d) Greenhaven Publishing LLC.

Ethical Selections: That Go with the State Course of Study for South Dakota (Classic Reprint) O. W. Coursey. 2018. (ENG., Illus.). 94p. (J). 25.86 *(978-0-483-25808-2(3))* Forgotten Bks.

Ethical World-Conception of the Norse People: A Dissertation Submitted to the Faculty of the Graduate School of Arts & Literature, in Candidacy for the Degree of Doctor of Philosophy Department of Comparative Religion (Classic Reprint) Andrew Peter Fors. 2017. (ENG., Illus.). (J). 25.20 *(978-1-5282-5381-9(7))* Forgotten Bks.

Ethics: An Early American Handbook. Jacob Abbott. Ed. by Benjamin Comegys. 2022. (ENG.). 128p. (J). pap. 5.99 ***(978-1-61104-344-0(1))*** Cedar Lake Pubns.

Ethics: Stories for Home & School. Julia M. Dewey. 2017. (ENG., Illus.). (J). pap. *(978-0-649-57801-6(5))* Trieste Publishing Pty Ltd.

Ethics: Stories for Home & School (Classic Reprint) Julia M. Dewey. 2017. (ENG., Illus.). (J). 202p. 28.08 *(978-0-332-99311-9(6))*; pap. 10.57 *(978-1-5276-3079-6(X))* Forgotten Bks.

Ethics & Legal Problems. Josh Gregory. 2020. (21st Century Skills Library: Esports LIVE Ser.). (ENG., Illus.). 32p. (J). (gr. 4-7). lib. bdg. 32.07 *(978-1-5341-6891-6(5),* 215451) Cherry Lake Publishing.

Ethics & Revelation. Henry S. Nash. 2017. (ENG., Illus.). (J). pap. *(978-0-649-18864-2(0))*; pap. *(978-0-649-28272-2(8))*; pap. *(978-0-649-37682-7(X))* Trieste Publishing Pty Ltd.

Ethics for Children: A Guide for Teachers & Parents. Ella Lyman Cabot. 2017. (ENG., Illus.). (J). pap. *(978-0-649-57798-9(1))* Trieste Publishing Pty Ltd.

Ethics for Children: A Guide for Teachers & Parents (Classic Reprint) Ella Lyman Cabot. 2017. (ENG., Illus.). (J). 29.96 *(978-0-266-62288-8(7))* Forgotten Bks.

Ethics of Success, Vol. 1 Of 3: A Reader for the Lower Grades of Schools; Inspiring Anecdotes from the Lives of Successful Men & Women (Classic Reprint) William M. Thayer. (ENG., Illus.). (J). 2018. 222p. 28.48 *(978-0-365-52690-2(8))*; 2017. pap. 10.57 *(978-0-243-08720-4(9))* Forgotten Bks.

Ethics of WikiLeaks, 1 vol. Ed. by Carrie Ann Taylor. 2017. (At Issue Ser.). (ENG.). 104p. (YA). (gr. 10-12). pap. 28.80 *(978-1-5345-0211-6(4),* 50c42e28-14b9-49e7-965b-f5ef01c822ec); lib. bdg. 41.03 *(978-1-5345-0205-5(X),* 2a7a435e-8833-4d76-a997-593ce9df539b) Greenhaven Publishing LLC.

Ethics Seminar Guide: Contemporary Ethical, Moral & Responsibility Issues Based on Bible Stories. Kenneth E. Walsh. 2020. (ENG.). 64p. (YA). pap. 9.99 *(978-0-9991565-9-9(4))* Summit Crossroads Pr./Amanita Bks.

Ethiopia. Spencer Brinker. 2018. (Countries We Come From Ser.). (ENG.). 32p. (J). (gr. k-3). lib. bdg. 19.95 *(978-1-68402-471-1(4))* Bearport Publishing Co., Inc.

Ethiopia (Enchantment of the World) (Library Edition) Lura Rogers Seavey. 2018. (Enchantment of the World. Second Ser.). (ENG., Illus.). 144p. (J). (gr. 5-9). lib. bdg. 40.00 *(978-0-531-13045-2(2),* Children's Pr.) Scholastic Library Publishing.

Ethiopia Learning More about This Amazing Country. Bold Kids. 2023. (ENG.). 42p. (J). pap. 14.99 ***(978-1-0717-1954-1(8))*** FASTLANE LLC.

Ethiopian: A Narrative of the Society of Human Leopards (Classic Reprint) John Cameron Grant. 2017. (ENG., Illus.). (J). 30.19 *(978-0-331-68126-0(9))* Forgotten Bks.

Ethnohistorical Description of the Eight Villages Adjoining Cape Hatteras National Seashore & Interpretive Themes of History & Heritage (Classic Reprint) Impact Assessment Inc. (ENG., Illus.). (J). 2018. 310p. 30.31 *(978-0-331-55772-5(X))*; 2017. pap. 13.57 *(978-0-282-40297-6(7))* Forgotten Bks.

E'Ti Anbesa'n e'Ta Anchiwa - the Lion & the Mouse - Tigrinya Children Book. Kiazpora. 2019. (TIR., Illus.). 52p. (J). 14.99 *(978-1-946057-35-8(5))*; pap. 8.99 *(978-1-946057-33-4(9))* Kiazpora LLC.

E'ti G'obYen e'ti ManTilen - the Tortoise & the Hare - Children's Story. Kiazpora. 2023. (TIR.). 48p. (J). 14.99 ***(978-1-946057-88-4(6))***; pap. 9.99 ***(978-1-946057-89-1(4))*** Kiazpora LLC.

E'ti H'bey'n e'ti Agaz'yen'n - the Monkey & the Deer - Tigrinya Children's Book. Kiazpora. 2021. (TIR.). 50p. (J). 14.99 *(978-1-946057-76-1(2))*; pap. 9.99 *(978-1-946057-75-4(4))* Kiazpora LLC.

E'ti Kukunai'n e'ti Wekarya'n - the Rooster & the Fox - Tigrinya Children's Book. Kiazpora Publication. 2021. (TIR.). 48p. (J). 14.99 *(978-1-946057-61-7(4))*; pap. 9.99 *(978-1-946057-62-4(2))* Kiazpora LLC.

Etiquette. Agnes H. Morton. 2017. (ENG., Illus.). (J). 22.95 *(978-1-374-92752-0(X))*; pap. 12.95 *(978-1-374-92751-3(1))* Capital Communications, Inc.

Etiquette. Diane Lindsey Reeves & Connie Hansen. Illus. by Ruth Bennett. 2020. (Bright Futures Press: Soft Skills Sleuths: Investigating Life Skills Success Ser.). (ENG.). 32p. (J). (gr. 4-7). lib. bdg. 32.07 *(978-1-5341-6981-4(4),* 215811) Cherry Lake Publishing.

Etiquette: An Answer to the Riddle When? Where? How?; Dedicated to Those Who Dwell Within the Broad Zone of the Average (Classic Reprint) Agnes H. Morton. (ENG., Illus.). (J). 2018. 224p. 28.54 *(978-0-666-83348-8(6))*; 2017. pap. 10.97 *(978-0-259-41857-3(9))* Forgotten Bks.

Etiquette among Friends, 1 vol. Laura Loria. 2016. (Etiquette Rules! Ser.). (ENG., Illus.). 48p. (J). (gr. 6-6). pap. 12.75 *(978-1-4994-6488-7(6),* 894236b4-3408-4603-a746-ac9f1feebfa4) Rosen Publishing Group, Inc., The.

Etiquette As a Guest & at Parties, 1 vol. Justine Ciovacco. 2016. (Etiquette Rules! Ser.). (ENG.). 48p. (J). (gr. 6-6). pap. 12.75 *(978-1-4994-6484-9(3),* 665dca88-5f05-4635-8934-1d141713c18b, Rosen Central); (Illus.). lib. bdg. 33.47 *(978-1-4994-6486-3(X),* 3fcac252-b242-4d91-a740-ff16bc6f8ec3) Rosen Publishing Group, Inc., The.

Etiquette at Home, 1 vol. Jeanne Nagle. 2016. (Etiquette Rules! Ser.). (ENG., Illus.). 48p. (J). (gr. 6-6). pap. 12.75 *(978-1-4994-6480-1(0),* c285df51-376d-46d2-90f1-61ab089b81d9, Rosen Central) Rosen Publishing Group, Inc., The.

Etiquette at School, 1 vol. Katherine Yaun. 2016. (Etiquette Rules! Ser.). (ENG.). 48p. (J). (gr. 6-6). 33.47 *(978-1-4994-6478-8(9),* 0a3b3e11-00e9-4e2b-8b52-ed25b84246ba); pap. 12.75 *(978-1-4994-6476-4(2),* a8ceea0c-1d64-44ac-9f8e-7779796e2d09, Rosen Central) Rosen Publishing Group, Inc., The.

Etiquette for Little Folks (Classic Reprint) Henry S. Mackarness. 2018. (ENG., Illus.). 98p. (J). 25.88 *(978-0-484-69757-6(9))* Forgotten Bks.

Etiquette for Success: Relationships, Vol. 7. Sarah Smith. 2018. (Etiquette for Success Ser.). 64p. (J). (gr. 7). lib. bdg. 31.93 *(978-1-4222-3971-1(3))* Mason Crest.

Etiquette for Success: Social Media & Online Manners, Vol. 7. Sarah Smith. 2018. (Etiquette for Success Ser.). 64p. (J). (gr. 7). lib. bdg. 31.93 *(978-1-4222-3973-5(X))* Mason Crest.

Etiquette for Success: Workplace, Vol. 7. Sarah Smith. 2018. (Etiquette for Success Ser.). 64p. (J). (gr. 7). lib. bdg. 31.93 *(978-1-4222-3976-6(4))* Mason Crest.

Etiquette Rules!, 12 vols. 2016. (Etiquette Rules! Ser.). (ENG.). 00048p. (J). (gr. 6-6). 200.82 *(978-1-5081-7365-6(6),* fdcda4ce-9dd9-4d5d-bc4e-25d6623c03db, Rosen Central) Rosen Publishing Group, Inc., The.

Eti'WeKarya'n Eti'TiEl'n - Tigrinya Children's Book - the Wolf & the Goat. Kiazpora Publication. 2021. (TIR.). 48p. (J). 14.99 *(978-1-946057-63-1(0))*; pap. 9.99 *(978-1-946057-64-8(9))* Kiazpora LLC.

Étoffe du Pays: Lower St. Lawrence Sketches (Classic Reprint) Florence Mary Simms. 2018. (ENG., Illus.). 100p. (J). 25.86 *(978-0-483-15523-7(3))* Forgotten Bks.

Étoile. Richard Aab. Illus. by Madalyn McLeod. 2018. (ENG.). 38p. (J). 16.99 *(978-0-9998571-3-7(4))*; pap. 9.99 *(978-0-9998571-4-4(2))* Ascend Pr.

Étoiles de Loup. Mona Vainey & Cedric Dutertre. 2018. (FRE., Illus.). 38p. (J). pap. 10.06 *(978-0-244-67446-5(9))* Lulu Pr., Inc.

Eton Boy's Letters: Selected & Arranged (Classic Reprint) George Nugent-Bankes Author. 2018. (ENG., Illus.). 220p. (J). 28.43 *(978-0-484-86619-4(2))* Forgotten Bks.

Eton Fables (Classic Reprint) Cyril Alington. 2018. (ENG., Illus.). 100p. (J). 25.96 *(978-0-267-22365-7(X))* Forgotten Bks.

Eton in the 'Seventies (Classic Reprint) Gilbert Coleridge. 2017. (ENG., Illus.). (J). 30.91 *(978-0-331-20925-9(X))* Forgotten Bks.

Eton of Old, or Eighty Years Since: 1811-1822 (Classic Reprint) William Hill Tucker. 2017. (ENG., Illus.). (J). 29.42 *(978-0-331-66810-0(6))*; pap. 11.97 *(978-0-243-52101-2(4))* Forgotten Bks.

Eton School Days: Or Recollections of an Etonian (Classic Reprint) Bracebridge Hemyng. 2018. (ENG., Illus.). 324p. (J). 30.58 *(978-0-484-68804-8(9))* Forgotten Bks.

Etowah. Francis Fontaine. 2017. (ENG., Illus.). 52p. (J). pap. *(978-3-337-34687-4(1))* Creation Pubs.

Etowah: A Romance of the Confederacy (Classic Reprint) Francis Fontaine. (ENG., Illus.). (J). 2018. 52p. 24.97 *(978-0-483-40847-0(6))*; 2018. 544p. 35.12 *(978-0-483-43585-8(6))*; 2016. pap. 19.57 *(978-1-334-55881-8(7))* Forgotten Bks.

étrange Cadeau Pour Noël. Nicolas Célégueègne. 2023. (FRE.). 49p. (J). pap. ***(978-1-4716-5666-8(7))*** Lulu Pr., Inc.

Être: Girls, Who Do You Want to Be? Illana Raia. 2019. (ENG.). 202p. (YA). (gr. 7-12). pap. 26.95 ***(978-1-7332457-0-8(7))*** Tre.

Être un Superhéros: Being a Superhero - French Edition. Liz Shmuilov & Kidkiddos Books. 2019. (French Bedtime Collection). (FRE., Illus.). 34p. (J). (gr. k-3). *(978-1-5259-1331-0(X))*; pap. *(978-1-5259-1330-3(1))* Kidkiddos Bks.

Etta Invincible. Reese Eschmann. (ENG.). 368p. (J). (gr. 3-7). 2023. pap. 8.99 ***(978-1-5344-6838-2(2))***; 2022. (Illus.). 17.99 *(978-1-5344-6837-5(4))* Simon & Schuster Children's Publishing. (Aladdin).

Etta's Baby Lamb. Jay Dale. 2016. (Engage Literacy Purple - Extension A Ser.). (ENG.). 16p. (J). pap. 36.94 *(978-1-5157-3336-2(X),* 25323, Capstone Pr.) Capstone.

Etty Darwin & the Four Pebble Problem. Lauren Soloy. 2021. (Illus.). 48p. (J). (gr. -1-3). 18.99 *(978-0-7352-6608-7(5),* Tundra Bks.) Tundra Bks. CAN. Dist: Penguin Random Hse. LLC.

Etty Steele & the Vampire Plague. Grayson Grave. 2019. (Hunter Ser.: Vol. 2). (ENG.). 348p. (J). (gr. 3-6). *(978-1-9993586-4-8(3))*; pap. *(978-1-9993586-3-1(5))* Grave, Grayson.

Etty Steele Vampire Hunter. Grayson Grave. (Hunter Ser.: Vol. 1). (ENG.). 178p. (J). (gr. 3-6). 2019. *(978-1-9993586-1-7(9))*; 2018. pap. *(978-1-9993586-0-0(0))* Grave, Grayson.

Etu: Our Little Eskimo Cousin (Classic Reprint) Mary Hazelton Wade. 2017. (ENG., Illus.). (J). 26.78 *(978-0-260-93581-6(6))*; pap. 9.57 *(978-1-5283-5911-5(9))* Forgotten Bks.

Etude Sur la Notion d'Espace d'Apres Descartes, Leibniz et Kant: These Pour le Doctorat Soutenue Devant la Faculte des Lettres de Paris (Classic Reprint) Henry Luguet. 2017. (FRE., Illus.). (J). 29.49 *(978-0-265-47614-7(3))*; pap. 11.97 *(978-0-259-26785-0(6))* Forgotten Bks.

Étude Sur les Torrents des Hautes-Alpes (Classic Reprint) Alexandre Surell. 2018. (FRE., Illus.). (J). 314p. 30.37 *(978-1-391-07713-0(X))*; 316p. pap. 13.57 *(978-1-390-96683-1(6))* Forgotten Bks.

Étude Sur les Torrents des Hautes-Alpes, Vol. 2 (Classic Reprint) Alexandre Surell. 2018. (FRE., Illus.). (J). 412p. 32.39 *(978-0-366-09706-7(7))*; 414p. pap. 16.57 *(978-0-366-03653-0(X))* Forgotten Bks.

Etudes de lépidoptérologie Comparée: Fascicule XII (Classic Reprint) Charles Oberthur. 2019. (FRE., Illus.). 534p. (J). 34.93 *(978-0-666-19405-3(X))* Forgotten Bks.

Études de Paléontologie Tunisienne, Vol. 1: Céphalopodes des Terrains Secondaires; Texte (Classic Reprint) Leon Pervinquiere. 2018. (FRE., Illus.). (J). 574p. 35.74 *(978-1-391-76493-1(5))*; 576p. pap. 19.57 *(978-1-390-77594-5(1))* Forgotten Bks.

Études et Lectures Sur l'Astronomie, Vol. 2 (Classic Reprint) Camille Flammarion. 2018. (FRE., Illus.). (J). 376p. 31.65 *(978-1-391-15492-3(4))*; 378p. pap. 16.57 *(978-1-390-57504-0(7))* Forgotten Bks.

Études et Lectures Sur l'Astronomie, Vol. 5: Accompagné de 35 Figures Astronomiques (Classic Reprint) Camille Flammarion. 2018. (FRE., Illus.). (J). 336p. 30.83 *(978-1-391-67414-8(6))*; 338p. pap. 13.57 *(978-1-390-84955-4(4))* Forgotten Bks.

Etudes Paleontologiques Sur les Depots Jurassiques du Bassin du Rhone (Classic Reprint) Eugène Dumortier. 2017. (FRE., Illus.). (J). 32.93 *(978-0-266-33418-7(0))* Forgotten Bks.

Etudes Paleontologiques Sur les Depots Jurassiques du Bassin du Rhone, Vol. 1: Infra-Lias (Classic Reprint) Eugène Dumortier. 2017. (FRE., Illus.). (J). 29.80 *(978-0-266-51043-7(4))*; pap. 13.57 *(978-0-243-59271-5(X))* Forgotten Bks.

Etudes Paleontologiques Sur les Depots Jurassiques du Bassin du Rhone, Vol. 3: Lias Moyen (Classic Reprint) Eugène Dumortier. 2017. (FRE., Illus.). (J). pap. 19.57 *(978-0-282-72942-4(9))* Forgotten Bks.

Etudes Paleontologiques Sur les Depots Jurassiques du Bassin du Rhone, Vol. 4: Lias Superieur (Classic Reprint) Eugène Dumortier. 2017. (FRE., Illus.). (J). pap. 19.57 *(978-1-5276-2606-5(7))* Forgotten Bks.

Etudes Sur la Fontaine Louis, Ou Notes et Excursions Litteraires Sur Ses Fables: Precedees de Son Eloge Inedit (Classic Reprint) P.-Louis Solvet. 2017. (FRE., Illus.). (J). pap. 19.57 *(978-0-282-16048-7(5))* Forgotten Bks.

ÉTudes Sur la Fontaine Louis, Ou Notes et Excursions Littéraires Sur Ses Fables: PRéCédées de Son ÉLoge Inédit (Classic Reprint) P.-Louis Solvet. 2018. (FRE., Illus.). 534p. (J). 34.93 *(978-0-484-66460-8(3))* Forgotten Bks.

Etudes Sur les Mouvements de l'Atmosphere, Vol. 1 (Classic Reprint) Cato Maximilian Guldberg. 2018. (FRE., Illus.). 44p. (J). pap. 7.97 *(978-0-483-21399-9(3))* Forgotten Bks.

Etymologisch-Symbolisch-Mythologisches Real-Wörterbuch, Vol. 3: Zum Handgebrauche Für Bibelforscher, Archäologen und Bildende Künstler; I-O (Classic Reprint) F. Nork. 2018. (GER., Illus.). 372p. (J). 31.59 *(978-0-666-27525-7(4))* Forgotten Bks.

Etymologisch-Symbolisch-Mythologisches Real-Wörterbuch Zum Handgebrauche Für Bibelforscher, Archäologen und Bildende Künstler, Enthaltend Die Thier-Pflanzen-Farben-Und Zahlen-Symbolik, Vol. 1: Mit Rücksichtnahme Auf Die Symbolische Anwendung Mehrerer. F. Nork. 2018. (GER., Illus.). (J). 524p. 34.70 *(978-1-396-38051-8(5))*; 526p. pap. 19.57 *(978-1-390-98861-1(9))* Forgotten Bks.

Etymologisch-Symbolisch-Mythologisches Real-Wörterbuch Zum Handgebrauche Für Bibelforscher, Archäologen und Bildende Künstler, Vol. 3: Enthaltend Die Thier-Pflanzen-Farben-Und Zahlen-Symbolik, Mit Rücksichtnahme Auf Die Symbolische Anwendung Mehrerer. F. Nork. 2018. (GER., Illus.). 366p. (J). 31.45 *(978-0-366-96113-9(6))* Forgotten Bks.

Eu Amo a Minha Mãe: I Love My Mom (Portuguese - Portugal Edition) Shelley Admont & Kidkiddos Books. 2019. (Portuguese Portugal Bedtime Collection). (POR., Illus.). 32p. (J). (gr. k-3). *(978-1-5259-1384-6(0))*; pap. *(978-1-5259-1383-9(2))* Kidkiddos Bks.

Eu Amo Ajudar: I Love to Help- Brazilian Portuguese Book for Kids. Shelley Admont & S. a Publishing. 2017. (Portuguese Bedtime Collection). (POR., Illus.). (J). (gr. k-3). *(978-1-5259-0552-0(X))*; pap. *(978-1-5259-0551-3(1))* Kidkiddos Bks.

Eu Amo Ajudar: I Love to Help- Brazilian Portuguese Book for Kids. Shelley Admont & Kidkiddos Books. 2nd ed. 2019. (Portuguese Bedtime Collection). (POR., Illus.). 32p. (J). (gr. k-3). pap. *(978-1-5259-1603-8(3))* Kidkiddos Bks.

Eu Amo Deixar Meu Quarto Arrumado: I Love to Keep My Room Clean - Portuguese Edition. Shelley Admont & Kidkiddos Books. 2nd ed. 2019. (Portuguese Bedtime Collection). (POR., Illus.). 34p. (J). (gr. k-3). pap. *(978-1-5259-1746-2(3))* Kidkiddos Bks.

Eu Amo Meu Papai. Shelley Admont. 2017. (Portuguese Bedtime Collection). (POR., Illus.). (J). (gr. k-3). *(978-1-5259-0421-9(3))* Kidkiddos Bks.

Eu Amo Meu Papai: I Love My Dad - Portuguese Russian. Shelley Admont & Kidkiddos Books. 2019. (Portuguese Russian Bilingual Collection). (POR., Illus.). 34p. (J). (gr. k-3). *(978-1-5259-1094-4(9))*; pap. *(978-1-5259-1092-0(2))* Kidkiddos Bks.

Eu Amo Minha Mamãe: I Love My Mom - Portuguese Russian. Shelley Admont & Kidkiddos Books. 2019. (Portuguese Russian Bilingual Collection). (POR., Illus.). 32p. (J). (gr. k-3). pap. *(978-1-5259-1081-4(7))* Kidkiddos Bks.

Eu Amo o Meu Pai: I Love My Dad (Portuguese - Portugal Edition) Shelley Admont & Kidkiddos Books. 2019. (Portuguese Portugal Bedtime Collection). (POR., Illus.). 34p. (J). (gr. k-3). *(978-1-5259-1483-6(9))*; pap. *(978-1-5259-1482-9(0))* Kidkiddos Bks.

Eu Odeio a Minha Mãe: #sqn! Leca Haine. 2018. (POR., Illus.). 118p. (J). pap. *(978-85-93681-03-5(4))* Nicacio, Clóvis.

Eu Si Monty. Maia Kodrin. 2019. (RUM.). 34p. (J). pap. *(978-0-359-77364-0(8))* Lulu Pr., Inc.

Euahlayi Tribe: A Study of Aboriginal Life in Australia. K. Langloh Parker. 2018. (ENG., Illus.). 166p. (YA). (gr. 12). pap. *(978-93-5297-021-6(7))* Alpha Editions.

Euclid: The Man Who Invented Geometry. Shoo Rayner. Illus. by Shoo Rayner. 2nd ed. 2017. (Mega Minds Ser.: Vol. 1). (ENG., Illus.). (J). (gr. 4-6). pap. *(978-1-908944-36-8(6))* Rayner, Shoo.

Euclid & His Modern Rivals. Lewis Carroll, pseud. 2017. (ENG.). 312p. (J). pap. *(978-3-337-29294-2(1))* Creation Pubs.

Euclid & the Age of the Universe: A Compendium of Traditional Astronomy. Yuri Heymann. 2021. (ENG.). 90p. (YA). 61.77 *(978-1-716-09170-4(5))* Lulu Pr., Inc.

Euclid-Shore Radiogram (Classic Reprint) Unknown Author. 2018. (ENG., Illus.). 116p. (J). 26.29 *(978-0-365-37822-8(4))* Forgotten Bks.

Euclid's Parallel Postulate: Its Nature, Validity, & Place in Geometrical Systems: Thesis Presented to the Philosophical Faculty of Yale University for the Degree of Doctor of Philosophy (Classic Reprint) John William Withers. 2018. (ENG., Illus.). 208p. (J). 28.19 *(978-0-666-02910-2(5))* Forgotten Bks.

Eugene: A Poem, in the Measure of Spenser (Classic Reprint) Charles Grate. 2018. (ENG., Illus.). 68p. (J). 25.30 *(978-0-364-80279-3(0))* Forgotten Bks.

Eugene & the Sounds of the City. Sylvie Auzary-Luton. 2020. 28p. (J). (gr. -1-2). 17.99 *(978-1-6626-5004-8(3),* Minedition) Penguin Young Readers Group.

Eugene Aram: A Tale (Classic Reprint) Lytton Lytton. 2018. (ENG., Illus.). 496p. (J). 34.13 *(978-0-483-13227-6(6))* Forgotten Bks.

Eugene Aram, Vol. 1: A Tale (Classic Reprint) Edward Bulwer Lytton. 2017. (ENG., Illus.). (J). 30.83 *(978-1-5284-4379-1(9))* Forgotten Bks.

Eugene Aram, Vol. 2 Of 2: A Tale (Classic Reprint) Edward Bulwer Lytton. 2017. (ENG., Illus.). (J). 31.22 *(978-0-260-17363-8(0))* Forgotten Bks.

Eugene Aram, Vol. 2 Of 3: A Tale (Classic Reprint) Edward Bulwer Lytton. (ENG., Illus.). (J). 2018. 312p. 30.33 *(978-0-428-88107-8(6))*; 2016. pap. 13.57 *(978-1-334-15127-9(X))* Forgotten Bks.

Eugene Field: The Story of His Life, for Children (Classic Reprint) Clara Banta. 2018. (ENG., Illus.). 48p. (J). 24.91 *(978-0-483-82865-0(3))* Forgotten Bks.

Eugene Field Book: Verses, Stories, & Letters for School Reading (Classic Reprint) Mary E. Burt. 2017. (ENG., Illus.). 168p. (J). 27.38 *(978-0-332-67502-2(5))* Forgotten Bks.

Eugene Field in His Home (Classic Reprint) Ida Comstock Below. 2018. (ENG., Illus.). 178p. (J). 27.59 *(978-0-666-69331-0(5))* Forgotten Bks.

Eugene Field Reader (Classic Reprint) Alice L. Harris. (ENG., Illus.). (J). 2018. 106p. 26.10 *(978-0-267-38939-1(6))*; 2016. pap. 9.57 *(978-1-334-13982-6(2))* Forgotten Bks.

Eugene Fishing & Wishing: The Reasoning of a Creative Mouse. Skinner Lynn C. Illus. by Davis Pharis. 2017. (ENG.). (J). (gr. k-4). pap. 11.99 *(978-0-9991679-3-9(6))* Skinner, Lynn C.

Eugene Norton: A Tale from the Sagebrush Land (Classic Reprint) Anne Shannon Monroe. (ENG., Illus.). (J). 2018. 290p. 29.90 *(978-0-666-45227-6(X))*; 2017. pap. 13.57 *(978-0-259-21274-4(1))* Forgotten Bks.

Eugene Oneguine: A Romance of Russian Life in Verse. Alexander Pushkin. 2017. (ENG., Illus.). (J). 24.95 *(978-1-374-86918-9(X))*; pap. 14.95 *(978-1-374-86917-2(1))* Capital Communications, Inc.

Eugene the Architect. Thibaut Rassat. 2021. (ENG.). 40p. (J). (gr. 1-4). 14.95 *(978-3-7913-7458-1(3))* Prestel Verlag GmbH & Co KG. DEU. Dist: Penguin Random Hse. LLC.

Eugene the Mouse at the Big Farmhouse: The Contentment of a Creative Mouse. Lynn Skinner. Illus. by Pharis Davis. 2018. (ENG.). 34p. (J). (gr. k-2). pap. 11.99 *(978-0-9991679-6-0(0))* Skinner, Lynn C.

Eugene's Rocky Road to Friendship. Gina Frisby. Illus. by Angela Gooliaff. 2023. (ENG.). 32p. (J). ***(978-1-0391-6137-5(5))***; pap. ***(978-1-0391-6136-8(7))*** FriesenPress.

608

The check digit for ISBN-10 appears in parentheses after the full ISBN-13

TITLE INDEX EVA SEES A GHOST: #2

Eugenia Lincoln & the Unexpected Package: Tales from Deckawoo Drive, Volume Four. Kate DiCamillo. Illus. by Chris Van Dusen. (Tales from Deckawoo Drive Ser.: 4). (ENG.). 112p. (J). (gr. 1-4). 2018. pap. 6.99 *(978-1-5362-0353-0(X))*; 2017. 14.99 *(978-0-7636-7881-4(3))* Candlewick Pr.

Eugenia Lincoln & the Unexpected Package: #4. Kate DiCamillo. Illus. by Chris Van Dusen. 2022. (Tales from Deckawoo Drive Ser.). (ENG.). 104p. (J). (gr. 1-4). lib. bdg. 31.36 *(978-1-0982-5154-3(7)*, 40101, Chapter Bks.) Spotlight.

Eugenia, Vol. 1 Of 3: An Episode (Classic Reprint) William Money Hardinge. 2018. (ENG., Illus.). 346p. (J). 31.03 *(978-0-484-06926-7(8))* Forgotten Bks.

Eugenie: A Sequel to the Baron's Children (Classic Reprint) Sarah Ann Myers. (ENG., Illus.). (J). 2018. 334p. 30.79 *(978-0-428-36064-1(5))*; 2016. pap. 13.57 *(978-1-333-72115-2(3))* Forgotten Bks.

Eugenie (Classic Reprint) Beatrice May Butt. (ENG., Illus.). (J). 2018. 246p. 28.99 *(978-0-483-01042-0(1))*; 2016. pap. 11.57 *(978-1-334-68023-6(X))* Forgotten Bks.

Eugénie Grandet. Honore de Balzac & Ellen Marriage. 2017. (ENG.). 252p. (J). pap. *(978-3-337-22120-1(3))* Creation Pubs.

Eugenie Grandet: And Other Stories (Classic Reprint) Honore de Balzac. (ENG., Illus.). (J). 2018. 412p. 32.39 *(978-0-483-16671-4(5))*; 2016. pap. 16.57 *(978-1-333-23116-3(4))* Forgotten Bks.

Eugenie Grandet (Classic Reprint) Honore de Balzac. (Illus.). (J). 2017. (FRE.). 30.95 *(978-0-265-37738-3(2))*; 2017. (FRE., 30.91 *(978-0-260-13284-0(5))*; 2017. (FRE., pap. 13.57 *(978-0-265-14729-0(8))*; 2017. (ENG., 30.37 *(978-0-265-38494-7(X))*; 2017. (FRE., pap. 13.57 *(978-0-243-04294-4(9))*; 2016. (ENG., pap. 13.57 *(978-1-334-49982-1(9))* Forgotten Bks.

Eugenie Grandet; Modeste Mignon (Classic Reprint) Honore de Balzac. 2017. (ENG., Illus.). (J). 33.96 *(978-0-266-18350-1(6))* Forgotten Bks.

Eugenie Grandet, the Country Parson, & Other Stories (Classic Reprint) Honore de Balzac. 2018. (ENG., Illus.). 848p. (J). 41.32 *(978-0-332-13618-9(3))* Forgotten Bks.

Eugenie, the Young Laundress of the Bastille, Vol. 1 of 3 (Classic Reprint) Marin De La Voye. 2018. (ENG., Illus.). 344p. (J). 30.99 *(978-0-332-81810-8(1))* Forgotten Bks.

Eugenie, the Young Laundress of the Bastille, Vol. 3 of 3 (Classic Reprint) Marin De La Voye. 2018. (ENG., Illus.). 394p. (J). 32.06 *(978-0-484-23851-9(5))* Forgotten Bks.

Eulahlie Enchanted (a Child's Hurricane Katrina Story) Cynthia F. Panks. 2017. (ENG., Illus.). 94p. (J). pap. *(978-1-387-19895-5(5))* Lulu Pr., Inc.

Eulenspiegel in England (Classic Reprint) Friedrich Daniel Wilhelm Brie. (ENG., Illus.). (J). 2018. 166p. 27.34 *(978-0-364-06501-3(X))*; 2016. pap. 9.97 *(978-1-334-14823-1(6))* Forgotten Bks.

Eunice: A Novel (Classic Reprint) Isabel Constance Clarke. (ENG., Illus.). (J). 2018. 490p. 34.00 *(978-0-365-26612-9(4))*; 2017. pap. 16.57 *(978-0-282-07838-6(X))* Forgotten Bks.

Eunice & Cricket (Classic Reprint) Elizabeth Westyn Timlow. 2018. (ENG., Illus.). 322p. (J). 30.54 *(978-0-483-81589-6(6))* Forgotten Bks.

Eunice Lathrop, Spinster (Classic Reprint) Annette Lucille Noble. (ENG., Illus.). (J). 2018. 348p. 31.09 *(978-0-483-15293-9(5))*; 2016. pap. 13.57 *(978-1-334-17114-7(9))* Forgotten Bks.

Eunice, Vol. 1 Of 3: A Novel (Classic Reprint) Julius Pollock. 2018. (ENG., Illus.). 284p. (J). 29.75 *(978-0-483-94335-3(5))* Forgotten Bks.

Eunice, Vol. 2 Of 3: A Novel (Classic Reprint) Julius Pollock. 2017. (ENG., Illus.). (J). 29.67 *(978-1-5279-4720-7(3))* Forgotten Bks.

Eunice, Vol. 3 Of 3: A Novel (Classic Reprint) Julius Pollock. 2018. (ENG., Illus.). 290p. (J). 29.90 *(978-0-428-77688-6(4))* Forgotten Bks.

Euphantius Valenz. Seth Gioile. 2020. (ENG.). 178p. (YA). pap. *(978-1-716-83862-0(2))* Lulu Pr., Inc.

Euphronia, or the Captive, Vol. 3 Of 3: A Romance (Classic Reprint) Norris. 2018. (ENG., Illus.). 234p. (J). 28.72 *(978-0-428-86314-2(0))* Forgotten Bks.

Eurasia, Vol. 10. Don Rauf. 2016. (Social Progress & Sustainability Ser.). (Illus.). 80p. (J). (gr. 7). 24.95 *(978-1-4222-3495-2(9))* Mason Crest.

Eureka! Amy Reeder & Brandon Montclare. Illus. by Natacha Bustos & Tamra Bonvillain. 2017. (Moon Girl & Devil Dinosaur Ser.). (ENG.). 24p. (J). (gr. 2-8). lib. bdg. 31.36 *(978-1-5321-4013-6(4)*, 25501, Marvel Age) Spotlight.

Eureka!, 12 vols., Set. Incl. I've Discovered Electricity! Britt Norlander. lib. bdg. 31.21 *(978-0-7614-3195-4(0)*, 4213b5c7-4b77-48e2-83c0-17b425e8a501); I've Discovered Energy! Todd Plummer. lib. bdg. 31.21 *(978-0-7614-3202-9(7)*, 25358759-a218-48c2-9cbd-71f075c4fd90); I've Discovered Force! Todd Plummer. lib. bdg. 31.21 *(978-0-7614-3204-3(3)*, 651aca38-5716-4754-9ce4-3564a987107f); I've Discovered Heat! Lynnette R. Brent. lib. bdg. 31.21 *(978-0-7614-3196-1(9)*, 18dea6b1-d68d-4d0d-995e-428b114632b4); I've Discovered Light! Lynnette R. Brent. lib. bdg. 31.21 *(978-0-7614-3198-5(5)*, 159c8b89-5cfa-4fca-abb7-ca1d20001e30); I've Discovered Sound! Suzanne I. Barchers. lib. bdg. 31.21 *(978-0-7614-3207-4(8)*, 384b9b1e-19cb-494e-ab9c-6bd64e3a429f); 32p. (gr. 4-4). (Eureka! Ser.). (ENG.). 2009. Set lib. bdg. 187.26 *(978-0-7614-3193-0(4)*, c672bce1-8f4a-43c4-84ab-b78ec35c161d, Cavendish Square) Cavendish Square Publishing LLC.

Eureka! The Most Amazing Scientific Discoveries of All Time. Mike Goldsmith. 2016. (ENG., Illus.). 96p. (J). (gr. 4-6). pap. 13.95 *(978-0-500-29227-3(2)*, 529227) Thames & Hudson.

Eureka Entertainments: Containing a Wide Variety of New & Novel Entertainments Suitable to All Kinds of Public & Private Occasions (Classic Reprint) Unknown Author. 2017. (ENG., Illus.). 196p. (J). 27.94 *(978-0-484-22173-3(6))* Forgotten Bks.

Eureka! I Found It - Seek & Find Activity Book for Kids. Speedy Kids. 2017. (ENG., Illus.). (J). pap. 9.20 *(978-1-5419-0946-5(1))* Speedy Publishing LLC.

Eureka Moment: Charles Darwin & Evolution: Charles Darwin & Evolution. Ian Graham. Illus. by Annaliese Stoney. ed. 2020. (Eureka Moment! Ser.). (ENG.). 128p. (J). (gr. 4). pap. 8.95 *(978-1-912537-43-3(5))* Book Hse. GBR. Dist: Sterling Publishing Co., Inc.

Eureka Moment: Marie Curie & Radioactivity: Marie Curie & Radioactivity. Ian Graham. Illus. by Annaliese Stoney. ed. 2020. (Eureka Moment! Ser.). (ENG.). 128p. (J). (gr. 4). pap. 8.95 *(978-1-912537-42-6(7))* Book Hse. GBR. Dist: Sterling Publishing Co., Inc.

Euridice: D'Ottavio Rinuccini Rappresentata Nello Sponsalitio Della Christianiss; Regina Di Francia, e Di Navarra (Classic Reprint) Jacopo Peri. 2018. (ITA., Illus.). (J). 30p. 24.52 *(978-0-364-85431-0(6))*; 32p. pap. 7.97 *(978-0-364-85411-2(1))* Forgotten Bks.

Euridice: Musiche in Stile Rappresentativo Trascritte in Notazione Moderna con Accompagnamento Di Basso Elaborato per Pianoforte (Classic Reprint) Jacopo Peri. 2018. (ITA., Illus.). (J). 32p. 24.58 *(978-1-391-44272-3(5))*; 34p. pap. 7.97 *(978-1-390-23232-5(8))* Forgotten Bks.

Euro 2020 Activity Book. Emily Stead. 2021. (ENG.). 32p. (J). (gr. 1-3). pap. 6.95 *(978-1-78312-544-9(6))* Carlton Bks., Ltd. GBR. Dist: Two Rivers Distribution.

Euro 2020 Kids' Handbook. Kevin Pettman. 2021. (ENG., Illus.). 48p. (J). (gr. 3-7). pap. 8.95 *(978-1-78312-543-2(8))* Carlton Bks., Ltd. GBR. Dist: Two Rivers Distribution.

Eurofighter Typhoon. Megan Cooley Peterson. 2020. (J). pap. *(978-1-62310-072-8(0))* Black Rabbit Bks.

EuroNet: The Sixth Zak Steepleman Novel. Dave Bakers. 2019. (Zak Steepleman Ser.: Vol. 6). (ENG.). 292p. (J). pap. *(978-1-78532-070-5(X))* DIB Bks.

Europa. Alexis Roumanis. 2016. (Explorando Los Continentes Ser.). (SPA.). 24p. (J). pap. 31.41 *(978-1-4896-4285-1(4))* Weigl Pubs., Inc.

Europa. Galadriel Watson. 2016. (Los Siete Continentes Ser.). (SPA.). 32p. (J). lib. bdg. 29.99 *(978-1-5105-2467-5(3))* SmartBook Media, Inc.

Europa: Book Three of the Last Stop Trilogy. Michael H. Burnam. 2020. (ENG., Illus.). 360p. (YA). (gr. 8-17). pap. 12.95 *(978-1-78904-204-7(6)*, Lodestone Bks.) Hunt, John Publishing Ltd. GBR. Dist: National Bk. Network.

Europa: Un Héritage Inattendu. Anaïs Vaz. 2022. (FRE.). 373p. (YA). pap. *(978-1-4710-8539-0(2))* Lulu Pr., Inc.

Europa's Fairy Book. Joseph Jacobs. Illus. by John D. Batten. 2019. (ENG.). 244p. (J). (gr. k-4). *(978-605-7748-68-3(9))*; pap. *(978-605-7876-72-0(5))* Uhrayoglu, Murat E Kitap Projesi.

Europe. Roumanis Alexis. 2019. (World Languages Ser.). (ENG.). 24p. (J). (gr. 3-7). lib. bdg. 35.70 *(978-1-4896-7245-2(1)*, AV2 by Weigl) Weigl Pubs., Inc.

Europe. Claire Vanden Branden. 2018. (Continents (Cody Koala) Ser.). (ENG., Illus.). 24p. (J). (gr. k-3). lib. bdg. 31.36 *(978-1-5321-6173-5(5)*, 30129, Pop! Cody Koala) Pop!.

Europe. Contrib. by Tracy Vonder Brink. 2022. (Seven Continents of the World Ser.). (ENG.). 32p. (J). (gr. 3-5). lib. bdg. *(978-1-0396-6054-0(1)*, 21654) Crabtree Publishing Co.

Europe. Tracy Vonder Brink. 2022. (Seven Continents of the World Ser.). (ENG., Illus.). 32p. (J). (gr. 3-5). pap. *(978-1-0396-6249-0(8)*, 21655) Crabtree Publishing Co.

Europe. Mary Lindeen. 2018. (Continents of the World Ser.). (ENG.). 24p. (J). (gr. -1-2). lib. bdg. 32.79 *(978-1-5038-2497-3(7)*, 212321) Child's World, Inc, The.

Europe. Clara MacCarald. 2021. (World Studies). (ENG., Illus.). 48p. (J). (gr. 5-6). pap. 11.95 *(978-1-64493-475-3(2)*, 1644934752); lib. bdg. 34.21 *(978-1-64493-399-2(3)*, 1644933993) North Star Editions. (Focus Readers).

Europe. Emily Rose Oachs. 2016. (Discover the Continents Ser.). (ENG., Illus.). 24p. (J). (gr. k-3). pap. 7.99 *(978-1-61891-258-9(5)*, 12042); lib. bdg. 26.95 *(978-1-62617-327-9(3))* Bellwether Media. (Blastoff! Readers).

Europe. Alexis Roumanis. 2018. (Continents Ser.). (ENG.). 24p. (J). lib. bdg. 22.99 *(978-1-5105-3903-7(4))* SmartBook Media, Inc.

Europe. Claire Vanden Branden. 2019. (Continents Ser.). (ENG., Illus.). 24p. (J). (gr. 1-1). pap. 8.95 *(978-1-64185-544-0(4)*, 1641855444) North Star Editions.

Europe. Heather DiLorenzo Williams & Warren Rylands. 2019. (Illus.). 24p. (J). *(978-1-4896-8329-8(1)*, AV2 by Weigl) Weigl Pubs., Inc.

Europe, Vol. 10. Don Rauf. 2016. (Social Progress & Sustainability Ser.). (Illus.). 80p. (J). (gr. 7). 24.95 *(978-1-4222-3496-9(7))* Mason Crest.

Europe: A 4D Book. Christine Juarez. 2018. (Investigating Continents Ser.). (ENG., Illus.). 24p. (J). (gr. 1-3). lib. bdg. 27.99 *(978-1-5435-2798-8(1)*, 138240, Capstone Pr.) Capstone.

Europe: Children's Europe Book with Interesting & Informative Facts. Bold Kids. 2022. (ENG.). 40p. (J). pap. 14.99 *(978-1-0717-0967-2(4))* FASTLANE LLC.

Europe: Revised (Classic Reprint) Irvin S. Cobb. 2018. (ENG., Illus.). 472p. (J). 33.63 *(978-0-428-89303-3(1))* Forgotten Bks.

Europe (a True Book: the Seven Continents) (Library Edition) Joana Costa Knufinke. 2019. (True Book (Relaunch) Ser.). (ENG., Illus.). 48p. (J). (gr. 3-5). lib. bdg. 31.00 *(978-0-531-12808-4(3)*, Children's Pr.) Scholastic Library Publishing.

Europe After 8: 15 (Classic Reprint) H. L. Mencken. 2018. (ENG., Illus.). 238p. (J). 28.81 *(978-0-364-75780-2(9))* Forgotten Bks.

Europe & Elsewhere, Vol. 29 (Classic Reprint) Twain. 2016. (ENG., Illus.). (J). pap. 16.57 *(978-1-333-61197-2(8))* Forgotten Bks.

Europe & Elsewhere, Vol. 29 (Classic Reprint) Mark Twain, pseud. 2018. (ENG., Illus.). 468p. (J). 33.55 *(978-0-483-06494-2(7))* Forgotten Bks.

Europe Express. Andrea Maceiras. Tr. by Jonathan Dunne. 2018. (Galician Wave Ser.: Vol. 14). (ENG., Illus.). 200p. (YA). (gr. 7-12). pap. *(978-954-384-090-8(3))* Small Stations Pr. = Smol Stejsans Pres.

Europe Seen Through a Boy's Eyes. Tello J. D'Apery. 2017. (ENG.). 272p. (J). pap. *(978-3-337-21191-2(7))* Creation Pubs.

Europe Seen Through a Boy's Eyes (Classic Reprint) Tello J. D'Apery. 2018. (ENG., Illus.). 268p. (J). 29.44 *(978-0-332-44858-9(4))* Forgotten Bks.

Europe, Then & Now Children's European History. Baby Professor. 2017. (ENG., Illus.). (J). pap. 7.89 *(978-1-5419-0195-7(9)*, Baby Professor (Education Kids)) Speedy Publishing LLC.

Europe under the Terror (Classic Reprint) John Louis Spivak. (ENG., Illus.). (J). 2018. 254p. 29.16 *(978-0-364-65518-4(6))*; 2017. pap. 11.57 *(978-0-282-50834-0(1))* Forgotten Bks.

European: Life, Legend, & Landscape (Classic Reprint) Unknown Author. 2018. (ENG., Illus.). 162p. (J). 27.24 *(978-0-267-47260-4(9))* Forgotten Bks.

European Acquaintance: Being Sketches of People in Europe (Classic Reprint) J. W. De Forest. 2018. (ENG., Illus.). 282p. (J). 29.71 *(978-0-484-32262-1(1))* Forgotten Bks.

European Breezes (Classic Reprint) Marie J. Pitman. (ENG., Illus.). (J). 2018. 320p. 30.52 *(978-0-483-14322-7(7))*; 2017. pap. 13.57 *(978-0-243-88459-9(1))* Forgotten Bks.

European Explorers for Kids. Catherine Fet. 2021. (ENG.). 68p. (J). pap. 18.99 *(978-1-0879-7057-8(1))* Stratostream LLC.

European Flags Coloring Book. Cristie Publishing. 2020. (ENG.). 54p. (J). pap. 9.50 *(978-1-716-38559-9(8))* Lulu Pr., Inc.

European Flags of the World Coloring Book for Children (6x9 Coloring Book / Activity Book) Sheba Blake. 2021. (ENG.). 56p. (J). pap. 9.99 *(978-1-222-28969-5(5))* Indy Pub.

European Flags of the World Coloring Book for Children (8. 5x8. 5 Coloring Book / Activity Book) Sheba Blake. 2021. (ENG.). 56p. (J). pap. 12.99 *(978-1-222-29159-9(2))* Indy Pub.

European Flags of the World Coloring Book for Children (8x10 Coloring Book / Activity Book) Sheba Blake. 2021. (ENG.). 56p. (J). pap. 14.99 *(978-1-222-28970-1(9))* Indy Pub.

European Leaflets, for Young Ladies (Classic Reprint) A. E. Newman. 2018. (ENG., Illus.). 210p. (J). 28.25 *(978-0-267-27033-0(X))* Forgotten Bks.

European Union: Political, Social, & Economic Cooperation, 26 vols., Set. Incl. Austria. Jeanine Sanna. (gr. 3-7). lib. bdg. 21.95 *(978-1-4222-0039-1(6)*, 1247981); Belgium. Ida Walker. (gr. 3-7). lib. bdg. 21.95 *(978-1-4222-0040-7(X)*, 1247982); Cyprus. Kim Etingoff. (gr. 5-18). lib. bdg. 21.95 *(978-1-4222-0041-4(8)*, 1247983); Denmark. Heather Docalavich. (gr. 3-7). lib. bdg. 21.95 *(978-1-4222-0043-8(4))*; Finland. Nicole Sia. (gr. 3-7). lib. bdg. 21.95 *(978-1-4222-0046-9(9)*, 1247998); Germany. Ida Walker. (gr. 3-7). lib. bdg. 21.95 *(978-1-4222-0048-3(5)*, 1248000); Hungary. Heather Docalavich. (gr. 3-7). lib. bdg. 21.95 *(978-1-4222-0050-6(7)*, 1248003); Ireland. Ida Walker. (gr. 4-7). lib. bdg. 21.95 *(978-1-4222-0051-3(5))*; Luxembourg. Rae Simons. (gr. 3-7). lib. bdg. 21.95 *(978-1-4222-0055-1(8))*; Malta. James Stafford. (gr. 3-7). lib. bdg. 21.95 *(978-1-4222-0056-8(6))*; Netherlands. Heather Docalavich. (gr. 4-7). lib. bdg. 21.95 *(978-1-4222-0057-5(4))*; Portugal. Kim Etingoff. (gr. 3-7). lib. bdg. 21.95 *(978-1-4222-0059-9(0))*; Slovenia. Heather Docalavich. (gr. 3-7). lib. bdg. 21.95 *(978-1-4222-0061-2(2))*; Sweden. Heather Docalavich. (gr. 3-7). lib. bdg. 21.95 *(978-1-4222-0063-6(9))*; (YA). 2007. (Illus.). 88p. 2006. lib. bdg. *(978-1-4222-0038-4(8)*, 1247983) Mason Crest.

European Union National Flags Coloring Book. Activibooks. 2016. (ENG., Illus.). (J). pap. 9.20 *(978-1-68321-692-6(X))* Mimaxion.

Europeans. Henry James. 2020. (ENG.). (J). 150p. 19.95 *(978-1-61895-876-1(3))*; 148p. pap. 9.95 *(978-1-61895-875-4(5))* Bibliotech Pr.

Europeans. Henry James. 2017. (ENG.). (J). 264p. pap. *(978-3-7446-4949-0(0))*; 280p. pap. *(978-3-7446-6167-6(9))* Creation Pubs.

Europeans: A Sketch (Classic Reprint) Henry James. 2018. (ENG., Illus.). 286p. (J). 29.82 *(978-0-656-52125-8(2))* Forgotten Bks.

Europeans & Native Americans. Jim Corrigan. 2018. (Native American Life Ser.). (ENG.). 48p. (J). lib. bdg. 29.99 *(978-1-5105-3934-1(4))* SmartBook Media, Inc.

Europeans, Vol. 1 Of 2: A Sketch (Classic Reprint) Henry James. 2018. (ENG., Illus.). 260p. (J). 29.28 *(978-0-364-12208-2(0))* Forgotten Bks.

Europeans, Vol. 2 Of 2: A Sketch (Classic Reprint) Henry James Jr. 2018. (ENG., Illus.). 278p. (J). 29.63 *(978-0-656-65798-8(7))* Forgotten Bks.

Europe's Best Soccer Clubs (Set), 8 vols. 2017. (Europe's Best Soccer Clubs Ser.). (ENG.). 48p. (J). (gr. 3-6). lib. bdg. 273.76 *(978-1-5321-1128-0(2)*, 25832, SportsZone) ABDO Publishing Co.

Europe's Darkest Hour- Children's Medieval History Books. Baby Professor. 2017. (ENG., Illus.). (J). pap. 7.89 *(978-1-5419-0215-2(7)*, Baby Professor (Education Kids)) Speedy Publishing LLC.

Eurostar. Julie Murray. (Trains Ser.). (ENG., Illus.). 24p. (J). 2022. (gr. 2-2). pap. 8.95 *(978-1-64494-724-1(2))*; 2021. (gr. k-4). lib. bdg. 31.36 *(978-1-0982-2672-5(0)*, 38662) ABDO Publishing Co. (Abdo Zoom-Dash).

Eusebius of Caesarea. Apostle Arne Horn. 2016. (ENG.). 122p. (J). pap. *(978-1-326-65445-0(4))* Lulu Pr., Inc.

Eustace Dragon. Bruce Cumming. 2021. (ENG.). 34p. (J). *(978-0-6452829-0-0(1))* Cumming, Bruce.

Eustace Fitz-Richard, Vol. 2 Of 4: A Tale of the Barons Wars (Classic Reprint) Unknown Author. 2018. (ENG., Illus.). 322p. (J). 30.54 *(978-0-267-18182-7(5))* Forgotten Bks.

Eustis. Robert Apthorp Boit. 2017. (ENG.). 366p. (J). pap. *(978-3-337-02836-7(5))* Creation Pubs.

Eustis: A Novel (Classic Reprint) Robert Apthorp Boit. 2017. (ENG., Illus.). (J). 31.40 *(978-0-265-46503-5(6))* Forgotten Bks.

Eutaw: A Sequel to the Forayers, or the Raid of the Dog-Days; a Tale of the Revolution (Classic Reprint) W. Gilmore SImMs. (ENG., Illus.). (J). 2017. 36.15 *(978-0-266-50885-4(5))*; 2016. pap. 19.57 *(978-1-334-23533-7(3))* Forgotten Bks.

Eva - Y el Ladron de Sueños. Alexandra Campos. 2017. (SPA.). 74p. (J). (gr. 1-5). pap. 7.95 *(978-607-748-087-7(8))* Ediciones Urano S. A. ESP. Dist: Spanish Pubs., LLC.

Eva & Baby Mo, 10. Rebecca Elliott. ed. 2019. (Branches Early Ch Bks). (ENG.). 71p. (J). (gr. 2-3). 15.36 *(978-0-87617-985-7(5))* Penworthy Co., LLC, The.

Eva & Baby Mo: #10. Rebecca Elliott. Illus. by Rebecca Elliott. 2022. (Owl Diaries). (ENG., Illus.). 80p. (J). (gr. k-2). lib. bdg. 31.36 *(978-1-0982-5232-8(2)*, 41311, Chapter Bks.) Spotlight.

Eva & Baby Mo: a Branches Book (Owl Diaries #10) Rebecca Elliott. Illus. by Rebecca Elliott. 2019. (Owl Diaries: 10). (ENG., Illus.). 80p. (J). (gr. k-2). pap. 4.99 *(978-1-338-29857-4(7))* Scholastic, Inc.

Eva & Baby Mo: a Branches Book (Owl Diaries #10) (Library Edition), Vol. 10. Rebecca Elliott. Illus. by Rebecca Elliott. 2019. (Owl Diaries: 10). (ENG., Illus.). 80p. (J). (gr. k-2). lib. bdg. 24.99 *(978-1-338-29858-1(5))* Scholastic, Inc.

Eva & the Lost Pony, 8. Rebecca Elliott. ed. 2019. (Branches Early Ch Bks). (ENG.). 72p. (J). (gr. 2-3). 15.36 *(978-0-87617-986-4(3))* Penworthy Co., LLC, The.

Eva & the Lost Pony. Rebecca Elliott. ed. 2018. (Owl Diaries — Branches Ser.: 8). lib. bdg. 14.75 *(978-0-606-41142-4(9))* Turtleback.

Eva & the Lost Pony: #8. Rebecca Elliott. Illus. by Rebecca Elliott. 2022. (Owl Diaries). (ENG., Illus.). 80p. (J). (gr. k-2). lib. bdg. 31.36 *(978-1-0982-5230-4(6)*, 41309, Chapter Bks.) Spotlight.

Eva & the Lost Pony: a Branches Book (Owl Diaries #8) Rebecca Elliott. Illus. by Rebecca Elliott. 2018. (Owl Diaries: 8). (ENG., Illus.). 80p. (J). (gr. k-2). pap. 4.99 *(978-1-338-16303-2(5))* Scholastic, Inc.

Eva & the Lost Pony: a Branches Book (Owl Diaries #8) (Library Edition), Vol. 8. Rebecca Elliott. Illus. by Rebecca Elliott. 2018. (Owl Diaries: 8). (ENG., Illus.). 80p. (J). (gr. k-2). lib. bdg. 24.99 *(978-1-338-16304-9(3))* Scholastic, Inc.

Eva & the New Owl: #4. Rebecca Elliott. Illus. by Rebecca Elliott. 2022. (Owl Diaries). (ENG., Illus.). 80p. (J). (gr. k-2). lib. bdg. 31.36 *(978-1-0982-5226-7(8)*, 41305, Chapter Bks.) Spotlight.

Eva & the New Owl: a Branches Book (Owl Diaries #4) Rebecca Elliott. Illus. by Rebecca Elliott. 2016. (Owl Diaries: 4). (ENG., Illus.). 80p. (J). (gr. k-2). pap. 5.99 *(978-0-545-82559-7(8))* Scholastic, Inc.

Eva & the Perfect Rain: A Rainy Irish Tale. Tatyana Feeney. 2019. (ENG., Illus.). 32p. 20.00 *(978-1-84717-978-4(9))* O'Brien Pr., Ltd., The IRL. Dist: Casemate Pubs. & Bk. Distributors, LLC.

Eva & the Time Traveling Turtle. Julia Daviy & Eva Daviy. 2021. (ENG.). 46p. (J). pap. 11.97 *(978-1-7377203-0-0(2))* New Age Lab.

Eva at the Beach, 14. Rebecca Elliott. ed. 2021. (Branches Early Ch Bks). (ENG., Illus.). 72p. (J). (gr. 2-3). 15.36 *(978-1-64697-915-8(X))* Penworthy Co., LLC, The.

Eva at the Beach: #14. Rebecca Elliott. Illus. by Rebecca Elliott. 2022. (Owl Diaries). (ENG., Illus.). 80p. (J). (gr. k-2). lib. bdg. 31.36 *(978-1-0982-5236-6(5)*, 41315, Chapter Bks.) Spotlight.

Eva at the Beach: a Branches Book (Owl Diaries #14) Rebecca Elliott. Illus. by Rebecca Elliott. 2021. (Owl Diaries: 14). (ENG., Illus.). 80p. (J). (gr. k-2). pap. 5.99 *(978-1-338-29879-6(8))* Scholastic, Inc.

Eva at the Beach: a Branches Book (Owl Diaries #14) (Library Edition) Rebecca Elliott. Illus. by Rebecca Elliott. 2021. (Owl Diaries: 14). (ENG., Illus.). 80p. (J). (gr. k-2). lib. bdg. 24.99 *(978-1-338-29881-9(X))* Scholastic, Inc.

Eva Desmond or Mutation, Vol. 2 of 3 (Classic Reprint) Unknown Author. 2018. (ENG., Illus.). 380p. (J). 31.65 *(978-0-484-75357-9(6))* Forgotten Bks.

Eva Desmond, Vol. 1 Of 3: Or, Mutation (Classic Reprint) Unknown Author. 2018. (ENG., Illus.). 360p. (J). 31.32 *(978-0-267-22275-9(0))* Forgotten Bks.

Eva Desmond, Vol. 3 Of 3: Or, Mutation (Classic Reprint) Unknown Author. 2018. (ENG., Illus.). 340p. (J). 30.91 *(978-0-484-83832-0(6))* Forgotten Bks.

Eva Evergreen & the Cursed Witch. Julie Abe. 2022. (Eva Evergreen Ser.: 2). (ENG., Illus.). 384p. (J). (gr. 3-7). pap. 8.99 *(978-0-316-49396-3(1))* Little, Brown Bks. for Young Readers.

Eva Evergreen, Semi-Magical Witch. Julie Abe. 2021. (Eva Evergreen Ser.: 1). (ENG., Illus.). 416p. (J). (gr. 3-7). pap. 8.99 *(978-0-316-49389-5(9))* Little, Brown Bks. for Young Readers.

Eva in the Band, 17. Rebecca Elliott. ed. 2023. (Branches Early Ch Bks). (ENG.). 72p. (J). (gr. 1-4). 16.96 *(978-1-68505-872-2(8))* Penworthy Co., LLC, The.

Eva in the Band: a Branches Book (Owl Diaries #17) Rebecca Elliott. Illus. by Rebecca Elliott. 2022. (Owl Diaries). (ENG.). 80p. (J). (gr. k-2). 24.99 *(978-1-338-74544-3(1))*; pap. 5.99 *(978-1-338-74543-6(3))* Scholastic, Inc.

Eva in the Spotlight, 13. Rebecca Elliott. ed. 2021. (Branches Early Ch Bks). (ENG., Illus.). 70p. (J). (gr. 2-3). 15.86 *(978-1-64697-916-5(8))* Penworthy Co., LLC, The.

Eva in the Spotlight: #13. Rebecca Elliott. Illus. by Rebecca Elliott. 2022. (Owl Diaries). (ENG., Illus.). 80p. (J). (gr. k-2). lib. bdg. 31.36 *(978-1-0982-5235-9(7)*, 41314, Chapter Bks.) Spotlight.

Eva in the Spotlight: a Branches Book (Owl Diaries #13) Rebecca Elliott. Illus. by Rebecca Elliott. 2020. (Owl Diaries: 13). (ENG., Illus.). 80p. (J). (gr. k-2). pap. 4.99 *(978-1-338-29875-8(5))* Scholastic, Inc.

Eva in the Spotlight: a Branches Book (Owl Diaries #13) (Library Edition) Rebecca Elliott. Illus. by Rebecca Elliott. 2020. (Owl Diaries: 13). (ENG., Illus.). 80p. (J). (gr. k-2). lib. bdg. 24.99 *(978-1-338-29876-5(3))* Scholastic, Inc.

Eva Sees a Ghost: #2. Rebecca Elliott. Illus. by Rebecca Elliott. 2022. (Owl Diaries). (ENG.). 80p. (J). (gr. k-2). lib. bdg. 31.36 *(978-1-0982-5224-3(1)*, 41303, Chapter Bks.) Spotlight.

E

Eva St. Clair, Vol. 1 Of 2: And Other Collected Tales (Classic Reprint) George Payne Rainsford James. 2018. (ENG., Illus.). 300p. (J). 30.08 (978-0-483-46079-9(6)) Forgotten Bks.

Eva St. Clair, Vol. 2 Of 2: And Other Collected Tales (Classic Reprint) George Payne Rainsford James. 2018. (ENG., Illus.). 284p. (J). 29.75 (978-0-332-43294-6(7)) Forgotten Bks.

Evabel. Katie Doering & Krista Perdue. 2022. (ENG.). 36p. (J). (978-1-9995727-2-3(6)) Perdue, Krista.

Evacuation Order. Jane B. Mason & Sarah Hines-Stephens. 2023. (ENG.). 176p. (J). (gr. 3-7). pap. 7.99 (978-1-338-62934-7(4)) Scholastic, Inc.

Evacuee's Return. Tom Farrell. Illus. by Peter Rogers. 2018. (ENG.). 238p. (gr. 3-6). 17.99 (978-1-78719-711-4(5)); pap. 13.99 (978-1-78719-710-7(7)) New Generation Publishing GBR. Dist: Independent Pubs. Group.

Evaline; or Weighed & Not Wanting, Vol. 5: A Catholic Tale (Classic Reprint) P. J. Coen. 2018. (ENG., Illus.). 226p. (J). 28.56 (978-0-364-02241-2(8)) Forgotten Bks.

Evaluating Arguments about Education. James Bow. 2018. (State Your Case Ser.). 48p. (J). (gr. 5-6). (978-0-7787-5076-5(0)) Crabtree Publishing Co.

Evaluating Arguments about Food. Simon Rose. 2018. (State Your Case Ser.). (Illus.). 48p. (J). (gr. 5-6). (978-0-7787-5077-2(9)) Crabtree Publishing Co.

Evaluating Arguments about Sports & Entertainment. James Bow. 2018. (State Your Case Ser.). (Illus.). 48p. (J). (gr. 5-6). (978-0-7787-5078-9(7)) Crabtree Publishing Co.

Evaluating Arguments about Technology. Simon Rose. 2018. (State Your Case Ser.). (Illus.). 48p. (J). (gr. 5-6). (978-0-7787-5079-6(5)) Crabtree Publishing Co.

Evaluating Arguments about the Environment. Simon Rose. 2018. (State Your Case Ser.). (Illus.). 48p. (J). (gr. 5-6). (978-0-7787-5080-2(9)) Crabtree Publishing Co.

Evaluating Online Sources. Ann Truesdell. Illus. by Rachael McLean. 2020. (Create & Share: Thinking Digitally Ser.). (ENG.). 24p. (J). (gr. 1-4). lib. bdg. 30.64 (978-1-5341-6868-8(0), 215359) Cherry Lake Publishing.

Evan & the Bottom Rockets. Chris Mercer. 2018. (Evan & the Bottom Rockets Ser.: Vol. 1). (ENG., Illus.). 118p. (J). (gr. 2-5). pap. (978-1-912655-04-5(7)) Rowanvale Bks.

Evan Dale (Classic Reprint) F. Keyes. (ENG., Illus.). (J). 2018. 414p. 32.46 (978-0-484-65517-0(5)); 2016. pap. 16.57 (978-1-334-13374-9(3)) Forgotten Bks.

Evan Elk & the Disappearing Mountains. Elizabeth M. Obenauer. Illus. by Rebecca C. Mutz. 2021. (ENG.). 40p. (J). 34.99 (978-1-63221-620-5(5)); pap. 24.99 (978-1-63221-619-9(1)) Salem Author Services.

Evan Harrington. George Meredith. 2017. (ENG.). (J). 310p. pap. (978-3-337-12654-4(5)); 288p. pap. (978-3-337-12655-1(3)); 292p. pap. (978-3-337-12656-8(1)); 484p. pap. (978-3-337-04139-7(6)); 500p. pap. (978-3-337-03245-6(1)) Creation Pubs.

Evan Harrington: A Novel (Classic Reprint) George Meredith. 2019. (ENG., Illus.). 494p. (J). 34.09 (978-0-365-23039-7(1)) Forgotten Bks.

Evan Harrington, Vol. 2 (Classic Reprint) George Meredith. 2018. (ENG., Illus.). 286p. (J). 29.82 (978-0-267-18994-6(X)) Forgotten Bks.

Evan Harrington, Vol. 3 of 3 (Classic Reprint) George Meredith. 2018. (ENG., Illus.). 292p. (J). 29.92 (978-0-483-86408-5(0)) Forgotten Bks.

Evan Loves Larry Bird. Tracilyn George. 2023. (ENG.). 26p. (J). pap. 12.99 (978-1-77475-428-3(2)) Draft2Digital.

Evan Skates. Denise K. Cook. Illus. by Blueberry Illustrations. 2021. (ENG.). 32p. (J). 19.99 (978-0-578-97665-5(X)) Denise K. Cook.

Evander (Classic Reprint) Eden Phillpotts. 2017. (ENG., Illus.). (J). 28.25 (978-1-5285-6252-2(6)) Forgotten Bks.

Evander's Adventures. Stevo'n McGill. Illus. by Mandy Morreale. 2022. (ENG.). 46p. (J). pap. 14.99 (978-1-0880-3134-6(X)) Indy Pub.

Evangelina Takes Flight. Diana J. Noble. 2017. (ENG.). 152p. (J). (gr. 5-8). pap. 10.95 (978-1-55885-848-0(2), Piñata Books) Arte Publico Pr.

Evangeline: A Romance of Acadia (Classic Reprint) Henry Longfellow. 2017. (ENG., Illus.). (J). 30.29 (978-0-266-26132-2(9)) Forgotten Bks.

Evangeline of the Bayou. Jan Eldredge. Illus. by Joseph Kuefler. 2018. (ENG.). 320p. (J). (gr. 3-7). 16.99 (978-0-06-268034-1(X), Balzer & Bray) HarperCollins Pubs.

Evangeline, the First Christmas Tree. Deborah Lacombe-Lutz. 2023. (ENG.). 42p. (J). 35.99 (978-1-6628-5457-6(9)); pap. 25.99 (978-1-6628-5456-9(0)) Salem Author Services.

Evangelist (Classic Reprint) Alphonse Daudet. 2017. (ENG., Illus.). (J). 30.91 (978-0-266-19447-7(8)) Forgotten Bks.

Evangeliste: A Parisian Novel (Classic Reprint) Alphonse Daudet. 2017. (ENG., Illus.). (J). 29.75 (978-0-266-67045-2(8)); pap. 13.57 (978-1-5276-4169-3(4)) Forgotten Bks.

Evangiles des Quenouilles (Classic Reprint) Fouquart De Cambray. (FRE., Illus.). (J). 2018. 190p. 27.82 (978-0-484-57123-4(0)); 2017. pap. 10.57 (978-0-282-97450-3(4)) Forgotten Bks.

Evan's World. Stanford Apseloff. Illus. by Evan Apseloff & Ryan Apseloff. 2022. (ENG.). 34p. (J). 16.95 (978-1-936772-29-2(9)) Ohio Distinctive Publishing, Inc.

Evaporation Educational Facts Children's Science Book. Bold Kids. 2022. (ENG.). 42p. (J). pap. 14.99 (978-1-0717-1634-2(4)) FASTLANE LLC.

Evaporation of Sofi Snow. Mary Weber. 2021. (Sofi Snow Ser.: 1). (ENG.). 352p. (YA). pap. 12.99 (978-0-7852-8922-7(4)) Nelson, Thomas Inc.

Evaporation, Transpiration & Precipitation Water Cycle for Kids Children's Water Books. Baby Professor. 2017. (ENG., Illus.). 64p. (J). pap. 9.52 (978-1-5419-1731-6(6), Baby Professor (Education Kids)) Speedy Publishing LLC.

Eva's Big Sleepover, 9. Rebecca Elliott. ed. 2019. (Branches Early Ch Bks). (ENG.). 72p. (J). (gr. 2-3). 15.36 (978-0-87617-987-1(1)) Penworthy Co., LLC, The.

Eva's Big Sleepover. Rebecca Elliott. ed. 2018. (Owl Diaries — Branches Ser.: 9). lib. bdg. 14.75 (978-0-606-41508-8(4)) Turtleback.

Eva's Big Sleepover: #9. Rebecca Elliott. Illus. by Rebecca Elliott. 2022. (Owl Diaries). (ENG., Illus.). 80p. (J). (gr. k-2). lib. bdg. 31.36 (978-1-0982-5231-1(4), 41310, Chapter Bks.) Spotlight.

Eva's Big Sleepover: a Branches Book (Owl Diaries #9) Rebecca Elliott. Illus. by Rebecca Elliott. 2018. (Owl Diaries: 9). (ENG., Illus.). 80p. (J). (gr. k-2). pap. 4.99 (978-1-338-16306-3(X)) Scholastic, Inc.

Eva's Big Sleepover: a Branches Book (Owl Diaries #9) (Library Edition), Vol. 9. Rebecca Elliott. Illus. by Rebecca Elliott. 2018. (Owl Diaries: 9). (ENG., Illus.). 80p. (J). (gr. k-2). lib. bdg. 24.99 (978-1-338-16307-0(8)) Scholastic, Inc.

Eva's Campfire Adventure, 12. Rebecca Elliott. ed. 2020. (Branches Early Ch Bks). (ENG.). 72p. (J). (gr. 2-3). 15.36 (978-1-64697-303-3(8)) Penworthy Co., LLC, The.

Eva's Campfire Adventure: #12. Rebecca Elliott. Illus. by Rebecca Elliott. 2022. (Owl Diaries). (ENG., Illus.). 80p. (J). (gr. k-2). lib. bdg. 31.36 (978-1-0982-5234-2(9), 41313, Chapter Bks.) Spotlight.

Eva's Campfire Adventure: a Branches Book (Owl Diaries #12) Rebecca Elliott. Illus. by Rebecca Elliott. 2019. (Owl Diaries: 12). (ENG., Illus.). 80p. (J). (gr. k-2). pap. 4.99 (978-1-338-29869-7(0)) Scholastic, Inc.

Eva's Campfire Adventure: a Branches Book (Owl Diaries #12) (Library Edition), Vol. 12. Rebecca Elliott. Illus. by Rebecca Elliott. 2019. (Owl Diaries: 12). (ENG., Illus.). 80p. (J). (gr. k-2). lib. bdg. 24.99 (978-1-338-29871-0(2)) Scholastic, Inc.

Eva's Heart. Sue Milo. 2016. (ENG., Illus.). (J). pap. 15.95 (978-1-5043-6392-1(2), Balboa Pr.) Author Solutions, LLC.

Eva's New Pet, 15. Rebecca Elliott. ed. 2022. (Branches Early Ch Bks). (ENG.). 72p. (J). (gr. 2-3). 16.46 (978-1-68505-327-7(0)) Penworthy Co., LLC, The.

Eva's New Pet: #15. Rebecca Elliott. Illus. by Rebecca Elliott. 2022. (Owl Diaries). (ENG., Illus.). 80p. (J). (gr. k-2). lib. bdg. 31.36 (978-1-0982-5237-3(3), 41316, Chapter Bks.) Spotlight.

Eva's New Pet: a Branches Book (Owl Diaries #15) Rebecca Elliott. Illus. by Rebecca Elliott. 2021. (Owl Diaries: 15). (ENG., Illus.). 80p. (J). (gr. k-2). pap. 5.99 (978-1-338-74537-5(9)) Scholastic, Inc.

Eva's New Pet: a Branches Book (Owl Diaries #15) (Library Edition) Rebecca Elliott. Illus. by Rebecca Elliott. 2021. (Owl Diaries: 15). (ENG., Illus.). 80p. (J). (gr. k-2). lib. bdg. 24.99 (978-1-338-74538-2(7)) Scholastic, Inc.

Eva's Secret Name: Book 1 of the Adventures of Eva & Buckskin Charlie. John Norton. Illus. by Carol Ruzicka. 2018. (ENG.). 102p. (J). (gr. 2-6). pap. 8.99 (978-1-947239-12-8(0)) Best Publishing Co.

Eva's Treetop Festival: #1. Rebecca Elliott. Illus. by Rebecca Elliott. 2022. (Owl Diaries). (ENG., Illus.). 80p. (J). (gr. k-2). lib. bdg. 31.36 (978-1-0982-5223-6(3), 41302, Chapter Bks.) Spotlight.

Eve. Tracie Mitchell. 2021. (ENG.). 142p. (YA). pap. 14.95 (978-1-0980-8539-1(6)) Christian Faith Publishing.

Eve: A Novel (Classic Reprint) S. Baring-Gould. 2018. (ENG., Illus.). 406p. (J). 32.27 (978-0-483-89363-4(3)) Forgotten Bks.

Eve: A Novel, Vol. 1 of 2 (Classic Reprint) Sabine Baring-Gould. 2017. (ENG., Illus.). (J). 30.23 (978-0-266-52079-5(0)) Forgotten Bks.

Eve & Adam & Their Very First Day. Leslie Kimmelman. Illus. by Irina Avgustinovich. 2023. 32p. (J). 17.95 (978-1-68115-625-5(3), Apples & Honey Pr.) Behrman Hse., Inc.

Eve & the Evangelist: A Romance of A. D. 2108 (Classic Reprint) Harry E. Rice. (ENG., Illus.). (J). 2018. 254p. 29.14 (978-0-483-41926-1(5)); 2016. pap. 11.57 (978-1-334-16005-9(8)) Forgotten Bks.

Eve & the Lost Ghost Family: A Graphic Novel. Felix Cheong. Illus. by Arif Rafhan. 2023. (ENG.). 72p. (J). 19.99 (978-981-5009-50-7(8)) Marshall Cavendish International (Asia) Private Ltd. SGP. Dist: Independent Pubs. Group.

Eve Before Christmas. Valorie L. Cochrane. (ENG., Illus.). (J). 2018. 20p. (gr. k-4). 19.99 (978-0-9992841-5-5(0)); 2017. (gr. 2-6). 86p. pap. 9.99 (978-0-9992841-0-0(X)) Cochrane Farms.

Eve Dorre: The Story of Her Precarious Youth (Classic Reprint) Emily Vielé Strother. (ENG., Illus.). (J). 2018. 416p. 32.48 (978-0-666-98229-2(5)); 2017. pap. 16.57 (978-0-243-46067-0(8)) Forgotten Bks.

Eve, Junior (Classic Reprint) Reginald Heber Patterson. 2018. (ENG., Illus.). 358p. (J). 31.30 (978-0-484-50847-6(4)) Forgotten Bks.

Eve Lester, Vol. 2 Of 3: A Novel (Classic Reprint) Alice Mangold Diehl. 2018. (ENG., Illus.). 286p. (J). 29.80 (978-0-483-78780-3(9)) Forgotten Bks.

Eve of All-Hallows, Vol. 1 Of 3: Or Adelaide of Tyrconnel; a Romance (Classic Reprint) Matthew Weld Hartstonge. 2018. (ENG., Illus.). 334p. (J). 30.87 (978-0-484-22557-1(X)) Forgotten Bks.

Eve of All-Hallows, Vol. 2 Of 3: Or Adelaide of Tyrconnel; a Romance (Classic Reprint) Matthew Weld Hartstonge. 2018. (ENG., Illus.). 304p. (J). 30.17 (978-0-267-20139-6(7)) Forgotten Bks.

Eve of Pascua: And Other Stories (Classic Reprint) Richard Dehan. 2018. (ENG., Illus.). 290p. (J). 29.90 (978-0-484-79170-0(2)) Forgotten Bks.

Eve of the Pharaoh: Historical Adventure & Mystery. R. M. Schultz. 2017. (ENG., Illus.). (YA). pap. 14.99 (978-0-9988918-1-1(9)) Schultz, Ryan.

Eve, the First (Liberated) Woman. Mary Jo Nickum. 2020. (ENG.). 256p. (J). pap. 11.95 (978-0-578-69249-4(X)) Saguaro Bks., LLC.

Eve to the Rescue (Classic Reprint) Ethel Hueston. 2018. (ENG., Illus.). 360p. (J). 31.32 (978-0-483-99373-0(5)) Forgotten Bks.

Eveil: Les Chroniques D'Harmonie 1. Patrice Lecina. Illus. by Nicolas Sarter. 2020. (Chroniques D'Harmonie Ser.: Vol. 1). (FRE.). 370p. (J). pap. (978-2-9571277-0-2(9)) Bekalle-Akwe (Henri Junior).

Evelien, de Pechvolgel. Greta De Nil. 2016. (DUT., Illus.). 176p. (J). pap. (978-1-326-75119-7(0)) Lulu Pr., Inc.

Evelina, or the History of a Young Lady's Entrance into the World (Classic Reprint) Frances Burney. 2017. (ENG., Illus.). (J). 34.75 (978-0-260-65551-6(1)); pap. 19.57 (978-1-334-94414-7(8)) Forgotten Bks.

Evelina; or, the History of a Young Lady's Entrance into the World. in Two Volumes, Vol. I. Edited by R. Brimley Johnson. Frances Burney & R. Brimley Johnson. 2017. (ENG., Illus.). 288p. (J). pap. (978-0-649-75183-9(3)) Trieste Publishing Pty Ltd.

Evelyn Byrd (Classic Reprint) George Cary Eggleston. 2017. (ENG., Illus.). (J). 33.30 (978-1-5285-8774-7(X)) Forgotten Bks.

Evelyn Del Rey Is Moving Away. Meg Medina. Illus. by Sonia Sánchez. (ENG.). 32p. (J). (gr. k-2). 2023. 8.99 (978-1-5362-3067-3(7)); 2020. 17.99 (978-1-5362-0704-0(7)) Candlewick Pr.

Evelyn Del Rey Se Muda. Meg Medina. Illus. by Sonia Sánchez. (SPA.). 32p. (J). (gr. k-2). 2023. 8.99 (978-1-5362-3068-0(5)); 2020. 17.99 (978-1-5362-1334-8(9)) Candlewick Pr.

Evelyn Gray: Or the Victims of Our Western Turks; a Tragedy in Five Acts (Classic Reprint) H. I. Stern. 2017. (ENG., Illus.). (J). 28.85 (978-0-260-41289-8(9)) Forgotten Bks.

Evelyn I Love You All Ways. Marianne Richmond. Illus. by Dubravka Kolanovic. 2023. (I Love You All Ways Ser.). (ENG.). 32p. (J). (gr. -1-3). 8.99 (978-1-7282-7357-0(9)) Sourcebooks, Inc.

Evelyn Marston, Vol. 1 of 2 (Classic Reprint) Unknown Author. 2018. (ENG., Illus.). 666p. (J). 37.63 (978-0-483-61506-9(4)) Forgotten Bks.

Evelyn Marston, Vol. 1 of 3 (Classic Reprint) Unknown Author. 2018. (ENG., Illus.). 314p. (J). 30.37 (978-0-484-70643-8(8)) Forgotten Bks.

Evelyn on the North Pole Express. J. D. Green. Illus. by Joanne Partis. 2022. (North Pole Express Bears Ser.). (ENG.). 32p. (J). (gr. -1-3). 7.99 (978-1-7282-6935-1(0)) Sourcebooks, Inc.

Evelyn on the North Pole Express. J. D. Green. 2019. (North Pole Express Ser.). (ENG.). 32p. (J). (gr. -1-3). 7.99 (978-1-7282-0333-1(3)) Sourcebooks, Inc.

Evelyn; or a Heart Unmasked: A Tale of Domestic Life (Classic Reprint) Anna Cora Mowatt. 2018. (ENG., Illus.). 398p. (J). 32.11 (978-0-483-45957-1(7)) Forgotten Bks.

Evelyn Rose. Angellica L. Cress. 2022. (ENG.). 20p. (J). pap. 14.95 (978-1-59641-467-9(7)) Janaway Publishing, Inc.

Evelyn Santa's Secret Elf. Put Me In The Story & Katherine Sully. Illus. by Julia Seal. 2018. (Santa's Secret Elf Ser.). (ENG.). 32p. (J). (gr. k-3). 5.99 (978-1-4926-8141-0(5)) Sourcebooks, Inc.

Evelyn 'Twas the Night Before Christmas. Illus. by Lisa Alderson. 2019. (Night Before Christmas Ser.). (ENG.). 32p. (J). (gr. -1-3). 7.99 (978-1-7282-0226-6(4)) Sourcebooks, Inc.

Evelyn, Vol. 1 Of 2: Or a Journey from Stockholm to Rome in 1847-48 (Classic Reprint) Bunbury Bunbury. 2017. (ENG., Illus.). (J). 31.09 (978-0-331-42742-4(7)) Forgotten Bks.

Evelyn's Christmas Wish. Put Me In The Story & J. D. Green. Illus. by Julia Seal. 2018. (Christmas Wish Ser.). (ENG.). 32p. (J). (gr. k-3). 6.99 (978-1-4926-8326-1(4)) Sourcebooks, Inc.

Evelyn's Wild Imagination. Elizabeth Gephardt. 2022. (ENG.). 38p. (J). 16.95 (978-1-63755-092-2(8)) Amplify Publishing Group.

Even a Noob Can Do It! Activity Book for Kids. Educando Kids. 2019. (ENG.). 42p. (J). pap. 8.55 (978-1-64521-785-5(X), Educando Kids) Editorial Imagen.

Even & Odd. Sarah Beth Durst. (ENG.). 288p. (J). (gr. 3-7). 2022. pap. 7.99 (978-0-358-66804-6(2), 1822889); 2021. (Illus.). 16.99 (978-0-358-35038-5(7), 1782874) HarperCollins Pubs. (Clarion Bks.).

Even As You & I: Fables & Parables of the Life to-Day (Classic Reprint) Bolton Hall. 2017. (ENG., Illus.). (J). 25.75 (978-0-266-68442-8(4)); pap. 9.57 (978-1-5276-5994-0(1)) Forgotten Bks.

Even Boys Sometimes Need to Cry! for Boys Only (R) Penelope Dyan. Illus. by Dyan. l.t. ed. 2021. (ENG.). 34p. (J). pap. 12.60 (978-1-61477-566-9(4)) Bellissima Publishing, LLC.

Even Buckaroos Say Their Prayers. Bri Geney. Illus. by Taylor Icenhower. 2020. (ENG.). 36p. (J). pap. 15.95 (978-1-64670-972-4(1)) Covenant Bks.

Even Fairies Fart. Jennifer Stinson. Illus. by Rebecca Ashdown. 2017. (ENG.). 32p. (J). (gr. -1-3). 17.99 (978-0-06-243623-8(6), HarperCollins) HarperCollins Pubs.

Even If. Regina Breshears. (ENG.). (J). 2021. 40p. 27.00 (978-1-62023-900-1(0)); 2020. 38p. pap. 19.95 (978-1-62023-800-4(4)) Atlantic Publishing Group, Inc.

Even If I Fall. Abigail Johnson. 2019. (ENG.). 352p. (YA). 18.99 (978-1-335-54155-0(1)) Harlequin Enterprises ULC CAN. Dist: HarperCollins Pubs.

Even If the Sky Falls. Mia Garcia. (ENG.). (YA). (gr. 9). 2022. 320p. pap. 11.99 (978-0-06-241181-5(0)); 2016. 304p. 17.99 (978-0-06-241180-8(2)) HarperCollins Pubs. (Tegen, Katherine Bks).

Even If We Break. Marieke Nijkamp. 320p. (YA). (gr. 8-12). 2021. pap. 10.99 (978-1-7282-3196-9(5)); 2020. (ENG.). 17.99 (978-1-4926-3611-3(8)) Sourcebooks, Inc.

Even in Paradise. Chelsey Philpot. 2016. (ENG.). 384p. (YA). (gr. 8). pap. 9.99 (978-0-06-229370-1(2), HarperCollins) HarperCollins Pubs.

Even in the Night. Brittany Hyder. Illus. by Brittany Hyder. 2018. (ENG., Illus.). 32p. (J). pap. 10.95 (978-0-692-18822-4(3)) Wilkinson, Brittany.

Even Little Children Can Do This! - Sudoku Easy Puzzles. Senor Sudoku. 2019. (ENG.). 78p. (J). pap. 10.99 (978-1-64521-436-6(2)) Editorial Imagen.

Even Monsters Go to School. Lisa Wheeler. Illus. by Chris Van Dusen. 2019. (ENG.). 32p. (J). (gr. -1-3). 17.99 (978-0-06-236642-9(4), Balzer & Bray) HarperCollins Pubs.

Even Monsters Need to Sleep. Lisa Wheeler. 2017. (ENG., Illus.). 32p. (J). (gr. -1-3). 17.99 (978-0-06-236640-5(8), Balzer & Bray) HarperCollins Pubs.

Even More Fantastic Failures: True Stories of People Who Changed the World by Falling down First. Luke Reynolds. 2020. (ENG., Illus.). 304p. (J). (gr. 3-7). 21.99 (978-1-58270-733-4(2)); pap. 12.99 (978-1-58270-734-1(0)) Aladdin/Beyond Words.

Even More Feelings & Me (8-Book Set), 8 vols. Hannah Beilenson. Illus. by Simon Abbott. 2023. (ENG.). 192p. (J). 9.99 (978-1-4413-4146-4(3), cf84aea6-e737-49ce-b7eb-04a821109c8c) Peter Pauper Pr. Inc.

Even More FunJungle: Panda-Monium; Lion down; Tyrannosaurus Wrecks. Stuart Gibbs. ed. 2020. (FunJungle Ser.). (ENG., Illus.). 1040p. (J). (gr. 3-7). 53.99 (978-1-5344-6783-5(1), Simon & Schuster Bks. For Young Readers) Simon & Schuster Bks. For Young Readers.

Even More Lesser Spotted Animals. Martin Brown. 2019. (ENG.). 56p. (J). (gr. 2-5). 18.99 (978-1-338-34961-0(9)) Scholastic, Inc.

Even More of Janice VanCleave's Wild, Wacky, & Weird Astronomy Experiments. Janice Pratt VanCleave. 2017. (Janice VanCleave's Wild, Wacky, & Weird Science Experiments Ser.). (Illus.). 64p. (gr. 10-10). 77.70 (978-1-4994-6678-2(1), Rosen Central) Rosen Publishing Group, Inc., The.

Even More of Janice Vancleave's Wild, Wacky, & Weird Biology Experiments. Janice Pratt VanCleave. 2017. (Janice VanCleave's Wild, Wacky, & Weird Science Experiments Ser.). (Illus.). 64p. (J). (gr. 10-10). 77.70 (978-1-4994-6679-9(X), Rosen Central) Rosen Publishing Group, Inc., The.

Even More of Janice Vancleave's Wild, Wacky, & Weird Chemistry Experiments, 1 vol. Janice Pratt VanCleave. 2017. (Janice VanCleave's Wild, Wacky, & Weird Science Experiments Ser.). (ENG., Illus.). 64p. (J). (gr. 5-5). 38.47 (978-1-4994-6688-1(9), f2ce5369-e3eb-4d12-955a-77a74a9f1a4d, Rosen Central) Rosen Publishing Group, Inc., The.

Even More of Janice Vancleave's Wild, Wacky, & Weird Earth Science Experiments, 1 vol. Janice VanCleave. 2017. (Janice VanCleave's Wild, Wacky, & Weird Science Experiments Ser.). (ENG.). 64p. (J). (gr. 5-5). 38.47 (978-1-4994-6689-8(7), c22dafba-6f5d-4a46-9fb6-faffa62484a4, Rosen Central) Rosen Publishing Group, Inc., The.

Even More of Janice Vancleave's Wild, Wacky, & Weird Physics Experiments, 1 vol. Janice Pratt VanCleave. 2017. (Janice VanCleave's Wild, Wacky, & Weird Science Experiments Ser.). (ENG.). 64p. (gr. 5-5). 38.47 (978-1-4994-6690-4(0), cd94f232-f1d4-4c85-b62b-4d661c064174, Rosen Central) Rosen Publishing Group, Inc., The.

Even More Tails of Oz. James C. Wallace II. 2017. (ENG., Illus.). (J). pap. 12.95 (978-0-578-19361-8(2)) Scientia Est Vox Pr.

Even Numbers. Charles Ghigna. Illus. by Misa Saburi. 2017. (Winter Math Ser.). (ENG.). 24p. (J). (gr. -1-3). 33.99 (978-1-68410-023-1(2), 31593) Cantata Learning.

Even Princesses Play with Dots - Connect the Dot Books for Girls. Jupiter Kids. 2018. (ENG., Illus.). 106p. (J). pap. 12.55 (978-1-5419-3569-3(1), Jupiter Kids (Childrens & Kids Fiction)) Speedy Publishing LLC.

Even Robots Can Be Thankful! Jan Thomas. Illus. by Jan Thomas. 2022. (Robots Bks.). (ENG., Illus.). 64p. (J). (-3). 17.99 (978-1-6659-1167-2(0), Beach Lane Bks.) Beach Lane Bks.

Even Superheroes Get Scared. Shelly Becker. Illus. by Eda Kaban. 2023. (Superheroes Are Just Like Us Ser.). 40p. (J). (gr. -1-1). 18.99 (978-1-4549-4342-6(4), Union Square Pr.) Sterling Publishing Co., Inc.

Even Superheroes Have Bad Days. Shelly Becker. Illus. by Eda Kaban. (Superheroes Are Just Like Us Ser.). (J). (gr. -1-k). 2023. 36p. 8.99 (978-1-4549-4659-5(8), Union Square Pr.); 2016. 40p. 17.99 (978-1-4549-1394-8(0)) Sterling Publishing Co., Inc.

Even Superheroes Have to Sleep. Sara Crow. Illus. by Adam Record. (J). (— 1). 2018. 26p. bds. 6.99 (978-0-399-55809-2(8)); 2017. 32p. 16.99 (978-0-399-55806-1(3)) Random Hse. Children's Bks. (Doubleday Bks. for Young Readers).

Even Superheroes Make Mistakes. Shelly Becker. Illus. by Eda Kaban. 2018. (Superheroes Are Just Like Us Ser.). 40p. (J). (gr. -1-4). 17.99 (978-1-4549-2703-7(8)) Sterling Publishing Co., Inc.

Even Superheroes Use the Potty. Sara Crow. Illus. by Adam Record. (J). (— 1). 2019. 26p. bds. 6.99 (978-1-5247-6599-6(6)); 2018. 32p. 16.99 (978-0-399-55934-1(5)) Random Hse. Children's Bks. (Doubleday Bks. for Young Readers).

Even Teddy Bears Get Mad! Anger Is Okay. Sabrina Andonegui Meneses. 2018. (ENG., Illus.). 36p. (J). pap. 11.99 (978-1-948390-57-6(4)) Pen It Pubns.

Even the Biggest Continents Move! Plate Tectonics Book Grade 5 Children's Earth Sciences Books. Baby Professor. 2021. (ENG.). 72p. (J). 27.99 (978-1-5419-8044-0(1)); pap. 16.99 (978-1-5419-5392-5(4)) Speedy Publishing LLC. (Baby Professor (Education Kids)).

Even the Darkest Stars. Heather Fawcett. (Even the Darkest Stars Ser.: 1). (ENG.). (YA). (gr. 8). 2018. 448p. pap. 9.99 (978-0-06-246339-5(X)); 2017. 432p. 17.99 (978-0-06-246338-8(1)) HarperCollins Pubs. (Balzer & Bray).

Even When Your Voice Shakes. Ruby Yayra Goka. 2022. (ENG.). 240p. (YA). (gr. 7-13). 18.95 (978-1-324-01711-0(2), 341711, Norton Young Readers) Norton, W. W. & Co., Inc.

Evenfall. Gaja J. Kos & Boris Kos. 2018. (Shadowfire Ser.: Vol. 1). (ENG., Illus.). (YA). (gr. 10-12). 392p. (978-961-94374-5-2(4)); 468p. pap. (978-961-94374-6-9(2)) Kos, , Boris s.p., zalo¿ni¿tvo.

Evening Conference of Kung-Fu Kitty & Other Tales. Amanda Hall. 2018. (ENG., Illus.). 102p. (J). pap. (978-0-359-02115-4(8)) Lulu Pr., Inc.

Evening Dream in Springtime: Memories of My Grandfather. Mika Matsuno. Illus. by Jack Lefcourt. 2021. (ENG.). 44p. (J). (gr. 4-6). 22.95 (978-1-951565-62-6(2)); (gr. 5-6). pap. 12.95 (978-1-951565-63-3(0)) Brandylane Pubs., Inc. (Belle Isle Bks.).

Evening Museum: Collection of Deeply Interesting Tales & Legends (Classic Reprint) Unknown Author. 2018. (ENG., Illus.). 312p. (J). 30.33 (978-0-483-45686-0(1)) Forgotten Bks.

Evening of Temptation & the Ultimate Sacrifice. Tevin Hansen. 2017. 231p. (YA). 19.99 *(978-1-941429-68-6(8))* Handersen Publishing.

Evening Recreations; a Collection of Original Stories: For the Amusement of Her Young Friends (Classic Reprint) Unknown Author. 2018. (ENG., Illus.). 230p. (J). 28.64 *(978-0-267-26676-0(6))* Forgotten Bks.

Evening Tales: Done into English from the French of Frederic Ortoli (Classic Reprint) Joel Chandler Harris. 2017. (ENG., Illus.). 294p. (J). 29.96 *(978-0-484-30735-2(5))* Forgotten Bks.

Evening Tales for the Winter, Vol. 1 Of 3: Being a Selection of Wonderful Supernatural Stories; Translated from the Chinese, Turkish & German (Classic Reprint) Henry St. Clair. (ENG., Illus.). (J). 2018. 402p. 32.21 *(978-0-483-06414-0(9))*; 2016. pap. 16.57 *(978-1-334-46866-7(4))* Forgotten Bks.

Evening Walk. Sue Ray-Smolik. 2022. (ENG., Illus.). 34p. (J). pap. 15.95 ***(978-1-68517-466-8(3))*** Christian Faith Publishing.

Evening with Daniel: The Lion's Den Theatre. Lee Jenkins. Illus. by Todd Jenkins. 2020. (ENG.). 36p. (J). pap. 12.99 *(978-1-7330110-6-8(4))* LtoJ Pr.

Evening with Daniel: The Lion's Den Theatre. Lyle Lee Jenkins. Illus. by Todd Jenkins. 2020. (Bible Patterns for Young Readers Ser.). (ENG.). 36p. (J). pap. 12.99 ***(978-1-956457-14-8(3))*** LtoJ Pr.

Evening with Pickwick: A Literary & Musical Dickens Entertainment, Comprising Readings, Impersonations, Tableaux, Pantomimes, & Music, Adapted from the Pickwick Papers for Public Exhibitions, Parlor Entertainments, etc (Classic Reprint) Jenny Marsh Parker. 2018. (ENG., Illus.). 54p. (J). 25.01 *(978-0-267-28771-0(2))* Forgotten Bks.

Evenings at Antioch (Classic Reprint) Fred Arthur Neale. (ENG., Illus.). (J). 2018. 258p. 29.22 *(978-0-483-43990-0(8))*; 2017. pap. 11.57 *(978-0-243-10079-8(5))* Forgotten Bks.

Evenings at Donaldson Manor: Or, the Christmas Guest. Maria Jane McIntosh. 2017. (ENG., Illus.). (J). 24.95 *(978-1-374-91070-6(8))*; pap. 14.95 *(978-1-374-91069-0(4))* Capital Communications, Inc.

Evenings at Donaldson Manor: Or the Christmas Guest (Classic Reprint) Maria Jane McIntosh. 2017. (ENG., Illus.). (J). 30.58 *(978-1-5282-8886-6(6))* Forgotten Bks.

Evenings at Home: Or, the Juvenile Budget Opened (Classic Reprint) Aikin Aikin. 2018. (ENG., Illus.). 386p. (J). 31.86 *(978-0-483-38382-1(1))* Forgotten Bks.

Evenings at Home: Or, the Juvenile Budget Opened: Consisting of a Variety of Miscellaneous Pieces for the Instruction & Amusement of Young Persons. in Six Volumes. Vol. V. John Aikin. 2017. (ENG., Illus.). (J). pap. *(978-0-649-57857-3(0))* Trieste Publishing Pty Ltd.

Evenings at Home, or the Juvenile Budget Opened, Vol. 1 Of 6: Consisting of a Variety of Miscellaneous Pieces for the Instruction & Amusement of Young Persons (Classic Reprint) John Aikin. 2018. (ENG., Illus.). 492p. (J). 34.06 *(978-0-484-28428-8(2))* Forgotten Bks.

Evenings at Home, or the Juvenile Budget Opened, Vol. 4 Of 6: Consisting of a Variety of Miscellaneous Pieces for the Instruction & Amusement of Young Persons (Classic Reprint) John Aikin. 2017. (ENG., Illus.). (J). 33.88 *(978-0-266-73437-6(5))*; pap. 16.57 *(978-1-5276-9755-3(X))* Forgotten Bks.

Evenings in Boston (Classic Reprint) John Lauris Blake. 2018. (ENG., Illus.). 126p. (J). 26.54 *(978-0-483-25908-9(X))* Forgotten Bks.

Evenings in Little Russia (Classic Reprint) Nikolai Gogol. 2017. (ENG., Illus.). (J). 27.63 *(978-0-265-51290-6(5))* Forgotten Bks.

Evenings in New England: Intended for Juvenile Amusement & Instruction (Classic Reprint) Lydia Maria Child. 2017. (ENG., Illus.). (J). 27.71 *(978-0-331-83814-5(1))*; pap. 10.57 *(978-1-334-91102-6(9))* Forgotten Bks.

Evenings in the Duffrey (Classic Reprint) Patrick Kennedy. (ENG., Illus.). (J). 2018. 420p. 32.56 *(978-0-332-48266-8(9))*; 2017. pap. 16.57 *(978-0-243-97881-6(2))* Forgotten Bks.

Evenings in the South of France: From the French of Madame Guizot (Classic Reprint) Madame Guizot. 2018. (ENG., Illus.). 170p. (J). 27.42 *(978-0-365-28103-0(4))* Forgotten Bks.

Evenings of a Working Man: Being the Occupation of His Scanty Leisure (Classic Reprint) John Overs. 2018. (ENG., Illus.). 228p. (J). 28.62 *(978-0-483-51779-0(8))* Forgotten Bks.

Evenings with Grandma, Vol. 1 (Classic Reprint) John Walter Davis. (ENG., Illus.). (J). 2018. 312p. 30.35 *(978-0-332-86216-3(X))*; 2017. pap. 13.57 *(978-1-5276-7912-2(8))* Forgotten Bks.

Evenings with Grandma, Vol. 2 (Classic Reprint) John W. Davis. 2018. (ENG., Illus.). 406p. (J). 32.27 *(978-0-483-35010-6(9))* Forgotten Bks.

Evenings with Grandpa, Vol. 1 (Classic Reprint) John W. Davis. 2017. (ENG., Illus.). (J). 372p. 31.59 *(978-0-332-79419-8(9))*; pap. 13.97 *(978-1-5276-1754-4(8))* Forgotten Bks.

Evenings with Grandpa, Vol. 2 (Classic Reprint) John W. Davis. 2018. (ENG., Illus.). 398p. (J). 32.13 *(978-0-484-11755-5(6))* Forgotten Bks.

Evenings with Uncle 'Bijah, or Christian Fellowship (Classic Reprint) Olivar B. Whitaker. (ENG., Illus.). (J). 2018. 116p. 26.29 *(978-0-332-62697-0(0))*; 2017. pap. 9.57 *(978-0-243-39389-3(X))* Forgotten Bks.

Eventful Night: A Comedy of a Western Mining Town (Classic Reprint) Clara Parker. 2018. (ENG., Illus.). 168p. (J). 27.36 *(978-0-483-53983-9(X))* Forgotten Bks.

Eventide. Sarah Goodman. 2021. (ENG.). 336p. (YA). pap. 10.99 *(978-1-250-22472-9(1)*, 900208396, Tor Teen) Doherty, Tom Assocs., LLC.

Evento Speciale. Arcangelo Galante. 2022. (ITA.). 42p. (J). pap. ***(978-1-4716-4796-3(X))*** Lulu Pr., Inc.

Eventown. Corey Ann Haydu. (ENG.). (J). (gr. 3-7). 2020. 352p. pap. 7.99 *(978-0-06-268981-8(9))*; 2019. 336p. 16.99 *(978-0-06-268980-1(0))* HarperCollins Pubs. (Tegen, Katherine Bks).

Events Leading to World War I. Contrib. by John Hamilton. 2017. (World War I Ser.). (ENG., Illus.). 48p. (J). (gr. 5-9). lib. bdg. 34.21 *(978-1-5321-1287-4(4)*, 27495, Abdo & Daughters) ABDO Publishing Co.

Events That Changed America (Set), 8 vols. 2018. (Events That Changed America Ser.). (ENG.). (J). (gr. 3-6). lib. bdg. 285.12 *(978-1-5038-3096-7(9)*, 212669, MOMENTUM) Child's World, Inc, The.

Events That Changed the Course of History: The Story of Apollo 11 & the Men on the Moon 50 Years Later. Myra Faye Turner. Ed. by Danielle Lieneman. 2018. (ENG.). 208p. (YA). pap. 19.95 *(978-1-62023-527-0(7)*, 5be831af-1e65-4060-9f68-0aceed51edae) Atlantic Publishing Group, Inc.

Events That Changed the Course of History: The Story of Maine Becoming a State 200 Years Later. Myra Faye Turner. 2019. (ENG.). 198p. (YA). pap. 19.95 *(978-1-62023-542-3(0))* Atlantic Publishing Group, Inc.

Events That Changed the Course of History: The Story of the Russian Revolution 100 Years Later. Jessica Piper. 2017. (ENG.). 180p. (YA). lib. bdg. 34.95 *(978-1-62023-223-1(5)*, 460ff4d2-4e4c-46ce-b69d-184f145b138a) Atlantic Publishing Group, Inc.

Ever After: The Omte Origins (from the World of the Trylle) Amanda Hocking. 2021. (Omte Origins Ser.: 3). (ENG.). 496p. (YA). pap. 18.99 *(978-1-250-20430-1(5)*, 900199954, Wednesday Bks.) St. Martin's Pr.

Ever after Again. Michelle Wilson et al. 2021. (ENG.). 178p. (YA). pap. 12.99 *(978-1-393-17313-7(6))* Draft2Digital.

Ever after (Classic Reprint) Juliet Wilbor Tompkins. 2017. (ENG., Illus.). (J). 29.98 *(978-1-5284-8782-5(6))* Forgotten Bks.

Ever-Changing World of Friendships. Sue Norris Janetzke. 2022. (ENG.). 138p. (YA). 28.95 ***(978-1-6642-8436-4(2))***; pap. 11.95 ***(978-1-6642-8437-1(0))*** Author Solutions, LLC. (WestBow Pr.).

Ever Constant Moon. Shirley Spires Baechtold. 2020. (ENG.). 114p. (YA). pap. 11.50 *(978-1-59330-968-8(6))* Aventine Pr.

Ever Cruel Kingdom. Rin Chupeco. (Never Tilting World Ser.: 2). (ENG., Illus.). 480p. (YA). (gr. 9). 2021. pap. 10.99 *(978-0-06-282191-1(1))*; 2020. 17.99 *(978-0-06-282190-4(3))* HarperCollins Pubs. (HarperTeen).

Ever Cursed. Corey Ann Haydu. 2021. (ENG., Illus.). 320p. (YA). (gr. 9). pap. 11.99 *(978-1-5344-3704-3(5)*, Simon & Schuster Bks. For Young Readers) Simon & Schuster Bks. For Young Readers.

Ever Cursed. Corey Ann Haydu. 2020. (ENG., Illus.). 304p. (YA). (gr. 9). 18.99 *(978-1-5344-3703-6(7)*, Simon Pulse) Simon Pulse.

Ever Lasting. Odessa Gillespie Black. 2017. (ENG., Illus.). (YA). pap. 15.00 *(978-1-60183-934-3(0))* Kensington Publishing Corp.

Ever Never Handbook. Soman Chainani. 2016. (ENG., Illus.). 304p. (J). *(978-0-00-818179-6(9))* Harper & Row Ltd.

Ever New, & Never Old: Or Twice Told Stories (Classic Reprint) Joseph Henry Allen. 2018. (ENG., Illus.). 260p. (J). 29.26 *(978-0-483-74632-9(0))* Forgotten Bks.

Ever Since. Alena Bruzas. 2023. (ENG.). 288p. (YA). (gr. 9). 18.99 *(978-0-593-61617-8(0)*, Rocky Pond Bks.) Penguin Young Readers Group.

Ever Storms. Amanda Foody. 2023. (Wilderlore Ser.: 3). (ENG.). 368p. (J). (gr. 3-7). 17.99 *(978-1-6659-1075-0(5)*, McElderry, Margaret K. Bks.) McElderry, Margaret K. Bks.

Ever Strange. Jemima Careen. 2021. (ENG.). 256p. (YA). pap. 18.95 *(978-1-63844-015-4(8))* Christian Faith Publishing.

Ever Tempted. Odessa Gillespie Black. 2016. (ENG., Illus.). 184p. (J). pap. 15.00 *(978-1-60183-933-6(2))* Kensington Publishing Corp.

Ever the Brave. Erin Summerill. (Clash of Kingdoms Novel Ser.: bk.2). (ENG., Illus.). (YA). (gr. 7). 2018. 480p. pap. 9.99 *(978-1-328-49795-6(X)*, 1717847); 2017. 464p. 17.99 *(978-0-544-66446-3(9)*, 1625025) HarperCollins Pubs. (Clarion Bks.).

Ever the Hunted. Erin Summerill. 2017. (Clash of Kingdoms Novel Ser.: bk.1). (ENG.). 416p. (YA). (gr. 7). pap. 9.99 *(978-1-328-76700-4(0)*, 1680366, Clarion Bks.) HarperCollins Pubs.

Ever Upward. George Sirois. 2018. (Excelsior Journey Ser.: Vol. 2). (ENG., Illus.). 480p. (YA). pap. *(978-1-912775-01-9(8))* Aelurus Publishing.

Everafter Song. Emily R. King. 2019. (Evermore Chronicles Ser.: 3). 282p. (YA). (gr. 7-12). pap. 9.99 *(978-1-5420-4397-7(2)*, 9781542043977, Skyscape) Amazon Publishing.

Everafter War. Michael Buckley. ed. 2018. (Sisters Grimm Ser.: 7). (J). lib. bdg. 19.65 *(978-0-606-41064-9(3))* Turtleback.

Everafter War (the Sisters Grimm #7) 10th Anniversary Edition. Michael Buckley. 10th ed. 2018. (Sisters Grimm Ser.). (ENG., Illus.). 272p. (J). (gr. 3-7). pap. 8.99 *(978-1-4197-2011-6(2)*, 660206, Amulet Bks.) Abrams, Inc.

Everbreeze (Classic Reprint) Sarah Pratt McLean Greene. (ENG., Illus.). (J). 2018. 318p. 30.46 *(978-0-483-56014-7(6))*; 2017. pap. 13.57 *(978-1-332-76433-4(9))* Forgotten Bks.

Evered (Classic Reprint) Ben Ames Williams. 2018. (ENG., Illus.). 222p. (J). 28.50 *(978-0-483-51681-6(3))* Forgotten Bks.

Everest. Sangma Francis. Illus. by Lisk Feng. 2018. (Earth's Incredible Places Ser.). (ENG.). 80p. (J). (gr. 2-6). 24.00 *(978-1-911171-99-7(2))* Flying Eye Bks. GBR. Dist: Penguin Random Hse. LLC.

Everest. Megan Lappi. 2019. (Illus.). 32p. (J). *(978-1-7911-1423-7(7)*, AV2 by Weigl) Weigl Pubs., Inc.

Everest & the Moon. Alexandra M. Adams. 2022. (ENG.). 32p. (J). 26.95 *(978-1-6657-2028-1(X))*; pap. 16.95 *(978-1-6657-2027-4(1))* Archway Publishing.

Everest Cima Dictionary of the Spanish Language see Everest Diccionario Cima de la Lengua Espanola

Everest Has Manners. Rosanne Peters. 2021. (ENG.). 24p. (J). pap. 12.95 *(978-1-63814-520-2(2))* Covenant Bks.

Everest Practical Illustrated Dictionary of the Spanish Language see Everest Diccionario Practico Ilustrado de la Lengua Espanola

Everest Practical Thesaurus see Everest Diccionario Practico de Sinonimos y Antonimos

Everest: the Remarkable Story of Edmund Hillary & Tenzing Norgay. Alexandra Stewart. Illus. by Joe Todd-Stanton. 2020. (ENG.). 64p. (J). 21.99 *(978-1-5476-0159-2(0)*, 900200537, Bloomsbury Children's Bks.) Bloomsbury Publishing USA.

Everfont. Alexander Rob. 2022. (ENG.). 266p. (YA). pap. 17.95 *(978-1-947966-57-4(X))* WiDo Publishing.

Everfound. Neal Shusterman. 2020. (Skinjacker Trilogy Ser.: 3). (ENG.). (YA). (gr. 7). 512p. 21.99 *(978-1-5344-8333-0(0))*; 528p. pap. 12.99 *(978-1-5344-8332-3(2))* Simon & Schuster Bks. For Young Readers. (Simon & Schuster Bks. For Young Readers).

Everglades. Nancy Furstinger. 2019. (Illus.). 32p. (J). *(978-1-7911-1050-5(9)*, AV2 by Weigl) Weigl Pubs., Inc.

Everglades. Sara Gilbert. 2016. (National Park Explorers Ser.). (ENG., Illus.). 24p. (J). (gr. 1-4). *(978-1-60818-631-0(8)*, 20501, Creative Education) Creative Co., The.

Everglades: An Ecosystem Facing Choices & Challenges. Anne Ake. 2017. 122p. (J). (gr. -1-12). pap. 19.95 *(978-1-68334-032-4(9))* Pineapple Pr., Inc.

Everglades (a True Book: National Parks) (Library Edition) Karina Hamalainen. 2018. (True Book (Relaunch) Ser.). (ENG., Illus.). 48p. (J). (gr. 3-5). lib. bdg. 31.00 *(978-0-531-17592-7(8)*, Children's Pr.) Scholastic Library Publishing.

Everglades Animal Sounds. Howie Minsky. 2019. (Hello, Everglades! Ser.). (ENG.). 16p. (J). (gr. -1-2). pap. 11.36 *(978-1-5341-5738-5(7)*, 214189, Cherry Blossom Press) Cherry Lake Publishing.

Everglades Colors. Howie Minsky. 2019. (Hello, Everglades! Ser.). (ENG.). 16p. (J). (gr. -1-2). pap. 11.36 *(978-1-5341-5736-1(0)*, 214183, Cherry Blossom Press) Cherry Lake Publishing.

Everglades Invasion! Defining the Problem, 1 vol. Seth Matthas. 2017. (Computer Kids: Powered by Computational Thinking Ser.). (ENG.). 24p. (J). (gr. 4-5). 25.27 *(978-1-5383-2393-9(1)*, 94552e5f-9c97-44b7-adcb-0e36f08cfb31, PowerKids Pr.); pap. *(978-1-5081-3762-7(5)*, f70c5b29-bfd4-4c2f-b875-2233cff78b33, Rosen Classroom) Rosen Publishing Group, Inc., The.

Everglades National Park. Grace Hansen. 2017. (National Parks (Abdo Kids Jumbo) Ser.). (ENG., Illus.). 24p. (J). (gr. -1-2). lib. bdg. 32.79 *(978-1-5321-0432-9(4)*, 26558, Abdo Kids) ABDO Publishing Co.

Everglades National Park. Maddie Spalding. 2016. (National Parks (Core Library) Ser.). (ENG., Illus.). 48p. (J). (gr. 4-8). lib. bdg. 35.64 *(978-1-68078-471-8(4)*, 23879) ABDO Publishing Co.

Everglades National Park (Rookie National Parks) (Library Edition) Karina Hamalainen. 2018. (Rookie National Parks Ser.). (ENG., Illus.). 32p. (J). (gr. 1-2). lib. bdg. 25.00 *(978-0-531-12651-6(X)*, Children's Pr.) Scholastic Library Publishing.

Everglades Research Journal. Robin Johnson. 2017. (Ecosystems Research Journal Ser.). (Illus.). 32p. (J). (gr. 4-5). *(978-0-7787-3469-7(2))*; (ENG., pap. *(978-0-7787-3494-9(3))* Crabtree Publishing Co.

Evergreen. Matthew Cordell. 2023. (ENG., Illus.). 48p. (J). 18.99 *(978-1-250-31717-9(7)*, 900199911) Feiwel & Friends.

Evergreen Family. Colin D. Evans. 2017. (ENG., Illus.). (J). 25.00 *(978-93-86210-95-1(9)*, White Falcon Publishing) White Falcon Publishing.

Evergreen Jungle Series Colour in Book. Deanne Temple. 2017. (Evergreen Jungle Series Colour in Book Ser.: Vol. 1). (ENG., Illus.). 32p. (J). pap. ***(978-0-6480013-1-7(8))*** BBT Productions.

Evergreen Leaves: Being Notes from My Travel Book (Classic Reprint) Marie Elise Turner Lauder. (ENG., Illus.). (J). 2018. 386p. 31.86 *(978-0-666-64565-4(5))*; 2017. pap. 16.57 *(978-0-259-75199-1(5))* Forgotten Bks.

Evergreen Tales: Children's Stories by New Writers from Canada. Culture Chats Bc Association. 2022. (ENG.). 62p. (J). pap. *(978-0-2288-7429-4(7))* Tellwell Talent.

Evergreen, Vol. 1: A Monthly Magazine of New & Popular Tales & Poetry; January to December, 1840 (Classic Reprint) Unknown Author. (ENG., Illus.). (J). 2018. 720p. 38.75 *(978-0-267-53024-3(2))*; 2017. pap. 23.57 *(978-0-259-20783-2(7))* Forgotten Bks.

Everla & the Stone Prince. R. Anderson, Jr. 2021. (ENG.). 68p. (J). 24.00 *(978-1-7325362-7-2(9))* Rogue Star Publishing LLC.

Everland (the Everland Trilogy, Book 1) Wendy Spinale. (Everland Trilogy Ser.: 1). (ENG.). (YA). (gr. 7-7). 2017. 336p. pap. 10.99 *(978-1-338-09553-1(6)*, Scholastic Paperbacks); 2016. 320p. 17.99 *(978-0-545-83694-4(8)*, Scholastic Pr.) Scholastic, Inc.

Everlasting: Book 1. L. K. Kuhl. 2nd ed. 2022. (Everlasting Ser.: Vol. 1). (ENG.). 342p. (YA). pap. 16.99 ***(978-1-0879-7746-1(0))*** Indy Pub.

Everlasting: Eye of the Wise: an Original English Light Novel. Biako. 2017. (Everlasting Ser.: Vol. 1). (ENG., Illus.). (YA). (gr. 7-12). pap. 12.99 *(978-1-942178-04-0(2))* Vic's Lab, LLC.

Everlasting Beauty (Classic Reprint) Theodocia Pearce. (ENG., Illus.). (J). 2018. 290p. 30.00 *(978-0-332-34581-9(5))*; 2017. pap. 13.57 *(978-0-243-40333-2(X))* Forgotten Bks.

Everlasting Embrace. Charlotte Blackwell. 2018. (Embrace Ser.: Vol. 4). (ENG.). 148p. (J). pap. *(978-1-9993924-7-5(7))* JSLB Publishing.

Everlasting Icicles. Carrie Turley. Illus. by Lara Law. 2023. (Poppenohna Land Adventure Ser.: Vol. 2). (ENG.). 348p. (J). pap. 13.99 ***(978-1-956357-92-9(0))***; 19.99 ***(978-1-956357-90-5(4))*** Lawley Enterprises.

Everlasting Mercy & the Widow in the Bye Street (Classic Reprint) John Masefield. 2018. (ENG., Illus.). 250p. (J). 29.05 *(978-0-364-11763-7(X))* Forgotten Bks.

Everlasting Nora. Marie Miranda Cruz. 2018. 287p. (YA). *(978-1-250-31468-0(2)*, Starscape) Doherty, Tom Assocs., LLC.

Everlasting Nora: A Novel. Marie Miranda Cruz. (ENG.). 288p. (J). 2020. pap. 8.99 *(978-0-7653-9460-6(X)*, 900176816); 2018. 16.99 *(978-0-7653-9459-0(6)*, 900176815) Doherty, Tom Assocs., LLC. (Starscape).

Everlasting Road. Wab Kinew. 2023. (Floraverse Ser.). 272p. (YA). (gr. 7). 17.99 *(978-0-7352-6903-3(3)*, Tundra Bks.) PRH Canada Young Readers CAN. Dist: Penguin Random Hse. LLC.

Everlasting Rose-The Belles Series, Book 2. Dhonielle Clayton. 2023. (Belles Ser.: 2). (ENG.). 368p. (YA). (gr. 7-12). pap. 11.99 *(978-1-4847-4335-5(0)*, Disney-Hyperion) Disney Publishing Worldwide.

Everlasting Whisper: A Tale of the California Wilderness. Jackson Gregory. 2017. (ENG., Illus.). (J). 26.95 *(978-1-374-89094-7(4))* Capital Communications, Inc.

Everlasting Whisper: A Tale of the California Wilderness (Classic Reprint) Jackson Gregory. (ENG., Illus.). (J). 2018. 384p. 31.84 *(978-0-364-16103-6(5))*; 2017. pap. 16.57 *(978-0-243-94693-8(7))* Forgotten Bks.

Everless. Sara Holland. 2018. (SPA.). 352p. (YA). (gr. 8). 15.95 *(978-84-96886-88-9(3))* Ediciones Urano S. A. ESP. Dist: Spanish Pubs., LLC.

Everless. Sara Holland. 2018. (ENG.). (YA). (gr. 8). 384p. pap. 11.99 *(978-0-06-265367-3(9))*; 368p. 17.99 *(978-0-06-265365-9(2))* HarperCollins Pubs. (HarperTeen).

Everlife. Gena Showalter. 2019. (Everlife Novel Ser.: 3). (ENG.). 496p. (YA). pap. 12.99 *(978-1-335-49901-1(6))* Harlequin Enterprises ULC CAN. Dist: HarperCollins Pubs.

Everlight. Michelle Areaux. 2019. (Shifter Chronicles Ser.: Vol. 4). (ENG.). 108p. (YA). (gr. 7-12). pap. 7.99 *(978-1-64533-094-3(X))* Kingston Publishing Co.

Everlock. Mimi Stoffels. 2018. (ENG.). 160p. (YA). (gr. 7). pap. *(978-1-912021-86-4(2)*, Nightingale Books) Pegasus Elliot Mackenzie Pubs.

Everlost. Neal Shusterman. 2020. (Skinjacker Trilogy Ser.: 1). (ENG.). (YA). (gr. 7). 320p. 21.99 *(978-1-5344-8329-3(2))*; 336p. pap. 12.99 *(978-1-5344-8328-6(4))* Simon & Schuster Bks. For Young Readers. (Simon & Schuster Bks. For Young Readers).

Everly I Love You All Ways. Marianne Richmond. Illus. by Dubravka Kolanovic. 2023. (I Love You All Ways Ser.). (ENG.). 32p. (J). (gr. -1-3). 8.99 ***(978-1-7282-7358-7(7))*** Sourcebooks, Inc.

Evermal. Lucas Zanotto. ed. 2018. (ENG., Illus.). 24p. (J). (gr. -1-2). 19.95 *(978-0-935112-36-8(7))* Callaway Editions, Inc.

Evermore. Sara Holland. (ENG.). 368p. (YA). (gr. 8). 2019. pap. 11.99 *(978-0-06-265370-3(9))*; 2018. 17.99 *(978-0-06-265369-7(5))* HarperCollins Pubs. (HarperTeen).

Evernight. Michelle Areaux. 2018. (Shifter Chronicles Ser.: Vol. 3). (ENG., Illus.). 152p. (YA). (gr. 7-12). pap. 9.99 *(978-1-970068-48-1(5))* Kingston Publishing Co.

Everpure. Michelle Areaux. 2nd ed. 2018. (ENG., Illus.). 150p. (YA). pap. 9.99 *(978-1-970068-35-1(3))* Kingston Publishing Co.

Evershade. Michelle Areaux. 2018. (Shifter Chronicles Ser.: Vol. 1). (ENG., Illus.). 160p. (YA). (gr. 7-12). pap. 9.99 *(978-1-970068-16-0(7))* Kingston Publishing Co.

Everwild. Neal Shusterman. 2020. (Skinjacker Trilogy Ser.: 2). (ENG.). (YA). (gr. 7). 432p. 21.99 *(978-1-5344-8331-6(4))*; 448p. pap. 12.99 *(978-1-5344-8330-9(6))* Simon & Schuster Bks. For Young Readers. (Simon & Schuster Bks. For Young Readers).

Every Baby Book: Families of Every Name Share a Love That's Just the Same. Frann Preston-Gannon. 2022. (ENG., Illus.). 30p. (J). (gr. -1-k). bds. 10.99 *(978-1-4197-5664-1(8)*, 1744701) Magic Cat GBR. Dist: Abrams, Inc.

Every Bird a Prince. Jenn Reese. 2022. (ENG.). 256p. (J). 17.99 *(978-1-250-78344-8(5)*, 900236779, Holt, Henry & Co. Bks. For Young Readers) Holt, Henry & Co.

Every Bite Counts! Food Journal & Meal Planner. @ Journals and Notebooks. 2016. (ENG., Illus.). 106p. (YA). pap. 12.25 *(978-1-68326-528-3(9))* Speedy Publishing LLC.

Every Boat. Brett M. Zambruk. 2017. (ENG.). (J). 14.95 *(978-1-68401-139-1(6))* Amplify Publishing Group.

Every Body: a First Conversation about Bodies. Megan Madison & Jessica Ralli. Illus. by Tequitia Andrews. 2023. (First Conversations Ser.). (J). (-k). 40p. 15.99 *(978-0-593-66150-5(8))*; 36p. bds. 9.99 *(978-0-593-38334-6(6))* Penguin Young Readers Group.

Every Body Book: The LGBTQ+ Inclusive Guide for Kids about Sex, Gender, Bodies, & Families. Rachel E. Simon. Illus. by Noah Grigni. 2020. 96p. (J). 19.95 *(978-1-78775-173-6(2)*, 717640) Kingsley, Jessica Pubs. GBR. Dist: Hachette UK Distribution.

Every Body Looking. Candice Iloh. 416p. (YA). (gr. 7). 2021. pap. 11.99 *(978-0-525-55622-0(2))*; 2020. 17.99 *(978-0-525-55620-6(6))* Penguin Young Readers Group. (Dutton Books for Young Readers).

Every Body Shines: Sixteen Stories about Living Fabulously Fat. Ed. by Cassandra Newbould. 2021. (ENG.). 416p. (YA). 18.99 *(978-1-5476-0607-8(X)*, 900234368, Bloomsbury Young Adult) Bloomsbury Publishing USA.

Every Body's Album: A Choice Collection of Humorous Tales, Satirical Essays, Anecdotes, Quips, Quirks, & Facetia (Classic Reprint) Unknown Author. (ENG., Illus.). (J). 2018. 32.87 *(978-0-260-97334-4(3))*; 2016. pap. 16.57 *(978-1-334-11668-1(7))* Forgotten Bks.

Every-Body's Business Is No-Body's Business: Or, Private Abuses, Publick Grievances, Exemplified in the Pride, Insolence & Exorbitant Wages of Our Women-Servants, Footmen, etc (Classic Reprint) Daniel Dafoe. 2018. (ENG., Illus.). 38p. (J). 24.68 *(978-0-365-28242-6(1))* Forgotten Bks.

Every-Body's Business, Is No-Body's Business, or Private Abuses, Publick Grievances Exemplified in the Pride, Insolence, & Exorbitant Wages of Our Women-Servants, Footmen, &C: With a Proposal for Amendment of the Same, As Also for Clearing the Streets O. Daniel Dafoe. (ENG., Illus.). (J). 2018. 288p. 29.84 *(978-0-267-34370-6(1))*; 2016. pap. 13.57 *(978-1-333-67147-1(4))* Forgotten Bks.

Every Boy's Mechanical Library. Aeroplanes; Pp. 1-240. J. S. Zerbe. 2017. (ENG., Illus.). (J). pap. *(978-0-649-03869-5(X))* Trieste Publishing Pty Ltd.

Every Breath We Take: A Book about Air. Maya Ajmera & Dominique Browning. 2016. (Illus.). 32p. (J). (gr. -1-3). lib.

E

bdg. 16.95 *(978-1-58089-616-0(2))* Charlesbridge Publishing, Inc.
Every Bunny Dance Now. Joan Holub. Illus. by Allison Black. 2022. (ENG.). 10p. (J). (gr. -1 — 1). 9.99 *(978-1-338-79500-4(7),* Cartwheel Bks.) Scholastic, Inc.
Every Bunny Danced. M. Jackson. 2020. 28p. (J). pap. 9.99 *(978-1-0983-2466-7(8))* BookBaby.
Every Cake Has a Baker. Shane Torno. Illus. by Chuck Carson. 2020. (ENG.). 30p. (J). pap. 9.95 *(978-1-7326661-7-7(2))* Kaio Pubns., Inc.
Every Cake Has a Story. Christina Tosi. Illus. by Emily Balsley. 2021. 32p. (J). (-k). 17.99 *(978-0-593-11068-3(4),* Dial Bks) Penguin Young Readers Group.
Every Child a Song: A Celebration of Children's Rights. Nicola Davies. Illus. by Marc Martin. 2020. (ENG.). 32p. (J). 17.95 *(978-1-62371-872-5(4),* Crocodile Bks.) Interlink Publishing Group, Inc.
Every Child's Series: Work & Play in Colonial Days (Classic Reprint) Mary Holbrook Macelroy. 2018. (ENG., Illus.). 178p. (J). 27.57 *(978-0-483-85497-0(2))* Forgotten Bks.
Every Color Soup. Jorey Hurley. Illus. by Jorey Hurley. 2018. (ENG., Illus.). 40p. (J). (gr. -1-2). 17.99 *(978-1-4814-6999-9(1),* Simon & Schuster/Paula Wiseman Bks.) Simon & Schuster/Paula Wiseman Bks.
Every Cowgirl Goes to School. Rebecca Janni. ed. 2018. (ENG.). 32p. (J). (gr. -1-1). 14.00 *(978-1-64310-694-6(5))* Penworthy Co., LLC, The.
Every Day a New Challenge! Activity Book for Kids. Smarter Activity Books for Kids. 2016. (ENG., Illus.). (J). pap. 8.99 *(978-1-68374-298-2(2))* Examined Solutions PTE. Ltd.
Every Day a Thousand Times. Karima Sperling. 2017. (ENG., Illus.). (J). pap. 15.00 *(978-0-9913003-3-4(5))* Little Bird Bks.
Every Day Amazing: Fantastic Facts for Every Day of the Year. Mike Barfield. Illus. by Marianna Madriz. 2021. (ENG.). 144p. (J). (gr. 2-6). 19.99 *(978-1-913947-04-0(1),* King, Laurence Publishing) Orion Publishing Group, Ltd. GBR. Dist: Hachette Bk. Group.
Every-Day Book & Table Book, or Everlasting Calendar of Popular Amusements, Sports, Pastimes, Ceremonies, Manners, Customs, & Events, Incident to Each of the Three Hundred & Sixty-Five Days, in Past & Present Times, Vol. 3 Of 3: Forming a Comp. Wiliziam Hone. 2017. (ENG., Illus.). (J). 42.50 *(978-0-266-57118-6(2));* pap. 24.84 *(978-0-282-83863-8(5))* Forgotten Bks.
Every-Day Book & Table Book, or Everlasting Calendar of Popular Amusements, Sports, Pastimes, Ceremonies, Manners, Customs, & Events, Vol. 2 Of 3: Incident to Each of the Three Hundred & Sixty-Five Days, in Past & Present Times, Forming a Comp. William Hone. 2017. (ENG., Illus.). (J). pap. 24.04 *(978-1-334-91383-9(8))* Forgotten Bks.
Every-Day Book & Table Book, Vol. 3 Of 3: Or Everlasting Calendar of Popular Amusements, Sports, Pastimes, Ceremonies, Manners, Customs, & Events, Incident to Each of the Three Hundred & Sixty-Five Days, in Past & Present Times. William Hone. (ENG., Illus.). (J). 2017. 42.13 *(978-0-265-51694-2(3));* 2016. pap. 24.43 *(978-1-334-76536-0(7))* Forgotten Bks.
Every Day, Chemistry. Julia Sooy. Illus. by Bonnie Pang. 2021. (ENG.). 32p. (J). 18.99 *(978-1-250-76869-8(1),* 900233130) Feiwel & Friends.
Every Day Essays (Classic Reprint) Marion Foster Washburne. 2018. (ENG., Illus.). 186p. (J). 27.73 *(978-0-483-38182-7(9))* Forgotten Bks.
Every-Day Girl (Classic Reprint) Mary Catherine Crowley. 2018. (ENG., Illus.). 208p. (J). 28.21 *(978-0-267-48472-0(0))* Forgotten Bks.
Every Day I'm Awesome! A Guide to Positive Thinking for Children. Jessica Sykes. 2018. (ENG.). 28p. (J). pap. 10.99 ***(978-0-578-41755-4(3))*** Southampton Publishing.
Every Day Is Earth Day: Ready-To-Read Level 2. Adapted by Jordan D. Brown. 2020. (Ready Jet Go! Ser.). (ENG., Illus.). 40p. (J). (gr. k-2). 17.99 *(978-1-5344-5723-2(2));* pap. 4.99 *(978-1-5344-5722-5(4))* Simon Spotlight. (Simon Spotlight).
Every Day Is Exciting. Jacqueline Jules. Illus. by Kim Smith. ed. 2018. (Sofia Martinez Ser.). (ENG.). 96p. (J). (gr. k-2). pap., pap., pap. 4.95 *(978-1-5158-2343-8(1),* 137020, Picture Window Bks.) Capstone.
Every Day Is Mother's Day. Janelle McBryan. Illus. by David Anderson. 2022. (ENG.). 32p. (J). *(978-1-0391-4007-3(6));* pap. *(978-1-0391-4006-6(8))* FriesenPress.
Every-Day Life: A Play (Classic Reprint) C. W. S. 2018. (ENG., Illus.). 44p. (J). 24.82 *(978-0-267-22181-3(9))* Forgotten Bks.
Every-Day Life in South Africa (Classic Reprint) E. E. K. Lowndes. 2018. (ENG., Illus.). 218p. (J). 28.41 *(978-0-267-42306-4(3))* Forgotten Bks.
Every Day Life in the Colonies (Classic Reprint) Gertrude L. Stone. 2018. (ENG., Illus.). 160p. (J). 27.20 *(978-0-267-46235-3(2))* Forgotten Bks.
Every Day Life on a Ceylon Cocoa Estate (Classic Reprint) Mary E. Steuart. 2017. (ENG., Illus.). (J). 29.88 *(978-0-331-05520-7(1))* Forgotten Bks.
Every-Day Speller, Vol. 1: Grades One & Two (Classic Reprint) Michael Vincent O. 'Shea. (ENG., Illus.). (J). 2018. 132p. 26.64 *(978-0-483-69427-9(4));* 2016. pap. 9.57 *(978-1-334-55740-8(3))* Forgotten Bks.
Every-Day Speller, Vol. 2: Grades Three & Four (Classic Reprint) M. V. O'Shea. (ENG., Illus.). (J). 2018. 164p. 27.30 *(978-0-483-71182-2(9));* 2016. pap. 9.97 *(978-1-334-13960-4(1))* Forgotten Bks.
Every Day: the Graphic Novel. David Levithan. Illus. by Dion MBD. 2023. (ENG.). 208p. (YA). (gr. 7). 24.99 *(978-0-593-42898-6(6));* pap. 17.99 *(978-0-593-42897-9(8));* lib. bdg. 27.99 *(978-0-593-42899-3(4))* Random Hse. Children's Bks. (Knopf Bks. for Young Readers).
Every Day with Jesus: 365 Devotions for Kids, 1 vol. Charles Stanley. 2018. (ENG.). 400p. (J). 17.99 *(978-0-7180-9854-4(4),* Tommy Nelson) Nelson, Thomas Inc.
Every Day's a Holiday: Winnie's Birthday Countdown. Stef Wade. Illus. by Husna Aghniya. 2023. (ENG.). 32p. (J). (gr. -1-3). 17.99 *(978-0-7624-7818-7(7),* Running Pr. Kids) Running Pr.
Every Dog Has His Day. John R. Erickson. Illus. by Gerald L. Holmes. 2017. (Hank the Cowdog Ser.: Vol. 10). (ENG.). 118p. (J). (gr. 3-6). 15.99 *(978-1-59188-210-7(9))* Maverick Bks., Inc.
Every Dog Has His Day! Suganthi Mahadevan Shivkumar. 2016. (ENG.). 46p. (J). (gr. 4-6). 10.95 *(978-1-78554-946-5(4),* 1ea23ea8-8fea-4129-8399-a150cffb7c81) Austin Macauley Pubs. Ltd. GBR. Dist: Baker & Taylor Publisher Services (BTPS).
Every Dog Has Its Day. Situ Situ. 2017. (ENG., Illus.). (J). pap. 10.00 *(978-0-9989598-2-5(0))* Uncle Dave's Bks.
Every Dog in the Neighborhood. Philip C. Stead. Illus. by Matthew Cordell. 2022. 40p. (J). (gr. -1-3). 18.99 *(978-0-8234-4427-4(9),* Neal Porter Bks) Holiday Hse., Inc.
Every Dog Needs a Boy. Ramona Lusch Johnson. 2023. (ENG.). 26p. (J). pap. ***(978-1-4866-2398-3(0))*** Word Alive Pr.
Every Elephant Is Special. Dennis Morgan. 2016. (Dennis Morgan Songstory Bks.: Vol. 5). (ENG., Illus.). (J). (gr. k-6). pap. 15.99 *(978-0-9892295-4-8(8))* Dreamstreet Studios, Inc. (A Div. of DSMV Industries, Inc.).
Every Explorer Should Visit the Western Region Books on America Grade 5 Children's Geography & Cultures Books. Baby Professor. 2021. (ENG.). 72p. (J). 27.99 *(978-1-5419-8499-8(4));* pap. 16.99 *(978-1-5419-6078-7(5))* Speedy Publishing LLC. (Baby Professor (Education Kids)).
Every Exquisite Thing. Matthew Quick. (ENG.). (YA). (gr. 10-17). 2017. 288p. pap. 9.99 *(978-0-316-37961-8(1));* 2016. 272p. 17.99 *(978-0-316-37959-5(X))* Little, Brown Bks. for Young Readers.
Every Falling Star: The True Story of How I Survived & Escaped North Korea. Sungju Lee & Susan Elizabeth McClelland. 2017. (ENG.). 344p. (J). (gr. 8-17). pap. 9.99 *(978-1-4197-2761-0(3),* 1199803) Abrams, Inc.
Every Family Is Different: Even Animal Families! Constance O'Connor & Natalia Rojas. Illus. by Lucy Poley. 2019. (ENG.). 30p. (J). *(978-1-5255-5787-3(4));* pap. *(978-1-5255-5788-0(2))* FriesenPress.
Every Family Is Uniquely Special- Children's Family Life Books. Baby Professor. 2017. (ENG., Illus.). (J). pap. 7.89 *(978-1-5419-0317-3(X),* Baby Professor (Education Kids)) Speedy Publishing LLC.
Every Frog Is Special. Shawn Guthreau. 2022. (ENG.). 26p. (J). 23.95 *(978-1-63692-713-8(0))* Newman Springs Publishing, Inc.
Every Gift a Curse. Caroline O'Donoghue. 2023. (Gifts Ser.: 3). (ENG.). 432p. (YA). (gr. 9). 19.99 *(978-1-5362-2840-3(0))* Candlewick Pr.
Every Girl's Alphabet. Kate Bingham. Ed. by Kate Holland. Illus. by Luke Martineau. 2019. (ENG.). 56p. (J). (gr. k-2). 21.99 *(978-1-912654-53-6(9))* Graffeg Limited GBR. Dist: Independent Pubs. Group.
Every Girl's Annual: Illustrated (Classic Reprint) Alice a Leith. 2017. (ENG., Illus.). (J). 37.18 *(978-0-331-67671-6(0));* pap. 19.57 *(978-0-243-29319-3(4))* Forgotten Bks.
Every Hidden Thing. Kenneth Oppel. (ENG., Illus.). 368p. (YA). (gr. 9). 2017. pap. 11.99 *(978-1-4814-6417-8(5));* 2016. 17.99 *(978-1-4814-6416-1(7))* Simon & Schuster Bks. For Young Readers. (Simon & Schuster Bks. For Young Readers).
Every Hidden Thing. Tim Shoemaker. 2022. (High Water Ser.: 2). (ENG., Illus.). 448p. (YA). pap. 15.99 *(978-1-64607-060-2(7),* 20_42823) Focus on the Family Publishing.
Every Home Needs an Elephant. Jane Heinrichs. 2021. (ENG., Illus.). 160p. (J). (gr. 1-3). 10.95 *(978-1-4598-2430-0(X))* Orca Bk. Pubs. USA.
Every House Needs a Monster. Patricia Maurice. 2020. (ENG.). 27p. (J). *(978-1-716-49455-0(9))* Lulu Pr., Inc.
Every Inch a King: A Children's Christmas Musical. Dixie and Sharon Phillips et al. l.t. ed. 2018. (ENG., Illus.). 24p. (J). (gr. k-5). pap. 9.95 *(978-1-61633-924-1(1))* Guardian Angel Publishing, Inc.
Every Inferno. Johanna Parkhurst. 2016. (ENG., Illus.). (J). 24.99 *(978-1-63533-009-0(2),* Harmony Ink Pr.) Dreamspinner Pr.
Every Last Breath. Jennifer L. Armentrout. 2019. (Dark Elements Ser.: 3). (ENG.). 384p. (YA). pap. 10.99 *(978-1-335-00921-0(3))* Harlequin Enterprises ULC CAN. Dist: HarperCollins Pubs.
Every Last Drop: Bringing Clean Water Home. Michelle Mulder. 2022. (Orca Footprints Ser.: 4). (ENG., Illus.). 48p. (J). (gr. 4-7). pap. 14.95 *(978-1-4598-3510-8(7))* Orca Bk. Pubs. USA.
Every Last Word. Tamara Ireland Stone. ed. 2017. (ENG.). (YA). (gr. 7-12). lib. bdg. 20.85 *(978-0-606-39885-5(6))* Turtleback.
Every Line Is Magical. Joyce Raskin. 2017. (ENG., Illus.). (J). pap. 11.00 *(978-0-9965116-5-0(2))* Number One Fan Pr.
Every Line of You. Naomi Gibson. 2022. (ENG.). 320p. (YA). (gr. 7-7). 18.99 *(978-1-338-72658-9(7),* Chicken Hse., The) Scholastic, Inc.
Every Little Bad Idea, 1 vol. Caitie McKay. 2018. (YA Verse Ser.). (ENG.). 200p. (YA). (gr. 3-4). 25.80 *(978-1-5383-8266-0(0),* e3a691c5-4d7a-4fa5-83a4-1749f4892a4e); pap. 16.35 *(978-1-5383-8265-3(2),* b496558a-f54c-42e2-a63b-d2ec4833348d) Enslow Publishing, LLC.
Every Little Letter. Deborah Underwood. Illus. by Joy Hwang Ruiz. 2020. 40p. (J). (gr. -1-3). 18.99 *(978-0-525-55402-8(5),* Dial Bks) Penguin Young Readers Group.
Every Little Seed. Cynthia Schumerth. Illus. by Elisa Paganelli. 2023. (ENG.). 32p. (J). (gr. k-3). 18.99 *(978-1-5341-1269-8(3),* 205367) Sleeping Bear Pr.
Every Little Thing: Think King. Mario Manns. 2017. (King Ser.). (ENG., Illus.). 36p. (J). (gr. k-5). 19.99 *(978-0-9976399-3-3(8))* Manns, Mario.
Every Man for Himself (Classic Reprint) Norman Duncan. (ENG., Illus.). (J). 2018. 340p. 30.93 *(978-0-365-31552-0(4));* 2016. pap. 13.57 *(978-1-333-41866-3(3))* Forgotten Bks.
Every Man for Himself (Classic Reprint) Hopkins Moorhouse. (ENG., Illus.). (J). 2018. 358p. 31.30 *(978-0-483-30525-0(1));* 2016. pap. 13.97 *(978-1-334-15938-1(6))* Forgotten Bks.
Every Man His Chance (Classic Reprint) Matilda Woods Stone. 2017. (ENG., Illus.). (J). 28.10 *(978-0-266-51580-7(0));* pap. 10.57 *(978-0-243-07956-8(7))* Forgotten Bks.
Every Man His Price (Classic Reprint) Max Rittenberg. (ENG., Illus.). (J). 2017. 30.58 *(978-0-260-75390-8(4));* 2016. pap. 13.57 *(978-1-334-24380-6(8))* Forgotten Bks.
Every Missing Piece. Melanie Conklin. (ENG.). (J). (gr. 3-7). 2022. 304p. pap. 7.99 *(978-0-316-29407-2(1));* 2020. 288p. 16.99 *(978-1-368-04895-8(1))* Little, Brown Bks. for Young Readers.
Every Moment After. Joseph Moldover. 2019. (ENG.). 368p. (YA). (gr. 9). 17.99 *(978-1-328-54727-9(2),* 1724070, Clarion Bks.) HarperCollins Pubs.
Every Morning. Leesah Faye Kenny. Illus. by Mihailo Tatic. 2021. (ENG.). 22p. (J). pap. *(978-1-922621-39-9(0))* Library For All Limited.
Every Morning, Little Zebra Prepares Breakfast for His Parents... Michael Gay. 2018. (VIE.). (J). pap. *(978-604-960-392-1(8))* Publishing Hse. of Writers's Assn.
Every Mother's Son (Classic Reprint) Norman Lindsay. (ENG., Illus.). (J). 2018. 356p. 31.24 *(978-0-483-74043-3(8));* 2017. pap. 13.97 *(978-0-243-46992-5(6))* Forgotten Bks.
Every Night Book: Or Life after Dark (Classic Reprint) William Clarke. 2017. (ENG., Illus.). (J). pap. 10.57 *(978-0-259-31254-3(1))* Forgotten Bks.
Every Night Book: Or Life after Dark (Classic Reprint) William Clarke. 2019. (ENG., Illus.). 194p. (J). 27.90 *(978-0-365-19863-5(3))* Forgotten Bks.
Every Night Is Pizza Night. J. Kenji Lopez-Alt & Gianna Ruggiero. 2020. (ENG., Illus.). 48p. (J). (gr. -1-2). 17.95 *(978-1-324-00525-4(4),* 340525, Norton Young Readers) Norton, W. W. & Co., Inc.
Every One His Own Way (Classic Reprint) Edith Wyatt. 2017. (ENG., Illus.). (J). 292p. 29.92 *(978-0-332-97349-4(2));* pap. 13.57 *(978-0-259-21078-8(1))* Forgotten Bks.
Every One Is Special: Cats. Fiona Munro. Illus. by Laura Hambleton. 2023. (Every One Is Special Ser.). (ENG.). 16p. (J). (-k). bds. 8.99 ***(978-0-7440-8045-2(2),*** DK Children) Dorling Kindersley Publishing, Inc.
Every One Is Special: Dogs. Fiona Munro. Illus. by Laura Hambleton. 2023. (Every One Is Special Ser.). (ENG.). 16p. (J). (-k). bds. 8.99 *(978-0-7440-7778-0(8),* DK Children) Dorling Kindersley Publishing, Inc.
Every Other Christmas. Katie Otey. Illus. by S. J. Winkler. 2022. 36p. (J). (gr. -1-1). 19.99 *(978-1-5107-6689-1(8),* Sky Pony Pr.) Skyhorse Publishing Co., Inc.
Every Other Weekend. Abigail Johnson. 2020. (ENG.). 512p. (YA). pap. 12.99 *(978-1-335-40186-1(5));* (Illus.). 20.99 *(978-1-335-92909-9(6))* Harlequin Enterprises ULC CAN. Dist: HarperCollins Pubs.
Every Reason We Shouldn't. Sara Fujimura. (ENG.). (YA). 2021. 352p. pap. 10.99 *(978-1-250-20408-0(9),* 900200650); 2020. 336p. 17.99 *(978-1-250-20407-3(0),* 900200649) Doherty, Tom Assocs., LLC. (Tor Teen).
Every Reporter's Own Shorthand Dictionary: In Which Blank Lines Opposite All the Words in the English Language Are Provided, for the Purpose of Enabling Writers of All Systems of Shorthand to Put on Record, for Convenient Reference, the Peculiar Word-Form. Elias Longley. 2016. (ENG., Illus.). (J). pap. 16.57 *(978-1-334-12500-3(7))* Forgotten Bks.
Every Saturday, Vol. 1: A Journal of Choice Reading, January to June, 1872 (Classic Reprint) Unknown Author. (ENG., Illus.). (J). 2018. 728p. 38.93 *(978-0-483-54847-3(2));* 2017. pap. 23.57 *(978-1-334-95280-7(9))* Forgotten Bks.
Every Saturday, Vol. 1: A Journal of Choice Reading; January to June, 1874 (Classic Reprint) Unknown Author. 2018. (ENG., Illus.). (J). 732p. 39.01 *(978-1-391-20694-3(0));* 734p. pap. 23.57 *(978-1-390-96077-8(3))* Forgotten Bks.
Every Saturday, Vol. 1: A Journal of Choice Reading Selected from Foreign Current Literature; January to June, 1866 (Classic Reprint) Unknown Author. (ENG., Illus.). (J). 2018. 730p. 38.97 *(978-0-364-46572-1(7));* 2018. 736p. 39.08 *(978-0-483-13950-3(5));* 2016. pap. 23.57 *(978-1-334-51381-7(3));* 2016. pap. 23.57 *(978-1-334-12783-0(2))* Forgotten Bks.
Every Saturday, Vol. 2: A Journal of Choice Reading; July to October, 1874 (Classic Reprint) Unknown Author. 2017. (ENG., Illus.). (J). 34.66 *(978-0-265-68343-9(2));* pap. 19.57 *(978-1-5276-5735-9(3))* Forgotten Bks.
Every Saturday, Vol. 2: A Journal of Choice Reading, Selected from Foreign Current Literature; July to December, 1866 (Classic Reprint) Unknown Author. (ENG., Illus.). (J). 2018. 812p. 40.66 *(978-0-483-51549-9(3));* 2017. 37.34 *(978-0-265-71540-6(7));* 2017. pap. 19.97 *(978-1-5276-7077-8(5));* 2017. pap. 23.57 *(978-1-334-90559-9(2))* Forgotten Bks.
Every Saturday, Vol. 3: A Journal of Choice Reading; January to June, 1873 (Classic Reprint) Unknown Author. (ENG., Illus.). (J). 2018. 732p. 38.99 *(978-0-364-66622-7(6));* 2017. pap. 23.57 *(978-0-259-24309-0(4))* Forgotten Bks.
Every Saturday, Vol. 4: A Journal of Choice Reading; July to December, 1873 (Classic Reprint) James R. Osgood And Company. (ENG., Illus.). (J). 2018. 732p. 38.99 *(978-0-332-73980-9(5));* 2017. pap. 23.57 *(978-1-334-90234-5(8))* Forgotten Bks.
Every Saturday, Vol. 4: A Journal of Choice Reading Selected from Foreign Current Literature; July to December, 1867 (Classic Reprint) Unknown Author. (ENG., Illus.). (J). 2018. 886p. 42.17 *(978-0-428-84306-9(9));* 2017. pap. 24.51 *(978-1-334-90134-8(1))* Forgotten Bks.
Every Saturday, Vol. 5: A Journal of Choice Reading Selected from Foreign Current Litterature; January to June, 1868 (Classic Reprint) Ticknor And Fields. 2017. (ENG., Illus.). (J). 844p. 41.30 *(978-0-332-84799-3(3));* pap. 23.97 *(978-0-259-54849-2(9))* Forgotten Bks.
Every Saturday, Vol. 6: A Journal of Choice Reading, Selected from Foreign Current Literature; July to December, 1868 (Classic Reprint) Osgood Fields. (ENG., Illus.). (J). 2018. 836p. 41.14 *(978-0-483-46990-7(4));* 2017. pap. 23.57 *(978-1-334-90226-0(7))* Forgotten Bks.
Every Saturday, Vol. 7: A Journal of Choice Reading, Selected from Foreign Current Literature; January to June, 1869 (Classic Reprint) Unknown Author. (ENG., Illus.). (J). 2018. 836p. 41.14 *(978-0-656-33454-4(1));* 2017. pap. 23.57 *(978-1-334-91961-9(5))* Forgotten Bks.
Every Saturday, Vol. 8: A Journal of Choice Reading Selected from Foreign Current Literature; July to December, 1869 (Classic Reprint) Unknown Author. (ENG., Illus.). (J). 2018. 836p. 41.14 *(978-0-484-48907-2(0));* 2017. pap. 23.57 *(978-1-334-96918-8(3))* Forgotten Bks.
Every Saturday, Vol. 8: Journal of Choice Reading Selected from Foreign Current Literature; July to December 1869 (Classic Reprint) Unknown Author. 2018. (ENG., Illus.). (J). 838p. 41.20 *(978-0-428-63198-7(3));* 840p. pap. 23.57 *(978-0-428-15715-9(7))* Forgotten Bks.
Every Second: 100 Lightning Strikes, 8,000 Scoops of Ice Cream, 200,000 Text Messages, 1 Million Gallons of Cow Burps ... & Other Incredible Things That Happen Each Second Around the World. Bruno Gibert. 2020. (ENG., Illus.). 56p. (J). (gr. k-5). 21.99 *(978-1-912920-30-3(1))* What on Earth Books.
Every Second Counts. Emma Berry. 2018. (Massenden Chronicles Series Two Ser.: Vol. 3). (ENG., Illus.). 600p. (YA). pap. *(978-1-911596-75-2(6))* Spiderwize.
Every Second Counts. Sophie McKenzie. 2016. 405p. (YA). pap. *(978-1-4814-3927-5(8))* Simon & Schuster Children's Publishing.
Every Shiny Thing. Cordelia Jensen & Laurie Morrison. (ENG.). (gr. 5-9). 2019. 384p. (YA). pap. 9.99 *(978-1-4197-3377-2(X),* 1193803); 2018. 368p. (J). 16.99 *(978-1-4197-2864-8(4),* 1193801) Abrams, Inc. (Amulet Bks.).
Every Single Lie. Rachel Vincent. 2022. (ENG.). 336p. (YA). pap. 10.99 *(978-1-5476-0863-8(3),* 900250875, Bloomsbury Young Adult) Bloomsbury Publishing USA.
Every Single Second. Tricia Springstubb. Illus. by Diana Sudyka. 2017. (ENG.). 368p. (J). (gr. 3-7). pap. 6.99 *(978-0-06-236629-0(7),* Balzer & Bray) HarperCollins Pubs.
Every Soul Hath Its Song. Fannie Hurst. 2017. (ENG., Illus.). (J). 25.95 *(978-1-374-94517-3(X));* pap. 15.95 *(978-1-374-94516-6(1))* Capital Communications, Inc.
Every Soul Hath Its Song (Classic Reprint) Fannie Hurst. (ENG., Illus.). (J). 2018. 398p. 32.11 *(978-0-267-40645-6(2));* 2017. pap. 16.57 *(978-0-259-39574-4(9))* Forgotten Bks.
Every Sparrow Was Made to Fly. Lin Rajan Thomas. 2018. (Inspiring Voices Ser.: Vol. 1). (ENG., Illus.). 178p. (J). (gr. k-6). pap. 9.99 *(978-0-578-40537-7(7))* Yay Learner LLC.
Every Star That Falls. Michael Thomas Ford. 2023. (ENG.). 416p. (YA). (gr. 9). 19.99 ***(978-0-06-325635-4(5),*** HarperCollins) HarperCollins Pubs.
Every Step in Beekeeping: A Book for Amateur & Professional (Classic Reprint) Benjamin Wallace Douglass. 2017. (ENG., Illus.). 222p. (J). 28.50 *(978-0-484-70423-6(0))* Forgotten Bks.
Every Stolen Breath, 1 vol. Kimberly Gabriel. 2019. (ENG.). 336p. (YA). 17.99 *(978-0-310-76666-7(4))* Blink.
Every Stone: Book One of the Gempendium. E. A. Sandrose. 2020. (Gempendium Ser.: Vol. 1). (ENG., Illus.). 432p. (YA). pap. 17.95 *(978-1-7331709-1-8(X))* Far Moons Pr.
Every Story's Better with a Monster in It. Ronnie Fisher. 2019. (ENG., Illus.). 64p. (J). (gr. 4-6). pap. *(978-0-473-48468-2(4))* Kingfisher Publishing.
Every Time a Rainbow Dies. Rita Williams-Garcia. 2021. (ENG.). 176p. (YA). (gr. 8). pap. 10.99 *(978-0-06-307926-7(7),* Quill Tree Bks.) HarperCollins Pubs.
Every Time That I Hold You. Maureen Currie. 2021. (ENG.). 38p. (J). pap. 11.99 ***(978-1-7377005-0-0(6))*** Celtic Song Pr.
Every Tree Has a Life Cycle - 6 Pack: Set of 6 Common Core Edition. Cynthia Swain. 2016. (Early Explorers Ser.). (J). (gr. k-1). 39.00 net. *(978-1-5125-8696-1(X))* Benchmark Education Co.
Every Vote Matters: The Power of Your Voice, from Student Elections to the Supreme Court. Thomas A. Jacobs & Natalie Jacobs. Illus. by Natalie Jacobs. 2016. (Teens & the Law Ser.). (ENG.). 224p. (YA). (gr. 8-12). pap. 16.99 *(978-1-63198-069-5(6))* Free Spirit Publishing Inc.
Every Vote Matters: The Power of Your Voice, from Student Elections to the Supreme Court. Thomas A. Jacobs & Natalie Jacobs. ed. 2016. lib. bdg. 28.15 *(978-0-606-37931-1(2))* Turtleback.
Every Woman's Right: A Novel (Classic Reprint) Nina Miller Elliott. 2018. (ENG., Illus.). 214p. (J). 28.31 *(978-0-484-61323-1(5))* Forgotten Bks.
Everybody, Always for Kids, 1 vol. Bob Goff & Lindsey Goff Viducich. Illus. by Diane Le Feyer. 2021. (ENG.). 208p. (J). 17.99 *(978-1-4002-2083-0(1),* Tommy Nelson) Nelson, Thomas Inc.
Everybody! Babies! Beth Williams-Breault. 2020. (ENG.). 26p. (J). *(978-0-2288-3856-2(8));* pap. *(978-0-2288-3855-5(X))* Tellwell Talent.
Everybody Can Dance! Kara Navolio. Illus. by Ruth-Mary Smith. 2019. (ENG.). 32p. (J). (gr. k-3). 21.95 *(978-1-947860-36-0(4));* 13.95 *(978-1-947860-39-1(9))* Brandylane Pubs., Inc.
Everybody Counts. Eleanor Akaho. 2020. (ENG., Illus.). 30p. (J). pap. *(978-1-78830-436-8(5))* Olympia Publishers.
Everybody Counts: A Counting Story from 0 to 7. 5 Billion. Kristin Roskifte. ed. 2020. (ENG., Illus.). 64p. (J). 22.99 *(978-0-7112-4523-5(1),* 327909, Wide Eyed Editions) Quarto Publishing Group UK GBR. Dist: Hachette UK Distribution.
Everybody Feels Fear. Ashwin Chacko. 2022. (Illus.). 32p. (J). (-k). (ENG.). 16.99 *(978-0-7440-6262-5(4),* DK Children); ***(978-0-241-56901-6(X))*** Dorling Kindersley Publishing, Inc.

Everybody Gets Anxious Activity Book. Jordan Reid & Erin Williams. Illus. by Erin Williams. 2022. 112p. (J). (gr. 3-7). pap. 9.99 *(978-0-593-43380-5(7),* Rodale Kids) Random Hse. Children's Bks.

Everybody Goes Nighty-Night (Heart-Felt Books) Sandra Magsamen. Illus. by Sandra Magsamen. 2018. (Heart-Felt Bks.). (ENG.). 10p. (J). (gr. -1 — 1). bds. 7.99 *(978-0-545-92799-4(4),* Cartwheel Bks.) Scholastic, Inc.

Everybody Has a Belly Button. Cerina Vincent. Illus. by Zoi Hunter. 2022. 22p. (J). bds. 9.99 *(978-1-5107-6738-6(X),* Sky Pony Pr.) Skyhorse Publishing Co., Inc.

Everybody Has a Body. Molli Jackson Ehlert. Illus. by Lorian Tu. 2023. (ENG.). 32p. (J). 18.99 *(978-1-250-85444-5(X),* 900259357) Feiwel & Friends.

Everybody Has a Cat Named Molly. Randi May Gee. 2022. (ENG.). 32p. (J). pap. *(978-1-716-03519-7(8))* Lulu Pr., Inc.

Everybody Has a Hat. Christine Hayden. Illus. by Christine Hayden. 2016. (ENG., Illus.). (J). pap. *(978-0-9937447-4-7(5))* Hayden, Helen Christine.

Everybody Has a Kitchen Coloring Book. Activity Book Zone for Kids. 2016. (ENG., Illus.). (J). pap. 9.20 *(978-1-68376-420-5(X))* Sabeels Publishing.

Everybody Has a Place. Susan Crevensten. Illus. by Joan Malkerson. 2021. (ENG.). 34p. (J). *(978-1-7948-8792-3(X))* Lulu Pr., Inc.

Everybody Has Those Thoughts: So It Doesn't Mean You're Gay. Cristian Youngmiller. 2022. (Everybody Masturbates Ser.: Vol. 3). (ENG.). 58p. (J). pap. 9.95 ***(978-1-0880-4761-3(0))*** Indy Pub.

Everybody Is Somebody, 12. Henry Wrinkler et al. ed. 2019. (Here's Hank Ser.). (ENG.). 122p. (J). (gr. 2-3). 16.96 *(978-0-87617-555-2(8))* Penworthy Co., LLC, The.

Everybody Is Somebody #12. Henry Winkler & Lin Oliver. Illus. by Scott Garrett. 2019. (Here's Hank Ser.: 12). 128p. (J). (gr. 1-3). 6.99 *(978-0-515-15719-2(8),* Penguin Workshop) Penguin Young Readers Group.

Everybody Just Be Quiet. Jennie Wiley. Illus. by Maria Octavia Russo. 2020. (ENG.). 54p. (J). 17.99 *(978-1-948256-14-8(2))* Willow Moon Publishing.

Everybody Knows They Are Going to Die: They Just Don't Believe It. Thomas J. Maguire. 2021. (ENG.). 50p. (YA). pap. 9.95 *(978-1-6642-4226-5(0),* WestBow Pr.) Author Solutions, LLC.

Everybody Loves Baby. Shaquinn Holmes. 2020. (ENG., Illus.). 32p. (J). pap. 15.99 *(978-1-7342346-4-0(4))* 13th & Joan.

Everybody Loves Bernie: A Book of Bedtime Stories from a Legendary Grandpa. Rachel Kerschhofer. Illus. by Alexandra Hall-Pinner. 2017. (ENG.). 62p. (J). 19.99 *(978-0-692-04504-6(X))* Bedbug Bks.

Everybody Loves Cats vs Pickles. Darren Farrel. 2023. (ENG., Illus.). 32p. (J). 12.99 *(978-1-948206-48-8(X),* Dynamite Entertainment) Dynamic Forces, Inc.

Everybody Masturbates. Cristian Youngmiller. 2022. (Everybody Masturbates Ser.). (ENG.). 48p. (J). pap. 9.95 ***(978-1-0880-4586-2(3))*** Indy Pub.

Everybody Masturbates for Girls. Cristian Youngmiller. 2022. (Everybody Masturbates Ser.: Vol. 2). (ENG.). 52p. (J). (gr. 1-6). pap. 9.95 ***(978-1-0878-9253-5(8))*** Indy Pub.

Everybody MEAT the Coronavirus. Dada. 2020. (ENG.). 32p. (J). 28.82 *(978-1-716-44359-6(8))* Lulu Pr., Inc.

Everybody Needs a Buddy. Ellen Jackson. Illus. by Maddie Frost. 2019. (ENG.). 26p. (J). (gr. -1 — 1). bds. 7.99 *(978-1-5344-3971-9(4),* Little Simon) Little Simon.

Everybody Needs a Buddy. James Preller. 2019. (Big Idea Gang Ser.). (ENG., Illus.). 96p. (J). (gr. 1-4). pap. 6.99 *(978-1-328-97340-5(9),* 1708135, Clarion Bks.) HarperCollins Pubs.

Everybody Pees / ¡Todos Hacemos Pis! A Suteki Creative Spanish & English Bilingual Book. Justine Avery. 2021. (SPA., Illus.). 32p. (J). 17.95 *(978-1-63882-151-9(8))* Suteki Creative.

Everybody Pees / ¡Todos Hacemos Pis! A Suteki Creative Spanish & English Bilingual Book. Justine Avery. Illus. by Naday Meldova. 2021. (SPA.). 32p. (J). pap. 8.95 *(978-1-63882-150-2(X))* Suteki Creative.

Everybody Potties. Cheri Vogel. Ed. by Cottage Door Press. Illus. by Belinda Strong. ed. 2017. (ENG.). 10p. (J). (gr. -1-k). bds. 6.99 *(978-1-68052-238-9(8),* 1002240) Cottage Door Pr.

Everybody Potties: Songs to Help You Go. Minnie Birdsong. Ed. by Cottage Door Press. 2020. (ENG.). 10p. (J). (gr. -1 — 1). bds. 17.99 *(978-1-68052-945-6(5),* 1005880) Cottage Door Pr.

Everybody Says Meow. Constance Lombardo. Illus. by Constance Lombardo. 2019. (ENG., Illus.). 32p. (J). (gr. -1-3). 17.99 *(978-0-06-268988-7(6),* HarperCollins) HarperCollins Pubs.

Everybody Toots! / ¡Todos Hacemos Gasecito! A Suteki Creative Spanish & English Bilingual Book. Justine Avery. Illus. by Naday Meldova. 2022. (SPA.). 32p. (J). 17.95 *(978-1-63882-244-8(1));* pap. 8.95 *(978-1-63882-243-1(3))* Suteki Creative.

Everybody's Birthright: A Vision of Jeanne d' ARC (Classic Reprint) Clara E. Laughlin. 2018. (ENG., Illus.). 156p. (J). 27.11 *(978-0-483-23293-8(9))* Forgotten Bks.

Everybody's Book of English Wit & Humour (Classic Reprint) Walter H. Howe. 2018. (ENG., Illus.). 224p. (J). 28.52 *(978-0-483-93099-5(7))* Forgotten Bks.

EveryBody's Different on EveryBody Street, 1 vol. Sheree Fitch. Illus. by Emma FitzGerald. (ENG.). 32p. (J). 2018. (gr. 1-3). 22.95 *(978-1-77108-600-4(9),* c069f675-9588-43f1-843b-23fab702b449); 2nd ed. 2023. 11.95 ***(978-1-77471-184-2(2),*** 32ab6953-afef-4707-a2ba-3ca547fa4e73) Nimbus Publishing, Ltd. CAN. Dist: Baker & Taylor Publisher Services (BTPS).

Everybody's Eating but Me. Kristen Jablonski. 2022. (ENG., Illus.). 30p. (J). pap. 14.95 ***(978-1-68570-687-6(8))*** Christian Faith Publishing.

Everybody's Favourite: A Novel (Classic Reprint) John Strange Winter. 2018. (ENG., Illus.). 316p. (J). 30.46 *(978-0-332-38666-9(X))* Forgotten Bks.

Everybody's Good at Something: Yoga Tales from the Gym. Susan E. Rose. Illus. by Emily J. Hercock. 2021. (Yoga Tales from the Gym Ser.: Vol. 1). (ENG.). 38p. (J). 17.99 *(978-1-7367132-1-1(3));* pap. 12.99 *(978-1-7367132-0-4(5))* Rose, Susan Yoga.

Everybody's Home. Jonathan Eig. Illus. by Alicia Teba Godoy. 2021. (Lola Jones Book Ser.). (ENG.). 96p. (J). (gr. 1-5). 12.99 *(978-0-8075-6574-2(1),* 807565741); pap. 5.99 *(978-0-8075-6576-6(8),* 807565768) Whitman, Albert & Co.

Everybody's Husband (Classic Reprint) Gilbert Cannan. 2018. (ENG., Illus.). 46p. (J). 24.85 *(978-0-267-41608-0(3))* Forgotten Bks.

Everybody's Illustrated Book of Puzzles (Classic Reprint) Don Lemon. (ENG., Illus.). (J). 2018. 132p. 26.62 *(978-0-267-76813-4(3));* 2016. pap. 9.57 *(978-1-334-13719-8(6))* Forgotten Bks.

Everybody's Lonesome: A True Fairy Story (Classic Reprint) Clara Elizabeth Laughlin. 2018. (ENG., Illus.). 126p. (J). 26.52 *(978-0-484-88199-9(X))* Forgotten Bks.

Everybody's Magazine, Vol. 19: July to December, 1908 (Classic Reprint) Unknown Author. (ENG., Illus.). (J). 2018. 902p. 42.50 *(978-0-428-91160-7(9));* 2017. pap. 24.84 *(978-1-334-92687-7(5))* Forgotten Bks.

Everybody's Magazine, Vol. 45: July, 1921 (Classic Reprint) Unknown Author. (ENG., Illus.). (J). 2018. 1116p. 46.91 *(978-0-484-32200-3(1));* 2017. pap. 29.26 *(978-0-243-89602-8(6))* Forgotten Bks.

Everybody's Secret (Classic Reprint) Dion Clayton Calthrop. 2018. (ENG., Illus.). 354p. (J). 31.20 *(978-0-483-32070-3(6))* Forgotten Bks.

Everybody's Tree. Barbara Joosse. Illus. by Renée Graef. 2020. (ENG.). 32p. (J). (gr. k-2). 16.99 *(978-1-5341-1058-8(5),* 204922) Sleeping Bear Pr.

Everybody's Welcome. Patricia Hegarty. Illus. by Greg Abbott. 2018. (ENG.). 32p. (J). (gr. -1-2). 16.99 *(978-1-5247-7165-2(1),* Doubleday Bks. for Young Readers) Random Hse. Children's Bks.

Everyboy: And Other Plays for Children (Classic Reprint) Isabel Anderson. 2018. (ENG., Illus.). 160p. (J). 27.20 *(978-0-267-43176-2(7))* Forgotten Bks.

Everybunny Count! Ellie Sandall. Illus. by Ellie Sandall. 2018. (ENG., Illus.). 32p. (J). (gr. -1-3). 17.99 *(978-1-5344-0014-6(1),* McElderry, Margaret K. Bks.) McElderry, Margaret K. Bks.

Everybunny Dance! Ellie Sandall. Illus. by Ellie Sandall. 2017. (ENG., Illus.). 32p. (J). (gr. -1-3). 17.99 *(978-1-4814-9822-7(3),* McElderry, Margaret K. Bks.) McElderry, Margaret K. Bks.

Everybunny Dream! Ellie Sandall. Illus. by Ellie Sandall. 2019. (ENG., Illus.). 32p. (J). (gr. -1-3). 17.99 *(978-1-5344-4004-3(6),* McElderry, Margaret K. Bks.) McElderry, Margaret K. Bks.

Everybunny Loves Magic. Aaron Reynolds. 2022. (Incredibly Dead Pets of Rex Dexter Ser.: 3). (ENG., Illus.). 272p. (J). (gr. 3-7). 13.99 *(978-0-316-10537-8(6))* Little, Brown Bks. for Young Readers.

Everychild: A Play in Three Acts (Classic Reprint) Gertrude Fulton Tooker. 2018. (ENG., Illus.). 168p. (J). 27.36 *(978-0-483-78232-7(7))* Forgotten Bks.

Everychild: A Story Which the Old May Interpret to the Young & Which the Young May Interpret to the Old. Louis Dodge. 2017. (ENG., Illus.). (J). 23.95 *(978-1-374-82486-7(0));* pap. 13.95 *(978-1-374-82485-0(2))* Capital Communications, Inc.

Everychild Fairy Music Play in One Act (Classic Reprint) Beatrix Reynolds. 2018. (ENG., Illus.). 46p. (J). 24.87 *(978-0-267-15956-7(0))* Forgotten Bks.

Everyday ABC. Paul Covello. 2018. (ENG., (J). Illus.). bds. 10.99 *(978-1-4434-5613-5(6),* HarperCollins); 30p. (gr. -1-k). bds. 10.50 *(978-1-4434-5441-4(9),* Harper Trophy) HarperCollins Pubs.

Everyday Adventures (Classic Reprint) Samuel Scoville. 2018. (ENG., Illus.). 304p. (J). 30.19 *(978-0-484-05639-7(5))* Forgotten Bks.

Everyday Angel: Three Novels. Victoria Schwab & V. E. Schwab. 2020. (ENG.). 592p. (J). (gr. 3-7). pap. 14.99 *(978-1-338-57559-0(7))* Scholastic, Inc.

Everyday Birds: Elementary Studies (Classic Reprint) Bradford Torrey. 2018. (ENG., Illus.). 144p. (J). 26.87 *(978-0-483-23700-1(0))* Forgotten Bks.

Everyday Classics: Fifth Reader (Classic Reprint) Franklin Thomas Baker. 2017. (ENG., Illus.). (J). 392p. 31.98 *(978-0-265-73078-2(3));* 394p. pap. 16.57 *(978-1-5276-9187-2(X))* Forgotten Bks.

Everyday Classics: Fourth Reader (Classic Reprint) Franklin T. Baker. (ENG., Illus.). (J). 2018. 360p. 31.32 *(978-0-483-51649-6(X));* 2017. pap. 13.97 *(978-0-243-07830-1(7))* Forgotten Bks.

Everyday Classics: Third Reader (Classic Reprint) Franklin T. Baker. 2017. (ENG., Illus.). (J). 29.59 *(978-0-265-72836-9(3))* Forgotten Bks.

Everyday Classics First Reader. Fannie Wyche Dunn. 2017. (ENG., Illus.). (J). pap. *(978-0-649-49771-3(6))* Trieste Publishing Pty Ltd.

Everyday Classics First Reader (Classic Reprint) Fannie Wyche Dunn. 2017. (ENG., Illus.). (J). 26.99 *(978-0-331-67220-6(0))* Forgotten Bks.

Everyday Coding, 12 vols. 2017. (Everyday Coding Ser.). (ENG.). (J). (gr. 3-3). lib. bdg. 181.26 *(978-1-5026-3214-2(4),* be92ed03-df49-4ae3-a478-3d94da3c56b2) Cavendish Square Publishing LLC.

Everyday Electricity. Created by Heron Books. 2019. (ENG., Illus.). 96p. (J). pap. *(978-0-89739-157-3(8),* Heron Bks.) Quercus.

Everyday Excellence Student Planner: Featuring Celai West. Des. by Eartha Watts Hicks. 2018. (ENG., Illus.). 216p. (J). (gr. 4-6). pap. 19.95 *(978-0-9914892-9-9(2))* Earthatone Enterprises.

Everyday Extraordinary Cookie Company. Heather Mitchell Manheim. 2022. 78p. (J). pap. 14.99 *(978-1-6678-3787-1(7))* BookBaby.

Everyday Fun for Kids. Tony Tallarico, Sr. 2016. (Dover Little Activity Bks.). (ENG.). 64p. (J). (gr. k-3). pap. 1.99 *(978-0-486-80760-7(6),* 807606) Dover Pubns., Inc.

Everyday Girls Guide to Living in Truth, Self-Love, & Acceptance. Leanne MacDonald et al. 2021. (ENG.). 164p. (YA). pap. 18.24 *(978-1-9822-8441-1(2),* Balboa Pr.) Author Solutions, LLC.

Everyday Hero, 1 vol. Kathleen Cherry. 2016. (ENG.). 168p. (J). (gr. 4-7). pap. 10.95 *(978-1-4598-0982-6(3))* Orca Bk. Pubs. USA.

Everyday Hero Machine Boy. Tri Vuong & Irma Kniivila. 2022. (ENG., Illus.). 192p. (J). pap. 12.99 *(978-1-5343-2130-4(6))* Image Comics.

Everyday Heroes (Boxed Set) Making the World a Better Place — Lin-Manuel Miranda; Ruth Bader Ginsburg; Kids Who Are Changing the World; Shirley Chisholm; Roberta Gibb; Kids Who Are Saving the Planet. ed. 2020. (You Should Meet Ser.). (ENG., Illus.). 288p. (J). (gr. 1-3). pap. 17.99 *(978-1-5344-6871-9(4),* Simon Spotlight) Simon Spotlight.

Everyday Heroes Connect the Dot Activity Book. Activibooks For Kids. 2016. (ENG., Illus.). (J). pap. 7.55 *(978-1-68321-338-3(6))* Mimaxion.

Everyday Heroes (Set), 12 vols. 2018. (Everyday Heroes Ser.). (ENG.). (J). (gr. 3-6). lib. bdg. 393.48 *(978-1-5038-3095-0(0),* 212670, MOMENTUM) Child's World, Inc, The.

Everyday House. Cynthia Rylant. Illus. by Cynthia Rylant. 2018. (ENG., Illus.). 14p. (J). (gr. -1-k). bds. 6.99 *(978-1-5344-1812-7(1),* Little Simon) Little Simon.

Everyday Inventions: Designed by Nature. Samantha Bell. 2018. (Illus.). 32p. (J). pap. *(978-1-4896-9718-9(7),* AV2 by Weigl) Weigl Pubs., Inc.

Everyday Inventions Inspired by Nature. Samantha S. Bell. 2018. (Technology Inspired by Nature Ser.). (ENG., Illus.). 32p. (J). (gr. 3-5). pap. 9.95 *(978-1-64185-043-8(4),* 1641850434); lib. bdg. 31.35 *(978-1-63517-941-5(6),* 1635179416) North Star Editions. (Focus Readers).

Everyday Is Christmas. Gracie Mendez. 2017. (ENG., Illus.). (J). (gr. -1-3). 15.95 *(978-1-9736-0809-7(X),* WestBow Pr.) Author Solutions, LLC.

Everyday Is Not a Rainy Day. Dewayne Stanford. 2018. (ENG., Illus.). 26p. (J). 24.95 *(978-1-64140-489-1(2));* pap. 14.95 *(978-1-64140-487-7(6))* Christian Faith Publishing.

Everyday Lessons #1: Hooray for Differences! (Disney Frozen) RH Disney. Illus. by Disney Storybook Disney Storybook Art Team. 2022. (Pictureback(R) Ser.). (ENG.). 24p. (J). (gr. -1-2). 5.99 *(978-0-7364-4278-7(2),* RH/Disney) Random Hse. Children's Bks.

Everyday Lessons #2: Don't Get Angry! (Disney/Pixar Inside Out) RH Disney. Illus. by Disney Storybook Disney Storybook Art Team. 2022. (Pictureback(R) Ser.). (ENG.). 24p. (J). (gr. -1-2). 5.99 *(978-0-7364-4279-4(0),* RH/Disney) Random Hse. Children's Bks.

Everyday Lessons #3: Lend a Helping Fin (Disney/Pixar Finding Dory) Beth Sycamore. Illus. by Disney Storybook Disney Storybook Art Team. 2022. (Pictureback(R) Ser.). (ENG.). 24p. (J). (gr. -1-2). 5.99 *(978-0-7364-4302-9(9),* RH/Disney) Random Hse. Children's Bks.

Everyday Lessons #4: Manners Matter, Stitch! (Disney Stitch) RH Disney. Illus. by Disney Storybook Disney Storybook Art Team. 2023. (Pictureback(R) Ser.). (ENG.). 24p. (J). (gr. -1-2). pap. 5.99 *(978-0-7364-4393-7(2),* RH/Disney) Random Hse. Children's Bks.

Everyday Lessons #5: Ready for Change! (Disney Frozen 2) RH Disney. Illus. by Disney Storybook Disney Storybook Art Team. 2023. (Pictureback(R) Ser.). (ENG.). 24p. (J). (gr. -1-2). 5.99 *(978-0-7364-4349-4(5),* RH/Disney) Random Hse. Children's Bks.

Everyday Lessons in Religion: The Bow in the Cloud, the Star in the East; Teacher's Manual (Classic Reprint) Clara Belle Baker. (ENG., Illus.). (J). 2017. 202p. 28.06 *(978-0-332-56838-6(5));* 2016. pap. 10.57 *(978-1-333-58350-7(8))* Forgotten Bks.

Everyday Library for Young People: Marvels of Industry; the World's Work & Progress in Science, Commerce & Industry (Classic Reprint) Arthur Mee. 2019. (ENG., Illus.). 326p. (J). 30.62 *(978-0-267-87497-2(9))* Forgotten Bks.

Everyday Library for Young People (Classic Reprint) Arthur Mee. 2018. (ENG., Illus.). 354p. (J). 31.20 *(978-0-267-16921-4(3))* Forgotten Bks.

Everyday Life in Cape Colony: In Time of Peace (Classic Reprint) X. C. 2017. (ENG., Illus.). (J). 134p. 26.68 *(978-0-332-83943-1(5));* pap. 9.57 *(978-1-5276-7331-1(6))* Forgotten Bks.

Everyday Life in the Ancient World. Ed. by John Haywood. 2018. 256p. (J). (gr. -1-12). pap. 9.99 *(978-1-84477-021-2(4),* Armadillo) Anness Publishing GBR. Dist: National Bk. Network.

Everyday Life in Turkey (Classic Reprint) W. M. Ramsay. (ENG., Illus.). (J). 2018. 320p. 30.52 *(978-0-666-49193-0(3));* 2017. pap. 13.57 *(978-0-259-51571-5(X))* Forgotten Bks.

Everyday Life Is a Sermon: Life with God's Word. Sierra Dunklin. 2021. (ENG.). 110p. (YA). pap. 13.95 *(978-1-0980-8613-8(9))* Christian Faith Publishing.

Everyday Magic for Kids: 30 Amazing Magic Tricks That You Can Do Anywhere. Justin Flom. 2018. (ENG., Illus.). 128p. (J). (gr. 3-7). pap. 12.99 *(978-0-7624-9260-2(0),* Running Pr. Kids) Running Pr.

Everyday Manners for American Boys & Girls (Classic Reprint) South Philadelphia High School Fo Girls. 2017. (ENG., Illus.). (J). 26.60 *(978-0-331-67219-0(7))* Forgotten Bks.

Everyday Mysteries: Sets 1 - 3. 2020. (Everyday Mysteries Ser.). (ENG.). (J). pap. 164.70 *(978-1-5382-6156-9(1));* (gr. 1-2). lib. bdg. 454.86 *(978-1-5382-5765-4(3),* a2916a5f-6e3b-4df7-b975-f70521514a35) Stevens, Gareth Publishing LLLP.

Everyday Ninja. Leila Boukarim & Barbara Moxham. 2020. (ENG., Illus.). 32p. (J). (gr. k-3). pap. 17.99 *(978-981-4867-22-1(5))* Penguin Random House SEA Pte. Ltd. SGP. Dist: Independent Pubs. Group.

Everyday Origami: A Foldable Fashion Guide. Sok Song. Illus. by Sok Song. 2016. (Fashion Origami Ser.). (ENG., Illus.). 48p. (J). (gr. 4-8). lib. bdg. 32.65 *(978-1-5157-1630-3(9),* 132464, Capstone Pr.) Capstone.

Everyday Physics: Science Is All Around You Coloring Book. Smarter Activity Books for Kids. 2016. (ENG., Illus.). (J). pap. 9.22 *(978-1-68374-433-7(0))* Examined Solutions PTE. Ltd.

Everyday Play. Kate Ritchie. 2023. 176p. (J). (gr. 2-4). pap. 26.99 ***(978-0-14-377799-1(8),*** Puffin) Penguin Random Hse. AUS. Dist: Independent Pubs. Group.

Everyday Play for Children (Classic Reprint) Carolyn Sherwin Bailey. 2017. (ENG., Illus.). (J). 226p. 28.58 *(978-0-332-44840-4(1));* pap. 10.97 *(978-0-259-58985-3(3))* Forgotten Bks.

Everyday Poems in Everyday English (Classic Reprint) George Burnett Devine. (ENG., Illus.). (J). 2018. 186p. 27.73 *(978-0-484-44987-8(7));* 2017. pap. 10.57 *(978-0-243-39077-9(7))* Forgotten Bks.

Everyday Practice for Printing & Writing I Alphabet Book. Professor Gusto. 2016. (ENG., Illus.). (J). pap. 10.81 *(978-1-68321-078-8(6))* Mimaxion.

Everyday Princess: Daughter of the King. Sheila Butt. Ed. by Joe Wells. 2020. (ENG., Illus.). 208p. (YA). (gr. 7-12). pap. 11.95 *(978-1-7326661-4-6(8))* Kaio Pubns., Inc.

Everyday Princess: Daughter of the King. Sheila Butt. 2017. (ENG., Illus.). (YA). (gr. 7-12). pap. 11.95 *(978-0-9960430-8-3(X))* Kaio Pubns., Inc.

Everyday Punjabi. Jagmeet Sangha. 2023. (ENG.). 32p. (J). ***(978-0-2288-9220-5(1));*** pap. ***(978-0-2288-9219-9(8))*** Tellwell Talent.

Everyday Robots. Katherine Lewis. 2020. (Lightning Bolt Books (r) — Robotics Ser.). (ENG., Illus.). 24p. (J). (gr. 1-3). 29.32 *(978-1-5415-9693-1(5),* ef0e81f3-0c73-450e-b3e5-52f187baa842, Lerner Pubns.) Lerner Publishing Group.

Everyday Science see Ciencia con Todo: Experimentos Simples con las Cosas Que Nos Rodean

Everyday Sign Language (Set), 6 vols. Bela Davis. 2021. (Everyday Sign Language Ser.). (ENG.). 24p. (J). (gr. -1-2). lib. bdg. 188.16 *(978-1-0982-0698-7(3),* 37801, Abdo Kids) ABDO Publishing Co.

Everyday Sign Language Set 2 (Set), 6 vols. 2022. (Everyday Sign Language Ser.). (ENG.). 24p. (J). (gr. -1-2). lib. bdg. 188.16 *(978-1-0982-6404-8(5),* 40907, Abdo Kids) ABDO Publishing Co.

Everyday STEM, 16 vols. 2018. (Everyday STEM Ser.). (ENG.). 32p. (gr. 3-3). lib. bdg. 241.68 *(978-1-5026-3826-7(6),* 45adbfe3-f574-4bb9-b8a9-5ae64c00ad2e) Cavendish Square Publishing LLC.

Everyday STEM Engineering - Civil Engineering. Jenny Jacoby. Illus. by Luna Valentine. 2022. (Everyday STEM Ser.). (ENG.). 48p. (J). 17.99 *(978-0-7534-7823-3(4),* 900254764, Kingfisher) Roaring Brook Pr.

Everyday STEM Engineering — Chemical Engineering. Kingfisher. 2023. (Everyday STEM Ser.). (ENG.). 48p. (J). 17.99 *(978-0-7534-7825-7(0),* 900254769, Kingfisher) Roaring Brook Pr.

Everyday STEM Math - Amazing Math. Lou Abercrombie. Illus. by Lilia Micelia. 2022. (Everyday STEM Ser.). (ENG.). 48p. (J). 17.99 *(978-0-7534-7842-4(0),* 900260113, Kingfisher) Roaring Brook Pr.

Everyday STEM Science — Energy. Shini Somara. Illus. by Luna Valentine. 2022. (Everyday STEM Ser.). (ENG.). 48p. (J). 17.99 *(978-0-7534-7779-3(3),* 900240775, Kingfisher) Roaring Brook Pr.

Everyday STEM Science — Geology. Emily Dodd. Illus. by Robbie Cathro. 2022. (Everyday STEM Ser.). (ENG.). 48p. (J). 17.99 *(978-0-7534-7744-1(0),* 900237592, Kingfisher) Roaring Brook Pr.

Everyday STEM Science — Physics. Shini Somara. Illus. by Luna Valentine. 2022. (Everyday STEM Ser.). (ENG.). 48p. (J). 17.99 *(978-0-7534-7746-5(7),* 900237590, Kingfisher) Roaring Brook Pr.

Everyday STEM Science — Space. Kingfisher. 2023. (Everyday STEM Ser.). (ENG.). 48p. (J). 17.99 *(978-0-7534-7848-6(X),* 900277708, Kingfisher) Roaring Brook Pr.

Everyday STEM Technology — Machines. Jenny Jacoby. 2022. (Everyday STEM Ser.). (ENG.). 48p. (J). 17.99 *(978-0-7534-7783-0(1),* 900240777, Kingfisher) Roaring Brook Pr.

Everyday Stories (Classic Reprint) H. C. Cradock. 2018. (ENG., Illus.). (J). 244p. 28.95 *(978-1-396-41367-4(7));* 246p. pap. 11.57 *(978-1-390-90118-4(1))* Forgotten Bks.

Everyday Super Hero. Sara Zuboff. 2017. (ENG., Illus.). 16p. (J). *(978-1-365-97611-7(4))* Lulu Pr., Inc.

Everyday Super Hero Activity & Coloring Book. Sara Zuboff. 2017. (ENG., Illus.). 34p. (J). pap. *(978-1-387-00759-2(9))* Lulu Pr., Inc.

Everyday Things ABC: Learning Your ABC (Age 3 To 5) Tj Rob. 2017. (Learning the Alphabet Ser.). (ENG., Illus.). (J). pap. *(978-1-988695-65-5(1))* TJ Rob.

Everyday Things & People! Coloring Books for Toddlers 1-3. Bold Illustrations. 2017. (ENG., Illus.). (J). pap. 8.35 *(978-1-64193-005-5(5),* Bold Illustrations) FASTLANE LLC.

Everyday Town. Cynthia Rylant. Illus. by Cynthia Rylant. 2018. (ENG., Illus.). 14p. (J). (gr. -1-k). bds. 6.99 *(978-1-5344-1814-1(8),* Little Simon) Little Simon.

Everyday Virtues: Classic Tales to Read with Kids. James A. Autry & Rick Autry. Illus. by Mickey Carlson. 2017. 195p. (J). pap. *(978-1-57312-971-8(2))* Smyth & Helwys Publishing, Inc.

Everyday Wonders (Classic Reprint) Laura Antoinette Large. (ENG., Illus.). (J). 2018. 182p. 27.67 *(978-0-267-36218-9(8));* 2016. pap. 10.57 *(978-1-334-16944-1(6))* Forgotten Bks.

Everygirl's Magazine (Formerly Wohelo), Vol. 10: Magazine of the Camp Fire Girls; September 1922 (Classic Reprint) Rowe Wright. 2018. (ENG., Illus.). (J). 370p. 31.53 *(978-0-366-56918-2(X));* 372p. pap. 13.97 *(978-0-366-49064-6(8))* Forgotten Bks.

Everyman's Land (Classic Reprint) C. N. Williamson. 2018. (ENG., Illus.). 382p. (J). 31.78 *(978-0-267-46222-3(0))* Forgotten Bks.

Everyman's Library: Fiction (Classic Reprint) Jean Rhys. 2018. (ENG., Illus.). 466p. (J). 33.53 *(978-0-332-43967-9(4))* Forgotten Bks.

Everyman's Library: Biography (Classic Reprint) Jean Rhys. 2017. (ENG., Illus.). 612p. (J). 36.52 *(978-0-484-88813-4(7))* Forgotten Bks.

Everyman's Library: Essays & Belles Lettres; Ethics of the Dust with an Introduction by a Student of Ruskin

E

(Classic Reprint) Jean Rhys. 2017. (ENG., Illus.). (J). 28.62 *(978-1-5281-5441-3(X))* Forgotten Bks.
Everyman's Library: Essays (Classic Reprint) Jean Rhys. 2017. (ENG., Illus.). 308p. (J). 30.25 *(978-0-332-91078-9(4))* Forgotten Bks.
Everyman's Library: For Young People (Classic Reprint) Jean Rhys. 2018. (ENG., Illus.). (J). 324p. 30.60 *(978-0-332-91882-2(3))*; 274p. 29.55 *(978-0-656-94282-4(7))* Forgotten Bks.
Everyone. Christopher Silas Neal. Illus. by Christopher Silas Neal. 2016. (ENG., Illus.). 32p. (J). (gr. -1-1). 15.99 *(978-0-7636-7683-4(7))* Candlewick Pr.
Everyone Belongs. USCCB Department of Justice, Peace, and Human Development. 2019. (ENG.). 40p. (J). (gr. 3-6). pap. 8.95 *(978-0-8294-4892-4(6))* Loyola Pr.
Everyone Can Add, Subtract, Multiple & Divide Activity Book. Smarter Activity Books for Kids. 2016. (ENG., Illus.). (J). pap. 8.99 *(978-1-68374-299-9(0))* Examined Solutions PTE. Ltd.
Everyone Can Be a Changemaker: The Ashoka Effect, 1 vol. Christine Welldon. 2018. (Ripple Effects Ser.). (ENG.). 72p. (J). (gr. 5-12). 17.95 *(978-1-55455-357-0(1),* 7ac6274f-643c-426c-93ff-b6e801c34b9c) Fitzhenry & Whiteside, Ltd. CAN. Dist: Firefly Bks., Ltd.
Everyone Can Code: Including Kids. Timothy Amadi. 2019. (ENG., Illus.). 40p. (J). 16.99 *(978-1-61153-327-9(9))*; pap. 8.99 *(978-1-61153-325-5(2))* Light Messages Publishing. (Torchflame Bks.).
Everyone Can Learn Math. Alice Aspinall. Illus. by Alexandria Masse. 2nd ed. 2019. (ENG.). 32p. (J). (gr. k-4). 26.99 *(978-1-970133-43-1(0))*; pap. 17.99 *(978-1-970133-41-7(4))* EduMatch.
Everyone Can Learn Math. Alice Aspinall. Illus. by Alexandria Masse. 2018. (ENG.). 28p. (J). *(978-1-5255-3374-7(6))*; pap. *(978-1-5255-3375-4(4))* FriesenPress.
Everyone Counts. Judy Sierra. Illus. by Marc Brown. 2019. 40p. (J). (gr. -1-2). 17.99 *(978-0-525-64620-4(5),* Knopf Bks. for Young Readers) Random Hse. Children's Bks.
Everyone Cries. J. J. Holroyd. Illus. by Kat Romine. 2021. (ENG.). 44p. (J). pap. 14.99 *(978-0-578-63151-6(2))* Sine Qua Non.
Everyone Dances Differently - e Kakaokoro Arora ni Mwaiee (Te Kiribati) Emily Ashcroft. Illus. by Jovan Carl Segura. 2023. (ENG.). 34p. (J). pap. *(978-1-922827-72-2(X))* Library For All Limited.
Everyone Dies Famous in a Small Town. Bonnie-Sue Hitchcock. (ENG.). (YA). (gr. 7). 2022. 224p. pap. 9.99 *(978-1-9848-9262-1(2),* Ember); 2021. 208p. lib. bdg. 20.99 *(978-1-9848-9260-7(6),* Lamb, Wendy Bks.) Random Hse. Children's Bks.
Everyone Dies in the Garden of Syn. Michael Seidelman. 2018. (Garden of Syn Ser.: Vol. 2). (ENG., Illus.). 394p. (YA). (gr. 7-12). pap. *(978-0-9949695-3-8(8))* Chewed Pencil Pr.
Everyone Eats. All Children Reading Cambodia. Illus. by Chhuon Sambte. 2022. (ENG.). 20p. (J). pap. *(978-1-922918-97-0(0))* Library For All Limited.
Everyone Gets a Say. Jill Twiss. Illus. by Eg Keller. 2020. (ENG.). 32p. (J). (gr. -1-3). 18.99 *(978-0-06-293375-1(2),* HarperCollins) HarperCollins Pubs.
Everyone Gets Upset: A Book about Frustration. Jennifer Hilton & Kristen McCurry. Illus. by Natasha Rimmington. 2018. (Frolic First Faith Ser.). 22p. (J). (gr. -1 — 1). bds. 6.99 *(978-1-5064-2501-6(1),* Sparkhouse Family) 1517 Media.
Everyone Gives. Susan Langlois. Illus. by Joanna Pasek. 2021. (ENG.). 44p. (J). 19.00 *(978-0-578-89883-4(7))* Indy Pub.
Everyone Has a Danger Alarm: Helping Kids Go from Stress to Calm. Kathy Luoma - Bennett. Illus. by Quinn Elsey. 2021. (ENG.). 56p. (J). pap. *(978-0-2288-4677-2(3))* Tellwell Talent.
Everyone Has a Job on the Farm, 1 vol. Patricia Harris. 2017. (Farmyard Tales Ser.). (ENG.). 24p. (gr. 1-1). pap. 9.25 *(978-1-5383-2182-9(3),* ce273ca3-4895-4ddb-a21b-46ba0dba684f, PowerKids Pr.) Rosen Publishing Group, Inc., The.
Everyone Has Feelings, 4 vols., Set. Cari Meister. Illus. by Damian Ward. Incl. Everyone Feels Happy Sometimes. (ENG., Illus.). 24p. (J). (gr. k-2). 2010. lib. bdg. 26.65 *(978-1-4048-5754-4(0),* 102491, Picture Window Bks.); (Everyone Has Feelings Ser.). (ENG.). 24p. 2010. 106.60 *(978-1-4048-6001-8(0),* 169214, Picture Window Bks.) Capstone.
Everyone Has Value with Zoe: A Book about Respect. Marie-Therese Miller. 2021. (Sesame Street (r) Character Guides). (ENG., Illus.). 24p. (J). (gr. -1-2). pap. 8.99 *(978-1-7284-2381-4(3),* e6943fae-6116-42f1-a164-ad0186481309, Lerner Pubns.) Lerner Publishing Group.
Everyone Hates Kelsie Miller. Meredith Ireland. 2022. (ENG.). 288p. (YA). (gr. 7). 19.99 *(978-1-6659-0697-5(9),* Simon & Schuster Bks. For Young Readers) Simon & Schuster Bks. For Young Readers.
Everyone Is Beautiful! Mei Nakamura. ed. 2022. (Step into Reading Ser.). (ENG.). 22p. (J). (gr. k-1). 16.96 *(978-1-68505-399-4(8))* Penworthy Co., LLC, The.
Everyone Is Beautiful! (Barbie) Random House. Illus. by Random House. 2022. (Step into Reading Ser.). (ENG., Illus.). 24p. (J). (gr. -1-1). 5.99 *(978-0-593-48386-2(3),* Random Hse. Bks. for Young Readers) Random Hse. Children's Bks.
Everyone Is Invited to Christmas. Susan Jones. Illus. by Lee Holland. 2018. (Forest of Faith Bks.). (ENG.). 32p. (J). (gr. -1-2). 12.99 *(978-1-68099-410-0(7),* Good Bks.) Skyhorse Publishing Co., Inc.
Everyone Is Special: Babies. Fiona Munro. Illus. by Laura Hambleton. 2023. (Every One Is Special Ser.). (ENG.). 16p. (J). (-k). bds. 8.99 *(978-0-7440-7779-7(6),* DK Children) Dorling Kindersley Publishing, Inc.
Everyone Is Welcome. Phuong Truong. Illus. by Christine Wei. 2023. (ENG.). 24p. (J). (gr. 1-3). 21.95 *(978-1-77260-343-9(0))* Second Story Pr. CAN. Dist: Orca Bk. Pubs. USA.
Everyone Loves Sonny. Donna Woods. 2021. (ENG., Illus.). 40p. (J). pap. 14.95 *(978-1-63844-821-1(3))* Christian Faith Publishing.
Everyone Needs a Home. K. L. Champitto. Illus. by Jessica Feldman. 2022. (ENG.). 34p. (J). 23.99 *(978-1-7363027-9-8(5))* Nymeria Publishing.
Everyone Needs Care. Sherlyn Hu. 2022. (ENG.). 44p. (J). *(978-1-0391-3663-2(X))*; pap. *(978-1-0391-3662-5(1))* FriesenPress.
Everyone Poops. Taro Gomi. 2020. (Taro Gomi Ser.). (ENG., Illus.). 36p. (J). (gr. -1 — 1). 16.99 *(978-1-7972-0264-8(2))* Chronicle Bks. LLC.
Everyone Poops. Taro Gomi. 2019. (ENG., Illus.). 28p. (gr. -1). pap. 7.99 *(978-1-929132-14-0(X))* Perfection Learning Corp.
Everyone Reads - BIG BOOK, 1 vol. Pam Holden. Illus. by Deborah Johnson. 2016. (ENG.). 16p. (-1). pap. *(978-1-77654-162-1(6),* Red Rocket Readers) Flying Start Bks.
Everyone Says Stuff Sometimes. Jessica Daley. 2019. (ENG.). 90p. (J). pap. *(978-0-359-46907-9(8))* Lulu Pr., Inc.
Everyone Sparkles in Their Own Way. Shelby Knobloch. 2019. (ENG.). 22p. (J). pap. 7.99 *(978-1-950580-95-8(4))* Bookwhip.
Everyone Walks Away. Eva Lindström. Illus. by Eva Lindström. 2019. (ENG., Illus.). 32p. (J). (gr. k-2). 17.99 *(978-1-77657-186-4(X),* 2297efca-3426-496b-917e-8d8dc5186867) Gecko Pr. NZL. Dist: Lerner Publishing Group.
Everyone Wants to Know. Kelly Loy Gilbert. 2023. (ENG.). 384p. (YA). (gr. 7). 19.99 *(978-1-6659-0136-9(5),* Simon & Schuster Bks. For Young Readers) Simon & Schuster Bks. For Young Readers.
Everyone We've Been. Sarah Everett. 2016. (Illus.). 400p. (YA). (gr. 7). 17.99 *(978-0-553-53844-1(6),* Knopf Bks. for Young Readers) Random Hse. Children's Bks.
Everyone's Awake: (Read-Aloud Bedtime Book, Goodnight Book for Kids) Colin Meloy. Illus. by Shawn Harris. 2020. (ENG.). 48p. (J). (gr. k-3). 17.99 *(978-1-4521-7805-9(4))* Chronicle Bks. LLC.
Everyone's Contributions Count: A Story about Valuing the Contributions of Others, Volume 6. Bryan Smith. Illus. by Lisa M. Griffin. ed. 2020. (Without Limits Ser.). (ENG.). 31p. (J). (gr. k-6). pap. 10.95 *(978-1-944882-53-2(7))* Boys Town Pr.
Everyone's first book about art & Design see Help Yourself to a Blue Banana: Awakening Your Eyes to Art, Design & Visual Living
Everyone's Got Something: My First Year with Celiac Disease. Hallie Rose Katzman et al. 2019. (ENG.). 130p. (YA). (gr. 7-12). pap. 13.99 *(978-1-7335992-0-7(7))* Katzman, Lori.
Everyone's Invited: A Book about Inclusion, Diversity, Equality, Community, Empathy & Celebrating 'us' Jayneen Sanders. Illus. by Cherie Zamazing. 2023. (ENG.). 34p. (J). *(978-1-76116-000-4(1))* UpLoad Publishing Pty, Ltd.
Everyone's Invited: A Book about Inclusion, Diversity, Equality, Community, Empathy & Celebrating 'us' Jayneen Sanders. Illus. by Cherie Zamazing. 2023. (ENG.). 34p. (J). pap. *(978-1-925089-83-7(5))* UpLoad Publishing Pty, Ltd.
Everyone's Thinking It. Aleema Omotoni. 2023. (ENG.). 368p. (YA). (gr. 8). 19.99 *(978-0-06-322567-1(0),* Balzer & Bray) HarperCollins Pubs.
Everything. Emma Dodd. Illus. by Emma Dodd. 2022. (Emma Dodd's Love You Bks.). (ENG.). 22p. (J). (— 1). bds. 9.99 *(978-1-5362-2380-4(8),* Templar) Candlewick Pr.
Everything. K. A. Last. 2018. (All the Things Ser.: Vol. 3). (ENG., Illus.). 186p. (YA). pap. *(978-0-6480257-5-7(6))* Last, K. A.
Everything a Kid Needs to Know about Money - Children's Money & Saving Reference. Baby Professor. 2017. (ENG., Illus.). (J). pap. 7.89 *(978-1-5419-0257-2(2),* Baby Professor (Education Kids)) Speedy Publishing LLC.
Everything a Young Artist Needs to Know Activity Book. Activity Attic Books. 2016. (ENG., Illus.). (J). pap. 7.74 *(978-1-68323-339-8(5))* Twin Flame Productions.
Everything about Black Holes Astronomy Books Grade 6 Astronomy & Space Science. Baby Professor. 2017. (ENG., Illus.). (J). pap. 9.25 *(978-1-5419-0517-7(2),* Baby Professor (Education Kids)) Speedy Publishing LLC.
Everything All at Once. Katrina Leno. 2017. (ENG.). 368p. (YA). (gr. 8). 17.99 *(978-0-06-249309-5(4),* HarperTeen) HarperCollins Pubs.
Everything & Everywhere: A Fact-Filled Adventure for Curious Globe-Trotters (Travel Book for Children, Kids Adventure Book, World Fact Book for Kids) Marc Martin. 2018. (ENG., Illus.). 40p. (J). (gr. k-3). 18.99 *(978-1-4521-6514-1(9))* Chronicle Bks. LLC.
Everything Awesome about: Dangerous Dinosaurs (Scholastic Reader, Level 3) Mike Lowery. Illus. by Mike Lowery. 2023. (Everything Awesome About Ser.). (ENG., Illus.). 32p. (J). (gr. 1-3). pap. 5.99 *(978-1-339-00031-2(8))* Scholastic, Inc.
Everything Awesome about Dinosaurs & Other Prehistoric Beasts! Mike Lowery. Illus. by Mike Lowery. 2019. (Everything Awesome About Ser.). (ENG., Illus.). 128p. (J). (gr. 2-5). 16.99 *(978-1-338-35972-5(X),* Orchard Bks.) Scholastic, Inc.
Everything Awesome about Sharks & Other Underwater Creatures! Mike Lowery. Illus. by Mike Lowery. 2020. (Everything Awesome About Ser.). (ENG., Illus.). 128p. (J). (gr. 2-5). 16.99 *(978-1-338-35973-2(8),* Orchard Bks.) Scholastic, Inc.
Everything Awesome about Space & Other Galactic Facts! Mike Lowery. Illus. by Mike Lowery. 2021. (Everything Awesome About Ser.). (ENG., Illus.). 128p. (J). (gr. 2-5). 16.99 *(978-1-338-35974-9(6),* Orchard Bks.) Scholastic, Inc.
Everything Awesome about: Super Sharks (Scholastic Reader, Level 3) Mike Lowery. Illus. by Mike Lowery. 2023. (Everything Awesome About Ser.). (ENG.). 32p. (J). (gr. 1-3). pap. 5.99 *(978-1-339-00026-8(1))* Scholastic, Inc.
Everything Beautiful Is Not Ruined. Danielle Younge-Ullman. 2017. (ENG.). 368p. (YA). (gr. 9). 17.99 *(978-0-425-28759-0(9),* Viking Books for Young Readers) Penguin Young Readers Group.
Everything Book of Cats & Kittens. DK. 2018. (Everything about Pets Ser.). (ENG.). 96p. (J). (gr. 1-4). pap. 12.99 *(978-1-4654-7009-6(3),* DK Children) Dorling Kindersley Publishing, Inc.
Everything Book of Cats & Kittens. Dorling Kindersley Publishing Staff. ed. 2019. (Everything Book Of Ser.). (ENG.). 96p. (J). (gr. 2-4). 24.96 *(978-1-64310-810-0(7))* Penworthy Co., LLC, The.
Everything Book of Dogs & Puppies. DK. 2018. (Everything about Pets Ser.). (ENG., Illus.). 96p. (J). (gr. 1-4). pap. 12.99 *(978-1-4654-7010-2(7),* DK Children) Dorling Kindersley Publishing, Inc.
Everything Book of Dogs & Puppies. Dorling Kindersley Publishing Staff. ed. 2019. (Everything Book Of Ser.). (ENG.). 96p. (J). (gr. 2-4). 24.96 *(978-1-64310-811-7(5))* Penworthy Co., LLC, The.
Everything Book of Horses & Ponies. DK. 2019. (Everything about Pets Ser.). (ENG.). 96p. (J). (gr. k-4). pap. 12.99 *(978-1-4654-8011-8(0),* DK Children) Dorling Kindersley Publishing, Inc.
Everything Book of Horses & Ponies. Andrea Mills. 2019. (Everything Book Of Ser.). (ENG.). 95p. (J). (gr. 2-3). 24.96 *(978-0-87617-441-8(1))* Penworthy Co., LLC, The.
Everything Changed after the Baby. JaaLisa Banks. Ed. by Tamara Taylor. Illus. by Kenyon Brady. 2020. (ENG.). 30p. (J). 24.99 *(978-0-9970313-8-6(7))* Tamara Taylor Edu Publishing LLC.
Everything Comes Next: Collected & New Poems. Naomi Shihab Nye. (ENG., Illus.). 256p. (J). (gr. 3). 2022. pap. 7.99 *(978-0-06-301346-9(0))*; 2020. 18.99 *(978-0-06-301345-2(2))* HarperCollins Pubs. (Greenwillow Bks.).
Everything Cute & Cuddly: Learn to Draw Using Basic Shapes — Step by Step!, Vol. 4. Emily Fellah. 2022. (I Can Draw Ser.: 4). (ENG., Illus.). 32p. (J). (gr. -1-2). pap. 6.99 *(978-1-60058-960-7(X),* 346598, Walter Foster Jr) Quarto Publishing Group USA.
Everything Earthquakes & Tsunamis - Natural Disaster Books for Kids Grade 5 - Children's Earth Sciences Books. Baby Professor. 2020. (ENG.). 68p. (J). 24.36 *(978-1-5419-7336-7(4))*; pap. 14.37 *(978-1-5419-6025-1(4))* Speedy Publishing LLC. (Baby Professor (Education Kids)).
Everything Else in the Universe. Tracy Holczer. 2019. (ENG.). 288p. (J). (gr. 5). 7.99 *(978-0-14-750847-8(9),* Puffin Books) Penguin Young Readers Group.
Everything, Everything. Nicola Yoon. ed. 2017. lib. bdg. 22.10 *(978-0-606-40341-2(8))* Turtleback.
Everything Grows. Raffi. Illus. by Nina Mata. 2021. (Raffi Songs to Read Ser.). 32p. (J). (— 1). bds. 7.99 *(978-0-593-17265-0(5),* Knopf Bks. for Young Readers) Random Hse. Children's Bks.
Everything I Can Be! Markita Richards. 2021. (ENG.). 46p. (J). pap. 11.99 *(978-0-578-89653-3(2))* Richards, Markita.
Everything I Couldn't Say. Madelyn Coultas. 2023. (ENG.). 39p. (YA). pap. *(978-1-312-73904-8(5))* Lulu Pr., Inc.
Everything I Feel Is Alright, Todo lo Que Siento Esta Bien. Liliana Iglesias & Yiyito. 2022. (ENG.). 40p. (J). 26.95 *(978-1-61493-801-9(6))*; pap. 17.95 *(978-1-61493-800-2(8))* Peppertree Pr., The.
Everything I Have Lost, 1 vol. Sylvia Zeleny. 2020. (ENG.). 256p. (YA). (gr. 9-12). 15.95 *(978-1-947627-17-8(1),* 23353382, Cinco Puntos Press) Lee & Low Bks., Inc.
Everything I Knew to Be True. Rayna York. 2019. (ENG.). 362p. (YA). (gr. 10-12). pap. *(978-1-9990951-0-9(3))* Toad Tree Pr.
Everything I Know about Poop. Jaume Copons & Jaume Copons. Illus. by Merce Gali & Merce Gali. 2018. (ENG.). 28p. (J). (gr. k-2). 12.95 *(978-0-2281-0083-6(6),* b0327fe1-7ef6-4f47-8d3e-9faa915df042) Firefly Bks., Ltd.
Everything I Know about You. Barbara Dee. 2018. (ENG., Illus.). 320p. (J). (gr. 4-8). 18.99 *(978-1-5344-0507-3(0),* Aladdin) Simon & Schuster Children's Publishing.
Everything I Need to Know about Family I Learned from a Little Golden Book. Diane Muldrow. 2017. (Illus.). 96p. (gr. 7-12). 9.99 *(978-0-553-53851-9(9),* Golden Bks.) Random Hse. Children's Bks.
Everything I Need to Know I Learned from a Star Wars Little Golden Book (Star Wars) Geof Smith. Illus. by Chris Kennett & Alan Batson. 2016. (Little Golden Book Ser.). (ENG.). 96p. (J). (gr. 7-12). 10.99 *(978-0-7364-3656-4(1),* Golden Bks.) Random Hse. Children's Bks.
Everything I Need to Know I Learned from American Girl: Timeless Advice for Girls of All Ages. American Girl Editors. Illus. by Dan Andreasen. 2021. (American Girl(r) Wellbeing Ser.). (ENG.). 32p. (J). pap. 9.99 *(978-1-68337-182-3(8))* American Girl Publishing, Inc.
Everything I Should Have Told You. Sophie Alvarez. 2020. (ENG.). 101p. (YA). pap. *(978-1-716-64676-8(6))* Lulu Pr., Inc.
Everything I Thought I Knew. Shannon Takaoka. 2020. (ENG.). 320p. (YA). (gr. 9). 17.99 *(978-1-5362-0776-7(4))* Candlewick Pr.
Everything in Between. Demi Cheryl. 2018. (ENG.). 108p. (YA). 28.95 *(978-1-9736-4357-9(X))*; pap. 11.95 *(978-1-9736-4356-2(1))* Author Solutions, LLC. (WestBow Pr.).
Everything Is Always Gonna Be Alright, Durban Frankenshoöze. Jamie McHone. 2019. (ENG.). (J). 14.95 *(978-1-64307-248-7(X))* Amplify Publishing Group.
Everything Is Awesome: a Search-And-Find Celebration of LEGO History (LEGO) Simon Beecroft. Illus. by AMEET Studio. 2021. (ENG.). 32p. (J). (gr. -1-2). 12.99 *(978-0-593-43025-5(5),* Random Hse. Bks. for Young Readers) Random Hse. Children's Bks.
Everything Is Awkward. Mike Bender & Doug Chernack. 2016. (ENG., Illus.). 40p. (J). (gr. k-4). 14.99 *(978-0-399-54984-7(6),* Crown Books For Young Readers) Random Hse. Children's Bks.
Everything Is Connected. Jason Gruhl. Illus. by Ignasi Font. 2019. 36p. (J). (gr. -1-3). 16.95 *(978-1-61180-631-1(3),* Bala Kids) Shambhala Pubns., Inc.
Everything Is Mama. Jimmy Fallon. Illus. by Miguel Ordonez. (ENG.). (J). 2019. 32p. bds. 7.99 *(978-1-250-12583-5(9),* 900174972); 2017. 40p. 16.99 *(978-1-250-12584-2(7),* 900174971) Feiwel & Friends.
Everything Is Meant to Be. Lily Berger. 2018. (ENG.). 66p. (J). pap. *(978-1-387-68376-5(4))* Lulu Pr., Inc.
Everything Is Mine. Andrea D'Aquino. 2021. (ENG., Illus.). 32p. (J). (gr. k-2). 16.99 *(978-1-84976-692-0(4))* Tate Publishing, Ltd. GBR. Dist: Abrams, Inc.
Everything Kids Love to Do Activity Coloring Book Edition. Bobo's Children Activity Books. 2016. (ENG., Illus.). (J). pap. 7.99 *(978-1-68327-739-2(2))* Sunshine In My Soul Publishing.
Everything Little. Lauren Grech. 2021. (ENG.). 22p. (J). pap. *(978-0-6453829-0-7(6))* Grech, Lauren.
Everything Nice! Trace & Color for Kids: Coloring/Activity Books. Jupiter Kids. 2016. (ENG., Illus.). 76p. (J). pap. 13.75 *(978-1-68305-395-8(8),* Jupiter Kids (Childrens & Kids Fiction)) Speedy Publishing LLC.
Everything on the Farm Poops. Kelly Lee Culbreth. Illus. by Danh Tran Art. (ENG.). 26p. (J). (gr. k-4). 2019. pap. 9.99 *(978-0-578-49777-8(8))*; 2018. 17.99 *(978-0-578-43267-0(6))* Kelly Lee Culbreth.
Everything Possible. Fred Small. Illus. by Alison Brown. 2023. (ENG.). 32p. (J). (gr. -1-k). 17.99 Nosy Crow Inc.
Everything Sad Is Untrue: (a True Story) Daniel Nayeri. 2020. (ENG., Illus.). 368p. (J). (gr. 7-12). 18.99 *(978-1-64614-000-8(1))* Levine Querido.
Everything, Somewhere. David Kummer. 2021. (ENG.). (YA). 416p. 23.99 *(978-1-0879-3678-9(0))*; 424p. pap. 12.99 *(978-1-0879-3727-4(2))* Indy Pub.
Everything Super Bowl. Shane Frederick & Eric Braun. 2016. (Everything Super Bowl Ser.). (ENG.). 32p. (J). (gr. 3-8). 122.60 *(978-1-5157-2649-4(5),* 25196, Capstone Pr.) Capstone.
Everything Tells Us about God. Katherine Bolger Hyde. Illus. by Livia Coloji. l.t. ed. 2018. (ENG.). 32p. (J). 19.95 *(978-1-944967-29-1(X))* Ancient Faith Publishing.
Everything That Burns. Gita Trelease. 2021. (Enchantée Ser.: 2). (ENG., Illus.). 400p. (YA). 18.99 *(978-1-250-29555-2(6),* 900195467) Flatiron Bks.
Everything That Makes Us Feel. Chuck Murphree. 2020. (ENG.). 292p. (YA). pap. 14.99 *(978-1-64538-165-5(X),* TEN16 Pr.) Orange Hat Publishing.
Everything That We Need: A Story about Emery by Her Aunt Chelsea. Chelsea Selvadurai. 2020. (ENG.). 26p. (J). *(978-1-716-76886-6(1))* Lulu Pr., Inc.
Everything That You Need to Know about Our Fishy Friends - Animal Book Age 5 Children's Animal Books. Baby Professor. 2017. (ENG., Illus.). (J). pap. 8.79 *(978-1-5419-1347-9(7),* Baby Professor (Education Kids)) Speedy Publishing LLC.
Everything There Is to Know about the Vietnam War - History Facts Books Children's War & Military Books. Baby Professor. 2017. (ENG., Illus.). 64p. (J). pap. 9.52 *(978-1-5419-1246-5(2),* Baby Professor (Education Kids)) Speedy Publishing LLC.
Everything to Know about Insects & Spiders! Insects for Kids - Children's Biological Science of Insects & Spiders Books. Baby Iq Builder Books. 2016. (ENG., Illus.). (J). pap. 8.99 *(978-1-68374-685-0(6))* Examined Solutions PTE. Ltd.
Everything Together: A Second Dad Wedding. Benjamin Klas. Illus. by Fian Arroyo. 2021. (ENG.). 280p. (J). (gr. 3-6). 16.99 *(978-1-947159-65-5(8),* ad3a5a2e-2444-4728-a8b4-166e996a6951, One Elm Books) Red Chair Pr.
Everything We Lose: A Civil War Novel of Hope, Courage & Redemption. Annette Oppenlander. 2018. (ENG., Illus.). 288p. (YA). (gr. 7-12). pap. 16.99 *(978-0-9977800-7-9(X))* Oppenlander Enterprises LLC.
Everything Will Be OK. Anna Dewdney. Illus. by Judy Schachner. 2022. 32p. (J). (-k). 18.99 *(978-0-593-20663-8(0),* Viking Books for Young Readers) Penguin Young Readers Group.
Everything Within & in Between. Nikki Barthelmess. (ENG.). 336p. (YA). (gr. 8). 2023. pap. 15.99 *(978-0-06-297691-5(5))*; 2021. 17.99 *(978-0-06-297690-1(7))* HarperCollins Pubs. (HarperTeen).
Everything You Must Know about Radioactivity 6th Grade Chemistry Children's Chemistry Books. Baby Professor. 2017. (ENG., Illus.). (J). pap. 8.79 *(978-1-5419-1075-1(3),* Baby Professor (Education Kids)) Speedy Publishing LLC.
Everything You Need about Protests & Public Assembly, 1 vol. Philip Wolny. 2018. (Need to Know Library). (ENG.). 64p. (gr. 6-6). 36.13 *(978-1-5081-7920-7(4),* 030e9ddf-69a0-4217-b2cb-1c15c7d9cce5) Rosen Publishing Group, Inc., The.
Everything You Need for a Treehouse: (Children?s Treehouse Book, Story Book for Kids, Nature Book for Kids) Carter Higgins. Illus. by Emily Hughes. 2018. (ENG.). 40p. (J). (gr. -1-k). 17.99 *(978-1-4521-4255-5(6))* Chronicle Bks. LLC.
Everything You Need to Ace Biology in One Big Fat Notebook. Workman Publishing & Matthew Brown. 2021. (Big Fat Notebooks Ser.). (ENG., Illus.). 528p. (YA). (gr. 9-12). pap. 16.95 *(978-1-5235-0436-7(6),* 100436) Workman Publishing Co., Inc.
Everything You Need to Ace Chemistry in One Big Fat Notebook. Workman Publishing & Jennifer Swanson. 2020. (Big Fat Notebooks Ser.). (ENG., Illus.). 528p. (J). (gr. 9-12). pap. 16.95 *(978-1-5235-0425-1(0),* 100425) Workman Publishing Co., Inc.
Everything You Need to Ace Computer Science & Coding in One Big Fat Notebook: The Complete Middle School Study Guide (Big Fat Notebooks) Workman Publishing. 2020. (Big Fat Notebooks Ser.). (ENG., Illus.). 576p. (J). (gr. 6-9). pap. 16.99 *(978-1-5235-0277-6(0),* 100277) Workman Publishing Co., Inc.
Everything You Need to Ace Geometry in One Big Fat Notebook. Workman Publishing & Christy Needham. 2020. (Big Fat Notebooks Ser.). (ENG., Illus.). 624p. (J). (gr. 9-12). pap. 16.95 *(978-1-5235-0437-4(4),* 100437) Workman Publishing Co., Inc.
Everything You Need to Ace Math in One Big Fat Notebook: The Complete Middle School Study Guide. Workman Publishing. 2016. (Big Fat Notebooks Ser.). (ENG., Illus.). 528p. (J). (gr. 6-9). pap. 16.95 *(978-0-7611-6096-0(5),* 16096) Workman Publishing Co., Inc.
Everything You Need to Ace Pre-Algebra & Algebra I in One Big Fat Notebook. Workman Publishing & Jason Wang. 2021. (Big Fat Notebooks Ser.). (ENG., Illus.). 640p.

614 The check digit for ISBN-10 appears in parentheses after the full ISBN-13

TITLE INDEX EVOLUTION

(YA). (gr. 6-11). pap. 16.99 *(978-1-5235-0438-1(2)*, 100438) Workman Publishing Co., Inc.

Everything You Need to Ace Science in One Big Fat Notebook: The Complete Middle School Study Guide. Workman Publishing. 2016. (Big Fat Notebooks Ser.). (ENG., Illus.). 544p. (J). (gr. 6-9). pap. 16.95 *(978-0-7611-6095-3(7)*, 16095) Workman Publishing Co., Inc.

Everything You Need to Ace U. S. History in One Big Fat Notebook, 2nd Edition: The Complete Middle School Study Guide. Workman Publishing. 2nd rev. ed. 2023. (Big Fat Notebooks Ser.). (ENG., Illus.). 592p. (J). (gr. 5-9). pap. 16.99 *(978-1-5235-1594-3(5)*, 101594) Workman Publishing Co., Inc.

Everything You Need to Ace World History in One Big Fat Notebook, 2nd Edition: The Complete Middle School Study Guide. Workman Publishing. 2nd rev. ed. 2023. (Big Fat Notebooks Ser.). (ENG.). 576p. (J). (gr. 5-9). pap. 16.99 *(978-1-5235-1595-0(3)*, 101595) Workman Publishing Co., Inc.

Everything You Need to Know about Alcoholism, 1 vol. Erin Pack & Philip Wolny. 2019. (Need to Know Library). (ENG., Illus.). 64p. (J). (gr. 6-6). 36.13 *(978-1-5081-8749-3(5)*, 4307d7b1-67ce-421f-9f19-0d0367722d6d) Rosen Publishing Group, Inc., The.

Everything You Need to Know about Anger Management, 1 vol. Corona Brezina. 2018. (Need to Know Library). (ENG.). 64p. (J). (gr. 6-6). pap. 13.95 *(978-1-5081-8339-6(2)*, 4bad529c-a5f1-4b22-9002-8117a322812a, Rosen Young Adult) Rosen Publishing Group, Inc., The.

Everything You Need to Know about Asteroids, Meteors & Comets Guide to Astronomy Grade 3 Children's Astronomy & Space Books. Baby Professor. 2021. (ENG.). 72p. (J). 27.99 *(978-1-5419-8050-1(6))*; pap. 16.99 *(978-1-5419-5923-1(X))* Speedy Publishing LLC. (Baby Professor (Education Kids)).

Everything You Need to Know about Birth Control, 1 vol. Alana Benson. 2018. (Need to Know Library). (ENG.). 64p. (gr. 6-6). pap. 13.95 *(978-1-5081-8342-6(2)*, e0be1558-21fd-441e-814d-c3ef4d31ab0b, Rosen Young Adult) Rosen Publishing Group, Inc., The.

Everything You Need to Know about Bisexuality, 1 vol. Greg Baldino. 2019. (Need to Know Library). (ENG.). 64p. (gr. 6-6). 36.13 *(978-1-5081-8752-3(5)*, 9c0c906b-ee49-40cf-8261-d43d6c559e88) Rosen Publishing Group, Inc., The.

Everything You Need to Know about Confronting Racist Behavior, 1 vol. Lisa A. Crayton. 2018. (Need to Know Library). (ENG.). 64p. (gr. 6-6). 36.13 *(978-1-5081-7915-3(8)*, 750eab12-ea28-42ec-a862-39fd4e65f755) Rosen Publishing Group, Inc., The.

Everything You Need to Know about Confronting Violence Against Women, 1 vol. Alexis Burling. 2018. (Need to Know Library). (ENG.). 64p. (gr. 6-6). 36.13 *(978-1-5081-7916-0(6)*, 22a2518b-f1e7-442b-9f7f-33e2c4fb90d8) Rosen Publishing Group, Inc., The.

Everything You Need to Know about Confronting Xenophobia, 1 vol. Susan Meyer. 2018. (Need to Know Library). (ENG.). 64p. (gr. 6-6). 36.13 *(978-1-5081-7917-7(4)*, c27c12b9-beaf-424c-a236-472637e0878d) Rosen Publishing Group, Inc., The.

Everything You Need to Know about Cultural Appropriation, 1 vol. Lisa A. Crayton. 2018. (Need to Know Library). (ENG.). 64p. (gr. 6-6). 36.13 *(978-1-5081-7918-4(2)*, 70cd9e07-163a-45d5-821d-570c5cbb28fc) Rosen Publishing Group, Inc., The.

Everything You Need to Know about Digital Privacy, 1 vol. Colin Wilkinson. 2017. (Need to Know Library). (ENG., Illus.). 64p. (J). (gr. 5-6). 36.13 *(978-1-5081-7400-4(8)*, 2d3da4db-9223-4025-9e18-47b4ad106b42); pap. 13.95 *(978-1-5081-7398-4(2)*, 6b94b7ec-2b2c-400a-92da-2fe21d8df014) Rosen Publishing Group, Inc., The. (Rosen Young Adult).

Everything You Need to Know about Domestic Violence, 1 vol. Mary P. Donahue. 2018. (Need to Know Library). (ENG.). 64p. (gr. 6-6). pap. 13.95 *(978-1-5081-8345-7(7)*, 00a9e9d6-4908-45f1-a553-46a2d3abaf07, Rosen Young Adult) Rosen Publishing Group, Inc., The.

Everything You Need to Know about Fake News & Propaganda, 1 vol. Carol Hand. 2017. (Need to Know Library). (ENG., Illus.). 64p. (J). (gr. 6-6). 36.13 *(978-1-5081-7664-0(7)*, 799fea4f-744d-45f4-8793-c5079a391511); pap. 13.95 *(978-1-5081-7663-3(9)*, 01943e45-b23c-4e46-89dc-3af4c5477b00) Rosen Publishing Group, Inc., The. (Rosen Young Adult).

Everything You Need to Know about Free Speech, 1 vol. Don Rauf. 2018. (Need to Know Library). (ENG., Illus.). 64p. (J). (gr. 6-6). 36.13 *(978-1-5081-7919-1(0)*, d51df7f9-d0be-4a40-a75a-b5a1f90387a9) Rosen Publishing Group, Inc., The.

Everything You Need to Know about Gun Violence, 1 vol. Adam Furgang. 2017. (Need to Know Library). (ENG., Illus.). 64p. (J). (gr. 5-6). pap. 13.95 *(978-1-5081-7402-8(4)*, 9ef35a41-f068-4ac0-b7ff-a485e67f765b, Rosen Young Adult) Rosen Publishing Group, Inc., The.

Everything You Need to Know about Hate Crimes, 1 vol. Danica Davidson. 2017. (Need to Know Library). (ENG., Illus.). 64p. (J). (gr. 6-6). pap. 13.95 *(978-1-5081-7667-1(1)*, 66ad65e6-bcc1-4b0b-a54b-c8341777303d) Rosen Publishing Group, Inc., The.

Everything You Need to Know about Immigrants & Refugees, 1 vol. Norma King. 2017. (Need to Know Library). (ENG.). 64p. (J). (gr. 6-6). pap. 13.95 *(978-1-5081-7671-8(X)*, e1df8aaf-669b-4880-b334-ca1c641031d8) Rosen Publishing Group, Inc., The.

Everything You Need to Know about Lenses & Light - Physics Book 4th Grade Children's Physics Books. Baby Professor. 2017. (ENG., Illus.). (YA). pap. 8.79 *(978-1-5419-1144-4(X)*, Baby Professor (Education Kids)) Speedy Publishing LLC.

Everything You Need to Know about Living in a Blended Family, 1 vol. Gina Hagler. 2018. (Need to Know Library). (ENG.). 64p. (gr. 6-6). pap. 13.95 *(978-1-5081-8348-8(1)*, 48599724-adb7-4b5c-b22c-453e38e4fcfe) Rosen Publishing Group, Inc., The.

Everything You Need to Know about Nonbinary Gender Identities, 1 vol. Anita Louise McCormick. 2019. (Need to Know Library). (ENG., Illus.). 64p. (J). (gr. 6-6). pap. 13.95 *(978-1-5081-8761-5(4)*, fea17951-1c50-456e-b002-9d61fdc8168c) Rosen Publishing Group, Inc., The.

Everything You Need to Know about Racism, 1 vol. Angie Timmons. 2017. (Need to Know Library). (ENG., Illus.). 64p. (J). (gr. 6-6). pap. 13.95 *(978-1-5081-7675-6(2)*, 68e4823c-5d24-44a1-a72f-aee792d06aeb) Rosen Publishing Group, Inc., The.

Everything You Need to Know about Reporting Sexual Assault, 1 vol. Angie Timmons. 2019. (Need to Know Library). (ENG., Illus.). 64p. (J). (gr. 6-6). pap. 13.95 *(978-1-5081-8764-6(9)*, fa441f69-77f6-49da-b3ee-d7b0f7867a69) Rosen Publishing Group, Inc., The.

Everything You Need to Know about Sexism, 1 vol. Carol Hand. 2017. (Need to Know Library). (ENG., Illus.). 64p. (J). (gr. 6-6). pap. 13.95 *(978-1-5081-7679-4(5)*, dcecfacb-d556-49ed-845a-93325a6ea67b) Rosen Publishing Group, Inc., The.

Everything You Need to Know about Sextortion, 1 vol. Avery Elizabeth Hurt. 2017. (Need to Know Library). (ENG., Illus.). 64p. (J). (gr. 5-6). 36.13 *(978-1-5081-7408-0(3)*, 2cfb6ede-071d-417f-96ef-3b95bc15842a); pap. 13.95 *(978-1-5081-7406-6(7)*, 64e12a49-b530-489d-85fd-88acf923c4c2) Rosen Publishing Group, Inc., The. (Rosen Young Adult).

Everything You Need to Know about Sexual Consent, 1 vol. Carla Mooney. 2017. (Need to Know Library). (ENG., Illus.). 64p. (J). (gr. 5-6). 36.13 *(978-1-5081-7412-7(1)*, 5a1239c5-59f4-48d8-bad2-aa25d6b19c20); pap. 13.95 *(978-1-5081-7410-3(5)*, c6007614-5526-4901-8454-9f172a11b561) Rosen Publishing Group, Inc., The. (Rosen Young Adult).

Everything You Need to Know about Smoking, Vaping, & Your Health, 1 vol. Sherri Mabry Gordon. 2018. (Need to Know Library). (ENG.). 64p. (gr. 6-6). pap. 13.95 *(978-1-5081-8351-8(1)*, 012a7052-942c-425c-9de7-01bc82a54666, Rosen Young Adult) Rosen Publishing Group, Inc., The.

Everything You Need to Know about Soccer! DK. 2022. (DK 1,000 Amazing Facts Ser.). (ENG., Illus.). 144p. (J). (gr. 2-5). 19.99 *(978-0-7440-6421-6(X)*, DK Children) Dorling Kindersley Publishing, Inc.

Everything You Need to Know about Stress & Depression, 1 vol. Sabrina Parys. 2017. (Need to Know Library). (ENG., Illus.). 64p. (J). (gr. 5-6). 36.13 *(978-1-5081-7416-5(4)*, ccd3cc2d-f10e-4efd-bb66-652f6b093174); pap. 13.95 *(978-1-5081-7414-1(8)*, b17ee4d7-b6a6-4ea5-b7ee-d5736572dc5b) Rosen Publishing Group, Inc., The. (Rosen Young Adult).

Everything You Need to Know about Suicide & Self-Harm, 1 vol. Erin Pack-Jordan. 2018. (Need to Know Library). (ENG.). 64p. (J). (gr. 6-6). pap. 13.95 *(978-1-5081-8354-9(6)*, c914db63-ccba-4ec3-89d0-cc54af2859b1, Rosen Young Adult) Rosen Publishing Group, Inc., The.

Everything You Need to Know about the Compromise of 1850 Civil War Era Grade 5 Children's American History. Baby Professor. 2022. (ENG.). 72p. (J). pap. 19.99 ***(978-1-5419-6058-9(0)***, Baby Professor (Education Kids)) Speedy Publishing LLC.

Everything You Need to Know about the Mesozoic Eras - Eras on Earth - Science Book for 3rd Grade - Children's Earth Sciences Books. Baby Professor. 2019. (ENG.). 72p. (J). pap. 14.72 *(978-1-5419-4925-6(0))*; 24.71 *(978-1-5419-7516-3(2))* Speedy Publishing LLC. (Baby Professor (Education Kids)).

Everything You Need to Know about the Rise & Fall of the Roman Empire in One Fat Book - Ancient History Books for Kids Children's Ancient History. Baby Professor. 2017. (ENG., Illus.). (YA). pap. 8.79 *(978-1-5419-1310-3(8)*, Baby Professor (Education Kids)) Speedy Publishing LLC.

Everything You Need to Know about the Risks of Marijuana, 1 vol. Sandra Giddens. 2019. (Need to Know Library). (ENG., Illus.). 64p. (J). (gr. 6-6). pap. 13.95 *(978-1-5081-8767-7(3)*, 58077fea-8d57-4bcc-b461-0f401d92ba6b) Rosen Publishing Group, Inc., The.

Everything You Need to Know about the Risks of Unprotected Sex, 1 vol. Carolyn DeCarlo. 2018. (Need to Know Library). (ENG., Illus.). 64p. (J). (gr. 6-6). pap. 13.95 *(978-1-5081-8360-0(0)*, fc6e3251-2207-4be9-a69e-953c68ef3315) Rosen Publishing Group, Inc., The.

Everything You Need to Know about the Skeletal System the Amazing Human Body & Its Systems Grade 4 Children's Anatomy Books. Baby Professor. 2020. (ENG.). 72p. (J). 24.99 *(978-1-5419-7998-7(2))*; pap. 14.99 *(978-1-5419-5956-9(6))* Speedy Publishing LLC. (Baby Professor (Education Kids)).

Everything You Need to Know about the Us Voting System - Government Books for Kids Children's Government Books. Baby Professor. 2017. (ENG., Illus.). 64p. (J). pap. 9.52 *(978-1-5419-1272-4(1)*, Baby Professor (Education Kids)) Speedy Publishing LLC.

Everything You Need to Know about Trolls & Cybermobs, 1 vol. Sabrina Adams. 2017. (Need to Know Library). (ENG., Illus.). 64p. (J). (gr. 5-6). 36.13 *(978-1-5081-7420-2(2)*, 50a60f38-18f0-47f7-b5d1-0a84fa574b1b); pap. 13.95 *(978-1-5081-7418-9(0)*, 28674c37-ce6d-458c-8cb0-8d48fbd6ef7b) Rosen Publishing Group, Inc., The. (Rosen Young Adult).

Everything You Need to Know about Voting Rights & Voter Disenfranchisement, 1 vol. Julia J. Quinlan. 2018. (Need to Know Library). (ENG.). 64p. (J). (gr. 6-6). 36.13 *(978-1-5081-7921-4(2)*, 74a5341f-9a38-4c9c-b29c-ce8a7e2216f6); pap. 13.95 *(978-1-5081-7930-6(1)*, 866623fd-8368-442f-8746-be9d44ebc63b) Rosen Publishing Group, Inc., The. (Rosen Young Adult).

Everything You Need to Know When You Are 10. Kirsten Miller. 2021. (Everything You Need to Know Ser.). (ENG.). 160p. (J). (gr. 2-5). 13.99 *(978-1-4197-4668-0(5)*, 1701201) Abrams, Inc.

Everything You Need to Know When You Are 8. Kirsten Miller. 2020. (Everything You Need to Know Ser.). (ENG.). 144p. (J). (gr. 1-4). 13.99 *(978-1-4197-4230-9(2)*, 1680501) Abrams, Inc.

Everything You Need to Know When You Are 9. Kirsten Miller. 2020. (Everything You Need to Know Ser.). (ENG.). 160p. (J). (gr. 1-4). 13.99 *(978-1-4197-4232-3(9)*, 1680601) Abrams, Inc.

Everything You Need to Master Minecraft Earth: The Essential Guide to the Ultimate AR Game. Ed Jefferson. 2020. (ENG.). 64p. (J). pap. 9.99 *(978-0-7534-7694-9(0)*, 900234619, Kingfisher) Roaring Brook Pr.

Everything You Wanted to Know about Indians but Were Afraid to Ask: Young Readers Edition. Anton Treuer. 2021. (ENG., Illus.). 400p. (YA). (gr. 7-12). 18.99 *(978-1-64614-045-9(1))* Levine Querido.

Everything's Archie Vol. 1, Vol. 1. Archie Superstars. 2018. (Archie Comics Presents Ser.). (ENG., Illus.). 224p. (J). (gr. 4-7). pap. 10.99 *(978-1-68255-881-2(9))* Archie Comic Pubns., Inc.

Everything's Archie Vol. 2. Archie Superstars. 2019. (Archie Comics Presents Ser.: 2). (ENG., Illus.). 224p. (J). (gr. 4-7). pap. 10.99 *(978-1-68255-807-2(X))* Archie Comic Pubns., Inc.

Everything's Bigger in Texas #2. Samuel P. Fortsch. Illus. by Manuel Gutierrez. 2020. (Pawtriot Dogs Ser.: 2). 96p. (J). (gr. 2-4). 5.99 *(978-0-593-22234-8(2)*, Grosset & Dunlap) Penguin Young Readers Group.

Everything's Changed. Julie Sternberg. Illus. by Johanna Wright. (Top-Secret Diary of Celie Valentine Ser.). (ENG.). 176p. (J). (gr. 3-7). 2020. pap. 9.99 *(978-1-68437-706-0(4))*; 2017. 16.95 *(978-1-62979-672-7(7))* Astra Publishing Hse. (Astra Young Readers).

Everything's Coming up Beatrix! A Breaking Cat News Adventure, Volume 6. Georgia Dunn. 2023. (Breaking Cat News Ser.: 6). (ENG., Illus.). 192p. (J). pap. 12.99 ***(978-1-5248-7974-7(6))*** Andrews McMeel Publishing.

Everything's Different: A Child's View of Covid-19 in the Classroom. Jeannette Davis. 2021. (ENG.). 26p. (J). pap. 13.95 *(978-1-9822-7682-9(7)*, Balboa Pr.) Author Solutions, LLC.

Everything's Jake. Christina Greer. 2019. (ENG.). 180p. (YA). (gr. 7-12). pap. 17.95 *(978-1-68433-259-5(1))* Black Rose Writing.

Everything's Not Fine. Sarah Carlson. 2020. 304p. (YA). (ENG.). 31.99 *(978-1-68442-411-5(9))*; pap. 17.99 *(978-1-68442-410-8(0))* Turner Publishing Co.

Everywhere Babies Padded Board Book. Susan Meyers. Illus. by Marla Frazee. 2016. (ENG.). 30p. (J). (— 1). bds. 10.99 *(978-0-544-79120-6(7)*, 1639294, Clarion Bks.) HarperCollins Pubs.

Everywhere Blue. Joanne Rossmassler Fritz. (Illus.). 256p. (J). (gr. 3-7). 2022. pap. 8.99 *(978-0-8234-5188-3(7))*; 2021. 17.99 *(978-0-8234-4862-3(2))* Holiday Hse., Inc.

Everywhere Everything Everyone. Katy Warner. 2021. (ENG.). 320p. (YA). (gr. 7). pap. 12.99 *(978-1-76050-461-8(0))* Hardie Grant Children?s Publishing AUS. Dist: Independent Pubs. Group.

Everywhere I Go, God Is with Me. Mikal Keefer. Illus. by Nomar Perez. 2017. (Best of Li'l Buddies Ser.). (ENG.). 16p. (J). bds. 6.99 *(978-1-4707-4857-9(6))* Group Publishing, Inc.

Everywhere with You. Carlie Sorosiak. Illus. by Devon Holzwarth. 2022. (ENG.). 40p. (J). (gr. -1-3). 18.99 *(978-1-5362-1497-0(3))* Candlewick Pr.

Everywhere, Wonder. Matthew Swanson. Illus. by Robbi Behr. 2017. (ENG.). 48p. (J). 18.99 *(978-1-250-08795-9(3)*, 900158205) Imprint IND. Dist: Macmillan.

Everywhere You Want to Be, 1 vol. Christina June. 2018. (ENG.). 288p. (YA). pap. 12.99 *(978-0-310-76333-8(9))* Blink.

Everywoman's Road: A Morality of Woman, Creator, Worker, Waster, Joy-Giver & Keeper of the Flame (Classic Reprint) Josephine Hammond. (ENG., Illus.). (J). 2018. 104p. 26.04 *(978-0-483-12221-5(1))*; 2016. pap. 9.57 *(978-1-333-51492-1(1))* Forgotten Bks.

Eve's Diary: Translated from the Original Ms. (Classic Reprint) Mark Twain, pseud. 2017. (ENG., Illus.). (J). 26.29 *(978-0-266-62873-6(7))* Forgotten Bks.

Evey's Favorite Day of the Week. Marsha Dirasenia Moss. 2021. (ENG., Illus.). 30p. (J). pap. 14.95 *(978-1-64140-700-7(X))* Christian Faith Publishing.

Evicted! The Struggle for the Right to Vote. Alice Faye Duncan. Illus. by Charly Palmer. 2022. (ENG.). 64p. (J). (gr. 4-7). 18.99 *(978-1-68437-979-8(2)*, Calkins Creek) Highlights Pr., c/o Highlights for Children, Inc.

Evidence in the Case of Dennis Donnelly, Indicted, Tried & Convicted of Murder in the First Degree, at Pottsville, Saturday, November 24th, 1877 (Classic Reprint) Dennis Donnelly. 2017. (ENG., Illus.). (J). 33.05 *(978-0-266-79388-5(6))*; pap. 16.57 *(978-1-5277-7189-5(X))* Forgotten Bks.

Evidence Taken by the Committee of the House of Representatives of the Commonwealth of Pennsylvania: Appointed (February, 1876,) to Investigate the Management of the House of Refuge (Classic Reprint) E. Z. Brailey. 2018. (ENG., Illus.). 662p. (J). 37.55 *(978-0-332-85038-2(2))* Forgotten Bks.

Evie: An 8 Year Old & a Tale to Tell. John Hancock. 2016. (ENG., Illus.). 19p. (J). pap. *(978-1-910223-86-4(7))* UK Bk. Publishing.

Evie Allen vs. the Quiz Bowl Zombies. Justina Ireland. Illus. by Tyler Champion. 2017. (Devils' Pass Ser.). (ENG.). 128p. (J). (gr. 4-8). lib. bdg. 25.99 *(978-1-4965-4988-4(0)*, 135880, Stone Arch Bks.) Capstone.

Evie & Alistair: Farmhouse Warriors. Rebecca McNew. 2017. (ENG., Illus.). (J). pap. 11.99 *(978-0-9990363-0-3(0))* Bent Branch Press.

Evie & the Strawberry Balloon Ride, 40 vols. Stefanie Dahle. 2020. (Evie the Strawberry Fairy Ser.: 2). (Illus.). 32p. (J). 16.95 *(978-1-78250-594-5(6))* Floris Bks. GBR. Dist: Consortium Bk. Sales & Distribution.

Evie & the Strawberry Patch Rescue, 30 vols. Stefanie Dahle. 2019. (Evie the Strawberry Fairy Ser.: 1). (Illus.). 24p. (J). 16.95 *(978-1-78250-560-0(1))* Floris Bks. GBR. Dist: Consortium Bk. Sales & Distribution.

Evie & the Strawberry Surprise, 30 vols. Stefanie Dahle. 2021. (Evie the Strawberry Fairy Ser.: 3). (Illus.). 32p. (J). 16.95 *(978-1-78250-638-6(1))* Floris Bks. GBR. Dist: Consortium Bk. Sales & Distribution.

Evie & the Truth about Witches. John Martz. 2021. (Illus.). 64p. (J). (gr. k-4). 12.99 *(978-0-7352-7100-5(3)*, Tundra Bks.) Tundra Bks. CAN. Dist: Penguin Random Hse. LLC.

Evie Anderson in a Plastic Soup. Michiel Kamphuis. 2020. (ENG.). 28p. (J). pap. *(978-1-78830-581-5(7))* Olympia Publishers.

Evie Scruffypup's Big Surprise (Magic Animal Friends #10), 1 vol. Daisy Meadows. 2016. (Magic Animal Friends Ser.: 1). (ENG., Illus.). 112p. (J). (gr. 2-5). pap. 4.99 *(978-0-545-94077-1(X)*, Scholastic Paperbacks) Scholastic, Inc.

Evie Scruffypup's Surprise. Daisy Meadows. 2016. (Magic Animal Friends Ser.: 10). lib. bdg. 14.75 *(978-0-606-38800-9(1))* Turtleback.

Evil Bizarre Creatures Coloring Book: An Adult Horror Coloring Book Featuring over 30 Pages of Giant Super Jumbo Large Designs of Evil Horror Creatures to Color for Fun & Boredom. Beatrice Harrison. 2020. (ENG.). 34p. (YA). pap. 7.86 *(978-1-716-54791-1(1))* Lulu Pr., Inc.

Evil Doll. Berengere Berte. 2019. (ENG.). 88p. (J). pap. *(978-0-244-75570-6(1))* Lulu Pr., Inc.

Evil Ecosystems, 1 vol. Michael Clark. 2017. (Strange Science & Explosive Experiments Ser.). (ENG.). 32p. (J). (gr. 4-5). 29.27 *(978-1-5383-2264-2(1)*, c818c1fd-340c-4b02-b997-cc4b0f8ecd16); pap. 12.75 *(978-1-5383-2360-1(5)*, 6b3850bd-3790-42fe-a427-f38603ae54a7) Rosen Publishing Group, Inc., The. (PowerKids Pr.).

Evil Genius. Wilkie Collins. 2017. (ENG.). 324p. (J). pap. *(978-3-7447-4967-1(3))* Creation Pubs.

Evil Genius: A Domestic Story (Classic Reprint) Wilkie Collins. 2018. (ENG., Illus.). 470p. (J). 33.61 *(978-0-267-16674-9(5))* Forgotten Bks.

Evil Genius, Vol. 1 Of 3: A Domestic Story (Classic Reprint) Wilkie Collins. 2018. (ENG., Illus.). 290p. (J). 29.88 *(978-0-483-25971-3(3))* Forgotten Bks.

Evil Genius, Vol. 2 Of 3: A Domestic Story (Classic Reprint) Wilkie Collins. 2018. (ENG., Illus.). 314p. (J). 30.37 *(978-0-267-44539-4(3))* Forgotten Bks.

Evil Genius, Vol. 3 Of 3: A Domestic Story (Classic Reprint) Wilkie Collins. 2018. (ENG., Illus.). 274p. (J). 29.57 *(978-0-483-66214-8(3))* Forgotten Bks.

Evil in My Dream. Madeline McDowell. 2020. (ENG.). 68p. (J). pap. 5.00 *(978-1-953507-10-5(7))* Brightlings.

Evil Invasion: An Unofficial Minetrapped Adventure, #5, 5. Winter Morgan. 2016. (Unofficial Minetrapped Adventure Ser.: 5). (ENG., Illus.). 112p. (J). (gr. 1-7). pap. 7.99 *(978-1-5107-0601-9(1)*, Sky Pony Pr.) Skyhorse Publishing Co., Inc.

Evil Klown Survival Guide: Preparing for a Terrorklowns Invasion. J. Lee Dodson. 2017. (ENG., Illus.). 212p. (J). pap. *(978-1-909587-31-1(1))* Grimlock Pr.

Evil Mutant Pumpkin: Book 2: Beneath Bellcamp. Dustin Keirstead. Illus. by Colin Green. 2020. (ENG.). 114p. (J). (gr. 3-6). pap. 17.95 *(978-1-64388-552-0(9))* Luminare Pr., LLC.

Evil Occupants of Easingdale Castle. Ray Filby. 2019. (ENG., Illus.). 208p. (YA). pap. *(978-1-9996835-8-0(7))* Midhurst.

Evil Princess vs. the Brave Knight (Book 1) Jennifer L. Holm. Illus. by Matthew Holm. 2019. (ENG.). 40p. (J). (gr. -1-2). 17.99 *(978-1-5247-7134-8(1)*, Random Hse. Bks. for Young Readers) Random Hse. Children's Bks.

Evil Princess vs. the Brave Knight: Take Turns. Jennifer L. Holm. Illus. by Matthew Holm. 2020. (Step into Reading Ser.). (ENG.). 32p. (J). (gr. -1-1). pap. 4.99 *(978-1-5247-7137-9(6))*; lib. bdg. 14.99 *(978-1-5247-7138-6(4))* Random Hse. Children's Bks. (Random Hse. Bks. for Young Readers).

Evil Princess vs. the Brave Knight Take Turns. Jennifer Holm. ed. 2020. (Step into Reading Ser.). (ENG., Illus.). 32p. (J). (gr. k-1). 14.96 *(978-1-64697-453-5(0))* Penworthy Co., LLC, The.

Evil Queen. Gena Showalter. (Forest of Good & Evil Ser.: 1). (ENG., Illus.). (YA). 2020. 576p. pap. 12.99 *(978-1-335-05022-9(1))*; 2019. 544p. 19.99 *(978-1-335-54224-3(8))* Harlequin Enterprises ULC CAN. Dist: HarperCollins Pubs.

Evil Sister. Atriana Clements. 2023. (ENG.). 58p. (YA). pap. 13.99 ***(978-1-6657-4466-9(9))*** Archway Publishing.

Evil Speaks. Sandra Woffington. 2017. (Warriors & Watchers Saga Ser.: Vol. 1). (ENG., Illus.). (J). 26.49 *(978-1-944650-02-5(4))* Red Summit Pubs.

Evil Thing: A Villains Graphic Novel. Serena Valentino. Illus. by Arielle Jovellanos. 2021. (Villains Ser.). (ENG.). 128p. (YA). (gr. 7-12). 21.99 *(978-1-368-06816-1(2)*, Disney-Hyperion) Disney Publishing Worldwide.

Evil Thing-Villains, Book 7. Serena Valentino. 2020. (Villains Ser.: 7). (ENG.). 352p. (YA). (gr. 7-12). 17.99 *(978-1-368-00903-4(4)*, Disney-Hyperion) Disney Publishing Worldwide.

Evil Wind. Brian Crawford. 2017. (Survive Ser.). (ENG.). 192p. (YA). (gr. 5-12). lib. bdg. 31.42 *(978-1-68076-732-2(1)*, 25398, Epic Escape) EPIC Pr.

Evil Wizard Smallbone. Delia Sherman. 2018. (ENG.). 416p. (J). (gr. 3-7). pap. 8.99 *(978-1-5362-0365-3(3))* Candlewick Pr.

Evils of the Cities: A Series of Practical & Popular Discourses Delivered in the Brooklyn Tabernacle (Classic Reprint) T. De Witt Talmage. 2017. (ENG., Illus.). (J). 33.22 *(978-0-265-49896-5(1))* Forgotten Bks.

Evolución Musical. Ed. by Ana Andrés & José Salazar. Illus. by Mya Warden. 2022. (SPA.). 120p. (J). pap. 9.00 *(978-1-956594-10-2(8))* Puentes.

Evolution. 2023. (ENG.). 303p. (YA). ***(978-1-312-46448-3(8))*** Lulu Pr., Inc.

E

For book reviews, descriptive annotations, tables of contents, cover images, author biographies & additional information, updated daily, subscribe to **www.booksinprint.com** 615

Evolution. Steffi Cavell-Clarke. 2019. (Extreme Facts Ser.). (ENG.). 24p. (J). (gr. k-6). pap. 7.99 *(978-1-78637-818-7(3))* BookLife Publishing Ltd. GBR. Dist: Independent Pubs. Group.

Evolution, 1 vol. Rachel Keranen. 2016. (Great Discoveries in Science Ser.). (ENG., Illus.). 128p. (J). (gr. 9-9). 47.36 *(978-1-5026-1951-8(2),* 14694e07-79ae-42cd-8946-b8cbc1cd9d5c) Cavendish Square Publishing LLC.

Evolution. Teri Terry. 2021. (Dark Matter Trilogy Ser.). (ENG.). 416p. (YA). (gr. 7). pap. 12.99 *(978-1-62354-139-2(5),* Charlesbridge Teen) Charlesbridge Publishing, Inc.

Evolution. Joanne Wiess. Illus. by Gwen Wiess. 2022. (Angel Academy Ser.). (ENG.). 30p. (YA). pap. 14.95 *(978-1-68570-164-2(7))* Christian Faith Publishing.

Evolution: An Investigation & a Critique. Theodore Graebner. 2017. (ENG., Illus.). (J). 22.95 *(978-1-374-95819-7(0))*; pap. 12.95 *(978-1-374-95818-0(2))* Capital Communications, Inc.

Evolution: Arazi Crossing Book One. Carolyn Hockley. 2016. (ENG., Illus.). (J). pap. *(978-0-9950593-0-6(6))* Wizardry of Wordz.

Evolution: How Life Adapts to a Changing Environment with 25 Projects. Carla Mooney. Illus. by Alexis Cornell. 2017. (Build It Yourself Ser.). 128p. (J). (gr. 4-6). (ENG.). 22.95 *(978-1-61930-597-7(6),* 6ebb0f4a-fed6-448a-81b5-781c83d8903d); pap. 17.95 *(978-1-61930-601-1(8),* c7e63085-a210-4043-a40a-494d2e7bdba8) Nomad Pr.

Evolution: The Story of Life on Earth. Matthew Blake. Illus. by Peter Minister. 2020. (ENG.). 96p. (J). 19.99 *(978-1-913077-72-3(1),* 62ac5eab-bbdf-400a-8d01-6275e7c24087, Beetle Bks.) Hungry Tomato Ltd. GBR. Dist: Baker & Taylor Publisher Services (BTPS).

Evolution & True Light (Classic Reprint) William W. Dunn. (ENG., Illus.). (J). 2019. 170p. 27.42 *(978-0-365-25672-4(2))*; 2017. pap. 9.97 *(978-0-259-53446-4(3))* Forgotten Bks.

Evolution for Babies. Chris Ferrie & Cara Florance. 2018. (Baby University Ser.: 0). (Illus.). 24p. (J). (gr. -1-k). bds. 9.99 *(978-1-4926-7115-2(0))* Sourcebooks, Inc.

Evolution for Smart Kids: A Little Scientist's Guide to the Origins of Life. Carlos Pazos. 2020. (Future Geniuses Ser.: 2). (Illus.). 28p. (J). (gr. -1-2). bds. 8.99 *(978-1-5107-5412-6(1),* Sky Pony Pr.) Skyhorse Publishing Co., Inc.

Evolution from Gills to Lungs Coloring Book. Creative Playbooks. 2016. (ENG., Illus.). (J). pap. 7.74 *(978-1-68323-812-6(5))* Twin Flame Productions.

Evolution of a Girl's Ideal: A Little Record of the Ripening of the Affections to the Time of Love's Coming (Classic Reprint) Clara Elizabeth Laughlin. (ENG., Illus.). (J). 2018. 68p. 25.32 *(978-0-484-58423-4(5))*; 2017. pap. 9.57 *(978-0-243-98662-0(9))* Forgotten Bks.

Evolution of a Teacher (Classic Reprint) Ella Gilbert Ives. (ENG., Illus.). (J). 2018. 208p. 28.19 *(978-0-483-97474-6(9))*; 2016. pap. 10.57 *(978-1-334-13380-0(8))* Forgotten Bks.

Evolution of Agricultural Technology, 1 vol. Paula Johanson & Paula Marie. 2018. (Evolving Technology Ser.). (ENG., Illus.). 64p. (J). (gr. 6-7). lib. bdg. 34.29 *(978-1-5383-0279-8(9),* 0e626453-84e0-4a35-a779-ee996cdb376d, Britannica Educational Publishing) Rosen Publishing Group, Inc., The.

Evolution of Amphibians. Andrea Pelleschi. 2018. (Animal Evolution Ser.). (ENG., Illus.). 112p. (J). (gr. 6-12). lib. bdg. 41.36 *(978-1-5321-1662-9(4),* 30576, Essential Library) ABDO Publishing Co.

Evolution of Animals Coloring Book. Activibooks For Kids. 2016. (ENG., Illus.). (J). pap. 9.20 *(978-1-68321-732-9(2))* Mimaxion.

Evolution of Bird-Song. Charles A. Witchell. 2017. (ENG.). (J). 276p. pap. *(978-3-337-18080-5(9))*; 272p. pap. *(978-3-7447-6725-5(6))* Creation Pubs.

Evolution of Bird-Song: With Observations on the Influence of Heredity & Imitation (Classic Reprint) Charles A. Witchell. 2018. (ENG., Illus.). 270p. (J). 29.47 *(978-0-666-01424-5(8))* Forgotten Bks.

Evolution of Birds. Carol Hand. 2018. (Animal Evolution Ser.). (ENG., Illus.). 112p. (J). (gr. 6-12). lib. bdg. 41.36 *(978-1-5321-1663-6(2),* 30578, Essential Library) ABDO Publishing Co.

Evolution of Calpurnia Tate see Evolución de Calpurnia Tate

Evolution of Calpurnia Tate. Jacqueline Kelly. 2018. (CHI.). (J). (gr. 5-9). pap. *(978-7-221-14182-8(7))* Guizhou People's Publishing Hse.

Evolution of Computer Technology, 1 vol. Haq Kamar. 2018. (Evolving Technology Ser.). (ENG.). 64p. (gr. 6-7). lib. bdg. 34.29 *(978-1-5383-0282-8(9),* 12e19194-a3c8-4c63-966c-1565b4d9c31b, Britannica Educational Publishing) Rosen Publishing Group, Inc., The.

Evolution of Dodd: A His Struggle (Classic Reprint) William Hawley Smith. 2018. (ENG., Illus.). 246p. (J). 28.99 *(978-0-364-11119-2(4))* Forgotten Bks.

Evolution of Dodd's Sister. Charlotte Whitney Eastman. 2017. (ENG.). 234p. (J). pap. *(978-3-337-09535-2(6))* Creation Pubs.

Evolution of Dodd's Sister: A Tragedy of Everyday Life (Classic Reprint) Charlotte Whitney Eastman. (ENG., Illus.). (J). 2018. 232p. 28.68 *(978-0-428-73477-0(4))*; 2016. pap. 11.57 *(978-1-334-13187-5(2))* Forgotten Bks.

Evolution of Fish. Carol Hand. 2018. (Animal Evolution Ser.). (ENG., Illus.). 112p. (J). (gr. 6-12). lib. bdg. 41.36 *(978-1-5321-1664-3(0),* 30580, Essential Library) ABDO Publishing Co.

Evolution of Government, Vol. 8. Larry Gillespie. 2018. (Systems of Government Ser.). (Illus.). 96p. (J). (gr. 7). 34.60 *(978-1-4222-4018-2(5))* Mason Crest.

Evolution of Humans According to Uncle Charles - Understanding Life Systems - Growth & Changes in Animals. Professor Beaver. 2017. (ENG., Illus.). 64p. (J). pap. 9.52 *(978-0-2282-2867-7(0),* Professor Beaver) Speedy Publishing LLC.

Evolution of Insects. Christine Evans. 2018. (Animal Evolution Ser.). (ENG., Illus.). 112p. (J). (gr. 6-12). lib. bdg. 41.36 *(978-1-5321-1665-0(9),* 30582, Essential Library) ABDO Publishing Co.

Evolution of Jeremy Warsh. Jess Moore. 2018. (ENG., Illus.). 354p. (YA). pap. 16.99 *(978-1-949909-55-5(7))* NineStar Pr.

Evolution of Living Things Coloring Book. Activity Book Zone for Kids. 2016. (ENG., Illus.). (J). pap. 9.20 *(978-1-68376-285-0(1))* Sabeels Publishing.

Evolution of Mammals. Sue Bradford Edwards. 2018. (Animal Evolution Ser.). (ENG., Illus.). 112p. (J). (gr. 6-12). lib. bdg. 41.36 *(978-1-5321-1666-7(7),* 30584, Essential Library) ABDO Publishing Co.

Evolution of Max Fresh. Michelle St Claire. Ed. by Msb Editing Services. 2019. (Beautifully Unbroken Ser.: Vol. 3). (ENG.). 174p. (YA). (gr. 7-12). 22.98 *(978-1-945891-56-4(4))* May 3rd Bks., Inc.

Evolution of Medical Technology, 1 vol. Hillary Dodge. 2018. (Evolving Technology Ser.). (ENG.). 64p. (gr. 6-7). lib. bdg. 34.29 *(978-1-5383-0324-5(8),* d05046b0-7425-41e2-8ca1-3fdd3ff88eea, Britannica Educational Publishing) Rosen Publishing Group, Inc., The.

Evolution of Military Technology, 1 vol. Gina Hagler & Linda R. Baker. 2018. (Evolving Technology Ser.). (ENG.). 64p. (gr. 6-7). lib. bdg. 34.29 *(978-1-5383-0285-9(3),* fef67db4-8d32-467e-a6dc-446995e1dbf2, Britannica Educational Publishing) Rosen Publishing Group, Inc., The.

Evolution of Ocean Life Coloring Book. Jupiter Kids. 2018. (ENG., Illus.). 106p. (J). pap. 12.55 *(978-1-68326-993-9(4),* Jupiter Kids (Childrens & Kids Fiction)) Speedy Publishing LLC.

Evolution of Organisms Coloring Book. Smarter Activity Books for Kids. 2016. (ENG., Illus.). (J). pap. 9.22 *(978-1-68374-051-3(3))* Examined Solutions PTE. Ltd.

Evolution of Painting see Wie Entstand die Malerei

Evolution of Peter Moore (Classic Reprint) Dale Drummond. 2018. (ENG., Illus.). 314p. (J). 30.39 *(978-0-483-83998-4(1))* Forgotten Bks.

Evolution of Plant Life: Lower Forms. George Massee. 2017. (ENG., Illus.). (J). pap. *(978-0-649-57916-7(X))* Trieste Publishing Pty Ltd.

Evolution of Reptiles. Sue Bradford Edwards. 2018. (Animal Evolution Ser.). (ENG., Illus.). 112p. (J). (gr. 6-12). lib. bdg. 41.36 *(978-1-5321-1667-4(5),* 30586, Essential Library) ABDO Publishing Co.

Evolution of Sound: A Part of the Problem of Human Life Here & Hereafter; Containing a Review of Tyndall, Helmholtz, & Mayer (Classic Reprint) Alexander Wilford Hall. (ENG., Illus.). (J). 2018. 286p. 29.80 *(978-0-332-04905-2(1))*; 2016. pap. 13.57 *(978-1-333-12294-2(2))* Forgotten Bks.

Evolution of the Beetle Coloring Book. Creative Playbooks. 2016. (ENG., Illus.). (J). pap. 7.74 *(978-1-68323-886-7(9))* Twin Flame Productions.

Evolution of the Earth & Its Inhabitants: A Series of Lectures Delivered Before the Yale Chapter of the SIGMA 11 During the Academic Year 1916-1917 (Classic Reprint) Joseph Barrell. 2018. (ENG., Illus.). 254p. (J). 29.14 *(978-0-365-27024-9(5))* Forgotten Bks.

Evolution of the Modern Concept of School Discipline: Thesis Presented to the Faculty of the Graduate School of the University of Pennsylvania in Partial Fulfillment of the Requirements for the Degree of Doctor of Philosophy (Classic Reprint) Quincy A. Kuehner. 2018. (ENG., Illus.). 70p. (J). 25.34 *(978-0-364-00218-6(2))* Forgotten Bks.

Evolution of the Modern Concept of School Discipline. Thesis. Quincy A. Kuehner. 2017. (ENG., Illus.). (J). pap. *(978-0-649-33339-4(X))* Trieste Publishing Pty Ltd.

Evolution of Transportation Technology, 1 vol. Joss Lake. 2018. (Evolving Technology Ser.). (ENG.). 64p. (gr. 6-7). lib. bdg. 34.29 *(978-1-5383-0287-3(X),* fe1e2690-75e4-45e2-8e0c-c82ce7519171, Britannica Educational Publishing) Rosen Publishing Group, Inc., The.

Evolution of Video Games - Technology Books Children's Reference & Nonfiction. Baby Professor. 2017. (ENG., Illus.). 64p. (J). pap. 9.52 *(978-1-5419-1481-0(3),* Baby Professor (Education Kids)) Speedy Publishing LLC.

Evolution Revolution. Robert M. L. Winston. 2016. (DK Big Questions Ser.). (ENG., Illus.). 96p. (J). (gr. 3-5). 26.19 *(978-1-4844-8141-7(0))* Dorling Kindersley Publishing, Inc.

Evolution Under Pressure: How We Change Nature & How Nature Changes Us. Yolanda Ridge. Illus. by Dane Thibeault. 2023. 124p. (J). (gr. 5-8). 21.99 *(978-1-77321-751-2(8))*; pap. 14.99 *(978-1-77321-752-9(6))* Annick Pr., Ltd. CAN. Dist: Publishers Group West (PGW).

Evolutions. Raphaël Martin & Henri Cap. Illus. by Fred L. 2022. (ENG.). 40p. (J). 18.99 *(978-0-7643-6386-3(7),* 26907) Schiffer Publishing, Ltd.

Evolved. Shade Owens. 2022. (Immortal Ones Ser.: Vol. 2). (ENG.). 348p. (YA). pap. 13.99 ***(978-1-990271-88-5(X))*** Red Raven Publishing.

Evolving Technology (Set), 10 vols. 2018. (Evolving Technology Ser.). (ENG.). 64p. (gr. 6-7). lib. bdg. 171.45 *(978-1-5383-0314-6(0),* 37fd2881-d912-435a-9df1-02b2e2f95128) Rosen Publishing Group, Inc., The.

Evonne Goolagong (Little People, Big Dreams) Maria Isabel Sanchez Vegara. Illus. by Lisa Koesterke. ed. 2020. (Little People, BIG DREAMS Ser.: 36). (ENG.). 32p. (J). (gr. -1-2). 14.99 *(978-0-7112-4585-3(1),* 329410, Frances Lincoln Children's Bks.) Quarto Publishing Group UK GBR. Dist: Hachette UK Distribution.

Evren Council. Melissa Quinn. 2021. (ENG.). 52p. (YA). pap. 6.00 *(978-1-0879-5333-5(2))* Indy Pub.

Ev'ry Flow'r Can Burn. Bianca Isabella Uy Venzon. 2019. (ENG.). 234p. (YA). *(978-1-5255-4919-9(7))*; pap. *(978-1-5255-4920-5(0))* FriesenPress.

Ewa a Tale of Korea (Classic Reprint) W. Arthur Noble. 2017. (ENG., Illus.). (J). 31.40 *(978-1-5280-4680-0(3))* Forgotten Bks.

Ewe Got Problems? Sydni Phillips. 2019. (ENG., Illus.). 34p. (J). 23.95 *(978-1-64300-363-4(1))*; pap. 13.95 *(978-1-64300-362-7(3))* Covenant Bks.

Ewes in the Queue: Learn 10 Ways to Spell the Long U Sound. Karen Sandelin & Amber Williams. 2019. (ENG., Illus.). 38p. (J). pap. *(978-0-6483102-5-9(6))* Clever Speller Pty, Limited.

Ewige Liebe. Jm Mercedes. 2021. (GER.). 128p. (YA). pap. 12.99 *(978-1-393-32619-9(6))* Draft2Digital.

Ewing's Lady (Classic Reprint) Harry Leon Wilson. 2017. (ENG., Illus.). (J). 30.74 *(978-1-5282-8524-7(7))* Forgotten Bks.

Eww! What Is That Smell? Book of Smells for Children to Identify - Baby & Toddler Sense & Sensation Books. Baby Professor. 2017. (ENG., Illus.). (J). pap. 7.89 *(978-1-68326-781-2(8),* Baby Professor (Education Kids)) Speedy Publishing LLC.

Ewww! Susan Gentz. Illus. by Kelbryn VanGundy. 2022. (ENG.). 30p. (J). pap. 12.99 ***(978-1-0880-3793-5(3))*** Indy Pub.

Ewww! Lulu Meets the King of Poo. Janice Maximov Condon. Illus. by Steve Ferchaud & Chris Ficken. 2021. (ENG.). 36p. (J). pap. 14.95 ***(978-1-7369608-4-4(9))*** Jans Lulu Bks.

Ex-Communication: Love Gone Wrong. Chyna T. Ed. by Ebony Thomas. 2023. (ENG.). 328p. (YA). pap. 25.00 ***(978-1-312-41291-0(7))*** Lulu Pr., Inc.

Ex Libris University of California Los Angeles: The Olive Percival Collection of Children's Books (Classic Reprint) Unknown Author. 2018. (ENG., Illus.). 192p. (J). 27.86 *(978-0-364-74825-1(7))* Forgotten Bks.

Exact Location of Home. Kate Messner. (ENG.). (J). 2018. 272p. pap. 8.99 *(978-1-68119-898-9(3),* 900191676, Bloomsbury Children's Bks.); 2017. 256p. 16.99 *(978-1-68119-548-3(8),* 900177288, Bloomsbury USA Childrens) Bloomsbury Publishing USA.

Exact Opposite of Okay. Laura Steven. 2019. (ENG.). 352p. (YA). (gr. 9). 17.99 *(978-0-06-287752-9(6),* HarperTeen) HarperCollins Pubs.

Exactamente lo Opuesto, 6 bks., Set. Sharon Gordon. Incl. Arriba, Abajo (up, Down) lib. bdg. 25.50 *(978-0-7614-2369-0(9),* a449db45-1be9-45a5-95c3-95ecfacce9ba); Duro, Blando (Hard, Soft) lib. bdg. 25.50 *(978-0-7614-2368-3(0),* ee981e10-202d-411b-bd7e-97638fc06451); Grande, Pequeno (Big, Small) lib. bdg. 25.50 *(978-0-7614-2364-5(8),* 18668f7b-abaa-4ab5-abc8-170939c31ba0); Mojado, Seco (Wet, Dry) lib. bdg. 25.50 *(978-0-7614-2370-6(2),* 627444d3-31b6-4961-936c-7f75ceaae11d); Rapido, Lento (Fast, Slow) lib. bdg. 25.50 *(978-0-7614-2367-6(2),* 8e3a2a49-9830-474b-97b7-88c66e82fba2); Sucio, Limpio (Dirty, Clean) lib. bdg. 25.50 *(978-0-7614-2365-2(6),* eb087f62-1791-4696-9d4f-739faa124c48); (Illus.). 24p. (gr. k-1). 2008. (Bookworms — Spanish Editions: Exactamente lo Opuesto Ser.). (SPA.). 2006. lib. bdg. *(978-0-7614-2363-8(X),* Cavendish Square) Cavendish Square Publishing LLC.

Exactly Where You Need to Be. Amelia Diane Coombs. 2022. (ENG.). 320p. (YA). (gr. 9). 18.99 *(978-1-5344-9354-4(9),* Simon & Schuster Bks. For Young Readers) Simon & Schuster Bks. For Young Readers.

Exactly You! the Shape of Your Feelings. Sarah Krajewski. 2020. (ENG.). 34p. (J). 20.00 *(978-1-64538-184-6(6))*; pap. 12.99 *(978-1-64538-191-4(9))* Orange Hat Publishing.

Exalted. Kaitlyn Sage Patterson. 2019. (Alskad Empire Chronicles Ser.: 2). (ENG.). 496p. (YA). 18.99 *(978-1-335-01757-4(7))* Harlequin Enterprises ULC CAN. Dist: HarperCollins Pubs.

Exam Warriors. Narendra Modi. 2019. (ENG., Illus.). 208p. pap. 14.95 *(978-0-14-344150-2(7),* Penguin Enterprise) Penguin Bks. India PVT, Ltd IND. Dist: Independent Pubs. Group.

Examen Book: Exploring Every Day with God. Paul Mitchell. Illus. by Katie Broussard. 2022. (ENG.). 32p. (J). pap. 14.99 *(978-0-8294-5127-6(7))* Loyola Pr.

Examen des Nouvelles Fables de Babrius: Decouvertes en Grece (Classic Reprint) Minoide Minas. 2018. (FRE., Illus.). (J). 20p. 24.31 *(978-0-428-53381-6(7))*; 22p. pap. 7.97 *(978-0-428-07252-0(6))* Forgotten Bks.

Examens Particuliers Sur Divers Sujets, Vol. 1: Propres Aux Ecclesiastiques, et a Toutes les Personnes Qui Veulent S'Avancer Dans la Perfection (Classic Reprint) Louis Tronson. 2017. (FRE., Illus.). (J). pap. 13.57 *(978-0-282-71095-8(7))* Forgotten Bks.

Examens Particuliers Sur Divers Sujets, Vol. 1: Propres Aux Ecclésiastiques, et à Toutes les Personnes Qui Veulent S'Avancer Dans la Perfection (Classic Reprint) Louis Tronson. 2018. (FRE., Illus.). 332p. (J). 30.83 *(978-0-656-18583-2(X))* Forgotten Bks.

Examination of Dr. Burnet's Theory of the Earth: With Some Remarks on Mr. Whiston's New Theory of the Earth; Also an Examination Fo the Reflections on the Theory of the Earth; & a Defence of the Remarks on Mr. Whiston's New Theory (Classic Reprint) John Keill. 2018. (ENG., Illus.). (J). 424p. 32.64 *(978-1-396-35749-7(1))*; 426p. pap. 16.57 *(978-1-390-97461-4(8))* Forgotten Bks.

Examination of Water for Sanitary & Technic Purposes (Classic Reprint) Henry Leffmann. (ENG., Illus.). (J). 2017. 27.18 *(978-0-265-48556-9(8))*; 2016. pap. 9.57 *(978-1-334-16584-9(X))* Forgotten Bks.

Examination of Water for Sanitary & Technical Purposes. Henry Leffmann & William Beam. 2017. (ENG., Illus.). (J). pap. *(978-3-7446-4955-1(5))* Creation Pubs.

Examination of Water for Sanitary & Technical Purposes (Classic Reprint) Henry Leffmann. 2017. (ENG., Illus.). (J). 27.09 *(978-0-265-36703-2(4))* Forgotten Bks.

Examine Minerals. Christine Petersen. 2019. (Geology Rocks! Ser.). (ENG., Illus.). 32p. (J). (gr. 3-6). lib. bdg. 32.79 *(978-1-5321-9172-5(3),* 33518, Checkerboard Library) ABDO Publishing Co.

Examining Assimilation, 1 vol. Emilly Prado. 2018. (Racial Literacy Ser.). (ENG.). 80p. (gr. 7-7). 37.60 *(978-1-9785-0469-1(1),* d5bc07b4-1e63-49e8-98c3-d656bf708907) Enslow Publishing, LLC.

Examining Biochemical Reactions, 1 vol. Ed. by Louise Eaton & Kara Rogers. 2017. (Building Blocks of Life Ser.). (ENG., Illus.). 328p. (J). (gr. 10-10). lib. bdg. 47.59 *(978-1-5383-0006-0(0),* 8761c321-c200-4a63-8ef2-996ec1fa0fc9) Rosen Publishing Group, Inc., The.

Examining Cells, 1 vol. Ed. by Louise Eaton & Kara Rogers. 2017. (Building Blocks of Life Ser.). (ENG.). 288p. (YA). (gr. 10-10). lib. bdg. 47.59 *(978-1-5383-0007-7(9),* a1526ba4-7886-4d85-af34-94f1f60be403) Rosen Publishing Group, Inc., The.

Examining Fungi & Protists, 1 vol. Ed. by Louise Eaton & Kara Rogers. 2017. (Building Blocks of Life Ser.). (ENG., Illus.). 264p. (J). (gr. 10-10). lib. bdg. 47.59 *(978-1-5383-0008-4(7),* 1a53447a-e751-476e-9061-beb6e3543b5a) Rosen Publishing Group, Inc., The.

Examining Give Me Liberty or Give Me Death by Patrick Henry, 1 vol. Alex David. 2020. (American Debates & Speeches Ser.). (ENG.). 64p. (gr. 7-7). pap. 16.24 *(978-1-9785-1506-2(5),* 9aed1dc4-4f63-4774-9704-68285b1b5a46) Enslow Publishing, LLC.

Examining Mixtures & Solutions. Jessica Rusick. 2022. (Kid Chemistry Lab Ser.). (ENG., Illus.). 32p. (J). (gr. 3-6). lib. bdg. 32.79 *(978-1-5321-9899-1(X),* 39563, Checkerboard Library) ABDO Publishing Co.

Examining Political Systems: Set, 16 vols. 2019. (Examining Political Systems Ser.). (ENG.). 64p. (J). (gr. 6-6). lib. bdg. 289.04 *(978-1-4994-6758-1(3),* fa52c8c8-1969-4563-a115-ee39e28275e3, Rosen Reference) Rosen Publishing Group, Inc., The.

Examining the Federalist & Anti-Federalist Debates, 1 vol. Alex David. 2020. (American Debates & Speeches Ser.). (ENG.). 64p. (gr. 7-7). pap. 16.24 *(978-1-9785-1512-3(X),* 0908abfb-26e8-4472-9dc8-f74da1aee7d0) Enslow Publishing, LLC.

Examining Viruses & Bacteria, 1 vol. Ed. by Louise Eaton & Kara Rogers. 2017. (Building Blocks of Life Ser.). (ENG.). 272p. (YA). (gr. 10-10). lib. bdg. 47.59 *(978-1-5383-0009-1(5),* 342cb5c0-e163-49d0-89b4-e23ddb207ae5) Rosen Publishing Group, Inc., The.

Examples of Goodness: Narrated for the Young (Classic Reprint) Unknown Author. (ENG., Illus.). (J). 2018. 242p. 28.91 *(978-0-484-82619-8(0))*; 2016. pap. 11.57 *(978-1-334-13801-0(X))* Forgotten Bks.

Examples of Goodness: Narrated for the Young (Classic Reprint) Davis Porter and Company. 2017. (ENG., Illus.). (J). 26.45 *(978-0-265-68270-8(3))*; pap. 9.57 *(978-1-5276-5473-0(7))* Forgotten Bks.

Excalibur, 1923, Vol. 5 (Classic Reprint) Van Wert High School. (ENG., Illus.). (J). 2018. 150p. 27.01 *(978-0-428-67914-9(5))*; 2017. pap. 9.57 *(978-0-259-94882-7(9))* Forgotten Bks.

Excalibur Curse. Kiersten White. 2022. (Camelot Rising Trilogy Ser.: 3). (ENG.). 368p. (YA). (gr. 7). pap. 12.99 *(978-0-525-58178-9(2),* Ember) Random Hse. Children's Bks.

Excalibur Epic Collection - The Sword Is Drawn. Chris Claremont & Marvel Various. Illus. by Marvel Various & Alan Davis. 2022. 496p. (gr. 4-17). pap. 44.99 *(978-1-302-94683-8(8),* Marvel Universe) Marvel Worldwide, Inc.

Excavation: Machinery Methods & Costs; Including a Revision of Excavating Machinery (Classic Reprint) Allen Boyer McDaniel. 2017. (ENG., Illus.). (J). 35.57 *(978-0-266-25563-5(9))* Forgotten Bks.

Excavation Exploration (Set), 6 vols. 2018. (Excavation Exploration Ser.). (ENG.). 32p. (J). (gr. 3-6). lib. bdg. 196.74 *(978-1-5321-1522-6(9),* 28898, Checkerboard Library) ABDO Publishing Co.

Excavator. Samantha Bell. 2018. (21st Century Basic Skills Library: Level 1: Welcome to the Construction Site Ser.). (ENG., Illus.). 24p. (J). (gr. k-3). lib. bdg. 30.64 *(978-1-5341-2917-7(0),* 211712) Cherry Lake Publishing.

Excavators. Quinn M. Arnold. 2018. (Amazing Machines Ser.). (ENG., Illus.). 24p. (J). (gr. 1-3). pap. 10.99 *(978-1-62832-505-8(4),* 19563, Creative Paperbacks); *(978-1-60818-889-5(2),* 19562, Creative Education) Creative Co., The.

Excavators. Kathryn Clay. 2017. (Construction Vehicles at Work Ser.). (ENG., Illus.). 24p. (J). (gr. -1-2). lib. bdg. 22.65 *(978-1-5157-8015-1(5),* 136054, Pebble) Capstone.

Excavators. Julie Murray. 2018. (Construction Machines (Dash!) Ser.). (ENG., Illus.). 24p. (J). (gr. k-4). lib. bdg. 31.36 *(978-1-5321-2517-1(8),* 30043, Abdo Zoom-Dash) ABDO Publishing Co.

Excavators. Aubrey Zalewski. 2019. (Construction Vehicles Ser.). (ENG., Illus.). 24p. (J). (gr. 1-1). pap. 8.95 *(978-1-64494-005-1(1),* 1644940051) North Star Editions.

Excavators. Aubrey Zalewski. 2019. (Construction Vehicles (POP) Ser.). (ENG., Illus.). 24p. (J). (gr. k-3). lib. bdg. 31.36 *(978-1-5321-6332-6(0),* 31979, Pop! Cody Koala) Pop!.

Excavators: Children's Cars & Trucks Book. Bold Kids. 2022. (ENG.). 42p. (J). pap. 15.99 ***(978-1-0717-0968-9(2))*** FASTLANE LLC.

Excavator's 123: Goodnight, Goodnight, Construction Site. Ethan Long & Sherri Duskey Rinker. 2019. (Goodnight, Goodnight, Construc Ser.). (ENG., Illus.). 20p. (J). (gr. -1 — 1). bds. 6.99 *(978-1-4521-5316-2(7))* Chronicle Bks. LLC.

Excavators & Diggers, 1 vol. Nicholle Carrière. 2016. (Mega Machines Ser.). (ENG., Illus.). 64p. (J). pap. 6.99 *(978-1-926700-65-6(1),* 5a3ef9dc-5c6c-446f-b3dd-db1cb0843e64) Blue Bike Bks. CAN. Dist: Lone Pine Publishing USA.

Excellence in STEM. Virginia Loh-Hagan. 2022. (21st Century Skills Library: Racial Justice in America: AAPI Excellence & Achievement Ser.). (ENG., Illus.). 32p. (J). (gr. 5-8). pap. 14.21 *(978-1-6689-1093-1(4),* 221038); lib. bdg. 32.07 *(978-1-6689-0933-1(2),* 220900) Cherry Lake Publishing.

Excellence in STEM. Hedreich Nichols & Kelisa Wing. 2022. (21st Century Skills Library: Racial Justice in America: Excellence & Achievement Ser.). (ENG., Illus.). 32p. (J). (gr. 5-8). pap. 14.21 *(978-1-6689-0046-8(7),* 220137); lib. bdg. 32.07 *(978-1-5341-9932-3(2),* 219993) Cherry Lake Publishing.

Excellence in the Arts. Virginia Loh-Hagan. 2022. (21st Century Skills Library: Racial Justice in America: AAPI

TITLE INDEX

EXILES & THIEVES

Excellence & Achievement Ser.). (ENG., Illus.). 32p. (J). (gr. 5-8). pap. 14.21 *(978-1-6689-1094-8(2)*, 221039); lib. bdg. 32.07 *(978-1-6689-0934-8(0)*, 220901) Cherry Lake Publishing.

Excellence in the Arts. Kelisa Wing. 2022. (21st Century Skills Library: Racial Justice in America: Excellence & Achievement Ser.). (ENG., Illus.). 32p. (J). (gr. 5-8). pap. 14.21 *(978-1-6689-0047-5(5)*, 220138); lib. bdg. 32.07 *(978-1-5341-9933-0(0)*, 219994) Cherry Lake Publishing.

Excellence Volume 1. Brandon Thomas. 2019. (ENG., Illus.). 160p. (YA). pap. 16.99 *(978-1-5343-1362-0(1)*, 0a1f05ea-77b0-4878-ab28-ef89875c6848) Image Comics.

Excellence, Volume 2. Brandon Thomas. 2022. (ENG., Illus.). 144p. (YA). pap. 16.99 *(978-1-5343-1862-5(3)*, 77db200a-6fe4-4812-94f7-a77035c91083) Image Comics.

Excellent Adventures of Billy Bob & Giraffe. Mitchell Swanson & Oliver Isaacson. 2021. (ENG., Illus.). 26p. (J). pap. 12.95 *(978-1-63814-794-7(9))* Covenant Bks.

Excellent Ed. Stacy McAnulty. Illus. by Julia Sarcone-Roach. 32p. (J). (gr. -1-3). 2022. 8.99 *(978-0-593-42861-0(7)*, Dragonfly Bks.); 2016. 17.99 *(978-0-553-51023-2(1)*, Knopf Bks. for Young Readers) Random Hse. Children's Bks.

Excellent Ernesto Cousins 3/Wrestlevania: A Play-Your-Way Adventure. Gabe Soria. Illus. by Kendall Hale. 2019. (Midnight Arcade Ser.: 2). 288p. (J). (gr. 5). pap. 8.99 *(978-0-593-09366-5(6)*, Penguin Workshop) Penguin Young Readers Group.

Excellent Excuses (and Other Good Stuff) Liz Pichon. 2016. (Brilliant World of Tom Gates Ser.: 2). lib. bdg. 18.40 *(978-0-606-37941-0(X))* Turtleback.

Excellent Experiments with Electricity & Magnetism. Thomas Canavan. 2017. (Mind-Blowing Science Experiments Ser.). 32p. (gr. 4-5). pap. 63.00 *(978-1-5382-0730-7(3))* Stevens, Gareth Publishing LLLP.

Excelling in Baseball. Shirley Duke. 2019. (Teen Guide to Sports Ser.). (ENG.). 80p. (YA). (gr. 6-12). 41.27 *(978-1-68282-695-9(3))* ReferencePoint Pr., Inc.

Excelling in Basketball. Heather L. Bode. 2019. (Teen Guide to Sports Ser.). (ENG.). 80p. (J). (gr. 6-12). 41.27 *(978-1-68282-697-3(X))* ReferencePoint Pr., Inc.

Excelling in Football. Matt Scheff. 2019. (Teen Guide to Sports Ser.). (ENG.). 80p. (YA). (gr. 6-12). 41.27 *(978-1-68282-699-7(6))* ReferencePoint Pr., Inc.

Excelling in Hockey. Michael T. Best. 2019. (Teen Guide to Sports Ser.). (ENG.). 80p. (J). (gr. 6-12). 41.27 *(978-1-68282-701-7(1))* ReferencePoint Pr., Inc.

Excelling in Soccer. Donna B. McKinney. 2019. (Teen Guide to Sports Ser.). (ENG.). 80p. (J). (gr. 6-12). 41.27 *(978-1-68282-703-1(8))* ReferencePoint Pr., Inc.

Excelsior. George Sirois. 3rd ed. 2018. (Excelsior Journey Ser.: Vol. 1). (ENG., Illus.). 326p. (YA). pap. *(978-0-9957397-7-2(3))* Aelurus Publishing.

Excelsior Dialogues: Comprising New & Original First-Class School Dramas, Colloquies, etc (Classic Reprint) Phineas Garrett. 2017. (ENG., Illus.). (J). pap. 16.57 *(978-0-259-26231-2(5))* Forgotten Bks.

Excelsior Dialogues: Comprising New & Original Material Prepared Expressly for This Work by a Corps of Able & Experienced Writers (Classic Reprint) Phineas Garrett. (ENG., Illus.). (J). 2018. 200p. 28.02 *(978-0-483-93889-2(0))*; 2016. pap. 10.57 *(978-1-334-12226-2(1))* Forgotten Bks.

Excelsior Recitations & Readings No. 2: A Carefully Compiled Selection of Humorous, Dramatic, Patriotic, Sentimental, Eloquent, Pathetic, & Dialect Pieces, in Prose & Poetry, Designed & Arranged for Public & Parlor Recitation & Reading. T. J. Carey. (ENG., Illus.). (J). 2018. 184p. 27.65 *(978-0-656-70205-3(2))*; 2017. pap. 10.57 *(978-0-259-00548-3(7))* Forgotten Bks.

Excelsior, Vol. 1: Helps to Progress in Religion, Science, & Literature (Classic Reprint) James Hamilton. (ENG., Illus.). (J). 2018. 998p. 44.48 *(978-0-366-55809-4(9))*; 2018. 1000p. pap. 26.82 *(978-0-366-05266-0(7))*; 2017. 32.68 *(978-0-331-22023-0(7))*; 2017. pap. 16.57 *(978-0-265-99470-2(5))* Forgotten Bks.

Excelsior, Vol. 3: Helps to Progress in Religion, Science, & Literature (Classic Reprint) James Hamilton. (ENG., Illus.). (J). 2018. 474p. 33.67 *(978-0-428-76637-5(4))*; 2017. 918p. 42.83 *(978-0-332-21701-7(9))*; 2017. pap. 16.57 *(978-0-243-54422-6(7))*; 2017. pap. 26.08 *(978-0-259-02294-7(2))* Forgotten Bks.

Excelsior, Vol. 6: Helps to Progress in Religion, Science, & Literature (Classic Reprint) Unknown Author. 2017. (ENG., Illus.). (J). pap. 16.57 *(978-1-5276-4995-8(4))* Forgotten Bks.

Except Antarctica. Todd Sturgell. 2021. 40p. (J). (gr. -1-3). 17.99 *(978-1-7282-3326-0(7))* Sourcebooks, Inc.

Except When They Don't. Laura Gehl. Illus. by Joshua Heinsz. (ENG.). (J). (gr. -1-1). 2023. 26p. bds., bds. 8.99 ***(978-1-4998-1441-5(0))***; 2019. 32p. 16.99 *(978-1-4998-0804-9(6))* Little Bee Books Inc.

Exceptional Asians, 12 vols. 2016. (Exceptional Asians Ser.). 24p. (ENG.). (gr. 2-3). lib. bdg. 145.62 *(978-0-7660-7492-7(7)*, 89fe16d5-d2aa-4e4e-96ab-6fc6fafdfee1); (gr. 3-2). pap. 56.10 *(978-0-7660-7968-7(6))* Enslow Publishing, LLC.

Exceptional Engineering. Izzi Howell & Sonya Newland. 2018. (Exceptional Engineering Ser.). (ENG.). 32p. (J). (gr. 3-6). 119.96 *(978-1-5435-2909-8(7)*, 28429, Capstone Pr.) Capstone.

Exceptional Maggie Chowder. Renee Beauregard Lute. Illus. by Luna Valentine. 2020. 256p. (J). (gr. 3-7). 16.99 *(978-0-8075-3678-0(4)*, 807536784) Whitman, Albert & Co.

Exceptional Snowflake. Edwin Gilven. 2018. (ENG., Illus.). 20p. (J). pap. 18.50 *(978-1-387-51681-0(7))* Lulu Pr., Inc.

Exceptional Wilmot Grundy. Mike Simpson. 2019. (ENG.). 166p. (J). pap. *(978-1-78830-416-0(0))* Olympia Publishers.

Exercise Is Fun: Muscles Coloring Book. Jupiter Kids. 2016. (ENG., Illus.). 106p. (J). pap. 12.55 *(978-1-68305-201-2(3)*, Jupiter Kids (Childrens & Kids Fiction)) Speedy Publishing LLC.

Excessive Alphabet: Avalanches to A to Zillions of Zs. Judi Barrett. Illus. by Ron Barrett. 2016. (ENG.). 40p. (J). (gr. -1-3). 17.99 *(978-1-4814-3986-2(3)*, Atheneum/Caitlyn Dlouhy Books) Simon & Schuster Children's Publishing.

Exchange. Alexandra Blye. 2017. (ENG., Illus.). (J). (gr. -1-3). 13.95 *(978-1-4808-5076-7(4))* Archway Publishing.

Exchange. M. F. Lorson. 2018. (ENG., Illus.). 262p. (YA). (gr. 7-12). pap. 12.00 *(978-0-692-18888-0(6))* Costley, Jennifer.

Exchange of Souls (Classic Reprint) Barry Pain. (ENG., Illus.). (J). 2018. 274p. 29.55 *(978-0-484-73329-8(X))*; 2017. pap. 11.97 *(978-0-243-38033-6(X))* Forgotten Bks.

Excited. August Hoeft. (Emoji Emotions Ser.). (ENG.). (J). (gr. k-1). 2022. 20p. 24.99 ***(978-1-5324-3853-0(2))***; 2020. 8p. pap. 5.99 *(978-1-5324-1392-6(0))* Xist Publishing.

Excited Evian. Victoria Kamatski. 2022. (ENG., Illus.). 28p. (J). pap. 14.95 ***(978-1-6624-7803-1(8))*** Page Publishing Inc.

EXcited Xerus. Sandra Wilson. 2019. (Emotional Animal Alphabet Ser.: Vol. 24). (ENG.). 46p. (J). pap. *(978-1-988215-57-0(9))* words ... along the path.

Excitement. Tamra B. Orr. 2016. (21st Century Basic Skills Library: Feelings Ser.). (ENG., Illus.). 24p. (J). (gr. k-3). 26.35 *(978-1-63471-042-8(8)*, 208248) Cherry Lake Publishing.

Excitement a Tale of Our Own Times, Vol. 2 of 2 (Classic Reprint) Unknown Author. 2018. (ENG., Illus.). 336p. (J). 30.83 *(978-0-483-84401-8(2))* Forgotten Bks.

Excitement, Vol. 1 Of 2: A Tale of Our Own Times (Classic Reprint) Unknown Author. (ENG., Illus.). (J). 2018. 354p. 31.22 *(978-0-483-84018-8(1))*; 2016. pap. 13.57 *(978-1-334-13500-2(2))* Forgotten Bks.

Exciting Adventure Mazes for Kids: (Ages 6-9) Adventure Themed Maze Activity Workbook. Ashley Lee. 2020. (ENG.). 80p. (J). pap. *(978-1-77437-904-2(X))* AD Classic.

Exciting Adventures at the Airport: Airplane Coloring Book. Creative Playbooks. 2016. (ENG., Illus.). (J). pap. 7.74 *(978-1-68323-751-8(X))* Twin Flame Productions.

Exciting Adventures of Eli, Cece, & Anderson the Ant: Anderson's Bounce. Jennifer Spratlin. 2020. (Exciting Adventures of Eli, Cece, & Anderson Ser.: Vol. 2). (ENG., Illus.). 30p. (J). *(978-0-2288-1710-9(2))*; pap. *(978-0-2288-1709-3(9))* Tellwell Talent.

Exciting Adventures of Eli, Cece, & Anderson the Ant - the Great Ant Hill Discovery. J. L. Spratlin. 2019. (ENG., Illus.). 24p. (J). *(978-0-2288-0637-0(2))*; pap. *(978-0-2288-0636-3(4))* Tellwell Talent.

Exciting Adventures of Youthful Calgary: A Kids Book of Calgary. Olar Martins. 2023. (ENG.). 117p. (J). ***(978-1-312-29965-8(7))*** Lulu Pr., Inc.

Exciting Engineering Activities. Angie Smibert. 2017. (Curious Scientists Ser.). (ENG.). 24p. (J). (gr. 1-3). lib. bdg. 25.99 *(978-1-5157-6884-5(8)*, 135379, Capstone Pr.) Capstone.

Exciting Expeditions! Play! Search! Create Your Own Stories! Martin Handford. Illus. by Martin Handford. 2019. (Where's Waldo? Ser.). (ENG., Illus.). 72p. (J). (gr. k-4). pap. 12.99 *(978-1-5362-0670-8(9))* Candlewick Pr.

Exciting Flower Patterns: Advance Style Coloring Book. Jupiter Kids. 2016. (ENG., Illus.). 106p. (J). pap. 12.55 *(978-1-68305-202-9(1)*, Jupiter Kids (Childrens & Kids Fiction)) Speedy Publishing LLC.

Exciting Night with Peter: A Jailbreak. Lee Jenkins. Illus. by Jim Chansler. 2021. (ENG.). 48p. (J). pap. 12.99 *(978-1-956457-02-5(X))* LtoJ Pr.

Exciting Origami. 2017. (Exciting Origami Ser.). 48p. (gr. 3-3). pap. 46.80 *(978-0-7660-8807-8(3))*; (ENG.). lib. bdg. 118.40 *(978-0-7660-8592-3(9)*, f8c1dc51-7808-4dec-87a3-ebc4ad0b9efe) Enslow Publishing, LLC.

Exciting, Social, & Emotional Adventures of Chatting Timmy! Ira N. B. Canada. 2017. (ENG., Illus.). 38p. (J). pap. 19.99 *(978-1-4834-6390-2(7))* Lulu Pr., Inc.

Exciting, Social & Emotional Adventures of Chatting Timmy! Ira N. B. Canada. 2018. (Chatting Timmy Ser.: Vol. 1). (ENG., Illus.). 40p. (J). (gr. 3-5). pap. 15.99 *(978-1-4834-6391-9(5))* Chatting Timmy.

Exciting Tale of Peter Rabbit. Kiri Birch. 2017. (Peter Rabbit Adventures Ser.: Vol. 1). (ENG., Illus.). 24p. (J). 20.00 *(978-1-927558-64-5(6))* Birch Tree Publishing.

Exciting World of Animals - Workbook for Toddlers Children's Animal Books. Baby Professor. 2017. (ENG., Illus.). (J). pap. 8.79 *(978-1-5419-4050-5(4)*, Baby Professor (Education Kids)) Speedy Publishing LLC.

Exclamation Mark. Amy Krouse Rosenthal. Illus. by Tom Lichtenheld. 2022. (ENG.). 56p. (J). (gr. -1-3). pap. 7.99 *(978-1-338-82645-6(X)*, Scholastic Pr.) Scholastic, Inc.

Exclamation Point. Contrib. by Mary Elizabeth Salzmann. 2023. (Punctuation Ser.). (ENG.). 24p. (J). (gr. -1-2). lib. bdg. 31.36 ***(978-1-0982-8270-7(1)***, 42260, Abdo Zoom-Launch) ABDO Publishing Co.

Exclamation Points Say Wow! Michael Dahl. Illus. by Chris Garbutt. 2019. (Word Adventures: Punctuation Ser.). (ENG.). 32p. (J). (gr. k-3). lib. bdg. 27.99 *(978-1-5158-3863-0(3)*, 139587, Picture Window Bks.) Capstone.

Excluded. J. D. Hines. 2018. (Excluded Ser.: Vol. 1). (ENG.). 378p. (J). (gr. 5-6). pap. 20.00 *(978-0-578-42047-9(3))* J.D. Hines.

Excluded: Fighting for Buzzard. J. D. Hines. 2019. (Excluded Ser.: Vol. 3). (ENG.). 390p. (YA). (gr. 7-12). pap. 27.00 *(978-0-578-49357-2(8))* J.D. Hines.

Excluded: Fire Child. J. D. Hines. 2021. (Excluded Ser.: Vol. 5). (ENG.). 304p. (YA). (gr. 7-12). 29.15 *(978-0-578-70116-5(2))* J.D. Hines.

Excluded: Forgotten Gifted. J. D. Hines. 2019. (Excluded Ser.: Vol. 2). (ENG.). 332p. (YA). (gr. 5-6). pap. 25.00 *(978-0-578-47341-3(0))* J.D. Hines.

Excluded: Trapped. J. D. Hines. 2019. (Excluded Ser.: Vol. 4). (ENG.). 378p. (YA). (gr. 7-12). pap. 27.00 *(978-0-578-60124-3(9))* J.D. Hines.

Excursiones con la Escuela (Field Trips) (Set), 6 vols. Julie Murray. 2021. (Excursiones con la Escuela (Field Trips) Ser.). (SPA.). 24p. (J). (gr. -1-2). lib. bdg. 188.16 *(978-1-0982-0409-9(3)*, 35308, Abdo Kids) ABDO Publishing Co.

Excursions (Classic Reprint) Henry D. Thoreau. 2017. (ENG., Illus.). (J). 33.80 *(978-0-266-20654-5(9))* Forgotten Bks.

Excursions in Ireland During 1844 And 1850: With a Visit to the Late Daniel o'Connell, M. P (Classic Reprint) Catherine M. O'Connell. 2018. (ENG., Illus.). 310p. (J). 30.31 *(978-0-267-49360-9(6))* Forgotten Bks.

Excursions to Arran, Ailsa Craig, & the Two Cumbraes, with Reference to the Natural History of These Islands: To Which Are Added, Directions for Laying Out Seaweeds, & Preparing Them for the Herbarium (Classic Reprint) David Landsborough. 2017. (ENG., Illus.). (J). 33.88 *(978-0-265-25412-7(4))* Forgotten Bks.

Excuse Me. Janet Riehecky. 2022. (Manners Matter Ser.). (ENG.). 24p. (J). (gr. -1-2). lib. bdg. 32.79 *(978-1-5038-5576-2(7)*, 215470) Child's World, Inc, The.

Excuse Me (Classic Reprint) Rupert Hughes. 2017. (ENG., Illus.). (J). 30.66 *(978-0-331-97816-2(4))* Forgotten Bks.

Excuse Me While I Ugly Cry. Joya Goffney. (ENG.). (YA). (gr. 8). 2022. 384p. pap. 10.99 *(978-0-06-302480-9(2))*; 2021. 368p. 19.99 *(978-0-06-302479-3(9))* HarperCollins Pubs. (HarperTeen).

Execution (the Plot to Kill Hitler #2) Andy Marino. 2020. (Plot to Kill Hitler Ser.: 2). (ENG.). 176p. (J). (gr. 3-7). pap. 6.99 *(978-1-338-35904-6(5)*, Scholastic Paperbacks) Scholastic, Inc.

Executive Branch: Carrying Out & Enforcing Laws, 1 vol. Ed. by Brian Duignan & Carolyn DeCarlo. 2018. (Checks & Balances in the U. S. Government Ser.). (ENG.). 128p. (gr. 10-10). 39.00 *(978-1-5383-0164-7(4)*, 1b0fb071-6f66-47ac-9a9b-1d06e5b0b739, Britannica Educational Publishing) Rosen Publishing Group, Inc., The.

Executive Orders, 1 vol. Ed. by Marcia Amidon Lusted. 2018. (Current Controversies Ser.). (ENG.). 200p. (gr. 10-12). 48.03 *(978-1-5345-0304-5(8)*, b11d55d7-0db0-4dc2-b66f-64cb8c2a9bda) Greenhaven Publishing LLC.

Executive Orders, 1 vol. Derek Miller. 2018. (How Government Works). (ENG.). 64p. (J). (gr. 5-5). pap. 16.28 *(978-1-5026-4059-8(7)*, 7f7ef42d-e930-48b0-8cd1-6a14bf040f1e) Cavendish Square Publishing LLC.

Executor. Alexander. 2017. (ENG.). (J). 330p. pap. *(978-3-337-05331-4(9))*; 328p. pap. *(978-3-337-05332-1(7))*; 332p. pap. *(978-3-337-05344-4(0))* Creation Pubs.

Executor: A Novel (Classic Reprint) Alexander. 2016. (ENG., Illus.). (J). pap. 19.57 *(978-1-334-12393-1(4))* Forgotten Bks.

Executor: A Novel (Classic Reprint) Alexander. 2018. (ENG., Illus.). 572p. (J). 35.71 *(978-0-267-39952-9(9))* Forgotten Bks.

Executor, Vol. 1 Of 3: A Novel (Classic Reprint) Alexander. 2018. (ENG., Illus.). 328p. (J). 30.68 *(978-0-483-78177-1(0))* Forgotten Bks.

Executor, Vol. 2 Of 3: A Novel (Classic Reprint) Alexander. 2018. (ENG., Illus.). 326p. (J). 30.62 *(978-0-483-89557-7(1))* Forgotten Bks.

Executor, Vol. 3 Of 3: A Novel (Classic Reprint) Alexander. 2016. (ENG., Illus.). (J). pap. 13.57 *(978-1-333-40177-1(9))* Forgotten Bks.

Executor, Vol. 3 Of 3: A Novel (Classic Reprint) Alexander. 2018. (ENG., Illus.). 328p. (J). 30.64 *(978-0-428-81081-8(0))* Forgotten Bks.

Exemplary Evidence: Scientists & Their Data. Jessica Fries-Gaither. 2019. (ENG., Illus.). 32p. (J). (gr. 2-4). pap. 14.95 *(978-1-68140-361-8(7))* National Science Teachers Assn.

Exemplary Novels of Miguel de Cervantes Saavedra: To Which Are Added el Buscaple, or the Serpent, and, la Tia Fingida, or the Pretended Aunt (Classic Reprint) Miguel de Cervantes Saavedra. 2017. (ENG., Illus.). (J). 34.29 *(978-0-265-65749-2(0))*; pap. 16.97 *(978-1-5276-2865-6(5))* Forgotten Bks.

Exemplary Novels of Miguel de Cervantes Saavedra (Classic Reprint) Miguel de Cervantes Saavedra. 2017. (ENG., Illus.). (J). 33.22 *(978-0-265-67773-5(4))*; pap. 16.57 *(978-1-5276-4757-2(9))* Forgotten Bks.

Exemplary Novels, Vol. 1 (Classic Reprint) Miguel de Cervantes Saavedra. (ENG., Illus.). (J). 2018. 448p. 33.14 *(978-0-364-95283-2(0))*; 2017. pap. 16.57 *(978-0-259-57315-9(9))* Forgotten Bks.

Exerbition of the Deestrick Skule of Fifty Years Ago (Classic Reprint) M. H. Jaquith. (ENG., Illus.). (J). 2018. 32p. 24.58 *(978-0-364-92008-4(4))*; 2017. pap. 7.97 *(978-0-259-81793-2(7))* Forgotten Bks.

Exercise Coloring Book: Coloring for Adults. Activibooks. 2016. (ENG., Illus.). (J). pap. 9.20 *(978-1-68321-679-7(2))* Mimaxion.

Exercise for Everyone: Leveled Reader Silver Level 23. Rg Rg. 2016. (PM Ser.). (ENG.). 24p. (J). (gr. 3). pap. 11.00 *(978-0-544-89257-6(7))* Rigby Education.

Exercise Is Fun: Book 12. Carole Crimeen & Suzanne Fletcher. 2023. (Sustainability Ser.). (ENG.). 16p. (J). (gr. -1-2). pap. 7.99 ***(978-1-922370-05-1(3)***, e2f59a32-8153-44f3-a4c8-83318e32b96c) Knowledge Bks. & Software AUS. Dist: Lerner Publishing Group.

Exercise Made Fun for Kids. Edward Seals. 2023. (ENG., Illus.). 30p. (J). pap. 14.95 ***(978-1-6624-7121-6(1))*** Page Publishing.

Exercise to Eliminate Tension. Jia Tong. 2018. (CHI.). (J). *(978-957-08-5195-3(3))* Linking Publishing Co., Ltd.

Exercises for Improved Number Sense - Number Sense Books Children's Math Books. Baby Professor. 2017. (ENG., Illus.). (J). pap. 9.25 *(978-1-5419-0442-2(7)*, Baby Professor (Education Kids)) Speedy Publishing LLC.

Exercises for Translating, English into German (Classic Reprint) Emil Otto. 2017. (ENG., Illus.). (J). 27.69 *(978-0-265-21595-1(1))* Forgotten Bks.

Exercises for Writing German: Adapted to the Rules of the German Grammar (Classic Reprint) Johann Gerhard Tiarks. (ENG., Illus.). (J). 2018. 120p. 26.37 *(978-0-484-60196-2(2))*; 2016. pap. 9.57 *(978-1-334-15845-2(2))* Forgotten Bks.

Exercises in Composition for Fourth & Fifth Classes (Classic Reprint) George E. Henderson. (ENG., Illus.). (J). 2018. 122p. 26.41 *(978-0-484-51240-4(4))*; 2016. pap. 9.57 *(978-1-334-15928-2(9))* Forgotten Bks.

Exercises in French Composition: Based on Alphonse Daudet's la Derniere Classe & le Siege de Berlin (Classic Reprint) Mary Stone Bruce. 2018. (ENG., Illus.). 104p. (J). 26.06 *(978-0-483-53710-1(1))* Forgotten Bks.

Exercises in French Prose (Classic Reprint) John Squair. (ENG., Illus.). (J). 2018. 192p. 27.88 *(978-0-484-18942-2(5))*; 2016. pap. 10.57 *(978-1-334-14000-6(6))* Forgotten Bks.

Exercises in Grammar (Classic Reprint) Unknown Author. (ENG., Illus.). (J). 2018. 136p. 26.70 *(978-0-483-49629-3(4))*; 2016. pap. 9.57 *(978-1-334-12238-5(5))* Forgotten Bks.

Exercises in Lip Reading for the Adult Deaf: Muller-Walle Method (Classic Reprint) Julius Muller-Walle. 2017. (ENG., Illus.). (J). 25.53 *(978-0-331-81921-2(X))*; pap. 9.57 *(978-0-243-47807-1(0))* Forgotten Bks.

Exercises in Reading, Writing, Spelling & Arithmetic for Alabama Adult Schools (Classic Reprint) Alabama. Illiteracy Commission. (ENG., Illus.). (J). 2018. 70p. 25.34 *(978-0-666-55314-0(9))*; 2016. pap. 9.57 *(978-1-334-12111-1(7))* Forgotten Bks.

Exercises to the Rules & Construction of French Speech: Consisting of Passages Extracted Out of the Best French Authors, with a Reference to the Grammar-Rules, to Be Turned Back into French (Classic Reprint) Lewis Chambaud. (ENG., Illus.). (J). 2018. 334p. 30.79 *(978-0-267-90230-9(1))*; 2016. pap. 13.57 *(978-1-333-72146-6(3))* Forgotten Bks.

Exercises to the Rules & Construction of French Speech: Consisting of Passages Extracted Out of the Best French Authors, with a Reference to the Grammar-Rules, to Be Turned Back into French (Classic Reprint) Lewis Chambaud. 2017. (ENG., Illus.). (J). 29.80 *(978-0-265-66918-1(9))*; pap. 13.57 *(978-1-5276-4099-3(X))* Forgotten Bks.

Exercitatio Geometrica: In Qua Agitur de Dimensione Omnium Conicarum Fectionum, Curvae, Parabolicae, Curvaeque, Superficiel Conoidis Parabolici (Classic Reprint) Lorenzo Lorenzini. 2017. (LAT., Illus.). (J). 27.46 *(978-0-260-82455-4(0))* Forgotten Bks.

Exhibition & Parlor Dramas. Thomas Stewart Denison. 2017. (ENG.). 196p. (J). pap. *(978-3-337-33508-3(X))* Creation Pubs.

Exhibition & Parlor Dramas: Containing the Following Plays: Odds with the Enemy; Initiating a Granger; Seth Greenback; Wanted, a Correspondent; a Family Strike; the Sparkling Cup; the Assessor; Two Ghosts in White; Country Justice; Borrowing Trouble. Thomas Stewart Denison. (ENG., Illus.). (J). 2018. 194p. 27.90 *(978-0-365-00739-5(0))*; 2016. pap. 10.57 *(978-1-334-13677-1(7))* Forgotten Bks.

Exhibition of Female Flagellants in the Modest & Incontinent World: Proving from Indubitable Facts, That a Number of Ladies Take a Secret Pleasure, in Whipping Their Own, & Children Committed to Their Care (Classic Reprint) Henry Thomas Buckle. (ENG., Illus.). (J). 2018. 72p. 25.40 *(978-0-483-07987-8(1))*; 2016. pap. 9.57 *(978-1-334-14333-5(1))* Forgotten Bks.

Exhibition of Female Flagellants in the Modest & Incontinent World, Vol. 2: Proving from Indubitable Facts, That a Number of Ladies Take a Secret Pleasure, in Whipping Their Own, & Children Committed to Their Care (Classic Reprint) Henry Thomas Buckle. (ENG., Illus.). (J). 2018. 90p. 25.77 *(978-0-483-58620-8(X))*; 2016. pap. 9.57 *(978-1-334-13371-8(9))* Forgotten Bks.

Exile. Cathlin Shahriary. 2018. (Fae Realm Ser.: Vol. 2). (ENG., Illus.). 302p. (YA). (gr. 8-12). pap. 13.99 *(978-1-7328453-1-2(X))* Shahriary, Cathlin.

Exile. Peg Tittle. 2019. (ENG.). 124p. (YA). (gr. 8-12). pap. *(978-1-77244-161-1(9))* Rock's Mills Pr.

Exile: An Outpost of Empire (Classic Reprint) Dolf Wyllarde. 2018. (ENG., Illus.). 370p. (J). 31.53 *(978-0-483-44276-4(3))* Forgotten Bks.

Exile from Eden: Or, after the Hole. Andrew Smith. Illus. by Andrew Smith. 2019. (ENG., Illus.). 368p. (YA). (gr. 9). 18.99 *(978-1-5344-2223-0(4)*, Simon & Schuster Bks. For Young Readers) Simon & Schuster Bks. For Young Readers.

Exile from London: A Novel (Classic Reprint) Richard Henry Savage. 2017. (ENG., Illus.). (J). 28.23 *(978-0-265-65582-5(X))*; pap. 10.57 *(978-1-5276-1036-1(5))* Forgotten Bks.

Exile from Poland. Ringgold McCay. 2017. (ENG., Illus.). (J). pap. *(978-0-649-05478-7(4))* Trieste Publishing Pty Ltd.

Exile from Shadowclan. Dan Jolley. ed. 2022. (Warriors Ser.). (ENG.). 204p. (J). (gr. 3-7). 26.96 ***(978-1-68505-593-6(1))*** Penworthy Co., LLC, The.

Exile of Erin, or the Sorrows of a Bashful Irishman, Vol. 1 of 2 (Classic Reprint) Miss Gunning. 2018. (ENG., Illus.). 306p. (J). 30.21 *(978-0-332-79579-9(9))* Forgotten Bks.

Exile of Erin, or the Sorrows of a Bashful Irishman, Vol. 2 of 2 (Classic Reprint) Miss Gunning. 2018. (ENG., Illus.). 350p. (J). 31.12 *(978-0-428-62760-7(9))* Forgotten Bks.

Exile of the Sky God. P. Anastasia. 2019. (ENG.). 238p. (YA). (gr. 7-12). 17.95 *(978-0-9974485-7-3(1)*, Jackal Moon Pr.) P. Anastasia.

Exiled: The Odyssey of Nath Dragon - Book 1. Craig Halloran. 2017. (Lost Dragon Chronicles Ser.: Vol. 1). (ENG., Illus.). 310p. (J). 19.99 *(978-1-946218-37-7(5))* Two-Ten Bk. Pr., Inc.

Exiled King, Vol. 1: Gustaf Adolf IV of Sweden (Classic Reprint) Sophie Elkan. (ENG., Illus.). (J). 2018. 396p. 32.08 *(978-0-428-82049-7(2))*; 2016. pap. 16.57 *(978-1-334-14688-6(8))* Forgotten Bks.

Exiled King, Vol. 2: Gustaf Adolf IV of Sweden (Classic Reprint) Sophie Elkan. 2018. (ENG., Illus.). 386p. (J). 31.88 *(978-0-267-24387-7(1))* Forgotten Bks.

Exiled Prince. Alyson Peterson. 2017. (ENG.). (YA). (gr. 8-12). pap. 17.99 *(978-1-4621-2035-2(0)*, Sweetwater Bks.) Cedar Fort, Inc./CFI Distribution.

Exiled to the Red River: Introducing Chief Spokane Garry. Dave Jackson & Neta Jackson. 2016. (ENG., Illus.). (J). pap. 7.99 *(978-1-939445-41-4(8))* Castle Rock Creative, Inc.

Exiles: A Tale (Classic Reprint) Talvj Talvj. 2018. (ENG., Illus.). 410p. (J). 32.35 *(978-0-267-15926-0(9))* Forgotten Bks.

Exiles, & Other Stories (Classic Reprint) Richard Harding Davis. 2017. (ENG., Illus.). 350p. (J). 31.14 *(978-0-332-83201-2(5))* Forgotten Bks.

Exiles & Thieves. Katarina Zurar. l.t. ed. 2021. (ENG.). 380p. (YA). pap. 18.97 ***(978-1-0880-1436-3(4))*** Indy Pub.

E

Exiles from the Moor. Pauline Morphy. 2022. (ENG.). 192p. (J). pap. *(978-1-83975-504-0(0))* Grosvenor Hse. Publishing Ltd.

Exiles in Babylon, or Children of Light (Classic Reprint) Charlotte Maria Tucker. 2017. (ENG., Illus.). (J). 32.19 *(978-0-266-72583-1(X))*; pap. 16.57 *(978-1-5276-8554-3(3))* Forgotten Bks.

Exiles of Faloo (Classic Reprint) Barry Pain. 2018. (ENG., Illus.). 352p. (J). 31.18 *(978-0-267-81700-9(2))* Forgotten Bks.

Exiles of Kifa. Roger Leloup. 2022. (Yoko Tsuno Ser.: 17). (Illus.). 48p. (J). (gr. 3-7). pap. 11.95 *(978-1-80044-065-4(0))* CineBook GBR. Dist: National Bk. Network.

Existence. Nia Sharath. 2023. (ENG.). 100p. (J). pap. 11.99 *(978-1-63988-809-2(8))* Primedia eLaunch LLC.

Existence of Bea Pearl. Candice Marley Conner. 2021. (ENG.). 238p. (YA). pap. 14.95 *(978-1-945654-74-9(0))* Owl Hollow Pr.

Exit Betty (Classic Reprint) Grace Livingston Hill. 2017. (ENG., Illus.). (J). 29.32 *(978-0-331-59856-8(6))*; pap. 11.97 *(978-0-243-51883-8(8))* Forgotten Bks.

Exit Everything. Vanessa Garden. 2019. (ENG.). 202p. (J). pap. *(978-1-77339-923-2(3))* Evernight Publishing.

Exit, Pursued by a Bear. E. K. Johnston. ed. 2017. lib. bdg. 22.10 *(978-0-606-39797-1(3))* Turtleback.

Exit Stage Right. Jennifer Willcock. 2019. (ENG.). 208p. (YA). (gr. 9-12). pap. *(978-1-4866-1932-0(0))* Word Alive Pr.

Exit Strategy. Lauren Allbright. (Max Ser.). (ENG.). 176p. (J). (gr. 4-8). 2018. pap. 7.99 *(978-1-4814-7913-4(X))*; 2017. (Illus.). 16.99 *(978-1-4814-7912-7(1))* Simon & Schuster Children's Publishing. (Aladdin).

Éxito Secundario. Bill Yu. Illus. by Eduardo Garcia & Sebastian Garcia. 2022. (Métete Al Juego Set 2 (Get in the Game Set 2) Ser.). (SPA.). 32p. (J). (gr. 3-8). lib. bdg. 32.79 *(978-1-0982-3547-5(9))*, 41131, Graphic Planet - Fiction) Magic Wagon.

Exits & Entrances: A Book of Essays & Sketches (Classic Reprint) Charles Warren Stoddard. 2017. (ENG., Illus.). (J). 31.57 *(978-1-5284-8737-5(0))* Forgotten Bks.

Exits & Entrances (Classic Reprint) Eva Moore. 2017. (ENG., Illus.). (J). 30.35 *(978-0-331-57877-5(8))*; pap. 13.57 *(978-0-243-30256-7(8))* Forgotten Bks.

Exits & Escapes: Maze Activity Book. Kreativ Entspannen. 2016. (ENG., Illus.). (J). pap. 10.81 *(978-1-68377-137-1(0))* Whlke, Traudl.

Exmoor Scolding: In the Propriety & Decency of Exmoor Language, Between Two Sisters, Wilmot Moreman & Thomasin Moreman, As They Were Spinning, Also, an Exmoor Courtship (Classic Reprint) Unknown Author. 2018. (ENG., Illus.). 194p. (J). 27.90 *(978-0-656-02409-4(7))* Forgotten Bks.

Exmoor Scolding: In the Propriety & Decency of Exmoor Language (Classic Reprint) Wilmot Moreman. 2018. (ENG., Illus.). 82p. (J). 25.59 *(978-0-267-84483-8(2))* Forgotten Bks.

Exo (a Novel) Fonda Lee. (ENG.). (YA). (gr. 7-7). 2018. 400p. pap. 9.99 *(978-1-338-23203-5(7))*, Scholastic Paperbacks); 2017. 384p. 17.99 *(978-0-545-93343-8(9))*, Scholastic Pr.) Scholastic, Inc.

Exo Project. Andrew DeYoung. 2017. (ENG.). 455p. (YA). (gr. 7). 18.95 *(978-1-62979-610-9(7))*, Astra Young Readers) Astra Publishing Hse.

Éxodo. Pip Reid. 2020. (Defensores de la Fe Ser.: Vol. 7). (SPA.). 46p. (J). pap. *(978-1-989961-09-4(6))* Bible Pathway Adventures.

Exodus. Pip Reid. 2020. (Defenders of the Faith Ser.: Vol. 7). (ENG.). 46p. (J). pap. *(978-1-988585-16-1(3))* Bible Pathway Adventures.

Exodus. Pip Reid. 2020. (GER.). 46p. (J). pap. *(978-1-989961-33-9(9))* Bible Pathway Adventures.

Exodus Activity Book. Pip Reid. 2020. (ENG.). (J). (gr. 3-6). 124p. pap. *(978-1-988585-98-7(8))*; (Beginners Ser.: Vol. 5). 104p. pap. *(978-1-988585-97-0(X))* Bible Pathway Adventures.

Exonerated: Women Exonerated Through Christ, 1 vol. Covette Hamilton. 2020. (ENG.). 76p. (YA). pap. 8.99 *(978-1-4003-3073-7(4))* Elm Hill.

Exoplanets. Seymour Simon. 2018. (ENG., Illus.). 40p. (J). (gr. 1-5). 17.99 *(978-0-06-247058-4(2))*; pap. 7.99 *(978-0-06-247057-7(4))* HarperCollins Pubs. (HarperCollins).

Exoplanets: Worlds Beyond Our Solar System. Karen Latchana Kenney. 2017. (ENG., Illus.). 88p. (YA). (gr. 6-12). 35.99 *(978-1-5124-0086-1(6))*, 86a5be55-95a7-4036-921b-3b9c217a1cdc); E-Book 54.65 *(978-1-5124-2849-0(3))*; E-Book 9.99 *(978-1-5124-3908-3(8))*, 9781512439083); E-Book 54.65 *(978-1-5124-3909-0(6))*, 9781512439090) Lerner Publishing Group. (Twenty-First Century Bks.).

Exorsistah: X Returns. Burney. 2016. (ENG., Illus.). 336p. pap. 20.99 *(978-1-5011-0261-5(3))* Simon & Schuster, Inc.

Exorsisters Volume 1. Ian Boothby. 2019. (ENG., Illus.). 120p. (YA). pap. 16.99 *(978-1-5343-1204-3(8))*, 483ff4e3-9ee2-41ab-994d-b12a9340ac3a) Image Comics.

Exorsisters, Volume 2. Ian Boothby. 2020. (ENG., Illus.). 122p. (YA). pap. 16.99 *(978-1-5343-1701-7(5))*, 143c86f8-f9ca-45da-bb52-dc4b84c9c31f) Image Comics.

Exoskeletons. Tammy Gagne. 2019. (Engineering the Human Body Ser.). (ENG.). 32p. (J). (gr. 3-5). pap. 9.95 *(978-1-64185-832-8(X))*, 164185832X); lib. bdg. 31.35 *(978-1-64185-763-5(3))*, 1641857633) North Star Editions. (Focus Readers).

Exotic Animal Ornaments for the Holidays Coloring Book. Activity Book Zone. 2016. (ENG., Illus.). (J). pap. 9.20 *(978-1-68376-421-2(8))* Sabeels Publishing.

Exotic Animals - Not for Hunting Coloring Book Nature. Educando Kids. 2019. (ENG.). 42p. (J). pap. 6.99 *(978-1-64521-165-5(7))*, Educando Kids) Editorial Imagen.

Exotic Animals Come to Life Coloring Book. Activity Book Zone. 2016. (ENG., Illus.). (J). pap. 9.20 *(978-1-68376-422-9(6))* Sabeels Publishing.

Exotic Baby Birds to Color Coloring Book. Jupiter Kids. 2016. (ENG., Illus.). 106p. (J). pap. 12.55 *(978-1-68326-262-6(X))*, Jupiter Kids (Childrens & Kids Fiction)) Speedy Publishing LLC.

Exotic Birds Coloring Book: Nature Coloring Book Edition. Jupiter Kids. 2016. (ENG., Illus.). 106p. (J). pap. 12.55 *(978-1-68305-660-7(4))*, Jupiter Kids (Childrens & Kids Fiction)) Speedy Publishing LLC.

Exotic Birds US: Color by Numbers. Selected by Daisy Seal. ed. 2016. (Hobbies & Craft Ser.). (ENG., Illus.). 128p. pap. 15.99 *(978-1-78664-042-0(2))*, a5e7c093-85ff-434a-9aae-86170b30d3fc) Flame Tree Publishing GBR. Dist: Atlas Bks.

Exotic Cats. Mary Ellen Klukow. 2020. (Favorite Cat Breeds Ser.). (ENG.). 24p. (J). (gr. 1-3). pap. 8.99 *(978-1-68152-545-7(3))*, 10744) Amicus.

Exotic Cats. Katie Lajiness. 2017. (Big Buddy Cats Ser.). (ENG., Illus.). 32p. (J). (gr. 2-5). lib. bdg. 34.21 *(978-1-5321-1198-3(3))*, 27550, Big Buddy Bks.) ABDO Publishing Co.

Exotic Egyptians. Editors of Kingfisher. 2017. (It's All About... Ser.). (ENG.). 32p. (J). pap. 5.99 *(978-0-7534-7271-2(6))*, 9780753472712, Kingfisher) Roaring Brook Pr.

Exotic Sea Creatures to Color Coloring Book. Bobo's Children Activity Books. 2016. (ENG., Illus.). (J). pap. 9.33 *(978-1-68327-451-3(2))* Sunshine In My Soul Publishing.

Exotic Wild Pet Coloring Book. Activity Attic. 2016. (ENG., Illus.). (J). pap. 7.74 *(978-1-68323-887-4(7))* Twin Flame Productions.

Exotic Zoo Animals Coloring Book. Activity Attic Books. 2016. (ENG., Illus.). (J). pap. 7.74 *(978-1-68323-206-3(2))* Twin Flame Productions.

Exotics. Domini Brown. 2016. (Cool Cats Ser.). (ENG., Illus.). 24p. (J). (gr. k-3). lib. bdg. 26.95 *(978-1-62617-311-8(7))*, Blastoff! Readers) Bellwether Media.

Expanding Dog: A Betsy the Dog Book. Debbie O'Neil Darminio. Illus. by Pela Lio. 2019. (Betsy the Dog Ser.: Vol. 1). (ENG.). 30p. (J). (gr. k-3). 16.99 *(978-1-7338162-1-2(6))* Climb Your Moutain Publishing.

Expansion of Our Nation, 8 vols. 2018. (Expansion of Our Nation Ser.). (ENG., Illus.). 256p. (J). (gr. 3-5). pap. 79.60 *(978-1-63517-981-1(5))*, 1635179815); lib. bdg. 250.80 *(978-1-63517-880-7(0))*, 1635178800) North Star Editions. (Focus Readers).

Expansion Pack #2. Clancy Teitelbaum. 2016. (ENG., Illus.). (YA). (gr. 8-12). pap. 12.99 *(978-1-68076-653-0(8))*, Epic Pr.) ABDO Publishing Co.

Expatriates: A Novel (Classic Reprint) Lilian Bell. 2018. (ENG., Illus.). 440p. (J). 32.97 *(978-0-365-51584-5(1))* Forgotten Bks.

Expectations of Happiness. James D. Connolly. Ed. by Lubna a Siddiqi. 2019. (Department of Truth Trilogy Ser.: Vol. 2). (ENG.). 234p. (YA). (gr. 7-12). pap. *(978-0-6485588-2-8(7))* Connolly, James D.

Expecting Daddy Delivers: Be the Man Your Partner & Your Baby Adore. Rakhi Kapoor. 2018. (ENG., Illus.). 240p. (J). pap. 12.00 *(978-1-64429-215-0(7))* Notion Pr., Inc.

Expediciones Intrépidas: Leveled Reader Book 81 Level T 6 Pack. Hmh Hmh. 2021. (SPA.). 32p. (J). pap. 74.40 *(978-0-358-08560-7(8))* Houghton Mifflin Harcourt Publishing Co.

Expedition Backyard: Exploring Nature from Country to City (a Graphic Novel) Rosemary Mosco & Binglin Hu. 2022. (Illus.). 128p. (J). (gr. -1-3). 12.99 *(978-0-593-12734-6(X))*; (ENG., lib. bdg. 15.99 *(978-0-593-12735-3(8))* Penguin Random Hse. LLC.

Expedition Diaries: African Savannah. Simon Chapman. ed. 2021. (Expedition Diaries). (ENG., Illus.). 48p. (J). (gr. 2-4). pap. 14.99 *(978-1-4451-5687-3(3))*, Franklin Watts) Hachette Children's Group GBR. Dist: Hachette Bk. Group.

Expedition Diaries: Amazon Basin. Simon Chapman. ed. 2021. (Expedition Diaries). (ENG., Illus.). 48p. (J). (gr. 2-4). pap. 14.99 *(978-1-4451-5615-6(6))*, Franklin Watts) Hachette Children's Group GBR. Dist: Hachette Bk. Group.

Expedition Diaries: Australian Outback. Simon Chapman. ed. 2021. (Expedition Diaries). (ENG., Illus.). 48p. (J). (gr. 2-4). pap. 14.99 *(978-1-4451-5685-9(7))*, Franklin Watts) Hachette Children's Group GBR. Dist: Hachette Bk. Group.

Expedition Diaries: Borneo Rainforest. Simon Chapman. ed. 2021. (Expedition Diaries). (ENG., Illus.). 48p. (J). (gr. 2-4). pap. 14.99 *(978-1-4451-5681-1(4))*, Franklin Watts) Hachette Children's Group GBR. Dist: Hachette Bk. Group.

Expedition of Humphry Clinker (Classic Reprint) Tobias George Smollett. 2017. (ENG., Illus.). (J). 28.21 *(978-0-331-56472-3(6))*; 35.74 *(978-1-5285-8234-6(9))* Forgotten Bks.

Expedition of Humphry Clinker, Vol. 1 of 2 (Classic Reprint) Tobias George Smollett. 2018. (ENG., Illus.). 300p. (J). 30.08 *(978-0-267-14356-6(7))* Forgotten Bks.

Expedition of Humphry Clinker, Vol. 2 (Classic Reprint) Roderick Random. 2018. (ENG., Illus.). 256p. (J). 29.20 *(978-0-483-91949-5(7))* Forgotten Bks.

Expedition of Humphry Clinker, Vol. 2 of 2 (Classic Reprint) Tobias George Smollett. (ENG., Illus.). (J). 2018. 226p. 28.58 *(978-0-267-38467-9(X))*; 2016. pap. 10.97 *(978-1-334-14989-4(5))* Forgotten Bks.

Expedition of the Donner Party, & Its Tragic Fate (Classic Reprint) Eliza P. Donner Houghton. 2017. (ENG., Illus.). (J). 33.24 *(978-0-265-31149-3(7))* Forgotten Bks.

Expedition of the Donner Party & Its Tragic Fate (Classic Reprint) Eliza Poor Donner Houghton. 2017. (ENG., Illus.). (J). 32.93 *(978-0-331-53699-7(4))*; pap. 16.57 *(978-0-259-30875-1(7))* Forgotten Bks.

Expedition to Candy Mountain. J. M. Maxwell. 2023. (ENG.). 50p. (J). pap. 20.00 *(978-1-63937-209-6(1))* Dorrance Publishing Co., Inc.

Expedition to the Galapagos Islands. Grayson Rigby. 2017. (ENG., Illus.). (J). (gr. -1-3). 15.95 *(978-0-9986680-0-0(1))*; (gr. k-4). 24.95 *(978-0-9986680-2-4(8))* Salty Paws Publishing.

Expeditions Autour de Ma Tente: Boutades Militaires. Ch. Des Ecores. 2017. (FRE., Illus.). (J). 24.95 *(978-1-374-91316-5(2))*; pap. 14.95 *(978-1-374-91315-8(4))* Capital Communications, Inc.

Expeditions of the Vikings: ¡Viaja Por el Tiempo Con el Reloj Descifrador y Descubre los Vikingos! Libros en Inglés Para Niños y Niñas a Partir de 10 Años. Jordi Ortiz Casas. 2023. (Time Explorers Ser.: 2). (ENG.). 198p. (J). (gr. 4-7). pap. 15.95 *(978-84-18664-30-4(4))* Editorial el Pirata ESP. Dist: Independent Pubs. Group.

Expelled. Paul Blake. 2016. (ENG., Illus.). (J). pap. *(978-3-7434-0039-9(1))* Creation Pubs.

Expelled. James Patterson. 2017. (ENG.). 304p. (YA). (gr. 10-17). 17.99 *(978-0-316-44039-4(6))*, Jimmy Patterson) Little Brown & Co.

Expelled: A Story of Eastcote School (Classic Reprint) Paul Blake. (ENG., Illus.). (J). 2018. 130p. 26.58 *(978-0-483-81458-5(X))*; 2016. pap. 9.57 *(978-1-334-12081-7(1))* Forgotten Bks.

Expendables. Alison Ingleby. 2017. (Wall Ser.: Vol. 1). (ENG., Illus.). 408p. (YA). pap. *(978-1-9999022-0-9(3))* Windswept Writing.

Expense No Object: A Play in Three Acts (Classic Reprint) Sam Janney. 2018. (ENG., Illus.). 102p. (J). 26.02 *(978-0-267-43896-9(6))* Forgotten Bks.

Expensive Miss. du Cane: An Episode in Her Life (Classic Reprint) S. Macnaughtan. 2018. (ENG., Illus.). 312p. (J). 30.33 *(978-0-484-29036-4(3))* Forgotten Bks.

Experience: A Morality Play of Today. George V. Hobart. 2017. (ENG., Illus.). (J). pap. *(978-0-649-74220-2(6))* Trieste Publishing Pty Ltd.

Experience: A Morality Play of Today (Classic Reprint) George V. Hobart. 2017. (ENG., Illus.). (J). 27.03 *(978-0-265-26825-4(7))* Forgotten Bks.

Experience Media: How Your Media Choices Make You Feel. Jean C. Lawler. 2018. (Experience Personal Power Ser.). (ENG., Illus.). 24p. (J). (gr. 2-4). pap. 6.99 *(978-1-63440-380-1(0))*, 60935072-586b-4cc3-864c-766a38ee2fe4); lib. bdg. 23.99 *(978-1-63440-376-4(2))*, 4a6ce30d-ef1a-4b30-8f50-7b5cf0ad3dd5) Red Chair Pr.

Experience Mindfulness: How Quiet-Time Makes You Feel. Jean C. Lawler. 2018. (Experience Personal Power Ser.). (ENG., Illus.). 24p. (J). (gr. 2-4). pap. 6.99 *(978-1-63440-379-5(7))*, 99c76723-9470-4819-855a-92318e19dcfd); lib. bdg. 23.99 *(978-1-63440-375-7(4))*, ea5724e9-66a4-470d-97a8-bcc8b31f76df) Red Chair Pr.

Experience Nature: How Time Outside Makes You Feel. Jean C. Lawler. 2018. (Experience Personal Power Ser.). (ENG., Illus.). 24p. (J). (gr. 2-4). pap. 6.99 *(978-1-63440-377-1(0))*, 432aa309-550f-430d-bcda-cee5cd474b67) Red Chair Pr.

Experience Nutrition: How the Food You Eat Makes You Feel. Jean C. Lawler. 2018. (Experience Personal Power Ser.). (ENG., Illus.). 24p. (J). (gr. 2-4). pap. 6.99 *(978-1-63440-378-8(9))*, 09b077ca-214c-468e-9d2c-5d2ab8ff42b3) Red Chair Pr.

Experience of a Recruit in the United States Army (Classic Reprint) Unknown Author. 2018. (ENG., Illus.). 22p. (J). 24.35 *(978-0-267-28748-2(8))* Forgotten Bks.

Experience of a Slave in South Carolina. John Andrew Jackson. 2017. (ENG., Illus.). 54p. (J). pap. *(978-3-337-40504-5(5))* Creation Pubs.

Experience of a Slave in South Carolina (Classic Reprint) John Andrew Jackson. 2017. (ENG., Illus.). (J). 24.97 *(978-0-331-56501-0(3))*; pap. 9.57 *(978-0-259-44016-1(7))* Forgotten Bks.

Experience of Divine Healing & Salvation of Mrs. Mary E. Gainforth: Trenton, Ontario, Canada (Classic Reprint) Mary E. Gainforth. (ENG., Illus.). (J). 2018. 54p. 25.01 *(978-0-364-38273-8(2))*; 2017. pap. 9.57 *(978-0-259-84197-5(8))* Forgotten Bks.

Experience of Life (Classic Reprint) E. M. Sewell. 2019. (ENG., Illus.). 356p. (J). 31.24 *(978-0-365-26702-7(3))* Forgotten Bks.

Experience Smartweed; Dramatists Club Series Line: A Comedy of New-England Life Line (Classic Reprint) Charles Barnard. 2018. (ENG., Illus.). 154p. (J). 27.07 *(978-0-267-27143-6(3))* Forgotten Bks.

Experience the Vast Ocean Coloring Book. Activity Book Zone for Kids. 2016. (ENG., Illus.). (J). pap. 9.20 *(978-1-68376-485-4(4))* Sabeels Publishing.

Experiences in the Civil War (Classic Reprint) Solomon Woolworth. 2018. (ENG., Illus.). 82p. (J). 25.61 *(978-0-267-65534-2(7))* Forgotten Bks.

Experiences in the Gospel Work in Lower California, Mexico (Classic Reprint) Benjamin Franklin Elliott. (ENG., Illus.). (J). 2018. 214p. 28.31 *(978-0-332-81455-1(6))*; 2017. pap. 10.57 *(978-0-243-19710-1(1))* Forgotten Bks.

Experiences of a Forty-Niner During Thirty-Four Years Residence in California & Australia (Classic Reprint) Charles D. Ferguson. 2017. (ENG., Illus.). (J). 35.20 *(978-0-331-11554-3(9))* Forgotten Bks.

Experiences of a Game Preserver (Classic Reprint) Pseud Deadfall. 2018. (ENG., Illus.). 166p. (J). 27.34 *(978-0-365-24042-6(7))* Forgotten Bks.

Experiences of a Goal Chaplain: Comprising Recollections of Ministerial Intercourse with Criminals of Various Classes, with Their Confessions (Classic Reprint) Erskine Neale. 2018. (ENG., Illus.). 456p. (J). 33.30 *(978-0-267-24753-0(2))* Forgotten Bks.

Experiences of a Lady Help (Classic Reprint) John Strange Winter. (ENG., Illus.). (J). 2018. 300p. 30.08 *(978-0-483-33743-5(9))*; 2016. pap. 13.57 *(978-1-334-14174-4(6))* Forgotten Bks.

Experiences of a Little Traveller (Classic Reprint) Elisabeth Leonard Chapin. (ENG., Illus.). (J). 2018. 258p. 29.22 *(978-0-483-80427-2(4))*; 2017. pap. 11.57 *(978-0-243-26720-0(7))* Forgotten Bks.

Experiences of a Woman Doctor in Serbia (Classic Reprint) Caroline Matthews. (ENG., Illus.). (J). 2018. 324p. 30.60 *(978-0-428-83586-6(4))*; 2016. pap. 13.57 *(978-1-334-31568-8(X))* Forgotten Bks.

Experiences of an English Sister of Mercy (Classic Reprint) Margaret Goodman. 2017. (ENG., Illus.). (J). 28.85 *(978-0-265-68097-1(2))*; pap. 11.57 *(978-1-5276-5145-6(2))* Forgotten Bks.

Experiences of an Officer's Wife in Ireland (Classic Reprint) Unknown Author. 2018. (ENG., Illus.). 150p. (J). 26.99 *(978-0-483-43989-4(4))* Forgotten Bks.

Experiment #256. Marty Kelley. Illus. by Marty Kelley. 2019. (ENG., Illus.). 32p. (J). (gr. k-2). 16.99 *(978-1-5341-1013-7(5))*, 204757) Sleeping Bear Pr.

Experiment Game. Rachel Rogers & Joe Lineberry. Illus. by Arte Rave. 2021. (ENG.). 40p. (J). 17.95 *(978-1-943419-11-1(6))*; pap. 12.95 *(978-1-943419-12-8(4))* Prospective Pr.

Experiment in Altruism (Classic Reprint) Margaret Sherwood. (ENG., Illus.). (J). 2018. 228p. 28.60 *(978-0-484-55239-4(2))*; 2016. pap. 10.97 *(978-1-334-66882-1(5))* Forgotten Bks.

Experiment in Perfection (Classic Reprint) Marion T. D. Barton. (ENG., Illus.). (J). 2017. 31.94 *(978-0-331-57215-5(X))*; 2016. pap. 16.57 *(978-1-334-49767-4(2))* Forgotten Bks.

Experiment with Kitchen Science: With 30 Fun Projects! Nick Arnold. Illus. by Giulia Zoavo. 2022. (STEAM Ahead Ser.). (ENG.). 80p. (J). (gr. 3-5). 14.95 *(978-0-7112-7981-0(0))* QEB Publishing Inc.

Experiment with Outdoor Science. Nick Arnold. Illus. by Giulia Zoavo. 2020. (STEAM Ahead Ser.). (ENG.). 80p. (J). (gr. 3-4). pap. 14.95 *(978-0-7112-4397-2(2))*, 328364, QED Publishing) Quarto Publishing Group UK GBR. Dist: Hachette UK Distribution.

Experiment with Outdoor Science: Fun Projects to Try at Home. Nick Arnold. Illus. by Giulia Zoavo. 2020. (STEAM Ahead Ser.). (ENG.). 80p. (J). (gr. 3-5). 15.95 *(978-0-7112-4398-9(0))* QEB Publishing Inc.

Experimental Chemistry for High School Students. Walter Monroe. 2017. (ENG., Illus.). 88p. (J). pap. *(978-3-337-15672-5(X))* Creation Pubs.

Experimental Drones. Amie Jane Leavitt. 2017. (Drones Ser.). (ENG., Illus.). 32p. (J). (gr. 3-9). lib. bdg. 28.65 *(978-1-5157-3768-1(3))*, 133701, Capstone Pr.) Capstone.

Experimental Inquiry on Some Parts of the Animal Structure (Classic Reprint) Clifton Wintringham. 2017. (ENG., Illus.). 334p. (J). pap. 13.57 *(978-1-5284-2008-2(X))* Forgotten Bks.

Experimental Researches in Electricity; Volume 1. Michael Faraday. 2017. (ENG., Illus.). (J). 32.95 *(978-1-374-96039-8(X))* Capital Communications, Inc.

Experimental Wooing (Classic Reprint) Tom Hall. (ENG., Illus.). (J). 2018. 190p. 27.82 *(978-0-483-50186-7(7))*; 2016. pap. 10.57 *(978-1-333-34562-4(3))* Forgotten Bks.

Experimentelle Prufung der Psychophysischen Methoden Im Bereiche des Raumsinnes der Netzhaut: Inaugural-Dissertation Zur Erlangung des Grades Eines Doctors der Medicin Verfasst und Mit Bewilligung Einer Hochverordnelen Medicinischen Facultat der Kaiserl. C. Higier. 2017. (GER., Illus.). (J). 26.62 *(978-0-265-68788-8(8))*; pap. 9.57 *(978-0-266-68558-6(7))* Forgotten Bks.

Experimenting with Science, 2 bks., Set. John Farndon. Incl. Experimenting with Chemistry. lib. bdg. 38.36 *(978-0-7614-3928-8(5))*, 456e5545-1948-4209-817a-08539f6c61a5); Experimenting with Physics. lib. bdg. 38.36 *(978-0-7614-3929-5(3))*, bdfadb4c-4e0d-4c1e-82ef-7f54c8eb74ab); 104p. (gr. 5-5). 2009. 2008. Set lib. bdg. 49.90 net. *(978-0-7614-3967-7(6))*, Cavendish Square) Cavendish Square Publishing LLC.

Experiments Arranged for Students in General Chemistry (Classic Reprint) Edgar Fahs Smith. 2017. (ENG., Illus.). (J). 27.98 *(978-1-5282-4916-4(X))* Forgotten Bks.

Experiments Explained. Cecilia Ochoa. Illus. by Romulo Reyes, III. 2022. (ENG.). 32p. (J). pap. *(978-1-922835-12-3(9))* Library For All Limited.

Experiments for Future Biologists, 1 vol. Robert Gardner & Joshua Conklin. 2016. (Experiments for Future STEM Professionals Ser.). (ENG.). 128p. (gr. 6-6). 38.93 *(978-0-7660-8198-7(2))*, e639c81d-4339-4d1b-b872-cf8e18176904) Enslow Publishing, LLC.

Experiments for Future Chemists, 1 vol. Robert Gardner & Joshua Conklin. 2016. (Experiments for Future STEM Professionals Ser.). (ENG.). 128p. (gr. 6-6). lib. bdg. 38.93 *(978-0-7660-7856-7(6))*, ea68f0f5-6b5a-465c-a7b7-a7431ea3b20c) Enslow Publishing, LLC.

Experiments for Future Doctors, 1 vol. Robert Gardner & Joshua Conklin. 2016. (Experiments for Future STEM Professionals Ser.). (ENG.). 128p. (gr. 6-6). 38.93 *(978-0-7660-7854-3(X))*, c6f55851-73a1-475c-88dc-399004716d1c) Enslow Publishing, LLC.

Experiments for Future Engineers, 1 vol. Robert Gardner & Joshua Conklin. 2016. (Experiments for Future STEM Professionals Ser.). (ENG.). 128p. (gr. 6-6). 38.93 *(978-0-7660-7853-6(1))*, c2dd6370-5739-446b-9a3d-0cf16e8f454f) Enslow Publishing, LLC.

Experiments for Future Forensic Scientists, 1 vol. Robert Gardner & Joshua Conklin. 2016. (Experiments for Future STEM Professionals Ser.). (ENG.). 128p. (gr. 6-6). lib. bdg. 38.93 *(978-0-7660-8202-1(4))*, f755caa3-b38b-420c-ba28-f3cfc5bc11e5) Enslow Publishing, LLC.

Experiments for Future Meteorologists, 1 vol. Robert Gardner & Joshua Conklin. 2016. (Experiments for Future STEM Professionals Ser.). (ENG., Illus.). 128p. (gr. 6-6). 38.93 *(978-0-7660-8196-3(6))*, 8700b661-02ae-4cce-84f3-de012a7f4261) Enslow Publishing, LLC.

Experiments for Future Physicists, 1 vol. Robert Gardner & Joshua Conklin. 2016. (Experiments for Future STEM Professionals Ser.). (ENG.). 128p. (gr. 6-6). 38.93 *(978-0-7660-7855-0(8))*, ca937114-9d1c-44a7-b5b9-894d03ceeee1) Enslow Publishing, LLC.

Experiments for Future STEM Professionals: Set 1, 8 vols. 2016. (Experiments for Future STEM Professionals Ser.). (ENG.). 128p. (gr. 6-6). lib. bdg. 155.72 *(978-0-7660-7502-3(8))*, ac0cc2cc-137f-4ffc-85be-17c04a36fb91) Enslow Publishing, LLC.

Experiments for Future STEM Professionals: Set 2, 8 vols. 2016. (Experiments for Future STEM Professionals Ser.). (ENG.). 128p. (J). (gr. 6-6). lib. bdg. 155.72 *(978-0-7660-8391-2(8))*, 7eaaf6ba-1eda-4e2c-9ad4-eb163130af11) Enslow Publishing, LLC.

Experiments for Future STEM Professionals: Sets 1 - 2, 16 vols. 2016. (Experiments for Future STEM Professionals Ser.). (ENG.). 128p. (J). (gr. 6-6). lib. bdg. 311.44 *(978-0-7660-8471-1(X))*,

618

The check digit for ISBN-10 appears in parentheses after the full ISBN-13

2e047b01-2445-4010-9da1-4bcd90d248a8) Enslow Publishing, LLC.

Experiments from Formulation to Evaluation of Scientific Evidence Science Grade 6 Science, Nature & How It Works. Baby Professor. 2021. (ENG.). 72p. (J). 27.99 *(978-1-5419-8099-0(9))*; pap. 16.99 *(978-1-5419-4950-8(1))* Speedy Publishing LLC. (Baby Professor (Education Kids)).

Experiments in Government & the Essentials of the Constitution. Elihu Root. 2017. (ENG., Illus.). (J). pap. *(978-0-649-41720-9(8))* Trieste Publishing Pty Ltd.

Experiments in Government & the Essentials of the Constitution (Classic Reprint) Elihu Root. 2017. (ENG., Illus.). (J). 25.92 *(978-0-266-91912-4(X))* Forgotten Bks.

Experiments upon the Heart of the Dog: With Reference to the Maximum Volume of Blood Sent Out by the Left Ventricle in a Single Beat, & the Influence of Variations in Venous Pressure, Arterial Pressure, & Pulse-Rate upon the Work Done by the Heart. William Henry Howell. 2018. (ENG., Illus.). (J). 30p. 24.52 *(978-0-366-76438-9(1))*; 32p. pap. 7.97 *(978-0-366-76437-2(3))* Forgotten Bks.

Experiments with a Flashlight. Angela Royston. 2016. (One-Stop Science Ser.). 32p. (gr. 2-5). 31.35 *(978-1-62588-141-0(X)*, Smart Apple Media) Black Rabbit Bks.

Experiments with a Lemon. Angela Royston. 2016. (One-Stop Science Ser.). 32p. (gr. 2-5). 31.35 *(978-1-62588-140-3(1)*, Smart Apple Media) Black Rabbit Bks.

Experiments with a Ruler. Angela Royston. 2016. (One-Stop Science Ser.). 32p. (gr. 2-5). 31.35 *(978-1-62588-143-4(6)*, Smart Apple Media) Black Rabbit Bks.

Experiments with Chemistry, 1 vol. Robert Gardner. 2017. (Science Whiz Experiments Ser.). (ENG.). 128p. (gr. 5-5). lib. bdg. 38.93 *(978-0-7660-8676-0(3)*, c6f8ecd5-08d1-46b6-8b1c-9ae66adbbaf8) Enslow Publishing, LLC.

Experiments with Electricity & Magnetism, 1 vol. Robert Gardner. 2017. (Science Whiz Experiments Ser.). (ENG.). 128p. (gr. 5-5). 38.93 *(978-0-7660-8678-4(X)*, 8673fc7d-bb50-4e2b-a503-cdf5a8fcbe1a) Enslow Publishing, LLC.

Experiments with Heat & Cold, 1 vol. Anna Claybourne. 2018. (Ultimate Science Lab Ser.). (ENG.). 32p. (gr. 4-5). pap. 11.50 *(978-1-5382-3546-1(3)*, 0c9feb38-b689-4533-8e7f-4babd0b78b33) Stevens, Gareth Publishing LLLP.

Experiments with Light, 1 vol. Robert Gardner. 2017. (Science Whiz Experiments Ser.). (ENG.). 128p. (gr. 5-5). 38.93 *(978-0-7660-8680-7(1)*, 5011bd3b-e954-4473-a6ed-c6af4ffc5708) Enslow Publishing, LLC.

Experiments with Movement, 1 vol. Anna Claybourne. 2018. (Ultimate Science Lab Ser.). (ENG.). 32p. (gr. 4-5). pap. 11.50 *(978-1-5382-3542-3(0)*, 3f5ff22b-7b01-4ab9-8e64-ea40a03b83e3) Stevens, Gareth Publishing LLLP.

Experiments with Temperature & Heat, 1 vol. Robert Gardner & Eric Kemer. 2017. (Science Whiz Experiments Ser.). (ENG.). 128p. (gr. 5-5). lib. bdg. 38.93 *(978-0-7660-8682-1(8)*, c94bb21f-4f54-4783-bf7a-0af1e2e9a5c9) Enslow Publishing, LLC.

Experiments with the Human Body, 1 vol. Robert Gardner. 2017. (Science Whiz Experiments Ser.). (ENG.). 128p. (gr. 5-5). lib. bdg. 38.93 *(978-0-7660-8684-5(4)*, 807b9f06-8d0f-4b60-9523-8eeda46f0e24) Enslow Publishing, LLC.

Experiments with Water. Angela Royston. 2016. (One-Stop Science Ser.). 32p. (gr. 2-5). 31.35 *(978-1-62588-142-7(8)*, Smart Apple Media) Black Rabbit Bks.

Experiments with Weather, 1 vol. Robert Gardner. 2017. (Science Whiz Experiments Ser.). (ENG.). 128p. (gr. 5-5). lib. bdg. 38.93 *(978-0-7660-8686-9(0)*, d33e1278-5207-4921-9e9e-616c74c84401) Enslow Publishing, LLC.

Expert Expedition. Zach Rondot & Grayson McKinney. Illus. by Suria Ali-Ahmed. 2022. (ENG.). 38p. (J). 26.99 *(978-1-953852-85-4(8))*; pap. 16.99 *(978-1-953852-74-8(2))* EduMatch.

Expert Eye: Hidden Picture Activity Book. Kreativ Entspannen. 2016. (ENG., Illus.). (J). pap. 10.81 *(978-1-68377-138-8(9))* Whlke, Traudl.

Expert Eye Hidden Picture Activity Book. Activity Book Zone. 2016. (ENG., Illus.). (J). pap. 7.55 *(978-1-68376-193-8(6))* Sabeels Publishing.

Expert Pet Care. Tammy Gagne. 2018. (Expert Pet Care Ser.). (ENG.). 24p. (J). (gr. 1-3). 167.94 *(978-1-5435-2762-9(0)*, 28247, Capstone Pr.) Capstone.

Experts in Engineering. Rob Colson. 2018. (STEM-Gineers Ser.). (Illus.). 32p. (J). (gr. 5-5). pap. *(978-0-7787-5822-8(2))* Crabtree Publishing Co.

Expiation (Classic Reprint) Julia C. R. Dorr. 2018. (ENG., Illus.). 324p. (J). 30.60 *(978-0-484-76871-9(9))* Forgotten Bks.

Expiation (Classic Reprint) Octave Thanet. 2018. (ENG., Illus.). 236p. (J). 28.97 *(978-0-483-29623-7(6))* Forgotten Bks.

Expiation of the Lady Anne (Classic Reprint) Laetitia Selwyn Oliver. 2018. (ENG., Illus.). 256p. (J). 29.20 *(978-0-483-55494-8(4))* Forgotten Bks.

Expiration Date. Cr Meneley. 2020. (ENG.). 288p. (J). pap. 11.99 *(978-1-7350071-3-7(7))* Angry Eagle Publishing.

Explain & Retain: What Does Gross Domestic Product (GDP) Mean? Brief History of Economics Grade 6 Economics. Baby Professor. 2022. (ENG.). 72p. (J). 31.99 *(978-1-5419-8641-1(5))*; pap. 19.99 *(978-1-5419-5513-4(7))* Speedy Publishing LLC. (Baby Professor (Education Kids)).

Explaining How Things Work (Set), 10 vols. 2022. (Explaining How Things Work Ser.). (ENG.). (J). (gr. 3-6). 356.40 *(978-1-5038-5890-9(1)*, 215780) Child's World, Inc, The.

Explaining the COVID-19 Pandemic: Coronavirus Pandemic (Grades 4-5) Alexis Roumanis. l.t. ed. 2020. (Coronavirus Pandemic Ser.: Vol. 3). (ENG., Illus.). 48p. (J). pap. *(978-1-77437-763-5(2))* AD Classic.

Explaining the Stamp & Townshend Acts - Us History for Kids Children's American History. Baby Professor. 2017. (ENG., Illus.). (J). pap. 8.79 *(978-1-5419-1295-3(0)*, Baby Professor (Education Kids)) Speedy Publishing LLC.

Explanation of Terms Used in Entomology. John B. Smith. 2017. (ENG., Illus.). (J). 25.95 *(978-1-374-87144-1(3))*; pap. 15.95 *(978-1-374-87143-4(5))* Capital Communications, Inc.

Explanation of the Pilgrim's Progress, &C. &C: Abridged, & Adapted to the Capacities of Children, in Dialogue, Between a Child, & His Mother (Classic Reprint) Unknown Author. abr. ed. 2017. (ENG., Illus.). 48p. (J). 24.89 *(978-0-332-14928-8(5))* Forgotten Bks.

Explanatorium of History: From the First Tools to the Climate Crisis. DK. 2021. (DK Explanatorium Ser.). (ENG.). 320p. (J). (gr. 5-9). 29.99 *(978-0-7440-3960-3(6)*, DK Children) Dorling Kindersley Publishing, Inc.

Explanatorium of Nature. DK. 2018. (KOR.). (J). (gr. 4-7). *(978-89-491-5287-5(8))* Biryongso Publishing Co.

Explanatorium of Nature. DK. 2017. (DK Explanatorium Ser.). (ENG., Illus.). 360p. (J). (gr. 4-7). 29.99 *(978-1-4654-6363-0(1)*, DK Children) Dorling Kindersley Publishing, Inc.

Explanatorium of Science. DK. 2019. (DK Explanatorium Ser.). (ENG., Illus.). 320p. (J). (gr. 4-7). 29.99 *(978-1-4654-8244-0(X)*, DK Children) Dorling Kindersley Publishing, Inc.

Explanatory Mensuration for the Use of Schools, Pp. 1-145. Alfred Hiley. 2017. (ENG., Illus.). (J). pap. *(978-0-649-45718-2(8))* Trieste Publishing Pty Ltd.

Exploding Ants & Other Amazing Defenses. Rebecca E. Hirsch. 2017. (Searchlight Books (tm) — Animal Superpowers Ser.). (ENG., Illus.). 40p. (J). (gr. 3-5). 30.65 *(978-1-5124-2544-4(3)*, d806545c-8348-4eab-810d-c88b380e9499); E-Book 4.99 *(978-1-5124-3660-0(7)*, 9781512436600); E-Book 46.65 *(978-1-5124-2819-3(1))*; E-Book 46.65 *(978-1-5124-3659-4(3)*, 9781512436594) Lerner Publishing Group. (Lerner Pubns.).

Exploding Beetles & Inflatable Fish. Tracey Turner. Illus. by Andrew Wightman. 2021. (Exploding Beetles Ser.: 1). (ENG.). 96p. (J). 15.99 *(978-0-7534-7625-3(8)*, 900226429, Kingfisher) Roaring Brook Pr.

Exploding Experiments for Exceptional Learners - Science Book for Kids 9-12 Children's Science Education Books. Baby Professor. 2017. (ENG., Illus.). 64p. (J). pap. 9.52 *(978-1-5419-1500-8(3)*, Baby Professor (Education Kids)) Speedy Publishing LLC.

Exploding Heads, Fizzle Pops & More Super Cool Science Experiments for Kids Children's Science Experiment Books. Baby Professor. 2017. (ENG., Illus.). 64p. (J). pap. 9.52 *(978-1-5419-1699-9(9)*, Baby Professor (Education Kids)) Speedy Publishing LLC.

Exploding Turnips. Ted Smith et al. 2020. (ENG.). 34p. (J). pap. *(978-1-716-76155-3(7))* Lulu Pr., Inc.

Exploits of Bilge & Ma (Classic Reprint) Peter Clark MacFarlane. 2018. (ENG., Illus.). 312p. (J). 30.33 *(978-0-483-34816-5(3))* Forgotten Bks.

Exploración de Cuevas: Leveled Reader Book 33 Level Q 6 Pack. Hmh Hmh. 2021. (SPA.). 32p. (J). pap. 74.40 *(978-0-358-08515-7(2))* Houghton Mifflin Harcourt Publishing Co.

Explorador de Pantanos: Leveled Reader Book 3 Level R 6 Pack. Hmh Hmh. 2021. (SPA.). 32p. (J). pap. 74.40 *(978-0-358-08571-3(3))* Houghton Mifflin Harcourt Publishing Co.

Exploradores. Almudena Suárez. 2021. (SPA.). 32p. (J). bds. 19.99 *(978-84-261-4691-5(0))* Juventud, Editorial ESP. Dist: Lectorum Pubns., Inc.

Explorateurs: Une Nouvelle Vie. Guillaume PERODEAU & Sébastien BORG. Illus. by Léane BORG. 2022. (FRE.). 206p. (YA). pap. *(978-1-387-56316-6(5))* Lulu Pr., Inc.

Exploration & Discovery: A History of Remarkable Journeys & the People Who Made Them. Simon Adams. 2016. (Illus.). 64p. (J). (gr. -1-12). 12.99 *(978-1-86147-764-4(3)*, Armadillo) Anness Publishing GBR. Dist: National Bk. Network.

Exploration & Explosion: Columbia Space Shuttle Disaster. Virginia Loh-Hagan. 2022. (Behind the Curtain Ser.). (ENG., Illus.). 32p. (J). (gr. 4-8). pap. 14.21 *(978-1-6689-0059-8(9)*, 220150); lib. bdg. 32.07 *(978-1-5341-9945-3(4)*, 220006) Cherry Lake Publishing. (45th Parallel Press).

Exploration for Kids - the Americas, Columbus, Ponce de Leon & More Exploring American History 3rd Grade Social Studies. Baby Professor. 2017. (ENG., Illus.). 64p. (J). pap. 9.52 *(978-1-5419-1738-5(3)*, Baby Professor (Education Kids)) Speedy Publishing LLC.

Exploration of California. Serena Haines. rev. ed. 2017. (Social Studies: Informational Text Ser.). (ENG., Illus.). 32p. (J). (gr. 3-5). pap. 11.99 *(978-1-4258-3233-9(4))* Teacher Created Materials, Inc.

Explorations Pyreneennes. I. Excursion Botanique en Andorre. II. Marcailhou D'Aymeric-H. 2016. (Histoire Ser.). (FRE., Illus.). (J). pap. *(978-2-01-957673-8(2))* Hachette Groupe Livre.

Explore: How to Explore Everything, Everywhere. Anita Ganeri. Illus. by Dusan Pavlic. 2020. (Buster Know-How Ser.). (ENG.). 128p. (J). (gr. 4-6). pap. 16.99 *(978-1-78055-508-9(3)*, Buster Bks.) O'Mara, Michael Bks., Ltd. GBR. Dist: Independent Pubs. Group.

Explore a Cave. K. C. Kelley. 2018. (Amazing Adventures Ser.). (ENG.). 16p. (J). (gr. k-2). 25.65 *(978-1-68151-314-0(5)*, 14882); (Illus.). pap. 7.99 *(978-1-68152-270-8(5)*, 14888) Amicus.

Explore AI: Intelligent Robots. Wayland Publishers. 2022. (Explore AI Ser.). (ENG.). 32p. (J). (gr. 2-4). 17.99 *(978-1-5263-1510-6(6)*, Wayland) Hachette Children's Group GBR. Dist: Hachette Bk. Group.

Explore AI: Machine Learning. Wayland Publishers. 2021. (Explore AI Ser.). (ENG.). 32p. (J). (gr. 2-4). 17.99 *(978-1-5263-1511-3(4)*, Wayland) Hachette Children's Group GBR. Dist: Hachette Bk. Group.

Explore AI: Smart Devices. Wayland Publishers. (Explore AI Ser.). (ENG., Illus.). 32p. (J). (gr. 2-4). 2022. pap. 13.99 *(978-1-5263-1514-4(9))*; 2021. 17.99 *(978-1-5263-1512-0(2))* Hachette Children's Group GBR. (Wayland). Dist: Hachette Bk. Group.

Explore!: Ancient China. Izzi Howell. 2019. (Explore! Ser.). (ENG., Illus.). 32p. (J). pap. 11.99 *(978-1-5263-0058-4(3)*, Wayland) Hachette Children's Group GBR. Dist: Hachette Bk. Group.

Explore Ancient Chinese Myths! With 25 Great Projects. Anita Yasuda. Illus. by Tom Casteel. 2017. (Explore Your World Ser.). (ENG.). 96p. (J). (gr. 3-4). pap. 14.95 *(978-1-61930-611-0(5)*, d9bdc34e-3c81-4911-bed0-b7f120c808b7) Nomad Pr.

Explore!: Anglo Saxons. Jane Bingham. 2017. (Explore! Ser.). (ENG., Illus.). 32p. (J). (gr. 4-6). pap. 12.99 *(978-0-7502-9734-9(4)*, Wayland) Hachette Children's Group GBR. Dist: Hachette Bk. Group.

Explore Asteroids. Martha London. 2021. (Explore Space! Ser.). (ENG., Illus.). 32p. (J). (gr. 2-5). lib. bdg. 34.21 *(978-1-5321-9536-5(2)*, 37522, Kids Core) ABDO Publishing Co.

Explore Asteroids. Martha London. 2021. (Explore Space! Ser.). (ENG.). 32p. (J). (gr. 3-3). pap. 9.95 *(978-1-64494-540-7(1))* North Star Editions.

Explore Atoms & Molecules! With 25 Great Projects. Janet Slingerland. Illus. by Matt Aucoin. 2017. (Explore Your World Ser.). (ENG.). 96p. (J). (gr. 1-5). 19.95 *(978-1-61930-491-8(0)*, a7e44c8b-b69c-4b00-b090-a383ba907565) Nomad Pr.

Explore Australia: 12 Key Facts. Todd Kortemeier. 2019. (Country Profiles Ser.). (ENG., Illus.). 32p. (J). (gr. 3-6). lib. bdg. 32.80 *(978-1-63235-550-8(7)*, 13945, 12-Story Library) Bookstaves, LLC.

Explore Biomes (Set), 8 vols. 2023. (Explore Biomes Ser.). (ENG.). 32p. (J). (gr. 2-5). lib. bdg. 273.76 *(978-1-0982-9106-8(9)*, 42014, Kids Core) ABDO Publishing Co.

Explore Brazil: 12 Key Facts. Todd Kortemeier. 2019. (Country Profiles Ser.). (ENG., Illus.). 32p. (J). (gr. 3-6). 9.95 *(978-1-63235-608-6(2)*, 13957); lib. bdg. 32.80 *(978-1-63235-551-5(5)*, 13946) Bookstaves, LLC. (12-Story Library).

Explore Canada. Jocey Asnong. 2020. (ENG., Illus.). 32p. bds. 12.00 *(978-1-77160-307-2(0))* RMB Rocky Mountain Bks. CAN. Dist: Publishers Group West (PGW).

Explore Canada: 12 Key Facts. Peggy Snow. 2019. (Country Profiles Ser.). (ENG., Illus.). 32p. (J). (gr. 3-6). 9.95 *(978-1-63235-609-3(0)*, 13958); lib. bdg. 32.80 *(978-1-63235-552-2(3)*, 13947) Bookstaves, LLC. (12-Story Library).

Explore Canals & Dams! With 25 Great Projects. Anita Yasuda. Illus. by Mike Crosier. 2018. (Explore Your World Ser.). (ENG.). 96p. (J). (gr. 3-5). 19.95 *(978-1-61930-645-5(X)*, e4aff5da-6c7f-4006-adc8-4361f29eb7a2) Nomad Pr.

Explore Chicago with Captain Chryso. Christopher D. Edmonds. Illus. by Coco Chan. 2022. (ENG.). 54p. (J). 34.99 *(978-1-6678-2019-4(2))* BookBaby.

Explore China: A Mulan Discovery Book. Charlotte Cheng. 2019. (Disney Learning Discovery Bks.). (ENG., Illus.). 48p. (J). (gr. 2-5). pap. 8.99 *(978-1-5415-7389-5(7)*, 9781541573895); lib. bdg. 31.99 *(978-1-5415-5491-7(4)*, 9781541554917) Lerner Publishing Group. (Lerner Pubns.).

Explore China: 12 Key Facts. Marne Ventura. 2019. (Country Profiles Ser.). (ENG., Illus.). 32p. (J). (gr. 3-6). lib. bdg. 32.80 *(978-1-63235-553-9(1)*, 13948, 12-Story Library) Bookstaves, LLC.

Explore Citizenship, 6 vols., Set. Incl. Constitution Day. Maeve Griffin. 26.27 *(978-1-4358-2978-7(6)*, c9d089c8-9cb7-4aa5-bbc5-cbf9e37a771a); Elections: Choosing Our Leaders. Paul Bamaton. 26.27 *(978-1-4358-2979-4(4)*, 2c4c92c7-cac0-4a89-a9ff-68b689473790); Why We Need Laws. Bertram Wilberforce. lib. bdg. 26.27 *(978-1-4358-2977-0(8)*, 028c220e-b28d-4d44-b752-8bb8c10a50f7); 24p. (J). (gr. 3-3). 2009. (Explore Citizenship Ser.). (ENG.). 2008. Set lib. bdg. 78.81 *(978-1-4358-3020-2(2)*, 3bf27b05-00f4-42a2-8932-c008008e7121, PowerKids Pr.) Rosen Publishing Group, Inc., The.

Explore Colonial America, 12 vols. 2016. (Explore Colonial America Ser.). 48p. (ENG.). (gr. 4-5). lib. bdg. 177.60 *(978-0-7660-7498-9(6)*, a7991fa7-88b8-4595-8af3-3fe91218542e); (gr. 5-4). pap. 70.20 *(978-0-7660-7986-1(4))* Enslow Publishing, LLC.

Explore Comets & Asteroids! With 25 Great Projects. Anita Yasuda. Illus. by Bryan Stone. 2017. (Explore Your World Ser.). (ENG.). 96p. (J). (gr. 1-5). 19.95 *(978-1-61930-511-3(9)*, ec25ec5e-4d22-45e7-ada3-139f498c0a13) Nomad Pr.

Explore Cuba: 12 Key Facts. Peggy Snow. 2019. (Country Profiles Ser.). (ENG., Illus.). 32p. (J). (gr. 3-6). 9.95 *(978-1-63235-611-6(2)*, 13960, 12-Story Library) Bookstaves, LLC.

Explore Earth. Jackie Golusky. 2021. (Lightning Bolt Books (r) — Planet Explorer Ser.). (ENG., Illus.). 24p. (J). (gr. 1-3). pap. 9.99 *(978-1-7284-2360-9(0)*, d8b4e029-d413-48b8-877f-aae08d5e622d); lib. bdg. 29.32 *(978-1-7284-0408-0(8)*, 2262c9b4-5b39-4cdf-8897-f2645d8e807c) Lerner Publishing Group. (Lerner Pubns.).

Explore Earth Science: 4-Book Hardcover Set. Cynthia Light Brown. Illus. by Tom Casteel. 2020. (ENG.). 384p. (J). (gr. 3-4). 77.95 *(978-1-61930-883-1(5)*, d497e963-80c9-4cc0-8f10-89e83faa553f) Nomad Pr.

Explore Engineering: 4-Book Hardcover Set. 2018. (ENG., Illus.). 384p. (J). (gr. 3-5). 77.95 *(978-1-61930-667-7(0)*, f2c4ace5-2d9a-4d5b-8765-819025fec4ae) Nomad Pr.

Explore Force & Motion! With 25 Great Projects. Jennifer Swanson. Illus. by Bryan Stone. 2016. (Explore Your World Ser.). (ENG.). 96p. (J). (gr. 1-5). 19.95 *(978-1-61930-351-5(5)*, 68f60935-ad6b-4609-bb84-df50ea12c89e) Nomad Pr.

Explore Fossils! With 25 Great Projects. Cynthia Light Brown & Grace Brown. Illus. by Bryan Stone. 2016. (Explore Your World Ser.). (ENG.). 96p. (J). (gr. 1-5). 19.95 *(978-1-61930-331-7(0)*, 6c592174-b1d9-4454-b9fa-1f96e3e8c7f4) Nomad Pr.

Explore Greece: 12 Key Facts. Peggy Snow. 2019. (Country Profiles Ser.). (ENG., Illus.). 32p. (J). (gr. 3-6). lib. bdg. 32.80 *(978-1-63235-555-3(8)*, 13950, 12-Story Library) Bookstaves, LLC.

Explore Iran: 12 Key Facts. Danielle Sovereign. 2019. (Country Profiles Ser.). (ENG., Illus.). 32p. (J). (gr. 3-6). lib. bdg. 32.80 *(978-1-63235-556-0(6)*, 13951, 12-Story Library) Bookstaves, LLC.

Explore Jupiter. Liz Milroy. 2021. (Lightning Bolt Books (r) — Planet Explorer Ser.). (ENG., Illus.). 24p. (J). (gr. 1-3). pap. 9.99 *(978-1-7284-2361-6(9)*, 64244858-9e3c-440e-8bfa-e1312bab0fd8); lib. bdg. 29.32 *(978-1-7284-0409-7(6)*, a1ff095d-3288-4e48-b14c-42dc0046de1d) Lerner Publishing Group. (Lerner Pubns.).

Explore Life Cycles Book Set: Nature Picture Books for Kids. Joseph Anthony & David L. Rice. Illus. by Cris Arbo. 2020. (ENG.). (J). (-4). pap. 35.84 *(978-1-7282-4203-3(7)*, Dawn Pubns.) Sourcebooks, Inc.

Explore Light & Optics! With 25 Great Projects. Anita Yasuda. Illus. by Bryan Stone. 2016. (Explore Your World Ser.). (ENG.). 96p. (J). (gr. 1-5). 19.95 *(978-1-61930-376-8(0)*, 249eee93-cd95-4566-a2bd-cbe9681cb26b); pap. 14.95 *(978-1-61930-380-5(9)*, 43f6238f-1c00-4c39-b7ec-01737b816ac2) Nomad Pr.

Explore Makerspace! With 25 Great Projects. Alicia Z. Klepeis. Illus. by Matt Aucoin. 2017. (Explore Your World Ser.). (ENG.). 96p. (J). (gr. 3-4). 19.95 *(978-1-61930-562-5(3)*, 17ab5b49-3417-4bf2-bb7b-47445e880de8); pap. 14.95 *(978-1-61930-566-3(6)*, b6f79fc9-a435-4b8a-b8d8-1e036813093a) Nomad Pr.

Explore Mars. Jackie Golusky. 2021. (Lightning Bolt Books (r) — Planet Explorer Ser.). (ENG., Illus.). 24p. (J). (gr. 1-3). pap. 9.99 *(978-1-7284-2362-3(7)*, c42fc36c-b9d2-4d46-b97d-011321d3bcd1); lib. bdg. 29.32 *(978-1-7284-0410-3(X)*, ac5f2592-3cde-46c1-945d-41c4828fac62) Lerner Publishing Group. (Lerner Pubns.).

Explore!: Mayan Civilisation. Izzi Howell. 2019. (Explore! Ser.). (ENG., Illus.). 32p. (J). pap. 11.99 *(978-1-5263-0019-5(2)*, Wayland) Hachette Children's Group GBR. Dist: Hachette Bk. Group.

Explore Mercury. Liz Milroy. 2021. (Lightning Bolt Books (r) — Planet Explorer Ser.). (ENG., Illus.). 24p. (J). (gr. 1-3). pap. 9.99 *(978-1-7284-2363-0(5)*, 02d7803c-e7c3-4b54-acb6-cbb5215511d3); lib. bdg. 29.32 *(978-1-7284-0411-0(8)*, c44c2efa-ca4e-4979-a0e7-de4d606a8c14) Lerner Publishing Group. (Lerner Pubns.).

Explore Mexico: A Coco Discovery Book. Lars Ortiz. 2019. (Disney Learning Discovery Bks.). (ENG., Illus.). 48p. (J). (gr. 2-5). pap. 8.99 *(978-1-5415-7828-9(7)*, 9781541578289); lib. bdg. 31.99 *(978-1-5415-7827-2(9)*, 9781541578272) Lerner Publishing Group. (Lerner Pubns.).

Explore Mexico: 12 Key Facts. Patricia Hutchison. 2019. (Country Profiles Ser.). (ENG., Illus.). 32p. (J). (gr. 3-6). 9.95 *(978-1-63235-613-0(9)*, 13962); lib. bdg. 32.80 *(978-1-63235-557-7(4)*, 13952) Bookstaves, LLC. (12-Story Library).

Explore Music (Set), 6 vols. 2022. (Explore Music Ser.). (ENG.). 32p. (J). (gr. 2-5). lib. bdg. 196.74 *(978-1-0982-4330-2(7)*, 41235, DiscoverRoo) Pop!.

Explore My World: Kangaroos. Jill Esbaum. 2018. (Explore My World Ser.). (Illus.). 32p. (J). (gr. -1-k). pap. 4.99 *(978-1-4263-3157-2(6)*, National Geographic Kids) Disney Publishing Worldwide.

Explore My World a Tree Grows Up. Marfe Ferguson Delano. 2016. (Explore My World Ser.). (Illus.). 32p. (J). (gr. -1-k). pap. 4.99 *(978-1-4263-2429-1(4)*, National Geographic Kids) Disney Publishing Worldwide.

Explore My World Adorable Animals. Jill Esbaum. 2017. (Explore My World Ser.). (Illus.). 96p. (J). (gr. -1-k). pap. 9.99 *(978-1-4263-2949-4(0)*, National Geographic Kids) Disney Publishing Worldwide.

Explore My World: Coral Reefs. Jill Esbaum. 2018. (Explore My World Ser.). (Illus.). 32p. (J). (gr. -1-k). pap. 4.99 *(978-1-4263-2985-2(7))*; (ENG.). lib. bdg. 14.90 *(978-1-4263-2986-9(5))* Disney Publishing Worldwide. (National Geographic Kids).

Explore My World Dolphins. Becky Baines. 2016. (Explore My World Ser.). (Illus.). 32p. (J). (gr. -1-k). pap. 4.99 *(978-1-4263-2318-8(2)*, National Geographic Kids) Disney Publishing Worldwide.

Explore My World: Ducklings. Marfe Ferguson Delano. 2017. (Explore My World Ser.). (Illus.). 32p. (J). (gr. -1-k). pap. 4.99 *(978-1-4263-2715-5(3)*, National Geographic Kids) Disney Publishing Worldwide.

Explore My World: Honey Bees. Jill Esbaum. 2017. (Explore My World Ser.). (ENG., Illus.). 32p. (J). (gr. -1-k). pap. 5.99 *(978-1-4263-2713-1(7)*, National Geographic Kids) Disney Publishing Worldwide.

Explore My World: Lions. Amy Sky Koster. 2018. (Explore My World Ser.). (Illus.). 32p. (J). (gr. -1-k). pap. 4.99 *(978-1-4263-2988-3(1)*, National Geographic Kids) Disney Publishing Worldwide.

Explore My World Planets. Becky Baines. 2016. (Explore My World Ser.). (Illus.). 32p. (J). (gr. -1-k). pap. 4.99 *(978-1-4263-2322-5(0)*, National Geographic Kids) Disney Publishing Worldwide.

Explore My World Rain Forests. Marfe Ferguson Delano. 2017. (Explore My World Ser.). (Illus.). 32p. (J). (gr. -1-k). pap. 4.99 *(978-1-4263-2828-2(1))*; (ENG.). lib. bdg. 14.90 *(978-1-4263-2829-9(X))* Disney Publishing Worldwide. (National Geographic Kids).

Explore My World Sea Otters. Jill Esbaum. 2017. (Explore My World Ser.). (Illus.). 32p. (J). (gr. -1-k). pap. 4.99 *(978-1-4263-2825-1(7)*, National Geographic Kids) Disney Publishing Worldwide.

Explore My World Tigers. Jill Esbaum. 2016. (Explore My World Ser.). (Illus.). 32p. (J). (gr. -1-k). pap. 4.99 *(978-1-4263-2426-0(X)*, National Geographic Kids) Disney Publishing Worldwide.

Explore My World: Weather. Lisa M. Gerry. 2018. (Explore My World Ser.). (Illus.). 32p. (J). (gr. -1-k). pap. 4.99

E

(978-1-4263-3155-8(X)); (ENG., lib. bdg. 14.90 (978-1-4263-3156-5(8)) Disney Publishing Worldwide. (National Geographic Kids).

Explore Neptune. Jackie Golusky. 2021. (Lightning Bolt Books (r) — Planet Explorer Ser.). (ENG., Illus.). 24p. (J). (gr. 1-3). pap. 9.99 (978-1-7284-2364-7(3), 3ee4326b-6a1e-4718-8545-a95836d9f9c4); lib. bdg. 29.32 (978-1-7284-0412-7(6), d0e9f0f4-9fb0-48c3-957e-59729532a292) Lerner Publishing Group. (Lerner Pubns.).

Explore Nigeria: 12 Key Facts. Rosie Nanz. 2019. (Country Profiles Ser.). (ENG., Illus.). 32p. (J). (gr. 3-6). lib. bdg. 32.80 (978-1-63235-558-4(2), 13953, 12-Story Library) Bookstaves, LLC.

Explore!: Normans. Izzi Howell. 2019. (Explore! Ser.). (ENG.). 32p. (J). (gr. 4-6). pap. 11.99 (978-1-5263-0062-1(1), Wayland) Hachette Children's Group GBR. Dist: Hachette Bk. Group.

Explore North Korea: 12 Key Facts. Molly Raben. 2019. (Country Profiles Ser.). (ENG., Illus.). 32p. (J). (gr. 3-6). 9.95 (978-1-63235-614-7(7), 13963); lib. bdg. 32.80 (978-1-63235-559-1(0), 13954) Bookstaves, LLC. (12-Story Library).

Explore Ores. Christine Petersen. 2019. (Geology Rocks! Ser.). (ENG., Illus.). 32p. (J). (gr. 3-6). lib. bdg. 32.79 (978-1-5321-9173-2(1), 33520, Checkerboard Library) ABDO Publishing Co.

Explore Outdoors: A Nature Journal for Kids Spring Edition. Pamela Baxter. 2019. (Explore Outdoors Nature Journals: Vol. 1). (ENG.). 88p. (J). pap. 6.95 (978-0-9884636-2-2(8)) Hidden Oasis Publishing.

Explore Predators & Prey! With 25 Great Projects. Cindy Blobaum. Illus. by Matt Aucoin. 2016. (Explore Your World Ser.). (ENG.). 96p. (J). (gr. 1-5). 19.95 (978-1-61930-456-7(2), 248e61ee-d12a-435a-b4f3-e52989e84c32) Nomad Pr.

Explore Russia: 12 Key Facts. Alicia Klepeis. 2019. (Country Profiles Ser.). (ENG., Illus.). 32p. (J). (gr. 3-6). 9.95 (978-1-63235-615-4(5), 13964); lib. bdg. 32.80 (978-1-63235-560-7(4), 13955) Bookstaves, LLC. (12-Story Library).

Explore Saturn. Liz Milroy. 2021. (Lightning Bolt Books (r) — Planet Explorer Ser.). (ENG., Illus.). 24p. (J). (gr. 1-3). pap. 9.99 (978-1-7284-2365-4(1), a5098dff-ced7-4649-91b0-b4b01bda36da); lib. bdg. 29.32 (978-1-7284-0413-4(4), 0db5a042-53f1-44ec-a6d7-3a7379d0472e) Lerner Publishing Group. (Lerner Pubns.).

Explore Shapes & Angles! With 25 Great Projects. Jeanette Moore. Illus. by Matt Aucoin. 2017. (Explore Your World Ser.). (ENG.). 96p. (J). (gr. 3-4). 19.95 (978-1-61930-582-3(8), ae744ce7-ac10-4d1c-8161-33b1dad113fa); pap. 14.95 (978-1-61930-586-1(0), cf6890ae-bc7b-4b8f-9662-35481334f61b) Nomad Pr.

Explore Space! (Set), 6 vols. Martha London & Emma Huddleston. 2021. (Explore Space! Ser.). (ENG.). 32p. (J). (gr. 2-5). lib. bdg. 205.32 (978-1-5321-9535-8(4), 37520, Kids Core) ABDO Publishing Co.

Explore Space! (Set Of 6) 2021. (Explore Space! Ser.). (ENG.). 192p. (J). (gr. 3-3). pap. 59.70 (978-1-64494-539-1(8)) North Star Editions.

Explore!: Stone, Bronze & Iron Ages. Sonya Newland. 2017. (Explore! Ser.). (ENG., Illus.). 32p. (J). (gr. 4-6). pap. 12.99 (978-0-7502-9736-3(0), Wayland) Hachette Children's Group GBR. Dist: Hachette Bk. Group.

Explore Texas. 2018. (Explore Texas Ser.). (ENG.). (YA). pap. 85.60 (978-1-5081-8690-8(1)) Rosen Publishing Group, Inc., The.

Explore the Beach. Alli Brydon & National Geographic Kids. 2023. (Little Kids First Nature Guide Ser.). 48p. (J). (gr. -1-3). pap. 9.99 (978-1-4263-7368-8(6), National Geographic Kids) Disney Publishing Worldwide.

Explore the Bible Book by Book, 1 vol. Peter Martin. Illus. by Chris Molan. ed. 2017. (ENG.). 160p. (J). 21.99 (978-0-7459-7705-8(7), 6f6309de-a069-4c47-9246-1bdd3d43887f, Lion Children's) Lion Hudson PLC GBR. Dist: Baker & Taylor Publisher Services (BTPS).

Explore the Bible: Preschool Activity Pages - Winter 2022. Lifeway Kids. 2021. (ENG.). 32p. (J). 3.45 (978-1-0877-5593-9(X)) Lifeway Christian Resources.

Explore the Bible: Preschool Leader Guide - Winter 2022. Lifeway Kids. 2021. (ENG.). 112p. (J). 7.99 (978-1-0877-5594-6(8)) Lifeway Christian Resources.

Explore the Bible: Students - Leader Guide - Winter 2020-21. Lifeway Students. 2020. (ENG.). 136p. (YA). 7.75 (978-1-0877-3424-8(X)) Lifeway Christian Resources.

Explore the Bible: Younger Kids Classroom Bundle Winter 2021. Lifeway Kids. 2020. (ENG.). (J). 129.99 (978-1-0877-0135-6(X)) Lifeway Christian Resources.

Explore the City. Ed. by School Zone Publishing. 2017. (ENG.). 240p. (J). pap. 11.99 (978-1-68147-192-1(2), acb31876-9d72-4072-b8fa-ef62c6bae6bb) School Zone Publishing Co.

Explore the Coral Reef: Explora el Arrecife de Coral. Contrib. by Deborah Lock. ed. 2023. (DK Super Readers Ser.). 32p. (J). (gr. 1-3). pap. 4.99 (978-0-7440-8380-4(X), DK Children) Dorling Kindersley Publishing, Inc.

Explore the Countries Set 4 (Set), 8 vols. 2017. (Explore the Countries Set 4 Ser.). (ENG.). 40p. (J). (gr. 2-5). lib. bdg. 285.12 (978-1-5321-1047-4(2), 25670, Big Buddy Bks.) ABDO Publishing Co.

Explore the Deep Blue Sea with Scuba Jack. Beth Costanzo. 2022. (ENG.). 26p. (J). pap. 14.99 (978-1-0880-6942-4(8)) Adventures of Scuba Jack Pubs., The.

Explore the Eelgrass Meadow with Sam & Crystal. Gloria Snively. Illus. by Karen Gillmore. 2021. (Explore with Sam & Crystal Ser.: 3). (ENG.). 64p. (J). (gr. 4-7). 18.95 (978-1-77203-319-9(7)) Heritage Hse. CAN. Dist: Orca Bk. Pubs. USA.

Explore the Everglades. Howie Minsky. 2019. (Hello, Everglades! Ser.). (ENG., Illus.). 16p. (J). (gr. -1-2). pap. 11.36 (978-1-5341-5743-9(3), 214204, Cherry Blossom Press) Cherry Lake Publishing.

Explore the Ice Age! With 25 Great Projects. Cindy Blobaum. Illus. by Bryan Stone. 2017. (Explore Your World Ser.). (ENG.). 96p. (J). (gr. 3-4). 19.95 (978-1-61930-577-9(1), f4bbc9e6-96f7-4bbb-a54b-9553773dbf40) Nomad Pr.

Explore!: the Indus Valley. Izzi Howell. 2017. (Explore! Ser.). (ENG.). 32p. (J). (gr. 4-6). 16.99 (978-1-5263-0086-7(9), Wayland) Hachette Children's Group GBR. Dist: Hachette Bk. Group.

Explore the Milky Way Galaxy. Martha London. 2021. (Explore Space! Ser.). (ENG., Illus.). 32p. (J). (gr. 2-5). lib. bdg. 34.21 (978-1-5321-9537-2(0), 37524, Kids Core) ABDO Publishing Co.

Explore the Milky Way Galaxy. Martha London. 2021. (Explore Space! Ser.). (ENG.). 32p. (J). (gr. 3-3). pap. 9.95 (978-1-64494-541-4(X)) North Star Editions.

Explore the Moon. Emma Huddleston. 2021. (Explore Space! Ser.). (ENG., Illus.). 32p. (J). (gr. 2-5). lib. bdg. 34.21 (978-1-5321-9538-9(9), 37526, Kids Core) ABDO Publishing Co.

Explore the Moon. Emma Huddleston. 2021. (Explore Space! Ser.). (ENG.). 32p. (J). (gr. 3-3). pap. 9.95 (978-1-64494-542-1(8)) North Star Editions.

Explore the Old City of Aleppo: Come with Tamim to a World Heritage Site. Khaldoun Fansa. Illus. by Abdalla Asaad. 2020. (ENG.). 152p. (J). 25.00 (978-1-951082-15-4(X), Cune Pr. Classics) Rare Bird Bks.

Explore the Planet, 12 vols. 2022. (Explore the Planet Ser.). (ENG.). 48p. (J). (gr. 4-5). lib. bdg. 177.60 (978-1-9785-3192-5(3), 675ba420-405e-4a5a-baa3-6af965ec3e57) Enslow Publishing, LLC.

Explore the Planets. Emma Huddleston. 2021. (Explore Space! Ser.). (ENG., Illus.). 32p. (J). (gr. 2-5). lib. bdg. 34.21 (978-1-5321-9539-6(7), 37528, Kids Core) ABDO Publishing Co.

Explore the Planets. Emma Huddleston. 2021. (Explore Space! Ser.). (ENG.). 32p. (J). (gr. 3-3). pap. 9.95 (978-1-64494-543-8(6)) North Star Editions.

Explore the Planets. Carly Madden. Illus. by Neil Clark. 2022. (Adventures of Evie & Juno Ser.: 1). (ENG.). 18p. (J). (gr. -1-k). bds. 13.99 (978-0-7112-6846-3(0), Happy Yak) Quarto Publishing Group UK GBR. Dist: Hachette Bk. Group.

Explore the Rainforest. Carly Madden. Illus. by Neil Clark. 2023. (Adventures of Evie & Juno Ser.). (ENG.). 18p. (gr. -1-k). bds. (978-0-7112-7904-9(7)) White Lion Publishing.

Explore the Rocky Shore with Sam & Crystal, 1 vol. Gloria Snively. Illus. by Karen Gillmore. 2018. (Explore with Sam & Crystal Ser.: 2). (ENG.). 64p. (J). (gr. 4-7). 18.95 (978-1-77203-236-9(0)) Heritage Hse. CAN. Dist: Orca Bk. Pubs. USA.

Explore the Salish Sea: A Nature Guide for Kids. Joseph K. Gaydos & Audrey DeLella Benedict. 2018. (Illus.). 64p. (J). (gr. 2-5). 19.99 (978-1-63217-095-8(7), Little Bigfoot) Sasquatch Bks.

Explore the Stars. Emma Huddleston. 2021. (Explore Space! Ser.). (ENG., Illus.). 32p. (J). (gr. 2-5). lib. bdg. 34.21 (978-1-5321-9540-2(0), 37530, Kids Core) ABDO Publishing Co.

Explore the Stars. Emma Huddleston. 2021. (Explore Space! Ser.). (ENG., Illus.). 32p. (J). (gr. 3-3). pap. 9.95 (978-1-64494-544-5(4)) North Star Editions.

Explore the Sun. Emma Huddleston. 2021. (Explore Space! Ser.). (ENG., Illus.). 32p. (J). (gr. 2-5). lib. bdg. 34.21 (978-1-5321-9541-9(9), 37532, Kids Core) ABDO Publishing Co.

Explore the Sun. Emma Huddleston. 2021. (Explore Space! Ser.). (ENG.). 32p. (J). (gr. 3-3). pap. 9.95 (978-1-64494-545-2(2)) North Star Editions.

Explore the United Kingdom: 12 Key Facts. Patricia Hutchison. 2019. (Country Profiles Ser.). (ENG., Illus.). 32p. (J). (gr. 3-6). lib. bdg. 32.80 (978-1-63235-561-4(2), 13956, 12-Story Library) Bookstaves, LLC.

Explore the United States (Set), 52 vols. 2019. (Explore the United States Ser.). (ENG.). 32p. (J). (gr. 2-5). lib. bdg. 1779.44 (978-1-5321-9103-9(0), 33394, Big Buddy Bks.) ABDO Publishing Co.

Explore the Waterways: 4-Book Hardcover Set. 2018. (ENG., Illus.). 384p. (J). (gr. 3-4). 77.95 (978-1-61930-695-0(6), d1e24c79-b0cf-4004-a4c4-8d6798e4ff23) Nomad Pr.

Explore the Wild Coast with Sam & Crystal, 1 vol. Gloria Snively. Illus. by Karen Gillmore. 2018. (Explore with Sam & Crystal Ser.: 1). (ENG.). 64p. (J). (gr. 4-7). 18.95 (978-1-77203-167-6(4)) Heritage Hse. CAN. Dist: Orca Bk. Pubs. USA.

Explore the World with Cardboard & Duct Tape: 4D an Augmented Reading Cardboard Experience. Leslie Manlapig. 2018. (Epic Cardboard Adventures 4D Ser.). (ENG., Illus.). 32p. (J). (gr. 2-6). lib. bdg. 33.99 (978-1-5157-9313-7(3), 136678, Capstone Classroom) Capstone.

Explore Tunnels! With 25 Great Projects. Jeanette Moore. Illus. by Mike Crosier. 2018. (Explore Your World Ser.). (ENG.). 96p. (J). (gr. 3-5). 19.95 (978-1-61930-648-6(4), caa42fb5-82d0-4a7f-a0bb-91bf3105286f) Nomad Pr.

Explore under the Earth. Carly Madden. Illus. by Neil Clark. 2023. (Adventures of Evie & Juno Ser.). (ENG.). 18p. (J). (gr. -1-k). bds. (978-0-7112-7902-5(0)) White Lion Publishing.

Explore under the Sea. Carly Madden. Illus. by Neil Clark. 2022. (Adventures of Evie & Juno Ser.: 2). (ENG.). 18p. (J). (gr. -1-k). bds. 13.99 (978-0-7112-6848-7(7), Happy Yak) Quarto Publishing Group UK GBR. Dist: Hachette Bk. Group.

Explore Uranus. Jackie Golusky. 2021. (Lightning Bolt Books (r) — Planet Explorer Ser.). (ENG., Illus.). 24p. (J). (gr. 1-3). pap. 9.99 (978-1-7284-2366-1(X), 1bafc527-c93b-4425-83ae-599e88d43085); lib. bdg. 29.32 (978-1-7284-0414-1(2), 1f7234d8-9761-4d77-ba19-ce27358ddde2) Lerner Publishing Group. (Lerner Pubns.).

Explore Venus. Liz Milroy. 2021. (Lightning Bolt Books (r) — Planet Explorer Ser.). (ENG., Illus.). 24p. (J). (gr. 1-3). pap. 9.99 (978-1-7284-2367-8(8), 73390d97-2246-461f-9b12-69d6c51842d5); lib. bdg. 29.32 (978-1-7284-0415-8(0), e1bfb093-5f0f-44e7-8b81-c1f72d71fae6) Lerner Publishing Group. (Lerner Pubns.).

Explore!: Victorians. Jane Bingham. 2017. (Explore! Ser.). (ENG., Illus.). 32p. (J). (gr. 4-6). pap. 11.99 (978-0-7502-8879-8(5), Wayland) Hachette Children's Group GBR. Dist: Hachette Bk. Group.

Explore!: Vikings. Jane Bingham. 2017. (Explore! Ser.). (ENG., Illus.). 32p. (J). (gr. 4-6). pap. 12.99 (978-0-7502-9737-0(9)); 17.99 (978-0-7502-9548-2(1)) Hachette Children's Group GBR. (Wayland). Dist: Hachette Bk. Group.

Explore with Art! Activities to Experience Space. Lauren Kukla. 2022. (Wellness Workshop Ser.). (ENG., Illus.). 32p. (J). (gr. 3-6). lib. bdg. 34.21 (978-1-5321-9980-6(5), 40749, Checkerboard Library) ABDO Publishing Co.

Explore with Francisco Vazquez de Coronado. Tim Cooke. 2016. (Travel with the Great Explorers Ser.). (ENG., Illus.). 32p. (J). (gr. 3-6). (978-0-7787-2847-4(1)) Crabtree Publishing Co.

Explore with Gertrude Bell. Tim Cooke. 2017. (Travel with the Great Explorers Ser.). (Illus.). 32p. (J). (gr. 4-5). (978-0-7787-3910-4(4)); pap. (978-0-7787-3925-8(2)) Crabtree Publishing Co.

Explore with Giovanni Da Verrazzano. Cynthia O'Brien. 2017. (Travel with the Great Explorers Ser.). (Illus.). 32p. (J). (gr. 4-5). (978-0-7787-3922-7(8)); pap. (978-0-7787-3928-9(7)) Crabtree Publishing Co.

Explore with Hernando de Soto. Rachel Stuckey. 2016. (Travel with the Great Explorers Ser.). (ENG., Illus.). 32p. (J). (gr. 3-6). (978-0-7787-2849-8(8)) Crabtree Publishing Co.

Explore with Ibn Battuta. Rachel Stuckey. 2017. (Travel with the Great Explorers Ser.). (Illus.). 32p. (J). (gr. 4-5). (978-0-7787-3908-1(2)); pap. (978-0-7787-3924-1(4)) Crabtree Publishing Co.

Explore with Marquette & Jolliet. Cynthia O'Brien. 2016. (Travel with the Great Explorers Ser.). (ENG., Illus.). 32p. (J). (gr. 3-6). (978-0-7787-2850-4(1)) Crabtree Publishing Co.

Explore with Mary Kingsley. Tim Cooke. 2017. (Travel with the Great Explorers Ser.). (Illus.). 32p. (J). (gr. 4-5). (978-0-7787-3920-3(1)); pap. (978-0-7787-3926-5(0)) Crabtree Publishing Co.

Explore with Me: I Love You to the Jungle & Beyond (Mother & Daughter Edition) Sharon Purtill. Illus. by Tamara Piper. 2023. (Wherever Shall We Go Children's Bedtime Story Ser.). (ENG.). 36p. (J). pap. (978-1-990469-46-6(9)) Dunhill-Clare Publishing.

Explore with Me: I Love You to the Jungle & Beyond (Mother & Son Edition) Sharon Purtill. Illus. by Tamara Piper. 2nd ed. 2023. (Wherever Shall We Go Children's Bedtime Story Ser.). (ENG.). 36p. (J). pap. (978-1-990469-49-7(3)) Dunhill-Clare Publishing.

Explore with Sir Walter Raleigh. Ruth Daly. 2017. (Travel with the Great Explorers Ser.). (Illus.). 32p. (J). (gr. 4-5). (978-0-7787-3923-4(6)); pap. (978-0-7787-3938-8(4)) Crabtree Publishing Co.

Explore with Stanley & Livingstone. Cynthia O'Brien. 2016. (Travel with the Great Explorers Ser.). (ENG., Illus.). 32p. (J). (gr. 3-6). (978-0-7787-2848-1(X)) Crabtree Publishing Co.

Explore with Vasco Nunez de Balboa. Meredith Dault. 2017. (Travel with the Great Explorers Ser.). (Illus.). 32p. (J). (gr. 4-5). (978-0-7787-3921-0(X)); pap. (978-0-7787-3927-2(9)) Crabtree Publishing Co.

Explore!: World War Two. Jane Bingham. 2017. (Explore! Ser.). (ENG., Illus.). 32p. (J). (gr. 4-6). pap. 11.99 (978-0-7502-8883-5(3), Wayland) Hachette Children's Group GBR. Dist: Hachette Bk. Group.

Explore Your Creative Side with Mandalas: An Adult Coloring Book. Activity Book Zone. 2016. (ENG., Illus.). (J). pap. 9.20 (978-1-68376-486-1(2)) Sabeels Publishing.

Exploremos Cuba (Let's Explore Cuba) Walt K. Moon. 2017. (Bumba Books (r) en Español — Exploremos Países (Let's Explore Countries) Ser.). (SPA., Illus.). 24p. (J). (gr. -1-1). lib. bdg. 26.65 (978-1-5124-4123-9(6), f4d6a0f1-e5d3-49bd-a542-6bcc49c9c2ef, Ediciones Lerner) Lerner Publishing Group.

Exploremos el Arrecife de Coral see DK Super Readers Level 1 Bilingual Explore the Coral Reef - Explora el Arrecife de Coral

Exploremos el Desgaste y la Erosion (Exploring Weathering & Erosion), 1 vol. Marie Rogers. 2021. (¿Qué Podemos Aprender de Las Rocas? (Let's Rock!) Ser.). (SPA.). 24p. (gr. 3-4). pap. 9.25 (978-1-7253-2104-5(1), 38746d52-ab25-43aa-ae2a-06a263ab5f04, PowerKids Pr.) Rosen Publishing Group, Inc., The.

Exploremos India (Let's Explore India) Walt K. Moon. 2017. (Bumba Books (r) en Español — Exploremos Países (Let's Explore Countries) Ser.). (SPA., Illus.). 24p. (J). (gr. -1-1). 26.65 (978-1-5124-4122-2(8), 0dd645ea-cba3-41ae-97ab-2d92f63dc9e2, Ediciones Lerner) Lerner Publishing Group.

Exploremos Las Rocas Metamorficas (Exploring Metamorphic Rocks), 1 vol. Marie Rogers. 2021. (¿Qué Podemos Aprender de Las Rocas? (Let's Rock!) Ser.). (SPA.). 24p. (gr. 3-4). lib. bdg. 25.27 (978-1-7253-2094-9(0), a9e23065-ecc8-466f-9740-513350dd0a7e, PowerKids Pr.) Rosen Publishing Group, Inc., The.

Exploremos Los Acuarios: Resta. Logan Avery. rev. ed. 2019. (Mathematics in the Real World Ser.). (SPA., Illus.). 24p. (J). (gr. 1-2). pap. 9.99 (978-1-4258-2843-1(4)) Teacher Created Materials, Inc.

Exploremos los Calendarios. Susan Daddis. rev. ed. 2019. (Social Studies: Informational Text Ser.). (SPA., Illus.). 20p. (J). (gr. k-1). 9.99 (978-1-64290-107-8(5)) Teacher Created Materials, Inc.

Explorer. Katherine Rundell. (ENG.). (J). (gr. 3-7). 2018. 352p. pap. 8.99 (978-1-4814-1946-8(3)); 2017. (Illus.). 336p. 16.99 (978-1-4814-1945-1(5)) Simon & Schuster Bks. For Young Readers. (Simon & Schuster Bks. For Young Readers).

Explorer: A Melodrama in Four Acts (Classic Reprint) Somerset Maugham. 2018. (ENG., Illus.). 164p. (J). 27.28 (978-0-483-82339-6(2)) Forgotten Bks.

Explorer Academy - (Vol. 1 of 2) the Nebula Secret. Trudi Trueit. 2019. (VIE.). (J). pap. (978-604-2-14094-2(9)) Kim Dong Publishing Hse.

Explorer Academy - (Vol. 2 of 2) the Falcon's Feather. Trudi Trueit. 2019. (VIE.). (J). pap. (978-604-2-14095-9(7)) Kim Dong Publishing Hse.

Explorer Academy Codebreaking Activity Adventure. Gareth Moore. 2019. (Explorer Academy Ser.). (Illus.). 128p. (J). (gr. 3-7). pap. 12.99 (978-1-4263-3307-1(2), Under the Stars) Disney Publishing Worldwide.

Explorer Academy Field Journal. National Geographic Kids. 2020. (Explorer Academy Ser.). 144p. (J). (gr. 3-7). 12.99 (978-1-4263-3684-3(5), Under the Stars) Disney Publishing Worldwide.

Explorer Academy Future Tech: The Science Behind the Story. Jamie Kiffel-Alcheh. 2021. (Explorer Academy Ser.). (Illus.). 128p. (J). (gr. 3-7). 12.99 (978-1-4263-3914-1(3)); (ENG., lib. bdg. 22.90 (978-1-4263-3915-8(1)) Disney Publishing Worldwide. (Under the Stars).

Explorer Academy: the Double Helix (Book 3) Trudi Trueit. (Explorer Academy Ser.: 3). (J). (gr. 3-7). 2020. 224p. pap. 9.99 (978-1-4263-3827-4(9)); 2019. (Illus.). 216p. 16.99 (978-1-4263-3458-0(3)); 2019. (ENG., Illus.). 216p. lib. bdg. 26.90 (978-1-4263-3459-7(1)) Disney Publishing Worldwide. (Under the Stars).

Explorer Academy: the Dragon's Blood (Book 6) Trudi Trueit. (Explorer Academy Ser.). 216p. (J). (gr. 3-7). 2021. (ENG., Illus.). 26.90 (978-1-4263-7167-7(5)); 2021. (ENG., Illus.). 16.99 (978-1-4263-7166-0(7)); Book 6. 2023. pap. 9.99 (978-1-4263-7520-0(4)) Disney Publishing Worldwide. (Under the Stars).

Explorer Academy: the Falcon's Feather (Book 2) Trudi Trueit. (Explorer Academy Ser.: 2). (Illus.). (J). (gr. 3-7). 2020. 216p. pap. 9.99 (978-1-4263-3817-5(1)); 2019. 208p. 16.99 (978-1-4263-3304-0(8)); 2019. (ENG., 208p. lib. bdg. 26.90 (978-1-4263-3305-7(6)) Disney Publishing Worldwide. (Under the Stars).

Explorer Academy: the Forbidden Island (Book 7) Trudi Trueit. 2022. (Explorer Academy Ser.). 256p. (J). (gr. 3-7). (ENG.). lib. bdg. 26.90 (978-1-4263-7433-3(X)); Book 7. 16.99 (978-1-4263-7339-8(2)) Disney Publishing Worldwide. (Under the Stars).

Explorer Academy: the Nebula Secret (Book 1) Trudi Trueit. (Explorer Academy Ser.: 1). (Illus.). (J). (gr. 3-7). 2019. 216p. pap. 9.99 (978-1-4263-3810-6(4)); 2018. 208p. 16.99 (978-1-4263-3159-6(2)); 2018. (ENG., 208p. lib. bdg. 26.90 (978-1-4263-3160-2(6)) Disney Publishing Worldwide. (Under the Stars).

Explorer Academy: the Star Dunes (Book 4) Trudi Trueit. (Explorer Academy Ser.: 4). (J). (gr. 3-7). 2021. (ENG.). 224p. pap. 9.99 (978-1-4263-7169-1(1)); 2020. (Illus.). 216p. 16.99 (978-1-4263-3681-2(0)); 2020. (ENG., Illus.). 216p. lib. bdg. 26.90 (978-1-4263-3682-9(9)) Disney Publishing Worldwide. (Under the Stars).

Explorer Academy: the Tiger's Nest (Book 5) Trudi Trueit. (Explorer Academy Ser.: 5). (Illus.). 216p. (J). (gr. 3-7). 2022. pap. 9.99 (978-1-4263-7260-5(4)); 2021. 16.99 (978-1-4263-3862-5(7)); 2021. (ENG., lib. bdg. 26.90 (978-1-4263-3863-2(5)) Disney Publishing Worldwide. (Under the Stars).

Explorer Academy Ultimate Activity Challenge. National Geographic Kids. 2019. (Explorer Academy Ser.). (Illus.). 112p. (J). (gr. 3-7). pap. 9.99 (978-1-4263-3461-0(3), Under the Stars) Disney Publishing Worldwide.

Explorer (Classic Reprint) Somerset Maugham. 2017. (ENG., Illus.). (J). 30.19 (978-0-266-24833-0(0)) Forgotten Bks.

Explorer Extraordinaire. Martha Ann Winterroth. 2018. (One Crazy Squirrel Ser.: Vol. 2). (ENG., Illus.). 36p. (J). (gr. 1-5). pap. 10.00 (978-1-948225-56-4(5)) Thewordverve.

Explorer Robots. S. L. Hamilton. 2018. (Xtreme Robots Ser.). (ENG., Illus.). 32p. (J). (gr. 3-9). lib. bdg. 32.79 (978-1-5321-1823-4(6), 30564, Abdo & Daughters) ABDO Publishing Co.

Explorers. Matthew Cordell. 2019. (ENG., Illus.). 40p. (J). 18.99 (978-1-250-17496-3(1), 900189277) Feiwel & Friends.

Explorers. Joshua George. 2016. (Sticker History Ser.). (ENG.). (J). pap. (978-1-78445-668-9(3)) Top That! Publishing PLC.

Explorers: Amazing Tales of the World's Greatest Adventures. Nellie Huang. Illus. by Jessamy Hawke. 2019. (DK Explorers Ser.). (ENG.). 144p. (J). (gr. 2-4). 21.99 (978-1-4654-8157-3(5), DK Children) Dorling Kindersley Publishing, Inc.

Explorer's Adventures in Tibet (Classic Reprint) Arnold Henry Savage Landor. (ENG., Illus.). (J). 2018. 324p. 30.58 (978-0-666-96268-3(5)); 2016. pap. 13.57 (978-1-333-60750-0(4)) Forgotten Bks.

Explorers: Amazing Tales of the World's Greatest Adventures. DK. 2019. (Illus.). 144p. (J). (978-0-241-34378-4(X)) Dorling Kindersley Publishing, Inc.

Explorer's Code. Allison K. Hymas. 2020. (ENG.). 288p. (J). 16.99 (978-1-250-25885-4(5), 900219907) Imprint IND. Dist: Macmillan.

Explorers of the Coldest Places on Earth. Nel Yomtov. 2020. (Extreme Explorers Ser.). (ENG., Illus.). 32p. (J). (gr. 3-5). lib. bdg. 31.32 (978-1-4966-8367-0(6), 200239, Capstone Pr.) Capstone.

Explorers of the Dawn (Classic Reprint) Mazo De la Roche. 2017. (ENG., Illus.). (J). 29.96 (978-0-331-67214-5(6)) Forgotten Bks.

Explorers of the Deepest Places on Earth. Peter Mavrikis. 2020. (Extreme Explorers Ser.). (ENG., Illus.). 32p. (J). (gr. 3-5). lib. bdg. 31.32 (978-1-4966-8365-6(X), 200237, Capstone Pr.) Capstone.

Explorers of the Highest Places on Earth. Peter Mavrikis. 2020. (Extreme Explorers Ser.). (ENG., Illus.). 32p. (J). (gr. 3-5). lib. bdg. 31.32 (978-1-4966-8366-3(8), 200238, Capstone Pr.) Capstone.

Explorers of the Remotest Places on Earth. Nel Yomtov. 2020. (Extreme Explorers Ser.). (ENG., Illus.). 32p. (J). (gr. 3-5). lib. bdg. 31.32 (978-1-4966-8368-7(4), 200240, Capstone Pr.) Capstone.

Explorers of the Wild. Cale Atkinson. Illus. by Cale Atkinson. 2016. (ENG., Illus.). 40p. (J). (gr. -1-3). 18.99

(978-1-4847-2340-1(6)) Little, Brown Bks. for Young Readers.

Explorers: the Door in the Alley. Adrienne Kress. (Explorers Ser.: 1). (ENG., Illus.). (J). (gr. 3-7). 2018. 336p. 10.99 *(978-1-101-94008-2(5),* Yearling); 2017. 320p. 16.99 *(978-1-101-94005-1(0),* Delacorte Bks. for Young Readers) Random Hse. Children's Bks.

Explorers: the Reckless Rescue. Adrienne Kress. 2019. (Explorers Ser.: 2). (ENG.). 400p. (J). (gr. 3-7). 7.99 *(978-1-101-94012-9(3),* Yearling) Random Hse. Children's Bks.

Explorers Who Got Lost. Diane Sansevere-Dreher. Illus. by Ed Renfro. 2016. (ENG.). 176p. (J). pap. 15.99 *(978-0-7653-8151-4(6),* 900149518, Starscape) Doherty, Tom Assocs., LLC.

Exploring According to Og the Frog. Betty G. Birney. (Og the Frog Ser.: 2). (ENG., Illus.). (J). (gr. 3-7). 2020. 160p. 7.99 *(978-1-5247-3999-7(5),* Puffin Books); 2019. 144p. 16.99 *(978-1-5247-3997-3(9),* G.P. Putnam's Sons Books for Young Readers) Penguin Young Readers Group.

Exploring Alabama Through Project-Based Learning. Carole Marsh. 2016. (Alabama Experience Ser.). (ENG.). (J). pap. 9.99 *(978-0-635-12325-1(8))* Gallopade International.

Exploring Alaska Through Project-Based Learning. Carole Marsh. 2016. (Alaska Experience Ser.). (ENG.). (J). pap. 9.99 *(978-0-635-12326-8(6))* Gallopade International.

Exploring Amazing Adaptations with Math, 1 vol. Robyn Hardyman. 2016. (Math Attack: Exploring Life Science with Math Ser.). (ENG.). 32p. (J). (gr. 3-4). pap. 11.00 *(978-1-4994-3113-1(9),* d51eebfe-865a-41f5-b6cd-d2900b3832ee, PowerKids Pr.) Rosen Publishing Group, Inc., The.

Exploring Americas Regions (Set Of 6) 2018. (Exploring America's Regions Ser.). (ENG., Illus.). 288p. (J). (gr. 4-4). pap. 71.70 *(978-1-64185-261-6(5),* 1641852615, Core Library) ABDO Publishing Co.

Exploring America's Regions (Set), 6 vols. 2017. (Exploring America's Regions Ser.). (ENG.). 48p. (J). (gr. 4-8). lib. bdg. 213.84 *(978-1-5321-1379-6(X),* 27677) ABDO Publishing Co.

Exploring Ancient China. Pamela Herron. 2018. (Exploring Ancient Civilizations Ser.). (ENG., Illus.). 32p. (J). (gr. 3-6). pap. 9.95 *(978-1-63235-526-3(4),* 13892, 12-Story Library) Bookstaves, LLC.

Exploring Ancient Cities. Jessie Alkire. 2018. (Excavation Exploration Ser.). (ENG., Illus.). 32p. (J). (gr. 3-6). lib. bdg. 32.79 *(978-1-5321-1525-7(3),* 28904, Checkerboard Library) ABDO Publishing Co.

Exploring Ancient Egypt. Laura K. Murray. 2018. (Exploring Ancient Civilizations Ser.). (ENG., Illus.). 32p. (J). (gr. 3-6). 32.80 *(978-1-63235-462-4(4),* 13885, 12-Story Library) Bookstaves, LLC.

Exploring Ancient Egyptian Women: From Powerful Queens to Maidservants - Children's Exploration & Discovery History Books. Left Brain Kids. 2016. (ENG., Illus.). (J). pap. 7.51 *(978-1-68376-631-5(8))* Sabeels Publishing.

Exploring Ancient Greece. Anita Yasuda. 2018. (Exploring Ancient Civilizations Ser.). (ENG., Illus.). 32p. (J). (gr. 3-6). 32.80 *(978-1-63235-463-1(2),* 13886, 12-Story Library) Bookstaves, LLC.

Exploring Ancient India. Anne E. Johnson. 2018. (Exploring Ancient Civilizations Ser.). (ENG., Illus.). 32p. (J). (gr. 3-6). 32.80 *(978-1-63235-464-8(0),* 13887, 12-Story Library) Bookstaves, LLC.

Exploring Ancient Rome. Laurie J. Edwards. 2018. (Exploring Ancient Civilizations Ser.). (ENG., Illus.). 32p. (J). (gr. 3-6). 32.80 *(978-1-63235-466-2(7),* 13889, 12-Story Library) Bookstaves, LLC.

Exploring & Travelling Three Thousand Miles Through Brazil, Vol. 1 Of 2: From Rio de Janeiro to Maranhao; with an Appendix Containing Statistical & Observations on Climate, Railways, Central, Sugar Factories, Mining, Commerce, & Finance; the Past, James W. Wells. 2017. (ENG., Illus.). 440p. (J). 32.97 *(978-0-332-12953-2(5))* Forgotten Bks.

Exploring Arizona Through Project-Based Learning. Carole Marsh. 2016. (Arizona Experience Ser.). (ENG.). (J). pap. 9.99 *(978-0-635-12327-5(4))* Gallopade International.

Exploring Arkansas Through Project-Based Learning. Carole Marsh. 2016. (Arkansas Experience Ser.). (ENG.). (J). pap. 9.99 *(978-0-635-12328-2(2))* Gallopade International.

Exploring Auroras. Karen Latchana Kenney. 2017. (Discover the Night Sky Ser.). (ENG.). 32p. (J). pap. 47.70 *(978-1-5157-8974-1(8),* 27196, Capstone Pr.) Capstone.

Exploring Awesome Animal Bodies with Math, 1 vol. Robyn Hardyman. 2016. (Math Attack: Exploring Life Science with Math Ser.). (ENG.). 32p. (J). (gr. 3-4). pap. 11.00 *(978-1-4994-3117-9(1),* d99ee94b-5c6c-4687-a54f-236b0a58e8b7, PowerKids Pr.) Rosen Publishing Group, Inc., The.

Exploring Calendars. Susan Daddis. 2018. (Primary Source Readers Ser.). (ENG.). 20p. (J). (gr. 3-7). 19.80 *(978-1-5311-7681-5(X))* Perfection Learning Corp.

Exploring Calendars. Susan Daddis. rev. ed. 2018. (Social Studies: Informational Text Ser.). (ENG., Illus.). 20p. (gr. k-1). 9.99 *(978-1-4258-2511-9(7))* Teacher Created Materials, Inc.

Exploring California Through Project-Based Learning. Carole Marsh. 2016. (ENG.). (J). pap. 9.99 *(978-0-635-12329-9(0))* Gallopade International.

Exploring Canada with Our Senses. Julia Sinke. 2017. (ENG., Illus.). 38p. (J). (gr. -1-3). *(978-1-77302-745-6(X))* Tellwell Talent.

Exploring Careers in the Military. Leanne Currie-McGhee. 2023. (ENG.). 64p. (YA). (gr. 6-12). 43.93 *(978-1-6782-0570-6(2))* ReferencePoint Pr., Inc.

Exploring Checks & Balances. Barbara Krasner. 2019. (Searchlight Books (tm) — Getting into Government Ser.). (ENG., Illus.). 32p. (J). (gr. 3-5). pap. 9.99 *(978-1-5415-7476-2(1),* 0332dd75-5cc4-4189-96c6-7ce69be6e934, Lerner Pubns.) Lerner Publishing Group.

Exploring Citizenship, 7 vols., Set. Vic Parker. Incl. Acting Responsibly. (ENG.). 32p. (gr. 1-3). 2009. 26.65 *(978-1-4329-3315-9(9),* Heinemann); (Exploring Citizenship Ser.). (ENG.). 32p. 2009. lib. bdg., lib. bdg., lib. bdg. 109.28 *(978-1-4329-3318-0(3),* Heinemann) Capstone.

Exploring Colorado Through Project-Based Learning. Carole Marsh. 2016. (Colorado Experience Ser.). (ENG.). (J). pap. 9.99 *(978-0-635-12330-5(4))* Gallopade International.

Exploring Colors: Arabic-English Bilingual Edition. Aaron Carr. 2016. (Science Kids Ser.). (ARA & ENG.). (J). (gr. -1-1). 29.99 *(978-1-61913-924-4(3))* Weigl Pubs., Inc.

Exploring Comets & Asteroids. David Anthony. 2017. (Journey Through Our Solar System Ser.). 24p. (gr. 1-2). 49.50 *(978-1-5345-2248-0(4),* KidHaven Publishing) Greenhaven Publishing LLC.

Exploring Connecticut Through Project-Based Learning. Carole Marsh. 2016. (Connecticut Experience Ser.). (ENG.). (J). pap. 9.99 *(978-0-635-12331-2(2))* Gallopade International.

Exploring Constellations. Sara L. Latta. 2017. (Discover the Night Sky Ser.). (ENG.). 32p. (J). pap. 47.70 *(978-1-5157-8977-2(2),* 27197); (Illus.). (gr. 3-6). pap. 7.95 *(978-1-5157-8739-6(7),* 136315); (Illus.). (gr. 3-6). lib. bdg. 27.99 *(978-1-5157-8735-8(4),* 136311) Capstone. (Capstone Pr.).

Exploring Controlled Investigations Through Science Research Projects, 1 vol. Angie Timmons. 2018. (Project-Based Learning in Science Ser.). (ENG.). 64p. (gr. 5-5). pap. 14.53 *(978-1-5081-8471-3(2),* 8b92f5d7-e806-4ca8-9fc7-fd902754eec9, Rosen Reference) Rosen Publishing Group, Inc., The.

Exploring Deadly Habitats with Math, 1 vol. Robyn Hardyman. 2016. (Math Attack: Exploring Life Science with Math Ser.). (ENG.). 32p. (J). (gr. 3-4). pap. 11.00 *(978-1-4994-3121-6(X),* e518c45e-4ea2-47de-b1fa-69e20658ec48, PowerKids Pr.) Rosen Publishing Group, Inc., The.

Exploring Delaware Through Project-Based Learning. Carole Marsh. 2016. (Delaware Experience Ser.). (ENG.). (J). pap. 9.99 *(978-0-635-12332-9(0))* Gallopade International.

Exploring Design Investigations Through Science Research Projects, 1 vol. Danell Dykstra. 2018. (Project-Based Learning in Science Ser.). (ENG.). 64p. (gr. 5-5). pap. 14.53 *(978-1-5081-8593-2(X),* 393e39d6-d3a0-465f-92a2-c437b8e988a6, Rosen Reference) Rosen Publishing Group, Inc., The.

Exploring Earth. Mary Austen. 2017. (Journey Through Our Solar System Ser.). 24p. (gr. 1-2). 49.50 *(978-1-5345-2247-3(6),* KidHaven Publishing); (ENG.). pap. 9.25 *(978-1-5345-2285-5(9),* 4d65513d-7f80-4eab-a53c-c83e4ddce33d); (ENG.). lib. bdg. 26.23 *(978-1-5345-2274-9(3),* d338d135-bd88-4345-ac7f-182ca4391668) Greenhaven Publishing LLC.

Exploring Earthquakes: Seismologists at Work! Elsie Olson. 2017. (Earth Detectives Ser.). (ENG., Illus.). 24p. (J). (gr. k-4). lib. bdg. 32.79 *(978-1-5321-1229-4(7),* 27616, Super SandCastle) ABDO Publishing Co.

Exploring Earth's Biomes. Christine Elizabeth Eboch et al. 2019. (Exploring Earth's Biomes Ser.). (ENG.). 32p. (J). (gr. 3-6). 179.94 *(978-1-5435-7219-3(7),* 29311); pap., pap., pap. 47.70 *(978-1-5435-8218-5(4),* 29479) Capstone.

Exploring Earth's Biomes, 7 vols. April Pulley Sayre. Incl. Coral Reef. 80p. lib. bdg. 25.90 *(978-0-8050-4087-6(0));* Tundra. 64p. lib. bdg. *(978-0-8050-2829-4(3));* (gr. 5-18). 1997. (Illus.). 2004. 310.80 *(978-0-7613-3020-2(8),* Twenty-First Century Bks.) Lerner Publishing Group.

Exploring Earth's Water Cycle, 1 vol. Emily Donovan. 2018. (Spotlight on Weather & Natural Disasters Ser.). (ENG.). 24p. (gr. 4-6). 27.93 *(978-1-5081-6896-6(2),* 890bfd7b-4401-45d5-b307-6e741a1079fb, PowerKids Pr.) Rosen Publishing Group, Inc., The.

Exploring Eclipses. Jill Sherman. 2017. (Discover the Night Sky Ser.). (ENG., Illus.). 32p. (J). (gr. 3-6). lib. bdg. 27.99 *(978-1-5157-8736-5(2),* 136312, Capstone Pr.) Capstone.

Exploring Ecosystems with Max Axiom Super Scientist: 4D an Augmented Reading Science Experience. Agnieszka Biskup. Illus. by Tod Smith. 2018. (Graphic Science 4D Ser.). (ENG.). 32p. (J). (gr. 3-9). pap. 7.95 *(978-1-5435-2957-9(7),* 138557); lib. bdg. 36.65 *(978-1-5435-2946-3(1),* 138535) Capstone. (Capstone Pr.).

Exploring Element City! (Disney/Pixar Elemental) RH Disney. Illus. by Disney Storybook Disney Storybook Art Team. 2023. (Pictureback(R) Ser.). (ENG.). 24p. (J). (gr. -1-2). pap. 5.99 *(978-0-7364-4375-3(4),* RH/Disney) Random Hse. Children's Bks.

Exploring Ellis Island. Emma Huddleston. 2019. (Travel America's Landmarks Ser.). (ENG., Illus.). 32p. (J). (gr. 2-3). pap. 9.95 *(978-1-64185-851-9(6),* 1641858516, Focus Readers) North Star Editions.

Exploring Emotions: A Mindfulness Guide to Understanding Feelings. Paul Christelis. Illus. by Elisa Paganelli. 2018. (Everyday Mindfulness Ser.). (ENG.). 32p. (J). (gr. k-4). 16.99 *(978-1-63198-332-0(6),* 83320) Free Spirit Publishing Inc.

Exploring Field Investigations Through Science Research Projects, 1 vol. Kristina Lyn Heitkamp. 2018. (Project-Based Learning in Science Ser.). (ENG.). 64p. (gr. 5-5). pap. 14.53 *(978-1-5081-8474-4(7),* 472ea2ee-ca41-4b3b-9a82-59d43e824d5a, Rosen Reference) Rosen Publishing Group, Inc., The.

Exploring Flight! (Ada Twist, Scientist: the Why Files #1) Andrea Beaty et al. 2021. (Questioneers Ser.). (ENG., Illus.). 80p. (J). (gr. k-3). 12.99 *(978-1-4197-5925-3(6),* 1760701) Abrams, Inc.

Exploring Florida Through Project-Based Learning. Carole Marsh. 2016. (Florida Experience Ser.). (ENG.). (J). pap. 9.99 *(978-0-635-12333-6(9))* Gallopade International.

Exploring Florida's Geography, Culture, & Climate. Joanne Mattern. rev. ed. 2016. (Social Studies: Informational Text Ser.). (ENG., Illus.). 32p. (J). (gr. 3-8). pap. 11.99 *(978-1-4938-3547-8(5))* Teacher Created Materials, Inc.

Exploring Food Chains with Math, 1 vol. Robyn Hardyman. 2016. (Math Attack: Exploring Life Science with Math Ser.). (ENG.). 32p. (J). (gr. 3-4). pap. 11.00 *(978-1-4994-3125-4(2),* 280e1ce6-efa1-425e-8ccd-95cfd3cd86d6, PowerKids Pr.) Rosen Publishing Group, Inc., The.

Exploring for Escape: Kids Maze Activity Book. Kreative Kids. 2016. (ENG., Illus.). (J). pap. 10.81 *(978-1-68377-139-5(7))* Whlke, Traudl.

Exploring for Exits! Maze Activity Book. Activibooks For Kids. 2016. (ENG., Illus.). (J). pap. 7.55 *(978-1-68321-498-4(6))* Mimaxion.

Exploring Fossils: Paleontologists at Work! Elsie Olson. 2017. (Earth Detectives Ser.). (ENG., Illus.). 24p. (J). (gr. k-4). lib. bdg. 32.79 *(978-1-5321-1230-0(0),* 27617, Super SandCastle) ABDO Publishing Co.

Exploring Friendships, Puberty & Relationships: A Programme to Help Children & Young People on the Autism Spectrum to Cope with the Challenges of Adolescence. Kate Ripley. 2019. (Illus.). 148p. 39.95 *(978-1-78775-166-8(X),* 722261) Kingsley, Jessica Pubs. GBR. Dist: Hachette UK Distribution.

Exploring Georgia Through Project-Based Learning. Carole Marsh. 2016. (Georgia Experience Ser.). (ENG.). (J). pap. 9.99 *(978-0-635-12334-3(7))* Gallopade International.

Exploring Hawaii Through Project-Based Learning. Carole Marsh. 2016. (Hawaii Experience Ser.). (ENG.). (J). pap. 9.99 *(978-0-635-12335-0(5))* Gallopade International.

Exploring Hi-Tech Careers. Stuart A. Kallen. 2021. (ENG.). 64p. (YA). (gr. 6-12). 43.93 *(978-1-6782-0166-1(9))* ReferencePoint Pr., Inc.

Exploring History Through Food. Susan Dosier & Mary Gunderson. 2016. (Exploring History Through Food Ser.). (ENG.). 32p. (J). (gr. 3-6). 119.96 *(978-1-5157-2369-1(0),* 25097, Capstone Pr.) Capstone.

Exploring Hoover Dam. Anita Yasuda. 2019. (Travel America's Landmarks Ser.). (ENG., Illus.). 32p. (J). (gr. 2-3). 31.35 *(978-1-64185-783-3(8),* 1641857838, Focus Readers) North Star Editions.

Exploring Idaho Through Project-Based Learning. Carole Marsh. 2016. (Idaho Experience Ser.). (ENG.). (J). pap. 9.99 *(978-0-635-12336-7(3))* Gallopade International.

Exploring Illinois Through Project-Based Learning. Carole Marsh. 2016. (Illinois Experience Ser.). (ENG.). (J). pap. 9.99 *(978-0-635-12337-4(1))* Gallopade International.

Exploring in Nature's Wonderland (Classic Reprint) Frieda Lepla. (ENG., Illus.). (J). 2018. 236p. 28.78 *(978-0-483-78693-6(4));* 2017. pap. 11.57 *(978-0-243-38705-2(9))* Forgotten Bks.

Exploring Independence Hall. Emma Huddleston. 2019. (Travel America's Landmarks Ser.). (ENG., Illus.). 32p. (J). (gr. 2-3). pap. 9.95 *(978-1-64185-853-3(2),* 1641858532); lib. bdg. 31.35 *(978-1-64185-784-0(6),* 1641857846) North Star Editions. (Focus Readers).

Exploring Indiana Through Project-Based Learning. Carole Marsh. 2016. (Indiana Experience Ser.). (ENG.). (J). pap. 9.99 *(978-0-635-12338-1(X))* Gallopade International.

Exploring Infrastructure, 16 vols. 2019. (Exploring Infrastructure Ser.). (ENG.). 48p. (YA). (gr. 3-4). lib. bdg. 236.80 *(978-1-9785-0581-0(7),* 515334f2-c148-45af-b526-423a62e98083) Enslow Publishing, LLC.

Exploring Iowa Through Project-Based Learning. Carole Marsh. 2016. (Iowa Experience Ser.). (ENG.). (J). pap. 9.99 *(978-0-635-12339-8(8))* Gallopade International.

Exploring Jobs in the Skilled Trades. Stuart A. Kallen. 2022. (ENG.). 64p. (J). (gr. 6-12). 43.93 *(978-1-6782-0336-8(X))* ReferencePoint Pr., Inc.

Exploring Journal Writing Through Science Research Projects, 1 vol. Alexis Burling. 2018. (Project-Based Learning in Science Ser.). (ENG.). 64p. (gr. 5-5). pap. 14.53 *(978-1-5081-8477-5(1),* 6f589ea9-557a-4461-9193-2dfe2f96ae20, Rosen Reference) Rosen Publishing Group, Inc., The.

Exploring Jupiter. richard Alexander. 2017. (Journey Through Our Solar System Ser.). 24p. (gr. 1-2). 49.50 *(978-1-5345-2251-0(4),* KidHaven Publishing) Greenhaven Publishing LLC.

Exploring Kansas Through Project-Based Learning. Carole Marsh. 2016. (Kansas Experience Ser.). (ENG.). (J). pap. 9.99 *(978-0-635-12340-4(1))* Gallopade International.

Exploring Kennedy Space Center. Emma Huddleston. 2019. (Travel America's Landmarks Ser.). (ENG., Illus.). 32p. (J). (gr. 2-3). pap. 9.95 *(978-1-64185-854-0(0),* 1641858540); lib. bdg. 31.35 *(978-1-64185-785-7(4),* 1641857854) North Star Editions. (Focus Readers).

Exploring Kentucky Through Project-Based Learning. Carole Marsh. 2016. (Kentucky Experience Ser.). (ENG.). (J). pap. 9.99 *(978-0-635-12341-1(X))* Gallopade International.

Exploring Killer Plants with Math, 1 vol. Robyn Hardyman. 2016. (Math Attack: Exploring Life Science with Math Ser.). (ENG.). 32p. (J). (gr. 3-4). pap. 11.00 *(978-1-4994-3129-2(5),* 4d6aa75f-3293-4e21-b97b-0fcbfd237bf6, PowerKids Pr.) Rosen Publishing Group, Inc., The.

Exploring Latin America. 2017. (Exploring Latin America Ser.). 48p. (gr. 10-12). pap. 56.20 *(978-1-5081-0526-8(X));* (ENG.). (gr. 6-7). 113.64 *(978-1-5081-0524-4(3),* 23a7b8d5-020e-4768-9e33-94d45710720c) Rosen Publishing Group, Inc., The. (Britannica Educational Publishing).

Exploring Lethal Life Cycles with Math, 1 vol. Robyn Hardyman. 2016. (Math Attack: Exploring Life Science with Math Ser.). (ENG.). 32p. (J). (gr. 3-4). pap. 11.00 *(978-1-4994-3133-9(3),* 3934772d-62c5-431a-a805-ebb34d1a6a66, PowerKids Pr.) Rosen Publishing Group, Inc., The.

Exploring Life As an Artist: A Dancer's Guide: Written for Dancers by a Dancer. Abigail Wenczkowski. 2021. (ENG.). 189p. (YA). *(978-1-6671-6371-0(X))* Lulu Pr., Inc.

Exploring Louisiana Through Project-Based Learning. Carole Marsh. 2016. (Louisiana Experience Ser.). (ENG.). (J). pap. 9.99 *(978-0-635-12342-8(8))* Gallopade International.

Exploring Maine Through Project-Based Learning. Carole Marsh. 2016. (Maine Experience Ser.). (ENG.). (J). pap. 9.99 *(978-0-635-12343-5(6))* Gallopade International.

Exploring Mars. Mari Bolte. 2022. (21st Century Skills Library: Mission: Mars Ser.). (ENG., Illus.). 32p. (J). (gr. 4-8). pap. 14.21 *(978-1-6689-0095-6(5),* 220186); lib. bdg. 32.07 *(978-1-5341-9981-1(0),* 220042) Cherry Lake Publishing.

Exploring Mars. Nick Christopher. 2017. (Journey Through Our Solar System Ser.). 24p. (gr. 1-2). 49.50 *(978-1-5345-2255-8(7),* KidHaven Publishing); (ENG.). pap. 9.25 *(978-1-5345-2286-2(7),* ff4635fd-000c-4409-9360-1bb29d65bc51); (ENG.). lib. bdg. 26.23 *(978-1-5345-2270-1(0),* cc35390c-fdfe-4489-9c72-8ae0e53d241c) Greenhaven Publishing LLC.

Exploring Maryland Through Project-Based Learning. Carole Marsh. 2016. (Maryland Experience Ser.). (ENG.). (J). pap. 9.99 *(978-0-635-12344-2(4))* Gallopade International.

Exploring Massachusetts Through Project-Based Learning: Geography, History, Government, Economics & More. Carole Marsh. 2016. (Massachusetts Experience Ser.). (ENG.). (J). pap. 9.99 *(978-0-635-12345-9(2))* Gallopade International.

Exploring Materials Classroom Collections. Abby Colich. 2022. (Exploring Materials Ser.). (ENG.). 24p. (J). pap., pap. 226.08 *(978-1-4846-7933-3(4),* 251801, Heinemann) Capstone.

Exploring Materials in My Makerspace. Rebecca Sjonger. 2018. (Matter & Materials in My Makerspace Ser.). 32p. (J). (gr. 2-3). *(978-0-7787-4607-2(0))* Crabtree Publishing Co.

Exploring Matter & Physical Changes. Jessica Rusick. 2022. (Kid Chemistry Lab Ser.). (ENG., Illus.). 32p. (J). (gr. 3-6). lib. bdg. 32.79 *(978-1-5321-9900-4(7),* 39565, Checkerboard Library) ABDO Publishing Co.

Exploring Media & Government. Jennifer Joline Anderson. 2019. (Searchlight Books (tm) — Getting into Government Ser.). (ENG., Illus.). 32p. (J). (gr. 3-5). 30.65 *(978-1-5415-5586-0(4),* 1ccc0c28-82c5-47a0-ae1d-0b21811eac43, Lerner Pubns.) Lerner Publishing Group.

Exploring Mercury. Robert M. Hamilton. 2017. (Journey Through Our Solar System Ser.). 24p. (gr. 1-2). 49.50 *(978-1-5345-2256-5(5),* KidHaven Publishing) Greenhaven Publishing LLC.

Exploring Meteor Showers. Brigid Gallagher. 2017. (Discover the Night Sky Ser.). (ENG.). 32p. (J). pap. 47.70 *(978-1-5157-8981-9(0),* 27199); (Illus.). (gr. 3-6). lib. bdg. 27.99 *(978-1-5157-8737-2(0),* 136313) Capstone. (Capstone Pr.).

Exploring Michigan Through Project-Based Learning: Geography, History, Government, Economics & More. Carole Marsh. 2016. (Michigan Experience Ser.). (ENG.). (J). pap. 9.99 *(978-0-635-12346-6(0))* Gallopade International.

Exploring Military Careers, 12 vols. 2022. (Exploring Military Careers Ser.). (ENG.). 104p. (YA). (gr. 7-7). lib. bdg. 232.80 *(978-1-4994-7052-9(5),* fa56b954-f1ca-4a0d-86bf-3039b479ff34) Rosen Publishing Group, Inc., The.

Exploring Minerals: Mineralogists at Work! Elsie Olson. 2017. (Earth Detectives Ser.). (ENG., Illus.). 24p. (J). (gr. k-4). lib. bdg. 32.79 *(978-1-5321-1231-7(9),* 27618, Super SandCastle) ABDO Publishing Co.

Exploring Minnesota Through Project-Based Learning: Geography, History, Government, Economics & More. Carole Marsh. 2016. (Minnesota Experience Ser.). (ENG.). (J). pap. 9.99 *(978-0-635-12347-3(9))* Gallopade International.

Exploring Mississippi Through Project-Based Learning: Geography, History, Government, Economics & More. Carole Marsh. 2016. (Mississippi Experience Ser.). (ENG.). (J). pap. 9.99 *(978-0-635-12348-0(7))* Gallopade International.

Exploring Missouri Through Project-Based Learning: Geography, History, Government, Economics & More. Carole Marsh. 2016. (Missouri Experience Ser.). (ENG.). (J). pap. 9.99 *(978-0-635-12349-7(5))* Gallopade International.

Exploring Money (Set Of 6) 2022. (Exploring Money Ser.). (ENG.). (J). (gr. 1-2). pap. 53.70 *(978-1-63739-288-1(5));* lib. bdg. 171.00 *(978-1-63739-236-2(2))* North Star Editions. (Focus Readers).

Exploring Montana Through Project-Based Learning: Geography, History, Government, Economics & More. Carole Marsh. 2016. (Montana Experience Ser.). (ENG.). (J). pap. 9.99 *(978-0-635-12350-3(9))* Gallopade International.

Exploring Nebraska Through Project-Based Learning: Geography, History, Government, Economics & More. Carole Marsh. 2016. (Nebraska Experience Ser.). (ENG.). (J). pap. 9.99 *(978-0-635-12351-0(7))* Gallopade International.

Exploring Neptune. Emma Jones. 2017. (Journey Through Our Solar System Ser.). 24p. (gr. 1-2). 49.50 *(978-1-5345-2257-2(3),* KidHaven Publishing) Greenhaven Publishing LLC.

Exploring Nevada Through Project-Based Learning: Geography, History, Government, Economics & More. Carole Marsh. 2016. (Nevada Experience Ser.). (ENG.). (J). pap. 9.99 *(978-0-635-12352-7(5))* Gallopade International.

Exploring New England. Samantha S. Bell. (Exploring America's Regions Ser.). (ENG., Illus.). 48p. (J). (gr. 4-4). 2018. pap. 11.95 *(978-1-64185-262-3(3),* 1641852623, Core Library); 2017. lib. bdg. 35.64 *(978-1-5321-1380-2(3),* 27678) ABDO Publishing Co.

Exploring New Fields (Classic Reprint) Beryl Parker. (ENG., Illus.). (J). 2018. 500p. 34.21 *(978-0-365-31453-0(6));* 2017. pap. 16.57 *(978-0-259-50435-1(1))* Forgotten Bks.

Exploring New Hampshire Through Project-Based Learning: Geography, History, Government, Economics & More. Carole Marsh. 2016. (New Hampshire Experience Ser.). (ENG.). (J). pap. 9.99 *(978-0-635-12353-4(3))* Gallopade International.

Exploring New Jersey Through Project-Based Learning: Geography, History, Government, Economics & More. Carole Marsh. 2016. (New Jersey Experience Ser.). (ENG.). (J). pap. 9.99 *(978-0-635-12354-1(1))* Gallopade International.

Exploring New Mexico Through Project-Based Learning: Geography, History, Government, Economics & More. Carole Marsh. 2016. (New Mexico Experience Ser.).

E

(ENG.). (J). pap. 9.99 *(978-0-635-12355-8(X))* Gallopade International.

Exploring New York Through Project-Based Learning: Geography, History, Government, Economics & More. Carole Marsh. 2016. (New York Experience Ser.). (ENG.). (J). pap. 9.99 *(978-0-635-12356-5(8))* Gallopade International.

Exploring North Carolina Through Project-Based Learning: Geography, History, Government, Economics & More. Carole Marsh. 2016. (North Carolina Experience Ser.). (ENG.). (J). pap. 9.99 *(978-0-635-12357-2(6))* Gallopade International.

Exploring North Dakota Through Project-Based Learning: Geography, History, Government, Economics & More. Carole Marsh. 2016. (North Dakota Experience Ser.). (ENG.). (J). pap. 9.99 *(978-0-635-12358-9(4))* Gallopade International.

Exploring Ocean Depths. Clara MacCarald. 2019. (Science for the Future Ser.). (ENG., Illus.). 48p. (J). (gr. 5-6). pap. 11.95 *(978-1-64185-848-9(6)*, 1641858486); lib. bdg. 34.21 *(978-1-64185-779-6(X)*, 164185779X) North Star Editions. (Focus Readers).

Exploring Ohio Through Project-Based Learning: Geography, History, Government, Economics & More. Carole Marsh. 2016. (Ohio Experience Ser.). (ENG.). (J). pap. 9.99 *(978-0-635-12359-6(2))* Gallopade International.

Exploring Oklahoma Through Project-Based Learning: Geography, History, Government, Economics & More. Carole Marsh. 2016. (Oklahoma Experience Ser.). (ENG.). (J). pap. 9.99 *(978-0-635-12360-2(6))* Gallopade International.

Exploring Oregon Through Project-Based Learning: Geography, History, Government, Economics & More. Carole Marsh. 2016. (Oregon Experience Ser.). (ENG.). (J). pap. 9.99 *(978-0-635-12361-9(4))* Gallopade International.

Exploring Our Universe (Set), 8 vols. 2016. (Exploring Our Universe Ser.). (ENG.). 32p. (J). (gr. 3-6). lib. bdg. 262.32 *(978-1-68078-401-5(3)*, 23661, Checkerboard Library) ABDO Publishing Co.

Exploring Our World: Meet Amazing Animals of the Caribbean Isles: An Activity Book for Children Themed on the 5 Senses, Bk. 8. Indiana Robinson et al. 2023. (ENG.). 84p. (YA). pap. ***(978-1-329-21710-2(1))*** Lulu Pr., Inc.

Exploring Our World: Meet Amazing Animals of the Seven Continents (Book 5 South America): an Activity Book for Children Themed on the 5 Senses. Indiana Robinson et al. 2023. (ENG.). 72p. (YA). pap. ***(978-1-329-45671-6(8))*** Lulu Pr., Inc.

Exploring Our World: Meet Amazing Animals of the Seven Continents (Book 6 Oceania): an Activity Book for Children Themed on the 5 Senses. Indiana Robinson et al. 2023. (ENG.). 65p. (J). pap. ***(978-1-329-44019-7(6))*** Lulu Pr., Inc.

Exploring Our World: Meet Amazing Animals of the Seven Continents (Book 7 Antarctica & Polar Regions): an Activity Book for Children Themed on the 5 Senses. Indiana Robinson et al. 2023. (ENG.). 71p. (J). pap. ***(978-1-329-34648-2(3))*** Lulu Pr., Inc.

Exploring Our World: Meet Amazing Animals of the Seven Continents (Book 1 Asia) An Activity Book for Children Themed on the 5 Senses. Indiana Robinson et al. 2023. (ENG.). 70p. (YA). pap. ***(978-1-387-36475-6(8))*** Lulu Pr., Inc.

Exploring Our World: Meet Amazing Animals of the Seven Continents (Book 2 Africa) An Activity Book for Children Themed on the 5 Senses. Indiana Robinson et al. 2023. (ENG.). 72p. (J). pap. ***(978-1-365-74791-5(3))*** Lulu Pr., Inc.

Exploring Our World: Meet Amazing Animals of the Seven Continents (Book 3; Europe) An Activity Book for Children Themed on the 5 Senses. Indiana Robinson et al. 2023. (ENG.). 74p. (J). pap. ***(978-1-365-74481-5(7))*** Lulu Pr., Inc.

Exploring Our World: Meet Amazing Animals of the Seven Continents (Book 4 North America) An Activity Book for Children Themed on the 5 Senses. Indiana Robinson & Angela Walker. 2023. (ENG.). 78p. (J). pap. ***(978-1-365-14963-4(3))*** Lulu Pr., Inc.

Exploring Pennsylvania Through Project-Based Learning: Geography, History, Government, Economics & More. Carole Marsh. 2016. (Pennsylvania Experience Ser.). (ENG.). (J). pap. 9.99 *(978-0-635-12362-6(2))* Gallopade International.

Exploring Planet Earth, 5 bks. Sandra Friend. Incl. Earth's Wild Winds. (Illus.). 64p. (gr. 5-9). 2002. lib. bdg. 25.26 *(978-0-7613-2673-1(1)*, Twenty-First Century Bks.); (Illus.). 64p. Set lib. bdg. 124.50 *(978-0-7613-3021-9(6)*, Twenty-First Century Bks.) Lerner Publishing Group.

Exploring Planets & Dwarf Planets with Velma. Ailynn Collins. 2023. (Scooby-Doo Space Discoveries Ser.). (ENG.). 32p. (J). pap. 7.99 ***(978-1-6690-2117-9(3)***, 251350, Capstone Pr.) Capstone.

Exploring Pluto & Other Dwarf Planets. Riley Lawrence. 2017. (Journey Through Our Solar System Ser.). 24p. (gr. 1-2). 49.50 *(978-1-5345-2252-7(2)*, KidHaven Publishing); (ENG.). pap. 9.25 *(978-1-5345-2290-9(5)*, 9802c36f-29ee-4218-8bdb-347d6e558b51); (ENG.). lib. bdg. 26.23 *(978-1-5345-2280-0(8)*, 2621fda4-f1dd-4c96-bd66-7050b54e38f7) Greenhaven Publishing LLC.

Exploring Rhode Island Through Project-Based Learning: Geography, History, Government, Economics & More. Carole Marsh. 2016. (Rhode Island Experience Ser.). (ENG.). (J). pap. 9.99 *(978-0-635-12363-3(0))* Gallopade International.

Exploring Saturn. Mary Austen. 2017. (Journey Through Our Solar System Ser.). 24p. (gr. 1-2). 49.50 *(978-1-5345-2254-1(9)*, KidHaven Publishing); (ENG.). pap. 9.25 *(978-1-5345-2288-6(3)*, b704a09f-751e-4c69-9602-b5b8898683fa); (ENG.). lib. bdg. 26.23 *(978-1-5345-2282-4(4)*, c96787f9-edc2-4d91-9479-bd7b716e016e) Greenhaven Publishing LLC.

Exploring Secondary Research Investigations Through Science Research Projects, 1 vol. Kristi Lew. 2018. (Project-Based Learning in Science Ser.). (ENG.). 64p. (gr. 5-5). pap. 14.53 *(978-1-5081-8480-5(1)*, b51ce62d-6046-4bcb-9671-b0ab3d9aefae, Rosen Reference) Rosen Publishing Group, Inc., The.

Exploring Sedimentary Rocks, 1 vol. Marie Rogers. 2021. (Let's Rock! Ser.). (ENG.). 24p. (gr. 3-4). lib. bdg. 25.27 *(978-1-7253-1927-1(6)*, aa3ea58b-7e08-4cdd-a07b-f6f7e3e8509b, PowerKids Pr.) Rosen Publishing Group, Inc., The.

Exploring Shelter Island-A Book for Curious Young Visitors. Therése Palmiotto. Illus. by Samuel Palmiotto. 2022. (ENG.). 36p. (J). 24.95 *(978-1-899694-03-7(X)*, ipicturebooks) ibooks, Inc.

Exploring Shipwrecks: Young Reed. Marsh Nigel. 2016. (ENG., Illus.). 48p. (J). (gr. 3-9). 14.99 *(978-1-921580-17-8(8))* New Holland Pubs. Pty, Ltd. AUS. Dist: Independent Pubs. Group.

Exploring Soils: A Hidden World Underground. Samantha Grover. Illus. by Camille Heisler. 2017. (ENG.). 32p. (J). (gr. 9-13). 18.95 *(978-1-4863-0500-1(8))* CSIRO Publishing AUS. Dist: Stylus Publishing, LLC.

Exploring Solutions: Gun Violence. Jennifer Stephan. 2023. (Exploring Solutions Ser.). (ENG.). 64p. (J). (gr. 6-12). 43.93 ***(978-1-6782-0546-1(X))*** ReferencePoint Pr., Inc.

Exploring South Carolina Through Project-Based Learning: Geography, History, Government, Economics & More. Carole Marsh. 2016. (South Carolina Experience Ser.). (ENG.). (J). pap. 9.99 *(978-0-635-12364-0(9))* Gallopade International.

Exploring South Dakota Through Project-Based Learning: Geography, History, Government, Economics & More. Carole Marsh. 2016. (South Dakota Experience Ser.). (ENG.). (J). pap. 9.99 *(978-0-635-12365-7(7))* Gallopade International.

Exploring Space, 1 vol. Nancy Dickmann. 2018. (Space Facts & Figures Ser.). (ENG., Illus.). 32p. (J). (gr. 2-3). 28.93 *(978-1-5081-9510-8(2)*, 90f7e2bf-0b9a-48c5-9abd-76506497396b, Windmill Bks.) Rosen Publishing Group, Inc., The.

Exploring Space, 8 vols., Set. David Baker. Incl. International Space Station. Heather Kissock. (gr. 2-4). 2009. lib. bdg. 26.00 *(978-1-60596-023-4(3))*; Journey to Mars. Heather Kissock. (gr. 2-4). 2009. lib. bdg. 26.00 *(978-1-60596-029-6(2))*; Living in Space. (gr. 4-6). 2008. lib. bdg. 26.00 *(978-1-59036-769-8(3))*; Living on the Moon. Heather Kissock. (gr. 2-4). 2009. lib. bdg. 26.00 *(978-1-60596-021-0(7))*; Probing Space. Heather Kissock. (gr. 2-4). 2009. lib. bdg. 26.00 *(978-1-60596-025-8(X))*; Rockets & Launch Vehicles. (gr. 4-6). 2008. lib. bdg. 26.00 *(978-1-59036-771-1(5))*; Satellites. (gr. 4-6). 2008. lib. bdg. 26.00 *(978-1-59036-777-3(4))*; Shuttle. (gr. 4-6). 2008. lib. bdg. 26.00 *(978-1-59036-767-4(7))*; 32p. (J). (Illus.). 2010. Set lib. bdg. 208.00 *(978-1-60596-018-0(7))* Weigl Pubs., Inc.

Exploring Space: from Galileo to the Mars Rover & Beyond. Martin Jenkins. Illus. by Stephen Biesty. 2017. (ENG.). 64p. (J). (gr. 3-7). 17.99 *(978-0-7636-8931-5(9))* Candlewick Pr.

Exploring Space Travel, Laura Waxman: Trade Book Grade 2. Hmh Hmh. 2019. (Journeys Ser.). (ENG.). 48p. (J). (gr. 2). pap. 15.93 *(978-0-547-99612-7(8))* Houghton Mifflin Harcourt Publishing Co.

Exploring Space: Women Who Led the Way (Super SHEroes of Science) Nancy Dickmann. 2022. (Super SHEroes of Science Ser.). (ENG., Illus.). 48p. (J). (gr. 3-5). 29.00 *(978-1-338-80031-9(0)*, Children's Pr.) Scholastic Library Publishing.

Exploring Tennessee Through Project-Based Learning: Geography, History, Government, Economics & More. Carole Marsh. 2016. (Tennessee Experience Ser.). (ENG.). (J). pap. 9.99 *(978-0-635-12366-4(5))* Gallopade International.

Exploring Texas Through Project-Based Learning: Geography, History, Government, Economics & More. Carole Marsh. 2016. (Texas Experience Ser.). (ENG.). (J). pap. 9.99 *(978-0-635-12367-1(3))* Gallopade International.

Exploring the Ancient Maya. Elaine A. Kule. 2018. (Exploring Ancient Civilizations Ser.). (ENG., Illus.). 32p. (J). (gr. 3-6). 32.80 *(978-1-63235-465-5(9)*, 13888, 12-Story Library) Bookstaves, LLC.

Exploring the Ancient World, 12 vols., Set. Incl. Ancient African Kingdoms. Sean Sheehan. lib. bdg. 37.27 *(978-1-4339-4157-3(0)*, 9bf89022-72f1-40ae-b74b-c25dd7cf4952); Ancient Egypt. Jane Shuter. lib. bdg. 37.27 *(978-1-4339-4158-0(9)*, 78323d12-b48f-4913-a73a-2ec2256c016f); Ancient Greece. Robert Hull. lib. bdg. 37.27 *(978-1-4339-4159-7(7)*, fe338b66-d57b-4b63-b649-e3306f0dced4); Ancient Rome. Sean Sheehan. lib. bdg. 37.27 *(978-1-4339-4160-3(0)*, 6abdce81-58b0-4dc8-8089-100cee7de438); Aztec Empire. Robert Hull. lib. bdg. 37.27 *(978-1-4339-4161-0(9)*, cddb3dc1-1979-4620-bfbf-44b91eb84f65); Incan Empire. Chloe Sayer. lib. bdg. 37.27 *(978-1-4339-4187-0(2)*, 598498c4-3ed0-4f3c-b188-b11bda5b73e3); (YA). (gr. 6-8). (Exploring the Ancient World Ser.). (ENG., Illus.). 64p. 2010. Set lib. bdg. 223.62 *(978-1-4339-4193-1(7)*, 25134092-94eb-4bff-83e5-3bbde7c434df, Gareth Stevens Secondary Library) Stevens, Gareth Publishing LLLP.

Exploring the Aquarium, 1 vol. Marie Roesser. 2018. (So into Science! Ser.). (ENG.). 24p. (gr. k-k). 24.27 *(978-1-5382-2885-2(8)*, ff18af8d-0e0a-4cd4-8b6f-a9170953a782) Stevens, Gareth Publishing LLLP.

Exploring the Aztec Empire. Laura K. Murray. 2018. (Exploring Ancient Civilizations Ser.). (ENG., Illus.). 32p. (J). (gr. 3-6). 32.80 *(978-1-63235-467-9(5)*, 13890, 12-Story Library) Bookstaves, LLC.

Exploring the Bible: A Bible Reading Plan for Kids. David Murray. Illus. by Scotty Reifsnyder. 2017. (ENG.). 224p. pap. 14.99 *(978-1-4335-5686-9(3))* Crossway.

Exploring the Bible Activity Book: 150+ Puzzles for Ages 8-12. Whitaker Playhouse. 2022. (ENG.). 210p. (J). (gr. 4-8). pap. 16.99 *(978-1-64123-915-8(8)*, 222700) Whitaker Hse.

Exploring the Bible with Nana's Babays. Laura Hall. 2017. (ENG., Illus.). (J). pap. 12.95 *(978-1-64079-278-4(3))* Christian Faith Publishing.

Exploring the Countries in the Group of Eight - Geography for Grade 6 Children's Geography & Culture Books. Baby Professor. 2017. (ENG., Illus.). 64p. (J). pap. 9.52 *(978-1-5419-1494-0(5)*, Baby Professor (Education Kids)) Speedy Publishing LLC.

Exploring the Country of Brunei What Is It About? Bold Kids. 2022. (ENG.). 42p. (J). pap. 14.99 ***(978-1-0717-1922-0(X))*** FASTLANE LLC.

Exploring the Deep, Dark Sea. Gail Gibbons. (Illus.). 32p. (J). (gr. -1-3). 2020. pap. 8.99 *(978-0-8234-4602-5(6))*; 2019. 18.99 *(978-0-8234-4152-5(0))* Holiday Hse., Inc.

Exploring the Delaware Colony. Lori McManus. 2016. (Exploring the 13 Colonies Ser.). (ENG., Illus.). 48p. (J). (gr. 3-6). lib. bdg. 34.65 *(978-1-5157-2239-7(2)*, 132763) Capstone.

Exploring the Depths of the Ocean. Todd Kortemeier. 2017. (Science Frontiers Ser.). (ENG., Illus.). 32p. (J). (gr. 3-6). 32.80 *(978-1-63235-377-1(6)*, 11871); pap. 9.95 *(978-1-63235-394-8(6)*, 11879) Bookstaves, LLC. (12-Story Library).

Exploring the Earth. Heron Books. 2022. (ENG.). 132p. (J). pap. ***(978-0-89739-285-3(X)***, Heron Bks.) Quercus.

Exploring the Elements: A Complete Guide to the Periodic Table. Isabel Thomas. 2020. (ENG., Illus.). 224p. (gr. 3-7). 24.95 *(978-1-83866-231-8(6))* Phaidon Pr., Inc.

Exploring the Elements: Set 1, 20 vols. 2018. (Exploring the Elements Ser.). (ENG., Illus.). 48p. (gr. 6-6). lib. bdg. 296.00 *(978-1-9785-0018-1(1)*, 0b39ccee-624e-449c-9d57-bbc258100375) Enslow Publishing, LLC.

Exploring the Elements: Sets 1 - 2. 2018. (Exploring the Elements Ser.). (ENG.). (J). pap. 254.00 *(978-1-9785-0624-4(4))*; (gr. 6-6). lib. bdg. 592.00 *(978-1-9785-0583-4(3)*, 77ab05fa-d203-4ee4-85a4-f17be65ed758) Enslow Publishing, LLC.

Exploring the Executive Branch. Barbara Krasner. 2019. (Searchlight Books (tm) — Getting into Government Ser.). (ENG., Illus.). 32p. (J). (gr. 3-5). pap. 9.99 *(978-1-5415-7478-6(8)*, 157e6fd0-330c-4ceb-aec9-73a20feec9a4); lib. bdg. 30.65 *(978-1-5415-5589-1(9)*, 3ace73bf-22e1-4519-bb0c-9001a6ca34cc) Lerner Publishing Group. (Lerner Pubns.).

Exploring the Forest, 1 vol. Marie Roesser. 2018. (So into Science! Ser.). (ENG.). 24p. (gr. k-k). 24.27 *(978-1-5382-2886-9(6)*, 0646515e-3812-4e49-8b41-134ee030f73f) Stevens, Gareth Publishing LLLP.

Exploring the Fruit of the Spirit. Joan Ray. 2023. (ENG.). 52p. (J). pap. 16.49 ***(978-1-6628-7918-0(0))*** Salem Author Services.

Exploring the Gateway Arch. Emma Huddleston. 2019. (Travel America's Landmarks Ser.). (ENG., Illus.). 32p. (J). (gr. 2-3). pap. 9.95 *(978-1-64185-855-7(9)*, 1641858559); lib. bdg. 31.35 *(978-1-64185-786-4(2)*, 1641857862) North Star Editions. (Focus Readers).

Exploring the Georgia Colony. Brianna Hall. 2016. (Exploring the 13 Colonies Ser.). (ENG., Illus.). 48p. (J). (gr. 3-6). lib. bdg. 34.65 *(978-1-5157-2241-0(4)*, 132765) Capstone.

Exploring the Great Outdoors. Mercer Mayer. 2019. (I Can Read 88 Ser.). (ENG., Illus.). 32p. (J). (gr. k-1). 14.96 *(978-1-64310-975-6(8))* Penworthy Co., LLC, The.

Exploring the Great Pyramid of Giza: One of the Seven Wonders of the World - History Kids Books Children's Ancient History. Baby Professor. 2017. (ENG., Illus.). (J). pap. 8.79 *(978-1-5419-1165-9(2)*, Baby Professor (Education Kids)) Speedy Publishing LLC.

Exploring the Human Body Anatomy & Physiology. Baby Professor. 2017. (ENG., Illus.). (YA). pap. 7.89 *(978-1-5419-0231-2(9)*, Baby Professor (Education Kids)) Speedy Publishing LLC.

Exploring the Internet of Things (Set), 6 vols. Martin Gitlin. 2020. (21st Century Skills Innovation Library: Exploring the Internet of Things Ser.). (ENG., Illus.). 32p. (J). (gr. 4-8). 192.42 *(978-1-5341-6814-5(1)*, 215157); pap., pap., pap. 85.29 *(978-1-5341-6996-8(2)*, 215158) Cherry Lake Publishing.

Exploring the Judicial Branch. Danielle Smith-Llera. 2019. (Searchlight Books (tm) — Getting into Government Ser.). (ENG., Illus.). 32p. (J). (gr. 3-5). pap. 9.99 *(978-1-5415-7479-3(6)*, 476b3988-59a5-4cee-b093-a1e355d8b611, Lerner Pubns.) Lerner Publishing Group.

Exploring the Legislative Branch. Danielle Smith-Llera. 2019. (Searchlight Books (tm) — Getting into Government Ser.). (ENG., Illus.). 32p. (J). (gr. 3-5). pap. 9.99 *(978-1-5415-7480-9(X)*, d78367e6-108e-4ae3-bdff-9b3c215366d6); lib. bdg. 30.65 *(978-1-5415-5587-7(2)*, dc731c7d-8730-4f90-b41c-74a22b4f7cf1) Lerner Publishing Group. (Lerner Pubns.).

Exploring the Life, Myth, & Art of the Ancient near East, 1 vol. Michael Kerrigan et al. 2016. (Civilizations of the World Ser.). (ENG., Illus.). 144p. (J). (gr. 8-8). lib. bdg. 47.80 *(978-1-4994-6397-2(9)*, ee7ecfe9-a717-4268-a7b6-89f663b70dd7) Rosen Publishing Group, Inc., The.

Exploring the Life, Myth, & Art of the Medieval World, 1 vol. Tony Allan et al. 2016. (Civilizations of the World Ser.). (ENG., Illus.). 144p. (J). (gr. 8-8). lib. bdg. 47.80 *(978-1-4994-6395-8(2)*, f46f5467-4047-4cf2-acc8-1ecf2db1727a) Rosen Publishing Group, Inc., The.

Exploring the Life, Myth, & Art of the Slavic World, 1 vol. Charles Phillips & Michael Kerrigan. 2016. (Civilizations of the World Ser.). (ENG., Illus.). 144p. (gr. 8-8). lib. bdg. 47.80 *(978-1-4994-6396-5(0)*, 3d1754bc-0b18-4699-921a-446adf8e073c) Rosen Publishing Group, Inc., The.

Exploring the Maryland Colony. Robin S. Doak. 2016. (Exploring the 13 Colonies Ser.). (ENG., Illus.). 48p. (J). (gr. 3-6). lib. bdg. 34.65 *(978-1-5157-2238-0(4)*, 132762) Capstone.

Exploring the Mid-Atlantic. Samantha S. Bell. (Exploring America's Regions Ser.). (ENG., Illus.). 48p. (J). (gr. 4-4). 2018. pap. 11.95 *(978-1-64185-263-0(1)*, 1641852631, Core Library); 2017. lib. bdg. 35.64 *(978-1-5321-1381-9(1)*, 27679) ABDO Publishing Co.

Exploring the Midwest. Tammy Gagne. (Exploring America's Regions Ser.). (ENG., Illus.). 48p. (J). (gr. 4-4). 2018. pap. 11.95 *(978-1-64185-264-7(X)*, 164185264X, Core Library); 2017. lib. bdg. 35.64 *(978-1-5321-1382-6(X)*, 27680) ABDO Publishing Co.

Exploring the Moon. richard Alexander. 2017. (Journey Through Our Solar System Ser.). 24p. (gr. 1-2). 49.50 *(978-1-5345-2249-7(2)*, KidHaven Publishing); (ENG.). pap. 9.25 *(978-1-5345-2293-0(X)*, 38c5d3b3-9e77-4c8e-9c83-36ea608f4448); (ENG.). lib. bdg. 26.23 *(978-1-5345-2277-0(8)*, 062af313-e9bd-4fc4-a8ad-094563340e43) Greenhaven Publishing LLC.

Exploring the Moon: 1969-1972. David Jefferis. 2019. (Moon Flight Atlas Ser.). (Illus.). 32p. (J). (gr. 5-5). *(978-0-7787-5409-1(X))*; pap. *(978-0-7787-5418-3(9))* Crabtree Publishing Co.

Exploring the Mysteries of Astronomy, 1 vol. Patrick Moore & Pete Lawrence. 2016. (STEM Guide to the Universe Ser.). (ENG.). 192p. (YA). (gr. 9-9). lib. bdg. 47.80 *(978-1-4994-6411-5(8)*, 475029ed-8b83-4680-9afe-1a89e0ca780b) Rosen Publishing Group, Inc., The.

Exploring the Mysteries of Genius & Invention, 1 vol. Jack Challoner. 2016. (STEM Guide to the Universe Ser.). (ENG.). 96p. (J). (gr. 9-9). lib. bdg. 47.80 *(978-1-4994-6410-8(X)*, ef7fec10-188d-4443-a901-65c6c1e00385) Rosen Publishing Group, Inc., The.

Exploring the Mysteries of Mathematics, 1 vol. Joel Levy. 2016. (STEM Guide to the Universe Ser.). (ENG.). 192p. (gr. 9-9). lib. bdg. 47.80 *(978-1-4994-6406-1(1)*, 789e9f02-3fe4-4c9c-8dde-5264c151adcb) Rosen Publishing Group, Inc., The.

Exploring the Mysteries of the Elements, 1 vol. Jack Challoner. 2016. (STEM Guide to the Universe Ser.). (ENG., Illus.). 168p. (YA). (gr. 9-9). lib. bdg. 47.80 *(978-1-4994-6409-2(6)*, 7f927a2c-13eb-4864-8764-77801c5ff8a1) Rosen Publishing Group, Inc., The.

Exploring the Mysteries of the Universe, 1 vol. Brian May et al. 2016. (STEM Guide to the Universe Ser.). (ENG.). 200p. (J). (gr. 9-9). lib. bdg. 47.80 *(978-1-4994-6407-8(X)*, 234730b3-6281-4f61-92ad-8e9d041ae185) Rosen Publishing Group, Inc., The.

Exploring the New Hampshire Colony. Elizabeth Raum. 2016. (Exploring the 13 Colonies Ser.). (ENG., Illus.). 48p. (J). (gr. 3-6). lib. bdg. 34.65 *(978-1-5157-2236-6(8)*, 132760) Capstone.

Exploring the New World: An Interactive History Adventure. Melody Herr. rev. ed. 2016. (You Choose: History Ser.). (ENG., Illus.). 112p. (J). (gr. 3-7). pap. 6.95 *(978-1-5157-4258-6(X)*, 134012, Capstone Pr.) Capstone.

Exploring the Night Sky, 1 vol. Emmett Martin. 2018. (So into Science! Ser.). (ENG.). 24p. (gr. k-k). 24.27 *(978-1-5382-2887-6(4)*, e81bd9e2-6f90-4c65-b21f-33f20be6d413) Stevens, Gareth Publishing LLLP.

Exploring the North Carolina Colony. Jessica Gunderson. 2016. (Exploring the 13 Colonies Ser.). (ENG., Illus.). 48p. (J). (gr. 3-6). lib. bdg. 34.65 *(978-1-5157-2233-5(3)*, 132757) Capstone.

Exploring the Persian Empire. Peggy Caravantes. 2018. (Exploring Ancient Civilizations Ser.). (ENG., Illus.). 32p. (J). (gr. 3-6). 32.80 *(978-1-63235-468-6(3)*, 13891, 12-Story Library) Bookstaves, LLC.

Exploring the Pioneer Trail: A Flashlight Discovery Book. Shauna Gibby. Illus. by Casey Nelson. 2019. (J). 16.99 *(978-1-62972-575-8(7))* Deseret Bk. Co.

Exploring the Pond, 1 vol. Marie Roesser. 2018. (So into Science! Ser.). (ENG.). 24p. (gr. k-k). 24.27 *(978-1-5382-2888-3(2)*, 02f6e3d8-e91e-4db4-b2c0-de2734a0c0f9) Stevens, Gareth Publishing LLLP.

Exploring the Rock Cycle, 1 vol. Marie Rogers. 2021. (Let's Rock! Ser.). (ENG.). 24p. (gr. 3-4). lib. bdg. 25.27 *(978-1-7253-1931-8(4)*, ffd60f5e-1535-462c-be79-ad93b056727e, PowerKids Pr.) Rosen Publishing Group, Inc., The.

Exploring the Rock Cycle: Petrologists at Work! Elsie Olson. 2017. (Earth Detectives Ser.). (ENG., Illus.). 24p. (J). (gr. k-4). lib. bdg. 32.79 *(978-1-5321-1232-4(7)*, 27619, Super SandCastle) ABDO Publishing Co.

Exploring the San Antonio River Walk. Emma Huddleston. 2019. (Travel America's Landmarks Ser.). (ENG., Illus.). 32p. (J). (gr. 2-3). pap. 9.95 *(978-1-64185-856-4(7)*, 1641858567); lib. bdg. 31.35 *(978-1-64185-787-1(0)*, 1641857870) North Star Editions. (Focus Readers).

Exploring the Science of Sounds: 100 Musical Activities for Young Children. Abigail Flesch Connors. 2017. (ENG., Illus.). 216p. (gr. 13). pap. 16.95 *(978-0-87659-731-6(2)*, Gryphon House Inc) Gryphon Hse., Inc.

Exploring the Sky by Day: The Equinox Guide to Weather & the Atmosphere. Terence Dickinson. Illus. by John Bianchi. 2nd rev. ed. 2023. (ENG.). 72p. (J). (gr. 5-12). pap. 9.95 ***(978-0-2281-0430-8(0)***, c159c67c-5f60-43c8-a2d4-30c3b6770ffb) Firefly Bks., Ltd.

Exploring the South. Rebecca Stanborough. (Exploring America's Regions Ser.). (ENG., Illus.). 48p. (J). (gr. 4-4). 2018. pap. 11.95 *(978-1-64185-265-4(8)*, 1641852658, Core Library); 2017. lib. bdg. 35.64 *(978-1-5321-1383-3(8)*, 27681) ABDO Publishing Co.

Exploring the Southwest. Tammy Gagne. (Exploring America's Regions Ser.). (ENG., Illus.). 48p. (J). (gr. 4-4). 2018. pap. 11.95 *(978-1-64185-266-1(6)*, 1641852666, Core Library); 2017. lib. bdg. 35.64 *(978-1-5321-1384-0(6)*, 27682) ABDO Publishing Co.

Exploring the Sun. Kate Rogers. 2017. (Journey Through Our Solar System Ser.). 24p. (gr. 1-2). 49.50 *(978-1-5345-2250-3(6)*, KidHaven Publishing); (ENG.). pap. 9.25 *(978-1-5345-2292-3(1)*, 611a0926-9c45-472d-9e30-e9bc899efabf); (ENG.). lib. bdg. 26.23 *(978-1-5345-2278-7(6)*,

622 The check digit for ISBN-10 appears in parentheses after the full ISBN-13

TITLE INDEX EXQUISITE

da469c1d-6116-442b-87af-cc70cd3d4fb3) Greenhaven Publishing LLC.

Exploring the Virginia Colony. Christin Ditchfield. 2016. (Exploring the 13 Colonies Ser.). (ENG., Illus.). 48p. (J). (gr. 3-6). lib. bdg. 34.65 *(978-1-5157-2229-8(5),* 132753) Capstone.

Exploring the Weather, 1 vol. Emmett Martin. 2018. (So into Science! Ser.). (ENG.). 24p. (gr. k-k). 24.27 *(978-1-5382-2889-0(0),* 46bc1b8b-5015-47e8-9076-9063e1135ba5) Stevens, Gareth Publishing LLLP.

Exploring the West. Anita Yasuda. (Exploring America's Regions Ser.). (ENG., Illus.). 48p. (J). (gr. 4-4). 2018. pap. 11.95 *(978-1-64185-267-8(4),* 1641852674, Core Library); 2017. lib. bdg. 35.64 *(978-1-5321-1385-7(4),* 27683) ABDO Publishing Co.

Exploring the White House: Inside America's Most Famous Home. Kate Andersen Brower. (ENG.). 240p. (J). (gr. 3-7). 2022. pap. 8.99 *(978-0-06-290642-7(9));* 2020. (Illus.). 16.99 *(978-0-06-290641-0(0))* HarperCollins Pubs. (Quill Tree Bks.).

Exploring the Woods - Children's Science & Nature. Baby Professor. 2017. (ENG., Illus.). (J). pap. 7.89 *(978-1-5419-0336-4(6),* Baby Professor (Education Kids)) Speedy Publishing LLC.

Exploring the World of Alligators & Crocodiles. Tracy C. Read & Tracy C. Read. 2017. (Exploring the World Of Ser.). (ENG., Illus.). 24p. (J). (gr. 4-7). 16.95 *(978-1-77085-942-5(X),* 4bef1984-2d14-4c37-b40b-2a84b9139617); pap. 6.95 *(978-1-77085-943-2(8),* 8b0438f0-044e-42c5-a97b-3da96b337126) Firefly Bks., Ltd.

Exploring the World of Elephants. Tracy C. Read & Tracy C. Read. 2017. (Exploring the World Of Ser.). (ENG., Illus.). 24p. (J). (gr. 3-7). 16.95 *(978-1-77085-944-9(6),* a52208e6-2499-4234-ab08-deb87b8bcad5); pap. 6.95 *(978-1-77085-945-6(4),* 809a9c8f-bbo4-464c-9be1-235c48720015) Firefly Bks., Ltd.

Exploring the World of Hummingbirds. Tracy C. Read & Tracy C. Read. 2017. (Exploring the World Of Ser.). (ENG., Illus.). 24p. (J). (gr. 3-7). 16.95 *(978-1-77085-946-3(2),* 29d20017-ad69-47e9-978e-afbdfad8374d); pap. 6.95 *(978-1-77085-947-0(0),* 729a8c6b-a00c-4212-b033-9e8d4e6353db) Firefly Bks., Ltd.

Exploring the World of Whales. Tracy C. Read & Tracy C. Read. 2017. (Exploring the World Of Ser.). (ENG., Illus.). 24p. (J). (gr. 3-7). 16.95 *(978-1-77085-948-7(9),* 3b0964da-2d7e-4177-89d5-814fba3384d8); pap. 6.95 *(978-1-77085-949-4(7),* 23eca179-7676-4147-b91b-463748bddba2) Firefly Bks., Ltd.

Exploring the Zoo, 1 vol. Emmett Martin. 2018. (So into Science! Ser.). (ENG.). 24p. (gr. k-k). 24.27 *(978-1-5382-2890-6(4),* d284f215-4fd7-4ce2-98ea-137a03676fb9) Stevens, Gareth Publishing LLLP.

Exploring Theater (Group 2), 12 vols. 2017. (Exploring Theater Ser.). (ENG.). (J). (gr. 7-7). lib. bdg. 267.00 *(978-1-5026-3215-9(2),* 8a2fa90c-4e9b-41c5-91ff-c7fb3ff7fb75) Cavendish Square Publishing LLC.

Exploring Theater (Groups 1 - 2), 28 vols. 2017. (Exploring Theater Ser.). (ENG.). (YA). (gr. 7-7). lib. bdg. 623.00 *(978-1-5026-3216-6(0),* efb9436b-1179-4959-8381-b553e1bf1c7f) Cavendish Square Publishing LLC.

Exploring Trade Jobs (Set), 12 vols. 2020. (Exploring Trade Jobs Ser.). (ENG.). (J). (gr. 3-6). lib. bdg. 427.68 *(978-1-5038-4525-1(7),* 214285, MOMENTUM) Child's World, Inc, The.

Exploring under the Deep Blue Sea Children's Fish & Marine Life. Baby Professor. 2017. (ENG., Illus.). (J). pap. 7.89 *(978-1-5419-0216-9(5),* Baby Professor (Education Kids)) Speedy Publishing LLC.

Exploring Uranus. Cody Keiser. 2017. (Journey Through Our Solar System Ser.). 24p. (gr. 1-2). 49.50 *(978-1-5345-2253-4(0),* KidHaven Publishing); (ENG.). pap. 9.25 *(978-1-5345-2289-3(1),* 1f4b99e1-69c6-4e0a-be0b-444667c46c2c); (ENG.). lib. bdg. 26.23 *(978-1-5345-2281-7(6),* 3953ed88-aac1-416d-a509-2b8a28a8c7e5) Greenhaven Publishing LLC.

Exploring Utah Through Project-Based Learning: Geography, History, Government, Economics & More. Carole Marsh. 2016. (Utah Experience Ser.). (ENG.). (J). pap. 9.99 *(978-0-635-12368-8(1))* Gallopade International.

Exploring Venus. Leslie Beckett. 2017. (Journey Through Our Solar System Ser.). 24p. (gr. 1-2). 49.50 *(978-1-5345-2258-9(1),* KidHaven Publishing); (ENG.). pap. 9.25 *(978-1-5345-2287-9(5),* ca107038-a229-41d7-8f9c-f661ef46f906); (ENG.). lib. bdg. 26.23 *(978-1-5345-2273-2(5),* 9ac084e3-33c8-41af-970b-f12c8ecc6c80) Greenhaven Publishing LLC.

Exploring Vermont Through Project-Based Learning: Geography, History, Government, Economics & More. Carole Marsh. 2016. (Vermont Experience Ser.). (ENG.). (J). pap. 9.99 *(978-0-635-12369-5(X))* Gallopade International.

Exploring Virginia Through Project-Based Learning: Geography, History, Government, Economics & More. Carole Marsh. 2016. (Virginia Experience Ser.). (ENG.). (J). pap. 9.99 *(978-0-635-12370-1(3))* Gallopade International.

Exploring Volcanic Activity (Grade 4) Nick Cimarusti. rev. ed. 2018. (Smithsonian: Informational Text Ser.). (ENG., Illus.). 32p. (J). (gr. 3-5). pap. 11.99 *(978-1-4938-6703-5(2))* Teacher Created Materials, Inc.

Exploring Volcanoes: Volcanologists at Work! Elsie Olson. 2017. (Earth Detectives Ser.). (ENG.). 24p. (J). (gr. k-4). lib. bdg. 32.79 *(978-1-5321-1233-1(5),* 27620, Super SandCastle) ABDO Publishing Co.

Exploring Voting & Elections. Jennifer Joline Anderson. 2019. (Searchlight Books (tm) — Getting into Government Ser.). (ENG., Illus.). 32p. (J). (gr. 3-5). 30.65 *(978-1-5415-5584-6(8),* edfc52c7-b514-41c7-ad60-9a07e9eac03c); pap. 9.99 *(978-1-5415-7481-6(8),* a06ae5c0-7f8a-407a-82ca-0142bda7f976) Lerner Publishing Group. (Lerner Pubns.).

Exploring Washington Through Project-Based Learning: Geography, History, Government, Economics & More. Carole Marsh. 2016. (Washington Experience Ser.). (ENG.). (J). pap. 9.99 *(978-0-635-12371-8(1))* Gallopade International.

Exploring Weather: Meteorologists at Work! Elsie Olson. 2017. (Earth Detectives Ser.). (ENG., Illus.). 24p. (J). (gr. k-4). lib. bdg. 32.79 *(978-1-5321-1234-8(3),* 27621, Super SandCastle) ABDO Publishing Co.

Exploring Weathering & Erosion, 1 vol. Marie Rogers. 2021. (Let's Rock! Ser.). (ENG.). 24p. (J). (gr. 3-4). lib. bdg. 25.27 *(978-1-7253-1935-6(7),* 045834f1-a265-44a8-8e8e-b65020399302, PowerKids Pr.) Rosen Publishing Group, Inc., The.

Exploring West Virginia Through Project-Based Learning: Geography, History, Government, Economics & More. Carole Marsh. 2016. (West Virginia Experience Ser.). (ENG.). (J). pap. 9.99 *(978-0-635-12372-5(X))* Gallopade International.

Exploring Wisconsin Through Project-Based Learning: Geography, History, Government, Economics & More. Carole Marsh. 2016. (Wisconsin Experience Ser.). (ENG.). (J). pap. 9.99 *(978-0-635-12373-2(8))* Gallopade International.

Exploring with the Lewis & Clark Expedition: A This or That Debate. Jessica Rusick. 2020. (This or That?: History Edition Ser.). (ENG., Illus.). 32p. (J). (gr. 3-5). pap. 7.95 *(978-1-4966-8787-6(6),* 201672); lib. bdg. 29.32 *(978-1-4966-8389-2(7),* 200261) Capstone. (Capstone Pr.).

Exploring World Cultures (Group 1), 12 vols. 2022. (Exploring World Cultures (Second Edition) Ser.). (ENG.). 32p. (J). (gr. 3-3). lib. bdg. 189.84 *(978-1-5026-6655-0(3),* cff9bba5-46e0-481b-b752-b15cce4c1543) Cavendish Square Publishing LLC.

Exploring World Cultures (Group 12), 12 vols. 2021. (Exploring World Cultures (First Edition) Ser.). (ENG.). 32p. (J). (gr. 3-3). lib. bdg. 189.84 *(978-1-5026-6284-2(1),* d7426892-ff5a-4c49-8191-41624dff83df) Cavendish Square Publishing LLC.

Exploring World Cultures (Group 2) Donna Reynolds. 2022. (Exploring World Cultures (Second Edition) Ser.). (ENG.). 32p. (J). pap. 72.96 ***(978-1-5026-6746-5(0))*** Cavendish Square Publishing LLC.

Exploring World Cultures (Group 3) 2017. (Exploring World Cultures Ser.). (ENG.). 32p. (J). 380.88 *(978-1-5026-2389-8(7))* Cavendish Square Publishing LLC.

Exploring World Cultures (Group 5) (Exploring World Cultures Ser.). (ENG.). (J). 2018. pap. 63.48 *(978-1-5026-3372-9(8));* 2017. (gr. 3-3). lib. bdg. 189.84 *(978-1-5026-3217-3(9),* 282f6af8-b882-4ae0-86f1-d6a012a7b069) Cavendish Square Publishing LLC.

Exploring World Cultures (Group 6), 12 vols. 2018. (Exploring World Cultures (First Edition) Ser.). (ENG.). 32p. (gr. 3-3). lib. bdg. 189.84 *(978-1-5026-3865-6(7),* a53dc0bd-ff04-4481-bef8-ae7a795678c3) Cavendish Square Publishing LLC.

Exploring World Cultures (Group 8) 2019. (Exploring World Cultures Ser.). (ENG.). 32p. (J). pap. 66.96 *(978-1-5026-4852-5(0));* (gr. 3-3). lib. bdg. 189.84 *(978-1-5026-4758-0(3),* b1dbf021-82af-406f-bfc0-8613764296dc) Cavendish Square Publishing LLC.

Exploring World Cultures (Group 9), 12 vols. 2019. (Exploring World Cultures (First Edition) Ser.). (ENG.). 32p. (J). (gr. 3-3). lib. bdg. 189.84 *(978-1-5026-5315-4(X),* 3db48aa8-5279-4344-ab2f-18f2c4b33484) Cavendish Square Publishing LLC.

Exploring World Cultures (Groups 1 - 10) 2020. (Exploring World Cultures (First Edition) Ser.). (ENG.). (J). pap. 729.60 *(978-1-5026-5850-0(X));* (gr. 3-3). lib. bdg. 1898.40 *(978-1-5026-5780-0(5),* cf6fd6d9-a120-48d4-a972-444a5b952f18) Cavendish Square Publishing LLC.

Exploring World Cultures (Groups 1 - 12), 144 vols. 2021. (Exploring World Cultures (First Edition) Ser.). (ENG.). (J). (gr. 3-3). lib. bdg. 2278.08 *(978-1-5026-6285-9(X),* 48bb09f4-8f41-4f61-ac6e-2e8c51f8daa6) Cavendish Square Publishing LLC.

Exploring World Cultures (Groups 1 - 2) 2022. (Exploring World Cultures (Second Edition) Ser.). (ENG.). (J). pap. 145.92 ***(978-1-5026-6747-2(9))*** Cavendish Square Publishing LLC.

Exploring World Cultures (Groups 1 - 8) 2019. (Exploring World Cultures (First Edition) Ser.). (ENG.). (J). pap. 583.68 *(978-1-5026-5422-9(9));* (gr. 3-3). lib. bdg. 1518.72 *(978-1-5026-4759-7(1),* d42f5cb4-3530-4977-9c59-fa159178d72c) Cavendish Square Publishing LLC.

Exploring World Cultures (Groups 1 - 9) 2019. (Exploring World Cultures (First Edition) Ser.). (ENG.). (J). pap. 656.64 *(978-1-5026-5564-6(0));* (gr. 3-3). lib. bdg. 1708.56 *(978-1-5026-5316-1(8),* c6973188-338f-4150-9e20-9541d48096cb) Cavendish Square Publishing LLC.

Exploring Wyoming Through Project-Based Learning: Geography, History, Government, Economics & More. Carole Marsh. 2016. (Wyoming Experience Ser.). (ENG.). (J). pap. 9.99 *(978-0-635-12374-9(6))* Gallopade International.

Explosion at the Poem Factory, 1 vol. Kyle Lukoff. Illus. by Mark Hoffmann. 2020. 44p. (J). (gr. 1-4). 18.95 *(978-1-77306-132-0(1))* Groundwood Bks. CAN. Dist: Publishers Group West (PGW).

Explosión de Liderazgo: Cómo Preparar líderes para Multiplicar Los Grupos Celulares. Joel Comiskey. 2023. (SPA.). 256p. (J). pap. 14.95 ***(978-1-950069-30-9(3),*** CCS Publishing) CCS Pubs.

Explosion Rocks Springfield. Rodrigo Toscano. 2016. (ENG.). 80p. pap. 15.95 *(978-0-9864373-4-2(4),* Fence Bks.) Fence Magazine, Inc.

Explosive. Helen Vivienne Fletcher. 2023. (Reactive Magic Ser.: Vol. 4). (ENG.). 174p. (YA). pap. ***(978-1-9911672-8-6(8))*** HVF Publishing.

Explosive: Large Print Edition. Helen Vivienne Fletcher. l.t. ed. 2023. (Reactive Magic Ser.: Vol. 4). (ENG.). 468p. (YA). pap. ***(978-1-9911980-0-6(0))*** HVF Publishing.

Explosive Science Experiments for Little Chemists - Science Project Children's Science Experiment Books. Baby Professor. 2017. (ENG., Illus.). 64p. (J). pap. 9.52 *(978-1-5419-1600-5(X),* Baby Professor (Education Kids)) Speedy Publishing LLC.

Explosive Volcanoes: Leveled Reader Sapphire Level 30. Rg Rg. 2019. (PM Ser.). (ENG.). 32p. (J). (gr. 4-5). pap. 11.00 *(978-0-544-89323-8(9))* Rigby Education.

Explosive World of Volcanoes with Max Axiom Super Scientist: 4D an Augmented Reading Science Experience. Christopher L. Harbo. Illus. by Tod Smith. 2018. (Graphic Science 4D Ser.). (ENG.). 32p. (J). (gr. 3-9). pap. 7.95 *(978-1-5435-2958-6(5),* 138558); lib. bdg. 36.65 *(978-1-5435-2947-0(X),* 138536) Capstone. (Capstone Pr.).

Exponent: June, 1911 (Classic Reprint) State Normal School Los Angeles. (ENG., Illus.). (J). 2018. 140p. 26.78 *(978-0-267-78432-5(5));* 2016. pap. 9.57 *(978-1-334-29514-0(X))* Forgotten Bks.

Exponent: Summer, 1910 (Classic Reprint) Los Angeles State Normal School. (ENG., Illus.). (J). 2018. 158p. 27.16 *(978-0-484-30252-4(3));* 2016. pap. 9.57 *(978-1-334-17101-7(7))* Forgotten Bks.

Exponent, 1907, Vol. 1 (Classic Reprint) Los Angeles State Normal School. (ENG., Illus.). (J). 2018. 96p. 25.88 *(978-0-483-30282-2(1));* 2016. pap. 9.57 *(978-1-334-16945-8(4))* Forgotten Bks.

Exponent, 1908 (Classic Reprint) Carol Larkins. (ENG., Illus.). (J). 2018. 70p. 25.34 *(978-0-267-91106-6(8));* 2016. pap. 9.57 *(978-1-333-27898-4(5))* Forgotten Bks.

Exponent, 1909 (Classic Reprint) Los Angeles State Normal School. (ENG., Illus.). (J). 2018. 104p. 26.06 *(978-0-267-30192-8(8));* 2016. pap. 9.57 *(978-1-333-20854-7(5))* Forgotten Bks.

Exponent, 1912 (Classic Reprint) Los Angeles State Normal School. (ENG., Illus.). (J). 2018. 146p. 26.91 *(978-0-332-06807-7(2));* 2016. pap. 9.57 *(978-1-334-13138-7(4))* Forgotten Bks.

Exponent, 1917, Vol. 23 (Classic Reprint) Los Angeles State Normal School. (ENG., Illus.). (J). 2018. 130p. 26.64 *(978-0-267-11371-2(4));* 2016. pap. 9.57 *(978-1-333-11510-4(5))* Forgotten Bks.

Exponent (Classic Reprint) Nell Brown. (ENG., Illus.). (J). 2018. 90p. 25.75 *(978-0-267-30334-2(3));* 2016. pap. 9.57 *(978-1-333-23957-2(2))* Forgotten Bks.

Expose de la Methode de Hansen Pour le Calcul des Perturbations Speciales des Petites Planetes (Classic Reprint) Ernest Louis Antoine Perigaud. 2017. (FRE., Illus.). (J). 24.93 *(978-0-260-14692-2(7));* pap. 9.57 *(978-0-266-14558-5(2))* Forgotten Bks.

Exposed! More Myths about American History, 12 vols. 2019. (Exposed! More Myths about American History Ser.). (ENG.). 32p. (J). (gr. 2-3). lib. bdg. 161.58 *(978-1-5382-4150-9(1),* 3d965fa2-58a2-4a80-87b7-b6332a8d79f5) Stevens, Gareth Publishing LLLP.

Exposed! Myths about Early American History. 2016. (Exposed! Myths about Early American History Ser.). 00032p. (J). pap. 63.00 *(978-1-4824-5845-9(4))* Stevens, Gareth Publishing LLLP.

Exposed! Myths about History, 24 vols. 2019. (Exposed! Myths about History Ser.). (ENG.). (J). (gr. 2-3). lib. bdg. 323.16 *(978-1-5382-4151-6(X),* 204546e1-ac58-4916-8d5c-d76bfd387654) Stevens, Gareth Publishing LLLP.

Exposing Hidden Worlds: How Jacob Riis' Photos Became Tools for Social Reform. Michael Burgan. 2017. (Captured History Ser.). (ENG., Illus.). 64p. (J). (gr. 5-9). lib. bdg. 35.32 *(978-0-7565-5618-1(X),* 135804, Compass Point Bks.) Capstone.

Exposing Kitty Langley. DeAnna Kinney. 2019. (ENG.). 134p. (YA). (gr. 7-12). pap. 9.99 *(978-1-64533-104-9(0))* Kingston Publishing Co.

Exposition Babies: An Idyl of the Fine Arts Colonnade (Classic Reprint) Edith Kinney Stellman. 2018. (ENG., Illus.). (J). 30p. 24.52 *(978-1-396-58003-1(4));* 32p. pap. 7.97 *(978-1-391-65820-9(5))* Forgotten Bks.

Exposition et Histoire des Principales découvertes Scientifiques Modernes, Vol. 1 (Classic Reprint) Louis Figuier. 2018. (FRE., Illus.). (J). 390p. 31.96 *(978-0-267-00977-0(1));* 392p. pap. 16.57 *(978-0-483-76193-3(1))* Forgotten Bks.

Exposition Raisonnée de la Théorie de l'Électricité et du Magnétisme, d'Après les Principes de M. Æpinus, des Académies de Pétersbourg, de Turin, &c (Classic Reprint) Rene Just Hauy. 2018. (FRE., Illus.). (J). 456p. 33.32 *(978-1-391-77980-5(0));* 458p. pap. 16.57 *(978-1-390-76547-2(4))* Forgotten Bks.

Expositor's Treasury of Children's Sermons (Classic Reprint) W. Robertson Nicoll. 2018. (ENG., Illus.). 790p. (J). 40.25 *(978-0-484-59752-4(3))* Forgotten Bks.

Expository Paragraphs. Frances Purslow. 2016. *(978-1-5105-2279-4(4))* SmartBook Media, Inc.

Exposure. Simron Gill. 2017. (ENG., Illus.). 239p. (J). pap. *(978-1-78465-191-6(5),* Vanguard Press) Pegasus Elliot Mackenzie Pubs.

Exposure of Negro Society & Societies (Classic Reprint) A. E. Aiken. (ENG., Illus.). (J). 2018. 36p. 24.62 *(978-0-484-20053-0(4));* 2016. pap. 7.97 *(978-1-333-44716-8(7))* Forgotten Bks.

Expresión Creativa Domain Set. 2016. (Early Rising Readers Ser.). (SPA.). (J). (gr. 1). 1370.00 net. *(978-1-4788-4778-6(6))* Newmark Learning LLC.

Expresión Creativa Theme Level a Book Set. 2016. (Early Rising Readers Ser.). (SPA.). (J). (gr. 1-2). 359.00 *(978-1-4788-5201-8(1))* Newmark Learning LLC.

Expresión Creativa Theme Level AA Book Set. 2016. (Early Rising Readers Ser.). (SPA.). (J). (gr. 1-2). 359.00 *(978-1-4788-5200-1(3))* Newmark Learning LLC.

Expresión Creativa Theme Level B Book Set. 2016. (Early Rising Readers Ser.). (SPA.). (J). (gr. 1-2). 359.00 *(978-1-4788-5202-5(X))* Newmark Learning LLC.

Express Activities & More CD (Nt2) Publishing House Concordia. 2016. (ENG.). (YA). cd-rom 20.99 *(978-0-7586-5328-4(X))* Concordia Publishing Hse.

Express Activities & More CD (Nt3) Publishing House Concordia. 2016. (ENG.). (J). cd-rom 20.99 *(978-0-7586-5218-8(6))* Concordia Publishing Hse.

Express Activities & More CD (Nt4) Publishing House Concordia. 2017. (ENG.). (YA). cd-rom 20.99 *(978-0-7586-5389-5(1))* Concordia Publishing Hse.

Express Activities & More CD (Nt5) Publishing House Concordia. 2017. (ENG.). (YA). cd-rom 20.99 *(978-0-7586-5445-8(6))* Concordia Publishing Hse.

Express Activities & More CD (Ot1) Publishing House Concordia. 2016. (ENG.). (YA). cd-rom 20.99 *(978-0-7586-5361-1(1))* Concordia Publishing Hse.

Express Activities & More CD (Ot2) Publishing House Concordia. 2016. (ENG.). (J). cd-rom 20.99 *(978-0-7586-5107-5(4))* Concordia Publishing Hse.

Express Activities & More CD (Ot4) Publishing House Concordia. 2017. (ENG.). (YA). cd-rom 20.99 *(978-0-7586-5417-5(0))* Concordia Publishing Hse.

Express Messenger, & Other Tales of the Rail (Classic Reprint) Cy Warman. 2017. (ENG., Illus.). (J). 29.09 *(978-1-5281-7200-4(0))* Forgotten Bks.

Express Music CD (Nt4) Concordia Publishing House. 2017. (ENG.). (J). cd-rom 20.99 *(978-0-7586-5386-4(7))* Concordia Publishing Hse.

Express Music CD (Nt5) Concordia Publishing House. 2017. (ENG.). (YA). cd-rom 20.99 *(978-0-7586-5442-7(1))* Concordia Publishing Hse.

Express Music CD (Ot1) Concordia Publishing House. 2016. (ENG.). (YA). cd-rom 20.99 *(978-0-7586-5358-1(1))* Concordia Publishing Hse.

Express Music CD (Ot3) Concordia Publishing House. 2016. (ENG.). (J). cd-rom 20.99 *(978-0-7586-5297-3(6))* Concordia Publishing Hse.

Express Music CD (Ot4) Concordia Publishing House. 2017. (ENG.). (YA). cd-rom 20.99 *(978-0-7586-5414-4(6))* Concordia Publishing Hse.

Express Of '76: A Chronicle of the Town of York, in the War for Independence (Classic Reprint) Lindley Murray Hubbard. (ENG., Illus.). (J). 2018. 370p. 31.53 *(978-0-666-57441-1(3));* 2017. pap. 13.97 *(978-0-259-75111-3(1))* Forgotten Bks.

Express Skits CD (Nt2) Concordia Publishing House. 2016. (ENG.). (YA). cd-rom 20.99 *(978-0-7586-5326-0(3))* Concordia Publishing Hse.

Express Skits CD (Nt4) Concordia Publishing House. 2017. (ENG.). (YA). cd-rom 20.99 *(978-0-7586-5387-1(5))* Concordia Publishing Hse.

Express Skits CD (Nt5) Concordia Publishing House. 2017. (ENG.). (YA). cd-rom 20.99 *(978-0-7586-5443-4(X))* Concordia Publishing Hse.

Express Skits CD (Ot1) Concordia Publishing House. 2016. (ENG.). (YA). cd-rom 20.99 *(978-0-7586-5359-8(X))* Concordia Publishing Hse.

Express Skits CD (Ot4) Concordia Publishing House. 2017. (ENG.). (YA). cd-rom 20.99 *(978-0-7586-5415-1(4))* Concordia Publishing Hse.

Express Train to Trouble: A QUIX Book. Robert Quackenbush. Illus. by Robert Quackenbush. 2018. (Miss Mallard Mystery Ser.). (ENG., Illus.). 80p. (J). (gr. k-3). 16.99 *(978-1-5344-1403-7(7));* pap. 5.99 *(978-1-5344-1402-0(9))* Simon & Schuster Children's Publishing. (Aladdin).

Express Trains, English & Foreign: Being a Statistical Account of All the Express Trains of the World with Railways Maps of Great Britain & Europe (Classic Reprint) E. Foxwell. 2017. (ENG., Illus.). 192p. (J). 27.86 *(978-0-332-36924-2(2))* Forgotten Bks.

Express Yourself! Christine Boucher. 2020. (Dover Kids Activity Bks.). (ENG.). 128p. (J). (gr. 3-6). 9.99 *(978-0-486-83725-3(4),* 837254) Dover Pubns., Inc.

Express Yourself: Why People Get Body Art, 1 vol. Nicholas Faulkner & Jeanne Nagle. 2018. (Body Arts: the History of Tattooing & Body Modification Ser.). (ENG.). 64p. (gr. 7-7). 36.13 *(978-1-5081-8073-9(3),* 8f39fc93-fcd5-4d60-b28a-6e7fdd3ad503) Rosen Publishing Group, Inc., The.

Express Yourself in Color: Coloring Book. Shannon Payne. 2022. (ENG.). 90p. (YA). pap. *(978-1-6780-3799-4(0))* Lulu Pr., Inc.

Express Yourself Journal: Journal. Patricia Davis. 2022. (ENG.). 100p. (J). pap. ***(978-1-387-46788-4(3))*** Lulu Pr., Inc.

Expression. Sara Johnson. 2017. (ENG.). 58p. (J). 21.95 *(978-1-78629-812-6(0),* a95ef8ca-aa25-4b0f-ba36-bfe69ace40b4) Austin Macauley Pubs. Ltd. GBR. Dist: Baker & Taylor Publisher Services (BTPS).

Expression Primer (Classic Reprint) Lilian E. Talbert. 2017. (ENG., Illus.). (J). 26.83 *(978-0-266-24900-9(0));* pap. 9.57 *(978-0-259-60633-8(2))* Forgotten Bks.

Expressionist Art, 1 vol. Alix Wood. 2016. (Create It! Ser.). (ENG.). 32p. (gr. 4-5). pap. 11.50 *(978-1-4824-5035-4(6),* a05033e3-89db-497b-843c-ce422875f949) Stevens, Gareth Publishing LLLP.

Expressions of Nature Coloring Book: Create, Color, Pattern, Play! Joanne Fink. 2016. (Create, Color, Pattern, Play! Ser.). (ENG., Illus.). 80p. pap. 9.99 *(978-1-57421-898-5(0),* DO5456, Design Originals) Fox Chapel Publishing Co., Inc.

Expressive Kittens Coloring Book: For All Ages. Gilmore Publishing & George Creations. 2023. (ENG.). 154p. (J). pap. ***(978-1-312-73333-6(0))*** Lulu Pr., Inc.

Expressman & the Detective (Classic Reprint) Allan Pinkerton. (ENG., Illus.). (J). 2018. 338p. 30.87 *(978-0-483-09974-6(0));* 2016. pap. 13.57 *(978-1-333-27824-3(1))* Forgotten Bks.

Expressman & the Detective (Classic Reprint) Allan Pinkerton. (ENG., Illus.). (J). 2018. 338p. 30.87 *(978-0-267-39162-2(5));* 2016. pap. 13.57 *(978-1-334-13733-4(1))* Forgotten Bks.

Exquisite: The Poetry & Life of Gwendolyn Brooks. Suzanne Slade. Illus. by Cozbi A. Cabrera. 2020. (ENG.). 48p. (J). (gr. 1-4). 18.99 *(978-1-4197-3411-3(3),* 1180701) Abrams, Inc.

E

Exquisite & Elegant: Fairy Fantasy Coloring Book. Bobo's Adult Activity Books. 2016. (ENG., Illus.). (J). pap. 9.33 *(978-1-68327-452-0(0))* Sunshine In My Soul Publishing.

Exquisite Critters. Fran Michele. 2022. (ENG., Illus.). 42p. (J). pap. *(978-1-913206-02-4(5))* Notebook Publishing.

Exquisite Exercises & Athletic Activities for Adventurous Adults. Creative Playbooks. 2016. (ENG., Illus.). (J). pap. 7.74 *(978-1-68323-340-4(9))* Twin Flame Productions.

Exquisite Fool: A Novel (Classic Reprint) Eleanor Frances Poynter. (ENG., Illus.). (J). 2018. 236p. 28.78 *(978-0-365-41238-0(4))*; 2017. pap. 11.57 *(978-0-259-19746-1(7))* Forgotten Bks.

Extasia. Claire Legrand. (ENG.). (YA). (gr. 9). 2023. 512p. pap. 15.99 *(978-0-06-269664-9(5))*; 2022. (Illus.). 496p. 17.99 *(978-0-06-269663-2(7))* HarperCollins Pubs. (Tegen, Katherine Bks).

Extension Classroom Resource Package 10 Students with 1 Year Digital 2014. Hmh Hmh. 2018. (ENG.). (J). pap. 587.73 *(978-1-328-61277-9(5))* Houghton Mifflin Harcourt Publishing Co.

Extension Classroom Resource Package 2-Volume (Quantity 10) Grade 1 with 1 Year Digital 2016. Hmh Hmh. 2018. (ENG.). (J). pap. 509.82 *(978-1-328-61203-8(1))* Houghton Mifflin Harcourt Publishing Co.

Extension Classroom Resource Package 2-Volume (Quantity 10) Grade 2 with 1 Year Digital 2016. Hmh Hmh. 2018. (ENG.). (J). pap. 509.82 *(978-1-328-61204-5(X))* Houghton Mifflin Harcourt Publishing Co.

Extension Classroom Resource Package 2-Volume (Quantity 10) Grade 3 with 1 Year Digital 2016. Hmh Hmh. 2018. (ENG.). (J). pap. 509.82 *(978-1-328-61205-2(8))* Houghton Mifflin Harcourt Publishing Co.

Extension Classroom Resource Package 2-Volume (Quantity 10) Grade 4 with 1 Year Digital 2016. Hmh Hmh. 2018. (ENG.). (J). pap. 509.82 *(978-1-328-61206-9(6))* Houghton Mifflin Harcourt Publishing Co.

Extension Classroom Resource Package 2-Volume (Quantity 10) Grade 5 with 1 Year Digital 2016. Hmh Hmh. 2018. (ENG.). (J). pap. 509.82 *(978-1-328-61207-6(4))* Houghton Mifflin Harcourt Publishing Co.

Extension Classroom Resource Package 2-Volume (Quantity 10) Grade 6 with 1 Year Digital 2016. Hmh Hmh. 2018. (ENG.). (J). pap. 509.82 *(978-1-328-61208-3(2))* Houghton Mifflin Harcourt Publishing Co.

Extension Classroom Resource Package 2-Volume (Quantity 10) Grade K with 1 Year Digital 2016. Hmh Hmh. 2018. (ENG.). (J). pap. 509.82 *(978-1-328-61202-1(3))* Houghton Mifflin Harcourt Publishing Co.

Extension Classroom Resource Package (Quantity 10) Grade 6 with 1 Year Digital 2016. Hmh Hmh. 2018. (ENG.). (J). pap. 556.90 *(978-1-328-61232-8(5))* Houghton Mifflin Harcourt Publishing Co.

Extension Classroom Resource Package (Quantity 10) Grade 7 with 1 Year Digital 2016. Hmh Hmh. 2018. (ENG.). (YA). pap. 556.90 *(978-1-328-61233-5(3))* Houghton Mifflin Harcourt Publishing Co.

Extension Classroom Resource Package (Quantity 10) Grade 8 with 1 Year Digital 2016. Hmh Hmh. 2018. (ENG.). (YA). pap. 556.90 *(978-1-328-61234-2(1))* Houghton Mifflin Harcourt Publishing Co.

Extension Package with 1 Year Digital 2017. Hmh Hmh. 2017. (Collections). (ENG.). (YA). (gr. 10). pap. 26.40 *(978-1-328-49411-5(X))*; (YA). (gr. 11). pap. 26.40 *(978-1-328-49412-2(8))*; (J). (gr. 6). pap. 26.40 *(978-1-328-49407-8(1))*; (YA). (gr. 7). pap. 26.40 *(978-1-328-49408-5(X))*; (YA). (gr. 8). pap. 26.40 *(978-1-328-49409-2(8))*; (YA). (gr. 9). pap. 26.40 *(978-1-328-49410-8(1))* Houghton Mifflin Harcourt Publishing Co.

Exterminators: Set, 12 vols. 2019. (Getting the Job Done Ser.). (ENG.). 24p. (J). (gr. 3-3). lib. bdg. 151.62 *(978-1-7253-0173-3(3)*, f16b4a92-f20f-4b2b-8b5c-13ea64cef490, PowerKids Pr.) Rosen Publishing Group, Inc., The.

Extinct. Deborah Broady. 2019. (ENG.). 60p. (YA). 28.95 *(978-1-64544-316-2(7))*; pap. 14.95 *(978-1-64544-318-6(3))* Page Publishing Inc.

Extinct. Steve Parker & Miles Kelly. Ed. by Richard Kelly. 2017. (Illus.). 48p. (J). pap. 9.95 *(978-1-84810-271-2(2))* Miles Kelly Publishing, Ltd. GBR. Dist: Parkwest Pubns., Inc.

Extinct: An Illustrated Exploration of Animals That Have Disappeared. Lucas Riera. 2019. (ENG., Illus.). 48p. (gr. k-3). 19.95 *(978-1-83866-037-6(2))* Phaidon Pr., Inc.

Extinction. Heidi Lang & Kati Bartkowski. 2023. (Whispering Pines Ser.: 4). (ENG.). 368p. (J). (gr. 3-7). 17.99 ***(978-1-6659-2191-6(9)**, McElderry, Margaret K. Bks.)* McElderry, Margaret K. Bks.

Extinction: What Happened to the Dinosaurs, Mastodons, & Dodo Birds? with 25 Projects. Laura Perdew. Illus. by Tom Casteel. 2017. (Build It Yourself Ser.). (ENG.). 128p. (J). (gr. 4-6). 22.95 *(978-1-61930-557-1(7)*, 7bc6ba72-1d35-4a6e-ac80-e302ac93ca58); pap. 17.95 *(978-1-61930-561-8(5)*, 4d345bf8-6138-4553-b2f9-84144a43427a) Nomad Pr.

Extincts. Veronica Cossanteli. Illus. by Roman Muradov. 2016. (ENG.). 240p. (J). 27.99 *(978-1-62779-403-9(4)*, 900149181, Holt, Henry & Co. Bks. For Young Readers) Holt, Henry & Co.

Extincts: Flight of the Mammoth (the Extincts #2) Scott Magoon. 2023. (Extincts Ser.). (ENG., Illus.). 160p. (J). (gr. 3-7). 24.99 *(978-1-4197-5252-0(9)*, 1724401); pap. 14.99 *(978-1-4197-5253-7(7)*, 1724403) Abrams, Inc. (Amulet Bks.).

Extincts: Quest for the Unicorn Horn (the Extincts #1) Scott Magoon. 2022. (Extincts Ser.). (ENG., Illus.). 160p. (J). (gr. 3-7). 24.99 *(978-1-4197-5251-3(0)*, 1724301); pap. 14.99 *(978-1-4197-5250-6(2)*, 1724303) Abrams, Inc. (Amulet Bks.).

Extinguishing Shadows: A New Adult Paranormal Fantasy. Heather Beal. 2023. (ENG.). 312p. (YA). pap. 22.95 ***(978-1-68513-282-8(0))*** Black Rose Writing.

Exton Manor (Classic Reprint) Archibald Marshall. 2017. (ENG., Illus.). (J). 34.15 *(978-0-266-19701-0(9))* Forgotten Bks.

Extra: A Tale of Magic, Destiny & Exceptional Friendship. Angie Martin & Cheryl Etter. Illus. by Katelyn Mills. 2022. 50p. (J). pap. 13.99 *(978-1-6678-5141-9(1))* BookBaby.

Extra Cheesy Zits. Jerry Scott & Jim Borgman. ed. 2016. lib. bdg. 31.80 *(978-0-606-39184-9(3))* Turtleback.

Extra Cheesy Zits: A Zits Treasury. Jerry Scott & Jim Borgman. 2016. (Zits Ser.: 33). (ENG., Illus.). 208p. pap. 18.99 *(978-1-4494-7982-4(0))* Andrews McMeel Publishing.

Extra Day (Classic Reprint) Algernon Blackwood. 2018. (ENG., Illus.). 380p. (J). 31.73 *(978-0-484-12645-8(8))* Forgotten Bks.

Extra Dry: Being Further Adventures of the Water Wagon (Classic Reprint) Bert Leston Taylore. 2017. (ENG., Illus.). (J). 124p. 26.45 *(978-0-332-90640-9(X))*; pap. 9.57 *(978-0-259-41594-7(4))* Forgotten Bks.

Extra Ezra Makes an Extra-Special Friend. Kara LaReau. Illus. by Vincent X. Kirsch. 2022. (ENG.). 32p. (J). (gr. -1-3). 17.99 *(978-0-06-296565-3(4)*, HarperCollins) HarperCollins Pubs.

Extra-Large Pizza Problem: Gluten-Free Fraud. Jason M. Burns. Illus. by Dustin Evans. 2023. (Bit by Bot Ser.). (ENG.). 32p. (J). (gr. 4-8). pap. 14.21 *(978-1-6689-2097-8(2)*, 222075); lib. bdg. 32.07 *(978-1-6689-1995-8(8)*, 221973) Cherry Lake Publishing. (Torch Graphic Press).

Extra Life (Young Readers Adaptation) The Astonishing Story of How We Doubled Our Lifespan. Steven Johnson. 2023. (Illus.). 128p. (J). (gr. 5). 18.99 *(978-0-593-35149-9(5)*, Viking Books for Young Readers) Penguin Young Readers Group.

Extra Normal. Kate Alice Marshall. 2023. (ENG.). 240p. (J). (gr. 3-7). 18.99 ***(978-0-593-52645-3(7)**, Viking Books for Young Readers)* Penguin Young Readers Group.

Extra Ordinary: The Adventures of Shawna Ray & Christa Lynn. Ray Wilcox. 2020. (ENG.). 446p. (YA). 34.95 *(978-1-0980-3582-2(8))*; pap. 24.95 *(978-1-0980-3581-5(X))* Christian Faith Publishing.

Extra-Ordinary Elephants: Cool & Interesting Facts (Age 6 & Above) Tj Rob. 2016. (Discovering the World Around Us Ser.: Vol. 1). (ENG., Illus.). (J). pap. *(978-1-988695-03-7(1))* TJ Rob.

Extra-Ordinary Girl. Gina Bellisario. Illus. by Jessika von Innerebner. 2016. (Ellie Ultra Ser.). (ENG.). 128p. (J). pap. 42.70 *(978-1-4965-3169-8(8)*, 24811, Stone Arch Bks.) Capstone.

Extra-Ordinary Girl. Gina Bellisario. Illus. by Jessika Von Innerebner. 2016. (Ellie Ultra Ser.). (ENG.). 128p. (J). (gr. 1-3). lib. bdg. 25.99 *(978-1-4965-3139-1(6)*, 132194, Stone Arch Bks.) Capstone.

Extra Point. Chris Kreie. 2017. (Gridiron Ser.). (ENG.). 112p. (YA). (gr. 6-12). pap. 7.99 *(978-1-5124-5353-9(6)*, a69990e5-5999-4950-8756-d26bf9597ba0); lib. bdg. 26.65 *(978-1-5124-3981-6(9)*, c05bca7d-a773-4c86-bcdf-ad09f17f6750) Lerner Publishing Group. (Darby Creek).

Extra Senses. Tammy Gagne. 2019. (Engineering the Human Body Ser.). (ENG., Illus.). 32p. (J). (gr. 3-5). pap. 9.95 *(978-1-64185-833-5(8)*, 1641858338); lib. bdg. 31.35 *(978-1-64185-764-2(1)*, 1641857641) North Star Editions. (Focus Readers).

Extra Special Baby, 1 vol. Antonia Woodward. Illus. by Antonia Woodward. ed. 2016. (ENG., Illus.). 32p. (J). (gr. -1-k). 13.99 *(978-0-7459-7699-0(9)*, a5bc0201-d06c-477d-8855-01abef359f9b, Lion Children's) Lion Hudson PLC GBR. Dist: Baker & Taylor Publisher Services (BTPS).

Extra Special Baby: The Story of the Christmas Promise. Antonia Woodward. Illus. by Antonia Woodward. ed. 2018. (ENG., Illus.). 32p. (J). pap. 10.99 *(978-0-7459-7678-5(6)*, 3ff563e7-6af0-43cd-af27-ee33fd9d22e4, Lion Children's) Lion Hudson PLC GBR. Dist: Baker & Taylor Publisher Services (BTPS).

Extra Yard. Mike Lupica. 2016. (Home Team Ser.). (ENG., Illus.). 304p. (J). (gr. 3-7). 19.99 *(978-1-4814-1000-7(8)*, Simon & Schuster Bks. For Young Readers) Simon & Schuster Bks. For Young Readers.

Extra Yard. Mike Lupica. ed. 2017. (Home Team Ser.). lib. bdg. 18.40 *(978-0-606-39757-5(4))* Turtleback.

Extract from an Unpublished Manuscript on Shaker History: By an Eye Witness, Giving an Accurate Description of Their Songs, Dances, Marches, Visions, Visits to the Spirit Land, &C (Classic Reprint) Unknown Author. 2018. (ENG., Illus.). 54p. (J). 25.03 *(978-0-483-23455-0(9))* Forgotten Bks.

Extract from Captain Stormfield's Visit to Heaven (Classic Reprint) Mark Twain, pseud. 2018. (ENG., Illus.). 138p. (J). 26.76 *(978-0-483-65282-8(2))* Forgotten Bks.

Extract of the REV. Mr. John Wesley's Journal, from Nov. 25, 1746 to July 20, 1750, Vol. 7 (Classic Reprint) John Wesley. 2018. (ENG., Illus.). 150p. (J). 27.01 *(978-0-483-95843-2(3))* Forgotten Bks.

Extract of the Revd. Mr. John Wesley's Journal: From Sept. 3, 1741, to October 27, 1743 (Classic Reprint) John Wesley. (ENG., Illus.). (J). 2018. 428p. 32.74 *(978-0-483-77196-3(1))*; 2017. pap. 16.57 *(978-0-243-38706-9(7))* Forgotten Bks.

Extracts from Adam's Diary: Translated from the Original Ms. (Classic Reprint) Mark Twain, pseud. 2017. (ENG., Illus.). (J). 25.94 *(978-0-265-96878-9(X))* Forgotten Bks.

Extracts from an Unbroken Correspondence (Classic Reprint) Unknown Author. 2018. (ENG., Illus.). 38p. (J). 24.68 *(978-0-428-85224-5(6))* Forgotten Bks.

Extracts from My Diary, & from My Experiences While Boarding with Jefferson Davis, in Three of His Notorious Hotels, in Richmond, Va., Tuscaloosa, ALA., & Salisbury, N. C., from July, 1861, to June, 1862 (Classic Reprint) William J. Crossley. 2017. (ENG., Illus.). (J). pap. 9.57 *(978-0-259-49745-5(2))* Forgotten Bks.

Extracts from My Diary, & from My Experiences While Boarding with Jefferson Davis, in Three of His Notorious Hotels, in Richmond, Va., Tuscaloosa, Ala., & Salisbury, N. C., from July, 1861, to June, 1862 (Classic Reprint) William J. Crossley. 2018. (ENG., Illus.). 52p. (J). 24.99 *(978-0-365-10960-0(6))* Forgotten Bks.

Extracts from Noa-Noa (Classic Reprint) Paul Gauguin. (ENG., Illus.). (J). 2018. 38p. 24.68 *(978-0-365-05617-1(0))*; 2017. pap. 7.97 *(978-0-259-50717-8(2))* Forgotten Bks.

Extracts from the Diary: Of a Living Physician (Classic Reprint) L. F. C. 2017. (ENG., Illus.). (J). 198p. 28.00 *(978-0-332-47144-0(6))*; pap. 10.57 *(978-0-259-46140-1(7))* Forgotten Bks.

Extracts from the Diary of Moritz Svengali. Alfred Welch. 2017. (ENG., Illus.). 100p. (J). pap. *(978-3-337-19700-1(0))* Creation Pubs.

Extracts from the Diary of Moritz Svengali. Alfred Welch. 2017. (ENG., Illus.). (J). pap. *(978-0-649-41176-4(5))* Trieste Publishing Pty Ltd.

Extracts from the Diary of Moritz Svengali (Classic Reprint) Alfred Welch. 2018. (ENG., Illus.). 102p. (J). 26.00 *(978-0-364-04851-1(4))* Forgotten Bks.

Extracts from the Journals of Miss. M. E. Remington, Missionary of the Welcome Hall Mission, New Haven, Conn (Classic Reprint) Mary E. Remington. (ENG., Illus.). (J). 2018. 76p. 25.48 *(978-0-483-92199-3(8))*; 2017. pap. 9.57 *(978-0-243-41699-8(7))* Forgotten Bks.

Extracts from the Letters & Journals of George Fletcher Moore, Esq: Now Filling a Judicial Office at the WAN River Settlement (Classic Reprint) George Fletcher Moore. 2018. (ENG., Illus.). 318p. (J). 30.46 *(978-0-267-83378-8(4))* Forgotten Bks.

Extracts from the Letters, Diary & Note Books of Amasa Stone Mather, Vol. 1: June 1907 to December 1908 (Classic Reprint) Amasa Stone Mather. (ENG., Illus.). (J). 2018. 33.26 *(978-0-266-44388-9(5))*; 2016. pap. 16.57 *(978-1-334-15292-4(6))* Forgotten Bks.

Extracts from the Note-Book of Mr. Percival Pug: Illustrated by Sketches from His Portfolio (Classic Reprint) Unknown Author. 2018. (ENG., Illus.). 182p. (J). 27.65 *(978-0-428-98868-5(7))* Forgotten Bks.

Extracts from the Writings of W. M. Thackeray: Chiefly Philosophical & Reflective (Classic Reprint) William Makepeace Thackeray. 2017. (ENG., Illus.). (J). 32.58 *(978-0-266-18509-3(6))*; pap. 16.57 *(978-0-259-17214-7(6))* Forgotten Bks.

Extracts from the Writings of Yoor Strooly (Classic Reprint) Unknown Author. 2018. (ENG., Illus.). 140p. (J). 26.78 *(978-0-428-94610-4(0))* Forgotten Bks.

Extradimensional Reappearance of Mars Patel. Sheela Chari. 2022. (Mars Patel Ser.). (ENG., Illus.). 352p. (J). (gr. 3-7). 18.99 *(978-1-5362-0958-7(9))* Candlewick Pr.

Extraña Gracia. Tessa Gratton. 2019. (SPA.). 392p. (YA). pap. 16.99 *(978-607-8614-72-1(X))* V&R Editoras.

Extrana Seta en el Jardin. Luis Eduardo Garcia. 2018. (Varias / No Definida Ser.). (SPA.). 56p. (J). 9.95 *(978-607-16-5827-2(6))* Fondo de Cultura Economica USA.

extraña sorpresa. Gracia Iglesias Lodares. 2021. (SPA.). 36p. (J). (gr. k-2). 23.99 *(978-84-122392-2-5(9))* Editorial Libre Albedrío ESP. Dist: Lectorum Pubns., Inc.

Extranjero/el Mito Del Sisifo. Albert Camus. 2017. (ENG & SPA.). 246p. (YA). pap. *(978-607-8473-51-9(4))* Epoca, Editorial, S.A. de C.V.

¡EXTRAÑo a TODOS! Comprendiendo el Distanciamiento Social. Shawna Doherty. 2020. (SPA.). 44p. (J). pap. 13.99 *(978-1-0879-0250-0(9))* Indy Pub.

Extraño Caso de Lenny Goleman. Liliana Blum. 2022. (SPA.). 168p. (YA). pap. 16.95 *(978-607-07-8467-5(7))* Editorial Planeta, S. A. ESP. Dist: Two Rivers Distribution.

Extrano Caso Del Dr. Jekyll y el Sr. Hyde. Robert Luis Stevenson. 2018. (SPA.). 96p. (YA). (gr. 8-12). pap. 6.95 *(978-607-453-391-0(1))* Selector, S.A. de C.V. MEX. Dist: Spanish Pubs., LLC.

Extraño Caso Del Dr. Jekyll y Mr. Hyde. Robert Louis Stevenson. Illus. by Nelson Jacome. 2017.Tr. of Strange Case of Dr. Jekyll & Mr. Hyde. (SPA.). 128p. (J). pap. *(978-9978-18-451-6(1))* Radmandi Editorial, Compania Ltd.

Extrano Caso Del Dr. Jekyll y Mr. Hyde. Robert Louis Stevenson. 2019.Tr. of Strange Case of Dr. Jekyll & Mr. Hyde. (SPA.). 112p. (YA). pap. 5.95 *(978-607-453-564-8(7))* Selector, S.A. de C.V. MEX. Dist: Spanish Pubs., LLC.

Extraños. Ethan M. Aldridge. 2020. (Ficción Ser.). (SPA.). 224p. (J). (gr. 4-7). pap. 14.95 *(978-607-527-885-8(0))* Editorial Oceano de Mexico MEX. Dist: Independent Pubs. Group.

Extraordinaire Destin d'un Poulain. Christine Gschwind. 2017. (FRE., Illus.). (J). pap. *(978-2-9556805-9-9(1))* Christine, Gschwind.

Extraordinaries. T. J. Klune. (Extraordinaries Ser.: 1). (ENG.). 400p. 2021. (YA). pap. 10.99 *(978-1-250-20366-3(X)*, 900200545); 2020. (J). 19.99 *(978-1-250-20365-6(1)*, 900200544) Doherty, Tom Assocs., LLC. (Tor Teen).

Extraordinary. Cassie Anderson. 2019. (ENG.). 188p. (J). (gr. 4-5). 25.96 *(978-0-87617-916-1(2))* Penworthy Co., LLC, The.

(extra)ordinary: A Young Adult Sci-Fi Dystopian (Powers Book 3) Starr Z. Davies. 2021. (Powers Ser.: Vol. 3). (ENG.). 278p. (YA). pap. 13.99 *(978-1-7363459-0-0(7))* Character Assassin Bks.

Extraordinary: a Story of an Ordinary Princess. Cassie Anderson. 2019. (ENG., Illus.). 200p. (J). (gr. 3-7). pap. 12.99 *(978-1-5067-1027-3(1)*, Dark Horse Books) Dark Horse Comics.

Extraordinary Adventures of Alice Tonks: Longlisted for the Adrien Prize 2022. Emily Kenny. 2023. (Extraordinary Adventures of Alice Tonks Ser.: 1). (ENG.). 352p. (J). 9.99 *(978-0-86154-207-9(X)*, Rock the Boat) Oneworld Pubns. GBR. Dist: Simon & Schuster, Inc.

Extraordinary Adventures of Arsène Lupin, Gentleman-Burglar. Maurice LeBlanc. 2021. (ENG.). 172p. (J). pap. 13.95 *(978-1-4341-0461-8(3)*, Waking Lion Press) The Editorium, LLC.

Extraordinary Adventures of Little Krishna. Mahendra Singh. 2023. (Feral Kids Ser.). (Illus.). 32p. (J). 18.95 *(978-1-62731-132-8(7))* Feral Hse.

Extraordinary Adventures of Tallulah & Flick: Medal Mystery. Ellie Mills. Illus. by Andleeb Shaukat. 2023. 24p. (J). 21.99 ***(978-1-6678-9285-6(1))*** BookBaby.

Extraordinary Amazing Incredible Unbelievable Walled City of Kowloon. Fiona Hawthorne. 2022. (ENG., Illus.). 40p. (J). (gr. 1-5). pap. 12.95 *(978-988-79639-3-6(3))* Blacksmith Bks. HKG. Dist: National Bk. Network.

Extraordinary Birds. Sandy Stark-Mcginnis. (ENG.). (J). 2020. 240p. pap. 8.99 *(978-1-5476-0143-1(4)*, 900199962); 2019. 224p. 16.99 *(978-1-5476-0100-4(0)*, 900198461) Bloomsbury Publishing USA. (Bloomsbury Children's Bks.).

Extraordinary Book That Eats Itself: Every Page Turns into an Eco Project That Helps You Save the Planet. Hayes & Arlon. Illus. by Pintachan. 2021. (Extraordinary Book Ser.). (ENG.). 64p. (J). pap. 16.99 *(978-1-68188-547-6(6)*, Earth Aware Editions) Insight Editions.

Extraordinary Book That Makes You Feel Happy: (Kid's Activity Books, Books about Feelings, Books about Self-Esteem) Earth Aware Earth Aware Kids & Poppy O'Neill. Illus. by Caribay M. Benavides. 2022. (Extraordinary Book Ser.). (ENG.). 64p. (J). pap. 17.99 *(978-1-68188-738-8(X)*, Earth Aware Editions) Insight Editions.

Extraordinary Bridges: The Science of How & Why They Were Built. Sonya Newland. 2018. (Exceptional Engineering Ser.). (ENG., Illus.). 32p. (J). (gr. 3-6). lib. bdg. 27.99 *(978-1-5435-2907-4(0)*, 138505, Capstone Pr.) Capstone.

Extraordinary Buildings: The Science of How & Why They Were Built. Izzi Howell. 2018. (Exceptional Engineering Ser.). (ENG., Illus.). 32p. (J). (gr. 3-6). lib. bdg. 27.99 *(978-1-5435-2905-0(4)*, 138503, Capstone Pr.) Capstone.

Extraordinary Capers of Lochlin de Carlo. David Villanueva Jr. Illus. by Fran Keleher Kantar. 2018. (ENG.). 160p. (J). (gr. 5-6). pap. 11.99 *(978-1-942922-45-2(0))* Wee Creek Pr. LLC.

Extraordinary Chicken. Veronica Giles & Janet E. Shaw. 2019. (ENG., Illus.). 28p. (J). (gr. k-6). pap. 9.95 *(978-1-949756-69-2(6))* Virtualbookworm.com Publishing, Inc.

Extraordinary Confessions of Diana Please (Classic Reprint) Bernard Edward Joseph Capes. 2017. (ENG., Illus.). (J). 31.28 *(978-1-5281-8212-6(X))*; pap. 13.97 *(978-1-5278-8286-7(1))* Forgotten Bks.

Extraordinary Dinosaurs & Other Prehistoric Life Visual Encyclopedia. DK. 2022. (DK Children's Visual Encyclopedias Ser.). (ENG.). 208p. (J). (gr. 2-6). 17.99 *(978-0-7440-5626-6(8)*, DK Children) Dorling Kindersley Publishing, Inc.

Extraordinary Dot to Dot Activity Book. Creative. 2016. (ENG., Illus.). (J). pap. 10.81 *(978-1-68323-478-4(2))* Twin Flame Productions.

Extraordinary Educator: Dr. Delores Henderson. Rosemond Sarpong Owens. 2021. (Heritage Collection: Vol. 1). (ENG.). 30p. (J). 19.99 *(978-1-7371629-3-3(8))* Lion's Historian Pr.

Extraordinary Extraterrestrial Love Lives of Doppelgangers. M. J. Padgett & Crystal Crawford. 2020. (Love & Aliens Ser.: Vol. 1). (ENG.). 380p. (YA). pap. 14.99 *(978-1-393-09678-8(6))* Draft2Digital.

Extraordinary Gardener. Sam Boughton. 2018. (ENG., Illus.). 32p. (J). (gr. -1-k). 16.99 *(978-1-84976-604-3(5)*, 1325501) Tate Publishing, Ltd. GBR. Dist: Hachette Bk. Group.

Extraordinary Insects. Matt Turner. Illus. by Santiago Calle. 2017. (Crazy Creepy Crawlers Ser.). (ENG.). 32p. (J). (gr. 3-6). 27.99 *(978-1-5124-1556-8(1)*, a0c0bc4c-bc43-4050-848a-6639a15c72c5); E-Book 4.99 *(978-1-5124-3600-6(3)*, 9781512436006); E-Book 42.65 *(978-1-5124-3599-3(6)*, 9781512435993); E-Book 42.65 *(978-1-5124-2716-5(0))* Lerner Publishing Group. (Hungry Tomato (r)).

Extraordinary Journey of J. J. Pips. J. J. Pips. 2018. (ENG., Illus.). 56p. (J). pap. 11.75 *(978-0-9982343-1-1(1))* J.J. Pips Publishing.

Extraordinary Landmarks: The Science of How & Why They Were Created. Izzi Howell. 2018. (Exceptional Engineering Ser.). (ENG., Illus.). 32p. (J). (gr. 3-6). lib. bdg. 27.99 *(978-1-5435-2908-1(9)*, 138506, Capstone Pr.) Capstone.

Extraordinary Life of a Mediocre Jock: God, I'll Do Anything - Just Make Me Awesome. Ted Kluck. 2018. (Adventures with Flex Ser.). (ENG., Illus.). 192p. (J). (gr. 2-7). 12.99 *(978-0-7369-7135-5(1)*, 6971355) Harvest Hse. Pubs.

Extraordinary Means. Robyn Schneider. 2016. (ENG.). 352p. (YA). (gr. 8). pap. 9.99 *(978-0-06-221717-2(8)*, Tegen, Katherine Bks) HarperCollins Pubs.

Extraordinary Military Kids: A Workbook for & about Military Kids. Megan Numbers. Illus. by Jax Bennett. 2017. (ENG.). (J). pap. 14.95 *(978-1-55571-892-3(2)*, Hellgate Pr.) L & R Publishing, LLC.

Extraordinary Miss Sunshine Life Skills New 2018. Collective. 2017. (Green Apple - Life Skills Ser.). (ENG.). 32p. (YA). pap. 25.95 *(978-88-530-1714-7(7)*, Black Cat) Grove/Atlantic, Inc.

Extraordinary Narrative of the Prince of Wales' Trip Across the Atlantic! Detailing What the Prince Said!; What the Prince Did!; & What the Prince Saw! (Classic Reprint) Unknown Author. 2017. (ENG., Illus.). (J). 24.31 *(978-0-260-02027-7(3))*; pap. 7.97 *(978-1-5282-0224-4(4))* Forgotten Bks.

Extraordinary Nursery Rhymes & Tales, New yet Old: Translated from the Original Jingle into Comic Verse (Classic Reprint) Griffith And Farran. 2017. (ENG., Illus.). (J). 27.07 *(978-0-265-68054-4(9))*; pap. 9.57 *(978-1-5276-5066-4(9))* Forgotten Bks.

Extraordinary October. Diana Wagman. 2016. (ENG.). 264p. (J). (gr. 6). 18.95 *(978-1-63246-036-3(X))* Ig Publishing, Inc.

Extraordinary Ordinary Moth. Karlin Gray. Illus. by Steliyana Doneva. 2018. (ENG.). 32p. (J). (gr. k-3). 16.99 *(978-1-58536-372-8(3)*, 204401) Sleeping Bear Pr.

Extraordinary Picture Search! What Can You Find? Activity Book. Kreativ Entspannen. 2016. (ENG., Illus.). (J). pap. 10.81 *(978-1-68377-043-5(9))* Whike, Traudl.

Extraordinary Skyscrapers: The Science of How & Why They Were Built. Sonya Newland. 2018. (Exceptional Engineering Ser.). (ENG., Illus.). 32p. (J). (gr. 3-6). lib. bdg. 27.99 *(978-1-5435-2906-7(2)*, 138504, Capstone Pr.) Capstone.

624

The check digit for ISBN-10 appears in parentheses after the full ISBN-13

TITLE INDEX EXTREME SPORTS

Extraordinary Tale of Rodney the Rabbit Who Fell from the Sky. Karen Louise Taylor & Lauren Taylor. 2021. (ENG.). 45p. (J). pap. *(978-1-312-75694-6(2))* Lulu Pr., Inc.

Extraordinary Tales of Rodney the Rabbit Who Fell from the Sky: Volumes I to V. N. P. Cooper. 2021. (ENG.). 91p. (J). pap. *(978-1-4710-0572-5(0))* Lulu Pr., Inc.

Extraordinary Teacher: A Bible Story about Priscilla. Rachel Spier Weaver & Anna Haggard. 2018. (Called & Courageous Girls Ser.). (ENG., Illus.). 48p. (J). (gr. -1-2). 14.99 *(978-0-7369-7081-5(9))*, 6970815) Harvest Hse. Pubs.

Extraordinary, Unordinary Gum Tree. Karen Casey. Illus. by Guy Price. 2018. (ENG.). 152p. (J). (gr. 2-5). pap. *(978-0-646-99516-8(2))* Casey, Karen.

Extraordinary Warren's World. Sarah Dillard. ed. 2021. (PIX Graphic Novel Ch Bks). (ENG., Illus.). 125p. (J). (gr. 2-3). 18.86 *(978-1-64697-970-7(2))* Penworthy Co., LLC, The.

Extraordinary Warren's World: Extraordinary Warren; Extraordinary Warren Saves the Day. Sarah Dillard. Illus. by Sarah Dillard. 2020. (ENG., Illus.). 128p. (J). (gr. 1-4). 19.99 *(978-1-5344-6347-9(X))*; pap. 7.99 *(978-1-5344-6346-2(1))* Simon & Schuster Children's Publishing. (Aladdin).

Extraordinary World of Birds. David Lindo. Illus. by Claire McElfatrick. 2022. (Magic & Mystery of Nature Ser.). (ENG.). 80p. (J). (gr. 2-4). 16.99 *(978-0-7440-5008-0(1))*, DK Children) Dorling Kindersley Publishing, Inc.

Extraordinary You: The Life You're Meant to Live. Delci J. Plouffe. Illus. by Delci J. Plouffe. 2017. (ENG., Illus.). (J). (gr. k-6). pap. 12.99 *(978-0-692-84708-4(1))* Plouffe, Delci.

Extraterrestre Fugitivo: Leveled Reader Book 42 Level Q 6 Pack. Hmh Hmh. 2021. (SPA.). 32p. (J). pap. 74.40 *(978-0-358-08524-9(1))* Houghton Mifflin Harcourt Publishing Co.

Extraterrestre Se Robó Mi Película: Leveled Reader Book 53 Level o 6 Pack. Hmh Hmh. 2021. (SPA.). 32p. (J). pap. 74.40 *(978-0-358-08448-8(2))* Houghton Mifflin Harcourt Publishing Co.

Extraterrestres Libro para Colorear. Emil Rana O'Neil. 2021. (SPA.). 66p. (J). pap. 10.99 *(978-1-008-94221-9(9))* Ridley Madison, LLC.

Extraterrestres y Energía. Agnieszka Józefina Biskup. Illus. by Carlos Javier Aón. 2019. (Ciencias Monstruosas Ser.). (SPA.). 32p. (J). (gr. 3-9). lib. bdg. 31.32 *(978-1-5435-8265-9(6))*, 141275) Capstone.

Extraterrestrial Life. Virginia Loh-Hagan. 2020. (Out of This World Ser.). (ENG., Illus.). 32p. (J). (gr. 4-8). lib. bdg. 32.07 *(978-1-5341-6928-9(8))*, 215599, 45th Parallel Press) Cherry Lake Publishing.

Extraterrestrial: Past, Present, & Future. Mari Bolte. 2022. (21st Century Skills Library: Aliens among Us: the Evidence Ser.). (ENG., Illus.). 32p. (J). (gr. 4-8). pap. 14.21 *(978-1-6689-1145-7(0))*, 221090); lib. bdg. 32.07 *(978-1-6689-0985-0(5))*, 220952) Cherry Lake Publishing.

Extraterrestrials: Can You Find Them in the Universe?, 1 vol. David Hawksett. 2017. (Be a Space Scientist! Ser.). (ENG.). 48p. (J). (gr. 5-5). 31.93 *(978-1-5383-2201-7(3))*, c60156c3-c089-411b-a343-14112c080b53); pap. 12.75 *(978-1-5383-2294-9(3))*, b4050c9a-2fcd-40f8-8e15-9d097c664285) Rosen Publishing Group, Inc., The. (PowerKids Pr.).

Extravaganza: Grey Dolphin; Moses, the Sassy; Mr. Columbus Coriander's Gorilla; the Fate of Young Chubb; Boots at the Holly-Tree Inn; the Enthusiast in Anatomy; the Light Princess; the Legend of the Little Weaver (Classic Reprint) William Shepard Walsh. 2018. (ENG., Illus.). 202p. (J). 28.19 *(978-0-332-59269-5(3))* Forgotten Bks.

Extravaganza at the Plaza, 1 vol. Lauren L. Wohl. Illus. by Mark Tuchman. 2018. (Raccoon River Kids Adventures Ser.: 2). (ENG.). 88p. (J). (gr. 2-5). 14.95 *(978-1-943978-31-1(X))*, d70be23e-117a-471f-ba66-e175b41a3e7b, Persnickety Pr.) WunderMill, Inc.

Extravaganzas of J. R. Planche, Esq., Vol. 2: 1825-1871 (Classic Reprint) T. F. Dillon Croker. 2018. (ENG., Illus.). 348p. (J). 31.09 *(978-0-483-45440-8(0))* Forgotten Bks.

Extravaganzas of J. R. Planche, Esq., Vol. 3: Somerset Herald, 1825-1871 (Classic Reprint) T. F. Dillon Croker. 2017. (ENG., Illus.). 382p. (J). 31.80 *(978-0-332-98987-7(9))* Forgotten Bks.

Extravaganzas of J. R. Planché, Esq., Vol. 4: Somerset Herald 1825-1871 (Classic Reprint) T. F. Dillon Croker. 2018. (ENG., Illus.). 384p. (J). 31.84 *(978-0-666-54214-4(7))* Forgotten Bks.

Extreme, 8 vols., Set. Incl. BMX: X Games. Tamar Lupo. 2008. lib. bdg. 26.00 *(978-1-59036-910-4(6))*; Moto X: X Games. Tamar Lupo. 2008. lib. bdg. 26.00 *(978-1-59036-914-2(9))*; Rallying. Tatiana Tomljanovic. 2009. lib. bdg. 26.00 *(978-1-60596-132-3(9))*; Skateboarding: X Games. Blaine Wiseman. 2008. lib. bdg. 26.00 *(978-1-59036-912-8(2))*; Skiing: X Games. Tatiana Tomljanovic. 2008. lib. bdg. 26.00 *(978-1-59036-918-0(1))*; Snowboarding: X Games. Blaine Wiseman. 2008. lib. bdg. 26.00 *(978-1-59036-920-3(3))*; Snowmobiling. Blaine Wiseman. 2009. lib. bdg. 26.00 *(978-1-60596-134-7(5))*; Surfing: X Games. Blaine Wiseman. 2008. lib. bdg. 26.00 *(978-1-59036-916-6(5))*; 32p. (J). (gr. 4-6). (Illus.). 2010. Set lib. bdg. 208.00 *(978-1-60596-013-5(6))* Weigl Pubs., Inc.

Extreme Abilities: Amazing Human Feats & the Simple Science Behind Them. Galadriel Watson. Illus. by Cornelia Li. 2019. 88p. (J). 19.95 *(978-1-77321-250-0(8))*; (ENG.). pap. 12.95 *(978-1-77321-249-4(4))* Annick Pr., Ltd. CAN. Dist: Publishers Group West (PGW).

Extreme Activity Book for Kids Coloring Book Edition. Smarter Activity Books for Kids. 2016. (ENG., Illus.). (J). pap. 8.99 *(978-1-68374-300-2(8))* Examined Solutions PTE. Ltd.

Extreme Adventure in Coloring: Mandalas Coloring Book. Activibooks. 2016. (ENG., Illus.). (J). pap. 9.20 *(978-1-68321-693-3(8))* Mimaxion.

Extreme Adventure Puzzles. Created by Highlights. 2022. (Highlights Hidden Pictures Ser.). (ENG.). 144p. (J). (gr. 1-4). pap. 9.95 *(978-1-64472-864-2(8))*, Highlights) Highlights Pr., c/o Highlights for Children, Inc.

Extreme Aerial Silks, 1 vol. Xina M. Uhl. 2019. (Extreme Sports & Stunts Ser.). (ENG.). 48p. (gr. 5-5). pap. 12.75 *(978-1-7253-4730-4(X))*, 96496415-648f-498b-b85f-96a1678a838c, Rosen Reference) Rosen Publishing Group, Inc., The.

Extreme Air Sports. Erin K. Butler. 2017. (Sports to the Extreme Ser.). (ENG., Illus.). 32p. (J). (gr. 3-9). lib. bdg. 28.65 *(978-1-5157-7861-5(4))*, 135996, Capstone Pr.) Capstone.

Extreme Alien Stories. Thomas Kingsley Troupe. 24p. (J). 2019. (Illus.). pap. *(978-1-68072-763-0(X))*; 2018. (ENG.). (gr. 4-6). pap. 8.99 *(978-1-64466-316-5(3))*, 12559, Hi Jinx); 2018. (ENG., Illus.). (gr. 4-6). lib. bdg. 28.50 *(978-1-68072-633-6(1))*, 12558, Hi Jinx) Black Rabbit Bks.

Extreme Animals, 1 vol. Steve Parker. 2016. (Animals Are Wild! Ser.). (ENG.). 40p. (gr. 3-4). pap. 15.05 *(978-1-4824-5010-1(0))*, 1f5d1305-363d-4d89-a6dd-8408a24ec33d) Stevens, Gareth Publishing LLLP.

Extreme Animals Fast Fact Cards: Scholastic Early Learners (Quick Smarts) Scholastic. 2022. (Scholastic Early Learners Ser.). (ENG.). 75p. (J). (gr. 2-5). 12.99 *(978-1-338-81714-0(0))*, Cartwheel Bks.) Scholastic, Inc.

Extreme Battlefields: When War Meets the Forces of Nature. Tanya Lloyd Kyi. Illus. by Drew Shannon. 2016. (ENG.). 136p. (J). (gr. 4-8). pap. 14.95 *(978-1-55451-793-0(1))* Annick Pr., Ltd. CAN. Dist: Publishers Group West (PGW).

Extreme Butterfly Ornament Designs to Color, a Coloring Book. Activity Attic Books. 2016. (ENG., Illus.). (J). pap. 7.74 *(978-1-68323-752-5(8))* Twin Flame Productions.

Extreme Careers: Set 5, 10 vols. Incl. Disaster Relief Workers. Greg Roza. (J). lib. bdg. 37.13 *(978-1-4042-0943-5(3))*, fb4ff919-eae7-40cf-b092-e3d9e21d9307); Homeland Security Officers. Jared Meyer. (J). lib. bdg. 37.13 *(978-1-4042-0945-9(X))*, 03f95474-3eae-4225-b097-7fb2f15f714d); Hostage Rescuers. Jamie Poolos. lib. bdg. 37.13 *(978-1-4042-0941-1(7))*, 8fdbb894-9a6f-4d83-8a1f-c316f0c58f69); Refugee Workers. Janey Levy. (J). lib. bdg. 37.13 *(978-1-4042-0960-2(3))*, c9b984c3-3155-45c9-8a2a-4ac15e17c4a0); U. S. Air Marshals. Matthew Broyles. (J). lib. bdg. 37.13 *(978-1-4042-0942-8(5))*, 8fa8bfbc-9017-41d4-90ce-81c18389abc5); Working in a War Zone: Military Contractors. Jared Meyer. (J). lib. bdg. 37.13 *(978-1-4042-0959-6(X))*, 579b800a-d325-4845-83e2-959efa60b94c); (Illus.). 64p. (gr. 5-5). 2007. (Extreme Careers Ser.). (ENG.). 2006. Set lib. bdg. 185.65 *(978-1-4042-1042-4(3))*, 52dd5a5a-2793-44c2-ac2d-afd67b8d2c91) Rosen Publishing Group, Inc., The.

Extreme Careers: Set 6, 8 vols. Incl. Brain Surgeons. Diane Bailey. lib. bdg. 37.13 *(978-1-4042-1787-4(8))*, e4fe0185-1f69-45a1-9420-c425ffa8649f); High Risk Construction Work: Life Building Skyscrapers, Bridges, & Tunnels. Philip Wolny. lib. bdg. 37.13 *(978-1-4042-1789-8(4))*, 0960af74-fa6b-4f71-aea5-51c5e2f3c888); Manga Artists. Tamra Orr. lib. bdg. 37.13 *(978-1-4042-1854-3(8))*, 8a8c8523-e4a9-4ccb-bcf8-f42c836e6f49); Search & Rescue Swimmers. Laura La Bella. lib. bdg. 37.13 *(978-1-4042-1786-7(X))*, a630f377-e969-4dc6-9f5e-797f8f893314); Treasure Hunters. Corona Brezina. lib. bdg. 37.13 *(978-1-4042-1788-1(6))*, b160e510-43ee-4db9-a042-6ddb1f25070a); (Illus.). 64p. (YA). (gr. 5-5). 2008. (Extreme Careers Ser.). (ENG.). 2008. Set lib. bdg. 148.52 *(978-1-4042-1875-8(0))*, d41bdf65-5315-44a0-99cd-8c0ff5ed5e62, Rosen Reference) Rosen Publishing Group, Inc., The.

Extreme Cars: Set, 8 vols. 2021. (Extreme Cars Ser.). (ENG.). 32p. (J). (gr. 4-5). lib. bdg. 111.72 *(978-1-7253-3253-9(1))*, c460dc42-d735-4090-b75c-c39e12391dd3, PowerKids Pr.) Rosen Publishing Group, Inc., The.

Extreme Cars: Speed, Power, Torque & More! Steve Rendle. 2019. (Haynes Pocket Manual Ser.). (ENG., Illus.). 128p. (J). (gr. 2-6). pap. 6.95 *(978-1-78521-672-5(4))* Haynes Publishing Group P.L.C. GBR. Dist: Hachette Bk. Group.

Extreme Cliff Diving. Virginia Loh-Hagan. 2016. (Nailed It! Ser.). (ENG., Illus.). 32p. (J). (gr. 4-8). 32.07 *(978-1-63471-089-3(4))*, 208467, 45th Parallel Press) Cherry Lake Publishing.

Extreme Climate. Michael E. Goodman. 2019. (Turning Points Ser.). (ENG.). 48p. (J). (gr. 3-6). *(978-1-64026-179-2(6))*, 19152, Creative Education); pap. 14.00 *(978-1-62832-742-7(1))*, 19149, Creative Paperbacks) Creative Co., The.

Extreme Coloring: A Butterfly Ornament Coloring Book. Jupiter Kids. 2017. (ENG., Illus.). (J). pap. 9.20 *(978-1-68326-740-9(0))*, Jupiter Kids (Childrens & Kids Fiction)) Speedy Publishing LLC.

Extreme Coloring: A Cartoon Animals Coloring Book. Jupiter Kids. 2017. (ENG., Illus.). (J). pap. 9.20 *(978-1-68326-741-6(9))*, Jupiter Kids (Childrens & Kids Fiction)) Speedy Publishing LLC.

Extreme Coloring: A Mother & Child Coloring Book. Smarter Activity Books for Kids. 2016. (ENG., Illus.). (J). pap. 9.22 *(978-1-68374-435-1(7))* Examined Solutions PTE. Ltd.

Extreme Coloring: Big Eyed Sea Creatures Coloring Book. Smarter Activity Books for Kids. 2016. (ENG., Illus.). (J). pap. 9.22 *(978-1-68374-436-8(5))* Examined Solutions PTE. Ltd.

Extreme Coloring: Cartoon Butterflies, a Coloring Book. Bobo's Adult Activity Books. 2016. (ENG., Illus.). (J). pap. 9.33 *(978-1-68327-454-4(7))* Sunshine In My Soul Publishing.

Extreme Coloring: Elephant Mandalas Coloring Book. Bobo's Adult Activity Books. 2016. (ENG., Illus.). (J). pap. 9.33 *(978-1-68327-455-1(5))* Sunshine In My Soul Publishing.

Extreme Coloring: Mischief, a Coloring Book. Smarter Activity Books for Kids. 2016. (ENG., Illus.). (J). pap. 9.22 *(978-1-68374-437-5(3))* Examined Solutions PTE. Ltd.

Extreme Coloring: Women's Fashion, a Coloring Book. Bobo's Adult Activity Books. 2016. (ENG., Illus.). (J). pap. 9.33 *(978-1-68327-456-8(3))* Sunshine In My Soul Publishing.

Extreme Coloring Adventure: Bushy Tailed Animals Coloring Book. Bobo's Adult Activity Books. 2016. (ENG., Illus.). (J). pap. 9.33 *(978-1-68327-453-7(9))* Sunshine In My Soul Publishing.

Extreme Coloring Book Adventure: Cartoon Butterflies, a Coloring Book. Smarter Activity Books for Kids. 2016. (ENG., Illus.). (J). pap. 9.22 *(978-1-68374-434-4(9))* Examined Solutions PTE. Ltd.

Extreme Coloring Book Adventure, an Exercise Coloring Book. Jupiter Kids. 2016. (ENG., Illus.). 106p. (J). pap. 12.55 *(978-1-68326-309-8(X))*, Jupiter Kids (Childrens & Kids Fiction)) Speedy Publishing LLC.

Extreme Coloring Doodles Coloring Book. Smarter Activity Books for Kids. 2016. (ENG., Illus.). (J). pap. 9.22 *(978-1-68374-474-0(8))* Examined Solutions PTE. Ltd.

Extreme Connect the Dots for Boys Activity Book. Bobo's Children Activity Books. 2016. (ENG., Illus.). (J). pap. 9.33 *(978-1-68327-147-5(5))* Sunshine In My Soul Publishing.

Extreme Connect the Dots for Girls Activity Book. Bobo's Children Activity Books. 2016. (ENG., Illus.). (J). pap. 9.33 *(978-1-68327-148-2(3))* Sunshine In My Soul Publishing.

Extreme Connect the Dots for Kids Activity Book. Smarter Activity Books for Kids. 2016. (ENG., Illus.). (J). pap. 9.22 *(978-1-68374-064-3(5))* Examined Solutions PTE. Ltd.

Extreme Connect the Dots for Kids Age 6 & Up. Educando Kids. 2019. (ENG.). 42p. (J). pap. 8.55 *(978-1-64521-694-0(2))*, Educando Kids) Editorial Imagen.

Extreme Cut Out Activities for Kids, an Activity Book. Activibooks For Kids. 2016. (ENG., Illus.). (J). pap. 7.55 *(978-1-68321-339-0(4))* Mimaxion.

Extreme Designs to Color, a Mischief Coloring Book. Bobo's Adult Activity Books. 2016. (ENG., Illus.). (J). pap. 9.33 *(978-1-68327-851-1(8))* Sunshine In My Soul Publishing.

Extreme Designs to Color, Bushy Tailed Animals Coloring Book. Activity Book Zone. 2016. (ENG., Illus.). (J). pap. 9.20 *(978-1-68376-330-7(0))* Sabeels Publishing.

Extreme Dinosaur Matching Madness! an Amazing Activity Book. Activibooks For Kids. 2016. (ENG., Illus.). (J). pap. 7.55 *(978-1-68321-340-6(8))* Mimaxion.

Extreme Dot to Dot Activity Book for Kids. Speedy Kids. 2017. (ENG., Illus.). (J). pap. 9.20 *(978-1-5419-0940-3(2))* Speedy Publishing LLC.

Extreme Dot to Dot for Adults. Activibooks. 2016. (ENG., Illus.). (J). pap. 9.20 *(978-1-68321-350-5(5))* Mimaxion.

Extreme Dot to Dot for Boys Activity Book. Activity Book Zone for Kids. 2016. (ENG., Illus.). (J). pap. 7.55 *(978-1-68376-098-6(0))* Sabeels Publishing.

Extreme Dot to Dot for Girls Activity Book. Activity Book Zone for Kids. 2016. (ENG., Illus.). (J). pap. 7.55 *(978-1-68376-099-3(9))* Sabeels Publishing.

Extreme Dot to Dot for Kids Activity Book. Activibooks For Kids. 2016. (ENG., Illus.). (J). pap. 9.20 *(978-1-68321-351-2(3))* Mimaxion.

Extreme Downhill Ski Racing. Virginia Loh-Hagan. 2016. (Nailed It! Ser.). (ENG., Illus.). 32p. (J). (gr. 4-8). 32.07 *(978-1-63471-092-3(4))*, 208479, 45th Parallel Press) Cherry Lake Publishing.

Extreme Earth. Karen Soll. 2016. (Extreme Earth Ser.). (ENG., Illus.). 24p. (J). (gr. -1-2). 117.28 *(978-1-4914-8356-5(3))*, 24055, Capstone Pr.) Capstone.

Extreme Earth Fast Fact Cards: Scholastic Early Learners (Quick Smarts) Scholastic. 2022. (Scholastic Early Learners Ser.). (ENG.). 75p. (J). (gr. 2-5). 12.99 *(978-1-338-81716-4(7))*, Cartwheel Bks.) Scholastic, Inc.

Extreme Earthquakes & Tsunamis. John Farndon. 2017. (When Nature Attacks Ser.). (ENG., Illus.). 32p. (J). (gr. 3-6). 27.99 *(978-1-5124-3222-0(9))*, d3cc3e6e-5882-4fc1-848f-474a18d610ba, Hungry Tomato (r)) Lerner Publishing Group.

Extreme Elephant Mandalas to Color Coloring Book. Smarter Activity Books for Kids. 2016. (ENG., Illus.). (J). pap. 9.22 *(978-1-68374-438-2(1))* Examined Solutions PTE. Ltd.

Extreme Endurance Challenges. Karen Latchana Kenney. 2021. (Extreme Sports Guides (UpDog Books (tm)) Ser.). (ENG., Illus.). 24p. (J). (gr. 3-5). lib. bdg. 30.65 *(978-1-5415-9043-4(0))*, 6982e55b-9de6-45da-90ce-f9b0142eec4b, Lerner Pubns.) Lerner Publishing Group.

Extreme Escapes! Kids Maze Activity Book. Activibooks For Kids. 2016. (ENG., Illus.). (J). pap. 7.55 *(978-1-68321-500-4(1))* Mimaxion.

Extreme Explorers. Nel Yomtov & Peter Mavrikis. 2020. (Extreme Explorers Ser.). (ENG.). 32p. (J). (gr. 3-5). 125.28 *(978-1-4966-8552-0(0))*, 200734, Capstone Pr.) Capstone.

Extreme Fires & Floods. John Farndon. 2017. (When Nature Attacks Ser.). (ENG., Illus.). 32p. (J). (gr. 3-6). 27.99 *(978-1-5124-3221-3(0))*, e101caf7-7818-41b2-98d0-2a27fbf45053, Hungry Tomato (r)) Lerner Publishing Group.

Extreme Flyboarding. Virginia Loh-Hagan. 2016. (Nailed It! Ser.). (ENG., Illus.). 32p. (J). (gr. 4-8). 32.07 *(978-1-63471-090-9(8))*, 208471, 45th Parallel Press) Cherry Lake Publishing.

Extreme Ghost Stories. Thomas Kingsley Troupe. 24p. (J). 2019. (Illus.). pap. *(978-1-68072-764-7(8))*; 2018. (ENG.). (gr. 4-6). pap. 8.99 *(978-1-64466-317-2(1))*, 12563, Hi Jinx); 2018. (ENG., Illus.). (gr. 4-6). lib. bdg. 28.50 *(978-1-68072-634-3(X))*, 12562, Hi Jinx) Black Rabbit Bks.

Extreme Hakeem: The Wrong Crown. Deja Oneke Hillis & Eddie Brown. Illus. by Michelle V. Foley. 2021. (Extreme Hakeem Ser.). (ENG.). 32p. (J). 16.95 *(978-0-578-92518-9(4))* Hillis, Deja Oneke.

Extreme Heather. Tom Jackson. Illus. by Simon Basher. 2023. (Basher Science Mini Ser.). (ENG.). 64p. (J). pap. 8.99 *(978-0-7534-7889-9(7))*, 900278016, Kingfisher) Roaring Brook Pr.

Extreme Ice Adventure. Jake Maddox. Illus. by Giuliano Aloisi. 2020. (Jake Maddox Adventure Ser.). (ENG.). 72p. (J). (gr. 3-6). pap. 5.95 *(978-1-4965-9205-7(0))*, 142233); lib. bdg. 25.32 *(978-1-4965-8698-8(0))*, 141435) Capstone. (Stone Arch Bks.).

Extreme Ice Cross Downhill. Virginia Loh-Hagan. 2016. (Nailed It! Ser.). (ENG., Illus.). 32p. (J). (gr. 4-8). 32.07 *(978-1-63470-486-1(X))*, 207675) Cherry Lake Publishing.

Extreme Journey: The Incredible Adventures of Hawk & Paxie. Noemi Barrios. 2021. (ENG.). 190p. (J). pap. 15.99 *(978-1-6628-1057-2(1))* Salem Author Services.

Extreme Land Sports. Erin K. Butler. 2017. (Sports to the Extreme Ser.). (ENG., Illus.). 32p. (J). (gr. 3-9). lib. bdg. 28.65 *(978-1-5157-7860-8(6))*, 135995, Capstone Pr.) Capstone.

Extreme Longevity: Discovering Earth's Oldest Organisms. Karen Latchana Kenney. 2018. (ENG., Illus.). 104p. (YA). (gr. 6-12). 37.32 *(978-1-5124-8372-7(9))*, b3b547fc-4921-45c2-a6e2-72a8d836f162, Twenty-First Century Bks.) Lerner Publishing Group.

Extreme Machines: The Fastest, Weirdest, Strongest Machines on Earth! Anne Rooney. 2017. (Y Ser.). (ENG., Illus.). 80p. (J). (gr. 3-7). 19.95 *(978-1-78312-267-7(6))* Carlton Kids GBR. Dist: Two Rivers Distribution.

Extreme Maze Activity Book for Girls Activity Book. Bobo's Children Activity Books. 2016. (ENG., Illus.). (J). pap. 9.33 *(978-1-68327-154-3(8))* Sunshine In My Soul Publishing.

Extreme Maze Mix: Kids Maze Activity Book. Activity Book Zone for Kids. 2016. (ENG., Illus.). (J). pap. 7.55 *(978-1-68376-194-5(4))* Sabeels Publishing.

Extreme Monster Stories. Thomas Kingsley Troupe. (J). 2019. pap. *(978-1-68072-765-4(6))*; 2018. (ENG.). 24p. (gr. 4-6). pap. 8.99 *(978-1-64466-318-9(X))*, 12567, Hi Jinx); 2018. (ENG.). 24p. (gr. 4-6). lib. bdg. 28.50 *(978-1-68072-635-0(8))*, 12566, Hi Jinx) Black Rabbit Bks.

Extreme MotoGP. Virginia Loh-Hagan. 2016. (Nailed It! Ser.). (ENG., Illus.). 32p. (J). (gr. 4-8). 32.07 *(978-1-63471-091-6(6))*, 208475, 45th Parallel Press) Cherry Lake Publishing.

Extreme Motorcycling Coloring Book Boys. Educando Kids. 2019. (ENG.). 42p. (J). pap. 6.99 *(978-1-64521-177-8(0))*, Educando Kids) Editorial Imagen.

Extreme Mountain Climbing. Virginia Loh-Hagan. 2016. (Nailed It! Ser.). (ENG., Illus.). 32p. (J). (gr. 4-8). 32.07 *(978-1-63470-491-5(6))*, 207695) Cherry Lake Publishing.

Extreme Movie Stunts, 1 vol. Don Rauf. 2019. (Extreme Sports & Stunts Ser.). (ENG.). 48p. (gr. 5-5). 33.47 *(978-1-7253-4737-3(7))*, bef8877f-d2aa-4599-82af-800ac4bbb8d1); pap. 12.75 *(978-1-7253-4736-6(9))*, d3630781-0783-424c-ba71-fdee728b4967, Rosen Central) Rosen Publishing Group, Inc., The.

Extreme near-Death Stories. Thomas Kingsley Troupe. 2018. (That's Just Spooky! Ser.). (ENG.). 24p. (J). (gr. 4-6). pap. 8.99 *(978-1-64466-319-6(8))*, 12571, Hi Jinx) Black Rabbit Bks.

Extreme Near-Death Stories. Thomas Kingsley Troupe. 2019. (Illus.). 24p. (J). pap. *(978-1-68072-766-1(4))* Black Rabbit Bks.

Extreme Ninja Warrior, 1 vol. Jennifer Culp. 2019. (Extreme Sports & Stunts Ser.). (ENG.). 48p. (gr. 5-5). 33.47 *(978-1-7253-4740-3(7))*, e4124359-48de-45a7-83d6-1ec1bb634fc3); pap. 12.75 *(978-1-7253-4739-7(3))*, 2c27fbea-be75-49a3-bb6f-9543b5051f82) Rosen Publishing Group, Inc., The. (Rosen Central).

Extreme Ocean: Amazing Animals, High-Tech Gear, Record-Breaking Depths, & More. Glen Phalen. 2020. (Illus.). 112p. (J). (gr. 3-7). pap. 12.99 *(978-1-4263-3685-0(3))*, National Geographic Kids) Disney Publishing Worldwide.

Extreme Oceans. Claudia Martin. 2020. (In Focus: Oceans Ser.). (ENG., Illus.). 32p. (J). (gr. 2-5). lib. bdg. 29.32 *(978-0-7112-4803-6(6))*, e1e119d6-b83e-41da-9b48-eed9a2151355) QEB Publishing Inc.

Extreme Parkour. Virginia Loh-Hagan. 2016. (Nailed It! Ser.). (ENG., Illus.). 32p. (J). (gr. 4-8). 32.07 *(978-1-63470-487-8(8))*, 207679) Cherry Lake Publishing.

Extreme Parkour, 1 vol. Monique Vescia. 2019. (Extreme Sports & Stunts Ser.). (ENG.). 48p. (gr. 5-5). pap. 12.75 *(978-1-7253-4742-7(3))*, a8c7cd53-416c-467b-b5d5-91f89d2e433b) Rosen Publishing Group, Inc., The.

Extreme Parkour Challenges. Karen Latchana Kenney. 2021. (Extreme Sports Guides (UpDog Books (tm)) Ser.). (ENG., Illus.). 24p. (J). (gr. 3-5). lib. bdg. 30.65 *(978-1-5415-9044-1(9))*, 779ff3fc-43bf-4b08-94c5-8e1c11d6b39d, Lerner Pubns.) Lerner Publishing Group.

Extreme Planet: Exploring the Most Extreme Stuff on Earth. Bear Grylls. 2017. (Illus.). 123p. (J). *(978-1-61067-754-7(4))* Kane Miller.

Extreme Rock Climbing, 1 vol. Simone Payment. 2019. (Extreme Sports & Stunts Ser.). (ENG.). 48p. (gr. 5-5). pap. 12.75 *(978-1-7253-4745-8(8))*, 2758d0de-09c4-45c8-a420-1e88bfda9b72) Rosen Publishing Group, Inc., The.

Extreme Seek & Find for Girls Activity Book. Bobo's Children Activity Books. 2016. (ENG., Illus.). (J). pap. 7.99 *(978-1-68327-155-0(6))* Sunshine In My Soul Publishing.

Extreme Skateboarding, 1 vol. Philip Wolny. 2019. (Extreme Sports & Stunts Ser.). (ENG.). 48p. (gr. 5-5). 33.47 *(978-1-7253-4749-6(0))*, bef35b9c-815f-442d-92ba-76115b601339); pap. 12.75 *(978-1-7253-4748-9(2))*, d15cb50a-137c-4c39-b35f-1ac63bca3b6b) Rosen Publishing Group, Inc., The. (Rosen Central).

Extreme Snow & Ice Sports. Erin K. Butler. 2017. (Sports to the Extreme Ser.). (ENG., Illus.). 32p. (J). (gr. 3-9). lib. bdg. 28.65 *(978-1-5157-7859-2(2))*, 135994, Capstone Pr.) Capstone.

Extreme Snowboarding Challenges. Karen Latchana Kenney. 2021. (Extreme Sports Guides (UpDog Books (tm)) Ser.). (ENG., Illus.). 24p. (J). (gr. 3-5). lib. bdg. 30.65 *(978-1-5415-9045-8(7))*, 6c6b1e13-8c0d-45c1-800f-c3dff5f36e7cd, Lerner Pubns.) Lerner Publishing Group.

Extreme Sports, 6 bks. Incl. In-Line Skating. Bob Woods. lib. bdg. 25.67 *(978-0-8368-3722-3(3))*, 6845160e-f898-4a40-a67e-297369c18320); Mountain

E

Biking. K. C. Kelley. lib. bdg. 25.67 *(978-0-8368-3723-0(1),* 0676d3d5-9a31-4fc9-a9f7-5eea6719d82c); Snowboarding. Bob Woods. lib. bdg. 25.67 *(978-0-8368-3725-4(8),* 6bb21f20-f8ad-4c2c-b740-e4b6f75ae3fa); Stunt Bicycle Riding. K. C. Kelley. (J). lib. bdg. 25.67 *(978-0-8368-3726-1(6),* 893c67ff-0780-417e-8b01-d5943661cbc5); Water Sports. Bob Woods. lib. bdg. 25.67 *(978-0-8368-3727-8(4),* 01e8d627-d049-4468-a538-e53dd25ef0b2); 24p. (gr. 2-4). 2003., Gareth Stevens Learning Library (Illus.). 2003. Set lib. bdg. 127.60 *(978-0-8368-3721-6(5))* Stevens, Gareth Publishing LLLP.

Extreme Sports: Pointers for Pushing the Limits. Peter Douglas. 2017. (Preparing for Game Day Ser.: Vol. 10). (ENG., Illus.). 80p. (J). (gr. 7-12). 24.95 *(978-1-4222-3916-2(0))* Mason Crest.

Extreme Sports - No Limits, 4 bks. John Crossingham. Incl. Extreme BMX. Amanda Bishop. pap. *(978-0-7787-1712-6(7))*; Extreme in-Line Skating. Bobbie Kalman. pap. *(978-0-7787-1713-3(5))*; Extreme Skateboarding. pap. *(978-0-7787-1714-0(3))*; Extreme Surfing. Bobbie Kalman. pap. *(978-0-7787-1715-7(1))*; 32p. (J). (gr. 3). 2003. (Illus.). 2003. Set pap. *(978-0-7787-1711-9(9))*; Set lib. bdg. *(978-0-7787-1665-5(1))* Crabtree Publishing Co.

Extreme Sports & Stunts (Set), 16 vols. 2019. (Extreme Sports & Stunts Ser.). (ENG.). 48p. (J). (gr. 5-5). lib. bdg. 267.76 *(978-1-7253-4859-2(4),* 41eea255-1865-41c6-8264-7b84209f6658, Rosen Reference) Rosen Publishing Group, Inc., The.

Extreme Sports (Set), 8 vols. 2020. (Extreme Sports Ser.). (ENG.). 32p. (J). (gr. 2-5). lib. bdg. 262.32 *(978-1-5321-6780-5(6),* 34721, DiscoverRoo) Pop!.

Extreme Sports (Set Of 8) 2022. (Extreme Sports Ser.). (ENG., Illus.). 256p. (J). (gr. 2-3). pap. 79.60 *(978-1-63738-185-4(9))*; lib. bdg. 250.80 *(978-1-63738-149-6(2))* North Star Editions. (Apex).

Extreme Spot the Difference for Boys & Girls Activity Book. Smarter Activity Books for Kids. 2016. (ENG., Illus.). (J). pap. 8.99 *(978-1-68374-071-1(8))* Examined Solutions PTE. Ltd.

Extreme Spot the Difference for Boys Only Activity Book. Smarter Activity Books for Kids. 2016. (ENG., Illus.). (J). pap. 8.99 *(978-1-68374-072-8(6))* Examined Solutions PTE. Ltd.

Extreme Spot the Difference for Girls Only Activity Book. Activity Attic Books. 2016. (ENG., Illus.). (J). pap. 10.81 *(978-1-68323-350-3(6))* Twin Flame Productions.

Extreme Stories about Disappearances. Thomas Kingsley Troupe. 24p. (J). 2019. (Illus.). pap. *(978-1-68072-767-8(2))*; 2018. (ENG.). (gr. 4-6). pap. 8.99 *(978-1-64466-320-2(1),* 12575, Hi Jinx); 2018. (ENG., Illus.). (gr. 4-6). lib. bdg. 28.50 *(978-1-68072-637-4(4),* 12574, Hi Jinx) Black Rabbit Bks.

Extreme Stories about ESP. Thomas Kingsley Troupe. 2018. (That's Just Spooky! Ser.). (ENG.). 24p. (J). (gr. 4-6). pap. 8.99 *(978-1-64466-321-9(X),* 12579); (Illus.). lib. bdg. 28.50 *(978-1-68072-638-1(2),* 12578) Black Rabbit Bks. (Hi Jinx).

Extreme Stories from the Extreme Hills: 5-Minute Adventure Stories for Minecrafters. Greyson Mann. Illus. by Grace Sandford. 2017. (5-Minute Stories for Minecrafters Ser.: 1). (ENG.). 112p. (J). pap. 7.99 *(978-1-5107-2370-2(6))*; (gr. 6-12). 14.99 *(978-1-5107-2839-4(2))* Skyhorse Publishing Co., Inc. (Sky Pony Pr.).

Extreme Street Luging. Virginia Loh-Hagan. 2016. (Nailed It! Ser.). (ENG., Illus.). 32p. (J). (gr. 4-8). 32.07 *(978-1-63470-488-5(6),* 207683) Cherry Lake Publishing.

Extreme! Supreme! Dogwalker, Darlene! Lacey L. Bakker. Illus. by Alex Goubar. 2021. (ENG.). 34p. (J). pap. *(978-1-989506-29-5(1))* Pandamonium Publishing Hse.

Extreme Survival. Jen Green & Miles Kelly. Ed. by Richard Kelly. 2017. (Illus.). 48p. (J). pap. 9.95 *(978-1-84810-307-8(7))* Miles Kelly Publishing, Ltd. GBR. Dist: Parkwest Pubns., Inc.

Extreme Survivors: Animals That Time Forgot, 1 vol. Kimberly Ridley. 2021. (How Nature Works: 0). (ENG.). 48p. (J). (gr. 2-7). pap. 9.95 *(978-0-88448-743-2(1),* 884743) Tilbury Hse. Pubs.

Extreme Survivors: Animals That Time Forgot (How Nature Works), 1 vol. Kimberly Ridley. 2017. (How Nature Works: 0). (ENG., Illus.). 48p. (J). (gr. 2-7). 17.95 *(978-0-88448-500-1(5),* 884500) Tilbury Hse. Pubs.

Extreme Team: Skateboard Moves. Matt Christopher. Illus. by David Leonard. 2018. (Matt Christopher Sports Readers Ser.). (ENG.). 32p. (J). (gr. 1-4). lib. bdg. 31.36 *(978-1-5321-4257-4(9),* 31057) Spotlight.

Extreme Threats, 4 vols., Set. Incl. Asteroids & Comets. Don Nardo. (YA). lib. bdg. 28.95 *(978-1-59935-121-6(8))*; Climate Change. Don Nardo. (Illus.). (J). lib. bdg. 28.95 *(978-1-59935-119-3(6))*; Wildfires. Kevin Cunningham. (YA). lib. bdg. 28.95 *(978-1-59935-120-9(X))*; 112p. 2009. 2009. Set lib. bdg. 115.80 *(978-1-59935-128-5(5))* Reynolds, Morgan Inc.

Extreme Tightrope. Virginia Loh-Hagan. 2016. (Nailed It! Ser.). (ENG., Illus.). 32p. (J). (gr. 4-8). 32.07 *(978-1-63470-489-2(4),* 207687) Cherry Lake Publishing.

Extreme Trampoline, 1 vol. Monique Vescia. 2019. (Extreme Sports & Stunts Ser.). (ENG.). 48p. (gr. 5-5). pap. 12.75 *(978-1-7253-4751-9(2),* 5c7987ee-f15c-47ea-ba71-9a0d3ef3650f) Rosen Publishing Group, Inc., The.

Extreme Trial Biking. Virginia Loh-Hagan. 2016. (Nailed It! Ser.). (ENG., Illus.). 32p. (J). (gr. 4-8). 32.07 *(978-1-63470-485-4(1),* 207671) Cherry Lake Publishing.

Extreme Ultra Running. Virginia Loh-Hagan. 2016. (Nailed It! Ser.). (ENG., Illus.). 32p. (J). (gr. 4-8). 32.07 *(978-1-63470-484-7(3),* 207667) Cherry Lake Publishing.

Extreme Volcanoes. John Farndon. 2017. (When Nature Attacks Ser.). (ENG., Illus.). 32p. (J). (gr. 3-6). 27.99 *(978-1-5124-3220-6(2),* 184d1b3e-2de1-46be-a0fa-6110c01b4062, Hungry Tomato (r)) Lerner Publishing Group.

Extreme Water Sports. Erin K. Butler. 2017. (Sports to the Extreme Ser.). (ENG., Illus.). 32p. (J). (gr. 3-9). lib. bdg. 28.65 *(978-1-5157-7862-2(2),* 135997, Capstone Pr.) Capstone.

Extreme Weather. James Shoals. 2019. (Illus.). 48p. (J). *(978-1-4222-4355-8(9))* Mason Crest.

Extreme Weather: Children's Weather Book. Bold Kids. 2022. (ENG.). 38p. (J). pap. 14.99 ***(978-1-0717-0969-6(0))*** FASTLANE LLC.

Extreme Weather: Odysseys in Recent Events: Extreme Weather. Michael E. Goodman. 2023. (Odysseys in Recent Events Ser.). (ENG., Illus.). 80p. (J). (gr. 6-10). pap. 15.99 *(978-1-68277-266-9(7),* 23610, Creative Paperbacks) Creative Co., The.

Extreme Weather: Our Changing Planet (Engaging Readers, Level 3) Lucy Bashford. I.t. ed. 2023. (Our Changing Planet Ser.: Vol. 3). (ENG., Illus.). 32p. (J). ***(978-1-77476-895-2(X))***; pap. ***(978-1-77476-896-9(8))*** AD Classic.

Extreme Weather Ahead!, 1 vol. Ed. by Joanne Randolph. 2017. (Weather Report). (ENG.). 32p. (gr. 3-3). pap. 11.52 *(978-0-7660-9009-5(4),* c7fae254-da58-4a45-b270-5282ed63b1a4) Enslow Publishing, LLC.

Extreme Weather & Rising Seas (a True Book: Understanding Climate Change) Karina Hamalainen. 2020. (True Book (Relaunch) Ser.). (ENG., Illus.). 48p. (J). (gr. 3-5). pap. 7.95 *(978-0-531-13377-4(X),* Children's Pr.) Scholastic Library Publishing.

Extreme Weather & Rising Seas (a True Book: Understanding Climate Change) (Library Edition) Karina Hamalainen. 2020. (True Book (Relaunch) Ser.). (ENG., Illus.). 48p. (J). (gr. 3-5). lib. bdg. 31.00 *(978-0-531-13077-3(0),* Children's Pr.) Scholastic Library Publishing.

Extreme Weather Events, 1 vol. Ed. by Marcia Amidon Lusted. 2017. (Global Viewpoints Ser.). (ENG.). 224p. (gr. 10-12). pap. 32.70 *(978-1-5345-0112-6(6),* ea23cf0a-6adb-4fa8-b89b-df88a318fa2a); lib. bdg. 47.83 *(978-1-5345-0114-0(2),* 2c6cd297-67f1-4e18-802c-0baca96f0b89) Greenhaven Publishing LLC.

Extreme Weather (Set), 8 vols. 2019. (Extreme Weather Ser.). (ENG.). 32p. (J). (gr. 2-5). lib. bdg. 262.32 *(978-1-5321-6390-6(8),* 32095, DiscoverRoo) Pop!.

Extreme Wildfire: Smoke Jumpers, High-Tech Gear, Survival Tactics, & the Extraordinary Science of Fire. Mark Thiessen. 2016. (Illus.). 112p. (J). (gr. 3-7). pap. 12.99 *(978-1-4263-2530-4(4),* National Geographic Kids) Disney Publishing Worldwide.

Extremely Cute Animals Operating Heavy Machinery. David Gordon. Illus. by David Gordon. 2016. (ENG., Illus.). 48p. (J). (gr. -1-3). 17.99 *(978-1-4169-2441-8(8),* Simon & Schuster Bks. For Young Readers) Simon & Schuster Bks. For Young Readers.

Extremely Gross Animals: Stinky, Slimy & Strange Animal Adaptations? Claire Eamer. 2021. (ENG., Illus.). 40p. (J). (gr. 2-5). 17.99 *(978-1-5253-0337-1(6))* Kids Can Pr., Ltd. CAN. Dist: Hachette Bk. Group.

Extremely Hard to Connect the Dots for Rainy Days Activity Book. Activity Book Zone for Kids. 2016. (ENG., Illus.). (J). pap. 7.55 *(978-1-68376-100-6(6))* Sabeels Publishing.

Extremely Hard to Connect the Dots for Snowy Days Activity Book Book. Activibooks For Kids. 2016. (ENG., Illus.). (J). pap. 7.55 *(978-1-68321-492-2(7))* Mimaxion.

Extremely Hard to Do Dot to Dot for Kids. Jupiter Kids. 2018. (ENG., Illus.). 106p. (J). pap. 12.55 *(978-1-68326-579-5(3),* Jupiter Kids (Childrens & Kids Fiction)) Speedy Publishing LLC.

Extremely Hard to Dot 2 Dot for Rainy Days Activity Book. Creative. 2016. (ENG., Illus.). (J). pap. 10.81 *(978-1-68323-484-5(7))* Twin Flame Productions.

Extremely Hard to Dot 2 Dot for Snowy Days Activity Book Book. Activibooks For Kids. 2016. (ENG., Illus.). (J). pap. 7.55 *(978-1-68321-493-9(5))* Mimaxion.

Extremely Inconvenient Adventures of Bronte Mettlestone. Jaclyn Moriarty. 2018. (ENG., Illus.). 384p. (J). (gr. 3-7). 17.99 *(978-1-338-25584-3(3),* Levine, Arthur A. Bks.) Scholastic, Inc.

Extremely Strange Story of Ermintrude Bold. Penny Cline. 2016. (ENG., Illus.). 36p. (J). pap. *(978-0-9546827-3-6(4))* Fig Tree Press Brighton.

Extremely Unique! Simply ME! Chondra Steadman-White. 2022. (ENG.). 198p. (YA). pap. ***(978-1-4583-7214-7(6))*** Lulu Pr., Inc.

Extremists: Gadflies of American Society. Jules Archer. 2017. (Jules Archer History for Young Readers Ser.). (ENG., Illus.). 208p. (J). (gr. 6-6). 16.99 *(978-1-63450-164-4(0),* Sky Pony Pr.) Skyhorse Publishing Co., Inc.

Extricating Obadiah (Classic Reprint) Joseph C. Lincoln. 2017. (ENG., Illus.). (J). 31.98 *(978-0-331-74691-4(3))* Forgotten Bks.

Exxon Valdez: How a Massive Oil Spill Triggered an Environmental Catastrophe. Michael Burgan. 2018. (Captured Science History Ser.). (ENG., Illus.). 64p. (J). (gr. 5-9). lib. bdg. 35.32 *(978-0-7565-5743-0(7),* 137539, Compass Point Bks.) Capstone.

Eye Book. Seuss. abr. ed. 2016. (Big Bright & Early Board Book Ser.). (ENG., Illus.). 24p. (J). (gr. -1 — 1). bds. 6.99 *(978-0-553-53631-7(1),* Random Hse. Bks. for Young Readers) Random Hse. Children's Bks.

Eye by Eye: Comparing How Animals See. Sara Levine. Illus. by T. S. Spookytooth. 2020. (Animal by Animal Ser.). (ENG.). 32p. (J). (gr. k-4). 26.65 *(978-1-5415-3838-2(2),* 46cd6cb8-084e-4acd-8363-425bc28dd26e, Millbrook Pr.) Lerner Publishing Group.

Eye Exam: Practicing the GZ Sound, 1 vol. Jamal Brown. 2016. (Rosen Phonics Readers Ser.). (ENG., Illus.). 12p. (J). (gr. -1-2). pap. *(978-1-5081-3603-3(3),* c4ae6ecc-2e07-47ee-b592-fdbfb6639c20, Rosen Classroom) Rosen Publishing Group, Inc., The.

Eye Exercises Find the Difference Puzzle Books for Teens. Educando Kids. 2019. (ENG.). 42p. (J). pap. 8.55 *(978-1-64521-644-5(6),* Educando Kids) Editorial Imagen.

Eye for an Eye (Classic Reprint) Clarence Darrow. 2017. (ENG., Illus.). (J). 26.00 *(978-0-266-43802-1(4))* Forgotten Bks.

Eye for an Eye (Classic Reprint) Anthony Trollope. (ENG., Illus.). (J). 2018. 298p. 30.04 *(978-0-483-85895-4(1))*; 2017. 30.06 *(978-0-266-20820-4(7))*; 2017. pap. 13.57 *(978-0-259-37812-9(7))* Forgotten Bks.

Eye for an Eye (Spy), 1 vol. Janet Lorimer. 2017. (Pageturners Ser.). (ENG.). 76p. (YA). (gr. 9-12). 10.75 *(978-1-68021-399-7(7))* Saddleback Educational Publishing, Inc.

Eye for an Eye, Vol. 1 of 2 (Classic Reprint) Anthony Trollope. 2018. (ENG., Illus.). 254p. (J). 29.14 *(978-0-483-86400-9(5))* Forgotten Bks.

Eye for Detail: Hidden Picture Activity Book. Bobo's Adult Activity Books. 2016. (ENG., Illus.). (J). pap. 7.99 *(978-1-68327-299-1(4))* Sunshine In My Soul Publishing.

Eye Gunk. Grace Hansen. (Beginning Science: Gross Body Functions Ser.). (ENG., Illus.). 24p. (J). 2021. (gr. 1-1). pap. 8.95 *(978-1-64494-385-4(9),* Abdo Kids-Jumbo); 2020. (gr. -1-2). lib. bdg. 32.79 *(978-1-0982-0238-5(4),* 34609, Abdo Kids) ABDO Publishing Co.

Eye in the Graveyard: 10th Anniversary Edition. Michael Dahl. Illus. by Fernando Molinari. 10th ed. 2017. (Library of Doom Ser.). (ENG.). 48p. (J). (gr. 4-8). pap. 6.25 *(978-1-4965-5534-2(1),* 136558); lib. bdg. 23.99 *(978-1-4965-5528-1(7),* 136552) Capstone. (Stone Arch Bks.).

Eye in the Sky (Classic Reprint) Louis Grudin. (ENG., Illus.). (J). 2018. 166p. 27.32 *(978-0-656-34168-9(8))*; 2017. pap. 9.57 *(978-0-243-38966-7(3))* Forgotten Bks.

Eye Lash Lucy's Lady Bug Laugh! Coloring Book. Creative Playbooks. 2016. (ENG., Illus.). (J). pap. 7.74 *(978-1-68323-753-2(6))* Twin Flame Productions.

Eye of a God: And Other Tales of East & West. W. A. Fraser. 2017. (ENG., Illus.). (J). pap. *(978-0-649-39281-0(7))* Trieste Publishing Pty Ltd.

Eye of a God: And Other Tales of East & West (Classic Reprint) W. A. Fraser. 2018. (ENG., Illus.). 274p. (J). 29.57 *(978-0-483-73051-9(3))* Forgotten Bks.

Eye of a Rescue Horse: A Foal's Vision. Morgan Brown. 2022. 60p. (J). pap. 18.00 *(978-1-6678-3243-2(3))* BookBaby.

Eye of Balor. John Triptych. 2016. (Wrath of the Old Gods (Young Adult Series) Ser.: Vol. 3). (ENG., Illus.). 218p. (J). pap. *(978-621-95332-7-0(5))* JTRIPTYCH Publishing.

Eye of Dread (Classic Reprint) Payne Erskine. 2018. (ENG., Illus.). 538p. (J). 34.99 *(978-0-484-59483-7(4))* Forgotten Bks.

Eye of Horus. Aron Taylor. 2017. (ENG., Illus.). (YA). (gr. 7-12). pap. 14.00 *(978-1-945737-13-8(1))*; (Origin Ser.: Vol. 4). 24.00 *(978-1-945737-14-5(X))* Allegiant Publishing Group.

Eye of Osiris: A Detective Story (Classic Reprint) Richard Austin Freeman. (ENG., Illus.). (J). 2018. 354p. 31.22 *(978-0-666-17304-1(4))*; 2017. pap. 13.57 *(978-0-259-51286-8(9))* Forgotten Bks.

Eye of Ra. Dakota Chase. 2017. (Repeating History Ser.: Vol. 1). (ENG., Illus.). (YA). (gr. 7-12). 25.99 *(978-1-64080-339-8(4),* Harmony Ink Pr.) Dreamspinner Pr.

Eye of Souls. William S. Parish. 2021. (Sargassian Saga Ser.). (ENG.). 344p. (YA). pap. 12.99 *(978-1-7371651-0-1(4))* Vivamorem Entertainment, Inc.

Eye of the Crocodile: And Other Bite-Sized Devotions for Juniors. Charles Mills. 2019. (J). *(978-0-8163-6562-3(8))* Pacific Pr. Publishing Assn.

Eye of the Dawn. Juanita Shepherd. 2017. (ENG.). 333p. (J). 23.95 *(978-1-78693-239-6(3),* 5ea33dc2-e66f-4ce6-a254-c03a6ca0ca86) Austin Macauley Pubs. Ltd. GBR. Dist: Baker & Taylor Publisher Services (BTPS).

Eye of the Dragon (Marvel: Iron Man) Billy Wrecks & Patrick Spaziante. 2016. (Little Golden Book Ser.). (ENG., Illus.). 24p. (J). (-k). 4.99 *(978-0-307-97654-3(8),* Golden Bks.) Random Hse. Children's Bks.

Eye of the Earthquake Dragon, 13. Tracey West. ed. 2019. (Branches Early Ch Bks). (ENG.). 90p. (J). (gr. 2-3). 15.36 *(978-1-64697-098-8(5))* Penworthy Co., LLC, The.

Eye of the Earthquake Dragon, 13. Tracey West. 2019. (Branches: Dragon Masters Ser.). (ENG.). 96p. (J). (gr. 1-4). 18.69 *(978-1-5364-5484-0(2))* Scholastic, Inc.

Eye of the Earthquake Dragon: a Branches Book (Dragon Masters #13) Tracey West. Illus. by Daniel Griffo. 2019. (Dragon Masters Ser.: 13). (ENG.). 96p. (J). (gr. 1-3). pap. 5.99 *(978-1-338-26371-8(4))* Scholastic, Inc.

Eye of the Falcon: Book 1 of the Protectors. Jen Drapp. 2022. (ENG.). 224p. (YA). 33.95 ***(978-1-6657-3129-4(X))***; pap. 15.99 ***(978-1-6657-3130-0(3))*** Archway Publishing.

Eye of the Hurricane. Alexander Lowe. Illus. by Sebastian Kadlecik. 2021. (Norwood Discovery Graphics Ser.). (ENG.). 32p. (J). (gr. 2-3). pap. 14.60 *(978-1-68404-590-7(8))* Norwood Hse. Pr.

Eye of the Hurricane. Alexander Lowe. Illus. by Sebastian Kadlecik. 2020. (Norwood Discovery Graphics: Weather Warriors Ser.). (ENG.). 32p. (J). (gr. 2-3). 29.27 *(978-1-68450-857-0(6))* Norwood Hse. Pr.

Eye of the Matrix. A. Nation. 2019. (ENG.). 340p. (YA). pap. 18.99 *(978-0-359-92928-3(1))* Lulu Pr., Inc.

Eye of the Seal. Daniel John Garber. 2018. (ENG., Illus.). 214p. (YA). pap. 20.95 *(978-1-64298-754-6(9))* Page Publishing Inc.

Eye of the Storm. John Goode. 2016. (ENG., Illus.). (J). 24.99 *(978-1-63533-011-3(4),* Harmony Ink Pr.) Dreamspinner Pr.

Eye of the Storm. Brenden Shouse. 2020. (ENG.). 148p. (YA). pap. 10.99 *(978-1-393-79219-2(7))* Draft2Digital.

Eye of the Tiger! Hidden Picture Activity Book. Activibooks For Kids. 2016. (ENG., Illus.). (J). pap. 7.55 *(978-1-68321-501-1(X))* Mimaxion.

Eye on Art: Sets 1 - 2, 24 vols. 2018. (Eye on Art Ser.). (ENG.). (YA). (gr. 7-7). lib. bdg. 492.36 *(978-1-5345-6614-9(7),* 896b423e-65f0-4a1a-85f2-8acb72643f60, Lucent Pr.) Greenhaven Publishing LLC.

Eye on Ecosystems. Theresa Emminizer. 2022. (Eye on Ecosystems Ser.). (ENG.). 24p. (J). pap. 62.10 ***(978-1-9785-3326-4(8))*** Enslow Publishing, LLC.

Eye on Historical Sources (Set), 16 vols. 2018. (Eye on Historical Sources Ser.). (ENG.). 32p. (gr. 4-4). lib. bdg. 223.44 *(978-1-5383-4137-7(9),* 732efd21-56f3-4c73-955c-fb603739b879, PowerKids Pr.) Rosen Publishing Group, Inc., The.

Eye on the Cross. LaTonya Daniels. Illus. by Garrett Myers. 2016. (Best Break Ever Ser.: 1). (ENG.). (J). (gr. 2-4). 17.99 *(978-0-9977029-8-9(2))* Rapier Publishing Co., LLC.

Eye on the Sky (Set), 8 vols. 2019. (Eye on the Sky Ser.). (ENG.). (J). (gr. -1-2). lib. bdg. 262.32 *(978-1-5038-3437-8(9),* 213010) Child's World, Inc, The.

Eye Openers: Good Things, Immensely Funny Sayings Stories That Will Bring a Smile upon the Gruffest Countenance (Classic Reprint) Mark Twain, pseud. 2017. (ENG., Illus.). (J). 30.66 *(978-0-266-79435-6(1))* Forgotten Bks.

Eye-Opening Earth Science Activities. Rani Iyer. 2017. (Curious Scientists Ser.). (ENG., Illus.). 24p. (J). (gr. 1-3). lib. bdg. 25.99 *(978-1-5157-6885-2(6),* 135380, Capstone Pr.) Capstone.

Eye-Popping Jack-O'-Lanterns: DIY Glares, Stares, & More. Mary Meinking. 2018. (Hair-Raising Halloween Ser.). (ENG., Illus.). 32p. (J). (gr. 3-9). lib. bdg. 27.32 *(978-1-5435-3032-2(X),* 138616, Capstone Pr.) Capstone.

Eye See Africa. Dawnanne Chase. 2020. (Eye See Book Ser.: 1). (ENG.). 62p. (J). pap. 19.00 *(978-1-0983-4291-3(7))* BookBaby.

Eye Spy!, 12 vols. 2021. (Eye Spy! Ser.). (ENG.). 24p. (J). (gr. k-k). lib. bdg. 145.62 *(978-1-5382-6658-8(X),* 9eb1066c-6cd7-4126-bca1-decbb21dccd2) Stevens, Gareth Publishing LLLP.

Eye Spy. William Hamilton Gibson. 2017. (ENG.). 288p. (J). pap. *(978-3-337-40663-9(7))*; pap. *(978-3-337-02373-7(8))* Creation Pubs.

Eye Spy: Afield with Nature among Flowers & Animate Things. William Hamilton Gibson. 2017. (ENG., Illus.). (J). pap. *(978-0-649-27711-7(2))* Trieste Publishing Pty Ltd.

Eye Spy: Afield with Nature among Flowers & Animate Things (Classic Reprint) William Hamilton Gibson. 2018. (ENG., Illus.). 284p. (J). 29.75 *(978-0-267-84357-2(7))* Forgotten Bks.

Eye-Spy: Hidden Picture Activity Book. Jupiter Kids. 2017. (ENG., Illus.). (J). pap. 9.20 *(978-1-68326-581-8(5),* Jupiter Kids (Childrens & Kids Fiction)) Speedy Publishing LLC.

Eye Spy: Wild Ways Animals See the World. Guillaume Duprat. 2018. (Wild Ways Ser.). (ENG., Illus.). 36p. (J). (gr. 2-6). 21.99 *(978-1-9998028-5-1(3))* What on Earth Books.

Eye Spy Our World: A Look-And-find Activity Book. Pippa Chorley. Illus. by David Liew. 2023. (Eye Spy Ser.). (ENG.). 32p. (J). (gr. -1-k). 17.99 *(978-981-5009-13-2(3))* Marshall Cavendish International (Asia) Private Ltd. SGP. Dist: Independent Pubs. Group.

Eye Spy Seek & Find Activity Book. Jupiter Kids. 2017. (ENG., Illus.). (J). pap. 9.20 *(978-1-68326-580-1(7),* Jupiter Kids (Childrens & Kids Fiction)) Speedy Publishing LLC.

Eye Spy Singapore. Pippa Chorley. Illus. by Liew. 2021. (ENG.). 32p. (J). (gr. -1-k). 19.99 *(978-981-4893-46-6(3))* Marshall Cavendish International (Asia) Private Ltd. SGP. Dist: Independent Pubs. Group.

Eye Straining, Mind Challenging Color by Number for Kids. Educando Kids. 2019. (ENG.). 42p. (J). pap. 8.55 *(978-1-64521-664-3(0),* Educando Kids) Editorial Imagen.

Eye Teasers, 1 vol. Anna Claybourne. 2019. (Science of Optical Illusions Ser.). (ENG.). 32p. (gr. 4-5). pap. 11.50 *(978-1-5382-4241-4(9),* 40d5f4c3-ccaa-42e6-841a-a39d0d318fc2); lib. bdg. 28.27 *(978-1-5382-4185-1(4),* 3cc5a9ee-62bc-45b8-8021-47268dc7a9e2) Stevens, Gareth Publishing LLLP.

Eye That Never Sleeps: How Detective Pinkerton Saved President Lincoln. Marissa Moss. Illus. by Jeremy Holmes. 2018. (ENG.). 48p. (J). (gr. 1-4). 17.99 *(978-1-4197-3064-1(9),* 1137601, Abrams Bks. for Young Readers) Abrams, Inc.

Eye to Eye: Sports Journalist Christine Brennan. Julie K. Rubini. 2019. (Biographies for Young Readers Ser.). (ENG., Illus.). 136p. (J). 32.95 *(978-0-8214-2374-5(6))*; pap. 15.95 *(978-0-8214-2375-2(4))* Ohio Univ. Pr.

Eye to Eye with Endangered Species, 10 vols., Set. Precious Stearns. Incl. Steller Sea Lions. (Illus.). 24p. (J). (gr. 3-6). 2009. lib. bdg. 27.07 *(978-1-60694-402-8(9))*; 2011. Set lib. bdg. 270.70 *(978-1-61590-960-5(5))* Rourke Educational Media.

Eye-Watering Stink: Gross Skunks. Rex Ruby. 2023. (Amazing Animal Self-Defense Ser.). (ENG.). 24p. (J). (gr. 1-4). lib. bdg. 19.95 Bearport Publishing Co., Inc.

Eye-Witness, & His Evidence about Many Wonderful Things (Classic Reprint) Charles Allston Collins. 2018. (ENG., Illus.). (J). 370p. 31.53 *(978-1-391-23112-9(0))*; 372p. pap. 13.97 *(978-1-390-96373-1(X))* Forgotten Bks.

Eye-Witness; or, Life Scenes in the Old North State. A. O. Wheeler. 2017. (ENG.). 288p. (J). pap. *(978-3-337-21270-4(0))* Creation Pubs.

Eye-Witness, or Life Scenes in the Old North State: Depicting the Trials & Sufferings of the Unionists During the Rebellion (Classic Reprint) A. O. Wheeler. 2018. (ENG., Illus.). 288p. (J). 29.84 *(978-0-483-84672-2(4))* Forgotten Bks.

Eye Wonder: Space: Open Your Eyes to a World of Discovery. Carole Stott. 2016. (Eye Wonder Ser.). (ENG., Illus.). 56p. (J). (gr. k-4). 10.99 *(978-1-4654-1856-2(3),* DK Children) Dorling Kindersley Publishing, Inc.

Eyebright: A Story (Classic Reprint) Susan Coolidge. 2018. (ENG., Illus.). 264p. (J). 29.34 *(978-0-428-96428-3(1))* Forgotten Bks.

Eyebrows of Doom. Steve Smallman. Illus. by Miguel Ordóñez. 2022. (ENG.). 32p. (J). (gr. -1-2). 17.99 *(978-1-68010-267-3(2))* Tiger Tales.

Eyelike Stickers: Horses. Workman Publishing. 2016. (Eyelike Stickers Ser.). (ENG., Illus.). 12p. (J). (gr. k-7). 6.95 *(978-0-7611-8724-0(3),* 18724) Workman Publishing Co., Inc.

Eyelike Stickers: Kittens. Workman Publishing. 2018. (Eyelike Stickers Ser.). (ENG., Illus.). 12p. (J). (gr. k-7). 6.95 *(978-1-5235-0274-5(6),* 100274) Workman Publishing Co., Inc.

Eyelike Stickers: Puppies. Workman Publishing. 2018. (Eyelike Stickers Ser.). (ENG., Illus.). 12p. (J). (gr. k-7). 6.95 *(978-1-5235-0294-3(0),* 100294) Workman Publishing Co., Inc.

Eyelike Stickers: Trains. Workman Publishing. 2020. (Eyelike Stickers Ser.). (ENG.). 12p. (J). (gr. -1-17). 6.95

(978-1-5235-1127-3(3), 101127) Workman Publishing Co., Inc.

Eyes. Katrine Crow. (ENG.). (J). (gr. -1-1). 2023. 32p. pap. 6.99 (978-1-4867-2646-2(1), aea8f1dd-d564-4d2f-8341-473bcc53b9c8); 2021. 20p. bds. 8.99 (978-1-4867-2119-1(2), f9545bfe-9adb-4b2c-9693-8bba1280d71e) Flowerpot Pr.

Eyes, 1 vol. Amy Culliford. 2022. (What Animal Has These Parts? Ser.). (ENG., Illus.). 16p. (J). (gr. -1-1). pap. (978-1-0396-4631-5(X), 17348); lib. bdg. (978-1-0396-4440-3(6), 16342) Crabtree Publishing Co. (Crabtree Roots).

Eyes. Pete Jenkins. Illus. by Hazel Quintanilla. 2017. (I See, I Saw Ser.). (ENG.). 24p. (gr. -1-2). 28.50 (978-1-68342-312-6(7), 9781683423126) Rourke Educational Media.

Eyes: Book of Poem. Torrance D. Hunter. 2017. (ENG., Illus.). (YA). (gr. 9-12). pap. 12.00 (978-0-692-94807-1(4)) Hunter, Torrance.

Eyes & Ears (Classic Reprint) Henry Ward Beecher. 2018. (ENG., Illus.). 448p. (J). 33.14 (978-0-483-86434-4(X)) Forgotten Bks.

Eyes & Ears Open, or Adventures by Sea & Land (Classic Reprint) Alexander Charles Boyd. (ENG., Illus.). (J). 2018. 156p. 27.11 (978-0-365-20702-3(0)); 2017. pap. 9.57 (978-0-282-03273-9(8)) Forgotten Bks.

Eyes & No Eyes: And Other Stories (Classic Reprint) John Aikin. 2018. (ENG., Illus.). (J). 78p. 25.51 (978-0-365-58942-6(X)); 80p. pap. 9.57 (978-0-365-58936-5(5)) Forgotten Bks.

Eyes & No Eyes, Vol. 1 (Classic Reprint) Arabella B. Buckley. (ENG., Illus.). (J). 2017. 32.56 (978-0-331-08747-5(2)); 2016. pap. 16.57 (978-1-334-15124-8(5)) Forgotten Bks.

Eyes & the Impossible. Dave Eggers. Illus. by Shawn Harris. 2023. (ENG.). 256p. (J). (gr. 3-7). 18.99 (978-1-5247-6420-3(5)); lib. bdg. 21.99 (978-1-5247-6421-0(3)) Random Hse. Children's Bks. (Knopf Bks. for Young Readers).

Eyes at the Window (Classic Reprint) Olivia Smith Cornelius. 2018. (ENG., Illus.). 276p. (J). 29.59 (978-0-483-62582-2(5)) Forgotten Bks.

Eyes Different Than Mine. Erin Johnson. Illus. by Isabella Muzljakovich. 2021. (ENG.). 28p. (J). (978-1-0391-0547-8(5)); pap. (978-1-0391-0546-1(7)) FriesenPress.

Eyes, Ears, & Noses, 1 vol. Derek Miller. 2018. (Animal Structures Ser.). (ENG.). 24p. (J). (gr. 1-1). pap. 9.22 (978-1-5026-4180-9(1), 0126d668-9e73-4ab6-9472-4cc62dadd307) Cavendish Square Publishing LLC.

Eyes, Ears, etc. Five Senses Coloring Book. Jupiter Kids. 2018. (ENG., Illus.). 106p. (J). pap. 12.55 (978-1-68326-310-4(3), Jupiter Kids (Childrens & Kids Fiction)) Speedy Publishing LLC.

Eyes Ears Noses, Here Comes Moses: Exploring the BODY Through the Story of Moses. Karen Rosario Ingerslev. Illus. by Kristina Abbott. 2022. (Bible Explorers Ser.). (ENG.). 26p. (J). pap. **(978-1-915699-02-2(9))** Pure and Fire.

Eyes Have It, 1 vol. Ed. by Joanne Randolph. 2017. (Amazing Human Body Ser.). (ENG.). 48p. (gr. 6-6). pap. 12.70 (978-0-7660-8993-8(2), efdebb8a-deb0-4342-a286-bfe22c1d82da) Enslow Publishing, LLC.

Eyes Like the Sea: A Novel (Classic Reprint) Maurus Jokai. (ENG., Illus.). (J). 2018. 418p. 32.52 (978-0-332-36293-9(0)); 2016. pap. 16.57 (978-1-334-24684-5(X)) Forgotten Bks.

Eyes of Alicia (Classic Reprint) Charles E. Pearce. 2018. (ENG., Illus.). (J). 338p. 30.87 (978-1-396-28276-8(9)); 340p. pap. 13.57 (978-1-390-25909-4(9)) Forgotten Bks.

Eyes of Asia (Classic Reprint) Rudyard Kipling. 2018. (ENG., Illus.). 112p. (J). 26.21 (978-0-365-47936-9(5)) Forgotten Bks.

Eyes of Gray Wolf. Jonathan London. Illus. by Jon Van Zyle. 2016. (ENG.). 32p. (J). (gr. k-3). pap. 12.99 (978-1-943328-72-7(2), West Winds Pr.) West Margin Pr.

Eyes of Love (Classic Reprint) Corra Harris. 2019. (ENG., Illus.). 318p. (J). 30.48 (978-0-483-21974-8(6)) Forgotten Bks.

Eyes of Max Carrados (Classic Reprint) Ernest Bramah. 2017. (ENG., Illus.). (J). 31.28 (978-0-331-68791-0(7)); pap. 13.97 (978-1-334-91674-8(8)) Forgotten Bks.

Eyes of Mystic Forest. Amy Hamlet. 2023. (ENG.). 370p. (YA). pap. 21.00 **(978-1-60911-577-7(5)**, Strategic Bk. Publishing) Strategic Book Publishing & Rights Agency (SBPRA).

Eyes of Pharaoh. Chris Eboch. Illus. by Lois Bradley. 2017. (ENG.). (J). (gr. 3-6). 22.99 (978-1-945017-27-8(9)) Spellbound River Pr.

Eyes of the Arrow. Cris Pfeil. 2016. (ENG., Illus.). (YA). (gr. 7-12). pap. (978-1-926831-92-3(6)) Navarone Bks.

Eyes of the Beholder. Naomi Gordon. 2021. (ENG.). 90p. (J). pap. 16.95 (978-1-64628-792-5(4)) Page Publishing Inc.

Eyes of the Blind: A Novel (Classic Reprint) M. P. Willcocks. 2018. (ENG., Illus.). 454p. (J). 33.26 (978-0-483-76916-8(9)) Forgotten Bks.

Eyes of the Dragon (the Chronicles of Dragon, Series 2, Book 4) Craig Halloran. 2016. (ENG., Illus.). 226p. (J). pap. 9.99 (978-1-941208-74-8(6)) Two-Ten Bk. Pr., Inc.

Eyes of the Forest. April Henry. 2022. (ENG.). 272p. (YA). pap. 11.99 (978-1-250-83324-2(8), 900210028) Square Fish.

Eyes of the Galaxy. Ed. by Sarabeth Houser et al. 2018. (ENG.). 114p. (J). pap. 6.99 (978-0-359-13024-5(0)) Lulu Pr., Inc.

Eyes of the Heart. Kyla Morel. 2019. (ENG.). 360p. (YA). 39.95 (978-1-9822-3053-1(3)); pap. 22.99 (978-1-9822-3052-4(5)) Author Solutions, LLC. (Balboa Pr.).

Eyes of the Law (Classic Reprint) Ethel Penman Hope. 2018. (ENG., Illus.). (J). 250p. 29.05 (978-0-366-56296-1(7)); 252p. pap. 11.57 (978-0-366-11522-8(7)) Forgotten Bks.

Eyes of the Village (Classic Reprint) Anice Terhune. 2018. (ENG., Illus.). 318p. (J). 30.48 (978-0-484-48814-3(7)) Forgotten Bks.

Eyes of the Wizard King. Edgar Stiltner. 2019. (ENG.). 232p. (YA). pap. 16.95 (978-1-64350-683-8(8)) Page Publishing Inc.

Eyes of the World. Harold Bell Wright. 2020. (ENG.). (J). 278p. 20.95 (978-1-61895-813-6(5)); 276p. pap. 12.95 (978-1-61895-812-9(7)) Bibliotech Pr.

Eyes of the World: A Novel (Classic Reprint) Harold Bell Wright. 2018. (ENG., Illus.). 472p. (J). 33.63 (978-0-332-91767-2(3)) Forgotten Bks.

Eyes of the World: Robert Capa, Gerda Taro, & the Invention of Modern Photojournalism. Marc Aronson & Marina Budhos. 2021. (ENG., Illus.). 304p. (YA). pap. 22.99 (978-1-250-86488-8(7), 900277837, Holt, Henry & Co. Bks. For Young Readers) Holt, Henry & Co.

Eyes on Me. Rachel Look. 2021. (ENG.). 240p. (YA). 33.95 (978-1-6657-0206-5(0)); pap. 17.99 (978-1-6657-0208-9(7)) Archway Publishing.

Eyes on the Ball, for the Main Goal. Donald Zengeni. 2016. (ENG., Illus.). (YA). pap. 9.99 (978-1-68411-113-8(7)) Lulu Pr., Inc.

Eyes on the Ball, for the Main Goal. Donald Zengeni. 2019. (ENG.). 32p. (YA). **(978-1-0878-4906-5(3))** Lulu.com.

Eyes So Blue, Vol. 1: A Novel (Classic Reprint) Agnes Law. 2018. (ENG., Illus.). 286p. (J). 29.80 (978-0-267-19210-6(X)) Forgotten Bks.

Eyes So Blue, Vol. 2 Of 3: A Novel (Classic Reprint) Agnes Law. (ENG., Illus.). (J). 2018. 278p. 29.65 (978-0-484-32108-2(0)); 2016. pap. 13.57 (978-1-334-67708-3(5)) Forgotten Bks.

Eyes So Blue, Vol. 3 Of 3: A Novel (Classic Reprint) Agnes Law. 2018. (ENG., Illus.). 282p. (J). 29.71 (978-0-428-67998-9(6)) Forgotten Bks.

Eyes That Cannot See: A Play in One Act (Classic Reprint) Albert Gnudtzmann. (ENG., Illus.). (J). 2018. 56p. 25.05 (978-0-483-86074-2(3)); 2017. pap. 9.57 (978-0-243-41930-2(9)) Forgotten Bks.

Eyes That Kiss in the Corners. Joanna Ho. Illus. by Dung Ho. 2021. (ENG.). 40p. (J). (gr. -1-3). 17.99 (978-0-06-291562-7(2), HarperCollins) HarperCollins Pubs.

Eyes That Speak to the Stars. Joanna Ho. 2022. (ENG., Illus.). 40p. (J). (gr. -1-3). 18.99 (978-0-06-305775-3(1), HarperCollins) HarperCollins Pubs.

Eyesha & the Great Elephant Gathering: With Black & White Photographs. Nadishka Aloysius. 2018. (ENG.). 56p. (J). pap. (978-955-51847-3-1(9)) Aloysius, Nadishka.

Eyewitness: Stories Before Jesus. Gordon Jaquiery. 2016. (Eyewitness Ser.: Vol. 1). (ENG., Illus.). (J). pap. (978-0-473-33889-3(0)) Rare Design Ltd.

Eyewitness: Stories from the Life of Jesus. Gordon Jaquiery. 2016. (Eyewitness Ser.: Vol. 2). (ENG., Illus.). 34p. (J). pap. (978-0-473-33890-9(4)) Rare Design Ltd.

Eyewitness: Stories of Advent & Easter. Gordon Jaquiery. 2017. (Eyewitness Ser.: Vol. 4). (ENG., Illus.). 34p. (J). pap. (978-0-473-41689-8(1)) Rare Design Ltd.

Eyewitness: Stories of the Power of Jesus. Gordon Jaquiery. 2017. (Eyewitness Ser.: Vol. 3). (ENG., Illus.). (J). pap. (978-0-473-39216-1(X)) Rare Design Ltd.

Eyewitness American Revolution. DK. 2022. (DK Eyewitness Ser.). (ENG.). 72p. (J). (gr. 3-7). 16.99 (978-0-7440-5227-5(0), DK Children) Dorling Kindersley Publishing, Inc.

Eyewitness Ancient Egypt. DK. rev. ed. 2021. (DK Eyewitness Ser.). (ENG., Illus.). 72p. (J). (gr. 4-7). 16.99 (978-0-7440-2893-5(0), DK Children) Dorling Kindersley Publishing, Inc.

Eyewitness Ancient Greece. DK. 2023. (DK Eyewitness Ser.). (ENG.). 72p. (J). (gr. 3-7). 16.99 **(978-0-7440-8153-4(X)**, DK Children) Dorling Kindersley Publishing, Inc.

Eyewitness Ancient Rome: Discover One of History's Greatest Civilizations. DK. 2022. (DK Eyewitness Ser.). (ENG.). 72p. (J). (gr. 4-7). 16.99 (978-0-7440-5637-2(3)); pap. 9.99 (978-0-7440-5636-5(5)) Dorling Kindersley Publishing, Inc. (DK Children).

Eyewitness Bible Lands: Discover the Story of the Holy Land. Jonathan Tubb. 2016. (DK Eyewitness Ser.). (ENG., Illus.). 64p. (J). (gr. 3-7). pap. 9.99 (978-1-4654-4010-5(0), 1405880, DK Children) Dorling Kindersley Publishing, Inc.

Eyewitness Cat. DK. 2022. (DK Eyewitness Ser.). (ENG., Illus.). 72p. (J). (gr. 3-7). 16.99 (978-0-7440-5073-8(1), DK Children) Dorling Kindersley Publishing, Inc.

Eyewitness Climate Change. DK & John Woodward. rev. ed. 2021. (DK Eyewitness Ser.). (ENG., Illus.). 72p. (J). (gr. 4-7). 16.99 (978-0-7440-3681-7(X), DK Children) Dorling Kindersley Publishing, Inc.

Eyewitness Collection Boxset: 4-Book Box Set - Rocks & Minerals, Titanic, Hurricane & Tornado & Dinosaur Books. DK. 2023. (DK Eyewitness Ser.). (ENG.). 288p. (J). (gr. 3-7). 67.96 **(978-0-7440-8997-4(2)**, DK Children) Dorling Kindersley Publishing, Inc.

Eyewitness Crystal & Gem. DK. 2023. (DK Eyewitness Ser.). (ENG.). 72p. (J). (gr. 3-7). pap. 9.99 **(978-0-7440-8154-1(8)**, DK Children) Dorling Kindersley Publishing, Inc.

Eyewitness Dinosaur. DK. 2021. (DK Eyewitness Ser.). (ENG., Illus.). 72p. (J). (gr. 4-7). 16.99 (978-0-7440-3907-8(X), DK Children) Dorling Kindersley Publishing, Inc.

Eyewitness Eagle & Birds of Prey: Discover the World of Birds of Prey — How They Grow, Fly, Live, & Hunt. David Burnie. 2016. (DK Eyewitness Ser.). (ENG., Illus.). 72p. (J). (gr. 3-7). pap. 9.99 (978-1-4654-5172-9(2), DK Children) Dorling Kindersley Publishing, Inc.

Eyewitness Encyclopedia of Everything: The Ultimate Guide to the World Around You. DK. 2023. (ENG.). 400p. (J). (gr. 4-7). 29.99 **(978-0-7440-8470-2(9)**, DK Children) Dorling Kindersley Publishing, Inc.

Eyewitness Energy: Energy Powers Our Planet — Discover Its Amazing Secrets & Its Impact on Our Live. Dan Green. 2016. (DK Eyewitness Ser.). (ENG., Illus.). 72p. (J). (gr. 3-7). pap. 9.99 (978-1-4654-5104-0(8), DK Children) Dorling Kindersley Publishing, Inc.

Eyewitness Expert: Hidden Pictures for Kids. Activibooks For Kids. 2016. (ENG., Illus.). (J). pap. 7.55 (978-1-68321-502-8(8)) Mimaxion.

Eyewitness Fish. DK. 2022. (DK Eyewitness Ser.). (ENG.). 72p. (J). (gr. 3-7). 16.99 (978-0-7440-6253-3(5)); pap. 9.99 (978-0-7440-6252-6(7)) Dorling Kindersley Publishing, Inc. (DK Children).

Eyewitness Forensic Science: Discover the Fascinating Methods Scientists Use to Solve Crimes. Chris Cooper. rev. ed. 2020. (DK Eyewitness Ser.). (ENG., Illus.). 72p. (J). (gr. 3-7). pap. 9.99 (978-1-4654-9372-9(7), DK Children) Dorling Kindersley Publishing, Inc.

Eyewitness Fossil. DK. 2017. (DK Eyewitness Ser.). (ENG., Illus.). 72p. (J). (gr. 3-7). pap. 9.99 (978-1-4654-6247-3(3), DK Children) Dorling Kindersley Publishing, Inc.

Eyewitness Horse: Discover the World of Horses & Ponies — From Their Origins & Breeds to Their R. Juliet Clutton-Brock. 2016. (DK Eyewitness Ser.). (ENG., Illus.). 72p. (J). (gr. 3-7). pap. 9.99 (978-1-4654-5174-3(9), 1405883, DK Children) Dorling Kindersley Publishing, Inc.

Eyewitness Human Body. DK. 2023. (DK Eyewitness Ser.). (ENG.). 72p. (J). (gr. 3-7). 16.99 (978-0-7440-7992-0(6), DK Children) Dorling Kindersley Publishing, Inc.

Eyewitness Insect. DK. 2023. (DK Eyewitness Ser.). (ENG.). 72p. (J). (gr. 3-7). 16.99 **(978-0-7440-8157-2(2)**, DK Children) Dorling Kindersley Publishing, Inc.

Eyewitness Money: Discover the Fascinating Story of Money — From Silver Ingots to Smart Cards. Joe Cribb. 2016. (DK Eyewitness Ser.). (ENG., Illus.). 72p. (J). (gr. 3-7). pap. 9.99 (978-1-4654-5178-1(1), 1405885, DK Children) Dorling Kindersley Publishing, Inc.

Eyewitness Mythology: Discover the Amazing Adventures of Gods, Heroes, & Magical Beasts. DK. 2017. (DK Eyewitness Ser.). (ENG., Illus.). 72p. (J). (gr. 3-7). pap. 9.99 (978-1-4654-6246-6(5)); lib. bdg. 19.99 (978-1-4654-6254-1(6)) Dorling Kindersley Publishing, Inc. (DK Children).

Eyewitness National Parks. DK. 2023. (DK Eyewitness Ser.). (ENG.). 72p. (J). (gr. 3-7). 16.99 (978-0-7440-6974-7(2)); pap. 9.99 (978-0-7440-6973-0(4)) Dorling Kindersley Publishing, Inc. (DK Children).

Eyewitness Natural Disasters. DK. 2022. (DK Eyewitness Ser.). (ENG.). 72p. (J). (gr. 4-7). 16.99 (978-0-7440-5639-6(X)); pap. 9.99 (978-0-7440-5638-9(1)) Dorling Kindersley Publishing, Inc. (DK Children).

Eyewitness Ocean. DK. rev. ed. 2021. (DK Eyewitness Ser.). (ENG., Illus.). 72p. (J). (gr. 4-7). 16.99 (978-0-7440-4201-6(1), DK Children) Dorling Kindersley Publishing, Inc.

Eyewitness Planets. DK. 2023. (DK Eyewitness Ser.). (ENG.). 72p. (J). (gr. 3-7). 16.99 (978-0-7440-7994-4(2), DK Children) Dorling Kindersley Publishing, Inc.

Eyewitness Presidents. DK. rev. ed. 2021. (DK Eyewitness Ser.). (ENG., Illus.). 72p. (J). (gr. 5). 16.99 (978-0-7440-3973-3(8), DK Children) Dorling Kindersley Publishing, Inc.

Eyewitness Rocks & Minerals. DK. rev. ed. 2021. (DK Eyewitness Ser.). (ENG.). 72p. (J). (gr. 4-7). 16.99 (978-0-7440-2896-6(5), DK Children) Dorling Kindersley Publishing, Inc.

Eyewitness Shark: Dive into the Fascinating World of Sharks. DK. 2022. (DK Eyewitness Ser.). (ENG.). 72p. (J). (gr. 4-7). 16.99 (978-0-7440-5641-9(1)); pap. 9.99 (978-0-7440-5640-2(3)) Dorling Kindersley Publishing, Inc. (DK Children).

Eyewitness Soccer. DK. 2023. (DK Eyewitness Ser.). (ENG.). 72p. (J). (gr. 3-7). 16.99 (978-0-7440-7990-6(X), DK Children) Dorling Kindersley Publishing, Inc.

Eyewitness Soccer. Contrib. by Hugh Hornby. 2023. (DK Eyewitness Ser.). (ENG.). 72p. (J). (gr. 3-7). pap. 9.99 (978-0-7440-7989-0(6), DK Children) Dorling Kindersley Publishing, Inc.

Eyewitness the Amazon. DK. 2022. (DK Eyewitness Ser.). (ENG.). 72p. (J). (gr. 3-7). 16.99 (978-0-7440-6255-7(1)); pap. 9.99 (978-0-7440-6254-0(3)) Dorling Kindersley Publishing, Inc. (DK Children).

Eyewitness the Civil War. DK. 2023. (DK Eyewitness Ser.). (ENG.). 72p. (J). (gr. 3-7). 16.99 (978-0-7440-6251-9(9), DK Children) Dorling Kindersley Publishing, Inc.

Eyewitness the Elements. DK. 2022. (DK Eyewitness Ser.). (ENG., Illus.). 72p. (J). (gr. 3-7). 16.99 (978-0-7440-7984-5(5)); pap. 9.99 (978-0-7440-7983-8(7)) Dorling Kindersley Publishing, Inc. (DK Children).

Eyewitness Titanic. DK. rev. ed. 2021. (DK Eyewitness Ser.). (ENG., Illus.). 72p. (J). (gr. 4-7). 16.99 (978-0-7440-2897-3(3), DK Children) Dorling Kindersley Publishing, Inc.

Eyewitness to History: Major Cultural Movements, 12 vols. 2017. (Eyewitness to History Ser.). (ENG.). 32p. (J). (gr. 4-5). lib. bdg. 175.62 (978-1-5382-1292-9(7), cd668acb-70ef-4d67-ad5c-f8041fc2d15e) Stevens, Gareth Publishing LLLP.

Eyewitness to History: Sets 1 - 4. 2017. (Eyewitness to History Ser.). (ENG.). (J). pap. 276.00 (978-1-5382-1701-6(5)); (gr. 4-5). lib. bdg. 702.48 (978-1-5382-1301-8(X), d42b9063-6873-48ff-ad7d-f1a6c4fcf5fc) Stevens, Gareth Publishing LLLP.

Eyewitness to the Assassination of Archduke Francis Ferdinand. Emily O'Keefe. 2018. (Eyewitness to World War I Ser.). (ENG.). 32p. (J). (gr. 4-7). lib. bdg. 35.64 (978-1-5038-1603-9(6), 211161) Child's World, Inc, The.

Eyewitness to the Harlem Hellfighters. Jill Sherman. 2018. (Eyewitness to World War I Ser.). (ENG.). 32p. (J). (gr. 4-7). lib. bdg. 35.64 (978-1-5038-1604-6(4), 211162) Child's World, Inc, The.

Eyewitness to the Role of Women in World War I. Jeanne Marie Ford. 2018. (Eyewitness to World War I Ser.). (ENG.). 32p. (J). (gr. 4-7). lib. bdg. 35.64 (978-1-5038-1605-3(2), 211163) Child's World, Inc, The.

Eyewitness to the Russian Revolution. Lydia Bjornlund. 2018. (Eyewitness to World War I Ser.). (ENG.). 32p. (J). (gr. 4-7). lib. bdg. 35.64 (978-1-5038-1606-0(0), 211164) Child's World, Inc, The.

Eyewitness to the Sinking of the Lusitania. Charles Fredeen. 2018. (Eyewitness to World War I Ser.). (ENG.). 32p. (J). (gr. 4-7). lib. bdg. 35.64 (978-1-5038-1607-7(9), 211165) Child's World, Inc, The.

Eyewitness to the Treaty of Versailles. Nick Rebman. 2018. (Eyewitness to World War I Ser.). (ENG.). 32p. (J). (gr. 4-7). lib. bdg. 35.64 (978-1-5038-1608-4(7), 211166) Child's World, Inc, The.

Eyewitness to the Western Front. Cynthia Kennedy Henzel. 2018. (Eyewitness to World War I Ser.). (ENG.). 32p. (J). (gr. 4-7). lib. bdg. 35.64 (978-1-5038-1609-1(5), 211167) Child's World, Inc, The.

Eyewitness to World War I Medicine. Emily O'Keefe. 2018. (Eyewitness to World War I Ser.). (ENG.). 32p. (J). (gr. 4-7). lib. bdg. 35.64 (978-1-5038-1610-7(9), 211168) Child's World, Inc, The.

Eyewitness to World War II. Angie Peterson Kaelberer. 2017. (Eyewitness to World War II Ser.). (ENG.). 112p. (J). (gr. 5-9). 154.60 (978-0-7565-5606-8(6), 26647, Compass Point Bks.) Capstone.

Eyewitness Train: Discover the Story of the Railroads. DK. 2022. (DK Eyewitness Ser.). (ENG.). 72p. (J). (gr. 4-7). 16.99 (978-0-7440-5644-0(6)); pap. 9.99 (978-0-7440-5642-6(X)) Dorling Kindersley Publishing, Inc. (DK Children).

Eyewitness Volcano & Earthquake. DK. 2022. (DK Eyewitness Ser.). (ENG., Illus.). 72p. (J). (gr. 3-7). 16.99 (978-0-7440-5229-9(7)); pap. 9.99 (978-0-7440-5228-2(9)) Dorling Kindersley Publishing, Inc. (DK Children).

Eyewitness Weather. DK. 2022. (DK Eyewitness Ser.). (ENG., Illus.). 72p. (J). (gr. 3-7). 16.99 (978-0-7440-5231-2(9), DK Children) Dorling Kindersley Publishing, Inc.

Eyewitness Workbooks Ancient Egypt. DK. 2020. (DK Eyewitness Workbook Ser.). (ENG.). 48p. (J). (gr. 3-7). pap. 7.99 (978-0-7440-3448-6(5), DK Children) Dorling Kindersley Publishing, Inc.

Eyewitness Workbooks Ancient Greece. DK. 2020. (DK Eyewitness Workbook Ser.). (ENG.). 48p. (J). (gr. 3-7). pap. 7.99 (978-0-7440-3449-3(3), DK Children) Dorling Kindersley Publishing, Inc.

Eyewitness Workbooks Ancient Rome. DK. 2020. (DK Experience Ser.). (ENG.). 48p. (J). (gr. 3-7). pap. 7.99 (978-0-7440-3450-9(7), DK Children) Dorling Kindersley Publishing, Inc.

Eyewitness Workbooks Earth. DK. 2020. (DK Eyewitness Workbook Ser.). (ENG.). 48p. (J). (gr. 5-12). pap. 7.99 (978-0-7440-3451-6(5), DK Children) Dorling Kindersley Publishing, Inc.

Eyewitness Workbooks Insect. DK. 2020. (DK Eyewitness Workbook Ser.). (ENG.). 48p. (J). (gr. 3-7). pap. 7.99 (978-0-7440-3458-5(2), DK Children) Dorling Kindersley Publishing, Inc.

Eyewitness Workbooks Medieval Life. DK. 2020. (DK Eyewitness Workbook Ser.). (ENG.). 48p. (J). (gr. 5-12). pap. 7.99 (978-0-7440-3454-7(X), DK Children) Dorling Kindersley Publishing, Inc.

Eyewitness Workbooks Rocks & Minerals. DK. 2020. (DK Eyewitness Workbook Ser.). (ENG.). 48p. (J). (gr. 3-7). pap. 7.99 (978-0-7440-3455-4(8), DK Children) Dorling Kindersley Publishing, Inc.

Eyewitness Workbooks Stars & Planets. DK. 2020. (DK Eyewitness Workbook Ser.). (ENG.). 48p. (J). (gr. 3-7). pap. 7.99 (978-0-7440-3456-1(6), DK Children) Dorling Kindersley Publishing, Inc.

Eyewitness World War II. DK. rev. ed. 2021. (DK Eyewitness Ser.). (ENG., Illus.). 72p. (J). (gr. 4-7). 16.99 (978-0-7440-2898-0(1), DK Children) Dorling Kindersley Publishing, Inc.

Eyewonder: Weather: Open Your Eyes to a World of Discovery. DK. 2016. (Eye Wonder Ser.). (ENG., Illus.). 56p. (J). (gr. k-4). 10.99 (978-1-4654-4472-1(6), DK Children) Dorling Kindersley Publishing, Inc.

Eyre's Acquittal (Classic Reprint) Helen Mathers. 2018. (ENG., Illus.). 392p. (J). 31.98 (978-0-483-04046-5(0)) Forgotten Bks.

Eyre's Acquittal, Vol. 1 Of 3: A Sequel to Story of a Sin (Classic Reprint) Helen Mathers. 2018. (ENG., Illus.). 284p. (J). 29.77 (978-0-332-89518-5(1)) Forgotten Bks.

Eyre's Acquittal, Vol. 2 Of 3: A Sequel to Story of a Sin (Classic Reprint) Helen Mathers. 2018. (ENG., Illus.). 270p. (J). 29.49 (978-0-428-19123-8(1)) Forgotten Bks.

EZ & the Intangibles. Bob Katz. 2018. (ENG., Illus.). 150p. (J). (gr. 4-7). 20.95 (978-1-947548-45-9(X), Fitzroy Bks.) Regal Hse. Publishing, LLC.

EZ Page Turners: Colors. Created Melissa & Doug. 2019. (ENG.). (J). bds. 3.99 (978-1-950013-31-9(6)) Melissa & Doug, LLC.

E

Ezekiel & Bowie Start Kindergarten: Book 3. Mary Lyons & Tom Lyons. 2021. (ENG., Illus.). 94p. (J). pap. 24.95 (978-1-63885-003-8(8)) Covenant Bks.

Ezekiel Builds on His Mistakes: Feeling Regret & Learning Wisdom. Sophia Day & Megan Johnson. Illus. by Stephanie Strouse. 2019. (Help Me Understand Ser.: 7). (ENG.). 72p. (J). 14.99 (978-1-64370-750-1(7), 16e52bb4-d4ef-493d-ace7-98e3bacea990); pap. 9.99 (978-1-64370-751-8(5), 98fdaf2d-a19f-45a4-adac-a3ed7bed91c7) MVP Kids Media.

Ezekiel (Classic Reprint) Lucy Pratt. 2018. (ENG., Illus.). 296p. (J). 30.00 (978-0-365-42346-1(7)) Forgotten Bks.

Ezekiel Elliott. Jon M. Fishman. 2018. (Sports All-Stars (Lerner (tm) Sports) Ser.). (ENG., Illus.). 32p. (J). (gr. 2-5). 29.32 (978-1-5124-8247-8(1), 89b681b6-0e7a-481a-bb72-2a5fd6331529, Lerner Pubns.) Lerner Publishing Group.

Ezekiel Elliott. Joanne Mattern. 2017. lib. bdg. 25.70 (978-1-68020-120-8(4)) Mitchell Lane Pubs.

Ezekiel Elliott: Football's Rushing Sensation. Jeff Mapua. 2018. (J). lib. bdg. (978-1-5383-0211-8(X), Britannica Educational Publishing) Rosen Publishing Group, Inc., The.

Ezekiel Elliott: Superstar Running Back. Dennis St. Sauver. 2019. (NFL Superstars Ser.). (ENG., Illus.). 32p. (J). (gr. 2-5). lib. bdg. 34.21 (978-1-5321-1981-1(X), 32441, Big Buddy Bks.) ABDO Publishing Co.

Ezekiel Helps Clean the House. Mary Lyons & Tom Lyons. 2018. (Ezekiel the Deaf Therapy Dog Ser.). (ENG., Illus.). 46p. (J). pap. 12.95 (978-1-64003-552-2(4)) Covenant Bks.

Ezekiel Helps Clean the Yard. Mary Lyons & Tom Lyons. 2019. (Ezekiel the Deaf Therapy Dog Ser.: Vol. 2). (ENG., Illus.). 82p. (J). pap. 22.95 *(978-1-64471-614-4(3))* Covenant Bks.

Ezekiel's Homespun Philosophies (Classic Reprint) Sarah Taylor Shatford. 2018. (ENG., Illus.). 90p. (J). 25.77 *(978-0-483-99167-5(8))* Forgotten Bks.

Ezekiel's Sin: A Cornish Romance (Classic Reprint) J. H. Pearce. 2018. (ENG., Illus.). 340p. (J). 30.97 *(978-0-428-82798-4(5))* Forgotten Bks.

Ezra Caine (Classic Reprint) Joseph William Sharts. (ENG., Illus.). (J). 2018. 148p. 26.97 *(978-0-656-10470-3(8))*; 2017. pap. 9.57 *(978-0-282-97384-1(2))* Forgotten Bks.

Ezra Gideon & the Crusaders: The Staff of Aaron. Ashley Macbeth. 2017. (ENG., Illus.). 230p. (YA). pap. 16.95 *(978-1-64079-251-7(1))* Christian Faith Publishing.

Ezra Hardman, M. an;, of Wayback College: And Other Stories (Classic Reprint) Sara B. Rogers. (ENG., Illus.). (J). 2018. 218p. 28.41 *(978-0-365-40187-2(0))*; 2017. pap. 10.97 *(978-1-331-81526-6(6))* Forgotten Bks.

Ezra I Love You All Ways. Marianne Richmond. Illus. by Dubravka Kolanovic. 2023. (I Love You All Ways Ser.). (ENG.). 32p. (J). (gr. -1-3). 8.99 ***(978-1-7282-7359-4(5))*** Sourcebooks, Inc.

Ezra the Mormon (Classic Reprint) Winifred Graham. 2017. (ENG., Illus.). (J). 320p. 30.50 *(978-0-332-79478-5(4))*; pap. 13.57 *(978-0-243-41815-2(9))* Forgotten Bks.

F

F. Xist Publishing. 2019. (Discover the Alphabet Ser.). (ENG.). 20p. (J). (gr. -1-1). pap. 24.99 *(978-1-5324-1358-2(0))* Xist Publishing.

F. Xist Publishing & Xist Publishing. 2019. (Discover the Alphabet Ser.). (ENG.). 22p. (J). (gr. -1-1). 22.99 *(978-1-5324-1304-9(1))* Xist Publishing.

F-22 Raptor. Megan Cooley Peterson. 2018. (Air Power Ser.). (ENG.). 32p. (gr. 2-7). 9.95 *(978-1-68072-677-0(3))*; (J). (gr. 4-6). pap. 9.99 *(978-1-64466-230-4(2), 12179)*; (J). (gr. 4-6). lib. bdg. *(978-1-68072-383-0(9), 12178)* Black Rabbit Bks. (Bolt).

F-35 Lightning II. Megan Cooley Peterson. 2018. (Air Power Ser.). (ENG.). 32p. (gr. 2-7). 9.95 *(978-1-68072-678-7(1))*; (J). (gr. 4-6). pap. 9.99 *(978-1-64466-231-1(0), 12183)*; (Illus.). (J). (gr. 4-6). lib. bdg. *(978-1-68072-384-7(7), 12182)* Black Rabbit Bks. (Bolt).

F. A. I. T. H Book of Expressions: Free to Be Aware in Thought from the Heart. Mariellen Rich. 2022. (ENG.). 198p. (J). pap. 29.00 ***(978-1-387-37049-8(9))*** Lulu Pr., Inc.

F. A. I. T. H Book of Expressions Book 1: Book 1-IT IS ALL about YOU. Mary Ellen Rich. 2023. (ENG.). 102p. (J). pap. 17.00 ***(978-1-312-34055-8(X))*** Lulu Pr., Inc.

F. A. R. T. Top Secret! No Kids Allowed! Peter Bakalian. 2022. (F. A. R. T. Diaries: 1). (ENG., Illus.). 144p. (J). (gr. 4-8). 13.99 *(978-1-5344-3619-0(7), Aladdin)* Simon & Schuster Children's Publishing.

F. A. R. T. Attack! Kids Strike Back. Peter Bakalian. 2023. (F. A. R. T. Diaries: 2). (ENG., Illus.). 160p. (J). (gr. 4-8). 13.99 ***(978-1-5344-5183-4(8)**, Aladdin)* Simon & Schuster Children's Publishing.

F. A. T. C. A. T. Feline Audio Telecommunicating Criminal Apprehension Team. David D. Felty. 2020. (ENG.). 126p. (J). (gr. 1-3). 20.99 *(978-1-953791-31-3(X))*; pap. 9.99 *(978-1-953791-30-6(1))* GoldTouch Pr.

F. A. T. C. A. t: Feline Audio Telecommunicating Criminal Apprehension Team. David D. Felty. 2019. (ENG.). 106p. (J). (gr. 1-3). pap. 9.99 *(978-1-950596-05-8(2))* CarterPr. LLC.

F. C. Barcelona. Mark Stewart. 2017. (First Touch Soccer Ser.). (ENG.). 24p. (J). (gr. k-3). 23.93 *(978-1-59953-859-4(8))* Norwood Hse. Pr.

F. C. Bayern Munich. Mark Stewart. 2017. (First Touch Soccer Ser.). (ENG., Illus.). 24p. (J). (gr. k-3). 23.93 *(978-1-59953-857-0(1))* Norwood Hse. Pr.

F. E. A. R. L. E. S. S. Creating & Finding the Career You Love. Samantha C. de la O. 2019. (ENG.). 84p. (J). pap. 19.99 *(978-0-578-41239-9(X))* DE LA O LLC.

F. Fox's Funny Folk (Classic Reprint) Fontaine Fox. (ENG., Illus.). (J). 2018. 214p. 28.33 *(978-0-364-39600-1(8))*; 2017. pap. 10.97 *(978-0-282-60969-6(5))* Forgotten Bks.

F. Grant or Partnerships: A Story for the Boys Who Mean Business (Classic Reprint) George Leonard Chaney. 2018. (ENG., Illus.). 300p. (J). 30.08 *(978-0-483-97691-7(1))* Forgotten Bks.

F. H. S. Class Book, 1923 (Classic Reprint) Fitchburg High School. (ENG., Illus.). (J). 2018. 142p. 26.70 *(978-0-332-86009-1(4))*; 2016. pap. 9.57 *(978-1-334-12355-9(1))* Forgotten Bks.

F-I-N-E Is a Four-Letter Word. R. Jetleb. 2018. (ENG.). 178p. (J). pap. *(978-1-989027-03-5(2))* Cavern of Dreams Publishing Hse.

F Is for Fairy: A Forest Friends Alphabet Primer. Debbie Schramer & Mike Schramer. 2018. (ENG., Illus.). 20p. (J). (gr. -1 — 1). bds. 9.99 *(978-1-945547-96-6(0), 554796)* Familius LLC.

F Is for Feathers: A Bird Alphabet. Helen L. Wilbur. Illus. by Andy Atkins. 2022. (Science Alphabet Ser.). (ENG.). 40p. (J). (gr. 1-4). 17.99 *(978-1-5341-1140-0(9), 205218)* Sleeping Bear Pr.

F Is for Feminist. Kim Collins. 2018. (ENG.). 38p. (J). 14.95 *(978-1-68401-963-2(X))* Amplify Publishing Group.

F Is for Finally: The Story of the 2016 Chicago Cubs. Robert George. 2017. (ENG.). (J). 14.95 *(978-1-68401-447-7(6))* Amplify Publishing Group.

F Is for Finn: Now I Know My ABCs & 123s Coloring & Activity Book with Writing & Spelling Exercises (Age 2-6) 128 Pages. Crawford House Learning Books. 2020. (ENG.). 130p. (J). pap. *(978-1-989828-21-2(3))* Crawford Hse.

F Is for Fish. Nick Rebman. 2021. (Alphabet Fun Ser.). (ENG., Illus.). 24p. (J). (gr. k-1). pap. 8.95 *(978-1-64619-397-4(0))*; lib. bdg. 28.50 *(978-1-64619-370-7(9))* Little Blue Hse. (Little Blue Readers).

F Is for Florida. Christin Farley & Stephanie Miles. 2018. (ENG., Illus.). 20p. (J). (gr. -1-k). bds. 12.99 *(978-1-64170-021-4(1), 550021)* Familius LLC.

F Is for Florida: Written by Kids for Kids. Boys and Girls Clubs of Central Florida. 2017. (See-My-State Alphabet Book Ser.). (ENG., Illus.). 32p. (J). (gr. -1-3). 14.99 *(978-1-5132-6049-5(9), West Winds Pr.)* West Margin Pr.

F Is for Forgiveness: Supporting Children's Mental & Emotional Release by Teaching Them How Forgiveness Makes You Free. Beth Anderson. l.t. ed. 2022. (ENG.). 34p. (J). 17.99 ***(978-1-0880-6545-7(7))*** Indy Pub.

F Is for Frog: ABCs of Endangered Amphibians, 2 vols. L. J. Amstutz & Sharon Katz Cooper. 2016. (E for Endangered Ser.). (ENG.). (J). 53.32 *(978-1-5157-5495-4(2))* Capstone.

F Is for Fruit: Book 2. Heather S. Sisto. 2023. (ABCs down the Produce Aisle Ser.: 2). 64p. (J). (-2). 28.99 BookBaby.

F. Scott Fitzgerald: the Great Gatsby. Illus. by Roberta Bordone. 2022. (Sweet Cherry Easy Classics Ser.). (ENG.). 128p. (J). pap. 6.95 *(978-1-78226-833-8(2), ec0af5c2-4208-49b5-bb94-7d41c478e82b)* Sweet Cherry Publishing GBR. Dist: Baker & Taylor Publisher Services (BTPS).

F-U-N Book for Canadian Boys & Girls (Classic Reprint) Mabel Guinnip Larue. (ENG., Illus.). (J). 2018. 116p. 26.31 *(978-0-666-49204-3(2))*; 2017. pap. 9.57 *(978-0-259-87623-6(2))* Forgotten Bks.

F. W. Prep, 8 bks., Set. Steven Otfinoski. Incl. Extraordinary Short Story Writing. (Illus.). 128p. (YA). (gr. 8-13). 2005. lib. bdg. 31.00 *(978-0-531-16760-1(7), Watts, Franklin)*; 2005. Set lib. bdg. 244.00 *(978-0-531-16823-3(9), Watts, Franklin)* Scholastic Library Publishing.

F Word: Redefining Me Book 1. Michelle Macqueen & Craven Ann Maree. 2019. (Redefining Me Ser.: Vol. 1). (ENG., Illus.). 216p. (YA). 20.99 *(978-1-970052-00-8(7))* United Bks. Publishing.

F/a-18 Super Hornet. Megan Cooley Peterson. 2019. (Air Power Ser.). (ENG., Illus.). 32p. (J). (gr. 4-6). pap. 9.99 *(978-1-64466-011-9(3), 12633)*; lib. bdg. *(978-1-68072-788-3(5), 12632)* Black Rabbit Bks. (Bolt).

Fa-La-la Llama (Touch-and-Feel Board Book) Joan Holub. Illus. by Allison Black. 2021. (ENG.). 10p. (J). (gr. -1 — 1). 9.99 *(978-1-338-68147-5(8), Cartwheel Bks.)* Scholastic, Inc.

Fa la La/Tra-La-la. Leslie Patricelli. Illus. by Leslie Patricelli. ed. 2017. (Leslie Patricelli Board Bks.). (Illus.). 26p. (J). (— 1). bds. 8.99 *(978-0-7636-9524-8(6))* Candlewick Pr.

Fa Tien: A Chinese Love Story (Classic Reprint) Annie M. Piercy. (ENG., Illus.). (J). 2018. 68p. 25.30 *(978-0-484-29862-9(3))*; 2017. pap. 9.57 *(978-0-243-45540-9(2))* Forgotten Bks.

Fab 5. Angel. 2022. (ENG., Illus.). 38p. (J). pap. 15.95 ***(978-1-68517-071-4(4))*** Christian Faith Publishing.

FAB Club 3 - the Big Match. Alex Hallatt. 2020. (Fab Club Ser.: Vol. 3). (ENG., Illus.). 134p. (J). (gr. 2-6). pap. *(978-0-473-50467-0(7))* Moontoon Publishing.

Fab (Friends Against Bullying) Club. Alexandra Hallatt. Illus. by Alexandra Hallatt. 2016. (ENG., Illus.). (J). (gr. 4-6). pap. *(978-0-9955482-0-6(X))* Moontoon Publishing.

Fab Lab Creating with 3D Printers, 1 vol. Amie Jane Leavitt. 2016. (Getting Creative with Fab Lab Ser.). (ENG.). 64p. (J). (gr. 6-6). 36.13 *(978-1-4994-6500-6(9), 81808d70-f655-4dfd-9a9b-4c31b6050a5e)* Rosen Publishing Group, Inc., The.

Fab Lab Creating with 3D Scanners, 1 vol. Kerry Hinton. 2016. (Getting Creative with Fab Lab Ser.). (ENG., Illus.). 64p. (J). (gr. 6-6). 36.13 *(978-1-4994-6502-0(5), 7c074c98-bbf2-4a4b-bfb7-d48dcab2bb5a)* Rosen Publishing Group, Inc., The.

Fab Lab Creating with Digital Sewing Machines, 1 vol. Kristina Lyn Heitkamp. 2016. (Getting Creative with Fab Lab Ser.). (ENG., Illus.). 64p. (J). (gr. 6-6). 36.13 *(978-1-4994-6508-2(4), 9278c82f-b150-4f25-97bf-8320b4e68f37)* Rosen Publishing Group, Inc., The.

Fab Lab Creating with Laser Cutters & Engravers, 1 vol. Mary-Lane Kamberg. 2016. (Getting Creative with Fab Lab Ser.). (ENG.). 64p. (J). (gr. 6-6). 36.13 *(978-1-4994-6504-4(1), 82340bb9-b692-4376-bd3f-32ab1f60a110)* Rosen Publishing Group, Inc., The.

Fab Lab Creating with Milling Machines, 1 vol. Jason Porterfield. 2016. (Getting Creative with Fab Lab Ser.). (ENG., Illus.). 64p. (J). (gr. 6-6). 36.13 *(978-1-4994-6506-8(8), f2dfca2b-df76-4290-afb7-e8b8f62e1045)* Rosen Publishing Group, Inc., The.

Fab Lab Creating with Vinyl Cutters, 1 vol. Cathleen Small. 2016. (Getting Creative with Fab Lab Ser.). (ENG.). 64p. (J). (gr. 6-6). 36.13 *(978-1-5081-7350-2(8), e849f08c-76ad-4558-a5ef-9a99fbad08d7)* Rosen Publishing Group, Inc., The.

Fabe Lands the Popcorn Festival - Barleys Reunion. Josi Brand and the Little Guys. 2019. (ENG.). 86p. (J). pap. *(978-0-359-38236-1(3))* Lulu Pr., Inc.

Fabe Lands the Popcorn Festival - Barleys Reunion Booklet 1. Josi Brand. 2018. (ENG., Illus.). 88p. (J). pap. 7.95 *(978-1-387-92460-8(5))* Lulu Pr., Inc.

Fabelhaft und Drachenstark. Ed. by Kelebek Verlag. 2019. (GER.). 170p. (YA). pap. *(978-3-947083-21-3(1))* Schenk, Maria Kelebek Verlag.

Fabellae Mostellariae, or Devonshire & Wiltshire Stories in Verse: Including Specimens of the Devonshire Dialect (Classic Reprint) Unknown Author. 2018. (ENG., Illus.). 106p. (J). 26.08 *(978-0-484-80782-1(X))* Forgotten Bks.

Fabian & Fabiola: Art Adventures. A. E. Browne & J. Radcliff. Illus. by J. Radcliff. 2022. (Fabian & Fabiola Ser.). (ENG.). 40p. (J). pap. 19.99 ***(978-1-7370215-5-1(2))*** Form 2 Fashion.

Fabian Dimitry. Edgar Fawcett. 2017. (ENG.). 308p. (J). pap. *(978-3-337-02634-9(6))* Creation Pubs.

Fabian Dimitry: A Novel (Classic Reprint) Edgar Fawcett. (ENG., Illus.). (J). 2018. 300p. 30.08 *(978-0-484-08264-8(7))*; 2016. pap. 13.57 *(978-1-334-11780-0(2))* Forgotten Bks.

Fabien Cousteau Expeditions (Boxed Set) Great White Shark Adventure; Journey under the Arctic; Deep into the Amazon Jungle; Hawai'i Sea Turtle Rescue. Fabien Cousteau & James O. Fraioli. Illus. by Joe St.Pierre. ed. 2022. (Fabien Cousteau Expeditions Ser.). (ENG.). 448p. (J). (gr. 3-7). 51.99 *(978-1-5344-9913-3(X), McElderry, Margaret K. Bks.)* McElderry, Margaret K. Bks.

Fabien the Alien. Noel Gago. Illus. by Noel Gago. 2016. (ENG., Illus.). (J). (gr. k-6). 21.35 *(978-0-692-72531-3(8))* Gago, Noel.

Fabio the World's Greatest Flamingo Detective: Mystery on the Ostrich Express. Laura James. Illus. by Emily Fox. 2020. (ENG.). 128p. (J). 16.99 *(978-1-5476-0459-3(X), 900223954)*; pap. 6.99 *(978-1-5476-0458-6(1), 900223951)* Bloomsbury Publishing USA. (Bloomsbury Children's Bks.).

Fabio the World's Greatest Flamingo Detective: the Case of the Missing Hippo. Laura James. Illus. by Emily Fox. 2019. (Fabio the World's Greatest Flamingo Detective Ser.). (ENG.). 144p. (J). 16.99 *(978-1-5476-0217-9(1), 900203642)*; pap. 7.99 *(978-1-5476-0216-2(3), 900203643)* Bloomsbury Publishing USA. (Bloomsbury Children's Bks.).

Fabiola (Classic Reprint) Nicholas Patrick Wiseman. 2017. (ENG., Illus.). (J). 35.94 *(978-0-265-73986-0(1))* Forgotten Bks.

Fabiola, or the Church of the Catacombs (Classic Reprint) Nicholas Patrick Wiseman. (ENG., Illus.). (J). 2017. 35.96 *(978-0-265-61071-8(0))*; 2016. pap. 19.57 *(978-1-333-13342-9(1))* Forgotten Bks.

Fable: A Novel. Adrienne Young. 2020. (World of the Narrows Ser.: 2). (ENG., Illus.). 368p. (YA). 18.99 *(978-1-250-25436-8(1), 900218851, Wednesday Bks.)* St. Martin's Pr.

Fable: Évolution du Genre (Classic Reprint) Leon Levrault. 2018. (FRE., Illus.). 164p. (J). 27.30 *(978-0-666-71838-9(5))* Forgotten Bks.

Fable As a Stylistic Test in Classical Greek Literature (Classic Reprint) Herbert Thompson Archibald. (ENG., Illus.). (J). 2018. 94p. 25.86 *(978-0-267-92552-0(2))*; 2016. pap. 9.57 *(978-1-334-22434-8(X))* Forgotten Bks.

Fable of Economy Isle: Told in Words of One Syllable (Classic Reprint) Max Shoop. (ENG., Illus.). (J). 2018. 46p. 24.85 *(978-0-267-37823-4(8))*; 2016. pap. 7.97 *(978-1-334-15745-5(6))* Forgotten Bks.

Fable of Love. Ezra Naughton. 2021. (ENG., Illus.). 38p. (YA). pap. 14.95 *(978-1-6624-1232-5(0))* Page Publishing Inc.

Fabled Life of Aesop: The Extraordinary Journey & Collected Tales of the World's Greatest Storyteller. Ian Lendler. Illus. by Pamela Zagarenski. 2020. (ENG.). 64p. (J). (gr. -1-3). 18.99 *(978-1-328-58552-3(2), 1729191, Clarion Bks.)* HarperCollins Pubs.

Fabled Stories from the Zoo: Tea-Time Tales for Young Little Folks & Young Old Folks. Albert Alberg. 2017. (ENG., Illus.). (J). pap. *(978-0-649-58032-3(X))* Trieste Publishing Pty Ltd.

Fabled Waters. Contrib. by World Book, Inc. Staff. 2017. (Illus.). 40p. (J). *(978-0-7166-3369-3(8))* World Bk., Inc.

Fables: Contes et Autres Po'sies (Classic Reprint) M. Val'ry Derbigny. 2018. (FRE., Illus.). 348p. (J). 31.07 *(978-0-666-18332-3(5))* Forgotten Bks.

Fables - Ancient & Modern. William Wallbeck. 2017. (ENG.). 218p. (J). pap. *(978-3-7447-6821-4(X))* Creation Pubs.

Fables Amusantes: Avec une Table Generale et Particuliere des Mots, et de Leur Signification en Anglais, Selon l'Ordre des Fables (Classic Reprint) Jean Perrin. 2017. (FRE., Illus.). (J). pap. 10.57 *(978-1-5276-1360-7(7))* Forgotten Bks.

Fables Amusantes: Avec une Table Générale et Particulière des Mots, et de Leur Signification en Anglais, Selon l'Ordre des Fables (Classic Reprint) Jean Perrin. 2018. (FRE., Illus.). 188p. (J). 27.77 *(978-0-666-01923-3(1))* Forgotten Bks.

Fables Amusantes: Avec une Table Generale et Particuliere des Mots et de Leur Signification en Anglais, Selon l'Ordre des Fables, Pour en Rendre la Traduction Plus Facile a l'Ecolier (Classic Reprint) Jean Baptiste Perrin. 2018. (FRE., Illus.). (J). 184p. 27.69 *(978-0-428-65543-3(2))*; 186p. pap. 10.57 *(978-0-428-63658-6(6))* Forgotten Bks.

Fables Amusantes: Avec une Table Generale et Particuliere des Mots et de Leur Signification en Anglais Selon l'Ordre des Fables, Pour en Rendre la Traduction Plus Facile a l'Ecolier (Classic Reprint) John Perrin. 2017. (FRE., Illus.). (J). pap. 10.57 *(978-0-259-13258-5(6))* Forgotten Bks.

Fables Amusantes: Avec une Table Générale et Particulière des Mots et de Leur Signification en Anglais Selon l'Ordre des Fables, Pour en Rendre la Traduction Plus Facile à l'Écolier (Classic Reprint) John Perrin. 2018. (FRE., Illus.). 184p. (J). 27.69 *(978-0-666-09112-3(9))* Forgotten Bks.

Fables Amusantes: Avec une Table Générale et Particulière des Mots et de Leur Signification en Anglais, Selon l'Ordre des Fables, Pour en Rendre la Traduction Plus Facile À l'Écolier (Classic Reprint) John Perrin. 2018. (FRE., Illus.). (J). 188p. 27.77 *(978-1-391-35776-8(0))*; 190p. pap. 10.57 *(978-1-390-19152-3(4))* Forgotten Bks.

Fables Amusantes: Avec une Table Générale et Particulière des Mots et de Leur Signification en Anglais Selon l'Ordre des Fables, Pour en Rendre la Traduction Plus Facile À l'Écolier (Classic Reprint) John Perrin. 2018. (FRE., Illus.). (J). 210p. 28.23 *(978-1-391-52618-8(X))*; 212p. pap. 10.57 *(978-1-390-64880-5(X))* Forgotten Bks.

Fables Amusantes: Avec une Table Générale et Particulière des Mots et de Leur Signification en Anglois (Classic Reprint) John Perrin. 2018. (FRE., Illus.). (J). 194p. 27.90 *(978-1-391-28066-0(0))*; 196p. pap. 10.57 *(978-1-390-80912-1(9))* Forgotten Bks.

Fables Amusantes: Avec une Table Generale et Particuliere des Mots et de Leur Signification en Anglois, Selon l'Ordre des Fables, Pour en Rendre la Traduction Plus Facile a l'Ecolier (Classic Reprint) Jean Baptiste Perrin. 2017. (FRE., Illus.). (J). 192p. 27.86 *(978-0-332-70985-7(X))*; 194p. pap. 10.57 *(978-0-332-58502-4(6))* Forgotten Bks.

Fables Amusantes: Avec une Table Générale et Particulière des Mots et de Leur Signification en Anglois, Selon l'Ordre des Fables, Pour en Rendre la Traduction Plus Facile À l'Écolier (Classic Reprint) John Perrin. 2018. (FRE., Illus.). (J). 192p. 27.86 *(978-0-365-70724-0(4))*; 194p. pap. 10.57 *(978-0-365-70721-9(X))* Forgotten Bks.

Fables Amusantes, Avec une Table Generale et Particuliere des Mots et de Leur Signification en Anglois: Selon l'Ordre des Fables, Pour en Rendre la Traduction Plus Facile a l'Ecolier (Classic Reprint) John Perrin. 2017. (FRE., Illus.). (J). 188p. 27.77 *(978-0-332-72006-7(3))*; 190p. pap. 10.57 *(978-0-332-44991-3(2))* Forgotten Bks.

Fables Anciennes et Modernes, Francaises et Etrangeres, Dont J. la Fontaine a Traite le Sujet: Litteralement Extraites de Pres de Quatre Cents Ouvrages Anterieurs Au Xviiie Siecle (Classic Reprint) J. L. Prel. 2018. (FRE., Illus.). (J). 88p. 25.71 *(978-0-428-48724-9(6))*; 90p. pap. 9.57 *(978-0-428-04358-2(5))* Forgotten Bks.

Fables, Ancient & Modern: After the Manner of la Fontaine (Classic Reprint) William Wallbeck. (ENG., Illus.). (J). 2018. 216p. 28.35 *(978-0-483-30593-9(6))*; 2016. pap. 10.97 *(978-1-334-22431-7(5))* Forgotten Bks.

Fables & Essays, Vol. 1 (Classic Reprint) John Bryan. 2017. (ENG., Illus.). (J). 29.18 *(978-0-265-17447-0(3))* Forgotten Bks.

Fables & Fabulists: Ancient & Modern (Classic Reprint) Thomas Newbigging. 2018. (ENG., Illus.). 160p. (J). 27.22 *(978-0-267-42964-6(9))* Forgotten Bks.

Fables & Fairy Tales for Little Folk: Or Uncle Remus in Hausaland (First Series) (Classic Reprint) Mary Mary. 2018. (ENG., Illus.). 152p. (J). 27.03 *(978-0-483-35983-3(1))* Forgotten Bks.

Fables & Fairytales. Abraham Welday. 2022. (ENG.). 131p. (J). pap. *(978-1-4717-6077-8(4))* Lulu Pr., Inc.

Fables & Folk Stories (Classic Reprint) Horace E. Scudder. 2017. (ENG., Illus.). (J). 28.10 *(978-1-5285-7218-7(1))* Forgotten Bks.

Fables & Rhymes Aesop & Mother Goose (Classic Reprint) William Adams. 2018. (ENG., Illus.). 100p. (J). 25.96 *(978-0-267-50313-1(X))* Forgotten Bks.

Fables & Rhymes for Beginners: The First Two Hundred Words (Classic Reprint) John Gilbert Thompson. 2017. (ENG., Illus.). (J). pap. 9.57 *(978-0-259-56416-4(8))* Forgotten Bks.

Fables & Satires, Vol. 1: With a Preface on the Esopean Fable (Classic Reprint) Brooke Boothby. 2018. (ENG., Illus.). 266p. (J). 29.38 *(978-0-267-16780-7(6))* Forgotten Bks.

Fables & Satires, Vol. 2: With a Preface on the Esopean Fable (Classic Reprint) Brooke Boothby. (ENG., Illus.). (J). 2018. 256p. 29.20 *(978-0-666-98065-6(9))*; 2017. pap. 11.57 *(978-1-5276-2988-2(0))* Forgotten Bks.

Fables, Anecdotes et Contes (Classic Reprint) Charles Desains. (FRE., Illus.). (J). 2018. 304p. 30.19 *(978-0-484-57560-7(0))*; 2017. pap. 13.57 *(978-0-282-19114-6(3))* Forgotten Bks.

Fables by the Late Mr. Gay, Vol. 2 (Classic Reprint) John Gay. (ENG., Illus.). (J). 2018. 194p. 27.90 *(978-0-428-99055-8(X))*; 2017. pap. 10.57 *(978-0-259-27337-0(6))* Forgotten Bks.

Fables Calculated for the Amusement & Instruction of Youth: Originally Dedicated to a Young Prince, for Whose Improvement They Were Written Taken from the French (Classic Reprint) J. Poole. 2017. (ENG., Illus.). (J). 27.40 *(978-0-260-74362-6(3))* Forgotten Bks.

Fables Canadiennes (Classic Reprint) Pamphile Lemay. (FRE., Illus.). (J). 2018. 364p. 31.42 *(978-0-364-11426-1(6))*; 2017. pap. 13.97 *(978-0-259-02228-2(4))* Forgotten Bks.

Fables Causides de la Fontaine en Bers Gascouns (Classic Reprint) Jean de la Fontaine. 2017. (FRE., Illus.). (J). pap. 13.57 *(978-0-243-52922-3(8))* Forgotten Bks.

Fables Chinoises du Iiie Au Viiie Siècle de Notre Ère (d'Origine Hindoue) (Classic Reprint) Edouard Chavannes. 2018. (FRE., Illus.). (J). 102p. 26.00 *(978-0-365-00020-6(2))*; 104p. pap. 9.57 *(978-0-365-00018-3(0))* Forgotten Bks.

Fables Choisies, À l'Usage des Enfans, et des Autres Personnes Qui Commencent À Apprendre la Langue Françoise: Avec un Index Alphabétique de Tout les Mots Traduits en Anglois (Classic Reprint) Louis Chambaud. 2018. (FRE., Illus.). (J). 174p. 27.51 *(978-1-390-16653-8(8))*; 176p. pap. 9.97 *(978-1-390-16637-8(6))* Forgotten Bks.

Fables Choisies de la Fontaine: Précédées de Sa Vie et de Celle d'Ésope (Classic Reprint) Jean de la Fontaine. 2018. (FRE., Illus.). (J). 416p. 32.48 *(978-0-364-86322-0(6))*; 418p. pap. 16.57 *(978-0-364-26328-0(8))* Forgotten Bks.

Fables Choisies de la Fontaine: With Biographical Sketch of the Author & Explanatory Notes in English (Classic Reprint) Jean de la Fontaine. 2018. (FRE., Illus.). (J). 132p. 26.62 *(978-0-364-68820-5(3))*; 134p. pap. 9.57 *(978-0-666-70705-5(7))* Forgotten Bks.

Fables Choisies, Mises & Vers, Vol. 1 (Classic Reprint) Jean de la Fontaine. 2018. (FRE., Illus.). (J). 552p. 35.30 *(978-0-364-20255-5(6))*; 554p. pap. 19.57 *(978-0-267-35796-3(6))* Forgotten Bks.

Fables Choisies, Mises en Vers, Vol. 1 (Classic Reprint) Jean de la Fontaine. (FRE., Illus.). (J). 2018. 482p. 33.84 *(978-0-484-87773-2(9))*; 2017. pap. 16.57 *(978-0-243-57814-6(8))* Forgotten Bks.

Fables Choisies Mises en Vers, Vol. 1 (Classic Reprint) Jean de la Fontaine. 2018. (FRE., Illus.). (J). 494p. 34.09 *(978-1-391-32167-7(7))*; 496p. pap. 16.57 *(978-1-390-15365-1(7))* Forgotten Bks.

Fables Choisies, Vol. 1: Mises en Vers (Classic Reprint) Jean de la Fontaine. 2018. (FRE., Illus.). (J). 318p. 30.48 *(978-0-364-23040-4(1))*; 320p. pap. 13.57 *(978-0-267-37661-2(8))* Forgotten Bks.

Fables Choisies, Vol. 4: Mises en Vers (Classic Reprint) Jean de la Fontaine. 2018. (FRE., Illus.). (J). 464p. 33.47 *(978-0-366-95859-7(3))*; 466p. pap. 16.57 *(978-0-366-95855-9(0))* Forgotten Bks.

Fables (Classic Reprint) Jean-Jacques-François-Marin Boisard. (FRE., Illus.). (J). 2018. 562p. 35.51 *(978-0-484-14001-0(9))*; 2017. pap. 19.57 *(978-0-259-00272-7(0))* Forgotten Bks.

Fables (Classic Reprint) Abel Fabre. (FRE., Illus.). (J). 2018. 138p. 26.80 *(978-0-428-96799-4(X))*; 2017. pap. 9.57 *(978-0-282-18348-6(5))* Forgotten Bks.

Fables (Classic Reprint) La Fontaine. 2018. (ENG., Illus.). 286p. (J). 29.82 *(978-0-267-80362-0(1))* Forgotten Bks.

Fables (Classic Reprint) Édouard Granger. (FRE., Illus.). (J). 2018. 234p. 28.68 *(978-0-656-14230-9(8))*; 2017. pap. 11.57 *(978-1-332-67864-8(5))* Forgotten Bks.

Fables (Classic Reprint) Pamphile Lemay. (FRE., Illus.). (J). 2018. 308p. 30.25 *(978-0-484-71544-7(5))*; 2018. 174p. 27.51 *(978-0-365-37539-5(X))*; 2018. 176p. pap. 9.97 *(978-0-365-37536-4(5))*; 2018. 172p. 27.49 *(978-0-267-23713-5(8))*; 2017. pap. 9.97 *(978-0-282-71386-7(7))*; 2017. pap. 13.57 *(978-0-259-26746-1(5))* Forgotten Bks.

Fables (Classic Reprint) Paul Stevens. 2018. (FRE., Illus.). 128p. (J). 26.56 *(978-0-484-85169-5(1))* Forgotten Bks.

Fables (Classic Reprint) Robert Louis Stevenson. 2017. (ENG., Illus.). (J). 26.10 *(978-0-266-55426-4(1))* Forgotten Bks.

Fables Completes (Classic Reprint) Jean-Pons-Guillaume Viennet. 2017. (FRE., Illus.). (J). 32.77 *(978-0-331-77908-0(0))*; pap. 16.57 *(978-0-331-77887-8(4))* Forgotten Bks.

Fables Composees Pour l'Education du Duc de Bourgogne (Classic Reprint) Francois Fenelon. 2017. (FRE., Illus.). (J). pap. 9.57 *(978-0-282-04857-0(X))* Forgotten Bks.

Fables Composées Pour l'Éducation du Duc de Bourgogne (Classic Reprint) Francois Fenelon. 2018. (FRE., Illus.). 148p. (J). 26.95 *(978-0-666-77976-2(7))* Forgotten Bks.

Fables, Contes et Epitres (Classic Reprint) Guillaume Antoine Lemonnier. 2017. (FRE., Illus.). (J). pap. 11.97 *(978-0-259-87293-1(8))* Forgotten Bks.

Fables, Contes et ÉPitres (Classic Reprint) Guillaume Antoine Lemonnier. 2018. (FRE., Illus.). 262p. (J). 29.30 *(978-0-656-88849-8(0))* Forgotten Bks.

Fables de Florian: Avec des Notes Par Madame Amable Tastu Suivies d'un Choix de Fables de Nos Meilleurs Fabulistes (Classic Reprint) Jean Pierre Claris De Florian. (FRE., Illus.). (J). 2018. 522p. 34.68 *(978-0-332-86596-6(7))*; 2017. pap. 19.57 *(978-0-282-00145-2(X))* Forgotten Bks.

Fables de Florian: Mit Grammatischen, Mythologischen, Geographischen etc. Erläuterungen, und Einer Erklärung der Wörter und Redensarten, Zur Erleichterung des Uebersetzens Ins Deutsche Für Den Schulgebrauch (Classic Reprint) Florian Florian. 2018. (FRE., Illus.). (J). 228p. 28.62 *(978-1-391-68726-1(4))*; 230p. pap. 10.97 *(978-1-390-85698-9(4))* Forgotten Bks.

Fables de Florian (Classic Reprint) Jean Pierre Claris de Florian. 2018. (FRE., Illus.). (J). 326p. 30.72 *(978-0-428-84988-7(1))*; 424p. 32.64 *(978-0-364-26169-9(2))*; 426p. pap. 16.57 *(978-0-267-57661-6(7))* Forgotten Bks.

Fables de Florian (Classic Reprint) Florian Florian. (FRE., Illus.). (J). 2018. 224p. 28.54 *(978-0-656-78401-1(6))*; 2017. 33.96 *(978-0-266-33683-9(3))*; 2017. pap. 16.57 *(978-0-282-89858-8(1))*; 2017. pap. 10.97 *(978-0-282-69303-9(3))* Forgotten Bks.

Fables de Florian (Classic Reprint) Jean Pierre Claris De Florian. 2017. (FRE., Illus.). (J). pap. 13.57 *(978-0-259-47896-6(2))* Forgotten Bks.

Fables de Krilof: Traduites en Vers Francais (Classic Reprint) I. Krilof. 2018. (FRE., Illus.). (J). 340p. 30.91 *(978-0-428-81500-4(6))*; 342p. pap. 13.57 *(978-0-428-81485-4(9))* Forgotten Bks.

Fables de la Fontaine: Additions a l'Histoire des Fables, Comparaisons, Rapprochements, Notes Litteraires et Lexicographiques, etc (Classic Reprint) Achille Delboulle. 2017. (FRE., Illus.). (J). 27.69 *(978-0-266-31800-2(2))*; pap. 10.57 *(978-1-5276-0327-1(X))* Forgotten Bks.

Fables de la Fontaine: Avec les Notes et Remarques de Champfort, Voltaire, la Harpe, Marmontel, Guillon, Gaillard, Geoffroy, etc., et des Observations Nouvelles (Classic Reprint) Jean de la Fontaine. 2017. (FRE., Illus.). (J). 336p. 30.83 *(978-0-332-72404-1(2))*; 338p. pap. 13.57 *(978-0-332-45759-8(1))* Forgotten Bks.

Fables de la Fontaine: Avec Notices Sur Sa Vie, et Sur Celles d'Ésope et de Phèdre, et des Notes (Classic Reprint) Jean de la Fontaine. 2018. (FRE., Illus.). (J). 376p. 31.65 *(978-1-391-74894-8(8))*; 378p. pap. 16.57 *(978-1-390-78621-7(8))* Forgotten Bks.

Fables de la Fontaine: Illustrees (Classic Reprint) Jean de la Fontaine. 2017. (FRE., Illus.). (J). 30.68 *(978-0-331-50547-4(9))*; pap. 13.57 *(978-0-243-96228-0(2))* Forgotten Bks.

Fables de la Fontaine: With Grammatical, Explanatory, & Etymological Notes (Classic Reprint) Jean de la Fontaine. 2017. (ENG., Illus.). (J). 33.67 *(978-0-266-38333-8(5))*; 33.47 *(978-0-331-38446-8(9))*; pap. 16.57 *(978-0-260-69387-7(1))* Forgotten Bks.

Fables de la Fontaine (Classic Reprint) Gustave Bourassa. (FRE., Illus.). (J). 2018. 32p. 24.47 *(978-0-483-23724-7(8))*; 2017. pap. 7.97 *(978-0-282-65630-0(8))* Forgotten Bks.

Fables de la Fontaine (Classic Reprint) Jean de la Fontaine. 2017. (FRE., Illus.). (J). 36.91 *(978-0-265-38099-4(5))* Forgotten Bks.

Fables de la Fontaine (Classic Reprint) Jean de la Fontaine. 2018. (FRE., Illus.). (J). 294p. 29.96 *(978-0-364-69100-7(X))*; 296p. pap. 13.57 *(978-0-666-71814-3(8))* Forgotten Bks.

Fables de la Fontaine, Vol. 2 (Classic Reprint) Jean de la Fontaine. 2017. (FRE., Illus.). (J). 30.60 *(978-0-265-46604-9(0))*; pap. 13.57 *(978-0-259-42298-3(3))* Forgotten Bks.

Fables de la Fontaine, Vol. 3 (Classic Reprint) Jean de la Fontaine. 2018. (FRE., Illus.). (J). 318p. 30.46 *(978-1-391-07931-8(0))*; 320p. pap. 13.57 *(978-1-391-02366-3(8))* Forgotten Bks.

Fables de Lessing: Mises en Vers, et Dediees a Son Altesse Royale et Eminentissime Monseigneur le Prince Primat, Grand-Duc de Francfort (Classic Reprint) Gotthold Ephraim Lessing. 2017. (FRE., Illus.). (J). pap. 9.97 *(978-0-259-88881-9(8))* Forgotten Bks.

Fables de Lessing: Mises en Vers, et dédiées a Son Altesse Royale et ÉMinentissime Monseigneur le Prince Primat, Grand-Duc de Francfort (Classic Reprint) Gotthold Ephraim Lessing. 2018. (FRE., Illus.). 176p. (J). 27.53 *(978-0-666-61417-9(2))* Forgotten Bks.

Fables de Lokmân Surnommé le Sage, en Arabe: Avec une Traduction Française, et Accompagnées de Remarques et d'un Vocabulaire Arabe-Français (Classic Reprint) Charles Schier. 2018. (FRE., Illus.). (J). 88p. 25.71 *(978-0-267-02532-9(7))*; 90p. pap. 9.57 *(978-0-483-92957-9(3))* Forgotten Bks.

Fables de Loqman Surnomme le Sage: Edition Arabe, Corrigee Sur un Manuscrit de la Bibliotheque Royale de Paris, Avec une Traduction Franc Aise et Accompagne e de Remarques et d'un Vocabulaire Arabe-Franc Ais (Classic Reprint) Luqm N. Luqm N. 2016. (FRE., Illus.). (J). pap. 9.57 *(978-1-333-13060-2(0))* Forgotten Bks.

Fables de Loqman, Surnomme le Sage: Traduites de l'Arabe, et Precedees d'une Notice Sur Ce Celebre Fabuliste (Classic Reprint) Jean-Joseph Marcel. 2018. (FRE., Illus.). (J). 162p. 27.26 *(978-0-428-63968-6(2))*; 164p. pap. 9.97 *(978-0-428-16244-3(4))* Forgotten Bks.

Fables de M. J. Krylof: Traduites du Russe (Classic Reprint) J. Krylof. 2018. (FRE., Illus.). (J). 286p. 29.80 *(978-0-366-38937-7(8))*; 288p. pap. 13.57 *(978-0-365-83743-5(1))* Forgotten Bks.

Fables de Mancini-Nivernois, Vol. 1 (Classic Reprint) Louis Mancini Nivernais. 2017. (FRE., Illus.). (J). 29.03 *(978-0-266-47465-4(9))* Forgotten Bks.

Fables de Mancini-Nivernois, Vol. 1 (Classic Reprint) Louis Mancini-Mazarini de Nivernais. 2017. (FRE., Illus.). (J). pap. 11.57 *(978-0-259-28842-8(X))* Forgotten Bks.

Fables de Mancini-Nivernois, Vol. 2 (Classic Reprint) L'Auteur L'Auteur. 2018. (FRE., Illus.). 244p. (J). 28.99 *(978-0-666-25474-0(5))* Forgotten Bks.

Fables de Monsieur le Brun: Divisees en Cinq Livres (Classic Reprint) Antoine Louis Le Brun. 2017. (FRE., Illus.). (J). pap. 16.57 *(978-0-243-55649-6(7))* Forgotten Bks.

Fables de Monsieur le Brun: Divisées en Cinq Livres (Classic Reprint) Antoine Louis Le Brun. 2018. (FRE., Illus.). 400p. (J). 32.15 *(978-0-666-49698-0(6))* Forgotten Bks.

Fables de Phèdre: Affranchi d'Auguste, Traduites en François, Augmentées de Hult Fables Qui Ne Sont Pas Dans les Éditions Précédentes, Expliquées d'une Manière Très-Facile (Classic Reprint) Phedre Phedre. 2018. (FRE., Illus.). (J). 364p. 31.40 *(978-1-391-87652-8(0))*; 366p. pap. 13.97 *(978-1-390-61150-2(7))* Forgotten Bks.

Fables de Phèdre: Édition Paléographique Publiée d'Après le Manuscrit Rosanbo (Classic Reprint) Phedre Phedre. 2018. (FRE., Illus.). (J). 230p. 28.66 *(978-1-391-82564-9(0))*; 232p. pap. 11.57 *(978-1-390-71762-4(3))* Forgotten Bks.

Fables de Phèdre: Traduction Nouvelle (Classic Reprint) Phedre Phedre. 2018. (FRE., Illus.). (J). 390p. 31.94 *(978-1-391-90710-9(8))*; 392p. pap. 16.57 *(978-1-390-59522-2(6))* Forgotten Bks.

Fables de Phèdre (Classic Reprint) Phaedrus. 2018. (FRE., Illus.). (J). 406p. 32.27 *(978-1-396-59922-4(3))*; 408p. pap. 16.57 *(978-1-391-48920-9(9))* Forgotten Bks.

Fables de Phèdre (Classic Reprint) Phedre Phedre. 2018. (FRE., Illus.). (J). 242p. 28.91 *(978-1-391-41355-6(5))*; 244p. pap. 11.57 *(978-1-390-21590-8(3))* Forgotten Bks.

Fables de Phedre en Vers Francois: Avec une Edition Latine a Cote, et des Notes (Classic Reprint) Phedre Phedre. 2017. (FRE., Illus.). (J). 31.40 *(978-0-331-93174-7(5))*; pap. 13.97 *(978-0-259-11043-9(4))* Forgotten Bks.

Fables d'Ésope, Mises en François, Avec le Sens Moral en Quatre Vers, et une Figure À Chaque Fable (Classic Reprint) Esope Esope. 2018. (FRE., Illus.). (J). 352p. 31.18 *(978-1-396-56565-6(5))*; 354p. pap. 13.57 *(978-1-391-58738-9(2))* Forgotten Bks.

Fables d'Esope, Mises en François: Avec le Sens Moral, en Quatre Vers; et les Quatrains de Benserade (Classic Reprint) Aesop. 2018. (FRE., Illus.). (J). 336p. 30.85 *(978-1-391-83149-7(7))*; 338p. pap. 13.57 *(978-1-390-49263-7(X))* Forgotten Bks.

Fables du Très Ancien Ésope. Esope. 2018. (FRE., Illus.). 298p. (J). pap. *(978-2-01-994731-6(5))* Hachette Groupe Livre.

Fables du Tres-Ancien Esope: Mises en Rithme Francoise (Classic Reprint) Esope Esope. 2017. (FRE., Illus.). (J). 29.98 *(978-0-266-84334-4(4))*; pap. 13.57 *(978-1-5276-0334-9(2))* Forgotten Bks.

Fables et Contes (Classic Reprint) Christian Fürchtegott Gellert. (FRE., Illus.). (J). 2018. 232p. 28.68 *(978-0-483-59071-7(1))*; 2017. pap. 11.57 *(978-0-259-06807-5(1))* Forgotten Bks.

Fables et la Vie d'Esope Phrygien. Traduit de Nouveau en François Selon la Verité Grecque. Esope. 2018. (FRE., Illus.). 238p. (J). (gr. 4-7). pap. *(978-2-01-993849-9(9))* Hachette Groupe Livre.

Fables et Oeuvres Diverses de J. la Fontaine: Avec des Notes et une Nouvelle Notice Sur Sa Vie (Classic Reprint) C. A. Walckenaer. 2018. (FRE., Illus.). 562p. (J). 35.51 *(978-0-666-28953-7(0))* Forgotten Bks.

Fables for Children, Stories for Children, Natural Science Stories, Popular Education, Decembrists, Moral Tales (Classic Reprint) Leo Tolstoi. 2017. (ENG., Illus.). (J). 34.89 *(978-0-266-21864-7(4))* Forgotten Bks.

Fables for the Fair (Classic Reprint) Josephine Dodge Daskam. 2018. (ENG., Illus.). 132p. (J). 26.64 *(978-0-428-80885-3(9))* Forgotten Bks.

Fables for the Fire-Side: A New Application of These Fables to Three Important Objects of Education Is Explained in the Introduction (Classic Reprint) John Lettice. 2018. (ENG., Illus.). 228p. (J). 28.60 *(978-0-484-37965-6(8))* Forgotten Bks.

Fables for the Frivolous: And Others (Classic Reprint) Sylvia Marchant Phillips. 2018. (ENG., Illus.). (J). 82p. 25.61 *(978-0-366-55909-1(5))*; 84p. pap. 9.57 *(978-0-366-06561-5(0))* Forgotten Bks.

Fables for the Frivolous: With Apologies to la Fontaine (Classic Reprint) Guy Wetmore Carryl. (ENG., Illus.). (J). 2017. 26.91 *(978-0-331-58508-7(1))*; 2016. pap. 9.57 *(978-1-333-69496-8(2))* Forgotten Bks.

Fables for the Nursery: Original & Select (Classic Reprint) Catharine Parr Traill. 2017. (ENG., Illus.). (J). 28.31 *(978-0-331-30997-3(1))* Forgotten Bks.

Fables for the Young Folks (Classic Reprint) Prosser. 2018. (ENG., Illus.). 164p. (J). 27.28 *(978-0-483-57517-2(8))* Forgotten Bks.

Fables for Wisdom Seekers Young & Old. Barbara A. Meyers. 2017. (ENG., Illus.). (J). (gr. 1-6). pap. 16.95 *(978-1-5069-0412-2(2))* First Edition Design Publishing.

Fables from Afar (Classic Reprint) Catherine Turner Bryce. 2017. (ENG., Illus.). (J). 28.10 *(978-0-265-48756-3(0))* Forgotten Bks.

Fables from la Fontaine (Classic Reprint) Jean de la Fontaine. 2018. (ENG., Illus.). (J). 388p. 31.90 *(978-0-267-27989-0(2))*; 390p. pap. 16.57 *(978-0-267-21555-3(X))* Forgotten Bks.

Fables from the History of Tongues. Bill Murray. 2017. (ENG., Illus.). (J). pap. 9.50 *(978-0-9847982-7-8(7))* Lucky Jenny Publishing.

Fables from the North. Rhonda McDonald. Illus. by Holly Clary. 2019. (ENG.). 70p. (J). pap. 16.00 *(978-1-7293-8796-2(9))* SDC Publishing, LLC.

Fables in Feather (Classic Reprint) S. Ten Eyck Bourke. 2018. (ENG., Illus.). 140p. (J). 26.78 *(978-0-267-50889-1(1))* Forgotten Bks.

Fables in Slang. George Ade. 2017. (ENG.). 216p. (J). pap. *(978-3-337-08149-2(5))* Creation Pubs.

Fables in Slang (Classic Reprint) George Ade. 2017. (ENG., Illus.). (J). 28.25 *(978-0-266-21808-1(3))* Forgotten Bks.

Fables in Verse (Classic Reprint) Martha F. Thompson. (ENG., Illus.). (J). 2018. 34p. 24.60 *(978-0-267-30485-1(4))*; 2016. pap. 7.97 *(978-1-333-29276-8(7))* Forgotten Bks.

Fables Inedites des Xiie, Xiiie et Xive Siecles, et Fables de la Fontaine, Rapprochees de Celles de Tous Auteurs Qui a Voient, Avant Lui, Traite les Memes Sujets, Vol. 1: Precedees d'une Notice Sur les Fabulistes (Classic Reprint) Jean de la Fontaine. 2017. (FRE., Illus.). (J). 38.95 *(978-0-266-62351-9(4))*; pap. 20.97 *(978-0-282-89875-5(1))* Forgotten Bks.

Fables inédites des Xiie, Xiiie et XIve Siècles, et Fables de la Fontaine, Rapprochées de Celles de Tous les Auteurs Qui Avoient, Avant Lui, Traite les Mêmes Sujets, Vol. 2: Précédées d'une Notice Sur les Fabulistes (Classic Reprint) Jean de la Fontaine. 2018. (FRE., Illus.). (J). 710p. 38.54 *(978-1-391-50928-0(5))*; 712p. pap. 20.97 *(978-1-390-64086-1(8))* Forgotten Bks.

Fables, Myths, & Legends, 1 vol. Therese M. Shea. 2018. (Let's Learn about Literature Ser.). (ENG.). 24p. (gr. 1-2). pap. 10.35 *(978-0-7660-9595-3(9))*, 58fadc45-4efe-420c-82e7-1a011310bf6b) Enslow Publishing, LLC.

Fables Nouvelles (Classic Reprint) Claude Joseph Dorat. 2018. (FRE., Illus.). (J). 202p. 28.06 *(978-1-391-31020-6(9))*; 204p. pap. 10.57 *(978-1-390-13894-8(1))* Forgotten Bks.

Fables Nouvelles (Classic Reprint) Jacques Peras. 2018. (FRE., Illus.). (J). 82p. 25.59 *(978-0-364-15522-6(1))*; 84p. pap. 9.57 *(978-0-267-33269-4(6))* Forgotten Bks.

Fables Nouvelles, Dediées Au Roy (Classic Reprint) Antoine Houdar De La Motte. 2018. (FRE., Illus.). (J). 410p. 32.35 *(978-0-428-38309-1(2))*; 412p. pap. 16.57 *(978-0-428-00844-4(5))* Forgotten Bks.

Fables Nouvelles Divisées en Quatre Livres: Traduction Libre de l'Allemand (Classic Reprint) Magnus Gottfried Lichtwer. 2018. (FRE., Illus.). (J). 284p. 29.75 *(978-1-396-42563-9(2))*; 286p. pap. 13.57 *(978-1-391-06194-8(2))* Forgotten Bks.

Fables of Aesop. Aesop. 2017. (ENG.). (J). 304p. pap. *(978-3-7447-8350-7(2))*; 336p. pap. *(978-3-7447-8351-4(0))* Creation Pubs.

Fables of Aesop. Joseph Jacobs et al. 2017. (ENG.). (J). 304p. pap. *(978-3-7447-7674-5(3))*; 338p. pap. *(978-3-7447-7675-2(1))* Creation Pubs.

Fables of Aesop: And Others, with Designs on Wood (Classic Reprint) Thomas Bewick. 2017. (ENG., Illus.). (J). 32.23 *(978-0-260-02796-2(0))* Forgotten Bks.

Fables of Aesop: As First Printed by William Caxton in 1484, with Those of Avian, Alfonso & Poggio, Now Again Edited & Induced by Joseph Jacobs (Classic Reprint) Joseph Jacobs. 2017. (ENG., Illus.). (J). 30.52 *(978-0-260-62900-5(6))* Forgotten Bks.

Fables of Aesop: Selected, Told Anew, & Their History Traced (Classic Reprint) Joseph Jacobs. (ENG., Illus.). (J). 2017. 28.93 *(978-0-266-75798-6(7))*; 2016. pap. 11.57 *(978-1-333-68470-9(3))* Forgotten Bks.

Fables of Aesop: Translated into English (Classic Reprint) Aesop Aesop. (ENG., Illus.). (J). 2018. 256p. 29.18 *(978-0-483-58184-5(4))*; 2016. pap. 13.57 *(978-1-334-32556-4(1))* Forgotten Bks.

Fables, of Aesop & Other Eminent Mythologists: With Morals & Reflections (Classic Reprint) Roger L'Estrange. (ENG., Illus.). (J). 2018. 540p. 35.03 *(978-0-483-11840-9(0))*; 2016. pap. 19.57 *(978-1-333-55523-8(7))* Forgotten Bks.

Fables of Aesop & Other Eminent Mythologists: With Morals & Reflections (Classic Reprint) Roger L'Estrange. 2017. (ENG., Illus.). (J). 36.31 *(978-0-266-66789-6(9))*; pap. 19.57 *(978-1-5276-3730-6(1))* Forgotten Bks.

Fables of Aesop & Others: Translated into English; with Instructive Applications, & a Print Before Each Fable (Classic Reprint) Samuel Croxall. (ENG., Illus.). (J). 2018. 374p. 31.61 *(978-0-483-57835-7(5))*; 2016. pap. 13.97 *(978-1-334-32548-9(0))* Forgotten Bks.

Fables of Aesop & Others: Translated into Human Nature (Classic Reprint) Charles H. Bennett. 2018. (ENG., Illus.). 96p. (J). 25.90 *(978-0-267-68860-9(1))* Forgotten Bks.

Fables of Aesop & Others (Classic Reprint) Aesop Aesop. (ENG., Illus.). (J). 2018. 360p. 31.32 *(978-0-483-05153-9(5))*; 2016. pap. 13.97 *(978-1-334-15586-4(0))* Forgotten Bks.

Fables of Aesop & Others, Translated into English: With Instructive Applications, & a Print Before Each Fable (Classic Reprint) Samuel Croxall. (ENG., Illus.). (J). 2018. 368p. 31.49 *(978-0-483-20070-8(0))*; 2017. pap. 13.97 *(978-0-243-96544-1(3))* Forgotten Bks.

Fables of Aesop (Classic Reprint) Aesop Aesop. (ENG., Illus.). (J). 2018. 20p. 24.31 *(978-0-267-90150-0(X))*; 2018. 22p. pap. 7.97 *(978-1-333-70052-2(0))*; 2017. 27.59 *(978-0-331-73970-1(4))*; 2016. pap. 9.97 *(978-1-334-15724-0(3))* Forgotten Bks.

Fables, of Aesop, Vol. 1: With a Life of the Author, & Embellished with One Hundred & Twelve Plates (Classic Reprint) Aesop Aesop. (ENG., Illus.). (J). 2018. 354p. 31.22 *(978-0-267-39594-1(9))*; 2016. pap. 13.57 *(978-1-334-32494-9(8))* Forgotten Bks.

Fables of Aesop, with His Life: To Which Are Added, Morals & Remarks, Accommodated to the Youngest Capacities (Classic Reprint) Aesop Aesop. (ENG., Illus.). (J). 2018. 150p. 26.99 *(978-0-656-35006-3(7))*; 2017. pap. 9.57 *(978-0-259-20105-2(7))* Forgotten Bks.

Fables of Aesop with His Life: To Which Is Added Morals & Remarks Accommodated to the Youngest Capacities (Classic Reprint) Aesop Aesop. (ENG., Illus.). (J). 2018. 170p. 27.40 *(978-0-483-57945-3(9))*; 2016. pap. 9.97 *(978-1-334-15219-1(5))* Forgotten Bks.

Fables of Avianus (Classic Reprint) Avianus Avianus. 2017. (ENG., Illus.). (J). 27.67 *(978-0-265-58701-0(8))*; pap. 10.57 *(978-0-282-90024-3(1))* Forgotten Bks.

Fables of Babrius: In Two Parts; Translated into English Verse (Classic Reprint) Babrius Babrius. (ENG., Illus.). (J). 2018. 264p. 29.36 *(978-0-365-49965-7(X))*; 2017. pap. 11.97 *(978-0-259-86053-2(0))* Forgotten Bks.

Fables of Everyday Folks (Classic Reprint) Sophie Irene Loeb. (ENG., Illus.). (J). 2018. 162p. 27.24 *(978-0-483-37850-6(X))*; 2016. pap. 9.97 *(978-1-334-13026-7(4))* Forgotten Bks.

Fables of Field & Staff (Classic Reprint) James Albert Frye. 2018. (ENG., Illus.). 220p. (J). 28.43 *(978-0-365-44496-1(0))* Forgotten Bks.

Fables of Florian (Classic Reprint) Jean Pierre Claris De Florian. (ENG., Illus.). (J). 2018. 26.45 *(978-0-265-93810-2(4))*; 2016. pap. 9.57 *(978-1-333-69367-1(2))* Forgotten Bks.

Fables of John Gay. John Gay & William Henry Kearley Wright. 2017. (ENG.). 320p. (J). pap. *(978-3-7447-6759-0(0))* Creation Pubs.

Fables of John Gay: With Biographical & Critical Introduction & Bibliograhical Appendix (Classic Reprint) John Gay. 2018. (ENG., Illus.). 324p. (J). 30.58 *(978-0-332-33516-2(X))* Forgotten Bks.

Fables of la Fontaine: A New Edition with Notes. Jean de la Fontaine. 2017. (ENG., Illus.). (J). 29.95 *(978-1-374-87698-9(4))* Capital Communications, Inc.

Fables of la Fontaine: Translated from the French by Elizur Wright, Jr.; Two Volumes in One (Classic Reprint) Jean de La Fontaine. 2016. (ENG., Illus.). (J). pap. 19.57 *(978-1-334-32608-0(8))* Forgotten Bks.

Fables of la Fontaine: Translated from the French by Elizur Wright, Jr.; Two Volumes in One (Classic Reprint) Jean de la Fontaine. 2017. (ENG., Illus.). (J). 35.12 *(978-0-331-80512-3(X))* Forgotten Bks.

Fables of la Fontaine: Translated from the French (Classic Reprint) Jean de la Fontaine. 2017. (ENG., Illus.). (J). 26.50 *(978-0-331-74041-7(9))*; pap. 9.57 *(978-0-243-39888-1(3))* Forgotten Bks.

Fables of la Fontaine: Translated from the French (Classic Reprint) Jean de la Fontaine. 2017. (ENG., Illus.). (J). 540p. 35.03 *(978-0-484-61162-6(3))*; pap. 19.57 *(978-0-259-55718-0(8))* Forgotten Bks.

Fables of la Fontaine: With Illustrations (Classic Reprint) Jean de la Fontaine. (ENG., Illus.). (J). 2018. 588p. 36.02 *(978-0-332-79718-2(X))*; 2017. pap. 19.57 *(978-0-243-49388-3(6))* Forgotten Bks.

Fables of Phaedrus: A Selection (Classic Reprint) Phaedrus Phaedrus. 2017. (ENG., Illus.). (J). pap. 10.57 *(978-0-259-99750-4(1))* Forgotten Bks.

Fables of Phaedrus: Books I. & II., with a Vocabulary (Classic Reprint) Phaedrus Phaedrus. 2017. (ENG., Illus.). (J). pap. 9.57 *(978-1-5277-3928-4(7))* Forgotten Bks.

Fables of Phaedrus: With Short English Notes for the Use of Schools (Classic Reprint) Phaedrus. 2017. (ENG., Illus.). (J). 27.77 *(978-0-331-88839-3(4))* Forgotten Bks.

Fables of Pilpay, Vol. 1 (Classic Reprint) Joseph Harris. (ENG., Illus.). (J). 2018. 296p. 30.00 *(978-0-365-26012-7(6))*; 2017. pap. 13.57 *(978-0-243-19676-0(8))* Forgotten Bks.

Fables of ÆSop, & Others: Translated into English; with Insructive Applications; & a Print Before Each Fable (Classic Reprint) Samuel Croxall. 2018. (ENG., Illus.). 348p. (J). 31.03 *(978-0-332-56466-1(5))* Forgotten Bks.

Fables of Æsop & Others: Translated into English, with Instructive Applications & a Cut Before Each Fable (Classic Reprint) Aesop Aesop. 2018. (ENG., Illus.). (J). 374p. 31.61 *(978-1-396-33898-4(5))*; 376p. pap. 13.97 *(978-1-390-90037-8(1))* Forgotten Bks.

Fables of the Elite (Classic Reprint) Dorothy Dix. 2018. (ENG., Illus.). 264p. (J). 29.36 *(978-0-267-43187-8(2))* Forgotten Bks.

Fables of the Forgotten (the Complete Story) Valmore Daniels. 2022. (ENG.). 336p. (J). pap. *(978-1-927560-45-7(4))* Mummer Media.

Fables of the Hotel Profession & Poems of Good Cheer (Classic Reprint) Charles Martyn. 2018. (ENG., Illus.). 94p. (J). 25.84 *(978-0-267-51991-0(5))* Forgotten Bks.

Fables on Subjects Connected with Literature: Imitated from the Spanish of Don Tomas de Yriarte (Classic Reprint) John Belfour. (ENG., Illus.). (J). 2018. 182p. 27.65 *(978-0-365-27144-4(6))*; 2017. pap. 10.57 *(978-0-259-90485-4(6))* Forgotten Bks.

F

Fables, Original & Selected: Embellished with Two Hundered & Eighty Engravings on Wood (Classic Reprint) James Northcote. 2018. (ENG., Illus.). 288p. (J). 29.84 *(978-0-332-18051-9(4))* Forgotten Bks.

Fables, Original & Selected (Classic Reprint) George Moir Bussey. 2017. (ENG., Illus.). (J). 31.94 *(978-0-331-96863-7(0))*; pap. 16.57 *(978-0-243-24356-3(1))* Forgotten Bks.

Fables, Original & Selected (Classic Reprint) James Northcote. (ENG., Illus.). (J). 2018. 312p. 30.33 *(978-0-365-37987-4(5))*; 2018. 306p. 30.23 *(978-0-267-60524-8(2))*; 2016. pap. 13.57 *(978-1-334-32485-7(9))* Forgotten Bks.

Fables Polonaises Imitees de Krasicki (Classic Reprint) Blanche Norblin. 2017. (FRE., Illus.). (J). pap. 9.57 *(978-0-282-15325-0(X))* Forgotten Bks.

Fables Polonaises Imitées de Krasicki (Classic Reprint) Blanche Norblin. 2018. (FRE., Illus.). 60p. (J). 25.15 *(978-0-332-07873-1(6))* Forgotten Bks.

Fables Sénégalaises Recueillies de l'Ouolof, et Mises en Vers Français: Avec des Notes Destinées a Faire Connaître la Sénégambie, Son Climat, Ses Principales Productions, la Civilisation et les Moeurs des Habitans (Classic Reprint) Jacques Francois Roger. 2018. (FRE., Illus.). (J). 280p. 29.67 *(978-0-364-50451-2(X))*; 282p. pap. 13.57 *(978-0-656-70792-8(5))* Forgotten Bks.

Fables You Shouldn't Pay Any Attention To. Florence Parry Heide & Sylvia Worth Van Clief. Illus. by Sergio Ruzzier. 2017. (ENG.). 112p. (J). (gr. 1-5). 16.99 *(978-1-4814-6382-9(9))* Simon & Schuster Children's Publishing.

Fabliaux et Contes des Poètes Francois des XI, XII, XIII, XIV et Xve Siècles, Tirés des Meilleurs Auteurs, Vol. 1: Contenant l'Ordene de Chevalerie, Avec une Dissertation Sur l'Origine de la Langue Française, un Essai Sur les Étymologies, Plusieurs C. Dominique Martin Meon. 2018. (FRE., Illus.). (J). 492p. 34.06 *(978-1-391-83376-7(7))*; 494p. pap. 16.57 *(978-1-390-67833-8(4))* Forgotten Bks.

Fabliaux et Contes des Poetes Francois des XI, XII, XIII, XIV et Xve Siecles, Tires des Meilleurs Auteurs, Vol. 1: Contenant l'Ordene de Chevalerie, Avec une Dissertation Sur l'Origine de la Langue Francoise, un Essai Sur les Etymologies, Plusieurs. Étienne Barbazan. 2017. (FRE., Illus.). (J). pap. 16.57 *(978-0-259-28722-3(9))* Forgotten Bks.

Fabliaux et Contes des Poètes François des XI, XII, XIII, XIV et Xve Siècles, Tirés des Meilleurs Auteurs, Vol. 1: Contenant l'Ordene de Chevalerie, Avec une Dissertation Sur l'Origine de la Langue Françoise, un Essai Sur les Étymologies, Plusieurs. Étienne Barbazan. 2018. (FRE., Illus.). (J). 488p. 33.98 *(978-1-391-75411-6(5))*; 490p. pap. 16.57 *(978-1-390-78411-4(8))*; 486p. 33.94 *(978-0-365-78167-7(3))*; 488p. pap. 16.57 *(978-0-365-73526-7(4))*; 502p. 34.27 *(978-0-666-91429-3(X))* Forgotten Bks.

Fabliaux et Contes des Poètes François des XI, XII, XIII, XIV et Xve Siècles, Tirés des Meilleurs Auteurs, Vol. 3 (Classic Reprint) Étienne Barbazan. 2018. (FRE., Illus.). (J). 544p. 35.12 *(978-1-396-63211-2(5))*; 546p. pap. 19.57 *(978-1-391-40434-9(3))*; 558p. 35.41 *(978-1-391-64591-9(X))*; 560p. pap. 19.57 *(978-1-390-84255-5(X))*; 436p. 32.89 *(978-0-366-18779-9(1))*; 438p. pap. 16.57 *(978-0-366-04452-8(4))* Forgotten Bks.

Fabliaux et Contes des Poetes Francois des XI, XII, XIII, XIV et Xve Siecles, Vol. 2: Contenant le Castoiement, Ou Instruction d'un Pere a Son Fils, Ouvrage Moral en Vers, Compose Dans le Xiiie Siecle; Suivi de Plusieurs Pieces Historiques et Mora. Étienne Barbazan. 2017. (FRE., Illus.). (J). 34.02 *(978-0-266-70263-4(5))*; pap. 16.57 *(978-0-259-58185-7(2))* Forgotten Bks.

Fabliaux et Contes des Poetes Francois des XI, XII, XIII, XIV et Xve Siecles, Vol. 3: Tires des Meilleurs Auteurs (Classic Reprint) Étienne Barbazan. 2017. (FRE., Illus.). (J). pap. 19.57 *(978-0-259-96280-9(5))* Forgotten Bks.

Fabliaux et Contes des Poètes François des XI, XII, XIII, XIV et Xve Siècles, Vol. 3: Tirés des Meilleurs Auteurs (Classic Reprint) Étienne Barbazan. 2018. (FRE., Illus.). 554p. (J). 35.34 *(978-0-332-78003-0(1))* Forgotten Bks.

Fabliaux et Contes des Poetes Francois, Vol. 4: Des XI, XII, XIII, Xive et Xve Siecles, Tires des Meilleurs Auteurs (Classic Reprint) Barbazan Barbazan. 2017. (FRE., Illus.). (J). 35.16 *(978-0-265-62352-7(9))* Forgotten Bks.

Fabliaux Ou Contes, du Xiie et du Xiiie Si'cle, Fables et Romans du Xiiie, Vol. 2: Traduits Ou Extraits d'Apr's Plusieurs Manuscrits du Tems; Avec des Notes Historiques et Critiques, et les Imitations Qui Ont et' Faites de Ces Contes Depuis Leur Origin. Le Grand. 2018. (FRE., Illus.). 436p. (J). 32.91 *(978-0-666-13770-8(6))* Forgotten Bks.

Fabliaux Ou Contes, du Xiie et du Xiiie Siècle, Fables et Roman du Xiiie, Vol. 1: Traduits Ou Extraits d'Après Plusieurs Manuscrits du Tems (Classic Reprint) Le Grand. 2018. (FRE., Illus.). 438p. (J). pap. 16.57 *(978-0-666-66576-8(1))* Forgotten Bks.

Fabliaux Ou Contes, du Xiie et du Xiiie Siecle, Fables et Romans du Xiiie, Vol. 2: Traduits Ou Extraits d'Apres Plusieurs Manuscrits du Tems; Avec des Notes Historiques et Critiques, et les Imitations Qui Ont Ete Faites de Ces Contes Depuis Leur Origin. Le Grand. 2017. (FRE., Illus.). (J). pap. 16.57 *(978-0-259-08583-6(9))* Forgotten Bks.

Fabliaux, Ou Contes, Fables et Romans du Xiie et du Xiiie Siecle, Vol. 3 (Classic Reprint) Pierre Jean Baptiste Le Grand D'Aussy. 2017. (FRE., Illus.). (J). pap. 16.57 *(978-1-332-66032-2(0))* Forgotten Bks.

Fabliaux, Ou Contes, Fables et Romans du Xiie et du Xiiie Siècle, Vol. 3 (Classic Reprint) Pierre Jean Baptiste Le Grand D'Aussy. 2018. (FRE., Illus.). 432p. (J). 32.99 *(978-0-666-39391-3(5))* Forgotten Bks.

Fabliaux Ou Contes, Fables et Romans du Xiie et du Xiiie Siecle, Vol. 4 (Classic Reprint) Legrand D'Aussy. 2017. (FRE., Illus.). (J). 33.22 *(978-0-265-50515-1(1))*; pap. 16.57 *(978-0-243-88178-9(9))* Forgotten Bks.

Fablier du Premier Âge, Ou Choix de Fables a la Portée des Enfans: Avec des Explications Morales et des Notes Tirées de l'Histoire, de la Mythologie et de l'Histoire Naturelle (Classic Reprint) Unknown Author. 2018. (FRE., Illus.). (J). 200p. 28.04 *(978-0-364-65243-5(8))*; 202p. pap. 10.57 *(978-0-666-54551-0(0))* Forgotten Bks.

Fabric. Emily Sohn. 2019. (IScience Ser.). (ENG., Illus.). 24p. (J). (gr. k-2). pap. 13.26 *(978-1-68404-359-0(X))* Norwood Hse. Pr.

Fabric of the Loom (Classic Reprint) Mary S. Watts. (ENG., Illus.). (J). 2018. 276p. 29.59 *(978-0-483-74591-9(X))*; 2017. pap. 11.97 *(978-0-243-22779-2(5))* Forgotten Bks.

fábrica de etiquetas. Emma Piquer Caro. 2021. (SPA.). 32p. (J). 23.99 *(978-84-261-4723-3(2))* Juventud, Editorial ESP. Dist: Lectorum Pubns., Inc.

Fabricante de lágrimas / the Tear Maker. Erin Doom. 2023. (SPA.). 672p. (YA). (gr. 7). pap. 18.95 ***(978-607-38-2534-4(X)***, Montena) Penguin Random House Grupo Editorial ESP. Dist: Penguin Random Hse. LLC.

Fabrications. Amanda Goransson. 2018. (ENG., Illus.). 222p. (YA). pap. *(978-1-9164715-0-4(1))* Ramsten Publishing.

Fabrics Mix & Match Games: Fabric Activity Book. Jupiter Kids. 2016. (ENG., Illus.). 76p. (J). pap. 13.75 *(978-1-68305-396-5(6)*, Jupiter Kids (Childrens & Kids Fiction)) Speedy Publishing LLC.

Fabula Anatina: A Duckish Tale in Latin. Irene La Preziosa & Luke Amadeus Ranieri. 2021. (LAT.). 52p. (J). pap. ***(978-1-7947-0414-5(0))*** Lulu Pr., Inc.

Fabula de Los Eternos: Apreciar el Momento. Created by Angel Alvarez. 2016. (SPA., Illus.). (J). *(978-0-9949306-3-7(1))* Alvarez, Angel.

Fabulae Aesopi Selectae or, Select Fables of Aesop. H. Clarke. 2017. (ENG.). 166p. (J). pap. *(978-3-337-07586-6(X))* Creation Pubs.

Fabulae Aesopi Selectae, or Select Fables of Aesop: With an English Translation As Literal As Possible (Classic Reprint) James Ross. (ENG., Illus.). (J). 2018. 164p. 27.28 *(978-0-267-77830-0(9))*; 2016. pap. 9.97 *(978-1-334-15218-4(7))* Forgotten Bks.

Fabulae Aesopi Selectae, or Select Fables of Aesop: With an English Translation, More Literal Than Any yet Extant, Designed for the Readier Instruction of Beginners in the Latin Tongue (Classic Reprint) Aesop Aesop. 2017. (ENG., Illus.). (J). 27.34 *(978-0-265-94679-4(4))* Forgotten Bks.

Fabulae Aesopi Selectae, or Select Fables of Aesop: With an English Translation, More Literal Than Any yet Extant, Designed for the Readier Instruction of Beginners in the Latin Tongue (Classic Reprint) H. Clarke. 2018. (ENG., Illus.). 164p. (J). 27.28 *(978-0-267-87160-5(0))* Forgotten Bks.

Fabulae Aesopi Selectae, or Select Fables of Aesop: With an English Translation, More Literal Than Any yet Extant; Designed for the Readier Instruction of Beginners in the Latin Tongue (Classic Reprint) H. Clarke. (ENG., Illus.). (J). 2018. 158p. 27.22 *(978-0-332-47796-1(7))*; 2016. pap. 9.57 *(978-1-333-72487-0(X))* Forgotten Bks.

Fabulae Aesopi Selectae, Select Fables of Aesop: With an English Translation As Literal As Possible, Answering Line for Line Throughout the Roman & Italic Characters Being Alternately Used, So That It Is Next to an Impossibility for the Student to Mista. Aesop Aesop. (ENG., Illus.). (J). 2018. 162p. 27.26 *(978-0-267-72961-6(8))*; 2016. pap. 9.97 *(978-1-333-74140-2(5))* Forgotten Bks.

Fábulas 1: la Gallina de Los Huevos de Oro y Otras Fábulas para Aprender a Leer / the Hen & the Golden Eggs & Other Fables to Learn Reading (Spanish) vv. aa. vv.aa. 2022. (SPA.). 48p. (J). pap. 4.95 *(978-607-07-8634-1(3))* Editorial Planeta, S. A. ESP. Dist: Two Rivers Distribution.

Fábulas 2. la Liebre y la Tortuga y Otras Fábulas para Aprender a Leer. Estudio P. E. S. A. C Estudio PE S.A.C. 2022. (SPA.). 48p. (J). pap. 4.95 *(978-607-07-8635-8(1))* Editorial Planeta, S. A. ESP. Dist: Two Rivers Distribution.

Fábulas 3. la Cigarra y la Hormiga y Otras Fábulas. Estudio P. E. S. A. C Estudio PE S.A.C. 2022. (SPA.). 48p. (J). pap. 4.95 *(978-607-07-8636-5(X))* Editorial Planeta, S. A. ESP. Dist: Two Rivers Distribution.

Fábulas 4. el león y el Ratón y Otras Fábulas Para. Estudio P. E. S. A. C Estudio PE S.A.C. 2022. (SPA.). 399p. (J). pap. 4.95 *(978-607-07-8637-2(8))* Editorial Planeta, S. A. ESP. Dist: Two Rivers Distribution.

Fabulas Asceticas: En Verso Castellano y en Variedad de Metros (Classic Reprint) Cayetano Fernandez. 2017. (SPA., Illus.). (J). pap. 16.57 *(978-0-243-86067-8(6))* Forgotten Bks.

Fabulas de Esopo. Aesop Aesop. 2018.Tr. of Aesop's Fables. 40p. (J). 9.99 *(978-958-30-5357-3(0))* Panamericana Editorial COL. Dist: Lectorum Pubns., Inc.

Fábulas de Esopo. Anna Laura Cantone. 2016. (SPA., Illus.). 48p. (J). (gr. 1-6). 18.95 *(978-84-16117-57-4(8))* Ediciones Obelisco ESP. Dist: Spanish Pubs., LLC.

Fabulas de Esopo: Com Applicacoes Moraes a Cada Fabula (Classic Reprint) Esopo Esopo. 2017. (POR., Illus.). (J). 184p. 27.69 *(978-0-332-66777-5(4))*; 186p. pap. 10.57 *(978-0-332-36923-5(4))* Forgotten Bks.

Fabulas de Esopo: Traduzidas Da Lingua Grega Com Applicacoes Moraes a Cada Fabula (Classic Reprint) Aesop Aesop. 2017. (POR., Illus.). (J). 176p. 27.53 *(978-0-332-64285-7(2))*; 178p. pap. 9.97 *(978-0-332-43213-7(0))* Forgotten Bks.

Fábulas de Esopo / Aesop's Fables. Esopo. 2020. (SPA.). 64p. (J). (gr. 2-5). 12.95 *(978-987-579-884-7(3))* El Gato de Hojalata ARG. Dist: Penguin Random Hse. LLC.

Fábulas de Esopo, Filosofo Moral, y de Otros Famosos Autores: Corregidas de Nuevo (Classic Reprint) Unknown Author. 2018. (SPA., Illus.). (J). 372p. 31.57 *(978-1-396-30324-1(3))*; 374p. pap. 13.97 *(978-1-390-23501-2(7))* Forgotten Bks.

Fabulas de Iriarte y la Fontaine. Jean De La Fontaine & Tomas Iriarte de. 2018. 40p. (J). 9.99 *(978-958-30-5355-9(4))* Panamericana Editorial COL. Dist: Lectorum Pubns., Inc.

Fabulas de la Vida Del Sabio y Clarísimo Fabulador Isopo: Con Las Fabulas y Sentencias de Diversos Autores: Ahora de Nuevo Corregido, y Enmendado, con Las Anotaciones (Classic Reprint) Aesop Aesop. 2018. (SPA., Illus.). (J). 318p. 30.48 *(978-1-391-26271-0(9))*; 320p. pap. 13.57 *(978-1-390-73936-7(8))* Forgotten Bks.

Fábulas de la Vida Del Sabioy Clarisimo Fabulador Isopo, con Las Fábulas, y Sentencias de Diversos, y Graves Autores: Ahora de Nuevo Corregido, y Enmendado con Las Anotaciones (Classic Reprint) Aesop Aesop. 2018. (SPA., Illus.). 676p. (J). 38.00 *(978-0-666-86461-1(6))* Forgotten Bks.

Fabulas de Loqmán: Vertidas Em Portuguez e Paraphraseadas Em Versos Hebraicos (Classic Reprint) Loqman Loqman. 2018. (POR., Illus.). (J). 172p. 27.46 *(978-1-391-20991-3(5))*; 174p. pap. 9.97 *(978-1-390-76953-1(4))* Forgotten Bks.

Fábulas de Samaniego. Félix M. Samaniego. 2017. 40p. (J). (-2). 9.99 *(978-958-30-5356-6(2))* Panamericana Editorial COL. Dist: Lectorum Pubns., Inc.

Fábulas Del Universo. Ana Yaheli Sanchez Quesada. 2019. (SPA.). 64p. (J). pap. 16.95 *(978-1-64334-050-0(6))* Page Publishing Inc.

Fabulas en Verso Castellano: Para el USO Del Real Seminario Bascongado (Classic Reprint) Felix María Samaniego. 2017. (SPA., Illus.). (J). pap. 11.57 *(978-0-282-63895-5(4))* Forgotten Bks.

Fabulas en Verso Originales (Classic Reprint) Arenal De Garcia Carrasco. 2018. (SPA., Illus.). 160p. (J). 27.22 *(978-0-666-51965-8(X))* Forgotten Bks.

Fabulas Fabulosas (Classic Reprint) Thebussem Thebussem. 2018. (SPA., Illus.). (J). 50p. 24.93 *(978-0-483-73714-3(3))*; 52p. pap. 9.57 *(978-0-483-73591-0(4))* Forgotten Bks.

Fabulas Literarias (Classic Reprint) Tomas De Iriarte. 2018. (Illus.). (J). (SPA.). 146p. 26.91 *(978-1-396-83774-6(4))*; (SPA., 148p. pap. 9.57 *(978-1-396-83697-8(7))*; (SPA., 148p. 26.95 *(978-0-366-71790-3(1))*; (SPA., 150p. pap. 9.57 *(978-0-366-71783-5(9))*; (POR., 172p. 27.46 *(978-0-364-66586-2(6))*; (SPA., 178p. 27.59 *(978-0-364-98910-4(6))*; (SPA., 186p. pap. 10.57 *(978-0-656-74807-5(9))*; (POR., 174p. pap. 9.97 *(978-0-666-59909-4(2))*; (SPA., 180p. pap. 9.97 *(978-0-656-59748-2(8))* Forgotten Bks.

Fabulas Literarias de Tomas de Iriarte (Classic Reprint) Tomas De Iriarte. 2017. (SPA., Illus.). (J). 27.67 *(978-0-265-62511-8(4))* Forgotten Bks.

Fabulas para Gigantes. Tony Ruano. Illus. by Kelsy C. Ruano & Ernesto R. Valdes. 2016. (SPA.). (J). pap. 10.75 *(978-0-9792972-5-0(7))* Ruano, José A.

Fabulas para Gigantes. Tony Ruano. Illus. by Kelsy C. Ruano. 2020. (SPA.). 52p. (J). pap. 11.45 ***(978-0-9792972-6-7(5))*** Marzell, Paul.

Fábulas Unicornio: El Poder Secreto de Los Unicornios. Judy Travis. 2020. (Fábulas Unicornio Ser.: Vol. 3). (SPA.). 54p. (J). pap. 12.99 ***(978-1-7338780-8-1(4))*** Southampton Publishing.

Fabulas y Cuentos: A Spanish Reader (Classic Reprint) Clifford G. Allen. 2017. (SPA., Illus.). (J). 27.92 *(978-0-266-44533-3(0))* Forgotten Bks.

Fabules, Contes e Mites. Vicente Costalago Vázquez. 2021. (OCI.). 80p. (J). pap. 10.43 ***(978-1-716-14506-3(6))*** Lulu Pr., Inc.

Fabuleuses Betes du Bonhomme (Classic Reprint) G. Franceschi. 2017. (FRE., Illus.). (J). pap. 11.57 *(978-0-243-89911-1(4))* Forgotten Bks.

Fabuleux Voyage de Karamel et Madeline. G. Demichel. 2018. (FRE., Illus.). 114p. (J). pap. *(978-2-9543203-2-8(X))* Bekalle-Akwe (Henri Junior).

Fabulistes Latins: Depuis le Siècle d'Auguste Jusqu'à la Fin du Moyen Age (Classic Reprint) Léopold Hervieux. 2018. (FRE., Illus.). 542p. (J). 35.08 *(978-0-484-59283-3(1))* Forgotten Bks.

Fabulistes Latins: Depuis le Siecle d'Auguste Jusqu'a la Fin du Moyen Age; Eudes de Cheriton et Ses Derives (Classic Reprint) Léopold Hervieux. 2017. (LAT., Illus.). (J). 34.00 *(978-0-265-62307-7(3))*; pap. 16.57 *(978-0-259-57907-6(6))* Forgotten Bks.

Fabulistes Latins: Depuis le Siècle d'Auguste Jusqu'à la Fin du Moyen Âge; Eudes de Cheriton et Ses dérivés (Classic Reprint) Léopold Hervieux. 2018. (FRE., Illus.). (J). 488p. 33.98 *(978-0-366-27128-3(8))*; 490p. pap. 16.57 *(978-0-365-91299-6(9))* Forgotten Bks.

Fabulistes Latins Depuis le Siècle d'Auguste Jusqu'à la Fin du Moyen Âge: Études de Cheriton et Ses dérives (Classic Reprint) Léopold Hervieux. 2018. (FRE., Illus.). (J). 490p. 34.00 *(978-1-391-64525-4(1))*; 492p. pap. 16.57 *(978-1-390-84175-6(8))* Forgotten Bks.

Fabulistes Latins Depuis le Siecle d'Auguste Jusqu'a la Fin du Moyen Age, Vol. 1: Phedre et Ses Anciens Imitateurs Directs et Indirects (Classic Reprint) Léopold Hervieux. 2017. (FRE., Illus.). (J). 39.59 *(978-0-266-45582-0(4))*; pap. 23.57 *(978-0-259-74739-0(4))* Forgotten Bks.

Fabulists (Classic Reprint) Bernard Capes. (ENG., Illus.). (J). 2018. 362p. 31.36 *(978-0-484-87429-8(2))*; 2016. pap. 13.97 *(978-1-334-21001-3(2))* Forgotten Bks.

Fabulous Beekman Boys Present: Polka Spot: My Life in Pictures. Illus. by Bernat Chanoa. 2017. (ENG.). (J). (gr. 3-6). pap. 19.99 *(978-1-948216-56-2(6))* TidalWave Productions.

Fabulous Diary of Persephone Pinchgut, 1 vol. Aleesah Darlison. Illus. by Serena Geddes. 2016. (Totally Twins Ser.). (ENG.). 666p. (J). pap. 8.99 *(978-1-78226-299-2(7)*, 279f02a0-575c-40e4-a75e-f3c21a31b11b) Sweet Cherry Publishing GBR. Dist: Baker & Taylor Publisher Services (BTPS).

Fabulous Dresses - Coloring Books 50's Fashion Edition. Creative Playbooks. 2016. (ENG., Illus.). (J). pap. 7.74 *(978-1-68323-094-6(9))* Twin Flame Productions.

Fabulous Fables & Fairy Tales: With a Twist. Jacqueline Drury. Illus. by Safiyya Bintali. 2022. (ENG.). 548p. (J). *(978-1-83975-839-3(2))* Grosvenor Hse. Publishing Ltd.

Fabulous Families. Francesco Maddaloni. 2022. (ENG.). 168p. (J). pap. 9.95 *(978-1-4788-7550-5(X))*; 16.95 *(978-1-4788-7549-9(6))* Newmark Learning LLC.

Fabulous Fancies (Classic Reprint) W. B. Maxwell. 2018. (ENG., Illus.). 304p. (J). 30.17 *(978-0-483-36257-4(3))* Forgotten Bks.

Fabulous Fanshaws. Michael Rosenberg. Illus. by Kalpart. 2016. (ENG.). (YA). (gr. 7-12). pap. 9.95 *(978-1-68181-719-4(5))* Strategic Book Publishing & Rights Agency (SBPRA).

Fabulous Fanshaws Book Two: The Return to Lendorth. Michael Rosenberg. Illus. by Kalpart. 2019. (ENG.). 44p. (YA). pap. 8.95 *(978-1-946540-88-1(9))* Strategic Book Publishing & Rights Agency (SBPRA).

Fabulous Fashion Origami, 1 vol. Joe Fullman. 2020. (Enchanting Origami Ser.). (ENG.). 24p. (J). (gr. 3-3). pap. 9.25 *(978-1-4994-8541-7(7)*, 4e5ec66f-6e37-4f0f-80c9-0d2fa04c0e1f); (Illus.). lib. bdg. 26.27 *(978-1-4994-8543-1(3)*, e4cf90d7-2852-4d5c-9a4d-8b986bc46d46) Rosen Publishing Group, Inc., The. (Windmill Bks.).

Fabulous Feats of Mr. B: Mr. B's First Day. Bruce P. Weinberg. Illus. by Gabriela M. Palomo. 2018. (Fabulous Feats of Mr. B Ser.: Vol. 1). (ENG.). 30p. (J). pap. 9.99 *(978-0-9994692-6-2(6))* Mad Hatter Publishing, Inc.

Fabulous Feats of Mr. B: Opposite Day. Bruce P. Weinberg. Illus. by Gabriela M. Palomo. 2019. (ENG.). 30p. (J). pap. 9.99 *(978-1-7332346-8-9(3))* Mindstir Media.

Fabulous Figures & Cool Calculations. Colin Stuart. ed. 2018. (STEM Quest Ser.). lib. bdg. 22.10 *(978-0-606-41262-9(X))* Turtleback.

Fabulous Fishes, 1 vol. Susan Stockdale. 2019. (Illus.). 32p. (J). (gr. -1-2). pap. 7.95 *(978-1-68263-099-0(4))* Peachtree Publishing Co. Inc.

Fabulous Flamingo. Sandra Wilson. 2019. (Emotional Animal Alphabet Ser.: Vol. 6). (ENG.). 40p. (J). pap. *(978-1-988215-62-4(5))* words ... along the path.

Fabulous Flight. Robert Lawson. 2018. (ENG., Illus.). 160p. (gr. 3-7). pap. 12.95 *(978-0-486-82332-4(6)*, 823326) Dover Pubns., Inc.

Fabulous Floyd: The True Story of a Flamingo Who Never Gave Up. Georgeanne Irvine. 2018. (Illus.). (J). *(978-1-943198-05-4(5))* Southwestern Publishing Hse., Inc.

Fabulous Food. Stephanie Turnbull. 2016. (Sleepover Secrets Ser.). (ENG.). 24p. (J). (gr. 2-5). 28.50 *(978-1-62588-379-7(X)*, 17392) Black Rabbit Bks.

Fabulous Frogs. Martin Jenkins. Illus. by Tim Hopgood. (Read & Wonder Ser.). (ENG.). 32p. (J). (gr. k-3). 2018. 7.99 *(978-0-7636-9970-3(5))*; 2016. 16.99 *(978-0-7636-8100-5(8))* Candlewick Pr.

Fabulous Glitter Girl. Morgan Lee Scheel. Illus. by Angela Sbandelli. 2017. (ENG.). 54p. (J). pap. 9.95 *(978-1-63047-998-5(5))* Morgan James Publishing.

Fabulous Histories: Designed for the Instruction of Children, Respecting Their Treatment of Animals (Classic Reprint) Sarah Trimmer. (ENG., Illus.). (J). 2017. 27.53 *(978-0-266-45518-9(2))*; 2016. pap. 9.97 *(978-1-334-14093-8(6))* Forgotten Bks.

Fabulous Human Body: Anatomy for Young Scientists. Created by Heron Books. 2021. (ENG.). 98p. (J). pap. *(978-0-89739-239-6(6)*, Heron Bks.) Quercus.

Fabulous Life of Toffee Blues. Sarah Dmitruk. 2017. (ENG., Illus.). (J). *(978-3-99064-117-0(4))* novum pocket Verlag in der novum publishing GmbH.

Fabulous Lost & Found & the Little Chinese Mouse: Laugh As You Learn 50 Chinese Words with This Bilingual English Chinese Book for Kids. Mark Pallis. Illus. by Peter Baynton. 2020. (ENG.). 38p. (J). pap. *(978-1-913595-31-9(5))* Neu Westend Pr.

Fabulous Lost & Found & the Little French Mouse: Heartwarming & Funny Bilingual Children's Book French English to Teach French to Kids. Mark Pallis. Illus. by Peter Baynton. 2023. (ENG.). 38p. (J). pap. ***(978-1-9160801-2-6(X))*** Neu Westend Pr.

Fabulous Mr Frank & the Cupcake Catastrophe. Kate Ainsworth. Ed. by E. Rachael Hardcastle. Illus. by Kate Ainsworth. 2022. (Fabulous MR Frank Ser.: Vol. 1). (ENG.). 18p. (J). pap. 10.99 *(978-1-7399188-1-1(9)*, Curious Cat Bks.) Legacy Bound.

Fabulous Mr Frank & the Trouble with Bubbles. Kate Ainsworth. Ed. by E. Rachael Hardcastle. Illus. by Kate Ainsworth. 2022. (Fabulous MR Frank Ser.: Vol. 2). (ENG.). 26p. (J). pap. 10.99 ***(978-1-7399188-3-5(5)***, Curious Cat Bks.) Legacy Bound.

Fabulous MR Wiz. David Howett. 2018. (ENG., Illus.). 40p. pap. 10.99 *(978-1-78955-312-3(1))* New Generation Publishing GBR. Dist: Independent Pubs. Group.

Fabulous Tale of Fish & Chips. Helaine Becker. 2021. (ENG., Illus.). 32p. (J). pap. 12.99 *(978-1-78438-570-5(0))* Greenhill Bks. GBR. Dist: Casemate Pubs. & Bk. Distributors, LLC.

Fabulous World That God Made. Joyce K. Ellis. Illus. by Andrés F. Landazábal. 2019. 32p. (J). (gr. k-3). 17.99 *(978-1-5064-4857-2(7)*, Beaming Books) 1517 Media.

Fabulous Zed Watson! Basil Sylvester. Illus. by Kevin Sylvester. (ENG.). 304p. (J). (gr. 3-7). 2022. pap. 10.50 *(978-1-4434-6093-4(1))*; 2021. 17.99 *(978-1-4434-6091-0(5))* HarperCollins Pubs. (HarperCollins).

Faca: An Army Memoir (Classic Reprint) March March. 2017. (ENG., Illus.). (J). 31.12 *(978-0-266-18968-8(7))* Forgotten Bks.

Face & the Mask (Classic Reprint) Robert Barr. 2017. (ENG., Illus.). 274p. (J). 29.57 *(978-0-332-61307-9(0))* Forgotten Bks.

Face at the Window: A Drama in Three Acts (Classic Reprint) W. C. Parker. 2018. (ENG., Illus.). 46p. (J). 24.85 *(978-0-267-27991-3(4))* Forgotten Bks.

Face Au Géant: Les Aventures de David et Goliath. Pip Reid. 2020. (Défenseurs de la Foi Ser.: Vol. 3). (FRE.). 42p. (J). pap. *(978-1-989961-30-8(4))* Bible Pathway Adventures.

Face for Picasso: Coming of Age with Crouzon Syndrome. Ariel Henley. 2021. (ENG.). 400p. (YA). 18.99 *(978-0-374-31407-1(1)*, 900224249, Farrar, Straus & Giroux (BYR)) Farrar, Straus & Giroux.

Face from the Past. Sabra Molsee. 2018. (ENG., Illus.). 38p. (YA). pap. 10.95 *(978-1-64300-000-8(4))* Covenant Bks.

630

The check digit for ISBN-10 appears in parentheses after the full ISBN-13

Face in a Crowd: And Other Stories (Classic Reprint) Ella Adelaide Harper. 2018. (ENG., Illus.). 356p. (J). 31.24 *(978-0-332-86456-3(1))* Forgotten Bks.

Face in the Fire: Book 11. Baron Specter. Illus. by Scott Brown. 2021. (Graveyard Diaries). (ENG.). 112p. (J). (gr. 2-5). lib. bdg. 38.50 *(978-1-0982-3029-6(9)*, 37675, Calico Chapter Bks.) ABDO Publishing Co.

Face in the Girandole: A Romance of Old Furniture (Classic Reprint) William Frederick Dix. 2017. (ENG., Illus.). 176p. (J). 27.53 *(978-0-332-57713-5(9))* Forgotten Bks.

Face in the Pool: A Faerie Tale (Classic Reprint) James Allen St John. 2017. (ENG., Illus.). (J). 27.32 *(978-0-331-17423-6(5))*; pap. 9.97 *(978-0-266-00664-0(7))* Forgotten Bks.

Face It, We're Cute! an Animal Faces Coloring Book. Activity Book Zone for Kids. 2016. (ENG., Illus.). (J). pap. 9.20 *(978-1-68376-487-8(0))* Sabeels Publishing.

Face Like Glass. Frances Hardinge. (ENG.). 496p. (gr. 7-17). 2018. pap. 11.99 *(978-1-4197-3123-5(8)*, 1172703); 2017. (YA). 19.95 *(978-1-4197-2484-8(3)*, 1172701) Abrams, Inc. (Amulet Bks.).

Face of Clay: An Interpretation (Classic Reprint) Horace Annesley Vachell. 2017. (ENG., Illus.). (J). 31.84 *(978-0-265-19362-4(1))*; pap. 16.57 *(978-0-243-20430-4(2))* Forgotten Bks.

Face of Death: A Westmoreland Story (Classic Reprint) E. Vincent Briton. (ENG., Illus.). (J). 2018. 370p. 31.55 *(978-0-428-79138-4(7))*; 2016. pap. 13.97 *(978-1-334-39100-2(9))* Forgotten Bks.

Face of Freedom: How the Photos of Frederick Douglass Celebrated Racial Equality. Emma Carlson-Berne. 2017. (Captured History Ser.). (ENG., Illus.). 64p. (J). (gr. 5-9). pap. 8.95 *(978-0-7565-5619-8(8)*, 135812); lib. bdg. 35.32 *(978-0-7565-5617-4(1)*, 135802) Capstone. (Compass Point Bks.).

Face of the Fields (Classic Reprint) Dallas Lore Sharp. 2018. (ENG., Illus.). 262p. (J). 29.30 *(978-0-483-59416-6(4))* Forgotten Bks.

Face of the King (Classic Reprint) James Roberts. 2017. (ENG., Illus.). (J). pap. 10.57 *(978-0-259-20465-7(X))* Forgotten Bks.

Face of the King (Classic Reprint) James Roberts. 2018. (ENG., Illus.). 190p. (J). 27.84 *(978-0-666-86670-7(8))* Forgotten Bks.

Face of the Waters: A Tale of the Mutiny (Classic Reprint) Flora Annie Steel. 2017. (ENG., Illus.). (J). 34.13 *(978-1-5284-4790-4(5))* Forgotten Bks.

Face of the World (Classic Reprint) Johan Bojer. 2017. (ENG., Illus.). (J). 30.74 *(978-0-266-20796-2(0))* Forgotten Bks.

Face of Two Worlds. Matthew K. Manning. Illus. by Jon Sommariva. 2018. (Batman / Teenage Mutant Ninja Turtles Adventures Ser.). (ENG.). 32p. (J). (gr. 2-6). lib. bdg. 28.95 *(978-1-4965-7381-0(1)*, 138939, Stone Arch Bks.) Capstone.

Face of XYZ. Alexa Pouzar. 2021. (ENG.). 50p. (J). pap. 14.99 *(978-0-578-91933-1(8))* Purple Brick Road Pr.

Face-Off. David Lawrence. Illus. by Paola Amormino. 2018. (Get in the Game Ser.). (ENG.). 32p. (J). (gr. 3-8). lib. bdg. 32.79 *(978-1-5321-3295-7(6)*, 28495, Graphic Planet - Fiction) Magic Wagon.

Face-Off. Patrick Loughlin. 2016. (Football High Ser.: 3). 192p. (J). (gr. 3-5). pap. 12.99 *(978-1-925324-54-9(0))* Random Hse. Australia AUS. Dist: Independent Pubs. Group.

Face Off. Maureen Ulrich. 2020. (Jessie Mac Hockey Ser.: Vol. 2). (ENG., Illus.). 214p. (YA). (gr. 7-12). pap. *(978-1-989078-26-6(5))* Martrain Corporate & Personal Development.

Face Off. Jennifer Willcock. 2021. (ENG.). 240p. (YA). pap. *(978-1-4866-2119-4(8))* Word Alive Pr.

Face Painting: Over 30 Faces to Paint, with Simple Step-By-step Instructions. Karen Huwen. 2016. (ENG.). 64p. (J). (gr. k-3). pap. 12.95 ***(978-1-60992-925-1(X)***, Words & Pictures) Quarto Publishing Group UK GBR. Dist: Hachette Bk. Group.

Face the Cuteness! an Animal Faces Coloring Book. Activity Book Zone for Kids. 2016. (ENG., Illus.). (J). pap. 9.20 *(978-1-68376-488-5(9))* Sabeels Publishing.

Face the Music. Lesley Choyce. 2022. (Orca Soundings Ser.). (ENG.). 112p. (YA). (gr. 8-12). pap. 10.95 *(978-1-4598-3288-6(4))* Orca Bk. Pubs. USA.

Face Time — An Animal Faces Coloring Book. Activity Book Zone for Kids. 2016. (ENG., Illus.). (J). pap. 9.20 *(978-1-68376-489-2(7))* Sabeels Publishing.

Face to Face — An Animal Faces Coloring Book. Kreativ Entspannen. 2016. (ENG., Illus.). (J). pap. 9.20 *(978-1-68377-455-6(8))* Whlke, Traudl.

Face to Face (Classic Reprint) Robert Grant. 2018. (ENG., Illus.). (J). 32.29 *(978-0-331-97164-4(X))* Forgotten Bks.

Face-To-Face with Big Foot. Amy Fraser. Illus. by Melody Potter. 2016. (ENG.). (J). pap. 19.95 *(978-0-9981665-2-0(9))* Lexingford Publishing.

Face to Face with Great Musicians (Classic Reprint) Charles D. Isaacson. 2018. (ENG., Illus.). 386p. (J). 31.86 *(978-0-483-48014-8(2))* Forgotten Bks.

Face to Face with Great Musicians (Classic Reprint) Charles David Isaacson. 2018. (ENG., Illus.). 270p. (J). 29.49 *(978-0-483-28762-4(8))* Forgotten Bks.

Face to Face with Sharks. Jennifer Hayes. 2018. (Face to Face with Animals Ser.). (Illus.). 32p. (J). (gr. 3-7). pap. 6.99 *(978-1-4263-3259-3(9)*, National Geographic Kids) Disney Publishing Worldwide.

Face Value: Autobiography of the Portrait Painter (Classic Reprint) Joseph Cummings Chase. (ENG., Illus.). (J). 2018. 218p. 28.39 *(978-0-656-34863-3(1))*; 2017. pap. 10.97 *(978-0-243-44016-0(2))* Forgotten Bks.

Face Your Fears. Delisa T. Frye. 2021. (ENG., Illus.). 32p. (J). pap. 14.95 *(978-1-0980-8348-9(2))* Christian Faith Publishing.

Face Your Fears. Gill Hasson. Illus. by Sarah Jennings. 2020. (Kids Can Cope Ser.). (ENG.). 32p. (J). (gr. 1-5). 16.99 *(978-1-63198-529-4(9)*, 85294) Free Spirit Publishing Inc.

Facebook. John Csiszar. 2018. (J). *(978-1-4222-4060-1(6))* Mason Crest.

Facebook, 1 vol. Joanne Mattern. 2016. (Social Media Sensations Ser.). (ENG., Illus.). 32p. (J). (gr. 3-6). 32.79 *(978-1-68078-188-5(X)*, 21925, Checkerboard Library) ABDO Publishing Co.

Facebook. Gail Radley. 2018. (Tech Titans Ser.). (ENG., Illus.). 112p. (J). (gr. 6-12). lib. bdg. 41.36 *(978-1-5321-1687-2(X)*, 30626, Essential Library) ABDO Publishing Co.

Facebook Founder & Internet Entrepreneur Mark Zuckerberg. Kari Cornell. 2016. (STEM Trailblazer Bios Ser.). (ENG., Illus.). 32p. (J). (gr. 2-5). 26.65 *(978-1-4677-9527-2(5)*, 85457cd2-27f2-42f2-bbe8-723c3063de61, Lerner Pubns.) Lerner Publishing Group.

Facecies de Poge, Florentin: Traitant de Plusieurs Nouvelles Choses Morales (Classic Reprint) Poggio Bracciolini. 2017. (FRE., Illus.). (J). 32.39 *(978-0-265-31801-0(7))*; pap. 16.57 *(978-1-5276-0326-4(1))* Forgotten Bks.

Faceless. Kathryn Lasky. (ENG.). (J). (gr. 3-7). 2022. 320p. pap. 7.99 *(978-0-06-269332-7(8))*; 2021. 304p. 16.99 *(978-0-06-269331-0(X))* HarperCollins Pubs. (HarperCollins).

Faceless Beauty. Alexandra Coutrier. 2017. (ENG., Illus.). (J). (gr. k-6). 19.95 *(978-1-61244-604-2(3))*; pap. 12.95 *(978-1-61244-603-5(5))* Halo Publishing International.

Faceless Ones (Skulduggery Pleasant, Book 3) Derek Landy. 2018. (Skulduggery Pleasant Ser.: 3). (ENG.). 400p. (J). 7.99 *(978-0-00-824880-2(X)*, HarperCollins Children's Bks.) HarperCollins Pubs. Ltd. GBR. Dist: HarperCollins Pubs.

Faceless, Spineless, & Brainless Ocean Animals. Jody S. Rake. 2016. (Faceless, Spineless, & Brainless Ocean Animals Ser.). (ENG.). 24p. (J). (gr. 1-3). 111.96 *(978-1-5157-2164-2(7)*, 25073, Capstone Pr.) Capstone.

Faceoff Fall Out. Jake Maddox. Illus. by Eduardo Garcia. 2018. (Jake Maddox Graphic Novels Ser.). (ENG.). 72p. (J). (gr. 3-8). lib. bdg. 26.65 *(978-1-4965-6043-8(4)*, 137412, Stone Arch Bks.) Capstone.

Faces. Mona Koth & Vicki Scott. Illus. by Mona Koth. 2019. (ENG., Illus.). 24p. (J). (gr. -1-k). bds. 7.99 *(978-1-68052-771-1(1)*, 1004810) Cottage Door Pr.

Faces & Places in the World. Monique Elias. 2022. (ENG.). 38p. (J). pap. 12.00 *(978-1-6678-1391-2(9))* BookBaby.

Faces & Vases! Optical Illusions. Spencer Brinker. 2022. (Eye-Mazing Illusions Ser.). (ENG., Illus.). 24p. (J). (gr. 2-6). lib. bdg. 26.99 *(978-1-63691-499-2(3)*, 18631) Bearport Publishing Co., Inc.

Faces, Err Phases, of the Moon - Astronomy Book for Kids Revised Edition Children's Astronomy Books. Baby Professor. 2019. (ENG.). 52p. (J). 19.99 *(978-1-5419-6839-4(5))*; pap. 10.99 *(978-1-5419-6825-7(5))* Speedy Publishing LLC. (Baby Professor (Education Kids)).

Faces for Fortunes, Vol. 1 of 3 (Classic Reprint) Augustus Mayhew. (ENG., Illus.). (J). 2018. 324p. 30.58 *(978-0-483-95215-7(X))*; 2016. pap. 13.57 *(978-1-334-23752-2(2))* Forgotten Bks.

Faces for Fortunes, Vol. 2 of 3 (Classic Reprint) Augustus Mayhew. (ENG., Illus.). (J). 2018. 310p. 30.29 *(978-0-484-56905-7(9))*; 2016. pap. 13.57 *(978-1-334-27563-0(7))* Forgotten Bks.

Faces for Fortunes, Vol. 3 of 3 (Classic Reprint) Augustus Mayhew. (ENG., Illus.). (J). 2018. 300p. 30.10 *(978-0-484-28755-5(9))*; 2016. pap. 13.57 *(978-1-334-34264-6(4))* Forgotten Bks.

Faces in the Dawn (Classic Reprint) Hermann Hagedorn. 2018. (ENG., Illus.). 328p. (J). 30.68 *(978-0-365-20892-1(2))* Forgotten Bks.

Faces in the Fire: And Other Fancies (Classic Reprint) F. W. Boreham. 2017. (ENG., Illus.). (J). 29.55 *(978-1-5282-6479-2(7))* Forgotten Bks.

Faces in the Mist: A Romance of Reality (Classic Reprint) John Alexander Steuart. (ENG., Illus.). (J). 2018. 426p. 32.68 *(978-0-483-46772-9(3))*; 2017. pap. 16.57 *(978-1-334-93608-1(0))* Forgotten Bks.

Faces of Eli. E. M. Sarmento. 2017. (ENG., Illus.). (J). pap. 13.95 *(978-1-63525-874-5(X))* Christian Faith Publishing.

Faces of Krampus. Joe Moore. Illus. by Mary Moore. 2017. (ENG.). (YA). (gr. 7-12). pap. 19.95 *(978-0-9992977-0-4(8))* North Pole Pr.

Faces, or Phases, of the Moon - Astronomy Book for Kids Children's Astronomy Books. Baby Professor. 2017. (ENG., Illus.). (J). pap. 8.79 *(978-1-5419-1360-8(4)*, Baby Professor (Education Kids)) Speedy Publishing LLC.

Faces Places People Too. Tessa Brusven. 2019. (ENG., Illus.). 28p. (J). *(978-0-2288-1231-9(3))*; pap. *(978-0-2288-1230-2(5))* Tellwell Talent.

Facetiae, or Jocose Tales of Poggio, Vol. 2 of 2 (Classic Reprint) Poggio Bracciolini. 2017. (ENG., Illus.). (J). 29.07 *(978-0-331-62717-6(5))*; pap. 11.57 *(978-0-282-45395-4(4))* Forgotten Bks.

Faceties de Pogge Florentin: Traduction Nouvelle et Integrale, Accompagnee des Moralitez de Guillaume Tardif, Suivie de la Description des Bains de Bade (Xve Siecle) et du Dialogue un Vieillard Doit-Il Se Marier? (Classic Reprint) Poggio Bracciolini. 2017. (FRE., Illus.). (J). pap. 19.57 *(978-0-259-93820-0(3))* Forgotten Bks.

Faceties de Pogge, Vol. 1: Traduites en Francais, Avec le Texte Latin (Classic Reprint) Poggio Bracciolini. 2017. (FRE., Illus.). (J). pap. 11.57 *(978-0-282-89124-4(2))* Forgotten Bks.

Facéties de Pogge, Vol. 1: Traduites en Français, Avec le Texte Latin (Classic Reprint) Poggio Bracciolini. 2018. (FRE., Illus.). 254p. (J). 29.14 *(978-0-331-60239-5(3))* Forgotten Bks.

Faceties de Pogge, Vol. 2: Traduites en Francais, Avec le Texte Latin (Classic Reprint) Poggio Bracciolini. 2017. (FRE., Illus.). (J). 29.09 *(978-0-331-55065-8(2))*; pap. 11.97 *(978-0-259-12619-5(5))* Forgotten Bks.

Facétieuses Nuits du Seigneur J. -F. Straparole (Classic Reprint) Giovanni Francesco Straparola. 2018. (FRE., Illus.). (J). 260p. 29.28 *(978-0-364-92977-3(4))*; 262p. pap. 11.97 *(978-0-364-07796-2(4))* Forgotten Bks.

Facetious Nights of Straparola, Vol. 2 of 4 (Classic Reprint) Giovanni Francesco Straparola. (ENG., Illus.). (J). 2017. 408p. 32.33 *(978-0-484-41464-7(X))*; 2016. pap. 16.57 *(978-1-334-22913-8(9))* Forgotten Bks.

Facetious Nights of Straparola, Vol. 3 of 4 (Classic Reprint) Giovanni Francesco Straparola. (ENG., Illus.). (J). 2019. 442p. 33.01 *(978-0-365-18049-4(1))*; 2016. pap. 16.57 *(978-1-333-78145-3(8))* Forgotten Bks.

Facetious Nights of Straparola, Vol. 4 of 4 (Classic Reprint) Giovanni Francesco Straparola. 2018. (ENG., Illus.). 346p. (J). 31.03 *(978-0-364-23217-0(X))* Forgotten Bks.

Fache see Fache (Angry) Bilingual

Fache (Angry) Amy Culliford. Tr. by Jean Pierre Gaston. 2021. (Emosyon Mwen Yo (My Emotions) Ser.). (CRP., Illus.). (J). (gr. -1-1). pap. ***(978-1-0396-2221-0(6)***, 10070, Crabtree Roots) Crabtree Publishing Co.

Fache (Angry) Bilingual. Amy Culliford. 2022. (Emosyon Mwen Yo (My Emotions) Bilingual Ser.).Tr. of Fache. (CRP.). 16p. (J). (gr. -1-1). pap. *(978-1-0396-2455-9(3)*, 19779) Crabtree Publishing Co.

Facing a Warming World (a True Book: Understanding Climate Change) Melissa McDaniel. 2020. (True Book (Relaunch) Ser.). (ENG., Illus.). 48p. (J). (gr. 3-5). pap. 7.95 *(978-0-531-13378-1(8)*, Children's Pr.) Scholastic Library Publishing.

Facing a Warming World (a True Book: Understanding Climate Change) (Library Edition) Melissa McDaniel. 2020. (True Book (Relaunch) Ser.). (ENG., Illus.). 48p. (J). (gr. 3-5). lib. bdg. 31.00 *(978-0-531-13078-0(9)*, Children's Pr.) Scholastic Library Publishing.

Facing Danger. Francis J. Finn. 2021. (ENG.). 196p. (J). pap. 12.95 *(978-1-936639-94-6(7))* St. Augustine Academy Pr.

Facing Danger (Classic Reprint) Francis James Finn. 2017. (ENG., Illus.). (J). 28.12 *(978-0-266-23239-1(6))* Forgotten Bks.

Facing Death: Or the Hero of the Vaughan Pit; a Tale of the Coal Mines (Classic Reprint) G. A. Henty. 2018. (ENG., Illus.). 350p. (J). 31.12 *(978-0-332-15463-3(7))* Forgotten Bks.

Facing Fear. Karen Lynn Williams. Illus. by Sara Palacios. 2021. (ENG.). 44p. (J). *(978-0-8028-5490-2(7)*, Eerdmans Bks For Young Readers) Eerdmans, William B. Publishing Co.

Facing Fears Board Book. Elena Ulyeva & Clever Publishing. Illus. by Olga Agafonova. 2022. (Clever Emotions Ser.). (ENG.). 20p. (J). (gr. -1-k). bds. 9.99 *(978-1-956560-02-2(5))* Clever Media Group.

Facing Feelings & Fears Picture Book Set: Social Emotional Books for Kids. Ann Ingalls & Joseph Anthony. Illus. by Rebecca Evans. 2020. (ENG.). (J). (-6). pap. 47.75 *(978-1-7282-4200-2(2)*, Dawn Pubns.) Sourcebooks, Inc.

Facing Frederick: The Life of Frederick Douglass, a Monumental American Man. Tonya Bolden. (ENG.). 208p. (J). (gr. 5-9). 2020. pap. 9.99 *(978-1-4197-3759-6(7)*, 1161103); 2018. (Illus.). 19.99 *(978-1-4197-2546-3(7)*, 1161101) Abrams, Inc. (Abrams Bks. for Young Readers).

Facing Homophobia, Vol. 10. Robert Rodi & Laura Ross. Ed. by Kevin Jennings. 2016. (Living Proud! Growing up LGBTQ Ser.). (Illus.). 64p. (J). (gr. 7). 23.95 *(978-1-4222-3508-9(4))* Mason Crest.

Facing Mighty Fears about Making Mistakes. Dawn Huebner. Illus. by Liza Stevens. ed. 2023. (Dr. Dawn's Mini Books about Mighty Fears Ser.). 80p. (J). pap. 14.95 ***(978-1-83997-466-3(4)***, 872837) Kingsley, Jessica Pubs. GBR. Dist: Hachette UK Distribution.

Facing the Flag. Jules Vern. 2020. (ENG.). (J). 140p. 17.95 *(978-1-63637-185-6(X))*; 138p. pap. 9.95 *(978-1-63637-184-9(1))* Bibliotech Pr.

Facing the Flag: Pirate Adventure. Jules Vern. 2019. (ENG.). 100p. (J). pap. *(978-80-273-3151-2(X))* E-Artnow.

Facing the Giant: The Story of David & Goliath. Pip Reid. 2020. (Defenders of the Faith Ser.: Vol. 3). (ENG.). 42p. (J). pap. *(978-0-473-38152-3(4))* Bible Pathway Adventures.

Facing the Hindenburg Line: Personal Observations at the Fronts & in the Camps of the British, French, Americans, & Italians, During the Campaigns of 1917 (Classic Reprint) Burris A. Jenkins. 2018. (ENG., Illus.). 262p. (J). 29.30 *(978-0-267-30926-9(0))* Forgotten Bks.

Facing the Lion. Lisa Phipps. 2017. (ENG., Illus.). (YA). (gr. 7-12). pap. 12.95 *(978-1-61244-561-8(6))* Halo Publishing International.

Facing the Shadow. Isa Pearl Ritchie. 2021. (ENG.). 236p. (J). pap. ***(978-0-473-53402-8(9))*** Te Ra Aroha Pr.

Facing the Sun. Janice Lynn Mather. 2020. (ENG.). 416p. (YA). (gr. 9). 18.99 *(978-1-5344-0604-9(2)*, Simon & Schuster Bks. For Young Readers) Simon & Schuster Bks. For Young Readers.

Facing the World. Horatio Alger. 2019. (ENG.). 108p. (YA). (gr. 7-12). pap. *(978-93-5329-589-9(0))* Alpha Editions.

Facing the World: Or the Haps & Mishaps of Harry Vane (Classic Reprint) Horatio Alger Jr. 2018. (ENG., Illus.). 324p. (J). 30.60 *(978-0-484-60516-8(X))* Forgotten Bks.

Facing Your Fear of Admitting Mistakes. Mari Schuh. 2023. (Facing Your Fears Ser.). (ENG.). 24p. (J). 29.99 *(978-0-7565-7086-6(7)*, 246241, Pebble) Capstone.

Facing Your Fear of Admitting Mistakes. Contrib. by Mari Schuh. 2023. (Facing Your Fears Ser.). (ENG.). 24p. (J). pap. 6.95 *(978-0-7565-7137-5(5)*, 246216, Pebble) Capstone.

Facing Your Fear of Being Alone. Mari Schuh. 2023. (Facing Your Fears Ser.). (ENG.). 24p. (J). 29.99 *(978-0-7565-7084-2(0)*, 246239, Pebble) Capstone.

Facing Your Fear of Being Alone. Contrib. by Mari Schuh. 2023. (Facing Your Fears Ser.). (ENG.). 24p. (J). pap. 6.95 *(978-0-7565-7125-2(1)*, 246214, Pebble) Capstone.

Facing Your Fear of Bugs. Contrib. by Renee Biermann. 2023. (Facing Your Fears Ser.). (ENG.). 24p. (J). pap. 6.99 ***(978-0-7565-7404-8(8)***, 254982, Pebble) Capstone.

Facing Your Fear of Dogs. Contrib. by Nicole A. Mansfield. 2023. (Facing Your Fears Ser.). (ENG.). 24p. (J). pap. 6.99 ***(978-0-7565-7405-5(6)***, 254992, Pebble) Capstone.

Facing Your Fear of Going to a New School. Renee Biermann. 2023. (Facing Your Fears Ser.). (ENG.). 24p. (J). 29.99 *(978-0-7565-7088-0(3)*, 246237, Pebble) Capstone.

Facing Your Fear of Going to a New School. Contrib. by Renee Biermann. 2023. (Facing Your Fears Ser.). (ENG.). 24p. (J). pap. 6.95 *(978-0-7565-7149-8(9)*, 246212, Pebble) Capstone.

Facing Your Fear of Making New Friends. Renee Biermann. 2023. (Facing Your Fears Ser.). (ENG.). 24p. (J). 29.99 *(978-0-7565-7085-9(9)*, 246164, Pebble) Capstone.

Facing Your Fear of Making New Friends. Contrib. by Renee Biermann. 2023. (Facing Your Fears Ser.). (ENG.). 24p. (J). pap. 6.95 *(978-0-7565-7131-3(6)*, 246159, Pebble) Capstone.

Facing Your Fear of Rats & Mice. Contrib. by Renee Biermann. 2023. (Facing Your Fears Ser.). (ENG.). 24p. (J). pap. 6.99 ***(978-0-7565-7406-2(4)***, 254993, Pebble) Capstone.

Facing Your Fear of Snakes. Nicole A. Mansfield. 2023. (Facing Your Fears Ser.). (ENG.). 24p. (J). pap. 6.99 ***(978-0-7565-7407-9(2)***, 254994, Pebble) Capstone.

Facing Your Fear of Speaking Up. Mari Schuh. 2023. (Facing Your Fears Ser.). (ENG.). 24p. (J). 29.99 *(978-0-7565-7087-3(5)*, 246240, Pebble) Capstone.

Facing Your Fear of Speaking Up. Contrib. by Mari Schuh. 2023. (Facing Your Fears Ser.). (ENG.). 24p. (J). pap. 6.95 *(978-0-7565-7143-6(X)*, 246215, Pebble) Capstone.

Facing Your Fear of Trying New Things. Mari Schuh. 2023. (Facing Your Fears Ser.). (ENG.). 24p. (J). 29.99 *(978-0-7565-7089-7(1)*, 246238, Pebble) Capstone.

Facing Your Fear of Trying New Things. Contrib. by Mari Schuh. 2023. (Facing Your Fears Ser.). (ENG.). 24p. (J). pap. 6.95 *(978-0-7565-7155-9(3)*, 246213, Pebble) Capstone.

Facing Your Fears: A Toy Story Tale. Bill Scollon. 2019. (Disney Learning Everyday Stories Ser.). (ENG., Illus.). 32p. (J). (gr. k-3). pap. 8.99 *(978-1-5415-7393-2(5)*, 9781541573932); lib. bdg. 31.99 *(978-1-5415-5488-7(4)*, 9781541554887) Lerner Publishing Group. (Lerner Pubns.).

Facoquero (Warthog) Grace Hansen. 2018. (Animales Africanos (African Animals) Ser.). (SPA.). 24p. (J). (gr. -1-2). lib. bdg. 32.79 *(978-1-5321-8033-0(0)*, 28281, Abdo Kids) ABDO Publishing Co.

Facsimile Reproduction of the Evolution of a State: Or Recollections of Old Texas Days (Classic Reprint) Noah Smithwick. 2017. (ENG., Illus.). (J). 31.45 *(978-1-5285-5340-7(3))* Forgotten Bks.

Fact & Fiction. Lydia Maria Child. 2017. (ENG., Illus.). (J). pap. *(978-0-649-13442-7(7))* Trieste Publishing Pty Ltd.

Fact & Fiction: A Collection of Stories (Classic Reprint) Lydia Maria Child. 2017. (ENG., Illus.). (J). 29.88 *(978-1-5283-8882-5(8))* Forgotten Bks.

Fact & Fiction of American Colonization. Tammy Gagne. 2021. (Fact & Fiction of American History Ser.). (ENG., Illus.). 48p. (J). (gr. 4-8). lib. bdg. 35.64 *(978-1-5321-9508-2(7)*, 37480) ABDO Publishing Co.

Fact & Fiction of American History (Set), 6 vols. Tammy Gagne et al. 2021. (Fact & Fiction of American History Ser.). (ENG.). 48p. (J). (gr. 4-8). lib. bdg. 213.84 *(978-1-5321-9507-5(9)*, 37478) ABDO Publishing Co.

Fact & Fiction of American Invention. Tammy Gagne. 2021. (Fact & Fiction of American History Ser.). (ENG., Illus.). 48p. (J). (gr. 4-8). lib. bdg. 35.64 *(978-1-5321-9509-9(5)*, 37482) ABDO Publishing Co.

Fact & Fiction of the American Revolution. Tammy Gagne. 2021. (Fact & Fiction of American History Ser.). (ENG., Illus.). 48p. (J). (gr. 4-8). lib. bdg. 35.64 *(978-1-5321-9510-5(9)*, 37484) ABDO Publishing Co.

Fact & Fiction of the Civil War. Ryan Gale. 2021. (Fact & Fiction of American History Ser.). (ENG., Illus.). 48p. (J). (gr. 4-8). lib. bdg. 35.64 *(978-1-5321-9511-2(7)*, 37486) ABDO Publishing Co.

Fact & Fiction of the Space Age. Douglas Hustad. 2021. (Fact & Fiction of American History Ser.). (ENG., Illus.). 48p. (J). (gr. 4-8). lib. bdg. 35.64 *(978-1-5321-9512-9(5)*, 37488) ABDO Publishing Co.

Fact & Fiction of the Wild West. Martha London. 2021. (Fact & Fiction of American History Ser.). (ENG., Illus.). 48p. (J). (gr. 4-8). lib. bdg. 35.64 *(978-1-5321-9513-6(3)*, 37490) ABDO Publishing Co.

Fact & Fun Ocean Book for Kids: 48 Fascinating Ocean Animals & 70 Fun-Filled Activities for Kids Ages 6-12. Natalie Fleming. 2021. (ENG.). 102p. (J). pap. *(978-0-6451934-4-2(5))* Neha Dubey.

Fact Cat: Countries: Russia. Izzi Howell. 2019. (Fact Cat: Countries Ser.). (ENG.). 24p. (J). (gr. k-2). 16.99 ***(978-1-5263-0363-9(9)***, Wayland) Hachette Children's Group GBR. Dist: Hachette Bk. Group.

Fact Cat: Healthy Eating: Fruit & Vegetables. Izzi Howell. 2022. (Fact Cat: Healthy Eating Ser.). (ENG., Illus.). 24p. (J). (gr. k-2). pap. 12.99 *(978-1-5263-0354-7(X)*, Wayland) Hachette Children's Group GBR. Dist: Hachette Bk. Group.

Fact Cat: History: Amelia Earhart. Jane Bingham. 2017. (Fact Cat: History Ser.). (ENG.). 24p. (J). (gr. k-2). pap. 9.99 *(978-0-7502-9036-4(6)*, Wayland) Hachette Children's Group GBR. Dist: Hachette Bk. Group.

Fact Cat: History: Early Britons: Stone Age to Iron Age. Izzi Howell. 2017. (Fact Cat: History: Early Britons Ser.). (ENG., Illus.). 24p. (J). (gr. k-2). pap. 9.99 *(978-0-7502-9938-1(X)*, Wayland) Hachette Children's Group GBR. Dist: Hachette Bk. Group.

Fact Cat: History: Emily Davison. Izzi Howell. 2016. (Fact Cat: History Ser.). (ENG.). 24p. (J). (gr. k-2). 14.99 *(978-0-7502-9770-7(0)*, Wayland) Hachette Children's Group GBR. Dist: Hachette Bk. Group.

Fact Cat: History: Florence Nightingale. Izzi Howell. 2019. (Fact Cat: History Ser.). (ENG.). 24p. (J). (gr. 1-5). pap. 11.99 *(978-1-5263-0169-7(5)*, Wayland) Hachette Children's Group GBR. Dist: Hachette Bk. Group.

Fact Cat: History: Samuel Pepys. Izzi Howell. (Fact Cat: History Ser.). (ENG.). 24p. (J). 2019. (gr. 1-5). pap. 11.99 ***(978-1-5263-0098-0(2))***; 2016. (gr. k-2). 14.99 *(978-1-5263-0097-3(4))* Hachette Children's Group GBR. (Wayland). Dist: Hachette Bk. Group.

Fact Cat: Science: Electricity. Izzi Howell. 2019. (Fact Cat: Science Ser.). (ENG.). 24p. (J). (gr. 1-5). pap. 11.99 *(978-1-5263-0179-6(2)*, Wayland) Hachette Children's Group GBR. Dist: Hachette Bk. Group.

Fact Cat: Science: Forces & Magnets. Izzi Howell. 2019. (Fact Cat: Science Ser.). (ENG.). 24p. (J). (gr. 1-5). pap. 11.99 *(978-1-5263-0173-4(3)*, Wayland) Hachette Children's Group GBR. Dist: Hachette Bk. Group.

F

Fact Cat: Science: Light. Izzi Howell. 2019. (Fact Cat: Science Ser.). (ENG.). 24p. (J). (gr. k-2). pap. 11.99 (978-1-5263-0175-8(X), Wayland) Hachette Children's Group GBR. Dist: Hachette Bk. Group.

Fact Cat: Science: Materials. Izzi Howell. 2019. (Fact Cat: Science Ser.). (ENG.). 24p. (J). (gr. k-2). pap. 11.99 (978-1-5263-0171-0(7), Wayland) Hachette Children's Group GBR. Dist: Hachette Bk. Group.

Fact Cat: Science: Plants. Izzi Howell. 2019. (Fact Cat: Science Ser.). (ENG.). 24p. (J). (gr. 1-5). pap. 11.99 (978-1-5263-0100-0(8), Wayland) Hachette Children's Group GBR. Dist: Hachette Bk. Group.

Fact Cat: Science: Seasons. Izzi Howell. 2019. (Fact Cat: Science Ser.). (ENG.). 24p. (J). (gr. k-2). pap. 11.99 (978-1-5263-0534-3(8), Wayland) Hachette Children's Group GBR. Dist: Hachette Bk. Group.

Fact Cat: Science: the Water Cycle. Izzi Howell. 2019. (Fact Cat: Science Ser.). (ENG., Illus.). 24p. (J). (gr. 1-3). pap. 11.99 (978-1-5263-0365-3(5), Wayland) Hachette Children's Group GBR. Dist: Hachette Bk. Group.

Fact Cat: Science: Weather. Izzi Howell. 2019. (Fact Cat: Science Ser.). (ENG.). 24p. (J). (gr. k-2). pap. 11.99 **(978-1-5263-0602-9(6)**, Wayland) Hachette Children's Group GBR. Dist: Hachette Bk. Group.

Fact, Fiction, & Opinions: The Differences Between Ads, Blogs, News Reports, & Other Media. Brien J. Jennings. 2018. (All about Media Ser.). (ENG.). 24p. (J). pap. 47.70 (978-1-5435-0243-5(1), 27600); (Illus.). (gr. 1-3). pap. 7.95 (978-1-5435-0226-8(1), 137144); (Illus.). (gr. 1-3). lib. bdg. 27.99 (978-1-5435-0222-0(9), 137140) Capstone. (Capstone Pr.).

Fact Finders: Animals. 2017. (Fact Finders: Animals Ser.). 24p. (gr. 7-7). pap. 41.25 (978-1-4994-8380-2(5), Windmill Bks.) Rosen Publishing Group, Inc., The.

Fact Finders Animals: Set, 10 vols. 2017. (Fact Finders: Animals Ser.). (ENG.). 24p. (gr. 2-2). 131.35 (978-1-4994-8270-6(1), f85bde15-2507-4326-82de-1a1681595d85, Windmill Bks.) Rosen Publishing Group, Inc., The.

Fact-Finding Adventures: Addition & Subtraction Exercises - Math Books for Kids Children's Math Books. Baby Professor. 2017. (ENG., Illus.). (J). pap. 9.55 (978-1-5419-2795-7(8), Baby Professor (Education Kids)) Speedy Publishing LLC.

Fact Frenzy. 2020. (Fact Frenzy Ser.). (ENG.). (J). pap. 132.00 (978-1-7253-2599-9(3)); (gr. 4-4). lib. bdg. 335.16 (978-1-7253-2598-2(5), f8ac7c2d-51d1-412f-8164-6ab89990ad74) Rosen Publishing Group, Inc., The. (PowerKids Pr.).

Fact Frenzy: Space (Set), 12 vols. 2020. (Fact Frenzy: Space Ser.). (ENG.). 32p. (gr. 4-4). lib. bdg. 167.58 (978-1-7253-2114-4(9), af84b179-0f39-4d18-ad46-b10273d3be56, PowerKids Pr.) Rosen Publishing Group, Inc., The.

Fact Meets Fiction - Mix Theme Activity Book 9-12. Jupiter Kids. 2018. (ENG., Illus.). 106p. (J). pap. 12.55 (978-1-5419-3578-5(0), Jupiter Kids (Childrens & Kids Fiction)) Speedy Publishing LLC.

Fact or Fiction?, 12 vols. 2022. (Fact or Fiction? Ser.). (ENG.). 32p. (J). (gr. 4-5). lib. bdg. 169.62 (978-1-5382-8146-8(5), 9b6cc33a-f969-4c0f-9b52-d808a7739cb0) Stevens, Gareth Publishing LLLP.

Fact or Fiction? Researching the Causes of the American Civil War, 1 vol. Tayler Cole. 2018. (Project Learning Through American History Ser.). (ENG.). 32p. (gr. 4-5). 27.93 (978-1-5383-3059-3(8), 3f7f278c-2ac0-4a6c-8ecc-4463632d5923, PowerKids Pr.) Rosen Publishing Group, Inc., The.

Fact-Packed Activity Book: Dinosaurs. DK. 2022. (Fact Packed Activity Book Ser.). (ENG., Illus.). 96p. (J). (gr. k-4). pap. 9.99 (978-0-7440-5155-1(X), DK Children) Dorling Kindersley Publishing, Inc.

Fact-Packed Activity Book: Human Body. DK. 2022. (Fact Packed Activity Book Ser.). (ENG., Illus.). 96p. (J). (gr. k-4). pap. 9.99 (978-0-7440-5154-4(1), DK Children) Dorling Kindersley Publishing, Inc.

Fact-Packed Activity Book: Rocks & Minerals: With More Than 50 Activities, Puzzles, & More! DK. 2022. (Fact Packed Activity Book Ser.). (ENG.). 96p. (J). (gr. k-4). pap. 9.99 (978-0-7440-5663-1(2), DK Children) Dorling Kindersley Publishing, Inc.

Fact-Packed Activity Book: Space: With More Than 50 Activities, Puzzles, & More! DK. 2022. (Fact Packed Activity Book Ser.). (ENG.). 96p. (J). (gr. k-4). pap. 9.99 (978-0-7440-5991-5(7), DK Children) Dorling Kindersley Publishing, Inc.

Fact-Packed Dinosaur Activity Book. William Potter. Illus. by Stephanie Fizer Coleman. 2018. (ENG.). 96p. (J). pap. 12.99 (978-1-78828-499-8(2), f2f7bee3-a69b-4858-a871-95b6b6f4f38f) Arcturus Publishing GBR. Dist: Baker & Taylor Publisher Services (BTPS).

Factastic (LEGO Nonfiction) A LEGO Adventure in the Real World. Penelope Arlon. 2016. (ENG., Illus.). 176p. (J). (gr. 3-7). 19.99 (978-1-338-03284-0(4)) Scholastic, Inc.

Factor: Christmas Story (Classic Reprint) Gilbert Parker. 2018. (ENG., Illus.). 280p. (J). 29.69 (978-0-483-50644-2(3)) Forgotten Bks.

Factors That Affect Populations Ecosystems Books Grade 3 Children's Biology Books. Baby Professor. 2021. (ENG.). 72p. (J). 27.99 (978-1-5419-8380-9(7)); pap. 16.99 (978-1-5419-7895-9(1)) Speedy Publishing LLC. (Baby Professor (Education Kids)).

Factory Boy. Madeline Leslie. 2018. (ENG., Illus.). 34p. (YA). (gr. 7-12). pap. (978-93-5329-286-7(7)) Alpha Editions.

Factory Boy (Classic Reprint) Madeline Leslie. (ENG., Illus.). (J). 2018. 114p. 26.25 (978-0-267-36271-4(4)); 2016. pap. 9.57 (978-1-334-16792-8(3)) Forgotten Bks.

Factory Girl (Classic Reprint) Unknown Author. 2018. (ENG., Illus.). 116p. (J). 26.31 (978-0-483-89585-0(7)) Forgotten Bks.

Factory Robots. Nadia Higgins. (Robotics in Our World Ser.). (ENG., Illus.). 32p. (J). (gr. 2-5). 2018. pap. 9.99 (978-1-68152-172-5(5), 14803); 2017. 20.95 (978-1-68151-141-2(X), 14684) Amicus.

Factory Robots. Elizabeth Noll. 2017. (World of Robots Ser.). (ENG., Illus.). 32p. (J). (gr. 3-8). 27.95 (978-1-62617-687-4(6), Blastoff! Discovery) Bellwether Media.

Facts: About Japanese in Canada & Other Miscellaneous Information, 1922 (Classic Reprint) Unknown Author. 2017. (ENG., Illus.). (J). 25.05 (978-0-260-91556-6(4)) Forgotten Bks.

Facts: By a Woman (Classic Reprint) Unknown Author. 2017. (ENG., Illus.). (J). 31.28 (978-0-266-68317-9(7)); pap. 13.97 (978-1-5276-5667-3(5)) Forgotten Bks.

Facts about Girls, for Girls: Being a Selection of Interesting & Instructive Anecdotes of Girls (Classic Reprint) Richard Donkersley. 2017. (ENG., Illus.). (J). 222p. 28.48 (978-0-484-60206-8(3)); pap. 10.97 (978-0-243-42333-0(0)) Forgotten Bks.

Facts about the Salvation Army: Aims & Methods of the Hallelujah Band (Classic Reprint) Eleanora Stackhouse. 2017. (ENG., Illus.). (J). 28.93 (978-1-5281-7000-0(8)); pap. 11.57 (978-0-243-41583-0(4)) Forgotten Bks.

Facts & Arguments for Darwin. Fritz Muller. 2017. (ENG., Illus.). (J). 22.95 (978-1-374-85988-3(5)); pap. 12.95 (978-1-374-85987-6(7)) Capital Communications, Inc.

Facts & Arguments for Darwin. Fritz Muller & W. S. Dallas. 2016. (ENG.). 158p. (J). pap. (978-3-7434-2411-1(8)) Creation Pubs.

Facts & Fancies (Classic Reprint) Melvina Adele Lott. (ENG., Illus.). (J). 2018. 98p. 25.94 (978-0-483-84181-9(1)); 2016. pap. 9.57 (978-1-333-42135-9(4)) Forgotten Bks.

Facts & Fancies for School-Day Reading: A Sequel to Morals of Manners (Classic Reprint) Catharine Maria Sedgwick. 2017. (ENG., Illus.). (J). 224p. 28.52 (978-0-332-05981-5(2)); pap. 10.97 (978-0-259-21312-3(8)) Forgotten Bks.

Facts & Fiction about Drugs: Set, 12 vols. 2019. (Facts & Fiction about Drugs Ser.). (ENG.). 48p. (J). (gr. 4-5). lib. bdg. 200.82 (978-1-7253-4860-8(8), 3c551c50-c026-4d23-8cf9-04eac0fee7f4, Rosen Reference) Rosen Publishing Group, Inc., The.

Facts & Figures: Smoking & Vaping. Eric Benac. 2021. (Smoking & Vaping Addiction Ser.). (ENG., Illus.). 96p. (YA). (gr. 7-12). 34.60 (978-1-4222-4581-1(0)) Mason Crest.

Facts & Observations Towards Forming a New Theory of the Earth (Classic Reprint) William Knight. 2017. (ENG., Illus.). (J). pap. 13.57 (978-1-5276-6279-7(9)) Forgotten Bks.

Facts in Jingles (Classic Reprint) Winifred Sackville Stoner. 2017. (ENG., Illus.). (J). 31.36 (978-0-260-68666-4(2)) Forgotten Bks.

Facts on Matter, 12 vols. 2021. (Facts on Matter Ser.). (ENG.). 24p. (J). (gr. 2-3). lib. bdg. 145.62 (978-1-5382-6775-2(6), 12d1adb7-7385-46b6-ac91-cdb2e5a3721a) Stevens, Gareth Publishing LLLP.

Facts, Thought, & Imagination: A Book on Writing (Classic Reprint) Henry Seidel Canby. 2017. (ENG., Illus.). (J). 31.01 (978-0-265-31298-8(1)) Forgotten Bks.

Facts vs. Opinions vs. Robots. Michael Rex. Illus. by Michael Rex. 2020. (Illus.). 32p. (J). (gr. k-3). 18.99 (978-1-9848-1626-9(8), Nancy Paulsen Books) Penguin Young Readers Group.

Factum Pour Messire Antoine Furetiere, ABBE de Chalivoy, Contre Quelques-Uns de l'Academie Francaise (Classic Reprint) Antoine Furetiere. 2017. (FRE., Illus.). (J). pap. 16.57 (978-0-282-18236-6(5)) Forgotten Bks.

Factum Pour Messire Antoine Furetière, Abbé de Chalivoy, Contre Quelques-Uns de l'Académie Française (Classic Reprint) Antoine Furetiere. 2018. (FRE., Illus.). 420p. (J). 32.56 (978-0-666-38455-3(X)) Forgotten Bks.

Faculty (Classic Reprint) Unknown Author. 2018. (ENG., Illus.). (J). 32p. 24.58 (978-0-484-62743-6(0)); 178p. 27.59 (978-0-656-37974-3(X)) Forgotten Bks.

Fade. E. G Bateman. 2nd ed. 2018. (Faders Ser.: Vol. 1). (ENG., Illus.). 316p. (YA). pap. (978-1-9998714-1-3(3)) Bateman, E. G.

Fade: Large Print Edition. E. G Bateman. l.t. ed. 2019. (Faders Series - Large Print Ser.: Vol. 1). (ENG.). 386p. (J). pap. (978-1-9998714-6-8(4)) Cornerdown Publishing.

Fade Away. M. L. Ray. 2021. (ENG.). 210p. (YA). pap. 14.99 (978-1-393-88125-4(4)) Draft2Digital.

Fade into You. M. L. Ray. 2021. (ENG.). 168p. (YA). pap. 14.99 (978-1-393-19539-9(3)) Draft2Digital.

Fade to Black. J. A. Darke. Illus. by Neil Evans. 2016. (Spine Shivers Ser.). (ENG.). 128p. (J). (gr. 4-6). lib. bdg. 27.32 (978-1-4965-3070-7(5), 131945, Stone Arch Bks.) Capstone.

Fade to Black: an AFK Book (Bendy #3) Adrienne Kress. Illus. by Artful Doodlers Ltd. 2023. (Bendy Ser.). (ENG.). 320p. (YA). (gr. 7). pap. 12.99 (978-1-338-88905-5(2)) Scholastic, Inc.

Fade to White. Tara K. Ross. 2020. (ENG.). 242p. pap. 16.99 (978-1-64526-263-3(4)) Iron Stream Media.

Fadeaway. Maura Ellen Stokes. 2018. (ENG.). 304p. (J). (gr. 4-9). 16.99 (978-1-4998-0674-8(4), Yellow Jacket) Bonnier Publishing USA.

Fadeaway. E. B. Vickers. 2021. 400p. (YA). (gr. 7). 18.99 (978-0-593-18019-8(4), Knopf Bks. for Young Readers) Random Hse. Children's Bks.

Faded. M. L. Ray. 2021. (ENG.). 232p. (YA). pap. 14.99 (978-1-393-71284-8(3)) Draft2Digital.

Faded Flare. L. B. Carter. 2019. (Climatic Climacteric Ser.: Vol. 2). (ENG., Illus.). 378p. (YA). (gr. 9-12). pap. 14.99 (978-0-578-61971-2(7)) Laura Beth Carter.

Faded Glimpses of Time. Nyah Nichol. 2022. (Tempus Trilogy Ser.: 2). (Illus.). 200p. (YA). (gr. 7-12). pap. 15.95 (978-1-988761-71-8(9)) Common Deer Pr. CAN. Dist: National Bk. Network.

Faded Love. John R. Erickson. Illus. by Gerald L. Holmes. 2017. (Hank the Cowdog Ser.: Vol. 5). (ENG.). (J). (gr. 3-6). 15.99 (978-1-59188-205-3(2)) Maverick Bks., Inc.

Fadette (Classic Reprint) George Sand. (ENG., Illus.). (J). 2018. 320p. 30.62 (978-0-428-55792-8(9)); 2017. 29.18 (978-0-260-12422-7(2)); 2016. pap. 13.57 (978-1-333-47830-8(5)) Forgotten Bks.

Fading Memories. Candice D. Johnson. 2019. (ENG.). 62p. (YA). pap. 8.99 (978-1-4808-7868-6(5)) Archway Publishing.

Fading Starlight, Chanza Wolfblood: Book One. Coral Elizabeth. 2022. (ENG.). 166p. (J). 19.99 **(978-1-0880-4889-4(7))** Indy Pub.

Fads & Fancies (Classic Reprint) Eleanor Maud Crane. 2018. (ENG., Illus.). 44p. (J). 24.80 (978-0-267-45634-5(4)) Forgotten Bks.

Fae & the Moon. Franco Aureliani. Illus. by Catherine Satrun & Sarah Satrun. 2023. (ENG.). 144p. (J). (gr. 3-7). 24.99 (978-1-4998-1328-9(7)); pap. 14.99 (978-1-4998-1327-2(9)) Bonnier Publishing USA. (Yellow Jacket).

Fae Captive. Sarah K. L. Wilson. Illus. by Luciano Fleitas. 2020. (Tangled Fae Ser.: Vol. 2). (ENG.). 198p. (YA). (978-1-9992872-4-5(X)) Wilson, Sarah K. L.

Fae Conqueror. Sarah K. L. Wilson. 2020. (Tangled Fae Ser.: Vol. 5). (ENG.). 198p. (YA). (978-1-9992872-9-0(0)) Wilson, Sarah K. L.

Fae Hunter. Sarah K. L. Wilson. Illus. by Fleitas Luciano. 2019. (Tangled Fae Ser.: Vol. 1). (ENG.). 222p. (YA). (978-1-9992872-1-4(5)) Wilson, Sarah K. L.

Fae Keeper. H. E. Edgmon. (Witch King Duology Ser.: 2). (ENG.). (YA). 2023. 400p. pap. 15.99 (978-1-335-45276-4(1)); 2022. 432p. 18.99 (978-1-335-42591-1(8)) Harlequin Enterprises ULC CAN. Dist: HarperCollins Pubs.

Fae Pursuit. Sarah K. L. Wilson. 2020. (ENG.). 228p. (YA). (978-1-9992872-8-3(2)) Wilson, Sarah K. L.

Faedorables Coloring Collection: 100 Designs. Selina Fenech. 2019. (Fantasy Coloring by Selina Ser.: Vol. 24). (ENG.). 214p. (J). (gr. k-6). pap. (978-0-6487080-1-8(2)) Fairies & Fantasy Pty. Ltd.

Faedorables: Cute & Creepy Coloring Book. Selina Fenech. 2017. (ENG., Illus.). (J). (gr. 2-5). (978-0-6480269-8-3(1)) Fairies & Fantasy Pty. Ltd.

Faedorables Fantasy Beasts Coloring Book. Selina Fenech. 2019. (Fantasy Coloring by Selina Ser.: Vol. 23). (ENG.). 112p. (J). (gr. k-6). pap. (978-0-6487080-0-1(4)) Fairies & Fantasy Pty. Ltd.

Faedorables Fantasy Tea Party. Selina Fenech. 2019. (Fantasy Coloring by Selina Ser.: Vol. 21). (ENG.). 112p. (J). (gr. k-6). pap. (978-0-6485427-1-1(8)) Fairies & Fantasy Pty. Ltd.

Faedorables Minis - Pocket Sized Cute Fantasy Coloring Book. Selina Fenech. 2017. (ENG., Illus.). (J). pap. (978-0-6480269-9-0(X)) Fairies & Fantasy Pty. Ltd.

Faerie Destiny: The Complete Series. Valia Lind. 2022. (ENG.). 480p. (YA). pap. 27.99 (978-0-578-28219-0(4)) Valentina Lind.

Faerie Guardian. Rachel Morgan. 2021. (Creepy Hollow Ser.: Vol. 1). (ENG.). 280p. (YA). (gr. 8-12). pap. (978-1-928510-35-2(3)) Morgan, Rachel.

Faerie Mischuff - a Tale from Chateau Moyen. T. D. Lacey. 2016. (ENG., Illus.). (J). pap. (978-0-9928968-9-8(4)) PeaChi Publishing.

Faerie Mystery: A Not So Ordinary Faerie Tale. Asa Muckosky. 2018. (ENG., Illus.). 98p. (J). (gr. 1-6). pap. 12.95 (978-0-9918606-0-9(8)) Booklocker.com, Inc.

Faerie Perfume, & the Rose Faerie. P. J. Roscoe. 2017. (Adventures of Faerie Folk Ser.: Vol. 2). (ENG., Illus.). (J). (gr. k-4). pap. 9.99 (978-1-68160-464-0(7)) Crimson Cloak Publishing.

Faerie Prince. Rachel Morgan. 2021. (Creepy Hollow Ser.: Vol. 2). (ENG.). 356p. (YA). pap. (978-1-928510-36-9(1)) Morgan, Rachel.

Faerie Queene: Disposed into Twelue Bookes, Fashioning XII. Morall Vertues (Classic Reprint) Edmund Spenser. 2018. (ENG., Illus.). (YA). (gr. 7-12). 1144p. 47.49 (978-1-391-99304-1(7)); 1146p. pap. 29.83 (978-1-391-59736-2(2)) Forgotten Bks.

Faerie Queene: Prose Version Modern Translation St George & the Dragon. Edmund Spenser. 2017. (ENG., Illus.). (YA). (gr. 7-12). pap. (978-0-6481648-0-7(2)) Kous, Sarah.

Faerie Queene; Book IV. Edmund Spenser & Kate M. Warren. 2017. (ENG., Illus.). (J). pap. (978-0-649-58056-9(7)) Trieste Publishing Pty Ltd.

Faerie Swap. Anthea Sharp. 2020. (ENG.). 158p. (YA). pap. 9.99 (978-1-68013-027-0(7)) Fiddlehead Pr.

Faerie Tale. Maxine Stockton. 2022. (ENG.). 112p. (J). **(978-1-3984-1223-1(6))**; pap. **(978-1-3984-1222-4(8))** Austin Macauley Pubs. Ltd.

Faerie War. Rachel Morgan. 2021. (Creepy Hollow Ser.: Vol. 3). (ENG.). 326p. (YA). pap. (978-1-928510-37-6(X)) Morgan, Rachel.

Faeries & Flowers. Michael Verrett. 2020. (ENG.). 52p. (J). 24.95 (978-1-0879-0552-5(4)) Indy Pub.

Faerie's Curse. Rachel Morgan. 2021. (Creepy Hollow Ser.: Vol. 6). (ENG.). 322p. (YA). pap. **(978-1-928510-40-6(X))** Morgan, Rachel.

Faerie's Revenge. Rachel Morgan. 2021. (Creepy Hollow Ser.: Vol. 5). (ENG.). 330p. (YA). pap. **(978-1-928510-39-0(6))** Morgan, Rachel.

Faerie's Secret. Rachel Morgan. 2021. (Creepy Hollow Ser.: Vol. 4). (ENG.). 304p. (YA). pap. **(978-1-928510-38-3(8))** Morgan, Rachel.

Faery Merry Christmas & a Reader in Fae Theology & Folklore. John Westbrook. 2022. (Crossover Ser.: Vol. 3). (ENG.). 138p. (YA). pap. (978-1-914965-45-6(0)) Mirador Publishing.

Faery Tales. Lucy Ela Walmsley. 2018. (ENG., Illus.). 34p. (J). pap. (978-1-5289-0922-8(4)) Austin Macauley Pubs. Ltd.

Faery Tales from Hans Christian Andersen (Classic Reprint) Hans Christian Andersen. 2017. (ENG., Illus.). (J). 33.14 (978-1-5280-5307-5(9)) Forgotten Bks.

Faery Tales of Weir (Classic Reprint) Anna Mcclure Sholl. (ENG., Illus.). (J). 2018. 190p. 27.82 (978-0-484-47504-4(5)); 2016. pap. 10.57 (978-1-334-11835-7(3)) Forgotten Bks.

Faery Year (Classic Reprint) George Albemarle Bertie Dewar. 2018. (ENG., Illus.). 356p. (J). 31.24 (978-0-332-91398-8(8)) Forgotten Bks.

Faerylands Forlorn: African Tales (Classic Reprint) Arthur Shearly Cripps. 2017. (ENG., Illus.). (J). 29.01 (978-0-260-52848-3(X)) Forgotten Bks.

Fae's Deception (Queens of the Fae Book 1) M. Lynn & Melissa A. Craven. 2020. (ENG.). 260p. (YA). 21.99 (978-1-970052-09-1(0)) United Bks. Publishing.

Fae's Defiance (Queens of the Fae Book 2) M. Lynn & Melissa A. Craven. 2020. (ENG.). 280p. (YA). 21.99 (978-1-970052-10-7(4)) United Bks. Publishing.

Fae's Destruction (Queens of the Fae Book 3) M. Lynn & Melissa A. Craven. 2020. (ENG.). 300p. (YA). 21.99 (978-1-970052-11-4(2)) United Bks. Publishing.

Fae's Power (Queens of the Fae Book 5) Melissa Craven & M. Lynn. 2021. (ENG.). 310p. (YA). 21.99 (978-1-970052-20-6(1)) United Bks. Publishing.

Fae's Prisoner (Queens of the Fae Book 4) Melissa Craven & M. Lynn. 2021. (ENG.). 288p. (YA). 21.99 (978-1-970052-19-0(8)) United Bks. Publishing.

Fae's Promise (Queens of the Fae Book 6) M. Lynn & Melissa A. Craven. 2023. (ENG.). 308p. (YA). 24.99 **(978-1-970052-25-1(2))** United Bks. Publishing.

Faggot of French Sticks: Or, Paris in 1851 (Classic Reprint) Francis B. Head. 2018. (ENG., Illus.). 922p. (J). 42.93 (978-0-656-94280-0(0)) Forgotten Bks.

Faggot of French Sticks, Vol. 1 of 2 (Classic Reprint) Francis Bond Head. 2018. (ENG., Illus.). 466p. (J). 33.53 (978-0-267-29913-3(3)) Forgotten Bks.

Faggot of French Sticks, Vol. 2 of 2 (Classic Reprint) Francis Bond Head. 2018. (ENG., Illus.). 458p. (J). 33.36 (978-0-484-88832-5(3)) Forgotten Bks.

Faggots for the Fireside: Or Tales of Fact & Fancy (Classic Reprint) Peter Parley, pseud. 2018. (ENG., Illus.). 364p. (J). 31.40 (978-0-483-40135-8(8)) Forgotten Bks.

Fahjem. Constantin Himmelried. 2018. (GER., Illus.). 88p. (J). pap. (978-3-7469-2310-9(7)) tredition Verlag.

Fahrenheit 451 Novel Units Student Packet. Novel Units. 2019. (ENG.). (YA). pap. 13.99 (978-1-56137-302-4(8), Novel Units, Inc.) Classroom Library Co.

Fahrzeuge Malbuch Für Kinder: Malbuch Flugzeuge Für Jungen und Mädchen - 50 Lustige Illustrationen Mit Autos, Zügen, Traktoren, Großen LKWs, Flugzeugen und Mehr - Verkehr Malbuch. Emil Rana O'Neil. 2021. (GER.). 102p. (J). pap. 11.99 (978-0-566-93628-9(3)) Ridley Madison, LLC.

Faience Violin (Classic Reprint) Champfleury Champfleury. 2018. (ENG., Illus.). 230p. (J). 28.66 (978-0-332-46634-7(5)) Forgotten Bks.

Fail. P. D. Workman. l.t. ed. 2022. (Medical Kidnap Files Ser.: Vol. 6). (ENG.). 676p. (YA). **(978-1-77468-245-6(1))** PD Workman.

Fail, Medical Kidnap Files. P. D. Workman. 2022. (Medical Kidnap Files (Contemporary Ya) Ser.: Vol. 6). (ENG.). 340p. (J). pap. **(978-1-77468-240-1(0))** PD Workman.

Failsafe. F. J. DeSanto & Todd Farmer. Illus. by Federico Dallocchio. 2019. (ENG.). 144p. pap. 19.99 (978-1-939424-22-8(4), 4cfcd31e-20c2-42ef-b585-c17c27594d97, Vault Comics) Creative Mind Energy.

Failure: Business Blunders. Kristy Stark. 2018. (TIME(r): Informational Text Ser.). (ENG., Illus.). 48p. (J). (gr. 6-8). pap. 13.99 (978-1-4258-5008-1(1)) Teacher Created Materials, Inc.

Failure: Disasters in History (Level 6) Elise Wallace. 2018. (TIME(r): Informational Text Ser.). (ENG., Illus.). 48p. (J). (gr. 5-8). pap. 13.99 (978-1-4258-5000-5(6)) Teacher Created Materials, Inc.

Failure Book. Karen Lilly. 2020. (ENG., Illus.). 96p. (J). pap. 14.95 (978-0-87441-977-1(8), 06bd437d-c372-4fbd-828d-632e5f738e9f) Behrman Hse., Inc.

Failure of Sibyl Fletcher: A Novel (Classic Reprint) Adeline Sergeant. 2018. (ENG., Illus.). 294p. (J). 29.96 (978-0-483-30928-9(1)) Forgotten Bks.

Faint of Heart. Kerilynn Wilson. Illus. by Kerilynn Wilson. 2023. (ENG., Illus.). 304p. (J). (gr. 8). 26.99 (978-0-06-311621-4(9)); pap. 18.99 (978-0-06-311622-1(7)) HarperCollins Pubs. (Greenwillow Bks.).

Fair. Julia Jaske. 2023. (Let's Have an Adventure Ser.). (ENG., Illus.). 16p. (J). (gr. -1-2). 11.36 (978-1-6689-1910-1(9), 221888, Cherry Blossom Press) Cherry Lake Publishing.

Fair & Free, Vol. 1 of 3 (Classic Reprint) Henry Cresswell. (ENG., Illus.). (J). 2018. 912p. 42.71 (978-0-332-65816-2(3)); 2017. pap. 25.05 (978-1-334-91632-8(2)) Forgotten Bks.

Fair & Square. Heather Ayris Burnell. ed. 2021. (Acorn Early Readers Ser.). (ENG., Illus.). 56p. (J). (gr. k-1). 15.46 (978-1-64697-903-5(6)) Penworthy Co., LLC, The.

Fair & Square: an Acorn Book (Unicorn & Yeti #5) Heather Ayris Burnell. Illus. by Hazel Quintanilla. 2021. (Unicorn & Yeti Ser.: 5). (ENG.). 64p. (J). (gr. k-2). pap. 4.99 (978-1-338-62772-5(4)) Scholastic, Inc.

Fair & Square: an Acorn Book (Unicorn & Yeti #5) (Library Edition) Heather Ayris Burnell. Illus. by Hazel Quintanilla. 2021. (Unicorn & Yeti Ser.: 5). (ENG.). 64p. (J). (gr. k-2). lib. bdg. 23.99 (978-1-338-62773-2(2)) Scholastic, Inc.

Fair Apparition: Or a Night with the Muses, & Other Sketches in Rhyme Prose (Classic Reprint) Charles Dyall. 2018. (ENG., Illus.). 138p. (J). 26.74 (978-0-267-22651-1(9)) Forgotten Bks.

Fair Ball. Derek Jeter. (Jeter Publishing Ser.). (ENG.). (J). (gr. 3-7). 2018. 192p. pap. 7.99 (978-1-4814-9149-5(0)); 2017. (Illus.). 176p. 17.99 (978-1-4814-9148-8(2)) Simon & Schuster/Paula Wiseman Bks. (Simon & Schuster/Paula Wiseman Bks.).

Fair Barbarian. Frances Burnett. 2020. (ENG.). (J). 144p. 17.95 (978-1-64799-779-3(8)); 142p. pap. 9.95 (978-1-64799-778-6(X)) Bibliotech Pr.

Fair Barbarian (Classic Reprint) Frances Burnett. 2017. (ENG., Illus.). (J). 29.30 (978-0-266-21716-9(8)) Forgotten Bks.

Fair Brigand (Classic Reprint) George Horton. 2017. (ENG., Illus.). (J). 356p. 31.26 (978-0-332-46921-8(2)); pap. 13.97 (978-0-259-17188-1(3)) Forgotten Bks.

Fair Carew, or Husbands & Wives, Vol. 3 of 3 (Classic Reprint) Unknown Author. 2018. (ENG., Illus.). 332p. (J). 30.74 (978-0-483-71538-7(7)) Forgotten Bks.

Fair Carew, Vol. 2 Of 3: Or, Husbands & Wives (Classic Reprint) Unknown Author. 2018. (ENG., Illus.). 322p. (J). 30.54 (978-0-483-72583-6(8)) Forgotten Bks.

632 The check digit for ISBN-10 appears in parentheses after the full ISBN-13

TITLE INDEX FAIRNESS

Fair Claimant: Being a Story for Girls (Classic Reprint) Frances Armstrong. 2017. (ENG., Illus.). (J). 32.06 *(978-0-260-55134-4(1))*; pap. 16.57 *(978-0-243-31984-8(3))* Forgotten Bks.

Fair Concubine, or the Secret History of the Beautiful Vanella: Containing Her Amours with Albimarides, P. Alexis &C.; Her Departure from the Court; the Particulars of Her Settlement; an Account of Several Curious Incidents That Happened in the Course. Unknown Author. 2017. (ENG., Illus.). (J). 40p. 24.74 *(978-0-484-58363-3(8))*; pap. 7.97 *(978-0-243-60156-1(5))* Forgotten Bks.

Fair Day in Fruity Land. Tiffany Desiree. 2018. (Adventures in Fruity Land Ser.: Vol. 3). (ENG., Illus.). 50p. (J). pap. 21.99 *(978-0-692-09392-4(3))* Loliwolliworld Publishing.

Fair Deal: Shopping for Social Justice. Kari Jones. 2022. (Orca Footprints Ser.: 11). (ENG., Illus.). 48p. (J). (gr. 4-8). pap. 14.95 *(978-1-4598-3509-2(3))* Orca Bk. Pubs. USA.

Fair Diana (Classic Reprint) Elim Henry D'Avigdor. (ENG., Illus.). (J). 2018. 454p. 33.26 *(978-0-267-36641-5(8))*; 2016. pap. 16.57 *(978-1-334-16387-6(1))* Forgotten Bks.

Fair Dominion: A Record of Canadian Impressions (Classic Reprint) R. E. Vernede. 2018. (ENG., Illus.). 346p. (J). 31.03 *(978-0-267-24844-5(X))* Forgotten Bks.

Fair Elections & Voting Rights. Contrib. by Sheryl Normandeau. 2023. (Understanding American Democracy Ser.). (ENG.). 64p. (YA). (gr. 6-12). 43.93 ***(978-1-6782-0692-5(X)***, BrightPoint Pr.) ReferencePoint Pr., Inc.

Fair Enchantress: A Romance of Lady Hamilton's Early Years (Classic Reprint) Henry Schumacher. (ENG., Illus.). (J). 2018. 330p. 30.70 *(978-0-267-33376-9(5))*; 2016. pap. 13.57 *(978-1-333-58316-3(8))* Forgotten Bks.

Fair France: Impressions of a Traveller (Classic Reprint) Unknown Author. 2018. (ENG., Illus.). 246p. (J). 28.97 *(978-0-483-57182-2(2))* Forgotten Bks.

Fair Fraud (Classic Reprint) Emily Lovett Cameron. 2018. (ENG., Illus.). 286p. (J). 29.80 *(978-0-483-61891-6(8))* Forgotten Bks.

Fair Harbor: A Novel (Classic Reprint) Joseph C. Lincoln. 2017. (ENG., Illus.). (J). 31.94 *(978-0-260-65707-7(7))* Forgotten Bks.

Fair Harvard. William Tucker Washburn. 2016. (ENG., Illus.). (J). pap. *(978-3-7433-3170-9(5))* Creation Pubs.

Fair Harvard: A Story of American College Life (Classic Reprint) William Tucker Washburn. 2018. (ENG., Illus.). 326p. (J). 30.62 *(978-0-484-30428-3(3))* Forgotten Bks.

Fair Haven & Foul Strand (Classic Reprint) August Strindberg. (ENG., Illus.). (J). 2018. 246p. 28.99 *(978-0-483-48278-4(1))*; 2016. pap. 11.57 *(978-1-334-11869-2(8))* Forgotten Bks.

Fair House (Classic Reprint) Hugh De Selincourt. 2018. (ENG., Illus.). 362p. (J). 31.34 *(978-0-484-49044-3(3))* Forgotten Bks.

Fair Ines (Classic Reprint) Ethel Turner. 2018. (ENG., Illus.). 296p. (J). 30.00 *(978-0-484-48058-1(8))* Forgotten Bks.

Fair Irish Maid (Classic Reprint) Justin Huntly McCarthy. 2018. (ENG., Illus.). 366p. (J). 31.47 *(978-0-483-92545-8(4))* Forgotten Bks.

Fair Is Fair (Berenstain Bears Gifts of the Spirit) Mike Berenstain. 2022. (Berenstain Bears Gifts of the Spirit Ser.). (Illus.). 32p. (J). (gr. -1-2). 9.99 *(978-0-593-30248-4(6))*, Random Hse. Bks. for Young Readers) Random Hse. Children's Bks.

Fair Jewess (Classic Reprint) B. I. Farjeon. 2018. (ENG., Illus.). 410p. (J). 32.35 *(978-0-483-10826-4(X))* Forgotten Bks.

Fair Lady of Halifax: Or Colmey's Six Hundred (Classic Reprint) Ronleigh de Conval. 2018. (ENG., Illus.). 428p. (J). 32.72 *(978-0-332-77787-0(1))* Forgotten Bks.

Fair Lavinia (Classic Reprint) Mary Wilkins Freeman. 2018. (ENG., Illus.). 338p. (J). 30.87 *(978-0-267-21826-4(5))* Forgotten Bks.

Fair Maid of Connaught. Kate Duval Hughes. 2016. (ENG., Illus.). (J). pap. *(978-3-7411-9762-8(9))* Creation Pubs.

Fair Maid of Connaught: And Other Tales for Catholic Youth (Classic Reprint) Kate Duval Hughes. 2018. (ENG., Illus.). 182p. (J). 27.65 *(978-0-365-19386-9(0))* Forgotten Bks.

Fair Maid of Graystones (Classic Reprint) Beulah Marie Dix. 2018. (ENG., Illus.). 360p. (J). 31.34 *(978-0-483-47330-0(8))* Forgotten Bks.

Fair Maid of Perth, or Saint Valentine's Day (Classic Reprint) Walter Scott. 2017. (ENG., Illus.). (J). 652p. 37.36 *(978-0-266-73079-8(5))*; 36.50 *(978-0-266-19053-0(7))* Forgotten Bks.

Fair Maid of Perth, or St. Valentine's Day: Chronicles of the Canongate (Classic Reprint) Walter Scott. 2017. (ENG., Illus.). (J). 42.15 *(978-0-265-72764-5(2))*; pap. 24.49 *(978-1-5276-9230-5(2))* Forgotten Bks.

Fair Margaret: A Portrait (Classic Reprint) F. Marion Crawford. 2017. (ENG., Illus.). (J). pap. 16.57 *(978-0-243-27698-1(2))* Forgotten Bks.

Fair Margaret: A Portrait (Classic Reprint) Francis Marion Crawford. 2018. (ENG., Illus.). 426p. (J). 32.68 *(978-0-483-60902-0(1))* Forgotten Bks.

Fair Margaret a Portrait (Classic Reprint) F. Marion Crawford. 2017. (ENG., Illus.). (J). 32.27 *(978-1-5282-8116-4(0))* Forgotten Bks.

Fair Margaret (Classic Reprint) H. Rider Haggard. 2017. (ENG., Illus.). (J). 32.81 *(978-0-331-89802-6(0))*; pap. 16.57 *(978-0-259-06097-0(6))* Forgotten Bks.

Fair Mississippian: A Novel (Classic Reprint) Charles Egbert Craddock. 2018. (ENG., Illus.). 452p. (J). 33.22 *(978-0-483-85239-6(2))* Forgotten Bks.

Fair Moon of Bath (Classic Reprint) Elizabeth Ellis. 2018. (ENG., Illus.). 354p. (J). 31.20 *(978-0-267-28937-0(5))* Forgotten Bks.

Fair Oaks, Vol. 1 Of 2: Or the Experiences of Arnold Osborne M. d (Classic Reprint) Max Lyle. (ENG., Illus.). (J). 2018. 308p. 30.25 *(978-0-428-86766-9(9))*; 2016. pap. 13.57 *(978-1-333-41531-0(1))* Forgotten Bks.

Fair Oaks, Vol. 2 Of 2: Or the Experiences of Arnold Osborne M. d (Classic Reprint) Max Lyle. 2018. (ENG., Illus.). 290p. (J). 29.88 *(978-0-483-32429-9(9))* Forgotten Bks.

Fair or Unfair? Civic Virtues, 1 vol. Gillian Clifton. 2018. (Civics for the Real World Ser.). (ENG.). 8p. (gr. k-1). pap. *(978-1-5383-6317-1(8)*, 9e16b611-5b48-4fd5-8b73-ff70f3ae76e0, Rosen Classroom) Rosen Publishing Group, Inc., The.

Fair Philosopher (Classic Reprint) Henri Dauge. 2018. (ENG., Illus.). (J). 30.27 *(978-0-332-00663-5(8))* Forgotten Bks.

Fair Play. Sue Barraclough. rev. ed. 2016. (Exploring Citizenship Ser.). (ENG.). 32p. (J). (gr. 1-3). pap. 8.29 *(978-1-4846-3985-6(5)*, 135077, Heinemann) Capstone.

Fair Play: A Novel (Classic Reprint) E. D. E. N. Southworth. 2017. (ENG., Illus.). (J). 30.87 *(978-0-260-98655-9(0))*; pap. 13.57 *(978-1-5285-7472-3(9))* Forgotten Bks.

Fair Play a Play for Boys in Two Acts (Classic Reprint) Clifton Lisle. 2017. (ENG., Illus.). (J). 24.85 *(978-0-266-96568-8(7))* Forgotten Bks.

Fair Rebel: And Other Stories (Classic Reprint) Lucy Bethia Walford. 2017. (ENG., Illus.). (J). 31.07 *(978-0-265-72570-1(8))*; pap. 13.57 *(978-1-5276-8543-7(8))* Forgotten Bks.

Fair Rewards (Classic Reprint) Thomas Beer. 2018. (ENG., Illus.). 296p. (J). 30.00 *(978-0-267-49235-0(9))* Forgotten Bks.

Fair Saxon: A Novel (Classic Reprint) Justin M'Carthy. 2017. (ENG., Illus.). (J). 33.63 *(978-0-266-72457-5(4))*; pap. 16.57 *(978-1-5276-8352-5(4))* Forgotten Bks.

Fair Share: Math Reader 2 Grade 6. Hmh Hmh. 2018. (SPA.). 8p. (J). pap. 23.60 *(978-1-328-57720-7(1))* Houghton Mifflin Harcourt Publishing Co.

Fair Share: Math Reader Grade 6. Hmh Hmh. 2017. (Math Expressions Ser.). (ENG.). 8p. (J). (gr. 6). pap. 22.13 *(978-1-328-77188-9(1))* Houghton Mifflin Harcourt Publishing Co.

Fair Sister: A Novel (Classic Reprint) William Goyen. (ENG., Illus.). (J). 2018. 114p. 26.25 *(978-0-656-34185-6(8))*; 2017. pap. 9.57 *(978-0-243-38971-1(X))* Forgotten Bks.

Fair to Hope. Sam Reed. 2016. 216p. (YA). pap. 14.95 *(978-1-63505-194-0(0))* Salem Author Services.

Fair to Middling (Classic Reprint) Nalbro Bartley. 2018. (ENG., Illus.). 296p. (J). 30.02 *(978-0-484-74007-4(5))* Forgotten Bks.

Fair to See, Vol. 1 Of 3: A Novel (Classic Reprint) Laurence W. M. Lockhart. 2018. (ENG., Illus.). 348p. (J). 31.07 *(978-0-484-61518-1(1))* Forgotten Bks.

Fair to See, Vol. 2 Of 3: A Novel (Classic Reprint) Laurence W. M. Lockhart. 2018. (ENG., Illus.). 310p. (J). 30.31 *(978-0-428-86092-9(3))* Forgotten Bks.

Fair Trade, 1 vol. Ed. by Ariana Agrios. 2019. (Current Controversies Ser.). (ENG.). 176p. (gr. 10-12). pap. 33.00 *(978-1-5345-0608-4(X)*, fcbcd50e-aa54-44af-8f3f-a10229e42634) Greenhaven Publishing LLC.

Fair Trade & Global Economy. Charlie Ogden. 2018. (Our Values - Level 3 Ser.). (Illus.). 32p. (J). (gr. 5-6). *(978-0-7787-4732-1(8))* Crabtree Publishing Co.

Fair Trade & You, 1 vol. Nicholas Faulkner & Paula Johanson. 2018. (How Our Choices Impact Earth Ser.). (ENG.). 64p. (gr. 6-6). 36.13 *(978-1-5081-8147-7(0)*, 94797900-8986-4da0-8b1a-6316231155a5, Rosen Reference) Rosen Publishing Group, Inc., The.

Fair Weather Novel Units Student Packet. Novel Units. 2019. (ENG.). (J). pap. 13.99 *(978-1-58130-514-2(1)*, Novel Units, Inc.) Classroom Library Co.

Fair Weather Novel Units Teacher Guide. Novel Units. 2019. (ENG.). (J). pap. 12.99 *(978-1-58130-513-5(3)*, Novel Units, Inc.) Classroom Library Co.

Fairatella. Debra Passaris. 2019. (ENG., Illus.). 204p. (YA). (gr. 7-12). pap. *(978-1-912021-93-2(5)*, Nightingale Books) Pegasus Elliot Mackenzie Pubs.

Fairburn's Cabinet of Instruction & Amusement: Containing the Histories of Soloman Serious & His Dog Pompey; Master & Miss. Gracemore; Master Bentley; Amanda, or Virtue Rewarded; the Life of Mr. Thomas Thoroughgood; Helim; an Eastern Tale; the Baske. Unknown Author. 2018. (ENG., Illus.). 126p. (J). 26.50 *(978-0-332-35607-5(8))* Forgotten Bks.

Fairburn's Wonderful Songster, For 1829: Being an Extensive Collection of about Four Hundred Songs, Containing All the Popular, Humorous, Witty, Eccentric, & Comic Songs of the Present Day; Calculated to Afford Wit, Fun, Mirth, & Entertainment for Eve. Unknown Author. 2017. (ENG., Illus.). (J). 28.64 *(978-0-331-54064-2(9))*; pap. 11.57 *(978-0-243-41045-3(X))* Forgotten Bks.

Fairchild Family (Classic Reprint) Mary Martha Sherwood. (ENG., Illus.). (J). 2018. 508p. 34.37 *(978-0-483-43600-8(3))*; 2016. pap. 16.97 *(978-1-333-48720-1(7))* Forgotten Bks.

Fairday Morrow & the Talking Library. Jessica Haight & Stephanie Robinson. 2017. (ENG., Illus.). 228p. (J). (gr. 3-6). pap. 9.99 *(978-0-9993449-1-0(9))*; (Fairday Morrow Ser.: Vol. 2). 24.99 *(978-0-9993449-0-3(0))* Pronoun, Inc.

Faire-Mount. Henry Peterson. 2017. (ENG.). 42p. (J). pap. *(978-3-337-31719-5(7))* Creation Pubs.

Faire-Mount. Henry Peterson. 2017. (ENG., Illus.). (J). pap. *(978-0-649-27421-5(0))* Trieste Publishing Pty Ltd.

Fairer Than a Fairy, Vol. 1 Of 3: A Novel (Classic Reprint) James Grant. 2018. (ENG., Illus.). 292p. (J). 29.92 *(978-0-267-15290-2(6))* Forgotten Bks.

Fairer Than a Fairy, Vol. 2 Of 3: A Novel (Classic Reprint) James Grant. 2018. (ENG., Illus.). 286p. (J). 29.80 *(978-0-483-41614-7(2))* Forgotten Bks.

Fairer Than a Fairy, Vol. 3 Of 3: A Novel (Classic Reprint) James Grant. 2018. (ENG., Illus.). 240p. (J). 28.87 *(978-0-484-40560-7(8))* Forgotten Bks.

Fairest. Marissa Meyer. 2016. (SPA.). 184p. (YA). (gr. 9-12). pap. 15.99 *(978-987-747-093-2(4))* V&R Editoras.

Fairest: Levana's Story. Marissa Meyer. ed. 2016. (Lunar Chronicles Ser.: 0). (YA). lib. bdg. 20.85 *(978-0-606-38438-4(3))* Turtleback.

Fairest Fairies. Alicia Dianne Sault. 2018. (Story Time Ser.: Vol. 1). (ENG., Illus.). 32p. (J). (gr. k-4). 23.19 *(978-0-692-08793-0(1))* With Little Salt.

Fairest in the Land. Lesléa Newman. Illus. by Joshua Heinsz. 2023. (ENG.). 40p. (J). (gr. -1-3). 17.99 *(978-1-4197-5709-9(1)*, 1749301, Abrams Bks. for Young Readers) Abrams, Inc.

Fairest Kind of Love. Crystal Cestari. 2019. (Windy City Magic Ser.: 3). (ENG.). 320p. (YA). (gr. 7-17). 17.99 *(978-1-368-03884-3(0))* Hyperion Bks. for Children.

Fairest of All: A Villains Graphic Novel. Serena Valentino. Illus. by Fiona Marchbank. 2023. (Villains Ser.). (ENG.). 128p. (YA). (gr. 7-12). 21.99 *(978-1-368-06817-8(0))*; pap. 14.99 *(978-1-368-08283-9(1))* Disney Publishing Worldwide. (Disney-Hyperion).

Fairest of All: A Villains Graphic Novel. Serena Valentino. 2017. (Villains Ser.: 1). (ENG.). 272p. (YA). (gr. 7-12). pap. 10.99 *(978-1-368-01146-4(2)*, Disney Press Books) Disney Publishing Worldwide.

Fairest of the Fair (Classic Reprint) Hildegarde Hawthorne. 2018. (ENG., Illus.). 304p. (J). 30.19 *(978-0-483-84643-2(0))* Forgotten Bks.

Fairest of Them All. Sarah Darer Littman. 2017. (ENG., Illus.). 224p. (J). (gr. 3-7). pap. 7.99 *(978-1-4814-5129-1(4)*, Aladdin) Simon & Schuster Children's Publishing.

Fairest Poison. Lauren Skidmore. 2016. 216p. (YA). pap. 16.99 *(978-1-4621-1792-5(9))* Cedar Fort, Inc./CFI Distribution.

Fairfax & His Pride: A Novel (Classic Reprint) Marie Van Vorst. (ENG., Illus.). (J). 2018. 360p. 31.32 *(978-0-484-80774-6(9))*; 2016. pap. 13.97 *(978-1-334-18314-0(7))* Forgotten Bks.

Fairground Physics: Motion, Momentum, & Magnets with Hands-On Science Activities. Angie Smibert. Illus. by Micah Rauch. 2020. (Build It Yourself Ser.). (ENG.). 128p. (J). (gr. 4-7). 22.95 *(978-1-61930-888-6(6)*, 2506cc8a-82e5-4fe0-a939-4ba31ef61d82); pap. 17.95 *(978-1-61930-891-6(6)*, 8a3e0c4c-6a5c-42d6-9f0a-6dd1f56d6207) Nomad Pr.

Fairies. Marty Erickson. 2022. (Legendary Creatures Ser.). (ENG.). 24p. (J). (gr. 2-5). lib. bdg. 32.79 *(978-1-5038-4976-1(7)*, 214825) Child's World, Inc, The.

Fairies. Sue Gagliardi. 2018. (Mythical Creatures Ser.). (ENG., Illus.). 32p. (J). (gr. 2-3). pap. 9.95 *(978-1-64185-003-2(5)*, 1641850035); lib. bdg. 31.35 *(978-1-63517-901-9(7)*, 1635179017) North Star Editions. (Focus Readers).

Fairies. Sue Gagliardi. 2018. (Illus.). 32p. (J). pap. *(978-1-4896-9843-8(4)*, AV2 by Weigl) Weigl Pubs., Inc.

Fairies. Virginia Loh-Hagan. 2017. (Magic, Myth, & Mystery Ser.). (ENG., Illus.). 32p. (J). (gr. 4-8). lib. bdg. 32.07 *(978-1-63472-147-9(0)*, 209160, 45th Parallel Press) Cherry Lake Publishing.

Fairies. Martha London. 2019. (Mythical Creatures Ser.). (ENG., Illus.). 32p. (J). (gr. 2-5). lib. bdg. 32.79 *(978-1-5321-6575-7(7)*, 33252, DiscoverRoo) Pop!.

Fairies. Laura K. Murray. 2017. (Are They Real? Ser.). (ENG., Illus.). 24p. (J). (gr. 1-4). pap. 8.99 *(978-1-62832-371-9(X)*, 20063, Creative Paperbacks) Creative Co., The.

Fairies. Thomas Kingsley Troupe. 2021. (Mythical Creatures Ser.). (ENG., Illus.). 24p. (J). (gr. 3-7). lib. bdg. 26.95 *(978-1-64487-464-6(4))* Bellwether Media.

Fairies: Are They Real? Laura K. Murray. 2017. (Are They Real? Ser.). (ENG., Illus.). 24p. (J). (gr. 1-4). *(978-1-60818-763-8(2)*, 20065, Creative Education) Creative Co., The.

Fairies 1, 2, 3. Liza Gardner Walsh. Illus. by Hazel Mitchell. 2017. 24p. (J). (gr. -1 — 1). 7.95 *(978-1-60893-951-0(0))* Down East Bks.

Fairies & Chimneys. Rose Fyleman. Ed. by Sally Apokedak. 2018. (ENG., Illus.). 68p. (J). pap. 13.99 *(978-1-947446-02-1(9))* Paraklesis Pr.

Fairies & Chimneys (Classic Reprint) Rose Fyleman. 2017. (ENG., Illus.). (J). 25.24 *(978-0-266-60154-8(5))* Forgotten Bks.

Fairies & Folk of Ireland (Classic Reprint) William Henry Frost. 2018. (ENG., Illus.). 326p. (J). 30.62 *(978-0-656-53912-3(7))* Forgotten Bks.

Fairies & Friends (Classic Reprint) Rose Fyleman. 2018. (ENG., Illus.). 70p. (J). pap. 9.57 *(978-1-391-59533-7(5))* Forgotten Bks.

Fairies & Princesses Activity Book for Girls 8-10. Educando Kids. 2019. (ENG.). 42p. (J). pap. 8.55 *(978-1-64521-779-4(5)*, Educando Kids) Editorial Imagen.

Fairies & the Christmas Child (Classic Reprint) Lilian Gask. 2018. (ENG., Illus.). 290p. (J). 29.88 *(978-0-483-50938-2(8))* Forgotten Bks.

Fairies & Unicorns to Color: Amazing Pop-Up Stickers. Isadora Smunket. 2022. (ENG.). 32p. (J). (gr. -1-2). pap. 9.99 *(978-1-63761-086-2(6))* Imagine & Wonder.

Fairies Are Real! Holly Hatam. 2019. (Mythical Creatures Are Real! Ser.). (Illus.). 26p. (J). (— 1). bds. 7.99 *(978-0-525-64885-7(2)*, Random Hse. Bks. for Young Readers) Random Hse. Children's Bks.

Fairies by the Sea Coloring Book. Jupiter Kids. 2017. (ENG., Illus.). (J). pap. 9.20 *(978-1-68326-742-3(7)*, Jupiter Kids (Childrens & Kids Fiction)) Speedy Publishing LLC.

Fairies' Child (Classic Reprint) Gertrude Knevels. (ENG., Illus.). (J). 2018. 24p. 24.39 *(978-0-267-54299-4(2))*; 2016. pap. 7.97 *(978-1-333-42656-9(9))* Forgotten Bks.

Fairies Color by Numbers. Isobel Lundie. 2017. (ENG.). 40p. (J). (gr. -1-3). pap. 8.95 *(978-1-912006-78-6(2)*, Scribblers) Book Hse. GBR. Dist: Sterling Publishing Co., Inc.

Fairies Coloring Book: Amazing Kids Coloring Book with Beautiful Fantasy Fairies, Cute Magical Fairy Tale Fairies, Fun Fantasy Coloring Pages. Melissa Joy Press. 2021. (ENG.). 102p. (J). 21.00 *(978-1-008-93620-1(0))* CENGAGE Learning Custom Publishing.

Fairies Coloring Book! Discover a Variety of Fairy Coloring Pages for Children. Bold Illustrations. 2022. (ENG.). 82p. (J). pap. 14.99 *(978-1-0717-0637-4(3)*, Bold Illustrations) FASTLANE LLC.

Fairies Coloring Book for Girls Ages 4-8: Coloring Book for Girls with Cute Fairies, Gift Idea for Children Ages 4-8 Who Love Coloring. Cute Magical Fairy Tale Fairies, a Fun & Magical Coloring Book for Kids. Max Antoine. 2021. (ENG.). 100p. (J). 21.99 *(978-0-08-043135-2(6))* Google.

Fairies Don't Fight: A Sprightly Sibling Story. Courtney Pippin-Mathur. 2023. (ENG.). 32p. (J). (gr. -1-1). 19.99 ***(978-1-5107-7576-3(5)***, Sky Pony Pr.) Skyhorse Publishing Co., Inc.

Fairies Fashion Show. Janice Gunstone. 2023. (ENG.). 86p. (J). pap. ***(978-1-5289-4277-5(9))*** Austin Macauley Pubs. Ltd.

Fairies Forever (the Wish Fairy #4) Lisa Ann Scott. 2018. (Wish Fairy Ser.: 4). (ENG.). 128p. (J). (gr. 2-5). pap. 4.99 *(978-1-338-12105-6(7)*, Scholastic Paperbacks) Scholastic, Inc.

Fairies Glow at Night Coloring Book. Activity Book Zone for Kids. 2016. (ENG., Illus.). (J). pap. 9.20 *(978-1-68376-424-3(2))* Sabeels Publishing.

Fairies Have Feelings: What Are You Feeling?, 1 vol. Marisa Pace. 2019. (Social & Emotional Learning for the Real World Ser.). (ENG.). 12p. (gr. 1-2). pap. *(978-1-7253-5488-3(8)*, 0fe57c86-aedd-421b-b2f5-4fa727ca23dd, Rosen Classroom) Rosen Publishing Group, Inc., The.

Fairies I Have Met (Classic Reprint) Rodolph Stawell. 2018. (ENG., Illus.). 134p. (J). 26.68 *(978-0-332-02352-6(4))* Forgotten Bks.

Fairies Ice Cove Mountain: The Beginning. Elizabeth Payne. Illus. by John Votel. 2023. (ENG.). 90p. (J). 25.00 ***(978-1-0879-2400-7(6))*** Indy Pub.

Fairies Ice Cove Mountain: The Beginning. Elizabeth Payne. 2019. (ENG.). 90p. (J). pap. 18.00 ***(978-1-0878-5630-8(2))*** Indy Pub.

Fairies in the Forest. 2. Lindsey Kelk. ed. 2022. (Cinders & Sparks Ser.). (ENG.). 176p. (J). (gr. 3-7). 19.96 ***(978-1-68505-581-3(8))*** Penworthy Co., LLC, The.

Fairies Love Oreos! Vicki Roach. Illus. by Ricardo Ramirez Gallo. 2019. (ENG.). 22p. (J). (gr. k-4). 14.99 *(978-1-63337-270-2(7))*; 12.99 *(978-1-63337-271-9(5))* Roland Golf Services.

Fairies of Frost. Hayley Nystrom. Illus. by Alexandra Bulankina. 2019. (ENG.). 40p. (J). 17.99 *(978-1-948256-23-0(1))* Willow Moon Publishing.

Fairies of Frost. Hayley Nystrom. Illus. by Alexandra Bulankina. 2019. (ENG.). 40p. (J). pap. 13.99 *(978-1-948256-25-4(8))* Willow Moon Publishing.

Fairies of Glendaren Hills: There Is Magic in Believing. Susan Cupples-Munger. 2017. 148p. (J). 30.00 *(978-1-5439-1477-1(2))* BookBaby.

Fairies of Jenny's Field. Gilly Sloper. 2017. (ENG., Illus.). 82p. (J). 19.95 *(978-1-78554-803-1(4)*, f9f2d7fa-e973-4f03-b310-9fd553af05ec); pap. 10.95 *(978-1-78554-802-4(6)*, a5fdd5c7-f1ba-4b89-b523-4cd26d04fff1) Austin Macauley Pubs. Ltd. GBR. Dist: Baker & Taylor Publisher Services (BTPS).

Fairies of Kawakawa. Tiffany Wagstaff. 2019. (ENG., Illus.). 174p. (J). pap. *(978-0-9951166-0-3(1))* Rangitawa Publishing.

Fairies of Oak Cottage. Debsi Gillespie. Ed. by Luke Andreski. 2020. (ENG.). 48p. (J). pap. *(978-0-473-53781-4(8))* HookMedia Co. Ltd.

Fairies of Our Garden (Classic Reprint) Emily H. Watson. 2017. (ENG., Illus.). (J). 31.71 *(978-0-265-66836-8(0))*; pap. 16.57 *(978-1-5276-4063-4(9))* Forgotten Bks.

Fairies of Rushmere Woods. Barbara Dean. 2021. (ENG.). 94p. (J). *(978-1-78963-212-5(9))*; pap. *(978-1-78963-210-1(2))* Action Publishing Technology Ltd. (Choir Pr., The).

Fairies of Sorts (Classic Reprint) Molesworth. 2018. (ENG., Illus.). 284p. (J). 29.75 *(978-0-483-83067-7(4))* Forgotten Bks.

Fairies of Tumbledown Cottage 2: Lily's Great Escape. Teresa Marshall. 2019. (ENG.). 68p. (gr. 5-6). pap. 12.99 *(978-1-78955-467-0(5))* New Generation Publishing GBR. Dist: Independent Pubs. Group.

Fairies' Path (Fate: the Winx Saga Tie-In Novel) (Media Tie-In) Ava Corrigan. ed. 2021. (ENG.). 336p. (YA). (gr. 9-9). pap. 11.99 *(978-1-338-69226-6(7))* Scholastic, Inc.

Fairies, Princes, Dwarves, & More Children's European Folktales. Baby Professor. 2017. (ENG., Illus.). (J). pap. 7.89 *(978-1-5419-0318-0(8)*, Baby Professor (Education Kids)) Speedy Publishing LLC.

Fairies Tale. Kristie A. Zweig. Illus. by Kristie A. Zweig. 2022. (ENG.). 30p. (J). 18.99 *(978-0-578-37381-2(5))* Notto, Kristie.

Fairies, Unicorns, Giants & Magic. Miss Angel. 2017. (ENG., Illus.). (J). pap. 25.00 *(978-1-365-71470-2(5))* Lulu Pr., Inc.

Fairies Who Lost Their Powers. Margaret Molloy. 2022. (ENG.). 26p. (J). pap. ***(978-1-3984-9453-4(4))*** Austin Macauley Pubs. Ltd.

Fairiest: Or Surprising & Entertaining Adventures of the Aerial Beings (Classic Reprint) Minerva Press. 2018. (ENG., Illus.). 130p. (J). 26.58 *(978-0-483-76205-3(9))* Forgotten Bks.

Fairism: It's Time. R P W. 2020. (ENG.). 107p. (YA). pap. *(978-1-716-56860-2(9))* Lulu Pr., Inc.

Fairlady Volume 1. Brian Schirmer. 2019. (ENG., Illus.). 184p. (YA). pap. 16.99 *(978-1-5343-1331-6(1)*, b3662459-5684-4d3e-ba0c-d90cc698c6c5) Image Comics.

Fairlop & Its Founder, or Facts & Fun for the Forest Frolicker: Contains Memoirs, Anecdotes, Poems, Songs, &C., with the Curious Will of Mr. Day, Never Before Printed (Classic Reprint) Unknown Author. 2017. (ENG., Illus.). (J). 24.80 *(978-0-331-18168-5(1))*; pap. 7.97 *(978-0-260-04523-2(3))* Forgotten Bks.

Fairlop & Its Founder, or Facts & Fun for the Forest Frolickers: Contains Memoirs, Anecdotes, Poems, Songs, &C., with Curious Will of Mr. Day, Never Before Printed (Classic Reprint) Unknown Author. 2017. (ENG., Illus.). (J). 24.78 *(978-0-331-18071-8(5))*; pap. 7.97 *(978-0-260-04821-9(6))* Forgotten Bks.

Fairness. Julie Murray. 2017. (Character Education (Abdo Kids Junior) Ser.). (ENG., Illus.). 24p. (J). (gr. -1-2). lib. bdg. 31.36 *(978-1-5321-0008-6(6)*, 25100, Abdo Kids) ABDO Publishing Co.

Fairness. Lucia Raatma. 2019. (What I Value Ser.). (ENG.). 24p. (J). (gr. 1-4). lib. bdg. 22.99 *(978-1-5105-4581-6(6))* SmartBook Media, Inc.

Fairness. Dalton Rains. 2023. (Civic Skills & Values Ser.). (ENG., Illus.). 24p. (J). pap. 8.95 ***(978-1-64619-844-3(1))*** Little Blue Hse.

F

Fairness. Contrib. by Dalton Rains. 2023. (Civic Skills & Values Ser.). (ENG., Illus.). 24p. (J). lib. bdg. 28.50 *(978-1-64619-815-3(8))* Little Blue Hse.
Fairness Comes First. Sierra Harimann. Illus. by Ana Gómez. 2016. 32p. (J). pap. *(978-1-338-03339-7(5))* Scholastic, Inc.
Fairness in Sports. Todd Kortemeier. 2018. (Sports Build Character Ser.). (ENG., Illus.). 32p. (J). (gr. 2-3). pap. 9.95 *(978-1-63517-604-9(2),* 1635176042); lib. bdg. 31.35 *(978-1-63517-532-5(1),* 1635175321) North Star Editions. (Focus Readers).
Fairness Is a Superpower. Mahtab Narsimhan. 2023. (Real-Life Superpowers Ser.). (ENG.). 24p. (J). pap. 6.99 ***(978-0-7565-7436-9(6),*** 256106, Pebble) Capstone.
Fairport Nine (Classic Reprint) Noah Brooks. 2017. (ENG., Illus.). (J). 28.02 *(978-0-331-80489-8(1))* Forgotten Bks.
Fairt Tales up-To-Now (Classic Reprint) Wallace Irwin. 2018. (ENG., Illus.). 38p. (J). 24.68 *(978-0-267-63158-2(8))* Forgotten Bks.
Fairview Boys & Their Rivals: Or Bob Bouncer's Schooldays (Classic Reprint) Frederick Gordon. 2018. (ENG., Illus.). 132p. (J). 26.62 *(978-0-428-22122-5(X))* Forgotten Bks.
Fairview Boys at Camp Mystery or the Old Hermit & His Secret (Classic Reprint) Frederick Gordon. 2018. (ENG., Illus.). 132p. (J). 26.62 *(978-0-267-28531-0(0))* Forgotten Bks.
Fairview Boys at Light-House Cove: Or Carried Out to Sea (Classic Reprint) Frederick Gordon. 2018. (ENG., Illus.). 132p. (J). 26.62 *(978-0-267-28532-7(9))* Forgotten Bks.
Fairview Boys on a Ranch, or, Riding with the Cowboys. Frederick Gordon. 2017. (ENG., Illus.). (J). pap. *(978-0-649-53374-9(7))* Trieste Publishing Pty Ltd.
Fairview Boys on a Ranch or Riding with the Cowboys (Classic Reprint) Frederick Gordon. 2018. (ENG., Illus.). 132p. (J). 26.62 *(978-0-483-34114-2(2))* Forgotten Bks.
Fairview Idea: A Story of the New Rural Life (Classic Reprint) Herbert Quick. 2017. (ENG., Illus.). 304p. (J). 30.19 *(978-1-5283-7576-4(9))* Forgotten Bks.
Fairwynd. Christopher Seargeant. Ed. by Karen Seargeant. 2020. (ENG.). 144p. (J). *(978-1-5255-7338-5(1));* pap. *(978-1-5255-7339-2(X))* FriesenPress.
Fairy. Heather DiLorenzo Williams. Illus. by Haylee Troncone. 2021. (Magical Creatures Ser.). (ENG.). 24p. (J). (gr. k-2). lib. bdg. 26.65 *(978-1-62920-885-5(X),* 95dae879-60aa-4007-99f2-95f935e892c8) Full Tilt Pr. NZL. Dist: Lerner Publishing Group.
Fairy Activity Workbook for Kids! 3-6. Beth Costanzo. 2023. (ENG.). 28p. (J). pap. 8.99 ***(978-1-0880-9079-4(6))*** Adventures of Scuba Jack Pubs., The.
Fairy & Leprechaun Legends, 1 vol. Theresa Morlock. 2017. (Famous Legends Ser.). (ENG.). 32p. (J). (gr. 2-3). pap. 11.50 *(978-1-5382-0353-8(7),* 17dd33ff-d363-4e5b-8d53-92440a397f14) Stevens, Gareth Publishing LLLP.
Fairy & the Broken Enchantment. Leah Kaminski. Illus. by Jared Sams. 2020. (Secret Society of Monster Hunters Ser.). (ENG.). 32p. (J). (gr. 5-8). lib. bdg. 32.07 *(978-1-5341-6938-8(5),* 215639, Torch Graphic Press) Cherry Lake Publishing.
Fairy & the Firefly. Elizabeth Bercovici. 2020. (ENG.). 30p. (J). 25.99 *(978-0-578-81598-5(2))* Bercovici, Elizabeth.
Fairy Birds from Fancy Islet, or the Children in the Forest: A New Tale Without an End (Classic Reprint) Unknown Author. (ENG., Illus.). (J). 2018. 386p. 31.86 *(978-0-484-05895-7(9));* 2016. pap. 16.57 *(978-1-333-73866-2(8))* Forgotten Bks.
Fairy Book. Shirley Barber. 2019. (ENG.). 28p. (J). (gr. 2-4). 18.99 *(978-1-925386-87-5(2),* Brolly Bks.) Borghesi & Adam Pubs. Pty Ltd AUS. Dist: Independent Pubs. Group.
Fairy Book: Illustrated with Eighty One Cuts by Adams (Classic Reprint) John Smith. 2018. (ENG., Illus.). 314p. (J). 30.37 *(978-0-484-41370-1(8))* Forgotten Bks.
Fairy Book: The Best Popular Fairy Stories Selected & Rendered Anew (Classic Reprint) Dinah Maria Mulock Craik. 2018. (ENG., Illus.). 514p. (J). 34.52 *(978-0-484-23456-6(0))* Forgotten Bks.
Fairy Book: The Best Popular Stories Selected & Rendered Anew. Dinah Maria Mulock Craik. 2017. (ENG., Illus.). (J). 27.95 *(978-1-374-91336-3(7))* Capital Communications, Inc.
Fairy Book (Classic Reprint) Sophie May. 2017. (ENG., Illus.). (J). 27.90 *(978-1-5285-5145-8(1))* Forgotten Bks.
Fairy Book (Classic Reprint) Kate Forrest Oswell. (ENG., Illus.). (J). 2018. 144p. 26.87 *(978-0-484-06577-1(7));* 2016. pap. 9.57 *(978-1-333-16217-7(0))* Forgotten Bks.
Fairy Bower, or the History of a Month: A Tale (Classic Reprint) Harriet Elizabeth Mozley. (ENG., Illus.). (J). 2018. 310p. 30.29 *(978-0-666-17336-2(2));* 2017. pap. 13.57 *(978-0-259-20985-0(6))* Forgotten Bks.
Fairy Bread. Ursula Dubosarsky. Illus. by Mitch Vane. 2019. (Puffin Nibbles Ser.). 80p. (J). (gr. k-2). pap. 9.99 *(978-0-14-131175-3(4),* Puffin) Penguin Random Hse. AUS. Dist: Independent Pubs. Group.
Fairy Celebration. Larissa Brotherton. 2020. (ENG., Illus.). 36p. (J). 23.95 *(978-1-64670-407-1(X));* pap. 13.95 *(978-1-64670-406-4(1))* Covenant Bks.
Fairy Chase. Debbie Dadey. Illus. by Tatevik Avakyan. 2018. (Mermaid Tales Ser.: 18). (ENG.). 112p. (J). (gr. 1-4). 17.99 *(978-1-4814-8712-2(4));* pap. 5.99 *(978-1-4814-8711-5(6))* Simon & Schuster Children's Publishing. (Aladdin).
Fairy Circles. Anonymous. 2017. (ENG.). 312p. (J). pap. *(978-3-337-01191-8(8))* Creation Pubs.
Fairy Circles: Tales & Legends of Giants, Dwarfs, Fairies, Water-Sprites, & Hobgoblins (Classic Reprint) Villamaria Villamaria. (ENG., Illus.). (J). 2017. 30.33 *(978-0-331-82813-9(8));* 2016. pap. 13.57 *(978-1-334-16201-5(8))* Forgotten Bks.
Fairy Codex. Flora-Beth Edwards. 2018. (ENG., Illus.). 226p. (J). pap. 13.93 *(978-0-244-10553-2(7))* Lulu Pr., Inc.
Fairy Color-In Locked Diary. Mudpuppy. Illus. by Katie Wood. 2017. (ENG.). 192p. (J). (gr. -1-7). 10.99 *(978-0-7353-5214-8(3))* Mudpuppy Pr.
Fairy Coloring Book: Fairies Coloring Book, Fun Coloring Book for Kids Ages 4 - 8, Page Large 8. 5 X 11. Elma Angels. 2020. (ENG.). 86p. (J). pap. 9.97 *(978-1-716-32251-8(0))* Lulu Pr., Inc.
Fairy Coloring Book: For Kids Ages 6-8, 9-12. Young Dreamers Press. Illus. by Fairy Crocs. 2022. (Young Dreamers Coloring Bks.: Vol. 8). (ENG.). 66p. (J). pap. *(978-1-990136-39-9(7))* EnemyOne.
Fairy Coloring Book: Magical Fairies Coloring Book for Kids with One Illustration per Page, Fun & Original Paperback. H. Elliott. 2021. (ENG.). 84p. (J). pap. 8.99 *(978-1-716-21065-5(8))* Lulu Pr., Inc.
Fairy Coloring Book for Girls: Coloring& Activity Book for Kids, Ages: 3-6,7-8. Deeasy B. 2021. (ENG.). 86p. (J). pap. 8.89 *(978-1-008-93494-8(1))* Chronicle Bks. LLC.
Fairy Coloring Book for Kids: (Ages 4-8) with Unique Coloring Pages! Engage Books. 2021. (ENG.). 66p. (J). pap. *(978-1-77476-010-9(X))* AD Classic.
Fairy Coloring Book for Kids Ages 4-8: Great Fairy Book for Girls & Kids, Wonderful Tooth Fairy Coloring Book for Little Girls & Toddlers Who Love to Play & Enjoy with Fairies. Amelia Yardley. 2021. (ENG.). 82p. (J). pap. *(978-1-008-92245-7(5))* Lulu.com.
Fairy Coloring Pages (Coloring Pages for Kids) This Book Has 40 Fairy Coloring Pages for Children Four & over. Comes with 6 Bonus PDF Coloring Books. Nicola Ridgeway & James Manning. 2020. (Fairy Coloring Pages Ser.: Vol. 3). (ENG., Illus.). 84p. (J). pap. *(978-1-80027-155-5(7))* CBT Bks.
Fairy-Craft of Nature (Classic Reprint) Unknown Author. 2017. (ENG., Illus.). (J). 24.97 *(978-0-331-61587-6(8))* Forgotten Bks.
Fairy Dancers. Natalie Jane Prior. Illus. by Cheryl Orsini. 2020. (ENG.). 48p. 12.99 *(978-0-7333-3357-6(5))* ABC Bks. AUS. Dist: HarperCollins Pubs.
Fairy Dancers 2: Dancing Days. Natalie Jane Prior. Illus. by Cheryl Orsini. 2020. (ENG.). 48p. 12.99 *(978-0-7333-3564-8(0))* ABC Bks. AUS. Dist: HarperCollins Pubs.
Fairy Dances & Songs Coloring Book. Creative Playbooks. 2016. (ENG., Illus.). (J). pap. 7.74 *(978-1-68323-754-9(4))* Twin Flame Productions.
Fairy Detective (Classic Reprint) Rupert Hughes. 2018. (ENG., Illus.). 98p. (J). 25.94 *(978-0-483-61912-8(4))* Forgotten Bks.
Fairy Dogmother. Caroline Crowe. Illus. by Richard Merritt. 2021. (ENG.). 32p. (J). (gr. -1-2). 17.99 *(978-1-68010-231-4(1))* Tiger Tales.
Fairy Doll, & Other Plays for Children (Classic Reprint) Netta Syrett. 2018. (ENG., Illus.). 100p. (J). 25.96 *(978-0-267-44461-8(3))* Forgotten Bks.
Fairy Dreams: Or, Wanderings in Elf-Land (Classic Reprint) Jane G. Austin. 2017. (ENG., Illus.). (J). 28.35 *(978-0-260-51014-3(9))* Forgotten Bks.
Fairy Favours, & Other Tales (Classic Reprint) Elizabeth Frances Dagley. 2018. (ENG., Illus.). 270p. (J). 29.47 *(978-0-484-57396-2(9))* Forgotten Bks.
Fairy First Day (Butterbean's Cafe) Mickie Matheis. Illus. by Victoria Patterson. 2019. (ENG.). 32p. (J). (gr. -1-2). 9.99 *(978-1-9848-9258-4(4),* Random Hse. Bks. for Young Readers) Random Hse. Children's Bks.
Fairy Flights & Neverland Nights: Corgi Adventures. J. H. Winter. 2020. (Theodore & the Enchanted Bookstore Ser.: 4). (ENG.). 118p. (J). (gr. 2-4). pap. 8.99 *(978-1-944589-53-0(8))* Incorgnito Publishing Pr. LLC.
Fairy Floss: The Sweet Story of Cotton Candy. Ann Ingalls. Illus. by Migy Blanco. 2017. (ENG.). 40p. (J). (gr. -1-3). 17.99 *(978-1-4998-0238-2(2))* Little Bee Books Inc.
Fairy Flute (Classic Reprint) Rose Fyleman. (ENG., Illus.). (J). 2018. 62p. 25.20 *(978-0-365-06477-0(7));* 2018. 64p. pap. 9.57 *(978-0-656-84141-7(9));* 2017. 25.22 *(978-0-331-65069-3(X));* 2016. pap. 9.57 *(978-1-334-14529-2(6))* Forgotten Bks.
Fairy-Folk of Blue Hill. Lily F. Wesselhoeft. 2016. (ENG.). 256p. (J). pap. *(978-3-7433-8280-0(6))* Creation Pubs.
Fairy-Folk of Blue Hill. Lily F. Wesselhoeft. 2017. (ENG., Illus.). (J). pap. *(978-0-649-17958-9(7))* Trieste Publishing Pty Ltd.
Fairy-Folk of Blue Hill (Classic Reprint) Lily F. Wesselhoeft. (ENG., Illus.). (J). 2018. 262p. 29.32 *(978-0-267-54024-2(8));* 2016. pap. 11.57 *(978-1-333-37943-8(9))* Forgotten Bks.
Fairy Foxes. Archibald Little. 2016. (ENG., Illus.). (J). pap. *(978-3-7433-5531-6(0))* Creation Pubs.
Fairy Foxes: A Chinese Legend Told in English (Classic Reprint) Archibald Little. 2018. (ENG., Illus.). 54p. (J). 25.01 *(978-0-483-70644-6(2))* Forgotten Bks.
Fairy Friend. Contrubting Authors. 2020. (ENG.). 24p. (J). pap. 9.99 *(978-1-952330-32-2(7))* Csb Innovations.
Fairy Friends: A Colors Primer, 1 vol. Merrilee Liddiard. 2016. (Illus.). 22p. (J). bds. 9.99 *(978-1-4236-4531-3(6))* Gibbs Smith, Publisher.
Fairy Friends: A Counting Primer, 1 vol. Merrilee Liddiard. 2016. (ENG., Illus.). 22p. (J). bds. 9.99 *(978-1-4236-4534-4(0))* Gibbs Smith, Publisher.
Fairy Friends: an Opposites Primer: An Opposites Primer, 1 vol. Merrilee Liddiard. 2016. (Fairy Friends Ser.). (Illus.). 22p. (J). (— 1). bds. 9.99 *(978-1-4236-4537-5(5))* Gibbs Smith, Publisher.
Fairy Frolic (Classic Reprint) Edith M. Burrows. (ENG., Illus.). (J). 2018. 26p. 24.43 *(978-0-365-31363-2(7));* 2016. pap. 7.97 *(978-1-333-29879-1(X))* Forgotten Bks.
Fairy Garden. Sharon Chuzles. 2021. (ENG.). 26p. (J). pap. 12.49 *(978-1-6628-1119-7(5))* Salem Author Services.
Fairy Garden Design. Alix Wood. 2017. (Design It! Ser.). 32p. (gr. 3-4). pap. 63.00 *(978-1-5382-0780-2(X))* Stevens, Gareth Publishing LLLP.
Fairy Garden Fantasy: A Unique & Relaxing Fairy Coloring Book. Kreative Kids. 2016. (ENG., Illus.). (J). pap. 9.20 *(978-1-68377-408-2(6))* Whike, Traudl.
Fairy Gardens Magic Painting Book. 2017. (Magic Painting Bks.). (ENG.). (J). pap. 9.99 *(978-0-7945-3798-2(7),* Usborne) EDC Publishing.
Fairy Glen Adventure. Carol Bland Dolson. Illus. by Elaine Hearn Rabon. 2022. (ENG.). 32p. (J). 18.95 ***(978-0-9827614-7-2(3))*** Miglior Pr.
Fairy Godmother-In-Law (Classic Reprint) Oliver Herford. 2018. (ENG., Illus.). 108p. (J). 26.14 *(978-0-364-56224-6(2))* Forgotten Bks.
Fairy Godmothers & Other Tales. Alfred Gatty. 2016. (ENG.). 130p. (J). pap. *(978-93-86019-39-4(6))* Alpha Editions.
Fairy Godmothers & Other Tales. Alfred Gatty. 2017. (ENG., Illus.). (J). (gr. 4-7). 22.95 *(978-1-374-97631-3(8))* Capital Communications, Inc.
Fairy Godmothers & Other Tales (Esprios Classics) Alfred Gatty. 2019. (ENG.). 118p. (J). pap. ***(978-0-359-45490-7(9))*** Lulu Pr., Inc.
Fairy Godparents: Sage Wisdom for Stepparenting & Blending Families. Jennifer Scavina. 2021. (ENG.). 66p. (J). 12.99 *(978-1-9822-6784-1(4),* Balboa Pr.) Author Solutions, LLC.
Fairy Gold (Classic Reprint) Christian Reid. 2017. (ENG., Illus.). (J). 31.47 *(978-0-331-34132-4(8))* Forgotten Bks.
Fairy Good Year. Patricia Arnold. 2019. (ENG.). 90p. (J). pap. *(978-0-359-51623-0(8))* Lulu Pr., Inc.
Fairy Grammar (Classic Reprint) J. Harold Carpenter. 2018. (ENG., Illus.). 132p. (J). 26.62 *(978-0-483-72786-1(5))* Forgotten Bks.
Fairy Green (Classic Reprint) Rose Fyleman. (ENG., Illus.). (J). 2018. 66p. 25.26 *(978-0-484-83250-2(6));* 2017. pap. 9.57 *(978-0-259-84324-5(5))* Forgotten Bks.
Fairy Guardians (Classic Reprint) F. Willoughby. 2017. (ENG., Illus.). (J). 324p. 30.58 *(978-0-332-19167-6(2));* pap. 13.57 *(978-0-259-35144-3(X))* Forgotten Bks.
Fairy Hill. Marita Conlon-McKenna. 2023. (ENG., Illus.). 288p. (J). pap. 18.99 ***(978-1-78849-360-4(5))*** O'Brien Pr., Ltd., The IRL. Dist: Casemate Pubs. & Bk. Distributors, LLC.
Fairy House Cooking: Simple Scrumptious Recipes & Fairy Party Fun! Liza Gardner Walsh. 2023. (Illus.). 112p. (J). (gr. k-5). pap. 19.95 ***(978-1-68475-119-8(5))*** Down East Bks.
Fairy in the Family Again - the School Science Competition. Avril O'Reilly. 2019. (ENG.). 36p. (J). pap. *(978-0-244-79068-4(X))* Lulu Pr., Inc.
Fairy Islands, & Other Poems. Valley Flower. 2017. (ENG., Illus.). (J). pap. *(978-0-649-45643-7(2))* Trieste Publishing Pty Ltd.
Fairy Knight Christmas: A Poetic Pictoral Adventure. Dames Handsome. Illus. by Warwick Wilson. 2021. (ENG.). 70p. (J). 21.99 ***(978-1-0880-1953-5(6))*** Indy Pub.
Fairy Knights: Swamp Thingy. Dames Handsome. 2021. (ENG.). 120p. (J). pap. 8.99 *(978-1-0879-7871-0(8))* Indy Pub.
Fairy Knights: The Beginning. Dames Handsome. 2020. (Fairy Knights Ser.: Vol. 1). (ENG.). 118p. (J). pap. 8.99 *(978-1-0879-2370-3(0))* Indy Pub.
Fairy Knights: The King of Kanterberry. Dames Handsome. Illus. by Warwick Wilson. 2021. (ENG.). 124p. (J). pap. 8.99 *(978-1-0879-2228-7(3))* Indy Pub.
Fairy Knights: Tricks N' Treats. Dames Handsome. Illus. by Warwick Wilson. 2021. (ENG.). 172p. (J). pap. 9.99 *(978-1-0879-8836-8(5))* Indy Pub.
Fairy Legends & Traditions of the South of Ireland. Thomas Crofton Croker. 2017. (ENG.). 358p. (J). pap. *(978-3-337-24462-0(9))* Creation Pubs.
Fairy Legends & Traditions of the South of Ireland (Classic Reprint) Thomas Crofton Croker. 2017. (ENG., Illus.). (J). 29.16 *(978-1-5285-6136-5(8))* Forgotten Bks.
Fairy Legends & Traditions of the South of Ireland, Vol. 2 (Classic Reprint) Thomas Crofton Croker. 2017. (ENG., Illus.). (J). 31.16 *(978-0-331-71301-5(2));* pap. 13.57 *(978-0-282-99231-6(6))* Forgotten Bks.
Fairy Legends of the French Provinces (Classic Reprint) Martha Carey. (ENG., Illus.). (J). 2018. 316p. 30.35 *(978-0-428-53503-2(8));* 2017. pap. 13.57 *(978-0-259-56227-6(0))* Forgotten Bks.
Fairy Life: Third Reader Grade (Classic Reprint) John Henry Haaren. 2017. (ENG., Illus.). (J). 26.70 *(978-0-265-74023-1(1));* pap. 9.57 *(978-1-5277-0442-8(4))* Forgotten Bks.
Fairy Light Magic. Alison Ireson. 2022. (ENG.). 66p. (J). pap. ***(978-1-78878-957-8(1))*** Austin Macauley Pubs. Ltd.
Fairy Magic. Stacey Malone. 2021. (ENG.). 40p. (J). pap. *(978-1-312-45805-5(4))* Lulu Pr., Inc.
Fairy Magic: The Forest Wars of the Fairy Princess & the Goblin Witch. Daisy Summers. 2020. (ENG.). 84p. (J). pap. 7.99 *(978-1-393-29002-5(7))* Draft2Digital.
Fairy Minstrel of Glenmalure: And Other Stories for Children (Classic Reprint) Edmund Leamy. (ENG., Illus.). (J). 2018. 98p. 25.92 *(978-0-332-86594-2(0));* 2016. pap. 9.57 *(978-1-334-17068-3(1))* Forgotten Bks.
Fairy Mom & Me #1. Sophie Kinsella, pseud. Illus. by Marta Kissi. 2019. (Fairy Mom & Me Ser.: 1). (ENG.). 160p. (J). (gr. 2-5). pap. 5.99 *(978-1-5247-6993-2(2),* Yearling) Random Hse. Children's Bks.
Fairy Mom & Me #2: Fairy in Waiting. Sophie Kinsella, pseud. Illus. by Marta Kissi. (Fairy Mom & Me Ser.: 2). (ENG.). 160p. (J). (gr. 2-5). 2020. 5.99 *(978-1-5247-6994-9(0),* Yearling); 2019. 14.99 *(978-1-5247-6991-8(6),* Delacorte Bks. for Young Readers) Random Hse. Children's Bks.
Fairy Mom & Me #3: Fairy Unicorn Wishes. Sophie Kinsella, pseud. Illus. by Marta Kissi. 2020. (Fairy Mom & Me Ser.: 3). (ENG.). 176p. (J). (gr. 2-5). 5.99 *(978-0-593-12051-4(5),* Yearling); 14.99 *(978-0-593-12049-1(3),* Delacorte Bks. for Young Readers) Random Hse. Children's Bks.
Fairy Mom & Me #4: Fairy Mermaid Magic. Sophie Kinsella, pseud. Illus. by Marta Kissi. (Fairy Mom & Me Ser.: 4). (ENG.). 160p. (J). (gr. 2-5). 2021. 5.99 *(978-0-593-12054-5(X),* Yearling); 2020. 14.99 *(978-0-593-12052-1(3),* Delacorte Bks. for Young Readers) Random Hse. Children's Bks.
Fairy Myths, 1 vol. Cynthia O'Brien. 2017. (Myths Across the Map Ser.). (ENG.). 48p. (J). (gr. 5-6). pap. 15.05 *(978-1-5382-1443-5(1),* a58b4786-ec82-4368-bc64-2fe70828fd6d); lib. bdg. 33.60 *(978-1-5382-1370-4(2),* b7aa72ed-f474-4c7f-8296-2ef7d989568e) Stevens, Gareth Publishing LLLP.
Fairy Nightcaps (Classic Reprint) Aunt Fanny. 2018. (ENG., Illus.). 250p. (J). 29.05 *(978-0-483-78020-0(0))* Forgotten Bks.
Fairy of the Birch Tree: A Tale for Children (Classic Reprint) Unknown Author. 2017. (ENG., Illus.). (J). 24.31 *(978-0-260-20065-5(4))* Forgotten Bks.
Fairy of the Night & Still. Jill Tunbridge. 2018. (ENG.). 36p. (J). pap. *(978-1-7753750-2-9(1))* Tunbridge, Jill.
Fairy of the Snows (Classic Reprint) Francis James Finn. 2017. (ENG., Illus.). (J). 28.58 *(978-0-265-29660-8(9))* Forgotten Bks.
Fairy on My Sleeve. Mari Sherkin. 2021. (ENG.). 38p. (J). 14.95 *(978-1-64543-435-1(4))* Amplify Publishing Group.
Fairy Palaces Magic Painting Book. 2017. (Magic Painting Bks.). (ENG.). (J). pap. 9.99 *(978-0-7945-3876-7(2),* Usborne) EDC Publishing.
Fairy Pathways. Ellen Hooge. 2020. (ENG.). 28p. (J). pap. ***(978-0-9730616-4-2(2))*** Hooge, Ellen.
Fairy Plays for Children (Classic Reprint) Mabel Ray Goodlander. (ENG., Illus.). (J). 2017. 26.78 *(978-0-331-52818-3(5));* 2016. pap. 9.57 *(978-1-333-67352-9(3))* Forgotten Bks.
Fairy Prince: And Other Stories (Classic Reprint) Eleanor Hallowell Abbott. 2018. (ENG., Illus.). 302p. (J). 30.15 *(978-0-483-15561-9(6))* Forgotten Bks.
Fairy Princess. Audree Tara Sahota. Illus. by Kristina Denadic Nikolic. 2020. (ENG.). 74p. (J). *(978-1-989134-08-5(4))* Allison, Lindsay Rose.
Fairy Princess. Audree Tara Sahota. Illus. by Kristina Denadic Nikolic. 2021. (ENG.). 76p. (J). pap. *(978-1-989134-13-9(0))* Allison, Lindsay Rose.
Fairy Puzzles, 1 vol. Sam Loman. 2019. (Magical Puzzles Ser.). (ENG.). 32p. (J). (gr. 1-1). 28.93 *(978-1-5383-9178-5(3),* a6a64aa3-77fe-48b8-8121-139f74a285d7); pap. 11.00 *(978-1-5383-9176-1(7),* 745c784f-fbd1-4209-9fc3-5b3bbc60c661) Rosen Publishing Group, Inc., The. (Windmill Bks.).
Fairy Queen: The Fairy Princess Chronicles - Book 5. Cynthia A. Sears. 2016. (ENG., Illus.). (YA). *(978-1-4602-9554-0(4));* pap. *(978-1-4602-9555-7(2))* FriesenPress.
Fairy Reader: Adapted from Grimm & Andersen (Classic Reprint) James Baldwin. 2018. (ENG., Illus.). 194p. (J). 27.90 *(978-0-483-60428-5(3))* Forgotten Bks.
Fairy Realm: A Collection of the Favourite Old Tales, Illustrated by the Pencil of Gustave Dore (Classic Reprint) Tom Hood. 2018. (ENG., Illus.). 146p. (J). 26.91 *(978-0-267-67619-4(0))* Forgotten Bks.
Fairy Ring. Ed. by Kate Douglas Wiggin & Nora Archibald Smith. 2018. (ENG., Illus.). 466p. (YA). (gr. 7-12). pap. *(978-93-5329-371-0(5))* Alpha Editions.
Fairy Ring (Classic Reprint) Kate Douglas Wiggin. 2017. (ENG., Illus.). (J). 31.42 *(978-0-331-57974-1(X))* Forgotten Bks.
Fairy Roads to Science-Town. Mary Earle Hardy. 2017. (ENG., Illus.). (J). pap. *(978-0-649-58079-8(6));* pap. *(978-0-649-10921-0(X))* Trieste Publishing Pty Ltd.
Fairy Roads to Science-Town (Classic Reprint) Mary Earle Hardy. 2018. (ENG., Illus.). 200p. (J). 28.04 *(978-0-666-20039-6(4))* Forgotten Bks.
Fairy Robot to the Rescue. Lindsay B. 2021. (ENG.). 36p. (J). pap. *(978-1-7775761-4-1(8))* LoGreco, Bruno.
Fairy Science. Ashley Spires. (Fairy Science Ser.). (Illus.). 40p. (J). (gr. -1-3). 2022. pap. 8.99 *(978-0-525-58142-0(1),* Dragonfly Bks.); 2019. 17.99 *(978-0-525-58139-0(1),* Crown Books For Young Readers); 2019. (ENG., lib. bdg. 20.99 *(978-0-525-58140-6(5),* Crown Books For Young Readers) Random Hse. Children's Bks.
Fairy Secret. Maria B. Hayden. 2016. (ENG., Illus.). 29p. (J). (gr. 1-2). pap. *(978-0-9954669-0-6(4))* Rebus Imprint.
Fairy Slippers: Molly Saves the Bees. Cara Peckham. 2023. (ENG.). 26p. (J). 26.95 ***(978-1-958889-41-1(5));*** pap. 16.95 ***(978-1-958889-40-4(7))*** Booklocker.com, Inc.
Fairy Song, 30 vols. Janis Mackay. Illus. by Ruchi Mhasane. 2022. (Traditional Scottish Tales Ser.). 32p. (J). pap. 11.95 *(978-1-78250-747-5(7))* Floris Bks. GBR. Dist: Consortium Bk. Sales & Distribution.
Fairy Spectator: Or, the Invisible Monitor (Classic Reprint) Teachwell. 2018. (ENG., Illus.). 100p. (J). 25.98 *(978-0-484-86267-7(7))* Forgotten Bks.
Fairy Spectator, or the Invisible Monitor (Classic Reprint) Lovechild. (ENG., Illus.). (J). 2018. 86p. 25.69 *(978-0-428-98209-6(3));* 2016. pap. 9.57 *(978-1-333-15724-1(X))* Forgotten Bks.
Fairy Spell: How Two Girls Convinced the World That Fairies Are Real. Marc Tyler Nobleman. Illus. by Eliza Wheeler. 2018. (ENG.). 40p. (J). (gr. -1-3). 17.99 *(978-0-544-69948-9(3),* 1627718, Clarion Bks.) HarperCollins Pubs.
Fairy Stories (Classic Reprint) Unknown Author. 2018. (ENG., Illus.). 130p. (J). 26.58 *(978-0-267-43138-0(4))* Forgotten Bks.
Fairy Swarm. Suzanne Selfors. Illus. by Dan Santat. 2016. (Imaginary Veterinary Ser.: 6). (ENG.). 240p. (J). (gr. 2-7). pap. 7.99 *(978-0-316-28692-3(3))* Little, Brown Bks. for Young Readers.
FAIRY TAIL: 100 Years Quest 8. Hiro Mashima. Illus. by Atsuo Ueda. 2021. (FAIRY TAIL: 100 Years Quest Ser.: 8). 192p. pap. 10.99 *(978-1-64651-233-1(2))* Kodansha America, Inc.
FAIRY TAIL Blue Mistral 4. Hiro Mashima. Illus. by Rui Watanabe. 2018. (Fairy Tail: Blue Mistral Ser.: 4). 176p. (gr. 8-12). pap. 10.99 *(978-1-63236-530-9(8))* Kodansha America, Inc.
Fairy Tale: A Gay Adventure. Jerry Richard Williams. 2019. (ENG.). 146p. (YA). pap. 53.95 *(978-1-4808-7983-6(5))* Archway Publishing.
Fairy Tale & Fable, Second Year: An Introduction to Literature & Art (Classic Reprint) John G. Thompson. 2018. (ENG., Illus.). 184p. (J). 27.71 *(978-0-484-65781-5(X))* Forgotten Bks.
Fairy Tale Baking: More Than 50 Enchanting Cakes, Bakes, & Decorations. Ramla Khan. 2016. (ENG., Illus.). 192p. (J). 25.00 *(978-1-56656-078-8(0),* Crocodile Bks.) Interlink Publishing Group, Inc.
Fairy Tale Complex. Crystal Evans. 2022. (ENG.). 731p. (J). pap. ***(978-1-387-47671-8(8))*** Lulu Pr., Inc.
Fairy Tale Complex: Extended Edition. Crystal Evans. 2023. (ENG.). 584p. (J). pap. ***(978-1-312-73806-5(5))*** Lulu Pr., Inc.
Fairy Tale Creatures Come to Life Coloring Book Kids Princess & Mermaids. Educando Kids. 2019. (ENG.).

634
The check digit for ISBN-10 appears in parentheses after the full ISBN-13

42p. (J). pap. 6.99 (978-1-64521-027-6(8), Educando Kids) Editorial Imagen.

Fairy Tale Creatures (Set Of 6) 2021. (Fairy Tale Creatures Ser.). (ENG., Illus.). 192p. (J). (gr. 2-3). pap. 59.70 (978-1-63739-007-8(6)); lib. bdg. 188.10 (978-1-63739-000-9(9)) North Star Editions. (Focus Readers).

Fairy-Tale Detectives. Michael Buckley. ed. 2017. (Sisters Grimm Ser.: 1). (J). lib. bdg. 19.60 (978-0-606-39685-1(3)) Turtleback.

Fairy-Tale Detectives (the Sisters Grimm #1) 10th Anniversary Edition. Michael Buckley. 10th anniv. ed. 2017. (Sisters Grimm Ser.). (ENG., Illus.). 288p. (J). (gr. 3-7). pap. 9.99 (978-1-4197-2005-5(8), 580406) Abrams, Inc.

Fairy Tale Fixers: Fixing Fairy Tale Problems with STEM. 2017. (Fairy Tale Fixers: Fixing Fairy Tale Problems with STEM Ser.). 32p. (gr. 3-4). pap. 42.00 (978-1-5382-0614-0(5)); (ENG.). lib. bdg. 113.08 (978-1-5382-0616-4(1), bb98f596-7294-46d1-83f9-61dead4b335e) Stevens, Gareth Publishing LLLP.

Fairy Tale Frankie & the Tricky Witch. Greg Gormley. Illus. by Steven Lenton. 2016. (ENG.). 32p. (J). (gr. -1-1). 17.99 (978-1-4814-6625-7(9), Aladdin) Simon & Schuster Children's Publishing.

Fairy Tale Funny Fill-Ins for Kids: Super Fun Word Games. Vicki Whiting. Illus. by Jeff Schinkel. 2023. (ENG.). 80p. (J). pap. 5.99 (978-1-64124-264-6(7), 2646) Fox Chapel Publishing Co., Inc.

Fairy Tale Land: 12 Classic Tales Reimagined. Kate Davies. Illus. by Lucille Clerc. 2021. (ENG.). 112p. (J). (gr. 2-5). **(978-0-7112-4753-6(6))** Frances Lincoln Childrens Bks.

Fairy Tale of Auquara. Stephen Michael Ferree. 2019. (ENG., Illus.). 66p. (J). pap. 17.99 (978-1-950454-21-1(5)) Pen It Pubns.

Fairy Tale of the White Man: Told from the Gates of Sunset (Classic Reprint) Ella Sterling Mighels. 2017. (ENG., Illus.). (J). 25.42 (978-1-5279-5430-4(7)) Forgotten Bks.

Fairy Tale Pets. Tracey Corderoy. Illus. by Jorge Martin. 2017. (ENG.). 32p. (J). (gr. -1-2). 16.99 (978-1-68010-064-8(5)) Tiger Tales.

Fairy Tale Pets. Tracey Corderoy. Illus. by Jorge Martín. 2017. (ENG.). 32p. (J). pap. (978-1-84869-442-2(3)) Tiger Tales.

Fairy-Tale Phonics, 12 vols. 2017. (Fairy-Tale Phonics Ser.). (ENG.). 24p. (J). (gr. 1-1). lib. bdg. 157.62 (978-1-5081-9381-4(9), cfc614cc-3e09-4282-99aa-6b091e0295f5, Windmill Bks.) Rosen Publishing Group, Inc., The.

Fairy-Tale Phonics: Sets 1 - 2. 2021. (Fairy-Tale Phonics Ser.). (ENG.). (J). lib. bdg. 196.80 (978-1-4994-8789-3(4)) Windmill Bks.

Fairy Tale Play: A Pop-Up Storytelling Book. Illus. by Julia Spiers. 2019. (ENG.). 8p. (J). (gr. 1-4). 19.99 (978-1-78627-428-1(0), King, Laurence Publishing) Orion Publishing Group, Ltd. GBR. Dist: Hachette Bk. Group.

Fairy Tale Plays & How to Act Them (Classic Reprint) Florence Eveleen Eleanore Olliffe Bell. (ENG., Illus.). (J). 2017. 32.68 (978-0-260-55438-3(3)); 2016. pap. 16.57 (978-1-334-14518-6(0)) Forgotten Bks.

Fairy Tale Plays (Classic Reprint) Marguerite Merington. (ENG., Illus.). (J). 2018. 260p. 29.26 (978-0-364-61079-4(4)); 2016. pap. 11.97 (978-1-333-51746-5(7)) Forgotten Bks.

Fairy Tale Princess Fantasy! Fun Princess Activity Book. Jupiter Kids. 2017. (ENG., Illus.). (J). pap. 9.20 (978-1-68326-582-5(3), Jupiter Kids (Childrens & Kids Fiction)) Speedy Publishing LLC.

Fairy Tale Reform School Series Gift Set. Jen Calonita. 2020. (Fairy Tale Reform School Ser.). (ENG.). (J). pap. 39.95 (978-1-7282-4066-4(2)) Sourcebooks, Inc.

Fairy Tale Science. Sarah Albee. Illus. by Bill Robinson. 2021. (ENG.). 240p. (J). 18.99 (978-1-250-25761-1(1), 900219623, Odd Dot) St. Martin's Pr.

Fairy Tale Science, 6 vols. Compiled by North Star North Star Editions. 2020. (Fairy Tale Science Ser.). (ENG.). 192p. (J). (gr. 2-3). pap. 59.70 (978-1-64493-105-9(2), 1644931052); lib. bdg. 188.10 (978-1-64493-026-7(9), 1644930269) North Star Editions. (Focus Readers).

Fairy-Tale Superstars, 4 vols., Set. J. Angelique Johnson. Illus. by Carolina Farías. Incl. Truth about Fairies. (ENG., Illus.). 32p. (J). (gr. 1-3). 2010. lib. bdg. 27.99 (978-1-4048-5746-9(X), 102483, Picture Window Bks.); (Fairy-Tale Superstars Ser.). (ENG.). 32p. 2010. 83.97 (978-1-4048-6008-7(8), 169220, Picture Window Bks.) Capstone.

Fairy Tale Treasury. 2016. (Illus.). 94p. (J). (978-1-4351-6411-6(3)) Barnes & Noble, Inc.

Fairy Tales. Hans Christian Anderson. 2016. (ENG., Illus.). (J). pap. (978-3-7433-0760-5(X)) Creation Pubs.

Fairy Tales. Brothers Grimm. 2022. (ENG.). 229p. (J). pap. **(978-1-387-70504-7(0))** Lulu Pr., Inc.

Fairy Tales. The Brothers Grimm. 2018. (ENG., Illus.). 138p. (J). (978-1-77356-196-7(0)) Devoted Publishing.

Fairy Tales, 14 bks., Set. Jacob Grimm & Wilhelm K. Grimm. Incl. Three Feathers. Illus. by Eleanor Schmid. (gr. -1-3). lib. bdg. 13.95 (978-0-87191-941-0(9), 1178-8); Three Languages. Illus. by Ivan Chermayeff. (gr. 5-18). lib. bdg. 13.95 (978-0-87191-940-3(0), 1178-9); 32p. (YA). 1984. 195.30 (978-0-87191-933-5(8), Creative Education) Creative Co., The.

Fairy Tales: A Beautiful Collection of Favorite Fairy Tales. Ed. by Parragon Books. Illus. by Priscilla Lamont. 2022. (ENG.). 192p. (J). (gr. -1-3). 14.99 (978-1-68052-463-5(1), 2000621, Parragon Books) Cottage Door Pr.

Fairy Tales: Contents: the Wild Swans, the Ugly Duckling, the Fellow Traveller, the Little Mermaid, Thumbkinetta, the Angel, the Garden of Paradise, the Snow Queen (Classic Reprint) Hans Christian Anderson. 2017. (ENG., Illus.). (J). 26.74 (978-0-265-59031-7(0)); pap. 9.57 (978-0-243-38054-1(2)) Forgotten Bks.

Fairy Tales: Take-Along Storyteller. Carmen Crowe. Ed. by Cottage Door Press. 2020. (ENG.). 352p. (J). (gr. -1-3). 39.99 (978-1-64638-085-5(1), 1006440) Cottage Door Pr.

Fairy Tales: The Brothers Grimm. Wilhem Karl Grimm. Tr. by Edgar Taylor & Marian Edwardes. 2021. (ENG.). 276p. (J). pap. (978-1-77426-116-3(2)) East India Publishing Co.

Fairy Tales: Their Origin & Meaning, with Some Account of Dwellers in Fairyland (Classic Reprint) John Thackray Bunce. 2017. (ENG., Illus.). (J). 28.33 (978-0-260-49975-2(7)) Forgotten Bks.

Fairy Tales: With an Introduction (Classic Reprint) Howard Pyle. 2017. (ENG., Illus.). (J). 36.33 (978-0-266-71915-1(5)); pap. 19.57 (978-1-5276-7557-5(2)) Forgotten Bks.

Fairy Tales a Child Can Read & ACT: Children's Classics in Dramatic Form (Classic Reprint) Lillian Edith Nixon. 2017. (ENG., Illus.). (J). 27.57 (978-0-331-81593-1(1)); pap. 9.97 (978-0-259-45805-0(8)) Forgotten Bks.

Fairy Tales & Fantasies: A Can-You-Find-It Book. Sarah L. Schuette. 2020. (Can You Find It? Ser.). (ENG., Illus.). 32p. (J). (gr. -1-2). pap. 8.95 (978-1-9771-2623-8(5), 201301); lib. bdg. 31.32 (978-1-9771-2257-5(4), 199183) Capstone. (Pebble).

Fairy Tales & Grown-Up Talk (Classic Reprint) Mary Belle Rich. 2017. (ENG., Illus.). (J). 28.10 (978-0-331-47031-4(4)); pap. 10.57 (978-0-243-49959-5(0)) Forgotten Bks.

Fairy Tales & Legends of Many Nations (Classic Reprint) C. B. Burkhardt. 2018. (ENG., Illus.). (J). 294p. 29.98 (978-0-332-63034-2(X)); 296p. pap. 13.57 (978-0-243-93762-2(8)) Forgotten Bks.

Fairy Tales & Other Stories (Classic Reprint) Hans Christian Anderson. (ENG., Illus.). (J). 2018. 984p. 44.19 (978-0-483-64682-7(2)); 2018. 674p. 37.82 (978-0-483-81835-4(6)); 2017. pap. 26.53 (978-0-243-33576-3(8)); 2016. pap. 20.57 (978-1-333-69498-2(9)) Forgotten Bks.

Fairy Tales & Romances (Classic Reprint) Anthony Hamilton. (ENG., Illus.). (J). 2018. 574p. 35.74 (978-0-331-70374-0(2)); 2017. pap. 19.57 (978-0-243-93650-2(8)) Forgotten Bks.

Fairy Tales & Stories (Classic Reprint) Hans Christian Anderson. (ENG., Illus.). (J). 2018. 548p. 35.20 (978-0-483-72908-7(6)); 2017. 32.60 (978-0-265-17511-8(9)); 2016. pap. 19.57 (978-1-333-69921-5(2)) Forgotten Bks.

Fairy Tales & Stories from Hans Christian Andersen. Hans Christian. Andersen. Illus. by W. Heath Robinson & Arthur Rackham. 2018. (ENG.). 242p. (J). (gr. 4-7). (978-1-910880-67-8(1)) Robin Bks. Ltd.

Fairy Tales As Told by Clementine (Set), 6 vols. Jenna Mueller. Illus. by Roxanne Rainville. 2020. (Fairy Tales As Told by Clementine Ser.). (ENG.). 32p. (J). (gr. -1-4). 196.74 (978-1-5321-3806-5(7), 35222, Looking Glass Library) Magic Wagon.

Fairy Tales As Told by Clementine Set 2 (Set), 6 vols. 2023. (Fairy Tales As Told by Clementine Ser.). (ENG.). 32p. (J). (gr. -1-4). 196.74 **(978-1-0982-3775-2(7)**, 42524, Looking Glass Library) Magic Wagon.

Fairy Tales by the Brothers Grimm (Classic Reprint) Jacob Grimm. 2017. (ENG., Illus.). (J). 29.90 (978-0-331-65286-4(2)); pap. 13.57 (978-0-243-38112-8(3)) Forgotten Bks.

Fairy Tales Can Come True, a Trilogy. Linda S. Gunn. 2022. (ENG.). 150p. (J). 47.14 (978-1-6678-0926-7(1)) BookBaby.

Fairy Tales (Classic Reprint) Hans Christian Anderson. (ENG., Illus.). (J). 2018. 356p. 31.24 (978-0-267-26175-8(6)); 2018. 334p. 30.79 (978-0-428-36967-5(7)); 2018. 36p. 24.66 (978-0-483-83352-4(5)); 2016. pap. 13.97 (978-1-333-51318-4(6)) Forgotten Bks.

Fairy Tales (Classic Reprint) Marie-Catherine D'Aulnoy. (ENG., Illus.). (J). 2018. 650p. 37.20 (978-0-332-84243-1(6)); 2016. pap. 19.97 (978-1-333-75509-6(0)) Forgotten Bks.

Fairy Tales (Classic Reprint) Alfred Henry Forrester. 2018. (ENG., Illus.). 174p. (J). 27.51 (978-0-332-18539-2(7)) Forgotten Bks.

Fairy Tales (Classic Reprint) Wilhelm Hauff. 2017. (ENG., Illus.). (J). 31.24 (978-1-5281-4792-7(8)) Forgotten Bks.

Fairy Tales (Classic Reprint) Édouard Laboulaye. (ENG., Illus.). (J). 2018. 356p. 31.26 (978-0-483-51604-5(X)); 2018. 346p. 31.05 (978-0-483-71700-8(2)); 2016. pap. 13.57 (978-1-333-65214-2(3)) Forgotten Bks.

Fairy Tales Coloring Book: Cute Coloring Pages for Girls & Kids with Beautiful Designs. Lenard Vinci Press. 2020. (ENG.). 86p. (J). pap. 9.99 (978-1-716-31340-0(6)) Lulu Pr., Inc.

Fairy Tales Every Child Should Know. Hamilton Wright Mabie. 2019. (ENG.). (J). 292p. 22.95 (978-1-61895-597-5(7)); 290p. pap. 13.95 (978-1-61895-596-8(9)) Bibliotech Pr.

Fairy Tales Every Child Should Know. Hamilton Wright Mabie. 2017. (ENG., Illus.). (J). 25.95 (978-1-374-83836-9(5)) Capital Communications, Inc.

Fairy Tales Every Child Should Know (Classic Reprint) Hamilton Wright Mabie. 2017. (ENG., Illus.). (J). 31.94 (978-0-260-52962-6(1)) Forgotten Bks.

Fairy Tales Everyone Should Know (Classic Reprint) Anna Tweed. 2017. (ENG., Illus.). (J). 282p. 29.71 (978-0-331-17824-1(9)); 284p. pap. 13.57 (978-0-265-00776-1(3)) Forgotten Bks.

Fairy Tales for Children (Classic Reprint) Frances Jenkins Olcott. (ENG., Illus.). (J). 2017. 24.56 (978-0-331-67583-2(8)); 2016. pap. 7.97 (978-1-334-13644-3(0)) Forgotten Bks.

Fairy Tales for Fearless Girls. Anita Ganeri. Illus. by Khoa Le. 2019. (Inspiring Heroines Ser.: 1). (ENG.). 128p. (J). 19.99 (978-1-78950-605-1(0), b156088e-bdd6-48df-8d90-878e78459572) Arcturus Publishing GBR. Dist: Baker & Taylor Publisher Services (BTPS).

Fairy Tales for Little Children (was Stories) Susanna Davidson. 2019. (Stories for Bedtime Ser.). (ENG.). 128ppp. (J). 14.99 (978-0-7945-4390-7(1), Usborne) EDC Publishing.

Fairy Tales for Little Readers. Sarah J. Burke. 2017. (ENG., Illus.). (J). pap. (978-0-649-51364-2(9)) Trieste Publishing Pty Ltd.

Fairy Tales for Little Readers (Classic Reprint) Sarah J. Burke. 2018. (ENG., Illus.). 134p. (J). 26.68 (978-0-483-00339-2(5)) Forgotten Bks.

Fairy Tales for the Fearless - Snowy White. Gareth P. Jones. Illus. by Loretta Schauer. 2022. (Fairy Tales for the Fearless Ser.). (ENG.). 32p. (J). pap. 6.99 (978-0-7555-0340-7(6)) Farshore GBR. Dist: HarperCollins Pubs.

Fairy Tales for Tiny Mouse Ears. Zuzana Clark. 2019. (ENG., Illus.). 90p. (J). (gr. k-3). (978-80-907461-6-9(0)) Clark, Zuzana Praha.

Fairy Tales for Tiny Mouse Ears 2. Zuzana Clark. 2019. (ENG.). 118p. (J). (gr. k-3). pap. (978-80-907461-8-3(7)); (Illus.). (978-80-907461-9-0(5)) Clark, Zuzana Praha.

Fairy Tales from All Nations (Classic Reprint) Anthony R. Montalba. 2018. (ENG., Illus.). 362p. (J). 31.36 (978-0-365-22017-6(5)) Forgotten Bks.

Fairy Tales from Another World: Stories of Twenty First Century Fantasy. Bill Barnett. 2023. (ENG.). 171p. (YA). pap. **(978-1-365-30761-4(1))** Lulu Pr., Inc.

Fairy Tales from Brazil: How & Why Tales from Brazilian Folk-Lore (Classic Reprint) Elsie Spicer Eells. 2017. (ENG., Illus.). (J). 28.91 (978-0-266-40110-0(4)) Forgotten Bks.

Fairy Tales from Far & near (Classic Reprint) Katharine Pyle. 2017. (ENG., Illus.). (J). 30.13 (978-0-331-13878-8(6)); pap. 13.57 (978-0-265-00118-9(8)) Forgotten Bks.

Fairy Tales from Folk Lore (Classic Reprint) Herschel Williams. 2018. (ENG., Illus.). 302p. (J). 30.13 (978-0-483-87195-3(8)) Forgotten Bks.

Fairy Tales from Gold Lands. May Wentworth. 2017. (ENG.). 240p. (J). pap. (978-3-337-24715-7(6)) Creation Pubs.

Fairy Tales from Gold Lands: Second Series (Classic Reprint) May Wentworth. 2018. (ENG., Illus.). 254p. (J). 29.16 (978-0-483-83673-0(7)) Forgotten Bks.

Fairy Tales from Gold Lands (Classic Reprint) May Wentworth. (ENG., Illus.). (J). 2018. 242p. 28.81 (978-0-483-10478-5(7)); 2016. pap. 11.57 (978-1-334-13720-4(X)) Forgotten Bks.

Fairy Tales from Hans Andersen (Classic Reprint) Hans Christian Anderson. 2017. (ENG., Illus.). (J). 33.55 (978-0-331-75220-5(4)) Forgotten Bks.

Fairy Tales from Hans Christian Andersen (Classic Reprint) Hans Christian Anderson. 2017. (ENG., Illus.). (J). 30.21 (978-1-5281-6073-5(8)) Forgotten Bks.

Fairy Tales from Many Lands. Katherine Pyle. 2018. (ENG., Illus.). 144p. (YA). (gr. 7-12). pap. (978-93-5329-338-3(3)) Alpha Editions.

Fairy Tales from Many Lands (Classic Reprint) Katharine Pyle. 2018. (ENG., Illus.). 334p. (J). 30.79 (978-0-267-26881-8(5)) Forgotten Bks.

Fairy Tales from Shakespeare (Classic Reprint) Fay Adams. 2017. (ENG., Illus.). 166p. (J). 27.32 (978-0-484-66708-1(4)) Forgotten Bks.

Fairy Tales from Spain: [illustrated Edition]. J. Munoz Escomez. Illus. by W. Matthews. 2019. (ENG.). 152p. (J). (gr. k-4). pap. (978-605-7876-37-9(7)) Uhrayoglu, Murat E Kitap Projesi.

Fairy Tales from Spain: [Illustrated Edition]. J. Munoz Escomez. Illus. by W. Matthews. 2019. (ENG.). 152p. (J). (gr. k-4). (978-605-7748-58-4(1)) Uhrayoglu, Murat E Kitap Projesi.

Fairy Tales from Spain (Classic Reprint) J. Munoz Escamez. 2017. (ENG., Illus.). (J). 26.99 (978-0-260-22284-8(4)) Forgotten Bks.

Fairy Tales from the Arabian Nights. E. Dixon. 2016. (ENG.). 304p. (J). (gr. 3-7). pap. (978-93-85505-88-1(2)) Alpha Editions.

Fairy Tales from the Arabian Nights (Classic Reprint) E. Dixon. 2017. (ENG., Illus.). (J). 34.31 (978-0-260-47626-5(9)) Forgotten Bks.

Fairy Tales from the Arabian Nights (Classic Reprint) T. H. Robinson. 2017. (ENG., Illus.). (J). 284p. 29.75 (978-0-332-73598-6(2)); pap. 13.57 (978-0-282-11433-6(5)) Forgotten Bks.

Fairy Tales from the Far North (Classic Reprint) P. C. Asbjornsen. 2017. (ENG., Illus.). (J). 30.62 (978-0-331-81225-1(8)) Forgotten Bks.

Fairy Tales from the Harz Mountains (Classic Reprint) Alfred C. Fryer. 2017. (ENG., Illus.). (J). 28.29 (978-0-265-61567-6(4)) Forgotten Bks.

Fairy Tales from the Swedish of G. Djurklo (Classic Reprint) Nils Gabriel Djurklou. 2018. (ENG., Illus.). 196p. (J). 27.94 (978-0-364-30301-6(8)) Forgotten Bks.

Fairy Tales in Prose & Verse: Selected from Early & Recent Literature; Edited, with Notes (Classic Reprint) William James Rolfe. (ENG., Illus.). (J). 2018. 206p. 28.15 (978-0-364-95159-0(1)); 2017. pap. 10.57 (978-0-259-51029-1(7)) Forgotten Bks.

Fairy Tales, Legends & Romances. Joseph Ritson et al. 2017. (ENG.). 438p. (J). pap. (978-3-337-24714-0(8)) Creation Pubs.

Fairy Tales, Legends & Romances Illustrating Shakespeare & Other Early English Writers: To Which Are Prefixed Two Preliminary Dissertations I. on Pigmies, II. on Fairies (Classic Reprint) Joseph Ritson. (ENG., Illus.). (J). 2017. 436p. 32.89 (978-0-484-73638-1(8)); 2016. pap. 13.57 (978-1-333-22985-6(2)) Forgotten Bks.

Fairy Tales Made Modern: Volume 1. Erin Hylands. 2023. (ENG.). 168p. (J). pap. **(978-1-312-57776-3(2))** Lulu Pr., Inc.

Fairy Tales of Charles Perrault. Charles Perrault. Tr. by A. E. Johnson. Illus. by W. Heath Robinson. 2020. (ENG.). 120p. (J). (gr. k-4). pap. 9.99 (978-1-4209-7048-7(8)) Digireads.com Publishing.

Fairy Tales of Charles Perrault: [Complete & Illustrated]. Charles Perrault. Tr. by J. E. Mansion. Illus. by Harry Clarke. 2019. (ENG.). 154p. (J). (gr. k-4). (978-625-7959-46-9(2)) Uhrayoglu, Murat E Kitap Projesi.

Fairy Tales of Charles Perrault (Classic Reprint) Charles Perrault. 2017. (ENG., Illus.). (J). 27.69 (978-0-331-58419-6(0)) Forgotten Bks.

Fairy Tales of Fearless Girls. Susannah McFarlane. Illus. by Beth Norling et al. 2020. (ENG.). 128p. (J). (gr. k-4). 19.99 (978-1-5344-7357-7(2), Aladdin) Simon & Schuster Children's Publishing.

Fairy Tales of Hans Andersen (Classic Reprint) Hans Christian Anderson. 2017. (ENG., Illus.). (J). 33.40 (978-0-266-39947-6(9)) Forgotten Bks.

Fairy Tales of Hans Christian Andersen (Classic Reprint) Hans Christian Anderson. 2018. (ENG., Illus.). 340p. (J). 31.03 (978-0-484-91943-2(1)) Forgotten Bks.

Fairy Tales of Madame d'Aulnoy, Newly Done into English: With an Introduction by Anne Thackeray Ritchie, Illustrated by Clinton Peters (Classic Reprint) Aulnoy Aulnoy. 2017. (ENG., Illus.). (J). 35.30 (978-0-331-63769-4(3)); pap. 19.57 (978-1-5276-8412-6(1)) Forgotten Bks.

Fairy Tales of Oscar Wilde: An Illuminated Edition. Oscar. Wilde. Illus. by Yuko Shimizu. 2020. (Illuminated Editions Ser.). 156p. (gr. 4-7). 100.00 (978-1-948886-01-7(4)) Beehive Bks.

Fairy Tales of Oscar Wilde: The Complete Collection Including the Happy Prince & the Selfish Giant. Oscar. Wilde. Illus. by Isabelle Brent. 2020. 14p. (J). (gr. -1-12). 16.00 (978-1-86147-882-5(8), Armadillo) Anness Publishing GBR. Dist: National Bk. Network.

Fairy Tales of Remnant: an AFK Book (RWBY) E. C. Myers. Illus. by Violet Tobacco. 2020. (ENG.). 96p. (YA). (gr. 7). 14.99 (978-1-338-65208-6(7)) Scholastic, Inc.

Fairy Tales of the Brothers Grimm: Twenty Classic Stories Including Rumpelstiltskin, Rapunzel, Snow White, & the Golden Goose. Illus. by Isabelle Brent. 2020. 144p. (J). (gr. -1-12). 16.00 (978-1-86147-867-2(4), Armadillo) Anness Publishing GBR. Dist: National Bk. Network.

Fairy Tales of the Brothers Grimm (Classic Reprint) Jacob Grimm. (ENG., Illus.). (J). 2017. 392p. 32.00 (978-0-331-88827-0(0)); 2016. pap. 16.57 (978-1-334-16775-1(3)) Forgotten Bks.

Fairy Tales of the Slav Peasants & Herdsmen. Emily J. Harding & Alex Chodsko. 2017. (ENG.). 372p. (J). pap. (978-3-337-07102-8(3)) Creation Pubs.

Fairy Tales of the Slav Peasants & Herdsmen (Classic Reprint) Alex Chodsko. 2017. (ENG., Illus.). (J). 31.47 (978-0-266-36782-6(8)) Forgotten Bks.

Fairy Tales Treasury. Shirley Barber. 2020. (ENG.). 96p. (J). (gr. k-3). 24.99 (978-0-6485557-6-6(3), Brolly Bks.) Borghesi & Adam Pubs. Pty Ltd AUS. Dist: Independent Pubs. Group.

Fairy Tales Treasury (Book & 6 Downloadable Apps!) Ed. by Little Grasshopper Books. Illus. by Stacy Peterson. 2020. (Treasury Ser.). (ENG.). 160p. (J). (gr. -1-k). 10.98 (978-1-64030-986-9(1), 6115100, Little Grasshopper Bks.) Publications International, Ltd.

Fairy Tales (Vintage Storybook) Katharine Lee Bates & Carrie Rarick. Ed. by Cottage Door Press. 2022. (Vintage Storybook Ser.). (ENG.). 256p. (J). (gr. -1-3). 28.99 (978-1-64638-461-7(X), 9003990) Cottage Door Pr.

Fairy Tales, Vol. 1 (Classic Reprint) Skimble Skamble. 2018. (ENG., Illus.). 176p. (J). 27.55 (978-0-332-24066-4(5)) Forgotten Bks.

Fairy, the Autobiography of a Real Dog (Classic Reprint) Esther M. Baxendale. 2017. (ENG., Illus.). (J). 30.74 (978-1-5285-8089-2(3)) Forgotten Bks.

Fairy Thoughts: A Personal Diary. Audrey Snipes. 2021. (ENG.). 205p. (YA). pap. **(978-1-716-39737-0(5))** Lulu Pr., Inc.

Fairy vs. Elf. Amy Culliford. 2022. (Rhyming Adventures Ser.). (ENG.). 24p. (J). (gr. -1-2). pap. 8.50 (978-1-63897-612-7(0), 21575); lib. bdg. 27.33 (978-1-63897-497-0(7), 21574) Seahorse Publishing.

Fairy Wand of Oz. Marin Elizabeth Xiques. 2017. (ENG., Illus.). 168p. (J). pap. (978-1-387-08015-1(6)) Lulu Pr., Inc.

Fairy Who Believed in Human Beings (Classic Reprint) Gertrude Alice Kay. 2017. (ENG., Illus.). (J). 27.63 (978-0-265-98892-3(6)) Forgotten Bks.

Fairy Who Couldn't Tell a Lie. Naomi Mitchison. 2022. (Naomi Mitchison Library). (ENG.). 190p. (J). pap. **(978-1-84921-234-2(1))** Kennedy & Boyd.

Fairy with the Broken Wings. Willwood. 2018. (ENG., Illus.). 54p. (J). pap. (978-1-78623-248-9(0)) Grosvenor Hse. Publishing Ltd.

Fairy Woods: A Play for Young People, in a Prologue & Two Acts (Classic Reprint) Irene Jean Crandall. 2018. (ENG., Illus.). 42p. (J). 24.78 (978-0-365-51438-1(1)) Forgotten Bks.

Fairy Woods Children. Adriana Yamane. 2018. (ENG., Illus.). 50p. (J). pap. 6.99 (978-1-949723-26-7(7)) Bookwhip.

Fairy World Coloring Book: An Adult Coloring Book Featuring over 30 Pages of Giant Super Jumbo Large Designs of Whimsical Magic Fairies to Color for Relaxation. Beatrice Harrison. 2020. (ENG.). 34p. (YA). pap. 7.86 (978-1-716-49925-8(9)) Lulu Pr., Inc.

Fairy World, Vol. 4 (Classic Reprint) Hans Christian Anderson. (ENG., Illus.). (J). 2018. 630p. 36.91 (978-0-332-56723-5(0)); 2017. pap. 19.57 (978-0-243-98876-1(1)) Forgotten Bks.

Fairyland - Pictures & Poems: Shape Book. Ed. by Alexandra Day. 2019. (Children's Die-Cut Shape Book Ser.: 0). (ENG., Illus.). 16p. (J). 10.95 (978-1-5149-1217-1(1)) Laughing Elephant.

Fairyland Around Us (Classic Reprint) Opal Stanley Whiteley. 2017. (ENG., Illus.). (J). 29.67 (978-0-331-08610-2(7)); pap. 13.57 (978-0-259-50465-8(3)) Forgotten Bks.

Fairyland Boxed Set. Catherynne M. Valente. Illus. by Ana Juan. 2021. (Fairyland Ser.). (ENG.). (YA). 52.95 (978-1-250-80843-1(X), 900244956) Square Fish.

Fairyland Fun: 92 Pages Activity Book for Young Dreamers. Hayde Miller. 2023. (ENG.). 94p. (J). pap. 15.99 **(978-1-312-40670-4(4))** Lulu Pr., Inc.

Fairy's Courage, 2. E. J. Clarke. ed. 2019. (Oakwing Ser.). (ENG.). 192p. (J). (gr. 4-5). 18.49 (978-1-64697-110-7(8)) Penworthy Co., LLC, The.

Fairy's Courage. E. J. Clarke. (Oakwing Ser.: 2). (ENG.). 208p. (J). (gr. 2-6). 2019. pap. 7.99 (978-1-4814-8193-9(2)); 2018. (Illus.). 16.99 (978-1-4814-8194-6(0)) Simon & Schuster Children's Publishing. (Aladdin).

Fairy's First Day of School. Bridget Heos. Illus. by Sara Not. 2018. (ENG.). 32p. (J). (gr. -1-3). 17.99

(978-1-328-71559-3(0), 1674034, Clarion Bks.) HarperCollins Pubs.

Fairy's Gift. M. Wilson. 2018. (ENG., Illus.). 28p. (J). pap. 13.95 *(978-1-64300-579-9(0))* Covenant Bks.

Fairy's Gift (Disney: the Never Girls) Kiki Thorpe. Illus. by Jana Christy. 2017. (Never Girls Ser.). (ENG.). 224p. (J). (gr. 1-4). 7.99 *(978-0-7364-3773-8(8)*, RH/Disney) Random Hse. Children's Bks.

Fairy's Tail. Tessa Tracy. 2022. (ENG., Illus.). 110p. (J). pap. 14.95 *(978-1-0980-9380-8(1))* Christian Faith Publishing.

Fairy's Tale, 1. E. J. Clarke. ed. 2019. (Oakwing Ser.). (ENG.). 180p. (J). (gr. 4-5). 18.49 *(978-1-64697-111-4(6))* Penworthy Co., LLC, The.

Fairy's Wish. Janna Claire. 2019. (ENG.). 104p. (J). pap. 13.95 *(978-1-64584-746-5(2))* Page Publishing Inc.

FairyTale Alphabet Book 2: Fairy Tales & Folk Tales from Around the World. Denise McGill. 2021. (ENG.). 125p. (J). pap. *(978-1-4583-8654-0(6))* Lulu Pr., Inc.

Fairytale Alphabet Book, Fairytales & Folktales from Around the World. Denise McGill. 2019. (ENG.). 80p. (J). pap. 29.51 *(978-0-359-39917-8(7))* Lulu Pr., Inc.

Fairytale Endings - the Knight of the Fairies. Schertevear Q. Watkins & Essence Watkins. 2016. (ENG., Illus.). (J). pap. 12.99 *(978-0-9982231-0-0(7))* Baobab Publishing.

Fairytale Favourites Volume I. Illus. John Patience. Retold by John Patience. 2019. (ENG.). 80p. (J). (gr. k-3). *(978-1-9161646-1-1(7))* Talewater Pr.

Fairytale Frankie & the Mermaid Escapade. Greg Gormley. ed. 2020. (Fairytale Frankie Ser.). (ENG.). 29p. (J). (gr. k-1). 21.96 *(978-1-64697-006-3(3))* Penworthy Co., LLC, The.

Fairytale Memory Game: Match 3 Cards & Tell a Story. Anna Claybourne & Yeji Yun. 2021. (ENG.). 45p. (J). (gr. -1-2). 16.99 *(978-1-78627-890-6(1)*, King, Laurence Publishing) Orion Publishing Group, Ltd. GBR. Dist: Hachette Bk. Group.

Fairytale Theology: A Poetry Devotional. M. Colette. Illus. by Christa Van Zee. 2021. (ENG.). 60p. (J). 23.49 *(978-1-6628-2128-8(X))*; pap. 12.49 *(978-1-6628-2127-1(1))* Salem Author Services.

Fairytales of Mother Goosebury. Mikaela Williams. 2020. (ENG.). 50p. (J). pap. 15.99 *(978-1-946746-86-3(X))* ASA Publishing Corp.

Fairytales Treasury: Fairyland & Wonderland Tales. Shirley Barber. 2nd ed. 2023. (ENG.). 96p. (J). (gr. k-2). 29.99 ***(978-1-922418-43-2(9)***, Brolly Bks.) Borghesi & Adam Pubs. Pty Ltd AUS. Dist: Independent Pubs. Group.

Fairyville. Susan Horsnell. 2020. (ENG.). 74p. (J). (gr. k-4). *(978-0-6488227-9-0(6))* Horsnell, Susan.

Faiseuse de Neige. Marie Lhuissier. Illus. by Elis Tamula. 2018. (Contes Mathematiques Ser.: Vol. 2). (FRE.). 40p. (J). pap. *(978-2-9560767-2-8(8))* Marie, Lhuissier.

Faites de la Musique ! Six Comptines d'hier Pour Aujourd'hui. Marie-Ève Tremblay. 2021. (ENG., Illus.). 152p. (J). (gr. -1-k). 16.95 *(978-2-924774-66-3(7))* Secret Mountain CAN. Dist: Independent Pubs. Group.

Faites la Ligne, S'il Vous Plaît! David Armentrout & Patricia Armentrout. 2021. (Être à Son Meilleur (Being Your Best) Ser.). (FRE.). 24p. (J). (gr. k-2). pap. *(978-1-0396-0789-7(6)*, 12594) Crabtree Publishing Co.

Faith. Jody Houser. 2016. (Faith Ser.: 1). lib. bdg. 20.85 *(978-0-606-38942-6(3))* Turtleback.

Faith. Don Rauf. 2017. (Freaky Phenomena Ser.: Vol. 8). (ENG., Illus.). 48p. (J). (gr. 5-8). 20.95 *(978-1-4222-3774-8(5))* Mason Crest.

Faith: God's Super Power. Wilson Worst. Illus. by Rajiv Kumar. 2020. (ENG.). 56p. (J). 30.95 *(978-1-64468-022-3(X))*; pap. 20.95 *(978-1-64468-021-6(1))* Covenant Bks.

Faith: Sentinels of Virtue: Christopher Chesser. 2017. (ENG., Illus.). 332p. (J). pap. 11.00 *(978-1-5380-5108-5(7))* Barnes & Noble Pr.

Faith: Taking Flight. Julie Murphy. (ENG.). 352p. (YA). (gr. 8). 2021. pap. 10.99 *(978-0-06-289966-8(X))*; 2020. 18.99 *(978-0-06-289965-1(1))* HarperCollins Pubs. (Balzer & Bray).

Faith a Leapin' Change. Donna Raye. 2016. (ENG., Illus.). (J). pap. 12.99 *(978-0-9979788-7-2(2))* Mindstir Media.

Faith Adventures of Charlie Mouse. Kay Biggs. 2020. (ENG.). 74p. (J). pap. 9.99 *(978-1-63221-455-3(5))* Salem Author Services.

Faith & Justice Eat an Alkaline Plant Based Diet. Aqiyl Aniys. 2018. (ENG., Illus.). 36p. (J). (gr. 3-6). 15.95 *(978-1-7320958-1-6(7))* Natural Life Energy LLC.

Faith & Science with Dr. Fizzlebop: 52 Fizztastically Fun Experiments & Devotions for Families. Brock Eastman. 2021. (ENG., Illus.). 320p. (J). pap. 15.99 *(978-1-4964-5816-2(8)*, 20_35827, Tyndale Kids) Tyndale Hse. Pubs.

Faith & the Forest. Tara Bushby. 2019. (ENG.). 32p. (J). *(978-1-5255-5006-5(3))*; pap. *(978-1-5255-5007-2(1))* FriesenPress.

Faith & the Fox. Tracilyn George. 2021. (ENG.). 20p. (J). pap. 11.00 *(978-1-77475-296-8(4))* Lulu Pr., Inc.

Faith & Victory: A Story of the Progress of Christianity in Bengal (Classic Reprint) Hannah Catherine Mullens. 2018. (ENG., Illus.). 298p. (J). 30.04 *(978-0-484-35680-0(1))* Forgotten Bks.

Faith Brandon: A Novel (Classic Reprint) Henrietta Dana Skinner. 2018. (ENG., Illus.). 434p. (J). 32.85 *(978-0-267-62126-2(4))* Forgotten Bks.

Faith (Classic Reprint) R. B. Cunninghame Graham. 2018. (ENG., Illus.). 266p. (J). 29.38 *(978-0-483-34113-5(4))* Forgotten Bks.

Faith Doctor. Edward Eggleston. 2016. (ENG.). 438p. (J). pap. *(978-3-7433-9979-2(2))* Creation Pubs.

Faith Doctor: A Story of New York (Classic Reprint) Edward Eggleston. 2018. (ENG., Illus.). 436p. (J). 32.89 *(978-0-483-15418-6(0))* Forgotten Bks.

Faith, Family, & Following Jesus Children's Christianity Books. Baby Professor. 2017. (ENG., Illus.). (J). pap. 7.89 *(978-1-5419-0196-4(7)*, Baby Professor (Education Kids)) Speedy Publishing LLC.

Faith Force: Never Falter. E. Lee Lowry. 2022. (Faith Force Ser.: Vol. 1). (ENG.). 54p. (YA). pap. 10.99 ***(978-1-6628-6182-6(6))*** Salem Author Services.

Faith Gartney S Girlhood. Adeline Dutton Train Whitney. 2017. (ENG., Illus.). (J). 25.95 *(978-1-374-97223-0(1))*; pap. 15.95 *(978-1-374-97222-3(3))* Capital Communications, Inc.

Faith Gartney's Girlhood (Classic Reprint) A. D. T. Whitney. 2018. (ENG., Illus.). 340p. (J). 30.91 *(978-0-484-86259-2(6))* Forgotten Bks.

Faith: Greater Heights. Julie Murphy. 2021. (ENG.). 352p. (YA). (gr. 8). 18.99 *(978-0-06-289968-2(6)*, Balzer & Bray) HarperCollins Pubs.

Faith: Greater Heights. Julie Murphy. 2022. (ENG.). 368p. (YA). (gr. 8). pap. 11.99 *(978-0-06-289971-2(6)*, Balzer & Bray) HarperCollins Pubs.

Faith Harrowby; or the Smugglers' Cave. Sarah Doudney. 2017. (ENG., Illus.). (J). pap. *(978-0-649-58093-4(1))* Trieste Publishing Pty Ltd.

Faith Harrowby, or the Smugglers' Cave (Classic Reprint) Sarah Doudney. 2018. (ENG., Illus.). 136p. (J). 26.74 *(978-0-484-33559-1(6))* Forgotten Bks.

Faith in Me. Tish Britton. 2021. (ENG.). 52p. (J). pap. 14.95 *(978-1-0879-7326-5(0))* Indy Pub.

Faith in the Future. Teresa Basaldua. 2018. (ENG., Illus.). 42p. (J). pap. 17.95 *(978-1-64191-158-0(1))* Christian Faith Publishing.

Faith Is. Kathleen Gwilliam. Illus. by Danika Capson. 2022. (ENG.). 32p. (J). 16.99 ***(978-1-4621-4524-9(8))*** Cedar Fort, Inc./CFI Distribution.

Faith Is. Kathleen Gwilliam. 2022. (ENG.). 32p. (J). pap. 14.99 *(978-1-4621-4301-6(6))* Cedar Fort, Inc./CFI Distribution.

Faith Lessons for Little Ones. R. S. Dugan. 2023. (ENG.). 26p. (J). 12.99 ***(978-1-0881-1167-3(X))*** Christian Educational Services, Inc.

Faith of a Seeker: Integrating Science & Scholarship with Christian Experience, 1 vol. Thomas Nelson Publishing Staff & Robert Hunter Morris. 2018. (ENG.). 284p. (YA). 35.99 *(978-1-59555-771-1(7))* Elm Hill.

Faith of a Seeker: Integrating Science & Scholarship with Christian Experience, 1 vol. Thomas Nelson Publishing Staff & Robert H. Morris. 2018. (ENG.). 284p. (YA). pap. 19.99 *(978-1-59555-766-7(0))* Elm Hill.

Faith of Men: And Other Stories (Classic Reprint) Jack. London. 2017. (ENG., Illus.). (J). 29.88 *(978-0-260-44196-6(1))* Forgotten Bks.

Faith of MR Snowbuggles. Donna Crites. 2019. (ENG.). 18p. (J). pap. 11.95 *(978-1-64299-694-4(7))* Christian Faith Publishing.

Faith of the Fathers: A Play in Three Acts (Classic Reprint) Henry Berman. 2018. (ENG., Illus.). 230p. (J). 28.64 *(978-0-332-27424-9(1))* Forgotten Bks.

Faith over Fear: Book & Journal YOUTH Edition. Kataleya Graceal. 2022. (Faith over Fear Collection). (ENG.). 256p. (YA). pap. ***(978-1-9911770-7-0(0))*** Dawnlight Publishing.

Faith over Fear: Companion Notebook YOUTH Edition. Kataleya Graceal. 2022. (Faith over Fear Collection). (ENG.). 192p. (YA). pap. ***(978-1-9911769-1-2(0))*** Dawnlight Publishing.

Faith over Fear: YOUTH Edition. Kataleya Graceal. 2022. (Faith over Fear Collection: Vol. 1). (ENG.). 174p. (YA). ***(978-1-9911770-3-2(8))***; 2nd ed. pap. ***(978-1-9911770-2-5(X))*** Dawnlight Publishing.

Faith Spiritwolfe Pain & Knowledge. Vivienne Saint Louis. 2020. (ENG.). 188p. (J). pap. 9.99 *(978-1-393-62352-6(2))* Draft2Digital.

Faith the Cinderella Fairy. Daisy Meadows. 2016. (Illus.). 65p. (J). *(978-0-545-88744-1(5))* Scholastic, Inc.

Faith Tresilion (Classic Reprint) Eden Phillpotts. 2017. (ENG., Illus.). (J). 31.32 *(978-0-266-21504-2(1))* Forgotten Bks.

Faith White's Letter Book: 1620-1623; Plymouth, New England (Classic Reprint) M. H. Whiting. 2017. (ENG., Illus.). (J). 31.51 *(978-0-266-57873-4(X))*; pap. 13.97 *(978-0-282-86075-2(4))* Forgotten Bks.

Faithful: Vol. 1. Ian Schrauth. 2020. (ENG.). 90p. (YA). (gr. 9-12). pap. 7.99 *(978-0-578-68343-0(1))* Schrauth, Ian.

Faithful & True I Am Teen Christian Poetry Devotional. Reba V. 2021. (ENG.). 46p. (YA). pap. 8.99 *(978-1-387-25999-1(7))* Lulu Pr., Inc.

Faithful & True I Am Teen Journal: Holy Bible Scriptures. Reba V. 2021. (ENG.). 80p. (YA). pap. ***(978-1-329-89603-1(3))*** Lulu Pr., Inc.

Faithful Dog: A Civil War Novel. Terry Lee Caruthers. 2022. (ENG.). 224p. (J). pap. 19.95 *(978-1-68433-978-5(2))* Black Rose Writing.

Faithful Flower. Elizabeth Massie. 2016. (Spring Forward Ser.). (J). (gr. 2). *(978-1-4900-9479-3(2))* Benchmark Education Co.

Faithful Friends: Norman Rockwell & His Dogs. Margaret Rockwell. 2022. (ENG.). 128p. 17.95 *(978-0-7892-1441-6(5)*, 791441) Abbeville Pr., Inc.

Faithful in Little: A Tale for Young Women (Classic Reprint) F. E. Head. 2018. (ENG., Illus.). 142p. (J). 26.83 *(978-0-267-18610-5(X))* Forgotten Bks.

Faithful Lover, Vol. 1 of 3 (Classic Reprint) Katharine S. Macquoid. 2018. (ENG., Illus.). 326p. (J). 30.64 *(978-0-484-67342-6(4))* Forgotten Bks.

Faithful Lover, Vol. 2 of 3 (Classic Reprint) Katharine S. Macquoid. 2018. (ENG., Illus.). 316p. (J). 30.41 *(978-0-484-35960-3(6))* Forgotten Bks.

Faithful Lover, Vol. 3 of 3 (Classic Reprint) Katharine S. Macquoid. 2018. (ENG., Illus.). 306p. (J). 30.21 *(978-0-483-97267-4(3))* Forgotten Bks.

Faithful Margaret: A Novel (Classic Reprint) J. M. Simpson. (ENG., Illus.). (J). 2018. 440p. 32.97 *(978-0-483-78271-6(8))*; 2017. pap. 16.57 *(978-0-243-42110-7(9))* Forgotten Bks.

Faithful Men & Women of the Bible. Sue Perry. 2020. (ENG.). 32p. (J). pap. 13.95 *(978-1-9736-9695-7(9)*, WestBow Pr.) Author Solutions, LLC.

Faithful Scar. Eunice Wilkie. 2019. (ENG.). 180p. (YA). 10.99 *(978-1-912522-66-8(7)*, 96f5d5eb-97b2-494b-9a4f-8a0ae9756051) Ritchie, John Ltd. GBR. Dist: Baker & Taylor Publisher Services (BTPS).

Faithful Servant: Moral & Religious Story for Children (Classic Reprint) Rebecca Warren Brown. 2018. (ENG., Illus.). 42p. (J). 24.76 *(978-0-267-47174-4(2))* Forgotten Bks.

Faithful Son: Or, Three Christmas Eves (Classic Reprint) Unknown Author. 2018. (ENG., Illus.). 346p. (J). 31.05 *(978-0-483-76176-6(1))* Forgotten Bks.

Faithful Spy: Dietrich Bonhoeffer & the Plot to Kill Hitler. John Hendrix. 2018. (ENG., Illus.). 176p. (J). (gr. 5-9). 24.99 *(978-1-4197-2838-9(5)*, 1156901, Amulet Bks.); pap. 18.99 *(978-1-4197-3265-2(X)*, 1156903) Abrams, Inc.

Faithful to the Light: And Other Tales (Classic Reprint) Ednah D. Cheney. (ENG., Illus.). (J). 2018. 172p. 27.49 *(978-0-332-66656-3(5))*; 2017. pap. 9.97 *(978-0-243-23938-2(6))* Forgotten Bks.

Faithful Walter & the Incendiary: Showing How Divine Providence Sometimes Accomplishes Great Events Through the Medium of Children (Classic Reprint) Colman. 2018. (ENG., Illus.). 68p. (J). 25.30 *(978-0-483-23506-9(7))* Forgotten Bks.

Faithgirlz Journal: My Doodles, Dreams, & Devotions, 1 vol. 2016. (Faithgirlz Ser.). (ENG.). 208p. (J). pap. 9.99 *(978-0-310-75372-8(4))* Zonderkidz.

Faithless. D. M. King. 2017. (ENG., Illus.). (YA). (gr. 7-12). 25.00 *(978-1-944361-62-4(6))*; pap. 15.00 *(978-1-944361-61-7(8))* Snow Leopard Publishing.

Faithless Hawk. Margaret Owen. 2020. (Merciful Crow Ser.: 2). (ENG., Illus.). 400p. (YA). 18.99 *(978-1-250-19194-6(7)*, 900192896, Holt, Henry & Co. Bks. For Young Readers) Holt, Henry & Co.

Faithless Hawk. Margaret Owen. 2021. (Merciful Crow Ser.: 2). (ENG.). 416p. (YA). pap. 10.99 *(978-1-250-79197-9(9)*, 900192897) Square Fish.

Faithless Nelly Gray: A Pathetic Ballad (Classic Reprint) Thomas Hood. 2018. (ENG., Illus.). 28p. (J). 24.49 *(978-0-332-20890-9(7))* Forgotten Bks.

Faith's Fairy House. Bob Stone. Illus. by Gemma Dolan. 2020. (ENG.). 42p. (J). pap. *(978-1-78645-478-2(5))* Beaten Track Publishing.

Faiths First Day at Her New School. Ariella Jokim. 2021. (ENG.). 26p. (J). pap. 13.50 *(978-1-63821-286-7(4))* Primedia eLaunch LLC.

Faith's Stress Rehearsal: Feeling Stress & Learning Balance. Sophia Day & Megan Johnson. Illus. by Stephanie Strouse. 2020. (Help Me Understand Ser.: 12). (ENG.). 72p. (J). 14.99 *(978-1-64516-978-9(2)*, 725b74f9-5cba-4241-8d57-3292e595ac14); pap. 9.99 *(978-1-64516-979-6(0)*, 716fc25f-756d-46f4-9752-b45f01dda977) MVP Kids Media.

Faithworker: Volume 1 in the Trilogy of Trilogies. Andrew Zellgert. Ed. by Laina Burris. Illus. by Andrew Zellgert. 2021. (ENG.). (J). 302p. pap. 22.87 *(978-1-365-73543-1(5))*; 300p. 42.46 *(978-1-716-15893-3(1))*; 300p. 32.71 *(978-1-716-15899-5(0))* Lulu Pr., Inc.

Fake. Donna Cooner. 2019. (ENG.). 304p. (YA). (gr. 7-7). pap. 8.99 *(978-1-338-23949-2(X))* Scholastic, Inc.

Fake Blood. Whitney Gardner. Illus. by Whitney Gardner. 2018. (ENG., Illus.). 336p. (J). (gr. 5). 21.99 *(978-1-4814-9556-1(9))*; pap. 14.99 *(978-1-4814-9557-8(7))* Simon & Schuster Bks. For Young Readers. (Simon & Schuster Bks. For Young Readers).

Fake Brains for Halloween Coloring Book. Kreative Kids. 2016. (ENG., Illus.). (J). pap. 9.20 *(978-1-68377-456-3(6))* Whlke, Traudl.

Fake-Chicken Kung Fu Fighting Blues. Aaron Lam. Illus. by Kean Soo. 2018. (Lorimer Illustrated Humor Ser.). (ENG.). 152p. (J). (gr. 4-7). pap. 8.99 *(978-1-4594-1272-9(9)*, d057fdbe-c320-412c-8674-d2a0d68c6a12) James Lorimer & Co. Ltd., Pubs. CAN. Dist: Lerner Publishing Group.

Fake Dates & Mooncakes. Sher Lee. 2023. (ENG.). 272p. (YA). (gr. 7). pap. 10.99 *(978-0-593-56995-5(4)*, Underlined) Random Hse. Children's Bks.

Fake It till You Break It. Jenn P. Nguyen. 2020. (ENG.). 320p. (YA). pap. 10.99 *(978-1-250-25084-1(6)*, 900198169) Square Fish.

Fake It till You Make It. Brianna Rae Quinn. 2021. (ENG.). 390p. (YA). pap. 14.95 *(978-1-7356362-3-8(1))* Brianna Rae Quinn.

Fake News. Kari A. Cornell. 2019. (In Focus Ser.). (ENG.). 80p. (YA). (gr. 6-12). 41.27 *(978-1-68282-715-4(1)*, BrightPoint Pr.) ReferencePoint Pr., Inc.

Fake News. Wil Mara. 2018. (21st Century Skills Library: Global Citizens: Modern Media Ser.). (ENG.). 32p. (J). (gr. 4-7). pap. 14.21 *(978-1-5341-3250-4(3)*, 211765); (Illus.). lib. bdg. 32.07 *(978-1-5341-2930-6(8)*, 211764) Cherry Lake Publishing.

Fake News: Censorship * Hows - Whys * Secret Agendas * Wrongs - Rights * Conspiracy Theories * the Media vs Politicians * Wiki Leaks. Tom Jackson. Illus. by Cristina Guitian. 2020. (What's the Issue? Ser.). (ENG.). 96p. (J). (gr. 4-7). pap. 16.95 ***(978-0-7112-5034-5(0))*** QEB Publishing Inc.

Fake News: Read All about It, 1 vol. Ed. by he New York Times. 2018. (In the Headlines Ser.). (ENG.). 224p. (YA). (gr. 9-9). lib. bdg. 54.93 *(978-1-64282-021-8(0)*, c8fa2a71-c470-4da1-b875-eb669f975ad3, New York Times Educational Publishing) Rosen Publishing Group, Inc., The.

Fake News & Dinosaurs: The Hunt for Truth Using Media Literacy. Harley & Daniel Beaudin. 2019. (ENG.). 48p. (J). *(978-1-5255-4868-0(9))*; pap. *(978-1-5255-4869-7(7))* FriesenPress.

Fake News & Media Bias, 1 vol. Lucian Vance. 2017. (Hot Topics Ser.). (ENG.). 104p. (YA). (gr. 7-7). pap. 20.99 *(978-1-5345-6291-2(5)*, 91e342e4-e7e7-4275-9580-abd24f5f4a74); lib. bdg. 41.03 *(978-1-5345-6199-1(4)*, 340ab9e9-2d10-4903-be02-22b9bd6e9e07) Greenhaven Publishing LLC. (Lucent Pr.).

Fake News & Propaganda, 1 vol. Fiona Young-Brown. 2019. (Dilemmas in Democracy Ser.). (ENG.). 80p. (gr. 7-7). lib. bdg. 37.36 *(978-1-5026-4496-1(7)*, 503f51af-4eec-46c1-b592-48b06910424f) Cavendish Square Publishing LLC.

Fake News & the Factories That Make It, 1 vol. Kristina Lyn Heitkamp. 2018. (Critical Thinking about Digital Media Ser.). (ENG.). 80p. (gr. 7-7). 37.60 *(978-1-9785-0472-1(1)*, b6032ac0-3ce6-4d3f-a253-6dda3deca934) Enslow Publishing, LLC.

Fake News & the Manipulation of Public Opinion. Carla Mooney. 2019. (ENG.). 80p. (YA). (gr. 6-12). *(978-1-68282-539-6(6))* ReferencePoint Pr., Inc.

Fake News at Newton High, 1 vol. Amanda Vink. 2020. (Power Coders Ser.). (ENG.). 32p. (J). (gr. 5-5). 27.93 *(978-1-7253-0766-7(9)*, 98ca0e15-6d8d-43d4-b1d7-120676d90cd1); pap. 11.60 *(978-1-7253-0764-3(2)*, 619b813f-74a9-460b-b156-6c9e38081d7e) Rosen Publishing Group, Inc., The. (PowerKids Pr.).

Fake News Phenomenon. Duchess Harris. (News Literacy Ser.). (ENG., Illus.). 48p. (J). (gr. 4-4). 2018. pap. 11.95 *(978-1-64185-269-2(0)*, 1641852690, Core Library); 2017. lib. bdg. 35.64 *(978-1-5321-1388-8(9)*, 27686) ABDO Publishing Co.

Fake News (Thinking Critically) Kathryn Hulick. 2019. (Thinking Critically Ser.). (ENG.). 80p. (J). (gr. 6-12). 41.27 *(978-1-68282-659-1(7))* ReferencePoint Pr., Inc.

Fake Plastic Girl. Zara Lisbon. 2020. (ENG.). 304p. (YA). pap. 10.99 *(978-1-250-23371-4(2)*, 900184880) Square Fish.

Fakers: An Insider's Guide to Cons, Hoaxes, & Scams. H. P. Wood. Illus. by David Clark. 2018. 176p. (J). (gr. 5). lib. bdg. 18.99 *(978-1-58089-743-3(6))* Charlesbridge Publishing, Inc.

Fakes & Hoaxes, 1 vol. Sarah Levete. 2016. (Mystery Hunters Ser.). (ENG.). 48p. (J). (gr. 5-5). pap. 15.05 *(978-1-4824-6004-9(1)*, 5a14e604-1d5a-41b7-ab8c-ed8431aa50db) Stevens, Gareth Publishing LLLP.

Fakespeare: Something Stinks in Hamlet. M. E. Castle. Illus. by Daniel Jennewein. 2017. 261p. (J). pap. *(978-1-250-10157-0(3))* St. Martin's Pr.

Fakespeare: Starcrossed in Romeo & Juliet. M. E. Castle. Illus. by Daniel Jennewein. 2017. 295p. (J). pap. *(978-1-250-10160-0(3))* St. Martin's Pr.

Faking Reality. Sara Fujimura. 2022. (ENG.). 320p. (YA). pap. 10.99 *(978-1-250-20411-0(9)*, 900200653, Tor Teen) Doherty, Tom Assocs., LLC.

Fala. Kate Klimo. ed. 2016. (Dog Diaries: 8). lib. bdg. 18.40 *(978-0-606-38448-3(0))* Turtleback.

Falaise, the Town of the Conqueror (Classic Reprint) Anna Bowman Dodd. 2018. (ENG., Illus.). 306p. (J). 30.21 *(978-0-364-12688-2(4))* Forgotten Bks.

Falcon & the Prince. Stephen Wyatt. 2021. (ENG.). 26p. (J). 23.95 *(978-1-64952-539-0(7))*; pap. 13.95 *(978-1-64654-673-2(3))* Fulton Bks.

Falcon Birds: Children's Bird Book with Facts. Bold Kids. 2022. (ENG.). 42p. (J). pap. 15.99 ***(978-1-0717-0970-2(4))*** FASTLANE LLC.

Falcon Family: Or Young Ireland (Classic Reprint) M. W. Savage. (ENG., Illus.). (J). 2018. 354p. 31.20 *(978-0-267-50610-1(4))*; 2017. pap. 13.57 *(978-0-243-60114-1(X))* Forgotten Bks.

Falcon: Fear of Flying. Nancy Lambert. Illus. by Ron Lim & Rachelle Rosenberg. 2017. (World of Reading Level 2 (Leveled Readers) Ser.). (ENG.). 32p. (J). (gr. k-3). lib. bdg. 31.36 *(978-1-5321-4062-4(2)*, 25433) Spotlight.

Falcon Fear of Flying. Nancy R. Lambert. ed. 2016. (Marvel World of Reading Level 2 Ser.). (J). lib. bdg. 13.55 *(978-0-606-37537-5(6))* Turtleback.

Falcon in the Nest: Expanded Anniversary Edition. Shelli Wright Johnson. 2021. (ENG.). 392p. (J). pap. 16.99 *(978-0-9987236-2-4(2))* Bes Pr.

Falcon (Marvel Avengers) Frank Berrios. Illus. by Shane Clester. 2020. (Little Golden Book Ser.). (ENG.). 24p. (J). (-k). 4.99 *(978-0-593-17323-7(6)*, Golden Bks.) Random Hse. Children's Bks.

Falcon vs. Hawk. Jerry Pallotta. ed. 2020. (Who Would Win Ser.). (ENG., Illus.). 32p. (J). (gr. 2-3). 14.36 *(978-1-64697-524-2(3))* Penworthy Co., LLC, The.

Falcon vs. Hawk. Jerry Pallotta. Illus. by Rob Bolster. 2023. (Who Would Win? Ser.). (ENG.). 32p. (J). (gr. 1-4). lib. bdg. 32.79 ***(978-1-0982-5248-9(9)***, 42612) Spotlight.

Falcon vs. Hawk (Who Would Win?) Jerry Pallotta. Illus. by Rob Bolster. 2019. (Who Would Win? Ser.). (ENG.). 32p. (J). (gr. 1-3). lib. bdg. 15.80 *(978-1-6636-2441-3(0))* Perfection Learning Corp.

Falcon vs. Hawk (Who Would Win?) Jerry Pallotta. Illus. by Rob Bolster. 2020. (Who Would Win? Ser.: 23). (ENG.). 32p. (J). (gr. 1-4). pap. 4.99 *(978-1-338-32026-8(2))* Scholastic, Inc.

Falcon Wild. Terry Lynn Johnson. 2017. 176p. (J). (gr. 5). lib. bdg. 16.99 *(978-1-58089-788-4(6))* Charlesbridge Publishing, Inc.

Falconberg (Classic Reprint) Hjalmar H. Boyesen. 2018. (ENG., Illus.). 312p. (J). 30.33 *(978-0-483-47605-9(6))* Forgotten Bks.

Falconer Alliance. Frank Carrucan. 2017. (ENG., Illus.). 242p. (J). pap. *(978-1-387-81245-5(9))* Lulu Pr., Inc.

Falconer Blade. Frank Carrucan. 2017. (ENG., Illus.). 264p. (J). pap. *(978-1-387-81255-4(6))* Lulu Pr., Inc.

Falconer Blood. Frank Carrucan. 2018. (ENG., Illus.). 178p. (J). pap. 12.20 *(978-1-387-81223-3(8))* Lulu Pr., Inc.

Falconer Vision. Frank Carrucan. 2018. (ENG., Illus.). 252p. (J). pap. 13.00 *(978-1-387-81228-8(9))* Lulu Pr., Inc.

Falconry for Kids: Cetería para Niños. Georgette Baker. 2018. (ENG., Illus.). 34p. (J). (gr. 2-6). 19.95 *(978-1-892306-60-9(3))* Cantemos-bilingual bks. and music.

Falcons. Kenny Abdo. 2019. (Superhero Animals Ser.). (ENG., Illus.). 24p. (J). (gr. 2-8). lib. bdg. 31.36 *(978-1-5321-2950-6(5)*, 33182, Abdo Zoom-Fly) ABDO Publishing Co.

Falcons. Kate Riggs. 2017. (Amazing Animals Ser.). (ENG., Illus.). 24p. (J). (gr. 1-4). *(978-1-60818-753-9(5)*, 20035, Creative Education) Creative Co., The.

Falcons. Nathan Sommer. 2018. (Birds of Prey Ser.). (ENG., Illus.). 24p. (J). (gr. 3-7). lib. bdg. 26.95 *(978-1-62617-879-3(8)*, Epic Bks.) Bellwether Media.

Falcons. Leo Statts. 2017. (Awesome Birds Ser.). (ENG., Illus.). 24p. (J). (gr. -1-2). lib. bdg. 31.36 *(978-1-5321-2058-9(3)*, 26741, Abdo Zoom-Launch) ABDO Publishing Co.

Falcons. Connor Stratton. 2022. (Birds of Prey Ser.). (ENG., Illus.). 32p. (J). (gr. 2-3). pap. 9.95 *(978-1-63738-178-6(6))*; lib. bdg. 31.35 *(978-1-63738-142-7(5))* North Star Editions. (Apex).

Falcon's Flight. Lili Peterson. 2020. (ENG., Illus.). 82p. (J). pap. 11.00 *(978-0-578-67624-1(9))* Peterson, Jana.

Falcons in the City: The Story of a Peregrine Family. Chris Earley. Photos by Luke Massey. 2016. (ENG., Illus.). 48p. (J). (gr. 4-8). pap. 9.95 *(978-1-77085-803-9(2)*,

184bdb0d-b265-433a-9be2-2a351e631d96) Firefly Bks., Ltd.

Faldo's Fate. Barbara Low. 2022. (ENG.). 146p. (J). pap. *(978-1-68583-258-2(X))* Tablo Publishing.

Falfoul's Trunk, 1 vol. Amal Nasser. Illus. by Rania Abul-Maati. 2016. (Stories & Fables from Around the World Ser.). (ENG.). 24p. (J). (gr. 1-2). lib. bdg. 26.27 *(978-1-4777-5693-5(0),* 9e3fe07f-261e-4b5a-a376-60d3e9bcc3bd, Windmill Bks.) Rosen Publishing Group, Inc., The.

Falk; Amy Foster; To-Morrow: Three Stories (Classic Reprint) Joseph Conrad. 2017. (ENG., Illus.). (J). 29.55 *(978-0-260-95623-1(6))* Forgotten Bks.

Falkenburg: A Tale of the Rhine (Classic Reprint) Hamilton Murray. (ENG., Illus.). (J). 2018. 180p. 27.61 *(978-0-666-48532-8(1))*; 2017. pap. 9.97 *(978-0-259-38880-7(7))* Forgotten Bks.

Falkner: A Novel (Classic Reprint) Mary Shelley. (ENG., Illus.). (J). 2017. 43.76 *(978-0-331-82218-2(0))*; 2016. pap. 13.57 *(978-1-334-16437-8(1))* Forgotten Bks.

Falkner Lyle, or the Story of Two Wives, Vol. 1 of 2 (Classic Reprint) Mark Lemon. 2017. (ENG., Illus.). (J). 632p. 36.93 *(978-0-265-73148-2(8))*; 634p. pap. 19.57 *(978-1-5276-9279-4(5))* Forgotten Bks.

Falkner Lyle, or the Story of Two Wives, Vol. 1 of 3 (Classic Reprint) Mark Lemon. 2018. (ENG., Illus.). 310p. (J). 30.29 *(978-0-483-69268-8(9))* Forgotten Bks.

Falkner Lyle, or, Vol. 3 Of 3: The Story of Two Wives (Classic Reprint) Mark Lemon. 2018. (ENG., Illus.). 342p. (J). 30.95 *(978-0-267-18763-8(7))* Forgotten Bks.

Falkner Lyle, Vol. 2 Of 3: Or, the Story of Two Wives (Classic Reprint) Mark Lemon. 2018. (ENG., Illus.). 306p. (J). 30.21 *(978-0-483-76867-3(7))* Forgotten Bks.

Fall see Otono

Fall. Aaron Carr. 2017. (World Languages Ser.). (ENG.). 24p. (J). (gr. -1-1). lib. bdg. 35.70 *(978-1-4896-6610-9(9)*, AV2 by Weigl) Weigl Pubs., Inc.

Fall. Amy Culliford. 2021. (Seasons in a Year Ser.). (ENG., Illus.). 16p. (J). (gr. -1-1). pap. *(978-1-4271-3269-7(0)*, 11990) Crabtree Publishing Co.

Fall. Annabel Griffin. 2022. (Journey Through the Seasons Ser.). (ENG., Illus.). 24p. (J). (gr. k-2). lib. bdg. 27.99 *(978-1-914087-50-9(X)*, 2ecff132-1dde-486d-85e7-2ef96690bdb3, Hungry Tomato (r)) Lerner Publishing Group.

Fall. Y. Kc. 2017. (ENG., Illus.). 320p. (J). pap. *(978-1-365-65557-9(1))* Lulu Pr., Inc.

Fall. Candice Letkeman. 2019. (Weather & Climate Ser.). (ENG.). 32p. (J). lib. bdg. 22.99 *(978-1-5105-4509-0(3))* SmartBook Media, Inc.

Fall. Rebecca Pettiford. 2018. (Seasons of the Year Ser.). (ENG., Illus.). 24p. (J). (gr. k-3). pap. 7.99 *(978-1-61891-301-2(8)*, 12097, Blastoff! Readers) Bellwether Media.

Fall. Lily Schell. 2022. (Seasons Ser.). (ENG., Illus.). 24p. (J). (gr. -1-2). pap. 7.99 *(978-1-64834-861-7(0)*, 21715, Blastoff! Readers) Bellwether Media.

Fall. Mari Schuh. 2019. (Spot Seasons Ser.). (ENG.). 16p. (J). (gr. -1-2). lib. bdg. *(978-1-68151-552-6(0)*, 14513) Amicus.

Fall: Book One of the Last Druid Trilogy. Glen L. Hall. 2017. (Last Druid Trilogy Ser.: Vol. 1). (ENG., Illus.). (YA). 298p. *(978-0-9957985-0-2(8))*; 360p. (gr. 8-12). pap. *(978-0-9957985-1-9(6))* G22 Publishing.

Fall: Children's Book on Seasons with Interesting & Informative Facts. Bold Kids. 2022. (ENG.). 36p. (J). pap. 14.99 ***(978-1-0717-0971-9(2))*** FASTLANE LLC.

Fall 2017 Releases (Set), 8 vols. 2017. (Immigrant Experiences Ser.). (ENG.). (J). (gr. 3-6). lib. bdg. 285.12 *(978-1-5038-3456-9(5)*, 213033, MOMENTUM) Child's World, Inc, The.

Fall 2020 Releases (Set), 12 vols. (Learning Sight Words Ser.). (ENG.). (J). 2021. (gr. -1-2). lib. bdg. 393.48 *(978-1-5038-5298-3(9)*, 215124); 2020. (gr. 3-6). lib. bdg. 131.16 *(978-1-5038-5309-6(8)*, 215127) Child's World, Inc, The.

Fall 2021 Releases (Set), 12 vols. 2021. (Black American Journey Ser.). (ENG.). (J). (gr. 4-7). lib. bdg. 427.68 *(978-1-5038-5690-5(9)*, 215482) Child's World, Inc, The.

Fall 2023 Releases (Set), 8 vols. 2023. (Black American Journey Ser.). (ENG.). (J). (gr. 4-7). lib. bdg. 285.12 ***(978-1-5038-8766-4(9)***, 216996) Child's World, Inc, The.

Fall Adventures. Julie Murray. 2020. (Seasons: Fall Fun! Ser.). (ENG., Illus.). 24p. (J). (gr. -1-2). lib. bdg. 31.36 *(978-1-0982-0214-9(7)*, 34561, Abdo Kids) ABDO Publishing Co.

Fall Animals. Sophie Geister-Jones. 2020. (Fall Is Here Ser.). (ENG., Illus.). 16p. (J). (gr. k-1). pap. 7.95 *(978-1-64493-406-7(X)*, 164493406X); lib. bdg. 25.64 *(978-1-64493-330-5(6)*, 1644933306) North Star Editions. (Focus Readers).

Fall Animals. Julie Murray. 2020. (Seasons: Fall Fun! Ser.). (ENG., Illus.). 24p. (J). (gr. -1-2). lib. bdg. 31.36 *(978-1-0982-0215-6(5)*, 34563, Abdo Kids) ABDO Publishing Co.

Fall Apple Fun. Martha E. H. Rustad. Illus. by Amanda Enright. 2018. (Fall Fun (Early Bird Stories (tm)) Ser.). (ENG.). 24p. (J). (gr. k-2). 29.32 *(978-1-5415-2001-1(7)*, 8d59acdd-ee65-4a40-bf65-af87dc875873, Lerner Pubns.) Lerner Publishing Group.

Fall Asleep with Me: A Children's Book about Falling Asleep with Someone Else Than Mom. Ida Theren. Tr. by Giovanna Olmos. Illus. by Linnea Teljas-Puranen. 2016. (ENG.). (J). pap. *(978-91-982176-8-1(2))* Nära förlag.

Fall Ball for All. Jamie A. Swenson. Illus. by Chiara Fedele. (ENG.). 32p. (J). (gr. k-2). 2021. 9.99 *(978-1-7284-3032-4(1)*, c54aa47d-64ba-48c2-ad70-c8defaed52d1); 2018. 19.99 *(978-1-5124-9803-5(3)*, 58a720c8-25c5-494b-baa5-616ae97cfa71) Lerner Publishing Group. (Millbrook Pr.).

Fall Changes. Marie McGrath. 2020. (ENG.). 240p. (YA). pap. 13.00 *(978-1-7332621-3-2(X))* Creative James Media.

Fall Crafts. Emily Kington. 2023. (Seasonal Crafts Ser.). (ENG.). 32p. (gr. 3-5). lib. bdg. 30.65 *(978-1-915461-02-5(2)*, ceb84846-aabf-49cf-987f-46df597c9a58, Hungry Tomato (r)) Lerner Publishing Group.

Fall down Seven Times, Stand up Eight: Patsy Takemoto Mink & the Fight for Title IX. Jen Bryant. Illus. by Toshiki Nakamura. 2022. (ENG.). 48p. (J). (gr. -1-3). 19.99 *(978-0-06-295722-1(8)*, Quill Tree Bks.) HarperCollins Pubs.

Fall Fairy Gathering. Liza Gardner Walsh. Illus. by Hazel Mitchell. 2020. 32p. (J). (gr. -1-3). 17.95 *(978-1-60893-592-5(2))* Down East Bks.

Fall Fairy Race: The Friendship Fairy Club Book 1. Angie Schnuerle. Illus. by Tami Boyce. 2020. (Friendship Fairy Club Ser.: Vol. 1). (ENG.). 60p. (J). pap. 7.99 *(978-0-578-75789-6(3))* Schnuerle, Angela.

Fall Far from the Tree. Amy McNulty. 2016. (Fall Far from the Tree Ser.: Vol. 1). (ENG.). 248p. (YA). (gr. 9-12). pap. 11.99 *(978-1-952667-43-5(7))* Snowy Wings Publishing.

Fall Feasts Beginners Activity Book. Bible Pathway Adventures & Pip Reid. 2020. (Feasts Ser.). (ENG., Illus.). 90p. (J). pap. *(978-1-988585-36-9(8))* Bible Pathway Adventures.

Fall Field Trips. Lisa J. Amstutz. 2020. (Fall Field Trips Ser.). (ENG.). 24p. (J). (gr. k-2). 119.96 *(978-1-9771-2570-5(0)*, 200751); pap., pap., pap. 27.80 *(978-1-9771-3131-7(X)*, 204026) Capstone. (Pebble).

Fall Food. Julie Murray. 2020. (Seasons: Fall Fun! Ser.). (ENG., Illus.). 24p. (J). (gr. -1-2). lib. bdg. 31.36 *(978-1-0982-0216-3(3)*, 34565, Abdo Kids) ABDO Publishing Co.

Fall for Friendship. Megan Atwood. Illus. by Natalie Andrewson. 2018. (Orchard Novel Ser.: 3). (ENG.). 240p. (J). (gr. 2-6). 12.99 *(978-1-4814-9051-1(6)*, Aladdin) Simon & Schuster Children's Publishing.

Fall Frolic in the City. Cathy Goldberg Fishman. Illus. by Melanie Hall. 2022. (In the City Ser.). (ENG.). 20p. (J). (gr. -1 — 1). bds. 9.99 *(978-1-64170-726-8(7)*, 550726) Familius LLC.

Fall Fun Letter & Number Tracing: Pre-K Workbook. Editors of Little, Brown Lab. 2018. (Books for Kids Ages 3-5 Ser.). (ENG.). 128p. (J). (gr. -1-1). pap. 7.99 *(978-0-316-45589-3(X))* Little Brown & Co.

Fall Guy (Classic Reprint) Brad Whitlock. 2017. (ENG., Illus.). (J). 394p. 32.02 *(978-0-332-64416-5(2))*; pap. 16.57 *(978-1-5276-3900-3(2))* Forgotten Bks.

Fall Guys: The Unofficial Guide to Staying on Top. Stéphane Pilet. 2021. (ENG., Illus.). 80p. (J). pap. 9.99 *(978-1-5248-6836-9(1))* Andrews McMeel Publishing.

Fall Guys: Beginner's Guide. Josh Gregory. 2021. (21st Century Skills Innovation Library: Unofficial Guides). (ENG., Illus.). 32p. (J). (gr. 4-8). pap. 14.21 *(978-1-5341-8918-8(1)*, 219383); lib. bdg. 32.07 *(978-1-5341-8778-8(2)*, 219382) Cherry Lake Publishing.

Fall Guys: Guide to Winning the Crown: Tips & Tricks to Be the Last Bean Standing. Kingfisher. 2023. (Kingfisher Game Guides). (ENG.). 64p. (J). pap. 9.99 *(978-0-7534-7914-8(1)*, 900287009, Kingfisher) Roaring Brook Pr.

Fall Harvest. Sophie Geister-Jones. 2020. (Fall Is Here Ser.). (ENG., Illus.). 16p. (J). (gr. k-1). pap. 7.95 *(978-1-64493-407-4(8)*, 1644934078); lib. bdg. 25.64 *(978-1-64493-331-2(4)*, 1644933314) North Star Editions. (Focus Readers).

Fall Harvest Fun. Martha E. H. Rustad. Illus. by Amanda Enright. 2018. (Fall Fun (Early Bird Stories (tm)) Ser.). (ENG.). 24p. (J). (gr. k-2). 29.32 *(978-1-5415-2002-8(5)*, 960ae826-5348-44ac-82c2-cf8317d6bc0b, Lerner Pubns.) Lerner Publishing Group.

Fall Holidays. Julie Murray. 2020. (Seasons: Fall Fun! Ser.). (ENG., Illus.). 24p. (J). (gr. -1-2). lib. bdg. 31.36 *(978-1-0982-0217-0(1)*, 34567, Abdo Kids) ABDO Publishing Co.

Fall in Line. Shaw Charlene. 2017. (ENG., Illus.). 206p. (YA). pap. *(978-1-9999077-2-3(8))* Shaw, Charlene.

Fall in Line, Holden. Daniel W. Vandever. Ed. by LaFrenda Frank. Illus. by Daniel W. Vandever. 2017. (Illus.). 32p. (J). *(978-1-893354-50-0(4))* Salina Bookshelf Inc.

Fall in the Country. Sue Tarsky. Illus. by Claire Lordon. 2019. (Taking a Walk Ser.). (ENG.). 32p. (J). (gr. -1-3). 16.99 *(978-0-8075-7729-5(4)*, 807577294) Whitman, Albert & Co.

Fall into Me. Mila Gray. 2021. (ENG.). 368p. (YA). (gr. 11). pap. 12.99 *(978-1-5344-6932-7(X)*, Simon & Schuster Bks. For Young Readers) Simon & Schuster Bks. For Young Readers.

Fall into Me. Mila Gray. 2020. (ENG.). 352p. (YA). (gr. 11). 18.99 *(978-1-5344-6931-0(1)*, Simon Pulse) Simon Pulse.

Fall Is for School. Robert Neubecker. Illus. by Robert Neubecker. 2017. (ENG., Illus.). 32p. (J). (gr. -1-k). 17.99 *(978-1-4847-3254-0(5))* Disney Pr.

Fall Is Fun! Walt K. Moon. 2016. (Bumba Books (r) — Season Fun Ser.). (ENG., Illus.). 24p. (J). (gr. -1-1). 26.65 *(978-1-5124-1409-7(3)*, 3a04ed47-5fb1-4919-a76e-49e343e5221d, Lerner Pubns.) Lerner Publishing Group.

Fall Is Here (Set Of 6) Sophie Geister-Jones. 2020. (Fall Is Here Ser.). (ENG., Illus.). 96p. (J). (gr. k-1). pap. 47.70 *(978-1-64493-404-3(3)*, 1644934043); lib. bdg. 153.84 *(978-1-64493-328-2(4)*, 1644933284) North Star Editions. (Focus Readers).

Fall Is My Favorite. Faye Livesey. 2019. (Little Lessons of Light Ser.: 3). (ENG., Illus.). 28p. (J). 16.95 *(978-1-950698-05-9(X))* Mayor of Venice.

Fall Leaves. Katie Peters. 2019. (Seasons All Around Me (Pull Ahead Readers — Nonfiction) Ser.). (ENG., Illus.). 16p. (J). (gr. -1-1). pap. 8.99 *(978-1-5415-7344-4(7)*, 1c615723-68ef-49a3-ad49-d229a2b0b1dd, Lerner Pubns.) Lerner Publishing Group.

Fall Leaves Fun. Martha E. H. Rustad. Illus. by Amanda Enright. 2018. (Fall Fun (Early Bird Stories (tm)) Ser.). (ENG.). 24p. (J). (gr. k-2). pap. 9.99 *(978-1-5415-2720-1(8)*, c659dbe0-7852-496f-a2ed-4f5682f0485e) Lerner Publishing Group.

Fall of a Nation: A Sequel to the Birth of a Nation (Classic Reprint) Thomas Dixon. (ENG., Illus.). (J). 2018. 386p. 31.86 *(978-0-428-83832-4(4))*; 2016. pap. 16.57 *(978-1-334-19055-1(0))* Forgotten Bks.

Fall of Beth Anderson. Meaghan B. Parent. 2016. (ENG., Illus.). (J). *(978-1-4602-9365-2(7))*; pap. *(978-1-4602-9366-9(5))* FriesenPress.

Fall of Butterflies. Andrea Portes. ed. 2017. (ENG.). (YA). (gr. 9). lib. bdg. 20.85 *(978-0-606-40045-9(1))* Turtleback.

Fall of Crazy House. James Patterson & Gabrielle Charbonnet. 2019. (Crazy House Ser.: 2). (ENG.). 368p. (YA). (gr. 9-17). 17.99 *(978-0-316-43374-7(8)*, Jimmy Patterson) Little Brown & Co.

Fall of Crazy House. James Patterson & Gabrielle Charbonnet. 2021. (Crazy House Ser.: 2). (ENG.). 320p. (YA). (gr. 9-17). mass mkt. 8.99 *(978-1-5387-3158-1(4))* Grand Central Publishing.

Fall of Crazy House. James Patterson & Gabrielle Charbonnet. 2020. (Crazy House Ser.: 2). (ENG.). 368p. (YA). (gr. 9-17). pap. 10.99 *(978-0-316-45824-5(4)*, Jimmy Patterson) Little Brown & Co.

Fall of Fort Sumter, or Love & War in 1860-61 (Classic Reprint) John Ballou Newbrough. 2017. (ENG., Illus.). (J). 27.49 *(978-0-266-99108-3(4))* Forgotten Bks.

Fall of Innocence. Jenny Torres Sanchez. 2018. (ENG.). 448p. (YA). (gr. 9). 18.99 *(978-1-5247-3775-7(5)*, Philomel Bks.) Penguin Young Readers Group.

Fall of Kilman Kon (Classic Reprint) Arthur Cummings. 2018. (ENG., Illus.). 352p. (J). 31.16 *(978-0-428-78909-1(9))* Forgotten Bks.

Fall of Man. Flora Bolding. 2022. (ENG., Illus.). 68p. (YA). pap. 12.95 *(978-1-68517-487-3(6))* Christian Faith Publishing.

Fall of Saigon & the End of the Vietnam War. Christopher Chant. 2017. (Vietnam War Ser.: Vol. 5). (ENG., Illus.). 80p. (J). (gr. 7-12). 24.95 *(978-1-4222-3892-9(X))* Mason Crest.

Fall of Somerset, Vol. 1 of 3 (Classic Reprint) William Harrison Ainsworth. 2018. (ENG., Illus.). 304p. (J). 30.19 *(978-0-484-15851-0(1))* Forgotten Bks.

Fall of the Argosi. Sebastien de Castell. 2022. (Spellslinger Ser.). (ENG., 368p. Illus.). (YA). (gr. 7). pap. 15.99 *(978-1-4714-0557-0(5))*; (J). pap. 19.99 *(978-1-4714-1059-8(5))* Hot Key Bks. GBR. Dist: Independent Pubs. Group.

Fall of the Beasts: Heart of the Land. Sarah Prineas. 2017. (Illus.). 192p. (J). pap. *(978-1-74276-274-6(3))* Scholastic, Inc.

Fall of the Beasts- Spirit Animals: Heart of the Land, Bk. 5. Sarah Prineas. 2017. (Spirit Animals: Fall of the Beasts Ser.: 5). (ENG., Illus.). 192p. (J). (gr. 3-7). 16.99 *(978-1-338-18981-0(6))* Scholastic, Inc.

Fall of the Beasts 5: Heart of the Land. Sarah Prineas. 2017. (ENG., Illus.). 192p. (J). *(978-1-4071-8090-8(8))* Scholastic, Inc.

Fall of the Cities: Legends Never Die. Vance Huxley. 2022. (Fall of the Cities Ser.: Vol. 8). (ENG.). 368p. (J). pap. 16.99 *(978-1-61433-956-4(2))* Breely Crush Publishing.

Fall of the Curtain (Classic Reprint) Harold Begbie. 2017. (ENG., Illus.). (J). 32.52 *(978-0-265-21733-7(4))* Forgotten Bks.

Fall of the Demonic Empire & Rise of the Slenaran Republic. James McCowan. 2023. (Slenaran Family Ser.: Vol. 1). (ENG.). 28p. (YA). pap. ***(978-0-2288-9192-5(2))*** Tellwell Talent.

Fall of the Dragons: The Dragon's Apprentice; the Dragons of Winter; the First Dragon. James A. Owen. 2016. (Age of Dragons Ser.: 3). (ENG., Illus.). 1056p. pap. 21.99 *(978-1-4814-2998-6(1)*, SAGA Press) Simon & Schuster Bks. For Young Readers.

Fall of the Fierce. Matthew Donovan. 2019. (ENG.). 216p. (J). *(978-1-5255-1099-1(1))*; pap. *(978-1-5255-1100-4(9))* FriesenPress.

Fall of the Readers: The Forbidden Library: Volume 4. Django Wexler. 2017. (Forbidden Library: 4). 368p. (J). (gr. 5). 17.99 *(978-0-399-53920-6(4)*, Kathy Dawson Books) Penguin Young Readers Group.

Fall of the School for Good & Evil. Soman Chainani. 2023. (Rise Ser.: 2). (ENG., Illus.). 384p. (J). (gr. 3). 19.99 *(978-0-06-326953-8(8)*, HarperCollins) HarperCollins Pubs.

Fall of the Year (Classic Reprint) Dallas Lore Sharp. (ENG., Illus.). (J). 2017. 27.24 *(978-0-265-26271-9(2))*; 2016. pap. 9.97 *(978-1-333-69092-2(4))* Forgotten Bks.

Fall of Two Moons. Kipp McKenzie. 2020. (ENG.). 242p. (YA). pap. 15.99 *(978-1-64701-617-3(7))* Page Publishing Inc.

Fall Plants. Julie Murray. 2020. (Seasons: Fall Fun! Ser.). (ENG., Illus.). 24p. (J). (gr. -1-2). lib. bdg. 31.36 *(978-1-0982-0218-7(X)*, 34569, Abdo Kids) ABDO Publishing Co.

Fall Pumpkin Fun. Martha E. H. Rustad. Illus. by Amanda Enright. 2018. (Fall Fun (Early Bird Stories (tm)) Ser.). (ENG.). 24p. (J). (gr. k-2). lib. bdg. 29.32 *(978-1-5415-2004-2(1)*, 49859806-2f42-467d-978d-61ac70dffbbc, Lerner Pubns.) Lerner Publishing Group.

Fall, Said All. Susan Kay. 2020. (ENG.). 32p. (J). 23.95 *(978-1-4808-8920-0(2))*; pap. 13.95 *(978-1-4808-8919-4(9))* Archway Publishing.

Fall Suitcase Stories. Margaret 'Peggy' Rose Dolan. 2017. (ENG.). (J). 14.95 *(978-1-68401-113-1(2))* Amplify Publishing Group.

Fall Trees. Sophie Geister-Jones. 2020. (Fall Is Here Ser.). (ENG., Illus.). 16p. (J). (gr. k-1). pap. 7.95 *(978-1-64493-408-1(6)*, 1644934086); lib. bdg. 25.64 *(978-1-64493-332-9(2)*, 1644933322) North Star Editions. (Focus Readers).

Fall Weather. Sophie Geister-Jones. 2020. (Fall Is Here Ser.). (ENG., Illus.). 16p. (J). (gr. k-1). pap. 7.95 *(978-1-64493-409-8(4)*, 1644934094); lib. bdg. 25.64 *(978-1-64493-333-6(0)*, 1644933330) North Star Editions. (Focus Readers).

Fall Weather. Julie Murray. 2020. (Seasons: Fall Fun! Ser.). (ENG., Illus.). 24p. (J). (gr. -1-2). lib. bdg. 31.36 *(978-1-0982-0219-4(8)*, 34571, Abdo Kids) ABDO Publishing Co.

Fall Weather Fun. Martha E. H. Rustad. Illus. by Amanda Enright. 2018. (Fall Fun (Early Bird Stories (tm)) Ser.). (ENG.). 24p. (J). (gr. k-2). pap. 9.99 *(978-1-5415-2722-5(4)*, 09a3c235-0999-4d43-a779-5f0770bec0f6); lib. bdg. 29.32 *(978-1-5415-2005-9(X)*, f42426aa-be25-452e-bb6a-21f841f1de5c, Lerner Pubns.) Lerner Publishing Group.

Fall with Lily & Milo. Pauline Oud. 2019. (Lily & Milo Ser.: 4). (ENG., Illus.). 32p. (J). 14.95 *(978-1-60537-459-8(8))* Clavis Publishing.

Fall with Little Hedgehog. Clever Publishing & Elena Ulyeva. Illus. by Daria Parkhaeva. 2023. (Little Hedgehog Ser.). (ENG.). 20p. (J). (gr. -1-k). bds. 9.99 ***(978-1-956560-73-2(4)***, 1173001) Clever Media Group.

Fall Word Search Puzzle Book - All Levels (6x9 Puzzle Book / Activity Book) Sheba Blake. 2020. (ENG.). 36p. (YA). pap. 9.99 *(978-1-222-28580-2(0))* Indy Pub.

Fall Word Search Puzzle Book - All Levels (8x10 Puzzle Book / Activity Book) Sheba Blake. 2020. (ENG.). 36p. (YA). pap. 14.99 *(978-1-222-28581-9(9))* Indy Pub.

Fall22 Back-To-School Teen Collection, 20 vols. Compiled by Thorndike Press. l.t. ed. 2022. (ENG.). (YA). pap. 499.80 Cengage Gale.

Fall22 Back-To-School Tween Collection, 20 vols. Compiled by Thorndike Press. l.t. ed. 2022. (ENG.). (J). pap. 459.80 Cengage Gale.

Fallacies & Confessions. J. M. Gasilla Barrios. 2020. (ENG.). 272p. (YA). pap. 13.99 *(978-1-954004-86-3(9))* Pen It Pubns.

Fallacy of Ghosts, Dreams, & Omens: With Stories of Witchcraft, Life-In-Death, & Monomania (Classic Reprint) Charles Ollier. 2017. (ENG., Illus.). (J). 270p. 29.47 *(978-0-484-41416-6(X))*; pap. 11.97 *(978-1-5276-3100-7(1))* Forgotten Bks.

Falle Für Den Herrscher (Kräutersammler der Finsternis Buch III) LitRPG-Serie. Michael Atamanov. 2019. (Kräutersammler der Finsternis Ser.: Vol. 3). (GER.). 474p. (J). pap. *(978-80-7619-058-0(4))* Magic Dome Bks.

Fallen. Haya Hussain. 2019. (ENG.). 146p. (J). pap. 10.84 *(978-1-68470-046-2(9))* Lulu Pr., Inc.

Fallen Academy: Year One. Leia Stone. 2018. (Fallen Academy Ser.: Vol. 1). (ENG., Illus.). 350p. (YA). pap. 13.99 *(978-1-951578-03-9(1))* Leia Stone, LLC.

Fallen among Thieves: A Summer Tour (Classic Reprint) Martha Louise Rayne. (ENG., Illus.). (J). 2018. 362p. 31.36 *(978-0-656-53609-2(8))*; 2017. pap. 13.97 *(978-0-259-20230-1(4))* Forgotten Bks.

Fallen Angela. Yuna Kahng. Illus. by Tess Seo. 2017. 32p. (J). (gr. 1-3). 18.00 *(978-1-56591-378-3(7))* Hollym International Corp.

Fallen Angels Novel Units Student Packet. Novel Units. 2019. (ENG.). (YA). pap. 13.99 *(978-1-58130-637-8(7)*, Novel Units, Inc.) Classroom Library Co.

Fallen Angels Novel Units Teacher Guide. Novel Units. 2019. (ENG.). (YA). pap. 12.99 *(978-1-58130-636-1(9)*, Novel Units, Inc.) Classroom Library Co.

Fallen Colonies. Ashley Ashforth. 2022. (ENG.). 246p. (YA). 28.99 *(978-1-6629-2048-6(2))*; pap. 14.99 *(978-1-6629-2029-5(6))* Gatekeeper Pr.

Fallen Empire: a Graphic Novel (Cleopatra in Space #5), Bk. 5. Mike Maihack. Illus. by Mike Maihack. 2019. (Cleopatra in Space Ser.: 5). (ENG., Illus.). 208p. (J). (gr. 3-7). pap. 14.99 *(978-1-338-20412-4(2)*, Graphix) Scholastic, Inc.

Fallen Empires, 5. Mike Maihack. ed. 2019. (Cleopatra in Space Graphic Nvls Ser.). (ENG.). 201p. (J). (gr. 4-5). 23.96 *(978-0-87617-333-6(4))* Penworthy Co., LLC, The.

Fallen Fortunes: A Novel (Classic Reprint) James Payn. (ENG., Illus.). (J). 2018. 446p. 33.10 *(978-0-666-50938-3(7))*; 2016. pap. 16.57 *(978-1-333-63394-3(7))* Forgotten Bks.

Fallen Fortunes, Vol. 1 Of 3: A Novel (Classic Reprint) James Payn. (ENG., Illus.). (J). 2018. 290p. 29.90 *(978-0-483-81207-9(2))*; 2016. pap. 13.57 *(978-1-333-36909-5(3))* Forgotten Bks.

Fallen Fortunes, Vol. 2: A Novel (Classic Reprint) James Payn. 2018. (ENG., Illus.). 284p. (J). 29.75 *(978-0-483-83724-9(5))* Forgotten Bks.

Fallen Fortunes, Vol. 3: A Novel (Classic Reprint) James Payn. 2018. (ENG., Illus.). 298p. (J). 30.04 *(978-0-483-91396-7(0))* Forgotten Bks.

Fallen Gatekeepers: Book Two of the Gatekeeper's Son Series. C. R. Fladmark. 2017. (Gatekeeper's Son Ser.: Vol. 2). (ENG., Illus.). (YA). pap. *(978-0-9937776-3-9(5))* Shokunin Publishing Co., The.

Fallen Hero. Katie Zhao. (Dragon Warrior Ser.). (ENG.). 336p. (J). 2021. pap. 7.99 *(978-1-5476-0744-0(0)*, 900240861); 2020. 16.99 *(978-1-5476-0197-4(3)*, 900203289) Bloomsbury Publishing USA. (Bloomsbury Children's Bks.).

Fallen Idol (Classic Reprint) F. Anstey, pseud. 2017. (ENG., Illus.). (J). 30.99 *(978-0-331-33229-2(9))* Forgotten Bks.

Fallen Leaves: A Novel (Classic Reprint) Wilkie Collins. 2018. (ENG., Illus.). 534p. (J). 34.93 *(978-0-428-95456-7(1))* Forgotten Bks.

Fallen Leaves, Vol. 1 of 3 (Classic Reprint) Wilkie Collins. (ENG., Illus.). (J). 2018. 290p. 29.90 *(978-0-483-30004-0(7))*; 2016. pap. 13.57 *(978-1-333-16296-2(0))* Forgotten Bks.

Fallen Leaves, Vol. 2 of 3 (Classic Reprint) Wilkie Collins. (ENG., Illus.). (J). 2017. 30.50 *(978-0-331-16867-9(7))*; 2016. pap. 13.57 *(978-1-333-43808-1(7))* Forgotten Bks.

Fallen Leaves, Vol. 3 of 3 (Classic Reprint) Wilkie Collins. 2018. (ENG., Illus.). 302p. (J). 30.15 *(978-0-332-82988-3(X))* Forgotten Bks.

Fallen Prince. Amalie Howard. 2016. (Riven Chronicles Ser.). (ENG.). 384p. (J). (gr. 6-6). 17.99 *(978-1-5107-0170-0(2)*, Sky Pony Pr.) Skyhorse Publishing Co., Inc.

Fallen Queen. Rob Neuteboom. 2023. 264p. (YA). pap. 15.99 ***(978-1-6678-8433-2(6))*** BookBaby.

Fallen Queen. Kate O'Hearn. (Titans Ser.: 3). (ENG.). (J). (gr. 3-7). 2022. 480p. pap. 9.99 *(978-1-5344-1711-3(7))*; 2021. 464p. 18.99 *(978-1-5344-1710-6(9))* Simon & Schuster Children's Publishing. (Aladdin).

Fallen Series: Book 2: Uprising. Megan D. Harding. 2017. (ENG., Illus.). (YA). pap. 13.99 *(978-0-9990698-4-4(5))* Mindstir Media.

Fallen Seven. Raphael Fae. 2022. (ENG.). 200p. (YA). pap. *(978-1-3984-1180-7(9))* Austin Macauley Pubs. Ltd.

Fallen Star. Tara Nicole. 2019. (ENG.). 204p. (YA). pap. 16.95 *(978-1-64584-700-7(4))* Page Publishing Inc.

Fallen Star: Billy Smith & the Goblins, Book 2. Robert Hewitt Wolfe. 2018. (Billy Smith & the Goblins Ser.: 2). (ENG.). (J). 382p. 31.99 *(978-1-68162-616-1(0))*; 336p. pap. 16.99 *(978-1-68162-615-4(2))* Turner Publishing Co.

Fallen Star: The Nocturnals Book 3. Tracey Hecht. Illus. by Kate Liebman. 2018. (Nocturnals Ser.: 3). (ENG.). 208p. (J). (gr. 3-5). pap. 8.99 (978-1-944020-07-1(1), Fabled Films Pr. LLC) Fabled Films LLC.

Fallen Suns - Season 1 - the Root. Van Jensen. 2020. (ENG.). 112p. (YA). pap. 12.99 (978-1-988247-32-8(2)) Chapterhouse Comics CAN. Dist: Diamond Comic Distributors, Inc.

Fallen Witch. Emma V. R. Noyes. 2022. (ENG.). 382p. (YA). pap. 15.99 **(978-1-0878-7808-9(X))** Indy Pub.

Falling. Dawn Davis. 2017. (Tower Room Ser.). (ENG., Illus.). (J). (978-1-5255-1067-0(3)) FriesenPress.

Falling 20th Anniversary Edition. Anne Provoost. Tr. by John Nieuwenhuizen. 2nd ed. 2018. (ENG.). 288p. (YA). (gr. 8). pap. 15.99 (978-1-76029-392-5(X)) Allen & Unwin AUS. Dist: Independent Pubs. Group.

Falling Fast. Kylie Himebaugh. 2021. (ENG.). 220p. (YA). pap. 15.99 (978-1-0879-6861-2(5)) Indy Pub.

Falling Flag. Edward M. Boykin. 2017. (ENG.). 76p. (J). pap. (978-3-337-08136-2(3)) Creation Pubs.

Falling Flowers, 1 vol. Jennifer B. Reed. Illus. by Dick Cole. 2022. (ENG.). 32p. (J). (gr. k-3). 11.95 (978-1-64379-458-7(2), leelowshens, Shen's Bks.) Lee & Low Bks., Inc.

Falling for the Girl Next Door. Tera Lynn Childs. 2016. (ENG., Illus.). (YA). pap. 16.99 (978-1-68281-330-0(4)) Entangled Publishing, LLC.

Falling Girls. Hayley Krischer. 2021. 320p. (YA). (gr. 9). 18.99 (978-0-593-11414-8(0), Razorbill) Penguin Young Readers Group.

Falling Hard. Feeling Everything. Ashlea Briann. 2021. (ENG.). (YA). 66p. pap. (978-1-6780-4538-8(1)); 56p. pap. 14.12 (978-1-716-08174-3(2)) Lulu Pr., Inc.

Falling in Love Montage. Ciara Smyth. (ENG.). (YA). (gr. 8). 2021. 384p. pap. 10.99 (978-0-06-295712-2(0)); 2020. 368p. 17.99 (978-0-06-295711-5(2)) HarperCollins Pubs. (HarperTeen).

Falling in with Fortune (Classic Reprint) Horatio Alger Jr. 2018. (ENG., Illus.). 290p. (J). 29.88 (978-0-484-65391-6(1)) Forgotten Bks.

Falling Leaf & the Honey Badger - Book #1: The Gold Diggers. Ben Winter. 2021. (ENG.). 79p. (J). pap. (978-1-7947-9338-5(0)) Lulu Pr., Inc.

Falling Leaves. Sherri Heath. 2017. (ENG., Illus.). 50p. (J). 20.00 (978-1-387-38470-9(8)) Lulu Pr., Inc.

Falling Out of Time. Margaret Peterson Haddix. 2023. (Running Out of Time Ser.: 2). (ENG.). 352p. (J). (gr. 3-7). 19.99 (978-0-06-325161-8(2), Tegen, Katherine Bks) HarperCollins Pubs.

Falling over Sideways. Jordan Sonnenblick. ed. 2018. (Penworthy Picks Middle School Ser.). (ENG.). 257p. (J). (gr. 5-7). 17.96 (978-1-64310-390-7(3)) Penworthy Co., LLC, The.

Falling over Sideways. Jordan Sonnenblick. (ENG.). 272p. (YA). (gr. 7). 2017. pap. 10.99 (978-0-545-86325-4(2)); 2016. 17.99 (978-0-545-86324-7(4), Scholastic Pr.) Scholastic, Inc.

Falling Short. Ernesto Cisneros. 2023. (ENG.). 304p. (J). (gr. 3-7). pap. 9.99 (978-0-06-288173-1(6), Quill Tree Bks.) HarperCollins Pubs.

Falling Star. Jacqueline Fernandez. 2020. (ENG.). 54p. (J). pap. (978-1-716-65945-4(0)) Lulu Pr., Inc.

Falling Star (Classic Reprint) Edward Phillips Oppenheim. 2018. (ENG., Illus.). 328p. (J). 30.66 (978-0-656-94939-7(2)) Forgotten Bks.

Falling Star Repairman. Candido Bretto. Illus. by Maddy Moore. 2022. (ENG.). 36p. (J). pap. 16.95 **(978-1-954819-64-1(1))**; 24.95 (978-1-954819-46-7(3)) Briley & Baxter Publications.

Falling Water Rain Falls the Journey of a Little Seed. Shona N. Conyers-Balderrama. 2018. (ENG.). 38p. (J). pap. (978-0-359-10892-3(X)) Lulu Pr., Inc.

Fallingwater: the Building of Frank Lloyd Wright's Masterpiece. Marc Harshman & Anna Egan Smucker. Illus. by LeUyen Pham. 2017. (ENG.). 40p. (J). 21.99 (978-1-59643-718-0(9), 900075229) Roaring Brook Pr.

Fallout. Kristy Acevedo. 2023. (Warning Ser.: 2). (ENG.). 368p. (YA). (gr. 9-12). pap. 11.99 **(978-1-7282-6842-2(7))** Sourcebooks, Inc.

Fallout. Glasko Klein. 2018. (Attack on Earth Ser.). (ENG.). 104p. (YA). (gr. 6-12). 26.65 (978-1-5415-2577-1(9), 83f6c253-cd01-42b2-80d2-20ff18c76b91, Darby Creek) Lerner Publishing Group.

Fallout: Spies, Superbombs, & the Ultimate Cold War Showdown. Steve Sheinkin. 2021. (ENG., Illus.). 352p. (J). 19.99 (978-1-250-14901-5(0), 900182134) Roaring Brook Pr.

Fallout Part 1. Ian Flynn. Illus. by Tracy Yardley et al. 2019. (Sonic the Hedgehog Ser.). (ENG.). 24p. (J). (gr. 2-8). lib. bdg. 31.36 (978-1-5321-4433-2(4), 33838, Graphic Novels) Spotlight.

Fallout Part 2. Ian Flynn. Illus. by Adam Bryce Thomas. 2019. (Sonic the Hedgehog Ser.). (ENG.). 24p. (J). (gr. 2-8). lib. bdg. 31.36 (978-1-5321-4434-9(2), 33839, Graphic Novels) Spotlight.

Fallout Part 3. Ian Flynn. Illus. by Jennifer Hernandez & Heather Breckel. 2019. (Sonic the Hedgehog Ser.). (ENG.). 24p. (J). (gr. 2-8). lib. bdg. 31.36 (978-1-5321-4435-6(0), 33840, Graphic Novels) Spotlight.

Fallout Part 4. Ian Flynn. Illus. by Evan Stanley & Matt Herms. 2019. (Sonic the Hedgehog Ser.). (ENG.). 24p. (J). (gr. 2-8). lib. bdg. 31.36 (978-1-5321-4436-3(9), 33841, Graphic Novels) Spotlight.

Falls of Clyde: A Melo-Drama in Two Acts (Classic Reprint) George Soane. 2018. (ENG., Illus.). 60p. (J). 25.15 (978-0-267-20133-4(8)) Forgotten Bks.

Falls of Mysterion. Richard Garcia Morgan. 2018. (Tales from Mysterion Ser.: Vol. 2). (ENG., Illus.). 194p. (YA). (gr. 7-12). pap. 8.99 (978-1-7750695-3-9(2)) Waystone Pr.

False Awakening: Is It a Dream? or Reality? Arianna Fox. 2020. (ENG.). 230p. (YA). (gr. 7-12). pap. 12.95 (978-1-946743-30-5(5)) 3rd Coast Bks.

False Awakening: Is It a Dream? or Reality? Arianna Fox. 2018. (ENG., Illus.). 238p. (YA). (gr. 7-12). pap. 14.99 (978-0-578-42380-7(4)) Splash Designworks.

False Cards (Classic Reprint) Hawley Smart. (ENG., Illus.). (J). 2018. 422p. 32.60 (978-0-483-37509-3(8)); 2016. pap. 16.57 (978-1-334-13697-9(1)) Forgotten Bks.

False Chevalier: Or the Lifeguard of Marie Antoinette (Classic Reprint) W. D. Lighthall. 2017. (ENG., Illus.). 346p. (J). 31.05 (978-0-484-84601-1(9)) Forgotten Bks.

False Colours a Novel, Vol. 2 of 3 (Classic Reprint) Annie Thomas. 2018. (ENG., Illus.). 282p. (J). 29.71 (978-0-483-76866-6(9)) Forgotten Bks.

False Colours a Novel, Vol. 3 of 3 (Classic Reprint) Annie Thomas. 2018. (ENG., Illus.). 272p. (J). 29.51 (978-0-483-53058-4(1)) Forgotten Bks.

False Colours, Vol. 1 Of 3: A Novel (Classic Reprint) Annie Thomas. (ENG., Illus.). (J). 2018. 298p. 30.06 (978-0-484-60498-7(8)); 2016. pap. 13.57 (978-1-334-12032-9(3)) Forgotten Bks.

False Creation. Lily Divall. 2016. (ENG., Illus.). 367p. (J). pap. (978-1-78465-168-8(0), Vanguard Press) Pegasus Elliot Mackenzie Pubs.

False Fairy. Jordan Quinn. Illus. by Robert McPhillips. 2016. (Kingdom of Wrenly Ser.: 11). (ENG.). 128p. (J). (gr. k-4). pap. 6.99 (978-1-4814-8586-9(5), Little Simon) Little Simon.

False Fairy. Jordan Quinn. ed. 2016. (Kingdom of Wrenly Ser.: 11). lib. bdg. 16.00 (978-0-606-39740-7(X)) Turtleback.

False Friend, Vol. 3 Of 4: A Domestic Story (Classic Reprint) Mary Robinson. 2017. (ENG., Illus.). (J). 340p. 30.91 (978-0-332-99545-8(3)); pap. 13.57 (978-0-259-21527-1(9)) Forgotten Bks.

False Gods (Classic Reprint) George Horace Lorimer. (ENG., Illus.). (J). 2018. 124p. 26.47 (978-0-332-88528-5(3)); 2018. 122p. 26.41 (978-0-483-09499-4(4)); 2017. pap. 9.57 (978-0-243-96124-5(3)) Forgotten Bks.

False Impressions. Sherry Crandell. 2018. (ENG., Illus.). 328p. (YA). pap. 18.99 (978-1-5456-1920-9(4)) Salem Author Services.

False Positions, Vol. 1 Of 2: Or, Sketches of Character (Classic Reprint) Unknown Author. 2018. (ENG., Illus.). 296p. (J). 30.02 (978-0-483-18347-6(4)) Forgotten Bks.

False Premises: Five One Act Plays (Classic Reprint) Laurence Housman. 2018. (ENG., Illus.). 114p. (J). 26.19 (978-0-484-75002-8(X)) Forgotten Bks.

False Princess. K. A. Last. 2022. (ENG.). 216p. (YA). pap. (978-0-6488153-1-0(5)) Last, K. A.

False Star: A Tale of the Occident (Classic Reprint) Abram Dale Gash. 2018. (ENG., Illus.). 590p. (J). 36.07 (978-0-365-28096-5(8)) Forgotten Bks.

False Start. Paul Hoblin. 2017. (Gridiron Ser.). (ENG.). 128p. (YA). (gr. 6-12). pap. 7.99 (978-1-5124-5351-5(X), 3dcdd02d-4ddd-450a-a9c5-5aff913be20a); 26.65 (978-1-5124-3979-3(7), 01c7661e-c94b-4ba3-8660-24f6cb39cdcf) Lerner Publishing Group. (Darby Creek).

False Start, Vol. 1 Of 3: A Novel (Classic Reprint) Hawley Smart. 2018. (ENG., Illus.). 268p. (J). 29.42 (978-0-484-03786-0(2)) Forgotten Bks.

False Start, Vol. 2: A Novel (Classic Reprint) Hawley Smart. 2018. (ENG., Illus.). 264p. (J). 29.38 (978-0-484-29296-2(X)) Forgotten Bks.

False Start, Vol. 3 Of 3: A Novel (Classic Reprint) Hawley Smart. 2018. (ENG., Illus.). 316p. (J). 30.41 (978-0-483-12771-5(X)) Forgotten Bks.

False Step, and, the Sisters, Vol. 2 of 3 (Classic Reprint) Unknown Author. (ENG., Illus.). (J). 2018. 334p. 30.79 (978-0-483-74436-3(0)); 2016. pap. 13.57 (978-1-334-13188-2(0)) Forgotten Bks.

False Step, and, the Sisters, Vol. 3 of 3 (Classic Reprint) Unknown Author. (ENG., Illus.). (J). 2018. 328p. 30.68 (978-0-267-40600-5(2)); 2016. pap. 13.57 (978-1-334-67846-2(4)) Forgotten Bks.

False Vicar: Or Lights in the World (Classic Reprint) Katharine A. Richards. 2018. (ENG., Illus.). 202p. (J). 28.08 (978-0-484-30384-2(8)) Forgotten Bks.

Fambly Album: Another Fotygraft Album, Shown to the New Preacher by Rebecca Sparks Peters, Aged Eleven; the Bigger Album from Upstairs (Classic Reprint) Francis Marion Wing. (ENG., Illus.). (J). 2018. 104p. 26.06 (978-0-483-73232-2(X)); 2016. pap. 9.57 (978-1-334-15691-5(3)) Forgotten Bks.

Fame: Adele. Michael Troy. Ed. by Darren G. Davis. Illus. by Manuel Diaz. 2017. (Fame Ser.). (ENG.). (YA). (gr. 8-12). pap. 5.99 (978-1-948216-30-2(2)) TidalWave Productions.

Fame: Jennifer Lawrence. Darren G. Davis. Ed. by Michael Troy. Illus. by Ben Eargle. 2017. (Fame Ser.). (ENG.). (YA). (gr. 8-12). pap. 5.99 (978-1-948216-41-8(8)) TidalWave Productions.

Fame: Nicki Minaj. Michael Troy. Ed. by Darren Davis. 2018. (Fame Ser.). (ENG., Illus.). 26p. (YA). (gr. 8-12). pap. 5.99 (978-1-948216-90-6(6)) TidalWave Productions.

Fame: One Direction #2. Michael Troy. Ed. by Darren G. Davis. 2018. (Fame Ser.). (ENG., Illus.). 26p. (YA). (gr. 7-12). pap. 5.99 (978-1-948724-24-1(3)) TidalWave Productions.

Fame: One Direction Omnibus. Michael Troy. Ed. by Darren G. Davis. 2018. (Fame Ser.). (ENG., Illus.). 50p. (YA). (gr. 7-12). pap. 11.99 (978-1-948724-25-8(1)) TidalWave Productions.

Fame: Selena Gomez. Marc Shapiro. Ed. by Darren G. Davis. 2018. (Fame Ser.). (ENG., Illus.). 26p. (J). (gr. 3-7). pap. 5.99 (978-1-948724-27-2(8)) TidalWave Productions.

Fame: Tom Daley. Michael Troy & Darren G. Davis. 2017. (Fame Ser.). (ENG., Illus.). 26p. (YA). (gr. 8-12). pap. 5.99 (978-1-948216-83-8(3)) TidalWave Productions.

Fame & Fortune. Horatio Alger. 2017. (ENG.). 292p. (YA). (gr. 7-12). pap. (978-3-337-34599-0(9)) Creation Pubs.

Fame & Fortune: Or, the Progress of Richard Hunter (Classic Reprint) Horatio Alger. 2017. (ENG., Illus.). (J). 30.00 (978-0-265-23008-4(X)) Forgotten Bks.

Fame & Fortune: The Progress of Richard Hunter. Horatio Alger. 2019. (ENG.). 164p. (YA). (gr. 7-12). pap. (978-93-5329-590-5(4)) Alpha Editions.

Fame & Fortune! the Entertainment Industry Coloring Book. Bobo's Adult Activity Books. 2016. (ENG., Illus.). (J). pap. 9.33 (978-1-68327-457-5(1)) Sunshine In My Soul Publishing.

Fame, Fate, & the First Kiss. Kasie West. 2019. (ENG.). (YA). (gr. 8). 400p. pap. 11.99 (978-0-06-285100-0(4)); 384p. 17.99 (978-0-06-267579-8(6)) HarperCollins Pubs. (HarperTeen).

Fame for a Woman: Or Splendid Mourning (Classic Reprint) Cranstoun Metcalfe. 2018. (ENG., Illus.). 372p. (J). 31.57 (978-0-484-11051-8(9)) Forgotten Bks.

Fame Mouse. Joshua George. 2017. (ENG., Illus.). 32p. (J). (gr. -1-k). pap. 10.99 (978-1-78445-704-4(3)) Top That! Publishing PLC GBR. Dist: Independent Pubs. Group.

Fame-Seekers (Classic Reprint) Alice Woods. 2017. (ENG., Illus.). (J). 29.63 (978-0-266-18907-7(5)) Forgotten Bks.

Familia Ciencia / the Science Family. Algarabía. 2019. (SPA.). 192p. (J). (gr. 4-7). pap. 16.95 (978-607-31-8137-2(X), Alfaguara) Penguin Random House Grupo Editorial ESP. Dist: Penguin Random Hse. LLC.

Familia Es un Regalo de Dios / God Gave Us Family: Libros para Niños. Lisa Tawn Bergren. 2018. (SPA.). 40p. (J). (gr. -1-2). 9.95 (978-1-947783-06-5(8)) Penguin Random House Grupo Editorial ESP. Dist: Penguin Random Hse. LLC.

Familia Frijol Construye una Casa. Laurie Friedman. Illus. by Barbara Szepesi Szucs. 2022. (Familia Frijol (the Bean Bunch) Ser.). (SPA.). 32p. (J). (gr. 2-4). pap. (978-1-0396-4994-1(7), 20145); lib. bdg. (978-1-0396-4867-8(3), 20144) Crabtree Publishing Co. (Leaves Chapter Books).

Familia Frijol Corre una Carrera. Laurie Friedman. Illus. by Barbara Szepesi Szucs. 2022. (Familia Frijol (the Bean Bunch) Ser.). (SPA.). 32p. (J). (gr. 2-4). pap. (978-1-0396-4995-8(5), 20151); lib. bdg. (978-1-0396-4868-5(1), 20150) Crabtree Publishing Co. (Leaves Chapter Books).

Familia Frijol Planta un Jardín. Laurie Friedman. Illus. by Barbara Szepesi Szucs. 2022. (Familia Frijol (the Bean Bunch) Ser.). (SPA.). 32p. (J). (gr. 2-4). pap. (978-1-0396-4997-2(1), 20157); lib. bdg. (978-1-0396-4870-8(3), 20156) Crabtree Publishing Co. (Leaves Chapter Books).

Familia Frijol Sale de Viaje. Laurie Friedman. Illus. by Barbara Szepesi Szucs. 2022. (Familia Frijol (the Bean Bunch) Ser.). (SPA.). 32p. (J). (gr. 2-4). pap. (978-1-0396-4999-6(8), 20163); lib. bdg. (978-1-0396-4872-2(X), 20162) Crabtree Publishing Co. (Leaves Chapter Books).

Familia Frijol Va de Campamento. Laurie Friedman. Illus. by Barbara Szepesi Szucs. 2022. (Familia Frijol (the Bean Bunch) Ser.). (SPA.). 32p. (J). (gr. 2-4). pap. (978-1-0396-4998-9(X), 20169); lib. bdg. (978-1-0396-4871-5(1), 20168) Crabtree Publishing Co. (Leaves Chapter Books).

Familia Frijol Ve una Película de Terror. Laurie Friedman. Illus. by Barbara Szepesi Szucs. 2022. (Familia Frijol (the Bean Bunch) Ser.). (SPA.). 32p. (J). (gr. 2-4). pap. (978-1-0396-4996-5(3), 20175); lib. bdg. (978-1-0396-4869-2(X), 20174) Crabtree Publishing Co. (Leaves Chapter Books).

Familia lo Es Todo (Family Is Everything Spanish Edition) (Disney Encanto) Luz M. Mack. Illus. by Disney Storybook Disney Storybook Art Team. 2022. (LEYENDO a PASOS (Step into Reading) Ser.). (SPA.). 24p. (J). (gr. -1-1). pap. 5.99 (978-0-7364-4365-4(7)); lib. bdg. 14.99 (978-0-7364-9034-4(5)) Random Hse. Children's Bks. (RH/Disney).

Familia Rocha: En el Supermercado: Book 3. Edward Lee Rocha. Illus. by Leigh Clark. 2021. (ENG.). 18p. (J). pap. 9.99 (978-1-0878-9063-0(2)) Indy Pub.

Familia Rocha: Hay Amor. Edward Lee Rocha. 2021. (ENG.). 20p. (J). pap. 12.99 (978-1-0879-8967-9(1)) Indy Pub.

Familia Rocha: La Granja y el Zoo. Edward Lee Rocha. 2021. (ENG.). 18p. (J). pap. 9.99 (978-1-0879-7465-1(8)) Indy Pub.

Familia Rocha: Las Vacaciones: Book 4. Edward Lee Rocha. 2021. (ENG.). 18p. (J). pap. 9.99 (978-1-0879-0136-7(7)) Indy Pub.

Familia Rocha: Maria Guadalupe. Edward Lee Rocha. 2020. (Familia Rocha Ser.: Vol. 1). (SPA., Illus.). 16p. (J). pap. 5.99 (978-1-0879-3401-3(X)) Indy Pub.

Familia Rocha: Redolfo Orosco. Edward Lee Rocha. 2021. (Familia Rocha Ser.: Vol. 2). (SPA.). 18p. (J). pap. 5.99 (978-1-0879-5120-1(8)) Indy Pub.

Familia Rocha: Texas Edition. Edward Lee Rocha. 2022. (ENG.). 102p. (J). 29.99 (978-1-0880-2158-3(1)) Indy Pub.

Familia Se Divierte Fuera. Jenna Lee Gleisner. 2017. (Somos Familia Ser.). (SPA.). 16p. (J). (gr. -1-2). pap. 7.95 (978-1-68320-100-7(0), 16896) RiverStream Publishing.

Familiar. Jon Peacock. 2019. (ENG.). 296p. (YA). pap. 18.95 (978-1-64462-056-4(1)) Page Publishing Inc.

Familiar Animals & Their Wild Kindred: For the Third Reader Grade (Classic Reprint) John Monteith. 2017. (ENG., Illus.). (J). 212p. 28.27 (978-0-484-21850-4(6)); pap. 10.97 (978-0-259-51779-5(8)) Forgotten Bks.

Familiar Chats with the Queens of the Stage (Classic Reprint) Alan Dale. 2017. (ENG., Illus.). (J). 32.50 (978-0-260-67380-0(3)) Forgotten Bks.

Familiar Dialogues for the Instruction & Amusement of Children of Four & Five Years Old (Classic Reprint) Mary Ann Kilner. 2018. (ENG., Illus.). 70p. (J). 25.36 (978-0-267-51661-2(4)) Forgotten Bks.

Familiar Letters of Flittings 'Round Naples: City of Sweet-Do-Nothing (Classic Reprint) Katherine P. Lynch. 2017. (ENG., Illus.). (J). 30.68 (978-0-260-23117-8(7)) Forgotten Bks.

Familiar Letters of Peppermint Perkins (Classic Reprint) Peppermint Perkins. 2017. (ENG., Illus.). (J). 428p. 32.74 (978-0-484-18216-4(1)); pap. 16.57 (978-0-259-02845-1(2)) Forgotten Bks.

Familiar Science Studies. Richard Anthony Proctor. 2017. (ENG.). 466p. (J). pap. (978-3-337-03447-4(0)) Creation Pubs.

Familiar Spanish Travels (Classic Reprint) W. D. Howells. 2018. (ENG., Illus.). 412p. (J). 32.41 (978-0-267-66444-3(3)) Forgotten Bks.

Familiar Studies of Men & Books. Robert Louis Stevenson. 2020. (ENG.). (J). 210p. 19.95 (978-1-64799-527-0(2)); 208p. pap. 10.95 (978-1-64799-526-3(4)) Bibliotech Pr.

Familiar Wild Animals (Classic Reprint) Silas a Lottridge. (ENG., Illus.). (J). 2018. 150p. 26.99 (978-0-267-23263-5(2)); 2016. pap. 9.57 (978-1-334-16936-6(5)) Forgotten Bks.

Familias de la a a la Z / Families from a to Z. Raquel Díaz Reguera. 2023. (SPA.). 72p. (J). (gr. 4-7). 22.95 (978-84-264-5161-3(6), Lumen Juvenile) Penguin Random House Grupo Editorial ESP. Dist: Penguin Random Hse. LLC.

Families, 1 vol. Kerry McCluskey & Jesse Unaapik Mike. Illus. by Lenny Lishchenko. 2017. (ENG.). 28p. (J). (gr. 1-3). pap. 10.95 (978-1-77227-161-4(6)) Inhabit Media Inc. CAN. Dist: Consortium Bk. Sales & Distribution.

Families. Shelley Rotner et al. ed. 2018. (ENG.). 31p. (J). (gr. -1-1). 20.36 (978-1-64310-658-8(9)) Penworthy Co., LLC, The.

Families, 6 bks., Set. Debbie Gallagher. Incl. Family Celebrations. lib. bdg. 21.27 (978-0-7614-3133-6(0), ca128ddd-961e-47cf-8a88-746b0f57d73c); Family Homes. lib. bdg. 21.27 (978-0-7614-3136-7(5), 7af8a76d-a3ad-4a3b-a80d-2618f76dd897); Family Meals. lib. bdg. 21.27 (978-0-7614-3138-1(1), ac272246-b4ba-4e2e-b5bb-3d1962792f5e); Family Members. lib. bdg. 21.27 (978-0-7614-3139-8(X), 099dc9eb-35b3-41b0-815f-a0f2343a96a8); Family Responsibilities. lib. bdg. 21.27 (978-0-7614-3141-1(1), c30ea3ce-051a-48a6-a98c-f268aa431364); Family Stories. lib. bdg. 21.27 (978-0-7614-3142-8(X), 6feb3399-3fa4-4a03-8900-44dcdfb4164d); 32p. (gr. 1-1). 2009. (Families Ser.). 2008. Set lib. bdg. 119.70 net. (978-0-7614-3132-9(2), Cavendish Square) Cavendish Square Publishing LLC.

Families, 7 vols., Set. Rebecca Rissman. Incl. Cousins. (ENG.). 24p. (J). (gr. -1-1). 2011. pap. 6.29 (978-1-4329-4664-7(1), 114368, Heinemann); (Families Ser.). (ENG.). 24p. 2011. pap., pap., pap. 44.03 (978-1-4329-4670-8(6), 15616); 139.92 (978-1-4329-4662-3(5), 15615) Capstone. (Heinemann).

Families: Variety Pack. Compiled by Steps To Literacy Staff. 2017. (ENG., Illus.). (J). pap. 40.19 (978-1-59564-315-5(X)) Steps To Literacy, LLC.

Families Are. Jesse Brodbeck. 2017. (ENG., Illus.). 32p. (J). pap. (978-1-387-22955-0(9)) Lulu Pr., Inc.

Families Belong. Dan Saks. Illus. by Brooke Smart. 2020. 24p. (J). (— 1). bds. 8.99 (978-0-593-22276-8(8)) Penguin Young Readers Group.

Families Can. Dan Saks. Illus. by Brooke Smart. 2021. 24p. (J). (— 1). bds. 8.99 (978-0-593-22365-9(9)) Penguin Young Readers Group.

Families Celebrate Advent & Christmas 2023-24. Jennifer Zivoin. 2023. (ENG., Illus.). (J). 10.99 **(978-1-5064-9541-5(9)**, Augsburg Fortress) 1517 Media.

Families Celebrate Summer. Contrib. by Amy Valdez Barker & Tera Michelson. 2022. (ENG., Illus.). (J). 9.99 (978-1-5064-8350-4(X), Augsburg Fortress) 1517 Media.

Families Grow. Dan Saks. Illus. by Brooke Smart. 2021. 24p. (J). (— 1). bds. 7.99 (978-0-593-22367-3(5)) Penguin Young Readers Group.

Families Have Stories to Tell. Terry Miller Shannon. 2016. (Spring Forward Ser.). (J). (gr. 2). (978-1-4900-9413-7(X)) Benchmark Education Co.

Families in Faith. Rachel Vanderwood. 2022. (Despite the Darkness, His Light Remains Ser.). (ENG.). 166p. (J). 31.95 (978-1-63961-036-5(7)); pap. 16.95 (978-1-63961-034-1(0)) Christian Faith Publishing.

Families in Many Cultures. Heather Adamson. rev. ed. 2016. (Life Around the World Ser.). (ENG.). 24p. (J). (gr. -1-2). pap. 6.95 (978-1-5157-3695-0(4), 133660) Capstone.

Families Like Mine. Marie-Therese Miller. 2020. (Many Ways Ser.). (ENG., Illus.). 24p. (J). (gr. k-3). pap. 8.99 (978-1-7284-1368-6(0), f504a3fc-3cdc-4e5d-be2d-9cb4acf17a72); lib. bdg. 27.99 (978-1-5415-9803-4(2), 5e464375-6268-4fb1-8ac2-c421cb43a70c) Lerner Publishing Group. (Lerner Pubns.).

Families Share. Rozanne Williams. 2017. (Learn-To-Read Ser.). (ENG., Illus.). (J). pap. 3.49 (978-1-68310-254-0(1)) Pacific Learning, Inc.

Families Share Values. Martha Elizabeth Hillman Rustad. 2019. (What Makes a Family Ser.). (ENG., Illus.). 24p. (J). (gr. -1-1). pap. 6.95 (978-1-9771-1053-4(3), 141129); lib. bdg. 27.32 (978-1-9771-0905-7(5), 140507) Capstone. (Pebble).

Families Then & Now. Martha Elizabeth Hillman Rustad. 2019. (What Makes a Family Ser.). (ENG., Illus.). 24p. (J). (gr. -1-2). pap. 6.95 (978-1-9771-1051-0(7), 141127); lib. bdg. 27.32 (978-1-9771-0903-3(9), 140505) Capstone. (Pebble).

Families Through Adoption, 1 vol. Elizabeth Krajnik. 2020. (All Kinds of Families Ser.). (ENG.). 24p. (J). (gr. 2-2). pap. 9.25 (978-1-7253-1769-7(9), b493a991-554a-431e-8dcc-7f72a8f37389, PowerKids Pr.) Rosen Publishing Group, Inc., The.

Families with Special Needs, 1 vol. Jill Keppeler. 2020. (All Kinds of Families Ser.). (ENG.). 24p. (gr. 2-2). lib. bdg. 25.27 (978-1-7253-1783-3(4), 60dd7c8c-97fd-43f5-a10b-9e33e542c9e0, PowerKids Pr.) Rosen Publishing Group, Inc., The.

Families Work Together. Martha Elizabeth Hillman Rustad. 2019. (What Makes a Family Ser.). (ENG., Illus.). 24p. (J). (gr. -1-2). pap. 6.95 (978-1-9771-1052-7(5), 141128); lib. bdg. 27.32 (978-1-9771-0904-0(7), 140506) Capstone. (Pebble).

Famille d'Orni Sur la Planète Espoir. Tala S. Alfaqeeh & Atika K. Salman. 2023. (Famille D'Orni Ser.: Vol. 2). (FRE.). 96p. (J). **(978-0-2288-6942-9(0))**; pap. **(978-0-2288-6941-2(2))** Tellwell Talent.

Family. Tamara Levan. 2020. (ENG.). 40p. (J). pap. 18.75 (978-1-7948-4747-7(2)) Lulu Pr., Inc.

Family: A Mirror Reflecting the Heart of God. Diane Brown Moore. 2022. (ENG.). 48p. (J). 19.99 (978-1-6628-5326-5(2)); pap. 12.49 (978-1-6628-5325-8(4)) Salem Author Services.

The check digit for ISBN-10 appears in parentheses after the full ISBN-13

Family: A Story of Forgiveness (Classic Reprint) Edward Marshall. (ENG., Illus.). (J). 2018. 370p. 31.53 *(978-0-365-44307-0(7))*; 2017. pap. 13.97 *(978-0-259-19687-7(8))* Forgotten Bks.

Family: On Sesame Street. Sesame Workshop & Craig Manning. 2020. (Sesame Street Scribbles Ser.). (ENG.). 32p. (J). (gr. k-3). 12.99 *(978-1-7282-1008-7(9))* Sourcebooks, Inc.

Family Affair: Massenden Chronicles. Emma Berry. 2017. (Massenden Chronicles Ser.: Vol. 7). (ENG., Illus.). 493p. (YA). pap. *(978-1-911596-15-8(2))* Spiderwize.

Family Affection: A Tale for Youth (Classic Reprint) Elizabeth Sibthorpe Pinchard. 2018. (ENG., Illus.). 144p. (J). 26.89 *(978-0-483-87805-1(7))* Forgotten Bks.

Family Album: And Other Poems (Classic Reprint) Alter Brody. 2018. (ENG., Illus.). 134p. (J). 26.66 *(978-0-364-05274-7(0))* Forgotten Bks.

Family & Friends. Ed. by Gardner. 2020. (Grow with Steam Ser.). (ENG.). 12p. (J). bds. 4.99 *(978-1-63560-266-1(1))* Gardner Media LLC.

Family & Friends/Familia y Amigos. Ed. by Gardner. 2020. (Grow with Steam Bilingual Ser.). (ENG.). 12p. (J). bds. 4.99 *(978-1-63560-278-4(5))* Gardner Media LLC.

Family (and Frog!) Haggadah. Behrman House. 2017. (ENG., Illus.). 56p. (J). pap. 7.95 *(978-0-87441-937-5(9))*, 01a23756-84a1-4b2b-9027-0eeaa26ac7f9) Behrman Hse., Inc.

Family at Gilje: A Domestic Story of the Forties (Classic Reprint) Jonas Lie. 2018. (ENG., Illus.). 280p. (J). 29.69 *(978-0-332-60589-0(2))* Forgotten Bks.

Family at Misrule (Classic Reprint) Ethel Turner. 2017. (ENG., Illus.). (J). 29.96 *(978-0-266-84678-9(5))* Forgotten Bks.

Family Band. Leah Kunkle Acus & Ayleen Hilt Burns. 2019. (ENG., Illus.). 32p. (J). (gr. k-3). 19.95 *(978-1-7335901-1-2(0))*; pap. 12.95 *(978-1-7335901-0-5(2))* Play Snippets Pr.

Family Baseball Star. Terry Miller Shannon. 2016. (Spring Forward Ser.). (J). (gr. 2). *(978-1-4900-9412-0(1))* Benchmark Education Co.

Family (Berenstain Bears Gifts of the Spirit) Mike Berenstain. 2022. (Berenstain Bears Gifts of the Spirit Ser.). (Illus.). 32p. (J). (gr. -1-2). 9.99 *(978-0-593-30244-6(3))*, Random Hse. Bks. for Young Readers) Random Hse. Children's Bks.

Family Blood Ties: Books 1-3. Dale Mayer. 2022. (Family Blood Ties Bundles Ser.: Vol. 1). (ENG.). 760p. (J). pap. *(978-1-988315-60-7(3))* Valley Publishing.

Family Blood Ties: Books 4-6. Dale Mayer. 2022. (Family Blood Ties Bundle Ser.: Vol. 2). (ENG.). 752p. (J). pap. *(978-1-988315-61-4(1))* Valley Publishing.

Family Blood Ties: Books 7-9. Dale Mayer. 2022. (Family Blood Ties Bundles Ser.: Vol. 3). (ENG.). 712p. (J). pap. *(978-1-988315-62-1(X))* Valley Publishing.

Family Book. todd Parr. Illus. by todd Parr. 2019. (Todd Parr Picture Bks.). (ENG., Illus.). 32p. (J). (gr. -1-2). 31.36 *(978-1-5321-4370-0(2))*, 31820, Picture Bk.) Spotlight.

Family Book / el Libro de la Familia. todd Parr. ed. 2021. (SPA., Illus.). 22p. (J). (gr. -1-1). bds. 7.99 *(978-0-316-54168-8(0))* Little, Brown Bks. for Young Readers.

Family Business. Vanessa Acton. 2018. (Suddenly Royal Ser.). (ENG., Illus.). 112p. (YA). (gr. 6-12). pap. 7.99 *(978-1-5415-2637-2(6))*, ce440027-c29f-46af-a905-2758e76b3da7); lib. bdg. 26.65 *(978-1-5415-2568-9(X))*, be198e1c-5cc6-4753-98aa-6c163c230409) Lerner Publishing Group. (Darby Creek).

Family Business. Lenore Appelhans. Illus. by Ken Lamug. 2022. (ENG.). 40p. (J). (gr. -1-3). 17.99 *(978-0-06-289886-9(8))*, HarperCollins) HarperCollins Pubs.

Family Canoe Trip (Classic Reprint) Florence Watters Snedeker. 2017. (ENG., Illus.). (J). 26.89 *(978-0-265-19395-2(8))* Forgotten Bks.

Family Celebrations. Martha Elizabeth Hillman Rustad. 2019. (What Makes a Family Ser.). (ENG., Illus.). 24p. (J). (gr. -1-2). pap. 6.95 *(978-1-9771-1049-7(5))*, 141125); lib. bdg. 27.32 *(978-1-9771-0906-4(3))*, 140508) Capstone. (Pebble).

Family Changes. Meg Gaertner. 2022. (Dealing with Challenges Ser.). (ENG., Illus.). 24p. (J). (gr. k-1). pap. 8.95 *(978-1-64619-511-4(6))*; lib. bdg. 28.50 *(978-1-64619-484-1(5))* Little Blue Hse. (Little Blue Readers).

Family Christmas: Gifts of Past, Presents & Futures. David Brown. Tr. by Laura Siracusa. 2022. (ENG.). 217p. (J). pap. *(978-1-4709-7523-4(8))* Lulu Pr., Inc.

Family Chronicle: Derived from Notes & Letters Selected by Barbarina, the Hon. Lady Grey (Classic Reprint) Gertrude Lyster. (ENG., Illus.). (J). 2018. 386p. 31.86 *(978-0-332-78906-4(3))*; 2016. pap. 16.57 *(978-1-333-15788-3(6))* Forgotten Bks.

Family Circle: Original & Selected Anecdotes (Classic Reprint) Howard Lorenzo Hastings. 2017. (ENG., Illus.). (J). pap. 13.57 *(978-1-5276-4700-8(5))* Forgotten Bks.

Family Conflicts & Changes. Christa C. Hogan. 2021. (Teen Challenges Ser.). (ENG., Illus.). 112p. (YA). (gr. 6-12). lib. bdg. 41.36 *(978-1-5321-9627-0(X))*, 38536, Essential Library) ABDO Publishing Co.

Family Cookbook Devotional: 50 Recipes for Faith, Food, & Fun! Amber Pike. 2021. (Kidz Devotionals Ser.). (ENG.). 224p. pap. 24.99 *(978-1-64938-025-8(9))*, 20_41656, Tyndale Kids) Tyndale Hse. Pubs.

Family Creeds: A Romance (Classic Reprint) William McDonnell. 2017. (ENG., Illus.). (J). 33.59 *(978-0-331-05575-7(9))*; pap. 16.57 *(978-0-243-96275-4(4))* Forgotten Bks.

Family Day. Emma Diaz Bradley & Terry Diaz-Bradley. Illus. by Ana K. Quintero Villafraz. 2021. (ENG.). 26p. (J). 19.99 *(978-1-7377412-1-3(0))*; pap. 12.99 *(978-1-7377412-0-6(2))* ME Creations, LLC.

Family Doctor: Or Mrs. Barry & Her Bourbon (Classic Reprint) Mary Spring Walker. 2018. (ENG., Illus.). 66p. (J). 25.28 *(978-0-364-39973-6(2))* Forgotten Bks.

Family Economist, 1851, Vol. 4: A Penny Monthly Magazine, for the Industrious Classes (Classic Reprint) Unknown Author. (ENG., Illus.). (J). 2018. 238p. 28.81 *(978-0-267-36422-0(9))*; 2016. pap. 11.57 *(978-1-334-16617-4(X))* Forgotten Bks.

Family Ever After. Laurie Ann Mathison. 2019. (ENG.). 30p. (J). 24.95 *(978-1-64701-160-4(4))*; pap. 14.95 *(978-1-64424-302-2(4))* Page Publishing Inc.

Family Ever After: Love Comes in All Shapes & Sizes. IglooBooks. Illus. by Francesca. De Luca. 2022. (ENG.). 26p. (J). (gr. -1-k). bds. 8.99 *(978-1-80108-695-0(8))* Igloo Bks. GBR. Dist: Simon & Schuster, Inc.

Family Failings, Vol. 1 Of 3: A Novel (Classic Reprint) Unknown Author. 2018. (ENG., Illus.). 360p. (J). 31.32 *(978-0-483-94621-7(4))* Forgotten Bks.

Family Failings, Vol. 2 Of 3: A Novel (Classic Reprint) Miss Fisher. 2018. (ENG., Illus.). 318p. (J). 30.46 *(978-0-332-69541-9(7))* Forgotten Bks.

Family Failings, Vol. 3: A Novel (Classic Reprint) Miss Fisher. 2018. (ENG., Illus.). 320p. (J). 30.50 *(978-0-483-72581-2(1))* Forgotten Bks.

Family Farm: Practicing the F Sound, 1 vol. Whitney Walker. 2016. (Rosen Phonics Readers Ser.). (ENG.). 8p. (J). (gr. -1-2). pap. *(978-1-5081-3256-1(9))*, e2f63dc5-01d8-4584-b9eb-7e752d526ac2, Rosen Classroom) Rosen Publishing Group, Inc., The.

Family Fears. Hilary W. Poole. 2017. 48p. (J). *(978-1-4222-3725-0(7))* Mason Crest.

Family Fix-It Plan. M. G. Higgins. Illus. by Jo Taylor. 2016. (Sibling Split Ser.). (ENG.). 112p. (J). (gr. 3-6). lib. bdg. 25.32 *(978-1-4965-2590-1(6))*, 130719, Stone Arch Bks.) Capstone.

Family Fletcher Takes Rock Island. Dana Alison Levy. 2017. (Family Fletcher Ser.: 2). (ENG.). 272p. (J). (gr. 4-7). 7.99 *(978-0-553-52133-7(0))*, Yearling) Random Hse. Children's Bks.

Family Flight: Through Mexico (Classic Reprint) E. E. Hale. 2018. (ENG., Illus.). 308p. (J). 30.27 *(978-0-267-26711-8(8))* Forgotten Bks.

Family Flight Around Home (Classic Reprint) E. E. Hale. (ENG., Illus.). (J). 2018. 372p. 31.57 *(978-0-484-17589-0(0))*; 2016. pap. 13.97 *(978-1-334-13314-5(X))* Forgotten Bks.

Family Flight over Egypt & Syria (Classic Reprint) Edward Everett Hale. (ENG., Illus.). (J). 2018. 408p. 32.31 *(978-0-267-62266-5(X))*; 2017. pap. 16.57 *(978-0-259-49514-7(X))* Forgotten Bks.

Family Flight Through France, Germany, Norway & Switzerland (Classic Reprint) E. E. Hale. (ENG., Illus.). (J). 2017. 408p. 32.33 *(978-0-484-36965-7(2))*; 2016. pap. 16.57 *(978-1-333-32250-2(X))* Forgotten Bks.

Family Flight Through Spain. Susan Hale. 2017. (ENG.). 364p. (J). pap. *(978-3-7447-5615-0(7))* Creation Pubs.

Family Flight Through Spain (Classic Reprint) Susan Hale. (ENG., Illus.). (J). 2018. 364p. 31.40 *(978-0-267-78648-0(4))*; 2016. pap. 13.97 *(978-1-333-52517-0(6))* Forgotten Bks.

Family for Blossom: Book 1 in the Blossom & Matilda Series. Starla Criser. Illus. by Sharon Revell. 2017. (Blossom & Matilda Ser.: Vol. 1). (ENG.). 46p. (J). (gr. k-3). 16.95 *(978-0-692-97328-8(1))* Starla Enterprises, Inc.

Family for Garson. Bill Hunt. 2016. (Garson Ser.: 2). (ENG., Illus.). (J). (gr. k-6). pap. 9.99 *(978-1-68160-180-9(X))* Crimson Cloak Publishing.

Family for Louie. Alexandra Thompson. Illus. by Alexandra Thompson. 2020. (Illus.). 40p. (J). (gr. -1-2). 17.99 *(978-1-9848-1321-3(8))*, G.P. Putnam's Sons Books for Young Readers) Penguin Young Readers Group.

Family for Riley. Tammy Knudtson. 2022. (ENG.). 38p. (J). 17.95 *(978-1-63755-057-1(X))* Amplify Publishing Group.

Family for Sherrie: A Children Book. Gwen Gates. 2022. (ENG.). 29p. (J). *(978-1-4583-1665-3(3))* Lulu Pr., Inc.

Family Fortuna. Lindsay Eagar. 2023. (ENG.). 400p. (YA). (gr. 9). 19.99 *(978-0-7636-9235-3(2))* Candlewick Pr.

Family Fortunes: A Domestic Story (Classic Reprint) Edward Garrett. 2018. (ENG., Illus.). 386p. (J). 31.88 *(978-0-332-16903-3(0))* Forgotten Bks.

Family Full of Love & Hope: Domestic Violence Story. Pamela Rose Rasmussen. 2021. (ENG.). 34p. (YA). pap. *(978-0-2288-5636-8(1))* Tellwell Talent.

Family Fun: Book 13. Carole Crimeen & Suzanne Fletcher. 2023. (Healthy Me! Ser.). (ENG., Illus.). 16p. (J). (gr. -1-2). pap. 7.99 *(978-1-922516-59-6(7))*, 5aea6a5d-37cf-4133-b5c1-eefd370b0130) Knowledge Bks. & Software AUS. Dist: Lerner Publishing Group.

Family Fun Activity Ideas: Activity Ideas with Meaning. Salem De Bezenac & Agnes De Bezenac. Illus. by Agnes De Bezenac. 2018. (ENG., Illus.). 100p. (J). (gr. 2-6). pap. 5.00 *(978-1-62387-731-6(8))*; pap. 8.00 *(978-1-63474-234-4(6))* iCharacter.org. (Kidible).

Family Fun at the Lake. Katelyn Prendergast. 2022. (ENG.). 24p. (J). *(978-0-2288-7075-3(5))*; pap. *(978-0-2288-7074-6(7))* Tellwell Talent.

Family Fun Coloring Book. Illus. by Huskmitnavn. 2018. (ENG.). 64p. pap. 14.95 *(978-1-58423-674-0(4))*, cd8e9611-5eda-45ef-97e3-47fff20a34e8) Gingko Pr., Inc.

Family Fun Day. Katharine Holabird. ed. 2022. (Angelina Ballerina 8x8 Bks). (ENG., Illus.). 24p. (J). (gr. k-1). 17.46 *(978-1-68505-154-9(5))* Penworthy Co., LLC, The.

Family Fun Day. Katharine Holabird. Illus. by Helen Craig. 2021. (Angelina Ballerina Ser.). (ENG.). 24p. (J). (gr. -1-2). pap. 5.99 *(978-1-5344-9562-3(2))*, Simon Spotlight) Simon Spotlight.

Family Fun Night Kids Activity Book. Smarter Activity Books for Kids. 2016. (ENG., Illus.). (J). pap. 8.99 *(978-1-68374-301-9(6))* Examined Solutions PTE. Ltd.

Family Fun Time Picture Hunt Activity Book. Jupiter Kids. 2017. (ENG., Illus.). (J). pap. 9.20 *(978-1-68326-583-2(1))*, Jupiter Kids (Childrens & Kids Fiction)) Speedy Publishing LLC.

Family Fun Unplugged. Peter Cosgrove. 2020. (Illus.). 176p. (YA). (gr. 7). pap. 13.95 *(978-1-84488-480-3(5))* Penguin Ireland IRL. Dist: Independent Pubs. Group.

Family Game Night. Suzanne Francis. ed. 2021. (Disney 8x8 Ser.). (ENG., Illus.). 24p. (J). (gr. k-1). 16.46 *(978-1-64697-894-6(3))* Penworthy Co., LLC, The.

Family Game Night & Other Catastrophes. Mary E. Lambert. 2018. (ENG.). 256p. (J). (gr. 3-7). pap. 7.99 *(978-0-545-93199-1(1))*, Scholastic Pr.) Scholastic, Inc.

Family Game Night (Disney Frozen 2) Suzanne Francis. Illus. by Disney Storybook Disney Storybook Art Team. 2021. (Pictureback(R) Ser.). (ENG.). 24p. (J). (gr. -1-2). 5.99 *(978-0-7364-4247-3(2))*, RH/Disney) Random Hse. Children's Bks.

Family Groups. Simon Rose. 2016. (Illus.). 24p. (J). *(978-1-5105-0921-4(6))* SmartBook Media, Inc.

Family Guide to Terrariums for Kids: Imagination-Inspiring Projects to Grow a World in Glass - Build a Mini Ecosystem! Patricia Buzo. 2020. (ENG., Illus.). 112p. (gr. -1-7). pap. 19.99 *(978-0-7603-6734-6(5))*, 330544, Cool Springs Pr.) Quarto Publishing Group USA.

Family History, 1 vol. Dewayne Hotchkins. 2016. (Rosen REAL Readers: Social Studies Nonfiction / Fiction: Myself, My Community, My World Ser.). (ENG.). 8p. (gr. k-1). pap. 5.46 *(978-1-5081-2524-2(4))*, cca554f9-e870-4524-8de7-75b1c659f554, Rosen Classroom) Rosen Publishing Group, Inc., The.

Family History (Classic Reprint) Unknown Author. 2018. (ENG., Illus.). 48p. (J). 24.89 *(978-0-332-77516-6(X))* Forgotten Bks.

Family History (Classic Reprint) Unknown Author. 2017. (ENG., Illus.). (J). 28.06 *(978-0-260-51637-4(6))* Forgotten Bks.

Family History, Vol. 1 of 3 (Classic Reprint) Mary Eyre. (ENG., Illus.). (J). 2018. 304p. 30.19 *(978-0-483-02329-1(9))*; 2016. pap. 13.57 *(978-1-333-72419-1(5))* Forgotten Bks.

Family History, Vol. 2 of 3 (Classic Reprint) Unknown Author. 2018. (ENG., Illus.). 306p. (J). 30.23 *(978-0-484-19710-6(X))* Forgotten Bks.

Family History, Vol. 3 of 3 (Classic Reprint) Mary Eyre. 2018. (ENG., Illus.). 324p. (J). 30.58 *(978-0-483-53546-6(X))* Forgotten Bks.

Family in a Tree. James Horsley. 2022. (ENG.). 248p. (J). pap. *(978-1-80378-009-2(6))* Cranthorpe Millner Pubs.

Family Instructor: In Five Parts; I. Respecting Parents & Children; II. Masters & Servants; III. Husbands & Wives; IV. Relating to Family Breaches; V. Management of Children; & a Variety of Cases on the Necessity of Setting Proper Examples To. Daniel Dafoe. 2017. (ENG., Illus.). (J). 37.59 *(978-0-331-84561-7(X))*; pap. 19.97 *(978-0-259-55226-0(7))* Forgotten Bks.

Family Instructor: In Three Parts; with a Recommendatory Letter (Classic Reprint) Daniel Dafoe. (ENG., Illus.). (J). 2018. 480p. 33.82 *(978-0-267-52597-3(4))*; 2017. 482p. 33.86 *(978-0-331-60719-2(0))*; 2016. pap. 16.57 *(978-1-333-63466-7(8))* Forgotten Bks.

Family Is... Lisa Thiesing. Illus. by Lisa Thiesing. 2022. (ENG., Illus.). 40p. (J). (gr. -1-3). 17.99 *(978-1-5344-6574-9(X))*, Aladdin) Simon & Schuster Children's Publishing.

Family Is: Count from 1 To 10. Clever Publishing. Illus. by Katya Longhi. 2020. (Clever Family Stories Ser.). (ENG.). 16p. (J). (gr. -1 — 1). bds. 8.99 *(978-1-951100-01-8(8))* Clever Media Group.

Family Is a Family Is a Family, 1 vol. Sara O'Leary. Illus. by Qin Leng. 2016. 32p. (J). (gr. k-2). 17.95 *(978-1-55498-794-8(6))* Groundwood Bks. CAN. Dist: Publishers Group West (PGW).

Family Is a Superpower. Michael Dahl. Illus. by Omar Lozano. 2019. (DC Super Heroes Ser.). (ENG.). 32p. (J). (gr. -1-2). lib. bdg. 16.95 *(978-1-68446-035-9(2))*, 139805, Capstone Editions) Capstone.

Family Is Big - Familia Boot. Alan Nichols. Illus. by Carissa Harris. 2021. (TET.). 28p. (J). pap. *(978-1-922591-42-5(4))* Library For All Limited.

Family Is Everything. Luz M. Mack. ed. 2021. (Step into Reading Ser.). (ENG., Illus.). 18p. (J). (gr. 2-3). 16.96 *(978-1-68505-046-7(8))* Penworthy Co., LLC, The.

Family Is Everything (Disney Encanto) Luz M. Mack. Illus. by The Disney Storybook Art Team. 2021. (Step into Reading Ser.). (ENG.). 24p. (J). (gr. -1-1). 5.99 *(978-0-7364-4237-4(5))*; 14.99 *(978-0-7364-9006-1(X))* Random Hse. Children's Bks. (RH/Disney).

Family Is Like a Cake. Shona Innes. Illus. by Írisz Agócs. 2020. (Big Hug Book Ser.). (ENG.). 32p. (J). 15.99 *(978-1-76050-571-4(4))* Little Hare Bks. AUS. Dist: Independent Pubs. Group.

Family Issues? Skills to Communicate, 1 vol. Louise Spilsbury. 2018. (Life Skills Ser.). (ENG.). 48p. (gr. 5-5). lib. bdg. 30.93 *(978-0-7660-9974-6(1))*, 86bcdad2-d713-4d9d-aa02-7d5d232a1ad8) Enslow Publishing, LLC.

Family Just Like Mine. Barbara-Anne Puren. 2018. (ENG., Illus.). 76p. (J). pap. *(978-0-9955027-9-6(X))* Springtime Bks.

Family Life Through My Growing Eyes: A Book Written by Children for Children. Greitchy Jean Noel. 2022. (ENG.). 28p. (J). pap. 20.99 *(978-1-6628-4183-5(3))* Salem Author Services.

Family Looks Like Love. Kaitlyn Wells. Illus. by Sawyer Cloud. 2022. 40p. (J). (gr. -1-3). 17.99 *(978-0-593-40379-2(7))* Flamingo Bks.

Family Man; Loyalties; Windows (Classic Reprint) John Galsworthy. 2018. (ENG., Illus.). 342p. (J). 30.95 *(978-0-267-53229-2(6))* Forgotten Bks.

Family Manners (Classic Reprint) Elizabeth Glover. 2018. (ENG., Illus.). 44p. (J). 24.80 *(978-0-483-32445-9(0))* Forgotten Bks.

Family Means Love. Andrew Vassall. 2019. (ENG.). 44p. (J). pap. 12.95 *(978-1-5069-0851-9(9))*; (Illus.). pap. 12.95 *(978-1-5069-0837-3(3))* First Edition Design Publishing.

Family Memories: Atwater, Butler, Brown (Classic Reprint) Belinda Atwater Foster. 2017. (ENG., Illus.). (J). 29.20 *(978-0-331-11651-9(0))* Forgotten Bks.

Family Mystery. Sarah Hernandez. ed. 2018. (Step into Reading Ser.). (ENG.). 31p. (J). (gr. 1-3). 12.89 *(978-1-64310-323-5(7))* Penworthy Co., LLC, The.

Family of Liars: The Prequel to We Were Liars. E. Lockhart. (ENG., Illus.). (YA). (gr. 7). 2023. 336p. pap. 12.99 *(978-0-593-48588-0(2))*, Ember); 2022. 320p. 19.99 *(978-0-593-48585-9(8))*, Delacorte Pr.) Random Hse. Children's Bks.

Family of Noblemen (Classic Reprint) Mikhail Y. Saltykov. 2018. (ENG., Illus.). 434p. (J). 32.85 *(978-0-656-72633-2(4))* Forgotten Bks.

Family of the Seisers, Vol. 1 Of 2: A Satirical Tale of the City of New-York (Classic Reprint) Unknown Author. 2017. (ENG., Illus.). (J). 26.95 *(978-0-266-68140-3(9))*; pap. 9.57 *(978-1-5276-5246-0(7))* Forgotten Bks.

Family Organization, Coordination, & Planning. Monthly Planner Moms' Edition. @ Journals and Notebooks. 2016. (ENG., Illus.). 106p. (YA). pap. 12.25 *(978-1-68326-428-6(2))* Speedy Publishing LLC.

Family Pack. Sandra Markle. Illus. by Alan Marks. 2019. 32p. (J). (gr. -1-3). pap. 7.99 *(978-1-58089-218-6(3))* Charlesbridge Publishing, Inc.

Family Pen, Vol. 2 Of 2: Memorials Biographical & Literary, of the Taylor Family of Ongar (Classic Reprint) Isaac Taylor. 2018. (ENG., Illus.). 426p. (J). 32.68 *(978-0-483-26149-5(1))* Forgotten Bks.

Family Photo. Robert Rosen. Illus. by Nina de Polonia. 2017. (Family Time Ser.). (ENG.). 24p. (gr. -1-2). pap. 9.95 *(978-1-68342-764-3(5))*, 9781683427643) Rourke Educational Media.

Family Poems for Every Day of the Week: Poemas Familiares para Cada día de la Semana, 1 vol. Francisco X. Alarcón. Illus. by Maya Christina Gonzalez. 2017. (SPA.). 40p. (J). (gr. 1-7). 20.95 *(978-0-89239-275-9(4))*, leelowcbp) Lee & Low Bks., Inc.

Family Portrait, or Descendants of Trelawney (Classic Reprint) Catherine G. Ward. (ENG., Illus.). (J). 2018. 480p. 33.80 *(978-0-267-30279-6(7))*; 2016. pap. 16.57 *(978-1-333-22030-3(8))* Forgotten Bks.

Family Portraits, or Descendants of Trelawney (Classic Reprint) Catherine George Ward. 2017. (ENG., Illus.). (J). 710p. 38.54 *(978-0-484-43420-1(9))*; pap. 20.97 *(978-0-259-39203-3(0))* Forgotten Bks.

Family Principles of Ahmed Adaku: Living a Fulfilling Life. Ahmed Adaku. 2022. (ENG.). 132p. (YA). pap. 12.00 *(978-1-68235-489-6(X))*; pap. 15.95 *(978-1-68235-585-5(3))* Strategic Book Publishing & Rights Agency (SBPRA).

Family Puzzle. Rosemary Lucas. 2022. (ENG.). 44p. (J). pap. *(978-1-80369-513-6(7))* Authors OnLine, Ltd.

Family Rainbow. Amie Shannon-Scott. Illus. by Kerry Shea. 2020. (ENG.). 32p. (J). pap. 10.99 *(978-1-0878-7289-6(8))* Indy Pub.

Family Recipe. Coco Simon. 2020. (Donut Dreams Ser.: 3). (ENG.). 160p. (J). (gr. 3-7). 17.99 *(978-1-5344-6540-4(5))*; pap. 6.99 *(978-1-5344-6542-8(1))* Simon Spotlight. (Simon Spotlight).

Family Records, or the Two Sisters, Vol. 1 of 2 (Classic Reprint) Charlotte Bury. (ENG., Illus.). (J). 2018. 426p. 32.68 *(978-0-656-83404-4(8))*; 2017. pap. 16.57 *(978-0-259-18874-2(3))* Forgotten Bks.

Family Records, or the Two Sisters, Vol. 2 of 2 (Classic Reprint) Lady Charlotte Bury. 2017. (ENG., Illus.). (J). 222p. 28.48 *(978-0-332-11936-6(X))*; pap. 10.97 *(978-0-259-26527-6(6))* Forgotten Bks.

Family Records, Vol. 1 Of 2: Or the Two Sisters (Classic Reprint) Lady Charlotte Campbell Bury. 2018. (ENG., Illus.). (J). 28.23 *(978-0-260-80285-9(9))* Forgotten Bks.

Family Reunion. Chad and Dad Richardson. Illus. by Ashleigh Corrin. 2021. (ENG.). 24p. (J). (gr. k-5). 16.99 *(978-1-64686-218-4(X))*; pap. 9.99 *(978-1-64686-219-1(8))* Barefoot Bks., Inc.

Family Reunion. Christine Platt. Illus. by Anuki López. 2021. (Ana & Andrew Set 3 Ser.). (ENG.). 32p. (J). (gr. 2-2). pap. 9.95 *(978-1-64494-520-9(7))*, Calico Kid) ABDO Publishing Co.

Family Reunion. Christine Platt. Illus. by Anuki López. 2020. (Ana & Andrew Ser.). (ENG.). 24p. (J). (gr. -1-3). lib. bdg. 32.79 *(978-1-5321-3966-6(7))*, 36489, Calico Chapter Bks) Magic Wagon.

Family Reunion: A Play (Classic Reprint) T. S. Eliot. 2017. (ENG., Illus.). (J). 26.54 *(978-0-265-98829-9(2))*; pap. 9.57 *(978-1-5278-6657-7(2))* Forgotten Bks.

Family Rivalries: The Legends of Thor & Loki & Isis & Osiris. Jeff Limke. Illus. by Ron Randall & David Witt. 2023. (Graphic Mythology Ser.). (ENG.). 96p. (J). (gr. 4-8). lib. bdg. 31.99 Lerner Publishing Group.

Family Robinson of Italy (Classic Reprint) James Lee. 2018. (ENG., Illus.). 206p. (J). 28.17 *(978-0-267-26579-4(4))* Forgotten Bks.

Family Scapegrace, or Richard Arbour (Classic Reprint) James Payn. 2017. (ENG., Illus.). (J). 32.56 *(978-0-265-72812-3(6))*; pap. 16.57 *(978-1-5276-8824-7(0))* Forgotten Bks.

Family Secrets, or Hints to Those Who Would Make Home Happy, Vol. 1 (Classic Reprint) Sarah Stickney Ellis. (ENG., Illus.). (J). 2018. 31.73 *(978-0-260-78386-8(2))*; 2018. 1020p. 44.93 *(978-0-483-58514-0(9))*; 2017. pap. 27.23 *(978-0-243-23499-8(6))*; 2016. pap. 16.57 *(978-1-334-15481-2(3))* Forgotten Bks.

Family Secrets, Vol. 2: Or Hints to Those Who Would Make Home Happy (Classic Reprint) Sarah Stickney Ellis. (ENG., Illus.). (J). 2018. 356p. 31.24 *(978-0-484-70184-6(3))*; 2016. pap. 13.97 *(978-1-333-43205-8(4))* Forgotten Bks.

Family Secrets, Vol. 3: Or Hints to Those Who Would Make Home Happy (Classic Reprint) Sarah Stickney Ellis. (ENG., Illus.). (J). 2018. 358p. 31.28 *(978-0-267-40316-5(X))*; 2016. pap. 13.97 *(978-1-334-12060-2(9))* Forgotten Bks.

Family Stew for Dads: Building a Family with an Egg Donor & Surrogate. Linda J. Stamm. Illus. by Fátima Stamato. 2018. (J). pap. *(978-1-938313-26-4(7))* Graphite Pr.

Family Style: Memories of an American from Vietnam. Thien Pham. 2023. (ENG., Illus.). 240p. (YA). 25.99 *(978-1-250-80971-1(1))*, 900245381); pap. 17.99 *(978-1-250-80972-8(X))*, 900245382) Roaring Brook Pr. (First Second Bks.).

Family Suppers, or Evening Tales for Young People, Vol. 2 Of 2: In Which Instruction Is Blended with Amusement (Classic Reprint) Julie Delafaye-Brehier. 2018. (ENG., Illus.). 278p. (J). 29.63 *(978-0-483-25600-2(5))* Forgotten Bks.

Family Suppers, Vol. 1 Of 2: Or, Evening Tales for Young People; in Which Instruction Is Blended with Amusement (Classic Reprint) Delafaye Delafaye. 2018.

F

(ENG., Illus.). 296p. (J). 30.00 *(978-0-331-67166-7(2))* Forgotten Bks.

Family Survival. Susan Thayer Kelley. 2022. (ENG.). 514p. (YA). pap. 26.49 ***(978-1-6628-6376-9(4))*** Salem Author Services.

Family Tale, or the Story of Pitt, Fox, & o'Connor (Classic Reprint) Unknown Author. (ENG., Illus.). (J). 2018. 38p. 24.68 *(978-0-484-55361-2(5))*; 2016. pap. 7.97 *(978-1-334-16046-2(5))* Forgotten Bks.

Family That Cooks Together: 85 Zakarian Family Recipes from Our Table to Yours. Anna Zakarian & Madeline Zakarian. 2020. (ENG., Illus.). 192p. (gr. 2-9). pap. 19.99 *(978-0-316-53838-1(8))* Little Brown & Co.

Family Ties. Octavia Montgomery. 2020. (ENG.). 130p. (YA). pap. 14.95 *(978-1-6624-0182-4(5))* Page Publishing Inc.

Family Ties. Sarah Richman. 2019. (Al High Ser.). (ENG.). 112p. (YA). (gr. 6-12). pap. 7.99 *(978-1-5415-7292-8(0),* 03735ea1-4ab2-4858-880d-9553b52d157c); lib. bdg. 26.65 *(978-1-5415-5691-1(7),* 1fac8fb4-3f97-4f70-8d02-a23dfb4ececa) Lerner Publishing Group. (Darby Creek).

Family-Time Activities Book (Pkg. Of 10) 2018. (One Starry Night Ser.). (ENG.). (J). pap. 10.99 *(978-1-4707-5500-3(9))* Group Publishing, Inc.

Family Time Bible. Mary Manz Simon. Illus. by Fátima Anaya. 2019. 318p. (J). (gr. -1-3). 22.99 *(978-1-5064-4855-8(0),* Beaming Books) 1517 Media.

Family Traditions. Martha Elizabeth Hillman Rustad. 2019. (What Makes a Family Ser.). (ENG., Illus.). 24p. (J). (gr. -1-2). pap. 6.95 *(978-1-9771-1050-3(9),* 141126); lib. bdg. 27.32 *(978-1-9771-0907-1(1),* 140509) Capstone. (Pebble).

Family Tree. Sean Dixon. Illus. by Lily Snowden-Fine. 2022. 48p. (J). (gr. -1-3). 18.99 *(978-0-7352-6766-4(9),* Tundra Bks.) Tundra Bks. CAN. Dist: Penguin Random Hse. LLC.

Family Tree. Ed. by Lindsay Hurst. 2023. (ENG.). 202p. (YA). pap. ***(978-1-312-50801-9(9))*** Lulu Pr., Inc.

Family Tree, & Other Stories. Brander Matthews. 2017. (ENG., Illus.). (J). pap. *(978-0-649-58136-8(9))* Trieste Publishing Pty Ltd.

Family Tree, & Other Stories (Classic Reprint) Brander Matthews. 2017. (ENG., Illus.). (J). 29.03 *(978-1-5281-8340-6(1))* Forgotten Bks.

Family Tree, Vol. 1 of 3 (Classic Reprint) Albany De Grenier Fonblanque, Jr. 2018. (ENG., Illus.). 314p. (J). 30.39 *(978-0-332-08968-3(1))* Forgotten Bks.

Family Tree, Vol. 2 of 3 (Classic Reprint) Albany De Grenier Fonblanque, Jr. 2018. (ENG., Illus.). 322p. (J). 30.56 *(978-0-484-57636-9(4))* Forgotten Bks.

Family Tree, Vol. 3 of 3 (Classic Reprint) Albany De Grenier Fonblanque, Jr. 2018. (ENG., Illus.). 344p. (J). 31.01 *(978-0-483-46288-5(8))* Forgotten Bks.

Family Tree Volume 1: Sapling. Jeff Lemire. 2020. (ENG., Illus.). 96p. (YA). pap. 9.99 *(978-1-5343-1649-2(3),* 2598887d-2e00-47b9-9a30-84f188ddd3ff) Image Comics.

Family Tree, Volume 2. Jeff Lemire. 2020. (ENG., Illus.). 96p. (YA). pap. 14.99 *(978-1-5343-1696-6(5),* ecbed287-3093-4f60-b1a2-080d4661f25f) Image Comics.

Family Trees, 10 vols., Set. Incl. Flowering Plant Division. Rebecca Stefoff. lib. bdg. 36.93 *(978-0-7614-1817-7(2),* 09339412-3f95-42db-bcb8-bfe5885f0328); Insect Class. Marc Zabludoff. lib. bdg. 36.93 *(978-0-7614-1819-1(9),* 4900044b-3d0b-4b98-b043-3c306b016f9e); Primate Order. Rebecca Stefoff. lib. bdg. 36.93 *(978-0-7614-1816-0(4),* e85361ac-2144-41cc-a071-4f18b8414af3); Protoctist Kingdom. Marc Zabludoff. lib. bdg. 36.93 *(978-0-7614-1818-4(0),* e45cca91-540d-405b-ad79-59d4a95d2638); Reptile Class. Marc Zabludoff. lib. bdg. 36.93 *(978-0-7614-1820-7(2),* 49e657ed-40c6-4e97-9810-bcd7bf62b558); (Illus.). 96p. (gr. 6-6). (Family Trees Ser.). (ENG.). 2007. 184.65 *(978-0-7614-1815-3(6),* d95b74e5-7a76-4881-b9ab-1de46e2e1dbe, Cavendish Square) Cavendish Square Publishing LLC.

Family Trees - Group 2, 10 vols., Set. Rebecca Stefoff. Incl. Amphibian Class. lib. bdg. 36.93 *(978-0-7614-2692-9(2),* f99b7a21-ce99-4119-85e0-e7c431be5cef); Bird Class. lib. bdg. 36.93 *(978-0-7614-2693-6(0),* 745f3935-1f3c-4ac3-8235-cf0a8d9fab37); Fish Classes. lib. bdg. 36.93 *(978-0-7614-2695-0(7),* 74ce660b-c12b-40db-b25f-d414a60f053e); Fungus Kingdom. lib. bdg. 36.93 *(978-0-7614-2696-7(5),* 114f0e8e-d1e9-43c0-9577-350a86d38be9); Marsupial Order. lib. bdg. 36.93 *(978-0-7614-2697-4(3),* e3b63167-eed1-4b87-b8f1-48c96435170e); (Illus.). 96p. (gr. 6-6). (Family Trees Ser.). (ENG.). 2008. Set lib. bdg. 184.65 *(978-0-7614-2689-9(2),* a7230e0f-0039-4f4e-ba5b-81e4cb496b03, Cavendish Square) Cavendish Square Publishing LLC.

Family Trees - Group 3, 10 vols., Set. Rebecca Stefoff. Incl. Arachnid Class. lib. bdg. 36.93 *(978-0-7614-3075-9(X),* bcf72ba2-ce88-44f1-8a88-216d7ddfb63a); Conifer Division. Illus. by Robert Romagnoli. lib. bdg. 36.93 *(978-0-7614-3077-3(6),* 33d3ec32-885b-4071-8a65-5b0851fbf470); Moneran Kingdom. lib. bdg. 36.93 *(978-0-7614-3076-6(8),* 94de301b-b05a-49ee-bb1c-62a6f43f03d0); Rodent Order. lib. bdg. 36.93 *(978-0-7614-3073-5(3),* 17747fc7-f4da-4503-8e15-430370b976b4); Sea Mammals. lib. bdg. 36.93 *(978-0-7614-3072-8(5),* 64b026e3-2f6b-4d1c-a0fd-54277b534bc7); 96p. (gr. 6-6). (Family Trees Ser.). (ENG.). 2009. Set lib. bdg. 184.65 *(978-0-7614-3070-4(9),* e49f3924-a55f-4501-a3cc-8d48efdbc692, Cavendish Square) Cavendish Square Publishing LLC.

Family Trip (Peppa Pig) Scholastic. Illus. by EOne. 2018. (ENG.). 24p. (J). (gr. -1-k). pap. 4.99 *(978-1-338-22875-5(7))* Scholastic, Inc.

Family Trip to the Museum. Gwen Gates. 2022. (ENG.). 32p. (J). 28.72 *(978-1-4583-0579-4(1))* Lulu Pr., Inc.

Family under the Bridge: A Newbery Honor Award Winner. Natalie Savage Carlson. Illus. by Garth Williams. 2019. (ENG.). 128p. (J). (gr. 3-7). pap. 7.99 *(978-0-06-440250-7(9),* HarperCollins) HarperCollins Pubs.

Family under the Bridge Novel Units Teacher Guide. Novel Units. 2019. (ENG.). (J). pap. 12.99 *(978-1-56137-368-0(0),* Novel Units, Inc.) Classroom Library Co.

Family with Two Front Doors. Anna Ciddor. 2018. (ENG., Illus.). 208p. (J). (gr. 3-6). 12.99 *(978-1-5415-0011-2(3),* cde459b6-6cee-4eae-8964-4b6e58cdfefc); pap. 6.99 *(978-1-5415-0012-9(1),* 7bf0f625-be94-4f2c-aa3e-8be52aaf66e4) Lerner Publishing Group. (Kar-Ben Publishing).

Familyman's Christmas Treasury. Todd Wilson. Illus. by Sam Wilson. 2017. (ENG.). 234p. (J). (gr. -1-2). pap. 29.99 *(978-1-937639-27-0(3))* Familyman Ministries.

Family's Dream (Disney/Pixar Elemental) Kathy McCullough. Illus. by Disney Storybook Disney Storybook Art Team. 2023. (Step into Reading Ser.). (ENG.). 32p. (J). (gr. 1-3). pap. 5.99 *(978-0-7364-4369-2(X))*; lib. bdg. 14.99 *(978-0-7364-9037-5(X))* Random Hse. Children's Bks. (RH/Disney).

Family's First Thanksgiving Together Coloring Book. Smarter Activity Books for Kids. 2016. (ENG., Illus.). (J). (gr. 2-6). pap. 9.22 *(978-1-68374-441-2(1))* Examined Solutions PTE. Ltd.

Famine & Drought, 1 vol. Joanna Brundle. 2017. (Transforming Earth's Geography Ser.). (ENG.). 32p. (J). (gr. 4-5). pap. 11.50 *(978-1-5345-2411-8(8),* 06c1b7d5-8b3c-434c-bfae-3cce5500850f); lib. bdg. 28.88 *(978-1-5345-2412-5(6),* b232c492-a872-4c9b-b93d-87f89ec08808) Greenhaven Publishing LLC.

Famine & Dust: Dust Bowl. Virginia Loh-Hagan. 2019. (Behind the Curtain Ser.). (ENG., Illus.). 32p. (J). (gr. 4-8). pap. 14.21 *(978-1-5341-4000-4(X),* 212829); lib. bdg. 32.07 *(978-1-5341-4344-9(0),* 212828) Cherry Lake Publishing. (45th Parallel Press).

Famosa con Poco Estilo / Dork Diaries: Tales from a Not-So-Glam TV Star. Rachel Renée Russell. 2022. (Diario de una Dork Ser.: 7). (SPA.). 336p. (J). (gr. 4-7). pap. 14.95 *(978-1-64473-528-2(8))* Penguin Random House Grupo Editorial ESP. Dist: Penguin Random Hse. LLC.

#famous. Jilly Gagnon. (ENG.). 384p. (YA). (gr. 8). 2020. pap. 10.99 *(978-0-06-243004-5(1))*; 2017. 17.99 *(978-0-06-243003-8(3))* HarperCollins Pubs. (Tegen, Katherine Bks).

Famous American Landmarks, 8 vols. 2022. (Famous American Landmarks Ser.). (ENG.). 24p. (J). (gr. 3-3). lib. bdg. 101.08 *(978-1-5383-8740-5(9),* aeb691bc-5d05-4b78-b9d3-e21288b6f89c, PowerKids Pr.) Rosen Publishing Group, Inc., The.

Famous Americans: Amazing Stories of Our Nation's Pioneers. Sean Kennelly & Dan Carpenter. 2018. (ENG.). 48p. (J). (gr. 5-7). pap. *(978-1-4867-1397-4(1))* Flowerpot Children's Pr. Inc.

Famous Americans in History Inventors & Inventions 2nd Grade U. S. History Vol 2. Baby Professor. 2016. (ENG., Illus.). 42p. (J). pap. 11.65 *(978-1-68305-492-4(X),* Baby Professor (Education Kids)) Speedy Publishing LLC.

Famous & Remarkable History of Sir Richard Whittington, Three Times Lord-Mayor of London: Who Lived in the Time of King Henry the Fifth (Classic Reprint) Unknown Author. (ENG., Illus.). (J). 2018. 20p. 24.31 *(978-0-483-54393-5(4))*; 2016. pap. 7.97 *(978-1-333-43906-4(7))* Forgotten Bks.

Famous Artists & Painters for Kids! Children's Art History Edition - Children's Arts, Music & Photography Books. Pfiffikus. 2016. (ENG., Illus.). (J). pap. 10.81 *(978-1-68377-591-1(0))* Whke, Traudl.

Famous Athletes. Mari Schuh. 2022. (Famous Athletes Ser.). (ENG.). 24p. (J). 153.93 *(978-1-6690-5664-5(3),* 256453, Capstone Pr.) Capstone.

Famous Battles of the Age of Revolution, 1 vol. Chris McNab. 2017. (Classic Warfare Ser.). (ENG.). 72p. (YA). (gr. 8-8). lib. bdg. 37.36 *(978-1-5026-3252-4(7),* cda2c722-c80a-466a-ae3b-757873daefea) Cavendish Square Publishing LLC.

Famous Battles of the Ancient World, 1 vol. Chris McNab. 2017. (Classic Warfare Ser.). (ENG.). 88p. (YA). (gr. 8-8). lib. bdg. 37.36 *(978-1-5026-3246-3(2),* 948053ca-9d5d-43df-aa05-b241c797b1c8) Cavendish Square Publishing LLC.

Famous Battles of the Early Modern Period, 1 vol. Chris McNab. 2017. (Classic Warfare Ser.). (ENG.). 72p. (YA). (gr. 8-8). lib. bdg. 37.36 *(978-1-5026-3250-0(0),* b4eb2b53-c957-40ba-b103-a8f5f1b19ec8) Cavendish Square Publishing LLC.

Famous Battles of the Medieval Period, 1 vol. Chris McNab. 2017. (Classic Warfare Ser.). (ENG.). 104p. (YA). (gr. 8-8). lib. bdg. 37.36 *(978-1-5026-3248-7(9),* 9d27e13f-f099-4135-b067-0a0790611c6a) Cavendish Square Publishing LLC.

Famous Boat & Sailing Races Coloring Book. Kreativ Entspannen. 2016. (ENG., Illus.). (J). pap. 9.20 *(978-1-68377-457-0(4))* Whke, Traudl.

Famous Buildings. 2017. (J). *(978-0-7166-7947-9(7))* World Bk., Inc.

Famous Buildings of the World Coloring Book. Kreative Kids. 2016. (ENG., Illus.). (J). pap. 9.20 *(978-1-68377-361-0(6))* Whke, Traudl.

Famous Castles (Set), 6 vols. Grace Hansen. 2021. (Famous Castles Ser.). (ENG.). 24p. (J). (gr. -1-2). lib. bdg. 196.74 *(978-1-0982-0726-7(2),* 37857, Abdo Kids) ABDO Publishing Co.

Famous Classical Tunes Keyboard Book IR. Sam Taplin. 2019. (My First Musical Bks.). (ENG.). 22ppp. (J). pap. 24.99 *(978-0-7945-4405-8(3),* Usborne) EDC Publishing.

Famous Coconut Tree - Te Nii Ae Tanoata Taekana (Te Kiribati) Pamela Gabriel Bray. Illus. by Romulo Reyes, III. 2023. (ENG.). 30p. (J). pap. ***(978-1-922844-29-3(2))*** Library For All Limited.

Famous Comets & Asteroids in Our Solar System! Space Science for Kids - Children's Astronomy & Space Books. Pfiffikus. 2016. (ENG., Illus.). (J). pap. 10.81 *(978-1-68377-598-0(8))* Whke, Traudl.

Famous Composers in History for Kids! from Beethoven to Bach: Music History Edition - Children's Arts, Music & Photography Books. Pfiffikus. 2016. (ENG., Illus.). (J). pap. 10.81 *(978-1-68377-593-5(7))* Whke, Traudl.

Famous Computer Inventions! from the PC to Micro Computer for Kids - Children's Computers & Technology Books. Pfiffikus. 2016. (ENG., Illus.). (J). pap. 10.81 *(978-1-68377-622-2(4))* Whke, Traudl.

Famous Cryptographers, 1 vol. Jeri Freedman. 2016. (Cryptography: Code Making & Code Breaking Ser.). (ENG., Illus.). 64p. (J). (gr. 8-8). 36.13 *(978-1-5081-7312-0(5),* 192116ed-c0ab-40d6-b961-387037550afb) Rosen Publishing Group, Inc., The.

Famous Days in the Century of Invention (Classic Reprint) Gertrude Lincoln Stone. (ENG., Illus.). (J). 2018. 158p. 27.18 *(978-0-267-39405-0(5))*; 2016. pap. 9.57 *(978-1-334-13368-8(9))* Forgotten Bks.

Famous Demigods & Their Parents- Children's Greek & Roman Myths. Baby Professor. 2017. (ENG., Illus.). (J). pap. 7.89 *(978-1-5419-0258-9(0),* Baby Professor (Education Kids)) Speedy Publishing LLC.

Famous Fails! Mighty Mistakes, Mega Mishaps, & How a Mess Can Lead to Success! Crispin Boyer. 2016. (Illus.). 128p. (J). (gr. 3-7). pap. 12.99 *(978-1-4263-2548-9(7),* National Geographic Kids) Disney Publishing Worldwide.

Famous Female Authors. Jennifer Hunsicker et al. 2016. (Famous Female Authors Ser.). (ENG.). 32p. (J). (gr. 3-9). 122.60 *(978-1-5157-1351-7(2),* 24851, Capstone Pr.) Capstone.

Famous Flying Ant of Arcadia: Expanded Edition. Alex Eastbrook. Illus. by Alex Eastbrook. 2021. (ENG.). 136p. (J). pap. 6.99 *(978-1-955048-01-9(0))* Silly Little Dog Productions.

Famous Four Do Some Things - & Then Have an Adventure. Alan Douglas. 2019. (ENG.). 38p. (YA). pap. *(978-1-5289-3581-4(0))* Austin Macauley Pubs. Ltd.

Famous Four-Footed Friends, by G. C. Harvey (Classic Reprint) George Cockburn Harvey. 2018. (ENG., Illus.). 224p. (J). 28.52 *(978-0-267-19309-7(2))* Forgotten Bks.

Famous Friends & Foes (Pokémon) Rachel Chlebowski. Illus. by Random House. 2017. (Pictureback(R) Ser.). 32p. (J). (gr. -1-2). pap. 5.99 *(978-1-5247-7010-5(8),* Random Hse. Bks. for Young Readers) Random Hse. Children's Bks.

Famous Ghost Stories of Africa. Amber Bullis. 2018. (Haunted World Ser.). (ENG., Illus.). 32p. (J). (gr. 3-9). lib. bdg. 28.65 *(978-1-5435-2594-6(6),* 138073, Capstone Pr.) Capstone.

Famous Ghost Stories of Asia. Jillian L. Harvey. 2018. (Haunted World Ser.). (ENG., Illus.). 32p. (J). (gr. 3-9). lib. bdg. 28.65 *(978-1-5435-2593-9(8),* 138072, Capstone Pr.) Capstone.

Famous Ghost Stories of Europe. Matt Chandler. 2018. (Haunted World Ser.). (ENG., Illus.). 32p. (J). (gr. 3-9). lib. bdg. 28.65 *(978-1-5435-2592-2(X),* 138066, Capstone Pr.) Capstone.

Famous Ghost Stories of North America. Matt Chandler. 2018. (Haunted World Ser.). (ENG., Illus.). 32p. (J). (gr. 3-9). lib. bdg. 28.65 *(978-1-5435-2595-3(4),* 138074, Capstone Pr.) Capstone.

Famous Ghosts. Tammy Gagne. 2018. (Ghosts & Hauntings Ser.). (ENG., Illus.). 32p. (J). (gr. 4-6). lib. bdg. 28.65 *(978-1-5435-4153-3(4),* 139107, Capstone Pr.) Capstone.

Famous Ghosts. Susan B. Katz. 2023. (Lightning Bolt Books (r) — That's Scary! Ser.). (ENG., Illus.). 24p. (J). (gr. 1-3). pap. 9.99 Lerner Publishing Group.

Famous Ghosts. Michael Teitelbaum. 2022. (Reading Rocks! Ser.). (ENG.). 32p. (J). (gr. 3-6). lib. bdg. 35.64 *(978-1-5038-5813-8(8),* 215679, Stride) Child's World, Inc, The.

Famous History of Cassandra: Containing Many Admirable Adventures of the Most Illustrious Persons of Either Sex (Classic Reprint) Gautier de Coste de La Calprenede. (ENG., Illus.). (J). 2018. 628p. 36.87 *(978-0-365-00492-9(8))*; 2017. pap. 19.57 *(978-0-259-21198-3(2))* Forgotten Bks.

Famous Hypothetical Question in the Trial of Harry K. Thaw: For the Murder of Stanford White (Classic Reprint) William Travers Jerome. 2017. (ENG., Illus.). (J). 24.99 *(978-0-331-61262-2(3))*; pap. 9.57 *(978-0-243-44241-6(6))* Forgotten Bks.

Famous Immigrant Artists, 1 vol. Adam Furgang. 2017. (Making America Great: Immigrant Success Stories Ser.). (ENG.). 112p. (gr. 7-7). 38.93 *(978-0-7660-9245-7(3),* 2884c951-c7d4-49d0-9f20-ba7a81df150e); pap. 20.95 *(978-0-7660-9591-5(6),* 0e0ef24f-ff12-4e78-b172-323ffdd6c1e6) Enslow Publishing, LLC.

Famous Immigrant Athletes, 1 vol. John A. Torres. 2017. (Making America Great: Immigrant Success Stories Ser.). (ENG.). 112p. (gr. 7-7). 38.93 *(978-0-7660-9243-3(7),* 59294736-37e3-48ea-af0b-628a0cf63b3e); pap. 20.95 *(978-0-7660-9589-2(4),* 8c0cd182-4bb5-4ecb-a9ad-95d87dc937a6) Enslow Publishing, LLC.

Famous Immigrant Computer Scientists, 1 vol. Donna M. Bozzone. 2017. (Making America Great: Immigrant Success Stories Ser.). (ENG.). 112p. (gr. 7-7). 38.93 *(978-0-7660-9246-4(1),* 315a068f-f9b1-4f9e-99f5-633da72b0498); pap. 20.95 *(978-0-7660-9592-2(4),* 4ee40efc-1810-42e7-a65a-9fdf65710de4) Enslow Publishing, LLC.

Famous Immigrant Entrepreneurs, 1 vol. Barbara Krasner. 2017. (Making America Great: Immigrant Success Stories Ser.). (ENG.). 112p. (gr. 7-7). 38.93 *(978-0-7660-9241-9(0),* 5aceebd3-8ef6-4dac-af83-1d2f57840ba7); pap. 20.95 *(978-0-7660-9587-8(8),* 4e4fbfdf-3f5f-4afb-9d47-a69a43cba6c7) Enslow Publishing, LLC.

Famous Immigrant Politicians, 1 vol. Susan Nichols. 2017. (Making America Great: Immigrant Success Stories Ser.). (ENG.). 112p. (gr. 7-7). 38.93 *(978-0-7660-9242-6(9),* ee579d74-0ecd-42ba-8a74-c5ee8cdf1b9e); pap. 20.95 *(978-0-7660-9588-5(6),* a5050563-b210-405d-b14e-a8d3cc810d73) Enslow Publishing, LLC.

Famous Immigrant Scientists, 1 vol. Maryellen Lo Bosco. 2017. (Making America Great: Immigrant Success Stories Ser.). (ENG.). 112p. (gr. 7-7). 38.93 *(978-0-7660-9244-0(5),* ae4ecab6-755a-4647-b5f3-8a4a24233a23); pap. 20.95 *(978-0-7660-9590-8(8),* 55315889-46db-4469-8d5c-01ac41cf5b35) Enslow Publishing, LLC.

Famous in a Small Town. Emma Mills. 2020. (ENG.). 336p. (YA). pap. 10.99 *(978-1-250-23366-0(6),* 900190030) Square Fish.

Famous Indian Chiefs I Have Known (Classic Reprint) O. O. Howard. 2017. (ENG., Illus.). (J). 31.65 *(978-0-260-33566-1(5))* Forgotten Bks.

Famous Landmarks Coloring Book Children's Explore the World Books. Baby Professor. 2018. (ENG., Illus.). 64p. (J). pap. 12.99 *(978-1-5419-3124-4(6),* Baby Professor (Education Kids)) Speedy Publishing LLC.

Famous Lawmen, 1 vol. Bonnie Hinman. 2016. (Wild West Ser.). (ENG., Illus.). 48p. (J). (gr. 4-8). lib. bdg. 35.64 *(978-1-68078-255-4(X),* 22111) ABDO Publishing Co.

Famous Legends: Set 2. 2017. (Famous Legends Ser.). 32p. (gr. 2-3). pap. 63.00 *(978-1-5382-0481-8(9))*; (ENG.). lib. bdg. 161.58 *(978-1-5382-0466-5(5),* 7817fbb8-d76d-4e66-a4d7-a721b6ab5cd1) Stevens, Gareth Publishing LLLP.

Famous Legends Adapted for Children (Classic Reprint) Emeline Gifford Crommelin. (ENG., Illus.). (J). 2018. 200p. 28.04 *(978-0-267-59817-5(3))*; 2016. pap. 10.57 *(978-1-334-14535-3(0))* Forgotten Bks.

Famous Legends: Sets 1 - 2. 2017. (Famous Legends Ser.). (ENG.). (J). pap. 138.00 *(978-1-5382-0482-5(7))*; (gr. 2-3). lib. bdg. 323.16 *(978-1-5382-0467-2(3),* ee242462-a558-4290-a8b0-adb68acc8c42) Stevens, Gareth Publishing LLLP.

Famous Lives, 8 vols., Set. Incl. Barack Obama: President for Change. Peter Hicks. lib. bdg. 30.27 *(978-1-4488-3287-3(X),* 40aff436-1841-4d1a-8935-824134f6440c); J. K. Rowling: Creator of Harry Potter. Cath Senker. lib. bdg. 30.27 *(978-1-4488-3288-0(8),* 898cfb36-976b-437d-a19a-adc2303d6b29); Lance Armstrong - Racing Hero. Peter Hicks. lib. bdg. 30.27 *(978-1-4488-3289-7(6),* 97ea2dae-0ba0-4a58-b614-a243dbe6b188); Simon Cowell: Global Music Mogul. Debbie Foy. lib. bdg. 30.27 *(978-1-4488-3290-3(X),* 3eb63517-e24c-4a07-9554-7b46af24f2ae); (YA). (gr. 3-4). (Famous Lives Ser.). (ENG., Illus.). 32p. 2011. Set lib. bdg. 121.08 *(978-1-4488-3311-5(6),* 3ef8516c-0464-4c67-9b87-b66e2611f8f4, PowerKids Pr.) Rosen Publishing Group, Inc., The.

Famous Men of Ancient Times. Samuel G. Goodrich. 2017. (ENG., Illus.). (YA). (gr. 7-12). pap. *(978-93-86423-12-2(X))* Alpha Editions.

Famous Men of Greece. John H. Haaren. 2018. (ENG., Illus.). 112p. (J). 14.99 *(978-1-5154-3492-4(3))* Wilder Pubns., Corp.

Famous Men of Greece (Classic Reprint) John H. Haaren. 2018. (ENG., Illus.). 274p. (YA). (gr. 8-12). 29.55 *(978-0-428-30394-5(3))* Forgotten Bks.

Famous Men of Modern Times: Annotated. John Henry Haaren & A. B. Poland. 2020. (Famous Men Ser.: Vol. 4). (ENG.). 206p. (J). pap. 6.95 *(978-1-61104-701-1(3))* Cedar Lake Pubns.

Famous Men of Rome. John H. Haaren. 2018. (ENG., Illus.). 120p. (J). 14.99 *(978-1-5154-3491-7(5))* Wilder Pubns., Corp.

Famous Men of Science. Sarah K. Bolton. 2017. (ENG., Illus.). (YA). (gr. 7-12). pap. *(978-93-86423-11-5(1))* Alpha Editions.

Famous Men of the Middle Ages. John H. Haaren. 2017. (ENG., Illus.). (YA). (gr. 7-12). pap. *(978-93-86423-13-9(8))* Alpha Editions.

Famous Men of the Middle Ages. John H. Haaren. 2017. (ENG., Illus.). (YA). (gr. 7-12). pap. *(978-0-649-58147-4(4))* Trieste Publishing Pty Ltd.

Famous Men of the Middle Ages. John H. Haaren. 2018. (ENG., Illus.). 120p. (YA). (gr. 7-12). 14.99 *(978-1-5154-3490-0(7))* Wilder Pubns., Corp.

Famous Men of the Middle Ages: Annotated. John Henry Haaren & A. B. Poland. 2020. (Famous Men Ser.: Vol. 3). (ENG.). 178p. (J). pap. 6.95 *(978-1-61104-700-4(5))* Cedar Lake Pubns.

Famous Miller & Smith Detective Agency. Rachel Joel. 2019. (ENG.). 132p. (J). pap. 14.95 *(978-1-5069-0786-4(5))* First Edition Design Publishing.

Famous Mistakes. Carolyn Keene. 2019. (Nancy Drew Diaries: 17). (ENG., Illus.). 176p. (J). (gr. 3-7). pap. 6.99 *(978-1-4814-8549-4(0),* Simon & Schuster/Paula Wiseman Bks.) Simon & Schuster/Paula Wiseman Bks.

Famous Modern Ghost Stories (Classic Reprint) Dorothy Scarborough. (ENG., Illus.). (J). 2018. 454p. 33.28 *(978-0-483-63011-6(X))*; 2017. pap. 16.57 *(978-0-243-30658-9(X))* Forgotten Bks.

Famous Musicians of the World for Kids: Children's Music History Edition - Children's Arts, Music & Photography Books. Pfiffikus. 2016. (ENG., Illus.). (J). pap. 10.81 *(978-1-68377-592-8(9))* Whke, Traudl.

Famous Mystery Stories (Classic Reprint) Joseph Walker McSpadden. 2017. (ENG., Illus.). (J). 310p. 30.29 *(978-0-332-08163-2(X))*; pap. 13.57 *(978-1-5276-3865-5(0))* Forgotten Bks.

Famous Paintings Magic Painting Book. Rosie Dickins. 2023. (Magic Painting Bks.). (ENG., Illus.). (J). pap. 9.99 ***(978-1-80507-025-2(8))*** Usborne Publishing, Ltd. GBR. Dist: HarperCollins Pubs.

Famous People from Alabama Photo Pack. Created by Gallopade International. 2016. (Alabama Experience Ser.). (ENG.). (J). 9.99 *(978-0-635-12225-4(1))* Gallopade International.

Famous People from Alaska Photo Pack. Created by Gallopade International. 2016. (Alaska Experience Ser.). (ENG.). (J). 9.99 *(978-0-635-12226-1(X))* Gallopade International.

Famous People from Arizona Photo Pack. Created by Gallopade International. 2016. (Arizona Experience Ser.). (ENG.). (J). 9.99 *(978-0-635-12227-8(8))* Gallopade International.

Famous People from Arkansas Photo Pack. Created by Gallopade International. 2016. (Arkansas Experience Ser.). (ENG.). (J). 9.99 *(978-0-635-12228-5(6))* Gallopade International.

Famous People from California Photo Pack. Created by Gallopade International. 2016. (California Experience Ser.).

(ENG.). (J). 9.99 (978-0-635-12229-2(4)) Gallopade International.

Famous People from Colorado Photo Pack. Created by Gallopade International. 2016. (Colorado Experience Ser.). (ENG.). (J). 9.99 (978-0-635-12230-8(8)) Gallopade International.

Famous People from Connecticut Photo Pack. Created by Gallopade International. 2016. (Connecticut Experience Ser.). (ENG.). (J). 9.99 (978-0-635-12231-5(6)) Gallopade International.

Famous People from Delaware Photo Pack. Created by Gallopade International. 2016. (Delaware Experience Ser.). (ENG.). (J). 9.99 (978-0-635-12232-2(4)) Gallopade International.

Famous People from Florida Photo Pack. Created by Gallopade International. 2016. (Florida Experience Ser.). (ENG.). (J). 9.99 (978-0-635-12233-9(2)) Gallopade International.

Famous People from Georgia Photo Pack. Created by Gallopade International. 2016. (Georgia Experience Ser.). (ENG.). (J). 9.99 (978-0-635-12234-6(0)) Gallopade International.

Famous People from Hawaii Photo Pack. Created by Gallopade International. 2016. (Hawaii Experience Ser.). (ENG.). (J). 9.99 (978-0-635-12235-3(9)) Gallopade International.

Famous People from Idaho Photo Pack. Created by Gallopade International. 2016. (Idaho Experience Ser.). (ENG.). (J). 9.99 (978-0-635-12236-0(7)) Gallopade International.

Famous People from Illinois Photo Pack. Created by Gallopade International. 2016. (Illinois Experience Ser.). (ENG.). (J). 9.99 (978-0-635-12237-7(5)) Gallopade International.

Famous People from Indiana Photo Pack. Created by Gallopade International. 2016. (Indiana Experience Ser.). (ENG.). (J). 9.99 (978-0-635-12238-4(3)) Gallopade International.

Famous People from Iowa Photo Pack. Created by Gallopade International. 2016. (Iowa Experience Ser.). (ENG.). (J). 9.99 (978-0-635-12239-1(1)) Gallopade International.

Famous People from Kansas Photo Pack. Created by Gallopade International. 2016. (Kansas Experience Ser.). (ENG.). (J). 9.99 (978-0-635-12240-7(5)) Gallopade International.

Famous People from Kentucky Photo Pack. Created by Gallopade International. 2016. (Kentucky Experience Ser.). (ENG.). (J). 9.99 (978-0-635-12241-4(3)) Gallopade International.

Famous People from Louisiana Photo Pack. Created by Gallopade International. 2016. (Louisiana Experience Ser.). (ENG.). (J). 9.99 (978-0-635-12242-1(1)) Gallopade International.

Famous People from Maine Photo Pack. Created by Gallopade International. 2016. (Maine Experience Ser.). (ENG.). (J). 9.99 (978-0-635-12243-8(X)) Gallopade International.

Famous People from Maryland Photo Pack. Created by Gallopade International. 2016. (Maryland Experience Ser.). (ENG.). (J). 9.99 (978-0-635-12244-5(8)) Gallopade International.

Famous People from Massachusetts Photo Pack. Created by Gallopade International. 2016. (Massachusetts Experience Ser.). (ENG.). (J). 9.99 (978-0-635-12245-2(6)) Gallopade International.

Famous People from Michigan Photo Pack. Created by Gallopade International. 2016. (Michigan Experience Ser.). (ENG.). (J). 9.99 (978-0-635-12246-9(4)) Gallopade International.

Famous People from Minnesota Photo Pack. Created by Gallopade International. 2016. (Minnesota Experience Ser.). (ENG.). (J). 9.99 (978-0-635-12247-6(2)) Gallopade International.

Famous People from Mississippi Photo Pack. Created by Gallopade International. 2016. (Mississippi Experience Ser.). (ENG.). (J). 9.99 (978-0-635-12248-3(0)) Gallopade International.

Famous People from Missouri Photo Pack. Created by Gallopade International. 2016. (Missouri Experience Ser.). (ENG.). (J). 9.99 (978-0-635-12249-0(9)) Gallopade International.

Famous People from Montana Photo Pack. Created by Gallopade International. 2016. (Montana Experience Ser.). (ENG.). (J). 9.99 (978-0-635-12250-6(2)) Gallopade International.

Famous People from Nebraska Photo Pack. Created by Gallopade International. 2016. (Nebraska Experience Ser.). (ENG.). (J). 9.99 (978-0-635-12251-3(0)) Gallopade International.

Famous People from Nevada Photo Pack. Created by Gallopade International. 2016. (Nevada Experience Ser.). (ENG.). (J). 9.99 (978-0-635-12252-0(9)) Gallopade International.

Famous People from New Hampshire Photo Pack. Created by Gallopade International. 2016. (New Hampshire Experience Ser.). (ENG.). (J). 9.99 (978-0-635-12253-7(7)) Gallopade International.

Famous People from New Jersey Photo Pack. Created by Gallopade International. 2016. (New Jersey Experience Ser.). (ENG.). (J). 9.99 (978-0-635-12254-4(5)) Gallopade International.

Famous People from New Mexico Photo Pack. Created by Gallopade International. 2016. (New Mexico Experience Ser.). (ENG.). (J). 9.99 (978-0-635-12255-1(3)) Gallopade International.

Famous People from New York Photo Pack. Created by Gallopade International. 2016. (New York Experience Ser.). (ENG.). (J). 9.99 (978-0-635-12256-8(1)) Gallopade International.

Famous People from North Carolina Photo Pack. Created by Gallopade International. 2016. (North Carolina Experience Ser.). (ENG.). (J). 9.99 (978-0-635-12257-5(X)) Gallopade International.

Famous People from North Dakota Photo Pack. Created by Gallopade International. 2016. (North Dakota Experience Ser.). (ENG.). (J). 9.99 (978-0-635-12258-2(8)) Gallopade International.

Famous People from Ohio Photo Pack. Created by Gallopade International. 2016. (Ohio Experience Ser.). (ENG.). (J). 9.99 (978-0-635-12259-9(6)) Gallopade International.

Famous People from Oklahoma Photo Pack. Created by Gallopade International. 2016. (Oklahoma Experience Ser.). (ENG.). (J). 9.99 (978-0-635-12260-5(X)) Gallopade International.

Famous People from Oregon Photo Pack. Created by Gallopade International. 2016. (Oregon Experience Ser.). (ENG.). (J). 9.99 (978-0-635-12261-2(8)) Gallopade International.

Famous People from Pennsylvania Photo Pack. Created by Gallopade International. 2016. (Pennsylvania Experience Ser.). (ENG.). (J). 9.99 (978-0-635-12262-9(6)) Gallopade International.

Famous People from Rhode Island Photo Pack. Created by Gallopade International. 2016. (Rhode Island Experience Ser.). (ENG.). (J). 9.99 (978-0-635-12263-6(4)) Gallopade International.

Famous People from South Carolina Photo Pack. Created by Gallopade International. 2016. (South Carolina Experience Ser.). (ENG.). (J). 9.99 (978-0-635-12264-3(2)) Gallopade International.

Famous People from South Dakota Photo Pack. Created by Gallopade International. 2016. (South Dakota Experience Ser.). (ENG.). (J). 9.99 (978-0-635-12265-0(0)) Gallopade International.

Famous People from Tennessee Photo Pack. Created by Gallopade International. 2016. (Tennessee Experience Ser.). (ENG.). (J). 9.99 (978-0-635-12266-7(9)) Gallopade International.

Famous People from Texas Photo Pack. Created by Gallopade International. 2016. (Texas Experience Ser.). (ENG.). (J). 9.99 (978-0-635-12267-4(7)) Gallopade International.

Famous People from Utah Photo Pack. Created by Gallopade International. 2016. (Utah Experience Ser.). (ENG.). (J). 9.99 (978-0-635-12268-1(5)) Gallopade International.

Famous People from Vermont Photo Pack. Created by Gallopade International. 2016. (Vermont Experience Ser.). (ENG.). (J). 9.99 (978-0-635-12269-8(3)) Gallopade International.

Famous People from Virginia Photo Pack. Created by Gallopade International. 2016. (Virginia Experience Ser.). (ENG.). (J). 9.99 (978-0-635-12270-4(7)) Gallopade International.

Famous People from Washington Photo Pack. Created by Gallopade International. 2016. (Washington Experience Ser.). (ENG.). (J). 9.99 (978-0-635-12271-1(5)) Gallopade International.

Famous People from West Virginia Photo Pack. Created by Gallopade International. 2016. (West Virginia Experience Ser.). (ENG.). (J). 9.99 (978-0-635-12272-8(3)) Gallopade International.

Famous People from Wisconsin Photo Pack. Created by Gallopade International. 2016. (Wisconsin Experience Ser.). (ENG.). (J). 9.99 (978-0-635-12273-5(1)) Gallopade International.

Famous People from Wyoming Photo Pack. Created by Gallopade International. 2016. (Wyoming Experience Ser.). (ENG.). (J). 9.99 (978-0-635-12274-2(X)) Gallopade International.

Famous People of Asian Ancestry, 5 vols. Barbara J. Marvis. Incl. Vol. IV. Contemporary American Success Stories: Famous People of Asian Ancestry. (Illus.). 1994. pap. 10.95 (978-1-883845-09-4(2)); Vol. I. 1993. pap. 10.95 (978-1-883845-06-3(8)); Vol. II. 1993. pap. 10.95 (978-1-883845-07-0(6)); Vol. III. (Illus.). 1993. pap. 10.95 (978-1-883845-08-7(4)); Vol. V. (Illus.). 1994. pap. 10.95 (978-1-883845-11-7(4)); 96p. (YA). (gr. 5-18). (Contemporary American Success Stories Ser.). (Illus.). Set pap. 54.75 (978-1-883845-13-1(0)) Mitchell Lane Pubs.

Famous Persons & Places (Classic Reprint) Nathaniel Parker Willis. 2017. (ENG., Illus.). (J). 34.25 (978-1-5285-5454-1(X)) Forgotten Bks.

Famous Pets of Famous People (Classic Reprint) Eleanor Lewis. (ENG., Illus.). (J). 2017. 29.20 (978-0-331-01197-5(2)); 2016. pap. 11.57 (978-1-334-26271-5(3)) Forgotten Bks.

Famous Phoebe of Long Island: Phoebe's Boat Trip to Montauk. Jean Derespina. 2023. (ENG.). 38p. (J). 18.95 **(978-1-63755-542-2(3)**, Mascot Kids) Amplify Publishing Group.

Famous Phonies: Legends, Fakes, & Frauds Who Changed History. Brianna Dumont. 2019. (Changed History Ser.). 168p. (J). (gr. 4-9). pap. 12.99 (978-1-5107-5139-2(4), Sky Pony Pr.) Skyhorse Publishing Co., Inc.

Famous Problems of Elementary Geometry. Wooster Woodruff Beman & David Eugene Smith. 2017. (ENG., Illus.). 102p. (J). pap. (978-3-337-27491-7(9)) Creation Pubs.

Famous Rover Boys Series: The Putnam Hall Series (Classic Reprint) Arthur M. Winfield. 2018. (ENG., Illus.). 258p. (J). 29.22 (978-0-483-59042-7(8)) Forgotten Bks.

Famous Ships (Set), 4 vols. 2017. (Famous Ships Ser.). (ENG.). 112p. (J). (gr. 6-12). lib. bdg. 165.44 (978-1-5321-1319-2(6), 27527, Essential Library) ABDO Publishing Co.

Famous Space Discoveries & Who Discovered Them! Space Science for Kids - History Edition - Children's Astronomy Books. Pfiffikus. 2016. (ENG., Illus.). (J). pap. 10.81 (978-1-68377-601-7(1)) Whlke, Traudl.

Famous Space Missions. Julie Murray. 2021. (Stellar Space Ser.). (ENG., Illus.). 24p. (J). (gr. k-4). lib. bdg. 31.36 (978-1-0982-2625-1(9), 37108, Abdo Zoom-Dash) ABDO Publishing Co.

Famous Spies. Deanna Caswell. 24p. (J). 2019. (Illus.). pap. (978-1-68072-739-5(7)); 2018. (ENG.). (gr. 4-6). pap. 8.99 (978-1-64466-292-2(2), 12463, Hi Jinx); 2018. (ENG., Illus.). (gr. 4-6). lib. bdg. 28.50 (978-1-68072-585-8(8), 12462, Hi Jinx) Black Rabbit Bks.

Famous Spy Missions. Deanna Caswell. 24p. (J). 2019. (Illus.). pap. (978-1-68072-740-1(0)); 2018. (ENG.). (gr. 4-6). pap. 8.99 (978-1-64466-293-9(0), 12467, Hi Jinx); 2018. (ENG., Illus.). (gr. 4-6). lib. bdg. 28.50 (978-1-68072-586-5(6), 12466, Hi Jinx) Black Rabbit Bks.

Famous Stories Every Child Should Know. 2017. (ENG., Illus.). (J). 25.95 (978-1-374-96845-5(5)); pap. 15.95 (978-1-374-96844-8(7)) Capital Communications, Inc.

Famous Stories Every Child Should Know. Hamilton Wright Mabie. 2017. (ENG., Illus.). (YA). (gr. 7-12). pap. (978-93-86367-40-2(8)) Alpha Editions.

Famous Stories Every Child Should Know: A Selection of the Best Stories of All Times for Young People (Classic Reprint) Hamilton Wright Mabie. 2017. (ENG., Illus.). (J). 324p. 30.58 (978-0-260-83379-2(7)); 326p. pap. 13.57 (978-1-5283-3548-5(1)) Forgotten Bks.

Famous Stories from Foreign Countries (Classic Reprint) Edna Underwood. 2018. (ENG., Illus.). 158p. (J). 27.16 (978-0-365-45773-2(6)) Forgotten Bks.

Famous Surfers of Hawaii Coloring Book. Jupiter Kids. 2017. (ENG., Illus.). (J). pap. 9.20 (978-1-68326-769-0(9), Jupiter Kids (Childrens & Kids Fiction)) Speedy Publishing LLC.

Famous Tales, 12 vols. 2016. (Famous Tales Ser.). 24p. (gr. 2-2). (ENG.). 157.62 (978-1-4994-8044-3(X), 4b98c56a-5cba-46ac-be58-2de6e2a529fc); pap. 49.50 (978-1-5081-9273-2(1)) Rosen Publishing Group, Inc., The. (Windmill Bks.).

Famous Tales & Laughter Stories (Classic Reprint) Charles Welsh. (ENG., Illus.). (J). 2018. 226p. 28.60 (978-0-484-86601-9(X)); 2017. pap. 10.97 (978-0-243-38873-8(X)) Forgotten Bks.

Famous Temples of a Remarkable Civilization - Ancient Egypt History Books for 4th Grade Children's Ancient History. Baby Professor. 2017. (ENG., Illus.). (J). pap. 8.79 (978-1-5419-1168-0(7), Baby Professor (Education Kids)) Speedy Publishing LLC.

Famous Victory: Brewster for President (Classic Reprint) E. Goodman Holden. 2018. (ENG., Illus.). 372p. (J). 31.57 (978-0-484-13821-5(9)) Forgotten Bks.

Famous Volcanoes. Julie Murray. 2022. (Volcano Science Ser.). (ENG., Illus.). 24p. (J). (gr. k-4). lib. bdg. 31.36 (978-1-0982-2839-2(1), 39957, Abdo Zoom-Dash) ABDO Publishing Co.

Famous Women Character Representation: An Historic Entertainment (Classic Reprint) Lucile Vessot Galley. (ENG., Illus.). (J). 2018. 46p. 24.85 (978-0-365-52386-4(0)); 2017. pap. 7.97 (978-0-259-47117-2(8)) Forgotten Bks.

Famously Funny Parrott: Four Tales from the Bird Himself. Eric Daniel Weiner. Illus. by Brian Biggs. 2022. (Famously Funny Parrott Ser.: 1). (ENG.). 144p. (J). (gr. 2-5). 15.99 (978-0-593-37820-5(2), Delacorte Pr.) Random Hse. Children's Bks.

Famoux. Kassandra Tate. 2021. (ENG.). 400p. (YA). pap. 10.99 (978-1-989365-53-3(1), 900233861) Wattpad Bks. CAN. Dist: Macmillan.

Fan in Autumn: Practicing the AU Sound, 1 vol. Amber King. 2016. (Rosen Phonics Readers Ser.). (ENG.). 12p. (J). (gr. -1-2). pap. (978-1-5081-3283-7(6), e01018ea-eefd-4975-902f-26c4ab10aff2, Rosen Classroom) Rosen Publishing Group, Inc., The.

Fan the Fame. Anna Priemaza. 2019. (ENG.). 352p. (YA). (gr. 8). 17.99 (978-0-06-256084-1(0), HarperTeen) HarperCollins Pubs.

Fanatic or Christian? A Story of the Pennsylvania Dutch (Classic Reprint) Helen R. Martin. 2018. (ENG., Illus.). 318p. (J). 30.46 (978-0-267-18943-4(5)) Forgotten Bks.

Fanatic Surviving. Erin Lorence. 2019. (Dove Strong Ser.: 2). (ENG.). 256p. (YA). (gr. 7-7). pap. 16.99 (978-1-5223-0229-2(8), Watershed Bks.) Pelican Ventures, LLC.

Fanatical about Frogs. Owen Davey. 2023. (About Animals Ser.: 5). (ENG.). 40p. (J). (gr. 2-5). pap. 12.99 **(978-1-83874-871-5(7))** Flying Eye Bks. GBR. Dist: Penguin Random Hse. LLC.

Fanatical about Frogs. Illus. by Owen Davey. 2019. (About Animals Ser.: 5). (ENG.). 40p. (J). (gr. 2-5). 19.99 (978-1-912497-98-0(0)) Flying Eye Bks. GBR. Dist: Penguin Random Hse. LLC.

Fanatics (Classic Reprint) Paul Laurence Dunbar. 2017. (ENG., Illus.). (J). 30.95 (978-0-266-52023-8(5)) Forgotten Bks.

Fancey Pants. Lia Gem. 2019. (ENG.). 36p. (J). pap. 17.98 **(978-1-951256-00-5(X))** Flip The Script Bks.

Fanchon the Cricket (Classic Reprint) George Sand. 2017. (ENG., Illus.). (J). 28.76 (978-0-266-67410-8(0)); pap. 11.57 (978-1-5276-4899-9(0)) Forgotten Bks.

Fancies of Childhood (Classic Reprint) Edgarda L. Findley. (ENG., Illus.). (J). 2018. 62p. 25.20 (978-0-484-38950-1(5)); 2017. pap. 9.57 (978-0-243-33180-2(0)) Forgotten Bks.

Fanciest Fine Art Colouring Book in the World. Illus. by Jodi Friesen. 2021. (ENG.). 41p. (YA). pap. **(978-1-312-60652-4(5))** Lulu Pr., Inc.

Fanciful Tales (Classic Reprint) Frank R. Stockton. 2018. (ENG., Illus.). 166p. (J). 27.32 (978-0-365-35748-3(0)) Forgotten Bks.

Fanciful Tales from Legends of the Adirondack Indians (Classic Reprint) Kate Brewer. 2017. (ENG., Illus.). (J). 70p. 25.36 (978-0-332-43750-7(7)); pap. 9.57 (978-0-259-42575-5(3)) Forgotten Bks.

Fanciulla Del West (the Girl of the Golden West) (Classic Reprint) Giacomo Puccini. 2017. (ENG., Illus.). (J). 26.35 (978-0-266-93376-2(9)) Forgotten Bks.

Fanciullo Lontano. Jason Ray Forbus. Illus. by Pompeo Di Mambro. 2020. (ITA.). 50p. (J). (978-88-3346-506-7(3)) Ali Ribelli Edizioni.

Fancy Dress Shoes & Accessories Coloring Book. Kreativ Entspannen. 2016. (ENG., Illus.). (J). pap. 9.20 (978-1-68377-458-7(2)) Whlke, Traudl.

Fancy Farm (Classic Reprint) Neil Munro. 2018. (ENG., Illus.). 326p. (J). 30.62 (978-0-332-52544-0(9)) Forgotten Bks.

Fancy Flamingo Makes Friends. Noreen Anne. 2020. (ENG.). 44p. (J). (978-1-5255-5631-9(2)); pap. (978-1-5255-5632-6(0)) FriesenPress.

Fancy Foot & Flower. Diana Nairn. 2019. (ENG.). 28p. (J). 23.95 (978-1-0980-1592-3(4)); pap. 13.95 (978-1-64515-238-5(3)) Christian Faith Publishing.

Fancy Free (Classic Reprint) Eden Phillpotts. 2018. (ENG., Illus.). 382p. (J). 31.80 (978-0-483-80164-6(X)) Forgotten Bks.

Fancy Free, Vol. 1 Of 3: And Other Stories (Classic Reprint) Charles Gibbon. 2018. (ENG., Illus.). 290p. (J). 29.88 (978-0-267-26367-7(8)) Forgotten Bks.

Fancy Free, Vol. 2 Of 3: And Other Stories (Classic Reprint) Charles Gibbon. 2018. (ENG., Illus.). (J). 30.00 (978-0-331-99023-2(7)) Forgotten Bks.

Fancy Free, Vol. 3 Of 3: And Other Stories (Classic Reprint) Charles Gibbon. 2018. (ENG., Illus.). 344p. (J). 30.99 (978-0-483-05148-5(9)) Forgotten Bks.

Fancy Friend. Kim Kane. 2018. (Ginger Green, Playdate Queen Ser.). (ENG., Illus.). 64p. (J). (gr. 1-3). pap. 5.95 (978-1-5158-1954-7(X), 136637, Picture Window Bks.) Capstone.

Fancy Friend. Kim Kane. Illus. by Jon Davis. 2017. (Ginger Green, Playdate Queen Ser.). (ENG.). 64p. (J). (gr. 1-3). lib. bdg. 23.32 (978-1-5158-1948-6(5), 136631, Picture Window Bks.) Capstone.

Fancy Friends. Jess Keating. ed. 2021. (Bunbun & BonBon Ser.). (ENG., Illus.). 63p. (J). (gr. 2-3). 17.96 (978-1-64697-650-8(9)) Penworthy Co., LLC, The.

Fancy Friends: a Graphix Chapters Book (Bunbun & Bonbon #1) Jess Keating. Illus. by Jess Keating. 2020. (Bunbun & Bonbon Ser.: 1). (ENG., Illus.). 64p. (J). (gr. 1-3). 22.99 (978-1-338-64683-2(4)); pap. 7.99 (978-1-338-64682-5(6)) Scholastic, Inc. (Graphix).

Fancy Goat. Jeremy D. Holmes & Justin D. Gregg. 2017. (ENG., Illus.). (J). pap. (978-0-9958692-4-0(3)) Outside the Lines Pr.

Fancy Nancy: Bubbles, Bubbles, & More Bubbles! Jane O'Connor. Illus. by Ted Enik. 2018. 32p. (J). (978-1-5444-0218-5(X)) Harper & Row Ltd.

Fancy Nancy: Bubbles, Bubbles, & More Bubbles! Jane O'Connor. Illus. by Robin Preiss Glasser. 2018. (I Can Read Level 1 Ser.). (ENG.). 32p. (J). (gr. -1-3). pap. 4.99 (978-0-06-237789-0(2), HarperCollins) HarperCollins Pubs.

Fancy Nancy: Jojo & Daddy Bake a Cake. Jane O'Connor. ed. 2018. (I Can Read Ser.). (ENG.). 32p. (J). (gr. -1-1). 13.89 (978-1-64310-562-8(0)) Penworthy Co., LLC, The.

Fancy Nancy: JoJo & the Big Mess. Jane O'Connor. Illus. by Robin Preiss Glasser. 2017. (My First I Can Read Ser.). (ENG.). 32p. (J). (gr. -1-3). pap. 4.99 (978-0-06-237798-2(1), HarperCollins) HarperCollins Pubs.

Fancy Nancy: Nancy Clancy, Late-Breaking News! Jane O'Connor. Illus. by Robin Preiss Glasser. 2018. (Nancy Clancy Ser.: 8). (ENG.). 144p. (J). (gr. 1-5). pap. 5.99 (978-0-06-226972-0(0), HarperCollins) HarperCollins Pubs.

Fancy Nancy: Nancy Clancy Seeks a Fortune. Jane O'Connor. Illus. by Robin Preiss Glasser. 2016. (Nancy Clancy Ser.: 7). (ENG.). 144p. (J). (gr. 1-5). 9.99 (978-0-06-226969-0(0), HarperCollins) HarperCollins Pubs.

Fancy Nancy: Nancy Clancy, Soccer Mania. Jane O'Connor. Illus. by Robin Preiss Glasser. 2016. (Nancy Clancy Ser.: 6). (ENG.). 144p. (J). (gr. 1-5). pap. 4.99 (978-0-06-226966-9(6), HarperCollins) HarperCollins Pubs.

Fancy Nancy: Splendiferous Christmas. Jane O'Connor. Illus. by Robin Preiss Glasser. 2018. (Fancy Nancy Ser.). (ENG.). 32p. (J). (gr. -1-3). 9.99 (978-0-06-284726-3(0), HarperCollins) HarperCollins Pubs.

Fancy Nancy: Time for Puppy School. Jane O'Connor. Illus. by Robin Preiss Glasser. 2017. (I Can Read Level 1 Ser.). (ENG.). 32p. (J). (gr. -1-3). pap. 4.99 (978-0-06-237786-9(8), HarperCollins) HarperCollins Pubs.

Fancy Nancy & the Dazzling Jewels. Jane O'Connor. Illus. by Robin Preiss Glasser. 2017. (Fancy Nancy Ser.). (ENG.). 24p. (J). (gr. -1-3). pap. 4.99 (978-0-06-237793-7(0), HarperCollins) HarperCollins Pubs.

Fancy Nancy & the Delectable Cupcakes. Jane O'Connor. Illus. by Robin Preiss Glasser. 2022. (Fancy Nancy Readers Ser.). (ENG.). 32p. (J). (gr. k-3). lib. bdg. 31.36 (978-1-0982-5180-2(6), 41263) Spotlight.

Fancy Nancy & the Mean Girl. Jane O'Connor. Illus. by Robin Preiss Glasser. 2022. (Fancy Nancy Readers Ser.). (ENG.). 32p. (J). (gr. k-3). lib. bdg. 31.36 (978-1-0982-5181-9(4), 41264) Spotlight.

Fancy Nancy & the Missing Easter Bunny. Jane O'Connor. ed. 2017. (Fancy Nancy Picture Bks.). (J). lib. bdg. 14.75 (978-0-606-39618-9(7)) Turtleback.

Fancy Nancy & the Missing Easter Bunny: An Easter & Springtime Book for Kids. Jane O'Connor. Illus. by Robin Preiss Glasser. 2017. (Fancy Nancy Ser.). (ENG.). 24p. (J). (gr. -1-3). pap. 4.99 (978-0-06-237792-0(2), HarperCollins) HarperCollins Pubs.

Fancy Nancy & the Quest for the Unicorn. Jane O'connor. ed. 2018. (Fancy Nancy Picture Bks.). (J). lib. bdg. 14.75 (978-0-606-41395-4(2)) Turtleback.

Fancy Nancy & the Quest for the Unicorn: Includes over 30 Stickers! Jane O'Connor. Illus. by Robin Preiss Glasser. 2018. (Fancy Nancy Ser.). (ENG.). 24p. (J). (gr. -1-3). pap. 5.99 (978-0-06-237794-4(9), HarperFestival) HarperCollins Pubs.

Fancy Nancy & the Too-Loose Tooth. Jane O'Connor. Illus. by Robin Preiss Glasser. 2022. (Fancy Nancy Readers Ser.). (ENG.). 32p. (J). (gr. k-3). lib. bdg. 31.36 (978-1-0982-5182-6(2), 41265) Spotlight.

Fancy Nancy: Best Reading Buddies. Jane O'Connor. Illus. by Robin Preiss Glasser. 2016. (I Can Read Level 1 Ser.). (ENG.). 32p. (J). (gr. -1-3). pap. 4.99 (978-0-06-237783-8(3), HarperCollins) HarperCollins Pubs.

Fancy Nancy: Every Day Is Earth Day: Every Day Is Earth Day. Jane O'Connor. Illus. by Robin Preiss Glasser. 2022. (Fancy Nancy Readers Ser.). (ENG.). 32p. (J). (gr. k-3). lib. bdg. 31.36 (978-1-0982-5184-0(9), 41267) Spotlight.

Fancy Nancy: Hair Dos & Hair Don'ts: Hair Dos & Hair Don'ts. Jane O'Connor. Illus. by Robin Preiss Glasser. 2022. (Fancy Nancy Readers Ser.). (ENG.). 32p. (J). (gr. k-3). lib. bdg. 31.36 (978-1-0982-5185-7(7), 41268) Spotlight.

Fancy Nancy: It's Backward Day! Jane O'Connor. Illus. by Robin Preiss Glasser. 2016. (I Can Read Level 1 Ser.). (ENG.). 32p. (J). (gr. -1-3). pap. 4.99 (978-0-06-226981-2(X), HarperCollins) HarperCollins Pubs.

F

Fancy Nancy: It's Backward Day! It's Backward Day! Jane O'Connor. Illus. by Robin Preiss Glasser. 2022. (Fancy Nancy Readers Ser.). (ENG.). 32p. (J). (gr. k-3). lib. bdg. 31.36 *(978-1-0982-5186-4(5)*, 41269) Spotlight.

Fancy Nancy: Jojo & Daddy Bake a Cake. Jane O'Connor. Illus. by Robin Preiss Glasser. 2017. (My First I Can Read Ser.). (ENG.). 32p. (J). (gr. -1-3). 16.99 *(978-0-06-237802-6(3))*; pap. 4.99 *(978-0-06-237801-9(5))* HarperCollins Pubs. (HarperCollins).

Fancy Nancy: Jojo & the Magic Trick. Jane O'Connor. Illus. by Robin Preiss Glasser. 2017. (My First I Can Read Ser.). (ENG.). 32p. (J). (gr. -1-3). pap. 5.99 *(978-0-06-237795-1(7)*, HarperCollins) HarperCollins Pubs.

Fancy Nancy: Jojo & the Twins. Jane O'Connor. Illus. by Robin Preiss Glasser. 2018. (My First I Can Read Ser.). (ENG.). 32p. (J). (gr. -1-3). 16.99 *(978-0-06-237805-7(8))*; pap. 4.99 *(978-0-06-237804-0(X))* HarperCollins Pubs. (HarperCollins).

Fancy Nancy My First Library. Kids PI. 2019. (ENG., Illus.). 120p. (J). *(978-1-5037-4644-2(5)*, 7b9d3020-2738-4996-994a-4f6171279a50, PI Kids) Phoenix International Publications, Inc.

Fancy Nancy My First Look & Find. Kids PI. 2019. (Look & Find Ser.). (ENG., Illus.). 18p. (J). *(978-1-5037-4645-9(3)*, d040b972-8474-4a91-8ef4-8b6a7e308388, PI Kids) Phoenix International Publications, Inc.

Fancy Nancy: Nancy Clancy, Late-Breaking News! Jane O'Connor. Illus. by Robin Preiss Glasser. 2017. (Nancy Clancy Ser.: 8). (ENG.). 144p. (J). (gr. 1-5). 9.99 *(978-0-06-226973-7(9)*, HarperCollins) HarperCollins Pubs.

Fancy Nancy: Nancy Clancy (Set), 8 vols. 2022. (Fancy Nancy: Nancy Clancy Ser.). (ENG.). 120p. (J). (gr. 1-5). lib. bdg. 262.32 *(978-1-0982-5136-9(9)*, 40083, Chapter Bks.) Spotlight.

Fancy Nancy: Nancy Clancy's Astounding Chapter Book Quartet: Books 5-8. Jane O'Connor. Illus. by Robin Preiss Glasser. 2019. (Nancy Clancy Ser.). (ENG.). 592p. (J). (gr. 1-5). pap. 20.96 *(978-0-06-297959-9(0)*, HarperCollins) HarperCollins Pubs.

Fancy Nancy: Oodles of Kittens. Jane O'Connor. Illus. by Robin Preiss Glasser. 2018. (Fancy Nancy Ser.). (ENG.). 32p. (J). (gr. -1-3). 17.99 *(978-0-06-226987-4(9)*, HarperCollins) HarperCollins Pubs.

Fancy Nancy: Pajama Day: Pajama Day. Jane O'Connor. Illus. by Robin Preiss Glasser. 2022. (Fancy Nancy Readers Ser.). (ENG.). 32p. (J). (gr. k-3). lib. bdg. 31.36 *(978-1-0982-5187-1(3)*, 41270) Spotlight.

Fancy Nancy: Peanut Butter & Jellyfish: Peanut Butter & Jellyfish. Jane O'Connor. Illus. by Robin Preiss Glasser. 2022. (Fancy Nancy Readers Ser.). (ENG.). 32p. (J). (gr. k-3). lib. bdg. 31.36 *(978-1-0982-5188-8(1)*, 41271) Spotlight.

Fancy Nancy ReadAlong Storybook & CD: Bonjour Butterfly. Disney Books. 2020. (Read-Along Storybook & CD Ser.). (ENG., Illus.). 32p. (J). (gr. -1-k). pap. 6.99 *(978-1-368-05445-4(5)*, Disney Press Books) Disney Publishing Worldwide.

Fancy Nancy Readers (Set), 10 vols. 2022. (Fancy Nancy Readers Ser.). (ENG.). 32p. (J). (gr. k-3). lib. bdg. 313.60 *(978-1-0982-5179-6(2)*, 41262) Spotlight.

Fancy Nancy: Saturday Night Sleepover. Jane O'Connor. Illus. by Robin Preiss Glasser. 2016. (Fancy Nancy Ser.). (ENG.). 32p. (J). (gr. -1-3). 17.99 *(978-0-06-226985-0(2)*, HarperCollins) HarperCollins Pubs.

Fancy Nancy Sees Stars [60th Anniversary Edition]. Jane O'Connor. 2017. (I Can Read Level 1 Ser.). (ENG., Illus.). 40p. (J). (gr. -1-3). 9.99 *(978-0-06-257275-2(X)*, HarperCollins) HarperCollins Pubs.

Fancy Nancy Storybook Favorites. Jane O'Connor. Illus. by Robin Preiss Glasser. 2020. (Fancy Nancy Ser.). (ENG.). 192p. (J). (gr. -1-3). 13.99 *(978-0-06-291548-1(7)*, HarperCollins) HarperCollins Pubs.

Fancy Nancy: the 100th Day of School: The 100th Day of School. Jane O'Connor. Illus. by Robin Preiss Glasser. 2022. (Fancy Nancy Readers Ser.). (ENG.). 32p. (J). (gr. k-3). lib. bdg. 31.36 *(978-1-0982-5183-3(0)*, 41266) Spotlight.

Fancy Nancy: the Worst Secret Keeper Ever. Jane O'Connor. Illus. by Robin Preiss Glasser. 2016. (Fancy Nancy Ser.). (ENG.). 24p. (J). (gr. -1-3). pap. 4.99 *(978-0-06-226960-7(7)*, HarperCollins) HarperCollins Pubs.

Fancy Nancy: Too Many Tutus: Too Many Tutus. Jane O'Connor. Illus. by Robin Preiss Glasser. 2022. (Fancy Nancy Readers Ser.). (ENG.). 32p. (J). (gr. k-3). lib. bdg. 31.36 *(978-1-0982-5189-5(X)*, 41272) Spotlight.

Fancy Nancy's Sticker-Doodle Book. Jane O'Connor. Illus. by Robin Preiss Glasser. 2020. (Fancy Nancy Ser.). (ENG.). 100p. (J). (gr. -1-3). pap. 10.99 *(978-0-06-280273-6(9)*, HarperCollins) HarperCollins Pubs.

Fancy Pants: Turn the Wheel to Find My Pants. Roger Priddy. 2019. (Turn the Wheel Ser.). (ENG., Illus.). 8p. (J). bds. 9.99 *(978-0-312-52797-6(7)*, 900194746) St. Martin's Pr.

Fancy Party Dresses Coloring Book. Activity Book Zone for Kids. 2016. (ENG., Illus.). (J). pap. 9.20 *(978-1-68376-425-0(0))* Sabeels Publishing.

Fancy Party Gowns: The Story of Fashion Designer Ann Cole Lowe. Deborah Blumenthal. Illus. by Laura Freeman. 2017. (ENG.). 40p. (J). (gr. -1-3). 17.99 *(978-1-4998-0239-9(0))* Little Bee Books Inc.

Fancy Thoughts Devotional Journal. Latrice R. Brookins. 2022. (ENG.). 148p. (J). pap. 15.00 ***(978-1-0880-1819-4(X))*** Indy Pub.

Fandex Kids: Bugs: Facts That Fit in Your Hand: 49 Incredible Insects, Spiders & More! Workman Publishing. 2022. (Fandex Kids Ser.). (ENG.). 53p. (J). (gr. 3-7). 12.95 *(978-1-5235-1388-8(8)*, 101388) Workman Publishing Co., Inc.

Fandex Kids: Dinosaurs: Facts That Fit in Your Hand: 48 Amazing Dinosaurs Inside! Workman Publishing. 2022. (Fandex Kids Ser.). (ENG.). 53p. (J). (gr. 3-7). 12.95 *(978-1-5235-1207-2(5)*, 101207) Workman Publishing Co., Inc.

Fandex Kids: Ocean: Facts That Fit in Your Hand: 49 Sea Creatures Inside! Workman Publishing. 2022. (Fandex Kids Ser.). (ENG.). 53p. (J). (gr. 3-7). 12.95 *(978-1-5235-1208-9(3)*, 101208) Workman Publishing Co., Inc.

Fandex Kids: Space: Facts That Fit in Your Hand: 49 Galactic Wonders Inside! Workman Publishing. 2023. (Fandex Kids Ser.). (ENG.). 53p. (J). (gr. 3-7). 12.99 *(978-1-5235-1389-5(6)*, 101389) Workman Publishing Co., Inc.

Fandom. Anna Day. 2018. (ENG.). 416p. (J). (gr. 9-9). 17.99 *(978-1-338-23270-7(3))*; pap. *(978-1-910655-67-2(8))* Scholastic, Inc. (Chicken Hse., The).

Fang & Quick! Run! Kirsty Holmes. Illus. by Sean and Dolby Chambers. 2023. (Level 3 - Yellow Set Ser.). (ENG.). 32p. (J). (gr. k-2). lib. bdg. 19.95 Bearport Publishing Co., Inc.

Fang of Bonfire Crossing: Legends of the Lost Causes. Brad McLelland & Louis Sylvester. 2020. (Legends of the Lost Causes Ser.: 2). (ENG.). 400p. (J). pap. 20.99 *(978-1-250-23360-8(7)*, 900174394) Square Fish.

Fangdemonium. Lucienne Diver. 2017. (Vamped Ser.: Vol. 5). (ENG., Illus.). (YA). (gr. 7-12). pap. 14.95 *(978-1-62268-123-5(1))* Bella Rosa Bks.

Fangirl's Guide to the Universe: A Handbook for Girl Geeks. Sam Maggs. 2020. (Illus.). 208p. (YA). (gr. 8-12). 15.99 *(978-1-68369-231-7(4))* Quirk Bks.

Fangirl's Journal for Leveling Up: Conquer Your Life Through Fandom. Sam Maggs. 2020. 160p. (YA). (gr. 8-12). 14.99 *(978-1-68369-219-5(5))* Quirk Bks.

Fangless. Elias Zapple. Illus. by Reimarie Cabalu. 2018. (NICU - the Littlest Vampire American-English Ser.: Vol. 1). (ENG.). 62p. (J). (gr. 4-6). pap. *(978-1-912704-20-0(X))*; pap. *(978-1-912704-21-7(8))* Heads or Tales Pr.

Fangs. Sarah Andersen. 2020. (ENG., Illus.). 112p. (YA). 16.99 *(978-1-5248-6067-7(0))* Andrews McMeel Publishing.

Fangs. Katrine Crow. (ENG.). (J). 2023. 32p. pap. 6.99 *(978-1-4867-2649-3(6)*, c7046fd1-d214-4bb1-982e-3d411218a6d0); 2022. 20p. bds. 7.99 *(978-1-4867-2417-8(5)*, 6c3c8228-dc00-41a4-b9b5-14e2f9c0557f) Flowerpot Pr.

Fangs, Claws, & Camouflage: Zombie Problems. Frances Applequist. 2016. (ENG., Illus.). (YA). 18.95 *(978-1-5069-0242-5(1))*; pap. 14.95 *(978-1-5069-0241-8(3))* First Edition Design Publishing.

Fangs, Feathers, & Faith! A Devotional for Nature Lover's 8 & Up. Victoria Peace Green. 2017. (ENG., Illus.). (J). pap. 14.95 *(978-0-692-85198-2(4))* Victoria Peace Green.

Fangs for Everything (Crimebiters #4) Tommy Greenwald. Illus. by Adam Stower. 2019. (Crimebiters Ser.: 4). (ENG.). 224p. (J). (gr. 3-7). 12.99 *(978-1-338-19328-2(7)*, Scholastic Pr.) Scholastic, Inc.

Fangs for Having Us! Nancy Krulik. Illus. by Harry Briggs. 2021. (Ms. Frogbottom's Field Trips Ser.: 3). (ENG.). 144p. (J). (gr. 2-5). 17.99 *(978-1-5344-5403-3(9))*; pap. 5.99 *(978-1-5344-5402-6(0))* Simon & Schuster Children's Publishing. (Aladdin).

Fangsgiving. Ethan Long. 2018. (ENG., Illus.). 32p. (J). 18.99 *(978-1-68119-825-5(8)*, 900188260, Bloomsbury Children's Bks.) Bloomsbury Publishing USA.

Fangtabulous. Lucienne Diver. 2017. (Vamped Ser.: Vol. 4). (ENG., Illus.). (YA). pap. 14.95 *(978-1-62268-121-1(5))* Bella Rosa Bks.

Fangtastic. Lucienne Diver. 2017. (Vamped Ser.: Vol. 3). (ENG., Illus.). (YA). pap. 14.95 *(978-1-62268-119-8(3))* Bella Rosa Bks.

Fangtooth Fish. Kristen Rajczak Nelson. 2017. (Freaky Fish Ser.). 24p. (J). (gr. 2-3). pap. 48.90 *(978-1-5382-0246-3(8))* Stevens, Gareth Publishing LLLP.

Fania's Heart, 1 vol. Anne Renaud. Illus. by Richard Rudnicki. 2018. (ENG.). 32p. (J). (gr. 3-6). 18.95 *(978-1-77260-057-5(1))* Second Story Pr. CAN. Dist: Orca Bk. Pubs. USA.

Fann Club: Batman Squad. Jim Benton. Illus. by Jim Benton. 2023. (Illus.). 144p. (J). (gr. 3-7). pap. 12.99 *(978-1-77950-889-8(1))* DC Comics.

Fannie Fay Gets Dressed. Randi May Gee. 2022. (ENG.). 32p. (J). pap. *(978-1-716-03508-1(2))* Lulu Pr., Inc.

Fannie Lou Hamer: Civil Rights Activist. Duchess Harris & Mame Ventura. 2019. (Freedom's Promise Ser.). (ENG., Illus.). 48p. (J). (gr. 4-8). lib. bdg. 35.64 *(978-1-5321-1872-2(4)*, 32613) ABDO Publishing Co.

Fannie Never Flinched: One Woman's Courage in the Struggle for American Labor Union Rights. Mary Cronk Farrell. 2016. (ENG., Illus.). 56p. (J). (gr. 5-9). 19.95 *(978-1-4197-1884-7(3)*, 1083701, Abrams Bks. for Young Readers) Abrams, Inc.

Fannie St. John: A Romantic Incident of the American Revolution. Emily Pierpont Delesdernier. 2017. (ENG., Illus.). (J). pap. *(978-0-649-34231-0(3))* Trieste Publishing Pty Ltd.

Fannie St. John: A Romantic Incident of the American Revolution (Classic Reprint) Emily Pierpont Delesdernier. (ENG., Illus.). (J). 2018. 68p. 25.32 *(978-0-365-08963-6(X))*; 2017. pap. 9.57 *(978-0-259-41018-8(7))* Forgotten Bks.

Fanning the Flames. Chris Cannon. 2017. (ENG., Illus.). (YA). pap. 15.99 *(978-1-68281-445-1(9))* Entangled Publishing, LLC.

Fanny: The Little Milliner (Classic Reprint) Charles Rowcroft. 2017. (ENG., Illus.). (J). 30.37 *(978-0-260-71503-6(4))* Forgotten Bks.

Fanny & Arthur, or Persevere & Prosper: A Tale of Interest (Classic Reprint) Jane Margaret Hooper. 2018. (ENG., Illus.). 262p. (J). 29.34 *(978-0-484-34961-1(9))* Forgotten Bks.

Fanny & Robbie: A Year Book for the Children of the Church (Classic Reprint) Anne G. Hale. 2018. (ENG., Illus.). 146p. (J). 26.91 *(978-0-484-28069-3(4))* Forgotten Bks.

Fanny & the Gamekeeper's Cottage. Lynne Noble. 2018. (ENG., Illus.). 186p. (J). pap. *(978-0-244-11148-9(0))* Lulu Pr., Inc.

Fanny Burney: At the Court of Queen Charlotte (Classic Reprint) Constance Hill. 2017. (ENG., Illus.). (J). 33.14 *(978-0-266-79255-0(3))* Forgotten Bks.

Fanny Crosby: The Blind Poet. Doris Stuber Moose et al. 2020. (Flashcard Format 5130-Acs Ser.: Vol. 5130). (ENG.). 42p. (J). pap. 19.00 *(978-1-64104-104-1(8))* Bible Visuals International, Inc.

Fanny Crosby: The Girl Who Couldn't See but Helped the World to Sing. Laura Wickham. Illus. by Jess Rose. 2022. (ENG.). 24p. (J). *(978-1-78498-747-3(6))* Good Bk. Co., The.

Fanny Fitz-York, Vol. 1 Of 3: Heiress of Tremorne (Classic Reprint) Ann Ryley. (ENG., Illus.). (J). 2018. 412p. 32.41 *(978-0-656-33863-4(6))*; 2017. pap. 16.57 *(978-0-243-32663-1(7))* Forgotten Bks.

Fanny Fitz-York, Vol. 2 Of 3: Heiress of Tremorne (Classic Reprint) Ann Ryley. (ENG., Illus.). (J). 2018. 416p. 32.48 *(978-0-332-18602-3(4))*; 2017. pap. 16.57 *(978-0-259-35049-1(4))* Forgotten Bks.

Fanny Flies to France. N. Bloncourt. 2019. (Fanny Ser.). (Illus.). 40p. (J). (gr. -1-12). 20.00 *(978-1-943876-49-5(5))* G Arts LLC.

Fanny Goes to War (Classic Reprint) Pat Beauchamp. (ENG., Illus.). (J). 2018. 302p. 30.13 *(978-0-483-41463-1(8))*; 2016. pap. 13.57 *(978-1-334-15968-8(8))* Forgotten Bks.

Fanny Graham, or a Peep at the Heart: A Story for Children (Classic Reprint) American Study School Union. (ENG., Illus.). (J). 2018. 52p. 24.97 *(978-0-267-36639-2(6))*; 2016. pap. 9.57 *(978-1-334-16386-9(3))* Forgotten Bks.

Fanny Grant among the Indians: A Story for Young People (Classic Reprint) Oliver Optic, pseud. 2018. (ENG., Illus.). 296p. (J). 30.02 *(978-0-484-39922-7(5))* Forgotten Bks.

Fanny Herself (Classic Reprint) Edna Ferber. 2017. (ENG., Illus.). (J). 31.01 *(978-0-266-53830-1(4))* Forgotten Bks.

Fanny in France: Travel Adventures of a Chef's Daughter, with Recipes. Alice Waters. Illus. by Ann Arnold. 2016. 176p. (J). (gr. 5). 19.99 *(978-0-670-01666-2(7)*, Viking Books for Young Readers) Penguin Young Readers Group.

Fanny Lambert: A Novel (Classic Reprint) Henry de Vere Stacpoole. 2018. (ENG., Illus.). 326p. (J). 30.62 *(978-0-428-93395-1(5))* Forgotten Bks.

Fanny Percy's Knight-Errant. Mary Graham. 2017. (ENG.). 272p. (J). pap. *(978-3-337-28070-3(6))* Creation Pubs.

Fanny Percy's Knight-Errant. Mary Graham. 2017. (ENG., Illus.). (J). pap. *(978-0-649-58155-9(5))* Trieste Publishing Pty Ltd.

Fanny Percy's Knight-Errant (Classic Reprint) Mary Graham. 2017. (ENG., Illus.). 272p. (J). 29.53 *(978-0-332-20099-6(X))* Forgotten Bks.

Fanny Saved the Day. Nalini Raghunandan. 2020. (Fanny Saved the Day Ser.: Vol. 2). (ENG., Illus.). 24p. (J). ***(978-1-7771262-0-9(7))***; pap. ***(978-1-7771262-1-6(5))*** Tellwell Talent.

Fanny the Champ. Nalini Raghunandan. 2017. (Fanny the Champ Ser.: Vol. 1). (ENG., Illus.). 24p. (J). ***(978-1-77302-328-1(4))***; pap. ***(978-1-77302-327-4(6))*** Tellwell Talent.

Fanny the Flower Girl (Classic Reprint) Selina Bunbury. 2018. (ENG., Illus.). 162p. (J). 27.26 *(978-0-483-76584-9(8))* Forgotten Bks.

Fanny, the Flower-Girl, or Honesty Rewarded: To Which Are Added Other Tales (Classic Reprint) Selina Bunbury. 2018. (ENG., Illus.). (J). 164p. 27.28 *(978-0-366-56188-9(X))*; 166p. pap. 9.97 *(978-0-366-08979-6(X))* Forgotten Bks.

Fanny Thimble Cutler's Journal of a Residence in America: Whilst Performing a Profitable Theatrical Engagement; Beating the Nonsensical Fanny Kemble Journal All Hollow (Classic Reprint) Unknown Author. 2018. (ENG., Illus.). 40p. (J). 24.72 *(978-0-483-92687-5(6))* Forgotten Bks.

Fans in the Stands. Alex Morgan. 2021. (Kicks Ser.). (ENG.). 128p. (J). (gr. 3-7). 16.99 *(978-1-5344-2809-6(7)*, Simon & Schuster Bks. For Young Readers) Simon & Schuster Bks. For Young Readers.

Fanshawe, Other Pieces (Classic Reprint) Nathanial Hawthorne. 2018. (ENG., Illus.). 228p. (J). 28.62 *(978-0-484-21546-6(9))* Forgotten Bks.

Fansome. Nicole Asallas-Overman. Illus. by Moises Rameriz. 2019. (ENG.). 26p. (J). 17.99 ***(978-0-578-51968-5(2))*** Overman, Ryan.

Fant. Jo Verbauwhede. 2018. (FRE.). 278p. (J). pap. *(978-2-37830-022-7(0))* Joël, Verbauwhede.

Fantacide 1: Unsainted. Talib Bryant. 2022. (ENG.). 48p. (YA). pap. 12.95 ***(978-1-6624-8635-7(9))*** Page Publishing Inc.

Fantail's Quilt. Gay Hay. Illus. by Margaret Tolland. 2019. 36p. (J). (gr. 1-2). 16.95 *(978-1-76036-071-9(6)*, ad5f7745-df98-4334-8620-5598d616d4d7) Starfish Bay Publishing Pty Ltd. AUS. Dist: Baker & Taylor Publisher Services (BTPS).

Fantaisies de Bruscambille: Contenant Plusieurs Discours, Paradoxes, Harangues et Prologues Facecieux (Classic Reprint) Bruscambille Bruscambille. 2018. (FRE., Illus.). (J). 336p. 30.83 *(978-0-365-67887-8(2))*; 338p. pap. 13.57 *(978-0-365-67884-7(8))* Forgotten Bks.

Fantasia I Puritani Duetto for Double Bass & Cello - Soloists Part (Cello & Bass Soloists) Giovanni Bottesini & Stephen Street. 2021. (ENG.). 36p. (J). pap. *(978-1-8381287-6-0(X))* www.stephenstreet.com.

Fantasma de Canterville. Bilingüe. Oscar. Wilde. 2018. (SPA.). 88p. (J). (gr. 1-7). pap. 7.95 *(978-607-453-469-6(1))* Selector, S.A. de C.V. MEX. Dist: Spanish Pubs., LLC.

Fantasma de Gracie: Regalos de Bautismo LDS para niñas (Sobre el Espíritu Santo) Rayden Rose. Illus. by Olga Badulina. 2023. (SPA.). 36p. (J). 16.95 ***(978-1-7349025-3-2(1))*** Rayden Rose.

Fantasma de Grayson: Regalos de Bautismo LDS para niños (Sobre el Espíritu Santo) Rayden Rose. Illus. by Olga Badulina. 2023. (SPA.). 36p. (J). 16.95 ***(978-1-7349025-5-6(8))*** Rayden Rose.

Fantasma Del Teléfono y Otros Cuentos de Miedo. Michael Dahl. Illus. by Xavier Bonet. 2020. (Cuentos Escalofriantes de Michael Dahl Ser.).Tr. of Phantom on the Phone & Other Scary Tales. (SPA.). 72p. (J). (gr. 1-3). lib. bdg. 25.32 *(978-1-4965-9821-9(0)*, 200709, Stone Arch Bks.) Capstone.

Fantasma (Ghost Spanish Edition) Jason Reynolds. Tr. by Alexis Romay. 2023. (Track Ser.: 1). (SPA.). 224p. (J). (gr. 5). pap. 7.99 ***(978-1-6659-2756-7(9)***, Atheneum/Caitlyn Dlouhy Books) Simon & Schuster Children's Publishing.

Fantasma Negro: Leveled Reader Card Book 60 Level U 6 Pack. Hmh Hmh. 2021. (SPA.). (J). pap. 74.40 *(978-0-358-08626-0(4))* Houghton Mifflin Harcourt Publishing Co.

Fantasmas de Alcatraz y Otros Lugares Embrujados Del Oeste. Suzanne Garbe. Tr. by Aparicio Publishing Aparicio Publishing LLC. 2020. (América Embrujada Ser.).Tr. of Ghosts of Alcatraz & Other Hauntings of the West. (SPA., Illus.). 32p. (J). (gr. 3-9). lib. bdg. 30.65 *(978-1-4966-8512-4(1)*, 200618, Capstone Pr.) Capstone.

Fantasmas de el Álamo y Otros Lugares Embrujados Del Sur. Matt Chandler. Tr. by Aparicio Publishing Aparicio Publishing LLC. 2020. (América Embrujada Ser.).Tr. of Ghosts of the Alamo & Other Hauntings of the South. (SPA., Illus.). 32p. (J). (gr. 3-9). lib. bdg. 30.65 *(978-1-4966-8511-7(3)*, 200617, Capstone Pr.) Capstone.

Fantasmas de Gettysburg y Otros Lugares Embrujados Del Este. Suzanne Garbe. Tr. by Aparicio Publishing Aparicio Publishing LLC. 2020. (América Embrujada Ser.).Tr. of Ghosts of Gettysburg & Other Hauntings of the East. (SPA., Illus.). 32p. (J). (gr. 3-9). lib. bdg. 30.65 *(978-1-4966-8513-1(X)*, 200619, Capstone Pr.) Capstone.

Fantastic Adventures of Jammy Jimmy. Ian Joseph. 2018. (ENG., Illus.). 272p. (J). (gr. 9-12). pap. 13.99 *(978-1-78955-374-1(1))* New Generation Publishing GBR. Dist: Independent Pubs. Group.

Fantastic Adventures of Oliver Phenomena: Oliver & the Little Alien. Andy Klein. 2019. (Fantastic Adventures of Oliver Phenomena Ser.: Vol. 4). (ENG., Illus.). 28p. (J). pap. 11.99 *(978-1-951263-68-3(5))* Pen It Pubns.

Fantastic Adventures of Pinky Wombat. T. J. Ernst. 2019. (ENG.). 60p. (J). *(978-1-5289-1306-5(X))*; pap. *(978-1-5289-1305-8(1))* Austin Macauley Pubs. Ltd.

Fantastic Adventures of Robert & Darlene A. K. A. Scruffy & Fluffy: Homer, Alaska. Anita McCraven & Laura. 2022. (ENG., Illus.). 44p. (J). pap. 16.95 *(978-1-6624-7600-6(0))* Page Publishing Inc.

Fantastic Adventures of William Frog: Meeting Meghan Moorhen. D. R. Key. 2020. (ENG.). 40p. (J). pap. *(978-1-64969-151-4(3))* Tablo Publishing.

Fantastic & Challenging Kids Activity Book. Smarter Activity Books for Kids. 2016. (ENG., Illus.). (J). pap. 8.99 *(978-1-68374-302-6(4))* Examined Solutions PTE. Ltd.

Fantastic & Terrible Fame of Classroom 13. Honest Lee & Matthew J. Gilbert. Illus. by Joëlle Dreidemy. 2017. (Classroom 13 Ser.: 3). (ENG.). 128p. (J). (gr. 1-5). pap. 5.99 *(978-0-316-46458-1(9))* Little, Brown Bks. for Young Readers.

Fantastic & Terrible Fame of Classroom 13. Honest Lee & Matthew J. Gilbert. ed. 2018. (Classroom 13 Ser.: 3). (J). lib. bdg. 16.00 *(978-0-606-40639-0(5))* Turtleback.

Fantastic Animals: Colorful Curiosities & Illustrations. Kim Lim. 2022. (ENG.). 41p. (J). pap. ***(978-1-4709-6435-1(X))*** Lulu Pr., Inc.

Fantastic Beasts. J. K. Rowling. 2018. (CHI.). (YA). *(978-7-02-014692-5(9))* People's Literature Publishing Hse.

Fantastic Beasts & Where to Find Them. Candlewick Press Staff & Rick Barba. 2016. (ENG.). 48p. (J). (gr. 5). 19.99 *(978-0-7636-9590-3(4))* Candlewick Pr.

Fantastic Beasts & Where to Find Them. J. K. Rowling. 2017. (ENG.). 128p. (J). (gr. 3). 12.99 *(978-1-338-13231-1(8)*, Levine, Arthur A. Bks.) Scholastic, Inc.

Fantastic Beasts & Where to Find Them. J. K. Rowling & Newt Scamander. Illus. by Olivia Lomenech Gill. 2017. (ENG.). 160p. (J). (gr. 3-3). 34.99 *(978-1-338-21679-0(1)*, Levine, Arthur A. Bks.) Scholastic, Inc.

Fantastic Beasts & Where to Find Them. J. K. Rowling. ed. 2016. lib. bdg. 39.15 *(978-0-606-39668-4(3))* Turtleback.

Fantastic Beasts & Where to Find Them: Newt Scamander's Case: With Sound. Running Press. 2017. (RP Minis Ser.). (ENG., Illus.). 48p. pap. 12.95 *(978-0-7624-6072-4(5)*, Running Pr. Minature Editions) Running Pr.

Fantastic Beasts & Where to Find Them: the Original Screenplay. J. K. Rowling. 2016. (ENG.). 304p. (J). (gr. 3-3). 24.99 *(978-1-338-10906-1(5)*, Levine, Arthur A. Bks.) Scholastic, Inc.

Fantastic Beasts & Where to Find Them: the Original Screenplay (Library Edition) J. K. Rowling. 2016. (ENG.). 304p. (J). (gr. 3). 27.99 *(978-1-338-13208-3(3)*, Levine, Arthur A. Bks.) Scholastic, Inc.

Fantastic Beasts: the Crimes of Grindelwald — the Original Screenplay. J. K. Rowling. 2018. (ENG., Illus.). 304p. (J). (gr. 5-5). 24.99 *(978-1-338-26389-3(7)*, Levine, Arthur A. Bks.) Scholastic, Inc.

Fantastic Beasts: the Secrets of Dumbledore - the Complete Screenplay (Fantastic Beasts, Book 3) J. K. Rowling & Steve Kloves. 2022. (ENG.). 288p. (J). (gr. 3). 27.99 *(978-1-338-85368-1(6))* Scholastic, Inc.

Fantastic Bible Stories. Juliet David. Illus. by Jo Parry. ed. 2019. (Bible Story Pops Ser.). (ENG.). 18p. (J). (gr. -1-k). 18.99 *(978-1-78128-289-2(7)*, 685f653c-e674-417b-bfb5-a76777a33f60, Candle Bks.) Lion Hudson PLC GBR. Dist: Baker & Taylor Publisher Services (BTPS).

Fantastic Body: What Makes You Tick & How You Get Sick. Howard Bennett. 2017. (Illus.). 256p. (J). (gr. 3-7). 19.99 *(978-1-62336-889-0(8)*, 9781623368890, Rodale Kids) Random Hse. Children's Bks.

Fantastic Bureau of Imagination. Brad Montague. Illus. by Brad Montague & Kristi Montague. 2023. (ENG.). 40p. (J). (gr. -1-3). 18.99 *(978-0-593-32347-2(5)*, Dial Bks) Penguin Young Readers Group.

Fantastic Children's Stories, 10 vols. Created by Arcturus Publishing Limited. 2019. (ENG.). (J). pap. 39.99 *(978-1-78950-127-8(X)*, f50d94f3-8039-45dd-8ab9-0734a9c16c04) Arcturus Publishing GBR. Dist: Baker & Taylor Publisher Services (BTPS).

Fantastic Day at the Beach with Friends. Colleen Collinson. 2022. (ENG.). 52p. (J). pap. ***(978-1-80369-601-0(X))*** Authors OnLine, Ltd.

Fantastic Dinosaur Bedtime Stories for Kids: Best Mindfulness Meditations Stories for Kids Ages 2-6 with All Kinds of Dinosaurs to Help Fall Asleep & Feel Calm

Now. Aide Flynn. 2020. (ENG.). 134p. (J). pap. 8.99 *(978-1-953732-87-3(9))* Jason, Michael.

Fantastic Experiments with Forces. Thomas Canavan. Illus. by Adam Linley. 2017. (Mind-Blowing Science Experiments Ser.). 32p. (gr. 4-5). pap. 63.00 *(978-1-5382-0731-4(1))* Stevens, Gareth Publishing LLLP.

Fantastic Fables (Classic Reprint) Ambrose Bierce. 2018. (ENG., Illus.). 214p. (J). 28.31 *(978-0-428-22482-0(2))* Forgotten Bks.

Fantastic Fabricated Life of Lyle Farker. Kayleigh Marinelli. 2021. (ENG.). 240p. (YA). pap. 16.99 *(978-1-63944-636-0(2))* Primedia eLaunch LLC.

Fantastic Faces to Paint Yourself! Become a Pirate, a Ghoul, a Spotty Dog & More. Thomasina Smith. 2016. (Illus.). 64p. (J). (gr. -1-12). 9.99 *(978-1-86147-470-4(9),* Armadillo) Anness Publishing GBR. Dist: National Bk. Network.

Fantastic Fails. Amie Jane Leavitt & Elizabeth Pagel-Hogan. 2020. (Fantastic Fails Ser.). (ENG.). 48p. (J). (gr. 3-5). pap., pap., pap. 35.80 *(978-1-4966-6678-9(X),* 30105) Capstone.

Fantastic Failures: True Stories of People Who Changed the World by Falling down First. Luke Reynolds. 2018. (ENG., Illus.). 304p. (J). (gr. 3-7). 21.99 *(978-1-58270-664-1(6));* pap. 12.99 *(978-1-58270-665-8(4))* Aladdin/Beyond Words.

Fantastic Fairs (Set), 6 vols. 2019. (Fantastic Fairs Ser.). (ENG.). 24p. (J). (gr. k-4). lib. bdg. 188.16 *(978-1-5321-2722-9(7),* 31651, Abdo Zoom-Dash) ABDO Publishing Co.

Fantastic Farm Machines, 12 vols. 2016. (Fantastic Farm Machines Ser.). 24p. (ENG.). (gr. 1-2). lib. bdg. 145.62 *(978-1-4824-4519-0(0),* 6404bdde-4c8d-48ff-83c3-ae6e5fb54fb3); (gr. 2-1). pap. 48.90 *(978-1-4824-5280-8(4))* Stevens, Gareth Publishing LLLP.

Fantastic Fart Activity Book: Hilarious Mazes, Word Searches, & Puzzles for Flatulent Fun! — Over 75 Gassy Games & Pungent Puzzles. Boone Brian. 2022. 96p. (J). (gr. 1-4). pap. 12.99 *(978-1-5107-7111-6(5),* Sky Pony Pr.) Skyhorse Publishing Co., Inc.

Fantastic Feast. Bob Hartman. Illus. by Mark Beech. 2022. (ENG.). 32p. (J). pap. 9.99 *(978-0-281-08540-8(4),* ece08457-8f37-4e27-b84f-aebb34d82b65) SPCK Publishing GBR. Dist: Baker & Taylor Publisher Services (BTPS).

Fantastic Features of Peculiar Creatures. Amy Solaro. 2019. (ENG.). 38p. (J). 14.95 *(978-1-64307-415-3(6))* Amplify Publishing Group.

Fantastic Fidget Spinners. Emily Stead. 2017. (ENG., Illus.). 96p. (J). pap. 7.99 *(978-1-250-18034-6(1),* 9781250180346) Feiwel & Friends.

Fantastic Figures of Speech (Fun with English) Sonia Mehta. 2019. (Fun with English Ser.). (ENG.). 48p. (J). pap. 8.99 *(978-0-14-344488-6(3),* Puffin) Penguin Bks. India PVT, Ltd IND. Dist: Independent Pubs. Group.

Fantastic Fingerprint Art (Set), 8 vols. 2018. (Fantastic Fingerprint Art Ser.). (ENG., Illus.). 32p. (J). (gr. k-k). lib. bdg. 121.08 *(978-1-5081-9673-0(7),* 833343a3-e163-40af-868d-7ae5e6ca1aaf, Windmill Bks.) Rosen Publishing Group, Inc., The.

Fantastic Fiona. Richard Cowdrey et al. ed. 2021. (I Can Read Ser.). (ENG., Illus.). 32p. (J). (gr. k-1). 15.46 *(978-1-64697-873-1(0))* Penworthy Co., LLC, The.

Fantastic Fiona: Level 1, 1 vol. Zondervan. Illus. by Richard Cowdrey. 2021. (I Can Read! / a Fiona the Hippo Book Ser.). (ENG.). 32p. (J). pap. 4.99 *(978-0-310-77100-5(5));* lib. bdg. 16.99 *(978-0-310-77101-2(3))* Zonderkidz.

Fantastic Fish. Lily Schell. 2022. (Amazing Animal Classes Ser.). (ENG., Illus.). 24p. (J). (gr. k-3). pap. 7.99 *(978-1-64834-833-4(5),* 21687, Blastoff! Readers) Bellwether Media.

Fantastic Flexagons: Hexaflexagons & Other Flexible Folds to Twist & Turn. Nick Robinson. 2017. (ENG.). 96p. (J). (gr. 4-9). pap. 9.99 *(978-1-944686-10-9(X),* Racehorse Publishing) Skyhorse Publishing Co., Inc.

Fantastic Fliers. Editors of Kingfisher. 2016. (It's All About... Ser.). (ENG.). 32p. (J). pap. 5.99 *(978-0-7534-7286-6(4),* 9780753472866, Kingfisher) Roaring Brook Pr.

Fantastic Flowers, 1 vol. Susan Stockdale. 2017. (Illus.). 32p. (J). (gr. -1-2). 16.95 *(978-1-56145-952-0(6))* Peachtree Publishing Co. Inc.

Fantastic Flying Competition. Tjibbe Veldkamp. Illus. by Sebastiaan Van Doninck. 2022. (ENG.). 32p. (J). (gr. -1-3). 16.99 *(978-1-84976-761-3(0))* Tate Publishing, Ltd. GBR. Dist: Abrams, Inc.

Fantastic Food Origami, 1 vol. Joe Fullman. 2020. (Enchanting Origami Ser.). (ENG.). 24p. (J). (gr. 3-3). pap. 9.25 *(978-1-4994-8533-2(6),* d6ff2320-a662-40e8-abf7-d4e5d043d512); lib. bdg. 26.27 *(978-1-4994-8535-6(2),* 217d9251-c93c-46e0-9217-8b89a99083fd) Rosen Publishing Group, Inc., The. (Windmill Bks.).

Fantastic Forces & Incredible Machines. Nick Arnold. ed. 2018. (STEM Quest Ser.). lib. bdg. 22.10 *(978-0-606-41261-2(1))* Turtleback.

Fantastic Four & the Cooking Disaster. Jalene Matthews et al. 2021. (ENG.). 32p. (J). pap. 12.99 *(978-1-0879-9233-4(8))* Indy Pub.

Fantastic Four: Behold... Galactus! John Byrne & Marvel Various. Illus. by John Byrne & Marvel Various. 2019. (Illus.). 232p. (gr. -1-17). pap. 24.99 *(978-1-302-91793-7(5),* Marvel Universe) Marvel Worldwide, Inc.

Fantastic Four Epic Collection: The New Fantastic Four. Walt Simonson & Marvel Various. Illus. by Marvel Various & Arthur Adams. 2022. 504p. (gr. 4-17). pap. 44.99 *(978-1-302-94684-5(6),* Marvel Universe) Marvel Worldwide, Inc.

Fantastic Four Epic Collection: at War with Atlantis. Stan Lee. 2020. (Illus.). 416p. (gr. 4-17). pap. 39.99 *(978-1-302-92202-3(5),* Marvel Universe) Marvel Worldwide, Inc.

Fantastic Four Epic Collection: the Name Is Doom. Stan Lee. 2020. (Illus.). 504p. (gr. -1-17). pap. 39.99 *(978-1-302-92203-0(3),* Marvel Universe) Marvel Worldwide, Inc.

Fantastic Frankie. Jess Rose. Illus. by Jess Rose. 2023. (ENG., Illus.). 32p. (J). (gr. -1-3). 18.99 *(978-1-915167-33-0(7),* 363eb4a6-4768-4e39-9171-24e35f1fe04c) New Frontier Publishing AUS. Dist: Lerner Publishing Group.

Fantastic Freddie & the Bad Case of Paranoia. Payton Denney. 2016. 38p. (J). pap. 9.99 *(978-1-4835-8626-7(X))* BookBaby.

Fantastic Fridge. Mimi Ide. Illus. by Sakshi Mangal. 2021. (ENG.). 28p. (J). *(978-1-5255-6424-6(2));* pap. *(978-1-5255-6425-3(0))* FriesenPress.

Fantastic Fruits. Katie Marsico. 2020. (21st Century Basic Skills Library: Level 3: Strong Kids Healthy Plate Ser.). (ENG., Illus.). 24p. (J). (gr. k-3). lib. bdg. 30.64 *(978-1-5341-6863-3(X),* 215339) Cherry Lake Publishing.

Fantastic Fruits: A Grimal Grove Coloring Book. Ralph Masiello. Illus. by Ralph Masiello. 2020. (Illus.). 32p. (J). (gr. k-4). pap. 6.99 *(978-1-62354-141-5(7))* Charlesbridge Publishing, Inc.

Fantastic Fugitives: Criminals, Cutthroats, & Rebels Who Changed History (While on the Run!) Brianna DuMont. Illus. by Bethany Straker. 2016. (Changed History Ser.). (ENG.). 192p. (J). (gr. 3-7). 16.99 *(978-1-63220-412-7(6),* Sky Pony Pr.) Skyhorse Publishing Co., Inc.

Fantastic Fun Activity Book: 32 Fun Games. Clever Publishing & Nora Watkins. Illus. by Clever Publishing. 2023. (Clever Activities Ser.). (ENG., Illus.). 32p. (J). (gr. -1-1). pap. 5.99 ***(978-1-956560-89-3(0))*** Clever Media Group.

Fantastic Gymnastics. Diana Harley. Illus. by Sue Rama. 2019. (ENG.). 26p. (J). *(978-0-646-99759-9(9))* Harley, Diana.

Fantastic History of the Celebrated Pierrot: Written by the Magician Alcofribas, & Translated from the Sogdian (Classic Reprint) Alfred Assollant. 2017. (ENG., Illus.). (J). 30.89 *(978-0-260-07625-0(2))* Forgotten Bks.

Fantastic Homes for Flying Creatures. Joanne Mattern. 2022. (Wildlife Rescue Ser.). (ENG., Illus.). 28p. (J). (gr. 1-3). pap. 6.99 *(978-1-64371-194-2(6),* 9da89e57-2413-4511-941e-ba9ac5b5f307); lib. bdg. 25.32 *(978-1-64371-190-4(3),* f21c7493-1b97-4f01-846b-2408f7c53689) Red Chair Pr.

Fantastic Horse Crafts, 1 vol. Jane Yates. 2018. (Get Crafty with Pets! Ser.). (ENG.). 32p. (J). (gr. 3-4). lib. bdg. 28.27 *(978-1-5382-2618-6(9),* ec114bbc-199f-43a2-b45c-8c6ceb27ab94) Stevens, Gareth Publishing LLLP.

Fantastic Journey. Duane Hall. 2018. (ENG., Illus.). 72p. (J). pap. *(978-1-4600-0985-7(1))* Essence Publishing.

Fantastic Kids: Care for Animals. Kristy Stark. 2018. (TIME for KIDS(r): Informational Text Ser.). (ENG., Illus.). 12p. (J). (gr. k-1). 7.99 *(978-1-4258-4952-8(0))* Teacher Created Materials, Inc.

Fantastic Kids: George Washington Carver (Level 2) Michelle Jovin. rev. ed. 2017. (TIME for KIDS(r): Informational Text Ser.). (ENG., Illus.). 28p. (gr. 2-3). pap. 10.99 *(978-1-4258-4961-0(X))* Teacher Created Materials, Inc.

Fantastic Kids: Helping Others (Level 3) Anderson Elizabeth Lopez. 2017. (TIME for KIDS(r): Informational Text Ser.). (ENG., Illus.). 32p. (J). (gr. 3-4). pap. 12.99 *(978-1-4258-4972-6(5))* Teacher Created Materials, Inc.

Fantastic Kids: Malala Yousafzai (Level 5) Dona Herweck Rice. 2017. (TIME for KIDS(r): Informational Text Ser.). (ENG., Illus.). 48p. (J). (gr. 4-8). pap. 13.99 *(978-1-4258-4988-7(1))* Teacher Created Materials, Inc.

Fantastic Kids: Theater Kids (Level 1) Dona Herweck Rice. 2018. (TIME for KIDS(r): Informational Text Ser.). (ENG., Illus.). 24p. (gr. 1-2). pap. 8.99 *(978-1-4258-4960-3(1))* Teacher Created Materials, Inc.

Fantastic Kids: Young Artists (Level 4) David Paris. 2017. (TIME for KIDS(r): Informational Text Ser.). (ENG., Illus.). 32p. (gr. 3-5). pap. 12.99 *(978-1-4258-4982-5(2))* Teacher Created Materials, Inc.

Fantastic Library Rescue & Other Major Plot Twists. Deborah Lytton. 2018. (Ruby Starr Ser.: 2). (ENG., Illus.). 224p. (J). (gr. 3-7). pap. 10.99 *(978-1-4926-4580-1(X))* Sourcebooks, Inc.

Fantastic Lives: Against All Odds (Level 8) Ben Nussbaum. 2018. (TIME(r): Informational Text Ser.). (ENG., Illus.). 48p. (J). (gr. 7-8). pap. 11.99 *(978-1-4258-5012-8(X))* Teacher Created Materials, Inc.

Fantastic Lives: Business Sense. Michelle Reneé Prather. 2018. (TIME(r): Informational Text Ser.). (ENG., Illus.). 48p. (J). (gr. 6-8). pap. 13.99 *(978-1-4258-5004-3(9))* Teacher Created Materials, Inc.

Fantastic Lives: College Bound. Amy K. Hooper. 2018. (TIME(r): Informational Text Ser.). (ENG., Illus.). 48p. (J). (gr. 5-8). pap. 13.99 *(978-1-4258-4996-2(2))* Teacher Created Materials, Inc.

Fantastic Monsters, 1 vol. William Potter. Illus. by Juan Calle. 2019. (Ultimate Fantasy Art Ser.). (ENG.). 32p. (gr. 3-4). 29.27 *(978-1-7253-0332-4(9),* 7ae0a0c3-3d5e-477f-8be3-609c8f19ae25); pap. 12.75 *(978-1-7253-0330-0(2),* 4557594b-486e-4750-a115-b24ce2672e48) Rosen Publishing Group, Inc., The. (PowerKids Pr.).

Fantastic Mr Fox see Superzorro

Fantastic Mr. Fox. Roald Dahl. 2018. (CHI.). (J). (gr. 3-7). pap. *(978-7-5332-9922-4(1))* Mingtian Chubanshe.

Fantastic Pineapple. Brick Puffinton. Ed. by Cottage Door Press. Illus. by Alice Potter. 2019. (ENG.). 12p. (J). (gr. -1 — 1). bds. 7.99 *(978-1-68052-735-3(5),* 1004560) Cottage Door Pr.

Fantastic Plants, 12 vols. 2022. (Fantastic Plants Ser.). (ENG.). 24p. (J). (gr. 2-3). lib. bdg. 151.62 *(978-1-5383-8741-2(7),* 2053e74e-e91d-43af-8ff4-7a1e49c2a9f8, PowerKids Pr.) Rosen Publishing Group, Inc., The.

Fantastic Race. Andrew Knowlman & Sarah Boyce. 2017. (ENG., Illus.). 67p. (J). (gr. 3-6). pap. *(978-1-911589-33-4(4),* Choir Pr., The) Action Publishing Technology Ltd.

Fantastic Speculations: Essays on Fantasy & Science Fiction. Eric Leif Davin. 2022. (ENG.). 165p. (YA). pap. ***(978-1-387-69888-2(5))*** Lulu Pr., Inc.

Fantastic Stained Glass Designs Coloring Book: Calming Coloring Books for Adults Edition. Activibooks. 2016. (ENG., Illus.). (J). pap. 9.20 *(978-1-68321-030-6(1))* Mimaxion.

Fantastic Stories (Classic Reprint) Richard Leander. 2018. (ENG., Illus.). 216p. (J). 28.35 *(978-0-267-49198-8(0))* Forgotten Bks.

Fantastic Tales for Fearless Girls: 31 Inspirational Stories from Around the World. Anita Ganeri & Sam Loman. Illus. by Khoa Le. 2022. (ENG.). 256p. (J). 24.99 *(978-1-3988-1441-7(5),* b8cc0b66-da21-4372-ad99-c61b391e667a) Arcturus Publishing GBR. Dist: Baker & Taylor Publisher Services (BTPS).

Fantastic Tales of Nothing. Alejandra Green & Fanny Rodriguez. 2020. (ENG.). 320p. (J). (gr. 3-7). 22.99 *(978-0-06-283948-0(9));* pap. 12.99 *(978-0-06-283947-3(0))* HarperCollins Pubs. (Tegen, Katherine Bks).

Fantastic Toys: A Catalog. Monika Beisner. 2019. (Illus.). 32p. (J). (-k). 17.95 *(978-1-68137-311-9(4),* NYR Children's Collection) New York Review of Bks., Inc., The.

Fantastic Voyage of Mr. Farfenoodle. Ja Eaton. 2018. (ENG.). (J). 14.95 *(978-1-68401-806-2(4))* Amplify Publishing Group.

Fantastic Worlds: The Inspiring Truth Behind Popular Role-Playing Video Games. Thomas Kingsley Troupe. 2018. (Video Games vs. Reality Ser.). (ENG., Illus.). 32p. (J). (gr. 3-9). lib. bdg. 28.65 *(978-1-5435-2569-4(5),* 138051, Capstone Pr.) Capstone.

Fantastic You. Danielle Dufayet. Illus. by Jennifer Zivoin. 2019. 32p. (J). *(978-1-4338-3028-0(0),* Magination Pr.) American Psychological Assn.

Fantastical Creatures: An Adventure in Colouring. Sherry Hume. 2018. (ENG., Illus.). 84p. (J). pap. *(978-0-2288-0567-0(8))* Tellwell Talent.

Fantastical Exploits of Gwendolyn Gray: Book 2. B. A. Williamson. 2020. (Chronicles of Gwendolyn Gray Ser.). (ENG.). 400p. (J). (gr. 3-8). pap. 11.99 *(978-1-63163-435-2(6),* 1631634356, Jolly Fish Pr.) North Star Editions.

Fantastical Finds. Allyson Lorens. Illus. by Laura Rimaszombati. 2018. (ENG.). 34p. (J). pap. 12.99 *(978-1-7323065-8-5(3))* Horn, Jonathan.

Fantastical Flights of Emilia Gate. Louise M. Hart. 2017. (ENG., Illus.). 104p. (J). pap. *(978-1-84897-865-2(0))* Olympia Publishers.

Fantastical Sea Animals: Whales Coloring Book. Jupiter Kids. 2017. (ENG., Illus.). (J). pap. 9.20 *(978-1-68326-770-6(2),* Jupiter Kids (Childrens & Kids Fiction)) Speedy Publishing LLC.

Fantastically Fun Connect the Dots Activity Book. Creative. 2016. (ENG., Illus.). (J). pap. 10.81 *(978-1-68323-494-4(4))* Twin Flame Productions.

Fantastische Bruder. Anna Carina Baum. 2017. (GER., Illus.). (J). pap. *(978-3-7103-3275-3(3))* united p.c. Verlag.

Fantastische Geschichten. Maria Anna. 2019. (GER.). 52p. (J). pap. *(978-3-7103-3959-2(6))* united p.c. Verlag.

Fantasy Activity Book for Girls. Educando Kids. 2019. (ENG.). 42p. (J). pap. 8.55 *(978-1-64521-771-8(X),* Educando Kids) Editorial Imagen.

Fantasy Art & Architecture Coloring Book. Kreativ Entspannen. 2016. (ENG., Illus.). (J). pap. 9.20 *(978-1-68377-459-4(0))* Whlke, Traudl.

Fantasy Baseball Math: Using Stats to Score Big in Your League. Allan Morey. 2016. (Fantasy Sports Math Ser.). (ENG., Illus.). 32p. (J). (gr. 3-9). lib. bdg. 28.65 *(978-1-5157-2167-3(1),* 132725, Capstone Pr.) Capstone.

Fantasy Baseball Math: Using STATS to Score Big in Your League, 2 vols. Allan Morey. 2016. (Fantasy Sports Math Ser.). (ENG.). (J). (gr. 3-4). 53.32 *(978-1-5157-5472-5(3))* Capstone.

Fantasy Basketball Math: Using Stats to Score Big in Your League. Matt Doeden. 2016. (Fantasy Sports Math Ser.). (ENG., Illus.). 32p. (J). (gr. 3-9). lib. bdg. 28.65 *(978-1-5157-2163-5(9),* 132724, Capstone Pr.) Capstone.

Fantasy Chronicles, 5 vols., Set. Incl. Fairies & Elves. Shannon Knudsen. lib. bdg. 27.93 *(978-0-8225-9979-1(1));* Fantastical Creatures & Magical Beasts. Shannon Knudsen. (Illus.). (J). lib. bdg. 27.93 *(978-0-8225-9987-6(2),* 1299469); Giants, Trolls, & Ogres. Shannon Knudsen. (Illus.). (J). lib. bdg. 27.93 *(978-0-8225-9985-2(6));* Mermaids & Mermen. Shannon Knudsen. lib. bdg. 27.93 *(978-0-8225-9981-4(3));* Wizards & Witches. Ann Kerns. (Illus.). lib. bdg. 27.93 *(978-0-8225-9983-8(X));* 48p. (gr. 4-7). 2009. Set lib. bdg. 139.65 *(978-0-8225-9977-7(5),* Lerner Pubns.) Lerner Publishing Group.

Fantasy (Classic Reprint) Matilde Serao. 2017. (ENG., Illus.). 314p. (J). 30.37 *(978-0-265-20474-0(7))* Forgotten Bks.

Fantasy Color Book. Enchanted Fairies, Unicorns & Mermaids to Color. Includes Color by Number Templates. Activity Book for Princesses & Older Kids. Speedy Kids. 2017. (ENG., Illus.). 200p. (J). pap. 12.26 *(978-1-5419-4782-5(7))* Speedy Publishing LLC.

Fantasy Fairy Garden Coloring for Adults. Agnieszka Swiatkowska-Sulecka. 2023. (ENG.). 202p. (J). pap. 20.48 ***(978-1-4475-1503-6(X))*** Lulu Pr., Inc.

Fantasy Fictions from the Bengal Renaissance: The Make-Believe Prince; Toddy-Cat the Bold. Abanindranath Tagore et al. 2018. (ENG., Illus.). 372p. pap. 50.00 *(978-0-19-948675-5(1))* Oxford Univ. Pr., Inc.

Fantasy Football. Michael Decker. 2019. (Greater World of Sports Ser.). (ENG., Illus.). 32p. (J). (gr. 3-6). lib. bdg. 32.79 *(978-1-5321-9039-1(5),* 33588, SportsZone) ABDO Publishing Co.

Fantasy Football, Vol. 10. James Buckley, Jr. 2016. (All about Professional Football Ser.: Vol. 10). (ENG., Illus.). 64p. (J). (gr. 7-12). 23.95 *(978-1-4222-3577-5(7))* Mason Crest.

Fantasy Football League. Virginia Loh-Hagan. 2016. (D. I. Y. Make It Happen Ser.). (ENG., Illus.). 32p. (J). (gr. 4-8). 32.07 *(978-1-63470-499-1(1),* 207727) Cherry Lake Publishing.

Fantasy Football Math: Using Stats to Score Big in Your League. Matt Doeden. 2016. (Fantasy Sports Math Ser.). (ENG., Illus.). 32p. (J). (gr. 3-9). lib. bdg. 28.65 *(978-1-5157-2168-0(X),* 132726, Capstone Pr.) Capstone.

Fantasy Kingdom. Hannah Westerfield. 2017. (ENG.). 40p. (J). pap. *(978-1-387-11395-8(X))* Lulu Pr., Inc.

Fantasy Princess Coloring Book: An Adult Coloring Book Featuring over 100 Pages of Giant Super Jumbo Large Designs of Beautiful Fantasy Princesses to Color for Relaxation. Beatrice Harrison. 2020. (ENG.). 102p. (YA). pap. 11.88 *(978-1-716-49927-2(5))* Lulu Pr., Inc.

Fantasy, Romance, & More: Genres of Anime & Manga. Contrib. by Stuart A. Kallen. 2023. (All Things Anime & Manga Ser.). (ENG.). 64p. (J). (gr. 6-12). 43.93 ***(978-1-6782-0520-1(6))*** ReferencePoint Pr., Inc.

Fantasy Worlds Large & Small Coloring Book. Kreative Kids. 2016. (ENG., Illus.). (J). pap. 9.20 *(978-1-68377-460-0(4))* Whlke, Traudl.

Fantazimals (Paperback) W. W. Rowe. 2017. (ENG., Illus.). 84p. (J). pap. *(978-1-387-15482-1(6))* Lulu Pr., Inc.

Fantine Avenel (Classic Reprint) Lucie Lacoste. 2018. (ENG., Illus.). 392p. (J). 31.98 *(978-0-483-88611-7(4))* Forgotten Bks.

Fantomah Volume 01 up from the Deep. Ray Fawkes. 2019. (ENG., Illus.). 112p. (YA). pap. 12.99 *(978-1-988247-25-0(X),* ec5652ec-063a-4366-b048-09214439d2c5) Chapterhouse Comics CAN. Dist: Diamond Comic Distributors, Inc.

Fantôme Dans le Métro. Joel Verbauwhede. 2018. (FRE.). 140p. (J). pap. *(978-2-37830-018-0(2))* Joël, Verbauwhede.

Fantomele Rosii. Mihaela Delia Chiliment. 2020. (ROH.). 43p. (J). pap. *(978-1-716-61590-0(9))* Lulu Pr., Inc.

FAQ: Teen Life: Set 2, 10 vols. Incl. Dating. Vanessa Baish. lib. bdg. 37.13 *(978-1-4042-1969-4(2),* 7c6ea145-437e-487d-a1b7-757ec21fe562); Frequently Asked Questions about ADD & ADHD. Jonas Pomere. lib. bdg. 37.13 *(978-1-4042-1970-0(6),* add86b57-630a-49c0-abe1-6d4f32af96cd); Frequently Asked Questions about Date Rape. Tamra Orr. lib. bdg. 37.13 *(978-1-4042-1972-4(2),* c0b5d39b-863e-4013-afa1-b3c0a9698cde); Mypyramid: Eating Right. Kara Williams. lib. bdg. 37.13 *(978-1-4042-1974-8(9),* b7bb2fde-ad8a-46ee-bf69-b8bd5f8f5a53); (Illus.). 64p. (YA). (gr. 5-6). 2007. (FAQ: Teen Life Ser.). (ENG.). 2006. Set lib. bdg. 185.65 *(978-1-4042-1062-2(8),* 4fceca51-a5f7-4c74-87ec-787b0ddb3260) Rosen Publishing Group, Inc., The.

FAQ: Teen Life: Set 6, 12 vols. Incl. Frequently Asked Questions about Drinking & Driving. Holly Cefrey. lib. bdg. 37.13 *(978-1-4042-1809-3(2),* 7a13dfc4-c054-4194-814a-690e047319be); Frequently Asked Questions about Exercise Addiction. Edward Willett. lib. bdg. 37.13 *(978-1-4042-1806-2(8),* 1d1f5373-784d-4f64-9738-601cef83419d); Frequently Asked Questions about Human Papillomavirus. Lissette Gonzalez. lib. bdg. 37.13 *(978-1-4042-1813-0(0),* 22830166-0573-4d37-8c91-b949428581f0); Frequently Asked Questions about Migraines & Headaches. Allan B. Cobb. lib. bdg. 37.13 *(978-1-4042-1814-7(9),* 4ab4cb94-2051-4431-9b58-af31d4d8ed08); Frequently Asked Questions about Peer Pressure. Richard Juzwiak. lib. bdg. 37.13 *(978-1-4042-1805-5(X),* 42016b3a-20e2-4bc5-bd34-abe969908251); Frequently Asked Questions about Suicide. Sandra Giddens. lib. bdg. 37.13 *(978-1-4042-1811-6(4),* ce427455-e483-484b-aab1-a66c920d2ce7); (Illus.). 64p. (YA). (gr. 5-6). 2008. (FAQ: Teen Life Ser.). (ENG.). 2008. Set lib. bdg. 222.78 *(978-1-4042-1887-1(4),* 951b6996-928a-4887-83a0-5a917cefc704) Rosen Publishing Group, Inc., The.

Faq: Teen Life: Set 7, 8 vols. Incl. Frequently Asked Questions about Being Part of a Military Family. Joyce Hart. lib. bdg. 37.13 *(978-1-4358-5328-7(8),* 55819231-6297-4ce2-aa7b-669164ab6757); Frequently Asked Questions about Emergency Lifesaving Techniques. Greg Roza. lib. bdg. 37.13 *(978-1-4358-5327-0(X),* 80b355a5-1adf-44a8-8585-d2b71d941913); Frequently Asked Questions about Everyday First Aid. Heather Hasan. lib. bdg. 37.13 *(978-1-4358-5326-3(1),* 8783fca3-13a4-4927-adf7-1ba5c54a9b70); (Illus.). 64p. (J). (gr. 5-6). 2009. (FAQ: Teen Life Ser.). (ENG.). 2009. Set lib. bdg. 148.52 *(978-1-4358-3311-1(2),* a28d7329-0dfe-4e5a-9907-7edc008a6ac8) Rosen Publishing Group, Inc., The.

FAQ: Teen Life: Set 8, 16 vols. Incl. Frequently Asked Questions about Antidepressants. Judy Monroe Peterson. (YA). lib. bdg. 37.13 *(978-1-4358-3547-4(6),* 00bfd2b1-e7cc-4b66-a618-565341dcb701); Frequently Asked Questions about Concussions. Linda Bickerstaff. (YA). lib. bdg. 37.13 *(978-1-4358-3513-9(1),* 10ee3c6e-afa1-4c24-80fa-be187d044181); Frequently Asked Questions about Driving & the Law. Greg Roza. (YA). lib. bdg. 37.13 *(978-1-4358-3544-3(1),* 1eedd4ec-f967-4c8d-856f-e85e817f7b25); Frequently Asked Questions about Foster Care. Annie Leah Sommers. (YA). lib. bdg. 37.13 *(978-1-4358-3546-7(8),* 29977fc8-fd1f-4280-b227-ae97b3798d76); Frequently Asked Questions about Online Gaming Addiction. Holly Cefrey. (J). lib. bdg. 37.13 *(978-1-4358-3548-1(4),* 1306964); Frequently Asked Questions about Overscheduling & Stress. Daniel E. Harmon. (YA). lib. bdg. 37.13 *(978-1-4358-3514-6(X),* 68e79d1c-1987-42f4-bfab-2896e1c7a538); Frequently Asked Questions about Sleep & Sleep Deprivation. Judy Monroe Peterson. (YA). lib. bdg. 37.13 *(978-1-4358-3512-2(3),* 3b6e314f-2528-452d-ac35-f7cb5b69fe54); Frequently Asked Questions about Tanning & Skin Care. Corona Brezina. (YA). lib. bdg. 37.13 *(978-1-4358-3545-0(X),* 0b7ef74b-6c06-441d-939f-6d0562df3dd3); (gr. 5-6). 2010. (FAQ: Teen Life Ser.). (ENG., Illus.). 64p. 2009. Set lib. bdg. 297.04 *(978-1-4358-3608-2(1),* fe4b88d1-eec7-47b7-bbfb-430e34b41143) Rosen Publishing Group, Inc., The.

Far above Rubies. George MacDonald. 2017. (ENG., Illus.). (J). pap. 10.95 *(978-1-374-82737-0(1))* Capital Communications, Inc.

Far above Rubies, Vol. 1 Of 3: A Novel (Classic Reprint) J. H. Riddell. (ENG., Illus.). (J). 2018. 328p. 30.66 *(978-0-483-42981-9(3));* 2016. pap. 13.57 *(978-1-334-59210-2(1))* Forgotten Bks.

F

Far above Rubies, Vol. 2 Of 3: A Novel (Classic Reprint) J. H. Riddell. 2018. (ENG., Illus.). 314p. (J). 30.37 *(978-0-484-85029-2(6))* Forgotten Bks.

Far above Rubies, Vol. 3 Of 3: A Novel (Classic Reprint) J. H. Riddell. 2018. (ENG., Illus.). 314p. (J). 30.37 *(978-0-484-05326-6(4))* Forgotten Bks.

Far & Away, a Kid's Guide to Cobh, Ireland. Penelope Dyan. l.t. ed. 2019. (ENG., Illus.). 34p. (J). (gr. k-4). pap. 12.60 *(978-1-61477-396-2(3))* Bellissima Publishing, LLC.

Far & Distant Cry. Deanna Rutledge. 2020. (ENG.). 256p. (YA). pap. 12.99 *(978-0-578-77913-3(7))* Stout-Castle Bks.

Far & near (Classic Reprint) John Burroughs. 2019. (ENG., Illus.). 302p. (J). 30.15 *(978-0-365-16659-7(6))* Forgotten Bks.

Far & Straight: My First Adventure. Randi Saladin. Illus. by C. L. Simons. 2023. (ENG.). 40p. (J). pap. ***(978-1-0391-7764-2(6))***; ***(978-1-0391-7765-9(4))*** FriesenPress.

Far Apart, Close in Heart. Becky Birtha. 2018. (2019 Av2 Fiction Ser.). (ENG.). 32p. (J). lib. bdg. 34.28 *(978-1-4896-8263-5(5)*, AV2 by Weigl) Weigl Pubs., Inc.

Far Apart, Close in Heart: Being a Family When a Loved One Is Incarcerated. Becky Birtha. Illus. by Maja Kastelic. (ENG.). 32p. (J). (gr. -1-3). 2022. pap. 9.99 *(978-0-8075-1289-0(3)*, 807512893); 2017. 16.99 *(978-0-8075-1275-3(3)*, 807512753) Whitman, Albert & Co.

Far Away. Lisa Graff. 2020. (ENG.). 288p. (J). (gr. 3-7). pap. 8.99 *(978-1-5247-3861-7(1)*, Puffin Books) Penguin Young Readers Group.

Far Away: Or, Sketches of Scenery & Society in Mauritius (Classic Reprint) Charles John Boyle. (ENG., Illus.). (J). 2018. 392p. 31.98 *(978-0-364-80138-3(7))*; 2016. pap. 16.57 *(978-1-334-73118-1(7))* Forgotten Bks.

Far Away & Long Ago: A History of My Early Life (Classic Reprint) William Henry Hudson, 3rd. 2017. (ENG., Illus.). (J). 30.87 *(978-0-331-16190-8(7))* Forgotten Bks.

Far Away & Long Ago (Classic Reprint) Frances Anne Kemble. 2017. (ENG., Illus.). (J). 30.58 *(978-0-331-91402-3(6))*; pap. 13.57 *(978-0-243-32384-5(0))* Forgotten Bks.

Far Away Brothers (Adapted for Young Adults) Two Teenage Immigrants Making a Life in America. Lauren Markham. (ENG.). 288p. (YA). (gr. 7). 2020. pap. 10.99 *(978-1-9848-2980-1(7)*, Ember); 2019. 17.99 *(978-1-9848-2977-1(7)*, Delacorte Pr.) Random Hse. Children's Bks.

Far Away in the Misty Hills. John Parke. 2018. (ENG.). 74p. (J). pap. *(978-0-244-71282-2(4))* Lulu Pr., Inc.

Far-Away Melody, & Other Stories (Classic Reprint) Mary Wilkins Freeman. 2018. (ENG., Illus.). 342p. (J). 30.97 *(978-0-267-25515-3(2))* Forgotten Bks.

Far Away Place. Hope Chisholm. 2019. (ENG.). 34p. (J). pap. *(978-1-7947-2187-6(8))* Lulu Pr., Inc.

Far-Away Princess: A Comedy in One Act (Classic Reprint) Hermann Sudermann. (ENG., Illus.). (J). 2018. 54p. 25.03 *(978-0-267-31203-0(2))*; 2016. pap. 9.57 *(978-1-333-40745-2(9))* Forgotten Bks.

Far-Away Stories (Classic Reprint) William J. Locke. (ENG., Illus.). (J). 2017. 29.59 *(978-0-331-84266-1(1))*; 2016. pap. 11.97 *(978-1-334-12659-8(3))* Forgotten Bks.

Far-Away Stories (Classic Reprint) William John Locke. 2017. (ENG., Illus.). (J). 29.44 *(978-1-5284-6962-3(3))* Forgotten Bks.

Far Beyond. Jewel Medina & Mj Frey. Ed. by Denise Oyola. 2021. (ENG.). 26p. (J). 26.90 *(978-1-329-05194-2(7))* Lulu Pr., Inc.

Far Countries As Seen by a Boy. M. Beecher Longyear. 2017. (ENG., Illus.). (J). pap. *(978-0-649-27108-5(4))* Trieste Publishing Pty Ltd.

Far Countries As Seen by a Boy (Classic Reprint) M. Beecher Longyear. 2017. (ENG., Illus.). (J). 27.67 *(978-0-331-11206-1(X))* Forgotten Bks.

Far Country (Classic Reprint) Winston Churchill. (ENG., Illus.). (J). 2018. 546p. 35.16 *(978-0-364-09267-5(X))*; 2017. 34.93 *(978-0-265-75302-6(3))*; 2017. pap. 19.57 *(978-1-5277-2553-9(7))* Forgotten Bks.

Far Country (Classic Reprint) Marthedith Furnas. 2018. (ENG., Illus.). (J). 30.37 *(978-0-331-98317-3(6))* Forgotten Bks.

Far Cry (Classic Reprint) Henry Milner Rideout. 2017. (ENG., Illus.). (J). 29.73 *(978-1-5285-9019-8(8))* Forgotten Bks.

Far from Fair. Elana K. Arnold. 2016. (ENG.). 240p. (J). (gr. 5-7). 16.99 *(978-0-544-60227-4(7)*, 1616935, Clarion Bks.) HarperCollins Pubs.

Far from Home. Marcia E. Barss. 2021. (ENG.). 162p. (J). *(978-1-0391-0343-6(X))*; pap. *(978-1-0391-0342-9(1))* FriesenPress.

Far from Home. Barbara Thompson. 2017. (Daisie Moon Adventure Bks.: Vol. 2). (ENG., Illus.). 54p. (J). (gr. 4-6). pap. 10.99 *(978-0-9888080-3-4(X))* Jessie Street Pr.

Far from Ordinary: A Young Woman's Guide to the Plans God Has for Her. Lysa TerKeurst & Hope TerKeurst. 2022. (ENG.). 176p. (YA). (gr. 9). pap. 14.99 *(978-0-7369-8579-6(4)*, 6985796) Harvest Hse. Pubs.

Far from Perfect (the Valentines, Book 2) Holly Smale. 2021. (Valentines Ser.: 2). (ENG.). 448p. (J). 9.99 *(978-0-00-841394-1(0)*, HarperCollins Children's Bks.) HarperCollins Pubs. Ltd. GBR. Dist: HarperCollins Pubs.

Far from the Maddening Girls (Classic Reprint) Guy Wetmore Carryl. 2017. (ENG., Illus.). (J). 28.31 *(978-0-265-18455-4(X))* Forgotten Bks.

Far from the Madding Crowd (Classic Reprint) Thomas Hardy. 2016. (ENG., Illus.). (J). 23.57 *(978-1-334-99773-0(X))* Forgotten Bks.

Far from the Madding Crowd, Vol. 1 of 2 (Classic Reprint) Thomas Hardy. 2017. (ENG., Illus.). (J). 31.14 *(978-0-331-93307-9(1))* Forgotten Bks.

Far from the Madding Crowd, Vol. 2 of 2 (Classic Reprint) Thomas Hardy. 2018. (ENG., Illus.). 362p. (J). 31.36 *(978-0-332-07634-8(2))* Forgotten Bks.

Far from the Old Folks at Home: My Journal Letters Home During a Twenty-One Months' Tour Round the World (Classic Reprint) B. H. Barton. 2018. (ENG., Illus.). 478p. (J). 33.78 *(978-0-267-66706-2(X))* Forgotten Bks.

Far from the Tree. Robin Benway. (ENG.). (YA). (gr. 8). 2019. 400p. pap. 11.99 *(978-0-06-233063-5(2))*; 2017. 384p. 17.99 *(978-0-06-233062-8(4))* HarperCollins Pubs. (HarperTeen).

Far from the Tree: Young Adult Edition — How Children & Their Parents Learn to Accept One Another ... Our Differences Unite Us. Andrew Solomon. (ENG., Illus.). (YA). (gr. 9). 2018. 480p. pap. 13.99 *(978-1-4814-4091-2(8))*; 2017. 464p. 18.99 *(978-1-4814-4090-5(X))* Simon & Schuster Bks. For Young Readers. (Simon & Schuster Bks. For Young Readers).

Far from to-Day (Classic Reprint) Gertrude Hall. 2018. (ENG., Illus.). 306p. (J). 30.23 *(978-0-428-88610-3(8))* Forgotten Bks.

Far Harbour with Henny & Crispies. Naomi Mitchison. 2022. (Naomi Mitchison Library). (ENG.). 158p. (J). pap. ***(978-1-84921-235-9(X))*** Kennedy & Boyd.

Far Horizon (Classic Reprint) Lucas Malet. 2017. (ENG., Illus.). 398p. (J). 32.11 *(978-0-484-83381-3(2))* Forgotten Bks.

Far Horizons: Hearts High (Classic Reprint) D. J. Dickie. (ENG., Illus.). (J). 2018. 370p. 31.55 *(978-0-483-45212-1(2))*; 2017. pap. 13.97 *(978-1-334-91114-9(2))* Forgotten Bks.

Far Horizons: Ships of Araby (Classic Reprint) D. J. Dickie. (ENG., Illus.). (J). 2018. 334p. 30.79 *(978-0-484-81581-9(4))*; 2017. pap. 13.57 *(978-1-334-91150-7(9))* Forgotten Bks.

Far in the Forest: A Story (Classic Reprint) S. Weir Mitchell. 2018. (ENG., Illus.). 302p. (J). 30.15 *(978-0-484-25148-8(1))* Forgotten Bks.

Far off, or Asia & Australia Described: With Anecdotes & Illustrations (Classic Reprint) Favell Lee Mortimer. 2017. (ENG., Illus.). (J). 338p. 30.89 *(978-0-332-80408-8(9))*; pap. 13.57 *(978-0-259-55570-4(3))* Forgotten Bks.

Far off Things (Classic Reprint) Arthur Machen. 2017. (ENG., Illus.). (J). 27.40 *(978-0-331-88109-7(8))* Forgotten Bks.

Far off, Vol. 1: With Anecdotes & Numerous Illus, by the Author of the Peep of Day (Classic Reprint) Favell Lee Mortimer. 2018. (ENG., Illus.). 422p. (J). 32.62 *(978-0-365-16039-7(3))* Forgotten Bks.

Far Out! Anne Bustard. 2023. (ENG., Illus.). 224p. (J). (gr. 3-7). 17.99 *(978-1-6659-1419-2(X)*, Simon & Schuster Bks. For Young Readers) Simon & Schuster Bks. For Young Readers.

Far Out, Brussel Sprout. Ed. by June Factor. 2017. (Far Out! Ser.). (ENG.). 112p. (J). (gr. k-2). pap. 8.99 *(978-1-925386-06-6(6)*, Brolly Bks.) Borghesi & Adam Pubs. Pty Ltd AUS. Dist: Independent Pubs. Group.

Far Out Classic Stories. Katie Schenkel et al. Illus. by Fernando Cano et al. 2022. (Far Out Classic Stories Ser.). (ENG.). 40p. (J). 202.56 *(978-1-6663-3369-5(7)*, 235147, Stone Arch Bks.) Capstone.

Far Out Fairy Tales see Cuentos de Hadas Futuristas

Far Out Fairy Tales: Five Full-Color Graphic Novels. Louise Simonson et al. Illus. by Fernando Cano et al. ed. 2016. (Far Out Fairy Tales Ser.). (ENG.). 176p. (J). (gr. 3-6). pap., pap., pap. 12.95 *(978-1-4965-2511-6(6)*, 130482, Stone Arch Bks.) Capstone.

Far-Out Fashion. Virginia Loh-Hagan. 2018. (Stranger Than Fiction Ser.). (ENG.). 32p. (J). (gr. 4-8). pap. 14.21 *(978-1-5341-3254-2(6)*, 211781); (Illus.). lib. bdg. 32.07 *(978-1-5341-2934-4(0)*, 211780) Cherry Lake Publishing. (45th Parallel Press).

Far Out Firehouse. Mark Mariano et al. 2020. (ENG., Illus.). 42p. (J). (gr. k-6). 22.99 *(978-0-9823750-3-7(4))* My Pal Mark.

Far Out Flowers. Jane Yates. 2023. (Crafts in a Snap! Ser.). (ENG.). 24p. (J). (gr. 2-5). lib. bdg. 19.95 Bearport Publishing Co., Inc.

Far Out! Outer Space Seek & Find Activity Book. Jupiter Kids. 2016. (ENG., Illus.). 106p. (J). pap. 16.55 *(978-1-68326-120-9(8)*, Jupiter Kids (Childrens & Kids Fiction)) Speedy Publishing LLC.

Far Planets & Beyond, Vol. 7. Mason Crest. 2016. (Solar System Ser.: Vol. 7). (ENG., Illus.). 48p. (J). (gr. 5-8). 20.95 *(978-1-4222-3550-8(5))* Mason Crest.

Far to Go. Noel Streatfeild. 2020. (ENG.). 160p. (J). 7.99 *(978-0-00-734961-6(0)*, HarperCollins Children's Bks.) HarperCollins Pubs. Ltd. GBR. Dist: HarperCollins Pubs.

Far to Seek: A Romance of England & India (Classic Reprint) Maud Diver. 2018. (ENG., Illus.). 476p. (J). 33.71 *(978-0-483-89366-5(8))* Forgotten Bks.

Far Turn. Charlotte Cosulich. 2018. (ENG., Illus.). 34p. (J). pap. 17.99 *(978-0-692-18860-6(6))* Cosulich, Charlotte.

Far-West Sketches (Classic Reprint) Jessie Benton Fremont. 2017. (ENG., Illus.). (J). 28.19 *(978-0-265-91595-0(3))* Forgotten Bks.

Far Wilder Magic. Allison Saft. 2022. (ENG., Illus.). 384p. (YA). 20.00 *(978-1-250-62365-2(0)*, 900223927, Wednesday Bks.) St. Martin's Pr.

Farah Loves Mangos. Sarthak Sinha. 2023. (ENG., Illus.). 40p. (J). (gr. -1-2). 17.99 *(978-1-83874-136-5(4))* Flying Eye Bks. GBR. Dist: Penguin Random Hse. LLC.

Farah Rocks Fifth Grade. Susan Muaddi Darraj. Illus. by Ruaida Mannaa. (Farah Rocks Ser.). (ENG.). 144p. (J). 2023. pap. 9.99 *(978-1-4965-8429-8(5)*, 140744); 2020. (gr. 3-6). 15.95 *(978-1-4965-8339-0(6)*, 140529) Capstone. (Stone Arch Bks.).

Farah Rocks Summer Break. Susan Muaddi Darraj. Illus. by Ruaida Mannaa. 2020. (Farah Rocks Ser.). (ENG.). 144p. (J). (gr. 3-6). 15.95 *(978-1-4965-8340-6(X)*, 140530, Stone Arch Bks.) Capstone.

Farah's Underwater Adventure. Deanna Wells. 2021. (ENG., Illus.). 22p. (J). pap. 12.95 *(978-1-63710-259-6(3))* Fulton Bks.

Farandoline de Pâques: Amusantes Histoires de Pâques. Patrick Huet. 2021. (FRE.). 106p. (J). pap. ***(978-1-008-99060-9(4))*** Lulu Pr., Inc.

Faraway Families. Jocelyn Tochor & Jena Rhydderch. 2019. (ENG.). 30p. (J). *(978-0-2288-1359-0(X))*; pap. *(978-0-2288-1322-4(0))* Tellwell Talent.

Faraway Sandy Trails (Classic Reprint) Lily Marion Newton. (ENG., Illus.). (J). 2018. 226p. 28.56 *(978-0-364-24217-9(5))*; 2016. pap. 10.97 *(978-1-334-22140-8(5))* Forgotten Bks.

Farbe Nach Nummer Blumen Mit Tieren in der Wildnis: Für Kinder, ein Malbuch Für Erwachsene Mit Lustigen, Einfachen und Entspannenden Ausmal-Seiten(Farbe Nach Nummer Färbung Bücher Für Erwachsene) Prince Milan Benton. 2021. (GER.). 78p. (J). pap. 16.00 *(978-0-7237-1420-0(7)*, Mosby Ltd.) Elsevier - Health Sciences Div.

Farces the Dictator; the Galloper; Miss. Civilization (Classic Reprint) Richard Harding Davis. 2018. (ENG., Illus.). 380p. (J). 31.73 *(978-0-267-52034-3(4))* Forgotten Bks.

Farewell Cuba, Mi Isla. Alexandra Diaz. 2023. (ENG.). 336p. (J). (gr. 3-7). 17.99 ***(978-1-5344-9540-1(1)***, Simon & Schuster/Paula Wiseman Bks.) Simon & Schuster/Paula Wiseman Bks.

Farewell Doby: Grief, Loss & Pawsitive Thoughts to Light the Way. Lakhbir Jassal. 2017. (ENG., Illus.). 44p. (J). 21.99 *(978-1-7751874-0-0(3))* healologie.

Farewell My Dearest Bentley. Siang Yee Chuah. 2019. (ENG.). 50p. (J). pap. *(978-1-5289-2969-1(1))* Austin Macauley Pubs. Ltd.

Farewell to Arms (Classic Reprint) Ernest Hemingway. 2017. (ENG., Illus.). (J). 31.38 *(978-1-5280-4147-8(X))*; pap. 13.97 *(978-0-243-32342-5(5))* Forgotten Bks.

Farewell to Arms Novel Units Student Packet. Novel Units. 2019. (ENG.). (YA). pap. 13.99 *(978-1-56137-455-7(5)*, Novel Units, Inc.) Classroom Library Co.

Farewell to Earth. Bruce Coville. Illus. by Glen Mullaly. 2022. (Sixth-Grade Alien Ser.: 12). (ENG.). 176p. (J). (gr. 3-7). pap. 6.99 *(978-1-5344-8739-0(5))*; 17.99 *(978-1-5344-8740-6(9))* Simon & Schuster Children's Publishing. (Aladdin).

Farewell to the War Within: A Battle with Reality. Rutendo Alyssa-Joy Mushonga. 2021. (ENG.). 82p. (YA). *(978-0-2288-5045-8(2))*; pap. *(978-0-2288-5044-1(4))* Tellwell Talent.

Farewell Tour of a Terminal Optimist, 30 vols. John Young. 2017. 288p. (YA). 9.95 *(978-1-78250-424-5(9)*, Kelpies) Floris Bks. GBR. Dist: Consortium Bk. Sales & Distribution.

Farina: A Legend of Cologne (Classic Reprint) George Meredith. 2018. (ENG., Illus.). 258p. (J). 29.22 *(978-0-267-29166-3(3))* Forgotten Bks.

Farkle Finds His Furever Home: Based on the True Story of a Special Needs Shelter Dog. Wendy Johnson. Illus. by Leslie Harrington. 2022. (Farkle & Friends Ser.: Vol. 1). (ENG.). 42p. (J). pap. 19.99 ***(978-1-6629-3147-5(6))*** Gatekeeper Pr.

Farley & Friends. Granjan. Ed. by Mathew Tuttle. Illus. by Granjan. 2023. (ENG.). 22p. (J). 21.99 ***(978-1-6628-6034-8(X))***; pap. 10.99 ***(978-1-6628-6033-1(1))*** Salem Author Services.

Farm. Illus. by Sara Brezzi. 2020. (Chalk Effect Ser.). (ENG.). 16p. (J). (— 1). bds. 7.95 *(978-88-544-1695-6(9))* White Star Publishers ITA. Dist: Sterling Publishing Co., Inc.

Farm. Child's Play. Illus. by Cocoretto. 2017. (Wheels at Work (US Edition) Ser.: 4). (ENG.). 12p. (J). bds. *(978-1-78628-082-4(5))* Child's Play International Ltd.

Farm. Illus. by Cocoretto. 2019. (Making Tracks Ser.: 4). 12p. (J). bds. *(978-1-78628-296-5(8))* Child's Play International Ltd.

Farm. Nancy Delvaux. 2018. (Seek & Find Ser.). (ENG.). 12p. (J). bds. *(978-1-63560-105-3(3))* Lake Press.

Farm. IglooBooks. 2019. (ENG.). 10p. (J). bds. 14.99 *(978-1-78905-395-1(1))* Igloo Bks. GBR. Dist: Simon & Schuster, Inc.

Farm. Julia Jaske. 2023. (Let's Have an Adventure Ser.). (ENG., Illus.). 16p. (J). (gr. -1-2). 11.36 *(978-1-6689-1905-7(2)*, 221883, Cherry Blossom Press) Cherry Lake Publishing.

Farm. Natalie Marshall. 2019. (ENG.). 12p. (J). (gr. -1 — 1). bds. 9.99 *(978-1-4380-5069-0(0))* Sourcebooks, Inc.

Farm. Rebecca Pettiford. Ed. by Jenny Fretland VanVoorst. 2016. (First Field Trips). (Illus.). 24p. (J). (gr. k-2). lib. bdg. 25.65 *(978-1-62031-295-7(6)*, Bullfrog Bks.) Jump! Inc.

Farm. Ed. by Rainstorm Publishing. Illus. by Gabriel Antonini. 2018. (First Animal Facts Ser.). (ENG.). 20p. (J). bds. 7.99 *(978-1-989219-79-9(9))* Rainstorm Pr.

Farm: A 4D Book. Blake A. Hoena. rev. ed. 2018. (Visit To... Ser.). (ENG., Illus.). 24p. (J). (gr. -1-2). lib. bdg. 29.32 *(978-1-5435-0828-4(6)*, 137592, Capstone Pr.) Capstone.

Farm: A Soft Book & Mirror for Baby! Illus. by Francesca Ferri. 2016. 6p. (J). (gr. -1-k). 10.99 *(978-1-4380-7760-4(2))* Sourcebooks, Inc.

Farm: Book 68. William Ricketts. Illus. by Dean Maynard. 2023. (Tas & Friends Ser.). (ENG.). 20p. (J). (gr. -1-k). pap. 7.99 ***(978-1-76127-068-0(0)***, 97e5db13-0b13-4ffe-b99b-d08137cff9d6) Knowledge Bks. & Software AUS. Dist: Lerner Publishing Group.

Farm: Illustrated Book on Farm Animals. Wonder House Books. 2019. (ENG.). 24p. (J). (gr. -1-k). pap. 3.99 ***(978-93-89053-12-8(9))*** Prakash Bk. Depot IND. Dist: Independent Pubs. Group.

Farm Activity Book for Kids. Little Activity Book of Coloring & Connect the Dots. Basic Skills for Early Learning Foundation, Identifying Farm Animals & Numbers for Kindergarten to Grade 1. Speedy Kids. 2017. (ENG., Illus.). 200p. (J). pap. 12.26 *(978-1-5419-4783-2(5))* Speedy Publishing LLC.

Farm & Fireside, Vol. 25: July 1, 1902-September 15, 1902 (Classic Reprint) Unknown Author. (ENG., Illus.). (J). 2018. 126p. 26.50 *(978-0-666-98569-9(3))*; 2017. pap. 9.57 *(978-0-243-46662-7(5))* Forgotten Bks.

Farm & Fireside, Vol. 26: October 1, 1902 (Classic Reprint) Unknown Author. 2017. (ENG., Illus.). (J). 124p. 26.45 *(978-0-332-86734-2(X))*; pap. 9.57 *(978-0-259-47900-0(4))* Forgotten Bks.

Farm & Fireside, Vol. 27: April 1, 1904 (Classic Reprint) Unknown Author. 2017. (ENG., Illus.). (J). pap. 9.57 *(978-0-243-28419-1(5))* Forgotten Bks.

Farm & Home Visits: A Training Leaflet in Eight Parts (Classic Reprint) Kenneth Fisher Warner. 2017. (ENG., Illus.). (J). 24.49 *(978-0-265-73452-0(5))*; pap. 7.97 *(978-1-5276-9778-2(9))* Forgotten Bks.

Farm & Milk. Vera Gregory. 2016. (ENG., Illus.). 65p. (J). pap. *(978-0-9935147-4-6(X))* Sunesis Pubns.

Farm Animal Coloring Book for Kids: Fun Coloring Book Full of Cool Farm Animals Coloring Pages. Farm Animals Coloring Book for Children, Kids, Toddlers, Boys & Girls of All Ages. Includes Farm Animals Colouring Pages Full of Enjoyment & Excitement For. Molly Osborne. 2021. (ENG., Illus.). 160p. (J). pap. 13.50 *(978-1-716-24643-2(1))* Lulu Pr., Inc.

Farm Animal Rights. Jessie Alkire. 2017. (Animal Rights Ser.). (ENG., Illus.). 32p. (J). (gr. 3-6). lib. bdg. 32.79 *(978-1-5321-1259-1(9)*, 27576, Checkerboard Library) ABDO Publishing Co.

Farm Animal Rummy, 56 vols. Ed. by School Zone Staff. 2019. (ENG.). (J). (gr. -1-1). 3.49 *(978-1-68147-279-9(1)*, 2574781f-05ef-42cd-a633-dde4aa4eda17) School Zone Publishing Co.

Farm Animals. Ingela P. Arrhenius. Illus. by Ingela P. Arrhenius. 2020. (ENG., Illus.). 16p. (J). (— 1). bds. 7.99 *(978-1-5362-1462-8(0))* Candlewick Pr.

Farm Animals. Clever Publishing. Illus. by Zhenya Radosteva. 2022. (50 Fun Flaps! Ser.). (ENG.). 20p. (J). (gr. -1 — 1). bds. 11.99 *(978-1-954738-44-7(7))* Clever Media Group.

Farm Animals. Nina Filipek & Anna Award. 2017. (ENG., Illus.). 10p. (J). bds. 9.00 *(978-1-909763-38-8(1))* Award Pubns. Ltd. GBR. Dist: Parkwest Pubns., Inc.

Farm Animals. Ed. by Joseph Gardner. 2020. (Steam Beginnings Ser.). (ENG.). 14p. (J). bds. 4.99 *(978-1-941609-55-2(4))* Gardner Media LLC.

Farm Animals. Oakley Graham. Illus. by Dan Crisp. 2021. (Play & Learn Ser.). (ENG.). 10p. (J). (— 1). bds. 9.99 *(978-1-78958-921-4(5))* Top That! Publishing PLC GBR. Dist: Independent Pubs. Group.

Farm Animals. Bonnie Hinman. 2022. (Early Animal Encyclopedias Ser.). (ENG., Illus.). 128p. (J). (gr. -1-4). lib. bdg. 47.07 ***(978-1-0982-9042-9(9)***, 40891, Early Encyclopedias) ABDO Publishing Co.

Farm Animals. Paul A. Kobasa. 2018. (J). *(978-0-7166-3571-0(2))* World Bk., Inc.

Farm Animals. Sasha Morton. 2021. (QEB Essentials Let's Talk Ser.). (ENG., Illus.). 24p. (J). (gr. -1 — 1). lib. bdg. 27.99 *(978-0-7112-4416-0(2)*, 76559488-ce9d-4251-89e8-9a53ffd1d43d) QEB Publishing Inc.

Farm Animals. Rose Nestling. Ed. by Cottage Door Press. Illus. by Jaclyn Sinquett. 2020. (ENG.). 18p. (J). (gr. -1 — 1). bds. 17.99 *(978-1-68052-949-4(8)*, 1005920) Cottage Door Pr.

Farm Animals. Illus. by Sylvaine Peyrols. 2023. (My First Discovery Paperbacks Ser.). (ENG.). 32p. (J). (gr. k-2). pap. 9.99 *(978-1-85103-755-1(1))* Moonlight Publishing, Ltd. GBR. Dist: Independent Pubs. Group.

Farm Animals. Small World Creations. Illus. by Emma Haines. 2016. (ENG.). 8p. (J). (gr. -1 — 1). 9.99 *(978-1-4380-7752-9(1))* Sourcebooks, Inc.

Farm Animals. Words & Pictures. Illus. by Teresa Bellón. 2020. (Little Hands Stroller Bks.). (ENG.). 14p. (J). (gr. -1 — 1). bds. 8.99 *(978-0-7112-5055-0(3)*, 332669, Words & Pictures) Quarto Publishing Group UK GBR. Dist: Hachette UK Distribution.

Farm Animals, 6 vols., Set. Incl. Cows on the Farm. Susan Meredith. 22.79 *(978-1-61590-265-1(1))*; Ducks on the Farm. Kyla Steinkraus. 22.79 *(978-1-61590-269-9(4))*; Rabbits on the Farm. Kyla Steinkraus. 22.79 *(978-1-61590-268-2(6))*; (Illus.). 24p. (J). (gr. k-3). 2010. Set lib. bdg. 136.74 *(978-1-61590-263-7(5))* Rourke Educational Media.

Farm Animals: Children's Farm Animal Book. Bold Kids. 2022. (ENG.). 42p. (J). pap. 15.99 ***(978-1-0717-0972-6(0))*** FASTLANE LLC.

Farm Animals: Coloring & Activity Book. Speedy Kids. 2017. (ENG., Illus.). (J). pap. 9.20 *(978-1-5419-3384-2(2))* Speedy Publishing LLC.

Farm Animals: Connect the Dots Activity Book Age 6. Jupiter Kids. 2017. (ENG., Illus.). (J). pap. 9.20 *(978-1-5419-0974-8(7)*, Jupiter Kids (Childrens & Kids Fiction)) Speedy Publishing LLC.

Farm Animals: Covering the General Field of Animal Industry (Classic Reprint) Thomas Forsyth Hunt. 2018. (ENG., Illus.). 548p. (J). 35.20 *(978-0-365-48943-6(3))* Forgotten Bks.

Farm Animals: Facts & Fun. Ashley Bilodeau. 2022. (ENG.). 64p. (J). pap. 8.99 ***(978-1-988294-04-9(5)***, dc036a1e-4c8c-4386-9cdd-260bc7f0f3a1) Dragon Hill Publishing CAN. Dist: Lone Pine Publishing USA.

Farm Animals! - from Cows to Chickens (Farming for Kids) - Children's Books on Farm Life. Left Brain Kids. 2016. (ENG., Illus.). (J). pap. 7.51 *(978-1-68376-612-4(1))* Sabeels Publishing.

Farm Animals / Animales de Granja. Xist Publishing. 2017. (Xist Kids Bilingual Spanish English Ser.). (ENG & SPA.). 28p. (J). (gr. -1-3). pap. 9.99 *(978-1-5324-0327-9(5))* Xist Publishing.

Farm Animals / Animales de Granja (English-Spanish) (Disney Baby) R. J. Cregg. Tr. by Laura Collado Píriz. Illus. by Disney Storybook Art Team. 2019. (Disney Bilingual Ser.: 17). (ENG.). 16p. (J). (gr. -1-k). bds. 6.99 *(978-1-4998-0908-4(5)*, BuzzPop) Little Bee Books Inc.

Farm Animals 26-Piece Puzzle. Christopher Robbins. Illus. by Susanna Covelli. 2022. (PuzzleTrain Ser.). (ENG.). 26p. (J). (gr. -1-k). 14.99 *(978-1-64170-647-6(3)*, 550647) Familius LLC.

Farm Animals Ages 4 to 6. Preschool to Kindergarten, Numbers, Counting, Pre-Writing, Beth Costanzo. 2022. (ENG.). 30p. (J). pap. 8.99 *(978-1-0880-2694-6(X))* Adventures of Scuba Jack Pubs., The.

Farm Animals & Pets: Early Learning Board Book with Large Font. Wonder House Books. 2020. (Big Board Bks.). (ENG.). 10p. (J). (-k). bds. 2.99 ***(978-93-90183-87-6(1))*** Prakash Bk. Depot IND. Dist: Independent Pubs. Group.

Farm Animals Are People Too. Mark Snyder, Jr. 2022. (ENG.). 26p. (J). 16.99 ***(978-1-7780295-8-5(2))***; pap. 7.99 ***(978-1-7387559-0-5(8))*** Indy Pub.

Farm Animals (Be an Expert!) (Library Edition) Amy Edgar. 2021. (Be an Expert! Ser.). (ENG.). 24p. (J). (gr. -1-k). lib. bdg. 25.00 *(978-0-531-13671-3(X)*, Children's Pr.) Scholastic Library Publishing.

Farm Animals Coloring Book. Noria Hamdoun. 2023. (ENG.). 40p. (J). pap. ***(978-1-4477-4340-8(7))*** Lulu Pr., Inc.

Farm Animals Coloring Book. Amanda Ravello. 2022. (ENG.). 45p. (J). pap. *(978-1-4583-3215-8(2))* Lulu Pr., Inc.

Farm Animals Coloring Book: Cute Farm Animals Coloring Book Adorable Farm Animals Coloring Pages for Kids 25 Incredibly Cute & Lovable Farm Animals. Welove Coloringbooks. 2021. (ENG., Illus.). 106p. (J). pap. 10.49 *(978-1-716-25733-9(6))* Lulu Pr., Inc.

Farm Animals Coloring Book: Simple & Fun Designs: Cows, Chickens, Horses, Ducks & More! Popacolor. 2021. (ENG.). 50p. (J). pap. *(978-1-326-29015-3(0))* Lulu Pr., Inc.

Farm Animals Coloring Book for Children (6x9 Coloring Book / Activity Book) Sheba Blake. 2020. (ENG.). 44p. (J). pap. 9.99 *(978-1-222-28460-7(X))* Indy Pub.

Farm Animals Coloring Book for Children (8. 5x8. 5 Coloring Book / Activity Book) Sheba Blake. 2020. (ENG.). 44p. (J). pap. 12.99 *(978-1-222-28771-4(4))* Indy Pub.

Farm Animals Coloring Book for Children (8x10 Coloring Book / Activity Book) Sheba Blake. 2020. (ENG.). 44p. (J). pap. 14.99 *(978-1-222-28461-4(8))* Indy Pub.

Farm Animals Coloring Book for Kids. Cristie Dozaz. 2020. (ENG.). 60p. (J). pap. 12.00 *(978-1-716-40991-2(8))* Lulu Pr., Inc.

Farm Animals Coloring Book for Kids! a Unique Collection of Coloring Pages. Bold Illustrations. 2018. (ENG., Illus.). 64p. (J). pap. 11.99 *(978-1-64193-939-3(7)*, Bold Illustrations) FASTLANE LLC.

Farm Animals Coloring Book for Kids! a Variety of Coloring Pages. Bold Illustrations. 2022. (ENG.). 82p. (J). pap. 14.99 *(978-1-0717-0657-2(8)*, Bold Illustrations) FASTLANE LLC.

Farm Animals for Toddlers: Little Farm Life Coloring Books for Kids Ages 2-4, 6-8. Young Dreamers Press. Illus. by Fairy Crocs. 2019. (Coloring Book for Toddlers Ages 2-4 & 4-8 Chris Ser.: Vol. 2). (ENG.). 66p. (J). (gr. 2-5). pap. *(978-1-989387-88-7(8))* EnemyOne.

Farm Animals Fun Box: Includes a Storybook & a 2-In-1 Puzzle. Illus. by Jonathan Miller. 2017. 24p. (J). (gr. -1-k). 7.99 *(978-2-9815807-2-6(8)*, CrackBoom! Bks.) Chouette Publishing CAN. Dist: Publishers Group West (PGW).

Farm Animals Grid Drawing Book for Kids. Educando Kids. 2019. (ENG.). 42p. (J). pap. 8.55 *(978-1-64521-630-8(6)*, Educando Kids) Editorial Imagen.

Farm Animals Jigsaw Puzzle: Scholastic Early Learners (Puzzles) Scholastic. 2020. (Scholastic Early Learners Ser.). (ENG.). (J). (gr. -1-k). 12.99 *(978-1-338-64559-0(5)*, Cartwheel Bks.) Scholastic, Inc.

Farm Animals: My First Sound Book: A Press & Play Sound Book. Editors of Editors of Applesauce Press. 2022. (My First Book of Sounds Ser.). (ENG., Illus.). 28p. (J). (gr. -1). 19.95 *(978-1-64643-230-1(4)*, Applesauce Pr.) Cider Mill Pr. Bk. Pubs., LLC.

Farm Animals of Presidents. Grace Hansen. (Pets of Presidents Ser.). (ENG., Illus.). 24p. (J). 2022. (gr. k-k). pap. 8.95 *(978-1-64494-691-6(2)*, Abdo Kids-Junior); 2021. (gr. -1-2). lib. bdg. 31.36 *(978-1-0982-0926-1(5)*, 38284, Abdo Kids) ABDO Publishing Co.

Farm Animals Spot the Difference Activity Book for Kids. Jupiter Kids. 2017. (ENG., Illus.). (J). pap. 9.05 *(978-1-5419-3287-6(0)*, Jupiter Kids (Childrens & Kids Fiction)) Speedy Publishing LLC.

Farm Animals to Color: Amazing Pop-Up Stickers. Isadora Smunket. 2022. (ENG.). 32p. (J). (gr. -1-2). pap. 9.99 *(978-1-63761-085-5(8))* Imagine & Wonder.

Farm Animals Touch & Feel. Make Believe Ideas. 2016. (ENG.). 12p. (J). (gr. -1 — 1). 6.99 *(978-1-78598-136-4(6))* Make Believe Ideas GBR. Dist: Scholastic, Inc.

Farm Animals with Riddles. Larissa Caroline. 2019. (ENG.). 32p. (J). pap. *(978-0-359-38271-2(1))* Lulu Pr., Inc.

Farm Babies. H. A. Rey. 2017. (ENG., Illus.). 24p. (J). (gr. -1-3). 8.99 *(978-0-544-94907-2(2)*, 1660322, Clarion Bks.) HarperCollins Pubs.

Farm Babies. Mary Elizabeth Salzmann. 2019. (Animal Babies Ser.). (ENG., Illus.). 24p. (J). (gr. -1-3). lib. bdg. 29.93 *(978-1-5321-1957-6(7)*, 32499, SandCastle) ABDO Publishing Co.

Farm Babies: A Teach Your Toddler Tab Book. Christiane Gunzi & Anna Award. 2017. (Illus.). 8p. (J). bds. 8.00 *(978-1-907604-96-6(0))* Award Pubns. Ltd. GBR. Dist: Parkwest Pubns., Inc.

Farm Babies (a Tuffy Book) Rose Nestling. Ed. by Cottage Door Press. 2021. (Tuffy Book Ser.). (ENG.). 10p. (J). (gr. -1 — 1). 8.99 *(978-1-68052-958-6(7)*, 1006010) Cottage Door Pr.

Farm Bingo. Caroline Selmes. 2021. (ENG., Illus.). (J). (gr. -1-k). 19.99 *(978-1-78627-707-7(7)*, King, Laurence Publishing) Orion Publishing Group, Ltd. GBR. Dist: Hachette Bk. Group.

Farm Bottoms. Lisa Stubbs. 2023. (Whose Bottom? Ser.). (ENG.). 16p. (J). (-k). 9.99 *(978-1-912757-18-3(4))* Boxer Bks., Ltd. GBR. Dist: Sterling Publishing Co., Inc.

Farm Boy: The Sequel to War Horse. Michael Morpurgo. 2023. (ENG., Illus.). 80p. (J). pap. 14.99 ***(978-0-00-861272-6(2))*** Farshore GBR. Dist: HarperCollins Pubs.

Farm Buddies Connect the Dots Animals. Educando Kids. 2019. (ENG.). 42p. (J). pap. 8.55 *(978-1-64521-693-3(4)*, Educando Kids) Editorial Imagen.

Farm Club Songs (Classic Reprint) B. H. Patterson. (ENG., Illus.). (J). 2018. 56p. 25.05 *(978-0-267-31235-1(0))*; 2016. pap. 9.57 *(978-1-333-41203-6(7))* Forgotten Bks.

Farm Coloring Book & Activities: Farm Coloring Book for Kids Farm Animals Coloring Book & Activities for Toddlers Coloring Books for Kids Ages 3-5 ABC Learning for Toddlers Toddler Books 88 Pages 8. 5x11. Gabriela Swan. 2021. (ENG.). 88p. (J). pap. *(978-1-6671-2976-1(7))* Lulu.com.

Farm Coloring Book for Kids: Coloring Farm Animals Pages with Cow, Horse, Chicken; Farmer & More! Fuzz Harriete. 2021. (ENG.). 66p. (J). *(978-1-716-07871-2(7))* Lulu.com.

Farm Coloring Book for Kids: Educational & Beautiful Coloring Book for Kids with Farmyard Animals & More! Fuzz Harriete. 2021. (ENG.). 66p. (J). *(978-1-716-07861-3(X))* Lulu.com.

Farm Coloring Book for Kids: Farm Animals Coloring Book with Simple & Fun Designs: Bunnies, Chickens, Cows, Goats, Horses, Lamb, Piglets, Farmers, & More! Fuzz Harriete. 2021. (ENG.). 126p. (J). *(978-1-716-07858-3(X))* Lulu.com.

Farm Colouring Book. Chris Dickason. 2022. (ENG.). 64p. (J). pap. 9.99 *(978-1-78055-760-1(4)*, Buster Bks.) O'Mara, Michael Bks., Ltd. GBR. Dist: Independent Pubs. Group.

Farm Credit Club Grapevine, Vol. 2: December 29, 1943 (Classic Reprint) Vernon Vine. 2017. (ENG., Illus.). (J). 24.35 *(978-0-266-83430-4(2))*; pap. 7.97 *(978-1-5277-8836-7(9))* Forgotten Bks.

Farm Credit Club Grapevine, Vol. 2: November 3, 1943 (Classic Reprint) W. S. Harris. (ENG., Illus.). (J). 2018. 20p. 24.33 *(978-0-332-94697-9(5))*; 2017. pap. 7.97 *(978-0-282-63452-0(5))* Forgotten Bks.

Farm Credit Club Grapevine, Vol. 2: October 20, 1943 (Classic Reprint) W. S. Harris. 2017. (ENG., Illus.). 20p. (J). 24.31 *(978-0-265-83498-5(8))*; pap. 7.97 *(978-1-5277-9185-5(8))* Forgotten Bks.

Farm Credit Club Grapevine, Vol. 2: October 6, 1943 (Classic Reprint) W. S. Harris. (ENG., Illus.). (J). 2018. 22p. 24.35 *(978-0-484-16457-3(0))*; 2017. pap. 7.97 *(978-0-282-60619-0(X))* Forgotten Bks.

Farm Credit Club Grapevine, Vol. 2: September 8, 1943 (Classic Reprint) W. S. Harris. 2017. (ENG., Illus.). (J). 24.39 *(978-0-266-83537-0(6))*; pap. 7.97 *(978-1-5277-9158-9(0))* Forgotten Bks.

Farm Credit Club Grapevine, Vol. 3: April 5, 1944 (Classic Reprint) Vernon Vine. 2017. (ENG., Illus.). (J). 24.35 *(978-0-260-02296-7(9))* Forgotten Bks.

Farm Crimes: Cracking the Case of the Missing Egg. Sandra Dumais. (Farm Crimes Ser.: 1). (ENG., Illus.). 48p. (J). (gr. 1-5). 2023. 10.95 ***(978-1-77147-644-7(3))***; 2020. 16.95 *(978-1-77147-415-3(7))* Owlkids Bks. Inc. CAN. Dist: Publishers Group West (PGW).

Farm Crimes! the MOO-Sterious Disappearance of Cow. Sandra Dumais. 2021. (Farm Crimes Ser.: 2). Orig. Title: Crimes à la Ferme! la Mystérieuse Disparition de Vache. (ENG., Illus.). 48p. (J). (gr. 2-5). 16.95 *(978-1-77147-442-9(4))* Owlkids Bks. Inc. CAN. Dist: Publishers Group West (PGW).

Farm Crops! Plants That Grow on Farms (Farming for Kids) - Children's Books on Farm Life. Left Brain Kids. 2016. (ENG., Illus.). (J). pap. 7.51 *(978-1-68376-613-1(X))* Sabeels Publishing.

Farm Dog Martha (Martha, la Perra Pastora) Susan Meddaugh. 2016. (Martha Speaks Ser.). (ENG., Illus.). 24p. (J). (gr. -1-3). 3.99 *(978-0-544-64107-5(8)*, HMH Books For Young Readers) Houghton Mifflin Harcourt Publishing Co.

Farm Faces/Caras de Granja. Illus. by Agnese Baruzzi. 2020. (My First Puzzle Book Ser.). (ENG.). 14p. (J). (— 1). bds. 8.95 *(978-88-544-1596-6(0))* White Star Publishers ITA. Dist: Sterling Publishing Co., Inc.

Farm Feud, 4. Brian "Smitty" Smith. ed. 2022. (Pea, Bee, & Jay Ser.). (ENG.). 61p. (J). (gr. 2-3). 19.46 ***(978-1-68505-380-2(7))*** Penworthy Co., LLC, The.

Farm Fiasco. Anne Weaver. 2021. (ENG.). 24p. (J). pap. 10.95 *(978-1-6642-1375-3(9)*, WestBow Pr.) Author Solutions, LLC.

Farm Fireside, Vol. 27: October 1, 1903 (Classic Reprint) Unknown Author. (ENG., Illus.). (J). 2018. 154p. 27.07 *(978-0-332-08100-7(1))*; 2017. pap. 9.57 *(978-0-243-29789-4(0))* Forgotten Bks.

Farm Fit Games. Mary Dutton. 2017. (ENG., Illus.). (J). (gr. -1-3). pap. 7.95 *(978-0-692-90204-2(X))* Dutton, Mary.

Farm Fleet. Finn Coyle. Illus. by Srimalie Bassani. 2019. (Finn's Fun Trucks Ser.). (ENG.). 32p. (J). (gr. k-2). 6.99 *(978-1-4867-1577-0(X)*, ac21c103-116f-4c6b-9958-4efd8a3ed768) Flowerpot Pr.

Farm Fleet. Finn Coyle. 2019. (Finn's Fun Trucks Ser.). (ENG.). 29p. (J). (gr. k-1). 15.96 *(978-1-64310-967-1(7))* Penworthy Co., LLC, The.

Farm Fleet: A Lift-The-Page Truck Book. Finn Coyle. Illus. by Srimalie Bassani. 2018. (Finn's Fun Trucks Ser.). (ENG.). 14p. (J). (gr. k-2). bds. 9.99 *(978-1-4867-1488-9(9)*, 0e4cd45a-8e6c-46be-aa7f-b65fb585daa4) Flowerpot Pr.

Farm Folks: A Rural Play in Four Acts (Classic Reprint) Arthur Lewis Tubbs. 2018. (ENG., Illus.). 78p. (J). 25.51 *(978-0-484-78302-6(5))* Forgotten Bks.

Farm for Maisie. Jennifer Churchman & John Churchman. 2017. (Sweet Pea & Friends Ser.: 3). (ENG., Illus.). 40p. (J). (gr. -1-3). 17.99 *(978-0-316-27360-2(0))* Little, Brown Bks. for Young Readers.

Farm Fresh Fun #2. Veera Hiranandani. Illus. by Christine Almeda. 2020. (Phoebe G. Green Ser.: 2). 112p. (J). (gr. 1-3). 6.99 *(978-0-593-09691-8(6)*, Penguin Workshop) Penguin Young Readers Group.

Farm Friends. Christopher Henderson. Illus. by Leroy Grayson. 2021. (ENG.). 24p. (J). pap. 15.99 *(978-1-954425-31-6(7))* Jazzy Kitty Pubns.

Farm Friends: A Visit to the Farm. KUBU. 2016. (Kubu Ser.: 2). (Illus.). 32p. (J). (gr. -1-2). pap. 5.99 *(978-1-57826-475-9(8)*, Hatherleigh Pr.) Hatherleigh Co., Ltd., The.

Farm Friends: Peep-Through Surprise. IglooBooks. Illus. by Camilla Galindo. 2023. (ENG.). 20p. (J). 12.99 *(978-1-80368-371-3(6))* Igloo Bks. GBR. Dist: Simon & Schuster, Inc.

Farm Friends: Read & Play Bath Book with Finger Puppet. IglooBooks. 2020. (ENG.). 8p. (J). (-k). 15.99 *(978-1-83852-568-2(8))* Igloo Bks. GBR. Dist: Simon & Schuster, Inc.

Farm Friends! Barnyard Pals Coloring Book. Kreative Kids. 2016. (ENG., Illus.). (J). pap. 9.20 *(978-1-68377-461-7(2))* Whlke, Traudl.

Farm Friends! (Blue's Clues & You) Mei Nakamura. Illus. by Dave Aikins. 2023. (Pictureback(R) Ser.). (ENG.). 24p. (J). (gr. -1-2). 5.99 *(978-0-593-56940-5(7)*, Random Hse. Bks. for Young Readers) Random Hse. Children's Bks.

Farm Fun. Alexandra Robinson. Illus. by Dawn Machell. 2020. (ENG.). 8p. (J). (gr. -1 — 1). 12.99 *(978-1-78947-752-8(2))* Make Believe Ideas GBR. Dist: Scholastic, Inc.

Farm Fun: A Busy Sticker Activity Book. Stephanie Stansbie. Illus. by Kasia Nowowiejska. 2016. (Little Snappers Ser.). (ENG.). 96p. (J). (gr. -1-2). 9.99 *(978-1-58925-318-6(3))* Tiger Tales.

Farm Fun Games & Puzzles: Over 150 Word Games, Picture Puzzles, Mazes, & Other Great Activities for Kids. Patrick Merrell & Helene Hovanec. 2022. (ENG.). 240p. (J). (gr. 1-5). pap. 12.95 *(978-1-63586-522-6(0)*, 626522) Storey Publishing, LLC.

Farm-House Cobweb. Emory James Haynes. 2017. (ENG.). 278p. (J). pap. *(978-3-337-34909-7(9))* Creation Pubs.

Farm-House Cobweb: A Novel (Classic Reprint) Emory James Haynes. 2017. (ENG., Illus.). (J). 29.59 *(978-1-5282-7689-4(2))* Forgotten Bks.

Farm (LEGO Nonfiction) A LEGO Adventure in the Real World. Penelope Arlon. 2018. (LEGO Nonfiction Ser.: 6). (ENG.). 32p. (J). (gr. k-2). pap. 4.99 *(978-1-338-21424-6(1))* Scholastic, Inc.

Farm Life Coloring Book for Kids! Discover a Variety of Farm Life Coloring Pages. Bold Illustrations. 2022. (ENG.). 82p. (J). pap. 14.99 ***(978-1-0717-0641-1(1)***, Bold Illustrations) FASTLANE LLC.

Farm Life Readers (Classic Reprint) Lawton B. Evans. 2017. (ENG., Illus.). (J). 31.32 *(978-0-266-80504-5(3))* Forgotten Bks.

Farm Life Readers, Vol. 5 (Classic Reprint) Lawton B. Evans. (ENG., Illus.). (J). 2018. 388p. 31.90 *(978-0-267-55276-4(9))*; 2017. pap. 13.97 *(978-0-259-20408-4(0))* Forgotten Bks.

Farm Live Stock of Great Britain (Classic Reprint) Robert Wallace. 2017. (ENG., Illus.). (J). 47.04 *(978-0-265-67392-8(5))*; pap. 29.38 *(978-1-5276-5043-5(X))* Forgotten Bks.

Farm Lullaby. Karen Jameson. Illus. by Wednesday Kirwan. 2021. (ENG.). 40p. (J). (gr. -1-k). 17.99 *(978-1-4521-8103-5(9))* Chronicle Bks. LLC.

Farm Maze Adventure: Maze Book for Kids. IglooBooks. Illus. by Daniela Dogliani. 2020. (ENG.). 8p. (J). (-1). bds. 14.99 *(978-1-83852-561-3(0))* Igloo Bks. GBR. Dist: Simon & Schuster, Inc.

Farm Noises: My Bath Book. Illus. by Jonathan Miller. 2017. 6p. (J). (gr. -1 — 1). 5.99 *(978-2-924786-15-4(0)*, CrackBoom! Bks.) Chouette Publishing CAN. Dist: Publishers Group West (PGW).

Farm Numbers with Robin: A Fun Farm Counting Book. Britt Harcus. 2023. (ENG.). 62p. (J). pap. ***(978-0-9954748-4-0(2))*** Harcus, Britt.

Farm of the Dagger (Classic Reprint) Eden Phillpotts. 2017. (ENG., Illus.). (J). 30.52 *(978-1-5279-6919-3(3))* Forgotten Bks.

Farm Philosopher: A Love Story (Classic Reprint) Ada Harriet Miser Kepley. 2017. (ENG., Illus.). (J). 32.39 *(978-0-331-80119-4(1))* Forgotten Bks.

Farm Quad. Samantha Bell. 2016. (21st Century Basic Skills Library: Welcome to the Farm Ser.). (ENG., Illus.). 24p. (J). (gr. k-3). 26.35 *(978-1-63471-040-4(1)*, 208240) Cherry Lake Publishing.

Farm Rescue. Darrel Odgers & Sally Odgers. Illus. by Janine Dawson. 2016. (ENG.). 92p. (J). *(978-1-61067-562-8(2))* Kane Miller.

Farm Rescue: Pup Patrol. Sally & Darrel Odgers. Illus. by Janine Dawson. 2017. 96p. (J). pap. 4.99 *(978-1-61067-518-5(5))* Kane Miller.

Farm Series. George a Morrow. 2017. (ENG., Illus.). (J). (gr. k-5). 16.99 *(978-1-61984-621-0(7))*; pap. 9.99 *(978-1-61984-619-7(5))* Gatekeeper Pr. (Quintessential Pr.).

Farm Sounds. Sam Taplin. 2018. (Press-A-Sound Bks.). (ENG.). 10p. (J). 19.99 *(978-0-7945-4205-4(0)*, Usborne) EDC Publishing.

Farm Spies How the Boys Investigated Field Crop Insects (Classic Reprint) A. F. Conradi. 2018. (ENG., Illus.). 188p. (J). 27.77 *(978-0-267-18916-8(8))* Forgotten Bks.

Farm Sweet Farm. Roger Priddy. 2023. (ENG., Illus.). 10p. (J). bds. 9.99 *(978-1-68449-269-5(6)*, 900265903) St. Martin's Pr.

Farm Tails: Scholastic Early Learners (Touch & Explore) Scholastic. 2020. (Scholastic Early Learners Ser.). (ENG.). 12p. (J). (gr. -1 — 1). bds. 8.99 *(978-1-338-64566-8(8)*, Cartwheel Bks.) Scholastic, Inc.

Farm That Feeds Us: A Year in the Life of an Organic Farm. Nancy Castaldo. Illus. by Ginnie Hsu. 2020. (ENG.). 80p. (J). (gr. 2-6). ***(978-0-7112-4253-1(4)***, Words & Pictures) Quarto Publishing Group UK.

Farm That Mac Built F&g. Sauer/Urbanovic. 2020. (ENG.). (J). 17.99 *(978-0-544-11307-7(1)*, HarperCollins) HarperCollins Pubs.

Farm the Farm: A Lift-The-Flap Book. Sarah Lynne Reul. Illus. by Sarah Lynne Reul. 2019. (ENG., Illus.). 18p. (J). (gr. -1 — 1). bds. 8.99 *(978-1-5344-0940-8(8)*, Little Simon) Little Simon.

Farm to Fork Workshop: Making the Most of Local Foods: Farm to Fork Workshop:Making the Most of Local Foods. Contrib. by Megan Borgert-Spaniol. 2023. (Kitchen to Career Ser.). (ENG.). 64p. (J). (gr. 5-9). lib. bdg. 35.64 ***(978-1-0982-9139-6(5)***, 41744, Abdo & Daughters) ABDO Publishing Co.

Farm Tools & Machines! Machines & Tools We Use on the Farm (Farming for Kids) - Children's Books on Farm Life. Left Brain Kids. 2016. (ENG., Illus.). (J). pap. 7.51 *(978-1-68376-614-8(8))* Sabeels Publishing.

Farm Tractors: Children's Farming & Agriculture Book. Bold Kids. 2022. (ENG.). 46p. (J). pap. 15.99 ***(978-1-0717-0973-3(9))*** FASTLANE LLC.

Farm Vehicles. James Bow. 2018. (Vehicles on the Job Ser.). (ENG.). 24p. (J). (gr. 1-3). 25.27 *(978-1-59953-945-4(4))* Norwood Hse. Pr.

Farm Vehicles Coloring Book: Transportation Coloring Book. Jupiter Kids. 2016. (ENG., Illus.). 106p. (J). pap. 12.55 *(978-1-68305-661-4(2)*, Jupiter Kids (Childrens & Kids Fiction)) Speedy Publishing LLC.

Farm Voices (Classic Reprint) Don Carlos Seitz. (ENG., Illus.). (J). 2018. 98p. 25.94 *(978-0-267-31354-9(3))*; 2016. pap. 9.57 *(978-1-333-37830-1(0))* Forgotten Bks.

Farmall in the Family: With Casey & Friends. Holly Dufek. Illus. by Mike Kasun. 2023. (Casey & Friends Ser.: 8). (ENG.). 32p. (J). (gr. k-3). 14.99 *(978-1-64234-138-6(X))* Octane Pr.

Farmall in the Family: with Casey & Friends: With Casey & Friends. Holly Dufek. Illus. by Mike Kasun. 2023. (ENG.). 32p. (J). (gr. k-3). pap. 14.99 ***(978-1-64234-171-3(1))*** Octane Pr.

Farmblock (an Abrams Block Book) Christopher Franceschelli. 2019. (Abrams Block Book Ser.). (ENG., Illus.). 92p. (J). (gr. -1 — 1). bds. 17.99 *(978-1-4197-3825-8(9)*, 1286510) Abrams, Inc.

Farmer. Ximo Abadia. 2019. (ENG., Illus.). 40p. (J). (-k). 17.99 *(978-0-8234-4158-7(X))* Holiday Hse., Inc.

Farmer. Czeena Devera. Illus. by Jeff Bane. 2018. (Mi Mini Biografía (My Itty-Bitty Bio): My Early Library). (ENG.). 24p. (J). (gr. k-1). pap. 12.79 *(978-1-5341-0819-6(X)*, 210640); lib. bdg. 30.64 *(978-1-5341-0720-5(7)*, 210639) Cherry Lake Publishing.

Farmer. Sheila Etherington. 2018. (ENG., Illus.). 30p. (J). pap. 12.95 *(978-1-63575-312-7(0))* Christian Faith Publishing.

Farmer. Jared Siemens. 2018. (People in My Neighborhood Ser.). (ENG.). 24p. (J). lib. bdg. 22.99 *(978-1-5105-3831-3(3))* SmartBook Media, Inc.

Farmer: Feeding the World. Connor Syrewicz & Andrew Morkes. 2019. (Careers with Earning Potential Ser.). (Illus.). 80p. (J). (gr. 12). lib. bdg. 34.60 *(978-1-4222-4326-8(5))* Mason Crest.

Farmer & His Friends. Eva March Tappan. 2017. (ENG., Illus.). (J). pap. *(978-0-649-45136-4(8))* Trieste Publishing Pty Ltd.

Farmer & the Boggart & the REAL King of the Jungle. Chip Colquhoun. Illus. by Mario Coelho & Korky Paul. 2021. (Chip Colquhoun & Korky Paul's Fables & Fairy Tales Ser.: Vol. 3). (ENG.). 78p. (J). pap. ***(978-1-9997523-7-8(6))*** Snail Tales.

Farmer & the Circus. Marla Frazee. Illus. by Marla Frazee. 2021. (Farmer Bks.). (ENG., Illus.). 32p. (J). (gr. -1-3). 17.99 *(978-1-5344-4621-2(4)*, Beach Lane Bks.) Beach Lane Bks.

Farmer & the Lord (Classic Reprint) George H. Hepworth. 2018. (ENG., Illus.). 248p. (J). 29.03 *(978-0-267-25144-5(0))* Forgotten Bks.

Farmer & the Monkey. Marla Frazee. Illus. by Marla Frazee. 2020. (Farmer Bks.). (ENG., Illus.). 32p. (J). (gr. -1-3). 17.99 *(978-1-5344-4619-9(2)*, Beach Lane Bks.) Beach Lane Bks.

Farmer Arnold's Barnyard. Me Hulme. 2018. (ENG., Illus.). 54p. (J). *(978-1-5255-2299-4(X))*; pap. *(978-1-5255-2300-7(7))* FriesenPress.

Farmer Arnold's Barnyard: Book Three. M. E. Hulme. 2021. (ENG.). 54p. (J). *(978-1-5255-9569-1(5))*; pap. *(978-1-5255-9568-4(7))* FriesenPress.

Farmer Arnold's Barnyard Book Four. M. E. Hulme. 2023. (ENG.). 54p. (J). ***(978-1-0391-5771-2(8))*** FriesenPress.

Farmer Arnold's Barnyard Book Two. M. E. Hulme. 2019. (ENG.). 54p. (J). *(978-1-5255-5529-9(4))*; pap. *(978-1-5255-5530-5(8))* FriesenPress.

Farmer Bibbins (Classic Reprint) Hypkin Brown. 2018. (ENG., Illus.). 322p. (J). 30.56 *(978-0-484-88776-2(9))* Forgotten Bks.

Farmer Books (Boxed Set) Farmer & the Clown; Farmer & the Monkey; Farmer & the Circus. Marla Frazee. Illus. by Marla Frazee. ed. 2021. (Farmer Bks.). (ENG., Illus.). 96p. (J). (gr. -1-3). 53.99 *(978-1-5344-8755-0(7)*, Beach Lane Bks.) Beach Lane Bks.

Farmer Boy: And How He Became Commander-In-Chief (Classic Reprint) William M. Thayer. 2018. (ENG., Illus.). 328p. (J). 30.68 *(978-0-484-30595-2(6))* Forgotten Bks.

Farmer Brown & Cow: The Birthday Cake Mistake. Keeley Aramayo. Illus. by Gabby Correia. 2022. (ENG.). 22p. (J). 15.99 *(978-1-64538-345-1(8))* Orange Hat Publishing.

Farmer Brown Forgets. Brownlow & Meisner. 2020. (ENG.). 24p. (J). pap. 13.20 *(978-1-68471-848-1(1))* Lulu Pr., Inc.

Farmer Brown's Cattle Ranch: Written & Illustrated by Jim Allen Jackson. Jim Allen Jackson. 2021. (ENG.). 29p. (J). ***(978-1-716-08137-8(8))*** Lulu Pr., Inc.

Farmer Carl: Starter 15. Ladybird. 2019. (Ladybird Readers Ser.). (Illus.). 32p. (gr. k). pap. 9.99 *(978-0-241-39382-6(5)*, Ladybird) Penguin Bks., Ltd. GBR. Dist: Independent Pubs. Group.

Farmer Carl Activity Book - Ladybird Readers Starter Level 15. Ladybird. 2019. (Ladybird Readers Ser.). (Illus.). 16p. (gr. k). pap. 6.99 *(978-0-241-39399-4(X)*, Ladybird) Penguin Bks., Ltd. GBR. Dist: Independent Pubs. Group.

Farmer Didn't Wake Up. Tamara Nunn. 2017. (Learn-To-Read Ser.). (ENG., Illus.). (J). (gr. -1-1). pap. 3.49 *(978-1-68310-281-6(9))* Pacific Learning, Inc.

Farmer Foster's ABC. Janetta Foster. 2019. (ENG.). 34p. (J). 22.95 *(978-1-64462-099-1(5))* Page Publishing Inc.

Farmer Frank's Friendly Farm. Scott Nolting. 2020. (ENG.). 26p. (J). pap. 13.95 *(978-1-64654-018-1(2))* Fulton Bks.

Farmer Gail: And the Hen House Mystery. Gail Reimer Jonas. Illus. by Kyla Wiebe. 2021. (ENG.). 36p. (J). *(978-1-0391-0490-7(8))*; pap. *(978-1-0391-0489-1(4))* FriesenPress.

Farmer George & His Red Tractor. Derrick Perkins. 2019. (ENG.). 126p. (J). pap. *(978-1-78710-375-7(7))* Austin Macauley Pubs. Ltd.

Farmer, His Wife, & the Circle of Life. Gerianne Ash. 2021. (ENG., Illus.). 26p. (J). 23.95 *(978-1-63874-882-3(9))*; pap. 13.95 *(978-1-63874-798-7(9))* Christian Faith Publishing.

Farmer Holt's Daughter (Classic Reprint) Charles Garvice. (ENG., Illus.). (J). 2018. 162p. 27.26 *(978-0-484-62719-1(8))*; 2018. 254p. 29.14 *(978-0-483-45468-2(0))*; 2017. pap. 9.97 *(978-0-243-58401-7(6))*; 2016. pap. 11.57 *(978-1-333-44217-0(3))* Forgotten Bks.

Farmer Housten, & the Speculator: A New England Tale (Classic Reprint) Hannah Bowen Allen. (ENG., Illus.). (J). 2018. 66p. 25.28 *(978-0-365-30562-0(6))*; 2017. pap. 9.57 *(978-0-259-28352-2(5))* Forgotten Bks.

Farmer in the Dell. Laura Ferraro Close. Illus. by Laura Ferraro Close. 2023. (Classic Children's Songs Ser.). (ENG.). 16p. (J). (gr. -1-2). 29.93 *(978-1-5038-6550-1(9)*, 216449) Child's World, Inc, The.

Farmer Jack's Farm Stand, 1 vol. Dewayne Hotchkins. 2016. (Rosen REAL Readers: Social Studies Nonfiction / Fiction: Myself, My Community, My World Ser.). (ENG.). 8p. (gr. k-1). pap. 5.46 *(978-1-5081-2509-9(0)*, a8cdcb25-7411-4f81-b5c0-ba37d27631cb, Rosen Classroom) Rosen Publishing Group, Inc., The.

Farmer John, Vol. 1 of 3 (Classic Reprint) George Holmes. (ENG., Illus.). (J). 2018. 298p. 30.04 *(978-0-267-55299-3(8))*; 2016. pap. 13.57 *(978-1-333-59582-1(4))* Forgotten Bks.

F

For book reviews, descriptive annotations, tables of contents, cover images, author biographies & additional information, updated daily, subscribe to **www.booksinprint.com**

Farmer John, Vol. 2 (Classic Reprint) George Holmes. 2018. (ENG., Illus.). 258p. (J). 29.22 *(978-0-484-58335-0(2))* Forgotten Bks.

Farmer John, Vol. 3 of 3 (Classic Reprint) George Holmes. 2018. (ENG., Illus.). 266p. (J). 29.38 *(978-0-483-91415-5(0))* Forgotten Bks.

Farmer Jon's Very Special Team. Bj Oquist. Illus. by Diana Sill. 2021. (ENG.). 40p. (J). pap. 14.95 *(978-1-63814-102-0(9))* Covenant Bks.

Farmer of Inglewood Forest (Classic Reprint) Elizabeth Helme. 2018. (ENG., Illus.). 536p. (J). 35.03 *(978-0-428-53935-1(1))* Forgotten Bks.

Farmer of Inglewood Forest, or an Affecting Portrait of Virtue & Vice: Four Volumes in One (Classic Reprint) Elizabeth Helme. 2017. (ENG., Illus.). (J). 34.52 *(978-0-265-66055-3(6))*; pap. 16.97 *(978-1-5276-3381-0(0))* Forgotten Bks.

Farmer of Inglewood Forest, or an Affecting Portrait of Virtue & Vice (Classic Reprint) Elizabeth Helme. 2018. (ENG., Illus.). 504p. (J). 34.29 *(978-0-365-18437-9(3))* Forgotten Bks.

Farmer of Roaring Run (Classic Reprint) Mary Dillon. 2018. (ENG., Illus.). 444p. (J). 33.07 *(978-0-483-55281-4(X))* Forgotten Bks.

Farmer Roy's Big Beautiful Garden. Kelly Popwell. 2016. (ENG., Illus.). (J). 19.95 *(978-1-68409-516-2(6))* Page Publishing Inc.

Farmer Says. Rosalie Nuttall Brown. 2022. (ENG., Illus.). 22p. (J). pap. 12.95 ***(978-1-68526-865-7(X))*** Covenant Bks.

Farmer SIMMs. Maisie Smikle. 2017. (ENG., Illus.). (J). pap. 19.95 *(978-1-62772-002-1(2))* America Star Bks.

Farmer Sue Knew. Tabatha James. Illus. by Mel Casipit. 2019. (ENG.). 34p. (J). pap. 14.99 ***(978-0-578-57132-4(3))*** Pirouette Publishing.

Farmer Would Not Sell. Bert Miller. 2019. (ENG.). 34p. (J). pap. *(978-0-359-65460-4(6))* Lulu Pr., Inc.

Farmerette: A Play in Three Acts (Classic Reprint) Evelyn Gray Whiting. 2018. (ENG., Illus.). 56p. (J). 25.05 *(978-0-483-85663-9(0))* Forgotten Bks.

Farmers. Quinn M. Arnold. 2017. (Seedlings Ser.). (ENG., Illus.). 24p. (J). (gr. -1-k). pap. 8.99 *(978-1-62832-488-4(0)*, 20355, Creative Paperbacks); *(978-1-60818-873-4(6)*, 20354, Creative Education) Creative Co., The.

Farmers. Charly Haley. 2018. (Community Workers Ser.). (ENG., Illus.). 24p. (J). (gr. 1-1). pap. 8.95 *(978-1-63517-805-0(3)*, 1635178053) North Star Editions.

Farmers. Charly Haley. 2018. (Community Workers Ser.). (ENG., Illus.). 24p. (J). (gr. k-3). lib. bdg. 31.36 *(978-1-5321-6010-3(0)*, 28652, Pop! Cody Koala) Pop!.

Farmers, 1 vol. Christine Honders. 2019. (Helpers in Our Community Ser.). (ENG.). 24p. (gr. 1-2). pap. 9.25 *(978-1-7253-0822-0(3)*, c1358fe3-e422-4460-8863-d59efc4e84a9, PowerKids Pr.) Rosen Publishing Group, Inc., The.

Farmers. Emma Less. 2018. (Real-Life Superheroes Ser.). (ENG.). 16p. (J). (gr. k-2). pap. 7.99 *(978-1-68152-276-0(4)*, 14915) Amicus.

Farmers. Kate Moening. 2018. (Community Helpers Ser.). (ENG., Illus.). 24p. (J). (gr. k-3). lib. bdg. 26.95 *(978-1-62617-897-7(6)*, Blastoff! Readers) Bellwether Media.

Farmers. Julie Murray. 2020. (My Community: Jobs Ser.). (ENG., Illus.). 24p. (J). (gr. -1-2). lib. bdg. 31.36 *(978-1-0982-0581-2(2)*, 36349, Abdo Kids) ABDO Publishing Co.

Farmers. Emily Raij. 2020. (Jobs People Do Ser.). (ENG.). 32p. (J). (gr. 1-3). pap. 6.95 *(978-1-9771-2663-4(4)*, 201647); (Illus.). lib. bdg. 31.32 *(978-1-9771-2347-3(3)*, 199529) Capstone. (Pebble).

Farmers Almanac! What Is an Almanac & How Do Farmers Use It? (Farming for Kids) - Children's Books on Farm Life. Left Brain Kids. 2016. (ENG., Illus.). (J). pap. 7.51 *(978-1-68376-615-5(6))* Sabeels Publishing.

Farmer's Alphabet. Charles Long. Illus. by Christina Allen. 2016. (ENG.). 64p. (J). (gr. k-4). 18.00 *(978-0-9907688-2-1(1))* Corn Crib Publishing.

Farmers' & Planters' Almanac, for the Year of Our Lord 1845: Being the First after Bissextile or Leap Year, Containing 365 Days, & after the Fourth of July, the Sixty Ninth of American Independence (Classic Reprint) John C. Blum. 2018. (ENG., Illus.). (J). 94p. 25.84 *(978-1-396-15060-9(9))*; 96p. pap. 9.57 *(978-1-396-13271-1(6))* Forgotten Bks.

Farmer's Boy (Classic Reprint) Randolph Caldecott. (ENG., Illus.). (J). 2018. 36p. 24.68 *(978-0-484-43099-9(8))*; 2016. pap. 7.97 *(978-1-333-74910-1(4))* Forgotten Bks.

Farmer's Boy (Classic Reprint) Clifton Johnson. 2017. (ENG., Illus.). (J). 28.31 *(978-0-266-58477-3(2))* Forgotten Bks.

Farmer's Daughter, of Essex (Classic Reprint) James Penn. (ENG., Illus.). (J). 2018. 110p. 26.17 *(978-0-365-28088-0(7))*; 2017. pap. 9.57 *(978-0-259-75552-4(4))* Forgotten Bks.

Farmers Go to Town. Ladybird Books Staff. 2018. (Read It Yourself with Ladybird Ser.). 32p. (J). (gr. -1-k). 5.99 *(978-0-241-31247-6(7))* Penguin Random Hse. AUS. Dist: Independent Pubs. Group.

Farmer's Life: With a Memoir of the Farmer's Sister (Classic Reprint) George Bourne. 2018. (ENG., Illus.). 214p. (J). 28.33 *(978-0-267-18718-8(1))* Forgotten Bks.

Farmer's Life for Me. Jan Dobbins. Illus. by Laura Huliska-Beith. ed. 2021. (Barefoot Singalongs Ser.). (SPA.). 24p. (J). (gr. -1-2). pap. 7.99 ***(978-1-64686-482-9(4))*** Barefoot Bks., Inc.

Farmers Like Barn Owls. Matt Reher. 2017. (1G Predator Animals Ser.). (ENG., Illus.). 28p. (J). pap. 9.60 *(978-1-63437-675-4(7))* American Reading Co.

Farmer's Magazine, Vol. 1: October, 1910 (Classic Reprint) S. Murray. (ENG., Illus.). (J). 2018. 1136p. 47.33 *(978-0-364-00759-4(1))*; 2017. pap. 29.67 *(978-0-243-50375-9(X))* Forgotten Bks.

Farmers' Market. Billy Steers. ed. 2018. (Tractor Mac Ser.). (J). lib. bdg. 16.00 *(978-0-606-41117-2(8))* Turtleback.

Farmers! Planting, Nurturing & Harvesting, Farming for Kids - Children's Agriculture Books. Baby Professor. 2017. (ENG., Illus.). (J). pap. 7.89 *(978-1-68326-965-6(9)*, Baby Professor (Education Kids)) Speedy Publishing LLC.

Farmers Unite! Planting a Protest for Fair Prices. Lindsay H. Metcalf. 2020. (Illus.). 64p. (J). (gr. 3-7). 18.99 *(978-1-68437-908-8(3)*, Calkins Creek) Highlights Pr., c/o Highlights for Children, Inc.

Farmer's War. Elise Kova. 2017. (Golden Guard Trilogy Ser.: Vol. 3). (ENG., Illus.). (YA). (gr. 8-12). 21.99 *(978-1-61984-642-5(X))*; pap. 9.99 *(978-1-61984-643-2(8))* Gatekeeper Pr.

Farmer's Wife: Bilingual English-Polish Edition. Idries. Shah. Illus. by Rose Mary Santiago. 2022. (Teaching Stories Ser.). (ENG.). 36p. (J). pap. 11.90 ***(978-1-958289-13-6(2)***, Hoopoe Bks.) I S H K.

Farmer's Wife: Bilingual English-Turkish Edition. Idries. Shah. Illus. by Rose Mary Santiago. 2022. (Teaching Stories Ser.). (ENG.). 36p. (J). pap. 11.90 ***(978-1-958289-00-6(0)***, Hoopoe Bks.) I S H K.

Farmer's Wife: English-Dari Edition. Idries Shah. Illus. by Rose Mary Santiago. 2017. (ENG.). (J). (gr. k-6). pap. 9.99 *(978-1-946270-17-7(2)*, Hoopoe Bks.) I S H K.

Farmer's Wife: English-Pashto Edition. Idries Shah. Illus. by Rose Mary Santiago. 2017. (Hoopoe Teaching-Stories Ser.). (ENG & PUS.). (J). (gr. k-6). pap. 9.99 *(978-1-944493-62-2(X)*, Hoopoe Bks.) I S H K.

Farmer's Wife: English-Ukrainian Edition. Idries. Shah. Illus. by Rose Mary Santiago. 2022. (Teaching Stories Ser.). (ENG & UKR.). 36p. (J). pap. 11.90 *(978-1-953292-72-8(0)*, Hoopoe Bks.) I S H K.

Farmer's Wife: English-Urdu Bilingual Edition. Idries Shah. Illus. by Rose Mary Santiago. 2016. (URD & ENG.). (J). (gr. k-6). pap. 9.99 *(978-1-942698-80-7(1)*, Hoopoe Bks.) I S H K.

Farmer's Wife / de Vrouw Van de Boer: Bilingual English-Dutch Edition / Tweetalige Engels-Nederlands Editie. Idries. Shah. Illus. by Rose Mary Santiago. 2022. (Teaching Stories Ser.). (ENG.). 36p. (J). pap. 11.90 ***(978-1-958289-15-0(9)***, Hoopoe Bks.) I S H K.

Farmer's Year: Being His Commonplace Book for 1898 (Classic Reprint) H. Rider Haggard. 2017. (ENG., Illus.). (J). 36.23 *(978-0-331-36322-7(4))* Forgotten Bks.

Farmgirls Die in Cages. Corinna Turner. 2020. (Unsparked Ser.: Vol. 4). (ENG.). 132p. (YA). pap. *(978-1-910806-93-7(5))* Zephyr Publishing.

Farming. Gail Gibbons. 2019. (Illus.). 22p. (J). (— 1). bds. 7.99 *(978-0-8234-4275-1(6))* Holiday Hse., Inc.

Farming, 1 vol. Rachel Walker. 2018. (ENG., Illus.). 21p. (J). pap. *(978-1-77654-252-9(5)*, Red Rocket Readers) Flying Start Bks.

Farming (Classic Reprint) Richard Kendall Munkittrick. 2017. (ENG., Illus.). (J). 26.25 *(978-1-5285-4803-8(5))* Forgotten Bks.

Farming Dogs. Eric Reeder. 2018. (Illus.). 26p. (J). *(978-1-4896-9902-2(3)*, AV2 by Weigl) Weigl Pubs., Inc.

Farming for Boys (Classic Reprint) Kaptain Krook. 2017. (ENG., Illus.). (J). 30.17 *(978-0-331-32394-8(X))* Forgotten Bks.

Farming It (Classic Reprint) Henry A. Shute. 2018. (ENG., Illus.). 300p. (J). 30.08 *(978-0-365-15617-8(5))* Forgotten Bks.

Farming Jobs! Fun Jobs to Do on the Farm! (Farming for Kids) - Children's Books on Farm Life. Left Brain Kids. 2016. (ENG., Illus.). (J). pap. 7.51 *(978-1-68376-616-2(4))* Sabeels Publishing.

Farming (New & Updated Edition) Gail Gibbons. 2019. (Illus.). 32p. (J). (gr. -1-3). (ENG.). pap. 8.99 *(978-0-8234-4553-0(4))*; 18.99 *(978-0-8234-4276-8(4))* Holiday Hse., Inc.

Farmington (Classic Reprint) Clarence S. Darrow. 2017. (ENG., Illus.). (J). 29.84 *(978-0-266-19270-1(X))* Forgotten Bks.

Farms Around the World. Kelly Gaffney. 2016. (Engage Literacy Purple - Extension A Ser.). (ENG.). 16p. (J). pap. 36.94 *(978-1-5157-3334-8(3)*, 25321); pap. 7.99 *(978-1-5157-3313-3(0)*, 133315) Capstone. (Capstone Pr.).

Farms Have Lots of Animals Coloring Book. Activity Book Zone for Kids. 2016. (ENG., Illus.). (J). pap. 9.20 *(978-1-68376-331-4(9))* Sabeels Publishing.

Farmville Quarterly Review, Vol. 1: February, 1937 (Classic Reprint) Mary Harrison Vaughan. (ENG., Illus.). (J). 2018. 60p. 25.15 *(978-0-483-95574-5(4))*; 2017. pap. 9.57 *(978-0-243-39653-5(8))* Forgotten Bks.

Farmville Quarterly Review, Vol. 1: May, 1936 (Classic Reprint) Elizabeth Walton. (ENG., Illus.). (J). 2018. 84p. 25.63 *(978-0-332-57031-0(2))*; 2017. pap. 9.57 *(978-0-243-18740-9(8))* Forgotten Bks.

Farmville Quarterly Review, Vol. 1: November, 1936 (Classic Reprint) Mary Harrison Vaughan. (ENG., Illus.). (J). 2018. 60p. 25.15 *(978-0-483-58217-0(4))*; 2017. pap. 9.57 *(978-0-243-22743-3(4))* Forgotten Bks.

Farmville Quarterly Review, Vol. 1: Spring, 1937 (Classic Reprint) State Teachers College. (ENG., Illus.). (J). 2018. 58p. 25.09 *(978-0-365-18118-7(8))*; 2017. pap. 9.57 *(978-0-259-38359-8(7))* Forgotten Bks.

Farmville Quarterly Review, Vol. 2: Fall, 1937 (Classic Reprint) Norvell Montague. (ENG., Illus.). (J). 2018. 58p. 25.09 *(978-0-483-43103-4(6))*; 2017. pap. 9.57 *(978-0-243-39873-7(5))* Forgotten Bks.

Farmville Quarterly Review, Vol. 2: Spring, 1938 (Classic Reprint) Ann Dugger. (ENG., Illus.). (J). 2019. 58p. 25.09 *(978-0-483-86985-1(6))*; 2017. pap. 9.57 *(978-0-243-39766-2(6))* Forgotten Bks.

Farmville Quarterly Review, Vol. 2: Winter, 1938 (Classic Reprint) Norvell Montague. (ENG., Illus.). (J). 2018. 60p. 25.13 *(978-0-483-57759-6(6))*; 2017. pap. 9.57 *(978-0-243-21646-8(7))* Forgotten Bks.

FarmYard. Matthew Farrell. 2021. (ENG.). 26p. (J). pap. 7.99 *(978-1-63901-633-4(3))* Primedia eLaunch LLC.

Farmyard ABC. Ed. by Rainstorm Publishing. Illus. by Laila Hills. 2018. (Early Learning Rhymes Ser.). (ENG.). 20p. (J). bds. 7.99 *(978-1-989219-62-1(4))* Rainstorm Pr.

Farmyard Activity Book. Elanor Best. Illus. by Stuart Lynch. 2020. (ENG.). 66p. (J). (gr. -1-7). pap. 8.99 *(978-1-78947-352-0(7))* Make Believe Ideas GBR. Dist: Scholastic, Inc.

Farmyard Coloring Book. Cindy Goril. Illus. by Sharon Jamison. 2016. (ENG.). 96p. (J). (gr. k-4). pap. 13.95 *(978-1-935188-80-3(1))* Star Publish LLC.

Farmyard Faith. Kinsey M. Rockett. 2021. (ENG., Illus.). 206p. (YA). pap. 15.95 *(978-1-63961-003-7(0))* Christian Faith Publishing.

Farmyard Friends. Ed. by Cottage Door Press & Parragon Books. 2021. (ENG.). 80p. (J). (gr. -1-1). 8.99 *(978-1-64638-020-6(7)*, 2003810, Parragon Books) Cottage Door Pr.

Farmyard Friends: Puzzle Activities Press Out & Play. Ed. by Cottage Door Press & Parragon Books. 2020. (ENG.). 44p. (J). (gr. -1-3). 7.99 *(978-1-68052-852-7(1)*, 2003080, Parragon Books) Cottage Door Pr.

Farmyard Friends Set 2 (Set), 4 vols. 2019. (Farmyard Friends Ser.). (ENG., Illus.). 32p. (J). (gr. -1-3). lib. bdg. 131.16 *(978-1-5321-3485-2(1)*, 31889, Calico Chapter Bks) Magic Wagon.

Farmyard Fun. Make Believe Ideas. Illus. by Lara Ede. 2016. (ENG.). 86p. (J). (gr. -1-6). pap. 9.99 *(978-1-78598-146-3(3))* Make Believe Ideas GBR. Dist: Scholastic, Inc.

Farmyard Tales, 6 vols. 2017. (Farmyard Tales Ser.). 24p. (ENG.). (gr. 1-1). 75.81 *(978-1-5081-6179-0(8)*, 13d38a55-22a4-4dbd-b9c4-95f0279537e8); (gr. 4-6). pap. 24.75 *(978-1-5081-6181-3(X))* Rosen Publishing Group, Inc., The. (PowerKids Pr.).

Farmyard Tales (Fiction) 2017. (Farmyard Fun Ser.). (ENG.). (J). pap. 27.75 *(978-1-5081-6128-8(3)*, PowerKids Pr.) Rosen Publishing Group, Inc., The.

Farmyard Words. Illus. by Julia Seal. 2016. (ENG.). 12p. (J). (gr. -1 — 1). bds. 6.99 *(978-1-4998-0260-3(9))* Little Bee Books Inc.

Farnell's Folly (Classic Reprint) John Townsend Trowbridge. 2018. (ENG., Illus.). 482p. (J). 33.84 *(978-0-483-46898-6(3))* Forgotten Bks.

Farnorth, Vol. 1 of 3 (Classic Reprint) Theo Kennedy. 2018. (ENG., Illus.). 336p. (J). 30.83 *(978-0-267-48416-4(X))* Forgotten Bks.

Farnorth, Vol. 2 of 3 (Classic Reprint) Theo Kennedy. 2018. (ENG., Illus.). 320p. (J). 30.62 *(978-0-484-35815-6(4))* Forgotten Bks.

Farnorth, Vol. 3 of 3 (Classic Reprint) Theo Kennedy. 2018. (ENG., Illus.). 314p. (J). 30.39 *(978-0-483-93739-0(8))* Forgotten Bks.

Faro de Los Amores Dormidos. Andrea Longarela. 2023. (SPA.). 496p. (YA). pap. 21.95 ***(978-607-39-0066-9(X))*** Editorial Planeta, S. A. ESP. Dist: Two Rivers Distribution.

Faro il Gigante. Daniele Luciano Moskal. 2019. (ITA.). 32p. (J). *(978-0-244-20280-4(X))* Lulu Pr., Inc.

Faro Nell & Her Friends Wolfville Stories (Classic Reprint) Alfred Henry Lewis. 2018. (ENG., Illus.). 388p. (J). 31.90 *(978-0-428-50658-2(5))* Forgotten Bks.

Farol Rojo. Irma Grant. Tr. by Marisela Ruiz-Gutierrez. 2018. (SPA.). 34p. (J). pap. 9.88 *(978-0-9996033-0-7(2))* Grant, Irma.

Farrah the Shy Fawn. Janey Louise Jones. Illus. by Jennie Poh. 2016. (Superfairies Ser.). (ENG.). 56p. (J). (gr. k-3). lib. bdg. 23.99 *(978-1-5158-0432-1(1)*, 132553, Picture Window Bks.) Capstone.

Farrers of Budge-Row: A Tale (Classic Reprint) Harriet Martineau. 2018. (ENG., Illus.). (J). 26.91 *(978-0-260-50837-9(3))* Forgotten Bks.

Farrier's & Horseman's Complete Dictionary: Containing the Art of Farriery in All Its Branches; with Whatever Relates to the Manage, & to the Knowledge, Breeding, Feeding & Dieting of Horses; As Delivered by the Best Writers upon These Subjects. Thomas Wallis. 2016. (ENG., Illus.). (J). pap. 13.57 *(978-1-333-84975-7(3))* Forgotten Bks.

Farrier's & Horseman's Complete Dictionary: Containing the Art of Farriery in All Its Branches; with Whatever Relates to the Manage, & to the Knowledge, Breeding, Feeding, & Dieting of Horses (Classic Reprint) Thomas Wallis. 2017. (ENG., Illus.). (J). 30.87 *(978-0-331-81321-0(1))* Forgotten Bks.

Farrier's Dog & His Fellow (Classic Reprint) Will Allen Dromgoole. 2017. (ENG., Illus.). (J). 25.92 *(978-1-5283-8159-8(9))* Forgotten Bks.

Farriery Taught on a New & Easy Plan. John Badcock et al. 2017. (ENG.). 352p. (J). pap. *(978-3-337-39090-7(0))* Creation Pubs.

Farringdons (Classic Reprint) Ellen Thorneycroft Fowler. 2017. (ENG., Illus.). (J). 31.84 *(978-0-266-20280-6(2))* Forgotten Bks.

Fart & Roar Stinkosaur! Bobbie Brooks. Illus. by Carrie Hennon. 2022. (Squish Squash Squeak - Silicone Bks.). (ENG.). 10p. (J). bds. 10.99 *(978-1-80105-131-6(3))* Top That! Publishing PLC GBR. Dist: Independent Pubs. Group.

Fart Book: The Disgusting Adventures of Milo Snotrocket. J. B. O'Neil. 2017. (ENG.). 96p. (J). (gr. 1-4). pap. 7.99 *(978-1-5107-2434-1(6)*, Sky Pony Pr.) Skyhorse Publishing Co., Inc.

Fart-Bot Invasion. John Sazaklis. Illus. by Shane Clester. 2023. (Snot-Bots Ser.). (ENG.). 40p. (J). 23.99 *(978-1-6663-4891-0(0)*, 238857); pap. 6.99 *(978-1-6663-4892-7(9)*, 238839) Capstone. (Stone Arch Bks.).

Fart Bubbles: A Book of Wacky Poems. Tyia Lashe. Photos by Ron Massey. 2017. (ENG., Illus.). (J). pap. 10.00 *(978-0-9986624-3-5(7))* A Beautiful, Wonderful Me LLC.

Fart Dad: The Case of the Toynado, 1 vol. Pete Ziolkowski. 2019. (ENG.). 72p. (J). 24.99 *(978-1-4003-2737-9(7))*; pap. 17.99 *(978-1-4003-2736-2(9))* Elm Hill.

Fart Monster & Me: the Birthday Party (Fart Monster & Me, #3) Tim Miller & Matt Stanton. 2021. (Fart Monster & Me Ser.: 03). (ENG.). 64p. 4.99 *(978-0-7333-4020-8(2))* ABC Bks. AUS. Dist: HarperCollins Pubs.

Fart Monster & Me: the Class Excursion (Fart Monster & Me, #4) Tim Miller & Matt Stanton. 2021. (Fart Monster & Me Ser.: 04). (ENG.). 64p. 4.99 *(978-0-7333-4021-5(0))* ABC Bks. AUS. Dist: HarperCollins Pubs.

Fart Monster & Me: the Crash Landing (Fart Monster & Me, #1), Vol. 1. Tim Miller & Matt Stanton. 2020. (Fart Monster & Me Ser.: 01). (ENG.). 64p. 4.99 *(978-0-7333-3892-2(5))* ABC Bks. AUS. Dist: HarperCollins Pubs.

Fart Monster & Me: the New School (Fart Monster & Me, #2) Tim Miller & Matt Stanton. 2020. (Fart Monster & Me Ser.: 02). (ENG.). 64p. 4.99 *(978-0-7333-3893-9(3))* ABC Bks. AUS. Dist: HarperCollins Pubs.

Fart-O-Pedia: An Illustrated Encyclopedia of Flatulent Facts, Gassy Gags, & More! — 300 Explosive Facts & Jokes! Rip Van Ripperton. 2021. 168p. (J). (gr. 2-7). pap. 14.99 *(978-1-5107-6668-6(5)*, Sky Pony Pr.) Skyhorse Publishing Co., Inc.

Fart Quest: A Silent but Deadly Adventure. Aaron Reynolds. Illus. by Cam Kendell. 2020. (Fart Quest Ser.: 1). (ENG.). 288p. (J). 13.99 *(978-1-250-20636-7(7)*, 900201454) Roaring Brook Pr.

Fart Quest: A Silent but Deadly Adventure. Aaron Reynolds. Illus. by Cam Kendell. 2022. (Fart Quest Ser.: 1). (ENG.). 304p. (J). pap. 8.99 *(978-1-250-85408-7(3)*, 900201455) Square Fish.

Fart Quest: the Barf of the Bedazzler. Aaron Reynolds. Illus. by Cam Kendell. 2021. (Fart Quest Ser.: 2). (ENG.). 304p. (J). 13.99 *(978-1-250-20638-1(3)*, 900201459) Roaring Brook Pr.

Fart Quest: the Barf of the Bedazzler. Aaron Reynolds. Illus. by Cam Kendell. 2023. (Fart Quest Ser.: 2). (ENG.). 304p. (J). pap. 8.99 ***(978-1-250-89545-5(6)***, 900201460) Square Fish.

Fart Quest: the Dragon's Dookie. Aaron Reynolds. Illus. by Cam Kendell. 2022. (Fart Quest Ser.: 3). (ENG.). 288p. (J). 13.99 *(978-1-250-20644-2(8)*, 900201462) Roaring Brook Pr.

Fart Quest: the Troll's Toe Cheese. Aaron Reynolds. Illus. by Cam Kendell. 2022. (Fart Quest Ser.: 4). (ENG.). 288p. (J). 13.99 *(978-1-250-20646-6(4)*, 900201469) Roaring Brook Pr.

Fart Squad #3: Unidentified Farting Objects. Seamus Pilger. Illus. by Stephen Gilpin. 2016. (Fart Squad Ser.: 3). (ENG.). 112p. (J). (gr. 1-5). pap. 4.99 *(978-0-06-229049-6(5)*, HarperCollins) HarperCollins Pubs.

Fart Squad #4: the Toilet Vortex. Seamus Pilger. Illus. by Stephen Gilpin. 2016. (Fart Squad Ser.: 4). (ENG.). 112p. (J). (gr. 1-5). pap. 4.99 *(978-0-06-229051-9(7)*, HarperCollins) HarperCollins Pubs.

Fart Squad #5: Underpantsed! Seamus Pilger. Illus. by Stephen Gilpin. 2016. (Fart Squad Ser.: 5). (ENG.). 112p. (J). (gr. 1-5). pap. 4.99 *(978-0-06-229053-3(3)*, HarperCollins) HarperCollins Pubs.

Fart Squad #6: Blast from the Past. Seamus Pilger. Illus. by Stephen Gilpin. 2017. (Fart Squad Ser.: 6). (ENG.). 128p. (J). (gr. 1-5). pap. 4.99 *(978-0-06-229055-7(X)*, HarperCollins) HarperCollins Pubs.

Fart-Tastic: And Other Stinky Jokes. Brenda Ponnay. Illus. by Brenda Ponnay. 2021. (Illustrated Jokes Ser.). (ENG.). 28p. (J). (gr. k-6). 12.99 *(978-1-5324-1648-4(2))*; pap. 12.99 *(978-1-5324-1647-7(4))* Xist Publishing.

Farthest West (Classic Reprint) Laura Adams Armer. 2018. (ENG., Illus.). 218p. (J). 28.39 *(978-0-483-57940-8(8))* Forgotten Bks.

Fartin Martin. David Baer. 2019. (ENG.). 30p. (J). pap. 13.95 *(978-1-64462-754-9(X))* Page Publishing Inc.

Farting Animal Coloring Book: Farting Animal Book. Blue Digital Media Group. 2020. (ENG.). 62p. (J). pap. 18.99 ***(978-1-952524-70-7(9))*** Smith Show Media Group.

Farting Baba & Grandkids. Deborah D'Antonio. 2022. (ENG., Illus.). 36p. (J). 22.95 *(978-1-68570-208-3(2))*; pap. 12.95 *(978-1-0980-6948-3(X))* Christian Faith Publishing.

Farting Dinosaur. Dylon Lawrence. 2019. (ENG.). 32p. (J). pap. *(978-0-359-91996-3(0))* Lulu Pr., Inc.

Farting Princess: Digestion. Ki-Seon Jang. Illus. by Eun-yeong Choi. (Science Storybooks Ser.). (ENG.). 32p. (J). (gr. k-4). 2021. 8.99 *(978-1-925235-44-9(0)*, ea753448-44f3-4b75-bdde-a164034c3893); 2017. lib. bdg. 27.99 *(978-1-925235-38-8(6)*, 873ba408-77f4-4f93-bc80-e5a4038206ea) ChoiceMaker Pty. Ltd., The AUS. (Big and SMALL). Dist: Lerner Publishing Group.

Farting Sloth (& Friends) Stickers: A Funny Sticker Book of Tooting Animals. Editors of Ulysses Press & Editors of Editors of Ulysses Press. 2021. (Fun Gifts for Animal Lovers Ser.). (Illus.). 20p. (J). (gr. k-3). 10.95 *(978-1-64604-155-8(0))* Ulysses Pr.

Farts. Grace Hansen. (Beginning Science: Gross Body Functions Ser.). (ENG.). 24p. (J). 2021. (gr. 1-1). pap. 8.95 *(978-1-64494-386-1(7)*, Abdo Kids-Jumbo); 2020. (gr. -1-2). lib. bdg. 32.79 *(978-1-0982-0239-2(2)*, 34611, Abdo Kids) ABDO Publishing Co.

Farts Are Like Snowflakes. Jamie Grant. Illus. by Chelsea Nelson. 2021. (ENG.). 36p. (J). *(978-1-0391-1568-2(3))*; pap. *(978-1-0391-1567-5(5))* FriesenPress.

Farts Have Feelings Too. Ryan McCormick. 2020. (ENG.). 26p. (J). 22.95 *(978-1-4808-9742-7(6))* Archway Publishing.

Farts Have Feelings Too. Ryan McCormick. 2021. (ENG.). 26p. (J). pap. 16.95 *(978-1-4808-9744-1(2))* Archway Publishing.

Farver Af Papegøjer: Et Barns Introduktion Til Farver I Den Naturlige Verden. David E. McAdams. 2nd ed. 2023. (Farver I Den Naturlige Verden Ser.). (DAN.). 38p. (J). pap. 19.95 ***(978-1-63270-384-2(X))*** Life is a Story Problem LLC.

Farzana's Journey: A Bangladesh Story of the Water, Land, & People. Chelsea N. Peters. 2017. (ENG., Illus.). (J). pap. 15.00 *(978-0-9992786-0-4(6))* Peters, Chelsea.

Fascinating Activities for Kids Coloring Book Edition. Smarter Activity Books for Kids. 2016. (ENG., Illus.). (J). (gr. 3-6). pap. 9.22 *(978-1-68374-303-3(2))* Examined Solutions PTE. Ltd.

Fascinating Bible Facts Vol. 1: 103 Devotions. Irene Howat. 2018. (ENG., Illus.). 128p. (J). 9.99 *(978-1-5271-0143-2(6)*, cc3b9371-f661-4068-8916-bd6334843ef, CF4Kids) Christian Focus Pubns. GBR. Dist: Baker & Taylor Publisher Services (BTPS).

Fascinating Bible Facts Vol. 2: 104 Devotions. Irene Howat. 2018. (ENG., Illus.). 128p. (J). 9.99 *(978-1-5271-0144-9(4)*, 62e73a9b-4d1e-49c2-9eda-3116504257bd, CF4Kids) Christian Focus Pubns. GBR. Dist: Baker & Taylor Publisher Services (BTPS).

Fascinating Facts for the Whole Family: Trivia about Human Body & Cute Animals (Cats, Dogs, Pandas, Horses & Pigs) Nayden Kostov. Ed. by Jonathon Tabet. Illus. by Pavel Kostov. 2017. (ENG.). 134p. (J). pap. *(978-99959-980-5-9(X))* Kostov, Nayden.

646 The check digit for ISBN-10 appears in parentheses after the full ISBN-13

Fascinating Facts (Set), 12 vols. 2021. (Fascinating Facts Ser.). (ENG.). (J). (gr. 2-5). lib. bdg. 393.48 *(978-1-5038-5280-8(6),* 215120) Child's World, Inc, The.
Fascinating Fanny Brown: A Farce in Two Acts (Classic Reprint) Helen F. Bagg. 2018. (ENG., Illus.). 52p. (J). 24.97 *(978-0-428-97792-4(8))* Forgotten Bks.
Fascinating Fun! Hidden Picture Activity Book for Kids. Jupiter Kids. 2017. (ENG., Illus.). (J). pap. 9.20 *(978-1-68326-584-9(X),* Jupiter Kids (Childrens & Kids Fiction)) Speedy Publishing LLC.
Fascinating History. Bonnie Hinman. 2018. (Unbelievable Ser.). (ENG., Illus.). 32p. (J). (gr. 3-6). 32.80 *(978-1-63235-420-4(9),* 13768, 12-Story Library) Bookstaves, LLC.
Fascinating History of Astronomy. Westminster School. 2016. (ENG., Illus.). (J). (gr. 1-4). pap. *(978-0-9954086-1-6(0))* Logorythm.
Fascinating Role-Playing Games. Lori Polydoros. 2017. (Cool Competitions Ser.). (ENG., Illus.). 32p. (J). (gr. 3-9). lib. bdg. 27.32 *(978-1-5157-7351-1(5),* 135689, Capstone Pr.) Capstone.
Fascinating Short Stories of Boys Who Followed Their Dreams: Top Motivational Tales of Boys Who Dare to Dream & Achieved the Impossible. Dally Perry. 2022. (Stocking Stuffers for Kids Ser.: Vol. 1). (ENG.). 94p. (J). pap. 11.99 ***(978-1-959581-08-6(2))*** Matos, Melissa.
Fascinating Short Stories of Boys Who Never Gave Up: 37 Mind Blowing Tales of Boys Who Were Consistent & Resilient, Develop Self-Worth, Self-respect & Self-Esteem. Dally Perry. 2022. (ENG.). 108p. (YA). pap. 11.99 ***(978-1-956677-40-9(2))*** Matos, Melissa.
Fascinating Short Stories of Kids Who Conquered Their Emotions: 35 Inspirational Tales to Help Your Kids Handle Their Feelings. Dally Perry. 2022. (ENG.). 120p. (J). pap. 11.99 ***(978-1-959581-10-9(4))*** Matos, Melissa.
Fascinating Sin (Classic Reprint) George P. Dillenback. (ENG., Illus.). (J). 2018. 342p. 30.95 *(978-0-656-16484-4(0));* 2017. pap. 13.57 *(978-0-259-18316-7(4))* Forgotten Bks.
Fascinating Stranger & Other Stories. Booth Tarkington. 2020. (ENG.). (J). 236p. 19.95 *(978-1-64799-885-1(9));* 234p. pap. 11.95 *(978-1-64799-884-4(0))* Bibliotech Pr.
Fascinating Traitor: An Anglo-Indian Story (Classic Reprint) Richard Henry Savage. (ENG., Illus.). (J). 2018. 322p. 30.54 *(978-0-267-00367-9(6));* 2017. pap. 13.57 *(978-0-243-95958-7(3))* Forgotten Bks.
Fascinating Twists & Turns! an Adult Maze Challenge Activity Book. Jupiter Kids. 2017. (ENG., Illus.). (J). pap. 9.20 *(978-1-68326-585-6(8),* Jupiter Kids (Childrens & Kids Fiction)) Speedy Publishing LLC.
Fascinating Vintage Ornaments: Creative Coloring Books. Jupiter Kids. 2016. (ENG., Illus.). 106p. (J). pap. 12.55 *(978-1-68305-205-0(6),* Jupiter Kids (Childrens & Kids Fiction)) Speedy Publishing LLC.
Fascinating World Of..., 13 bks. (J). lib. bdg. 194.35 Forest Hse. Publishing Co., Inc.
Fascinating World of Bats see Murcielagos
Fascinating World of Frogs & Toads see Ranas y los Sapos
Fascinating World of Geography. Westminster School. 2017. (ENG., Illus.). 70p. (J). (gr. 2-3). pap. *(978-0-9954086-2-3(9))* Logorythm.
Fascination, & Other Tales, Vol. 1 of 3 (Classic Reprint) Gore. 2018. (ENG., Illus.). 362p. (J). 31.36 *(978-0-267-21351-1(4))* Forgotten Bks.
Fascination, & Other Tales, Vol. 3 of 3 (Classic Reprint) Gore. 2018. (ENG., Illus.). 304p. (J). 30.17 *(978-0-484-35505-6(8))* Forgotten Bks.
Fascination (Classic Reprint) Cecil Champain Lowis. (ENG., Illus.). (J). 2018. 370p. 31.53 *(978-0-332-93125-8(0));* 2018. 354p. 31.22 *(978-0-428-72481-8(7));* 2017. pap. 13.57 *(978-1-334-91034-0(0))* Forgotten Bks.
Fascination of the King (Classic Reprint) Guy Boothby. (ENG., Illus.). (J). 2018. 290p. 29.88 *(978-0-428-97024-6(9));* 2017. pap. 13.57 *(978-0-243-51988-0(5))* Forgotten Bks.
Fascinators. Andrew Eliopulos. (ENG.). (YA). (gr. 8). 2021. 352p. pap. 10.99 *(978-0-06-288805-1(6));* 2020. 320p. 18.99 *(978-0-06-288804-4(8))* HarperCollins Pubs. (Quill Tree Bks.).
Fascism. Seth Pulditor. 2018. (Major Forms of World Government Ser.). (ENG.). 48p. (J). lib. bdg. 29.99 *(978-1-5105-3951-8(4))* SmartBook Media, Inc.
Fascism: Radical Nationalism, Vol. 8. Sam Portus. 2018. (Systems of Government Ser.). (Illus.). 96p. (J). (gr. 7). 34.60 *(978-1-4222-4019-9(3))* Mason Crest.
Fashion. Virginia Loh-Hagan. 2021. (In the Know: Influencers & Trends Ser.). (ENG., Illus.). 32p. (J). (gr. 4-8). lib. bdg. 32.07 *(978-1-5341-8033-8(8),* 218412, 45th Parallel Press) Cherry Lake Publishing.
Fashion Academy: Model Madness. Sheryl Berk & Carrie Berk. 2017. (Fashion Academy Ser.: 4). 192p. (J). (gr. 5-8). pap. 10.99 *(978-1-4926-4496-5(X),* 9781492644965) Sourcebooks, Inc.
Fashion Activity Book 7 Year Old Girl Dot to Dots, Color by Number & How to Draw. Educando Kids. 2019. (ENG.). 42p. (J). pap. 8.55 *(978-1-64521-703-9(5),* Educando Kids) Editorial Imagen.
Fashion & Clothing, 1 vol. Margaux Baum & Margaret Scott. 2016. (Life in the Middle Ages Ser.). (ENG., Illus.). 64p. (J). (gr. 5-5). 36.13 *(978-1-4994-6468-9(1),* 4023cc40-1cf0-4003-8862-754cbab872bc) Rosen Publishing Group, Inc., The.
Fashion & Famine (Classic Reprint) Ann S Stephens. 2017. (ENG., Illus.). (J). 32.87 *(978-0-265-20789-5(4))* Forgotten Bks.
Fashion Coloring Book: For Kids Ages 6-8, 9-12. Young Dreamers Press. Illus. by Fairy Crocs. 2022. (Young Dreamers Coloring Bks.: Vol. 9). (ENG.). 70p. (J). pap. *(978-1-990136-52-8(4))* EnemyOne.
Fashion Coloring Book for 4 to 9 Year Olds: This Fashion Coloring Book, Has 39 Illustrated Fashion Models Wearing Their Own Fashion Designs. These Fashion Coloring Book Pages Will Make an Excellent Fashion Coloring Book Gift for Girls. Plus 6 Coloring Boo. Nicola Ridgeway & James Manning. 2020. (ENG., Illus.). 84p. (J). pap. *(978-1-80027-450-1(5))* CBT Bks.
Fashion Coloring Book for Girl Ages 6-10: Fashion Design Book - Fashion Coloring Book for Teens & Girls Ages 8 -12 - Cool Fashion Design Drawings Outfits. Ellyemerson. 2021. (ENG.). 62p. (J). pap. *(978-0-7963-4140-2(0))* Rockliff Publishing Corp.
Fashion Coloring Book for Girls. Deeasy Books. 2021. (ENG.). 102p. (J). pap. 8.00 *(978-1-716-18332-4(4))* Indy Pub.
Fashion Coloring Book for Girls. Darcy Harvey. 2022. (ENG.). 24p. (YA). pap. 14.99 *(978-1-892500-95-3(7))* Adamson, Bruce Campbell.
Fashion Coloring Book for Girls. Raz McOvoo. 2021. (ENG.). 70p. (J). pap. 9.99 *(978-1-716-23626-6(0))* Lulu Pr., Inc.
Fashion Coloring Book for Girls. Anna O'Annabelle. 2020. (ENG.). 96p. (J). pap. 9.49 *(978-1-716-32500-7(5))* Lulu Pr., Inc.
Fashion Coloring Book for Girls. O'Starrie. 2021. (ENG.). 92p. (J). pap. 5.99 *(978-1-716-21138-6(7))* Lulu Pr., Inc.
Fashion Coloring Book for Girls: Amazing Fashion Coloring Books for Girls, Fun Fashion Girl Coloring with Beauty Fashion Style, Fabulous Designs, Page Large 8. 5 X 11. Elma Angels. 2020. (ENG.). 78p. (J). pap. 9.79 *(978-1-716-31954-9(4))* Lulu Pr., Inc.
Fashion Coloring Book for Girls: Fashion Fun Coloring Pages for Girls & Kids with Gorgeous Beauty Fashion Style & Other Cute Designs (Coloring Books for Girls) Lpv Bookplanet. 2020. (ENG.). 62p. (YA). pap. 8.99 *(978-1-716-30405-7(9))* Lulu Pr., Inc.
Fashion Coloring Book for Teen Girls: 142 Fun Coloring Pages Fashion Coloring Book for Girls Ages 8-12 Teenage Coloring Books for GirlsTeen Coloring Books for Girls Ages 13-16. Penciol Press. 2020. (ENG.). 290p. (YA). pap. 18.00 *(978-1-716-16434-7(6))* Lulu Pr., Inc.
Fashion Coloring Book for Young Adults & Teens (6x9 Coloring Book / Activity Book) Sheba Blake. 2020. (ENG.). 44p. (YA). pap. 9.99 *(978-1-222-28524-6(X))* Indy Pub.
Fashion Coloring Book for Young Adults & Teens (8. 5x8. 5 Coloring Book / Activity Book) Sheba Blake. 2020. (ENG.). 44p. (YA). pap. 12.99 *(978-1-222-28785-1(4))* Indy Pub.
Fashion Coloring Book for Young Adults & Teens (8x10 Coloring Book / Activity Book) Sheba Blake. 2020. (ENG.). 44p. (YA). pap. 14.99 *(978-1-222-28525-3(8))* Indy Pub.
Fashion Conscious. Sarah Klymkiw. Illus. by Kim Hankinson. 2020. (ENG.). 160p. (YA). pap. 9.99 *(978-1-4052-9565-9(1),* Red Shed) Farshore GBR. Dist: HarperCollins Pubs.
Fashion Design. Alix Wood. 2017. (Design It! Ser.). 32p. (gr. 3-4). pap. 63.00 *(978-1-5382-0781-9(8))* Stevens, Gareth Publishing LLLP.
Fashion Design: Clothing As Art, 1 vol. Ruth Huoh. 2017. (Eye on Art Ser.). (ENG.). 104p. (gr. 7-7). lib. bdg. 41.03 *(978-1-5345-6104-5(8),* 199ac481-f112-4810-bfc1-49062d38fb48, Lucent Pr.) Greenhaven Publishing LLC.
Fashion Design Secrets. K. C. Kelley. 2016. 32p. (J). *(978-1-4896-4777-1(5))* Weigl Pubs., Inc.
Fashion Design Workshop: Remix: A Modern, Inclusive, & Diverse Approach to Fashion Illustration for up-And-coming Designers. Stephanie Corfee. 2020. (Walter Foster Studio Ser.). (ENG., Illus.). 128p. (J). (gr. 5-9). pap. 18.99 *(978-1-63322-828-3(2),* 331160, Walter Foster) Quarto Publishing Group USA.
Fashion Disaster. Jill Santopolo. 2016. (Sparkle Spa Ser.: 9). (ENG., Illus.). 96p. (J). (gr. 2-5). pap. 5.99 *(978-1-4814-6391-1(8),* Aladdin) Simon & Schuster Children's Publishing.
Fashion Disaster. Jill Santopolo. 2016. (Sparkle Spa Ser.: 9). (ENG., Illus.). 96p. (J). (gr. 2-5). 16.99 *(978-1-4814-6392-8(6),* Simon & Schuster/Paula Wiseman Bks.) Simon & Schuster/Paula Wiseman Bks.
Fashion Disaster (a My Little Pony Water Wonder Storybook) (Media Tie-In) Scholastic. ed. 2019. (ENG.). 12p. (J). (gr. -1-k). bds. 10.99 *(978-1-338-60609-6(3))* Scholastic, Inc.
Fashion District: A Couture Coloring Book. Kreativ Entspannen. 2016. (ENG., Illus.). (J). pap. 9.20 *(978-1-68377-409-9(4))* Whike, Traudl.
Fashion Drawing. Carolyn Scrace. 2019. (ENG.). 64p. (J). (gr. 4-5). 20.96 *(978-0-87617-423-4(3))* Penworthy Co., LLC, The.
Fashion Drawing: Inspirational Step-By-Step Illustrations Show You How to Draw Like a Fashion Designer. Carolyn Scrace. 2018. (ENG.). 64p. (gr. 7). pap. 9.95 *(978-1-912233-68-7(1),* Scribo) Book Hse. GBR. Dist: Sterling Publishing Co., Inc.
Fashion Drawing Games: Drawing Book for Girls. Speedy Kids. 2017. (ENG., Illus.). (J). pap. 9.05 *(978-1-5419-3267-8(6))* Speedy Publishing LLC.
Fashion Face-Off. Sheryl Berk & Carrie Berk. 2017. (Fashion Academy Ser.: 5). (Illus.). 192p. (J). (gr. 5-8). pap. 10.99 *(978-1-4926-4499-6(4))* Sourcebooks, Inc.
Fashion Figures (Set), 6 vols. 2019. (Fashion Figures Ser.). (ENG.). 32p. (J). (gr. 3-6). lib. bdg. 196.74 *(978-1-5321-1949-1(6),* 32483, Checkerboard Library) ABDO Publishing Co.
Fashion Fix: Activities & Ideas for a Sustainable & Stylish Wardrobe. Lexi Rees. Illus. by Eve Kennedy. 2022. (ENG.). 104p. (J). pap. *(978-1-913799-11-3(5))* Outset Publishing Ltd.
Fashion Forward: Striving for Sustainable Style. Raina Delisle. 2022. (Orca Footprints Ser.: 22). (ENG., Illus.). 56p. (J). (gr. 4-7). 19.95 *(978-1-4598-2580-2(2))* Orca Bk. Pubs. USA.
Fashion Fun. Victoria Kann. Illus. by Victoria Kann. ed. 2016. (Pinkalicious I Can Read Ser.). (ENG., Illus.). 32p. (J). (gr. -1-3). 13.55 *(978-0-606-39265-5(3))* Turtleback.
Fashion Guru: Facts & Figures about Couture, Catwalks, & Cutting-Edge Trends. Jen Jones & Rebecca Rissman. 2018. (Girlology Ser.). (ENG., Illus.). 48p. (J). (gr. 4-8). lib. bdg. 31.99 *(978-1-5157-7880-6(0),* 136009, Capstone Pr.) Capstone.
Fashion Hacks: Your Fashion Failures Solved! Rebecca Rissman. 2017. (Beauty Hacks Ser.). (ENG., Illus.). 48p. (J). (gr. 4-8). lib. bdg. 31.99 *(978-1-5157-6827-2(9),* 135359, Capstone Pr.) Capstone.
Fashion-Inspired Activity Book for Girls Age 6-7. Jupiter Kids. 2017. (ENG., Illus.). (J). pap. 8.33 *(978-1-5419-3345-3(1),* Jupiter Kids (Childrens & Kids Fiction)) Speedy Publishing LLC.
Fashion Is Fabulous & Fun Children's Fashion Books. Baby Professor. 2017. (ENG., Illus.). (YA). pap. 7.89 *(978-1-5419-0232-9(7),* Baby Professor (Education Kids)) Speedy Publishing LLC.
Fashion Is Like Magic! Nia Is Creative. Nikki Demoneris. Ed. by Afrodite Demoneris. Illus. by Meena Patil. 2021. (ENG.). 32p. (J). *(978-1-0391-2442-4(9));* pap. *(978-1-0391-2441-7(0))* FriesenPress.
Fashion Is Spinach (Classic Reprint) Elizabeth Hawes. 2017. (ENG., Illus.). (J). 31.22 *(978-0-266-55313-7(3))* Forgotten Bks.
Fashion Magazine Cover Coloring Book. Activity Attic. 2016. (ENG., Illus.). (J). pap. 7.74 *(978-1-68323-731-0(5))* Twin Flame Productions.
Fashion on the Streets of New York Coloring Book. Jupiter Kids. 2017. (ENG., Illus.). (J). pap. 9.20 *(978-1-68326-771-3(0),* Jupiter Kids (Childrens & Kids Fiction)) Speedy Publishing LLC.
Fashion Photography. John Hamilton. 2018. (Digital Photography Ser.). (ENG., Illus.). 48p. (J). (gr. 5-9). lib. bdg. 34.21 *(978-1-5321-1586-8(5),* 28748, Abdo & Daughters) ABDO Publishing Co.
Fashion Rules! A Closer Look at Clothing in the Middle Ages. Gail Skroback Hennessey. Illus. by Tracy Sabin. 2020. (ENG.). 40p. (J). (gr. 3-6). 18.99 *(978-1-63440-905-6(1),* 549af008-c53d-4c08-b56d-13c6b70794ad) Red Chair Pr.
Fashion SketchBook:: Sketch Journal with Silhouette Templates for Girls & Teens -Hardcover -124 Pages - 6x9. Popappel20. 2021. (ENG.). 126p. (YA). 13.99 *(978-1-716-19775-8(9))* Lulu Pr., Inc.
Fashion Sketchbook for Girls: Fashion Design Sketchbook for Girls, Teens. Fiona Ortega. 2023. (ENG.). 120p. (YA). pap. ***(978-1-312-51141-5(9))*** Lulu Pr., Inc.
Fashion Superstar, 1. Sarah Kuhn. ed. 2019. (Barbie Graphic Nvls Ser.). (ENG.). 63p. (J). (gr. 4-5). 17.96 *(978-0-87617-297-1(4))* Penworthy Co., LLC, The.
Fashion Trends Coloring Book. Cristie Jameslake. 2020. (ENG.). 102p. (YA). pap. 15.00 *(978-1-716-94344-7(2))* Lulu Pr., Inc.
Fashionable Adventures of Joshua Craig: A Novel (Classic Reprint) David Graham Phillips. 2018. (ENG., Illus.). 394p. (J). 32.02 *(978-0-483-81620-6(5))* Forgotten Bks.
Fashionable Dissipation (Classic Reprint) Metta V. Fuller. 2018. (ENG., Illus.). 252p. (J). 29.09 *(978-0-332-32050-2(2))* Forgotten Bks.
Fashionable Life (Classic Reprint) Mary H. Eastman. (ENG., Illus.). (J). 2018. 396p. 32.06 *(978-0-267-00727-1(2));* 2017. pap. 16.57 *(978-0-259-06272-1(3))* Forgotten Bks.
Fashionable Mystery (Thea Stilton Mouseford Academy #8) Thea Stilton. Illus. by Thea Stilton. 2019. (Thea Stilton Mouseford Academy Ser.: 8). (ENG., Illus.). 128p. (J). (gr. 2-5). pap. 7.99 *(978-0-545-87096-2(8),* Scholastic Paperbacks) Scholastic, Inc.
Fashionable Sufferer. Augustus Hoppin. 2017. (ENG.). 252p. (J). pap. *(978-3-7446-6493-6(7))* Creation Pubs.
Fashionable Sufferer: Or Chapters from Life's Comedy (Classic Reprint) Augustus Hoppin. (ENG., Illus.). (J). 2018. 270p. 29.47 *(978-0-428-81813-5(7));* 2016. pap. 11.97 *(978-1-334-13592-7(4))* Forgotten Bks.
Fashioned Coloring Book for Girls. Deeasy Books. 2021. (ENG.). 102p. (J). pap. 12.00 *(978-1-716-24475-9(7))* Indy Pub.
Fashionopolis (Young Readers Edition) The Secrets Behind the Clothes We Wear. Dana Thomas. 2022. (ENG., Illus.). 208p. (J). (gr. 5-9). 17.99 *(978-0-593-32501-8(X),* Dial Bks) Penguin Young Readers Group.
Fashions for Princess Dresses Coloring Books. Activibooks For Kids. 2016. (ENG., Illus.). (J). pap. 9.20 *(978-1-68321-694-0(6))* Mimaxion.
Fashions from Around the World Coloring Book. Activity Book Zone. 2016. (ENG., Illus.). (J). pap. 9.20 *(978-1-68376-332-1(7))* Sabeels Publishing.
Fashions from the 80s Coloring Book. Jupiter Kids. 2017. (ENG., Illus.). (J). pap. 9.20 *(978-1-68326-772-0(9),* Jupiter Kids (Childrens & Kids Fiction)) Speedy Publishing LLC.
Fashions on the Catwalk Coloring Book: Fashion Design Coloring Book. Activibooks For Kids. 2016. (ENG., Illus.). (J). pap. 9.20 *(978-1-68321-105-1(7))* Mimaxion.
Fast & Ferocious! a Terrifying & Terrific Dinosaur Coloring Book. Kreative Kids. 2016. (ENG., Illus.). (J). pap. 9.20 *(978-1-68377-410-5(8))* Whike, Traudl.
Fast & Funny: Crazy Roadrunner Coloring Book. Jupiter Kids. 2018. (ENG., Illus.). 106p. (J). pap. 12.55 *(978-1-68326-773-7(7),* Jupiter Kids (Childrens & Kids Fiction)) Speedy Publishing LLC.
Fast & Furious Spy Racers: Comictivity #1. Terrance Crawford. 2022. (ENG.). 48p. (J). (gr. 2-5). 10.99 *(978-1-338-75630-2(3))* Scholastic, Inc.
Fast & Loose in Dixie: An Unprejudiced Narrative of Personal Experience As a Prisoner of War at Libby, Macon, Savannah, & Charleston (Classic Reprint) J. Madison Drake. 2018. (ENG., Illus.). 312p. (J). 30.33 *(978-0-332-92267-6(7))* Forgotten Bks.
Fast & Slow. Spencer Brinker. 2022. (Forces in Motion Ser.). (ENG., Illus.). 24p. (J). (gr. k-1). lib. bdg. 26.99 *(978-1-63691-410-7(1),* 18593) Bearport Publishing Co., Inc.
Fast & Slow. Cecilia Minden. 2016. (21st Century Basic Skills Library: Animal Opposites Ser.). (ENG., Illus.). 24p. (J). (gr. k-3). 26.35 *(978-1-63470-472-4(X),* 207619) Cherry Lake Publishing.
Fast & Slow. Julie Murray. 2018. (Opposites Ser.). (ENG., Illus.). 24p. (J). (gr. -1-2). lib. bdg. 31.36 *(978-1-5321-8178-8(7),* 29829, Abdo Kids) ABDO Publishing Co.
Fast & Slow. Brienna Rossiter. 2019. (Opposites Ser.). (ENG., Illus.). 16p. (J). (gr. k-1). 25.64 *(978-1-64185-345-3(X),* 164185345X, Focus Readers) North Star Editions.
Fast & Slow. Ming Tan. Illus. by Ali Shandi Ramadan. 2022. (ENG.). 40p. (J). (gr. -1-k). 15.99 ***(978-981-5044-28-7(1))*** Marshall Cavendish International (Asia) Private Ltd. SGP. Dist: Independent Pubs. Group.
Fast & Slow - BBC Earth Do You Know... ? Level 4. Ladybird. 2020. 32p. (J). (gr. k-3). pap. 9.99 *(978-0-241-35579-4(6),* Ladybird) Penguin Bks., Ltd. GBR. Dist: Independent Pubs. Group.
Fast As the Flash! Christy Webster. Illus. by Erik Doescher. 2018. 24p. (J). *(978-1-5444-0227-7(9))* Random Hse., Inc.
Fast As the Flash! Christy Webster. ed. 2018. (Step into Reading Level 2 Ser.). lib. bdg. 14.75 *(978-0-606-40932-2(7))* Turtleback.
Fast As the Flash! (DC Super Friends) Christy Webster. Illus. by Erik Doescher. 2018. (Step into Reading Ser.). (ENG.). 24p. (J). (gr. -1-1). pap. 5.99 *(978-1-5247-6864-5(2),* Random Hse. Bks. for Young Readers) Random Hse. Children's Bks.
Fast As the Wind: A Novel (Classic Reprint) Nat Gould. 2017. (ENG., Illus.). (J). 29.77 *(978-1-5280-6432-3(1))* Forgotten Bks.
Fast Asleep in a Little Village in Israel. Jennifer Tzivia MacLeod. Illus. by Tiphanie Beeke. 2018. (ENG.). 32p. (J). 17.95 *(978-1-68115-539-5(7),* 73160a0c-1e6a-4190-81ea-4157ce5b2e5a, Apples & Honey Pr.) Behrman Hse., Inc.
Fast Backward. David Patneaude. 2018. (ENG., Illus.). 284p. (YA). (gr. 7-12). 26.95 *(978-1-63393-616-4(3));* pap. 18.95 *(978-1-63393-614-0(7))* Koehler Bks.
Fast Break, 1 vol. David Aro. 2021. (Alton Heights All-Stars Ser.). (ENG.). 64p. (J). (gr. 2-3). 23.25 *(978-1-5383-8218-9(0),* ede0237e-7bae-45b5-8e74-16ada46ae649); pap. 13.35 *(978-1-5383-8217-2(2),* 43d483e9-6352-4f43-b613-7a8c1b0835fb) Enslow Publishing, LLC. (West 44 Bks.).
Fast Break. Derek Jeter. (Jeter Publishing Ser.). (ENG.). (J). (gr. 3-7). 2020. 192p. pap. 7.99 *(978-1-5344-3628-2(6));* 2019. 176p. 16.99 *(978-1-5344-3627-5(8))* Simon & Schuster/Paula Wiseman Bks. (Simon & Schuster/Paula Wiseman Bks.).
Fast Break. Mike Lupica. 2016. (ENG.). 288p. (J). (gr. 5). pap. 8.99 *(978-1-101-99783-3(4),* Puffin Books) Penguin Young Readers Group.
Fast Break. Mike Lupica. ed. 2016. (ENG.). 288p. (J). (gr. 5). 19.65 *(978-0-606-39313-3(7))* Turtleback.
Fast-Break Friends. Jake Maddox & Jake Maddox. Illus. by Jesus Aburto. 2021. (Jake Maddox Sports Stories Ser.). (ENG.). 72p. (J). 25.99 *(978-1-6639-1123-0(1),* 212844); pap. 5.95 *(978-1-6639-2183-3(0),* 212826) Capstone. (Stone Arch Bks.).
Fast Breaks & Fanatics: Behind the Scenes of Game Day Basketball. Martin Driscoll. 2023. (Sports Illustrated Kids: Game Day! Ser.). (ENG.). 32p. (J). 31.32 *(978-1-6690-0333-5(7),* 245290); pap. 7.99 *(978-1-6690-4027-9(5),* 245275) Capstone. (Capstone Pr.).
Fast Cars! Fastest Cars in the World for Kids: Horsepower Edition - Children's Cars & Trucks. Left Brain Kids. 2016. (ENG., Illus.). (J). pap. 7.51 *(978-1-68376-624-7(5))* Sabeels Publishing.
Fast Cash. Torrey Holloway. 2018. (ENG., Illus.). 332p. (J). *(978-0-359-17298-6(9));* pap. *(978-0-359-17285-6(7))* Lulu Pr., Inc.
Fast Direct Flights: Airplane Coloring Book. Activity Book Zone for Kids. 2016. (ENG., Illus.). (J). pap. 9.20 *(978-1-68376-426-7(9))* Sabeels Publishing.
Fast Enough: Bessie Stringfield's First Ride. Joel Christian Gill. 2019. (ENG., Illus.). 40p. (J). 17.99 *(978-1-5493-0314-2(7),* b4e7e661-7cf7-4315-ac4b-5aa625672979, Lion Forge) Oni Pr., Inc.
Fast Fact Addition, 1 vol. Jagger Youssef. 2018. (Fast Fact Math Ser.). (ENG.). 24p. (gr. 2-3). 24.27 *(978-1-5382-1971-3(9),* 087317fb-356d-4f58-a3ad-308c94b82b50) Stevens, Gareth Publishing LLLP.
Fast Fact Division, 1 vol. Jagger Youssef. 2018. (Fast Fact Math Ser.). (ENG.). 24p. (gr. 2-3). 24.27 *(978-1-5382-1975-1(1),* 411ff512-863c-4167-8be1-0a20b1422ff9) Stevens, Gareth Publishing LLLP.
Fast Fact Fractions, 1 vol. Jagger Youssef. 2018. (Fast Fact Math Ser.). (ENG.). 24p. (gr. 2-3). 24.27 *(978-1-5382-1979-9(4),* 303eb04c-e545-4ce8-bf62-930dd56759bd) Stevens, Gareth Publishing LLLP.
Fast Fact Math, 12 vols. 2018. (Fast Fact Math Ser.). (ENG.). 24p. (gr. 2-3). lib. bdg. 145.62 *(978-1-5382-2181-5(0),* 6de448d0-6059-43e4-90d9-9a15b7116157) Stevens, Gareth Publishing LLLP.
Fast Fact Measurement, 1 vol. Blanche Roesser. 2018. (Fast Fact Math Ser.). (ENG.). 24p. (gr. 2-3). 24.27 *(978-1-5382-1983-6(2),* 7cbed5f9-d0c3-4bf3-9b08-26023347dcaa) Stevens, Gareth Publishing LLLP.
Fast Fact Subtraction, 1 vol. Blanche Roesser. 2018. (Fast Fact Math Ser.). (ENG.). 24p. (gr. 2-3). 24.27 *(978-1-5382-1991-1(3),* bdc4612a-ca78-4211-8e3e-2f97a5e89fae) Stevens, Gareth Publishing LLLP.
Fast Facts about Beagles. Marcie Aboff. 2020. (Fast Facts about Dogs Ser.). (ENG., Illus.). 24p. (J). (gr. k-2). lib. bdg. 27.99 *(978-1-9771-2454-8(2),* 200464, Pebble) Capstone.
Fast Facts about Corgis. Marcie Aboff. 2020. (Fast Facts about Dogs Ser.). (ENG., Illus.). 24p. (J). (gr. k-2). lib. bdg. 27.99 *(978-1-9771-2455-5(0),* 200465, Pebble) Capstone.
Fast Facts about Dogs. Marcie Aboff. 2020. (Fast Facts about Dogs Ser.). (ENG.). 24p. (J). (gr. k-2). 179.94 *(978-1-9771-2571-2(9),* 200750, Pebble) Capstone.
Fast Facts about French Bulldogs. Marcie Aboff. 2020. (Fast Facts about Dogs Ser.). (ENG., Illus.). 24p. (J). (gr. k-2). lib. bdg. 27.99 *(978-1-9771-2453-1(4),* 200463, Pebble) Capstone.

F

Fast Facts about German Shepherds. Marcie Aboff. 2020. (Fast Facts about Dogs Ser.). (ENG., Illus.). 24p. (J). (gr. k-2). lib. bdg. 27.99 *(978-1-9771-2451-7(8),* 200461, Pebble) Capstone.

Fast Facts about Golden Retrievers. Marcie Aboff. 2020. (Fast Facts about Dogs Ser.). (ENG., Illus.). 24p. (J). (gr. k-2). lib. bdg. 27.99 *(978-1-9771-2452-4(6),* 200462, Pebble) Capstone.

Fast Facts about Labrador Retrievers. Marcie Aboff. 2020. (Fast Facts about Dogs Ser.). (ENG., Illus.). 24p. (J). (gr. k-2). lib. bdg. 27.99 *(978-1-9771-2450-0(X),* 200460, Pebble) Capstone.

Fast, Faster, Fastest-Animals That Move at Great Speeds see Rápido, Más Rápido, Muy Rápido: Animales Que se Muevan a Grandes Velocidades

Fast Food Workshop: Building a Menu of Quick Dishes: Building a Menu of Quick Dishes. Contrib. by Megan Borgert-Spaniol. 2023. (Kitchen to Career Ser.). (ENG.). 64p. (J). (gr. 5-9). lib. bdg. 35.64 ***(978-1-0982-9140-2(9),*** 41747, Abdo & Daughters) ABDO Publishing Co.

Fast Forward, 12 vols., Set. Incl. Castles Through Time. Nicolas Harris. lib. bdg. 28.93 *(978-1-4358-2798-1(8),* e8c355df-22d6-451f-b3e0-f1076229359e); Dinosaurs Through Time. Nicolas Harris. Illus. by Peter Dennis. lib. bdg. 28.93 *(978-1-4358-2802-5(X),* 14724128-75e6-4a65-bfa0-1db117d374cc); Earthquakes Through Time. Nicolas Harris. lib. bdg. 28.93 *(978-1-4358-2803-2(8),* bd3db881-2ede-415f-b3a7-fe7a6909d4d8); Pyramids Through Time. Nicolas Harris. lib. bdg. 28.93 *(978-1-4358-2801-8(1),* 954c210c-e9f6-406c-97ab-1f5a5c11f3ca); Volcanoes Through Time. Nicolas Harris. lib. bdg. 28.93 *(978-1-4358-2800-1(3),* 379f6c00-8d18-4dbf-9342-8597147e2ae1); Wild West Through Time. Claire Aston. lib. bdg. 28.93 *(978-1-4358-2799-8(6),* 63cfa34f-bfc7-44f5-9f23-d75072ffbf04); 32p. (YA). (gr. 4-4). 2009. (Fast Forward Ser.). (ENG.). 2008. Set lib. bdg. 173.58 *(978-1-4358-2819-3(4),* ee990d27-8e88-43c6-91f0-c7c7349bdf2b, PowerKids Pr.) Rosen Publishing Group, Inc., The.

Fast-Forward to the Future!: a Branches Book (Time Jumpers #3), Vol. 3. Wendy Mass. Illus. by Oriol Vidal. 2019. (Time Jumpers Ser.: 3). (ENG.). 96p. (J). (gr. 1-3). pap. 5.99 *(978-1-338-21742-1(9))* Scholastic, Inc.

Fast Fox & Slow Snail. Lou Treleaven. Illus. by David Creighton-Pester. 2019. (Early Bird Readers — Blue (Early Bird Stories (tm)) Ser.). (ENG.). 32p. (J). (gr. -1-2). pap. 9.99 *(978-1-5415-4616-5(4),* 478dbfe9-dd1f-44a2-bd96-fe7ce4a721f0) Lerner Publishing Group.

Fast Friends. Rory Keane. ed. 2021. (Passport to Reading Ser.). (ENG., Illus.). 32p. (J). (gr. 2-3). 15.46 *(978-1-68505-025-2(5))* Penworthy Co., LLC, The.

Fast Friends (Classic Reprint) John Townsend Trowbridge. 2017. (ENG., Illus.). (J). 30.17 *(978-0-331-95824-9(4))* Forgotten Bks.

Fast Game (Classic Reprint) Kirk Parson. (ENG., Illus.). (J). 2018. 354p. 31.22 *(978-0-483-07937-3(5));* 2016. pap. 13.97 *(978-1-334-12768-7(9))* Forgotten Bks.

Fast Lane: Drag Racing, 8 vols., Set. Tyrone Georgiou. Incl. Funny Car Dragsters. 25.27 *(978-1-4339-4695-0(5),* d491b060-2652-435b-bdfc-e4b9edec02da); Pro Stock Dragsters. 25.27 *(978-1-4339-4699-8(8),* 5c3b2999-eb14-48b7-b42c-bf1356861f01); Pro Stock Motorcycle Dragsters. lib. bdg. 25.27 *(978-1-4339-4703-2(X),* e2354fda-25e1-4db6-a71d-94d1972e137b); Top Fuel Dragsters. lib. bdg. 25.27 *(978-1-4339-4707-0(2),* 79d39c76-8b65-49ae-a892-894e166783ef); (J). (gr. 2-3). (Fast Lane: Drag Racing Ser.). (ENG., Illus.). 24p. 2011. Set lib. bdg. 101.08 *(978-1-4339-4947-0(4),* fc3f67a0-5c94-449f-8da7-2524a0bcb438, Gareth Stevens Learning Library) Stevens, Gareth Publishing LLLP.

Fast Machines! Trains, Planes, Boats & More: From Speedboats to Fighter Jets - Children's Cars, Trains & Things That Go Books. Pfiffikus. 2016. (ENG., Illus.). (J). pap. 10.81 *(978-1-68377-609-3(7))* Whlke, Traudl.

Fast Nine. Alan Douglas. 2022. (ENG.). 112p. (YA). (gr. 7-12). pap. ***(978-1-387-70500-9(8))*** Lulu Pr., Inc.

Fast Nine: A Challenge from Fairfield. Alan Douglas. 2018. (ENG., Illus.). 116p. (YA). (gr. 7-12). pap. *(978-93-5329-253-9(0))* Alpha Editions.

Fast of St. Magdalen, Vol. 1 Of 3: A Romance (Classic Reprint) Anna Maria Porter. (ENG., Illus.). (J). 2018. 350p. 31.14 *(978-0-483-95193-8(5));* 2016. pap. 13.57 *(978-1-334-15344-0(2))* Forgotten Bks.

Fast of St. Magdalen, Vol. 2: A Romance (Classic Reprint) Anna Maria Porter. 2018. (ENG., Illus.). 322p. (J). 30.56 *(978-0-483-06092-0(5))* Forgotten Bks.

Fast of St. Magdalen, Vol. 2 Of 3: A Romance (Classic Reprint) Anna Maria Porter. (ENG., Illus.). (J). 2018. 318p. 30.48 *(978-0-365-37608-8(6));* 2017. pap. 13.57 *(978-0-259-35022-4(2))* Forgotten Bks.

Fast of St. Magdalen, Vol. 3: A Romance (Classic Reprint) Miss Anna Maria Porter. 2018. (ENG., Illus.). 354p. (J). 31.20 *(978-0-483-67416-5(8))* Forgotten Bks.

Fast of St. Magdalen, Vol. 3 Of 3: A Romance (Classic Reprint) Anna Maria Porter. 2017. (ENG., Illus.). (J). 360p. 31.32 *(978-0-332-38767-3(4));* 31.16 *(978-0-266-52245-4(9));* pap. 13.57 *(978-0-259-37467-1(9));* pap. 13.97 *(978-0-259-17334-2(7))* Forgotten Bks.

Fast or Slow?, 1 vol. Adeline Zubek. 2019. (All about Opposites Ser.). (ENG.). 24p. (gr. k-k). 24.27 *(978-1-5382-3716-8(4),* 60fb01b2-8fb8-4e67-96a0-20fcc3052a0f) Stevens, Gareth Publishing LLLP.

Fast Out. Tyler Compton. 2018. (ENG., Illus.). 322p. (J). pap. 11.99 *(978-0-9893845-6-8(X))* Compton, Tyler.

Fast Phil. Kristin Jackson. Illus. by Joanne Pionessa. 2019. (ENG.). 36p. (J). (gr. k-3). pap. 7.95 *(978-1-64713-091-6(3))* Primedia eLaunch LLC.

Fast Pitch. Nic Stone. 2021. (ENG.). 192p. (J). (gr. 3-7). 17.99 *(978-1-9848-9301-7(7),* Crown Books For Young Readers) Random Hse. Children's Bks.

Fast-Pitch Feud. Jake Maddox. Illus. by Lelo Alves. 2022. (Jake Maddox Graphic Novels Ser.). (ENG.). 72p. (J). 26.65 *(978-1-6639-5915-7(3),* 223013); pap. 6.95 *(978-1-6663-2857-8(X),* 222995) Capstone. (Stone Arch Bks.).

Fast Punk. Michelle St Claire. Ed. by Msb Editing Services Editing Services. 2019. (Beautifully Unbroken Ser.: Vol. 11). (ENG.). 150p. (YA). (gr. 7-12). 21.98 *(978-1-945891-62-5(9))* May 3rd Bks., Inc.

Fast Rides, 4 vols., Set. Michael Sandler. Incl. Dynamic Drag Racers. (YA). lib. bdg. 26.99 *(978-1-61772-138-0(7));* Electrifying Eco Race Cars. (J). lib. bdg. 26.99 *(978-1-61772-137-3(9));* Hot Hot Rods. (J). lib. bdg. 26.99 *(978-1-61772-139-7(5));* Jet-Powered Speed. (YA). lib. bdg. 26.99 *(978-1-61772-136-6(0));* (gr. 2-5). 24p. 2011. Set lib. bdg. 90.44 *(978-1-61772-135-9(2))* Bearport Publishing Co., Inc.

Fast Telescope. Marty Gitlin. 2018. lib. bdg. 29.95 *(978-1-68020-164-2(6))* Mitchell Lane Pubs.

Faster, Higher, Smarter: Bright Ideas That Transformed Sports. Simon Shapiro. 2016. (ENG., Illus.). 120p. (J). (gr. 5). pap. 12.95 *(978-1-55451-813-5(X))* Annick Pr., Ltd. CAN. Dist: Publishers Group West (PGW).

Faster, Please! Vehicles on the Go. Catherine Leblanc. Illus. by Laurent Richard. 2020. (ENG.). 16p. (J). bds. 12.99 *(978-0-7643-6032-9(9),* 24683) Schiffer Publishing, Ltd.

Faster-Than-Light Space Travel, 1 vol. Holly Duhig. 2017. (Science Fiction to Science Fact Ser.). (ENG.). 32p. (J). (gr. 4-5). pap. 11.50 *(978-1-5382-1497-8(0),* cb42f800-5d99-448a-ac4b-9ae0ec825fdf); lib. bdg. 28.27 *(978-1-5382-1382-7(6),* 8d96a194-2462-4e42-a91f-a151a8a69c69) Stevens, Gareth Publishing LLLP.

Fastest Animals in the World. Contrib. by Samantha S. Bell. 2023. (Animal World Ser.). (ENG.). 64p. (YA). (gr. 6-12). 43.93 ***(978-1-6782-0616-1(4),*** BrightPoint Pr.) ReferencePoint Pr., Inc.

Fastest Fox in the Forest. Kenneth E. Moulton. 2016. (ENG., Illus.). (J). 22.95 *(978-1-63568-004-1(2));* pap. 12.95 *(978-1-68409-377-9(5))* Page Publishing Inc.

Fastest Girl on Earth! Meet Kitty o'Neil, Daredevil Driver! Dean Robbins. Illus. by Elizabeth Baddeley. 2021. 40p. (J). (gr. -1-3). 17.99 *(978-0-593-12571-7(1));* (ENG.). lib. bdg. 20.99 *(978-0-593-12572-4(X))* Random Hse. Children's Bks. (Knopf Bks. for Young Readers).

Fastest Kid in the World: A Fast-Paced Adventure for Your Energetic Kids. Chris Stead. 2020. (Wild Imagination of Willy Nilly Ser.: Vol. 3). (ENG., Illus.). 38p. (J). *(978-1-925638-52-3(9));* pap. *(978-1-925638-51-6(0))* Old Mate Media.

Fastest Tortoise in Town. Howard Calvert. Illus. by Karen Obuhanych. 2023. (ENG.). 32p. (J). (gr. -1-2). 18.99 *(978-1-5362-2835-9(4))* Candlewick Pr.

Fastidious Prisoner (Classic Reprint) Albert Edward Winship. (ENG., Illus.). (J). 2018. 22p. 24.37 *(978-0-267-77019-9(7));* 2016. pap. 7.97 *(978-1-334-13341-1(7))* Forgotten Bks.

Fasting. Anthony Borisov. Tr. by John Hogg. Illus. by Victoria Kitavina. 2020. (Orthodoxy for Children Ser.: Vol. 6). (ENG.). 34p. (J). 16.99 ***(978-1-950067-14-5(9));*** pap. 12.99 ***(978-1-950067-15-2(7))*** Exaltation Pr.

Fasting Letter Faa: A Story about a Letter in the Arabic Alphabet. Nermeen S. Ahmed. Illus. by Nisreen Ibrahim. 2022. (ENG.). 40p. (J). pap. ***(978-1-4717-5860-7(5))*** Lulu Pr., Inc.

Fat & Lean, or the Fairy Queen: Exhibiting the Effects of Moral Magic by the Ring & the Three Mirrors (Classic Reprint) Unknown Author. 2018. (ENG., Illus.). 28p. (J). 24.47 *(978-0-484-27793-8(6))* Forgotten Bks.

Fat & the Thin: Le Ventre de Paris (Classic Reprint) Emile Zola. 2018. (ENG., Illus.). 330p. (J). 30.70 *(978-0-483-52950-2(8))* Forgotten Bks.

Fat Angie: Homecoming. E. E. Charlton-Trujillo. 2021. (ENG.). 416p. (YA). (gr. 9). 18.99 *(978-1-5362-0839-9(6))* Candlewick Pr.

Fat Angie: Rebel Girl Revolution. E. E. Charlton-Trujillo. (ENG.). (gr. 9). 2021. 368p. (YA). pap. 9.99 *(978-1-5362-2298-2(4));* 2019. 352p. (J). 16.99 *(978-0-7636-9345-9(6))* Candlewick Pr.

Fat Cat in the Red Hat Runs for Office. Barron John. Illus. by Daniel Irala. 2018. (Fat Cat in the Red Hat Ser.: Vol. 1). (ENG.). 30p. (J). pap. 11.99 *(978-1-948747-12-7(X))* J2B Publishing LLC.

Fat Chance: We Were the Last Gasp of the Sixties & the Birth of Americana Music but Was America Ready for Us? Gilbert Klein. 2016. (ENG., Illus.). (YA). (gr. 8-12). pap. 19.95 *(978-0-9856790-0-2(X))* Main Frame Pr.

Fat Chance, Charlie Vega. Crystal Maldonado. 352p. (YA). (gr. 9). 2022. pap. 12.99 *(978-0-8234-5131-9(3));* 2021. 18.99 *(978-0-8234-4717-6(0))* Holiday Hse., Inc.

Fat Ed Is Not Up! Joyce Melville Bond. 2021. (ENG., Illus.). 32p. (J). 23.00 *(978-1-63661-251-5(2))* Dorrance Publishing Co., Inc.

Fat Frog. Rosette Elizabeth Hurst. 2019. (ENG.). 40p. (J). pap. 14.95 *(978-1-64492-565-2(6))* Christian Faith Publishing.

Fat Girl on a Plane. Kelly deVos. 2018. (ENG.). 384p. (YA). 18.99 *(978-0-373-21253-8(4),* Harlequin Teen) Harlequin Enterprises ULC CAN. Dist: HarperCollins Pubs.

Fat of the Land: The Story of an American Farm. John Williams Streeter. 2017. (ENG., Illus.). (J). 26.95 *(978-1-374-81498-1(9))* Capital Communications, Inc.

Fat of the Land: The Story of an American Farm (Classic Reprint) John Williams Streeter. 2018. (ENG., Illus.). 422p. (J). 32.62 *(978-0-365-49773-8(8))* Forgotten Bks.

Fat of the Land, Vol. 1 Of 3: A Novel (Classic Reprint) Maria a Lester. 2018. (ENG., Illus.). 328p. (J). 30.66 *(978-0-483-60826-9(2))* Forgotten Bks.

Fat of the Land, Vol. 2 Of 3: A Novel (Classic Reprint) Mary Lester. 2018. (ENG., Illus.). 306p. (J). 30.21 *(978-0-483-47544-1(0))* Forgotten Bks.

Fat-Tailed Scorpion. Julie Murray. 2020. (Animals with Venom Ser.). (ENG.). 24p. (J). (gr. 2-2). pap. 8.95 *(978-1-64494-398-4(0));* (Illus.). (gr. k-4). lib. bdg. 31.36 *(978-1-0982-2103-4(6),* 34453) ABDO Publishing Co. (Abdo Zoom-Dash).

Fat to Soap, 1 vol. B. J. Best. 2016. (How It Is Made Ser.). (ENG., Illus.). 24p. (gr. 1-1). pap. 9.22 *(978-1-5026-2122-1(3),* 02716463-5ca2-473e-b605-7949c49f2371) Cavendish Square Publishing LLC.

Fata Libro Da Colorare per Bambini: Libro Da Colorare e Attività per Bambini, Età 3-6,7-8. Deeasy B. 2021. (ITA.). 86p. (J). pap. 8.89 *(978-1-008-93224-1(8))* Chronicle Bks. LLC.

Fata Morgana: A Romance of Art Student Life in Paris (Classic Reprint) Andre Castaigne. 2017. (ENG., Illus.). (J). 34.25 *(978-1-5285-7768-7(X))* Forgotten Bks.

Fata y Los Fantasmas Del Everest. Chus Lago. 2022. (SPA.). 198p. (J). (gr. 4-6). 22.99 ***(978-84-125013-1-5(4))*** Ediciones DiQueSi ESP. Dist: Lectorum Pubns., Inc.

Fatal Distraction. Glenn Parker. 2017. (ENG., Illus.). (YA). pap. *(978-1-77302-540-7(6))* Parker, Glenn G.

Fatal Dose (Classic Reprint) Fred Merrick White. 2017. (ENG., Illus.). (J). 30.70 *(978-0-266-68343-8(6));* pap. 13.57 *(978-1-5276-5794-6(9))* Forgotten Bks.

Fatal Doses: Fentanyl & Other Synthetic Opioids. Contrib. by Andrea C. Nakaya. 2023. (ENG.). 64p. (YA). (gr. 6-12). 43.93 ***(978-1-6782-0574-4(5))*** ReferencePoint Pr., Inc.

Fatal Fan: Plum & Woo #3, Volume 3. Lisa Siberry. 2023. (Plum & Woo Ser.: 3). (ENG.). 288p. (J). pap. 9.99 *(978-1-76050-770-1(9))* Hardie Grant Children?s Publishing AUS. Dist: Independent Pubs. Group.

Fatal Resemblance a Novel (Classic Reprint) Edward Ellerton. 2018. (ENG., Illus.). 398p. (J). 32.13 *(978-0-483-81621-3(3))* Forgotten Bks.

Fatal Rose. Sarah Bryant. 2022. (ENG.). 356p. (J). pap. *(978-0-3695-0647-4(2))* Evernight Publishing.

Fatal Secret: And Other Stories (Classic Reprint) E. D. E. N. Southworth. 2017. (ENG., Illus.). (J). pap. 16.57 *(978-0-282-62860-4(6))* Forgotten Bks.

Fatal Secret: And Other Stories (Classic Reprint) Emma D. E. N. Southworth. 2018. (ENG., Illus.). 388p. (J). 31.90 *(978-0-364-58408-8(4))* Forgotten Bks.

Fatal Secret (Classic Reprint) Ida Glenwood. (ENG., Illus.). (J). 2018. 422p. 32.62 *(978-0-483-98479-0(5));* 2017. pap. 16.57 *(978-0-243-44542-4(3))* Forgotten Bks.

Fatal Silence (Classic Reprint) Florence Marryat. 2017. (ENG., Illus.). (J). 31.69 *(978-0-331-97899-5(7));* pap. 16.57 *(978-1-5276-1760-5(2))* Forgotten Bks.

Fatal Silence, Vol. 1 of 3 (Classic Reprint) Florence Marryat. 2018. (ENG., Illus.). (J). 260p. 29.26 *(978-0-365-57236-7(5));* 262p. pap. 11.97 *(978-0-365-57232-9(2))* Forgotten Bks.

Fatal Silence, Vol. 2 of 3 (Classic Reprint) Florence Marryat. 2018. (ENG., Illus.). 260p. (J). 29.26 *(978-0-484-66874-3(9))* Forgotten Bks.

Fatal Silence, Vol. 3 of 3 (Classic Reprint) Florence Marryat. (ENG., Illus.). (J). 2018. 264p. 29.34 *(978-0-483-70249-3(8));* 2016. pap. 11.97 *(978-1-334-59808-1(8))* Forgotten Bks.

Fatal Stroke, or the Philosophy of Intemperance (Classic Reprint) Willard Divoll. 2017. (ENG., Illus.). (J). 76p. 25.46 *(978-0-484-26169-2(X));* pap. 9.57 *(978-0-259-49347-1(3))* Forgotten Bks.

Fatal Three. Mary Elizabeth Braddon. 2017. (ENG.). (J). 284p. pap. *(978-3-337-04996-6(6));* 318p. pap. *(978-3-337-04997-3(4))* Creation Pubs.

Fatal Three: A Novel (Classic Reprint) Mary Elizabeth Braddon. (ENG., Illus.). (J). 2017. 31.38 *(978-0-331-91774-1(2));* 2016. pap. 13.97 *(978-1-333-78798-1(7))* Forgotten Bks.

Fatal Three, Vol. 1 Of 3: A Novel (Classic Reprint) Mary Elizabeth Braddon. (ENG., Illus.). (J). 2018. 324p. 30.58 *(978-0-332-52345-3(4));* 2016. pap. 13.57 *(978-1-333-14613-9(2))* Forgotten Bks.

Fatal Three, Vol. 3 Of 3: A Novel (Classic Reprint) Mary Elizabeth Braddon. (ENG., Illus.). (J). 2017. 29.38 *(978-0-260-55392-8(1));* 2016. pap. 11.97 *(978-1-333-14789-1(9))* Forgotten Bks.

Fatal Throne: the Wives of Henry VIII Tell All. M. T. Anderson et al. 416p. (YA). (gr. 7). 2020. pap. 12.99 *(978-1-9848-3033-3(3),* Ember); 2018. 18.99 *(978-1-5247-1619-6(7),* Schwartz & Wade Bks.) Random Hse. Children's Bks.

Fatal Weakness: A Comedy (Classic Reprint) George Kelly. (ENG., Illus.). (J). 2018. 216p. 28.37 *(978-0-365-45429-8(X));* 2017. pap. 10.97 *(978-0-259-90603-2(4))* Forgotten Bks.

Fatal Zero, Vol. 1 Of 2: A Diary Kept at Homburg (Classic Reprint) Percy Hetherington Fitzgerald. (ENG., Illus.). (J). 2018. 270p. 29.47 *(978-0-483-04210-0(2));* 2016. pap. 11.97 *(978-1-333-94916-7(2))* Forgotten Bks.

Fatal Zero, Vol. 2 Of 2: A Diary Kept at Homburg (Classic Reprint) Percy Hetherington Fitzgerald. (ENG., Illus.). (J). 2018. 272p. 29.51 *(978-0-428-88287-7(0));* 2017. pap. 11.97 *(978-1-334-94426-0(1))* Forgotten Bks.

Fate: A Tale of Stirring Times (Classic Reprint) George Payne Rainsford James. 2018. (ENG., Illus.). 136p. (J). 26.70 *(978-0-483-34192-0(4))* Forgotten Bks.

Fate Abandoned. L. Danvers. 2018. (ENG.). 238p. (YA). pap. 9.99 *(978-1-393-93729-6(2))* Draft2Digital.

Fate & the Butterfly (Classic Reprint) Forrest Halsey. (ENG., Illus.). (J). 2018. 294p. 29.98 *(978-0-483-64797-8(7));* 2017. pap. 13.57 *(978-0-243-41859-6(0))* Forgotten Bks.

Fate & the Watcher (Classic Reprint) Margaret Peterson. (ENG., Illus.). (J). 2018. 336p. 30.83 *(978-0-483-44560-4(6));* 2016. pap. 13.57 *(978-1-333-46110-2(0))* Forgotten Bks.

Fate at the Door (Classic Reprint) Jessie Van Zile Belden. 2018. (ENG., Illus.). 242p. (J). 29.01 *(978-0-484-25871-5(0))* Forgotten Bks.

Fate Book II: The Tiger's Nest. Peter Van Minnen. 2018. (ENG., Illus.). (YA). (Fate Book Ser.: Vol. 2). pap. *(978-0-9987043-6-4(9));* 378p. pap. *(978-1-7320268-2-7(3))* Light Network, The.

Fate Girls: Aura. George Saoulidis. 2018. (Aura Ser.: Vol. 1). (ENG.). 230p. (YA). pap. 10.99 *(978-1-393-36641-6(4))* Draft2Digital.

Fate Knocks at the Door. Will Levington Comfort. 2017. (ENG., Illus.). (J). 27.95 *(978-1-374-90594-8(1));* pap. 17.95 *(978-1-374-90593-1(3))* Capital Communications, Inc.

Fate Knocks at the Door: A Novel (Classic Reprint) Will Levington Comfort. 2018. (ENG., Illus.). 390p. (J). 31.94 *(978-0-483-25868-6(7))* Forgotten Bks.

Fate Lends a Leg. Jax Cordoba. 2016. (ENG., Illus.). (YA). 24.99 *(978-1-63533-013-7(0),* Harmony Ink Pr.) Dreamspinner Pr.

Fate of a Crush. Marie McGrath. 2022. (ENG.). 328p. (YA). pap. 11.99 ***(978-1-956183-85-6(X))*** Creative James Media.

Fate of a Fairy (Classic Reprint) Ellen E. Jack. 2018. (ENG., Illus.). 234p. (J). 28.74 *(978-0-331-89949-8(3))* Forgotten Bks.

Fate of a Fool (Classic Reprint) Emma Ghent Curtis. (ENG., Illus.). (J). 2018. 206p. 28.15 *(978-0-332-87598-9(9));* 2016. pap. 10.57 *(978-1-333-70783-5(5))* Forgotten Bks.

Fate of Dr. Eggman Part 1. Ian Flynn. Illus. by Tracy Yardley et al. 2019. (Sonic the Hedgehog Ser.). (ENG.). 24p. (J). (gr. 2-8). lib. bdg. 31.36 *(978-1-5321-4437-0(7),* 33842, Graphic Novels) Spotlight.

Fate of Dr. Eggman Part 2. Ian Flynn. Illus. by Tracy Yardley et al. 2019. (Sonic the Hedgehog Ser.). (ENG.). 24p. (J). (gr. 2-8). lib. bdg. 31.36 *(978-1-5321-4438-7(5),* 33843, Graphic Novels) Spotlight.

Fate of Fausto: A Painted Fable. Oliver Jeffers. 2019. (ENG., Illus.). 96p. (J). (gr. -1-3). 24.99 *(978-0-593-11501-5(5),* Philomel Bks.) Penguin Young Readers Group.

Fate of Felix Brand (Classic Reprint) Florence Finch Kelly. 2018. (ENG., Illus.). 360p. (J). 31.32 *(978-0-484-64861-5(6))* Forgotten Bks.

Fate of Fenella: A Novel (Classic Reprint) Helen Mathers. 2018. (ENG., Illus.). (J). 30.64 *(978-0-260-67600-9(4))* Forgotten Bks.

Fate of Order: Age of Order Saga Book 3. Julian North. 2017. (ENG.). 278p. (YA). pap. *(978-0-9992658-1-9(4))* Plebeian Media.

Fate of Ten. Pittacus Lore. ed. 2016. (Lorien Legacies Ser.: 6). (YA). lib. bdg. 20.85 *(978-0-606-38760-6(9))* Turtleback.

Fate of the Dane: And Other Stories (Classic Reprint) Anna Hanson Dorsey. 2017. (ENG., Illus.). 338p. (J). 30.87 *(978-0-332-56439-5(8))* Forgotten Bks.

Fate of the Frog. Melissa B. Rooney. 2018. (ENG.). 38p. (J). 14.95 *(978-1-68401-467-5(0))* Amplify Publishing Group.

Fate of the Yellow Woodbee: Introducing Nate Saint. Dave Jackson & Neta Jackson. 2016. (ENG., Illus.). (J). pap. 7.99 *(978-1-939445-26-1(4))* Castle Rock Creative, Inc.

Fate of Water & Wind. Michael Patrick. 2023. (ENG.). 286p. (J). pap. 10.99 ***(978-1-7345608-7-9(8))*** Southampton Publishing.

Fate Reclaimed. L. Danvers. 2018. (ENG.). 162p. (YA). pap. 9.99 *(978-1-393-36406-1(3))* Draft2Digital.

Fate Surrendered. L. Danvers. 2018. (ENG.). 194p. (YA). pap. 9.99 *(978-1-393-84475-4(8))* Draft2Digital.

Fate the Fiddler (Classic Reprint) Herbert C. Macilwaine. (ENG., Illus.). (J). 2018. 370p. 31.55 *(978-0-364-23953-7(0));* 2017. pap. 13.97 *(978-1-5276-0795-8(X))* Forgotten Bks.

Fatecarver. Robinne Weiss. 2021. (Fatecarver Ser.: Vol. 1). (ENG.). 280p. (YA). pap. *(978-0-473-57641-7(4))* Sandfly Bks.

Fatechanger: Penny Found. L. M. Poplin. 2022. (Fatechanger Ser.: Vol. 2). (ENG.). 420p. (YA). pap. 24.95 ***(978-1-68513-080-0(1))*** Black Rose Writing.

Fated. Ella A. Smyt. 2023. (ENG.). 146p. (YA). 24.95 ***(978-1-6624-8393-6(7))*** Page Publishing Inc.

Fated. Teri Terry. 2020. (ENG.). 464p. (YA). (gr. 7-12). 11.99 *(978-1-4083-5066-9(1),* Orchard Bks.) Hachette Children's Group GBR. Dist: Hachette Bk. Group.

Fated: Between Light & Shadow. Sabrina Mailhot. 2023. (ENG.). 342p. (YA). pap. 24.99 ***(978-1-6657-4283-2(6))*** Archway Publishing.

Fated to Be Free, Vol. 1 of 3 (Classic Reprint) Jean Ingelow. 2018. (ENG., Illus.). 276p. (J). 29.59 *(978-0-483-35867-6(3))* Forgotten Bks.

Fated to Be Free, Vol. 2 of 3 (Classic Reprint) Jean Ingelow. 2018. (ENG., Illus.). 270p. (J). 29.47 *(978-0-483-73918-5(9))* Forgotten Bks.

Fated to Be Free, Vol. 3 (Classic Reprint) Jean Ingelow. 2018. (ENG., Illus.). 278p. (J). 29.65 *(978-0-428-85549-9(0))* Forgotten Bks.

Fate's a Fiddler (Classic Reprint) Edwin George Pinkham. 2017. (ENG., Illus.). (J). 32.79 *(978-0-260-07252-8(4));* pap. 16.57 *(978-1-5278-9018-3(X))* Forgotten Bks.

Fates Are Laughing (Classic Reprint) William Percival Crozier. (ENG., Illus.). (J). 2018. 382p. 31.80 *(978-0-484-90848-1(0));* 2017. pap. 16.57 *(978-0-243-29977-5(X))* Forgotten Bks.

Fates Awoken (Fates Aflame, Book 2) P. Anastasia. 2018. (Fates Aflame Ser.: Vol. 2). (ENG., Illus.). 384p. (YA). (gr. 7-12). 22.95 *(978-0-9974485-6-6(3))* P. Anastasia.

Fates Divide. Veronica Roth. l.t. ed. 2018. (ENG.). 602p. (YA). lib. bdg. 24.99 *(978-1-4328-5197-2(7))* Cengage Gale.

Fates Divide. Veronica Roth. 2019. (Carve the Mark Ser.: 2). (ENG.). 480p. (YA). (gr. 9). pap. 14.99 *(978-0-06-242696-3(6));* 2018. (ENG.). 464p. (J). *(978-0-00-819220-4(0));* 2018. (Illus.). 443p. (J). *(978-0-06-284238-1(2));* Bk. 2. 2018. (Carve the Mark Ser.: 2). (ENG., Illus.). 464p. (YA). (gr. 9). 21.99 *(978-0-06-242695-6(8))* HarperCollins Pubs. (Tegen, Katherine Bks).

Fatewalker. Robinne Weiss. 2022. (Fatecarver Ser.: Vol. 2). (ENG.). 328p. (J). pap. *(978-0-473-62637-2(3))* Sandfly Bks.

Father Abraham (Classic Reprint) Ida. M. Tarbell. 2018. (ENG., Illus.). 58p. (J). 25.11 *(978-0-666-48082-8(6))* Forgotten Bks.

Father & Daughter: A Tale (Classic Reprint) Amelia Opie. 2017. (ENG., Illus.). (J). 27.09 *(978-0-266-54224-7(7));* pap. 9.57 *(978-0-282-75564-5(0))* Forgotten Bks.

Father & Son. William J. Burt. 2021. (ENG., Illus.). 40p. (YA). pap. 12.95 *(978-1-63874-890-8(X))* Christian Faith Publishing.

Father & Son: A Study of Two Temperaments (Classic Reprint) Edmund Gosse. 2018. (ENG., Illus.). 366p. (J). 31.47 *(978-0-428-37585-0(5))* Forgotten Bks.

Father Anthony: A Romance of to-Day (Classic Reprint) Robert Williams Buchanan. 2017. (ENG., Illus.). (J). 29.86 *(978-0-266-16424-1(2));* pap. 13.57 *(978-0-243-32971-7(7))* Forgotten Bks.

Father As He Should Be, Vol. 1 Of 4: A Novel (Classic Reprint) Hofland. 2018. (ENG., Illus.). 270p. (J). 29.47 *(978-0-267-17543-7(4))* Forgotten Bks.

Father As He Should Be, Vol. 2 Of 4: A Novel (Classic Reprint) Hofland. (ENG., Illus.). (J). 2018. 286p. 29.80 *(978-0-484-62705-4(8))*; 2016. pap. 13.57 *(978-1-333-22789-0(2))* Forgotten Bks.

Father As He Should Be, Vol. 3 Of 4: A Novel (Classic Reprint) Hofland. 2018. (ENG., Illus.). 282p. (J). 29.71 *(978-0-484-90549-7(X))* Forgotten Bks.

Father As He Should Be, Vol. 4 Of 4: A Novel (Classic Reprint) Hofland. 2017. (ENG., Illus.). 298p. (J). 30.04 *(978-0-484-14600-5(9))* Forgotten Bks.

Father Bear Comes Home see Papa Oso Vuelve a Casa

Father Bear Goes Fishing: Leveled Reader Red Fiction Level 5 Grade 1. Hmh Hmh. 2019. (Rigby PM Ser.). (ENG.). 16p. (J). (gr. 1). pap. 11.00 *(978-0-358-12138-1(8))* Houghton Mifflin Harcourt Publishing Co.

Father Bear's Surprise: Leveled Reader Green Fiction Level 13 Grade 1-2. Hmh Hmh. 2019. (Rigby PM Ser.). (ENG.). 16p. (J). (gr. 1-2). pap. 11.00 *(978-0-358-12055-1(1))* Houghton Mifflin Harcourt Publishing Co.

Father Ben Gets Ready for Mass. Katie Warner. Illus. by Meg Whalen. 2019. (ENG.). 36p. (J). (gr. -1-k). 16.95 *(978-1-5051-1221-4(4)*, 2729) TAN Bks.

Father Bright Hopes: Or an Old Clergyman's Vacation (Classic Reprint) John Townsend Trowbridge. 2018. (ENG., Illus.). 276p. (J). 29.61 *(978-0-484-20615-0(X))* Forgotten Bks.

Father Butler, & the Lough Dearg Pilgrim, Vol. 2 of 2 (Classic Reprint) W. H. Carleton. 2017. (ENG., Illus.). (J). 28.17 *(978-0-266-48621-3(5))* Forgotten Bks.

Father Butler, Vol. 1 Of 2: And the Lough Dearg Pilgrim; to Which Is Added National Tales (Classic Reprint) W. H. Carleton. (ENG., Illus.). (J). 2018. 202p. 28.06 *(978-0-332-73922-9(8))*; 2017. pap. 10.57 *(978-0-243-87583-2(5))* Forgotten Bks.

Father Christmas & Me. Matt Haig. Illus. by Chris Mould. (ENG.). (J). 2019. 304p. 14.00 *(978-1-78689-072-6(0))*; 2018. 288p. 17.00 *(978-1-78689-068-9(2)*, 4684) Canongate Bks. GBR. Dist: Publishers Group West (PGW).

Father (Classic Reprint) Katharine Holland Brown. (ENG., Illus.). (J). 2018. 376p. 31.67 *(978-0-483-60350-9(3))*; 2017. pap. 16.57 *(978-0-243-27269-3(3))* Forgotten Bks.

Father Confessor: Stories of Death & Danger (Classic Reprint) Dora Sigerson Shorter. (ENG., Illus.). (J). 2018. 392p. 31.98 *(978-0-332-14361-3(9))*; 2017. pap. 16.57 *(978-0-243-33052-2(9))* Forgotten Bks.

Father Connell: A Tale (Classic Reprint) John Banim. (ENG., Illus.). (J). 2018. 388p. 31.90 *(978-0-267-00615-1(2))*; 2017. pap. 16.57 *(978-0-259-02289-3(6))* Forgotten Bks.

Father Connell, Vol. 1 of 3 (Classic Reprint) John Banim. (ENG., Illus.). (J). 2018. 312p. 30.33 *(978-0-483-72433-4(5))*; 2016. pap. 13.57 *(978-1-334-27073-4(2))* Forgotten Bks.

Father Connell, Vol. 2 (Classic Reprint) John Banim. 2018. (ENG., Illus.). 280p. (J). 29.67 *(978-0-332-32895-9(3))* Forgotten Bks.

Father Connell, Vol. 3 of 3 (Classic Reprint) O'Hara Family. 2018. (ENG., Illus.). 340p. (J). 30.91 *(978-0-483-59462-3(8))* Forgotten Bks.

Father Damien. Robert Louis Stevenson. 2016. (ENG., Illus.). (J). pap. *(978-3-7434-6350-9(4))* Creation Pubs.

Father Damien: An Open Letter to the Reverend Doctor Hyde of Honolulu (Classic Reprint) Robert Louis Stevenson. (ENG., Illus.). (J). 2018. 50p. 25.05 *(978-0-484-19984-1(6))*; 2018. 62p. 25.18 *(978-0-666-38573-4(4))*; 2016. pap. 9.57 *(978-1-333-43226-3(7))* Forgotten Bks.

Father Damien & Others (Classic Reprint) Edward Clifford. 2018. (ENG., Illus.). 326p. (J). 30.64 *(978-0-483-39195-6(6))* Forgotten Bks.

Father Darcy (Classic Reprint) Anne Marsh-Caldwell. (ENG., Illus.). (J). 2018. 170p. 27.40 *(978-0-365-37609-5(4))*; 2017. pap. 9.97 *(978-0-259-36215-9(8))* Forgotten Bks.

Father, Do I Disappoint You? James Robert Francis Girouard. 2019. (ENG.). 12p. (J). pap. 7.50 *(978-0-359-91069-4(6))* Lulu Pr., Inc.

Father Drummond & His Orphans, or the Children of Mary (Classic Reprint) Mary C. Edgar. 2017. (ENG., Illus.). (J). 182p. 27.65 *(978-0-484-67876-6(0))*; pap. 10.57 *(978-0-259-82996-6(X))* Forgotten Bks.

Father Emu Runs from the Hunter. Margaret James & Marjorie Nyunga Williams. 2021. (ENG.). 30p. (J). pap. *(978-1-922591-73-9(4))* Library For All Limited.

Father Eustace, Vol. 2 Of 3: A Tale of the Jesuits (Classic Reprint) Trollope. 2018. (ENG., Illus.). 348p. (J). 31.07 *(978-0-484-79598-2(8))* Forgotten Bks.

Father Father: An Ode to the Fatherless. Michael a Woodward. Ed. by Miles Mallory. Illus. by Kuznetsova Ekaterina. 2020. (ENG.). 36p. (J). (gr. 4-6). 14.99 *(978-1-0878-5507-3(1))* Indy Pub.

Father Godfrey, Vol. 1 of 3 (Classic Reprint) Author Author. 2018. (ENG., Illus.). 302p. (J). 30.13 *(978-0-332-06519-9(7))* Forgotten Bks.

Father Godfrey, Vol. 2 of 3 (Classic Reprint) Unknown Author. 2018. (ENG., Illus.). 310p. (J). 30.29 *(978-0-267-47763-0(5))* Forgotten Bks.

Father Godfrey, Vol. 3 of 3 (Classic Reprint) Anne Dysart. 2018. (ENG., Illus.). 278p. (J). 29.65 *(978-0-483-85250-1(3))* Forgotten Bks.

Father Goose (Classic Reprint) Mack Sennett. (ENG., Illus.). (J). 2018. 438p. 32.95 *(978-0-483-70250-9(1))*; 2017. pap. 16.57 *(978-0-243-24286-3(7))* Forgotten Bks.

Father Goose Treasury of Poetry: 101 Favorite Poems for Children. Charles Ghigna. 2023. (ENG., Illus.). 128p. (J). 24.99 *(978-0-7643-6569-0(X)*, 29177) Schiffer Publishing, Ltd.

Father Joe's Six Golden Seeds. Kathryn Cloward. Illus. by Aneeza Ashraf. 2020. (Kathryn the Grape Let's Read Together Ser.: Vol. 12). (ENG.). 72p. (J). pap. 19.99 *(978-1-970163-27-8(5))* Kandon UnLtd., Inc.

Father Kino: Priest to the Pimas. Ann Nolan Clark. Illus. by H. Lawrence Hoffman. 2019. (ENG.). 184p. (J). pap. 12.95 *(978-1-64051-085-2(0))* St. Augustine Academy Pr.

Father of Six: And an an Occasional Holiday (Classic Reprint) W. Gaussen. 2018. (ENG., Illus.). 264p. (J). 29.34 *(978-0-483-52978-6(8))* Forgotten Bks.

Father of Texas: Story of Stephen Austin Texas State History Grade 5 Children's Historical Biographies. Dissected Lives. 2021. (ENG.). 72p. (J). 27.99 *(978-1-5419-8473-8(0))*; pap. 16.99 *(978-1-5419-5436-6(X))* Speedy Publishing LLC. (Dissected Lives (Auto Biographies)).

Father Penn: A Pageant Presented by the Members of the Summer Session of the Pennsylvania State College; Monday, August 2, 1915 at 8: 30 P. M (Classic Reprint) William S. Dye. 2018. (ENG., Illus.). 28p. (J). 24.49 *(978-0-483-83679-2(6))* Forgotten Bks.

Father Pink (Classic Reprint) Alfred Wilson-Barrett. 2018. (ENG., Illus.). (J). 29.84 *(978-0-331-99707-1(X))* Forgotten Bks.

Father Ralph (Classic Reprint) Gerald O'Donovan. 2017. (ENG., Illus.). (J). 34.42 *(978-0-331-37153-6(7))* Forgotten Bks.

Father Rhine (Classic Reprint) George Gordon Coulton. (ENG., Illus.). (J). 2018. 238p. 28.83 *(978-0-483-33477-9(4))*; 2016. pap. 11.57 *(978-1-334-15770-7(7))* Forgotten Bks.

Father Sergius: And Other Stories (Classic Reprint) Leo Tolstoi. 2017. (ENG., Illus.). (J). 30.54 *(978-0-265-19269-6(2))* Forgotten Bks.

Father Sergius: The Forged Coupon, Miscellaneous Stories (Classic Reprint) Lev N. Tolstoy. 2018. (ENG., Illus.). 620p. (J). 36.68 *(978-0-483-94091-8(7))* Forgotten Bks.

Father Stafford (Classic Reprint) Anthony Hope. 2017. (ENG., Illus.). 274p. (J). 29.55 *(978-0-484-09799-4(7))* Forgotten Bks.

Father Taylor (Classic Reprint) Robert Collyer. (ENG., Illus.). (J). 2018. 564p. 35.51 *(978-0-483-31421-4(8))*; 2017. 25.26 *(978-0-266-21715-2(X))*; 2017. pap. 19.57 *(978-0-243-38641-3(9))* Forgotten Bks.

Father Thrift & His Animal Friends (Classic Reprint) Joseph C. Sindelar. 2018. (ENG., Illus.). 130p. (J). 26.58 *(978-0-267-26897-9(1))* Forgotten Bks.

Father Time & Other Rhymes: Books One & Two. Leroy Martin. 2022. (ENG., Illus.). 64p. (J). 19.95 *(978-1-6624-3743-4(9))* Page Publishing Inc.

Father to the Rescue: With Questions Aligned to State Exams. Monica Barnes. Illus. by Sibel Ozdemir. 2020. (ENG.). 44p. (J). pap. 25.49 *(978-1-63129-999-5(9))* Salem Author Services.

Father Tom & the Pope: Or a Night in the Vatican (Classic Reprint) Unknown Author. 2018. (ENG., Illus.). 128p. (J). 26.54 *(978-0-365-44620-0(3))* Forgotten Bks.

Father Tom & the Pope (Classic Reprint) Samuel Ferguson. 2018. (ENG., Illus.). 94p. (J). 25.84 *(978-0-483-62524-2(8))* Forgotten Bks.

Father Tom of Connemara (Classic Reprint) Elizabeth O. Neville. 2018. (ENG., Illus.). 410p. (J). 32.35 *(978-0-267-54706-7(4))* Forgotten Bks.

Father Tom of Connemara (Classic Reprint) Elizabeth O'Reilly Neville. 2016. (ENG., Illus.). (J). pap. 16.57 *(978-1-333-49350-9(9))* Forgotten Bks.

Fatherhood. Joshua Williamson. 2018. (ENG., Illus.). 112p. (YA). pap. 14.99 *(978-1-5343-0498-7(3)*, f165a0ae-3bb8-4d57-916f-8c09874762f1) Image Comics.

Fatherless. David C. Riggins. 2019. (ENG., Illus.). 136p. (YA). (gr. 7-12). pap. 15.95 *(978-1-68433-175-8(7))* Black Rose Writing.

Fatherless Fanny, or a Young Lady's First Entrance into Life: Being the Memoirs of a Little Mendicant & Her Benefactors (Classic Reprint) Clara Reeve. (ENG., Illus.). (J). 2018. 536p. 34.95 *(978-0-267-20379-6(9))*; 2017. 28.87 *(978-0-265-67993-7(1))*; 2017. pap. 11.57 *(978-1-5276-4947-7(4))* Forgotten Bks.

Fatherless Fanny, or the Memoirs of a Little Mendicant, & Her Benefactors, Vol. 1 Of 4: A Modern Novel (Classic Reprint) Maria Edgeworth. 2016. (ENG., Illus.). (J). pap. 10.97 *(978-1-334-29396-2(1))* Forgotten Bks.

Fatherless Fanny, or the Memoirs of a Little Mendicant, & Her Benefactors, Vol. 1 Of 4: A Modern Novel (Classic Reprint) Maria Edgeworth. 2018. (ENG., Illus.). 226p. (J). 28.56 *(978-0-483-95217-1(6))* Forgotten Bks.

Fatherless Fanny, Vol. 3 Of 4: Or, the Memoirs of a Little Mendicant, & Her Benefactors; a Modern Novel (Classic Reprint) Edgeworth. 2018. (ENG., Illus.). 218p. (J). 28.39 *(978-0-484-48031-4(6))* Forgotten Bks.

Fatherless Fanny, Vol. 4 Of 4: Or, the Memoirs of a Little Mendicant, & Her Benefactors, a Modern Novel (Classic Reprint) Edgeworth. 2018. (ENG., Illus.). 216p. (J). 28.39 *(978-0-332-96635-9(6))* Forgotten Bks.

Fathers & Children (Classic Reprint) Ivan Sergeevich Turgenev. 2017. (ENG., Illus.). (J). 31.65 *(978-0-266-37715-3(7))* Forgotten Bks.

Fathers & Sons: A Novel (Classic Reprint) Theodore Edward Hook. (ENG., Illus.). (J). 2018. 326p. 30.64 *(978-0-364-52927-0(X))*; 2017. pap. 13.57 *(978-0-259-38802-9(5))* Forgotten Bks.

Fathers & Sons (Classic Reprint) Ivan S. Turgenev. 2017. (ENG., Illus.). (J). 31.92 *(978-0-331-01007-7(0))* Forgotten Bks.

Fathers & Sons (Classic Reprint) Ivan Sergeyevich Turgenev. 2017. (ENG., Illus.). (J). 29.88 *(978-0-265-19455-3(5))* Forgotten Bks.

Fathers & Sons, Vol. 1 Of 3: A Novel (Classic Reprint) Theodore Edward Hook. 2018. (ENG., Illus.). 330p. (J). 30.72 *(978-0-267-16426-4(2))* Forgotten Bks.

Fathers & Sons, Vol. 2 Of 3: A Novel (Classic Reprint) Theodore E. Hook. (ENG., Illus.). (J). 2018. 348p. 31.20 *(978-0-484-16524-2(0))*; 2016. pap. 13.57 *(978-1-333-66190-8(8))* Forgotten Bks.

Fathers & Sons, Vol. 3 Of 3: A Novel (Classic Reprint) Theodore Edward Hook. 2018. (ENG., Illus.). 318p. (J). 30.48 *(978-0-483-31072-8(7))* Forgotten Bks.

Fathers Are Amazing: a Coloring Book. Gwen GATES. 2022. (ENG.). 36p. (J). pap. ***(978-1-387-95916-7(6))*** Lulu Pr., Inc.

Fathers Are Part of a Family. Lucia Raatma. 2017. (Our Families Ser.). (ENG.). 24p. (J). (gr. -1-2). lib. bdg. 22.65 *(978-1-5157-7463-1(5)*, 135808, Capstone Pr.) Capstone.

Father's Blessing: And Other Sermons for Children (Classic Reprint) William Wilberforce Newton. (ENG., Illus.). (J). 2018. 350p. 31.12 *(978-0-483-60138-3(1))*; 2017. pap. 13.57 *(978-0-243-26464-3(X))* Forgotten Bks.

Father's Coming Home. Emily Steele Elliott. 2017. (ENG.). 240p. (J). pap. *(978-3-337-07327-5(1))* Creation Pubs.

Father's Coming Home: A Tale (Classic Reprint) Emily Steele Elliott. 2018. (ENG., Illus.). 242p. (J). 28.89 *(978-0-267-44516-5(4))* Forgotten Bks.

Father's Curse & a Daughter's Sacrifice (Classic Reprint) Anna Eliza Bray. 2017. (ENG., Illus.). (J). pap. 13.57 *(978-0-259-57724-9(3))* Forgotten Bks.

Father's Curse & a Daughter's Sacrifice (Classic Reprint) Anna Eliza (Kempe) Stothard Bray. 2018. (ENG., Illus.). 344p. (J). 30.99 *(978-0-364-30477-8(4))* Forgotten Bks.

Father's Day Gifts. Anastasia Suen. 2017. (Craft It! Ser.). (ENG.). 24p. (gr. 2-4). pap. 9.95 *(978-1-68342-881-7(1)*, 9781683428817) Rourke Educational Media.

Fathers Day Gifts: Behold My Dada the Farting Panda: a Funny Read Aloud Picture Book for Dads & Their Kids on Father's Day, Birthdays, Anniversary & More! Eric Little & Fathers Day Gifts. 2022. (ENG.). 30p. (J). pap. 11.99 *(978-1-956677-61-4(5))* Great Liberty Pub.

Fathers Day Gifts: Dad, I Wrote a Book about You: a Kid's Write & Draw Journal for Their Fathers, Personalized Father's Day Gifts from Son & Daughter, Birthday Gifts from Kids. Sarah Chantel. 2022. (ENG.). 128p. (J). pap. 16.80 ***(978-1-4716-9690-9(1))*** Lulu Pr., Inc.

Father's Day My Favorite Day of the Year. Dimitri Gilles. Illus. by Tama Roy. 2023. (ENG.). 32p. (J). 28.18 ***(978-1-312-36986-3(8))*** Lulu Pr., Inc.

Father's Gift in a Silver Box. Annette M. Lee. 2020. (ENG.). 226p. (YA). pap. 15.99 *(978-1-63050-598-1(6))* Salem Author Services.

Father's Heart. Wylinda Williams. 2023. (ENG.). 18p. (J). pap. 14.99 ***(978-1-6628-6981-5(9))*** Salem Author Services.

Father's House (Classic Reprint) Howe Benning. 2017. (ENG., Illus.). (J). 29.84 *(978-0-265-73439-1(8))*; pap. 13.57 *(978-1-5276-9757-7(6))* Forgotten Bks.

Father's Love. Hannah Holt. Illus. by Yee Von Chan. 2021. 32p. (J). (— 1). bds. 8.99 *(978-0-593-20618-8(5)*, Philomel Bks.) Penguin Young Readers Group.

Father's Love. Kamron C. Sanders. Illus. by Lisa Gandre Seely. 2021. (ENG.). 30p. (J). 24.95 *(978-1-6657-0625-4(2))*; pap. 14.95 *(978-1-6657-0624-7(4))* Archway Publishing.

Fathers of Men (Classic Reprint) E. W. Hornung. 2017. (ENG., Illus.). (J). 31.90 *(978-0-331-79965-1(0))* Forgotten Bks.

Fathers, or the Good-Natured Man, a Comedy; the Life of Jonathan Wild the Great; a Journey from This World to the Next, &C (Classic Reprint) Henry Fielding. 2017. (ENG., Illus.). (J). 33.61 *(978-0-265-18820-0(2))* Forgotten Bks.

Father's Princess: The Story of the White Daisy. Mistie House. 2017. (ENG., Illus.). (J). pap. 17.45 *(978-1-5127-7880-9(X)*, WestBow Pr.) Author Solutions, LLC.

Father's Road. Ji-yun Jang. Illus. by Tan Jun. 2016. (ENG.). 36p. (J). 10.00 *(978-0-8028-5472-8(9)*, Eerdmans Bks For Young Readers) Eerdmans, William B. Publishing Co.

Fathers Walk. Margaret Bernstein. 2020. (ENG.). 24p. (J). pap. 13.95 *(978-1-61244-904-3(2))* Halo Publishing International.

Fathom Volume 5: Cold Destiny. David Wohl. Ed. by Vince Hernandez & Frank Mastromauro. 2017. (ENG., Illus.). 216p. (YA). pap. 19.99 *(978-1-941511-14-5(7)*, b6445244-dbb7-46c0-9eba-02a47330dee9) Aspen MLT, Inc.

Fatima Al-Fihri the Founder of the World's First University: Little Muslims Inspiration Series. Maryam Yousaf. 2017. (ENG., Illus.). (J). pap. *(978-0-9934078-5-7(4))* Muslima Today Publishing.

Fatima Can Count - Fatima Peut Compter. Karon Harden. Illus. by Jesse Pietersen. 2022. (FRE.). 32p. (J). pap. ***(978-1-922932-17-4(5))*** Library For All Limited.

Fatima Goes to Prague. Tracilyn George. 2020. (ENG.). 22p. (J). pap. 11.00 *(978-1-990153-04-4(6))* Lulu Pr., Inc.

Fatima la Fileuse et la Tente: French-Arabic Edition. Idries Shah. Illus. by Natasha Delmar. 2018. (Hoopoe Teaching-Stories Ser.). (FRE.). 40p. (J). (gr. 3-6). pap. 9.99 *(978-1-949358-44-5(5)*, Hoopoe Bks.) I S H K.

Fatima Tate Takes the Cake. Khadijah VanBrakle. 2023. 272p. (YA). (gr. 9). 19.99 *(978-0-8234-5485-3(1))* Holiday Hse., Inc.

Fatima the Fly: Little Stories, Big Lessons. Jacqui Shepherd. 2018. (Bug Stories Ser.). (ENG., Illus.). 32p. (J). (gr. k-6). pap. *(978-1-77008-922-8(5))* Awareness Publishing.

Fatima the Spinner & the Tent: Bilingual English-Polish Edition. Idries. Shah. Illus. by Natasha Delmar. 2022. (Teaching Stories Ser.). (ENG.). 40p. (J). pap. 11.90 ***(978-1-958289-12-9(4)**,* Hoopoe Bks.) I S H K.

Fatima the Spinner & the Tent: Bilingual English-Turkish Edition. Idries. Shah. Illus. by Natasha Delmar. 2022. (Teaching Stories Ser.). (ENG.). 40p. (J). pap. 11.90 ***(978-1-953292-97-1(6)**,* Hoopoe Bks.) I S H K.

Fatima the Spinner & the Tent: English-Dari Edition. Idries Shah. Illus. by Natasha Delmar. 2017. (Hoopoe Teaching-Stories Ser.). (ENG.). (J). (gr. k-6). pap. 9.99 *(978-1-946270-11-5(3)*, Hoopoe Bks.) I S H K.

Fatima the Spinner & the Tent: English-Pashto Edition. Idries Shah. Illus. by Natasha Delmar. 2017. (Hoopoe Teaching-Stories Ser.). (ENG & PUS.). (J). (gr. 2-6). pap. 9.99 *(978-1-944493-56-1(5)*, Hoopoe Bks.) I S H K.

Fatima the Spinner & the Tent: English-Ukrainian Edition. Idries. Shah. Illus. by Natasha Delmar. 2022. (Teaching Stories Ser.). (ENG & UKR.). 40p. (J). pap. 11.90 *(978-1-953292-65-0(8)*, Hoopoe Bks.) I S H K.

Fatima the Spinner & the Tent: English-Urdu Bilingual Edition. Idries Shah. Illus. by Natasha Delmar. 2016. (URD & ENG.). (J). (gr. 1-6). pap. 9.99 *(978-1-942698-75-3(5)*, Hoopoe Bks.) I S H K.

Fatima the Spinner & the Tent / Fatima de Spinster en de Tent: Bilingual English-Dutch Edition / Tweetalige Engels-Nederlands Editie. Idries. Shah. Illus. by Natasha Delmar. 2022. (Teaching Stories Ser.). (ENG.). 40p. (J). pap. 11.90 ***(978-1-958289-18-1(3)**,* Hoopoe Bks.) I S H K.

Fatima's Great Outdoors. Ambreen Tariq. Illus. by Stevie Lewis. 2021. 40p. (J). (gr. -1-3). 17.99 *(978-1-9848-1695-5(0)*, Kokila) Penguin Young Readers Group.

Fatina Del Solstizio. Loreley Amiti. 2017. (ITA., Illus.). (J). pap. *(978-0-9956761-6-9(X))* Littwitz Pr.

Fatlip's Adventure. Bruce Beck. Illus. by Mousam Banerjee. 2023. 36p. (J). (gr. 6-8). 27.95 ***(978-1-6678-8287-1(2))*** BookBaby.

Fats & Cholesterol. John Perritano. 2017. 64p. (J). *(978-1-4222-3734-2(6))* Mason Crest.

Fats As Necessary Nutrients. Kimberly Ziemann. 2022. (Necessary Nutrients Ser.). (ENG., Illus.). 32p. (J). (gr. 2-5). lib. bdg. 34.21 *(978-1-0982-9002-3(X)*, 40873, Kids Core) ABDO Publishing Co.

Fatti Sentire! Come Migliorare la Tua Voce per Migliorare le Tue Relazioni. Giuseppe Urzi. 2019. (ITA.). 144p. (J). pap. *(978-88-6174-797-5(3))* Bruno Editore Srl.

Fattoria Animali Bambini Libro Di Colorare: Per Bambini Dai 4 Agli 8 Anni. Young Dreamers Press. Illus. by Fairy Crocs. 2020. (Album Da Colorare per Bambini Ser.: Vol. 5). (ITA.). 64p. (J). (gr. 2-5). pap. *(978-1-989790-30-4(5))* EnemyOne.

Fatty Legs: A True Story. Margaret-Olemaun Pokiak-Fenton & Christy Jordan-Fenton. Illus. by Liz Amini-Holmes. 10th ed. 2020. 156p. (J). (gr. 4-7). 21.95 *(978-1-77321-351-4(2))* Annick Pr., Ltd. CAN. Dist: Publishers Group West (PGW).

Fatty Legs (10th Anniversary Edition) Margaret-Olemaun Pokiak-Fenton & Christy Jordan-Fenton. Illus. by Liz Amini-Holmes. 10th ed. 2020. 156p. (J). (gr. 4-7). pap. 12.95 *(978-1-77321-350-7(4))* Annick Pr., Ltd. CAN. Dist: Publishers Group West (PGW).

Fatuma's New Cloth / Ang Bagong Tela ni Fatuma: Babl Children's Books in Tagalog & English. Leslie Bulion. l.t. ed. 2017. (ENG., Illus.). (J). 14.99 *(978-1-68304-247-1(6))* Babl Books, Incorporated.

Fatuma's New Cloth / Tam Vai Moi Cua Fatuma: Babl Children's Books in Vietnamese & English. Leslie Bulion. l.t. ed. 2017. (ENG., Illus.). (J). 14.99 *(978-1-68304-223-5(9))* Babl Books, Incorporated.

Fatuous Fables: And Other Verses (Classic Reprint) Denis Turner. 2018. (ENG., Illus.). 96p. (J). 25.88 *(978-0-267-25493-4(8))* Forgotten Bks.

Fauja Singh Keeps Going: The True Story of the Oldest Person to Ever Run a Marathon. Simran Jeet Singh. Illus. by Baljinder Kaur. 2020. 48p. (J). (gr. -1-3). 18.99 *(978-0-525-55509-4(9)*, Kokila) Penguin Young Readers Group.

Fault Lines. Nora Shalaway Carpenter. 2023. (ENG.). 384p. (YA). (gr. 8-17). 18.99 ***(978-0-7624-8099-9(8)**,* Running Pr. Kids) Running Pr.

Fault Lines. Joanne MacGregor. 2019. (Ecowarriors Ser.: Vol. 3). (ENG.). 302p. (YA). (gr. 7-11). pap. *(978-0-6398109-4-2(2))* ALZuluBelle.

Fault Lines. Joanne MacGregor. 2016. (ENG.). 272p. pap. 11.25 *(978-1-4853-0422-7(9))* Protea Boekhuis ZAF. Dist: Casemate Pubs. & Bk. Distributors, LLC.

Fault Lines. D. J. McCune. 2016. (Death & Co Ser.: 3). (ENG.). 352p. (YA). (gr. 8). pap. 11.99 *(978-1-4714-0271-5(1))* Bonnier Publishing GBR. Dist: Independent Pubs. Group.

Fault Lines. John Perritano. 2022. (Red Rhino Nonfiction Ser.). (ENG., Illus.). 60p. (J). (gr. 4-7). pap. 11.95 *(978-1-68021-906-7(5))* Saddleback Educational Publishing, Inc.

Fault Lines: Understanding the Power of Earthquakes, 1 vol. Johanna Wagstaffe. 2017. (ENG., Illus.). 96p. (J). (gr. 4-7). 24.95 *(978-1-4598-1243-7(3))* Orca Bk. Pubs. USA.

Fault Lines in the Constitution: The Framers, Their Fights, & the Flaws That Affect Us Today, 1 vol. Cynthia Levinson & Sanford Levinson. rev. ed. 2019. (Illus.). 272p. (J). (gr. 5-9). 22.95 *(978-1-68263-105-8(2))*; pap. 14.99 *(978-1-68263-106-5(0))* Peachtree Publishing Co. Inc.

Faultier Malbuch Für Kinder: Entzückendes Malbuch Mit Lustigen Faultieren, Faulen Faultieren, Niedlichen Faultieren und Dummen Faultieren. Lenard Vinci Press. 2021. (GER.). 90p. (J). pap. 9.49 *(978-1-716-16067-7(7))* Lulu Pr., Inc.

Faultlines. Lucienne Diver. 2016. (ENG., Illus.). 254p. (YA). (gr. 7-12). pap. 14.95 *(978-1-62268-100-6(2))* Bella Rosa Bks.

Faults. Tudor Robins. Ed. by Hilary Smith. 2016. (Island Ser.: Vol. 4). (ENG., Illus.). 294p. (YA). (gr. 7-12). pap. *(978-0-9958887-0-8(1))* Robins, Tudor.

Faults: A Story of Family, Friendship, Summer Love, & Loyalty. Tudor Robins. 2016. (Island Ser.: Vol. 4). (ENG.). 424p. (YA). ***(978-1-990802-10-2(9))***; (gr. 7-12). ***(978-1-990802-07-2(9))*** Robins, Tudor.

Faulty Endearment. Breanna Cropp. 2022. (ENG.). 324p. (YA). pap. 16.99 ***(978-1-5243-1805-5(1))*** Lantia LLC.

Faun & the Philosopher: A Forest Phantasy (Classic Reprint) Horace G. Hutchinson. 2018. (ENG., Illus.). 326p. (J). 30.62 *(978-0-428-84201-7(1))* Forgotten Bks.

Fauna & Geography of the Maldive & Laccadive Archipelagoes, Vol. 1: Being the Account of the Work Carried on & of the Collections Made by an Expedition During the Years 1899 & 1900; Part III, with Plates XIV-XVII & Text-Illustrations 41-75. John Stanley Gardiner. 2016. (ENG., Illus.). (J). pap. 9.57 *(978-1-333-78304-4(3))* Forgotten Bks.

Fauna Del Bosque Libro de Colorear: N Libro para Colorear con Bellos Animales Del Bosque, Pájaros, Plantas y Vida Silvestre para Aliviar el Estrés y Relajarse. R. R. Fratica. 2021. (SPA.). 62p. (YA). pap. 8.00 *(978-0-8276-9593-1(4))* Lulu Pr., Inc.

Fauna in Latin America, Our Animals: Fauna en América Latina, Nuestros Animales. Vanessa Varela. Illus. by Vanessa Varela. 2021.Tr. of Fauna en América Latina, Nuestros Animales. (ENG & SPA.). (J). pap. *(978-1-7360365-2-5(1))* Vanessa Varela.

Fauna Silurica de Portugal: Descripção de Uma Fórma Nova de Trilobite Lichas (Uralichas) Ribeiroi (Classic

F

Reprint) Joaquim Filippe Nery Delgado. 2018. (POR., Illus.). (J). 96p. 25.88 *(978-0-366-42669-0(9))*; 98p. pap. 9.57 *(978-0-366-42649-2(4))* Forgotten Bks.

Fauna Warden. Connor MacDonald & Vonda. Illus. by Gabrielle Ragusi. 2020. (Fauna Warden Ser.: Vol. 1). (ENG.). 144p. (YA). pap. *(978-0-2288-3665-0(4))* Tellwell Talent.

Faune des Vert'br's de la Suisse, Vol. 1: Histoire Naturelle des Mammif'res (Classic Reprint) Victor Fatio. 2018. (FRE., Illus.). 458p. (J). 33.34 *(978-0-666-12436-4(1))* Forgotten Bks.

Faune des Vert'br's de la Suisse, Vol. 3: Histoire Naturelle des Reptiles et des Batraciens (Classic Reprint) Victor Fatio. 2018. (FRE., Illus.). 626p. (J). 36.83 *(978-0-483-71306-2(6))* Forgotten Bks.

Faune des Vertebres de la Suisse, Vol. 1: Histoire Naturelle des Mammiferes (Classic Reprint) Victor Fatio. 2017. (FRE., Illus.). (J). pap. 16.57 *(978-0-282-44449-5(1))* Forgotten Bks.

Faune Populaire de la France, Vol. 8: Les Mammiferes Sauvages (Suite et Fin) le Loup, le Renard et les Cétaces (Classic Reprint) Eugene Rolland. 2018. (FRE., Illus.). (J). 184p. 27.69 *(978-1-391-75714-8(9))*; 186p. pap. 10.57 *(978-1-390-78255-4(7))* Forgotten Bks.

Faune Popularie de la France, Vol. 2: Les Oiseaux Sauvages, Noms Vulgaires, Dictons, Proverbes, légendes, Contes et Superstitions (Classic Reprint) Eugene Rolland. 2018. (FRE., Illus.). (J). 436p. 32.91 *(978-1-391-98222-9(3))*; 438p. pap. 16.57 *(978-1-390-53834-2(6))* Forgotten Bks.

Faustin: A Life Study (Classic Reprint) Edmond de Goncourt. 2018. (ENG., Illus.). 262p. (J). pap. 11.97 *(978-1-391-59395-1(2))* Forgotten Bks.

Faustin (Classic Reprint) Edmond de Goncourt. (ENG., Illus.). (J). 2017. 29.47 *(978-0-260-15297-8(8))*; 2016. pap. 11.97 *(978-1-333-51890-5(0))* Forgotten Bks.

Faustula, N. A. D. 340 (Classic Reprint) John Ayscough. (ENG., Illus.). (J). 2018. 448p. 33.16 *(978-0-332-54225-6(4))*; 2016. pap. 16.57 *(978-1-333-35281-3(6))* Forgotten Bks.

Faux Pas, or Fatal Attachment, Vol. 1: A Novel (Classic Reprint) L. C. (ENG., Illus.). (J). 2018. 262p. 29.30 *(978-0-428-90379-4(7))*; 2016. pap. 11.97 *(978-1-334-14317-5(X))* Forgotten Bks.

Favola Di Circe: Rappresentata in un Antico Greco Bassorilievo Di Marmo (Classic Reprint) Ridolfino Venuti. (ITA., Illus.). (J). 2018. 74p. 25.44 *(978-0-484-66920-7(6))*; 2016. pap. 9.57 *(978-1-334-32337-9(2))* Forgotten Bks.

Favole (Classic Reprint) Giovanni Gherardo De Rossi. (ITA., Illus.). (J). 2018. 194p. 27.90 *(978-0-656-81728-3(3))*; 2016. pap. 10.57 *(978-1-334-32175-7(2))* Forgotten Bks.

Favole Della Buonanotte per Bambini: Una Raccolta Di Magiche Fiabe Della Buonanotte per Bambini. Fantasy Drops Edizioni. 2021. (ITA.). 200p. (J). pap. 25.66 *(978-1-7947-7982-2(5))* Lulu Pr., Inc.

Favole Di Esopo Frigio: Colla Vita Del Medesimo (Classic Reprint) Esopo Frigio. 2018. (ITA., Illus.). (J). 260p. 29.28 *(978-0-366-43515-9(9))*; 262p. pap. 11.97 *(978-0-365-80862-6(8))* Forgotten Bks.

Favole Di Esopo Frigio Volgarizzate per uno Da Siena: Precedute Da Elegante Prefazione (Classic Reprint) Esopo Frigio. 2018. (ITA., Illus.). (J). 160p. 27.20 *(978-1-391-51469-7(6))*; 162p. pap. 9.57 *(978-1-390-63986-5(X))* Forgotten Bks.

Favole Di Fagiolino Scoreggino. Renzo Riboli. 2018. (ITA., Illus.). 92p. (J). pap. *(978-0-244-98889-0(7))* Lulu Pr., Inc.

Favole Di Lorenzo Pignotti: Scelte Ad USO Della Gioventu (Classic Reprint) Lorenzo Pignotti. 2016. (ITA., Illus.). (J). pap. 10.57 *(978-1-334-32470-3(0))* Forgotten Bks.

Favole Di Lorenzo Pignotti: Scelte Ad USO Della Gioventù (Classic Reprint) Lorenzo Pignotti. 2018. (ITA., Illus.). 204p. (J). 28.12 *(978-0-364-11136-9(4))* Forgotten Bks.

Favole Ed Apologhi Sociali (Classic Reprint) Carlo Contini. 2018. (ITA., Illus.). (J). 204p. 28.10 *(978-0-267-08258-2(4))*; 206p. pap. 10.57 *(978-0-483-37294-8(3))* Forgotten Bks.

Favole Nuove Del Professor Cosimo Calvelli (Classic Reprint) Cosimo Calvelli. 2018. (ITA., Illus.). (J). 136p. 26.72 *(978-1-391-69801-4(0))*; 138p. pap. 9.57 *(978-1-390-86563-9(0))* Forgotten Bks.

Favole per Bambini: Una Raccolta Di Storie Uniche, Divertenti Ed Educative, Che Rafforzano l'autostima e Inducono Al Rilassamento. Gabriella Edizioni Volpe. 2021. (ITA.). 150p. (J). pap. ***(978-1-80311-950-2(0))*** Dora & Kiki Ltd.

Favole per Bambini: Una Raccolta Di Storie Uniche Divertenti, Ed Educative Che Trasmettono Insegnamenti e Valori. Edizioni Gabriella Volpe. 2021. (ITA.). 162p. (J). pap. ***(978-1-80311-948-9(9))*** Dora & Kiki Ltd.

Favole per Bambini: Una Raccolta Di Storie Uniche Illustrate, Divertenti, Ed Educative Che Aiutano a Stimolare l'immaginazione e la Creatività. Gabriella Volpe. 2021. (ITA.). 164p. (J). pap. ***(978-1-80311-949-6(7))*** Dora & Kiki Ltd.

Favole per I Re d'Oggi (Classic Reprint) Ercole Luigi Morselli. (ITA., Illus.). (J). 2018. 152p. 27.05 *(978-0-656-25372-2(X))*; 2016. pap. 9.57 *(978-1-334-32508-3(1))* Forgotten Bks.

Favolette Morali Ad USO Della Gioventu Italiana (Classic Reprint) Antonio Vandoni. 2016. (ITA., Illus.). (J). pap. 9.57 *(978-1-334-32092-7(6))* Forgotten Bks.

Favolette Morali Ad USO Della Gioventù Italiana (Classic Reprint) Antonio Vandoni. 2018. (ITA., Illus.). 138p. (J). 26.74 *(978-0-364-11366-0(9))* Forgotten Bks.

Favoloso Viaggio Di Tommy Topolino. Vittorio Sossi. 2018. (ITA., Illus.). 110p. (J). pap. *(978-0-244-97295-0(8))* Lulu Pr., Inc.

Favor: A World Turned Upside Down. Anne Weaver. 2021. (ENG.). 42p. (J). pap. 10.95 *(978-1-6642-1799-7(1),* WestBow Pr.) Author Solutions, LLC.

Favor Has No Limits. Blessing Nwosu. 2019. (ENG., Illus.). 36p. (J). (gr. k-3). pap. *(978-1-970079-37-1(1))* Blessing.

Favored. Morgan J. Bolt. 2018. (ENG., Illus.). 228p. (YA). (gr. 9-12). 24.99 *(978-1-5154-2382-9(4))*; pap. 14.99 *(978-1-5154-2381-2(6))* Wilder Pubns., Corp.

Favorita Del Mahdi. Emilio. Salgari. 2022. (JAV.). 475p. (YA). pap. ***(978-1-4717-3477-9(3))*** Lulu Pr., Inc.

Favorite Authors; James Thomas Fields. 2017. (ENG.). 362p. (J). pap. *(978-3-337-07728-0(5))* Creation Pubs.

Favorite Authors. James Thomas Fields. 2017. (ENG.). 358p. (J). pap. *(978-3-337-37301-6(1))* Creation Pubs.

Favorite Authors: A Companion-Book of Prose & Poetry (Classic Reprint) James Thomas Fields. 2018. (ENG., Illus.). 406p. (J). 32.27 *(978-0-428-73898-3(2))* Forgotten Bks.

Favorite Authors, in Prose & Poetry: Three Volumes in One; Illustrated; Favorite Authors; Houshold Friends; Good Company (Classic Reprint) Unknown Author. (ENG., Illus.). (J). 2018. 974p. 44.01 *(978-0-483-58229-3(8))*; 2017. pap. 26.35 *(978-0-243-22681-8(0))* Forgotten Bks.

Favorite Bible Stories Activity Book. Pip Reid. 2020. (ENG.). 84p. (J). (gr. 3-6). pap. *(978-1-988585-40-6(6))* Bible Pathway Adventures.

Favorite Book. Bethanie Deeney Murguia. Illus. by Bethanie Deeney Murguia. 2019. (ENG., Illus.). 32p. (J). (gr. -1-2). 16.99 *(978-1-5362-0446-9(3))* Candlewick Pr.

Favorite Cartoon Styles & How to Draw Them Activity Book. Jupiter Kids. 2017. (ENG., Illus.). (YA). pap. 9.20 *(978-1-68326-586-3(6),* Jupiter Kids (Childrens & Kids Fiction)) Speedy Publishing LLC.

Favorite Cat Breeds: Persians, Abyssinians, Siamese, Sphynx, & All the Breeds In-Between. Angie Peterson Kaelberer. 2016. (Cats Rule! Ser.). (ENG., Illus.). 32p. (J). (gr. 3-9). lib. bdg. 28.65 *(978-1-4914-8402-9(0),* 130840, Capstone Pr.) Capstone.

Favorite Child Celebrities Who Dress Awesome Children's Fashion Books. Baby Professor. 2017. (ENG., Illus.). (YA). pap. 7.89 *(978-1-5419-0337-1(4),* Baby Professor (Education Kids)) Speedy Publishing LLC.

Favorite Children's Stories from China & Tibet: (Chinese & Tibetan Fairy Tales) Lotta Carswell Hume. Illus. by Lo Koon-chiu. 2018. (Favorite Children's Stories Ser.). 112p. (J). (gr. k-8). 9.99 *(978-0-8048-5018-6(6))* Tuttle Publishing.

Favorite Fairy Tales (Classic Reprint) Logan Marshall. (ENG., Illus.). (J). 2018. 268p. 29.42 *(978-0-267-53901-7(0))*; 2016. pap. 11.97 *(978-1-333-35643-9(9))* Forgotten Bks.

Favorite Fairy Tales, Vol. 1: The Childhood Choice of Representative Men & Women (Classic Reprint) Peter Newell. 2017. (ENG., Illus.). (J). pap. 16.57 *(978-0-259-50512-9(9))* Forgotten Bks.

Favorite First Friends! (Pokémon) C. J. Nestor. Illus. by Random House. 2018. (Pictureback(R) Ser.). (ENG.). 32p. (J). (gr. -1-2). pap. 5.99 *(978-1-5247-7290-1(9),* Random Hse. Bks. for Young Readers) Random Hse. Children's Bks.

Favorite Foods (Set), 8 vols. 2018. (Favorite Foods Ser.). (ENG.). 24p. (J). (gr. k-3). lib. bdg. 250.88 *(978-1-5321-6185-8(9),* 30153, Pop! Cody Koala) Pop!.

Favorite Foods (Set Of 8) 2019. (Favorite Foods Ser.). (ENG., Illus.). 192p. (J). (gr. 1-1). pap. 71.60 *(978-1-64185-556-3(8),* 1641855568) North Star Editions.

Favorite Grottos & Meadows of the Elves Coloring Book. Kreative Kids. 2016. (ENG., Illus.). (J). pap. 9.20 *(978-1-68377-462-4(0))* Whlke, Traudl.

Favorite Heroes & Amazing Adventures of the Bible Church Coloring Book. Jupiter Kids. 2017. (ENG., Illus.). (J). pap. 9.20 *(978-1-68326-774-4(5),* Jupiter Kids (Childrens & Kids Fiction)) Speedy Publishing LLC.

Favorite Kids Activity - the Matching Game. Jupiter Kids. 2017. (ENG., Illus.). (J). pap. 9.20 *(978-1-68326-587-0(4),* Jupiter Kids (Childrens & Kids Fiction)) Speedy Publishing LLC.

Favorite Nursery Rhymes from Mother Goose. Scott Gustafson. ed. 2016. (ENG., Illus.). 100p. (J). 20.00 *(978-1-57965-698-0(6),* 85698) Artisan.

Favorite Pets: Learn to Draw Using Basic Shapes — Step by Step!, Vol. 2. Emily Fellah. 2022. (I Can Draw Ser.: 2). (ENG., Illus.). 32p. (J). (gr. -1-2). pap. 6.99 *(978-1-60058-939-3(1),* 345336, Walter Foster Jr) Quarto Publishing Group USA.

Favorite Pets Set. Various Authors. 2022. (ENG.). 24p. (J). (gr. -1-2). 259.50 *(978-1-64487-804-0(6),* Blastoff! Readers) Bellwether Media.

Favorite Poems: Selected from English & American Authors (Classic Reprint) Joseph H. Head. 2018. (ENG., Illus.). 522p. (J). 34.66 *(978-0-365-11858-9(3))* Forgotten Bks.

Favorite Poems from the Best Authors: Poems for Children (Classic Reprint) Amy Neally. (ENG., Illus.). (J). 2018. 260p. 29.26 *(978-0-484-07870-2(4))*; 2017. pap. 11.97 *(978-0-243-38602-4(8))* Forgotten Bks.

Favorite Poems from the Best Authors: Selected & Arranged (Classic Reprint) Amy Neally. 2017. (ENG., Illus.). (J). pap. 11.97 *(978-1-5277-1256-0(7))* Forgotten Bks.

Favorite Poems from the Best Authors (Classic Reprint) Amy Neally. 2018. (ENG., Illus.). 268p. (J). 29.44 *(978-0-332-87729-7(9))* Forgotten Bks.

Favorite Primary Speaker: A New Collection of Choice Pieces for Little Children (Classic Reprint) T. G. Lamoille. (ENG., Illus.). (J). 2018. 86p. 25.67 *(978-0-483-75864-3(7))*; 2017. pap. 9.57 *(978-0-243-42697-3(6))* Forgotten Bks.

Favorite Rhymes of Mother Goose (Classic Reprint) Unknown Author. (ENG., Illus.). (J). 2018. 124p. 26.45 *(978-0-267-56315-9(9))*; 2016. pap. 9.57 *(978-1-333-74548-6(6))* Forgotten Bks.

Favorite Scholar: And Other Tales (Classic Reprint) Mary Botham Howitt. (ENG., Illus.). (J). 2018. 220p. 28.43 *(978-0-483-84890-0(5))*; 2016. pap. 10.97 *(978-1-333-22443-1(5))* Forgotten Bks.

Favorite Songs & Hymns for School & Home: Containing Four Hundred & Fifty of the World's Best Songs & Hymns, Including National Songs & Many Songs of Days; Also, the Elements of Music & Twenty-Five Responsive Scriptural Readings. John Piersol McCaskey. 2017. (ENG., Illus.). (J). 32.27 *(978-0-265-36637-0(2))* Forgotten Bks.

Favorite Stories from Cowgirl Kate & Cocoa: Horse in the House (Reader) Erica Silverman. Illus. by Betsy Lewin. 2018. (Cowgirl Kate & Cocoa Ser.). (ENG.). 32p. (J). (gr. -1-3). pap. 4.99 *(978-1-328-89580-6(7),* 1699663, Clarion Bks.) HarperCollins Pubs.

Favorite Story Book: Or Pleasing Sketches for Youth (Classic Reprint) Clara Arnold. 2018. (ENG., Illus.). 156p. (J). 27.11 *(978-0-484-55364-3(X))* Forgotten Bks.

Favorite Things. Pedro Valentin, Jr. Illus. by Pedro Valentin, Jr. 2023. (ENG.). 34p. (J). pap. 14.99 ***(978-1-948071-57-4(6))*** Lauren Simone Publishing Hse.

Favorite Things Coloring Book. Pedro Valentin, Jr. 2023. (ENG.). 30p. (J). pap. 14.99 ***(978-1-948071-75-8(4))*** Lauren Simone Publishing Hse.

Favorite Totem Pole Tattoos Coloring Book. Kreativ Entspannen. 2016. (ENG., Illus.). (J). pap. 9.20 *(978-1-68377-463-1(9))* Whlke, Traudl.

Favorites from Fairyland: An Approved Selection Arranged for Home & Supplementary Reading in the Third Grade (Classic Reprint) Ada Van Stone Harris. 2018. (ENG., Illus.). 158p. (J). 27.16 *(978-0-483-23303-4(X))* Forgotten Bks.

Favourite Bible Stories. Stephen Waterhouse, Brian Sibley. Illus. by Stephen Waterhouse. ed. 2021. (ENG.). 96p. (J). 11.99 *(978-0-7459-7924-3(6),* 54ddbcef-87e1-4110-8236-89910307462a, Lion Children's) Lion Hudson PLC GBR. Dist: Baker & Taylor Publisher Services (BTPS).

Favourite Fables, in Prose & Verse: With Twenty-Four Illustrations (Classic Reprint) Harrison Weir. (ENG., Illus.). (J). 2018. 212p. 28.15 *(978-0-484-34403-6(X))*; 2016. pap. 10.97 *(978-1-334-15728-8(6))* Forgotten Bks.

Favourite Fairy Tales: Picture Fairy Tales for Little Ones. Nicola Baxter. Illus. by Jo Parry. 2016. (ENG.). 16p. (J). (gr. -1-12). bds. 10.99 *(978-1-84322-625-3(1),* Armadillo) Anness Publishing GBR. Dist: National Bk. Network.

Favourite Fairy Tales (Classic Reprint) John Corner. 2018. (ENG., Illus.). 202p. (J). 28.06 *(978-0-267-16084-6(4))* Forgotten Bks.

Favourite French Fairy Tales (Classic Reprint) Barbara Douglas, pseud. 2017. (ENG., Illus.). (J). 29.51 *(978-0-265-18632-9(3))* Forgotten Bks.

Favourite of Napoleon: Memoirs of Mademoiselle George (Classic Reprint) Paul George. 2018. (ENG., Illus.). 344p. (J). 30.91 *(978-0-428-65346-0(4))* Forgotten Bks.

Favourite of Nature: A Tale (Classic Reprint) Unknown Author. 2018. (ENG., Illus.). 170p. (J). 27.40 *(978-0-267-16510-0(2))* Forgotten Bks.

Favourite of Nature, Vol. 1 of 3 (Classic Reprint) Mary Ann Kelty. 2017. (ENG., Illus.). 370p. (J). 31.53 *(978-0-332-40107-2(3))* Forgotten Bks.

Favourite of Nature, Vol. 2 Of 3: A Tale (Classic Reprint) Mary Ann Kelty. (ENG., Illus.). (J). 2017. 424p. 32.64 *(978-0-484-71228-6(4))*; 2016. pap. 16.57 *(978-1-334-09166-7(8))* Forgotten Bks.

Favourite of Nature, Vol. 3 Of 3: A Tale (Classic Reprint) Mary Ann Kelty. 2018. (ENG., Illus.). 388p. (J). 31.92 *(978-0-365-45930-9(5))* Forgotten Bks.

Favourite Pets - Read It Yourself with Ladybird Level 1. Ladybird. 2016. (Read It Yourself with Ladybird Ser.). (ENG.). 32p. (J). 5.99 *(978-0-241-23734-2(3))*; (gr. 2-4). pap. 9.99 *(978-0-241-23732-8(7))* Penguin Bks., Ltd. GBR. Dist: Independent Pubs. Group.

Favourite Stories from Fern Hollow. John Patience. Illus. by John Patience. 2019. (Tales from Fern Hollow Ser.). (ENG., Illus.). 80p. (J). (gr. k-2). *(978-1-9161646-5-9(X))* Talewater Pr.

Favourites of a Nursery of Seventy Years Ago: And Some Others of Later Date (Classic Reprint) Edith Emerson Forbes. 2018. (ENG., Illus.). 696p. (J). 38.25 *(978-0-365-26734-8(1))* Forgotten Bks.

Fawkes: A Novel. Nadine Brandes. (ENG.). 448p. (YA). 2023. pap. 14.99 ***(978-0-8407-2334-5(2))***; 2018. 16.99 *(978-0-7852-1714-5(2))* Nelson, Thomas Inc.

Fawn. L. M. Dougherty. 2018. (ENG., Illus.). 204p. (J). pap. *(978-1-5255-2112-6(8))* FriesenPress.

Fawn in the Wood (Classic Reprint) Unknown Author. 2018. (ENG., Illus.). 20p. (J). 24.31 *(978-0-267-51665-0(7))* Forgotten Bks.

Fawn Learns about Calendars. Tracilyn George. 2021. (ENG.). 24p. (J). pap. 11.00 *(978-1-77475-279-1(4))* Lulu Pr., Inc.

Fawn of Sertorius, Vol. 2 of 2 (Classic Reprint) Robert Eyres Landor. 2018. (ENG., Illus.). 340p. (J). 30.91 *(978-0-267-27788-9(1))* Forgotten Bks.

Fawn of Spring-Vale, the Clarionet, & Other Tales, Vol. 2 of 3 (Classic Reprint) William Carleton. 2018. (ENG., Illus.). 360p. (J). 31.34 *(978-0-483-46020-1(6))* Forgotten Bks.

Fawn of Spring-Vale, Vol. 1 Of 3: The Clarionet, & Other Tales (Classic Reprint) William Carleton. 2018. (ENG., Illus.). 384p. (J). 31.84 *(978-0-483-82201-6(9))* Forgotten Bks.

Fawn of Spring-Vale, Vol. 3 Of 3: The Clarionet, & Other Tales; the Misfortunes of Barney Branagan, Resurrections of Barney Bradley (Classic Reprint) William Carleton. 2018. (ENG., Illus.). 336p. (J). 30.83 *(978-0-483-50569-8(2))* Forgotten Bks.

Fawn of the Pale Faces: Or, Two Centuries Ago (Classic Reprint) J. P. Brace. 2018. (ENG., Illus.). 290p. (J). 29.88 *(978-0-365-53224-8(X))* Forgotten Bks.

Fax & His Adventures to Prevent Climate Change. L. C. J. Emery. 2023. (ENG.). 126p. (YA). pap. 12.95 ***(978-1-68235-768-2(6)***, Strategic Bk. Publishing) Strategic Book Publishing & Rights Agency (SBPRA).

Faye Learns about Maud Lewis. Tracilyn George. 2021. (ENG.). 24p. (J). pap. 11.00 *(978-1-77475-298-2(0))* Lulu Pr., Inc.

Fa(y)te. Whitney M. Suit. 2020. (Lumière Ser.: Vol. 1). (ENG.). 160p. (YA). pap. 12.95 *(978-1-64713-025-1(5))* Primedia eLaunch LLC.

Fazbear Frights Box Set: an AFK Book, 1 vol. Scott Cawthon et al. 2022. (Five Nights at Freddy's Ser.). (ENG.). 2912p. (YA). (gr. 7-7). pap., pap., pap. 109.89 *(978-1-338-80322-8(0))* Scholastic, Inc.

Fazbear Frights Four Book Box Set: an AFK Book Series, 1 vol. Scott Cawthon et al. 2020. (Five Nights at Freddy's Ser.). (ENG.). 1984p. (YA). (gr. 7-7). pap., pap., pap. 39.96 *(978-1-338-71580-4(1))* Scholastic, Inc.

FBE Science Practice Exams: 2022-2023. Delroy Pierre. 2022. (ENG.). 44p. (J). pap. 29.95 ***(978-1-387-83770-0(2))*** Lulu Pr., Inc.

FBI. John Hamilton. 2021. (Law Enforcement Ser.). (ENG., Illus.). 48p. (J). (gr. 5-9). lib. bdg. 34.21 *(978-1-5321-9384-2(X),* 34771, Abdo & Daughters) ABDO Publishing Co.

FBI Agents. Kathryn N. Clapper et al. 2018. (U. S. Federal Agents Ser.). (ENG., Illus.). 32p. (J). (gr. 3-9). lib. bdg. 27.32 *(978-1-5435-0141-4(9),* 137078, Capstone Pr.) Capstone.

FBI Hostage Rescue. Melissa Gish. 2022. (X-Books: Special Forces Ser.). (ENG., Illus.). 32p. (J). (gr. 3-5). pap. 9.99 *(978-1-62832-902-5(5),* 18561, Creative Paperbacks) Creative Co., The.

FBI Hostage Rescue Team. Melissa Gish. 2022. (X-Books: Special Forces Ser.). (ENG., Illus.). 32p. (J). (gr. 3-6). *(978-1-64026-370-3(5),* 18560, Creative Education) Creative Co., The.

FBI Story, 12 vols., Set. Incl. FBI & Civil Rights. Dale Anderson. lib. bdg. 22.95 *(978-1-4222-0569-3(X))*; FBI & Crimes Against Children. Sabrina Crewe. lib. bdg. 22.95 *(978-1-4222-0570-9(3))*; FBI & Cyber Crimes. Robert Grayson. lib. bdg. 22.95 *(978-1-4222-0568-6(1))*; FBI & National Security. Robert Grayson. lib. bdg. 22.95 *(978-1-4222-0564-8(9))*; FBI & Organized Crime. Dale Anderson. lib. bdg. 22.95 *(978-1-4222-0565-5(7))*; FBI & Public Corruption. Robert Grayson. lib. bdg. 22.95 *(978-1-4222-0567-9(3))*; FBI & White-Collar Crime. Dale Anderson. lib. bdg. 22.95 *(978-1-4222-0566-2(5))*; FBI Files: Successful Investigations. Dale Anderson. lib. bdg. 22.95 *(978-1-4222-0561-7(4))*; FBI's Most Wanted. Alan Wachtel. lib. bdg. 22.95 *(978-1-4222-0562-4(2))*; History of the FBI. Sabrina Crewe. lib. bdg. 22.95 *(978-1-4222-0563-1(0))*; How to Become an FBI Agent. William David Thomas. lib. bdg. 22.95 *(978-1-4222-0571-6(1))*; Investigative Techniques of the FBI. Alan Wachtel. (Illus.). lib. bdg. 22.95 *(978-1-4222-0572-3(X))*; 64p. (J). (gr. 4-7). 2009. 2010. Set lib. bdg. 275.40 *(978-1-4222-0560-0(6))* Mason Crest.

FC Barcelona. Jonathan Avise. 2017. (Europe's Best Soccer Clubs Ser.). (ENG., Illus.). 48p. (J). (gr. 3-6). lib. bdg. 34.21 *(978-1-5321-1131-0(2),* 25838, SportsZone) ABDO Publishing Co.

FC Barcelona, 1 vol. Brien Henderson. 2020. (Soccer's Greatest Clubs Ser.). (ENG.). 64p. (J). (gr. 5-5). pap. 16.28 *(978-1-5026-5258-4(7),* cb30256a-bb6a-49e0-ae97-54b4c12f7b35) Cavendish Square Publishing LLC.

FC Bayern Munich. Jon Marthaler. 2017. (Europe's Best Soccer Clubs Ser.). (ENG.). 48p. (J). (gr. 3-6). lib. bdg. 34.21 *(978-1-5321-1132-7(0),* 25840, SportsZone) ABDO Publishing Co.

FC Bayern Munich, 1 vol. Derek Miller. 2019. (Soccer's Greatest Clubs Ser.). (ENG.). 64p. (gr. 5-5). pap. 16.28 *(978-1-5026-5276-8(5),* e8f14f8d-ffaf-428e-8515-098c9b2c9907) Cavendish Square Publishing LLC.

FC Cincinnati. Chris Adamski. 2021. (Inside MLS Ser.). (ENG., Illus.). 48p. (J). (gr. 3-6). lib. bdg. 34.21 *(978-1-5321-9472-6(2),* 37456, SportsZone) ABDO Publishing Co.

FC Dallas. Sam Moussavi. 2021. (Inside MLS Ser.). (ENG., Illus.). 48p. (J). (gr. 3-6). lib. bdg. 34.21 *(978-1-5321-9256-2(8),* 35121, SportsZone) ABDO Publishing Co.

FDR the Primary Sources. Barbara Spilman Lawson. 2016. (Spring Forward Ser.). (J). (gr. 2). *(978-1-4900-9434-2(2))* Benchmark Education Co.

Fea Costumbre Del Conejo. Julian Gough. 2017. (SPA.). (J). (gr. 2-4). 17.99 *(978-84-140-0574-3(8))* Vives, Luis Editorial (Edelvives) ESP. Dist: Lectorum Pubns., Inc.

Fear. Amy Armfield. Illus. by Kim Griffin. 2023. (ENG.). 34p. (J). pap. ***(978-1-922851-22-2(1))*** Shawline Publishing Group.

Fear. Czeena Devera. Illus. by Jeff Bane. 2021. (My Early Library: My Many Emotions Ser.). (ENG.). 24p. (J). (gr. k-1). pap. 12.79 *(978-1-5341-8835-8(5),* 219075); lib. bdg. 30.64 *(978-1-5341-8695-8(6),* 219074) Cherry Lake Publishing.

Fear. Tamra B. Orr. 2016. (21st Century Basic Skills Library: Feelings Ser.). (ENG., Illus.). 24p. (J). (gr. k-3). 26.35 *(978-1-63471-046-6(0),* 208264) Cherry Lake Publishing.

Fear. Natasha Preston. 2022. 368p. (YA). (gr. 7). pap. 10.99 *(978-0-593-12501-4(0),* Delacorte Pr.) Random Hse. Children's Bks.

Fear. Corinna Turner. 2022. (Unsparked Ser.: Vol. 7). (ENG.). 128p. (YA). pap. *(978-1-910806-34-0(X))* Zephyr Publishing.

Fear: A Monsters, Inc. Story. Isabelle Filliozat. 2020. (J). *(978-1-5415-9858-4(X))* Lerner Publishing Group.

Fear: Emotions & Feelings (Engaging Readers, Level 1) Sarah Harvey. Ed. by Alexis Roumanis. l.t. ed. 2023. (Emotions & Feelings Ser.: Vol. 2). (ENG., Illus.). 32p. (J). ***(978-1-77476-800-6(3))***; pap. ***(978-1-77476-801-3(1))*** AD Classic.

Fear: Three Stories about Overcoming Fear. Ségolène De Noüel et al. Illus. by Caroline Modeste. 2021. (How to Handle My Emotions Ser.). (ENG.). 56p. (J). (gr. 1). pap. 11.99 *(978-1-62164-538-2(X))* Ignatius Pr.

Fear-Foal: Fun with Words, Valuable Lessons. Jacqui Shepherd. 2018. (Farm-Tastic Ser.). (ENG., Illus.). 42p. (J). (gr. k-6). pap. *(978-1-77008-976-1(4))* Awareness Publishing.

Fear, Go! A Little Boy's Journey of Conquering Fear with Guidance from the Holy Spirit. Whitney L. Marshall. Illus. by Henrique C. Rampazzo. 2021. (ENG.). 32p. (J). pap. 10.99 *(978-1-6629-2006-6(7))*; 15.99 *(978-1-6629-2005-9(9))* Gatekeeper Pr.

Fear Is a Volcano. Lauren Martin. 2022. (ENG.). 26p. (J). 14.99 ***(978-1-0880-5857-2(4))*** Indy Pub.

FEAR Machine: Culture Misled: Choose Fear or Courage? Christine Farrell. Illus. by Marian Cabrera. 2023. (ENG.). 66p. (J). ***(978-1-0391-4471-2(3))***; pap. ***(978-1-0391-4470-5(5))*** FriesenPress.

Fear Me, Fear Me Not. Elodie Nowodazkij. 2017. (ENG.). 294p. (J). pap. 10.99 *(978-1-393-66683-7(3))* Draft2Digital.

Fear Not - Daniel & the Lions' Den. Tanya Washington. 2018. (ENG., Illus.). 32p. (J). pap. *(978-0-359-05688-0(1))* Lulu Pr., Inc.

Fear Not the Dark. Susan Murray. 2018. (ENG., Illus.). 158p. (YA). (gr. 7-12). pap. 17.95 *(978-1-61296-996-1(8))* Black Rose Writing.

Fear of Dreaming. Ashwin Sunder. 2018. (ENG., Illus.). 390p. (YA). (gr. 8-12). pap. 18.99 *(978-0-578-40488-2(5))* Shy Cat Pubns.

Fear of Life (Classic Reprint) Gerald Maxwell. (ENG., Illus.). (J). 2018. 360p. 31.32 *(978-0-483-40622-3(8))*; 2017. pap. 13.97 *(978-0-243-92378-6(3))* Forgotten Bks.

Fear of Missing Out. Kate McGovern. 2020. (ENG.). 320p. (YA). pap. 18.99 *(978-1-250-23385-1(2)*, 900163975) Square Fish.

Fear of Red Lights. Jacquelyn A. Williams. 2023. (ENG.). 32p. (J). pap. 15.95 ***(978-1-68570-786-6(6))*** Christian Faith Publishing.

Fear Street Collection (Boxed Set) The Perfect Date; Secret Admirer; Runaway. R. L. Stine. ed. 2021. (Fear Street Ser.). (ENG.). 544p. (YA). (gr. 9). pap. 35.99 *(978-1-5344-8768-0(9)*, Simon Pulse) Simon Pulse.

Fear Street Super Thriller: Nightmares: (2 Books in 1: the Dead Boyfriend; Give Me a K-I-L-L) R. L. Stine. 2017. (Fear Street Ser.). (ENG.). 576p. (YA). pap. 12.99 *(978-1-250-13424-0(2)*, 900177785, St. Martin's Griffin) St. Martin's Pr.

Fear Street Super Thriller: Secrets: The Lost Girl; Can You Keep a Secret?, 2 bks. in 1. R. L. Stine. 2016. (Fear Street Ser.). (ENG.). 544p. (YA). pap. 12.99 *(978-1-250-09648-7(0)*, 900161018) St. Martin's Pr.

Fear Street the Beginning: The New Girl; the Surprise Party; the Overnight; Missing. R. L. Stine. 2020. (Fear Street Ser.). (ENG.). 560p. (YA). (gr. 7). pap. 13.99 *(978-1-5344-7784-1(5)*, Simon Pulse) Simon Pulse.

Fear the Bunny. Richard T. Morris. Illus. by Priscilla Burris. 2019. (ENG.). 40p. (J). (gr. -1-3). 17.99 *(978-1-4814-7800-7(1))* Simon & Schuster Children's Publishing.

Fear the Drowning Deep. Sarah Glenn Marsh. (ENG.). 312p. (gr. 6-12). 2018. (YA). pap. 8.99 *(978-1-5107-2658-1(6))*; 2016. (J). 16.99 *(978-1-5107-0348-3(9))* Skyhorse Publishing Co., Inc. (Sky Pony Pr.).

Fear Zone. K. R. Alexander. 2019. (ENG.). 304p. (J). (gr. 3-7). pap. 7.99 *(978-1-338-57717-4(4))* Scholastic, Inc.

Fear Zone 2. K. R. Alexander. 2020. (ENG.). 304p. (J). (gr. 3-7). pap. 7.99 *(978-1-338-70213-2(0))* Scholastic, Inc.

Fearchair-A-Ghunna: The Ross-Shire Wanderer; His Life & Sayings (Classic Reprint) Unknown Author. 2017. (ENG., Illus.). 82p. (J). 25.59 *(978-0-484-44634-1(7))* Forgotten Bks.

Fearful Flies. Mashawna Caudill. 2019. (ENG.). 10p. (J). *(978-0-359-47962-7(6))* Lulu Pr., Inc.

Fearful Responsibility: And Other Stories. William D. Howells. 2017. (ENG., Illus.). (J). pap. *(978-0-649-03888-6(6))* Trieste Publishing Pty Ltd.

Fearful Responsibility: And Other Stories (Classic Reprint) William D. Howells. 2018. (ENG., Illus.). 264p. (J). 29.36 *(978-0-365-13191-5(1))* Forgotten Bks.

Fearful Responsibility: And Tonelli's Marriage. William D. Howells. 2017. (ENG., Illus.). (J). pap. *(978-0-649-03886-2(X))* Trieste Publishing Pty Ltd.

Fearfully & Wonderfully Made. Tiffiney Rogers-McDaniel. 2023. (ENG.). 30p. (J). pap. 12.99 ***(978-1-7354173-6-3(X))*** Tiffiney R. McDaniel.

Fearfully & Wonderfully Made: A Compelling Account of a Teenager's Illness & Recovery That Began with One Teacher, One Rose, & One Journal. Robin Lewis Haverkamp. 2023. (ENG.). 218p. (YA). pap. 16.49 ***(978-1-6628-6043-0(9))*** Salem Author Services.

Fearless. Mandy Gonzalez. 2021. (Fearless Ser.: 1). (ENG., Illus.). 240p. (J). (gr. 3-7). 17.99 *(978-1-5344-6895-5(1)*, Aladdin) Simon & Schuster Children's Publishing.

Fearless. Amneh Shaikh-Farooqui. 2020. (ENG., Illus.). 112p. (YA). (gr. 7). pap. 14.99 *(978-0-14-344604-0(5)*, Penguin Enterprise) Penguin Bks. India PVT, Ltd IND. Dist: Independent Pubs. Group.

Fearless. Chris A. Bolton. ed. 2018. (Smash Ser.: 2). lib. bdg. 23.30 *(978-0-606-40918-6(1))* Turtleback.

Fearless: Classic Wisdom for Girls. Sylfronia King. 2016. (ENG., Illus.). (YA). (gr. 7-12). 24.99 *(978-0-692-82027-8(2))* Media Publishing Group, The.

Fearless: The Battle Begins. Ndidi Aguwa. 2018. (ENG.). 250p. (YA). 35.95 *(978-1-4808-6607-2(5))*; pap. 17.99 *(978-1-4808-6606-5(7))* Archway Publishing.

Fearless: a Graphic Novel. Kenny Porter. Illus. by Zach Wilcox. 2021. (ENG.). 192p. (J). (gr. 3-7). 24.99 *(978-1-338-35588-8(0))*; pap. 12.99 *(978-1-338-35587-1(2))* Scholastic, Inc. (Graphix).

Fearless Faith: 100 Devotions for Girls, 1 vol. Melanie Shankle. 2018. (Faithgirlz Ser.). (ENG.). 224p. (J). 16.99 *(978-0-310-76564-6(1))* Zonderkidz.

Fearless Felicia. Angela Hanimyan. Illus. by Abira Das. 2020. (ENG.). 24p. (J). *(978-1-5255-6580-9(X))*; pap. *(978-1-5255-6581-6(8))* FriesenPress.

Fearless Felines: 30 True Tales of Courageous Cats. Kimberlie Hamilton. 2019. (ENG., Illus.). 160p. (J). (gr. 3-7). 9.99 *(978-1-338-35583-3(X)*, Scholastic Nonfiction) Scholastic, Inc.

Fearless Female Soldiers, Explorers, & Aviators, 12 vols. 2017. (Fearless Female Soldiers, Explorers, & Aviators Ser.). (ENG.). 128p. (gr. 9-9). lib. bdg. 284.16 *(978-1-5026-2680-6(2)*, 188fac0a-713e-4f50-b32c-c3cba8b88786, Cavendish Square) Cavendish Square Publishing LLC.

Fearless Females: The Fight for Freedom, Equality, & Sisterhood. Marta Breen. Illus. by Jenny Jordahl. 2019. (ENG.). 128p. (YA). (gr. 8). pap. 12.99 *(978-1-4998-0874-2(7)*, Yellow Jacket) Bonnier Publishing USA.

Fearless Flight of Sammy the Swallow. William J. Barker. Illus. by Yana Karpenko. (ENG.). 40p. (J). 2022. 17.99 *(978-1-7343242-4-4(X))*; 2021. pap. 12.99 *(978-1-7343242-5-9(2))* Barker, William J., Jr.

Fearless Flights of Hazel Ying Lee. Julie Leung. Illus. by Julie Kwon. 2021. (ENG.). 48p. (J). (gr. -1-3). 18.99 *(978-0-7595-5495-5(1))* Little, Brown Bks. for Young Readers.

Fearless Flyer: Ruth Law & Her Flying Machine. Heather Lang. Illus. by Raul ón. 2016. (ENG.). 40p. (J). (gr. 2-5). 16.95 *(978-1-62091-650-6(9)*, Calkins Creek) Highlights Pr., c/o Highlights for Children, Inc.

Fearless Flyers, Dazzle Painters, & Code Talkers! World War I (Ready-To-Read Level 3) Elizabeth Dennis. Illus. by Valerio Fabbretti. 2018. (Secrets of American History Ser.). (ENG.). 48p. (J). (gr. 1-3). 16.99 *(978-1-5344-1052-7(X))*; pap. 4.99 *(978-1-5344-1051-0(1))* Simon Spotlight. (Simon Spotlight).

Fearless Food: Allergy-Free Recipes for Kids. Katrina Jorgensen. ed. 2017. (ENG., Illus.). 144p. (J). (gr. 3-9). pap., pap., pap. 14.95 *(978-1-62370-608-1(4)*, 130557, Capstone Young Readers) Capstone.

Fearless Foursome: A Summer to Remember. Bridget Nelan. 2019. (ENG.). 116p. (YA). 28.99 *(978-1-9736-5769-9(4))*; pap. 11.99 *(978-1-9736-5768-2(6))* Author Solutions, LLC. (WestBow Pr.).

Fearless Friends - Ghost Hunters. Elaine Ouston. 2021. (ENG.). 88p. (J). pap. *(978-0-6452388-4-6(8))* Morris Publishing Australia.

Fearless Friends - Graffiti Fighters. Elaine Ouston. 2021. (ENG.). 68p. (J). pap. *(978-0-6488782-4-7(4))* Morris Publishing Australia.

Fearless Friends - Justice Warriors. Elaine Ouston. 2021. (ENG.). 98p. (J). pap. *(978-0-6453719-0-1(4))* Morris Publishing Australia.

Fearless Frosty: the Mighty Story of Mountain Runner Anna Frost. Chloe Chick. 2016. (ENG.). (J). pap. *(978-981-4713-11-5(2))*; (Illus.). 31p. pap. *(978-981-4713-42-9(2))* World Scientific Publishing Co. Pte Ltd.

Fearless Heart: An Illustrated Biography of Surya Bonaly. Frank Murphy & Surya Bonaly. Illus. by Anastasia Magloire Williams. 2022. 32p. (J). (gr. k-3). 17.95 *(978-1-62937-934-0(4))* Triumph Bks.

Fearless Investigator (Classic Reprint) Frances U. Eaton. 2018. (ENG., Illus.). 362p. (J). 31.36 *(978-0-483-67458-5(3))* Forgotten Bks.

Fearless Katie. Jennifer Dziak. 2021. (ENG.). 152p. (YA). pap. 14.95 *(978-1-64801-957-9(9))* Newman Springs Publishing, Inc.

Fearless Leader: A Bible Story about Deborah. Rachel Spier Weaver & Anna Haggard. 2018. (Called & Courageous Girls Ser.). (ENG., Illus.). 48p. (J). (gr. -1-2). 14.99 *(978-0-7369-7371-7(0)*, 6973717) Harvest Hse. Pubs.

Fearless Little Farm Boy, 24 vols. Astrid Lindgren. Tr. by Polly Lawson. Illus. by Marit Tornqvist. 3rd rev. ed. 2023. Orig. Title: Nar Adam Engelbrekt Blev Tvararg. 32p. (J). 17.95 *(978-1-78250-764-2(7))* Floris Bks. GBR. Dist: Consortium Bk. Sales & Distribution.

Fearless Little Me. Khloe Clemons. 2018. (ENG., Illus.). 26p. (J). pap. 11.99 *(978-0-9995734-1-9(1))* KLC Publishing.

Fearless Magic. Megan Crewe. 2019. (Conspiracy of Magic Ser.: Vol. 3). (ENG.). (YA). (gr. 7-12). 302p. 19.99 *(978-1-989114-10-0(5))*; 282p. pap. 11.99 *(978-1-989114-09-4(1))* Another World Pr.

Fearless Mary: Mary Fields, American Stagecoach Driver. Tami Charles. Illus. by Claire Almon. 2019. (ENG.). 32p. (J). (gr. -1-3). 17.99 *(978-0-8075-2305-6(4)*, 807523054) Whitman, Albert & Co.

Fearless Mirabelle & Meg. Katie Haworth. Illus. by Nila Aye. 2019. (ENG.). 40p. (J). (gr. -1-2). 16.99 *(978-1-5362-0811-5(6)*, Templar) Candlewick Pr.

Fearless Noah: The Adventures of the Christ-Like Crusader. Lea Michelle Johnson. 2017. (ENG., Illus.). (J). 24.95 *(978-1-64114-598-5(6))*; pap. 13.95 *(978-1-63575-935-8(8))* Christian Faith Publishing.

Fearless One. Anna Svetchnikov. 2021. (ENG.). 56p. (J). 38.70 *(978-1-716-24508-4(7))* Lulu Pr., Inc.

Fearless Princess. Mekael C. Black. 2021. (ENG.). 30p. (J). pap. 11.00 *(978-0-578-91400-8(X))* Black, MeKael.

Fearless Princess: A Supergirl's Journey to Overcoming Fear. Mekael C. Black. l.t. ed. 2021. (ENG.). 30p. (J). 19.99 *(978-1-0880-1514-8(X))* Black, MeKael.

Fearless Public Speaking: A Guide for Beginners. Joy Jones. 2019. (SparkNotes Ser.). 168p. (YA). (gr. 7). pap. 14.95 *(978-1-4549-3181-2(7)*, Spark Notes) Sterling Publishing Co., Inc.

Fearless Spies & Daring Deeds of World War II. Rebecca Langston-George. 2017. (Spies! Ser.). (ENG., Illus.). 64p. (J). (gr. 4-8). lib. bdg. 34.65 *(978-0-7565-5500-9(0)*, 134229, Compass Point Bks.) Capstone.

Fearless: the Story of Daphne Caruana Galizia, Defender of Free Speech. Gattaldo. Illus. by Gattaldo. 2021. (ENG.). 32p. (J). (gr. 2-4). 17.99 *(978-1-5362-1918-0(5))* Candlewick Pr.

Fearless Travelers' Guide to Wicked Places. Pete Begler. 2017. (ENG., Illus.). 384p. (J). (gr. 4-8). 14.95 *(978-1-62370-799-6(4)*, 133339, Capstone Young Readers) Capstone.

Fearless Untold Story of NZs Great Airma. A. Claasen. 2017. (Chp Ser.). (ENG., Illus.). 496p. 50.00 *(978-0-9941407-8-4(9))* Massey University Press NZL. Dist: Independent Pubs. Group.

Fearless with Finley. Ashley Holt. 2017. (ENG., Illus.). 26p. (J). pap. 13.95 *(978-1-5043-9274-7(4)*, Balboa Pr.) Author Solutions, LLC.

Fearless World Traveler: Adventures of Marianne North, Botanical Artist. Laurie Lawlor. Illus. by Becca Stadtlander. 48p. (J). (gr. 1-4). 2023. pap. 8.99 *(978-0-8234-5327-6(8))*; 2021. 18.99 *(978-0-8234-3959-1(3))* Holiday Hse., Inc.

Fearlessly Philippe, 3. Kiki Thorpe. ed. 2023. (Horsetail Hollow Ser.). (ENG.). 115p. (J). (gr. 1-4). 17.46 ***(978-1-68505-733-6(0))*** Penworthy Co., LLC, The.

Fears of the Pandemic: The World at Its Worst. Anand Komzak. 2022. (ENG.). 282p. (YA). pap. *(978-1-4717-7625-0(5))* Lulu Pr., Inc.

Fearsome Food Chains: Biology at Its Most Extreme! Louise Spilsbury & Kelly Roberts. 2023. (Life on the Edge Ser.). (ENG., Illus.). 48p. (J). (gr. 5-8). pap. 10.99 ***(978-1-915761-40-8(9)***, b7c4765a-25c8-4c28-af97-0774e1b494d4); lib. bdg. 31.99 ***(978-1-915153-80-7(8)***, 668ba864-4ada-4094-b3db-38e555c2b596) Cheriton Children's Bks. GBR. Dist: Lerner Publishing Group.

Fearsome Forces, 1 vol. Michael Clark. 2017. (Strange Science & Explosive Experiments Ser.). (ENG.). 32p. (J). (gr. 4-5). 29.27 *(978-1-5383-2266-6(8)*, 455ce758-cd59-42cd-bc8a-2822c82dc562); pap. 12.75 *(978-1-5383-2362-5(1)*, 0b9e761b-c232-42cb-917d-6102962ea3b0) Rosen Publishing Group, Inc., The. (PowerKids Pr.).

Feast Beneath the Moon: Bertie & Friends Hit the Road. Christiane Duchesne & Jérôme Minière. Illus. by Marianne Ferrer. 2023. (ENG.). 48p. (J). (gr. k-2). 16.95 ***(978-2-89836-046-6(5))*** La Montagne Secrete CAN. Dist: Independent Pubs. Group.

Feast Finds a Friend: A Book about Being Different. Deedee Hass. 2019. (ENG.). 32p. (J). pap. 14.99 *(978-0-578-55767-0(3))* In Your Own Words.

Feast For 10. Cathryn Falwell. 2017. (ENG., Illus.). 32p. (J). (gr. -1-3). pap. 26.99 *(978-0-544-93030-8(4)*, 1657477, Clarion Bks.) HarperCollins Pubs.

Feast for Friends. Steph Waldo. ed. 2022. (I Can Read Comics Ser.). (ENG.). 31p. (J). (gr. 2-3). 16.96 ***(978-1-68505-289-8(4))*** Penworthy Co., LLC, The.

Feast for Joseph, 1 vol. Terry Farish & O. D. Bonny. Illus. by Ken Daley. 2021. 32p. (J). (gr. -1-1). 18.99 *(978-1-77306-438-3(X))* Groundwood Bks. CAN. Dist: Publishers Group West (PGW).

Feast of Bacchus: A Study in Dramatic Atmosphere (Classic Reprint) Ernest George Henham. 2017. (ENG., Illus.). (J). 30.50 *(978-0-331-92972-0(4))*; pap. 13.57 *(978-0-243-26326-4(0))* Forgotten Bks.

Feast of Bacchus (Classic Reprint) Robert Bridges. (ENG., Illus.). (J). 2018. 114p. 26.27 *(978-0-428-77890-3(9))*; 2016. pap. 9.57 *(978-1-334-15448-5(1))* Forgotten Bks.

Feast of Lanterns (Classic Reprint) Louise Jordan Miln. 2018. (ENG., Illus.). 322p. (J). 30.54 *(978-0-365-28818-3(7))* Forgotten Bks.

Feast of Peas. Kashmira Sheth. Illus. by Jeffrey Ebbeler. 32p. (J). (gr. -1-3). 2023. pap. 8.99 *(978-1-68263-528-5(7))*; 2020. 17.99 *(978-1-68263-135-5(4))* Peachtree Publishing Co. Inc.

Feast of St. Friend: A Christmas Book. Arnold Bennett. 2017. (ENG., Illus.). (J). pap. *(978-0-649-50177-9(2))* Trieste Publishing Pty Ltd.

Feast of the Fishes, or the Whale's Invitation to His Brethren of the Deep (Classic Reprint) Theresa Tyro. 2018. (ENG., Illus.). 26p. (J). 24.43 *(978-0-267-28534-1(5))* Forgotten Bks.

Feast Pages for Kids Volume 1 Months 1 - 4: Introduction to the Bahá'í Months & Holy Days. Lili Shang. 4th ed. 2019. (19 Day Feast Pages for Kids Volume 1, Bundle Ser.: 1). (ENG., Illus.). 64p. (J). (gr. k-6). pap. 17.00 *(978-1-947485-50-1(4)*, Mine Rich In Gems) InnerPrize Group, LLC.

Feast with the Dragon. Charles Okoth. 2022. (ENG.). 146p. (YA). pap. 28.00 ***(978-1-0879-5603-9(X))*** Indy Pub.

Feast Your Eyes on Food: An Encyclopedia of More Than 1,000 Delicious Things to Eat. Laura Gladwin. 2021. (ENG., Illus.). 96p. (J). (gr. 3-7). 24.99 *(978-1-4197-5286-5(3)*, 1726101) Magic Cat GBR. Dist: Abrams, Inc.

Feasting on the Word Childrens's Sermons for Year A. Carol A. Wehrheim. 2016. (ENG.). 178p. pap. 24.00 *(978-0-664-26107-8(8))* Westminster John Knox Pr.

Feasts & Festivals Around the World: from Lunar New Year to Christmas. Alice B. McGinty. Illus. by Tomoko Suzuki. 2022. (ENG.). 40p. (J). (gr. -1-3). 18.99 *(978-1-4998-1217-6(5))* Little Bee Books Inc.

Feasts of Fury. Eric Colossal. ed. 2016. (Rutabaga the Adventure Chef Ser.: 2). (Illus.). 124p. (J). lib. bdg. 20.80 *(978-0-606-38205-2(4))* Turtleback.

Feather. Remi Courgeon. Tr. by Claudia Zoe Bedrick. 2017. (ENG., Illus.). 36p. (J). (gr. k-4). 17.95 *(978-1-59270-210-7(4))* Enchanted Lion Bks., LLC.

Feather. Ford H. Madox Hueffer. 2018. (ENG., Illus.). 100p. (YA). (gr. 7-12). pap. *(978-93-5329-262-1(0))* Alpha Editions.

Feather. Wendy Mary Matthews. Illus. by Wendy Mary Matthews. 2019. (ENG., Illus.). 30p. (J). (gr. 2-4). *(978-0-473-45181-3(6))* Wendy Matthews Bks.

Feather. Cao Wenxuan. Tr. by Chloe Garcia-Roberts. Illus. by Roger Mello. 2017. 48p. (J). (gr. -1-2). 18.00 *(978-0-914671-85-5(5)*, Elsewhere Editions) Steerforth Pr.

Feather. Margaret Wild. Illus. by Freya Blackwood. 2020. (ENG.). 32p. (J). (gr. -1-k). pap. 12.99 *(978-1-76050-635-3(4))* Little Hare Bks. AUS. Dist: Independent Pubs. Group.

Feather Beds Are Soft. John Parke. 2018. (ENG.). 38p. (J). pap. *(978-0-244-71056-9(2))* Lulu Pr., Inc.

Feather by Feather: A Relaxing Coloring Book. Bobo's Adult Activity Books. 2016. (ENG., Illus.). (J). pap. 9.33 *(978-1-68327-458-2(X))* Sunshine In My Soul Publishing.

Feather (Classic Reprint) Ford H. Madox Hueffer. 2018. (ENG., Illus.). 230p. (J). 28.66 *(978-0-666-40812-9(2))* Forgotten Bks.

Feather Farm: A Story of Hope & Action to Save Our Future. Carol Patricia Richardson. 2022. (ENG.). 222p. (YA). pap. 15.99 ***(978-1-63337-684-7(2)***, Proving Pr.) Columbus Pr.

Feather Fred. Alastair Simpson. 2023. (ENG.). 64p. (J). ***(978-1-3984-9899-0(8))***; pap. ***(978-1-3984-9898-3(X))*** Austin Macauley Pubs. Ltd.

Feather from Heaven. Shoshana Lund. 2017. (ENG., Illus.). 32p. (J). (gr. -1-3). 17.95 *(978-1-941173-28-2(4))* Olive Pr. Pub.

Feather Park. John Maulhardt. 2021. (ENG., Illus.). 32p. (J). 24.95 *(978-1-63885-328-2(2))*; pap. 13.95 *(978-1-63885-326-8(6))* Covenant Bks.

Feather Tales: the Golden Eagle. Deepak Dalal. 2019. (ENG.). 112p. (J). pap. 9.99 *(978-0-14-344571-5(5)*, Puffin) Penguin Bks. India PVT, Ltd IND. Dist: Independent Pubs. Group.

Feather Tales: the Paradise Flycatcher. Deepak Dalal. 2018. (ENG.). 112p. (J). pap. 9.99 *(978-0-14-344174-8(4)*, Puffin) Penguin Bks. India PVT, Ltd IND. Dist: Independent Pubs. Group.

Feather Tree. Gloria Logid. 2022. (ENG.). 34p. (J). 25.00 ***(978-1-63661-536-3(8))*** Dorrance Publishing Co., Inc.

Feathered. Deborah Kerbel. 2019. (ENG.). 146p. (J). (gr. 6). pap. *(978-1-77138-342-4(9))* Kids Can Pr., Ltd.

Feathered Animals. Paul A. Kobasa. 2018. (J). *(978-0-7166-3572-7(0))* World Bk., Inc.

Feathered Friendship. Katy Rae Mackey. 2017. (ENG., Illus.). (J). (gr. -1-3). 10.95 *(978-1-9736-0165-4(6)*, WestBow Pr.) Author Solutions, LLC.

Feathered Ogre: A Tale from Italy. Fran Parnell. Illus. by Sophie Fatus. 2019. (Stories from Around the World Ser.). (ENG.). 48p. (J). (gr. 1-5). pap. 6.99 ***(978-1-78285-839-3(3))*** Barefoot Bks., Inc.

Feathered Serpent & the Five Suns: A Mesoamerican Creation Myth. Duncan Tonatiuh. 2020. (ENG.). 40p. (J). (gr. 1-5). 16.99 *(978-1-4197-4677-2(4)*, 1193101, Abrams Bks. for Young Readers) Abrams, Inc.

Featherpaws the Trilogy: The Trilogy. Heather Edwards. Illus. by Heather Edwards. 2017. (ENG., Illus.). 520p. (J). pap. *(978-1-9999347-0-5(9))* Owl Crest Pubns.

Feathers. Jorge Corona. 2019. (ENG., Illus.). 176p. (J). pap. 14.99 *(978-1-68415-307-7(7)*, Archaia Entertainment) BOOM! Studios.

Feathers. Melissa Stewart. 2018. (CHI.). (J). (gr. 1-4). *(978-7-5315-7730-0(5))* Liaoning Juvenile and Children's Bks. Publishing Hse.

Feathers: The Tales Trilogy, Book 2. Rose Mannering. 2016. (Tales Trilogy Ser.). (ENG.). 288p. (J). (gr. 6-6). 17.99 *(978-1-63450-165-1(9)*, Sky Pony Pr.) Skyhorse Publishing Co., Inc.

Feathers & Furs. Ottley G. Paul. 2018. (ENG., Illus.). 30p. (J). pap. *(978-1-912183-58-6(7))* UK Bk. Publishing.

Feathers & Hair, What Animals Wear. Jennifer Ward. Illus. by Jing Jing Tsong. 2017. (ENG.). 48p. (J). (gr. -1-3). 18.99 *(978-1-4814-3081-4(5)*, Beach Lane Bks.) Beach Lane Bks.

Feathers for Peacock. Jacqueline Jules. Illus. by Helen Cann. 2016. 28p. (J). (gr. -1-3). 16.95 *(978-1-937786-53-3(6)*, Wisdom Tales) World Wisdom, Inc.

Feathers, Fur & Fun Facts. Lisa Hart. 2019. (ENG.). 50p. (J). pap. 9.45 *(978-0-359-12347-6(3))* Lulu Pr., Inc.

Feathers, Fur & Scales Coloring Book. Activity Attic Books. 2016. (ENG., Illus.). (J). pap. 7.74 *(978-1-68323-755-6(2))* Twin Flame Productions.

Feather's Girl. Jacquelyn Johnson. (ENG.). 176p. (YA). 2022. (Morley Stories Ser.: Vol. 2). pap. ***(978-1-989595-58-9(8))***; 2020. pap. *(978-1-989595-65-7(0))*; 2020. *(978-1-989595-40-4(5))* Crimson Hill Bks.

Feathers (Learn about: Animal Coverings) Eric Geron. 2023. (Learn About Ser.). (ENG., Illus.). 32p. (J). (gr. k-2). 25.00 ***(978-1-338-89799-9(3))***; pap. 6.99 ***(978-1-338-89800-2(0))*** Scholastic, Inc. (Scholastic Pr.).

Feathers of All Types & Sizes Coloring Book. Smarter Activity Books for Kids. 2016. (ENG., Illus.). (J). pap. 9.22 *(978-1-68374-442-9(X))* Examined Solutions PTE. Ltd.

Feathers of Angel Wings Coloring Book. Bobo's Children Activity Books. 2016. (ENG., Illus.). (J). pap. 9.33 *(978-1-68327-459-9(8))* Sunshine In My Soul Publishing.

Feathers, Tails & Broomsticks. Dionnara Dawson. 2019. (Promised Witch Ser.: Vol. 1). (ENG.). 390p. (YA). (gr. 7-12). pap. *(978-0-6486804-0-6(1))* Dawson, Dionnara.

Feathers the House Duck. Beverlee McFadden. 2021. (ENG.). 44p. (J). pap. 16.95 *(978-1-63985-002-0(3))*; (Illus.). 26.95 *(978-1-63985-878-1(4))* Fulton Bks.

Feats & Defeats of an Arkansaw Showman (Classic Reprint) Allehue Shacklefoote. (ENG., Illus.). (J). 2018. 132p. 26.62 *(978-0-483-56814-3(7))*; 2016. pap. 9.57 *(978-1-334-11922-4(8))* Forgotten Bks.

Feats of 21st-Century Engineering, 16 vols. 2018. (Feats of 21st-Century Engineering Ser.). (ENG.). 48p. (gr. 4-4). lib. bdg. 236.80 *(978-1-9785-0019-8(X)*, df1acf03-9922-4f06-b076-0b5917db516a) Enslow Publishing, LLC.

Feats on the Fiord: A Tale of Norway (Classic Reprint) Harriet Martineau. 2017. (ENG., Illus.). (J). 28.23 *(978-1-5281-6376-7(1))* Forgotten Bks.

Feats on the Fiord (Classic Reprint) Harriet Martineau. 2018. (ENG., Illus.). 148p. (J). 26.95 *(978-0-483-43995-5(9))* Forgotten Bks.

Features of the Mayan Civilization: Writing, Art, Architecture & Government Mayan History Grade 4 Children's Ancient History. Baby Professor. 2020. (ENG.). 72p. (J). 24.99 *(978-1-5419-7980-2(X))*; pap. 14.99 *(978-1-5419-5967-5(1))* Speedy Publishing LLC. (Baby Professor (Education Kids)).

Features of the Solar System Activity Book. Jupiter Kids. 2017. (ENG., Illus.). (J). pap. 9.20 *(978-1-68326-588-7(2)*, Jupiter Kids (Childrens & Kids Fiction)) Speedy Publishing LLC.

Febrero. Julie Murray. 2017. (Los Meses (Months) Ser.).Tr. of February. (SPA.). 24p. (J). (gr. -1-2). lib. bdg. 31.36 *(978-1-5321-0629-3(7)*, 27220, Abdo Kids) ABDO Publishing Co.

February see Febrero

February. Julie Murray. 2017. (Months Ser.). (ENG., Illus.). 24p. (J). (gr. -1-2). lib. bdg. 31.36 *(978-1-5321-0016-1(7)*, 25114, Abdo Kids) ABDO Publishing Co.

February Fourteen: 2/14. María Felicia Kelley. Illus. by Pratima Sarkar. 2021. (ENG.). 52p. (J). 21.99 *(978-1-7355504-3-5(4))*; pap. 12.99 *(978-1-7355504-4-2(2))* Circle7531.

February's Road. John Verney. 2019. (ENG., Illus.). 162p. (J). pap. 11.95 *(978-1-58988-138-9(9))* Dry, Paul Bks., Inc.

Fed by Ravens. Nancy Smith. 2018. (ENG., Illus.). 28p. (J). pap. 13.95 *(978-1-64299-682-1(3))* Christian Faith Publishing.

Federal Air Marshals. Kirsten W. Larson. 2016. (Protecting Our People Ser.). (ENG., Illus.). 32p. (J). (gr. 2-5). lib. bdg. 20.95 *(978-1-60753-984-1(5)*, 15775) Amicus.

Federal Bureau of Investigation. Maria Koran. 2019. (Power, Authority, & Governance Ser.). (ENG.). 32p. (J). lib. bdg. 29.99 *(978-1-5105-4689-9(8))* SmartBook Media, Inc.

Federal Bureau of Investigation. Teresa Wimmer. 2016. (Agents of Government Ser.). (ENG.). 48p. (J). (gr. 4-7). pap. 12.00 *(978-1-62832-146-3(6)*, 20838, Creative Paperbacks) Creative Co., The.

F

Federal Citizenship Textbook, Vol. 1: A Course of Instruction for Use in the Public Schools by the Candidate for Citizenship; English for American Citizenship; Lessons for Beginners & Intermediate Lessons (Classic Reprint) U. S. Department Of Labor. (ENG., Illus.). (J). 2018. 170p. 27.42 *(978-0-267-30394-6(7))*; 2016. pap. 9.97 *(978-1-333-26157-3(8))* Forgotten Bks.

Federal Courts, 1 vol. Jenna Tolli. 2019. (Court Is in Session Ser.). (ENG.). 32p. (gr. 4-5). pap. 11.00 *(978-1-5383-4320-3(7),* b6d50661-8c8d-4e0b-b7a0-6a3987d34f28, PowerKids Pr.) Rosen Publishing Group, Inc., The.

Federal Courts: Set, 10 vols. 2019. (Court Is in Session Ser.). (ENG.). 32p. (J). (gr. 4-5). lib. bdg. 139.65 *(978-1-5383-4628-0(1),* 332b5f11-e850-4910-88df-71948d502ad9, PowerKids Pr.) Rosen Publishing Group, Inc., The.

Federal Emergency Management Agency. Maria Koran. 2019. (Power, Authority, & Governance Ser.). (ENG.). 32p. (J). lib. bdg. 29.99 *(978-1-5105-4686-8(3))* SmartBook Media, Inc.

Federal Judge: A Novel (Classic Reprint) Charles K. Lush. 2018. (ENG., Illus.). 368p. (J). 31.51 *(978-0-483-41155-5(8))* Forgotten Bks.

Federal Land Grants to the States with Special Reference to Minnesota (Classic Reprint) Matthias Nordberg Orfield. 2017. (ENG., Illus.). (J). 31.88 *(978-0-265-19591-8(8))* Forgotten Bks.

Federal Reserve System. Valerie Bodden. 2016. (Agents of Government Ser.). (ENG., Illus.). 48p. (J). (gr. 4-7). pap. 12.00 *(978-1-62832-147-0(4),* 20841, Creative Paperbacks) Creative Co., The.

Federalist Papers, 1 vol. Bethany Bryan. 2018. (America's Most Important Documents: Inquiry into Historical Sources Ser.). (ENG.). 64p. (gr. 6-6). lib. bdg. 37.36 *(978-1-5026-3607-2(7),* c88b02cd-1d98-4816-8be4-f0a1764b27e8) Cavendish Square Publishing LLC.

Federalist Papers. Alexander Hamilton. 2017. (ENG., Illus.). (J). 30.95 *(978-1-374-89442-6(7))*; pap. 21.95 *(978-1-374-89441-9(9))* Capital Communications, Inc.

Federalists & Anti-Federalists, 1 vol. Nathan Miloszewski. 2019. (Opponents in American History Ser.). (ENG.). 32p. (gr. 4-5). 27.93 *(978-1-5383-4367-8(3),* 9b8b112a-850f-435a-a21d-a244f3a7e3a5, PowerKids Pr.) Rosen Publishing Group, Inc., The.

Federica, 1 vol. Scot Ritchie. 2017. (ENG., Illus.). 32p. (J). (gr. k-2). 16.95 *(978-1-55498-968-3(X))* Groundwood Bks. CAN. Dist: Publishers Group West (PGW).

Federico & All His Families. Mili Hernandez. Illus. by Gomez. 2020. (ENG.). 18p. (J). bds. 9.95 *(978-84-17673-56-7(3))* NubeOcho Ediciones ESP. Dist: Consortium Bk. Sales & Distribution.

Federico la Tragedia Del Bullying. Mark Ledher. 2018. (SPA., Illus.). 152p. (YA). pap. 14.95 *(978-1-64334-010-4(7))* Page Publishing Inc.

Federico y Sus Familias. Mili HernAndez. Illus. by Gomez. 2020. (SPA.). 18p. (J). bds. 9.95 *(978-84-17673-48-2(2))* NubeOcho Ediciones ESP. Dist: Consortium Bk. Sales & Distribution.

Fedina's First Day at Fairy School. Connie Jessop. 2019. (ENG.). 44p. (J). pap. *(978-1-78324-122-4(5))* Wordzworth Publishing.

Fedor. Brant Vickers. 2021. (ENG.). 314p. (YA). pap. 18.99 *(978-1-63752-944-7(9))* Primedia eLaunch LLC.

Fedor (Classic Reprint) Laura Daintrey. (ENG., Illus.). (J). 2018. 246p. 28.97 *(978-0-483-85622-6(3))*; 2017. pap. 11.57 *(978-0-259-30069-4(1))* Forgotten Bks.

Fedor, the Tsunami & Cinico Forest. Ana Isabel Ordonez. 2017. (ENG., Illus.). 28p. (J). pap. 15.00 *(978-0-9997172-0-2(0))* Ruby Flower Publishing.

Fée Livre de Coloriage Pour Enfants: Livre de Coloriage et d'activités Pour les Enfants, Ages: 3-6,7-8. Deeasy B. 2021. (FRE.). 86p. (J). pap. 8.89 *(978-1-008-93492-4(5))* Chronicle Bks. LLC.

Fee Malbuch Für Kinder: Mal- & Aktivitätsbuch Für Kinder, Altersgruppen: 3-6,7-8. Deeasy B. 2021. (GER.). 86p. (J). pap. 8.99 *(978-1-008-93352-1(X))* Chronicle Bks. LLC.

Feebs to the Rescue. Kathy J. Perry. Ed. by Elizabeth Bruno. Illus. by Kathy J. Perry. 2018. (Bandana Acres Ser.: 1). (ENG., Illus.). 50p. (J). (gr. 1-3). pap. 11.00 *(978-0-9981291-7-4(8),* Chickadee Words) Chickadee Words, LLC.

Feebs to the Rescue: Night of the Coon. Kathy J. Perry. Ed. by Elizabeth Bruno. Illus. by Kathy J. Perry. 2018. (Bandana Acres Ser.: 1). (ENG., Illus.). 50p. (J). (gr. 1-3). 18.00 *(978-0-9981291-2-9(7),* Chickadee Words) Chickadee Words, LLC.

Feed Me! A Hungry Goat's Journey. Carrie Mitchell. Illus. by Carrie Mitchell. 2019. (ENG., Illus.). 44p. (J). (gr. k-4). 17.99 *(978-0-9997737-1-0(2))* Nordikgirl.

Feed My Sheep! See What's for Lunch Given to Animals on God's Beautiful Bounty. Barberelli. 2018. (ENG., Illus.). 98p. (J). pap. 33.81 *(978-0-359-26142-0(6))* Lulu Pr., Inc.

Feed the Brute (Classic Reprint) George Paston. 2018. (ENG., Illus.). 26p. (J). 24.43 *(978-0-267-50891-4(3))* Forgotten Bks.

Feed Your Mind: A Story of August Wilson. Jen Bryant. Illus. by Cannaday Chapman. 2019. (ENG.). 48p. (J). (gr. 1-4). 18.99 *(978-1-4197-3653-7(1),* 11910) Abrams, Inc.

Feeder. Patrick Weekes. 2018. (ENG., Illus.). 304p. (YA). (gr. 9). 17.99 *(978-1-5344-0016-0(8),* McElderry, Margaret K. Bks.) McElderry, Margaret K. Bks.

Feeding Shari. Jo Seysener. 2021. (ENG.). 28p. (J). pap. *(978-1-922591-99-9(8))* Library For All Limited.

Feeding Shari - Kaamwarakean Tiaari (Te Kiribati) Jo Seysener. Illus. by Charity Russel. 2023. (ENG.). 28p. (J). pap. ***(978-1-922835-73-4(0))*** Library For All Limited.

Feeds & Feeding: A Hand-Book for the Student & Stockman (Classic Reprint) William Arnon Henry. 2018. (ENG., Illus.). (J). 668p. 37.67 *(978-0-366-17338-9(3))*; 670p. pap. 20.57 *(978-0-366-17309-9(X))* Forgotten Bks.

Feel. Cristi Defino. 2018. (ENG.). 32p. (J). pap. 14.95 *(978-1-64584-071-8(9))*; (Illus.). 22.95 *(978-1-64138-724-8(6))* Page Publishing Inc.

Feel Better! Melissa Wright. Illus. by Misael Garcia. 2021. (ENG.). 24p. (J). pap. 15.95 *(978-1-0980-6716-8(9))* Christian Faith Publishing.

Feel Better! A Creative Wellness Journal for Teens. Margarita Tartakovsky. 2021. (ENG.). 192p. (YA). (gr. 9-12). pap. 16.95 *(978-1-4549-4350-1(5))* Sterling Publishing Co., Inc.

Feel Better Book for Little Tears. Holly Brochmann & Leah Bowen. Illus. by Shirley Ng-Benitez. 2019. (ENG.). 32p. (J). *(978-1-4338-3031-0(0),* Magination Pr.) American Psychological Assn.

Feel Better Book for Little Tempers. Holly Brochmann & Leah Bowen. Illus. by Shirley Ng-Benitez. 2018. 32p. (J). *(978-1-4338-2817-1(0))* American Psychological Assn.

Feel Better Book for Little Worriers. Holly Brochmann & Leah Bowen. Illus. by Shirley Ng-Benitez. 2017. 32p. (J). 15.95 *(978-1-4338-2718-1(2),* Magination Pr.) American Psychological Assn.

Feel Better, Mommy. Risa Kirschner. 2019. (ENG., Illus.). 34p. (J). 18.95 *(978-1-7336158-5-3(7))*; pap. 9.99 *(978-1-7336158-6-0(5))*; pap. 9.99 *(978-1-7336158-8-4(1))* Warren Publishing, Inc.

Feel Better with Lots of Colors Coloring Book. Kreativ Entspannen. 2016. (ENG., Illus.). (J). pap. 9.20 *(978-1-68377-464-8(7))* Whlke, Traudl.

Feel Brave Teaching Guide, 1 vol. Avril McDonald. Illus. by Tatiana Minina. 2016. (Feel Brave Ser.). (ENG.). 64p. (C). pap. 39.95 *(978-1-78583-016-7(3))* Crown Hse. Publishing LLC.

Feel-Good Alphabet Book. Lisa Calhoun-Owen. 2021. (ENG.). 32p. (J). 17.95 *(978-1-954614-21-5(7))*; (Illus.). pap. 8.99 *(978-1-954614-22-2(5))* Warren Publishing, Inc.

Feel Like Eggs? Introducing Children to a Dozen Emotions. Jeff Goodman. Illus. by Gabriella Urbina. 2020. (ENG.). 26p. (J). pap. 14.95 *(978-1-7352921-8-2(4))* Precocity Pr.

Feel Rich Project: Reinventing Your Understanding of True Wealth to Find True Happiness. Michael F. Kay. 2016. (ENG., Illus.). 224p. pap. 15.99 *(978-1-63265-049-8(5),* Career Pr.) Red Wheel/Weiser.

Feel Rooted: Being Connected. Virginia Loh-Hagan. 2020. (Just Breathe Ser.). (ENG., Illus.). 32p. (J). (gr. 4-8). pap. 14.21 *(978-1-5341-6183-2(X),* 214732); lib. bdg. 32.07 *(978-1-5341-5953-2(3),* 214731) Cherry Lake Publishing. (45th Parallel Press).

Feel the Beat Boys Draw & Write Journal. Ayeshia Pompey. Illus. by Mujka Cliparts Mujka Cliparts. 2022. (ENG.). 100p. (J). pap. ***(978-1-387-49893-2(2))*** Lulu Pr., Inc.

Feel the Beat Girls Write & Draw Journal. Ayeshia Pompey. Illus. by Mujka Cliparts Mujka Cliparts. 2022. (ENG.). 100p. (J). pap. ***(978-1-387-49877-2(0))*** Lulu Pr., Inc.

Feel the Fog. April Pulley Sayre. Photos by April Pulley Sayre. 2020. (Weather Walks Ser.). (ENG., Illus.). 40p. (J). (gr. -1-3). 17.99 *(978-1-5344-3760-9(6),* Beach Lane Bks.) Beach Lane Bks.

Feeling Afraid. Joy Berry. 2019. (ENG.). 34p. (J). pap. 8.99 *(978-0-7396-0473-1(2))* Inspired Studios Inc.

Feeling Afraid. Mary Lindeen. 2021. (Beginning-To-Read - Big Feelings Ser.). (ENG.). 32p. (J). (gr. k-2). 25.27 *(978-1-68450-821-1(5))*; pap. 11.94 *(978-1-68404-667-6(X))* Norwood Hse. Pr.

Feeling All the Feelings Workbook: A Kids' Guide to Exploring Emotions. Brad Petersen. Illus. by Betsy Petersen. 2023. 96p. (J). (gr. 1-4). pap. 16.95 *(978-1-64547-075-5(X),* Bala Kids) Shambhala Pubns., Inc.

Feeling & Showing Empathy. Emily Rose. 2022. (21st Century Junior Library: Read & Reflect: a Social-Emotional Guide Ser.). (ENG., Illus.). 24p. (J). (gr. 2-5). pap. 12.79 *(978-1-6689-0023-9(8),* 220114); lib. bdg. 30.64 *(978-1-5341-9909-5(8),* 219970) Cherry Lake Publishing.

Feeling Angry. Rosalyn Clark. 2017. (Bumba Books (r) — Feelings Matter Ser.). (ENG., Illus.). 24p. (J). (gr. -1-1). pap. 8.99 *(978-1-5124-5546-5(6),* 0dcf31a9-bad4-40f1-8537-8b30fdc64bd2); lib. bdg. 26.65 *(978-1-5124-3370-8(5),* 0cc25fa0-4a67-4d2b-956d-9488df4060e7, Lerner Pubns.) Lerner Publishing Group.

Feeling Angry! Katie Douglass. Illus. by Mike Gordon. 2017. (Everyday Feelings Ser.). (ENG.). 32p. (J). (gr. k-4). 15.99 *(978-1-63198-251-4(6),* 82514) Free Spirit Publishing Inc.

Feeling Angry. Mary Lindeen. 2021. (Beginning-To-Read - Big Feelings Ser.). (ENG.). 32p. (J). (gr. k-2). 25.27 *(978-1-68450-820-4(7))*; pap. 11.94 *(978-1-68404-668-3(8))* Norwood Hse. Pr.

Feeling Artsy Today, Eh? Flowers of Spring Coloring Books for Relaxation. Educando Kids. 2019. (ENG.). 42p. (J). pap. 6.99 *(978-1-64521-045-0(6),* Educando Kids) Editorial Imagen.

Feeling Blue This Week? Color Your Feelings with Every Color Coloring Book. Bobo's Children Activity Books. 2016. (ENG., Illus.). (J). pap. 9.33 *(978-1-68327-460-5(1))* Sunshine In My Soul Publishing.

Feeling Brave. Mary Lindeen. 2021. (Beginning-To-Read - Big Feelings Ser.). (ENG.). 32p. (J). (gr. k-2). 25.27 *(978-1-68450-819-8(3))*; pap. 11.94 *(978-1-68404-669-0(6))* Norwood Hse. Pr.

Feeling Closet: Imperfect Treasures. Lorrie Manosh. 2022. (Feelings Closet Ser.). (ENG., Illus.). 32p. (J). pap. 14.95 *(978-1-63903-622-6(9))* Christian Faith Publishing.

Feeling Defeated. Joy Berry. 2018. (Let's Talk About Ser.). (ENG., Illus.). 34p. (J). (gr. k-2). pap. 8.99 *(978-0-7396-0223-2(3))* Inspired Studios Inc.

Feeling Disappointed. Joy Berry. 2019. (ENG., Illus.). 34p. (J). pap. 8.99 *(978-0-7396-0440-3(6))* Inspired Studios Inc.

Feeling Embarrassed. Joy Berry. 2019. (ENG.). 34p. (J). (gr. -1-k). pap. 8.99 *(978-0-7396-0441-0(4))* Inspired Studios Inc.

Feeling Excited. Mary Lindeen. 2021. (Beginning-To-Read - Big Feelings Ser.). (ENG.). 32p. (J). (gr. k-2). 25.27 *(978-1-68450-817-4(7))*; pap. 11.94 *(978-1-68404-671-3(8))* Norwood Hse. Pr.

Feeling Frustrated. Joy Berry. 2019. (ENG., Illus.). 34p. (J). (gr. -1-k). pap. 8.99 *(978-0-7396-0338-3(8))* Inspired Studios Inc.

Feeling Good about Me: Explore Your Emotions, Let Go of Your Worries. Ellen Bailey & Lesley Pemberton. Illus. by Harry Briggs. 2022. (Buster Wellbeing Ser.). (ENG.). 128p. (J). (gr. 2-4). pap. 13.99 *(978-1-78055-739-7(6),* Buster Bks.) O'Mara, Michael Bks., Ltd. GBR. Dist: Independent Pubs. Group.

Feeling Great!/¡Sentirse Bien! Tr. by Teresa Mlawer. Illus. by Ailie Busby. 2020. (Just Like Me/¡Igual Que Yo! (English/Spanish Bilingual) Ser.: 4). (ENG.). 12p. (J). bds. *(978-1-78628-451-8(0))* Child's Play International Ltd.

Feeling Guilty. Joy Berry. 2018. (Let's Talk About Ser.). (ENG., Illus.). 34p. (J). (gr. k-2). pap. 8.99 *(978-0-7396-0235-5(7))* Inspired Studios Inc.

Feeling Hungry: Mealtimes Made Easy with Your Animal Friends. Andrea Pinnington & Caz Buckingham. 2021. (ENG.). 12p. (J). (gr. -1-1). bds. 9.95 *(978-0-2281-0332-5(0),* 7ed2c11d-9bf9-46fd-b690-71aacac1ed7e) Firefly Bks., Ltd.

Feeling Inferior. Joy Berry. 2019. (ENG., Illus.). 34p. (J). pap. 8.99 *(978-0-7396-0345-1(0))* Inspired Studios Inc.

Feeling Jealous! Kay Barnham. Illus. by Mike Gordon. 2017. (Everyday Feelings Ser.). (ENG.). 32p. (J). (gr. k-4). 15.99 *(978-1-63198-252-1(4),* 82521) Free Spirit Publishing Inc.

Feeling Jealous. Joy Berry. 2019. (ENG.). 34p. (J). (gr. -1-k). pap. 8.99 *(978-0-7396-0455-7(4))* Inspired Studios Inc.

Feeling Joyful. Mary Lindeen. 2021. (Beginning-To-Read - Big Feelings Ser.). (ENG.). 32p. (J). (gr. k-2). 25.27 *(978-1-68450-823-5(1))*; pap. 11.94 *(978-1-68404-665-2(3))* Norwood Hse. Pr.

Feeling Lonely. Mary Lindeen. 2021. (Beginning-To-Read - Big Feelings Ser.). (ENG.). 32p. (J). (gr. k-2). 25.27 *(978-1-68450-818-1(5))*; pap. 11.94 *(978-1-68404-670-6(X))* Norwood Hse. Pr.

Feeling of Falling in Love. Mason Deaver. (ENG.). 352p. (YA). (gr. 9). 2023. pap. 13.99 ***(978-1-338-77767-3(X))***; 2022. 18.99 *(978-1-338-77766-6(1))* Scholastic, Inc. (PUSH).

Feeling of Me: Mindfulness for Children. Anna Bjarkvik. Illus. by Caroline Midbeck. 2019. (Mindfulness for Children Ser.: Vol. 1). (ENG.). 32p. (J). (gr. 1-2). *(978-91-88375-73-5(0))* Ehrlin Publishing AB.

Feeling Sad! Kay Barnham. Illus. by Mike Gordon. 2017. (Everyday Feelings Ser.). (ENG.). 32p. (J). (gr. k-4). 15.99 *(978-1-63198-253-8(2),* 82538) Free Spirit Publishing Inc.

Feeling Sad. Rosalyn Clark. 2017. (Bumba Books (r) — Feelings Matter Ser.). (ENG., Illus.). 24p. (J). (gr. -1-1). 26.65 *(978-1-5124-3367-8(5),* 31e6f572-2d1c-4780-9603-2d456d0a5d27, Lerner Pubns.); pap. 8.99 *(978-1-5124-5547-2(4),* b08fbcc8-c310-41d2-89bd-4d98063d89e1) Lerner Publishing Group.

Feeling Sad. Mary Lindeen. 2021. (Beginning-To-Read - Big Feelings Ser.). (ENG.). 32p. (J). (gr. k-2). 25.27 *(978-1-68450-822-8(3))*; pap. 11.94 *(978-1-68404-666-9(1))* Norwood Hse. Pr.

Feeling Scared! Kay Barnham. Illus. by Mike Gordon. 2017. (Everyday Feelings Ser.). (ENG.). 32p. (J). (gr. k-4). 15.99 *(978-1-63198-254-5(0),* 82545) Free Spirit Publishing Inc.

Feeling Scared. Rosalyn Clark. 2017. (Bumba Books (r) — Feelings Matter Ser.). (ENG., Illus.). 24p. (J). (gr. -1-1). lib. bdg. 26.65 *(978-1-5124-3369-2(1),* ddec653e-8cba-4bae-94cf-1ff1bd168245, Lerner Pubns.) Lerner Publishing Group.

Feeling Shirt. Ann Davison Sattler. 2019. (ENG.). 38p. (J). 14.95 *(978-1-68401-912-0(5))* Amplify Publishing Group.

Feeling Shy! Kay Barnham. Illus. by Mike Gordon. 2017. (Everyday Feelings Ser.). (ENG.). 32p. (J). (gr. k-4). 15.99 *(978-1-63198-256-9(7),* 82569) Free Spirit Publishing Inc.

Feeling Shy. Mary Lindeen. 2021. (Beginning-To-Read - Big Feelings Ser.). (ENG.). 32p. (J). (gr. k-2). 25.27 *(978-1-68450-816-7(9))*; pap. 11.94 *(978-1-68404-672-0(6))* Norwood Hse. Pr.

Feeling Sleepy: Drift off to Sleep with Your Animal Friends. Andrea Pinnington & Caz Buckingham. 2021. (ENG.). 12p. (J). (gr. -1-1). bds. 9.95 *(978-0-2281-0317-2(7),* a266b85c-ee7d-4a9e-b0a4-8cb1d879c808) Firefly Bks., Ltd.

Feeling Special. Susan Whittemore. Illus. by Jason Fowler. 2022. (ENG.). 20p. (J). 22.95 *(978-1-61493-820-0(2))*; pap. 13.95 *(978-1-61493-823-1(7))* Peppertree Pr., The.

Feeling Well: Emotional Alchemy for Children. Emma Tunbridge. 2019. (ENG., Illus.). 26p. (YA). (gr. 7-12). pap. *(978-1-912021-21-5(8),* Nightingale Books) Pegasus Elliot Mackenzie Pubs.

Feeling Wobbly? Ask Fizzy to Magic It Away. Izzy Harrap. Illus. by Alison Clarke. 2020. (ENG.). 26p. (J). pap. *(978-1-9164811-3-8(2))* Iheringius.

Feeling Worried. Kay Barnham. Illus. by Mike Gordon. 2017. (Everyday Feelings Ser.). (ENG.). 32p. (J). (gr. k-4). 15.99 *(978-1-63198-255-2(9),* 82552) Free Spirit Publishing Inc.

Feeling Worried. Joy Berry. 2019. (ENG., Illus.). 34p. (J). pap. 8.99 *(978-0-7396-0462-5(7))* Inspired Studios Inc.

Feelings. Aliki. Illus. by Aliki. 2019. (ENG.). 32p. (J). (gr. -1-3). pap. 9.99 *(978-0-688-06518-8(X),* Greenwillow Bks.) HarperCollins Pubs.

Feelings. Illus. by Sarah Jennings. 2017. (ENG.). 14p. (J). bds. 9.99 *(978-1-68119-539-1(9),* 900176716, Bloomsbury Activity Bks.) Bloomsbury Publishing USA.

Feelings. Sarah Odo. 2021. (ENG., Illus.). 20p. (J). pap. 13.95 *(978-1-64952-823-0(X))* Fulton Bks.

Feelings. Libby Walden. Illus. by Richard Jones. 2023. (ENG.). 32p. (J). (gr. -1-2). pap. 8.99 *(978-1-6643-4047-3(5))* Tiger Tales.

Feelings: A Pull-The-Tab Book. Alice Le Henand. Illus. by Thierry Bedouet. 2019. (Pull & Play Ser.: 4). (ENG.). 14p. (J). (gr. -1 — 1). bds. 12.99 *(978-2-408-00792-8(5))* Éditions Tourbillon FRA. Dist: Hachette Bk. Group.

Feelings: Bilingual Inuktitut & English Edition. Inhabit Education Books. 2021. (Nunavummi Reading Ser.). (ENG., Illus.). (J). pap. ***(978-1-77450-015-6(9))*** Inhabit Education Bks. Inc. CAN. Dist: Consortium Bk. Sales & Distribution.

Feelings: Understanding Through Rhyme. Susan Falkenhan. 2021. (Reading Rhymes Ser.: 2). 28p. (J). pap. 12.99 *(978-1-0983-7058-9(0))* BookBaby.

Feelings & Things: Verses of Childhood (Classic Reprint) Edna Kingsley Wallace. 2018. (ENG., Illus.). 116p. (J). 26.29 *(978-0-267-26983-9(8))* Forgotten Bks.

Feelings & Warmth. Salonii Khemani. 2018. (ENG., Illus.). 92p. (J). pap. 9.99 *(978-1-64249-202-6(7))* Notion Pr., Inc.

Feelings Are Better with Friends (Friends Picture Book) Micol Ostow. Illus. by Keiron Ward. 2023. (ENG.). 40p. (J). (gr. 1-3). 17.99 ***(978-1-339-00984-1(6))*** Scholastic, Inc.

Feelings Are Just Feelings. Andrea Kate McKenzie. Illus. by Christina Miesen. 2022. (ENG.). 40p. (J). pap. *(978-1-922751-67-6(7))* Shawline Publishing Group.

Feelings at the Fair. Michelle Wanasundera. Illus. by Tomi Sapaku Abrija. 2023. (ENG.). 28p. (J). pap. ***(978-1-922991-32-4(5))*** Library For All Limited.

Feelings at the Fair. Michelle Wanasundera. Illus. by Graham Evans. 2022. (ENG.). 28p. (J). pap. ***(978-1-922895-12-7(1))*** Library For All Limited.

Feelings at the Festival - Hisia Kwenye Tamasha. Michelle Wanasundera. Illus. by Tomi Sapaku Abrija. 2023. (SAL.). 28p. (J). pap. ***(978-1-922951-65-6(X))*** Library For All Limited.

Feelings Book. todd Parr. Illus. by todd Parr. 2019. (Todd Parr Picture Bks.). (ENG., Illus.). 32p. (J). (gr. -1-2). 31.36 *(978-1-5321-4371-7(0),* 31821, Picture Bk.) Spotlight.

Feelings Book / el Libro de Los Sentimientos. todd Parr. ed. 2021. (SPA., Illus.). 32p. (J). (gr. -1-1). 8.99 *(978-0-316-54183-1(4))* Little, Brown Bks. for Young Readers.

Feelings Forecasters: A Creative Approach to Managing Emotions, 1 vol. Maria Mercè Conangla & Jaume. Soler. 2018. (ENG.). 64p. (gr. 3-6). 16.99 *(978-0-7643-5624-7(0),* 9923) Schiffer Publishing, Ltd.

Feelings Like Mine. Marie-Therese Miller. 2020. (Many Ways Ser.). (ENG., Illus.). 24p. (J). (gr. k-3). pap. 8.99 *(978-1-7284-1369-3(9),* 1b85340b-b45c-41af-9aba-a29c488525c0); lib. bdg. 27.99 *(978-1-5415-9802-7(4),* 2223c8b5-f70e-4b14-bdb7-5c0cd9334433) Lerner Publishing Group. (Lerner Pubns.).

Feelings Ninja: A Social, Emotional Children's Book about Recognizing & Identifying Your Feelings, Sad, Angry, Happy. Mary Nhin. Illus. by Jelena Stupar. 2021. (Ninja Life Hacks Ser.: Vol. 64). (ENG.). 36p. (J). 19.99 *(978-1-63731-241-4(5))* Grow Grit Pr.

Feelings of Power: Sorrow. T. J. Genesis. 2017. (ENG., Illus.). (YA). pap. 13.99 *(978-1-63505-632-7(2),* Mill City Press, Inc) Salem Author Services.

Feelings Series: 10 Book Collection. Trace Moroney. 2019. (Feelings Ser.). (ENG.). 240p. (J). 75.00 *(978-1-76068-537-9(2))* Bonnier Publishing GBR. Dist: Independent Pubs. Group.

Feelings Series 6 Book Slipcase. Trace Moroney. 2017. (Feelings Ser.). (ENG.). 96p. (J). pap. 19.99 *(978-1-76040-402-4(0))* Bonnier Publishing GBR. Dist: Independent Pubs. Group.

Feelings Series: Why Is Lucas Sad? Claire Davis. 2023. (ENG.). 38p. (J). 19.95 ***(978-1-63755-204-9(1),*** Mascot Kids) Amplify Publishing Group.

Feelings Train. Ellie Stilwell. Illus. by Andrea Cauta. 2023. (ENG.). 20p. (J). pap. 10.00 ***(978-1-0880-0284-1(6))*** Indy Pub.

Feelings with Blue (Blue's Clues & You) Random House. Illus. by Dave Aikins. 2021. (ENG.). 26p. (J). (— 1). bds. 7.99 *(978-0-593-30226-2(5),* Random Hse. Bks. for Young Readers) Random Hse. Children's Bks.

Feelings with Tuktu & Friends: Bilingual Inuktitut & English Edition. Nadia Sammurtok. Illus. by Ali Hinch. 2023. 20p. (J). (gr. -1 — 1). bds. 16.95 *(978-1-77450-566-3(5))* Inhabit Education Bks. Inc. CAN. Dist: Consortium Bk. Sales & Distribution.

Feels Like Fall. Megan Borgert-Spaniol. Illus. by Felicity Sheldon. 2023. (Let's Look at Fall (Pull Ahead Readers — Fiction) Ser.). (ENG.). 16p. (J). (gr. -1-1). pap. 8.99. lib. bdg. 27.99 ***(978-1-7284-9122-6(3),*** 3e0fad70-5687-489c-a0c4-a0a69018cb2d) Lerner Publishing Group. (Lerner Pubns.).

Feels Like Love. Paula Grant. 2016. (ENG., Illus.). (YA). pap. 20.99 *(978-1-5043-0444-3(6),* Balboa Pr.) Author Solutions, LLC.

Feels Real Gift Set. Anna Award. 2017. (ENG.). 32p. (J). bds. 36.00 *(978-1-909763-11-1(X))* Award Pubns. Ltd. GBR. Dist: Parkwest Pubns., Inc.

Feelu: Explore Your Feelings. Niloufar Shafiei. Illus. by Vahid Fazel. 2020. (ENG.). 50p. (J). *(978-0-2288-2150-2(9))*; pap. *(978-0-2288-2149-6(5))* Tellwell Talent.

Feen Malbuch Für Kinder Alter 4-8: Tolles Feenbuch Für Mädchen und Kinder, Wunderbares Zahnfeen Malbuch Für Kleine Mädchen und Kleinkinder, Die Gerne Mit Feen Spielen und Spaß Haben. Amelia Yardley. 2021. (GER.). 82p. (J). pap. *(978-1-008-91731-6(1))* Lulu.com.

Feet. Katrine Crow. (Whose Is It? Ser.). (ENG.). (J). (gr. -1-1). 2019. 32p. 6.99 *(978-1-4867-1513-8(3),* 3db06e53-6e51-4251-8b25-0b202a29686a); 2018. (Illus.). 20p. bds. 7.99 *(978-1-4867-1382-0(3),* d8a29c9b-6f04-43ff-835a-a97b99d5e883) Flowerpot Pr.

Feet, 1 vol. Amy Culliford. 2022. (What Animal Has These Parts? Ser.). (ENG., Illus.). 16p. (J). (gr. -1-1). pap. *(978-1-0396-4629-2(8),* 17349); lib. bdg. *(978-1-0396-4438-0(4),* 16343) Crabtree Publishing Co. (Crabtree Roots).

Feet & Meters. Pamela Dell. 2016. (Spring Forward Ser.). (J). (gr. 2). *(978-1-4900-9416-8(4))* Benchmark Education Co.

Feet Are Not for Kicking / Los Pies No Son para Patear. Elizabeth Verdick. Illus. by Marieka Heinlen. 2017. (Best Behavior(r) Board Book Ser.). (ENG.). 26p. (J). (— 1). bds. 9.99 *(978-1-63198-197-5(8),* 81975) Free Spirit Publishing Inc.

Feet of Clay: A Novel (Classic Reprint) Ellen Martin Marti. 2018. (ENG., Illus.). 346p. (J). 31.05 *(978-0-484-77622-6(3))* Forgotten Bks.

Feet of Clay (Classic Reprint) Amelia E. Barr. 2017. (ENG., Illus.). (J). 31.67 *(978-1-5282-8330-4(9))* Forgotten Bks.

Feet of Love (Classic Reprint) Anne Reeve Aldrich. 2017. (ENG., Illus.). (J). pap. 13.57 *(978-0-259-19317-3(8))* Forgotten Bks.

 The check digit for ISBN-10 appears in parentheses after the full ISBN-13

Feet of the Furtive (Classic Reprint) Charles G. D. Roberts. 2017. (ENG., Illus.). (J). 32.68 *(978-0-266-97223-5(3))* Forgotten Bks.

Feet of the Furtive (Classic Reprint) Charles George Douglas Roberts. (ENG., Illus.). (J). 2018. 276p. 29.61 *(978-0-332-53111-3(2))*; 2016. pap. 11.97 *(978-1-333-77015-0(4))* Forgotten Bks.

Feet of the Messenger (Classic Reprint) Yehoash Yehoash. 2018. (ENG., Illus.). 298p. (J). 30.04 *(978-0-267-48794-3(0))* Forgotten Bks.

Feet of the Nevis. Terrence Pershall. 2020. (ENG.). 264p. (YA). pap. 18.95 *(978-1-6624-2111-2(7))* Page Publishing Inc.

Feet of the Years (Classic Reprint) John Dalison Hyde. (ENG., Illus.). (J). 2018. 310p. 30.29 *(978-0-364-91427-4(0))*; 2017. pap. 13.57 *(978-0-259-39509-6(9))* Forgotten Bks.

Fegnir Book 1: The Plight of Man. Will Abel. 2019. (Fegnir Ser.: Vol. 1). (ENG., Illus.). 354p. (YA). (gr. 9-12). pap. 16.96 *(978-0-578-41366-2(3))* A & P Publishing and Games, LLC.

Feisty Crazy Old Cat. Jerry J. Colbert. 2018. (ENG., Illus.). 30p. (J). pap. 12.95 *(978-1-64299-623-4(8))* Christian Faith Publishing.

Feisty Fairy Friends: Fun Stories of Feisty Girls' & Their Friendships. Sandie Johnson. 2022. (ENG.). 37p. (J). pap. ***(978-1-4583-1410-9(3))*** Lulu Pr., Inc.

Feivel the Falafel Ball Who Wanted to Do a Mitzvah (Hebrew) Miriam Yerushalmi. Illus. by Dvorah Ginsberg. 2018. (HEB.). 30p. (J). 20.00 *(978-0-692-15473-1(6))* Sane.

Felhőlakó. Nemeth Istvan. 2018. (HUN., Illus.). 66p. (J). pap. *(978-3-99064-226-9(X))* novum pocket Verlag in der novum publishing GmbH.

Felice (Classic Reprint) John Luther Long. 2018. (ENG., Illus.). 172p. (J). 27.44 *(978-0-483-87770-2(0))* Forgotten Bks.

Felice Constant, or the Master Passion: A Romance (Classic Reprint) William C. Sprague. 2018. (ENG., Illus.). 328p. (J). 30.68 *(978-0-483-51337-2(7))* Forgotten Bks.

Felice y la Llorona / Felice & the Wailing Woman. Diana López. 2023. (Los Monstruos Ser.: 1). (SPA.). 304p. (J). (gr. 4-7). pap. 12.95 ***(978-1-64473-804-7(X))*** Penguin Random House Grupo Editorial ESP. Dist: Penguin Random Hse. LLC.

¡Felices 19 Marta! 2019. (SPA.). 32p. (J). pap. ***(978-0-244-49715-6(X))*** Lulu Pr., Inc.

Felices Pascuas Pequeño Buho: (Happy Easter, Little Hoo!) Brenda Ponnay. Illus. by Brenda Ponnay. 2019. (Little Hoo Ser.). (Illus.). 32p. (J). (gr. -1-2). (ENG.). 9.99 *(978-1-5324-1139-7(1))*; pap. 9.99 *(978-1-5324-1138-0(3))* Xist Publishing.

Felicia. Fanny Noailles Dickinson Murfree. 2017. (ENG.). 366p. (J). pap. *(978-3-337-00354-8(0))* Creation Pubs.

Felicia: A Novel (Classic Reprint) Fanny Noailles Dickinson Murfree. 2017. (ENG., Illus.). (J). 31.40 *(978-1-5280-4332-8(4))* Forgotten Bks.

Felicia Estudia Las Cadenas Alimentarias: Trabajar en Bucles, 1 vol. Elizabeth Krajnik. 2017. (Computación Científica en el Mundo Real (Computer Science for the Real World) Ser.). (SPA.). 24p. (J). (gr. 4-5). pap. *(978-1-5383-5827-6(1),* 59483bd1-3f3b-46c1-b5e7-75de93ffa34b, Rosen Classroom) Rosen Publishing Group, Inc., The.

Felicia Estudia Las Cadenas Alimentarias: Trabajar en Bucles (Felicia Studies Food Chains: Working in a Loop), 1 vol. Elizabeth Krajnik. 2017. (Niños Digitales: Superdotados con Pensamiento Computacional (Computer Kids: Powered by Computational Thinking) Ser.). (SPA.). 24p. (J). (gr. 4-5). 25.27 *(978-1-5383-2907-8(7),* c5c2ffb5-d476-4f6c-980c-c2abc140cd58, PowerKids Pr.) Rosen Publishing Group, Inc., The.

Felicia Studies Food Chains: Working in a Loop, 1 vol. Elizabeth Krajnik. 2017. (Computer Kids: Powered by Computational Thinking Ser.). (ENG.). 24p. (J). (gr. 4-5). 25.27 *(978-1-5383-2394-6(X),* e90ffd15-2819-4db6-b1fd-c6d7ae094f27, PowerKids Pr.); pap. *(978-1-5081-3757-3(9),* 8af7d17c-1045-4047-8a48-eedd714b0b92, Rosen Classroom) Rosen Publishing Group, Inc., The.

Felicia Tales: Felicia & the Groundhog's Day Misadventure. M. Deborah Bowden. Illus. by Savannah Horton. 2022. (Misadventures of Felicia Brown Ser.). (ENG.). 50p. (J). 21.99 *(978-1-63984-198-1(9))* Pen It Pubns.

Felicia to Charlotte: Being Letters from a Young Lady in the Country, to Her Friend in Town, Containing a Series of the Most Interesting Events, Interspersed with Moral Reflections (Classic Reprint) Mary Collyer. (ENG., Illus.). (J). 2018. 318p. 30.46 *(978-0-365-43700-0(X))*; 2017. pap. 13.57 *(978-0-259-19574-0(X))* Forgotten Bks.

Felicia Visits (Classic Reprint) Elizabeth Lincoln Gould. 2018. (ENG., Illus.). 216p. (J). 28.35 *(978-0-332-31686-4(6))* Forgotten Bks.

Felicia's Dowry, Vol. 1 of 3 (Classic Reprint) Fitzmaurice Okeden. 2018. (ENG., Illus.). 310p. (J). 30.29 *(978-0-483-82793-6(2))* Forgotten Bks.

Felicia's Morning Tea. David Sloan Kruse. Ed. by Nan McNab. Illus. by David Sloan Kruse. 2021. (ENG.). 40p. (J). *(978-0-6489969-9-6(9))* Sloan Roberts.

Felicidad con Aristóteles / Big Ideas for Little Philosophers: Happiness with Aristotle. Duane Armitage & Mauren McQuerry. Illus. by Robin Rosenthal. 2022. (Grandes Ideas para Pequeños Filósofos Ser.). (SPA.). 32p. (J). (gr. -1-3). pap. 9.95 *(978-607-38-0871-2(2))* Penguin Random House Grupo Editorial ESP. Dist: Penguin Random Hse. LLC.

Felicidad (Happy) Julie Murray. 2016. (Emociones (Emotions) Ser.). (SPA.). 24p. (J). (gr. -1-2). lib. bdg. 31.36 *(978-1-62402-610-2(9),* 24724, Abdo Kids) ABDO Publishing Co.

Felicitas: A Tale of the German Migrations, A. D. 476 (Classic Reprint) Felix Dahn. (ENG., Illus.). (J). 2019. 228p. 28.62 *(978-0-365-17418-9(1))*; 2017. pap. 10.97 *(978-0-259-30422-7(0))* Forgotten Bks.

Felicitee the Manatee: Wants to Be a Famous Celebrity. Kerri-Anne Thompson. 2016. (ENG., Illus.). (J). pap. 10.95 *(978-1-4808-3710-2(5))* Archway Publishing.

Felicity: The Making of a Comedienne (Classic Reprint) Clara E. Laughlin. 2017. (ENG., Illus.). (J). 33.14 *(978-0-266-18967-1(9))* Forgotten Bks.

Felicity Crofton (Classic Reprint) Marguerite Bryant. 2017. (ENG., Illus.). (J). 31.14 *(978-1-5282-7985-7(9))* Forgotten Bks.

Felicity Flipflops. Dawn M. Gelston. 2022. (ENG.). 102p. (YA). pap. ***(978-1-80227-364-9(6))*** Publishing Push Ltd.

Felicity in France (Classic Reprint) Constance Elizabeth Maud. 2018. (ENG., Illus.). 390p. (J). 31.94 *(978-0-483-92405-5(9))* Forgotten Bks.

Felicity's Curse. Robin Helene Vogel. 2021. (Heartstopper Horror Ser.). (ENG.). 144p. (J). pap. 11.99 *(978-1-393-44516-6(0))* Draft2Digital.

Feline Detective. Clare Hayes. 2nd ed. 2021. (ENG.). 206p. (J). pap. *(978-1-83945-867-5(4))* FeedARead.com.

Feline Friends: The Many Cat Breeds Coloring Book. Jupiter Kids. 2016. (ENG., Illus.). 106p. (J). pap. 12.55 *(978-1-68326-311-1(1),* Jupiter Kids (Childrens & Kids Fiction)) Speedy Publishing LLC.

Feline Philosophy by Thomas Cat, Rendered into English (Classic Reprint) Walter Léon Hess. 2018. (ENG., Illus.). 64p. (J). 25.22 *(978-0-267-63115-5(4))* Forgotten Bks.

Féli's Lineage of Love Lessons. Cendy Kidjo & Ornée Kidjo. Illus. by Olanike Tidjani. 2023. (FRE.). 62p. (J). ***(978-0-2288-8402-6(0))***; pap. ***(978-0-2288-8401-9(2))*** Tellwell Talent.

Felix: A Novel (Classic Reprint) Robert Hichens. (ENG., Illus.). (J). 2017. 438p. 32.95 *(978-0-332-70011-3(9))*; 2017. 442p. 33.01 *(978-0-484-67708-0(X))*; 2017. 440p. pap. 16.57 *(978-0-332-33443-1(0))*; 2016. pap. 16.57 *(978-1-333-37208-8(6))* Forgotten Bks.

Felix Alvarez, or Manners in Spain, Vol. 2 Of 3: Containing Descriptive Accounts of Some of the Prominent Events of the Late Peninsular War, & Authentic Anecdotes Illustrative of the Spanish Character; Interspersed with Poetry, Original & from the Spa. Alexander R. C. Dallas. (ENG., Illus.). (J). 2018. 286p. 29.80 *(978-0-267-78132-4(6))*; 2016. pap. 13.57 *(978-1-334-16953-3(5))* Forgotten Bks.

Felix Alvarez; or, Manners in Spain, Vol. 3 Of 3: Containing Descriptive Accounts of Some of the Prominent Events of the Late Peninsular War; & Authentic Anecdotes Illustrative of the Spanish Character; Interspersed with Poetry, Original, & from the S. Alexander R. C. Dallas. 2017. (ENG., Illus.). (J). 30.43 *(978-0-332-01920-8(9))* Forgotten Bks.

Felix & Phoebe's Robot. Team 4. Element Team 4 ELEMENT. 2023. (Adventures of Felix & Phoebe Ser.: 1). 28p. (J). 25.99 ***(978-1-6678-9259-7(2))*** BookBaby.

Felix & the Messiah. B. G. Clyde. 2020. (ENG.). 302p. (J). pap. 15.99 *(978-1-950948-34-5(X))* Freiling Publishing.

Felix & the Orphanage. Hans M. Hirschi. Illus. by Finn Swan. 2020. (Valerius & Evander Ser.: Vol. 2). (ENG.). 40p. (J). pap. *(978-1-78645-398-3(3))* Beaten Track Publishing.

Félix Au Musée du Corps Humain: Corps Humain. Mylène Villeneuve & Nicole Audet. 2018. (FRE., Illus.). 30p. (J). pap. *(978-1-989041-18-5(3))* Dr. Nicole Publishing.

Felix Discovers Magic in the Mud. Jacqueline Marie. 2018. (ENG.). 30p. (J). pap. 10.95 *(978-1-948282-86-4(0))* Yorkshire Publishing Group.

Felix Eats Up. Rosemary Wells. Illus. by Rosemary Wells. 2019. (Felix & Fiona Ser.). (ENG., Illus.). 32p. (J). (gr. k-3). 14.99 *(978-0-7636-9548-4(3))* Candlewick Pr.

Felix Ever After. Kacen Callender. (ENG.). 368p. (YA). (gr. 9). 2021. pap. 11.99 *(978-0-06-282026-6(5))*; 2020. 18.99 *(978-0-06-282025-9(7))* HarperCollins Pubs. (Balzer & Bray).

Felix Fabri, Vol. 1: Circa 1480-1483 A. d (Classic Reprint) Aubrey Stewart. 2017. (ENG., Illus.). (J). 30.74 *(978-1-5281-7793-1(2))* Forgotten Bks.

Felix Fawn Goes on a Jaunt. Cecilia Minden. Illus. by Anna Jones. 2022. (Little Blossom Stories Ser.). (ENG.). 16p. (J). (gr. -1-2). pap. 11.36 *(978-1-6689-0873-0(5),* 220840, Cherry Blossom Press) Cherry Lake Publishing.

Felix Hernandez. Josh Leventhal. 2016. (Béisbol! Latino Heroes of Major League Baseball Ser.). (ENG., Illus.). 32p. (J). (gr. 4-6). 31.35 *(978-1-68072-047-1(3),* 10382, Bolt) Black Rabbit Bks.

Felix Holt: The Radical (Classic Reprint) George Elliott. (ENG., Illus.). (J). 2018. 724p. 38.83 *(978-0-365-03205-2(0))*; 2017. 36.83 *(978-1-5280-7501-5(3))*; 2017. pap. 23.57 *(978-0-259-22367-2(0))* Forgotten Bks.

Felix Holt; Jubal, & Other Poems; & the Spanish Gypsy (Classic Reprint) George Elliott. (ENG., Illus.). (J). 2018. 798p. 40.36 *(978-0-267-32517-7(7))*; 2016. pap. 23.57 *(978-1-333-53418-9(3))* Forgotten Bks.

Felix Holt, the Radical (Classic Reprint) George Elliott. (ENG., Illus.). (J). 2018. 496p. 34.15 *(978-0-366-56281-7(9))*; 2018. 498p. pap. 16.57 *(978-0-366-10979-1(0))*; 2017. 42.44 *(978-0-331-76333-1(8))*; 2017. 27.69 *(978-0-331-98129-2(7))*; 2017. pap. 24.78 *(978-0-243-57569-5(6))*; 2017. pap. 10.57 *(978-0-259-00968-9(7))* Forgotten Bks.

Felix Holt the Radical, Vol. 2 (Classic Reprint) George Elliott. 2017. (ENG., Illus.). (J). 31.51 *(978-0-265-18886-6(5))* Forgotten Bks.

Felix Holt, Vol. 1 Of 3: The Radical (Classic Reprint) George Elliott. 2017. (ENG., Illus.). (J). 30.83 *(978-0-265-19888-9(7))* Forgotten Bks.

Felix Holt, Vol. 2 Of 3: The Radical (Classic Reprint) George Elliott. 2018. (ENG., Illus.). 300p. (J). 30.08 *(978-0-428-22572-8(1))* Forgotten Bks.

Felix Holt, Vol. 3 Of 3: The Radical (Classic Reprint) George Elliott. 2017. (ENG., Illus.). (J). 31.09 *(978-0-265-18880-4(6))* Forgotten Bks.

Felix Is Curious about His Body: Human Body. Nicole Audet. Illus. by Mylène Villeneuve. 2017. (ENG.). 26p. (J). pap. 9.99 *(978-1-989041-06-2(X))* Nicole Publishing.

Felix Jones & the Treasure of the Typhon. Julian Roderick. 2016. (ENG., Illus.). 214p. (J). pap. *(978-1-326-81443-4(5))* Lulu Pr., Inc.

Felix, Not a Dog. Dawn Dawson. 2019. (ENG., Illus.). 24p. (J). 22.95 *(978-1-64531-091-4(4))*; pap. 12.95 *(978-1-64531-882-8(6))* Newman Springs Publishing, Inc.

Felix o'Day (Classic Reprint) Francis Hopkinson Smith. 2017. (ENG., Illus.). (J). 31.96 *(978-1-5284-7485-6(6))* Forgotten Bks.

Felix Silver, Teaspoons & Witches. Harry Cook. 2022. 300p. (YA). (gr. 7). pap. 12.99 *(978-1-951954-14-7(9),* Interlude Pr.) Chicago Review Pr.

Felix Stands Tall. Rosemary Wells. Illus. by Rosemary Wells. ed. 2017. (Felix & Fiona Ser.). (ENG., Illus.). (J). (gr. k-3). lib. bdg. 14.75 *(978-0-606-39838-1(4))* Turtleback.

Felix the Firefighting Dragon. Benjamin Elijah Jones. 2022. (ENG.). 34p. (J). 24.95 ***(978-1-63814-366-6(8))***; pap. 14.95 ***(978-1-63814-364-2(1))*** Covenant Bks.

Felix the Forgetful Angel. John Raterman. 2019. (ENG., Illus.). 52p. (J). pap. 15.95 *(978-1-64559-274-7(X))* Covenant Bks.

Felix the Fox & His Awesome Odd Socks. Katie Dodd. Illus. by Simon Lucas. 2020. (ENG.). 32p. (J). (gr. k-1). pap. *(978-1-9997429-9-7(0))* Beercott Bks.

Felix the Fox Has Feelings: What Are You Feeling?, 1 vol. Sonja Reyes. 2019. (Social & Emotional Learning for the Real World Ser.). (ENG.). 8p. (gr. k-1). pap. *(978-1-7253-5339-8(3),* 49da01fa-03ec-4eaf-b780-ea8626da29d1, Rosen Classroom) Rosen Publishing Group, Inc., The.

Felix the Red. Stefan Francis Kelleher. 2021. (ENG.). 330p. (YA). pap. 19.95 *(978-1-63710-064-6(7))* Fulton Bks.

Felix the Wannabe Firefly. Jacqueline Marie. 2017. (ENG., Illus.). (J). (gr. -1-3). pap. 9.95 *(978-1-946977-97-7(7))* Yorkshire Publishing Group.

Félix y Calcita / Felix & Calcita. Artur Laperla. 2020. (FÉlix y Calcita Ser.: 1). (SPA.). 48p. (J). (gr. 1-4). 15.95 *(978-84-488-5435-5(7),* Beascoa) Penguin Random House Grupo Editorial ESP. Dist: Penguin Random Hse. LLC.

Felix Yz. Lisa Bunker. (ENG.). 288p. (J). (gr. 5-9). 2018. 8.99 *(978-0-425-28851-1(X),* Puffin Books); 2017. 16.99 *(978-0-425-28850-4(1),* Viking Books for Young Readers) Penguin Young Readers Group.

Felix Yz. Lisa Bunker. ed. 2018. lib. bdg. 19.65 *(978-0-606-41316-9(2))* Turtleback.

Felix's New Skirt. Kerstin Brichzin. Illus. by Igor Kuprin. 2018. 40p. (J). (gr. k-2). 17.99 *(978-988-8341-58-0(8),* Minedition) Penguin Young Readers Group.

¡Feliz Cumpleaños! (Happy Birthday to You! Spanish Edition) Seuss. 2019. (Classic Seuss Ser.). (SPA.). 64p. (J). (gr. k-4). 16.99 *(978-1-9848-3135-4(6))*; lib. bdg. 19.99 *(978-0-593-12150-4(3))* Random Hse. Children's Bks. (Random Hse. Bks. for Young Readers).

¡Feliz Cumpleaños! Mad Libs: ¡el Mejor Juego de Palabras Del Mundo! Yanitzia Canetti. Ed. by Adriana Dominguez. 2022. (Mad Libs en Español Ser.). 48p. (J). (gr. 3-7). pap. 4.99 *(978-0-593-51914-1(0),* Mad Libs) Penguin Young Readers Group.

¡feliz Cumpleaños Pequeño Buho! Brenda Ponnay. Illus. by Brenda Ponnay. 2018. (Little Hoo Ser.). (SPA., Illus.). 32p. (J). (gr. -1-3). 9.99 *(978-1-5324-1127-4(8))* Xist Publishing.

¡Feliz Cumpleaños Pequeño Buho! Brenda Ponnay. Illus. by Brenda Ponnay. 2018. (Xist Kids Spanish Bks.). (SPA., Illus.). 32p. (J). (gr. -1-3). pap. 9.99 *(978-1-5324-0693-5(2))* Xist Publishing.

Feliz Cumpleaños, Querido Dragón. Margaret Hillert. Illus. by Jack Pullan. 2017. (BeginningtoRead Ser.).Tr. of Happy Birthday, Dear Dragon. (ENG & SPA.). 32p. (J). (-2). 22.60 *(978-1-59953-830-3(X))*; pap. 11.94 *(978-1-68404-016-2(7))* Norwood Hse. Pr.

Feliz de Ser Tu Amigo. Amy Culliford. Illus. by John Joseph. 2022. (Fénix y Ganso (Phoenix & Goose) Ser.). (SPA.). 16p. (J). (gr. -1-3). pap. *(978-1-0396-4971-2(8),* 19964); lib. bdg. *(978-1-0396-4844-9(4),* 19963) Crabtree Publishing Co. (Crabtree Blossoms).

Feliz (Happy) Bilingual. Amy Culliford. 2022. (Mis Emociones (My Emotions) Bilingual Ser.).Tr. of Feliz. (SPA.). 16p. (J). (gr. -1-1). pap. *(978-1-0396-2452-8(9),* 20713) Crabtree Publishing Co.

Feliz Navidad Buhito: (Merry Christmas, Little Hoo!) Brenda Ponnay. Illus. by Brenda Ponnay. 2017. (Xist Kids Spanish Bks.). (SPA., Illus.). 32p. (J). (gr. -1-3). pap. 9.99 *(978-1-5324-0401-6(8))* Xist Publishing.

¡Feliz Navidad! Mad Libs: ¡el Mejor Juego de Palabras Del Mundo! Yanitzia Canetti. Ed. by Adriana Dominguez. 2022. (Mad Libs en Español Ser.). 48p. (J). (gr. 3-7). pap. 4.99 *(978-0-593-52122-9(6),* Mad Libs) Penguin Young Readers Group.

Feliz Navidad, Querido Dragón. Margaret Hillert. Illus. by Jack Pullan. 2017. (BeginningtoRead Ser.).Tr. of Merry Christmas, Dear Dragon. (ENG & SPA.). 32p. (J). (-2). 22.60 *(978-1-59953-838-9(5))*; pap. 11.94 *(978-1-68404-024-7(8))* Norwood Hse. Pr.

Feliz New Year, Ava Gabriela! Alexandra Alessandri. Illus. by Addy Rivera Sonda. 2020. (ENG.). 32p. (J). (gr. -1-3). 16.99 *(978-0-8075-0450-5(5),* 807504505) Whitman, Albert & Co.

Feliz Pascua - Libro de Matemáticas para Colorear: Arte con Pixeles para niños: Problemas con Sumas, Restas, Multiplicaciones y Divisiones (Ejercicios de Matemáticas para Primaria) Gameplay Publishing. 2019. (SPA.). 42p. (J). pap. *(978-1-912191-15-4(6))* Gameplay Publishing.

Feliz Pascua, Querido Dragón. Margaret Hillert. Illus. by Jack Pullan. 2017. (BeginningtoRead Ser.).Tr. of Happy Easter, Dear Dragon. (ENG & SPA.). 32p. (J). (-2). 22.60 *(978-1-59953-831-0(8))*; pap. 11.94 *(978-1-68404-017-9(5))* Norwood Hse. Pr.

Fellow Captains (Classic Reprint) Sarah Norcliffe Cleghorn. 2018. (ENG., Illus.). 160p. (J). 27.22 *(978-0-332-34886-5(5))* Forgotten Bks.

Fellow Commoner, Vol. 1 of 3 (Classic Reprint) John Hobert Caunter. 2018. (ENG., Illus.). 328p. (J). 30.66 *(978-0-483-51036-4(X))* Forgotten Bks.

Fellow of Trinity (Classic Reprint) Alan St. Aubyn. 2017. (ENG., Illus.). (J). 30.91 *(978-0-331-63156-2(3))*; pap. 13.57 *(978-0-243-50518-0(3))* Forgotten Bks.

Fellow Travellers: A Story (Classic Reprint) Edward Fuller. 2018. (ENG., Illus.). 350p. (J). 31.14 *(978-0-483-92657-8(4))* Forgotten Bks.

Fellow Travellers (Classic Reprint) Graham Travers. 2018. (ENG., Illus.). 296p. (J). 30.00 *(978-0-365-36660-7(9))* Forgotten Bks.

Fellowe & His Wife (Classic Reprint) Blanche Willis Howard. (ENG., Illus.). (J). 2018. 156p. 27.13 *(978-0-332-44220-4(9))*; 2018. 262p. 29.32 *(978-0-483-12946-7(1))*; 2016. pap. 9.57 *(978-1-333-35880-8(6))* Forgotten Bks.

Fellowship Books: A Spark Divine (Classic Reprint) Mary Stratton. 2018. (ENG., Illus.). 70p. (J). 25.34 *(978-0-332-77902-7(5))* Forgotten Bks.

Fellowship of the Ring Novel Units Student Packet. Novel Units. 2019. (ENG.). (YA). pap. 13.99 *(978-1-58130-807-5(8),* Novel Units, Inc.) Classroom Library Co.

Fellowship of the Rings see Comunidad de los Anillos

Felmeres: A Novel (Classic Reprint) Sarah Barnwell Elliott. 2018. (ENG., Illus.). 360p. (J). 31.32 *(978-0-483-50327-4(4))* Forgotten Bks.

Felon's Bequest: A Novel of the Prison & the Boudoir (Classic Reprint) Fortune Du Boisgobey. (ENG., Illus.). (J). 2018. 260p. 29.26 *(978-0-483-44642-7(4))*; 2016. pap. 11.97 *(978-1-333-66669-9(1))* Forgotten Bks.

Felon's Fowl Flames: Batman & Robin Use Fire Investigation to Crack the Case. Steve Korté. Illus. by Dario Brizuela. 2017. (Batman & Robin Crime Scene Investigations Ser.). (ENG.). 32p. (J). (gr. 4-8). lib. bdg. 28.65 *(978-1-5157-6852-4(X),* 135371, Stone Arch Bks.) Capstone.

Felt Art, 1 vol. Paul Calver. 2017. (Mini Artist Ser.). (ENG., Illus.). 24p. (J). (gr. 1-2). 26.27 *(978-1-5081-9407-1(6),* fc7573e5-7320-4ef0-88d2-b6339965226a); pap. 11.60 *(978-1-5081-9438-5(6),* 6dcc8795-9788-4736-b895-226e5fd44d05) Rosen Publishing Group, Inc., The. (Windmill Bks.).

Felting Projects You Won't Be Able to Resist. Shalana Frisby. 2018. (Crafty Creations Ser.). (ENG., Illus.). 48p. (J). (gr. 4-8). lib. bdg. 31.99 *(978-1-5157-7448-8(1),* 135797, Capstone Pr.) Capstone.

Female Activists, 1 vol. Lena Koya & Alexandra Hanson-Harding. 2017. (Women in the World Ser.). (ENG., Illus.). 112p. (J). (gr. 6-6). 38.80 *(978-1-5081-7720-3(1),* 9b65c2f8-cabf-4233-ba96-02fa13e7d951); pap. 18.65 *(978-1-5081-7883-5(6),* 939d0056-a509-4316-8086-4a094b81a502) Rosen Publishing Group, Inc., The.

Female Affection (Classic Reprint) Basil Montagu. 2018. (ENG., Illus.). 60p. (J). 25.13 *(978-0-332-14316-3(3))* Forgotten Bks.

Female Athletes, 1 vol. Lena Koya & Laura La Bella. 2017. (Women in the World Ser.). (ENG., Illus.). 112p. (J). (gr. 6-6). 38.80 *(978-1-5081-7718-0(X),* c6f6606e-e453-42a4-a7e5-41d59a4abc07); pap. 18.65 *(978-1-5081-7855-2(0),* d61265e0-9446-4d57-8cb9-e90843e4ee8f) Rosen Publishing Group, Inc., The.

Female Body Image & Self-Perception, 1 vol. Lena Koya & Mary-Lane Kamberg. 2017. (Women in the World Ser.). (ENG., Illus.). 112p. (J). (gr. 6-6). 38.80 *(978-1-5081-7726-5(0),* f3982b64-a3de-4ae1-bf79-0fc07d713210) Rosen Publishing Group, Inc., The.

Female Education: Its Importance, Design, & Nature Considered. Barbara H. Farquhar. 2017. (ENG., Illus.). (J). pap. *(978-0-649-52810-3(7))* Trieste Publishing Pty Ltd.

Female Foodies (Set), 6 vols. 2017. (Female Foodies Ser.). (ENG.). 32p. (J). (gr. 3-6). lib. bdg. 196.74 *(978-1-5321-1263-8(7),* 27587, Checkerboard Library) ABDO Publishing Co.

Female Force: Carrie Fisher: en Español. C. W. Cooke. 2018. (Female Force Ser.). (SPA., Illus.). 26p. (YA). (gr. 8-12). pap. 5.99 *(978-1-948724-07-4(3))* TidalWave Productions.

Female Force: Mother Teresa- a Graphic Novel. Watami. Ed. by Darren Davis. 2018. (Female Force Ser.). (ENG., Illus.). 180p. (YA). (gr. 8-12). 24.99 *(978-1-949738-89-6(2))* TidalWave Productions.

Female Goddesses of Norse Mythology: Gefion, Brunhilde, Gullveig, Hel, Frigga, Skadi & Freyja - Grade 3 Children's Folk Tales & Myths. Baby Professor. 2019. (ENG.). 74p. (J). pap. 14.89 *(978-1-5419-5299-7(5))*; 24.88 *(978-1-5419-7495-1(6))* Speedy Publishing LLC. (Baby Professor (Education Kids)).

Female Goddesses of the Olympian - Ancient Greece for Mythology Children's Ancient History. Baby Professor. 2017. (ENG., Illus.). (J). pap. 8.79 *(978-1-5419-1119-2(9),* Baby Professor (Education Kids)) Speedy Publishing LLC.

Female Guardian: Designed to Correct Some of the Foibles Incident to Girls, & Supply Them with Innocent Amusement for Their Hours of Leisure (Classic Reprint) Lovechild. 2018. (ENG., Illus.). 150p. (J). 26.99 *(978-0-484-26836-3(8))* Forgotten Bks.

Female Life among the Mormons. Maria Ward. 2017. (ENG.). 456p. (J). pap. *(978-3-337-29567-7(3))* Creation Pubs.

Female Life among the Mormons: A Narrative of Many Years Personal Experience (Classic Reprint) Maria Ward. 2018. (ENG., Illus.). 492p. (J). 34.06 *(978-0-483-53207-6(X))* Forgotten Bks.

Female Life among the Mormons: A Narrative of Many Years' Personal Experience (Classic Reprint) Maria Ward. (ENG., Illus.). (J). 2017. 490p. 34.00 *(978-0-484-06035-6(X))*; 2016. pap. 16.57 *(978-1-334-13875-1(3))* Forgotten Bks.

Female Monologues from Published Plays: 102 Monologues for Teens & Adults. Ed. by Deborah Fendrich. 2022. (ENG.). 224p. (YA). 29.95 ***(978-1-56608-277-8(3))*** Meriwether Publishing, Ltd.

Female of the Species. Mindy Mcginnis. 2018. (CHI.). (YA). (gr. 9). pap. *(978-986-235-707-1(X))* Faces Pubns.

Female of the Species. Mindy McGinnis. (ENG.). (YA). (gr. 9). 2017. 368p. pap. 10.99 *(978-0-06-232090-2(4))*; 2016. 352p. 17.99 *(978-0-06-232089-6(0))* HarperCollins Pubs. (Tegen, Katherine Bks).

Female Pilgrim, or the Travels of Hephzibah, under the Similitude of a Dream: In Which Is Given, an Historical Account of the Pilgrim's Extract, & a Description of Her Native Country, with the State of the Inhabitants Thereof; the Reason Why, & Ma. John Mitchell. (ENG.,

F

Illus.). (J). 2018. 488p. 33.96 *(978-0-656-11669-0(2))*; 2017. pap. 16.57 *(978-0-259-30948-2(6))* Forgotten Bks.

Female Prose Writers of America: With Portraits, Biographical Notices, & Specimens of Their Writings (Classic Reprint) John S. Hart. (ENG., Illus.). (J). 2018. 560p. 35.45 *(978-0-483-29953-5(7))*; 2016. pap. 19.57 *(978-1-333-58288-3(9))* Forgotten Bks.

Female Quixote, or the Adventures of Arabella, Vol. 1 of 2 (Classic Reprint) Charlotte Lennox. (ENG., Illus.). (J). 2018. 290p. 29.90 *(978-0-364-40045-6(5))*; 2017. pap. 13.57 *(978-0-259-21252-2(0))* Forgotten Bks.

Female Quixote, Vol. 2: Or the Adventures of Arabella (Classic Reprint) Charlotte Lennox. (ENG., Illus.). (J). 2018. 328p. 30.66 *(978-0-484-53019-4(4))*; 2016. pap. 13.57 *(978-1-334-14526-1(1))* Forgotten Bks.

Female Quixotism, Vol. 3 Of 3: Exhibited in the Romantic Opinions & Extravagant Adventures of Dorcasina Sheldon (Classic Reprint) Tabitha Gilman Tenney. 2017. (ENG., Illus.). (J). 234p. 28.74 *(978-0-331-58573-5(1))*; pap. 11.57 *(978-0-243-42082-7(X))* Forgotten Bks.

Female Robinson Crusoe: A Tale of the American Wilderness (Classic Reprint) Lucy Ford. 2018. (ENG., Illus.). 290p. (J). 29.88 *(978-0-483-26440-3(7))* Forgotten Bks.

Female Speaker: Or Miscellaneous Pieces, in Prose & Verse (Classic Reprint) Anna Laetitia Barbauld. 2017. (ENG., Illus.). (J). pap. 16.57 *(978-0-259-20901-0(5))* Forgotten Bks.

Female Spectator, Vol. 1 of 4 (Classic Reprint) Eliza Haywood. (ENG., Illus.). (J). 2017. 30.87 *(978-0-331-87933-9(6))*; 2016. pap. 13.57 *(978-1-333-48743-0(6))* Forgotten Bks.

Female Spy, or Treason in the Camp: A Story of the Revolution (Classic Reprint) Emerson Bennett. 2017. (ENG., Illus.). (J). 26.39 *(978-0-266-84546-1(0))* Forgotten Bks.

Female Wanderer, or the Remarkable Disclosures of Cordelia & Edwin (Classic Reprint) Cordelia Stark. (ENG., Illus.). (J). 2018. 50p. 24.93 *(978-0-365-40121-6(8))*; 2017. pap. 9.57 *(978-0-259-53132-6(4))* Forgotten Bks.

Feminism, 1 vol. Ed. by Avery Elizabeth Hurt. 2018. (Opposing Viewpoints Ser.). (ENG.). 176p. (gr. 10-12). 50.43 *(978-1-5345-0291-8(2)*, 530d311b-6a01-44e8-bc2b-ecd65d9ba6dc) Greenhaven Publishing LLC.

Feminism: Reinventing the F-Word. Nadia Abushanab Higgins. 2016. (ENG., Illus.). 112p. (YA). (gr. 6-12). 35.99 *(978-1-4677-6147-5(8)*, af45980a-3b59-459c-a740-3cbdb129fede); E-Book 54.65 *(978-1-4677-9578-4(X))* Lerner Publishing Group. (Twenty-First Century Bks.).

Feminism: The March Toward Equal Rights for Women. Jill Dearman. Illus. by Alexis Cornell. 2019. (Inquire & Investigate Ser.). (ENG.). 128p. (YA). (gr. 7-9). 22.95 *(978-1-61930-752-0(9)*, 4f969f08-a49e-40d7-84fa-8b74efc43486); pap. 17.95 *(978-1-61930-755-1(3)*, 6021ae35-0814-4aac-9785-7b8c38fe5fb1) Nomad Pr.

Feminism from a to Z. Gayle E. Pitman. Illus. by Laura Huliska Beith. 2017. (ENG.). 254p. (J). E-Book *(978-1-4338-2861-4(8)*, Magination Pr.) American Psychological Assn.

Feminism from a to Z. Gayle E. Pitman & Laura Huliska Beith. 2017. (ENG., Illus.). 288p. (J). pap. *(978-1-4338-2721-1(2)*, Magination Pr.) American Psychological Assn.

Feminism Is ... Dorling Kindersley Publishing Staff. 2019. (ENG., Illus.). 160p. (YA). *(978-0-241-22802-9(6))* Dorling Kindersley.

Feminism Is for Boys. Elizabeth Rhodes. 2019. (ENG.). 22p. (J). bds. 13.95 *(978-1-64307-327-9(3))* Amplify Publishing Group.

Feminismo para Mentes Inquietas (Feminism Is...) DK. 2019. (DK Heads Up Ser.). Orig. Title: Feminism Is.... (SPA., Illus.). 160p. (YA). (gr. 7). 15.99 *(978-1-4654-8523-6(6)*, DK Children) Dorling Kindersley Publishing, Inc.

Feminist Agenda of Jemima Kincaid. Kate Hattemer. 2020. (ENG.). 304p. (YA). (gr. 9). lib. bdg. 20.99 *(978-1-9848-4913-7(1)*, Knopf Bks. for Young Readers) Random Hse. Children's Bks.

Feminist Baby. Loryn Brantz. Illus. by Loryn Brantz. 2017. (Feminist Baby Ser.: 4). (ENG., Illus.). 22p. (J). (gr. -1 — 1). bds. 12.99 *(978-1-4847-7858-6(8))* Little, Brown Bks. for Young Readers.

Feminist Baby Finds Her Voice! Loryn Brantz. Illus. by Loryn Brantz. 2018. (Feminist Baby Ser.). (ENG., Illus.). 22p. (J). (gr. -1 — 1). bds. 9.99 *(978-1-368-02279-8(0))* Little, Brown Bks. for Young Readers.

Feminist Baby! He's a Feminist Too! Loryn Brantz. Illus. by Loryn Brantz. 2019. (Feminist Baby Ser.). (ENG., Illus.). 22p. (J). (gr. -1 — 1). bds. 12.99 *(978-1-368-02299-6(5))* Little, Brown Bks. for Young Readers.

Femme du Fermier: French-Arabic Edition. Idries Shah. Illus. by Rose Mary Santiago. 2018. (Hoopoe Teaching-Stories Ser.). (FRE.). 40p. (J). (gr. k). pap. 9.99 *(978-1-949358-45-2(3)*, Hoopoe Bks.) I S H K.

Femme et le Droit: Etude Historique Sur la Condition des Femmes (Classic Reprint) Louis Bridel. 2017. (FRE., Illus.). (J). pap. 9.57 *(978-0-282-87973-0(0))* Forgotten Bks.

Femme et le Droit: Étude Historique Sur la Condition des Femmes (Classic Reprint) Louis Bridel. 2018. (FRE., Illus.). 156p. (J). 27.13 *(978-0-666-28394-8(X))* Forgotten Bks.

Fen Arregla Su Circuito: Resolver el Problema, 1 vol. Sadie Silva. 2017. (Computación Científica en el Mundo Real (Computer Science for the Real World) Ser.). (SPA.). 24p. (J). (gr. 4-5). pap. *(978-1-5383-5830-6(1)*, d202b821-5e5b-4764-b169-d5f99c0eed69, Rosen Classroom) Rosen Publishing Group, Inc., The.

Fen Arregla Su Circuito: Resolver el Problema (Fen Fixes Her Circuit: Fixing the Problem), 1 vol. Sadie Silva. 2017. (Niños Digitales: Superdotados con Pensamiento Computacional (Computer Kids: Powered by Computational Thinking) Ser.). (SPA.). 24p. (J). (gr. 4-5). 25.27 *(978-1-5383-2908-5(5)*, a9c71162-f1ce-4cb3-ae57-aef78688dc04, PowerKids Pr.) Rosen Publishing Group, Inc., The.

Fen Fixes Her Circuit: Fixing the Problem, 1 vol. Sadie Silva. 2017. (Computer Kids: Powered by Computational Thinking Ser.). (ENG.). 24p. (J). (gr. 4-5). 25.27 *(978-1-5383-2395-3(8)*, f2c83d4d-a839-43c0-99c8-b8c107bfa666, PowerKids Pr.); pap. *(978-1-5383-5309-7(1)*, fefa31d0-f8e8-4178-9b14-3aeab4a1bc1b, Rosen Classroom) Rosen Publishing Group, Inc., The.

Fenacre Grange, Vol. 1 Of 3: A Novel (Classic Reprint) Langford Cecil. 2018. (ENG., Illus.). 326p. (J). 30.64 *(978-0-267-29917-1(6))* Forgotten Bks.

Fenacre Grange, Vol. 2 Of 3: A Novel (Classic Reprint) Langford Cecil. 2018. (ENG., Illus.). 300p. (J). 30.08 *(978-0-483-88927-9(X))* Forgotten Bks.

Fenacre Grange, Vol. 3 Of 3: A Novel (Classic Reprint) Langford Cecil. 2018. (ENG., Illus.). 290p. (J). 29.90 *(978-0-483-83930-4(2))* Forgotten Bks.

Fence: Disarmed. Sarah Rees Brennan. 2021. (ENG., Illus.). 368p. (YA). (gr. 9-17). pap. 12.99 *(978-0-316-42987-0(2))* Little, Brown Bks. for Young Readers.

Fence: Rise. C. S. Pacat. 2022. (ENG., Illus.). 112p. (YA). pap. 14.99 *(978-1-68415-843-0(5))* BOOM! Studios.

Fence: Striking Distance. Sarah Rees Brennan. Illus. by Johanna The Mad. 2020. (ENG.). 368p. (J). (gr. 9-17). pap. 12.99 *(978-0-316-45667-8(5))* Little, Brown Bks. for Young Readers.

Fence Vol. 2. C. S. Pacat. Illus. by Johanna the Mad. 2019. (Fence Ser.). (ENG.). 112p. (YA). pap. 14.99 *(978-1-68415-297-1(6))* BOOM! Studios.

Fence Vol. 3. C. S. Pacat. Illus. by Johanna the Mad. 2019. (Fence Ser.). (ENG.). 112p. (YA). pap. 14.99 *(978-1-68415-334-3(4))* BOOM! Studios.

Fenced In. Kirsten McDonald. Illus. by Fátima Anaya. 2019. (Carlos & Carmen Ser.). (ENG.). 32p. (J). (gr. -1-3). lib. bdg. 32.79 *(978-1-5321-3493-7(2)*, 31905, Calico Chapter Bks) Magic Wagon.

Fencing Master: Life in Russia (Classic Reprint) Dumas. 2016. (ENG., Illus.). (J). pap. 9.57 *(978-1-334-12353-5(5))* Forgotten Bks.

Fencing Master: Life in Russia (Classic Reprint) Alexandre Dumas. 2017. (ENG., Illus.). (J). 27.18 *(978-0-265-48920-8(2))* Forgotten Bks.

Fenella: A Novel (Classic Reprint) Henry Longan Stuart. (ENG., Illus.). (J). 2019. 408p. 32.31 *(978-0-365-18434-8(9))*; 2018. 410p. 32.37 *(978-0-428-78142-2(X))*; 2017. pap. 16.57 *(978-1-334-91120-0(7))*; 2017. pap. 16.57 *(978-1-334-92175-9(X))* Forgotten Bks.

Fenix e o Albatroz: Parte Um. Erkencishop Pt. 2021. (POR.). 200p. (J). pap. *(978-1-008-91054-6(6))* Lulu Pr., Inc.

Fenland Knights. Martin Hedley. 2016. (ENG., Illus.). x, 193p. (J). pap. *(978-1-78623-920-4(5))* Grosvenor Hse. Publishing Ltd.

Fenmarsh - a Tale of Evolution. Christian Lain. 2020. (ENG.). 394p. (YA). pap. *(978-1-78465-859-5(6)*, Vanguard Press) Pegasus Elliot Mackenzie Pubs.

Fennec & the Wise Owl. D'Andre Nelson. 2023. (ENG.). 54p. (J). pap. ***(978-1-312-51905-3(3))*** Lulu Pr., Inc.

Fennec Fox. Julie Murray. (Mini Animals Ser.). (ENG.). 24p. (J). 2020. (gr. k-k). pap. 8.95 *(978-1-64494-302-1(6)*, 1644943026, Abdo Kids-Junior); 2019. (Illus.). (gr. -1-2). lib. bdg. 31.36 *(978-1-5321-8880-0(3)*, 32928, Abdo Kids) ABDO Publishing Co.

Fennec Fox. Jared Siemens. 2016. (J). *(978-1-4896-5375-8(9))* Weigl Pubs., Inc.

Fennec Fox. Anita Ganeri. rev. ed. 2021. (Day in the Life: Desert Animals Ser.). (ENG.). 24p. (J). pap. 6.79 *(978-1-4846-6823-8(5)*, 237649, Heinemann) Capstone.

Fennec Fox or Arctic Fox (Wild World: Hot & Cold Animals) Marilyn Easton. 2022. (Hot & Cold Animals Ser.). (ENG.). 32p. (J). (gr. -1-1). 25.00 *(978-1-338-79939-2(8)*, Children's Pr.) Scholastic Library Publishing.

Fennec Fox or Arctic Fox (Wild World: Hot & Cold Animals) Marilyn Easton & Marilyn Easton. 2022. (Hot & Cold Animals Ser.). (ENG.). 32p. (J). (gr. -1-1). pap. 6.99 *(978-1-338-79940-8(1)*, Children's Pr.) Scholastic Library Publishing.

Fennec Foxes. Patrick Perish. 2019. (Animals of the Desert Ser.). (ENG., Illus.). 24p. (J). (gr. k-3). 24p. lib. bdg. 26.95 *(978-1-62617-922-6(0))*; pap. 7.99 Bellwether Media.

Fennec Foxes & Other Desert Animals Coloring Book. Kreative Kids. 2016. (ENG., Illus.). (J). pap. 9.20 *(978-1-68377-465-5(5))* Whlke, Traudl.

Fennel & Rue: A Novel (Classic Reprint) W. D. Howells. 2018. (ENG., Illus.). 150p. (J). 26.99 *(978-0-365-38063-4(6))* Forgotten Bks.

Fenrir. Contrib. by Amy C. Rea. 2023. (Norse Mythology Ser.). (ENG.). 32p. (J). (gr. 2-5). lib. bdg. 34.21 ***(978-1-0982-9117-4(4)***, 42047, Kids Core) ABDO Publishing Co.

Fenris & Mott. Greg van Eekhout. (ENG.). 208p. (J). (gr. 3-7). 2023. pap. 9.99 ***(978-0-06-297064-0(X))***; 2022. 16.99 *(978-0-06-297063-3(1))* HarperCollins Pubs. (HarperCollins).

Fen's Drop of Gray. Brian Wray. Illus. by Shiloh Penfield. 2021. (ENG.). 32p. (J). (gr. -1-3). 16.99 *(978-0-7643-6219-4(4)*, 17510) Schiffer Publishing, Ltd.

Fenster & the Amazing Hotdog Tree. Kathi Fox Havener. 2021. (Illus.). 32p. (J). (-k). pap. 19.95 *(978-1-949116-77-9(8))* Woodhall Pr.

Fentanyl: The World's Deadliest Drug. Amy Sterling Casil. 2019. (Opioid Education Ser.). (Illus.). 96p. (J). (gr. 12). lib. bdg. 34.60 *(978-1-4222-4379-4(6))* Mason Crest.

Fentanyl Goes Away & Chippo Saves the Day. Nita Brady. Illus. by Amy Auld. 2023. (ENG.). 42p. (J). pap. 9.95 ***(978-1-950768-87-5(2))*** ProsePress.

Fenway & Hattie & the Evil Bunny Gang. Victoria J. Coe. 2018. (Fenway & Hattie Ser.: 2). (ENG.). 208p. (J). (gr. 3-7). 8.99 *(978-1-101-99634-8(X)*, Puffin Books) Penguin Young Readers Group.

Fenway & Hattie in the Wild. Victoria J. Coe. 2020. (Fenway & Hattie Ser.: 4). (ENG., Illus.). 192p. (J). (gr. 3-7). 7.99 *(978-1-9848-1252-0(1)*, Puffin Books) Penguin Young Readers Group.

Fenway & Hattie up to New Tricks. Victoria J. Coe. 2019. (Fenway & Hattie Ser.: 3). (ENG.). 208p. (J). (gr. 3-7). 7.99 *(978-1-5247-3785-6(2)*, Puffin Books) Penguin Young Readers Group.

Fenway & the Bone Thieves. Victoria J. Coe. Illus. by Joanne Lew-Vriethoff. 2022. (Make Way for Fenway! Ser.: 1). (ENG.). 96p. (J). (gr. k-3). 6.99 *(978-0-593-40692-2(3)*, G.P. Putnam's Sons Books for Young Readers) Penguin Young Readers Group.

Fenway & the Bone Thieves, 1. Victoria J. Coe. ed. 2022. (Make Way for Fenway Ser.). (ENG.). 85p. (J). (gr. 2-3). 18.46 ***(978-1-68505-487-8(0))*** Penworthy Co., LLC, The.

Fenway & the Frisbee Trick. Victoria J. Coe. Illus. by Joanne Lew-Vriethoff. 2022. (Make Way for Fenway! Ser.: 2). (ENG.). 96p. (J). (gr. k-3). 6.99 *(978-0-593-40695-3(8)*, G.P. Putnam's Sons Books for Young Readers) Penguin Young Readers Group.

Fenway & the Frisbee Trick, 2. Victoria J. Coe. ed. 2022. (Make Way for Fenway Ser.). (ENG.). 84p. (J). (gr. 2-3). 18.46 ***(978-1-68505-488-5(9))*** Penworthy Co., LLC, The.

Fenway y Hattie. Victoria J. Coe. 2019. (Fenway & Hattie Ser.: 1). (SPA.). 176p. (J). (gr. 3-7). 8.99 *(978-0-593-11005-8(6)*, Puffin Books) Penguin Young Readers Group.

Fenwick's Career (Classic Reprint) Humphry Ward. 2018. (ENG., Illus.). 516p. (J). 34.56 *(978-0-365-17545-2(5))* Forgotten Bks.

Fenwick's Career, Vol. 1 of 2 (Classic Reprint) Mary Augusta Ward. (ENG., Illus.). (J). 2018. 214p. 28.31 *(978-0-483-50349-6(5))*; 2016. pap. 10.97 *(978-1-334-15955-8(6))* Forgotten Bks.

Feo: A Romance (Classic Reprint) Max Pemberton. (ENG., Illus.). (J). 2018. 348p. 31.09 *(978-0-332-63165-3(6))*; 2016. pap. 13.57 *(978-1-334-11920-0(1))* Forgotten Bks.

Feral Magic. J. E. Reed. 2020. (Chronopoint Chronicles: Origins Ser.: Vol. 1). (ENG.). 144p. (YA). pap. 9.99 *(978-0-578-77646-0(4))* J.E. Reed.

Feral Menace. Phillip Leighton-Daly. 2020. (ENG.). 46p. (YA). *(978-0-2288-2933-1(X))*; pap. *(978-0-2288-2932-4(1))* Tellwell Talent.

Feral Youth. Shaun David Hutchinson et al. (ENG., Illus.). (YA). (gr. 9). 2018. 336p. pap. 12.99 *(978-1-4814-9112-9(1))*; 2017. 320p. 17.99 *(978-1-4814-9111-2(3))* Simon Pulse. (Simon Pulse).

Ferals #3: the White Widow's Revenge. Jacob Grey. 2016. (Ferals Ser.: 3). (ENG.). 272p. (J). (gr. 3-7). 16.99 *(978-0-06-232109-1(9)*, HarperCollins) HarperCollins Pubs.

Ferdinand Fox & the Hedgehog: A Rhyming Picture Book Story for Children Ages 3-6. Karen Inglis. Illus. by Damir Kundalic. l.t. ed. 2018. (Ferdinand Fox Adventures Ser.). (ENG.). 30p. (J). (gr. k-1). pap. *(978-0-9954543-1-6(0))* Well Said Pr.

Ferdinand Magellan, 1 vol. Susan Meyer. 2016. (Spotlight on Explorers & Colonization Ser.). (ENG., Illus.). 48p. (J). (gr. 6-6). pap. 12.75 *(978-1-4777-8800-4(X)*, 6615c7db-b16f-4a3f-9c78-51e8a7c1dae2) Rosen Publishing Group, Inc., The.

Ferdinand Magellan. Jennifer Strand. 2016. (Pioneering Explorers Ser.). (ENG., Illus.). 24p. (J). (gr. -1-2). 49.94 *(978-1-68079-409-0(4)*, 23030, Abdo Zoom-Launch) ABDO Publishing Co.

Ferdinand Magellan (the First Names Series) Candy Gourlay. Illus. by Tom Knight. (First Names Ser.). (ENG.). (J). (gr. 3-7). 2021. 176p. pap. 6.99 *(978-1-4197-4974-2(9)*, 1279503); 2020. 160p. 9.99 *(978-1-4197-4678-9(2)*, 1279501) Abrams, Inc. (Abrams Bks. for Young Readers).

Ferdo the Friendly Featherless Finch. Elisabeth Zier. 2019. (ENG.). 32p. (J). pap. *(978-0-359-42275-3(6))* Lulu Pr., Inc.

Ferdy & the Baby Unicorn. Suzanne Love. 2022. (ENG.). 26p. (J). *(978-1-78710-042-8(1))*; pap. *(978-1-78710-041-1(3))* Austin Macauley Pubs. Ltd.

Ferdy the Fish: The Fish That Could Not Swim: Ferdy's Wish Comes True. Don Levenson. (ENG., Illus.). 24p. (J). 2020. pap. 12.99 *(978-1-952011-54-2(X))*; 2019. 19.99 *(978-1-952011-65-8(5))*; 2019. pap. 11.99 *(978-1-952011-96-2(5))* Pen It Pubns.

Fergal & the Bad Temper. Robert Starling. 2019. (ENG., Illus.). 32p. (J). 17.99 *(978-1-250-19862-4(3)*, 900194635) Imprint IND. Dist: Macmillan.

Fergie. Frances Mae Bussard. 2022. (ENG.). 30p. (J). pap. 14.95 *(978-1-0879-5463-9(0))* Bussard, Frances.

Fergs & the Eco Tykes. Erica Thicket. 2018. (ENG., Illus.). 132p. (J). (gr. 1-6). pap. *(978-1-912014-86-6(6))* 2QT, Ltd. (Publishing).

Fergus: Commencement Number, 1918 (Classic Reprint) Unknown Author. (ENG., Illus.). (J). 2018. 146p. 26.93 *(978-0-332-14982-0(X))*; 2016. pap. 9.57 *(978-1-333-47227-6(7))* Forgotten Bks.

Fergus & the Monster. Robert Robertson. Illus. by Marian Robertson. 2022. (ENG.). 42p. (J). 16.95 ***(978-1-954753-43-3(8))***; pap. 11.95 *(978-1-958176-34-4(6))* WorkBk. Pr.

Fergus & the Monster. Robert Robertson & Marian Robertson. 2019. (ENG., Illus.). 40p. (J). 21.95 *(978-1-64559-403-1(3))*; pap. 12.95 *(978-1-64559-402-4(5))* Covenant Bks.

Fergus & the Night Before Christmas. Jean Abernethy. 2018. (ENG., Illus.). 40p. 15.95 *(978-1-57076-896-5(X))* Trafalgar Square Bks.

Fergus & Zeke. Kate Messner. Illus. by Heather Ross. 2018. (Candlewick Sparks Ser.). (ENG.). 56p. (J). (gr. k-4). pap. 5.99 *(978-0-7636-9953-6(5))* Candlewick Pr.

Fergus & Zeke. Kate Messner. Illus. by Heather Ross. 2022. (Fergus & Zeke Ser.). (ENG.). 56p. (J). (gr. k-2). lib. bdg. 31.36 *(978-1-0982-5146-8(6)*, 40093, Chapter Bks.) Spotlight.

Fergus & Zeke. Kate Messner. ed. 2018. (Fergus & Zeke Ser.). lib. bdg. 14.75 *(978-0-606-40912-4(2))* Turtleback.

Fergus & Zeke & the 100th Day of School. Kate Messner. Illus. by Heather Ross. 2021. (Fergus & Zeke Ser.). (ENG.). 56p. (J). (gr. k-3). 14.99 *(978-1-5362-1300-3(4))* Candlewick Pr.

Fergus & Zeke & the 100th Day of School. Kate Messner. Illus. by Heather Ross. 2022. (Fergus & Zeke Ser.). (ENG.). 56p. (J). (gr. k-2). lib. bdg. 31.36 *(978-1-0982-5147-5(4)*, 40094, Chapter Bks.) Spotlight.

Fergus & Zeke & the Field Day Challenge. Kate Messner. Illus. by Heather Ross. (Candlewick Sparks Ser.). (ENG.). 56p. (J). (gr. k-3). 2022. pap. 5.99 *(978-1-5362-2360-6(3))*; 2020. 14.99 *(978-1-5362-0202-1(9))* Candlewick Pr.

Fergus & Zeke & the Field Day Challenge. Kate Messner. Illus. by Heather Ross. 2022. (Fergus & Zeke Ser.). (ENG.). 56p. (J). (gr. k-2). lib. bdg. 31.36 *(978-1-0982-5148-2(2)*, 40095, Chapter Bks.) Spotlight.

Fergus & Zeke at the Science Fair. Kate Messner. Illus. by Heather Ross. 2019. (Candlewick Sparks Ser.). (ENG.). 48p. (J). (gr. k-4). pap. 5.99 *(978-1-5362-0899-3(X))* Candlewick Pr.

Fergus & Zeke at the Science Fair. Kate Messner. Illus. by Heather Ross. 2022. (Fergus & Zeke Ser.). (ENG.). 48p. (J). (gr. k-2). lib. bdg. 31.36 *(978-1-0982-5149-9(0)*, 40096, Chapter Bks.) Spotlight.

Fergus & Zeke for President. Kate Messner. Illus. by Heather Ross. 2023. (Fergus & Zeke Ser.). (ENG.). 56p. (J). (gr. k-3). 15.99 *(978-1-5362-1831-2(6))* Candlewick Pr.

Fergus & Zeke (Set), 4 vols. 2022. (Fergus & Zeke Ser.). (ENG.). 48p. (J). (gr. k-2). lib. bdg. 125.44 *(978-1-0982-5145-1(8)*, 40092, Chapter Bks.) Spotlight.

Fergus Finds His Shine. Nicole Carey & Ron Carey. Illus. by Nicole Carey. 2020. (ENG.). 60p. (J). pap. 12.00 *(978-1-7354788-4-5(9))* Carey, Nicole.

Fergus Mactavish or Portage & Prairie: A Story of the Hudson's Bay Company (Classic Reprint) J. Macdonald Oxley. 2018. (ENG., Illus.). 360p. (J). 31.32 *(978-0-332-11521-4(6))* Forgotten Bks.

Fergus the Fire Engine. Peter Bently. Illus. by Sébastien Chebret. 2020. (Whizzy Wheels Academy Ser.). (ENG.). 24p. (J). (gr. -1-1). lib. bdg. 26.65 *(978-0-7112-4790-1(0)*, 8aee1b4b-8fd6-48f6-a84d-5d7523f9b99e) QEB Publishing Inc.

Fergus the Flamingo. Jess Bedford. Illus. by Tess Dowling. 2021. (ENG.). 34p. (J). pap. *(978-1-922444-36-3(7))* Shawline Publishing Group.

Fergus the Flying Dog. Lysia Bell. Illus. by Ma. Criselda Federis. 2021. (ENG.). 28p. (J). pap. *(978-1-922750-13-6(1))* Library For All Limited.

Fergus the Flying Moose of Seymour Creek: A Yukon Tale. D. Rene Myles. 2018. (ENG., Illus.). 40p. (J). *(978-0-2288-0502-1(3))*; pap. *(978-0-2288-0501-4(5))* Tellwell Talent.

Fergus the Fried Egg. James F. Park. 2017. (ENG.). 32p. (J). pap. ***(978-0-244-34438-2(8))*** Lulu Pr., Inc.

Fergy the Guide: And His Moral & Instructive Lies about Beasts, Birds, & Fishes (Classic Reprint) H. S. Canfield. 2017. (ENG., Illus.). 360p. (J). 31.34 *(978-0-484-88897-4(8))* Forgotten Bks.

Feringhi: And Other Stories of Indian Gipsy Life (Classic Reprint) A. Dumbarton. 2018. (ENG., Illus.). 226p. (J). 28.56 *(978-0-483-36411-0(8))* Forgotten Bks.

Ferme. Alicia Rodriguez. Tr. by Annie Evearts. 2021. (Je découvre Ma Communauté (I Spy in My Community) Ser.). (FRE., Illus.). 16p. (J). (gr. -1-1). pap. *(978-1-0396-0499-5(4)*, 12698) Crabtree Publishing Co.

Fern & Otto: A Picture Book Story about Two Best Friends. Stephanie Graegin. 2021. (ENG., Illus.). 40p. (J). (gr. -1-2). pap. 8.99 *(978-0-593-48132-5(1)*, Dragonfly Bks.) Random Hse. Children's Bks.

Fern Leaves from Fanny's Port-Folio: With Original Designs (Classic Reprint) Fanny Fern. (ENG., Illus.). (J). 2018. 410p. 32.37 *(978-0-267-11882-3(1))*; 2016. pap. 16.57 *(978-1-333-32110-9(4))* Forgotten Bks.

Fern Leaves from Fanny's Port-Folio (Classic Reprint) Sara Payson Parton. 2018. (ENG., Illus.). 426p. (J). 32.68 *(978-0-666-69648-9(9))* Forgotten Bks.

Fern Seed (Classic Reprint) Henry Milner Rideout. 2018. (ENG., Illus.). 212p. (J). 28.27 *(978-0-483-31215-9(0))* Forgotten Bks.

Fernando & the Thames Barge. Jo Samuels. Illus. by Sakshi Mangal. 2018. (ENG.). 32p. (J). pap. *(978-1-5255-3111-8(5))* FriesenPress.

Fernando (Classic Reprint) John Ayscough. (ENG., Illus.). (J). 2018. 322p. 30.56 *(978-0-483-84093-5(9))*; 2016. pap. 13.57 *(978-1-334-09169-8(2))* Forgotten Bks.

Fernando, Our Little Spanish Cousin (Classic Reprint) Mary F. Nixon-Roulet. 2017. (ENG., Illus.). (J). 27.07 *(978-0-331-87926-1(3))*; pap. 9.57 *(978-0-259-86116-4(2))* Forgotten Bks.

Fernando Tatis Jr. Jon M. Fishman. 2021. (Sports All-Stars (Lerner (tm) Sports) Ser.). (ENG., Illus.). 32p. (J). (gr. 2-5). pap. 9.99 *(978-1-7284-3156-7(5)*, 4324428e-67b8-459f-b321-20915f7c3450, Lerner Pubns.) Lerner Publishing Group.

Fernando Tatis Jr.: Baseball Star. Todd Kortemeier. 2022. (Biggest Names in Sports Set 7 Ser.). (ENG., Illus.). 32p. (J). (gr. 3-5). pap. 9.95 *(978-1-63739-312-3(1)*, Focus Readers) North Star Editions.

Fernando Tatis Jr: Baseball Star. Contrib. by Todd Kortemeier. 2022. (Biggest Names in Sports Set 7 Ser.). (ENG., Illus.). 32p. (J). (gr. 3-5). lib. bdg. 31.35 *(978-1-63739-260-7(5)*, Focus Readers) North Star Editions.

Fernley House. Laura E. Richards. 2018. (ENG., Illus.). 130p. (YA). (gr. 7-12). pap. *(978-93-5329-345-1(6))* Alpha Editions.

Fernley House (Classic Reprint) Laura E. Richards. 2018. (ENG., Illus.). 256p. (J). 29.18 *(978-0-483-98795-1(6))* Forgotten Bks.

Fernpeople: Montaland, Book 2. S. G. Byrd. 2019. (Montaland Ser.: Vol. 2). (ENG., Illus.). 208p. (J). (gr. 1-6). pap. 9.99 *(978-1-61153-312-5(0)*, Torchflame Bks.) Light Messages Publishing.

Fern's Play Day. Robi Keylon. 2021. (ENG.). 26p. (J). (gr. -1-5). pap. 7.99 *(978-0-578-92961-3(9))* Keylon, Robi.

Fernwood Community Center (Classic Reprint) James W. Tavenner. 2018. (ENG., Illus.) (J). 28.74 *(978-0-331-99399-8(6))* Forgotten Bks.

Ferocidad Felina (Fiercely Feline) León (Lion) Kelly Calhoun. 2016. (Adivina (Guess What) Ser.). (SPA., Illus.). 24p. (J). (gr. k-2). 30.64 *(978-1-63471-448-8(2)*, 208855) Cherry Lake Publishing.

Ferocious & Fierce! Adorable Wild Animal Coloring Book. Kreative Kids. 2016. (ENG., Illus.). (J). pap. 9.20 *(978-1-68377-466-2(3))* Whlke, Traudl.

654 The check digit for ISBN-10 appears in parentheses after the full ISBN-13

Ferocious Cassowaries, 1 vol. Rosie Banks. 2017. (Cutest Animals... That Could Kill You! Ser.). (ENG.). 24p. (J). (gr. 2-3). pap. 9.15 *(978-1-5382-1084-0(3)*, 73acab8a-5429-45f3-aeef-ee8b039ff8d3); lib. bdg. 24.27 *(978-1-5382-1086-4(X)*, a411bf71-16d8-4e9d-9618-f8e328a0202d) Stevens, Gareth Publishing LLLP.

Ferocious Feral Felines. Victoria Frances Raw. 2016. (ENG., Illus.). (J). pap. 8.54 *(978-1-326-78323-5(8))* Lulu Pr., Inc.

Ferrari. Jennifer Colby. 2022. (Floored! Supercars Ser.). (ENG., Illus.). 32p. (J). (gr. 4-8). pap. 14.21 *(978-1-6689-1114-3(0)*, 221059); lib. bdg. 32.07 *(978-1-6689-0954-6(5)*, 220921) Cherry Lake Publishing. (45th Parallel Press).

Ferrari. S. L. Hamilton. 2022. (Xtreme Cars Ser.). (ENG., Illus.). 48p. (J). (gr. 3-9). lib. bdg. 34.22 *(978-1-5321-9606-5(7)*, 39501, Abdo & Daughters) ABDO Publishing Co.

Ferrari: Pure Passion & Power. Paul H. Cockerham. 2017. (Speed Rules! Inside the World's Hottest Cars Ser.: Vol. 8). (ENG., Illus.). 96p. (YA). (gr. 7-12). 25.95 *(978-1-4222-3831-8(8))* Mason Crest.

Ferrari 296 GTB. Contrib. by Kaitlyn Duling. 2023. (Cool Cars Ser.). (ENG., Illus.). (J). (gr. 3-7). lib. bdg. 26.95 Bellwether Media.

Ferrari 488 GTB. Whitney Sanderson. 2019. (Ultimate Supercars Ser.). (ENG., Illus.). 32p. (J). (gr. 3-3). pap. 9.95 *(978-1-64494-235-2(6)*, 1644942356) Bigfoot Bks. GBR. Dist: North Star Editions.

Ferrari 812 Superfast. Julia Garstecki. 2019. (Epic Cars Ser.). (ENG.). 32p. (J). (gr. 4-6). pap. 9.99 *(978-1-64466-035-5(0)*, 12729); (Illus.). lib. bdg. *(978-1-68072-836-1(9)*, 12728) Black Rabbit Bks. (Bolt).

Ferrari 812 Superfast. Julia Garstecki. 2019. (Coches épicos Ser.). (SPA., Illus.). 32p. (J). (gr. 4-6). *(978-1-62310-213-5(8)*, 12885, Bolt) Black Rabbit Bks.

Ferrari F12. Julie Murray. 2017. (Car Stars (Dash!) Ser.). (ENG., Illus.). 24p. (J). (gr. k-4). lib. bdg. 31.36 *(978-1-5321-2080-0(X)*, 26763, Abdo Zoom-Dash) ABDO Publishing Co.

Ferrers, Vol. 1 Of 3: A Romance of the Reign of George the Second (Classic Reprint) Charles Ollier. 2018. (ENG., Illus.). 308p. (J). 30.27 *(978-0-484-70831-9(7))* Forgotten Bks.

Ferrers, Vol. 2 Of 3: A Romance of the Reign of George the Second (Classic Reprint) Charles Ollier. 2018. (ENG., Illus.). 318p. (J). 30.46 *(978-0-267-17446-1(2))* Forgotten Bks.

Ferret. August Hoeft. (I See Animals Ser.). (ENG.). (J). (gr. k-1). 2022. 20p. 24.99 ***(978-1-5324-3405-1(7))***; 2022. 20p. pap. 12.99 ***(978-1-5324-4208-7(4))***; 2020. 12p. pap. 5.99 *(978-1-5324-1486-2(2))* Xist Publishing.

Ferret. Jared Siemens. 2017. (Illus.). 24p. (J). *(978-1-5105-0560-5(1))* SmartBook Media, Inc.

Ferret Fiasco. John Sazaklis. Illus. by Lee Robinson. 2016. (Billy Burger, Model Citizen Ser.). (ENG.). 96p. (J). (gr. 2-4). lib. bdg. 22.65 *(978-1-4965-2589-5(2)*, 130718, Stone Arch Bks.) Capstone.

Ferrets, 1 vol. Mia Bennett. 2017. (Our Weird Pets Ser.). (ENG.). 24p. (J). (gr. 3-3). 25.27 *(978-1-5081-5416-7(3)*, 6b346bcd-5358-4d2e-89a7-da0d5ac4686e, PowerKids Pr.) Rosen Publishing Group, Inc., The.

Ferrets, Vol. 12. Anne McBride. 2016. (Understanding & Caring for Your Pet Ser.: Vol. 12). (ENG., Illus.). 128p. (J). (gr. 5-8). 25.95 *(978-1-4222-3695-6(1))* Mason Crest.

Ferrets from Planet Ferretonia!, Volume 1. Liza N. Cooper. 2023. (Meems & Feefs Ser.: 1). (ENG.). 192p. (J). 22.99 ***(978-1-5248-8451-2(0))***; (Illus.). pap. 12.99 *(978-1-5248-7670-8(4))* Andrews McMeel Publishing.

Ferriby (Classic Reprint) Vere Campbell. 2018. (ENG., Illus.). 390p. (J). 31.98 *(978-0-484-66599-5(5))* Forgotten Bks.

Ferris Bueller's Day Off: The Classic Illustrated Storybook. Illus. by Bonnie Pang. 2022. (Pop Classics Ser.: 12). 40p. (J). (gr. -1-3). 18.99 *(978-1-68369-310-9(8))* Quirk Bks.

Ferris Wheel. Ree Beland-McMillan. Ed. by Tammy White-Narynski. Illus. by Annie T. 2020. (Fun Monkeys Ser.). (ENG.). 36p. (J). *(978-1-5255-5931-0(1))*; pap. *(978-1-5255-5932-7(X))* FriesenPress.

Ferris Wheel. Fukui Yuko. 2018. (CHI., Illus.). 36p. (J). *(978-7-5304-9721-0(9))* Beijing Science & Technology Publishing Hse.

Ferris Wheels. Grace Hansen. 2018. (Amusement Park Rides Ser.). (ENG., Illus.). 24p. (J). (gr. -1-2). lib. bdg. 32.79 *(978-1-5321-0801-3(X)*, 28163, Abdo Kids) ABDO Publishing Co.

Ferrocarril Transcontinental: Set of 6 Common Core Edition. Eric Kraft & Benchmark Education Company, LLC Staff. 2016. (Navigators Ser.). (SPA.). (J). (gr. 5). 58.00 net. *(978-1-5125-0789-8(X))* Benchmark Education Co.

Ferrocarril Transcontinental (the Transcontinental Railroad), 1 vol. Budd Bailey. Tr. by Christina Green. 2017. (Fuentes Primarias de la Expansión Hacia el Oeste (Primary Sources of Westward Expansion) Ser.). (SPA.). 64p. (gr. 6-6). lib. bdg. 35.93 *(978-1-5026-2895-4(3)*, 4eb52585-c754-45dd-a63f-c0ab44083d0f) Cavendish Square Publishing LLC.

Ferry Away! a Kid's Guide to the Isle of Wight, UK. Penelope Dyan. l.t. ed. 2018. (ENG., Illus.). 34p. (J). (gr. k-4). pap. 12.60 *(978-1-61477-317-7(3))* Bellissima Publishing, LLC.

Ferry Boat. Michael Garland. (I Like to Read Ser.). (Illus.). 32p. (J). (gr. -1-3). 2022. pap. 7.99 *(978-0-8234-5134-0(8))*; 2021. 15.99 *(978-0-8234-4770-1(7))* Holiday Hse., Inc.

Ferry-Boy & the Financier (Classic Reprint) John Townsend Trowbridge. (ENG., Illus.). (J). 2018. 332p. 30.74 *(978-0-483-18829-7(8))*; 2017. pap. 13.57 *(978-0-243-85302-1(5))* Forgotten Bks.

Ferryboat Ride. Robert Perry. Illus. by Greta Guzek. 2017. (ENG.). 20p. (J). bds. 9.95 *(978-0-88971-340-6(5)*, 8cdb6fe9-780a-47da-970b-f97975872ddb) Nightwood Editions CAN. Dist: Harbour Publishing Co., Ltd.

Ferrybridge Mystery (Classic Reprint) Derek Vane. 2018. (ENG., Illus.). 308p. (J). 30.27 *(978-0-483-63140-3(X))* Forgotten Bks.

Ferryl Shayde - Book 7 - a Witch Snitch. Vance Huxley. 2021. (Ferryl Shayde Ser.: Vol. 7). (ENG.). 354p. (J). pap. 15.99 ***(978-1-61433-926-7(0))*** Breely Crush Publishing.

Ferryl Shayde - Book 8 - Apprentices, Adepts, & Ascension. Vance Huxley. 2023. (ENG.). 344p. (J). pap. 15.99 ***(978-1-61433-997-7(X))*** Breely Crush Publishing.

Ferryland Visitor: A Mysterious Tale. Charis Cotter. Illus. by Gerald Squires. 2022. (ENG.). 36p. (J). (gr. 1-3). 12.99 *(978-1-927917-87-9(5))* Running the Goat, Bks. & Broadsides CAN. Dist: Orca Bk. Pubs. USA.

Ferryman. Claire McFall. (Ferryman Trilogy Ser.). (ENG.). (YA). (gr. 7). 2022. 336p. pap. 9.99 *(978-1-5362-2821-2(4))*; 2021. 320p. 18.99 *(978-1-5362-1845-9(6))* Candlewick Pr.

Ferryman (Classic Reprint) Helen Mathers. (ENG., Illus.). (J). 2018. 356p. 31.28 *(978-0-484-12655-7(5))*; 2017. pap. 13.97 *(978-0-243-17073-9(4))* Forgotten Bks.

Fertile Land & Soil, 1 vol. Jill Sherman. 2017. (Let's Learn about Natural Resources Ser.). (ENG.). 24p. (gr. 1-2). pap. 10.35 *(978-0-7660-9139-9(2)*, aef7571c-6a71-43f4-90d4-bd497d3a853c) Enslow Publishing, LLC.

Fertilizer a Variety of Facts Children's Science Book. Bold Kids. 2023. (ENG.). 42p. (J). pap. 14.99 ***(978-1-0717-1731-8(6))*** FASTLANE LLC.

Festergrimm. Thomas Taylor. Illus. by Tom Booth. 2023. (Legends of Eerie-On-Sea Ser.: 4). (ENG.). 336p. (J). (gr. 3-7). 19.99 *(978-1-5362-2742-0(0))*; pap. 10.99 *(978-1-5362-3245-5(9))* Candlewick Pr.

Festeva's Holiday Cheer. Molly McCluskey-Shipman. 2018. (ENG., Illus.). 24p. (J). pap. 10.99 *(978-1-64254-365-0(9))* BookPatch LLC, The.

Festín de Muertos: Antología de Relatos Mexicanos de Zombies. Ed. by Raquel Castro & Rafael Villegas. 2018. (SPA.). 180p. (YA). (gr. 7). pap. 9.50 *(978-607-527-280-1(1))* Editorial Oceano de Mexico MEX. Dist: Independent Pubs. Group.

Festin Nuptial Dresse Dans l'Arabie Heureuse Au Mariage d'Esope, de Phedre et de Pilpai Avec Trois Fees (Classic Reprint) J. -Chrysostome Brusle D. Montpleinchamp. 2017. (FRE., Illus.). (J). pap. 16.57 *(978-0-259-49010-4(5))* Forgotten Bks.

Festin Nuptial Dressé Dans l'Arabie Heureuse Au Mariage d'Esope, de PHèdre et de Pilpai Avec Trois Fées (Classic Reprint) J. -Chrysostome Brusle D. Montpleinchamp. 2018. (FRE., Illus.). 410p. (J). 32.35 *(978-0-364-13053-7(9))* Forgotten Bks.

Festival: The Gift. Jax Estevez. 2016. (ENG., Illus.). (J). pap. 33.94 *(978-1-4834-5726-0(5))* Lulu Pr., Inc.

Festival de Colores de India, Holi. Grace Hansen. 2023. (Festivales Del Mundo Ser.). (SPA.). 24p. (J). (gr. -1-2). lib. bdg. 32.79 ***(978-1-0982-6768-1(0)***, 42774, Abdo Kids) ABDO Publishing Co.

Festival de Hielo de Harbin. Grace Hansen. 2023. (Festivales Del Mundo Ser.). (SPA.). 24p. (J). (gr. -1-2). lib. bdg. 32.79 ***(978-1-0982-6767-4(2)***, 42771, Abdo Kids) ABDO Publishing Co.

Festival de la Barca Del Dragón de China. Grace Hansen. 2023. (Festivales Del Mundo Ser.). (SPA.). 24p. (J). (gr. -1-2). lib. bdg. 32.79 ***(978-1-0982-6766-7(4)***, 42768, Abdo Kids) ABDO Publishing Co.

Festival de la Luna: Leveled Reader Book 66 Level M 6 Pack. Hmh Hmh. 2021. (SPA.). 24p. (J). pap. 74.40 *(978-0-358-08374-0(5))* Houghton Mifflin Harcourt Publishing Co.

Festival de Las Linternas de Taiwán. Grace Hansen. 2023. (Festivales Del Mundo Ser.). (SPA.). 24p. (J). (gr. -1-2). lib. bdg. 32.79 ***(978-1-0982-6770-4(2)***, 42780, Abdo Kids) ABDO Publishing Co.

Festival of Colors. Surishtha Sehgal & Kabir Sehgal. Illus. by Vashti Harrison. 2018. (ENG.). 32p. (J). (gr. -1-3). 18.99 *(978-1-4814-2049-5(6)*, Beach Lane Bks.) Beach Lane Bks.

Festival of Colors. Surishtha Sehgal & Kabir Sehgal. Illus. by Vashti Harrison. 2021. (Classic Board Bks.). (ENG.). 36p. (J). (gr. -1-k). bds. 8.99 *(978-1-5344-7817-6(5)*, Little Simon) Little Simon.

Festival of Flowers Coloring Book. Jupiter Kids. 2016. (ENG., Illus.). 106p. (J). pap. 12.55 *(978-1-68326-360-9(X)*, Jupiter Kids (Childrens & Kids Fiction)) Speedy Publishing LLC.

Festival of Ghosts. William Alexander. Illus. by Kelly Murphy. 2018. (ENG.). 272p. (J). (gr. 3-7). 17.99 *(978-1-4814-6918-0(5)*, McElderry, Margaret K. Bks.) McElderry, Margaret K. Bks.

Festival of Mud! (a Peppa Pig Water Wonder Storybook) Scholastic. 2019. (ENG.). 12p. (J). (gr. -1-k). 10.99 *(978-1-338-34539-1(7))* Scholastic, Inc.

Festival of Wit (Classic Reprint) Unknown Author. 2018. (ENG., Illus.). 244p. (J). 28.93 *(978-0-267-45655-0(7))* Forgotten Bks.

Festival of Wit, or Small Talker: Being a Collection of Bon Mots, Anecdotes, &C. of the Most Exalted Characters (Classic Reprint) G. K. 2017. (ENG., Illus.). (J). 32.74 *(978-0-265-72598-6(4))*; pap. 16.57 *(978-1-5276-8596-3(9))* Forgotten Bks.

Festival Plays (Classic Reprint) Marguerite Merington. 2017. (ENG., Illus.). (J). 30.66 *(978-1-5283-7252-7(2))* Forgotten Bks.

Festival Poems, 1 vol. Illus. by Kristina Swarner. 2017. (Poems Just for Me Ser.). (ENG.). 32p. (gr. 3-3). 28.93 *(978-1-4994-8386-4(4)*, 9085f1c8-7338-490a-a4f1-8cd6ffb64900, Windmill Bks.) Rosen Publishing Group, Inc., The.

Festival Stories of Child Life in a Jewish Colony in Palestine. Hannah Trager. 2017. (ENG., Illus.). (J). pap. *(978-0-649-12701-6(3))* Trieste Publishing Pty Ltd.

Festival Stories of Child Life in a Jewish Colony in Palestine (Classic Reprint) Hannah Trager. 2018. (ENG., Illus.). 204p. (J). 28.10 *(978-0-332-78875-3(X))* Forgotten Bks.

Festival Tales (Classic Reprint) John Francis Waller. 2018. (ENG., Illus.). 328p. (J). 30.66 *(978-0-483-34179-1(7))* Forgotten Bks.

Festivales de Primavera de Todo el Mundo: Leveled Reader Book 28 Level P 6 Pack. Hmh Hmh. 2021. (SPA.). 32p. (J). pap. 74.40 *(978-0-358-08510-2(1))* Houghton Mifflin Harcourt Publishing Co.

Festivales Del Mundo (Set), 6 vols. 2023. (Festivales Del Mundo Ser.). (SPA.). 24p. (J). (gr. -1-2). lib. bdg. 196.74 ***(978-1-0982-6764-3(8)***, 42762, Abdo Kids) ABDO Publishing Co.

Festivals. Esther Lombardi. 2019. (World Art Tour Ser.). (Illus.). 96p. (J). (gr. 12). lib. bdg. 34.60 *(978-1-4222-4290-2(0))* Mason Crest.

Festivals & Celebrations, 1 vol. Cyril Bassington. 2019. (Cultures Connect Us! Ser.). (ENG.). 24p. (gr. 1-2). 24.27 *(978-1-5382-3836-3(5)*, f099bb85-479e-41c2-9287-e1a79e52248b) Stevens, Gareth Publishing LLLP.

Festivals & Celebrations. Sandra Lawrence. Illus. by Jane Newland. 2017. (ENG.). (J). 72p. (gr. 1-4). 12.99 *(978-1-944530-10-5(X))*; 64p. *(978-1-84857-595-0(5))* Tiger Tales. (360 Degrees).

Festivals & Celebrations. Louise Nelson. 2022. (Festivals & Celebrations Ser.). (ENG.). 24p. (J). pap. 55.50 ***(978-1-5345-4397-3(X)***, KidHaven Publishing) Greenhaven Publishing LLC.

Festivals & Celebrations. Caryn Jenner. ed. 2019. (DK Readers Ser.). (ENG.). 48p. (J). (gr. k-1). 14.49 *(978-1-64310-921-3(9))* Penworthy Co., LLC, The.

Festivals & Traditions in Switzerland. Barbara Piatti. Tr. by Mary Carozza. Illus. by Yvonne Rogenmoser. 2020. (ENG.). 96p. (J). (gr. -1-2). 30.00 *(978-0-7358-4416-2(X))* North-South Bks., Inc.

Festivals Around the World, 70 vols. Grace Jones. 2020. (ENG., Illus.). 24p. (J). (gr. 2-6). pap. 15.95 *(978-1-83927-818-1(8))* BookLife Publishing Ltd. GBR. Dist: Independent Pubs. Group.

Festive Mandalas to Color: Mandala Coloring Christmas Edition. Activibooks For Kids. 2016. (ENG., Illus.). (J). pap. 9.20 *(978-1-68321-110-5(3))* Mimaxion.

Festivous Notes on the History & Adventures of the Renowned Don Quixote (Classic Reprint) Edmund Gayton. 2018. (ENG., Illus.). 288p. (J). 29.86 *(978-0-483-74026-6(8))* Forgotten Bks.

Festschrift Herm Professor Dr. J. A. Palmen Zu Seinem 60. Geburtstage Am 7. November 1905 Gewidmet, Vol. 1: Von Schürlern und Kollegen (Classic Reprint) Johan Axel Palmen. 2017. (GER., Illus.). (J). pap. 16.57 *(978-0-243-07442-6(5))* Forgotten Bks.

Festschrift Herm Professor Dr. J. A. Palmén Zu Seinem 60. Geburtstage Am 7. November 1905 Gewidmet, Vol. 1: Von Schürlern und Kollegen (Classic Reprint) Johan Axel Palmen. 2018. (GER., Illus.). 484p. (J). 33.78 *(978-0-267-94993-9(6))* Forgotten Bks.

Fetch! Paige Braddock. (Peanut, Butter, & Crackers Ser.: 2). (ENG., Illus.). 96p. (J). (gr. 1-4). 2022. pap. 7.99 *(978-0-593-11747-7(6))*; 2021. 12.99 *(978-0-593-11746-0(8))* Penguin Young Readers Group. (Viking Books for Young Readers).

Fetch! Paula Clinedinst. Illus. by Lucy Dirksen. 2018. (ENG.). 34p. (J). (gr. -1-3). 17.99 *(978-1-948225-19-9(0))* Thewordverve.

Fetch. Paul Richardson. 2020. (ENG.). 290p. (J). pap. 18.00 *(978-1-716-37927-7(X))* Lulu Pr., Inc.

Fetch! a How to Speak Dog Training Guide. Aubre Andrus. 2020. (Illus.). 176p. (J). (gr. 3-7). pap. 12.99 *(978-1-4263-3848-9(1))*; (ENG., lib. bdg. 22.90 *(978-1-4263-3849-6(X))* Disney Publishing Worldwide. (National Geographic Kids).

Fetch! a How to Speak Dog Training Guide. Aubre Andrus et al. ed. 2021. (How to Speak Training Guide Ser.). (ENG., Illus.). 176p. (J). (gr. 4-5). 23.96 *(978-1-64697-670-6(3))* Penworthy Co., LLC, The.

Fetch: an AFK Book (Five Nights at Freddy's: Fazbear Frights #2), 1 vol. Scott Cawthon et al. 2020. (Five Nights at Freddy's Ser.: 2). (ENG.). 272p. (YA). (gr. 7-7). pap. 9.99 *(978-1-338-57602-3(X))* Scholastic, Inc.

Fetch & Carry On. Christophe Cazenove. 2022. (Billy & Buddy Ser.: 8). (Illus.). 48p. (J). (gr. 3-7). pap. 11.95 *(978-1-80044-070-8(7))* CineBook GBR. Dist: National Bk. Network.

Fetch, Cat, Fetch! Charles Ghigna. Illus. by Michelle Hazelwood Hyde. 2022. (ENG.). 32p. (J). 14.99 *(978-0-7643-6460-0(X)*, 29223) Schiffer Publishing, Ltd.

Fête Sous la Lune: L'extraordinaire Voyage de la Bande à Bébert. Christiane Duchesne. Illus. by Marianne Ferrer. 2021. (ENG.). 48p. (J). (gr. -1-k). 16.95 *(978-2-924774-92-2(6))* Secret Mountain CAN. Dist: Independent Pubs. Group.

Fetes of Engineering: Amazing Buildings Coloring Book. Jupiter Kids. 2017. (ENG., Illus.). (J). pap. 9.20 *(978-1-68326-775-1(3)*, Jupiter Kids (Childrens & Kids Fiction)) Speedy Publishing LLC.

Fettered for Life, or Lord & Master: A Story of to-Day (Classic Reprint) Lillie Devereux Blake. 2017. (ENG., Illus.). (J). 31.82 *(978-0-266-66990-6(5))*; pap. 16.57 *(978-1-5276-3760-3(3))* Forgotten Bks.

Fetters of Memory, Vol. 1 Of 2: A Novel (Classic Reprint) Alfred Leigh. 2018. (ENG., Illus.). 284p. (J). 29.75 *(978-0-484-81907-7(0))* Forgotten Bks.

Fetters of Memory, Vol. 2 Of 2: A Novel (Classic Reprint) Alfred Leigh. 2018. (ENG., Illus.). 280p. (J). 29.67 *(978-0-267-17540-6(X))* Forgotten Bks.

Feúcho y Pablo (Ugly Cat & Pablo) Isabel Quintero. Illus. by Tom Knight. 2017. (SPA.). 112p. (J). (gr. 2-5). pap. 6.99 *(978-1-338-18787-8(2)*, Scholastic en Espanol) Scholastic, Inc.

Feud of Oakfield Creek: A Novel of California Life (Classic Reprint) Josiah Royce. 2017. (ENG., Illus.). (J). 34.06 *(978-0-265-72145-2(8))*; pap. 16.57 *(978-1-5276-7803-3(2))* Forgotten Bks.

Feudal System Uncovered- Children's Medieval History Books. Baby Professor. 2017. (ENG., Illus.). (J). pap. 7.89 *(978-1-5419-0479-8(6)*, Baby Professor (Education Kids)) Speedy Publishing LLC.

Feuerkusse. Katharina Gerlach. 2017. (GER., Illus.). (J). pap. *(978-3-95681-090-9(2))* Kolata, Katharina. Independent Bookworm.

Feuertaufe. Katharina Gerlach. 2018. (GER., Illus.). 252p. (J). pap. *(978-3-95681-104-3(6))* Kolata, Katharina. Independent Bookworm.

Feuilles. Alicia Rodriguez. Tr. by Annie Evearts. 2021. (Parties d'une Plante (Parts of a Plant) Ser.). (FRE., Illus.). 16p. (J). (gr. -1-1). pap. *(978-1-0396-0614-2(8)*, 13092) Crabtree Publishing Co.

Feuilles de Travail Pratique d'Écriture Manuscrite Pour les Enfants: 100 Pages de Pratique d'Écriture Manuscrite Pour les Enfants Âgés de 3 À 6 Ans: Ce Livre Contient un Papier d'Écriture Approprié Avec des Lignes Très Épaisses Pour les Enfants désireux D. Bernard Patrick. 2018. (Feuilles de Travail Pratique d'Écriture Manuscrite Ser.: Vol. 1). (GER., Illus.). 108p. (J). (gr. k-1). pap. *(978-1-78970-054-1(X))* Elige Cogniscere.

Fever 1793 Novel Units Student Packet. Novel Units. 2019. (ENG.). (J). pap. 13.99 *(978-1-58130-895-2(7)*, Novel Units, Inc.) Classroom Library Co.

Fever 1793 Novel Units Teacher Guide. Novel Units. 2019. (ENG.). (J). pap. 12.99 *(978-1-58130-894-5(9)*, Novel Units, Inc.) Classroom Library Co.

Fever Code. James Dashner. ed. 2018. (Maze Runner Ser.: 0.5). lib. bdg. 22.10 *(978-0-606-40948-3(3))* Turtleback.

Fever Code (Maze Runner, Book Five; Prequel) James Dashner. (Maze Runner Ser.: 5). (ENG.). 384p. (YA). (gr. 7). 2017. pap. 13.99 *(978-0-553-51312-7(5)*, Delacorte Bks. for Young Readers); 2016. 18.99 *(978-0-553-51309-7(5)*, Delacorte Pr.) Random Hse. Children's Bks.

Fever King. Victoria Lee. 2019. (Feverwake Ser.: 1). (ENG., Illus.). 384p. (J). (gr. 7-12). 16.99 *(978-1-5420-4017-4(5)*, 9781542040174); pap. 9.99 *(978-1-5420-4040-2(X)*, 9781542040402) Amazon Publishing. (Skyscape).

Fever of Life (Classic Reprint) Fergus Hume. 2018. (ENG., Illus.). (J). 382p. 31.80 *(978-0-365-54157-8(5))*; 384p. pap. 16.57 *(978-0-365-54154-7(0))* Forgotten Bks.

Fever of Spring. Trista Shaye. Illus. by Trista Shaye. 2021. (Big the Barn Cat Ser.: Vol. 4). (ENG.). 152p. (J). 21.00 *(978-1-0880-1621-3(9))* Indy Pub.

Fever Year: The Killer Flu Of 1918. Don Brown. 2019. (ENG., Illus.). 96p. (J). (gr. 7). 19.99 *(978-0-544-83740-9(1)*, 1645566, Clarion Bks.) HarperCollins Pubs.

Few. Cathy McSporran. 2022. (ENG.). 318p. (YA). (gr. 9). pap. ***(978-1-914399-79-4(X))*** Sparsile Bks. Ltd.

Few: A Novel. Hakan Günday & Hakan Günday. Tr. by Alexander Dawe. 2018. (ENG.). 384p. 25.99 *(978-1-62872-709-8(8)*, Arcade Publishing) Skyhorse Publishing Co., Inc.

Few Agonizing Spasms: Written Aboard the U. S. S. Enterprise During the Cruise of '95 (Classic Reprint) C. E. Perkins. (ENG., Illus.). (J). 2018. 22p. 24.35 *(978-0-267-31790-5(5))*; 2016. pap. 7.97 *(978-1-333-47307-5(9))* Forgotten Bks.

Few Bicycles More. Christina Uss. 2022. 272p. (J). (gr. 3-7). 17.99 *(978-0-8234-5087-9(2)*, Margaret Ferguson Books) Holiday Hse., Inc.

Few Good Manners. Donald Lemke. Illus. by Bob Lentz. 2019. (Basic Training Ser.). (ENG.). 30p. (J). (gr. -1 — 1). bds. 7.99 *(978-1-68446-065-6(4)*, 140523, Capstone Editions) Capstone.

Few Little Lives (Classic Reprint) Clara Thropp. 2018. (ENG., Illus.). 110p. (J). 26.17 *(978-0-428-91837-8(9))* Forgotten Bks.

Few Neighbors (Classic Reprint) Henry A. Shute. 2018. (ENG., Illus.). 220p. (J). 28.43 *(978-0-267-27789-6(X))* Forgotten Bks.

Few Nights Before Easter. Daniel Jurich. 2017. (ENG., Illus.). (J). (gr. -1-3). pap. 12.95 *(978-1-63525-725-0(5))* Christian Faith Publishing.

Few Odd Characters Out of the London Streets. Henry. Mayhew. 2017. (ENG., Illus.). (J). pap. *(978-0-649-23671-8(8))* Trieste Publishing Pty Ltd.

Few Odd Characters Out of the London Streets: As Represented in Henry Mayhew's Curious Conversazione (Classic Reprint) Henry. Mayhew. 2017. (ENG., Illus.). (J). 24.93 *(978-0-331-70383-2(1))*; pap. 9.57 *(978-0-259-78719-8(1))* Forgotten Bks.

Few Red Drops. Claire Hartfield. 2018. (ENG., Illus.). 208p. (YA). (gr. 7). 18.99 *(978-0-544-78513-7(4)*, 1638681, Clarion Bks.) HarperCollins Pubs.

Few Red Drops: The Chicago Race Riot Of 1919. Claire Hartfield. 2022. (ENG., Illus.). 208p. (YA). (gr. 7). pap. 13.99 *(978-0-358-66799-5(2)*, 1822857, Clarion Bks.) HarperCollins Pubs.

Few Remarks (Classic Reprint) Simeon Ford. 2017. (ENG., Illus.). (J). 31.07 *(978-0-265-22039-9(4))* Forgotten Bks.

Few Thoughts of Mary L. Morris: Dedicated to Her Children (Classic Reprint) Mary L. Morris. 2018. (ENG., Illus.). 84p. (J). 25.63 *(978-0-483-43299-4(7))* Forgotten Bks.

Few Verses. Lorimer Stoddard. 2017. (ENG., Illus.). (J). pap. *(978-0-649-22796-9(4))* Trieste Publishing Pty Ltd.

Fey Queries. Zia Williams McKean. 2022. (ENG.). 144p. (J). *(978-1-68583-367-1(5))*; pap. *(978-1-68583-368-8(3))* Tablo Publishing.

Feyerdiger Shabes: An Emese Ertseylung. H. Peer. Illus. by Avigayil Kohen. 2018. (YID.). 86p. (J). *(978-1-68091-256-2(9))* Kinder Shpiel USA, Inc.

Feyi Fay's Boredom Squashing Activity Book. Simisayo Brownstone. 2020. (ENG.). 110p. (J). pap. 11.99 *(978-1-7322315-4-2(0))* Teni & Tayo Creations LLC.

Feyland Tales: Volume 1. Phaedra Weldon et al. 2018. (ENG., Illus.). 344p. (J). pap. 14.99 *(978-1-68013-036-2(6))* Fiddlehead Pr.

Fez the Moroccan Palace Cat. Kelsey Lamb. 2017. (ENG., Illus.). 24p. (J). *(978-1-387-01207-7(X))* Lulu Pr., Inc.

Ff. Bela Davis. 2016. (Alphabet Ser.). (ENG., Illus.). 24p. (J). (gr. -1-2). lib. bdg. 31.36 *(978-1-68080-882-7(6)*, 23239, Abdo Kids) ABDO Publishing Co.

Ff (Spanish Language) Maria Puchol. 2017. (Abecedario (the Alphabet) Ser.). (SPA.). 24p. (J). (gr. -1-2). lib. bdg. 31.36 *(978-1-5321-0305-6(0)*, 27180, Abdo Kids) ABDO Publishing Co.

Ffolliots of Redmarley (Classic Reprint) L. Allen Harker. (ENG., Illus.). (J). 2018. 420p. 32.58 *(978-0-483-54321-8(7))*; 2017. pap. 16.57 *(978-0-259-00396-0(4))* Forgotten Bks.

FGTeeV: Game Break! FGTeeV. Illus. by Miguel Díaz Rivas. 2021. (FGTeeV Ser.). (ENG.). 128p. (J). (gr. 3-7). pap. 11.99 *(978-0-06-309298-3(0)*, HarperAlley) HarperCollins Pubs.

F

FGTeeV: Out of Time! FGTeeV. Illus. by Miguel Díaz Rivas. 2023. (FGTeeV Ser.). (ENG.). 208p. (J). (gr. 3-7). 23.99 *(978-0-06-326050-4(6),* HarperAlley) HarperCollins Pubs.

FGTeeV Presents: into the Game! FGTeeV. Illus. by Miguel Díaz Rivas. (FGTeeV Ser.). (ENG.). 208p. (J). (gr. 3-7). 2021. pap. 11.99 *(978-0-06-293368-3(X));* 2020. 23.99 *(978-0-06-293367-6(1))* HarperCollins Pubs. (HarperAlley).

FGTeeV Saves the World! FGTeeV. Illus. by Miguel Díaz Rivas. (FGTeeV Ser.). (ENG.). 208p. (J). (gr. 3-7). 2022. pap. 12.99 *(978-0-06-304262-9(2));* 2021. 19.99 *(978-0-06-304263-6(0))* HarperCollins Pubs. (HarperAlley).

FGTeeV: the Switcheroo Rescue! FGTeeV. Illus. by Miguel Díaz Rivas. 2022. (FGTeeV Ser.). (ENG.). 208p. (J). (gr. 3-7). 19.99 *(978-0-06-309300-3(6),* HarperAlley) HarperCollins Pubs.

Fiabe e Leggende (Classic Reprint) Emilio Praga. (ITA., Illus.). (J). 2017. 28.08 *(978-0-265-35141-3(3));* 2016. pap. 10.57 *(978-1-334-32506-9(5))* Forgotten Bks.

Fiabe Libro Da Colorare. Lenard Vinci Press. 2020. (ITA.). 86p. (J). pap. 9.99 *(978-1-716-31323-3(6))* Lulu Pr., Inc.

Fiammetta: A Summer Idyl (Classic Reprint) William Wetmore Story. 2018. (ENG., Illus.). 352p. (J). 31.22 *(978-0-484-65759-4(3))* Forgotten Bks.

Fiance on Trial (Classic Reprint) Francis Tillou Buck. (ENG., Illus.). (J). 2018. 312p. 30.33 *(978-0-428-61256-6(3));* 2016. pap. 13.57 *(978-1-334-14084-6(7))* Forgotten Bks.

Fiancée of the Wizard, Vol. 4. Keiko Sakano & Masaki Kazuka. 2021. (Fiancée of the Wizard Ser.: 4). (ENG., Illus.). 196p. (gr. 8-17). pap., pap. 13.00 *(978-1-9753-1863-5(3),* Yen Pr.) Yen Pr. LLC.

Fiander's Widow: A Novel (Classic Reprint) M. E. Francis. 2018. (ENG., Illus.). 366p. (J). 31.47 *(978-0-483-54694-3(1))* Forgotten Bks.

Fiat (Let There Be Light) A Modern Mystery Play, in One Act (Classic Reprint) Faith Van Valkenburgh Vilas. 2018. (ENG., Illus.). 40p. (J). 24.72 *(978-0-267-52036-7(0))* Forgotten Bks.

Fib Fibinowski: The Fibinowski Fibbers. Brady Hauswirth. 2018. (ENG., Illus.). 24p. (J). 22.95 *(978-1-4808-5314-0(3));* pap. 12.95 *(978-1-4808-5313-3(5))* Archway Publishing.

Fibbed. Elizabeth Agyemang. 2022. (Illus.). 256p. (J). (gr. 3-7). 22.99 *(978-0-593-20488-7(3));* pap. 14.99 *(978-0-593-20490-0(5))* Penguin Young Readers Group. (Razorbill).

Fibble, D. d (Classic Reprint) Irvin S. Cobb. 2018. (ENG., Illus.). 298p. (J). 30.04 *(978-0-428-83684-9(4))* Forgotten Bks.

Fiber. Michael Centore. 2017. (Illus.). 64p. (J). *(978-1-4222-3735-9(4))* Mason Crest.

Fiber! Foods That Give You Daily Fiber - Healthy Eating for Kids - Children's Diet & Nutrition Books. Prodigy Wizard. 2016. (ENG., Illus.). (J). pap. 9.25 *(978-1-68323-985-7(7))* Twin Flame Productions.

Fibsquiddler. Nigel Copley. 2020. (ENG.). 128p. (J). pap. *(978-1-78830-650-8(3))* Olympia Publishers.

Fichas de Manualidades para Recortar y Pegar (un Calendario Navideño Especial de Adviento con 25 Casas de Adviento) Un Calendario de Adviento Navideño Especial y Alternativo: Celebra Los días de Adviento Utilizando 25 Casas Recortables Que Puedes Decorar. James Manning. 2019. (Fichas de Manualidades para Recortar y Pegar Ser.: Vol. 8). (SPA., Illus.). 52p. (J). (gr. 4-6). pap. *(978-1-83917-199-4(5))* West Suffolk CBT Service Ltd., The.

Fichas de Trazar y Colorear (Animales Haciéndose un Selfie) Este Libro Ayudará a Los niños Pequeños a Desarrollar el Control de la Pluma y Ejercitar Sus Habilidades Motoras Finas. Nicola Ridgeway & James Manning. 2020. (Fichas de Trazar y Colorear Ser.: Vol. 19). (SPA.). 86p. (J). pap. *(978-1-80027-347-4(9))* CBT Bks.

Fichas de Trazar y Colorear (Búhos 2) Este Libro Ayudará a Los niños Pequeños a Desarrollar el Control de la Pluma y Ejercitar Sus Habilidades Motoras Finas. Nicola Ridgeway & James Manning. 2020. (Fichas de Trazar y Colorear Ser.: Vol. 19). (SPA.). 86p. (J). pap. *(978-1-80027-349-8(5))* CBT Bks.

Fichas de Trazar y Colorear (Casas de Jengibre 1) Este Libro Ayudará a Los niños Pequeños a Desarrollar el Control de la Pluma y Ejercitar Sus Habilidades Motoras Finas. Nicola Ridgeway & James Manning. 2020. (Fichas de Trazar y Colorear Ser.: Vol. 19). (SPA.). 86p. (J). pap. *(978-1-80027-236-1(7))* CBT Bks.

Fichas de Trazar y Colorear (Emojis 2) Este Libro Ayudará a Los niños Pequeños a Desarrollar el Control de la Pluma y Ejercitar Sus Habilidades Motoras Finas. Nicola Ridgeway & James Manning. 2020. (Fichas de Trazar y Colorear Ser.: Vol. 19). (SPA.). 86p. (YA). pap. *(978-1-80027-237-8(5))* CBT Bks.

Fichas de Trazar y Colorear (Huevos de Pascua 1) Este Libro Ayudará a Los niños Pequeños a Desarrollar el Control de la Pluma y Ejercitar Sus Habilidades Motoras Finas. Nicola Ridgeway & James Manning. 2020. (Fichas de Trazar y Colorear Ser.: Vol. 19). (SPA.). 86p. (J). pap. *(978-1-80027-239-2(1))* CBT Bks.

Fichas de Trazar y Colorear (Huevos de Pascua 2) Este Libro Ayudará a Los niños Pequeños a Desarrollar el Control de la Pluma y Ejercitar Sus Habilidades Motoras Finas. Nicola Ridgeway & James Manning. 2020. (Fichas de Trazar y Colorear Ser.: Vol. 19). (SPA.). 86p. (J). pap. *(978-1-80027-238-5(3))* CBT Bks.

Fichas de Trazar y Colorear (Muñecos y Casas de Jengibre) Este Libro Ayudará a Los niños Pequeños a Desarrollar el Control de la Pluma y Ejercitar Sus Habilidades Motoras Finas. Nicola Ridgeway & James Manning. 2020. (Fichas de Trazar y Colorear Ser.: Vol. 19). (SPA.). 86p. (J). pap. *(978-1-80027-235-4(9))* CBT Bks.

Fichas de Trazar y Colorear (Ositos 1) Este Libro Ayudará a Los niños Pequeños a Desarrollar el Control de la Pluma y Ejercitar Sus Habilidades Motoras Finas. Nicola Ridgeway & James Manning. 2020. (Fichas de Trazar y Colorear Ser.: Vol. 19). (SPA.). 86p. (J). pap. *(978-1-80027-233-0(2))* CBT Bks.

Fiches de Pratique d'Écriture Manuscrite Pour les Enfants Âgés de 3 À 5 ANS: 100 Pages de Pratique d'Écriture Manuscrite Pour les Enfants Âgés de 3 À 6 Ans: Ce Livre Contient un Papier d'Écriture Approprié Avec des Lignes Très Épaisses Pour les Enfants Dé. Bernard Patrick. 2018. (Fiches de Pratique d'Écriture Manuscrite Pour Les Ser.). (FRE., Illus.). 108p. (J). (gr. k). pap. *(978-1-78970-053-4(1))* Elige Cognoscere.

Fiches de Travail Avec Images à Reproduire Grâce Aux Pointillés et à Colorier (Animaux Mignons) Ce Livre Aidera les Jeunes Enfants à développer le Contrôle du Stylo et à Exercer Leurs Compétences en Motrices Fines. Nicola Ridgeway & James Manning. 2020. (Fiches de Travail de Traçage Sur Pointillés Ser.: Vol. 19). (FRE., Illus.). 86p. (J). pap. *(978-1-80027-380-1(0))* CBT Bks.

Fiches de Travail Avec Images à Reproduire Grâce Aux Pointillés et à Colorier (Chouettes 2) Ce Livre Aidera les Jeunes Enfants à développer le Contrôle du Stylo et à Exercer Leurs Compétences en Motrices Fines. Nicola Ridgeway & James Manning. 2020. (Fiches de Travail de Traçage Sur Pointillés Ser.: Vol. 19). (FRE., Illus.). 86p. (J). pap. *(978-1-80027-404-4(1))* CBT Bks.

Fiches de Travail Avec Images à Reproduire Grâce Aux Pointillés et à Colorier (Clowns) Nicola Ridgeway & James Manning. 2020. (FRE.). 84p. (J). pap. *(978-1-80027-288-0(X))* CBT Bks.

Fiches de Travail Avec Images à Reproduire Grâce Aux Pointillés et à Colorier (des Animaux Qui Prennent des Selfies) Ce Livre Aidera les Jeunes Enfants à développer le Contrôle du Stylo et à Exercer Leurs Compétences en Motrices Fines. Nicola Ridgeway & James Manning. 2020. (Fiches de Travail de Traçage Sur Pointillés Ser.: Vol. 21). (FRE.). 86p. (J). pap. *(978-1-80027-374-0(6))* CBT Bks.

Fiches de Travail Avec Images à Reproduire Grâce Aux Pointillés et à Colorier (Émoticônes) Ce Livre Aidera les Jeunes Enfants à développer le Contrôle du Stylo et à Exercer Leurs Compétences en Motrices Fines. Nicola Ridgeway & James Manning. 2020. (Fiches de Travail de Traçage Sur Pointillés Ser.: Vol. 19). (FRE., Illus.). 86p. (J). pap. *(978-1-80027-376-4(2))* CBT Bks.

Fiches de Travail Avec Images à Reproduire Grâce Aux Pointillés et à Colorier (Maisons en Pain D'épice) Ce Livre Aidera les Jeunes Enfants à développer le Contrôle du Stylo et à Exercer Leurs Compétences en Motrices Fines. Nicola Ridgeway & James Manning. 2020. (Fiches de Travail de Traçage Sur Pointillés Ser.: Vol. 19). (FRE., Illus.). 86p. (J). pap. *(978-1-80027-377-1(0))* CBT Bks.

Fiches de Travail Avec Images à Reproduire Grâce Aux Pointillés et à Colorier (Maisons en Pain Dépice 1) Ce Livre Aidera les Jeunes Enfants à développer le Contrôle du Stylo et à Exercer Leurs Compétences en Motrices Fines. Nicola Ridgeway & James Manning. 2020. (Fiches de Travail de Traçage Sur Pointillés Ser.: Vol. 19). (FRE., Illus.). 86p. (J). pap. *(978-1-80027-403-7(3))* CBT Bks.

Fiches de Travail Avec Images à Reproduire Grâce Aux Pointillés et à Colorier (Nounours 1) Ce Livre Aidera les Jeunes Enfants à développer le Contrôle du Stylo et à Exercer Leurs Compétences en Motrices Fines. Nicola Ridgeway & James Manning. 2020. (Fiches de Travail de Traçage Sur Pointillés Ser.: Vol. 19). (FRE., Illus.). 86p. (J). pap. *(978-1-80027-379-5(7))* CBT Bks.

Fiches de Travail Avec Images à Reproduire Grâce Aux Pointillés et à Colorier (Nounours 2) Ce Livre Aidera les Jeunes Enfants à développer le Contrôle du Stylo et à Exercer Leurs Compétences en Motrices Fines. Nicola Ridgeway & James Manning. 2020. (Fiches de Travail de Traçage Sur Pointillés Ser.: Vol. 19). (FRE., Illus.). 86p. (J). pap. *(978-1-80027-418-1(1))* CBT Bks.

Fiches de Travail Avec Images à Reproduire Grâce Aux Pointillés et à Colorier (OEufs de Pâques) Ce Livre Aidera les Jeunes Enfants à développer le Contrôle du Stylo et à Exercer Leurs Compétences en Motrices Fines. Nicola Ridgeway & James Manning. 2020. (Fiches de Travail de Traçage Sur Pointillés Ser.: Vol. 19). (FRE., Illus.). 86p. (J). pap. *(978-1-80027-375-7(4))* CBT Bks.

Fiches de Travail de Traçage Sur Pointillés (Ballerines) Nicola Ridgeway & James Manning. 2020. (FRE.). 84p. (J). pap. *(978-1-80027-287-3(1))* CBT Bks.

Fickle Sally's Halloween. Mark Carozza. Illus. by April Matula. 2021. (ENG.). 26p. (J). pap. 12.95 *(978-1-7372754-0-4(6))* Little Pink Pr.

Fickle Wheel: A Tale of Elizabethan London (Classic Reprint) Henry Thew Stephenson. (ENG., Illus.). (J). 2018. 412p. 32.44 *(978-0-332-88453-0(8));* 2017. pap. 16.57 *(978-0-243-56473-6(2))* Forgotten Bks.

Fickle Wheel a Novel (Classic Reprint) Phyllis Margrave. 2018. (ENG., Illus.). 334p. (J). 30.79 *(978-0-484-15479-6(6))* Forgotten Bks.

Fico Generoso e Altre Fiabe. Matteo Abbate Lo Scrivistorie. 2018. (ITA.). 44p. (J). pap. ***(978-0-244-43752-7(1))*** Lulu Pr., Inc.

Fiction. Curt Pires. ed. 2016. lib. bdg. 26.95 *(978-0-606-38936-5(9))* Turtleback.

Fiction; Wit & Humor; Miscellany (Classic Reprint) Irvin S. Cobb. 2018. (ENG., Illus.). 74p. (J). 25.44 *(978-0-483-27590-4(5))* Forgotten Bks.

Fiction Without Romance, Vol. 2 Of 2: Or the Locket-Watch (Classic Reprint) Maria Polack. (ENG., Illus.). (J). 2018. 280p. 29.69 *(978-0-267-38476-1(9));* 2016. pap. 13.57 *(978-1-334-14921-4(6))* Forgotten Bks.

Fictional Boyfriend Diary. Forever Young. 2022. (ENG.). 100p. (YA). 24.99 ***(978-1-0879-6051-7(7))*** Indy Pub.

Fictionals: Secrets in Crimson. Preston T Francis. 2018. (ENG., Illus.). 400p. (YA). pap. 21.95 *(978-1-64082-885-8(0))* Page Publishing Inc.

Fidalgos of Casa Mourisca: From the Portuguese of Julio Diniz (Classic Reprint) Roxana L. Dabney. 2018. (ENG., Illus.). (J). 32.21 *(978-0-260-76062-3(5))* Forgotten Bks.

Fiddle-Faddle. Penelope Dyam. Illus. by Penelope Dyan. l.t. ed. 2023. (ENG.). 34p. (J). pap. 12.60 ***(978-1-61477-655-0(5))*** Bellissima Publishing, LLC.

Fiddle Stew. Annelie Fahlstedt. 2022. (ENG.). 38p. (J). 18.95 *(978-1-63755-049-6(9),* Mascot Kids) Amplify Publishing Group.

Fiddler of Carne (Classic Reprint) Jean Rhys. 2017. (ENG., Illus.). (J). 31.84 *(978-1-5280-7963-1(9))* Forgotten Bks.

Fiddler's House: A Play in Three Acts, & the Land, an Agrarian Comedy (Classic Reprint) Padraic Colum. 2018. (ENG., Illus.). 128p. (J). 26.54 *(978-0-267-47831-6(3))* Forgotten Bks.

Fiddler's Luck: The Gay Adventures of a Musical Amateur. Robert Haven Schauffler. 2017. (ENG., Illus.). (J). pap. *(978-0-649-16100-3(9))* Trieste Publishing Pty Ltd.

Fiddler's Luck: The Gay Adventures of a Musical Amateur (Classic Reprint) Robert Haven Schauffler. 2018. (ENG., Illus.). 292p. (J). 29.92 *(978-0-332-91174-8(8))* Forgotten Bks.

Fiddles & Spoons (pb) Journey of an Acadian Mouse, 1 vol. Lila Hope-Simpson. 2017. (ENG., Illus.). 32p. (J). (gr. 1-3). pap. 14.95 *(978-1-77108-562-5(2),* 0111bba3-b60b-4751-968b-82be0680d6b3) Nimbus Publishing, Ltd. CAN. Dist: Baker & Taylor Publisher Services (BTPS).

Fiddlestick Floyd in Fiddleland. J. W. Thomas. 2021. (ENG., Illus.). 34p. (J). 24.00 *(978-1-64804-116-7(7))* Dorrance Publishing Co., Inc.

Fiddley Dee! Gloria Thrall & Sara Thrall. 2020. (ENG.). 38p. (J). pap. 14.85 *(978-1-0983-2161-1(8))* BookBaby.

Fiddling Freddy (Classic Reprint) Neil Forrest. (ENG., Illus.). (J). 2018. 242p. 28.89 *(978-0-484-07565-7(9));* 2017. pap. 11.57 *(978-0-243-14947-6(6))* Forgotten Bks.

Fiddling Girl: The Story of Virginia Hammond (Classic Reprint) Daisy Rhodes Campbell. (ENG., Illus.). (J). 2018. 332p. 30.74 *(978-0-267-00483-6(4));* 2017. pap. 13.57 *(978-0-243-99074-0(X))* Forgotten Bks.

Fiddly Fingers. Stuart Carruthers. 2019. (ENG.). 30p. (J). (gr. 4-6). pap. 12.99 *(978-1-63041-821-2(8))* Independent Pub.

Fiddly Fingers: The Misadventures of the Little Boy Who Touched Too Much. Stuart Carruthers. Illus. by Stuart Carruthers. 2019. (ENG., Illus.). 30p. (J). (gr. 4-6). 19.99 *(978-1-63102-199-2(0))* Independent Pub.

Fidel Castro: Cuban Revolutionary Leader. Jill C. Wheeler. 2017. (Newsmakers Set 2 Ser.). (ENG., Illus.). 48p. (J). (gr. 4-8). lib. bdg. 35.64 *(978-1-5321-1180-8(0),* 25936) ABDO Publishing Co.

Fidel Castro & His Communist Marxist Government - Biography 5th Grade Children's Biography Books. Dissected Lives. 2017. (ENG., Illus.). (J). pap. 9.55 *(978-1-5419-1189-5(X),* Dissected Lives (Auto Biographies)) Speedy Publishing LLC.

Fidel Castro: Cuban Revolutionary Leader. Jill C. Wheeler. 2017. (Newsmakers Set 2 Ser.). (ENG.). 48p. (J). (gr. 4-8). 55.65 *(978-1-68078-965-2(1),* 26366) ABDO Publishing Co.

Fidel Coloring & Activity Book (Children's Book) Published Kiazpora. 2020. (AMH.). 82p. (J). pap. 8.99 *(978-1-946057-09-9(6))* Kiazpora LLC.

Fidelis: A Novel (Classic Reprint) Ada Cambridge. 2018. (ENG., Illus.). 358p. (J). 31.28 *(978-0-483-15301-1(X))* Forgotten Bks.

Fidelity: A Novel (Classic Reprint) Susan Glaspell. 2018. (ENG., Illus.). 428p. (J). 32.72 *(978-0-267-46084-7(8))* Forgotten Bks.

Fidelity & Profession: An Allegory (Classic Reprint) Unknown Author. 2018. (ENG., Illus.). 76p. (J). 25.46 *(978-0-483-40369-7(5))* Forgotten Bks.

Fidget Spinner Tricks, Hacks & Mods: Amaze Your Friends with Spectacular Spinner Secrets! Cara J. Stevens. 2017. (ENG.). 128p. (J). 9.99 *(978-1-63158-248-6(8),* Racehorse Publishing) Skyhorse Publishing Co., Inc.

Fidgety Learns a Valuable Lesson: A Heartwarming Adventure of Family & Friendship. Adrien Bischoff-Dyson. 2022. (Phylling Forest Ser.: Vol. 1). (ENG.). 38p. (J). pap. ***(978-1-914965-82-1(5))*** Mirador Publishing.

Fiebre Del Oro (the Gold Rush), 1 vol. Kate Shoup. Tr. by Christina Green. 2017. (Fuentes Primarias de la Expansión Hacia el Oeste (Primary Sources of Westward Expansion) Ser.). (SPA.). 64p. (gr. 6-6). lib. bdg. 35.93 *(978-1-5026-2899-2(6),* 69a8443e-63e9-47db-88e8-289431242c4e) Cavendish Square Publishing LLC.

Fiebre Por el Motocross. Craig Stevens. 2022. (Velocidad Increíble (Insane Speed) Ser.). (SPA.). 24p. (J). (gr. k-2). pap. *(978-1-0396-4959-0(9),* 21965); lib. bdg. *(978-1-0396-4832-6(0),* 21964) Crabtree Publishing Co.

Fiebre Por Las Motonieves. Craig Stevens. 2022. (Velocidad Increíble (Insane Speed) Ser.). (SPA.). 24p. (J). (gr. k-2). pap. *(978-1-0396-4964-4(5),* 21972); lib. bdg. *(978-1-0396-4837-1(1),* 21971) Crabtree Publishing Co.

Fiebre Por Las Motos de Calle. Craig Stevens. 2022. (Velocidad Increíble (Insane Speed) Ser.). (SPA.). 24p. (J). (gr. k-2). pap. *(978-1-0396-4965-1(3),* 21978); lib. bdg. *(978-1-0396-4838-8(X),* 21977) Crabtree Publishing Co.

Fiebre Por los Autos de Serie. Craig Stevens. 2022. (Velocidad Increíble (Insane Speed) Ser.).Tr. of Stock Car Mania. (SPA.). 24p. (J). (gr. k-2). pap. *(978-1-0396-4962-0(9),* 21984); lib. bdg. *(978-1-0396-4835-7(5),* 21983) Crabtree Publishing Co.

Fiebre Por los Camiones Monstruo. Craig Stevens. 2022. (Velocidad Increíble (Insane Speed) Ser.).Tr. of Monster Truck Mania. (SPA.). 24p. (J). (gr. k-2). pap. *(978-1-0396-4963-7(7),* 21989); lib. bdg. *(978-1-0396-4836-4(3),* 21988) Crabtree Publishing Co.

Fiebre Por los Drágsters. Craig Stevens. 2022. (Velocidad Increíble (Insane Speed) Ser.).Tr. of Dragster Mania. (SPA.). 24p. (J). (gr. k-2). pap. *(978-1-0396-4960-6(2),* 21995); lib. bdg. *(978-1-0396-4833-3(9),* 21994) Crabtree Publishing Co.

Fiebre por los Todoterreno. Craig Stevens. 2022. (Velocidad Increíble (Insane Speed) Ser.).Tr. of Four-Wheeler Mania. (SPA.). 24p. (J). (gr. k-2). pap. *(978-1-0396-4961-3(0),* 22001) Crabtree Publishing Co.

Fiebre Por los Todoterreno. Craig Stevens. 2022. (Velocidad Increíble (Insane Speed) Ser.).Tr. of Four-Wheeler Mania. (SPA.). 24p. (J). (gr. k-2). lib. bdg. *(978-1-0396-4834-0(7),* 22000) Crabtree Publishing Co.

Field. Baptiste Paul. Illus. by Jacqueline Alcántara. (ENG.). 32p. (J). (gr. -1-3). 2021. 8.95 *(978-0-7358-4461-2(5));* 2018. 17.95 *(978-0-7358-4312-7(0))* North-South Bks., Inc.

Field Afar Stories, Vol. 2 (Classic Reprint) Catholic Foreign Mission Societ America. 2017. (ENG., Illus.). (J). 28.17 *(978-0-331-17321-5(2))* Forgotten Bks.

Field Afar Stories, Vol. 3 (Classic Reprint) Unknown Author. 2018. (ENG., Illus.). 196p. (J). 27.94 *(978-0-483-42275-9(4))* Forgotten Bks.

Field Agent. R. S. Twells. 2021. (ENG.). 300p. (YA). *(978-1-5255-9347-5(1))* FriesenPress.

Field Ambulance Sketches (Classic Reprint) Corporal Corporal. 2017. (ENG., Illus.). (J). 27.20 *(978-0-265-65997-7(3))* Forgotten Bks.

Field & Forest Friends: A Boy's World & How He Discovered It (Classic Reprint) Clarence Hawkes. 2018. (ENG., Illus.). 218p. (J). 28.41 *(978-0-267-55325-9(0))* Forgotten Bks.

Field & Forest, or the Fortunes of a Farmer (Classic Reprint) Oliver Optic, pseud. 2018. (ENG., Illus.). 320p. (J). 30.50 *(978-0-267-53339-8(X))* Forgotten Bks.

Field & Hedgerow, Being the Last Essays of Richard Jefferies (Classic Reprint) Richard Jefferies. 2018. (ENG., Illus.). 360p. (J). 31.34 *(978-0-365-17202-4(2))* Forgotten Bks.

Field & Study (Classic Reprint) John Burroughs. 2017. (ENG., Illus.). (J). 31.05 *(978-0-266-42489-5(9))* Forgotten Bks.

Field at Home: January, 1941 (Classic Reprint) Sisters of Service. (ENG., Illus.). (J). 2018. 68p. 25.30 *(978-0-364-00103-5(8));* 2017. pap. 9.57 *(978-0-243-49734-8(2))* Forgotten Bks.

Field at Home: January, 1942 (Classic Reprint) Sisters of Service. (ENG., Illus.). (J). 2018. 68p. 25.30 *(978-0-428-88650-9(7));* 2017. pap. 9.57 *(978-0-243-48905-3(6))* Forgotten Bks.

Field at Home: January, 1943 (Classic Reprint) Sisters of Service. (ENG., Illus.). (J). 2018. 68p. 25.30 *(978-0-364-00750-1(8));* 2017. pap. 9.57 *(978-0-243-50360-5(1))* Forgotten Bks.

Field at Home: January 1944 (Classic Reprint) Sisters of Service. (ENG., Illus.). (J). 2018. 68p. 25.30 *(978-0-666-99872-9(8));* 2017. pap. 9.57 *(978-0-243-49087-5(9))* Forgotten Bks.

Field Book of the Stars. William Tyler Olcott. 2017. (ENG., Illus.). (J). 22.95 *(978-1-375-01515-8(X))* Capital Communications, Inc.

Field Day at Higginsville (Classic Reprint) Willis Bugbee. 2018. (ENG., Illus.). 24p. (J). 24.39 *(978-0-656-13759-6(2))* Forgotten Bks.

Field Day for Eugene: Kindness, Acceptance, Inclusion. Maria Lei Antonio. 2021. (ENG.). 24p. (J). 20.95 *(978-1-63765-078-3(7));* pap. 13.95 *(978-1-63765-077-6(9))* Halo Publishing International.

Field Day for Janey Mouse. Travis Theiss. Illus. by Arti Kukreja. 2021. (ENG.). 38p. (J). pap. 9.99 *(978-1-7372061-0-1(2))* Dad Wings It Bks.

Field Day Fun. Molly Beth Griffin. Illus. by Mike Deas. 2019. (School Sidekicks Ser.). (ENG.). 32p. (J). (gr. -1-2). lib. bdg. 21.32 *(978-1-5158-4418-1(8),* 140513, Picture Window Bks.) Capstone.

Field-Days in California (Classic Reprint) Bradford Torrey. 2018. (ENG., Illus.). 264p. (J). 29.36 *(978-0-428-95678-3(5))* Forgotten Bks.

Field Engineering: A Handbook of the Theory & Practice of Railway Surveying, Location, & Construction (Classic Reprint) William Henry Searles. 2018. (ENG., Illus.). 520p. (J). 34.64 *(978-0-365-24815-6(0))* Forgotten Bks.

Field First Reader (Classic Reprint) Walter Taylor Field. (ENG., Illus.). (J). 2018. 176p. 27.55 *(978-0-483-16550-2(6));* 2017. pap. 9.97 *(978-0-259-53054-1(9))* Forgotten Bks.

Field Flowers. Julia M. Swift. 2017. (ENG., Illus.). (J). pap. *(978-0-649-58249-5(7))* Trieste Publishing Pty Ltd.

Field Friends. Ann Poole. 2018. (ENG., Illus.). 42p. (J). (gr. -1-1). pap. 14.99 *(978-1-78719-655-1(0));* (gr. k-1). 20.99 *(978-1-78719-656-8(9))* New Generation Publishing GBR. Dist: Independent Pubs. Group.

Field-Gar-A-Jim: Not (Classic Reprint) H. W. L. 2018. (ENG., Illus.). 68p. (J). 25.30 *(978-0-656-00412-6(6))* Forgotten Bks.

Field Glass: Gypsying (Classic Reprint) G. M. 2018. (ENG., Illus.). 62p. (J). 25.20 *(978-0-267-27063-7(1))* Forgotten Bks.

Field Guide. Tony DiTerlizzi & Holly Black. Illus. by Tony DiTerlizzi. 2023. (Spiderwick Chronicles Ser.: 1). (ENG., Illus.). (J). (gr. 1-5). 128p. 17.99 *(978-1-6659-2865-6(4));* 128p. 13.99 *(978-1-6659-3000-0(4));* 144p. pap. 8.99 *(978-1-6659-2866-3(2))* Simon & Schuster Bks. For Young Readers. (Simon & Schuster Bks. For Young Readers).

Field Guide to Getting Lost. Joy McCullough. (ENG.). 224p. (J). (gr. 3). 2021. pap. 7.99 *(978-1-5344-3850-7(5));* 2020. 17.99 *(978-1-5344-3849-1(1))* Simon & Schuster Children's Publishing. (Atheneum Bks. for Young Readers).

Field Guide to Mermaids of the Great Lakes. Debbie Scheller. 2017. (ENG., Illus.). (J). (gr. 4-6). 18.95 *(978-0-9991885-0-7(X))* Scheller, Debbie.

Field Guide to Mystical Creatures. Sarah Wineholt. 2017. (ENG., Illus.). (J). pap. 20.00 *(978-1-365-97059-7(0))* Lulu Pr., Inc.

Field Guide to the Grumpasaurus. Edward Hemingway. Illus. by Edward Hemingway. 2016. (ENG., Illus.). 32p. (J). (gr. -1-3). 16.99 *(978-0-544-54665-3(2),* 1609528, Clarion Bks.) HarperCollins Pubs.

Field Guide to the North American Teenager. Ben Philippe. (ENG.). 384p. (YA). (gr. 8). 2020. pap. 11.99 *(978-0-06-282412-7(0));* 2019. 18.99 *(978-0-06-282411-0(2))* HarperCollins Pubs. (Balzer & Bray).

Field Guide to the Supernatural Universe. Alyson Noël. 2023. (ENG.). 352p. (J). (gr. 3-7). pap. 8.99 *(978-1-5344-9824-2(9),* McElderry, Margaret K. Bks.) McElderry, Margaret K. Bks.

Field Guide to Unicorns of North America: The Official Handbook for Unicorn Enthusiasts of All Ages. Andy Robbins. 2021. (ENG., Illus.). 96p. (J). (gr. 3). pap. 11.95 *(978-1-64604-140-4(2))* Ulysses Pr.

Field Guides for Kids (Set), 4 vols. 2020. (Field Guides). (ENG.). 112p. (J). (gr. 4-8). lib. bdg. 176.84 *(978-1-5321-9303-3(3),* 34791) ABDO Publishing Co.

Field Guides for Kids Set 2 (Set), 4 vols. 2021. (Field Guides). (ENG.). 112p. (J). (gr. 4-8). lib. bdg. 176.84 *(978-1-5321-9694-2(6)*, 38354) ABDO Publishing Co.

Field Guides Set 3 (Set), 4 vols. 2022. (Field Guides). (ENG.). 112p. (J). (gr. 3-9). lib. bdg. 176.84 *(978-1-5321-9878-6(7)*, 39535) ABDO Publishing Co.

Field Hockey, 1 vol. Emilie Dufresne. 2019. (Play Like a Girl Ser.). (ENG.). 32p. (gr. 3-4). pap. 11.50 *(978-1-5345-3100-0(9)*, caa717b1-ef41-421f-937d-1d6015a8a192); lib. bdg. 28.88 *(978-1-5345-3009-6(6)*, 9a7a0a7b-d981-42be-acbf-187b80ecca77) Greenhaven Publishing LLC. (KidHaven Publishing).

Field Hospital & Flying Column: Being the Journal of an English Nursing Sister in Belgium Russia (Classic Reprint) Violetta Thurstan. 2017. (ENG., Illus.). (J). 27.90 *(978-0-265-44518-1(3))* Forgotten Bks.

Field Notes on Love. Jennifer E. Smith. 2020. (ENG.). 288p. (YA). (gr. 7). pap. 10.99 *(978-0-399-55944-0(2)*, Ember) Random Hse. Children's Bks.

Field of Clover: Engraved by Clemence Housman (Classic Reprint) Laurence Housman. 2018. (ENG., Illus.). 180p. (J). 27.63 *(978-0-484-14660-9(2))* Forgotten Bks.

Field of Honour (Classic Reprint) H. Fielding Hall. 2018. (ENG., Illus.). 146p. (J). 26.91 *(978-0-484-34497-5(8))* Forgotten Bks.

Field of Hum. Jon Gamble. 2019. (ENG.). 186p. (YA). pap. 13.99 *(978-1-5043-1530-2(8)*, Balboa Pr.) Author Solutions, LLC.

Field of Screams. Wendy Parris. 2023. 256p. (J). (gr. 3-7). pap. 8.99 ***(978-0-593-57000-5(6)***, Delacorte Pr.) Random Hse. Children's Bks.

Field of Screams. Joel Sutherland. 2020. (Haunted Ser.: 1). (ENG.). 192p. (J). (gr. 3-7). pap. 7.99 *(978-1-7282-2594-4(9))* Sourcebooks, Inc.

Field of Spies. Sean Cassidy. 2021. (ENG.). 224p. (YA). pap. *(978-1-78465-892-2(8)*, Vanguard Press) Pegasus Elliot Mackenzie Pubs.

Field of the Dogs see Clan de los Perros

Field of the Forty Footsteps: A Romance of the Seventeenth Century (Classic Reprint) Jane Porter. (ENG., Illus.). (J). 2018. 694p. 38.23 *(978-0-332-34481-2(9))*; 2016. pap. 20.97 *(978-1-333-67321-5(3))* Forgotten Bks.

Field Ornithology: Comprising a Manual of Instruction Procuring, Preparing & Preserving Birds & a Check List of North American Birds (Classic Reprint) Elliott Coues. 2018. (ENG., Illus.). 260p. (J). 29.28 *(978-0-365-27426-1(7))* Forgotten Bks.

Field Party Collection Books 1-3: Until Friday Night; under the Lights; after the Game. Abbi Glines. ed. 2017. (Field Party Ser.). (ENG.). 1024p. (YA). (gr. 9). 55.99 *(978-1-4814-9992-7(0)*, Simon Pulse) Simon Pulse.

Field Party Collection Books 1-4: Until Friday Night; under the Lights; after the Game; Losing the Field. Abbi Glines. ed. 2019. (Field Party Ser.). (ENG.). 1424p. (YA). (gr. 9). pap. 51.99 *(978-1-5344-4639-7(7)*, Simon Pulse) Simon Pulse.

Field-Path & Highway (Classic Reprint) Elva E. Miller. 2018. (ENG., Illus.). 98p. (J). 25.94 *(978-0-483-23505-2(9))* Forgotten Bks.

Field Paths & Green Lanes. Louis J. Jennings & Josiah W. Whymper. 2017. (ENG.). 332p. (J). pap. *(978-3-337-23112-5(8))* Creation Pubs.

Field Paths & Green Lanes: In Surrey & Sussex (Classic Reprint) Louis J. Jennings. 2017. (ENG., Illus.). (J). 31.28 *(978-0-266-74171-8(1))* Forgotten Bks.

Field Primer. Walter Taylor Field. 2017. (ENG., Illus.). (J). pap. *(978-0-649-52407-5(1))* Trieste Publishing Pty Ltd.

Field Primer (Classic Reprint) Walter Taylor Field. 2018. (ENG., Illus.). 138p. (J). 26.76 *(978-0-483-59540-8(3))* Forgotten Bks.

Field That Wasn't Leveled. Jibreel A. Rashad. 2021. (ENG.). 244p. (YA). 29.95 *(978-1-6624-5157-7(1))*; pap. 15.95 *(978-1-6624-2261-4(X))* Page Publishing Inc.

Field Trip. Molly Brooks. Illus. by Molly Brooks. 2019. (Sanity & Tallulah Ser.: 2). (ENG., Illus.). 240p. (J). (gr. 3-7). pap. 12.99 *(978-1-368-02377-1(0))* Little, Brown Bks. for Young Readers.

Field Trip. R. T. Martin. 2018. (Attack on Earth Ser.). (ENG.). 112p. (YA). (gr. 6-12). 26.65 *(978-1-5415-2573-3(6)*, 06e260b9-f5cb-42f2-80c8-692f0c9fe067, Darby Creek) Lerner Publishing Group.

Field Trip. J. D. Riley. ed. 2019. (I Can Read Ser.). (ENG.). 24p. (J). (gr. k-1). 14.96 *(978-0-87617-537-8(X))* Penworthy Co., LLC, The.

Field Trip. Aron Nels Steinke. ed. 2021. (Mr. Wolf's Glass Ser.). (ENG., Illus.). 169p. (J). (gr. 2-3). 20.96 *(978-1-64697-655-3(X))* Penworthy Co., LLC, The.

Field Trip: A QUIX Book. Jarrett Lerner. Illus. by Serge Seidlitz. 2023. (Geeger the Robot Ser.). (ENG.). 96p. (J). (gr. k-3). 17.99 ***(978-1-6659-1093-4(3))***; pap. 5.99 ***(978-1-6659-1092-7(5))*** Simon & Schuster Children's Publishing. (Aladdin).

Field Trip: a Graphic Novel (Mr. Wolf's Class #4) Aron Nels Steinke. 2020. (Mr. Wolf's Class Ser.: 4). (ENG., Illus.). 176p. (J). (gr. 2-5). pap. 9.99 *(978-1-338-61763-4(X)*, Graphix) Scholastic, Inc.

Field Trip Day! Andrew Critelli. 2020. (Club Jeffery Book Ser.: Vol. 6). (ENG.). 36p. (J). pap. *(978-0-9952595-6-0(9))* Infinite Abundance.

Field Trip Disaster (DC Comics: Secret Hero Society #5) Derek Fridolfs. Illus. by Dave Bardin. 2019. (DC Comics: Secret Hero Society Ser.: 5). (ENG.). 176p. (J). (gr. 2-5). 12.99 *(978-1-338-27329-8(9))* Scholastic, Inc.

Field Trip to Mars (Book 1) Jeff Dinardo. Illus. by Dave Clegg. 2018. (Funny Bone Books (tm) First Chapters — the Jupiter Twins Ser.). (ENG.). 32p. (J). (gr. k-2). pap. 4.99 *(978-1-63440-253-8(7)*, a36c3066-7240-49c6-8199-6603c4e655a8); lib. bdg. 19.99 *(978-1-63440-249-1(9)*, 6e39dd05-728c-4f2b-a77c-a147a05d70b4) Red Chair Pr.

Field Trip to the Moon. John Hare. (Field Trip Adventures Ser.). (ENG., Illus.). 40p. (J). (gr. -1-3). 2022. pap. 8.99 *(978-0-8234-5112-8(7))*; 2019. 17.99 *(978-0-8234-4253-9(5))* Holiday Hse., Inc. (Margaret Ferguson Books).

Field Trip to the Moon. John Hare. ed. 2022. (Field Trip to The... Ser.). (ENG.). 40p. (J). (gr. k-1). 21.46 ***(978-1-68505-298-0(3))*** Penworthy Co., LLC, The.

Field Trip to the Ocean Deep. John Hare. (Field Trip Adventures Ser.). (Illus.). 40p. (J). (gr. -1-3). 2022. pap. 8.99 *(978-0-8234-5123-4(2))*; 2020. (ENG.). 17.99 *(978-0-8234-4630-8(1))* Holiday Hse., Inc. (Margaret Ferguson Books).

Field Trip to the Ocean Deep. John Hare. ed. 2022. (Field Trip to The... Ser.). (ENG.). 40p. (J). (gr. k-1). 21.46 ***(978-1-68505-299-7(1))*** Penworthy Co., LLC, The.

Field Trip to Volcano Island. John Hare. 2023. (Field Trip Adventures Ser.). (Illus.). 40p. (J). (gr. -1-3). pap. 8.99 ***(978-0-8234-5591-1(2)***, Margaret Ferguson Books) Holiday Hse., Inc.

Field Trip Trouble. Molly Beth Griffin. Illus. by Mike Deas. 2019. (School Sidekicks Ser.). (ENG.). 32p. (J). (gr. -1-2). lib. bdg. 21.32 *(978-1-5158-4416-7(1)*, 140510, Picture Window Bks.) Capstone.

Field Trips (Set), 6 vols. Julie Murray. 2019. (Field Trips Ser.). (ENG.). 24p. (J). (gr. -1-2). lib. bdg. 188.16 *(978-1-5321-8870-1(6)*, 32908, Abdo Kids) ABDO Publishing Co.

Fielding (Classic Reprint) George Saintsbury. 2018. (ENG., Illus.). 402p. (J). 32.21 *(978-0-484-76494-0(2))* Forgotten Bks.

Fielding Sargent: A Novel (Classic Reprint) Elsa Barker. 2018. (ENG., Illus.). 326p. (J). 30.64 *(978-0-483-39111-6(5))* Forgotten Bks.

Fields. Sammi Leigh Melville. 2018. (ENG., Illus.). 306p. (YA). (gr. 7-12). pap. 9.99 *(978-0-578-40600-8(4))* Sammi Leigh Melville.

Fields & Battlefields (Classic Reprint) Hope Bagenal. 2017. (ENG., Illus.). (J). 29.55 *(978-1-5279-8799-9(X))* Forgotten Bks.

Fields of Fair Renown (Classic Reprint) Joseph Hocking. 2017. (ENG., Illus.). (J). 33.30 *(978-0-265-68263-0(0))*; pap. 16.57 *(978-1-5276-5658-1(6))* Forgotten Bks.

Fields of France (Classic Reprint) Mary Duclaux. (ENG., Illus.). (J). 2018. 370p. 31.55 *(978-0-267-90224-8(7))*; 2016. pap. 13.97 *(978-1-333-71943-2(4))* Forgotten Bks.

Fields of the Fatherless (Classic Reprint) Jean Roy. 2018. (ENG., Illus.). 310p. (J). 30.31 *(978-0-483-23193-1(2))* Forgotten Bks.

Fiends on the Other Side, 2. Vera Strange. ed. 2021. (Disney Chills Ser.). (ENG., Illus.). 198p. (J). (gr. 4-5). 18.46 *(978-1-64697-992-9(3))* Penworthy Co., LLC, The.

Fiends on the Other Side-Disney Chills, Book Two. Vera Strange. 2020. (Disney Chills Ser.: 2). (ENG.). 208p. (J). (gr. 3-7). pap. 6.99 *(978-1-368-04836-1(6)*, Disney-Hyperion) Disney Publishing Worldwide.

Fierce. Make Believe Ideas. Illus. by Make Believe Ideas. 2021. (ENG.). 192p. (J). (gr. 3-7). 12.99 *(978-1-80058-775-5(9))* Make Believe Ideas GBR. Dist: Scholastic, Inc.

Fierce: How Competing for Myself Changed Everything. Aly Raisman. 2018. (ENG., Illus.). 368p. (YA). (gr. 7-17). pap. 12.99 *(978-0-316-47268-5(9))* Little, Brown Bks. for Young Readers.

Fierce: How Competing for Myself Changed Everything. Aly Raisman & Blythe Lawrence. 2017. (Illus.). 358p. (YA). *(978-0-316-48063-5(0))* Little Brown & Co.

Fierce 44: Black Americans Who Shook up the World. The Staff The Staff of The Undefeated. Illus. by Robert Ball. (ENG.). 96p. (J). (gr. 5-7). 2021. pap. 11.99 *(978-0-358-66805-3(0)*, 1822890); 2019. 17.99 *(978-1-328-94062-9(4)*, 1704629) HarperCollins Pubs. (Clarion Bks.).

Fierce: a Coloring Book for the Fearless. IglooBooks. Illus. by Anne Passchier. 2022. (ENG.). 48p. (J). (gr. 2). 7.99 *(978-1-80108-741-4(5))* Igloo Bks. GBR. Dist: Simon & Schuster, Inc.

Fierce & Subtle Poison. Samantha Mabry. 2017. (ENG.). 288p. (YA). (gr. 8-13). pap. 13.99 *(978-1-61620-698-7(5)*, 73698) Algonquin Young Readers.

Fierce As the Wind. Tara Wilson Redd. 2021. 304p. (YA). (gr. 7). 17.99 *(978-1-5247-6691-7(7)*, Lamb, Wendy Bks.) Random Hse. Children's Bks.

Fierce Competition! (DC Super Hero Girls) Erica David. Illus. by Random House. 2020. 144p. (J). (gr. 1-4). 6.99 *(978-1-9848-9456-4(0)*, Random Hse. Bks. for Young Readers) Random Hse. Children's Bks.

Fierce Dinos. Josh Anderson. 2023. (Dino Discovery Ser.). (ENG.). 24p. (J). (gr. k-3). lib. bdg. 32.79 *(978-1-5038-6524-2(X)*, 216421, Wonder Books(r)) Child's World, Inc, The.

Fierce Dinosaurs: Pachycephalosaurs & Ceratopsians, 1 vol. Clare Hibbert. 2018. (Dino Explorers Ser.). (ENG.). 32p. (gr. 3-3). lib. bdg. 26.93 *(978-1-9785-0008-2(4)*, 4b9dd398-9c92-417e-9a5b-05234b0e56c8) Enslow Publishing, LLC.

Fierce Fashions, Accessories, & Styles That Pop: 4D an Augmented Reading & Fashion Experience. Rebecca Rissman. 2018. (DIY Fearless Fashion Ser.). (ENG., Illus.). 48p. (J). (gr. 4-8). lib. bdg. 34.65 *(978-1-5435-1100-0(7)*, 137706, Compass Point Bks.) Capstone.

Fierce Females of Fiction (Set), 6 vols. Kenny Abdo. 2020. (Fierce Females of Fiction Ser.). (ENG.). 24p. (J). (gr. 2-8). lib. bdg. 188.16 *(978-1-0982-2310-6(1)*, 36257, Abdo Zoom-Fly) ABDO Publishing Co.

Fierce Fire-Breathing Dragons Coloring Book. Jupiter Kids. 2016. (ENG., Illus.). 106p. (J). pap. 12.55 *(978-1-68326-312-8(X)*, Jupiter Kids (Childrens & Kids Fiction)) Speedy Publishing LLC.

Fierce Girls. Samantha Turnbull. Illus. by Kim Siew. 2023. (ENG.). 128p. (J). (gr. 2-7). pap. 19.99 ***(978-1-922857-67-5(X))*** Bonnier Publishing GBR. Dist: Independent Pubs. Group.

Fierce Jobs (Set), 6 vols. Julie Murray. 2020. (Fierce Jobs Ser.). (ENG.). 24p. (J). (gr. k-4). lib. bdg. 188.16 *(978-1-0982-2107-2(9)*, 34461, Abdo Zoom-Dash) ABDO Publishing Co.

Fierce Jobs (Set Of 6) Julie Murray. 2020. (Fierce Jobs Ser.). (ENG.). 144p. (J). (gr. 2-2). pap. 53.70 *(978-1-64494-402-8(2)*, Abdo Zoom-Dash) ABDO Publishing Co.

Fierce Like a Firestorm. Lana Popovic. (ENG.). 320p. (YA). (gr. 9). 2019. pap. 10.99 *(978-0-06-243687-0(2))*; 2018. 17.99 *(978-0-06-243686-3(4))* HarperCollins Pubs. (Tegen, Katherine Bks).

Fierce Predators, 1 vol. Steve Parker. 2016. (Animals Are Wild! Ser.). (ENG.). 40p. (gr. 3-4). pap. 15.05 *(978-1-4824-5006-4(2)*, bb911410-819a-4d02-bfa9-92c9b4d1cc73) Stevens, Gareth Publishing LLLP.

Fiercely? Friendly? Jungle Tiger Tail. Shane Southerland. 2019. (ENG.). 18p. (J). pap. 12.49 *(978-1-5456-6181-9(2))* Salem Author Services.

Fiery Dawn (Classic Reprint) Mary E. Coleridge. 2018. (ENG., Illus.). 404p. (J). 32.23 *(978-0-483-47331-7(6))* Forgotten Bks.

Fiery Friendship. Lisa Fiedler. Illus. by Sebastian Giacobino. (Ages of Oz Ser.). (ENG.). (J). (gr. 3-7). 2018. 448p. pap. 8.99 *(978-1-4814-6972-2(X))*; 2017. 432p. 17.99 *(978-1-4814-6971-5(1))* McElderry, Margaret K. Bks. (McElderry, Margaret K. Bks.).

Fiery Glen (the Anouka Chronicles) Philippa W. Joyner. 2021. (ENG.). 306p. (J). pap. *(978-1-80031-075-9(7))* Authors OnLine, Ltd.

Fiery Night: A Boy, His Goat, & the Great Chicago Fire. Sally M. Walker. Illus. by Kayla Harren. 2020. (ENG.). 40p. (J). (gr. 3-5). lib. bdg. 18.99 *(978-1-68446-086-1(7)*, 140987, Capstone Editions) Capstone.

Fiesole, Vol. 1 Of 2: A Novel (Classic Reprint) Beatrice Ley. 2018. (ENG., Illus.). 238p. (J). 28.81 *(978-0-483-49772-6(X))* Forgotten Bks.

Fiesole, Vol. 2 Of 2: A Novel (Classic Reprint) Beatrice Ley. 2018. (ENG., Illus.). 196p. (J). 27.96 *(978-0-483-07358-6(X))* Forgotten Bks.

Fiesta Cane: A Blind Mama's Gift. Natalie Watkins. 2023. (ENG.). 70p. (J). 25.00 ***(978-1-0880-8784-8(1))*** Lulu Pr., Inc.

Fiesta de Gracie. Isabella Gilmore & Gracie Castillo. Ed. by Tony Morin. 2022. (SPA.). 26p. (J). 22.00 *(978-1-4357-8732-2(3))* Lulu Pr., Inc.

Fiesta de la Gallina. Petra Craddock. Illus. by Natalie Smillie. 2016. (Early Rising Readers Ser.). (SPA.). 16p. (J). (gr. 1-1). 29.00 *(978-1-4788-3889-0(2))* Newmark Learning LLC.

Fiesta de Patinetas: Skateboard Party (Spanish Edition) Karen English. Tr. by Aurora Humaran & Leticia Monge. Illus. by Laura Freeman. 2020. (Carver Chronicles Ser.: 2). (SPA.). 128p. (J). (gr. 1-4). pap. 5.99 *(978-0-358-24434-9(X)*, 1767923, Clarion Bks.) HarperCollins Pubs.

Fiesta de Pizzas: Pizza Party (Spanish Edition) Karen English. Tr. by Aurora Humaran & Leticia Monge. Illus. by Laura Freeman. 2020. (Carver Chronicles Ser.: 6). (SPA.). 144p. (J). (gr. 1-4). pap. 5.99 *(978-0-358-25200-9(8)*, 1770097, Clarion Bks.) HarperCollins Pubs.

Fiesta in Mexico (Thea Stilton #35) Thea Stilton. 2022. (Thea Stilton Ser.). (ENG., Illus.). 176p. (J). (gr. 2-5). pap. 8.99 *(978-1-338-80222-1(4)*, Scholastic Paperbacks) Scholastic, Inc.

Fiesta Sorpresa / the Surprise Party (Serie Verde) Spanish Edition. 2017. (Serie Verde Ser.). (SPA., Illus.). (J). pap. 9.99 *(978-607-01-3256-8(4))* Santillana USA Publishing Co., Inc.

Fiesta Sorpresa de Cumpleaños. Katish Mira. Illus. by Wabisabi. 2017. (SPA.). 28p. (J). (gr. k-2). *(978-958-48-1979-6(8))* Restrepo, Ana.

Fiestas de Otoño. Julie Murray. 2023. (Las Estaciones: ¡Llega el Otoño! Ser.). (SPA.). 24p. (J). (gr. -1-2). lib. bdg. 31.36 ***(978-1-0982-6754-4(0)***, 42732, Abdo Kids) ABDO Publishing Co.

Fiestas (Holidays) (Set), 6 vols. 2018. (Fiestas (Holidays) Ser.). (SPA.). 24p. (J). (gr. -1-2). lib. bdg. 188.16 *(978-1-5321-8000-2(4)*, 28215, Abdo Kids) ABDO Publishing Co.

Fiestas (Holidays Set 2) (Set), 6 vols. 2019. (Fiestas (Holidays) Ser.). (SPA.). 24p. (J). (gr. -1-2). lib. bdg. 188.16 *(978-1-5321-8723-0(8)*, 31294, Abdo Kids) ABDO Publishing Co.

FIFA Women's World Cup Australia/New Zealand 2023: Kid's Handbook. Emily Stead. 2023. (ENG., Illus.). 48p. (J). (gr. 3-7). pap. 9.95 ***(978-1-80453-517-2(6))*** Welbeck Publishing Group Ltd. GBR. Dist: Two Rivers Distribution.

FIFA World Cup. Adam Hellebuyck & Laura Deimel. 2019. (21st Century Skills Library: Global Citizens: Sports Ser.). (ENG., Illus.). 32p. (J). (gr. 4-7). pap. 14.21 *(978-1-5341-5033-1(1)*, 213439); lib. bdg. 32.07 *(978-1-5341-4747-8(0)*, 213438) Cherry Lake Publishing.

FIFA World Cup. Matt Lilley. 2023. (Major Sports Events Ser.). (ENG., Illus.). 32p. (J). (gr. 2-3). pap. 9.95 *(978-1-63738-327-8(4))*; lib. bdg. 31.35 *(978-1-63738-291-2(X))* North Star Editions. (Apex).

Fife & Forfar Yeomanry: And 14th (F. & F. Yeo.) Battn. R. H. 1914-1919. David Douglas Ogilvie. 2017. (ENG., Illus.). (J). 23.95 *(978-1-374-96897-4(8))*; pap. 13.95 *(978-1-374-96896-7(X))* Capital Communications, Inc.

Fifi, la Footballeuse. Mary G. Mbabazi. 2019. (FRE.). 24p. (J). pap. *(978-99977-774-7-8(6))* FURAHA Pubs. Ltd.

Fifi the Ferret Fixes the Problem: Solving Problems, 1 vol. Marisa Pace. 2019. (Social & Emotional Learning for the Real World Ser.). (ENG.). 8p. (gr. k-1). pap. *(978-1-7253-5452-4(7)*, 64aed8dc-cdce-4b7b-b1c3-f89367bf3d08, Rosen Classroom) Rosen Publishing Group, Inc., The.

Fifteen & Change, 1 vol. Max Howard. 2018. (YA Verse Ser.). (ENG.). 200p. (YA). (gr. 3-4). 25.80 *(978-1-5383-8260-8(1)*, e9a0fb0b-a424-40b8-906b-73974d4d5ccb); pap. 16.35 *(978-1-5383-8259-2(8)*, 4665e9f6-dce1-4935-bbfa-07b260172900) Enslow Publishing, LLC.

Fifteen & Still Kicking: A Collection of Writings By. Naomi Joyner. 2018. (ENG., Illus.). 182p. (YA). pap. 14.95 *(978-1-64191-326-3(6))* Christian Faith Publishing.

Fifteen Animals! Sandra Boynton. Illus. by Sandra Boynton. 2023. (Boynton on Board Ser.). (ENG., Illus.). 24p. (J). (gr. -1-k). bds., bds. 7.99 ***(978-1-6659-2513-6(2))*** Simon & Schuster Children's Publishing.

Fifteen Days: An Extract from Edward Colvil's Journal (Classic Reprint) Mary Lowell Putnam. 2017. (ENG., Illus.). (J). 30.25 *(978-0-265-18375-5(8))* Forgotten Bks.

Fifteen Days to Count. Khadeeja Nafila. 2022. (ENG.). 82p. (YA). 19.00 *(978-1-63640-480-6(4)*, White Falcon Publishing) White Falcon Publishing.

Fifteen Lanes. S. J. Laidlaw. 2018. 304p. (YA). (gr. 9). pap. 9.99 *(978-0-7352-6477-9(5)*, Penguin Teen) PRH Canada Young Readers CAN. Dist: Penguin Random Hse. LLC.

Fifteen Minutes Around New York (Classic Reprint) George G. Foster. 2018. (ENG., Illus.). 118p. (J). 26.35 *(978-0-483-46924-2(6))* Forgotten Bks.

Fifteen Seconds of Normal. Alex Marestaing. 2016. (ENG., Illus.). (YA). pap. 12.99 *(978-0-692-79069-4(1))* Mymilou Pr.

Fifteen Thousand Miles by Stage: A Woman's Unique Experience During Thirty Years of Path Finding & Pioneering from the Missouri to the Pacific & from Alaska to Mexico (Classic Reprint) Carrie Adell Strahorn. 2017. (ENG., Illus.). (J). 38.77 *(978-0-331-35357-0(1))* Forgotten Bks.

Fifteen Years of a Dancer's Life: With Some Account of Her Distinguished Friends (Classic Reprint) Loie Fuller. 2017. (ENG., Illus.). 292p. (J). 29.94 *(978-1-5285-5006-2(4))* Forgotten Bks.

Fifteen Years Old: Being Letters, Notes & Manuscripts Left Behind by William Duncan Saunders, & Picked up by His Friends G. C. R. & A. W (Classic Reprint) William Duncan Saunders. 2017. (ENG., Illus.). (J). 25.36 *(978-0-331-74338-8(8))*; pap. 9.57 *(978-1-334-93374-5(X))* Forgotten Bks.

Fifteen Years with the Outcast (Classic Reprint) Florence Roberts. (ENG., Illus.). (J). 2017. 504p. 34.29 *(978-0-266-44034-5(7))*; 2016. pap. 16.97 *(978-1-334-15708-0(1))* Forgotten Bks.

Fifteenth Yearbook of the National Society for the Study of Education. Part I. Standards & Tests for the Measurement of the Efficiency of Schools & School Systems. 2017. (ENG., Illus.). (J). pap. *(978-0-649-48877-3(6))* Trieste Publishing Pty Ltd.

Fifth. Jay Montville. 2018. (ENG., Illus.). 276p. (J). pap. 11.99 *(978-1-7321747-0-2(9))* Beryl Bks.

Fifth Ace (Classic Reprint) Douglas Grant. 2018. (ENG., Illus.). 324p. (J). 30.54 *(978-0-332-08173-1(7))* Forgotten Bks.

Fifth Auction Sale: Coin Catalogue of Rare Coins, to Be Sold at Mail Order Auction, June 28, 1939 (Classic Reprint) W. H. Livingston. 2018. (ENG., Illus.). (J). 28p. 24.47 *(978-0-428-88436-9(9))*; 30p. pap. 7.97 *(978-0-428-48133-9(7))* Forgotten Bks.

Fifth Cycle. Dan O'Mahony. 2021. (ENG.). 174p. (J). pap. 10.99 *(978-1-393-49400-3(5))* Draft2Digital.

Fifth Day in Mary Carrow's School (Classic Reprint) American Sunday School Union. (ENG., Illus.). (J). 2018. 110p. 26.19 *(978-0-484-24098-7(6))*; 2017. pap. 9.57 *(978-0-259-52829-6(3))* Forgotten Bks.

Fifth Door. Margareta Schenk. Ed. by Kelebek Verlag. 2019. (ENG.). 28p. (J). pap. *(978-3-947083-23-7(8))* Schenk, Maria Kelebek Verlag.

Fifth Grade Technology: 32-Lesson Comprehensive Curriculum, 6 vols. Jacqui Murray. 2016. (ENG., Illus.). 250p. 32.99 net. *(978-0-9787800-5-0(1))* Structured Learning LLC.

Fifth-Grade Zombies, 14. R. L. Stine. ed. 2021. (Goosebumps SlappyWorld Ser.). (ENG., Illus.). 134p. (J). (gr. 4-5). 17.46 *(978-1-68505-017-7(4))* Penworthy Co., LLC, The.

Fifth-Grade Zombies (Goosebumps SlappyWorld #14) R. L. Stine. 2021. (Goosebumps SlappyWorld Ser.: 14). (ENG.). 160p. (J). (gr. 3-7). pap. 6.99 *(978-1-338-35581-9(3)*, Scholastic Paperbacks) Scholastic, Inc.

Fifth Harmony. Katie Lajiness. 2017. (Big Buddy Pop Biographies Set 3 Ser.). (ENG.). 32p. (J). (gr. 2-5). lib. bdg. 34.21 *(978-1-5321-1213-3(0)*, 27565, Big Buddy Bks.) ABDO Publishing Co.

Fifth Hero #1: the Race to Erase. Bill Doyle. 2023. (Fifth Hero Ser.: 1). 208p. (J). (gr. 3-7). 13.99 *(978-0-593-48637-5(4))*; (ENG.). lib. bdg. 16.99 *(978-0-593-48638-2(2))* Random Hse. Children's Bks. (Random Hse. Bks. for Young Readers).

Fifth Quarter. Mike Dawson. 2021. (Fifth Quarter Ser.). (ENG., Illus.). 240p. (J). 21.99 *(978-1-250-24417-8(X)*, 900212332); pap. 12.99 *(978-1-250-24418-5(8)*, 900212333) Roaring Brook Pr. (First Second Bks.).

Fifth Quarter: Hard Court. Mike Dawson. 2022. (Fifth Quarter Ser.). (ENG., Illus.). 272p. (J). 21.99 *(978-1-250-24434-5(X)*, 900212365); pap. 12.99 *(978-1-250-24435-2(8)*, 900212366) Roaring Brook Pr. (First Second Bks.).

Fifth Queen Crowned: A Romance (Classic Reprint) Ford Madox Ford. 2018. (ENG., Illus.). 368p. (J). 31.45 *(978-0-484-01479-3(X))* Forgotten Bks.

Fifth Reader: With an Introduction on Elocution (Classic Reprint) Jenny H. Stickney. (ENG., Illus.). (J). 2018. 420p. 32.56 *(978-0-332-79778-6(3))*; 2017. pap. 16.57 *(978-0-243-55397-6(8))* Forgotten Bks.

Fifth Reader (Classic Reprint) Arnold Arnold. 2017. (ENG., Illus.). (J). 30.58 *(978-1-5283-6337-2(X))* Forgotten Bks.

Fifth Reader (Classic Reprint) Unknown Author. 2017. (ENG., Illus.). (J). 33.84 *(978-0-265-73222-9(0))*; pap. 16.57 *(978-1-5276-9399-9(6))* Forgotten Bks.

Fifth Reader (Classic Reprint) James Baldwin. (ENG., Illus.). (J). 2017. 29.30 *(978-0-266-19444-6(3))*; 2016. pap. 11.97 *(978-1-334-52386-1(X))* Forgotten Bks.

Fifth Reader (Classic Reprint) Arthur Deerin Call. 2018. (ENG., Illus.). 380p. (J). 31.78 *(978-0-484-85420-7(8))* Forgotten Bks.

Fifth Reader (Classic Reprint) Clarence F. Carroll. 2018. (ENG., Illus.). 486p. (J). 33.94 *(978-0-483-43230-7(X))* Forgotten Bks.

Fifth Reader (Classic Reprint) Martha Adelaide Holton. 2017. (ENG., Illus.). (J). 30.08 *(978-0-265-65996-0(5))*; pap. 13.57 *(978-1-5276-3326-1(8))* Forgotten Bks.

Fifth Reader (Classic Reprint) Lewis Baxter Monroe. 2017. (ENG., Illus.). 316p. (J). 30.41 *(978-0-332-48461-7(0))* Forgotten Bks.

Fifth Reader (Classic Reprint) Meredith Nicholson. (ENG., Illus.). (J). 2018. 382p. 31.80 *(978-0-483-41851-6(X))*; 2016. pap. 16.57 *(978-1-334-14754-8(X))* Forgotten Bks.

F

Fifth Reader (Classic Reprint) Edward Austin Sheldon. 2017. (ENG., Illus.). (J). 32.85 (978-0-265-66038-6(6)); pap. 16.57 (978-1-5276-3361-2(6)) Forgotten Bks.

Fifth Reader (Classic Reprint) James H. Van Sickle. (ENG., Illus.). (J). 2018. 292p. 29.92 (978-0-332-93961-2(8)); 2017. pap. 13.57 (978-0-259-01697-7(7)) Forgotten Bks.

Fifth Reader of the Popular Series (Classic Reprint) Marcius Willson. 2017. (ENG., Illus.). (J). 34.17 (978-0-331-81616-7(4)) Forgotten Bks.

Fifth Reader of the School & Family Series (Classic Reprint) Marcius Willson. 2017. (ENG., Illus.). (J). 35.14 (978-0-266-16049-6(2)) Forgotten Bks.

Fifth Report of the Class Secretary of the Class of 1874 of Harvard College. June, 1884 - June 1889. George P. Sanger. 2017. (ENG., Illus.). (J). pap. (978-0-649-02050-8(2)) Trieste Publishing Pty Ltd.

Fifth Reunion of the Second Iowa Cavalry Veteran Association, Held at Iowa City, Iowa, October 7th & 8th, 1891 (Classic Reprint) Second Iowa Cavalry Veteran Association. 2018. (ENG., Illus.). (J). 104p. 26.06 (978-0-366-56150-6(2)); 106p. pap. 9.57 (978-0-366-06722-0(2)) Forgotten Bks.

Fifth Seal (Classic Reprint) Mark Aldanov. 2017. (ENG., Illus.). (J). 34.00 (978-0-331-86087-0(2)); pap. 16.57 (978-0-243-26572-5(7)) Forgotten Bks.

Fifth Wheel. Olive Higgins Prouty. 2017. (ENG., Illus.). (J). 24.95 (978-1-374-84454-4(3)) Capital Communications, Inc.

Fifth Wheel. Olive Higgins Prouty. 2020. (ENG.). 176p. (J). 19.99 (978-1-5154-4937-9(8)); pap. 9.95 (978-1-5154-4938-6(6)) Wilder Pubns., Corp.

Fifth Wheel: A Novel (Classic Reprint) Olive Higgins Prouty. (ENG., Illus.). (J). 2018. 322p. 30.54 (978-0-484-48786-3(8)); 2016. pap. 13.57 (978-1-333-54152-1(X)) Forgotten Bks.

Fifty-Eighth Annual Report of the Trustees of the Perkins Institution & Massachusetts School for the Blind: For the Year Ending September 30, 1889 (Classic Reprint) Perkins Institution and for the Blind. (ENG., Illus.). (J). 2018. 1002p. 44.56 (978-0-483-76150-6(8)); 2017. pap. 26.74 (978-0-243-50074-1(2)) Forgotten Bks.

Fifty Fables (Classic Reprint) T. W. H. Crosland. 2018. (ENG., Illus.). 34p. (J). 24.60 (978-0-483-70992-8(1)) Forgotten Bks.

Fifty Fables for Teachers (Classic Reprint) C. w. Bardeen. 2018. (ENG., Illus.). 166p. (J). 27.34 (978-0-483-86883-0(3)) Forgotten Bks.

Fifty Famous People: A Book of Short Stories (Classic Reprint) James Baldwin. 2018. (ENG., Illus.). 196p. (J). 27.94 (978-0-332-17479-2(4)) Forgotten Bks.

Fifty Famous Rides & Riders (Classic Reprint) James Baldwin. 2017. (ENG., Illus.). (J). 30.23 (978-0-266-22030-5(4)) Forgotten Bks.

Fifty Famous Stories (Classic Reprint) Samuel E. Lowe. 2017. (ENG., Illus.). (J). 28.74 (978-0-331-54427-5(X)) Forgotten Bks.

Fifty Famous Stories Retold. James Baldwin. 2017. (ENG., Illus.). (J). 23.95 (978-1-374-82000-5(8)) Capital Communications, Inc.

Fifty Famous Stories Retold. James Baldwin. 2020. (Mint Editions — Short Story Collections & Anthologies Ser.). (ENG.). 112p. pap. 7.99 (978-1-5132-6482-0(6), West Margin Pr.) West Margin Pr.

Fifty Famous Stories Retold. James Baldwin. 2018. (ENG., Illus.). 100p. (J). 14.99 (978-1-5154-3499-3(0)) Wilder Pubns., Corp.

Fifty Famous Stories Retold (Classic Reprint) James Baldwin. 2016. (ENG., Illus.). (J). pap. 9.97 (978-1-333-37738-0(X)) Forgotten Bks.

Fifty Famous Stories Retold (Classic Reprint) James Baldwin. 2017. (ENG., Illus.). (J). 27.61 (978-0-266-40279-4(8)) Forgotten Bks.

Fifty-Five Years Old: And Other Stories about Teachers (Classic Reprint) Charles William Bardeen. 2018. (ENG., Illus.). 224p. (J). 28.52 (978-0-364-07465-7(5)) Forgotten Bks.

Fifty-Four Things Wrong with Gwendolyn Rogers. Caela Carter. (ENG.). (J). (gr. 3-7). 2022. 352p. pap. 7.99 (978-0-06-299664-0(9)); 2021. 336p. 16.99 (978-0-06-299663-3(0)) HarperCollins Pubs. (Quill Tree Bks.).

Fifty Mastersongs by Twenty Composers: For Low Voice (Classic Reprint) Henry Theophilus Finck. 2017. (ENG., Illus.). (J). pap. 10.97 (978-0-265-04069-0(8)) Forgotten Bks.

Fifty Missionary Stories (Classic Reprint) Belle Marvel Brain. 2018. (ENG., Illus.). 228p. (J). 28.62 (978-0-666-27603-2(X)) Forgotten Bks.

Fifty New Poems for Children: An Anthology Selected from Books Recently Published by Basil Blackwell, Oxford (Classic Reprint) Unknown Author. 2017. (ENG., Illus.). (J). 25.30 (978-0-331-35049-4(1)) Forgotten Bks.

Fifty-One Original Fables: With Morals & Ethical Index (Classic Reprint) J. Birch. 2018. (ENG., Illus.). 262p. (J). 29.32 (978-0-483-51498-0(5)) Forgotten Bks.

Fifty Pounds for a Wife (Classic Reprint) A. L. Glyn. 2018. (ENG., Illus.). 388p. (J). 31.92 (978-0-483-31495-5(1)) Forgotten Bks.

Fifty Shades of Poetry. Gina Ruddell. 2016. (ENG.). 78p. (J). pap. 8.95 (978-1-78629-186-8(X), 26460209-61f7-4f22-91cc-b799eee4377a) Austin Macauley Pubs. Ltd. GBR. Dist: Baker & Taylor Publisher Services (BTPS).

Fifty States: Exploring the United States & Its Territories. Sean Kennelly. 2018. (ENG.). 48p. (J). (gr. 4-6). pap. (978-1-4867-1396-7(3)) Flowerpot Children's Pr. Inc.

Fifty Thousand Dollars Ransom: A Novel (Classic Reprint) David Malcolm. 2018. (ENG., Illus.). 230p. (J). 28.66 (978-0-483-64198-3(7)) Forgotten Bks.

Fifty Thousand Miles on a Hospital Ship (Classic Reprint) Padre Padre. 2017. (ENG., Illus.). (J). 30.54 (978-1-5283-6118-7(0)) Forgotten Bks.

Fifty-Two Excelsior Stories for Boys (Classic Reprint) George Manville Fenn. (ENG., Illus.). (J). 2018. 466p. (gr. -1-3). 33.51 (978-0-483-45633-4(0)); 2017. pap. 16.57 (978-1-334-90027-3(2)) Forgotten Bks.

Fifty-Two Further Stories for Boys (Classic Reprint) George Henty. (ENG., Illus.). (J). 2018. 474p. 33.67 (978-0-483-63341-4(0)); 2017. pap. 16.57 (978-0-243-31446-1(9)) Forgotten Bks.

Fifty-Two More Stories for Boys (Classic Reprint) W. H. G. Kingston. 2018. (ENG., Illus.). 464p. (J). 33.47 (978-0-483-71865-4(3)) Forgotten Bks.

Fifty-Two Primary Missionary Stories: Including 52 Drawings & Verses (Classic Reprint) Margaret Tyson Applegarth. (ENG., Illus.). (J). 2018. 356p. 31.26 (978-0-365-39979-7(5)); 2016. pap. 13.97 (978-1-333-76359-6(X)) Forgotten Bks.

Fifty-Two Stories for Boyhood & Youth (Classic Reprint) George a Henty. (ENG., Illus.). (J). 2018. 460p. 33.38 (978-0-428-80570-8(1)); 2017. pap. 16.57 (978-1-334-92146-9(6)) Forgotten Bks.

Fifty-Two Story Talks to Boys & Girls (Classic Reprint) Howard James Chidley. (ENG., Illus.). (J). 2018. 152p. 27.03 (978-0-484-05437-9(6)); 2017. pap. 9.57 (978-0-243-20856-1(2)) Forgotten Bks.

Fifty Years a Printer (Classic Reprint) William M. Cubery. 2018. (ENG., Illus.). 42p. (J). 24.78 (978-0-483-98107-2(9)) Forgotten Bks.

Fifty Years in Chains. Charles Ball. 2017. (ENG.). 432p. (J). pap. (978-3-7447-3380-9(7)) Creation Pubs.

Fifty Years in Chains: Or the Life of an American Slave (Classic Reprint) Charles Ball. 2018. (ENG., Illus.). 444p. (J). 33.07 (978-0-666-57234-9(8)) Forgotten Bks.

Fifty Years in the Magic Circle: Being an Account of the Author's Professional Life, His Wonderful Tricks & Feats, with Laughable Incidents & Adventures As a Magician, Necromancer, & Ventriloquist (Classic Reprint) Antonio Blitz. (ENG., Illus.). (J). 2018. 468p. 33.55 (978-0-483-93863-2(7)); 2016. pap. 16.57 (978-1-333-56914-3(9)) Forgotten Bks.

Fifty Years of an Actor's Life, Vol. 1 of 2 (Classic Reprint) John Coleman. 2018. (ENG., Illus.). 370p. (J). 31.53 (978-0-483-80157-8(7)) Forgotten Bks.

Fifty Years of Freedom, or from Cabin to Congress: A Drama in Five Acts (Classic Reprint) Katherine Davis Tillman. (ENG., Illus.). (J). 2018. 58p. 25.09 (978-0-483-70750-4(3)); 2016. pap. 9.57 (978-1-334-12079-4(X)) Forgotten Bks.

Fifty Years on the London North Western Railway: And Other Memoranda in the Life of David Stevenson (Classic Reprint) Leopold Turner. (ENG., Illus.). (J). 2017. 27.13 (978-1-5285-6394-9(8)); 2016. pap. 9.57 (978-1-333-79691-4(9)) Forgotten Bks.

Fifty Years on the Rail (Classic Reprint) John J. Thomas. 2017. (ENG., Illus.). (J). 210p. 28.25 (978-0-332-92000-9(3)); pap. 10.97 (978-0-282-15885-9(5)) Forgotten Bks.

Fig. Sarah Elizabeth Schantz. 2016. (ENG.). 352p. (YA). (gr. 9). pap. 11.99 (978-1-4814-2359-5(2), McElderry, Margaret K. Bks.) McElderry, Margaret K. Bks.

Fig & Banjo. Rebecca Swenson. 2020. (ENG.). 22p. (J). 15.00 (978-1-0879-2890-6(7)) Indy Pub.

Fig for Fortune. Anthony Copley. 2017. (ENG., Illus.). (J). pap. (978-1-76057-461-1(9)) Trieste Publishing Pty Ltd.

Fig Newton Summer. Lisa Gammon Olson. Illus. by Lauren Rutledge. 2020. (ENG.). 110p. (J). (gr. 4-6). 14.99 (978-1-63233-246-2(9)); pap. 9.99 (978-1-63233-245-5(0)) Eifrig Publishing.

Fig Pig. Gary Macri. 2017. (ENG., Illus.). (J). (gr. 2-5). pap. 11.95 (978-1-63568-489-6(7)) Page Publishing Inc.

Fig Tree (Classic Reprint) Aubrey Menen. 2017. (ENG., Illus.). (J). 27.69 (978-0-260-51707-4(0)); pap. 10.57 (978-0-243-38862-2(4)) Forgotten Bks.

Figaro the Cat Detective & the Great Cheese Robbery. Barry Durham. 2017. (ENG., Illus.). 32p. (J). pap. (978-0-244-00590-0(7)) Lulu Pr., Inc.

Figgle the Gargoyle. Michele Lee. Illus. by Rebekah Lee. 2021. (ENG.). 22p. (J). 25.95 (978-1-63874-404-7(1)) Christian Faith Publishing.

Fight: Level 2. Betty D. Boegehold. Illus. by Robin Oz. 2020. (ENG.). 34p. (J). pap. 9.95 (978-1-876965-78-5(9)) ibooks, Inc.

Fight + Flight. Jules Machias. 2022. (ENG., Illus.). 400p. (J). (gr. 5). 16.99 (978-0-06-305394-6(2), Quill Tree Bks.) HarperCollins Pubs.

Fight Against Germs, 1 vol. Josepha Sherman & Margaux Baum. 2016. (Germs: Disease-Causing Organisms Ser.). (ENG., Illus.). 48p. (J). (gr. 5-5). pap. 12.75 (978-1-4777-8851-6(4), 623d9949-68c1-4787-a5a9-43a8d6db9043, Rosen Reference) Rosen Publishing Group, Inc., The.

Fight Against War & Terrorism. Jilly Hunt. 2017. (Beyond the Headlines! Ser.). (ENG., Illus.). 48p. (J). (gr. 4-8). lib. bdg. 35.99 (978-1-4846-4142-2(6), 136196, Heinemann) Capstone.

Fight Against War & Terrorism, 2 vols. Jilly Hunt. 2018. (Beyond the Headlines! Ser.). (ENG.). (J). (gr. 4-6). (978-1-4846-4236-8(8)) Heinemann Educational Bks.

Fight at Dame Europa's School: Shewing How the German Boy Thrashed the French Boy; & How the English Boy Looked on (Classic Reprint) Thomas Nast. 2018. (ENG., Illus.). 36p. (J). 24.64 (978-0-483-93451-1(8)) Forgotten Bks.

Fight at Dame Europa's School: Showing How the German Boy Thrashed the French Boy, & How the English Boy Looked on (Classic Reprint) Henry William Pullen. (ENG., Illus.). (J). 2018. 146p. 26.91 (978-0-483-08831-3(5)); 2017. pap. 9.57 (978-0-243-38649-9(4)) Forgotten Bks.

Fight Back Against the Plaque Attack! Fun Dentist Coloring Book. Bobo's Children Activity Books. 2016. (ENG., Illus.). (J). pap. 9.33 (978-1-68327-461-2(X)) Sunshine In My Soul Publishing.

Fight for Animal Rights, 1 vol. Jeanne Nagle. 2019. (Activism in Action: a History Ser.). (ENG.). 112p. (gr. 8-8). pap. 18.65 (978-1-5081-8537-6(9), 2c7861bb-87ea-41ca-94e9-071d95ebcb1d) Rosen Publishing Group, Inc., The.

Fight for Civil Rights, 1 vol. Avery Elizabeth Hurt. 2019. (Activism in Action: a History Ser.). (ENG.). 112p. (gr. 8-8). pap. 18.65 (978-1-5081-8540-6(9), fdddd27d-591b-485e-bc4d-972a3b2a39c0, Rosen Young Adult) Rosen Publishing Group, Inc., The.

Fight for Disability Rights, 1 vol. Lisa A. Crayton. 2019. (Activism in Action: a History Ser.). (ENG.). 112p. (gr. 8-8). pap. 18.65 (978-1-5081-8543-7(3), bb82ffb1-dd1b-4878-bd65-7ea56ed96fd7) Rosen Publishing Group, Inc., The.

Fight for Dusty Divot: An Unofficial Novel of Fortnite. Devin Hunter. 2019. (Trapped in Battle Royale Ser.). 120p. (J). (gr. 1-5). 9.99 (978-1-5107-4348-9(0), Sky Pony Pr.) Skyhorse Publishing Co., Inc.

Fight for Freedom (Classic Reprint) Ralph Connor. 2017. (ENG., Illus.). (J). 24.33 (978-0-266-72476-6(0)); pap. 7.97 (978-1-5276-8463-8(6)) Forgotten Bks.

Fight for Her. Liz Plum. 2021. (ENG.). 336p. (YA). pap. 10.99 (978-1-989365-23-6(X), 900222488) Wattpad Bks. CAN. Dist: Macmillan.

Fight for Kumandra (Disney Raya & the Last Dragon) RH Disney. Illus. by RH Disney. 2021. (Step into Reading Ser.). (ENG., Illus.). 32p. (J). (gr. k-3). 14.99 (978-0-7364-8295-0(4)); 5.99 (978-0-7364-4103-2(4)) Random Hse. Children's Bks. (RH/Disney).

Fight for LGBTQ+ Rights, 1 vol. Devlin Smith. 2019. (Activism in Action: a History Ser.). (ENG.). 112p. (gr. 8-8). pap. 18.65 (978-1-5081-8546-8(8), ccd5fdd8-2e82-4e91-b30a-2f55e3cf4405) Rosen Publishing Group, Inc., The.

Fight for Midnight. Dan Solomon. 2023. (ENG.). (YA). (gr. 9-12). 19.99 (978-1-63583-086-6(9), Flux) North Star Editions.

Fight for Power Begins Early Battles of the American Revolution Grade 4 Children's Military Books. Baby Professor. 2020. (ENG.). 72p. (J). 24.99 (978-1-5419-7984-0(2)); pap. 14.99 (978-1-5419-5976-7(0)) Speedy Publishing LLC. (Baby Professor (Education Kids)).

Fight for Survival: The Story of the Holocaust. Jessica Freeburg. 2016. (Tangled History Ser.). (ENG., Illus.). 112p. (J). (gr. 3-9). lib. bdg. 32.65 (978-1-4914-8454-8(3), 130901, Capstone Pr.) Capstone.

Fight for the Blue Planet. Derek Corney. 2020. (ENG.). 150p. (YA). pap. (978-1-5289-0674-6(8)) Austin Macauley Pubs. Ltd.

Fight for the Blue Planet. Derek Corney. 2019. (ENG.). 204p. (J). pap. (978-1-912183-86-9(2)) UK Bk. Publishing.

Fight for the Environment, 1 vol. Philip Wolny. 2019. (Activism in Action: a History Ser.). (ENG.). 112p. (gr. 8-8). pap. 18.65 (978-1-5081-8549-9(2), cfb376ab-0c67-4fae-bd13-1a5a814c2122) Rosen Publishing Group, Inc., The.

Fight for the Green & Gold, or Gerald Desmond: A Romantic Dream of Irish Liberty (Classic Reprint) John J. Hagarty. (ENG., Illus.). (J). 2018. 260p. 29.26 (978-0-483-52675-4(4)); 2017. pap. 11.97 (978-0-243-12354-4(X)) Forgotten Bks.

Fight for Women's Rights, 1 vol. Marcia Amidon Lüsted. 2019. (Activism in Action: a History Ser.). (ENG.). 112p. (gr. 8-8). pap. 18.65 (978-1-5081-8552-9(2), 0d2973da-0004-447c-be57-a7e61a77cd52) Rosen Publishing Group, Inc., The.

Fight for Women's Rights: The Stories of Elizabeth Cady Stanton, Lucretia Mott, & Amelia Bloomer American Women's History Grade 5 Children's American History. Baby Professor. 2022. (ENG.). 72p. (J). 31.99 (978-1-5419-8476-9(5), Baby Professor (Education Kids)) Speedy Publishing LLC.

Fight in the Forest. Nate Millici. ed. 2018. (World of Reading Ser.). (ENG.). 32p. (J). (gr. -1-1). 13.89 (978-1-64310-777-6(1)) Penworthy Co., LLC, The.

Fight Like a Girl. Sheena Kamal. 2022. (ENG.). 272p. (YA). (gr. 9). pap. 10.99 (978-0-7352-6557-8(7), Penguin Teen) PRH Canada Young Readers CAN. Dist: Penguin Random Hse. LLC.

Fight Like a Girl: 50 Feminists Who Changed the World. Laura Barcella. 2016. (ENG., Illus.). 224p. (YA). (gr. 8-12). pap. 14.99 (978-1-936976-96-6(X), b232cf3a-0a77-4bb2-ad2e-a38f8f96f2a5, Zest Bks.) Lerner Publishing Group.

Fight Like a Girl: Women Warriors Throughout History. Michael G. Lewis. 2022. (ENG., Illus.). 103p. (J). (gr. 4-7). pap. 17.95 (978-1-64603-001-9(X), Fitzroy Bks.) Regal Hse. Publishing, LLC.

Fight of Life. Desiree Smith. 2019. (ENG.). 108p. (YA). pap. (978-0-359-56816-1(5)) Lulu Pr., Inc.

Fight of the Century: Alice Paul Battles Woodrow Wilson for the Vote. Barb Rosenstock. Illus. by Sarah Green. 2020. 40p. (J). (gr. 2-5). 18.99 (978-1-62979-908-7(4), Calkins Creek) Highlights Pr., c/o Highlights for Children, Inc.

Fight On! Cape Breton Coal Miners,1900-1925, 1 vol. Joanne Schwartz. 2020. (Compass: True Stories for Kids Ser.). (ENG., Illus.). 88p. (J). pap. 16.95 (978-1-77108-856-5(7), f5b0be4f-5def-4e97-8071-03ca09fb8d75) Nimbus Publishing, Ltd. CAN. Dist: Baker & Taylor Publisher Services (BTPS).

Fight or Flee. Patrick Jones. 2016. (Unbarred Ser.). (ENG.). 120p. (YA). (gr. 6-12). pap. 7.99 (978-1-5124-0093-9(9), 6592196a-82e2-4af0-a8d1-f4275deda09e, Darby Creek) Lerner Publishing Group.

Fight or Flee. Patrick Jones. ed. 2016. (Unbarred Ser.). (ENG.). 120p. (YA). (gr. 6-12). E-Book 42.65 (978-1-5124-0094-6(7), Darby Creek) Lerner Publishing Group.

Fight Pollution, Big Bird! Jennifer Boothroyd. 2020. (Go Green with Sesame Street (r) Ser.). (ENG., Illus.). 32p. (J). (gr. -1-2). pap. 7.99 (978-1-5415-8901-8(7), 1900d14d-7195-4d05-9399-7c82de3e6fb3); lib. bdg. 27.99 (978-1-5415-7261-4(0), e06b2088-3be9-4a0e-a49a-62c2a1387e39) Lerner Publishing Group. (Lerner Pubns.).

Fight the Good Fight. Janel Rodriguez Ferrer. 2018. (Arts-Angels Ser.: Vol. 2). (ENG., Illus.). 254p. (J). (gr. 4-6). pap. 11.99 (978-1-948018-05-0(5)) Wyatt-MacKenzie Publishing.

Fight to Learn: The Struggle to Go to School. Laura Scandiffio. 2016. (ENG., Illus.). 176p. (J). (gr. 4-9). pap. 14.95 (978-1-55451-797-8(4)) Annick Pr., Ltd. CAN. Dist: Publishers Group West (PGW).

Fight to the Finish COLORING BOOK. Timothy D. Mitchell. l.t. ed. 2021. (ENG.). 36p. (J). pap. 6.99 (978-1-0879-6363-1(X)) Match Of Life, The.

Fight to the Finish (Free Rein #2) Catherine Hapka, pseud. 2018. (Free Rein Ser.: 2). (ENG., Illus.). 160p. (J). (gr. 3-7). pap. 6.99 (978-1-338-30449-7(6)) Scholastic, Inc.

Fight with a Grizzly Bear: A Story of Thrilling Interest (Classic Reprint) George. G. Spurr. 2017. (ENG., Illus.). (J). 24.70 (978-0-266-40197-1(X)) Forgotten Bks.

Fight with Fortune, Vol. 1 of 3 (Classic Reprint) Mortimer Collins. 2018. (ENG., Illus.). 318p. (J). 30.46 (978-0-483-63937-9(0)) Forgotten Bks.

Fight with Fortune, Vol. 2 of 3 (Classic Reprint) Mortimer Collins. 2018. (ENG., Illus.). 332p. (J). 30.74 (978-0-267-24502-4(5)) Forgotten Bks.

Fight with Fortune, Vol. 3 of 3 (Classic Reprint) Mortimer Collins. 2018. (ENG., Illus.). 328p. (J). 30.66 (978-0-267-22176-9(2)) Forgotten Bks.

Fight Within Ourselves. Alexis Gutierrez. 2021. (ENG.). 26p. (J). (978-1-105-81381-8(9)) Lulu Pr., Inc.

Fighter. Jordan Ford. 2021. (Barrett Boys Ser.: Vol. 2). (ENG.). 412p. (J). pap. (978-0-9951440-7-1(9)) Forever Love Publishing.

Fighter (Classic Reprint) Albert Payson Terhune. 2018. (ENG., Illus.). 372p. (J). 31.57 (978-0-365-25039-5(2)) Forgotten Bks.

Fighter Jets. Wendy Hinote Lanier. 2019. (Let's Fly Ser.). (ENG., Illus.). 32p. (J). (gr. 2-3). 31.35 (978-1-64185-337-8(9), 1641853379, Focus Readers) North Star Editions.

Fighter Jets. Laura K. Murray. 2016. (Seedlings Ser.). (ENG., Illus.). 24p. (J). (gr. -1-k). 28.50 (978-1-60818-663-1(6), 20532, Creative Education) Creative Co., The.

Fighter Jets. Marne Ventura. 2018. (Engineering Marvels Ser.). (ENG.). 32p. (J). lib. bdg. 22.99 (978-1-5105-3730-9(9)) SmartBook Media, Inc.

Fighter Jets: Seedlings. Laura K. Murray. 2016. (ENG., Illus.). 24p. (J). (gr. k-2). pap. 10.99 (978-1-62832-248-4(9), 20534, Creative Paperbacks) Creative Co., The.

Fighter Jets in Action. Mari Bolte. 2023. (Military Machines (UpDog Books (tm)) Ser.). (ENG., Illus.). 32p. (J). (gr. 3-5). pap. 10.99 Lerner Publishing Group.

Fighter Pilot. Amy Rechner. 2019. (Cool Careers Ser.). (ENG., Illus.). 24p. (J). (gr. 3-7). lib. bdg. 26.95 (978-1-64487-062-4(2), Torque Bks.) Bellwether Media.

Fighter Pilots in Action. Julie Carpenter & Tyler Omoth. 2017. (Dangerous Jobs in Action Ser.). (ENG.). 32p. (J). (gr. 3-6). lib. bdg. 35.64 (978-1-5038-1629-9(X), 211145) Child's World, Inc, The.

Fighter Planes: A 4D Book. Matt Scheff. 2018. (Mighty Military Machines Ser.). (ENG., Illus.). 24p. (J). (gr. -1-2). lib. bdg. 24.65 (978-1-9771-0112-9(7), 138303, Pebble) Capstone.

Fighting. Joy Berry. 2018. (Help Me Be Good Ser.). (ENG.). 34p. (J). pap. 8.99 (978-0-7396-0320-8(5)) Inspired Studios Inc.

Fighting Angel: Portrait of a Soul. Pearl S. Buck. 2019. (ENG.). 224p. (J). 24.99 (978-1-910736-98-2(8)); pap. 14.99 (978-1-910736-97-5(X)) Eastbridge Bks.

Fighting Angel: Portrait of a Soul (Classic Reprint) Pearl S. Buck. 2016. (ENG., Illus.). (J). pap. 13.57 (978-1-333-76980-2(6)) Forgotten Bks.

Fighting Angel: Portrait of a Soul (Classic Reprint) Pearl S. Buck. 2017. (ENG., Illus.). (J). 30.58 (978-1-5282-6767-0(2)) Forgotten Bks.

Fighting Byng a Novel of Mystery, Intrigue & Adventure (Classic Reprint) A. Stone. 2017. (ENG., Illus.). (J). 31.30 (978-1-5279-6717-5(4)) Forgotten Bks.

Fighting Censorship: New York Times V. United States, 1 vol. D. J. Herda. 2016. (U. S. Supreme Court Landmark Cases Ser.). (ENG., Illus.). 128p. (gr. 7-7). 38.93 (978-0-7660-8432-2(9), 8318c2c7-9ecd-4156-8dad-11bfd88263ae) Enslow Publishing, LLC.

Fighting Chance: The Romance of an Ingenue (Classic Reprint) Gertrude Lynch. (ENG., Illus.). (J). 2018. 218p. 28.43 (978-0-484-12022-7(0)); 2016. pap. 10.97 (978-1-333-63528-2(1)) Forgotten Bks.

Fighting Chance (Classic Reprint) Robert W. Chambers. 2017. (ENG., Illus.). 536p. (J). 34.95 (978-0-484-37538-2(5)) Forgotten Bks.

Fighting Climate Change with Science (Set Of 8) 2022. (Fighting Climate Change with Science Ser.). (ENG., Illus.). 256p. (J). (gr. 3-5). pap. 79.60 (978-1-63739-322-2(9)); lib. bdg. 250.80 (978-1-63739-270-6(2)) North Star Editions. (Focus Readers).

Fighting COVID-19 Abroad. Susan E. Hamen. 2022. (Fighting COVID-19 Ser.). (ENG.). 112p. (YA). (gr. 6-12). lib. bdg. 41.36 (978-1-5321-9796-3(9), 39685, Essential Library) ABDO Publishing Co.

Fighting COVID-19 in the United States. Heidi Deal. 2022. (Fighting COVID-19 Ser.). (ENG.). 112p. (YA). (gr. 6-12). lib. bdg. 41.36 (978-1-5321-9795-6(0), 39687, Essential Library) ABDO Publishing Co.

Fighting COVID-19 (Set), 6 vols. 2022. (Fighting COVID-19 Ser.). (ENG.). 112p. (YA). (gr. 6-12). lib. bdg. 248.16 (978-1-5321-9794-9(2), 39679, Essential Library) ABDO Publishing Co.

Fighting Crime. Ellen Labrecque. rev. ed. 2021. (Heroic Jobs Ser.). (ENG.). 32p. (J). pap. 8.29 (978-1-4109-9827-9(4), 238036, Raintree) Capstone.

Fighting Doctor (Classic Reprint) Helen Reimensnyder Martin. 2018. (ENG., Illus.). 248p. (J). 29.01 (978-0-484-74132-3(2)) Forgotten Bks.

Fighting Edge (Classic Reprint) William Mac Leod Raine. 2018. (ENG., Illus.). 318p. (J). 30.46 (978-0-483-51226-9(5)) Forgotten Bks.

Fighting Felicia. Michelle St Claire. Ed. by Msb Editing Services. 2019. (Beautifully Unbroken Ser.: Vol. 8). (ENG.). 138p. (YA). (gr. 7-12). 21.98 (978-1-945891-61-8(0)) May 3rd Bks., Inc.

Fighting Fires (Be an Expert!) (Library Edition) Erin Kelly. 2020. (Be an Expert! Ser.). (ENG., Illus.). 24p. (J). (gr. -1-k). 25.00 (978-1-5461-0055-3(5), Children's Pr.) Scholastic Library Publishing.

658 The check digit for ISBN-10 appears in parentheses after the full ISBN-13

Fighting for Equality: A Brief History of African Americans in America United States 1877-1914 American World History History 6th Grade Children's American History Of 1800s. Baby Professor. 2020. (ENG.). 80p. (J). 25.99 (978-1-5419-7664-1(9)); pap. 14.99 (978-1-5419-5049-8(6)) Speedy Publishing LLC. (Baby Professor (Education Kids)).

Fighting for Gold: The 10 Keys to Being a Successful Athlete. Emma Araish. 2020. (ENG.). 108p. (J). pap. (978-1-77277-396-5(4)) 10-10-10 Publishing.

Fighting for Independence: An Interactive American Revolution Adventure. Blake Hoena. 2018. (You Choose: Founding the United States Ser.). (ENG., Illus.). 112p. (J). (gr. 3-7). lib. bdg. 32.65 (978-1-5435-1540-4(1), 137908, Capstone Pr.) Capstone.

Fighting for My Family. N. J Humphreys. 2023. (Princess Incognito Ser.: 6). (ENG.). 200p. (J). (gr. 2-4). pap. 9.99 (978-981-5009-80-4(X)) Marshall Cavendish International (Asia) Private Ltd. SGP. Dist: Independent Pubs. Group.

Fighting for the Forest: How FDR's Civilian Conservation Corps Helped Save America. P. O'Connell Pearson. (ENG., Illus.). (J). (gr. 5). 2020. 224p. pap. 7.99 (978-1-5344-2933-8(6)); 2019. 208p. 17.99 (978-1-5344-2932-1(8)) Simon & Schuster Bks. For Young Readers. (Simon & Schuster Bks. For Young Readers).

Fighting for the Right. Oliver Optic, pseud. 2017. (ENG.). 388p. (J). pap. (978-3-337-13503-4(X)) Creation Pubs.

Fighting for the Right. Oliver Optic, pseud & Richard Hooker Wilmer. 2017. (ENG.). 384p. (J). pap. (978-3-337-37170-8(1)) Creation Pubs.

Fighting for Their Country: Minorities at War, 12 vols. 2017. (Fighting for Their Country: Minorities at War Ser.). (ENG.). 112p. (gr. 8-8). lib. bdg. 267.00 (978-1-5026-2647-9(0), a67ec68a-7dc9-4c37-81a2-74f115a3ca09, Cavendish Square) Cavendish Square Publishing LLC.

Fighting for YES! The Story of Disability Rights Activist Judith Heumann. Maryann Cocca-Leffler. Illus. by Vivien Mildenberger. 2022. (ENG.). 48p. (J). (gr. 1-4). 19.99 (978-1-4197-5560-6(9), 1739701, Abrams Bks. for Young Readers) Abrams, Inc.

Fighting Forces of World War II. John C. Miles. 2019. (Fighting Forces of World War II Ser.). (ENG.). 32p. (J). (gr. 3-9). 122.60 (978-1-5435-7485-2(8), 29392) Capstone.

Fighting Forces of World War II at Sea. John C. Miles. 2019. (Fighting Forces of World War II Ser.). (ENG., Illus.). 32p. (J). (gr. 3-9). lib. bdg. 28.65 (978-1-5435-7481-4(5), 141002) Capstone.

Fighting Forces of World War II in the Air. John C. Miles. 2019. (Fighting Forces of World War II Ser.). (ENG., Illus.). 32p. (J). (gr. 3-9). lib. bdg. 28.65 (978-1-5435-7482-1(3), 141003) Capstone.

Fighting Forces of World War II on Land. John C. Miles. 2019. (Fighting Forces of World War II Ser.). (ENG., Illus.). 32p. (J). (gr. 3-9). lib. bdg. 28.65 (978-1-5435-7483-8(1), 141004) Capstone.

Fighting Forces of World War II on the Home Front. John C. Miles. 2019. (Fighting Forces of World War II Ser.). (ENG., Illus.). 32p. (J). (gr. 3-9). lib. bdg. 28.65 (978-1-5435-7484-5(X), 141005) Capstone.

Fighting Game Esports: The Competitive Gaming World of Super Smash Bros. , Street Fighter, & More! Thomas Kingsley Troupe. 2019. (Wide World of Esports Ser.). (ENG., Illus.). 32p. (J). (gr. 3-9). pap. 7.95 (978-1-5435-7454-8(8), 140894); lib. bdg. 28.65 (978-1-5435-7355-8(X), 140637) Capstone.

Fighting Games. Ashley Gish. 2023. (Video Games Ser.). (ENG., Illus.). 32p. (J). lib. bdg. 31.35 **(978-1-63738-572-2(2)**, Apex) North Star Editions.

Fighting Games. Contrib. by Ashley Gish. 2023. (Video Games Ser.). (ENG., Illus.). 32p. (J). pap. 9.95 **(978-1-63738-626-2(5)**, Apex) North Star Editions.

Fighting in a World on Fire: The Next Generation's Guide to Protecting the Climate & Saving Our Future. Contrib. by Andreas Malm et al. 2023. (ENG., Illus.). 272p. (YA). (gr. 7). pap. 17.95 (978-1-80429-125-2(0), Verso) Verso Bks. GBR. Dist: Penguin Random Hse. LLC.

Fighting in France (Classic Reprint) Ross Kay. 2018. (ENG., Illus.). 254p. (J). 29.14 (978-0-365-20932-4(5)) Forgotten Bks.

Fighting in the Dark. Karimhe Moreno. 2021. (ENG.). 68p. (J). pap. 12.95 (978-1-63844-775-7(6)) Christian Faith Publishing.

Fighting Infantryman: The Story of Albert D. J. Cashier, Transgender Civil War Soldier. Rob Sanders. Illus. by Nabi Ali. 2020. (ENG.). 48p. (J). (gr. k-4). 18.99 (978-1-4998-0936-7(0)) Little Bee Books Inc.

Fighting Influenza. Elsie Olson. 2020. (Germ Invaders Ser.). (ENG., Illus.). 32p. (J). (gr. 2-5). lib. bdg. 34.21 (978-1-5321-9423-8(4), 36601, Big Buddy Bks.) ABDO Publishing Co.

Fighting Invisible Tigers: Stress Management for Teens. Earl Hipp. 4th ed. 2019. (ENG., Illus.). 144p. (J). pap. 14.99 (978-1-63198-435-8(7), 84358) Free Spirit Publishing Inc.

Fighting Joe: Or the Fortunes of a Staff Officer; a Story of Great Rebellion (Classic Reprint) Oliver Optic, pseud. 2018. (ENG., Illus.). 342p. (J). 30.95 (978-0-365-02602-0(6)) Forgotten Bks.

Fighting Joe: The Fortunes of a Staff Officer. Oliver Optic, pseud. 2017. (ENG.). 340p. (J). pap. (978-3-337-21087-8(2)) Creation Pubs.

Fighting Joe, or the Fortunes of a Staff Officer: A Story of the Great Rebellion (Classic Reprint) Oliver Optic, pseud. (ENG., Illus.). (J). 2019. 340p. 30.91 (978-0-365-11216-7(X)); 2017. pap. 13.57 (978-0-282-11152-6(2)) Forgotten Bks.

Fighting Line (Classic Reprint) David Lyall. (ENG., Illus.). (J). 2018. 380p. 31.73 (978-0-364-01092-1(4)); 2017. pap. 16.57 (978-0-243-50892-1(1)) Forgotten Bks.

Fighting Mascot: The True Story of a Boy Soldier (Classic Reprint) Thomas Joseph Kehoe. (ENG., Illus.). (J). 2018. 258p. 29.24 (978-0-267-46287-2(5)); 2016. pap. 11.57 (978-1-333-77180-5(0)) Forgotten Bks.

Fighting Men (Classic Reprint) Alden Brooks. (ENG., Illus.). (J). 2018. 300p. 30.08 (978-0-365-21876-0(6)); 2017. pap. 13.57 (978-0-259-25015-9(5)) Forgotten Bks.

Fighting off the Beasts from Planet Quagor Coloring Book. Activity Book Zone for Kids. 2016. (ENG., Illus.). (J). pap. 9.20 (978-1-68376-427-4(7)) Sabeels Publishing.

Fighting Pat, or the Boys of the Irish Brigade, Vol. 1 (Classic Reprint) Bernard Wayde. 2018. (ENG., Illus.). 28p. (J). 24.47 (978-0-484-91728-5(5)) Forgotten Bks.

Fighting Robots, 1 vol. Ryan Nagelhout. 2016. (Robots & Robotics Ser.). (ENG., Illus.). 32p. (J). (gr. 5-5). pap. 12.75 (978-1-4994-2163-7(X), 23b1cec4-d00a-49b7-bcdb-19eacdf030e1, PowerKids Pr.) Rosen Publishing Group, Inc., The.

Fighting Shepherdess (Classic Reprint) Caroline Lockhart. 2018. (ENG., Illus.). 382p. (J). 31.80 (978-0-483-36052-5(X)) Forgotten Bks.

Fighting Sickness. Joseph Midthun. Illus. by Samuel Hiti. 2016. (Building Blocks of Life Science 1/Soft Cover Ser.: Vol. 5). (ENG.). 34p. (J). pap. (978-0-7166-7872-4(1)) World Bk.-Childcraft International.

Fighting Spirit. Emma Berry. 2019. (ENG., Illus.). 436p. (YA). pap. (978-1-912694-97-6(2)) Bk.PrintingUK.com.

Fighting Starkleys, or the Test of Courage (Classic Reprint) Theodore Goodridge Roberts. 2018. (ENG., Illus.). 288p. (J). 29.84 (978-0-267-45769-4(3)) Forgotten Bks.

Fighting Stereotypes in Sports. Duchess Harris & Carla Mooney. 2018. (Race & Sports Ser.). (ENG., Illus.). 112p. (J). (gr. 6-12). lib. bdg. 41.36 (978-1-5321-1669-8(1), 30590, Essential Library) ABDO Publishing Co.

Fighting the Big C: What Cancer Does to the Body - Biology 6th Grade Children's Biology Books. Baby Professor. 2017. (ENG., Illus.). (J). pap. 9.55 (978-1-5419-3892-2(5), Baby Professor (Education Kids)) Speedy Publishing LLC.

Fighting the Flames. Robert Michael Ballantyne. 2019. (ENG.). 266p. (J). pap. (978-93-5329-687-2(0)) Alpha Editions.

Fighting the Flames: A Tale of the London Fire Brigade (Classic Reprint) R. M. Ballantyne. (ENG., Illus.). (J). 2017. 33.10 (978-0-266-32448-5(7)); 2016. pap. 16.57 (978-1-333-15321-2(X)) Forgotten Bks.

Fighting the Flames!, or Twenty-Seven Years in the Montreal Fire Brigade: A Record of Prominent Fires, Thrilling Adventures, & Hair-Breadth Escapes, Together with Practical Suggestions for Improvement (Classic Reprint) William Orme McRobie. (ENG., Illus.). (J). 2017. 29.71 (978-0-260-42147-0(2)); 2016. pap. 13.57 (978-1-334-12679-6(8)) Forgotten Bks.

Fighting the Foe: Or Every Day Battles (Classic Reprint) Pseud Fidelity. 2018. (ENG., Illus.). 364p. (J). 31.42 (978-0-267-21750-2(1)) Forgotten Bks.

Fighting the Hun from Saddle & Trend (Classic Reprint) William R. Jones. 2018. (ENG., Illus.). 306p. (J). 30.21 (978-0-666-58623-0(3)) Forgotten Bks.

Fighting the Monarchy: Battle of Bunker Hill. Virginia Loh-Hagan. 2019. (Behind the Curtain Ser.). (ENG., Illus.). 32p. (J). (gr. 4-8). pap. 14.21 (978-1-5341-3993-0(1), 212801); lib. bdg. 32.07 (978-1-5341-4337-1(8), 212800) Cherry Lake Publishing. (45th Parallel Press).

Fighting the Stars. J. P. Walker. 2016. (Knights of the Sun Ser.: Vol. 2). (ENG., Illus.). (YA). pap. (978-1-78645-016-6(X)) Beaten Track Publishing.

Fighting the Turk in the Balkans: An American's Adventures with the Macedonian Revolutionists (Classic Reprint) Arthur D. Howden Smith. (ENG., Illus.). (J). 2018. 462p. 33.43 (978-0-365-33757-7(9)); 2017. pap. 16.57 (978-0-282-25608-1(3)) Forgotten Bks.

Fighting to Rule America Causes & Results of French & Indian War U. S. Revolutionary Period Fourth Grade History Children's American Revolution History. Baby Professor. 2020. (ENG.). 72p. (J). 24.99 (978-1-5419-8021-1(2)); pap. 14.99 (978-1-5419-5030-6(5)) Speedy Publishing LLC. (Baby Professor (Education Kids)).

Fighting to Survive. Eric Braun et al. 2020. (Fighting to Survive Ser.). (ENG.). 64p. (J). (gr. 4-9). 373.20 (978-0-7565-6435-3(2), 29793); pap., pap., pap. 89.50 (978-0-7565-6571-8(5), 29946) Capstone. (Compass Point Bks.).

Fighting to Survive Airplane Crashes: Terrifying True Stories. Sean McCollum. 2019. (Fighting to Survive Ser.). (ENG., Illus.). 64p. (J). (gr. 4-9). pap. 8.95 (978-0-7565-6230-4(9), 140931); lib. bdg. 35.32 (978-0-7565-6183-3(3), 140662) Capstone. (Compass Point Bks.).

Fighting to Survive Animal Attacks: Terrifying True Stories. Eric Mark Braun & Nancy Dickmann. 2019. (Fighting to Survive Ser.). (ENG., Illus.). 64p. (J). (gr. 4-9). pap. 8.95 (978-0-7565-6231-1(7), 140932); lib. bdg. 35.32 (978-0-7565-6184-0(1), 140663) Capstone. (Compass Point Bks.).

Fighting to Survive Being Lost at Sea: Terrifying True Stories. Eric Mark Braun & Elizabeth Raum. 2019. (Fighting to Survive Ser.). (ENG., Illus.). 64p. (J). (gr. 4-9). pap. 8.95 (978-0-7565-6232-8(5), 140933); lib. bdg. 35.32 (978-0-7565-6185-7(X), 140664) Capstone. (Compass Point Bks.).

Fighting to Survive in the American West: Terrifying True Stories. Eric Braun. 2020. (Fighting to Survive Ser.). (ENG., Illus.). 64p. (J). (gr. 4-9). pap. 8.95 (978-0-7565-6569-5(3), 142225); lib. bdg. 35.32 (978-0-7565-6431-5(X), 141526) Capstone. (Compass Point Bks.).

Fighting to Survive in the Wilderness: Terrifying True Stories. Eric Braun. 2019. (Fighting to Survive Ser.). (ENG., Illus.). 64p. (J). (gr. 4-9). pap. 8.95 (978-0-7565-6234-2(1), 140934); lib. bdg. 35.32 (978-0-7565-6187-1(6), 140667) Capstone. (Compass Point Bks.).

Fighting to Survive Natural Disasters: Terrifying True Stories. Michael Burgan. 2020. (Fighting to Survive Ser.). (ENG., Illus.). 64p. (J). (gr. 4-9). pap. 8.95 (978-0-7565-6568-8(5), 142224); lib. bdg. 35.32 (978-0-7565-6429-2(8), 141523) Capstone. (Compass Point Bks.).

Fighting to Survive Space Disasters: Terrifying True Stories. Eric Mark Braun & Elizabeth Raum. 2019. (Fighting to Survive Ser.). (ENG., Illus.). 64p. (J). (gr. 4-9). pap. 8.95 (978-0-7565-6233-5(3), 140935); lib. bdg. 35.32 (978-0-7565-6186-4(8), 140665) Capstone. (Compass Point Bks.).

Fighting to Survive the Polar Regions: Terrifying True Stories. Michael Burgan. 2020. (Fighting to Survive Ser.). (ENG., Illus.). 64p. (J). (gr. 4-9). pap. 8.95 (978-0-7565-6570-1(7), 142226); lib. bdg. 35.32 (978-0-7565-6433-9(6), 141527) Capstone. (Compass Point Bks.).

Fighting to Survive Underground: Terrifying True Stories. Nancy Dickmann. 2020. (Fighting to Survive Ser.). (ENG., Illus.). 64p. (J). (gr. 4-9). pap. 8.95 (978-0-7565-6567-1(7), 142223); lib. bdg. 35.32 (978-0-7565-6427-8(1), 141524) Capstone. (Compass Point Bks.).

Fighting to Survive World War II: Terrifying True Stories. Eric Mark Braun & Nancy Dickmann. 2019. (Fighting to Survive Ser.). (ENG., Illus.). 64p. (J). (gr. 4-9). pap. 8.95 (978-0-7565-6235-9(X), 140936); lib. bdg. 35.32 (978-0-7565-6188-8(4), 140666) Capstone. (Compass Point Bks.).

Fighting Troubadour: A Novel (Classic Reprint) Archibald Clavering Gunter. (ENG., Illus.). (J). 2018. 278p. 29.63 (978-0-666-59185-2(7)); 2016. pap. 13.57 (978-1-333-44108-1(8)) Forgotten Bks.

Fighting with Fangs & Claws, 1 vol. Stephanie Cargill-Greer. 2017. (How Animals Adapt to Survive Ser.). (ENG.). 24p. (J). (gr. 3-3). 25.27 (978-1-5081-6435-7(5), 11404373-8f53-4875-9010-0ad88b67cdec, PowerKids Pr.) Rosen Publishing Group, Inc., The.

Fighting with Fremont: A Tale of the Conquest of California (Classic Reprint) Everett McNeil. 2018. (ENG., Illus.). 376p. (J). 31.65 (978-0-267-64865-8(0)) Forgotten Bks.

Fighting with the U. S Army (Classic Reprint) Charles A. Botsford. 2018. (ENG., Illus.). 338p. (J). 30.87 (978-0-267-20605-6(4)) Forgotten Bks.

Fighting Words. Kimberly Brubaker Bradley. (ENG.). 272p. (J). (gr. 5). 2021. 8.99 (978-1-9848-1570-5(9), Puffin Books); 2020. 17.99 (978-1-9848-1568-2(7), Dial Bks) Penguin Young Readers Group.

Fights for the Championship, Vol. 1: The Men & Their Times (Classic Reprint) Fred Henning. 2017. (ENG., Illus.). (J). 31.57 (978-0-260-76758-5(1)) Forgotten Bks.

Fights for the Championship, Vol. 2: The Men & Their Times (Classic Reprint) Fred Henning. (ENG., Illus.). (J). 2018. 536p. 34.93 (978-0-484-88296-5(1)); 2016. pap. 19.57 (978-1-334-14408-0(7)) Forgotten Bks.

Figment 2: the Legacy of Imagination: Volume 1. Jim Zub. Illus. by Ramon Bachs & Jean-François Beaulieu. 2016. (Disney Kingdoms: Figment Set 2 Ser.). (ENG.). 24p. (J). (gr. k-5). lib. bdg. 31.36 (978-1-61479-581-0(9), 24362, Graphic Novels) Spotlight.

Figment 2: the Legacy of Imagination: Volume 2. Jim Zub. Illus. by Ramon Bachs & Jean-François Beaulieu. 2016. (Disney Kingdoms: Figment Set 2 Ser.). (ENG.). 24p. (J). (gr. k-5). lib. bdg. 31.36 (978-1-61479-582-7(7), 24363, Graphic Novels) Spotlight.

Figment 2: the Legacy of Imagination: Volume 3. Jim Zub. Illus. by Ramon Bachs & Jean-François Beaulieu. 2016. (Disney Kingdoms: Figment Set 2 Ser.). (ENG.). 24p. (J). (gr. k-5). lib. bdg. 31.36 (978-1-61479-583-4(5), 24364, Graphic Novels) Spotlight.

Figment 2: the Legacy of Imagination: Volume 4. Jim Zub. Illus. by Ramon Bachs & Jean-François Beaulieu. 2016. (Disney Kingdoms: Figment Set 2 Ser.). (ENG.). 24p. (J). (gr. k-5). lib. bdg. 31.36 (978-1-61479-584-1(3), 24365, Graphic Novels) Spotlight.

Figment 2: the Legacy of Imagination: Volume 5. Jim Zub. Illus. by Ramon Bachs & Jean-François Beaulieu. 2016. (Disney Kingdoms: Figment Set 2 Ser.). (ENG.). 24p. (J). (gr. k-5). lib. bdg. 31.36 (978-1-61479-585-8(1), 24366, Graphic Novels) Spotlight.

Figment Wars: Search for the Caretaker. David R. Lord. 2018. (ENG., Illus.). 214p. (J). (978-1-78848-633-0(1)); pap. (978-1-78848-632-3(3)) Austin Macauley Pubs. Ltd.

Figo. Matt Oldfield & Tom Oldfield. 2018. (Football Heroes - International Editions Ser.). (ENG., Illus.). 176p. (J). (gr. 4-7). pap. 9.99 (978-1-78606-923-8(7)) Blake, John Publishing, Ltd. GBR. Dist: Independent Pubs. Group.

Figs & Thistles: A Romance of the Western Reserve (Classic Reprint) Albion Winegar Tourgee. 2018. (ENG., Illus.). 556p. (J). 35.36 (978-0-267-42661-4(5)) Forgotten Bks.

Figura en Las Sombras / the Figure in the Shadows. John Bellairs. 2019. (Los Casos de Lewis Barnavelt Ser.: 2). (SPA.). 152p. (J). (gr. 3-7). pap. 14.95 (978-607-31-7592-0(2), Alfaguara) Penguin Random House Grupo Editorial ESP. Dist: Penguin Random Hse. LLC.

Figuralandia see Shapeland / Figuralandia

Figuras en Alimentos: Figuras Bidimensionales. John Leach. rev. ed. 2019. (Mathematics in the Real World Ser.). (SPA.). 24p. (J). (gr. 1-2). pap. 9.99 (978-1-4258-2854-7(X)) Teacher Created Materials, Inc.

Figure Eight: About a Kid with Dyscalculia: Book 1. Cynthia Fabian. 2022. (ENG.). 268p. (YA). pap. 16.95 (978-1-68235-286-1(2)) Strategic Book Publishing & Rights Agency (SBPRA).

Figure in the Carpet (Classic Reprint) Henry James. 2018. (ENG., Illus.). 82p. (J). 25.59 (978-0-484-91968-5(7)) Forgotten Bks.

Figure It Out, Henri Weldon. Tanita S. Davis. 2023. (ENG.). 336p. (J). (gr. 3-7). 17.99 (978-0-06-314357-9(7), Tegen, Katherine Bks) HarperCollins Pubs.

Figure It Out with Eva. Susan Maclellan. 2023. (ENG.). 48p. (J). pap. **(978-1-4866-2286-3(0))** Word Alive Pr.

Figure Skating. Ellen Labrecque. 2018. (21st Century Skills Library: Global Citizens: Olympic Sports Ser.). (ENG.). 32p. (J). (gr. 4-7). pap. 14.21 (978-1-5341-0855-4(6), 210784); (Illus.). lib. bdg. 32.07 (978-1-5341-0756-4(8), 210783) Cherry Lake Publishing.

Figure Skating. Julie Murray. 2022. (Artistic Sports Ser.). (ENG., Illus.). 24p. (J). (gr. -1-2). lib. bdg. 32.79 (978-1-0982-6422-2(3), 40943, Abdo Kids) ABDO Publishing Co.

Figure Skating. Mari Schuh. 2019. (Spot Sports Ser.). (ENG.). 16p. (J). (gr. -1-2). lib. bdg. (978-1-68151-650-9(0), 10782) Amicus.

Figure Skating. Claire Throp et al. 2017. (Figure Skating Ser.). (ENG.). 32p. (J). (gr. 3-9). 122.60 (978-1-5157-8202-5(6), 27016, Capstone Pr.) Capstone.

Figure Skating. Laura Hamilton Waxman. 2017. (Winter Olympic Sports Ser.). (ENG.). 32p. (J). (gr. 2-5). 20.95 (978-1-68151-148-1(7), 14692) Amicus.

Figure Skating Fears. Cari Meister. Illus. by Alex Patrick. 2021. (Kids' Sports Stories Ser.). (ENG.). 32p. (J). 21.32 (978-1-6639-0942-8(3), 212686); pap. 5.95 (978-1-6639-2125-3(3), 212656) Capstone. (Picture Window Bks.).

Figure-Skating, Simple & Combined: Being an Enlarged Edition of Combined Figure-Skating (Classic Reprint) Montagu Sneade Monier-Williams. (ENG., Illus.). (J). 2018. 348p. 31.07 (978-0-365-46903-2(3)); 2017. pap. 13.57 (978-0-282-04768-9(9)) Forgotten Bks.

Figureheads of Petty Port. Ridgley River-Jedd. 2019. (ENG.). 48p. (J). pap. (978-1-78830-290-6(7)) Olympia Publishers.

Figures & Flowers for Serious Souls (Classic Reprint) Laura Hope Fisher. 2018. (ENG., Illus.). (J). 27.28 (978-0-332-01849-2(0)) Forgotten Bks.

Figures Famed in Fiction: Drawn from the Original Sources (Classic Reprint) Hervey Gorham Pillsbury. (ENG., Illus.). (J). 2018. 416p. 32.50 (978-0-365-10873-3(1)); 2017. pap. 16.57 (978-0-259-30381-7(X)) Forgotten Bks.

Figures Famed in Fiction, Drawn from the Original Sources (Classic Reprint) H. G. Pillsbury. 2018. (ENG., Illus.). 410p. (J). 32.37 (978-0-267-46234-6(4)) Forgotten Bks.

Figures of Earth: A Comedy of Appearances. James Branch Cabell. 2017. (ENG., Illus.). (J). 25.95 (978-1-374-82848-3(3)) Capital Communications, Inc.

Figures of Earth: A Comedy of Appearances (Classic Reprint) James Branch Cabell. 2017. (ENG., Illus.). (J). 31.61 (978-1-5285-5005-5(6)) Forgotten Bks.

Fiji, 1 vol. Debbie Nevins & Roseline NgCheong-Lum. 2019. (Cultures of the World (Third Edition)(r) Ser.). (ENG.). 144p. (gr. 5-5). lib. bdg. 48.79 (978-1-5026-4744-3(3), 43d6abf3-fc6d-46f3-ad8b-7abc93ecfa32) Cavendish Square Publishing LLC.

Fika & Kaz. Alisa Nikishin. 2022. (ENG.). 42p. (J). pap. 15.99 (978-1-6781-2517-2(2)) Lulu Pr., Inc.

Fiki & the Frog. Nina Leipold. Ed. by Nina Leipold. 2023. (ENG.). 38p. (J). pap. 12.99 **(978-1-0880-9360-3(4))** Indy Pub.

Fil & Filippa: Story of Child Life in the Philippines (Classic Reprint) John Stuart Thomson. 2017. (ENG., Illus.). (J). 25.81 (978-0-260-04563-8(2)) Forgotten Bks.

Filastrocche. Angelo Ricciardi. 2021. (ITA.). 146p. (J). pap. **(978-1-6671-5747-4(7))** Lulu Pr., Inc.

Filastrocche Nel Vento. Maria Teresa Beccaria. 2017. (ITA., Illus.). 74p. (J). pap. (978-1-326-99795-3(5)) Lulu Pr., Inc.

Filbert the Lonely Flamingo. Ellen Wolfson Valladares & Steve Wolfson. 2020. (ENG.). 34p. (J). pap. 9.95 (978-0-9798324-8-2(9)) Argami Productions, LLC.

Filburt Feels a Photon: A Story of Light, Space, & Time. L. E. Doue. 2016. (ENG., Illus.). (J). (978-1-4602-6958-9(6)); pap. (978-1-4602-6959-6(4)) FriesenPress.

File under: 13 Suspicious Incidents. Lemony Snicket, pseud. Illus. by Seth. 2016. (All the Wrong Questions Ser.). (ENG.). 288p. (J). (gr. 3-17). pap. 9.99 (978-0-316-39306-5(1)) Little, Brown Bks. for Young Readers.

Filibusters: A Romance (Classic Reprint) Charles John Cutcliffe Wright Hyne. 2018. (ENG., Illus.). 334p. (J). 30.79 (978-0-483-36054-9(6)) Forgotten Bks.

Filigree's Midnight Ride. Pam Berkman & Dorothy Hearst. Illus. by Claire Powell. 2019. (At the Heels of History Ser.). (ENG.). 192p. (J). (gr. 1-4). 17.99 (978-1-5344-3333-5(3), McElderry, Margaret K. Bks.) McElderry, Margaret K. Bks.

Filipino Children's Favorite Stories: Fables, Myths & Fairy Tales. Liana Romulo. Illus. by Joanne De Leon. 2020. (Favorite Children's Stories Ser.). 64p. (J). (gr. k-5). 14.99 (978-0-8048-5021-6(6)) Tuttle Publishing.

Filipino Heritage. Tamra Orr. 2018. (21st Century Junior Library: Celebrating Diversity in My Classroom Ser.). (ENG., Illus.). 24p. (J). (gr. 2-4). pap. 12.79 (978-1-5341-0835-6(1), 210704); lib. bdg. 30.64 (978-1-5341-0736-6(3), 210703) Cherry Lake Publishing.

Filipino Immigrants: In Their Shoes. Gretchen Maurer. 2019. (Immigrant Experiences Ser.). (ENG.). 32p. (J). (gr. 3-6). lib. bdg. 35.64 (978-1-5038-2797-4(6), 212604, MOMENTUM) Child's World, Inc, The.

Fill a Bucket: A Guide to Daily Happiness for Young Children. Katherine Martin & David Messing. Illus. by David Messing. 2018. (Illus.). 24p. (J). (gr. -1 — 1). 10.95 (978-0-9960999-8-1(0)) Cardinal Rule Pr.

Fill-In I Love You All Ways. Marianne Richmond. Illus. by Dubravka Kolanovic. 2023. (I Love You All Ways Ser.). (ENG.). 32p. (J). (gr. -1-3). 8.99 **(978-1-7282-7007-4(3))** Sourcebooks, Inc.

Fill in the Alphabet Coloring Book. Creative Playbooks. 2016. (ENG., Illus.). (J). pap. 7.74 (978-1-68323-756-3(0)) Twin Flame Productions.

Fill in the Blank Book for Kids Grade 1 Edition. Baby Professor. 2017. (ENG., Illus.). (J). pap. 7.89 (978-1-68368-036-9(7), Baby Professor (Education Kids)) Speedy Publishing LLC.

Fill in the Blank for Kids Workbook Grade 1 - 3 Edition. Baby Professor. 2017. (ENG., Illus.). (J). pap. 7.89 (978-1-68368-035-2(9), Baby Professor (Education Kids)) Speedy Publishing LLC.

Fill in the Missing Numbers - Counting Exercises for 1st Graders - Math Books for Kids Children's Math Books. Baby Professor. 2017. (ENG., Illus.). (J). pap. 9.55 (978-1-5419-2551-9(3), Baby Professor (Education Kids)) Speedy Publishing LLC.

Fill in the Missing Numbers - Counting Exercises for Kids Children's Early Learning Books. Baby Professor. 2017. (ENG., Illus.). (J). pap. 9.25 (978-1-5419-0424-8(9), Baby Professor (Education Kids)) Speedy Publishing LLC.

Fill-In 'Twas the Night Before Christmas. Illus. by Lisa Alderson. 2021. (Night Before Christmas Ser.). (ENG.). 32p. (J). (gr. -1-3). 7.99 **(978-1-7282-5280-3(6))** Sourcebooks, Inc.

Fill-Me-In. Moose Allain. Illus. by Moose Allain. 2016. (ENG., Illus.). 96p. (J). (gr. 1-4). 16.99 *(978-0-7636-8532-4(1),* Big Picture Press) Candlewick Pr.

Fill Me with Rainbows: Artists Coloring Books. Jupiter Kids. 2016. (ENG., Illus.). 106p. (J). pap. 12.55 *(978-1-68305-207-4(2),* Jupiter Kids (Childrens & Kids Fiction)) Speedy Publishing LLC.

Fill This Book! Sketching for Young Artists Activity Book. Jupiter Kids. 2017. (ENG., Illus.). (YA). pap. 9.20 *(978-1-68326-615-0(3),* Jupiter Kids (Childrens & Kids Fiction)) Speedy Publishing LLC.

Fill with Color Creative Therapy: An Anti-Stress Coloring Book for Adults. Activibooks. 2016. (ENG., Illus.). (J). pap. 9.20 *(978-1-68321-013-9(1))* Mimaxion.

Fill Your Boring Moments with Kids Connect the Dots Activity. Jupiter Kids. 2018. (ENG., Illus.). 106p. (J). pap. 12.55 *(978-1-68326-616-7(1),* Jupiter Kids (Childrens & Kids Fiction)) Speedy Publishing LLC.

Fille Aux Douze Doigts. Patrick Huet. 2022. (FRE.). 40p. (J). pap. ***(978-1-4717-5520-0(7))*** Lulu Pr., Inc.

Fille en Robe de Liberté. Christian Taylor & P. S. Wells. 2019. (FRE., Illus.). 40p. (J). 24.99 ***(978-1-7331060-9-2(X))*** Pegwood Publishing.

Fille Fantôme. Berengere Berte. 2018. (FRE., Illus.). 72p. (J). pap. *(978-0-244-68883-7(4))* Lulu Pr., Inc.

Fille Qui a Dit Qu'elle Pouvait. Chantal Contreras. Illus. by Anne Potter. 2020. (FRE.). 44p. (J). (gr. k-6). pap. 12.99 *(978-1-7343441-1-0(3))* Contreras, Chantal.

Fille Qui a Dit Qu'elle Pouvait. Chantal Triay. Illus. by Anne Potter. 2nd ed. 2021. (FRE.). 44p. (J). pap. 12.99 *(978-1-7343441-4-1(8))* Contreras, Chantal.

Filled with Love. Cherie McClure. 2020. (ENG.). 28p. (J). pap. 13.95 *(978-1-64670-327-2(8))* Covenant Bks.

FILLES HAMPTON - Noël à Chantefeuille. Fany DE BOURBON. 2018. (FRE.). 148p. (YA). pap. ***(978-0-244-73289-9(2))*** Lulu Pr., Inc.

Filling a Little Space: The Susanna Wesley Story. Chrystal Stauffer & Bible Visuals International. 2020. (Family Format 5720-Acs Ser.: Vol. 5720). (ENG.). 28p. (J). pap. 12.00 *(978-1-64104-122-5(6))* Bible Visuals International, Inc.

Filling His Own Shoes (Classic Reprint) Henry C. Rowland. 2018. (ENG., Illus.). 360p. (J). 31.34 *(978-0-332-78056-6(2))* Forgotten Bks.

Filling My Pockets with Nakfa in Eritrea. Deborah Haile & Jonah Seyum. Illus. by Nejla Shojaie. 2022. (Jonah's Global Footprints Ser.). (ENG.). 52p. (J). 20.99 *(978-1-7378577-3-0(1))* Tiny Global Footprints.

Fillmore the Dragon. Elias Zapple. Illus. by Valentina Cheshenko. 2018. (Jellybean the Dragon Stories American-English Ser.: Vol. 3). (ENG.). 128p. (J). (gr. 4-6). pap. *(978-1-912704-18-7(8));* pap. *(978-1-912704-19-4(6))* Heads or Tales Pr.

Film & TV Journal: the Must-Have Notebook for Movie Enthusiasts: Keep Track of Your Watchlist! M. K. 2023. (ENG.). 100p. (YA). pap. ***(978-1-4478-3054-2(7))*** Lulu Pr., Inc.

Film Flip, 1 vol. Cameron Macintosh. Illus. by Dave Atze. 2021. (Max Booth: Future Sleuth Ser.). (ENG.). 128p. (J). (gr. 4-4). pap. 16.35 *(978-1-5383-8471-8(X),* 06b41895-2f98-47b7-83af-8528ca4b424e); lib. bdg. 25.80 *(978-1-5383-8470-1(1),* b7134697-45d2-45df-9950-1b94191b5d11) Enslow Publishing, LLC. (West 44 Bks.).

Film Folk: Close-Ups of the Men, Women, & Children Who Make the Movies (Classic Reprint) Rob Wagner. (ENG., Illus.). (J). 2017. 32.15 *(978-0-260-46944-1(0));* 2016. pap. 16.57 *(978-1-333-50085-6(8))* Forgotten Bks.

Film Fun: January, 1917 (Classic Reprint) Elizabeth Sears. (ENG., Illus.). (J). 2018. 428p. 32.72 *(978-0-666-67275-9(X));* 2016. pap. 16.57 *(978-1-334-11520-2(6))* Forgotten Bks.

Film Fun: January, 1918 (Classic Reprint) Unknown Author. (ENG., Illus.). (J). 2018. 388p. 31.90 *(978-0-364-02657-1(X));* 2017. pap. 16.57 *(978-0-243-55853-7(8))* Forgotten Bks.

Film Fun, 1916 (Classic Reprint) Unknown Author. (ENG., Illus.). (J). 2018. 424p. 32.66 *(978-0-666-99038-9(7));* 2017. pap. 16.57 *(978-0-243-48088-3(1))* Forgotten Bks.

Film Fun, 1919 (Classic Reprint) Jessie Niles Burness. 2017. (ENG., Illus.). (J). 496p. 34.13 *(978-0-484-10275-9(3));* pap. 16.57 *(978-0-243-56539-9(9))* Forgotten Bks.

Film Fun, Vol. 43: June, 1926 (Classic Reprint) George Mitchell. (ENG., Illus.). (J). 2018. 80p. 25.55 *(978-0-364-02773-8(8));* 2017. pap. 9.57 *(978-0-243-59051-3(2))* Forgotten Bks.

Film Makers: 15 Groundbreaking Women Directors. Lyn Miller-Lachmann & Tanisia Moore. 2022. (Women of Power Ser.: 5). 224p. (YA). (gr. 7-12). 16.99 *(978-1-64160-610-3(X))* Chicago Review Pr., Inc.

Film Spectator, Vol. 5: March December, 1928 (Classic Reprint) Welford Beaton. (ENG., Illus.). (J). 2018. 626p. 36.81 *(978-0-267-55168-2(1));* 2016. pap. 19.57 *(978-1-333-57471-0(1))* Forgotten Bks.

Filming Stop-Motion Animation. Zoe Saldana. 2018. (21st Century Skills Innovation Library: Makers As Innovators Junior Ser.). (ENG.). 24p. (J). (gr. 2-5). pap. 12.79 *(978-1-5341-0877-6(7),* 210872); (Illus.). lib. bdg. 30.64 *(978-1-5341-0778-6(9),* 210871) Cherry Lake Publishing.

Filo y Los Supersacros. Mireille Mishriky. Illus. by S. Violette Palumbo. 2016. (SPA.). (J). pap. *(978-0-9952459-3-8(2))* Mishriky, Mireille.

Filou le Chat et Noël. Nicola Lopetz. Tr. by Annie Evearts. 2021. (Filou le Chat (Silly Kitty) Ser.).Tr. of A Silly Kitty Christmas. (FRE.). 24p. (J). (gr. k-2). pap. *(978-1-0396-0979-2(1),* 12633) Crabtree Publishing Co.

Filou et la Journée Enneigée. Nicola Lopetz. Tr. by Annie Evearts. 2021. (Filou le Chat (Silly Kitty) Ser.). (FRE.). 24p. (J). (gr. k-2). pap. *(978-1-0396-0981-5(3),* 12628) Crabtree Publishing Co.

Filou et la Journée Ensoleillée. Nicola Lopetz. Tr. by Annie Evearts. 2021. (Filou le Chat (Silly Kitty) Ser.). (FRE.). 24p. (J). (gr. k-2). pap. *(978-1-0396-0983-9(X),* 12629) Crabtree Publishing Co.

Filou et la Journée Pluvieuse. Nicola Lopetz. Tr. by Annie Evearts. 2021. (Filou le Chat (Silly Kitty) Ser.). (FRE.). 24p. (J). (gr. k-2). pap. *(978-1-0396-0980-8(5),* 12630) Crabtree Publishing Co.

Filou et la Journée Venteuse. Nicola Lopetz. Tr. by Annie Evearts. 2021. (Filou le Chat (Silly Kitty) Ser.). (FRE.). 24p. (J). (gr. k-2). pap. *(978-1-0396-0984-6(8),* 12631) Crabtree Publishing Co.

Filou et la Nuit d'épouvante. Nicola Lopetz. Tr. by Annie Evearts. 2021. (Filou le Chat (Silly Kitty) Ser.).Tr. of Silly Kitty & the Spooky Night. (FRE.). 24p. (J). (gr. k-2). pap. *(978-1-0396-0982-2(1),* 12632) Crabtree Publishing Co.

Fils de Lagardère - T1 le Sergent Belle Epée. Paul Feval (Fils). 2018. (FRE., Illus.). 310p. (J). pap. 18.08 *(978-0-244-66808-2(6))* Lulu Pr., Inc.

Filthy Flies. Alex Giannini. 2019. (Bugged Out! the World's Most Dangerous Bugs Ser.). (ENG., Illus.). 24p. (J). (gr. 2-7). lib. bdg. 19.45 *(978-1-64280-167-5(4))* Bearport Publishing Co., Inc.

Filzkins Take Off: The Wooliest Aliens in the Universe. Rhian Hans & Ingo Hans. Illus. by Rhian & Ingo Hans. 2018. (ENG.). 106p. (J). (gr. 1-6). *(978-1-9999506-1-3(5))* Sebold's originals.

Fimi, l'Enfant Albinos. Mary G. Mbabazi. 2019. (FRE.). 26p. (J). pap. *(978-99977-774-8-5(4))* FURAHA Pubs. Ltd.

Fin & the Fireflies. Danielle Kathleen Rottkamp. Illus. by Danielle Kathleen Rottkamp. 2019. (Adventures of Fin the Fox Ser.: Vol. 1). (ENG., Illus.). 50p. (J). (gr. 1-3). pap. 15.75 ***(978-1-7330772-1-7(9))*** Fox Cottage Pr.

Fin & the Memory Curse. Helenka Stachera. 2022. (Illus.). 416p. (J). (gr. 4-7). 15.99 ***(978-0-241-49133-1(9),*** Puffin) Penguin Bks., Ltd. GBR. Dist: Independent Pubs. Group.

Fin & the Red Deer. V. I. X. J. Cooper. Illus. by Emily Stanbury. 2020. (ENG.). 28p. (J). *(978-1-78132-995-5(8))* SilverWood Bks.

Fin de Los Tiempos. Susan Ee. 2021. (Ángeles Caídos Ser.: Vol. 3). (SPA.). 376p. (YA). pap. 13.99 *(978-1-63820-003-1(3))* Dream, Feral LLC.

Fin de Semana Arenoso (the Sandy Weekend) Kirsten McDonald. Illus. by Erika Meza. 2018. (Carlos & Carmen (Spanish Version) (Calico Kid) Ser.). (SPA.). 32p. (J). (gr. -1-3). lib. bdg. 32.79 *(978-1-5321-3321-3(9),* 28505, Calico Chapter Bks) Magic Wagon.

¡Fin del Juego, Súper Chico Conejo! Thomas Flintham. Illus. by Thomas Flintham. 2017. (¡Presiona Empezar! Ser.: 1). (SPA., Illus.). 80p. (J). (gr. k-2). pap. 5.99 *(978-1-338-15907-3(0),* Scholastic en Espanol) Scholastic, Inc.

Fin-Eating Tree of Waikiki. Thomas T. Kawabata. Illus. by Thomas T. Kawabata. 2021. (ENG.). 42p. (J). pap. 9.99 *(978-1-7363577-0-5(0))* Purring Pr.

Fin Fable by Mayteana Williams. Mayteana Williams. Illus. by Mayteana Williams. 2023. (ENG.). 36p. (YA). pap. ***(978-1-312-71962-0(1))*** Lulu Pr., Inc.

Fin-Tastic Fashion. Jessica Young. Illus. by Jessica Sécheret. 2017. (Finley Flowers Ser.). (ENG.). 128p. (J). (gr. 1-3). lib. bdg. 25.32 *(978-1-4795-9804-5(6),* 133579, Picture Window Bks.) Capstone.

Fin-Tastic Rescue. Laura Mancuso. 2022. (ENG.). 38p. (J). 15.95 *(978-1-63755-257-5(2),* Mascot Kids) Amplify Publishing Group.

Fin-Tastic Surprise. Valerie Tripp. Illus. by Thu Thai. 2023. (American Girl(r) WellieWishers(tm) Ser.). (ENG.). 72p. (J). pap. 5.99 ***(978-1-68337-210-3(7))*** American Girl Publishing, Inc.

Fin the Fern. Samantha Flodin. Illus. by Cassidy Gabert. 2019. (ENG.). 24p. (J). 19.95 *(978-0-578-52582-2(8))* Flodin, Samantha.

Final Adventures of Puss-Puss: Puss-Puss, the Red, the Selki, the Tunneling Hump, Happy Hibernation, Sprung & the Final Adventure. Elspeth Grace Hall. Illus. by Elspeth Grace Hall & Richard J. Hall Dsm. 2016. (ENG.). (J). pap. 11.00 *(978-1-910853-16-0(X))* Lioness Publishing.

Final Battle. Stuart Daly. 2016. (Brotherhood of Thieves Ser.: 3). 288p. (J). (gr. 4-7). pap. 9.99 *(978-0-85798-538-5(8))* Random Hse. Australia AUS. Dist: Independent Pubs. Group.

Final Battles the End of the US Civil War History Grade 7 Children's United States History Books. Baby Professor. 2022. (ENG.). 72p. (J). 31.99 ***(978-1-5419-9442-3(6));*** pap. 19.99 ***(978-1-5419-8841-5(8))*** Speedy Publishing LLC. (Baby Professor (Education Kids)).

Final Chance. Neil Hanley. 2022. (ENG.). 212p. (J). pap. *(978-1-80302-327-4(9))* FeedARead.com.

Final Crossing. Carter Wilson. 2016. (ENG.). 368p. pap. 16.00 *(978-1-60809-234-5(8),* 4c9c7462-b105-4056-a9f1-300676477b14) Oceanview Publishing.

Final Cut. Eleanor Cardell. 2016. (ENG., Illus.). (J). pap. 12.99 *(978-1-68076-690-5(2),* Epic Pr.) ABDO Publishing Co.

Final Cut. Marty Chan. 2022. (Orca Anchor Ser.). (ENG.). 96p. (YA). (gr. 8-12). pap. 10.95 *(978-1-4598-3418-7(6))* Orca Bk. Pubs. USA.

Final Cut. Margaret Gurevich. Illus. by Brooke Hagel. 2016. (Chloe by Design Ser.). (ENG.). 96p. (J). (gr. 5-8). lib. bdg. 25.32 *(978-1-4965-3264-0(3),* 132432, Stone Arch Bks.) Capstone.

Final Destiny: The First Key. Mike Justin Sumulong. 2018. (ENG., Illus.). 116p. (YA). pap. *(978-1-925819-48-9(5))* Tablo Publishing.

Final Draft. Riley Redgate. (ENG.). (gr. 8-17). 2019. 288p. (YA). pap. 9.99 *(978-1-4197-3487-8(3),* 1164703); 2018. 272p. 17.99 *(978-1-4197-2872-3(5),* 1164701, Amulet Bks.) Abrams, Inc.

Final Drop: Billy Smith & the Goblins, Book 3. Robert Hewitt Wolfe. 2020. (Billy Smith & the Goblins Ser.: 3). (ENG., Illus.). 336p. (J). pap. 16.99 *(978-1-68162-618-5(7));* (YA). 31.99 *(978-1-68162-619-2(5))* Turner Publishing Co.

Final Eclipse. Cameron Alexander. Illus. by Rhett Pennell. 2020. (Dark Corps Ser.: Vol. 13). (ENG.). 362p. (J). pap. 14.99 *(978-1-950594-15-3(7),* Bickering Owls Publishing) Maracle, Derek.

Final Fall. Heather W. Petty. (Lock & Mori Ser.). (ENG.). 208p. (YA). (gr. 9). 2018. pap. 11.99 *(978-1-4814-2310-6(X));* 2017. (Illus.). 18.99 *(978-1-4814-2309-0(6))* Simon & Schuster Bks. For Young Readers. (Simon & Schuster Bks. For Young Readers).

Final Fantasy VII: on the Way to a Smile. Kazushige Nojima. 2018. (ENG., Illus.). 204p. (YA). (gr. 8-17). pap. 14.00 *(978-1-9753-8235-3(8),* 9781975382353, Yen Pr.) Yen Pr. LLC.

Final Four. Allan Morey & Blake Hoena. 2018. (Sports Championships Ser.). (ENG., Illus.). 24p. (J). (gr. 3-7). pap. 7.99 *(978-1-61891-483-5(9),* 12136, Torque Bks.) Bellwether Media.

Final Four. Contrib. by Elliott Smith. 2023. (Major Sports Events Ser.). (ENG., Illus.). 32p. (J). (gr. 2-3). pap. 9.95 *(978-1-63738-328-5(6));* lib. bdg. 31.35 *(978-1-63738-292-9(8))* North Star Editions. (Apex).

Final Four: The Pursuit of College Basketball Glory. Matt Doeden. 2016. (Spectacular Sports Ser.). (ENG., Illus.). 64p. (J). (gr. 5-8). 34.65 *(978-1-4677-8780-2(9),* 13ad0109-3d73-49ed-bab2-c58685c7754e); E-Book 51.99 *(978-1-4677-9730-6(8))* Lerner Publishing Group. (Millbrook Pr.).

Final Frankenstein. Thomas Kingsley Troupe. Illus. by Xavier Bonet. 2019. (Michael Dahl Presents: Midnight Library 4D Ser.). (ENG.). 80p. (J). (gr. 4-6). lib. bdg. 25.99 *(978-1-4965-7896-9(1),* 139611, Stone Arch Bks.) Capstone.

Final Gambit. Jennifer Lynn Barnes. 2022. (YA). *(978-0-316-45133-8(9))* Little Brown & Co.

Final Gambit. Jennifer Lynn Barnes. (Inheritance Games Ser.: 3). (ENG.). (YA). (gr. 7-17). 2023. 400p. pap. 11.99 ***(978-0-316-37102-5(5));*** 2022. 384p. 18.99 *(978-0-316-37095-0(9))* Little, Brown Bks. for Young Readers.

Final Harvest. Barbara Howard. 2020. (ENG.). 164p. (YA). pap. 6.99 *(978-1-393-46008-4(9))* Draft2Digital.

Final Kingdom (TombQuest, Book 5) Michael Northrop. 2016. (TombQuest Ser.: 5). (ENG.). 192p. (J). (gr. 3-7). 16.99 *(978-0-545-87111-2(5),* Scholastic Pr.) Scholastic, Inc.

Final Level: Animalized. Cheryl Roy-Laber. 2018. (ENG., Illus.). 108p. (J). (gr. 1-6). pap. 13.95 *(978-1-61244-658-5(2))* Halo Publishing International.

Final Mission. Steve Brezenoff. Illus. by Juan Calle Velez. 2019. (Michael Dahl Presents: Screams in Space 4D Ser.). (ENG.). 112p. (J). (gr. 3-5). lib. bdg. 27.32 *(978-1-4965-7902-7(X),* 139612, Stone Arch Bks.) Capstone.

Final Mother-Daughter Book Club Collection (Boxed Set) The Mother-Daughter Book Club; Much Ado about Anne; Dear Pen Pal; Pies & Prejudice; Home for the Holidays; Wish You Were Eyre; Mother-Daughter Book Camp. Heather Vogel Frederick. ed. 2017. (Mother-Daughter Book Club Ser.). (ENG.). 2688p. (J). (gr. 3-7). pap. 55.99 *(978-1-5344-1502-7(5),* Simon & Schuster Bks. For Young Readers) Simon & Schuster Bks. For Young Readers.

Final Page. Thomas J. H. Boggis. 2022. (ENG.). 292p. (YA). pap. *(978-1-914926-88-4(9))* Markosia Enterprises, Ltd.

Final Race: A Sequel to the Hare & the Tortoise. Godwin Mulenga Chishala. 2019. (ENG., Illus.). 40p. (J). (gr. 1-6). 20.00 *(978-1-7333535-0-2(X))* Acts of Kindness.

Final Reckoning: A Tale of Bush Life in Australia. G. A. Henty. 2018. (ENG., Illus.). 278p. (J). pap. *(978-93-5297-058-2(6))* Alpha Editions.

Final Reckoning: A Tale of Bush Life in Australia. George Henty. 2017. (ENG., Illus.). (J). 25.95 *(978-1-374-84872-6(7));* pap. 15.95 *(978-1-374-84871-9(9))* Capital Communications, Inc.

Final Reckoning: A Tale of Bush Life in Australia (Classic Reprint) G. A. Henty. 2018. (ENG., Illus.). 368p. (J). 31.51 *(978-0-365-28616-5(8))* Forgotten Bks.

Final Reverie. Essel Pratt. 2017. (ENG., Illus.). 140p. (J). *(978-1-387-30640-4(5))* Lulu Pr., Inc.

Final Season. Tim Green. (ENG.). (J). (gr. 3-7). 2022. 320p. pap. 9.99 *(978-0-06-248596-0(2));* 2021. 304p. 16.99 *(978-0-06-248595-3(4))* HarperCollins Pubs. (HarperCollins).

Final Showdown: Match Six. Jim Eldridge. Illus. by Jan Bielecki. 2016. (Wrestling Trolls Ser.: 6). (ENG.). 176p. (J). (gr. k-3). pap. 9.99 *(978-1-4714-0269-2(X))* Bonnier Publishing GBR. Dist: Independent Pubs. Group.

Final Six. Alexandra Monir. (ENG.). (YA). (gr. 9). 2020. 368p. pap. 10.99 *(978-0-06-265895-1(6));* 2018. 352p. 18.99 *(978-0-06-265894-4(8))* HarperCollins Pubs. (HarperTeen).

Final Storm. Deborah Abela. 2020. (Grimsdon Ser.: 3). 336p. (J). (gr. 4-6). 16.99 *(978-0-14-379446-2(9),* Puffin) Penguin Random Hse. AUS. Dist: Independent Pubs. Group.

Final Straw: Amber's Story. Gary Taaffe. 2019. (Urban Hunters Ser.: Vol. 8). (ENG., Illus.). 202p. (J). (gr. 4-6). pap. *(978-0-9946152-8-2(0))* Bunya Publishing.

Final Treasure #4. Dori Hillestad Butler. Illus. by Tim Budgen. 2021. (Treasure Troop Ser.: 4). 128p. (J). (gr. 2-5). 6.99 *(978-0-593-09491-4(3),* Penguin Workshop) Penguin Young Readers Group.

Final Trial: Royal Guide to Monster Slaying, Book 4, Bk. 4. Kelley Armstrong. (Royal Guide to Monster Slaying Ser.: 4). 320p. (J). (gr. 5-9). 2023. pap. 9.99 *(978-0-7352-7022-0(8),* Tundra Bks.); 2022. 16.99 *(978-0-7352-7020-6(1),* Puffin Canada) PRH Canada Young Readers CAN. Dist: Penguin Random Hse. LLC.

Final Years of World War I. Contrib. by John Hamilton. 2017. (World War I Ser.). (ENG.). 48p. (J). (gr. 5-9). lib. bdg. 34.21 *(978-1-5321-1288-1(2),* 27496, Abdo & Daughters) ABDO Publishing Co.

Finale. Stephanie Garber. 2019. (Illus.). 478p. (YA). *(978-1-250-23197-0(3))* St. Martin's Pr.

Finale. Stephanie Garber & Rhys Davies. 2019. (Illus.). 478p. (YA). *(978-1-250-24386-7(6))* St. Martin's Pr.

Finale: A Caraval Novel. Stephanie Garber. (Caraval Ser.: 3). (ENG., Illus.). (YA). 2020. 512p. pap. 11.99 *(978-1-250-15768-3(4),* 900185296); 2019. 496p. 19.99 *(978-1-250-15766-9(8),* 900185295) Flatiron Bks.

Finales y Comienzos/ Anne of Ingleside. Lucy Maud Montgomery. 2022. (Ana de Las Tejas Verdes Ser.: 6). (SPA.). 192p. (J). (gr. 4-7). pap. 12.95 *(978-607-38-1831-5(9))* Penguin Random House Grupo Editorial ESP. Dist: Penguin Random Hse. LLC.

Finally! A Decent Book about Sex for Teens & Twents. Karin Grace Wares & Steve. 2022. (ENG.). 82p. (YA). pap. 11.95 ***(978-1-6624-7481-1(4))*** Page Publishing Inc.

Finally, a Female Doctor! the Inspiring Story of Elizabeth Blackwell Women's Biographies Grade 5 Children's Biographies. Dissected Lives. 2021. (ENG.). 72p. (J). 27.99 *(978-1-5419-8477-6(3));* pap. 16.99 *(978-1-5419-6055-8(6))* Speedy Publishing LLC. (Dissected Lives (Auto Biographies)).

Finally: a Wish Novel. Wendy Mass. 2016. (ENG.). 304p. (J). (gr. 3-7). pap. 8.99 *(978-0-545-05243-6(2),* Scholastic Paperbacks) Scholastic, Inc.

Finally Free! Women's Independence During the Industrial Revolution - History Book 6th Grade Children's History. Baby Professor. 2017. (ENG., Illus.). 64p. (J). pap. 9.52 *(978-1-5419-1537-4(2),* Baby Professor (Education Kids)) Speedy Publishing LLC.

Finally Friends. Robin C. Sturm. 2017. (ENG., Illus.). 62p. (J). pap. 9.99 ***(978-1-935355-24-3(4))*** New Shelves Bks.

Finally Seen. Kelly Yang. 2023. (ENG., Illus.). 304p. (J). (gr. 3-7). 17.99 *(978-1-5344-8833-5(2),* Simon & Schuster Bks. For Young Readers) Simon & Schuster Bks. For Young Readers.

Finally! Some Quiet Time on the Road: An Activity Book for Travel. Jupiter Kids. 2017. (ENG., Illus.). (J). pap. 9.05 *(978-1-5419-3255-5(2),* Jupiter Kids (Childrens & Kids Fiction)) Speedy Publishing LLC.

Finally, Something Mysterious. Doug Cornett. 2022. (One & Onlys Ser.: 1). (Illus.). 256p. (J). (gr. 3-7). 8.99 *(978-0-593-48831-7(8),* Yearling) Random Hse. Children's Bks.

Finals Crisis. 2016. (DC Super Hero Girls Ser.: 1). lib. bdg. 20.85 *(978-0-606-38779-8(X))* Turtleback.

Finals Crisis. Shea Fontana. Illus. by Yancey Labat. 2020. (DC Super Hero Girls Ser.). (ENG.). 128p. (J). (gr. 2-6). lib. bdg. 31.99 *(978-1-5158-7432-4(X),* 202136, Stone Arch Bks.) Capstone.

Finance. Diane Lindsey Reeves. 2017. (Bright Futures Press: World of Work Ser.). (ENG., Illus.). 32p. (J). (gr. 4-7). lib. bdg. 32.07 *(978-1-5341-0173-9(X),* 210162) Cherry Lake Publishing.

Finance 102 for Kids: Practical Money Lessons Children Cannot Afford to Miss. Walter Andal. Illus. by Richard David & Gabriel Andal. 2021. (ENG.). 112p. (J). pap. 12.95 *(978-1-6629-0919-1(5))* Gatekeeper Pr.

Finance Tips & Tricks for Young Adults. Daniel J. Donnelly. 2022. (ENG.). 96p. (YA). pap. *(978-0-6454035-1-0(2))* Sherwood finance.

Financial Free Fall: the COVID-19 Economic Crisis. Marie Bender. 2020. (Battling COVID-19 Ser.). (ENG., Illus.). 32p. (J). (gr. 3-6). lib. bdg. 32.79 *(978-1-5321-9427-6(7),* 36609, Checkerboard Library) ABDO Publishing Co.

Financial Literacy Lessons & Activities: Grade 1 - Teacher Resource. Evan-Moor Corporation. 2023. (Financial Literacy Lessons & Activities Ser.). (ENG., Illus.). (J). (gr. 1-1). pap. 21.99 ***(978-1-64514-265-2(5))*** Evan-Moor Educational Pubs.

Financial Literacy Lessons & Activities: Grade 2 - Teacher Resource. Evan-Moor Corporation. 2023. (Financial Literacy Lessons & Activities Ser.). (ENG., Illus.). (J). (gr. 2-2). pap. 21.99 ***(978-1-64514-266-9(3))*** Evan-Moor Educational Pubs.

Financial Literacy Lessons & Activities: Grade 3 - Teacher Resource. Evan-Moor Corporation. 2023. (Financial Literacy Lessons & Activities Ser.). (ENG., Illus.). 144p. (J). (gr. 3-3). pap. 21.99 ***(978-1-64514-267-6(1))*** Evan-Moor Educational Pubs.

Financial Literacy Lessons & Activities: Grade 4 - Teacher Resource. Evan-Moor Corporation. 2023. (Financial Literacy Lessons & Activities Ser.). (ENG., Illus.). (J). (gr. 4-4). pap. 21.99 ***(978-1-64514-268-3(X))*** Evan-Moor Educational Pubs.

Financial Literacy Lessons & Activities: Grade 5 - Teacher Resource. Evan-Moor Corporation. 2023. (Financial Literacy Lessons & Activities Ser.). (ENG., Illus.). (J). (gr. 5-5). pap. 21.99 ***(978-1-64514-269-0(8))*** Evan-Moor Educational Pubs.

Financial Literacy Lessons & Activities: Grades 6-8 - Teacher Resource. Evan-Moor Corporation. 2023. (Financial Literacy Lessons & Activities Ser.). (ENG., Illus.). (J). (gr. 6-8). pap. 21.99 ***(978-1-64514-270-6(1))*** Evan-Moor Educational Pubs.

Financial Literacy (Set), 6 vols. 2019. (Financial Literacy Ser.). (ENG.). 112p. (J). (gr. 6-12). lib. bdg. 248.16 *(978-1-5321-1909-5(7),* 32283, Essential Library) ABDO Publishing Co.

Financial Managers: A Practical Career Guide. Marcia Santore. 2021. (Practical Career Guides). (Illus.). 120p. (YA). (gr. 8-17). pap. 37.00 *(978-1-5381-5205-8(3))* Rowman & Littlefield Publishers, Inc.

Financial Meltdowns, 1 vol. Erin L. McCoy. 2018. (Top Six Threats to Civilization Ser.). (ENG.). 64p. (gr. 5-5). pap. 16.28 *(978-1-5026-4062-8(7),* 0a5422d9-6e93-42ba-9d6d-b5842a5b48dd) Cavendish Square Publishing LLC.

Financier. Theodore Dreiser. 2020. (ENG.). (J). 358p. 21.95 *(978-1-63637-041-5(1));* 356p. pap. 13.95 *(978-1-63637-040-8(3))* Bibliotech Pr.

Financier. Theodore Dreiser. 2019. (ENG.). 648p. (J). pap. *(978-3-337-49799-6(3))* Creation Pubs.

Financier. Theodore Dreiser. 2018. (Trilogy of Desire Ser.: Vol. 1). (ENG.). 273p. (J). pap. 22.99 *(978-0-7953-5185-3(2))* RosettaBooks.

Financier: A Novel (Classic Reprint) Theodore Dreiser. 2017. (ENG., Illus.). (J). 40.07 *(978-1-5279-8585-8(7))* Forgotten Bks.

Financier (Classic Reprint) J. B. Harris-Burland. 2018. (ENG., Illus.). 366p. (J). 31.47 *(978-0-428-73742-9(0))* Forgotten Bks.

Financing & Conducting a Political Campaign, 1 vol. Corona Brezina. 2019. (Be the Change! Political Participation in Your Community Ser.). (ENG.). 64p. (gr. 7-7). pap. 13.95 *(978-1-7253-4080-0(1),* f7c59003-19c9-46e7-83f9-db114d8f6cbe) Rosen Publishing Group, Inc., The.

Finanzas para Niños: Guía Práctica. Walter Andal. Illus. by Richard David & Gabriel Andal. 2023. (SPA.). 136p. (J). pap. 15.95 ***(978-1-5243-1858-1(2))*** Lantia LLC.

Finanzas para Niños: Lecciones Sobre el Dinero Que Los niños No Pueden Perderse. Walter Andal. 2023. (SPA.). 122p. (J). pap. 15.95 ***(978-1-5243-1851-2(5))*** Lantia LLC.

660 The check digit for ISBN-10 appears in parentheses after the full ISBN-13

TITLE INDEX

FIND THE TENS ACTIVITY BOOK FOR THE

Finch. Javier Sobrino. Tr. by Jon Brokenbrow. Illus. by Federico Delicado. 2019. (ENG.). 28p. (J). (gr. k-3). 16.95 *(978-84-16733-52-1(X))* Cuento de Luz SL ESP. Dist: Publishers Group West (PGW).

Finch. Angela Taylor. 2019. (ENG.). 78p. (J). (gr. 3-6). pap. *(978-1-78222-699-4(0))* Paragon Publishing, Rothersthorpe.

Finch First Reader (Classic Reprint) Adelaide Victoria Finch. (ENG., Illus.). (J). 2018. 170p. 27.40 *(978-0-365-14089-4(9))*; 2017. pap. 9.97 *(978-0-259-58661-6(7))* Forgotten Bks.

Finch House. Ciera Burch. 2023. (ENG.). 208p. (J). (gr. 3-7). 17.99 ***(978-1-6659-3054-3(3)***, McElderry, Margaret K. Bks.) McElderry, Margaret K. Bks.

Finch Primer (Classic Reprint) Adelaide V. Finch. 2018. (ENG., Illus.). 114p. (J). 26.25 *(978-0-267-50446-6(2))* Forgotten Bks.

Finchosaurus, 1 vol. Gail Donovan. 2018. (ENG., Illus.). 192p. (J). pap. 14.95 *(978-1-944762-55-1(8)*, 1573f04c-2fca-40da-b59b-21abeb4031ea) Islandport Pr., Inc.

Fincredible Diary of Fin Spencer: Stuntboy. Ciaran Murtagh. Illus. by Tim Wesson. 2016. (Fincredible Diary of Fin Spencer Ser.: 1). (ENG.). 224p. (J). (gr. 4-7). pap. 7.99 *(978-1-84812-434-9(1))* Bonnier Publishing GBR. Dist: Independent Pubs. Group.

Find a Dragon? 2018. (J). *(978-0-7166-2182-9(7))* World Bk., Inc.

Find a Missing Star (SpongeBob SquarePants Mysteries #1) Dave Lewman & Nickelodeon. Illus. by Francesco Francavilla. 2022. (SpongeBob SquarePants Mysteries Ser.). (ENG.). 224p. (J). (gr. 3-7). 14.99 *(978-1-4197-5772-3(5)*, 1754601, Amulet Bks.) Abrams, Inc.

Find a Stranger, Say Goodbye. Lois Lowry. 2018. (ENG.). 240p. (YA). (gr. 7). pap. 9.99 *(978-1-328-90105-7(X)*, 1700162, Clarion Bks.) HarperCollins Pubs.

Find & Color the Impostor Activity Book. Diana Zourelias. 2018. (Dover Kids Activity Bks.). (ENG.). 128p. (J). (gr. 1-4). pap. 9.99 *(978-0-486-82975-3(8)*, 829758) Dover Pubns., Inc.

Find & Color the Shapes: Geometry for Kids Children's Activities, Crafts & Games Books. Baby Professor. 2017. (ENG., Illus.). (J). pap. 9.55 *(978-1-5419-2604-2(8)*, Baby Professor (Education Kids)) Speedy Publishing LLC.

Find-And-Fit: First Words, 1 vol. Make Believe Ideas. Illus. by Stuart Lynch. 2018. (ENG.). 10p. (J). (gr. -1). 9.99 *(978-1-78692-898-6(1))* Make Believe Ideas GBR. Dist: Scholastic, Inc.

Find & Seek Biblical Activity Fun Activity Book. Creative. 2016. (ENG., Illus.). (J). pap. 10.81 *(978-1-68323-495-1(2))* Twin Flame Productions.

Find & Seek New York. Sally Roydhouse. 2017. (ENG.). 36p. (gr. k-5). 19.95 *(978-1-940743-28-8(1)*, Goff Bks.) ORO Editions.

Find-And-Seek Square Mazes for Kids: (Ages 4-8) Maze Activity Workbook. Ashley Lee. 2020. (ENG.). 80p. (J). pap. *(978-1-77437-927-1(9))* AD Classic.

Find & Speak Spanish Words: Look, Find, Say. Louise Millar. Illus. by Louise Comfort. 2018. (Find & Speak Ser.). (ENG.). 64p. (J). (gr. -1-k). pap. 9.99 *(978-1-911509-42-4(X))* B Small Publishing GBR. Dist: Independent Pubs. Group.

Find Balance with Yoga & Pilates, 1 vol. The Experts at Gold's Gym at. 2018. (Gold's Gym Guide to Fitness Ser.). (ENG.). 48p. (YA). (gr. 7-7). lib. bdg. 29.60 *(978-1-9785-0658-9(9)*, eb89acfd-1e64-4b52-aef3-794915ad0d96) Enslow Publishing, LLC.

Find Bigfoot. Violet Peto. Illus. by Natasha Rimmington. 2021. (ENG.). 96p. (J). pap. 9.99 *(978-1-3988-0270-4(0)*, 5fe1b836-d102-4e1a-a0c9-9bd28d5193bb) Arcturus Publishing GBR. Dist: Baker & Taylor Publisher Services (BTPS).

Find, Collect, Discover & Learn: Famous Dinosaur Archaeology Dig Sites - Children's Biological Science of Fossils Books. Bobo's Little Brainiac Books. 2016. (ENG., Illus.). (J). pap. 7.99 *(978-1-68327-780-4(5))* Sunshine In My Soul Publishing.

Find Colors: Published in Association with the Whitney Museum of American Art. Tamara Shopsin Jason Fulford. 2018. (ENG., Illus.). 28p. (gr. -1 — 1). bds. 14.95 *(978-0-7148-7659-7(3))* Phaidon Pr., Inc.

Find Cupid! Valentine's Day Hidden Picture Activity Book. Jupiter Kids. 2017. (ENG., Illus.). (J). pap. 9.20 *(978-1-68326-617-4(X)*, Jupiter Kids (Childrens & Kids Fiction)) Speedy Publishing LLC.

Find Ember, the Little Yellow Kitty. Jupiter Kids. 2017. (ENG., Illus.). (J). pap. 9.20 *(978-1-68326-264-0(6)*, Jupiter Kids (Childrens & Kids Fiction)) Speedy Publishing LLC.

Find, Fix, Go! Chris Oxlade. Illus. by Jez Tuya. 2021. (ENG.). 32p. (J). pap. 6.99 *(978-1-4052-9725-7(5)*, Red Shed) Farshore GBR. Dist: HarperCollins Pubs.

Find Fun in Mazes Activity Book for Preschoolers. Jupiter Kids. 2017. (ENG., Illus.). (J). pap. 9.20 *(978-1-68326-618-1(8)*, Jupiter Kids (Childrens & Kids Fiction)) Speedy Publishing LLC.

Find Hidden Pictures Activity Book for Kids. Jupiter Kids. 2017. (ENG., Illus.). (J). pap. 9.20 *(978-1-68326-619-8(6)*, Jupiter Kids (Childrens & Kids Fiction)) Speedy Publishing LLC.

Find Him Where You Left Him Dead. Kristen Simmons. 2023. (ENG.). 272p. (YA). 18.99 ***(978-1-250-85112-3(2)***, 900258305, Tor Teen) Doherty, Tom Assocs., LLC.

Find It Animals: Baby's First Puzzle Book. Created by Highlights. 2019. (Highlights Find It Board Bks.). (Illus.). 14p. (J). (— 1). bds. 7.99 *(978-1-68437-251-5(8)*, Highlights) Highlights Pr., c/o Highlights for Children, Inc.

Find It Around the House: Everyday Objects Coloring Book. Creative Playbooks. 2016. (ENG., Illus.). (J). pap. 7.74 *(978-1-68323-757-0(9))* Twin Flame Productions.

Find It! at the Beach. Richardson Puzzles and Games. 2022. (Find It! Ser.). (ENG.). 64p. (J). (gr. -1-1). pap. 9.99 *(978-1-913602-24-6(9))* Richardson Publishing Group, LLC, The.

Find It Bedtime: Baby's First Puzzle Book. Created by Highlights. 2019. (Highlights Find It Board Bks.). (Illus.). 14p. (J). (— 1). bds. 7.99 *(978-1-68437-252-2(6)*, Highlights) Highlights Pr., c/o Highlights for Children, Inc.

Find It Farm: Baby's First Puzzle Book. Created by Highlights. 2019. (Highlights Find It Board Bks.). (Illus.). 14p. (J). (— 1). bds. 7.99 *(978-1-68437-253-9(4)*, Highlights) Highlights Pr., c/o Highlights for Children, Inc.

Find It! Hidden Picture Activity Book. Speedy Kids. 2017. (ENG., Illus.). (J). pap. 9.20 *(978-1-5419-0964-9(X))* Speedy Publishing LLC.

Find It! in the Backyard. Richardson Puzzles and Games. 2022. (Find It! Ser.). (ENG.). 64p. (J). (gr. -1-1). pap. 9.99 *(978-1-913602-26-0(5))* Richardson Publishing Group, LLC, The.

Find It! in the Country. Richardson Puzzles and Games. 2022. (Find It! Ser.). (ENG.). 64p. (J). (gr. -1-1). pap. 9.99 *(978-1-913602-23-9(0))* Richardson Publishing Group, LLC, The.

Find It! on a Car Journey. Richardson Puzzles Richardson Puzzles and Games. 2022. (Find It! Ser.). (ENG.). 64p. (J). (gr. -1-1). pap. 9.99 *(978-1-913602-22-2(2))* Richardson Publishing Group, LLC, The.

Find It Things That Go: Baby's First Puzzle Book. Created by Highlights. 2019. (Highlights Find It Board Bks.). (Illus.). 14p. (J). (— 1). bds. 7.99 *(978-1-68437-254-6(2)*, Highlights) Highlights Pr., c/o Highlights for Children, Inc.

Find Joy, Give Grace!! + Coloring Pages & More! Jessica Mitchum. 2nd ed. 2020. (Find Joy Ser.: Vol. 1). (ENG.). 42p. (J). 14.98 *(978-1-0878-7944-4(2))* Indy Pub.

Find Joy, Love First!! Jessica Mitchum. 2021. (Find Joy Ser.). (ENG.). 42p. (J). 14.98 *(978-1-0879-5394-6(4))* Indy Pub.

Find Layla: A Novel. Meg Elison. 2020. 188p. (YA). (gr. 7-12). pap. 9.99 *(978-1-5420-1978-1(8)*, 9781542019781, Skyscape) Amazon Publishing.

Find Me. Latasha E. Fuller. 2021. (ENG., Illus.). 28p. (J). 24.95 *(978-1-0980-9287-0(2))*; pap. 14.95 *(978-1-0980-9285-6(6))* Christian Faith Publishing.

Find Me. Tahereh Mafi. 2019. (Shatter Me Novella Ser.). (ENG.). 224p. (YA). (gr. 9). pap. 15.99 *(978-0-06-290628-1(3)*, HarperCollins) HarperCollins Pubs.

Find Me: Play for Little Hands. Lucie Sheridan. Illus. by Lucie Sheridan. 2019. (Play for Little Hands Ser.). (ENG., Illus.). 14p. (J). (-k). bds. 10.99 *(978-1-910552-81-0(X))* O'Mara, Michael Bks., Ltd. GBR. Dist: Independent Pubs. Group.

Find Me: a Hide-And-Seek Book: (Seek & Find Picture Books for Kids, Interactive Children's Books) Anders Arhoj. 2017. (Find Me, Catch Me Ser.). (ENG., Illus.). 40p. (J). (gr. k-3). 17.99 *(978-1-4521-6254-6(9))* Chronicle Bks. LLC.

Find Me a Toy Simple Mazes for Babies: Toddlers Activity Books. Jupiter Kids. 2016. (ENG., Illus.). 76p. (J). pap. 13.75 *(978-1-68305-397-2(4)*, Jupiter Kids (Childrens & Kids Fiction)) Speedy Publishing LLC.

Find Me a Turkey Look & Find Games: Thanksgiving Activity Book. Jupiter Kids. 2016. (ENG., Illus.). 76p. (J). pap. 13.75 *(978-1-68305-398-9(2)*, Jupiter Kids (Childrens & Kids Fiction)) Speedy Publishing LLC.

Find Me! Adventures in the Forest: Play along to Sharpen Your Vision & Mind. Agnese Baruzzi. 2020. (ENG.). 48p. (J). pap. 7.99 *(978-1-64124-101-4(2)*, 1014F); 12.99 *(978-1-64124-047-5(4)*, 0475) Fox Chapel Publishing Co., Inc.

Find Me! Adventures in the Ocean: Play along to Sharpen Your Vision & Mind. Agnese Baruzzi. 2020. (ENG.). 48p. (J). pap. 7.99 *(978-1-64124-102-1(0)*, 1021); 12.99 *(978-1-64124-046-8(6)*, 0468F) Fox Chapel Publishing Co., Inc.

Find Me! Adventures in the Sky: Play along to Sharpen Your Vision & Mind. Agnese Baruzzi. (ENG., 48p. (J). 2021. Illus.). pap. 7.99 *(978-1-64124-115-1(2)*, 1151); 2020. 12.99 *(978-1-64124-062-8(8)*, 0628) Fox Chapel Publishing Co., Inc.

Find Me! Adventures Underground: Play along to Sharpen Your Vision & Mind. Agnese Baruzzi. (ENG., 48p. (J). 2021. Illus.). pap. 7.99 *(978-1-64124-116-8(0)*, 1168); 2020. 12.99 *(978-1-64124-063-5(6)*, 0635) Fox Chapel Publishing Co., Inc.

Find Me! Hidden Picture to Find Activity Book for Adults. Jupiter Kids. 2017. (ENG., Illus.). (J). pap. 9.20 *(978-1-68326-621-1(8)*, Jupiter Kids (Childrens & Kids Fiction)) Speedy Publishing LLC.

Find Me If You Can! a Hidden Object Challenge Activity Book. Jupiter Kids. 2017. (ENG., Illus.). (J). pap. 9.20 *(978-1-68326-620-4(X)*, Jupiter Kids (Childrens & Kids Fiction)) Speedy Publishing LLC.

Find Me in the Time Before. Robin Stevens Payes. 2022. 436p. (YA). (gr. 8-11). pap. 18.95 *(978-1-954907-32-4(X))* Woodhall Pr.

Find Me Now — Hidden Pictures. Activibooks For Kids. 2016. (ENG., Illus.). (J). pap. 7.55 *(978-1-68321-503-5(6))* Mimaxion.

Find Me! the Absolute Best Hidden Picture to Find Activities for Adults. Jupiter Kids. 2017. (ENG., Illus.). (J). pap. 9.20 *(978-1-68326-622-8(6)*, Jupiter Kids (Childrens & Kids Fiction)) Speedy Publishing LLC.

Find Me! the Very Best Hidden Picture to Find Activities for Adults. Jupiter Kids. 2017. (ENG., Illus.). (J). pap. 9.20 *(978-1-68326-623-5(4)*, Jupiter Kids (Childrens & Kids Fiction)) Speedy Publishing LLC.

Find Me Their Bones. Sara Wolf. 2019. (Bring Me Their Hearts Ser.: 2). (ENG.). 400p. (YA). 17.99 *(978-1-64063-375-9(8)*, 900193416) Entangled Publishing, LLC.

Find My Family (Waffles + Mochi) Mei Nakamura. Illus. by Golden Books. 2022. (Little Golden Book Ser.). 24p. (J). (-k). 5.99 *(978-0-593-48333-6(2)*, Golden Bks.) Random Hse. Children's Bks.

Find My Favorite Things Farm: Follow the Characters from Page to Page. DK. 2023. (DK Find My Favorite Ser.). (ENG.). 16p. (J). (-k). bds. 12.99 *(978-0-7440-7088-0(0)*, DK Children) Dorling Kindersley Publishing, Inc.

Find My Rocket: A Marvelous Maze Adventure. Illus. by Aleksandra Artymowska. 2018. (ENG.). 32p. 16.99 *(978-1-78627-286-7(5)*, King, Laurence Publishing) Orion Publishing Group, Ltd. GBR. Dist: Hachette Bk. Group.

Find My Way Home: Where Do Animals Live? Maze Activity Books for Kids. Jupiter Kids. 2018. (ENG., Illus.). 106p. (J). pap. 12.55 *(978-1-5419-3752-9(X)*, Jupiter Kids (Childrens & Kids Fiction)) Speedy Publishing LLC.

Find Out about Animal Babies. Martin Jenkins. Illus. by Jane McGuinness. 2022. (Find Out About Ser.). (ENG.). 32p. (J). (gr. -1-2). 17.99 *(978-1-5362-2046-9(9))* Candlewick Pr.

Find Out about Animal Homes. Martin Jenkins. Illus. by Jane McGuinness. 2022. (Find Out About Ser.). (ENG.). 32p. (J). (gr. -1-2). 17.99 *(978-1-5362-2047-6(7))* Candlewick Pr.

Find Out about Food, 12 vols., Set. Tea Benduhn. Incl. Bread & Cereal. lib. bdg. 24.67 *(978-0-8368-8250-6(4)*, ef0fec82-9fcb-4e5e-8876-8616846a6f24); Fruit. lib. bdg. 24.67 *(978-0-8368-8251-3(2)*, b23bfef2-dfbe-4ca8-9a5b-1f45bbecd9e6); Meat & Beans. lib. bdg. 24.67 *(978-0-8368-8252-0(0)*, 067b531c-e581-4fa0-8162-dd0aa922f33e); Milk & Cheese. lib. bdg. 24.67 *(978-0-8368-8253-7(9)*, af90f223-e3f2-4284-8879-3a50b586b499); Oils. lib. bdg. 24.67 *(978-0-8368-8254-4(7)*, e51cbbbe-0858-48c3-8dcb-acb510b93545); Vegetables. lib. bdg. 24.67 *(978-0-8368-8255-1(5)*, 69834f68-028f-43e4-a5af-fc69e62ecb58); (Illus.). (gr. k-2). (Find Out about Food Ser.). (ENG.). 24p. 2007. Set lib. bdg. 148.02 *(978-0-8368-8249-0(0)*, c26c4231-9fe9-44d1-b090-c1f198d61634, Weekly Reader Leveled Readers) Stevens, Gareth Publishing LLLP.

Find Out about Food/Conoce la Comida, 10 vols., Set. Tea Benduhn. Incl. Bread & Cereal / Pan y Cereales. lib. bdg. 24.67 *(978-0-8368-8454-8(X)*, 77532d59-ff98-47ee-af74-f5f725654ada); Fruit / Fruta. lib. bdg. 24.67 *(978-0-8368-8455-5(8)*, 2fd0e8c1-8530-41bd-a720-db127f7320d7); Meat & Beans / Carne y Frijoles. lib. bdg. 24.67 *(978-0-8368-8456-2(6)*, ccb7da50-548a-4267-8811-a8b2ebd1aeb7); Milk & Cheese / Leche y Queso. lib. bdg. 24.67 *(978-0-8368-8457-9(4)*, 62847ee5-c490-4cc1-86cf-8cc45c737733); Oils / Aceites. lib. bdg. 24.67 *(978-0-8368-8458-6(2)*, a0fee3fc-c9c5-43b8-a233-80cedca072ad); Vegetables / Vegetales. lib. bdg. 24.67 *(978-0-8368-8459-3(0)*, 114a85ea-d4c0-4c30-8783-3145e150ca4a); (Illus.). (gr. k-2)., Weekly Reader Leveled Readers (Find Out about Food / Conoce la Comida Ser.). (SPA & ENG.). 24p. 2007. Set lib. bdg. 123.35 *(978-0-8368-8453-1(1)*, f8e4f997-0f1b-499c-9680-d115b2791f21) Stevens, Gareth Publishing LLLP.

Find Out about: Kindness. Mandy Archer. 2021. (ENG.). 18p. (J). (— 1). bds. 9.99 *(978-0-593-37464-1(9)*, Rodale Kids) Random Hse. Children's Bks.

Find Solutions - Games & Activities: Games & Activities to Help Build Moral Character. Agnes De Bezenac & Salem De Bezenac. Illus. by Agnes De Bezenac. 2017. (Cut Out & Play Ser.: Vol. 10). (ENG., Illus.). (J). (gr. k-2). pap. 6.45 *(978-1-62387-628-9(1)*, Kidible) iCharacter.org.

Find Spot at Easter: A Lift-The-Flap Book. Eric Hill. Illus. by Eric Hill. 2023. (Spot Ser.). (ENG.). 16p. (J). (— 1). bds. 7.99 *(978-0-241-55827-0(1)*, Warne) Penguin Young Readers Group.

Find Spot at Preschool: A Lift-The-Flap Book. Eric Hill. Illus. by Eric Hill. 2021. (Spot Ser.). (ENG.). 16p. (J). (— 1). bds. 7.99 *(978-0-241-48480-7(4)*, Warne) Penguin Young Readers Group.

Find Spot at the Halloween Party: A Lift-The-Flap Book. Eric Hill. Illus. by Eric Hill. 2021. (Spot Ser.). (ENG., Illus.). 18p. (J). (— 1). bds. 7.99 *(978-0-241-39240-9(3)*, Warne) Penguin Young Readers Group.

Find Spot at the Hospital: A Lift-The-Flap Book. Eric Hill. Illus. by Eric Hill. 2022. (Spot Ser.). (ENG., Illus.). 16p. (J). (— 1). bds. 7.99 *(978-0-241-53142-6(X)*, Warne) Penguin Young Readers Group.

Find Spot at the Library: A Lift-The-Flap Book. Eric Hill. Illus. by Eric Hill. 2019. (Spot Ser.). (ENG., Illus.). 16p. (J). (— 1). bds. 9.99 *(978-0-241-38796-2(5)*, Warne) Penguin Young Readers Group.

Find Spot at the Stadium: A Lift-The-Flap Book. Eric Hill. Illus. by Eric Hill. 2020. (Spot Ser.). (ENG., Illus.). 16p. (J). (— 1). bds. 9.99 *(978-0-241-42621-0(9)*, Warne) Penguin Young Readers Group.

Find Spot at the Wildlife Park: A Lift-The-Flap Book. Eric Hill. 2019. (Spot Ser.). (ENG., Illus.). 16p. (J). (— 1). bds. 9.99 *(978-0-14-137743-8(7)*, Warne) Penguin Young Readers Group.

Find Spot on a Rainy Day: A Lift-The-Flap Book. Eric Hill. Illus. by Eric Hill. 2023. (Spot Ser.). (ENG.). 16p. (J). (— 1). bds. 7.99 *(978-0-241-61031-2(1)*, Warne) Penguin Young Readers Group.

Find That Picture! a Wind down Time Activity Book. Jupiter Kids. 2017. (ENG., Illus.). (J). pap. 9.20 *(978-1-68326-624-2(2)*, Jupiter Kids (Childrens & Kids Fiction)) Speedy Publishing LLC.

Find the Circle. Xist Publishing. 2019. (Discover Shapes Ser.). (ENG.). 16p. (J). (gr. -1-2). pap. 5.99 *(978-1-5324-1027-7(1))* Xist Publishing.

Find the Diamond. Xist Publishing. 2019. (Discover Shapes Ser.). (ENG.). 16p. (J). (gr. -1-2). pap. 5.99 *(978-1-5324-1032-1(8))* Xist Publishing.

Find the Difference: The Fall Edition: Activity Book Age 8. Jupiter Kids. 2017. (ENG., Illus.). (J). pap. 8.33 *(978-1-5419-3343-9(5)*, Jupiter Kids (Childrens & Kids Fiction)) Speedy Publishing LLC.

Find the Difference: The Spring Edition: Activity Book Age 8. Jupiter Kids. 2017. (ENG., Illus.). (J). pap. 8.33 *(978-1-5419-3341-5(9)*, Jupiter Kids (Childrens & Kids Fiction)) Speedy Publishing LLC.

Find the Difference: The Summer Edition: Activity Book Age 8. Jupiter Kids. 2017. (ENG., Illus.). (J). pap. 8.33 *(978-1-5419-3342-2(7)*, Jupiter Kids (Childrens & Kids Fiction)) Speedy Publishing LLC.

Find the Difference: The Winter Edition: Activity Book Age 8. Jupiter Kids. 2017. (ENG., Illus.). (J). pap. 8.33 *(978-1-5419-3340-8(0)*, Jupiter Kids (Childrens & Kids Fiction)) Speedy Publishing LLC.

Find the Difference - Easy to Intermediate Edition - Activity Book for Children. Jupiter Kids. 2018. (ENG., Illus.). 64p. (J). pap. 12.55 *(978-1-5419-3544-0(6)*, Jupiter Kids (Childrens & Kids Fiction)) Speedy Publishing LLC.

Find the Dinosaur: A Look & Find Book. IglooBooks. Illus. by Nicola Anderson & Gareth Williams. 2022. (ENG.). 24p. (J). (gr. k-5). 9.99 *(978-1-80108-667-7(2))* Igloo Bks. GBR. Dist: Simon & Schuster, Inc.

Find the Dots. Andy Mansfield. Illus. by Andy Mansfield. 2017. (ENG., Illus.). 14p. (J). (gr. -1-2). 15.00 *(978-0-7636-9558-3(0))* Candlewick Pr.

Find the Dragon! Huw Aaron. Illus. by Huw Aaron. 2019. (ENG., Illus.). 32p. (J). pap. 7.99 *(978-1-78461-717-2(2))* Y Lolfa GBR. Dist: Casemate Pubs. & Bk. Distributors, LLC.

Find the Escape! a Challenging Kids Maze Activity Book. Activibooks For Kids. 2016. (ENG., Illus.). (J). pap. 7.55 *(978-1-68321-504-2(4))* Mimaxion.

Find the Exit! a Fun Maze Activity Book. Activibooks For Kids. 2016. (ENG., Illus.). (J). pap. 7.55 *(978-1-68321-505-9(2))* Mimaxion.

Find the Fairies: A Memory Game. Emily Hawkins. Illus. by Jessica Roux. 2023. (Folklore Field Guides). (ENG.). 40p. (J). (gr. -1-2). 16.99 ***(978-0-7112-8787-7(2)***, 1172054, Kaddo) Quarto Publishing Group UK GBR. Dist: Hachette Bk. Group.

Find the Farter: Can You Find Who Cut the Cheese? Phyllis F. Hart & Sourcebooks. Illus. by Mike Laughead. 2019. (ENG.). 40p. (J). (gr. 1-7). 14.99 *(978-1-4926-8567-8(4))* Sourcebooks, Inc.

Find the Hidden Picture! Connect the Dots Activity Book. Bobo's Children Activity Books. 2016. (ENG., Illus.). (J). pap. 7.99 *(978-1-68327-270-0(6))* Sunshine In My Soul Publishing.

Find the Hidden Pictures in Kids Activity Book. Jupiter Kids. 2017. (ENG., Illus.). (J). pap. 9.20 *(978-1-68326-651-8(X)*, Jupiter Kids (Childrens & Kids Fiction)) Speedy Publishing LLC.

Find the Hidden Treasure Kids Activity Book. Jupiter Kids. 2017. (ENG., Illus.). (J). pap. 9.20 *(978-1-68326-652-5(8)*, Jupiter Kids (Childrens & Kids Fiction)) Speedy Publishing LLC.

Find the Hidden Treasures! Fun Adult Seek-And-Find Activity Book. Jupiter Kids. 2017. (ENG., Illus.). (J). pap. 9.20 *(978-1-68326-653-2(6)*, Jupiter Kids (Childrens & Kids Fiction)) Speedy Publishing LLC.

Find the Letters a-Z Coloring Book for Children - Create Your Own Doodle Cover (8x10 Softcover Personalized Coloring Book / Activity Book) Sheba Blake. 2021. (ENG.). 58p. (J). pap. 14.99 *(978-1-222-31385-7(5))* Indy Pub.

Find the Letters a-Z Coloring Book for Children (6x9 Coloring Book / Activity Book) Sheba Blake. 2020. (ENG.). 56p. (J). pap. 9.99 ***(978-1-222-28371-6(9))*** Indy Pub.

Find the Letters a-Z Coloring Book for Children (8. 5x8. 5 Coloring Book / Activity Book) Sheba Blake. 2020. (ENG.). 56p. (J). pap. 12.99 *(978-1-222-28742-4(0))* Indy Pub.

Find the Letters a-Z Coloring Book for Children (8x10 Coloring Book / Activity Book) Sheba Blake. 2020. (ENG.). 56p. (J). pap. 14.99 ***(978-1-222-28372-3(7))*** Indy Pub.

Find the Missing Part of These Works of Art! Hidden Picture Book. Jupiter Kids. 2017. (ENG., Illus.). (J). pap. 9.20 *(978-1-68326-654-9(4)*, Jupiter Kids (Childrens & Kids Fiction)) Speedy Publishing LLC.

Find the Numbers & Sea Creatures with Scuba Jack. Beth Costanzo. 2023. (ENG.). 26p. (J). pap. 9.99 ***(978-1-0881-0937-3(3))*** Adventures of Scuba Jack Pubs., The.

Find the Odd One Out Activity Book for Kids (6x9 Puzzle Book / Activity Book) Sheba Blake. 2020. (ENG.). 34p. (J). pap. 9.99 *(978-1-222-28504-8(5))* Indy Pub.

Find the Odd One Out Activity Book for Kids (8. 5x8. 5 Puzzle Book / Activity Book) Sheba Blake. 2020. (ENG.). 34p. (J). pap. 12.99 *(978-1-222-28778-3(1))* Indy Pub.

Find the Odd One Out Activity Book for Kids (8x10 Puzzle Book / Activity Book) Sheba Blake. 2020. (ENG.). 34p. (J). pap. 14.99 *(978-1-222-28505-5(3))* Indy Pub.

Find the One That Is Like the Other: A Matching Activity Book. Activibooks For Kids. 2016. (ENG., Illus.). (J). pap. 7.55 *(978-1-68321-506-6(0))* Mimaxion.

Find the Oval. Xist Publishing. 2019. (Discover Shapes Ser.). (ENG.). 16p. (J). (gr. -1-2). pap. 5.99 *(978-1-5324-1031-4(X))* Xist Publishing.

Find the Picture! Connect the Dots Activity Book. Activity Book Zone for Kids. 2016. (ENG., Illus.). (J). pap. 7.55 *(978-1-68376-101-3(4))* Sabeels Publishing.

Find the Polygon. Xist Publishing. 2019. (Discover Shapes Ser.). (ENG.). 16p. (J). (gr. -1-2). pap. 5.99 *(978-1-5324-1033-8(6))* Xist Publishing.

Find the Princess: A Look & Find Book. IglooBooks. Illus. by Gareth Williams & Nicola Anderson. 2022. (ENG.). 24p. (J). (gr. k-5). 9.99 *(978-1-80108-668-4(0))* Igloo Bks. GBR. Dist: Simon & Schuster, Inc.

Find the Rectangle. Xist Publishing. 2019. (Discover Shapes Ser.). (ENG.). 16p. (J). (gr. -1-2). pap. 5.99 *(978-1-5324-1029-1(8))* Xist Publishing.

Find the Right Path to Get Out! a Hilarious Maze Activity Book. Activibooks. 2016. (ENG., Illus.). (J). pap. 7.55 *(978-1-68321-507-3(9))* Mimaxion.

Find the Secrets! Hidden Pictures Activity Book. Jupiter Kids. 2017. (ENG., Illus.). (J). pap. 9.20 *(978-1-68326-655-6(2)*, Jupiter Kids (Childrens & Kids Fiction)) Speedy Publishing LLC.

Find the Square. Xist Publishing. 2019. (Discover Shapes Ser.). (ENG.). 16p. (J). (gr. -1-2). pap. 5.99 *(978-1-5324-1028-4(X))* Xist Publishing.

Find the Sum: A Math Activity Book for 3rd Graders. Jupiter Kids. 2017. (ENG., Illus.). (J). pap. 9.20 *(978-1-5419-0970-0(4)*, Jupiter Kids (Childrens & Kids Fiction)) Speedy Publishing LLC.

Find the Teddy Bear Seek & Find Activity Book. Jupiter Kids. 2017. (ENG., Illus.). (J). pap. 9.20 *(978-1-68326-656-3(0)*, Jupiter Kids (Childrens & Kids Fiction)) Speedy Publishing LLC.

Find the Tens Activity Book for the Critical Thinkers: Math Activity Book for Kids. Jupiter Kids. 2017. (ENG., Illus.).

F

(J). pap. 9.05 *(978-1-5419-3297-5(8)*, Jupiter Kids (Childrens & Kids Fiction)) Speedy Publishing LLC.

Find the Triangle. Xist Publishing. 2019. (Discover Shapes Ser.). (ENG.). 16p. (J). (gr. -1-2). pap. 5.99 *(978-1-5324-1030-7(1))* Xist Publishing.

Find the Value of X: Determining Variables - Math Book Algebra Grade 6 Children's Math Books. Baby Professor. 2017. (ENG., Illus.). (J). pap. 9.55 *(978-1-5419-2851-0(2)*, Baby Professor (Education Kids)) Speedy Publishing LLC.

Find the Woman (Classic Reprint) Gelett Burgess. 2018. (ENG., Illus.). 370p. (J). 31.53 *(978-0-483-23218-1(1))* Forgotten Bks.

Find the Word Activity Book for Kids (6x9 Puzzle Book / Activity Book) Sheba Blake. 2020. (ENG.). 34p. (J). pap. 9.99 *(978-1-222-28506-2(1))* Indy Pub.

Find the Word Activity Book for Kids (8. 5x8. 5 Puzzle Book / Activity Book) Sheba Blake. 2020. (ENG.). 34p. (J). pap. 12.99 *(978-1-222-28779-0(X))* Indy Pub.

Find the Word Activity Book for Kids (8x10 Puzzle Book / Activity Book) Sheba Blake. 2020. (ENG.). 34p. (J). pap. 14.99 *(978-1-222-28507-9(X))* Indy Pub.

Find These Dinosaurs! a Memory Matching Game Activity Book. Jupiter Kids. 2017. (ENG., Illus.). (J). pap. 9.20 *(978-1-68326-657-0(9)*, Jupiter Kids (Childrens & Kids Fiction)) Speedy Publishing LLC.

Find Your A: An Alphabet Letter Search. Seymour Chwast. 2022. (ENG., Illus.). 48p. (J). (gr. -1 — 1). 19.95 *(978-1-64643-292-9(4)*, Applesauce Pr.) Cider Mill Pr. Bk. Pubs., LLC.

Find Your Calm: A Fill-In Journal to Quiet Your Busy Mind. Catherine Veitch. Illus. by Kessica Smith. 2023. (ENG.). 112p. (J). (gr. 3-7). pap. 12.95 *(978-1-78312-917-1(4))* Welbeck Publishing Group Ltd. GBR. Dist: Two Rivers Distribution.

Find Your Calm: A Mindful Approach to Relieve Anxiety & Grow Your Bravery. Gabi Garcia. Illus. by Marta Pineda. 2020. (ENG.). 36p. (J). 18.99 *(978-1-949633-13-9(6))* Skinned Knee Publishing.

Find Your Confidence: Activities to Help You Believe in Yourself. Claire Philip & Katie O'Connell. Illus. by Stef Murphy. 2022. 3. (ENG.). 96p. (J). pap. 9.99 *(978-1-3988-0907-9(1)*, 74382ee8-8735-4922-ab4c-b6c0fd54c8bd) Arcturus Publishing GBR. Dist: Baker & Taylor Publisher Services (BTPS).

Find Your Courage. Catherine Veitch. Illus. by Jessica Smith. 2022. (Find Your Ser.). (ENG.). 112p. (J). (gr. 3-7). pap. 12.95 *(978-1-78312-756-6(2))* Welbeck Publishing Group Ltd. GBR. Dist: Two Rivers Distribution.

Find Your Design Coloring & Activity Book. Roshunda Buchanan & Mark Gentry. Ed. by Geanender Harper. Illus. by Martheus Wade & Janet Wade. 2021. (Find Your Design Coloring & Activity Book Ser.: 1). 26p. (J). pap. 12.00 *(978-1-0983-6106-8(7))* BookBaby.

Find Your Feather. Aliann Goebel. 2020. (ENG.). 56p. (J). *(978-1-5255-7621-8(6))*; pap. *(978-1-5255-7622-5(4))* FriesenPress.

Find Your Fit: Unlock God's Unique Design for Your Talents, Spiritual Gifts, & Personality. Kevin Johnson et al. rev. ed. 2018. (ENG., Illus.). 256p. (YA). pap. 14.99 *(978-0-7642-3135-3(9))* Bethany Hse. Pubs.

Find Your Fit Discovery Workbook: Discover Your Unique Design. Kevin Johnson et al. rev. ed. 2018. (ENG., Illus.). 48p. (YA). pap. 7.99 *(978-0-7642-3136-0(7))* Bethany Hse. Pubs.

Find Your Future in Art. Kim Childress. 2016. (Bright Futures Press: Find Your Future in STEAM Ser.). (ENG., Illus.). 32p. (J). (gr. 4-6). 32.07 *(978-1-63471-901-8(8)*, 208925) Cherry Lake Publishing.

Find Your Future in Mathematics. Kelly Gunzehauser. 2016. (Bright Futures Press: Find Your Future in STEAM Ser.). (ENG., Illus.). 32p. (J). (gr. 4-6). 32.07 *(978-1-63471-902-5(6)*, 208929) Cherry Lake Publishing.

Find Your Future in Science. Diane Lindsey Reeves. 2016. (Bright Futures Press: Find Your Future in STEAM Ser.). (ENG., Illus.). 32p. (J). (gr. 4-6). 32.07 *(978-1-63471-898-1(4)*, 208913) Cherry Lake Publishing.

Find Your Future in Technology. Diane Lindsey Reeves. 2016. (Bright Futures Press: Find Your Future in STEAM Ser.). (ENG., Illus.). 32p. (J). (gr. 4-6). 32.07 *(978-1-63471-899-8(2)*, 208917) Cherry Lake Publishing.

Find Your Halloween Friends Coloring Book. Jupiter Kids. 2016. (ENG., Illus.). 106p. (J). pap. 12.55 *(978-1-68326-313-5(8)*, Jupiter Kids (Childrens & Kids Fiction)) Speedy Publishing LLC.

Find Your Happy. Catherine Veitch. Illus. by Jessica Smith. 2022. (Find Your Ser.). (ENG.). 112p. (J). (gr. 3-7). pap. 12.95 *(978-1-78312-754-2(6))* Welbeck Publishing Group Ltd. GBR. Dist: Two Rivers Distribution.

Find Your Music. Don Hoffman & Priscilla Palmer. Illus. by Todd Dakins. 2016. (ENG.). 32p. (J). (gr. -1-k). pap. 3.99 *(978-1-943154-06-7(6))* Peek-A-Boo Publishing.

Find Your Rainbow: Color & Create Your Way to a Calm & Happy Life. Jenipher Lyn. 2018. (Illus.). 128p. (J). (gr. 3-7). pap. 12.99 *(978-1-5247-1850-3(5)*, Crown Books For Young Readers) Random Hse. Children's Bks.

Find Your Style: Boost Your Body Image Through Fashion Confidence. Sally McGraw. ed. 2017. (ENG., Illus.). 88p. (YA). (gr. 6-12). E-Book 9.99 *(978-1-5124-3911-3(8)*, 9781512439113); E-Book 54.65 *(978-1-5124-3912-0(6)*, 9781512439120); E-Book 54.65 *(978-1-5124-1141-6(8))* Lerner Publishing Group. (Twenty-First Century Bks.).

Find Your Treasure. Kate Searle. Illus. by Alison Mutton. 2022. (ENG.). 120p. (J). pap. *(978-0-6454154-3-8(X))* Kate's Soul Treasure.

Find Your Voice: a Guided Journal for Writing Your Truth. Angie Thomas. 2020. (ENG.). 192p. (J). (gr. 8). pap. 12.99 *(978-0-06-298393-0(8)*, Balzer & Bray) HarperCollins Pubs.

Find Your Way Through Mazes - an Activity Book Just for Kids. Activibooks For Kids. 2016. (ENG., Illus.). (J). pap. 7.55 *(978-1-68321-508-0(7))* Mimaxion.

Find Yourself. S. Breaker. 2021. (Selfless Ser.: Vol. 2). (ENG.). 216p. (YA). pap. *(978-0-473-56173-4(5))* Zeta Indie Pub.

Find Yourself: The Maze Meditation Activity Book. Jupiter Kids. 2017. (ENG., Illus.). (J). pap. 9.20 *(978-1-68326-658-7(7)*, Jupiter Kids (Childrens & Kids Fiction)) Speedy Publishing LLC.

Findelkind (Classic Reprint) Louise de la Ramée. (ENG., Illus.). (J). 2018. 80p. 25.55 *(978-0-484-25289-8(5))*; 2017. pap. 9.57 *(978-0-243-28730-7(5))* Forgotten Bks.

Finder: The Shield. Cj Bentley. 2017. (ENG., Illus.). (J). pap. *(978-1-911525-96-7(4))* Clink Street Publishing.

Finders' Guide to Rocks, Fossils & Soils: Band 13/Topaz. Alison Milford. 2017. (Collins Big Cat Ser.). (ENG., Illus.). 32p. (J). pap. 9.99 *(978-0-00-820877-6(8))* HarperCollins Pubs. Ltd. GBR. Dist: Independent Pubs. Group.

Finders Keepers. Melanie McFarlane. 2021. (Orca Currents Ser.). (ENG.). 128p. (J). (gr. 4-7). pap. 10.95 *(978-1-4598-2769-1(4))* Orca Bk. Pubs. USA.

Finders Keepers. Shelley Tougas. ed. 2016. (ENG.). 304p. (J). (gr. 3-7). 18.40 *(978-0-606-39290-7(4))* Turtleback.

Finders Keepers (DC Super Hero Girls) Courtney Carbone. Illus. by Tomato Farm. 2017. (Pictureback(R) Ser.). (ENG.). 16p. (J). (gr. -1-2). pap. 4.99 *(978-1-5247-6609-2(7)*, Random Hse. Bks. for Young Readers) Random Hse. Children's Bks.

Finders Keepers! the Ultimate Hidden Object Activity Book. Jupiter Kids. 2017. (ENG., Illus.). (J). pap. 9.20 *(978-1-68326-659-4(5)*, Jupiter Kids (Childrens & Kids Fiction)) Speedy Publishing LLC.

Finders Keepers! the Ultimate Kids Activity Book. Jupiter Kids. 2017. (ENG., Illus.). (J). pap. 9.20 *(978-1-68326-660-0(9)*, Jupiter Kids (Childrens & Kids Fiction)) Speedy Publishing LLC.

Finders Reapers. Anna Staniszewski. 2016. (Switched at First Kiss Ser.: 2). 272p. (J). (gr. 5-8). pap. 7.99 *(978-1-4926-1549-1(8))* Sourcebooks, Inc.

Finding a COVID-19 Vaccine. Fran Hodgkins. 2021. (COVID-19 Pandemic Ser.). (ENG.). 80p. (J). (gr. 6-12). 43.93 *(978-1-6782-0058-9(1)*, BrightPoint Pr.) ReferencePoint Pr., Inc.

Finding a Dove for Gramps. Lisa J. Amstutz. Illus. by Maria Luisa Di Gravio. 2018. (ENG.). 32p. (J). (gr. -1-3). 16.99 *(978-0-8075-1279-1(6)*, 807512796) Whitman, Albert & Co.

Finding a Home. Amanda Schell. 2018. (ENG., Illus.). 20p. (J). pap. 10.95 *(978-1-64350-372-1(3))* Page Publishing Inc.

Finding a Job. Emma Huddleston. 2020. (ENG.). 80p. (YA). (gr. 6-12). 41.27 *(978-1-68282-799-4(2)*, BrightPoint Pr.) ReferencePoint Pr., Inc.

Finding a Leprechaun. Diana Marie DuBois. Illus. by Linda Boulanger. 2019. (Clover Chronicles Ser.: Vol. 1). (ENG.). 148p. (J). pap. 10.00 *(978-0-9983036-6-6(6))* Three Danes Publishing LLC.

Finding a Soul: A Spiritual Autobiography (Classic Reprint) E. E. Everest. 2017. (ENG., Illus.). 144p. (J). 26.87 *(978-0-484-24035-2(8))* Forgotten Bks.

Finding a Way Home: Mildred & Richard Loving & the Fight for Marriage Equality. Larry Dane Brimner. 2020. (Illus.). 112p. (YA). (gr. 7). 18.99 *(978-1-62979-751-9(0)*, Calkins Creek) Highlights Pr., c/o Highlights for Children, Inc.

Finding a Way Out - Maze Activity Book. Activibooks. 2016. (ENG., Illus.). (J). pap. 7.55 *(978-1-68321-509-7(5))* Mimaxion.

Finding Abbey Road. Kevin Emerson. 2017. 256p. (J). pap. 9.99 *(978-0-06-213402-8(7))*; 2016. (Exile Ser.: 3). (ENG.). 240p. (YA). (gr. 9). 17.99 *(978-0-06-213401-1(9))* HarperCollins Pubs. (Tegen, Katherine Bks).

Finding Aloha. Jennifer Walker. 2022. (ENG.). 302p. (YA). pap. *(978-1-83943-759-5(6))* Totally Entwinded Group.

Finding Amanda. Karen J. Mossman. 2019. (ENG., Illus.). 66p. (YA). pap. 6.99 *(978-1-68160-691-0(7))* Crimson Cloak Publishing.

Finding an Energy Solution. Todd Kortemeier. 2017. (Science Frontiers Ser.). (ENG., Illus.). 32p. (J). (gr. 3-6). pap. 9.95 *(978-1-63235-395-5(4)*, 11880, 12-Story Library) Bookstaves, LLC.

Finding an Energy Solution. Todd Kortemeier. 2017. (Illus.). 32p. (J). *(978-1-62143-519-8(9))* Pr. Room Editions LLC.

Finding & Identifying Factors - Math Workbooks Grade 4 Children's Math Books. Baby Professor. 2017. (ENG., Illus.). (J). pap. 9.55 *(978-1-5419-2798-8(2)*, Baby Professor (Education Kids)) Speedy Publishing LLC.

Finding Angel - a Rescue Dog's True Tale. Burt Prelutsky. Illus. by Beth Davis. 2021. (ENG.). 32p. (J). pap. 15.00 *(978-1-62933-793-7(5))* BearManor Media.

Finding Angel - a Rescue Dog's True Tale (hardback) Burt Prelutsky. Illus. by Beth Davis. 2021. (ENG.). 32p. (J). 25.00 *(978-1-62933-794-4(3))* BearManor Media.

Finding Arcadia. Simon Chesterman. 2017. (Raising Arcadia Trilogy Ser.). 859p. (J). (gr. 2-4). pap. 19.95 *(978-981-4751-51-3(0))* Marshall Cavendish International (Asia) Private Ltd. SGP. Dist: Independent Pubs. Group.

Finding Atlantis. J. M. Dover. 2018. (ENG., Illus.). 208p. (YA). (gr. 7-12). pap. *(978-1-988361-12-3(5))* Evil Alter-Ego Pr.

Finding Audrey. Sophie Kinsella, pseud. 2016. (ENG.). 304p. (YA). (gr. 7). pap. 10.99 *(978-0-553-53653-9(2)*, Ember) Random Hse. Children's Bks.

Finding Audrey. Sophie Kinsella, pseud. 2016. lib. bdg. 20.85 *(978-0-606-38874-0(5))* Turtleback.

Finding Balance. Kati Gardner. 2020. (Brave Enough Ser.). (ENG.). 344p. (YA). (gr. 9-12). pap. 11.99 *(978-1-63583-052-1(4)*, 1635830524, Flux) North Star Editions.

Finding Beinn Bhreagh: A Summer Harbour Story. Jeanne F. Whyte. 2020. (ENG.). 204p. (YA). *(978-0-2288-2471-8(0))*; pap. *(978-0-2288-2470-1(2))* Tellwell Talent.

Finding Broly. Kathleen Kennedy Wood. 2017. (ENG., Illus.). (J). (gr. k-6). pap. 14.95 *(978-1-63498-581-9(8))* Bookstand Publishing.

Finding Cabin Six, 1 vol. Missy Robertson & Mia Robertson. 2018. (Faithgirlz / Princess in Camo Ser.: 4). (ENG., Illus.). 208p. (J). pap. 8.99 *(978-0-310-76254-6(5))* Zonderkidz.

Finding Caleb: Search & Rescue Dog Series. Scott Hammond. 2023. (ENG.). 156p. (YA). pap. 19.95 *(978-1-68513-195-1(6))* Black Rose Writing.

Finding Calm in Nature: A Guide for Mindful Kids. Contrib. by Jennifer Grant & Erin Brown. 2023. (Illus.). 112p. (J). 19.99 *(978-1-5064-8513-3(8)*, Beaming Books) 1517 Media.

Finding Christmas. Lezlie Evans. Illus. by Yee Von Chan. 2023. (ENG.). 32p. (J). (gr. -1-3). pap. 8.99 *(978-0-8075-2430-5(1)*, 0807524301) Whitman, Albert & Co.

Finding Christmas: A Mouse in Search of Christmas. Carrie Wachsmann. Illus. by Carrie Wachsmann. 2018. (ENG., Illus.). 68p. (J). pap. *(978-1-895112-61-0(3))* Heartbeat Productions.

Finding Community, Vol. 10. Robert Rodi & Laura Ross. Ed. by Kevin Jennings. 2016. (Living Proud! Growing up LGBTQ Ser.). (Illus.). 64p. (J). (gr. 7). 23.95 *(978-1-4222-3505-8(X))* Mason Crest.

Finding Courage. Sofía C. Figuera Lairet. 2021. (ENG.). 44p. (J). pap. 15.00 *(978-1-953507-60-0(3))* Brightlings.

Finding Dave. Helena Callaghan. 2023. (ENG.). 34p. (J). pap. ***(978-1-3999-4510-3(6))*** Independent Publishing Network.

Finding Dinosaurs, 8 vols. 2018. (Finding Dinosaurs Ser.). (ENG., Illus.). 256p. (J). (gr. 3-5). pap. 79.60 *(978-1-63517-582-0(8)*, 1635175828); lib. bdg. 250.80 *(978-1-63517-510-3(0)*, 1635175100) North Star Editions. (Focus Readers).

Finding Dory. Alessandro Ferrari. Illus. by Andrea Greppi. 2020. (Disney & Pixar Movies Ser.). (ENG.). 52p. (J). (gr. 2-6). lib. bdg. 32.79 *(978-1-5321-4548-3(9)*, 35195, Graphic Novels) Spotlight.

Finding Dory: Big Fish, Little Fish. Random House Disney & Christy Webster. Illus. by Random House Disney & Disney Storybook Art Team. ed. 2016. (Step into Reading - Level 1 Ser.). (ENG.). 24p. (J). (gr. -1-1). 14.75 *(978-0-606-39353-9(6))* Turtleback.

Finding Dory Junior Novelization. Disney Editors. ed. 2016. lib. bdg. 17.20 *(978-0-606-38893-1(1))* Turtleback.

Finding Dory Little Golden Book (Disney/Pixar Finding Dory) RH Disney. Illus. by RH Disney. 2016. (Little Golden Book Ser.). (ENG., Illus.). 24p. (J). (-k). 5.99 *(978-0-7364-3511-6(5)*, Golden/Disney) Random Hse. Children's Bks.

Finding Earthlike Planets. Liz Kruesi. 2018. (Destination Space Ser.). (ENG., Illus.). 48p. (J). (gr. 5-6). pap. 11.95 *(978-1-63517-567-7(4)*, 1635175674); lib. bdg. 34.21 *(978-1-63517-495-3(3)*, 1635174953) North Star Editions. (Focus Readers).

Finding Earthlike Planets. Liz Kruesi. 2018. (Illus.). 48p. (J). pap. *(978-1-4896-9823-0(X)*, AV2 by Weigl) Weigl Pubs., Inc.

Finding Esme. Suzanne Crowley. 2018. (ENG.). 288p. (J). (gr. 3-7). 16.99 *(978-0-06-235246-0(6)*, Greenwillow Bks.) HarperCollins Pubs.

Finding Faeries in the Woods at Wolfe's Neck Park. Laura Lander. 2019. (ENG., Illus.). 28p. (J). (gr. k-2). 24.95 *(978-1-64438-631-6(3))* Booklocker.com, Inc.

Finding Fairies: Secrets for Attracting Magickal Folk. Michelle Roehm McCann et al. Illus. by David Hohn. 2022. (ENG.). 112p. (J). pap. 21.99 *(978-1-58270-890-4(8)*, Beyond Words) Simon & Schuster.

Finding Faith. Adjani Rahman. 2021. (ENG., Illus.). 22p. (J). pap. 12.95 *(978-1-0980-7957-4(4))* Christian Faith Publishing.

Finding Faith - Coming of Age Romance Saga (Boxed Set) Third Cousins. 2017. (ENG., Illus.). (YA). pap. 9.99 *(978-1-68305-762-8(7))* Speedy Publishing LLC.

Finding Faith - Finding an Exit (Book 3) Coming of Age Romance. Third Cousins. 2017. (ENG., Illus.). (YA). pap. 7.99 *(978-1-68305-761-1(9))* Speedy Publishing LLC.

Finding Faith - When a Good Girl Goes to War (Book 1) Coming of Age Romance. Third Cousins. 2017. (ENG., Illus.). (YA). pap. 7.99 *(978-1-68305-759-8(7))* Speedy Publishing LLC.

Finding Faith - When a Good Heart Gets Defeated (Book 2) Coming of Age Romance. Third Cousins. 2017. (ENG., Illus.). (YA). pap. 7.99 *(978-1-68305-760-4(0))* Speedy Publishing LLC.

Finding Family. Abida Ripley. 2018. (ENG., Illus.). 32p. (J). (gr. k-6). 13.00 *(978-1-949808-04-9(1))* Bk.worm.

Finding Family: A Colorado Adventure. Pat Lockridge. 2021. (ENG.). 164p. (J). pap. 14.49 *(978-1-63221-963-3(8))* Salem Author Services.

Finding Family: The Duckling Raised by Loons. Laura Purdie Salas. Illus. by Alexandria Neonakis. 2023. (ENG.). 32p. (J). (gr. k-4). 20.99 *(978-1-7284-4299-0(0)*, fad6a149-b328-46e2-b91e-b8c254e17c31, Millbrook Pr.) Lerner Publishing Group.

Finding Fear. Sofia C. Figuera Lairet. 2022. (ENG.). 70p. (J). pap. 15.00 ***(978-1-953507-84-6(0))*** Brightlings.

Finding Felicity. Stacey Kade. 2018. (ENG., Illus.). 304p. (YA). (gr. 9). 17.99 *(978-1-4814-6425-3(6)*, Simon & Schuster Bks. For Young Readers) Simon & Schuster Bks. For Young Readers.

Finding Felicity. Jessica Rae. 2022. (ENG.). 256p. (YA). pap. 18.95 *(978-1-68517-347-0(0))* Christian Faith Publishing.

Finding Fire. Logan S. Kline. Illus. by Logan S. Kline. 2022. (ENG.). 40p. (J). (gr. -1-3). 18.99 *(978-1-5362-1302-7(0))* Candlewick Pr.

Finding Florida: Exploration & Its Legacy. Wendy Conklin. rev. ed. 2016. (Social Studies: Informational Text Ser.). (ENG.). 32p. (J). (gr. 3-8). pap. 11.99 *(978-1-4938-3536-2(X))* Teacher Created Materials, Inc.

Finding Fluffy: Seaside Verses by Dr. Sweet. Barbara Hillson Abramowitz. Illus. by Ferguson D. Nancy. 2016. (ENG.). 26p. (J). 21.99 *(978-1-4363-6350-1(0))* Epicenter Literary Software.

Finding Frances. Kelly Vincent. 2020. (ENG.). 324p. (YA). pap. 17.99 *(978-1-5092-2903-1(5))* Wild Rose Pr., Inc., The.

Finding François: A Story about the Healing Power of Friendship. Gus Gordon. Illus. by Gus Gordon. 2020. (ENG., Illus.). 40p. (J). (gr. -1-3). 17.99 *(978-0-525-55400-4(9)*, Dial Bks) Penguin Young Readers Group.

Finding Friends. Sean McCollum. Illus. by Sam Valentino. 2022. (ENG.). 24p. (J). pap. ***(978-1-922835-35-2(8))*** Library For All Limited.

Finding Friendship. Summer Little. 2018. (ENG., Illus.). 100p. (J). (gr. k-6). pap. 12.49 *(978-1-5456-2533-0(6))* Salem Author Services.

Finding Fun. Camesha Monteith Smart. 2021. (Finding Fun Ser.: 1). (ENG.). 24p. (J). pap. 12.00 *(978-1-0983-8250-6(1))* BookBaby.

Finding Gobi: The True Story of One Little Dog's Big Journey, 1 vol. Dion Leonard. 2017. (ENG., Illus.). 208p. (J). pap. 15.99 *(978-0-7180-7531-6(5)*, Tommy Nelson) Nelson, Thomas Inc.

Finding God Faithful - Teen Girls' Bible Study Book: A Study on the Life of Joseph. Kelly Minter. 2019. (ENG.). 160p. (YA). (gr. 7-12). pap. 19.50 *(978-1-5359-4547-9(8))* Lifeway Christian Resources.

Finding God in All I See, Finding God in You & Me. Maryellen Weber. Illus. by Kari Vick. 2021. (ENG.). 40p. (J). (gr. 2-3). 22.95 *(978-1-64343-772-9(0))* Beaver's Pond Pr., Inc.

Finding God in North Carolina (Classic Reprint) Randy Wasserstrom. 2017. (ENG., Illus.). (J). 31.09 *(978-0-331-57178-3(1))*; pap. 13.57 *(978-0-243-28281-4(8))* Forgotten Bks.

Finding Gods. Keith Stuart Thomsen. 2016. (Hunter's Tale Ser.: Vol. 2). (ENG., Illus.). (YA). (gr. 7-12). pap. 12.95 *(978-0-692-79741-9(6))* Thomsen, Keith Stuart II.

Finding Goodbye. Brittany Elise. 2018. (ENG., Illus.). (YA). (gr. 7-12). pap. 18.95 *(978-1-61296-968-8(2))* Black Rose Writing.

Finding Gossamyr. David A. Rodriguez. Ed. by Angela Nelson. Illus. by Sarah Ellerton. 2022. (Gossamyr Saga Ser.: 1). (ENG.). 128p. (J). (gr. 5-7). pap. 12.99 *(978-0-9895744-4-0(X))* Th3rd World Studios.

Finding Grace, 1 vol. Daphne Greer. 2018. (ENG.). 160p. (YA). (gr. 8-12). pap. 14.95 *(978-1-77108-691-2(2)*, cb25e03a-ed7e-4511-ab33-2352cf9eb819) Nimbus Publishing, Ltd. CAN. Dist: Baker & Taylor Publisher Services (BTPS).

Finding Grace. Mommy Magnussen. Illus. by Elettra Cudignotto. 2023. (ENG.). 40p. (J). ***(978-1-0391-5599-2(5))***; pap. ***(978-1-0391-5598-5(7))*** FriesenPress.

Finding Grandma's Memories. Jiyeon Pak. 2019. (Illus.). 32p. (J). (gr. -1-2). 17.99 *(978-0-525-58107-9(3))*; (ENG., lib. bdg. 20.99 *(978-0-525-58108-6(1))* Random Hse. Children's Bks. (Knopf Bks. for Young Readers).

Finding Happiness: A Magical Tale about the Power of Positive Thinking. Nadine Lalich. Illus. by Nadine Lalich. 2017. (ENG., Illus.). 68p. (gr. -1-4). reprint ed. per. 14.95 *(978-0-9711776-0-4(0))* Nadine Lalich.

Finding Happy. Kristen L. Schindler. Illus. by Kristen L. Schindler. 2022. (ENG.). 32p. (J). pap. 13.99 *(978-1-63984-225-4(X))* Pen It Pubns.

Finding Happy. Andrea D. Seydel. 2017. (ENG., Illus.). 70p. (J). pap. *(978-0-9812598-2-6(0))* LLH Publishing Hse.

Finding Her Edge. Jennifer Iacopelli. 2022. (ENG.). 304p. (YA). (gr. 7). 18.99 *(978-0-593-35036-2(7)*, Razorbill) Penguin Young Readers Group.

Finding Her Sprinkles. Madison D'Angelo. 2022. (ENG.). 28p. (J). pap. ***(978-1-3984-2598-9(2))*** Austin Macauley Pubs. Ltd.

Finding Her Voice: How Black Girls in White Spaces Can Speak up & Live Their Truth. Faye Z. Belgrave et al. 2021. (ENG., Illus.). 176p. (YA). (gr. 6-12). pap. 16.95 *(978-1-68403-740-7(9)*, 47407, Instant Help Books) New Harbinger Pubns.

Finding His Balance: Or the Bank Clerk Who Came Back (Classic Reprint) Jack Preston. 2018. (ENG., Illus.). 368p. (J). 31.49 *(978-0-484-26040-4(5))* Forgotten Bks.

Finding His Soul (Classic Reprint) Norman Duncan. 2018. (ENG., Illus.). 74p. (J). 25.42 *(978-0-267-63760-7(8))* Forgotten Bks.

Finding Home. C. S. Bernhardt. 2018. (ENG., Illus.). 302p. (J). pap. 13.99 *(978-0-9995878-3-6(8))* What If? Publishing.

Finding Home. Jessica Fritz. 2021. (ENG.). 116p. (YA). pap. 14.95 *(978-1-6624-4649-8(7))* Page Publishing Inc.

Finding Home. Karen Kingsbury & Tyler Russell. 2020. (Baxter Family Children Story Ser.). (ENG., Illus.). 320p. (J). (gr. 3-7). 18.99 *(978-1-5344-1218-7(2)*, Simon & Schuster Bks. For Young Readers) Simon & Schuster Bks. For Young Readers.

Finding Home. Karen Kingsbury & Tyler Russell. 2021. (Baxter Family Children Story Ser.). (ENG.). 336p. (J). (gr. 3-7). pap. 8.99 *(978-1-5344-1219-4(0)*, Simon & Schuster/Paula Wiseman Bks.) Simon & Schuster/Paula Wiseman Bks.

Finding Home: An Adventure with Mimi. Micki Lee King. Illus. by Jeannine Corcoran. 2022. (ENG.). 42p. (J). pap. 19.95 ***(978-1-0880-5410-9(2))*** Indy Pub.

Finding Home: My Arf-O-Biography. Bridgett Bell Langson. Illus. by Edwina L. May. 2018. (ENG.). 118p. (J). pap. 7.99 *(978-0-9994376-0-5(7)*, Tale Wag Pr.) Langson, Bridgett Bell.

Finding Home: The Journey of Immigrants & Refugees. Jen Sookfong Lee. Illus. by Drew Shannon. 2021. (Orca Think Ser.: 1). (ENG.). 120p. (J). (gr. 4-7). 24.95 *(978-1-4598-1899-6(7))* Orca Bk. Pubs. USA.

Finding Home - Teddy's Immigration Stories. E. J. 2023. (ENG.). 126p. (YA). pap. ***(978-1-80439-231-7(6))*** Olympia Publishers.

Finding Hope. David Allen Cole. 2018. (ENG., Illus.). 234p. (YA). pap. 15.95 *(978-1-64438-406-0(X))* Booklocker.com, Inc.

Finding Hope. Sofía C. Figuera Lairet Figuera Lairet. 2021. (ENG.). 48p. (J). pap. 15.00 *(978-1-953507-34-1(4))* Brightlings.

Finding Information & Making Arguments, 2 vols. Riley Flynn. 2016. (Science & Engineering Practices Ser.). (ENG.). (J). (gr. k-1). 53.32 *(978-1-5157-5437-4(5))*; (Illus.). 24p. (gr. -1-2). lib. bdg. 27.32 *(978-1-5157-0948-0(5)*, 132268, Capstone Pr.) Capstone.

Finding Innocence, Book One: Strange Old World. Gregory Saur. 2019. (Finding Innocence Ser.: Vol. 1). (ENG., Illus.). 456p. (J). (gr. 4-6). 29.99 *(978-1-949317-99-2(4))* Saur, Gregory.

Finding It. Donna Stevens. 2021. (ENG.). 30p. (J). pap. 13.95 *(978-1-63630-483-0(4))* Covenant Bks.

Finding Izzy. Sheryl Doherty. 2021. (ENG.). 306p. (YA). *(978-1-989078-67-9(2))*; pap. *(978-1-989078-66-2(4))* Martrain Corporate & Personal Development.

662 The check digit for ISBN-10 appears in parentheses after the full ISBN-13

Finding Jade: Daughters of Light. Mary Jennifer Payne. ed. 2017. (Daughters of Light Ser.: 1). (ENG.). 216p. (YA). pap. 12.99 *(978-1-4597-3500-2(5))* Dundurn Pr. CAN. Dist: Publishers Group West (PGW).

Finding Jesus. Christine Mower. Illus. by Keven Keele. 2023. (ENG.). 32p. (J). 16.99 *(978-1-4621-4482-2(9))* Cedar Fort, Inc./CFI Distribution.

Finding Joy. Gary Andrews. 2021. (ENG.). 192p. 24.99 *(978-1-5293-3813-3(1),* John Murray) Hodder & Stoughton GBR. Dist: Hachette Bk. Group.

Finding Joy. Gabi Garcia. Illus. by Marta Pineda. 2022. (ENG.). 38p. (J). 17.99 ***(978-1-949633-60-3(8))*** Skinned Knee Publishing.

Finding Junie Kim. Ellen Oh. (ENG.). (J). (gr. 3-7). 2022. 384p. pap. 9.99 *(978-0-06-298799-0(2));* 2021. 368p. 16.99 *(978-0-06-298798-3(4))* HarperCollins Pubs. (HarperCollins).

Finding Jupiter. Kelis Rowe. 2022. (ENG., Illus.). 320p. (YA). (gr. 8-12). 18.99 *(978-0-593-42925-9(7));* lib. bdg. 21.99 *(978-0-593-42926-6(5))* Random Hse. Children's Bks. (Crown Books For Young Readers).

Finding Just the Right Place - Reasons for Human Migration - 3rd Grade Social Studies - Children's Geography & Cultures Books. Baby Professor. 2019. (ENG.). 72p. (J). pap. 14.72 *(978-1-5419-4979-9(X));* 24.71 *(978-1-5419-7467-8(0))* Speedy Publishing LLC. (Baby Professor (Education Kids)).

Finding Kindness. Deborah Underwood. Illus. by Irene Chan. 2019. (ENG.). 32p. (J). 18.99 *(978-1-250-23789-7(0),* 900210834, Holt, Henry & Co. Bks. For Young Readers) Holt, Henry & Co.

Finding Langston. Lesa Cline-Ransome. (Finding Langston Trilogy Ser.). 112p. (J). (gr. 3-7). 2020. pap. 7.99 *(978-0-8234-4582-0(8));* 2018. 16.99 *(978-0-8234-3960-7(7))* Holiday Hse., Inc.

Finding Life in the Universe. Mari Bolte. 2022. (21st Century Skills Library: Aliens among Us: the Evidence Ser.). (ENG., Illus.). 32p. (J). (gr. 4-8). pap. 14.21 *(978-1-6689-1142-6(6),* 221087); lib. bdg. 32.07 *(978-1-6689-0982-9(0),* 220949) Cherry Lake Publishing.

Finding List of English Prose Fiction: Including Juvenile Fiction, in the Public Library of Detroit, Michigan (Classic Reprint) Detroit Public Library. (ENG., Illus.). (J). 2018. 164p. 27.28 *(978-0-483-24260-9(8));* 2017. pap. 9.97 *(978-0-259-53671-0(7))* Forgotten Bks.

Finding List of English Prose Fiction: Part 1: Authors, Part 2: Titles. Public Library Of Cincinnati. 2017. (ENG., Illus.). (J). pap. *(978-0-649-45273-6(9))* Trieste Publishing Pty Ltd.

Finding List of English Prose Fiction: Part 1, Authors; Part 2, Titles (Classic Reprint) Public Library Of Cincinnati. 2017. (ENG., Illus.). (J). 186p. 27.73 *(978-0-332-03900-8(5));* pap. 10.57 *(978-0-282-02361-4(5))* Forgotten Bks.

Finding List of English Prose Fiction (Classic Reprint) Seattle Public Library. (ENG., Illus.). (J). 2018. 132p. 26.62 *(978-0-267-61981-8(2));* 2018. 134p. 26.66 *(978-0-483-98466-0(3));* 2017. pap. 9.57 *(978-0-282-00449-1(1));* 2016. pap. 9.57 *(978-1-334-24831-3(1))* Forgotten Bks.

Finding List of English Prose Fiction, Including Juvenile Fiction, in the Library of School District No. 1 (Classic Reprint) Ann Arbor Public Library. (ENG., Illus.). (J). 2018. 52p. 24.97 *(978-0-656-71384-4(4));* 2017. pap. 9.57 *(978-0-259-90162-4(8))* Forgotten Bks.

Finding Lost Stars. Grace H. Curley. Illus. by Vivian Tong. 2019. (ENG.). 516p. (YA). (gr. 7-12). pap. 25.95 *(978-1-64633-215-1(6))* Independent Pub.

Finding Lost Treasure! a Maze Activity Book. Jupiter Kids. 2017. (ENG., Illus.). (J). pap. 9.20 *(978-1-68326-687-7(0),* Jupiter Kids (Childrens & Kids Fiction)) Speedy Publishing LLC.

Finding Love. Whitney Geathers. Illus. by Sisca Angreani. 2022. (ENG.). 34p. (J). 17.99 ***(978-1-0878-7497-5(1))*** Indy Pub.

Finding Love: Devotional Through Ruth. Keith West. 2020. (ENG.). 16p. (J). pap. 15.00 *(978-1-716-46649-6(0))* Lulu Pr., Inc.

Finding Love on Summer Hill. Kelly Pedersen. Illus. by Kelly Pedersen. 2016. (Illus.). 38p. (J). pap. 9.95 *(978-1-63047-860-5(1))* Morgan James Publishing.

Finding Luck. Kristin Earhart. Illus. by Serena Geddes. 2016. (Marguerite Henry's Misty Inn Ser.: 4). (ENG.). 128p. (J). (gr. 2-5). pap. 6.99 *(978-1-4814-1422-7(4),* Aladdin) Simon & Schuster Children's Publishing.

Finding Mary Alice. Elizabeth P. Smith. 2022. 250p. (J). pap. 15.00 *(978-1-6678-4244-8(7))* BookBaby.

Finding Me in Three. Pam Rhabb. 2022. (ENG.). 26p. (J). pap. 13.95 *(978-1-63961-238-3(6))* Christian Faith Publishing.

Finding Meaning - a Teenager's Guide to Life in the 21st Century. Frank Nieman. 2018. (ENG., Illus.). 162p. (YA). (gr. 7-12). pap. 10.95 *(978-1-64373-129-2(7))* LPC.

Finding Meili. Kate Dobrowolska. 2020. (ENG., Illus.). 46p. (J). (gr. k-1). pap. *(978-1-78222-741-0(5))* Paragon Publishing, Rothersthorpe.

Finding Mighty. Sheela Chari. 2019. (ENG.). 336p. (J). (gr. 5-9). pap. 9.99 *(978-1-4197-3479-3(2),* 1144603, Amulet Bks.) Abrams, Inc.

Finding Miracles see En Busca de Milagros

Finding Moose. Sue Farrell Holler. Illus. by Jennifer Faria. 2022. (ENG.). 32p. (J). (gr. k-2). 18.95 *(978-1-77278-244-8(0))* Pajama Pr. CAN. Dist: Publishers Group West (PGW).

Finding My Awesome: Confidence, Self-Love, & Joy. Molly Mahoney & Eevi Jones. Illus. by Nina Khalova. 2021. (ENG.). 40p. (J). 16.00 *(978-0-578-94382-4(4))* Kindness Kids.

Finding My Cool. Aja Dionna King. Illus. by LaSquizzie Kern & Breanna Goudeau. 2019. (ENG.). 38p. (J). (gr. 1-2). 21.95 *(978-0-578-48069-5(7));* pap. 10.95 *(978-1-7333333-0-6(4))* Dr. Aja Dionna King.

Finding My Dance. Ria Thundercloud. Illus. by Kalila J. Fuller. 2022. 40p. (J). (gr. -1-3). 18.99 *(978-0-593-09389-4(5),* Penguin Workshop) Penguin Young Readers Group.

Finding My School: Sticking to It, 1 vol. Sadie Silva. 2017. (Computer Science for the Real World Ser.). (ENG.). 8p. (gr. k-1). pap. *(978-1-5383-5113-0(7),* 51a65192-e81c-49ef-b49b-d87beac1e88d, Rosen Classroom) Rosen Publishing Group, Inc., The.

Finding My Superpower. Sarah Ackermann. 2021. (ENG.). 42p. (J). 17.99 *(978-1-64538-304-8(0))* Orange Hat Publishing.

Finding My Voice. Marie Myung-Ok Lee. 2021. 192p. (YA). (gr. 9). pap. 10.99 *(978-1-64129-290-0(3),* Soho Teen) Soho Pr., Inc.

Finding My Voice. Marie Myung-Ok Lee. 2020. 192p. (YA). (gr. 9). 18.99 *(978-1-64129-197-2(4),* Soho Teen) Soho Pr., Inc.

Finding Narnia: The Story of C. S. Lewis & His Brother Warnie. Caroline McAlister. Illus. by Jessica Lanan. 2019. (ENG.). 48p. (J). 21.99 *(978-1-62672-658-1(2),* 900165434) Roaring Brook Pr.

Finding Nemo. Charles Bazaldua. Illus. by Claudio Sciarrone. 2020. (Disney & Pixar Movies Ser.). (ENG.). 48p. (J). (gr. 2-6). lib. bdg. 32.79 *(978-1-5321-4549-0(7),* 35196, Graphic Novels) Spotlight.

Finding Nemo. Ulysses Moore. 2016. (VIE.). 203p. (J). pap. *(978-604-2-08182-5(9))* Kim Dong Publishing Hse.

Finding Nemo Manga Collection. Ryuichi Hoshino. ed. 2016. lib. bdg. 28.15 *(978-0-606-38899-3(0))* Turtleback.

Finding of Jasper Holt (Classic Reprint) Grace Livingston Hill Lutz. 2017. (ENG., Illus.). (J). 29.55 *(978-1-5281-7846-4(7))* Forgotten Bks.

Finding of Kitty Baloo. Dicksie Moss. 2016. (ENG., Illus.). 37p. (J). pap. *(978-1-84897-748-8(4))* Olympia Publishers.

Finding of Lot's Wife (Classic Reprint) Alfred Clark. 2018. (ENG., Illus.). 322p. (J). 30.56 *(978-0-656-64096-6(0))* Forgotten Bks.

Finding of Norah (Classic Reprint) Eugenia Brooks Frothingham. 2018. (ENG., Illus.). 102p. (J). 26.02 *(978-0-332-45983-7(7))* Forgotten Bks.

Finding 'Oli: A True Love Story about a Critically Endangered Hawksbill Sea Turtle. Marjorie Tyler. 2020. (ENG., Illus.). 30p. (J). 16.95 *(978-1-7356932-0-0(0));* pap. 14.95 *(978-1-7330393-7-6(6))* Sacred Life Pubs.

Finding Orion. John David Anderson. (ENG.). (J). (gr. 3-7). 2020. 384p. pap. 7.99 *(978-0-06-264390-2(8));* 2019. 368p. 16.99 *(978-0-06-264389-6(4))* HarperCollins Pubs. (Walden Pond Pr.).

Finding Out - an Introduction to Research. Heron Books. 2022. (ENG.). 58p. (J). pap. ***(978-0-89739-276-1(0),*** Heron Bks.) Quercus.

Finding Out God's Secrets, & 43 Other Story-Sermons (Classic Reprint) Claude Allen McKay. 2017. (ENG., Illus.). (J). 27.32 *(978-0-266-59432-1(8))* Forgotten Bks.

Finding Out Who God Really Is Children's Christianity Books. Baby Professor. 2017. (ENG., Illus.). (J). pap. 7.89 *(978-1-5419-0217-6(3),* Baby Professor (Education Kids)) Speedy Publishing LLC.

Finding Pandora: The Complete Collection. E. Rachael Hardcastle. 2018. (ENG., Illus.). 622p. (YA). (gr. 8-12). pap. 21.99 *(978-1-9999688-0-9(8),* Curious Cat Bks.) Legacy Bound.

Finding Papa. Angela Pham Krans. Illus. by Thi Bui. 2023. (ENG.). 40p. (J). (gr. -1-3). 18.99 *(978-0-06-306096-8(5),* HarperCollins) HarperCollins Pubs.

Finding Papa Eagle. John Paul Wijnberg. Ed. by Lizette Balsdon. Illus. by Svetlana Dragicevic. 2020. (ENG.). 56p. (J). pap. *(978-0-620-87561-5(5))* Wijnberg, John.

Finding Perfect. Elly Swartz. 2016. (ENG.). 304p. (J). 16.99 *(978-0-374-30312-9(6),* 900154352, Farrar, Straus & Giroux (BYR)) Farrar, Straus & Giroux.

Finding Perfect. Elly Swartz. 2019. (ENG.). 320p. (J). pap. 11.99 *(978-1-250-29413-5(4),* 900195037) Square Fish.

Finding Pictures in the Forest: Hidden Picture Activity Book. Activibooks For Kids. 2016. (ENG., Illus.). (J). pap. 7.55 *(978-1-68321-510-3(9))* Mimaxion.

Finding Ray's Key. Sam Goddard. Illus. by Owen Williams. 2018. (ENG.). 42p. (J). pap. *(978-1-912635-00-9(3))* Filament Publishing.

Finding Right-Side up When You're Upside Down. Gale Davis. 2017. (ENG., Illus.). (J). pap. *(978-1-4602-9528-1(5));* (gr. -1-3). *(978-1-4602-9527-4(7))* FriesenPress.

Finding Roots: Discovering Generations of Life & Love. Cathy H. Smithers. 2021. (ENG.). 327p. (YA). pap. *(978-1-6671-8999-4(9))* Lulu Pr., Inc.

Finding Serendipity. Angelica Banks. Illus. by Stevie Lewis. 2016. (Tuesday Mcgillycuddy Adventures Ser.). (ENG.). 304p. (J). pap. 10.99 *(978-1-250-07337-2(5),* 900150766) Square Fish.

Finding Shapes in Nature: A Discovery Book for Children. Jeanne B. O'Brien M Ed. 2019. (ENG., Illus.). 54p. (J). pap. 15.95 *(978-1-64531-404-2(9))* Newman Springs Publishing, Inc.

Finding Socksville. Jan Boydstun & Jim. 2021. (ENG., Illus.). 36p. (J). pap. 13.95 *(978-1-6624-4492-0(3))* Page Publishing Inc.

Finding Solutions. Shannon Block. 2018. (ENG., Illus.). (J). 18p. 22.99 *(978-1-5456-3610-7(9));* 20p. pap. 12.99 *(978-1-5456-3609-1(5))* World Forward Foundation.

Finding Solutions: Problem Solving. Alyssa Krekelberg. 2020. (Social & Emotional Learning Ser.). (ENG.). 24p. (J). (gr. -1-2). lib. bdg. 32.79 *(978-1-5038-4451-3(X),* 214218) Child's World, Inc, The.

Finding Someplace. Denise Lewis Patrick. 2016. (ENG.). 224p. (J). pap. 8.99 *(978-1-250-07982-4(9),* 900154630) Square Fish.

Finding Someplace. Denise Lewis Patrick. ed. 2016. (J). lib. bdg. 17.20 *(978-0-606-38560-2(6))* Turtleback.

Finding Stones for Grandma. Sarah Griffiths. Illus. by Lisa Williams. 2020. (ENG.). 34p. (J). pap. *(978-1-9999758-4-5(7))* Team Author UK.

Finding Technicolour. Rebecca Rose. 2017. (ENG., Illus.). (YA). (gr. 7-12). pap. *(978-0-6480377-0-5(3))* Peacock Pen, The.

Finding Temple Symbols: Learn of Me. Cami Evans & Jennifer Tolman. 2019. (ENG., Illus.). 32p. (J). 15.99 *(978-1-4621-2315-5(5))* Cedar Fort, Inc./CFI Distribution.

Finding Temple Symbols (Pb) Cami Evans. Illus. by Jennifer Tolman. 2021. (ENG.). 32p. (J). pap. 12.99 *(978-1-4621-4093-0(9))* Cedar Fort, Inc./CFI Distribution.

Finding the Alphabet Tree. Janis Alexander. 2018. (ENG., Illus.). 24p. (J). 21.95 *(978-1-64003-180-7(4));* pap. 12.95 *(978-1-64003-179-1(0))* Covenant Bks.

Finding the Best Conductor: Testing & Checking, 1 vol. Leonard Clasky. 2017. (Computer Kids: Powered by Computational Thinking Ser.). (ENG.). 24p. (J). (gr. 3-4). 25.27 *(978-1-5383-2396-0(6),* 69b030e7-ce85-47df-aa06-6c73d78f36c1, PowerKids Pr.); pap. *(978-1-5383-5318-9(0),* bd66b867-104e-4dca-8211-66f2744d2e2a, Rosen Classroom) Rosen Publishing Group, Inc., The.

Finding the Chrysalis Kingdom. Karen Seelenbinder. 2017. (ENG., Illus.). 50p. (J). pap. 23.95 *(978-1-9736-0911-7(8),* WestBow Pr.) Author Solutions, LLC.

Finding the Edge: My Life on the Ice. Karen Chen. 2017. (ENG., Illus.). 224p. (J). (gr. 3-7). 17.99 *(978-0-06-282268-0(3),* HarperCollins) HarperCollins Pubs.

Finding the Flipside: A Story about Changing Your Thoughts from Negative to Positive, Volume 4. Jennifer Law. Illus. by Brian Martin. 2023. (ENG.). 31p. (J). (gr. k-5). pap. 11.95 ***(978-0-938510-87-1(8),*** 67-004) Boys Town Pr.

Finding the Heart of God, 1 vol. Susan Holman Chandler. 2020. (ENG.). 24p. (J). pap. 19.99 *(978-1-4003-2642-6(7))* Elm Hill.

Finding the Helpers. Shannon Stocker. 2021. (21st Century Junior Library: Together We Can: Pandemic Ser.). (ENG., Illus.). 24p. (J). (gr. 2-5). lib. bdg. 30.64 *(978-1-5341-8014-7(1),* 218336) Cherry Lake Publishing.

Finding the Light. Kelsey Atkins. 2017. (Finding the Light Ser.: Vol. 1). (ENG., Illus.). (YA). (gr. 9-12). 28.99 *(978-1-63213-604-6(X))* eLectio Publishing.

Finding the Mayflowers: A Puritan Play for Children (Classic Reprint) Blanche Proctor Fisher. 2018. (ENG., Illus.). 24p. (J). 24.39 *(978-0-267-45435-8(X))* Forgotten Bks.

Finding the Rhyme in a Poem. Valerie Bodden. 2016. (Write Me a Poem Ser.). (ENG.). 24p. (J). (gr. 1-4). pap. 9.99 *(978-1-62832-252-1(7),* 20545, Creative Paperbacks) Creative Co., The.

Finding the Right Companion. Stella Montgomery & Carole Hillier. 2020. (ENG.). 70p. pap. *(978-1-716-84234-4(4))* Lulu Pr., Inc.

Finding the Right Container. Anne Montgomery. rev. ed. 2019. (Smithsonian: Informational Text Ser.). (ENG., Illus.). 20p. (J). (gr. k-1). 7.99 *(978-1-4938-6640-3(0))* Teacher Created Materials, Inc.

Finding the Right Research Topic. Kelly Coleman. 2018. (Show What You Know! Ser.). (ENG.). 24p. (J). lib. bdg. 22.99 *(978-1-5105-3983-9(2))* SmartBook Media, Inc.

Finding the Right Words with Dictionaries. Ann Truesdell. 2018. (Show What You Know! Ser.). (ENG.). 24p. (J). lib. bdg. 22.99 *(978-1-5105-3979-2(4))* SmartBook Media, Inc.

Finding the Sky. A. M. Burns. 2016. (ENG., Illus.). (YA). 24.99 *(978-1-63533-014-4(9),* Harmony Ink Pr.) Dreamspinner Pr.

Finding the Speed of Light, 1 vol. Mark Weston. Illus. by Rebecca Evans. 2019. (History Makers Ser.: 0). (ENG.). 32p. (J). (gr. 5-7). E-Book 9.99 *(978-0-88448-547-6(1),* 884547) Tilbury Hse. Pubs.

Finding the Themes: Family, Anthropology, Language Origins, Peace & Conflict (Classic Reprint) Mary LeCron Foster. 2018. (ENG., Illus.). 394p. (J). 32.04 *(978-0-484-10197-4(8))* Forgotten Bks.

Finding the Time for Dragons. Angela King-Harris. 2020. (ENG.). 234p. (J). *(978-1-5255-6802-2(7));* pap. *(978-1-5255-6803-9(5))* FriesenPress.

Finding the Titanic: How Images from the Ocean Depths Fueled Interest in the Doomed Ship. Michael Burgan. 2017. (Captured Science History Ser.). (ENG., Illus.). 64p. (J). (gr. 5-9). lib. bdg. 35.32 *(978-0-7565-5640-2(6),* 136079, Compass Point Bks.) Capstone.

Finding the Way Home. Kay Reminger. 2018. (ENG., Illus.). 36p. (J). (gr. -1-3). 23.95 *(978-1-64114-631-9(1))* Christian Faith Publishing.

Finding the Wind. Janet J. Mills. 2022. (ENG.). 214p. (YA). pap. *(978-1-3984-4480-5(4))* Austin Macauley Pubs. Ltd.

Finding the Worm (Twerp Sequel) Mark Goldblatt. 2016. (Twerp Ser.: 2). 368p. (J). (gr. 4-7). 7.99 *(978-0-385-39111-5(0),* Yearling) Random Hse. Children's Bks.

Finding Their Way Out of a Paper Bag: An Activity Book for Kindergarten Students Who Love Mazes. Jupiter Kids. 2017. (ENG., Illus.). (J). pap. 9.20 *(978-1-68326-688-4(9),* Jupiter Kids (Childrens & Kids Fiction)) Speedy Publishing LLC.

Finding Themselves: The Letters of an American Army Chief Nurse in a British Hospital in France (Classic Reprint) Julia C. Stimson. 2017. (ENG., Illus.). (J). 29.20 *(978-0-266-20413-8(9))* Forgotten Bks.

Finding Tinker Bell #1: Beyond Never Land (Disney: the Never Girls) Kiki Thorpe. Illus. by Jana Christy. 2018. (Never Girls Ser.: 1). (ENG.). 128p. (J). (gr. 1-4). 6.99 *(978-0-7364-3599-4(9),* RH/Disney) Random Hse. Children's Bks.

Finding Tinker Bell #2: Through the Dark Forest (Disney: the Never Girls) Kiki Thorpe. Illus. by Jana Christy. 2018. (Never Girls Ser.: 2). (ENG.). 128p. (J). (gr. 1-4). 6.99 *(978-0-7364-3651-9(0));* lib. bdg. 12.99 *(978-0-7364-8183-0(4))* Random Hse. Children's Bks. (RH/Disney).

Finding Tinker Bell #3: on the Lost Coast (Disney: the Never Girls) Kiki Thorpe. Illus. by Jana Christy. 2018. (Never Girls Ser.: 3). (ENG.). 128p. (J). (gr. 1-4). 6.99 *(978-0-7364-3760-8(6),* RH/Disney) Random Hse. Children's Bks.

Finding Tinker Bell #4: up the Misty Peak (Disney: the Never Girls) Kiki Thorpe. Illus. by Jana Christy. 2019. (Never Girls Ser.: 4). (ENG.). 128p. (J). (gr. 1-4). 6.99 *(978-0-7364-3873-5(4));* lib. bdg. 12.99 *(978-0-7364-3874-2(2))* Random Hse. Children's Bks. (RH/Disney).

Finding Tinker Bell #5: to the Forgotten Castle (Disney: the Never Girls) Kiki Thorpe. Illus. by Jana Christy. 2019. (Never Girls Ser.: 5). (ENG.). 128p. (J). (gr. 1-4). 6.99 *(978-0-7364-3955-8(2),* RH/Disney) Random Hse. Children's Bks.

Finding Tinker Bell: Books #1-6 (Disney: the Never Girls), 6 vols. Kiki Thorpe. Illus. by Jana Christy. 2020. (Never Girls Ser.). (ENG.). 768p. (J). (gr. 1-4). 41.94 *(978-0-7364-4127-8(1),* RH/Disney) Random Hse. Children's Bks.

Finding Treasure: A Collection of Collections. Michelle Schaub. Illus. by Carmen Saldana. 2019. 32p. (J). (gr. -1-3). lib. bdg. 16.99 *(978-1-58089-875-1(0))* Charlesbridge Publishing, Inc.

Finding Uncle Newton: -And His Nemesis- Douglas Cornelius. Ed. by Deirdre Lockhart. 2021. (ENG.). 228p. (YA). pap. 12.95 *(978-1-6629-0655-8(2))* Gatekeeper Pr.

Finding Us. Linda Dawn Brown-Thomson. Illus. by Angela Gooliaff. 2021. (ENG.). 36p. (J). pap. *(978-1-5255-8715-3(3)); (978-1-5255-8716-0(1))* FriesenPress.

Finding What's Real. Emma Harrison. (ENG.). (YA). (gr. 9). 2018. 320p. pap. 11.99 *(978-1-4814-4216-9(3));* 2017. (Illus.). 304p. 17.99 *(978-1-4814-4215-2(5))* Simon Pulse. (Simon Pulse).

Finding Wild. Megan Wagner Lloyd. Illus. by Abigail Halpin. 2016. 32p. (J). (gr. -1-2). 18.99 *(978-1-101-93281-0(3),* Knopf Bks. for Young Readers) Random Hse. Children's Bks.

Finding Wonders: Three Girls Who Changed Science. Jeannine Atkins. (ENG., Illus.). 208p. (J). (gr. 5). 2017. pap. 7.99 *(978-1-4814-6566-3(X));* 2016. 18.99 *(978-1-4814-6565-6(1),* Atheneum Bks. for Young Readers) Simon & Schuster Children's Publishing.

Finding Yorgy. Benjamin Harper. Illus. by Christian Cornia. 2020. (Michael Dahl Presents: Side-Splitting Stories Ser.). (ENG.). 72p. (J). (gr. 3-6). pap. 5.95 *(978-1-4965-9208-8(5),* 142236); lib. bdg. 25.32 *(978-1-4965-8704-6(9),* 141438) Capstone. (Stone Arch Bks.).

Finding You. Robert Vescio. Illus. by Hannah Sommerville. 2023. (ENG.). 32p. (J). (gr. -1-2). 18.99 ***(978-1-915167-39-2(6),*** 65fbd3fc-31fd-4d49-b8fc-cffdff374ac0) New Frontier Publishing AUS. Dist: Lerner Publishing Group.

Finding Your Friends! a Maze Activity Book. Jupiter Kids. 2017. (ENG., Illus.). (J). pap. 9.20 *(978-1-68326-689-1(7),* Jupiter Kids (Childrens & Kids Fiction)) Speedy Publishing LLC.

Finding Your Identity. Kate Morrow. 2020. (Strong, Healthy Girls Ser.). (ENG., Illus.). 112p. (J). (gr. 6-12). lib. bdg. 41.36 *(978-1-5321-9217-3(7),* 34987, Essential Library) ABDO Publishing Co.

Finding Your Magnificence: A Tail of Self-Exploration. Kathleen Jones. 2020. (ENG.). 32p. (J). 24.95 *(978-1-64628-403-0(8))* Page Publishing Inc.

Finding Your Place in God's Great Story for Kids: A Book about the Bible & You. Jim Johnson & Paul Basden. 2021. (ENG.). 176p. (J). (gr. 3-7). pap. 14.99 *(978-0-7369-8123-1(3),* 6981231) Harvest Hse. Pubs.

Finding Your Place in God's Great Story for Little Ones: A Fun Look at God's Special Book. Jim Johnson & Paul Basden. 2022. (ENG., Illus.). 32p. (J). (gr. -1-2). 16.99 *(978-0-7369-8125-5(X),* 6981255, Harvest Kids) Harvest Hse. Pubs.

Finding Your True North: A Bullied Teen's Journey of Hope. Thomas A. Russell. 2021. (ENG.). 210p. (J). *(978-1-64830-300-5(5));* pap. *(978-1-64830-299-2(8))* Lulu.com.

Finding Your Way to Love on Valentine's Day Activity Book. Activity Book Zone. 2016. (ENG., Illus.). (J). pap. 7.55 *(978-1-68376-195-2(2))* Sabeels Publishing.

Finding Youth: A Human Experience. Nelson Andrews. 2017. (ENG., Illus.). (J). pap. *(978-0-649-33851-1(0))* Trieste Publishing Pty Ltd.

Finding Youth: A Human Experience (Classic Reprint) Nelson Andrews. 2017. (ENG., Illus.). (J). 25.40 *(978-0-266-18000-5(0))* Forgotten Bks.

Finding Yvonne. Brandy Colbert. (ENG.). (YA). (gr. 9-17). 2019. 304p. pap. 10.99 *(978-0-316-34902-4(X));* 2018. 288p. 17.99 *(978-0-316-34905-5(4))* Little, Brown Bks. for Young Readers.

Finding Zasha. Randi Barrow. 2022. (ENG.). 352p. (J). (gr. 3-7). pap. 8.99 *(978-0-545-45219-9(8),* Scholastic Paperbacks) Scholastic, Inc.

Findus Goes Fishing, 27 vols. Sven Nordqvist. Tr. by Nathan Large. Illus. by Sven Nordqvist. ed. 2016. (Findus & Pettson Ser.). (Illus.). 28p. (J). 19.99 ***(978-1-907359-72-9(9))*** Hawthorn Pr. GBR. Dist: Independent Pubs. Group.

Findus Rules the Roost, 24 vols. Sven Nordqvist. ed. 2018. (Fundus & Pettson Ser.: 10). (Illus.). 28p. (J). (gr. 2-4). 19.99 ***(978-1-907359-87-3(7))*** Hawthorn Pr. GBR. Dist: Independent Pubs. Group.

Fine Art Adventures: 36 Creative, Hands-On Projects Inspired by Classic Masterpieces. Maja Pitamic & Jill Laidlaw. 2017. (Art Adventures Ser.). (ENG., Illus.). 144p. (J). (gr. 1). pap. 19.99 *(978-0-912777-04-7(4))* Chicago Review Pr., Inc.

Fine Artists: A Practical Career Guide. Marcia Santore. 2019. (Practical Career Guides). (Illus.). 142p. (YA). (gr. 8-17). pap. 41.00 *(978-1-5381-3432-0(2))* Rowman & Littlefield Publishers, Inc.

Fine Bromance. Christopher Hawthorne Moss. 2016. (ENG., Illus.). (YA). 25.99 *(978-1-64080-357-2(2));* 24.99 *(978-1-63477-927-2(4))* Dreamspinner Pr. (Harmony Ink Pr.).

Fine Clay: A Novel (Classic Reprint) Isabel Constance Clarke. 2018. (ENG., Illus.). (J). 468p. 33.55 *(978-1-396-57125-1(6));* 470p. pap. 16.57 *(978-1-391-59411-8(8))* Forgotten Bks.

Fine Die Kleine Blumenelfe. Daniela Mattes. 2018. (GER., Illus.). 146p. (J). pap. *(978-3-7407-4566-0(5))* VICOO International Pr.

Fine Feathers: Do Not Make Fine Birds (Classic Reprint) Kate J. Neily. 2018. (ENG., Illus.). 192p. (J). 27.88 *(978-0-365-42156-6(1))* Forgotten Bks.

Fine Line: A Step-By-Step Activity Manual to Draw for Kids. Jupiter Kids. 2017. (ENG., Illus.). (YA). pap. 9.20 *(978-1-68326-690-7(0),* Jupiter Kids (Childrens & Kids Fiction)) Speedy Publishing LLC.

Fine Line Between Naughty & Nice: (a True Story... sort Of) Jerry McGehee. 2021. (ENG., Illus.). 96p. (J). pap. 20.95 *(978-1-63874-806-9(3))* Christian Faith Publishing.

Fine Motor Activities for Babies - Connect the Dot Books for Toddlers. Jupiter Kids. 2018. (ENG., Illus.). 106p. (J).

pap. 12.55 *(978-1-5419-3570-9(5),* Jupiter Kids (Childrens & Kids Fiction)) Speedy Publishing LLC.

Fine Motor Fun Practice Book Prek-Grade 1 - Ages 4 To 7. Prodigy. 2016. (ENG., Illus.). (J). pap. 9.25 *(978-1-68323-914-7(8))* Twin Flame Productions.

Fine Motor Skills Activity Book Toddler-Grade K - Ages 1 To 6. Pfiffikus. 2016. (ENG., Illus.). (J). pap. 10.81 *(978-1-68377-626-0(7))* Whlke, Traudl.

Fine Motor Skills for Kids: Tracing, Dot to Dot & Coloring Children's Reading & Writing Books. Baby Professor. 2017. (ENG., Illus.). (J). pap. 9.55 *(978-1-5419-2596-0(3),* Baby Professor (Education Kids)) Speedy Publishing LLC.

Fine Pair of Troublemakers. Barbara Voegeli. 2021. (ENG.). 74p. (J). pap. 15.99 *(978-1-63103-057-4(4))* CaryPr. International Bks.

Finer Grain (Classic Reprint) Henry James. 2018. (ENG., Illus.). 354p. (J). 31.22 *(978-0-666-72396-3(6))* Forgotten Bks.

Finerty of the Sand-House (Classic Reprint) Charles David Stewart. 2018. (ENG., Illus.). 166p. (J). 27.32 *(978-0-267-47496-7(2))* Forgotten Bks.

Finest Baby in the World: Being Letters from a Man to Himself about His Child (Classic Reprint) Theadorer Theadorer. 2018. (ENG., Illus.). 64p. (J). 25.24 *(978-0-332-10905-3(4))* Forgotten Bks.

Finest Christmas Tree. Ann Hassett. Illus. by John Hassett. 2nd rev. ed. 2021. (ENG.). 32p. (J). (gr. -1-3). 18.95 *(978-1-952143-25-0(X),* fa2cd0f4-2629-4e4c-a8d5-3997a1c730b0) Islandport Pr., Inc.

Finestra Sulla Via. Tommaso Martino. 2020. (ITA.). 160p. (YA). pap. *(978-1-716-38496-7(6))* Lulu Pr., Inc.

Finette. Édouard Laboulaye. 2017. (ENG.). 98p. (J). pap. *(978-3-337-15164-5(7))* Creation Pubs.

Finette: A Legend of Brittany (Classic Reprint) Édouard Laboulaye. 2018. (ENG., Illus.). 166p. (J). 27.32 *(978-0-267-16211-6(1))* Forgotten Bks.

Fingal's Quest. Madeleine Polland. 2019. (ENG., Illus.). 208p. (J). (gr. 4-6). pap. 14.95 *(978-1-7331383-2-1(3))* Hillside Education.

Finger Guns. Justin Richards. Illus. by Val Halvorson. 2020. (ENG.). 136p. pap. 17.99 *(978-1-939424-68-6(2),* 67032c1b-9933-4ed2-8e46-d82f3492616b, Vault Comics) Creative Mind Energy.

Finger of Scorn (Classic Reprint) Arthur Lewis Tubbs. 2018. (ENG., Illus.). 62p. (J). 25.18 *(978-0-484-71111-1(3))* Forgotten Bks.

Finger Painting Farm: Easel Coloring Book with 6 Paints. IglooBooks. Illus. by Malu Lenzi. 2023. (ENG.). 24p. (J). (gr. -1). 10.99 ***(978-1-83771-529-9(7))*** Igloo Bks. GBR. Dist: Simon & Schuster, Inc.

Finger Painting Fun: Easel Coloring Book with 6 Paints. IglooBooks. Illus. by Danielle Mudd. 2023. (ENG.). 24p. (J). (gr. -1). 10.99 ***(978-1-83771-530-5(0))*** Igloo Bks. GBR. Dist: Simon & Schuster, Inc.

Finger Painting Level 2: Stickers Inside! Strengthens Fine Motor Skills, Develops Patience, Sparks Conversation, Inspires Creativity. Olga Uzorova & Elena Nefedova. Illus. by Masha Sergeeva. 2019. (Clever Hands Ser.). (ENG.). 32p. (J). (gr. -1 — 1). pap. 4.99 *(978-1-948418-13-3(4))* Clever Media Group.

Finger Phonics Big Books 1-7: In Print Letters (American English Edition) Sue Lloyd & Sara Wernham. Illus. by Jorge Santillan. 2022. (ENG.). 124p. 124.95 ***(978-1-84414-690-1(1),*** Jolly Phonics) Jolly Learning, Ltd. GBR. Dist: American International Distribution Corp.

Finger Phonics Book 1: In Print Letters (American English Edition) Sara Wernham & Sue Lloyd. Illus. by Jorge Santillan. 2021. (ENG.). (J). bds. 10.50 ***(978-1-84414-659-8(6),*** Jolly Phonics) Jolly Learning, Ltd. GBR. Dist: American International Distribution Corp.

Finger Phonics Book 2: In Print Letters (American English Edition) Sara Wernham & Sue Lloyd. Illus. by Jorge Santillan. 2021. (ENG.). (J). bds. 10.50 ***(978-1-84414-660-4(X),*** Jolly Phonics) Jolly Learning, Ltd. GBR. Dist: American International Distribution Corp.

Finger Phonics Book 3: In Print Letters (American English Edition) Sara Wernham & Sue Lloyd. Illus. by Jorge Santillan. 2021. (ENG.). (J). bds. 10.50 ***(978-1-84414-661-1(8),*** Jolly Phonics) Jolly Learning, Ltd. GBR. Dist: American International Distribution Corp.

Finger Phonics Book 4: In Print Letters (American English Edition) Sara Wernham & Sue Lloyd. Illus. by Jorge Santillan. 2021. (ENG.). (J). bds. 10.50 ***(978-1-84414-662-8(6),*** Jolly Phonics) Jolly Learning, Ltd. GBR. Dist: American International Distribution Corp.

Finger Phonics Book 5: In Print Letters (American English Edition) Sara Wernham & Sue Lloyd. Illus. by Jorge Santillan. 2021. (ENG.). (J). bds. 10.50 ***(978-1-84414-663-5(4),*** Jolly Phonics) Jolly Learning, Ltd. GBR. Dist: American International Distribution Corp.

Finger Phonics Book 6: In Print Letters (American English Edition) Sara Wernham & Sue Lloyd. Illus. by Jorge Santillan. 2021. (ENG.). (J). bds. 10.50 ***(978-1-84414-664-2(2),*** Jolly Phonics) Jolly Learning, Ltd. GBR. Dist: American International Distribution Corp.

Finger Phonics Book 7: In Print Letters (American English Edition) Sara Wernham & Sue Lloyd. Illus. by Jorge Santillan. 2021. (ENG.). (J). bds. 10.50 ***(978-1-84414-665-9(0),*** Jolly Phonics) Jolly Learning, Ltd. GBR. Dist: American International Distribution Corp.

Finger Phonics Books 1-7: In Print Letters (American English Edition) Sue Lloyd & Sara Wernham. Illus. by Jorge Santillan. 2021. (ENG.). (J). bds. 73.50 ***(978-1-84414-666-6(9),*** Jolly Phonics) Jolly Learning, Ltd. GBR. Dist: American International Distribution Corp.

Finger Play Reader, Vol. 2 (Classic Reprint) John W. Davis. 2018. (ENG., Illus.). 214p. (J). 28.39 *(978-0-484-67932-9(5))* Forgotten Bks.

Finger Plays for Nursery & Kindergarten (Classic Reprint) Emilie Poulsson. (ENG., Illus.). (J). 2018. 86p. 25.67 *(978-0-484-28025-9(2));* 2017. 25.71 *(978-0-331-57965-9(0));* 2017. 25.63 *(978-0-266-60832-5(9));* 2017. pap. 9.57 *(978-0-282-99359-7(2));* 2016. pap. 9.57 *(978-1-333-77766-1(3))* Forgotten Bks.

Finger Rhymes. Nigel Tetley. Illus. by Peter David Scott. 2021. (ENG.). 30p. (J). pap. *(978-1-78963-202-6(1),* Choir Pr., The) Action Publishing Technology Ltd.

Fingerprint - What Makes Me Unique: Biology for Kids Children's Biology Books. Baby Professor. 2017. (ENG., Illus.). (YA). pap. 9.25 *(978-1-5419-0518-4(0),* Baby Professor (Education Kids)) Speedy Publishing LLC.

Fingerprint Activities Backyard. Fiona Watt. 2017. (Fingerprint Activities Ser.). (ENG.). 64p. (J). 15.99 *(978-0-7945-4027-2(9),* Usborne) EDC Publishing.

Fingerprint Activities Christmas. Fiona Watt. 2017. (Fingerprint Activities Ser.). (ENG.). 64p. 15.99 *(978-0-7945-4136-1(4),* Usborne) EDC Publishing.

Fingerprint Activities Dinosaurs. Fiona Watt. Illus. by Candice Whatmore. 2023. (Fingerprint Activities Ser.). (ENG.). 64p. (J). spiral bd. 15.99 ***(978-1-80531-820-0(9))*** Usborne Publishing, Ltd. GBR. Dist: HarperCollins Pubs.

Fingerprint Activities under the Sea. Fiona Watt. 2019. (Fingerprint Activities Ser.). (ENG.). 64ppp. (J). 15.99 *(978-0-7945-4653-3(6),* Usborne) EDC Publishing.

Fingerprint Evidence. Amy Kortuem. 2018. (Crime Solvers Ser.). (ENG., Illus.). 32p. (J). (gr. 3-9). lib. bdg. 27.32 *(978-1-5435-2988-3(7),* 138592, Capstone Pr.) Capstone.

Fingerprint Fun: Add Painty Prints. Jorge Martin. Illus. by Jorge Martin. 2016. (ENG., Illus.). 32p. (J). (gr. -1-1). 7.99 *(978-1-78055-304-7(8))* O'Mara, Michael Bks., Ltd. GBR. Dist: Independent Pubs. Group.

Fingerprints. Grace Campbell. 2020. (True Crime Clues (UpDog Books (tm)) Ser.). (ENG., Illus.). 24p. (J). (gr. 3-5). lib. bdg. 30.65 *(978-1-5415-9055-7(4),* 7aed81ad-6a7f-4bf5-80f5-9f125eff2fcf, Lerner Pubns.) Lerner Publishing Group.

Fingers for Lunch. Brandt Lewis. Illus. by Cori Doerrfeld. 2016. (ENG.). 12p. (J). (gr. -1 — 1). bds. 7.99 *(978-0-316-37799-7(6))* Little, Brown Bks. for Young Readers.

Fingers That See (Classic Reprint) Nancy Buskett. (ENG., Illus.). (J). 2018. 136p. 26.72 *(978-0-483-95700-8(3));* 2017. pap. 9.57 *(978-0-243-39927-7(8))* Forgotten Bks.

Fingertrail 123: A Kindergarten Readiness Book for Kids. Felicity Brooks. Illus. by Elisa Ferro. 2023. (Fingertrails Ser.). (ENG.). 16p. (J). bds. 15.99 ***(978-1-80507-054-2(1))*** Usborne Publishing, Ltd. GBR. Dist: HarperCollins Pubs.

Fingertrail Abc: A Kindergarten Readiness Book for Kids. Felicity Brooks. Illus. by Elisa Ferro. 2023. (Fingertrails Ser.). (ENG.). 16p. (J). bds. 15.99 ***(978-1-80507-064-1(9))*** Usborne Publishing, Ltd. GBR. Dist: HarperCollins Pubs.

Fing's War. Benny Lindelauf. Tr. by John Nieuwenhuitzen. 2019. (Illus.). 376p. (YA). 16.95 *(978-1-59270-269-5(4))* Enchanted Lion Bks., LLC.

Finicky: An Aldo Zelnick Comic Novel. Karla Oceanak. Illus. by Kendra Spanjer. 2016. (Aldo Zelnick Comic Novel Ser.: 6). (ENG.). 160p. (J). (gr. 1-8). pap. 8.95 *(978-1-934649-70-1(8))* Bailiwick Pr.

Finicky Fiddle-Leaf Fig. Deanna Lagace. 2020. (Green Thumb Ser.: Vol. 1). (ENG.). 28p. (J). pap. *(978-0-2288-4144-9(5))* Tellwell Talent.

Finicky Hill. Mary S. Dortch. 2020. (ENG.). 46p. (J). pap. 9.99 *(978-1-7333600-4-3(2))* Stories of Grandma.

Finikin & His Gold Pippins: An Original Tale (Classic Reprint) Madame De Chatelain. 2018. (ENG., Illus.). 78p. (J). 25.53 *(978-0-267-19544-2(3))* Forgotten Bks.

Finish Line: The Frootbearer Series. Joyce Ann Evans. 2016. (Frootbearer Series - Character on Display Ser.: Vol. 4). (ENG., Illus.) (J). (gr. 1-6). pap. 9.99 *(978-1-68418-348-7(0))* Primedia eLaunch LLC.

Finish Strong: Seven Marathons, Seven Continents, Seven Days. Dave McGillivray & Nancy Feehrer. Illus. by Hui Li. 2021. (ENG.). 32p. (J). (gr. 2-3). 16.95 *(978-1-64741-039-1(8),* 61703d5e-f3cd-4245-8b90-3cf4ae3796ae) Nomad Pr.

Finish the Fight! The Brave & Revolutionary Women Who Fought for the Right to Vote. Veronica Chambers & The Staff The Staff of The New York Times. Illus. by The Staff The Staff of The New York Times. 2020. (ENG., Illus.). 144p. (J). (gr. 3-7). 18.99 *(978-0-358-40830-7(X),* 1789830, Versify) HarperCollins Pubs.

Finish the Picture: A Terrific Connect the Dots Activity Book. Activibooks For Kids. 2016. (ENG., Illus.). (J). pap. 7.55 *(978-1-68321-511-0(7))* Mimaxion.

Finished. H. Rider Haggard. 2019. (ENG.). 312p. (J). pap. *(978-93-5329-561-5(0))* Alpha Editions.

Finished (Classic Reprint) H. Rider Haggard. 2018. (ENG., Illus.). 424p. (J). 32.64 *(978-0-483-39056-0(9))* Forgotten Bks.

Finished Web: A Novel (Classic Reprint) Mary Gaillard Tobin McCan Stempel. (ENG., Illus.). (J). 2018. 48p. 24.89 *(978-0-332-99430-7(9));* 2016. pap. 9.57 *(978-1-334-11833-3(7))* Forgotten Bks.

Finland. Contrib. by Alicia Z Klepeis. 2023. (Country Profiles Ser.). (ENG., Illus.). (J). (gr. 3-8). lib. bdg. 27.95 Bellwether Media.

Finland, 1 vol. Elizabeth Schmermund & Chung Lee Tan. 3rd enl. rev. ed. 2016. (Cultures of the World (Third Edition)(r) Ser.). (ENG., Illus.). 144p. (gr. 5-5). lib. bdg. 48.79 *(978-1-5026-2227-3(0),* 98d8c521-cff8-49d4-bc19-0882b0c6eaaa) Cavendish Square Publishing LLC.

Finland; a Little Land That Is True to Itself: A Study of Finland under Russia in Comparison with the South of the United Stated (Classic Reprint) Helen Gray. 2017. (ENG., Illus.). (J). 28.02 *(978-0-265-71797-4(3))* Forgotten Bks.

Finland (Enchantment of the World) (Library Edition) Geri Clark. 2018. (Enchantment of the World. Second Ser.). (ENG., Illus.). 144p. (J). (gr. 5-9). lib. bdg. 40.00 *(978-0-531-13046-9(0),* Children's Pr.) Scholastic Library Publishing.

Finlay & the Fierce Dragon. Barrie Bussey. 2018. (ENG., Illus.). 160p. (J). pap. *(978-0-244-71225-9(5))* Lulu Pr., Inc.

Finlay Finds the Ravens. Created by Jake Lee Stevens. 2017. (Larry the London Bus & Friends Ser.: Vol. 4). (ENG., Illus.). (J). pap. *(978-0-9933455-6-2(5))* Larry the London Bus and Friends Ltd.

Finley & the Big Bad Shark. James V. Delaura. 2021. (ENG., Illus.). 30p. (J). pap. 13.95 *(978-1-63903-226-6(6))* Christian Faith Publishing.

Finley Feels. Joan Waites. 2023. (ENG., Illus.). 24p. (J). bds. 8.99 *(978-0-7643-6565-2(7),* 29250) Schiffer Publishing, Ltd.

Finley Finds His Fortune. Maxine Rose Schur. Illus. by Olga Alaimo. 2022. (ENG.). 36p. (J). 18.99 ***(978-1-956357-55-4(6))*** Lawley Enterprises.

Finley Flowers. Jessica Young & Sylvie Spark. 2022. (Finley Flowers Ser.). (ENG.). 128p. (J). 159.90 *(978-1-4846-8815-1(5),* 257605, Picture Window Bks.) Capstone.

Finley Flowers Collection. Jessica Young & Sylvie Spark. Illus. by Jessica Secheret. ed. 2016. (Finley Flowers Ser.). (ENG.). 256p. (J). (gr. 1-3). 9.99 *(978-1-4795-9850-2(X),* 135049, Picture Window Bks.) Capstone.

Finley the Fish Who Loved Football. John Cindrich. Illus. by Joss Frank. 2021. (ENG.). 120p. (J). *(978-1-0391-0376-4(6));* pap. *(978-1-0391-0375-7(8))* FriesenPress.

Finley's Feathers. Mary Lee Campbell Towell. 2018. (ENG., Illus.). 40p. (J). pap. 9.99 *(978-1-5456-3577-3(3))* Salem Author Services.

Finley's Future. Mary Lee Campbell Towell. 2022. (Finley Ser.: Vol. 2). (ENG.). 18p. (J). pap. 10.99 ***(978-1-6628-6029-4(3))*** Salem Author Services.

Finley's Ghost Tuber Misadventures. Ralphy Colon. Illus. by Aoi Shironi. 2021. (ENG.). 44p. (YA). pap. 19.50 *(978-1-7948-6336-1(2))* Lulu Pr., Inc.

Finmore Meets Doctor Puffer & Nurse Octi. Jenny Appleseed Organization. 2023. (ENG.). 60p. (J). pap. 18.95 ***(978-1-5069-1050-5(5))*** First Edition Design Publishing.

Finmore's Humongous Talking Worm. Jenny Appleseed Organization. 2019. (ENG., Illus.). 44p. (J). (gr. k-2). pap. 14.95 *(978-1-5069-0816-8(0))* First Edition Design Publishing.

Finn & Friends: Field Day. Chris Kinser & Jaime Kinser. 2017. (ENG.). 30p. (J). pap. 9.55 *(978-0-9914009-1-1(7))* Vitis Vera, LLC.

Finn & Poe Adventure. Cavan Scott. Illus. by Elsa Charretier. 2020. (Star Wars: Choose Your Destiny Ser.). (ENG.). 144p. (J). (gr. 2-6). lib. bdg. 32.79 *(978-1-5321-4571-1(3),* 36067, Chapter Bks.) Spotlight.

Finn & Poe Adventures. Comment by Cavan Scott. 2019. (Star Wars Choose Your Destiny Ser.). (ENG.). 144p. (J). (gr. 2-3). 15.59 *(978-0-87617-791-4(7))* Penworthy Co., LLC, The.

Finn & Poe Team Up! Lucasfilm Book Group et al. ed. 2016. (Star Wars: World of Reading Ser.). (J). lib. bdg. 13.55 *(978-0-606-38339-4(5))* Turtleback.

Finn & Poe Team Up! Nate Millici. ed. 2018. (World of Reading Ser.). (ENG.). 32p. (J). (gr. -1-1). 11.00 *(978-1-64310-724-0(0))* Penworthy Co., LLC, The.

Finn & Remy Explore Dallas: An Illustrated Guidebook. Jane Du & Jonathan Rosamond. Illus. by Jane Du. 2018. (ENG., Illus.). 56p. (J). 35.00 *(978-1-7322788-0-6(6))* Finn & Remy, LLC.

Finn & the Feline Frenemy. Danny Robertshaw et al. Illus. by Laura Catrinella. 2023. (Life in the Doghouse Ser.). (ENG.). 160p. (J). (gr. 2-5). 17.99 *(978-1-5344-8270-8(9));* pap. 6.99 *(978-1-5344-8271-5(7))* Simon & Schuster Children's Publishing. (Aladdin).

Finn & the Friends of the Forest. Julie Flynn. Illus. by Jazmin Welch & Cathryn John. 2020. (ENG.). 34p. (J). *(978-1-7753314-3-8(1));* pap. *(978-1-7753314-2-1(3))* Flynn, Julie.

Finn & the Intergalactic Lunchbox, 1. Michael Buckley. ed. 2022. (Finniverse Ser.). (ENG.). 271p. (J). (gr. 4-5). 20.46 ***(978-1-68505-493-9(5))*** Penworthy Co., LLC, The.

Finn & the Intergalactic Lunchbox. Michael Buckley. 2021. (Finniverse Ser.: 1). (ENG.). 288p. (J). (gr. 5). 7.99 *(978-0-525-64690-7(6),* Yearling) Random Hse. Children's Bks.

Finn & the Magic Backpack. Julie Flynn. Ed. by Kristin Van Vloten. Illus. by Jazmin Welch. 2018. (ENG.). 30p. (J). (gr. 4-5). *(978-1-7753314-1-4(5))* Flynn, Julie.

Finn & the Magic Backpack. Julie Flynn. Illus. by Jazmin Welch. 2018. (ENG.). 30p. (J). pap. *(978-1-7753314-0-7(7))* Flynn, Julie.

Finn & the Time-Traveling Pajamas, 2. Michael Buckley. ed. 2022. (Finniverse Ser.). (ENG.). 277p. (J). (gr. 4-5). 20.46 ***(978-1-68505-494-6(3))*** Penworthy Co., LLC, The.

Finn & the Time-Traveling Pajamas. Michael Buckley. (Finniverse Ser.: 2). (ENG.). 288p. (J). (gr. 5). 2022. 7.99 *(978-0-525-64694-5(9),* Yearling); 2021. 16.99 *(978-0-525-64691-4(4),* Delacorte Bks. for Young Readers) Random Hse. Children's Bks.

Finn & the Wild Goose. Sammy Horner. 2020. (ENG., Illus.). 172p. (J). (gr. 4-7). pap. 14.99 *(978-1-912863-60-0(X),* 30cc986a-add5-4cdb-9205-d5b3b8d819be, Sarah Grace Publishing) Malcolm Down Publishing Ltd. GBR. Dist: Baker & Taylor Publisher Services (BTPS).

Finn & Wolfie Save the Universe (Except for Cleveland) Kristen Selleck. 2018. (ENG., Illus.). 260p. (J). pap. 12.99 *(978-0-578-40603-9(9))* Brother Maynard Publishing.

Finn Beloomey & His Great Big Giant Ears. Deena Sullivan. 2018. (ENG.). 38p. (J). 14.95 *(978-1-68401-061-5(6))* Amplify Publishing Group.

Finn Fiend Learns about Etiquette. Marie Malekowsky. Illus. by Marie Malekowsky. 2022. (ENG.). 28p. (J). pap. 10.50 ***(978-1-7361055-5-9(8))*** Malekowsky, Marie.

Finn Finally Seas. Eileen Clancy-Pantano. Illus. by Kayla McNelley. 2022. (ENG.). 32p. (J). 24.95 ***(978-1-954819-57-3(9))*** Briley & Baxter Publications.

Finn Follows Rules: Understanding Citizenship, 1 vol. Spencer Toole. 2018. (Civics for the Real World Ser.). (ENG.). 8p. (gr. k-1). pap. *(978-1-5383-6361-4(5),* efee0293-aea6-43a6-b9a8-fadf59d4ff48, Rosen Classroom) Rosen Publishing Group, Inc., The.

Finn Goes to the Store: A Book about Counting Money. Charly Haley. 2018. (My Day Readers Ser.). (ENG.). 24p. (J). (gr. -1-2). lib. bdg. 32.79 *(978-1-5038-2489-8(6),* 212354) Child's World, Inc, The.

Finn Mouseson. Melody Gersonde-Mickelson. 2017. (ENG., Illus.). (J). (gr. -1-3). pap. 12.95 *(978-1-64028-211-7(4))* Christian Faith Publishing.

Finn Saves the Day Orange Band. Sue Bodman & Glen F. Franklin. Illus. by Terry Austen. ed. 2017. (Cambridge Reading Adventures Ser.). (ENG.). 16p. (J). pap. 6.15 *(978-1-108-43977-0(2))* Cambridge Univ. Pr.

Finn the Fortunate Tiger Shark & His Fantastic Friends: Learn How to Protect Our Oceans with Finn. Georgina Stevens. Illus. by Tom Baker. 2nd ed. 2017. (Be the Change Bks.: Vol. 1). (ENG.). (J). (gr. k-2). 32p. *(978-0-9957745-5-1(2));* 30p. pap. *(978-0-9957745-4-4(4))* Be the Change Bks.

Finn the Little Seal, 30 vols. Sandra Klaassen. 2019. (ENG., Illus.). 24p. (J). 11.95 *(978-1-78250-554-9(7),* Kelpies) Floris Bks. GBR. Dist: Consortium Bk. Sales & Distribution.

Finn Wolfhard. Dennis St. Sauver. 2018. (Big Buddy Pop Biographies Ser.). (ENG.). 32p. (J). (gr. 2-5). lib. bdg. 34.21 *(978-1-5321-1804-3(X),* 30654, Big Buddy Bks.) ABDO Publishing Co.

Finna Lit. Sean Lewis. 2023. (ENG.). 46p. (J). ***(978-0-2288-8383-8(0));*** (Finna Lit Ser.: Vol. 1). pap. ***(978-0-2288-8382-1(2))*** Tellwell Talent.

Finns Choice. Darby Karchut. 2016. (Adventures of Finn MacCullen Ser.: 4). (ENG.). 237p. (J). (gr. 4-8). pap. 9.95 *(978-1-63392-070-5(4),* Spencer Hill Middle Grade) Spencer Hill Pr.

Finney Fox & the Plastic Bottle. Keri Herbert. 2022. (ENG.). 30p. (J). pap. *(978-0-620-97115-7(0))* Kingsley Pubs.

Finney Frog & the Lily Pads. Pamela Charlene Walden. Illus. by Asela Gayan. 2022. (Puff Bear & Friends Dream Ser.: Vol. 2). (ENG.). 38p. (J). pap. 14.99 *(978-1-6628-5149-0(9))* Salem Author Services.

Finnglas of the Horses. Fay Sampson. 2022. (Pangur Bán Celtic Fantasies Ser.: Vol. 2). (ENG.). 142p. (J). pap. 8.99 *(978-1-954768-06-2(0))* Spring Song Pr., LLC.

Finnian & Lisa. Isaura Maghami. 2023. (ENG.). 28p. (J). pap. ***(978-0-2288-8897-0(2))*** Tellwell Talent.

Finnigan the Dragon. Julie Ann James. Illus. by David Zamboni. 2018. (ENG.). 24p. (J). (gr. k-3). pap. 12.95 *(978-1-61493-605-3(6))* Peppertree Pr., The.

Finnigan the Finicky Donkey. Ashley Vail. 2022. (ENG.). 32p. (J). 17.99 *(978-1-63988-464-3(5));* pap. 12.99 ***(978-1-63988-535-0(8))*** Primedia eLaunch LLC.

Finnigan's Bliss. Charlotte Jackson. 2018. (ENG., Illus.). 40p. (J). *(978-1-77370-868-3(6));* pap. *(978-1-77370-867-6(8))* Tellwell Talent.

Finnigin's Collar. Mary Anne Miceli. 2016. (ENG., Illus.). (J). (gr. k-3). pap. 22.00 *(978-0-9888654-7-1(5))* Miceli.

Finnish Farmboy's Christmas: A Christmas Memory. Sherri Majamaki. 2017. (Finnish Farmboy's Ser.: Vol. 1). (ENG., Illus.). (J). (gr. k). pap. 10.00 *(978-1-946195-12-8(X))* Moore, Sharon.

Finn's Feather. Rachel Noble. Illus. by Zoey Abbott. 2018. (J). (ENG.). 17.95 *(978-1-59270-239-8(2));* 56p. 9.95 *(978-1-59270-274-9(0))* Enchanted Lion Bks., LLC.

Finn's First Song: A Whaley Big Adventure, 1 vol. Gerry Daly. 2022. (ENG., Illus.). 32p. (J). (gr. -1-2). 9.95 *(978-1-989417-35-5(3),* 4318422e-8732-45a8-af9f-4a5af1788a80) Boulder Bks. CAN. Dist: Firefly Bks., Ltd.

Finn's Friend Fungie: Fungie the Dolphin Famous in Dingle Bay Has Just up & Gone Away. Lori Henninger Smith. Illus. by Alice Pescarin. 2021. (ENG.). 40p. (J). pap. 11.99 *(978-1-7379407-4-6(4))* Silver Maple Bks.

Finn's Leap. Jaime Kinser & Chris Kinser. 2019. (ENG.). 26p. (J). pap. 9.55 *(978-0-9914009-2-8(5))* Vitis Vera, LLC.

Finn's Little Fibs. Tom Percival. 2023. (Big Bright Feelings Ser.). (ENG.). 32p. (J). 18.99 ***(978-1-5476-1293-2(2),*** 900289893, Bloomsbury Children's Bks.) Bloomsbury Publishing USA.

Finn's Mission. David Fentiman. 2016. (Illus.). 63p. (J). *(978-1-5182-1853-8(9))* Dorling Kindersley Publishing, Inc.

Finn's Mission. David Fentiman. 2016. (Star Wars DK Readers Level 3 Ser.). lib. bdg. 13.55 *(978-0-606-38710-1(2))* Turtleback.

Finn's Story. Jesse J. Holland. ed. 2016. (Star Wars the Force Awakens Chapter Bks.). (J). lib. bdg. 16.00 *(978-0-606-39920-3(8))* Turtleback.

Finn's Tree Alphabet. Mary Woodbury. 2021. (ENG.). 34p. (J). pap. *(978-1-927685-38-9(9))* Moon Willow Pr.

Finny & the Seal Hotel. Linda M. Bel. 2019. (Finny the Seal Ser.: Vol. 1). (ENG., Illus.). 34p. (J). (gr. k-3). 20.95 ***(978-1-7327887-2-5(3))*** LBel Bks.

Finny the Fish: Little Stories, Big Lessons. Jacqui Shepherd. 2018. (Sea Stories Ser.). (ENG., Illus.). 32p. (J). (gr. k-6). pap. *(978-1-77008-932-7(2))* Awareness Publishing.

Finny, the Lonesome Dolphin. Mary Louise Scott. 2021. (ENG.). 48p. (J). *(978-1-64969-697-7(3));* pap. *(978-1-64969-698-4(1))* Tablo Publishing.

Finny the Shark: School Friends! (Super Simple Storybooks), 1 vol. Melissa Maxwell. 2023. (ENG.). 24p. (J). (gr. -1-3). pap. 5.99 *(978-1-338-84715-4(5))* Scholastic, Inc.

Finny's Greatest Discovery. Maria Glukhovsky Pharmd & Juliana Grace Sharoyan. Illus. by Bonnie Lemaire. l.t. ed. 2021. (ENG.). 24p. (J). pap. 12.95 *(978-1-63765-021-9(3))* Halo Publishing International.

Fino Alla Fine. Gaia de Domenico. 2018. (ITA., Illus.). 146p. (J). pap. 9.95 *(978-0-244-70135-2(0))* Wright Bks.

Fins: a Sharks Incorporated Novel. Randy Wayne White. 2021. (Sharks Incorporated Ser.: 1). (ENG.). 336p. (J). pap. 7.99 *(978-1-250-76325-9(8),* 900212389) Square Fish.

Fins & Fishy Fun Coloring Book. Smarter Activity Books for Kids. 2016. (ENG., Illus.). (J). pap. 9.22 *(978-1-68374-443-6(8))* Examined Solutions PTE. Ltd.

Fins, Flaps & Crabs: Little Ariels Coloring Book Edition. Jupiter Kids. 2016. (ENG., Illus.). 106p. (J). pap. 12.55 *(978-1-68305-208-1(0),* Jupiter Kids (Childrens & Kids Fiction)) Speedy Publishing LLC.

Fintastic Friends Forever. Nina G. Bargiel & Shane Amsterdam. 2016. (Illus.). 32p. (J). *(978-1-5182-1661-9(7))* Little Brown & Co.

Fio Funkelstein. Regina Trinko. 2018. (GER., Illus.). 138p. (J). pap. *(978-3-7103-3476-4(4))* united p.c. Verlag.

Fio Makes a Difference: And So Can You! Mary Black Diller. 2021. (Fio the Flamingo Ser.: 2). 36p. (J). pap. 12.95 *(978-1-0983-9571-8(1))* BookBaby.

Fiocchi Di Neve: Libro Da Colorare per Bambini. Bold Illustrations. 2017. (ITA., Illus.). (J). pap. 8.35 *(978-1-64193-135-9(3),* Bold Illustrations) FASTLANE LLC.

664 The check digit for ISBN-10 appears in parentheses after the full ISBN-13

TITLE INDEX FIRE-TONGUE

Fiona: La Bebé Hipo, 1 vol. Illus. by Richard Cowdrey. 2019. (SPA.). 32p. (J). 16.99 *(978-1-4002-1247-7(2))* Vida Pubs.

Fiona & Her Most Amazing Socks. Landry Champlin. 2022. (ENG.). 36p. (J). pap. 11.99 ***(978-1-0879-2113-6(9))*** Indy Pub.

Fiona & the Extra-Special Invisible Gifts. Halina J. Schafer. 2017. (ENG., Illus.). 32p. (J). 15.99 *(978-0-9988731-0-7(1))* Third-Career Pr., LLC.

Fiona & the Rainy Day. Richard Cowdrey et al. ed. 2021. (I Can Read Ser.). (ENG., Illus.). 30p. (J). (gr. k-1). 15.46 *(978-1-64697-874-8(9))* Penworthy Co., LLC, The.

Fiona & the Rainy Day: Level 1, 1 vol. Zondervan. Illus. by Richard Cowdrey. 2021. (I Can Read! / a Fiona the Hippo Book Ser.). (ENG.). 32p. (J). pap. 4.99 *(978-0-310-77103-6(X))*; lib. bdg. 16.99 *(978-0-310-77104-3(8))* Zonderkidz.

Fiona & Trueworthy & a Mystery at Zelma's Farm. Bert Dodson. 2019. (ENG.). 32p. (J). 14.99 *(978-0-9989774-2-3(X))* Zelma's Farm.

Fiona Builds a Fairy House. Kristen Dickson. Illus. by Celia Krampien. 2023. (ENG.). 40p. (J). 18.99 *(978-1-250-79257-0(6)*, 900238593) Roaring Brook Pr.

Fiona Finds a Flügel Fish. Liam Batty. 2022. (ENG., Illus.). 40p. (J). 25.95 *(978-1-63630-868-5(6))*; pap. 14.95 *(978-1-63630-867-8(8))* Covenant Bks.

Fiona Finer the Interior Designer. Corinn Soro. 2021. (ENG.). 26p. (J). pap. 12.00 ***(978-1-0880-6447-4(7))*** Indy Pub.

Fiona Fixes. Tracilyn George. 2020. (ENG.). 22p. (J). pap. 11.00 *(978-1-990153-63-1(1))* Lulu Pr., Inc.

Fiona Follows School Rules: Understanding Citizenship, 1 vol. Dwayne Booker. 2018. (Civics for the Real World Ser.). (ENG.). 16p. (gr. 2-3). pap. *(978-1-5383-6554-0(5)*, be7fec64-86df-4262-ae7b-b166e523c653, Rosen Classroom) Rosen Publishing Group, Inc., The.

Fiona Gets the Sniffles: Level 1. Richard Cowdrey. 2023. (I Can Read! / a Fiona the Hippo Book Ser.). (ENG., Illus.). 32p. (J). pap. 4.99 *(978-0-310-75724-5(X))*; lib. bdg. 16.99 *(978-0-310-75804-4(1))* Zonderkidz.

Fiona Goes to School: Level 1. Zondervan. Illus. by Richard Cowdrey & Donald Wu. 2022. (I Can Read! / a Fiona the Hippo Book Ser.). (ENG.). 32p. (J). pap. 4.99 *(978-0-310-75483-1(6))*; lib. bdg. 16.99 *(978-0-310-75496-1(8))* Zonderkidz.

Fiona Helps a Friend, 1 vol. Richard Cowdrey. 2021. (Fiona the Hippo Book Ser.). (ENG., Illus.). 32p. (J). 18.99 *(978-0-310-77083-1(1))* Zonderkidz.

Fiona, It's Bedtime: A Padded Board Book, 1 vol. Zondervan. Illus. by Richard Cowdrey. 2021. (Fiona the Hippo Book Ser.). (ENG.). 30p. (J). bds. 8.99 *(978-0-310-76774-9(1))* Zonderkidz.

Fiona la Camaleona. Nessa Montañés. 2022. (SPA.). 32p. pap. ***(978-1-387-83575-1(0))*** Lulu Pr., Inc.

Fiona la Zorra Intrépida. Landry Champlin. Tr. by Donna Hodkinson. 2021. (SPA.). 44p. (J). pap. 13.99 ***(978-1-0880-1933-7(1))*** Indy Pub.

Fiona, Love at the Zoo. Zondervan. Illus. by Richard Cowdrey. 2022. (Fiona the Hippo Book Ser.). (ENG.). 32p. (J). 18.99 *(978-0-310-77085-5(8))* Zonderkidz.

Fiona Plays Soccer: Level 1. Richard Cowdrey. 2023. (I Can Read! / a Fiona the Hippo Book Ser.). (ENG., Illus.). 32p. (J). pap. 4.99 *(978-0-310-75806-8(8))*; lib. bdg. 16.99 *(978-0-310-75892-1(0))* Zonderkidz.

Fiona Saves the Day. Zondervan Staff. ed. 2021. (I Can Read Ser.). (ENG., Illus.). 32p. (J). (gr. k-1). 14.96 *(978-1-64697-683-6(5))* Penworthy Co., LLC, The.

Fiona Saves the Day: Level 1, 1 vol. Richard Cowdrey. 2021. (I Can Read! / a Fiona the Hippo Book Ser.). (ENG., Illus.). 32p. (J). pap. 4.99 *(978-0-310-77097-8(1))* Zonderkidz.

Fiona the Dancing Flamingo. Linda Budge. 2023. (ENG.). 32p. (J). 18.99 ***(978-1-916622-05-0(4))***; pap. 11.99 ***(978-1-916622-04-3(6))*** Indy Pub.

Fiona the Fearless Fox. Landry Champlin. 2021. (ENG.). 44p. (J). pap. 13.99 ***(978-0-578-86771-7(0))*** Indy Pub.

Fiona the Fox. Kelsey Lamb. 2019. (ENG.). 20p. (J). *(978-1-7947-0060-4(9))* Lulu Pr., Inc.

Fiona the Frog & Friends: Correcting Speech Delays in Children. Erin Ondersma. Illus. by Amanda S. R. Salazar. 2019. 37p. (J). pap. *(978-1-63293-244-0(X))* Sunstone Pr.

Fiona the Fruit Bat. Dan Riskin. Illus. by Rachel Qiuqi. 2022. 40p. (J). (gr. -1-2). 17.95 *(978-1-77164-785-4(X)*, Greystone Kids) Greystone Books Ltd. CAN. Dist: Publishers Group West (PGW).

Fiona the Hippo, 1 vol. Richard Cowdrey. 2018. (Fiona the Hippo Book Ser.). (ENG., Illus.). (J). 32p. 18.99 *(978-0-310-76639-1(7))*; 30p. bds. 8.99 *(978-0-310-76636-0(2))* Zonderkidz.

Fionas Friends. John Hutton. 2018. (ENG., Illus.). 14p. (J). (— 1). bds. 7.99 *(978-1-936669-68-4(4))* Blue Manatee Press.

Fiona's Fancy Feast. Cindy Mosley. 2022. (ENG.). 26p. (J). pap. 10.99 *(978-1-0880-4518-3(9))* CiDuMos.

Fiona's Feelings. John Hutton. Photos by Cincinnati Zoo and Botanical Garden Staff. 2018. (ENG., Illus.). 14p. (J). (— 1). bds. 7.99 *(978-1-936669-65-3(X))* Blue Manatee Press.

Fiona's Little Accident. Rosemary Wells. Illus. by Rosemary Wells. (Felix & Fiona Ser.). (ENG., Illus.). 32p. (J). (gr. k-3). 2019. 5.99 *(978-1-5362-0895-5(7))*; 2018. 14.99 *(978-0-7636-8982-7(3))* Candlewick Pr.

Fiona's Little Lie. Rosemary Wells. Illus. by Rosemary Wells. (Felix & Fiona Ser.). (ENG., Illus.). 32p. (J). (gr. k-3). 2018. 6.99 *(978-1-5362-0300-4(9))*; 2016. 14.99 *(978-0-7636-7312-3(9))* Candlewick Pr.

Fiona's Story - Featuring Fiona the Sea Turtle. Connie S. Wenzel. 2017. (Rescue Pups & Such Ser.: Vol. 2). (ENG., Illus.). (J). pap. 15.00 *(978-0-692-87784-5(3))* Addy's Rescue Fund.

Fiona's Train Ride: Level 1. Illus. by Richard Cowdrey et al. 2022. (I Can Read! / a Fiona the Hippo Book Ser.). (ENG.). 32p. (J). pap. 4.99 *(978-0-310-76311-6(8))* Zonderkidz.

Fiona's Train Ride: Level 1. Zondervan. Illus. by Richard Cowdrey & Donald Wu. 2022. (I Can Read! / a Fiona the Hippo Book Ser.). (ENG.). 32p. (J). lib. bdg. 16.99 *(978-0-310-76329-1(0))* Zonderkidz.

Fionn & the Fianna: Small Kid, Big Legend. Ronan Moore. Illus. by Alexandra Colombo. 2021. (ENG.). 208p. (J). pap. 12.95 *(978-0-7171-9100-0(1))* Gill Bks. IRL. Dist: Casemate Pubs. & Bk. Distributors, LLC.

Fionn MacCool & the Salmon of Knowledge: A Traditional Gaelic Hero Tale Retold As a Participation Story. Terri M. Roberts. Illus. by Kyla Williams & Etta Moffatt. 2nd ed. 2022. (ENG.). 34p. (J). pap. ***(978-1-77861-001-1(3))*** Bradan Pr.

Fionn MacCool et le Saumon de la Sagesse: Un Conte Traditionnel Au Sujet d'un Héros Gaélique Présenté Comme une Histoire Gestuelle Pour les Enfants à Lire à Haute Voix. Terri M. Roberts. Tr. by Melany Close. Illus. by Etta Moffatt. 2019. (FRE.). 24p. (J). (gr. k-3). pap. *(978-1-988747-40-8(6))* Bradan Pr.

Fionn MacCool et le Saumon de la Sagesse: Un Conte Traditionnel Au Sujet d'un Héros Gaélique Présenté Sous Forme de Conte Participatif. Terri M. Roberts. Tr. by Melany Close. Illus. by Kyla Williams. 2nd ed. 2022. (FRE.). 34p. (J). pap. ***(978-1-77861-004-2(8))*** Bradan Pr.

Fionna & Cake Card Wars. Jen Wang. ed. 2016. (Adventure Time Graphic Novels Ser.). lib. bdg. 33.05 *(978-0-606-39000-2(6))* Turtleback.

Fiory: The Enchanted Ice Horse. M. E. Champey. 2023. (ENG.). 66p. (J). pap. 5.99 ***(978-1-0881-4636-1(8))*** Indy Pub.

Fir & the Palm (Classic Reprint) Olive M. Briggs. 2018. (ENG., Illus.). 336p. (J). 30.83 *(978-0-483-73888-1(3))* Forgotten Bks.

Fir-Tree Fairy Book: Favorite Fairy Tales (Classic Reprint) Clifton Johnson. 2018. (ENG., Illus.). (J). 358p. 31.30 *(978-1-396-59770-1(0))*; 360p. pap. 13.97 *(978-1-391-59359-3(6))* Forgotten Bks.

Fire! Donald Crews. 2016. (ENG., Illus.). 32p. (J). *(978-0-06-237349-6(8)*, Greenwillow Bks.) HarperCollins Pubs.

Fire! Eileen O'Hely. Illus. by Anton Syadrov. 2021. (ENG.). 32p. (J). pap. *(978-1-922550-25-5(6))* Library For All Limited.

Fire. Juliana Suffron. 2021. (ENG.). 79p. (J). pap. *(978-1-312-16246-4(5))* Lulu Pr., Inc.

Fire. Cheryl Twaddle. 2018. (ENG.). 290p. (J). pap. *(978-1-927649-22-0(6))* Twaddle, Cheryl.

Fire: Or Never Despair (Classic Reprint) Unknown Author. 2018. (ENG., Illus.). 40p. (J). 24.72 *(978-0-332-64070-9(1))* Forgotten Bks.

Fire - Feu. Deborah Namugosa & Et Al Beatres Nabune. Illus. by Rob Owen. 2022. (FRE.). 24p. (J). pap. ***(978-1-922932-11-2(6))*** Library For All Limited.

Fire - Floats & Fireboats. David Pike. 2016. (ENG., Illus.). 494p. (J). pap. 29.95 *(978-1-78693-588-5(0)*, 0e307ed6-b7ba-45d7-8583-16abf7cf1bbf) Austin Macauley Pubs. Ltd. GBR. Dist: Baker & Taylor Publisher Services (BTPS).

Fire - Moto. Deborah Namugosa Et Al. Illus. by Rob Owen. 2023. (SWA.). 24p. (J). pap. ***(978-1-922932-06-8(X))*** Library For All Limited.

Fire, a Girl, & Far Too Many Aliens. Ava Woodhams. 2021. (ENG.). 142p. (J). pap. 16.99 *(978-1-63988-062-1(3))* Primedia eLaunch LLC.

Fire & Ash. Jonnie Tull. 2023. (ENG.). 422p. (YA). pap. 19.99 ***(978-1-0880-3236-7(2))*** Indy Pub.

Fire & Brimstone: Salem Witch Trials. Virginia Loh-Hagan. 2020. (Behind the Curtain Ser.). (ENG., Illus.). 32p. (J). (gr. 4-8). pap. 14.21 *(978-1-5341-6175-7(9)*, 214700); lib. bdg. 32.07 *(978-1-5341-5945-7(2)*, 214699) Cherry Lake Publishing. (45th Parallel Press).

Fire & Chaos: Book 3 of the Traveler's League. Ed. by Sue Soares. Illus. by Hampton Lamoureux & Tara Faul. 2019. (Traveler's League Ser.: Vol. 3). (ENG.). 198p. (J). pap. 9.99 *(978-1-7321815-6-4(X))* Goss, Nicholas.

Fire & Fate. Serena Valentino. 2023. (Villains Ser.: 10). (ENG.). 208p. (YA). (gr. 7-12). 17.99 ***(978-1-368-07657-9(2)***, Disney-Hyperion) Disney Publishing Worldwide.

Fire & Flood: A Young Adult Urban Fantasy Academy Series Large Print Version. Demitria Lunetta et al. l.t. ed. 2021. (ENG.). 510p. (YA). pap. 22.99 *(978-1-0879-8362-2(3))* Indy Pub.

Fire & Forgiveness: A Nun's Truce with General Sherman. Martha Dunsky & Monica Wyrick. 2019. (Young Palmetto Bks.). (ENG., Illus.). 48p. (J). 18.99 *(978-1-61117-985-9(8)*, P601132) Univ. of South Carolina Pr.

Fire & Frost: The Meadow Lea Tragedy (Classic Reprint) Robert Dezell. 2017. (ENG., Illus.). 202p. (J). 28.06 *(978-0-331-80429-4(8))* Forgotten Bks.

Fire & Frost (Classic Reprint) Maud Cruttwell. (ENG., Illus.). (J). 2018. 358p. 31.30 *(978-0-365-16020-5(2))*; 2017. pap. 13.97 *(978-0-259-37376-6(1))* Forgotten Bks.

Fire & Ice. B. T. Polcari. 2022. (Mauzzy & Me Mystery Ser.: Vol. 2). (ENG.). 354p. (YA). pap. 18.99 *(978-1-5092-4295-5(3))* Wild Rose Pr., Inc., The.

Fire & Ice: A Mermaid's Journey. Julie Gilbert. Illus. by Kirbi Fagan. 2017. (Dark Waters Ser.). (ENG.). 160p. (J). (gr. 5-9). lib. bdg. 26.65 *(978-1-4965-4168-0(5)*, 133766, Stone Arch Bks.) Capstone.

Fire & Rescue Aircraft. S. L. Hamilton. 2021. (Xtreme Aircraft Ser.). (ENG., Illus.). 48p. (J). (gr. 3-9). lib. bdg. 34.21 *(978-1-5321-9734-5(9)*, 38594, Abdo & Daughters) ABDO Publishing Co.

Fire & Tow (Classic Reprint) Geraldine Edith Mitton. (ENG., Illus.). (J). 2018. 322p. 30.54 *(978-0-428-82661-1(X))*; 2017. pap. 13.57 *(978-0-243-55229-0(7))* Forgotten Bks.

Fire & Wire! Kathryn Atkinson. 2022. (ENG.). 32p. (J). pap. ***(978-1-3984-6428-5(7))*** Austin Macauley Pubs. Ltd.

Fire Angel. James Chinners. 2018. (ENG., Illus.). 90p. (YA). pap. 13.95 *(978-1-64079-466-5(2))* Christian Faith Publishing.

Fire Ants & Fireflies. Cheryl Cole. Illus. by Randi Kelly. 2021. (ENG.). 52p. (J). 26.95 *(978-1-63844-781-8(0))*; pap. 16.95 *(978-1-63844-779-5(9))* Christian Faith Publishing.

Fire Bear. Tumbler Ridge Secon Grade 7/8 Art Class. 2017. (ENG., Illus.). 34p. (J). pap. *(978-1-988447-33-9(X))* Fictitious Ink Publishing.

Fire Becomes Her. Rosiee Thor. 2022. (ENG.). 368p. (YA). (gr. 9-9). 18.99 *(978-1-338-67911-3(2)*, Scholastic Pr.) Scholastic, Inc.

Fire Bird, Bk. 6. Jessica Ennis-Hill. Illus. by Elen Caldecott. 2022. (Evie's Magic Bracelet Ser.). (ENG.). 144p. (J). (gr. 2-4). pap. 9.99 *(978-1-4449-3444-1(9))* Hachette Children's Group GBR. Dist: Hachette Bk. Group.

Fire-Breathing Dragons & Armored Knights Coloring Book. Activity Book Zone for Kids. 2016. (ENG., Illus.). (J). pap. 9.20 *(978-1-68376-428-1(5))* Sabeels Publishing.

Fire Breathing, Sword Swallowing, & Other Death-Defying Circus Science. Wil Mara. 2017. (Circus Science Ser.). (ENG., Illus.). 32p. (J). (gr. 3-9). lib. bdg. 28.65 *(978-1-5157-7283-5(7)*, 135634, Capstone Pr.) Capstone.

Fire Brigade to the Rescue. Sylvia Wilson. Illus. by Jasurbek Ruzmat. 2023. (ENG.). 26p. (J). pap. ***(978-1-922932-75-4(2))*** Library For All Limited.

Fire Chief Bob & Reggie to the Rescue. Colleen Baxter Sullivan. 2020. (ENG.). 24p. (J). pap. 5.99 *(978-1-64970-753-6(3))* Waldorf Publishing.

Fire Children. Abigail van Kraay. 2021. (ENG.). 168p. (J). (gr. 3-7). pap. 16.99 *(978-1-912863-62-4(6)*, fbb9d04f-67f1-41fb-b140-2c3bdff55516, Sarah Grace Publishing) Malcolm Down Publishing Ltd. GBR. Dist: Baker & Taylor Publisher Services (BTPS).

Fire Dog. Kristin S. Everson. Illus. by William G. Bill Haynes. 2022. (ENG.). 44p. (J). ***(978-1-0391-5367-7(4))***; pap. ***(978-1-0391-5366-0(6))*** FriesenPress.

Fire Dog Bailey's Kid's Fire Safety Book. Harry Martin. 2017. (ENG., Illus.). (J). (gr. k-5). pap. 12.95 *(978-1-63492-129-9(1))* Booklocker.com, Inc.

Fire Dog Challenge. Meredith Rusu. ed. 2021. (Clifford 8x8 Bks). (ENG., Illus.). 24p. (J). (gr. k-1). 13.96 *(978-1-64697-564-8(2))* Penworthy Co., LLC, The.

Fire Dog Challenge (Clifford the Big Red Dog Storybook), 1 vol. Meredith Rusu. 2020. (ENG., Illus.). 24p. (J). (gr. -1-k). pap. 5.99 *(978-1-338-66508-6(1))* Scholastic, Inc.

Fire-Eater (Classic Reprint) James Wilson. 2017. (ENG., Illus.). (J). 31.90 *(978-0-331-08378-1(7))*; pap. 16.57 *(978-1-5285-9607-7(2))* Forgotten Bks.

Fire Elephant - Translated in Setswana. Sylvia M. Medina & Krista Hill. Illus. by Morgan Spicer. 2018. (Baby Animal Environmental Heroes Ser.: Vol. 2). (ENG.). 44p. (J). (gr. k-2). 25.00 *(978-1-939871-75-6(1))* Green Kids Club, Inc.

Fire Elephant - Translated in Setswana Paperback. Sylvia M. Medina & Krista Hill. Illus. by Morgan Spicer. 2018. (Baby Animal Environmental Heroes Ser.: Vol. 2). (ENG.). 44p. (J). (gr. k-2). pap. 15.50 *(978-1-939871-74-9(3))* Green Kids Club, Inc.

Fire Engine. Illus. by Fhiona Galloway. 2016. (J). *(978-1-62885-168-7(6))* Kidsbooks, LLC.

Fire Engine Saves the Day: Touch & Feel Squishy Book. IglooBooks. Illus. by Gabriele Tafuni. 2020. (ENG.). 10p. (J). (gr. -1-k). bds. 10.99 *(978-1-83903-757-3(1))* Igloo Bks. GBR. Dist: Simon & Schuster, Inc.

Fire Engines: Book & Wooden Toy Set. IglooBooks. Illus. by Sally Payne. 2021. (ENG.). 8p. (J). (-k). 12.99 *(978-1-83903-662-0(1))* Igloo Bks. GBR. Dist: Simon & Schuster, Inc.

Fire Fairies. Margaret Bicio Schwoch. 2017. (ENG., Illus.). (J). (gr. 3-7). pap. 12.95 *(978-1-68401-023-3(3))* Amplify Publishing Group.

Fire! Fire! Hilde Lysiak & Matthew Lysiak. ed. 2018. (Hilde Cracks the Case Ser.: No. 3). lib. bdg. 14.75 *(978-0-606-41143-1(7))* Turtleback.

Fire! Fire!, 3. Hilde Lysiak et al. ed. 2019. (Branches Early Ch Bks). (ENG.). 85p. (J). (gr. 2-3). 15.36 *(978-0-87617-980-2(4))* Penworthy Co., LLC, The.

Fire! Fire! Leveled Reader Yellow Fiction Level 8 Grade 1. Hmh Hmh. 2019. (Rigby PM Ser.). (ENG.). 16p. (J). (gr. 1). pap. 11.00 *(978-0-358-12171-8(X))* Houghton Mifflin Harcourt Publishing Co.

Fire! Fire!: a Branches Book (Hilde Cracks the Case #3) Hilde Lysiak & Matthew Lysiak. Illus. by Joanne Lew-Vriethoff. 2017. (Hilde Cracks the Case Ser.: 3). (ENG.). 96p. (J). (gr. 1-3). pap. 6.99 *(978-1-338-14161-0(9))* Scholastic, Inc.

Fire! Firetrucks Coloring Book. Creative Playbooks. 2016. (ENG., Illus.). (J). pap. 7.74 *(978-1-68323-758-7(7))* Twin Flame Productions.

Fire Fish. Davy Liu. 2016. (ENG., Illus.). (J). 12.99 *(978-1-937212-26-1(2))* Three Sixteen Publishing.

Fire Flingers (Classic Reprint) William J. Neidig. 2017. (ENG., Illus.). (J). 30.87 *(978-0-266-71810-9(8))*; pap. 13.57 *(978-1-5276-7451-6(7))* Forgotten Bks.

Fire Games: A Young Adult Fantasy. A. L Knorr. 2020. (Arcturus Academy Ser.: Vol. 3). (ENG.). 330p. (YA). pap. *(978-1-989338-42-1(9))* Intellectually Promiscuous Pr.

Fire Glass (Realm of the Fire Fae Book 1) Missy de Graff. 2021. (Realm of the Fire Fae Ser.: Vol. 1). (ENG.). 88p. (YA). pap. 7.99 *(978-1-7370270-0-3(3))* Stone Phoenix Pr.

Fire Horse: Children's Poems by Vladimir Mayakovsky, Osip Mandelstam & Daniil Kharms. Tr. by Eugene Ostashevsky. 2017. (Illus.). 48p. (J). (gr. 1-3). 16.95 *(978-1-68137-092-7(1)*, NYR Children's Collection) New York Review of Bks., Inc., The.

Fire I Called. M. Dane. 2022. (ENG.). 340p. (YA). pap. ***(978-0-6455209-0-3(X))*** M Dane.

Fire in Ice. Jennifer Digiovanni. 2018. (ENG., Illus.). 298p. (YA). (gr. 8-12). pap. *(978-1-77339-574-6(2))* Evernight Publishing.

Fire in the Garden - Te Ai N Te Oonnaroka (Te Kiribati) Tian Ioane. Illus. by Romulo Reyes, III. 2023. (ENG.). 36p. (J). pap. ***(978-1-922876-12-6(7))*** Library For All Limited.

Fire in the Heartland. Helen Iles. 2nd ed. 2018. (ENG., Illus.). 170p. (YA). (gr. 7-12). pap. 18.99 *(978-1-876922-46-7(X))* Linellen Pr.

Fire in the Star. Kamilla Benko. (Unicorn Quest Ser.). (ENG.). 384p. (J). 2021. pap. 8.99 *(978-1-5476-0571-2(5)*, 900232472); 2020. (Illus.). 16.99 *(978-1-68119-249-9(7)*, 900164375) Bloomsbury Publishing USA. (Bloomsbury Children's Bks.).

Fire Keeper. Retold by Fay Robinson. 2016. (Spring Forward Ser.). (J). (gr. 2). *(978-1-4900-9463-2(6))* Benchmark Education Co.

Fire, Lava, & Magma. Annika Arvik. 2022. (ENG.). 118p. (YA). pap. 12.99 *(978-1-4583-2225-8(4))* Lulu Pr., Inc.

Fire Lines. Thurlbourn S. Cara. 2017. (Fire Lines Ser.: Vol. 1). (ENG., Illus.). 292p. (YA). (gr. 7-12). pap. *(978-0-9957266-1-1(2))* Bewick Pr.

Fire-Lit Lovely: A Daddy & Daughter Love Story. Ayanna Murray. Illus. by J. Miles Moore. (ENG.). 38p. (J). 2023. pap. 9.99 ***(978-1-954781-07-8(5))***; 2022. 16.99 ***(978-1-954781-09-2(1))*** Power of the Pen, LLC.

Fire Never Goes Out. ND Stevenson. Illus. by ND Stevenson. 2019. (ENG.). 208p. (YA). (gr. 9). lib. bdg. 26.95 *(978-1-6636-3495-5(5))* Perfection Learning Corp.

Fire Never Goes Out: A Memoir in Pictures. N. D. Stevenson. Illus. by N. D. Stevenson. (ENG., Illus.). 208p. (J). (gr. 9). 2021. pap. 14.99 *(978-0-06-227826-5(6))*; 2020. 19.99 *(978-0-06-227827-2(4))* HarperCollins Pubs. (Quill Tree Bks.).

Fire of Eden. Antony Barone Kolenc. 2021. (Harwood Mysteries Ser.: 3). (ENG.). 144p. (J). (gr. 4-7). pap. 14.99 *(978-0-8294-4814-6(4))* Loyola Pr.

Fire of Green Boughs (Classic Reprint) Victor Rickard. 2017. (ENG., Illus.). (J). 30.87 *(978-0-260-24312-6(4))*; pap. 13.57 *(978-0-260-24289-1(6))* Forgotten Bks.

Fire of Spring (Classic Reprint) Margaret Potter. 2017. (ENG., Illus.). (J). 31.63 *(978-1-5284-8620-0(X))* Forgotten Bks.

Fire on Headless Mountain. Iain Lawrence. 2023. 256p. (J). (gr. 4-7). pap. 9.99 *(978-0-8234-5463-1(0)*, Margaret Ferguson Books) Holiday Hse., Inc.

Fire on the Mountain. Pamela McDowell. Illus. by Dana Barton. 2022. (Orca Echoes Ser.). (ENG.). 96p. (J). (gr. 1-3). pap. 7.95 *(978-1-4598-2614-4(0))* Orca Bk. Pubs. USA.

Fire on the Sands. Andrian J. Matthews & Cindy A. Matthews. 2019. (Blooddark Ser.: Vol. 4). (ENG.). 152p. (J). pap. *(978-1-4874-2215-8(6)*, Devine Destinies) eXtasy Bks.

Fire on the Water: Lone Wolf #2. Joe Dever. 2023. (Lone Wolf Ser.: 2). (Illus.). 416p. (J). (gr. 4-11). pap. 11.99 *(978-1-915586-01-8(1))* Holmgard Pr. GBR. Dist: Independent Pubs. Group.

Fire Opal (Classic Reprint) Robert Fraser. 2017. (ENG., Illus.). (J). 30.48 *(978-0-265-71795-0(7))*; pap. 13.57 *(978-1-5276-7433-2(9))* Forgotten Bks.

Fire Power by Kirkman & Samnee, Volume 2. Robert Kirkman. 2021. (ENG., Illus.). 152p. (YA). pap. 16.99 *(978-1-5343-1718-5(X)*, 1fd3d0bb-d689-468f-baef-8d887e475a9f) Image Comics.

Fire Power by Kirkman & Samnee, Volume 3. Robert Kirkman. 2021. (ENG., Illus.). 152p. (YA). pap. 16.99 *(978-1-5343-1908-0(5))* Image Comics.

Fire Power by Kirkman & Samnee, Volume 4. Robert Kirkman. 2022. (ENG., Illus.). 144p. pap., pap. 16.99 *(978-1-5343-2103-8(9))* Image Comics.

Fire Queen. Emily R. King. 2017. (Hundredth Queen Ser.: 2). (ENG.). 286p. (YA). (gr. 10-13). pap. 9.99 *(978-1-61109-749-8(5)*, 9781611097498, Skyscape) Amazon Publishing.

Fire Rescue! Jenny Copper. Illus. by Lindsey Sagar. 2020. (Push & Play Ser.). (ENG.). 16p. (J). bds. 7.99 *(978-1-78958-346-5(2))* Top That! Publishing PLC GBR. Dist: Independent Pubs. Group.

Fire Rescues. Mark L. Lewis. 2019. (Rescues in Focus Ser.). (ENG., Illus.). 32p. (J). (gr. 2-3). pap. 9.95 *(978-1-64185-841-0(9)*, 1641858419, Focus Readers) North Star Editions.

Fire Rider: The Rillion Book 1. T. M. Miller. 2018. (Rillion Ser.: Vol. 1). (ENG., Illus.). 282p. (J). (gr. 5-6). pap. *(978-1-9993245-0-6(1))* Hatchinscope.

Fire Safety. Emma Bassier. 2020. (Safety for Kids Ser.). (ENG., Illus.). 24p. (J). (gr. k-3). lib. bdg. 31.36 *(978-1-5321-6753-9(9)*, 34667, Pop! Cody Koala) Pop!.

Fire Safety. Sarah L. Schuette. 2019. (Staying Safe! Ser.). (ENG., Illus.). 24p. (J). (gr. -1-2). 24.65 *(978-1-9771-0867-8(9)*, 140478, Pebble) Capstone.

Fire Slinger: Battling Through Post Depression. Josh Zimmer. 2021. (Post Depression Ser.: Vol. 1). (ENG.). 26p. (YA). 18.00 *(978-0-578-94570-5(3))*; pap. 10.00 *(978-1-0879-6602-1(7))* Superstar Speedsters.

Fire Slinger: Despair. Josh Zimmer. 2021. (ENG.). 28p. (YA). 18.00 *(978-0-578-98412-4(1))*; (Post Depression Ser.: Vol. 2). pap. 10.00 *(978-1-0878-7685-6(0))* Superstar Speedsters.

Fire Slinger: The Complete Collection. Josh Zimmer. 2021. (ENG.). 166p. (YA). pap. 16.00 *(978-1-0878-7704-4(0))* Superstar Speedsters.

Fire Song. Adam Garnet Jones. 2018. (ENG.). 232p. (YA). (gr. 9). 18.95 *(978-1-55451-978-1(0))*; pap. 9.95 *(978-1-55451-977-4(2))* Annick Pr., Ltd. CAN. Dist: Publishers Group West (PGW).

Fire Stallion. Stacy Gregg. 2019. (ENG.). 304p. (J). 6.99 *(978-0-00-826142-9(3)*, HarperCollins Children's Bks.) HarperCollins Pubs. Ltd. GBR. Dist: HarperCollins Pubs.

Fire Station. Amy McDonald & Amy McDonald. 2022. (Community Places Ser.). (ENG., Illus.). 24p. (J). (gr. -1-2). pap. 7.99 *(978-1-64834-656-9(1)*, 21368, Blastoff! Readers) Bellwether Media.

Fire Station. Coming Soon. 2018. (Eyediscover Ser.). (ENG., Illus.). 24p. (J). (gr. 1). lib. bdg. 28.55 *(978-1-4896-8013-6(6)*, AV2 by Weigl) Weigl Pubs., Inc.

Fire Station. Robert Munsch. Illus. by Michael Martchenko. 2018. (Classic Munsch Ser.). (ENG.). 24p. (J). (gr. k-2). 19.95 *(978-1-77321-081-0(5))* Annick Pr., Ltd. CAN. Dist: Publishers Group West (PGW).

Fire Station. Julie Murray. 2016. (My Community: Places Ser.). (ENG., Illus.). 24p. (J). (gr. -1-2). lib. bdg. 31.36 *(978-1-68080-535-2(5)*, 21350, Abdo Kids) ABDO Publishing Co.

Fire Station: A 4D Book. Blake A. Hoena. rev. ed. 2018. (Visit To... Ser.). (ENG., Illus.). 24p. (J). (gr. -1-2). lib. bdg. 29.32 *(978-1-5435-0829-1(4)*, 137591, Capstone Pr.) Capstone.

Fire Station Early Reader. Robert Munsch. Illus. by Michael Martchenko. 2022. (Munsch Early Readers Ser.). (ENG.). 40p. (J). (gr. 2-2). 16.99 *(978-1-77321-656-0(2))*; pap. 4.99 *(978-1-77321-646-1(5))* Annick Pr., Ltd. CAN. Dist: Publishers Group West (PGW).

Fire Stations. Emma Bassier. 2019. (Places in My Community Ser.). (ENG.). 24p. (J). (gr. k-3). lib. bdg. 31.36 *(978-1-5321-6347-0(9)*, 32009, Pop! Cody Koala) Pop!.

Fire, the Water, & Maudie Mcginn. Sally J. Pla. 2023. (ENG.). 336p. (J). (gr. 5). 19.99 ***(978-0-06-326879-1(5)***, Quill Tree Bks.) HarperCollins Pubs.

Fire-Tongue. Sax Rohmer, pseud. 2018. (ENG., Illus.). 218p. (J). pap. *(978-93-5329-097-9(X))* Alpha Editions.

F

Fire Trail. Chris Johnson. 2020. (ENG.). 138p. (J). pap. 8.95 *(978-0-646-81859-7(7))* Draft2Digital.
Fire Trail. Jacob Russell. 2020. (ENG.). 140p. (J). pap. 8.43 *(978-0-244-25191-8(6))* Lulu Pr., Inc.
Fire Trap: A Young Adult Fantasy. A. L Knorr. 2020. (Arcturus Academy Ser.: Vol. 2). (ENG.). 264p. (YA). pap. *(978-1-989338-19-3(4))* Intellectually Promiscuous Pr.
Fire Trilogy. Mary Iam. 2016. (ENG., Illus.). (J). pap. 29.95 *(978-1-68290-829-7(1))* America Star Bks.
Fire Truck Adventure. Joanne Meier & Cecilia Minden. Illus. by Bob Ostrom. 2022. (Bear Essential Readers Ser.). (ENG.). 32p. (J). (gr. -1-2). lib. bdg. 35.64 *(978-1-5038-5944-9(4),* 215842, First Steps) Child's World, Inc, The.
Fire Truck Dreams. Sharon Chriscoe. Illus. by Dave Mottram. 2018. (ENG.). 32p. (J). (gr. -1-3). 17.99 *(978-0-7624-6285-8(X),* Running Pr. Kids) Running Pr.
Fire Truck Tales. Jack Redwing. Ed. by Cottage Door Press. Illus. by Josh Talbot. 2021. (ENG.). 24p. (J). (gr. -1-k). bds. 19.99 *(978-1-64638-183-8(1),* 1006850) Cottage Door Pr.
Fire Truck to the Rescue! Alan Copeland. Illus. by Paco Sordo. 2018. (Take the Wheel! Ser.). (ENG.). 14p. (J). (gr. -1-k). bds. 8.99 *(978-1-4998-0597-0(7))* Little Bee Books Inc.
Fire Truck to the Rescue! Elena Ulyeva & Clever Publishing. Illus. by Anastasia Volkova. 2022. (Everyday Heroes Ser.). (ENG.). 20p. (J). (gr. -1-k). bds. 9.99 *(978-1-956560-01-5(7))* Clever Media Group.
Fire Truck vs. Dragon. Chris Barton. Illus. by Shanda McCloskey. 2020. (ENG.). 40p. (J). (gr. -1-3). 17.99 *(978-0-316-52213-7(9))* Little, Brown Bks. for Young Readers.
Fire Trucks. B. J. Best. 2017. (Riding to the Rescue! Ser.). 24p. (gr. 1-1). pap. 49.32 *(978-1-5026-2554-0(7))* Cavendish Square Publishing LLC.
Fire Trucks. Chris Bowman. 2017. (Mighty Machines in Action Ser.). (ENG., Illus.). 24p. (J). (gr. k-3). lib. bdg. 26.95 *(978-1-62617-604-1(3),* Blastoff! Readers) Bellwether Media.
Fire Trucks. Wendy Strobel Dieker. 2018. (Spot Mighty Machines Ser.). (ENG.). 16p. (J). (gr. -1-2). pap. 7.99 *(978-1-68152-293-7(4),* 14983); lib. bdg. *(978-1-68151-373-7(0),* 14977) Amicus.
Fire Trucks. Lori Dittmer. 2019. (Amazing Rescue Vehicles Ser.). (ENG.). 24p. (J). (gr. 1-3). pap. 10.99 *(978-1-62832-630-7(1),* 18723, Creative Paperbacks); *(978-1-64026-042-9(0),* 18722) Creative Co., The.
Fire Trucks. Contrib. by Ryan Earley. 2023. (Mighty Trucks Ser.). (ENG.). 16p. (J). (gr. -1-1). lib. bdg. 25.27 ***(978-1-63897-949-4(9),*** 33165) Seahorse Publishing.
Fire Trucks. Ryan Earley. 2023. (Mighty Trucks Ser.). (ENG., Illus.). (J). (gr. -1-1). pap. 7.95 Seahorse Publishing.
Fire Trucks, 1 vol. Lois Fortuna. 2016. (To the Rescue! Ser.). (ENG.). 24p. (J). (gr. k-k). 24.27 *(978-1-4824-4660-9(X),* 9b1e2aed-e646-4437-b353-8ae7218d6f1f) Stevens, Gareth Publishing LLLP.
Fire Trucks, 1 vol. Jim Keppeler. 2019. (XL Machines! Ser.). (ENG.). 24p. (J). (gr. 1-2). pap. 9.25 *(978-1-7253-1150-3(X),* ff2b0717-7496-4a7f-9c9e-1d93481d8909, PowerKids Pr.) Rosen Publishing Group, Inc., The.
Fire Trucks. Amy McDonald. 2020. (Machines with Power! Ser.). (ENG., Illus.). 24p. (J). (gr. -1-2). pap. 7.99 *(978-1-68103-807-0(2),* 12896); lib. bdg. 25.95 *(978-1-64487-320-5(6))* Bellwether Media. (Blastoff! Readers).
Fire Trucks: A First Look. Percy Leed. 2023. (Read about Vehicles (Read for a Better World (tm)) Ser.). (ENG., Illus.). 24p. (J). (gr. k-2). pap. 9.99 Lerner Publishing Group.
Fire Trucks: Children's Transportation Book. Bold Kids. 2022. (ENG.). 42p. (J). pap. 15.99 ***(978-1-0717-0974-0(7))*** FASTLANE LLC.
Fire Trucks: XL Machines! Set, 12 vols. 2019. (XL Machines! Ser.). (ENG.). 24p. (J). (gr. 1-2). lib. bdg. 151.62 *(978-1-7253-1190-9(9),* f91ce051-c9df-4e6c-a7b8-66528eb5a383, PowerKids Pr.) Rosen Publishing Group, Inc., The.
Fire Trucks / Camiones de Bomberos. Nadia Higgins. Illus. by Sr. Sanchez. 2020. (Machines! / ¡Las Máquinas! Ser.). (MUL.). 20p. (J). (gr. -1-2). bds. 7.99 *(978-1-5158-6093-8(0),* 142373) Cantata Learning.
Fire Trucks / Camiones de Bomberos. Nadia Higgins. Illus. by Sr. Sánchez. 2019. (Machines! / ¡Las Máquinas! Ser.). (MUL.). 24p. (J). (gr. -1-2). lib. bdg. 33.99 *(978-1-68410-339-3(8),* 140259) Cantata Learning.
Fire Truck's Day. Christina Leaf. 2022. (Machines at Work Ser.). (ENG., Illus.). 24p. (J). (gr. k-3). pap. 7.99 *(978-1-64834-847-1(5),* 21701, Blastoff! Readers) Bellwether Media.
Fire Trucks on the Go. Beth Bence Reinke. 2018. (Bumba Books (r) — Machines That Go Ser.). (ENG., Illus.). 24p. (J). (gr. -1-1). 26.65 *(978-1-5124-8255-3(2),* f1145782-a1fd-44ad-a085-7b85200cac89, Lerner Pubns.) Lerner Publishing Group.
Fire Trucks Rescue. Rebecca Glaser. 2018. (Amicus Ink Board Bks.). (ENG.). 14p. (J). (gr. -1 — 1). bds. 7.99 *(978-1-68152-240-1(3),* 14939) Amicus.
Fire Up, Vol. 2. Patrick Loughlin. 2016. (Football High Ser.: 2). 192p. (J). (gr. 3-7). pap. 14.99 *(978-1-925324-52-5(4))* Random Hse. Australia AUS. Dist: Independent Pubs. Group.
Fire with Fire. Destiny Soria. 2021. (ENG.). 432p. (YA). (gr. 7). 17.99 *(978-0-358-32973-2(6),* 1778721, Clarion Bks.) HarperCollins Pubs.
Fire! with Matchell the Crow. Joel Brown. Illus. by Garrett Myers. 2017. (Zoom-Boom Book Ser.: 5). (ENG.). (J). (gr. k-3). 17.99 *(978-1-946683-01-4(9));* pap. 12.95 *(978-1-946683-07-6(8))* Rapier Publishing Co., LLC.
Fire Within: An Unofficial Graphic Novel for Minecrafters. Cara J. Stevens. 2022. (Magic Portal Ser.: 2). 192p. (J). (gr. 2-6). pap. 14.99 *(978-1-5107-6661-7(8),* Sky Pony Pr.) Skyhorse Publishing Co., Inc.
Fire Within (Classic Reprint) Patricia Wentworth. 2017. (ENG., Illus.). (J). 29.96 *(978-0-331-76597-7(7))* Forgotten Bks.
Firebird. Sunmi. Illus. by Sunmi. 2023. (ENG., Illus.). 320p. (J). (gr. 8). pap. 18.99 *(978-0-06-298151-6(X),* HarperAlley) HarperCollins Pubs.
Firebird Chronicles: Through the Uncrossable Boundary. Daniel Ingram-Brown. 2018. (ENG., Illus.). 248p. (J). (gr. 5-9). pap. 11.95 *(978-1-78535-900-2(2),* Our Street Bks.) Hunt, John Publishing Ltd. GBR. Dist: National Bk. Network.
Firebird Song. Arnee Flores. (ENG.). (J). 2022. 304p. pap. 8.99 *(978-1-5476-0994-9(X),* 900256113); 2021. 288p. 16.99 *(978-1-5476-0512-5(X),* 900225938) Bloomsbury Publishing USA. (Bloomsbury Children's Bks.).
Fireblood. Elly Blake. 2018. (Frostblood Saga Ser.: 2). (ENG.). 432p. (YA). (gr. 7-17). pap. 11.99 *(978-0-316-27333-6(3))* Little, Brown Bks. for Young Readers.
Fireboats. B. J. Best. 2017. (Riding to the Rescue! Ser.). 24p. (gr. 1-1). pap. 49.32 *(978-1-5026-2557-1(1))* Cavendish Square Publishing LLC.
Fireborn. Aisling Fowler. (Fireborn Ser.: 1). (ENG.). (J). (gr. 3-7). 2022. 400p. pap. 7.99 *(978-0-06-299672-5(X));* 2021. (Illus.). 384p. 17.99 *(978-0-06-299671-8(1))* HarperCollins Pubs. (HarperCollins).
Fireborn: Phoenix & the Frost Palace. Aisling Fowler. 2023. (Fireborn Ser.: 2). (ENG., Illus.). 448p. (J). (gr. 3-7). 19.99 *(978-0-06-299674-9(6),* HarperCollins) HarperCollins Pubs.
Fireborne. Rosaria Munda. (Aurelian Cycle Ser.: 1). (ENG.). (YA). (gr. 7). 2020. 464p. pap. 12.99 *(978-0-525-51823-5(1),* Penguin Books); 2019. 448p. 18.99 *(978-0-525-51821-1(5),* G.P. Putnam's Sons Books for Young Readers) Penguin Young Readers Group.
Firebrand. Kyra Dune. 2018. (ENG.). 238p. (YA). pap. 12.99 *(978-1-393-78146-2(2))* Draft2Digital.
Firebrand: Book 2 in the Steeplejack Series. A. J. Hartley. 2018. (Steeplejack Ser.: 2). (ENG.). 336p. (YA). pap. 18.99 *(978-0-7653-8812-4(X),* 900162372, Tor Teen) Doherty, Tom Assocs., LLC.
Firebrand (Classic Reprint) S. R. Crockett. 2018. (ENG., Illus.). 544p. (J). 35.12 *(978-0-483-44587-1(8))* Forgotten Bks.
Firebrand Trevison, Vol. 5 (Classic Reprint) Charles Alden Seltzer. 2017. (ENG., Illus.). (J). 30.93 *(978-0-266-36033-9(5))* Forgotten Bks.
Firebrands (Classic Reprint) Frank Eugene Martin. 2018. (ENG., Illus.). 256p. (J). 29.18 *(978-0-364-81697-4(X))* Forgotten Bks.
Firebuds: the Christmas Car-Sled Race. Adapted by Annie Auerbach. ed. 2023. (ENG.). 24p. (J). (-k). pap. 5.99 ***(978-1-368-07401-8(4),*** Disney Press Books) Disney Publishing Worldwide.
Firebug. Johnnie Christmas. 2018. (ENG., Illus.). 136p. (YA). pap. 16.99 *(978-1-5343-0494-9(0),* efcd99f4-1a75-4fde-9cdf-75ec3395e6f9) Image Comics.
Firecracker. Judith Briggs Coker. 2023. (ENG.). 168p. (J). pap. 14.99 ***(978-1-387-52397-9(X))*** Lulu Pr., Inc.
Firecracker: A Young Adult Fantasy. A. L Knorr. 2020. (Arcturus Academy Ser.: Vol. 1). (ENG.). 390p. (YA). pap. *(978-1-989338-17-9(8))* Intellectually Promiscuous Pr.
Firecracker Jane: A Novel (Classic Reprint) Alice Calhoun Haines. 2018. (ENG., Illus.). 338p. (J). 30.89 *(978-0-483-13695-3(6))* Forgotten Bks.
Firecrackers Are So Loud! Chinese New Year Coloring Book Children's Chinese New Year Books. Speedy Kids. 2017. (ENG., Illus.). (J). pap. 8.45 *(978-1-5419-4732-0(0))* Speedy Publishing LLC.
Firecrow. Mike O'Connor. 2023. (ENG.). 156p. (J). pap. ***(978-0-9541068-7-4(3))*** Tales in Trust.
Fired up about Consent. Sarah Ratchford. 2021. (ENG., Illus.). 180p. (YA). pap. 19.95 *(978-1-77113-352-4(X))* Between the Lines CAN. Dist: AK Pr. Distribution.
Firefight. Brandon Sanderson. 2016. (Reckoners Ser.: 2). lib. bdg. 22.10 *(978-0-606-38447-6(2))* Turtleback.
Firefighter. Samantha Bell. Illus. by Jeff Bane. 2017. (My Early Library: My Friendly Neighborhood Ser.). (ENG.). 24p. (J). (gr. k-1). lib. bdg. 30.64 *(978-1-63472-827-0(0),* 209734) Cherry Lake Publishing.
Firefighter. Jared Siemens. 2020. (Who Works in My Neighborhood Ser.). (ENG.). 24p. (J). lib. bdg. 22.99 *(978-1-5105-5353-8(3))* SmartBook Media, Inc.
Firefighter / Bombero. Xist Publishing. 2017. (Xist Kids Bilingual Spanish English Ser.). (ENG & SPA.). 28p. (J). (gr. -1-3). pap. 9.99 *(978-1-5324-0331-6(3))* Xist Publishing.
Firefighter Duckies! Frank W. Dormer. Illus. by Frank W. Dormer. 2017. (ENG., Illus.). 40p. (J). (gr. -1-3). 17.99 *(978-1-4814-6090-3(0),* Atheneum Bks. for Young Readers) Simon & Schuster Children's Publishing.
Firefighter Harlow * Merlin Davies. 2019. (ENG.). 24p. (J). *(978-0-244-81918-7(1))* Lulu Pr., Inc.
Firefighter in Training. Cath Ard. Illus. by Sarah Lawrence. 2019. (ENG.). 48p. (J). pap. 8.99 *(978-0-7534-7497-6(2),* 900198771, Kingfisher) Roaring Brook Pr.
Firefighter Pete. James Dean. ed. 2018. (Pete the Cat (HarperCollins) Ser.). (J). lib. bdg. 14.75 *(978-0-606-41048-9(1))* Turtleback.
Firefighter Tools. Laura Hamilton Waxman. 2019. (Bumba Books (r) — Community Helpers Tools of the Trade Ser.). (ENG., Illus.). 24p. (J). (gr. -1-1). 26.65 *(978-1-5415-5558-7(9),* 24ec195c-bc67-495a-a706-b3941c52dfbd, Lerner Pubns.) Lerner Publishing Group.
Firefighters. Chris Bowman. 2018. (Community Helpers Ser.). (ENG., Illus.). 24p. (J). (gr. k-3). pap. 7.99 *(978-1-61891-307-4(7),* 12093, Blastoff! Readers) Bellwether Media.
Firefighters. Finn Coyle. 2022. (Trucks & Stuff Ser.). (ENG.). 20p. (J). bds. 7.99 *(978-1-4867-2270-9(9),* 258b23e7-7fb1-4e49-85c9-25e35ef9bac6) Flowerpot Pr.
Firefighters. Meg Gaertner. 2018. (Community Workers Ser.). (ENG., Illus.). 24p. (J). (gr. k-3). pap. 8.95 *(978-1-63517-806-7(1),* 1635178061) North Star Editions.
Firefighters. Meg Gaertner. 2018. (Community Workers Ser.). (ENG., Illus.). 24p. (J). (gr. k-3). lib. bdg. 31.36 *(978-1-5321-6011-0(9),* 28654, Pop! Cody Koala) Pop!.
Firefighters. Emma Less. 2018. (Real-Life Superheroes Ser.). (ENG.). 16p. (J). (gr. k-2). pap. 7.99 *(978-1-68152-277-7(2),* 14916) Amicus.
Firefighters. Mary Meinking. 2020. (Jobs People Do Ser.). (ENG., Illus.). 32p. (J). (gr. 1-3). pap. 6.95 *(978-1-9771-1810-3(0),* 142170); lib. bdg. 29.32 *(978-1-9771-1375-7(3),* 141479) Capstone. (Pebble).
Firefighters. Cecilia Minden. 2022. (Community Helpers Ser.). (ENG.). 24p. (J). (gr. k-3). lib. bdg. 32.79 *(978-1-5038-5829-9(4),* 215695, Wonder Books(r)) Child's World, Inc, The.
Firefighters. Julie Murray. 2020. (Emergency Jobs Ser.). (ENG., Illus.). 24p. (J). (gr. k-4). lib. bdg. 31.36 *(978-1-0982-2306-9(3),* 36249, Abdo Zoom-Dash) ABDO Publishing Co.
Firefighters. Julie Murray. 2016. (My Community: Jobs Ser.). (ENG.). 24p. (J). (gr. -1-2). pap. 7.95 *(978-1-4966-1053-9(9),* 134958, Capstone Classroom) Capstone.
Firefighters. Laura K. Murray. 2023. (Seedlings Ser.). (ENG., Illus.). 24p. (J). (gr. 1-3). pap. 10.99 *(978-1-62832-943-8(2),* 23573, Creative Paperbacks) Creative Co., The.
Firefighters. Jared Siemens. 2016. (Illus.). 24p. (J). *(978-1-5105-2105-6(4))* SmartBook Media, Inc.
Firefighters. Julie Murray. rev. ed. 2021. (My Community: Jobs Ser.). (ENG.). 24p. (J). pap. 7.95 *(978-1-6663-5252-8(7),* 239304, Capstone Classroom) Capstone.
Firefighters Are Friends. Ron Rakosnik. 2023. (ENG.). 34p. (J). 18.99 ***(978-1-6629-3943-3(4))*** Gatekeeper Pr.
Firefighters' Busy Day! Maria Bostian. 2016. (ENG.). 34p. (J). pap. 13.99 ***(978-1-64960-445-3(9))*** Emerald Hse. Group, Inc.
Firefighters' Handbook. Meghan McCarthy. Illus. by Meghan McCarthy. 2019. (ENG., Illus.). 48p. (J). (gr. -1-3). 17.99 *(978-1-5344-1733-5(8),* Simon & Schuster Bks. For Young Readers) Simon & Schuster Bks. For Young Readers.
Firefighters in My Community. Gina Bellisario. Illus. by Ed Myer. 2018. (Meet a Community Helper (Early Bird Stories (tm)) Ser.). (ENG.). 24p. (J). (gr. k-2). 29.32 *(978-1-5415-2019-6(X),* d59e309a-134c-430b-a682-859f12feae63, Lerner Pubns.) Lerner Publishing Group.
Firefighter's Night Before Christmas. Michelle P. Miller. Illus. by Noël Paul-Lyman. 2021. (ENG.). 30p. (J). 18.00 *(978-1-0879-4008-3(7))* Indy Pub.
Firefighters on the Job. Lee Fitzgerald. 2017. (Jobs in Our Community Ser.). (J). (gr. 1-1). pap. 49.50 *(978-1-5345-2142-1(9))* Cengage Gale.
Firefighters on the Job, 1 vol. Lee Fitzgerald. 2016. (Jobs in Our Community Ser.). (ENG.). 24p. (J). (gr. 1-1). 26.23 *(978-1-5345-2143-8(7),* 85b50b05-aa07-4456-aab5-6e3da8f12023); pap. 9.25 *(978-1-5345-2141-4(0),* ca89ac04-ddae-496f-af8a-4d7f55a949fd8) Greenhaven Publishing LLC. (KidHaven Publishing).
Firefighters on the Scene. Emily Dolbear. 2022. (First Responders on the Scene Ser.). (ENG.). 24p. (J). (gr. 3-6). lib. bdg. 32.79 *(978-1-5038-5581-6(3),* 215461, MOMENTUM) Child's World, Inc, The.
Firefighters to the Rescue. John Allan. 2019. (Math Adventures (Step 1) Ser.). (ENG., Illus.). 32p. (J). (gr. 1-3). lib. bdg. 29.32 *(978-1-912108-46-6(1),* 92569254-2716-4494-8d53-99078cfb9116, Hungry Tomato (r)) Lerner Publishing Group.
Firefighters to the Rescue! Judy Katschke. Illus. by Clare Elsom. 2016. 32p. (J). pap. *(978-0-545-89203-2(1))* Scholastic, Inc.
Firefighters to the Rescue, 1 vol. Alana Olsen. 2016. (Community Helpers Ser.). (ENG., Illus.). 24p. (J). (gr. 1-1). pap. 9.25 *(978-1-4994-2702-8(6),* 4cc081a2-6324-49b6-abd4-973ce0e356f1, PowerKids Pr.) Rosen Publishing Group, Inc., The.
Firefighting. Illus. by Daniel Moignot. 2023. (My First Discovery Paperbacks Ser.). (ENG.). 32p. (J). (gr. k-2). pap. 9.99 *(978-1-85103-756-8(X))* Moonlight Publishing, Ltd. GBR. Dist: Independent Pubs. Group.
Fireflies. Christina Leaf. 2017. (Insects up Close Ser.). (ENG., Illus.). 24p. (J). (gr. k-3). lib. bdg. 26.95 *(978-1-62617-664-5(7),* Blastoff! Readers) Bellwether Media.
Fireflies. Carolyn Watson-Dubisch. Illus. by Carolyn Watson-Dubisch. 2020. (ENG.). 30p. (J). *(978-1-716-35265-2(7))* Lulu Pr., Inc.
Fireflies: A Tale of Life & Death. Bree Wolf. 2019. (Heroes Next Door Ser.: Vol. 1). (ENG.). 162p. (YA). (gr. 7-12). pap. *(978-3-96482-051-8(2))* Wolf, Sabrina.
Fireflies: Children's Bug Book with Interesting & Informative Facts. Bold Kids. 2022. (ENG.). 46p. (J). pap. 15.99 ***(978-1-0717-0975-7(5))*** FASTLANE LLC.
Fireflies & Glowworms. Joyce Markovics. 2022. (Lights on! Animals That Glow Ser.). (ENG., Illus.). 24p. (J). (gr. 4-6). pap. 12.79 *(978-1-6689-0074-1(2),* 220165); lib. bdg. 30.64 *(978-1-5341-9960-6(8),* 220021) Cherry Lake Publishing.
Firefly. Philippa Dowding. 2021. (ENG.). 216p. (J). (gr. 4-7). pap. 13.95 *(978-1-77086-598-3(5),* Dancing Cat Bks.) Cormorant Bks. Inc. CAN. Dist: Orca Bk. Pubs. USA.
Firefly. August Hoeft. 2022. (I See Insects Ser.). (ENG.). (J). 20p. pap. 12.99 ***(978-1-5324-4148-6(7));*** 16p. (gr. -1-2). 24.99 ***(978-1-5324-3343-6(3));*** 16p. (gr. -1-2). pap. 12.99 ***(978-1-5324-2835-7(9))*** Xist Publishing.
Firefly. Dzvinka Torohtushko & Alexander Kurylo. 2020. (ENG., Illus.). 32p. (YA). pap. 17.00 *(978-1-716-79705-7(5))* Lulu Pr., Inc.
Firefly: Back from the Black. Joey Spiotto. 2017. (Illus.). 160p. 14.95 *(978-1-78565-375-9(X),* Titan Bks.) Titan Bks. Ltd. GBR. Dist: Penguin Random Hse. LLC.
Firefly: Let There Be Light. Sean Coons. 2021. (ENG.). 262p. (J). pap. 20.95 *(978-1-68433-806-1(9))* Black Rose Writing.
Firefly & the Banana Moon. Alina Ghervase & Rosie Amazing. Illus. by Ioana Balcan. 2022. (ENG.). 28p. (J). pap. *(978-1-990292-26-2(7))* Annelid Pr.
Firefly Bridge. Arlene Holland. 2022. (ENG.). 262p. (YA). pap. 18.95 ***(978-1-958877-38-8(7))*** Booklocker.com, Inc.
Firefly Code. Megan Frazer Blakemore. 2017. (ENG.). 368p. (J). pap. 9.99 *(978-1-68119-527-8(5),* 900176380, Bloomsbury USA Childrens) Bloomsbury Publishing USA.
Firefly Code. Megan Frazer Blakemore. ed. 2017. (J). lib. bdg. 18.40 *(978-0-606-40543-0(7))* Turtleback.
Firefly Dreams. Carolyn Carter. 2021. (ENG.). 59p. (J). *(978-1-300-76649-0(2))* Lulu Pr., Inc.
Firefly Encyclopedia of Transportation: A Comprehensive Look at the World of Transportation. Ian Graham et al. Ed. by Oliver Green. 2017. (ENG., Illus.). 160p. (J). (gr. 4-7). pap. 14.95 *(978-1-77085-931-9(4),* e40f5c35-f226-46e8-a492-1eb36dc12947) Firefly Bks., Ltd.
Firefly Fran's Fran-Tastic Day. Kristin Crowell Ellis. 2023. (ENG.). 48p. (J). 22.95 *(978-1-68401-808-6(0),* Mascot Kids) Amplify Publishing Group.
Firefly Home. Jane Clarke. Illus. by Britta Teckentrup. 2019. (Neon Animals Picture Bks.). (ENG.). 24p. (J). (-k). 14.99 *(978-1-5362-0587-9(7))* Candlewick Pr.
Firefly in the Dark. Shazaf Fatima Haider. 2018. (ENG., Illus.). 240p. (YA). (gr. 7-12). pap. *(978-93-87693-54-8(6))* Speaking Tiger Publishing.
Firefly July: a Year of Very Short Poems. Paul B. Janeczko. Illus. by Melissa Sweet. 2018. (ENG.). 48p. (J). (gr. -1-3). pap. 8.99 *(978-0-7636-9971-0(3))* Candlewick Pr.
Firefly of France (Classic Reprint) Marion Polk Angellotti. (ENG., Illus.). (J). 2017. 31.80 *(978-0-265-41998-4(0));* 2016. pap. 16.57 *(978-1-333-69649-8(3))* Forgotten Bks.
Firefly Place. Mike Murphy. 2021. (ENG.). 314p. (J). pap. 16.39 *(978-1-716-21773-9(3))* Lulu Pr., Inc.
Firefly Queen. Carrie Delatte. 2018. (ENG., Illus.). 32p. (J). pap. 20.00 *(978-0-692-06306-4(4))* Magnolia Nook Pubns.
Firefly Summer. Morgan Matson. 2023. (ENG., Illus.). 400p. (J). (gr. 3-7). 18.99 *(978-1-5344-9335-3(2),* Simon & Schuster Bks. For Young Readers) Simon & Schuster Bks. For Young Readers.
Firefly Wildlife Atlas: A Comprehensive Guide to Animal Habitats. John Farndon. 2017. (ENG., Illus.). 160p. (J). (gr. 4-7). pap. 14.95 *(978-1-77085-932-6(2),* cc033cac-5443-4a4d-9449-25836fd99238) Firefly Bks., Ltd.
Fireflys Journey. Kat Rees DAmbola. 2021. (ENG.). 36p. (J). 24.00 *(978-1-0983-8903-1(4))* BookBaby.
Firefly's Dream. Barbara Wolf Varrato. Illus. by Swapan Debnath. 2022. (ENG.). 30p. (J). pap. 12.99 ***(978-1-61225-491-3(8))*** Mirror Publishing.
Firehouse Fun. Joan Holub. ed. 2018. (I Can Read Ser.). (ENG.). 32p. (J). (gr. -1-1). 13.89 *(978-1-64310-653-3(8))* Penworthy Co., LLC, The.
Firehouse Phantom, 1 vol. D. J. Brandon. 2021. (Graveyard Gruber Ser.). (ENG.). 64p. (J). (gr. 2-3). 23.25 *(978-1-5383-8489-3(2),* 642441b0-53ca-49ad-919d-d50b5ed838f4); pap. 13.35 *(978-1-5383-8490-9(6),* 8fd3a6e5-f911-4947-9b23-8143dd7ceba9) Enslow Publishing, LLC. (West 44 Bks.).
Firehouse Rainbow: A Story about Colors & Heroes. Diana Murray. Illus. by Rob McClurkan. 2023. (Little Golden Book Ser.). 24p. (J). (-k). 5.99 *(978-0-593-48848-5(2),* Golden Bks.) Random Hse. Children's Bks.
Firekeeper's Daughter. Angeline Boulley. 2021. (ENG.). 496p. (YA). 19.99 *(978-1-250-76656-4(7),* 900232477, Holt, Henry & Co. Bks. For Young Readers) Holt, Henry & Co.
Firekeeper's Daughter. Angeline Boulley. 2023. (ENG.). 512p. (YA). pap. 14.99 *(978-1-250-86603-5(0),* 900232478); (gr. 8-13). 36.19 ***(978-1-5364-7884-6(9))*** Square Fish.
Firelight. Illus. by Kazu Kibuishi. 2016. 197p. (J). *(978-1-4806-9909-0(8))* Baker & Taylor, CATS.
Firelight, 7. Kazu Kibuishi. ed. 2018. (Amulet Ser.). (ENG.). 197p. (J). (gr. 4-5). 23.96 *(978-1-64310-261-0(3))* Penworthy Co., LLC, The.
Firelight. Kazu Kibuishi. 2016. (Amulet Ser.: 7). (ENG., Illus.). 224p. (J). (gr. 3-7). lib. bdg. 24.50 *(978-0-606-38070-6(1))* Turtleback.
Firelight: a Graphic Novel (Amulet #7) Kazu Kibuishi. Illus. by Kazu Kibuishi. 2016. (Amulet Ser.: 7). (ENG., Illus.). 208p. (J). (gr. 3-7). 24.99 *(978-0-545-83966-2(1));* pap. 12.99 *(978-0-545-43316-7(9))* Scholastic, Inc. (Graphix).
Firelight Fairy Book (Classic Reprint) Henry Beston. (ENG., Illus.). (J). 2017. 29.55 *(978-0-331-86489-2(4));* 2016. pap. 11.97 *(978-1-333-47909-1(3))* Forgotten Bks.
Firelight Stories (Classic Reprint) Louise Chandler Moulton. 2018. (ENG., Illus.). 256p. (J). 29.18 *(978-0-484-10238-4(9))* Forgotten Bks.
Firelight Stories Folk Tales Retold for Kindergarten, School & Home (Classic Reprint) Carolyn Sherwin Bailey. 2019. (ENG., Illus.). 214p. (J). 28.31 *(978-0-267-50901-0(4))* Forgotten Bks.
Fireman Dave — - for Boys Only (R) Penelope Dyan. Illus. by Dyan. l.t. ed. 2022. (ENG.). 34p. (J). pap. 12.60 *(978-1-61477-599-7(0))* Bellissima Publishing, LLC.
Fireman's Trusty Companion: Firetruck Coloring Book. Jupiter Kids. 2016. (ENG., Illus.). 106p. (J). pap. 12.55 *(978-1-68305-108-4(4),* Jupiter Kids (Childrens & Kids Fiction)) Speedy Publishing LLC.
Firemen & Their Exploits. Frederic Morell Holmes. 2017. (ENG.). 192p. (J). pap. *(978-3-337-25008-9(4))* Creation Pubs.
Firemen & Their Exploits: With Some Account of the Rise & Development of Fire-Brigades, of Various Appliances for Saving Life at Fires & Extinguishing the Flames (Classic Reprint) Frederic Morell Holmes. 2017. (ENG., Illus.). (J). 27.82 *(978-0-265-24916-1(3))* Forgotten Bks.
Fires & a Friend: The Adventures of Cluck & Sandrell. J. E. McDonald. 2022. (ENG., Illus.). 32p. (J). 24.95 *(978-1-6624-7102-5(5));* pap. 14.95 *(978-1-6624-7100-1(9))* Page Publishing Inc.
Fires & Fairies. Kristin D. Van Risseghem. 2017. (Enlighten Ser.). (ENG., Illus.). (YA). (gr. 12). 18.99 *(978-1-943207-45-9(3))* Kasian Publishing.
Fires Everywhere. Raymond Bergin. 2022. (What on Earth? Climate Change Explained Ser.). (ENG., Illus.). 32p. (J). (gr. 3-7). lib. bdg. 28.50 *(978-1-63691-556-2(6),* 18651) Bearport Publishing Co., Inc.
Fires of Desire: A Tragedy of Modern India (Classic Reprint) Laurence R. Mansfield. 2018. (ENG., Illus.). 382p. (J). 31.80 *(978-0-484-89853-9(1))* Forgotten Bks.
Fires of Olympus: Books Ten, Eleven & Twelve. Eliza Raine. 2019. (Immortality Trials Ser.: Vol. 4). (ENG.). 272p. (YA). pap. *(978-1-9161046-5-5(7))* Logic In Creativity.
Fireshine & Summerfield. Liam Young. 2023. (ENG.). 294p. (YA). pap. ***(978-1-80369-667-6(2))*** Authors OnLine, Ltd.
Fireside & Sunshine (Classic Reprint) E. V. Lucas. 2018. (ENG., Illus.). 258p. (J). 29.22 *(978-0-364-42619-7(5))* Forgotten Bks.

TITLE INDEX

Fireside Battles (Classic Reprint) Annie G. Brown. (ENG., Illus.). (J). 2018. 346p. 31.05 (978-0-267-59601-0(4)); 2016. pap. 13.57 (978-1-334-14807-1(4)) Forgotten Bks.

Fireside Dickens: A Cyclopedia of the Best Thoughts of Charles Dickens, Comprising a Careful Selection of His Best Writings, Arranged in Subjects & in Alphabetical Order, with a Complete Index, Ready Reference to His Entire Works & for Fireside Ha. F. G. De Fontaine. 2018. (ENG., Illus.). 666p. (J). 37.63 (978-0-666-82222-2(0)) Forgotten Bks.

Fireside Fairies, or Christmas at Aunt Elsie's (Classic Reprint) Susan Pindar. (ENG., Illus.). (J). 2018. 230p. 28.66 (978-0-666-61021-8(5)); 2016. pap. 11.57 (978-1-334-15256-6(X)) Forgotten Bks.

Fireside Musings (Classic Reprint) Walter E. Todd. 2018. (ENG., Illus.). 58p. (J). 25.11 (978-0-483-85490-1(5)) Forgotten Bks.

Fireside Saints (Classic Reprint) Douglas Jerrold. 2018. (ENG., Illus.). 110p. (J). 26.19 (978-0-267-29729-0(7)) Forgotten Bks.

Fireside Saints, Mr. Caudle's Breakfast Talk: And Other Papers (Classic Reprint) Douglas Jerrold. 2018. (ENG., Illus.). 376p. (J). 31.65 (978-0-483-63717-7(3)) Forgotten Bks.

Fireside Sketches from Swedish Life (Classic Reprint) Woods Baker. (ENG., Illus.). (J). 2018. 114p. 26.25 (978-0-266-94936-7(3)); 2016. pap. 9.57 (978-1-334-15511-6(9)) Forgotten Bks.

Fireside Sphinx (Classic Reprint) Agnes Repplier. (ENG., Illus.). (J). 2018. 328p. 30.66 (978-0-365-41055-3(1)); 2016. pap. 13.57 (978-1-333-61253-5(2)) Forgotten Bks.

Fireside Stories & Rhymes. John Leneghan. 2021. (ENG.). 108p. (J). pap. **(978-1-83945-993-1(X))** FeedARead.com.

Fireside Stories (Classic Reprint) Ellis. 2018. (ENG., Illus.). 518p. (J). 34.58 (978-0-484-85069-8(5)) Forgotten Bks.

Fireside Stories, Old & New (Classic Reprint) Henry Troth Coates. (ENG., Illus.). (J). 2018. 358p. 31.28 (978-0-267-70714-0(2)); 2017. pap. 13.97 (978-0-259-17184-3(0)) Forgotten Bks.

Fireside Tragedy: A Play (Classic Reprint) Sir George Douglas. 2018. (ENG., Illus.). 152p. (J). 27.03 (978-0-483-98255-0(5)) Forgotten Bks.

Fireside Travels (Classic Reprint) James Russell Lowell. 2017. (ENG., Illus.). (J). 30.79 (978-0-265-68187-9(1)); pap. 13.57 (978-1-5276-5551-5(2)) Forgotten Bks.

Fireside Yarns, 1001 Nights: Reminiscences of an Old Coin Man (Classic Reprint) Paul Dore Burks. 2018. (ENG., Illus.). (J). 96p. 25.88 (978-1-396-77056-2(9)); 98p. pap. 9.57 (978-1-391-85798-5(4)) Forgotten Bks.

Firesong. Vashti Hardy. Illus. by George Ermos. 2023. (Brightstorm Twins Ser.: 3). (ENG.). 432p. (YA). (gr. 4-7). pap. 9.95 (978-1-324-05256-2(2), 345256, Norton Young Readers) Norton, W. W. & Co., Inc.

Firestarter. Tara Sim. 2019. (Timekeeper Ser.: 3). (ENG., Illus.). 528p. (YA). (gr. 9-9). 26.99 (978-1-5107-0620-0(8), Sky Pony Pr.) Skyhorse Publishing Co., Inc.

Firestone. Sarah J. Fisher. 2018. (Dragonscale Ser.: Vol. 2). (ENG., Illus.). 360p. (YA). pap. (978-0-6481824-0-5(1)) Fisher, Sarah Author.

Firestone. E. Purle. 2021. (Lore of Tellus Ser.: Vol. 1). (ENG.). 364p. (YA). **(978-1-80227-056-3(6))** Publishing Push Ltd.

Firestone. E. A. Purle. 2021. (Lore of Tellus Ser.: Vol. 1). (ENG.). 358p. (YA). pap. **(978-1-80227-054-9(X))** Publishing Push Ltd.

Firestone. Francesca Tyer. 2020. (ENG., Illus.). 294p. (YA). pap. (978-1-9160626-1-0(X)) Authors Reach.

Firestone: Book One: Wolf-Blood. E. M. Linell. 2017. (Firestone Ser.: Vol. 1). (ENG., Illus.). 330p. (YA). (gr. 8-12). pap. (978-1-9997167-0-7(1)) Xenmrit Pubns.

Firestorm 2 - the Teardrop of Ice. John Clewarth. 2020. (ENG.). 242p. (J). pap. (978-1-912513-71-0(4)) Silver Quill Publishing.

Firestorm Rising. John Clewarth. 2018. (ENG., Illus.). 216p. (J). (gr. 4-6). pap. (978-1-912513-70-3(6)) Silver Quill Publishing.

Firestormers: Elite Firefighting Crew. Carl Bowen. Illus. by Marc Lee. ed. 2016. (ENG.). 224p. (J). (gr. 4-8). pap., pap., pap. 8.95 (978-1-62370-756-9(0), 132450, Capstone Young Readers) Capstone.

Firewall, 1 vol. Sean Rodman. 2017. (Orca Soundings Ser.). (ENG.). 144p. (YA). (gr. 8-12). pap. 9.95 (978-1-4598-1453-0(3)) Orca Bk. Pubs. USA.

Fireweed (Classic Reprint) Joslyn Gray. 2017. (ENG., Illus.). (J). 30.93 (978-0-260-39496-5(3)) Forgotten Bks.

Firework Boom. Bonnie Tarbert. 2023. (ENG.). 20p. (J). pap. 12.99 **(978-1-0881-3117-6(4))** Indy Pub.

Fireworks. Katie Cotugno. (ENG.). 352p. (YA). (gr. 8). 2020. pap. 10.99 (978-0-06-296393-2(7)); 2018. pap. 9.99 (978-0-06-241828-9(9)) HarperCollins Pubs. (Balzer & Bray).

Fireworks. Alice Lin. 2022. 320p. (YA). (gr. 7). pap. 9.99 (978-0-593-56535-3(5), Underlined) Random Hse. Children's Bks.

Fireworks & Foggy Farewells. Mary I. Schmal. Illus. by Leanne R. Ross. 2020. (Children of the Light Ser.: Vol. 5). (ENG.). 234p. (J). 31.95 (978-1-0980-4290-5(5)); pap. 17.95 (978-1-0960-4289-9(1)) Christian Faith Publishing.

Fireworks Night. Cam Higgins. Illus. by Ariel Landy. 2021. (Good Dog Ser.: 4). (ENG.). 128p. (J). (gr. k-4). 17.99 (978-1-5344-9532-6(0)); pap. 6.99 (978-1-5344-9531-9(2)) Little Simon. (Little Simon).

Fireworks Night: #4. Cam Higgins. Illus. by Ariel Landy. 2022. (Good Dog Ser.). (ENG.). 128p. (J). (gr. k-4). lib. bdg. 32.79 (978-1-0982-5205-2(5), 41284, Chapter Bks.) Spotlight.

Fireworks, Should We See It from the Side or the Bottom? (light Novel) Hitoshi One. 2018. (ENG., Illus.). 208p. (YA). (gr. 8-17). 20.00 (978-1-9753-5325-1(9), 9781975353261, Yen Pr.) Yen Pr. LLC.

Fireworks Show. Joanne Meier & Cecilia Minden. Illus. by Bob Ostrom. 2022. (Bear Essential Readers Ser.). (ENG.). 32p. (J). (gr. -1-2). lib. bdg. 35.64 (978-1-5038-5929-6(0), 215827, First Steps) Child's World, Inc., The.

Firing Line (Classic Reprint) Robert W. Chambers. 2017. (ENG., Illus.). (J). 548p. 35.20 (978-0-484-80401-1(4)); 34.81 (978-0-265-21407-7(6)); pap. 19.57 (978-0-259-20232-5(0)) Forgotten Bks.

Firing Squad. Mason D. L. 2019. (ENG.). 144p. (J). pap. 13.76 **(978-1-7947-1558-5(4))** Wright Bks.

Firm of Girdlestone: A Romance of the Unromantic (Classic Reprint) Arthur Conan Doyle. 2018. (ENG., Illus.). 444p. (J). 33.14 (978-0-484-38535-0(6)) Forgotten Bks.

Firm of Girdlestone, Vol. 1 Of 2: A Romance of the Unromantic (Classic Reprint) Arthur Conan Doyle. 2018. (ENG., Illus.). 274p. (J). 29.57 (978-0-332-92964-4(7)) Forgotten Bks.

Firm of Girdlestone, Vol. 2 Of 2: A Romance of the Unromantic (Classic Reprint) Arthur Conan Doyle. 2018. (ENG., Illus.). 274p. (J). 29.55 (978-0-483-13440-9(6)) Forgotten Bks.

Firma Twins & the Flute of Enchantment. D. H. Timpko. 2018. (ENG., Illus.). 268p. (J). pap. 12.99 (978-0-9860882-9-2(3)) Gettier Group LLC.

Firma Twins & the Purple Staff of Death. D. H. Timpko. 2019. (Firma Series Adventure Ser.: Vol. 1). (ENG.). 210p. (J). (gr. 3-6). pap. 8.99 (978-0-9994595-1-5(1)) Gettier Group LLC.

Firsoath. Elias Hopkin. 2022. (ENG.). 291p. (YA). pap. **(978-1-4717-5006-9(X))** Lulu Pr., Inc.

First 100: First Book of Colors Padded. Roger Priddy. 2019. (First 100 Ser.). (ENG., Illus.). 24p. (J). bds. 5.99 (978-0-312-52879-9(5), 900198467) St. Martin's Pr.

First 100 Animals. Clever Publishing. Illus. by Clever Publishing. 2023. (Clever Flash Cards Ser.). (ENG., Illus.). 50p. (J). (gr. -1 — 1). 12.99 **(978-1-954738-69-0(2)**, 1172995) Clever Media Group.

First 100 Animals. Kit Elliot. Illus. by Sam Meredith. 2022. (First 100 Lift-The-Flaps Ser.). (ENG.). 16p. (J). bds. 9.99 (978-1-80105-259-7(X)) Top That! Publishing PLC GBR. Dist: Independent Pubs. Group.

First 100 Box Set: Farm, Dino, Trucks. Roger Priddy. 2022. (First 100 Ser.). (ENG.). (J). 17.97 (978-1-68449-260-2(2), 900259997) St. Martin's Pr.

First 100 Christmas Words. Roger Priddy. 2018. (First 100 Ser.). (ENG., Illus.). 24p. (J). bds. 6.99 (978-0-312-52768-6(3), 900191839) St. Martin's Pr.

First 100 Dinosaurs. Kit Elliot. Illus. by Sam Meredith. 2022. (First 100 Lift-The-Flaps Ser.). (ENG.). 16p. (J). bds. 9.99 (978-1-80105-260-3(3)) Top That! Publishing PLC GBR. Dist: Independent Pubs. Group.

First 100: First 100 Bible Words Padded. Roger Priddy & Priddy Priddy Books. 2020. (First 100 Ser.). (ENG., Illus.). 24p. (J). bds. 5.99 (978-1-68449-068-4(5), 900223620) St. Martin's Pr.

First 100: First 100 Dinosaurs. Roger Priddy. 2021. (First 100 Ser.). (ENG., Illus.). 24p. (J). bds. 5.99 (978-1-68449-145-2(2), 900237949) St. Martin's Pr.

First 100: First Book of Prayers. Roger Priddy. 2022. (First 100 Ser.). (ENG., Illus.). 16p. (J). bds. 5.99 (978-1-68449-193-3(2), 900250916) St. Martin's Pr.

First 100: First Words of Love. Roger Priddy. 2021. (First 100 Ser.). (ENG., Illus.). 16p. (J). bds. 5.99 (978-1-68449-168-1(1), 900240866) St. Martin's Pr.

First 100 Instant Words Colouring Book: For Reading, Writing & Spelling Fluency. Magdalene Press. 2019. (ENG., Illus.). 40p. (J). (gr. k-4). pap. (978-1-77335-128-5(1)) Magdalene Pr.

First 100 Lift the Flap Farm Words. Roger Priddy. 2016. (First 100 Ser.). (ENG.). 14p. (J). bds. 9.99 (978-0-312-52019-9(0), 900156766) St. Martin's Pr.

First 100 Padded: First Farm Words. Roger Priddy. 2017. (First 100 Ser.). (ENG., Illus.). 24p. (J). bds. 5.99 (978-0-312-52283-4(5), 900175466) St. Martin's Pr.

First 100 Padded: First Spooky Words. Roger Priddy. 2022. (First 100 Ser.). (ENG., Illus.). 16p. (J). bds. 5.99 (978-1-68449-236-7(X), 900255111) St. Martin's Pr.

First 100 Padded: Nature Words. Roger Priddy. 2022. (First 100 Ser.). (ENG., Illus.). 24p. (J). bds. 5.99 (978-1-68449-196-4(7), 900250919) St. Martin's Pr.

First 100 PB Box Set (5 Books) First 100 Words; First 100 Animals; First 100 Trucks & Things That Go; First 100 Numbers; First 100 Colors, ABC, Numbers, Set. Roger Priddy. 2017. (First 100 Ser.). (ENG., Illus.). (J). 11.99 (978-0-312-52593-4(1), 900185170) St. Martin's Pr.

First 100 Stickers: Animals: Over 500 Stickers. Roger Priddy. 2016. (First 100 Ser.). (ENG.). 80p. (J). pap. 9.99 (978-0-312-52011-3(5), 900156763) St. Martin's Pr.

First 100 Stickers: First Numbers, Colors, Shapes. Roger Priddy. 2017. (First 100 Ser.). (ENG.). 80p. (J). pap. 9.99 (978-0-312-52063-2(8), 900160377) St. Martin's Pr.

First 100 Stickers: Trucks & Things That Go: Sticker Book, with over 500 Stickers. Roger Priddy. 2016. (First 100 Ser.). (ENG.). 80p. (J). pap. 9.99 (978-0-312-52145-5(6), 900165282) St. Martin's Pr.

First 100 Things That Go: Scholastic Early Learners (Touch & Lift) Scholastic. 2016. (Scholastic Early Learners Ser.). (ENG.). 12p. (J). (gr. -1 — 1). bds. 6.99 (978-0-545-90343-1(2)) Scholastic, Inc.

First 100 Things to Count. Kit Elliot & Sam Meredith. 2021. (First 100 Lift-The-Flaps Ser.). (ENG.). 16p. (J). (— 1). bds. 9.99 (978-1-78958-916-0(9)) Top That! Publishing PLC GBR. Dist: Independent Pubs. Group.

First 100 Words. Clever Publishing. Illus. by Clever Publishing. 2023. (Clever Flash Cards Ser.). (ENG., Illus.). 50p. (J). (gr. -1 — 1). 12.99 **(978-1-954738-70-6(6)**, 1172996) Clever Media Group.

First 100 Words / Primeras 100 Palabras: Scholastic Early Learners (Lift the Flap) (Bilingual) Scholastic. 2021. (Scholastic Early Learners Ser.). (ENG.). 14p. (J). (gr. -1 — 1). bds. 9.99 (978-1-338-74573-3(5), Cartwheel Bks.) Scholastic, Inc.

First 100 Words: Scholastic Early Learners (Lift the Flap) Scholastic. 2021. (Scholastic Early Learners Ser.). (ENG.). 14p. (J). (gr. -1 — 1). bds. 9.99 (978-1-338-74365-4(1), Cartwheel Bks.) Scholastic, Inc.

First 100 Words: Scholastic Early Learners (Touch & Lift) Scholastic. 2016. (Scholastic Early Learners Ser.). (ENG.). 12p. (J). (gr. -1 — 1). 6.99 (978-0-545-90330-1(0), Cartwheel Bks.) Scholastic, Inc.

First 1000 Words. Clever Publishing. 2020. (Clever Big Encyclopedia Ser.). (ENG., Illus.). 60p. (J). (gr. -1-3). 12.99 (978-1-949998-33-7(9)) Clever Media Group.

First 101 Words: A Highlights Hide-And-Seek Book with Flaps. Created by Highlights Learning. 2019. (Illus.). 14p.

(J). (— 1). bds. 9.99 (978-1-68437-660-5(2), Highlights Highlights Pr., c/o Highlights for Children, Inc.

First 500 Words, English-Polish Polski - Angielski: Essential Early Words in English (4+) or a New Language (6+) Anna Award. 2017. (ENG.). 96p. (J). 10.99 (978-1-78270-178-1(8)) Award Pubns. Ltd. GBR. Dist: Parkwest Pubns., Inc.

First 56 Days of You: How Your Human Journey Begins. Brooke Stanton & Christiane West. 2023. (ENG.). 64p. 19.95 **(978-1-63755-614-6(4)**, Mascot Kids) Amplify Publishing Group.

First 7. Laura Pohl. 2020. (Last 8 Ser.: 2). 384p. (YA). (gr. 8-12). 17.99 (978-1-4926-7346-0(3)) Sourcebooks, Inc.

First Aid: An Unconventional Comedy in One Act (Classic Reprint) Joan Edridge. (ENG., Illus.). (J). 2018. 22p. (978-0-484-62922-5(0)); 2016. pap. 7.97 (978-1-333-27781-9(4)) Forgotten Bks.

First Aid (a True Book: Survival Skills) Cody Crane. 2023. (True Book (Relaunch) Ser.). (ENG., Illus.). 48p. (J). (gr. 3-5). 31.00 (978-1-338-85365-0(1)); pap. 7.99 (978-1-338-85366-7(X)) Scholastic Library Publishing (Children's Pr.).

First Aid a War-Time Comedy in One Act (Classic Reprint) Helen Bagg. 2018. (ENG., Illus.). 48p. (J). 24.89 (978-0-364-51230-2(X)) Forgotten Bks.

First-Aid for Children. Yamada Makoto. 2018. (VIE.). (J). pap. (978-604-56-4823-0(4)) Woman's Publishing Hse.

First Aid Safety. Emma Bassier. 2020. (Safety for Kids Ser.). (ENG., Illus.). 24p. (J). (gr. k-3). lib. bdg. 31.36 (978-1-5321-6754-6(7), 34669, Pop! Cody Koala) Pop!

First Aid to the Car or Highway Hints & Helps: Guide to Road-Side Repairs & Improvised Replacements. Harold Whiting Slauson. 2017. (ENG., Illus.). (J). pap. (978-0-649-58323-2(X)) Trieste Publishing Pty Ltd.

First Alien Christmas. Bernardine S. Stevens. 2018. (ENG., Illus.). 76p. (J). pap. 17.95 (978-1-64114-476-6(9)) Christian Faith Publishing.

First Amendment: Freedom of Speech & Religion. J. Micklos, Jr. 2017. (Cause & Effect: the Bill of Rights Ser.). (ENG., Illus.). 32p. (J). (gr. 3-6). lib. bdg. 27.99 (978-1-5157-7164-7(4), 135538, Capstone Pr.) Capstone.

First American King (Classic Reprint) George Gordon Hastings. 2018. (ENG., Illus.). (J). 356p. 31.24 (978-0-332-96756-1(5)); 364p. 31.40 (978-0-483-69751-5(6)); 366p. 31.45 (978-0-483-90510-8(0)) Forgotten Bks.

First American Slaves: The History & Abolition of Slavery - Civil Rights Books for Children Children's History Books. Baby Professor. 2017. (ENG., Illus.). (J). pap. (978-1-5419-1039-3(7), Baby Professor (Education Kids)) Speedy Publishing LLC.

First Americans. Lisa Trumbauer. rev. ed. 2016. (Life in the Time Of Ser.). (ENG.). 32p. (J). (gr. 1-3). pap. 8.29 (978-1-4846-4013-5(6), 135089, Heinemann) Capstone.

First Americans, 12 vols., Set. Incl. Arapaho. Michael Burgan. lib. bdg. 34.07 (978-0-7614-3017-9(2), 5ddd739e-fddd-4695-82a7-2c2487fcd554); Choctaw. Sarah De Capua. lib. bdg. 34.07 (978-0-7614-3018-6(0), cb8cffeb-916e-4d59-8aba-fc37b263ed63); Cree. Ruth Bjorklund. lib. bdg. 34.07 (978-0-7614-3020-9(2), 930fdc67-ee50-4458-8bcd-29aa92c9954c); Hopi. Ruth Bjorklund. lib. bdg. 34.07 (978-0-7614-3021-6(0), c092cca6-664b-4525-996e-edf7f613510f); Lakota. Michael Burgan. lib. bdg. 34.07 (978-0-7614-3023-0(7), eba2e1d8-94e3-4e27-a3bf-bf96bdb779e8); Wampanoag. Pamela Dell. lib. bdg. 34.07 (978-0-7614-3024-7(5), 762ac96c-a118-40b8-844f-654ba403df40); 48p. (gr. 3-3). (First Americans Ser.). (ENG.). 2009. Set lib. bdg. 204.42 (978-0-7614-3016-2(4), ca696026-3544-422c-b55d-b663f96695b0); 204.42 (978-0-7614-1893-1(8), f5642165-9e14-4afb-9797-46c53e8e0436) Cavendish Square Publishing LLC. (Cavendish Square).

First Americans - Group 3, 12 vols., Set. Incl. Chumash. Terry Allan Hicks. (Illus.). lib. bdg. 34.07 (978-0-7614-2678-3(7), 78f1c64c-8dfc-48e0-9164-0bfa3309591a); Inuit. David C. King. lib. bdg. 34.07 (978-0-7614-2679-0(5), c28377a2-d999-47b2-a322-ac91b3d9561e); Nez Perce. David C. King. (Illus.). lib. bdg. 34.07 (978-0-7614-2680-6(9), 50bd6acf-0a38-4c42-9027-55497a5998a8); Powhatan. David C. King. (Illus.). lib. bdg. 34.07 (978-0-7614-2681-3(7), ef54c28e-924e-4832-8e3f-405d73ceb98a); Shawnee. Sarah De Capua. (Illus.). lib. bdg. 34.07 (978-0-7614-2682-0(5), 494057cc-0878-4d97-81d8-116e76930fad); Shoshone. Sarah De Capua. (Illus.). lib. bdg. 34.07 (978-0-7614-2683-7(3), 237ed375-3b41-4974-b404-a0277866a617); 48p. (gr. 3-3). (First Americans Ser.). (ENG.). 2008. Set lib. bdg. 204.42 (978-0-7614-2677-6(9), 9c8cfd20-ec35-424d-a687-d183b8f46f76, Cavendish Square) Cavendish Square Publishing LLC.

First Americans Group 2, 12 vols., Set. Incl. Cheyenne. Sarah De Capua. lib. bdg. 34.07 (978-0-7614-2248-8(0), 15e9d6c2-d18f-4e64-9c47-0a98bf01d436); Comanche. Sarah De Capua. lib. bdg. 34.07 (978-0-7614-2249-5(8), 28fc2108-a520-48b9-ac58-3ef03e55fadf); Haida. David C. King. lib. bdg. 34.07 (978-0-7614-2250-1(1), e82c5c5f-3736-4fe3-9217-9fe5d0f29b44); Huron. David C. King. lib. bdg. 34.07 (978-0-7614-2251-8(X), 2010c141-40a8-4758-a4de-ae43c90b1ac6); Ojibwe. C. King. lib. bdg. 34.07 (978-0-7614-2252-5(8), 413a0d1d-4edd-4e0e-b60e-403dcf6d2ec4); Seminole. David C. King. lib. bdg. 34.07 (978-0-7614-2253-2(6), 8db63d40-c860-47d4-af0e-accdcbf3881f); (Illus.). 48p. (gr. 3-3). (First Americans Ser.). (ENG.). 2007. Set lib. bdg. 204.42 (978-0-7614-2247-1(1), bceaac56-aafc-4f0d-a4d3-2adaaa7ebf53, Cavendish Square) Cavendish Square Publishing LLC.

First & Last. Hilaire Belloc. 2017. (ENG., Illus.). (J). 24.95 (978-1-374-96977-3(X)); pap. 14.95 (978-1-374-96976-6(1)) Capital Communications, Inc.

First & Last Science: A Novel of Thinking: Volume Seven of the Kristen-Seraphim Saga. G. V. Loewen. 2021.

(ENG.). 410p. (YA). pap. 21.95 (978-1-68235-544-2(6)) Strategic Book Publishing & Rights Agency (SBPRA).

First & Second Excursion to Paris: Being a Fortnight's Ramble; Together with His Subsequent Visit (Classic Reprint) Ch R. 2018. (ENG., Illus.). 234p. (J). 28.72 (978-0-656-78013-6(4)) Forgotten Bks.

First & Second Marriages: Or, the Courtesies of Wedded Life (Classic Reprint) Madeline Leslie. 2017. (ENG., Illus.). (J). 32.81 (978-1-5281-8666-7(4)) Forgotten Bks.

First Animal Picture Atlas: Meet 475 Awesome Animals from Around the World. Deborah Chancellor & Anthony Lewis. (Kingfisher First Reference Ser.). (ENG.). 48p. (J). 2022. pap. 10.99 (978-0-7534-7880-6(3), 900277919); 2019. 16.99 (978-0-7534-7527-0(8), 900207709) Roaring Brook Pr. (Kingfisher).

First Animals. Hannah + Holly. 2019. (Touch & Learn Ser.). (ENG.). 12p. (J). (gr. -1 — 1). bds. 6.99 (978-1-4998-0902-2(6)) Little Bee Books Inc.

First Animals: Over 500 Words to Learn! Cécile Jugla & Clever Publishing. Illus. by Marion Piffaretti. 2019. (Clever Encyclopedia Ser.). (ENG.). 96p. (J). (gr. -1-k). 12.99 (978-1-948418-80-5(0)) Clever Media Group.

First Appearance, Vol. 1 of 3 (Classic Reprint) Evans Bell. 2018. (ENG., Illus.). 286p. (J). 29.80 (978-0-267-24501-7(7)) Forgotten Bks.

First Appearance, Vol. 2 of 3 (Classic Reprint) Evans Bell. 2018. (ENG., Illus.). 282p. (J). 29.73 (978-0-483-91349-3(9)) Forgotten Bks.

First Baby in Camp: A Full Account of the Scenes & Adventures During the Pioneer Days of '49; George Francis Train; Staging in Early Days; a Mad, Wild Ride; the Pony Express; Some of the Old Time Drivers (Classic Reprint) William P. Bennett. (ENG., Illus.). (J). 2018. 72p. 25.40 (978-0-267-72075-0(0)); 2016. pap. 9.57 (978-1-333-18801-6(3)) Forgotten Bks.

First Base Faulkner (Classic Reprint) Christy Mathewson. 2017. (ENG., Illus.). (J). 30.99 (978-0-331-49763-2(8)); pap. 13.57 (978-0-331-23847-1(0)) Forgotten Bks.

First Battle. Erin Hunter. ed. 2016. (Warriors — Dawn of the Clans Ser.: 3). (J). lib. bdg. 18.40 (978-0-606-38163-5(5)) Turtleback.

First Bible Basics: A Counting Primer. Danielle Hitchen. 2017. (Baby Believer Ser.). (ENG., Illus.). 20p. (J). (gr. 3 — 1). bds. 12.99 (978-0-7369-7232-1(3), 6972321) Harvest Hse. Pubs.

First Biographies, 9 bks., Set. Incl. Bill Clinton. Gini Holland. Illus. by Gary Rees. 1997. lib. bdg. 25.69 (978-0-8172-4450-7(6)); Booker T. Washington. Jan Gleiter & Kathleen Thompson. 1995. lib. bdg. 25.69 (978-0-8114-8454-1(8)); Diego Rivera. Gini Holland. Illus. by Gary Rees. 1997. lib. bdg. 25.69 (978-0-8172-4453-8(0)); Johnny Appleseed. Gini Holland. 1997. lib. bdg. 25.69 (978-0-8172-4452-1(2)); Nelson Mandela. Gini Holland. Illus. by Mike White. 1997. lib. bdg. 25.69 (978-0-8172-4454-5(9)); P. T. Barnum. David K. Wright. Illus. by Mike White. 1997. lib. bdg. 25.69 (978-0-8172-4456-9(5)); Rosa Parks. Gini Holland. Illus. by David Price. 1997. lib. bdg. 25.69 (978-0-8172-4451-4(4)); Sandra Day O'Connor. Gini Holland. Illus. by Mark Roberts. 1997. lib. bdg. 25.69 (978-0-8172-4455-2(7)); Wilma Mankiller. Gini Holland. Illus. by Paul H. Crompton. 1997. lib. bdg. 25.69 (978-0-8172-4457-6(3)); 32p. (J). (gr. 1-4). Set lib. bdg. 231.21 (978-0-7398-4111-2(4)) Heinemann-Raintree.

First Black Girl: Black Women Who Opened the Door for Black Girls. Loretta Johnson-Smith. 2022. (ENG.). 30p. (J). 20.95 **(978-1-63874-299-9(5))** Christian Faith Publishing.

First Bloom Goes Home. Huff Harris. Illus. by Leena Shariq. 2022. (ENG.). 24p. (J). 14.99 **(978-1-0880-4197-0(3)**); pap. 9.99 **(978-1-0880-3454-5(3))** Indy Pub.

First Book for Canadian Children (Classic Reprint) Unknown Author. (ENG., Illus.). (J). 2018. 74p. 25.42 (978-0-365-50729-1(6)); 2017. pap. 9.57 (978-0-259-84051-0(3)) Forgotten Bks.

First Book for Little Folks (Classic Reprint) Rebecca Smith Pollard. 2017. (ENG., Illus.). (J). pap. 9.57 (978-1-5277-5395-2(6)) Forgotten Bks.

First Book in American History (Yesterday's Classics) Edward Eggleston. 2021. (ENG.). 242p. (J). pap. 12.95 (978-1-63334-156-2(9)) Yesterday's Classics.

First Book in Composition, for the Use of Schools: On an Entirely New Plan (Classic Reprint) F. Brookfield. (ENG., Illus.). (J). 2018. 142p. 26.83 (978-0-267-60381-7(9)); 2016. pap. 9.57 (978-1-334-13587-3(8)) Forgotten Bks.

First Book in English: Designed Especially for Foreigners (Classic Reprint) Isabel Richman Wallach. (ENG., Illus.). (J). 2018. 158p. 27.16 (978-0-483-55906-6(7)); 2016. pap. 9.57 (978-1-334-14004-4(9)) Forgotten Bks.

First Book in English (Classic Reprint) Alfred Allan Kern. 2017. (ENG., Illus.). 454p. (J). 33.26 (978-0-484-65878-2(6)) Forgotten Bks.

First Book in French: Or a Practical Introduction to Reading, Writing, & Speaking the French Language (Classic Reprint) Norman Pinney. (ENG., Illus.). (J). 2017. 184p. 27.69 (978-0-332-53386-5(7)); 2016. pap. 10.57 (978-1-334-13854-6(0)) Forgotten Bks.

First Book in French: Or a Practical Introduction to Reading, Writing, & Speaking the French Language (Classic Reprint) Norman Pinney. 2017. (ENG., Illus.). (J). 28.58 (978-0-266-97721-6(9)); pap. 10.97 (978-1-5281-4342-4(6)) Forgotten Bks.

First Book in Phonics (Classic Reprint) Florence Akin. (ENG., Illus.). (J). 2018. 46p. 24.87 (978-0-484-09346-0(0)); 2016. pap. 7.97 (978-1-334-14524-7(5)) Forgotten Bks.

First Book of Australian Frog Calls. Fred Van Gessel & Gerry Swan. 2022. (Sound Bks.). (ENG.). 24p. (J). (— 1). bds. 19.99 (978-1-925546-76-7(4)) New Holland Pubs. Pty, Ltd. AUS. Dist: Independent Pubs. Group.

First Book of Bees (Classic Reprint) Albert B. Tibbets. (ENG., Illus.). (J). 2018. 72p. 25.38 (978-0-364-05196-2(5)); 2016. pap. 9.57 (978-1-332-71373-8(4)) Forgotten Bks.

First Book of Birds. Olive Thorne Miller. 2017. (ENG., Illus.). (J). pap. (978-0-649-58330-0(2)) Trieste Publishing Pty Ltd.

First Book of Birds: With Eight Colored & Twelve Plain Plates & Twenty Figures in the Text (Classic Reprint)

Olive Thorne Miller. 2018. (ENG., Illus.). 216p. (J). 28.35 *(978-0-364-02470-6(4))* Forgotten Bks.

First Book of Bugs (Classic Reprint) Margaret Williamson. (ENG., Illus.). (J). 2018. 50p. 24.95 *(978-0-656-24693-9(6))*; 2016. pap. 7.97 *(978-1-334-13799-0(4))* Forgotten Bks.

First Book of Bush Sounds. Fred Van Gessel. 2022. (ENG.). 24p. (J). (gr. -1-k). 16.99 *(978-1-925546-78-1(0))* New Holland Pubs. Pty, Ltd. AUS. Dist: Independent Pubs. Group.

First Book of Electricity. Sam Epstein & Beryl Epstein. Illus. by Robin King. 2019. (ENG.). 74p. (J). (gr. 4-6). pap. 12.95 *(978-0-578-58239-9(2))* Living Library Pr.

First Book of Fairy Tales & Myths Box Set, 2 vols. Retold by Mary Hoffman. 2018. (ENG., Illus.). 160p. (J). (gr. k-2). 15.99 *(978-1-4654-6585-6(5),* DK Children) Dorling Kindersley Publishing, Inc.

First Book of Farming. Charles Landon Goodrich. 2017. (ENG., Illus.). (J). 25.95 *(978-1-374-81944-3(1))* Capital Communications, Inc.

First Book of Illustrated Words & Sentences: Or Easy Lessons in Spelling (Classic Reprint) William Joseph Moran. (ENG., Illus.). (J). 2018. 166p. 27.34 *(978-0-267-37520-2(4))*; 2016. pap. 9.97 *(978-1-333-18392-9(5))* Forgotten Bks.

First Book of Machines. Walter Buehr. Illus. by Walter Buehr. 2017. (ENG., Illus.). (J). (gr. 4-6). pap. 12.95 *(978-0-692-97395-0(8))* Living Library Pr.

First Book of Plants. Alice Dickinson. 2017. (ENG., Illus.). (YA). (gr. 7-9). pap. 12.95 *(978-0-692-87488-2(7))* Living Library Pr.

First Book of Plants. Alice Dickinson. 2017. (ENG., Illus.). (YA). (gr. 7-9). pap. *(978-1-76057-025-5(7))* Trieste Publishing Pty Ltd.

First Book of Reading Lessons, Vol. 1 (Classic Reprint) Unknown Author. 2018. (ENG., Illus.). 84p. (J). 25.63 *(978-0-267-28678-2(3))* Forgotten Bks.

First Book of Reading Lessons, Vol. 1 (Classic Reprint) Ontario. Council Of Public Instruction. 2017. (ENG., Illus.). (J). 24.80 *(978-0-266-22985-8(9))* Forgotten Bks.

First Book of Religion (Classic Reprint) Charles A. Lane. 2019. (ENG., Illus.). 120p. (J). 26.37 *(978-0-483-40530-1(2))* Forgotten Bks.

First Book of Song & Story (Classic Reprint) Cynthia May Westover Alden. (ENG., Illus.). (J). 2018. 512p. 34.48 *(978-0-666-75276-5(1))*; 2016. pap. 16.97 *(978-1-334-38680-0(3))* Forgotten Bks.

First Book of the Great Musicians (Yesterday's Classics) Percy A. Scholes. 2021. (ENG.). 190p. (YA). pap. 11.95 *(978-1-63334-128-9(3))* Yesterday's Classics.

First Book of the School Concert (Classic Reprint) Evans Brothers Limited. (ENG., Illus.). (J). 2018. 100p. 25.96 *(978-0-364-88201-6(8))*; 2017. pap. 9.57 *(978-0-259-44937-9(7))* Forgotten Bks.

First Book of the Sea. Nicola Davies. Illus. by Emily Sutton. 2018. (ENG.). 104p. (J). (gr. -1-2). 22.00 *(978-0-7636-9882-9(2))* Candlewick Pr.

First Book on Anatomy & Physiology (Classic Reprint) Calvin Cutter. 2018. (ENG., Illus.). (J). 146p. 26.91 *(978-1-396-40465-8(1))*; 148p. pap. 9.57 *(978-1-391-00049-7(8))* Forgotten Bks.

First Break. Jamie Weil. 2018. (ENG.). 192p. (J). pap. 14.99 *(978-1-7327237-0-2(2))* All Things That Matter Pr.

First Broom. Kallie George. Illus. by Joelle Murray. 2022. (ENG.). 24p. (J). (gr. -1-k). pap. 7.99 *(978-1-338-80392-1(1),* Cartwheel Bks.) Scholastic, Inc.

First but Forgotten. Nicole A. Mansfield et al. 2023. (First but Forgotten Ser.). (ENG.). 32p. (J). 250.56 ***(978-1-6690-1584-0(X),*** 249100); pap., pap., pap. 63.92 ***(978-1-6690-1585-7(8),*** 249101); 125.28 *(978-0-7565-7168-9(5),* 248343); pap., pap., pap. 31.96 *(978-0-7565-7169-6(3),* 247592) Capstone. (Capstone Pr.).

First Came Forever. Annie Woods. 2017. (ENG., Illus.). 322p. (J). pap. *(978-1-78465-261-6(X),* Vanguard Press) Pegasus Elliot Mackenzie Pubs.

First Came the Sumerians Then the Akkadians - Ancient History for Kids Children's Ancient History. Baby Professor. 2017. (ENG., Illus.). (J). pap. 9.55 *(978-1-5419-1462-9(7),* Baby Professor (Education Kids)) Speedy Publishing LLC.

First Camel Cup. Margaret James. 2021. (ENG.). 26p. (J). pap. *(978-1-922591-74-6(2))* Library For All Limited.

First Canadians in France: The Chronicle of a Military Hospital in the War Zone (Classic Reprint) F. McKelvey Bell. 2017. (ENG., Illus.). (J). 30.87 *(978-1-5285-8360-2(4))* Forgotten Bks.

First Capture, or Hauling down the Flag of England (Classic Reprint) Harry Castlemon. 2018. (ENG., Illus.). 266p. (J). 29.40 *(978-0-267-21334-4(4))* Forgotten Bks.

First Case. Felix Gumpaw. Illus. by Glass House Glass House Graphics. 2021. (Pup Detectives Ser.: 1). (ENG.). 144p. (J). (gr. k-4). 17.99 *(978-1-5344-7495-6(1))*; pap. 9.99 *(978-1-5344-7494-9(3))* Little Simon. (Little Simon).

First Cat in Space Ate Pizza. Mac Barnett. Illus. by Shawn Harris. (First Cat in Space Ser.: 1). (ENG.). 320p. (J). (gr. 3-7). 2023. pap. 10.99 *(978-0-06-308409-4(0))*; 2022. 16.99 *(978-0-06-308408-7(2))* HarperCollins Pubs. (Tegen, Katherine Bks).

First Catch. Katelynn Batzer. 2020. (ENG.). 34p. (J). 19.99 *(978-1-7359487-4-4(8))*; pap. 16.99 *(978-1-7359487-5-1(6))* Mindstir Media.

First Catholics see First Christians: The ACts of the Apostles for Children

First Charge. Amanda Steel. 2020. (ENG.). 182p. (YA). pap. 9.99 *(978-1-393-64645-7(X))* Draft2Digital.

First Charge. Amanda Steel. 2019. (ENG.). 176p. (J). pap. 19.99 *(978-0-359-64110-9(5))* Lulu Pr., Inc.

First Christmas. Anonymous. Illus. by Jess Racklyeft. 2019. 32p. (J). (— 1). 24.99 *(978-0-14-379690-9(9),* Puffin) Penguin Random Hse. AUS. Dist: Independent Pubs. Group.

First Christmas. Holly Berry Byrd. Ed. by Cottage Door Press. Illus. by Morgan Huff. 2017. (ENG.). 12p. (J). (gr. -1-2). bds. 8.99 *(978-1-68052-231-0(0),* 1002170) Cottage Door Pr.

First Christmas. Elaine Forrest. 2022. (ENG.). 22p. (J). pap. 13.95 ***(978-1-68570-820-7(X))*** Christian Faith Publishing.

First Christmas. Susana Gay & Owen Gay. 2018. (ENG., Illus.). 16p. (J). (gr. -1 — 1). bds. 6.99 *(978-0-8249-1679-4(4))* Worthy Publishing.

First Christmas. Suzanne Lieurance. Illus. by Leslie Lindecker & Dave Phillips. 2020. (ENG.). 10p. (J). bds. 7.99 *(978-1-64269-248-8(4),* 4062, Sequoia Publishing & Media LLC) Phoenix International Publications, Inc.

First Christmas, 1 vol. Illus. by Yorgos Sgouros. 2020. (Stories of Christmas Ser.). (ENG.). 24p. (J). (gr. 1-2). lib. bdg. 26.27 *(978-1-4994-8587-5(5),* c8cd8281-0f99-4e31-80b7-5f3fa797fe59); pap. 9.25 *(978-1-4994-8585-1(9),* 8a18646c-3698-4f12-bf09-bc7105a18cba) Rosen Publishing Group, Inc., The. (Windmill Bks.).

First Christmas: A Bedtime Shadow Book. Illus. by Martha Day Zschock. 2022. (ENG.). 7p. (J). pap. 12.99 *(978-1-4413-3562-3(5),* 27eff835-b682-41b1-b35b-a4f548299f7d) Peter Pauper Pr. Inc.

First Christmas: A Spark Story Bible Play & Learn Book. Ed. by Jill C. Lafferty. Illus. by Peter Grosshauser. 2016. (ENG.). 64p. (J). (gr. -1-3). 9.99 *(978-1-5064-1763-9(9),* Sparkhouse Family) 1517 Media.

First Christmas: From Ben-Hur (Classic Reprint) Lew Wallace. 2018. (ENG., Illus.). 152p. (J). 27.05 *(978-0-267-21858-5(3))* Forgotten Bks.

First Christmas: Pack Of 10, 10 vols. Sophie Piper. Illus. by Estelle Corke. ed. 2019. (ENG.). 32p. (J). pap. 27.99 ***(978-0-7459-7859-8(2),*** a90baee5-f8b4-4a90-9be3-6f4ab60e04be, Lion Children's) Lion Hudson PLC GBR. Dist: Baker & Taylor Publisher Services (BTPS).

First Christmas 10 Pack. Lois Rock. ed. 2018. (ENG.). 16p. (J). pap. 27.99 ***(978-0-7459-7817-8(7),*** f6b4d6e0-dcb1-4864-bd8c-136772ae4a3c, Lion Children's) Lion Hudson PLC GBR. Dist: Baker & Taylor Publisher Services (BTPS).

First Christmas (2-4) Warner Press. 2018. (ENG.). 16p. (J). pap. 2.39 *(978-1-68434-044-6(6))* Warner Pr., Inc.

First Christmas Children's Book (German) Remembering the World's Greatest Birthday. Gunter. Ed. by Nate Books. Illus. by Mauro Lirussi. 2021. (German Children's Books on Life & Behavior Ser.: Vol. 11). (GER.). 52p. (J). pap. 9.95 ***(978-0-578-97456-9(8))*** TGJS Publishing.

First Christmas Children's Book (Portuguese) Remembering the World's Greatest Birthday. Gunter. Ed. by Nate Books. Illus. by Mauro Lirussi. 2021. (Portuguese Children Books about Life & Behavior Ser.: Vol. 11). (POR.). 52p. (J). pap. 9.95 ***(978-0-578-99361-4(9))*** TGJS Publishing.

First Christmas Children's Book (Spanish) Remembering the World's Greatest Birthday. Ed. by Nate Books. Illus. by Mauro Lirussi. 2021. (Spanish Children's Books on Life & Behavior Ser.: Vol. 11). (SPA.). 52p. (J). pap. 9.95 ***(978-0-578-97741-6(9))*** TGJS Publishing.

First Christmas: Create Your Own Nativity Scene: Simple-To-Make Press-Out Model. Jan Lewis. 2018. (ENG., Illus.). 24p. (J). (gr. -1-12). pap. 13.00 *(978-1-86147-826-9(7),* Armadillo) Anness Publishing GBR. Dist: National Bk. Network.

First Christmas on the Farm. Holly Berry-Byrd. Ed. by Cottage Door Press. Illus. by Katya Longhi. 2022. (ENG.). 16p. (J). (gr. -1 — 1). bds. 8.99 *(978-1-64638-671-0(X),* 1008620) Cottage Door Pr.

First Christmas Sweater (and the Sheep Who Changed Everything) Ryan Tubridy. Illus. by Chris Judge. 2019. (ENG.). 144p. (J). (gr. 2-5). 14.99 *(978-1-5362-1132-0(X))* Candlewick Pr.

First Christmas Tree. Donna Branch. 2017. (ENG., Illus.). (J). pap. 11.99 *(978-1-5456-0712-1(5))* Salem Author Services.

First Christmas Tree. Henry Van Dyke. 2018. (ENG., Illus.). 28p. (J). 9.99 *(978-1-5154-2929-6(6))* Wilder Pubns., Corp.

First Christmas-Tree (Classic Reprint) Henry Van Dyke. 2017. (ENG., Illus.). (J). 25.84 *(978-0-266-70868-1(4))* Forgotten Bks.

First Christmas Tree (Classic Reprint) Henry Van Dyke. (ENG., Illus.). (J). 2018. 90p. 25.77 *(978-1-396-78930-4(8))*; 2018. 92p. pap. 9.57 *(978-1-396-37970-3(3))*; 2017. 25.73 *(978-0-260-90293-1(4))* Forgotten Bks.

First Circle of Monday Egg. B. T. Higgins. 2022. (ENG.). 216p. (J). pap. 14.99 *(978-1-64960-353-1(3))* Emerald Hse. Group, Inc.

First Civilizations to 500 Bce. Tim Cook. 2017. (World History Ser.). (ENG.). 48p. (J). lib. bdg. 34.99 *(978-1-5105-2191-9(7))* SmartBook Media, Inc.

First Claim (Classic Reprint) M. Hamilton. 2017. (ENG., Illus.). (J). 322p. 30.56 *(978-0-332-35642-6(6))*; pap. 13.57 *(978-0-259-35050-7(8))* Forgotten Bks.

First Class, 1. Jamie Mae. ed. 2020. (Isle of Misfits Ser.). (ENG.). 96p. (J). (gr. 2-3). 15.49 *(978-1-64697-048-3(9))* Penworthy Co., LLC, The.

First Class Transportation Services Coloring Book. Smarter Activity Books for Kids. 2016. (ENG., Illus.). (J). pap. 9.22 *(978-1-68374-444-3(6))* Examined Solutions PTE. Ltd.

First Coconut Tree - Moan Rikin Te Nii (Te Kiribati) Ioane Taun. Illus. by John Maynard Balinggao. 2023. (ENG.). 40p. (J). pap. ***(978-1-922876-10-2(0))*** Library For All Limited.

First Coding, 12 vols. 2021. (First Coding Ser.). (ENG.). 24p. (J). (gr. 2-3). lib. bdg. 145.62 *(978-1-5382-7483-5(3),* 60373202-0241-422d-8c8c-0ba33c30842a) Stevens, Gareth Publishing LLLP.

First Coloring Book for Toddlers! Discover a Variety of Coloring Pages. Bold Illustrations. 2022. (ENG.). 82p. (J). pap. 14.99 *(978-1-0717-0634-3(9),* Bold Illustrations) FASTLANE LLC.

First Colors. Hannah + Holly. 2019. (Touch & Learn Ser.). (ENG.). 12p. (J). (gr. -1 — 1). bds. 6.99 *(978-1-4998-0903-9(4))* Little Bee Books Inc.

First Comes Work Then Comes Play. Karen Kasper. 2017. (Cow Boss Ser.: Vol. 4). (ENG., Illus.). (J). (gr. k-6). pap. 11.95 *(978-1-61244-570-0(5))* Halo Publishing International.

First Communion Days: And True Stories for First Communicants. Sr Julie Du St Esprit. Illus. by Wilfrid Pippet. 2019. (ENG.). 198p. (J). (gr. k-3). pap. 12.95 *(978-1-64051-074-6(5))* St. Augustine Academy Pr.

First Comprehension: Comics. Liza Charlesworth. 2019. (ENG.). 64p. (J). (gr. k-2). pap. 11.99 *(978-1-338-31431-1(9))* Scholastic, Inc.

First Comprehension: Nonfiction. Immacula A. Rhodes. 2019. (ENG.). 64p. (J). (gr. k-2). pap. 11.99 *(978-1-338-31432-8(7))* Scholastic, Inc.

First Comprehension: Fiction. Immacula A. Rhodes. 2019. (ENG.). 64p. (J). (gr. k-2). pap. 11.99 *(978-1-338-31433-5(5))* Scholastic, Inc.

First Concepts with Fine Artists: a Collection of Five Books. Phaidon. 2016. (ENG.). 150p. (J). bds. 59.95 *(978-1-83866-119-9(0))* Phaidon Pr., Inc.

First Conspiracy (Young Reader's Edition) The Secret Plot to Kill George Washington. Brad Meltzer & Josh Mensch. 2020. (ENG., Illus.). 368p. (J). 19.99 *(978-1-250-24483-3(8),* 900212408) Roaring Brook Pr.

First Continental Congress. Marylou Kjelle. 2017. (Young America Ser.). (Illus.). 47p. (J). (gr. 3-6). 29.95 *(978-1-61228-977-9(0))* Mitchell Lane Pubs.

First Conversations Board 10c Mixed Counter Display. Penguin Penguin Workshop. 2023. (J). (-k). bds., bds., bds. 91.90 *(978-0-593-32265-9(7))* Penguin Young Readers Group.

First Cookbooks, 6 vols., Set. Sarah L. Schuette. Incl. Christmas Cookbook: Simple Recipes for Kids. 2011. lib. bdg. 25.99 *(978-1-4296-5999-4(8),* 114936); Princess Cookbook: Simple Recipes for Kids. 2010. lib. bdg. 25.99 *(978-1-4296-5374-9(4),* 113802); Superhero Cookbook: Simple Recipes for Kids. 2011. lib. bdg. 25.99 *(978-1-4296-5998-7(X),* 114935); (J). (gr. 1-3). (First Cookbooks Ser.). (ENG.). 24p. 2011. 77.97 *(978-1-4296-6135-5(6),* 15997, Capstone Pr.) Capstone.

First Counting Age 3-5 Wipe Clean Activity Book: Ideal for Home Learning (Collins Easy Learning Preschool) Collins Easy Learning. 2020. (Collins Easy Learning Preschool Ser.). (ENG.). 24p. (J). (— 1). pap. 8.95 *(978-0-00-838786-0(9))* HarperCollins Pubs. Ltd. GBR. Dist: Independent Pubs. Group.

First Course in Algebra: Teachers' Edition (Classic Reprint) Herbert Edwin Hawkes. 2017. (ENG., Illus.). (J). 29.88 *(978-0-265-94491-2(0))*; pap. 13.57 *(978-1-5279-0750-8(3))* Forgotten Bks.

First Dance As Husband & Wife Activity Book. Activity Book Zone for Kids. 2016. (ENG., Illus.). (J). pap. 7.55 *(978-1-68376-102-0(2))* Sabeels Publishing.

First-Date Dilemma. Jane B. Mason. Illus. by Sumin Cho. 2018. (Junior High Drama Ser.). (ENG.). 64p. (J). (gr. 3-6). 25.99 *(978-1-4965-4709-5(8),* 135223, Stone Arch Bks.) Capstone.

First Day. Andrew Daddo. Illus. by Jonathan Bentley. 2017. 32p. (J). pap. 6.99 *(978-0-7333-3271-5(4))* ABC Bks. AUS. Dist: HarperCollins Pubs.

First Day. Margaret Wild & Kim Gamble. 2017. (ENG.). 32p. (J). (gr. k-2). pap. 13.99 *(978-1-76029-391-8(1))* Allen & Unwin AUS. Dist: Independent Pubs. Group.

First Day & Soccer Surprise. Gemma McMullen. Illus. by Andrew Heather. 2023. (Level 0 - Lilac Set Ser.). (ENG.). 32p. (J). (gr. k-1). lib. bdg. 19.95 Bearport Publishing Co., Inc.

First Day at School - Te Moan Bong N Te Reirei (Te Kiribati) Cynthia Knox. Illus. by Jhunny Moralde. 2023. (ENG.). 24p. (J). pap. ***(978-1-922844-26-2(8))*** Library For All Limited.

First Day Critter Jitters. Jory John. Illus. by Liz Climo. 2020. 40p. (J). (gr. -1-3). 17.99 *(978-0-7352-2855-9(8),* Dial Bks) Penguin Young Readers Group.

First Day Hooray Hc. Sobel. 2023. (ENG.). (J). pap. 17.99 ***(978-0-358-61724-2(3),*** HarperCollins) HarperCollins Pubs.

First Day in Grapes see Primer Dia en Las Uvas (Spanish Edition)

First Day of Groot! Brendan Deneen. 2019. (ENG., Illus.). 32p. (J). (gr. -1-k). 12.99 *(978-1-368-00069-7(X))* Marvel Worldwide, Inc.

First Day of Peace. Todd Shuster & Maya Soetoro-Ng. Illus. by Tatiana Gardel. 2023. (ENG.). 32p. (J). (gr. -1-3). 18.99 ***(978-1-5362-0759-0(4))*** Candlewick Pr.

First Day of School. Kareem Bernard. 2019. (ENG., Illus.). 16p. (J). *(978-0-359-84163-9(5))* Lulu Pr., Inc.

First Day of School. Margo Gates. 2022. (Read about School (Read for a Better World (tm)) Ser.). (ENG., Illus.). 24p. (J). (gr. k-2). pap. 9.99 *(978-1-7284-6421-3(8),* ba540ff7-315c-4246-8bd7-006ad220ba84, Lerner Pubns.) Lerner Publishing Group.

First Day of School. Monyue Odell Bright. 2018. (ENG., Illus.). 22p. (J). pap. 11.95 *(978-1-64079-801-4(3))* Christian Faith Publishing.

First Day of School. Cala Spinner. Illus. by Jannie Ho. 2023. (Little Engine That Could Ser.). 24p. (J). (gr. -1-1). pap. 6.99 *(978-0-593-65832-1(9),* Grosset & Dunlap) Penguin Young Readers Group.

First Day of School. Esther Van den Berg. Illus. by Esther Van den Berg. 2021. (ENG., Illus.). 32p. (J). 18.95 *(978-1-60537-633-2(7))* Clavis Publishing.

First Day of School: A Humorous Entertainment (Classic Reprint) Mayme Riddle Bitney. (ENG., Illus.). (J). 2018. 32p. 24.56 *(978-0-267-39569-9(8))*; 2016. pap. 7.97 *(978-1-334-13151-6(1))* Forgotten Bks.

First Day of School (Book 5) Wiley Blevins. Illus. by Jim Paillot. 2019. (Funny Bone Books (tm) First Chapters — Ick & Crud Ser.). (ENG.). 32p. (J). (gr. k-2). pap. 6.99 *(978-1-63440-265-1(0),* d0627673-5fc3-4987-8ec5-d73fb79c28d1); lib. bdg. 19.99 *(978-1-63440-261-3(8),* 31b4a2e1-99c9-421b-877f-a709f69b5408) Red Chair Pr.

First Day of School Mad Libs: World's Greatest Word Game. Kim Ostrow. 2021. (Mad Libs Ser.). 48p. (J). (gr. 3-7). pap. 4.99 *(978-0-593-22587-5(2),* Mad Libs) Penguin Young Readers Group.

First Day of the Rest of Her Life, Vol. 1. Mariah Huehner. ed. 2017. (Stitched Ser.: 1). (J). lib. bdg. 20.85 *(978-0-606-39878-7(3))* Turtleback.

First Day of Unicorn School. Jess (Fink) Hernandez. Illus. by Mariano Epelbaum. 2023. (ENG.). 32p. pap. 7.99 *(978-1-68446-796-9(9),* 252713, Capstone Editions) Capstone.

First Day Stories. Katherine K. Newman. 2016. (ENG., Illus.). (J). pap. 31.00 *(978-1-365-33377-4(9))* Lulu Pr., Inc.

First Day Stories with Lessons for Friends' Children. Katherine Newman. 2023. (ENG.). 121p. (J). pap. ***(978-1-312-52450-7(2))*** Lulu Pr., Inc.

First Days Amongst the Contrabands (Classic Reprint) Elizabeth Hyde Botume. 2017. (ENG., Illus.). (J). 30.00 *(978-0-266-70296-2(1))* Forgotten Bks.

First Days in School: A Primer (Classic Reprint) Seth Thayer Stewart. 2018. (ENG., Illus.). (J). 104p. 26.06 *(978-1-391-35211-4(4))*; 106p. pap. 9.57 *(978-1-390-92430-5(0))* Forgotten Bks.

First Days of Man: As Narrated Quite Simply for Young Readers (Classic Reprint) Frederic Arnold Kummer. (ENG., Illus.). (J). 2018. 294p. 30.06 *(978-0-483-77082-9(5))*; 2016. pap. 13.57 *(978-1-333-34238-8(1))* Forgotten Bks.

First Dictionary. Miles Kelly. Ed. by Richard Kelly. 2017. (Illus.). 96p. (J). pap. 17.95 *(978-1-78617-014-9(0))* Miles Kelly Publishing, Ltd. GBR. Dist: Parkwest Pubns., Inc.

First Dinosaur: How Science Solved the Greatest Mystery on Earth. Ian Lendler. Illus. by C. M. Butzer. 2019. (ENG.). 224p. (J). (gr. 5). 24.99 *(978-1-5344-2700-6(7),* McElderry, Margaret K. Bks.) McElderry, Margaret K. Bks.

First Dinosaur: How Science Solved the Greatest Mystery on Earth. Ian Lendler. Illus. by C. M. Butzer. 2019. 220p. (J). *(978-1-5344-2701-3(5))* Simon & Schuster, Inc.

First Dinosaur Encyclopedia. DK. 2016. (DK First Reference Ser.). (ENG., Illus.). 136p. (J). (gr. 2-5). 16.99 *(978-1-4654-4346-5(0),* 1405878, DK Children) Dorling Kindersley Publishing, Inc.

First Dinosaur Picture Atlas: Meet 125 Fantastic Dinosaurs from Around the World. David Burnie. Illus. by Anthony Lewis. (Kingfisher First Reference Ser.). (ENG.). 48p. (J). 2022. pap. 10.99 *(978-0-7534-7879-0(X),* 900277918); 2020. 16.99 *(978-0-7534-7536-2(7),* 900211376) Roaring Brook Pr. (Kingfisher).

First Dixie Reader: Designed to Follow the Dixie Primer (Classic Reprint) M. B. Moore. 2018. (ENG., Illus.). 72p. (J). 25.38 *(978-0-267-27032-3(1))* Forgotten Bks.

First Dixie Reader: Designed to Follow the Dixie Primer (Classic Reprint) M. B. Moore. (ENG., Illus.). (J). 2018. 66p. 25.28 *(978-0-483-93586-0(7))*; 2018. 70p. 25.34 *(978-0-483-98751-7(4))*; 2016. pap. 9.57 *(978-1-334-15258-0(6))* Forgotten Bks.

First Drawings (Set), 6 vols. Katie Lajiness. 2016. (First Drawings (Big Buddy Books) Ser.). (ENG.). 32p. (J). (gr. 2-5). lib. bdg. 205.32 *(978-1-68078-518-0(4),* 23599, Big Buddy Bks.) ABDO Publishing Co.

First Earth Encyclopedia: A First Reference Guide to the Geographic World. DK. 2018. (DK First Reference Ser.). (ENG., Illus.). 128p. (J). (gr. k-4). 16.99 *(978-1-4654-4347-2(9),* DK Children) Dorling Kindersley Publishing, Inc.

First Easter. Susana Gay & Owen Gay. 2019. (ENG., Illus.). 16p. (J). (gr. -1 — 1). bds. 6.99 *(978-0-8249-1685-5(9),* Worthy Kids/Ideals) Worthy Publishing.

First Easter: Pack Of 10, 10 vols, Pack. Sophie Piper. Illus. by Estelle Corke. ed. 2019. (ENG.). 32p. (J). (gr. -1). pap. 27.99 *(978-0-7459-7834-5(7),* 5717aeb9-83c1-4fda-8e2c-a6a807da6b9e, Lion Children's) Lion Hudson PLC GBR. Dist: Baker & Taylor Publisher Services (BTPS).

First Easter Day. Jill Roman Lord. Illus. by Kimberley Barnes. 2020. (ENG.). 20p. (J). (gr. -1 — 1). bds. 6.99 *(978-1-5460-1435-5(7),* Worthy Kids/Ideals) Worthy Publishing.

First Easter Egg Hunt. Charlotte Guillain & Adam Guillain. Illus. by Pippa Curnick. 2023. (ENG.). 32p. (J). (gr. -1-k). pap. 9.99 *(978-1-4052-8628-2(8))* Farshore GBR. Dist: HarperCollins Pubs.

First Edition of the Fourth Book of the Heroic Deeds & Sayings of the Noble Pantagruel. Francois Rabelais & W. F. (William Francis) Smith. 2017. (ENG., Illus.). 88p. (J). pap. *(978-3-337-18889-4(3))* Creation Pubs.

First Edition of the Fourth Book of the Heroic Deeds & Sayings of the Noble Pantagruel (Classic Reprint) François Rabelais. (ENG., Illus.). (J). 2018. 86p. 25.69 *(978-0-365-43533-4(3))*; 2016. pap. 9.57 *(978-1-333-62498-9(0))* Forgotten Bks.

First English Book for Foreign Pupils: With the Pronunciation Shown by Marks Applied to the Ordinary Spelling (Classic Reprint) William Alexander Craigie. (ENG., Illus.). (J). 2018. 104p. 26.04 *(978-0-484-41369-5(4))*; 2016. pap. 9.57 *(978-1-334-13652-8(1))* Forgotten Bks.

First Escape. Helaine Fiedler. 2018. (ENG., Illus.). 42p. (J). pap. 20.45 *(978-1-4808-5562-5(6))* Archway Publishing.

First Escape. Helaine Fiedler. 2018. (Adventures of the Hollywood Hens Ser.). (ENG., Illus.). 48p. (J). (gr. -1-2). 17.99 *(978-1-4808-5563-2(4))* Archway Publishing.

First Ever Christmas. Pamela Lutwyche. 2019. (ENG.). 72p. (J). pap. *(978-1-78830-266-1(4))* Olympia Publishers.

First Facts Big Cats. Georgie Taylor. Illus. by Bethany Carr. 2022. (Move Turn Learn (Turn-The-Wheel Books) Ser.). (ENG.). 10p. (J). bds. 9.99 *(978-1-80105-247-4(6))* Top That! Publishing PLC GBR. Dist: Independent Pubs. Group.

First Facts Dinosaurs. Georgie Taylor. Illus. by Bethany Carr. 2022. (Move Turn Learn (Turn-The-Wheel Books) Ser.). (ENG.). 10p. (J). bds. 9.99 ***(978-1-80105-041-8(4))*** Top That! Publishing PLC GBR. Dist: Independent Pubs. Group.

First Facts Farm Animals. Georgie Taylor. Illus. by Bethany Carr. 2022. (Move Turn Learn (Turn-The-Wheel Books) Ser.). (ENG.). 10p. (J). bds. 9.99 *(978-1-80105-248-1(4))* Top That! Publishing PLC GBR. Dist: Independent Pubs. Group.

First Facts Sharks. Georgie Taylor. Illus. by Bethany Carr. 2022. (Move Turn Learn (Turn-The-Wheel Books) Ser.). (ENG.). 10p. (J). bds. 9.99 ***(978-1-80105-042-5(2))*** Top That! Publishing PLC GBR. Dist: Independent Pubs. Group.

First Families. Richard Mace. 2017. (ENG.). 264p. (J). pap. *(978-3-337-00019-6(3))* Creation Pubs.

First Families: A Tale of North & South (Classic Reprint) Richard Mace. 2018. (ENG., Illus.). 258p. (J). 29.22 *(978-0-483-95351-2(2))* Forgotten Bks.

668 The check digit for ISBN-10 appears in parentheses after the full ISBN-13

First Family in Space. Raymond Bean. Illus. by Matthew Vimislik. 2016. (Out of This World Ser.). (ENG.). 112p. (J). (gr. 2-5). lib. bdg. 32.65 *(978-1-4965-3617-4(7),* 132833, Stone Arch Bks.) Capstone.

First Family of Tasajara. Bret Harte. 2017. (ENG., Illus.). (J). 23.95 *(978-1-374-93602-7(2));* pap. 13.95 *(978-1-374-93601-0(4))* Capital Communications, Inc.

First Family of Tasajara: And Other Tales (Classic Reprint) Bret Harte. 2018. (ENG., Illus.). 504p. (J). 34.31 *(978-0-365-00342-7(5))* Forgotten Bks.

First Family of Tasajara: The Queen of the Pirate Isle (Classic Reprint) Bret Harte. 2018. (ENG., Illus.). 354p. (J). 31.22 *(978-0-483-10788-5(3))* Forgotten Bks.

First Family of Tasajara, and, Three Partners: And Other Tales (Classic Reprint) Bret Harte. (ENG., Illus.). (J). 2018. 880p. 42.05 *(978-0-656-34716-2(3));* 2017. pap. 24.39 *(978-0-243-43542-5(8))* Forgotten Bks.

First Family of Tasajara, Vol. 1 of 2 (Classic Reprint) Bret Harte. 2018. (ENG., Illus.). 232p. (J). 28.68 *(978-0-483-68104-0(0))* Forgotten Bks.

First Family of Tasajara, Vol. 2 of 2 (Classic Reprint) Bret Harte. 2018. (ENG., Illus.). 214p. (J). 28.31 *(978-0-484-80672-5(6))* Forgotten Bks.

First Family Tree. Lopez. Ed. by Amy Everhart. Illus. by Sotelo None. 2023. 40p. (J). 24.99 ***(978-1-6678-5731-2(2))*** BookBaby.

First Fam'lies of the Sierras (Classic Reprint) Joaquin Miller. 2017. (ENG., Illus.). (J). 29.42 *(978-0-266-37435-0(2))* Forgotten Bks.

First Feelings: Happy Unicorn: A Lift-The-Flap Book! Clever Publishing. Illus. by Samara Hardy. 2022. (First Feelings Ser.). (ENG.). 10p. (J). (gr. -1-1). bds. 10.99 *(978-1-951100-97-1(2))* Clever Media Group.

First Feelings: Sad Unicorn: A Lift-The-Flap Book! Clever Publishing. Illus. by Samara Hardy. 2022. (First Feelings Ser.). (ENG.). 10p. (J). (gr. -1-1). bds. 10.99 *(978-1-951100-96-4(4))* Clever Media Group.

First Felt Flaps: Dinosaurs! Georgie Taylor. 2022. (First Felt Flaps Ser.). (ENG.). 10p. (J). (— 1). bds. 7.99 *(978-1-64517-886-6(2),* Silver Dolphin Bks.) Printers Row Publishing Group.

First Five Hundred Days of a Child's Life (Classic Reprint) Winfield Scott Hall. 2018. (ENG., Illus.). 28p. (J). 24.49 *(978-0-666-78255-7(5))* Forgotten Bks.

First Flight. Contrib. by Caryn Jenner. 2023. (DK Super Readers Ser.). (ENG., Illus.). 48p. (J). (gr. 4-7). 14.99 *(978-0-7440-7206-8(9),* DK Children) Dorling Kindersley Publishing, Inc.

First Flight! First Airplane to First Spaceship - Aviation History for Kids - Children's Aviation Books. Professor Gusto. 2016. (ENG., Illus.). (J). pap. 10.81 *(978-1-68321-971-2(6))* Mimaxion.

First Flight Out! Orville & Wilbur Wright & the Invention of the Airplane Grade 5 Social Studies Children's Biographies. Dissected Lives. 2022. (ENG.). 72p. (J). 31.99 ***(978-1-5419-9434-8(5));*** pap. 19.99 ***(978-1-5419-8197-3(9))*** Speedy Publishing LLC. (Dissected Lives (Auto Biographies)).

First Flying Car. Michlin Swanson. 2019. (ENG., Illus.). 114p. (J). pap. 21.95 *(978-1-64096-869-1(5))* Newman Springs Publishing, Inc.

First Franklin Christmas Tree. Thadamouse. Illus. by Claudie C. Bergeron. 2021. (ENG.). 36p. (J). 19.99 *(978-1-7370547-0-2(1))* Valiant Mouse.

First Franklin Christmas Tree Coloring Book. Thadamouse. Illus. by Claudie C. Bergeron. 2021. (ENG.). 36p. (J). pap. 9.99 *(978-1-7370547-2-6(8))* Valiant Mouse.

First French Dictionary: 500 First Words for Ages 5+ Collins Dictionaries. Illus. by Maria Herbert-Liew. 3rd rev. ed. 2020. (ENG.). 80p. (J). (gr. k-2). pap. 10.99 *(978-0-00-831271-8(0))* HarperCollins Pubs. Ltd. GBR. Dist: Independent Pubs. Group.

First Friend. Christobel Mattingley. Illus. by Craig Smith. 2020. (Puffin Nibbles Ser.). 80p. (J). (gr. k-2). pap. 9.99 *(978-0-14-130894-4(X),* Puffin) Penguin Random Hse. AUS. Dist: Independent Pubs. Group.

First Friend: An Anthology of the Friendship of Man & Dog, Compiled from the Literature of All Ages 1400 (Classic Reprint) Lucy Menzies. 2018. (ENG., Illus.). 206p. (J). 28.17 *(978-0-483-75527-7(3))* Forgotten Bks.

First from the Front (Classic Reprint) Harold Ashton. 2017. (ENG., Illus.). (J). 27.49 *(978-0-260-95925-6(1))* Forgotten Bks.

First Fruits in Korea: A Story of Church Beginnings in the Far East (Classic Reprint) Charles Allen Clark. (ENG., Illus.). (J). 2017. 31.03 *(978-0-331-75382-0(0));* 2016. pap. 13.57 *(978-1-333-34062-9(1))* Forgotten Bks.

First Fun: Color by Numbers: Over 50 Colorful Creations. Edward Miller. 2022. (First Fun Ser.). (ENG.). 64p. (J). pap. 6.99 *(978-1-64124-156-4(X),* 1564) Fox Chapel Publishing Co., Inc.

First Fun: Dot-To-Dot: Over 50 Dazzling Dot-To-Dots. Edward Miller. 2022. (First Fun Ser.). (ENG.). 64p. (J). pap. 6.99 *(978-1-64124-155-7(1),* 1557) Fox Chapel Publishing Co., Inc.

First Fun: Mazes: Over 50 Amazing Mazes. Edward Miller. 2022. (First Fun Ser.). (ENG., Illus.). 64p. (J). 6.99 *(978-1-64124-154-0(3),* 1540) Fox Chapel Publishing Co., Inc.

First Fun: Spot the Difference: Over 50 Diverse Drawings. Edward Miller. 2022. (First Fun Ser.). (ENG.). 64p. (J). pap. 6.99 *(978-1-64124-157-1(8),* 1571) Fox Chapel Publishing Co., Inc.

First Gardeners: Norfolk Botanical Garden. Martha M. Williams. Illus. by Aletha Heyman. 2023. (ENG.). 32p. (J). ***(978-1-0391-5906-8(0));*** pap. ***(978-1-0391-5905-1(2))*** FriesenPress.

First Generation: 36 Trailblazing Immigrants & Refugees Who Make America Great. Sandra Neil Wallace & Rich Wallace. Illus. by Agata Nowicka. 2018. (ENG.). 96p. (J). (gr. 3-7). 18.99 *(978-0-316-51524-5(8))* Little, Brown Bks. for Young Readers.

First German Shepherd Who Howled at the Moon. Delaney Kraemer. 2016. (ENG., Illus.). (J). pap. 5.99 *(978-0-9897694-4-0(5))* Kraemer, Jean.

First Golden Rule Book (Classic Reprint) Unknown Author. 2018. (ENG., Illus.). 162p. (J). 27.28 *(978-0-484-08263-1(9))* Forgotten Bks.

First Grade - Telling Time Workbook (1st Grade Edition) Children's Money & Saving Reference. Bobo's Little Brainiac Books. 2016. (ENG., Illus.). (J). pap. 7.99 *(978-1-68327-051-5(7))* Sunshine In My Soul Publishing.

First Grade Addition. Created by Highlights Learning. 2020. (Highlights Learning Fun Workbooks Ser.). 48p. (J). (gr. 1-2). pap. 4.99 *(978-1-68437-926-2(1),* Highlights) Highlights Pr., c/o Highlights for Children, Inc.

First Grade Big Fun Workbook. Created by Highlights Learning. 2017. (Highlights Big Fun Activity Workbooks Ser.). (ENG.). 256p. (J). (gr. k-2). pap. 12.99 *(978-1-62979-864-6(9),* Highlights) Highlights Pr., c/o Highlights for Children, Inc.

First Grade Dropout. Audrey Vernick. ed. 2019. (ENG.). 32p. (J). (gr. k-1). 18.49 *(978-0-87617-544-6(2))* Penworthy Co., LLC, The.

First Grade Hands-On STEAM Learning Fun Workbook. Created by Highlights Learning. 2021. (Highlights Learning Fun Workbooks Ser.). 48p. (J). (gr. 1-2). pap. 4.99 *(978-1-64472-296-1(8),* Highlights) Highlights Pr., c/o Highlights for Children, Inc.

First Grade, Here I Come! D. J. Steinberg. Illus. by Tracy Bishop. 2016. (Here I Come! Ser.). 32p. (J). (gr. -1-1). pap. 5.99 *(978-0-448-48920-9(1),* Grosset & Dunlap) Penguin Young Readers Group.

First Grade History: All about Christopher Columbus. Baby Professor. 2017. (ENG., Illus.). (J). pap. 9.25 *(978-1-68305-518-1(7),* Baby Professor (Education Kids)) Speedy Publishing LLC.

First Grade Journal: Fun Tracing, Printing Practice & Cursive Writing. Baby Professor. 2016. (ENG., Illus.). 40p. (J). pap. 11.65 *(978-1-68305-549-5(7),* Baby Professor (Education Kids)) Speedy Publishing LLC.

First Grade Learning Pad: Scholastic Early Learners (Learning Pad) Scholastic. 2021. (Scholastic Early Learners Ser.). (ENG.). 104p. (J). (gr. 1-3). pap. 9.99 *(978-1-338-77633-1(9),* Cartwheel Bks.) Scholastic, Inc.

First Grade Manual: To Accompany Everyday Doings, Everyday Fun, Everyday Friends (Classic Reprint) Julia Letheld Hahn. (ENG., Illus.). (J). 2018. 396p. 32.08 *(978-0-365-09334-3(3));* 2017. pap. 16.57 *(978-0-259-86722-7(5))* Forgotten Bks.

First Grade Math Activity Book: Addition, Subtraction, Identifying Numbers, Skip Counting, Time, & More. Helen H Sexton. 2023. (ENG.). 66p. (J). pap. ***(978-1-80547-286-5(0))*** Rupert, Hart-Davis Ltd.

First Grade Math Big Fun Practice Pad. Created by Highlights Learning. 2022. (Highlights Big Fun Practice Pads Ser.). 192p. (J). (gr. 1-2). pap. 9.99 *(978-1-64472-615-0(7),* Highlights) Highlights Pr., c/o Highlights for Children, Inc.

First Grade Math with Confidence Bundle: Instructor Guide & Student Workbook. Kate Snow. 2021. (Math with Confidence Ser.: 0). (ENG., Illus.). 728p. (J). (gr. 1-1). pap. 53.90 *(978-1-945841-46-0(X),* 458446) Well-Trained Mind Pr.

First Grade Math with Confidence Student Workbook. Kate Snow. 2021. (Math with Confidence Ser.: 0). (ENG., Illus.). 256p. (J). (gr. 1-1). pap., stu. ed. 20.95 *(978-1-952469-07-7(4),* 952407) Well-Trained Mind Pr.

First Grade Math/Science Wipe Clean Workbook: Scholastic Early Learners (Wipe Clean) Scholastic. 2022. (Scholastic Early Learners Ser.). (ENG.). 56p. (J). (gr. 1-3). pap. 9.99 *(978-1-338-84990-5(5),* Cartwheel Bks.) Scholastic, Inc.

First Grade Phonics & Spelling. Created by Highlights Learning. 2020. (Highlights Learning Fun Workbooks Ser.). 48p. (J). (gr. 1-2). pap. 4.99 *(978-1-68437-925-5(3),* Highlights) Highlights Pr., c/o Highlights for Children, Inc.

First Grade Puzzles: Word Games, Puzzles & Phonics Fun. Baby Professor. 2016. (ENG., Illus.). 40p. (J). pap. 11.65 *(978-1-68305-548-8(9),* Baby Professor (Education Kids)) Speedy Publishing LLC.

First Grade Reading & Writing. Created by Highlights Learning. 2020. (Highlights Learning Fun Workbooks Ser.). 48p. (J). (gr. 1-2). pap. 4.99 *(978-1-68437-924-8(5),* Highlights) Highlights Pr., c/o Highlights for Children, Inc.

First Grade Reading & Writing Big Fun Practice Pad. Created by Highlights Learning. 2022. (Highlights Big Fun Practice Pads Ser.). 192p. (J). (gr. 1-2). pap. 9.99 *(978-1-64472-614-3(9),* Highlights) Highlights Pr., c/o Highlights for Children, Inc.

First Grade Reading/Writing Wipe Clean Workbook: Scholastic Early Learners (Wipe Clean) Scholastic. 2022. (Scholastic Early Learners Ser.). (ENG.). 56p. (J). (gr. 1-3). pap. 9.99 *(978-1-338-84989-9(1),* Cartwheel Bks.) Scholastic, Inc.

First Grade Scholar. School Zone Publishing Company Staff & Julie Giglio. Illus. by Charles Jordan. deluxe ed. 2017. (ENG.). 64p. (J). (gr. 1-1). pap., wbk. ed. 4.49 *(978-0-88743-492-1(4),* 182f57b9-9d1b-4d97-b83a-ab48b0522198) School Zone Publishing Co.

First Grade Science: Name That Animal Fun Trivia. Baby Professor. 2016. (ENG., Illus.). 42p. (J). pap. 11.65 *(978-1-68305-517-4(9),* Baby Professor (Education Kids)) Speedy Publishing LLC.

First Grade Sight Words Coloring Book: Sight Words Coloring Worksheets Kindergarten- Sight Words Coloring Pages - Activity Workbook to Learn, Trace & Practice Alphabet for Kids Ages 3-5. Lena Bidden. l.t. ed. 2021. (ENG.). 54p. (J). pap. 10.99 *(978-1-716-82971-0(2))* Lulu Pr., Inc.

First Grade Subtraction. Created by Highlights Learning. 2020. (Highlights Learning Fun Workbooks Ser.). (ENG.). 48p. (J). (gr. 1-2). pap. 4.99 *(978-1-68437-927-9(X),* Highlights) Highlights Pr., c/o Highlights for Children, Inc.

First Grade Takes a Test see First Grade Takes a Test: Spanish

First Grade Writing & Grammar Bundle: Combining Writing with Ease & First Language Lessons. Susan Wise Bauer et al. 2021. (ENG.). 646p. (J). (gr. k-2). pap. 51.90 *(978-1-952469-02-2(3),* 952402) Well-Trained Mind Pr.

First Grade Writing Paper Book (Advanced 13 Lines per Page) A Handwriting & Cursive Writing Book with 100 Pages of Extra Large 8. 5 by 11. 0 Inch Writing Practise Pages. This Book Has Guidelines for Practising Writing. James Manning. 2018. (First Grade Writing Paper Book Ser.: Vol. 5). (ENG., Illus.). 104p. (J). (gr. k-1). pap. *(978-1-78970-355-9(7))* Elige Cogniscere.

First Grade Writing Paper Book (Beginners 9 Lines per Page) A Handwriting & Cursive Writing Book with 100 Pages of Extra Large 8. 5 by 11. 0 Inch Writing Practise Pages. This Book Has Guidelines for Practising Writing. James Manning. 2018. (First Grade Writing Paper Book Ser.: Vol. 3). (ENG., Illus.). 104p. (J). (gr. k-6). pap. *(978-1-78970-289-7(5))* Elige Cogniscere.

First Grade Writing Paper Book (Highly Advanced 18 Lines per Page) A Handwriting & Cursive Writing Book with 100 Pages of Extra Large 8. 5 by 11. 0 Inch Writing Practise Pages. This Book Has Guidelines for Practising Writing. James Manning. 2018. (First Grade Writing Paper Book Ser.: Vol. 7). (ENG., Illus.). 104p. (J). (gr. k-6). pap. *(978-1-78970-386-3(7))* Elige Cogniscere.

First Grade Writing Paper Book (Intermediate 11 Lines per Page) A Handwriting & Cursive Writing Book with 100 Pages of Extra Large 8. 5 by 11. 0 Inch Writing Practise Pages. This Book Has Guidelines for Practising Writing. James Manning. 2018. (First Grade Writing Paper Book Ser.). (ENG., Illus.). 104p. (J). (gr. k-6). pap. *(978-1-78970-321-4(2))* Elige Cogniscere.

First Grade Writing Workbook: Tracing Fun for Kids. Baby Professor. 2016. (ENG., Illus.). 40p. (J). pap. 11.65 *(978-1-68305-555-6(1),* Baby Professor (Education Kids)) Speedy Publishing LLC.

First Grandpa: Grandpas Nonsense Tales. Peirce a Clayton. Illus. by Peirce a Clayton. 2018. (ENG., Illus.). 38p. (J). (gr. k-6). pap. 14.00 *(978-1-7326245-1-1(8))* Cridge Mumbly Publishing.

First Graphics - Seasons, Set. Cari Meister. Illus. by Jim Lingenfelter. Incl. Summer Is Super. lib. bdg. 24.65 *(978-1-4296-4730-4(2),* 103274); Winter Is Wonderful. lib. bdg. 24.65 *(978-1-4296-4732-8(9),* 103276); (Illus.). (J). (gr. 1-3). (First Graphics: Seasons Ser.). (ENG.). 24p. 2010. 98.60 *(978-1-4296-4733-5(7),* 169325) Capstone.

First Guide to Cats: Understanding Your Whiskered Friend. John Bradshaw. Illus. by Clare Elsom. 2023. (ENG.). 128p. (J). (gr. 3-7). 7.99 ***(978-0-593-52185-4(4),*** Penguin Workshop) Penguin Young Readers Group.

First Guide to Dogs: Understanding Your Very Best Friend. John Bradshaw. Illus. by Clare Elsom. 2023. (ENG.). 128p. (J). (gr. 3-7). 7.99 *(978-0-593-52183-0(8),* Penguin Workshop) Penguin Young Readers Group.

First Guide to Learning French a Children's Learn French Books. Baby Professor. 2017. (ENG., Illus.). (J). pap. 7.89 *(978-1-5419-0275-6(0),* Baby Professor (Education Kids)) Speedy Publishing LLC.

First Harvests: An Episode in the Life of Mrs. Lawson Gower; a Satire Without a Moral (Classic Reprint) F. J. Stimson. (ENG., Illus.). (J). 2017. 482p. 33.86 *(978-0-265-50253-2(5));* 2016. pap. 16.57 *(978-1-334-12008-4(0))* Forgotten Bks.

First Helping (Lunch Lady Books 1 And 2) The Cyborg Substitute & the League of Librarians. Jarrett J. Krosoczka. 2022. (Lunch Lady: 2-For-1 Special Ser.). (ENG.). 208p. (J). (gr. 2-5). 12.99 *(978-0-593-37742-0(7),* Knopf Bks. for Young Readers) Random Hse. Children's Bks.

First History Encyclopedia. DK. 2019. (DK First Reference Ser.). (ENG., Illus.). 136p. (J). (gr. 1-4). 16.99 *(978-1-4654-8143-6(5),* DK Children) Dorling Kindersley Publishing, Inc.

First How Things Work Encyclopedia: A First Reference Guide for Inquisitive Minds. DK. 2019. (DK First Reference Ser.). (ENG., Illus.). 136p. (J). (gr. k-4). 16.99 *(978-1-4654-4349-6(5),* DK Children) Dorling Kindersley Publishing, Inc.

First Human Body Encyclopedia. DK. 2018. (DK First Reference Ser.). (ENG., Illus.). 128p. (J). (gr. 2-5). 17.99 *(978-1-4654-4348-9(7),* DK Children) Dorling Kindersley Publishing, Inc.

First Humans & Early Civilizations, 10 vols. 2016. (First Humans & Early Civilizations Ser.). 64p. (gr. 6-6). (ENG.). 180.65 *(978-1-4777-8552-2(3),* 65e16d32-bfdb-461f-b48a-3fd14fc6dcf8); pap. 64.75 *(978-1-4994-6423-8(1))* Rosen Publishing Group, Inc., The. (Rosen Young Adult).

First Hurdle, & Others (Classic Reprint) John Reed Scott. (ENG., Illus.). (J). 2019. 314p. 30.39 *(978-0-365-13036-9(2));* 2017. pap. 13.57 *(978-0-259-37364-3(8))* Forgotten Bks.

First Illustrated Grammar & Punctuation IR. Jane Bingham. 2019. (Illustrated Reference Ser.). (ENG.). 96ppp. (J). pap. 12.99 *(978-0-7945-4408-9(8),* Usborne) EDC Publishing.

First Impressions & Studies from Nature in Hindostan, Vol. 1 Of 2: Embracing an Outline of the Voyage to Calcutta, & Five Years' Residence in Bengal & the Doab, from 1831 to 1836 (Classic Reprint) Thomas Bacon. (ENG., Illus.). (J). 2018. 448p. 33.14 *(978-0-666-86898-5(0));* 2016. pap. 16.57 *(978-1-334-17001-0(0))* Forgotten Bks.

First Impressions of the New World: On Two Travellers from the Old in the Autumn Of 1858. Isabella Strange Trotter. 2017. (ENG., Illus.). (J). 23.95 *(978-1-374-97027-4(1));* pap. 13.95 *(978-1-374-97026-7(3))* Capital Communications, Inc.

First Impressions on a Tour upon the Continent in the Summer of 1818, Through Parts of France, Italy, Switzerland, the Borders of Germany, & a Part of French Flanders (Classic Reprint) Marianne Baillie. 2018. (ENG., Illus.). 398p. (J). 32.11 *(978-0-365-20948-5(1))* Forgotten Bks.

First Impressions; or, Hints to Those Who Would Make Home Happy. Ellis. 2017. (ENG., Illus.). (J). pap. *(978-0-649-50787-0(8))* Trieste Publishing Pty Ltd.

First Impressions, or Hints to Those Who Would Make Home Happy (Classic Reprint) Ellis. 2018. (ENG., Illus.). 186p. (J). 27.73 *(978-0-365-05432-0(1))* Forgotten Bks.

First in Fashion: Sneaker Sensation, 6 vols. 2017. (First in Fashion Ser.). (ENG.). 32p. (J). (gr. 3-6). lib. bdg. 196.74 *(978-1-5321-1072-6(3),* 25720, Checkerboard Library) ABDO Publishing Co.

First in Flight: How a Photograph Captured the Takeoff of the Wright Brothers' Flyer. Michael Burgan. 2020. (Captured History Ser.). (ENG., Illus.). 64p. (J). (gr. 5-9). pap. 8.95 *(978-0-7565-6657-9(6),* 201292); lib. bdg. 37.32 *(978-0-7565-6613-5(4),* 199077) Capstone. (Compass Point Bks.).

First in Space. Devarious Christian. 2021. (ENG.). 26p. (J). *(978-1-329-88705-3(0))* Lulu Pr., Inc.

First in the Family - Our Yarning. Macarlya Waters. Illus. by Clarice Masajo. 2022. (ENG.). 26p. (J). pap. ***(978-1-922895-75-2(X))*** Library For All Limited.

First in the Field: A Story of New South Wales (Classic Reprint) Geo Manville Fenn. 2018. (ENG., Illus.). 420p. (J). 32.58 *(978-0-483-52288-6(0))* Forgotten Bks.

First Irish Dictionary: 500 First Words for Ages 5+ (Collins First Dictionaries) Collins Dictionaries. Illus. by Maria Herbert-Liew. 3rd rev. ed. 2021. (Collins First Ser.). (GLE.). 80p. (J). (gr. k-3). pap. 11.95 *(978-0-00-842101-4(3))* HarperCollins Pubs. Ltd. GBR. Dist: Independent Pubs. Group.

First Jackalope. Pamela Byler Sallee. 2022. (ENG.). 32p. (J). pap. 15.95 ***(978-1-68570-557-2(X))*** Christian Faith Publishing.

First Jambalaya. Patricia Dewitt-Grush. Illus. by Patricia Dewitt-Grush & Robin DeWitt. 2021. (ENG.). 32p. (J). 19.99 *(978-1-952209-74-1(9))* Lawley Enterprises.

First Journey. Phung Nguyen Quang. 2018. (VIE., Illus.). (J). *(978-604-2-10864-5(6))* Kim Dong Publishing Hse.

First Journeys in Numberland. Ada Van Stone Harris. 2017. (ENG., Illus.). (J). pap. *(978-0-649-51010-8(0))* Trieste Publishing Pty Ltd.

First Kid on Mars. Kirsty Holmes. Illus. by Brandon Mattless. 2023. (Level 9 - Gold Set Ser.). (ENG.). 32p. (J). (gr. 2-4). lib. bdg. 19.95 Bearport Publishing Co., Inc.

First King of England in a Dress. Amy Robinson. 2017. (ENG., Illus.). 183p. (J). (gr. 3-6). pap. *(978-1-9997523-0-9(9))* Snail Tales.

First Kingdom. Stephanie Mayor. 2016. (ENG., Illus.). (J). pap. *(978-0-9939593-2-5(6))* This Story Is Mine Publishing.

First Kisses Suck. Ali Archer. 2018. (Minnie Kim: Vampire Girl Ser.). (ENG.). (YA). pap. *(978-1-7327542-0-1(9))* Novel Ninjutsu.

First Ladies. Dorling Kindersley Publishing Staff. ed. 2017. (Eyewitness Bks.). lib. bdg. 20.85 *(978-0-606-39894-7(5))* Turtleback.

First Ladies Set 2 (Set), 6 vols. 2018. (First Ladies (Launch!) Ser.). (ENG.). 24p. (J). (gr. -1-2). lib. bdg. 188.16 *(978-1-5321-2280-4(2),* 28327, Abdo Zoom-Launch) ABDO Publishing Co.

First Lady in the Land: Or When Dolly Todd Took Boarders (Classic Reprint) Acton Davies. 2018. (ENG., Illus.). 326p. (J). 30.64 *(978-0-267-14037-4(1))* Forgotten Bks.

First Lady of the Land: A Play in Four Acts (Classic Reprint) Charles Frederic Nirdlinger. 2018. (ENG., Illus.). 218p. (J). 28.39 *(978-0-267-65743-8(9))* Forgotten Bks.

First Lady Who Fought for Human Rights - Biography of Eleanor Roosevelt Children's Biography Books. Baby Professor. 2017. (ENG., Illus.). (J). pap. 8.79 *(978-1-5419-1089-8(3),* Baby Professor (Education Kids)) Speedy Publishing LLC.

First Last Day. Dorian Cirrone. (ENG., Illus.). 240p. (J). (gr. 3-7). 2017. pap. 8.99 *(978-1-4814-5814-6(0));* 2016. 17.99 *(978-1-4814-5813-9(2))* Simon & Schuster Children's Publishing. (Aladdin).

First Latin Reader & Writer (Classic Reprint) Cornelius Malpas Dix. 2016. (ENG., Illus.). (J). pap. 9.57 *(978-1-334-09087-5(4))* Forgotten Bks.

First Laugh — Welcome, Baby! Rose Ann Tahe et al. 2018. (Illus.). 32p. (J). (-k). 16.99 *(978-1-58089-794-5(0))* Charlesbridge Publishing, Inc.

First Lessons in English & Tamul: Designed to Assist Tamul Youth in the Study of the English Language, Part I. Jaffna Book Society. 2017. (ENG., Illus.). (J). pap. *(978-0-649-32966-3(X))* Trieste Publishing Pty Ltd.

First Lessons in English & Tamul, Vol. 1: Designed to Assist Tamul Youth in the Study of the English Language (Classic Reprint) Jaffna Book Society. (ENG., Illus.). (J). 2018. 68p. 25.30 *(978-0-666-00722-3(5));* 2017. pap. 9.57 *(978-0-259-19512-2(X))* Forgotten Bks.

First Lessons in English & Tamul, Vol. 2: Designed to Assist Tamul Youth in the Study of the English Language (Classic Reprint) Unknown Author. (ENG., Illus.). (J). 2018. 100p. 25.96 *(978-0-484-51936-6(0));* 2017. pap. 9.57 *(978-0-259-20190-8(1))* Forgotten Bks.

First Lessons in Geography: Or, Introduction to Youth's Manual of Geography. James Monteith. 2017. (ENG., Illus.). (J). 22.95 *(978-1-374-91838-2(5))* Capital Communications, Inc.

First Lessons in Natural History & Language: Entertaining & Instructive Lessons in Natural History & Language for Primary & Grammar Schools (Classic Reprint) Benjamin Franklin Tweed. (ENG., Illus.). (J). 2018. 312p. 30.33 *(978-0-666-31880-0(8));* 2017. pap. 13.57 *(978-0-259-47612-2(9))* Forgotten Bks.

First Lessons in Nature Study (Classic Reprint) Edith Marion Patch. 2017. (ENG., Illus.). (J). 30.35 *(978-0-331-76998-2(0));* pap. 13.57 *(978-0-259-47610-8(2))* Forgotten Bks.

First Lessons in Nature Study (Yesterday's Classics) Edith M. Patch. Illus. by Robert J. Sim. 2018. (ENG.). 264p. (J). (gr. 4-6). pap. 12.95 *(978-1-63334-099-2(6))* Yesterday's Classics.

First Lessons in Reading: Based on the Phonic-Word Method (Classic Reprint) Elizabeth H. Fundenberg. (ENG., Illus.). (J). 2018. 84p. 25.63 *(978-0-365-45466-3(4));* 2017. 27.88 *(978-0-265-53378-9(3));* 2017. pap. 10.57 *(978-0-282-71482-6(0));* 2017. pap. 9.57 *(978-0-259-98469-6(7))* Forgotten Bks.

First Lessons in Speech Improvement. Anna I. Birmingham. 2017. (ENG., Illus.). (J). pap. *(978-0-649-07792-2(X))* Trieste Publishing Pty Ltd.

First Lessons in Speech Improvement (Classic Reprint) Anna I. Birmingham. 2018. (ENG., Illus.). 260p. (J). 29.28 *(978-0-267-85875-0(2))* Forgotten Bks.

F

First Lessons in the Old Testament: Adapted for Use in the Day-School, the Sabbath-School, & the Family (Classic Reprint) Eli B. Miller. 2018. (ENG., Illus.). 246p. (J). 28.97 *(978-0-267-24956-5(X))* Forgotten Bks.

First Lessons on the Great Principles of Religion: Designed to Be Used in Infant Sabbath-Schools & Private Families (Classic Reprint) Unknown Author. (ENG., Illus.). (J). 2018. 92p. 25.79 *(978-0-484-71814-1(2))*; 2017. pap. 9.57 *(978-0-259-39145-6(X))* Forgotten Bks.

First Lessons with Plants. Liberty Hyde Bailey. 2017. (ENG., Illus.). 140p. (J). pap. *(978-3-337-36355-0(5))* Creation Pubs.

First Letters & Phonics Get Ready for Pre-K Workbook: Scholastic Early Learners (Extra Big Skills Workbook) Scholastic Early Learners. 2019. (Scholastic Early Learners Ser.). (ENG.). 68p. (J). (gr. -1-k). pap. 7.99 *(978-1-338-53183-1(2))* Scholastic, Inc.

First Lie: Or Falsehood Its Own Punishment; Shewing the Misery Occasioned by Disobedience to Parents (Classic Reprint) Unknown Author. 2017. (ENG., Illus.). 30p. (J). 24.52 *(978-0-484-61051-3(1))* Forgotten Bks.

First Lieutenant's Story, Vol. 1 of 3 (Classic Reprint) Catharine Long. 2018. (ENG., Illus.). 370p. (J). 31.53 *(978-0-483-69272-5(7))* Forgotten Bks.

First Lieutenant's Story, Vol. 2 of 3 (Classic Reprint) Catharine Long. 2018. (ENG., Illus.). 340p. (J). 30.91 *(978-0-332-20521-2(5))* Forgotten Bks.

First Lieutenant's Story, Vol. 3 of 3 (Classic Reprint) Catharine Long. 2018. (ENG., Illus.). 340p. (J). 30.91 *(978-0-483-64700-8(4))* Forgotten Bks.

First Light, 1 vol. Mark Andrew Poe. 2018. (ENG., Illus.). 200p. (J). 16.99 *(978-1-943785-27-8(9)*, 3dcbd969-7510-48ab-8978-a50ec65ae092) Rabbit Pubs.

First Line: A New Orleans Musical Instruments Coloring Book. Kreative Kids. 2016. (ENG., Illus.). (J). pap. 9.20 *(978-1-68377-411-2(6))* Whlke, Traudl.

First Lines of Physiology: Designed for the Use of Students of Medicine (Classic Reprint) Daniel Oliver. 2018. (ENG., Illus.). (J). 526p. 34.77 *(978-1-396-62341-7(8))*; 528p. pap. 19.57 *(978-1-391-89800-1(1))* Forgotten Bks.

First Little Comics Classroom Set: Levels a & B, 5 vols. Liza Charlesworth. 2017. (First Little Comics Ser.). (ENG.). (gr. -1-2). pap., pap., pap. 101.99 *(978-1-338-18024-4(X))* Scholastic, Inc.

First Little Comics Classroom Set: Levels C & D, 5 vols. Liza Charlesworth. 2017. (First Little Comics Ser.). (ENG.). (gr. -1-2). pap., pap., pap. 101.99 *(978-1-338-18025-1(8))* Scholastic, Inc.

First Little Comics Classroom Set: Levels e & F, 5 vols. Liza Charlesworth. 2018. (First Little Comics Classroom Set Ser.). (ENG.). (gr. k-2). pap., pap., pap. 101.99 *(978-1-338-25520-1(7))* Scholastic, Inc.

First Little Comics Parent Pack: Levels a & B, 1 vol. Liza Charlesworth. 2017. (First Little Comics Parent Pack Ser.). (ENG.). (gr. -1-2). pap., pap., pap. 23.99 *(978-1-338-18026-8(6))* Scholastic, Inc.

First Little Comics Parent Pack: Levels C & D, 1 vol. Liza Charlesworth. 2017. (First Little Comics Parent Pack Ser.). (ENG.). 8p. (gr. -1-2). pap., pap., pap. 23.99 *(978-1-338-18027-5(4))* Scholastic, Inc.

First Little Comics Parent Pack: Levels e & F, 1 vol. Liza Charlesworth. 2018. (First Little Comics Parent Pack Ser.). (ENG.). (J). (gr. k-2). pap., pap., pap. 23.99 *(978-1-338-25521-8(5))* Scholastic, Inc.

First Little Pet Book, with Ten Short Tales: In Words of Three & Four Letters (Classic Reprint) Aunt Fanny. 2017. (ENG., Illus.). (J). 28.25 *(978-0-331-56174-6(3))* Forgotten Bks.

First Little Pet Book, with Ten Short Tales, in Words of Three & Four Letters. Aunt Fanny. 2017. (ENG., Illus.). (J). pap. *(978-0-649-12166-3(X))* Trieste Publishing Pty Ltd.

First Little Readers Box Set: Levels e & F Set, 1 vol. Liza Charlesworth. 2018. (First Little Readers Ser.). (ENG.). (J). (gr. k-2). pap., pap., pap. 92.99 *(978-1-338-25656-7(4)*, 825656) Scholastic, Inc.

First Little Readers Parent Pack Level e & F, 1 vol. Liza Charlesworth. 2018. (First Little Readers Ser.). (ENG.). (J). (gr. k-2). pap., pap., pap. 23.99 *(978-1-338-25657-4(2)*, 825657) Scholastic, Inc.

First Look & Find & Puzzle Box PAW Patrol Girl. PI Kids. 2018. (ENG., Illus.). 16p. (J). bds. 24.99 *(978-1-5037-4044-0(7)*, 3055, PI Kids) Phoenix International Publications, Inc.

First Look at a Black Hole: How a Photograph Solved a Space Mystery. Danielle Smith-Llera. 2020. (Captured History Ser.). (ENG., Illus.). 64p. (J). (gr. 5-9). pap. 8.95 *(978-0-7565-6658-6(4)*, 201293); lib. bdg. 37.32 *(978-0-7565-6614-2(2)*, 199082) Capstone. (Compass Point Bks.).

First Look at Dragons. Emma Carlson-Berne. 2020. (Bumba Books (r) — Fantastic Creatures Ser.). (ENG., Illus.). 24p. (J). (gr. -1-1). 26.65 *(978-1-5415-9686-3(2)*, 9e90f191-b340-4d38-8687-a9815012fce2); pap. 8.99 *(978-1-7284-1303-7(6)*, 9a188308-82e0-4698-8cbd-4d9daa00b432) Lerner Publishing Group. (Lerner Pubns.).

First Look at Fairies. Emma Carlson-Berne. 2020. (Bumba Books (r) — Fantastic Creatures Ser.). (ENG., Illus.). 24p. (J). (gr. -1-1). 26.65 *(978-1-5415-9682-5(X)*, 714df773-6bdc-4f58-8ee4-c21143d467d7); pap. 8.99 *(978-1-7284-1304-4(4)*, 346e0285-7061-49ca-a1ae-0fe0bc6ce0bf) Lerner Publishing Group. (Lerner Pubns.).

First Look at Mermaids. Emma Carlson-Berne. 2020. (Bumba Books (r) — Fantastic Creatures Ser.). (ENG., Illus.). 24p. (J). (gr. -1-1). 26.65 *(978-1-5415-9685-6(4)*, 36e837f5-12c1-499d-9257-f72d5a519723); pap. 8.99 *(978-1-7284-1305-1(2)*, 0213bcb0-7a95-43f7-b489-47242fec1d6b) Lerner Publishing Group. (Lerner Pubns.).

First Look at Monsters. Emma Carlson-Berne. 2020. (Bumba Books (r) — Fantastic Creatures Ser.). (ENG., Illus.). 24p. (J). (gr. -1-1). 26.65 *(978-1-5415-9683-2(8)*, dc32c716-0e75-4ebc-ae4f-39301117a0f8); pap. 8.99 *(978-1-7284-1306-8(0)*, 51ee75ad-b0e8-4a79-bddd-da3c4333e0d6) Lerner Publishing Group. (Lerner Pubns.).

First Look at Trolls. Emma Carlson-Berne. 2020. (Bumba Books (r) — Fantastic Creatures Ser.). (ENG., Illus.). 24p. (J). (gr. -1-1). pap. 8.99 *(978-1-7284-1307-5(9)*, 53ecb12b-5a5b-458b-aae8-f43da7a678be); lib. bdg. 26.65 *(978-1-5415-9684-9(6)*, 7f0bf0e3-f1f1-40ef-9de1-8911512f01f6) Lerner Publishing Group. (Lerner Pubns.).

First Look at Unicorns. Emma Carlson-Berne. 2020. (Bumba Books (r) — Fantastic Creatures Ser.). (ENG., Illus.). 24p. (J). (gr. -1-1). 26.65 *(978-1-5415-9681-8(1)*, 90ac2777-0aed-45e4-a236-810c5d03be41); pap. 8.99 *(978-1-7284-1308-2(7)*, 3a3ce40a-e455-4ef3-8ddd-b3bc8c940eb7) Lerner Publishing Group. (Lerner Pubns.).

First Love & Other Stories. Ivan Turgenev. 2022. (ENG.). 190p. (J). 23.95 ***(978-1-63637-859-6(5))***; pap. 13.95 ***(978-1-63637-858-9(7))*** Bibliotech Pr.

First Love & Other Stories (Classic Reprint) Ivan Sergeevich Turgenev. 2018. (ENG., Illus.). 370p. (J). 31.53 *(978-0-666-85907-5(8))* Forgotten Bks.

First Love & Punin & Baburin (Classic Reprint) Ivan S. Turgenev. 2018. (ENG., Illus.). (J). 29.96 *(978-0-260-48805-3(4))* Forgotten Bks.

First Love & Punin & Baburin (Classic Reprint) Ivan Sergeyevich Turgenev. 2016. (ENG., Illus.). (J). pap. 13.57 *(978-1-334-00844-3(2))* Forgotten Bks.

First Love (Classic Reprint) Marie Van Vorst. (ENG., Illus.). (J). 2018. 348p. 31.09 *(978-0-483-46514-5(3))*; 2016. pap. 13.57 *(978-1-333-34479-5(1))* Forgotten Bks.

First Love, Fragile Heart. Susan Bloom. 2019. (ENG.). 86p. (J). pap. *(978-0-359-88408-7(3))* Lulu Pr., Inc.

First Love Is Best. Gail Hamilton. 2017. (ENG.). 332p. (J). pap. *(978-3-337-00973-1(5))* Creation Pubs.

First Love Is Best: A Sentimental Sketch (Classic Reprint) Gail Hamilton. 2018. (ENG., Illus.). 336p. (J). 30.83 *(978-0-666-12465-4(5))* Forgotten Bks.

First Love, Vol. 1 Of 3: A Novel (Classic Reprint) Loudon. 2017. (ENG., Illus.). (J). 31.90 *(978-0-260-21191-0(5))* Forgotten Bks.

First Loves: With Sketches of the Poets (Classic Reprint) S. M. Kennedy. (ENG., Illus.). (J). 2018. 446p. 33.26 *(978-0-332-51968-5(6))*; 2017. pap. 16.57 *(978-0-243-41794-0(2))* Forgotten Bks.

First Magic Painting under the Sea. Abigail Wheatley. Illus. by Emily Ritson. 2023. (First Magic Painting Ser.). (ENG.). 32p. (J). pap. 9.99 ***(978-1-80507-065-8(7))*** Usborne Publishing, Ltd. GBR. Dist: HarperCollins Pubs.

First Man on the Moon. Ben Hubbard. Illus. by Alex Orton. 2021. (ENG.). 32p. (J). (gr. 3-7). 18.99 *(978-1-5263-1066-8(X))*; pap. 12.99 *(978-1-5263-1065-1(1))* Hachette Children's Group GBR. (Wayland). Dist: Hachette Bk. Group.

First Mass: And Other Stories (Classic Reprint) E. M. Brookes. 2017. (ENG., Illus.). (J). 29.44 *(978-0-265-20643-0(X))* Forgotten Bks.

First Men in the Moon. H. G. Wells. 2017. (ENG., Illus.). (J). 24.95 *(978-1-374-93932-5(3))*; pap. 14.95 *(978-1-374-93931-8(5))* Capital Communications, Inc.

First Men Who Went to the Moon. Rhonda Gowler Greene. Illus. by Scott Brundage. 2019. (ENG.). 32p. (J). (gr. 1-4). 16.99 *(978-1-58536-412-1(6)*, 204650) Sleeping Bear Pr.

First Million Digits of E. Ed. by David E. McAdams. 2023. (Math Books for Children Ser.: Vol. 12). (ENG.). 268p. (YA). pap. 13.45 ***(978-1-63270-321-7(1))***; 22.95 ***(978-1-63270-322-4(X))*** Life is a Story Problem LLC.

First Million Digits of E. David E. McAdams. 2020. (Math Books for Children Ser.). (ENG.). 268p. (J). pap. 14.95 *(978-1-63270-229-6(0))* Life is a Story Problem LLC.

First Million Digits of Pi. Ed. by David E. McAdams. 2023. (Math Books for Children Ser.: Vol. 21). (ENG.). 266p. (J). pap. 16.95 ***(978-1-63270-366-8(1))*** Life is a Story Problem LLC.

First Million Digits of Pi. David E. McAdams. 2020. (Math Books for Children Ser.: Vol. 8). (ENG.). 268p. (J). pap. 14.95 *(978-1-63270-227-2(4))* Life is a Story Problem LLC.

First Million Digits of Pi. Ed. by David E. McAdams. l.t. ed. 2023. (Math Books for Children Ser.). (ENG.). 404p. (J). pap. 25.95 ***(978-1-63270-380-4(7))*** Life is a Story Problem LLC.

First Million Digits of Pi: Large Print Edition. David E. McAdams. 2021. (Math Books for Children Ser.). (ENG.). 506p. (J). pap. 19.95 *(978-1-63270-242-5(8))* Life is a Story Problem LLC.

First Moon Landing. Duchess Harris Jd & Arnold Ringstad. 2018. (Perspectives on American Progress Ser.). (ENG., Illus.). 48p. (J). (gr. 4-8). lib. bdg. 35.64 *(978-1-5321-1490-8(7)*, 29112) ABDO Publishing Co.

First Name Penelope Last Name Queen. Wanda Bright. 2023. (ENG.). 28p. (J). pap. ***(978-0-2288-8784-3(4))*** Tellwell Talent.

First National Boot: A Farce in Two Acts (Classic Reprint) M. G. 2018. (ENG., Illus.). 28p. (J). 24.49 *(978-0-267-54479-0(0))* Forgotten Bks.

First National News, Vol. 3: April 15, 1928 (Classic Reprint) Walter F. Eberhardt. (ENG., Illus.). (J). 2018. 26p. 24.43 *(978-0-666-21864-3(1))*; 2017. pap. 7.97 *(978-0-259-94939-8(6))* Forgotten Bks.

First Nations & Early Explorers. Kathleen Corrigan. 2016. (Canada Through Time Ser.). (ENG., Illus.). 32p. (J). (gr. 3-5). lib. bdg. 32.65 *(978-1-4109-8119-6(3)*, 131008, Raintree) Capstone.

First Nebraska in Camp & Field (Classic Reprint) Herald Printing Company. 2017. (ENG., Illus.). (J). 190p. 27.84 *(978-0-484-70920-0(8))*; pap. 10.57 *(978-0-282-50422-9(2))* Forgotten Bks.

First Night: An Unofficial Minecraft(r) Adventure, 1 vol. Jill Keppeler. 2019. (Minecraft(r) Explorers Ser.). (ENG.). 64p. (J). (gr. 2-3). 23.25 *(978-1-5383-8418-3(3)*, 7f595207-a46b-4d9e-8554-0c0e5ecf7f27); pap. 13.35 *(978-1-5383-8408-4(6)*, d21fedaa-589a-41b5-a4d7-e785682386dd) Enslow Publishing, LLC. (West 44 Bks.).

First Night of Howlergarten. Benson Shum. Illus. by Benson Shum. 2023. 32p. (J). (gr. -1-1). 18.99 ***(978-0-593-52127-4(7)***, Penguin Workshop) Penguin Young Readers Group.

First Night of Ramadan: Malam Pertama Ramadan. Irawan Gani. 2017. (ENG., Illus.). (J). pap. 27.48 *(978-1-5437-4157-5(6))* Partridge Pub.

First Noel a Tale of Friendship. Clare Johnson & Nicole Thomas. Illus. by Sierra Ghironzi. 2020. (ENG.). 38p. (J). pap. 18.00 *(978-0-578-79729-8(1))* Clare Mary Johnson.

First Noel Coloring Book. Clare Johnson. Illus. by Sierra Ghironzi. 2020. (ENG.). 44p. (J). pap. 13.99 *(978-0-578-75761-2(3))* Clare Mary Johnson.

First Notes: The Story of Do, Re, Mi. Julie Andrews & Emma Walton Hamilton. Illus. by Chiara Fedele. 2022. (ENG.). 48p. (J). (gr. -1-3). 18.99 *(978-0-316-26590-4(X))* Little, Brown Bks. for Young Readers.

First Notes of Spring. Jessica Kulekjian. Illus. by Jennifer Bower. 2022. (ENG.). 40p. (J). 17.99 *(978-1-5476-0473-9(5)*, 900224998, Bloomsbury Children's Bks.) Bloomsbury Publishing USA.

First Notions of Geography (Classic Reprint) John H. Haaren. (ENG., Illus.). (J). 2018. 164p. 27.28 *(978-0-666-28496-9(2))*; 2017. pap. 9.97 *(978-0-259-46464-8(3))* Forgotten Bks.

First Number Tracing Workbook for Kindergarten: Learn Numbers from 0 To 100. Jocky Books. 2023. (ENG.). 164p. (J). pap. 13.99 ***(978-1-0881-7833-1(2))*** Indy Pub.

First Number Tracing Workbook for Kindergarten: Practice Workbook to Learn Numbers from 0 to 100/ Preschool & Kids Ages 3-5/ Tracing Pages, Illustrations & Activities. Jocky Books. 2021. (ENG.). 162p. (J). pap. ***(978-1-300-95186-5(9))*** Lulu Pr., Inc.

First Numbers see Primeros Numeros

First Numbers: Interactive Children's Sound Book with 10 Buttons. IglooBooks. Illus. by Arief Putra. 2022. (ENG.). 10p. (J). (— 1). bds. 14.99 *(978-1-80108-664-6(8))* Igloo Bks. GBR. Dist: Simon & Schuster, Inc.

First Numbers: Touch-And-Trace Early Learning Fun! Angie Hewitt. 2017. (Little Groovers Ser.). (ENG., Illus.). 12p. (J). (— 1). bds. 7.99 *(978-1-5107-0838-9(3)*, Sky Pony Pr.) Skyhorse Publishing Co., Inc.

First of Everything. Nury Vittachi & Step Cheung. 2019. (ENG., Illus.). 240p. (J). pap. *(978-981-327-477-8(8))* Write Editions.

First of June: Or Schoolboy Rivalry (Classic Reprint) H. C. Adams. 2018. (ENG., Illus.). 178p. (J). 27.57 *(978-0-483-79350-7(7))* Forgotten Bks.

First of the Knickerbockers: A Tale of 1673 (Classic Reprint) P. Hamilton Myers. 2018. (ENG., Illus.). 220p. (J). 28.45 *(978-0-267-15787-7(8))* Forgotten Bks.

First Officer. Peter R. Fitton. 2020. (ENG.). 190p. (YA). (gr. 7-12). pap. 13.95 *(978-1-950860-99-9(X))* Strategic Book Publishing & Rights Agency (SBPRA).

First Order Villains. Michael Siglain. 2019. (World of Reading Ser.). (ENG.). 32p. (J). (gr. k-1). 13.96 *(978-0-87617-907-9(3))* Penworthy Co., LLC, The.

First Patient: A Story, Written in Aid of the Fair for the Channing Home (Classic Reprint) Catherine Tilden. (ENG., Illus.). (J). 2018. 70p. 25.34 *(978-0-483-98801-9(4))*; 2017. pap. 9.57 *(978-1-334-95764-2(9))* Forgotten Bks.

First Peoples of North America (Groups 1 - 3), 42 vols. 2016. (First Peoples of North America Ser.). (ENG.). (J). (gr. 6-6). lib. bdg. 994.56 *(978-1-5026-2405-5(2)*, b06614b6-91e8-47ba-9673-ccb7d2cb1e04) Cavendish Square Publishing LLC.

First-Person Action Esports: The Competitive Gaming World of Overwatch, Counter-Strike, & More! Thomas Kingsley Troupe. 2019. (Wide World of Esports Ser.). (ENG., Illus.). 32p. (J). (gr. 3-9). pap. 7.95 *(978-1-5435-7452-4(1)*, 140892); lib. bdg. 28.65 *(978-1-5435-7353-4(3)*, 140635) Capstone.

First Person Singular (Classic Reprint) William Rose Benet. 2017. (ENG., Illus.). (J). 30.25 *(978-0-265-27966-3(6))* Forgotten Bks.

First Phonics. Collins Kids. Illus. by Steve Evans. 2018. (ENG.). 1p. (J). (-4). 9.99 *(978-0-00-830472-0(6))* HarperCollins Pubs. Ltd. GBR. Dist: Independent Pubs. Group.

First Piano in Camp (Classic Reprint) Sam Davis. 2018. (ENG., Illus.). 46p. (J). 24.87 *(978-0-267-42296-8(2))* Forgotten Bks.

First Picture Atlas. Deborah Chancellor. Illus. by Anthony Lewis. (ENG.). 48p. (J). 2022. pap. 10.99 *(978-0-7534-7878-3(1)*, 900277892); 2020. 16.99 *(978-0-7534-7632-1(0)*, 900226423) Roaring Brook Pr. (Kingfisher).

First Pitch: Ready-To-Read Level 2. David Sabino. Illus. by Charles Lehman. 2018. (Game Day Ser.). (ENG.). 40p. (J). (gr. k-2). 17.99 *(978-1-5344-3242-0(6))*; pap. 4.99 *(978-1-5344-3241-3(8))* Simon Spotlight. (Simon Spotlight).

First Practice Reader (Classic Reprint) Libbie J. Eginton. 2018. (ENG., Illus.). 132p. (J). 26.64 *(978-0-484-18456-4(3))* Forgotten Bks.

First Prayers for Baby, 1 vol. Sophie Piper. Illus. by Annabel Spenceley. ed. 2016. (ENG.). 48p. (J). (— 1). 9.99 *(978-0-7459-7665-5(4)*, 0df214d0-f64e-4dbb-b4cf-a1b81ded7491, Lion Children's) Lion Hudson PLC GBR. Dist: Baker & Taylor Publisher Services (BTPS).

First Prayers for Little Ones: Prayers for Every Day, Special Occasions & the Family. Illus. by Jan Lewis. 2016. 48p. (J). (gr. -1-12). 9.99 *(978-1-86147-716-3(3)*, Armadillo) Anness Publishing GBR. Dist: National Bk. Network.

First Primary Reader: With Engravings from Original Designs (Classic Reprint) George Stillman Hillard. (ENG., Illus.). (J). 2018. 80p. 25.55 *(978-0-484-16456-6(2))*; 2017. pap. 9.57 *(978-0-259-77801-1(X))* Forgotten Bks.

First Primer: Being the Alphabet in Pictures & Words (Classic Reprint) John Miller Dow Meiklejohn. (ENG., Illus.). (J). 2017. 24.64 *(978-0-266-43304-0(9))*; 2016. pap. 7.97 *(978-1-333-87339-4(5))* Forgotten Bks.

First Principles of Otology: A Text-Book for Medical Students (Classic Reprint) Albert Henry Buck. (ENG., Illus.). (J). 2018. 226p. 28.56 *(978-0-267-42909-7(6))*; 2017. pap. 10.97 *(978-0-282-01535-0(3))* Forgotten Bks.

First Priority. Kelsey Gjesdal. 2023. (ENG.). 222p. (YA). 43.99 ***(978-1-6642-9047-1(8))***; pap. 20.99 ***(978-1-6642-9046-4(X))*** Author Solutions, LLC. (WestBow Pr.).

First Prize for the Worst Witch. Jill Murphy. Illus. by Jill Murphy. 2020. (Worst Witch Ser.: 9). (ENG., Illus.). 192p. (J). (gr. 3-7). 14.99 *(978-1-5362-1101-6(X))* Candlewick Pr.

First Prize for the Worst Witch: #8. Jill Murphy. Illus. by Jill Murphy. 2022. (Worst Witch Ser.). (ENG., Illus.). 192p. (J). (gr. 2-5). lib. bdg. 32.79 *(978-1-0982-5165-9(2)*, 40112, Chapter Bks.) Spotlight.

First Prophecy: The Dighten Chronicles; Saga of the Marked One. Jared P. C. Christensen. 2021. (Dighten Chronicles: Saga of the Marked One Ser.: Vol. 1). (ENG.). 166p. (YA). pap. *(978-0-2288-4417-4(7))* Tellwell Talent.

First Read, Vol. 1: Approved by the Education Department for Use in the Roman Catholic Separate Schools of Ontario (Classic Reprint) Canadian Catholic Readers. 2018. (ENG., Illus.). 68p. (J). 25.30 *(978-0-656-15539-2(6))* Forgotten Bks.

First Reader: Aesop & Mother Goose (Classic Reprint) Louis P. Nash. (ENG., Illus.). (J). 2018. 148p. 26.97 *(978-0-267-38737-3(7))*; 2016. pap. 9.57 *(978-1-334-14414-1(1))* Forgotten Bks.

First Reader: Combining Observation, Science & Literature. Lottie E. Jones. 2017. (ENG., Illus.). (J). pap. *(978-0-649-45198-2(8))* Trieste Publishing Pty Ltd.

First Reader: Combining Observation, Science & Literature (Classic Reprint) Lottie E. Jones. (ENG., Illus.). (J). 2018. 118p. 26.35 *(978-0-656-17405-8(6))*; 2017. pap. 9.57 *(978-0-259-56971-8(2))* Forgotten Bks.

First Reader: Compiled under the Direction of the State Board of Education (Classic Reprint) Unknown Author. 2017. (ENG., Illus.). (J). 132p. 26.62 *(978-0-484-42439-4(4))*; pap. 9.57 *(978-0-259-46379-5(5))* Forgotten Bks.

First Reader: Designed to Teach Animated, Expressive, Oral Reading. Bertha Browning Cobb. 2017. (ENG., Illus.). (J). pap. *(978-0-649-48420-1(7))* Trieste Publishing Pty Ltd.

First Reader: Designed to Teach Animated, Expressive, Oral Reading (Classic Reprint) Bertha Browning Cobb. 2017. (ENG., Illus.). (J). pap. 9.57 *(978-0-259-89913-6(5))* Forgotten Bks.

First Reader: For Southern Schools (Classic Reprint) Unknown Author. 2018. (ENG., Illus.). 32p. (J). 24.56 *(978-0-484-81263-4(7))* Forgotten Bks.

First Reader: Part II (Classic Reprint) Unknown Author. 2018. (ENG., Illus.). 106p. (J). 26.08 *(978-0-267-27161-0(1))* Forgotten Bks.

First Reader: With 4, 000 Words for Spelling by Sound (Classic Reprint) Edward P. Moses. 2018. (ENG., Illus.). 116p. (J). 26.29 *(978-0-267-49639-6(7))* Forgotten Bks.

First Reader (Classic Reprint) Florence Bass. 2018. (ENG., Illus.). 146p. (J). 26.91 *(978-0-267-27582-3(X))* Forgotten Bks.

First Reader (Classic Reprint) Frances Eggleston Blodgett. 2017. (ENG., Illus.). (J). 27.13 *(978-0-331-93215-7(6))*; pap. 9.57 *(978-0-259-56387-7(0))* Forgotten Bks.

First Reader (Classic Reprint) Burchill Burchill. 2018. (ENG., Illus.). 134p. (J). 26.66 *(978-0-364-14680-4(X))* Forgotten Bks.

First Reader (Classic Reprint) Franklin Benjamin Dyer. (ENG., Illus.). (J). 2018. 134p. 26.66 *(978-0-267-60627-6(3))*; 2016. pap. 9.57 *(978-1-334-13137-0(6))* Forgotten Bks.

First Reader (Classic Reprint) William Torrey Harris. (ENG., Illus.). (J). 2018. 108p. 26.12 *(978-0-364-64229-0(7))*; 2016. pap. 9.57 *(978-1-334-12871-4(5))* Forgotten Bks.

First Reader (Classic Reprint) Walter L. Hervey. 2017. (ENG., Illus.). (J). pap. 9.97 *(978-0-259-45034-4(0))* Forgotten Bks.

First Reader (Classic Reprint) Calvin N. Kendall. (ENG., Illus.). (J). 2018. 148p. 26.97 *(978-0-267-10988-3(1))*; 2016. pap. 9.57 *(978-1-334-12438-9(8))* Forgotten Bks.

First Reader (Classic Reprint) Samuel Mecutchen. 2018. (ENG., Illus.). 92p. (J). 25.79 *(978-0-267-68281-2(6))* Forgotten Bks.

First Reader (Classic Reprint) Maude Parmly. (ENG., Illus.). (J). 2018. 134p. 26.68 *(978-0-267-59857-1(2))*; 2016. pap. 9.57 *(978-1-334-14423-3(0))* Forgotten Bks.

First Reader (Classic Reprint) Charles M. Stebbins. 2018. (ENG., Illus.). 134p. (J). 26.66 *(978-0-666-80736-6(1))* Forgotten Bks.

First Reader (Classic Reprint) Jenny H. Stickney. (ENG., Illus.). (J). 2018. 116p. 26.31 *(978-0-365-40704-1(6))*; 2017. pap. 9.57 *(978-0-259-53211-8(8))* Forgotten Bks.

First Reader (Classic Reprint) Maud Summers. 2018. (ENG., Illus.). 162p. (J). 27.24 *(978-0-267-27155-9(7))* Forgotten Bks.

First Reader, Designed for the Use of Primary Schools: Adopted for Use in the Public Schools of Mobile (Classic Reprint) A. de V. Chaudron. (ENG., Illus.). (J). 2018. 58p. 25.30 *(978-0-332-63415-9(9))*; 2016. pap. 9.57 *(978-1-334-12506-5(6))* Forgotten Bks.

First Reader for New American Citizens: Conversational & Reading Lessons (Classic Reprint) Frances Sankstone Mintz. 2018. (ENG., Illus.). 210p. (J). 28.23 *(978-0-267-26366-0(X))* Forgotten Bks.

First Reader of the School & Family Series (Classic Reprint) Marcius Willson. (ENG., Illus.). (J). 2018. 90p. 25.77 *(978-0-484-80890-3(7))*; 2017. pap. 9.57 *(978-0-259-74750-5(5))* Forgotten Bks.

First Reader (Phonetic) (Classic Reprint) Christian Brothers. (ENG., Illus.). (J). 2018. 120p. 26.37 *(978-0-365-21981-1(9))*; 2017. pap. 9.57 *(978-0-259-55633-6(5))* Forgotten Bks.

First Reader, Vol. 1: Authorized for Use in the Public Schools of Ontario by the Minister of Education (Classic Reprint) Unknown Author. 2017. (ENG., Illus.). 64p. (J). 25.22 *(978-0-484-66176-8(0))* Forgotten Bks.

First Reader, Vol. 2 (Classic Reprint) Unknown Author. (ENG., Illus.). (J). 2018. 106p. 26.10 *(978-0-267-00171-2(1))*; 2017. pap. 9.57 *(978-0-243-52251-4(7))* Forgotten Bks.

First Reading Book. Edward Austin Sheldon. 2017. (ENG.). 74p. (J). pap. *(978-3-337-39030-3(7))* Creation Pubs.

First Reading Book: In Easy & Familiar Words; Designed to Accompany the Phonic Reading Cards (Classic Reprint) Edward Austin Sheldon. (ENG., Illus.). (J). 2018.

70p. 25.34 (978-0-484-52559-6(X)); 2017. pap. 9.57 (978-0-259-87911-4(8)) Forgotten Bks.

First Reading Readiness Book: Here We Go (Classic Reprint) Mabel O'Donnell. 2017. (ENG., Illus.). (J). 25.07 (978-0-266-90944-6(2)); pap. 9.57 (978-0-265-26189-7(9)) Forgotten Bks.

First Reindeer. Susan Barker. Illus. by Kc Snider. l.t. ed. 2018. (ENG.). 20p. (J). (gr. k-1). pap. 10.95 (978-1-61633-944-9(6)) Guardian Angel Publishing, Inc.

First Report on the Economic Features of Turtles of Pennsylvania, Vol. 6: September 1, 1908 (Classic Reprint) Harvey Adam Surface. 2016. (ENG., Illus.). (J). pap. 9.57 (978-1-333-41652-2(0)) Forgotten Bks.

First Republic, Vol. 1 Of 2: Or the Whites & the Blues (Classic Reprint) Alexandre Dumas. 2018. (ENG., Illus.). (J). 758p. 39.55 (978-0-483-48028-5(2)); 396p. 32.06 (978-0-483-57391-8(4)) Forgotten Bks.

First Responders: A Practical Career Guide. Kezia Endsley. 2019. (Practical Career Guides). (Illus.). 122p. (YA). (gr. 8-17). pap. 41.00 (978-1-5381-1185-7(3)) Rowman & Littlefield Publishers, Inc.

First Responders: Expressions, Equations, & Inequalities. Vickie An. 2019. (Mathematics in the Real World Ser.). (ENG., Illus.). 32p. (gr. 5-8). pap. 11.99 (978-1-4258-5886-5(4)) Teacher Created Materials, Inc.

First Responders on the Scene (Set), 8 vols. 2022. (First Responders on the Scene Ser.). (ENG.). (J). (gr. 3-6). lib. bdg. 262.32 (978-1-5038-5900-5(2), 215784, MOMENTUM) Child's World, Inc, The.

First Robotics. Nancy Benovich Gilby. 2017. (Makerspace Ser.). (ENG.). 32p. (J). (gr. 4-8). lib. bdg. 29.99 (978-1-5105-2021-9(X)) SmartBook Media, Inc.

First Round (Classic Reprint) John Lucas. 2017. (ENG., Illus.). (J). 522p. 34.66 (978-0-332-69721-5(5)); pap. 19.57 (978-0-259-50934-9(5)) Forgotten Bks.

First Rule of Climate Club. Carrie Firestone. (J). (gr. 5). 2023. 384p. 8.99 (978-1-9848-1648-1(9)); 2022. 368p. 17.99 (978-1-9848-1646-7(2)) Penguin Young Readers Group. (G.P. Putnam's Sons Books for Young Readers).

First Rule of Punk. Celia C. Pérez. (Illus.). 336p. (J). (gr. 4-7). 2018. 8.99 (978-0-425-29042-2(5), Puffin Books); 2017. 17.99 (978-0-425-29040-8(9), Viking Books for Young Readers) Penguin Young Readers Group.

First Russian Reader: Consisting of: Part I. Russian Words in Common Use, with Their English Equivalents, & How to Pronounce Them; Part II. Easy Colloquial Phrases; Part III. Graduated Exercises Rendered into English (Classic Reprint) Frank Freeth. (ENG., Illus.). (J). 2018. 90p. 25.77 (978-0-267-50183-0(8)); 2017. pap. 9.57 (978-0-282-25240-3(1)) Forgotten Bks.

First Salmon Run: The Bear Cubs' Adventure. Rhonda Girard. Illus. by Erin Stagg. 2022. (ENG.). 28p. (J). pap. (978-1-0391-1206-3(4)); (978-1-0391-1207-0(2)) FriesenPress.

First School Dictionary: Illustrated Dictionary for Ages 5+ (Collins First Dictionaries) Collins Dictionaries. Illus. by Maria Herbert-Liew. 2017. (Collins Primary Dictionaries Ser.). (ENG.). 176p. (J). (gr. 3-6). pap. 16.99 (978-0-00-820676-5(7)) HarperCollins Pubs. Ltd. GBR. Dist: Independent Pubs. Group.

First School Year: A Course of Study with Selection of Lesson Material, Arranged by, Months, & Correlated, for Use in the First School Year (Classic Reprint) Anna B. Thomas. 2018. (ENG., Illus.). 214p. (J). 28.33 (978-0-267-21677-2(7)) Forgotten Bks.

First Science. 2017. (First Science Ser.). (ENG.). (J). 198.00 (978-1-5345-2131-5(3), KidHaven Publishing) Greenhaven Publishing LLC.

First Science: Set 2. Steffi Cavell-Clarke. 2018. (First Science Ser.). (ENG.). (J). pap. 33.00 (978-1-5345-2535-1(1)) Greenhaven Publishing LLC.

First Science Encyclopedia. DK. 2017. (DK First Reference Ser.). (ENG., Illus.). 136p. (J). (gr. 2-5). 16.99 (978-1-4654-4344-1(4), DK Children) Dorling Kindersley Publishing, Inc.

First Science Experiments, 8 vols. 2016. (First Science Experiments Ser.). (ENG.). 32p. (gr. 2-3). 121.08 (978-1-4994-8098-6(9), c594ad2b-6c3f-4987-ba39-1dbb8f3ee142, Windmill Bks.) Rosen Publishing Group, Inc., The.

First Science Reader (Classic Reprint) L. Mae Nelson. 2017. (ENG., Illus.). (J). 26.02 (978-0-266-58293-9(1)); pap. 9.57 (978-0-282-86705-8(8)) Forgotten Bks.

First Science (Set) 2017. (First Science Ser.). (ENG.). (J). pap. 33.00 (978-1-5345-2132-2(1), KidHaven Publishing) Greenhaven Publishing LLC.

First Science: Set 1, 8 vols. 2016. (First Science Ser.). (ENG.). 24p. (J). (gr. 1-1). lib. bdg. 104.92 (978-1-5345-2129-2(1), 5d4383aa-3aaa-4cab-b88a-2ef803c6ac14, KidHaven Publishing) Greenhaven Publishing LLC.

First Science: Set 2, 8 vols. 2017. (First Science Ser.). (ENG.). 24p. (J). (gr. 1-1). lib. bdg. 104.92 (978-1-5345-2452-1(5), fa04abfe-c184-4483-848d-b9cf49f0f89f) Greenhaven Publishing LLC.

First Science: Sets 1 - 2. 2017. (First Science Ser.). (ENG.). (J). pap. 74.00 (978-1-5345-2549-8(1)); (gr. 1-1). lib. bdg. 209.84 (978-1-5345-2453-8(3), 012ecfd2-4bd7-4ae1-988b-3244ebd95935) Greenhaven Publishing LLC. (KidHaven Publishing).

First Seahorse: A Story of the Star Horses. Lauren Marie. Illus. by Jenna Leigh. 2020. (ENG.). 32p. (J). 25.95 (978-1-949290-51-6(4)); pap. 13.95 (978-1-949290-45-5(X)) Bedazzled Ink Publishing Co.

First Secretary: A Novel (Classic Reprint) Demetra Brown. 2017. (ENG., Illus.). (J). 31.57 (978-0-260-14869-8(5)); pap. 13.97 (978-1-5283-0313-2(X)) Forgotten Bks.

First Seed. David Witman. 2017. (ENG., Illus.). (J). pap. 12.95 (978-1-64028-276-6(9)) Christian Faith Publishing.

First Selection of Five Hundred Children's Books by the Michigan State (Classic Reprint) Effie Power. 2018. (ENG., Illus.). 82p. (J). 25.59 (978-0-332-78954-5(3)) Forgotten Bks.

First Selfie Smile. Bdsc (Dh) Ashley Dosanjh. 2022. (ENG.). 38p. (J). (978-0-2288-6527-8(1)); pap. (978-0-2288-6526-1(3)) Tellwell Talent.

First Shift. Aj Skelly. 2021. (Wolves of Rock Falls Ser.: Vol. 1). (ENG.). 434p. (YA). pap. 18.99 (978-1-5092-3497-4(7)) Wild Rose Pr., Inc., The.

First Snow. Sonia Aguila. 2022. (ENG., Illus.). 38p. (J). pap. 16.95 (978-1-63903-920-3(1)) Christian Faith Publishing.

First Snow. M. Christina Butler & Frank Endersby. 2018. (ENG.). 24p. (J). (gr. -1-1). bds. 9.99 (978-1-68099-427-8(1), Good Bks.) Skyhorse Publishing Co., Inc.

First Snow. Bernette Ford. Illus. by Sébastien Braun. 2018. (ENG.). 28p. (J). (gr. -1-1). bds. 7.95 (978-1-910716-63-2(4)) Boxer Bks., Ltd. GBR. Dist: Sterling Publishing Co., Inc.

First Snow. Donnaleen Rasmussen. 2021. (ENG., Illus.). 30p. (J). 26.95 (978-1-6624-1704-7(7)) Page Publishing Inc.

First Snow. Nancy Viau. Illus. by Talitha Shipman. 2018. (ENG.). 32p. (J). (gr. -1-3). 16.99 (978-0-8075-2440-4(9), 807524409) Whitman, Albert & Co.

First Snow: A Bunny's Tale. H. And H. Noble. 2021. (ENG.). 32p. (J). pap. 9.50 (978-0-578-73048-6(0)) Noble, Holly.

First Snow - Choice Edition. M. Christina Butler & Frank Endersby. 2018. (ENG.). 24p. (J). (gr. -1-1). bds. 9.99 (978-1-68099-424-7(7), Good Bks.) Skyhorse Publishing Co., Inc.

First Snowfall. Anne Rockwell. Illus. by Harlow Rockwell. 2016. (ENG.). 24p. (J). (gr. -1-3). 7.99 (978-1-4814-1136-3(5), Aladdin) Simon & Schuster Children's Publishing.

First Soprano (Classic Reprint) Mary Hitchcock. 2017. (ENG., Illus.). (J). 27.92 (978-0-265-96345-6(1)) Forgotten Bks.

First Source to Baseball: Rules, Equipment, & Key Playing Tips. Tyler Omoth. 2016. (First Sports Source Ser.). (ENG., Illus.). 24p. (J). (gr. 1-3). lib. bdg. 27.99 (978-1-4914-8420-3(9), 130853, Capstone Pr.) Capstone.

First Source to BMX Racing: Rules, Equipment, & Key Riding Tips. Tyler Omoth. 2017. (First Sports Source Ser.). (ENG., Illus.). 24p. (J). (gr. 1-3). lib. bdg. 27.99 (978-1-5157-8782-6(6), 136332, Capstone Pr.) Capstone.

First Source to Football: Rules, Equipment, & Key Playing Tips. Tyler Omoth. 2016. (First Sports Source Ser.). (ENG., Illus.). 24p. (J). (gr. 1-3). lib. bdg. 27.99 (978-1-4914-8421-0(7), 130854, Capstone Pr.) Capstone.

First Source to Gymnastics: Rules, Equipment, & Key Routine Tips. Tracy Nelson Maurer. 2017. (First Sports Source Ser.). (ENG., Illus.). 24p. (J). (gr. 1-3). lib. bdg. 27.99 (978-1-5157-6945-3(3), 135419, Capstone Pr.) Capstone.

First Source to Hockey: Rules, Equipment, & Key Playing Tips. Tyler Omoth. 2016. (First Sports Source Ser.). (ENG., Illus.). 24p. (J). (gr. 1-3). lib. bdg. 27.99 (978-1-4914-8423-4(3), 130856, Capstone Pr.) Capstone.

First Source to Soccer: Rules, Equipment, & Key Playing Tips. Danielle S. Hammelef. 2017. (First Sports Source Ser.). (ENG., Illus.). 24p. (J). (gr. 1-3). lib. bdg. 27.99 (978-1-5157-6946-0(1), 135420, Capstone Pr.) Capstone.

First Source to Volleyball: Rules, Equipment, & Key Playing Tips. Tyler Omoth. 2017. (First Sports Source Ser.). (ENG., Illus.). 24p. (J). (gr. 1-3). lib. bdg. 27.99 (978-1-5157-8783-9(4), 136333, Capstone Pr.) Capstone.

First Space Encyclopedia: A Reference Guide to Our Galaxy & Beyond. DK. 2016. (DK First Reference Ser.). (ENG., Illus.). 136p. (J). (gr. 1-4). 16.99 (978-1-4654-4343-4(6), DK Children) Dorling Kindersley Publishing, Inc.

First Space Vacation: Math Reader 2 Grade 4. Hmh Hmh. 2018. (SPA.). 8p. (J). pap. 9.00 (978-1-328-57704-7(X)) Houghton Mifflin Harcourt Publishing Co.

First Space Vacation: Math Reader Grade 4. Hmh Hmh. 2017. (Math Expressions Ser.). (ENG.). 8p. (J). (gr. 4). pap. 3.07 (978-1-328-77200-8(4)) Houghton Mifflin Harcourt Publishing Co.

First Spanish Dictionary. DK. 2018. (DK First Reference Ser.). (ENG., Illus.). 128p. (J). (gr. 1-4). 16.99 (978-1-4654-6949-6(4), DK Children) Dorling Kindersley Publishing, Inc.

First Spanish Dictionary: 500 First Words for Ages 5+ (Collins First Dictionaries) Collins Dictionaries. Illus. by Maria Herbert-Liew. 3rd rev. ed. 2020. (ENG.). 80p. (J). (gr. k-k). pap. 10.99 (978-0-00-831272-5(9)) HarperCollins Pubs. Ltd. GBR. Dist: Independent Pubs. Group.

First Spanish: Mi Casa: An Introduction to Commonly Used Spanish Words & Phrases Around the Home, with 500 Lively Photographs. Jeanine Beck. 2016. (Illus.). 64p. (J). (gr. -1-12). 12.99 (978-1-86147-697-5(3), Armadillo) Anness Publishing GBR. Dist: National Bk. Network.

First Sport: Football. James Nixon. 2017. (First Sport Ser.). (ENG.). 24p. (J). (gr. k-2). pap. 9.99 (978-1-4451-4906-6(0), Franklin Watts) Hachette Children's Group GBR. Dist: Hachette Bk. Group.

First Sports Source. Tyler Omoth et al. 2022. (First Sports Source Ser.). (ENG.). 24p. (J). 195.93 (978-1-6690-5665-2(1), 256454, Capstone Pr.) Capstone.

First Spring Flowers, 1 vol. Stanley Hollow. 2016. (We Love Spring! Ser.). (ENG., Illus.). 24p. (J). (gr. k-k). pap. 9.15 (978-1-4824-5489-5(0), fa427801-1d6a-4a3d-a47d-c7bef3d12a3f) Stevens, Gareth Publishing LLLP.

First Star. Maureen Crisp. 2022. (ENG.). 270p. (J). pap. (978-1-9911854-1-9(3)) Marmac Media.

First Star: A Bear & Mole Story. Will Hillenbrand. 2020. (Bear & Mole Ser.: 5). 32p. (J). (-k). pap. 8.99 (978-0-8234-4671-1(9)) Holiday Hse., Inc.

First Step: A Novel (Classic Reprint) Eliza Orne White. (ENG., Illus.). (J). 2018. 206p. 28.17 (978-0-332-85595-0(3)); 2016. pap. 10.57 (978-1-334-45098-3(6)) Forgotten Bks.

First Step: A Novel, Pp. 4-195. Eliza Orne White. 2017. (ENG., Illus.). (J). pap. (978-0-649-58416-1(3)) Trieste Publishing Pty Ltd.

First Step: How One Girl Put Segregation on Trial. Susan E. Goodman. Illus. by E. B. Lewis. 2016. (ENG.). 40p. (J). 17.99 (978-0-8027-3739-7(0), 900135323); (gr. 1-3). E-Book 12.59 (978-0-8027-3741-0(2)) Bloomsbury Publishing USA. (Bloomsbury USA Childrens).

First Step Nonfiction: Animal Adaptations, 6 vols., Set. Sheila Anderson. Incl. What Can Live in a Desert? lib. bdg. 23.93 (978-0-7613-4570-1(1)); What Can Live in the Mountains? (J). lib. bdg. 23.93 (978-0-7613-4572-5(8)); (Illus.). 24p. (gr. k-2). 2010. Set lib. bdg. 127.62 (978-0-7613-4568-8(X)) Lerner Publishing Group.

First Step Nonfiction: Discovering Nature's Cycles, 6 vols., Set. Robin Nelson. Incl. Earth's Water Cycle. lib. bdg. 23.93 (978-0-7613-4581-7(7)); Migration. (Illus.). lib. bdg. 23.93 (978-0-7613-4580-0(9)); 24p. (gr. k-2). 2010. Set lib. bdg. 127.62 (978-0-7613-4575-6(2)) Lerner Publishing Group.

First Steps, First Snow. Harriet Hodgson. 2022. (ENG., Illus.). 36p. (J). (gr. k-2). 18.95 (978-1-952782-61-9(9), BQB Publishing) Boutique of Quality Books Publishing Co., Inc.

First Steps for Little Feet in Gospel Paths (Classic Reprint) Charles Foster. 2017. (ENG., Illus.). (J). 30.83 (978-0-266-37380-3(1)) Forgotten Bks.

First Steps in Global Music. Karen Howard. 2020. (First Steps in Music Ser.). (ENG.). 164p. (J). (gr. k-2). pap. 20.95 (978-1-62277-399-2(3)) G I A Pubns., Inc.

First Steps in Language: A Primer. Designed for Use in the Philippine Islands. G. V. Yonce. 2017. (ENG., Illus.). (J). pap. (978-0-649-48614-4(5)) Trieste Publishing Pty Ltd.

First Steps in Language: A Primer Designed for Use in the Philippine Islands (Classic Reprint) G. V. Yonce. (ENG., Illus.). (J). 2018. 146p. 26.91 (978-0-267-75923-1(1)); 2016. pap. 9.57 (978-1-334-14611-4(X)) Forgotten Bks.

First Steps in Number, Part II. - Second Year: Numbers Ten to Twenty Inclusive, Pp. 212-327. G. A. Wentworth. 2017. (ENG., Illus.). (J). pap. (978-0-649-47555-1(0)) Trieste Publishing Pty Ltd.

First Steps in Number. Teacher's Edition. Part I. - First Year: Number One to Nine Inclusive. G. A. Wentworth. 2017. (ENG., Illus.). (J). pap. (978-0-649-58421-5(X)) Trieste Publishing Pty Ltd.

First Steps in Number, Teacher's Edition, Part I. - First Year: Numbers One to Nine Inclusive. G. A. Wentworth. 2017. (ENG., Illus.). (J). pap. (978-0-649-58420-8(1)) Trieste Publishing Pty Ltd.

First Steps to Greek Prose Composition (Classic Reprint) Blomfield Jackson. 2018. (ENG., Illus.). 118p. (J). 26.33 (978-0-484-56753-4(5)) Forgotten Bks.

First Steps Together Family Devotional. Matt Guevara & Noel Guevara. 2017. (Kidz Devotionals Ser.: Vol. 1). (ENG.). 224p. pap. 16.99 (978-1-62862-500-4(7), 20_41337, Tyndale Kids) Tyndale Hse. Pubs.

First Sticker Art: Creepy Crawlies: Use Stickers to Create 20 Cute Creepy Crawlies. Illus. by Ksenya Savva. 2021. (First Sticker Art Ser.). (ENG.). 64p. (J). (gr. -1-2). pap. 9.99 (978-1-4380-8928-7(7)) Sourcebooks, Inc.

First Sticker Art: Farm Animals: Use Stickers to Create 20 Cute Farm Animals. Illus. by Ksenya Savva. 2021. (First Sticker Art Ser.). (ENG.). 64p. (J). (gr. -1-2). pap. 9.99 (978-1-4380-8927-0(9)) Sourcebooks, Inc.

First Sticker Art: In the Ocean: Use Stickers to Create 20 Cute Ocean Animals. Paul Calver & Toby Reynolds. Illus. by Ksenya Savva. 2019. (First Sticker Art Ser.). (ENG.). 64p. (J). (gr. -1-2). pap. 9.99 (978-1-4380-1247-6(0)) Sourcebooks, Inc.

First Sticker Art: Zoo Animals: Use Stickers to Create 20 Cute Zoo Animals. Paul Calver & Toby Reynolds. Illus. by Ksenya Savva. 2019. (First Sticker Art Ser.). (ENG.). 64p. (J). (gr. -1-2). pap. 9.99 (978-1-4380-1248-3(9)) Sourcebooks, Inc.

First Sticker Book Animals. Jessica Greenwell. Illus. by Cecilia Johansson. 2023. (First Sticker Bks.). (ENG.). 32p. (J). pap. 7.99 (978-1-80507-020-7(7)) Usborne Publishing, Ltd. GBR. Dist: HarperCollins Pubs.

First Sticker Book Bugs. Caroline Young. 2018. (First Sticker Bks.). (ENG.). 16p. (J). pap. 6.99 (978-0-7945-4204-7(2), Usborne) EDC Publishing.

First Sticker Book Diggers. Sam Taplin. 2023. (First Sticker Bks.). (ENG.). (J). pap. 7.99 (978-1-80507-059-7(2)) Usborne Publishing, Ltd. GBR. Dist: HarperCollins Pubs.

First Sticker Book Dinosaurs. Hannah Watson. 2023. (First Sticker Bks.). (ENG.). (J). pap. 7.99 (978-1-80507-008-5(8)) Usborne Publishing, Ltd. GBR. Dist: HarperCollins Pubs.

First Sticker Book Ice Skating. 2017. (First Sticker Bks.). (ENG.). (J). pap. 6.99 (978-0-7945-3875-0(4), Usborne) EDC Publishing.

First Sticker Book Jobs IR. Hannah Watson. 2019. (First Sticker Bks.). (ENG.). (J). pap. 6.99 (978-0-7945-4399-0(5), Usborne) EDC Publishing.

First Sticker Book Museums. 2017. (First Sticker Bks.). (ENG.). (J). pap. 6.99 (978-0-7945-3999-3(8), Usborne) EDC Publishing.

First Sticker Book My Friends. Holly Bathie. Illus. by Joanne Partis. 2023. (First Sticker Bks.). (ENG.). 32p. (J). pap. 7.99 (978-1-80507-009-2(6)) Usborne Publishing, Ltd. GBR. Dist: HarperCollins Pubs.

First Sticker Book Narwhals. Holly Bathie. 2023. (First Sticker Bks.). (ENG.). (J). pap. 7.99 (978-1-80507-007-8(X)) Usborne Publishing, Ltd. GBR. Dist: HarperCollins Pubs.

First Sticker Book Nature. Felicity Brooks. 2023. (First Sticker Bks.). (ENG.). (J). pap. 7.99 (978-1-80507-060-3(6)) Usborne Publishing, Ltd. GBR. Dist: HarperCollins Pubs.

First Sticker Book Travel. Hannah Watson. 2018. (First Sticker Bks.). (ENG.). 16p. (J). pap. 6.99 (978-0-7945-4123-1(2), Usborne) EDC Publishing.

First Stickers Dinosaurs REVISED. 2019. (First Sticker Book Ser.). (ENG.). 16ppp. (J). pap. 6.99 (978-0-7945-4819-3(9), Usborne) EDC Publishing.

First Stone: And Other Stories (Classic Reprint) W. T. Washburn. 2017. (ENG., Illus.). 218p. (J). 28.41 (978-0-484-06644-0(7)) Forgotten Bks.

First Studies of Plant Life. George Atkinson. 2021. (ENG.). 198p. (J). pap. (978-1-396-31970-9(0)) Forgotten Bks.

First Studies of Plant Life (Classic Reprint) George Francis Atkinson. 2017. (ENG., Illus.). (J). 29.88 (978-1-5285-3417-8(4)) Forgotten Bks.

First Studies of Plant Life (Yesterday's Classics) George Francis Atkinson. 2017. (ENG., Illus.). (YA). (gr. 7-12). pap. 12.95 (978-1-63334-090-9(2)) Yesterday's Classics.

First Summer Romance: From First Kiss to Eternal Love. Olson J S. 2019. (Immortal Love Ser.: Vol. 1). (ENG.). 94p. (YA). pap. 9.99 (978-0-9821425-9-2(5)) Cube17, Inc.

First Thanksgiving. Terri Fields. 2018. (Time to Discover Ser.). (ENG.). 16p. (gr. -1-2). lib. bdg. 28.50 (978-1-64156-206-5(4), 9781641562065) Rourke Educational Media.

First Thanksgiving. Nancy Reagan. 2018. (VIE.). (J). (978-604-77-4628-6(4)) Thegioi Publishing Hse.

First Thanksgiving: Separating Fact from Fiction. Peter Mavrikis. 2021. (Fact vs. Fiction in U. S. History Ser.). (ENG.). 32p. (J). 31.32 (978-1-4966-9566-6(6), 206280); pap. 7.95 (978-1-4966-9676-2(X), 206250) Capstone.

First the Blade: A Comedy of Growth (Classic Reprint) Clemence Dane. 2018. (ENG., Illus.). 296p. (J). 30.00 (978-0-365-29085-8(8)) Forgotten Bks.

First Thing about You. Chaz Hayden. 2022. (ENG.). 384p. (YA). (gr. 9). 18.99 (978-1-5362-2311-8(5)) Candlewick Pr.

First Thing First, Dream. Krystle Parker & Kyllan Parker. 2023. (ENG.). 40p. (J). pap. 15.00 (978-1-950861-76-7(7)) His Glory Creations Publishing, LLC.

First Thing First, Dream. Kyllan Parker & Krystle Parker. 2023. (ENG.). 40p. (J). pap. 15.00 (978-1-950861-62-0(7)) His Glory Creations Publishing, LLC.

First Three Years of Childhood. Bernard Perez. 2017. (ENG.). (J). 330p. pap. (978-3-337-21573-6(4)); 332p. pap. (978-3-337-21531-6(9)) Creation Pubs.

First Three Years of Childhood. Bernard Perez & Alice Christie. 2017. (ENG.). 328p. (J). pap. (978-3-337-21561-3(0)) Creation Pubs.

First Three Years of Childhood. Bernard Perez & Alice M. Christie. 2017. (ENG.). (J). 328p. pap. (978-3-337-36992-7(8)); 330p. pap. (978-3-337-21940-6(3)) Creation Pubs.

First Time for Everything. Ed. by Anne Regan. 2016. (ENG., Illus.). (J). 32.99 (978-1-63533-015-1(7), Harmony Ink Pr.) Dreamspinner Pr.

First Time for Everything. Dan Santat. 2023. (ENG., Illus.). 320p. (J). 22.99 (978-1-62672-415-0(6), 900156397); pap. 14.99 (978-1-250-85104-8(1), 900258277) Roaring Brook Pr. (First Second Bks.).

First Time Learning: My Big Wipe Clean Reading: Wipe-Clean Workbook. IglooBooks. 2020. (ENG.). 48p. (J). (gr. -1-1). spiral bd. 7.99 (978-1-80022-898-6(8)) Igloo Bks. GBR. Dist: Simon & Schuster, Inc.

First Times, 1 vol. Charles Ghigna. Illus. by Lori Joy Smith. 2017. (ENG.). 32p. (J). (gr. -1-k). 19.95 (978-1-4598-1198-0(4)) Orca Bk. Pubs. USA.

First to Die at the End. Adam Silvera. 2022. (ENG.). 560p. (YA). (gr. 8). 19.99 (978-0-06-324080-3(7), Quill Tree Bks.) HarperCollins Pubs.

First to Fly. E. Gale Buck. Illus. by Christiana J. Buck. 2019. (ENG.). 38p. (J). pap. 11.45 (978-1-7321681-6-9(4)) Silver Wreath, The.

First to Know. Abigail Johnson. 2019. (SPA.). 320p. (YA). (gr. 9-12). pap. 23.99 (978-84-17361-30-3(8)) Ediciones Kiwi S.L. ESP. Dist: Lectorum Pubns., Inc.

First Tracing & Mazes: Big Skills Workbook. Scholastic Early Learners Staff. 2019. (Scholastic Early Learners Ser.). (ENG.). 48p. (J). (gr. -1-k). pap. 5.99 (978-1-338-53112-1(3)) Scholastic, Inc.

First Traitor. R. S. Twells. 2022. (Agent Bennet Saga Ser.). (ENG.). 360p. (YA). (978-1-0391-4085-1(8)) FriesenPress.

First True Thing. Claire Needell. 2019. (ENG.). 256p. (YA). (gr. 9). 17.99 (978-0-06-236052-6(3), HarperTeen) HarperCollins Pubs.

First Twenty Years of My Life (Classic Reprint) Allen Richmond. (ENG., Illus.). (J). 2018. 270p. 29.47 (978-0-267-39931-4(6)); 2016. pap. 11.97 (978-1-334-12496-9(5)) Forgotten Bks.

First Underwear. Rebecca Lisle. Illus. by Richard Watson. 2019. (Early Bird Readers — Purple (Early Bird Stories (tm)) Ser.). (ENG.). 32p. (J). (gr. k-3). 30.65 (978-1-5415-4229-7(0), e5ae9783-29f7-4cbe-ad67-d127e9d9feb6); pap. 9.99 (978-1-5415-7418-2(4), e22fbad4-dbb8-43c6-8790-dc08ac22e6ec) Lerner Publishing Group. (Lerner Pubns.).

First Unibear. Kathleen J. Shields. Illus. by Aashay Utkarsh. 2021. (ENG.). 48p. (J). 19.95 (978-1-956581-00-3(6)) Erin Go Bragh Publishing.

First Unibear. Kathleen J. Shields. Illus. by Aashay Utkarsh. 2022. (ENG.). 48p. (J). pap. 11.95 (978-1-956581-16-4(2)) Erin Go Bragh Publishing.

First Unicorn. Kathleen J. Shields. Illus. by Aashay Utkarsh. 2023. (First Unicorn Ser.). (ENG.). 48p. (J). 19.95 (978-1-956581-23-2(5)) Erin Go Bragh Publishing.

First Valentine. Kallie George. Illus. by Joelle Murray. 2022. (ENG.). 24p. (J). (gr. -1-k). pap. 7.99 (978-1-338-80393-8(X), Cartwheel Bks.) Scholastic, Inc.

First Virtues (padded Cover) 12 Stories for Toddlers. Mary Manz Simon. rev. ed. 2016. (ENG.). 256p. (J). (gr. -1-k). 12.99 (978-1-4336-8833-1(6), 005759023, B&H Kids) B&H Publishing Group.

First We Were IV. Alexandra Sirowy. (ENG.). (YA). (gr. 7). 2018. 464p. pap. 12.99 (978-1-4814-7843-4(5)); 2017. (Illus.). 448p. 21.99 (978-1-4814-7842-7(7)) Simon & Schuster Bks. For Young Readers. (Simon & Schuster Bks. For Young Readers).

First Wea Reading Book (Classic Reprint) Jopseph Kerr. (ENG., Illus.). (J). 2018. 44p. 24.80 (978-0-365-46970-4(X)); 2017. pap. 7.97 (978-0-282-35132-8(9)) Forgotten Bks.

First Wed, Then Won (Classic Reprint) E. Marie Clark. 2018. (ENG., Illus.). 196p. (J). 27.96 (978-0-267-23408-0(2)) Forgotten Bks.

First Win: How Friendship & a Bit of Kindness Makes Every Team Stronger. Ricky R. Jimenez. 2022. (ENG.). 34p. (J). 14.99 (978-1-0880-2309-9(6)); pap. 11.99 (978-1-0880-2959-6(0)) Indy Pub.

First Win/ la Primera Victoria- English-Spanish(Bilingual Edition) How Friendship & a Bit of Kindness Makes Every Team Stronger/Cómo el Compañerismo y un Toque de Amabilidad Fortalecen a Todos Los Equipos. Ricky R. Jimenez. 2022. (MUL.). 36p. (J). 14.99 (978-1-0879-5506-3(8)); pap. 11.99 (978-1-0879-5691-6(9)) Indy Pub.

First Winter in the City: Or, Reuben Kent (Classic Reprint) Unknown Author. 2018. (ENG., Illus.). 128p. (J). 26.54 (978-0-267-23843-9(6)) Forgotten Bks.

First Wish. Trish Granted. Illus. by Manuela Lopez. 2021. (Jeanie & Genie Ser.: 1). (ENG.). 128p. (J). (gr. k-4). 17.99

F

(978-1-5344-7466-6(8)); pap. 6.99 (978-1-5344-7465-9(X)) Little Simon. (Little Simon).

First Wolf - Second Edition. Carole Anne Carr. 2022. (ENG.). 186p. (J). pap. (978-0-9931104-2-9(8)) Lane, Betty.

First Woman Cherokee Chief: Wilma Pearl Mankiller. Patricia Morris Buckley. Illus. by Aphelandra Messer. 2023. (Step into Reading Ser.). 48p. (J). (gr. k-3). pap. 5.99 (978-0-593-56850-7(8)); (ENG.). lib. bdg. 14.99 (978-0-593-56851-4(6)) Random Hse. Children's Bks. (Random Hse. Bks. for Young Readers).

First Words. Nick Ackland et al. 2019. (Clever Colorful Concepts Ser.). (ENG.). 10p. (J). (gr. -1 — 1). bds. 5.99 (978-1-948418-98-0(3), 331937) Clever Media Group.

First Words. Cassie Gitkin. Illus. by Michael S. Miller. 2022. (Active Minds: Graphic Novels Ser.). (ENG.). 24p. (J). (gr. k-2). lib. bdg. 24.69 (978-1-64996-178-5(2), 4933, Sequoia Kids Media) Phoenix International Publications, Inc.

First Words. Hannah + Holly. 2019. (Touch & Learn Ser.). (ENG.). 12p. (J). (gr. -1 — 1). bds. 6.99 (978-1-4998-0904-6(2)) Little Bee Books Inc.

First Words. Susie Linn. 2016. (Wirobound Magnetic Play & Learn Ser.). (ENG.). (J). (978-1-78445-679-5(9)) Top That! Publishing PLC.

First Words. Make Believe Ideas. Illus. by Shannon Hays. 2019. (ENG.). 12p. (J). (— 1). bds. 8.99 (978-1-78843-840-7(X)) Make Believe Ideas GBR. Dist: Scholastic, Inc.

First Words. Make Believe Ideas. Illus. by Dawn Machell. 2017. (ENG.). 44p. (J). (— 1). bds. 12.99 (978-1-78692-548-0(6)) Make Believe Ideas GBR. Dist: Scholastic, Inc.

First Words. Mandy Stanley. 2018. (Kingfisher Board Bks.). (ENG.). 10p. (J). bds. 4.99 (978-0-7534-7464-8(6), 900192051, Kingfisher) Roaring Brook Pr.

First Words: 5 Flaps to Flip! Nick Ackland & Clever Publishing. Illus. by Martina Hogan. 2020. (Peek-A-Boo Ser.). (ENG.). 10p. (J). (gr. -1 — 1). bds. 5.99 (978-1-949998-51-1(7)) Clever Media Group.

First Words: Interactive Children's Sound Book with 10 Buttons. IglooBooks. Illus. by Arief Putra. 2022. (ENG.). 10p. (J). (— 1). bds. 14.99 (978-1-80108-663-9(X)) Igloo Bks. GBR. Dist: Simon & Schuster, Inc.

First Words: Over 500 Words to Learn! Cécile Jugla & Clever Publishing. Illus. by Marion Piffaretti. 2019. (Clever Encyclopedia Ser.). (ENG.). 96p. (J). (gr. -1-k). 12.99 (978-1-948418-79-9(7)) Clever Media Group.

First Words ... & Lots More! A Multilingual Catalog of First Words in English, Spanish, French, & Arabic. Moni Port. 2021. (ENG., Illus.). 22p. (J). (gr. -1 — 1). bds. 19.99 (978-1-4521-8079-3(2)) Chronicle Bks. LLC.

First Words / Primeras Palabras (Bilingual) Rosie Pajaro. Ed. by Cottage Door Press. Illus. by Eren Unten. 2022. (ENG.). 10p. (J). (gr. -1-1). bds. 14.99 (978-1-64638-337-5(0), 1007410) Cottage Door Pr.

First Words 100 Animals: Children's Reading & Writing Education Books. Baby Professor. 2017. (ENG., Illus.). (J). pap. 7.89 (978-1-68326-402-6(9), Baby Professor (Education Kids)) Speedy Publishing LLC.

First Words 12 Board Books. Ed. by West Side Publishing. 2019. (Early Learning Ser.). (ENG.). 120p. (J). (gr. -1 — 1). bds. 15.98 (978-1-64030-948-7(9), 6106200, Little Grasshopper Bks.) Publications International, Ltd.

First Words. 50 Flash Cards: Learn 100 Words! Clever Publishing. Illus. by Ekaterina Guscha & Anna Guz. 2022. (ENG.). 50p. (J). (gr. -1 — 1). 15.99 (978-1-954738-82-9(X)) Clever Media Group.

First Words Activity Book: Children's Reading & Writing Education Books. Bobo's Little Brainiac Books. 2016. (ENG., Illus.). (J). pap. 7.99 (978-1-68327-748-4(1)) Sunshine In My Soul Publishing.

First Words Age 3-5 Wipe Clean Activity Book: Ideal for Home Learning. Collins Easy Learning. 2017. (Collins Easy Learning Preschool Ser.). (ENG.). 24p. (J). (gr. -1-k). 7.95 (978-0-00-821293-3(7)) HarperCollins Pubs. Ltd. GBR. Dist: Independent Pubs. Group.

First Words & More: My Day; My World; Natural World; Things to Learn, 4 vols. Tiger Tales. Illus. by Artful Doodlers. 2020. (My First Home Learning Ser.). (ENG.). 128p. (J). (gr. -1-2). pap. 12.99 (978-1-68010-497-4(7)) Tiger Tales.

First Words Books for Toddlers: Children's Reading & Writing Education Books. Prodigy Wizard Books. 2016. (ENG., Illus.). (J). pap. 9.25 (978-1-68323-237-7(2)) Twin Flame Productions.

First Words (Collins Children's Poster) Collins Kids. Illus. by Steve Evans. 2018. (ENG.). 1p. (J). (-4). 9.99 (978-0-00-830470-6(X)) HarperCollins Pubs. Ltd. GBR. Dist: Independent Pubs. Group.

First Words: Early Learning at the Museum. Illus. by The Trustees of the British Museum. 2019. (Early Learning at the Museum Ser.). (ENG.). 22p. (J). (— 1). bds. 7.99 (978-1-5362-0584-8(2)) Candlewick Pr.

First Words Flashcards: Ideal for Home Learning. Collins Easy Learning. 2017. (Collins Easy Learning Preschool Ser.). (ENG.). 52p. (J). (gr. -1). 8.99 (978-0-00-820109-8(9)) HarperCollins Pubs. Ltd. GBR. Dist: Independent Pubs. Group.

First Words for Babies: Children's Reading & Writing Education Books. Bobo's Little Brainiac Books. 2016. (ENG., Illus.). (J). pap. 7.99 (978-1-68327-126-0(2)) Sunshine In My Soul Publishing.

First Words in English: Children's Reading & Writing Education Books. Bobo's Little Brainiac Books. 2016. (ENG., Illus.). (J). pap. 7.99 (978-1-68327-754-5(6)) Sunshine In My Soul Publishing.

First Words Matching Game: Children's Reading & Writing Education Books. Prodigy Wizard. 2016. (ENG., Illus.). (J). pap. 9.43 (978-1-68323-230-8(5)) Twin Flame Productions.

First Words Picture Book: Children's Reading & Writing Education Books. Prodigy Wizard Books. 2016. (ENG., Illus.). (J). pap. 9.25 (978-1-68323-223-0(2)) Twin Flame Productions.

First Words Reading: Children's Reading & Writing Education Books. Bobo's Little Brainiac Books. 2016. (ENG., Illus.). (J). pap. 7.99 (978-1-68327-151-2(3)) Sunshine In My Soul Publishing.

First Words Toddler: Children's Reading & Writing Education Books. Bobo's Little Brainiac Books. 2016. (ENG., Illus.). (J). pap. 7.99 (978-1-68327-158-1(0)) Sunshine In My Soul Publishing.

First Words USA. Priddy Priddy Books. 2022. (First 100 Ser.). (ENG., Illus.). 22p. (J). bds. 5.99 (978-1-68449-223-7(8), 900255035) St. Martin's Pr.

First Words with Cute Quilted Friends: A Padded Board Book for Infants & Toddlers Featuring First Words & Adorable Quilt Block Pictures. Wendy Chow. 2023. (ENG., Illus.). 22p. (J). (— 1). bds. 9.95 (978-1-941325-96-4(3)) Blue Star Pr.

First World War: 1914-18, 1 vol. Christine Hatt. 2020. (Documenting the Past Ser.). (Illus.). 64p. (J). (gr. 7). pap. 19.99 (978-1-84234-955-7(4)) Cherrytree Bks. GBR. Dist: Independent Pubs. Group.

First Year. Cori Nevruz. 2017. (ENG., Illus.). (J). (gr. -1-k). 25.90 (978-0-692-89979-3(0)) Nevruz, Cori.

First Year Book (Classic Reprint) Mary H. Fee. 2017. (ENG., Illus.). (J). 132p. 26.64 (978-0-332-06285-3(6)); pap. 9.57 (978-0-259-50741-3(5)) Forgotten Bks.

First Year Calculus As Taught by R. L. Moore: An Inquiry-Based Learning Approach. Clement E. Falbo. 2017. (ENG., Illus.). (YA). (gr. 7-11). 22.99 (978-1-64133-034-3(1)); pap. 16.99 (978-1-64133-033-6(3)) MainSpringBks.

First Year English Book (Classic Reprint) Harriet Eve Crandall. 2017. (ENG., Illus.). (J). 29.69 (978-1-5283-5473-8(7)) Forgotten Bks.

First Year English, Oriental (Classic Reprint) Henry Noble Maccracken. 2018. (ENG., Illus.). 176p. (J). 27.55 (978-0-483-38097-4(0)) Forgotten Bks.

First Year in Canterbury Settlement: With Other Early Essays (Classic Reprint) Samuel Butler. 2017. (ENG., Illus.). (J). 29.88 (978-1-5284-7695-9(6)) Forgotten Bks.

First Year in Hebrew: With Exercises & Vocabularies (Classic Reprint) Hyman Elias Goldin. (ENG., Illus.). (J). 2018. 164p. 27.28 (978-0-484-48239-4(4)); 2017. 26.95 (978-0-265-80907-5(X)); 2017. pap. 9.57 (978-1-5278-3259-6(7)); 2016. pap. 9.97 (978-1-334-14714-2(0)) Forgotten Bks.

First Year in Number. Franklin S. Hoyt. 2017. (ENG., Illus.). (J). pap. (978-0-649-48311-2(1)) Trieste Publishing Pty Ltd.

First Year Language Reader. Franklin T. Baker. 2017. (ENG., Illus.). (J). pap. (978-0-649-53954-3(0)) Trieste Publishing Pty Ltd.

First Year Language Reader (Classic Reprint) Franklin T. Baker. 2017. (ENG., Illus.). 154p. (J). 27.07 (978-0-484-70853-1(8)) Forgotten Bks.

First Year Language Reader. [New York-1908]. Franklin T. Baker et al. 2017. (ENG., Illus.). (J). pap. (978-0-649-58765-0(0)) Trieste Publishing Pty Ltd.

First Year Music: Rote Songs for Kindergarten & First Year (Classic Reprint) Hollis Dann. (ENG., Illus.). (J). 2018. 116p. 26.29 (978-0-484-61288-3(3)); 2016. pap. 9.57 (978-1-332-74894-5(5)) Forgotten Bks.

First Year Nature Reader (Classic Reprint) Katherine Beebe. 2017. (ENG., Illus.). (J). 27.32 (978-0-266-49274-0(6)) Forgotten Bks.

First Year on Mullinix Mill Road: Seasons in the Maryland Countryside. Sandra S. Navarro. 2018. (ENG., Illus.). 62p. (J). (gr. k-7). pap. 8.99 (978-0-9989337-4-0(0)) Cornsilk Pr.

First-Year Orientation. Ed. by Lauren Gibaldi & Eric Smith. 2023. (ENG.). 336p. (YA). (gr. 9). 19.99 (978-1-5362-2449-8(9)); pap. 9.99 (978-1-5362-3243-1(2)) Candlewick Pr.

Firstborn. Eliza Prokopovits. 2022. (ENG.). 184p. (YA). pap. 9.99 (978-1-0879-6589-5(6)) Indy Pub.

Firstborn: House of Heaventree Book 1. Nicole Seitz. 2021. (ENG.). 160p. (YA). pap. 9.99 (978-0-578-32072-4(X)) Seitz, Nicole.

Firstlife. Gena Showalter. 2016. (Harlequin Teen Ser.). (ENG.). 480p. (YA). (gr. 9-9). 18.99 (978-0-373-21227-9(5)) Blackstone Audio, Inc.

Firstlife. Gena Showalter. 2017. (Everlife Novel Ser.: 1). (ENG.). 448p. (YA). (gr. 8-12). pap. 12.99 (978-0-373-21221-7(6), Harlequin Teen) Harlequin Enterprises ULC CAN. Dist: HarperCollins Pubs.

Firsts & Lasts: 16 Stories from Our World... & Beyond! Ed. by Laura Silverman. 2023. 368p. (YA). (gr. 9). 20.99 (978-0-593-52308-7(3), Penguin Workshop) Penguin Young Readers Group.

Firsts & Lasts: The Changing Seasons. Leda Schubert. Illus. by Clover Robin. 2022. (ENG.). 48p. (J). (gr. -1-3). 18.99 (978-1-5362-1102-3(8)) Candlewick Pr.

Fiscal Ballads (Classic Reprint) Harry Graham. 2018. (ENG., Illus.). 62p. (J). 25.20 (978-0-484-08486-4(0)) Forgotten Bks.

Fisgón Alado. Lisa Aisato. 2020. (SPA.). 36p. (J). (gr. k-2). 16.99 (978-958-30-6054-0(2)) Panamericana Editorial COL. Dist: Lectorum Pubns., Inc.

Fish. John Allan. 2019. (Amazing Life Cycles Ser.). (ENG., Illus.). 32p. (J). (gr. 1-3). lib. bdg. 29.32 (978-1-912108-01-5(1), bb855d3f-6d37-455d-89b6-7eebc35f02ea, Hungry Tomato (r)) Lerner Publishing Group.

Fish. Lisa J. Amstutz. (Our Pets Ser.). (ENG.). (J). 2018. 24p. pap. 41.70 (978-1-5435-0193-3(1), 27581); 2018. (Illus.). 24p. (gr. -1-2). lib. bdg. 22.65 (978-1-5435-0164-3(8), 137104); 2017. (Illus.). 32p. (gr. -1-2). lib. bdg. 27.99 (978-1-5157-3929-6(5), 133855) Capstone. (Capstone Pr.).

Fish. Douglas Bender. 2022. (My First Pet Ser.). (ENG.). 16p. (J). (gr. -1-1). pap. 7.95 (978-1-63897-546-5(9), 20811); lib. bdg. 25.27 (978-1-63897-431-4(4), 20810) Seahorse Publishing.

Fish. Steffi Cavell-Clarke. (Animal Classification Ser.). (J). (gr. 3-4). 2017. pap. 63.00 (978-1-5345-2010-3(4)); 2016. (ENG.). 32p. pap. 11.50 (978-1-5345-2009-7(0), 7277acb2-7464-4247-ac98-5d72b1920119); 2016. (ENG.). 32p. lib. bdg. 28.88 (978-1-5345-2011-0(2), 75199565-5b9d-48ca-ab5c-02ed4be756c) Greenhaven Publishing LLC. (KidHaven Publishing).

Fish. Barry Cole. 2019. (My Pet Ser.). (ENG.). 16p. (J). (gr. -1-2). pap. 9.95 (978-1-7316-0408-8(4), 9781731604088) Rourke Educational Media.

Fish. Contrib. by Sue Bradford Edwards. 2023. (Essential Pets Ser.). (ENG.). 112p. (YA). (gr. 6-12). lib. bdg. 41.36 (978-1-0982-9054-2(2), 41789, Essential Library) ABDO Publishing Co.

Fish. Christopher Forest. 2020. (Field Guides). (ENG., Illus.). 112p. (J). (gr. 4-8). lib. bdg. 44.21 (978-1-5321-9305-7(X), 34795) ABDO Publishing Co.

Fish. Margo Gates. Illus. by Liam Darcy. 2019. (Let's Look at Animal Habitats (Pull Ahead Readers — Fiction) Ser.). (ENG.). 16p. (J). (gr. -1-1). 27.99 (978-1-5415-5863-2(4), 174f6919-9ee7-4f38-8e1b-07ffcc680c0f, Lerner Pubns.) Lerner Publishing Group.

Fish. Sophie Geister-Jones. 2019. (Pets Ser.). (ENG., Illus.). 24p. (J). (gr. k-3). lib. bdg. 31.36 (978-1-5321-6570-2(6), 33242, Pop! Cody Koala) Pop!.

Fish. Kaite Goldsworthy. 2016. (J). (978-1-5105-1112-5(1)) SmartBook Media, Inc.

Fish. August Hoeft. (I See Animals Ser.). (ENG.). (J). (gr. k-1). 2022. 20p. 24.99 (978-1-5324-3406-8(5)); 2022. 20p. pap. 12.99 (978-1-5324-4209-4(2)); 2020. 12p. pap. 5.99 (978-1-5324-1487-9(0)) Xist Publishing.

Fish, 1 vol. Izzi Howell. 2017. (Fact Finders: Animals Ser.). (ENG.). 24p. (J). (gr. 2-2). 26.27 (978-1-4994-8302-4(3), 742e5d08-6abb-43a6-8b59-8cc830e26fc2, Windmill Bks.) Rosen Publishing Group, Inc., The.

Fish. Grace Jones. 2019. (Living Things & Their Habitats Ser.). (ENG.). 24p. (J). (gr. k-3). pap. 7.99 (978-1-78637-638-1(5)) BookLife Publishing Ltd. GBR. Dist: Independent Pubs. Group.

Fish. Christina Leaf. 2020. (Favorite Pets Ser.). (ENG., Illus.). 24p. (J). (gr. -1-2). pap. 7.99 (978-1-68103-802-5(1), 12891); lib. bdg. 25.95 (978-1-64487-315-1(X)) Bellwether Media. (Blastoff! Readers).

Fish, 1 vol. Heather Moore Niver. 2018. (Investigate Biodiversity Ser.). (ENG.). 24p. (gr. 2-2). 25.60 (978-1-9785-0186-7(2), 5b6c7473-a720-4c98-8c1d-fa5825783a6e) Enslow Publishing, LLC.

Fish. Dalton Rains. 2023. (Animal Groups Ser.). (ENG., Illus.). 24p. (J). pap. 8.95 (978-1-64619-837-5(9)); lib. bdg. 28.50 (978-1-64619-808-5(5)) Little Blue Hse.

Fish. Mari Schuh. 2018. (Spot Pets Ser.). (ENG.). 16p. (J). (gr. -1-2). pap. 7.99 (978-1-68152-287-6(X), 14955) Amicus.

Fish, 1 vol. Dawn Titmus. 2018. (Cool Pets for Kids Ser.). (ENG.). 32p. (J). (gr. 3-3). 27.93 (978-1-5383-3874-2(2), 62ad8d7e-2dc7-40a0-b07a-06cada4d7ddd, PowerKids Pr.) Rosen Publishing Group, Inc., The.

Fish. Steve Parker. ed. 2023. (DK Eyewitness Ser.). (ENG.). 72p. (J). (gr. 4-8). 23.96 (978-1-68505-849-4(3)) Penworthy Co., LLC, The.

Fish: A 4D Book. Melissa Higgins. 2018. (Little Zoologist Ser.). (ENG., Illus.). 32p. (J). (gr. -1-2). lib. bdg. 30.65 (978-1-5435-2644-8(6), 138104, Pebble) Capstone.

Fish: Children's Fish Book. Bold Kids. 2022. (ENG.). 42p. (J). pap. 15.99 (978-1-0717-0976-4(3)) FASTLANE LLC.

Fish: I Am Surrounded by the Father, Son, & Holy Spirit: a Children's Story about the Trinity. Sarah A. Headlee. 2017. (ENG., Illus.). (J). pap. 13.95 (978-1-9736-0623-9(2), WestBow Pr.) Author Solutions, LLC.

Fish / Peces. Gail Williams. Illus. by Suzie Mason. 2018. (Pets! / ILas Mascotas! Ser.). (MUL.). 24p. (J). (gr. -1-2). lib. bdg. 33.99 (978-1-68410-250-1(2), 138448) Cantata Learning.

Fish / Pescado. Xist Publishing. 2018. (Xist Kids Bilingual Spanish English Ser.). (ENG & SPA., Illus.). 28p. (J). (gr. -1-3). pap. 9.99 (978-1-5324-0625-6(8)) Xist Publishing.

Fish Adventures. Triston Dunn. 2017. (ENG., Illus.). 22p. (J). (978-1-365-85492-7(2)) Lulu Pr., Inc.

Fish & Corals Activity Book for 3 Year Old. Educando Kids. 2019. (ENG.). 42p. (J). pap. 8.55 (978-1-64521-778-7(7), Educando Kids) Editorial Imagen.

Fish & Fowl: Easy & Awesome Sandwiches for Kids. Alison Deering. Illus. by Bob Lentz. 2017. (Between the Bread Ser.). (ENG.). 48p. (J). (gr. 4-8). lib. bdg. 31.99 (978-1-5157-3920-3(1), 133828, Capstone Pr.) Capstone.

Fish & Sphinx. Rae St Clair Bridgman. 2021. (Middlegate Ser.). (ENG.). 228p. (J). (978-1-5255-8581-4(9)); pap. (978-1-5255-8580-7(0)) FriesenPress.

Fish & Sun. Sergio Ruzzier. Illus. by Sergio Ruzzier. 2021. (I Can Read Comics Level 1 Ser.). (ENG., Illus.). 48p. (J). (gr. -1-3). 16.99 (978-0-06-307664-8(0)); pap. 5.99 (978-0-06-307663-1(2)) HarperCollins Pubs. (HarperAlley).

Fish & Sun. Sergio Ruzzier. ed. 2021. (I Can Read Comics Ser.). (ENG., Illus.). 48p. (J). (gr. k-1). 16.46 (978-1-64697-942-4(7)) Penworthy Co., LLC, The.

Fish & the Boy Who Got Away. Delores J. Goossen. Illus. by Bonnie Lemaire. 2021. (ENG.). 28p. (J). pap. (978-0-2288-5559-0(4)) Tellwell Talent.

Fish & the Frog. Dominick Algeria. 2021. (ENG., Illus.). 24p. (J). pap. 13.95 (978-1-6624-3555-3(X)) Page Publishing Inc.

Fish & the Frog Who Gets the Log. Darryl Baker. 2022. (ENG., Illus.). 30p. (J). pap. 10.95 (978-1-6624-8302-8(3)) Page Publishing Inc.

Fish & the Pig: (Step 1) Sound Out Books (systematic Decodable) Help Developing Readers, Including Those with Dyslexia, Learn to Read with Phonics. Pamela Brookes. 2020. (Dog on a Log Let's Go! Books: Vol. 5). (ENG., Illus.). 42p. (J). 14.99 (978-1-64831-055-3(9), DOG ON A LOG Bks.) Jojoba Pr.

Fish & the Pig Chapter Book: (Step 1) Sound Out Books (systematic Decodable) Help Developing Readers, Including Those with Dyslexia, Learn to Read with Phonics. Pamela Brookes. 2020. (Dog on a Log Chapter Books: Vol. 5). (ENG., Illus.). 54p. (J). 14.99 (978-1-64831-012-6(5), DOG ON A LOG Bks.) Jojoba Pr.

Fish & Wave. Sergio Ruzzier. Illus. by Sergio Ruzzier. 2022. (I Can Read Comics Level 1 Ser.). (ENG., Illus.). 48p. (J). (gr. -1-3). 16.99 (978-0-06-307667-9(5)); pap. 5.99 (978-0-06-307666-2(7)) HarperCollins Pubs. (HarperAlley).

Fish & Worm. Sergio Ruzzier. Illus. by Sergio Ruzzier. 2023. (I Can Read Comics Level 1 Ser.). (ENG., Illus.). 48p. (J). (gr. -1-3). 17.99 (978-0-06-329035-8(9)); pap. 5.99 (978-0-06-329034-1(0)) HarperCollins Pubs. (HarperAlley).

Fish Are Fintastic. Wilbur Thomas. 2016. (ENG., Illus.). (J). 29.95 (978-0-692-84277-5(2)) Thomas, Thomas C. II.

Fish Are Fintastic. Wilbur Thomas & Thomas C. Thomas. Ed. by Cathryn Castle. 2016. (ENG., Illus.). (J). pap. 19.95 (978-0-692-80928-0(7)) Thomas, Thomas C. II.

Fish Are Not Afraid of Doctors. J. E. Morris. Illus. by J. E. Morris. 2019. (Maud the Koala Ser.). (ENG., Illus.). 32p. (J). (gr. k-2). 5.99 (978-0-593-09596-6(0), Penguin Workshop) Penguin Young Readers Group.

Fish Are Not Afraid of Doctors. J. E. Morris. ed. 2021. (Penguin Workshop Early Readers Ser.). (ENG., Illus.). 30p. (J). (gr. k-1). 14.96 (978-1-64697-635-5(5)) Penworthy Co., LLC, The.

Fish Arithmetic: Math Reader 7 Grade 3. Hmh Hmh. 2018. (SPA.). 8p. (J). pap. 23.60 (978-1-328-57702-3(3)) Houghton Mifflin Harcourt Publishing Co.

Fish Arithmetic: Math Reader Grade 3. Hmh Hmh. 2017. (Math Expressions Ser.). (ENG.). 8p. (J). (gr. 3). pap. 3.53 (978-1-328-77219-0(5)) Houghton Mifflin Harcourt Publishing Co.

Fish Boy. Chloe Daykin. Illus. by Richard Jones & Richard Jones. 2018. (ENG.). 304p. (J). pap. 9.95 (978-0-571-32676-1(5), Faber & Faber Children's Bks.) Faber & Faber, Inc.

Fish Boy. M. G. Higgins. 2020. (Red Rhino Ser.). (ENG.). 68p. (J). (gr. 4-7). pap. 9.95 (978-1-68021-880-0(8)) Saddleback Educational Publishing, Inc.

Fish Boy. Marleen Kalivas. Illus. by Taylour-Simone. 2018. (ENG.). 82p. (J). pap. 18.95 (978-1-64258-678-7(1)) Christian Faith Publishing.

Fish by Candlelight. Bo Jin. Tr. by Huaicun Zhang. 2022. (ENG.). 120p. (J). (gr. k-2). 25.95 (978-1-84464-707-1(2)); pap. 18.95 (978-1-84464-708-8(0)) Paths International, Ltd. GBR. Dist: Independent Pubs. Group.

Fish Called Andromeda. Cynthia C. Huijgens. Illus. by Yusuke Watanabe. 2022. (ENG.). 34p. (J). 18.95 (978-1-7372629-3-0(2)); pap. 12.95 (978-1-7372629-2-3(4)) Idle Time Pr.

Fish Called Bad Eyes: Finding Marsha's Glasses. Larry Golicz. 2021. (ENG.). 60p. (J). pap. 9.99 (978-1-955955-91-1(3)) GoldTouch Pr.

Fish Camp: A Young Girl's Journey to Freedom. Kate Banco. 2019. (Sara Rodriguez Mystery Ser.: Vol. 1). (ENG.). 294p. (YA). (gr. 8-12). pap. 11.99 (978-1-7334681-0-7(2)) KCL Publishing & Tutoring.

Fish Can Not Climb Trees. Liana Joi Jennings. Illus. by Rebecca Joi Jennings. 2020. (ENG.). 26p. (J). pap. (978-0-2288-4014-5(7)) Tellwell Talent.

Fish Catcher, 1 vol. Jack Gabolinscy. 2018. (ENG., Illus.). 21p. (J). pap. (978-1-77654-249-9(5), Red Rocket Readers) Flying Start Bks.

Fish Eggs. Matt Reher. 2016. (1G Marine Life Ser.). (ENG., Illus.). 28p. (J). pap. 9.60 (978-1-63437-672-3(2)) American Reading Co.

Fish Everywhere. Britta Teckentrup. Illus. by Britta Teckentrup. (Animals Everywhere Ser.). (ENG.). 32p. (J). (gr. 1-4). 2023. pap. 8.99 (978-1-5362-3264-6(5)); 2019. (Illus.). 17.99 (978-1-5362-0625-8(3)) Candlewick Pr. (Big Picture Press).

Fish Feud!, 1. Kevin Sherry. ed. 2021. (Squidding Around Ser.). (ENG., Illus.). 91p. (J). (gr. 2-3). 18.49 (978-1-64697-657-7(6)) Penworthy Co., LLC, The.

Fish Feud!: a Graphix Chapters Book (Squidding Around #1) Kevin Sherry. 2020. (Squidding Around Ser.). (ENG., Illus.). 96p. (J). (gr. 1-3). 22.99 (978-1-338-63668-0(5), Graphix) Scholastic, Inc.

Fish Feud!: a Graphix Chapters Book (Squidding Around #1) Kevin Sherry. Illus. by Kevin Sherry. 2020. (Squidding Around Ser.). (ENG., Illus.). 96p. (J). (gr. 1-3). pap. 7.99 (978-1-338-63667-3(7), Graphix) Scholastic, Inc.

Fish, Fish, Fish. Kathy Broderick. Illus. by Dean Gray. 2022. (Bilingual Bks.). (ENG.). 24p. (J). (gr. -1-3). pap. 9.50 (978-1-64996-732-9(2), 17092, Sequoia Kids Media) Sequoia Children's Bks.

Fish for Supper. M. B. Goffstein. 2021. (Illus.). 32p. (J). (gr. -1-3). 16.95 (978-1-68137-546-5(X), NYR Children's Collection) New York Review of Bks., Inc., The.

Fish Friends Forever. Alexandra West. ed. 2021. (Baby Shark 8x8 Bks). (ENG., Illus.). 24p. (J). (gr. k-1). 16.46 (978-1-68505-028-3(X)) Penworthy Co., LLC, The.

Fish from Head to Tail, 1 vol. Bill Spunter. 2016. (Animals from Head to Tail Ser.). (ENG.). 24p. (J). (gr. k-2). lib. bdg. 24.27 (978-1-4824-4538-1(7), bfc6d137-a5d5-45e0-81ed-744af557ba71) Stevens, Gareth Publishing LLLP.

Fish Girl. Donna Jo Napoli & David Wiesner. Illus. by David Wiesner. 2017. (ENG., Illus.). 192p. (J). (gr. 5-7). pap. 17.99 (978-0-547-48393-1(7), 1439924, Clarion Bks.) HarperCollins Pubs.

Fish Girl. Donna Jo Napoli. ed. 2017. (ENG.). (J). (gr. 5-7). lib. bdg. 30.60 (978-0-606-39824-4(4)) Turtleback.

Fish Goes Splash! John Townsend. Illus. by Diego Vaisberg & Diego Vaisberg. ed. 2020. (Creature Features Ser.). (ENG.). 10p. (J). (— 1). bds. 8.95 (978-1-913337-01-8(4), Scribblers) Book Hse. GBR. Dist: Sterling Publishing Co., Inc.

Fish Hook. Rich Josephsen. 2017. (ENG., Illus.). (J). (gr. 3-7). pap. 12.95 (978-1-63525-894-3(4)) Christian Faith Publishing.

Fish in a Bag. Cecilia Minden. Illus. by Kelsey Collings. 2021. (Little Blossom Stories Ser.). (ENG.). 16p. (J). (gr. -1-2). pap. 11.36 (978-1-5341-8802-0(9), 218964, Cherry Blossom Press) Cherry Lake Publishing.

Fish in a Tree. Lynda Mullaly Hunt. l.t. ed. 2019. (ENG.). 296p. (J). (gr. 5). pap. 12.99 (978-1-4328-6397-5(5), Large Print Pr.) Thorndike Pr.

Fish in a Tree. Lynda Mullaly Hunt. ed. 2017. lib. bdg. 19.65 (978-0-606-39991-3(7)) Turtleback.

Fish in the Ocean! Kindergarten Coloring Book. Bold Illustrations. 2018. (ENG., Illus.). 84p. (J). pap. 6.92 (978-1-64193-981-2(8), Bold Illustrations) FASTLANE LLC.

Fish King & the Two Wise Ghosts. Francis H. Powell. 2023. (ENG.). 60p. (J). pap. (978-1-7392955-6-1(0)) Blossom Spring Publishing.

Fish Life Cycle. Tracy Vonder Brink. 2022. (Life Cycles of Living Things Ser.). (ENG.). 24p. (J). (gr. k-2). pap. 8.95 (978-1-63897-569-4(8), 20479); lib. bdg. 27.93 (978-1-63897-454-3(3), 20478) Seahorse Publishing.

Fish Life Cycles, 1 vol. Bray Jacobson. 2017. (Look at Life Cycles Ser.). (ENG.). 32p. (J). (gr. 2-2). pap. 11.50 (978-1-5382-1040-6(1),

672

The check digit for ISBN-10 appears in parentheses after the full ISBN-13

9147d827-035b-473f-8309-825c91af1250) Stevens, Gareth Publishing LLLP.
Fish Meets Donkey. Mj Paonessa. Illus. by Alex Goubar. 2022. (ENG.). 34p. (J). pap. *(978-1-989506-50-9(X))* Pandamonium Publishing Hse.
Fish Migration. Jen Breach. 2023. (Animal Migrations Ser.). (ENG., Illus.). 32p. (J). pap. 9.95 ***(978-1-63739-664-3(3)***, Focus Readers) North Star Editions.
Fish Migration. Contrib. by Jen Breach. 2023. (Animal Migrations Ser.). (ENG., Illus.). 32p. (J). lib. bdg. 31.35 ***(978-1-63739-607-0(4)***, Focus Readers) North Star Editions.
Fish Name Fred. Tamara Neal. Illus. by Lovyaa Garg. 2018. (ENG.). 34p. (J). (gr. k-3). pap. 11.97 *(978-0-9909379-2-0(5))* Tamara's Bks.
Fish Named Thirsty. Barbara Allyn. 2018. (ENG.). 26p. (J). pap. *(978-0-9952514-2-7(8))* Barbara Allyn Hutchinson.
Fish-Ocean Life: Bible Story: Jonah & the Big Fish. (Scripture Bites Ser.). (Illus.). (J). 7.99 *(978-0-7847-9009-0(4)*, 00706) Standard Publishing.
Fish Out of Water see Hauts et les Bas de Fish
Fish Out of Water. Carole Holliday. Illus. by Carole Holliday. 2017. (ENG., Illus.). (J). (gr. k-6). 17.99 *(978-0-692-95833-9(9))* Happy Holliday Bks.
Fish Out of Water. Joanne Levy. 2020. (Orca Currents Ser.). (ENG.). 144p. (J). (gr. 4-7). pap. 10.95 *(978-1-4598-2659-5(0))* Orca Bk. Pubs. USA.
Fish Out of Water: A Little Mermaid Story. Jennifer Sommersby. 2019. (Girl Without a Phone Ser.: Vol. 1). (ENG., Illus.). 274p. (YA). (gr. 7-12). pap. *(978-1-9990516-6-2(1))* Young, Jennifer Sommersby.
Fish Pals. Pat Jacobs. 2018. (Pet Pals Ser.). (Illus.). 32p. (J). (gr. 3-3). *(978-0-7787-5501-2(0))* Crabtree Publishing Co.
Fish Potatoes. John Donkers. 2021. (ENG.). 49p. (J). *(978-1-312-02058-0(X))* Lulu Pr., Inc.
Fish School. Liza Charlesworth. 2018. (My Arabic Library). (ARA.). 16p. (J). (gr. 3-7). pap. 4.99 *(978-1-338-26789-1(2))* Scholastic, Inc.
Fish Swim. Rebecca Glaser. 2017. (Amicus Ink Board Bks.). (Illus.). 14p. (J). (gr. -1 — 1). bds. 7.99 *(978-1-68152-198-5(9)*, 14729) Amicus.
Fish Tales & Rainbow Colors: Poems for Children. Elizabeth Newton. 2017. (ENG., Illus.). (J). (gr. -1-2). pap. 9.95 *(978-1-946977-85-4(3))* Yorkshire Publishing Group.
Fish Tummy Soup: (the Inside Scoop on Jonah) Claudia S. West. Illus. by Elettra F. Cudignotto. 2019. (Grammy Giggle' Bible Stories Ser.). (ENG.). 42p. (J). (gr. k-3). 18.95 *(978-1-7338784-1-8(6))* Heyer Publishing.
Fish Who Could Fly: A Tale of Discovery. Leonard W. Lambert. Illus. by Kevin Cook. 2nd ed. 2020. (ENG.). 34p. (J). pap. 8.99 *(978-1-7351417-1-8(2))* Elementary Publishing.
Fish Who Found the Sea. Alan Watts. Illus. by Khoa Le. 2020. (ENG.). 32p. (J). 17.99 *(978-1-68364-289-3(9)*, 900220032) Sounds True, Inc.
Fish Who Gave Birth to a Lion. April Mangum. 2017. (ENG., Illus.). (J). pap. 16.95 *(978-0-9985790-0-9(9))* Therapy Art Theater LLC.
Fish (Wild World: Big & Small Animals) Brenna Maloney. 2023. (Wild World Ser.). (ENG., Illus.). 32p. (J). (gr. k-2). 25.00 *(978-1-338-85353-7(8))*; pap. 6.99 *(978-1-338-85354-4(6))* Scholastic Library Publishing. (Children's Pr.).
Fish (Wild World: Fast & Slow Animals) Eric Geron. 2022. (Wild World Ser.). (ENG., Illus.). 32p. (J). (gr. k-2). 25.00 *(978-1-338-83655-4(2))*; pap. 6.99 *(978-1-338-83656-1(0))* Scholastic Library Publishing. (Children's Pr.).
Fish Wish. Bob Barner. 2019. (ENG., Illus.). 24p. (J). (— 1). bds. 7.99 *(978-0-8234-4153-2(9))* Holiday Hse., Inc.
Fish with a Wish. P. M McCormick. 2020. (ENG.). 34p. (J). *(978-1-5289-3941-6(7))*; pap. *(978-1-5289-3940-9(9))* Austin Macauley Pubs. Ltd.
Fish with a Wish. Shannon Dawn Rauch. 2018. (ENG.). 32p. (J). pap. ***(978-1-387-72919-7(5))*** Lulu Pr., Inc.
Fishbone's Song. Gary Paulsen. 2016. (ENG., Illus.). 160p. (J). (gr. 5). 18.99 *(978-1-4814-5226-7(6)*, Simon & Schuster Bks. For Young Readers) Simon & Schuster Bks. For Young Readers.
Fishboy: A Magical Underwater Adventure. Mandy Collins. 2016. (ENG., Illus.). 168p. (J). pap. *(978-0-9935706-0-5(7))* Magellan Hse. Publishing.
Fisher Boy (Classic Reprint) Willie Triton. (ENG., Illus.). (J). 2018. 368p. 31.49 *(978-0-365-29348-4(2))*; 2016. pap. 13.97 *(978-1-333-42037-6(4))* Forgotten Bks.
Fisher-Boy of Weymouth: To Which Are Added, the Pet Donkey, & the Sisters (Classic Reprint) Samuel Springsguth. 2018. (ENG., Illus.). 150p. (J). 26.99 *(978-0-267-46864-5(4))* Forgotten Bks.
Fisher-Boy Urashima (Classic Reprint) Basil Hall Chamberlain. (ENG., Illus.). (J). 2018. 26p. 24.45 *(978-0-332-99155-9(5))*; 2016. pap. 7.97 *(978-1-334-12178-4(8))* Forgotten Bks.
Fisher Girl of France (Classic Reprint) Fernand Calmettes. (ENG., Illus.). (J). 2018. 338p. 30.87 *(978-0-483-39623-4(0))*; 2016. pap. 13.57 *(978-1-334-12547-8(3))* Forgotten Bks.
Fisher Lass (Classic Reprint) Bjornstjerne Bjornson. 2017. (ENG., Illus.). 300p. (J). 30.10 *(978-0-484-47882-3(6))* Forgotten Bks.
Fisher Maiden. Bjornstjerne Bjornson. 2017. (ENG., Illus.). (J). pap. *(978-0-649-38906-3(9))* Trieste Publishing Pty Ltd.
Fisher-Maiden: A Norwegian Tale (Classic Reprint) Bjornstjerne Bjornson. (ENG., Illus.). (J). 2018. 238p. 28.83 *(978-0-484-00039-0(X))*; 2017. pap. 10.97 *(978-1-333-87402-6(2))* Forgotten Bks.
Fisher Maiden (Classic Reprint) Bjornstjerne Bjornson. 2018. (ENG., Illus.). 310p. (J). 30.31 *(978-0-364-23175-3(0))* Forgotten Bks.
Fisher Maiden (Classic Reprint) Bjornstjerne Bojrnson. (ENG., Illus.). (J). 2017. 29.67 *(978-0-266-42441-3(4))*; 2016. pap. 13.57 *(978-1-334-17086-7(X))* Forgotten Bks.
Fisher-Price Little People: Christmastime Is Here! Matt Mitter. Illus. by Pixel Mouse Pixel Mouse House. 2019. (Lift-The-Flap Ser.). (ENG.). 10p. (J). (gr. -1-k). bds. 9.99 *(978-0-7944-4359-7(1)*, Studio Fun International) Printers Row Publishing Group.
Fisher-Price Little People: Easter Is Here! Illus. by Susan Hall. 2020. (Lift-The-Flap Ser.). (ENG.). 10p. (J). (gr. -1-k). bds. 9.99 *(978-0-7944-4361-0(3)*, Studio Fun International) Printers Row Publishing Group.
Fisher-Price Little People: My Big Coloring Book. Mattel. Illus. by Juan Calle. 2022. (ENG.). 192p. (J). (gr. -1-k). 10.99 *(978-1-4998-1339-5(2)*, BuzzPop) Little Bee Books Inc.
Fisher-Price Little People: on the Farm. Matt Mitter. Illus. by Pixel Mouse Pixel Mouse House. 2019. (Lift-The-Flap Ser.). (ENG.). 10p. (J). (gr. -1-k). bds. 9.99 *(978-0-7944-4358-0(3)*, Studio Fun International) Printers Row Publishing Group.
Fisher Price Little People: Santa's Little Helpers. Gina Gold. 2020. (Board Books with Tabs Ser.). (ENG.). 12p. (J). (gr. -1-k). bds. 5.99 *(978-0-7944-4611-6(6)*, Studio Fun International) Printers Row Publishing Group.
Fisher Price Little People: Trick or Treat. Editors of Studio Fun International. 2020. (Board Books with Tabs Ser.). (ENG.). 12p. (J). (— 1). bds. 5.99 *(978-0-7944-4553-9(5)*, Studio Fun International) Printers Row Publishing Group.
Fisher-Price Little People: Valentine's Day Is Here! Matt Mitter. 2019. (Lift-The-Flap Ser.). (ENG.). 10p. (J). (gr. -1-k). bds. 9.99 *(978-0-7944-4360-3(5)*, Studio Fun International) Printers Row Publishing Group.
Fisher-Price Little People: Welcome to the Zoo! Editors of Studio Fun International. Illus. by Jason Fruchter. 2020. (Lift-The-Flap Ser.). (ENG.). 10p. (J). (gr. -1-k). bds. 9.99 *(978-0-7944-4362-7(1)*, Studio Fun International) Printers Row Publishing Group.
Fisheries. Lydia Lukidas. 2017. *(978-1-5105-1933-6(5))* SmartBook Media, Inc.
Fisherman & His Wife: Band 12/Copper (Collins Big Cat) Tanya Landman. 2017. (Collins Big Cat Tales Ser.). (ENG., Illus.). 32p. (J). (gr. 2-3). pap. 10.99 *(978-0-00-817931-1(X))* HarperCollins Pubs. Ltd. GBR. Dist: Independent Pubs. Group.
Fisherman & the Gold Fish. Yen Binh. 2017. (VIE., Illus.). (J). pap. *(978-604-957-787-1(0))* Van hoc.
Fisherman & the Whale. Jessica Lanan. Illus. by Jessica Lanan. 2019. (ENG., Illus.). 48p. (J). (gr. -1-3). 17.99 *(978-1-5344-1574-4(2)*, Simon & Schuster Bks. For Young Readers) Simon & Schuster Bks. For Young Readers.
Fisherman's Boy (Classic Reprint) Unknown Author. 2018. (ENG., Illus.). 110p. (J). 26.17 *(978-0-484-76284-7(2))* Forgotten Bks.
Fisherman's Children; or the Sunbeam of Hardrick Cove: A Tale for the Young (Classic Reprint) Unknown Author. 2018. (ENG., Illus.). 172p. (J). 27.44 *(978-0-483-83573-3(0))* Forgotten Bks.
Fisherman's Daughter (Classic Reprint) Jennie Harrison. 2018. (ENG., Illus.). (J). 260p. 29.26 *(978-1-396-32836-7(X))*; 262p. pap. 11.97 *(978-1-390-90153-5(X))* Forgotten Bks.
Fisherman's Daughter (Classic Reprint) Madame Valentine Vattier. 2018. (ENG., Illus.). 182p. (J). 27.67 *(978-0-483-35215-5(2))* Forgotten Bks.
Fisherman's Luck: And Some Other Uncertain Things (Classic Reprint) Henry Van Dyke. 2019. (ENG., Illus.). 310p. (J). 30.31 *(978-0-365-28057-6(7))* Forgotten Bks.
Fisherman's Net. Deborah Crawford. 2016. (ENG., Illus.). (J). pap. 19.95 *(978-1-63508-715-4(5))* America Star Bks.
Fishermans's Luck (Classic Reprint) Unknown Author. 2017. (ENG., Illus.). (J). 25.01 *(978-0-265-19112-5(2))* Forgotten Bks.
Fishermen: A Tale, for Young Persons (Classic Reprint) Elizabeth Semple. 2018. (ENG., Illus.). 148p. (J). 26.97 *(978-0-484-35726-5(3))* Forgotten Bks.
Fishermen (Classic Reprint) Dimitry Gregorovitsh. 2018. (ENG., Illus.). 374p. (J). 31.63 *(978-0-483-45458-3(3))* Forgotten Bks.
Fishermen of Almond Bay. Samuel L. Montgomery. 2022. (ENG.). 26p. (J). 26.99 *(978-1-6629-2008-0(3))*; pap. 19.99 *(978-1-6629-2009-7(1))* Gatekeeper Pr.
Fisher's Daughter, or the Wanderings of Wolf, & the Fortunes of Alfred: Being the Sequel to That So Greatly Admired & Popular Work, Entitled, the Cottage on the Cliff, a Seaside Story (Classic Reprint) Catherine G. Ward. (ENG., Illus.). (J). 2018. 942p. 43.33 *(978-0-666-99709-8(8))*; 2017. pap. 25.63 *(978-0-243-48936-7(6))* Forgotten Bks.
Fishers Daughter, or the Wanderings of Wolf, & the Fortunes of Alfred: Being the Sequel to That So Greatly Admired & Popular Work, Entitled, the Cottage on the Cliff, or a Sea-Side Story (Classic Reprint) Catherine G. Ward. 2018. (ENG., Illus.). 442p. (J). 33.01 *(978-0-483-95356-7(3))* Forgotten Bks.
Fisher's Daughter, or the Wanderings of Wolf, & the Fortunes of Alfred: Being the Sequel to That So Greatly Admired & Popular Work, Entitled, the Cottage on the Cliff, or a Sea-Side Story (Classic Reprint) Catherine George Ward. (ENG., Illus.). (J). 2018. 930p. 43.08 *(978-0-332-80118-6(7))*; 2017. 586p. 35.98 *(978-0-332-88833-0(9))*; 2017. pap. 25.42 *(978-0-259-37448-0(2))*; 2017. pap. 19.57 *(978-0-259-39632-1(X))* Forgotten Bks.
Fisher's Daughter, Vol. 2: Or the Wanderings of Wolf & the Fortunes of Alfred (Classic Reprint) Catherine G. Ward. (ENG., Illus.). (J). 2018. 486p. 33.92 *(978-0-267-39225-4(7))*; 2016. pap. 16.57 *(978-1-334-13635-1(1))* Forgotten Bks.
Fishers of Men (Classic Reprint) S. R. Crockett. 2018. (ENG., Illus.). 444p. (J). 33.05 *(978-0-428-56563-3(8))* Forgotten Bks.
Fisher's River (North Carolina) Scenes & Characters (Classic Reprint) Unknown Author. 2018. (ENG., Illus.). 280p. (J). 29.67 *(978-0-364-57551-2(4))* Forgotten Bks.
Fishes: Animal Group Science Book for Kids Children's Zoology Books Edition. Baby Professor. 2016. (ENG., Illus.). 42p. (J). pap. 11.65 *(978-1-68305-506-8(3)*, Baby Professor (Education Kids)) Speedy Publishing LLC.
Fishes: a Compare & Contrast Book see Peces: un Libro de Comparaciones y Contrastes
Fishes Adventures: Captain Nemo Coloring Books. Jupiter Kids. 2016. (ENG., Illus.). 106p. (J). pap. 12.55 *(978-1-68305-211-1(0)*, Jupiter Kids (Childrens & Kids Fiction)) Speedy Publishing LLC.
Fishes Coloring Book: Educative Fishes Coloring Book, Fishes Coloring Pages for Kids 4+, Boys & Girls, Fun & Unique Fishes Paperback. H. Elliott. 2021. (ENG.). 54p. (J). pap. 7.99 *(978-1-716-20774-7(6))* Lulu Pr., Inc.
Fishes of Zanzibar. Robert Lambert Playfair. 2017. (ENG.). 172p. (J). pap. *(978-3-7447-6293-9(9))* Creation Pubs.
Fishes of Zanzibar: Acanthopterygii. Robert Lambert Playfair. 2017. (ENG.). 214p. (J). pap. *(978-3-337-31645-7(X))* Creation Pubs.
Fishes of Zanzibar: Acanthopterygii (Classic Reprint) Robert Lambert Playfair. (ENG., Illus.). (J). 2017. 28.35 *(978-0-266-24920-7(5))*; 2016. pap. 9.97 *(978-1-334-33762-8(4))* Forgotten Bks.
Fishguard Invasion: By the French in 1797 (Classic Reprint) Unknown Author. 2018. (ENG., Illus.). 252p. (J). 29.09 *(978-0-365-37992-8(1))* Forgotten Bks.
Fishin' Impossible, 8. Davy Ocean. Illus. by Aaron Blecha. 2017. (Shark School Ser.). (ENG.). 144p. (J). (gr. 1-3). 21.19 *(978-1-5364-1675-6(4)*, Aladdin) Simon & Schuster Children's Publishing.
Fishin' Grits. Chris Lassiter. Illus. by Nic Johnson. 2020. (ENG.). 32p. (J). pap. 8.00 ***(978-1-0878-8447-9(0))*** Indy Pub.
Fishin': Impossible. Davy Ocean. Illus. by Aaron Blecha. 2017. (Shark School Ser.: 8). (ENG.). 144p. (J). (gr. 1-4). pap. 6.99 *(978-1-4814-6549-6(X)*, Aladdin) Simon & Schuster Children's Publishing.
Fishin Jimmy (Classic Reprint) Annie Trumbull Slosson. 2018. (ENG., Illus.). 60p. (J). 25.13 *(978-0-666-10519-6(7))* Forgotten Bks.
Fishing. Nessa Black. 2020. (Spot Outdoor Fun Ser.). (ENG.). 16p. (J). (gr. -1-2). lib. bdg. *(978-1-68151-810-7(4)*, 10684) Amicus.
Fishing. Tom Carpenter. 2019. (Outdoor Adventures Ser.). (ENG., Illus.). 48p. (J). (gr. 3-9). lib. bdg. 34.21 *(978-1-5321-9048-3(4)*, 33606, SportsZone) ABDO Publishing Co.
Fishing. Kieran Downs. 2020. (Let's Play Sports! Ser.). (ENG., Illus.). 24p. (J). (gr. k-3). lib. bdg. 26.95 *(978-1-64487-216-1(1)*, Blastoff! Readers) Bellwether Media.
Fishing. Contrib. by Lisa Owings. 2023. (Let's Get Outdoors! Ser.). (ENG., Illus.). (J). (gr. k-3). lib. bdg. 26.95 Bellwether Media.
Fishing, Vol. 10. John Perritano. 2016. (Great Outdoors! Ser.: Vol. 10). (ENG., Illus.). 48p. (J). (gr. 5-8). 20.95 *(978-1-4222-3568-3(8))* Mason Crest.
Fishing / Pescar. Xist Publishing. 2018. (Xist Kids Bilingual Spanish English Ser.). (ENG & SPA., Illus.). 28p. (J). (gr. -1-3). pap. 9.99 *(978-1-5324-0629-4(0))* Xist Publishing.
Fishing & Hunting (Classic Reprint) Sarah M. Mott. (ENG., Illus.). (J). 2017. 130p. 26.60 *(978-0-332-78813-5(X))*; 2016. pap. 9.57 *(978-1-334-14573-5(3))* Forgotten Bks.
Fishing Boats! Different Types of Fishing Boats: From Bass Boats to Walk-Arounds (Boats for Kids) - Children's Boats & Ships Books. Left Brain Kids. 2016. (ENG., Illus.). (J). pap. 7.51 *(978-1-68376-608-7(3))* Sabeels Publishing.
Fishing Careers. Elizabeth Dee. 2021. (Guides to Fishing Ser.). (ENG.). (YA). (gr. 7-12). 34.60 *(978-1-4222-4495-1(4))* Mason Crest.
Fishing Cats. Karen Latchana Kenney. 2021. (Animals of the Wetlands Ser.). (ENG., Illus.). 24p. (J). (gr. k-3). lib. bdg. 26.95 *(978-1-64487-417-2(2)*, Blastoff! Readers) Bellwether Media.
Fishing Encyclopedia. Contrib. by Donna B. McKinney. 2023. (Outdoor Encyclopedias Ser.). (ENG.). 192p. (J). (gr. 3-9). lib. bdg. 49.93 ***(978-1-0982-9133-4(6)***, 42095, Early Encyclopedias) ABDO Publishing Co.
Fishing for Friends. Julia Gibson. 2017. (ENG., Illus.). (J). pap. *(978-1-5255-1115-8(7))* FriesenPress.
Fishing Frankie. Shelley Swanson Sateren. Illus. by Deborah Melmon. 2017. (Adventures at Tabby Towers Ser.). (ENG.). 72p. (J). (gr. 1-4). lib. bdg. 25.32 *(978-1-5158-1548-8(X)*, 136115, Picture Window Bks.) Capstone.
Fishing Gear. Michael J. Rosen. 2017. (Reel Time Ser.). (ENG., Illus.). 32p. (J). (gr. 3-6). pap. 9.99 *(978-1-62832-381-8(7)*, 20087, Creative Paperbacks); *(978-1-60818-773-7(X)*, 20089, Creative Education) Creative Co., The.
Fishing Girl: Translated from the Norwegian of Bjornstjerne Bjornson (Classic Reprint) Augusta Plesner. 2018. (ENG., Illus.). 192p. (J). 27.86 *(978-0-483-65641-3(0))* Forgotten Bks.
Fishing Hole. Tina Marie McCart. 2018. (ENG., Illus.). 26p. (J). pap. 12.95 *(978-1-64114-809-2(8))* Christian Faith Publishing.
Fishing in Grandpa's Boat. Debra Goebel. 2016. (ENG., Illus.). (J). pap. 12.99 *(978-0-9978612-7-3(4))* Mindstir Media.
Fishing in Magic Lake, 1 vol. Laurie Friedman. Illus. by Jennica Lounsbury. 2022. (Sunshine Picture Bks.). (ENG.). 32p. (J). (gr. k-3). lib. bdg. *(978-1-0396-4622-3(0)*, 16312, Sunshine Picture Books) Crabtree Publishing Co.
Fishing in Magic Lake, 1 vol. Laurie Friedman & Jennica Lounsbury. 2022. (Sunshine Picture Bks.). (ENG., Illus.). 32p. (J). (gr. k-3). pap. *(978-1-0396-4749-7(9)*, 17318, Sunshine Picture Books) Crabtree Publishing Co.
Fishing in the Coorong - Our Yarning. Emma Scarce. Illus. by Caitlyn McPherson. 2023. (ENG.). 26p. (J). pap. ***(978-1-922991-08-9(2))*** Library For All Limited.
Fishing in the Pond. Susanna Bell. 2017. (ENG.). (J). 14.95 *(978-1-63177-871-1(4))* Amplify Publishing Group.
Fishing on Thin Ice. Art Coulson. Illus. by Johanna Tarkela. 2022. (Wilderness Ridge Ser.). (ENG.). 72p. (J). 25.99 *(978-1-6639-7491-4(8)*, 226327); pap. 5.95 *(978-1-6663-2951-3(7)*, 226309) Capstone. (Stone Arch Bks.).
Fishing Queen. Marci Peschke. Illus. by Tuesday Mourning. 2017. (Kylie Jean Ser.). (ENG.). 112p. (J). (gr. 1-3). lib. bdg. 22.65 *(978-1-4795-9900-4(X)*, 135433, Picture Window Bks.) Capstone.
Fishing Story. Joe Hinshaw & Duane Red Clasen. 2020. (ENG., Illus.). 48p. (YA). pap. 15.00 *(978-1-64883-046-4(3)*, ExamWise) Total Recall Learning, Inc.
Fishing Tackle. Perry D. Frazer. 2017. (ENG., Illus.). (J). pap. *(978-0-649-48699-1(4))* Trieste Publishing Pty Ltd.
Fishing Tackle, Number 36. Perry D. Frazer. 2017. (ENG., Illus.). (J). pap. *(978-0-649-49310-4(9))* Trieste Publishing Pty Ltd.
Fishing with a Boy, the Tale of a Rejuvenation (Classic Reprint) Leonard Hulit. 2018. (ENG., Illus.). 242p. (J). 28.89 *(978-0-364-21355-1(8))* Forgotten Bks.
Fishing with Dad. Bobbicat. 2018. (ENG., Illus.). (J). (gr. k-3). 19.99 *(978-1-63363-259-2(8))* White Bird Pubns.
Fishing with Dad: The Little Dinosaur with Big Ideas. Anna Makonin. Illus. by Anna Makonin. 2018. (ENG., Illus.). 36p. (J). *(978-0-9938188-2-0(X))* Nutnay Pr.
Fishing with Grandma, 1 vol. Susan Avingaq & Maren Vsetula. Illus. by Charlene Chua. 2016. (ENG.). 32p. (J). (gr. 1-3). pap. 12.95 *(978-1-77227-084-6(9))* Inhabit Media Inc. CAN. Dist: Consortium Bk. Sales & Distribution.
Fishing with Grandpa. Jeremy John. Illus. by Jhunny Moralde. 2018. (ENG.). 26p. (J). pap. *(978-9980-900-21-0(0))* Library For All Limited.
Fishing with Grandpa - Akawau Ma Tibuu Te Unimwaane (Te Kiribati) Jeremy John. Illus. by Jhunny Moralde. 2023. (ENG.). 24p. (J). pap. ***(978-1-922827-65-4(7))*** Library For All Limited.
Fishing with Nana. Jeanne Connolly. 2017. (ENG., Illus.). (J). pap. 10.95 *(978-1-9736-0857-8(X)*, WestBow Pr.) Author Solutions, LLC.
Fishing with Uncle Nathan: Step 4. Mary S. Martin. Illus. by Emily Petre. 2016. (Stepping Forward Ser.). (ENG.). 63p. (J). (gr. -1). 3.95 *(978-0-7399-2524-9(5))* Rod & Staff Pubs., Inc.
Fishpingle: A Romance of the Countryside (Classic Reprint) Horace Annesley Vachell. 2017. (ENG., Illus.). (J). 344p. 31.01 *(978-0-332-63268-1(7))*; pap. 13.57 *(978-0-259-19396-8(8))* Forgotten Bks.
Fishta & the Kids' Father: Part 2. Tattiana Kifile. 2021. (ENG.). 38p. (J). pap. 12.99 *(978-1-7948-8966-8(3))* Lulu Pr., Inc.
Fishta Who? Tattiana Tesfaye Kifile. I.t. ed. 2023. (ENG.). 30p. (J). pap. 12.99 ***(978-1-0880-7489-3(8))*** Indy Pub.
Fishtastic! Victoria Kann. ed. 2019. (I Can Read Ser.). (ENG., Illus.). 30p. (J). (gr. k-1). 14.96 *(978-0-87617-471-5(3))* Penworthy Co., LLC, The.
Fishtopia. Ashley Davis. Ed. by Ashley Davis. 2018. (ENG., Illus.). 42p. (J). pap. 13.95 *(978-1-947656-67-3(8))* Butterfly Typeface, The.
Fishy Business. Zan Bellar. 2019. (ENG.). 128p. (J). pap. *(978-1-5289-1332-4(9))* Austin Macauley Pubs. Ltd.
Fishy Climate: A Wild Animal Adventure along a Changing Rio Grande. Daniel Shaw. 2019. (ENG., Illus.). 56p. (J). pap. 15.95 ***(978-1-7336661-0-7(9))*** Bosque Ecosystem Monitoring Program (BEMP).
Fishy Mystery. Lisa Harkrader. Illus. by Cary Pillo. 2017. (Math Matters Ser.). 32p. (J). (gr. k-4). 5.99 *(978-1-57565-866-7(6)*, 6d95be58-8319-4d28-9b99-9a327899b7ae, Kane Press) Astra Publishing Hse.
Fishy Mystery: Venn Diagrams. Lisa Harkrader. Illus. by Cary Pillo. ed. 2017. (Math Matters (r) Ser.). (ENG.). 32p. (J). (gr. k-3). E-Book 23.99 *(978-1-57565-869-8(0))* Astra Publishing Hse.
Fishy Shapes. Kathy Broderick. Illus. by Dean Gray. 2022. (Bilingual Bks.). (ENG.). 24p. (J). (gr. -1-3). pap. 9.50 ***(978-1-64996-734-3(9)***, 17093, Sequoia Kids Media) Sequoia Children's Bks.
Fishy Story. Diane Martin. 2018. (ENG., Illus.). 44p. (J). pap. 10.99 *(978-1-60920-128-9(0))* Ajoyin Publishing, Inc.
Fishy Tale. Joshua George. Illus. by Puy Pinillos. 2022. (Padded Board Bks.). (ENG.). 24p. (J). bds. 8.99 *(978-1-80105-261-0(1))* Top That! Publishing PLC GBR. Dist: Independent Pubs. Group.
Fishy Treasure Caper: A Graphic Novel. Houghton Mifflin Harcourt. 2019. (Carmen Sandiego Graphic Novels Ser.). (ENG., Illus.). 144p. (J). (gr. 3-7). pap. 10.99 *(978-1-328-49507-5(8)*, 1717476, Clarion Bks.) HarperCollins Pubs.
Fishy Treasure Caper Graphic Novel. Clarion Clarion Books. 2019. (Carmen Sandiego Graphic Novels Ser.). (ENG., Illus.). 144p. (J). (gr. 3-7). 21.99 *(978-1-328-49579-2(5)*, 1717596, Clarion Bks.) HarperCollins Pubs.
Fishy-Winkle (Classic Reprint) Jean C. Archer. 2018. (ENG., Illus.). 98p. (J). 25.92 *(978-0-267-51666-7(5))* Forgotten Bks.
Fisica de'peripatetici, Cartesiani, Ed Atomisti Al Paragone Della Vera Fisica d'Aristotele, Vol. 1 (Classic Reprint) Stefano Pace. 2018. (ITA., Illus.). (J). 500p. 34.23 *(978-1-390-04472-0(6))*; 502p. pap. 16.97 *(978-1-390-04452-2(1))* Forgotten Bks.
Fissure King: A Novel in Five Stories. Rachel Pollack. 2019. (ENG.). 352p. (YA). (gr. 9). pap. 17.99 *(978-1-63023-098-2(7))* Firebird Creative.
Fist for Joe Louis & Me. Trinka Hakes Noble. Illus. by Nicole Tadgell. 2019. (Tales of Young Americans Ser.). (ENG.). 40p. (J). (gr. 1-4). 17.99 *(978-1-5341-1016-8(X)*, 204748) Sleeping Bear Pr.
Fistful of Feathers: A Thrilling Action Packed Adventure & a Coming of Age Story That Will Keep You Guessing Aged 9-12. Linda Jones. 2018. (Fraser Chronicles Ser.: Vol. 1). (ENG.). 288p. (J). pap. *(978-1-9993248-1-0(1))* Bavoom Publishing.
Fit for a King: A Bedtime Story. Robert B. Baker. 2021. (ENG., Illus.). 30p. (J). pap. 14.95 *(978-1-0980-4514-2(9))* Christian Faith Publishing.
Fit for a Princess see Azol Vi Ess Past Fahr a Princessen (Fit for a Princess)
Fit for a Princess. Daniela Bezat. 2019. (ENG.). 46p. (J). pap. *(978-0-359-46016-8(X))* Lulu Pr., Inc.
Fit Mom. Candace Lutz. 2018. (ENG.). (J). 14.95 *(978-1-68401-346-3(1))* Amplify Publishing Group.
Fitch the Firefighter. Anthony Luk & Mica Hong. 2022. (ENG.). 38p. (J). 27.99 ***(978-1-0879-9283-9(4))*** Indy Pub.
Fithian Music Primer (Classic Reprint) Powell G. Fithian. (ENG., Illus.). (J). 2018. 84p. 25.63 *(978-0-267-96455-0(2))*; 2016. pap. 9.57 *(978-1-334-59770-1(7))* Forgotten Bks.
Fitness. Mason Crest. 2019. (Health & Nutrition Ser.). (Illus.). 80p. (J). (gr. 12). lib. bdg. 34.60 *(978-1-4222-4218-6(8))* Mason Crest.

F

Fitness Fiasco. Verity Weaver. Illus. by Courtney Huddleston. 2020. (What Happened? Set 2 Ser.). (ENG.). 120p. (J). (gr. 3-4). pap. 7.99 *(978-1-63163-412-3(7),* 1631634127); lib. bdg. 27.13 *(978-1-63163-411-6(9),* 1631634119) North Star Editions. (Jolly Fish Pr.).

Fitness Is Fun Outdoor: Fitness & Physical Activity; Fun Games & Activities; Live for the Moment; Wellness; Wellbeing; How to Be Healthy; Motivation in Fitness; Healthiest Lifestyle; Motivation for Exercise; Living Healthier. Linda J. Keep. 2020. (Dragon Ser.: Vol. 2). (ENG.). 34p. (J). pap. *(978-0-9952922-9-1(9))* Psychology Center Inc.

Fitness Is Fun Outdoor: Fitness & Physical Activity; Fun Games & Activities; Live for the Moment; Wellness; Wellbeing; How to Be Healthy; Motivation in Fitness; Healthiest Lifestyle; Motivation for Exercise; Living Healthier; Linda J. Keep. 2020. (Dragon Ser.: Vol. 2). (ENG.). 34p. (J). *(978-1-7770596-0-6(7))* Psychology Center Inc.

Fitness Journal. Alyssa Michel & Daria Andrievskaya. 2021. (ENG.). 223p. (YA). *(978-1-6671-4469-6(3))* Lulu Pr., Inc.

Fitness, Personal Care Services & Education, Vol. 10. Daniel Lewis. 2018. (Careers in Demand for High School Graduates Ser.). 112p. (J). (gr. 7). lib. bdg. 34.60 *(978-1-4222-4140-0(8))* Mason Crest.

Fits & Starts (Classic Reprint) T. A. Fitzgerald. 2018. (ENG., Illus.). 256p. (J). 29.20 *(978-0-483-78101-6(0))* Forgotten Bks.

Fits of Folly, or the Aberrations of a Philosopher (Classic Reprint) Unknown Author. 2018. (ENG., Illus.). 42p. (J). 24.78 *(978-0-484-89803-4(5))* Forgotten Bks.

Fitspiration: Active Lifestyle for Men & Women Coloring Book Inspirational. Educando Kids. 2019. (ENG.). 42p. (J). pap. 6.99 *(978-1-64521-182-2(7),* Educando Kids) Editorial Imagen.

Fitting In. S. E. Walker. 2017. (ENG., Illus.). (J). pap. *(978-1-77339-228-8(X))* Evernight Publishing.

Fitting In: (an Inclusive Picture Book for Kids of All Ages) Haruka Aoki & John Olson. 2022. 44p. (J). (gr. -1-3). 16.99 *(978-1-5107-7210-6(3),* Sky Pony Pr.) Skyhorse Publishing Co., Inc.

Fitz & Cleo. Jonathan Stutzman. Illus. by Heather Fox. 2021. (Fitz & Cleo Book Ser.: 1). (ENG.). 64p. (J). 12.99 *(978-1-250-23944-0(3),* 900211236, Holt, Henry & Co. Bks. For Young Readers) Holt, Henry & Co.

Fitz & Cleo. Jonathan Stutzman. Illus. by Heather Fox. 2022. (Fitz & Cleo Book Ser.: 1). (ENG.). 72p. (J). pap. 6.99 *(978-1-250-83264-1(0),* 900253435) Square Fish.

Fitz & Cleo Get Creative. Jonathan Stutzman. Illus. by Heather Fox. 2022. (Fitz & Cleo Book Ser.: 2). (ENG.). 80p. (J). 12.99 *(978-1-250-23945-7(1),* 900211237, Holt, Henry & Co. Bks. For Young Readers) Holt, Henry & Co.

Fitz & Cleo Get Creative. Jonathan Stutzman. Illus. by Heather Fox. 2023. (Fitz & Cleo Book Ser.: 2). (ENG.). 80p. (J). pap. 7.99 *(978-1-250-86578-6(6),* 900278155) Square Fish.

Fitz Goes to the Pool. Tracey Wimperly. Illus. by Rose Mason. 2019. (Fridays with Fitz Ser.). (ENG.). 44p. (J). *(978-1-5255-4784-3(4));* pap. *(978-1-5255-4785-0(2))* FriesenPress.

Fitz-Hugh St. Clair, the South Carolina Rebel Boy, or It Is No Crime to Be Born a Gentleman (Classic Reprint) Sallie F. Chapin. (ENG., Illus.). (J). 2018. 264p. 29.34 *(978-0-483-40690-2(2));* 2016. pap. 11.97 *(978-1-333-74015-3(8))* Forgotten Bks.

Fitz of Fitz-Ford: An Historical Romance (Classic Reprint) Bray. 2017. (ENG., Illus.). (J). 32.68 *(978-1-5280-6977-9(3))* Forgotten Bks.

Fitz of Fitz-Ford, Vol. 1 Of 3: A Legend of Devon (Classic Reprint) Anna Eliza (Kempe) Stothard Bray. 2018. (ENG., Illus.). 280p. (J). 29.67 *(978-0-483-54363-8(2))* Forgotten Bks.

Fitz of Fitz-Ford, Vol. 2 Of 3: A Legend of Devon (Classic Reprint) Anna Eliza (Kempe) Stothard Bray. 2017. (ENG., Illus.). (J). 29.47 *(978-0-331-74033-2(8))* Forgotten Bks.

Fitz of Fitz-Ford, Vol. 3 Of 3: A Legend of Devon (Classic Reprint) Anna Eliza (Kempe) Stothard Bray. 2018. (ENG., Illus.). 304p. (J). 30.19 *(978-0-484-41540-8(9))* Forgotten Bks.

Fitz Poodle at Newport: An Incident of the Season (Classic Reprint) George Douglas Brewerton. (ENG., Illus.). (J). 2018. 56p. 25.07 *(978-0-484-83197-0(6));* 2017. pap. 9.57 *(978-1-331-81390-3(5))* Forgotten Bks.

Fitz y Cleo. Jonathan Stutzman & Heather Fox. 2023. (SPA.). 64p. (J). (gr. 4-7). pap. 9.95 ***(978-607-557-571-1(5))*** Editorial Oceano de Mexico MEX. Dist: Independent Pubs. Group.

Fivantu: How Little Became Really Big! Toluwanimi Babarinde. Illus. by Gideon Akor & Olusoji Adedokun. 2023. (ENG.). 46p. (J). 19.99 ***(978-1-0880-8934-7(8));*** pap. 14.99 ***(978-1-0882-1971-3(3))*** Indy Pub.

Five. Xist Publishing. 2019. (Discover Numbers Ser.). (ENG.). 8p. (J). (gr. -1-2). pap. 5.99 *(978-1-5324-0980-6(X))* Xist Publishing.

Five Acres Too Much. Robert B. Roosevelt. 2017. (ENG.). 316p. (J). pap. *(978-3-337-23051-7(2))* Creation Pubs.

Five Acres Too Much: A Truthful Elucidation of the Attractions of the Country, & a Careful Consideration of the Question of Profit & Loss As Involved in Amateur Farming, with Much Valuable Advice & Instruction to Those about Purchasing Large or Smal. Robert B. Roosevelt. 2018. (ENG., Illus.). 312p. (J). 30.35 *(978-0-428-24199-5(9))* Forgotten Bks.

Five Against the World. GM Jordan. 2023. (ENG.). 58p. (J). pap. ***(978-1-915860-47-7(4))*** Markosia Enterprises, Ltd.

Five & Ten. E. M. Schorb. 2022. (ENG.). 112p. (J). 20.00 *(978-0-578-37506-9(0))* Schorb, Patricia.

Five Babbitts at Bonnyacres: A Story of Back-To-the-Landers (Classic Reprint) Walter Alden Dyer. 2017. (ENG., Illus.). (J). 326p. 30.62 *(978-0-332-78710-7(9));* pap. 13.57 *(978-1-5276-5506-5(7))* Forgotten Bks.

Five Baby Animals. Amber Lily. Illus. by Peppa Joy. 2021. (Five Little ... Counting Bks.). (ENG.). 10p. (J). (-k). bds. 9.99 *(978-1-78958-649-7(6))* Top That! Publishing PLC GBR. Dist: Independent Pubs. Group.

Five Baby Dinosaurs. Amber Lily. Illus. by Peppa Joy. 2021. (Five Little ... Counting Bks.). (ENG.). 10p. (J). (-k). bds. 9.99 *(978-1-78958-645-9(3))* Top That! Publishing PLC GBR. Dist: Independent Pubs. Group.

Five Baby Fish. Amber Lily. 2021. (Five Little ... Counting Bks.). (ENG.). 10p. (J). (gr. -1-1). bds. 9.99 *(978-1-78958-646-6(1))* Top That! Publishing PLC GBR. Dist: Independent Pubs. Group.

Five Baby Unicorns. Amber Lily. Illus. by Peppa Joy. 2021. (Five Little ... Counting Bks.). (ENG.). 10p. (J). (gr. -1-1). bds. 9.99 *(978-1-78958-650-3(X))* Top That! Publishing PLC GBR. Dist: Independent Pubs. Group.

Five Black Cats. Patricia Hegarty. Illus. by Julia Woolf. 2016. (ENG.). 22p. (J). (gr. -1-k). bds. 6.99 *(978-1-58925-239-4(X))* Tiger Tales.

Five Blue Sharks. Katie Button. Illus. by Lindsey Sagar. 2022. (Count & Carry Board Bks.). (ENG.). 10p. (J). bds. 7.99 *(978-1-80105-273-3(5))* Top That! Publishing PLC GBR. Dist: Independent Pubs. Group.

Five Brave Women. Ann Miller. Illus. by Steve Pileggi. 2019. (ENG.). 36p. (J). pap. 16.95 *(978-1-4808-7387-2(X))* Archway Publishing.

Five Busy Beavers. Stella Partheniou Grasso. Illus. by Christine Battuz. 2018. (ENG.). 32p. (J). (gr. -1-2). 14.99 *(978-1-5107-2145-6(2),* Sky Pony Pr.) Skyhorse Publishing Co., Inc.

Five Busy Little Elves. Rosie Greening. Illus. by Dawn Machell. 2020. (ENG.). 14p. (J). (— 1). bds. 8.99 *(978-1-78947-757-3(3))* Make Believe Ideas GBR. Dist: Scholastic, Inc.

Five Cars Stuck & One Big Truck: A Pop-Up Road Trip. David A. Carter. Illus. by David A. Carter. 2017. (ENG., Illus.). 18p. (J). (gr. -1 — 1). bds. 15.99 *(978-1-4814-7119-0(8),* Little Simon) Little Simon.

Five Chapter Books 1: (Step 1) Sound Out Books (systematic Decodable) Help Developing Readers, Including Those with Dyslexia, Learn to Read with Phonics. Pamela Brookes. 2020. (Dog on a Log Chapter Book Collections: Vol. 1). (ENG., Illus.). 142p. (J). 21.99 *(978-1-949471-94-6(2),* DOG ON A LOG Bks.) Jojoba Pr.

Five Chapter Books 2: (Step 2) Sound Out Books (systematic Decodable) Help Developing Readers, Including Those with Dyslexia, Learn to Read with Phonics. Pamela Brookes. 2020. (Dog on a Log Chapter Book Collections: Vol. 2). (ENG., Illus.). 192p. (J). 23.99 *(978-1-949471-95-3(0),* DOG ON A LOG Bks.) Jojoba Pr.

Five Chapter Books 3: (Step 3) Sound Out Books (systematic Decodable) Help Developing Readers, Including Those with Dyslexia, Learn to Read with Phonics. Pamela Brookes. 2020. (Dog on a Log Chapter Book Collections: Vol. 3). (ENG., Illus.). 206p. (J). 23.99 *(978-1-949471-96-0(9),* DOG ON A LOG Bks.) Jojoba Pr.

Five Chapter Books 4: (Step 4) Sound Out Books (systematic Decodable) Help Developing Readers, Including Those with Dyslexia, Learn to Read with Phonics. Pamela Brookes. 2020. (Dog on a Log Chapter Book Collections: Vol. 4). (ENG., Illus.). 186p. (J). 23.99 *(978-1-949471-97-7(7),* DOG ON A LOG Bks.) Jojoba Pr.

Five Chapter Books 5: (Step 5) Sound Out Books (systematic Decodable) Help Developing Readers, Including Those with Dyslexia, Learn to Read with Phonics. Pamela Brookes. 2020. (Dog on a Log Chapter Book Collections: Vol. 5). (ENG., Illus.). 240p. (J). 24.99 *(978-1-949471-98-4(5),* DOG ON A LOG Bks.) Jojoba Pr.

Five Chapter Books 6: (Step 6) Sound Out Books (systematic Decodable) Help Developing Readers, Including Those with Dyslexia, Learn to Read with Phonics. Pamela Brookes. 2020. (Dog on a Log Chapter Book Collections: Vol. 6). (ENG., Illus.). 260p. (J). 25.99 *(978-1-949471-99-1(3),* DOG ON A LOG Bks.) Jojoba Pr.

Five Chapter Books 7: (Step 7) Sound Out Books (systematic Decodable) Help Developing Readers, Including Those with Dyslexia, Learn to Read with Phonics. Pamela Brookes. 2020. (Dog on a Log Chapter Book Collections: Vol. 7). (ENG., Illus.). 302p. (J). (gr. 2-6). 26.99 *(978-1-64831-000-3(1),* DOG ON A LOG Bks.) Jojoba Pr.

Five Chapter Books 8: (Step 8) Sound Out Books (systematic Decodable) Help Developing Readers, Including Those with Dyslexia, Learn to Read with Phonics. Pamela Brookes. 2020. (Dog on a Log Chapter Book Collections: Vol. 8). (ENG., Illus.). 324p. (J). (gr. 1-6). 26.99 *(978-1-949471-92-2(6),* DOG ON A LOG Bks.) Jojoba Pr.

Five Children & IT. E. Nesbit. 2019. (ENG.). 296p. (YA). (gr. 7-12). pap. *(978-0-359-90993-3(0))* Lulu Pr., Inc.

Five Children & It. E. Nesbit. 2018. (ENG., Illus.). 190p. (YA). (gr. 7-12). pap. *(978-93-5329-308-6(1))* Alpha Editions.

Five Children & It. E. Nesbit. Illus. by Ella Okstad. 2017. (Alma Junior Classics Ser.). (ENG.). 160p. (J). pap. 10.00 *(978-1-84749-636-2(9),* 900184124, Alma Classics) Bloomsbury Publishing USA.

Five Children & It. E. Nesbit. 2017. (Dover Children's Evergreen Classics Ser.). (ENG., Illus.). 160p. (J). (gr. 3-8). pap. 4.00 *(978-0-486-42366-1(2),* 423662) Dover Pubns., Inc.

Five Children & It. E. Nesbit & Grandma's Treasures. 2019. (ENG.). 180p. (YA). (gr. 7-12). *(978-0-359-54872-9(5));* pap. *(978-0-359-54847-7(4))* Lulu Pr., Inc.

Five Children on the Western Front. Kate Saunders & E. Nesbit. 2016. (J). *(978-0-553-49785-4(5),* Delacorte Pr) Random House Publishing Group.

Five Christmas Friends: A Count & Slide Christmas Book. Danielle McLean. Illus. by Rosalind Maroney. 2021. (ENG.). 10p. (J). (-k). bds. 8.99 *(978-1-68010-690-9(2))* Tiger Tales.

Five Classic Golden Book Tales. Sue DiCicco. 2018. (Step into Reading Ser.). (Illus.). 160p. (J). (gr. -1-1). pap. 8.99 *(978-0-525-64516-0(0),* Random Hse. Bks. for Young Readers) Random Hse. Children's Bks.

Five Cousins of Gulladuff. Pat McLaughlin. 2019. (ENG., Illus.). 48p. (J). pap. *(978-1-78830-160-2(9))* Olympia Publishers.

Five Creatures see Cinco Criaturas

Five Dark Fates. Kendare Blake. (Three Dark Crowns Ser.: 4). (ENG.). 464p. (YA). (gr. 9). 2021. pap. 12.99 *(978-0-06-268618-3(6));* 2019. 18.99 *(978-0-06-268617-6(8))* HarperCollins Pubs. (Quill Tree Bks.).

Five Days Entertainments at Wentworth Grange (Classic Reprint) Francis Turner Palgrave. 2018. (ENG., Illus.). 356p. (J). 31.26 *(978-0-483-51033-3(5))* Forgotten Bks.

Five Easter Friends: A Count & Slide Book. Danielle McLean. Illus. by Rosalind Maroney. 2022. (ENG.). 10p. (J). (-k). bds. 8.99 *(978-1-6643-5018-2(7))* Tiger Tales.

Five Elements #1: the Emerald Tablet. Dan Jolley. 2017. (Five Elements Ser.: 1). (ENG., Illus.). 320p. (J). (gr. 3-7). pap. 7.99 *(978-0-06-241166-2(7),* HarperCollins) HarperCollins Pubs.

Five Elements #2: the Shadow City. Dan Jolley. 2018. (Five Elements Ser.: 2). (ENG.). 288p. (J). (gr. 3-7). pap. 6.99 *(978-0-06-241168-6(3),* HarperCollins) HarperCollins Pubs.

Five Elements #3: the Crimson Serpent. Dan Jolley. 2018. (Five Elements Ser.: 3). (ENG.). 320p. (J). (gr. 3-7). pap. 6.99 *(978-0-06-241171-6(3),* HarperCollins) HarperCollins Pubs.

Five Enchanting Tales (Disney Princess) Illus. by RH Disney. 2016. (Step into Reading Ser.). (ENG.). 160p. (J). (gr. -1-2). pap. 7.99 *(978-0-7364-3518-5(2),* Random Hse. Bks. for Young Readers) Random Hse. Children's Bks.

Five Enormous Dinosaurs. Illus. by Will Bonner. (Classic Books with Holes 8x8 Ser.). 16p. (J). 2019. (ENG.). pap. *(978-1-78628-213-2(5));* 2019. bds. *(978-1-78628-218-7(6));* 2018. (ENG.). *(978-1-78628-230-9(5));* 2018. (ENG.). *(978-1-78628-234-7(8));* 2018. pap. *(978-1-78628-177-7(5))* Child's Play International Ltd.

Five Feet Apart. Rachael Lippincott. (ENG.). 304p. (YA). (gr. 7). 2022. pap. 11.99 *(978-1-6659-0496-4(8));* 2018. (Illus.). 18.99 *(978-1-5344-3733-3(9))* Simon & Schuster Bks. For Young Readers. (Simon & Schuster Bks. For Young Readers).

Five Feet Apart. Rachael Lippincott et al. 2019. (ENG., Illus.). 288p. (J). *(978-1-4711-8231-0(2)); (978-1-4711-8509-0(5))* Simon & Schuster Children's Publishing.

Five Feet Apart. Rachael Lippincott. ed. 2019. (ENG., Illus.). 304p. (YA). (gr. 7). 18.99 *(978-1-5344-5156-8(0),* Simon & Schuster Bks. For Young Readers) Simon & Schuster Bks. For Young Readers.

Five Fists of Science (New Edition) Matt Fraction. 10th ed. 2017. (ENG., Illus.). 112p. (YA). pap. 16.99 *(978-1-5343-0436-9(3),* 7f3fe54b-51c0-4f87-8719-994709654b89) Image Comics.

Five Flying Penguins. Barbara Barbieri McGrath. Illus. by Stephanie Fizer Coleman. 2018. (ENG.). 32p. (J). (gr. -1-2). lib. bdg. 12.99 *(978-1-58089-805-8(X))* Charlesbridge Publishing, Inc.

Five Fridays (Classic Reprint) Frank R. Adams. (ENG., Illus.). (J). 2018. 362p. 31.38 *(978-0-332-11725-6(1));* 2016. pap. 13.97 *(978-1-334-11974-3(0))* Forgotten Bks.

Five Frogs on Biscuit Bay. Tommy Piolata. Illus. by David Cuccia. 2018. (ENG.). 36p. (J). 19.99 *(978-1-63337-246-7(4));* pap. 12.99 *(978-1-63337-245-0(6))* Roland Golf Services.

Five Fronts: On the Firing-Lines with English-French, Austrian, German & Russian Troops (Classic Reprint) Robert Dunn. 2017. (ENG., Illus.). (J). 30.70 *(978-0-331-03884-2(6))* Forgotten Bks.

Five Funny Bunnies Board Book: An Easter & Springtime Book for Kids. Clarion Clarion Books. Illus. by Hilli Kushnir. 2019. (ENG.). 12p. (J). (— 1). bds. 6.99 *(978-1-328-96603-2(8),* 1707383, Clarion Bks.) HarperCollins Pubs.

Five Fuzzy Chicks. Diana Murray. Illus. by Sydney Hanson. 2020. (ENG.). 32p. (J). 16.99 *(978-1-250-30122-2(X),* 900196678) Imprint IND. Dist: Macmillan.

Five Gallons of Gasoline (Classic Reprint) Morris B. Wells. 2018. (ENG., Illus.). 370p. (J). 31.57 *(978-0-484-31318-6(5))* Forgotten Bks.

Five Giants & How to Fight Them: Lessons for Children of All Ages. Richard Newton. 2018. (ENG., Illus.). 196p. (YA). (gr. 7-12). pap. 18.00 *(978-1-59925-379-4(8))* Solid Ground Christian Bks.

Five Great Authors: Complete Characteristic Selections from the Works of Irving, Hawthorne, Soon, Dickens, Hugo (Classic Reprint) William L. Felter. 2018. (ENG., Illus.). 240p. (J). 28.85 *(978-0-267-24169-9(0))* Forgotten Bks.

Five Great Modern Irish Plays: The Playboy of the Western World; Juno & the Paycock Riders to the Sea; Spreading the News; Shadow & Substance; with a Foreword (Classic Reprint) John M. Synge. 2017. (ENG., Illus.). (J). 31.30 *(978-0-331-41328-1(0));* pap. 13.97 *(978-0-259-54961-1(4))* Forgotten Bks.

Five Green Dinosaurs. Katie Button. Illus. by Lindsey Sagar. 2022. (Count & Carry Board Bks.). (ENG.). 10p. (J). bds. 7.99 *(978-1-80105-274-0(3))* Top That! Publishing PLC GBR. Dist: Independent Pubs. Group.

Five Hundred & Seven Mechanical Movements: Embracing All Those Which Are Most Important in Dynamics, Hydraulics, Hydrostatics, Pneumatics, Steam Engines, Mill & Other Gearing, Presses, Horology, & Miscellaneous Machinery. Henry T. Brown. 2019. (ENG.). 132p. (J). pap. *(978-3-337-82431-0(5))* Creation Pubs.

Five Hundred Curious & Interesting Narratives & Anecdotes: Comprising the Wonderful Book, the Anecdote Book, Sailors Yarns, Salmagundi, & the Domestic Manners of the Americans (Classic Reprint) Unknown Author. 2018. (ENG., Illus.). 346p. (J). 31.03 *(978-0-483-05956-6(0))* Forgotten Bks.

Five Hundred Dollars: And Other Stories of New England Life (Classic Reprint) C. H. W. 2017. (ENG., Illus.). (J). 30.23 *(978-1-5284-8121-2(6))* Forgotten Bks.

Five Hundred Dollars (Classic Reprint) Horatio Alger. 2018. (ENG., Illus.). 290p. (J). 29.90 *(978-0-484-54480-1(2))* Forgotten Bks.

Five Hundred Majority: Or, the Days of Tammany (Classic Reprint) Willys Niles. 2018. (ENG., Illus.). 204p. (J). 28.10 *(978-0-332-21467-2(2))* Forgotten Bks.

Five Hundred Millions of the Begum; the Tribulations of a Chinaman in China; the Giant Raft, Eight Hundred Leagues on the Amazon, Vol. 11 (Classic Reprint) Jules Vern. 2016. (ENG., Illus.). (J). pap. 16.57 *(978-1-333-12346-8(9))* Forgotten Bks.

Five Hundred Pounds Reward. W. Knox Wigram. 2017. (ENG.). (J). 332p. pap. *(978-3-337-24535-1(8));* 302p. pap. *(978-3-337-24536-8(6))* Creation Pubs.

Five Hundred Pounds Reward: A Novel (Classic Reprint) A Barrister. 2018. (ENG., Illus.). 136p. (J). 26.70 *(978-0-483-19834-0(X))* Forgotten Bks.

Five Hundred Pounds Reward, Vol. 1 Of 3: A Novel (Classic Reprint) Unknown Author. 2018. (ENG., Illus.). 332p. (J). 30.74 *(978-0-428-94608-1(9))* Forgotten Bks.

Five Hundred Pounds Reward, Vol. 2 Of 3: A Novel (Classic Reprint) Unknown Author. 2017. (ENG., Illus.). 322p. (J). 30.54 *(978-0-484-59910-8(0))* Forgotten Bks.

Five Hundred Pounds Reward, Vol. 3: A Novel (Classic Reprint) W. Knox Wigram. 2018. (ENG., Illus.). 310p. (J). 30.29 *(978-0-428-79437-8(8))* Forgotten Bks.

Five Irish Stories: Translated from the Irish of the Sgeuluidhe Gaodhalach (Classic Reprint) Douglas Hyde. (ENG., Illus.). (J). 2018. 58p. 25.11 *(978-0-428-39631-2(3));* 2017. pap. 9.57 *(978-0-259-50574-7(9))* Forgotten Bks.

Five Is a Handful. Donna Cotton & Kim Cotton-Ordahl. 2021. (ENG.). 34p. (J). pap. 14.95 *(978-1-6624-0204-3(X))* Page Publishing Inc.

Five Jars (Classic Reprint) Montague Rhodes James. 2018. (ENG., Illus.). 190p. (J). 27.82 *(978-0-483-53831-3(0))* Forgotten Bks.

Five Kingdom System Biological Classification for Grade 5 Children's Biology Books. Baby Professor. 2020. (ENG.). 74p. (J). 24.99 *(978-1-5419-7741-9(6));* pap. 14.99 *(978-1-5419-5386-4(X))* Speedy Publishing LLC. (Baby Professor (Education Kids)).

Five Kingdom System Classifying Living Things Book of Science for Kids 5th Grade Children's Biology Books. Baby Professor. 2020. (ENG.). 82p. (J). 25.99 *(978-1-5419-8032-7(8));* pap. 15.99 *(978-1-5419-4940-9(4))* Speedy Publishing LLC. (Baby Professor (Education Kids)).

Five Kingdoms Complete Collection (Boxed Set) Sky Raiders; Rogue Knight; Crystal Keepers; Death Weavers; Time Jumpers. Brandon Mull. ed. (Five Kingdoms Ser.). (ENG.). (J). (gr. 3-7). 2019. 2448p. pap. 44.99 *(978-1-5344-1833-2(4));* 2018. (Illus.). 2368p. 99.99 *(978-1-5344-0052-8(4))* Simon & Schuster Children's Publishing. (Aladdin).

Five Knots, Vol. 1 (Classic Reprint) Fred M. White. 2018. (ENG., Illus.). 362p. (J). 31.36 *(978-0-484-88325-2(9))* Forgotten Bks.

Five Let's GO! Books 1: (Step 1) Sound Out Books (systematic Decodable) Help Developing Readers, Including Those with Dyslexia, Learn to Read with Phonics. Pamela Brookes. 2020. (Dog on a Log Let's Go! Book Collections: Vol. 1). (ENG., Illus.). 118p. (J). (gr. 1-6). 21.99 *(978-1-64831-001-0(X),* DOG ON A LOG Bks.) Jojoba Pr.

Five Let's GO! Books 2: (Step 2) Sound Out Books (systematic Decodable) Help Developing Readers, Including Those with Dyslexia, Learn to Read with Phonics. Pamela Brookes. 2020. (Dog on a Log Let's Go! Book Collections: Vol. 2). (ENG., Illus.). 106p. (J). (gr. 1-6). 21.99 *(978-1-64831-002-7(8),* DOG ON A LOG Bks.) Jojoba Pr.

Five Let's GO! Books 3: (Step 3) Sound Out Books (systematic Decodable) Help Developing Readers, Including Those with Dyslexia, Learn to Read with Phonics. Pamela Brookes. 2020. (Dog on a Log Let's Go! Book Collections: Vol. 3). (ENG., Illus.). 112p. (J). (gr. 1-6). 21.99 *(978-1-64831-003-4(6),* DOG ON A LOG Bks.) Jojoba Pr.

Five Let's GO! Books 4: (Step 4) Sound Out Books (systematic Decodable) Help Developing Readers, Including Those with Dyslexia, Learn to Read with Phonics. Pamela Brookes. 2020. (Dog on a Log Let's Go! Book Collections: Vol. 4). (ENG., Illus.). 106p. (J). (gr. 1-6). 21.99 *(978-1-64831-004-1(4),* DOG ON A LOG Bks.) Jojoba Pr.

Five Let's GO! Books 5: (Step 5) Sound Out Books (systematic Decodable) Help Developing Readers, Including Those with Dyslexia, Learn to Read with Phonics. Pamela Brookes. 2020. (Dog on a Log Let's Go! Book Collections: Vol. 5). (ENG., Illus.). 122p. (J). (gr. 1-6). 21.99 *(978-1-64831-005-8(2),* DOG ON A LOG Bks.) Jojoba Pr.

Five Little Angels. Kathleen T. Pelley. Illus. by Dubravka Kolanovic. 2021. (ENG.). 54p. (J). pap. 11.99 *(978-1-64949-179-4(4))* Elk Lake Publishing, Inc.

Five Little Angels. Kathleen T. Pelley. Illus. by Dubravka Kolanovic. 2021. (ENG.). 54p. (J). 19.99 *(978-1-64949-180-0(8))* Elk Lake Publishing, Inc.

Five Little Angels. Kathleen T. Pelley & Dubravka Kolanovic. 2021. (ENG.). 54p. (J). pap. 13.99 *(978-1-64949-181-7(6))* Elk Lake Publishing, Inc.

Five Little Birds. Siu Williams-Lemi. Illus. by Rosina Cater. 2019. (ENG & MAO.). 26p. (J). pap. *(978-0-473-49035-5(8))* Kingfisher Publishing.

Five Little Bluebirds. Vickie Jewell. 2016. (ENG., Illus.). 26p. (J). (gr. k). pap. 9.99 *(978-0-692-99078-0(X))* Jewell, Vickie.

Five Little Bunnies. Tish Rabe. Illus. by Dan Yaccarino. 2016. (ENG.). 16p. (J). (gr. -1 — 1). bds. 6.99 *(978-0-06-225339-2(5),* HarperFestival) HarperCollins Pubs.

Five Little Chicks. Dan Yaccarino. 2021. (ENG., Illus.). 16p. (J). (gr. -1 — 1). bds. 6.99 *(978-0-06-303774-8(2),* HarperFestival) HarperCollins Pubs.

Five Little Children at the Zoo. Elvy P. Rolle. Illus. by Max Stasuyk. 2016. (ENG.). 26p. (J). pap. 13.95 *(978-1-4796-0534-7(4),* Aspect) Grand Central Publishing.

Five Little Dreidels. Jeffrey Burton. Illus. by Juliana Motzko. 2022. (ENG.). 14p. (J). (gr. -1-k). bds. 6.99 *(978-1-6659-2238-8(9),* Little Simon) Little Simon.

Five Little Ducklings Go to School. Carol Roth. Illus. by Sean Julian. 2019. (ENG.). 32p. (J). (gr. -1-2). pap. 8.95 *(978-0-7358-4346-2(5))* North-South Bks., Inc.

Five Little Ducklings Go to School. Carol Roth. ed. 2019. (ENG.). 25p. (J). (gr. k-1). 19.96 *(978-0-87617-582-8(5))* Penworthy Co., LLC, The.

674

The check digit for ISBN-10 appears in parentheses after the full ISBN-13

Five Little Ducks. Illus. by Annie Kubler & Sarah Dellow. 2021. (Baby Rhyme Time Ser.). (ENG.). 12p. (J). bds. *(978-1-78628-582-9(7))* Child's Play International Ltd.

Five Little Ducks. Teri Weidner. Illus. by Teri Weidner. 2023. (Classic Children's Songs Ser.). (ENG.). 16p. (J). (gr. -1-2). 29.93 *(978-1-5038-6543-3(6)*, 216442) Child's World, Inc, The.

Five Little Ducks: Sing along with Me! Illus. by Yu-Hsuan Huang. 2021. (Sing along with Me! Ser.). (ENG.). 10p. (J). (— 1). bds. 8.99 *(978-0-7636-9933-8(0))* Candlewick Pr.

Five Little Ducks - First Book of Nursery Games. Child's Play. Illus. by Ailie Busby. 2020. (Nursery Time Ser.: 3). 26p. (J). bds. *(978-1-78628-410-5(3))* Child's Play International Ltd.

Five Little Ducks: a Fingers & Toes Nursery Rhyme Book. Natalie Marshall. Illus. by Natalie Marshall. 2017. (Fingers & Toes Nursery Rhymes Ser.). (ENG., Illus.). 12p. (J). (gr. -1 — 1). bds. 6.99 *(978-1-338-09116-8(6)*, Cartwheel Bks.) Scholastic, Inc.

Five Little Easter Bunnies: A Lift-The-Flap Adventure. Martha Mumford. Illus. by Sarah Jennings. (Bunny Adventures Ser.). (ENG.). 24p. (J). 2022. bds. 7.99 *(978-1-5476-1076-1(X)*, 900265913); 2021. 17.99 *(978-1-5476-0734-1(3)*, 900240358) Bloomsbury Publishing USA. (Bloomsbury Children's Bks.).

Five Little Flower Songs (Classic Reprint) Mary S. Fuller. (ENG., Illus.). (J). 2018. 38p. 24.68 *(978-0-267-40303-5(8))*; 2016. pap. 7.97 *(978-1-334-12037-4(4))* Forgotten Bks.

Five Little Foxes & Other Folks of Land & Sea (Classic Reprint) Nellie Lathrop Helm. 2018. (ENG., Illus.). 174p. (J). 27.51 *(978-0-267-49294-7(4))* Forgotten Bks.

Five Little Friends. Sherred Willcox Adams Maud & Miska Petersham. 2019. (ENG., Illus.). 52p. (YA). pap. *(978-93-5329-490-8(8))* Alpha Editions.

Five Little Froggies. Debra Womac. Illus. by Janet Gist. 2021. (ENG.). 26p. (J). pap. 12.95 *(978-1-63630-413-7(3))* Covenant Bks.

Five Little Ghosts. Amber Lily. 2019. (Finger Puppet Bks.). (ENG.). 14p. (J). 8.99 *(978-1-78958-186-7(9))* Top That! Publishing PLC GBR. Dist: Independent Pubs. Group.

Five Little Leprechauns. Jeffrey Burton. Illus. by Tommy Doyle. 2022. (ENG.). 14p. (J). (gr. -1-k). bds. 6.99 *(978-1-6659-1083-5(6)*, Little Simon) Little Simon.

Five Little Mermaids. Sunny Scribens. Illus. by Barbara Vagnozzi. 2019. (Barefoot Singalongs Ser.). (ENG.). 32p. (J). (gr. -1-2). 9.99 *(978-1-64686-735-6(1))* Barefoot Bks., Inc.

Five Little Monkeys. Lynne Avril. Illus. by Lynne Avril. 2023. (Classic Children's Songs Ser.). (ENG.). 16p. (J). (gr. -1-2). 29.93 *(978-1-5038-6544-0(4)*, 216443) Child's World, Inc, The.

Five Little Monkeys. Jenny Copper. Illus. by Gareth Llewhellin. 2019. (Finger Puppet Bks.). (ENG.). 14p. (J). 8.99 *(978-1-78700-753-6(7))* Top That! Publishing PLC GBR. Dist: Independent Pubs. Group.

Five Little Monkeys. Brick Puffinton. Ed. by Cottage Door Press. Illus. by Carol Herring. 2022. (ENG.). 12p. (J). (gr. -1-k). bds. 14.99 *(978-1-64638-645-1(0)*, 1008400) Cottage Door Pr.

Five Little Monkeys. Sarah Ward. Ed. by Cottage Door Press. 2018. (ENG.). 12p. (J). (gr. -1 — 1). bds. 7.99 *(978-1-68052-437-6(2)*, 2000360) Cottage Door Pr.

Five Little Monkeys 5-Minute Stories. Eileen Christelow. Illus. by Eileen Christelow. 2018. (Five Little Monkeys Story Ser.). (ENG., Illus.). 256p. (J). (gr. -1-3). 14.99 *(978-1-328-45359-4(6)*, 1711798, Clarion Bks.) HarperCollins Pubs.

Five Little Monkeys 6 Book Set Pa (Baf) Eileen Christelow. 2016. (ENG.). 32p. (J). pap. 5.00 *(978-1-328-70704-8(0)*, Clarion Bks.) HarperCollins Pubs.

Five Little Monkeys & Other Counting Rhymes. Make Believe Ideas. Illus. by Dawn Machell. 2017. (ENG.). 12p. (J). (gr. -1 — 1). 6.99 *(978-1-78598-946-9(4))* Make Believe Ideas GBR. Dist: Scholastic, Inc.

Five Little Monkeys Bake a Birthday Cake see 5 Little Monkeys Bake Birthday Cake/Cinco Monitos Hacen un Pastel de Cumpleanos: Bilingual English-Spanish

Five Little Monkeys Bb Box Set for Costco. Eileen Christelow. Illus. by Eileen Christelow. 2020. (Five Little Monkeys Story Ser.). (ENG.). 192p. (J). (gr. -1-3). pap. 9.10 *(978-0-358-47303-9(9)*, Clarion Bks.) HarperCollins Pubs.

Five Little Monkeys Book & Bib Gift Set. The The Wiggles. 2020. (Wiggles Ser.). (ENG.). 10p. (J). (— 1). bds. 27.99 *(978-1-925970-75-3(2))* Bonnier Publishing GBR. Dist: Independent Pubs. Group.

Five Little Monkeys Count & Trace. Eileen Christelow. Illus. by Eileen Christelow. 2020. (Five Little Monkeys Story Ser.). (ENG., Illus.). 22p. (J). (— 1). bds. 7.99 *(978-0-358-12504-4(9)*, 1752387, Clarion Bks.) HarperCollins Pubs.

Five Little Monkeys Get Ready for Bed Touch-And-Feel Tabbed Board Book. Eileen Christelow. Illus. by Eileen Christelow. 2019. (Five Little Monkeys Story Ser.). (ENG., Illus.). 14p. (J). (— 1). pap. 8.99 *(978-0-358-05050-6(2)*, 1732625, Clarion Bks.) HarperCollins Pubs.

Five Little Monkeys Jumping on the Bed Board Book. Eileen Christelow. Illus. by Eileen Christelow. 2017. (Five Little Monkeys Story Ser.). (ENG., Illus.). 30p. (J). (— 1). bds. 7.99 *(978-1-328-88456-5(2)*, 1698446, Clarion Bks.) HarperCollins Pubs.

Five Little Monkeys Jumping on the Bed Padded Board Book. Eileen Christelow. Illus. by Eileen Christelow. 2017. (Five Little Monkeys Story Ser.). (ENG., Illus.). 30p. (J). (gr. -1 — 1). bds. 11.99 *(978-0-547-51075-0(6)*, 1443772, Clarion Bks.) HarperCollins Pubs.

Five Little Monkeys Jumping on the Bed Saipen Edition Pa. Eileen Christelow. 2018. (Five Little Monkeys Story Ser.). (ENG.). 32p. (J). pap. 2.00 *(978-0-358-14122-8(2)*, Clarion Bks.) HarperCollins Pubs.

Five Little Monkeys Looking for Santa: A Christmas Holiday Book for Kids. Eileen Christelow. Illus. by Eileen Christelow. 2021. (Five Little Monkeys Story Ser.). (ENG., Illus.). 40p. (J). (gr. -1-2). bds. 17.99 *(978-0-358-46985-8(6)*, 1798723, Clarion Bks.) HarperCollins Pubs.

Five Little Monkeys Looking for Santa Board Book. Eileen Christelow. Illus. by Eileen Christelow. 2023. (ENG., Illus.). 40p. (J). (gr. -1 — 1). bds. 9.99 *(978-0-06-331431-3(2)*, Clarion Bks.) HarperCollins Pubs.

Five Little Monkeys Play Hide & Seek Board Book. Eileen Christelow. Illus. by Eileen Christelow. 2020. (Five Little Monkeys Story Ser.). (ENG., Illus.). 32p. (J). (— 1). bds. 8.99 *(978-0-358-36265-4(2)*, 1784602, Clarion Bks.) HarperCollins Pubs.

Five Little Monkeys Shopping for School Board Book. Eileen Christelow. Illus. by Eileen Christelow. 2019. (Five Little Monkeys Story Ser.). (ENG., Illus.). 32p. (J). (— 1). bds. 7.99 *(978-1-328-61286-1(4)*, 1732624, Clarion Bks.) HarperCollins Pubs.

Five Little Monkeys Trick-Or-Treat. Eileen Christelow. ed. 2018. (Five Little Monkeys Story Ser.). lib. bdg. 18.40 *(978-0-606-41003-8(1))* Turtleback.

Five Little Monkeys Trick-Or-Treat Glow-in-the-Dark Edition. Eileen Christelow. Illus. by Eileen Christelow. 2021. (Five Little Monkeys Story Ser.). (ENG., Illus.). 32p. (J). (— 1). bds. 8.99 *(978-0-358-62609-1(9)*, 1816875, Clarion Bks.) HarperCollins Pubs.

Five Little Monkeys Trick-Or-Treat Lap Board Book. Eileen Christelow. Illus. by Eileen Christelow. 2019. (Five Little Monkeys Story Ser.). (ENG., Illus.). 32p. (J). (— 1). bds. 12.99 *(978-0-358-10876-4(4)*, 1748828, Clarion Bks.) HarperCollins Pubs.

Five Little Monsters. Rozanne Williams. 2017. (Learn-To-Read Ser.). (ENG., Illus.). (J). pap. 3.49 *(978-1-68310-225-0(8))* Pacific Learning, Inc.

Five Little Monsters Jumping on the Bed. Bill Cotter. (J). (gr. -1-k). 2022. (Illus.). 24p. 7.99 *(978-1-7282-6262-8(3))*; 2020. 22p. bds. 8.99 *(978-1-4926-8748-1(0))* Sourcebooks, Inc. (Sourcebooks Jabberwocky).

Five Little Monsters Went to School. Rozanne Williams. 2017. (Learn-To-Read Ser.). (ENG., Illus.). (J). pap. 3.49 *(978-1-68310-244-1(4))* Pacific Learning, Inc.

Five Little Ninjalinos: A Halloween Story. Illus. by Jason Fruchter. 2018. (PJ Masks Ser.). (ENG.). 14p. (J). (gr. -1-2). bds. 6.99 *(978-1-5344-1783-0(4)*, Simon Spotlight) Simon Spotlight.

Five Little Penguins. Lily Murray. Illus. by Holly Surplice. 2023. (ENG.). 24p. (J). (-k). 16.99 ***(978-1-5362-3260-8(2)***, Templar) Candlewick Pr.

Five Little Peppers Abroad. Margaret Sidney. 2018. (ENG., Illus.). 252p. (YA). (gr. 7-12). pap. *(978-93-5297-368-2(2))* Alpha Editions.

Five Little Peppers Abroad. Margaret Sidney. 2017. (ENG., Illus.). (J). 25.95 *(978-1-374-90288-6(8))*; pap. 15.95 *(978-1-374-90287-9(X))* Capital Communications, Inc.

Five Little Peppers Abroad (Classic Reprint) Margaret Sidney. (ENG., Illus.). (J). 2018. 474p. 33.67 *(978-0-483-94016-1(X))*; 2017. pap. 16.57 *(978-0-243-39990-1(1))* Forgotten Bks.

Five Little Peppers & How They Grew. Margaret Sidney. 2018. (ENG., Illus.). 228p. (YA). (gr. 7-12). pap. *(978-93-5297-369-9(0))* Alpha Editions.

Five Little Peppers & How They Grew. Margaret Sidney. 2017. (ENG., Illus.). (J). 24.95 *(978-1-374-93472-6(0))*; pap. 14.95 *(978-1-374-93471-9(2))* Capital Communications, Inc.

Five Little Peppers & How They Grew. Margaret Sidney. 2021. (ENG.). 436p. (YA). (gr. 7-12). pap. 25.99 *(978-1-716-18398-0(7))* Lulu Pr., Inc.

Five Little Peppers & How They Grew. Margaret Sidney. 2021. (ENG.). 228p. (J). (gr. 7-12). pap. 6.50 *(978-1-68422-554-5(X))* Martino Fine Bks.

Five Little Peppers & How They Grew. Margaret Sidney. 2018. (ENG., Illus.). 186p. (J). 19.99 *(978-1-5154-2949-4(0))* Wilder Pubns., Corp.

Five Little Peppers & How They Grew (Classic Reprint) Margaret Sidney. 2017. (ENG., Illus.). (J). 30.74 *(978-0-265-20044-5(X))* Forgotten Bks.

Five Little Peppers & Their Friends. Margaret Sidney. 2018. (ENG., Illus.). 278p. (YA). (gr. 7-12). pap. *(978-93-5297-370-5(4))* Alpha Editions.

Five Little Peppers at School (Classic Reprint) Margaret Sidney. 2018. (ENG., Illus.). (J). 474p. 33.67 *(978-0-365-60834-9(3))*; 476p. pap. 16.57 *(978-1-4400-6992-5(1))* Forgotten Bks.

Five Little Peppers Grown Up. Margaret Sidney. 2018. (ENG., Illus.). 252p. (YA). (gr. 7-12). pap. *(978-93-5297-371-2(2))* Alpha Editions.

Five Little Peppers Grown Up. Margaret Sidney. 2022. (ENG.). 221p. (J). pap. ***(978-1-387-70477-4(X))*** Lulu Pr., Inc.

Five Little Peppers Grown Up: A Sequel to Five Little Peppers Midway (Classic Reprint) Margaret Sidney. 2018. (ENG., Illus.). 538p. (J). 35.01 *(978-0-364-75332-3(3))* Forgotten Bks.

Five Little Peppers in the Little Brown House (Classic Reprint) Margaret Sidney. 2017. (ENG., Illus.). 466p. (J). 33.51 *(978-1-5281-6228-9(5))* Forgotten Bks.

Five Little Peppers Midway. Margaret Sidney. 2018. (ENG., Illus.). 228p. (YA). (gr. 7-12). pap. *(978-93-5297-372-9(0))* Alpha Editions.

Five Little Peppers Midway. Margaret Sidney. 2021. (ENG.). 430p. (J). pap. 25.99 *(978-1-716-18390-4(1))* Lulu Pr., Inc.

Five Little Peppers Midway: A Sequel to Five Little Peppers & How They Grew (Classic Reprint) Margaret Sidney. 2017. (ENG., Illus.). (J). 34.66 *(978-0-260-89642-1(X))* Forgotten Bks.

Five Little Peppers Omnibus. Margaret Sidney. 2019. (ENG.). 482p. (J). *(978-1-78943-033-2(X))* Benediction Classics.

Five Little Pumpkins. Rosie Greening. 2017. (ENG.). 14p. (J). (gr. -1 — 1). 8.99 *(978-1-78692-216-8(9))* Make Believe Ideas GBR. Dist: Scholastic, Inc.

Five Little Pumpkins. Rosie Greening. Illus. by Lara Ede. 2016. (ENG.). 14p. (J). (gr. -1 — 1). bds. 8.99 *(978-1-78598-400-6(4))* Make Believe Ideas GBR. Dist: Scholastic, Inc.

Five Little Pumpkins. Illus. by Vanja Kragulj. 2021. (ENG.). 12p. (J). (gr. -1-k). bds. 8.99 *(978-1-64517-680-0(0)*, Silver Dolphin Bks.) Printers Row Publishing Group.

Five Little Pumpkins. Tiger Tales. Illus. by Lucy Barnard. 2021. (ENG.). 20p. (J). (-k). bds. 6.99 *(978-1-68010-699-2(6))* Tiger Tales.

Five Little Pumpkins. Georgina Wren. Illus. by Matt O'Neil. 2021. (Finger Puppet Bks.). (ENG.). 12p. (J). bds. 8.99 *(978-1-80105-030-2(9))* Top That! Publishing PLC GBR. Dist: Independent Pubs. Group.

Five Little Pumpkins: a Fingers & Toes Nursery Rhyme Book. Natalie Marshall. Illus. by Natalie Marshall. 2017. (Fingers & Toes Nursery Rhymes Ser.). (ENG.). 12p. (J). (gr. -1 — 1). bds. 6.99 *(978-1-338-09117-5(4)*, Cartwheel Bks.) Scholastic, Inc.

Five Little Pumpkins Came Back Board Book. Dan Yaccarino. Illus. by Dan Yaccarino. 2018. (ENG., Illus.). 16p. (J). (gr. -1 — 1). bds. 6.99 *(978-0-06-284021-9(5)*, HarperFestival) HarperCollins Pubs.

Five Little Pumpkins on Halloween Night. Sandra Magsamen. Illus. by Sandra Magsamen. 2019. (ENG., Illus.). 12p. (J). (gr. -1 — 1). bds. 6.99 *(978-1-338-30578-4(6)*, Cartwheel Bks.) Scholastic, Inc.

Five Little Pumpkins on Sesame Street. Sesame Workshop & Erin Guendelsberger. 2021. (Sesame Street Scribbles Ser.). (ENG.). 40p. (J). (gr. -1-2). 10.99 *(978-1-7282-3229-4(5))* Sourcebooks, Inc.

Five Little Pumpkins (Rookie Toddler) Illus. by Marybeth Butler. 2018. (Rookie Toddler Ser.). (ENG.). 14p. (J). (gr. -1 — 1). bds. 6.95 *(978-0-531-12703-2(6)*, Children's Pr.) Scholastic Library Publishing.

Five Little Speckled Frogs. Make Believe Ideas. 2017. (ENG.). 14p. (J). (gr. -1 — 1). 8.99 *(978-1-78598-944-5(8))* Make Believe Ideas GBR. Dist: Scholastic, Inc.

Five Little Speleologists Advanced Version. Amy Edwards. 2019. (ENG.). 38p. (J). pap. 24.99 *(978-0-359-62531-4(2))* Lulu Pr., Inc.

Five Little Speleologists Beginner Version. Amy Edwards. 2019. (ENG.). 38p. (J). pap. 24.99 *(978-1-7947-2077-0(4))* Lulu Pr., Inc.

Five Little Starrs in the Canadian Forest. Lillian Elizabeth Roy & Elizabeth Colborne. 2019. (ENG., Illus.). 86p. (YA). pap. *(978-93-5329-491-5(6))* Alpha Editions.

Five Little Strangers: And How They Came to Live in America (Classic Reprint) Julia Augusta Schwartz. 2018. (ENG., Illus.). 176p. (J). 27.53 *(978-0-267-26831-3(9))* Forgotten Bks.

Five Little Thank-Yous. Cindy Jin. Illus. by Dawn M. Cardona. 2019. (ENG.). 12p. (J). (-k). bds. 8.99 *(978-1-5344-5139-1(0)*, Little Simon) Little Simon.

Five Magic Rooms. Laura Knetzger. 2021. (I Like to Read Comics Ser.). (Illus.). 40p. (J). (gr. -1-3). pap. 7.99 *(978-0-8234-5044-2(9))*; 14.99 *(978-0-8234-4497-7(X))* Holiday Hse., Inc.

Five Major Islands of the World - Geography Books for Kids 5-7 Children's Geography Books. Baby Professor. 2017. (ENG., Illus.). (J). pap. 9.55 *(978-1-5419-1201-4(2)*, Baby Professor (Education Kids)) Speedy Publishing LLC.

Five Mice in a Mouse-Trap: By the Man in the Moon. Laura E. Richards. 2018. (ENG., Illus.). 164p. (YA). (gr. 7-12). pap. *(978-93-5329-346-8(4))* Alpha Editions.

Five Mice in a Mouse-Trap: By the Man in the Moon; Done in the Vernacular, from the Lunacular (Classic Reprint) Laura E. Richards. 2018. (ENG., Illus.). 230p. (J). 28.64 *(978-0-267-26709-5(6))* Forgotten Bks.

Five Midnights. Ann Davila Cardinal. 2020. (Five Midnights Ser.: 1). (ENG.). 304p. (YA). pap. 10.99 *(978-1-250-29609-2(9)*, 900195594, Tor Teen) Doherty, Tom Assocs., LLC.

Five Mile Charlie: a Five Mile Christmas. Kimberly Adams. 2022. (ENG.). 38p. (J). 16.95 *(978-1-63755-197-4(5)*, Mascot Kids) Amplify Publishing Group.

Five Mile Charlie: Charlie Goes to the Library. Kimberly Adams. 2022. (ENG.). 38p. (J). 16.95 *(978-1-63755-045-8(6)*, Mascot Kids) Amplify Publishing Group.

Five Mile Charlie: the Return of Farmer Bud. Kimberly Adams. 2023. (ENG.). 38p. (J). 18.95 ***(978-1-63755-436-4(2)***, Mascot Kids) Amplify Publishing Group.

Five Miles off, or the Finger Post: A Comedy in Three Acts, As Acted at the Theatre-Royal, Hay-Market (Classic Reprint) Thomas Dibdin. 2018. (ENG., Illus.). 64p. (J). 25.22 *(978-0-483-87273-8(3))* Forgotten Bks.

Five Miles off, or the Finger Post: A Comedy, in Three Acts (Classic Reprint) Thomas Dibdin. (ENG., Illus.). (J). 2018. 54p. 25.01 *(978-0-483-54921-0(5))*; 2017. pap. 9.57 *(978-0-259-19435-4(2))* Forgotten Bks.

Five Miles off, or the Finger Post: A Farce, in Three Acts (Classic Reprint) Thomas Dibdin. (ENG., Illus.). (J). 2018. 56p. 25.07 *(978-0-267-39583-5(3))*; 2016. pap. 9.57 *(978-1-334-13172-1(4))* Forgotten Bks.

Five-Minute Bedtime Stories. Sam Taplin. Illus. by Ag Jatkowska. 2023. (ENG.). 104p. (J). 14.99 ***(978-1-80507-088-7(6))*** Usborne Publishing, Ltd. GBR. Dist: HarperCollins Pubs.

Five-Minute Friendship Starters: A Sesame Street (r) Guide to Making a Friend. Marie-Therese Miller. 2022. (ENG., Illus.). 32p. (J). (gr. -1-2). pap. 9.99 *(978-1-7284-4847-3(6)*, 1e88d51b-e427-4b5d-851e-153379063b07, Lerner Pubns.) Lerner Publishing Group.

Five-Minute Gratitude Book for Girls: A Prompted, Quick & Easy Gratitude Journal for Kids to Teach Children to Practice Gratitude on a Daily Basis. Kenn Crawford. 2020. (ENG.). 122p. (J). pap. *(978-1-7770594-4-6(5))* Crawford Hse.

Five-Minute Gratitude Book for Kids: A Journal to Teach Children to Practice Being Grateful: Helps Kids Cultivate an Attitude of Being Thankful & Appreciative. Kenn Crawford. 2020. (ENG.). 122p. (J). pap. *(978-1-7770594-6-0(1))* Crawford Hse.

Five-Minute Gratitude Journal for Boys: A Journal to Teach Children to Practice Being Grateful: Helps Kids Cultivate an Attitude of Being Thankful & Appreciative. Kenn Crawford. 2020. (ENG.). 122p. (J). pap. *(978-1-7770594-5-3(3))* Crawford Hse.

Five-Minute Peppa Stories (Peppa Pig) Scholastic. Illus. by EOne. 2016. (ENG.). 192p. (J). (gr. -1-k). 12.99 *(978-1-338-05804-8(5))* Scholastic, Inc.

Five-Minute Stories: Over 50 Tales & Fables. Ed. by Cottage Door Press. 2018. (ENG.). 384p. (J). (gr. -1-2). 16.99 *(978-1-68052-406-2(2)*, 2000050) Cottage Door Pr.

Five Minute Stories (Classic Reprint) Laura E. Richards. 2018. (ENG., Illus.). 222p. (J). 28.50 *(978-0-364-14709-2(1))* Forgotten Bks.

Five-Minute Stories for 1 Year Olds: With 7 Stories, 1 for Every Day of the Week. IglooBooks. Illus. by Kathryn Selbert. 2023. (ENG.). 48p. (J). 7.99 ***(978-1-80368-856-5(4))*** Igloo Bks. GBR. Dist: Simon & Schuster, Inc.

Five-Minute Stories for 2 Year Olds: With 7 Stories, 1 for Every Day of the Week. IglooBooks. Illus. by Kristen Humphrey. 2023. (ENG.). 48p. (J). 7.99 ***(978-1-80368-857-2(2))*** Igloo Bks. GBR. Dist: Simon & Schuster, Inc.

Five-Minute Stories for 3 Year Olds: With 7 Stories, 1 for Every Day of the Week. IglooBooks. Illus. by Lizzy Doyle. 2023. (ENG.). 48p. (J). 7.99 ***(978-1-80368-858-9(0))*** Igloo Bks. GBR. Dist: Simon & Schuster, Inc.

Five-Minute Stories for 4 Year Olds: With 7 Stories, 1 for Every Day of the Week. IglooBooks. Illus. by Isabel Pérez. 2023. (ENG.). 48p. (J). 7.99 ***(978-1-80368-859-6(9))*** Igloo Bks. GBR. Dist: Simon & Schuster, Inc.

Five-Minute Talks for Young People, or the Way to Success (Classic Reprint) Richard Newton. (ENG., Illus.). (J). 2018. 312p. 30.35 *(978-0-267-96257-0(6))*; 2016. pap. 13.57 *(978-1-334-54312-8(7))* Forgotten Bks.

Five Minutes: (That's a Lot of Time) (No, It's Not) (Yes, It Is) Audrey Vernick & Liz Garton Scanlon. Illus. by Olivier Tallec. 2019. 32p. (J). (gr. -1-2). 16.99 *(978-0-525-51631-6(X)*, G.P. Putnam's Sons Books for Young Readers) Penguin Young Readers Group.

Five Minutes, Alfie. Lily Mae Walters. Illus. by Jack Foster. 2020. (ENG.). 60p. (J). pap. 11.99 *(978-1-68160-707-8(7))* Crimson Cloak Publishing.

Five Minutes' Peace. Jill Murphy. 2018. (CHI.). (J). (gr. 1-3). *(978-986-440-231-1(5))* Viking International Co., Ltd.

Five Minutes with the Boys' & Girls' Congregation (Classic Reprint) William Henry Walker. 2019. (ENG., Illus.). (J). 172p. 27.44 *(978-1-397-28209-5(6))*; 174p. pap. 9.97 *(978-1-397-28117-3(0))* Forgotten Bks.

Five Months' Fine Weather: In Canada, Western U. S., & Mexico (Classic Reprint) E. H. Carbutt. 2018. (ENG., Illus.). 284p. (J). 29.75 *(978-0-267-83686-4(4))* Forgotten Bks.

Five Months' Fine Weather in Canada, Western U. S., & Mexico. E. H. Carbutt. 2017. (ENG.). 284p. (J). pap. *(978-3-337-18878-8(8))* Creation Pubs.

Five Months' Fine Weather in Canada, Western U. S., & Mexico. E. H. Carbutt. 2017. (ENG., Illus.). (J). pap. *(978-0-649-14783-0(9))* Trieste Publishing Pty Ltd.

Five More Minutes. Marta Altés. Illus. by Marta Altés. 2023. (ENG.). 32p. (J). 18.99 ***(978-1-0350-2306-6(7))***, 900292765, Macmillan Children's Bks.) Pan Macmillan GBR. Dist: Macmillan.

Five More Pixs. Muriel Tronc. 2020. (ENG.). 264p. (J). pap. 11.99 *(978-1-7345593-0-9(6))* Tronc, Muriel.

Five Nations: Peace Day. Dani Dixon. 2018. (ENG., Illus.). 310p. (J). pap. 12.99 *(978-0-9800660-5-0(0))* Tumble Creek Pr.

Five Needs of Animal Welfare. Nicola Gothard. Illus. by Ben Ferguson. 2016. (ENG.). (J). (gr. 1-6). pap. *(978-0-9934631-6-7(9))* Generation 2050.

Five Nights: A Novel (Classic Reprint) Victoria Cross. 2018. (ENG., Illus.). 352p. (J). 31.18 *(978-0-483-42713-6(6))* Forgotten Bks.

Five Nights at Freddy's: Revelations. David Berlin. 2017. (ENG., Illus.). (J). pap. 5.99 *(978-1-365-70493-2(9))* Lulu Pr., Inc.

Five Nights at Freddy's: The Ultimate Guide 1-5. David Berlin. 2017. (ENG., Illus.). (J). pap. 5.99 *(978-1-365-70497-0(1))* Lulu Pr., Inc.

Five Nights at Freddy's. Busca / Five Nights at Freddy's. Fetch. Scott Cawthon et al. 2022. (Escalofríos de Fazbear Ser.: 2). (SPA.). 272p. (YA). (gr. 7-12). pap. 17.95 *(978-84-19283-03-0(7))* Penguin Random House Grupo Editorial ESP. Dist: Penguin Random Hse. LLC.

Five Nights at Freddy's Character Encyclopedia (an AFK Book) (Media Tie-In) Scott Cawthon. ed. 2023. (Five Nights at Freddy's Ser.). (ENG.). 224p. (YA). (gr. 7). 21.99 *(978-1-338-80473-7(1))* Scholastic, Inc.

Five Nights at Freddy's Collection: an AFK Series, 1 vol. Scott Cawthon & Kira Breed-Wrisley. 2018. (Five Nights at Freddy's Ser.). (ENG.). 2112p. (YA). (gr. 7-7). pap., pap., pap. 29.97 *(978-1-338-32302-3(4))* Scholastic, Inc.

Five Nights at Freddy's: Fazbear Frights Graphic Novel Collection Vol. 1 (Five Nights at Freddy's Graphic Novel #4), Vol. 1. Scott Cawthon et al. Illus. by Didi Esmeralda et al. 2022. (Five Nights at Freddy's Ser.). (ENG.). 192p. (YA). (gr. 7). 24.99 *(978-1-338-79269-0(5)*, Graphix) Scholastic, Inc.

Five Nights at Freddy's: Fazbear Frights Graphic Novel Collection Vol. 1 (Five Nights at Freddy's Graphic Novel #4), Vol. 1. Scott Cawthon et al. Illus. by Didi Esmeralda et al. 2022. (Five Nights at Freddy's Graphic Novels Ser.). (ENG.). 192p. (YA). (gr. 7). pap. 14.99 *(978-1-338-79267-6(9)*, Graphix) Scholastic, Inc.

Five Nights at Freddy's: Fazbear Frights Graphic Novel Collection Vol. 2, Vol. 2. Scott Cawthon et al. Illus. by Didi Esmeralda et al. 2023. (Five Nights at Freddy's Graphic Novels Ser.). (ENG.). 192p. (YA). (gr. 7). 24.99 *(978-1-338-79272-0(5)*, Graphix) Scholastic, Inc.

Five Nights at Freddy's: Fazbear Frights Graphic Novel Collection Vol. 2 (Five Nights at Freddy's Graphic Novel #5), Vol. 2. Scott Cawthon et al. Illus. by Didi Esmeralda et al. 2023. (Five Nights at Freddy's Graphic Novels Ser.). (ENG.). 192p. (YA). (gr. 7). pap. 14.99 *(978-1-338-79270-6(9)*, Graphix) Scholastic, Inc.

Five Nights at Freddy's: Fazbear Frights Graphic Novel Collection Vol. 3 (Five Nights at Freddy's Graphic Novel #3) Scott Cawthon et al. Illus. by Diana Camero et al. 2023. (Five Nights at Freddy's Graphic Novels Ser.). (ENG.). 192p. (YA). (gr. 7). 24.99 ***(978-1-338-86046-7(1))***; Vol. 3. pap. 14.99 ***(978-1-338-86042-9(9))*** Scholastic, Inc. (Graphix).

Five Nights at Freddy's Graphic Novel Trilogy Box Set, 1 vol. Scott Cawthon & Kira Breed-Wrisley. Illus. by Diana Camero et al. 2023. (Five Nights at Freddy's Graphic

F

Novels Ser.). (ENG.). 576p. (YA). (gr. 7). pap., pap., pap. 38.97 *(978-1-339-01251-3(0)*, Graphix) Scholastic, Inc.

Five Nights at Freddy's. la Alberca de Pelotas/ into the Pit. Scott Cawthon & Elley Cooper. 2022. (Escalofríos de Fazbear Ser.: 1). (SPA.). 296p. (YA). (gr. 7-9). pap. 17.95 *(978-84-18870-57-6(5))* Penguin Random House Grupo Editorial ESP. Dist: Penguin Random Hse. LLC.

Five Nights at Freddy's. la Guía Definitiva / Five Nights at Freddy's. the Ultimate Guide. Scott Cawthon. 2023. (SPA.). 288p. (YA). (gr. 7). pap. 22.95 *(978-84-19283-56-6(8))* Penguin Random House Grupo Editorial ESP. Dist: Penguin Random Hse. LLC.

Five Nights at Freddy's. Los Ojos de Plata / the Silver Eyes. Scott Cawthon & Kira Breed-Wrisley. Tr. by Paula Aguiriano Aizpurua. 2017. (Five Nights at Freddy's Ser.: 1). (SPA.). 402p. (YA). (gr. 7-12). 18.95 *(978-84-16867-35-6(6))* Penguin Random House Grupo Editorial ESP. Dist: Penguin Random Hse. LLC.

Five Nights at Freddy's Official Coloring Book: an AFK Book. Scott Cawthon. 2021. (ENG.). 96p. (YA). (gr. 7-5). pap. 15.99 *(978-1-338-74118-6(7))* Scholastic, Inc.

Five Nights at Freddy's Ultimate Guide: an AFK Book (Media Tie-In) Scott Cawthon. ed. 2021. (ENG., Illus.). 288p. (YA). (gr. 7-7). pap. 14.99 *(978-1-338-76768-1(2))* Scholastic, Inc.

Five Nights of St. Albans, Vol. 1 of 3 (Classic Reprint) William Mudford. 2017. (ENG., Illus.). 328p. (J). 30.66 *(978-0-332-41617-5(8))* Forgotten Bks.

Five Nights of St. Albans, Vol. 2 Of 2: A Romance of the Sixteenth Century; the First American from the Second London Edition (Classic Reprint) William Mudford. 2017. (ENG., Illus.). (J). 28.00 *(978-0-331-78920-1(5))*; pap. 10.57 *(978-0-259-00676-3(9))* Forgotten Bks.

Five Nights of St. Albans, Vol. 2 Of 3: A Romance of the Sixteenth Century (Classic Reprint) William Mudford. 2017. (ENG., Illus.). (J). 29.94 *(978-1-5284-7539-6(9))* Forgotten Bks.

Five Notions (Classic Reprint) T. W. H. Crosland. 2017. (ENG., Illus.). 98p. (J). 25.92 *(978-0-484-00516-6(2))* Forgotten Bks.

Five o'clock Charlie. Marguerite Henry. Illus. by Wesley Dennis. 2022. (ENG.). 48p. (J). pap. *(978-1-77323-887-6(6))* Rehak, David.

Five o'clock Pig. C. Géraldine. 2022. (ENG.). 40p. (J). 24.99 *(978-1-7379997-2-0(2))*; pap. 12.99 *(978-1-7379997-3-7(0))* Triddias.

Five O'Clock Tea (Classic Reprint) William Dean Howells. 2018. (ENG., Illus.). 50p. (J). 24.93 *(978-0-364-52632-3(7))* Forgotten Bks.

Five of My Favorite Family Stories. Evelyn Meyer. Ed. by Tim Heritage. 2021. (ENG.). 68p. (J). pap. 20.00 *(978-1-0983-9472-1(0))* BookBaby.

Five Old Friends: And a Young Prince (Classic Reprint) Miss Thackeray. 2018. (ENG., Illus.). 432p. (J). 32.83 *(978-0-364-55734-1(6))* Forgotten Bks.

Five on the Bed. Addie Boswell. 2020. (ENG., Illus.). 32p. (J). (gr. -1-1). 16.99 *(978-1-5132-6428-8(1)*, West Margin Pr.) West Margin Pr.

Five One Act Plays (Classic Reprint) Stanley Houghton. 2017. (ENG., Illus.). 116p. (J). 26.31 *(978-0-260-89472-4(9))* Forgotten Bks.

Five One Act Plays; the Dear Departed-Fancy Free the Master of the House-phipps the Fifth Commandment. Stanley Houghton. 2019. (ENG.). 114p. (J). pap. *(978-93-5386-675-4(8))* Alpha Editions.

Five Pennies in Grandpa's Pocket & Other Short Stories. W. J. Eaton. 2018. (ENG., Illus.). 134p. (YA). 34.95 *(978-1-64492-635-2(0))*; pap. 24.95 *(978-1-64299-591-6(6))* Christian Faith Publishing.

Five People You Meet in Heaven Novel Units Student Packet. Novel Units. 2019. (ENG.). (YA). (gr. 9-12). pap., stu. ed. 13.99 *(978-1-58130-854-9(X)*, Novel Units, Inc.) Classroom Library Co.

Five Pink Unicorns. Katie Button. Illus. by Lindsey Sagar. 2022. (Count & Carry Board Bks.). (ENG.). 10p. (J). bds. 7.99 *(978-1-80105-275-7(1))* Top That! Publishing PLC GBR. Dist: Independent Pubs. Group.

Five Playlets (Classic Reprint) Hester Donaldon Jenkins. 2018. (ENG., Illus.). 44p. (J). 24.82 *(978-0-267-20369-7(1))* Forgotten Bks.

Five Plays & Five Pantomimes (Classic Reprint) Sidney Baldwin. 2018. (ENG., Illus.). 164p. (J). 27.28 *(978-0-365-35280-8(2))* Forgotten Bks.

Five Plays (Classic Reprint) George Fitzmaurice. 2018. (ENG., Illus.). 212p. (J). 28.29 *(978-0-267-42505-1(8))* Forgotten Bks.

Five Puptacular Tales! (PAW Patrol) Illus. by Random House. 2016. (Step into Reading Ser.). (ENG.). 144p. (J). (gr. -1-1). 7.99 *(978-0-399-55300-4(2)*, Random Hse. Bks. for Young Readers) Random Hse. Children's Bks.

Five Realms: the Beasts of Grimheart. Kieran Larwood. Illus. by David Wyatt. 2019. (Five Realms Podkin One Ear Ser.). (ENG.). 320p. (J). (gr. 3-5). 15.95 *(978-0-571-32844-4(X)*, Faber & Faber Children's Bks.) Faber & Faber, Inc.

Five Red Trucks. Katie Button. Illus. by Lindsey Sagar. 2022. (Count & Carry Board Bks.). (ENG.). 10p. (J). bds. 7.99 *(978-1-80105-276-4(X))* Top That! Publishing PLC GBR. Dist: Independent Pubs. Group.

Five Rhinos on Bondi. Nick Dyrenfurth. Illus. by Andrew McIntosh. 2021. (ENG.). 32p. (J). pap. *(978-1-922449-69-6(5))* Connor Court Publishing Pty Ltd.

Five Riddles for Robin. Michael Dahl. Illus. by Gregg Schigiel. 2019. (Batman Ser.). (ENG.). 56p. (J). (gr. 3-6). pap. 6.95 *(978-1-4965-8658-2(1)*, 141344); lib. bdg. 27.32 *(978-1-4965-8648-3(4)*, 141339) Capstone. (Stone Arch Bks.).

Five Rollatinis. Jan Balet. 2016. (ENG., Illus.). 24p. (J). 17.95 *(978-1-62326-053-8(1))* AMMO Bks., LLC.

Five Senses. Created by Heron Books. 2020. (ENG., Illus.). 62p. (J). pap. *(978-0-89739-153-5(5)*, Heron Bks.) Quercus.

Five Senses Educational Facts Children's Science Book. Bold Kids. 2023. (ENG.). 42p. (J). pap. 14.99 *(978-1-0717-1674-8(3))* FASTLANE LLC.

Five Senses for Kids 2nd Grade Science Edition Vol 1. Baby Professor. 2016. (ENG., Illus.). 42p. (J). pap. 11.65 *(978-1-68305-485-6(7)*, Baby Professor (Education Kids)) Speedy Publishing LLC.

Five Senses Times Ten Experiments - Science Book for Kids Age 7-9 Children's Science Education Books. Baby Professor. 2017. (ENG., Illus.). 64p. (J). pap. 9.52 *(978-1-5419-1502-2(X)*, Baby Professor (Education Kids)) Speedy Publishing LLC.

Five Senses/Opposites & Position Words, 4 bks., Set. Joan Michael. Incl. Let's Play a Five Senses Guessing Game. Amanda Miller. 18.00 *(978-0-531-14871-6(8))*; Let's Talk about Opposites, Morning to Night. Laine Falk. 18.00 *(978-0-531-14872-3(6))*; (Illus.). 24p. (J). (gr. -1-3). 2007. (Let's Find Out Early Learning Bks.). 2007. 72.00 *(978-0-531-17574-3(X)*, Children's Pr.) Scholastic Library Publishing.

Five Silly Ghosts Board Book. Clarion Clarion Books. Illus. by Hilli Kushnir. 2018. (ENG.). 12p. (J). (— 1). bds. 6.99 *(978-1-328-86659-2(9)*, 1696027, Clarion Bks.) HarperCollins Pubs.

Five Sparkly Mermaids. Christie Hainsby. 2020. (ENG.). 14p. (J). (— 1). 8.99 *(978-1-78947-367-4(5))* Make Believe Ideas GBR. Dist: Scholastic, Inc.

Five Spooky Friends: A Count & Slide Book. Danielle McLean. Illus. by Rosalind Maroney. 2021. (ENG.). 10p. (J). (-k). bds. 8.99 *(978-1-68010-689-3(9))* Tiger Tales.

Five Spooky Pumpkins. Danielle McLean. Illus. by Roisin Hahessy. 2019. (ENG.). 12p. (J). (gr. 2-k). bds. 8.99 *(978-1-68010-581-0(7))* Tiger Tales.

Five Stories of Africa: Ladi, Laraba, My Name Is Audu, Way of Escape, White-White. Frances E. Harlin et al. 2020. (Flash Card Format 5250-Acs Ser.: Vol. 5250). (ENG.). 80p. (J). pap. 19.00 *(978-1-64104-016-7(5))* Bible Visuals International, Inc.

Five Survive. Holly Jackson. 2022. (ENG., Illus.). 400p. (YA). (gr. 9). 19.99 *(978-0-593-37416-0(9)*, Delacorte Pr.) Random Hse. Children's Bks.

Five Tales (Classic Reprint) John Galsworthy. 2018. (ENG., Illus.). 392p. (J). 32.00 *(978-0-483-96349-8(6))* Forgotten Bks.

Five Things about Ava Andrews. Margaret Dilloway. (ENG.). (J). (gr. 3-7). 2022. 336p. pap. 9.99 *(978-0-06-280350-4(6))*; 2020. 320p. 16.99 *(978-0-06-280349-8(2))* HarperCollins Pubs. (Balzer & Bray).

Five Thousand an Hour: How Johnny Gamble Won the Heiress (Classic Reprint) George R. Chester. 2018. (ENG., Illus.). 408p. (J). 32.33 *(978-0-267-23496-7(1))* Forgotten Bks.

Five Thousand French Idioms: Gallicisms, Proverbs, Idiomatic Adverbs, Idiomatic Adjectives, Idiomatic Comparisons (Classic Reprint) Charles Marchand. annot. ed. 2018. (ENG., Illus.). 350p. (J). 31.12 *(978-0-656-85646-6(7))* Forgotten Bks.

Five Thousand in Gold (Classic Reprint) Unknown Author. (ENG., Illus.). (J). 2018. 270p. 29.47 *(978-0-483-60313-4(9))*; 2017. pap. 11.97 *(978-0-243-33042-3(1))* Forgotten Bks.

Five Times Revenge. Lindsay Eland. 2016. (ENG.). 384p. (J). (gr. 3-7). 16.99 *(978-0-06-239730-0(3)*, Greenwillow Bks.) HarperCollins Pubs.

Five Total Strangers. Natalie D. Richards. 2020. (ENG.). 320p. (YA). (gr. 8-12). pap. 10.99 *(978-1-4926-5721-7(2))* Sourcebooks, Inc.

Five Trees for Mina: For Anyone Who Has Loved & Lost a Pet. Tony Lovitt. Illus. by Izzy Bean. 2020. (ENG.). 34p. (J). 19.99 *(978-1-7345039-4-4(7))* TALENT.

Five Warriors. Angela J. Ford. 2018. (Four Worlds Ser.: Vol. 1). (ENG., Illus.). 428p. (J). 30.00 *(978-0-692-16876-9(1))* Angela J. Ford, LLC.

Five Ways to Fall Out of Love. Emily Martin. 2021. (ENG.). 352p. (YA). 18.99 *(978-1-335-14795-0(0))* Harlequin Enterprises ULC CAN. Dist: HarperCollins Pubs.

Five Weeks in a Balloon: Journeys & Discoveries in Africa by Three Englishmen. Jules Verne. 2019. (ENG.). 300p. (J). pap. *(978-93-5329-574-5(2))* Alpha Editions.

Five Weeks in Iceland (Classic Reprint) Caroline Alicia De Fonblanque. (ENG., Illus.). (J). 2018. 196p. 27.96 *(978-0-428-23454-6(2))*; 2017. pap. 10.57 *(978-0-282-51720-5(0))* Forgotten Bks.

Five Years of It, Vol. 1 of 2 (Classic Reprint) Alfred Austin. 2018. (ENG., Illus.). 326p. (J). 30.64 *(978-0-484-42913-9(2))* Forgotten Bks.

Five Years of It, Vol. 2 of 2 (Classic Reprint) Alfred Austin. 2018. (ENG., Illus.). 342p. (J). 30.95 *(978-0-428-77203-1(X))* Forgotten Bks.

Five Years of Youth: Or Sense & Sentiment (Classic Reprint) Harriet Martineau. (ENG., Illus.). (J). 2018. 282p. 29.71 *(978-0-365-14125-9(9))*; 2016. pap. 13.57 *(978-1-334-27625-5(0))* Forgotten Bks.

Five Years Protecting Jesus: A Christmas Story. Lee Jenkins. Illus. by Tom Wrightman. 2021. (ENG.). 38p. (J). pap. 12.99 *(978-1-956457-00-1(3))* LtoJ Pr.

Five Years Protecting Jesus: A Christmas Story. Lyle Lee Jenkins. Illus. by Tom Wrightman. 2022. (ENG.). 38p. (J). pap. 12.99 *(978-1-956457-17-9(8))* LtoJ Pr.

Five Years to Find Out (Classic Reprint) I. A. R. Wylie. 2018. (ENG., Illus.). 382p. (J). 31.80 *(978-0-484-74506-2(9))* Forgotten Bks.

Fivecorners (Classic Reprint) Dowell O'Reilly. 2018. (ENG., Illus.). 156p. (J). 27.11 *(978-0-364-41565-8(7))* Forgotten Bks.

Fix. J. Albert Mann. 2021. (ENG.). 288p. (YA). (gr. 9-17). 17.99 *(978-0-316-49349-9(X))* Little, Brown Bks. for Young Readers.

Fix. Natasha Sinel. 2018. (ENG.). 344p. (gr. 6-12). pap. 9.99 *(978-1-5107-3119-6(9)*, Sky Pony Pr.) Skyhorse Publishing Co., Inc.

Fix-It Friends: Eyes on the Prize. Nicole C. Kear. Illus. by Tracy Dockray. 2018. (Fix-It Friends Ser.: 5). (ENG.). 160p. (J). pap. 7.99 *(978-1-250-08672-3(8)*, 900157583) Imprint IND. Dist: Macmillan.

Fix-It Friends: Have No Fear! Nicole C. Kear. Illus. by Tracy Dockray. 2017. (Fix-It Friends Ser.: 1). (ENG.). 144p. (J). pap. 7.99 *(978-1-250-08584-9(5)*, 900157364) Imprint IND. Dist: Macmillan.

Fix-It Friends: Sticks & Stones. Nicole C. Kear. Illus. by Tracy Dockray. 2017. (Fix-It Friends Ser.: 2). (ENG.). 144p. (J). pap. 7.99 *(978-1-250-08586-3(1)*, 900157366) Imprint IND. Dist: Macmillan.

Fix-It Friends: the Show Must Go On. Nicole C. Kear. Illus. by Tracy Dockray. 2017. (Fix-It Friends Ser.: 3). (ENG.). 160p. (J). pap. 7.99 *(978-1-250-08668-6(X)*, 900157576) Imprint IND. Dist: Macmillan.

Fix-It Friends: Three's a Crowd. Nicole C. Kear. Illus. by Tracy Dockray. 2018. (Fix-It Friends Ser.: 6). (ENG.). 176p. (J). pap. 8.99 *(978-1-250-08674-7(4)*, 900157587) Imprint IND. Dist: Macmillan.

Fix-It Friends: Wish You Were Here. Nicole C. Kear. Illus. by Tracy Dockray. 2017. (Fix-It Friends Ser.: 4). (ENG.). 160p. (J). pap. 7.99 *(978-1-250-08670-9(1)*, 900157581) Imprint IND. Dist: Macmillan.

Fix-It Man. Susan Hood. Illus. by Arree Chung. 2016. (ENG.). 40p. (J). (gr. -1-3). 17.99 *(978-0-06-237085-3(5)*, HarperCollins) HarperCollins Pubs.

Fix It with Focus: A Story about Ignoring Distractions & Staying on Task, Volume 9. Bryan Smith. Illus. by Lisa M. Griffin. ed. 2020. (Executive FUNction Ser.: 9). (ENG.). 31p. (J). (gr. k-6). pap. 10.95 *(978-1-944882-60-0(X)*, 56-022) Boys Town Pr.

Fix That Clock. Kurt Cyrus. Illus. by Kurt Cyrus. 2019. (ENG., Illus.). 40p. (J). (gr. -1-2). 17.99 *(978-1-328-90408-9(3)*, 1700746, Clarion Bks.) HarperCollins Pubs.

Fixation. L. A. Fields. 2019. (ENG.). 224p. (YA). (gr. 9-12). pap. 16.95 *(978-1-60864-134-5(1))* Rebel Satori Pr.

Fixed Idea of Astronomical Theory. August Tischner. 2017. (ENG., Illus.). (J). pap. *(978-0-649-39626-9(X))* Trieste Publishing Pty Ltd.

Fixed Stars: Maps for Out-Door Study, First Lessons in Astronomy, Adapted to Use in Schools (Classic Reprint) Elias Colbert. (ENG., Illus.). (J). 2018. 38p. 24.68 *(978-0-365-23890-4(2))*; 2017. pap. 7.97 *(978-1-5276-0875-7(1))* Forgotten Bks.

Fixer. Jennifer Lynn Barnes. 2016. (ENG.). 400p. (YA). pap. 11.99 *(978-1-61963-598-2(4)*, 900141877, Bloomsbury USA Childrens) Bloomsbury Publishing USA.

Fixer. John Wood. Illus. by Amy Li. 2023. (Level 8 - Purple Set Ser.). (ENG.). 32p. (J). (gr. 1-4). lib. bdg. 19.95 Bearport Publishing Co., Inc.

Fixer 13: The Forevers Book One. G. Michael Smith. 2017. (Forevers Ser.: Vol. 1). (ENG., Illus.). 309p. (YA). pap. *(978-1-927755-56-3(5))* Agio Publishing Hse.

Fixer & the Garage Door. Uzoma Rita Ezekwudo. Illus. by Marina Jovic. 2021. (ENG.). 38p. (J). pap. 12.99 *(978-1-7360126-7-3(3))* Naturenurturemade.

Fixer & the Garage Door: Charlie. Uzoma (Uzo) Rita Ezekwudo. Illus. by Marina Jovic. 2nd ed. 2021. (ENG.). 38p. (J). 24.99 *(978-1-7360126-6-6(5))* Naturenurturemade.

Fixer the Robot. John Kelly. 2019. (ENG., Illus.). 32p. (J). 16.95 *(978-0-571-33636-4(1)*, Faber & Faber Children's Bks.) Faber & Faber, Inc.

Fizz & the Dog Academy Rescue. Lesley Gibbes. Illus. by Stephen Michael King. 2017. (J). (ENG.). 80p. pap. 4.99 *(978-1-61067-613-7(0))*; 67p. *(978-1-61067-640-3(8))* Kane Miller.

Fizz & the Handbag Dognapper. Lesley Gibbes. Illus. by Stephen Michael King. 2017. (J). (ENG.). 80p. pap. 4.99 *(978-1-61067-615-1(7))*; 67p. *(978-1-61067-642-7(4))* Kane Miller.

Fizz & the Police Dog Tryouts. Lesley Gibbes. Illus. by Stephen Michael King. 2017. (J). (ENG.). 80p. pap. 4.99 *(978-1-61067-612-0(2))*; 65p. *(978-1-61067-639-7(4))* Kane Miller.

Fizz & the Show Dog Jewel Thief. Lesley Gibbes. Illus. by Stephen Michael King. 2017. (J). (ENG.). 80p. pap. 4.99 *(978-1-61067-614-4(9))*; 67p. *(978-1-61067-641-0(6))* Kane Miller.

Fizzle & Giggle's Amazing Monster Maze Adventure! Chris Hyde. 2017. (ENG., Illus.). (J). (gr. 1-6). 22.95 *(978-0-9986360-2-3(9))*; pap. 14.95 *(978-0-9986360-1-6(0))* AmazeBk. Pr.

Fizzopolis #2: Floozombies! Patrick Carman. Illus. by Brian Sheesley. 2016. (Fizzopolis Ser.: 2). (ENG.). 176p. (J). (gr. 3-7). 12.99 *(978-0-06-239392-0(8)*, Tegen, Katherine Bks) HarperCollins Pubs.

Fizzopolis #3: Snoodles! Patrick Carman. Illus. by Brian Sheesley. 2017. (Fizzopolis Ser.: 3). (ENG.). 160p. (J). (gr. 3-7). 12.99 *(978-0-06-239394-4(4)*, Tegen, Katherine Bks) HarperCollins Pubs.

Fizzopolis: the Trouble with Fuzzwonker Fizz. Patrick Carman. Illus. by Brian Sheesley. 2016. (Fizzopolis Ser.: 1). (ENG.). 160p. (J). (gr. 3-7). 12.99 *(978-0-06-239390-6(1)*, Tegen, Katherine Bks) HarperCollins Pubs.

Fizzy Fish Gets Caught! Paige Bloomfield. 2019. (ENG., Illus.). 26p. (J). pap. *(978-0-6484826-8-0(5))* HardtHse.

Fjord Blue. Nina Rossing. 2016. (ENG., Illus.). (YA). 27.99 *(978-1-63533-016-8(5))*; 256p. pap. 16.99 *(978-1-63476-385-1(8))* Dreamspinner Pr. (Harmony Ink Pr.).

Flabby Abby Beach Ball: A Story about Being Yourself. George Neeb. 2019. (ENG., Illus.). 40p. (J). (gr. 1-5). pap. *(978-0-2288-1335-4(2))* Neeb, George.

Flag: The Book of the Union Jack Club (Classic Reprint) H. F. Trippel. 2017. (ENG., Illus.). (J). pap. 10.57 *(978-0-243-49060-8(7))* Forgotten Bks.

Flag Book: The Amazing Stories Behind the Worlds Flags. Moira Butterfield. 2019. (ENG., Illus.). 184p. *(978-1-78868-309-8(9))* Lonely Planet Global Ltd.

Flag (Classic Reprint) Homer Greene. 2018. (ENG., Illus.). 338p. (J). 30.87 *(978-0-483-94958-4(2))* Forgotten Bks.

Flag Day. Sean McCollum. Illus. by Sean O'Neill. 2022. (ENG.). 24p. (J). pap. *(978-1-922835-25-3(0))* Library For All Limited.

Flag Day Camping. Randa Handler. 2020. (Takari & Little Sparrow Ser.: Vol. 1). (ENG.). 26p. (J). pap. 9.99 *(978-1-932824-53-7(7))* Cubbie Blue Publishing.

Flag Football. Kim Thompson. 2022. (My First Team Ser.). (ENG.). 16p. (J). (gr. -1-1). pap. 7.95 *(978-1-63897-532-8(9)*, 20847); lib. bdg. 25.27 *(978-1-63897-417-8(9)*, 20846) Seahorse Publishing.

Flag for Juneteenth. Kim Taylor. 2023. (Illus.). 40p. (J). (gr. -1-3). 18.99 *(978-0-8234-5224-8(7)*, Neal Porter Bks) Holiday Hse., Inc.

Flag of Distress. Mayne Reid. 2017. (ENG.). (J). 420p. pap. *(978-3-337-08067-9(7))*; 416p. pap. *(978-3-7447-0903-3(5))* Creation Pubs.

Flag on the Play. Sherrie Henry. 2017. (ENG., Illus.). (YA). 25.99 *(978-1-64080-348-0(3))*; 180p. pap. 14.99 *(978-1-63533-250-6(8))* Dreamspinner Pr. (Harmony Ink Pr.).

Flag Sticker Atlas: Over 400 Flag Stickers. Anna Award. Ed. by Christi Gunzl. 2017. (ENG., Illus.). 32p. (J). pap. 12.00 *(978-1-907604-51-5(0))* Award Pubns. Ltd. GBR. Dist: Parkwest Pubns., Inc.

Flags Book & Jigsaw Puzzle. Sam Smith. 2019. (Book & Jigsaw Box Sets Ser.). (ENG.). 24 page book, ap. (J). 14.99 *(978-0-7945-4413-3(4)*, Usborne) EDC Publishing.

Flags (Collins Children's Poster) Collins Kids. Illus. by Steve Evans. 2018. (ENG.). 1p. (J). (-4). 9.99 *(978-0-00-830479-9(3))* HarperCollins Pubs. Ltd. GBR. Dist: Independent Pubs. Group.

Flags Coloring Book. Cristie Dozaz. 2020. (ENG.). 102p. (J). pap. 15.99 *(978-1-716-68450-0(1))* Lulu Pr., Inc.

Flags from Around the World: Seek & Find Activity Book. Jupiter Kids. 2017. (ENG., Illus.). (J). pap. 9.20 *(978-1-68326-691-4(9)*, Jupiter Kids (Childrens & Kids Fiction)) Speedy Publishing LLC.

Flags from Around the World Coloring Book. Jupiter Kids. 2016. (ENG., Illus.). 106p. (J). pap. 12.55 *(978-1-68326-314-2(6)*, Jupiter Kids (Childrens & Kids Fiction)) Speedy Publishing LLC.

Flags of the World. Lyn Coutts. 2018. (Quick-Reference Atlases Ser.). (Illus.). 32p. (J). (gr. 4-4). *(978-0-7787-5047-5(7))* Crabtree Publishing Co.

Flags of the World: Color by Number for Kids: Bring the Country Flags of the World to Life with This Fun Geography Theme Coloring Book for Children Ages 4 & Up. B. C. Lester Books. 2021. (ENG.). 220p. (J). pap. *(978-1-913668-41-9(X))* VKC&B Books.

Flags of the World Activity Book. Annabel Savery. 2019. (ENG., Illus.). 96p. (J). pap. 9.99 *(978-1-78950-598-6(4)*, 80c8072e-5fab-4720-b5eb-ce662e22c99e) Arcturus Publishing GBR. Dist: Baker & Taylor Publisher Services (BTPS).

Flags of the World to Color. Susan Meredith. 2017. (ENG.). 48p. pap. 6.99 *(978-0-7945-4025-8(2)*, Usborne) EDC Publishing.

Flak. Jobie Baldwin. 2018. (Tribe Ser.: Vol. 2). (ENG., Illus.). 312p. (J). pap. *(978-1-78926-839-3(7))* Independent Publishing Network.

Flambeau, 1917, Vol. 1 (Classic Reprint) St Genevieve's College. (ENG., Illus.). (J). 2018. 122p. 26.41 *(978-0-483-79337-8(X))*; 2017. pap. 9.57 *(978-0-259-89951-8(8))* Forgotten Bks.

Flamboyan Amarillo. Georgina Lazaro Leon & Georgina Lázaro León. Illus. by Lulu Delacre. 2nd ed. 2016. Tr. of Yellow Flame Tree. (SPA.). 32p. (J). 14.99 *(978-1-930332-55-3(6))* Lectorum Pubns., Inc.

Flamboyance of Flamingos. Sally King. Illus. by Corrina Holyoake. 2019. (Reading in Rhyme Ser.: Vol. 2). (ENG.). 40p. (J). *(978-1-78623-455-1(6))* Grosvenor Hse. Publishing Ltd.

Flame. Chengliang Zhu. Tr. by Helen Wang. 2017. (ENG & MUL., Illus.). 56p. (J). 15.99 *(978-1-945295-04-1(X))* Paper Republic LLC.

Flame & the Mouse, (Bedtime Stories, Ages 5-8) Anna-Stina Johansson. 2017. (ENG., Illus.). (J). pap. *(978-91-88235-05-3(X))* Storyteller from Lappland, The.

Flame & the Rebel Riders, Book 9. Stacy Gregg. 2020. (Pony Club Secrets Ser.: 9). (ENG., Illus.). 272p. (J). (gr. 4-7). 6.99 *(978-0-00-729929-4(X)*, HarperCollins Children's Bks.) HarperCollins Pubs. Ltd. GBR. Dist: HarperCollins Pubs.

Flame & the Wolf (Bedtime Stories, Ages 5-8) Anna-Stina Johansson. 2016. (ENG., Illus.). (J). pap. *(978-91-88235-01-5(7))* Storyteller from Lappland, The.

Flame Dancer (Classic Reprint) Frances Aymar Mathews. 2018. (ENG., Illus.). 384p. (J). 31.84 *(978-0-483-86014-8(X))* Forgotten Bks.

Flame Dragon. J. R. Castle. 2016. (Dragon Knights Ser.: 1). (ENG., Illus.). 208p. (J). (gr. 4-7). pap. 7.99 *(978-1-84812-459-2(7))* Bonnier Publishing GBR. Dist: Independent Pubs. Group.

Flame Guardian. Kristin D. Van Risseghem. Ed. by Melissa Craven. 2019. (Deities Ser.: Vol. 1). (ENG.). 292p. (J). pap. 14.99 *(978-1-943207-40-4(2))* Kasian Publishing.

Flame in the Mist. Renée Ahdieh. (Flame in the Mist Ser.: 1). (ENG.). (YA). (gr. 7). 2018. 448p. pap. 11.99 *(978-0-14-751387-8(1)*, Penguin Books); 2017. 416p. 17.99 *(978-0-399-17163-5(0)*, G.P. Putnam's Sons Books for Young Readers) Penguin Young Readers Group.

Flame in the Mist. Renée Ahdieh. ed. 2018. lib. bdg. 22.10 *(978-0-606-40878-3(9))* Turtleback.

Flame Is Ignited. Lucas Billings. 2018. (ENG.). 384p. (J). pap. 22.95 *(978-1-64298-355-5(1))* Page Publishing Inc.

Flame o' Dawn: The Story of Reverend John M. Camron, Who Boarded Lincoln at New Salem (Classic Reprint) Julia Angeline Drake. (ENG., Illus.). (J). 2018. 232p. 28.68 *(978-0-331-59804-9(3))*; 2017. pap. 11.57 *(978-0-259-60286-6(8))* Forgotten Bks.

Flame of the Forest: A Novel (Classic Reprint) Constance E. Bishop. 2017. (ENG., Illus.). (J). 30.46 *(978-0-265-74094-1(0))*; pap. 13.57 *(978-1-5277-0937-9(X))* Forgotten Bks.

Flamecaster. Cinda Williams Chima. (Shattered Realms Ser.: 1). (gr. 8). 2017. (ENG.). 560p. (YA). pap. 10.99 *(978-0-06-238095-1(8))*; 2016. 544p. (J). pap. 12.00 *(978-0-06-245490-4(0))*; 2016. (ENG.). 544p. (YA). 18.99 *(978-0-06-238094-4(X))* HarperCollins Pubs. (HarperTeen).

Flamefall. Rosaria Munda. (Aurelian Cycle Ser.: 2). (ENG.). (YA). (gr. 7). 2022. 512p. pap. 13.99 *(978-0-525-51826-6(6))*; 2021. 496p. 19.99 *(978-0-525-51824-2(X))* Penguin Young Readers Group. (G.P. Putnam's Sons Books for Young Readers).

Flamenco. Julie Murray. 2023. (Animales Interesantes Ser.). (SPA.). 24p. (J). (gr. -1-2). lib. bdg. 31.36 *(978-1-0982-6746-9(X)*, 42708, Abdo Kids) ABDO Publishing Co.

Flamenco Calvo y Los Cazadores de Aves / the Bald Flamingo & the Bird Hunte Rs. Amalia Low. 2021. (SPA.).

32p. (J). (gr. k-3). pap. 16.95 *(978-958-52549-9-2(9)*, B De Blook) Penguin Random House Grupo Editorial ESP. Dist: Penguin Random Hse. LLC.

Flamenco Music & Dance: Leveled Reader Purple Level 20. Rg Rg. 2016. (PM Ser.). (ENG.). 24p. (J). (gr. 2). pap. 11.00 *(978-0-544-89201-9(1))* Rigby Education.

Flamenco to Mischief: A QUIX Book. Robert Quackenbush. Illus. by Robert Quackenbush. 2023. (Miss Mallard Mystery Ser.). (ENG., Illus.). 80p. (J). (gr. k-3). 17.99 *(978-1-5344-1424-2(X))*; pap. 5.99 *(978-1-5344-1423-5(1))* Simon & Schuster Children's Publishing. (Aladdin).

Flamencos Bebés. Kate Riggs. 2021. (Principio de Los Ser.). (SPA.). 16p. (J). (gr. -1-k). pap. 7.99 *(978-1-62832-986-5(6)*, 18003, Creative Paperbacks) Creative Co., The.

Flamengo. Jim Whiting. 2018. (Soccer Champions Ser.). (ENG.). 48p. (J). (gr. 3-6). *(978-1-60818-979-3(1)*, 19967, Creative Education); pap. 12.00 *(978-1-62832-606-2(9)*, 19972, Creative Paperbacks) Creative Co., The.

Flamer. Mike Curato. Illus. by Mike Curato. 2020. (ENG., Illus.). 368p. (YA). 26.99 *(978-1-62779-641-5(X)*, 900157313); pap. 17.99 *(978-1-250-75614-5(6)*, 900226014) Holt, Henry & Co. (Holt, Henry & Co. Bks. For Young Readers).

Flames: Book II of the Feud Trilogy. Kyle Prue. 2020. (Feud Trilogy Ser.: Vol. 2). (ENG., Illus.). 374p. (YA). (gr. 8-12). 23.99 *(978-0-9994449-3-1(X))* Cartwright Publishing.

Flames of a King: Control the Flame or Burn with It. Mikayla Mendez. 2022. (ENG.). 252p. (YA). pap. 19.99 *(978-1-0879-6027-2(4))* Indy Pub.

Flames of Hope (Wings of Fire #15), 1 vol., #15. Tui T. Sutherland. 2022. (Wings of Fire Ser.). (ENG.). 368p. (J). (gr. 3-7). 16.99 *(978-1-338-21457-4(8)*, Scholastic Pr.) Scholastic, Inc.

Flames of the Blue Ridge (Classic Reprint) Ethel Dorrance. 2018. (ENG., Illus.). 346p. (J). 31.03 *(978-0-483-48880-9(1))* Forgotten Bks.

Flaming Fence: Dragon Wars - Book 17. Craig Halloran. 2021. (Dragon Wars Ser.: Vol. 17). (ENG.). 280p. (YA). 19.99 *(978-1-946218-97-1(9))* Two-Ten Bk. Pr., Inc.

Flaming Fields of Death. Michael Dahl. Illus. by Shen Fei. 2019. (Escape from Planet Alcatraz Ser.). (ENG.). 40p. (J). (gr. 3-6). lib. bdg. 24.65 *(978-1-4965-8313-0(2)*, 140488, Stone Arch Bks.) Capstone.

Flaming Hot Rides: Coloring Book Hot Wheels. Jupiter Kids. 2016. (ENG., Illus.). 106p. (J). pap. 12.55 *(978-1-68305-213-5(7)*, Jupiter Kids (Childrens & Kids Fiction)) Speedy Publishing LLC.

Flaming Jewel (Classic Reprint) Robert W. Chambers. 2018. (ENG., Illus.). 292p. (J). 29.92 *(978-0-483-53656-2(3))* Forgotten Bks.

Flaming Ruby. Linda Jordan. 2016. (ENG., Illus.). (J). pap. 14.99 *(978-0-9977971-4-5(2))* Metamorphosis.

Flaming Sword: In Serbia & Elsewhere (Classic Reprint) Clair Stobart. 2017. (ENG., Illus.). (J). 31.61 *(978-0-260-06836-1(5))* Forgotten Bks.

Flaming Sword (Classic Reprint) George Gibbs. (ENG., Illus.). (J). 2018. 376p. 31.65 *(978-0-332-08757-3(3))*; 2017. pap. 16.57 *(978-0-243-89010-1(9))* Forgotten Bks.

Flamingo: A Graphic Novel Chapter Book. Guojing. 2022. (Illus.). 144p. (J). (gr. k-3). 18.99 *(978-0-593-12731-5(5))*; (ENG., lib. bdg. 21.99 *(978-0-593-12732-2(3))* Random Hse. Children's Bks.

Flamingo: A Playful Book of Counting! Patricia Hegarty. Illus. by Fhiona Galloway. 2019. (My Little World Ser.). (ENG.). 16p. (J). (gr. 2-k). bds. 8.99 *(978-1-68010-598-8(1))* Tiger Tales.

Flamingo Bingo: Ready-To-Read Level 1. Heidi E. Y. Stemple. Illus. by Aaron Spurgeon. 2022. (Ready-To-Read Ser.). (ENG.). 32p. (J). (gr. -1-1). 17.99 *(978-1-6659-1387-4(8))*; pap. 4.99 *(978-1-6659-1386-7(X))* Simon Spotlight. (Simon Spotlight).

Flamingo Coloring & Activity Book for Children (6x9 Coloring Book / Activity Book) Sheba Blake. 2020. (ENG.). 30p. (J). pap. 9.99 *(978-1-222-28901-5(6))* Indy Pub.

Flamingo Coloring & Activity Book for Children (8. 5x8. 5 Coloring Book / Activity Book) Sheba Blake. 2021. (ENG.). 30p. (J). pap. 12.99 *(978-1-222-29220-6(3))* Indy Pub.

Flamingo Coloring & Activity Book for Children (8x10 Coloring Book / Activity Book) Sheba Blake. 2020. (ENG.). 30p. (J). pap. 14.99 *(978-1-222-28902-2(4))* Indy Pub.

Flamingo Coloring Book for Kids: Color Book for Kids, Boys & Girls Ages 4-8. Doubleexpo. 2021. (ENG.). 36p. (J). pap. 9.99 *(978-1-63998-410-7(0))* Brumby Kids.

Flamingo Coloring Book for Kids: Cute Flamingos Coloring Book for Girls & Boys, Unique Coloring Pages Great Gift for Kids & Preschoolers. June Shelton. 2022. (ENG.). 64p. (J). pap. 14.99 *(978-1-80361-641-4(5))* WRE/ColorTech.

Flamingo Embroidery Kit. Lara Bryan. 2019. (Embroidery Kits Ser.). (ENG.). 16 page book, ap. (J). 12.99 *(978-0-7945-4771-4(0)*, Usborne) EDC Publishing.

Flamingo Feet. Shreya Gupta. 2020. (ENG.). 36p. (J). *(978-0-2288-3347-5(7))*; pap. *(978-0-2288-3346-8(9))* Tellwell Talent.

Flamingo Is Brave: A Book about Feeling Scared. Sue Graves. Illus. by Trevor Dunton. 2021. (Behavior Matters Ser.). (ENG.). 32p. (J). (gr. -1-2). lib. bdg. 25.00 *(978-1-338-75810-8(1)*, Watts, Franklin) Scholastic Library Publishing.

Flamingo Plays Bingo. Russell Punter. 2019. (Phonics Readers Ser.). (ENG.). 24ppp. (J). pap. 6.99 *(978-0-7945-4396-9(0)*, Usborne) EDC Publishing.

Flamingos. Lisa Amstutz. 2022. (Spot Big Birds Ser.). (ENG.). 16p. (J). (gr. -1-2). pap. 9.99 *(978-1-68152-664-5(6)*, 22395) Amicus.

Flamingos. Quinn M. Arnold. 2017. (Seedlings Ser.). (ENG., Illus.). 24p. (J). (gr. -1-k). *(978-1-60818-867-3(1)*, 20336, Creative Education) Creative Co., The.

Flamingos. Karen Latchana Kenney. 2021. (Animals of the Wetlands Ser.). (ENG., Illus.). 24p. (J). (gr. k-3). lib. bdg. 26.95 *(978-1-64487-418-9(0)*, Blastoff! Readers) Bellwether Media.

Flamingos. Julie Murray. 2022. (Interesting Animals Ser.). (ENG.). 24p. (J). (gr. -1-2). lib. bdg. 31.36 *(978-1-0982-6414-7(2)*, 40927, Abdo Kids) ABDO Publishing Co.

Flamingos. Katie Woolley. 2022. (Reading Gems Fact Finders Ser.). (ENG., Illus.). 32p. (J). (gr. -1-2). pap. 8.99 *(978-0-7112-7313-9(8)*, 83dbe152-2e44-4059-8c7f-b11b033ea0a2); lib. bdg. 27.99 *(978-0-7112-7152-4(6)*, ac8c2f5b-7eae-49b7-9c07-a0533f94a1a1) QEB Publishing Inc.

Flamingos (Nature's Children) (Library Edition) Jodie Shepherd. 2019. (Nature's Children, Fourth Ser.). (ENG., Illus.). 48p. (J). (gr. 3-5). lib. bdg. 30.00 *(978-0-531-12775-9(3)*, Children's Pr.) Scholastic Library Publishing.

Flamingo's Nest: A Honolulu Story (Classic Reprint) Roger Sprague. 2018. (ENG., Illus.). 378p. (J). 31.71 *(978-0-666-64407-7(1))* Forgotten Bks.

Flamman Och Musen (Swedish Edition, Bedtime Stories, Ages 5-8) Anna-Stina Johansson. 2017. (SWE., Illus.). (J). pap. *(978-91-88235-06-0(8))* Storyteller from Lappland, The.

Flamman Och Vargen (Swedish Edition, Bedtime Stories, Ages 5-8) Anna-Stina Johansson. 2016. (SWE., Illus.). (J). pap. *(978-91-88235-02-2(5))* Storyteller from Lappland, The.

Flamp, the Ameliorator, & the Schoolboy's Apprentice (Classic Reprint) Edward Verrall Lucas. 2018. (ENG., Illus.). 176p. (J). 27.53 *(978-0-267-29085-7(3))* Forgotten Bks.

Flamsted Quarries (Classic Reprint) Mary E. Waller. 2018. (ENG., Illus.). 520p. (J). 34.62 *(978-0-483-62779-6(8))* Forgotten Bks.

Flannery, 1 vol. Lisa Moore. 2016. (ENG.). 256p. (YA). (gr. 8). 16.95 *(978-1-55498-076-5(3))* Groundwood Bks. CAN. Dist: Publishers Group West (PGW).

Flap-A-Doodle Moo! Christie Hainsby. Illus. by Scott Barker. 2020. (ENG.). 12p. (J). (— 1). bds. 9.99 *(978-1-80058-184-5(X))* Make Believe Ideas GBR. Dist: Scholastic, Inc.

Flap Jack Ducky Feet. Kandice Bowe. 2nd ed. 2017. (ENG., Illus.). (J). pap. 11.95 *(978-1-946047-10-6(4)*, DoodleCake) Irresistible Pr., LLC.

Flappers & Philosophers (Classic Reprint) F. Scott Fitzgerald. 2017. (ENG., Illus.). (J). 29.65 *(978-1-5281-8620-9(6))* Forgotten Bks.

Flare. Joss Stirling. 2018. (ENG., Illus.). 298p. (J). pap. *(978-1-910426-24-1(5))* Frost Wolf.

Flare: The Bridge. Theresa Shaver. 2020. (Flare Ser.: Vol. 3). (ENG.). 250p. (J). pap. *(978-1-989375-09-9(X))* Shaver, Theresa.

Flare of the Footlights (Classic Reprint) Horace Wyndham. (ENG., Illus.). (J). 2018. 338p. 30.89 *(978-0-483-62842-7(5))*; 2017. pap. 13.57 *(978-0-243-31740-0(9))* Forgotten Bks.

Flash. 2023. (Flash Ser.). (ENG.). 56p. (J). 245.88 *(978-1-6690-8231-6(8)*, 266379, Stone Arch Bks.) Capstone.

Flash: The Legends of Forever, Vol. 3. Barry Lyga. 2021. (Flash: Crossover Crisis Ser.). (ENG.). 304p. (YA). (gr. 3-7). 13.99 *(978-1-4197-4686-4(3)*, 1278901, Amulet Bks.) Abrams, Inc.

Flash: The Secret Files of Barry Allen. Warner Brothers. 2018. (Flash Ser.). (ENG., Illus.). 192p. (J). (gr. 4-7). 16.99 *(978-1-4197-2938-6(1)*, 1205201, Amulet Bks.) Abrams, Inc.

Flash & Fancy - Book Two: Saving the River: More Otter Adventures on the Waccamaw River. Doran Christine Thomas & Doran Tom. Illus. by Van Buren Nancy. 2016. (ENG.). (J). (gr. 2-6). pap. 14.95 *(978-1-941069-61-5(4))* ProsePress.

Flash & Friends Activity Book. Natalie Bright. 2019. (ENG., Illus.). 70p. (J). (gr. k-3). pap. 7.95 *(978-1-7331064-0-5(5))* NKB Bks. LLC.

Flash & Gleam: Light in Our World. Sue Fliess. Illus. by Khoa Le. 2020. (ENG.). 32p. (J). (gr. k-2). lib. bdg. 19.99 *(978-1-5415-5770-3(0)*, 37b7c8e0-3bfd-45cd-908a-b94dfe0a3f87, Millbrook Pr.) Lerner Publishing Group.

Flash & the Storm of the Century. Michael Anthony Steele. Illus. by Gregg Schigiel. 2020. (DC Super Hero Adventures Ser.). (ENG.). 72p. (J). (gr. 3-5). pap. 6.95 *(978-1-4965-9965-0(9)*, 201657); lib. bdg. 27.32 *(978-1-4965-9791-5(5)*, 200585) Capstone. (Stone Arch Bks.).

Flash & Vanish. L. N. Jennings. 2019. (ENG.). 192p. (J). pap. *(978-0-359-42214-2(4))* Lulu Pr., Inc.

Flash Cards: Addition 0 - 12. Scholastic. 2018. (Flash Cards Ser.). (ENG.). (J). (gr. -1-3). 3.99 *(978-1-338-23354-4(8))* Scholastic, Inc.

Flash Cards: Alphabet. Scholastic. 2018. (Flash Cards Ser.). (ENG.). (J). (gr. -1-3). 3.99 *(978-1-338-23353-7(X))* Scholastic, Inc.

Flash Cards: Colors & Shapes. Scholastic. 2018. (Flash Cards Ser.). (ENG.). (J). (gr. -1-3). 3.49 *(978-1-338-23360-5(2))* Scholastic, Inc.

Flash Cards: Multiplication 0 - 12. Scholastic. 2018. (Flash Cards Ser.). (ENG.). (J). (gr. -1-3). 3.49 *(978-1-338-23357-5(2))* Scholastic, Inc.

Flash Cards: Numbers 0 - 100. Scholastic. 2018. (Flash Cards Ser.). (ENG.). (J). (gr. -1-3). 3.99 *(978-1-338-23355-1(6))* Scholastic, Inc.

Flash Cards: Sight Words. Scholastic. 2018. (Flash Cards Ser.). (ENG.). (J). (gr. -1-3). 3.49 *(978-1-338-23358-2(0))* Scholastic, Inc.

Flash! (DC Super Friends) Frank Berrios. Illus. by Ethen Beavers. 2018. (Little Golden Book Ser.). (ENG.). 24p. (J). (-k). 4.99 *(978-1-5247-6858-4(8)*, Golden Bks.) Random Hse. Children's Bks.

Flash Facts. Mayim Bialik. 2021. (Illus.). 160p. (J). (gr. 2). pap. 9.99 *(978-1-77950-382-4(2))* DC Comics.

Flash Fire: The Extraordinaries, Book Two. T. J. Klune. (Extraordinaries Ser.: 2). (ENG.). (YA). 2022. 400p. pap. 11.99 *(978-1-250-20369-4(4)*, 900200548); 2021. 384p. 18.99 *(978-1-250-20368-7(6)*, 900200547) Doherty, Tom Assocs., LLC. (Tor Teen).

Flash Flood. Melissa Gunn. 2021. (Weather Gods Ser.). (ENG.). 48p. (YA). pap. ***(978-0-473-57949-4(9))*** Melissa Gunn.

Flash: Green Arrow's Perfect Shot (Crossover Crisis #1) Barry Lyga. 2021. (Flash: Crossover Crisis Ser.). (ENG.). 272p. (YA). (gr. 3-7). pap. 8.99 *(978-1-4197-4694-9(4)*, 1278703) Abrams, Inc.

Flash: Hocus Pocus: (the Flash Book 1) Barry Lyga. 2019. (Flash Ser.). (ENG.). 256p. (J). (gr. 4-7). pap. 8.99 *(978-1-4197-3606-3(X)*, 1202303, Amulet Bks.) Abrams, Inc.

Flash in Time: A Novel. Michael K. Shay. 2016. 131p. (J). pap. *(978-1-63293-141-2(9))* Sunstone Pr.

Flash Is Caring. Christopher Harbo. Illus. by Otis Frampton. 2018. (DC Super Heroes Character Education Ser.). (ENG.). 24p. (J). (gr. k-2). pap. 4.95 *(978-1-62370-955-6(5)*, 137173, Stone Arch Bks.) Capstone.

Flash: Johnny Quick. Barry Lyga. 2018. (ENG.). 256p. (J). (gr. 4-7). 13.99 *(978-1-4197-2865-5(2)*, 1202201, Amulet Bks.) Abrams, Inc.

Flash: Johnny Quick: (the Flash Book 2), Bk. 2. Barry Lyga. 2019. (Flash Ser.). (ENG.). 256p. (J). (gr. 4-7). pap. 8.99 *(978-1-4197-3607-0(8)*, 1202203, Amulet Bks.) Abrams, Inc.

Flash Kids Summer: 1st Grade. 2022. (Summer Study Ser.). 174p. (J). (gr. k-1). pap. 12.99 *(978-1-4114-8064-3(3)*, Spark Publishing Group) Sterling Publishing Co., Inc.

Flash Kids Summer: 2nd Grade. 2022. (Summer Study Ser.). 174p. (J). (gr. 1-2). pap. 12.99 *(978-1-4114-8065-0(1)*, Spark Publishing Group) Sterling Publishing Co., Inc.

Flash Kids Summer: 3rd Grade. Flash Kids Editors. 2022. (Summer Study Ser.). (ENG.). 174p. (J). (gr. 2-3). pap. 12.99 *(978-1-4114-8066-7(X)*, Spark Publishing Group) Sterling Publishing Co., Inc.

Flash Kids Summer: 4th Grade. Flash Kids Editors. 2022. (Summer Study Ser.). (ENG.). 174p. (J). (gr. 3-4). pap. 12.99 *(978-1-4114-8067-4(8)*, Spark Publishing Group) Sterling Publishing Co., Inc.

Flash Kids Summer: 5th Grade. Flash Kids Editors. 2022. (Summer Study Ser.). (ENG.). 174p. (J). (gr. 4-5). pap. 12.99 *(978-1-4114-8068-1(6)*, Spark Publishing Group) Sterling Publishing Co., Inc.

Flash Kids Summer: Kindergarten. Flash Kids Editors. 2022. (Summer Study Ser.). (ENG.). 174p. (J). (gr. -1-k). pap. 12.99 *(978-1-4114-8063-6(5)*, Spark Publishing Group) Sterling Publishing Co., Inc.

Flash-Lights from the Seven Seas (Classic Reprint) William L. Stidger. 2017. (ENG., Illus.). (J). 28.68 *(978-0-266-17448-6(5))* Forgotten Bks.

Flash of Gold (Classic Reprint) Francis R. Bellamy. 2017. (ENG., Illus.). 304p. (J). 30.19 *(978-0-332-39249-3(X))* Forgotten Bks.

Flash of Lightning: A Drama of Life in Our Day, in Five Acts; First Produced at the Broadway Theatre (Late Wallack's), under the Management of Mr. Barney Williams, June, 1868 (Classic Reprint) Augustin Daly. 2018. (ENG., Illus.). 76p. (J). 25.48 *(978-0-428-55656-3(6))* Forgotten Bks.

Flash of Summer: A Novel (Classic Reprint) W. K. Clifford. 2017. (ENG., Illus.). (J). 30.31 *(978-0-260-39619-8(2))* Forgotten Bks.

Flash Races the Rogues. Matthew K. Manning. Illus. by Ethen Beavers. 2017. (DC Super Hero Stories Ser.). (ENG.). 56p. (J). (gr. 1-3). lib. bdg. 25.99 *(978-1-4965-4633-3(4)*, 134873, Stone Arch Bks.) Capstone.

Flash: Supergirl's Sacrifice (Crossover Crisis #2) Barry Lyga. (Flash: Crossover Crisis Ser.). (ENG.). (YA). (gr. 3-7). 2021. 288p. pap. 8.99 *(978-1-4197-5207-0(3)*, 1278803); 2020. 272p. 13.99 *(978-1-4197-3739-8(2)*, 1278801) Abrams, Inc. (Amulet Bks.).

Flash the Donkey Makes New Friends. Rachel Anne Ridge. Illus. by Rachel Anne Ridge. 2016. (Flash the Donkey Ser.). (ENG., Illus.). 48p. (J). 12.99 *(978-1-4964-1395-6(4)*, 20_11878, Tyndale Kids) Tyndale Hse. Pubs.

Flash, the Little Fire Engine. Pam Calvert. Illus. by Jen Taylor. 2019. (ENG.). 40p. (J). (gr. -1-1). 17.99 *(978-1-5420-4178-2(3)*, 9781542041782, Two Lions) Amazon Publishing.

Flash the Sheep Dog, 40 vols. Kathleen Fidler. (Illus.). 176p. 3rd ed. (ENG.). 12.00 *(978-0-86315-581-9(2))*; 4th rev. ed. 2018. (J). 9.95 *(978-1-78250-492-4(3)*, Kelpies) Floris Bks. GBR. Dist: SteinerBooks, Inc., Consortium Bk. Sales & Distribution.

Flash: the Tornado Twins (the Flash Book 3) Barry Lyga. (Flash Ser.). (ENG.). 272p. (J). (gr. 5-9). 2020. pap. 8.99 *(978-1-4197-3608-7(6)*, 1202403); 2018. 13.99 *(978-1-4197-3124-2(6)*, 1202401) Abrams, Inc. (Amulet Bks.).

Flashback. Shannon Messenger. (Keeper of the Lost Cities Ser.: 7). (ENG.). (J). (gr. 3-7). 2019. 880p. pap. 9.99 *(978-1-4814-9744-2(8))*; 2018. (Illus.). 848p. 19.99 *(978-1-4814-9743-5(X))* Simon & Schuster Children's Publishing. (Aladdin).

Flashback Four #1: the Lincoln Project. Dan Gutman. 2016. (Flashback Four Ser.: 1). (ENG.). 240p. (J). (gr. 3-7). 16.99 *(978-0-06-237441-7(9)*, HarperCollins) HarperCollins Pubs.

Flashback Four #2: the Titanic Mission. Dan Gutman. (Flashback Four Ser.: 2). (ENG.). (J). (gr. 3-7). 2018. 256p. pap. 7.99 *(978-0-06-223636-4(9))*; 2017. (Illus.). 240p. 16.99 *(978-0-06-223635-7(0))* HarperCollins Pubs. (HarperCollins).

Flashback Four #3: the Pompeii Disaster. Dan Gutman. (Flashback Four Ser.: 3). (ENG.). (J). (gr. 3-7). 2019. 272p. pap. 7.99 *(978-0-06-237445-5(1))*; 2018. 256p. 16.99 *(978-0-06-237444-8(3))* HarperCollins Pubs. (HarperCollins).

Flashback Four #4: the Hamilton-Burr Duel. Dan Gutman. (Flashback Four Ser.: 4). (ENG.). (J). (gr. 3-7). 2020. 256p. pap. 7.99 *(978-0-06-237449-3(4))*; 2019. (Illus.). 240p. 16.99 *(978-0-06-237447-9(8))* HarperCollins Pubs. (HarperCollins).

Flashback History, 18 vols., Set. Incl. Amazonian Indians. Susie Brooks. lib. bdg. 32.93 *(978-1-4358-5513-7(2)*, 01f0db0b-44cd-4dea-8e04-e5b5dd1c7ba6); Aztecs. Jen Green. lib. bdg. 32.93 *(978-1-4358-5498-7(5)*, 63ddb491-5df5-43ae-82e5-3d070ae83f5b); Egyptians. Jen Green. lib. bdg. 32.93 *(978-1-4358-5510-6(8)*, 8910562b-d087-432a-814c-3d93168686f6); (Illus.). 48p. (YA). (gr. 4-4). 2009. (Flashback History Ser.). (ENG.). 2009. Set lib. bdg. 296.37 *(978-1-4358-3230-5(2)*, 98d9c8d5-09af-468c-b04e-13ef68dd34f8, PowerKids Pr.) Rosen Publishing Group, Inc., The.

Flashback (Science Fiction), 1 vol. Janet Lorimer. 2017. (Pageturners Ser.). (ENG.). 80p. (YA). (gr. 9-12). 10.75 *(978-1-68021-395-9(4))* Saddleback Educational Publishing, Inc.

Flashback to the ... Chill 2000s! Ready-To-Read Level 2. Gloria Cruz. Illus. by Sarah Rebar. 2023. (Flashback Ser.). (ENG.). 32p. (J). (gr. k-2). 17.99 ***(978-1-6659-4090-0(5))***; pap. 4.99 ***(978-1-6659-4089-4(1))*** Simon Spotlight. (Simon Spotlight).

Flashes from the Pan: A Fantasia in Retrospectio & Imaginatio (Classic Reprint) Arthur Sullivan. (ENG., Illus.). (J). 2018. 50p. 24.95 *(978-0-484-71565-2(8))*; 2016. pap. 9.57 *(978-1-333-26123-8(3))* Forgotten Bks.

Flashes of Blessedness. Arlene Marie Wever. 2021. (ENG.). 218p. (YA). pap. 17.95 *(978-1-0980-9244-3(9))* Christian Faith Publishing.

Flashes of God's Light: Visions & Miracles in the Life of an Internal Medicine Doctor: an Autobiography. Ildefonzo Flores. 2022. (ENG.). 178p. (YA). pap. 16.95 *(978-1-68570-777-4(7))* Christian Faith Publishing.

Flashfall. Jenny Moyer. 2016. (Flashfall Ser.: 1). (ENG., Illus.). 352p. (YA). 29.99 *(978-1-62779-481-7(6)*, 900152138, Holt, Henry & Co. Bks. For Young Readers) Holt, Henry & Co.

Flashing Fire Engines. Tony Mitton & Ant Parker. 2017. (Amazing Machines Ser.). (ENG.). 20p. (J). bds. 6.99 *(978-0-7534-7373-3(9)*, 900178407, Kingfisher) Roaring Brook Pr.

Flashing Fireflies. Laura Hamilton Waxman. 2016. (First Step Nonfiction — Backyard Critters Ser.). (ENG., Illus.). 24p. (J). (gr. k-2). 23.99 *(978-1-5124-0882-9(4)*, 4f4bd7ea-4441-4b46-91a7-da43dc755c95, Lerner Pubns.) Lerner Publishing Group.

Flashkids Reading Fundamentals Grade 4. Flashkids. 2016. (Flash Kids Fundamentals Ser.). (ENG., Illus.). 96p. (J). (gr. 4-4). pap. 7.95 *(978-1-4114-7884-8(3)*, Spark Publishing Group) Sterling Publishing Co., Inc.

Flashkids Reading Fundamentals Grade 5. Flashkids. 2016. (Flash Kids Fundamentals Ser.). (ENG., Illus.). 96p. (J). (gr. 5-5). pap. 7.95 *(978-1-4114-7885-5(1)*, Spark Publishing Group) Sterling Publishing Co., Inc.

Flashkids Reading Fundamentals Grade 6. Flashkids. 2016. (Flash Kids Fundamentals Ser.). (ENG., Illus.). 96p. (J). (gr. 6-6). pap. 7.95 *(978-1-4114-7886-2(X)*, Spark Publishing Group) Sterling Publishing Co., Inc.

Flashlight: A Time Machine. Alec Yates. 2018. (ENG., Illus.). 40p. (J). pap. 9.99 *(978-1-64133-507-2(6))* MainSpringBks.

Flashlight Explorer: Animals at Night: 5 Wild Scenes to Discover with the Press-Out Flashlight. Lisa Regan. 2019. (Flashlight Explorers Ser.: 1). (ENG.). 16p. (J). 18.99 *(978-1-78888-696-3(8)*, 071dbde6-e727-49d0-9480-039c503cb291) Arcturus Publishing GBR. Dist: Baker & Taylor Publisher Services (BTPS).

Flashlight Night. Matt Forrest Esenwine. Illus. by Fred Koehler. 2017. (ENG.). 32p. (J). (gr. -1-3). 16.95 *(978-1-62979-493-8(7)*, Astra Young Readers) Astra Publishing Hse.

Flashlight Night: An Adventure in Trusting God. Elisabeth Hasselbeck. Illus. by Julia Seal. 2021. (ENG.). 40p. (J). (gr. -1-2). 14.99 *(978-0-525-65279-3(5)*, WaterBrook Pr.) Crown Publishing Group, The.

Flashlights (Classic Reprint) Mary Aldis. 2018. (ENG., Illus.). 146p. (J). 26.91 *(978-0-483-86119-0(7))* Forgotten Bks.

Flashlights from Real Life (Classic Reprint) John T. Dale. (ENG., Illus.). (J). 2018. 208p. 28.21 *(978-0-483-55851-9(6))*; 2017. pap. 10.57 *(978-0-243-19173-4(1))* Forgotten Bks.

Flashy Friends: Goldfish. Felicia Macheske. 2017. (Guess What Ser.). (ENG., Illus.). 24p. (J). (gr. k-2). lib. bdg. 30.64 *(978-1-63472-853-9(X)*, 209838) Cherry Lake Publishing.

Flasks & Flagons. Francis Saltus. 2017. (ENG.). 200p. (J). pap. *(978-3-337-08328-1(5))* Creation Pubs.

Flastacowo, 1913, Vol. 4 (Classic Reprint) Florida State College for Women. (ENG., Illus.). (J). 2018. 218p. 28.41 *(978-0-267-31338-9(1))*; 2016. pap. 10.97 *(978-1-333-42692-7(5))* Forgotten Bks.

Flastacowo, 1914, Vol. 5 (Classic Reprint) Florida State College for Women. (ENG., Illus.). (J). 2018. 212p. 28.29 *(978-0-483-88239-3(9))*; 2016. pap. 10.97 *(978-1-334-11933-0(3))* Forgotten Bks.

Flastacowo, Vol. 2 (Classic Reprint) Florida State College for Women. 2018. (ENG., Illus.). 202p. (J). 28.06 *(978-0-666-38229-0(8))* Forgotten Bks.

Flastacowo, Vol. 3 (Classic Reprint) Florida State College for Women. 2018. (ENG., Illus.). 164p. (J). 27.28 *(978-0-267-25692-1(2))* Forgotten Bks.

Flat at the Top: Unique Characteristics of the Plateau, Prairie & Mesa Geography Book Grade 4 Children's Earth Sciences Books. Baby Professor. 2020. (ENG.). 74p. (J). 24.99 *(978-1-5419-8028-0(X))*; pap. 14.99 *(978-1-5419-7773-0(4))* Speedy Publishing LLC. (Baby Professor (Education Kids)).

Flat Cat. Tara Lazar. Illus. by Pete Oswald. 2023. (ENG.). 40p. (J). (gr. -1-2). 18.99 ***(978-0-593-40457-7(2))*** Flamingo Bks.

Flat Cat 6c Pre-Pack W/ I-Card with Standee. Tara Lazar. 2023. (J). (gr. -1-2). 113.94 ***(978-0-593-72027-1(X))*** Flamingo Bks.

Flat Creek Farm Adventures: The Cold Winter & the Wedding. Angel Smith. 2022. (ENG., Illus.). 30p. (J). pap. 14.95 *(978-1-68570-881-8(1))* Christian Faith Publishing.

Flat Earth Chronicles: The Earth Stands. Cj Austin. 2018. (ENG.). 106p. (J). pap. ***(978-1-387-97537-2(4))*** Lulu Pr., Inc.

Flat Freddie's Mission Magic. Shirley Butler. 2016. (ENG., Illus.). (J). pap. 24.95 *(978-1-63508-143-5(2))* America Star Bks.

Flat Iron for a Farthing. Juliana Horatia Ewing. 2017. (ENG.). 264p. (J). pap. *(978-3-337-17803-1(0))* Creation Pubs.

Flat Iron for a Farthing: Or, Some Passages in the Life of an Only Son (Classic Reprint) Juliana Horatia Ewing.

F

2018. (ENG., Illus.). 268p. (J). 29.42 (978-0-365-34279-3(3)) Forgotten Bks.

Flat Shapes. Created by Heron Books. 2018. (Shapes Ser.: Vol. 1). (ENG., Illus.). 72p. (J). pap. (978-0-89739-105-4(5), Heron Bks.) Quercus.

Flat Stanley 4 Books In 1! Flat Stanley, His Original Adventure; Stanley, Flat Again!; Stanley in Space; Stanley & the Magic Lamp. Jeff Brown. Illus. by Macky Pamintuan. 2016. (Flat Stanley Ser.). (ENG.). 416p. (J). (gr. 1-5). 16.99 (978-0-06-249670-6(0), HarperCollins) HarperCollins Pubs.

Flat Stanley & the Bees. Jeff Brown. Illus. by Macky Pamintuan. 2019. (I Can Read Level 2 Ser.). (ENG.). 32p. (J). (gr. -1-3). 16.99 (978-0-06-236601-6(7)); pap. 4.99 (978-0-06-236600-9(9)) HarperCollins Pubs. (HarperCollins).

Flat Stanley & the Bees. Lori Haskins Houran. ed. 2019. (I Can Read Ser.). (ENG., Illus.). 24p. (J). (gr. k-1). 14.96 (978-0-87617-469-2(1)) Penworthy Co., LLC, The.

Flat Stanley & the Lost Treasure. Jeff Brown. Illus. by Macky Pamintuan. 2016. (I Can Read Level 2 Ser.). (ENG.). 32p. (J). (gr. -1-3). pap. 5.99 (978-0-06-236595-8(9), HarperCollins) HarperCollins Pubs.

Flat Stanley & the Lost Treasure. Jeff Brown. ed. 2016. (Flat Stanley: I Can Read Ser.). (J). lib. bdg. 13.55 (978-0-606-38757-6(9)) Turtleback.

Flat Stanley & the Missing Pumpkins. Jeff Brown. Illus. by Macky Pamintuan. 2017. (I Can Read Level 2 Ser.). (ENG.). 32p. (J). (gr. -1-3). 16.99 (978-0-06-236598-9(3)); pap. 5.99 (978-0-06-236594-1(0)) HarperCollins Pubs. (HarperCollins).

Flat Stanley & the Missing Pumpkins. Lori Haskins Houran. ed. 2018. (I Can Read Ser.). (ENG.). 32p. (J). (gr. -1-1). 13.89 (978-1-64310-496-6(9)) Penworthy Co., LLC, The.

Flat Stanley's Adventures in Classroom 2E #2: Riding the Slides. Jeff Brown & Kate Egan. Illus. by Nadja Sarell. 2023. (Flat Stanley's Adventures in Classroom2E Ser.: 2). (ENG.). 128p. (J). (gr. 1-5). 17.99 (978-0-06-309501-4(7)); pap. 6.99 (978-0-06-309500-7(9)) HarperCollins Pubs. (HarperCollins).

Flat Stanley's Worldwide Adventures #13: the Midnight Ride of Flat Revere. Jeff Brown. Illus. by Macky Pamintuan. 2016. (Flat Stanley's Worldwide Adventures Ser.: 13). (ENG.). 144p. (J). (gr. 1-5). pap. 4.99 (978-0-06-236603-0(3), HarperCollins) HarperCollins Pubs.

Flat Stanley's Worldwide Adventures #14: on a Mission for Her Majesty. Jeff Brown. Illus. by Macky Pamintuan. 2017. (Flat Stanley's Worldwide Adventures Ser.: 14). (ENG.). 128p. (J). (gr. 1-5). 15.99 (978-0-06-236607-8(6)); pap. 4.99 (978-0-06-236606-1(8)) HarperCollins Pubs. (HarperCollins).

Flat Stanley's Worldwide Adventures #15: Lost in New York. Jeff Brown. Illus. by Macky Pamintuan. 2018. (Flat Stanley's Worldwide Adventures Ser.: 15). (ENG.). 128p. (J). (gr. 1-5). 15.99 (978-0-06-236610-8(6)); pap. 4.99 (978-0-06-236609-2(2)) HarperCollins Pubs. (HarperCollins).

Flatbed Trucks. Katie Chanez. 2019. (Construction Vehicles Ser.). (ENG., Illus.). 24p. (J). (gr. 1-1). pap. 8.95 (978-1-64494-006-8(X), 164494006X) North Star Editions.

Flatbed Trucks. Katie Chanez. 2019. (Construction Vehicles (POP) Ser.). (ENG., Illus.). 24p. (J). (gr. k-3). lib. bdg. 31.36 (978-1-5321-6333-3(9), 31981, Pop! Cody Koala) Pop!.

Flatland: The Four Eighteens. Joe King. 2021. (ENG.). 84p. (YA). pap. 5.99 (978-1-393-86144-7(X)) Draft2Digital.

Flattening the Curve. Martha London. 2020. (Core Library Guide to COVID-19 Ser.). (ENG., Illus.). 48p. (J). (gr. 4-8). lib. bdg. 35.64 (978-1-5321-9404-7(8), 36032) ABDO Publishing Co.

Flattening the Curve. London Martha. 2020. (Core Library Guide to COVID-19 Ser.). (ENG.). 48p. (J). (gr. 4-5). pap. 11.95 (978-1-64494-501-8(0), Core Library) ABDO Publishing Co.

Flattering Word & Other One-Act Plays (Classic Reprint) George Kelly. (ENG., Illus.). (J). 2018. 220p. 28.43 (978-0-365-37163-2(7)); 2017. pap. 10.97 (978-0-259-87282-5(2)) Forgotten Bks.

Flattery, Liberty, & Friendship: Instructive & Entertaining Stories for Young People (Classic Reprint) Fenner Sears and Company. (ENG., Illus.). (J). 2018. 78p. 25.53 (978-0-267-36494-7(6)); 2016. pap. 9.57 (978-1-334-16548-1(3)) Forgotten Bks.

Flatulencias (Farts) Grace Hansen. 2021. (Ciencia Básica: Las Funciones Físicas Del Cuerpo (Beginning Science: Gross Body Functions) Ser.). (SPA.). 24p. (J). (gr. -1-2). lib. bdg. 32.79 (978-1-0982-6082-8(1), 38266, Abdo Kids) ABDO Publishing Co.

Flatulent Tales: The Adventures of Gilbert the Farting Mouse. Michael Davies & R. O. Dent. 2019. (ENG., Illus.). 82p. (YA). (gr. 7-9). pap. (978-0-6484702-8-1(8)) Dalton, Mickie Foundation, The.

Flauto a 7 Diesis: The Flute That Goes to Seven Sharps. Paolo Totti. 2016. (ENG., Illus.). (YA). (gr. 7-12). pap. (978-1-911424-17-8(3)) Black Wolf Edition & Publishing Ltd.

Flavor Volume 1. Joseph Keatinge & Ali Bouzari. 2018. (ENG., Illus.). 136p. (YA). pap. 16.99 (978-1-5343-0882-4(2), 90f55ae5-c304-4e0a-9614-ab1786ed36a2) Image Comics.

Flavorings, Colorings, & Preservatives. John Perritano. 2017. 64p. (J). (978-1-4222-3736-6(2)) Mason Crest.

Flaw in the Sapphire (Classic Reprint) Charles M. Snyder. 2018. (ENG., Illus.). 320p. (J). 30.50 (978-0-267-70149-0(7)) Forgotten Bks.

Flaw in the Sapphire (Classic Reprint) Charles McCoy Snyder. (ENG., Illus.). (J). 2018. 332p. 30.76 (978-0-666-32548-8(0)); 2017. pap. 13.57 (978-0-259-84067-1(X)) Forgotten Bks.

Flawed. Cecelia Ahern. 2016. (ENG.). (YA). (gr. 8-12). pap. 12.99 (978-1-250-09829-0(7)) St. Martin's Pr.

Flawed. Paul Dunn. 2021. (ENG.). 204p. (YA). (978-0-9687460-6-6(3)); pap. (978-0-9687460-3-5(9)) Dunn, Paul.

Flawed Dogs: The Novel: the Shocking Raid on Westminster. Berkeley Breathed. ed. 2017. lib. bdg. 19.65 (978-0-606-39787-2(6)) Turtleback.

Flaxie Growing Up: Flaxie Frizzle Stories. Sophie May. 2018. (ENG., Illus.). 92p. (YA). (gr. 7-12). pap. (978-93-5329-297-3(2)) Alpha Editions.

Flaxie Growing up (Classic Reprint) Sophie May. 2018. (ENG., Illus.). 212p. (J). 28.27 (978-0-483-65639-0(9)) Forgotten Bks.

Flea. Malcolm Gerloch. Illus. by Angela Hillier. 2020. (ENG.). 36p. (YA). (gr. 7-12). pap. (978-1-912021-30-7(7), Nightingale Books) Pegasus Elliot Mackenzie Pubs.

Flea. August Hoeft. 2022. (I See Insects Ser.). (ENG.). (J). 20p. pap. 12.99 (978-1-5324-4154-7(1)); 16p. (gr. -1-2). 24.99 (978-1-5324-3344-3(1)); 16p. (gr. -1-2). pap. 12.99 (978-1-5324-2836-4(7)) Xist Publishing.

Flea: The Amazing Story of Leo Messi. Michael Part. 2017. (ENG., Illus.). (J). pap. 7.75 (978-1-938591-53-2(4)) Sole Bks.

Flea, Mrs. Puckett & Me. Georgia Smith. Illus. by Georgia Smith & Carolyn Moss. 2021. (ENG.). 22p. (J). 21.95 (978-1-61314-783-2(X)) Watchman Publishing.

Flea Seeks Dog. Will Mabbitt. Illus. by Nathan Reed. 2022. (ENG.). 32p. (J). (gr. -1-k). 10.99 (978-1-4449-5078-6(9)) Hachette Children's Group GBR. Dist: Hachette Bk. Group.

Flea the Frog: Scared of the Dark. Lauren Purdey. Illus. by Emma Hay. 2022. (ENG.). 30p. (J). pap. (978-1-922701-87-9(4)) Shawline Publishing Group.

Flea, the Green Giraffe & Me: A Book about Friendship & Imagination. Claire Silverman & Bonnie Amato. 2020. (ENG.). 26p. (J). pap. 12.99 (978-1-7357166-2-6(6)) Just Be Publishing.

Flea, the Halloween Goat. Paula Jeffery. 2019. (ENG.). 36p. (J). pap. (978-1-9998087-5-4(4)) Harefield Pr.

Fleabag. Helen Stephens. 2018. (VIE.). (J). (gr. -1-3). (978-604-55-2754-2(2)) Nha xuat ban Ha Noi.

Fleas, Please! Donald W. Kruse. 2017. (ENG., Illus.). (J). (gr. k-5). pap. 14.95 (978-0-9985191-0-4(3)) Zaccheus Entertainment Co.

Fleatastics. Lisa Desimini. 2017. (ENG., Illus.). 32p. (J). (gr. -1-3). 16.95 (978-1-62979-303-0(5), Astra Young Readers) Astra Publishing Hse.

Flecha Plateada. Lev Grossman. 2022. (SPA.). 256p. (J). (gr. 4-7). pap. 14.95 (978-607-557-302-1(X)) Editorial Oceano de Mexico MEX. Dist: Independent Pubs. Group.

Flechazo de lo Más Catastrófico / Dork Diaries: Tales from a Not-So-Secret Crush Catastrophe. Rachel Renée Russell. 2022. (Diario de una Dork Ser.: 12). (SPA.). 272p. (J). (gr. 3-7). pap. 14.95 (978-1-64473-533-6(4)) Penguin Random House Grupo Editorial ESP. Dist: Penguin Random Hse. LLC.

Fledgling. Carson Stashwick. 2019. (ENG.). 292p. (YA). (gr. 7-12). pap. 12.97 (978-1-7329751-8-7(3)) Bush Publishing Inc.

Fledgling (Classic Reprint) Charles Bernard Nordhoff. 2018. (ENG., Illus.). 208p. (J). 28.21 (978-0-656-91383-1(5)) Forgotten Bks.

Fleeced! An Aries Adventure. Julia Wills. Illus. by Leo Hartas. 2016. (Aries Adventure Ser.). (ENG.). 400p. (J). (gr. 4-7). pap. 10.99 (978-1-84812-476-9(7)) Bonnier Publishing GBR. Dist: Independent Pubs. Group.

Fleeing California Wildfires. John Hamilton. 2020. (Xtreme Rescues Ser.). (ENG., Illus.). 32p. (J). (gr. 4-4). pap. 9.95 (978-1-64494-350-2(6), 1644943506, A&D Xtreme) ABDO Publishing Co.

Fleeing California Wildfires. S. L. Hamilton. 2019. (Xtreme Rescues Ser.). (ENG., Illus.). 32p. (J). (gr. 3-9). lib. bdg. 32.79 (978-1-5321-9002-5(6), 33324, Abdo & Daughters) ABDO Publishing Co.

Fleeing to Survive. Laura Perdew. 2022. (Animal Survival Ser.). (ENG.). 32p. (J). (gr. 2-5). lib. bdg. 34.22 (978-1-5321-9849-6(3), 39709, Kids Core) ABDO Publishing Co.

Fleeing to Survive. Laura Perdew. 2022. (Animal Survival Ser.). (ENG.). 32p. (J). (gr. 3-3). pap. 9.95 (978-1-64494-766-1(8)) North Star Editions.

Fleet Street Eclogues. John Davidson. 2017. (ENG., Illus.). (J). pap. (978-0-649-47668-8(9)) Trieste Publishing Pty Ltd.

Fleeting Moments. Leslie Mercier. 2021. (ENG.). 42p. (J). (978-0-2288-5233-9(1)); pap. (978-0-2288-5234-6(X)) Tellwell Talent.

Flemming Go! Beatrice Gentry. 2017. (ENG., Illus.). (J). (gr. 1-2). (978-1-78222-557-7(9)) Paragon Publishing, Rothersthorpe.

Flemmings: Or, Truth Triumphant (Classic Reprint) Anna H. Dorsey. 2018. (ENG., Illus.). 448p. (J). 33.14 (978-0-666-14850-6(3)) Forgotten Bks.

Flesh & Spirit. George James Atkinson Coulson. 2017. (ENG.). 252p. (J). pap. (978-3-337-00060-8(6)) Creation Pubs.

Flesh Spirit: A Novel (Classic Reprint) George James Atkinson Coulson. 2017. (ENG., Illus.). (J). 29.03 (978-1-5282-4781-8(7)) Forgotten Bks.

Flesh Wound A Minor Injury Takes a Deadly Turn. Shea Phillips. 2020. (Xbooks Ser.). (ENG., Illus.). 48p. (J). (gr. 3-8). lib. bdg. 29.00 (978-0-531-13231-9(5), Children's Pr.) Scholastic Library Publishing.

Flesh Wound: a Minor Injury Takes a Deadly Turn (XBooks) Shea Phillips. 2020. (Xbooks Ser.). (ENG., Illus.). 48p. (J). (gr. 3-8). pap. 6.95 (978-0-531-13296-8(X), Children's Pr.) Scholastic Library Publishing.

Fletcher & the Summer Show. Julia Rawlinson. Illus. by Tiphanie Beeke. 2020. (ENG.). 32p. (J). (gr. 2-4). 21.99 (978-1-913134-63-1(6)) Graffeg Limited GBR. Dist: Independent Pubs. Group.

Fletcher & Zenobia. Edward Gorey & Victoria Chess. Illus. by Victoria Chess. 2016. (Illus.). 72p. (J). (gr. k-2). 14.95 (978-1-59017-963-5(3), NYR Children's Collection) New York Review of Bks., Inc., The.

Fletcher Babysits a Crocodile. Adrian Kooistra. Illus. by Sam Thomas. 2018. (ENG.). 32p. (J). pap. (978-0-6484531-0-9(3)) Lilly Pilly Publishing.

Fletcher Babysits a Goat. Adrian Kooistra. Illus. by Sam Thomas. 2019. (ENG.). 40p. (J). pap. (978-0-6484531-1-6(1)) 169 400 385.

Fletchers' Mouse: And the Mystery of the Crypts! Stephen Tearle. 2021. (ENG.). 28p. (J). 24.10 (978-1-008-97627-6(X)) Lulu Pr., Inc.

Fletchers' Mouse & the Mystery of the Crypts! (2022 Edition) Stephen Tearle. 2022. (ENG.). 62p. (J). pap. 7.38 (978-1-4710-4096-2(8)) Lulu Pr., Inc.

Fletcher's Seasons. 2018. 59.95 (978-1-338-23224-0(X)) Weston Woods Studios, Inc.

Fleur Livre de Coloriage Pour Adultes: Un Livre de Coloriage Pour Adultes Avec une Collection de Fleurs. Avec des Fleurs, des Papillons, des Oiseaux et Bien Plus Encore. Prince Milan Benton. 2021. (FRE.). 106p. (YA). pap. 12.89 (978-0-577-06057-7(0), Mosby Ltd.) Elsevier - Health Sciences Div.

Fleur: Mi Desesperada Decisión / Fleur: My Desperate Decision. Ariana Godoy. 2022. (Wattpad. Darks Ser.: 2). (SPA.). 336p. (YA). (gr. 8-12). pap. 17.95 (978-1-64473-628-9(4), Montena) Penguin Random House Grupo Editorial ESP. Dist: Penguin Random Hse. LLC.

Fleur Mystique. Pearly Pouatcha. Ed. by Ashley Fedor. Illus. by Akiko Okabe. 2018. (Cristaux Manquants Ser.). (FRE.). 68p. (J). (gr. 3-6). pap. 14.99 (978-0-692-19825-4(3)) PloohFX Investments.

Fleur Pour Débutants: Livre de Coloriage Pour Adultes Avec de Belles Fleurs Réalistes, des Bouquets, des Motifs Floraux, des Tournesols, des Roses, des Feuilles et L'été. Rhea Stokes. 2021. (FRE.). 64p. (YA). pap. 10.15 (978-1-006-88341-5(X)) Lulu Pr., Inc.

Fleurs: Flowers. Alicia Rodriguez. Tr. by Annie Evearts. 2021. (Parties d'une Plante (Parts of a Plant) Ser.). (FRE., Illus.). 16p. (J). (gr. -1-1). pap. (978-1-0396-0612-8(1), 13093) Crabtree Publishing Co.

Fleurs Enfantines: Ouvrage Illustre Contenant les Portraits de Soixante-Dix-Sept de Nos Enfants Canadiens et des Pages Specialement Ecrites Par de Nos Meilleures Plumes Canadiennes (Classic Reprint) Hermine Lanctot. 2017. (FRE., Illus.). (J). pap. 9.57 (978-0-259-35367-6(1)) Forgotten Bks.

Fleurs Enfantines: Ouvrage Illustré Contenant les Portraits de Soixante-Dix-Sept de Nos Enfants Canadiens et des Pages Spécialement Écrites Par de Nos Meilleures Plumes Canadiennes (Classic Reprint) Hermine Lanctot. 2018. (FRE., Illus.). 70p. (J). 25.42 (978-0-267-66088-9(X)) Forgotten Bks.

Flexibility, 1 vol. Arthur Best. 2018. (Properties of Matter Ser.). (ENG.). 24p. (J). (gr. 1-1). pap. 9.22 (978-1-5026-4184-7(4), 79af2630-d976-4d04-a897-e3df57bb5bf9) Cavendish Square Publishing LLC.

Flexibility, 1 vol. Rebecca Kraft Rector. 2019. (Let's Learn about Matter Ser.). (ENG.). 24p. (J). (gr. 1-2). pap. 10.35 (978-1-9785-0907-8(3), 67af7e80-0374-4243-853d-3e6824aaa678) Enslow Publishing, LLC.

Flexible Ferdinand (Classic Reprint) Julie M. Lippmann. (ENG., Illus.). (J). 2018. 324p. 30.58 (978-0-483-98450-9(7)); 2016. pap. 13.57 (978-1-334-12766-3(2)) Forgotten Bks.

Flexible Morals (Classic Reprint) Ruth Louise Sheldon. (ENG., Illus.). (J). 2018. 296p. 30.02 (978-0-365-48313-7(3)); 2016. pap. 13.57 (978-1-334-68665-8(3)) Forgotten Bks.

Flexible Thinging Ninja: A Children's Book about Developing Executive Functioning & Flexible Thinking Skills. Mary Nhin. 2022. (ENG.). 34p. (J). 19.99 (978-1-63731-300-8(4)) Grow Grit Pr.

Flick Your Heart-Light on, Let Your Fears Be Gone! Helping Children Connect to Their Heart to Soothe Their Mind. Tonia Cianciulli. 2023. (ENG.). 42p. (J). (978-0-2288-9376-9(3)); pap. (978-0-2288-9375-2(5)) Tellwell Talent.

Flicker. T. D. Holmes. 2022. (ENG.). 128p. (YA). pap. (978-1-3984-0047-4(5)) Austin Macauley Pubs. Ltd.

Flicker: Light of a Lantern. U. B. Light. 2019. (ENG.). 222p. (YA). (gr. 7-8). pap. 12.99 (978-1-64237-834-4(8)) Gatekeeper Pr.

Flicker & the Special Guests. Jodie Parachini. Illus. by Bryony Clarkson. 2023. (Grand Bug Hotel Ser.). (ENG.). 32p. (J). (gr. -1-3). 18.99 (978-0-8075-2525-8(1), 0807525251) Whitman, Albert & Co.

Flicker Finds Her Glow. Jodie Parachini. Illus. by Bryony Clarkson. 2022. (Grand Bug Hotel Ser.). (ENG.). 32p. (J). (gr. -1-3). 17.99 (978-0-8075-2508-1(1), 807525081) Whitman, Albert & Co.

Flicker in the Clarity. Amy McNamara. 2018. (ENG.). 432p. (YA). (gr. 9). 17.99 (978-0-06-230834-4(3), HarperTeen) HarperCollins Pubs.

Flicker Is Lost & Found. Jodie Parachini. Illus. by Bryony Clarkson. 2022. (Grand Bug Hotel Ser.). (ENG.). 32p. (J). (gr. -1-3). 17.99 (978-0-8075-2511-1(1), 807525111) Whitman, Albert & Co.

Flicker of Courage. Deb Caletti. 2020. (Tales of Triumph & Disaster! Ser.: 1). (Illus.). 256p. (J). (gr. 3-7). 13.99 (978-1-9848-1305-3(6), G.P. Putnam's Sons Books for Young Readers) Penguin Young Readers Group.

Flicker Plays Hide-And-Surprise. Jodie Parachini. Illus. by Bryony Clarkson. 2022. (Grand Bug Hotel Ser.). 32p. (J). (gr. -1-3). 17.99 (978-0-8075-2521-0(9), 0807525219) Whitman, Albert & Co.

Flicker's Garden Rescue. Jodie Parachini. Illus. by Bryony Clarkson. 2022. (Grand Bug Hotel Ser.). (ENG.). 32p. (J). (gr. -1-3). 17.99 (978-0-8075-2517-3(0), 0807525170) Whitman, Albert & Co.

Flickr, 1 vol. Jill C. Wheeler. 2016. (Social Media Sensations Ser.). (ENG., Illus.). 32p. (J). (gr. 3-6). 32.79 (978-1-68078-189-2(8), 21927, Checkerboard Library) ABDO Publishing Co.

Fliege Agathe. Wilhelmine H Bauregger. 2017. (GER., Illus.). (J). (978-3-95840-482-3(0)) Novum Verlag in der Verlags- und Medienhaus WSB GmbH.

Fliers. Laura Mae. 2019. (ENG., Illus.). 252p. (YA). (gr. 9-12). 27.99 (978-1-64570-144-6(1)) Marshall, Laura.

Flies. Nessa Black. (Spot Creepy Crawlies Ser.). (ENG., Illus.). 16p. (J). (gr. -1-2). 2018. pap. 7.99 (978-1-68152-227-2(6), 14758); 2017. 17.95 (978-1-68151-108-5(8), 14639) Amicus.

Flies. Martha London. 2019. (Pollinators Ser.). (ENG., Illus.). 32p. (J). (gr. 2-5). lib. bdg. 32.79 (978-1-5321-6596-2(X), 33294, DiscoverRoo) Pop!.

Flies Eat What?! Kristina Rupp. 2017. (1G Bugs Ser.). (ENG., Illus.). 24p. (J). pap. 9.60 (978-1-63437-110-0(0)) American Reading Co.

Flies in Amber, Vol. 1 of 3 (Classic Reprint) Julia Pardoe. (ENG., Illus.). (J). 2018. 328p. 30.68 (978-0-483-77623-4(8)); 2017. pap. 13.57 (978-0-243-40549-7(9)) Forgotten Bks.

Flies in Amber, Vol. 3 Of 3: By Miss. Pardoe (Classic Reprint) Miss Pardoe. (ENG., Illus.). (J). 2018. 320p. 30.50 (978-0-483-33996-5(2)); 2016. pap. 13.57 (978-1-334-14961-0(5)) Forgotten Bks.

Flies in the House. Chelsea J. Lagrange. 2018. (ENG., Illus.). 28p. (J). pap. 12.50 (978-0-692-17382-4(X)) Chelsea lagrange.

Flight. Blake Hoena. 2020. (Superhero Science Ser.). (ENG., Illus.). 32p. (J). (gr. 3-8). lib. bdg. 27.95 (978-1-64487-259-8(5), Blastoff! Readers) Bellwether Media.

Flight. Pamela McDowell. 2016. (Illus.). 24p. (J). (978-1-5105-0924-5(0)) SmartBook Media, Inc.

Flight. Kristen Young. (Collective Underground Ser.: 3). (ENG.). 288p. (YA). (gr. 8-12). 2023. pap. 16.99; 2022. 22.99 Oasis Audio.

Flight: The Call of the Rift, Book One. Jae Waller. (Call of the Rift Ser.: 1). (Illus.). (YA). 2019. 492p. pap. 13.95 (978-1-77041-509-6(2), 4f40c97d-696d-452a-a4d7-70a0d4171684); Bk. 1. 2018. 360p. 16.95 (978-1-77041-354-2(5), 161ffb0a-617b-4735-965f-1dccd39ff5c7) ECW Pr. CAN. Dist: Baker & Taylor Publisher Services (BTPS).

Flight 171. Amy Christine Parker. 2022. 288p. (YA). (gr. 7). pap. 9.99 (978-0-593-56303-8(4), Underlined) Random Hse. Children's Bks.

Flight 19: Lost in the Bermuda Triangle. Chris Bowman. Illus. by Tate Yotter. 2019. (Paranormal Mysteries Ser.). (ENG.). 24p. (J). (gr. 3-8). lib. bdg. 29.95 (978-1-64487-094-5(0), Black Sheep) Bellwether Media.

Flight 19: Lost in the Bermuda Triangle. Rebecca Sabelko & Chris Bowman. 2019. (Paranormal Mysteries Ser.). (ENG., Illus.). 24p. (J). (gr. 3-8). pap. 8.99 (978-1-61891-732-4(3), 12334, Black Sheep) Bellwether Media.

Flight & Fight: Book 2 of the Fraser Chronicles. Linda Jones. 2019. (Fraser Chronicles Ser.: Vol. 2). (ENG.). 272p. (J). pap. (978-1-9993248-3-4(8)) Bavoom Publishing.

Flight Attendants. Rebecca Sabelko. 2020. (Community Helpers Ser.). (ENG., Illus.). 24p. (J). (gr. k-3). pap. 7.99 (978-1-61891-787-4(0), 12572, Blastoff! Readers) Bellwether Media.

Flight (Classic Reprint) Muriel Hine. 2018. (ENG., Illus.). (J). 322p. 30.56 (978-1-397-18216-6(4)); 324p. pap. 13.57 (978-1-397-18191-6(5)) Forgotten Bks.

Flight Down. Thomas Kingsley Troupe. 2016. (Tartan House Ser.). (ENG.). 96p. (J). (gr. 3-6). (978-1-63235-161-6(7), 11892, 12-Story Library) Bookstaves, LLC.

Flight for Freedom: The Wetzel Family's Daring Escape from East Germany (Berlin Wall History for Kids Book; Nonfiction Picture Books) Kristen Fulton. Illus. by Torben Kuhlmann. 2020. (ENG.). 56p. (J). (gr. k-3). 17.99 (978-1-4521-4960-8(7)) Chronicle Bks. LLC.

Flight from Siberia (Classic Reprint) Vaclaw Sieroszewski. (ENG., Illus.). (J). 2018. 390p. 31.96 (978-0-483-76611-2(9)); 2016. pap. 16.57 (978-1-333-69433-3(4)) Forgotten Bks.

Flight from the Cross (Classic Reprint) Osip Dulmov. 2018. (ENG., Illus.). 264p. (J). 29.36 (978-0-483-02586-8(0)) Forgotten Bks.

Flight from the Dark: Lone Wolf #1. Joe Dever. 2023. (Lone Wolf Ser.: 1). (Illus.). 416p. (J). (gr. 4-11). pap. 11.99 (978-1-915586-00-1(3)) Holmgard Pr. GBR. Dist: Independent Pubs. Group.

Flight in Spring: In the Car Lucania from New York to the Pacific Coast & Back During April & May, 1898 (Classic Reprint) J. Harris Knowles. 2018. (ENG., Illus.). 220p. (J). 28.43 (978-0-365-13978-2(5)) Forgotten Bks.

Flight of a Moth (Classic Reprint) Emily Post. 2017. (ENG., Illus.). (J). 29.30 (978-0-265-71461-4(3)); pap. 11.97 (978-1-5276-7323-6(5)) Forgotten Bks.

Flight of a Sparrow. Karen Augustine. 2019. (ENG.). 244p. (YA). pap. 18.95 (978-1-64569-043-6(1)) Christian Faith Publishing.

Flight of Angels Coloring Book. Bobo's Children Activity Books. 2016. (ENG., Illus.). (J). pap. 9.33 (978-1-68327-583-1(7)) Sunshine In My Soul Publishing.

Flight of Dreams. Tanya Theriault. 2018. (ENG.). 38p. (J). 14.95 (978-1-68401-984-7(2)) Amplify Publishing Group.

Flight of Fantasy. Jim Blickenstaff. 2017. (ENG.). (J). (gr. 3-6). pap. 19.95 (978-1-4808-3642-6(7)) Archway Publishing.

Flight of Faviel (Classic Reprint) Robert Ernest Vernede. 2017. (ENG., Illus.). (J). 30.99 (978-0-331-78816-7(0)) Forgotten Bks.

Flight of Georgiana: A Story of Love & Peril in England in 1746 (Classic Reprint) Robert Neilson Stephens. (ENG., Illus.). (J). 2018. 368p. 31.49 (978-0-267-34516-8(X)); 2016. pap. 13.97 (978-1-333-68472-3(X)) Forgotten Bks.

Flight of Icarus: An Idyl of Printing-House Square (Classic Reprint) Jay Robin. 2018. (ENG., Illus.). 388p. (J). 31.90 (978-0-332-43243-4(2)) Forgotten Bks.

Flight of Livi Starling. Karen Rosario Ingerslev. 2016. (Livi Starling Ser.: Vol. 4). (ENG., Illus.). 263p. (YA). (gr. 7-12). pap. (978-0-9934327-6-7(X)) Pure and Fire.

Flight of Mr. Finch. Thomas Baas. 2018. (ENG., Illus.). 40p. (J). 17.99 (978-1-84976-590-9(1), 1325301) Tate Publishing, Ltd. GBR. Dist: Hachette Bk. Group, Abrams, Inc.

Flight of Pony Baker: A Boy's Town Story. W. D. Howells. 2017. (ENG., Illus.). (J). 22.95 (978-1-374-86712-3(8)); pap. 12.95 (978-1-374-86711-6(X)) Capital Communications, Inc.

Flight of Pony Baker: A Boy's Town Story. W. D. Howells. 2017. (ENG., Illus.). (J). pap. (978-0-649-31927-5(3)) Trieste Publishing Pty Ltd.

Flight of Pony Baker: A Boy's Town Story (Classic Reprint) W. D. Howells. 2017. (ENG., Illus.). (J). 29.03 (978-1-5282-8384-7(8)) Forgotten Bks.

Flight of Rosy Dawn (Classic Reprint) Pauline Bradford MacKie. 2018. (ENG., Illus.). (J). 114p. 26.25

678 The check digit for ISBN-10 appears in parentheses after the full ISBN-13

(978-1-396-56104-7(8)); 116p. pap. 9.57 *(978-1-391-59333-3(2))* Forgotten Bks.

Flight of Swans. Sarah McGuire. 2018. (ENG.). 448p. (J). (gr. 4-8). 18.99 *(978-1-5124-4027-0(2)*, 9fb6e720-cb31-4131-933c-4199722cb62f, Carolrhoda Bks.) Lerner Publishing Group.

Flight of the Angel. N. L. McFarlane. 2020. (ENG.). 174p. (YA). *(978-1-5289-7760-9(2))*; pap. *(978-1-5289-7759-3(9))* Austin Macauley Pubs. Ltd.

Flight of the Bluebird (the Unintentional Adventures of the Bland Sisters Book 3) Kara LaReau. Illus. by Jen Hill. (Unintentional Adventures of the Bland Sisters Ser.). (ENG.). (J). (gr. 3-7). 2020. 176p. pap. 7.99 *(978-1-4197-4349-8(X)*, 1139503); 2019. 224p. 14.99 *(978-1-4197-3144-0(0)*, 1139501) Abrams, Inc. (Amulet Bks.).

Flight of the Bumblebee. Huang Beijia. Tr. by Nicky Harman. 2022. (ENG.). 380p. (YA). pap. ***(978-1-913891-34-3(8))*** Balestier Pr.

Flight of the Dragon (the Chronicles of Dragon, Series 2, Book 5) Craig Halloran. 2016. (ENG., Illus.). 224p. (J). pap. 9.99 *(978-1-941208-76-2(2))* Two-Ten Bk. Pr., Inc.

Flight of the Eagle (Classic Reprint) Standish O'Grady. 2017. (ENG., Illus.). (J). 30.25 *(978-0-331-34280-2(4))* Forgotten Bks.

Flight of the Falcon. Michael Moreci. 2019. (Star Wars Graphics Ser.). (ENG.). 80p. (J). (gr. 4-5). 21.96 *(978-0-87617-920-8(0))* Penworthy Co., LLC, The.

Flight of the Flower. Krista Wilson. 2022. (ENG.). 40p. (J). pap. *(978-1-83934-322-3(2))*; ***(978-1-83934-324-7(9))*** Olympia Publishers.

Flight of the Grizzly. Fabian Gregoire. 2017. (ENG., Illus.). 48p. (J). (gr. 3-6). 18.95 *(978-1-77085-996-8(9)*, b9377979-097c-4da1-9de4-49d95e4beb2f) Firefly Bks., Ltd.

Flight of the King. C. R. Grey. 2016. (Animas Ser.: 2). (ENG.). 320p. (J). (gr. 3-7). pap. 7.99 *(978-1-4231-8467-6(X))* Hyperion Bks. for Children.

Flight of the Moon Dragon, 6. Tracey West. 2016. (Branches: Dragon Masters Ser.). (ENG.). 96p. (gr. 1-4). 17.44 *(978-1-4844-9296-3(X))* Scholastic, Inc.

Flight of the Moon Dragon. Tracey West. Illus. by Damien Jones. ed. 2016. (Dragon Masters Ser.: bk.6). (ENG.). 96p. (J). (gr. 1-3). 14.75 *(978-0-606-39155-9(X))* Turtleback.

Flight of the Moon Dragon: a Branches Book (Dragon Masters #6) Tracey West. Illus. by Damien Jones. 2016. (Dragon Masters Ser.: 6). (ENG.). 96p. (J). (gr. 1-3). pap. 4.99 *(978-0-545-91392-8(6))* Scholastic, Inc.

Flight of the Moose King. S. a M Oo. 2020. (ENG.). 46p. (J). pap. *(978-1-83875-060-2(6)*, Nightingale Books) Pegasus Elliot Mackenzie Pubs.

Flight of the Princess: And Other Pieces (Classic Reprint) Robert Louis Stevenson. 2018. (ENG., Illus.). (J). 110p. 26.19 *(978-0-267-16059-4(3))*; 112p. pap. 9.57 *(978-0-267-15874-4(2))* Forgotten Bks.

Flight of the Puffin. Ann Braden. (Illus.). (J). (gr. 5-9). 2022. 256p. 8.99 *(978-1-9848-1608-5(X))*; 2021. 240p. 17.99 *(978-1-9848-1606-1(3))* Penguin Young Readers Group. (Nancy Paulsen Books).

Flight of the Shadow (Classic Reprint) George MacDonald. 2018. (ENG., Illus.). 308p. (J). 30.25 *(978-0-483-62738-3(0))* Forgotten Bks.

Flight of the SkyCricket: Relics of Errus, Volume 1. Jeremy Gordon Grinnell & Gordon Greenhill. Ed. by David Lambert. Illus. by Liesbeth De Cocker. 2019. (ENG.). 304p. (YA). (gr. 1-8). pap. 14.99 *(978-0-9996795-1-7(1)*, 168756) Brookstone Publishing Group.

Flight of the Starling: A Fairy Tale. Ella Arrow. 2019. (ENG.). 192p. (J). (gr. 4-6). pap. 11.99 *(978-1-0878-0895-6(2))* Indy Pub.

Flight of the Tooth Fairy. Jaren Ahlmann. Illus. by Matt Gaser. 2022. (ENG.). 32p. (J). (gr. -1-3). 17.95 *(978-1-951412-75-3(3))* Collective Bk. Studio, The.

Flight of the Vulture. Jim Corrigan. Illus. by Kev Hopgood. 2021. (Invisible Six Ser.). (ENG.). 112p. (J). (gr. 4-9). lib. bdg. 38.50 *(978-1-0982-3046-3(9)*, 37709, Claw) ABDO Publishing Co.

Flight of the Vulture. Jim Corrigan. Illus. by Kev Hopgood. 2021. (Invisible Six Ser.). (ENG.). 112p. (J). (gr. 5-5). pap. 11.95 *(978-1-64494-577-3(0))* North Star Editions.

Flight of the Zoris. Pamela Huntley Turner. Illus. by Melanie Calan Sanchez. 2022. (ENG.). 46p. (J). 24.99 ***(978-1-59713-244-2(6))*** Goose River Pr.

Flight Plan. Eric Walters. 2023. (ENG., Illus.). 320p. (YA). (gr. 8-12). pap. 16.95 ***(978-1-4598-3511-5(5))*** Orca Bk. Pubs. USA.

Flight Risk: A Novel. Jennifer Fenn. 2017. (ENG.). 384p. (YA). 21.99 *(978-1-62672-760-1(0)*, 900172860) Roaring Brook Pr.

Flight School. Lita Judge. Illus. by Lita Judge. 2019. (Flight School Ser.). (ENG., Illus.). 36p. (J). (gr. -1-k). bds. 8.99 *(978-1-5344-4481-2(5)*, Little Simon) Little Simon.

Flight School: From Paper Planes to Flying Fish, More Than 20 Models to Make & Fly. Mike Barfield. 2020. (ENG., Illus.). 80p. (J). (gr. 4-6). pap. 16.99 *(978-1-78055-585-0(7)*, Buster Bks.) O'Mara, Michael Bks., Ltd. GBR. Dist: Independent Pubs. Group.

Flight Squads. Emily Schlesinger. 2019. (White Lightning Nonfiction Ser.). (ENG., Illus.). 64p. (J). (gr. 6-8). pap. 11.95 *(978-1-68021-691-2(0))* Saddleback Educational Publishing, Inc.

Flight to America, or Ten Hours in New York! A Drama, in Three Acts (Classic Reprint) William Leman Rede. (ENG., Illus.). (J). 2018. 58p. 25.11 *(978-0-484-14724-8(2))*; 2016. pap. 9.57 *(978-1-334-11896-8(5))* Forgotten Bks.

Flight to Eden: A Florida Romance (Classic Reprint) Harrison Rhodes. 2017. (ENG., Illus.). (J). 30.58 *(978-0-260-51499-8(3))* Forgotten Bks.

Flight to Riches. Ann Stronach. 2018. (ENG., Illus.). 96p. (J). pap. *(978-1-907527-35-7(4))* Blue Ocean Publishing.

Flight Without Formulae: Simple Discussions on the Mechanics of the Aeroplane. Emile Auguste Duchene. 2017. (ENG., Illus.). (J). pap. *(978-0-649-58496-3(1))* Trieste Publishing Pty Ltd.

Flightless Birds: Leveled Reader Turquoise Level 18. Rg Rg. 2016. (PM Ser.). (ENG.). 16p. (J). (gr. 2). pap. 11.00 *(978-0-544-89184-5(8))* Rigby Education.

Flights of Fancy: Creative Inspiration from Ten Award-Winning Authors & Illustrators. 2019. (ENG., Illus.). 80p. (J). (gr. 3-7). 19.99 *(978-1-5362-0536-7(2))* Candlewick Pr.

Flights of Fancy: Monkey & Robot. Peter Catalanotto. Illus. by Peter Catalanotto. 2022. (Monkey & Robot Ser.). (ENG., Illus.). 66p. (J). (gr. 1-4). 17.99 *(978-1-954354-04-3(5)*, 1f567981-d56e-4466-92e4-5ef5fa6f9486) Creston Bks.

Flights of Fancy (Classic Reprint) Ella Rodman. 2018. (ENG., Illus.). 336p. (J). 30.83 *(978-0-483-89667-3(5))* Forgotten Bks.

Flights of Floral Fancy Coloring Book. Jupiter Kids. 2016. (ENG., Illus.). 106p. (J). pap. 12.55 *(978-1-68326-361-6(8)*, Jupiter Kids (Childrens & Kids Fiction)) Speedy Publishing LLC.

Flim-Flams, Vol. 3 Of 3: Or, the Life & Errors of My Uncle, & the Amours of My Aunt (Classic Reprint) Unknown Author. 2018. (ENG., Illus.). 340p. (J). 30.93 *(978-0-428-90413-5(0))* Forgotten Bks.

Flinch: Book 1. Karen E. Barnett. 2017. (Flinch Ser.: Vol. 1). (ENG., Illus.). 336p. (YA). pap. *(978-1-9997780-3-3(0))* Barnett, Karen E.

Fling. John R. Erickson. Illus. by Gerald L. Holmes. 2017. (Hank the Cowdog Ser.: Vol. 38). (ENG.). 126p. (J). (gr. 3-6). 15.99 *(978-1-59188-238-1(9))* Maverick Bks., Inc.

Flint. Maud Wilder Goodwin. 2016. (ENG., Illus.). (J). pap. *(978-3-7428-9432-8(3))* Creation Pubs.

Flint: His Faults His Friendships & His Fortunes. Maud Wilder Goodwin. 2017. (ENG., Illus.). (J). pap. 14.95 *(978-1-374-86431-3(5))* Capital Communications, Inc.

Flint: His Faults, His Friendships & His Fortunes (Classic Reprint) Maud Wilder Goodwin. 2018. (ENG., Illus.). 378p. (J). 31.69 *(978-0-483-27116-6(0))* Forgotten Bks.

Flint Chipper (Classic Reprint) Thames Williamson. 2018. (ENG., Illus.). (J). 372p. 31.57 *(978-1-396-57444-3(1))*; 374p. pap. 13.97 *(978-1-391-68296-9(3))* Forgotten Bks.

Flint Heart. Katherine Paterson & John Paterson. Illus. by John Rocco. 2018. (ENG.). 288p. (J). (gr. 2-5). pap. 7.99 *(978-1-5362-0371-4(8))* Candlewick Pr.

Flint Heart: A Fairy Story (Classic Reprint) Eden Phillpotts. (ENG., Illus.). (J). 2017. 31.53 *(978-0-331-74256-5(X))*; 2016. pap. 13.97 *(978-1-334-27751-1(6))* Forgotten Bks.

Flint Holds Fire, Level D. Andre W. Carus. Incl. Great Beginnings. 1982. pap., wbk. ed. *(978-0-89688-292-8(6)*, 88-292); Headway Level D Real Phonics Workbook A. *(978-0-89688-294-2(2)*, 88-294); Level D. tchr.'s training gde. ed. *(978-0-89688-456-4(2)*, 88-456); Level D. pap., wbk. ed. *(978-0-89688-462-5(7)*, 88-462); Level D. suppl. ed. *(978-0-89688-468-7(6)*, 88-468); Level D. suppl. ed. (J). (gr. 2-6). *(978-0-89688-451-9(1)*, 88-451) Open Court Publishing Co.

Flint Water Crisis. Julie Knutson. 2021. (21st Century Skills Library: Unnatural Disasters: Human Error, Design Flaws, & Bad Decisions Ser.). (ENG., Illus.). 32p. (J). (gr. 3-6). lib. bdg. 32.07 *(978-1-5341-8020-8(6)*, 218360) Cherry Lake Publishing.

Flintstones Explain Simple Machines. Mark Weakland. 2016. (Flintstones Explain Simple Machines Ser.). (ENG., Illus.). 24p. (J). (gr. k-2). 179.94 *(978-1-4914-8485-2(3)*, 24127) Capstone.

Flip-A-Feather. Sara Ball. 2020. (ENG., Illus.). 22p. (J). (gr. -1-3). bds. 17.95 *(978-0-7892-1382-2(6)*, 791382, Abbeville Kids) Abbeville Pr., Inc.

Flip & Fin: Super Sharks to the Rescue! Timothy Gill. 2016. (ENG., Illus.). 32p. (J). (gr. -1-3). 15.99 *(978-0-06-224301-0(2)*, Greenwillow Bks.) HarperCollins Pubs.

Flip & Flop. Leslie Pearson. 2019. (Flip & Flop Ser.: Vol. 1). (ENG., Illus.). 24p. (J). 22.95 *(978-1-64471-806-3(5))*; pap. 12.95 *(978-1-64471-805-6(7))* Covenant Bks.

Flip & Found at Blazing Star. Bret Harte & Robert B. Honeyman. 2017. (ENG.). 204p. (J). pap. *(978-3-337-02365-2(7))* Creation Pubs.

Flip & Found at Blazing Star (Classic Reprint) Bret Harte. 2018. (ENG., Illus.). 204p. (J). 28.10 *(978-0-365-28134-4(4))* Forgotten Bks.

Flip! Beyond the Horizon. Trevor Stubbs. 2019. (Flip! Ser.: Vol. 2). (ENG., Illus.). 254p. (YA). (gr. 7-11). pap. ***(978-0-9550100-3-3(9))*** Listening People, The.

Flip Flam Flea. Tracee Jones. 2022. (ENG.). 40p. (J). pap. 14.95 ***(978-1-0880-7343-8(3))*** Honeydrop Kids Club.

Flip-Flap: The Great Oojah (Classic Reprint) Flo Lancaster. (ENG., Illus.). (J). 2018. 100p. 25.96 *(978-0-365-42255-6(X))*; 2017. pap. 9.57 *(978-0-259-49306-8(6))* Forgotten Bks.

Flip Flap Dinosaurios. Axel Scheffler. 2022. (SPA.). 24p. (J). (gr. -1-k). pap. 15.95 *(978-607-557-125-6(6))* Editorial Oceano de Mexico MEX. Dist: Independent Pubs. Group.

Flip Flap Dinosaurs. Illus. by Axel Scheffler. 2019. (Flip Flap Bks.). (ENG.). 28p. (J). (gr. -1-2). 12.99 *(978-1-5362-0826-9(4))* Candlewick Pr.

Flip Flap Dogs. Illus. by Nikki Dyson. 2018. (Flip Flap Bks.). (ENG.). 28p. (J). (gr. -1-2). 12.99 *(978-1-5362-0258-8(4))* Candlewick Pr.

Flip Flap Fables, a Bunch of Twenty Seven Tales: Concerning Animals of Various Kinds from Which May He Deducted Many Morals (Classic Reprint) Frank Eugene Kellogg. 2018. (ENG., Illus.). 110p. (J). 26.17 *(978-0-483-64084-9(0))* Forgotten Bks.

Flip Flap Find! Farm: Lift the Flaps! Who's Hiding on the Farm? DK. 2022. (Flip Flap Find Ser.). (ENG.). 20p. (J). (— 1). bds. 9.99 *(978-0-7440-4991-6(1)*, DK Children) Dorling Kindersley Publishing, Inc.

Flip Flap Find into the Woods. DK. 2021. (Flip Flap Find Ser.). (ENG., Illus.). 24p. (J). (— 1). bds. 9.99 *(978-0-7440-2656-6(3)*, DK Children) Dorling Kindersley Publishing, Inc.

Flip Flap Find! Night-Time Animals: Lift the Flaps. Find the Animals Awake at Night! DK. 2021. (Flip Flap Find Ser.). (ENG., Illus.). 20p. (J). (— 1). bds. 9.99 *(978-0-7440-3492-9(2)*, DK Children) Dorling Kindersley Publishing, Inc.

Flip-Flap Friends: Mermicorns. Illus. by Richard Merritt. 2019. (ENG.). 12p. (J). (gr. -1-k). bds. 6.99 *(978-1-68412-957-7(5)*, Silver Dolphin Bks.) Printers Row Publishing Group.

Flip Flap Jungla. Axel Scheffler. 2022. (SPA.). 24p. (J). (gr. -1-k). pap. 14.50 *(978-607-557-126-3(4))* Editorial Oceano de Mexico MEX. Dist: Independent Pubs. Group.

Flip Flap Ocean. Nosy Crow. Illus. by Axel Scheffler. 2018. (Flip Flap Bks.). (ENG.). 28p. (J). (gr. -1-2). 11.99 *(978-0-7636-9942-0(X)*, Nosy Crow) Candlewick Pr.

Flip Flap Snap! Dinosaurs. Illus. by Carmen Saldaña. 2021. (Flip Flap Snap! Ser.). (ENG.). 10p. (J). (gr. -1-k). bds. 12.99 *(978-1-4197-5081-6(X)*, 1715910) Abrams, Inc.

Flip Flap Snap! Farm. Illus. by Carmen Saldaña. 2021. (Flip Flap Snap! Ser.). (ENG.). 10p. (J). (gr. -1-k). bds. 12.99 *(978-1-4197-5082-3(8)*, 1716007, Abrams Appleseed) Abrams, Inc.

Flip Flap Try ... a Cardinal's Journey. Janet L. Kassalen. Ed. by M. Colleen Wietmarschen. 2019. (ENG., Illus.). 44p. (J). (gr. k-6). pap. 14.99 *(978-0-9989801-2-6(9))* Morrow Circle Publishing, LLC.

Flip Flap Try ... a Cardinal's Journey. Janet L. Kassalen. 2017. (ENG., Illus.). (J). (gr. -1-3). 16.99 *(978-0-9989801-0-2(2))* Morrow Circle Publishing, LLC.

Flip, Float, Fly: Seeds on the Move. JoAnn Early Macken. Illus. by Pam Paparone. 2016. (ENG.). 32p. (J). (gr. 1-4). 8.99 *(978-0-8234-3758-0(2))* Holiday Hse., Inc.

Flip Flop Goes Home. S. J. Mortimer. 2016. (ENG., Illus.). (J). pap. 9.99 *(978-1-4984-9480-9(3))* Salem Author Services.

Flip! How the Frisbee Took Flight. Margaret Muirhead. Illus. by Adam Gustavson. 2021. 32p. (J). (gr. -1-3). lib. bdg. 17.99 *(978-1-58089-880-5(7))* Charlesbridge Publishing, Inc.

Flip! on the Edge. Trevor Stubbs. 2019. (Flip! Ser.: Vol. 1). (ENG., Illus.). 248p. (YA). (gr. 7-11). pap. *(978-0-9550100-1-9(2))* Listening People, The.

Flip Side. Shreya Gupta. 2022. (ENG.). 40p. (J). *(978-0-2288-6401-1(1))*; pap. *(978-0-2288-6400-4(3))* Tellwell Talent.

Flip Side. Shawn Johnson. 2016. (ENG., Illus.). 320p. (YA). (gr. 7). 17.99 *(978-1-4814-6021-7(8)*, Simon & Schuster Bks. For Young Readers) Simon & Schuster Bks. For Young Readers.

Flip the Bird. Kym Brunner. 2018. (ENG.). 368p. (YA). (gr. 7). pap. 8.99 *(978-1-328-90104-0(1)*, 1700160, Clarion Bks.) HarperCollins Pubs.

Flip the Bird. Kym Brunner. ed. 2018. lib. bdg. 19.65 *(978-0-606-40997-1(1))* Turtleback.

Flip! the Daisychain. Trevor Noel Stubbs. 2019. (Flip! Ser.: Vol. 3). (ENG., Illus.). 240p. (YA). (gr. 7-12). pap. *(978-0-9550100-5-7(5))* Listening People, The.

Flip the Script. Lyla Lee. (ENG.). 304p. (YA). (gr. 8). 2023. pap. 15.99 ***(978-0-06-293695-0(6))***; 2022. 17.99 *(978-0-06-293693-6(X))* HarperCollins Pubs. (Tegen, Katherine Bks).

Flip the Silver Switch. Jackie Yeager. (Crimson Five Ser.: 2). (ENG., Illus.). 296p. (J). (gr. 4-7). 2019. pap. 14.99 *(978-1-948705-33-2(8))*; 2018. 15.99 *(978-1-944995-69-0(2))* Amberjack Publishing Co.

Flip, the Tree Frog. Illus. by Jeff Crowther. 2016. (Engage Literacy Orange - Extension A Ser.). (ENG.). 16p. (J). pap. 36.94 *(978-1-5157-5054-3(X)*, 175794, Capstone Pr.) Capstone.

Flip Turns. Catherine Arguelles. 2022. (ENG.). 240p. (J). (gr. 3-7). pap. 14.99 *(978-1-63163-635-6(9)*, Jolly Fish Pr.) North Star Editions.

Flipbook Horror Gremlins. Yann Tzorken. 2022. (ENG.). 90p. (J). pap. 12.57 ***(978-1-4716-6793-0(6))*** Lulu Pr., Inc.

Flipbook Horror Krampus. Yann Tzorken. 2022. (ENG.). 68p. (YA). pap. ***(978-1-4709-4409-4(X))*** Lulu Pr., Inc.

Flipbook Horror the Mummy. Yann Tzorken. 2022. (ENG.). 52p. (YA). pap. 9.75 *(978-1-4716-6731-2(6))* Lulu Pr., Inc.

Flipbook Horror Zombie Miam. Yann Tzorken. 2022. (ENG.). 62p. (YA). pap. *(978-1-4716-5258-5(0))* Lulu Pr., Inc.

Flipflopi: How a Boat Made from Flip-Flops Is Helping to Save the Ocean. Linda Ravin Lodding & Dipesh Pabari. Illus. by Michael Machira Mwangi. 2023. 40p. (J). 19.99 *(978-1-5064-8640-6(1)*, Beaming Books) 1517 Media.

Flipper & Dipper in the Royal Wedding. Wendy S. Morton. Illus. by Wendy S. Morton. 2018. (ENG., Illus.). 34p. (J). pap. 9.95 *(978-0-9704379-5-2(1)*, Social Motion Publishing) Social Motion Publishing.

Flippers & Fins: Technology Inspired by Animals. Tessa Miller. 2018. (Animal Tech Ser.). (ENG., Illus.). 48p. (J). (gr. 5-8). lib. bdg. 27.99 *(978-1-62920-737-7(3)*, 85d4faaf-f64b-4c45-886d-8436f416e47d) Full Tilt Pr. NZL. Dist: Lerner Publishing Group.

Flippers, Claws & Paws: With Touch & Feel Trails & Lift-The-Flaps. IglooBooks. Illus. by Andy Passchier. 2020. (ENG.). 10p. (J). (— 1). bds. 10.99 *(978-1-83852-857-7(1))* Igloo Bks. GBR. Dist: Simon & Schuster, Inc.

Flippin' Awesome: Water Bottle Flip Games, Tricks & Stunts for Everyone! Sarah Doughty. 2016. (ENG., Illus.). 64p. (J). (gr. 4-4). pap. 14.99 *(978-1-63158-169-4(4)*, Racehorse Publishing) Skyhorse Publishing Co., Inc.

Flippin Fly & the Zoo Animal Alphabet: Educational Story & Colouring Book for Children. Jean Shaw. 2016. (ENG., Illus.). (J). pap. *(978-0-9557736-7-9(9))* Simply Me LLC.

Flippin' Skaters. Teresa Richards. 2023. (ENG.). 332p. (YA). pap. ***(978-0-3695-0792-1(4))*** Evernight Publishing.

Flipping Forward Twisting Backward. Alma Fullerton. Illus. by Sarah Mensinga. 144p. (J). (gr. 3-7). 2023. pap. 8.99 ***(978-1-68263-560-5(0))***; 2022. 16.99 *(978-1-68263-366-3(7))* Peachtree Publishing Co. Inc.

Flipping Out! Cool Dolphin Tricks Coloring Book. Creative Playbooks. 2016. (ENG., Illus.). (J). pap. 7.74 *(978-1-68323-759-4(5))* Twin Flame Productions.

Flipping Out for Pancakes. Julie Knutson. 2021. (21st Century Skills Library: the Dish on the Dish: a History of Your Favorite Foods Ser.). (ENG., Illus.). 32p. (J). (gr. 4-7). pap. 14.21 *(978-1-5341-8871-6(1)*, 219195); lib. bdg. 32.07 *(978-1-5341-8731-3(6)*, 219194) Cherry Lake Publishing.

Flippity Fluppity Flop. Mike Johnson. (ENG., Illus.). (J). 2021. 174p. pap. *(978-1-9911519-0-2(X))*; 2020. 94p. pap. *(978-0-9951282-7-9(8))* Lasavia Publishing Ltd.

Flipside of Perfect. Liz Reinhardt. 2021. (ENG.). 432p. (YA). 19.99 *(978-1-335-47044-7(1))* Harlequin Enterprises ULC CAN. Dist: HarperCollins Pubs.

Flirt (Classic Reprint) Booth Tarkington. 2017. (ENG., Illus.). (J). 32.37 *(978-0-331-33573-6(5))* Forgotten Bks.

Flirtation, & What Comes of It: A Comedy in Five Acts (Classic Reprint) Frank Boott Goodrich. (ENG., Illus.). (J). 2018. 98p. 25.92 *(978-0-666-94556-3(X))*; 2017. pap. 9.57 *(978-0-259-30937-6(0))* Forgotten Bks.

Flirtation, Vol. 1 Of 3: A Novel (Classic Reprint) Charlotte Campbell Bury. (ENG., Illus.). (J). 2018. 304p. 30.19 *(978-0-267-53463-0(9))*; 2016. pap. 13.57 *(978-1-333-26039-2(3))* Forgotten Bks.

Flirtatious Jones in Trouble in Paradise. Nicholas Page. 2023. (ENG.). 270p. (YA). pap. 20.95 ***(978-1-63784-109-9(4))*** Hawes & Jenkins Publishing, Inc.

Flirting with Death's Grace. B. B. Swann. 2022. (ENG.). 330p. (YA). pap. 17.99 *(978-1-5092-4416-4(6))* Wild Rose Pr., Inc., The.

Flirting with Fate. J. C. Cervantes. 2022. 384p. (YA). (gr. 7). 18.99 *(978-0-593-40445-4(9)*, Razorbill) Penguin Young Readers Group.

Flirtlehre - Farbdruck. Jan Deichmohle. 2020. (GER.). 218p. (YA). pap. 21.00 *(978-0-244-87849-8(8))* Lulu Pr., Inc.

Flirts & Flirts, or a Season at Ryde, Vol. 1 of 2 (Classic Reprint) Unknown Author. (ENG., Illus.). (J). 2018. 314p. 30.37 *(978-0-483-66567-5(3))*; 2016. pap. 13.57 *(978-1-333-32818-4(4))* Forgotten Bks.

Flirts & Flirts, or a Season at Ryde, Vol. 2 of 2 (Classic Reprint) Unknown Author. (ENG., Illus.). (J). 2018. 306p. 30.21 *(978-0-267-38280-4(4))*; 2016. pap. 13.57 *(978-1-334-15250-4(0))* Forgotten Bks.

Flit & Flutter By. Zozo Thomas. 2023. (Tales from Mulberry Garden Ser.: Vol. 4). (ENG.). 52p. (J). pap. ***(978-1-7397230-6-4(6))*** Forward Thinking Publishing.

Flitch of Bacon: Or the Custom of Dunmow; a Tale of English Home (Classic Reprint) William Harrison Ainsworth. 2017. (ENG., Illus.). (J). 31.05 *(978-0-331-64679-5(X))* Forgotten Bks.

Flitters, Tatters, & the Counsellor: And Other Sketches (Classic Reprint) May Laffan. 2017. (ENG., Illus.). (J). 368p. 31.49 *(978-0-332-12846-7(6))*; pap. 13.97 *(978-1-5276-9777-5(0))* Forgotten Bks.

Float. Kate Marchant. 2022. (ENG.). 376p. (YA). pap. 11.99 *(978-1-989365-97-7(3)*, 900252255) Wattpad Bks. CAN. Dist: Macmillan.

Float. Laura Martin. (Float Ser.: 1). (ENG.). (J). (gr. 3-7). 2019. 368p. pap. 7.99 *(978-0-06-280378-8(6))*; 2018. 352p. 16.99 *(978-0-06-280376-4(X))* HarperCollins Pubs. (HarperCollins).

Float Alongs: Tiny Tugboats. Created by Melissa & Doug. 2019. (ENG.). (J). 9.99 *(978-1-950013-44-9(8))* Melissa & Doug, LLC.

Float, Flutter. Marilyn Singer. ed. 2019. (Ready-To-Read Ser.). (ENG.). 32p. (J). (gr. k-1). 13.96 *(978-0-87617-994-9(4))* Penworthy Co., LLC, The.

Float, Flutter: Ready-To-Read Pre-Level 1. Marilyn Singer. Illus. by Kathryn Durst. 2019. (Ready-To-Read Ser.). (ENG.). 32p. (J). (gr. -1-k). pap. 4.99 *(978-1-5344-2129-5(7)*, Simon Spotlight) Simon Spotlight.

Float Like a Butterfly. Ntozake Shange. Illus. by Edel Rodriguez. 2017. (ENG.). 40p. (J). (gr. -1-3). 17.99 *(978-1-368-00827-3(5))* Little, Brown Bks. for Young Readers.

Floating a Paper Clip. Brooke Rowe. Illus. by Jeff Bane. 2016. (My Early Library: My Science Fun Ser.). (ENG.). 24p. (J). (gr. k-1). 30.64 *(978-1-63471-032-9(0)*, 208208) Cherry Lake Publishing.

Floating & Disappearing Magic to Enchant & Excite. Jessica Rusick. 2019. (Super Simple Magic & Illusions Ser.). (ENG.). 32p. (J). (gr. k-4). lib. bdg. 34.21 *(978-1-5321-9158-9(8)*, 33574, Super SandCastle) ABDO Publishing Co.

Floating Eye #3. Clancy Teitelbaum. 2016. (ENG., Illus.). (YA). (gr. 8-12). pap. 12.99 *(978-1-68076-654-7(6)*, Epic Pr.) ABDO Publishing Co.

Floating Fancies: Among the Weird & the Occult (Classic Reprint) Clara H. Holmes. 2018. (ENG., Illus.). 254p. (J). 29.14 *(978-0-483-71127-3(6))* Forgotten Bks.

Floating Field: How a Group of Thai Boys Built Their Own Soccer Field. Scott Riley. Illus. by Kim Lien & Nguyen Quang. 2021. (ENG.). 40p. (J). (gr. 2-5). 19.99 *(978-1-5415-7915-6(1)*, d78ce96f-61d9-4797-b896-29824be9393c, Millbrook Pr.) Lerner Publishing Group.

Floating Forest, 2. Linda Chapman. ed. 2022. (Mermaids Rock Ser.). (ENG., Illus.). 126p. (J). (gr. 2-3). 19.46 *(978-1-68505-146-4(4))* Penworthy Co., LLC, The.

Floating Forest. Linda Chapman. Illus. by Mirelle Ortega. 2021. (Mermaids Rock Ser.: 2). (ENG.). 160p. (J). (gr. 1-4). pap. 6.99 *(978-1-68010-490-5(X))* Tiger Tales.

Floating Leaves (Classic Reprint) Lucia Fidelia Woolley Gillette. 2017. (ENG., Illus.). (J). 25.05 *(978-0-331-93754-1(9))* Forgotten Bks.

Floating Point. Darusha Wehm. 2016. (ENG., Illus.). 126p. (J). pap. *(978-0-9941332-7-4(8))* Wehm, Darusha.

Floating Prince & Other Fairy Tales (Classic Reprint) Frank Richard Stockton. 2017. (ENG., Illus.). (J). 28.60 *(978-0-265-15971-2(7))* Forgotten Bks.

Floating Restaurant. John Patience. Illus. by John Patience. 2022. (ENG.). 26p. (J). *(978-1-7398518-3-5(8))* Talewater Pr.

Floating Skeletons (XBooks) A Small Town Is Awash in Bones. Danielle Denega. 2020. (Xbooks Ser.). (ENG., Illus.). 48p. (J). (gr. 3-8). pap. 6.95 *(978-0-531-13259-3(5)*, Children's Pr.) Scholastic Library Publishing.

Floating Skeletons (XBooks) (Library Edition) A Small Town Is Awash in Bones. Danielle Denega. 2020. (Xbooks Ser.). (ENG., Illus.). 48p. (J). (gr. 3-8). lib. bdg. 29.00 *(978-0-531-13170-1(X)*, Children's Pr.) Scholastic Library Publishing.

Floating Zoo (Best in State) Jonathan Molengraf. 2016. (ENG., Illus.). (J). pap. 19.95 *(978-1-63508-395-8(8))* America Star Bks.

Flock. Sara Cassidy. Illus. by Geraldo Valério. 2022. 32p. (J). (gr. -1-1). 18.99 *(978-1-77306-440-6(1))* Groundwood Bks. CAN. Dist: Publishers Group West (PGW).

Flock. Margarita Del mazo. Illus. by Raúl Guridi. 2019. (ENG.). 36p. (J). (gr. -1-k). 17.95 *(978-84-16566-83-9(6))* Ediciones La Fragatina ESP. Dist: Independent Pubs. Group.

Flock (Classic Reprint) Mary Austin. 2017. (ENG., Illus.). (J). 29.59 *(978-0-265-23909-4(5))* Forgotten Bks.

F

Flock of Girls & Boys. Nora Perry. 2017. (ENG., Illus.). (J). 24.95 *(978-1-374-89204-0(1))*; pap. 14.95 *(978-1-374-89203-3(3))* Capital Communications, Inc.

Flock of Girls & Boys (Classic Reprint) Nora Perry. (ENG., Illus.). (J). 2018. 352p. 31.18 *(978-0-656-65513-7(5))*; 2017. pap. 13.57 *(978-0-259-17250-5(2))* Forgotten Bks.

Flock of Girls, & Their Friends (Classic Reprint) Nora Perry. (ENG., Illus.). (J). 2018. 302p. 30.15 *(978-0-483-68689-2(1))*; 2016. pap. 13.57 *(978-1-334-14536-0(9))* Forgotten Bks.

Flocked. John Hesler. 2023. (ENG.). 60p. (J). pap. ***(978-1-914498-01-5(1))*** Clink Street Publishing.

Flockmaster of Poison Creek (Classic Reprint) George Washington Ogden. 2017. (ENG., Illus.). (J). 30.52 *(978-0-265-72119-3(9))*; pap. 13.57 *(978-1-5276-7792-0(3))* Forgotten Bks.

Flocons de Neige: Livre Coloriage Pour Enfants. Bold Illustrations. 2017. (FRE., Illus.). (J). pap. 8.35 *(978-1-64193-061-1(6)*, Bold Illustrations) FASTLANE LLC.

Floga with Flossie. Jude Lennon. Illus. by Holly Bushnell. 2022. (ENG.). 26p. (J). pap. *(978-1-9997959-9-3(7))* Little Lamb Publishing.

Flomper & the Flyaway Fairies. 2017. (ENG., Illus.). 176p. (J). 9.00 *(978-1-78270-144-6(3))* Award Pubns. Ltd. GBR. Dist: Parkwest Pubns., Inc.

Flood. Ronald A. Beers & V. Gilbert Beers. 2019. (ENG., Illus.). 42p. (J). pap. 9.99 *(978-0-7396-0422-9(8))* Inspired Studios Inc.

Flood. Kelly E. Bird. 2022. (ENG., Illus.). 26p. (J). pap. 14.95 *(978-1-63844-209-7(6))* Christian Faith Publishing.

Flood! Elizabeth Raum. 2016. (Natural Disasters Ser.). (ENG., Illus.). 32p. (J). (gr. k-3). 20.95 *(978-1-60753-990-2(X))* Amicus Learning.

Flood: Leveled Reader Green Fiction Level 14 Grade 1-2. Hmh Hmh. 2019. (Rigby PM Ser.). (ENG.). 16p. (J). (gr. 1-2). pap. 11.00 *(978-0-358-12079-7(9))* Houghton Mifflin Harcourt Publishing Co.

Flood-A-Geddon! James Burks. ed. 2023. (Agent 9 Ser.). (ENG.). 188p. (J). (gr. 3-7). 26.96 ***(978-1-68505-851-7(5))*** Penworthy Co., LLC, The.

Flood City. Daniel José Older. 2021. (ENG.). 336p. (J). (gr. 3-7). 17.99 *(978-1-338-11112-5(4)*, Scholastic Pr.) Scholastic, Inc.

Flood (Classic Reprint) Emile Zola. 2018. (ENG., Illus.). 66p. (J). 25.28 *(978-0-364-45639-2(6))* Forgotten Bks.

Flood Fiddles & Fantasies. John Parke. 2018. (ENG.). 38p. (J). pap. *(978-0-244-71373-7(1))* Lulu Pr., Inc.

Flood Field & Forest (Classic Reprint) George Rooper. 2018. (ENG., Illus.). 422p. (J). 32.60 *(978-0-483-24226-5(8))* Forgotten Bks.

Flood in the Village. Alison McLennan. Illus. by Anton Syadrov. 2021. (ENG.). 30p. (J). pap. *(978-1-922550-31-6(0))* Library For All Limited.

Flood of Kindness. Ellen Leventhal. Illus. by Blythe Russo. 2021. (ENG.). 32p. (J). (gr. -1-3). 17.99 *(978-1-5460-3458-2(7)*, Worthy Kids/Ideals) Worthy Publishing.

Flood of Kindness: Inspired by Hurricane Katrina. DeAnte Webster. Illus. by Marshall Laurie. 2017. (ENG.). 34p. (J). (gr. 2-5). 16.95 *(978-0-692-94964-1(X))* Blessed Bk. Publishing.

Flood Tide (Classic Reprint) Sara Ware Bassett. 2018. (ENG., Illus.). 338p. (J). 30.87 *(978-0-483-88204-1(6))* Forgotten Bks.

Flood Tide (Classic Reprint) Daniel Chase. (ENG., Illus.). (J). 2018. 374p. 31.61 *(978-0-483-38962-5(5))*; 2016. pap. 13.97 *(978-1-334-13401-2(4))* Forgotten Bks.

Flood Warning. Katharine Kenah. Illus. by Amy Schimler-Safford. 2016. (Let's-Read-And-Find-Out Science 2 Ser.). (ENG.). 40p. (J). (gr. -1-3). pap. 6.99 *(978-0-06-238661-8(1)*, HarperCollins) HarperCollins Pubs.

Flooded: Winner of the Klaus Flugge Prize for Illustration 2023. Mariajo Ilustrajo. 2023. (ENG.). 40p. (J). (gr. -1-1). 18.99 ***(978-0-7112-7678-9(1)***, Frances Lincoln Children's Bks.) Quarto Publishing Group UK GBR. Dist: Hachette Bk. Group.

Flooded Earth. Mardi McConnochie. 2021. (Flooded Earth Ser.: 1). (ENG.). 336p. (J). (gr. 4-7). pap. 14.95 *(978-1-77278-120-5(7))* Pajama Pr. CAN. Dist: Publishers Group West (PGW).

Flooded: Requiem for Johnstown (Scholastic Gold) Ann E. Burg. 2022. (ENG.). 352p. (J). (gr. 4-8). pap. 7.99 *(978-1-338-54099-4(8)*, Scholastic Paperbacks) Scholastic, Inc.

Floods. Tracy Vonder Brink. 2022. (Natural Disasters Where I Live Ser.). (ENG.). 24p. (J). (gr. 3-6). lib. bdg. 27.93 *(978-1-63897-481-9(0)*, 21406) Seahorse Publishing.

Floods. Contrib. by Tracy Vonder Brink. 2022. (Natural Disasters Where I Live Ser.). (ENG.). 24p. (J). (gr. 3-6). pap. 8.95 *(978-1-63897-596-0(5)*, 21407) Seahorse Publishing.

Floods. Sharon Dalgleish. 2022. (Severe Weather Ser.). (ENG., Illus.). 32p. (J). (gr. 2-3). pap. 9.95 *(978-1-63738-339-1(8))*; lib. bdg. 31.35 *(978-1-63738-303-2(7))* North Star Editions. (Apex).

Floods. Jennifer Howse. 2016. (J). *(978-1-5105-2075-2(9))* SmartBook Media, Inc.

Floods. Martha London. 2019. (Extreme Weather Ser.). (ENG., Illus.). 32p. (J). (gr. 2-5). lib. bdg. 32.79 *(978-1-5321-6393-7(2)*, 32101, DiscoverRoo) Pop!.

Floods. Julie Murray. 2017. (Wild Weather Ser.). (ENG., Illus.). 24p. (J). (gr. k-4). lib. bdg. 31.36 *(978-1-5321-2086-2(9)*, 26769, Abdo Zoom-Dash) ABDO Publishing Co.

Floods. Rebecca Pettiford. 2020. (Natural Disasters Ser.). (ENG.). 24p. (J). (gr. k-3). lib. bdg. 26.95 *(978-1-64487-151-5(3)*, Blastoff! Readers) Bellwether Media.

Floods. Marne Ventura. 2018. (J). pap. *(978-1-4896-9786-8(1)*, AV2 by Weigl) Weigl Pubs., Inc.

Floods. Rachel Werner. 2022. (Wild Earth Science Ser.). (ENG.). 32p. (J). 31.32 *(978-1-6639-7701-4(1)*, 229175); pap. 7.95 *(978-1-6663-2731-1(X)*, 229133) Capstone. (Pebble).

Floods. World Book. 2023. (Library of Natural Disasters Ser.). (ENG.). 58p. (J). pap. ***(978-0-7166-9478-6(6))*** World Bk.-Childcraft International.

Floods. 3rd ed. 2018. (J). *(978-0-7166-9932-3(X))* World Bk., Inc.

Floods of the Mississippi River: Including an Account of Their Principal Causes & Effects, & a Description of the Levee System & Other Means Proposed & Tried for the Control of the River (Classic Reprint) William Starling. 2017. (ENG., Illus.). (J). 25.28 *(978-0-331-69757-5(2))*; pap. 9.57 *(978-0-282-58947-9(3))* Forgotten Bks.

Floods of the Spring of 1903, in the Mississippi Watershed (Classic Reprint) Harry Crawford Frankenfield. 2017. (ENG., Illus.). (J). 25.98 *(978-0-265-59253-3(4))*; pap. 9.57 *(978-1-5276-0036-2(X))* Forgotten Bks.

Floodwaters & Flames: The 1913 Disaster in Dayton, Ohio. Lois Miner Huey. ed. 2016. (ENG., Illus.). 56p. (J). (gr. 4-8). E-Book 50.65 *(978-1-4677-9728-3(6)*, Millbrook Pr.) Lerner Publishing Group.

Floofus Land Adventures. Gillian Kunza & Black Alan. 2017. (ENG., Illus.). 62p. (J). (gr. 1-5). ***(978-1-77302-727-2(1))*** Tellwell Talent.

Floor Exercise: Tips, Rules, & Legendary Stars. Heather E. Schwartz. 2016. (Gymnastics Ser.). (ENG., Illus.). 32p. (J). (gr. 3-9). lib. bdg. 28.65 *(978-1-5157-2218-2(X)*, 132749, Capstone Pr.) Capstone.

Floor Games (Classic Reprint) H. G. Wells. (ENG., Illus.). (J). 2017. 26.04 *(978-0-331-53696-6(X))*; 2016. pap. 9.57 *(978-1-334-11789-3(6))* Forgotten Bks.

Floored! Supercars (Set), 6 vols. Jennifer Colby. 2022. (Floored! Supercars Ser.). (ENG., Illus.). 32p. (J). (gr. 4-8). 192.42 *(978-1-6689-1018-4(7)*, 220826); pap., pap., pap. 85.29 *(978-1-6689-1039-9(X)*, 220984) Cherry Lake Publishing. (45th Parallel Press).

Flooring Installer, Vol. 10. Andrew Morkes. 2018. (Careers in the Building Trades: a Growing Demand Ser.). 80p. (J). (gr. 7). lib. bdg. 33.27 *(978-1-4222-4115-8(7))* Mason Crest.

Floppy Bunny's New Friends - the Duck Family. Joanne Elaine. Illus. by Cameron Leost. 2022. (ENG.). 26p. (J). pap. 9.99 ***(978-1-0879-9462-8(4))*** Indy Pub.

Floppy Bunny's New Friends - the Robin Family. Joanne Elaine. Illus. by Cameron Leost. 2022. (ENG.). 28p. (J). pap. 9.99 ***(978-1-0880-7992-8(X))*** Indy Pub.

Floppy Bunny's New Friends - the Turtle Family. Joanne Elaine. Illus. by Cameron Leost. 2022. (ENG.). 30p. (J). pap. 9.99 ***(978-1-0879-9468-0(3))*** Indy Pub.

Floppy Feet. Tiffany Bittick. 2021. (ENG., Illus.). 26p. (J). pap. 13.95 *(978-1-64654-327-4(0))* Fulton Bks.

Flops: And Their Fabulous Adventures. Delphine Durand. Tr. by Sarah Klinger. 2019. (Illus.). 64p. (J). (gr. -1-5). 17.95 *(978-1-59270-260-2(0))* Enchanted Lion Bks., LLC.

Flor & Miranda Steal the Show. Jennifer Torres. 2020. (ENG.). 208p. (J). (gr. 3-7). 8.99 *(978-0-316-30693-5(2))* Little, Brown Bks. for Young Readers.

Flor de Hierro / the Iron Flower. Laurie Forest. 2020. (Las CrÓnicas de la Bruja Negra / the Black Witch Chronicles Ser.: 2). (SPA.). 606p. (YA). (gr. 8-12). pap. 21.95 *(978-84-17805-75-3(3))* Penguin Random House Grupo Editorial ESP. Dist: Penguin Random Hse. LLC.

Flor Fights Back: A Stonewall Riots Survival Story. Joy Michael Ellison. Illus. by Francesca Ficorilli. 2023. (Girls Survive Ser.). (ENG.). 112p. (J). 26.65 *(978-1-6690-1394-5(4)*, 244921); pap. 7.95 *(978-1-6690-1445-4(2)*, 244917) Capstone. (Stone Arch Bks.).

Flor Libro para Colorear para Adultos: Un Libro para Colorear para Adultos con una Colección de Flores. con Flores, Mariposas, Pájaros y Mucho Más. Prince Milan Benton. 2021. (SPA.). 106p. (YA). pap. 12.89 ***(978-0-9563523-3-0(2)***, Mosby Ltd.) Elsevier - Health Sciences Div.

Flora Americæ Septentrionalis, or a Systematic Arrangement & Description of the Plants of North America, Vol. 1 Of 2: Containing, Besides What Have Been Described by Preceding Authors, Many New & Rare Species, Collected During Twelve Years' Travel An. Frederick Pursh. 2018. (ENG., Illus.). 856p. (J). 41.55 *(978-0-364-83255-4(X))* Forgotten Bks.

Flora Americæ Septentrionalis, or a Systematic Arrangement & Description of the Plants of North America, Vol. 2 Of 2: Containing, Besides What Have Been Described by Preceding Authors, Many New & Rare Species, Collected During Twelve Years Travels An. Frederick Pursh. 2019. (ENG., Illus.). (J). 408p. 32.33 *(978-1-397-27356-7(9))*; 410p. pap. 16.57 *(978-1-397-27310-9(0))* Forgotten Bks.

Flora & Fauna Part 1. John Arnold. 2022. (ENG.). 30p. (J). pap. ***(978-1-3984-3104-1(4))*** Austin Macauley Pubs. Ltd.

Flora & the Chicks: A Counting Book by Molly Idle (Flora & Flamingo Board Books, Baby Counting Books for Easter, Baby Farm Picture Book) Molly Idle. 2017. (Flora & Friends Ser.). (ENG., Illus.). 20p. (J). bds. 9.99 *(978-1-4521-4657-7(8))* Chronicle Bks. LLC.

Flora & the Ostrich: An Opposites Book by Molly Idle (Flora & Flamingo Board Books, Picture Books for Toddlers, Baby Books with Animals) Molly Idle. 2017. (Flora & Friends Ser.). (ENG., Illus.). 20p. (J). (gr. -1 — 1). bds. 9.99 *(978-1-4521-4658-4(6))* Chronicle Bks. LLC.

Flora & the Peacocks. Molly Idle. 2016. (Flora & Friends Ser.). (ENG., Illus.). 40p. (J). (gr. -1-k). 17.99 *(978-1-4521-3816-9(8))* Chronicle Bks. LLC.

Flora & Ulysses: The Illuminated Adventures. Kate Dicamillo. Illus. by K. G. Campbell. ed. 2016. (ENG.). 256p. (J). (gr. 3-7). 17.20 *(978-0-606-39100-9(2))* Turtleback.

Flora & Ulysses: Tie-In Edition. Kate DiCamillo. ed. 2020. (ENG.). 256p. (J). (gr. 3-7). pap. 7.99 *(978-1-5362-1736-0(0)*, Candlewick Entertainment) Candlewick Pr.

Flora Belle & Dreami Dragon. Russ Towne. 2017. (ENG., Illus.). (J). (gr. k-3). 19.95 *(978-0-692-90776-4(9))* Towne, Russ.

Flora Diaetetica. Charles Bryant. 2017. (ENG.). 414p. (J). pap. *(978-3-337-27176-3(6))* Creation Pubs.

Flora Forager ABC. Bridget Beth Collins. 2019. (Illus.). 32p. (J). (-k). 14.99 *(978-1-63217-209-9(7)*, Little Bigfoot) Sasquatch Bks.

Flora Lyndsay, or Passages in an Eventful Life, Vol. 1 (Classic Reprint) Susanna Moodie. 2017. (ENG., Illus.). (J). 30.37 *(978-1-5285-8813-3(4))* Forgotten Bks.

Flora Lyndsay, or Passages in an Eventful Life, Vol. 2 of 2 (Classic Reprint) Susanna Moodie. 2017. (ENG., Illus.). (J). 30.33 *(978-0-265-68256-2(8))*; pap. 13.57 *(978-1-5276-5531-7(8))* Forgotten Bks.

Flora Morris' Choice: Or, Be Not Conformed to the World (Classic Reprint) Mary Jane Hildeburn. (ENG., Illus.). (J). 2019. 332p. 30.74 *(978-0-365-25011-1(2))*; 2017. pap. 13.57 *(978-0-259-47704-4(4))* Forgotten Bks.

Flora of Dorsetshire: With a Sketch of the Topography, River System, & Geology of the County (Classic Reprint) John Clavell Mansel-Pleydell. 2017. (ENG., Illus.). (J). 32.54 *(978-0-265-24925-3(2))* Forgotten Bks.

Flora of Rensselaer County, New York: A Record of the Phenogams & Vascular Cryptogams Growing in Said District, Independent of Cultivation (Classic Reprint) Hermon Camp Gordinier. 2017. (ENG., Illus.). (J). 24.78 *(978-0-331-80003-6(9))* Forgotten Bks.

Flora the Fairy (Reading Ladder Level 1) Tony Bradman. Illus. by Emma Carlow. 2nd ed. 2016. (Reading Ladder Level 1 Ser.). (ENG.). 48p. (gr. k-2). pap. 4.99 *(978-1-4052-8225-3(8)*, Reading Ladder) Farshore GBR. Dist: HarperCollins Pubs.

Flora the Fairy's Magic Spells: Green Banana (Reading Ladder Level 1) Tony Bradman. Illus. by Emma Carlow. 2nd ed. 2016. (Reading Ladder Level 1 Ser.). (ENG.). 48p. (gr. k-2). 4.99 *(978-1-4052-8227-7(4)*, Reading Ladder) Farshore GBR. Dist: HarperCollins Pubs.

Flora y Fauna de Texas (the Animals & Vegetation of Texas), 1 vol. Blanca Gonzalez. 2016. (Explora Texas (Explore Texas) Ser.). (SPA.). 24p. (gr. 9-12). (J). lib. bdg. 26.27 *(978-1-5383-8007-9(2)*, ad0297f1-e7b0-485f-98de-d9c65227f6b6); (YA). pap. 10.70 *(978-1-5081-7605-3(1)*, cd55da4d-ce73-4379-8caa-f740e25391da) Rosen Publishing Group, Inc., The.

Flora y Ulises. Kate DiCamillo. (SPA.). (J). (gr. 4-7). 2021. 232p. pap. 9.95 *(978-607-557-369-4(0))*; 2019. 240p. pap. 9.95 *(978-607-527-576-5(2))* Editorial Oceano de Mexico MEX. Dist: Independent Pubs. Group.

Floral Alphabet Coloring Book for Children (6x9 Coloring Book / Activity Book) Sheba Blake. 2020. (ENG.). 56p. (J). pap. 9.99 *(978-1-222-28826-1(5))* Indy Pub.

Floral Alphabet Coloring Book for Children (8. 5x8. 5 Coloring Book / Activity Book) Sheba Blake. 2020. (ENG.). 56p. (J). pap. 12.99 *(978-1-222-28844-5(3))* Indy Pub.

Floral Alphabet Coloring Book for Children (8x10 Coloring Book / Activity Book) Sheba Blake. 2020. (ENG.). 56p. (J). pap. 14.99 *(978-1-222-28827-8(3))* Indy Pub.

Floral Art, a Coloring Book. Activity Book Zone. 2016. (ENG., Illus.). (J). pap. 9.20 *(978-1-68376-429-8(3))* Sabeels Publishing.

Floral Coloring Book for Young Adults & Teens (6x9 Coloring Book / Activity Book) Sheba Blake. 2020. (ENG.). 24p. (YA). pap. 9.99 *(978-1-222-28409-6(X))* Indy Pub.

Floral Coloring Book for Young Adults & Teens (8. 5x8. 5 Coloring Book / Activity Book) Sheba Blake. 2020. (ENG.). 24p. (YA). pap. 12.99 *(978-1-222-28757-8(9))* Indy Pub.

Floral Coloring Book for Young Adults & Teens (8x10 Coloring Book / Activity Book) Sheba Blake. 2020. (ENG.). 24p. (YA). pap. 14.99 *(978-1-222-28410-2(3))* Indy Pub.

Floral Elegance:an Intricate Coloring Book of Traditional Vases & Flowers: Unleash Your Creativity with Stunning Botanical Designs in Black & White. Ruva Publishers. 2023. (ENG.). 86p. (YA). pap. ***(978-1-4477-2374-5(0))*** Lulu Pr., Inc.

Floral Fun: A Flower Coloring Book. Jupiter Kids. 2016. (ENG., Illus.). 106p. (J). pap. 12.55 *(978-1-68326-315-9(4)*, Jupiter Kids (Childrens & Kids Fiction)) Speedy Publishing LLC.

Floral House. Elizabeth Love. 2020. (ENG., Illus.). 56p. (YA). (gr. 7-12). pap. 8.99 *(978-1-910903-33-9(7))* AudioGO.

Floral Mandalas Coloring Books Mandala Edition. Creative Playbooks. 2016. (ENG., Illus.). (J). pap. 7.74 *(978-1-68323-105-9(8))* Twin Flame Productions.

Floral Reverse Adult Coloring Book: Adult Coloring Book Wonderful Flowers: Relaxing, Stress Relieving Designs. Rhea Stokes. 2021. (ENG.). 64p. (YA). pap. 9.95 *(978-1-006-88351-4(7))* Lulu Pr., Inc.

Floral Stained Glass Designs Coloring Book: Anti-Stress Coloring Book Flowers. Activibooks For Kids. 2016. (ENG., Illus.). (J). pap. 9.20 *(978-1-68321-022-1(0))* Mimaxion.

Florals: A Simple Joy Coloring Book. Compiled by Brigid Day. 2021. (ENG.). 88p. (J). pap. 22.00 *(978-1-7947-1007-8(8))* Lulu Pr., Inc.

Flora's Wish. Fiona Halliday. Illus. by Fiona Halliday. 2023. (Illus.). 40p. (J). (gr. -1-3). 18.99 ***(978-0-593-46245-4(9)***, Dial Bks) Penguin Young Readers Group.

Florate Polyhedra. Andrew Stewart-Brown. 2022. (ENG.). 36p. pap. 9.99 *(978-1-911093-45-9(2))* Tarquin Pubns. GBR. Dist: Independent Pubs. Group.

Flore Analytique du Departement des Alpes-Maritimes, Ou Description Succincte des Plantes Vasculaires Qui Croissent Spontanement Entre le Versant Est de l'Esterel et la Roia, les Alpes et la Mer (Classic Reprint) Honore Jean Baptiste Ardoino. 2018. (FRE., Illus.). 504p. (J). 34.29 *(978-0-428-39997-9(5))* Forgotten Bks.

Flore de l'Arrondissement de Semur Cote-D'or, Lachot-H. 2016. (Histoire Ser.). (FRE., Illus.). (J). pap. *(978-2-01-957788-9(7))* Hachette Groupe Livre.

Flore et le Monde des Clowns. Elodie Le Rouzic. 2021. (FRE.). 32p. (J). 20.35 *(978-1-716-08730-1(9))* Lulu Pr., Inc.

Flore Populaire, Ou Histoire Naturelle des Plantes Dans Leurs Rapports Avec la Linguistique et le Folk-Lore, Vol. 3 (Classic Reprint) Eugene Rolland. 2018. (FRE., Illus.). (J). 384p. 31.82 *(978-1-391-61972-9(2))*; 386p. pap. 16.57 *(978-1-390-74910-6(X))* Forgotten Bks.

Flore Populaire, Ou Histoire Naturelle des Plantes Dans Leurs Rapports Avec la Linguistique et le Folklore, Vol. 6 (Classic Reprint) Eugene Rolland. 2018. (FRE., Illus.). (J). 360p. 31.32 *(978-1-391-92633-9(1))*; 362p. pap. 13.97 *(978-1-390-57821-8(6))* Forgotten Bks.

Florence & Isabelle in France: By Sylvia Rosemary Ann Kegg. Sylvia Rosemary Ann Kegg. 2020. (ENG., Illus.). 34p. (J). pap. *(978-1-9162572-4-5(0))* Heart of Stewardship.

Florence & the Mischievous Kitten. Megan Rix. 2019. 240p. (J). (gr. 2-4). pap. 11.99 *(978-0-241-36912-8(6)*, Puffin) Penguin Bks., Ltd. GBR. Dist: Independent Pubs. Group.

Florence Arnott: Or Is She Generous? (Classic Reprint) M. J. McIntosh. (ENG., Illus.). (J). 2018. 134p. 26.68 *(978-0-484-59076-1(6))*; 2016. pap. 9.57 *(978-1-334-13289-6(5))* Forgotten Bks.

Florence Broadhurst Paper Craft. Illus. by Florence Broadhurst. 2023. (ENG.). 20p. (J). (gr. 4-7). pap. 24.99 ***(978-1-922857-98-9(X))*** Bonnier Publishing GBR. Dist: Independent Pubs. Group.

Florence (Classic Reprint) Elizabeth Grierson. 2018. (ENG., Illus.). 122p. (J). 26.41 *(978-0-267-49387-6(8))* Forgotten Bks.

Florence Fables (Classic Reprint) William Jermyn Florence. (ENG., Illus.). (J). 2018. 248p. 29.01 *(978-0-483-33238-6(0))*; 2016. pap. 11.57 *(978-1-333-30896-4(5))* Forgotten Bks.

Florence Flamingo Visits Dinosaur Land. Bethbirdbooks. 2021. (ENG.). 34p. (J). pap. 10.95 *(978-1-950603-12-1(1))* BethBirdBks.

Florence Frizzball. Claire Freedman. Illus. by Jane Massey. 2018. (ENG.). 32p. (J). 7.99 *(978-1-4711-4454-7(2)*, Simon & Schuster Children's) Simon & Schuster, Ltd. GBR. Dist: Simon & Schuster, Inc.

Florence Gardiner Sings: Some Thoughts & Some Bridges (Classic Reprint) Jane Hungerford Milbank. (ENG., Illus.). (J). 2018. 126p. 26.52 *(978-0-365-17922-1(1))*; 2017. pap. 9.57 *(978-1-5276-9624-2(3))* Forgotten Bks.

Florence Griffith Joyner. Emma E. Haldy. Illus. by Jeff Bane. 2016. (My Early Library: My Itty-Bitty Bio Ser.). (ENG.). 24p. (J). (gr. k-1). 30.64 *(978-1-63471-019-0(3)*, 208156) Cherry Lake Publishing.

Florence, Italy: Birthplace of the Renaissance Children's Renaissance History. Baby Professor. 2017. (ENG., Illus.). (J). pap. 7.89 *(978-1-5419-0319-7(6)*, Baby Professor (Education Kids)) Speedy Publishing LLC.

Florence Macarthy an Irish Tale, Vol. 1 of 4 (Classic Reprint) Lady Morgan. 2018. (ENG., Illus.). 336p. (J). 30.85 *(978-0-483-02695-7(6))* Forgotten Bks.

Florence Nightingale, 1 vol. Tim Cooke. 2016. (Meet the Greats Ser.). (ENG.). 48p. (J). (gr. 5-5). pap. 15.65 *(978-1-4824-5948-7(5)*, c2083cbd-472c-4525-b6e1-081162ca31d8) Stevens, Gareth Publishing LLLP.

Florence Nightingale. Maria Isabel Sanchez Vegara. Illus. by Kelsey Garrity-Riley. 2022. (Little People, Big Dreams Ser.: Vol. 78). (ENG.). 32p. (J). (gr. -1-2). ***(978-0-7112-7079-4(1))*** Frances Lincoln Childrens Bks.

Florence Nightingale: A Reference Guide to Her Life & Works. Lynn McDonald. 2019. (Significant Figures in World History Ser.). (Illus.). 194p. (YA). (gr. 8-17). 59.00 *(978-1-5381-2505-2(6))* Rowman & Littlefield Publishers, Inc.

Florence Nightingale: DK Life Stories. Dorling Kindersley Publishing Staff. 2019. (Illus.). 128p. (J). *(978-0-241-35631-9(8))* Dorling Kindersley Publishing, Inc.

Florence Nightingale: The Courageous Life of the Legendary Nurse. Catherine Reef. 2016. (ENG., Illus.). 192p. (YA). (gr. 7). 18.99 *(978-0-544-53580-0(4)*, 1608187, Clarion Bks.) HarperCollins Pubs.

Florence Nightingale a Drama (Classic Reprint) Edith Gittings Reid. 2017. (ENG., Illus.). 124p. (J). 26.45 *(978-0-332-87218-6(1))* Forgotten Bks.

Florence Nightingale (Classic Reprint) Jeannette Covert Nolan. 2017. (ENG., Illus.). (J). 28.37 *(978-0-266-22663-5(9))* Forgotten Bks.

Florence Nightingale the Angel of the Crimea: A Story for Young People (Classic Reprint) Laura E. Richards. 2018. (ENG., Illus.). 186p. (J). 27.73 *(978-0-483-26187-7(4))* Forgotten Bks.

Florence Price: American Composer. Janet Nichols Lynch. 2022. (ENG.). 90p. (J). pap. 11.95 *(978-1-949290-79-0(4))* Bedazzled Ink Publishing Co.

Florence Sackville, or Self-Dependence: An Autobiography (Classic Reprint) E. J. Burbury. (ENG., Illus.). (J). 2018. 648p. 37.26 *(978-0-364-84714-5(X))*; 2017. 27.77 *(978-0-266-68362-9(2))*; 2017. pap. 10.57 *(978-1-5276-5801-1(5))*; 2017. pap. 19.97 *(978-0-259-26049-3(5))* Forgotten Bks.

Florence Stories: Florence & John (Classic Reprint) Jacob Abbott. 2017. (ENG., Illus.). (J). 29.05 *(978-0-266-72190-1(7))*; pap. 11.57 *(978-1-5276-7876-7(8))* Forgotten Bks.

Florence Stories (Classic Reprint) Jacob Abbott. 2018. (ENG., Illus.). 254p. (J). 29.16 *(978-0-365-27090-4(3))*; 29.14 *(978-0-365-50186-2(7))* Forgotten Bks.

Florence the Deer & Friends. Mary Elizabeth. Ed. by James Barrett. Illus. by Jocelynn Star Marie. 2020. (ENG.). 30p. (J). *(978-1-5255-6493-2(5))*; pap. *(978-1-5255-6494-9(3))* FriesenPress.

Florence the Fashionable Flamingo. Bethbirdbooks. 2020. (ENG.). 30p. (J). pap. 10.95 *(978-1-950603-06-0(7))* BethBirdBks.

Florence the Flamingo. Sharon Knotts Hass. Illus. by Sharon Knotts Hass & David B. Knotts. 2022. (ENG.). 34p. (J). 14.99 ***(978-1-952754-90-6(9))***; pap. 9.99 ***(978-1-958176-93-1(1))*** WorkBk. Pr.

Florence the Honey Bee's Southern Adventures. Dixie Lee Higgs. 2022. (ENG., Illus.). 28p. (J). pap. 14.95 ***(978-1-68570-089-8(6))*** Christian Faith Publishing.

Florence, the Parish Orphan: And a Sketch of the Village in the Last Century (Classic Reprint) Eliza Buckminster Lee. 2017. (ENG., Illus.). (J). pap. 10.57 *(978-1-5276-9100-1(4))* Forgotten Bks.

Florentine Chair: A Comic Idyll (Classic Reprint) St. John Lucas. 2018. (ENG., Illus.). 226p. (J). 28.56 *(978-0-484-60671-4(9))* Forgotten Bks.

Florentines, Vol. 1 Of 3: A Story of Home-Life in Italy (Classic Reprint) Marie Montemerli. 2018. (ENG., Illus.). 266p. (J). 29.38 *(978-0-483-31546-4(X))* Forgotten Bks.

Flores (Flowers) Grace Hansen. 2016. (Anatomía de una Planta (Plant Anatomy) Ser.). (SPA.). 24p. (J). (gr. -1-2). lib.

bdg. 32.79 *(978-1-62402-657-7(5)*, 24818, Abdo Kids) ABDO Publishing Co.

Floresta Tropical Se Espalhou Por Toda Parte (the Rainforest Grew All Around) [Portuguese Edition] (English & Portuguese Edition) Susan K. Mitchell. 2019. (SPA., Illus.). 32p. (J). (gr. k-3). pap. 11.95 *(978-1-64351-327-0(3))* Arbordale Publishing.

Florestane the Troubadour: A Mediaeval Romance of Southern France (Classic Reprint) Julia de Wolf Addison. 2018. (ENG., Illus.). 306p. (J). 30.23 *(978-0-656-02716-3(9))* Forgotten Bks.

Floret, or the Poor Girl: A Domestic Drama in Four Acts, from the Tales of Pierce Egan, Esq. (Classic Reprint) J. Frederick. Babcock. (ENG., Illus.). (J). 2018. 70p. 25.36 *(978-0-484-39835-0(0))*; 2016. pap. 9.57 *(978-1-334-12804-2(9))* Forgotten Bks.

Florette. Anna Walker. Illus. by Anna Walker. 2018. (ENG., Illus.). 40p. (J). (gr. -1-3). 17.99 *(978-0-544-87683-5(0)*, 1649580, Clarion Bks.) HarperCollins Pubs.

Florian & Atlas: The Tale of a Wandering Cat. Stuart Purcell. 2021. (ENG.). 254p. (J). pap. *(978-0-9935137-8-7(6))* Pocket Watch Publishing.

Florian (Classic Reprint) Léo Claretie. (FRE., Illus.). (J). 2018. 250p. 29.05 *(978-0-666-48773-5(1))*; 2017. pap. 11.57 *(978-1-5276-1373-7(9))* Forgotten Bks.

Florian, le Dragon Végétarien. Jules Bass. Illus. by Debbie Harter. 2017. (FRE.). 32p. (J). (gr. k-4). pap. 9.99 *(978-1-78285-326-8(X))* Barefoot Bks., Inc.

Florian Mayr (der Kraft-Mayr) A Humorous Tale of Musical Life (Classic Reprint) Ernst Von Wolzogen. 2018. (ENG., Illus.). 404p. (J). 32.23 *(978-0-483-88842-5(7))* Forgotten Bks.

Florian, Sa Vie, Son Oeuvre (Classic Reprint) Gustave Saillard. 2017. (FRE., Illus.). (J). 30.81 *(978-0-331-65520-9(9))*; pap. 13.57 *(978-0-282-15714-2(X))* Forgotten Bks.

Florian the Fly & the Special Delivery of Camila de Cuba: La Mosca Florián y la Entrega Especial de Camila de Cuba. Petra Szmykowski-Britton. Illus. by Luz Nicte Stoffer. 2022. (Florian the Fly Ser.: 2). 140p. (J). pap. 25.00 *(978-1-7345915-2-1(8))* BookBaby.

Florian the Fly Flies to Florida. Petra Szmykowski-Britton. 2021. (Florian the Fly Ser.: 1). (ENG.). 128p. (J). pap. 18.99 *(978-1-7345915-0-7(1))* BookBaby.

Florida. Carol Conca. 2022. (Core Library of US States Ser.). (ENG., Illus.). 48p. (J). (gr. 4-8). lib. bdg. 35.64 *(978-1-5321-9750-5(0)*, 39591) ABDO Publishing Co.

Florida. Karen Durrie & Ann Sullivan. 2018. (Illus.). 24p. (J). *(978-1-4896-7419-7(5)*, AV2 by Weigl) Weigl Pubs., Inc.

Florida. Ann Heinrichs. Illus. by Matt Kania. 2017. (U. S. A. Travel Guides). (ENG.). 40p. (J). (gr. 2-5). lib. bdg. 38.50 *(978-1-5038-1949-8(3)*, 211586) Child's World, Inc, The.

Florida. Jason Kirchner & Bridget Parker. 2016. (States Ser.). (ENG., Illus.). 32p. (J). (gr. 3-6). lib. bdg. 27.99 *(978-1-5157-0395-2(9)*, 132007, Capstone Pr.) Capstone.

Florida. Sarah Tieck. 2019. (Explore the United States Ser.). (ENG., Illus.). 32p. (J). (gr. 2-5). lib. bdg. 34.21 *(978-1-5321-9112-1(X)*, 33412, Big Buddy Bks.) ABDO Publishing Co.

Florida: Children's Book on the Usa with Interesting & Informative Facts. Bold Kids. 2022. (ENG.). 40p. (J). pap. 15.99 ***(978-1-0717-0977-1(1))*** FASTLANE LLC.

Florida: Discover Pictures & Facts about Florida for Kids! Bold Kids. 2021. (ENG.). 34p. (J). pap. 11.99 *(978-1-0717-0813-2(9))* FASTLANE LLC.

Florida: The Sunshine State. 1 vol. Derek Miller et al. 2018. (It's My State! (Fourth Edition)(r) Ser.). (ENG.). 80p. (gr. 4-4). 35.93 *(978-1-5026-2626-4(8)*, eda0cd6a-5404-4e6b-bbab-7122fb7938c2); pap. 18.64 *(978-1-5026-4437-4(1)*, 24ac785d-d482-4dc6-b5fd-ac37a9da17ce) Cavendish Square Publishing LLC.

Florida: The Sunshine State. Ann Sullivan. 2016. (Illus.). 48p. (J). *(978-1-5105-2087-5(2))* SmartBook Media, Inc.

Florida: The Sunshine State. Ann Sullivan. 2016. (J). *(978-1-4896-4842-6(9))* Weigl Pubs., Inc.

Florida (a True Book: My United States) Tamra B. Orr. 2017. (True Book (Relaunch) Ser.). (ENG., Illus.). 48p. (J). (gr. 3-5). pap. 7.95 *(978-0-531-23284-2(0)*, Children's Pr.) Scholastic Library Publishing.

Florida Alexander. Eleanor Talbot Kinkead. 2017. (ENG.). 280p. (J). pap. *(978-3-337-10521-1(1))* Creation Pubs.

Florida Alexander: A Kentucky Girl (Classic Reprint) Eleanor Talbot Kinkead. 2018. (ENG., Illus.). 278p. (J). 29.65 *(978-0-484-52990-7(0))* Forgotten Bks.

Florida Books for Kids Gift Set. Lily Jacobs & Sandra Magsamen. Illus. by Robert Dunn. 2020. (ENG.). (J). (-3). 29.99 *(978-1-7282-4191-3(X))* Sourcebooks, Inc.

Florida Days (Classic Reprint) Vilma M. Goodman. (ENG., Illus.). (J). 2018. 50p. 24.95 *(978-0-332-55829-5(0))*; 2016. pap. 9.57 *(978-1-333-49401-8(7))* Forgotten Bks.

Florida Enchantment. Archibald Clavering Gunter & Fergus Redmond. 2016. (ENG., Illus.). (J). pap. *(978-3-7433-0488-8(0))* Creation Pubs.

Florida Enchantment: A Novel (Classic Reprint) Archibald Clavering Gunter. 2017. (ENG., Illus.). (J). 29.51 *(978-0-260-65775-6(1))* Forgotten Bks.

Florida Fancies (Classic Reprint) F. R. Swift. 2018. (ENG., Illus.). 150p. (J). 26.99 *(978-0-267-65255-6(0))* Forgotten Bks.

Florida Farm (Classic Reprint) Frederic Whitmore. 2018. (ENG., Illus.). 144p. (J). 26.89 *(978-0-364-25595-7(1))* Forgotten Bks.

Florida Gators. Tony Hunter. 2020. (Inside College Football Ser.). (ENG., Illus.). 48p. (J). (gr. 4-6). lib. bdg. 34.21 *(978-1-5321-9242-5(8)*, 35095, SportsZone) ABDO Publishing Co.

Florida in the Early 20th Century: Boom & Bust. Katelyn Rice. rev. ed. 2016. (Social Studies: Informational Text Ser.). (ENG.). 32p. (J). (gr. 3-8). pap. 11.99 *(978-1-4938-3542-3(4))* Teacher Created Materials, Inc.

Florida Monsters: A Search & Find Book. Illus. by Danielle Tremblay. 2018. (ENG.). 22p. (J). (gr. -1). bds. 9.99 *(978-2-924734-15-5(0))* City Monsters Bks. CAN. Dist: Publishers Group West (PGW).

Florida Panthers. Dan Scifo. 2023. (NHL Teams Set 2 Ser.). (ENG., Illus.). 32p. (J). (gr. 3-4). pap. 9.95 *(978-1-63494-612-4(X))* Pr. Room Editions LLC.

Florida Panthers. Contrib. by Dan Scifo. 2023. (NHL Teams Set 2 Ser.). (ENG., Illus.). 32p. (J). (gr. 3-4). lib. bdg. 31.35 *(978-1-63494-594-3(8))* Pr. Room Editions LLC.

Florida Roundabout (Classic Reprint) Theodore Pratt. 2017. (ENG., Illus.). (J). 29.26 *(978-0-331-93169-3(9))*; pap. 11.97 *(978-0-243-33616-6(0))* Forgotten Bks.

Florida School Shooting. Marcia Amidon Lusted. 2018. (Special Reports). (ENG., Illus.). 112p. (J). (gr. 6-12). lib. bdg. 41.36 *(978-1-5321-1610-0(1)*, 29792, Essential Library) ABDO Publishing Co.

Florida Sketch-Book (Classic Reprint) Bradford Torrey. 2018. (ENG., Illus.). 250p. (J). 29.05 *(978-0-364-28100-0(6))* Forgotten Bks.

Florida Spanish Student Edition Grade 1 2019. Hmh Hmh. 2018. (SPA.). 416p. (J). pap. 22.80 *(978-1-328-51849-1(3))* Houghton Mifflin Harcourt Publishing Co.

Florida Spanish Student Edition Grade 2 2019. Hmh Hmh. 2018. (SPA.). 448p. (J). pap. 22.80 *(978-1-328-51850-7(7))* Houghton Mifflin Harcourt Publishing Co.

Florida Spanish Student Edition Grade 3 2019. Hmh Hmh. 2018. (SPA.). 401p. (J). pap. 32.13 *(978-1-328-51851-4(5))* Houghton Mifflin Harcourt Publishing Co.

Florida Spanish Student Edition Grade 4 2019. Hmh Hmh. 2018. (SPA.). 608p. (J). pap. 32.13 *(978-1-328-51852-1(3))* Houghton Mifflin Harcourt Publishing Co.

Florida Spanish Student Edition Grade 5 2019. Hmh Hmh. 2018. (SPA.). 648p. (J). pap. 35.40 *(978-1-328-51853-8(1))* Houghton Mifflin Harcourt Publishing Co.

Florida Spanish Student Edition Grade K 2019. Hmh Hmh. 2018. (SPA.). 120p. (J). pap. 17.93 *(978-1-328-51848-4(5))* Houghton Mifflin Harcourt Publishing Co.

Florida State Assessments Grade 10 English Language Arts Success Strategies Study Guide: FSA Test Review for the Florida Standards Assessments. Ed. by FSA Exam Secrets Test Prep. 2016. (ENG.). (J). pap. 40.99 *(978-1-5167-0062-2(7))* Mometrix Media LLC.

Florida State Assessments Grade 11 English Language Arts Success Strategies Study Guide: FSA Test Review for the Florida Standards Assessments. Ed. by FSA Exam Secrets Test Prep. 2016. (ENG.). (J). pap. 40.99 *(978-1-5167-0063-9(5))* Mometrix Media LLC.

Florida State Assessments Grade 3 English Language Arts Success Strategies Workbook: Comprehensive Skill Building Practice for the Florida Standards Assessments. Ed. by FSA Exam Secrets Test Prep. 2016. (ENG.). (J). pap. 40.99 *(978-1-5167-0064-6(3))* Mometrix Media LLC.

Florida State Assessments Grade 3 Mathematics Success Strategies Workbook: Comprehensive Skill Building Practice for the Florida Standards Assessments. Ed. by FSA Exam Secrets Test Prep. 2016. (ENG.). (J). pap. 40.99 *(978-1-5167-0065-3(1))* Mometrix Media LLC.

Florida State Assessments Grade 4 English Language Arts Success Strategies Workbook: Comprehensive Skill Building Practice for the Florida Standards Assessments. Ed. by FSA Exam Secrets Test Prep. 2016. (ENG.). (J). pap. 40.99 *(978-1-5167-0066-0(X))* Mometrix Media LLC.

Florida State Assessments Grade 4 Mathematics Success Strategies Workbook: Comprehensive Skill Building Practice for the Florida Standards Assessments. Ed. by FSA Exam Secrets Test Prep. 2016. (ENG.). (J). pap. 40.99 *(978-1-5167-0067-7(8))* Mometrix Media LLC.

Florida State Assessments Grade 5 English Language Arts Success Strategies Workbook: Comprehensive Skill Building Practice for the Florida Standards Assessments. Ed. by FSA Exam Secrets Test Prep. 2016. (ENG.). (J). pap. 40.99 *(978-1-5167-0068-4(6))* Mometrix Media LLC.

Florida State Assessments Grade 5 Mathematics Success Strategies Workbook: Comprehensive Skill Building Practice for the Florida Standards Assessments. Ed. by FSA Exam Secrets Test Prep. 2016. (ENG.). (J). pap. 40.99 *(978-1-5167-0069-1(4))* Mometrix Media LLC.

Florida State Assessments Grade 5 Science Success Strategies Study Guide: FSA Test Review for the Florida Standards Assessments. Ed. by FSA Exam Secrets Test Prep. 2016. (ENG.). (J). pap. 40.99 *(978-1-5167-0070-7(8))* Mometrix Media LLC.

Florida State Assessments Grade 6 English Language Arts Success Strategies Study Guide: FSA Test Review for the Florida Standards Assessments. Ed. by FSA Exam Secrets Test Prep. 2016. (ENG.). (J). pap. 40.99 *(978-1-5167-0071-4(6))* Mometrix Media LLC.

Florida State Assessments Grade 6 Mathematics Success Strategies Study Guide: FSA Test Review for the Florida Standards Assessments. Ed. by FSA Exam Secrets Test Prep. 2016. (ENG.). (J). pap. 40.99 *(978-1-5167-0072-1(4))* Mometrix Media LLC.

Florida State Assessments Grade 7 English Language Arts Success Strategies Study Guide: FSA Test Review for the Florida Standards Assessments. Ed. by FSA Exam Secrets Test Prep. 2016. (ENG.). (J). pap. 40.99 *(978-1-5167-0073-8(2))* Mometrix Media LLC.

Florida State Assessments Grade 7 Mathematics Success Strategies Study Guide: FSA Test Review for the Florida Standards Assessments. Ed. by FSA Exam Secrets Test Prep. 2016. (ENG.). (J). pap. 40.99 *(978-1-5167-0074-5(0))* Mometrix Media LLC.

Florida State Assessments Grade 8 English Language Arts Success Strategies Study Guide: FSA Test Review for the Florida Standards Assessments. Ed. by FSA Exam Secrets Test Prep. 2016. (ENG.). (J). pap. 40.99 *(978-1-5167-0075-2(9))* Mometrix Media LLC.

Florida State Assessments Grade 8 Mathematics Success Strategies Study Guide: FSA Test Review for the Florida Standards Assessments. Ed. by FSA Exam Secrets Test Prep. 2016. (ENG.). (J). pap. 40.99 *(978-1-5167-0076-9(7))* Mometrix Media LLC.

Florida State Assessments Grade 8 Science Success Strategies Study Guide: FSA Test Review for the Florida Standards Assessments. Ed. by FSA Exam Secrets Test Prep. 2016. (ENG.). (J). pap. 40.99 *(978-1-5167-0077-6(5))* Mometrix Media LLC.

Florida State Assessments Grade 9 English Language Arts Success Strategies Study Guide: FSA Test Review for the Florida Standards Assessments. Ed. by FSA Exam Secrets Test Prep. 2016. (ENG.). (J). pap. 40.99 *(978-1-5167-0078-3(3))* Mometrix Media LLC.

Florida Trails: As Seen from Jacksonville to Key West & from November to April Inclusive; Illustrated from Photographs by the Authors & Others (Classic Reprint) Winthrop Packard. (ENG., Illus.). (J). 2018. 396p. 32.06 *(978-0-267-14706-9(6))*; 2017. pap. 16.57 *(978-0-259-44888-4(5))* Forgotten Bks.

Florida Wetlands. Vicky Franchino. 2016. (Community Connections: Getting to Know Our Planet Ser.). (ENG., Illus.). 24p. (J). (gr. 2-5). 29.21 *(978-1-63470-516-5(5)*, 207795) Cherry Lake Publishing.

Florida's American Indians Through History. Jennifer Overend Prior. rev. ed. 2016. (Social Studies: Informational Text Ser.). (ENG., Illus.). 32p. (gr. 3-8). pap. 11.99 *(978-1-4938-3534-8(3))* Teacher Created Materials, Inc.

Florida's Economy: From the Mouse to the Moon. Joanne Mattern. rev. ed. 2016. (Social Studies: Informational Text Ser.). (ENG., Illus.). 32p. (J). (gr. 3-8). pap. 11.99 *(978-1-4938-3548-5(3))* Teacher Created Materials, Inc.

Florida's Fight for Equality. Kelly Rodgers. rev. ed. 2016. (Social Studies: Informational Text Ser.). (ENG.). 32p. (gr. 4-8). pap. 11.99 *(978-1-4938-3544-7(0))* Teacher Created Materials, Inc.

Florida's Government: Power, Purpose, & People. Heather E. Schwartz. rev. ed. 2016. (Social Studies: Informational Text Ser.). (ENG.). 32p. (gr. 3-8). pap. 11.99 *(978-1-4938-3546-1(7))* Teacher Created Materials, Inc.

Florissant. P. H. C. Marchesi. 2021. (ENG.). 218p. (YA). pap. 13.95 *(978-1-949290-58-5(1))* Bedazzled Ink Publishing Co.

Florist. Josh Gregory. 2021. (21st Century Skills Library: Makers & Artisans Ser.). (ENG., Illus.). 32p. (J). (gr. 4-7). pap. 14.21 *(978-1-5341-8867-9(3)*, 219179); lib. bdg. 32.07 *(978-1-5341-8727-6(8)*, 219178) Cherry Lake Publishing.

Florizel (Classic Reprint) Isabel McReynolds Gray. 2018. (ENG., Illus.). 152p. (J). 27.05 *(978-0-267-14576-8(4))* Forgotten Bks.

Floss: The Dancing Dinosaur. John McIntyre. 2022. (ENG.). 34p. (J). pap. ***(978-1-80227-567-4(3))*** Publishing Push Ltd.

Floss Your Teeth! Katie Marsico. Illus. by Jeff Bane. 2019. (My Early Library: My Healthy Habits Ser.). (ENG.). 24p. (J). (gr. k-1). pap. 12.79 *(978-1-5341-3933-6(8)*, 212561); lib. bdg. 30.64 *(978-1-5341-4277-0(0)*, 212560) Cherry Lake Publishing.

Flossie's Beauty Shop. Camille Lancaster. Illus. by Paris Beauchamp. 2020. (ENG.). 28p. (J). (gr. k-3). pap. 8.99 *(978-1-0878-7122-6(0))* Lancaster, Camille.

Flossy & the Birds: An Early Introduction to Bird Identification. Craig Davis. Illus. by Beth Ward. 2023. (ENG.). 24p. (J). pap. ***(978-1-80227-852-1(4))*** Publishing Push Ltd.

¿Flotará? Alan Walker. Tr. by Pablo de la Vega. 2021. (Mis Primeros Libros de Ciencia (My First Science Books) Ser.). (SPA., Illus.). 24p. (J). (gr. k-2). pap. *(978-1-4271-3230-7(5)*, 15034); lib. bdg. *(978-1-4271-3219-2(4)*, 15017) Crabtree Publishing Co.

Flotsam. Henry Seton Merriman. 2017. (ENG.). 392p. (J). pap. *(978-3-337-11169-4(6))* Creation Pubs.

Flotsam: The Study of a Life (Classic Reprint) Henry Seton Merriman. 2018. (ENG., Illus.). 390p. (J). 31.94 *(978-0-428-39372-4(1))* Forgotten Bks.

Flotter Ou Couler. Julie K. Lundgren. Tr. by Annie Evearts. 2021. (Mes Premiers Livres de Science (My First Science Books) Ser.). (FRE.). 24p. (J). (gr. k-2). pap. *(978-1-0396-0887-0(6)*, 13365) Crabtree Publishing Co.

Flounder Cat. Nina Leipold. Ed. by Nina Leipold. 2023. (ENG.). 40p. (J). 17.99 ***(978-1-0881-2744-5(4))***; pap. 12.99 ***(978-1-0881-2772-8(X))*** Indy Pub.

Flour to Pasta, 1 vol. B. J. Best. 2016. (How It Is Made Ser.). (ENG., Illus.). 24p. (gr. 1-1). pap. 9.22 *(978-1-5026-2126-9(6)*, aee5174e-d71d-441b-abf2-7e5d19026420) Cavendish Square Publishing LLC.

Flourish. Steven Moss. 2020. (ENG.). 94p. (J). pap. 7.00 *(978-1-716-92592-4(4))* Lulu Pr., Inc.

Flourishing of Floralie Laurel. Fiadhnait Moser. 2018. (ENG., Illus.). 336p. (J). (gr. 4-9). 16.99 *(978-1-4998-0668-7(X)*, Yellow Jacket) Bonnier Publishing USA.

Flow. Clare Littlemore. 2017. (Flow Ser.: Vol. 1). (ENG.). 308p. (YA). (gr. 8-12). pap. *(978-1-9998381-0-2(6))* Littlemore, Clare.

Flow, Flow, Flow. Andrée Salom. Illus. by Ivette Salom. 2018. (ENG.). 40p. (J). 16.95 *(978-1-61429-330-9(9))* Wisdom Pubns.

Flow of Water in Open Channels, Pipes, Sewers, Conduits, &C: With Tables, Based on Formulae of d'Arcy, Kutter, & Bazin (Classic Reprint) Patrick John Flynn. 2017. (ENG., Illus.). (J). pap. 9.97 *(978-1-5277-4486-8(8))* Forgotten Bks.

Flow, Spin, Grow: Looking for Patterns in Nature. Patchen Barss. Illus. by Todd Stewart. 2022. (ENG.). 32p. (J). (gr. k-5). 9.95 *(978-1-77147-519-8(6))* Owlkids Bks. Inc. CAN. Dist: Publishers Group West (PGW).

Flowchart Smart: Set 2. 2017. (Flowchart Smart Ser.). 48p. (gr. 4-5). pap. 84.30 *(978-1-5382-0778-9(8))*; (ENG.). lib. bdg. 201.60 *(978-1-5382-0612-6(9)*, df80bddb-dd65-4c23-a616-04367baf5ab3) Stevens, Gareth Publishing LLLP.

Flowchart Smart: Set 4, 12 vols. 2019. (Flowchart Smart Ser.). (ENG.). 48p. (J). (gr. 4-5). lib. bdg. 201.60 *(978-1-5382-5333-5(X)*, 06f2a5f3-b3c8-4217-a043-c94287baa267) Stevens, Gareth Publishing LLLP.

Flowchart Smart: Sets 1 - 3. 2018. (Flowchart Smart Ser.). (ENG.). (J). pap. 270.90 *(978-1-5382-3607-9(9))*; (gr. 4-5). lib. bdg. 604.80 *(978-1-5382-3605-5(2)*, d9346f80-4c58-441c-b44e-0525e0099575) Stevens, Gareth Publishing LLLP.

Flowchart Smart: Sets 1 - 4. 2019. (Flowchart Smart Ser.). (ENG.). (J). pap. 361.20 *(978-1-5382-5355-7(0))*; (gr. 4-5). lib. bdg. 806.40 *(978-1-5382-5334-2(8)*, 12ec9bed-2589-41f6-b573-9ac110adb8b4) Stevens, Gareth Publishing LLLP.

Flower. Shea Olsen & Elizabeth Craft. 2017. (ENG.). 320p. (YA). 18.99 *(978-0-373-21187-6(2)*, Harlequin Teen) Harlequin Enterprises ULC CAN. Dist: HarperCollins Pubs.

Flower Adult Coloring Book: A Flower Adult Coloring Book to Get Stress Relieving & Relaxation. Elli Steele. 2020. (ENG.). 106p. (YA). pap. 10.31 *(978-1-716-30091-2(6))* Lulu Pr., Inc.

Flower & a Tree. Alex Edwards-Jones. 2020. (ENG.). 30p. (J). *(978-1-5289-7792-0(0))*; pap. *(978-1-5289-7791-3(2))* Austin Macauley Pubs. Ltd.

Flower & the Fairy. Heather Israel. 2020. (ENG.). 36p. (J). pap. 13.95 *(978-1-64628-379-8(1))* Page Publishing Inc.

Flower & the Fish. Joey Case. 2016. (ENG., Illus.). (J). pap. 12.95 *(978-1-68348-949-8(7))* Page Publishing Inc.

Flower & the Leaf (Classic Reprint) Geoffrey Chaucer. 2018. (ENG., Illus.). 50p. (J). 24.93 *(978-0-332-99623-3(9))* Forgotten Bks.

Flower & the Star, & Other Stories for Children (Classic Reprint) William James Linton. (ENG., Illus.). (J). 2018. 126p. 26.50 *(978-0-365-26950-2(6))*; 2017. pap. 9.57 *(978-0-259-45129-7(0))* Forgotten Bks.

Flower & Thorn (Classic Reprint) Beatrice Whitby. 2017. (ENG., Illus.). (J). 30.43 *(978-0-260-90154-5(7))*; pap. 13.57 *(978-1-5280-4258-1(1))* Forgotten Bks.

Flower & Weed. Mary Elizabeth Braddon. 2017. (ENG.). 260p. (J). pap. *(978-3-337-04147-2(7))* Creation Pubs.

Flower & Weed: And Other Tales (Classic Reprint) Mary Elizabeth Braddon. 2018. (ENG., Illus.). 356p. (J). 31.24 *(978-0-365-13551-7(8))* Forgotten Bks.

Flower & Weed (Classic Reprint) M. E. Braddon. 2018. (ENG., Illus.). 262p. (J). 29.32 *(978-0-267-43900-3(8))* Forgotten Bks.

Flower Basket: A Fairy Tale (Classic Reprint) Unknown Author. 2018. (ENG., Illus.). 86p. (J). 25.81 *(978-0-484-13816-1(2))* Forgotten Bks.

Flower Basket: A Tale for Youth (Classic Reprint) T. J. Sawyer. 2018. (ENG., Illus.). 180p. (J). 27.61 *(978-0-428-58061-2(0))* Forgotten Bks.

Flower Basket: From the German (Classic Reprint) Christopher Schmid. (ENG., Illus.). (J). 2018. 216p. 28.37 *(978-0-483-78699-8(3))*; 2017. pap. 10.97 *(978-0-243-57036-2(8))* Forgotten Bks.

Flower Beneath the Foot: Being a Record of the Early Life of St. Laura de Nazianzi & the Times in Which She Lived (Classic Reprint) Ronald Firbank. 2017. (ENG., Illus.). (J). 28.78 *(978-0-331-14193-1(0))*; pap. 11.57 *(978-0-243-53795-2(6))* Forgotten Bks.

Flower Book (Classic Reprint) Constance Armfield. 2018. (ENG., Illus.). 204p. (J). 28.12 *(978-0-365-37873-0(9))* Forgotten Bks.

Flower Book (Classic Reprint) Eden Coybee. (ENG., Illus.). (J). 2018. 106p. 26.10 *(978-0-484-39790-2(7))*; 2016. pap. 9.57 *(978-1-334-16239-8(5))* Forgotten Bks.

Flower Box (Berkeley Boys Books) Vaughn Berkeley. 2022. (Berkeley Boys Books - Set 6 Ser.). (ENG.). 30p. (J). pap. *(978-1-989612-79-8(2))* CM Berkeley Media Group.

Flower Children: The Little Cousins of the Field & Garden. Elizabeth Gordon. 2017. (ENG., Illus.). (J). (gr. 1). pap. *(978-0-649-42027-8(6))* Trieste Publishing Pty Ltd.

Flower Children: The Little Cousins of the Field & Garden (Classic Reprint) Elizabeth Gordon. (ENG., Illus.). (J). (gr. 1). 2017. 25.88 *(978-0-331-55356-7(2))*; 2016. pap. 9.57 *(978-1-333-24470-5(3))* Forgotten Bks.

Flower Coloring Book for Adult: A Flower Coloring Book to Get Stress Relieving & Relaxation. Elli Steele. 2021. (ENG.). 106p. (YA). pap. 10.30 *(978-1-716-27239-4(4))* Lulu Pr., Inc.

Flower Coloring Book for Adults: A Flower Coloring Book for Adult to Get Stress Relieving & Relaxation. Elli Steele. 2020. (ENG.). 106p. (YA). pap. 10.34 *(978-1-716-30565-8(9))* Lulu Pr., Inc.

Flower Coloring Book for Adults: An Adult Coloring Book with Flower Collection. Featuring Flowers, Butterfly, Birds & & Much More. Prince Milan Benton. 2021. (ENG.). 106p. (YA). pap. 12.89 ***(978-0-321-10194-5(4)***, Mosby Ltd.) Elsevier - Health Sciences Div.

Flower Coloring Book for Kids. Irene Eva Toth. 2020. (ENG.). 100p. (J). pap. 9.99 *(978-1-716-32430-7(0))* Lulu Pr., Inc.

Flower Colors: A Child's Introduction to Colors in the Natural World. David E. McAdams. 2023. (Colors in the Natural World Ser.: Vol. 3). (ENG.). (J). 36p. 29.95 ***(978-1-63270-372-9(6))***; 34p. pap. 18.95 ***(978-1-63270-342-2(4))*** Life is a Story Problem LLC.

Flower Crafts. Rebecca Sabelko. 2020. (Crafting with Nature Ser.). (ENG., Illus.). 24p. (J). (gr. 3-8). lib. bdg. 26.95 *(978-1-64487-187-4(4)*, Epic Bks.) Bellwether Media.

Flower de Hundred: The Story of a Virginia Plantation (Classic Reprint) Burton Harrison. 2017. (ENG., Illus.). 322p. (J). 30.56 *(978-0-484-76944-0(8))* Forgotten Bks.

Flower Designs Adult Coloring Book: Beautiful Flower Garden Patterns & Botanical Floral Prints. Rhea Stokes. 2021. (ENG.). 64p. (YA). pap. 9.65 *(978-1-4716-8702-0(3))* Lulu Pr., Inc.

Flower Designs & Patterns - Coloring Books Adults Relaxation Edition. Activity Attic Books. 2016. (ENG., Illus.). (J). pap. 7.74 *(978-1-68323-119-6(8))* Twin Flame Productions.

Flower Fables. Louisa Alcott. 2020. (ENG.). (J). 132p. 17.95 *(978-1-64799-505-8(1))*; 130p. pap. 9.95 *(978-1-64799-504-1(3))* Bibliotech Pr.

Flower Fairies of the Autumn. Cicely Mary Barker. 2018. (Flower Fairies Ser.). (ENG., Illus.). 56p. (J). (gr. -1-2). 7.99 *(978-0-241-33545-1(0)*, Warne) Penguin Young Readers Group.

Flower Fairies of the Spring. Cicely Mary Barker. 2021. (ENG.). 32p. (J). (gr. -1-3). pap. 6.99 *(978-1-4209-7439-3(4))* Digireads.com Publishing.

Flower Fairies of the Spring. Cicely Mary Barker. 2022. (ENG.). 20p. (J). (gr. -1-3). pap. ***(978-1-77323-888-3(4))*** Rehak, David.

Flower Fairies of the Spring: 24 Full Color Illustrations. Cicely Mary Barker. 2020. (ENG., Illus.). 54p. (J). (gr. -1-3). pap. 6.50 *(978-1-68422-471-5(3))* Martino Fine Bks.

F

Flower Fairies of the Summer. Cicely Mary Barker. 2021. (ENG.). 28p. (J). (gr. -1-2). pap. 6.99 (978-1-4209-7440-9(8)) Digireads.com Publishing.
Flower Fairies of the Summer. Cicely Mary Barker. 2018. (Flower Fairies Ser.). (ENG.). 56p. (J). (gr. -1-2). 8.99 (978-0-241-33547-5(7), Warne) Penguin Young Readers Group.
Flower Fairies of the Winter. Cicely Mary Barker. 2018. (Flower Fairies Ser.). (ENG., Illus.). 56p. (J). (gr. -1-2). 8.99 (978-0-241-33548-2(5), Warne) Penguin Young Readers Group.
Flower Fairies of the World. Jean Nelson Woomer. 2016. (ENG., Illus.). (J). 21.95 (978-1-63575-318-9(X)); pap. 12.95 (978-1-63525-935-3(5)) Christian Faith Publishing.
Flower Fancies (Classic Reprint) Anabel Andrews. 2018. (ENG., Illus.). 66p. (J). 25.28 (978-0-483-16590-8(5)) Forgotten Bks.
Flower, Flower, Give Her Power. Jordan C. Sullen. 2019. (ENG., Illus.). 34p. (J). (gr. k-4). pap. 14.95 (978-1-61244-800-8(3)) Halo Publishing International.
Flower Folk: New Illustrations in Colors & in Monotint (Classic Reprint) Anna M. Pratt. 2018. (ENG., Illus.). (J). 70p. 25.36 (978-0-366-19403-2(8)); 72p. pap. 9.57 (978-0-366-19347-9(3)) Forgotten Bks.
Flower for the Emperor: A Chinese Folktale. Lisa Harkrader. 2016. (Spring Forward Ser.). (J). (gr. 1). (978-1-4900-2242-0(2)) Benchmark Education Co.
Flower, Fruit, & Thorn Pieces: Or, the Wedded Life, Death, & Marriage of Firmian Stanislaus Siebenkaes, Parish Advocate in the Burgh of Kuhschnappel, a Genuine Thorn Piece (Classic Reprint) Jean Paul Friedrich Richter. 2017. (ENG., Illus.). (J). 36.75 (978-0-265-57391-4(2)) Forgotten Bks.
Flower, Fruit & Thorn Pieces, or the Married Life, Death, & Wedding of the Advocate of the Poor, Firmian Stanislaus Siebenkas, Vol. 1 of 2 (Classic Reprint) Jean Paul Friederich Richter. 2017. (ENG., Illus.). (J). pap. 19.97 (978-0-259-18995-4(2)) Forgotten Bks.
Flower, Fruit, & Thorn Pieces, or the Married Life, Death, & Wedding of the Advocate of the Poor, Firmian Stanislaus Siebenkas, Vol. 1 of 2 (Classic Reprint) Jean Paul Friedrich Richter. 2017. (ENG., Illus.). (J). 31.65 (978-0-331-85566-1(6)); pap. 13.97 (978-1-334-91276-4(9)) Forgotten Bks.
Flower, Fruit & Thorn Pieces, Vol. 2 Of 2: Or the Married Life, Death, & Wedding of the Advocate of the Poor (Classic Reprint) Jean Paul Friedrich Richter. 2018. (ENG., Illus.). 354p. (J). 31.22 (978-0-364-35854-2(8)) Forgotten Bks.
Flower Garden. Renée Kurilla. 2022. (ENG., Illus.). 80p. (J). (gr. 1-4). 12.99 (978-1-4197-5020-5(8), 1712501, Amulet Bks.) Abrams, Inc.
Flower Garden. Reshma Sher. 2017. (ENG., Illus.). v, 29p. (J). pap. (978-1-78623-873-3(X)) Grosvenor Hse. Publishing Ltd.
Flower Girl. Amy Bloom. Illus. by Jameela Wahlgren. 2023. (ENG.). 40p. (J). (gr. -1-3). 18.95 (978-1-324-03035-5(6), 343035, Norton Young Readers) Norton, W. W. & Co., Inc.
Flower Girl? Christy Brown. 2022. (ENG.). 28p. (J). pap. 14.95 (978-1-68513-039-8(9)) Black Rose Writing.
Flower Girl: Leveled Reader Red Fiction Level 4 Grade 1. Hmh Hmh. 2019. (Rigby PM Ser.). (ENG.). 16p. (J). (gr. 1). pap. 11.00 (978-0-358-12134-3(5)) Houghton Mifflin Harcourt Publishing Co.
Flower Girl Dreams. Debbie Dadey. Illus. by Tatevik Avakyan. 2017. (Mermaid Tales Ser.: 16). (ENG.). 128p. (J). (gr. 1-4). pap. 5.99 (978-1-4814-4084-4(5), Simon & Schuster/Paula Wiseman Bks.) Simon & Schuster/Paula Wiseman Bks.
Flower Hunt. Courtney Murphy. 2022. (ENG.). 24p. (J). (978-0-2288-4125-8(9)); pap. (978-0-2288-4124-1(0)) Tellwell Talent.
Flower-Hunter in Queensland & New Zealand (Classic Reprint) Ellis Rowan. 2017. (ENG., Illus.). (J). 30.62 (978-0-331-58768-5(8)) Forgotten Bks.
Flower Is a Friend. Frieda Wishinsky. Illus. by Karen Patkau. 2023. 36p. (J). (gr. -1-1). 18.95 (978-1-77278-280-6(7)) Pajama Pr. CAN. Dist: Publishers Group West (PGW).
Flower Maiden: And Other Stories (Classic Reprint) Hans Christian Anderson. 2017. (ENG., Illus.). (J). 136p. 26.70 (978-0-332-76016-2(2)); 138p. pap. 9.57 (978-0-332-58187-3(X)) Forgotten Bks.
Flower Mandalas for Grownups: Mandala Coloring Books for Adults. Activibooks. 2016. (ENG., Illus.). (J). pap. 9.20 (978-1-68321-090-0(5)) Mimaxion.
Flower Moon. Gina Linko. 2018. (ENG.). 256p. (J). (gr. 4-8). 15.99 (978-1-5107-2274-3(2), Sky Pony Pr.) Skyhorse Publishing Co., Inc.
Flower Moon. Om Wolf. 2023. (ENG.). 32p. (J). pap. 14.99 **(978-1-0881-1074-4(6))** Indy Pub.
Flower Named Tenderly. Mark Ekdahl. 2019. (ENG.). 26p. (J). pap. 12.95 (978-1-64349-200-1(4)) Christian Faith Publishing.
Flower o' the Bush (Classic Reprint) Marion Downes. 2018. (ENG., Illus.). 346p. (J). 31.05 (978-0-483-43473-8(6)) Forgotten Bks.
Flower-O-the Corn (Classic Reprint) S. R. Crockett. 2017. (ENG., Illus.). (J). 32.68 (978-1-5281-7210-3(8)) Forgotten Bks.
Flower-O'-the-Corn (Classic Reprint) Samuel Rutherford Crockett. (ENG., Illus.). (J). 2019. 484p. 33.88 (978-0-483-61808-4(X)); 2017. pap. 16.57 (978-0-243-28674-4(0)) Forgotten Bks.
Flower o the Orange: And Other Tales, of Bygone Days (Classic Reprint) Agnes Castle. 2018. (ENG., Illus.). 328p. (J). 30.66 (978-0-332-40307-6(6)) Forgotten Bks.
Flower o the Peach (Classic Reprint) Perceval Gibbon. 2018. (ENG., Illus.). 406p. (J). 32.27 (978-0-484-34717-4(9)) Forgotten Bks.
Flower of Destiny: An Episode (Classic Reprint) William Dana Orcutt. (ENG., Illus.). (J). 2018. 280p. 29.69 (978-0-364-42993-8(3)); 2017. pap. 13.57 (978-0-259-21247-8(4)) Forgotten Bks.
Flower of Destiny: Old Days of the Serail (Classic Reprint) Margaret Mordecai. 2018. (ENG., Illus.). 346p. (J). 31.05 (978-0-267-44117-4(7)) Forgotten Bks.
Flower of Eden & Other Poems. Edward Wallace Lee. 2017. (ENG., Illus.). (J). pap. (978-0-649-32409-5(9)) Trieste Publishing Pty Ltd.
Flower of England's Face. Julia C. R. Dorr. 2017. (ENG.). 276p. (J). pap. (978-3-337-20945-2(9)) Creation Pubs.
Flower of England's Face: Sketches of English Travel (Classic Reprint) Julia C. R. Dorr. 2018. (ENG., Illus.). 276p. (J). 29.61 (978-0-483-72316-0(9)) Forgotten Bks.
Flower of Forgiveness (Classic Reprint) Flora Annie Steel. 2018. (ENG., Illus.). 418p. (J). 32.54 (978-0-483-54452-9(3)) Forgotten Bks.
Flower of Forgiveness, Vol. 1 (Classic Reprint) Flora Annie Steel. 2018. (ENG., Illus.). 250p. (J). 29.07 (978-0-483-23353-9(6)) Forgotten Bks.
Flower of Forgiveness, Vol. 2 (Classic Reprint) Flora Annie Steel. (ENG., Illus.). (J). 2018. 232p. 28.68 (978-0-332-40821-7(3)); 2016. pap. 11.57 (978-1-333-52068-7(9)) Forgotten Bks.
Flower of Fortune (Classic Reprint) Emilie Benson Knipe. 2018. (ENG., Illus.). 372p. (J). 31.57 (978-0-267-47653-4(1)) Forgotten Bks.
Flower of France: A Story of Old Louisiana (Classic Reprint) Marah Ellis Ryan. 2017. (ENG., Illus.). (J). 30.74 (978-1-5284-7210-4(1)) Forgotten Bks.
Flower of France (Classic Reprint) Justin H. McCarthy. (ENG., Illus.). (J). 2018. 342p. 30.95 (978-0-656-96377-5(8)); 2017. pap. 13.57 (978-0-243-31133-0(8)) Forgotten Bks.
Flower of Gala Water: A Novel (Classic Reprint) Amelia E. Barr. 2018. (ENG., Illus.). 414p. (J). 32.44 (978-0-428-50969-9(X)) Forgotten Bks.
Flower of Gloster (Classic Reprint) Temple Thurston. 2017. (ENG., Illus.). (J). 29.22 (978-1-5279-6176-0(1)) Forgotten Bks.
Flower of Her Youth: Every Great Woman Was Once a Young Girl, to Some She Did Nothing, to Others She Changed Their World. Emma-Grace Murrah. Ed. by Sony Elise. Illus. by Brayden Murrah. 2018. (ENG.). 340p. (J). pap. 12.25 (978-1-7321239-0-8(X)) Murrah, Emma-Grace.
Flower of Innocence, or Rachel: A True Narrative; with Other Tales (Classic Reprint) Charlotte Elizabeth. 2017. (ENG., Illus.). (J). 28.02 (978-0-265-51992-9(6)); pap. 10.57 (978-0-243-33524-4(5)) Forgotten Bks.
Flower of Monterey: A Romance of the Californias (Classic Reprint) Katherine Bernie King Hamill. 2018. (ENG., Illus.). 378p. (J). 31.69 (978-0-332-09681-0(5)) Forgotten Bks.
Flower of Sand. Manuel Lourenzo Gonzalez. 2017. (Galician Wave Ser.: Vol. 12). (ENG., Illus.). (YA). (gr. 7-12). pap. (978-954-384-075-5(X)) Small Stations Pr. = Smol Stejsans Pres.
Flower of the Chapdelaines (Classic Reprint) George W. Cable. 2017. (ENG., Illus.). (J). 31.01 (978-0-265-21730-6(X)) Forgotten Bks.
Flower of the Dusk (Classic Reprint) Myrtle Reed. 2017. (ENG., Illus.). (J). 29.80 (978-0-331-66885-8(8)) Forgotten Bks.
Flower of the Family: A Book for Girls (Classic Reprint) Elizabeth Prentiss. (ENG., Illus.). (J). 2018. 378p. 31.69 (978-0-267-32366-1(2)); 2016. pap. 16.57 (978-1-333-51171-5(X)) Forgotten Bks.
Flower of the Flock, Vol. 1 of 3 (Classic Reprint) Pierce Egan. 2019. (ENG., Illus.). 338p. (J). 30.87 (978-0-267-16784-5(9)) Forgotten Bks.
Flower of the North a Modern Romance (Classic Reprint) James Oliver Curwood. 2018. (ENG., Illus.). 322p. (J). 30.54 (978-0-483-20400-3(5)) Forgotten Bks.
Flower of the Tropics: And Other Stories of Mexico & the Border (Classic Reprint) Warner P. Sutton. 2017. (ENG., Illus.). (J). 26.68 (978-0-331-65347-2(8)); pap. 9.57 (978-0-243-05228-8(6)) Forgotten Bks.
Flower of the World (Classic Reprint) Alice Calhoun Haines. 2017. (ENG., Illus.). (J). 30.08 (978-0-265-19312-9(5)) Forgotten Bks.
Flower of Youth: A Romance (Classic Reprint) Roy Rolfe Gilson. 2018. (ENG., Illus.). 274p. (J). 29.57 (978-0-483-88868-5(0)) Forgotten Bks.
Flower-Patch among the Hills (Classic Reprint) Flora Klickmann. 2016. (ENG., Illus.). (J). pap. 13.57 (978-1-333-46981-8(0)) Forgotten Bks.
Flower Power. Judy Lindquist. 2019. (ENG.). 108p. (J). pap. 16.95 (978-1-950613-35-9(6)) Taylor and Seale Publishing.
Flower Power. Melody Mews. Illus. by Ellen Stubbings. 2022. (Itty Bitty Princess Kitty Ser.: 10). (ENG.). 128p. (J). (gr. k-4). 17.99 (978-1-6659-1201-3(4)); pap. 6.99 (978-1-6659-1200-6(6)) Little Simon. (Little Simon).
Flower Power. Ann Walsh. 2nd ed. 2022. (Orca Currents Ser.). (ENG.). 144p. (J). (gr. 4-8). pap. 10.95 (978-1-4598-3457-6(7)) Orca Bk. Pubs. USA.
Flower Power: The 80's Coloring Book for Kids. Speedy Kids. 2018. (ENG., Illus.). 106p. (J). pap. 12.55 (978-1-5419-3718-5(X)) Speedy Publishing LLC.
Flower Power: The Magic of Nature's Healers. Christine Paxmann. Illus. by Olaf Hajek. 2020. (ENG.). 40p. (J). (gr. 3-7). 19.95 (978-3-7913-7399-7(4)) Prestel Verlag GmbH & Co KG. DEU. Dist: Penguin Random Hse. LLC.
Flower Predictions. Lilliana Rose. 2017. (ENG., Illus.). (YA). pap. 11.99 (978-1-68291-525-7(5)) Soul Mate Publishing.
Flower Princess. Abbie Farwell Brown. 2019. (ENG., Illus.). 64p. (YA). (gr. 7-12). pap. (978-93-5329-443-4(6)) Alpha Editions.
Flower Princess (Classic Reprint) Abbie Farwell Brown. (ENG., Illus.). (J). 2018. 150p. 26.99 (978-0-483-11035-9(3)); 2016. pap. 9.57 (978-1-333-37028-2(8)) Forgotten Bks.
Flower Shop Pup: A Tale of Kindness & Belonging. Maria Ramirez & Megan Barnes. 2023. (ENG.). 26p. (J). pap. 10.00 **(978-1-0881-9987-9(9))** Indy Pub.
Flower Stories (Classic Reprint) Lenore Elizabeth Mulets. (ENG., Illus.). (J). 2018. 268p. 29.42 (978-0-483-41647-5(9)); 2016. pap. 11.97 (978-1-333-71933-3(7)) Forgotten Bks.
Flower Talk: How Plants Use Color to Communicate. Sara Levine. Illus. by Masha D'yans. 2019. (ENG.). 32p. (J). (gr. 2-5). 19.99 (978-1-5415-1928-2(0), 015b717b-ab5d-4255-89ed-f4cba6fb519b, Millbrook Pr.) Lerner Publishing Group.
Flower That Finally Bloomed. Janet Yvette Williams. 2016. (ENG., Illus.). (J). pap. 27.95 (978-1-4808-3671-6(0)) Archway Publishing.
Flower That Wouldn't Grow. Victoria Anne D'Anna. 2023. (ENG.). 40p. (J). pap. **(978-1-83875-678-9(7)**, Nightingale Books) Pegasus Elliot Mackenzie Pubs.
Flower-Time in the Oberland (Classic Reprint) H. D. Rawnsley. 2018. (ENG., Illus.). 380p. (J). 31.75 (978-0-666-26191-5(1)) Forgotten Bks.
Flower Trail. Marian Hawkins. 2021. (Treeture Creatures & Flowerbuds Ser.: Vol. 5). (ENG.). 28p. (J). pap. (978-1-912765-40-9(3)) Blue Falcon Publishing.
Flower Wedding: Described by Two Wallflowers. Walter Crane. 2018. (ENG., Illus.). 44p. (YA). (gr. 7-12). pap. (978-93-5329-248-5(4)) Alpha Editions.
Flowerchild. MaryAnn Hayatian. 2016. (ENG., Illus.). (J). (978-1-927914-71-7(X)) Flower Pr.
FlowerChild. MaryAnn Hayatian. 2019. (ENG.). 34p. (J). pap. (978-1-989277-56-0(X)) Butterflyanthology.
Floweret: A Gift of Love (Classic Reprint) Anna Maria Wells. 2017. (ENG., Illus.). (J). 25.48 (978-0-260-88400-8(6)) Forgotten Bks.
Flowerheart. Catherine Bakewell. 2023. (ENG.). 352p. (YA). (gr. 8). 19.99 (978-0-06-321459-0(8), HarperTeen) HarperCollins Pubs.
Flowering & Nonflowering Plants Explained, 1 vol. Laura Sullivan. 2016. (Distinctions in Nature Ser.). (ENG.). 32p. (gr. 3-3). pap. 11.58 (978-1-5026-2177-1(0), 148eced9-76bd-4240-b6f2-982d8157fade); lib. bdg. 30.21 (978-1-5026-2179-5(7), a65c38db-aa04-473f-9141-40f57629fcf0) Cavendish Square Publishing LLC.
Flowering Fern: The Third Book of the Folk of the Twill Sseries. Amrita Tezla. 2022. (ENG.). 308p. (YA). pap. 26.99 (978-1-4717-5536-1(3)) Lulu Pr., Inc.
Flowering vs. Non-Flowering Plants: Knowing the Difference - Biology 3rd Grade Children's Biology Books. Baby Professor. 2017. (ENG., Illus.). (J). pap. 8.79 (978-1-5419-1074-4(5), Baby Professor (Education Kids)) Speedy Publishing LLC.
Flowerless Garden. Olive Grace. 2019. (Ivena Rose Ser.: Vol. 1). (ENG.). 30p. (J). 22.95 (978-1-64569-149-5(7)); pap. 12.95 (978-1-64458-072-1(1)) Christian Faith Publishing.
Flowers, 1 vol. Steffi Cavell-Clarke. 2017. (Learn about Plants! Ser.). (ENG.). 24p. (gr. 2-2). pap. 9.25 (978-1-5345-2243-5(3), 68530be4-b3e1-42bb-ad23-b7748af0c6bb); lib. bdg. 26.23 (978-1-5345-2239-8(5), f7cfd563-afcf-487a-8f1a-4f2e1dacf795) Greenhaven Publishing LLC.
Flowers. Kathryn Clay. 2016. (Celebrate Spring Ser.). (ENG., Illus.). 24p. (J). (gr. -1-2). lib. bdg. 22.65 (978-1-4914-8304-6(0), 130780) Capstone.
Flowers. Gail Gibbons. (Illus.). 32p. (J). (gr. -1-3). 2020. pap. 8.99 (978-0-8234-4537-0(2)); 2018. 17.99 (978-0-8234-3787-0(6)) Holiday Hse., Inc.
Flowers. Kanar Ibrahem. 2021. (ENG.). 30p. (J). pap. 13.95 (978-1-0980-9476-8(X)) Christian Faith Publishing.
Flowers, 1 vol. Gallimard Jeunesse. 2018. (My First Book of Nature Ser.). (ENG., Illus.). 24p. (J). (gr. 2-2). 26.27 (978-1-5081-9611-2(7), 2fb429d2-7c93-4006-95ac-e61f498a0eb2, Windmill Bks.) Rosen Publishing Group, Inc., The.
Flowers. K. C. Kelley. 2018. (Spot Awesome Nature Ser.). (ENG.). 16p. (J). (gr. -1-2). pap. 7.99 (978-1-68152-247-0(0), 14822) Amicus.
Flowers. Marissa Kirkman. 2019. (Plant Parts Ser.). (ENG., Illus.). 24p. (J). (gr. -1-2). pap. 6.95 (978-1-9771-1020-6(7), 141096, Pebble) Capstone.
Flowers. Gemma McMullen. 2018. (Parts of a Plant Ser.). (ENG.). 24p. (J). (gr. k-2). lib. bdg. 22.99 (978-1-5105-3777-4(5)) SmartBook Media, Inc.
Flowers. Illus. by René Mettler. 2023. (My First Discovery Paperbacks Ser.). (ENG.). 32p. (J). (gr. k-2). pap. 9.99 (978-1-85103-757-5(8)) Moonlight Publishing, Ltd. GBR. Dist: Independent Pubs. Group.
Flowers. Vijaya Khisty Bodach. rev. ed. 2016. (Plant Parts Ser.). (ENG.). 24p. (J). (gr. -1-2). pap. 7.29 (978-1-5157-4243-2(1), 134001, Capstone Pr.) Capstone.
Flowers: Children's Environment Book. Bold Kids. 2022. (ENG.). 42p. (J). pap. 15.99 **(978-1-0717-0978-8(X))** FASTLANE LLC.
Flowers Adult Coloring Book: Beautiful Coloring Book for Adults Featuring Flowers, Vases, Bunches, & a Variety of Flower Designs. Rhea Stokes. 2021. (ENG.). 64p. (YA). pap. 9.66 (978-1-4717-0287-7(1)) Lulu Pr., Inc.
Flowers & Mandala Coloring Book for Adults: Awesome Mandala Adult Coloring Book: Stress Relieving. Elli Steele. 2020. (ENG.). 106p. (YA). pap. 10.34 (978-1-716-30356-2(7)) Lulu Pr., Inc.
Flowers & Plants. Andrea Debbink. 2021. (Field Guides). (ENG., Illus.). 112p. (J). (gr. 4-8). lib. bdg. 44.21 (978-1-5321-9695-9(4), 38356) ABDO Publishing Co.
Flowers & Trees. Paula Murrain. 2022. (Charlie's Adventures in Learning Ser.: 4). (Illus.). 28p. (J). pap. 12.00 **(978-1-6678-6767-0(9))** BookBaby.
Flowers Are Food. Tayiah Johnsen. 2019. (ENG., Illus.). (J). 32p. **(978-0-6484438-1-0(7))**; 34p. pap. **(978-0-6484438-0-3(9))** Moonfrog Publishing Pty Ltd.
Flowers Are Pretty ... Weird! Rosemary Mosco. Illus. by Jacob Souva. 2022. (Nature's Top Secrets Ser.). (ENG.). 36p. (J). (gr. -1-3). 18.99 (978-0-7352-6594-3(1), Tundra Bks.) Tundra Bks. CAN. Dist: Penguin Random Hse. LLC.
Flowers (Classic Reprint) Margarita Spalding Gerry. 2017. (ENG., Illus.). (J). 70p. 25.34 (978-0-484-83216-8(6)); pap. 9.57 (978-0-259-18793-6(3)) Forgotten Bks.
Flowers. Coloring Book. Julian Baum. 2018. (ENG., Illus.). 48p. (J). pap. (978-1-989043-18-9(6)) Coal Harbour Publishing Ltd.
Flowers Coloring Book for Children (6x9 Coloring Book / Activity Book) Sheba Blake. 2020. (ENG.). 96p. (J). pap. 9.99 (978-1-222-28866-7(4)) Indy Pub.
Flowers Coloring Book for Children (8. 5x8. 5 Coloring Book / Activity Book) Sheba Blake. 2020. (ENG.). 96p. (J). pap. 12.99 (978-1-222-28878-0(8)) Indy Pub.
Flowers Coloring Book for Children (8x10 Coloring Book / Activity Book) Sheba Blake. 2020. (ENG.). 96p. (J). pap. 14.99 (978-1-222-28867-4(2)) Indy Pub.
Flowers Coloring Book for Girls: - Art Activites for Girls 50 Unique Designs. Raz McOvoo. 2020. (ENG.). 106p. (J). pap. 11.49 (978-1-715-76788-4(8)) Lulu Pr., Inc.
Flowers Coloring Book for Kids! a Variety of Flower Coloring Pages for Children. Bold Illustrations. 2022. (ENG.). 82p. (J). pap. 14.99 (978-1-0717-0687-9(X), Bold Illustrations) FASTLANE LLC.
Flowers Coloring Books for Adults: Stress Relieving, Fun Designs Flowers, Paisley Patterns. Nisclaroo. 2020. (ENG.). 150p. (J). pap. 13.31 (978-1-716-40204-3(2)) Google.
Flowers Colouring Book. Neek Nicole. 2021. (ENG.). 56p. (J). pap. **(978-0-19-684360-5(X)**, Fodor) Ebury Publishing.
Flowers' Festival. Elsa Beskow. 2016. (CHI.). 32p. (J). (gr. -1-2). pap. (978-7-5560-3814-5(9)) Hubei Children's Publishing Hse.
Flowers for Algernon Novel Units Student Packet. Novel Units. 2019. (ENG.). (YA). pap. 13.99 (978-1-56137-409-0(1), Novel Units, Inc.) Classroom Library Co.
Flowers for Beginners: Adult Coloring Book with Beautiful Realistic Flowers, Bouquets, Floral Designs, Sunflowers, Roses, Leaves, Butterfly, Spring, & Summer. Rhea Stokes. 2021. (ENG.). 64p. (YA). pap. 9.75 (978-1-4716-8061-8(4)) Lulu Pr., Inc.
Flowers for Children (Classic Reprint) Lydia Maria Child. (ENG., Illus.). (J). 2018. 568p. 35.61 (978-0-332-46786-3(4)); 2016. pap. 19.57 (978-1-333-60692-3(3)) Forgotten Bks.
Flowers for Flossie: Math Reader 3 Grade K. Hmh Hmh. 2018. (SPA.). 8p. (J). pap. 9.00 (978-1-328-57678-1(7)) Houghton Mifflin Harcourt Publishing Co.
Flowers for Flossie: Math Reader Grade K. Hmh Hmh. 2017. (Math Expressions Ser.). (ENG.). 8p. (J). (gr. k). pap. 4.93 (978-1-328-77222-0(5)) Houghton Mifflin Harcourt Publishing Co.
Flowers for Jesus: A Story of Therese of Lisieux As a Young Girl. Becky Arganbright. 2019. (ENG.). 32p. (J). (gr. -1-2). pap. 10.95 (978-1-68192-515-8(X)) Our Sunday Visitor, Publishing Div.
Flowers for Sarajevo, 1 vol. John McCutcheon. Illus. by Kristy Caldwell. 2017. 32p. (J). (gr. 2-5). 19.95 (978-1-56145-943-8(7)) Peachtree Publishing Co. Inc.
Flowers from Mariko, 1 vol. Rick Noguchi & Deneen Jenks. Illus. by Michelle Reiko Kumata. 2016. (ENG.). 32p. (J). (gr. 1-4). pap. 11.95 (978-1-62014-315-5(1), leelowbooks) Lee & Low Bks., Inc.
Flowers, Fruits & Leaves. John Lubbock. 2017. (ENG.). 168p. (J). pap. (978-3-337-10753-6(2)) Creation Pubs.
Flowers Grow All in a Row. Lisa Houck. 2016. (ENG., Illus.). 24p. (J). bds. 10.95 (978-0-7649-7446-5(7), POMEGRANATE KIDS) Pomegranate Communications, Inc.
Flowers Grow from Flower Seeds! Penelope Dyan. Illus. by Penelope Dyan. Lt. ed. 2022. (ENG.). 34p. (J). pap. 12.60 (978-1-61477-571-3(0)) Bellissima Publishing, LLC.
Flowers in Grids Drawing Book for Girl. Educando Kids. 2019. (ENG.). 42p. (J). pap. 8.55 (978-1-64521-633-9(0), Educando Kids) Editorial Imagen.
Flowers in the Gutter: The True Story of the Edelweiss Pirates, Teenagers Who Resisted the Nazis. K. R. Gaddy. 2020. (Illus.). 320p. (YA). (gr. 7). 18.99 (978-0-525-55541-4(2), Dutton Books for Young Readers) Penguin Young Readers Group.
Flowers in the Shop. Pocahontas Carter. Illus. by Cameron Wilson. 2021. (ENG.). 30p. (J). 16.99 (978-1-7371099-1-4(3)); pap. 12.00 (978-1-7371099-0-7(5)) Carter, Pocahontas.
Flowers in the Sun. Margo Gates. Illus. by Stephen Brown. 2020. (Plant Life Cycles (Pull Ahead Readers — Fiction) Ser.). (ENG.). 16p. (J). (gr. -1-1). pap. 8.99 (978-1-7284-0310-6(3), 6c7eeeb6-617e-4be3-99f9-fa07e34b223f); lib. bdg. 27.99 (978-1-5415-9028-1(7), 10b2f44b-cc0f-4a26-bab5-a6d2ab491223) Lerner Publishing Group. (Lerner Pubns.).
Flowers, Leaves & Other Plant Parts (a True Book: Incredible Plants!) (Library Edition) Jacob Batchelor. 2019. (True Book (Relaunch) Ser.). (ENG.). 48p. (J). (gr. 3-5). lib. bdg. 31.00 (978-0-531-23463-1(0), Children's Pr.) Scholastic Library Publishing.
Flowers Mandala Coloring Book: Awesome Flowers Mandala Adult Coloring Book: Stress Relieving. Elli Steele. 2021. (ENG.). 66p. (YA). pap. 8.99 (978-1-008-99452-2(9)) Lulu Pr., Inc.
Flowers Mandala Coloring Book for Adults: Awesome Flowers Mandala Adult Coloring Book Stress Relieving. Elli Steele. 2021. (ENG.). 210p. (YA). pap. 14.59 (978-1-716-16743-0(4)) Lulu Pr., Inc.
Flowers Need Sun: If... Then, 1 vol. Spencer Toole. 2017. (Computer Science for the Real World Ser.). (ENG.). 8p. (gr. k-1). pap. (978-1-5383-5107-9(2), 7cb15d8a-2224-4e16-bfcb-977518649865, Rosen Classroom) Rosen Publishing Group, Inc., The.
Flowers of Fable: Culled from Epictetus, Croxall, Dodsley, Gay, Cowper, Pope, Moore, Merrick, Denis, & Tapner (Classic Reprint) Unknown Author. (ENG., Illus.). (J). 2017. 31.32 (978-0-266-49436-2(6)); 2016. pap. 13.97 (978-1-334-15726-4(X)) Forgotten Bks.
Flowers of Fable: From Northcote, Aesop, Croxall, Gellert, Dodsley, Gay, la Fontaine, Lessing, Krasicki, Harder, Merrick, Cowper, etc (Classic Reprint) Unknown Author. 2018. (ENG., Illus.). 278p. (J). 29.63 (978-0-483-32531-9(7)) Forgotten Bks.
Flowers of Fable (Classic Reprint) Epictetus Epictetus. 2017. (ENG., Illus.). (J). 328p. 30.66 (978-0-332-20814-5(1)); pap. 13.57 (978-0-259-24610-7(7)) Forgotten Bks.
Flowers of Fable for Children: With Twenty-Four Engravings (Classic Reprint) James Northcote. 2017. (ENG., Illus.). (J). 26.62 (978-0-265-27550-4(4)) Forgotten Bks.

682 The check digit for ISBN-10 appears in parentheses after the full ISBN-13

Flowers of Lemuria. Riley Gipson. (ENG.). (YA). 2023. 382p. 28.99 *(978-1-0881-1056-0(8))*; 2022. 366p. pap. 16.99 *(978-1-0879-3516-4(4))* Indy Pub.

Flowers of Literature, for 1807, or Characteristic Sketches of Human Nature & Modern Manners: To Which Are Added, a General View of Literature During That Period; Portraits & Biographical Notices of Eminent, Literary, & Political Characters; with No. Francis William Blagdon. (ENG., Illus.). (J). 2018. 492p. 34.04 *(978-0-483-48204-3(8))*; 2016. pap. 16.57 *(978-1-334-14313-7(7))* Forgotten Bks.

Flowers of Literature, Vol. 1 Of 4: Consisting of Selections from History, Biography, Poetry & Romance; Jeux d'Esprit, Traditionary Relics, & Essays, with Translations from Approved Authors (Classic Reprint) William Oxberry. (ENG., Illus.). (J). 2018. 372p. 31.59 *(978-0-483-26085-6(1))*; 2017. pap. 13.97 *(978-0-243-90404-4(5))* Forgotten Bks.

Flowers of Literature, Vol. 2 Of 4: Consisting of Selections from History, Biography, Poetry, & Romance; Jeux d'Esprit, Traditionary Relics & Essays, with Translations from Approved Authors (Classic Reprint) William Oxberry. 2017. (ENG., Illus.). (J). 31.47 *(978-0-260-37566-7(7))*; pap. 13.97 *(978-0-260-37565-0(9))* Forgotten Bks.

Flowers of Literature, Vol. 3 Of 4: Consisting of Selections from History, Biography, Poetry, & Romance; Jeux d'Esprit, Traditionary Relics, & Essays, with Translations from Approved Authors (Classic Reprint) William Oxberry. 2018. (ENG., Illus.). 368p. (J). 31.49 *(978-0-483-34772-4(8))* Forgotten Bks.

Flowers of Literature, Vol. 4 Of 4: Consisting of Selections from History, Biography, Poetry, & Romance; Jeux d'Esprit, Traditionary Relics, & Essays, with Translations from Approved Authors (Classic Reprint) William Oxberry. 2018. (ENG., Illus.). 368p. (J). 31.51 *(978-0-428-72457-3(4))* Forgotten Bks.

Flowers of the Dust (Classic Reprint) John Oxenham. (ENG., Illus.). (J). 2017. 34.06 *(978-0-266-42121-4(0))*; 2016. pap. 16.57 *(978-1-333-72826-7(3))* Forgotten Bks.

Flowers of the Hunt. Finch Mason. 2017. (ENG., Illus.). (J). pap. *(978-0-649-15834-8(2))* Trieste Publishing Pty Ltd.

Flowers of the Hunt: With Fourth Illustrations by the Author, Including Twenty Full-Page Sketches (Classic Reprint) Finch Mason. 2018. (ENG., Illus.). 256p. (J). 29.18 *(978-0-267-22080-9(4))* Forgotten Bks.

Flowers That Never Fade: Culled for Their Young Friends (Classic Reprint) Amelia Amelia. (ENG., Illus.). (J). 2018. 122p. 26.45 *(978-0-483-05507-0(7))*; 2016. pap. 9.57 *(978-1-333-36625-4(6))* Forgotten Bks.

Flowers to Give to Mom Coloring Book. Kreative Kids. 2016. (ENG., Illus.). (J). pap. 9.20 *(978-1-68377-467-9(1))* Whlke, Traudl.

Flowery Scroll: A Chinese Novel (Classic Reprint) John Bowring. 2017. (ENG., Illus.). (J). 30.48 *(978-0-265-73972-3(1))* Forgotten Bks.

Flowing Gold (Classic Reprint) Rex Beach. 2018. (ENG., Illus.). 384p. (J). 31.84 *(978-0-267-48332-7(5))* Forgotten Bks.

Flowing Penmanship: 92 Pages of Empowering Kids with Cursive. Hayde Miller. 2023. (ENG.). 94p. (J). pap. 12.99 *(978-1-312-42713-6(2))* Lulu Pr., Inc.

Flowing with the Pearl River: Autobiography of a Red China Girl. Amy Chan Zhou. 2022. (Illus.). 272p. (YA). pap. 12.99 *(978-1-59580-106-7(5))* Santa Monica Pr.

FlowSong: An Introduction to FlowSong. Gina Williams. 2019. (ENG.). 40p. (J). *(978-1-5255-4652-5(X))*; pap. *(978-1-5255-4653-2(8))* FriesenPress.

Floyd & His Floatie. Derek Blancett. 2021. (ENG.). 26p. (J). pap. 12.95 *(978-1-64468-694-2(5))* Covenant Bks.

Floyd's Flowers, or Duty & Beauty for Colored Children: Being One Hundred Short Stories; Gleaned from the Storehouse of Human Knowledge & Experience; Simple, Amusing, Elevating (Classic Reprint) Silas X. Floyd. 2017. (ENG., Illus.). (J). 30.70 *(978-1-5285-8756-3(1))* Forgotten Bks.

Flu. April E. Sinclair. 2016. (I Don't Feel Well Ser.: Vol. 1). (ENG., Illus.). (J). (gr. k-4). 14.95 *(978-0-692-78356-6(3))* Sinclair, A. E.

Flu. Illia Svirsky. Illus. by Anton Kotelenets. 2021. (ENG.). 36p. (J). *(978-1-5255-8172-4(4))*; pap. *(978-1-5255-8173-1(2))* FriesenPress.

Flu Bug. Don Thompson. 2022. (ENG.). 34p. (J). pap. *(978-1-63829-649-2(9))* Austin Macauley Pubs. Ltd.

Flu in the Shoe. Suzanne Zingle Richardson. 2019. (ENG.). 26p. (J). pap. 11.95 *(978-1-64299-992-1(X))* Christian Faith Publishing.

Flubby Is Not a Good Pet! J. E. Morris. Illus. by J. E. Morris. (Flubby Ser.). (Illus.). 32p. (J). 2020. (gr. k-2). 5.99 *(978-1-5247-9078-3(8))*; 2019. (gr. -1-3). 9.99 *(978-1-5247-8776-9(0))* Penguin Young Readers Group. (Penguin Workshop).

Flubby Will Not Go to Sleep. J. E. Morris. Illus. by J. E. Morris. 2021. (Flubby Ser.). (Illus.). 32p. (J). (gr. k-2). 5.99 *(978-0-593-38283-7(8))*; 9.99 *(978-0-593-38284-4(6))* Penguin Young Readers Group. (Penguin Workshop).

Flubby Will Not Play with That. J. E. Morris. Illus. by J. E. Morris. (Flubby Ser.). (Illus.). 32p. (J). 2020. (gr. k-2). 5.99 *(978-1-5247-9083-7(4))*; 2019. (gr. -1-3). 9.99 *(978-1-5247-8778-3(7))* Penguin Young Readers Group. (Penguin Workshop).

Flubby Will Not Play with That. J. E. Morris. Illus. by J. E. Morris. 2019. (Flubby Ser.). (ENG.). 32p. (J). (gr. k-1). lib. bdg. 15.80 *(978-1-6636-2900-5(5))* Perfection Learning Corp.

Flubby Will Not Take a Bath. J. E. Morris. Illus. by J. E. Morris. 2021. (Flubby Ser.). (Illus.). 32p. (J). (gr. k-2). 5.99 *(978-0-593-38286-8(2))*; 9.99 *(978-0-593-38287-5(0))* Penguin Young Readers Group. (Penguin Workshop).

Flucht Aus Ägypten: Moses und Die Zehn Plagen. Pip Reid. 2020. (Verteidiger des Glaubens Ser.: Vol. 1). (GER.). 44p. (J). pap. *(978-1-7772168-6-3(9))* Bible Pathway Adventures.

Fluent Reader, 2nd Edition. Timothy V. Rasinski. 2nd ed. 2019. (ENG.). 224p. (J). (gr. k). pap. 29.99 *(978-1-338-59696-0(9)*, Scholastic Professional) Scholastic, Inc.

Fluff Boy Goes to Art School. Don Duncan. 2020. (ENG., Illus.). 36p. (J). pap. 16.95 *(978-1-64531-876-7(1))* Newman Springs Publishing, Inc.

Fluffles: The Brave Koala Who Held Strong Through a Bushfire. Vita Murrow. Illus. by Rachel Qiuqi. 2021. (True Stories of Animal Heroes Ser.). (ENG.). 32p. (J). (gr. -1-2). *(978-0-7112-6159-4(8)*, Frances Lincoln Children's Bks.) Quarto Publishing Group UK.

Fluffy: The Cloud Eating Giraffe. Evolving Social Resources Incorporated et al. 2022. (ENG.). 32p. (J). *(978-1-5255-9665-0(9))*; pap. *(978-1-5255-9664-3(0))* FriesenPress.

Fluffy Adventures of Fromo: A Sticky Situation. Taylor Darks. 2019. (ENG., Illus.). 108p. (J). (gr. 3-6). pap. 12.00 *(978-1-0878-5620-9(5))* Indy Pub.

Fluffy & Freckles Special Ed. Ellen Miles. ed. 2021. (Puppy Place Ser.). (ENG., Illus.). 117p. (J). (gr. 2-3). 16.96 *(978-1-64697-571-6(5))* Penworthy Co., LLC, The.

Fluffy & Freckles Special Edition (the Puppy Place #58) Ellen Miles. 2020. (Puppy Place Ser.: 58). (ENG.). 144p. (J). (gr. 2-5). pap. 6.99 *(978-1-338-57219-3(9)*, Scholastic Paperbacks) Scholastic, Inc.

Fluffy & the Stars. T'áncháy Redvers. Illus. by Roza Nozari. 2023. (ENG.). 32p. (J). (gr. -1-1). 21.95 *(978-1-4598-3572-6(7))* Orca Bk. Pubs. USA.

Fluffy & Wispy! Cloud Shapes Coloring Book. Activibooks For Kids. 2016. (ENG., Illus.). (J). pap. 9.20 *(978-1-68321-695-7(4))* Mimaxion.

Fluffy Bunnies 2: The Schnoz of Doom. Andrea Beaty. 2016. (ENG., Illus.). 208p. (J). (gr. 3-7). pap. 7.95 *(978-1-4197-1942-4(4)*, 1068603, Amulet Bks.) Abrams, Inc.

Fluffy Bunny: Makes New Friends. Kelly Kline. Illus. by Amber Leigh Luecke. 2021. (Fluffy Bunny Ser.: Vol. 1). (ENG.). 28p. (J). 19.99 *(978-1-0879-9235-8(4))* Indy Pub.

Fluffy Bunny Goes Fishing: Goes Fishing. Kelly Kline. Illus. by Amber Leigh Luecke. 2022. (ENG.). 30p. (J). 24.99 *(978-1-0880-3313-5(X))* Indy Pub.

Fluffy Bunny Plants a Garden. Kelly Kline. Illus. by Amber Leigh Luecke. 2023. (ENG.). 30p. (J). 24.99 *(978-1-0881-0724-9(9))* Indy Pub.

Fluffy Chick. Sequoia Children's Publishing. 2020. (ENG.). 10p. (J). bds. 5.99 *(978-1-64269-175-7(5)*, 4030, Sequoia Publishing & Media LLC) Phoenix International Publications, Inc.

Fluffy Felines, Cantankerous Canines Coloring Book. Jupiter Kids. 2016. (ENG., Illus.). 106p. (J). pap. 12.55 *(978-1-68326-362-3(6)*, Jupiter Kids (Childrens & Kids Fiction)) Speedy Publishing LLC.

Fluffy Fox & the Little Turtle. Matthew Barnes. 2020. (ENG., Illus.). 32p. (J). pap. 15.95 *(978-1-0980-3956-1(4))* Christian Faith Publishing.

Fluffy Friends Weihnachten: Verschiedene Weihnachtsbrauche. Mandy Grothkopp. 2017. (GER., Illus.). (J). pap. *(978-3-945847-14-5(1))* Mind Verlag UG.

Fluffy Hamsters Coloring Book: Cute Hamsters Coloring Book Adorable Hamsters Coloring Pages for Kids 25 Incredibly Cute & Lovable Hamsters. Welove Coloringbooks. 2021. (ENG., Illus.). 106p. (J). pap. 10.49 *(978-1-716-26014-8(0))* Lulu Pr., Inc.

Fluffy Pups & Cuddly Kittens Coloring Book. Activity Book Zone for Kids. 2016. (ENG., Illus.). (J). pap. 9.20 *(978-1-68376-430-4(7))* Sabeels Publishing.

Fluffy Rabbit & Friends. Graham Clarke. 2016. (ENG.). 117p. (J). (gr. 1-2). 10.95 *(978-1-78554-339-5(3)*, 07de99a4-7d8a-49e2-a67f-bd3e598c96d1) Austin Macauley Pubs. Ltd. GBR. Dist: Baker & Taylor Publisher Services (BTPS).

Fluffy Rabbits Coloring Book: Cute Rabbits Coloring Book Adorable Rabbits Coloring Pages for Kids 25 Incredibly Cute & Lovable Rabbits. Welove Coloringbooks. 2021. (ENG., Illus.). 106p. (J). pap. 10.49 *(978-1-7716-25740-7(9))* Lulu Pr., Inc.

Fluffy Ruffles (Classic Reprint) Carolyn Wells. 2018. (ENG., Illus.). (J). 128p. 26.56 *(978-1-396-15418-8(3))*; 130p. pap. 9.57 *(978-1-396-12435-8(7))* Forgotten Bks.

Fluffy Tail Hop. Bonnie Tarbert. 2023. (ENG.). 20p. (J). pap. 11.99 *(978-1-0881-0743-0(5))* Indy Pub.

Fluffy the Bear. Norma Sullivan. 2021. (ENG., Illus.). 38p. (J). pap. 15.95 *(978-1-6624-6241-2(7))* Page Publishing Inc.

Fluffy Tiger, Fuzzy Bee: Touch & Feel Board Book. Igloo Igloo Books. 2019. (ENG.). 10p. (J). (gr. -1-1). bds. 12.99 *(978-1-4998-8153-0(3))* Igloo Bks. GBR. Dist: Simon & Schuster, Inc.

Fluganta Akrobato. Julian Modest. 2023. (EPO.). 48p. (J). pap. *(978-1-4477-3115-3(8))* Lulu Pr., Inc.

Flugel Memorial Volume. Ewald Flugel. 2017. (ENG., Illus.). (J). pap. *(978-0-649-18209-1(X))*; pap. *(978-0-649-12488-6(X))* Trieste Publishing Pty Ltd.

Flugzeug Malbuch: Perfektes Flugzeug-Malbuch Für Kinder, Jungen und Mädchen, Große Flugzeug Geschenke Für Kinder und Kleinkinder, Die Lieben, Mit Flugzeugen Zu Spielen und Mit Freunden Zu Genießen. Amelia Yardley. 2021. (GER.). 82p. (J). pap. *(978-1-008-94138-0(7))* Lulu.com.

Flugzeuge Malbuch Für Kinder: Große Sammlung Von Flugzeug Malvorlagen Für Jungen und Mädchen. Flugzeug Malbuch Für Kinder Alter 4-8, 6-9. Tolles Flugzeuggeschenk Für Kinder. Big Aviation Activity Book Für Kinder Im Vorschulalter. Happy Books For All. 2021. (GER.). 86p. (J). pap. *(978-1-008-91879-5(2))* Lulu.com.

Fluke. Lesley Gibbes. Illus. by Michelle Dawson. 2019. 32p. pap. 6.99 *(978-1-921504-96-9(X)*, Working Title Pr.) HarperCollins Pubs. Australia AUS. Dist: HarperCollins Pubs.

Flunch Too Far. Robin Buckallew. 2023. (ENG.). 210p. (YA). pap. 14.00 *(978-1-312-74772-2(2))* Lulu Pr., Inc.

Flunk: Social Distancing. R. P. G. Forster. 2020. Vol. 1. (ENG.). 208p. (YA). pap. 19.95 *(978-1-393-20534-0(8))* Draft2Digital.

Flunkerer's Fables. Templeton Moss. 2018. (ENG., Illus.). 58p. (J). pap. 6.00 *(978-0-359-00511-6(X))* Lulu Pr., Inc.

Flunking Magic. L. Lee Shaw. 2018. (ENG., Illus.). 98p. (J). (gr. 4-6). pap. 7.99 *(978-0-9907073-0-1(X))* Boho Bks.

Flunking of Joshua T. Bates Novel Units Teacher Guide. Novel Units. 2019. (ENG.). (J). pap. 12.99 *(978-1-56137-612-4(4)*, Novel Units, Inc.) Classroom Library Co.

Fluorine Educational Facts Children's Science Book. Bold Kids. 2023. (ENG.). 42p. (J). pap. 14.99 *(978-1-0717-2100-1(3))* FASTLANE LLC.

Flup Weebee Book 7. R. M. Price-Mohr. 2020. (ENG., Illus.). 34p. (J). pap. *(978-1-913946-06-7(1))* Crossbridge Bks.

Flup Weebee Book 7a. R. M. Price-Mohr. 2020. (ENG.). 34p. (J). pap. *(978-1-913946-15-9(0))* Crossbridge Bks.

Flurried Years (Classic Reprint) Violet Hunt. 2018. (ENG., Illus.). 320p. (J). 30.50 *(978-0-483-77333-2(6))* Forgotten Bks.

Flurry: A Mini Snowflakes Pop-Up Book. Jennifer Preston Chushcoff. Illus. by Yevgeniya Yeretskaya. 2019. 7p. (J). 14.99 *(978-1-62348-653-2(X))* Jumping Jack Pr.

Flurry of the Snombies: #7. Troy Cummings. Illus. by Troy Cummings. 2018. (Notebook of Doom Ser.). (ENG., Illus.). 96p. (J). (gr. 2-5). lib. bdg. 31.36 *(978-1-5321-4278-9(1)*, 31095, Chapter Bks.) Spotlight.

Flush: la Odisea de la Playa / Flush. Carl Hiaasen. 2021. (SPA.). 304p. (J). (gr. 5-9). pap. 13.95 *(978-1-64473-296-0(3)*, Alfaguara) Penguin Random House Grupo Editorial ESP. Dist: Penguin Random Hse. LLC.

Flustern der Insel: Roman. Cornelia Principi. 2017. (GER., Illus.). (J). pap. *(978-3-9810764-6-2(X))* Raab, Christian u. Olaf Sosath. Craft Verlag.

Flute. Nick Rebman. 2023. (Musical Instruments Ser.). (ENG., Illus.). 24p. (J). (gr. -1-1). pap. 8.95 *(978-1-64619-731-6(3))*; lib. bdg. 28.50 *(978-1-64619-699-9(6))* Little Blue Hse. (Little Blue Readers).

Flute: Get Ready for Band: Best Start Music Lessons. Sarah Broughton Broughton Stalbow. 2020. (ENG., Illus.). 40p. (J). (gr. k-6). pap. *(978-0-6485764-0-2(X))* Broughton Stalbow, Sarah.

Flute & Violin. James Lane Allen. 2017. (ENG.). 328p. (J). pap. *(978-3-7446-7373-0(1))* Creation Pubs.

Flute & Violin, James Lane Allen. 2017. (ENG.). 324p. (J). pap. *(978-3-7447-7009-5(5))* Creation Pubs.

Flute & Violin: And Other Kentucky Tales & Romances (Classic Reprint) James Lane Allen. 2017. (ENG., Illus.). (J). 30.68 *(978-0-331-73202-3(5))* Forgotten Bks.

Flute Of ... Robin Twiddy. Illus. by Irene Renon. 2023. (Level 4/5 - Blue/Green Set Ser.). (ENG.). 32p. (J). (gr. 1-3). lib. bdg. 19.95 Bearport Publishing Co., Inc.

Flute of Pan (Classic Reprint) John Oliver Hobbes. 2018. (ENG., Illus.). 312p. (J). 30.33 *(978-0-484-27135-6(0))* Forgotten Bks.

Flutes. Pamela K. Harris. 2019. (Musical Instruments Ser.). (ENG.). 24p. (J). (gr. 3-6). lib. bdg. 32.79 *(978-1-5038-3184-1(1)*, 213317) Child's World, Inc, The.

Flutter by Topia. Kari Bidyk. 2017. (ENG., Illus.). 86p. (J). (gr. 2-5). pap. 11.49 *(978-1-5456-0215-7(8))* Salem Author Services.

Flutter of the Goldleaf & Other Plays (Classic Reprint) Olive Tilford Dargan. 2018. (ENG., Illus.). 122p. (J). 26.41 *(978-0-267-81799-3(1))* Forgotten Bks.

Flutter the Butterfly with the Dull Brown Wings. Haskell And Judith Rosenthal. 2016. (ENG., Illus.). (J). pap. 9.95 *(978-0-9966802-1-9(7))* Haskell & Judy Rosenthal.

Flutter Your Wings. Jan Sikes. Illus. by Nancy Evans. 2017. (ENG.). (J). pap. 9.95 *(978-0-9906179-8-3(X))* RiJan Publishing.

Flutterby the Knitted Butterfly. Miss Rachel McRoy. Illus. by Katie Brookes. 2017. (ENG.). 30p. (J). pap. *(978-1-9999243-0-0(4))* B is for Bks.

Fluttering Dreams. Becca J. Camp. 2021. (ENG.). 342p. (YA). pap. 15.50 *(978-1-7366938-0-3(8))* Becca J. Camp, LLC.

Fluttershy & Iron Will. Christina Rice. Illus. by Agnes Garbowska & Neil Uyetake. 2018. (My Little Pony: Friends Forever Ser.). (ENG.). 24p. (J). (gr. 1-8). lib. bdg. 31.36 *(978-1-5321-4236-9(6)*, 28564, Graphic Novels) Spotlight.

Fluttershy & Zecora, 1 vol. Thom Zahler. Illus. by Tony Fleecs et al. 2016. (My Little Pony: Friends Forever Ser.). (ENG.). 24p. (J). (gr. 1-8). 31.36 *(978-1-61479-507-0(X)*, 21413, Graphic Novels) Spotlight.

Fluttersville. Isabella-Evie Hales. 2022. (Brightlings Bookcamp Ser.). (ENG.). 52p. (J). pap. 15.00 *(978-1-953507-74-7(3))* Brightlings.

Flux. Lucas Pederson. 2017. (ENG., Illus.). (J). pap. *(978-1-77339-444-2(4))* Evernight Publishing.

Flux: Celestial Genesis. W. L. White, III. Illus. by Nilanjan Malakar. 2020. (Flux Ser.: 1). 146p. (YA). pap. 17.99 *(978-1-0983-1477-4(8))* BookBaby.

Flux: Sequence of Astrometry. W. L. White, III. Illus. by Nilanjan Malakar. 2020. (Flux Ser.: 2). 170p. (YA). pap. 17.99 *(978-1-0983-1479-8(4))* BookBaby.

Fly. Nathan Clement. 2019. (Illus.). 32p. (J). (gr. -1-3). 16.95 *(978-1-62979-937-7(8)*, Astra Young Readers) Astra Publishing Hse.

Fly. August Hoeft. 2022. (I See Insects Ser.). (ENG.). (J). 20p. pap. 12.99 *(978-1-5324-4155-4(X))*; 16p. (gr. -1-2). pap. 24.99 *(978-1-5324-3345-0(X))*; 16p. (gr. -1-2). pap. 12.99 *(978-1-5324-2837-1(5))* Xist Publishing.

Fly. Alison Hughes. 2022. (ENG.). 200p. (J). (gr. 5-9). 19.99 *(978-1-5253-0583-2(2))* Kids Can Pr., Ltd. CAN. Dist: Hachette Bk. Group.

Fly! Mark Teague. Illus. by Mark Teague. 2019. (ENG., Illus.). 40p. (J). (-3). 18.99 *(978-1-5344-5128-5(5)*, Beach Lane Bks.) Beach Lane Bks.

Fly: A Literary & Pictorial Miscellany (Classic Reprint) Unknown Author. (ENG., Illus.). (J). 2018. 304p. 30.17 *(978-0-656-69718-2(0))*; 2017. pap. 13.57 *(978-1-5276-6201-8(2))* Forgotten Bks.

Fly & the Cheese: Say You're Sorry. Nadira Young & Beverly Powers. Illus. by H. Korbacheva. 2021. (ENG.). 36p. (J). pap. 14.99 *(978-0-9982536-1-9(8))* Powers, Beverly.

Fly & the Horse. Geoffrey Svoboda. Illus. by Theerayu Srethapakdi. 2023. (ENG.). 32p. (J). 18.99 *(978-1-954779-75-4(5))*; pap. 12.95 *(978-1-954779-76-1(3))* Emerald Bks.

Fly Away! Beautiful Birds Coloring Book Edition. Smarter Activity Books. 2016. (ENG., Illus.). (J). pap. 9.22 *(978-1-68374-305-7(9))* Examined Solutions PTE. Ltd.

Fly Away Free. Anne Turner Coppola. 2019. (ENG.). 96p. (YA). 23.95 *(978-1-64424-116-5(1))*; pap. 14.95 *(978-1-64424-114-1(5))* Page Publishing Inc.

Fly Back, Agnes. Elizabeth Atkinson. 2023. (ENG.). 296p. (J). (gr. 5-8). pap. 10.99 Lerner Publishing Group.

Fly Butterfly: A Gabe & Abby Adventure. Brian Halla. Ed. by Tiffany Hallla Colonna. 2016. (Gabe & Abby Adventure Ser.: Vol. 4). (ENG., Illus.). (J). (gr. k-2). 18.95 *(978-0-692-78023-7(8)*, HallaVision Publishing) Ginger Nielson - Children's Bk. Illustration.

Fly Buzzed By. Marjorie Howe. 2021. (ENG.). 29p. (J). *(978-1-716-23807-9(2))* Lulu Pr., Inc.

Fly by Night. Frances Hardinge. (ENG.). (gr. 7-17). 2018. 400p. 19.99 *(978-1-4197-3034-4(7)*, 1172601); 2017. 432p. (YA). pap. 10.95 *(978-1-4197-2485-5(1)*, 1172603, Amulet Bks.) Abrams, Inc.

Fly (Classic Reprint) Theodore Tilton. (ENG., Illus.). (J). 2018. 20p. 24.31 *(978-0-484-47229-6(1))*; 2016. pap. 7.97 *(978-1-333-68783-0(4))* Forgotten Bks.

Fly, Doctor, Fly! Lyndsay Archer. Illus. by Phillip Archer & Lyndsay Archer. 2021. (ENG.). 48p. (J). pap. 11.99 *(978-0-578-70149-3(9))* Archer & Rose Pr., LLC.

Fly, Firefly. Shana Keller. Illus. by Ramona Kaulitzki. 2020. (ENG.). 32p. (J). (gr. k-2). 9.99 *(978-1-5341-1109-7(3)*, 205005); 16.99 *(978-1-5341-1033-5(X)*, 204846) Sleeping Bear Pr.

Fly Fishing. Elizabeth Dee. 2021. (Guides to Fishing Ser.). (ENG.). (YA). (gr. 7-12). 34.60 *(978-1-4222-4497-5(0))* Mason Crest.

Fly Fishing. Kerri Mazzarella. 2022. (Let's Go Fish Ser.). (ENG.). 32p. (J). (gr. 3-9). pap. *(978-1-0396-6236-0(6)*, 20441); lib. bdg. *(978-1-0396-6041-0(X)*, 20440) Crabtree Publishing Co. (Crabtree Branches).

Fly-Fishing. Emily Rose Oachs. 2017. (Outdoors Ser.). (ENG., Illus.). 32p. (J). (gr. 3-5). pap. 9.95 *(978-1-63517-294-2(2)*, 1635172942); lib. bdg. 31.35 *(978-1-63517-229-4(2)*, 1635172292) North Star Editions. (Focus Readers).

Fly Fishing: Escaping the Raging River: Escaping the Raging River. Emily L. Hay Hinsdale. Illus. by Caitlin O'Dwyer. 2023. (Wilderness Adventures Ser.). (ENG.). 112p. (J). (gr. 2-5). lib. bdg. 38.50 *(978-1-0982-3715-8(3)*, 42578, Calico Chapter Bks.) ABDO Publishing Co.

Fly-Fishing in Maine Lakes: Or Camp-Life in the Wilderness (Classic Reprint) Charles Woodbury Stevens. 2017. (ENG., Illus.). (J). 29.03 *(978-1-5285-7818-9(X))* Forgotten Bks.

Fly, Fly, Louie Louie. Frank Scott and & Nisa Montie. 2016. (ENG., Illus.). (J). pap. 15.95 *(978-1-5043-6353-2(1)*, Balboa Pr.) Author Solutions, LLC.

Fly, Flying, Flew: Coloring Book Birds Edition. Speedy Kids. 2018. (ENG., Illus.). 106p. (J). pap. 12.55 *(978-1-5419-3487-0(3))* Speedy Publishing LLC.

Fly Girls: The Daring American Women Pilots Who Helped Win WWII. P. O'Connell Pearson. 2018. (ENG., Illus.). 208p. (J). (gr. 5). 18.99 *(978-1-5344-0410-6(4)*, Simon & Schuster Bks. For Young Readers) Simon & Schuster Bks. For Young Readers.

Fly Girls Young Readers' Edition: How Five Daring Women Defied All Odds & Made Aviation History. Keith O'Brien. 2019. (ENG., Illus.). 320p. (J). (gr. 5-7). 16.99 *(978-1-328-61842-9(0)*, 1733755, Clarion Bks.) HarperCollins Pubs.

Fly Girls (Young Readers' Edition) How Five Daring Women Defied All Odds & Made Aviation History. Keith O'Brien. 2020. (ENG., Illus.). 320p. (J). (gr. 5). pap. 9.99 *(978-0-358-24217-8(7)*, 1767108, Clarion Bks.) HarperCollins Pubs.

Fly Guy & Fly Girl: Friendly Frenzy. Tedd Arnold. Illus. by Tedd Arnold. 2022. (ENG., Illus.). 32p. (J). (gr. -1-3). 6.99 *(978-1-338-54925-6(1)*, Cartwheel Bks.) Scholastic, Inc.

Fly Guy & Fly Girl: Night Fright. Tedd Arnold. Illus. by Tedd Arnold. 2020. (ENG., Illus.). 32p. (J). (gr. -1-3). 6.99 *(978-1-338-54921-8(9)*, Cartwheel Bks.) Scholastic, Inc.

Fly Guy & the Alienzz. Ted Arnold. 2019. (Scholastic Readers Ser.). (SPA.). 29p. (J). (gr. k-1). 13.89 *(978-0-87617-739-6(9))* Penworthy Co., LLC, The.

Fly Guy & the Alienzz (Fly Guy #18) Tedd Arnold. 2018. (Fly Guy Ser.: 18). (ENG., Illus.). 32p. (J). (gr. k-2). 6.99 *(978-0-545-66318-2(0)*, Cartwheel Bks.) Scholastic, Inc.

Fly Guy Phonics Boxed Set. Tedd Arnold. Illus. by Tedd Arnold. 2017. (Fly Guy Ser.). (ENG., Illus.). 16p. (J). (gr. k-1). 12.99 *(978-0-545-91801-5(4)*, Cartwheel Bks.) Scholastic, Inc.

Fly Guy Presents: Garbage & Recycling. Ted Arnold. ed. 2019. (Scholastic Readers Ser.). (ENG.). 32p. (J). (gr. 2-3). 13.89 *(978-0-87617-311-4(3))* Penworthy Co., LLC, The.

Fly Guy Presents: Monster Trucks. Tedd Arnold. ed. 2020. (Scholastic Readers Ser.). (ENG.). 32p. (J). (gr. 2-3). 13.89 *(978-1-64697-191-6(4))* Penworthy Co., LLC, The.

Fly Guy Presents: Snakes. Illus. by Tedd Arnold. 2016. (J). *(978-1-5182-0352-7(3))* Scholastic, Inc.

Fly Guy Presents: Weather. Tedd Arnold. 2016. (Illus.). (J). *(978-1-338-04666-3(7))* Scholastic, Inc.

Fly Guy Presents: Castles (Scholastic Reader, Level 2) Tedd Arnold. Illus. by Tedd Arnold. 2017. (Scholastic Reader, Level 2 Ser.). (ENG.). 32p. (J). (gr. k-2). pap. 5.99 *(978-0-545-91738-4(7))* Scholastic, Inc.

Fly Guy Presents: Dogs. Tedd Arnold. Illus. by Tedd Arnold. 2022. (Fly Guy Presents Ser.). (ENG., Illus.). 32p. (J). (gr. k-2). 19.99 *(978-1-338-68180-2(X))*; pap. 4.99 *(978-1-338-68179-6(6))* Scholastic, Inc. (Scholastic Pr.).

Fly Guy Presents: Garbage & Recycling (Scholastic Reader, Level 2) Tedd Arnold. Illus. by Tedd Arnold. 2019. (Scholastic Reader, Level 2 Ser.: 12). (ENG., Illus.). 32p. (J). (gr. k-2). pap. 4.99 *(978-1-338-21719-3(4))* Scholastic, Inc.

Fly Guy Presents: Police Officers (Scholastic Reader, Level 2) Tedd Arnold. Illus. by Tedd Arnold. 2018. (Scholastic Reader, Level 2 Ser.: 11). (ENG., Illus.). 32p. (J). (gr. k-2). pap. 4.99 *(978-1-338-21717-9(8))* Scholastic, Inc.

Fly Guy Presents: Snakes (Scholastic Reader, Level 2) Tedd Arnold. Illus. by Tedd Arnold. 2016. (Scholastic Reader, Level 2 Ser.). (ENG., Illus.). 32p. (J). (gr. k-2). pap. 4.99 *(978-0-545-85188-6(2))* Scholastic, Inc.

Fly Guy Presents: the White House (Scholastic Reader, Level 2) Tedd Arnold. Illus. by Tedd Arnold. 2016.

F

(Scholastic Reader, Level 2 Ser.). (ENG., Illus.). 32p. (J). (gr. k-2). pap. 4.99 *(978-0-545-91737-7(9))* Scholastic, Inc.

Fly Guy Presents: Weather (Scholastic Reader, Level 2) Tedd Arnold. Illus. by Tedd Arnold. 2016. (Scholastic Reader, Level 2 Ser.). (ENG.). 32p. (J). (gr. k-2). 5.99 *(978-0-545-85187-9(4))* Scholastic, Inc.

Fly Guy Presents: Weird Animals. Tedd Arnold. Illus. by Tedd Arnold. 2021. (Fly Guy Presents Ser.). (ENG., Illus.). 32p. (J). (gr. k-2). pap. 4.99 *(978-1-338-68177-2(X))*; (gr. 1-4). lib. bdg. 19.99 *(978-1-338-68178-9(8))* Scholastic, Inc. (Scholastic Pr.).

Fly Guy vs. the Flyswatter! Ted Arnold. 2019. (Scholastic Readers Ser.). (SPA.). 30p. (J). (gr. k-1). 13.89 *(978-0-87617-741-9(0))* Penworthy Co., LLC, The.

Fly Guy's Big Family (Fly Guy #17) Tedd Arnold. Illus. by Tedd Arnold. 2017. (Fly Guy Ser.: 17). (ENG., Illus.). 32p. (J). (gr. -1-2). 6.99 *(978-0-545-66316-8(4)*, Cartwheel Bks.) Scholastic, Inc.

Fly Guy's Ninja Christmas (Fly Guy #16) Tedd Arnold. Illus. by Tedd Arnold. 2016. (Fly Guy Ser.: 16). (ENG., Illus.). 32p. (J). (gr. -1-2). 6.99 *(978-0-545-66277-2(X)*, Cartwheel Bks.) Scholastic, Inc.

Fly Guy's Ninja Christmas (Scholastic Reader, Level 2) Tedd Arnold. Illus. by Tedd Arnold. 2023. (Scholastic Reader, Level 2 Ser.). (ENG.). 32p. (J). (gr. -1-3). pap. 4.99 ***(978-1-338-87572-0(8)***, Cartwheel Bks.) Scholastic, Inc.

Fly High, John Glenn: The Story of an American Hero. Kathleen Krull. Illus. by Maurizio A. C. Quarello. 2020. (ENG.). 48p. (J). (gr. -1-3). 18.99 *(978-0-06-274714-3(2)*, HarperCollins) HarperCollins Pubs.

Fly High, Owl-Glider! A. E. Dingee. 2018. (PJ Masks Ser.). (ENG., Illus.). 12p. (J). (gr. -1-1). bds. 6.99 *(978-1-5344-1652-9(8)*, Simon Spotlight) Simon Spotlight.

Fly Like a Girl: One Woman's Dramatic Fight in Afghanistan & on the Home Front. Mary Jennings Hegar. (ENG., Illus.). 304p. (YA). (gr. 7). 2021. pap. 10.99 *(978-0-593-11778-1(6)*, Penguin Books); 2020. 17.99 *(978-0-593-11776-7(X)*, Philomel Bks.) Penguin Young Readers Group.

Fly Like Roy. Gale Glover. 2017. (ENG., Illus.). (J). pap. 13.99 *(978-0-9986222-0-0(6))* Glover Publishing and Community Outsourcing.

Fly, Little Bird, Fly. Caroline Nastro. Illus. by Anca Sandu. 2021. (ENG.). 32p. (J). 17.95 *(978-1-60537-606-6(X))* Clavis Publishing.

Fly Liz. Eddy Perpignan. Illus. by Rumar Yongco. 2020. (ENG.). 26p. (J). pap. 13.95 *(978-1-6642-0308-2(7)*, WestBow Pr.) Author Solutions, LLC.

Fly Low! Fly High Airplanes of the World - Children's Aeronautics & Astronautics Books. Baby Professor. 2017. (ENG., Illus.). (J). pap. 7.89 *(978-1-68326-889-5(X)*, Baby Professor (Education Kids)) Speedy Publishing LLC.

Fly Me! Plane: Interactive Driving Book. IglooBooks. Illus. by Camilla Frescura. 2023. (ENG.). 12p. (J). (— 1). bds. 7.99 ***(978-1-80368-373-7(2))*** Igloo Bks. GBR. Dist: Simon & Schuster, Inc.

Fly Mr. Butterfly. Jeff McKean. Illus. by Emma Harris. 2020. (ENG.). 32p. (J). 15.99 *(978-1-64538-178-5(1))*; pap. 10.00 *(978-1-64538-150-1(1))* Orange Hat Publishing.

Fly on the Wall. Remy Lai. Illus. by Remy Lai. 2020. (ENG., Illus.). 336p. (J). 22.99 *(978-1-250-31411-6(9)*, 900199489, Holt, Henry & Co. Bks. For Young Readers) Holt, Henry & Co.

Fly on the Wall. Remy Lai. Illus. by Remy Lai. 2021. (ENG., Illus.). 336p. (J). pap. 12.99 *(978-1-250-31412-3(7)*, 900199490) Square Fish.

Fly on the Wall: Gone Too Soon. Grace Jarman. 2022. (ENG.). 34p. (J). pap. 10.99 *(978-1-6629-2575-7(1))* Gatekeeper Pr.

Fly on the Wheel: Or How I Helped to Govern India (Classic Reprint) Thomas Herbert Lewin. 2017. (ENG., Illus.). (J). 30.87 *(978-0-265-46995-8(3))* Forgotten Bks.

Fly on the Wheel (Classic Reprint) Katherine Cecil Thurston. 2018. (ENG., Illus.). 346p. (J). 31.03 *(978-0-267-86102-6(8))* Forgotten Bks.

Fly Through the Solar System Activity Book. Jupiter Kids. 2017. (ENG., Illus.). (J). pap. 9.20 *(978-1-68326-692-1(7)*, Jupiter Kids (Childrens & Kids Fiction)) Speedy Publishing LLC.

Fly, Tiger, Fly! Rikin Parekh. 2021. (ENG., Illus.). 32p. (J). (gr. -1-k). pap. 9.99 *(978-1-4449-4157-9(7))* Hachette Children's Group GBR. Dist: Hachette Bk. Group.

Fly to the Rescue (Tiny Geniuses #1) Megan E. Bryant. 2018. (Tiny Geniuses Ser.: 1). (ENG.). 128p. (J). (gr. 2-5). pap. 5.99 *(978-0-545-90951-8(1)*, Scholastic Paperbacks) Scholastic, Inc.

Fly Ty Unchained Presents: Destiny's First Day... a Look at Black Hair Issues in Our Community. Fly Ty Unchained. 2016. (ENG., Illus.). 50p. (J). *(978-1-365-29721-2(7))* Lulu Pr., Inc.

Fly with Me: A Celebration of Birds Through Pictures, Poems, & Stories. Jane Yolen et al. 2018. (Illus.). 192p. (J). (gr. -1-k). 24.99 *(978-1-4263-3181-7(9))*; (ENG., lib. bdg. 34.90 *(978-1-4263-3182-4(7))* Disney Publishing Worldwide. (National Geographic Kids).

Fly with the Arrow. Sarah K. L. Wilson. 2021. (ENG.). 310p. (YA). *(978-1-7772645-5-0(3))* Wilson, Sarah K. L.

Flyaway Kite. Megan Aho. Illus. by Vivian Aho. 2021. (ENG.). 32p. (J). pap. 12.99 *(978-1-0983-5423-7(0))* BookBaby.

Flyers. Beth Turley. 2021. (ENG.). 208p. (J). (gr. 3-7). 17.99 *(978-1-5344-7672-1(5)*, Simon & Schuster Bks. For Young Readers) Simon & Schuster Bks. For Young Readers.

Flyers (Classic Reprint) George Barr McCutcheon. 2018. (ENG., Illus.). 152p. (J). 27.05 *(978-0-484-12266-5(5))* Forgotten Bks.

Flyers of the Hunt (Classic Reprint) John Mills. (ENG., Illus.). (J). 2018. 148p. 26.97 *(978-0-332-18844-7(2))*; 2017. pap. 9.57 *(978-0-259-51658-3(9))* Forgotten Bks.

Flyin' Colors. Suzanne Florence. Illus. by Emily Priddy. 2022. 32p. (J). (gr. -1-k). pap. 12.86 *(978-1-6678-5243-0(4))* BookBaby.

Flying. Michelle St Claire. 2022. (ENG.). 50p. (J). pap. 9.50 *(978-1-945891-72-4(6))* May 3rd Bks., Inc.

Flying: Some Practical Experiences (Classic Reprint) Gustav Hamel. 2017. (ENG., Illus.). (J). 33.07 *(978-0-260-07649-6(X))* Forgotten Bks.

Flying Around the Moon Coloring Book. Smarter Activity Books for Kids. 2016. (ENG., Illus.). (J). pap. 9.22 *(978-1-68374-445-0(4))* Examined Solutions PTE. Ltd.

Flying Bath. Julia Donaldson. Illus. by David Roberts. 2016. (ENG.). 32p. (J). (gr. -1-k). pap. 9.99 *(978-1-4472-7711-8(2)*, Macmillan Children's Bks.) Pan Macmillan GBR. Dist: Independent Pubs. Group.

Flying Bus. Erin Mary McLain. 2019. (ENG., Illus.). 48p. (J). (gr. k-4). pap. 9.49 *(978-1-64713-756-4(X))* Primedia eLaunch LLC.

Flying by the Feather Coloring Book. Activity Book Zone for Kids. 2016. (ENG., Illus.). (J). pap. 9.20 *(978-1-68376-333-8(5))* Sabeels Publishing.

Flying Cars. Wendy Hinote Lanier. 2019. (Let's Fly Ser.). (ENG., Illus.). 32p. (J). (gr. 2-3). 31.35 *(978-1-64185-338-5(7)*, 1641853387, Focus Readers) North Star Editions.

Flying Cars & Other Transportation Tech. Contrib. by World Book, Inc. Staff. 2019. (Illus.). 48p. (J). *(978-0-7166-2430-1(3))* World Bk., Inc.

Flying Castle: Crack Its Codes!, 1 vol. Gareth Moore. 2018. (Puzzle Adventure Stories Ser.). (ENG.). 32p. (J). (gr. 3-3). 30.27 *(978-1-5081-9627-3(3)*, afc6072e-1f3d-4615-8609-059b730dafcd); pap. 12.75 *(978-1-5081-9538-2(2)*, 6ca203d1-a83a-49f6-90d8-e48a4982cf66) Rosen Publishing Group, Inc., The. (Windmill Bks.).

Flying Colors! (Corn & Peg) Golden Books. Illus. by Golden Books. 2021. (ENG., Illus.). 128p. (J). (-k). pap. 8.99 *(978-0-593-30326-9(1)*, Golden Bks.) Random Hse. Children's Bks.

Flying Colours: A Guide to Flags from Around the World. Robert G. Fresson. 2018. (ENG., Illus.). 112p. (J). (gr. k-7). 22.95 *(978-1-908714-46-6(8))* Cicada Bks. GBR. Dist: Consortium Bk. Sales & Distribution.

Flying Creepy Crawlers. Matt Turner. Illus. by Santiago Calle. 2017. (Crazy Creepy Crawlers Ser.). (ENG.). 32p. (J). (gr. 3-6). 27.99 *(978-1-5124-1554-4(5)*, 32a07b46-7b92-4090-a950-35aae5aea02f); E-Book 42.65 *(978-1-5124-3602-0(X)*, 9781512436020); E-Book 4.99 *(978-1-5124-3603-7(8)*, 9781512436037); E-Book 42.65 *(978-1-5124-2714-1(4))* Lerner Publishing Group. (Hungry Tomato (r)).

Flying Deep. Michelle Cusolito. ed. 2019. (ENG.). 32p. (J). (gr. k-1). 19.96 *(978-1-64310-891-9(3))* Penworthy Co., LLC, The.

Flying Deep: Climb Inside Deep-Sea Submersible Alvin. Michelle Cusolito. Illus. by Nicole Wong. 2018. 32p. (J). (gr. k-4). 17.99 *(978-1-58089-811-9(4))*; pap. 7.99 *(978-1-58089-841-6(6))* Charlesbridge Publishing, Inc.

Flying Dog. Carole a Tomlinson. 2016. (ENG., Illus.). 44p. (J). pap. *(978-1-365-18666-0(0))* Lulu Pr., Inc.

Flying Dragons. Karen Latchana Kenney. (Weird & Unusual Animals Ser.). (ENG., Illus.). 24p. (J). (gr. 1-4). 2018. pap. 8.99 *(978-1-68152-187-9(3)*, 16099); 2017. 20.95 *(978-1-68151-156-6(8)*, 14699) Amicus.

Flying Dragons. Wil Mara. 2017. (Real-Life Dragons Ser.). (ENG., Illus.). 32p. (J). (gr. 3-9). lib. bdg. 28.65 *(978-1-5157-5071-0(X)*, 134616, Capstone Pr.) Capstone.

Flying Dutchman: The Doomed Ghost Ship. Megan Cooley Peterson. 2020. (Real-Life Ghost Stories Ser.). (ENG., Illus.). 32p. (J). (gr. 3-9). pap. 7.95 *(978-1-4966-6611-6(9)*, 142295); lib. bdg. 30.65 *(978-1-5435-7338-1(X)*, 140629) Capstone.

Flying Factory. May Nakamura. ed. 2020. (Ready-To-Read Ser.). (ENG., Illus.). 32p. (J). (gr. k-1). 13.96 *(978-1-64697-487-0(5))* Penworthy Co., LLC, The.

Flying Factory! Ready-To-Read Level 1. Adapted by May Nakamura. 2020. (PJ Masks Ser.). (ENG.). 32p. (J). (gr. -1-1). 17.99 *(978-1-5344-6430-8(1))*; (Illus.). pap. 4.99 *(978-1-5344-6429-2(8))* Simon Spotlight. (Simon Spotlight).

Flying Fish: Leveled Reader Green Fiction Level 12 Grade 1-2. Hmh Hmh. 2019. (Rigby PM Ser.). (ENG.). 16p. (J). (gr. 1-2). pap. 11.00 *(978-0-358-12050-6(0))* Houghton Mifflin Harcourt Publishing Co.

Flying Flapjacks! Adapted by Ximena Hastings. 2022. (Donkey Hodie Ser.). (ENG.). 12p. (J). (gr. -1-k). bds. 7.99 *(978-1-6659-0199-4(3)*, Simon Spotlight) Simon Spotlight.

Flying Flippers: Sea Turtle. Felicia Macheske. 2016. (Guess What Ser.). (ENG., Illus.). 24p. (J). (gr. k-2). 30.64 *(978-1-63470-716-9(8)*, 207575) Cherry Lake Publishing.

Flying Foxes. Quinn M. Arnold. 2019. (Creatures of the Night Ser.). (ENG.). 24p. (J). (gr. 1-4). *(978-1-64026-118-1(4)*, 18941, Creative Education); pap. 8.99 *(978-1-62832-681-9(6)*, 18942, Creative Paperbacks) Creative Co., The.

Flying Foxes. Grace Hansen. 2020. (Spooky Animals Ser.). (ENG., Illus.). 24p. (J). (gr. -1-2). lib. bdg. 32.79 *(978-1-0982-0249-1(X)*, 34631, Abdo Kids) ABDO Publishing Co.

Flying Free. Nicola Davies. Illus. by Cathy Fisher. 2019. (Country Tales Ser.). (ENG.). 36p. (J). (gr. 4-7). pap. 12.99 *(978-1-912654-09-3(1))* Graffeg Limited GBR. Dist: Independent Pubs. Group.

Flying Free: How Bessie Coleman's Dreams Took Flight. Karyn Parsons. Illus. by R. Gregory Christie. 2020. (Sweet Blackberry Book Ser.). (ENG.). 48p. (J). (gr. -1-3). 18.99 *(978-0-316-45719-4(1))* Little, Brown Bks. for Young Readers.

Flying Frogs & Walking Fish: Leaping Lemurs, Tumbling Toads, Jet-Propelled Jellyfish, & More Surprising Ways That Animals Move. Steve Jenkins & Robin Page. Illus. by Steve Jenkins. 2016. (ENG., Illus.). 40p. (J). (gr. -1-3). 17.99 *(978-0-544-63090-1(4)*, 1619566, Clarion Bks.) HarperCollins Pubs.

Flying Girl: How Aida de Acosta Learned to Soar. Margarita Engle. Illus. by Sara Palacios. 2018. (ENG.). 40p. (J). (gr. -1-3). 18.99 *(978-1-4814-4502-3(2))* Simon & Schuster Children's Publishing.

Flying High: The Story of Gymnastics Champion Simone Biles. Michelle Meadows. Illus. by Ebony Glenn. 2020. (Who Did It First? Ser.). (ENG.). 40p. (J). 18.99 *(978-1-250-20566-7(2)*, 900201166, Holt, Henry & Co. Bks. For Young Readers) Holt, Henry & Co.

Flying High & Free! Gorgeous Bird Habitat Coloring Book. Bobo's Children Activity Books. 2016. (ENG., Illus.). (J). pap. 9.33 *(978-1-68327-032-4(0))* Sunshine In My Soul Publishing.

Flying High in the Sky! Super Hot Air Balloons Coloring Book. Activity Book Zone for Kids. 2016. (ENG., Illus.). (J). pap. 9.20 *(978-1-68376-431-1(5))* Sabeels Publishing.

Flying High (Vuela Alto) Mph Sausan El Burai Felix. Illus. by Jorge Carrillo. 2016. (ENG.). (J). pap. 14.99 *(978-0-9979788-2-7(1))* Mindstir Media.

Flying High with Friz the Bee. John L. D. Barnett. 2016. (Friz the Bee Ser.: 2). (ENG., Illus.). (J). pap. 9.59 *(978-1-68160-216-5(4))* Crimson Cloak Publishing.

Flying High with Wind Power: Lift Force. Goo-reum Seo. Illus. by Joo-mi Lee. 2021. (Science Storybooks Ser.). (ENG.). 36p. (J). (gr. k-4). pap. 8.99 *(978-1-925235-67-8(X)*, b25d1124-674c-4513-a76b-3fb3f388f919); lib. bdg. 27.99 *(978-1-925235-71-5(8)*, 3b23138e-59f2-4b98-a1a7-e1748a63e9ff) ChoiceMaker Pty. Ltd., The AUS. (Big and SMALL). Dist: Lerner Publishing Group.

Flying Hill Farm: A Story (Classic Reprint) Sophie Swett. 2018. (ENG., Illus.). (J). 324p. 30.58 *(978-1-396-43393-1(7))*; 326p. pap. 13.57 *(978-1-390-90166-5(1))* Forgotten Bks.

Flying Inn (Classic Reprint) G. K. Chesterton. 2017. (ENG., Illus.). (J). 31.16 *(978-0-260-94052-0(6))* Forgotten Bks.

Flying Island. Maya Poghosyan. 2017. (ENG., Illus.). 150p. (J). pap. 13.49 *(978-0-9981013-7-8(0))* Empyrion Publishing.

Flying Jewels: A Hummingbird Story. Marta Magellan. Illus. by Mauro Magellan. 2021. (ENG.). 38p. (J). 14.99 *(978-1-63233-314-8(7))* Eifrig Publishing.

Flying Leaves from East & West (Classic Reprint) Emily Pfeiffer. 2017. (ENG., Illus.). (J). 30.25 *(978-1-5283-6952-7(1))* Forgotten Bks.

Flying Lessons, 3. Andy Runton. ed. 2022. (Owly Ser.). (ENG.). 136p. (J). (gr. 2-3). 22.46 ***(978-1-68505-412-0(9))*** Penworthy Co., LLC, The.

Flying Lessons: a Graphic Novel (Owly #3) Andy Runton. Illus. by Andy Runton. 2021. (Owly Ser.: 3). (ENG., Illus.). 144p. (J). (gr. 2-5). 22.99 *(978-1-338-30070-3(9))*; pap. 10.99 *(978-1-338-30069-7(5))* Scholastic, Inc. (Graphix).

Flying Lessons & Other Stories. Ellen Oh. ed. 2019. (Penworthy Picks Middle School Ser.). (ENG.). 218p. (J). (gr. 4-5). 19.36 *(978-1-64310-931-2(6))* Penworthy Co., LLC, The.

Flying Lessons & Other Stories. Ed. by Ellen Oh. 2018. 240p. (J). (gr. 3-7). pap. 8.99 *(978-1-101-93462-3(X)*, Yearling) Random Hse. Children's Bks.

Flying Light. Yang Yuanhao. 2019. (Illus.). 32p. (J). (gr. k-1). 17.95 *(978-1-76036-053-5(8)*, 538cf989-a050-4ee7-a27f-b6ee05f425f5) Starfish Bay Publishing Pty Ltd. AUS. Dist: Baker & Taylor Publisher Services (BTPS).

Flying Machine Boys in the Wilds: Or the Mystery of the Andes (Classic Reprint) Frank Walton. 2018. (ENG., Illus.). 260p. (J). 29.26 *(978-0-267-24466-9(5))* Forgotten Bks.

Flying-Machine from an Engineering Standpoint: A Reprint of the James Forrest Lecture, 1914, by Permission of the Institution of Civil Engineers, Including a Discussion Concerning the Theory of Sustentation & the Expenditure of Power in Flight. Frederick William Lanchester. 2017. (ENG., Illus.). (J). 152p. 27.03 *(978-0-332-39415-2(8))*; pap. 9.57 *(978-0-282-08023-5(6))* Forgotten Bks.

Flying Machines. Ian Graham. Illus. by Stephen Biesty. 2018. (Inside Vehicles Ser.). (ENG.). 16p. (J). (gr. k-3). 17.99 *(978-1-5362-0281-6(9)*, Templar) Candlewick Pr.

Flying Machines Today. William Duane Ennis. 2017. (ENG., Illus.). (J). pap. *(978-0-649-09189-8(2))* Trieste Publishing Pty Ltd.

Flying Mail: The Railroad & the Churchyard (Classic Reprint) M. Goldschmidt. 2018. (ENG., Illus.). 200p. (J). 28.02 *(978-0-483-54434-5(5))* Forgotten Bks.

Flying Mercury (Classic Reprint) Eleanor Marie Ingram. (ENG., Illus.). (J). 2017. 218p. 28.41 *(978-0-332-39045-1(4))*; 2016. pap. 10.97 *(978-1-333-90040-3(6))* Forgotten Bks.

Flying Models: From Soaring Flight to Real Rockets. David Jefferis. 2018. (Model-Making Mindset Ser.). 32p. (J). (gr. 5-5). *(978-0-7787-5015-4(9))* Crabtree Publishing Co.

Flying Ninja! (Ninja Kid #2) Anh Do. 2021. (ENG.). 192p. (J). (gr. 2-5). pap. 6.99 *(978-1-338-30580-7(8)*, Scholastic Paperbacks) Scholastic, Inc.

Flying over Water. N. H. Senzai & Shannon Hitchcock. Ed. by Andrea Davis Pinkney. 2022. (ENG.). 272p. (J). (gr. 3-7). pap. 7.99 *(978-1-338-61767-2(2)*, Scholastic Pr.) Scholastic, Inc.

Flying Paintings: the Zhou Brothers: a Story of Revolution & Art. Amy Alznauer. Illus. by ShanZuo Zhou & Dahuang Zhou. 2020. (ENG.). 48p. (J). (gr. k-4). 17.99 *(978-1-5362-0428-5(5))* Candlewick Pr.

Flying Pigs & Dinosaurs & Things You've Never Seen Before. Brian Estes. 2017. (ENG., Illus.). 120p. (J). pap. *(978-1-365-96550-0(3))* Lulu Pr., Inc.

Flying Plover: His Stories, Told Him by Squat-By-the-Fire (Classic Reprint) G. E. Theodore Roberts. (ENG., Illus.). (J). 2018. 168p. 27.36 *(978-0-365-40660-0(0))*; 2017. pap. 9.97 *(978-0-259-44250-9(X))* Forgotten Bks.

Flying Poilu: A Story of Aerial Warfare. Marcel Nadaud. 2017. (ENG., Illus.). (J). pap. *(978-0-649-58544-1(5))*; pap. *(978-0-649-25004-2(4))* Trieste Publishing Pty Ltd.

Flying Poilu: A Story of Aerial Warfare (Classic Reprint) Marcel Nadaud. (ENG., Illus.). (J). 2017. 28.76 *(978-0-266-39396-2(9))*; 2016. pap. 11.57 *(978-1-333-24487-3(8))* Forgotten Bks.

Flying Reptiles. S. L. Hamilton. 2017. (Xtreme Dinosaurs Ser.). (ENG., Illus.). 32p. (J). (gr. 3-9). lib. bdg. 32.79 *(978-1-5321-1294-2(7)*, 27502, Abdo & Daughters) ABDO Publishing Co.

Flying Reptiles: Ranking Their Speed, Strength, & Smarts. Mark Weakland. 2019. (Dinosaurs by Design Ser.). (ENG.). 32p. (J). (gr. 4-6). pap. 9.99 *(978-1-64466-028-7(8)*, 12701); (Illus.). lib. bdg. *(978-1-68072-823-1(7)*, 12700) Black Rabbit Bks. (Bolt).

Flying Robe of White Feathers. Aili Mou. 2022. (Interesting Chinese Myths Ser.). (ENG.). 50p. (J). (gr. k-2). pap. 9.95 *(978-1-4878-0950-8(6))* Royal Collins Publishing Group Inc. CAN. Dist: Independent Pubs. Group.

Flying Robots, 1 vol. Daniel R. Faust. 2016. (Robots & Robotics Ser.). (ENG., Illus.). 32p. (J). (gr. 5-5). pap. 12.75 *(978-1-4994-2167-5(2)*, 8d1d2e72-3d92-4416-b776-d64ee4dda3f7, PowerKids Pr.) Rosen Publishing Group, Inc., The.

Flying Robots. Elizabeth Noll. 2017. (World of Robots Ser.). (ENG., Illus.). 32p. (J). (gr. 3-8). lib. bdg. 27.95 *(978-1-62617-688-1(4)*, Blastoff! Discovery) Bellwether Media.

Flying Robots. Lola Schaefer. 2020. (Lightning Bolt Books (r) — Robotics Ser.). (ENG., Illus.). 24p. (J). (gr. 1-3). pap. 9.99 *(978-1-7284-1358-7(3)*, 1411bcd8-9b9d-4dc4-a3d0-c49006c682bd); lib. bdg. 29.32 *(978-1-5415-9694-8(3)*, 5cc714b2-f314-4949-98a4-8b5ceb7d8399) Lerner Publishing Group. (Lerner Pubns.).

Flying Saucer Visions: A Travelogue. Chris Berryman. 2021. (ENG.). 32p. (J). *(978-0-2288-3919-4(X))*; pap. *(978-0-2288-3918-7(1))* Tellwell Talent.

Flying Scotsman & the Best Birthday Ever. Michael Morpurgo. Illus. by Michael Foreman. 2022. (ENG.). 32p. (J). (gr. 1-3). 17.95 ***(978-0-500-65294-7(5)***, 565294) Thames & Hudson.

Flying Scud, Vol. 1 Of 2: A Sporting Novel (Classic Reprint) Unknown Author. 2018. (ENG., Illus.). 282p. (J). 29.73 *(978-0-267-17583-3(3))* Forgotten Bks.

Flying Scud, Vol. 2 Of 2: A Sporting Novel (Classic Reprint) Charles Clarke. 2018. (ENG., Illus.). 286p. (J). 29.80 *(978-0-267-17202-3(8))* Forgotten Bks.

Flying Solo. Antonio Romero. 2023. (Illus.). 32p. (YA). 5.00 ***(978-0-9823778-6-4(X))*** ARtiCHOKE presents.

Flying Sparks: As Told by a Pullman Conductor (Classic Reprint) Marion Ebenezer Munsell. (ENG., Illus.). (J). 2018. 162p. 27.26 *(978-0-267-40854-2(4))*; 2016. pap. 9.97 *(978-1-334-19327-9(4))* Forgotten Bks.

Flying Squirrel Stowaways: From Halifax to Boston, 1 vol. Marijke Simons. 2017. (ENG., Illus.). 32p. (J). (gr. -1-k). 22.95 *(978-1-77108-550-2(9)*, 551c841c-8976-4356-9485-9f0e6363672d) Nimbus Publishing, Ltd. CAN. Dist: Baker & Taylor Publisher Services (BTPS).

Flying Test. Sara Matson. Illus. by Martin Wickstrom. 2020. (ENG.). 24p. (J). pap. *(978-1-922374-98-1(9))* Library For All Limited.

Flying Teuton: And Other Stories (Classic Reprint) Alice Brown. 2019. (ENG., Illus.). 338p. (J). 30.87 *(978-0-267-19213-7(4))* Forgotten Bks.

Flying to the Moon: An Astronaut's Story. Michael Collins. 3rd ed. 2019. (ENG., Illus.). 224p. (J). 19.99 *(978-0-374-31202-2(8)*, 900197771, Farrar, Straus & Giroux (BYR)) Farrar, Straus & Giroux.

Flying Torah. Albert I. Slomovitz. Illus. by Remi Bryant. 2022. (ENG.). 24p. (J). pap. 7.99 ***(978-1-954529-22-9(8))*** PlayPen Publishing.

Flying Torah Activity Book #3. Albert I. Slomovitz. Illus. by Remi Bryant. 2022. (Jewish Christian Discovery Ser.: Vol. 3). (ENG.). 28p. (J). pap. 4.99 ***(978-1-954529-28-1(7))*** PlayPen Publishing.

Flying Treasure. Sharon Brown Coogle. 2019. (ENG., Illus.). 102p. (J). pap. 12.95 *(978-1-64471-329-7(2))* Covenant Bks.

Flying Trip to the Tropics: A Record of an Ornithological Visit to the United States of Colombia, South America & to the Island of Curacao, West Indies, in the Year 1892 (Classic Reprint) Wirt Robinson. 2016. (ENG., Illus.). (J). pap. 11.57 *(978-1-333-68113-5(5))* Forgotten Bks.

Flying Turtles. Chuck Fields. 2018. (ENG., Illus.). 62p. (J). 25.95 *(978-1-64424-127-1(7))*; pap. 15.95 *(978-1-64462-883-6(X))* Page Publishing Inc.

Flying U Ranch (Classic Reprint) B. M. Bower. 2018. (ENG., Illus.). 276p. (J). 29.59 *(978-0-365-47122-6(4))* Forgotten Bks.

Flying Umbrellas & Red Boats: Children's Poetry & Activities. Karen Gross. 2019. (ENG.). 114p. (J). (gr. k-6). pap. 21.95 *(978-1-60571-439-4(9))* Northshire Pr.

Flying U's Last Stand (Classic Reprint) B. M. Bower. 2017. (ENG., Illus.). (J). 31.49 *(978-0-265-20429-0(1))* Forgotten Bks.

Flying Visit: Book One of the Salute Islands Treasury. Lindzi J. Stewart. Illus. by Phoebe E. L. Stewart. 2019. (Salute Islands Treasury Ser.: Vol. 1). (ENG.). 258p. (J). pap. *(978-1-913166-19-9(8))* Heddon Publishing.

Flying Visit (a Percy the Park Keeper Story) Nick Butterworth. 2022. (Percy the Park Keeper Story Ser.). (ENG.). 32p. (J). 18.99 *(978-0-00-848435-4(X)*, HarperCollins Children's Bks.) HarperCollins Pubs. Ltd. GBR. Dist: HarperCollins Pubs.

Flying Visits (Classic Reprint) Harry Furniss. 2017. (ENG., Illus.). (J). 30.15 *(978-0-332-00331-3(0))* Forgotten Bks.

Flying with Feathers & Wings, 1 vol. Caitie McAneney. 2017. (How Animals Adapt to Survive Ser.). (ENG.). 24p. (J). (gr. 3-3). 25.27 *(978-1-5081-6434-0(7)*, 78e332d8-1d7d-4c3d-8bff-124e354111c3, PowerKids Pr.) Rosen Publishing Group, Inc., The.

Flynn: Adventures of a Rough Collie. Elizabeth Eng. 2021. (ENG.). 38p. (J). pap. 14.99 *(978-1-64719-781-0(3))* Booklocker.com, Inc.

Flynn at Home. Elizabeth Eng. 2021. (ENG.). 34p. (J). pap. 14.99 *(978-1-64719-432-1(6))* Booklocker.com, Inc.

Flynn Learns about Photography. Tracilyn George. 2021. (ENG.). 24p. (J). pap. 11.00 *(978-1-77475-300-2(6))* Lulu Pr., Inc.

Flynn Nightsider & the Edge of Evil. Mary Fan. 2018. (ENG., Illus.). 384p. (J). pap. 9.99 *(978-1-7321986-1-6(6))* Crazy 8 Pr.

Flynn Nightsider & the Edge of Evil. Mary S. Fan. 2018. (Flynn Nightsider Ser.: Vol. 1). (ENG., Illus.). 384p. (YA). (gr. 7-12). 17.99 *(978-1-7321986-0-9(8))* Fan, Mary.

Flynn Nightsider & the Shards of Shadow. Mary Fan. l.t. ed. 2022. (Flynn Nightsider Ser.: Vol. 2). (ENG.). 314p. (YA). 19.99 *(978-1-0880-6276-0(8))* Crazy 8 Pr.

Flynn's Fantastic Flight. A. H. Benjamin. Illus. by Marcus Gray. 2023. (Level 9 - Gold Set Ser.). (ENG.). 32p. (J). (gr. 2-4). lib. bdg. 19.95 Bearport Publishing Co., Inc.

684 The check digit for ISBN-10 appears in parentheses after the full ISBN-13

TITLE INDEX FOGG'S FERRY

Foals. Meg Gaertner. 2019. (Animal Babies Ser.). (ENG., Illus.). 16p. (J). (gr. k-1). pap. 7.95 *(978-1-64185-816-8(8),* 1641858168); lib. bdg. 25.64 *(978-1-64185-747-5(1),* 1641857471) North Star Editions. (Focus Readers).

Foals. Julia Jaske. 2022. (So Cute! Baby Animals Ser.). (ENG., Illus.). 16p. (J). (gr. -1-2). pap. 11.36 *(978-1-6689-0881-5(6),* 220848, Cherry Blossom Press) Cherry Lake Publishing.

Foals. Anastasia Suen. 2019. (Spot Baby Farm Animals Ser.). (ENG.). 16p. (J). (gr. -1-2). lib. bdg. *(978-1-68151-531-1(8),* 14492) Amicus.

Foam Crafts for Kids: Over 100 Colorful Craft Foam Projects to Make with Your Kids. Ed. by Suzanne McNeill. 2018. (ENG., Illus.). 160p. (J). pap. 17.99 *(978-1-4972-0401-0(1),* DO5937, Design Originals) Fox Chapel Publishing Co., Inc.

Foam on the Water. Grandma Lo. 2016. (ENG., Illus.). (J). 21.95 *(978-1-63525-851-6(0))*; pap. 12.95 *(978-1-63525-849-3(9))* Christian Faith Publishing.

Foaming Fore Shore (Classic Reprint) Samuel Alexander White. 2018. (ENG., Illus.). 258p. (J). 29.24 *(978-0-267-66892-2(9))* Forgotten Bks.

Foclóir Gaedilge Agus Béarla: An Irish-English Dictionary, Being a Thesaurus of the Words, Phrases & Idioms of the Modern Irish Language, with Explanations in English (Classic Reprint) Patrick Stephen Dinneen. 2018. (ENG., Illus.). 844p. (J). 41.32 *(978-0-331-60451-1(5))* Forgotten Bks.

Focloiropedia: A Journey Through the Irish Language from Aran to Zu. John Burke & Fatti Burke. 2018. (ENG., Illus.). 96p. 45.00 *(978-0-7171-7554-3(5))* Gill Bks. IRL. Dist: Casemate Pubs. & Bk. Distributors, LLC.

Fo'c's'le Yarns: Including Betsy Lee, & Other Poems (Classic Reprint) T. E. Brown. 2017. (ENG., Illus.). (J). 30.62 *(978-0-331-68158-1(7))* Forgotten Bks.

Focus: January, 1914 (Classic Reprint) Farmville State Normal School. (ENG., Illus.). (J). 2018. 78p. 25.51 *(978-0-483-57692-6(1))*; 2016. pap. 9.57 *(978-1-333-39524-7(8))* Forgotten Bks.

Focus: State Normal School Farmville, Va (Classic Reprint) State Normal School. 2018. (ENG., Illus.). 78p. (J). 25.53 *(978-0-484-90406-3(X))* Forgotten Bks.

Focus & Find Hidden Pictures Activity Book. Jupiter Kids. 2017. (ENG., Illus.). (J). pap. 9.20 *(978-1-68326-693-8(5),* Jupiter Kids (Childrens & Kids Fiction)) Speedy Publishing LLC.

Focus & Finish: How Football Taught Me Grit, Teamwork, & Integrity. Zach Ertz. 2019. (ENG., Illus.). 192p. (J). (gr. 2-7). 16.99 *(978-0-7369-7930-6(1),* 6979306) Harvest Hse. Pubs.

Focus. Click. Wind. Amanda West Lewis. 2023. 224p. (J). (gr. 8-12). 17.99 ***(978-1-77306-899-2(7))*** Groundwood Bks. CAN. Dist: Publishers Group West (PGW).

Focus on Africa, 12 vols. 2016. (Focus on Africa Ser.). (ENG.). 128p. (YA). (gr. 9-9). lib. bdg. 284.16 *(978-1-5026-2385-0(4),* fee6322a-8b95-489d-881e-c56068ffd790, Cavendish Square) Cavendish Square Publishing LLC.

Focus on Australia. Natalie Hyde. 2023. (Focus on Geography Ser.). (ENG.). 48p. (J). (gr. 5-9). lib. bdg. ***(978-1-0398-0645-0(7),*** 32849, Crabtree Forest) Crabtree Publishing Co.

Focus on Australia. Contrib. by Natalie Hyde. 2023. (Focus on Geography Ser.). (ENG., Illus.). 48p. (J). (gr. 5-9). pap. ***(978-1-0398-0671-9(6),*** 32850, Crabtree Forest) Crabtree Publishing Co.

Focus on Chile. Linda Barghoorn. 2023. (Focus on Geography Ser.). (ENG.). 48p. (J). (gr. 5-9). lib. bdg. ***(978-1-0398-0642-9(2),*** 32853, Crabtree Forest) Crabtree Publishing Co.

Focus on Chile. Contrib. by Linda Barghoorn. 2023. (Focus on Geography Ser.). (ENG., Illus.). 48p. (J). (gr. 5-9). pap. ***(978-1-0398-0668-9(6),*** 32854, Crabtree Forest) Crabtree Publishing Co.

Focus on Current Events Set 2 (Set Of 6) 2023. (Focus on Current Events Set 2 Ser.). (ENG., Illus.). (J). pap. 71.70 ***(978-1-63739-696-4(1))***; lib. bdg. 205.26 ***(978-1-63739-639-1(2))*** North Star Editions. (Focus Readers).

Focus on Current Events (Set Of 6) 2022. (Focus on Current Events Ser.). (ENG.). 288p. (J). (gr. 5-6). pap. 71.70 *(978-1-63739-128-0(5))*; lib. bdg. 205.26 *(978-1-63739-074-0(2))* North Star Editions. (Focus Readers).

Focus on Energy. Christopher Forest. 2017. (Hands-On STEM Ser.). (ENG., Illus.). 32p. (J). (gr. 2-3). pap. 9.95 *(978-1-63517-345-1(0),* 1635173450); lib. bdg. 31.35 *(978-1-63517-280-5(2),* 1635172802) North Star Editions. (Focus Readers).

Focus on Formula One (Set), 6 vols. 2023. (Focus on Formula One Ser.). (ENG.). 32p. (J). (gr. 3-9). lib. bdg. 196.74 ***(978-1-0982-9071-9(2),*** 41909, SportsZone) ABDO Publishing Co.

Focus on Friction. Joanne Mattern. 2017. (Hands-On STEM Ser.). (ENG., Illus.). 32p. (J). (gr. 2-3). pap. 9.95 *(978-1-63517-346-8(9),* 1635173469); lib. bdg. 31.35 *(978-1-63517-281-2(0),* 1635172810) North Star Editions. (Focus Readers).

Focus on Ghana. Heather C. Hudak. 2023. (Focus on Geography Ser.). (ENG.). 48p. (J). (gr. 5-9). lib. bdg. ***(978-1-0398-0643-6(0),*** 32857, Crabtree Forest) Crabtree Publishing Co.

Focus on Ghana. Contrib. by Heather C. Hudak. 2023. (Focus on Geography Ser.). (ENG., Illus.). 48p. (J). (gr. 5-9). pap. ***(978-1-0398-0669-6(4),*** 32858, Crabtree Forest) Crabtree Publishing Co.

Focus on Gravity. Cheryl Mansfield. 2017. (Hands-On STEM Ser.). (ENG., Illus.). 32p. (J). (gr. 2-3). pap. 9.95 *(978-1-63517-347-5(7),* 1635173477); lib. bdg. 31.35 *(978-1-63517-282-9(9),* 1635172829) North Star Editions. (Focus Readers).

Focus on Health. Nancy Dickmann. 2022. (Focus on Health Ser.). (ENG.). 32p. (J). 119.96 *(978-1-6690-5716-1(X),* 256674); 146.93 *(978-1-6690-3467-4(4),* 252852) Capstone. (Capstone Pr.).

Focus on Inertia. Joanne Mattern. 2017. (Hands-On STEM Ser.). (ENG., Illus.). 32p. (J). (gr. 2-3). pap. 9.95 *(978-1-63517-348-2(5),* 1635173485); lib. bdg. 31.35 *(978-1-63517-283-6(7),* 1635172837) North Star Editions. (Focus Readers).

Focus on Light. Patricia Hutchison. 2017. (Hands-On STEM Ser.). (ENG., Illus.). 32p. (J). (gr. 2-3). pap. 9.95 *(978-1-63517-349-9(3),* 1635173493); lib. bdg. 31.35 *(978-1-63517-284-3(5),* 1635172845) North Star Editions. (Focus Readers).

Focus on Magnetism. Christopher Forest. 2017. (Hands-On STEM Ser.). (ENG., Illus.). 32p. (J). (gr. 2-3). pap. 9.95 *(978-1-63517-350-5(7),* 1635173507); lib. bdg. 31.35 *(978-1-63517-285-0(3),* 1635172853) North Star Editions. (Focus Readers).

Focus on Media Bias (Set Of 4) 2021. (Focus on Media Bias Ser.). (ENG., Illus.). 192p. (J). (gr. 5-6). pap. 47.80 *(978-1-64493-907-9(X))*; lib. bdg. 136.84 *(978-1-64493-861-4(8))* North Star Editions. (Focus Readers).

Focus on Momentum. Christopher Forest. 2017. (Hands-On STEM Ser.). (ENG., Illus.). 32p. (J). (gr. 2-3). pap. 9.95 *(978-1-63517-351-2(5),* 1635173515); lib. bdg. 31.35 *(978-1-63517-286-7(1),* 1635172861) North Star Editions. (Focus Readers).

Focus on Pakistan. Ellen Rodger. 2023. (Focus on Geography Ser.). (ENG.). 48p. (J). (gr. 5-9). lib. bdg. ***(978-1-0398-0644-3(9),*** 32861, Crabtree Forest) Crabtree Publishing Co.

Focus on Pakistan. Contrib. by Ellen Rodger. 2023. (Focus on Geography Ser.). (ENG.). 48p. (J). (gr. 5-9). pap. ***(978-1-0398-0670-2(8),*** 32862, Crabtree Forest) Crabtree Publishing Co.

Focus on the Good: a Step-By-Step Hand Lettering Book. Courtney Acampora. 2022. (Creativity Corner Ser.). (ENG.). 64p. (J). (gr. 3-7). spiral bd. 12.99 *(978-1-64517-875-0(7),* Silver Dolphin Bks.) Printers Row Publishing Group.

Focus on the Great Migration. Artika R. Tyner. 2022. (History in Pictures (Read Woke (tm) Books) Ser.). (ENG., Illus.). 32p. (J). (gr. 4-8). pap. 10.99 *(978-1-7284-6288-2(6),* 5c33b96a-2f59-4290-b9fe-fee01afe0abc); lib. bdg. 30.65 *(978-1-7284-2349-4(X),* c4977caf-d88d-4d4c-b947-a5823a1fd55d) Lerner Publishing Group. (Lerner Pubns.).

Focus on the Harlem Renaissance. Artika R. Tyner. 2022. (History in Pictures (Read Woke (tm) Books) Ser.). (ENG., Illus.). 32p. (J). (gr. 4-8). pap. 10.99 *(978-1-7284-6289-9(4),* e9efca44-8b01-4475-a859-594a98322dfe); lib. bdg. 30.65 *(978-1-7284-2348-7(1),* 25785277-b403-4367-93c9-9f74cb56b9c6) Lerner Publishing Group. (Lerner Pubns.).

Focus on the Women's Suffrage Movement. Artika R. Tyner. 2022. (History in Pictures (Read Woke (tm) Books) Ser.). (ENG., Illus.). 32p. (J). (gr. 4-8). pap. 10.99 *(978-1-7284-6290-5(8),* 8c0498ea-3d4e-4c3b-bd01-8a7d58189862); lib. bdg. 30.65 *(978-1-7284-2351-7(1),* f919d0c9-f6c2-43cb-bbc6-f4b0eec9774e) Lerner Publishing Group. (Lerner Pubns.).

Focus on Waves. Cheryl Mansfield. 2017. (Hands-On STEM Ser.). (ENG., Illus.). 32p. (J). (gr. 2-3). pap. 9.95 *(978-1-63517-352-9(3),* 1635173523); lib. bdg. 31.35 *(978-1-63517-287-4(X),* 163517287X) North Star Editions. (Focus Readers).

Focus, Think & Solve: Hidden Picture & Easy Maze Books for Kids Age 4 Bundle, 2 vols. Speedy Publishing Books. 2019. (ENG.). 170p. (J). pap. 19.99 *(978-1-5419-7209-4(0))* Speedy Publishing LLC.

Focus, Vol. 1: April, 1911 (Classic Reprint) Farmville State Normal School. (ENG., Illus.). (J). 2018. 50p. 24.93 *(978-0-332-69167-1(5))*; 2016. pap. 9.57 *(978-1-334-15429-4(5))* Forgotten Bks.

Focus, Vol. 1: December, 1911 (Classic Reprint) State Normal School. (ENG., Illus.). (J). 2018. 56p. 25.07 *(978-0-267-30788-3(8))*; 2016. pap. 9.57 *(978-1-333-35246-2(8))* Forgotten Bks.

Focus, Vol. 1: January, 1912 (Classic Reprint) Farmville State Normal School. 2016. (ENG., Illus.). (J). pap. 9.57 *(978-1-334-76390-8(9))* Forgotten Bks.

Focus, Vol. 1: March, 1911 (Classic Reprint) State Normal School. (ENG., Illus.). (J). 2018. 48p. 24.93 *(978-0-484-51486-6(5))*; 2016. pap. 9.57 *(978-1-333-66739-9(6))* Forgotten Bks.

Focus, Vol. 1: May, 1911 (Classic Reprint) Helen C. Massie. (ENG., Illus.). (J). 2018. 52p. 24.97 *(978-0-483-85978-4(8))*; 2016. pap. 9.57 *(978-1-334-11926-2(0))* Forgotten Bks.

Focus, Vol. 1: November, 1911 (Classic Reprint) State Normal School. (ENG., Illus.). (J). 2018. 52p. 24.99 *(978-0-484-58949-9(0))*; 2016. pap. 9.57 *(978-1-333-35715-3(X))* Forgotten Bks.

Focus, Vol. 1: October, 1911 (Classic Reprint) Farmville State Normal School. 2018. (ENG., Illus.). 44p. (J). 24.80 *(978-0-484-64676-5(1))* Forgotten Bks.

Focus, Vol. 2: April, 1912 (Classic Reprint) State Normal School Farmville. (ENG., Illus.). (J). 2018. 72p. 25.38 *(978-0-483-91755-2(9))*; 2016. pap. 9.57 *(978-1-333-44296-5(3))* Forgotten Bks.

Focus, Vol. 2: February, 1912 (Classic Reprint) Farmville State Normal School. (ENG., Illus.). (J). 2018. 68p. 25.32 *(978-0-484-68109-4(5))*; 2016. pap. 9.57 *(978-1-333-46121-8(6))* Forgotten Bks.

Focus, Vol. 2: January, 1913 (Classic Reprint) Preston Ambler. (ENG., Illus.). (J). 2018. 76p. 25.48 *(978-0-267-34479-6(1))*; 2016. pap. 9.57 *(978-1-333-68038-1(4))* Forgotten Bks.

Focus, Vol. 2: March, 1912 (Classic Reprint) Farmville State Normal School. (ENG., Illus.). (J). 2018. 70p. 25.36 *(978-0-483-85972-2(9))*; 2016. pap. 9.57 *(978-1-333-57314-0(6))* Forgotten Bks.

Focus, Vol. 2: May, 1912 (Classic Reprint) Farmville State Normal School. (ENG., Illus.). (J). 2018. 76p. 25.46 *(978-0-267-32711-9(0))*; 2016. pap. 9.57 *(978-1-333-53764-7(6))* Forgotten Bks.

Focus, Vol. 3: Alumnae Number, June 1913 (Classic Reprint) Farmville State Normal School. (ENG., Illus.). (J). 2018. 98p. 25.92 *(978-0-267-40220-5(1))*; 2016. pap. 9.57 *(978-1-334-12124-1(9))* Forgotten Bks.

Focus, Vol. 3: April, 1913 (Classic Reprint) Farmville State Normal School. (ENG., Illus.). (J). 2018. 86p. 25.67 *(978-0-483-80384-8(7))*; 2016. pap. 9.57 *(978-1-334-13765-5(X))* Forgotten Bks.

Focus, Vol. 3: December, 1913 (Classic Reprint) Farmville State Normal School. (ENG., Illus.). (J). 2018. 74p. 25.44 *(978-0-483-79437-5(6))*; 2016. pap. 9.57 *(978-1-333-36435-9(0))* Forgotten Bks.

Focus, Vol. 3: March, 1913 (Classic Reprint) Juanita Manning. (ENG., Illus.). (J). 2018. 82p. 25.61 *(978-0-483-94489-3(0))*; 2016. pap. 9.57 *(978-1-333-18445-2(X))* Forgotten Bks.

Focus, Vol. 3: May, 1913 (Classic Reprint) Farmville State Normal School. (ENG., Illus.). (J). 2018. 76p. 25.48 *(978-0-332-93543-0(4))*; 2016. pap. 9.57 *(978-1-333-38694-8(X))* Forgotten Bks.

Focus, Vol. 3: November, 1913 (Classic Reprint) Farmville State Normal School. (ENG., Illus.). (J). 2018. 70p. 25.34 *(978-0-483-87779-5(4))*; 2016. pap. 9.57 *(978-1-333-42411-4(6))* Forgotten Bks.

Focus, Vol. 3: October, 1913 (Classic Reprint) Juanita Manning. (ENG., Illus.). (J). 2018. 56p. 25.07 *(978-0-483-93656-0(1))*; 2017. pap. 9.57 *(978-0-243-43634-7(3))* Forgotten Bks.

Focus, Vol. 4: Alumnae Number; June, 1914 (Classic Reprint) State Normal School Farmville Va. (ENG., Illus.). (J). 2018. 68p. 25.32 *(978-0-332-91260-8(4))*; 2016. pap. 9.57 *(978-1-334-13463-0(4))* Forgotten Bks.

Focus, Vol. 4: April, 1914 (Classic Reprint) Gertrude Welker. (ENG., Illus.). (J). 2018. 74p. 25.44 *(978-0-267-31495-9(7))*; 2016. pap. 9.57 *(978-1-333-44735-9(3))* Forgotten Bks.

Focus, Vol. 4: December, 1914 (Classic Reprint) Farmville State Normal School. (ENG., Illus.). (J). 2018. 82p. 25.61 *(978-0-483-99338-9(7))*; 2016. pap. 9.57 *(978-1-334-13689-4(0))* Forgotten Bks.

Focus, Vol. 4: February, 1914 (Classic Reprint) Farmville State Normal School. (ENG., Illus.). (J). 2018. 80p. 25.57 *(978-0-483-81112-6(2))*; 2016. pap. 9.57 *(978-1-333-22956-6(9))* Forgotten Bks.

Focus, Vol. 4: January, 1915 (Classic Reprint) Farmville State Normal School. (ENG., Illus.). (J). 2018. 68p. 25.30 *(978-0-483-04471-5(7))*; 2016. pap. 9.57 *(978-1-333-67710-7(3))* Forgotten Bks.

Focus, Vol. 4: March, 1914 (Classic Reprint) Gertrude Welker. (ENG., Illus.). (J). 2018. 70p. 25.34 *(978-0-267-30258-1(4))*; 2016. pap. 9.57 *(978-1-333-22143-0(6))* Forgotten Bks.

Focus, Vol. 4: November, 1914 (Classic Reprint) Farmville State Normal School. (ENG., Illus.). (J). 2018. 82p. 25.61 *(978-0-267-34645-5(X))*; 2016. pap. 9.57 *(978-1-333-69895-9(X))* Forgotten Bks.

Focus, Vol. 4 Of 6: May, 1914 (Classic Reprint) State Normal School. (ENG., Illus.). (J). 2018. 70p. 25.36 *(978-0-267-39871-3(9))*; 2016. pap. 9.57 *(978-1-334-12557-7(0))* Forgotten Bks.

Focus, Vol. 5: Alumnae Number; September, 1915 (Classic Reprint) Farmville State Normal School. 2017. (ENG., Illus.). (J). pap. 9.57 *(978-1-5279-5658-2(X))* Forgotten Bks.

Focus, Vol. 5: February, 1915 (Classic Reprint) State Normal School. 2018. (ENG., Illus.). 72p. (J). 25.40 *(978-0-483-79229-6(2))* Forgotten Bks.

Focus, Vol. 5: January, 1916 (Classic Reprint) Farmville State Normal School. 2016. (ENG., Illus.). (J). pap. 9.57 *(978-1-334-20749-5(6))* Forgotten Bks.

Focus, Vol. 5: March, 1915 (Classic Reprint) Farmville State Normal School. (ENG., Illus.). (J). 2018. 78p. 25.53 *(978-0-332-93798-4(4))*; 2016. pap. 9.57 *(978-1-333-44509-6(1))* Forgotten Bks.

Focus, Vol. 5: May, 1915 (Classic Reprint) Farmville State Normal School. (ENG., Illus.). (J). 2018. 62p. 25.40 *(978-0-332-29244-1(4))*; 2016. pap. 9.57 *(978-1-333-66326-1(9))* Forgotten Bks.

Focus, Vol. 5: November-December, 1915 (Classic Reprint) Farmville State Normal School. 2017. (ENG., Illus.). (J). 78p. 25.51 *(978-0-260-97803-5(5))*; 80p. pap. 9.57 *(978-1-5283-8498-8(9))* Forgotten Bks.

Focus, Vol. 5: October 1915 (Classic Reprint) State Normal School. 2018. (ENG., Illus.). (J). 62p. 25.20 *(978-0-483-98892-7(8))*; 64p. pap. 9.57 *(978-1-334-11925-5(2))* Forgotten Bks.

Focus, Vol. 6: April, 1916 (Classic Reprint) Farmville State Normal School. (ENG., Illus.). (J). 2018. 62p. 25.20 *(978-0-483-63908-9(7))*; 2016. pap. 9.57 *(978-1-334-15420-1(1))* Forgotten Bks.

Focus, Vol. 6: December, 1916 (Classic Reprint) Farmville State Normal School. (ENG., Illus.). (J). 2018. 54p. 25.03 *(978-0-483-77042-3(6))*; 2016. pap. 9.57 *(978-1-333-38292-6(8))* Forgotten Bks.

Focus, Vol. 6: February, 1916 (Classic Reprint) Unknown Author. 2018. (ENG., Illus.). (J). 25.22 *(978-0-331-98793-5(7))* Forgotten Bks.

Focus, Vol. 6: January, 1917 (Classic Reprint) Farmville State Normal School. (ENG., Illus.). (J). 2018. 34p. 24.60 *(978-0-267-53337-4(3))*; 2016. pap. 7.97 *(978-1-333-22640-4(3))* Forgotten Bks.

Focus, Vol. 6: June, 1930 (Classic Reprint) Unknown Author. (ENG., Illus.). (J). 2018. 392p. 31.98 *(978-0-365-30904-8(4))*; 2017. pap. 16.57 *(978-0-282-05486-1(3))* Forgotten Bks.

Focus, Vol. 6: March, 1916 (Classic Reprint) State Normal School Farmville Va. (ENG., Illus.). (J). 2018. 64p. 25.24 *(978-0-483-59455-5(5))*; 2016. pap. 9.57 *(978-1-334-59208-9(X))* Forgotten Bks.

Focus, Vol. 6: May, 1916 (Classic Reprint) State Normal School. (ENG., Illus.). (J). 2018. 68p. 25.32 *(978-0-483-29104-1(8))*; 2016. pap. 9.57 *(978-1-333-36043-6(6))* Forgotten Bks.

Focus, Vol. 7: December, 1917 (Classic Reprint) Gertrude Lee. (ENG., Illus.). (J). 2018. 52p. 24.97 *(978-0-484-69885-6(0))*; 2016. pap. 9.57 *(978-1-334-13408-1(1))* Forgotten Bks.

Focus, Vol. 7: Jan; Feb;, 1918 (Classic Reprint) State Normal School Farmville. (ENG., Illus.). (J). 2018. 54p. 25.01 *(978-0-483-91652-4(8))*; 2016. pap. 9.57 *(978-1-333-66668-2(3))* Forgotten Bks.

Focus, Vol. 7: June, 1917 (Classic Reprint) Gertrude Lee. (ENG., Illus.). (J). 2018. 70p. 25.34 *(978-0-483-72931-5(0))*; 2017. pap. 9.57 *(978-0-243-27949-4(3))* Forgotten Bks.

Focus, Vol. 7: March, 1917 (Classic Reprint) State Normal School Virginia. (ENG., Illus.). (J). 2018. 54p. 25.03 *(978-0-484-83254-0(9))*; 2016. pap. 9.57 *(978-1-334-13108-0(2))* Forgotten Bks.

Focus, Vol. 7: May, 1917 (Classic Reprint) State Normal School. (ENG., Illus.). (J). 2018. 72p. 25.40 *(978-0-483-85280-8(5))*; 2016. pap. 9.57 *(978-1-333-45580-4(1))* Forgotten Bks.

Focus, Vol. 7: November, 1917 (Classic Reprint) Farmville State Normal School. (ENG., Illus.). (J). 2017. 52p. 24.97 *(978-0-484-83762-0(1))*; 2016. pap. 9.57 *(978-1-333-53090-7(0))* Forgotten Bks.

Focus, Vol. 7: October, 1917 (Classic Reprint) Farmville State Normal School. (ENG., Illus.). (J). 2018. 58p. 25.09 *(978-0-483-85284-6(8))*; 2016. pap. 9.57 *(978-1-333-55559-7(8))* Forgotten Bks.

Focus, Vol. 8: April, 1918 (Classic Reprint) State Normal School. (ENG., Illus.). (J). 2018. 54p. 25.03 *(978-0-483-98689-3(5))*; 2016. pap. 9.57 *(978-1-333-39343-4(1))* Forgotten Bks.

Focus, Vol. 8: December, 1918 (Classic Reprint) State Normal School Farmville. (ENG., Illus.). (J). 2018. 80p. 25.55 *(978-0-267-34755-1(3))*; 2016. pap. 9.57 *(978-1-333-71606-6(0))* Forgotten Bks.

Focus, Vol. 8: January, 1919 (Classic Reprint) Shannon Morton. (ENG., Illus.). (J). 2018. 70p. 25.34 *(978-0-267-55403-4(6))*; 2016. pap. 9.57 *(978-1-333-61703-5(8))* Forgotten Bks.

Focus, Vol. 8: June, 1918 (Classic Reprint) Farmville State Normal School. (ENG., Illus.). (J). 2018. 48p. 24.89 *(978-0-483-72199-9(9))*; 2016. pap. 9.57 *(978-1-333-34946-2(7))* Forgotten Bks.

Focus, Vol. 8: March, 1918 (Classic Reprint) State Normal School. 2018. (ENG., Illus.). 46p. (J). 24.85 *(978-0-332-95832-3(9))* Forgotten Bks.

Focus, Vol. 8: May, 1918 (Classic Reprint) State Normal School Farmville Va. (ENG., Illus.). (J). 2018. 52p. 24.97 *(978-0-484-76343-1(1))*; 2016. pap. 9.57 *(978-1-334-16663-1(3))* Forgotten Bks.

Focus, Vol. 9: March, 1919 (Classic Reprint) Farmville State Normal School. 2018. (ENG., Illus.). 62p. (J). 25.22 *(978-0-484-00985-0(0))* Forgotten Bks.

Focus, Vol. 9: March, 1920 (Classic Reprint) State Normal School Farmville. (ENG., Illus.). (J). 2018. 82p. 25.59 *(978-0-483-89931-5(3))*; 2016. pap. 9.57 *(978-1-334-11913-2(9))* Forgotten Bks.

Focus, Vol. 9: May, 1919 (Classic Reprint) State Normal School Virginia. (ENG., Illus.). (J). 2018. 72p. 25.40 *(978-0-483-79779-6(0))*; 2016. pap. 9.57 *(978-1-333-33445-1(1))* Forgotten Bks.

Focus, Vol. 9: May, 1920 (Classic Reprint) Katharine Stallard. (ENG., Illus.). (J). 2018. 58p. 25.13 *(978-0-332-11854-3(1))*; 2016. pap. 9.57 *(978-1-334-11708-4(X))* Forgotten Bks.

Focus, Vol. 9: October-November, 1919 (Classic Reprint) Farmville State Normal School. 2018. (ENG., Illus.). 74p. (J). 25.42 *(978-0-484-11926-9(5))* Forgotten Bks.

Focused. Alyson Gerber. (ENG.). 304p. (J). (gr. 3-7). 2021. pap. 8.99 *(978-1-338-18598-0(5))*; 2019. 16.99 *(978-1-338-18597-3(7),* Scholastic Pr.) Scholastic, Inc.

Focused Ninja: A Children's Book about Increasing Focus & Concentration at Home & School. Mary Nhin & Grow Grit Press. Illus. by Jelena Stupar. 2020. (Ninja Life Hacks Ser.: Vol. 21). (ENG.). 38p. (J). 18.99 *(978-1-953399-75-5(4))* Grow Grit Pr.

Focusing on Feelings Book Set Of 4. Rosie Faragher et al. Illus. by Rosie Faragher et al. 2020. (Social & Emotional Learning Sets Ser.). (ENG.). 144p. (J). pap., pap., pap. *(978-1-78628-536-2(3))* Child's Play International Ltd.

Fodo Dodo Goes Fishing. Édouard Manceau. Illus. by Édouard Manceau. 2023. (ENG., Illus.). 28p. (J). (gr. -1-k). 18.99 ***(978-1-77657-503-9(2),*** 24818334-e921-45cf-b324-6d81f4964c9b) Gecko Pr. NZL. Dist: Lerner Publishing Group.

Foe-Farrell (Classic Reprint) Arthur Quiller-Couch. 2018. (ENG., Illus.). 432p. (J). 32.81 *(978-0-483-13378-5(7))* Forgotten Bks.

Foes: A Novel (Classic Reprint) Mary Johnston. 2017. (ENG., Illus.). (J). 31.47 *(978-1-5283-4467-8(7))* Forgotten Bks.

Foes in Ambush (Classic Reprint) Charles King. 2018. (ENG., Illus.). 280p. (J). 29.63 *(978-0-483-47717-9(6))* Forgotten Bks.

Foes in Law (Classic Reprint) Rhoda Broughton. 2018. (ENG., Illus.). 388p. (J). 31.90 *(978-0-666-25248-7(3))* Forgotten Bks.

Fog. Kyo Maclear. Illus. by Kenard Pak. 2017. 48p. (J). (gr. -1-3). 17.99 *(978-1-77049-492-3(8),* Tundra Bks.) Tundra Bks. CAN. Dist: Penguin Random Hse. LLC.

Fog. Brienna Rossiter. 2019. (Weather Ser.). (ENG., Illus.). 16p. (J). (gr. k-1). pap. 7.95 *(978-1-64185-858-8(3),* 1641858583, Focus Readers) North Star Editions.

Fog: A Novel (Classic Reprint) William Dudley Pelley. 2017. (ENG., Illus.). (J). 34.54 *(978-1-5284-6247-1(5))* Forgotten Bks.

Fog Catcher's Daughter. Marianne McShane. Illus. by Alan Marks. 2022. (ENG.). 48p. (J). (gr. k-3). 18.99 *(978-1-5362-1130-6(3))* Candlewick Pr.

Fog Island. Robert D. Carpenter, Jr. & Robert D. Carpenter. 2020. 24p. (J). 25.00 *(978-1-0983-2535-0(4))* BookBaby.

Fog of Forgetting, 1 vol. G. A. Morgan. 2017. (Five Stones Trilogy Ser.: 1). (ENG.). 304p. (J). pap. 14.95 *(978-1-939017-87-1(4),* 41192ffb-9750-42d9-a4b2-6b01dbc01a50) Islandport Pr., Inc.

Fog Princes (Classic Reprint) Florence Warden. 2018. (ENG., Illus.). 220p. (J). 28.43 *(978-0-483-32193-9(1))* Forgotten Bks.

Foggerty's Fairy: And Other Tales (Classic Reprint) W. S. Gilbert. 2018. (ENG., Illus.). 370p. (J). 31.53 *(978-0-483-33984-2(9))* Forgotten Bks.

Fogg's Ferry: A Thrilling Novel (Classic Reprint) Charles Edward Callahan. (ENG., Illus.). (J). 2018. 340p. 30.91

F

(978-0-332-91945-4(5)); 2017. pap. 13.57 *(978-0-282-06936-0(4))* Forgotten Bks.

Foggy. Juniata Rogers. 2019. (Eye on the Sky Ser.). (ENG.). 24p. (J). (gr. -1-2). lib. bdg. 32.79 *(978-1-5038-2787-5(9)*, 212594) Child's World, Inc, The.

Foggy Road to Moorwick. Jeanine Liston. 2017. (ENG., Illus.). (YA). pap. 14.95 *(978-1-63525-730-4(1))* Christian Faith Publishing.

Fogli Da Tracciare e Da Colorare (Animale-Selfie) Questo Libro è Stato Progettato per Aiutare I Bambini a Sviluppare il Controllo Sulla Penna e Ad Allenare le Loro Capacità Motorie. Nicola Ridgeway & James Manning. 2020. (Tracciare Fogli Di Lavoro Ser.: Vol. 20). (ITA.). 86p. (J). pap. *(978-1-80027-405-1(X))* CBT Bks.

Fogli Da Tracciare e Da Colorare (Emoji 2) Questo Libro è Stato Progettato per Aiutare I Bambini a Sviluppare il Controllo Sulla Penna e Ad Allenare le Loro Capacità Motorie. Nicola Ridgeway & James Manning. 2020. (Tracciare Fogli Di Lavoro Ser.: Vol. 20). (ITA.). 86p. (J). pap. *(978-1-80027-407-5(6))* West Suffolk CBT Service Ltd., The.

Fogli Da Tracciare e Da Colorare (Emojis 3) Nicola Ridgeway & James Manning. 2020. (ITA.). 86p. (J). pap. *(978-1-80027-413-6(0))* CBT Bks.

Fogli Da Tracciare e Da Colorare (Gufi 1) Questo Libro è Stato Progettato per Aiutare I Bambini a Sviluppare il Controllo Sulla Penna e Ad Allenare le Loro Capacità Motorie. Nicola Ridgeway & James Manning. 2020. (Tracciare Fogli Di Lavoro Ser.: Vol. 21). (ITA.). 86p. (J). pap. *(978-1-80027-409-9(2))* CBT Bks.

Fogli Da Tracciare e Da Colorare (Orsacchiotti 1) Nicola Ridgeway & James Manning. 2020. (Tracciare Fogli Di Lavoro Ser.: Vol. 19). (ITA.). 86p. (J). pap. *(978-1-80027-410-5(6))* West Suffolk CBT Service Ltd., The.

Fogli Di Lavoro Dei Tracciati e Dei Colori (Gufi 2) Questo Libro è Stato Progettato per Aiutare I Bambini a Sviluppare il Controllo Sulla Penna e Ad Allenare le Loro Capacità Motorie. Nicola Ridgeway & James Manning. 2020. (Tracciare Fogli Di Lavoro Ser.: Vol. 23). (ITA.). 86p. (J). pap. *(978-1-80027-416-7(5))* CBT Bks.

Fogli Di Lavoro Dei Tracciati e Dei Colori (Omini Di Pan Di Zenzero e Case 1) Questo Libro è Stato Progettato per Aiutare I Bambini a Sviluppare il Controllo Sulla Penna e Ad Allenare le Loro Capacità Motorie. Nicola Ridgeway & James Manning. 2020. (Tracciare Fogli Di Lavoro Ser.: Vol. 21). (ITA.). 86p. (J). pap. *(978-1-80027-415-0(7))* West Suffolk CBT Service Ltd., The.

Fogli Di Lavoro per la Pratica Della Scrittura a Mano per Bambini: 100 Pagine Di Pratica per la Scrittura a Mano per Bambini Dai 3 Al 6 Anni: Questo Libro Contiene Della Carta Adatta Alla Scrittura a Mano con Linee Molto Spesse per Bambini Che Desiderano. James Manning. 2018. (Fogli Di Lavoro per la Pratica Della Scrittura Ser.: Vol. 1). (ITA., Illus.). 108p. (J). (gr. k-1). pap. *(978-1-78970-093-0(0))* Elige Cogniscere.

Fogli Di Lavoro per la Terapia Cognitivo-Comportamentale (Tcc) Fogli Di Lavoro Della Tcc per Terapeuti in Formazione: Schede per le Formulazioni, per il Modello Di Padesky, per Prendere Nota Dei Pensieri, per Mettere Alla Prova il Pensiero e Molte Altre. James Manning. 2018. (Fogli Di Lavoro per la Tcc Ser.: Vol. 1). (ITA., Illus.). 144p. (J). (gr. k-1). pap. *(978-1-78917-653-7(0))* Sketchbook, Sketch Pad, Art Bk., Drawing Paper, and Writing Paper Publishing Co., The.

Fogli Di Pratica per la Scrittura a Mano per Bambini Dai 3 Al 5 Anni: 100 Pagine Di Pratica per la Scrittura a Mano per Bambini Dai 3 Al 6 Anni: Questo Libro Contiene Della Carta Adatta Alla Scrittura a Mano con Linee Molto Spesse per Bambini Che Desider. James Manning. 2018. (Fogli Di Pratica per la Scrittura a Mano per Bambi Ser.: Vol. 1). (ITA., Illus.). 108p. (J). (gr. k-1). pap. *(978-1-78970-092-3(2))* Elige Cogniscere.

Foglio a Righe per Bambini (Linee Larghe) 100 Pagine Di Pratica per la Scrittura a Mano per Bambini Dai 3 Al 6 Anni: Questo Libro Contiene Della Carta Adatta Alla Scrittura a Mano con Linee Molto Spesse per Bambini Che Desiderano Esercitarsi Nella Scrit. James Manning. 2018. (Foglio a Righe per Bambini (Linee Larghe) Ser.: Vol. 1). (ITA., Illus.). 108p. (J). (gr. k-1). pap. *(978-1-78970-096-1(5))* Elige Cogniscere.

Foglio Di Base a Righe per Asilo Nido per Bambini Dai 3 Al 6 Anni (Linee Extra Larghe) 100 Pagine Di Pratica per la Scrittura a Mano per Bambini Dai 3 Al 6 Anni: Questo Libro Contiene Della Carta Adatta Alla Scrittura a Mano con Linee Molto Spesse Per. Patrick Bernard. 2018. (Foglio Di Base a Righe per Asilo Nido per Bambini Ser.: Vol. 1). (ITA., Illus.). 108p. (J). (gr. k-1). pap. *(978-1-78970-095-4(7))* Elige Cogniscere.

Foglio Di Base per la Pratica Della Scrittura a Mano per Bambini Dai 4 Al 6 Anni (Linee Extra Larghe) 100 Pagine Di Pratica per la Scrittura a Mano per Bambini Dai 3 Al 6 Anni: Questo Libro Contiene Della Carta Adatta Alla Scrittura a Mano con Linee Mol. James Manning. 2018. (Foglio Di Base per la Pratica Della Scrittura a Ma Ser.). (ITA., Illus.). 108p. (J). (gr. k-1). pap. *(978-1-78970-094-7(9))* Elige Cogniscere.

Foglio per Scrivere e Disegnare: 100 Pagine Di Pratica per la Scrittura a Mano per Bambini Dai 3 Al 6 Anni: Questo Libro Contiene Della Carta Adatta Alla Scrittura a Mano con Linee Molto Spesse per Bambini Che Desiderano Esercitarsi Nella Scrittura e Nel. James Manning. 2018. (Foglio per Scrivere e Disegnare Ser.: Vol. 1). (ITA., Illus.). 108p. (J). (gr. k-1). pap. *(978-1-78970-098-5(1))* Elige Cogniscere.

Foglio per Scrivere e Disegnare per Bambini (Linee Larghe) 100 Pagine Di Pratica per la Scrittura a Mano per Bambini Dai 3 Al 6 Anni: Questo Libro Contiene Della Carta Adatta Alla Scrittura a Mano con Linee Molto Spesse per Bambini Che Desiderano Esercit. James Manning. 2018. (Foglio per Scrivere e Disegnare per Bambini (Linee Ser.: Vol. 1). (ITA., Illus.). 108p. (J). (gr. k-1). pap. *(978-1-78970-097-8(3))* Elige Cogniscere.

Fogy Days & Now, or the World Has Changed (Classic Reprint) Dave U. Sloan. 2018. (ENG., Illus.). 258p. (J). 29.24 *(978-0-484-18385-7(0))* Forgotten Bks.

Foiled, Vol. 1 of 3 (Classic Reprint) Florence Henniker. (ENG., Illus.). (J). 2018. 308p. 30.25 *(978-0-484-67260-3(6))*; 2016. pap. 13.57 *(978-1-334-13797-6(8))* Forgotten Bks.

Foiled, Vol. 2 of 3 (Classic Reprint) Henniker. 2018. (ENG., Illus.). 272p. (J). 29.51 *(978-0-267-48136-1(5))* Forgotten Bks.

Foiled, Vol. 3 of 3 (Classic Reprint) Henniker. 2018. (ENG., Illus.). 280p. (J). 29.67 *(978-0-267-47759-3(7))* Forgotten Bks.

Foja Cero: (páginas Sin Orden) Gavrí Akhenazi. 2020. (SPA.). 332p. (YA). pap. 16.32 *(978-1-716-41264-6(1))* Lulu Pr., Inc.

Fold. 2017. (ENG., Illus.). (YA). (gr. 7). 256p. 19.99 *(978-1-4814-4239-8(2))*; 272p. pap. 12.99 *(978-1-4814-4240-4(6))* Simon & Schuster Children's Publishing. (Atheneum/Caitlyn Dlouhy Books).

Fold-Out Animals Book. Illus. by Stella Baggott. 2017. (Fold-Out Board Bks.). (ENG.). 12p. (J). 7.99 *(978-0-7945-4008-1(2)*, Usborne) EDC Publishing.

Fold-Out Farm Book. Illus. by Stella Baggott. 2017. (Fold-Out Board Bks.). (ENG.). 12p. (J). 7.99 *(978-0-7945-4009-8(0)*, Usborne) EDC Publishing.

Fold-Out Nursery Rhymes. Illus. by Rosalinde Bonnet. 2018. (Fold-Out Board Bks.). (ENG.). 12p. (J). 7.99 *(978-0-7945-4196-5(8)*, Usborne) EDC Publishing.

Fold-Out Play Scene: Farm. IglooBooks. 2019. (ENG.). 12p. (J). (gr. -1-1). 12.99 *(978-1-83852-514-9(9))* Igloo Bks. GBR. Dist: Simon & Schuster, Inc.

Fold-Out Play Scene: Jungle. IglooBooks. 2019. (ENG.). 12p. (J). (gr. -1-1). 12.99 *(978-1-83852-516-3(5))* Igloo Bks. GBR. Dist: Simon & Schuster, Inc.

Fold-Out Solar System IR. Sam Smith. 2019. (ENG.). 15ppp. (J). 14.99 *(978-0-7945-4415-7(0)*, Usborne) EDC Publishing.

Fold-Up Fortune-Tellers: Tear Out, Fold up, Find Your Future! Paula K. Manzanero. Illus. by Bridget Gibson. 2020. 24p. (J). (gr. 2). pap. 7.99 *(978-0-593-09367-2(4)*, Penguin Workshop) Penguin Young Readers Group.

Fold Yourself Calm Origami. IglooBooks. 2016. (ENG.). 176p. (J). pap. 10.95 *(978-1-78670-206-7(1))* Igloo Bks. GBR. Dist: Simon & Schuster, Inc.

Foldables - Princesses, Ponies, Mermaids & More: Never-Ending Fun to Color, Fold & Flip. Manja Burton. 2016. (Dover Kids Activity Books: Fantasy Ser.). (ENG.). 32p. (J). (gr. 1-4). pap. 3.99 *(978-0-486-80451-4(8)*, 804518) Dover Pubns., Inc.

Foldables - Trucks, Dinosaurs, Monsters & More: Never-Ending Fun to Color, Fold & Flip. Manja Burton. 2016. (Dover Kids Activity Bks.). (ENG.). 32p. (J). (gr. 1-4). pap. 3.99 *(978-0-486-80452-1(6)*, 804526) Dover Pubns., Inc.

Folded Wings: And Other Stories from High School Life (Classic Reprint) Theodore Graebner. 2018. (ENG., Illus.). 144p. (J). 26.87 *(978-0-483-96026-8(8))* Forgotten Bks.

Folding Paper. Dona Herweck Rice. rev. ed. 2019. (Smithsonian: Informational Text Ser.). (ENG., Illus.). 20p. (J). (gr. k-1). 7.99 *(978-1-4938-6639-7(7))* Teacher Created Materials, Inc.

Folding Paper Airplanes with STEM: For Beginners to Experts. Marie Buckingham. ed. 2020. (ENG., Illus.). 112p. (J). (gr. 3-6). 9.95 *(978-1-5435-0806-2(5)*, 137536) Capstone.

Folding Tech: Using Origami & Nature to Revolutionize Technology. Karen Latchana Kenney. 2020. (ENG., Illus.). 104p. (YA). (gr. 6-12). 37.32 *(978-1-5415-3304-2(6)*, c3c8a4a5-ccd8-4f11-bc7a-dcd4878fac09, Twenty-First Century Bks.) Lerner Publishing Group.

Folia Dispersa: Poems of William Cranston Lawton (Classic Reprint) William Cranston Lawton. 2016. (ENG., Illus.). (J). pap. 9.57 *(978-1-333-44253-8(X))* Forgotten Bks.

Folk Afield (Classic Reprint) Eden Phillpotts. 2017. (ENG., Illus.). (J). 31.40 *(978-1-5281-5130-6(5))* Forgotten Bks.

Folk & Fables Activity Book 9-12. Educando Kids. 2019. (ENG.). 42p. (J). pap. 8.55 *(978-1-64521-724-4(8)*, Educando Kids) Editorial Imagen.

Folk & Fairy Tales. Donna M. Kshir & Bob Shank. 2016. (ENG., Illus.). (J). pap. 4.50 *(978-1-329-85018-7(1))* Lulu Pr., Inc.

Folk & Fairy Tales (Classic Reprint) Peter Christen Asbjörnsen. 2017. (ENG., Illus.). (J). 30.79 *(978-1-5285-4913-4(9))* Forgotten Bks.

Folk & Fairy Tales from Many Lands (Classic Reprint) Joseph Jacobs. 2017. (ENG., Illus.). (J). 29.80 *(978-0-266-75825-9(8))* Forgotten Bks.

Folk Art Patterns to Color IR. 2017. (Art Patterns to Color Ser.). (ENG.). (J). pap. 5.99 *(978-0-7945-3931-3(9)*, Usborne) EDC Publishing.

Folk-Games of Jamaica (Classic Reprint) Martha Warren Beckwith. (ENG., Illus.). (J). 2018. 558p. 35.41 *(978-0-365-48694-7(9))*; 2017. pap. 19.57 *(978-0-282-24522-1(7))* Forgotten Bks.

Folk-Lore & Fable: Aesop, Grimm, Andersen, with Introductions & Notes (Classic Reprint) Aesop Aesop. 2017. (ENG., Illus.). (J). 31.92 *(978-0-266-32803-2(2))* Forgotten Bks.

Folk-Lore & Fable: Aesop, Grimm, Andersen; with Introductions & Notes (Classic Reprint) Aesop Aesop. 2017. (ENG., Illus.). (J). 31.47 *(978-0-265-72238-1(1))*; pap. 13.97 *(978-1-5276-7969-6(1))* Forgotten Bks.

Folk-Lore & Fable: Aesop, Grimm, Andersen; with Introductions, Notes & Illustrations (Classic Reprint) Aesop Aesop. (ENG., Illus.). (J). 2018. 394p. 32.02 *(978-0-483-85197-9(3))*; 2017. pap. 16.57 *(978-0-243-88385-1(4))* Forgotten Bks.

Folk-Lore & Legends. C. J. T. 2017. (ENG.). 204p. (J). pap. *(978-3-7447-7342-3(6))* Creation Pubs.

Folk-Lore & Legends. Charles John Tibbits. 2017. (ENG.). 402p. (J). pap. *(978-3-337-39196-6(6))* Creation Pubs.

Folk-Lore & Legends: England & Scotland (Classic Reprint) Charles J. Tibbits. (ENG., Illus.). (J). 2018. 284p. 29.77 *(978-0-267-58695-0(7))*; 2016. pap. 16.57 *(978-1-334-15694-6(8))* Forgotten Bks.

Folk-Lore & Legends: English. Charles John Tibbits. 2017. (ENG., Illus.). (J). pap. *(978-0-649-58557-1(7))* Trieste Publishing Pty Ltd.

Folk-Lore & Legends: Germany (Classic Reprint) C. J. T. (ENG., Illus.). (J). 2018. 204p. 28.10 *(978-0-483-00504-4(5))*; 2016. pap. 10.57 *(978-1-333-43005-4(1))* Forgotten Bks.

Folk-Lore & Legends: Ireland (Classic Reprint) Unknown Author. 2017. (ENG., Illus.). (J). 238p. 28.83 *(978-1-5280-4634-3(X))*; pap. 10.57 *(978-1-5276-0879-5(4))* Forgotten Bks.

Folk-Lore & Legends: Oriental (Classic Reprint) Unknown Author. 2018. (ENG., Illus.). 206p. (J). 28.15 *(978-0-365-21729-9(8))* Forgotten Bks.

Folk-Lore from Adams County Illinois (Classic Reprint) Harry Middleton Hyatt. 2016. (ENG., Illus.). (J). pap. 23.57 *(978-1-334-12305-4(5))* Forgotten Bks.

Folk-Lore from Adams County, Illinois (Classic Reprint) Harry Middleton Hyatt. 2017. (ENG., Illus.). (J). 39.26 *(978-1-5285-6084-9(1))* Forgotten Bks.

Folk-Lore from the Cape Verde Islands, Vol. 1 (Classic Reprint) Elsie Clews Parsons. 2017. (ENG., Illus.). (J). 32.25 *(978-0-331-31395-6(2))*; pap. 16.57 *(978-0-259-50721-5(0))* Forgotten Bks.

Folk-Lore from the Cape Verde Islands, Vol. 2 (Classic Reprint) Elsie Clews Parsons. 2018. (POR., Illus.). 282p. (J). 29.73 *(978-0-332-28550-4(2))* Forgotten Bks.

Folk-Lore of Modern Greece. Edmund Martin Geldart. 2017. (ENG.). 196p. (J). pap. *(978-3-7447-7881-7(9))* Creation Pubs.

Folk-Lore of Modern Greece: The Tales of the People (Classic Reprint) Edmund Martin Geldart. 2018. (ENG., Illus.). 194p. (J). 27.90 *(978-0-483-58335-1(9))* Forgotten Bks.

Folk-Lore of Rome: Collected by Word of Mouth from the People (Classic Reprint) Rachel Harriette Busk. 2017. (ENG., Illus.). (J). 33.32 *(978-1-5281-5027-9(9))* Forgotten Bks.

Folk-Lore Readers: Book Two. Eulalie Osgood Grover. 2017. (ENG., Illus.). (J). pap. *(978-0-649-58564-9(X))* Trieste Publishing Pty Ltd.

Folk-Lore Readers (Classic Reprint) Eulalie Osgood Grover. (ENG., Illus.). (J). 2018. 118p. 26.33 *(978-0-267-15858-4(0))*; 2018. 162p. 27.24 *(978-0-666-82492-9(4))*; 2017. pap. 9.57 *(978-0-259-31762-3(4))*; 2016. pap. 9.57 *(978-1-334-62617-3(0))* Forgotten Bks.

Folk-Lore Readers, Vol. 1 (Classic Reprint) Eulalie Osgood Grover. (ENG., Illus.). (J). 2018. 122p. 26.43 *(978-0-267-38942-1(6))*; 2016. pap. 9.57 *(978-1-334-13983-3(0))* Forgotten Bks.

Folk of Furry Farm, the Romance of an Irish Village (Classic Reprint) K. F. Purdon. 2018. (ENG., Illus.). 370p. (J). 31.53 *(978-0-428-21445-6(2))* Forgotten Bks.

Folk of the Air Complete Gift Set. Holly Black. 2019. (ENG.). 1104p. (YA). (gr. 9-17). 59.99 *(978-0-316-53757-5(8))* Little, Brown Bks. for Young Readers.

Folk of the Furrow (Classic Reprint) Christopher Holdenby. 2018. (ENG., Illus.). 310p. (J). 30.29 *(978-0-483-45445-3(1))* Forgotten Bks.

Folk of the Woods (Classic Reprint) Lucius Crocker Pardee. (ENG., Illus.). (J). 2018. 144p. 26.87 *(978-0-484-68597-9(X))*; 2016. pap. 9.57 *(978-1-333-57980-7(2))* Forgotten Bks.

Folk-Songs of Eastern Europe (Classic Reprint) Ralph Radcliffe Whitehead. 2018. (ENG., Illus.). (J). 72p. 25.38 *(978-0-366-50041-3(4))*; 74p. pap. 9.57 *(978-0-365-78764-8(7))* Forgotten Bks.

Folk-Songs of English Origin Collected in the Appalachian Mountains (Classic Reprint) Cecil James Sharp. 2017. (ENG., Illus.). (J). 25.46 *(978-0-265-60316-1(1))* Forgotten Bks.

Folk-Songs of the South: Collected under the Auspicies of West Virginia Folk-Lore Society (Classic Reprint) John Harrington Cox. 2017. (ENG., Illus.). (J). 35.88 *(978-0-260-89279-9(3))*; pap. 19.57 *(978-1-5284-4180-3(X))* Forgotten Bks.

Folk Story Plays for Children (Classic Reprint) Margaret Lynch Conger. 2018. (ENG., Illus.). 76p. (J). 25.46 *(978-0-267-45999-5(8))* Forgotten Bks.

Folk Tales Every Child Should Know. Hamilton Wright Mabie. 2017. (ENG., Illus.). (YA). (gr. 7-12). pap. *(978-93-86367-42-6(4))* Alpha Editions.

Folk Tales Every Child Should Know. Hamilton Wright Mabie. 2017. (ENG., Illus.). (J). 22.95 *(978-1-374-97105-9(7))*; pap. 12.95 *(978-1-374-97104-2(9))* Capital Communications, Inc.

Folk Tales Every Child Should Know: A Selection of the Popular Traditions of Various Nations for Young People (Classic Reprint) Hamilton Wright Mabie. 2018. (ENG., Illus.). 238p. (J). 28.83 *(978-0-484-28717-3(6))* Forgotten Bks.

Folk Tales for Future Dreamers. Peter Wibaux. Ed. by Ana Free. Illus. by Sarah Van Holle. 2018. (ENG.). 80p. (J). pap. 14.95 *(978-1-7326530-0-9(3))* Longline Imprints Ltd.

Folk Tales from Around the World. Charlotte Guillain. Illus. by Steve Dorado. (Folk Tales from Around the World Ser.). (ENG.). 24p. (J). 2022. 130.00 *(978-1-4109-9978-8(5)*, 257597); 2021. pap., pap., pap. 27.80 *(978-1-4109-9918-4(1)*, 248357) Capstone. (Raintree).

Folk Tales from Around the World Classroom Collection. Charlotte Guillain. Illus. by Steve Dorado. 2021. (Folk Tales from Around the World Ser.). (ENG.). 24p. (J). pap., pap., pap. 150.12 *(978-1-4109-9919-1(X)*, 248358, Raintree) Capstone.

Folk Tales from Japan: Fables, Myths & Fairy Tales for Children. Florence Sakade. Illus. by Yoshio Hayashi. 2020. 80p. (J). (gr. k-5). 14.99 *(978-4-8053-1472-2(9))* Tuttle Publishing.

Folk Tales from Many Lands (Classic Reprint) Lilian Gask. (ENG., Illus.). (J). 2018. 322p. 30.54 *(978-0-484-62309-4(5))*; 2018. 276p. 29.61 *(978-0-483-35821-8(5))*; 2017. pap. 13.57 *(978-0-243-27614-1(1))* Forgotten Bks.

Folk Tales from Many Lands, Vol. 3: Stories in Music Appreciation (Classic Reprint) Hazel Gertrude Kinscella. (ENG., Illus.). (J). 2018. 226p. 28.58 *(978-0-656-45237-8(4))*; 2017. pap. 10.97 *(978-0-259-49526-0(3))* Forgotten Bks.

Folk Tales from Tibet: With Illustrations by a Tibetan Artist & Some Verses from Tibetan Love-Songs, Collected & Translated (Classic Reprint) William Frederick O'Connor. 2017. (ENG., Illus.). (J). 28.31 *(978-1-5281-5169-6(0))* Forgotten Bks.

Folk-Tales of Andros Island, Bahamas, Vol. 13 (Classic Reprint) Elsie Worthington Clews Parsons. 2017. (ENG., Illus.). (J). 27.90 *(978-0-265-25426-4(4))* Forgotten Bks.

Folk Tales of Breffny (Classic Reprint) B. Hunt. 2018. (ENG., Illus.). 210p. (J). 28.25 *(978-0-267-41765-0(9))* Forgotten Bks.

Folk Tales of Flanders (Classic Reprint) Jean de Bosschere. 2017. (ENG., Illus.). (J). 28.93 *(978-0-266-74042-1(1))* Forgotten Bks.

Folked Up. Charlotte Byrne. 2020. (ENG.). 248p. (YA). (gr. 9-12). pap. *(978-1-912948-16-1(8))* Crystal Peake Publisher.

Folks Back Home (Classic Reprint) Eugene Wood. 2018. (ENG., Illus.). 340p. (J). 30.91 *(978-0-364-81750-6(X))* Forgotten Bks.

Folks from Dixie (Classic Reprint) Paul Laurence Dunbar. 2017. (ENG., Illus.). (J). 30.02 *(978-1-5282-8960-3(9))* Forgotten Bks.

Folks Next Door: The Log Book of a Rambler (Classic Reprint) W. A. Croffut. 2018. (ENG., Illus.). 408p. (J). 32.31 *(978-0-483-39260-1(X))* Forgotten Bks.

Folks o' Carglen: Or, Life in the North (Classic Reprint) Alexander Gordon. (ENG., Illus.). (J). 2018. 306p. 30.21 *(978-0-656-99779-4(6))*; 2017. pap. 13.57 *(978-0-259-46155-5(5))* Forgotten Bks.

Folktale from the Dominican Republic, 1 vol. Lamar Coldwell. 2016. (Rosen REAL Readers: Social Studies Nonfiction / Fiction: Myself, My Community, My World Ser.). (ENG.). 12p. (gr. k-1). pap. 6.33 *(978-1-5081-2341-5(1)*, 77d4b96c-835c-4dff-8978-73f064fbb8d3, Rosen Classroom) Rosen Publishing Group, Inc., The.

Folktales, 1 vol. Cyril Bassington. 2019. (Cultures Connect Us! Ser.). (ENG.). 24p. (gr. 1-2). 24.27 *(978-1-5382-3840-0(3)*, 8798451a-cd41-4e21-bc85-07c3ef045ed0) Stevens, Gareth Publishing LLLP.

Folktales for a Better World: Stories of Peace & Kindness. Elizabeth Laird. Illus. by Mehrdokht Amini. 2023. (ENG.). 64p. (J). 19.95 *(978-1-62371-797-1(3)*, Crocodile Bks.) Interlink Publishing Group, Inc.

Folktales for Fearless Girls: The Stories We Were Never Told. Myriam Sayalero. Illus. by Dani Torrent. 2020. 224p. (J). (gr. 3-7). 24.99 *(978-0-593-11522-0(8)*, Philomel Bks.) Penguin Young Readers Group.

Folktales of America: Stockings of Buttermilk: Traditional Stories from the United States of America. Neil Philip. Illus. by Jacqueline Mair. 2018. (ENG.). 128p. (J). (gr. 3-7). 13.99 *(978-1-86147-859-7(3)*, Armadillo) Anness Publishing GBR. Dist: National Bk. Network.

Folktales of Eastern Europe: The Flying Ship & Other Traditional Stories. Illus. by Larry Wilkes. 2019. 128p. (J). (gr. -1-12). 16.00 *(978-1-86147-863-4(1)*, Armadillo) Anness Publishing GBR. Dist: National Bk. Network.

Folktales of Mexico: Horse Hooves & Chicken Feet: Traditional Mexican Stories. Neil Philip. Illus. by Jacqueline Mair. 2018. 96p. (J). (gr. 3-7). 13.99 *(978-1-86147-857-3(7)*, Armadillo) Anness Publishing GBR. Dist: National Bk. Network.

Folktales (Set), 6 vols. Christine Platt. 2021. (Folktales Ser.). (ENG.). 32p. (J). (gr. -1-3). lib. bdg. 196.74 *(978-1-0982-3021-0(3)*, 37659, Calico Chapter Bks) Magic Wagon.

Follies in Fiction (Classic Reprint) Stephen Leacock. (ENG., Illus.). (J). 2018. 70p. 25.34 *(978-0-483-72975-9(2))*; 2017. pap. 9.57 *(978-0-243-38288-0(X))* Forgotten Bks.

Follies of '19 (Classic Reprint) Sam T. Hanna. 2017. (ENG., Illus.). (J). 82p. 25.61 *(978-0-484-00446-6(8))*; pap. 9.57 *(978-0-259-97082-8(4))* Forgotten Bks.

Follies of 1920 (Classic Reprint) Auburn High School. 2017. (ENG., Illus.). (J). 26.04 *(978-0-266-72984-6(3))*; pap. 9.57 *(978-1-5276-9062-2(8))* Forgotten Bks.

Follies of 1922 (Classic Reprint) Auburn High School. (ENG., Illus.). (J). 2017. 26.47 *(978-0-265-44304-0(0))*; 2016. pap. 9.57 *(978-1-333-12990-3(4))* Forgotten Bks.

Follies of 1923 (Classic Reprint) Auburn High School. (ENG., Illus.). (J). 2018. 138p. 26.74 *(978-0-656-98115-1(6))*; 2017. pap. 9.57 *(978-0-259-98965-3(7))* Forgotten Bks.

Follow Chester! A College Football Team Fights Racism & Makes History. Gloria Respress-Churchwell. Illus. by Laura Freeman. 2019. 32p. (J). (gr. 1-4). 16.99 *(978-1-58089-835-5(1))* Charlesbridge Publishing, Inc.

Follow Finn: A Search-And-Find Maze Book. Peter Goes. Illus. by Peter Goes. 2018. (ENG., Illus.). 32p. (J). (gr. k-5). 16.99 *(978-1-77657-185-7(1)*, 81ece266-25a3-4a3a-95ed-7136a8f1580d) Gecko Pr. NZL. Dist: Lerner Publishing Group.

Follow It!, 6 vols., Set. Suzanne Slade. Illus. by Susan Swan. Incl. Monarch Butterfly's Journey. (ENG., Illus.). 24p. (J). (gr. 1-3). 2011. lib. bdg. 27.32 *(978-1-4048-6655-3(8)*, 114930, Picture Window Bks.); (Follow It! Ser.). (ENG.). 24p. 2011. 109.28 *(978-1-4048-6833-5(X)*, 16513, Picture Window Bks.) Capstone.

Follow It Down, Vol. 2. Sean Kelley McKeever. 2019. (ENG., Illus.). 104p. (YA). pap. 14.99 *(978-1-5343-1216-6(1)*, 5bcda048-5d1f-4bf3-b910-7d75db24cb8e) Image Comics.

Follow Jesus with Peter: His Letter in 25 Readings. Matthew Sleeman. rev. ed. 2019. (ENG., Illus.). 56p. (J). 12.99 *(978-1-5271-0388-7(9)*, 505c889d-fe04-4cdd-8e67-d7d0e7f5cbef, CF4Kids) Christian Focus Pubns. GBR. Dist: Baker & Taylor Publisher Services (BTPS).

Follow Me. K. R. Alexander. 2020. (ENG.). 224p. (J). (gr. 3-7). pap. 7.99 *(978-1-338-33888-1(9))* Scholastic, Inc.

Follow Me. Raye Lee Fullbright. Illus. by Bekah Cudd. 2020. (ENG.). 22p. (J). pap. 12.99 *(978-1-952320-74-3(7))* Yorkshire Publishing Group.

Follow Me. Margo Holmes. 2018. (ENG.). 36p. (J). (gr. -1). pap. 9.99 *(978-1-949297-00-3(4)*, 156536) Deeper Revelation Bks.

686

The check digit for ISBN-10 appears in parentheses after the full ISBN-13

Follow Me. Sara Shepard. 2017. (Amateurs Ser.: 2). (ENG.). 272p. (YA). (gr. 9-17). 17.99 *(978-1-4847-4228-0(1))* Little, Brown Bks. for Young Readers.

Follow Me. Sara Shepard. 2018. (Amateurs Ser.: 2). (ENG.). 288p. (YA). (gr. 7-17). pap. 9.99 *(978-1-4847-4636-3(8))* Little, Brown Bks. for Young Readers.

Follow Me! Shira Evans. ed. 2018. (National Geographic Readers Ser.). (ENG.). 47p. (J). (gr. -1-1). 11.00 *(978-1-64310-568-0(X))* Penworthy Co., LLC, The.

Follow Me! A Baby Montessori Book. Ed. by Chiara Piroddi. Illus. by Agnese Baruzzi. 2021. (Baby Montessori Ser.). (ENG.). 20p. (J). bds. 8.99 *(978-1-5248-6270-1(3))* Andrews McMeel Publishing.

Follow Me: Play for Little Hands. Sophie Schrey. Illus. by Lucie Sheridan. 2019. (Play for Little Hands Ser.). (ENG.). 14p. (J). (— 1). bds. 9.99 *(978-1-910552-80-3(1))* O'Mara, Michael Bks., Ltd. GBR. Dist: Independent Pubs. Group.

Follow Me - Teen Bible Study Book: A Call to Die. a Call to Live. David Platt. 2023. (ENG.). 128p. (YA). (gr. 7-12). pap. 22.25 ***(978-1-0877-7761-0(5))*** Lifeway Christian Resources.

Follow Me: Animal Faces. Illus. by Fhiona Galloway. 2016. (ENG.). 10p. (J). (gr. -1 — 1). bds. 7.99 *(978-1-4998-0268-9(4))* Little Bee Books Inc.

Follow Me Back. A. V. Geiger. 2017. (Follow Me Back Ser.: 1). 368p. (YA). (gr. 8-12). pap. 10.99 *(978-1-4926-4523-8(0))* Sourcebooks, Inc.

Follow Me down to Nicodemus Town: Based on the History of the African American Pioneer Settlement. A. LaFaye. Illus. by Nicole Tadgell. 2019. (ENG.). 32p. (J). (gr. -1-3). 16.99 *(978-0-8075-2535-7(9)*, 807525359) Whitman, Albert & Co.

Follow Me, Flo! Jarvis. Illus. by Jarvis. (ENG.). (J). 2023. 30p. (— 1). bds. 8.99 *(978-1-5362-2991-2(1))*; 2020. (Illus.). 32p. (gr. -1-2). 16.99 *(978-1-5362-1270-9(9))* Candlewick Pr.

Follow Me into the Night. Amy Laundrie. Illus. by Abira Das. 2021. (ENG.). 38p. (J). 21.99 *(978-1-63984-046-5(X))*; pap. 13.99 *(978-1-63984-045-8(1))* Pen It Pubns.

Follow Me into the Woods. Amy Laundrie. 2020. (Follow Me Ser.: Vol. 1). (ENG.). 36p. (J). pap. 13.99 *(978-1-954004-14-6(1))* Pen It Pubns.

Follow Me into the Woods. Amy Laundrie. Illus. by Abira Das. 2020. (ENG.). 36p. (J). 21.99 *(978-1-954004-19-1(2))* Pen It Pubns.

Follow Me, Little Fox. Camila Correa. 2019. (ENG.). 25p. (J). (gr. k-1). 19.96 *(978-1-64310-944-2(8))* Penworthy Co., LLC, The.

Follow Me, Little One! Illus. by Agnese Baruzzi. 2023. (Baby's First Library). (ENG.). 20p. (J). (— 1). 8.99 *(978-88-544-1751-9(3))* White Star Publishers ITA. Dist: Sterling Publishing Co., Inc.

Follow Me to Distance Learning. Agnieszka Petlik. 2021. (ENG.). 34p. (J). pap. 14.95 *(978-1-63710-395-1(6))* Fulton Bks.

Follow My Lead: An Awesome Maze Activity Book. Activibooks. 2016. (ENG., Illus.). (J). pap. 7.55 *(978-1-68321-512-7(5))* Mimaxion.

Follow That Bee! A First Book of Bees in the City. Scot Ritchie. Illus. by Scot Ritchie. 2019. (Exploring Our Community Ser.). (ENG., Illus.). 32p. (J). (gr. -1-2). 19.99 *(978-1-5253-0034-9(2))* Kids Can Pr., Ltd. CAN. Dist: Hachette Bk. Group.

Follow That Bottle! A Plastic Recycling Journey. Bridget Heos. Illus. by Alex Westgate. 2016. (Keeping Cities Clean Ser.). (ENG.). 24p. (J). (gr. 1-4). lib. bdg. 20.95 *(978-1-60753-964-3(0)*, 15652) Amicus.

Follow That Bunny! Interactive Board Book. IglooBooks. Illus. by Ben Whitehouse. 2021. (ENG.). 12p. (J). (gr. -1-1). bds. 10.99 *(978-1-80022-803-0(1))* Igloo Bks. GBR. Dist: Simon & Schuster, Inc.

Follow That Car. Lucy Feather. Illus. by Stephan Lomp. 2020. (ENG.). 32p. (J). (gr. -1-3). 12.99 *(978-0-358-21220-1(0)*, 1765190, Clarion Bks.) HarperCollins Pubs.

Follow That Dinosaur! Georgie Taylor. Illus. by Sam Meredith. 2020. (Trace the Trails Ser.). (ENG.). 10p. (J). (-k). bds. 9.99 *(978-1-78958-418-9(3))* Top That! Publishing PLC GBR. Dist: Independent Pubs. Group.

Follow That Dog! Ready-To-Read Level 1. Adapted by May Nakamura. 2021. (Chico Bon Bon: Monkey with a Tool Belt Ser.). (ENG.). 32p. (J). (gr. -1-1). 17.99 *(978-1-6659-0314-1(7))*; (Illus.). pap. 4.99 *(978-1-6659-0313-4(9))* Simon Spotlight. (Simon Spotlight).

Follow That Fire Engine! A First Reading Adventure Book. Nicola Baxter. Illus. by Peter Glover. 2016. (ENG.). 24p. (J). (gr. -1-12). pap. 6.99 *(978-1-86147-757-6(0)*, Armadillo) Anness Publishing GBR. Dist: National Bk. Network.

Follow That Frog! Philip C. Stead. Illus. by Matthew Cordell. 32p. (J). (gr. -1-3). 2023. pap. 8.99 *(978-0-8234-5467-9(3))*; 2021. 18.99 *(978-0-8234-4426-7(0))* Holiday Hse., Inc. (Neal Porter Bks).

Follow That Garbage! A Journey to the Landfill. Bridget Heos. Illus. by Alex Westgate. 2016. (Keeping Cities Clean Ser.). (ENG.). 24p. (J). (gr. 1-4). lib. bdg. 20.95 *(978-1-60753-963-6(2)*, 15653) Amicus.

Follow That Map! 1 vol. Sheri Tan. Illus. by Shirley Ng-Benitez. 2019. (Confetti Kids Ser.: 7). (ENG.). 32p. (J). (gr. k-2). 14.95 *(978-1-62014-569-2(3)*, leelowbooks); pap. 10.95 *(978-1-62014-570-8(7)*, leelowbooks) Lee & Low Bks., Inc.

Follow That Paper! A Paper Recycling Journey. Bridget Heos. Illus. by Alex Westgate. 2016. (Keeping Cities Clean Ser.). (ENG.). 24p. (J). (gr. 1-4). lib. bdg. 20.95 *(978-1-60753-962-9(4)*, 15654) Amicus.

Follow That Tap Water! A Journey down the Drain. Bridget Heos. Illus. by Alex Westgate. 2016. (Keeping Cities Clean Ser.). (ENG.). 24p. (J). (gr. 1-4). lib. bdg. 20.95 *(978-1-60753-965-0(9)*, 15655) Amicus.

Follow That Tiger: Catch Him If You Can! Melanie Joyce. Illus. by Dean Gray. 2016. (ENG.). 24p. (J). 9.99 *(978-1-78557-526-6(0))* Igloo Bks. GBR. Dist: Simon & Schuster, Inc.

Follow That Tiny-Dactyl. Dustin Hansen. ed. 2018. (Microsaurs Ser.: 1). (J). lib. bdg. 17.20 *(978-0-606-41122-6(4))* Turtleback.

Follow That Trail! Fun Mazes for 3rd Grade. Jupiter Kids. 2017. (ENG., Illus.). (J). pap. 9.20 *(978-1-5419-3362-0(1)*, Jupiter Kids (Childrens & Kids Fiction)) Speedy Publishing LLC.

Follow That Truck! Georgie Taylor & Sam Meredith. 2020. (Trace the Trails Ser.). (ENG.). 10p. (J). (-k). bds. 8.99 *(978-1-78958-428-8(0))* Top That! Publishing PLC GBR. Dist: Independent Pubs. Group.

Follow That Unicorn! Georgie Taylor. Illus. by Sam Meredith. 2020. (Trace the Trails Ser.). (ENG.). 10p. (J). (-k). bds. 8.99 *(978-1-78958-419-6(1))* Top That! Publishing PLC GBR. Dist: Independent Pubs. Group.

Follow That Wiener Dog: Interactive Board Book. IglooBooks. Illus. by Ben Whitehouse. 2021. (ENG.). 12p. (J). (gr. -1-1). bds. 10.99 *(978-1-80022-804-7(X))* Igloo Bks. GBR. Dist: Simon & Schuster, Inc.

Follow That Word. John Agard. Illus. by Momoko Abe. 2022. (ENG.). 164p. (J). (gr. 4-6). 13.99 *(978-1-4449-6497-4(6))* Hachette Children's Group GBR. Dist: Hachette Bk. Group.

Follow the Ball (Classic Reprint) Ralph Henry Barbour. (ENG., Illus.). (J). 2018. 266p. 29.38 *(978-0-364-16199-9(X))*; 2017. pap. 11.97 *(978-0-259-51109-0(9))* Forgotten Bks.

Follow the Breadcrumbs: An Imaginative Story for Your Energetic Kids. Chris Stead. 2019. (Wild Imagination of Willy Nilly Ser.: Vol. 2). (ENG., Illus.). 40p. (J). *(978-1-925638-37-0(5))* Old Mate Media.

Follow the Breadcrumbs: An Imaginative Story for Your Energetic Kids. Chris D. Stead. 2019. (Wild Imagination of Willy Nilly Ser.: Vol. 2). (ENG., Illus.). 40p. (J). pap. *(978-1-925638-35-6(9))* Old Mate Media.

Follow the Flyway: The Marvel of Bird Migration. Sarah Nelson. Illus. by Maya Hanisch. 2023. (ENG.). 32p. (J). (gr. -1-4). 17.99 ***(978-1-64686-632-8(0))***; pap. 9.99 ***(978-1-64686-633-5(9))*** Barefoot Bks., Inc.

Follow the Footprints. Veronica Wagner. Illus. by Maryn Arreguin. 2022. (Bilingual Bks.). (ENG.). 24p. (J). (gr. -1-3). pap. 9.50 ***(978-1-64996-717-6(9)***, 17094, Sequoia Kids Media) Sequoia Children's Bks.

Follow the Footprints! Connect the Dots Activity Book. Activibooks For Kids. 2016. (ENG., Illus.). (J). pap. 7.55 *(978-1-68321-513-4(3))* Mimaxion.

Follow the Gleam (Classic Reprint) Mary McArthur T. Tuttle. 2018. (ENG., Illus.). 28p. (J). 24.47 *(978-0-483-07565-8(5))* Forgotten Bks.

Follow the Leader. Gina Sano. 2021. (BIH.). 34p. (J). pap. 7.99 *(978-1-950425-40-2(1))* Liber Publishing Hse.

Follow the Little Pictures (Classic Reprint) Alan Graham. 2018. (ENG., Illus.). 324p. (J). 30.58 *(978-0-483-27473-0(9))* Forgotten Bks.

Follow the Map! 2023. (Follow the Map! Ser.). (ENG.). (J). (gr. 2-3). pap. 62.10 ***(978-1-9785-3699-9(2))*** Enslow Publishing, LLC.

Follow the Map! Set. 2023. (Follow the Map! Ser.). (ENG.). (J). (gr. 2-3). lib. bdg. 145.62 ***(978-1-9785-3689-0(5))*** Enslow Publishing, LLC.

Follow the Moon Home: A Tale of One Idea, Twenty Kids, & a Hundred Sea Turtles (Children's Story Books, Sea Turtle Gifts, Moon Books for Kids, Children's Environment Books, Kid's Turtle Books) Philippe Cousteau & Deborah Hopkinson. Illus. by Meilo So. 2016. (ENG.). 48p. (J). (gr. k-3). 16.99 *(978-1-4521-1241-1(X))* Chronicle Bks. LLC.

Follow the Mouse! Mazes for Your Preschooler Activity Book. Activibooks For Kids. 2016. (ENG., Illus.). (J). pap. 7.55 *(978-1-68321-514-1(1))* Mimaxion.

Follow the Prophet: A Flashlight Discovery Book. Shauna Gibby. Illus. by Bryan Beech. 2019. (J). 16.99 *(978-1-62972-576-5(5))* Deseret Bk. Co.

Follow the Rainbow! (Kamp Koral: SpongeBob's under Years) Activity Book with Multi-Colored Pencil. Golden Books. Illus. by Golden Books. 2023. (ENG., Illus.). 128p. (J). (gr. -1-2). pap. 8.99 *(978-0-593-48313-8(8)*, Golden Bks.) Random Hse. Children's Bks.

Follow the Recipe: Poems about Imagination, Celebration, & Cake. Marilyn Singer. Illus. by Marjorie Priceman. 2020. 48p. (J). (gr. -1-3). 16.99 *(978-0-7352-2790-3(X)*, Dial Bks) Penguin Young Readers Group.

Follow the Red Wagon. Margot Edge. Illus. by Valerie Losell. 2021. (ENG.). 60p. (J). *(978-1-0391-0313-9(8))*; pap. *(978-1-0391-0312-2(X))* FriesenPress.

Follow the Right: A Tale for Boys. G. E. Wyatt. 2017. (ENG.). 258p. (J). pap. *(978-3-337-02480-2(7))* Creation Pubs.

Follow the Right: A Tale for Boys. G. E. Wyatt. 2017. (ENG., Illus.). (J). pap. *(978-0-649-15197-4(6))* Trieste Publishing Pty Ltd.

Follow the Right: A Tale for Boys (Classic Reprint) G. E. Wyatt. 2018. (ENG., Illus.). 260p. (J). 29.26 *(978-0-483-20014-2(X))* Forgotten Bks.

Follow the River. Paul Greci. 2021. (Surviving Bear Island Ser.: 2). (Illus.). 192p. (J). (gr. 4-7). 17.95 *(978-1-7322137-1-5(2)*, Charlesbridge Moves) Charlesbridge Publishing, Inc.

Follow the Stars! What Happened on Mars? Tish Rabe. Ed. by Merriam-Webster. Illus. by Xavi Ramiro. 2022. (Merriam-Webster's Activity Mysteries Ser.). (ENG.). 80p. (J). (gr. 1). 9.99 *(978-0-87779-080-8(9)*, 453fe3f7-e49c-4ece-bad0-ced2f1d44ac9, Merriam-Webster Kids) Merriam-Webster, Inc.

Follow the Swallow (Reading Ladder Level 2) Julia Donaldson. Illus. by Martin Ursell. 2nd ed. 2016. (Reading Ladder Level 2 Ser.). (ENG.). 48p. (gr. k-2). pap. 4.99 *(978-1-4052-8200-0(2)*, Reading Ladder) Farshore GBR. Dist: HarperCollins Pubs.

Follow the Trail: Trucks. DK. 2016. (Follow the Trail Ser.). (ENG., Illus.). 14p. (J). (-k). bds. 9.99 *(978-1-4654-5126-2(9)*, DK Children) Dorling Kindersley Publishing, Inc.

Follow the Way of Love. Mary Jo Dannels. 2018. (ENG., Illus.). 36p. (J). pap. 13.95 *(978-1-64003-422-8(6))* Covenant Bks.

Follow the Yarn: A Book of Colors. Emily Sper. Illus. by Emily Sper. 2016. (ENG., Illus.). 24p. (J). (gr. -1 — 1). bds. 7.99 *(978-0-9754902-8-0(1)*, 9780975490280) Jump Pr.

Follow This Line. Laura Ljungkvist. 2020. (ENG., Illus.). 20p. (J). bds. 12.99 *(978-1-57687-968-9(2))* POW! Kids Bks.

Follow Those Zebras: Solving a Migration Mystery. Sandra Markle. 2020. (Sandra Markle's Science Discoveries Ser.). (ENG., Illus.). 40p. (J). (gr. 4-6). 33.32 *(978-1-5415-3837-5(4)*, 2245696f-689a-4a9f-90b1-e178a59cb64c, Millbrook Pr.) Lerner Publishing Group.

Follow Us. Christie Hainsby. Illus. by Scott Barker. 2021. (ENG.). 12p. (J). bds. 9.99 *(978-1-80058-250-7(1))* Make Believe Ideas GBR. Dist: Scholastic, Inc.

Follow Your Arrow. Jessica Verdi. 2021. (ENG.). 320p. (YA). (gr. 7-7). 18.99 *(978-1-338-64046-5(1)*, Scholastic Pr.) Scholastic, Inc.

Follow Your Art. Trish Granted. Illus. by Manuela Lopez. 2021. (Jeanie & Genie Ser.: 3). (ENG.). 128p. (J). (gr. k-4). 17.99 *(978-1-5344-7472-7(2))*; pap. 5.99 *(978-1-5344-7471-0(4))* Little Simon. (Little Simon).

Follow Your Breath! A First Book of Mindfulness. Scot Ritchie. Illus. by Scot Ritchie. 2020. (Exploring Our Community Ser.). (ENG., Illus.). 32p. (J). (gr. -1-2). 16.99 *(978-1-5253-0336-4(8))* Kids Can Pr., Ltd. CAN. Dist: Hachette Bk. Group.

Follow Your Dreams! Connect the Dots Activity Book. Activibooks For Kids. 2016. (ENG., Illus.). (J). pap. 6.99 *(978-1-68321-515-8(X))* Mimaxion.

Follow Your Dreams, Little One. Vashti Harrison. 2020. (Vashti Harrison Ser.). (ENG., Illus.). 26p. (J). (gr. -1 — 1). bds. 8.99 *(978-0-316-47515-0(7))* Little, Brown Bks. for Young Readers.

Follow Your Heart. Tasha Nathan. 2017. (Lorimer Real Love Ser.). (ENG.). 160p. (YA). (gr. 9-12). 27.99 *(978-1-4594-1236-1(2)*, cb417b99-5e19-4c15-9ce8-67afbbfce8eb) James Lorimer & Co. Ltd., Pubs. CAN. Dist: Lerner Publishing Group.

Follow Your Stuff: Who Makes It, Where Does It Come from, How Does It Get to You? Kevin Sylvester & Michael Hlinka. 2019. (Illus.). 100p. (J). (gr. 6). pap. 12.95 *(978-1-77321-253-1(2))* Annick Pr., Ltd. CAN. Dist: Publishers Group West (PGW).

Follow Your Wings. Kayla Friend. Illus. by Anna Dewald. 2017. (ENG.). 34p. (J). pap. 12.95 *(978-1-64028-592-7(X))* Christian Faith Publishing.

Followed: Who's Following You? Cory Alexander. Ed. by Carra Roberson. 2017. (ENG., Illus.). 116p. (YA). (gr. 7-9). pap. 6.99 *(978-0-692-97471-1(7))* Harlem Pr., LLC.

Follower. Kate Doughty. 2021. (ENG.). 368p. (YA). (gr. 8-17). 17.99 *(978-1-4197-4801-1(7)*, 1705301, Amulet Bks.) Abrams, Inc.

Followers. Raziel Reid. (ENG.). 336p. (YA). (gr. 9). 2023. pap. 10.99 *(978-0-7352-6382-6(5))*; 2020. 17.99 *(978-0-7352-6380-2(9))* PRH Canada Young Readers CAN. (Penguin Teen). Dist: Penguin Random Hse. LLC.

Followers of the Marked Trail (Classic Reprint) Nannie Lee Frayser. 2018. (ENG., Illus.). 254p. (J). 29.14 *(978-0-484-91793-3(5))* Forgotten Bks.

Following. Jeffry W. Johnston. 2019. 288p. (YA). (gr. 8-12). pap. 10.99 *(978-1-4926-6461-1(8))* Sourcebooks, Inc.

Following: Behind the Eyes of Beniwan. Tom Terbush. Illus. by Diana Stanciulescu. 2016. (ENG.). (J). pap. 14.95 *(978-0-9838068-3-7(7))* Missing Lid Bk.Hse.

Following a Faith: Set, 8 vols. 2019. (Following a Faith Ser.). (ENG.). 32p. (J). (gr. 4-5). lib. bdg. 111.72 *(978-1-7253-0409-3(0)*, a0f409cb-f7fd-4928-9ac1-a907f65fb99e, PowerKids Pr.) Rosen Publishing Group, Inc., The.

Following after Jesus: A Memorial of Susan Maria Underwood (Classic Reprint) Eliza Hill Anderson. 2018. (ENG., Illus.). 256p. (J). 29.18 *(978-0-483-41619-2(3))* Forgotten Bks.

Following Baxter. Barbara Kerley. (ENG., Illus.). 256p. (J). (gr. 3-7). 2022. pap. 7.99 *(978-0-06-249979-0(3))*; 2018. 16.99 *(978-0-06-249978-3(5))* HarperCollins Pubs. (HarperCollins).

Following Darkness (Classic Reprint) Forrest Reid. 2018. (ENG., Illus.). (J). 30.87 *(978-0-260-98925-3(8))* Forgotten Bks.

Following Directions Activity Book Toddler-Grade K - Ages 1 To 6. Pfiffikus. 2016. (ENG., Illus.). (J). pap. 10.81 *(978-1-68377-627-7(5))* Whlke, Traudl.

Following Extreme Weather with a Storm Chaser, 1 vol. Joan Stoltman. 2018. (Get to Work! Ser.). (ENG.). 24p. (gr. 2-3). pap. 9.15 *(978-1-5382-1229-5(3)*, e250c222-bef2-4ad9-9560-6d0a39b47719) Stevens, Gareth Publishing LLLP.

Following Feet (Classic Reprint) Evelyn Charles Vivian. 2018. (ENG., Illus.). 324p. (J). 30.58 *(978-0-483-20802-5(7))* Forgotten Bks.

Following Her Dreams. Maeve Ere-Bestman. 2017. (ENG.). 130p. (J). pap. *(978-978-086-105-6(X))* Divine Printers and Publishers Nigeria Ltd.

Following Instructions: Using Control, 1 vol. Elizabeth Schmermund. 2017. (Everyday Coding Ser.). (ENG.). 32p. (gr. 3-3). pap. 11.58 *(978-1-5026-2987-6(9)*, f0cb2a56-d5da-4370-abc0-71ea6f0a70ef); lib. bdg. 30.21 *(978-1-5026-2989-0(5)*, cd524364-539b-4292-8c3b-6266f34db541) Cavendish Square Publishing LLC.

Following Meowth's Footprints. Alex Polan. ed. 2016. (Unofficial Adventures for Pokemon GO Players Ser.: 2). lib. bdg. 18.40 *(978-0-606-39658-5(6))* Turtleback.

Following of the Star a Romance (Classic Reprint) Florence L. Barclay. 2018. (ENG., Illus.). 468p. (J). 33.55 *(978-0-483-89319-1(6))* Forgotten Bks.

Following Rules at School: Understanding Citizenship, 1 vol. Corina Jeffries. 2018. (Civics for the Real World Ser.). (ENG.). 16p. (gr. 2-3). pap. *(978-1-5383-6557-1(X)*, acd61064-d352-48cc-a9d3-6560ed4db7df, Rosen Classroom) Rosen Publishing Group, Inc., The.

Following Special Diets. Beth Bence Reinke. 2018. (Bumba Books (r) — Nutrition Matters Ser.). (ENG., Illus.). 24p. (J). (gr. -1-1). 26.65 *(978-1-5415-0340-3(6)*, a7f2b7c4-8386-461c-9d36-24b629e9b190, Lerner Pubns.) Lerner Publishing Group.

Following the Ball (Classic Reprint) Albertus T. Dudley. 2018. (ENG., Illus.). 344p. (J). 30.99 *(978-0-656-17652-6(0))* Forgotten Bks.

Following the Deer (Classic Reprint) William J. Long. 2018. (ENG., Illus.). 188p. (J). 27.79 *(978-0-364-52656-9(4))* Forgotten Bks.

Following the Drum (Classic Reprint) Horace Wyndham. 2018. (Harlequin Super Romance Ser.: Vol. 1164). (ENG., Illus.). 332p. (J). 30.74 *(978-0-656-13415-1(1))* Forgotten Bks.

Following the Equator, Vol. 1 Of 2: A Journey Around the World (Classic Reprint) Mark Twain, pseud. (ENG., Illus.). (J). 2018. 364p. 31.40 *(978-0-331-94036-7(1))*; 2017. 31.32 *(978-0-266-68433-6(5))*; 2017. pap. 13.97 *(978-1-5276-5979-7(8))* Forgotten Bks.

Following the Guidon (Classic Reprint) Elizabeth Bacon Custer. 2017. (ENG., Illus.). (J). 31.98 *(978-0-266-54068-7(6))* Forgotten Bks.

Following the Law: If... Then, 1 vol. Sloane Gould. 2017. (Computer Kids: Powered by Computational Thinking Ser.). (ENG.). 24p. (J). (gr. 3-4). 25.27 *(978-1-5383-2397-7(4)*, 09e5db1d-47b3-4ecd-b15f-db3fc2ff96a2, PowerKids Pr.); pap. *(978-1-5081-3773-3(0)*, 92ac4fc8-12c3-4d59-8c26-491d90e48b1a, Rosen Classroom) Rosen Publishing Group, Inc., The.

Following the Leader. Drew Bale. 2020. (ENG.). 208p. (YA). (gr. 7-12). pap. ***(978-0-6488385-0-0(1))*** Bale, Drew.

Following the Rules. Terence Houston. Ed. by Tierra Destiny Reid. Illus. by Laura Acosta. 2018. (Chronicles of Christian Grace Ser.: Vol. 1). (ENG.). 26p. (J). pap. 14.95 *(978-1-947574-24-3(8))* TDR Brands Publishing.

Following the Rules. Katie Peters. 2022. (Be a Good Sport (Pull Ahead Readers People Smarts — Nonfiction) Ser.). (ENG., Illus.). 16p. (J). (gr. -1-1). pap. 8.99 *(978-1-7284-4806-0(9)*, 11e0bd3f-2d74-492a-86f9-8b0b207d84cf, Lerner Pubns.) Lerner Publishing Group.

Following the Tide. Tiayana Edgar. Illus. by Caitlyn McPherson. 2022. (ENG.). 28p. (J). pap. *(978-1-922849-57-1(X))* Library For All Limited.

Following the Tow-Path & Through the Adirondacks Awheel. Allan Eric. 2017. (ENG., Illus.). (J). pap. *(978-3-7447-4689-2(5))* Creation Pubs.

Following the Tow-Path & Through the Adirondacks Awheel (Classic Reprint) Allan Eric. 2018. (ENG., Illus.). 128p. (J). 26.56 *(978-0-656-01783-6(X))* Forgotten Bks.

Following the Trail to the Hidden Gold (Classic Reprint) Oliver S. Johnson. 2017. (ENG., Illus.). (J). 26.29 *(978-0-331-47683-5(5))*; pap. 9.57 *(978-0-260-84275-6(3))* Forgotten Bks.

Following the Trail Weebee Book 21. R. M. Price-Mohr. 2021. (ENG.). 34p. (J). pap. *(978-1-913946-50-0(9))* Crossbridge Bks.

Following the Trail Weebee Book 21a. R. M. Price-Mohr. 2021. (ENG.). 34p. (J). pap. *(978-1-913946-59-3(2))* Crossbridge Bks.

Following Your Dream. Pietro Lievens. 2018. (ENG., Illus.). 76p. (J). pap. *(978-1-78623-426-1(2))* Grosvenor Hse. Publishing Ltd.

#FollowTheLeader: A 100-Day Journey Through the Life of Jesus in 280 Characters or Less. Rees J. Porcari. 2022. (ENG.). 108p. (YA). pap. 12.99 ***(978-1-6653-0508-2(8))*** BookLogix.

Folly & Fresh Air (Classic Reprint) Eden Phillpotts. (ENG., Illus.). (J). 2018. 324p. 30.58 *(978-0-484-01148-8(0))*; 2017. pap. 13.57 *(978-0-243-28559-4(0))* Forgotten Bks.

Folly As It Flies: Hit at (Classic Reprint) Fanny Fern. 2018. (ENG., Illus.). 362p. (J). 31.36 *(978-0-332-40012-9(3))* Forgotten Bks.

Folly (Classic Reprint) Edith Rickert. 2018. (ENG., Illus.). 388p. (J). 31.90 *(978-0-483-83291-6(X))* Forgotten Bks.

Folly for the Wise (Classic Reprint) Carolyn Wells. 2019. (ENG., Illus.). 184p. (J). 27.69 *(978-0-365-30724-2(6))* Forgotten Bks.

Folly Morrison, Vol. 1 Of 3: A Novel (Classic Reprint) Frank Barrett. 2018. (ENG., Illus.). 304p. (J). 30.17 *(978-0-483-76842-0(1))* Forgotten Bks.

Folly Morrison, Vol. 2 Of 3: A Novel (Classic Reprint) Frank Barrett. (ENG., Illus.). (J). 2018. 304p. 30.17 *(978-0-267-30742-5(X))*; 2016. pap. 13.57 *(978-1-333-34129-9(6))* Forgotten Bks.

Folly Morrison, Vol. 3 Of 3: A Novel (Classic Reprint) Frank Barrett. 2018. (ENG., Illus.). 316p. (J). 30.41 *(978-0-483-91744-6(3))* Forgotten Bks.

Folly of Eustace: And Other Stories (Classic Reprint) Robert S. Hichens. 2018. (ENG., Illus.). 196p. (J). 27.94 *(978-0-483-40531-8(0))* Forgotten Bks.

Folly of Fortune Telling (Classic Reprint) Religious Tract Society. 2018. (ENG., Illus.). 22p. (J). 24.35 *(978-0-267-51672-8(X))* Forgotten Bks.

Folly of Juvenile Fears: Or, the Wig & the Shoulder of Mutton (Classic Reprint) Unknown Author. 2018. (ENG., Illus.). 24p. (J). 24.41 *(978-0-666-55763-6(2))* Forgotten Bks.

Folly's Bells. Anne Gardner Hale. 2017. (ENG.). 60p. (J). pap. *(978-3-337-15461-5(1))* Creation Pubs.

Folly's Bells: A German Legend (Classic Reprint) Anne Gardner Hale. 2018. (ENG., Illus.). 64p. (J). 25.22 *(978-0-332-89383-9(9))* Forgotten Bks.

Foma Gordyeeff (Classic Reprint) Maxim Gorky. (ENG., Illus.). (J). 2017. 33.53 *(978-0-266-41262-5(9))*; 2016. pap. 16.57 *(978-1-333-56491-9(0))* Forgotten Bks.

Fomorians. John Triptych. 2016. (Wrath of the Old Gods (Young Adult Series) Ser.: Vol. 2). (ENG., Illus.). 164p. (J). pap. *(978-621-95332-4-9(0))* JTRIPTYCH Publishing.

Fonchito & the Moon. Mario Vargas Llosa. Illus. by Marta Chicote Juiz. 2022. (ENG.). 32p. (J). (gr. k-5). 20.95 Kales Pr.

Fonctions Corporelles. Barbara Lowell. 2018. (incroyable Corps Humain Ser.). (FRE.). 32p. (J). (gr. 4-6). *(978-1-77092-447-5(7)*, 12438, Bolt) Black Rabbit Bks.

Fond Adventures: Tales of the Youth of the World (Classic Reprint) Maurice Hewlett. 2017. (ENG., Illus.). (J). 32.74 *(978-1-5279-7612-2(2))* Forgotten Bks.

Fond Memories of the Class Of 1911: Fitchburg High School (Classic Reprint) Robert Hewins Stiles. 2017. (ENG., Illus.). (J). 118p. 26.33 *(978-0-332-89496-6(7))*; pap. 9.57 *(978-0-259-98453-5(1))* Forgotten Bks.

Fondamenti Di Psicologia Buddhista: Sette Concetti per una Terapia Meditativa. Federico Divino. 2021. (ITA.). 200p. (C). pap. ***(978-1-7947-6738-6(X))*** Lulu Pr., Inc.

F

Fondie (Classic Reprint) Edward C. Booth. 2018. (ENG., Illus.). 518p. (J). 34.60 *(978-0-365-11925-8(3))* Forgotten Bks.

Fonocultura - 13 en el Pueblo. Olga L. D'Az. 2017. (SPA., Illus.). (J). pap. 10.00 *(978-1-387-25072-1(8))* Lulu Pr., Inc.

FonoCultura 1 - el Bebé. Olga L. Diaz. Illus. by Jorge L. Sanchez. 2018. (SPA.). (gr. k-1). pap. *(978-1-948918-03-9(X),* LectoCultura) Diaz, Olga L.

Fonocultura 1 - el Bebz. Olga L. D'Az. 2017. (SPA., Illus.). (J). pap. 10.00 *(978-1-365-22230-6(6))* Lulu Pr., Inc.

Fonocultura 10 - Beto. Olga L. D'Az. 2017. (SPA., Illus.). (J). pap. 10.00 *(978-1-387-25057-8(4))* Lulu Pr., Inc.

Fonocultura 11 - Riqui Tiene Celos. Olga L. D'Az. 2017. (SPA., Illus.). (J). pap. 10.00 *(978-1-387-25062-2(0))* Lulu Pr., Inc.

Fonocultura 12 - Don Pepe. Olga L. D'Az. 2017. (SPA., Illus.). (J). pap. 10.00 *(978-1-387-25065-3(5))* Lulu Pr., Inc.

Fonocultura 14 - Do-A Lola. Olga L. D'Az. 2017. (SPA., Illus.). (J). pap. 10.00 *(978-1-387-25076-9(0))* Lulu Pr., Inc.

Fonocultura 15 - Paco. Olga L. D'Az. 2017. (SPA., Illus.). (J). pap. 10.00 *(978-1-387-25085-1(X))* Lulu Pr., Inc.

Fonocultura 16 - Lupe. Olga L. D'Az. 2017. (SPA., Illus.). (J). pap. 10.00 *(978-1-387-25089-9(2))* Lulu Pr., Inc.

Fonocultura 17 - Mula Terca. Olga L. D'Az. 2017. (SPA., Illus.). (J). pap. 10.00 *(978-1-387-25093-6(0))* Lulu Pr., Inc.

Fonocultura 18 - a Paso de Mula. Olga L. D'Az. 2017. (SPA., Illus.). (J). pap. 10.00 *(978-1-387-25096-7(5))* Lulu Pr., Inc.

Fonocultura 19 - Mela Est+ Brava. Olga L. D'Az. 2017. (SPA., Illus.). (J). pap. 10.00 *(978-1-387-25099-8(X))* Lulu Pr., Inc.

Fonocultura 2 - el Nene. Olga L. D'Az. 2017. (SPA., Illus.). (J). pap. 10.00 *(978-1-387-22269-8(4))* Lulu Pr., Inc.

Fonocultura 20 - Luna Arrea Muy Bien. Olga L. D'Az. 2017. (SPA., Illus.). (J). pap. 10.00 *(978-1-387-25103-2(1))* Lulu Pr., Inc.

Fonocultura 21 - la Mu-Eca de Lupe. Olga L. D'Az. 2017. (SPA., Illus.). (J). pap. 10.00 *(978-1-387-25277-0(1))* Lulu Pr., Inc.

Fonocultura 22 - Tal para Cual. Olga L. D'Az. 2017. (SPA., Illus.). (J). pap. 10.00 *(978-1-387-25472-9(3))* Lulu Pr., Inc.

Fonocultura 23 - el Moro Sigue Terco. Olga L. D'Az. 2017. (SPA., Illus.). (J). pap. 10.00 *(978-1-387-25478-1(2))* Lulu Pr., Inc.

Fonocultura 24 - Paco y Lupe Van a la Escuela. Olga L. D'Az. 2017. (SPA., Illus.). (J). pap. 10.00 *(978-1-387-25482-8(0))* Lulu Pr., Inc.

Fonocultura 25 - Do-A Lola en la Ciudad. Olga L. D'Az. 2017. (SPA., Illus.). (J). pap. 10.00 *(978-1-387-25484-2(7))* Lulu Pr., Inc.

Fonocultura 26 - de Compras en la Ciudad. Olga L. D'Az. 2017. (SPA., Illus.). (J). pap. 10.00 *(978-1-387-25495-8(2))* Lulu Pr., Inc.

Fonocultura 27 - la Nueva Maestra. Olga L. D'Az. 2017. (SPA., Illus.). (J). pap. 10.00 *(978-1-387-25498-9(7))* Lulu Pr., Inc.

Fonocultura 28 - la Senorita Pam. Olga L. Diaz. 2017. (SPA., Illus.). (J). pap. 10.00 *(978-1-387-25502-3(9))* Lulu Pr., Inc.

Fonocultura 29 - Lupita Tiene Muchas Tareas. Olga L. D'Az. 2017. (SPA., Illus.). (J). pap. 10.00 *(978-1-387-25504-7(5))* Lulu Pr., Inc.

Fonocultura 3 - Aquz Comen? Olga L. D'Az. 2017. (SPA., Illus.). (J). pap. 10.00 *(978-1-387-22274-2(0))* Lulu Pr., Inc.

Fonocultura 30 - Beto y Riqui Se Vuelven Amigos. Olga L. D'Az. 2017. (SPA., Illus.). (J). pap. 10.00 *(978-1-387-25506-1(1))* Lulu Pr., Inc.

Fonocultura 4 - el Toro y la Mula. Olga L. D'Az. 2017. (SPA., Illus.). (J). pap. 10.00 *(978-1-387-22601-6(0))* Lulu Pr., Inc.

Fonocultura 5 - Do-A To-a. Olga L. D'Az. 2017. (SPA., Illus.). (J). pap. 10.00 *(978-1-387-22607-8(X))* Lulu Pr., Inc.

Fonocultura 6 - !Aqu' Est+n! Olga L. D'Az. 2017. (SPA., Illus.). (J). pap. 10.00 *(978-1-387-22922-2(2))* Lulu Pr., Inc.

Fonocultura 7 - Este Es... Olga L. D'Az. 2017. (SPA., Illus.). (J). pap. 10.00 *(978-1-387-22926-0(5))* Lulu Pr., Inc.

Fonocultura 8 - la Familia Lara. Olga L. D'Az. 2017. (SPA., Illus.). (J). pap. 10.00 *(978-1-387-22931-4(1))* Lulu Pr., Inc.

Fonocultura 9 - Mela, la Mimosa. Olga L. D'Az. 2017. (SPA., Illus.). (J). pap. 10.00 *(978-1-387-24744-8(1))* Lulu Pr., Inc.

Fontaine: And Other French Fabulists (Classic Reprint) William Lucas Collins. (ENG., Illus.). (J). 2018. 190p. 27.84 *(978-0-267-75781-7(6));* 2016. pap. 10.57 *(978-1-334-15740-0(5))* Forgotten Bks.

Fontaine: Textes, Choisis et Commentes (Classic Reprint) Jean de la Fontaine. 2017. (FRE., Illus.). (J). 30.95 *(978-0-260-35224-8(1));* pap. 13.57 *(978-0-266-10397-4(9))* Forgotten Bks.

Fontaine (Classic Reprint) Émile Faguet. (FRE., Illus.). (J). 2018. 364p. 31.42 *(978-0-666-69164-4(9));* 2017. 28.93 *(978-0-265-46850-0(7));* 2017. pap. 13.97 *(978-1-5276-2248-7(7));* 2017. pap. 11.57 *(978-0-259-37598-2(5))* Forgotten Bks.

Fontaine (Classic Reprint) Antoine Ricard. 2017. (FRE., Illus.). (J). 28.41 *(978-0-331-68790-3(9));* pap. 10.97 *(978-0-259-49568-0(9))* Forgotten Bks.

Fontaine e I Suoi Imitatori Italiani: Nel Settecento (Classic Reprint) Gaetano Maffei. 2017. (ITA., Illus.). (J). 26.47 *(978-0-260-77124-7(4))* Forgotten Bks.

Fontaine Economiste: Conference Publique et Gratuite Faite a la Faculte de Droit de Paris, le Dimanche 11 Fevrier 1872 (Classic Reprint) Gustave Boissonade. 2017. (FRE., Illus.). (J). 25.57 *(978-0-266-31485-1(6));* pap. 9.57 *(978-1-332-66360-6(5))* Forgotten Bks.

Fontaine et Buffon (Classic Reprint) Jean Joseph Stanislas Damas-Hinard. (FRE., Illus.). (J). 2018. 150p. 27.01 *(978-0-666-56807-6(3));* 2017. pap. 9.57 *(978-0-282-14149-3(9))* Forgotten Bks.

Fontaine et la Comedie Humaine: Suivi du Langage des Animaux (Classic Reprint) Louis Nicolardot. 2017. (FRE., Illus.). (J). 30.91 *(978-0-265-80031-7(5));* pap. 13.57 *(978-0-282-89547-1(7))* Forgotten Bks.

Fontaine et les Fabulistes, Vol. 1 (Classic Reprint) Saint-Marc Girardin. 2017. (FRE., Illus.). (J). 33.18 *(978-0-266-46178-4(6));* pap. 16.57 *(978-1-334-88968-4(6))* Forgotten Bks.

Fontaine et les Fabulistes, Vol. 2 (Classic Reprint) Saint-Marc Girardin. (FRE., Illus.). (J). 2018. 466p. 33.51 *(978-0-428-34038-4(5));* 2017. pap. 16.57 *(978-0-282-48263-3(6))* Forgotten Bks.

Fontaine et Ses Devanciers: Ou Histoire de l'Apologue Jusqu'a la Fontaine Inclusivement (Classic Reprint) Prosper Soullie. 2017. (FRE., Illus.). (J). pap. 13.97 *(978-0-259-82413-8(5))* Forgotten Bks.

Fontaine et Ses Devanciers: Ou Histoire de l'Apologue Jusqu'à la Fontaine Inclusivement (Classic Reprint) Prosper Soullie. 2018. (FRE., Illus.). 358p. (J). 31.28 *(978-0-484-06726-3(5))* Forgotten Bks.

Fontaine et Ses Fables (Classic Reprint) Hippolyte. Taine. 2018. (FRE., Illus.). 360p. (J). 31.34 *(978-0-332-39840-2(4))* Forgotten Bks.

Fontaine et Tous les Fabulistes, Ou la Fontaine Compare Avec Ses Modeles et Ses Imitateurs, Vol. 1: Avec des Observations Critiques, Grammaticales, Litteraires, et des Notes d'Histoire Naturelle (Classic Reprint) Jean de la Fontaine. 2017. (FRE., Illus.). (J). pap. 16.57 *(978-0-282-92385-3(3))* Forgotten Bks.

Fontaine et Tous les Fabulistes, Ou la Fontaine Comparé Avec Ses Modelés et Ses Imitateurs, Vol. 1: Avec des Observations Critiques, Grammaticales, Littéraires, et des Notes d'Histoire Naturelle (Classic Reprint) Jean de la Fontaine. 2018. (FRE., Illus.). 452p. (J). 33.24 *(978-0-484-48646-0(2))* Forgotten Bks.

Fontaine et Tous les Fabulistes, Vol. 2: Ou la Fontaine Compare Avec Ses Modeles et Ses Imitateurs (Classic Reprint) Jean de la Fontaine. (FRE., Illus.). (J). 2018. 458p. 33.36 *(978-0-666-27901-9(2));* 2017. pap. 16.57 *(978-0-282-53909-2(3))* Forgotten Bks.

Fontaine Moraliste (Classic Reprint) Herve de Broc. (FRE., Illus.). (J). 2018. 266p. 29.47 *(978-0-656-47420-2(3));* 2017. pap. 11.97 *(978-0-259-00991-7(1))* Forgotten Bks.

Fontre. Julien Jamar. Ed. by Underwood Julia. 2019. (Chronicles of Lashai Ser.: Vol. 2). (ENG., Illus.). 448p. (YA). (gr. 10-12). pap. 16.99 *(978-0-578-42903-8(9))* Pisteuo Pubns.

Food. Joanna Brundle. 2019. (Around the World Ser.). (ENG.). 24p. (J). (gr. 2). lib. bdg. 22.99 *(978-1-5105-4386-7(4))* SmartBook Media, Inc.

Food. Joy Gregory. 2018. *(978-1-5105-3558-9(6))* SmartBook Media, Inc.

Food. Virginia Loh-Hagan. 2021. (In the Know: Influencers & Trends Ser.). (ENG., Illus.). 32p. (J). (gr. 4-8). lib. bdg. 32.07 *(978-1-5341-8036-9(2),* 218424, 45th Parallel Press) Cherry Lake Publishing.

Food. Celeste A. Peters. 2018. (Science Q&a Ser.). (ENG.). 48p. (J). lib. bdg. 29.99 *(978-1-5105-3841-2(0))* SmartBook Media, Inc.

Food. Katrice Sutherland. 2017. (Science of Survival Ser.). (ENG.). 24p. (J). lib. bdg. 22.99 *(978-1-5105-2334-0(0))* SmartBook Media, Inc.

Food: A Can-You-Find-It Book. Sarah L. Schuette. 2020. (Can You Find It? Ser.). (ENG., Illus.). 32p. (J). (gr. -1-2). pap. 8.95 *(978-1-9771-1833-2(X),* 142203); lib. bdg. 31.32 *(978-1-9771-1443-3(1),* 141602) Capstone. (Pebble).

Food: A Tragedy of the Future, in One Act (Classic Reprint) William C. De Mille. 2018. (ENG., Illus.). 22p. (J). 24.35 *(978-0-267-52216-3(9))* Forgotten Bks.

Food: Hide & Sneak. Bastien Contraire. 2018. (ENG., Illus.). 26p. (gr. -1 — 1). bds. 9.95 *(978-0-7148-7723-5(9))* Phaidon Pr., Inc.

Food: I Can Help Save Earth (Engaging Readers, Level 2) Ashley Lee. Ed. by Alexis Roumanis. 2021. (I Can Help Save Earth Ser.: Vol. 2). (ENG., Illus.). 32p. (J). *(978-1-77437-727-7(6));* pap. *(978-1-77437-728-4(4))* AD Classic.

Food / Comida. Xist Publishing. Tr. by Victor Santana. 2017. (Xist Kids Bilingual Spanish English Ser.). (ENG & SPA., Illus.). 28p. (J). (gr. -1-3). pap. 9.99 *(978-1-5324-0333-0(X))* Xist Publishing.

Food: a Touch-And-Feel Playbook. Ladybird. 2022. (Baby Touch Ser.). (ENG.). 10p. (J). (— 1). bds. 12.99 *(978-0-241-53036-8(9),* Ladybird) Penguin Bks., Ltd. GBR. Dist: Penguin Random Hse. LLC.

Food Allergies Kinda Stink. Whitney Graves. 2019. (ENG.). 12p. (J). *(978-0-359-71674-6(1))* Lulu Pr., Inc.

Food & Desserts Coloring Book: An Adult Coloring Book Featuring over 30 Pages of Giant Super Jumbo Large Designs of Delicious Food & Desserts to Color for Mindfulness & Relaxation. Beatrice Harrison. 2020. (ENG.). 34p. (YA). pap. 7.86 *(978-1-716-48877-1(X))* Lulu Pr., Inc.

Food & Drug Administration. Maria Koran. 2019. (Power, Authority, & Governance Ser.). (ENG.). 32p. (J). lib. bdg. 29.99 *(978-1-5105-4677-6(4))* SmartBook Media, Inc.

Food & Fitness, 8 vols., Set. Incl. Body Fuel: A Guide to Good Nutrition. Donna Shryer. lib. bdg. 41.21 *(978-0-7614-2552-6(7),* 4576a223-73c6-46b3-9fe2-6bc73b005989); Food As Foe: Nutrition & Eating Disorders. Lesli J. Favor. lib. bdg. 41.21 *(978-0-7614-2553-3(5),* da1823f0-a5ec-45f6-9ca8-63f239e635fd); Peak Performance: Sports Nutrition. Donna Shryer. lib. bdg. 41.21 *(978-0-7614-2554-0(3),* 49ea667f-87f4-4328-a907-f799f53a7b10); Weighing In: Nutrition & Weight Management. Lesli J. Favor. lib. bdg. 41.21 *(978-0-7614-2555-7(1),* 2187092d-56d1-4c64-9770-86c595859f3c); (Illus.). 128p. (YA). (gr. 7-7). (Food & Fitness Ser.). (ENG.). 2008. Set lib. bdg. 164.84 *(978-0-7614-2551-9(9),* 7bf70ff7-6a0b-4cba-9394-2f587d562cbe, Cavendish Square) Cavendish Square Publishing LLC.

Food & Game Fishes of New York: Notes on Their Common Names, Distribution, Habits & Mode of Capture (Classic Reprint) Tarleton Hoffman Bean. 2016. (ENG., Illus.). (J). pap. 11.57 *(978-1-334-73050-4(4))* Forgotten Bks.

Food & Natural Resources. Diane Lindsey Reeves. 2017. (Bright Futures Press: World of Work Ser.). (ENG., Illus.). 32p. (J). (gr. 4-7). lib. bdg. 32.07 *(978-1-63472-622-1(7),* 209522) Cherry Lake Publishing.

Food & Nutrition. Mason Crest. 2019. (Health & Nutrition Ser.). (Illus.). 80p. (J). (gr. 12). lib. bdg. 34.60 *(978-1-4222-4219-3(6))* Mason Crest.

Food & Nutrition. Emily Sohn. 2019. (IScience Ser.). (ENG., Illus.). 48p. (J). (gr. 5-6). 23.94 *(978-1-68450-951-5(3));* pap. 13.26 *(978-1-68404-401-6(4))* Norwood Hse. Pr.

Food & Pastry Activity Book for Kids 4-6. Educando Kids. 2019. (ENG.). 42p. (J). pap. 8.55 *(978-1-64521-781-7(7),* Educando Kids) Editorial Imagen.

Food & You: An Alien's Guide. Alex Francis. 2020. (Early Bird Nonfiction Readers — Silver (Early Bird Stories (tm)) Ser.). (ENG., Illus.). 32p. (J). (gr. k-3). pap. 9.99 *(978-1-7284-1528-4(4),* 4184c2fc-f0d9-4072-8240-71ead2e2a1b5); lib. bdg. 29.32 *(978-1-7284-1506-2(3),* 96a8d2aa-1a20-4d1f-a4ed-362a8d663a35) Lerner Publishing Group. (Lerner Pubns.).

Food Around the World. Meg Gaertner. 2020. (Around the World Ser.). (ENG., Illus.). 24p. (J). (gr. k-1). pap. 8.95 *(978-1-64619-217-5(6),* 1646192176); lib. bdg. 28.50 *(978-1-64619-183-3(8),* 1646191838) Little Blue Hse. (Little Blue Readers).

Food Around the World. Wil Mara. 2020. (Customs Around the World Ser.). (ENG.). 32p. (J). (gr. 1-3). pap. 7.95 *(978-1-9771-2671-9(5),* 201705); (Illus.). lib. bdg. 29.32 *(978-1-9771-2371-8(6),* 200381) Capstone. (Pebble).

Food Around the World, 1 vol. Charles Murphy. 2016. (Adventures in Culture Ser.). (ENG., Illus.). 24p. (J). (gr. 1-2). pap. 9.15 *(978-1-4824-5582-3(X),* d618a1c3-fc4f-4ada-87ce-834ac89e9457) Stevens, Gareth Publishing LLLP.

Food As Fuel. Sue Heavenrich. 2018. (Human Machine Ser.). (ENG., Illus.). 32p. (gr. 3-6). lib. bdg. 32.79 *(978-1-64156-436-6(9),* 9781641564366) Rourke Educational Media.

Food Central! Your Kitchen Coloring Book. Jupiter Kids. 2017. (ENG., Illus.). (J). pap. 9.20 *(978-1-68326-776-8(1),* Jupiter Kids (Childrens & Kids Fiction)) Speedy Publishing LLC.

Food Chain & Web: Children's Biology Book. Bold Kids. 2022. (ENG.). 46p. (J). pap. 14.99 ***(978-1-0717-0979-5(8))*** FASTLANE LLC.

Food Chain & Web: Discover Pictures & Facts about Food Chains & Webs for Kids! a Children's Food Book. Bold Kids. 2021. (ENG.). 32p. (J). pap. 11.99 *(978-1-0717-0801-9(5))* FASTLANE LLC.

Food Chain Educational Facts Children's Science Book. Bold Kids. 2022. (ENG.). 42p. (J). pap. 14.99 ***(978-1-0717-1689-2(1))*** FASTLANE LLC.

Food Chain in a Desert. Alan Walker. 2021. (My First Science Bks.). (ENG., Illus.). 24p. (J). (gr. k-2). pap. *(978-1-4271-3032-7(9),* 11570); lib. bdg. *(978-1-4271-3021-1(3),* 11553) Crabtree Publishing Co.

Food Chain in a Forest. Alan Walker. 2021. (My First Science Bks.). (ENG., Illus.). 24p. (J). (gr. k-2). pap. *(978-1-4271-3033-4(7),* 11571); lib. bdg. *(978-1-4271-3022-8(1),* 11554) Crabtree Publishing Co.

Food Chain vs. the Food Web - from Simple to Complex Systems Children's Nature Books. Baby Professor. 2017. (ENG., Illus.). (J). pap. 8.79 *(978-1-5419-3821-2(6),* Baby Professor (Education Kids)) Speedy Publishing LLC.

Food Chains. Grace Hansen. (Beginning Science: Ecology Ser.). (ENG.). 24p. (J). 2020. (gr. 1-1). pap. 8.95 *(978-1-64494-267-3(4),* 1644942674, Abdo Kids-Jumbo); 2019. (Illus.). (gr. -1-2). lib. bdg. 32.79 *(978-1-5321-8894-7(3),* 32956, Abdo Kids) ABDO Publishing Co.

Food Chains. Emma Huddleston. 2021. (Discover Biology Ser.). (ENG., Illus.). 32p. (J). (gr. 2-5). lib. bdg. 34.21 *(978-1-5321-9532-7(X),* 37514, Kids Core) ABDO Publishing Co.

Food Chains: Band 14/Ruby. Sally Morgan. 2016. (Collins Big Cat Ser.). (ENG.). 48p. (J). pap. 11.99 *(978-0-00-816389-1(8))* HarperCollins Pubs. Ltd. GBR. Dist: Independent Pubs. Group.

Food Chains & Webs. Abbie Dunne. 2016. (Life Science Ser.). (ENG., Illus.). 24p. (J). (gr. -1-2). lib. bdg. 27.32 *(978-1-5157-0941-1(8),* 132255, Capstone Pr.) Capstone.

Food Chains & Webs, 1 vol. Bray Jacobson. 2019. (Look at Nature's Cycles Ser.). (ENG.). 32p. (gr. 2-2). pap. 11.50 *(978-1-5382-4106-6(4),* a3f32494-2b86-4461-908c-47ddc68a2231) Stevens, Gareth Publishing LLLP.

Food Chains in the Forest: Working in a Loop, 1 vol. Elizabeth Krajnik. 2017. (Computer Kids: Powered by Computational Thinking Ser.). (ENG., Illus.). 24p. (J). (gr. 4-5). 25.27 *(978-1-5383-2398-4(2),* ccc6f4ee-9660-4f7a-9a49-25bcf4b47345, PowerKids Pr.); pap. *(978-1-5081-3756-6(0),* a063a5e6-c399-4f64-9bfb-7c9c76d494c1, Rosen Classroom) Rosen Publishing Group, Inc., The.

Food Challenges & Our Future, 1 vol. Sabrina Adams. 2021. (Spotlight on Our Future Ser.). (ENG.). 32p. (J). (gr. 3-4). pap. 11.60 *(978-1-7253-2399-5(0),* 71187ab6-15ca-4d39-8f43-d7ff66678b7d, PowerKids Pr.) Rosen Publishing Group, Inc., The.

Food Coloring Book: Kawaii Food Coloring Book for Kids Age 4-8, Fun, Easy & Relaxing Coloring Book Including Healthy Food & Junk Food. Tanitatiana. 2021. (ENG.). 132p. (J). pap. 10.99 *(978-1-716-08833-9(X))* Lulu Pr., Inc.

Food Coloring Book for Kids! Discover Food Coloring Pages for Children! Bold Illustrations. 2022. (ENG.). 82p. (J). pap. 14.99 *(978-1-0717-0656-5(X),* Bold Illustrations) FASTLANE LLC.

Food Dancer: Traveling, Tasting & Twirling Around the World. Jaci Ohayon. 2016. (ENG., Illus.). (J). 25.95 *(978-1-4808-4040-9(8));* pap. 16.95 *(978-1-4808-4039-3(4))* Archway Publishing.

Food Design. Alix Wood. 2017. (Design It! Ser.). 32p. (gr. 3-4). pap. 63.00 *(978-1-5382-0782-6(6))* Stevens, Gareth Publishing LLLP.

Food Doodles Coloring Book for Children (6x9 Coloring Book / Activity Book) Sheba Blake. 2020. (ENG.). 24p. (J). pap. 9.99 *(978-1-222-28957-2(1))* Indy Pub.

Food Doodles Coloring Book for Children (8. 5x8. 5 Coloring Book / Activity Book) Sheba Blake. 2021. (ENG.). 24p. (J). pap. 12.99 *(978-1-222-29154-4(1))* Indy Pub.

Food Doodles Coloring Book for Children (8x10 Coloring Book / Activity Book) Sheba Blake. 2020. (ENG.). 24p. (J). pap. 14.99 *(978-1-222-28958-9(X))* Indy Pub.

Food Doodles with Scooby-Doo! Benjamin Bird. Illus. by Scott Neely. 2017. (Scooby-Doodles! Ser.). (ENG.). 32p. (J). (gr. 3-9). lib. bdg. 28.65 *(978-1-5157-3407-9(2),* 133383, Capstone Pr.) Capstone.

Food Dudes Set 3 (Set), 6 vols. 2017. (Food Dudes Set 3 Ser.). (ENG.). 32p. (J). (gr. 3-6). lib. bdg. 196.74 *(978-1-5321-1079-5(0),* 25734, Checkerboard Library) ABDO Publishing Co.

Food Experiments for Would-Be Scientists: Food Book for Children Children's Science & Nature Books. Baby Professor. 2017. (ENG., Illus.). (J). pap. 8.79 *(978-1-5419-4023-9(7),* Baby Professor (Education Kids)) Speedy Publishing LLC.

Food Faces: A Board Book. Deanna F. Cook. 2020. (ENG., Illus.). 22p. (J). (gr. -1 — 1). bds. 6.95 *(978-1-63586-279-9(5),* 626279) Storey Publishing, LLC.

FOOD FACES 5CC-PPK. Deanna F. Cook. 2022. (ENG.). bds. 34.75 *(978-1-63586-369-7(4))* Storey Publishing, LLC.

Food-Fest. William Anthony. Illus. by Emre Karacan. 2023. (Level 5 - Green Set Ser.). (ENG.). 32p. (J). (gr. 1-3). lib. bdg. 19.95 Bearport Publishing Co., Inc.

Food Fight. Linda B. Davis. 2023. 248p. (J). (gr. 4-7). pap. 15.95 ***(978-1-64603-343-0(4),*** Fitzroy Bks.) Regal Hse. Publishing, LLC.

Food Fight, 1 vol. Deborah Sherman. 2019. (ENG.). 152p. (J). (gr. 4-7). pap. 9.95 *(978-1-55455-391-4(1),* 3aac3267-e772-4379-bc8a-0d10a3267f29) Fitzhenry & Whiteside, Ltd. CAN. Dist: Firefly Bks., Ltd.

Food Fight! A Mouthwatering History of Who Ate What & Why Through the Ages. Tanya Steel. 2018. (Illus.). 160p. (J). (gr. 5-9). 19.99 *(978-1-4263-3162-6(2));* (ENG., lib. bdg. 29.90 *(978-1-4263-3163-3(0))* Disney Publishing Worldwide. (National Geographic Kids).

Food Fight Club: Rules to Beat Bulimia. Rosalyn Sheehy. Illus. by Simona Donzelli. 2021. (ENG.). 66p. (YA). 27.95 *(978-1-64663-266-4(4));* pap. 18.95 *(978-1-64663-264-0(8))* Koehler Bks.

Food Fight Fiesta: A Tale about la Tomatina. Tracey Kyle. Illus. by Ana Gomez. 2018. 32p. (J). (gr. k-3). 16.99 *(978-1-5107-3215-5(2),* Sky Pony Pr.) Skyhorse Publishing Co., Inc.

Food for Animals, 1 vol. Jayda Cooper. 2016. (Rosen REAL Readers: STEM & STEAM Collection). (ENG.). 8p. (gr. k-1). pap. 5.46 *(978-1-5081-2374-3(8),* 8037db83-0e56-4886-9626-1ada2df04079, Rosen Classroom) Rosen Publishing Group, Inc., The.

Food for Hope: How John Van Hengel Invented Food Banks for the Hungry. Jeff Gottesfeld. Illus. by Michelle Laurentia Agatha. 2023. (ENG.). 32p. (J). (gr. 2-5). 19.99 *(978-1-954354-24-1(X),* 06d72040-9c37-468e-935a-8bb1037cca17) Creston Bks.

Food for Plants, 1 vol. Wayan James. 2016. (Rosen REAL Readers: STEM & STEAM Collection). (ENG.). 8p. (gr. k-1). pap. 5.46 *(978-1-5081-2377-4(2),* aef0935c-00bd-43d2-a50c-6b72da13c114, Rosen Classroom) Rosen Publishing Group, Inc., The.

Food for the Future: Sustainable Farms Around the World. Mia Wenjen. Illus. by Robert Sae-Heng. 2023. (ENG.). 40p. (J). (gr. -1-3). 17.99 ***(978-1-64686-839-1(0));*** pap. 9.99 ***(978-1-64686-840-7(4))*** Barefoot Bks., Inc.

Food for the Journey. Bethany Felix & Glenroy Bent. 2022. (ENG.). 36p. pap. *(978-1-68515-179-9(5))* Palmetto Publishing.

Food for the Lambs. Alexander McLean. 2017. (ENG.). 202p. (J). pap. *(978-3-7446-4658-1(0))* Creation Pubs.

Food for the Lambs: Or Sermons for Children (Classic Reprint) Alexander McLean. (ENG., Illus.). (J). 2018. 198p. 28.00 *(978-0-428-60713-5(6));* 2017. pap. 10.57 *(978-0-243-40819-1(6))* Forgotten Bks.

Food for the Young: Adapted to the Mental Capacities of Children of Tender Years (Classic Reprint) Unknown Author. 2018. (ENG., Illus.). (J). 190p. 27.84 *(978-0-484-70047-4(2));* 192p. 27.86 *(978-0-483-49970-6(6))* Forgotten Bks.

Food for You: Get the Info, Gain Confidence, & Feel Fantastic! Shayna Telesmanic. Illus. by Kavel Rafferty. 2023. (ENG.). 64p. (J). (gr. 5-8). lib. bdg. 33.32 *(978-0-7112-8196-7(3),* def23e5e-4d8c-4cb8-8c58-e0892a26000b) QEB Publishing Inc.

Food Freak, 1 vol. Alex Van Tol. 2017. (Orca Currents Ser.). (ENG.). 128p. (J). (gr. 4-7). pap. 9.95 *(978-1-4598-1339-7(1))* Orca Bk. Pubs. USA.

Food Freak. Alex Van Tol. ed. 2017. (Orca Currents Ser.). lib. bdg. 20.80 *(978-0-606-40452-5(X))* Turtleback.

Food Friends: How to Make Friends Out of Food. 2016. (J). *(978-0-87659-713-2(4))* Gryphon Hse., Inc.

Food Fright & Par for the Course. Sholly Fisch & Merrill Hagan. Illus. by Ben Bates & Jorge Corona. 2019. (DC Teen Titans Go! Ser.). (ENG.). 32p. (J). (gr. 2-6). lib. bdg. 21.93 *(978-1-4965-7993-5(3),* 139824, Stone Arch Bks.) Capstone.

Food from Farms. Nancy Dickmann. 2019. (World of Farming Ser.). (ENG.). 24p. (J). (gr. -1-1). pap. 6.29 *(978-1-4846-5173-5(1),* 141948, Heinemann) Capstone.

Food Fun an Activity Book for Young Chefs: Baking Edition: 60+ Recipes, Experiments, & Games. America's Test America's Test Kitchen Kids. 2021. (Young Chefs Ser.). 134p. (J). (gr. 3-7). pap. 12.99 *(978-1-948703-74-1(2),* America's Test Kitchen Kids) America's Test Kitchen.

Food Groups - Nutrition Books for Kids Children's Diet & Nutrition Books. Baby Professor. 2017. (ENG., Illus.). (J). pap. 9.55 *(978-1-5419-3893-9(3),* Baby Professor (Education Kids)) Speedy Publishing LLC.

Food Is Fuel. Mari Schuh. 2020. (Health & My Body Ser.). (ENG., Illus.). 32p. (J). (gr. 1-3). pap. 7.95 *(978-1-9771-2686-3(3),* 201720); lib. bdg. 31.32 *(978-1-9771-2386-2(4),* 200396) Capstone. (Pebble).

Food is Served! a Chef's Day Coloring Book. Kreative Kids. 2016. (ENG., Illus.). (J). pap. 9.20 *(978-1-68377-412-9(4))* Whlke, Traudl.

Food Journal for Diabetics: Low Sugar Cooking Strategies. @ Journals and Notebooks. 2016. (ENG.,

The check digit for ISBN-10 appears in parentheses after the full ISBN-13

Illus.). 106p. (YA). pap. 12.25 *(978-1-68326-524-5(6))* Speedy Publishing LLC.

Food Journal for Men: Easy Recipes for Beginners. @ Journals and Notebooks. 2016. (ENG., Illus.). 106p. (YA). pap. 12.25 *(978-1-68326-522-1(X))* Speedy Publishing LLC.

Food Journal for Women. the Best. the Healthiest. @ Journals and Notebooks. 2016. (ENG., Illus.). 106p. (YA). pap. 12.25 *(978-1-68326-529-0(7))* Speedy Publishing LLC.

Food Junkie's Guide: A Grid by Grid Drawing Book for Children. Speedy Kids. 2017. (ENG., Illus.). (J). pap. 9.20 *(978-1-5419-3449-8(0))* Speedy Publishing LLC.

Food Log for Kids: Food Journal for Kids - Children Daily Food Notebook & Weekly Meal Planner. Gabriel Bachheimer. l.t. ed. 2020. (ENG.). 150p. (J). pap. 9.95 *(978-1-716-33826-7(3))* Lulu Pr., Inc.

Food Lover's Best Eats: Scrapbook & Journal. @ Journals and Notebooks. 2016. (ENG., Illus.). 106p. (YA). pap. 12.25 *(978-1-68326-530-6(0))* Speedy Publishing LLC.

Food Network Magazine the Big, Fun Kids Baking Book: 110+ Recipes for Young Bakers. Ed. by Food Network Magazine. 2021. (Food Network Magazine's Kids Cookbooks Ser.: 2). (Illus.). 192p. (J). (gr. 3-7). 25.00 *(978-1-950785-30-8(0))* Hearst Magazine Media.

Food Network Magazine the Big, Fun Kids Cookbook: 150+ Recipes for Young Chefs. Ed. by Food Network Magazine. 2020. (Food Network Magazine's Kids Cookbooks Ser.: 1). (Illus.). 192p. (J). (gr. 3-7). 25.00 *(978-1-950785-04-9(1))* Hearst Magazine Media.

Food of the Gods: And How It Came to Earth (Classic Reprint) H. G. Wells. 2017. (ENG., Illus.). (J). 31.47 *(978-0-265-82762-8(0))* Forgotten Bks.

Food Quest Adventures Through a Windy City. Tommy Watkins. Illus. by Kelsie Caudill. 2022. (ENG.). 28p. (J). 22.99 ***(978-1-0880-7288-2(7))***; pap. 11.99 ***(978-1-0880-5804-6(3))*** Indy Pub.

Food-Related Stories. Gaby Melian. Illus. by Ashley Lukashevsky. 2022. (Pocket Change Collective Ser.). 64p. (J). (gr. 7). pap. 8.99 *(978-0-593-22349-9(7),* Penguin Workshop) Penguin Young Readers Group.

Food Safety. Mason Crest. 2018. (Health & Nutrition Ser.). (Illus.). 80p. (J). (gr. 12). lib. bdg. 34.60 *(978-1-4222-4220-9(X))* Mason Crest.

Food Safety. John Perritano. 2018. 64p. (J). *(978-1-4222-3737-3(0))* Mason Crest.

Food Safety: Saving Lives, 1 vol. Juliana Burkhart. 2019. (Nutrition & Health Ser.). (ENG.). 104p. (gr. 7-7). 41.03 *(978-1-5345-6871-6(9),* 66585ec3-6310-4592-b55c-7781b6fddebf, Lucent Pr.) Greenhaven Publishing LLC.

Food Scarcity & Hunger: A Max Axiom Super Scientist Adventure. Myra Faye Turner. Illus. by Katharine Doescher. 2022. (Max Axiom & the Society of Super Scientists Ser.). (ENG.). 32p. (J). 36.65 *(978-1-6639-5918-8(8),* 221871); pap. 7.95 *(978-1-6663-2260-6(1),* 221853) Capstone. (Capstone Pr.).

Food Scientists in Action. Robin Johnson. 2018. (Scientists in Action Ser.). (Illus.). 32p. (J). (gr. 5-5). *(978-0-7787-5207-3(0))* Crabtree Publishing Co.

Food Shortages, 1 vol. Erin L. McCoy. 2018. (Top Six Threats to Civilization Ser.). (ENG.). 64p. (gr. 5-5). pap. 16.28 *(978-1-5026-4065-9(1),* d74bff76-be66-4025-aeb6-444a2dcab1ee) Cavendish Square Publishing LLC.

Food Stars: 15 Women Stirring up the Food Industry. Ellen Mahoney. 2022. (Women of Power Ser.: 8). 224p. (YA). (gr. 7). 16.99 *(978-1-64160-585-4(5))* Chicago Review Pr., Inc.

Food Stylist. Virginia Loh-Hagan. 2016. (Odd Jobs Ser.). (ENG., Illus.). 32p. (J). (gr. 4-8). 32.07 *(978-1-63471-095-4(9),* 208491, 45th Parallel Press) Cherry Lake Publishing.

Food Truck Fest! Alexandra Penfold. Illus. by Mike Dutton. 2018. (ENG.). 40p. (J). 19.99 *(978-0-374-30318-1(5),* 900154880, Farrar, Straus & Giroux (BYR)) Farrar, Straus & Giroux.

Food Trucks. Julie Murray. 2023. (Trucks at Work Ser.). (ENG.). 24p. (J). (gr. -1-2). lib. bdg. 31.36 ***(978-1-0982-6614-1(5),*** 42137, Abdo Kids) ABDO Publishing Co.

Food Trucks! A Lift-The-Flap Meal on Wheels! Jeffrey Burton. Illus. by Jay Cooper. 2016. (ENG.). 12p. (J). (gr. -1). bds. 8.99 *(978-1-4814-6521-2(X),* Little Simon) Little Simon.

Food Wars: The Fruits Awaken Coloring Book. Creative Playbooks. 2016. (ENG., Illus.). (J). pap. 7.74 *(978-1-68323-889-8(3))*; pap. 7.74 *(978-1-68323-760-0(9))* Twin Flame Productions.

Food, Water, & Climate Change. World Book, Inc. Staff. 2016. (Illus.). 48p. (J). *(978-0-7166-2705-0(1))* World Bk., Inc.

Food We Eat: Now & Then: Leveled Reader Emerald Level 26. Rg Rg. 2019. (PM Ser.). (ENG.). 32p. (J). (gr. 3-4). pap. 11.00 *(978-0-544-89287-3(9))* Rigby Education.

Food Webs, 12 vols. 2020. (Food Webs Ser.). (ENG.). 24p. (J). (gr. 2-2). lib. bdg. 157.38 *(978-1-5345-3601-2(9),* bf96931a-e806-47a6-ae98-1c7250f863b1, KidHaven Publishing) Greenhaven Publishing LLC.

Food Webs. Grace Hansen. (Beginning Science: Ecology Ser.). (ENG.). 24p. (J). 2020. (gr. 1-1). pap. 8.95 *(978-1-64494-268-0(2),* 1644942682, Abdo Kids-Jumbo); 2019. (Illus.). (gr. -1-2). lib. bdg. 32.79 *(978-1-5321-8895-4(1),* 32958, Abdo Kids) ABDO Publishing Co.

Food Workers During COVID-19. Robin Johnson. 2021. (Community Helpers During COVID-19 Ser.). (ENG., Illus.). 24p. (J). (gr. k-4). pap. *(978-1-4271-2836-2(7),* 10457); lib. bdg. *(978-1-4271-2832-4(4),* 10452) Crabtree Publishing Co. (Crabtree Classics).

Foodie Baby Crinkle Fabric Stroller Book. Mudpuppy. Illus. by Mochi Kids. 2023. (ENG.). 8p. (J). (gr. -1 — 1). 12.99 *(978-0-7353-7742-4(1))* Mudpuppy Pr.

Foodie Faces. Bill Wurtzel & Claire Wurtzel. 2022. (ENG., Illus.). 24p. (J). (gr. -1 — 1). bds. 7.99 *(978-0-316-42352-6(1))* Little, Brown Bks. for Young Readers.

Foodie Flamingo. Vanessa Howl. Illus. by Pablo Pino. 2021. (ENG.). 32p. (J). (gr. -1-3). 17.99 *(978-0-7624-9700-3(9),* Running Pr. Kids) Running Pr.

Foodie Friends Around the World. Elisabetta Siggia. 2021. (ENG.). 135p. (J). pap. *(978-1-6780-9374-7(2))* Lulu Pr., Inc.

Foodie Monsters: A Children's Book about Colors, Food, & Friendship (Bilingual English & Mandarin Vocabulary Edition with Simplified Chinese Characters & Pinyin) S. S. Gao. 2021. (ENG.). 32p. (J). 15.99 ***(978-1-0879-0898-4(1))*** Indy Pub.

Food/Los Alimentos. Sterling Sterling Children's. ed. 2016. (Say & Play Ser.). (ENG., Illus.). 28p. (J). (— 1). bds. 4.95 *(978-1-4549-1998-8(1))* Sterling Publishing Co., Inc.

Foods, Feasts, & Celebrations, 1 vol. Margaux Baum & Tehmina Bhote. 2016. (Life in the Middle Ages Ser.). (ENG., Illus.). 64p. (J). (gr. 5-5). 36.13 *(978-1-4994-6470-2(3),* 72b4a4fd-a3ba-418c-a237-5464d4d4265d, Rosen Central) Rosen Publishing Group, Inc., The.

Foofi's Wonderful Christmas. Sandra Ihle. 2022. (ENG., Illus.). 30p. (J). pap. 14.95 ***(978-1-6624-8347-9(3))*** Page Publishing Inc.

Fool: Five Forks (Classic Reprint) Bret Harte. 2018. (ENG., Illus.). 136p. (J). 26.70 *(978-0-484-26981-0(X))* Forgotten Bks.

Fool & His Money (Classic Reprint) George Barr McCutcheon. (ENG., Illus.). (J). 2018. 408p. 32.33 *(978-0-364-01192-8(0))*; 2018. 398p. 32.11 *(978-0-483-12527-8(X))*; 2017. pap. 16.57 *(978-0-243-52487-7(0))* Forgotten Bks.

Fool Errant (Classic Reprint) Maurice Hewlett. 2018. (ENG., Illus.). 378p. (J). 31.71 *(978-0-484-08661-5(8))* Forgotten Bks.

Fool for Love (Classic Reprint) Francis Lynde. 2018. (ENG., Illus.). 196p. (J). 27.96 *(978-0-483-68983-1(1))* Forgotten Bks.

Fool for Luck: A Comedy in Two Acts (Classic Reprint) W. M. Browne. (ENG., Illus.). (J). 2018. 36p. 24.64 *(978-0-267-59150-3(0))*; 2016. pap. 7.97 *(978-1-334-15495-9(3))* Forgotten Bks.

Fool in Her Folly (Classic Reprint) Rhoda Broughton. (ENG., Illus.). (J). 2018. 358p. 31.28 *(978-0-483-46163-5(6))*; 2016. pap. 13.97 *(978-1-333-59995-9(1))* Forgotten Bks.

Fool in Spots (Classic Reprint) Hallie Erminie Rives. 2018. (ENG., Illus.). 250p. (J). 29.05 *(978-0-484-33454-9(9))* Forgotten Bks.

Fool Killer: A Rare Book for People Who Are Not Afraid of Ideas (Classic Reprint) Klarenc Wade Mak. 2018. (ENG., Illus.). 140p. (J). 26.78 *(978-0-483-23550-2(4))* Forgotten Bks.

Fool of Nature (Classic Reprint) Julian Hawthorne. 2018. (ENG., Illus.). 304p. (J). 30.19 *(978-0-666-99003-7(4))* Forgotten Bks.

Fool of Quality (Classic Reprint) Henry Brooke. (ENG., Illus.). (J). 2018. 492p. 34.06 *(978-1-396-21706-7(1))*; 2018. 494p. pap. 16.57 *(978-1-390-33460-9(0))*; 2017. 34.06 *(978-0-260-37305-2(2))* Forgotten Bks.

Fool of Quality, or the History of Henry Earl of Moreland, Vol. 1 of 4 (Classic Reprint) Henry Brooke. (ENG., Illus.). (J). 2018. 302p. 30.13 *(978-0-483-39900-6(0))*; 2016. pap. 13.57 *(978-1-334-12220-0(2))* Forgotten Bks.

Fool of Quality, or the History of Henry Earl of Moreland, Vol. 3 of 4 (Classic Reprint) Henry Brooke. (ENG., Illus.). (J). 2018. 298p. 30.04 *(978-0-364-40046-3(3))*; 2017. pap. 13.57 *(978-0-259-19809-3(9))* Forgotten Bks.

Fool of Quality, or the History of Henry Earl of Moreland, Vol. 4 (Classic Reprint) Henry Brooke. 2017. (ENG., Illus.). (J). 30.31 *(978-0-266-73837-4(0))*; pap. 13.57 *(978-1-5277-0267-7(7))* Forgotten Bks.

Fool of Quality, or the History of Henry Earl of Moreland, Vol. 5 (Classic Reprint) Henry Brooke. (ENG., Illus.). (J). 2018. 310p. 30.29 *(978-0-365-11617-2(3))*; 2017. pap. 13.57 *(978-0-259-22326-9(3))* Forgotten Bks.

Fool of Quality, Vol. 1: Or the History of Henry, Earl of Moreland (Classic Reprint) Henry Brooke. 2018. (ENG., Illus.). 470p. (J). 33.59 *(978-0-331-68534-3(5))* Forgotten Bks.

Fool of Quality, Vol. 1 Of 2: Or the History of Henry, Earl of Moreland (Classic Reprint) Henry Brooke. 2017. (ENG., Illus.). (J). 32.35 *(978-0-265-72417-0(1))*; pap. 16.57 *(978-1-5276-8287-0(0))* Forgotten Bks.

Fool of Quality, Vol. 2 Of 2: Or the History of Henry, Earl of Moreland (Classic Reprint) Henry Brooke. 2017. (ENG., Illus.). (J). 31.80 *(978-1-5279-6249-1(0))* Forgotten Bks.

Fool There Was (Classic Reprint) Porter Emerson Browne. 2018. (ENG., Illus.). 326p. (J). 30.62 *(978-0-267-20157-0(5))* Forgotten Bks.

Fooliam: A Satire, with Apologies to Pope & High Priests of Literature (Classic Reprint) Edwin Alfred Watrous. 2018. (ENG., Illus.). 80p. (J). 25.55 *(978-0-484-84030-9(4))* Forgotten Bks.

Foolish Almanack for the Year of 1906 A. D. & the Fifth since the Discovery of Race Suicide by President Roosevelt (Classic Reprint) Unknown Author. 2018. (ENG., Illus.). 124p. (J). 26.47 *(978-0-267-52894-3(9))* Forgotten Bks.

Foolish Almanak for Anuthur Year: The Furst Cinc the Introdukshun Ov the Muk-Rake In Magazeen Gardning, & the Speling Reform Ov Owr Langwij (Classic Reprint) Theodor Rosyfelt. 2018. (ENG., Illus.). 124p. (J). 26.45 *(978-0-267-28490-0(X))* Forgotten Bks.

Foolish Dick: An Autobiography of Richard Hampton, the Cornish Pilgrim Preacher; with Introduction & Notes (Classic Reprint) Richard Hampton. 2017. (ENG., Illus.). (J). 27.32 *(978-0-331-17471-7(5))*; pap. 9.97 *(978-0-260-05857-7(2))* Forgotten Bks.

Foolish Dictionary: An Exhausting Work of Reference to un-Certain English Words, Their Origin, Meaning, Legitimate & Illegitimate Use, Confused by a Few Pictures (Classic Reprint) Wallace Goldsmith. 2018. (ENG., Illus.). 160p. (J). 27.22 *(978-0-483-63545-6(6))* Forgotten Bks.

Foolish Dictionary: An Exhausting Work of Reference to un-Certain English Words, Their Origin, Meaning, Legitimate & Illegitimate Use, Confused by a Few Pictures (Classic Reprint) Gideon Wurdz. (ENG., Illus.). (J). 2018. 172p. 27.44 *(978-0-666-89524-0(4))*; 2017. pap. 9.97 *(978-0-259-43813-7(8))* Forgotten Bks.

Foolish Hearts. Emma Mills. 2019. (ENG.). 336p. (YA). pap. 13.99 *(978-1-250-18078-0(3),* 900163149) Square Fish.

Foolish Lovers (Classic Reprint) St. John G. Ervine. 2017. (ENG., Illus.). 410p. (J). 32.37 *(978-0-332-57719-7(8))* Forgotten Bks.

Foolish, Magnificent Colors. Dee Hoffman. 2021. (ENG.). 24p. (J). pap. 13.95 *(978-1-64801-759-9(2))* Newman Springs Publishing, Inc.

Foolish Matrons (Classic Reprint) Donn Byrne. (ENG., Illus.). (J). 2018. 396p. 32.08 *(978-0-365-50946-2(9))*; 2017. pap. 16.57 *(978-0-243-59011-7(3))* Forgotten Bks.

Foolish Questions: Yellowstone's Best (Classic Reprint) Jack Chaney. (ENG., Illus.). (J). 2018. 70p. 25.34 *(978-0-666-43015-1(2))*; 2017. pap. 9.57 *(978-0-259-82213-4(2))* Forgotten Bks.

Foolish Tortoise. Eric Carle. ed. 2021. (Ready-To-Read Ser.). (ENG., Illus.). 24p. (J). (gr. 2-3). 15.46 *(978-1-64697-852-6(8))* Penworthy Co., LLC, The.

Foolish Virgin a Romance of Today (Classic Reprint) Thomas Dixon. 2018. (ENG., Illus.). 374p. (J). 31.63 *(978-0-364-21302-5(7))* Forgotten Bks.

Foolproof Frozen Treats with a Side of Science: 4D an Augmented Recipe Science Experience. Christine Elizabeth Eboch. 2018. (Sweet Eats with a Side of Science 4D Ser.). (ENG., Illus.). 32p. (J). (gr. 3-9). lib. bdg. 33.32 *(978-1-5435-1070-6(1),* 137699, Capstone Pr.) Capstone.

Fool's Apprentice. Kelly Hess. 2016. (ENG., Illus.). (J). pap. *(978-1-988256-06-1(2))* Dragon Moon Pr.

Fool's Errand. Jenna Zark. 2018. (Beat Street Series Book Ser.: Vol. 2). (ENG., Illus.). 220p. (J). pap. *(978-1-77400-001-4(6))* Dragon Moon Pr.

Fool's Errand (Classic Reprint) Victor Rickard. (ENG., Illus.). (J). 2018. 318p. 30.46 *(978-0-483-76779-9(4))*; 2016. pap. 13.57 *(978-1-334-22971-8(6))* Forgotten Bks.

Fools' Gold. Bob Scott. 2021. (ENG.). 178p. (YA). pap. 10.99 *(978-1-326-12504-2(4))* Lulu Pr., Inc.

Fool's Gold: Leveled Reader Ruby Level 27. Rg Rg. 2019. (PM Ser.). (ENG.). 48p. (J). (gr. 4). pap. 11.00 *(978-0-544-89300-9(X))* Rigby Education.

Fool's Gold, a Study in Values: A Novel (Classic Reprint) Annie Raymond Stillman. (ENG., Illus.). (J). 2018. 322p. 30.54 *(978-0-666-31408-6(X))*; 2017. pap. 13.57 *(978-0-259-20336-0(X))* Forgotten Bks.

Fools of Nature. Alice Brown. 2017. (ENG.). 434p. (J). pap. *(978-3-337-00145-2(9))* Creation Pubs.

Fools of Nature: A Novel (Classic Reprint) Alice Brown. 2017. (ENG., Illus.). 438p. (J). 32.93 *(978-0-484-27924-6(6))* Forgotten Bks.

Fool's Paradise. La'charzeon Cropper. 2018. (ENG., Illus.). 82p. (YA). pap. 11.95 *(978-1-64424-138-7(2))* Page Publishing Inc.

Foot Book. Seuss. ed. 2019. (Dr. Seuss Beginner Bks.). (ENG.). 29p. (J). (gr. k-1). 17.49 *(978-0-87617-604-7(X))* Penworthy Co., LLC, The.

Foot Book. Seuss. abr. ed. 2016. (Big Bright & Early Board Book Ser.). (ENG., Illus.). 24p. (J). (gr. -1 — 1). bds. 6.99 *(978-0-553-53630-0(3),* Random Hse. Bks. for Young Readers) Random Hse. Children's Bks.

Foot Notes: Or Walking As a Fine Art (Classic Reprint) Alfred Barron. (ENG., Illus.). (J). 2018. 332p. 30.76 *(978-0-364-47901-8(9))*; 2017. pap. 13.57 *(978-1-5276-1741-4(6))* Forgotten Bks.

Foot of the Horse, or Lameness, & All Diseases of the Feet: Traced to an Unbalanced Foot Bone, Prevented or Cured by Balancing the Foot (Classic Reprint) David Roberge. 2017. (ENG., Illus.). (J). 30.97 *(978-0-331-96489-9(9))* Forgotten Bks.

Foot of the Rainbow (Classic Reprint) Myrtle Glenn Roberts. 2018. (ENG., Illus.). 54p. (J). 25.03 *(978-0-484-85319-4(8))* Forgotten Bks.

Foot-Path Way (Classic Reprint) Bradford Torrey. 2017. (ENG., Illus.). 260p. (J). 29.26 *(978-0-332-79457-0(1))* Forgotten Bks.

Foot-Prints of the Creator, or the Asterolepis of Stromness (Classic Reprint) Hugh Miller. 2018. (ENG., Illus.). 360p. (J). 31.34 *(978-0-331-56220-0(0))* Forgotten Bks.

Football. Thomas K. Adamson. 2019. (Let's Play Sports! Ser.). (ENG., Illus.). 24p. (J). (gr. k-3). lib. bdg. 26.95 *(978-1-62617-999-8(9),* Blastoff! Readers) Bellwether Media.

Football. Valerie Bodden. 2020. (Amazing Sports Ser.). (ENG.). 24p. (J). (gr. 1-4). *(978-1-64026-213-3(X),* 18153, Creative Education) Creative Co., The.

Football. Coming Soon. 2018. (Eyediscover Ser.). (ENG., Illus.). 24p. (J). (gr. 3-7). 28.55 *(978-1-4896-8031-0(4),* AV2 by Weigl) Weigl Pubs., Inc.

Football. Lori Dittmer. 2020. (Amazing Sports Ser.). (ENG.). 24p. (J). (gr. 1-3). pap. 9.99 *(978-1-62832-776-2(6),* 18154, Creative Paperbacks) Creative Co., The.

Football. Kieran Downs. 2023. (Sports Fun! Ser.). (ENG., Illus.). (J). (gr. -1-2). lib. bdg. 25.95 Bellwether Media.

Football. Contrib. by Brendan Flynn. (Early Sports Encyclopedias Ser.). (ENG.). 2023. 128p. (gr. -1-4). lib. bdg. 47.07 ***(978-1-0982-9128-0(X),*** 42080, Early Encyclopedias); 2022. 48p. (gr. 3-9). lib. bdg. 34.21 *(978-1-5321-9929-5(5),* 40647, Abdo & Daughters) ABDO Publishing Co.

Football. Marie Pearson. 2019. (Kids' Sports Ser.). (ENG., Illus.). 24p. (J). (gr. k-3). lib. bdg. 31.36 *(978-1-5321-6547-4(1),* 33196, Pop! Cody Koala) Pop!.

Football. Dennis Pernu. 2020. (In Focus: Sports Ser.). (ENG., Illus.). 32p. (J). (gr. 2-5). lib. bdg. 29.32 *(978-0-7112-4796-3(X),* 59cd12ea-2d04-4ec0-9d23-a5c5d7853053) QEB Publishing Inc.

Football. Nick Rebman. 2018. (Sports Ser.). (ENG., Illus.). 16p. (J). (gr. k-1). pap. 7.95 *(978-1-64185-020-9(5),* 1641850205); lib. bdg. 25.64 *(978-1-63517-918-7(1),* 1635179181) North Star Editions. (Focus Readers).

Football. Mari Schuh. (Spot Ser.). (ENG., Illus.). 16p. (J). (gr. -1-1). 2018. pap. 9.99 *(978-1-68152-205-0(5),* 14736); 2017. 17.95 *(978-1-68151-086-6(3),* 14617) Amicus.

Football, 1 vol. Cathleen Small. 2018. (Mind vs Muscle: the Psychology of Sports Ser.). (ENG.). 48p. (gr. 5-6). pap. 15.05 *(978-1-5382-2535-6(2),* 17599035-d0c5-47c9-990f-96010191bb17) Stevens, Gareth Publishing LLLP.

Football, 1 vol. Thomas Kingsley Troupe. 2022. (Top High School Sports Ser.). (ENG.). 32p. (J). (gr. 3-9). pap. *(978-1-0396-4726-8(X),* 17337); lib. bdg. *(978-1-0396-4599-8(2),* 16331) Crabtree Publishing Co. (Crabtree Branches).

Football: A Guide for Players & Fans. Matthew Allan Chandler. 2019. (Sports Zone Ser.). (ENG., Illus.). 32p. (J). (gr. 3-6). pap. 7.95 *(978-1-5435-7456-2(4),* 140896); lib. bdg. 27.99 *(978-1-5435-7357-2(6),* 140639) Capstone.

Football: The Association Game (Classic Reprint) Charles William Alcock. 2017. (ENG., Illus.). (J). pap. 9.57 *(978-0-331-37181-9(2))* Forgotten Bks.

Football: Toughness on the Gridiron. Peter Douglas. 2017. (Preparing for Game Day Ser.: Vol. 10). (ENG., Illus.). 79p. (J). (gr. 7-12). 24.95 *(978-1-4222-3917-9(9))* Mason Crest.

Football: Who Does What? Ryan Nagelhout. 2017. (Sports: What's Your Position? Ser.). 32p. (J). (gr. 3-4). pap. 63.00 *(978-1-5382-0425-2(8))* Stevens, Gareth Publishing LLLP.

Football... americain ?! Ed. by Franoise Piron & Nicole Piron. Tr. by Theresa Marrama. 2023. (FRE.). 92p. (J). pap. 9.00 ***(978-1-956594-28-7(0))*** Puentes.

Football Americain: Livre Coloriage Pour Enfants. Bold Illustrations. 2017. (FRE., Illus.). (J). pap. 8.35 *(978-1-64193-065-9(9),* Bold Illustrations) FASTLANE LLC.

Football & Player Safety. Phil Barber. (Illus.). 64p. (J). 2017. *(978-1-4222-3576-8(9))*; Vol. 10. 2016. (All about Professional Football Ser.: Vol. 10). (ENG., (gr. 7-12). 23.95 *(978-1-4222-3578-2(5))* Mason Crest.

Football Baby. Diane Adams. Illus. by Charlene Chua. 2021. (Sports Baby Book Ser.). 22p. (J). (— 1). bds. 7.99 *(978-0-593-20249-4(X),* Viking Books for Young Readers) Penguin Young Readers Group.

Football Coloring Book for Children (6x9 Coloring Book / Activity Book) Sheba Blake. 2020. (ENG.). 64p. (J). pap. 9.99 *(978-1-222-28824-7(9))* Indy Pub.

Football Coloring Book for Children (8. 5x8. 5 Coloring Book / Activity Book) Sheba Blake. 2020. (ENG.). 64p. (J). pap. 12.99 *(978-1-222-28843-8(5))* Indy Pub.

Football Coloring Book for Children (8x10 Coloring Book / Activity Book) Sheba Blake. 2020. (ENG.). 64p. (J). pap. 14.99 *(978-1-222-28825-4(7))* Indy Pub.

Football Coloring Book for Kids. Deeasy Books. 2021. (ENG.). 64p. (J). pap. 6.00 *(978-1-716-19211-1(0))* Indy Pub.

Football Detectives. Lesia Savedchuk. 2017. (UKR.). 146p. (J). pap. *(978-1-7750653-0-2(8))* Iskra Bks.

Football Dream. Richard Bagshaw. 2021. (ENG., Illus.). 124p. (J). pap. *(978-1-914083-14-3(8))* 2QT, Ltd. (Publishing).

Football Dreams Do Come True. Tina Flanagan. 2022. (ENG.). 32p. (J). 24.95 *(978-1-63630-856-2(2))*; pap. 14.95 *(978-1-63630-855-5(4))* Covenant Bks.

Football Fanbook: Everything You Need to Become a Gridiron Know-It-All. Gary Gramling & The Editors of Sports Illustrated Kids. 2017. (ENG., Illus.). 192p. (J). (gr. 3-17). 19.99 *(978-1-68330-007-6(6))* Sports Illustrated For Kids.

Football Fiasco. Mike Lupica. 2018. (Zach & Zoe Mysteries Ser.: 3). (ENG., Illus.). 80p. (J). (gr. 1-4). 6.99 *(978-0-425-28943-3(5),* Puffin Books); 14.99 *(978-0-425-28942-6(7),* Philomel Bks.) Penguin Young Readers Group.

Football Forgery: No. 1 Boy Detective. Barbara Mitchelhill. Illus. by Tony Ross. 2018. (No. 1 Boy Detective Ser.). (ENG.). 64p. (J). (gr. 2-4). pap. 9.99 *(978-1-78344-670-4(6))* Andersen Pr. GBR. Dist: Independent Pubs. Group.

Football Foul Play. Jake Maddox. 2021. (Jake Maddox JV Mysteries Ser.). (ENG.). 96p. (J). 25.99 *(978-1-6639-1115-5(0),* 214930); pap. 5.95 *(978-1-6639-2028-7(1),* 214912) Capstone. (Stone Arch Bks.).

Football Freddie & Fomble the Dog: Gameday in Chicago. Jonathan Witten. 2019. (ENG.). (J). (gr. k-3). pap. 14.95 *(978-1-64543-012-4(X))* Amplify Publishing Group.

Football Freddie & Fumble the Dog: Gameday in Atlanta. Marnie Schneider. 2019. (ENG.). 38p. (J). 14.95 *(978-1-64307-204-3(8))* Amplify Publishing Group.

Football Freddie & Fumble the Dog: Gameday in Philadelphia. Marnie Scneider. 2017. (ENG., Illus.). (J). (gr. k-4). 14.95 *(978-1-68401-199-5(X))* Amplify Publishing Group.

Football Freddie & Fumble the Dog: Gameday in Pittsburgh. Marnie Schneider. 2019. (ENG.). 38p. (J). 14.95 *(978-1-64307-343-9(5))* Amplify Publishing Group.

Football Freddie & Fumble the Dog: Gameday in Tampa Bay. Marnie Schneider & Susan Tose Spencer. 2021. (ENG.). 38p. (J). 14.95 *(978-1-63755-070-0(7))* Amplify Publishing Group.

Football Fun. Tyler Omoth. 2020. (Sports Fun Ser.). (ENG., Illus.). 24p. (J). (gr. k-2). lib. bdg. 29.99 *(978-1-9771-2471-5(2),* 200483, Pebble) Capstone.

Football Ghosts. Garry Parsons. Illus. by Malachy Doyle. 2nd ed. 2016. (Reading Ladder Level 3 Ser.). (ENG.). 48p. (gr. k-2). pap. 4.99 *(978-1-4052-8243-7(6),* Reading Ladder) Farshore GBR. Dist: HarperCollins Pubs.

Football Girl. Thatcher Heldring. 2017. 201p. (J). *(978-0-375-99026-7(7),* Delacorte Pr) Random House Publishing Group.

Football GOATs: The Greatest Athletes of All Time. Bruce Berglund. 2022. (Sports Illustrated Kids: GOATs Ser.). (ENG.). 32p. (J). 31.32 *(978-1-6639-7636-9(8),* 228908); pap. 7.95 *(978-1-6663-2162-3(1),* 228890) Capstone. (Capstone Pr.).

Football High 4. Patrick Loughlin. 2016. (Football High Ser.: 4). 192p. (J). (gr. 3-5). pap. 12.99 *(978-1-925324-56-3(7))* Random Hse. Australia AUS. Dist: Independent Pubs. Group.

Football in America (Set), 8 vols. 2019. (Football in America Ser.). (ENG.). 32p. (J). (gr. 2-5). lib. bdg. 262.32 *(978-1-5321-6372-2(X),* 32059, DiscoverRoo) Pop!.

Football in America (Set Of 8) Robert Cooper. 2019. (Football in America Ser.). (ENG.). 256p. (J). (gr. 3-3). pap. 79.60 *(978-1-64494-045-7(0),* 1644940450) North Star Editions.

F

Football Is a Numbers Game: A Fan's Guide to Stats. Shane Frederick. 2018. (Know the Stats Ser.). (ENG.). 32p. (J). (gr. 3-9). lib. bdg. 28.65 (978-1-5435-0610-5(0), 137394, Capstone Pr.) Capstone.

Football Livre de Coloriage Pour les Enfants: Livre de Coloriage Mignon Pour Tous les Amateurs de Football. Lenard Vinci Press. 2021. (FRE., Illus.). 100p. (J). pap. 10.99 (978-1-716-26060-5(4)) Lulu Pr., Inc.

Football Magic: Buddy's New Beginning. Sean Stellato. 2019. (ENG.). 88p. (J). 14.95 (978-1-64307-382-8(6)) Amplify Publishing Group.

Football Mazes. Gareth Moore & Andrew Pinder. 2019. (Crazy Mazey Ser.). (ENG.). 160p. (J). (gr. 2-4). pap. 8.99 (978-1-78055-666-6(7), Buster Bks.) O'Mara, Michael Bks., Ltd. GBR. Dist: Independent Pubs. Group.

Football Playbook. Fiona Ortega. 2023. (ENG.). 100p. (YA). pap. **(978-1-312-75634-2(9))** Lulu Pr., Inc.

Football Playbook: Challenging Youth Football Playbook Notebook for Designing a Game Plan & Practice Planning. Fiona Ortega. 2023. (ENG.). 102p. (J). pap. 13.50 **(978-1-312-45713-3(9))** Lulu Pr., Inc.

Football Playbook: Football Full & Half Filed Diagrams for Coaching, Drawing Drills, Planning Plays, & Scouting Other Teams (Football Coach Notebook) Fiona Ortega. 2023. (ENG.). 100p. (YA). pap. **(978-1-312-45675-4(2))** Lulu Pr., Inc.

Football Records. Chrös McDougall. 2020. (Sports Records Ser.). (ENG., Illus.). 32p. (J). (gr. 2-3). pap. 9.95 (978-1-64493-437-1(X), 164493437X); lib. bdg. 31.35 (978-1-64493-361-9(6), 1644933616) North Star Editions. (Focus Readers).

Football Records. Allan Morey & Blake Hoena. 2018. (Incredible Sports Records Ser.). (ENG., Illus.). 32p. (J). (gr. 3-8). pap. 8.99 (978-1-61891-313-5(1), 12108, Blastoff! Discovery) Bellwether Media.

Football Records Smashed! Bruce Berglund. 2023. (Sports Illustrated Kids: Record Smashers Ser.). (ENG.). 32p. (J). pap. 7.99 **(978-1-6690-7157-0(X)**, 252988, Capstone Pr.) Capstone.

Football Romance: A College Play in Four Acts (Classic Reprint) Anthony E. Wills. 2018. (ENG., Illus.). 84p. (J). 25.63 (978-0-267-19584-8(2)) Forgotten Bks.

Football: Running Back. Christina Earley. 2023. (Sports Positions Ser.). (ENG.). 24p. (J). (gr. 3-6). pap. 8.95 **(978-1-63897-529-8(9)**, 33458); lib. bdg. 27.93 **(978-1-63897-528-1(0)**, 33457) Seahorse Publishing.

Football Safety. Robert Cooper. 2019. (Football in America Ser.). (ENG., Illus.). 32p. (J). (gr. 3-3). pap. 9.95 (978-1-64494-047-1(7), 1644940477) North Star Editions.

Football Safety. Robert Cooper. 2019. (Football in America Ser.). (ENG., Illus.). 32p. (J). (gr. 2-5). lib. bdg. 32.79 (978-1-5321-6374-6(6), 32063, DiscoverRoo) Pop!.

Football Science. Nicki Clausen & Jeff Grace. 2017. (Got Game Ser.). (ENG.). 32p. (gr. 2-7). 9.95 (978-1-68072-496-7(7), Bolt) Black Rabbit Bks.

Football Science. Nicki Clausen Grace & Jeff Grace. 2017. (Got Game Ser.). (ENG.). 32p. (J). (gr. 4-6). pap. 9.99 (978-1-64466-187-1(X), 11422); (Illus.). lib. bdg. (978-1-68072-147-8(X), 10478) Black Rabbit Bks. (Bolt).

Football Season Ticket: The Ultimate Fan Guide. Will Graves. 2018. (Season Ticket Ser.). (ENG., Illus.). 112p. (J). (gr. 3-9). pap. 9.99 (978-1-63494-036-8(9), 1634940369) Pr. Room Editions LLC.

Football Stadiums: The History Behind Closed Doors EFL 1. Caroline Elwood-Stokes. 2020. (ENG.). 166p. (YA). pap. 22.54 (978-1-716-81504-1(5)) Lulu Pr., Inc.

Football Stadiums: The History Behind the Premier League. Caroline Elwood-Stokes. 2020. (ENG.). 180p. (YA). pap. 23.56 (978-1-716-85779-9(1)) Lulu Pr., Inc.

Football Stadiums EFL CHAMPIONSHIPS. Caroline Elwood-Stokes. 2020. (ENG.). 166p. (YA). pap. 38.29 (978-1-716-83308-3(6)) Lulu Pr., Inc.

Football Stadiums the History Behind Closed Doors EFL LEAGUE 2. Caroline Elwood-Stokes. 2020. (ENG.). 134p. (YA). pap. 20.66 (978-1-716-78171-1(X)) Lulu Pr., Inc.

Football Stars. Mike Ryan. 2018. (ENG., Illus.). 64p. (J). (gr. 4-7). 19.95 (978-0-2281-0073-7(9), ac03c1e8-c239-46b4-9587-2b70910f1b85); pap. 6.95 (978-0-2281-0072-0(0), bf2759d4-1824-47c6-8e96-3bf5098f6782) Firefly Bks., Ltd.

Football Stars: Facts, Figures & Much More! Nick Judd. 2020. (Haynes Pocket Manual Ser.). (ENG., Illus.). 128p. (J). (gr. 2-6). pap. 9.95 (978-1-78521-729-6(1)) Haynes Publishing Group P.L.C. GBR. Dist: Hachette Bk. Group.

Football Stats & the Stories Behind Them: What Every Fan Needs to Know. Shane Frederick. 2016. (Sports Stats & Stories Ser.). (ENG., Illus.). 48p. (J). (gr. 4-6). lib. bdg. 32.65 (978-1-4914-8214-8(1), 130676, Capstone Pr.) Capstone.

Football: Stats, Facts, & Figures, 1 vol. Kate Mikoley. 2017. (Do Math with Sports Stats! Ser.). (ENG.). 32p. (J). (gr. 3-4). pap. 11.50 (978-1-5382-1133-5(5), 643492e9-150d-4bc6-9774-5cbc16566afb) Stevens, Gareth Publishing LLLP.

Football Super Stats. Jeff Savage. 2017. (Pro Sports Stats (Alternator Books (r)) Ser.). (ENG., Illus.). 32p. (J). (gr. 3-6). lib. bdg. 29.32 (978-1-5124-3408-8(6), cf5021b0-d865-459e-8fd7-70ca105ecabd, Lerner Pubns.) Lerner Publishing Group.

Football Superstar Aaron Rodgers. Jon M. Fishman. 2019. (Bumba Books (r) — Sports Superstars Ser.). (ENG., Illus.). 24p. (J). (gr. -1-1). 26.65 (978-1-5415-5562-4(7), 131337a0-fc9e-4561-b209-e55c52ced928); pap. 8.99 (978-1-5415-7360-4(9), 9950723a-6ac8-43e3-9f02-b07f3172e9f6) Lerner Publishing Group. (Lerner Pubns.).

Football Superstar Tom Brady. Jon M. Fishman. 2019. (Bumba Books (r) — Sports Superstars Ser.). (ENG., Illus.). 24p. (J). (gr. -1-1). pap. 8.99 (978-1-5415-4577-9(X), ff6c08e8-0c78-4849-bcbd-8df5288b8483); lib. bdg. 26.65 (978-1-5415-3849-8(8), 2dd65bee-4824-4deb-ab6d-1b9e110c33d0, Lerner Pubns.) Lerner Publishing Group.

Football Superstars. Nicki Clausen & Jeff Grace. 2017. (Got Game Ser.). (ENG.). 32p. (gr. 2-7). 9.95 (978-1-68072-494-3(0), Bolt) Black Rabbit Bks.

Football Superstars. Nicki Clausen Grace & Jeff Grace. 2017. (Got Game Ser.). (ENG.). 32p. (J). (gr. 4-6). pap. 9.99 (978-1-64466-185-7(3), 11418); lib. bdg. (978-1-68072-145-4(3), 10474) Black Rabbit Bks. (Bolt).

Football Superstars. Mark Shulman & Solomon Shulman. 2022. (Reading Rocks! Ser.). (ENG.). 32p. (J). (gr. 3-6). lib. bdg. 35.64 (978-1-5038-5815-2(4), 215681, Stride) Child's World, Inc, The.

Football Superstars: Southgate Rules. Simon Mugford. Illus. by Dan Green. 2021. (Football Superstars Ser.). (ENG.). 128p. (J). (gr. 3-7). pap. 8.95 (978-1-78312-857-0(7)) Welbeck Publishing Group Ltd. GBR. Dist: Two Rivers Distribution.

Football Teams by the Numbers. Nicki Clausen & Jeff Grace. 2017. (Got Game Ser.). (ENG.). 32p. (gr. 2-7). 9.95 (978-1-68072-495-0(9), Bolt) Black Rabbit Bks.

Football Teams by the Numbers. Nicki Clausen Grace & Jeff Grace. 2017. (Got Game Ser.). (ENG.). 32p. (J). (gr. 4-6). pap. 9.99 (978-1-64466-186-4(1), 11420); (Illus.). lib. bdg. (978-1-68072-146-1(1), 10476) Black Rabbit Bks. (Bolt).

Football the Piggy: Teaches Us about Love. Joe Wells. Ed. by Erin McDonald. 2016. (Football the Piggy Ser.). (ENG., Illus.). (J). pap. 9.95 (978-0-9960430-4-5(7)) Kaio Pubns., Inc.

Football Time! Brendan Flynn. 2016. (Bumba Books (r) — Sports Time! Ser.). (ENG., Illus.). 24p. (J). (gr. -1-1). 26.65 (978-1-5124-1433-2(6), c4365860-d20c-4f55-af7f-0652f3288003, Lerner Pubns.) Lerner Publishing Group.

Football Triple Threat. Jake Maddox. Illus. by Jesus Aburto. 2022. (Jake Maddox Sports Stories Ser.). (ENG.). 72p. (J). 25.99 (978-1-6663-4499-8(0), 238346); pap. 5.95 (978-1-6663-5344-0(2), 238341) Capstone. (Stone Arch Bks.).

Football: Who Does What?, 1 vol. Ryan Nagelhout. 2017. (Sports: What's Your Position? Ser.). (ENG.). 32p. (J). (gr. 3-4). pap. 11.50 (978-1-5382-0424-5(X), 0251f89b-faa3-4c96-ad51-f9c662e3d0c8) Stevens, Gareth Publishing LLLP.

Football: Wide Receiver. Christina Earley. 2023. (Sports Positions Ser.). (ENG.). 24p. (J). (gr. 3-6). pap. 8.95 **(978-1-63897-414-7(4)**, 33462); lib. bdg. 27.93 **(978-1-63897-413-0(6)**, 33461) Seahorse Publishing.

Football World: Cup Competitions. James Nixon. 2022. (Football World Ser.). (ENG.). 32p. (J). (gr. 4-6). pap. 13.99 **(978-1-4451-5579-1(6)**, Franklin Watts) Hachette Children's Group GBR. Dist: Hachette Bk. Group.

Footballers: Murder in Cold Blood. Caroline Elwood-Stokes. 2020. (ENG.). 124p. (YA). pap. 18.20 (978-1-716-78090-5(X)) Lulu Pr., Inc.

Footballing Heros Gone Too Soon. Caroline Elwood-Stokes. 2022. (ENG.). 167p. (YA). pap. **(978-1-4710-2948-6(4))** Lulu Pr., Inc.

Footballs. Rachel Lynette. 2016. (J). (978-1-4896-4531-9(4)) Weigl Pubs., Inc.

Football's Best & Worst: A Guide to the Game's Good, Bad, & Ugly. Drew Lyon. 2018. (Best & Worst of Sports Ser.). (ENG., Illus.). 32p. (J). (gr. 3-9). lib. bdg. 28.65 (978-1-5435-0614-3(3), 137398, Capstone Pr.) Capstone.

Football's G. O. A. T. Jim Brown, Tom Brady, & More. Joe Levit. 2019. (Sports' Greatest of All Time (Lerner (tm) Sports) Ser.). (ENG., Illus.). 32p. (J). (gr. 2-5). pap. 9.99 (978-1-5415-7443-4(5), 6431219c-c133-4b57-a5c1-233a432befb3); lib. bdg. 30.65 (978-1-5415-5602-7(X), ce79eb1f-a752-4aed-ba8c-3c3a78ebd31c) Lerner Publishing Group. (Lerner Pubns.).

Football's Greatest Hail Mary Passes & Other Crunch-Time Heroics. Matt Chandler. 2020. (Sports Illustrated Kids Crunch Time Ser.). (ENG., Illus.). 48p. (J). (gr. 3-6). pap. 8.95 (978-1-4966-8738-8(8), 201402); lib. bdg. 31.99 (978-1-4966-8731-9(0), 201395) Capstone. (Capstone Pr.).

Football's New Wave: The Young Superstars Taking over the Game. Will Graves. 2019. (Rising Stars Set 2 Ser.). (ENG.). 128p. (J). (gr. 3-9). pap. 9.99 (978-1-63494-090-0(3), 1634940903) Pr. Room Editions LLC.

Football's Not the Only Game. Alan Combes. Illus. by Gabi Grubb. 2021. (ENG.). 360p. (J). pap. (978-1-914060-07-6(5)) Fantastic Bks. Publishing.

Football's Record Breakers. Hans Hetrick. 2017. (Record Breakers Ser.). (ENG., Illus.). 32p. (J). (gr. 3-9). lib. bdg. 27.99 (978-1-5157-3761-2(6), 133694, Capstone Pr.) Capstone.

Footer Davis Probably Is Crazy. Susan Vaught. ed. 2018. (Penworthy Picks Middle School Ser.). (ENG.). 229p. (J). (gr. 5-7). 18.96 (978-1-64310-381-5(4)) Penworthy Co., LLC, The.

Foothand, Elbownose. Kiah Thomas. Illus. by Connah Brecon. 2019. (ENG.). 24p. (J). (gr. -1-k). 15.99 (978-1-76050-202-7(2)) Little Hare Bks. AUS. Dist: Independent Pubs. Group.

Footing It in Franconia (Classic Reprint) Bradford Torrey. 2017. (ENG., Illus.). (J). 29.26 (978-1-5279-7323-7(9)) Forgotten Bks.

Footpath Way: An Anthology for Walkers (Classic Reprint) Hilaire Belloc. 2018. (ENG., Illus.). 252p. (J). 29.11 (978-0-364-57439-3(9)) Forgotten Bks.

Footprint: And Other Stories (Classic Reprint) Morris Morris. 2017. (ENG., Illus.). (J). 31.12 (978-0-265-19644-1(2)) Forgotten Bks.

Footprint Agronomy Change the World Science Series(chinese Edition) Zhizhong Shen. 2016. (CHI., Illus.). (YA). (gr. 7-12). pap. 20.00 (978-7-5428-6201-3(4)) CNPIECSB.

Footprint Astronomy Change the World Science Series(chinese Edition) Yulin Bian. 2016. (CHI., Illus.). (YA). (gr. 7-12). pap. 23.00 (978-7-5428-6213-6(8)) CNPIECSB.

Footprint Biology Change the World Science Series(chinese Edition) Shaoyu Cen. 2016. (CHI., Illus.). (YA). (gr. 7-12). pap. 21.00 (978-7-5428-6203-7(0)) CNPIECSB.

Footprint Chemistry Change the World Science Series(chinese Edition) Xiaoli Deng. 2016. (CHI., Illus.). (YA). (gr. 7-12). pap. 20.00 (978-7-5428-6219-8(7)) CNPIECSB.

Footprint Geoscience Change the World Science Series(chinese Edition) Shijin Xu. 2016. (CHI., Illus.). (YA). (gr. 7-12). pap. 21.00 (978-7-5428-6215-0(4)) CNPIECSB.

Footprint Mathematics Change the World Science Series(chinese Edition) Fuzi Xue. 2016. (CHI., Illus.). (J). (gr. 3-6). pap. 23.00 (978-7-5428-6205-1(7)) CNPIECSB.

Footprint Medical Science Change the World Science Series(chinese Edition) Huafang Xu. 2016. (CHI., Illus.). (YA). (gr. 7-12). pap. 20.00 (978-7-5428-6227-3(8)) CNPIECSB.

Footprint Physics Change the World Science Series(chinese Edition) Huiqian Luo. 2016. (CHI., Illus.). (YA). (gr. 7-12). pap. 21.00 (978-7-5428-6202-0(2)) CNPIECSB.

Footprints, 1926, Vol. 7 (Classic Reprint) St Joseph's College for Women. (ENG., Illus.). (J). 2018. 92p. 25.81 (978-0-483-93030-8(X)); 2017. pap. 9.57 (978-0-243-43974-4(1)) Forgotten Bks.

Footprints Beneath the Snow: A Novel (Classic Reprint) Henry Bordeaux. 2017. (ENG., Illus.). (J). 30.29 (978-1-5284-7938-7(6)) Forgotten Bks.

Footprints in the Clouds. Zhiwei Xing. 2019. (Illus.). 40p. (J). (gr. 1-2). 16.95 (978-1-76036-055-9(4), b48a6bc5-315c-4190-ad41-b4bd99187cdc) Starfish Bay Publishing Pty Ltd. AUS. Dist: Baker & Taylor Publisher Services (BTPS).

Footprints of Texas History (Classic Reprint) Minnie G. Dill. 2017. (ENG., Illus.). (J). 26.31 (978-0-260-77907-6(5)) Forgotten Bks.

Footsteps in Bay de Verde: A Mysterious Tale, 1 vol. Charis Cotter. Illus. by Jenny Dwyer. 2020. (ENG.). 36p. (J). (gr. 4-7). 19.95 (978-1-927917-28-2(X)) Running the Goat, Bks. & Broadsides CAN. Dist: Orca Bk. Pubs. USA.

Footsteps in the Forests: Biome Explorers. Laura Perdew. Illus. by Lex Cornell. 2022. (ENG.). 32p. (J). (gr. k-3). 19.95 (978-1-64741-069-8(X), a9e6ac90-97bf-47ba-9e51-2d001c3e8121); pap. 9.95 (978-1-64741-072-8(X), bda2fe7e-780f-42b1-9c9e-e0dff2405b7e) Nomad Pr.

Footsteps of Jeanne D'Arc: A Pilgrimage (Classic Reprint) Florence Caddy. (ENG., Illus.). (J). 2018. 388p. 31.92 (978-0-666-31318-8(0)); 2016. pap. 16.57 (978-1-334-13867-6(2)) Forgotten Bks.

Footsteps on the Map. Barbara Kerley. 2023. (ENG., Illus.). 32p. (J). (gr. -1-2). 17.99 **(978-1-4263-7372-5(4))**; lib. bdg. 27.90 **(978-1-4263-7510-1(7))** Disney Publishing Worldwide. (National Geographic Kids).

Footsteps on the Road to Learning: Or the Alphabet in Rhyme (Classic Reprint) S. Babcock. 2018. (ENG., Illus.). 22p. (J). 24.35 (978-0-656-17307-5(6)) Forgotten Bks.

Foozie: the Adventures of a Soccer Ball: The Adventures of a Soccer Ball. David Roth. Illus. by Wes Tyrell. 2021. (Sports Friends Ser.). (ENG.). 32p. (J). (gr. k-4). pap. (978-1-4271-5896-3(7), 12126); lib. bdg. (978-1-4271-5744-7(8), 12122) Crabtree Publishing Co. (Crabtree Classics).

For a Free Conscience (Classic Reprint) Lydia Cope Wood. (ENG., Illus.). (J). 2018. 280p. 29.69 (978-0-483-55044-5(2)); 2018. 416p. 32.48 (978-0-483-85722-3(X)); 2017. pap. 16.57 (978-0-243-33096-6(0)) Forgotten Bks.

For a Maiden Brave (Classic Reprint) Chauncey C. Hotchkiss. 2017. (ENG., Illus.). (J). 32.15 (978-0-265-36387-4(X)) Forgotten Bks.

For a Muse of Fire. Heidi Heilig. (ENG.). (YA). (gr. 8). 2019. 528p. pap. 10.99 (978-0-06-238082-1(6)); 2018. (Illus.). 512p. 17.99 (978-0-06-238081-4(8)) HarperCollins Pubs. (Greenwillow Bks.).

For a Night: The Maid of the Dawber Complements (Classic Reprint) Alison M. Lederer. 2017. (ENG., Illus.). (J). 27.28 (978-1-5279-7179-0(1)) Forgotten Bks.

For a Price. Hallie Burton. 2016. (ENG., Illus.). (J). 24.99 (978-1-63533-017-5(3), Harmony Ink Pr.) Dreamspinner Pr.

For a Song's Sake & Other Stories (Classic Reprint) Philip Bourke Marston. 2018. (ENG., Illus.). 558p. (J). 35.43 (978-0-484-65988-8(X)) Forgotten Bks.

For a Strong Beautiful Girl: A Journal of Self Discoveries from Me to You. Peggy Leung. 2019. (ENG., Illus.). 134p. (J). (978-0-6484966-0-1(0)) Leung, Peggy.

For a Woman's Sake: A Novel (Classic Reprint) Watts Phillips. (ENG., Illus.). (J). 2018. 532p. 34.87 (978-0-364-98058-3(3)); 2017. pap. 19.57 (978-0-259-39308-5(8)) Forgotten Bks.

For All the Stars Across the Sky. Karl Newson. Illus. by Chiaki Okada. 2019. (ENG.). 32p. (J). (gr. -1-2). 15.99 (978-1-5362-0542-8(7)) Candlewick Pr.

For All Time. Shanna Miles. (ENG.). 368p. (YA). (gr. 9). 2022. pap. 12.99 (978-1-5344-8598-3(8)); 2021. 19.99 (978-1-5344-8597-6(X)) Simon & Schuster Bks. For Young Readers. (Simon & Schuster Bks. For Young Readers).

For All Time: Part I - the Secret of Freedom. Erika Williams. 2022. (ENG.). 784p. (YA). 90.00 **(978-1-387-66721-5(1))** Lulu Pr., Inc.

For & Against, or Queen Margaret's Badge, Vol. 1 Of 2: A Domestic Chronicle of the Fifteenth Century (Classic Reprint) Frances M. Wilbraham. (ENG., Illus.). (J). 2018. 394p. 32.02 (978-0-483-33348-2(4)); 2016. pap. 16.57 (978-1-333-47782-0(1)) Forgotten Bks.

For As Long As Zebras Are Striped. Julia Schettler. Illus. by Sarah Neville. 2022. (ENG.). 32p. (J). pap. **(978-1-988276-39-7(X))** Peasantry Pr.

For Audrey with Love: Audrey Hepburn & Givenchy. Philip Hopman. Tr. by Ann De Clercq-Foley. 2018. (ENG., Illus.). 32p. (J). (gr. -1-3). 17.95 (978-0-7358-4314-1(7)) North-South Bks., Inc.

For Better, for Worse: A Story from Temple Bar, & Tales of the Day, Complete (Classic Reprint) Marion Harland. 2018. (ENG., Illus.). 170p. (J). 27.42 (978-0-483-51706-6(2)) Forgotten Bks.

For Better, for Worse (Classic Reprint) W. B. Maxwell. 2018. (ENG., Illus.). 448p. (J). 33.14 (978-0-666-57161-8(9)) Forgotten Bks.

For Better or Cursed. Kate M. Williams. (Babysitters Coven Ser.: 2). (ENG.). 384p. (YA). (gr. 7). 2021. pap. 10.99 (978-0-525-70744-8(1), Ember); 2020. lib. bdg. 21.99 (978-0-525-70742-4(5), Delacorte Pr.) Random Hse. Children's Bks.

For Black Girls: Who Have yet to Forgive Themselves. Tlhalefo Tefo Molatlhegi. 2023. (ENG.). 162p. (YA). pap. **(978-1-990931-25-3(1))** African Perspectives Publishing.

For Black Girls Like Me. Mariama J. Lockington. 2019. (ENG.). 336p. (J). 16.99 (978-0-374-30804-9(7), 900184172, Farrar, Straus & Giroux (BYR)) Farrar, Straus & Giroux.

For Black Girls Like Me. Mariama J. Lockington. 2022. (ENG.). 336p. (J). pap. 8.99 (978-1-250-25032-2(3), 900184173) Square Fish.

For Boys Only: Wisdom-Filled Devotions & Prayers. Glenn Hascall. 2022. (ENG.). 192p. (J). 12.99 (978-1-63609-429-8(5)) Barbour Publishing, Inc.

For Cash Only, Vol. 1 Of 3: A Novel (Classic Reprint) James Payn. 2018. (ENG., Illus.). 350p. (J). 31.12 (978-0-267-15845-4(9)) Forgotten Bks.

For Children: Three Stories from Nature. Joseph Clay Holmes. 2021. (ENG.). 32p. (J). pap. 13.95 (978-1-64670-383-8(9)) Covenant Bks.

For Colored Boys. Daniel King - Robertson. Illus. by Lasandra Brevard. 2020. (ENG.). 44p. (YA). pap. 15.00 (978-1-0878-8313-7(X)) Indy Pub.

For Daily Bread: And Other Stories (Classic Reprint) Henryk Sienkiewicz. 2018. (ENG., Illus.). 236p. (J). 28.76 (978-0-483-26448-9(2)) Forgotten Bks.

For Educators & Kids Activity Book. Smarter Activity Books for Kids. 2016. (ENG., Illus.). (J). pap. 8.99 (978-1-68374-306-4(7)) Examined Solutions PTE. Ltd.

For Emme, Baked with Love. Laura Dower. Illus. by Lilly Lazuli. 2016. (Dessert Diaries). (ENG.). 160p. (J). (gr. 4-8). pap. 5.95 (978-1-4965-4142-0(1), 133430); lib. bdg. 26.65 (978-1-4965-3122-3(1), 132193) Capstone. (Stone Arch Bks.).

For England (Classic Reprint) H. Fielding-Hall. 2018. (ENG., Illus.). 148p. (J). 26.95 (978-0-483-98858-3(8)) Forgotten Bks.

For Ever & Ever: A Drama of Life (Classic Reprint) Florence Marryat. (ENG., Illus.). (J). 2018. 574p. 35.74 (978-0-267-34967-8(X)); 2016. pap. 19.57 (978-1-333-73003-1(9)) Forgotten Bks.

For Every One. Jason Reynolds. (ENG., Illus.). 112p. (YA). (gr. 7). 2019. pap. 7.99 (978-1-4814-8625-5(X)); 2018. 15.99 (978-1-4814-8624-8(1)) Simon & Schuster Children's Publishing. (Atheneum/Caitlyn Dlouhy Books).

For Faith & Freedom. Walter Besant. 2017. (ENG.). 380p. (J). pap. (978-3-337-28456-5(6)) Creation Pubs.

For Faith & Freedom: A Novel (Classic Reprint) Walter Besant. 2017. (ENG., Illus.). (J). 32.91 (978-1-5284-6433-8(8)) Forgotten Bks.

For Fame & Fortune (Classic Reprint) Unknown Author. (ENG., Illus.). (J). 2018. 142p. 26.85 (978-0-483-57237-9(3)); 2016. pap. 9.57 (978-1-333-48991-5(9)) Forgotten Bks.

For Freedom Alone: A Novel of the Highland Clearances. Lea Wait. 2018. (ENG., Illus.). 132p. (J). pap. 10.00 (978-0-9964084-6-2(0)) Sheepscrot River Pr.

For Freedom's Sake (Classic Reprint) Arthur Paterson. (ENG., Illus.). (J). 2018. 326p. 30.66 (978-0-332-37043-9(7)); 2016. pap. 13.57 (978-1-334-12726-7(3)) Forgotten Bks.

For Girls Like You Coloring Book. Wynter Pitts. 2020. (God's Girl Coloring Books for Tweens Ser.). (ENG.). 80p. (J). (gr. 2-6). pap. 9.99 (978-0-7369-7961-0(1), 6979610) Harvest Hse. Pubs.

For Girls Only: Hope-Filled Devotions & Prayers. Jean Fischer. 2022. (ENG.). 192p. (J). 12.99 (978-1-63609-428-1(7)) Barbour Publishing, Inc.

For Girls Only: The Doctor Discusses the Mysteries of Womanhood (Classic Reprint) Frank Howard Richardson. (ENG., Illus.). (J). 2018. 112p. 26.21 (978-0-483-87100-7(1)); 2017. pap. 9.57 (978-0-243-42800-7(6)) Forgotten Bks.

For Girls Who Walk Through Fire. Kim DeRose. 2023. 320p. (YA). (gr. 9). 18.99 **(978-1-4549-4887-2(6)**, Union Square Pr.) Sterling Publishing Co., Inc.

For-Goat-Ten: Fun with Words, Valuable Lessons. Jacqui Shepherd. 2018. (Farm-Tastic Ser.). (ENG., Illus.). 42p. (J). (gr. k-6). pap. (978-1-77008-977-8(2)) Awareness Publishing.

For God & Gold: Calling on This Ailing Age to Eschew the Sins & Imitate the Virtues of Mr. Jasper Festing Somtime Fellow of Trinity College in Cambridge, & Late an Office in Her Majesty's Sea-Service by This Showing Forth of Certain Noteworthy Passa. Jasper Festing. 2017. (ENG., Illus.). (J). 32.95 (978-1-5284-8468-8(1)); pap. 16.57 (978-0-243-91545-3(4)) Forgotten Bks.

For Gold or Soul: The Story of a Great Department Store. Lurana W. Sheldon. 2017. (ENG., Illus.). (J). 24.95 (978-1-374-97627-6(X)) Capital Communications, Inc.

For Gold or Soul? The Story of a Great Department Store (Classic Reprint) Lurana W. Sheldon. 2018. (ENG., Illus.). 228p. (J). 28.64 (978-0-484-33464-8(6)) Forgotten Bks.

For Her Courage. Andria M. Redlin. 2016. (ENG., Illus.). (J). 23.99 (978-1-365-39366-2(6)) Lulu Pr., Inc.

For Her Only! Women Connect the Dots: Dot to Dot for Women. Jupiter Kids. 2016. (ENG., Illus.). 76p. (J). pap. 13.75 (978-1-68305-435-1(0), Jupiter Kids (Childrens & Kids Fiction)) Speedy Publishing LLC.

For Her Sister. Lara Sleath. 2016. (ENG., Illus.). (J). pap. (978-1-77339-027-7(9)) Evernight Publishing.

For Him Only! Men Connect the Dots: Dot to Dot for Men. Jupiter Kids. 2016. (ENG., Illus.). 76p. (J). pap. 13.75 (978-1-68305-436-8(9), Jupiter Kids (Childrens & Kids Fiction)) Speedy Publishing LLC.

For His Country, and, Grandmother & the Crow (Classic Reprint) Marshall Saunders. (ENG., Illus.). (J). 2018. 72p. 25.38 (978-0-484-63312-3(0)); 2016. pap. 9.57 (978-1-334-14938-2(0)) Forgotten Bks.

For His People: Being the True Story of Sogoro's Sacrifice Entitled in the Original Japanese Version the Cherry Blossoms of a Spring Morn (Classic Reprint) Hayashi Hayashi. 2018. (ENG., Illus.). 258p. (J). 29.22 (978-0-365-42357-7(2)) Forgotten Bks.

690

The check digit for ISBN-10 appears in parentheses after the full ISBN-13

For His Sake: A Record of a Life Consecrated to God & Devoted to China; Extracts from the Letters of Elsie Marshall Martyred at Hwa-Sang, August 1, 1895 (Classic Reprint) Elsie Marshall. 2018. (ENG., Illus.). 230p. (J). 28.54 *(978-0-484-21837-5(9))* Forgotten Bks.

For Honor & Life. William Westall. 2017. (ENG.). 278p. (J). pap. *(978-3-337-03186-2(2))* Creation Pubs.

For Honor & Life: A Novel (Classic Reprint) William Westall. 2018. (ENG., Illus.). 278p. (J). 29.63 *(978-0-483-68949-7(1))* Forgotten Bks.

For Honor's Sake: A Drama of the Civil War, in Five Acts (Classic Reprint) Lawrence Moore. 2018. (ENG., Illus.). 58p. (J). 25.11 *(978-0-267-29044-4(6))* Forgotten Bks.

For Honor's Sake: A Sequel to the Squire's Daughter (Classic Reprint) Lucy C. Lillie. (ENG., Illus.). (J). 2018. 474p. 33.67 *(978-0-483-15617-3(5))*; 2017. pap. 16.57 *(978-0-259-47925-3(X))* Forgotten Bks.

For Infinity & Beyond. Terri Peel Bechtold. 2018. (ENG., Illus.). 34p. (J). 22.95 *(978-1-64140-198-2(2))*; pap. 13.95 *(978-1-64140-196-8(6))* Christian Faith Publishing.

For It Is Christmas: A Children Christmas Rhyme Story. Amiradan Learning Tools & S. R. Hylton. 2022. (ENG.). 36p. (J). 30.99 ***(978-1-387-51454-0(7))*** Lulu Pr., Inc.

For Jacinta (Classic Reprint) Harold Bindloss. 2017. (ENG., Illus.). 344p. (J). 30.99 *(978-0-332-54059-7(6))* Forgotten Bks.

For Kids: Hours of Fun Looking for Hidden Pictures. Jupiter Kids. 2017. (ENG., Illus.). (J). pap. 9.20 *(978-1-68326-694-5(3)*, Jupiter Kids (Childrens & Kids Fiction)) Speedy Publishing LLC.

For Kids! Ages 6+ Don't Give up 2017 Regional Convention of Jehovah's Witnesses Program Notebook Keepsake Hardback. Jwdownloads Jwdownloads. 2017. (ENG., Illus.). (J). (gr. 1-5). 14.99 *(978-1-941775-40-0(3))* Super Smart Science Stuff.

For King & Kent (1648), Vol. 1 Of 3: A True Story of the Great Rebellion (Classic Reprint) George Hatton Colomb. (ENG., Illus.). (J). 2018. 308p. 30.27 *(978-0-484-91048-4(5))*; 2017. pap. 13.57 *(978-0-243-43482-4(0))* Forgotten Bks.

For King & Kent (1648), Vol. 2 Of 3: A True Story of the Great Rebellion (Classic Reprint) George Hatton Colomb. 2017. (ENG., Illus.). (J). 31.49 *(978-0-266-16222-3(3))* Forgotten Bks.

For King & Kent (1648), Vol. 3 Of 3: A True Story of the Great Rebellion (Classic Reprint) George Hatton Colomb. 2017. (ENG., Illus.). (J). 30.56 *(978-0-266-15567-6(7))* Forgotten Bks.

For King or Country: A Story of the American Revolution (Classic Reprint) James Barnes. (ENG., Illus.). (J). 2018. 310p. 30.31 *(978-0-365-52912-5(5))*; 2017. pap. 13.57 *(978-0-282-99960-5(4))* Forgotten Bks.

For Lack of Gold: A Novel (Classic Reprint) Charles Gibbon. 2018. (ENG., Illus.). 146p. (J). 26.91 *(978-0-483-63372-8(0))* Forgotten Bks.

For Laika: The Dog Who Learned the Names of the Stars. Illus. by Kai Yun Ching. 2022. 40p. (J). 18.95 *(978-1-55152-862-5(2))* Arsenal Pulp Pr. CAN. Dist: Consortium Bk. Sales & Distribution.

For Lamb. Lesa Cline-Ransome. 2023. 304p. (YA). (gr. 9). 18.99 *(978-0-8234-5015-2(5))* Holiday Hse., Inc.

For Liberty's Sake: A Patriotic Play (Classic Reprint) Stanley M. Rowl. 2018. (ENG., Illus.). 28p. (J). 24.47 *(978-0-267-50595-1(7))* Forgotten Bks.

For Life & Liberty: A Story of Battle by Land & Sea (Classic Reprint) Gordon Stables. 2018. (ENG., Illus.). 408p. (J). 32.33 *(978-0-267-43927-0(X))* Forgotten Bks.

For Life & Love: A Story of the Rio Grande, & Leavenworth Lay Dying, with His Head upon My an Only a Tress of Rose, a Rose, Dead Many a Was upon the Sandy Banks of the Rio Grande, Where We Lay (Classic Reprint) Richard Henry Savage. 2018. (ENG., Illus.). 460p. (J). 33.38 *(978-0-267-17574-1(4))* Forgotten Bks.

For Life & Love (Classic Reprint) Charlotte M. Braeme. 2018. (ENG., Illus.). 196p. (J). 27.94 *(978-0-267-21433-4(2))* Forgotten Bks.

For Lilias, Vol. 1 Of 3: A Novel (Classic Reprint) Rosa Nouchette Carey. 2018. (ENG., Illus.). 316p. (J). 30.43 *(978-0-267-16509-4(9))* Forgotten Bks.

For Lilias, Vol. 3 Of 3: A Novel (Classic Reprint) Rosa Nouchette Carey. 2018. (ENG., Illus.). 306p. (J). 30.21 *(978-0-484-33854-7(4))* Forgotten Bks.

For Little Chap Collected from Nursery Magazines at Different Times (Classic Reprint) Stuart Guthrie. 2018. (ENG., Illus.). 38p. (J). 24.68 *(978-0-267-68762-6(1))* Forgotten Bks.

For Love & Life, Vol. 1 of 2 (Classic Reprint) Margaret O. W. Oliphant. 2018. (ENG., Illus.). 628p. (J). 36.87 *(978-0-267-21781-6(1))* Forgotten Bks.

For Love & Life, Vol. 1 of 3 (Classic Reprint) Margaret Oliphant. 2018. (ENG., Illus.). 330p. (J). 30.70 *(978-0-483-82373-0(2))* Forgotten Bks.

For Love & Life, Vol. 2 of 3 (Classic Reprint) Margaret O. W. Oliphant. 2018. (ENG., Illus.). 338p. (J). 30.87 *(978-0-483-95310-9(5))* Forgotten Bks.

For Love & Life, Vol. 3 of 3 (Classic Reprint) Margaret Oliphant. 2018. (ENG., Illus.). 314p. (J). 30.37 *(978-0-483-85539-7(1))* Forgotten Bks.

For Love & Life, Vol. 3 of 3 (Classic Reprint) Margaret O. W. Oliphant. 2016. (ENG., Illus.). (J). pap. 13.57 *(978-1-334-18884-8(X))* Forgotten Bks.

For Love of a Bedouin Maid (Classic Reprint) Rosa Nouchette Carey. (ENG., Illus.). (J). 2018. 410p. 32.37 *(978-0-483-43702-9(6))*; 2017. pap. 16.57 *(978-1-334-92682-2(4))* Forgotten Bks.

For Love of Beasts (Classic Reprint) John Galsworthy. (ENG., Illus.). (J). 2017. 28p. 24.47 *(978-0-331-59931-2(7))*; 2016. pap. 7.97 *(978-1-333-76776-1(5))* Forgotten Bks.

For Love or Crown: A Romance (Classic Reprint) Arthur W. Marchmont. 2017. (ENG., Illus.). (J). 31.61 *(978-0-331-76739-1(2))* Forgotten Bks.

For Magnus Chase: Hotel Valhalla Guide to the Norse Worlds-An Official Rick Riordan Companion Book: Your Introduction to Deities, Mythical Beings, & Fantastic Creatures. Rick Riordan. 2016. (Magnus Chase & the Gods of Asgard Ser.). (ENG.). 176p. (J). (gr. 3-7). 9.99 *(978-1-4847-8554-6(1)*, Disney-Hyperion) Disney Publishing Worldwide.

For Martin, Ben Played. Mark Hecker. 2017. (ENG., Illus.). (J). (gr. k-3). pap. 12.99 *(978-0-692-91079-5(4))* Hecker, Mark Daniel.

For Maryland's Honor: A Story of the War for Southern Independence (Classic Reprint) Lloyd Tilghman Everett. (ENG., Illus.). (J). 2018. 236p. 28.78 *(978-0-656-97447-4(8))*; 2017. pap. 11.57 *(978-0-259-51982-9(0))* Forgotten Bks.

For Morgan. Carter Heintz. 2018. (ENG., Illus.). 74p. (YA). (gr. 7-12). pap. 9.99 *(978-0-9987157-7-3(8))* RMA Publicity LLC dba Sigma's Bookshelf.

For My Child. Maria Magdalina. 2016. (ENG., Illus.). (J). 21.95 *(978-1-63575-177-2(2))*; pap. 12.95 *(978-1-63525-029-9(3))* Christian Faith Publishing.

For My Eyes Only My Secret Diary Diary Kids Girls. Planners & Notebooks Inspira Journals. 2019. (ENG.). 200p. (J). pap. 12.55 *(978-1-64521-279-9(3)*, Inspira) Editorial Imagen.

For My Name's Sake (Classic Reprint) L. M. Leggatt. 2018. (ENG., Illus.). 244p. (J). 28.95 *(978-0-484-01989-7(9))* Forgotten Bks.

For Old Eli: A Comedy of Male Life in 4 Acts (Classic Reprint) Loyd Oscar Thompson. 2018. (ENG., Illus.). 78p. (J). 25.53 *(978-0-267-50596-8(5))* Forgotten Bks.

For One & the World (Classic Reprint) M. Betham-Edwards. (ENG., Illus.). (J). 2018. 338p. 30.87 *(978-0-483-70739-9(2))*; 2016. pap. 13.57 *(978-1-334-13384-8(0))* Forgotten Bks.

For Otto. David Milgrim. ed. 2020. (Ready-To-Read Ser.). (ENG., Illus.). 32p. (J). (gr. k-1). 13.96 *(978-1-64697-488-7(3))* Penworthy Co., LLC, The.

For Otto: Ready-To-Read Pre-Level 1. David Milgrim. Illus. by David Milgrim. 2020. (Adventures of Otto Ser.). (ENG., Illus.). 32p. (J). (gr. -1-k). 17.99 *(978-1-5344-6567-1(7))*; pap. 4.99 *(978-1-5344-6566-4(9))* Simon Spotlight. (Simon Spotlight).

For Our Boys: A Collection of Original Literary Offerings; by Popular Writers at Home & Abroad (Classic Reprint) Ambrose P. Dietz. 2017. (ENG., Illus.). (J). 32.89 *(978-0-265-18878-1(4))* Forgotten Bks.

For People Who Are Good with a Camera, 1 vol. Marcia Amidon Lüsted. 2016. (Cool Careers Without College Ser.). (ENG., Illus.). 104p. (J). (gr. 7-7). 41.12 *(978-1-5081-7276-5(5)*, 5b2c7460-af4f-4de0-bb72-c4061a16afd7) Rosen Publishing Group, Inc., The.

For People Who Are into Fashion, 1 vol. Alison Downs. 2016. (Cool Careers Without College Ser.). (ENG., Illus.). 104p. (J). (gr. 7-7). 41.12 *(978-1-5081-7278-9(1)*, 37db960f-896d-4dd8-99f1-d9289f50a12e) Rosen Publishing Group, Inc., The.

For People Who Laugh: Showing How, Through Woman, Came Laughter into the World (Classic Reprint) Adair Welcker. 2017. (ENG., Illus.). (J). 26.23 *(978-1-5279-8429-5(X))* Forgotten Bks.

For People Who Love Gaming, 1 vol. Adam Furgang. 2016. (Cool Careers Without College Ser.). (ENG., Illus.). 104p. (J). (gr. 7-7). 41.12 *(978-1-5081-7282-6(X)*, 93121f31-e029-46d3-999f-2f800ffde523) Rosen Publishing Group, Inc., The.

For People Who Love Sports, 1 vol. Carla Mooney. 2016. (Cool Careers Without College Ser.). (ENG., Illus.). 104p. (J). (gr. 7-7). 41.12 *(978-1-5081-7286-4(2)*, b8fe6922-c39f-43ed-aaed-156f2429d96c) Rosen Publishing Group, Inc., The.

For People Who Love Tech, 1 vol. Susan Nichols. 2016. (Cool Careers Without College Ser.). (ENG., Illus.). 104p. (J). (gr. 7-7). 41.12 *(978-1-5081-7280-2(3)*, 468ada9d-1209-4c32-ba67-a2f7e2ab074b) Rosen Publishing Group, Inc., The.

For People Who Love the Arts, 1 vol. Tracy Brown Hamilton. 2016. (Cool Careers Without College Ser.). (ENG., Illus.). 104p. (J). (gr. 7-7). 41.12 *(978-1-5081-7288-8(9)*, a03d5c57-e6e9-40f4-bd06-e2d09d51e6f7) Rosen Publishing Group, Inc., The.

For People Who Love to Entertain, 1 vol. Amie Jane Leavitt. 2016. (Cool Careers Without College Ser.). (ENG.). 104p. (J). (gr. 7-7). 41.12 *(978-1-5081-7274-1(9)*, 7622e61d-8dd6-4555-bd58-265b8ddc4142) Rosen Publishing Group, Inc., The.

For People Who Love to Fix Things, 1 vol. Marcia Amidon Lüsted. 2016. (Cool Careers Without College Ser.). (ENG., Illus.). 104p. (J). (gr. 7-7). 41.12 *(978-1-5081-7284-0(6)*, ef7888b6-0a87-4ea0-b05d-8edfca7e5460) Rosen Publishing Group, Inc., The.

For Pity's Sake (Classic Reprint) Sarah Nelson Carter. 2018. (ENG., Illus.). 218p. (J). 28.41 *(978-0-331-72681-7(5))* Forgotten Bks.

For Ports Unknown (Classic Reprint) Homer McKee. 2018. (ENG., Illus.). 48p. (J). 24.89 *(978-0-483-64419-9(6))* Forgotten Bks.

For-Profit Prisons. Duchess Harris & Cynthia Kennedy Henzel. 2019. (History of Crime & Punishment Ser.). (ENG.). 112p. (J). (gr. 6-12). lib. bdg. 41.36 *(978-1-5321-1918-7(6)*, 32301, Essential Library) ABDO Publishing Co.

For Real, I Paraded in My Underpants! The Story of the Emperor's New Clothes As Told by the Emperor. Nancy Loewen. Illus. by Gérald Guerlais. 2018. (Other Side of the Story Ser.). (ENG.). 24p. (J). pap. 41.70 *(978-1-5158-2331-5(8)*, 27520, Picture Window Bks.) Capstone.

For Real, I Paraded in My Underpants! The Story of the Emperor's New Clothes As Told by the Emperor. Nancy Loewen. Illus. by Russ Cox & Thomas Cox. 2018. (Other Side of the Story Ser.). (ENG.). 24p. (J). (gr. -1-3). lib. bdg. 27.99 *(978-1-5158-2294-3(X)*, 137004, Picture Window Bks.) Capstone.

For Reck & Tech (Classic Reprint) John William Cox. (ENG., Illus.). (J). 2018. 20p. 24.31 *(978-0-267-55034-0(0))*; 2016. pap. 7.97 *(978-1-333-55036-3(7))* Forgotten Bks.

For Rent - One Pedestal. Marjorie Shuler. 2017. (ENG., Illus.). (J). pap. *(978-0-649-50865-5(3))* Trieste Publishing Pty Ltd.

For Rent-One Pedestal (Classic Reprint) Marjorie Shuler. (ENG., Illus.). (J). 2018. 134p. 26.66 *(978-0-332-59804-8(7))*; 2017. pap. 9.57 *(978-0-259-02869-7(X))* Forgotten Bks.

For Sale: The Intentional Sale of America & the American Consititution for the Love of Money & Power. Intell. 2022. (ENG., Illus.). 76p. (YA). 22.95 *(978-1-64952-254-2(1))*; pap. 12.95 *(978-1-64654-920-7(1))* Fulton Bks.

For Sceptre & Crown, Vol. 1 Of 2: A Romance of the Present Time (Classic Reprint) Gregor Samarow. (ENG., Illus.). (J). 2018. 354p. 31.20 *(978-0-428-76144-8(5))*; 2017. pap. 13.57 *(978-0-259-55068-6(X))* Forgotten Bks.

For Sceptre & Crown, Vol. 2 Of 2: A Romance of the Present Time (Classic Reprint) Gregor Samarow. (ENG., Illus.). (J). 2018. 442p. 33.01 *(978-0-267-94881-9(6))*; 2017. pap. 16.57 *(978-0-259-20781-8(0))* Forgotten Bks.

For Spacious Skies: Katharine Lee Bates & the Inspiration for America the Beautiful. Nancy Churnin. Illus. by Olga Baumert. 2020. (She Made History Ser.). (ENG.). 32p. (J). (gr. -1-3). 16.99 *(978-0-8075-2530-2(8)*, 807525308) Whitman, Albert & Co.

For Such Is Life (Classic Reprint) Silas K. Hocking. (ENG., Illus.). (J). 2018. 468p. 33.55 *(978-0-484-00166-3(3))*; 2016. pap. 16.57 *(978-1-334-31813-9(1))* Forgotten Bks.

For the Admiral (Classic Reprint) W. J. Marx. 2018. (ENG., Illus.). 356p. (J). 31.26 *(978-0-484-49558-5(5))* Forgotten Bks.

For the Allinson Honor (Classic Reprint) Harold Bindloss. (ENG., Illus.). (J). 2018. 378p. 31.69 *(978-0-483-58489-1(4))*; 2016. pap. 13.97 *(978-1-334-12240-8(7))* Forgotten Bks.

For the Beauty of the Earth. Folliott S. Pierpoint. Illus. by Lucy Fleming. 32p. (J). 2023. 7.99 *(978-1-5064-8918-6(4)*, Beaming Books); 2017. 16.99 *(978-1-5064-2183-4(0)*, Sparkhouse Family) 1517 Media.

For the Blue & Gold: A Tale of Life at the University of California (Classic Reprint) Joy Lichtenstein. (ENG., Illus.). (J). 2019. 274p. 29.55 *(978-0-267-55028-9(6))*; 2016. pap. 11.97 *(978-1-333-56193-2(8))* Forgotten Bks.

For the Cause (Classic Reprint) Stanley J. Weyman. 2017. (ENG., Illus.). (J). 28.27 *(978-0-265-72759-1(6))*; pap. 10.97 *(978-1-5276-8775-2(9))* Forgotten Bks.

For the Children. M. R. Tain. 2018. (ENG., Illus.). 240p. (YA). pap. 15.99 *(978-1-5456-3626-8(5))* Salem Author Services.

For the Children (Classic Reprint) Linda Germond Baker. 2018. (ENG., Illus.). 66p. (J). 25.26 *(978-0-483-81561-2(6))* Forgotten Bks.

For the Children's Bookshelf: A Booklist for Parents (Classic Reprint) Marion Lyon Faegre. 2017. (ENG., Illus.). (J). 24.58 *(978-0-266-80783-4(0))*; pap. 7.97 *(978-1-5277-7794-1(4))* Forgotten Bks.

For the Children's Hour (Classic Reprint) Carolyn Sherwin Bailey. (ENG., Illus.). (J). 2017. 31.28 *(978-0-266-30238-4(6))*; 2016. pap. 13.97 *(978-1-333-66589-0(X))* Forgotten Bks.

For the Children's Hour, Vol. 1: For Supplementary Reading in the First & Second Grades (Classic Reprint) Carolyn Sherwin Bailey. 2017. (ENG., Illus.). (J). 118p. 26.33 *(978-0-484-02161-6(3))*; pap. 9.57 *(978-0-259-53116-6(2))* Forgotten Bks.

For the Children's Hour, Vol. 2 (Classic Reprint) Carolyn Sherwin Bailey. (ENG., Illus.). (J). 2018. 162p. 27.26 *(978-0-656-20649-0(7))*; 2017. pap. 9.97 *(978-1-5276-7340-3(5))* Forgotten Bks.

For the Children's Hour, Vol. 3: Book Three (Classic Reprint) Carolyn Sherwin Bailey. 2018. (ENG., Illus.). 184p. (J). 27.71 *(978-0-483-27140-1(3))* Forgotten Bks.

For the Crown. Melissa Mitchell. 2020. (ENG.). 364p. (YA). 25.99 *(978-0-578-68422-2(5))*; (Dragonwall Royals Ser.: Vol. 1). (Illus.). pap. 14.99 *(978-0-578-67956-3(6))* Ricketts, Melissa.

For the Fourth Time of Asking. Evelyn Whitaker. 2017. (ENG., Illus.). (J). pap. *(978-0-649-41883-1(2))* Trieste Publishing Pty Ltd.

For the Fourth Time of Asking (Classic Reprint) Evelyn Whitaker. (ENG., Illus.). (J). 2018. 98p. 25.92 *(978-0-364-11106-2(2))*; 2017. pap. 9.57 *(978-0-282-98210-2(8))* Forgotten Bks.

For the Gaiety of Nations: Fun & Philosophy from the American Newspaper Humorists (Classic Reprint) Wallace Rice. 2018. (ENG., Illus.). 64p. (J). 25.22 *(978-0-483-97747-1(0))* Forgotten Bks.

For the Gaiety of Nations: Fun & Philosophy from the Younger American Humorists (Classic Reprint) Wallace Rice. (ENG., Illus.). (J). 2018. 64p. 25.22 *(978-0-332-63749-5(2))*; 2016. pap. 9.57 *(978-1-333-34352-1(3))* Forgotten Bks.

For the Good of the Party or the Fortunes of the Blackville Star (Classic Reprint) Herman Hine Brinsmade. 2018. (ENG., Illus.). 204p. (J). 28.12 *(978-0-484-36892-6(3))* Forgotten Bks.

For the Good of the Race & Other Stories (Classic Reprint) Bert Levy. 2018. (ENG., Illus.). 206p. (J). 28.17 *(978-0-483-58224-8(7))* Forgotten Bks.

For the Honor of the School: A Story of School Life & Interscholastic Sport (Classic Reprint) Ralph Henry Barbour. (ENG., Illus.). (J). 2018. 286p. 29.80 *(978-0-666-06306-9(0))*; 2017. pap. 13.57 *(978-0-243-32998-4(9))* Forgotten Bks.

For the Inquiring Minds of Children, 100 Poems. Hal Wilson. 2017. (ENG., Illus.). (J). pap. 20.00 *(978-1-4834-7382-6(1))* Lulu Pr., Inc.

For the King (Classic Reprint) Charles Gibbon. 2018. (ENG., Illus.). 128p. (J). 26.54 *(978-0-483-12992-4(5))* Forgotten Bks.

For the Kings & Queens Daily Journal for Ages 12 To 14. Michelle LaBelle. 2023. (ENG.). 200p. (YA). pap. ***(978-1-312-78371-3(0))*** Lulu Pr., Inc.

For the Kings & Queens Daily Journal for Ages 15 To 18. Michelle LaBelle. 2023. (ENG.). 200p. (YA). pap. ***(978-1-312-78303-4(6))*** Lulu Pr., Inc.

For the Kings & Queens Daily Journal for Ages 6 To 11. Michelle LaBelle. 2023. (ENG.). 200p. (J). pap. ***(978-1-312-78558-8(6))*** Lulu Pr., Inc.

For the King's Sake (Classic Reprint) Ferdinand Q. Blanchard. 2018. (ENG., Illus.). 46p. (J). 24.85 *(978-0-483-32077-2(3))* Forgotten Bks.

For the Liberty of Texas. Edward Stratemeyer. 2017. (ENG., Illus.). (J). 24.95 *(978-1-374-85740-7(8))*; pap. 14.95 *(978-1-374-85739-1(4))* Capital Communications, Inc.

For the Love of Activities Kids' Coloring Book Edition. Smarter Activity Books for Kids. 2016. (ENG., Illus.). (J). pap. 9.22 *(978-1-68374-307-1(5))* Examined Solutions PTE. Ltd.

For the Love of Bessy. Starla Hunt. 2018. (ENG., Illus.). 42p. (YA). pap. 10.95 *(978-1-64214-100-9(3))* Page Publishing Inc.

For the Love of Fly. Kate Cuthbert. 2018. (Hatters School Ser.: Vol. 1). (ENG.). 192p. (J). (gr. 6). pap. *(978-1-9997904-0-0(5))* Carow Bks.

For the Love of Hockey. Sean Fevrier. Illus. by Christine Menard. 2018. (Storytime 2017 Ser.: Vol. 2). (ENG.). 22p. (J). (gr. k-3). pap. 9.99 *(978-1-55323-788-4(9)*, ExamWise) Total Recall Learning, Inc.

For the Love of Johnny: A Play of Human Hearts in Three Acts (Classic Reprint) Harry Hamilton. (ENG., Illus.). (J). 2018. 158p. 27.16 *(978-0-484-32193-8(5))*; 2016. pap. 9.57 *(978-1-333-23348-8(5))* Forgotten Bks.

For the Love of Kids Activity Book. Smarter Activity Books for Kids. 2016. (ENG., Illus.). (J). pap. 8.99 *(978-1-68374-308-8(3))* Examined Solutions PTE. Ltd.

For the Love of Lady Margaret: A Romance of the Lost Colony (Classic Reprint) William Thomas Wilson. 2018. (ENG., Illus.). 322p. (J). 30.54 *(978-0-483-31219-7(3))* Forgotten Bks.

For the Love of Laxmi: Everyday Desi Biases & the Imprints They Leave. Bijal Shah. 2022. (ENG.). 38p. (J). 18.95 *(978-1-63755-203-2(3))* Amplify Publishing Group.

For the Love of Lettuce. Courtney Dicmas. Illus. by Courtney Dicmas. 2023. (Child's Play Library). (Illus.). 32p. (J). *(978-1-78628-476-1(6))*; pap. *(978-1-78628-475-4(8))* Child's Play International Ltd.

For the Love Of... Pizza! Ann Drews. 2020. (ENG., Illus.). 36p. (J). pap. 12.99 *(978-1-952011-90-0(6))* Pen It Pubns.

For the Love of Soccer! the Story of Pelé: Level 2. Pelé. Illus. by Frank Morrison. 2020. (World of Reading Ser.). (ENG.). 32p. (J). (gr. -1-3). pap. 5.99 *(978-1-368-05633-5(4))* Hyperion Bks. for Children.

For the Love of Stuffies. Susan K. Seiple. 2021. (ENG.). 32p. (J). pap. 13.95 *(978-1-64801-535-9(2))* Newman Springs Publishing, Inc.

For the Love of Tonita: Other Tales of the Mesas (Classic Reprint) Charles Fleming Embree. 2018. (ENG., Illus.). 274p. (J). 29.57 *(978-0-484-14790-3(0))* Forgotten Bks.

For the Love of Whales & Blubber Coloring Book. Smarter Activity Books for Kids. 2016. (ENG., Illus.). (J). pap. 9.22 *(978-1-68374-446-7(2))* Examined Solutions PTE. Ltd.

For the Major. Constance Fenimore Woolson. 2017. (ENG.). 244p. (J). pap. *(978-3-337-00077-6(0))* Creation Pubs.

For the Major: A Novelette (Classic Reprint) Constance Fenimore Woolson. 2018. (ENG., Illus.). 242p. (J). 28.89 *(978-0-483-68631-1(X))* Forgotten Bks.

For the Men Who Are Rebuilding Europe (Classic Reprint) Young Men'S Christian Associations. (ENG., Illus.). (J). 2018. 52p. 24.97 *(978-0-483-85023-1(3))*; 2016. pap. 9.57 *(978-1-333-44548-5(2))* Forgotten Bks.

For the Old Flag: A Patriotic Play in Three Acts (Classic Reprint) Arthur Lewis Tubbs. (ENG., Illus.). (J). 2018. 104p. 26.06 *(978-0-483-60280-9(9))*; 2016. pap. 9.57 *(978-1-333-52097-7(2))* Forgotten Bks.

For the Other Boy's Sake, & Other Stories (Classic Reprint) Marshall Saunders. 2018. (ENG., Illus.). 394p. (J). 32.02 *(978-0-267-24348-8(0))* Forgotten Bks.

For the Pleasure of His Company: An Affair of the Misty City, Thrice Told (Classic Reprint) Charles Warren Stoddard. (ENG., Illus.). (J). 2017. 29.42 *(978-0-266-80124-5(2))*; 2016. pap. 11.97 *(978-1-334-15453-9(8))* Forgotten Bks.

For the Preparation of the Literature Exam (AP French Literature) see Moderato Cantabile: Pour la Paration de l'examan de Littérature: Guide de Lecture

For the Record. Monique Polak. 2022. (ENG.). 256p. (J). (gr. 2). 18.95 *(978-1-77147-437-5(8))* Owlkids Bks. Inc. CAN. Dist: Publishers Group West (PGW).

For the Red King. Eva Lewis. 2023. (ENG.). 105p. (YA). pap. ***(978-1-4475-0138-1(1))*** Lulu Pr., Inc.

For the Right (Classic Reprint) Karl Emil Franzos. (ENG., Illus.). (J). 2018. 554p. 35.32 *(978-0-365-38612-4(X))*; 2017. pap. 19.57 *(978-0-243-14567-6(5))* Forgotten Bks.

For the Sake o' the Siller: A Fifeshire Story of Forty Years Ago (Classic Reprint) Maggie Swan. (ENG., Illus.). (J). 2018. 260p. 29.26 *(978-0-364-46219-5(1))*; 2017. pap. 11.97 *(978-0-259-34768-2(X))* Forgotten Bks.

For the Sake of Peggy: A Child Welfare Play in One Act (Classic Reprint) Ragna B. Eskil. 2018. (ENG., Illus.). 32p. (J). 24.56 *(978-0-483-78201-3(7))* Forgotten Bks.

For the Sake of the Family (Classic Reprint) May Crommelin. 2018. (ENG., Illus.). 318p. (J). 30.46 *(978-0-483-75926-8(0))* Forgotten Bks.

For the Sake of the School. Angela Brazil. 2019. (ENG.). 186p. (J). pap. *(978-93-5329-844-9(X))* Alpha Editions.

For the Sake of the School. Angela Brazil. 2022. (ENG.). 191p. (J). pap. ***(978-1-387-70439-2(7))*** Lulu Pr., Inc.

For the Soul of Rafael: With Many Illustrations from Photographs Taken Expressly for This Book (Classic Reprint) Marah Ellis Ryan. 2017. (ENG., Illus.). (J). 32.39 *(978-0-265-18923-8(3))* Forgotten Bks.

For the Story Teller: Story Telling & Stories to Tell (Classic Reprint) Carolyn Sherwin Bailey. (ENG., Illus.). (J). 2018. 280p. 29.67 *(978-0-332-15601-9(X))*; 2017. pap. 13.57 *(978-0-259-48151-5(3))* Forgotten Bks.

For the Temple. G. A. Henty. 2018. (ENG., Illus.). 296p. (J). 24.99 *(978-1-5154-3142-8(8))* Wilder Pubns., Corp.

For the Temple: A Tale of the Fall of Jerusalem (Classic Reprint) G. A. Henty. 2017. (ENG., Illus.). (J). 33.01 *(978-0-332-02366-3(4))* Forgotten Bks.

For the Term of His Natural Life (Classic Reprint) Marcus Andrew Hislop Clarke. 2017. (ENG., Illus.). (J). 33.88 *(978-1-5280-6037-0(7))* Forgotten Bks.

For the Week-End (Classic Reprint) Handasyde Handasyde. 2018. (ENG., Illus.). 324p. (J). 30.60 *(978-0-364-85246-0(1))* Forgotten Bks.

F

For the White Rose of Arno (Classic Reprint) Owen Rhoscomyl. 2018. (ENG., Illus.). 356p. (J). 31.24 *(978-0-483-43096-9(X))* Forgotten Bks.

For the Young & Old Souls. Henri 'Renoir' Rennie. 2018. (ENG., Illus.). 132p. (YA). pap. *(978-0-9946175-7-6(7))* Meredian Pictures & Words.

For the Young Black Daughters of Zion: 7 Lessons on Advancement for Civilization Development. M. L. Amiriel Jahleel. 2022. (ENG.). 42p. (YA). ***(978-1-387-82612-4(3))*** Lulu Pr., Inc.

For the Young Mind: A Dot to Dot Activity Book. Activity Book Zone for Kids. 2016. (ENG., Illus.). (J). pap. 7.55 *(978-1-68376-103-7(0))* Sabeels Publishing.

For This Life Only. Stacey Kade. 2016. (ENG., Illus.). 320p. (YA). (gr. 9). 17.99 *(978-1-4814-3248-1(6)*, Simon & Schuster Bks. For Young Readers) Simon & Schuster Bks. For Young Readers.

For Those Were Stirring Times! And Other Stories (Classic Reprint) Joseph Smith Fletcher. (ENG., Illus.). (J). 2018. 262p. 29.30 *(978-0-483-55188-6(0))*; 2017. pap. 11.97 *(978-0-259-22601-7(7))* Forgotten Bks.

For Those Who Dream. Benjamin Carroll. 2021. (For Those Who Ser.: Vol. 1). (ENG.). 32p. (J). 17.99 *(978-1-6629-1975-6(1))*; pap. 10.99 *(978-1-6629-1976-3(X))* Gatekeeper Pr.

For Today, for Tomorrow. Lauri Kubuitsile. Illus. by Moni Pérez. ed. 2016. (Cambridge Reading Adventures Ser.). (ENG.). 16p. pap. 7.95 *(978-1-107-55081-0(5))* Cambridge Univ. Pr.

For Twenty. Brian Green. 2019. (ENG.). 34p. (YA). pap. 11.95 *(978-1-68456-348-7(8))* Page Publishing Inc.

For Unicorn Lovers Only: History, Mythology, Facts, & More. Penelope Gwynne. Illus. by Katie O'Neill. 2020. (ENG.). 176p. (J). 16.99 *(978-1-250-75939-9(0)*, 900226703) Feiwel & Friends.

For Want of a Totem. Vivienne Ndlovu. 2nd ed. 2018. (ENG., Illus.). 98p. (YA). (gr. 10-12). pap. *(978-1-77922-329-6(3))* Weaver Pr.

For Which We Stand: How Our Government Works & Why It Matters. Jeff Foster. Illus. by Julie McLaughlin. 2020. (ENG.). 176p. (J). (gr. 3-7). pap. 12.99 *(978-1-338-64308-4(8))*; lib. bdg. 24.99 *(978-1-338-64309-1(6))* Scholastic, Inc.

For Whom the Bell Tolls (Classic Reprint) Ernest Hemingway. 2017. (ENG., Illus.). (J). 33.69 *(978-1-5279-4894-5(3))* Forgotten Bks.

For Wonderful & Clever Kids Who Love to Laugh: A Funny Book of Riddles, Jokes, & Quizzes for Smart Kids the Whole Family Will Love. Bruce Miller & Team Golfwell. 2023. (For People Who Have Everything Ser.). (ENG.). 180p. (J). pap. ***(978-1-991048-32-5(7))***; ***(978-1-991048-33-2(5))*** Rare Design Ltd.

For Yardley a Story of Track & Field (Classic Reprint) Ralph Henry Barbour. 2018. (ENG., Illus.). 316p. (J). 30.41 *(978-0-267-15967-3(6))* Forgotten Bks.

For You. Robbyn Danyluk. Illus. by Marina Hellervik. 2020. (ENG.). 40p. (J). *(978-1-5255-8166-3(X))*; pap. *(978-1-5255-8167-0(8))* FriesenPress.

For You. Paula MerlAn. Illus. by Blanca MillAn. 2021. (ENG.). 32p. (J). (gr. k-3). 16.95 *(978-84-18302-09-1(7))* Cuento de Luz SL ESP. Dist: Publishers Group West (PGW).

For You. Shandell Morgan. 2019. (ENG., Illus.). 28p. (J). 23.95 *(978-1-64531-038-9(8))*; pap. 12.95 *(978-1-64096-242-2(5))* Newman Springs Publishing, Inc.

For You. Trent Rucker. 2016. (ENG.). 34p. (J). pap. 15.00 *(978-1-365-60617-5(1))* Lulu Pr., Inc.

For You, Mom, & You Too, Dad. Malik Muhammad. 2019. (ENG.). 54p. (J). pap. 15.95 *(978-1-0980-0427-9(2))* Christian Faith Publishing.

For Your Smile: A High Contrast Book for Newborns. Loryn Brantz. Illus. by Loryn Brantz. 2022. (Love Poem Your Baby Can See Ser.). (ENG., Illus.). 22p. (J). (gr. -1 — 1). bds. 8.99 *(978-0-06-308634-0(4)*, HarperFestival) HarperCollins Pubs.

For Zion's Sake: A Tale of Real Life. Frank Willoughby. 2017. (ENG., Illus.). (J). pap. *(978-0-649-58693-6(X))* Trieste Publishing Pty Ltd.

For Zion's Sake: A Tale of Real Life (Classic Reprint) Frank Willoughby. (ENG., Illus.). (J). 2018. 266p. 29.42 *(978-0-484-29747-9(3))*; 2017. pap. 11.97 *(978-0-243-40289-2(9))* Forgotten Bks.

Foraging to Supermarkets: A Timeline of Food. Contrib. by World Book, Inc. Staff. 2016. (Illus.). 40p. (J). *(978-0-7166-3547-5(X))* World Bk., Inc.

Foray Through the Forest: Adult Maze Activity Book. Activity Attic Books. 2016. (ENG., Illus.). (J). pap. 10.81 *(978-1-68323-485-2(5))* Twin Flame Productions.

Forayers: Or the Raid of the Dog-Days (Classic Reprint) William Gilmore Simms. 2018. (ENG., Illus.). 574p. (J). 35.74 *(978-0-483-32435-0(3))* Forgotten Bks.

Forbes-Doolan Affair (Classic Reprint) W. H. Bishop. 2018. (ENG., Illus.). 98p. (J). 25.94 *(978-0-483-78830-5(9))* Forgotten Bks.

Forbes of Harvard (Classic Reprint) Elbert Hubbard. 2017. (ENG., Illus.). (J). 30.87 *(978-1-5280-7656-2(7))* Forgotten Bks.

Forbidden. Eve Bunting. 2017. (ENG.). 224p. (YA). (gr. 7). pap. 9.99 *(978-0-544-93881-6(X)*, 1658455, Clarion Bks.) HarperCollins Pubs.

Forbidden Boundary: And Other Stories (Classic Reprint) Bertram Lenox Putnam Weale. (ENG., Illus.). (J). 2018. 432p. 32.81 *(978-0-365-52715-2(7))*; 2017. pap. 16.57 *(978-0-259-40421-7(7))* Forgotten Bks.

Forbidden City. Barbara Knox. 2018. (Castles, Palaces Tombs Ser.). (ENG.). 32p. (J). (gr. 2-7). 7.99 *(978-1-64280-064-7(3))* Bearport Publishing Co., Inc.

Forbidden City. James Ponti. (City Spies Ser.: 3). (ENG.). (J). (gr. 3-7). 2023. 464p. pap. 8.99 *(978-1-5344-7922-7(8))*; 2022. (Illus.). 448p. 17.99 *(978-1-5344-7921-0(X))* Simon & Schuster Children's Publishing. (Aladdin).

Forbidden Darkness Chronicles: A Dark Discovery. Alec John Belle. 2017. (ENG., Illus.). (YA). (gr. 8-12). 50.00 *(978-0-692-94771-5(X))* Belle, Alec John.

Forbidden Entries. Lis Frimpong. 2022. (ENG.). 330p. (YA). pap. 21.95 *(978-1-6624-6996-1(9))* Page Publishing Inc.

Forbidden Expedition. Alex Bell. Illus. by Tomislav Tomic. (Polar Bear Explorers' Club Ser.: 2). (ENG.). (J). (gr. 3-7). 2020. 368p. pap. 8.99 *(978-1-5344-0650-6(6))*; 2019. 352p. 18.99 *(978-1-5344-0649-0(2))* Simon & Schuster Bks. For Young Readers. (Simon & Schuster Bks. For Young Readers).

Forbidden Forest. Debbie Fookes. 2021. (ENG., Illus.). 30p. (J). pap. 13.95 *(978-1-6624-3948-3(2))* Page Publishing Inc.

Forbidden Lover. Alexia Sosin & Aiden Branss. 2023. (ENG.). 82p. (J). pap. 17.05 ***(978-1-312-46080-5(6))*** Lulu Pr., Inc.

Forbidden Sacrifice, Vol. 1 of 3 (Classic Reprint) William Henry Wilkins. (ENG., Illus.). (J). 2018. 296p. 30.02 *(978-0-483-85229-7(5))*; 2016. pap. 13.57 *(978-1-333-30541-3(9))* Forgotten Bks.

Forbidden Sacrifice, Vol. 3 of 3 (Classic Reprint) W. H. De Winton. (ENG., Illus.). (J). 2018. 294p. 29.96 *(978-0-267-00042-5(1))*; 2016. pap. 13.57 *(978-1-334-18215-0(9))* Forgotten Bks.

Forbidden Schoolhouse: The True & Dramatic Story of Prudence Crandall & Her Students. Suzanne Jurmain. 2018. (ENG.). 160p. (J). (gr. 5-7). pap. 9.99 *(978-1-328-74084-7(6)*, 1677119, Clarion Bks.) HarperCollins Pubs.

Forbidden Steps. Jamie Deacon. 2022. (ENG.). 322p. (YA). pap. *(978-1-78645-516-1(1))* Beaten Track Publishing.

Forbidden Summer the Mila Gray Collection: Come Back to Me; Stay with Me; Run Away with Me. Mila Gray. ed. 2018. (ENG.). 1120p. (YA). (gr. 11). pap. 34.99 *(978-1-5344-3741-8(X)*, Simon Pulse) Simon Pulse.

Forbidden to Marry, Vol. 1 (Classic Reprint) Linnaeus Banks. 2018. (ENG., Illus.). 252p. (J). 29.11 *(978-0-267-16707-4(5))* Forgotten Bks.

Forbidden to Marry, Vol. 2 of 3 (Classic Reprint) G. Linnaeus Banks. (ENG., Illus.). (J). 2018. 280p. 29.69 *(978-0-483-97470-8(6))*; 2016. pap. 13.57 *(978-1-334-15057-9(5))* Forgotten Bks.

Forbidden to Marry, Vol. 3 (Classic Reprint) Linnaeus Banks. 2018. (ENG., Illus.). 292p. (J). 29.94 *(978-0-332-93807-3(7))* Forgotten Bks.

Forbidden Trail (Classic Reprint) Honore Willsie. 2018. (ENG., Illus.). 394p. (J). 32.04 *(978-0-483-88834-0(6))* Forgotten Bks.

Forbidden Tree. Regina Pringle. 2020. (ENG.). 44p. (YA). pap. 11.95 *(978-1-64701-068-3(3))* Page Publishing Inc.

Forbidden Way (Classic Reprint) George Gibbs. 2018. (ENG., Illus.). 410p. (J). 32.35 *(978-0-666-86805-3(0))* Forgotten Bks.

Forbidden Wish. Jessica Khoury. 352p. (YA). (gr. 7). 2017. pap. 10.99 *(978-1-59514-768-4(3))*; 2016. 17.99 *(978-1-59514-767-7(5))* Penguin Young Readers Group. (Razorbill).

Forbidden Wish. Jessica Khoury. ed. 2017. lib. bdg. 20.85 *(978-0-606-40000-8(1))* Turtleback.

Force & Matter. Ludwig Buchner & J. Frederick Tr Collingwood. 2016. (ENG.). 380p. (J). pap. *(978-3-7433-7694-6(6))* Creation Pubs.

Force & Matter: Or Principles of the Natural Order of the Universe, with a System of Morality Based Thereon (Classic Reprint) Ludwig Buchner. 2017. (ENG., Illus.). (J). 32.60 *(978-1-5284-6953-1(4))* Forgotten Bks.

Force & Motion. Joseph Midthun. Illus. by Samuel Hiti. 2022. (ENG.). 42p. (J). pap. ***(978-0-7166-5056-0(8))*** World Bk.-Childcraft International.

Force & Motion: Science Made Easy. Wonder House Books. 2023. (Science Essentials Ser.). (ENG.). 24p. (J). (gr. 3-7). 6.99 ***(978-93-5440-989-9(X))*** Prakash Bk. Depot IND. Dist: Independent Pubs. Group.

Force Awakens: Episode VII. Elizabeth Schaefer. Illus. by Dave White. ed. 2016. (LEGO Star Wars 8X8 Ser.). (ENG.). 24p. (J). (gr. -1-3). 13.55 *(978-0-606-39117-7(7))* Turtleback.

Force Awakens: Volume 1. Chuck Wendig. Illus. by Luke Ross & Frank Martin. 2017. (Star Wars: the Force Awakens Ser.). (ENG.). 32p. (J). (gr. 6-12). lib. bdg. 31.36 *(978-1-5321-4022-8(3)*, 25454, Graphic Novels) Spotlight.

Force Awakens: Volume 2. Chuck Wendig. Illus. by Luke Ross & Frank Martin. 2017. (Star Wars: the Force Awakens Ser.). (ENG.). 24p. (J). (gr. 6-12). lib. bdg. 31.36 *(978-1-5321-4023-5(1)*, 25455, Graphic Novels) Spotlight.

Force Awakens: Volume 3. Chuck Wendig. Illus. by Marc Laming & Frank Martin. 2017. (Star Wars: the Force Awakens Ser.). (ENG.). 24p. (J). (gr. 6-12). lib. bdg. 31.36 *(978-1-5321-4024-2(X)*, 25456, Graphic Novels) Spotlight.

Force Awakens: Volume 4. Chuck Wendig. Illus. by Luke Ross & Frank Martin. 2017. (Star Wars: the Force Awakens Ser.). (ENG.). 24p. (J). (gr. 6-12). lib. bdg. 31.36 *(978-1-5321-4025-9(8)*, 25457, Graphic Novels) Spotlight.

Force Awakens: Volume 5. Chuck Wendig. Illus. by Luke Ross & Frank Martin. 2017. (Star Wars: the Force Awakens Ser.). (ENG.). 24p. (J). (gr. 6-12). lib. bdg. 31.36 *(978-1-5321-4026-6(6)*, 25458, Graphic Novels) Spotlight.

Force Awakens: Volume 6. Chuck Wendig. Illus. by Luke Ross & Frank Martin. 2017. (Star Wars: the Force Awakens Ser.). (ENG.). 24p. (J). (gr. 6-12). lib. bdg. 31.36 *(978-1-5321-4027-3(4)*, 25459, Graphic Novels) Spotlight.

Force des Pandas! (Panda Power!) Laurie Friedman. Tr. by Annie Evearts. Illus. by Amanda Erb. 2021. (Tom le Dresseur (Trainer Tom) Ser.). (FRE.). (J). (gr. -1-3). pap. ***(978-1-0396-0264-9(9))***, 13676, Crabtree Blossoms) Crabtree Publishing Co.

Force of Example; or, the History of Henry & Caroline: Written for the Instruction & Amusement of Young Persons (Classic Reprint) Thomas Kirk. 2018. (ENG., Illus.). 176p. (J). 27.53 *(978-0-484-65654-2(6))* Forgotten Bks.

Force of Fire (the Fire Queen #1) Sayantani DasGupta. (ENG.). 368p. (J). (gr. 3-7). 2022. pap. 8.99 *(978-1-338-63665-9(0))*; 2021. (Illus.). 17.99 *(978-1-338-63664-2(2)*, Scholastic Pr.) Scholastic, Inc.

Force Of Nature. 3rd ed. 2018. (J). *(978-0-7166-9933-0(8))* World Bk., Inc.

Force Oversleeps. Illus. by Jarrett J. Krosoczka. 2017. 172p. (J). *(978-1-338-20871-9(3))* Scholastic, Inc.

Forced Friendship: A Farce in One Act (Classic Reprint) Robert C. V. Meyers. 2017. (ENG., Illus.). 20p. (J). 24.31 *(978-0-484-69540-4(1))* Forgotten Bks.

Forced in Between. Alexandra Ispas. 2019. (ENG.). 242p. (YA). (gr. 9-13). pap. *(978-1-912948-02-4(8))* Crystal Peake Publisher.

Forced to Fight: The Tale of a Schleswig Dane (Classic Reprint) Erich Erichsen. 2017. (ENG., Illus.). (J). 27.86 *(978-0-266-78156-1(X))* Forgotten Bks.

Forces, 1 vol. Georgia Amson-Bradshaw. 2017. (Science in a Flash Ser.). (ENG.). 32p. (J). (gr. 5-5). pap. 11.50 *(978-1-5382-1483-1(0)*, f912ddbe-6a29-4768-8311-22478aa1a1ef); lib. bdg. 28.27 *(978-1-5382-1396-4(6)*, 3fe594ae-8706-4dc0-9be0-d62f91208250) Stevens, Gareth Publishing LLLP.

Forces, 1 vol. Joanna Brundle. 2019. (Science in Action Ser.). (ENG.). 32p. (gr. 4-5). pap. 11.50 *(978-1-5345-3087-4(8)*, a2833fc6-27cc-459a-9dda-a7d354052d16); lib. bdg. 28.88 *(978-1-5345-3016-4(9)*, 67db8fd4-4f41-450d-958c-8f49dc9e540f) Greenhaven Publishing LLC. (KidHaven Publishing).

Forces. Andi Diehn. Illus. by Hui Li. 2018. (Picture Book Science Ser.). (ENG.). 32p. (J). (gr. k-3). 19.95 *(978-1-61930-636-3(0)*, 9c97f35b-6e3a-44fb-b870-8d8ebc9ddd9a) Nomad Pr.

Forces. Abbie Dunne. 2016. (Physical Science Ser.). (ENG., Illus.). 24p. (J). (gr. -1-2). lib. bdg. 27.32 *(978-1-5157-0936-7(1)*, 132235, Capstone Pr.) Capstone.

Forces. Sonya Newland. 2020. (Outdoor Science Ser.). (ENG., Illus.). 32p. (J). (gr. 3-5). lib. bdg. 31.99 *(978-1-4966-5794-7(2)*, 142210) Capstone.

Forces & Energy, 1 vol. Clare Hibbert. 2018. (Science Explorers Ser.). (ENG.). 32p. (J). (gr. 3-3). lib. bdg. 26.93 *(978-1-9785-0643-5(0)*, d36764fd-f09d-4e7f-b1b2-cb9d8ab51632) Enslow Publishing, LLC.

Forces & Magnets, 1 vol. Peter Riley. 2016. (Moving up with Science Ser.). (ENG., Illus.). 32p. (J). (gr. 3-4). pap. 11.00 *(978-1-4994-3141-4(4)*, ef92d4cc-1c8e-4d6a-a536-32c8a8d4c6c8, PowerKids Pr.) Rosen Publishing Group, Inc., The.

Forces & Magnets: Let's Investigate. Ruth Owen. 2021. (Science Essentials Ser.). (ENG., Illus.). 32p. (J). (gr. 3-6). pap. 9.99 *(978-1-78856-190-7(2)*, 53216ab6-e4fe-4031-bcbb-06eb9f284195); lib. bdg. 30.65 *(978-1-78856-189-1(9)*, 7cb71e2c-f73b-419e-8bf1-3acad37b6566) Ruby Tuesday Books Limited GBR. Dist: Lerner Publishing Group.

Forces & Motion, 1 vol. Kathleen Connors. 2018. (Look at Physical Science Ser.). (ENG.). 32p. (J). (gr. 2-2). 28.27 *(978-1-5382-2143-3(8)*, 41962def-a88f-4b80-813a-dfe5cd0df539) Stevens, Gareth Publishing LLLP.

Forces & Motion. Casey Rand. rev. ed. 2016. (Sci-Hi: Physical Science Ser.). (ENG.). 48p. (J). (gr. 6-10). pap. 8.99 *(978-1-4109-8633-7(0)*, 134719, Raintree) Capstone.

Forces & Motion: What Makes Stuff Move? Emily Kington. 2020. (Stickmen's Science Stars Ser.). (ENG., Illus.). 24p. (J). (gr. 1-3). lib. bdg. 26.65 *(978-1-913077-48-8(9)*, 19cbc2d8-9434-4132-9e71-63978632f1eb, Hungry Tomato (r)) Lerner Publishing Group.

Forces at the Amusement Park. Tammy Laura Lynn Enz. 2019. (Amusement Park Science Ser.). (ENG., Illus.). 32p. (J). (gr. 3-6). 27.99 *(978-1-5435-7283-4(9)*, 140605) Capstone.

Forces of Nature. Patricia Lakin. Illus. by Valerio Fabbretti. 2022. (Tinkerers Ser.: 1). (ENG.). 96p. (J). (gr. 3-7). 12.99 *(978-0-8075-7953-4(X)*, 080757953X) Whitman, Albert & Co.

Forces of Nature. World Book. 2023. (Library of Natural Disasters Ser.). (ENG.). 58p. (J). pap. ***(978-0-7166-9479-3(4))*** World Bk.-Childcraft International.

Forces of Nature: Experiments with Forces & Magnetism. Nick Arnold. 2019. (Hands-On Science Ser.). (ENG., Illus.). 24p. (J). (gr. 2-5). lib. bdg. 26.65 *(978-0-7112-4227-2(5)*, 61a5ce04-1e8e-4d4f-8493-3657b79d8498) QEB Publishing Inc.

Forces That Shape Earth. Terry Miller Shannon. 2016. (Spring Forward Ser.). (J). (gr. 2). *(978-1-4900-9438-0(5))* Benchmark Education Co.

Forces Within. Stacy A. Padula. 2nd ed. 2020. (Montgomery Lake High Ser.: Vol. 5). (ENG.). (YA). 160p. pap. 13.00 *(978-1-7350168-8-7(8))*; (Illus.). 162p. 19.95 *(978-1-7331536-9-0(1))* Briley & Baxter Publications.

Ford. Sara Green. 2016. (Brands We Know Ser.). (ENG., Illus.). 24p. (J). (gr. 3-8). 27.95 *(978-1-62617-408-5(3)*, Pilot Bks.) Bellwether Media.

Ford (Classic Reprint) Mary Austin. (ENG., Illus.). (J). 2018. 466p. 33.47 *(978-0-483-08384-4(4))*; 2018. 460p. 33.38 *(978-0-483-37748-6(1))*; 2017. pap. 16.57 *(978-0-243-27636-3(2))*; 2016. pap. 16.57 *(978-1-334-13302-2(6))* Forgotten Bks.

Ford (Classic Reprint) Arthur Edward John Legge. 2018. (ENG., Illus.). 356p. (J). 31.26 *(978-0-666-69063-0(4))* Forgotten Bks.

Ford F-150. Larry Mack. 2018. (Tough Trucks Ser.). (ENG., Illus.). 24p. (J). (gr. 3-7). lib. bdg. 26.95 *(978-1-62617-892-2(5)*, Torque Bks.) Bellwether Media.

Ford GT. Kaitlyn Duling. 2023. (Cool Cars Ser.). (ENG., Illus.). (J). (gr. 3-7). lib. bdg. 26.95 Bellwether Media.

Ford GT. Julia Garstecki & Andrew Derkovitz. 2019. (Epic Cars Ser.). (ENG.). 32p. (J). (gr. 4-6). pap. 9.99 *(978-1-64466-036-2(9)*, 12733); (Illus.). lib. bdg. *(978-1-68072-837-8(7)*, 12732) Black Rabbit Bks. (Bolt).

Ford GT. Julia Garstecki & Andrew Derkovitz. 2019. (Coches épicos Ser.). (SPA., Illus.). 32p. (J). (gr. 4-6). *(978-1-62310-214-2(6)*, 12888, Bolt) Black Rabbit Bks.

Ford Macharley, Master Wheelsmith. Joseph Moore. Illus. by Mary Moore. 2017. (Santa's Elf Ser.: 6). (ENG.). (J). (gr. k-3). pap. 12.50 *(978-0-9992977-1-1(6))* North Pole Pr.

Ford Mustang. Elsie Olson. 2020. (Mighty Muscle Cars Ser.). (ENG., Illus.). 32p. (J). (gr. 2-5). lib. bdg. 34.21 *(978-1-5321-9327-9(0)*, 34811, Big Buddy Bks.) ABDO Publishing Co.

Ford Mustang Shelby GT350. Tammy Gagne. 2019. (Ultimate Supercars Ser.). (ENG., Illus.). 32p. (J). (gr. 3-3). pap. 9.95 *(978-1-64494-236-9(4)*, 1644942364) Bigfoot Bks. GBR. Dist: North Star Editions.

Ford Mustang Shelby GT350. Emily Rose Oachs. 2017. (Car Crazy Ser.). (ENG., Illus.). 24p. (J). (gr. 3-7). lib. bdg. 26.95 *(978-1-62617-579-2(9)*, Torque Bks.) Bellwether Media.

Ford Pinto Fuel Tanks. Emma Huddleston. 2019. (Engineering Disasters Ser.). (ENG., Illus.). 48p. (J). (gr. 4-8). lib. bdg. 35.64 *(978-1-5321-9072-8(7)*, 33654) ABDO Publishing Co.

Ford Trucks, 1 vol. Seth Lynch. 2018. (Tough Trucks Ser.). (ENG.). 32p. (gr. 1-2). 28.27 *(978-1-5382-3034-3(8)*, e3d42c9f-51a9-4718-ade2-aca0630ca919) Stevens, Gareth Publishing LLLP.

Ford vs. Ferrari: The High-Speed Fallout. Kenny Abdo. 2022. (Versus Ser.). (ENG., Illus.). 24p. (J). (gr. 2-8). lib. bdg. 31.36 *(978-1-0982-2863-7(4)*, 41103, Abdo Zoom-Fly) ABDO Publishing Co.

Fordham Monthly, Vol. 37: February, 1919 (Classic Reprint) Fordham University. 2018. (ENG., Illus.). (J). 252p. 29.09 *(978-0-365-05704-8(5))*; 254p. pap. 11.57 *(978-0-267-76444-0(8))* Forgotten Bks.

Forecast Is Love. G & Michael Levin. Illus. by Nancy Batra. 2020. (ENG.). 40p. (J). 12.95 ***(978-0-9600989-0-3(9))*** I J G Enterprises Inc.

Forecasting Weather. Penelope S. Nelson. 2018. (Weather Watch Ser.). (ENG., Illus.). 24p. (J). (gr. 1-1). pap. 8.95 *(978-1-63517-841-8(X)*, 163517841X) North Star Editions.

Forecasting Weather. Penelope S. Nelson. 2018. (Weather Watch Ser.). (ENG., Illus.). 24p. (J). (gr. k-3). lib. bdg. 31.36 *(978-1-5321-6053-0(4)*, 28738, Pop! Cody Koala) Pop!.

Foregone Verses (Classic Reprint) William Wallace Whitelock. 2018. (ENG., Illus.). 102p. (J). 26.00 *(978-0-483-79807-6(X))* Forgotten Bks.

Foreign Experiences of an American Girl (Classic Reprint) Elizabeth E. Miller. (ENG., Illus.). (J). 2018. 160p. 27.20 *(978-0-666-81839-3(8))*; 2017. pap. 9.57 *(978-0-259-54420-3(5))* Forgotten Bks.

Foreign Facts & Fancies (Classic Reprint) Annie Sawyer Downs. 2018. (ENG., Illus.). 256p. (J). 29.18 *(978-0-483-55289-0(5))* Forgotten Bks.

Foreign Flashlights: A Collection of Letters from Europe (Classic Reprint) May Van Horne Cutting. 2018. (ENG., Illus.). 212p. (J). 28.29 *(978-0-332-85271-3(7))* Forgotten Bks.

Foreign Freaks of Five Friends (Classic Reprint) Cecilia Anne Jones. 2018. (ENG., Illus.). 184p. (J). 27.69 *(978-0-267-24176-7(3))* Forgotten Bks.

Foreign Language Basics (Set), 12 vols. 2020. (Foreign Language Basics Ser.). (ENG, ARA, FRE, GER & HIN.). (J). (gr. 2-5). lib. bdg. 393.48 *(978-1-5038-4519-0(2)*, 214281) Child's World, Inc, The.

Foreign Love. Rose Black. 2018. (ENG.). 180p. (J). pap. ***(978-0-244-71366-9(9))*** Lulu Pr., Inc.

Foreign Magic Tales of Every-Day China (Classic Reprint) Jean Carter Cochran. 2018. (ENG., Illus.). 212p. (J). 28.27 *(978-0-484-51101-8(7))* Forgotten Bks.

Foreign Parts (Classic Reprint) Henry James. (ENG., Illus.). (J). 2018. 312p. 30.33 *(978-0-365-45845-6(7))*; 2017. pap. 13.57 *(978-0-259-50874-8(8))* Forgotten Bks.

Foreign Tales & Traditions, Vol. 2 Of 2: Chiefly Selected from the Fugitive Literature of Germany (Classic Reprint) George G. Cunningham. (ENG., Illus.). (J). 2018. 426p. 32.70 *(978-0-483-54412-3(4))*; 2017. pap. 16.57 *(978-0-243-16770-8(9))* Forgotten Bks.

Foreign to You. Jeremy Martin. 2019. (ENG.). 342p. (YA). pap. 16.99 *(978-1-949909-80-7(8))* NineStar Pr.

Foreign Tour of Messrs. Brown, Jones & Robinson: Being the History of What They Saw & Did in Belgium, Germany, Switzerland & Italy (Classic Reprint) Richard Doyle. (ENG., Illus.). (J). 2017. 27.26 *(978-0-331-87661-1(2))*; 2016. pap. 9.57 *(978-1-334-25616-5(0))* Forgotten Bks.

Foreign Tours of Messrs. Brown, Jones & Robinson. Richard Doyle. 2017. (ENG.). 164p. (J). pap. *(978-3-337-19092-7(8))* Creation Pubs.

Foreigner a Tale of Saskatchewan (Classic Reprint) Ralph Connor. 2017. (ENG., Illus.). (J). 31.86 *(978-0-265-53361-1(9))* Forgotten Bks.

Foreigners' Guide to English (Classic Reprint) Azniv Beshgeturian. 2018. (ENG., Illus.). 290p. (J). 29.88 *(978-0-484-80499-8(5))* Forgotten Bks.

Foreman of the Ja6: A Novel (Classic Reprint) E. Joy Johnson. (ENG., Illus.). (J). 2017. 29.84 *(978-0-265-78018-3(7))*; 2016. pap. 13.57 *(978-1-333-65450-4(2))* Forgotten Bks.

Forensic Anthropology: Identifying Human Remains. Amy Sterling Casil. 2021. (Forensics Ser.). (ENG.). (YA). (gr. 7-12). 34.60 *(978-1-4222-4468-5(7))* Mason Crest.

Forensic Chemistry: Detecting Drugs & Poisons. Katherine Lacaze. 2021. (Forensics Ser.). (ENG.). (YA). (gr. 7-12). 34.60 *(978-1-4222-4469-2(5))* Mason Crest.

Forensic Evidence (Set), 4 bks., Set. John D. Wright & Jane Singer. Incl. Hair & Fibers. (ENG., Illus.). 96p. (C). (gr. 6-18). 2008. lib. bdg. 170.00 *(978-0-7656-8116-4(1)*, Y182555); (ENG., Illus.). 96p. 2007. Set lib. bdg. 180.00 *(978-0-7656-8113-3(7)*, Y182327) Routledge.

Forensic Faith for Kids: Learn to Share the Truth from a Real Detective. J. Warner Wallace et al. 2018. (ENG.). 144p. (J). pap. 9.99 *(978-0-7814-1458-6(X)*, 138159) Cook, David C.

Forensic Files, 12 vols., Set. Incl. Bullet Proof! The Evidence That Guns Leave Behind. Jaime Joyce. 64p. (YA). 29.00 *(978-0-531-11820-7(7))*; Do You Read Me? Famous Cases Solved by Handwriting Analysis! Diane Webber. 64p. (YA). 29.00 *(978-0-531-12066-8(X))*; Dusted & Busted! The Science of Fingerprinting. D. B. Beres & Watts Franklin. 64p. (J). 29.00 *(978-0-531-11822-1(3))*; Right Bite: Dentists As Detectives. Elizabeth Siris Winchester & Elizabeth Siris-Winchester. 64p. (YA). 29.00 *(978-0-531-12062-0(7))*; Shot & Framed: Photographers at the Crime Scene. Diane Webber. 64p. (YA). 29.00 *(978-0-531-12063-7(5))*; Skulls & Skeletons: True-Life Stories of Bone Detectives. Danielle M. Denega & Danielle Denega. 64p. (YA). 29.00 *(978-0-531-12064-4(3))*; 24/7: Science Behind the Scenes: Forensic Files: Guilty by Hair! Anna Prokos. Illus. by Anna Prokos. 64p. (J). 29.00 *(978-0-531-11821-4(5))*; 24/7: Science Behind the Scenes: Forensic Files: Killer Wallpaper. Anna Prokos. Illus. by Anna Prokos. 640p. (YA). 29.00 *(978-0-531-12061-3(9))*; (gr. 9-12). 2007. (24/7:

692
The check digit for ISBN-10 appears in parentheses after the full ISBN-13

TITLE INDEX

FOREST GRIMM

Science Behind the Scenes Ser.). (Illus.). 2007. 300.00 *(978-0-531-12476-5(2)*, Watts, Franklin) Scholastic Library Publishing.

Forensic Investigations of the Ancient Egyptians. James Bow. 2018. (Forensic Footprints of Ancient Worlds Ser.). (Illus.). 32p. (J). (gr. 5-5). *(978-0-7787-4941-7(X))* Crabtree Publishing Co.

Forensic Investigations of the Ancient Greeks, 1 vol. Heather C. Hudak. 2018. (Forensic Footprints of Ancient Worlds Ser.). (ENG., Illus.). 32p. (J). (gr. 5-5). pap. *(978-0-7787-4955-4(X))* Crabtree Publishing Co.

Forensic Investigations of the Maya, 1 vol. Louise Spilsbury. 2018. (Forensic Footprints of Ancient Worlds Ser.). (ENG., Illus.). 32p. (J). (gr. 5-5). pap. *(978-0-7787-4957-8(6))* Crabtree Publishing Co.

Forensic Investigations of the Romans. Louise Spilsbury. 2018. (Forensic Footprints of Ancient Worlds Ser.). (Illus.). 32p. (J). (gr. 5-5). *(978-0-7787-4952-3(5))* Crabtree Publishing Co.

Forensic Science, Vol. 20. Brian Innes. Ed. by Manny Gomez. 2016. (Crime & Detection Ser.). (Illus.). 96p. (J). (gr. 7). 24.95 *(978-1-4222-3477-8(0))* Mason Crest.

Forensic Science Investigated, 10 vols., Set. Incl. Careers in Forensics. Linda D. Williams. lib. bdg. 36.93 *(978-0-7614-3080-3(6)*, ae702e4d-3aac-459a-8b5a-17404c8758b6); Cybercrime. Rebecca Stefoff. lib. bdg. 36.93 *(978-0-7614-3084-1(9)*, ba00dc4b-d15b-47ef-ba51-1b00bde81f93); Famous Forensic Cases. Rebecca Stefoff. lib. bdg. 36.93 *(978-0-7614-3082-7(2)*, e9ca850d-c3d1-4297-993f-31a5e9a61443); Forensic Techniques. Rebecca Stefoff. lib. bdg. 36.93 *(978-0-7614-3083-4(0)*, d622e443-232e-4b7a-a130-5d16ddf8eb3f); Solving History's Mysteries. Rebecca Stefoff. lib. bdg. 36.93 *(978-0-7614-3081-0(4)*, 1a0512c2-37b9-4f4c-a10a-b788db1d5898); 80p. (gr. 5-7). (Forensic Science Investigated Ser.). (ENG.). 2009. Set lib. bdg. 184.65 *(978-0-7614-3078-0(4)*, ed7dade9-f03f-4683-8400-9cdbf237db43, Cavendish Square) Cavendish Square Publishing LLC.

Forensic Scientists. Andrew Morkes. 2019. (Cool Careers in Science Ser.). 96p. (J). (gr. 12). lib. bdg. 34.60 *(978-1-4222-4299-5(4))* Mason Crest.

Forensics. John Hamilton. 2021. (Law Enforcement Ser.). (ENG.). 48p. (J). (gr. 5-9). lib. bdg. 34.21 *(978-1-5321-9385-9(8)*, 34773, Abdo & Daughters) ABDO Publishing Co.

Forensics. C. M. Johnson. 2017. (Origins: Whodunnit Ser.). (ENG., Illus.). 48p. (J). (gr. 5-8). 27.99 *(978-1-62920-612-7(1)*, 1e865f51-3be3-4279-89e0-068728bf6c5e) Full Tilt Pr. NZL. Dist: Lerner Publishing Group.

Forensics. John Perritano. 2019. (Stem Today Ser.). (ENG.). 48p. (J). lib. bdg. 29.99 *(978-1-5105-4470-3(4))* SmartBook Media, Inc.

Forensics, Vol. 10. John Perritano. 2016. (Stem in Current Events Ser.). (Illus.). 64p. (J). (gr. 7). 23.95 *(978-1-4222-3592-8(0))* Mason Crest.

Forensics: Cool Women Who Investigate. Anita Yasuda. Illus. by Allison Bruce. 2016. (Girls in Science Ser.). (ENG.). 112p. (J). (gr. 3-7). 19.95 *(978-1-61930-346-1(9)*, f123d08a-2e0b-41e8-9cfd-70a23d72cd8b) Nomad Pr.

Forensics: The Science of Crime-Solving, 12 vols., Set. Incl. Computer Investigation. Elizabeth Bauchner. (gr. 3-7). lib. bdg. 22.95 *(978-1-4222-0035-3(3))*; DNA Analysis. William Hunter. (gr. 7-18). lib. bdg. 22.95 *(978-1-4222-0026-1(4))*; Document Analysis. Elizabeth Bauchner. (gr. 3-7). lib. bdg. 22.95 *(978-1-4222-0029-2(9))*; Mark & Trace Analysis. William Hunter. (gr. 3-7). lib. bdg. 22.95 *(978-1-4222-0027-8(2))*; Pathology. Maryalice Walker. (gr. 3-7). lib. bdg. 22.95 *(978-1-4222-0033-9(7)*, 1248056); Solving Crimes with Physics. William Hunter. (gr. 7-18). lib. bdg. 22.95 *(978-1-4222-0036-0(1))*; (YA). 2007. (Forensics Ser.). (Illus.). 112p. 2006. Set lib. bdg. 275.40 *(978-1-4222-0025-4(6)*, 1248051) Mason Crest.

Forensics Camp: Where There Is Always an Unbelievable Story. Kate Banco. 2019. (Sara Rodriguez Mystery Ser.: Vol. 2). (ENG., Illus.). 252p. (YA). (gr. 7-12). pap. 11.99 *(978-1-7334681-3-8(7))* KCL Publishing & Tutoring.

Forensics for Kids: The Science & History of Crime Solving, with 21 Activities. Melissa Ross. 2022. (For Kids Ser.). (Illus.). 144p. (J). (gr. 4). pap. 18.99 *(978-1-64160-691-2(6))* Chicago Review Pr., Inc.

Forensics in the Real World. L. E. Carmichael. 2016. (STEM in the Real World Set 2 Ser.). (ENG., Illus.). 48p. (J). (gr. 4-8). lib. bdg. 35.64 *(978-1-68078-479-4(X)*, 23895) ABDO Publishing Co.

Forensics Squad Unleashed, 1 vol. Monique Polak. 2016. (ENG.). 208p. (J). (gr. 4-7). pap. 10.95 *(978-1-4598-0979-6(3))* Orca Bk. Pubs. USA.

Forerunner a Novel (Classic Reprint) Dmitri Merezhkovsky. 2018. (ENG., Illus.). 488p. (J). 33.96 *(978-0-666-33573-9(7))* Forgotten Bks.

Forerunner (Classic Reprint) Neith Boyce. 2018. (ENG., Illus.). 408p. (J). 32.33 *(978-0-267-20934-7(7))* Forgotten Bks.

Forerunner, Vol. 2: June, 1911 (Classic Reprint) Charlotte Perkins Gilman. 2017. (ENG., Illus.). (J). 24.74 *(978-0-260-64100-7(6))* Forgotten Bks.

Forerunner, Vol. 2: June, 1911 (Classic Reprint) Charlotte Perkins Gilman. 2016. (ENG., Illus.). (J). pap. 7.97 *(978-1-334-15470-6(8))* Forgotten Bks.

Fore's Sporting Notes Sketches, Vol. 10 (Classic Reprint) Unknown Author. 2018. (ENG., Illus.). 398p. (J). 32.11 *(978-0-483-57390-1(6))* Forgotten Bks.

Fore's Sporting Notes Sketches, Vol. 15: A Quarterly Magazine Descriptive of British, Indian, Colonial, & Foreign Sport with Thirty-Two Full-Page Illustrations (Classic Reprint) Unknown Author. (ENG., Illus.). (J). 2018. 380p. 31.73 *(978-0-365-17993-1(0))*; 2017. pap. 16.57 *(978-0-243-97358-3(6))* Forgotten Bks.

Fore's Sporting Notes Sketches, Vol. 19: A Quarterly Magazine Descriptive of British, Indian, Colonial, & Foreign Sport (Classic Reprint) Unknown Author. (ENG., Illus.). (J). 2018. 388p. 31.90 *(978-0-364-45729-0(5))*; 2017. pap. 16.57 *(978-1-5276-4322-2(0))* Forgotten Bks.

Foresee. Tricia Barr. 2018. (Bound Ones Ser.). (ENG.). 178p. (YA). pap. 7.99 *(978-0-9989777-6-8(4))* Barr, Tricia.

Foreshadowed Way (Classic Reprint) Helen Aldrich De Kroyft. 2018. (ENG., Illus.). 184p. (J). 27.69 *(978-0-364-41606-8(8))* Forgotten Bks.

Foresight. Craig Ford. 2022. (ENG.). 204p. (YA). pap. *(978-1-922751-46-1(4))* Shawline Publishing Group.

Fores's Sporting Notes & Sketches, 1896, Vol. 13: A Quarterly Magazine Descriptive of British, Indian, Colonial, & Foreign Sport (Classic Reprint) Unknown Author. (ENG., Illus.). (J). 2018. 404p. 32.23 *(978-0-483-63272-1(4))*; 2017. pap. 16.57 *(978-0-243-24806-3(7))* Forgotten Bks.

Fores's Sporting Notes Sketches, Vol. 17: A Quarterly Magazine Descriptive of British, Indian, Colonial, & Foreign Sport; with Thirty-Two Full-Page Illustrations, 1900 (Classic Reprint) Unknown Author. 2018. (ENG., Illus.). 398p. (J). 32.11 *(978-0-483-19931-6(1))* Forgotten Bks.

Fores's Sporting Notes Sketches, Vol. 9: A Quarterly Magazine Descriptive of British, Indian, Colonial, & Foreign Spot; with Thirty-Two Full-Page Illustrations; 1892 (Classic Reprint) Unknown Author. 2018. (ENG., Illus.). 396p. (J). 32.06 *(978-0-483-22501-5(0))* Forgotten Bks.

Forest. Riccardo Bozzi. Illus. by Violeta Lopiz & Valerio Vidali. 2018. 72p. (J). (gr. -1). pap. 29.95 *(978-1-59270-218-3(X))* Enchanted Lion Bks., LLC.

Forest. Susan Gray. Illus. by Jeff Bane. 2022. (My Early Library: My Guide to Earth's Habitats Ser.). (ENG.). 24p. (J). (gr. k-1). pap. 12.79 *(978-1-6689-1053-5(5)*, 220998); lib. bdg. 30.64 *(978-1-6689-0893-8(X)*, 220860) Cherry Lake Publishing.

Forest, 1 vol. Kate Moss Gamblin. Illus. by Karen Patkau. 2019. (See to Learn Ser.: 1). (ENG.). 24p. (J). (gr. k-2). 16.95 *(978-1-55498-879-2(9))* Groundwood Bks. CAN. Dist: Publishers Group West (PGW).

Forest: A Poster Book to Understand Everything about the World. Emmanuelle Grundmann. Illus. by Gal Weizman. 2021. (Panoramic Giant Ser.: 1). (ENG.). 18p. (J). (gr. -1-3). 14.99 *(978-0-7643-6099-2(X)*, 23653) Schiffer Publishing, Ltd.

Forest: A Soft Book & Mirror for Baby! Illus. by Francesca Ferri. 2017. 6p. (J). (gr. -1-k). 10.99 *(978-1-4380-7758-1(0))* Sourcebooks, Inc.

Forest: Bilingual Edition English-Spanish. Brendan Kearney. 2022. (Adventures with Finn & Skip Ser.). (ENG.). 32p. (J). (-k). 16.99 *(978-0-7440-6444-5(9)*, DK Children) Dorling Kindersley Publishing, Inc.

Forest: Mess-Free Magic Water Painting. IglooBooks. 2022. (ENG.). 18p. (J). (gr. -1-1). 10.99 *(978-1-80108-692-9(3))* Igloo Bks. GBR. Dist: Simon & Schuster, Inc.

Forest, a Flood, & an Unlikely Star. J. A. Myhre. 2017. (ENG.). 144p. (J). pap. 16.99 *(978-1-945270-17-8(9))* New Growth Pr.

Forest Acres a Comedy in Three Acts (Classic Reprint) Fannie Barnett Linsky. 2018. (ENG., Illus.). 106p. (J). 26.08 *(978-0-483-16986-9(2))* Forgotten Bks.

Forest Adventure with Friends: A Captivating Story with a Lot of Fun. Jim Stephens. 2022. (ENG.). 18p. (J). pap. *(978-1-64830-467-5(2))* Lulu.com.

Forest Adventures Scenes Coloring Book: An Adult Coloring Book Features over 30 Pages of Giant Super Jumbo Large Designs of Enchanting Forests, Fairies, Tropical Forests, Trees, & More for Relaxation. Beatrice Harrison. 2020. (ENG.). 34p. (YA). pap. 7.86 *(978-1-716-71344-6(7))* Lulu Pr., Inc.

Forest & Game-Law Tales, Vol. 1 of 3 (Classic Reprint) Harriet Martineau. 2018. (ENG., Illus.). 268p. (J). 29.42 *(978-0-483-44428-7(6))* Forgotten Bks.

Forest & Game-Law Tales, Vol. 2 of 3 (Classic Reprint) Harriet Martineau. 2018. (ENG., Illus.). 314p. (J). 30.39 *(978-0-483-44063-0(9))* Forgotten Bks.

Forest & Game-Law Tales, Vol. 3 Of 3: Gentle & Simple (Classic Reprint) Harriet Martineau. 2018. (ENG., Illus.). 268p. (J). 29.44 *(978-0-483-23288-4(2))* Forgotten Bks.

Forest & Shore: Or Legends of the Pine-Tree State (Classic Reprint) Charles P. Ilsley. 2018. (ENG., Illus.). (J). 32.72 *(978-0-266-21952-1(7))* Forgotten Bks.

Forest Animals, 1 vol. William Potter. Illus. by Juan Calle. 2018. (All-Action Animal Art Ser.). (ENG.). 32p. (J). (gr. 3-3). 29.27 *(978-1-5383-4754-6(7)*, cfc04bb6-d5a9-4676-9848-b14b57e60746); pap. 12.75 *(978-1-5383-4752-2(0)*, 3438377c-a91b-4bd0-8432-3ad9d65b7697) Rosen Publishing Group, Inc., The. (PowerKids Pr.).

Forest Animals. Small World Creations. Illus. by Emma Haines. 2016. (ENG.). 8p. (J). (gr. -1 — 1). 9.99 *(978-1-4380-7754-3(8))* Sourcebooks, Inc.

Forest Animals: Field Guide & Drawing Book: Learn How to Identify & Draw Forest Animals from the Great Outdoors! Walter Foster Jr. Creative Team. 2019. (Ranger Rick's Wildlife Around Us Ser.). (ENG., Illus.). 32p. (J). (gr. 3-7). 26.65 *(978-1-942875-85-7(1)*, 0a59fe1f-5909-4949-ad6a-a7f238ab0759, Walter Foster Jr) Quarto Publishing Group USA.

Forest Animals Activity Book for Teens. Educando Kids. 2019. (ENG.). 42p. (J). pap. 8.55 *(978-1-64521-793-0(0)*, Educando Kids) Editorial Imagen.

Forest Animals at Night Coloring Book. Kreativ Entspannen. 2016. (ENG., Illus.). (J). pap. 9.20 *(978-1-68377-543-0(0))* Whike, Traudl.

Forest Animals Coloring Book. Cristie Publishing. 2020. (ENG.). 58p. (J). pap. 7.99 *(978-1-716-31841-2(6))* Lulu Pr., Inc.

Forest Animals Coloring Book for Kids! a Variety of Unique Forest Animals Coloring Pages for Children. Bold Illustrations. 2021. (ENG.). 82p. (J). pap. 11.99 *(978-1-0717-0645-9(4)*, Bold Illustrations) FASTLANE LLC.

Forest Animals Coloring Book for Kids Ages 4-8! Engage Books. 2020. (ENG.). 80p. (J). pap. *(978-1-77437-840-3(X))* AD Classic.

Forest Animals (Set), 6 vols. Leo Statts. 2019. (Forest Animals Ser.). (ENG.). 24p. (J). (gr. -1-2). lib. bdg. 188.16 *(978-1-5321-2904-9(1)*, 33090, Abdo Zoom-Launch) ABDO Publishing Co.

Forest Arcadia of Northern New York: Embracing a View of Its Mineral, Agricultural, & Timber Resources (Classic Reprint) N. W. Coffin. 2018. (ENG., Illus.). 228p. (J). 28.60 *(978-0-428-38058-8(1))* Forgotten Bks.

Forest Arcadia of Northern New York. Embracing a View of Its Mineral, Agricultural, & Timber Resources. N. W. Coffin. 2017. (ENG., Illus.). (J). pap. *(978-0-649-50040-6(7))*; pap. *(978-0-649-37165-5(8))*; pap. *(978-0-649-38804-2(6))* Trieste Publishing Pty Ltd.

Forest Babies. Mary Elizabeth Salzmann. 2019. (Animal Babies Ser.). (ENG., Illus.). 24p. (J). (gr. -1-3). lib. bdg. 29.93 *(978-1-5321-1958-3(5)*, 32501, SandCastle) ABDO Publishing Co.

Forest Baby, 1 vol. Laurie Elmquist. Illus. by Shantala Robinson. 2018. (ENG.). 24p. (J). (gr. -1 — 1). bds. 10.95 *(978-1-4598-1333-5(2))* Orca Bk. Pubs. USA.

Forest Beyond the Woodlands: A Fairy Tale (Classic Reprint) Mildred Kennedy. 2018. (ENG., Illus.). (J). 188p. 27.77 *(978-1-396-59401-4(9))*; 190p. pap. 10.57 *(978-1-391-59357-9(5))* Forgotten Bks.

Forest Biome. Elizabeth Andrews. 2021. (Beautiful Biomes Ser.). (ENG.). 24p. (J). (gr. k-3). lib. bdg. 31.36 *(978-1-0982-4101-8(0)*, 38766, Pop! Cody Koala) Pop!.

Forest Biome, 1 vol. Grace Hansen. 2016. (Biomes Ser.). (ENG., Illus.). 24p. (J). (gr. -1-2). lib. bdg. 32.79 *(978-1-68080-501-7(0)*, 21282, Abdo Kids) ABDO Publishing Co.

Forest Biome. Kerri Mazzarella. 2022. (Biomes on Planet Earth Ser.). (ENG.). 24p. (J). (gr. k-2). pap. 8.95 *(978-1-63897-580-9(9)*, 19378); lib. bdg. 27.93 *(978-1-63897-465-9(9)*, 19377) Seahorse Publishing.

Forest Biomes. Contrib. by Clara MacCarald. 2023. (Explore Biomes Ser.). (ENG.). 32p. (J). (gr. 2-5). lib. bdg. 34.21 ***(978-1-0982-9108-2(5)**, 42020, Kids Core) ABDO Publishing Co.

FOREST BIOMES. Contrib. by Louise Spilsbury & Richard Spilsbury. 2018. (Earth's Natural Biomes Ser.). (Illus.). 32p. (J). (gr. 4-4). pap. *(978-0-7787-4037-7(4))* Crabtree Publishing Co.

Forest Biomes Around the World. Christine Elizabeth Eboch. 2019. (Exploring Earth's Biomes Ser.). (ENG., Illus.). 32p. (J). (gr. 3-6). pap. 7.95 *(978-1-5435-7532-3(3)*, 141063); lib. bdg. 29.99 *(978-1-5435-7204-9(9)*, 140451) Capstone.

Forest Birds of the West, 1 vol. Genevieve Einstein. 2021. (KidsWorld Ser.). (ENG., Illus.). 96p. (J). pap. 9.99 *(978-1-988183-26-8(X)*, 343ce28b-e153-4a9c-b016-21b8aece9b3d) KidsWorld Bks. CAN. Dist: Lone Pine Publishing USA.

Forest Born. Shannon Hale. 2017. (Books of Bayern Ser.). (ENG.). 400p. (YA). pap. 10.99 *(978-1-68119-319-9(1)*, 900165750, Bloomsbury USA Childrens) Bloomsbury Publishing USA.

Forest Bugs. Drew Falchetta. 2016. (1G Bugs Ser.). (ENG., Illus.). 20p. (J). pap. 9.60 *(978-1-63437-099-8(6))* American Reading Co.

Forest Castaways (Classic Reprint) Frederick Orin Bartlett. (ENG., Illus.). (J). 2018. 406p. 32.27 *(978-0-483-29575-9(2))*; 2016. pap. 16.57 *(978-1-333-43263-8(1))* Forgotten Bks.

Forest (Classic Reprint) J. V. Huntington. 2018. (ENG., Illus.). 398p. (J). 32.11 *(978-0-483-84318-9(0))* Forgotten Bks.

Forest Club Fall: A Season of Activities, Crafts, & Exploring Nature. Kris Hirschmann. Illus. by Marta Antelo. 2021. (Forest Club Ser.). (ENG.). 24p. (J). (gr. 2-4). lib. bdg. 23.99 *(978-0-7112-6132-7(6)*, 2918e842-f313-42ea-905c-b4c666a28a29) QEB Publishing Inc.

Forest Club Spring: A Season of Activities, Crafts, & Exploring Nature. Kris Hirschmann. Illus. by Marta Antelo. 2021. (Forest Club Ser.). (ENG.). 24p. (J). (gr. 2-4). lib. bdg. 23.99 *(978-0-7112-6133-4(4)*, b2f0883d-d0d1-442d-a1f5-1a50ed90ed51) QEB Publishing Inc.

Forest Club Summer: A Season of Activities, Crafts, & Exploring Nature. Kris Hirschmann. Illus. by Marta Antelo. 2021. (Forest Club Ser.). (ENG.). 24p. (J). (gr. 2-4). lib. bdg. 23.99 *(978-0-7112-6131-0(8)*, ed525aa4-4283-4b9b-981d-fdcb2e18b4dc) QEB Publishing Inc.

Forest Club Winter: A Season of Activities, Crafts, & Exploring Nature. Kris Hirschmann. Illus. by Marta Antelo. 2021. (Forest Club Ser.). (ENG.). 24p. (J). (gr. 2-4). lib. bdg. 23.99 *(978-0-7112-6130-3(X)*, 98d8fe91-59a5-4ef7-a5bf-15ca024a23ee) QEB Publishing Inc.

Forest Communities: Living in Harmony with Fire. The Whizpops. Illus. by Glory Lawson. 2017. (J). 14.00 *(978-0-87842-674-4(4))* Mountain Pr. Publishing Co., Inc.

Forest Creatures, 12 vols. 2022. (Forest Creatures Ser.). (ENG.). 24p. (J). (gr. 2-3). lib. bdg. 145.62 *(978-1-5382-8147-5(3)*, 33a352d2-4a5b-445a-baa5-aabaed31f833) Stevens, Gareth Publishing LLLP.

Forest Creatures Coloring Book: 50 Woodland Scenes. Adam Birchweaver. 2023. (ENG.). 99p. (J). pap. ***(978-1-312-49175-5(2))*** Lulu Pr., Inc.

Forest Days a Romance of Old Times, Vol. 3 of 3 (Classic Reprint) George Payne Rainsford James. 2018. (ENG., Illus.). 310p. (J). 30.31 *(978-0-483-95647-6(3))* Forgotten Bks.

Forest Days, Vol. 1 Of 3: A Romance of Old Times (Classic Reprint) G. P. R. James. 2016. (ENG., Illus.). (J). pap. 13.57 *(978-1-333-65542-6(8))* Forgotten Bks.

Forest Days, Vol. 1 Of 3: A Romance of Old Times (Classic Reprint) George Payne Rainsford James. 2018. (ENG., Illus.). 318p. (J). 30.46 *(978-0-484-64564-5(1))* Forgotten Bks.

Forest Days, Vol. 2 Of 3: A Romance of Old Times (Classic Reprint) George Payne Rainsford James. 2018. (ENG., Illus.). 312p. (J). 30.35 *(978-0-483-63464-0(6))* Forgotten Bks.

Forest Drama (Classic Reprint) Louis Pendleton. 2018. (ENG., Illus.). 296p. (J). 30.00 *(978-0-484-77243-3(0))* Forgotten Bks.

Forest Dream. Ayano Imai. Illus. by Ayano Imai. 2018. (Illus.). 32p. (J). (gr. k-2). 17.99 *(978-988-8341-64-1(2)*, Minedition) Penguin Young Readers Group.

Forest Ecosystems. Tammy Gagne. 2018. (Earth's Ecosystems Ser.). (ENG., Illus.). 32p. (J). (gr. 3-6). 32.80 *(978-1-63235-455-6(1)*, 13867, 12-Story Library) Bookstaves, LLC.

Forest Exiles. Mayne Reid. 2017. (ENG.). 386p. (J). pap. *(978-3-337-38310-7(6))* Creation Pubs.

Forest Exiles. Mayne Reid et al. 2017. (ENG.). 382p. (J). pap. *(978-3-337-38240-7(1))* Creation Pubs.

Forest Exiles: Or, the Perils of a Peruvian Family amid, the Wilds of the Amazon (Classic Reprint) Mayne Reid. 2018. (ENG., Illus.). 348p. (J). 31.07 *(978-0-428-63963-1(1))* Forgotten Bks.

Forest Fairies' Christmas Party. Catherine Clark. 2022. (ENG.). 34p. (J). 20.99 ***(978-1-6629-1720-2(1))*** Gatekeeper Pr.

Forest Fairy Pony. Sarah KilBride. Illus. by Sophie Tilley. 2021. (Princess Evie Ser.: 1). (ENG.). 112p. (J). (gr. 1-4). 17.99 *(978-1-5344-7628-8(8))*; pap. 5.99 *(978-1-5344-7627-1(X))* Simon & Schuster Children's Publishing. (Aladdin).

Forest Fancies (Classic Reprint) Lucy Charlton Kellerhouse. 2018. (ENG., Illus.). 232p. (J). 28.68 *(978-0-484-14838-2(9))* Forgotten Bks.

Forest Farm: Tales of the Austrian Tyrol. Peter Rosegger. 2017. (ENG., Illus.). (J). pap. *(978-0-649-20792-3(0))* Trieste Publishing Pty Ltd.

Forest Farm: Tales of the Austrian Tyrol (Classic Reprint) Peter Rosegger. 2018. (ENG., Illus.). 228p. (J). 28.60 *(978-0-428-27286-9(X))* Forgotten Bks.

Forest Feast for Kids: Colorful Vegetarian Recipes That Are Simple to Make. Erin Gleeson. 2016. (ENG., Illus.). 112p. (J). (gr. 3-7). 22.99 *(978-1-4197-1886-1(X)*, 1120501, Abrams Bks. for Young Readers) Abrams, Inc.

Forest Fighter: The Story of Chico Mendes. Anita Ganeri. Illus. by Margaux Carpentier. 2022. (ENG.). 48p. (J). 19.95 *(978-1-62371-856-5(2)*, Crocodile Bks.) Interlink Publishing Group, Inc.

Forest Fire Creates Inferno, 1 vol. Louise Spilsbury & Richard Spilsbury. 2017. (Earth under Attack! Ser.). (ENG.). 48p. (J). (gr. 5-5). pap. 15.05 *(978-1-5382-1303-2(6)*, d0a4f024-86a0-49f7-9d38-f83c811d693a) Stevens, Gareth Publishing LLLP.

Forest Fire Creates Inferno, 1 vol. Louise Spilsbury & Richard Spilsbury. 2017. (Earth under Attack! Ser.). (ENG.). 48p. (J). (gr. 5-5). lib. bdg. 33.60 *(978-1-5382-1305-6(2)*, ecf64137-880f-4f2c-ae8b-b7e8d7b515ef) Stevens, Gareth Publishing LLLP.

Forest Flora of Japan. Charles Sprague Sargent. 2017. (ENG.). 156p. (J). pap. *(978-3-337-16379-2(3))* Creation Pubs.

Forest Flora of Japan: Notes on the Forest Flora of Japan (Classic Reprint) Charles Sprague Sargent. 2018. (ENG., Illus.). 204p. (J). 28.12 *(978-0-365-26072-1(X))* Forgotten Bks.

Forest Folk (Classic Reprint) James Prior. 2018. (ENG., Illus.). 486p. (J). 33.92 *(978-0-483-19630-8(4))* Forgotten Bks.

Forest Food Webs, 1 vol. William Anthony. 2020. (Food Webs Ser.). (ENG.). 24p. (J). (gr. 2-2). pap. 9.25 *(978-1-5345-3516-9(0)*, 69b1a7b7-f1c9-4a1b-b307-013aed624430, KidHaven Publishing) Greenhaven Publishing LLC.

Forest Fortitude. Bill Yu. Illus. by Dal Bello. 2019. (Survive! Ser.). (ENG.). 32p. (J). (gr. 3-8). lib. bdg. 32.79 *(978-1-5321-3512-5(2)*, 31943, Graphic Planet - Fiction) Magic Wagon.

Forest Friends. Curt Hart. 2022. (ENG.). (J). 32p. pap. 6.99 *(978-1-4867-2530-4(9)*, 73767011-f0f1-403a-a873-92fd7a9d4f37); 20p. bds. 7.99 *(978-1-4867-2405-5(1)*, 3d4e8fe5-25c6-40bd-8159-63f6bfab8b74) Flowerpot Pr.

Forest Friends: A Book for Coloring & Learning. Ginger Nielson. Illus. by Ginger Nielson. 2019. (ENG., Illus.). 60p. (J). (gr. k-6). pap. 18.95 *(978-0-578-50225-0(9))* Ginger Nielson - Children's Bk. Illustration.

Forest Friends Scratch & Sketch (Trace Along) Illus. by Day Zschock Martha. 2019. (Scratch & Sketch Trace-Along Ser.). (ENG.). 64p. (J). spiral bd. 14.99 *(978-1-4413-3080-2(1)*, 6c6d9b83-0262-47ec-a765-d7592323434a) Peter Pauper Pr. Inc.

Forest Friends Sleep. Amber Hendricks. Illus. by Gavin Scott. 2022. (Little Nature Explorers Ser.). 20p. (J). (gr. -1-1). bds. 9.99 *(978-1-68152-661-4(1)*, 22367) Amicus.

Forest Friends Stories (Classic Reprint) Marceline Dauzet. 2018. (ENG., Illus.). 20p. (J). 24.31 *(978-0-267-51515-8(4))* Forgotten Bks.

Forest Friends to the Rescue: The Mystery at the Lakeside Cabin. D. Lyn Graham. 2019. (ENG.). 28p. (J). pap. 11.95 *(978-1-64416-153-1(2))* Christian Faith Publishing.

Forest Fugitives (Classic Reprint) Theodore Goodridge Roberts. (ENG., Illus.). (J). 2018. 334p. 30.79 *(978-0-332-47046-7(6))*; 2017. pap. 13.57 *(978-0-243-28069-8(6))* Forgotten Bks.

Forest Fun. Zoë Clarke. 2021. (QEB Essentials Let's Read Ser.). (ENG., Illus.). 24p. (J). (gr. -1 — 1). lib. bdg. 27.99 *(978-0-7112-4419-1(7)*, 5b212882-f6b6-407f-bb34-0fb4a299c9ba) QEB Publishing Inc.

F

Forest Fun with Minecraft(r), 1 vol. Joey Davey et al. 2017. (Unofficial Minecraft(r) Tool Kit Ser.). (ENG.). 24p. (J). (gr. 3-4). pap. 9.15 *(978-1-5382-1712-2(0)*, b4fb2937-d4ca-467d-8398-c896c671a58e); lib. bdg. 24.27 *(978-1-5382-1707-8(4)*, e75154dd-852d-45bb-bde8-e647fe0ebf6e) Stevens, Gareth Publishing LLLP.

Forest Glen: Or, the Mohawk's Friendship (Classic Reprint) Elijah Kellogg. 2018. (ENG., Illus.). 348p. (J). 31.09 *(978-0-483-11406-7(5))* Forgotten Bks.

Forest Grimm. Kathryn Purdie. 2023. (ENG.). 352p. (YA). 20.00 ***(978-1-250-87300-2(2)**, 900279857, Wednesday Bks.) St. Martin's Pr.

Forest Hearth: A Romance of Indiana in the Thirties (Classic Reprint) 2018. (ENG., Illus.). 362p. (J). 31.36 *(978-0-483-12945-0(3))* Forgotten Bks.

Forest Hills Bootleg Society. Dave Baker & Nicole Goux. Illus. by Dave Baker & Nicole Goux. 2022. (ENG., Illus.). 224p. (YA). (gr. 9). 21.99 *(978-1-5344-6949-5(4))*; pap. 12.99 *(978-1-5344-6948-8(6))* Simon & Schuster Children's Publishing. (Atheneum Bks. for Young Readers).

Forest Idyl (Classic Reprint) Temple Oliver. (ENG., Illus.). (J). 2018. 236p. 28.76 *(978-0-483-67706-7(X))*; 2016. pap. 11.57 *(978-1-333-98321-5(2))* Forgotten Bks.

Forest in the City, 1 vol. Andrea Curtis. Illus. by Pierre Pratt. 2020. (ThinkCities Ser.: 1). (ENG.). 40p. (J). (gr. 3-7). 19.95 *(978-1-77306-142-9(9))* Groundwood Bks. CAN. Dist: Publishers Group West (PGW).

Forest in the Trees, 1 vol. Connie McLennan. 2019. (ENG.). 32p. (J). (gr. -1-3). pap. 10.95 *(978-1-64351-351-5(6),* 9c169ae2-0c41-47bb-beb1-4cc916c8c973) Arbordale Publishing.

Forest Is Falling Asleep: For the Love of Sleep. Kiera Chester. Illus. by Katie Bartley. 2023. (ENG.). 32p. (J). ***(978-0-2288-8185-8(4))***; pap. ***(978-0-2288-8184-1(6))*** Tellwell Talent.

Forest Keeper. Mike And Carol Wyrick. Illus. by David Miles. 2021. (ENG.). 104p. (J). pap. 12.99 *(978-1-7366719-1-7(X))* Characters of Faith Publishing, LLCLLC.

Forest Keeper- the True Story of Jadav Payeng. Rina Singh. Illus. by Ishita Jain. 2023. (ENG.). 40p. (J). (gr. k-3). 18.95 *(978-0-7358-4505-3(0))* North-South Bks., Inc.

Forest Keepers. Linda Marilyn. 2017. (ENG., Illus.). 100p. (YA). pap. 12.95 *(978-1-64114-896-2(9))* Christian Faith Publishing.

Forest Knight: An Interactive Storybook. Shannon Lee. 2022. (ENG.). 191p. (J). pap. *(978-1-6780-3177-0(1))* Lulu Pr., Inc.

Forest, Lake, & Prairie: Twenty Years of Frontier Life in Western Canada 1842-62 (Classic Reprint) John McDougall. 2018. (ENG., Illus.). 270p. (J). 29.47 *(978-0-365-12750-5(7))* Forgotten Bks.

Forest Leaves, Vol. 11: A Quarterly Magazine; 1914-1918 (Classic Reprint) Sanatorium Gabriels. 2017. (ENG., Illus.). (J). 924p. 42.95 *(978-0-484-45582-4(6))*; pap. 25.30 *(978-0-259-39198-2(0))* Forgotten Bks.

Forest Leaves, Vol. 14: A Quarterly Magazine; Summer, 1918 (Classic Reprint) Sanatorium Gabriels. (ENG., Illus.). (J). 2018. 966p. 43.99 *(978-0-484-73625-1(6))*; 2017. pap. 26.16 *(978-0-243-53404-3(3))* Forgotten Bks.

Forest Leaves, Vol. 18: A Quarterly Magazine; Spring & Summer, 1922 (Classic Reprint) Sanatorium Gabriels. 2017. (ENG., Illus.). (J). 78p. 25.53 *(978-0-332-69610-2(3))*; pap. 9.57 *(978-0-259-44268-4(2))* Forgotten Bks.

Forest Leaves, Vol. 3: Winter 1906 (Classic Reprint) Sanatorium Gabriels. (ENG., Illus.). (J). 2018. 516p. 34.56 *(978-0-666-77718-8(7))*; 2017. pap. 16.97 *(978-0-282-55398-2(3))* Forgotten Bks.

Forest Leaves, Vol. 5: A Quarterly Magazine; Spring, 1908 (Classic Reprint) Sanatorium Gabriels. 2017. (ENG., Illus.). (J). 44.65 *(978-0-265-97607-4(3))*; pap. 26.99 *(978-1-5278-5126-9(5))* Forgotten Bks.

Forest Life Connections. Raymond Bergin. 2023. (Life on Earth! Biodiversity Explained Ser.). (ENG.). 32p. (J). (gr. 3-7). lib. bdg. 28.50 Bearport Publishing Co., Inc.

Forest Life in Ceylon, Vol. 1 of 2 (Classic Reprint) W. Knighton. 2018. (ENG., Illus.). 438p. (J). 32.93 *(978-0-267-22172-1(X))* Forgotten Bks.

Forest Life, Vol. 1 of 2 (Classic Reprint) Caroline M. Kirkland. (ENG., Illus.). (J). 2019. 646p. 37.22 *(978-0-267-38575-1(7))*; 2017. 28.97 *(978-0-265-17554-5(2))*; 2016. pap. 19.57 *(978-1-334-14679-4(9))* Forgotten Bks.

Forest Life, Vol. 2 of 2 (Classic Reprint) Caroline Matilda Kirkland. 2018. (ENG., Illus.). 242p. (J). 28.89 *(978-0-483-49822-8(X))* Forgotten Bks.

Forest Lovers. Maurice Henry Hewlett. 2017. (ENG.). 402p. (J). pap. *(978-3-337-00884-0(4))* Creation Pubs.

Forest Lovers. Maurice Henry Hewlett & William Randolph Hearst. 2017. (ENG.). 394p. (J). pap. *(978-3-7447-7704-9(9))* Creation Pubs.

Forest Lovers: A Romance (Classic Reprint) Maurice Henry Hewlett. 2017. (ENG., Illus.). (J). 32.25 *(978-1-5280-6981-6(1))* Forgotten Bks.

Forest Magic: A Guidebook for Little Woodland Explorers, 1 vol. Sarah Grindler. 2021. (Little Explorers Ser.). (ENG., Illus.). 32p. (J). 14.95 *(978-1-77108-926-5(1),* 0724493c-2fcd-45ca-b779-c86f3704b029) Nimbus Publishing, Ltd. CAN. Dist: Baker & Taylor Publisher Services (BTPS).

Forest Man: The True Story of Jadav Payeng. Anne Matheson. Illus. by Kay Widdowson. 2020. (ENG.). 40p. (J). (gr. k-2). 16.99 *(978-1-4867-1816-0(7),* 739a25a1-e5b9-488f-803d-f65ce161ebe3) Flowerpot Pr.

Forest near My House, 1 vol. Elliot Paderewski. 2016. (Rosen REAL Readers: STEM & STEAM Collection). (ENG.). 8p. (gr. k-1). pap. 5.46 *(978-1-5081-2613-3(5),* a673f23e-36a9-461b-a4de-89f2e7596648, Rosen Classroom) Rosen Publishing Group, Inc., The.

Forest Neighbors: Life Stories of Wild Animals. William Davenport Hulbert. 2019. (ENG., Illus.). 136p. (YA). pap. *(978-93-5329-492-2(4))* Alpha Editions.

Forest Neighbors: Life Stories of Wild Animals (Classic Reprint) William Davenport Hulbert. (ENG., Illus.). (J). 2018. 294p. 29.98 *(978-0-666-86462-8(4))*; 2016. pap. 13.57 *(978-1-333-23660-1(3))* Forgotten Bks.

Forest Neighbors: Life Stories of Wild Animals. Illustrated. William Davenport Hulbert. 2017. (ENG., Illus.). (J). pap. *(978-0-649-58641-7(7))* Trieste Publishing Pty Ltd.

Forest Neighbors (Classic Reprint) William Davenport Hurlbert. 2017. (ENG., Illus.). (J). 240p. 28.87 *(978-0-484-10877-5(8))*; pap. 11.57 *(978-0-259-53607-9(5))* Forgotten Bks.

Forest Neighbors (Yesterday's Classics) Edith M. Patch & Carroll Lane Fenton. Illus. by Carroll Lane Fenton. 2022. (ENG.). 178p. (J). pap. 13.95 ***(978-1-63334-065-7(1))*** Yesterday's Classics.

Forest of a Thousand Lanterns. Julie C. Dao. 2018. (Rise of the Empress Ser.: 1). 400p. (YA). (gr. 9). pap. 12.99 *(978-1-5247-3831-0(X),* Speak) Penguin Young Readers Group.

Forest of Arden (Classic Reprint) George Wharton Edwards. (ENG., Illus.). (J). 2018. 298p. 30.04 *(978-0-483-15687-6(6))*; 2016. pap. 13.57 *(978-1-333-34023-0(0))* Forgotten Bks.

Forest of Bourg-Marie (Classic Reprint) S. Frances Harrison. 2017. (ENG., Illus.). (J). 314p. 30.37 *(978-0-266-67679-5(0))*; 316p. pap. 13.57 *(978-1-5276-4749-7(8))* Forgotten Bks.

Forest of Darkness. S. E. Maguire. 2019. (Spellbound Chronicles Ser.: Vol. 3). (ENG., Illus.). 218p. (J). pap. *(978-1-78623-663-0(X))* Grosvenor Hse. Publishing Ltd.

Forest of Fire: A Wildfire Story. Erik Ohlsen. 2016. (Storyscapes Ser.: Vol. 4). (ENG., Illus.). (J). (gr. k-6). pap. 9.75 *(978-0-9979283-0-3(1))* StoryScapes.

Forest of Friendship. Sitala Peek. Illus. by Simon Lucas. 2023. (ENG.). 40p. (J). pap. ***(978-1-7393020-0-9(1))*** Beercott Bks.

Forest of Kings (Dragon Fire Prophecy Book 2) Jack Knight. 2019. (Dragon Fire Prophecy Ser.: Vol. 2). (ENG.). 364p. (J). pap. 14.99 *(978-1-7332665-3-6(4))* Wallis, Jared.

Forest of Secrets. Erin Hunter. 2019. (VIE.). (J). (gr. 5-8). pap. *(978-604-9819-47-6(5))* Publishing Hse. of Writers's Assn.

Forest of Stars. Heather Kassner. Illus. by Iz Ptica. 2021. (ENG.). 304p. (J). pap. 8.99 *(978-1-250-79177-1(4),* 900195859) Square Fish.

Forest of Stolen Girls. June Hur. 2021. (ENG.). 384p. (YA). 19.99 *(978-1-250-22958-8(8),* 900209231) Feiwel & Friends.

Forest of Swords: A Story of Paris & the Marne. Joseph A. Altsheler. 2019. (ENG.). 234p. (YA). (gr. 7-12). pap. *(978-93-5329-644-5(7))* Alpha Editions.

Forest of the South (Classic Reprint) Caroline Gordon. 2017. (ENG., Illus.). (J). 29.09 *(978-0-265-60359-8(5))*; pap. 11.57 *(978-0-243-30399-1(8))* Forgotten Bks.

Forest of Vazon: A Guernsey Legend of the Eighth Century (Classic Reprint) Unknown Author. 2017. (ENG., Illus.). (J). 26.08 *(978-0-331-57360-2(1))* Forgotten Bks.

Forest of Wolves. Chelsea Luna. 2016. (ENG., Illus.). 202p. (J). pap. 15.00 *(978-1-60183-512-3(4))* Kensington Publishing Corp.

Forest on the Hill (Classic Reprint) Eden Phillpotts. 2017. (ENG., Illus.). (J). 31.86 *(978-0-331-89554-4(4))* Forgotten Bks.

Forest, or Rambles in the Woodland (Classic Reprint) Jefferys Taylor. 2018. (ENG., Illus.). 238p. (J). 28.83 *(978-0-666-34289-8(X))* Forgotten Bks.

Forest Orchid: And Other Stories. Ella Higginson. 2017. (ENG., Illus.). (J). pap. *(978-0-649-03934-0(3))* Trieste Publishing Pty Ltd.

Forest Orchid: And Other Stories (Classic Reprint) Ella Higginson. 2017. (ENG., Illus.). (J). 29.09 *(978-0-265-55269-8(9))* Forgotten Bks.

Forest Part Training & Breeding Farm. L. Herr. 2017. (ENG., Illus.). 56p. (J). pap. *(978-3-337-22626-8(4))* Creation Pubs.

Forest People (Classic Reprint) Colin M. Turnbull. 2017. (ENG., Illus.). (J). 30.54 *(978-1-5280-4869-9(5))* Forgotten Bks.

Forest Queen. Betsy Cornwell. (ENG.). (YA). (gr. 7). 2020. 320p. pap. 9.99 *(978-0-358-13361-2(0),* 1749855); 2018. 304p. 17.99 *(978-0-544-88819-7(7),* 1653253) HarperCollins Pubs. (Clarion Bks.).

Forest Ranger: And Other Verse (Classic Reprint) John D. Guthrie. 2017. (ENG., Illus.). (J). 27.61 *(978-1-5283-8915-0(8))* Forgotten Bks.

Forest Ring: A Play in Three Acts (Classic Reprint) William C. DeMille. (ENG., Illus.). (J). 2017. 24.93 *(978-0-331-77676-8(6))*; 2016. pap. 9.57 *(978-1-333-39344-1(X))* Forgotten Bks.

Forest Robot, 5 vols. Jaume Copons. Illus. by Liliana Fortuny. 2022. (Bitmax & Co Ser.: 1). (ENG.). 72p. (J). 14.99 *(978-0-7643-6305-4(0),* 29046) Schiffer Publishing, Ltd.

Forest Runners: A Story of the Great War Trail in Early Kentucky. Joseph A. Altsheler. 2019. (ENG., Illus.). 228p. (YA). (gr. 7-12). pap. *(978-93-5329-444-1(4))* Alpha Editions.

Forest Scenes in Norway & Sweden: Being Extracts from the Journal of a Fisherman (Classic Reprint) Henry Newland. 2016. (ENG., Illus.). (J). pap. 16.57 *(978-1-333-51607-9(X))* Forgotten Bks.

Forest Scenes in Norway & Sweden: Being Extracts from the Journal of a Fisherman (Classic Reprint) Henry Garrett Newland. 2018. (ENG., Illus.). 444p. (J). 33.05 *(978-0-267-54831-6(1))* Forgotten Bks.

Forest Schoolmaster (Classic Reprint) Peter Rosegger. 2018. (ENG., Illus.). 348p. (J). 31.09 *(978-0-483-42725-9(X))* Forgotten Bks.

Forest Sleeps. Calee M. Lee. Illus. by Erin Kenna. 2017. (ENG.). 32p. (J). (gr. -1-2). pap. 9.99 *(978-1-5324-0171-8(X))* Xist Publishing.

Forest Spell. Megan Kempston. 2016. (ENG., Illus.). (J). pap. 14.99 *(978-0-9975660-1-7(9))* Kempston, Megan.

Forest Spirit. T. Damon. 2020. (ENG.). 800p. (J). pap. 29.99 *(978-1-948661-89-8(6))* Snowy Wings Publishing.

Forest Talk: How Trees Communicate. Melissa Koch. 2019. (ENG., Illus.). 96p. (YA). (gr. 6-12). lib. bdg. 37.32 *(978-1-5415-1977-0(9),* 0d465898-7bb3-4dac-91a9-f2d932466359, Twenty-First Century Bks.) Lerner Publishing Group.

Forest Tithes, & Other Studies from Nature. Denham Jordan. 2017. (ENG., Illus.). (J). pap. *(978-0-649-21343-6(2))* Trieste Publishing Pty Ltd.

Forest Tithes, & Other Studies from Nature: A Son of the Marshes (Classic Reprint) Denham Jordan. 2018. (ENG., Illus.). 226p. (J). 28.56 *(978-0-364-05026-2(8))* Forgotten Bks.

Forest Tragedy: And Other Tales (Classic Reprint) Grace Greenwood. (ENG., Illus.). (J). 2018. 360p. 31.34 *(978-0-483-14880-2(6))*; 2017. pap. 13.97 *(978-0-243-03206-1(5))* Forgotten Bks.

Forest Warden: A Tragedy in Five Acts (Classic Reprint) Otto Ludwig. (ENG., Illus.). (J). 2018. 88p. 25.71 *(978-0-483-94481-7(5))*; 2016. pap. 9.57 *(978-1-333-46611-4(0))* Forgotten Bks.

Forest Woodworker: A Step-By-Step Guide to Working with Green Wood. Sjors van der Meer & Job Suijker. 2019. (ENG., Illus.). 176p. 24.95 *(978-1-78221-736-7(3))* Search Pr., Ltd. GBR. Dist: Penguin Random Hse. LLC.

Forest World. Margarita Engle. 2017. (ENG.). 208p. (J). (gr. 5). 19.99 *(978-1-4814-9057-3(5),* Atheneum Bks. for Young Readers) Simon & Schuster Children's Publishing.

Forestborn. Elayne Audrey Becker. (Forestborn Ser.: 1). (ENG.). 368p. (YA). 2022. pap. 10.99 *(978-1-250-75217-8(5),* 900225114); 2021. (Illus.). 17.99 *(978-1-250-75216-1(7),* 900225113) Doherty, Tom Assocs., LLC. (Tor Teen).

Forester: Publiee Avec une Notice, un Argument Analytique, et des Notes en Francais (Classic Reprint) Maria Edgeworth. 2016. (ENG., Illus.). (J). pap. 10.97 *(978-1-333-31248-0(2))* Forgotten Bks.

Forester: Publiée Avec une Notice, un Argument Analytique, et des Notes en Français (Classic Reprint) Maria Edgeworth. 2018. (ENG., Illus.). 210p. (J). 28.25 *(978-0-267-47121-8(1))* Forgotten Bks.

Forester, 1967 (Classic Reprint) Lake Forest University. 2018. (ENG., Illus.). (J). 234p. 28.72 *(978-1-396-73641-4(7))*; 236p. pap. 11.57 *(978-1-391-94807-2(6))* Forgotten Bks.

Forester, 1982 (Classic Reprint) Lake Forest College. (ENG., Illus.). (J). 2018. 248p. 29.01 *(978-0-267-77164-6(9))*; 2017. pap. 11.57 *(978-0-259-86628-2(8))* Forgotten Bks.

Forester, 1985 (Classic Reprint) Lake Forest University. (ENG., Illus.). (J). 2018. 272p. 29.51 *(978-0-364-40525-3(2))*; 2017. pap. 11.97 *(978-0-259-49803-2(3))* Forgotten Bks.

Foresters. Jeremy Belknap. 2017. (ENG.). 246p. (J). pap. *(978-3-337-37586-7(3))* Creation Pubs.

Foresters: A Novel (Classic Reprint) Berthold Auerbach. 2018. (ENG., Illus.). 394p. (J). 32.04 *(978-0-484-68883-3(9))* Forgotten Bks.

Foresters: A Tale of Domestic Life (Classic Reprint) John Wilson. 2016. (ENG., Illus.). (J). pap. 13.57 *(978-1-333-54811-7(7))* Forgotten Bks.

Foresters: A Tale of Domestic Life (Classic Reprint) John Wilson. 2017. (ENG., Illus.). 286p. (J). 29.80 *(978-0-484-55369-8(0))* Forgotten Bks.

Foresters: An American Tale (Classic Reprint) Jeremy Belknap. 2018. (ENG., Illus.). 244p. (J). 28.93 *(978-0-483-43256-7(3))* Forgotten Bks.

Forester's Daughter (Classic Reprint) Hamlin Garland. 2017. (ENG., Illus.). (J). 30.35 *(978-1-5280-8165-8(X))* Forgotten Bks.

Forester's Guide & Profitable Planter: Containing a Practical Treatise on Planting Moss, Rocky, Waste, & Other Lands; Also a New, Easy, & Safe Plan of Transplanting Large Trees, & of Valuing Growing Wood & Trees of All Descriptions; to Which. Robert Monteath. 2018. (ENG., Illus.). 462p. (J). 33.45 *(978-0-365-25996-1(9))* Forgotten Bks.

Forester's Guide & Profitable Planter: Containing a Practical Treatise on Planting; with New & Important Directions to Make Them Serviceable for Ornament, Shelter, & Profit (Classic Reprint) Robert Monteath. 2018. (ENG., Illus.). 554p. (J). pap. 19.57 *(978-1-390-90620-2(5))* Forgotten Bks.

Forester's Manual: Or the Forest Trees of Eastern North America (Classic Reprint) Ernest Thompson Seton. (ENG., Illus.). (J). 2017. 154p. 27.09 *(978-0-265-50329-4(9))*; 2016. pap. 9.57 *(978-1-333-99782-3(5))* Forgotten Bks.

Forestfall. Lyndall Clipstone. 2023. (World at the Lake's Edge Duology Ser.: 2). (ENG.). 416p. (YA). pap. 12.99 ***(978-1-250-89551-6(0),*** 900225363) Square Fish.

Forestfield: A Story of the Old South (in Two Periods) (Classic Reprint) Robert Thomson Bentley. 2017. (ENG., Illus.). (J). 376p. 31.67 *(978-0-332-45610-2(2))*; pap. 16.57 *(978-0-259-96124-6(8))* Forgotten Bks.

ForestGirls: A Journal, a Journey. Sissel Waage. Illus. by Ivana Josipovic. 2022. (ENG.). 82p. (YA). 24.99 *(978-1-716-04180-8(5))* Lulu Pr., Inc.

ForestGirls: A Journal, a Journey (softcover) Sissel Waage. Illus. by Ivana Josipovic. 2022. (ENG.). 82p. (J). pap. 10.99 *(978-1-716-04177-8(5))* Lulu Pr., Inc.

ForestGirls: Innovator's Sketchbook. Sissel Waage. Illus. by Melina Burhan. 2022. (ENG.). 80p. (YA). ***(978-1-387-41879-4(3))*** Lulu Pr., Inc.

Forestgirls: Innovator's Sketchbook. Sissel Waage. Illus. by Melina Burhan. 2022. (ENG.). 80p. (YA). pap. ***(978-1-387-41876-3(9))*** Lulu Pr., Inc.

ForestGirls: Notebook & Sketchbook. Sissel Waage. Illus. by Ana-Maria Cosma. 2022. (ENG.). 104p. (YA). ***(978-1-387-59090-2(1))*** Lulu Pr., Inc.

ForestGirls: Notebook & Sketchbook (paperback) Sissel Waage. Illus. by Ana-Maria Cosma. 2022. (ENG.). 104p. (J). pap. ***(978-1-387-59087-2(1))*** Lulu Pr., Inc.

ForestGirls: Un Journal, un Voyage. Sissel Waage. Tr. by Camille Pazdej. Illus. by Ivana Josipovic. 2022. (FRE.). 82p. (YA). 24.99 *(978-1-716-99921-5(9))* Lulu Pr., Inc.

ForestGirls, at the Edge of Land & Sea. Sissel Waage. Illus. by Ana-Maria Cosma. 2023. (ENG.). 68p. (J). ***(978-1-329-49836-5(4))*** Lulu Pr., Inc.

ForestGirls, Avec le Monde, Toujours. Sissel Waage. Tr. by Camille Pazdej. Illus. by Ana-Maria Cosma. 2022. (FRE.). 42p. (J). *(978-1-4583-9369-2(0))* Lulu Pr., Inc.

ForestGirls, Avec le Monde, Toujours (livre Broché) Sissel Waage. Tr. by Camille Pazdej. Illus. by Ana-Maria Cosma. 2022. (FRE.). 42p. (J). pap. ***(978-1-4583-9375-3(5))*** Lulu Pr., Inc.

ForestGirls: Innovator's Notebook. Sissel Waage. Illus. by Melina Burhan. 2022. (ENG.). 150p. (YA). ***(978-1-387-51519-6(5))*** Lulu Pr., Inc.

ForestGirls: Innovator's Notebook (paperback) Sissel Waage & Melina Burhan. 2022. (ENG.). 150p. (YA). pap. ***(978-1-387-51512-7(8))*** Lulu Pr., Inc.

ForestGirls, with the World Always (softcover) Sissel Waage. Illus. by Ana-Maria Cosma. 2021. (ENG.). 42p. (J). pap. 8.99 *(978-1-716-14431-8(0))* Lulu Pr., Inc.

ForestGirls, with Their Friends & Teachers. Sissel Waage. Illus. by Ana-Maria Cosma. 2022. (ENG.). 48p. (J). 25.99 ***(978-1-387-59408-5(7))*** Lulu Pr., Inc.

ForestGirls, with Their Friends & Teachers (paperback) Sissel Waage. Illus. by Ana-Maria Cosma. 2022. (ENG.). 48p. (J). pap. 9.99 ***(978-1-387-59403-0(6))*** Lulu Pr., Inc.

Forestry. Ruth Daly. 2017. *(978-1-5105-1935-0(1))* SmartBook Media, Inc.

Forests. Jason McClure & Piper Whelan. 2017. (Illus.). 24p. (J). *(978-1-5105-1054-8(0))* SmartBook Media, Inc.

Forests: Children's Forest & Tree Book. Bold Kids. 2022. (ENG.). 38p. (J). pap. 15.99 ***(978-1-0717-0980-1(1))*** FASTLANE LLC.

Forests & Vegetation, 1 vol. Jill Sherman. 2017. (Let's Learn about Natural Resources Ser.). (ENG.). 24p. (gr. 1-2). 24.27 *(978-0-7660-9237-2(2),* 9a241404-283d-4e1b-ada5-31b90504f648) Enslow Publishing, LLC.

Forests for Animals & Plants: Book 13. Carole Crimeen & Suzanne Fletcher. 2023. (Sustainability Ser.). (ENG.). 16p. (J). (gr. -1-2). pap. 7.99 ***(978-1-922370-09-9(6),*** 7309f732-e99b-4c8e-b83c-33de20f318c3) Knowledge Bks. & Software AUS. Dist: Lerner Publishing Group.

Forests of Porto Rico: Past, Present, & Future, & Their Physical & Economic Environment (Classic Reprint) Louis Sutliffe Murphy. (ENG., Illus.). (J). 2017. 26.45 *(978-0-260-33251-6(8))*; 2016. pap. 9.57 *(978-1-334-00235-9(5))* Forgotten Bks.

Forests of the Fae: Lang's Labyrinth. K. Kibbee. 2018. (Forests of the Fae Ser.: 3). (ENG., Illus.). 294p. (YA). (gr. 3-11). pap. 13.95 *(978-1-944589-62-2(7),* Incognito Publishing Pr.) Incognito Publishing Pr. LLC.

Forests of the Fae: The Raven Queen. K. Kibbee. 2017. (Forests of the Fae Ser.: 2). (ENG., Illus.). 241p. (YA). (gr. 3-11). pap. 13.95 *(978-1-944589-20-2(1),* Incognito Publishing Pr.) Incognito Publishing Pr. LLC.

Forests of the Night (Classic Reprint) Innes Ruth Gray Hart. (ENG., Illus.). (J). 2018. 296p. 30.02 *(978-0-267-37152-5(7))*; 2016. pap. 13.57 *(978-1-334-15949-7(1))* Forgotten Bks.

Forests of the World Coloring Book. Kreative Kids. 2016. (ENG., Illus.). (J). pap. 9.20 *(978-1-68377-468-6(X))* Whlke, Traudl.

Forest's Silence: Book 6 of the Adventures on Brad. Wong Tao. 2020. (Adventures on Brad Ser.: Vol. 6). (ENG.). 338p. (YA). (gr. 7-11). pap. *(978-1-989458-81-5(5))* Tao Wong.

Foret de L'Intermonde. Aline Ste-Marie. 2017. (FRE., Illus.). (J). pap. *(978-2-9815802-5-2(6))* Ste-Marie, Aline.

Foret Magique. Souhila. Ed. by Editions La Liseuse. Illus. by Emily Zieroth. 2016. (FRE.). (J). pap. *(978-2-37108-039-3(X))* L@ Liseuse.

forêt Magique. Souhila. Ed. by Junior Editions La Liseuse. 2016. (FRE., Illus.). 38p. (J). pap. *(978-2-37108-049-2(7))* L@ Liseuse.

Foretelling of Georgie Spider: The Tribe Book 3. Ambelin Kwaymullina. 2017. (Tribe Ser.). (ENG.). 448p. (J). (gr. 7). 17.99 *(978-0-7636-9210-0(7))* Candlewick Pr.

Forêts. Québec Amérique. 2021. (Savoir - L'environnement Ser.: 3). (FRE., Illus.). 32p. (J). (gr. 4-8). 18.95 *(978-2-7644-4319-4(6))* Quebec Amerique CAN. Dist: Orca Bk. Pubs. USA.

Forever. Emma Dodd. Illus. by Emma Dodd. 2019. (Emma Dodd's Love You Bks.). (ENG., Illus.). 22p. (J). (— 1). bds. 10.99 *(978-1-5362-0812-2(4),* Templar) Candlewick Pr.

Forever, Again. Victoria Laurie. (ENG.). 368p. (J). (gr. 7-12). 2017. pap. 9.99 *(978-1-4847-0151-5(8))*; 2016. 17.99 *(978-1-4847-0009-9(0))* Hyperion Bks. for Children.

Forever Amigo: An Abby Story. Kelsey Abrams. Illus. by Jomike Tejido. 2019. (Second Chance Ranch Set 2 Ser.). (ENG.). 120p. (J). (gr. 3-4). pap. 7.99 *(978-1-63163-256-3(6),* 1631632566); lib. bdg. 27.13 *(978-1-63163-255-6(8),* 1631632558) North Star Editions. (Jolly Fish Pr.).

Forever & a Day. Ream Jacquie. Illus. by Emmert Phyllis. 2017. (Bully Dogs Ser.: Vol. 4). (ENG.). 138p. (YA). (gr. 7-12). pap. 9.95 ***(978-1-945271-62-5(0))*** Bk. Pubs. Network.

Forever & Ever - a Wedding Day Coloring Book. Kreativ Entspannen. 2016. (ENG., Illus.). (J). pap. 6.92 *(978-1-68377-469-3(8))* Whlke, Traudl.

Forever Battery Invention: Examining the Inventive Mind, What If There Was a Battery That Could Never Die? Leanne Jones. Illus. by Andrew A. Currie. 2020. (ENG.). 32p. (YA). pap. *(978-1-927755-85-3(9))* Agio Publishing Hse.

Forever Battery Invention: Examining the Inventive Mind, What If There Was a Battery That Could Never Die? - Casebound. Leanne Jones. Illus. by Andrew A. Currie. 2020. (ENG.). 32p. (YA). *(978-1-927755-87-7(5))* Agio Publishing Hse.

Forever Bear. Barbara Pyett. 2022. (ENG.). 26p. (J). pap. ***(978-1-3984-4116-3(3))*** Austin Macauley Pubs. Ltd.

Forever Birchwood: A Novel. Danielle Daniel. 2022. (ENG.). 304p. (J). (gr. 3-7). pap. 12.99 *(978-1-4434-6334-8(5),* HarperCollins) HarperCollins Pubs.

Forever Blue: Loving Our Dog & Letting Her Go. Kenlyn Kolleen. 2022. (ENG., Illus.). 52p. (J). 32.95 *(978-1-63985-408-0(8))* Fulton Bks.

Forever Boy, 1 vol. Anne Schraff. 2016. (Red Rhino Ser.). (ENG.). 62p. (J). (gr. 4-7). pap. 9.95 *(978-1-62250-957-7(9))* Saddleback Educational Publishing, Inc.

Forever Changed by the Book: The Jo Shetler Story. Edie Cunningham et al. 2020. (Flash Card Format 5135-Acs Ser.: Vol. 5135). (ENG.). 46p. (J). pap. 19.95 *(978-1-64104-105-8(6))* Bible Visuals International, Inc.

Forever Christmas Letters. Ktrome. 2022. (ENG., Illus.). 122p. (J). pap. 19.95 ***(978-1-68526-384-3(4))*** Covenant Bks.

Forever Committed! Christine Soulliere. Illus. by Glen Hawkes. 2023. (Woodland Adventure Ser.: 4). 36p. (J). 24.99 ***(978-1-7779348-2-8(6))*** BookBaby.

Forever Court (Knights of the Borrowed Dark, Book 2) Dave Rudden. 2017. (Knights of the Borrowed Dark Ser.: 2). (ENG.). 432p. (J). (gr. 5). 16.99 *(978-0-553-52301-0(5),* Random Hse. Bks. for Young Readers) Random Hse. Children's Bks.

Forever Daddy's Girl: Treasuring His Love & Memories. Vladimir Cebu & Rhonda Sheffield. 2021. (ENG.). 34p. (J). pap. 14.99 *(978-0-578-97435-4(5))* Sheffield, Rhonda.

Forever Disguised. Annie Woods. 2018. (ENG., Illus.). 328p. (J). pap. 17.99 *(978-1-910903-14-8(0))* AudioGO.

Forever Doon, 1 vol. Lorie Langdon. 2017. (Doon Novel Ser.: 4). (ENG.). 384p. (YA). pap. 12.99 *(978-0-310-74242-5(0))* Blink.

Forever Evergreen. Kay Roberts. Illus. by Kim Sponaugle. 2018. (ENG.). 30p. (J). (gr. k-6). 24.95 *(978-1-61244-596-0(9))* Halo Publishing International.

Forever Fallen: Book One, Anak Trilogy. Sherry Fortner. 2022. (Forever Ser.: Vol. 1). (ENG.). 182p. (YA). 27.95 ***(978-1-63814-922-4(4))***; pap. 16.95 ***(978-1-63814-920-0(8))*** Covenant Bks.

Forever Feathers: A Lyrical Story. Inga Eissmann Buccella. 2020. (ENG., Illus.). 34p. (J). pap. 9.99 *(978-1-6629-0032-7(5))* Gatekeeper Pr.

Forever Friends. Karol Barkley. 2017. (ENG., Illus.). (J). pap. 14.95 *(978-1-63525-545-4(7))* Christian Faith Publishing.

Forever Friends. Chris Cokley. 2021. (ENG., Illus.). 22p. (J). pap. 11.95 *(978-1-63710-990-8(3))* Fulton Bks.

Forever Friends. David Willis. 2018. (ENG.). 70p. (J). pap. ***(978-1-387-80164-0(3))*** Lulu Pr., Inc.

Forever Friends: Do We Still Wear Masks? Chris Cokley. 2022. (ENG., Illus.). 22p. (J). pap. 12.95 *(978-1-63985-957-3(8))* Fulton Bks.

Forever Geek (Geek Girl, Book 6) Holly Smale. 2022. (Geek Girl Ser.: 6). (ENG.). 432p. (J). 10.99 *(978-0-00-853294-9(X)*, HarperCollins Children's Bks.) HarperCollins Pubs. Ltd. GBR. Dist: HarperCollins Pubs.

Forever Glimmer Creek. Stacy Hackney. 2020. (ENG.). 320p. (J). (gr. 3-7). 17.99 *(978-1-5344-4484-3(X)*, Simon & Schuster Bks. For Young Readers) Simon & Schuster Bks. For Young Readers.

Forever Home. Jenna Ayoub. 2021. (ENG., Illus.). 176p. (J). pap. 12.99 *(978-1-68415-603-0(3))* BOOM! Studios.

Forever Home. Karen Goulandris. Illus. by Miziker Alexandria. 2017. 24p. (J). pap. *(978-0-9824899-4-9(3))* Monolith Graphics.

Forever Home. Carolyn Johnson. 2020. (ENG.). 171p. (J). pap. *(978-1-716-98327-6(4))* Lulu Pr., Inc.

Forever Home. Anthony Lynne. 2017. (ENG., Illus.). (YA). pap. 12.95 *(978-1-63575-751-4(7))* Christian Faith Publishing.

Forever Home. Ann Shiver. Illus. by Jennifer Shiver. 2019. (ENG.). 32p. (J). pap. 14.99 *(978-1-5456-6865-8(5)*, Mill City Press, Inc) Salem Author Services.

Forever Home. Cathy Stenquist. Illus. by Erica Leigh. 2021. (ENG.). 36p. (J). 19.99 *(978-1-7357680-0-7(6))* Stenquist, Cathy.

Forever Home: A Dog & Boy Love Story. Henry Cole. Illus. by Henry Cole. 2022. (ENG.). 48p. (J). (gr. -1-3). 18.99 *(978-1-338-78404-6(8)*, Scholastic Pr.) Scholastic, Inc.

Forever Home for Shelby. Cj Clayton. 2019. (ENG., Illus.). 34p. (J). 24.95 *(978-1-64096-521-8(1))*; pap. 15.95 *(978-1-64096-520-1(3))* Newman Springs Publishing, Inc.

Forever Horse. Stacy Gregg. 2021. (ENG.). 240p. (J). 7.99 *(978-0-00-833238-9(X)*, HarperCollins Children's Bks.) HarperCollins Pubs. Ltd. GBR. Dist: HarperCollins Pubs.

Forever in a Moment. Advika Reddy. 2018. (ENG., Illus.). 278p. (J). pap. 12.99 *(978-1-64324-538-6(4))* Notion Pr., Inc.

Forever in Love. Susane Colasanti. 2018. (City Love Ser.: 3). (ENG.). 320p. (YA). (gr. 9). pap. 9.99 *(978-0-06-230777-4(0)*, Tegen, Katherine Bks) HarperCollins Pubs.

Forever in Your Heart. Katie Zapfel. Illus. by Amara Venayas Rodriguez. 2022. (ENG.). 18p. (J). 15.99 *(978-1-64538-348-2(2))*; pap. 10.99 *(978-1-64538-347-5(4))* Orange Hat Publishing.

Forever Inspired Coloring Book: Angela Porter's Tropical Rainforest Hidden Pictures. Angela Porter. 2017. (Forever Inspired Coloring Bks.). (ENG., Illus.). 96p. (J). (gr. 3-7). pap. 7.99 *(978-1-944686-54-3(1)*, Racehorse Publishing) Skyhorse Publishing Co., Inc.

Forever Inspired Coloring Book: Confident, Strong, Beautiful, Fun! John Kurtz. 2019. (Forever Inspired Coloring Bks.). (ENG., Illus.). 96p. (J). (gr. k-7). pap. 7.99 *(978-1-63158-464-0(2)*, Racehorse Publishing) Skyhorse Publishing Co., Inc.

Forever Inspired Coloring Book: Fairyworld. Jessica Mazurkiewicz. 2016. (Forever Inspired Coloring Bks.). (ENG., Illus.). 96p. (J). (gr. 3-7). pap. 7.99 *(978-1-944686-23-9(1)*, Racehorse Publishing) Skyhorse Publishing Co., Inc.

Forever Inspired Coloring Book: Paris Fashions. Karma Voce. 2016. (Forever Inspired Coloring Bks.). (ENG., Illus.). 96p. (J). (gr. 3-7). pap. 7.99 *(978-1-944686-60-4(6)*, Racehorse Publishing) Skyhorse Publishing Co., Inc.

Forever Inspired Coloring Book: Tokyo Fashions. Karma Voce. 2016. (Forever Inspired Coloring Bks.). (ENG., Illus.). 96p. (J). (gr. 3-7). pap. 7.99 *(978-1-944686-61-1(4)*, Racehorse Publishing) Skyhorse Publishing Co., Inc.

Forever Inspired Coloring Book: Unicorns & Mystical Creatures. Jessica Mazurkiewicz. 2016. (Forever Inspired Coloring Bks.). (ENG., Illus.). 96p. (J). (gr. 3-7). pap. 7.99 *(978-1-944686-22-2(3)*, Racehorse Publishing) Skyhorse Publishing Co., Inc.

Forever Is Now. Mariama J. Lockington. 2023. (ENG.). 416p. (YA). 19.99 *(978-0-374-38888-1(1)*, 900244470, Farrar, Straus & Giroux (BYR)) Farrar, Straus & Giroux.

Forever, It's We. Amanda McDowell. 2022. (ENG.). 34p. (J). 26.95 ***(978-1-6642-8201-8(7)***, WestBow Pr.) Author Solutions, LLC.

Forever Kitty: Volume 1: Bullied. Sylva M. Chambers. 2018. (Forever Kitty Ser.: Vol. 1). (ENG., Illus.). 106p. (YA). pap. 21.95 *(978-1-64299-820-7(6))* Christian Faith Publishing.

Forever My Baby. Kate Lockwood. Illus. by Jacqueline East. 2022. (Padded Board Books for Babies Ser.). (ENG.). 20p. (J). (— 1). bds. 6.99 *(978-1-6672-0031-6(3)*, Silver Dolphin Bks.) Printers Row Publishing Group.

Forever or a Day: (Children's Picture Book for Babies & Toddlers, Preschool Book) Sarah Jacoby. 2018. (ENG., Illus.). 40p. (J). (gr. -1-k). 17.99 *(978-1-4521-6463-2(0))* Chronicle Bks. LLC.

Forever, or a Long, Long Time. Caela Carter. (ENG.). (J). (gr. 3-7). 2019. 336p. pap. 7.99 *(978-0-06-238569-7(0))*; 2017. 320p. 16.99 *(978-0-06-238568-0(2))* HarperCollins Pubs. (Quill Tree Bks.).

Forever Our Home. Tonya Simpson. Illus. by Carla Joseph. 2023. (ENG.). 32p. (J). (gr. -1-k). 21.95 *(978-1-4598-3563-4(8))* Orca Bk. Pubs. USA.

Forever Royal #6. D. S. Weissman. 2016. (ENG., Illus.). (YA). (gr. 8-12). pap. 12.99 *(978-1-68076-685-1(6)*, Epic Pr.) ABDO Publishing Co.

Forever Sky. Thomas Peacock. Illus. by Annette S. Lee. 2019. (ENG.). 32p. (J). 17.95 *(978-1-68134-098-2(4))* Minnesota Historical Society Pr.

Forever Song. Julie Kagawa. 2021. (Blood of Eden Ser.: 3). (ENG.). 512p. (YA). pap. 12.99 *(978-1-335-20999-3(9))* Harlequin Enterprises ULC CAN. Dist: HarperCollins Pubs.

Forever Summer: a Chelsea High Novel (Chelsea High Series, Book 2), Book 2. Jenny Oliver. 2021. (Chelsea High Ser.: 2). (ENG.). 384p. (J). 9.99 *(978-1-4052-9506-2(6)*, Electric Monkey) Farshore GBR. Dist: HarperCollins Pubs.

Forever This Summer. Leslie C. Youngblood. 2022. (Love Like Sky Ser.). (ENG., Illus.). 336p. (J). (gr. 3-7). pap. 7.99 *(978-0-316-10321-3(7))* Little, Brown Bks. for Young Readers.

Forever Tree. Tereasa Surratt & Donna Charlton-Perrin. Illus. by Daniel Roode. 2018. (J). pap. *(978-0-553-52395-9(3))* Bantam Doubleday Dell Large Print Group, Inc.

Forever Tree. Tereasa Surratt & Donna Lukas. Illus. by Nicola Slater. 2018. 40p. (J). (gr. -1-2). 18.99 *(978-0-553-52392-8(9)*, Crown Books For Young Readers) Random Hse. Children's Bks.

Forever Tree: Tommy Discovers Forever. Zee Dammerel. 2017. (ENG., Illus.). (J). pap. 18.99 *(978-1-5043-0647-8(3)*, Balboa Pr.) Author Solutions, LLC.

Forever Truffle. Fanny Britt. Tr. by Susan Ouriou. Illus. by Isabelle Arsenault. 2022. (ENG.). 114p. (J). (gr. 2-5). 19.99 *(978-1-77306-070-5(8))* Groundwood Bks. CAN. Dist: Publishers Group West (PGW).

Forever with Jesus. Lee Ann Mancini. Ed. by Sharon Lamson. Illus. by Dan Sharp. 2018. (ENG.). 32p. (J). 12.99 *(978-0-9973325-3-7(0))* GLM Publishing.

Forever with the One I Truly Love Coloring Book. Bobo's Adult Activity Books. 2016. (ENG., Illus.). (J). pap. 9.33 *(978-1-68327-462-9(8))* Sunshine In My Soul Publishing.

Forever Young: A Story of Everlasting Friendship. Ron Ricci. Illus. by Lyn Meredith. 2023. (ENG.). 40p. (J). 19.99 ***(978-1-6629-3360-8(6))***; pap. 11.99 ***(978-1-6629-3361-5(4))*** Gatekeeper Pr.

Forever Young, Forever Healthy: The Secrets to Living. Wellness Innovations. 2023. (ENG.). 70p. (YA). pap. 9.99 ***(978-1-4478-5100-4(5))*** Lulu Pr., Inc.

Forever Young: the Boy Who Couldn't Die: A TOON Graphic. Simon Roussin. 2016. (ENG., Illus.). 48p. (J). *(978-1-943145-10-2(5))* TOON Books / RAW Junior, LLC.

Forever Yours. Exejo Smith. 2021. (ENG.). 38p. (YA). pap. ***(978-1-716-06117-2(2))*** Lulu Pr., Inc.

Foreverland. Nicole C. Kear. 2020. (ENG.). 256p. (J). 16.99 *(978-1-250-21983-1(3)*, 900207494) Imprint IND. Dist: Macmillan.

Foreverland. Nicole C. Kear. 2021. (ENG.). 256p. (J). pap. 7.99 *(978-1-250-76333-4(9)*, 900207495) Square Fish.

Forevermore. Bobbye McNish. 2021. (ENG., Illus.). 32p. (J). 16.99 *(978-1-947928-77-0(5))* VMH Publishing.

Foreververse: A Fairy Tale. Anthony Farina. Ed. by Sharilyn S. Grayson. Illus. by Jackie Nickle. 2016. (ENG.). (YA). pap. 15.99 *(978-1-68419-338-7(9))*; (gr. 7-12). 27.99 *(978-1-68419-337-0(0))* Gold 5 Publishing.

Forewarners: A Novel (Classic Reprint) Giovanni. Cena. 2017. (ENG., Illus.). (J). 30.15 *(978-1-5282-5397-0(3))* Forgotten Bks.

Forge. Laurie Halse Anderson. l.t. ed. 2017. (Seeds of America Ser.). (ENG.). 418p. 22.99 *(978-1-4104-9918-9(9))* Cengage Gale.

Forge & Furnace: A Novel (Classic Reprint) Florence Warden. (ENG., Illus.). (J). 2018. 224p. 28.52 *(978-0-483-02161-7(X))*; 2016. pap. 10.97 *(978-1-334-12549-2(X))* Forgotten Bks.

Forge in the Forest: Being the Narrative of the Acadian Ranger, Jean de Mer, Seigneur de Briart; & How He Crossed the Black ABBE; & of His Adventures in a Strange Fellowship (Classic Reprint) Charles G. D. Roberts. 2017. (ENG., Illus.). (J). 30.87 *(978-1-5282-6317-7(0))* Forgotten Bks.

Forge Me. Fae McKae. 2022. (For Me Ser.: Vol. 1). (ENG.). 252p. (YA). pap. 12.99 ***(978-1-6629-3300-4(2))*** Gatekeeper Pr.

Forge of Clohogue: A Story of the Rebellion of 98 (Classic Reprint) James Murphy. 2018. (ENG., Illus.). 340p. (J). 30.91 *(978-0-484-05783-7(9))* Forgotten Bks.

Forge Your Dragon World: a Wings of Fire Creative Guide. Tui T. Sutherland. Illus. by Mike Holmes. 2021. (Wings of Fire Graphix Ser.). (ENG.). 144p. (J). (gr. 3-7). 12.99 *(978-1-338-63477-8(1)*, Graphix) Scholastic, Inc.

Forged. Erin Bowman. 2016. (Taken Ser.: 3). (ENG.). 384p. (YA). (gr. 8). pap. 10.99 *(978-0-06-211733-5(5)*, HarperTeen) HarperCollins Pubs.

Forged by Fire Novel Units Student Packet. Novel Units. 2019. (ENG.). (J). pap. 13.99 *(978-1-58130-897-6(3)*, Novel Units, Inc.) Classroom Library Co.

Forged by Fire Novel Units Teacher Guide. Novel Units. 2019. (ENG.). (J). pap. 12.99 *(978-1-58130-896-9(5)*, Novel Units, Inc.) Classroom Library Co.

Forged: Faith Refined, Volume 1 Leader Guide: For Preteens. Lifeway Kids. 2019. (ENG.). 112p. (J). (gr. 4-6). spiral bd. 14.99 *(978-1-5359-5215-6(6))* Lifeway Christian Resources.

Forged: Faith Refined, Volume 1 Preteen Discipleship Guide: For Preteens. Lifeway Kids. 2019. (ENG.). 128p. (J). (gr. 4-6). spiral bd. 8.99 *(978-1-5359-5217-0(2))* Lifeway Christian Resources.

Forged: Faith Refined, Volume 1 Small Group 10-Pack. Lifeway Kids. 2019. (ENG.). 272p. (J). (gr. 4-6). 132.00 *(978-1-0877-1435-6(4))* Lifeway Christian Resources.

Forged: Faith Refined, Volume 1 Small Group 5-Pack. Lifeway Kids. 2019. (ENG.). 112p. (J). (gr. 4-6). 76.50 *(978-1-0877-1434-9(6))* Lifeway Christian Resources.

Forged: Faith Refined, Volume 2 Leader Guide. Lifeway Kids. 2019. (ENG.). 116p. (J). (gr. 5-6). spiral bd. 14.99 *(978-1-5359-5216-3(4))* Lifeway Christian Resources.

Forged: Faith Refined, Volume 2 Preteen Discipleship Guide. Lifeway Kids. 2019. (ENG.). 128p. (J). (gr. 4-6). spiral bd. 8.99 *(978-1-5359-9891-8(1))* Lifeway Christian Resources.

Forged: Faith Refined, Volume 2 Small Group 10-Pack. Lifeway Kids. 2019. (ENG.). 272p. (J). (gr. 4-6). 132.00 *(978-1-0877-1437-0(0))* Lifeway Christian Resources.

Forged: Faith Refined, Volume 2 Small Group 5-Pack. Lifeway Kids. 2019. (ENG.). 272p. (J). (gr. 4-6). 76.50 *(978-1-0877-1436-3(2))* Lifeway Christian Resources.

Forged: Faith Refined, Volume 3 Leader Guide. Lifeway Kids. 2020. (ENG.). 112p. (J). (gr. 5-6). spiral bd. 14.99 *(978-1-5359-5220-0(2))* Lifeway Christian Resources.

Forged: Faith Refined, Volume 3 Preteen Discipleship Guide. Lifeway Kids. 2020. (ENG.). 128p. (J). (gr. 4-6). spiral bd. 8.99 *(978-1-5359-9908-3(X))* Lifeway Christian Resources.

Forged: Faith Refined, Volume 3 Small Group 10-Pack. Lifeway Kids. 2020. (ENG.). 272p. (J). (gr. 4-6). 132.00 *(978-1-0877-1439-4(7))* Lifeway Christian Resources.

Forged: Faith Refined, Volume 3 Small Group 5-Pack. Lifeway Kids. 2020. (ENG.). 272p. (J). (gr. 4-6). 76.50 *(978-1-0877-1438-7(9))* Lifeway Christian Resources.

Forged: Faith Refined, Volume 4 Small Group 10-Pack. Lifeway Kids. 2020. (ENG.). 272p. (J). (gr. 4-6). 132.00 *(978-1-0877-1469-1(9))* Lifeway Christian Resources.

Forged: Faith Refined, Volume 4 Small Group 5-Pack. Lifeway Kids. 2020. (ENG.). 272p. (J). (gr. 4-6). 76.50 *(978-1-0877-1468-4(0))* Lifeway Christian Resources.

Forged: Faith Refined, Volume 5 Small Group 10-Pack. Lifeway Kids. 2020. (ENG.). 272p. (J). 94.99 *(978-1-0877-1623-7(3))* Lifeway Christian Resources.

Forged: Faith Refined, Volume 5 Small Group 5-Pack. Lifeway Kids. 2020. (ENG.). 272p. (J). (gr. 4-6). 54.99 *(978-1-0877-1622-0(5))* Lifeway Christian Resources.

Forged in Strong Fires (Classic Reprint) John Ironside. 2017. (ENG., Illus.). (J). 332p. 30.74 *(978-0-484-89175-2(8))*; pap. 13.57 *(978-0-259-19319-7(4))* Forgotten Bks.

Forged Note: A Romance of the Darker Races (Classic Reprint) Oscar Micheaux. (ENG., Illus.). (J). 2018. 528p. 34.81 *(978-0-332-56145-5(3))*; 2016. pap. 19.57 *(978-1-334-73858-6(0))* Forgotten Bks.

Forged Will: Or Crime & Retribution (Classic Reprint) Emerson Bennett. 2018. (ENG., Illus.). 302p. (J). 30.13 *(978-0-365-21101-3(X))* Forgotten Bks.

Forgery of Roses. Jessica S. Olson. (ENG.). (YA). 2023. 400p. pap. 15.99 *(978-1-335-42919-3(0))*; 2022. (Illus.). 384p. 19.99 *(978-1-335-41866-1(0))* Harlequin Enterprises ULC CAN. Dist: HarperCollins Pubs.

Forgery, or Best Intentions (Classic Reprint) George Payne Rainsford James. 2018. (ENG., Illus.). 384p. (J). 31.84 *(978-0-483-26112-9(2))* Forgotten Bks.

Forgery, Vol. 1 Of 3: Or, Best Intentions (Classic Reprint) George Payne Rainsford James. 2018. (ENG., Illus.). 326p. (J). 30.64 *(978-0-483-50896-5(9))* Forgotten Bks.

Forgery, Vol. 2 Of 3: Or, Best Intentions (Classic Reprint) George Payne Rainsford James. 2018. (ENG., Illus.). 342p. (J). 30.95 *(978-0-483-26203-4(X))* Forgotten Bks.

Forgery, Vol. 3 Of 3: Or, Best Intentions (Classic Reprint) George Payne Rainsford James. 2018. (ENG., Illus.). 342p. (J). 30.99 *(978-0-484-20231-2(6))* Forgotten Bks.

Forget It Felix. Paul Abdool. Illus. by Eugene Kim. 2020. (ENG.). 66p. (J). *(978-0-2288-4527-0(0))*; pap. *(978-0-2288-4528-7(9))* Tellwell Talent.

Forget Me Nat: a Graphic Novel (Nat Enough #2) Maria Scrivan. Illus. by Maria Scrivan. 2020. (Nat Enough Ser.). (ENG., Illus.). 240p. (J). (gr. 3-7). 24.99 *(978-1-338-53825-0(X))*; pap. 12.99 *(978-1-338-53824-3(1))* Scholastic, Inc. (Graphix).

Forget Me Not. Alyson Derrick. 2023. (ENG.). 320p. (YA). (gr. 9). 19.99 *(978-1-6659-0237-3(X)*, Simon & Schuster Bks. For Young Readers) Simon & Schuster Bks. For Young Readers.

Forget Me Not. Tamara Kudelic. 2023. (ENG.). 104p. (J). pap. ***(978-1-4478-1097-1(X))*** Lulu Pr., Inc.

Forget Me Not. Ellie Terry. 2018. (CHI.). (J). (gr. 3-7). pap. *(978-986-96396-3-7(1))* DaskoviK, Izdatel'sko-torgovaja korporacija.

Forget Me Not. Ellie Terry. 2018. (ENG.). 336p. (J). pap. 8.99 *(978-1-250-14401-0(9)*, 900161007) Square Fish.

Forget-Me-Not. Kathrin K. Vance. 2022. (ENG., Illus.). 36p. (J). 27.95 ***(978-1-63985-443-1(6))*** Fulton Bks.

Forget Me Not. Elliah Terry. ed. 2018. (J). lib. bdg. 18.40 *(978-0-606-41100-4(3))* Turtleback.

Forget Me Not: A Christmas, New Year's & Birthday Present, for MDCCCXXXIX (Classic Reprint) Frederic Shoberl. 2018. (ENG., Illus.). 418p. (J). 32.52 *(978-0-483-03193-7(3))* Forgotten Bks.

Forget Me Not: Aconite. Silviana Alberti. 2022. (Forget Me Not Ser.: Vol. 1). (ENG.). 252p. (YA). ***(978-0-6454032-0-6(2))*** Silviana.

Forget-Me-Not Blue. Sharelle Byars Moranville. 2023. 272p. (J). (gr. 3-7). 17.99 ***(978-0-8234-5359-7(6))*** Holiday Hse., Inc.

Forget-Me-Not, for All Seasons (Classic Reprint) Ida Maitland. (ENG., Illus.). (J). 2018. 270p. 29.47 *(978-0-332-92966-8(3))*; 2016. pap. 11.97 *(978-1-333-15276-5(0))* Forgotten Bks.

Forget-Me-Not Lake. Poppy Green. Illus. by Jennifer A. Bell. 2017. (Adventures of Sophie Mouse Ser.). (ENG.). 128p. (J). (gr. k-4). lib. bdg. 31.36 *(978-1-5321-4112-6(2)*, 26985, Chapter Bks.) Spotlight.

Forget Me Not Pact. M. J. Padgett. 2020. (ENG.). 152p. (J). pap. 6.99 *(978-1-393-29438-2(3))* Draft2Digital.

Forget-Me-Not Summer. Leila Howland. Illus. by Ji-Hyuk Kim. 2016. (Silver Sisters Ser.: 1). (ENG.). 368p. (J). (gr. 3-7). pap. 7.99 *(978-0-06-231870-1(5)*, HarperCollins) HarperCollins Pubs.

Forget-Me-Nots of the Civil War: A Romance, Containing Reminiscences & Original Letters of Two Confederate Soldiers (Classic Reprint) Laura Elizabeth Lee. 2018. (ENG., Illus.). 380p. (J). 31.75 *(978-0-483-36189-8(5))* Forgotten Bks.

Forget-Me-Nots, Vol. 1 of 3 (Classic Reprint) Julia Kavanagh. (ENG., Illus.). (J). 2018. 304p. 30.19 *(978-0-483-96672-7(X))*; 2017. 30.50 *(978-0-331-76899-2(2))* Forgotten Bks.

Forget-Me-Nots, Vol. 2 of 3 (Classic Reprint) Julia Kavanagh. (ENG., Illus.). (J). 2018. 330p. 30.70 *(978-0-483-28771-6(7))*; 2016. pap. 13.57 *(978-1-334-12457-0(4))* Forgotten Bks.

Forget This Ever Happened. Cassandra Rose Clarke. 336p. (YA). (gr. 9). 2022. pap. 12.99 *(978-0-8234-5129-6(1))*; 2020. 18.99 *(978-0-8234-4608-7(5))* Holiday Hse., Inc.

Forgetful Chicken. Keyonna Patterson. Illus. by Eminence System. 2019. (ENG.). 20p. (J). 17.99 *(978-0-578-55517-1(4))* Patterson, Keyonna.

Forgetful Elephant. Kylan Mogg. 2023. (ENG.). 26p. (J). 19.99 ***(978-1-0881-1065-2(7))*** Indy Pub.

Forgetful Ninja: A Children's Book about Improving Memory Skills. Mary Nhin & Grow Grit Press. Illus. by Jelena Stupar. 2021. (Ninja Life Hacks Ser.: Vol. 44). (ENG.). 32p. (J). 19.99 *(978-1-63731-095-3(1))* Grow Grit Pr.

Forgetful Santa & Other Short Stories. Janet Blue. Illus. by Stephen Baldwin. 2022. (ENG.). 24p. (J). pap. 15.00 *(978-0-578-18441-8(9))* BookBaby.

Forgetful Teddy Bear. Ruby Tess. 2019. (ENG., Illus.). 28p. (J). *(978-1-925939-54-5(5))*; pap. *(978-1-925939-53-8(7))* Tablo Publishing.

Forgettery. Rachel Ip. Illus. by Laura Hughes. 2021. (ENG.). 32p. (J). pap. 7.99 *(978-1-4052-9476-8(0))* Farshore GBR. Dist: HarperCollins Pubs.

Forgetting. Sharon Cameron. (ENG.). 416p. (YA). (gr. 7-7). 2017. pap. 12.99 *(978-1-338-16071-0(0))*; 2016. 18.99 *(978-0-545-94521-9(6))* Scholastic, Inc. (Scholastic Pr.).

Forgetting. Sharon Cameron. ed. 2017. lib. bdg. 20.85 *(978-0-606-40148-7(2))* Turtleback.

Forgetting. Penelope Dyan. l.t. ed. 2022. (ENG.). 34p. (J). pap. 12.60 ***(978-1-61477-627-7(X))*** Bellissima Publishing, LLC.

Forgetting Machine. Pete Hautman. 2016. (Flinkwater Chronicles Ser.: 2). (ENG., Illus.). 224p. (J). (gr. 4-8). 16.99 *(978-1-4814-6436-3(8)*, Simon & Schuster Bks. For Young Readers) Simon & Schuster Bks. For Young Readers.

Forgetting Places. S. P. Somtow. 2018. (ENG., Illus.). 262p. (YA). (gr. 7-12). pap. 14.00 *(978-0-9900142-8-7(2))* Diplodocus Pr.

Forgetting Spell. Lauren Myracle. 2018. (Wishing Day Ser.: 2). (ENG.). 368p. (J). (gr. 3-7). pap. 6.99 *(978-0-06-234210-2(X)*, Tegen, Katherine Bks) HarperCollins Pubs.

Forging of the Pikes, a Romance of the Upper Canadian Rebellion (Classic Reprint) Anison North. 2017. (ENG., Illus.). (J). 30.56 *(978-1-5279-7330-5(1))* Forgotten Bks.

Forging Silver into Stars. Brigid Kemmerer. 2022. (Forging Silver into Stars Ser.: 1). (ENG., Illus.). 560p. (YA). 18.99 *(978-1-5476-0912-3(5)*, 900252596, Bloomsbury Young Adult) Bloomsbury Publishing USA.

Forging Through Life. Alixandra Bevandich. 2020. (ENG.). 110p. (J). 30.00 *(978-1-6781-3251-4(9))* Lulu Pr., Inc.

Forgive Derek & Be Friends. Rhonda Maroun. 2018. (ENG., Illus.). 80p. (J). pap. 14.00 *(978-0-578-43113-0(0))* Capstone Media Services.

Forgive Me, Mr. Hunter. T. N. Cullen. Ed. by Claire Mulligan & Cindy Cullen. 2018. (ENG., Illus.). 312p. (J). *(978-1-5255-2102-7(0))*; pap. *(978-1-5255-2103-4(9))* FriesenPress.

Forgive Me Not. Jennifer Baker. 2023. 400p. (YA). (gr. 7). 19.99 *(978-0-593-40684-7(2)*, G.P. Putnam's Sons Books for Young Readers) Penguin Young Readers Group.

Forgiven. Gina Detwiler. 2019. (Forlorn Ser.: Vol. 3). (ENG.). 366p. (YA). (gr. 8-12). pap. 16.99 *(978-1-7327112-7-3(5))* Vinspire Publishing LLC.

Forgiven Are the Starry-Eyed. Christine Dore Miller. 2019. (ENG.). 220p. (J). pap. *(978-1-77339-948-5(9))* Evernight Publishing.

Forgiveness see Saber Perdonar

Forgiveness. Lauretta Amata Olowu. 2016. (Really Cool Ser.: Vol. 4). (ENG., Illus.). (J). (gr. k-6). pap. *(978-0-9933500-6-1(2))* Cerint Media Hse.

Forgiveness. Cynthia Amoroso. 2022. (Learning Core Values Ser.). (ENG.). 24p. (J). (gr. -1-2). lib. bdg. 32.79 *(978-1-5038-5846-6(4)*, 215712, Wonder Books(r)) Child's World, Inc, The.

Forgiveness. Julie Murray. 2017. (Character Education (Abdo Kids Junior) Ser.). (ENG., Illus.). 24p. (J). (gr. -1-2). lib. bdg. 31.36 *(978-1-5321-0009-3(4)*, 25102, Abdo Kids) ABDO Publishing Co.

Forgiving Angie. Tashonda N. McCormick. 2019. (ENG.). 26p. (J). pap. 13.95 *(978-1-64299-981-5(4))* Christian Faith Publishing.

Forgiving Fred. Brandon Johnson. 2022. (ENG., Illus.). 24p. (J). pap. 13.95 *(978-1-68517-086-8(2))* Christian Faith Publishing.

Forgiving Is the Right Thing to Do. William McDonald. 2017. (ENG., Illus.). 30p. (J). pap. 16.95 *(978-1-5043-8951-8(4)*, Balboa Pr.) Author Solutions, LLC.

Forgiving Moses. Gloria Velásquez. 2018. (Roosevelt High School Ser.). (ENG.). 160p. (YA). (gr. 8-12). pap. 10.95 *(978-1-55885-864-0(4)*, Piñata Books) Arte Publico Pr.

Forgiving Others: Good Manners & Character. Ali Gator. 2019. (ENG., Illus.). 24p. (J). 6.95 *(978-1-921772-33-7(6))* Ali Gator AUS. Dist: Consortium Bk. Sales & Distribution.

Forgot to Say Goodbye, the Cherelle Clarke Story. Lisa Seymour. 2021. (ENG.). 158p. (J). 20.95 *(978-1-5069-0264-7(2))* First Edition Design Publishing.

Forgotten. Kayla Cure. 2016. (ENG., Illus.). 316p. (J). pap. *(978-1-329-81636-7(6))* Lulu Pr., Inc.

Forgotten. Anica Letic. 2016. (ENG., Illus.). (J). pap. *(978-1-4602-9408-6(4))* FriesenPress.

Forgotten: A Completely Gripping Domestic Noir Thriller. Nicole Trope. 2018. (ENG.). 400p. pap. 19.95 *(978-1-76029-677-3(5))* Allen & Unwin AUS. Dist: Independent Pubs. Group.

Forgotten Americans Who Made History. Tammy Gagne. 2019. (Hidden History Ser.). (ENG.). 32p. (J). (gr. 3-6). lib. bdg. 32.80 *(978-1-63235-591-1(4)*, 14051, 12-Story Library) Bookstaves, LLC.

Forgotten Baby. Nychol Lyna. Illus. by Arthur Romeo. 2020. (ENG.). 42p. (J). 18.95 *(978-1-64801-507-6(7))* Newman Springs Publishing, Inc.

F

Forgotten Bible Stories, 1 vol. Margaret McAllister. Illus. by Alida Massari. ed. 2016. (ENG.). 48p. (J). (gr. 2-4). 14.99 (978-0-7459-6520-8(2), 76b1f40e-b9ba-4014-ad03-64bb7c755f38, Lion Children's) Lion Hudson PLC GBR. Dist: Baker & Taylor Publisher Services (BTPS).

Forgotten Book. Mechthild Glaser. 2018. (ENG.). 336p. (YA). pap. 11.99 (978-1-250-29448-7(7), 900181325) Square Fish.

Forgotten but Not Gone: The Sum of Its Parts: Book Nine. E. M. Holloway. 2020. (ENG.). 215p. (YA). pap. (978-1-716-62027-0(9)) Lulu Pr., Inc.

Forgotten Children's Books: Brought Together & Introduced to the Reader (Classic Reprint) Andrew W. Tuer. 2017. (ENG., Illus.). (J). 34.99 (978-0-265-22188-4(9)) Forgotten Bks.

Forgotten City. Michael Ford. (Forgotten City Ser.: 1). (ENG.). (J). (gr. 3-7). 2019. 288p. pap. 9.99 (978-0-06-269697-7(1)); 2018. 272p. 16.99 (978-0-06-269696-0(3)) HarperCollins Pubs. (HarperCollins).

Forgotten Crayon. Yoko Maruyama. Illus. by Yoko Maruyama. 2020. (Illus.). 32p. (J). (gr. k-2). 17.99 (978-988-8341-98-6(7), Minedition) Penguin Young Readers Group.

Forgotten Creation. Guy Bass. Illus. by Pete Williamson. ed. 2023. (Stitch Head Ser.: 1). (ENG.). 192p. (J). (gr. 2-5). pap. 6.99 (978-1-6643-4062-6(9)) Tiger Tales.

Forgotten Girl. India Hill Brown. (ENG.). (J). (gr. 3-7). 2021. 272p. pap. 8.99 (978-1-338-31725-1(3)); 2019. 256p. 16.99 (978-1-338-31724-4(5), Scholastic Pr.) Scholastic, Inc.

Forgotten History of Everyday Inventions. Patricia Hutchison. 2019. (Hidden History Ser.). (ENG.). 32p. (J). (gr. 3-6). lib. bdg. 32.80 (978-1-63235-592-8(2), 14052, 12-Story Library) Bookstaves, LLC.

Forgotten Horse - Book 1 in the Connemara Horse Adventure Series for Kids the Perfect Gift for Children. Elaine Heney. 2023. (Connemara Pony Adventures Ser.: Vol. 1). (ENG.). 150p. (J). **(978-1-915542-44-1(8))** Irish Natural Horsemanship.

Forgotten Horse - Book 1 in the Connemara Horse Adventure Series for Kids. the Perfect Gift for Children Age 8-12. Elaine Heney. 2022. (Connemara Horse Adventure Ser.: Vol. 1). (ENG.). 148p. (J). pap. **(978-0-9552653-4-1(7))** Irish Natural Horsemanship.

Forgotten Household Heroes: An Appliances Coloring Book. Activity Book Zone for Kids. 2016. (ENG., Illus.). (J). pap. 9.20 (978-1-68376-334-5(3)) Sabeels Publishing.

Forgotten in the Ashes. Michael Patrick. 2021. (ENG.). 266p. (J). pap. 10.99 (978-1-7345608-4-8(3)) Southampton Publishing.

Forgotten Island. P. S Cavanagh. 2022. (ENG.). 148p. (YA). pap. **(978-1-0358-0232-6(5))** Austin Macauley Pubs. Ltd.

Forgotten Lands: Dragon Island. Jennifer Strain. 2018. (ENG.). (J). 12.95 (978-1-68401-452-1(2)) Amplify Publishing Group.

Forgotten Lands: Stormy Mountain. Jennifer Strain. 2018. (ENG.). 104p. (J). pap. 12.95 (978-1-68401-604-4(5)) Amplify Publishing Group.

Forgotten Lives, Vol. 1 of 3 (Classic Reprint) F. E. M. Notley. 2018. (ENG., Illus.). 300p. (J). 30.08 (978-0-484-34846-1(9)) Forgotten Bks.

Forgotten Lives, Vol. 2 Of 3: A Novel (Classic Reprint) Frances E. M. Motley. (ENG., Illus.). (J). 2018. 298p. 30.04 (978-0-483-74501-8(4)); 2016. pap. 13.57 (978-1-334-13318-3(2)) Forgotten Bks.

Forgotten Love: Empowering Yourself Releasing Your Past. Rhonda Walker. 2022. (ENG.). 198p. (YA). pap. (978-1-4717-6117-1(7)) Lulu Pr., Inc.

Forgotten Memories of Vera Glass. Anna Priemaza. 2021. (ENG.). 304p. (YA). (gr. 7-17). 18.99 (978-1-4197-5259-9(6), 1724801, Amulet Bks.) Abrams, Inc.

Forgotten Monsters of Prehistory. Theo Fischer. 2016. (ENG., Illus.). 88p. (J). pap. (978-1-326-63887-0(4)) Lulu Pr., Inc.

Forgotten Ornament. Peggy Harp Lee. 2020. (ENG., Illus.). 28p. (J). pap. 13.95 (978-1-64654-230-7(4)) Fulton Bks.

Forgotten Orphanage: Two Girls Have Disappeared, Will Elaina Be the Next? Kate Stiller. 2021. (ENG.). 152p. (YA). pap. (978-0-2288-4551-5(3)) Tellwell Talent.

Forgotten Palace: An Adventure in Presadia. Luke Aylen. ed. 2019. (ENG.). (J). 176p. pap. 12.95 (978-0-85721-933-6(2), f184e42d-0e25-448e-9471-c9d1ca572950, Monarch Bks.); 240p. (gr. 3-7). pap. 11.99 (978-1-78264-279-4(X), 4a40037d-ce22-433e-84f4-33b7e1125bbe, Lion Fiction) Lion Hudson PLC GBR. Dist: Baker & Taylor Publisher Services (BTPS).

Forgotten Past. Gaurav S Wadile. 2018. (ENG., Illus.). 386p. (J). pap. 15.99 (978-1-948473-29-3(1)) Notion Pr., Inc.

Forgotten Princesses. Angela Bonomo. 2017. (ENG., Illus.). (J). (gr. -1-3). pap. 10.95 (978-1-5127-8668-2(3), WestBow Pr.) Author Solutions, LLC.

Forgotten Secret. Linda DeMeulemeester. 2016. (Grim Hill Ser.). (ENG.). 192p. (J). (gr. 4-7). pap. 12.95 (978-1-77203-100-3(3), Wandering Fox) Heritage Hse. CAN. Dist: Orca Bk. Pubs. USA.

Forgotten Shepherd. Donna M. Smith. 2021. (ENG., Illus.). 32p. (YA). 24.95 (978-1-0980-8223-9(0)); pap. 14.95 (978-1-0980-6059-6(8)) Christian Faith Publishing.

Forgotten Shrine. Monica Tesler. (Bounders Ser.: 3). (ENG.). (J). (gr. 5-9). 2018. 400p. pap. 8.99 (978-1-4814-4600-6(2)); 2017. (Illus.). 384p. 17.99 (978-1-4814-4599-3(5)) Simon & Schuster Children's Publishing. (Aladdin).

Forgotten Sisters. Shannon Hale. ed. 2016. (Princess Academy Ser.: 3). (J). lib. bdg. 18.40 (978-0-606-38441-4(3)) Turtleback.

Forgotten Truth. Autumn Jackson. 2020. (ENG.). 82p. (J). pap. 9.95 (978-1-945145-37-7(4)) APS Publishing.

Forgotten Whisper on the Wind. Jason Disley. 2022. (ENG.). 201p. (J). pap. (978-1-4716-9548-3(4)) Lulu Pr., Inc.

Fork. Raphael Fejto & Raphael Fejto. 2016. (Little Inventions Ser.). (ENG., Illus.). 32p. (J). (gr. 3-5). 9.95 (978-1-77085-745-2(1), 0f7ef054-f0a3-46ac-8bd2-5c3bcebf58f5) Firefly Bks., Ltd.

Fork, the Witch, & the Worm: Tales from Alagaësia (Volume 1: Eragon) Christopher Paolini. l.t. ed. 2019. (ENG.). 240p. pap. 19.00 (978-0-593-20922-6(2), Random House Large Print) Diversified Publishing.

Fork, the Witch, & the Worm: Volume 1, Eragon. Christopher Paolini. 2018. (Tales from Alagaësia Ser.: 1). (ENG., Illus.). 288p. (YA). (gr. 7). 19.99 (978-1-9848-9486-1(2), Knopf Bks. for Young Readers) Random Hse. Children's Bks.

Forks, Knives, & Spoons: A Novel. Leah DeCesare. 2017. (ENG.). 408p. pap. 17.95 (978-1-943006-10-6(5)) SparkPr. (a Bks.parks Imprint).

Forlorn Adventurers (Classic Reprint) Agnes Castle. (ENG., Illus.). (J). 2018. 360p. 31.47 (978-0-484-71065-7(6)); 2017. pap. 13.97 (978-0-243-29945-4(1)) Forgotten Bks.

Forlorn Hope: A Novel (Classic Reprint) Edmund Yates. (ENG., Illus.). (J). 2018. 518p. 34.58 (978-0-656-49918-2(4)); 2017. pap. 16.97 (978-0-259-47626-9(9)) Forgotten Bks.

Forlorn Hope: A Novel in Threee Volumes, Vol. III. Edmund Yates. 2017. (ENG., Illus.). (J). pap. (978-0-649-58669-1(7)) Trieste Publishing Pty Ltd.

Forlorn Hope: A Tale. A. L. O. E. 2017. (ENG., Illus.). (J). pap. (978-0-649-58670-7(0)) Trieste Publishing Pty Ltd.

Forlorn Hope (Classic Reprint) A. L. O. E. 2017. (ENG., Illus.). (J). 29.55 (978-0-331-95088-5(X)); pap. 11.97 (978-1-5276-8208-5(0)) Forgotten Bks.

Forlorn Hope, Vol. 1 Of 3: A Novel (Classic Reprint) Edmund Hodgson Yates. 2018. (ENG., Illus.). 294p. (J). 29.96 (978-0-267-41573-1(7)) Forgotten Bks.

Form 3B Reading Glossary. Heron Books. 2019. (ENG.). 102p. (J). pap. **(978-0-89739-121-4(7)**, Heron Bks.) Quercus.

Form 3C Reading Glossary. Heron Books. 2022. (ENG.). 144p. (J). pap. **(978-0-89739-122-1(5)**, Heron Bks.) Quercus.

Form 4A Reading Glossary. Heron Books. 2019. (ENG.). 180p. (J). pap. **(978-0-89739-168-9(3)**, Heron Bks.) Quercus.

Form 4B Reading Glossary. Heron Books. 2019. (ENG.). 88p. (J). pap. **(978-0-89739-156-6(X)**, Heron Bks.) Quercus.

Form 4C Reading Glossary. Heron Books. 2019. (ENG.). 114p. (J). pap. **(978-0-89739-155-9(1)**, Heron Bks.) Quercus.

Forma de Los Animales: Leveled Reader Book 17 Level d 6 Pack. Hmh Hmh. 2021. (SPA.). 16p. (J). pap. 74.40 (978-0-358-08232-3(3)) Houghton Mifflin Harcourt Publishing Co.

Forma de un Hogar: (the Shape of Home Spanish Edition) Rashin Kheiriyeh. Tr. by Melissa Sarmiento & Catalina Marin. 2023. (ENG.). 40p. (J). (gr. -1-2). 16.99 (978-1-64614-247-7(0)) Levine Querido.

Forman, Vol. 1 Of 3: A Tale (Classic Reprint) Unknown Author. 2018. (ENG., Illus.). 318p. (J). 30.48 (978-0-483-05941-2(2)) Forgotten Bks.

Formas: Una Introducción Visual a Formas Geométricas. David E. McAdams. 2023. (Libros de Matemáticas para Niños Ser.). (SPA.). 38p. (J). pap. 16.95 **(978-1-63270-369-9(6))** Life is a Story Problem LLC.

Formas Del Jardín de Juegos. Sebastian Stratford. Tr. by Pablo de la Vega from ENG. 2021. (Primeros Conceptos (Early Learning Concepts) Ser.). (SPA., Illus.). 24p. (J). (gr. -1-1). pap. (978-1-4271-3087-7(6), 15209); lib. bdg. (978-1-4271-3079-2(5), 15200) Crabtree Publishing Co.

Formasombras (Shadowshaper) Daniel José Older. 2019. (SPA.). 320p. (YA). (gr. 9-9). pap. 9.99 (978-1-338-35917-6(7), Scholastic en Espanol) Scholastic, Inc.

¡Fórmate, Por Favor! see ¡Fórmate, Por Favor! (Get in Line, Please!) Bilingual

¡Fórmate, Por Favor! (Get in Line, Please!) Bilingual. David Armentrout & Patricia Armentrout. 2022. (Mejor Versión de Ti Mismo (Being Your Best) Bilingual Ser.).Tr. of ¡Fórmate, Por Favor!. (SPA.). 24p. (J). (gr. k-2). pap. (978-1-0396-2473-3(1), 20191) Crabtree Publishing Co.

Formation & Dissolution of the Soviet Union, 1 vol. Budd Bailey. 2018. (Redrawing the Map Ser.). (ENG.). 112p. (YA). (gr. 9-9). lib. bdg. 45.93 (978-1-5026-3565-5(8), 8a7ad011-9e58-4bda-adc7-58cdf87d98be) Cavendish Square Publishing LLC.

Formation of the Confederacy. Russell Roberts. 2020. (Civil War Ser.). (ENG., Illus.). 48p. (J). (gr. 5-6). pap. 11.95 (978-1-64493-160-8(5), 1644931605); lib. bdg. 34.21 (978-1-64493-081-6(1), 1644930811) North Star Editions. (Focus Readers).

Formation of the National Park Service, 1 vol. Kaitlyn Duling. 2017. (History of Conservation: Preserving Our Planet Ser.). (ENG.). 112p. (YA). (gr. 9-9). 44.50 (978-1-5026-3130-5(X), 79b9e6e9-e9a8-43b9-806c-329b3016e99e) Cavendish Square Publishing LLC.

Formation of the US Economy 1700-1861 - 6 Pack: Set of 6 Bridges Edition with Common Core Teacher Materials. Christian Garcia. 2016. (Prime Ser.). (YA). (gr. 6-8). 69.00 (978-1-5125-8882-8(2)) Benchmark Education Co.

Formation of the US Economy 1700-1861 - 6 Pack: Set of 6 with Common Core Teacher Materials. Christian Garcia. 2016. (Prime Ser.). (YA). (gr. 6-8). 69.00 (978-1-5125-8864-4(4)) Benchmark Education Co.

Formation of the US Government 1600-1803 - 6 Pack: Set of 6 Bridges Edition with Common Core Teacher Materials. Sarah Glasscock. 2016. (Prime Ser.). (YA). (gr. 6-8). 69.00 (978-1-5125-8883-5(0)) Benchmark Education Co.

Formation of the US Government 1600-1803 - 6 Pack: Set of 6 with Common Core Teacher Materials. Sarah Glasscock. 2016. (Prime Ser.). (YA). (gr. 6-8). 69.00 (978-1-5125-8865-1(2)) Benchmark Education Co.

Formation of Travertine & Siliceous Sinter by the Vegetation of Hot Springs. Walter Harvey Weed. 2017. (ENG.). 90p. (J). pap. (978-3-337-20453-2(8)) Creation Pubs.

Formation of Vegetable Mould. Charles Darwin. 2017. (ENG.). 376p. (J). pap. (978-3-337-37648-2(7)) Creation Pubs.

Formation of Vegetable Mould: Through the Action of Worms, with Observations on Their Habits (Classic Reprint) Charles Robert Darwin. 2017. (ENG., Illus.). (J). 30.87 (978-1-5284-4747-8(6)) Forgotten Bks.

Formen: Eine Visuelle Einführung in Geometrischen Formen. David E. McAdams. 2023. (Mathematikbücher Für Kinder Ser.). (GER.). 38p. (J). pap. 16.95 **(978-1-63270-396-5(3))** Life is a Story Problem LLC.

Formenlehre und Syntax des Verbums in der Froissart-Ubersetzung Von Lord Berners (ein Beitrag Zur Fruhneuenglischen Syntax) Inaugural-Dissertation Zur Erlangung der Doktorwurde der Philosophischen Fakultat der Universitat Greifswald Vorgelegt. Gustav Klausmann. 2018. (ENG., Illus.). (J). 138p. 26.76 (978-0-483-04133-2(5)); 140p. pap. 9.57 (978-0-483-04081-6(9)) Forgotten Bks.

Former Educators among Kansas Editors & Publishers: A Thesis (Classic Reprint) Elbert Bonebrake Macy. 2018. (ENG., Illus.). (J). 82p. 25.59 (978-1-396-09646-4(9)); 84p. pap. 9.57 (978-1-390-42205-4(4)) Forgotten Bks.

Formerly Known As Ella. Phoenix Baldwin. 2022. (DinoToons Ser.: 2). 32p. (J). pap. 11.99 (978-1-6678-3448-1(7)) BookBaby.

Formes. Douglas Bender. Tr. by Annie Evearts. 2021. (S'amuser Avec les Maths (Fun with Math) Ser.). (FRE., Illus.). 16p. (J). (gr. -1-1). pap. (978-1-0396-0421-6(8), 13608) Crabtree Publishing Co.

Formes au Terrain de Jeux. Sebastian Stratford. Tr. by Claire Savard. 2021. (Notions d'apprentissage (Early Learning Concepts) Ser.).Tr. of Playground Shapes. (FRE.). 24p. (J). (gr. -1-1). pap. (978-1-4271-3646-6(7), 13556) Crabtree Publishing Co.

Formes Au Terrain de Jeux (Playground Shapes) Sebastian Stratford. Tr. by Claire Savard. 2021. (FRE.). 24p. (J). (gr. -1-1). lib. bdg. **(978-1-4271-4948-0(8))** Crabtree Publishing Co.

Formes et la Nourriture. Tweedy. Illus. by Tweedy. 2020. (FRE.). 40p. (J). pap. 12.99 (978-1-943960-22-4(4)) Kodzo Bks.

Formes et les Animaux. Tweedy. Illus. by Tweedy. 2020. (FRE.). 40p. (J). pap. 12.99 (978-1-943960-18-7(6)) Kodzo Bks.

Formes et les Animaux de Compagnie. Tweedy. Illus. by Tweedy. 2020. (FRE.). 40p. (J). pap. 12.99 (978-1-943960-23-1(2)) Kodzo Bks.

Formes et les Insectes. Tweedy. Illus. by Tweedy. 2020. (Formes Ser.: Vol. 2). (FRE.). 40p. (J). pap. 12.99 (978-1-943960-20-0(8)) Kodzo Bks.

Formes et les Jouets. Tweedy. Illus. by Tweedy. 2020. (Formes Ser.: Vol. 3). (FRE.). 40p. (J). pap. 12.99 (978-1-943960-19-4(4)) Kodzo Bks.

Formes et les Voyages. Tweedy. Illus. by Tweedy. 2020. (Formes Ser.: Vol. 5). (FRE.). 40p. (J). pap. 12.99 (978-1-943960-21-7(6)) Kodzo Bks.

Formes Peuvent Faire des Édifices. Miranda Kelly. Tr. by Annie Evearts. 2021. (Mes Premiers Livres de Science (My First Science Books) Ser.).Tr. of Shapes Can Make Buildings. (FRE.). 24p. (J). (gr. k-2). pap. (978-1-0396-0890-0(6), 13374) Crabtree Publishing Co.

Formiche Sui Miei Jeans. Mary Ann Vitale. 2nd ed. 2017. (ITA., Illus.). (J). pap. 12.00 (978-0-9981359-1-5(7)) Vitale, Mary Ann.

Forming a New Government (America's Early Years) Stephanie Paris. rev. ed. 2016. (Social Studies: Informational Text Ser.). (ENG., Illus.). 32p. (gr. 4-8). pap. 11.99 (978-1-4938-3083-1(X)) Teacher Created Materials, Inc.

Forming & Breaking Compound Words - Reading Book 7 Year Old Children's Reading & Writing Books. Baby Professor. 2017. (ENG., Illus.). (J). pap. 9.55 (978-1-5419-2837-4(7), Baby Professor (Education Kids)) Speedy Publishing LLC.

Forming Sentences see Creu Brawddegau

Forms of Animal Life. George Rolleston. 2017. (ENG.). 466p. (J). pap. (978-3-337-23873-5(4)) Creation Pubs.

Forms of Animal Life: A Manual of Comparative Anatomy with Descriptions of Selected Types (Classic Reprint) George Rolleston. 2017. (ENG., Illus.). (J). 43.96 (978-0-265-81209-9(7)) Forgotten Bks.

Forms of Energy. Anna Claybourne. rev. ed. 2016. (Sci-Hi: Physical Science Ser.). (ENG.). 48p. (J). (gr. 6-10). pap. 8.99 (978-1-4109-8532-3(6), 134118, Raintree) Capstone.

Forms of Energy Educational Facts Children's Science Book. Bold Kids. 2023. (ENG.). 42p. (J). pap. 14.99 **(978-1-0717-1690-8(5))** FASTLANE LLC.

Forms of Morning & Evening Prayer: Composed for the Use of the Families. Jonathan Farr. 2017. (ENG., Illus.). (J). pap. (978-0-649-58675-2(1)) Trieste Publishing Pty Ltd.

Forms of Pride, or the Midsummer Visit (Classic Reprint) Cameron. 2018. (ENG., Illus.). 182p. (J). 27.65 (978-0-364-09763-2(9)) Forgotten Bks.

Forms of Water in Clouds & Rivers, Ice & Glaciers. John Tyndall. 2017. (ENG.). (J). 226p. pap. (978-3-337-14000-7(9)); 224p. pap. (978-3-7447-9039-0(8)); 214p. pap. (978-3-7446-4944-5(X)) Creation Pubs.

Formula 1: Zoom! Zoom! All about Formula One Racing for Kids - Children's Cars & Trucks. Left Brain Kids. 2016. (ENG., Illus.). (J). pap. 7.51 (978-1-68376-625-4(3)) Sabeels Publishing.

Formula 1 Cars. Peter Bodensteiner. 2016. (Gearhead Garage Ser.). (ENG.). 32p. (J). (gr. 4-6). pap. 9.99 (978-1-64466-125-3(X), 10205); (Illus.). 31.35 (978-1-68072-029-7(5), 10204) Black Rabbit Bks. (Bolt).

Formula 1 Cars. Marysa Storm. 2020. (Wild Rides Ser.). (ENG.). 24p. (J). (gr. k-3). pap. 8.99 (978-1-64466-119-2(5), 14471, Bolt Jr.) Black Rabbit Bks.

Formula 1 Racing. Contrib. by Dalton Rains. 2023. (Racing Sports Ser.). (ENG., Illus.). 32p. (J). pap. 9.95 **(978-1-63738-590-6(0))**; lib. bdg. 31.35 **(978-1-63738-536-4(6))** North Star Editions. (Apex).

Fórmula Del Aire Azul. Pamela Pulido. 2022. (SPA.). 152p. (J). pap. 13.95 (978-607-07-7517-8(1)) Editorial Planeta, S. A. ESP. Dist: Two Rivers Distribution.

Formula One Grand Prix Races. Contrib. by Anthony K. Hewson. 2023. (Focus on Formula One Ser.). (ENG.). 32p. (J). (gr. 3-9). lib. bdg. 32.79 **(978-1-0982-9074-0(7)**, 41918, SportsZone) ABDO Publishing Co.

Formula One Race Cars: A First Look. Percy Leed. 2023. (Read about Vehicles (Read for a Better World (tm)) Ser.). (ENG., Illus.). 24p. (J). (gr. k-2). pap. 9.99 Lerner Publishing Group.

Formula One Racing Cars. Contrib. by Heather Rule. 2023. (Focus on Formula One Ser.). (ENG.). 32p. (J). (gr. 3-9). lib. bdg. 32.79 **(978-1-0982-9075-7(5)**, 41921, SportsZone) ABDO Publishing Co.

Formula One Teams. Contrib. by Heather Rule. 2023. (Focus on Formula One Ser.). (ENG.). 32p. (J). (gr. 3-9). lib. bdg. 32.79 **(978-1-0982-9076-4(3)**, 41924, SportsZone) ABDO Publishing Co.

Formula One Ashley Gish. 2020. (Amazing Machines: Racing Cars Ser.). (ENG., Illus.). 24p. (J). (gr. 1-3). pap. 9.99 (978-1-62832-819-6(3), 18465, Creative Paperbacks) Creative Co., The.

Fornever (Volume 2) Lynette Ferreira. 2017. (ENG., Illus.). 216p. (J). 29.15 (978-0-244-35276-9(3)) Lulu Pr., Inc.

Forrest House: A Novel (Classic Reprint) Mary Jane Holmes. (ENG., Illus.). (J). 2018. 398p. 32.11 (978-0-267-38703-8(2)); 2016. pap. 16.57 (978-1-334-14439-4(7)) Forgotten Bks.

Forrester's Boy's & Girls Magazine, 1854, Vol. 13 (Classic Reprint) Unknown Author. 2018. (ENG., Illus.). (J). 332p. 30.74 (978-1-390-99089-8(3)); 334p. pap. 13.57 (978-1-390-75939-6(3)) Forgotten Bks.

Forsaken Infant: Or Entertaining History of Little Jack (Classic Reprint) Unknown Author. 2018. (ENG., Illus.). 50p. (J). 24.93 (978-0-267-18809-3(9)) Forgotten Bks.

Forsaken Shifter. Arielle Cheshire. 2023. (Wizard Realms Ser.: Vol. 2). (ENG.). 634p. (YA). pap. 19.99 **(978-1-0879-8304-2(5))** Indy Pub.

Forster's Animals of Hudson's Bay (Classic Reprint) Johann Reinhold Forster. (ENG., Illus.). (J). 2017. 25.28 (978-0-265-40102-6(X)); 2016. pap. 9.57 (978-1-333-33657-8(8)) Forgotten Bks.

Forsyte Saga (Classic Reprint) John Galsworthy. 2017. (ENG., Illus.). (J). 42.29 (978-0-331-53293-7(X)); pap. 24.64 (978-0-243-18378-4(X)) Forgotten Bks.

Fort. Cynthia DeFelice. 2016. (ENG.). 224p. (J). pap. 12.99 (978-1-250-07973-2(X), 900154609) Square Fish.

Fort. Gordon Korman. 2022. (ENG.). 256p. (J). (gr. 3-7). 17.99 (978-1-338-62914-9(X), Scholastic Pr.) Scholastic, Inc.

Fort. Cynthia DeFelice. ed. 2016. (J). lib. bdg. 17.20 (978-0-606-38552-7(5)) Turtleback.

Fort Birkett: A Story of Mountain Adventure (Classic Reprint) Edward W. Townsend. 2018. (ENG., Illus.). 286p. (J). 29.82 (978-0-666-13002-0(7)) Forgotten Bks.

Fort-Building Time. Megan Wagner Lloyd. Illus. by Abigail Halpin. 2017. 32p. (J). (gr. -1-2). 17.99 (978-0-399-55655-5(9), Knopf Bks. for Young Readers) Random Hse. Children's Bks.

Fort Fish. Juan Li. 2020. (ENG.). 186p. (J). pap. 14.95 (978-1-927670-91-0(8)) Royal Collins Publishing Group Inc. CAN. Dist: Independent Pubs. Group.

Fort Knox: Protecting the U. S. Gold Reserves. Lisa Harkrader. 2020. (High Security Ser.). (ENG., Illus.). 32p. (J). (gr. 4-6). lib. bdg. 30.65 (978-1-5435-9062-3(4), 141392) Capstone.

Fort Lafayette. Benjamin Wood. 2017. (ENG.). 310p. (J). pap. (978-3-337-05275-1(4)) Creation Pubs.

Fort Lafayette: Or, Love & Secession. Benjamin Wood. 2017. (ENG., Illus.). (J). 23.95 (978-1-374-97675-7(X)); pap. 13.95 (978-1-374-97674-0(1)) Capital Communications, Inc.

Fort Lafayette: Or Love & Secession, a Novel (Classic Reprint) Benjamin Wood. 2018. (ENG., Illus.). 310p. (J). 30.29 (978-0-365-47824-9(5)) Forgotten Bks.

Fort Mchenry: Our Flag Was Still There. Joanne Mattern. 2017. (Core Content Social Studies — Let's Celebrate America Ser.). (ENG., Illus.). 32p. (J). (gr. 2-5). pap. 8.99 (978-1-63440-233-0(2), efcfd31a-c91d-4ec1-a1c8-d49346369427); lib. bdg. 26.65 (978-1-63440-223-1(5), 825f81e0-0df1-4472-8ea2-2e72a1d80fc7) Red Chair Pr.

Fort Niagara Bayonet. Brooke Johnpier. 2022. (Lilac Liberty Adventures Ser.: 1). 62p. (J). pap. 15.00 (978-1-6678-3322-4(7)) BookBaby.

Fort to Share. Joanne Meier & Cecilia Minden. Illus. by Bob Ostrom. 2022. (Bear Essential Readers Ser.). (ENG.). 32p. (J). (gr. -1-2). lib. bdg. 35.64 (978-1-5038-5923-4(1), 215821, First Steps) Child's World, Inc, The.

Fort Wayne High School Vedette, '96, Vol. 1: Senior Class Annual (Classic Reprint) Thomas J. Davis. 2017. (ENG., Illus.). (J). 25.71 (978-0-265-99604-1(X)); pap. 9.57 (978-1-5285-4519-8(2)) Forgotten Bks.

Fortaleza Del Bosque (Forest Fortitude) Bill Yu. 2022. (¡Sobrevivir! Ser.).Tr. of Forest Fortitude. (SPA.). 32p. (J). (gr. 3-3). pap. 9.95 (978-1-64494-752-4(8), Graphic Planet) ABDO Publishing Co.

Fortaleza Del Bosque (Forest Fortitude) Bill Yu. Illus. by Thiago Vale. 2021. (Survive! Ser.).Tr. of Forest Fortitude. (SPA.). 32p. (J). (gr. 3-8). lib. bdg. 32.79 (978-1-0982-3282-5(8), 38690, Graphic Planet - Fiction) Magic Wagon.

Fortaleza Divertida (the Fun Fort) Kirsten McDonald. Illus. by Fátima Anaya. 2019. (Carlos & Carmen (Spanish Version) (Calico Kid) Ser.). (SPA.). 32p. (J). (gr. -1-3). lib. bdg. 32.79 (978-1-5321-3606-1(4), 31951, Calico Chapter Bks) Magic Wagon.

Forte Moves to Town. Vicky Weber. Illus. by Zoe Mellors. 2022. (ENG.). 40p. (J). 18.99 **(978-1-958368-06-0(7))**; pap. 12.99 **(978-1-958368-07-7(5))** Trunk Up Bks.

Fortgical. Yve. 2022. (ENG.). 134p. (J). 24.99 **(978-1-0878-8619-0(8))** Indy Pub.

Fortieth Door (Classic Reprint) Mary Hastings Bradley. (ENG., Illus.). (J). 2018. 326p. 30.62 (978-0-332-15746-7(6)); 2016. pap. 13.57 (978-1-334-14159-1(2)) Forgotten Bks.

Fortis Mission. S. Y. Palmer. 2019. (May's Moon Ser.: Book II). (ENG., Illus.). 216p. (J). (gr. -1-12). pap. 11.95 (978-1-78904-091-3(4), Our Street Bks.) Hunt, John Publishing Ltd. GBR. Dist: National Bk. Network.

Fortitude. Carrie Dalby. 2019. (ENG.). 262p. (J). pap. 12.99 (978-0-578-47234-8(1)) Bienvenue Pr.

Fortitude: Being a True & Faithful Account of the Education of an Adventurer (Classic Reprint) Hugh Walpole. (ENG., Illus.). (J). 2017. 34.02 (978-0-266-44998-0(0)); 2016. pap. 16.57 (978-1-334-14985-6(2)) Forgotten Bks.

Fortitude & Frailty, Vol. 2 Of 4: A Novel; Inscribed to the Revered Memory of Her Lamented Father (Classic Reprint) Fanny Holcroft. 2018. (ENG., Illus.). 300p. (J). 30.08 (978-0-483-84065-2(3)) Forgotten Bks.

Fortnight in Ireland (Classic Reprint) Francis Bond Head. (ENG., Illus.). (J). 2018. 222p. 28.48 (978-0-364-30146-3(5)); 2016. pap. 10.97 (978-1-334-14165-2(7)) Forgotten Bks.

Fortnight of Folly (Classic Reprint) Maurice Thompson. 2018. (ENG., Illus.). 302p. (J). 30.15 (978-0-332-45203-6(4)) Forgotten Bks.

Fortnightly Philistine, Vol. 4: Oct; 29, 1897 (Classic Reprint) L. Peckham. 2018. (ENG., Illus.). 200p. (J). 28.04 (978-0-483-89627-7(6)) Forgotten Bks.

Fortnightly Philistine, Vol. 5: November 4, 1898 (Classic Reprint) L. Peckham. 2018. (ENG., Illus.). 260p. (J). 29.26 (978-0-332-83619-5(3)) Forgotten Bks.

Fortnightly Philistine, Vol. 6: October 27, 1899 (Classic Reprint) Bryn Mawr College. (ENG., Illus.). (J). 2018. 332p. 30.76 (978-0-483-87361-2(6)); 2016. pap. 13.57 (978-1-333-65486-3(3)) Forgotten Bks.

Fortnightly Philistine, Vol. 7: Friday, Oct; 26, 1900 (Classic Reprint) Students of Bryn Mawr College. 2018. (ENG., Illus.). 274p. (J). 29.57 (978-0-267-24570-3(X)) Forgotten Bks.

Fortnightly Philistine, Vol. 8: October 25, 1901 (Classic Reprint) Bryn Mawr College. (ENG., Illus.). (J). 2018. 320p. 30.52 (978-0-484-86600-2(1)); 2016. pap. 13.57 (978-1-334-15779-0(0)) Forgotten Bks.

Fortnightly Philistine, Vol. 9: October 25, 1902 (Classic Reprint) Bryn Mawr College. (ENG., Illus.). (J). 2018. 312p. 30.33 (978-0-267-39501-9(9)); 2016. pap. 13.57 (978-1-334-13305-3(0)) Forgotten Bks.

Fortnightly Review, Vol. 6 (Classic Reprint) Somerset Maugham. 2018. (ENG., Illus.). 176p. (J). 27.55 (978-0-267-17759-2(3)) Forgotten Bks.

Fortnight's Ramble: To the Lakes in Westmorland, Lancashire, & Cumberland (Classic Reprint) Unknown Author. 2018. (ENG., Illus.). 322p. (J). 30.56 (978-0-428-84099-0(X)) Forgotten Bks.

Fortnite. Kenny Abdo. 2022. (Esports Ser.). (ENG., Illus.). 24p. (J). (gr. 2-2). pap. 8.95 (978-1-64494-783-8(8)); lib. bdg. 31.36 (978-1-0982-2847-7(2), 39973) ABDO Publishing Co. (Abdo Zoom-Fly).

Fortnite. Julianna Helt. 2023. (Top Brands Ser.). (ENG., Illus.). 32p. (J). lib. bdg. 31.35 (978-1-63738-565-4(X), Apex) North Star Editions.

Fortnite. Contrib. by Julianna Helt. 2023. (Top Brands Ser.). (ENG., Illus.). 32p. (J). pap. 9.95 (978-1-63738-619-4(2), Apex) North Star Editions.

Fortnite. Emma Huddleston. 2019. (Our Favorite Brands Ser.). (ENG., Illus.). 32p. (J). (gr. 3-3). pap. 9.95 (978-1-64494-178-2(3), 1644941783) Bigfoot Bks. GBR. Dist: North Star Editions.

Fortnite. Alexander Lowe. (Great Game! Ser.). (ENG., Illus.). 48p. (J). (gr. 3-5). 2021. pap. 14.60 (978-1-68404-599-0(1)); 2020. 29.27 (978-1-68450-853-2(3)) Norwood Hse. Pr.

Fortnite. Paige V. Polinsky. (Game On! Ser.). (ENG., Illus.). 32p. (J). 2020. (gr. 4-4). pap. 9.95 (978-1-64494-279-6(8), 1644942798); 2019. (gr. 3-6). lib. bdg. 32.79 (978-1-5321-9164-0(2), 33502) ABDO Publishing Co. (Checkerboard Library).

Fortnite: Out of Time. M. Areaux. 2020. (ENG.). 44p. (J). (gr. 3-6). pap. 7.99 (978-1-64533-247-3(0)) Kingston Publishing Co.

Fortnite: Beginner's Guide. Josh Gregory. 2019. (21st Century Skills Innovation Library: Unofficial Guides). (ENG., Illus.). 32p. (J). (gr. 4-8). pap. 14.21 (978-1-5341-5104-8(4), 213723); lib. bdg. 32.07 (978-1-5341-4818-5(3), 213722) Cherry Lake Publishing.

Fortnite: Building. Josh Gregory. 2019. (21st Century Skills Innovation Library: Unofficial Guides). (ENG.). 32p. (J). (gr. 4-8). pap. 14.21 (978-1-5341-5098-0(6), 213699); (Illus.). lib. bdg. 32.07 (978-1-5341-4812-3(4), 213698) Cherry Lake Publishing.

Fortnite: Chapter 3. Josh Gregory. 2022. (21st Century Skills Innovation Library: Unofficial Guides). (ENG., Illus.). 32p. (J). (gr. 4-8). pap. 14.21 (978-1-6689-1136-5(1), 221081); lib. bdg. 32.07 (978-1-6689-0976-8(6), 220943) Cherry Lake Publishing.

Fortnite: Combat. Josh Gregory. 2019. (21st Century Skills Innovation Library: Unofficial Guides). (ENG., Illus.). 32p. (J). (gr. 4-8). pap. 14.21 (978-1-5341-5099-7(4), 213703); lib. bdg. 32.07 (978-1-5341-4813-0(2), 213702) Cherry Lake Publishing.

Fortnite: Creative. Josh Gregory. 2020. (21st Century Skills Innovation Library: Unofficial Guides). (ENG., Illus.). 32p. (J). (gr. 4-8). pap. 14.21 (978-1-5341-6193-1(7), 214772) Cherry Lake Publishing.

Fortnite: Creative Mode. Josh Gregory. 2020. (21st Century Skills Innovation Library: Unofficial Guides). (ENG., Illus.). 32p. (J). (gr. 4-8). lib. bdg. 32.07 (978-1-5341-5963-1(0), 214771) Cherry Lake Publishing.

Fortnite Dreams. M. Areaux. 2021. (ENG.). 48p. (J). (gr. 3-6). pap. 5.99 (978-1-0880-1502-5(6)) Indy Pub.

Fortnite Dreams. M. Areaux. 2019. (ENG.). 48p. (J). (gr. 3-6). pap. 5.99 (978-1-64533-018-9(4)) Kingston Publishing Co.

Fortnite: Guide to Chapter 2. Josh Gregory. 2020. (21st Century Skills Innovation Library: Unofficial Guides). (ENG., Illus.). 32p. (J). (gr. 4-8). pap. 14.21 (978-1-5341-6725-4(0), 214784); lib. bdg. 32.07 (978-1-5341-6724-7(2), 214783) Cherry Lake Publishing.

Fortnite: Guide to the Island. Josh Gregory. 2020. (21st Century Skills Innovation Library: Unofficial Guides). (ENG., Illus.). 32p. (J). (gr. 4-8). pap. 14.21 (978-1-5341-6196-2(1), 215090); lib. bdg. 32.07 (978-1-5341-5966-2(5), 215089) Cherry Lake Publishing.

Fortnite: Healing Items & Potions. Josh Gregory. 2019. (21st Century Skills Innovation Library: Unofficial Guides). (ENG., Illus.). 32p. (J). (gr. 4-8). pap. 14.21 (978-1-5341-5102-4(8), 213715); lib. bdg. 32.07 (978-1-5341-4816-1(7), 213714) Cherry Lake Publishing.

Fortnite: Impostors Mode. Josh Gregory. 2022. (21st Century Skills Innovation Library: Unofficial Guides). (ENG., Illus.). 32p. (J). (gr. 4-8). pap. 14.21 (978-1-6689-1133-4(7), 221078); lib. bdg. 32.07 (978-1-6689-0973-7(1), 220940) Cherry Lake Publishing.

FORTNITE (Official): Battle Royale Survival Guide. Epic Games. 2019. (Official Fortnite Bks.). (ENG., Illus.). 112p. (J). (gr. 5-17). 12.99 (978-0-316-49126-6(8)) Little, Brown Bks. for Young Readers.

FORTNITE (Official): How to Draw. Epic Games. 2019. (Official Fortnite Bks.). (ENG., Illus.). 112p. (J). (gr. 5-17). pap. 9.99 (978-0-316-42516-2(8)) Little, Brown Bks. for Young Readers.

FORTNITE (Official): How to Draw 2. Epic Games. 2020. (Official Fortnite Bks.). (ENG., Illus.). 112p. (J). (gr. 5-17). pap. 8.99 (978-0-316-70406-9(7)) Little, Brown Bks. for Young Readers.

FORTNITE (Official): the Chronicle: All the Best Moments from Battle Royale. Epic Games. 2019. (Official Fortnite Bks.). (ENG., Illus.). 72p. (J). (gr. 5-17). 12.99 (978-0-316-53027-9(1), BRO-adap20200116-067) Little, Brown Bks. for Young Readers.

FORTNITE (Official): the Chronicle Vol. 2. Epic Games. 2020. (Official Fortnite Bks.). (ENG., Illus.). 72p. (J). (gr. 5-17). 12.99 (978-0-316-53242-6(8)) Little, Brown Bks. for Young Readers.

FORTNITE Official the Essential Guide. Epic Games. 2022. (Official Fortnite Bks.). (ENG., Illus.). 112p. 15.99 (978-1-4722-8815-8(7)) Wildfire Publishing International Pty, Ltd. AUS. Dist: Hachette Bk. Group.

FORTNITE (Official): the Ultimate Locker: The Visual Encyclopedia. Epic Games. 2020. (Official Fortnite Bks.). (ENG., Illus.). 352p. (J). (gr. 5-17). pap. 15.99 (978-0-316-43002-9(1)) Little, Brown Bks. for Young Readers.

FORTNITE (Official): the Ultimate Trivia Book. Epic Games. 2021. (ENG.). 144p. (J). (gr. 5-17). pap. 7.99 (978-0-316-28555-1(2)) Little, Brown Bks. for Young Readers.

Fortnite: Quests. Josh Gregory. 2022. (21st Century Skills Innovation Library: Unofficial Guides). (ENG., Illus.). 32p. (J). (gr. 4-8). pap. 14.21 (978-1-6689-1134-1(5), 221079); lib. bdg. 32.07 (978-1-6689-0974-4(X), 220941) Cherry Lake Publishing.

Fortnite: Save the World. Josh Gregory. 2020. (21st Century Skills Innovation Library: Unofficial Guides). (ENG., Illus.). 32p. (J). (gr. 4-8). pap. 14.21 (978-1-5341-6194-8(5), 214776); lib. bdg. 32.07 (978-1-5341-5964-8(9), 214775) Cherry Lake Publishing.

Fortnite: Scavenging. Josh Gregory. 2019. (21st Century Skills Innovation Library: Unofficial Guides). (ENG., Illus.). 32p. (J). (gr. 4-8). pap. 14.21 (978-1-5341-5097-3(8), 213695); lib. bdg. 32.07 (978-1-5341-4811-6(6), 213694) Cherry Lake Publishing.

Fortnite: Skins. Josh Gregory. 2019. (21st Century Skills Innovation Library: Unofficial Guides). (ENG., Illus.). 32p. (J). (gr. 4-8). pap. 14.21 (978-1-5341-5101-7(X), 213711); lib. bdg. 32.07 (978-1-5341-4815-4(9), 213710) Cherry Lake Publishing.

Fortnite Ultimate Chapter 2 Guide (Independent & Unofficial) Independent & Unofficial. Kevin Pettman. 2020. (ENG., Illus.). 80p. (J). (gr. 4-7). pap. 12.95 (978-1-83935-000-9(8), Mortimer Children's Bks.) Welbeck Publishing Group Ltd. GBR. Dist: Two Rivers Distribution.

Fortnite Ultimate Winner's Guide. Kevin Pettman. 2019. (Fortnite Ser.). (ENG.). 64p. (J). (gr. 2-3). 20.96 (978-0-87617-420-3(9)) Penworthy Co., LLC, The.

Fortnite: Victory Royale Guide: Tips & Strategies to Defeat Your Enemies (Unofficial) Michael Davis. 2019. (ENG.). 80p. (J). (gr. -1). 8.95 (978-2-89802-133-6(4), CrackBoom! Bks.) Chouette Publishing CAN. Dist: Publishers Group West (PGW).

Fortnite: Weapons. Josh Gregory. 2019. (21st Century Skills Innovation Library: Unofficial Guides). (ENG., Illus.). 32p. (J). (gr. 4-8). pap. 14.21 (978-1-5341-5100-0(1), 213707); lib. bdg. 32.07 (978-1-5341-4814-7(0), 213706) Cherry Lake Publishing.

Fortnite: Weapons, Items, & Upgrades. Josh Gregory. 2022. (21st Century Skills Innovation Library: Unofficial Guides). (ENG., Illus.). 32p. (J). (gr. 4-8). pap. 14.21 (978-1-6689-1135-8(3), 221080); lib. bdg. 32.07 (978-1-6689-0975-1(8), 220942) Cherry Lake Publishing.

Fortnite: World Cup. Josh Gregory. 2020. (21st Century Skills Innovation Library: Unofficial Guides). (ENG., Illus.). 32p. (J). (gr. 4-8). pap. 14.21 (978-1-5341-6195-5(3), 214780); lib. bdg. 32.07 (978-1-5341-5965-5(7), 214779) Cherry Lake Publishing.

Fortnite's Island. Josh Gregory. 2020. (21st Century Skills Innovation Library: Unofficial Guides Junior Ser.). (ENG., Illus.). 24p. (J). (gr. 2-5). lib. bdg. 30.64 (978-1-5341-6963-0(6), 215739) Cherry Lake Publishing.

Fortress. Faye Carlisle. Illus. by Sunil Kalbandi. 2017. (Kodo Ser.: Vol. 1). (ENG.). (J). (gr. k-4). pap. (978-0-9957101-0-8(4)) Keen Zebra.

Fortress. Ralph F. Halse. 2021. (ENG.). 174p. (J). pap. (978-1-4874-3053-5(1), Devine Destinies) eXtasy Bks.

Fortress of Gold: Book Two of the Magicians Gold Series. David Harten Watson. 2019. (Magicians Gold Ser.: Vol. 2). (ENG., Illus.). 424p. (YA). pap. 14.97 (978-1-68313-135-9(5)) Pen-L Publishing.

Fortress of the Stone Dragon, 17. Tracey West. ed. 2020. (Branches Early Ch Bks). (ENG., Illus.). 90p. (J). (gr. 2-3). 15.36 (978-1-64697-473-3(5)) Penworthy Co., LLC, The.

Fortress of the Stone Dragon: a Branches Book (Dragon Masters #17) Tracey West. Illus. by Matt Loveridge. 2020. (Dragon Masters Ser.). (ENG.). 96p. (J). (gr. 1-3). pap. 5.99 (978-1-338-54031-4(9)) Scholastic, Inc.

Fortress of the Stone Dragon: a Branches Book (Dragon Masters #17) (Library Edition) Tracey West. Illus. by Matt Loveridge. 2020. (Dragon Masters Ser.). (ENG.). 96p. (J). (gr. 1-3). 24.99 (978-1-338-54032-1(7)) Scholastic, Inc.

Fortuna de Bertha. Lourdes Gutierrez. Illus. by Memo Plastilina. 2018. (SPA.). 36p. (J). (gr. -1-k). pap. 14.99 (978-607-8469-41-3(X)) Nostra Ediciones MEX. Dist: Independent Pubs. Group.

Fortuna Filly (Classic Reprint) Howel Scratton. (ENG., Illus.). (J). 2018. 320p. 30.50 (978-0-428-90073-1(9)); 2017. pap. 13.57 (978-1-5276-1155-9(8)) Forgotten Bks.

Fortunata: A Novel (Classic Reprint) Marjorie Patterson. 2018. (ENG., Illus.). 340p. (J). 30.93 (978-0-484-49443-4(0)) Forgotten Bks.

Fortunate Country Maid, Being the Entertaining Memoirs of the Present Celebrated Marchioness of I-V-, Vol. 1 Of 2: Who, from a Cottage, Through a Great Variety of Diverting Adventures, Became a Lady of the First Quality in the Court of France, by Her. Charles De Fieux De Mouhy. 2018. (ENG., Illus.). (J). 366p. 31.45 (978-1-396-36333-7(5)); 368p. pap. 13.97 (978-1-390-89690-9(0)) Forgotten Bks.

Fortunate Days (Classic Reprint) Ethel May Gate. 2018. (ENG., Illus.). 148p. (J). 26.95 (978-0-332-79205-7(6)) Forgotten Bks.

Fortunate Island: And Other Stories (Classic Reprint) Max Adeler. 2018. (ENG., Illus.). 322p. (J). 30.54 (978-0-428-30934-3(8)) Forgotten Bks.

Fortunate Isles: Life & Travel in Majorca, Minorca & Iviza (Classic Reprint) Mary Stuart Boyd. 2018. (ENG., Illus.). 370p. (J). 31.53 (978-0-666-90666-3(1)) Forgotten Bks.

Fortunate Mistress, Vol. 1 Of 2: Or a History of the Life of Mademoiselle de Beleau, Known by the Name of the Lady Roxana (Classic Reprint) Daniel Dafoe. 2017. (ENG., Illus.). (J). 30.58 (978-0-265-36988-3(6)) Forgotten Bks.

Fortunate Mistress, Vol. 2 Of 2: Or a History of the Life of Mademoiselle de Beleau, Known by the Name of the Lady Roxana (Classic Reprint) Daniel Dafoe. (ENG., Illus.). (J). 2017. 30.50 (978-0-265-46016-0(6)); 2016. pap. 13.57 (978-1-334-14581-0(4)) Forgotten Bks.

Fortunate Prisoner (Classic Reprint) Max Pemberton. (ENG., Illus.). (J). 2018. 380p. 31.75 (978-0-484-02059-6(5)); 2016. pap. 16.57 (978-1-333-33300-3(5)) Forgotten Bks.

Fortunate Visit: A Tale, for Children (Classic Reprint) Unknown Author. (ENG., Illus.). (J). 2018. 48p. 24.91 (978-0-332-16384-0(9)); 2016. pap. 9.57 (978-1-334-07310-6(4)) Forgotten Bks.

Fortunate Youth (Classic Reprint) William J. Locke. 2018. (ENG., Illus.). 368p. (J). 31.49 (978-0-483-21799-7(9)) Forgotten Bks.

Fortunately. Remy Charlip. Illus. by Remy Charlip. 2017. (Classic Board Bks.). (ENG., Illus.). 44p. (J). (gr. -1-k). bds. 9.99 (978-1-5344-0087-0(7), Little Simon) Little Simon.

Fortune: A Romance of Friendship (Classic Reprint) Douglas Goldring. 2018. (ENG., Illus.). 342p. (J). 30.95 (978-0-483-00192-3(9)) Forgotten Bks.

Fortune & Cookies (Spellbound Ponies, Book 4) Stacy Gregg. 2023. (Spellbound Ponies Ser.: 4). (ENG., Illus.). 128p. (J). 5.99 (978-0-00-860101-0(1), HarperCollins Children's Bks.) HarperCollins Pubs. Ltd. GBR. Dist: HarperCollins Pubs.

Fortune & the Golden Trophy, Book 7. Stacy Gregg. 2020. (Pony Club Secrets Ser.: 7). (ENG., Illus.). 240p. (J). (gr. 4-7). pap. 6.99 (978-0-00-727032-3(1), HarperCollins Children's Bks.) HarperCollins Pubs. Ltd. GBR. Dist: HarperCollins Pubs.

Fortune at Bandy's Flat (Classic Reprint) Camilla Kenyon. 2018. (ENG., Illus.). 352p. (J). 31.16 (978-0-484-64658-1(3)) Forgotten Bks.

Fortune Cookie Mystery. Glenn Lindsey. 2019. (Billy Fender PI Ser.: Vol. 4). (ENG.). 182p. (J). pap. (978-0-9959380-9-0(1)) Lindsey, Glenn.

Fortune from the Sky (Classic Reprint) Skelton Kuppord. (ENG., Illus.). (J). 2018. 232p. 28.68 (978-0-483-62421-4(7)); 2016. pap. 11.57 (978-1-334-16990-8(X)) Forgotten Bks.

Fortune Hunter: A Comedy in Four Bets (Classic Reprint) Winchell Smith. 2017. (ENG., Illus.). (J). 26.37 (978-0-331-84574-7(1)) Forgotten Bks.

Fortune Hunter (Classic Reprint) David Graham Phillips. 2018. (ENG., Illus.). 246p. (J). 28.99 (978-0-484-61413-9(4)) Forgotten Bks.

Fortune Hunter (Classic Reprint) Louis Joseph Vance. 2017. (ENG., Illus.). (J). 31.36 (978-0-266-17793-7(X)) Forgotten Bks.

Fortune Hunter; or the Old Stone Corral: A Tale of the Santa Fe Trail (Classic Reprint) John Dunloe Carteret. 2018. (ENG., Illus.). 298p. (J). 30.06 (978-0-483-55552-5(5)) Forgotten Bks.

Fortune of a Day (Classic Reprint) Grace Ellery Channing-Stetson. 2017. (ENG., Illus.). (J). 30.81 (978-0-266-18966-4(0)) Forgotten Bks.

Fortune of Christina M'Nab (Classic Reprint) S. Macnaughtan. 2018. (ENG., Illus.). 324p. (J). 30.58 (978-0-483-54157-3(5)) Forgotten Bks.

Fortune of the Indies (Classic Reprint) Edith Ballinger Price. (ENG., Illus.). (J). 2018. 272p. 29.53 (978-0-267-30635-0(0)); 2016. pap. 11.97 (978-1-333-32763-7(3)) Forgotten Bks.

Fortune of the Rougons: A Realistic Novel (Classic Reprint) Emile Zola. 2018. (ENG., Illus.). 380p. (J). 31.73 (978-0-656-10657-8(3)) Forgotten Bks.

Fortune Teller of Philippi. Jenny Robertson. 2021. (ENG.). 192p. (YA). pap. (978-1-907335-96-9(X)) Bridge Hse. Publishing.

Fortune Tellers. Created by Editors of Klutz. 2022. (ENG.). 70p. (J). (gr. 1). 9.99 (978-1-338-79274-4(1)) Klutz.

Fortune-Tellers: #5. Johanna Gohmann. Illus. by Chloe Dijon. 2021. (Trapped in Pirate Park Ser.). (ENG.). 48p. (J). (gr. 3-7). lib. bdg. 34.21 (978-1-0982-3175-0(9), 38758, Spellbound) Magic Wagon.

Fortune Teller's Curse: A Choose Your Path Mystery. Deb Mercier. 2023. (Detective: You Ser.). 152p. (J). (gr. 4-8). 24.95 (978-1-940647-91-3(6)) Lake 7 Creative, LLC.

Fortune Tellers to Fold. Lucy Bowman. 2017. (Tear-Off Papercraft Pads Ser.). (ENG.). 80p. pap. 9.99 (978-0-7945-4023-4(6), Usborne) EDC Publishing.

Fortunes & Misfortunes of the Famous Moll Flanders. Daniel Dafoe. 2019. (ENG.). (J). 228p. 19.95 (978-1-61895-509-8(8)); 226p. pap. 12.95 (978-1-61895-508-1(X)) Bibliotech Pr.

Fortunes & Misfortunes of the Famous Moll Flanders. Daniel Dafoe. 2017. (ENG., Illus.). (J). 26.95 (978-1-374-95557-8(4)); pap. 16.95 (978-1-374-95556-1(6)) Capital Communications, Inc.

Fortunes & Misfortunes of the Famous Moll Flanders: Also, the Fortunate Mistress, or the Lady Roxana, with an Introd, by Baker (Classic Reprint) Daniel Dafoe. 2018. (ENG., Illus.). 458p. (J). 33.34 (978-0-267-24718-9(4)) Forgotten Bks.

Fortunes & Misfortunes of the Famous Moll Flanders (Illustrated) Complemented with the Biography of the Author. Daniel Dafoe & John W. Dunsmore. 2018. (ENG.). 252p. (J). pap. (978-80-268-9230-4(5)) E-Artnow.

Fortunes & Misfortunes of the Famous Moll Flanders, Vol. 1 Of 2: With the Author's Preface, & an Introduction (Classic Reprint) Daniel Dafoe. (ENG., Illus.). (J). 2017. 35.94 (978-0-266-49543-7(5)); 2016. pap. 19.57 (978-1-333-35449-7(5)) Forgotten Bks.

Fortunes & Misfortunes of the Famous Moll Flanders, Vol. 2 of 2 (Classic Reprint) Daniel Dafoe. (ENG., Illus.). (J). 2018. 312p. 30.35 (978-0-483-57563-9(1)); 2016. pap. 13.57 (978-1-334-12180-7(X)) Forgotten Bks.

Fortune's Boats (Classic Reprint) Barbara Yechton. 2018. (ENG., Illus.). 370p. (J). 31.53 (978-0-332-99886-2(X)) Forgotten Bks.

Fortune's Fool (Classic Reprint) Julian Hawthorne. 2017. (ENG., Illus.). (J). 33.88 (978-0-266-65731-6(1)); pap. 16.57 (978-1-5276-1482-6(4)) Forgotten Bks.

Fortune's Foot Ball or the Adventures of Mercutio - Founded on Matters of Fact. James Butler. 2017. (ENG.). 196p. (J). pap. (978-3-337-06429-7(9)) Creation Pubs.

Fortune's Foot-Ball, or the Adventures of Mercutio, Founded on Matters of Fact, Vol. 1 Of 2: A Novel (Classic Reprint) James Butler. (ENG., Illus.). (J). 2018. 198p. 27.98 (978-0-267-33188-8(6)); 2016. pap. 10.57 (978-1-333-57450-5(9)) Forgotten Bks.

Fortune's Foot-Ball, or the Adventures of Mercutio, Founded on Matters of Fact, Vol. 2 Of 2: A Novel (Classic Reprint) James Butler. 2018. (ENG., Illus.). 196p. (J). 27.94 (978-0-484-29346-4(X)) Forgotten Bks.

Fortunes of Betty: A Sweet & Tender Romance, of an Old Soldier's Daughter, Novelized from the Successful Play of the Same Name (Classic Reprint) Cecil Spooner. 2018. (ENG., Illus.). 242p. (J). 28.89 (978-0-428-82303-0(3)) Forgotten Bks.

Fortunes of Colonel Torlogh O'Brien: A Tale of the Wars of King James (Classic Reprint) Joseph Sheridan Le Fanu. (ENG., Illus.). (J). 2017. 32.23 (978-0-265-41352-4(4)); 2016. pap. 16.57 (978-1-333-58273-9(0)) Forgotten Bks.

Fortunes of Conrad (Classic Reprint) Sylvanus Cobb. 2018. (ENG., Illus.). 264p. (J). 29.34 (978-0-267-17928-2(6)) Forgotten Bks.

Fortunes of Glencore (Classic Reprint) Charles James Lever. 2017. (ENG., Illus.). 666p. (J). 37.61 (978-0-332-03710-3(X)) Forgotten Bks.

Fortunes of Glencore, Vol. 1 of 3 (Classic Reprint) Charles Lever. 2018. (ENG., Illus.). 316p. (J). 30.43 (978-0-484-23885-4(X)) Forgotten Bks.

Fortunes of Glencore, Vol. 2 (Classic Reprint) Charles James Lever. 2018. (ENG., Illus.). 302p. (J). 30.13 (978-0-484-41290-2(6)) Forgotten Bks.

Fortunes of Glencore, Vol. 3 of 3 (Classic Reprint) Charles Lever. 2018. (ENG., Illus.). 316p. (J). 30.43 (978-0-483-16395-9(3)) Forgotten Bks.

Fortunes of Hector O'Halloran: And His Man Mark Antony o'Toole (Classic Reprint) W. H. Maxwell. 2018. (ENG., Illus.). 472p. (J). 33.63 (978-0-332-78940-8(3)) Forgotten Bks.

Fortunes of Maurice O'Donnell: An Irish-American Story (Classic Reprint) James Murphy. 2018. (ENG., Illus.). 430p. (J). 32.77 (978-0-483-44390-7(5)) Forgotten Bks.

Fortunes of Miss. Follen (Classic Reprint) Goodwin-Talcott. 2018. (ENG., Illus.). 280p. (J). 29.67 (978-0-483-82477-5(1)) Forgotten Bks.

Fortunes of Nigel, and, St. Ronan's Well (Classic Reprint) Walter Scott. (ENG., Illus.). (J). 2018. 1002p. 44.58 (978-0-483-51468-3(3)); 2016. pap. 26.80 (978-1-334-12318-4(7)) Forgotten Bks.

Fortunes of Nigel (Classic Reprint) Walter Scott. 2018. (ENG., Illus.). 448p. (J). 33.16 (978-0-365-31086-0(7)) Forgotten Bks.

Fortunes of Nigel, Vol. 1 (Classic Reprint) Walter Scott. 2017. (ENG., Illus.). (J). 31.63 (978-0-266-99152-6(1)) Forgotten Bks.

Fortunes of Nigel, Vol. 1 Of 2: A Romance (Classic Reprint) Walter Scott. 2018. (ENG., Illus.). (J). 286p. 29.82 (978-1-397-19595-1(9)); 288p. pap. 13.57 (978-1-397-19587-6(8)) Forgotten Bks.

Fortunes of Nigel, Vol. 1 of 3 (Classic Reprint) Unknown Author. 2018. (ENG., Illus.). 364p. (J). 31.42 (978-0-267-25280-0(3)) Forgotten Bks.

Fortunes of Nigel, Vol. 2 of 2 (Classic Reprint) Sir Walter Scott. 2017. (ENG., Illus.). (J). 31.96 (978-0-266-56983-1(8)) Forgotten Bks.

Fortunes of Oliver Horn (Classic Reprint) Francis Hopkinson Smith. (ENG., Illus.). (J). 2018. 310p. 30.31 (978-0-484-25245-4(3)); 2017. 36.04 (978-0-266-18927-5(X)); 2017. pap. 13.57 (978-0-243-26298-4(1)) Forgotten Bks.

Fortunes of Oliver Horn, Vol. 2 (Classic Reprint) Francis Hopkinson Smith. (ENG., Illus.). (J). 2018. 350p. 31.12 (978-0-364-81010-1(6)); 2017. pap. 13.57 (978-0-243-38461-7(0)) Forgotten Bks.

Fortunes of Perkin Warbeck: A Romance (Classic Reprint) Mary Shelley. (ENG., Illus.). (J). 2018. 442p. 33.01 (978-0-267-36741-2(4)); 2016. pap. 16.57 (978-1-334-16331-9(6)) Forgotten Bks.

Fortunes of Perkin Warbeck, Vol. 2 Of 3: A Romance (Classic Reprint) Unknown Author. 2018. (ENG., Illus.). 340p. (J). 30.93 (978-0-267-19368-4(8)) Forgotten Bks.

Fortunes of Rachel (Classic Reprint) Edward Everett Hale. 2017. (ENG., Illus.). (J). 28.64 (978-0-265-21197-7(2)) Forgotten Bks.

Fortunes of the Cattergood Family, Vol. 1 of 3 (Classic Reprint) Albert Smith. (ENG., Illus.). (J). 2018. 324p. 30.58 (978-0-483-55748-2(X)); 2016. pap. 13.57 (978-1-334-25134-4(7)) Forgotten Bks.

F

Fortunes of the Charlton Family (Classic Reprint) W. H. C. Groome. 2018. (ENG., Illus.). 164p. (J). 27.28 *(978-0-267-47646-6(9))* Forgotten Bks.

Fortunes of the Colville Family, or a Cloud with Its Silver Lining (Classic Reprint) Frank E. Smedley. (ENG., Illus.). (J). 2018. 338p. 30.87 *(978-0-267-31117-0(6))*; 2016. pap. 13.57 *(978-1-333-39643-5(0))* Forgotten Bks.

Fortunes of the Falconars, Vol. 1 of 3 (Classic Reprint) Gordon. 2018. (ENG., Illus.). 312p. (J). 30.33 *(978-0-484-80048-8(5))* Forgotten Bks.

Fortunes of the Falconars, Vol. 2 of 3 (Classic Reprint) Gordon. 2018. (ENG., Illus.). 316p. (J). 30.41 *(978-0-483-75267-2(3))* Forgotten Bks.

Fortunes of the Landrays (Classic Reprint) Vaughan Kester. 2018. (ENG., Illus.). 508p. (J). 34.39 *(978-0-364-51694-2(1))* Forgotten Bks.

Fortunes of the Scattergood Family, Vol. 2 of 3 (Classic Reprint) Albert Smith. 2018. (ENG., Illus.). 338p. (J). 30.87 *(978-0-428-31650-1(6))* Forgotten Bks.

Fortunes of the Van der Bergs (Classic Reprint) Adele Weber. 2018. (ENG., Illus.). 166p. (J). 27.34 *(978-0-483-53470-4(6))* Forgotten Bks.

Fortune's Tangled Skein. Jeannette H. Walworth. 2017. (ENG., Illus.). (J). pap. *(978-0-649-58684-4(0))* Trieste Publishing Pty Ltd.

Fortune's Tangled Skein: A Novel (Classic Reprint) Jeannette H. Walworth. 2017. (ENG., Illus.). (J). 29.84 *(978-0-331-92935-5(X))*; pap. 13.57 *(978-0-243-06262-1(1))* Forgotten Bks.

Fortune's Wheel: A Tale of Hindu Domestic Life (Classic Reprint) Kandukuri Viresalingamu. 2018. (ENG., Illus.). 218p. (J). 28.39 *(978-0-483-98788-3(3))* Forgotten Bks.

Fortune's Wheel (Classic Reprint) Martha Gray. 2018. (ENG., Illus.). 284p. (J). 29.77 *(978-0-484-60630-1(1))* Forgotten Bks.

Fortune's Wheel, Vol. 1 Of 3: A Novel (Classic Reprint) Alexander Innes Shand. (ENG., Illus.). (J). 2018. 304p. 30.17 *(978-0-483-38728-7(2))*; 2016. pap. 13.57 *(978-1-333-22307-6(2))* Forgotten Bks.

Fortune's Wheel, Vol. 2 Of 3: A Novel (Classic Reprint) Alexander Innes Shand. (ENG., Illus.). (J). 2018. 316p. 30.41 *(978-0-483-78508-3(3))*; 2016. pap. 13.57 *(978-1-334-11955-2(4))* Forgotten Bks.

Fortunio: One of Cleopatra's Nights; King Candaules; with an Introduction by the Editor (Classic Reprint) The Ophile Gautier. 2016. (ENG., Illus.). (J). pap. 16.57 *(978-1-332-70959-5(1))* Forgotten Bks.

Forty-Acre Swindle: Introducing George Washington Carver. Dave Jackson & Neta Jackson. 2016. (ENG., Illus.). (J). pap. 7.99 *(978-1-939445-33-9(7))* Castle Rock Creative, Inc.

Forty Club: A Volume Portraying the Members, & Containing Some of the Loving Cup Verses, Published for the Twenty-Fifth Annual Dinner in Honor of the Ladies (Classic Reprint) Unknown Author. 2018. (ENG., Illus.). 118p. (J). 26.35 *(978-0-267-50908-9(1))* Forgotten Bks.

Forty-Eighth Annual Report of the Clarke School for the Deaf at North Hampton, Mass. , for the Year Ending August 31 1915. 2017. (ENG., Illus.). (J). pap. *(978-0-649-29596-8(X))* Trieste Publishing Pty Ltd.

Forty-First Annual Program for the Observance of Arbor Day in the Schools of Rhode Island, May 13, 1932 (Classic Reprint) Office of Commissioner of Education. (ENG., Illus.). (J). 2018. 34p. 24.62 *(978-0-267-56817-8(7))*; 2016. pap. 7.97 *(978-1-334-17076-8(2))* Forgotten Bks.

Forty-Four Years, the Life of a Hunter: Being Reminiscences of Meshach Browning, a Maryland Hunter & Trapper. Meshach Browning. 2019. (ENG.). 238p. (J). *(978-0-359-73376-7(X))*; pap. *(978-0-359-73375-0(1))* Lulu Pr., Inc.

Forty-Four Years, the Life of a Hunter: Being Reminiscences of Meshach Browning, a Maryland Hunter & Trapper. Meshach Browning. 2019. (ENG., Illus.). 238p. (J). pap. *(978-1-78987-086-2(0))* Pantianos Classics.

Forty-Four Years, the Life of a Hunter: Being Reminiscences of Meshach Browning, a Maryland Hunter (Classic Reprint) Meshach Browning. (ENG., Illus.). (J). 2017. 32.95 *(978-1-5285-4018-6(2))*; 2016. 23.57 *(978-1-334-99696-2(2))* Forgotten Bks.

Forty Minutes Late & Other Stories, 1909 (Classic Reprint) F. Hopkins Smith. 2017. (ENG., Illus.). (J). 29.09 *(978-1-5280-8575-5(2))* Forgotten Bks.

Forty Minutes Late, & Other Stories, by F. Hopkinson Smith, 1907 (Classic Reprint) Francis Hopkinson Smith. 2017. (ENG., Illus.). (J). 28.62 *(978-1-5281-6626-3(4))* Forgotten Bks.

Forty Modern Fables (Classic Reprint) George Ade. (ENG., Illus.). (J). 2018. 316p. 30.43 *(978-0-364-99648-5(X))*; 2016. pap. 13.57 *(978-1-334-14354-0(4))* Forgotten Bks.

Forty-Nine: An Idyl Drama of the Sierras (in Four Acts) (Classic Reprint) Joaquin Miller. (ENG., Illus.). (J). 2018. 64p. 25.22 *(978-0-483-11832-4(X))*; 2016. pap. 9.57 *(978-1-333-45736-5(7))* Forgotten Bks.

Forty-One Thieves: A Tale of California (Classic Reprint) Angelo Hall. 2018. (ENG., Illus.). 146p. (J). 26.91 *(978-0-267-41697-4(0))* Forgotten Bks.

Forty Thieves: Marjana's Tale. Christy Lenzi. 2019. (ENG.). 272p. (J). (gr. 4-9). 16.99 *(978-1-4998-0945-9(X)*, Yellow Jacket) Bonnier Publishing USA.

Forty Winks. Nancy Allen. Illus. by Diane Brown. 2020. (ENG.). 48p. (J). (gr. k-3). pap. 17.99 *(978-1-950074-22-8(6))* 4RV Pub.

Forty Winks. Nancy Allen. Illus. by Brown Diane. 2016. (ENG.). (J). (gr. k-3). 19.99 *(978-1-940310-46-6(6))* 4RV Pub.

Forty Words for Love. Aisha Saeed. 2023. 304p. (YA). (gr. 7). 18.99 ***(978-0-593-32646-6(6)***, Kokila) Penguin Young Readers Group.

Forty Years a Gambler: On the Mississippi (Classic Reprint) George H. Devol. 2016. (ENG., Illus.). (J). 19.57 *(978-1-334-99859-1(0))* Forgotten Bks.

Forty Years a Locomotive Engineer: Thrilling Tales of the Rail (Classic Reprint) J. Harvey Reed. (ENG., Illus.). (J). 2018. 152p. 27.03 *(978-0-365-31721-0(7))*; 2017. pap. 9.57 *(978-0-282-19823-7(7))* Forgotten Bks.

Forty Years in the Office of the President, University of California, 1905 1945: An Interview (Classic Reprint) Amelia Roberts Fry. (ENG., Illus.). (J). 2018. 406p. 32.29 *(978-0-267-55007-4(3))*; 2016. pap. 16.57 *(978-1-333-54666-3(1))* Forgotten Bks.

Forty Years in the World, Vol. 1 Of 3: Or, Sketches & Tales of a Soldier's Life (Classic Reprint) Robert Grenville Wallace. 2018. (ENG., Illus.). 332p. (J). 30.74 *(978-0-365-19730-0(0))* Forgotten Bks.

Forty Years in the World, Vol. 2 Of 3: Or Sketches & Tales of a Soldier's Life (Classic Reprint) Robert Grenville Wallace. 2018. (ENG., Illus.). 336p. (J). 30.95 *(978-0-484-73476-9(8))* Forgotten Bks.

Forty Years in the World, Vol. 3 Of 3: Or, Sketches & Tales of a Soldier's Life (Classic Reprint) Unknown Author. 2018. (ENG., Illus.). 328p. (J). 30.68 *(978-0-364-82745-1(9))* Forgotten Bks.

Forty Years on (Classic Reprint) Ernest Hamilton. 2018. (ENG., Illus.). 338p. (J). 30.89 *(978-0-267-23462-2(7))* Forgotten Bks.

Forward from Babylon (Classic Reprint) Louis Golding. 2017. (ENG., Illus.). (J). 30.50 *(978-0-260-39238-1(3))* Forgotten Bks.

Forward House. William Scoville Case. 2017. (ENG.). 166p. (J). pap. *(978-3-7446-6475-2(9))* Creation Pubs.

Forward House: A Romance (Classic Reprint) William Scoville Case. 2018. (ENG., Illus.). 162p. (J). 27.24 *(978-0-483-40277-5(X))* Forgotten Bks.

Forward Letters Written on a Trip Around the World (Classic Reprint) Lina Boegli. 2018. (ENG., Illus.). 326p. (J). 30.62 *(978-0-483-96885-1(4))* Forgotten Bks.

Forward Me Back to You. Mitali Perkins. 2020. (ENG.). 432p. (YA). pap. 15.99 *(978-1-250-61990-7(4)*, 900161954) Square Fish.

Forward: My Story Young Readers' Edition. Abby Wambach. (ENG.). 224p. (J). (gr. 3-7). 2017. pap. 7.99 *(978-0-06-245793-6(4))*; 2016. 16.99 *(978-0-06-245792-9(6))* HarperCollins Pubs. (HarperCollins).

Forward Pass a Story of the New Football (Classic Reprint) Ralph Henry Barbour. 2018. (ENG., Illus.). 362p. (J). 31.38 *(978-0-267-28773-4(9))* Forgotten Bks.

Fosas. Joyce Markovics. 2021. (On the Trail: Study of Secretive Animals Ser.). (ENG., Illus.). 32p. (J). (gr. 4-6). lib. bdg. 32.07 *(978-1-5341-8045-1(1)*, 218460) Cherry Lake Publishing.

Fósforo Del Avaro: The Miser's Match. Armando Miguélez Martínez & Óscar Somoza Urquídez. 2022. (Colibrí Bks.). (SPA.). 32p. (J). pap. 9.99 ***(978-1-959040-04-0(9))*** BibliotecaLatinx.

Fósiles. Grace Hansen. 2016. (¡Súper Geología! Ser.). (SPA.). 24p. (J). (gr. -1-2). pap. 7.95 *(978-1-4966-0678-5(7)*, 131730, Capstone Classroom) Capstone.

Fósiles. Louise Spilsbury. 2022. (Las Rocas Ser.). (SPA.). 32p. (J). 35.99 *(978-1-4846-8310-1(2)*, 252771, Heinemann) Capstone.

Fósiles. Xist Publishing. Tr. by Víctor Santana. 2017. (Xist Kids Spanish Bks.). (SPA., Illus.). 28p. (J). (gr. -1-3). pap. 9.99 *(978-1-5324-0403-0(4))* Xist Publishing.

Fósiles y Animales Marinos. Alan Walker. 2022. (Cambios Increíbles en la Tierra (Incredible Changes on Earth) Ser.). (SPA.). 24p. (J). (gr. k-2). pap. *(978-1-0396-4958-3(0)*, 19428); lib. bdg. *(978-1-0396-4831-9(2)*, 19427) Crabtree Publishing Co.

Fósiles y Dinosaurios. Julie K. Lundgren. 2022. (Cambios Increíbles en la Tierra (Incredible Changes on Earth) Ser.). (SPA.). 24p. (J). (gr. k-2). pap. *(978-1-0396-4957-6(2)*, 19434); lib. bdg. *(978-1-0396-4830-2(4)*, 19433) Crabtree Publishing Co.

Fósiles y Mamíferos Antiguos. Julie K. Lundgren. 2022. (Cambios Increíbles en la Tierra (Incredible Changes on Earth) Ser.). (SPA.). 24p. (J). (gr. k-2). pap. *(978-1-0396-4955-2(6)*, 19440); lib. bdg. *(978-1-0396-4828-9(2)*, 19439) Crabtree Publishing Co.

Fósiles y Plantas Antiguas. Kelli Hicks. 2022. (Cambios Increíbles en la Tierra (Incredible Changes on Earth) Ser.). (SPA.). 24p. (J). (gr. k-2). pap. *(978-1-0396-4956-9(4)*, 19446); lib. bdg. *(978-1-0396-4829-6(0)*, 19445) Crabtree Publishing Co.

Fossil & Paleontologist. Fenet Goro. 2022. (ENG.). 36p. (J). pap. 10.99 *(978-1-6628-5202-2(9))* Salem Author Services.

Fossil by Fossil: Comparing Dinosaur Bones. Sara Levine. Illus. by T. S. Spookytooth. 2018. (Animal by Animal Ser.). (ENG.). 32p. (J). (gr. k-4). 26.65 *(978-1-4677-9489-3(9)*, 667f545f-f1eb-459b-9a24-3991f1014d27, Millbrook Pr.) Lerner Publishing Group.

Fossil Files, 12 vols. 2016. (Fossil Files Ser.). (ENG.). 00032p. (J). (gr. 5-5). 167.58 *(978-1-4994-2642-7(9)*, 34dae5b2-b99b-4c58-a456-ceb03779e1f1, PowerKids Pr.) Rosen Publishing Group, Inc., The.

Fossil Fishes of the Hawkesbury Series at Gosford (Classic Reprint) Arthur Smith Woodward. 2017. (ENG., Illus.). (J). 26.58 *(978-0-331-24925-5(1))* Forgotten Bks.

Fossil Fuels. Tracy Vonder Brink. 2022. (Energy Sources Ser.). (ENG.). 32p. (J). (gr. 3-5). pap. *(978-1-0396-6259-9(5)*, 19820) Crabtree Publishing Co.

Fossil Fuels. Contrib. by Tracy Vonder Brink. 2022. (Energy Sources Ser.). (ENG.). 32p. (J). (gr. 3-5). lib. bdg. *(978-1-0396-6064-9(9)*, 19819) Crabtree Publishing Co.

Fossil Fuels, 1 vol. Emilie Dufresne. 2019. (Environmental Issues Ser.). (ENG.). 24p. (gr. 2-3). pap. 9.25 *(978-1-5345-3072-0(X)*, 088bf2f7-3115-4539-909f-4b5dc2410692); lib. bdg. 26.23 *(978-1-5345-3035-5(5)*, 248420d0-f789-4c79-864d-c9907f2a0993) Greenhaven Publishing LLC. (KidHaven Publishing).

Fossil Fuels. Christopher Forest. 2019. (Natural Resources Ser.). (ENG., Illus.). 32p. (J). (gr. 2-5). lib. bdg. 32.79 *(978-1-5321-6584-9(6)*, 33270, DiscoverRoo) Pop!.

Fossil Fuels, 1 vol. Colin Grady. 2016. (Saving the Planet Through Green Energy Ser.). (ENG.). 24p. (gr. 3-3). pap. 10.35 *(978-0-7660-8276-2(8)*, a2f49025-a1cc-49e5-a00b-747f911c770e) Enslow Publishing, LLC.

Fossil Fuels, 1 vol. Elizabeth Lachner. 2018. (Exploring Energy Technology Ser.). (ENG.). 48p. (gr. 6-6). pap. 15.05 *(978-1-5081-0612-8(6)*, b653faad-45a3-4f11-bc43-c1e1b2da2683, Britannica Educational Publishing) Rosen Publishing Group, Inc., The.

Fossil Fuels, 1 vol. Jill Sherman. 2017. (Let's Learn about Natural Resources Ser.). (ENG.). 24p. (gr. 1-2). pap. 10.35 *(978-0-7660-9151-1(1)*, 18158908-607b-4f63-a55c-5f3f512ff529) Enslow Publishing, LLC.

Fossil Fuels 5th Grade Children's Earth Sciences Book. Bold Kids. 2023. (ENG.). 42p. (J). pap. 14.99 ***(978-1-0717-1637-3(9))*** FASTLANE LLC.

Fossil Fuels a Variety of Facts Children's Science Book. Bold Kids. 2023. (ENG.). 42p. (J). pap. 14.99 ***(978-1-0717-1724-0(3))*** FASTLANE LLC.

Fossil Hunt. Maribeth Boelts. 2016. (Spring Forward Ser.). (J). (gr. 2). *(978-1-4900-9414-4(8))* Benchmark Education Co.

Fossil Hunter: How Mary Anning Changed the Science of Prehistoric Life. Cheryl Blackford. 2022. (ENG., Illus.). 128p. (J). (gr. 5-8). 17.99 *(978-0-358-39605-5(0)*, 1789093, Clarion Bks.) HarperCollins Pubs.

Fossil Hunters. S. L. Hamilton. 2017. (Xtreme Dinosaurs Ser.). (ENG., Illus.). 32p. (J). (gr. 3-9). lib. bdg. 32.79 *(978-1-5321-1295-9(5)*, 27503, Abdo & Daughters) ABDO Publishing Co.

Fossil Hunters. Tristan Poehlmann. 2019. (Science Adventurers Ser.). (ENG., Illus.). 112p. (J). (gr. 6-12). lib. bdg. 41.36 *(978-1-5321-9034-6(4)*, 33388, Essential Library) ABDO Publishing Co.

Fossil Hunters. Betty Salthouse. 2016. (ENG., Illus.). (J). (gr. 3-6). pap. *(978-1-911223-08-5(9))* Hawkesbury Pr.

Fossil Huntress: Mary Leakey, Paleontologist. Andi Diehn. Illus. by Katie Mazeika. 2019. (Picture Book Biography Ser.). 32p. (J). (gr. k-3). 16.95 *(978-1-61930-770-4(7)*, 2c32f708-41a0-447d-98b9-b00a90d27afb); pap. 9.95 *(978-1-61930-773-5(1)*, d823b29b-875c-4156-873f-149d355e61b0) Nomad Pr.

Fossil Ranch: The Beginning. D. D. Horserider & Juan G. 2020. (ENG.). 142p. (YA). pap. 13.72 *(978-1-716-34650-7(9))* Lulu Pr., Inc.

Fossil Whisperer: How Wendy Sloboda Discovered a Dinosaur. Helaine Becker. Illus. by Sandra Dumais. 2022. (ENG.). 32p. (J). (gr. -1-3). 18.99 *(978-1-5253-0418-7(6))* Kids Can Pr., Ltd. CAN. Dist: Hachette Bk. Group.

Fossils. Tracy Vonder Brink. 2023. (Understanding Geology Ser.). (ENG.). (J). (gr. 3-5). 32p. lib. bdg. 30.60 ***(978-1-63897-987-6(1)***, 33525); (Illus.). pap. 9.95 Seahorse Publishing.

Fossils, 1 vol. Cecily Jobes. 2016. (Spotlight on Earth Science Ser.). (ENG., Illus.). 24p. (J). (gr. 4-6). pap. 11.00 *(978-1-4994-2513-0(9)*, d078dc9b-e9c2-4a39-98e6-f1cacbcfbbbc, PowerKids Pr.) Rosen Publishing Group, Inc., The.

Fossils. Megan Lappi. 2016. (Illus.). 24p. (J). *(978-1-5105-1150-7(4))* SmartBook Media, Inc.

Fossils. Ruth Owen. 2022. (Earth Science-Geology: Need to Know Ser.). (ENG., Illus.). 32p. (J). (gr. 5-7). lib. bdg. 28.50 *(978-1-63691-576-0(0)*, 18657, SilverTip Books) Bearport Publishing Co., Inc.

Fossils. Steve Parker & Miles Kelly. Ed. by Richard Kelly. 2017. (Illus.). 48p. pap. 9.95 *(978-1-84810-164-7(3))* Miles Kelly Publishing, Ltd. GBR. Dist: Parkwest Pubns., Inc.

Fossils. Andrea Rivera. 2017. (Rocks & Minerals (Launch!) Ser.). (ENG., Illus.). 24p. (J). (gr. -1-2). lib. bdg. 31.36 *(978-1-5321-2043-5(5)*, 25336, Abdo Zoom-Launch) ABDO Publishing Co.

Fossils. Ava Sawyer. 2018. (Rocks Ser.). (ENG., Illus.). 32p. (J). (gr. 3-6). lib. bdg. 27.99 *(978-1-5435-2700-1(0)*, 138136, Capstone Pr.) Capstone.

Fossils. Keli Sipperley. 2020. (Earth Materials & Systems Ser.). (ENG.). 32p. (J). (gr. 1-3). pap. 7.95 *(978-1-9771-2679-5(0)*, 201713); (Illus.). lib. bdg. 29.32 *(978-1-9771-2379-4(1)*, 200389) Capstone. (Pebble).

Fossils. Richard Spilsbury & Louise Spilsbury. rev. ed. 2021. (Let's Rock Ser.). (ENG.). 32p. (J). pap. 8.29 *(978-1-4846-6827-6(8)*, 238829, Heinemann) Capstone.

Fossils: Children's Fossil Book with Interesting & Informative Facts. Bold Kids. 2022. (ENG.). 42p. (J). pap. 15.99 ***(978-1-0717-0981-8(X))*** FASTLANE LLC.

Fossils: Discover Pictures & Facts about Fossils for Kids! a Children's Earth Sciences Book. Bold Kids. 2022. (ENG.). 32p. (J). pap. 14.99 *(978-1-0717-0859-0(7))* FASTLANE LLC.

Fossils: Secrets to Earth's History - Fossil Guide - Geology for Teens - Interactive Science Grade 8 - Children's Earth Sciences Books. Baby Professor. (ENG.). 74p. (J). 2020. pap. 14.89 *(978-1-5419-4964-5(1))*; 2019. 24.88 *(978-1-5419-7458-6(1))* Speedy Publishing LLC. (Baby Professor (Education Kids)).

Fossils / Fósiles. Xist Publishing. 2017. (Xist Kids Bilingual Spanish English Ser.). (ENG & SPA., Illus.). 28p. (J). (gr. -1-3). pap. 9.99 *(978-1-5324-0335-4(6))* Xist Publishing.

Fossils 4th Grade Educational Facts. Bold Kids. 2023. (ENG.). 42p. (J). pap. 14.99 ***(978-1-0717-1638-0(7))*** FASTLANE LLC.

Fossils & Ancient Mammals, 1 vol. Julie K. Lundgren. 2022. (Incredible Changes on Earth Ser.). (ENG.). 24p. (J). (gr. k-2). lib. bdg. *(978-1-0396-4478-6(3)*, 16264); (Illus.). pap. *(978-1-0396-4669-8(7)*, 17206) Crabtree Publishing Co. (Crabtree Seedlings).

Fossils & Ancient Plants, 1 vol. Kelli Hicks. 2022. (Incredible Changes on Earth Ser.). (ENG.). 24p. (J). (gr. k-2). lib. bdg. *(978-1-0396-4479-3(1)*, 16265); (Illus.). pap. *(978-1-0396-4670-4(0)*, 17207) Crabtree Publishing Co. (Crabtree Seedlings).

Fossils & Dinosaurs, 1 vol. Julie K. Lundgren. 2022. (Incredible Changes on Earth Ser.). (ENG.). 24p. (J). (gr. k-2). lib. bdg. *(978-1-0396-4480-9(5)*, 16266); (Illus.). pap. *(978-1-0396-4671-1(9)*, 17208) Crabtree Publishing Co. (Crabtree Seedlings).

Fossils & Sea Animals, 1 vol. Alan Walker. 2022. (Incredible Changes on Earth Ser.). (ENG.). 24p. (J). (gr. k-2). lib. bdg. *(978-1-0396-4481-6(3)*, 16267); (Illus.). pap. *(978-1-0396-4672-8(7)*, 17209) Crabtree Publishing Co. (Crabtree Seedlings).

Fossils for Kids: Finding, Identifying, & Collecting. Dan R. Lynch. 2020. (Simple Introductions to Science Ser.). (Illus.). 188p. (J). (gr. 1-7). (ENG.). 40.95 *(978-1-59193-999-3(2))*; pap. 12.95 *(978-1-59193-939-9(9))* AdventureKEEN. (Adventure Pubns.).

Fossils from Lost Worlds. Damien Laverdunt & Hélène Rajcak. Illus. by Damien Laverdunt & Hélène Rajcak. 2021. (ENG., Illus.). 72p. (J). (gr. 4-8). 29.99 *(978-1-77657-315-8(3)*, f741d9b1-014b-4533-9071-8ce3c7ad75f7) Gecko Pr. NZL. Dist: Lerner Publishing Group.

Fossils Give Us Clues. Maribeth Boelts. 2016. (Spring Forward Ser.). (J). (gr. 2). *(978-1-4900-2249-9(X))* Benchmark Education Co.

Fossils, Rocks, & Minerals. Marcia Amidon Lusted. 2021. (Field Guides). (ENG., Illus.). 112p. (J). (gr. 4-8). lib. bdg. 44.21 *(978-1-5321-9696-6(2)*, 38358) ABDO Publishing Co.

Fossils Tell of Long Ago. Aliki. Illus. by Aliki. 2016. (Let's-Read-And-Find-Out Science 2 Ser.). (ENG., Illus.). 32p. (J). (gr. -1-3). pap. 6.99 *(978-0-06-238207-8(1)*, HarperCollins) HarperCollins Pubs.

Foster-Brother. Leigh Hunt. 2017. (ENG.). 162p. (J). pap. *(978-3-337-07486-9(3))* Creation Pubs.

Foster-Brother: A Tale of the War of Chiozza (Classic Reprint) Leigh Hunt. 2017. (ENG., Illus.). (J). 27.24 *(978-1-5280-7151-2(4))* Forgotten Bks.

Foster-Brother, Vol. 3 Of 3: A Tale of the War of Chiozza (Classic Reprint) Leigh Hunt. 2018. (ENG., Illus.). 284p. (J). 29.77 *(978-0-484-88791-5(2))* Forgotten Bks.

Foster-Brothers of Doon: A Tale of the Irish Rebellion of 1798 (Classic Reprint) E. H. Walshe. 2017. (ENG., Illus.). (J). 32.68 *(978-0-260-23057-7(X))*; pap. 16.57 *(978-0-243-51559-2(6))* Forgotten Bks.

Foster Broussard: Demons of the Gold Rush. Trevor Pryce & David A. Ziebart. 2017. (ENG., Illus.). 128p. (YA). (gr. 7). pap. 15.99 *(978-0-692-83201-1(7)*, 225aa2da-0c39-4ff9-94e4-1144213cbe1c) Outlook Words & Art.

Foster Child Comes to Stay with Josie & Brooke. Cheryl Petersen. 2016. (ENG., Illus.). (J). pap. *(978-0-9795454-2-9(0))* Neutrino Publishing.

Foster Dragon: A Story about Foster Care. Steve Herman. 2020. (My Dragon Bks.: Vol. 40). (ENG.). 50p. (J). 18.95 *(978-1-64916-073-7(9))*; pap. 12.95 *(978-1-64916-072-0(0))* Digital Golden Solutions LLC.

Foster Families. Carla Mooney. 2018. (Changing Families Ser.). (ENG.). 64p. (J). (gr. 6-12). 39.93 *(978-1-68282-357-6(1))* ReferencePoint Pr., Inc.

Foster Families, Vol. 12. H. W. Poole. 2016. (Families Today Ser.). (Illus.). 48p. (J). (gr. 5). 20.95 *(978-1-4222-3615-4(3))* Mason Crest.

Foster Kid's Road to Success. Robert P. K. Mooney. 2020. (ENG.). 162p. (J). pap. 12.95 *(978-1-7347969-0-2(1))* RPKM Publishing, LLC.

Foster Masters Fishing. Mike Crowley. 2020. (Foster Ser.). (ENG.). 40p. (J). 24.95 *(978-1-64468-128-2(5))*; pap. 14.95 *(978-1-64468-127-5(7))* Covenant Bks.

Foster Parents. Rebecca Rissman. rev. ed. 2021. (Families Ser.). (ENG.). 24p. (J). pap. 6.29 *(978-1-4846-6831-3(6)*, 239602, Heinemann) Capstone.

Foster-Sisters: Or Lucy Corbet's Chronicle (Classic Reprint) Lucy Ellen Guernsey. 2018. (ENG., Illus.). 528p. (J). 34.81 *(978-0-483-59192-9(0))* Forgotten Bks.

Foster Their Imagination: A Creative Journal for Kids. Activinotes. 2016. (ENG., Illus.). (J). pap. 9.20 *(978-1-68321-336-9(X))* Mimaxion.

Foster Youth. Leanne Currie-McGhee. 2016. (ENG.). 80p. (J). (gr. 5-12). *(978-1-60152-976-3(7))* ReferencePoint Pr., Inc.

Fostered Reality. L. Danvers. 2018. (ENG.). 162p. (YA). pap. 9.99 *(978-1-393-10488-9(6))* Draft2Digital.

Fosterling. Linda McNabb. 2020. (ENG.). 176p. (YA). pap. 10.99 *(978-1-393-98203-6(4))* Draft2Digital.

Foster's First Years. Mike Crowley. 2020. (Foster Ser.). (ENG.). 42p. (J). 25.95 *(978-1-64468-125-1(0))*; pap. 15.95 *(978-1-64468-124-4(2))* Covenant Bks.

Fostina Woodman: The Wonderful Adventurer (Classic Reprint) A. A. Burnham. 2018. (ENG., Illus.). 62p. (J). 25.18 *(978-0-364-25777-7(6))* Forgotten Bks.

FOTG Gordon Assortment 30C Prepack. Highlights. 2022. (J). (gr. 1-4). pap., pap., pap. 251.46 ***(978-1-63962-161-3(X)***, Highlights) Highlights Pr., c/o Highlights for Children, Inc.

Fotografía. Jenny Fretland VanVoorst. 2016. (El Estudio del Artista (Artist's Studio)).Tr. of Photography. (SPA., Illus.). 24p. (J). lib. bdg. 25.65 *(978-1-62031-324-4(3)*, Bullfrog Bks.) Jump! Inc.

Fotosíntesis (Photosynthesis) Grace Hansen. 2020. (Ciencia Básica: la Ecología (Beginning Science: Ecology) Ser.). (SPA.). 24p. (J). (gr. -1-2). lib. bdg. 32.79 *(978-1-0982-0435-8(2)*, 35360, Abdo Kids) ABDO Publishing Co.

Fotygraft Album: Shown to the New Neighbor by Rebecca Sparks Peters. Frank Wing. 2017. (ENG., Illus.). (J). pap. *(978-0-649-41173-3(0))* Trieste Publishing Pty Ltd.

Fotygraft Album: Shown to the New Neighbor by Rebecca Sparks Peters Aged Eleven (Classic Reprint) Frank Wing. (ENG., Illus.). (J). 2018. 94p. 25.86 *(978-0-267-17091-3(2))*; 2016. pap. 9.57 *(978-1-333-38295-7(2))* Forgotten Bks.

Foucade Aux Estats (Classic Reprint) Gabriel Le Bien-Venu. (FRE., Illus.). (J). 2018. 30p. 24.52 *(978-0-267-72831-2(X))*; 2017. pap. 7.97 *(978-0-243-91624-5(8))* Forgotten Bks.

Foughilotra: A Forbye Story (Classic Reprint) William Robert Macdermott. (ENG., Illus.). (J). 2018. 356p. 31.24 *(978-0-428-74669-8(1))*; 2017. pap. 13.57 *(978-1-334-90529-2(0))* Forgotten Bks.

Foul Heart Huntsman. Chloe Gong. 2023. (Foul Lady Fortune Ser.). (ENG.). 560p. (YA). (gr. 9). 21.99 ***(978-1-6659-0561-9(1)***, McElderry, Margaret K. Bks.) McElderry, Margaret K. Bks.

Foul Is Fair: A Novel. Hannah Capin. 2020. (ENG.). 336p. (YA). 18.99 *(978-1-250-23954-9(0)*, 900211181, Wednesday Bks.) St. Martin's Pr.

Foul Lady Fortune. Chloe Gong. (Foul Lady Fortune Ser.). (ENG.). (YA). (gr. 9). 2023. 544p. pap. 13.99 ***(978-1-6659-0559-6(X))***; 2022. (Illus.). 528p. 21.99

698

The check digit for ISBN-10 appears in parentheses after the full ISBN-13

(978-1-6659-0558-9(1)) McElderry, Margaret K. Bks. (McElderry, Margaret K. Bks.).

Foul Play: A Novel (Classic Reprint) Charles Reade. 2018. (ENG., Illus.). 764p. (J). 39.67 (978-0-364-98206-8(3)) Forgotten Bks.

Foul Play, Vol. 1 of 2 (Classic Reprint) Charles Reade. 2018. (ENG., Illus.). 282p. (J). 29.71 (978-0-483-36245-1(X)) Forgotten Bks.

Foul Play, Vol. 2 of 2 (Classic Reprint) Charles Reade. (ENG., Illus.). (J). 2018. 298p. 30.04 (978-0-332-35010-3(X)); 2016. pap. 13.57 (978-1-333-75710-6(7)) Forgotten Bks.

Foul Play, Vol. 3 of 3 (Classic Reprint) Charles Reade. 2018. (ENG., Illus.). 250p. (J). 29.05 (978-0-483-38181-0(0)) Forgotten Bks.

Foul Tip: A Comedy Drama in Three Acts (Classic Reprint) Charles S. Allen. (ENG., Illus.). (J). 2019. 74p. 25.44 (978-0-365-30068-7(3)); 2017. pap. 9.57 (978-0-259-87327-3(6)) Forgotten Bks.

Foulditch. Alexander Fox. 2020. (ENG.). 232p. (YA). (978-1-5289-0360-8(9)); pap. (978-1-5289-0359-2(5)) Austin Macauley Pubs. Ltd.

Found. Jeff Newman. Illus. by Larry Day. 2018. (ENG.). 48p. (J). (gr. -1-3). 19.99 (978-1-5344-1006-0(6), Simon & Schuster Bks. For Young Readers) Simon & Schuster Bks. For Young Readers.

Found: A Young Nobleman: a Play in Two Acts Three Scenes (Classic Reprint) Anna E. Satterlee. 2018. (ENG., Illus.). 34p. (J). 24.60 (978-0-483-98516-2(3)) Forgotten Bks.

Found: Book 4 of the Shipwreck Island Series. S. A. Bodeen. 2018. (Shipwreck Island Ser.: 4). (ENG.). 160p. (J). pap. 9.99 (978-1-250-02784-9(5), 900104992) Square Fish.

Found: Psalm 23, 1 vol. Sally Lloyd-Jones. Illus. by Jago. 2017. (Jesus Storybook Bible Ser.). (ENG.). 20p. (J). bds. 10.99 (978-0-310-75750-4(9)) Zonderkidz.

Found Guilty (Classic Reprint) Frank Barrett. 2017. (ENG., Illus.). (J). 30.79 (978-0-265-73729-3(X)); pap. 13.57 (978-1-5277-0127-4(1)) Forgotten Bks.

Found in Manhattan. Naomi Truwe. Ed. by Bethany Nummela-Hanel. 2022. (ENG.). 184p. (YA). pap. (978-1-387-80027-8(2)) Lulu Pr., Inc.

Found in Melbourne. Joanne O'Callaghan. Illus. by Kori Song. 2018. (ENG.). 36p. (J). (gr. -1-1). 19.99 (978-1-76052-341-1(0)) Allen & Unwin AUS. Dist: Independent Pubs. Group.

Found in Night. Ben Alderson. 2018. (Dragori Ser.: Vol. 2). (ENG., Illus.). 380p. (YA). (gr. 12). pap. (978-1-9999633-6-1(9)) Oftomes Publishing.

Found in the Philippines (Classic Reprint) Charles King. 2018. (ENG., Illus.). 354p. (J). 31.20 (978-0-365-51607-1(4)) Forgotten Bks.

Found It. Felt It! Counting Friends 123. Christie Hainsby. Illus. by Shannon Hays. 2021. (ENG.). 12p. (J). bds. 9.99 (978-1-80058-256-9(0)) Make Believe Ideas GBR. Dist: Scholastic, Inc.

Found, or True to the Last: A Spectacular Drama in Five Acts (Classic Reprint) Joseph A. Bruce. (ENG., Illus.). (J). 2018. 68p. 25.32 (978-0-483-82179-8(9)); 2016. pap. 9.57 (978-1-333-33004-0(9)) Forgotten Bks.

Found!: Roman Britain. Moira Butterfield. ed. 2022. (Found! Ser.). (ENG., Illus.). 32p. (J). (gr. 4-6). pap. 13.99 (978-1-4451-5299-8(1), Franklin Watts) Hachette Children's Group GBR. Dist: Hachette Bk. Group.

Found Somewhere. Gerald Wolfe. 2020. (ENG.). 282p. (YA). 35.95 (978-1-6642-0515-4(2)); pap. 19.95 (978-1-6642-0514-7(4)) Author Solutions, LLC. (WestBow Pr.).

Found Treasure. Grace Livingston Hill. 2020. (ENG.). 116p. (J). pap. (978-1-716-65237-0(5)) Lulu Pr., Inc.

Found Wanting, Vol. 1 Of 2: A Novel (Classic Reprint) Alexander. 2018. (ENG., Illus.). 282p. (J). 29.71 (978-0-267-15780-8(0)) Forgotten Bks.

Found Wanting, Vol. 2 Of 3: A Novel (Classic Reprint) Alexander. 2018. (ENG., Illus.). 258p. (J). 29.22 (978-0-483-90823-9(1)) Forgotten Bks.

Found You, Little Wombat! see Dyna Lle'r Wyt Ti!

Foundation Readers, Vol. 2: Book Two (Classic Reprint) B. Ellen Burke. (ENG., Illus.). (J). 2018. 112p. 26.23 (978-0-364-28189-5(8)); 2017. pap. 9.57 (978-0-259-56634-2(9)) Forgotten Bks.

Foundation Readers, Vol. 4 (Classic Reprint) B. Ellen Burke. (ENG., Illus.). (J). 2018. 258p. 29.22 (978-0-483-41867-7(6)); 2016. pap. 11.57 (978-1-334-15604-5(2)) Forgotten Bks.

Foundations - Teen Devotional: A 260-Day Bible Reading Plan for Busy Teens. Robby Gallaty. 2016. (ENG.). (YA). (gr. 7-12). pap. 14.99 (978-1-4300-6403-9(X)) Lifeway Christian Resources.

Foundations for Kids: a 260-Day Bible Reading Plan for Kids. Robby Gallaty. 2016. (ENG.). (J). (gr. -1-6). pap. 14.99 (978-1-4300-6331-5(9)) Lifeway Christian Resources.

Foundations: New Testament - Teen Girls' Devotional: A 260-Day Bible Reading Plan for Teen Girls. Kandi Gallaty. 2020. (ENG.). 288p. (YA). pap. 21.00 (978-1-0877-4058-4(4)) Lifeway Christian Resources.

Foundations of Math, 12 vols. 2017. (Foundations of Math Ser.). (ENG.). 400p. (YA). (gr. 10-10). lib. bdg. 333.54 (978-1-5383-0095-4(8), 9a3e235d-27cc-4474-9a6d-eef8eb959b33, Britannica Educational Publishing) Rosen Publishing Group, Inc., The.

Foundations of Matter - 6 Pack: Set of 6 Bridges Edition with Common Core Teacher Materials. Christine Caputo. 2016. (Prime Ser.). (YA). (gr. 6-8). 69.00 (978-1-5125-8838-5(5)) Benchmark Education Co.

Foundations of Matter - 6 Pack: Set of 6 with Common Core Teacher Materials. Christine Caputo. 2016. (Prime Ser.). (YA). (gr. 6-8). 69.00 (978-1-5125-8820-0(2)) Benchmark Education Co.

Foundations of Our Nation, 8 vols. 2017. (Foundations of Our Nation Ser.). (ENG.). 256p. (J). (gr. 3-5). pap. 79.60 (978-1-63517-315-4(9), 1635173159); lib. bdg. 250.80 (978-1-63517-250-8(0), 1635172500) North Star Editions. (Focus Readers).

Foundations of Science Chemistry & Physics: Elements & Forces of the World (Textbook) Ayala Adolfo. 2023. (ENG.). 111p. (J). (gr. 5-12). pap. 29.95 (978-1-5051-2618-1(5), 3090) TAN Bks.

Foundations of Science) Chemistry & Physics: Elements & Forces of the World Workbook. Adolfo Ayala. 2023. (ENG.). 111p. (J). (gr. 5-12). pap. 14.95 (978-1-5051-2619-8(3), 3091) TAN Bks.

Foundations of Wisdom: Ethics (Study Guide) Sebastian Walshe OPraem. 2023. (ENG.). 50p. (J). (gr. 6-12). pap. 19.95 (978-1-5051-2646-4(0), 3110) TAN Bks.

Foundations of Wisdom an Introduction to the Perennial Philosophy) Volume II: Philosophy of Nature Study Guide. Sebastian Walshe OPraem. 2023. (ENG., Illus.). 48p. (J). (gr. 7-12). pap. 19.95 (978-1-5051-2640-2(1), 3104) TAN Bks.

Foundations of Wisdom an Introduction to the Perennial Philosophy) Volume II: Philosophy of Nature (Textbook) Sebastian Walshe OPraem. 2023. (ENG., Illus.). 136p. (J). (gr. 7-12). pap. 24.95 (978-1-5051-2639-6(8), 3103) TAN Bks.

Foundations of Wisdom Volume I: Logic Study Guide. Sebastian Walshe OPraem. 2022. (ENG.). 48p. (J). (gr. 6-12). pap. 19.95 (978-1-5051-2637-2(1), 3101) TAN Bks.

Foundations of Wisdom Volume III: Philosophy of Man. Sebastian Walshe OPraem. 2023. (ENG.). 144p. (J). (gr. 6-12). pap. 24.95 (978-1-5051-2642-6(8), 3106) TAN Bks.

Foundations of Wisdom Volume III: Philosophy of Man (Study Guide) Sebastian Walshe OPraem. 2023. (ENG.). 50p. (J). (gr. 6-12). pap. 19.95 (978-1-5051-2643-3(6), 3107) TAN Bks.

Foundations, or Castles in the Air (Classic Reprint) Rose Porter. 2017. (ENG., Illus.). (J). 28.00 (978-0-265-54500-3(5)); pap. 10.57 (978-0-282-76661-0(8)) Forgotten Bks.

Foundations to Algebra Student Resource Pack with 1 Year Digital. Hmh Hmh. 2017. (Hmh Algebra 1 Ace Ser.). (ENG.). (YA). (gr. 9-12). pap. 54.73 (978-0-544-94389-6(9)) Houghton Mifflin Harcourt Publishing Co.

Founded on Paper: Or Uphill & Downhill Between the Two Jubilees (Classic Reprint) Charlotte M. Yonge. 2017. (ENG., Illus.). (J). 29.47 (978-0-331-95163-9(0)); pap. 11.97 (978-0-243-33084-3(7)) Forgotten Bks.

Founders: A Symphonic Outdoor Drama (Classic Reprint) Paul Green. 2017. (ENG., Illus.). (J). pap. 10.97 (978-0-259-46421-1(X)) Forgotten Bks.

Founders: A Symphonic Outdoor Drama (Classic Reprint) Paul Green. 2018. (ENG., Illus.). 222p. (J). 28.48 (978-0-364-34458-3(X)) Forgotten Bks.

Founders' Four-Folder, Vol. 1: June, 1925 (Classic Reprint) P. G. Orwig. 2018. (ENG., Illus.). 56p. (J). 25.05 (978-0-484-32145-7(5)) Forgotten Bks.

Founders' Four-Folder, Vol. 1: November, 1924 (Classic Reprint) P. G. Orwig. (ENG., Illus.). (J). 2018. 40p. 24.74 (978-0-656-79417-1(8)); 2017. pap. 7.97 (978-0-259-46463-1(5)) Forgotten Bks.

Founders' Four-Folder, Vol. 2: April, 1926 (Classic Reprint) P. G. Orwig. (ENG., Illus.). (J). 2018. 68p. 25.30 (978-0-666-52958-9(2)); 2017. pap. 9.57 (978-0-259-84503-4(5)) Forgotten Bks.

Founders' Four Folder, Vol. 2: Come to Camp Number; May, 1926 (Classic Reprint) P. G. Orwig. 2018. (ENG., Illus.). 48p. (J). 24.89 (978-0-484-21230-4(3)) Forgotten Bks.

Founders' Four-Folder, Vol. 2: December 1925 (Classic Reprint) P. G. Orwig. (ENG., Illus.). (J). 2018. 48p. 24.89 (978-0-267-32113-1(9)); 2017. pap. 9.57 (978-0-282-54325-9(2)) Forgotten Bks.

Founders' Four Folder, Vol. 2: June, 1926 (Classic Reprint) P. G. Orwig. 2018. (ENG., Illus.). 48p. (J). 24.89 (978-0-484-16801-4(0)) Forgotten Bks.

Founders Four Folder, Vol. 2: March, 1926 (Classic Reprint) P. G. Orwig. 2018. (ENG., Illus.). 48p. (J). 24.89 (978-0-484-47375-0(1)) Forgotten Bks.

Founders' Four-Folder, Vol. 2: November, 1925 (Classic Reprint) P. G. Orwig. 2018. (ENG., Illus.). 46p. (J). 24.85 (978-0-484-80182-9(1)) Forgotten Bks.

Founders' Four-Folder, Vol. 2: October, 1925 (Classic Reprint) Unknown Author. (ENG., Illus.). (J). 2018. 64p. 25.22 (978-0-428-88966-1(2)); 2017. pap. 9.57 (978-0-243-51765-7(3)) Forgotten Bks.

Founders Unmasked. Jennifer Sabin. 2022. (True History Ser.). (Illus.). 144p. (J). (gr. 5). pap. 8.99 (978-0-593-38610-1(8), Penguin Workshop) Penguin Young Readers Group.

Founding: The Chronicles of Braidenhurst Academy. Debra Chambers. 2021. (ENG.). 200p. (YA). pap. 17.95 (978-1-6624-5422-6(8)) Page Publishing Inc.

Founding Fathers: People of the Convention American Revolution Biographies Grade 4 Children's Historical Biographies. Dissected Lives. 2020. (ENG.). 74p. (J). 24.99 (978-1-5419-7965-9(6)); pap. 14.99 (978-1-5419-5984-2(1)) Speedy Publishing LLC. (Dissected Lives (Auto Biographies)).

Founding Fathers (Set), 6 vols. 2018. (Founding Fathers Ser.). (ENG.). 24p. (J). (gr. k-3). lib. bdg. 188.16 (978-1-5321-6016-5(X), 28664, Pop! Cody Koala) Pop!.

Founding Fathers (Set Of 6) 2018. (Founding Fathers Ser.). (ENG., Illus.). 144p. (J). (gr. 1-1). pap. 53.70 (978-1-63517-811-1(8), 1635178118) North Star Editions.

Founding Mothers of the United States (a True Book) Selene Castrovilla. 2020. (True Book (Relaunch) Ser.). (ENG., Illus.). 48p. (J). (gr. 3-5). pap. 7.99 (978-0-531-13338-5(9), Children's Pr.) Scholastic Library Publishing.

Founding Mothers of the United States (a True Book) (Library Edition) Selene Castrovilla. 2020. (True Book (Relaunch) Ser.). (ENG., Illus.). 48p. (J). (gr. 3-5). 31.00 (978-0-531-13079-7(7), Children's Pr.) Scholastic Library Publishing.

Founding of Fortunes (Classic Reprint) Jane Barlow. (ENG., Illus.). (J). 2018. 342p. 30.97 (978-0-365-48764-7(3)); 2017. pap. 13.97 (978-0-259-40242-8(7)) Forgotten Bks.

Founding of Jamestown: Percy's Discourse of Virginia; Wingfield's Discourse of Virginia; 1607, 1619 (Classic Reprint) Albert Bushnell Hart. (ENG., Illus.). (J). 2018. 40p. 24.72 (978-0-364-39574-5(5)); 2017. pap. 7.97 (978-0-282-17381-4(1)) Forgotten Bks.

Founding of Lincoln: A Dramatic Pageant (Classic Reprint) Hartley B. Alexander. 2018. (ENG., Illus.). 74p. (J). 25.51 (978-0-484-76294-6(X)) Forgotten Bks.

Foundling of Glenthorn, or the Smuggler's Cave, Vol. 1 Of 4: A Novel (Classic Reprint) Alexander Balfour. 2018. (ENG., Illus.). 282p. (J). 29.71 (978-0-483-87668-2(2)) Forgotten Bks.

Foundling of Glenthorn, or the Smuggler's Cave, Vol. 2 Of 4: A Novel (Classic Reprint) Alexander Balfour. 2018. (ENG., Illus.). 316p. (J). 30.41 (978-0-484-88244-6(9)) Forgotten Bks.

Foundling of Glenthorn, or the Smugglers' Cave, Vol. 3 Of 4: A Novel (Classic Reprint) Alexander Balfour. (ENG., Illus.). (J). 2018. 296p. 30.00 (978-0-484-10848-5(4)); 2016. pap. 13.57 (978-1-333-35058-1(9)) Forgotten Bks.

Foundling of Glenthorn, or the Smuggler's Cave, Vol. 4 Of 4: A Novel (Classic Reprint) Alexander Balfour. 2018. (ENG., Illus.). 322p. (J). 30.54 (978-0-483-83847-5(0)) Forgotten Bks.

Foundling of Sebastopol: A Drama (Classic Reprint) William Tandy. 2018. (ENG., Illus.). 78p. (J). 25.51 (978-0-483-55036-0(1)) Forgotten Bks.

Foundling of the Wreck (Classic Reprint) Unknown Author. 2018. (ENG., Illus.). 52p. (J). 24.99 (978-0-267-67681-1(6)) Forgotten Bks.

Fountain: A Gift; to Stir up the Pure Mind by Way of Remembrance (Classic Reprint) H. Hastings Weld. 2018. (ENG., Illus.). 282p. (J). 29.71 (978-0-666-44977-1(5)) Forgotten Bks.

Fountain Inn, Agnes Surriage & Sir Harry Frankland. Nathan P. Sanborn. 2017. (ENG., Illus.). (J). pap. (978-0-649-01625-9(4)) Trieste Publishing Pty Ltd.

Fountain Inn, Agnes Surriage & Sir Harry Frankland: A Paper Read Before the Marblehead Historical Society, December 8, 1904 (Classic Reprint) Nathan P. Sanborn. 2018. (ENG., Illus.). 48p. (J). 24.91 (978-0-428-85875-9(9)) Forgotten Bks.

Fountain Inn, Agnes Surriage & Sir Harry Frankland: A Paper Read Before the Marblehead Historical Society, December 8, 1904, Pp. 5-38. Nathan P. Sanborn. 2017. (ENG., Illus.). (J). pap. (978-0-649-26650-0(1)) Trieste Publishing Pty Ltd.

Fountain Kloof: Or Missionary Life in South Africa (Classic Reprint) Unknown Author. (ENG., Illus.). (J). 2018. 520p. 34.62 (978-0-483-39570-1(6)); 2016. pap. 16.97 (978-1-334-13633-7(5)) Forgotten Bks.

Fountain of Clarity. Sarah Kelderman. 2021. (ENG.). 204p. (YA). pap. 15.56 (978-1-716-20622-1(7)) Lulu Pr., Inc.

Fountain of Old Age & Other Writings (Classic Reprint) John D. Howe. 2018. (ENG., Illus.). 158p. (J). 27.18 (978-0-483-32389-6(6)) Forgotten Bks.

Fountain of Youth (Classic Reprint) Charles Tenney Jackson. 2018. (ENG., Illus.). 408p. (J). 32.33 (978-0-656-77525-5(4)) Forgotten Bks.

Fountain Sealed. Walter Besant. 2017. (ENG.). 356p. (J). pap. (978-3-7447-1323-8(7)) Creation Pubs.

Fountain Sealed: A Novel (Classic Reprint) Walter Besant. 2018. (ENG., Illus.). 356p. (J). 31.26 (978-0-666-90355-6(7)) Forgotten Bks.

Fountain Sealed (Classic Reprint) Anne Douglas Sedgwick. 2018. (ENG., Illus.). 412p. (J). 32.41 (978-0-666-53541-2(8)) Forgotten Bks.

Fountaineville. Craig Simonsen. 2019. (ENG.). 188p. (YA). (gr. 7-12). pap. (978-0-2286-0797-7(3)) Books We Love Publishing Partners.

Fountains of Silence. Ruta Sepetys. (YA). 2020. (ENG.). 528p. pap. 12.99 (978-0-14-242363-9(7), Penguin Books); 2019. (ENG., Illus.). 512p. (gr. 7). 18.99 (978-0-399-16031-8(0), Philomel Bks.); 2019. (Illus.). 495p. (978-0-593-11670-8(4), Philomel Bks.); 2019. (Illus.). 495p. (978-0-593-11525-1(2), Philomel Bks.) Penguin Young Readers Group.

Four. Alexandra Haden-Douglas. 2023. (ENG.). 202p. (YA). pap. 13.99 (978-1-63988-983-9(3)) Primedia eLaunch LLC.

Four. Xist Publishing. 2019. (Discover Numbers Ser.). (ENG.). 8p. (J). (gr. -1-2). pap. 5.99 (978-1-5324-0979-0(6)) Xist Publishing.

Four: Friends for Life. George Rosling. 2018. (ENG.). 50p. (J). pap. (978-1-5289-2429-0(0)); (Illus.). (978-1-5289-2431-3(2)) Austin Macauley Pubs. Ltd.

Four; Part One. C. S. Lowe. Ed. by Valencia Kumley. 2023. (ENG.). 174p. (J). pap. (978-1-387-66504-4(9)) Lulu Pr., Inc.

Four: White Buffalo. B. L. Beckley. 2023. (Bridges' Saga Ser.: Vol. 1). (ENG.). 300p. (J). pap. 14.99 (978-1-0879-9890-9(5)) Indy Pub.

Four: White Dragon. B. L. Beckley. 2023. (ENG.). 410p. (YA). pap. 18.99 (978-1-0881-6507-2(9)) Indy Pub.

Four - Book Three - Celebrations. George Rosling. 2019. (ENG.). 52p. (J). pap. (978-1-5289-1653-0(0)) Austin Macauley Pubs. Ltd.

Four - Book Two - Teamwork. George Rosling. 2018. (ENG., Illus.). 48p. (J). pap. (978-1-5289-2006-3(6)) Austin Macauley Pubs. Ltd.

Four: a Divergent Collection Anniversary Edition. Veronica Roth. 2021. (Divergent Ser.: 4). (ENG.). 352p. (YA). (gr. 9). pap. 12.99 (978-0-06-304054-0(9), Tegen, Katherine Bks) HarperCollins Pubs.

Four Acting Monologues (Classic Reprint) Margaret Cameron. (ENG., Illus.). (J). 2018. 40p. 24.72 (978-0-332-15218-9(9)); 2016. pap. 7.97 (978-1-333-52614-6(8)) Forgotten Bks.

Four Afloat: Being the Adventures of the Big Four on the Water (Classic Reprint) Ralph Henry Barbour. (ENG., Illus.). (J). 2018. 294p. 29.96 (978-0-267-54989-4(X)); 2016. pap. 13.57 (978-1-333-54381-5(6)) Forgotten Bks.

Four & a Half Part 8-50: Best Enemy in the World. Sam S. N. Kerr. 2021. (ENG.). 182p. (J). pap. 10.81 (978-1-68564-203-7(9)) Primedia eLaunch LLC.

Four & a Half Part 9-50: Preacher Spill-The-Beans. Sam S. N. Kerr. 2021. (ENG.). 86p. (J). pap. 16.83 (978-1-68524-320-3(7)) Primedia eLaunch LLC.

Four & Five: A Story of a Lend-A-Hand Club (Classic Reprint) Edward Everett Hale. 2017. (ENG., Illus.). (J). 28.06 (978-1-5282-7748-8(1)) Forgotten Bks.

Four & Twenty Fairy Tales: Selected from Those of Perrault & Other Popular Writers; Translated (Classic Reprint) J. R. Planche. (ENG., Illus.). (J). 2017. 36.31 (978-0-331-73353-2(6)); 2016. pap. 19.57 (978-1-334-35878-4(8)) Forgotten Bks.

Four & Twenty Little Songs: Bound in a Book; Opus 41 (Classic Reprint) David Stanley Smith. 2018. (ENG., Illus.). (J). 48p. 24.91 (978-0-366-45177-7(4)); 50p. pap. 9.57 (978-0-366-42084-1(4)) Forgotten Bks.

Four Bears & the Wizard. William Gribble. Illus. by Tad Jackson. 2023. 42p. (J). 30.99 (978-1-6678-8332-8(1)) BookBaby.

Four Boy Hunters. Ralph Bonehill. 2017. (ENG., Illus.). (J). 23.95 (978-1-374-94643-9(5)); pap. 13.95 (978-1-374-94642-2(7)) Capital Communications, Inc.

Four Boys: Or the Story of a Forest Fire (Classic Reprint) Edward S. Ellis. 2017. (ENG., Illus.). (J). 29.57 (978-0-331-61700-9(5)) Forgotten Bks.

Four Boys in the Land of Cotton: Where They Went, What They Saw, & What They Did (Classic Reprint) Everett Titsworth Tomlinson. (ENG., Illus.). (J). 2018. 432p. 32.83 (978-0-483-66172-1(4)); 2017. pap. 16.57 (978-0-259-41398-1(4)) Forgotten Bks.

Four Boys in the Yosemite (Classic Reprint) Everett T. Tomlinson. 2018. (ENG., Illus.). 416p. (J). 32.48 (978-0-267-23220-8(9)) Forgotten Bks.

Four Centuries After: Or How I Discovered Europe (Classic Reprint) Ben Holt. 2018. (ENG., Illus.). 352p. (J). 31.18 (978-0-484-52901-3(3)) Forgotten Bks.

Four Chapter Books 9: (Step 9) Sound Out Books (systematic Decodable) Help Developing Readers, Including Those with Dyslexia, Learn to Read with Phonics. Pamela Brookes. 2020. (Dog on a Log Chapter Book Collections: Vol. 9). (ENG., Illus.). (J). (gr. 2-6). 376p. 27.99 (978-1-64831-006-5(0)); 374p. pap. 15.99 (978-1-949471-81-6(0)) Jojoba Pr. (DOG ON A LOG Bks.).

Four-Chimneys: A Novel (Classic Reprint) S. Macnaughtan. 2017. (ENG., Illus.). (J). 30.37 (978-0-266-71828-4(0)); pap. 13.57 (978-1-5276-7467-7(3)) Forgotten Bks.

Four Christmas Dialogues: A Christmas Lesson; the Day after Christmas; a Letter to Santa Claus; the Christmas Stocking (Classic Reprint) Ellen E. Kenyon-Warner. 2017. (ENG., Illus.). (J). 24p. 24.41 (978-0-332-50209-0(0)); pap. 7.97 (978-0-259-97357-7(2)) Forgotten Bks.

Four Clever Brothers 1 Pathfinders. Lynne Rickards. Illus. by Galia Bernstein. ed. 2017. (Cambridge Reading Adventures Ser.). (ENG.). 24p. pap. 7.35 (978-1-108-41081-6(2)) Cambridge Univ. Pr.

Four Corners Abroad. Amy Ella Blanchard. 2019. (ENG., Illus.). 234p. (YA). (gr. 7-12). pap. (978-93-5329-445-8(2)) Alpha Editions.

Four Corners Abroad (Classic Reprint) Amy Ella Blanchard. (ENG., Illus.). (J). 2018. 430p. 32.79 (978-0-483-75808-7(6)); 2016. pap. 16.57 (978-1-334-13565-1(7)) Forgotten Bks.

Four Corners (Classic Reprint) Amy Ella Blanchard. (ENG., Illus.). (J). 2018. 396p. 32.08 (978-0-656-58210-5(3)); 2016. pap. 16.57 (978-1-334-22844-5(2)) Forgotten Bks.

Four Corners (Classic Reprint) Clifford Raymond. (ENG., Illus.). (J). 2018. 284p. 29.75 (978-0-483-33613-1(0)); 2016. pap. 13.57 (978-1-334-14402-8(8)) Forgotten Bks.

Four Corners in Japan (Classic Reprint) Amy E. Blanchard. 2018. (ENG., Illus.). 390p. (J). 31.96 (978-0-483-89394-8(3)) Forgotten Bks.

Four Corners, of the World (Classic Reprint) A. E. W. Mason. 2018. (ENG., Illus.). 472p. (J). 33.65 (978-0-483-50206-2(5)) Forgotten Bks.

Four Cousins (Classic Reprint) Dikken Zwilgmeyer. (ENG., Illus.). (J). 2018. 304p. 30.17 (978-0-332-20082-8(5)); 2017. pap. 13.57 (978-0-243-28607-2(4)) Forgotten Bks.

Four Crude Dudes & the Land of Hope. William Forde. 2016. (ENG., Illus.). 124p. (J). pap. (978-1-326-84631-2(0)) Lulu Pr., Inc.

Four-Day Planet. Henry Beam Piper. 2017. (ENG., Illus.). (J). 23.95 (978-1-374-84450-6(0)); pap. 13.95 (978-1-374-84449-0(7)) Capital Communications, Inc.

Four Days of You & Me. Miranda Kenneally. 2020. 352p. (YA). (gr. 8-12). 17.99 (978-1-4926-8413-8(9)) Sourcebooks, Inc.

Four Days on the Titanic (a True Book: the Titanic) Laura McClure Anastasia. 2022. (True Book (Relaunch) Ser.). (ENG., Illus.). 48p. (J). (gr. 3-5). 31.00 (978-1-338-84053-7(3)); pap. 7.99 (978-1-338-84054-4(1)) Scholastic Library Publishing. (Children's Pr.).

Four Dead Queens. Astrid Scholte. (ENG.). (YA). (gr. 7). 2020. 464p. pap. 12.99 (978-0-525-51394-0(9), Penguin Books); 2019. 432p. 17.99 (978-0-525-51392-6(2), G.P. Putnam's Sons Books for Young Readers) Penguin Young Readers Group.

Four Different Stories. Daniel M. Pinkwater. 2018. (ENG.). 240p. (gr. 3-9). pap. 16.95 (978-0-486-82260-0(5), 822605) Dover Pubns., Inc.

Four Dollars & Sixty-Two Cents: A Christmas Story That Will Melt Your Heart! Brian W. Kelly. 2016. (ENG., Illus.). (J). pap. 9.99 (978-0-9982683-4-7(8)) Lets Go Publish.

Four Elements & Their Friends. Maureen Annette Russell. Illus. by Laura Caiafa. 2019. (ENG.). 36p. (J). (978-1-84327-932-7(0)) Electric Bk. Co.

Four Ever Friends: The Beginning. Darlene Decrane. 2022. (Four Ever Friends Ser.: Vol. 1). (ENG.). 100p. (J). 19.95 (978-1-957723-18-1(1)); pap. 12.95 (978-1-957723-08-2(4)) Warren Publishing, Inc.

Four Facardins: A Fairy Tale (Classic Reprint) Anthony Hamilton. (ENG., Illus.). (J). 2018. 306p. 30.21 (978-0-656-67406-0(7)); 2017. pap. 13.57 (978-0-259-41253-3(8)) Forgotten Bks.

Four Faces of the Moon. Amanda Strong. 2021. (Illus.). (YA). (gr. 7-11). (ENG.). 136p. 23.95 (978-1-77321-454-2(3)); 208p. pap. 17.95 (978-1-77321-453-5(5)) Annick Pr., Ltd. CAN. Dist: Publishers Group West (PGW).

Four Fairy Friends. Janice Hoffman. 2019. (ENG., Illus.). 40p. (J). pap. 10.00 (978-1-945990-34-2(1)) High Tide Pubns.

Four Feet, Two Feet, & No Feet: Or, Furry & Feathery Pets, & How They Live (Classic Reprint) Laura Elizabeth

Richards. 2018. (ENG., Illus.). 292p. (J). 29.92 *(978-0-483-46593-0(3))* Forgotten Bks.

Four Feet, Two Sandals. Karen Lynn Williams & Khadra Mohammed. Illus. by Doug Chayka. rev. ed. 2016. 32p. (gr. 2-5). 18.70 *(978-0-8028-5296-0(3))* Kendall Hunt Publishing Co.

Four Feet, Wings, & Fins (Classic Reprint) A. E. Anderson-Maskell. (ENG., Illus.). (J). 2018. 516p. 34.54 *(978-0-656-92933-7(2))*; 2017. pap. 16.97 *(978-0-259-43748-2(4))* Forgotten Bks.

Four-Fingered Man. Cerberus Jones. 2016. (Illus.). 140p. (J). *(978-1-61067-571-0(1))* Kane Miller.

Four-Fingered Man: The Gateway. Cerberus Cerberus Jones. 2017. (ENG., Illus.). 160p. (J). pap. 5.99 *(978-1-61067-498-0(7))* Kane Miller.

Four Fingers (Classic Reprint) Fred M. White. (ENG., Illus.). (J). 2018. 352p. 31.16 *(978-0-332-94606-1(1))*; 2017. pap. 13.57 *(978-0-243-28707-9(0))* Forgotten Bks.

Four Flowery Friends. Madison Castle. 2022. (ENG.). 40p. (J). pap. 11.99 ***(978-1-6629-3161-1(1))*** Gatekeeper Pr.

Four-Footed Americans & Their Kin (Classic Reprint) Mabel Osgood Wright. 2018. (ENG., Illus.). 514p. (J). 34.52 *(978-0-666-30828-3(4))* Forgotten Bks.

Four-Footed Favourites: Or Stories about Pets (Classic Reprint) Unknown Author. 2017. (ENG., Illus.). (J). 28.06 *(978-0-265-20280-7(9))* Forgotten Bks.

Four for the Road. K. J. Reilly. 2022. (ENG.). 288p. (YA). (gr. 9). 19.99 *(978-1-6659-0228-1(0)*, Atheneum Bks. for Young Readers) Simon & Schuster Children's Publishing.

Four Found Dead. Natalie D. Richards. 2023. (ENG.). 336p. (YA). (gr. 8-12). pap. 11.99 *(978-1-7282-1581-5(1))* Sourcebooks, Inc.

Four-Four-Two. Dean Hughes. 2016. (ENG., Illus.). 272p. (YA). (gr. 7). 18.99 *(978-1-4814-6252-5(0)*, Atheneum Bks. for Young Readers) Simon & Schuster Children's Publishing.

Four Furious Flamingos: A 1-10 Counting Book of Big Feelings. Kelly Bourne. Illus. by Aparna Varma. 2022. (ENG.). 30p. (J). 21.99 ***(978-1-7773896-3-5(1))***; pap. 11.99 ***(978-1-7773896-2-8(3))*** Downtown Revitalization Consultants.

Four Georges: Sketches & Travels in London (Classic Reprint) William Makepeace Thackeray. 2017. (ENG., Illus.). (J). 386p. 31.88 *(978-0-484-28718-0(4))*; pap. 16.57 *(978-0-259-19581-8(2))* Forgotten Bks.

Four Georges (Classic Reprint) William Makepeace Thackeray. 2018. (ENG., Illus.). 240p. (J). 28.87 *(978-0-365-26261-9(7))* Forgotten Bks.

Four Girls at Chautauqua (Classic Reprint) Isabella M. Alden. (ENG., Illus.). (J). 2017. 34.11 *(978-0-266-40386-9(7))*; 2016. pap. 16.57 *(978-1-333-39713-5(5))* Forgotten Bks.

Four Good Friends see Cuatro Buenos Amigos

Four Good Friends. Margaret Hillert. Illus. by Roberta Collier-Morales. 2016. (BeginningtoRead Ser.). (ENG.). 32p. (J). (-2). lib. bdg. 22.60 *(978-1-59953-780-1(X))* Norwood Hse. Pr.

Four Good Friends. Margaret Hillert. Illus. by Roberta Collier-Morales. 2016. (Beginning-To-Read Ser.). (ENG.). 32p. (J). (gr. k-2). pap. 13.26 *(978-1-60357-906-3(0))* Norwood Hse. Pr.

Four Gordons (Classic Reprint) Edna A. Brown. 2018. (ENG., Illus.). 400p. (J). 32.15 *(978-0-364-66753-8(2))* Forgotten Bks.

Four Great Americans: George Washington, Benjamin Franklin, Daniel Webster, Abraham Lincoln; a Book for Young Americans. James Baldwin. 2017. (ENG., Illus.). (J). (gr. 3-7). pap. *(978-0-649-58736-0(7))* Trieste Publishing Pty Ltd.

Four Great Americans: George Washington, Benjamin Franklin, Daniel Webster, Abraham Lincoln, a Book for Young Americans (Classic Reprint) James Baldwin. 2018. (ENG., Illus.). 238p. (J). (gr. 3-7). 28.83 *(978-0-483-12963-4(1))* Forgotten Bks.

Four Great Americans: Washington Franklin Webster Lincoln: a Book for Young Americans. James Baldwin. 2017. (ENG., Illus.). (J). (gr. 3-7). 23.95 *(978-1-374-89694-9(2))*; pap. 13.95 *(978-1-374-89693-2(4))* Capital Communications, Inc.

Four Great Americans: Washington, Franklin, Webster, Lincoln. a Book for Young Americans. James Baldwin. 2017. (ENG., Illus.). (J). (gr. 3-7). pap. *(978-0-649-58735-3(9))* Trieste Publishing Pty Ltd.

Four Guardians. Matt Laney. 2019. (Pride Wars Ser.). (ENG., Illus.). 368p. (J). (gr. 5-7). 16.99 *(978-1-328-70738-3(5)*, 1673039); pap. 7.99 *(978-0-358-22942-1(1)*, 1766222) HarperCollins Pubs. (Clarion Bks.).

Four-Handed Piano. Diana C. Conway. Illus. by Felicia Hoshino. 2020. (ENG.). 22p. (J). pap. *(978-1-922331-99-1(6))* Library For All Limited.

Four Hoboken Stories. Daniel M. Pinkwater. 2017. (ENG.). 240p. pap. 16.95 *(978-0-486-81571-8(4)*, 815714) Dover Pubns., Inc.

Four Horsemen of the Apocalypse: Los Cuatro Jinetes Del Apocalipsis; from the Spanish Vicente Blasco Ibanez (Classic Reprint) Charlotte Brewster Jordan. 2017. (ENG., Illus.). (J). 34.21 *(978-0-265-40932-9(2))* Forgotten Bks.

Four Hundred Good Stories (Classic Reprint) Robert Rudd Whiting. 2018. (ENG., Illus.). 276p. (J). 29.59 *(978-0-267-22831-7(7))* Forgotten Bks.

Four Hundred Humorous Illustrations (Classic Reprint) John Leech. 2017. (ENG., Illus.). 420p. (J). 32.56 *(978-0-332-52896-0(0))* Forgotten Bks.

Four Hundred Laughs: Or Fun Without Vulgarity, a Cyclopaedia of Jests, Toasts, Eccentric Rhymes (Classic Reprint) John R. Kemble. 2018. (ENG., Illus.). 184p. (J). 27.71 *(978-0-332-82239-6(7))* Forgotten Bks.

Four in Crete (Classic Reprint) Gertrude H. Beggs. 2018. (ENG., Illus.). 212p. (J). 28.27 *(978-0-332-81891-7(8))* Forgotten Bks.

Four in Family (Classic Reprint) Unknown Author. (ENG., Illus.). (J). 2018. 214p. 28.33 *(978-0-483-35155-4(5))*; 2017. pap. 10.97 *(978-0-243-91665-8(5))* Forgotten Bks.

Four Innocents: A Play for Girls, in Three Acts (Classic Reprint) Maxi Sherrod. (ENG., Illus.). (J). 2018. 48p. 24.89 *(978-0-267-59286-9(8))*; 2016. pap. 7.97 *(978-1-334-15430-0(9))* Forgotten Bks.

Four Irish Plays: Mixed Marriage, the Magnanimous Lover, the Critics, the Orangeman (Classic Reprint) St. John G. Ervine. 2017. (ENG., Illus.). (J). 26.68 *(978-0-331-22764-2(9))* Forgotten Bks.

Four Journeys: Breathing Retraining Exercises for Children. Breathe for Calm, Focus, Active Play & Sweet Dreams. Julia Rudakova. Illus. by Erika Maccarinelli. 2021. (ENG.). 32p. (J). ***(978-0-6453193-0-9(9))*** Rudakova, Julia.

Four Jupiter Brothers: The Mystery of S. M. Charles E. Hilliard. Ed. by Jessa Rose Sexton & Rosemary Jones Hilliard. 2018. (Four Jupiter Brothers Ser.: Vol. 1). (ENG., Illus.). 48p. (J). (gr. 2-6). pap. 8.00 *(978-0-9990090-4-8(4))* Hilliard Pr.

Four Keys - the Beginning. J. C. Lucas. 2020. (ENG.). 76p. (YA). 14.99 *(978-1-7350764-4-7(9))*; pap. 12.99 *(978-1-7350764-5-4(7))* Hamner, Shannon.

Four Kingdoms. Jake Hunter. 2022. 112p. (YA). pap. 19.99 *(978-1-6678-4518-0(7))* BookBaby.

Four Knights of the Square Table. Sharon Arellano. 2022. (ENG., Illus.). 44p. (J). 30.95 *(978-1-6624-8366-0(X))* Page Publishing Inc.

Four-Letter Word. Christa Desir. (ENG.). (YA). (gr. 9). 2019. 432p. pap. 12.99 *(978-1-4814-9738-1(3))*; 2018. (Illus.). 416p. 19.99 *(978-1-4814-9737-4(5))* Simon Pulse. (Simon Pulse).

Four Level Guide Manual. Francis Teke Mwambo. 2018. (ENG., Illus.). 50p. (J). pap. 10.95 *(978-1-64299-522-0(3))* Christian Faith Publishing.

Four Little Blossoms & Their Winter Fun. Mabel C. Hawley. 2018. (ENG., Illus.). 104p. (YA). (gr. 7-12). pap. *(978-93-5297-374-3(7))* Alpha Editions.

Four Little Blossoms at Brookside Farm (Classic Reprint) Mabel C. Hawley. 2017. (ENG., Illus.). 160p. (J). 27.20 *(978-0-332-11996-0(3))* Forgotten Bks.

Four Little Blossoms on Apple Tree Island. Mabel C. Hawley. 2018. (ENG., Illus.). 88p. (YA). (gr. 7-12). pap. *(978-93-5297-375-0(5))* Alpha Editions.

Four Little Pigs. Kimara Nye. Illus. by Marcin Bruchnalski. 2019. (Early Bird Readers — Purple (Early Bird Stories (tm)) Ser.). (ENG.). 32p. (J). (gr. k-3). 30.65 *(978-1-5415-4227-3(4)*, 60cefd4f-6003-46ef-a1b5-4f0a01fafd6e); pap. 9.99 *(978-1-5415-7422-9(2)*, 22486836-c7a2-484e-b99a-2e87d84aedc9) Lerner Publishing Group. (Lerner Pubns.).

Four Masted Cat Boat: And Other Truthful Tales (Classic Reprint) Charles Battell Loomis. 2018. (ENG., Illus.). 254p. (J). 29.16 *(978-0-483-94304-9(5))* Forgotten Bks.

Four-Masted Cat-Boat, & Other Truthful Tales. Charles Battell Loomis. 2017. (ENG.). 258p. (J). pap. *(978-3-337-41315-6(3))* Creation Pubs.

Four Me? Jim Benton. ed. 2021. (Catwad Ser.). (ENG., Illus.). 128p. (J). (gr. 2-3). 19.26 *(978-1-64697-652-2(5))* Penworthy Co., LLC, The.

Four Me? a Graphic Novel (Catwad #4) Jim Benton. Illus. by Jim Benton. 2020. (Catwad Ser.: 4). (ENG., Illus.). 128p. (J). (gr. 3-7). pap. 9.99 *(978-1-338-67089-9(1)*, Graphix) Scholastic, Inc.

Four Men: A Farrago (Classic Reprint) Hilaire Belloc. 2017. (ENG., Illus.). (J). 31.92 *(978-0-331-28105-7(8))* Forgotten Bks.

Four Million. O. Henry. 2017. (ENG., Illus.). (J). 23.95 *(978-1-374-83892-5(6))*; pap. 13.95 *(978-1-374-83891-8(8))* Capital Communications, Inc.

Four Million. O. Henry. 2017. (ENG., Illus.). (J). pap. 14.97 *(978-1-387-07927-8(1))* Lulu Pr., Inc.

Four Million. O. Henry. 2017. (ENG., Illus.). (J). pap. *(978-0-649-13367-3(6))* Trieste Publishing Pty Ltd.

Four Million, and, the Voice of the City (Classic Reprint) O. Henry. (ENG., Illus.). (J). 2018. 466p. 33.51 *(978-0-483-08975-4(3))*; 2017. pap. 16.57 *(978-1-334-93479-7(7))* Forgotten Bks.

Four Million (Classic Reprint) O. Henry. 2017. (ENG., Illus.). (J). 28.15 *(978-0-265-42803-0(3))* Forgotten Bks.

Four Months in a Dahabëëh. M. L. M. Carey. 2017. (ENG.). 436p. (J). pap. *(978-3-337-14627-6(9))* Creation Pubs.

Four Months in a Dahabeeh: Or, Narrative of a Winter's Cruise on the Nile (Classic Reprint) M. L. M. Carey. 2017. (ENG., Illus.). (J). 33.10 *(978-1-5280-6310-4(4))* Forgotten Bks.

Four New York Boys: New York in Aboriginal & Colonial Days (Classic Reprint) John W. Davis. 2018. (ENG., Illus.). 248p. (J). 29.01 *(978-0-484-21092-8(0))* Forgotten Bks.

Four Old Greeks: Achilles, Herakles, Dionysos, Alkestis (Classic Reprint) Jennie Hall. 2017. (ENG., Illus.). (J). 28.64 *(978-0-260-43582-8(1))* Forgotten Bks.

Four One-Act Plays: The Clod a Guest for Dinner, Love among the Lions Brothers (Classic Reprint) Lewis Beach. 2018. (ENG., Illus.). 110p. (J). 26.19 *(978-0-365-12807-6(4))* Forgotten Bks.

Four One Act Plays: The Rest Cure; Between the Soup & the Savoury; the Pros & Cons; Acid Drops (Classic Reprint) Gertrude Jennings. 2019. (ENG., Illus.). 108p. (J). 26.12 *(978-0-365-15353-5(2))* Forgotten Bks.

Four Orphan Kitties Get Rescued. Cynthia Langenberg. 2020. (ENG., Illus.). 36p. (J). (gr. 1-2). pap. *(978-1-78830-462-7(4))* Olympia Publishers.

Four Orphans: A Tale of 20th Century Slaves (Classic Reprint) H. W. Mangold. 2018. (ENG., Illus.). 238p. (J). 28.83 *(978-0-484-76960-0(X))* Forgotten Bks.

Four Pals at the Circus. Angel Tucker. 2017. (ENG.). (J). 14.95 *(978-1-68401-380-7(1))* Amplify Publishing Group.

Four Pals on a Field Trip. Angel Tucker. 2017. (ENG.). (J). (gr. -1-3). 14.95 *(978-1-63177-557-4(X))* Amplify Publishing Group.

Four Paws & a Tale. Camille Klump. 2019. (ENG.). 94p. (J). pap. 17.95 *(978-1-64544-124-3(5))* Page Publishing Inc.

Four Paws & the End of My Tale. Camille Klump. 2020. (ENG., Illus.). 52p. (J). pap. 14.95 *(978-1-64628-627-0(8))* Page Publishing Inc.

Four Paws & Two Tales. Camille Klump. 2020. (ENG.). 50p. (J). pap. 16.95 *(978-1-68456-636-5(3))* Page Publishing Inc.

Four Paws from Santa Claus: Based on the True Story of How 3 Siblings Were Gifted with a Tiny Treasure & Quickly Learned the Value of Family, Love, & Loyalty. Diana Gorman. Illus. by Sabrina Gambino. (ENG.). 34p. (J). 2023. 35.99 ***(978-1-6628-7181-8(3))***; 2022. pap. 25.99 ***(978-1-6628-5226-8(6))*** Salem Author Services.

Four Perfect Pebbles: A True Story of the Holocaust. Lila Perl. 2016. (ENG.). 160p. (J). (gr. 7-7). pap. 7.99 *(978-0-06-248996-8(8)*, Greenwillow Bks.) HarperCollins Pubs.

Four Philanthropists (Classic Reprint) Edgar Jepson. 2018. (ENG., Illus.). 326p. (J). 30.62 *(978-0-656-21394-8(9))* Forgotten Bks.

Four Play: Book One. Sam Young. 2020. (ENG.). 198p. (YA). *(978-1-5255-6574-8(5))*; pap. *(978-1-5255-6575-5(3))* FriesenPress.

Four Plays: James & John Miles Dixon Mary's Wedding a Sort Way with Authors (Classic Reprint) Gilbert Cannan. 2018. (ENG., Illus.). 98p. (J). 25.94 *(978-0-267-41248-8(7))* Forgotten Bks.

Four Plays for Children: The Rose & the Ring; the Goody-Witch; the Goosegirl; Boots & the North Wind (Classic Reprint) Ethel Sidgwick. (ENG., Illus.). (J). 2018. 162p. 27.24 *(978-0-267-54314-4(X))*; 2016. pap. 9.97 *(978-1-333-42992-8(4))* Forgotten Bks.

Four-Pools Mystery (Classic Reprint) Jean Webster. 2018. (ENG., Illus.). 346p. (J). 31.03 *(978-0-483-25873-0(3))* Forgotten Bks.

Four Questions. Lynne Sharon Schwartz. Illus. by Ori Sherman. 2021. (ENG.). 40p. (J). (gr. -1-3). 17.99 *(978-1-64614-036-7(2))* Levine Querido.

Four Racketeers #1. Owen B. Greenwald. 2016. (ENG., Illus.). (J). pap. 12.99 *(978-1-68076-589-2(2)*, Epic Pr.) ABDO Publishing Co.

Four Roads to Paradise (Classic Reprint) Maud Wilder Goodwin. 2018. (ENG., Illus.). 366p. (J). 31.45 *(978-0-267-66138-1(X))* Forgotten Bks.

Four Score & Seven Years Ago! Importance of the Gettysburg Address Grade 5 Social Studies Children's American Civil War Era History. Baby Professor. 2022. (ENG.). 72p. (J). 31.99 ***(978-1-5419-8699-2(7))***; pap. 19.99 ***(978-1-5419-8171-3(5))*** Speedy Publishing LLC. (Baby Professor (Education Kids)).

Four Season (Classic Reprint) Unknown Author. 2018. (ENG., Illus.). 208p. (J). 28.21 *(978-0-364-58345-6(2))* Forgotten Bks.

Four Seasons. Crystal Sikkens. 2019. (Full STEAM Ahead! - Science Starters Ser.). (Illus.). 24p. (J). (gr. 1-1). *(978-0-7787-6188-4(6))*; pap. *(978-0-7787-6235-5(1))* Crabtree Publishing Co.

Four Seasons. Rozanne Williams. 2017. (Learn-To-Read Ser.). (ENG., Illus.). (J). pap. 3.49 *(978-1-68310-169-7(3))* Pacific Learning, Inc.

Four Seasons of Fun: Egg Hunts! Fireworks! Pumpkins! Reindeer! Pamela Duncan Edwards. Illus. by Sylvie Daigneault. 2018. (ENG.). 32p. (J). (gr. k-2). 16.99 *(978-1-58536-403-9(7)*, 204584) Sleeping Bear Pr.

Four Seasons of Sammy Snail. Joan Whitehead. 2020. (ENG.). 138p. (J). *(978-1-5289-3892-1(5))*; pap. *(978-1-5289-3891-4(7))* Austin Macauley Pubs. Ltd.

Four Seasons of Ted. Peggy Pickering. 2017. (ENG., Illus.). 53p. (J). pap. *(978-1-84897-953-6(3))* Olympia Publishers.

Four Seasons of the Pipa. Patrick Lacoursière. Illus. by Josée Bisaillon. 2022. (ENG.). 36p. (J). (gr. k-2). 16.95 *(978-2-89836-015-2(5))* La Montagne Secrete CAN. Dist: Independent Pubs. Group.

Four Short Plays: Look after Louise, an Everyday Tragedy; Big Kate, a Diplomatic Tragedy; the Real People, a Sawdust Tragedy, Arent They Wonders? a Holiday Tragedy. Charles Frederic Nirdlinger. 2017. (ENG., Illus.). (J). pap. *(978-0-649-46030-4(8))* Trieste Publishing Pty Ltd.

Four Short Plays: Look after Louise an Everyday Tragedy, Big Kate a Diplomatic Tragedy, the Real People a Sawdust Tragedy, They Wonders? a Holiday Tragedy (Classic Reprint) Charles Frederic Nirdlinger. 2018. (ENG., Illus.). 126p. (J). 26.52 *(978-0-666-72134-1(3))* Forgotten Bks.

Four Short Plays, Vol. 5 (Classic Reprint) Lascelles Abercrombie. 2018. (ENG., Illus.). 178p. (J). 27.57 *(978-0-483-34032-9(4))* Forgotten Bks.

Four Sisters. Fredrika. Bremer & Mary Botham Howitt. 2017. (ENG.). 384p. (J). pap. *(978-3-337-08244-4(0))* Creation Pubs.

Four Sisters: A Tale of Social & Domestic Life in Sweden (Classic Reprint) Fredrika. Bremer. (ENG., Illus.). (J). 2018. 392p. 32.00 *(978-0-483-52404-0(2))*; 2016. pap. 16.57 *(978-1-333-31191-9(5))* Forgotten Bks.

Four Sisters: Patience, Humility, Hope, & Love (Classic Reprint) Unknown Author. (ENG., Illus.). (J). 2017. 394p. 32.04 *(978-0-332-93982-7(0))*; 2016. pap. 16.57 *(978-1-334-16207-7(7))* Forgotten Bks.

Four Sisters, Vol. 2: Hortense. Malika Ferdjoukh. Illus. by Cati Baur. 2019. (Four Sisters Ser.: 2). 160p. (YA). (gr. 8-12). pap. 19.99 *(978-1-68405-433-6(8))* Idea & Design Works, LLC.

Four Small Stones: Billy's Gotta Find Some Girls. Gary Taaffe. 2019. (Urban Hunters Ser.: Vol. 1). (ENG., Illus.). 124p. (J). (gr. 4-6). pap. *(978-0-9946152-1-3(3))* Bunya Publishing.

Four Snails & an Umbrella. Glenis Carlton. 2016. (ENG., Illus.). 22p. (J). 23.95 *(978-1-78612-332-9(0)*, 6c37e2f4-5144-43d4-8c65-5bd5a8655cd9); pap. 13.95 *(978-1-78612-331-2(2)*, fcf89cff-577e-4e8a-941a-c14ebec3a909) Austin Macauley Pubs. Ltd. GBR. Dist: Baker & Taylor Publisher Services (BTPS).

Four Square. Kara L. Laughlin. 2018. (Neighborhood Sports Ser.). (ENG.). 24p. (J). (gr. k-3). lib. bdg. 32.79 *(978-1-5038-2372-3(5)*, 212215) Child's World, Inc, The.

Four-Star Challenge (Pokémon: Chapter Book) Howard Dewin & Howie Dewin. 2017. (Pokémon Chapter Bks.). (ENG.). 96p. (J). (gr. 2-5). pap. 4.99 *(978-1-338-17573-8(4))* Scholastic, Inc.

Four-Star Scripts: Actual Shooting Scripts & How They Are Written (Classic Reprint) Lorraine Noble. 2017. (ENG., Illus.). (J). 32.19 *(978-0-331-68176-5(5))*; vii, 392p. pap. 16.57 *(978-0-243-25840-6(2))* Forgotten Bks.

Four Streets & a Square: a History of Manhattan & the New York Idea. Marc Aronson. 2021. (ENG.). 440p. (J). (gr. 7). 29.99 *(978-0-7636-5137-4(0))* Candlewick Pr.

Four Strength Lions: Calling for Help, Volume 2 (First Edition, Hardcover, Full Color) C. J. Gray. 2018. (Four Strength Lions Ser.: Vol. 2). (ENG., Illus.). 142p. (YA). (gr. 7-12). 23.64 *(978-0-9985807-4-6(0)*, Muscle Bks.) AGM Communications.

Four Strength Lions: Calling for Help, Volume 2 (First Edition, Paperback, Full Color) C. J. Gray. 2018. (Four Strength Lions Ser.: Vol. 2). (ENG., Illus.). 144p. (YA). (gr. 7-12). pap. 13.64 *(978-0-9985807-1-5(6)*, Muscle Bks.) AGM Communications.

Four Strength Lions: The Military Begins, Volume 1 (First Edition, Hardcover, Full Color) C. J. Gray. 2017. (Four Strength Lions Ser.: Vol. 1). (ENG., Illus.). (YA). (gr. 7-12). 23.64 *(978-0-9985807-2-2(4)*, Muscle Bks.) AGM Communications.

Four Strength Lions: The Military Begins, Volume 1 (First Edition, Paperback, Full Color) C. J. Gray. 2017. (Four Strength Lions Ser.: Vol. 1). (ENG., Illus.). (YA). (gr. 7-12). pap. 13.64 *(978-0-9985807-6-0(7)*, Muscle Bks.) AGM Communications.

Four Tales of Cthulhu: H. P. Lovecraft for Young Readers. H. P. Lovecraft & Matthew MacDonald. abr. ed. 2018. (ENG.). 112p. (J). pap. *(978-1-7753737-1-1(1))* ProseTech.

Four Temperaments. Virginia Loh-Hagan. 2020. (Who Are You? Ser.). (ENG., Illus.). 32p. (J). (gr. 4-8). lib. bdg. 32.07 *(978-1-5341-6918-0(0)*, 215559, 45th Parallel Press) Cherry Lake Publishing.

Four Thousand French Idioms, Gallicisms & Proverbs: With Notes & Examination Papers (Classic Reprint) Chas. M. Marchand. annot. ed. 2018. (ENG., Illus.). 236p. (J). 28.78 *(978-0-267-41051-4(4))* Forgotten Bks.

Four Three Two One. Courtney Stevens. 2018. (ENG.). 400p. (YA). (gr. 9). 17.99 *(978-0-06-239854-3(7)*, HarperTeen) HarperCollins Pubs.

Four Times the Fun. Darcy Lincoln. 2021. (ENG.). 28p. (J). 23.95 *(978-1-64654-774-6(8))* Fulton Bks.

Four Tombstones: A Josie Jameson Mystery. Jennifer Hotes. Ed. by Leslie Cole. 2018. (Josie Jameson Mystery Ser.: Vol. 1). (ENG., Illus.). 450p. (YA). (gr. 7-12). pap. 20.00 *(978-0-9987199-0-0(0))* Storm Mystery Pr., LLC.

Four-Track Tractor. Samantha Bell. 2016. (21st Century Basic Skills Library: Welcome to the Farm Ser.). (ENG., Illus.). 24p. (J). (gr. k-3). 26.35 *(978-1-63471-033-6(9)*, 208212) Cherry Lake Publishing.

Four True Stories of Life & Adventure (Classic Reprint) Jessie R. Smith. (ENG., Illus.). (J). 2018. 128p. 26.56 *(978-0-267-59902-8(1))*; 2016. pap. 9.57 *(978-1-334-14297-0(1))* Forgotten Bks.

Four Weeks, Five People. Jennifer Yu. 2017. (ENG., Illus.). 352p. (YA). 18.99 *(978-0-373-21230-9(5)*, Harlequin Teen) Harlequin Enterprises ULC CAN. Dist: HarperCollins Pubs.

Four-Wheel Drive Utility Tractor. Samantha Bell. 2016. (21st Century Basic Skills Library: Welcome to the Farm Ser.). (ENG., Illus.). 24p. (J). (gr. k-3). 26.35 *(978-1-63471-038-1(X)*, 208232) Cherry Lake Publishing.

Four-Wheeler Mania see Fiebre por los Todoterreno

Four-Wheeler Mania, 1 vol. Craig Stevens. 2022. (Insane Speed Ser.). (ENG.). 24p. (J). (gr. k-2). lib. bdg. *(978-1-0396-4484-7(8)*, 16272); (Illus.). pap. *(978-1-0396-4675-9(1)*, 17214) Crabtree Publishing Co. (Crabtree Seedlings).

Four Winds Farm: The Children of the Castle (Classic Reprint) Molesworth. 2018. (ENG., Illus.). 386p. (J). 31.86 *(978-0-483-97391-6(2))* Forgotten Bks.

Four Winds Farm (Classic Reprint) Molesworth. (ENG., Illus.). (J). 2018. 212p. 28.27 *(978-0-483-77951-8(2))*; 2016. pap. 10.97 *(978-1-333-38955-0(8))* Forgotten Bks.

Four Year Old Coloring Book (Emoji Eggs) This Book Has 40 Coloring Pages. This Book Comes with 6 Bonus PDF Books & Will Assist Young Children to Develop Pen Control & to Exercise Their Fine Motor Skills. Nicola Ridgeway & James Manning. 2020. (Four Year Old Coloring Book Ser.: Vol. 54). (ENG., Illus.). 86p. (J). (gr. k). pap. *(978-1-80027-125-8(5))* CBT Bks.

Four Years in the Underbrush: Adventures As a Working Woman in New York (Classic Reprint) Unknown Author. 2018. (ENG., Illus.). 324p. (J). 30.60 *(978-0-483-50537-7(4))* Forgotten Bks.

Four Years in the Underbrush: Adventures As a Working Woman in New York (Classic Reprint) C. Scribner Sons. 2017. (ENG., Illus.). (J). 30.23 *(978-0-265-66104-8(8))*; pap. 13.57 *(978-1-5276-3421-3(3))* Forgotten Bks.

Four Years of Personal Reminiscences of the War (Classic Reprint) Mary A. Newcomb. (ENG., Illus.). (J). 2018. 136p. 26.72 *(978-0-331-82097-3(8))*; 2017. pap. 9.57 *(978-0-259-46152-4(0))* Forgotten Bks.

Four Young Explorers. Oliver Optic, pseud & A. Burnham Shute. 2017. (ENG.). 402p. (YA). (gr. 7-12). pap. *(978-3-337-33735-3(X))* Creation Pubs.

Four Young Explorers: Sight-Seeing in the Tropics. Oliver Optic, pseud. 2018. (ENG., Illus.). 258p. (YA). (gr. 7-12). pap. *(978-93-5329-319-2(7))* Alpha Editions.

Foureye Butterflyfish. Julie Murray. 2022. (Animal Pranksters Ser.). (ENG., Illus.). 24p. (J). (gr. k-4). lib. bdg. 31.36 *(978-1-0982-2834-7(0)*, 39947); (gr. 1-1). pap. 8.95 *(978-1-64494-761-6(7))* ABDO Publishing Co. (Abdo Zoom-Dash).

Fourmine Bonjour Microbe ! dès 2 Ans (4) Fourmine Bonne Mine. Illus. Maxence Diogon. Text by Maxence Diogon. 2020. (FRE.). 24p. (J). ***(978-1-716-56634-9(7))*** Lulu Pr., Inc.

Fourmine Gare Au Chmo-Glom ! dès 2 Ans (3) Fourmine Bonne Mine. Illus. Maxence Diogon. Text by Maxence Diogon. 2020. (FRE.). 16p. (J). ***(978-1-716-55416-2(0))*** Lulu Pr., Inc.

Fourmine la Fête des Bisous ! dès 2 Ans (2) Fourmine Bonne Mine. Illus. Maxence Diogon. Text by Maxence Diogon. 2020. (FRE.). 12p. (J). ***(978-1-716-54395-1(9))*** Lulu Pr., Inc.

Foursquare (Classic Reprint) Grace S. Richmond. 2017. (ENG., Illus.). (J). 31.53 *(978-0-265-51715-4(X))* Forgotten Bks.

Fourteen Animals (That Are Definitely Not an Octopus) That Are Definitely Not an Octopus. Gabe Pyle. 2018. (ENG., Illus.). 16p. (J). (gr. -1-k). bds. 9.99 *(978-1-64170-009-2(2),* 550009) Familius LLC.

Fourteen Letters from the Beyond (Classic Reprint) Mary Hamilton Coats. 2018. (ENG., Illus.). 114p. (J). 26.25 *(978-0-484-22776-6(9))* Forgotten Bks.

Fourteen Monkeys: A Rain Forest Rhyme. Melissa Stewart. Illus. by Steve Jenkins. 2021. (ENG.). 32p. (J). (gr. -1-3). 17.99 *(978-1-5344-6039-3(X),* Beach Lane Bks.) Beach Lane Bks.

Fourteen to One (Classic Reprint) Elizabeth Stuart Phelps. 2018. (ENG., Illus.). 472p. (J). 33.63 *(978-0-365-39361-0(4))* Forgotten Bks.

Fourteenth Anniversary of the Society of California Pioneers (Classic Reprint) Society Of California Pioneers. 2018. (ENG., Illus.). 34p. (J). 24.62 *(978-0-267-17429-4(2))* Forgotten Bks.

Fourteenth Annual Report of the Illinois State Bee-Keepers' Association: Organized February 26, 1891, at Springfield, Illinois (Classic Reprint) James A. Stone. 2017. (ENG., Illus.). (J). pap. 10.57 *(978-0-259-99757-3(9))* Forgotten Bks.

Fourteenth Annual Roundup: June, 1921 (Classic Reprint) Great Falls High School. 2018. (ENG., Illus.). 156p. (J). 27.11 *(978-0-484-57271-2(7))* Forgotten Bks.

Fourteenth Goldfish. Jennifer L. Holm. ed. 2016. lib. bdg. 18.40 *(978-0-606-38465-0(0))* Turtleback.

Fourteenth Hour. Brian Charles Alexander. 2020. (ENG.). 145p. (YA). pap. *(978-1-716-98307-8(X))* Lulu Pr., Inc.

Fourteenth Summer of Angus Jack. Jen Storer. Illus. by Lucinda Gifford. 2020. (ENG.). 338p. 7.99 *(978-0-7333-3443-6(1))* ABC Bks. AUS. Dist: HarperCollins Pubs.

Fourth Annual Report of the Illinois State Bee-Keepers' Association: Organized February 26, 1891, at Springfield, Ill (Classic Reprint) James A. Stone. (ENG., Illus.). (J). 2018. 198p. 27.98 *(978-0-365-28777-3(6));* 2017. pap. 10.57 *(978-0-282-06462-4(1))* Forgotten Bks.

Fourth Auction Sale: Coin Catalogue of Rare Coins, to Be Sold at Mail Order Auction, April 15, 1939 (Classic Reprint) W. H. Livingston. 2018. (ENG., Illus.). (J). 34p. 24.62 *(978-0-428-88830-5(5));* 36p. pap. 7.97 *(978-0-428-44424-2(5))* Forgotten Bks.

Fourth Book of Pilgrimages to Old Homes (Classic Reprint) Fletcher Moss. 2018. (ENG., Illus.). 412p. (J). 32.39 *(978-0-365-23895-9(3))* Forgotten Bks.

Fourth Book of the Heroic Deeds & Sayings of the Good Pantagruel: His Voyages & Wonders (Classic Reprint) François Rabelais. (ENG., Illus.). (J). 2017. 30.72 *(978-0-266-46318-4(5));* 2016. pap. 13.57 *(978-1-334-14473-8(7))* Forgotten Bks.

Fourth Closet. Scott Cawthon & Kira Breed-Wrisley. 2018. 304p. *(978-1-74299-848-0(8))* Scholastic, Inc.

Fourth Closet. Scott Cawthon. ed. 2022. (Five Nights at Freddy's Ser.). (ENG.). 192p. (J). (gr. 6-8). 25.46 ***(978-1-68505-409-0(9))*** Penworthy Co., LLC, The.

Fourth Closet: Five Nights at Freddy's (Five Nights at Freddy's Graphic Novel #3), Vol. 3. Scott Cawthon & Kira Breed-Wrisley. Illus. by Diana Camero. (Five Nights at Freddy's Graphic Novels Ser.). (ENG.). 192p. (YA). (gr. 7-7). 2022. 24.99 *(978-1-338-74117-9(9));* 2021. pap. 12.99 *(978-1-338-74116-2(0))* Scholastic, Inc. (Graphix).

Fourth Closet: Five Nights at Freddy's (Original Trilogy Book 3) Scott Cawthon & Kira Breed-Wrisley. 3rd ed. 2018. (Five Nights at Freddy's Ser.: 3). (ENG.). 352p. (YA). (gr. 7-7). pap. 9.99 *(978-1-338-13932-7(0))* Scholastic, Inc.

Fourth Comings: A Jessica Darling Novel. Megan McCafferty. 2021. (Jessica Darling Ser.: 4). (ENG.). 448p. (YA). pap. 13.99 *(978-1-250-78185-7(X),* 900236429, Wednesday Bks.) St. Martin's Pr.

Fourth Dimension. Eric Walters. 2018. (Neighborhood Ser.: 4). (ENG.). 384p. (YA). (gr. 7). 17.99 *(978-0-14-319844-4(0),* Penguin Teen) PRH Canada Young Readers CAN. Dist: Penguin Random Hse. LLC.

Fourth Dimension. Anatoly Zaya-Ruzo. 2020. (ENG.). 232p. (YA). 27.95 *(978-1-64536-374-3(0));* pap. *(978-1-64536-373-6(2))* Austin Macauley Pubs. Ltd.

Fourth Dimension (Classic Reprint) Horace Annesley Vachell. 2017. (ENG., Illus.). (J). 30.95 *(978-1-5279-8247-5(5))* Forgotten Bks.

Fourth Dimension, Vol. 10: January 14, 1983 (Classic Reprint) Selwyn House School. (ENG., Illus.). (J). 2018. 22p. 24.35 *(978-0-364-01477-6(6));* 2017. pap. 7.97 *(978-0-243-51522-6(7))* Forgotten Bks.

Fourth Earth: A YA Fantasy Adventure to the Planet of Mythical Creatures. Cami Murdock Jensen. Ed. by Adam McLain. Illus. by Sarah Keele. 2021. (ENG.). 366p. (YA). 26.99 *(978-1-68564-234-1(9))* Primedia eLaunch LLC.

Fourth Estate (Classic Reprint) A. Palacio Valde S. 2016. (ENG., Illus.). (J). pap. 16.57 *(978-1-334-13510-1(X))* Forgotten Bks.

Fourth Estate, Vol. 1 (Classic Reprint) Palacio Valdes. 2018. (ENG., Illus.). 330p. (J). 30.70 *(978-0-483-61889-3(6))* Forgotten Bks.

Fourth Estate, Vol. 2: Translated from the Spanish (Classic Reprint) Armando Palacio Valdes. 2018. (ENG., Illus.). 316p. (J). 30.43 *(978-0-483-26364-2(8))* Forgotten Bks.

Fourth Generation (Classic Reprint) Walter Besant. 2017. (ENG., Illus.). (J). 31.92 *(978-1-5280-8395-9(4))* Forgotten Bks.

Fourth Generation (Classic Reprint) Janet Ross. 2017. (ENG., Illus.). (J). 33.34 *(978-0-260-88436-7(7))* Forgotten Bks.

Fourth Golden Rule Book: Recommended by the Minister of Education for Use in the Public & Separate School Libraries of Ontario (Classic Reprint) Unknown Author. 2018. (ENG., Illus.). 420p. (J). 32.58 *(978-0-332-83266-1(X))* Forgotten Bks.

Fourth Grade Technology: 32-Lesson Comprehensive Curriculum, 6 vols. 2016. (ENG., Illus.). 249p. 32.99 net. *(978-0-9787800-4-3(3))* Structured Learning LLC.

Fourth Horseman. Kate Thompson. 2020. (ENG.). 228p. (YA). (gr. 7-12). pap. 11.99 ***(978-1-9162603-8-2(1))*** Between the Lines Publishing.

Fourth Man: An Original Comedy in One Act (Classic Reprint) Austin Phillips. 2018. (ENG., Illus.). 32p. (J). 24.58 *(978-0-267-18117-9(5))* Forgotten Bks.

Fourth of July. Emma Bernay & Emma Carlson Berne. Illus. by Luke Flowers. 2018. (Holidays in Rhythm & Rhyme Ser.). (ENG.). 24p. (J). (gr. k-2). lib. bdg. 33.99 *(978-1-68410-391-1(6),* 140364) Cantata Learning.

Fourth of July. Mary Lindeen. 2018. (BeginningtoRead Ser.). (ENG., Illus.). 32p. (J). (gr. -1-2). lib. bdg. 22.60 *(978-1-59953-909-6(8));* (gr. k-2). pap. 13.26 *(978-1-68404-165-7(1))* Norwood Hse. Pr.

Fourth of July. Pearl Markovics. 2018. (Happy Holidays! Ser.). (ENG., Illus.). 16p. (J). (gr. -1-1). 6.99 *(978-1-64280-152-1(6))* Bearport Publishing Co., Inc.

Fourth of July: Draw to Complete Puzzle Books. Jupiter Kids. 2017. (ENG., Illus.). (J). pap. 9.20 *(978-1-5419-3337-8(0),* Jupiter Kids (Childrens & Kids Fiction)) Speedy Publishing LLC.

Fourth Physician a Christmas Story (Classic Reprint) Montgomery Pickett. 2017. (ENG., Illus.). 150p. (J). 26.99 *(978-0-484-28952-8(7))* Forgotten Bks.

Fourth Princess. Eileen L. Maschger. 2018. (ENG., Illus.). 186p. (YA). pap. 15.95 *(978-1-64300-422-8(0))* Covenant Bks.

Fourth Reader: For Common Schools & Academies (Classic Reprint) Henry Mandeville. 2018. (ENG., Illus.). 276p. (J). 29.59 *(978-0-483-69209-1(3))* Forgotten Bks.

Fourth Reader: For Fourth & Fifth Grades (Classic Reprint) Mary E. Doyle. 2017. (ENG., Illus.). (J). 32.31 *(978-0-266-71653-2(9));* pap. 16.57 *(978-1-5276-7211-6(5))* Forgotten Bks.

Fourth Reader: For the Use of Schools (Classic Reprint) M. a Newell. 2018. (ENG., Illus.). 244p. (J). 28.93 *(978-0-484-65553-8(1))* Forgotten Bks.

Fourth Reader: For the Use of Schools; with an Introductory Treatise on Reading & the Training of the Vocal Organs (Classic Reprint) George Stillman Hillard. (ENG., Illus.). (J). 2018. 242p. 28.89 *(978-0-666-78373-8(X));* 2017. pap. 11.57 *(978-0-259-18826-1(3))* Forgotten Bks.

Fourth Reader (Classic Reprint) Sarah Louise Arnold. (ENG., Illus.). (J). 2017. 30.56 *(978-0-266-39392-4(6));* 2016. pap. 13.57 *(978-1-333-24015-8(5))* Forgotten Bks.

Fourth Reader (Classic Reprint) James Baldwin. (ENG., Illus.). (J). 2018. 262p. 29.30 *(978-0-484-80244-4(5));* 2017. pap. 11.97 *(978-1-5276-1705-6(X))* Forgotten Bks.

Fourth Reader (Classic Reprint) Benj N. Black. (ENG., Illus.). (J). 2018. 352p. 31.18 *(978-0-484-71650-5(6));* 2016. pap. 13.57 *(978-1-333-15043-3(1))* Forgotten Bks.

Fourth Reader (Classic Reprint) Emma Miller Bolenius. (ENG., Illus.). (J). 2018. 296p. 30.04 *(978-0-484-79520-3(1));* 2016. pap. 13.57 *(978-1-334-12460-0(4))* Forgotten Bks.

Fourth Reader (Classic Reprint) Arthur Deerin Call. 2018. (ENG., Illus.). 332p. (J). 30.76 *(978-0-365-22657-4(2))* Forgotten Bks.

Fourth Reader (Classic Reprint) Clarence F. Carroll. (ENG., Illus.). (J). 2018. 424p. 32.56 *(978-0-428-97387-2(6));* 2017. pap. 16.57 *(978-0-243-22503-3(2))* Forgotten Bks.

Fourth Reader (Classic Reprint) Longman Company. (ENG., Illus.). (J). 2018. 218p. 28.39 *(978-0-267-67819-8(3));* 2017. pap. 10.97 *(978-0-259-39260-6(X))* Forgotten Bks.

Fourth Reader (Classic Reprint) William Torrey Harris. 2018. (ENG., Illus.). 276p. (J). 29.59 *(978-0-656-78561-2(6))* Forgotten Bks.

Fourth Reader (Classic Reprint) Walter L. Hervey. 2018. (ENG., Illus.). 352p. (J). 31.16 *(978-0-483-27139-5(X))* Forgotten Bks.

Fourth Reader (Classic Reprint) Calvin N. Kendall. 2017. (ENG., Illus.). (J). 30.72 *(978-0-265-18653-4(6))* Forgotten Bks.

Fourth Reader (Classic Reprint) W. A. McIntyre. (ENG., Illus.). (J). 2018. 422p. 32.60 *(978-0-483-33451-9(0));* 2016. pap. 16.57 *(978-1-334-15945-9(9))* Forgotten Bks.

Fourth Reader (Classic Reprint) Hannah Theresa McManus. (ENG., Illus.). (J). 2018. 330p. 30.70 *(978-0-483-61980-7(9));* 2016. pap. 13.57 *(978-1-334-14226-0(2))* Forgotten Bks.

Fourth Reader (Classic Reprint) Lewis B. Monroe. 2017. (ENG., Illus.). (J). 29.01 *(978-0-266-17726-5(3))* Forgotten Bks.

Fourth Reader (Classic Reprint) Jenny H. Stickney. (ENG., Illus.). (J). 2017. 31.57 *(978-0-266-50234-0(2));* 2016. pap. 13.97 *(978-1-334-12094-7(3))* Forgotten Bks.

Fourth Reader (Classic Reprint) Franklin B. Dyer. abr. ed. 2018. (ENG., Illus.). 324p. (J). 30.60 *(978-0-483-26902-6(6))* Forgotten Bks.

Fourth Reader of the Popular Series (Classic Reprint) Marcius Willson. 2018. (ENG., Illus.). 338p. (J). 30.87 *(978-0-365-48716-6(3))* Forgotten Bks.

Fourth Reader of the School & Family Series (Classic Reprint) Marcius Willson. 2018. (ENG., Illus.). 368p. (J). 31.49 *(978-0-484-08537-3(9))* Forgotten Bks.

Fourth Ruby. James R. Hannibal. 2017. (Section 13 Ser.: 2). (ENG., Illus.). 416p. (J). (gr. 3-7). 16.99 *(978-1-4814-6712-4(3),* Simon & Schuster Bks. For Young Readers) Simon & Schuster Bks. For Young Readers.

Fourth School Reader (Classic Reprint) D. Fellowers. 2018. (ENG., Illus.). 168p. (J). 27.36 *(978-0-332-34264-1(6))* Forgotten Bks.

Fourth Street (Classic Reprint) A. J. Russell. (ENG., Illus.). (J). 2018. 130p. 26.60 *(978-0-428-82487-7(0));* 2016. pap. 9.57 *(978-1-334-68362-6(X))* Forgotten Bks.

Fourth Watch (Classic Reprint) H. a. Cody. 2018. (ENG., Illus.). 322p. (J). 30.54 *(978-0-483-93793-2(2))* Forgotten Bks.

Fourth Witness. Anne V. Verellen. 2017. (ENG., Illus.). (YA). pap. 19.95 *(978-1-64028-004-5(9))* Christian Faith Publishing.

Fourth Year Language Reader (Classic Reprint) Franklin Thomas Baker. 2018. (ENG., Illus.). 374p. (J). 31.61 *(978-0-483-52886-4(2))* Forgotten Bks.

Fourthie's Great Adventure. Brooke N. Brundy & Jose Martinez. 2018. (ENG., Illus.). 44p. (J). pap. 14.95 *(978-1-64079-711-6(4))* Christian Faith Publishing.

Fousillaville. Kitty Arris Moreau. 2016. (ENG., Illus.). (J). 22.95 *(978-1-4808-3293-0(6));* pap. 16.95 *(978-1-4808-3294-7(4))* Archway Publishing.

Fowl Deeds (Classic Reprint) Jenny Wren. 2018. (ENG., Illus.). 30p. (J). 24.54 *(978-0-267-27792-6(X))* Forgotten Bks.

Fowl Out: Book 3. Vinay Sharma & Jason M. Burns. Illus. by Dustin Evans. 2023. (Krish & the Robot Kicks Ser.). (ENG.). 32p. (J). (gr. 2-4). lib. bdg. 30.65 ***(978-1-62920-757-5(8),*** 7d58fae7-9610-4387-b32b-88ed30729e84) Full Tilt Pr. NZL. Dist: Lerner Publishing Group.

Fowl Play. Travis Nichols. ed. 2017. (J). lib. bdg. 18.40 *(978-0-606-40615-4(8))* Turtleback.

Fowl Play: A Mystery Told in Idioms! (Detective Books for Kids, Funny Children's Books) Travis Nichols. 2017. (ENG., Illus.). 40p. (J). (gr. k-3). pap. 7.99 *(978-1-4521-6435-9(5))* Chronicle Bks. LLC.

Fowl Twins Deny All Charges, the-A Fowl Twins Novel, Book 2. Eoin Colfer. (Artemis Fowl Ser.). (ENG.). 336p. (J). (gr. 5-9). 2021. pap. 8.99 *(978-1-368-05229-0(0));* 2020. 18.99 *(978-1-368-04504-9(9))* Disney Publishing Worldwide. (Disney-Hyperion).

Fowl Twins Get What They Deserve. Eoin Colfer. 2021. (Artemis Fowl Ser.). (ENG.). 352p. (J). (gr. 5-9). 18.99 *(978-1-368-07567-1(3),* Disney-Hyperion) Disney Publishing Worldwide.

Fowl Twins Get What They Deserve (a Fowl Twins Novel, Book 3) Eoin Colfer. 2022. (Artemis Fowl Ser.). (ENG.). 352p. (J). (gr. 5-9). pap. 8.99 *(978-1-368-07691-3(2),* Disney-Hyperion) Disney Publishing Worldwide.

Fowl Twins, the-A Fowl Twins Novel, Book 1. Eoin Colfer. (Artemis Fowl Ser.). (ENG.). 368p. (J). (gr. 5-9). 2020. pap. 8.99 *(978-1-368-05256-6(8));* 2019. 18.99 *(978-1-368-04375-5(5))* Disney Publishing Worldwide. (Disney-Hyperion).

Fowler: Our Soul Is Escaped Even As a Bird Out of the Snare of the Fowler (Classic Reprint) Beatrice Harraden. 2018. (ENG., Illus.). 356p. (J). 31.24 *(978-0-365-11867-1(2))* Forgotten Bks.

Fowls of the Air (Classic Reprint) William J. Long. 2019. (ENG., Illus.). (J). 352p. 31.16 *(978-1-397-27236-2(8));* 354p. pap. 13.57 *(978-1-397-27229-4(5))* Forgotten Bks.

Fox. August Hoeft. (I See Animals Ser.). (ENG.). (J). (gr. k-1). 2022. 20p. 24.99 ***(978-1-5324-3407-5(3));*** 2022. 20p. pap. 12.99 ***(978-1-5324-4210-0(6));*** 2020. 12p. pap. 5.99 *(978-1-5324-1488-6(9))* Xist Publishing.

Fox: A Circle of Life Story. Isabel Thomas. Illus. by Daniel Egneus. 2021. (ENG.). 48p. (J). 18.99 *(978-1-5476-0692-4(4),* 900239012, Bloomsbury Children's Bks.) Bloomsbury Publishing USA.

Fox: Bilingual Inuktitut & English Edition. Inhabit Education Books. 2021. (Nunavummi Reading Ser.). (ENG., Illus.). (J). pap. ***(978-1-77450-013-2(2))*** Inhabit Education Bks. Inc. CAN. Dist: Consortium Bk. Sales & Distribution.

Fox 8: A Story. George Saunders. Illus. by Chelsea Cardinal. 2018. (ENG.). 64p. 17.00 *(978-1-9848-1802-7(3),* Random House) Random House Publishing Group.

Fox & Bear. Miriam Körner. 2022. (ENG.). 32p. (J). (gr. k-3). 21.95 *(978-0-88995-646-9(4),* 4649fd2c-553b-4b0e-9620-d318784209fb) Red Deer Pr. CAN. Dist: Firefly Bks., Ltd.

Fox & Bird. Edwina Wyatt. Illus. by Alice Lindstrom. 2019. (ENG.). 32p. (J). (gr. -1-k). 18.99 *(978-1-76050-146-4(8))* Little Hare Bks. AUS. Dist: Independent Pubs. Group.

Fox & Chick: the Party: And Other Stories. Sergio Ruzzier. 2020. (Fox & Chick Ser.). (ENG., Illus.). 56p. (J). (gr. k-3). pap. 7.99 *(978-1-4521-8077-9(6))* Chronicle Bks. LLC.

Fox & Chick: the Quiet Boat Ride & Other Stories (Early Chapter for Kids, Books about Friendship, Preschool Picture Books) Sergio Ruzzier. 2019. (Fox & Chick Ser.: 2). (ENG., Illus.). 56p. (J). (gr. k-3). 14.99 *(978-1-4521-5289-9(6))* Chronicle Bks. LLC.

Fox & Crow Story Handwriting Book: Story Handwriting Series. Lekha Murali. 2021. (ENG.). 22p. (J). pap. 6.20 *(978-1-7327053-1-9(3),* Lekha Murali) Lekha Vippu.

Fox & Little Tanuki, Volume 1. Illus. by Tagawa Mi. 2020. (Fox & Little Tanuki Ser.: 1). 172p. (gr. 3-1). pap. 12.99 *(978-1-4278-6318-8(0),* c35fcbcc-27ff-4f4e-a10b-da73329a0188) TOKYOPOP, Inc.

Fox & Little Tanuki, Volume 2: Volume 2. Tagawa Mi. 2020. (Fox & Little Tanuki Ser.: 2). (Illus.). 208p. (gr. 3-1). pap. 12.99 *(978-1-4278-6405-5(5),* 61a8a268-8257-4266-ad1b-9add8b17d25b) TOKYOPOP, Inc.

Fox & Little Tanuki, Volume 3. Tagawa Mi. 2021. (Fox & Little Tanuki Ser.: 3). (Illus.). 208p. (gr. 3-1). pap. 12.99 *(978-1-4278-6740-7(2),* 583f8e2d-9577-4725-a8b6-56925983e6f4) TOKYOPOP, Inc.

Fox & Rabbit Celebrate (Fox & Rabbit Book #3) Beth Ferry. Illus. by Gergely Dudás. (Fox & Rabbit Ser.). (ENG.). 96p. (J). (gr. 1-4). 2022. pap. 7.99 *(978-1-4197-4959-9(5),* 1274703); 2021. 12.99 *(978-1-4197-5183-7(2),* 1274701) Abrams, Inc. (Amulet Bks.).

Fox & Rabbit (Fox & Rabbit Book #1) Beth Ferry. Illus. by Gergely Dudás. 2021. (Fox & Rabbit Ser.). (ENG.). 112p. (J). (gr. 1-4). pap. 7.99 *(978-1-4197-4695-6(2),* 1274503, Amulet Bks.) Abrams, Inc.

Fox & Rabbit Make Believe (Fox & Rabbit Book #2) Beth Ferry. Illus. by Gergely Dudás. (Fox & Rabbit Ser.). (ENG.). (J). (gr. 1-4). 2021. 112p. pap. 7.99 *(978-1-4197-4972-8(2),* 1274603); 2020. 96p. 12.99 *(978-1-4197-4687-1(1),* 1274601) Abrams, Inc. (Amulet Bks.).

Fox & Sour Grapes - Mbweha Na Zabibu Chachu. Kholeka Mabeta. Illus. by Benjamin Mitchley. 2023. (SWA.). 24p. (J). pap. ***(978-1-922910-22-6(8))*** Library For All Limited.

Fox & the Bike Ride. Corey R. Tabor. Illus. by Corey R. Tabor. 2017. (ENG., Illus.). 32p. (J). (gr. -1-3). 17.99 *(978-0-06-239875-8(X),* Balzer & Bray) HarperCollins Pubs.

Fox & the Box. Yvonne Ivinson. Illus. by Yvonne Ivinson. 2019. (ENG., Illus.). 40p. (J). (gr. -1-3). 17.99 *(978-0-06-284287-9(0),* Greenwillow Bks.) HarperCollins Pubs.

Fox & the Castle. Julia Volpe. Illus. by Antonio Girgenti. 2019. (ENG.). 48p. (J). pap. *(978-1-4600-1021-1(3),* Epic Pr.) Essence Publishing.

Fox & the Crane. Kippy Dalton. 2016. (Spring Forward Ser.). (J). (gr. 1). *(978-1-4900-9392-5(3))* Benchmark Education Co.

Fox & the Crow. Mary Berendes. Illus. by Dawn Beacon. 2022. (Aesop's Fables: Timeless Moral Stories Ser.). (ENG.). 24p. (J). (gr. k-3). 32.79 *(978-1-5038-5860-2(X),* 215726) Child's World, Inc, The.

Fox & the Feather. Kendall Lanning. 2020. (ENG.). 34p. (J). 19.95 *(978-1-7353151-1-9(7))* Padma Light.

Fox & the Feather: A Children's Book for the Grieving Heart. Kendall Lanning. 2020. (ENG.). 34p. (J). pap. 12.95 *(978-1-7353151-2-6(5))* Padma Light.

Fox & the Fisherman, 1 vol. Marianne Dumas. 2017. (ENG., Illus.). 32p. (J). (gr. -1-k). pap. 12.95 *(978-1-77108-552-6(5),* 7eaee4b3-c125-4ac4-9700-a44df24653a6) Nimbus Publishing, Ltd. CAN. Dist: Baker & Taylor Publisher Services (BTPS).

Fox & the Forest Fire. Danny Popovici. 2021. (ENG., Illus.). 44p. (J). (gr. k-3). 17.99 *(978-1-7972-0282-2(0))* Chronicle Bks. LLC.

Fox & the Geese, and, the Wonderful History of Henny-Penny (Classic Reprint) Harrison Weir. 2018. (ENG., Illus.). 32p. (J). 24.56 *(978-0-332-50816-0(1))* Forgotten Bks.

Fox & the Girl. Jena Cash. 2022. (ENG.). 32p. (J). 19.95 *(978-1-6624-6704-2(4));* (Illus.). pap. 15.95 *(978-1-6624-8680-7(4))* Page Publishing Inc.

Fox & the Grapes. Mary Berendes. Illus. by Nancy Harrison. 2022. (Aesop's Fables: Timeless Moral Stories Ser.). (ENG.). 24p. (J). (gr. k-3). 32.79 *(978-1-5038-5866-4(9),* 215732) Child's World, Inc, The.

Fox & the Grapes. Blake Hoena. Illus. by Beth Hughes. 2018. (Classic Fables in Rhythm & Rhyme Ser.). (ENG.). 24p. (C). (gr. k-2). lib. bdg. 33.99 *(978-1-68410-384-3(3),* 140363) Cantata Learning.

Fox & the Hen. William Anthony. Illus. by Silvia Nencini. 2023. (Level 4/5 - Blue/Green Set Ser.). (ENG.). 32p. (J). (gr. 1-3). lib. bdg. 19.95 Bearport Publishing Co., Inc.

Fox & the Hound Little Golden Board Book (Disney Classic) Golden Books. Illus. by Golden Books. 2021. (Little Golden Book Ser.). (ENG., Illus.). 26p. (J). (-k). bds. 7.99 *(978-0-7364-4205-3(7),* Golden/Disney) Random Hse. Children's Bks.

Fox & the Jumping Contest. Corey R. Tabor. Illus. by Corey R. Tabor. 2016. (ENG., Illus.). 32p. (J). (gr. -1-3). 17.99 *(978-0-06-239874-1(1),* Balzer & Bray) HarperCollins Pubs.

Fox & the King. Suzy Senior. 2022. (ENG.). (J). 13.95 ***(978-1-954881-41-9(X))*** Ascension Pr.

Fox & the Stork. Mary Berendes. Illus. by Dawn Beacon. 2022. (Aesop's Fables: Timeless Moral Stories Ser.). (ENG.). 24p. (J). (gr. k-3). 32.79 *(978-1-5038-5861-9(8),* 215727) Child's World, Inc, The.

Fox & the Stork: Leveled Reader Green Fiction Level 13 Grade 1-2. Hmh Hmh. 2019. (Rigby PM Ser.). (ENG.). 16p. (J). (gr. 1-2). pap. 11.00 *(978-0-358-12062-9(4))* Houghton Mifflin Harcourt Publishing Co.

Fox & the Train. Alice Gent. 2018. (ENG., Illus.). 124p. (YA). pap. *(978-1-912601-44-8(3))* Mirador Publishing.

Fox & the Wild. Clive McFarland. Illus. by Clive McFarland. 2017. (ENG., Illus.). 40p. (J). (gr. -1-2). 16.99 *(978-0-7636-9648-1(X),* Templar) Candlewick Pr.

Fox at Night. Corey R. Tabor. Illus. by Corey R. Tabor. 2021. (My First I Can Read Ser.). (ENG., Illus.). 32p. (J). (gr. -1-3). 16.99 *(978-0-06-297708-3(3));* pap. 5.99 *(978-0-06-297707-6(5))* HarperCollins Pubs. (Balzer & Bray).

Fox at Night. Corey R. Tabor. ed. 2021. (I Can Read Ser.). (ENG., Illus.). 32p. (J). (gr. k-1). 15.46 *(978-1-64697-875-5(7))* Penworthy Co., LLC, The.

Fox Called Herbert. Margaret Sturton. Illus. by Margaret Sturton. 2021. (ENG., Illus.). 32p. (J). (gr. -1-3). 17.99 *(978-1-7284-2411-8(9),* a8aac6ff-0a22-46c7-b7a3-1a074b28869c) Lerner Publishing Group.

Fox Explores the Night: a First Science Storybook. Martin Jenkins. Illus. by Richard Smythe. (Science Storybooks Ser.). (ENG.). 32p. (J). (-k). 2022. 8.99 *(978-1-5362-2776-5(5));* 2018. 16.99 *(978-0-7636-9883-6(0))* Candlewick Pr.

Fox Family. Merna Victor. 2020. (ENG.). 28p. (J). pap. 13.95 *(978-1-64654-521-6(4))* Fulton Bks.

Fox Family Adventures. Bobbie Kalman. 2016. (Animal Family Adventures Ser.). (ENG., Illus.). 32p. (J). (gr. 1-3). *(978-0-7787-2232-8(5))* Crabtree Publishing Co.

Fox Farm (Classic Reprint) Deeping. (ENG., Illus.). (J). 2018. 412p. 32.39 *(978-0-484-18627-8(2));* 2017. pap. 16.57 *(978-0-243-25441-5(5))* Forgotten Bks.

Fox Found a Box. Ged Adamson. 2019. (Illus.). 40p. (J). (gr. -1-2). 17.99 *(978-1-9848-3053-1(8));* (ENG., lib. bdg. 20.99 *(978-1-9848-3054-8(6))* Random Hse. Children's Bks. (Schwartz & Wade Bks.).

Fox Girl & the White Gazelle, 26 vols. Victoria Williamson. 2018. 272p. (J). 9.95 *(978-1-78250-490-0(7),* Kelpies) Floris Bks. GBR. Dist: Consortium Bk. Sales & Distribution.

Fox Gives Thanks. Erin Rose Wage. Illus. by John John Bajet. 2021. (Seasonal Concepts Ser.). (ENG.). 24p. (J). (gr. k-2). lib. bdg. 24.69 *(978-1-64996-029-0(8),* 4903, Sequoia Kids Media) Phoenix International Publications, Inc.

Fox-Hat & Neko. August Li. 2016. (ENG., Illus.). (YA). 29.99 *(978-1-63533-018-2(1),* Harmony Ink Pr.) Dreamspinner Pr.

Fox-Hunting: As Recorded by Raed (Classic Reprint) Charles Asbury Stephens. (ENG., Illus.). (J). 2018. 290p. 29.88 *(978-0-331-66421-8(6));* 2016. pap. 13.57 *(978-1-333-78934-3(3))* Forgotten Bks.

Fox in a Trap: A Comedy in Five Acts (Classic Reprint) Sidney W. Cooper. (ENG., Illus.). (J). 2018. 42p. 24.76 *(978-0-483-87743-6(3));* 2016. pap. 7.97 *(978-1-334-13685-6(8))* Forgotten Bks.

Fox in Socks. Seuss. ed. 2019. (Dr. Seuss Beginner Bks.). (ENG.). 61p. (J). (gr. k-1). 17.49 *(978-0-87617-605-4(8))* Penworthy Co., LLC, The.

Fox in the Forest - 6 Pack: Set of 6 Common Core Edition. Katherine Scraper. 2016. (Early Explorers Ser.). (J). (gr. k-1). 39.00 net. *(978-1-5125-8571-1(8))* Benchmark Education Co.

F

Fox Is Late. Corey R. Tabor. Illus. by Corey R. Tabor. 2018. (My First I Can Read Ser.). (ENG., Illus.). 32p. (J). (gr. -1-3). 16.99 *(978-0-06-239872-7(5))*; pap. 5.99 *(978-0-06-239871-0(7))* HarperCollins Pubs. (Balzer & Bray).

Fox Kit's Tale. Nadine Lambert. 2022. (ENG.). 36p. (J). ***(978-1-0391-3995-4(7))***; pap. ***(978-1-0391-3994-7(9))*** FriesenPress.

Fox Lights. Ivan Sysoev. 2023. 26p. (J). (gr. 4-7). 22.00 ***(978-1-6678-9487-4(0))*** BookBaby.

Fox Miscellany (Classic Reprint) Truman Michelson. 2018. (ENG., Illus.). 134p. (J). 26.66 *(978-0-267-29625-5(8))* Forgotten Bks.

Fox on the Job. James Marshall. Illus. by James Marshall. 2021. (Step into Reading Ser.). (ENG., Illus.). 48p. (J). (gr. k-3). pap. 5.99 *(978-0-593-43268-6(1))*; lib. bdg. 14.99 *(978-0-593-43269-3(X))* Random Hse. Children's Bks. (Random Hse. Bks. for Young Readers).

Fox on the Swing. Evelina Daciute & Ausra Kiudulaite. 2018. (Illus.). 48p. (J). (gr. 2-5). 16.95 *(978-0-500-65156-8(6)*, 565156) Thames & Hudson.

Fox Point's Own Gemma Hopper: (a Graphic Novel) Brie Spangler. 2023. (Illus.). 272p. (J). (gr. 3-7). 21.99 *(978-0-593-42849-8(8))*; pap. 13.99 *(978-0-593-42848-1(X))* Random Hse. Children's Bks. (Knopf Bks. for Young Readers).

Fox Pups. Jen Besel. 2020. (Baby Animals Ser.). 24p. (J). (gr. k-3). pap. 8.99 *(978-1-64466-094-2(6)*, 14371, Bolt Jr.) Black Rabbit Bks.

Fox Second Reader (Classic Reprint) Florence C. Fox. (ENG., Illus.). (J). 2018. 196p. 27.96 *(978-0-364-80822-1(5))*; 2017. pap. 10.57 *(978-0-259-51388-9(1))* Forgotten Bks.

Fox Stew 2: Fun at the Zoo. Sandy Smith. Illus. by Tiarra McCann. 2022. (Fox Stew Ser.: Vol. 2). (ENG.). 40p. (J). *(978-1-77354-351-2(2))*; pap. *(978-1-77354-350-5(4))* PageMaster Publication Services, Inc.

Fox Tale Soft Cover. Louise Bankhead. 2017. (ENG., Illus.). 44p. (J). pap. 14.13 *(978-1-326-87679-1(1))* Lulu Pr., Inc.

Fox Texts, Vol. 1 (Classic Reprint) William Jones. 2018. (ENG., Illus.). 390p. (J). 31.96 *(978-0-267-10272-3(0))* Forgotten Bks.

Fox That Lost His Socks. Jessica Jennings. 2019. (ENG., Illus.). 28p. (J). (gr. k-4). 21.49 *(978-1-0878-4886-0(5))* Indy Pub.

Fox the Badger & the Bunny. P. A. Wolcott. 2017. (ENG.). 32p. (J). pap. *(978-1-365-90400-4(8))* Lulu Pr., Inc.

Fox, the Owl & the Big Green Towel. Stephen Miles. 2018. (ENG., Illus.). 20p. (J). (gr. -1-3). *(978-1-5289-2512-9(2))*; pap. *(978-1-5289-2511-2(4))* Austin Macauley Pubs. Ltd.

Fox, the Stag, & the Dragon. Daphne Ashling Purpus. 2018. (ENG.). 170p. (J). pap. 9.99 *(978-1-7326402-0-7(3))* Purpus Publishing.

Fox the Tiger. Corey R. Tabor. Illus. by Corey R. Tabor. 2018. (My First I Can Read Ser.). (ENG., Illus.). 32p. (J). (gr. -1-3). 16.99 *(978-0-06-239869-7(5))*; pap. 4.99 *(978-0-06-239867-3(9))* HarperCollins Pubs. (Balzer & Bray).

Fox Third Reader (Classic Reprint) Florence C. Fox. 2018. (ENG., Illus.). 222p. (J). 28.48 *(978-0-267-27072-9(0))* Forgotten Bks.

Fox Tree. Sammy Powell. 2017. (Fox Tree Chronicles Ser.: Vol. 1). (ENG., Illus.). (J). (gr. 1-6). pap. 6.99 *(978-0-9970445-6-0(X))* Brent Darnell International.

Fox Versus Winter. Corey R. Tabor. Illus. by Corey R. Tabor. 2020. (My First I Can Read Ser.). (ENG., Illus.). 32p. (J). (gr. -1-3). 16.99 *(978-0-06-297705-2(9))*; pap. 5.99 *(978-0-06-297704-5(0))* HarperCollins Pubs. (Balzer & Bray).

Fox Versus Winter. Corey R. Tabor. ed. 2021. (I Can Read Ser.). (ENG., Illus.). 32p. (J). (gr. k-1). 14.96 *(978-1-64697-541-9(3))* Penworthy Co., LLC, The.

Fox Wants a Pet. Jody Jensen Shaffer. ed. 2022. (Highlights Puzzle Readers Ser.). (ENG.). 23p. (J). (gr. k-1). 15.96 ***(978-1-68505-175-4(8))*** Penworthy Co., LLC, The.

Fox Went Out on a Chilly Night. John Feierabend. Illus. by Taylor Herrington. 2020. (First Steps in Music Ser.). (ENG.). 32p. (J). (gr. -1-k). 17.95 *(978-1-62277-435-7(3))* G I A Pubns., Inc.

Fox Who Stole the Moon. N. G. K. 2022. (ENG.). 34p. (J). pap. *(978-1-915037-00-8(X))* ngk media.

Fox Who Stole the Moon (Hardback) Hardback Special Edition from the Bestselling Series. N. G. K. Illus. by Grace Kelly. 2022. (ENG.). 34p. (J). *(978-1-915037-01-5(8))* ngk media.

Fox Wife. Beatrice Deer. Illus. by D. J. Herron. 2019. (ENG.). 40p. (J). (gr. 1-3). 16.95 *(978-1-77227-212-3(4))* Inhabit Media Inc. CAN. Dist: Consortium Bk. Sales & Distribution.

Fox Wish. Kimiko Aman. Illus. by Komako Sakai. 2017. (ENG.). 32p. (J). 16.99 *(978-1-4521-5188-5(1))* Chronicle Bks. LLC.

Fox-Woman (Classic Reprint) John Luther Long. (ENG., Illus.). (J). 2019. 326p. 30.62 *(978-0-365-26231-2(5))*; 2018. 96p. 25.88 *(978-0-483-96348-1(8))*; 2016. pap. 9.57 *(978-1-334-12406-8(X))* Forgotten Bks.

Foxes. Melissa Gish. (Living Wild Ser.). (ENG., Illus.). 48p. (J). (gr. 4-7). 2017. pap. 12.00 *(978-1-62832-300-9(0)*, 20607, Creative Paperbacks); 2016. *(978-1-60818-704-1(7)*, 20609, Creative Education) Creative Co., The.

Foxes, 1 vol. David Lee. 2016. (Creatures of the Forest Habitat Ser.). (ENG.). 24p. (J). (gr. 3-3). pap. 9.25 *(978-1-4994-2712-7(3)*, 85dc0dc7-563a-4f4e-9f37-6cb8b8bb3edd, PowerKids Pr.) Rosen Publishing Group, Inc., The.

Foxes. Martha London. 2020. (Underground Animals Ser.). (ENG., Illus.). 24p. (J). (gr. k-3). lib. bdg. 31.36 *(978-1-5321-6761-4(X)*, 34683, Pop! Cody Koala) Pop!.

Foxes. Laura Marsh. 2019. (National Geographic Readers Ser.). (ENG.). 32p. (J). (gr. k-1). 14.96 *(978-0-87617-652-8(X))* Penworthy Co., LLC, The.

Foxes. Amy McDonald. 2020. (Animals in My Yard Ser.). (ENG., Illus.). 24p. (J). (gr. -1-2). pap. 7.99 *(978-1-68103-795-0(5)*, 12884); lib. bdg. 25.95 *(978-1-64487-308-3(7))* Bellwether Media. (Blastoff! Readers).

Foxes. Kate Riggs. (Amazing Animals Ser.). (Illus.). 24p. (J). 2022. (ENG.). (gr. 1-4). *(978-1-64026-511-0(2)*, 18400); 2018. pap. *(978-1-56660-930-2(5)*, Creative Education) Creative Co., The.

Foxes. Anita Yasuda. 2016. (Animals of North America Ser.). (ENG., Illus.). 24p. (J). lib. bdg. 22.99 *(978-1-5105-0806-4(6))* SmartBook Media, Inc.

Foxes & Kits, 1 vol. Jose Ventana. 2017. (Animal Family Ser.). (ENG.). 24p. (gr. k-k). pap. 9.15 *(978-1-4824-6381-1(4)*, 0f65699f-60fe-4c4c-b7e6-64b7ffe3f675) Stevens, Gareth Publishing LLLP.

Foxe's Book of Martyrs. John Foxe. 2018. (ENG., Illus.). 434p. (YA). (gr. 9). 29.99 *(978-1-5154-3139-8(8))* Wilder Pubns., Corp.

Foxe's Book of Martyrs: A Complete & Authentic Account of the Lives, Sufferings, & Triumphant Deaths of the Primitive & Protestant Martyrs, in All Parts of the World; with Notes, Comments & Illustrations (Classic Reprint) John Foxe. 2017. (ENG., Illus.). (YA). (gr. 9). 47.72 *(978-0-265-51918-9(7))*; pap. 30.06 *(978-0-243-20159-4(1))* Forgotten Bks.

Foxe's Book of Martyrs: A History of the Lives, Sufferings, & Triumphant Sacrifices of Early Christian & Protestant Martyrs. John Foxe. 2018. (ENG., Illus.). 306p. (YA). (gr. 9). pap. *(978-1-387-97428-3(9))* Lulu Pr., Inc.

Foxe's Book of Martyrs: A History of the Lives, Sufferings, & Triumphant Sacrifices of Early Christian & Protestant Martyrs (Hardcover) John Foxe. 2018. (ENG., Illus.). 306p. (YA). (gr. 9). *(978-1-387-97427-6(0))* Lulu Pr., Inc.

Foxe's Book of Martyrs: Being a History of the Persecution of Christians, in All Ages; Containing Also a Brief History of the Bible; Telling How the Bible Has Been Preserved to Us, & Explaining Its Principal Revisions & Translations. John Foxe. 2017. (ENG., Illus.). (YA). (gr. 9). 36.19 *(978-0-331-64186-8(0))*; pap. 19.57 *(978-0-259-54043-4(9))* Forgotten Bks.

Foxes, Frogs & Rice Pudding. Bill Allerton. 2022. (ENG.). 198p. (J). pap. ***(978-0-9930424-6-1(5))*** Doran Designs.

Foxes with Boxes. Daniel Keane. 2020. (ENG.). 26p. (J). pap. *(978-1-78830-792-5(5))* Olympia Publishers.

Foxey's Fabulous Adventures: The Adventure Begins. Felicia Patterson. l.t. ed. 2023. (Foxey's Fabulous Adventures Ser.: Vol. 1). (ENG.). 50p. (J). 22.99 ***(978-1-958189-16-0(2))*** Patterson, Felicia.

Foxglove. Adalyn Grace. 2023. (Belladonna Ser.: 2). (ENG.). 464p. (YA). (gr. 9-17). 19.99 ***(978-0-316-16250-0(7))*** Little, Brown Bks. for Young Readers.

Foxglove Mission, 2. Ridley Pearson. 2019. (Super Sons Ser.). (ENG.). 159p. (J). (gr. 4-5). 21.96 *(978-0-87617-924-6(3))* Penworthy Co., LLC, The.

Foxheart. Claire Legrand. Illus. by Jaime Zollars. 2016. (ENG.). 480p. (J). (gr. 3-7). 16.99 *(978-0-06-242773-1(3)*, Greenwillow Bks.) HarperCollins Pubs.

Foxheart. Claire Legrand & Jaime Zollars. 2021. (ENG., Illus.). 480p. (J). (gr. 3-7). pap. 7.99 *(978-0-06-242774-8(1)*, Greenwillow Bks.) HarperCollins Pubs.

Foxhounds, Coonhounds, & Other Hound Dogs, 2 vols. Tammy Gagne. 2016. (Dog Encyclopedias Ser.). (ENG.). (J). (gr. 3-4). 53.32 *(978-1-5157-5512-8(6))*; (Illus.). 32p. lib. bdg. 28.65 *(978-1-5157-0302-0(9)*, 131940, Capstone Pr.) Capstone.

Fox's Birthday Surprise. Kathy Yunker. 2020. (ENG.). 36p. (J). pap. *(978-1-78830-451-1(9))* Olympia Publishers.

Fox's City. Tuula Pere. Ed. by Susan Korman. Illus. by Andrea Alemanno. 2018. (ENG.). 44p. (J). (gr. k-4). *(978-952-7107-15-7(6))*; pap. *(978-952-5878-91-2(0))* Wickwick oy.

Fox's Den, 1 vol. Arthur Best. 2018. (Animal Homes Ser.). (ENG.). 24p. (J). (gr. 1-1). 27.36 *(978-1-5026-3654-6(9)*, 0fe89517-6831-4884-8580-5c7ddfdfceb6) Cavendish Square Publishing LLC.

Fox's Palace. Tuula Pere. Tr. by Paivi Vuoriaro. Illus. by Andrea Alemanno. 2019. (Francis the Fox Ser.: Vol. 2). (ENG.). 44p. (J). (gr. k-4). *(978-952-357-286-7(5))*; pap. *(978-952-357-287-4(3))* Wickwick oy.

Foxy & Friends. Shelly Wheeler. 2021. (ENG., Illus.). 32p. (J). pap. 14.95 *(978-1-63881-855-7(X))* Newman Springs Publishing, Inc.

Foxy Loxy, What Time Is It? Gina Robertson. 2019. (ENG.). 38p. (J). pap. ***(978-0-359-93719-6(5))*** Lulu Pr., Inc.

Foxy Mind. Karen Evans. 2020. (ENG., Illus.). 20p. (J). *(978-0-2288-3602-5(6))*; pap. *(978-0-2288-3601-8(8))* Tellwell Talent.

Foxy Tales & Adventures on St Joseph Island. Allan Malenfant. 2022. (ENG.). 40p. (J). ***(978-1-0391-5704-0(1))***; pap. ***(978-1-0391-5703-3(3))*** FriesenPress.

Foxy's Favorite Toy. Melinda Howell. 2019. (ENG.). 26p. (J). *(978-0-359-60493-7(5))* Lulu Pr., Inc.

Fracaso Espléndido: A Wonderful Failure. Armando Miguélez Martínez & Oscar Somoza Urquidez. 2022. (Colibri Bks.). (SPA.). 32p. (J). pap. 9.13 ***(978-1-959040-00-2(6))*** BibliotecaLatinx.

Fracking. Robyn Hardyman. 2022. (Energy Evolutions Ser.). (ENG., Illus.). 48p. (J). (gr. 5-9). pap. 10.99 *(978-1-915153-01-2(8)*, a56b6ba7-ecae-4e84-83cd-34e6e31fe644); lib. bdg. 31.99 *(978-1-914383-00-7(1)*, 7efe8009-1d9d-43d8-98f3-49c734ad8cea) Cheriton Children's Bks. GBR. Dist: Lerner Publishing Group.

Fracking. Kathryn Hulick. 2016. (Special Reports Set 2 Ser.). (ENG., Illus.). 112p. (J). (gr. 6-12). lib. bdg. 41.36 *(978-1-68078-393-3(9)*, 23551, Essential Library) ABDO Publishing Co.

Fracking Fairies. Mariella Foxtrott. 2018. (ENG., Illus.). 110p. (J). pap. *(978-1-78830-112-1(9))* Olympia Publishers.

Fractal Activity Book. Kenneth Sharratt. 2022. (ENG.). 64p. (YA). (gr. 7). pap. 13.99 *(978-1-913565-18-3(1))* Tarquin Pubns. GBR. Dist: Independent Pubs. Group.

Fractal Models Book. Kenneth Sharratt. 2022. (ENG.). 48p. (YA). (gr. 7). pap. 13.99 *(978-1-913565-20-6(3))* Tarquin Pubns. GBR. Dist: Independent Pubs. Group.

Fractal Snowflake Shapes Coloring Book. Kreativ Entspannen. 2016. (ENG., Illus.). (J). pap. 9.20 *(978-1-68377-362-7(4))* Whlke, Traudl.

Fractal Trees: In Fractal Trees Mathematics & Art Unite. Robert Fathauer. 2017. (ENG.). 52p. (J). pap. 19.95 *(978-0-9846042-2-7(7))* Tessellations.

Fractals. Theodore Buchanan. 2nd rev. ed. 2017. (TIME(r): Informational Text Ser.). (ENG., Illus.). 48p. (gr. 6-8). pap. 13.99 *(978-1-4938-3626-0(9))* Teacher Created Materials, Inc.

Fractals Educational Facts Children's Science Book. Bold Kids. 2022. (ENG.). 42p. (J). pap. 14.99 ***(978-1-0717-1639-7(5))*** FASTLANE LLC.

Fraction Addition & Subtraction - Math Workbooks Grade 6 Children's Fraction Books. Baby Professor. 2017. (ENG., Illus.). (J). pap. 8.79 *(978-1-5419-4056-7(3)*, Baby Professor (Education Kids)) Speedy Publishing LLC.

Fraction Interactions - Math 5th Grade Children's Math Books. Baby Professor. 2017. (ENG., Illus.). (J). pap. 9.55 *(978-1-5419-2819-0(9)*, Baby Professor (Education Kids)) Speedy Publishing LLC.

Fraction Multiplication & Division - Math Workbooks Grade 6 Children's Fraction Books. Baby Professor. 2017. (ENG., Illus.). (J). pap. 8.79 *(978-1-5419-4057-4(1)*, Baby Professor (Education Kids)) Speedy Publishing LLC.

Fractions. Joseph Midthun. Illus. by Samuel Hiti. 2022. (ENG.). 42p. (J). pap. ***(978-0-7166-4878-9(4))*** World Bk.-Childcraft International.

Fractions. Sara Pistoia. 2016. (J). *(978-1-4896-5104-4(7))* Weigl Pubs., Inc.

Fractions 4th Grade Math Essentials: Children's Fraction Books. Prodigy Wizard Books. 2016. (ENG., Illus.). (J). pap. 9.25 *(978-1-68323-241-4(0))* Twin Flame Productions.

Fractions Add Up! Math Reader 1 Grade 5. Hmh Hmh. 2018. (SPA.). 8p. (J). pap. 9.00 *(978-1-328-57771-5(2))* Houghton Mifflin Harcourt Publishing Co.

Fractions Add Up! Math Reader Grade 5. Hmh Hmh. 2017. (Math Expressions Ser.). (ENG.). 8p. (J). (gr. 5). pap. 3.07 *(978-1-328-77186-5(5))* Houghton Mifflin Harcourt Publishing Co.

Fractions & Decimals Activity Book. Rosie Hore. 2018. (Math Sticker Activity Bks.). (ENG.). 64p. pap. 9.99 *(978-0-7945-3961-0(0)*, Usborne) EDC Publishing.

Fractions & Decimals Activity Book. Penny Worms. Illus. by Kasia Dudziuk. 2021. (Arcturus Math Skills Workbooks Ser.: 4). (ENG.). 96p. (J). pap. 9.99 *(978-1-83940-604-1(6)*, 016537d2-421e-4eaa-8d8e-f6ed9db21341) Arcturus Publishing GBR. Dist: Baker & Taylor Publisher Services (BTPS).

Fractions & Decimals for Dummies Math Essentials: Children's Fraction Books. Professor Gusto. 2016. (ENG., Illus.). (J). pap. 10.81 *(978-1-68321-217-1(7))* Mimaxion.

Fractions & Decimals Math Essentials: Children's Fraction Books. Professor Gusto. 2016. (ENG., Illus.). (J). pap. 10.81 *(978-1-68321-210-2(X))* Mimaxion.

Fractions & Decimals Quick Quizzes: Ages 7-9. Collins UK. 2017. (Collins Easy Learning KS2 Ser.). (ENG., Illus.). 32p. (J). (gr. 2-4). pap. 6.99 *(978-0-00-821260-5(0))* HarperCollins Pubs. Ltd. GBR. Dist: Independent Pubs. Group.

Fractions & Decimals Workbook Math Essentials: Children's Fraction Books. Professor Gusto. 2016. (ENG., Illus.). (J). pap. 10.81 *(978-1-68321-231-7(2))* Mimaxion.

Fractions Are for Sharing - Math Books for Kids Grade 1 Children's Fraction Books. Baby Professor. 2017. (ENG., Illus.). (J). pap. 9.55 *(978-1-5419-2797-1(4)*, Baby Professor (Education Kids)) Speedy Publishing LLC.

Fractions Books for Kids Math Essentials: Children's Fraction Books. Prodigy Wizard Books. 2016. (ENG., Illus.). (J). pap. 9.25 *(978-1-68323-226-1(7))* Twin Flame Productions.

Fractions Bumper Book Ages 5-7: Ideal for Home Learning. Collins Easy Learning. 2018. (ENG., Illus.). 64p. pap. 9.95 *(978-0-00-827548-8(3))* HarperCollins Pubs. Ltd. GBR. Dist: Independent Pubs. Group.

Fractions Children's Book Math Essentials: Children's Fraction Books. Prodigy Wizard Books. 2016. (ENG., Illus.). (J). pap. 9.25 *(978-1-68323-233-9(X))* Twin Flame Productions.

Fractions Decimals & Percents Grade 4 Math Essentials: Children's Fraction Books. Professor Gusto. 2016. (ENG., Illus.). (J). pap. 9.43 *(978-1-68321-271-3(1))* Mimaxion.

Fractions Decimals & Percents Workbook Math Essentials: Children's Fraction Books. Bobo's Little Brainiac Books. 2016. (ENG., Illus.). (J). pap. 7.99 *(978-1-68327-103-1(3))* Sunshine In My Soul Publishing.

Fractions Flashcards: Ideal for Home Learning (Collins Easy Learning KS1) Collins Easy Learning. 2019. (ENG.). 52p. (J). (gr. k). 12.99 *(978-0-00-833584-7(2))* HarperCollins Pubs. Ltd. GBR. Dist: Independent Pubs. Group.

Fractions for 2nd Grade Math Essentials: Children's Fraction Books. Baby Iq Builder Books. 2016. (ENG., Illus.). (J). pap. 8.99 *(978-1-68374-045-2(9))* Examined Solutions PTE. Ltd.

Fractions for 3rd Grade Math Essentials: Children's Fraction Books. Prodigy Wizard Books. 2016. (ENG., Illus.). (J). pap. 9.25 *(978-1-68323-325-1(5))* Twin Flame Productions.

Fractions for 4th Grade Math Essentials: Children's Fraction Books. Baby Iq Builder Books. 2016. (ENG., Illus.). (J). pap. 8.99 *(978-1-68374-061-2(0))* Examined Solutions PTE. Ltd.

Fractions for 5th Graders Math Essentials: Children's Fraction Books. Prodigy Wizard Books. 2016. (ENG., Illus.). (J). pap. 9.25 *(978-1-68323-344-2(1))* Twin Flame Productions.

Fractions for Beginners Math Essentials: Children's Fraction Books. Baby Iq Builder Books. 2016. (ENG., Illus.). (J). pap. 8.99 *(978-1-68374-077-3(7))* Examined Solutions PTE. Ltd.

Fractions for Kids Math Essentials: Children's Fraction Books. Professor Gusto. 2016. (ENG., Illus.). (J). pap. 10.81 *(978-1-68321-947-7(3))* Mimaxion.

Fractions Grade 1 Math Essentials: Children's Fraction Books. Professor Gusto. 2016. (ENG., Illus.). (J). pap. 10.81 *(978-1-68321-953-8(8))* Mimaxion.

Fractions Grade 3 Math Essentials: Children's Fraction Books. Professor Gusto. 2016. (ENG., Illus.). (J). pap. 10.81 *(978-1-68321-959-0(7))* Mimaxion.

Fractions Made Easy Math Essentials: Children's Fraction Books. Bobo's Little Brainiac Books. 2016. (ENG., Illus.). (J). pap. 7.99 *(978-1-68327-752-1(X))* Sunshine In My Soul Publishing.

Fractions Made Easy Math Essentials: Children's Fraction Books. Professor Gusto. 2016. (ENG., Illus.). (J). pap. 10.81 *(978-1-68321-305-5(X))* Mimaxion.

Fractions Math Book: Math Essentials: Children's Fraction Books. Bobo's Little Brainiac Books. 2016. (ENG., Illus.). (J). pap. 7.99 *(978-1-68327-758-3(9))* Sunshine In My Soul Publishing.

Fractions Quick Quizzes Ages 5-7: Ideal for Home Learning. Collins Easy Learning. 2017. (Collins Easy Learning KS1 Ser.). (ENG., Illus.). 32p. (J). (gr. k-2). pap. 6.99 *(978-0-00-821250-6(3))* HarperCollins Pubs. Ltd. GBR. Dist: Independent Pubs. Group.

Fractions Second Grade Math Essentials: Children's Fraction Books. Bobo's Little Brainiac Books. 2016. (ENG., Illus.). (J). pap. 7.99 *(978-1-68327-764-4(3))* Sunshine In My Soul Publishing.

Fractions to Decimals Math Essentials: Children's Fraction Books. Baby Iq Builder Books. 2016. (ENG., Illus.). (J). pap. 8.99 *(978-1-68374-666-9(X))* Examined Solutions PTE. Ltd.

Fractions with My Chameleon. J. Scott Kirk. 2020. (ENG.). 64p. (J). pap. *(978-1-78830-465-8(9))* Olympia Publishers.

Fractions Word Problems Math Essentials: Children's Fraction Books. Baby Iq Builder Books. 2016. (ENG., Illus.). (J). pap. 8.99 *(978-1-68374-672-0(4))* Examined Solutions PTE. Ltd.

Fractions Workbook Grade 2 Math Essentials: Children's Fraction Books. Baby Iq Builder Books. 2016. (ENG., Illus.). (J). pap. 8.99 *(978-1-68374-684-3(8))* Examined Solutions PTE. Ltd.

Fractions Workbook Math Essentials: Children's Fraction Books. Baby Iq Builder Books. 2016. (ENG., Illus.). (J). pap. 8.99 *(978-1-68374-675-1(9))* Examined Solutions PTE. Ltd.

Fractured: When Shadows Arise. Cathy Hird. 2019. (ENG.). 266p. (YA). (gr. 7-12). 19.95 *(978-1-64633-181-9(8))* Waldorf Publishing.

Fractured - When Shadows Arise. Cathy Hird. 2017. (Cup, Sword & Stone Ser.: 1). (ENG.). 264p. (YA). pap. 14.95 *(978-1-944782-59-7(1)*, 9781944782597) Waldorf Publishing.

Fractured Empire. Robin D. Mahle. 2018. (World Apart Ser.: Vol. 1). (ENG., Illus.). 296p. (YA). 19.99 *(978-1-7325592-0-2(1))* Whiskey & Willow Publishing.

Fractured Fairy Tales (Set), 6 vols. Andy Mangels. 2020. (Fractured Fairy Tales Ser.). (ENG.). 24p. (J). (gr. 3-8). lib. bdg. 196.74 *(978-1-5321-3972-7(1)*, 36501, Graphic Planet - Fiction) Magic Wagon.

Fractured Futures. Monica Tesler. 2020. (Bounders Ser.: 5). (ENG.). 352p. (J). (gr. 5-9). pap. 8.99 *(978-1-5344-0251-5(9)*, Aladdin) Simon & Schuster Children's Publishing.

Fractured Girl vs Reckless Boy. Jordan Ford. 2020. (Forever Love Ser.: Vol. 6). (ENG.). 376p. (J). pap. ***(978-0-473-51295-8(5))*** Ford, Jordan Bks.

Fractured Nursery Rhymes, Fairy Tales, & Potpourri. Judy Politzer. 2018. (ENG.). 72p. (J). 14.95 *(978-1-68401-763-8(7))* Amplify Publishing Group.

Fractured Prophecy: A Science Fiction Action Adventure. Pj McDermott. Ed. by Amy Bennett. 2019. (Old Style Sci Fi Series with Likable Characters Ser.: Vol. 4). (ENG.). 282p. (J). pap. *(978-0-6480921-5-5(1))* McDermott, Patrick.

Fractured Tide, 1 vol. Leslie Lutz. 2020. (ENG.). 336p. (YA). 18.99 *(978-0-310-77010-7(6))* Blink.

Fractures. Tricia Barr et al. 2019. (Shifter Academy Ser.). (ENG.). 246p. (YA). (gr. 7-12). pap. 11.99 *(978-0-9989777-9-9(9))* Barr, Tricia.

Fracturing Fate. Sasha Alsberg. 2023. (ENG.). 368p. (YA). 19.99 *(978-1-335-45375-4(X))* Harlequin Enterprises ULC CAN. Dist: HarperCollins Pubs.

Fragil Como Nosotras. Fuerte Como la Amistad. Sara Barnard. 2017. (SPA., Illus.). (YA). pap. *(978-950-641-902-8(7))* Grancia, Ediciones, S.A.

Fragile. Jandra Sutton. 2017. (ENG., Illus.). (YA). pap. 7.99 *(978-0-692-90631-6(2))* Wild Hare Collective.

Fragile Chaos. Amber R. Duell. (ENG.). (YA). (gr. 7-12). 2022. 390p. pap. 12.99 ***(978-1-0880-5756-8(X))***; 2021. 382p. pap. 11.99 *(978-1-0879-4941-3(6))* Indy Pub.

Fragile Hearts Club. Rachael Lord. 2021. (ENG.). 68p. (YA). pap. 14.99 *(978-1-7363027-5-0(2))* Nymeria Publishing.

Fragile Like Us. Sara Barnard. (ENG.). 416p. (YA). (gr. 9). 2018. pap. 12.99 *(978-1-4814-8611-8(X))*; 2017. (Illus.). 17.99 *(978-1-4814-8610-1(1))* Simon Pulse. (Simon Pulse).

Fragile Ordinary. Samantha Young. 2018. (ENG.). 384p. (YA). 18.99 *(978-1-335-01674-4(0)*, Harlequin Teen) Harlequin Enterprises ULC CAN. Dist: HarperCollins Pubs.

Fragile Remedy. Maria Ingrande Mora. 2021. (ENG.). 400p. (YA). (gr. 9-12). pap. 14.99 *(978-1-63583-056-9(7)*, 1635830567, Flux) North Star Editions.

Fragile World. Alexandra Mirzac. 2023. (ENG., Illus.). 32p. (J). (gr. -1-k). 16.99 *(978-1-84976-816-0(1))* Tate Publishing, Ltd. GBR. Dist: Abrams, Inc.

Fragment d'un Poeme en Vers Romans Sur Boece: Imprime en Entier Pour la Premiere Fois d'Apres le Manuscrit du XIE Siecle Qui Se Trouvait a l'Abbaye de Fleury Ou Saint-Benoit-Sur-Loire; Publie Avec des Notes et une Traduction Interlineaire. Francois Juste Marie Raynouard. 2017. (FRE., Illus.). (J). pap. 9.57 *(978-0-259-40236-7(2))* Forgotten Bks.

Fragment d'un Poëme en Vers Romans Sur Boëce: Imprimé en Entier Pour la Première Fois d'Après le Manuscrit du XIe Siècle Qui Se Trouvait à l'Abbaye de Fleury Ou Saint-Benoît-Sur-Loire; Publié Avec des Notes et une Traduction Interlinéaire. François Juste Marie Raynouard. 2018. (FRE., Illus.). 58p. (J). 25.11 *(978-0-364-31492-0(3))* Forgotten Bks.

Fragmentary Illustrations of the History of the Book of Common Prayer. William Jacobson. 2017. (ENG.). 128p. (J). pap. *(978-3-337-27792-5(6))* Creation Pubs.

Fragmentary Illustrations of the History of the Book of Common Prayer, from Manuscript Sources (Bishop Sanderson & Bishop Wren) William Jacobson. 2017.

(ENG., Illus.). (J). pap. *(978-0-649-52734-2(8))* Trieste Publishing Pty Ltd.

Fragmented. Madeline Dyer. 2020. (ENG.). 434p. (YA). *(978-1-912369-15-7(X))* Ineja Pr.

Fragmentos Olvidados. Alondra Maldonado. 2022. (SPA.). 102p. (J). pap. 15.00 ***(978-1-387-45201-9(0))*** Lulu Pr., Inc.

Fragments from France (Classic Reprint) Bruce Bairnsfather. 2018. (ENG., Illus.). (J). 160p. 27.22 *(978-0-365-35593-9(3))*; 162p. pap. 9.57 *(978-1-4510-1377-1(9))* Forgotten Bks.

Fragments from France, Vol. 5 (Classic Reprint) Bruce Bairnsfather. 2017. (ENG., Illus.). (J). 52p. 24.97 *(978-0-484-28951-1(9))*; pap. 9.57 *(978-0-259-93011-2(3))* Forgotten Bks.

Fragments from Greenwich Village (Classic Reprint) Guido Bruno. (ENG., Illus.). (J). 2018. 132p. 26.64 *(978-0-267-00579-6(2))*; 2017. pap. 9.57 *(978-0-259-00896-5(6))* Forgotten Bks.

Fragments from Heloise Abelard (Classic Reprint) George Moore. 2018. (ENG., Illus.). (J). 28p. 24.49 *(978-0-267-15771-6(1))* Forgotten Bks.

Fragments from the Far East (Classic Reprint) Clarthy Clarthy. 2018. (ENG., Illus.). 132p. (J). 26.64 *(978-0-483-47925-8(X))* Forgotten Bks.

Fragments in Baskets (Classic Reprint) W. Boyd Carpenter. (ENG., Illus.). (J). 2018. 234p. 28.74 *(978-0-483-57669-8(7))*; 2016. pap. 11.57 *(978-1-334-13235-3(6))* Forgotten Bks.

Fragments of an Autobiography (Classic Reprint) Felix Moscheles. 2017. (ENG., Illus.). (J). 32.00 *(978-1-5281-4597-8(6))* Forgotten Bks.

Fragments of Falling Skies. Rachel Bartolo. 2020. (ENG.). 174p. (YA). pap. 16.00 *(978-1-716-57015-5(8))* Lulu Pr., Inc.

Fragments of Sam Slick: Wit & Wisdom of Haliburton (Classic Reprint) Thomas Haliburton. (ENG., Illus.). (J). 2017. 26.00 *(978-0-260-27523-3(9))*; 2016. pap. 9.57 *(978-1-334-13756-3(0))* Forgotten Bks.

Fragments of the Greek Comic Poets: With Renderings in English Verse (Classic Reprint) Frederick Apthorp Paley. (ENG., Illus.). (J). 2018. 154p. 27.09 *(978-0-365-00157-7(0))*; 2017. pap. 9.57 *(978-0-259-52904-0(4))* Forgotten Bks.

Fragments of the Lost. Megan Miranda. 2019. (ENG.). 384p. (YA). (gr. 9). pap. 11.99 *(978-0-399-55675-3(3)*, Ember) Random Hse. Children's Bks.

Fragolette: A Fairy Tale (Illustrated) Édouard Laboulaye & Rose Malet. 2019. (ENG.). 62p. (J). pap. *(978-2-36818-059-4(1))* Storia éditions.

Fragrant As a Flower. Lawrence F. Lowery. 2017. (I Wonder Why Ser.). (ENG., Illus.). 36p. (J). (gr. k-2). pap. 13.99 *(978-1-68140-353-3(6)*, P531926) National Science Teachers Assn.

Fragrant Memories (Classic Reprint) Edward Dudley Boylston. 2018. (ENG., Illus.). 40p. (J). 24.72 *(978-0-666-94515-0(2))* Forgotten Bks.

Fraidy-Cat Dog. Patricia D. Benages. Illus. by Amanda Pierce. 2019. (ENG.). 34p. (J). (gr. k-2). 20.00 *(978-0-578-55881-3(5))* White Hare Publishing LLC.

Fram: Am un Nume! Adrian Barbu. Illus. by Alexandra Abagiu. 2017. (RUM.). 32p. (J). pap. *(978-606-94329-2-1(4))* Deveo Media.

Fram: Calatorie Cu Peripetii. Adrian Barbu. Illus. by Alexandra Abagiu. 2017. (RUM.). 32p. (J). pap. *(978-606-94329-1-4(6))* Deveo Media.

Fram: Cum Am Devenit Celebru. Adrian Barbu. Illus. by Alexandra Abagiu. 2017. (RUM.). 32p. (J). pap. *(978-606-94329-3-8(2))* Deveo Media.

Fram: Inainte, Spre Nord! Adrian Barbu. Illus. by Alexandra Abagiu. 2017. (RUM.). 32p. (J). pap. *(978-606-94329-5-2(9))* Deveo Media.

Fram: Nanuk. Adrian Barbu. Illus. by Alexandra Abagiu. 2017. (RUM.). 32p. (J). pap. *(978-606-94329-8-3(3))* Deveo Media.

Frama-12. Aud Supplee. 2022. (Winnie & the Wizard Ser.: Vol. 1). (ENG.). 286p. (YA). pap. 16.99 *(978-1-5092-4358-7(5))* Wild Rose Pr., Inc., The.

Frame & the Mcguire, 1 vol. Joanna M. Weston. 2016. (ENG., Illus.). 144p. (YA). (gr. 8-12). pap. 10.95 *(978-1-896580-59-3(9))* Tradewind Bks. CAN. Dist: Orca Bk. Pubs. USA.

Frame-Up. Wendy McLeod MacKnight. Illus. by Ian Schoenherr. (ENG.). (J). (gr. 3-7). 2019. 400p. pap. 7.99 *(978-0-06-266831-8(5))*; 2018. 384p. 16.99 *(978-0-06-266830-1(7))* HarperCollins Pubs. (Greenwillow Bks.).

Framed! James Ponti. (Framed! Ser.: 1). (ENG., Illus.). (J). (gr. 3-7). 2017. 320p. pap. 8.99 *(978-1-4814-3631-1(7))*; 2016. 304p. 19.99 *(978-1-4814-3630-4(9))* Simon & Schuster Children's Publishing. (Aladdin).

Framed by Who? Ida Rowan Roberts. 2019. (ENG.). 86p. (J). pap. 11.95 *(978-1-64462-574-3(1))* Page Publishing Inc.

Framed! Crime-Fighting Collection (Boxed Set) Framed!; Vanished!; Trapped! James Ponti. ed. 2019. (Framed! Ser.). (ENG.). 1120p. (J). (gr. 3-7). pap. 26.99 *(978-1-5344-1941-4(1)*, Aladdin) Simon & Schuster Children's Publishing.

Framed for Life. Culliver Crantz et al. 2020. (Frightvision Ser.: Vol. 4). (ENG.). 122p. (J). pap. 9.97 *(978-1-952910-07-4(2))* Write 211 LLC.

Frameworks: Bridges & Spans, Skyscrapers & High Rises, Dams & Waterways, Ancient Monuments, Modern Wonders, 5 bks., Set. Cynthia Phillips & Shana Priwer. Incl. Ancient Monuments. 115p. 2009. lib. bdg. 180.00 *(978-0-7656-8123-2(4)*, Y181320); Bridges & Spans. 112p. 2009. lib. bdg. 180.00 *(978-0-7656-8120-1(X)*, Y181468); Dams & Waterways. 112p. 2014. lib. bdg. 180.00 *(978-0-7656-8122-5(6)*, Y181910); Modern Wonders. 112p. 2009. lib. bdg. 180.00 *(978-0-7656-8124-9(2)*, Y182653); Skyscrapers & High Rises. 112p. 2014. lib. bdg. 180.00 *(978-0-7656-8121-8(8)*, Y183566); (C). (gr. 6-18). (ENG., Illus.). 112p. 2009. Set lib. bdg. 180.00 *(978-0-7656-8119-5(6)*, Y182339) Routledge.

Framingham State Normal School, Class of 1915 (Classic Reprint) Framingham State College. (ENG., Illus.). (J). 2018. 136p. 26.72 *(978-0-365-17500-1(5))*; 2017. pap. 9.57 *(978-0-259-40675-4(9))* Forgotten Bks.

Framingham State Normal School Class of 1916 (Classic Reprint) Corabel E. Robinson. 2017. (ENG., Illus.). (J). 26.25 *(978-0-260-83186-6(7))*; pap. 9.57 *(978-1-5282-3534-1(7))* Forgotten Bks.

Framleigh Hall, Vol. 1 Of 3: A Novel (Classic Reprint) Julia Wedgwood. 2018. (ENG., Illus.). 326p. (J). 30.62 *(978-0-483-70176-2(9))* Forgotten Bks.

Framleigh Hall, Vol. 2 Of 3: A Novel (Classic Reprint) Julia Wedgwood. 2018. (ENG., Illus.). 326p. (J). 30.62 *(978-0-267-16587-2(0))* Forgotten Bks.

Framleigh Hall, Vol. 3 Of 3: A Novel (Classic Reprint) Julia Wedgwood. 2018. (ENG., Illus.). 314p. (J). 30.43 *(978-0-267-12918-8(1))* Forgotten Bks.

Framley Parsonage (Classic Reprint) Anthony Trollope. 2018. (ENG., Illus.). 542p. (J). 35.08 *(978-0-267-17533-8(7))* Forgotten Bks.

Framley Parsonage, Vol. 1 (Classic Reprint) Anthony Trollope. 2017. (ENG., Illus.). 398p. (J). 32.13 *(978-0-484-77124-5(8))* Forgotten Bks.

Framley Parsonage, Vol. 2 (Classic Reprint) Anthony Trollope. 2018. (ENG., Illus.). 396p. (J). 32.06 *(978-0-267-61086-0(6))* Forgotten Bks.

Fran & Frederick Hamerstrom: Wildlife Conservation Pioneers. Susan Tupper. 2016. (Badger Biographies Ser.). (ENG., Illus.). 136p. (J). (gr. 4-6). pap. 12.95 *(978-0-87020-732-7(6))* Wisconsin Historical Society.

Fran (Classic Reprint) John Breckenridge Ellis. 2017. (ENG., Illus.). (J). 32.23 *(978-0-260-34045-0(6))* Forgotten Bks.

Franc et Libre Discours, Ou Advis Aux Deputez des Trois Estats, Pour la Reformation d'Iceux (Classic Reprint) Unknown Author. (FRE., Illus.). (J). 2018. 40p. 24.74 *(978-0-267-13724-4(9))*; 2017. pap. 7.97 *(978-0-282-47452-2(8))* Forgotten Bks.

France, 1 vol. Tracy Vonder Brink. 2022. (Exploring Countries Ser.). (ENG.). 24p. (J). (gr. k-2). lib. bdg. *(978-1-0396-4458-8(9)*, 16261); (Illus.). pap. *(978-1-0396-4649-0(2)*, 17203) Crabtree Publishing Co. (Crabtree Seedlings).

France, 1 vol. Alicia Z. Klepeis. 2016. (Exploring World Cultures (First Edition) Ser.). (ENG.). 32p. (gr. 3-3). (J). pap. 12.16 *(978-1-5026-2142-9(8)*, fbac9ca2-2a97-4c06-a4c2-470763fded42); lib. bdg. 31.64 *(978-1-5026-2144-3(4)*, 10021147-2f99-4d22-ba15-59e3b622dc09) Cavendish Square Publishing LLC.

France. Yvette LaPierre. 2022. (Essential Library of Countries Ser.). (ENG., Illus.). 112p. (YA). (gr. 6-12). lib. bdg. 41.36 *(978-1-5321-9940-0(6)*, 40669, Essential Library) ABDO Publishing Co.

France. Adam Markovics. 2017. (Countries We Come From Ser.). (ENG., Illus.). 32p. (J). (gr. k-3). lib. bdg. 19.95 *(978-1-68402-257-1(6))* Bearport Publishing Co., Inc.

France. Amy Rechner. 2017. (Country Profiles Ser.). (ENG., Illus.). 32p. (J). (gr. 3-8). lib. bdg. 27.95 *(978-1-62617-680-5(9)*, Blastoff! Discovery) Bellwether Media.

France, 1 vol. Robin Twiddy. 2020. (Welcome to My World Ser.). (ENG., Illus.). 32p. (J). (gr. 2-4). 21.99 *(978-1-78637-786-9(1))* BookLife Publishing Ltd. GBR. Dist: Independent Pubs. Group.

France. R. L. Van. 2022. (Countries (BBB) Ser.). (ENG., Illus.). 32p. (J). (gr. 2-5). lib. bdg. 34.21 *(978-1-5321-9960-8(0)*, 40709, Big Buddy Bks.) ABDO Publishing Co.

France, Vol. 16. Dominic J. Ainsley. 2018. (European Countries Today Ser.). (Illus.). 96p. (J). (gr. 7). 34.60 *(978-1-4222-3983-4(7))* Mason Crest.

France: Children's Europe Book. Bold Kids. 2022. (ENG.). 42p. (J). pap. 14.99 ***(978-1-0717-0982-5(8))*** FASTLANE LLC.

France (Follow Me Around) (Library Edition) Wiley Blevins. 2018. (Follow Me Around... Ser.). (ENG., Illus.). 32p. (J). (gr. 3-4). lib. bdg. 27.00 *(978-0-531-12923-4(3)*, Children's Pr.) Scholastic Library Publishing.

France for Kids: People, Places & Cultures - Children Explore the World Books. Baby Professor. 2016. (ENG., Illus.). 42p. (J). pap. 11.65 *(978-1-68305-611-9(6)*, Baby Professor (Education Kids)) Speedy Publishing LLC.

Francene & the Mussel Fairy. Jan Bannerman. 2022. (ENG., Illus.). 130p. (J). pap. 26.95 *(978-1-68570-574-9(X))* Christian Faith Publishing.

Frances & Lester in the Old Country Church. James Engle. 2020. (ENG.). 20p. (J). pap. 10.95 *(978-1-64801-365-2(1))* Newman Springs Publishing, Inc.

Frances & the Irrepressibles at Buena Vista Farm (Classic Reprint) Frances Trego Montgomery. 2018. (ENG., Illus.). 256p. (J). 29.18 *(978-0-484-37078-3(2))* Forgotten Bks.

Frances & the Monster. Refe Tuma. 2022. (ENG.). 352p. (J). (gr. 3-7). 17.99 *(978-0-06-308576-3(3)*, HarperCollins) HarperCollins Pubs.

Frances & the Werewolves of the Black Forest. Refe Tuma. 2023. (ENG.). 416p. (J). (gr. 3-7). 19.99 ***(978-0-06-308581-7(X)***, HarperCollins) HarperCollins Pubs.

Frances Fidget-Knickers & the Chance to Get Even. Colin Wicks. 2016. (ENG., Illus.). 164p. (J). pap. *(978-0-9935489-0-1(3))* CalviSu Publishing.

Frances Fidget-Knickers & the Reluctant Rescue. Colin Wicks. 2016. (ENG., Illus.). iv, 183p. (J). (gr. 4-6). pap. *(978-0-9935489-2-5(X))* CalviSu Publishing.

Frances Hodgson Burnett Essential Collection (Boxed Set) The Secret Garden; a Little Princess; Little Lord Fauntleroy; the Lost Prince. Frances Hodgson Burnett. ed. 2022. (Frances Hodgson Burnett Essential Collection). (ENG.). 1632p. (J). (gr. 3). 71.99 *(978-1-6659-1692-9(3))*; pap. 31.99 *(978-1-6659-1691-2(5))* Simon & Schuster Children's Publishing. (Aladdin).

Frances Hodgson Burnett: the Secret Garden, a Little Princess, Little Lord Fauntleroy (LOA #323) Frances Hodgson Burnett. Ed. by Gretchen Holbrook Gerzina. 2019. (ENG., Illus.). 752p. (J). (gr. 2). 35.00 *(978-1-59853-638-6(9))* Library of America, The.

Frances Hodgson Burnett's the Secret Garden. Frances Burnett. Illus. by Brigette Barrager. 2017. (J). *(978-1-5182-2305-1(2)*, Golden Bks.) Random Hse. Children's Bks.

Frances in the Country. Liz Garton Scanlon. Illus. by Sean Qualls. 2022. 32p. (J). (gr. -1-3). 18.99 *(978-0-8234-4332-1(9)*, Neal Porter Bks) Holiday Hse., Inc.

Frances Kane's Fortune (Classic Reprint) L. T. Meade. 2018. (ENG., Illus.). (J). 230p. 28.64 *(978-1-396-68378-7(X))*; 232p. pap. 11.57 *(978-1-391-59462-0(2))* Forgotten Bks.

Frances of the Ranges: Or the Old Ranchman's Treasure (Classic Reprint) Amy Bell Marlowe. 2018. (ENG., Illus.). 328p. (J). 30.66 *(978-0-267-45890-5(8))* Forgotten Bks.

Frances Ridley Havergal: The Last Week (Classic Reprint) Frances Ridley Havergal. 2017. (ENG., Illus.). (J). 24.99 *(978-0-260-20455-4(2))* Forgotten Bks.

Frances Sat on the Subway & Seethed. Lara Katz. 2023. (ENG.). 66p. (YA). pap. ***(978-1-312-81114-0(5))*** Lulu Pr., Inc.

Frances Stuart Parker: Reminiscences & Letters (Classic Reprint) Frances Stuart Parker. 2018. (ENG., Illus.). 150p. (J). 26.99 *(978-0-484-87721-3(6))* Forgotten Bks.

Frances the Magical Fairy: And Santa Claus. Tom Nelson. 2021. (ENG.). 30p. (J). 11.99 *(978-1-957220-30-7(9))*; pap. 9.95 *(978-1-957220-29-1(5))* Rushmore Pr. LLC.

Frances, the Orphan Girl: Translated from the French, for the American Sunday School Union (Classic Reprint) Unknown Author. (ENG., Illus.). (J). 2018. 64p. 25.22 *(978-0-483-72243-9(X))*; 2016. pap. 9.57 *(978-1-334-16097-4(X))* Forgotten Bks.

Frances, This Time You've Gone Too Far. Janis Ost. 2019. (ENG.). 242p. (J). (gr. 4-6). pap. 14.99 *(978-1-63337-298-6(7)*, Boyle & Dalton) Columbus Pr.

Frances Waldeaux. Rebecca Harding Davis. 2017. (ENG.). 228p. (J). pap. *(978-3-337-00007-3(X))* Creation Pubs.

Francesca & the Genie of Science. Mike Cross. Illus. by James Goodwin. 2019. (ENG.). 26p. (J). pap. 9.99 *(978-1-7331414-1-3(3))* Cross, Michael John.

Francesca Carrara, Vol. 1 of 3 (Classic Reprint) Romance and Reality. 2018. (ENG., Illus.). 330p. (J). 30.72 *(978-0-484-36972-5(5))* Forgotten Bks.

Francesca Da Rimini (Classic Reprint) Gabriele D'Annunzio. 2017. (ENG., Illus.). (J). 28.87 *(978-1-5280-7288-5(X))* Forgotten Bks.

Francesca Da Rimini (Classic Reprint) Ernst von Wildenbruch. (ENG., Illus.). (J). 2018. 320p. 30.50 *(978-0-332-99465-9(1))*; 2017. pap. 13.57 *(978-0-259-20552-4(4))* Forgotten Bks.

Francesca Faces Her Fear. Kellie Ann Briseno. Illus. by Ros Webb. 2020. (Francesca Ser.). (ENG.). 36p. (J). 14.95 *(978-0-578-60915-7(0))* Kellie Ann Briseno.

Francesca Finds Her Father. Kellie Ann Briseno. Illus. by Ros Webb. 2019. (Francesca Ser.). (ENG.). 34p. (J). (gr. k-5). 13.95 *(978-0-578-57205-5(2))* Kellie Ann Briseno.

Francesco Tirelli's Ice Cream Shop. Tamar Meir. Illus. by Yael Albert. 2019. (ENG.). 32p. (J). (gr. 3-6). 9.99 *(978-1-5415-3465-0(4)*, 3436a1ef-0e38-40bc-bf54-16acb9a854ee, Kar-Ben Publishing) Lerner Publishing Group.

Francesco Vom Mühlental. Sylvia Stoffken. 2019. (GER., Illus.). 42p. (J). pap. *(978-3-7103-4062-8(4))* united p.c. Verlag.

Francezka (Classic Reprint) Molly Elliot Seawell. 2018. (ENG., Illus.). 508p. (J). 34.37 *(978-0-483-51582-6(5))* Forgotten Bks.

Franchise (Set Of 2) 2019. (Franchise Ser.). (ENG.). (J). (gr. 3-9). pap. 19.98 *(978-1-63494-048-1(2)*, 1634940482) Pr. Room Editions LLC.

Francia. Tracy Vonder Brink. 2022. (Explorando Países (Exploring Countries) Ser.). (SPA.). 24p. (J). (gr. k-2). pap. *(978-1-0396-4935-4(1)*, 19892); lib. bdg. *(978-1-0396-4808-1(8)*, 19891) Crabtree Publishing Co.

Francine Poulet Meets the Ghost Raccoon. Kate Dicamillo. Illus. by Chris Van Dusen. ed. 2016. (Tales from Deckawoo Drive Ser.: 2). (ENG.). 112p. (J). (gr. 1-4). 16.00 *(978-0-606-39088-0(X))* Turtleback.

Francine Poulet Meets the Ghost Raccoon: Tales from Deckawoo Drive, Volume Two. Kate DiCamillo. Illus. by Chris Van Dusen. 2016. (Tales from Deckawoo Drive Ser.: 2). (ENG.). 112p. (J). (gr. 1-4). pap. 6.99 *(978-0-7636-9088-5(0))* Candlewick Pr.

Francine Poulet Meets the Ghost Raccoon: #2. Kate DiCamillo. Illus. by Chris Van Dusen. 2022. (Tales from Deckawoo Drive Ser.). (ENG.). 112p. (J). (gr. 1-4). lib. bdg. 31.36 *(978-1-0982-5152-9(0)*, 40099, Chapter Bks.) Spotlight.

Francis & Edith Schaeffer: Taking on the World. Rachel Lane. rev. ed. 2019. (Trail Blazers Ser.). (ENG.). 176p. (J). pap. 8.99 *(978-1-5271-0300-9(5)*, cdb0575e-7b5d-4738-9385-46074cbc5b7c, CF4Kids) Christian Focus Pubns. GBR. Dist: Baker & Taylor Publisher Services (BTPS).

Francis Frames the Future: With the Wisdom of the Past. Matt Bergles. Illus. by Rob Peters. 2019. (ENG.). 48p. (J). pap. 10.00 *(978-1-939919-59-5(2))* Merry Dissonance Pr.

Francis Joseph & His Court: From the Memoirs of Count Roger de Rességuier: (Son of Francis Joseph's Court Chamberlain) Herbert Vivian. 2019. (ENG.). 270p. (J). pap. 10.95 *(978-1-63391-782-8(7))* Westphalia Press.

Francis Joseph & His Court: From the Memoirs of Count Roger de Rességuier (Son of Francis Joseph's Court Chamberlain) (Classic Reprint) Herbert Vivian. 2018. (ENG., Illus.). 266p. (J). 29.38 *(978-0-364-85310-8(7))* Forgotten Bks.

Francis Parkman (Classic Reprint) Henry Dwight Sedgwick. 2018. (ENG., Illus.). 360p. (J). 31.32 *(978-0-365-32580-2(5))* Forgotten Bks.

Francis, the Poor Man of Assisi. Tomie dePaola. 2020. (ENG.). 48p. (J). (gr. 1-2). 14.99 *(978-1-62164-369-2(7))* Ignatius Pr.

Francis W. Parker School Studies in Education, Vol. 8 (Classic Reprint) Francis W. Parker School. 2017. (ENG., Illus.). (J). 27.59 *(978-0-331-32019-0(3))* Forgotten Bks.

Francisco de Vasquez Coronado, 1 vol. Xina M. Uhl. 2016. (Spotlight on Explorers & Colonization Ser.). (ENG.). 48p. (J). (gr. 6-6). pap. 12.75 *(978-1-5081-7214-7(5)*, 1c36c814-6402-4c12-8c35-bb52a37b3d3) Rosen Publishing Group, Inc., The.

Francisco Goya (Revised Edition) (Getting to Know the World's Greatest Artists) (Library Edition) Mike Venezia. Illus. by Mike Venezia. 2016. (Getting to Know the World's Greatest Artists Ser.). (ENG.). 40p. (J). (gr. 3-4). lib. bdg. 29.00 *(978-0-531-21667-5(5)*, Children's Pr.) Scholastic Library Publishing.

Francisco Vasquez de Coronado: An Explorer of the Southwest. Amie Hazleton. 2017. (World Explorers Ser.). (ENG., Illus.). 32p. (J). (gr. 3-6). lib. bdg. 27.99 *(978-1-5157-4203-6(2)*, 133970, Capstone Pr.) Capstone.

Francisco y el día de Acción de Gracias. Meg Lara. Illus. by Amara Venayas Rodriguez. 2022. (SPA.). 26p. (J). 18.99 ***(978-1-64538-433-5(0))***; pap. 13.99 ***(978-1-64538-430-4(6))*** Orange Hat Publishing.

Franco & the Flood. A. L. Long. 2022. (ENG.). 45p. (J). *(978-1-387-91518-7(5))* Lulu Pr., Inc.

Francois the Waif (Classic Reprint) George Sand. 2018. (ENG., Illus.). 244p. (J). 28.93 *(978-0-483-87832-7(4))* Forgotten Bks.

Frango & Chicken. Elena Stowell. Illus. by Elena Stowell. 2018. (ENG., Illus.). 46p. (J). (gr. k-6). 19.99 *(978-0-9992479-5-2(6))* Thewordverve.

Frango & Chicken: (in Portugese) Elena Stowell. Illus. by Elena Stowell. 2018. (POR., Illus.). 46p. (J). (gr. k-6). 19.99 *(978-1-948225-20-5(4))* Thewordverve.

Frank. Isaiah Boisseau. 2018. (ENG., Illus.). 50p. (J). pap. *(978-1-387-69384-9(0))* Lulu Pr., Inc.

Frank #3. L. J. Alonge. Illus. by Raul Allen. 2017. (Blacktop Ser.: 3). 128p. (YA). (gr. 7). mass mkt. 7.99 *(978-1-101-99566-2(1)*, Grosset & Dunlap) Penguin Young Readers Group.

Frank Allerton, Vol. 1 Of 3: An Autobiography (Classic Reprint) Augustus Mongredien. (ENG., Illus.). (J). 2018. 262p. 29.30 *(978-0-267-32307-4(7))*; 2016. pap. 11.97 *(978-1-333-50520-2(5))* Forgotten Bks.

Frank among the Rancheros (Classic Reprint) Harry Castlemon. 2017. (ENG., Illus.). (J). 29.38 *(978-1-5281-7039-0(3))* Forgotten Bks.

Frank & Andy Afloat: The Cave on the Island. Vance Barnum. 2017. (ENG., Illus.). (J). 23.95 *(978-1-374-84516-9(7))*; pap. 13.95 *(978-1-374-84515-2(9))* Capital Communications, Inc.

Frank & Bean. Jamie Michalak. Illus. by Bob Kolar. (Candlewick Sparks Ser.). (ENG.). 48p. (J). (gr. k-3). 2022. pap. 5.99 *(978-1-5362-2197-8(X))*; 2019. 15.99 *(978-0-7636-9559-0(9))* Candlewick Pr.

Frank & Bean: Food Truck Fiasco. Jamie Michalak. Illus. by Bob Kolar. (Candlewick Sparks Ser.). (ENG.). 48p. (J). (gr. k-3). 2023. pap. 5.99 ***(978-1-5362-3515-9(6))***; 2022. 16.99 *(978-1-5362-1441-3(8))* Candlewick Pr.

Frank & Bean: the Stinky Feet Monster. Jamie Michalak. Illus. by Bob Kolar. 2023. (ENG.). 48p. (J). (gr. k-3). 16.99 ***(978-1-5362-2546-4(0))*** Candlewick Pr.

Frank & Bert. Chris Naylor-Ballesteros. Illus. by Chris Naylor-Ballesteros. 2023. (Frank & Bert Ser.: 1). (ENG.). 32p. (J). (gr. -1-k). 17.99 Nosy Crow Inc.

Frank & Fanny: A Rural Story. Clara Moreton. 2017. (ENG., Illus.). (J). pap. 10.95 *(978-1-374-84019-5(X))* Capital Communications, Inc.

Frank & Fearless: Or the Fortunes of Jasper Kent (Classic Reprint) Horatio Alger. (ENG., Illus.). (J). 2018. 348p. 31.09 *(978-0-483-57625-4(5))*; 2017. pap. 13.57 *(978-0-243-32842-0(7))* Forgotten Bks.

Frank & Fearless: The Fortunes of Jasper Kent. Horatio Alger. 2019. (ENG.). 194p. (YA). (gr. 7-12). pap. *(978-93-5329-591-2(2))* Alpha Editions.

Frank & Lucky Get Schooled. Lynne Rae Perkins. Illus. by Lynne Rae Perkins. 2016. (ENG., Illus.). 32p. (J). (gr. -1-3). 17.99 *(978-0-06-237345-8(5)*, Greenwillow Bks.) HarperCollins Pubs.

Frank & Taffy's Cheesy Biscuit Mystery. Georgianna Pfost. Illus. by Mara Erika Licardo. 2022. (ENG.). 32p. (J). pap. 10.99 ***(978-1-7374406-8-0(7))*** Purple Cotton Candy Arts.

Frank Armstrong: Drop Kicker (Classic Reprint) Matthew M. Colton. 2018. (ENG., Illus.). 320p. (J). 30.52 *(978-0-267-47829-3(1))* Forgotten Bks.

Frank Armstrong at Queens (Classic Reprint) Matthew M. Colton. 2018. (ENG., Illus.). 320p. (J). 30.50 *(978-0-365-32864-3(2))* Forgotten Bks.

Frank Austin's Diamond (Classic Reprint) Julia A. Mathews. (ENG., Illus.). (J). 2018. 212p. 28.27 *(978-0-483-86256-2(8))*; 2016. pap. 10.97 *(978-1-333-31374-6(8))* Forgotten Bks.

Frank Before Vicksburg (Classic Reprint) H. C. Castlemon. 2018. (ENG., Illus.). 304p. (J). 30.29 *(978-0-484-79079-6(X))* Forgotten Bks.

Frank C. Brown Collection of North Carolina Folklore, Vol. 1 Of 5: The Folklore of North Carolina, Collected by Dr. Frank C. Brown During the Years 1912 to 1943, in Collaboration with the North Carolina Folklore Society; Games & Rhymes, Beliefs And. Frank Clyde Brown. (ENG., Illus.). (J). 2017. 738p. 39.12 *(978-0-265-83221-9(7))*; 2016. pap. 23.57 *(978-1-333-11999-7(2))* Forgotten Bks.

Frank C. Brown Collection of North Carolina Folklore, Vol. 1 Of 5: The Folklore of North Carolina, Collected by Dr. Frank C. Brown During the Years 1912 to 1943, in Collaboration with the North Carolina Folklore Society of Which He Was Secretary-Treas. Frank C. Brown. 2017. (ENG., Illus.). (J). 39.41 *(978-0-331-88971-0(4))* Forgotten Bks.

Frank C. Brown Collection of North Carolina Folklore, Vol. 2: Folk Ballads from North Carolina (Classic Reprint) Henry M. Belden. (ENG., Illus.). (J). 2018. 786p. 40.13 *(978-0-267-78846-0(0))*; 2016. pap. 23.57 *(978-1-334-45610-7(0))* Forgotten Bks.

Frank C. Brown Collection of North Carolina Folklore, Vol. 5 Of 7: The Music of the Folk Songs (Classic Reprint) Frank C. Brown. 2016. (ENG., Illus.). (J). pap. 20.57 *(978-1-333-12597-4(6))* Forgotten Bks.

Frank C. Brown Collection of North Carolina Folklore, Vol. 7: Popular Beliefs & Superstitions from North Carolina; 4874-8569 (Classic Reprint) Frank C. Brown. 2016. (ENG., Illus.). (J). pap. 23.57 *(978-1-333-80480-0(6))* Forgotten Bks.

Frank (Classic Reprint) Maria Edgeworth. 2016. (ENG., Illus.). (J). pap. 11.57 *(978-1-334-13852-2(4))* Forgotten Bks.

Frank (Classic Reprint) Maria Edgeworth. 2018. (ENG., Illus.). (J). 256p. 29.18 *(978-0-483-33887-6(7))*; 478p. 33.78 *(978-0-483-97717-4(9))* Forgotten Bks.

F

Frank Einstein & the Antimatter Motor. Jon Scieszka. ed. 2017. (Frank Einstein Ser.: 1). (J). lib. bdg. 18.40 *(978-0-606-39683-7(7))* Turtleback.

Frank Einstein & the Bio-Action Gizmo (Frank Einstein #5) Book Five. Jon Scieszka. Illus. by Brian Biggs. 2018. (Frank Einstein Ser.: 5). (ENG.). 192p. (J). (gr. 3-7). pap. 7.99 *(978-1-4197-3125-9(4)*, 21) Abrams, Inc.

Frank Einstein & the BrainTurbo (Frank Einstein Series #3) Book Three. Jon Scieszka. Illus. by Brian Biggs. 2017. (Frank Einstein Ser.). (ENG.). 208p. (J). (gr. 3-7). pap. 7.99 *(978-1-4197-2735-1(4)*, 1070203) Abrams, Inc.

Frank Einstein & the Electro-Finger. Jon Scieszka & Brian Biggs. ed. 2017. (Frank Einstein Ser.: 2). (J). lib. bdg. 18.40 *(978-0-606-39684-4(5))* Turtleback.

Frank Einstein & the Electro-Finger (Frank Einstein Series #2) Book Two. Jon Scieszka. Illus. by Brian Biggs. 2017. (Frank Einstein Ser.). (ENG.). 192p. (J). (gr. 3-7). pap. 7.95 *(978-1-4197-2493-0(2)*, 1070103, Amulet Bks.) Abrams, Inc.

Frank Einstein & the EvoBlaster B, Bk. 4. Jon Scieszka. 2016. (Frank Einstein Ser.). (ENG., Illus.). 208p. (J). (gr. 3-7). pap. 7.95 *(978-1-4197-2379-7(0))* Abrams, Inc.

Frank Einstein & the EvoBlaster Belt (Frank Einstein Series #4) Book Four. Jon Scieszka. Illus. by Brian Biggs. (Frank Einstein Ser.). (ENG.). (J). (gr. 3-7). 2017. 224p. pap. 7.99 *(978-1-4197-2736-8(2)*, 1070303); 2016. 208p. 13.95 *(978-1-4197-1887-8(8)*, 1070301, Amulet Bks.) Abrams, Inc.

Frank Einstein & the Space-Time Zipper (Frank Einstein Series #6) Jon Scieszka. Illus. by Brian Biggs. 2018. (Frank Einstein Ser.). (ENG.). 176p. (J). (gr. 3-7). 13.99 *(978-1-4197-2547-0(5)*, 1070601, Amulet Bks.) Abrams, Inc.

Frank Einstein & the Space-Time Zipper (Frank Einstein Series #6) Book Six. Jon Scieszka. Illus. by Brian Biggs. 2019. (ENG.). 176p. (J). (gr. 3-7). pap. 7.99 *(978-1-4197-3384-0(2)*, 1070603, Amulet Bks.) Abrams, Inc.

Frank Fairlegh: Or Scenes from the Life of a Private Pupil (Classic Reprint) Frank E. Smedley. 2018. (ENG., Illus.). 526p. (J). 34.75 *(978-0-267-18984-7(2))* Forgotten Bks.

Frank Fairlegh: Scenes from the Life of a Private Pupil. Frank E. Smedley. 2017. (ENG., Illus.). (J). 31.95 *(978-1-374-91360-8(X))* Capital Communications, Inc.

Frank Fairlegh, or Scenes from the Life of a Private Pupil (Classic Reprint) Francis Edward Smedley. (ENG., Illus.). (J). 2018. 490p. 34.02 *(978-0-364-00608-5(0))*; 2017. pap. 16.57 *(978-0-243-50172-4(2))* Forgotten Bks.

Frank Fairlegh, or Scenes from the Life of a Private Pupil (Classic Reprint) Frank Edward Smedley. (ENG., Illus.). (J). 2018. 304p. 30.19 *(978-0-267-41069-9(7))*; 2016. pap. 13.57 *(978-1-334-25556-4(3))* Forgotten Bks.

Frank Fairlegh, Vol. 1: Or Scenes from the Life of a Private Pupil (Classic Reprint) George Cruikshank. (ENG., Illus.). (J). 2018. 274p. 29.55 *(978-0-484-78081-0(6))*; 2016. pap. 11.97 *(978-1-333-24411-8(8))* Forgotten Bks.

Frank Forester's Horse & Horsemanship of the United States & British Provinces of North America, Vol. 2 of 2 (Classic Reprint) Henry William Herbert. (ENG., Illus.). (J). 2018. 662p. 37.57 *(978-0-666-63764-2(4))*; 2016. pap. 19.97 *(978-1-333-21754-9(4))* Forgotten Bks.

Frank Forester's Horse & Horsemanship of the United States, Vol. 1 Of 2: And British Provinces of North America (Classic Reprint) Henry William Herbert. 2017. (ENG., Illus.). (J). 38.54 *(978-0-266-20398-8(1))* Forgotten Bks.

Frank Fowler, the Cash Boy (Classic Reprint) Horatio Alger. 2018. (ENG., Illus.). 288p. (J). (gr. 3-7). 29.86 *(978-0-484-53946-3(9))* Forgotten Bks.

Frank Harper: Or, the Country-Boy in Town (Classic Reprint) Unknown Author. 2018. (ENG., Illus.). 222p. (J). 28.45 *(978-0-483-06541-3(2))* Forgotten Bks.

Frank Has the Sniffles. Jonny Riggs. Illus. by Ian C. Bristow. 2018. (ENG.). 28p. (J). pap. 9.99 *(978-0-692-06813-7(9))* Riggs, Jon.

Frank Hunter's Peril (Classic Reprint) Horatio Alger. 2018. (ENG., Illus.). 346p. (J). 31.05 *(978-0-267-25278-7(1))* Forgotten Bks.

Frank Leslie's Illustrated Newspaper, Vol. 15: September 27, 1862 (Classic Reprint) Frank Leslie. 2018. (ENG., Illus.). 828p. (J). 40.97 *(978-0-364-01478-3(4))* Forgotten Bks.

Frank Leslie's Pleasant Hours, 1872, Vol. 12 (Classic Reprint) Frank Leslie. (ENG., Illus.). (J). 2018. 486p. 33.92 *(978-0-365-04494-9(6))*; 2017. pap. 16.57 *(978-1-334-91221-4(1))* Forgotten Bks.

Frank Leslie's Pleasant Hours, 1873, Vol. 14: Devoted to the Light & Entertaining Literature (Classic Reprint) Frank Leslie. 2017. (ENG., Illus.). (J). 32.23 *(978-0-266-72391-2(8))*; pap. 16.57 *(978-1-5276-8256-6(0))* Forgotten Bks.

Frank Leslie's Pleasant Hours, 1879, Vol. 27: Devoted to Light & Entertaining Literature (Classic Reprint) Frank Leslie. 2017. (ENG., Illus.). (J). 474p. 33.67 *(978-0-484-69291-5(7))*; pap. 16.57 *(978-0-243-89889-3(4))* Forgotten Bks.

Frank Leslie's Pleasant Hours, Vol. 15: Devoted to Light & Entertaining Literature (Classic Reprint) Frank Leslie. (ENG., Illus.). (J). 2018. 486p. 33.92 *(978-0-483-61222-8(7))*; 2016. pap. 16.57 *(978-1-334-14722-7(1))* Forgotten Bks.

Frank Leslie's Pleasant Hours, Vol. 16: Devoted to Light & Entertaining Literature (Classic Reprint) Frank Leslie. (ENG., Illus.). (J). 2018. 484p. 33.88 *(978-0-332-77635-4(2))*; 2017. pap. 16.57 *(978-0-243-58354-6(0))* Forgotten Bks.

Frank Leslie's Pleasant Hours, Vol. 22: February, 1877 (Classic Reprint) Frank Leslie. (ENG., Illus.). (J). 2018. 506p. 34.33 *(978-0-364-10703-4(0))*; 2017. pap. 16.97 *(978-0-243-91242-1(0))* Forgotten Bks.

Frank Leslie's Popular Monthly, Vol. 1: June, 1900 (Classic Reprint) Unknown Author. (ENG., Illus.). (J). 2018. 110p. 26.17 *(978-0-483-36687-9(0))*; 2016. pap. 9.57 *(978-1-333-44581-2(4))* Forgotten Bks.

Frank Leslie's Popular Monthly, Vol. 10: July to December, 1880 (Classic Reprint) Frank Leslie. 2017. (ENG., Illus.). (J). 39.88 *(978-0-331-84728-4(0))*; pap. 23.57 *(978-0-331-84721-5(3))* Forgotten Bks.

Frank Leslie's Popular Monthly, Vol. 11: January to June, 1881 (Classic Reprint) Miriam Florence Leslie. (ENG., Illus.). (J). 2018. 776p. 39.92 *(978-0-483-30663-9(0))*; 2016. pap. 23.57 *(978-1-334-15447-8(3))* Forgotten Bks.

Frank Leslie's Popular Monthly, Vol. 13: January to June, 1882 (Classic Reprint) Frank Leslie. (ENG., Illus.). (J). 2018. 770p. 39.78 *(978-0-484-64867-7(5))*; 2017. pap. 23.57 *(978-0-243-53408-1(6))* Forgotten Bks.

Frank Leslie's Popular Monthly, Vol. 14: July to December, 1882 (Classic Reprint) Miriam Florence Leslie. (ENG., Illus.). (J). 2018. 770p. 39.80 *(978-0-332-94997-0(4))*; 2017. pap. 23.57 *(978-0-243-59245-0(0))* Forgotten Bks.

Frank Leslie's Popular Monthly, Vol. 15: January to June, 1883 (Classic Reprint) Miriam Florence Leslie. (ENG., Illus.). (J). 2018. 774p. 39.88 *(978-0-483-88659-9(9))*; 2017. pap. 23.57 *(978-0-243-90680-2(3))* Forgotten Bks.

Frank Leslie's Popular Monthly, Vol. 17: January to June, 1884 (Classic Reprint) Miriam Florence Leslie. (ENG., Illus.). (J). 2018. 744p. 39.26 *(978-0-267-54337-3(9))*; 2016. pap. 23.57 *(978-1-334-21169-0(8))* Forgotten Bks.

Frank Leslie's Popular Monthly, Vol. 22: July to December, 1886 (Classic Reprint) Unknown Author. (ENG., Illus.). (J). 2018. 780p. 39.98 *(978-0-267-40003-4(9))*; 2016. pap. 23.57 *(978-1-334-12386-3(1))* Forgotten Bks.

Frank Leslie's Popular Monthly, Vol. 25: January to June, 1888 (Classic Reprint) Unknown Author. (ENG., Illus.). (J). 2018. 764p. 39.67 *(978-0-365-40287-9(7))*; 2017. pap. 23.57 *(978-0-243-09386-1(1))* Forgotten Bks.

Frank Leslie's Popular Monthly, Vol. 27: January to June, 1889 (Classic Reprint) Unknown Author. (ENG., Illus.). (J). 2018. 774p. 39.96 *(978-0-428-49121-5(9))*; 2017. pap. 23.57 *(978-0-243-58480-2(6))* Forgotten Bks.

Frank Leslie's Popular Monthly, Vol. 36: July to December, 1893 (Classic Reprint) Miriam Florence Leslie. 2017. (ENG., Illus.). (J). 39.82 *(978-0-265-57588-8(5))*; pap. 23.57 *(978-0-282-85354-9(5))* Forgotten Bks.

Frank Leslie's Popular Monthly, Vol. 37: January to June, 1894 (Classic Reprint) Miriam Florence Leslie. (ENG., Illus.). (J). 2018. 766p. 39.94 *(978-0-483-39877-1(2))*; 2017. pap. 23.57 *(978-0-243-07041-1(1))* Forgotten Bks.

Frank Leslie's Popular Monthly, Vol. 38: July to December, 1894 (Classic Reprint) Frank Leslie. (ENG., Illus.). (J). 2018. 774p. 39.86 *(978-0-483-88005-4(1))*; 2017. pap. 23.57 *(978-0-243-98195-3(3))* Forgotten Bks.

Frank Leslie's Popular Monthly, Vol. 39: January to June, 1895 (Classic Reprint) Miriam Florence Leslie. (ENG., Illus.). (J). 2018. 782p. 40.03 *(978-0-484-19117-3(9))*; 2017. pap. 23.57 *(978-0-243-94083-7(1))* Forgotten Bks.

Frank Leslie's Popular Monthly, Vol. 46: July to October, 1898 (Classic Reprint) Miriam Florence Squier Leslie. (ENG., Illus.). (J). 2018. 468p. 33.63 *(978-0-332-51777-3(2))*; 2017. pap. 16.57 *(978-0-243-28071-1(8))* Forgotten Bks.

Frank Leslie's Popular Monthly, Vol. 53: November, 1901-April, 1902 (Classic Reprint) Unknown Author. (ENG., Illus.). (J). 2018. 38.93 *(978-0-331-93454-0(X))*; 2017. pap. 23.57 *(978-1-334-91718-9(3))* Forgotten Bks.

Frank Leslie's Popular Monthly, Vol. 55: November, 1902 April, 1903 (Classic Reprint) Miriam Florence Leslie. (ENG., Illus.). (J). 2018. 674p. 37.80 *(978-0-332-43917-4(8))*; 2016. pap. 20.57 *(978-1-334-15133-0(4))* Forgotten Bks.

Frank Leslie's Sunday Magazine, Vol. 22: July to December, 1887 (Classic Reprint) T. De Witt Talmage. 2018. (ENG., Illus.). 484p. (J). 33.88 *(978-0-483-36175-1(5))* Forgotten Bks.

Frank Leslie's Sunday Magazine, Vol. 23: January to June, 1888 (Classic Reprint) Frank Leslie. 2018. (ENG., Illus.). (J). 482p. 33.84 *(978-0-366-55616-8(9))*; 484p. pap. 16.57 *(978-0-365-98924-0(X))* Forgotten Bks.

Frank Lloyd Wright: Force of Nature, Vol. 8. Eric Peter Nash. 2018. (American Artists Ser.). 80p. (J). (gr. 7). 33.27 *(978-1-4222-4158-5(0))* Mason Crest.

Frank Merriwell at Yale (Classic Reprint) Burt L. Standish. (ENG., Illus.). (J). 2018. 390p. 31.94 *(978-0-666-25687-4(X))*; 2016. pap. 16.57 *(978-1-334-34185-4(0))* Forgotten Bks.

Frank Merriwell down South. Burt L. Standish. 2017. (ENG., Illus.). (J). 25.95 *(978-1-374-86900-4(7))*; pap. 15.95 *(978-1-374-86899-1(X))* Capital Communications, Inc.

Frank Merriwell down South (Classic Reprint) Burt L. Standish. 2018. (ENG., Illus.). 278p. (J). 29.65 *(978-0-483-89344-3(7))* Forgotten Bks.

Frank Merriwell in Camp (Classic Reprint) Burt L. Standish. 2018. (ENG., Illus.). 260p. (J). 29.26 *(978-0-483-87693-4(3))* Forgotten Bks.

Frank Merriwell's Bravery (Classic Reprint) Burt L. Standish. (ENG., Illus.). (J). 2018. 306p. 30.21 *(978-0-666-99430-1(7))*; 2017. pap. 13.57 *(978-0-243-48669-4(3))* Forgotten Bks.

Frank Merriwell's Brother or the Greatest Triumph of All (Classic Reprint) Burt L. Standish. 2018. (ENG., Illus.). 322p. (J). 30.54 *(978-0-484-27648-1(4))* Forgotten Bks.

Frank Merriwell's Champions (Classic Reprint) Burt L. Standish. 2018. (ENG., Illus.). 324p. (J). 30.58 *(978-0-484-22561-8(8))* Forgotten Bks.

Frank Merriwell's Chums (Classic Reprint) Burt L. Standish. 2017. (ENG., Illus.). (J). 29.88 *(978-0-265-16611-6(X))* Forgotten Bks.

Frank Merriwell's Courage (Classic Reprint) Burt L. Standish. 2018. (ENG., Illus.). 430p. (J). 32.77 *(978-0-267-41250-1(9))* Forgotten Bks.

Frank Merriwell's Daring (Classic Reprint) Burt L. Standish. 2018. (ENG., Illus.). 410p. (J). 32.39 *(978-0-332-94783-9(1))* Forgotten Bks.

Frank Merriwell's Faith (Classic Reprint) Burt L. Standish. 2018. (ENG., Illus.). 324p. (J). 30.58 *(978-0-267-46738-9(9))* Forgotten Bks.

Frank Merriwell's False Friend: A Story for Boys (Classic Reprint) Burt L. Standish. 2018. (ENG., Illus.). 326p. (J). 30.62 *(978-0-483-92842-8(9))* Forgotten Bks.

Frank Merriwell's Foes (Classic Reprint) Burt L. Standish. 2018. (ENG., Illus.). 276p. (J). 29.59 *(978-0-483-30019-4(5))* Forgotten Bks.

Frank Merriwell's Hunting Tour (Classic Reprint) Burt L. Standish. 2018. (ENG., Illus.). 300p. (J). 30.08 *(978-0-428-54509-3(2))* Forgotten Bks.

Frank Merriwell's Lads, or the Boys Who Got Another Chance (Classic Reprint) Burt L. Standish. (ENG., Illus.). (J). 2018. 318p. 30.46 *(978-0-484-19384-9(8))*; 2016. pap. 13.57 *(978-1-333-31099-8(4))* Forgotten Bks.

Frank Merriwell's Power: A Story for Boys (Classic Reprint) Burt L. Standish. 2018. (ENG., Illus.). 324p. (J). 30.58 *(978-0-484-42135-5(2))* Forgotten Bks.

Frank Merriwell's Pursuit: How to Win. Burt L. Standish. 2017. (ENG., Illus.). (J). 24.95 *(978-1-374-86852-6(3))* Capital Communications, Inc.

Frank Merriwell's Races. Burt L Standish. 2018. (ENG.). 250p. (J). pap. *(978-93-5297-384-2(4))* Alpha Editions.

Frank Merriwell's Races (Classic Reprint) Burt L. Standish. 2018. (ENG., Illus.). 422p. (J). 32.64 *(978-0-484-49663-6(8))* Forgotten Bks.

Frank Merriwell's Return to Yale (Classic Reprint) Burt L. Standish. (ENG., Illus.). (J). 2018. 338p. 30.87 *(978-0-484-37251-0(3))*; 2016. pap. 13.57 *(978-1-334-26721-5(9))* Forgotten Bks.

Frank Merriwell's Reward. Burt L Standish. 2018. (ENG.). 224p. (J). pap. *(978-93-5297-385-9(2))* Alpha Editions.

Frank Merriwell's Reward (Classic Reprint) Burt L. Standish. 2018. (ENG., Illus.). 328p. (J). 30.66 *(978-0-332-86830-1(3))* Forgotten Bks.

Frank Merriwell's School Days (Classic Reprint) Burt L. Standish. 2018. (ENG., Illus.). 304p. (J). 30.17 *(978-0-484-21831-3(X))* Forgotten Bks.

Frank Merriwell's Secret (Classic Reprint) Burt L. Standish. 2018. (ENG., Illus.). 348p. (J). 31.07 *(978-0-484-74681-6(2))* Forgotten Bks.

Frank Merriwell's Setback: A Story for Boys (Classic Reprint) Burt L. Standish. 2018. (ENG., Illus.). 322p. (J). 30.54 *(978-0-267-19020-1(4))* Forgotten Bks.

Frank Merriwell's Skill (Classic Reprint) Burt L. Standish. 2018. (ENG., Illus.). 324p. (J). 30.58 *(978-0-332-93225-5(7))* Forgotten Bks.

Frank Merriwell's Sports Afield (Classic Reprint) Burt L. Standish. 2018. (ENG., Illus.). 390p. (J). 31.98 *(978-0-483-55138-1(4))* Forgotten Bks.

Frank Merriwell's Trip West (Classic Reprint) Burt L. Standish. 2018. (ENG., Illus.). 276p. (J). 29.59 *(978-0-483-92436-9(9))* Forgotten Bks.

Frank Merriwell's Victories (Classic Reprint) Burt L. Standish. 2018. (ENG., Illus.). 326p. (J). 30.64 *(978-0-484-62281-3(1))* Forgotten Bks.

Frank 'N Stain. Stephanie True Peters. Illus. by Fern Cano. 2022. (Far Out Classic Stories Ser.). (ENG.). 40p. (J). 25.32 *(978-1-6639-7711-3(9)*, 229062); pap. 5.95 *(978-1-6663-3036-6(1)*, 229044) Capstone. (Stone Arch Bks.).

Frank Nelson, or the Runaway Boy (Classic Reprint) Phebe Ann Hanaford. (ENG., Illus.). (J). 2018. 306p. 30.21 *(978-0-483-68678-6(6))*; 2016. pap. 13.57 *(978-1-334-16755-3(9))* Forgotten Bks.

Frank Oldfield, or Lost & Found (Classic Reprint) T. P. Wilson. 2017. (ENG., Illus.). (J). 32.56 *(978-0-331-24923-1(5))*; pap. 16.57 *(978-0-266-08866-0(X))* Forgotten Bks.

Frank on a Gun-Boat (Classic Reprint) Harry Castlemon. 2018. (ENG., Illus.). 294p. (J). 29.96 *(978-0-267-47565-0(9))* Forgotten Bks.

Frank on the Prairie. Harry Castlemon. 2017. (ENG.). 252p. (J). (gr. 3-7). pap. *(978-3-7446-7812-4(1))* Creation Pubs.

Frank on the Prairie (Classic Reprint) Harry Castlemon. 2017. (ENG., Illus.). (J). 29.30 *(978-0-265-43773-5(3))* Forgotten Bks.

Frank Penny & the Kzarlac Spy. Jeremy Elson. 2019. (Frank Penny Bks.: Vol. 2). (ENG.). 394p. (YA). pap. *(978-1-913149-03-1(X))* Eyrie Pr.

Frank Penny & the Last Black Stag. Jeremy Elson. 2020. (ENG.). 342p. (YA). pap. *(978-1-913149-14-7(5))* Eyrie Pr.

Frank Penny & the Mystery of Ludlow Hums. Jeremy Elson. 2018. (Frank Penny Bks.: Vol. 1). (ENG., Illus.). 368p. (YA). pap. *(978-0-9932614-6-6(9))* Bird's Nest Bks.

Frank Raleigh of Watercombe, Vol. 1: A Tale of Sport, Love, & Adventure (Classic Reprint) Edward William Davies. 2018. (ENG., Illus.). 288p. (J). 29.86 *(978-0-332-89998-5(5))* Forgotten Bks.

Frank Raleigh of Watercombe, Vol. 2 Of 3: A Tale of Sport, Love, & Adventure (Classic Reprint) Edward William Davies. 2018. (ENG., Illus.). 268p. (J). 29.42 *(978-0-267-16853-8(5))* Forgotten Bks.

Frank Raleigh of Watercombe, Vol. 3 Of 3: A Tale of Sport, Love, & Adventure (Classic Reprint) Edward William Davies. 2018. (ENG., Illus.). 286p. (J). 29.80 *(978-0-484-86182-3(4))* Forgotten Bks.

Frank Sinclair's Wife, & Other Stories, Vol. 3 of 3 (Classic Reprint) H. Riddell. 2018. (ENG., Illus.). 302p. (J). 30.15 *(978-0-483-69265-7(4))* Forgotten Bks.

Frank Sinclair's Wife, Vol. 1 Of 3: And Other Stories (Classic Reprint) Riddell. 2018. (ENG., Illus.). 342p. (J). 30.95 *(978-0-267-24929-9(2))* Forgotten Bks.

Frank Sinclair's Wife, Vol. 2 Of 3: And Other Stories (Classic Reprint) J. H. Riddell. 2018. (ENG., Illus.). (J). 300p. 30.10 *(978-0-366-52463-1(1))*; 302p. pap. 13.57 *(978-0-365-84490-7(X))* Forgotten Bks.

Frank Slide Story (Classic Reprint) Frank W. Anderson. 2017. (ENG., Illus.). (J). 25.28 *(978-0-265-85637-6(X))* Forgotten Bks.

Frank the Cat: A Sing-Along Book. Angela Kelman. Illus. by Franfrou Studio. 2016. (ENG.). 16p. (J). pap. *(978-0-9864733-0-2(8))* Polyester Music Productions.

Frank the Christmas Gargoyle. Susan Wyant. Illus. by Conor Cradock. 2022. (ENG.). 34p. (J). pap. 18.99 *(978-1-6678-1290-8(4))* BookBaby.

Frank the Fart Fairy. Franklin P. Hartie. Illus. by Lara Ede. 2021. (ENG.). 32p. (J). (— 1). pap. 4.99 *(978-1-80058-932-2(8))*; pap. 6.99 *(978-1-80058-963-6(8))* Make Believe Ideas GBR. Dist: Scholastic, Inc.

Frank the Fish Makes a Friend: Growing Friendships, 1 vol. Anna McDougal. 2019. (Social & Emotional Learning for the Real World Ser.). (ENG.). 8p. (gr. k-1). pap. *(978-1-7253-5428-9(4)*, d2d5c5ad-bc65-45e9-b677-564a0c313055, Rosen Classroom) Rosen Publishing Group, Inc., The.

Frank the Seven-Legged Spider. Michaele Razi. 2017. (Illus.). 32p. (J). (gr. -1-3). 16.99 *(978-1-63217-128-3(7)*, Little Bigfoot) Sasquatch Bks.

Frank the T-Rex: Helps Out His New Dino Friends! Leah A. Jackson. 2021. (ENG.). 30p. (J). *(978-0-2288-6525-4(5))*; pap. *(978-0-2288-6524-7(7))* Tellwell Talent.

Frank the Tank Adventures: City Boy to Country Bumpkin. Rsw Krystal Davidson Bsw. 2022. (ENG.). 40p. (J). pap. *(978-0-2288-7885-8(3))* Tellwell Talent.

Frank the Young Naturalist. Harry Castlemon. 2017. (ENG., Illus.). (J). 23.95 *(978-1-374-94255-4(3))*; pap. 13.95 *(978-1-374-94254-7(5))* Capital Communications, Inc.

Frank the Young Naturalist (Classic Reprint) Harry Castlemon. 2018. (ENG., Illus.). 308p. (J). 30.25 *(978-0-267-27793-3(8))* Forgotten Bks.

Frank, Vol. 1 Of 2: A Sequel to Frank in Early Lessons (Classic Reprint) Maria Edgeworth. 2018. (ENG., Illus.). 254p. (J). 29.16 *(978-0-267-61575-9(2))* Forgotten Bks.

Frank, Vol. 2 Of 3: A Sequel to Frank in Early Lessons (Classic Reprint) Maria Edgeworth. 2017. (ENG., Illus.). (J). 29.98 *(978-0-265-73311-0(1))*; pap. 13.57 *(978-1-5276-9562-7(X))* Forgotten Bks.

Frank Warrington (Classic Reprint) Miriam Coles Harris. (ENG., Illus.). (J). 2018. 446p. 33.10 *(978-0-267-00259-7(9))*; 2017. pap. 16.57 *(978-0-243-93631-1(1))* Forgotten Bks.

Frank Worthy, or, the Orphan & His Benefactor: For Little Boys & Little Girls (Classic Reprint) Hughs. 2018. (ENG., Illus.). 80p. (J). 25.57 *(978-0-267-48970-1(6))* Forgotten Bks.

Franken-Sci High Mad Scientist Collection (Boxed Set) What's the Matter with Newton?; Monsters among Us!; the Robot Who Knew Too Much; Beware of the Giant Brain!; the Creature in Room #YTH-125; the Good, the Bad, & the Accidentally Evil! Mark Young. Illus. by Mariano Epelbaum. ed. 2021. (Franken-Sci High Ser.). (ENG.). 1056p. (J). (gr. 3-7). pap. 41.99 *(978-1-5344-8976-9(2)*, Simon Spotlight) Simon Spotlight.

Frankencrayon. Michael Hall. 2016. (ENG., Illus.). 40p. (J). (gr. -1-3). 17.99 *(978-0-06-225211-1(9)*, Greenwillow Bks.) HarperCollins Pubs.

Frankencrayon. Michael Hall. Illus. by Michael Hall. 2016. (ENG., Illus.). 40p. (J). (gr. -1-3). lib. bdg. 18.89 *(978-0-06-225212-8(7)*, Greenwillow Bks.) HarperCollins Pubs.

Frankenslime. Joy Keller. Illus. by Ashley Belote. 2021. (ENG.). 40p. (J). 18.99 *(978-1-250-76580-2(3)*, 900232357) Feiwel & Friends.

Frankenstein. Kenny Abdo. 2018. (Hollywood Monsters Ser.). (ENG., Illus.). 24p. (J). (gr. 2-8). lib. bdg. 31.36 *(978-1-5321-2318-4(3)*, 28403, Abdo Zoom-Fly) ABDO Publishing Co.

Frankenstein. Adapted by Elizabeth Genco. Illus. by Jason Ho. 2023. (Horror Stories Ser.). (ENG.). 32p. (J). (gr. 3-8). lib. bdg. 32.79 ***(978-1-0982-3603-8(3)***, 42599, Graphic Planet - Fiction) Magic Wagon.

Frankenstein. Mary Shelley. Illus. by Penko Gelev. 2017. (Classic Graphic Fiction Ser.). (ENG.). 48p. (J). (gr. 4). pap. 7.95 *(978-1-912006-22-9(7))* Book Hse. GBR. Dist: Sterling Publishing Co., Inc.

Frankenstein. Mary Shelley. 2020. (ENG.). 212p. (YA). (gr. 7). pap. *(978-1-989201-94-7(6))* East India Publishing Co.

Frankenstein. Mary Shelley. 2022. (Read in English Ser.). (ENG & SPA.). 296p. (gr. 9-7). pap. 8.95 *(978-607-21-2436-3(4))* Larousse, Ediciones, S. A. de C. V. MEX. Dist: Independent Pubs. Group.

Frankenstein. Mary Shelley. 2016. (ENG., Illus.). 156p. (J). (gr. 4). 27.99 *(978-1-365-63094-1(3))* Lulu Pr., Inc.

Frankenstein. Mary Shelley. 2016. (Ladybird Classics Ser.). (Illus.). 72p. (J). (gr. k-3). 11.99 *(978-0-7232-9706-2(1))* Penguin Bks., Ltd. GBR. Dist: Independent Pubs. Group.

Frankenstein. Mary Shelley. 2020. 288p. (J). (gr. 7). 13.99 *(978-0-593-20339-2(9)*, Puffin Books) Penguin Young Readers Group.

Frankenstein, 1 vol. Mary Shelley. Illus. by Anthony Williams. 2019. (Graphic Novel Classics Ser.). (ENG.). 32p. (J). (gr. 4-4). 27.93 *(978-1-7253-0631-8(X)*, b6d61de7-52b1-4d0c-9a0e-aee0d475f8be); pap. 11.00 *(978-1-7253-0630-1(1)*, d032f3be-c585-4373-a3d4-8a5a3604a1a4) Rosen Publishing Group, Inc., The. (PowerKids Pr.).

Frankenstein. Mary Shelley. (SPA.). 2019. 88p. (J). (gr. 1-7). pap. 7.95 *(978-607-453-542-6(6))*; 2018. 96p. (YA). (gr. 8-12). pap. 6.95 *(978-607-453-196-1(X))* Selector, S.A. de C.V. MEX. Dist: Spanish Pubs., LLC.

Frankenstein. Mary Shelley. Illus. by Oscar Domínguez. 2017. (ENG.). 208p. (J). 14.99 *(978-1-63158-184-7(8)*, Racehorse Publishing) Skyhorse Publishing Co., Inc.

Frankenstein. Mary Shelley & Teresa Broseta. 2018. (SPA.). (J). pap. *(978-84-9142-028-6(2))* Algar Editorial, Feditres, S.L.

Frankenstein. Mary Shelley & Fiona MacDonald. 2018. (SPA.). 56p. (J). (gr. 6-8). pap. 16.99 *(978-958-30-5661-1(8))* Panamericana Editorial COL. Dist: Lectorum Pubns., Inc.

Frankenstein. Mary Wollstonecraft Shelley. 2019. (ENG.). 202p. (J). (gr. 3-7). *(978-1-989631-55-3(X))* OMNI Publishing.

Frankenstein. Mary Wollstonecraft Shelley. 2022. (Vulpine Classics Ser.: Vol. 7). (ENG.). 254p. (J). (gr. 3-7). pap. 11.99 ***(978-1-83919-357-6(3))*** Vulpine Pr.

Frankenstein. Ludworst Bemonster. ed. 2018. (ENG.). 48p. (J). (gr. -1-1). 20.36 *(978-1-64310-561-1(2))* Penworthy Co., LLC, The.

Frankenstein. Mary Shelley. Illus. by Isobel Lundie & Isobel Lundie. ed. 2021. (ENG.). 64p. (J). (gr. 4). 10.95 *(978-1-913337-43-8(X)*, Scribo) Book Hse. GBR. Dist: Sterling Publishing Co., Inc.

Frankenstein: Illustrated by Lynd Ward. Mary Wollstonecraft Shelley. Illus. by Lynd Ward. 2020. (Top Five Classics Ser.: Vol. 23). (ENG.). 248p. (J). (gr. 3-7). pap. 16.00 *(978-1-938938-51-1(8))* Top Five Bks.

Frankenstein & His Many Monsters Coloring Book. Activity Book Zone for Kids. 2016. (ENG., Illus.). (J). pap. 9.20 *(978-1-68376-432-8(3))* Sabeels Publishing.

704 The check digit for ISBN-10 appears in parentheses after the full ISBN-13

Frankenstein: AQA GCSE 9-1 English Literature Text Guide: Ideal for the 2024 & 2025 Exams. Collins GCSE. 2017. (ENG., Illus.). 80p. (YA). (gr. 9-11). pap. 5.99 *(978-0-00-824712-6(9))* HarperCollins Pubs. Ltd. GBR. Dist: Independent Pubs. Group.

Frankenstein. Buque Letras. Mary Shelley & Lilia Villanueva. 2017. (SPA., Illus.). 168p. (J). pap. *(978-607-453-464-1(0))* Selector, S.A. de C.V.

Frankenstein (Classic Reprint) Mary Shelley. (ENG., Illus.). (J). 2017. 31.80 *(978-0-331-43225-1(0))*; 2016. pap. 16.57 *(978-1-334-13641-2(6))* Forgotten Bks.

Frankenstein de la Caja de Manzanas: Una Historia Posiblemente Verdadera de Los orígenes Del Monstruo. Julia Douthwaite Viglione. Tr. by Jeremy Llanes Dela Cruz. Illus. by Karen Neis. 2019. (SPA.). 36p. (J). (gr. 3-6). 24.99 *(978-0-9984432-4-9(7))* Honey Girl Bks.

Frankenstein Doesn't Plant Petunias, 2. Marcia Thornton Jones et al. ed. 2022. (Adventures of the Bailey School Kids Ser.). (ENG.). 77p. (J). (gr. 1-4). 22.46 ***(978-1-68505-607-0(5))*** Penworthy Co., LLC, The.

Frankenstein Doesn't Plant Petunias: a Graphix Chapters Book (the Adventures of the Bailey School Kids #2) Marcia Thornton Jones & Debbie Dadey. Illus. by Pearl Low. 2022. (Adventures of the Bailey School Kids Graphix Ser.). (ENG.). 80p. (J). (gr. 1-3). 22.99 *(978-1-338-73663-2(9))*; pap. 7.99 *(978-1-338-73662-5(0))* Scholastic, Inc. (Graphix).

Frankenstein Doesn't Wear Earmuffs! John Loren. Illus. by John Loren. 2020. (ENG., Illus.). 40p. (J). (gr. -1-3). 17.99 *(978-0-06-294114-5(3)*, HarperCollins) HarperCollins Pubs.

Frankenstein du Cageot à Pommes: Ou Comment le Monstre Est Né, de Source (presque) Sûre. Julia Douthwaite Viglione. Tr. by Vincent Jauneau. Illus. by Karen Neis. 2019. (Honey Girl Bks.). (FRE.). 36p. (J). (gr. 3-6). 24.99 *(978-0-9984432-3-2(9))* Honey Girl Bks.

Frankenstein Novel Units Student Packet. Novel Units. 2019. (ENG.). (YA). pap. 13.99 *(978-1-56137-751-0(1)*, Novel Units, Inc.) Classroom Library Co.

Frankenstein of the Apple Crate: A Possibly True Story of the Monster's Origins. Julia Douthwaite Viglione. Illus. by Karen Neis. 2nd ed. 2018. (Honey Girl Bks.: Vol. 1). (ENG.). 36p. (J). (gr. 4-6). 24.99 *(978-0-9984432-9-4(8))* Honey Girl Bks.

Frankenstein; or, the Modern Prometheus. Mary Shelley. 2020. (ENG.). (YA). 176p. 17.95 *(978-1-63637-117-7(5))*; 174p. pap. 9.95 *(978-1-63637-116-0(7))* Bibliotech Pr.

Frankenstein Teaches Yoga. Charlotte Cummings. 2016. (ENG., Illus.). (J). (gr. 1-6). pap. 15.99 *(978-0-692-77111-2(5))* Upland Avenue Productions.

Frankenstein (Worldview Edition) Mary Shelley. 2016. (ENG.). (YA). pap. 11.95 *(978-1-59128-199-3(7))* Canon Pr.

Frankenstein Worldview Guide. Heather Lloyd. 2016. (J). pap. *(978-1-944503-43-7(9))* Canon Pr.

Frankenstein: Your Classics. Your Choices. Mary Shelley & M. D. Payne. 2021. (You Are the Classics Ser.). 192p. (J). (gr. 3-7). 7.99 *(978-0-593-09592-8(8)*, Penguin Workshop) Penguin Young Readers Group.

Frankenstein's Monster. Marie Pearson. 2019. (Monster Histories Ser.). (ENG., Illus.). 32p. (J). (gr. 4-6). pap. 7.95 *(978-1-5435-7499-9(8)*, 141029); lib. bdg. 30.65 *(978-1-5435-7122-6(0)*, 140404) Capstone.

Frankenstein's Science Project. Norman Marcotte. 2018. (ENG., Illus.). 136p. (J). pap. *(978-1-387-20163-1(8))* Lulu Pr., Inc.

Frankensteve. Lea Taddonio. 2019. (Shiverwood Academy Ser.). (ENG., Illus.). 48p. (J). (gr. 3-7). lib. bdg. 34.21 *(978-1-5321-3501-9(7)*, 31921, Spellbound) Magic Wagon.

Frankenstiltskin. Joseph Coelho & Freya Hartas. 2023. (Cuentos de Hadas Estropeados Ser.). (SPA.). 244p. (J). (gr. 4-7). pap. 14.95 ***(978-607-557-537-7(5))*** Editorial Oceano de Mexico MEX. Dist: Independent Pubs. Group.

Frankfortvilles Strange Challenge. Jamie Ring. 2020. (ENG.). 26p. (J). pap. 13.95 *(978-1-4808-8653-7(X))* Archway Publishing.

Frankfurt. Mia Cassany & Mikel Casal. 2018. (ENG., Illus.). 32p. (J). (gr. -1-k). 14.99 *(978-1-84976-579-4(0)*, 1325401) Tate Publishing, Ltd. GBR. Dist: Abrams, Inc.

Franki & the Banksia. Leanne Murner. 2021. (ENG.). 28p. (J). *(978-0-6489847-3-3(7))* Karen Mc Dermott.

Frankie. Theresa Richards. 2021. (ENG., Illus.). 26p. (J). pap. 11.95 *(978-1-0980-9087-6(X))* Christian Faith Publishing.

Frankie. Mary Sullivan. 2017. (ENG., Illus.). 40p. (J). (gr. -1-3). 12.99 *(978-0-544-61113-9(6)*, 1617555, Clarion Bks.) HarperCollins Pubs.

Frankie: A Novel. Shivaun Plozza. 2018. (ENG.). 352p. (YA). pap. 19.99 *(978-1-250-14300-6(4)*, 900180438) Flatiron Bks.

Frankie: Una Novela con Monstruos y Panqueques. Antonio Malpica. 2023. (SPA.). 476p. (YA). (gr. 7-10). pap. 19.95 ***(978-607-557-447-9(6))*** Editorial Oceano de Mexico MEX. Dist: Independent Pubs. Group.

Frankie - the BIGGEST Dog That Ever Was: A Story for Children of ALL Ages. J. C. Ski. Illus. by Jordyn S. 3rd ed. 2019. (ENG.). 60p. (J). (gr. k-6). 22.00 ***(978-1-7340902-0-8(0))*** Ski, J. C.

Frankie & Amelia. Cammie McGovern. (ENG.). (J). (gr. 3-7). 2022. 256p. pap. 7.99 *(978-0-06-246333-3(0))*; 2021. 240p. 16.99 *(978-0-06-246332-6(2))* HarperCollins Pubs. (HarperCollins).

Frankie & Bug. Gayle Forman. (ENG.). 288p. (J). (gr. 3-7). 2022. pap. 8.99 *(978-1-5344-8254-8(7))*; 2021. 17.99 *(978-1-5344-8253-1(9))* Simon & Schuster Children's Publishing. (Aladdin).

Frankie & Me: The Third Book in the Dani Moore Trilogy. Marie Yates. 2018. (ENG., Illus.). 192p. (YA). (gr. 8-17). pap. 11.95 *(978-1-78535-772-5(7)*, Lodestone Bks.) Hunt, John Publishing Ltd. GBR. Dist: National Bk. Network.

Frankie & the Creepy Cute Critters. Caitlin Rose Boyle. 2020. (ENG., Illus.). 40p. (J). 12.99 *(978-1-62010-782-9(1)*, Lion Forge) Oni Pr., Inc.

Frankie Comics. Rachel Dukes. Illus. by Rachel Dukes. 2020. (ENG., Illus.). 144p. (J). 17.99 *(978-1-5493-0688-4(X))* Oni Pr., Inc.

Frankie Did It. Lisa Makowski. 2021. (ENG., Illus.). 22p. (YA). pap. 11.95 *(978-1-63860-281-1(6))* Fulton Bks.

Frankie Files. A. J. Ponder. 2017. (ENG., Illus.). 133p. (J). pap. *(978-0-9941155-7-7(1))* Phantom Feather Pr.

Frankie Finn's Fish Counting Book. Craig Taylor. Illus. by Craig Taylor. 2021. (ENG.). 33p. (J). pap. ***(978-1-6671-8711-2(2))*** Lulu Pr., Inc.

Frankie Fish & the Great Wall of Chaos, Volume 2. Peter Helliar. Illus. by Lesley Vamos. 2018. (Frankie Fish Ser.: 2). (ENG.). 288p. (J). (gr. 2-4). pap. 14.99 *(978-1-76050-082-5(8))* Hardie Grant Children?s Publishing AUS. Dist: Independent Pubs. Group.

Frankie Fish & the Knights of Kerfuffle, Volume 6. Peter Helliar. Illus. by Lesley Vamos. 2021. (Frankie Fish Ser.: 6). (ENG.). 256p. (J). (gr. 2-4). pap. 14.99 *(978-1-76050-561-5(7))* Hardie Grant Children?s Publishing AUS. Dist: Independent Pubs. Group.

Frankie Fish & the Sister Shemozzle. Peter Helliar. 2019. (Frankie Fish Ser.: 4). (ENG., Illus.). 288p. (J). (gr. 2-4). pap. 14.99 *(978-1-76050-286-7(3))* Hardie Grant Children?s Publishing AUS. Dist: Independent Pubs. Group.

Frankie Fish & the Sonic Suitcase, Volume 1. Peter Helliar & Lesley Vamos. 2017. (Frankie Fish Ser.: 1). (ENG., Illus.). 280p. (J). (gr. 2-4). pap. 14.99 *(978-1-76012-849-4(X))* Hardie Grant Children?s Publishing AUS. Dist: Independent Pubs. Group.

Frankie Fish & the Viking Fiasco, Volume 3. Peter Helliar. Illus. by Lesley Vamos. 2018. (Frankie Fish Ser.: 3). (ENG.). 288p. (J). (gr. 2-4). pap. 14.99 *(978-1-76050-083-2(6))* Hardie Grant Children?s Publishing AUS. Dist: Independent Pubs. Group.

Frankie Fish & the Wild Wild Mess, Volume 5. Peter Helliar. Illus. by Lesley Vamos. 2020. (Frankie Fish Ser.: 5). (ENG.). 272p. (J). (gr. 2-4). pap. 14.99 *(978-1-76050-290-4(1))* Hardie Grant Children?s Publishing AUS. Dist: Independent Pubs. Group.

Frankie Fish's Epic Adventures (4-Book Slipcase) Peter Helliar. 2019. (Frankie Fish Ser.). (ENG.). 1144p. (J). (gr. 2-4). 39.99 *(978-1-76050-479-3(3))* Hardie Grant Children?s Publishing AUS. Dist: Independent Pubs. Group.

Frankie Frog & the Throaty Croakers. Freya Hartas. Illus. by Freya Hartas. 2019. (ENG., Illus.). 32p. (J). (gr. -1-4). 16.99 *(978-0-8075-2543-2(X)*, 080752543X) Whitman, Albert & Co.

Frankie Goes to Mars. Lowell Tillman, Jr. 2022. (ENG.). 29p. (J). *(978-1-6780-3812-0(1))* Lulu Pr., Inc.

Frankie in the Farmyard. Anne K. Jessee. Illus. by Mary A. Myers. 2017. (Frankie Files Ser.). (ENG.). 36p. (J). 16.99 *(978-1-936354-63-4(2))* Tremendous Life Bks.

Frankie Sparks & the Big Sled Challenge. Megan Frazer Blakemore. Illus. by Nadja Sarell. 2019. (Frankie Sparks, Third-Grade Inventor Ser.: 3). (ENG.). 128p. (J). (gr. 2-5). 18.99 *(978-1-5344-3050-1(4))*; pap. 6.99 *(978-1-5344-3049-5(0))* Simon & Schuster Children's Publishing. (Aladdin).

Frankie Sparks & the Class Pet. Megan Frazer Blakemore. Illus. by Nadja Sarell. 2019. (Frankie Sparks, Third-Grade Inventor Ser.: 1). (ENG.). 144p. (J). (gr. 2-5). 17.99 *(978-1-5344-3044-0(X))*; pap. 6.99 *(978-1-5344-3043-3(1))* Simon & Schuster Children's Publishing. (Aladdin).

Frankie Sparks & the Lucky Charm. Megan Frazer Blakemore. Illus. by Nadja Sarell. 2020. (Frankie Sparks, Third-Grade Inventor Ser.: 4). (ENG.). 128p. (J). (gr. 2-5). 17.99 *(978-1-5344-3053-2(9))*; pap. 6.99 *(978-1-5344-3052-5(0))* Simon & Schuster Children's Publishing. (Aladdin).

Frankie Sparks & the Talent Show Trick. Megan Frazer Blakemore. Illus. by Nadja Sarell. 2019. (Frankie Sparks, Third-Grade Inventor Ser.: 2). (ENG.). 128p. (J). (gr. 2-5). 18.99 *(978-1-5344-3047-1(4))*; pap. 6.99 *(978-1-5344-3046-4(6))* Simon & Schuster Children's Publishing. (Aladdin).

Frankie Sparks Invention Collection Books 1-4 (Boxed Set) Frankie Sparks & the Class Pet; Frankie Sparks & the Talent Show Trick; Frankie Sparks & the Big Sled Challenge; Frankie Sparks & the Lucky Charm. Megan Frazer Blakemore. Illus. by Nadja Sarell. ed. 2020. (Frankie Sparks, Third-Grade Inventor Ser.). (ENG.). 528p. (J). (gr. 2-5). pap. 27.99 *(978-1-5344-5660-0(0)*, Aladdin) Simon & Schuster Children's Publishing.

Frankie Stein Starts School. Lola M. Schaefer. 2019. (ENG.). 32p. (J). (gr. k-1). 17.96 *(978-0-87617-612-2(0))* Penworthy Co., LLC, The.

Frankie the Blankie. Jennifer Sattler. 2016. (ENG., Illus.). 32p. (J). 16.99 *(978-1-61963-675-0(1)*, 900145316, Bloomsbury USA Childrens) Bloomsbury Publishing USA.

Frankie the Ferret. Kimberley Paterson. 2019. (ENG.). 24p. (J). *(978-1-5255-4730-0(5))*; pap. *(978-1-5255-4731-7(3))* FriesenPress.

Frankie the Flashlight Fish. Katie Hevey. Illus. by Katie Hevey. 2022. (ENG.). 38p. (J). 21.99 *(978-1-63984-222-3(5))*; pap. 14.99 *(978-1-63984-137-0(7))* Pen It Pubns.

Frankie the Flying Fish Book 2. Frank T. Nichols. 2018. (ENG., Illus.). 172p. (J). pap. 14.99 *(978-0-692-48464-7(7))* nichols, frank.

Frankie the Frog, Frankie Never Gives Up. Cresswell. 2022. (ENG.). 24p. (J). pap. 12.99 ***(978-1-0879-5741-8(9))*** Indy Pub.

Frankie the Frog Saves Christmas. A. S. Witthaus. 2016. (ENG., Illus.). (J). pap. 9.99 *(978-1-63382-720-2(8))*; pap. 19.95 *(978-1-68290-220-2(X))* America Star Bks.

Frankie the Goat Angel: The Law of Attraction. Rose Evans. 2017. (ENG., Illus.). (J). (gr. -1-3). 16.95 *(978-1-4808-4608-1(2))*; 25.95 *(978-1-4808-4609-8(0))* Archway Publishing.

Frankie, the Senior Cat. Margaret Anne Fler. 2023. (ENG.). 44p. (J). pap. ***(978-0-2288-8608-2(2))*** Tellwell Talent.

Frankie's Food Truck. Educational Insights. Illus. by Lucia Gaggiotti. 2019. (ENG.). 12p. (J). (— 1). bds. 9.99 *(978-1-5362-0687-6(3)*, Candlewick Entertainment) Candlewick Pr.

Frankie's New Shoes. Mikaela Nelson. Illus. by Mikaela Nelson. 2021. (ENG.). 32p. (J). pap. 10.99 *(978-1-7368287-0-0(3))* Nelson, Mikaela.

Frankie's Wish: A Wander in the Wonder (a Dance-It-Out Creative Movement Story) Once Upon A Dance. 2022. (Dance-It-Out! Creative Movement Stories for Young Movers Ser.). (ENG.). 44p. (J). 24.99 ***(978-1-955555-54-8(0))*** Once Upon a Dance.

Frankie's World: a Graphic Novel, 1 vol. Aoife Dooley. 2022. (ENG.). 272p. (J). (gr. 3-7). 24.99 *(978-1-338-81312-8(9))*; pap. 12.99 *(978-1-338-81311-1(0))* Scholastic, Inc. (Graphix).

Frankie's World Is Falling: Understanding Grief & Learning Hope. Sophia Day & Megan Johnson. Illus. by Stephanie Strouse. 2022. (Help Me Understand Ser.: 13). 72p. (J). 9.99 *(978-1-63795-934-3(6)*, e5d23ae8-726e-4fe9-b810-033a934ca89d) MVP Kids Media.

Franklin Advanced Third Reader (Classic Reprint) Loomis Joseph Campbell. 2017. (ENG., Illus.). (J). 28.58 *(978-0-266-73159-7(7))*; pap. 10.97 *(978-1-5276-9308-1(2))* Forgotten Bks.

Franklin & Luna Go to the Moon. Jen Campbell & Katie Harnett. 2018. (Franklin & Luna Ser.: 0). (ENG., Illus.). 32p. (J). (gr. -1-1). 17.95 *(978-0-500-65146-9(9)*, 565146) Thames & Hudson.

Franklin D. Roosevelt. Megan M. Gunderson. (United States Presidents Ser.). (ENG., Illus.). (J). 2020. 48p. (gr. 3-6). lib. bdg. 35.64 *(978-1-5321-9371-2(8)*, 34899, Checkerboard Library); 2016. 40p. (gr. 2-5). lib. bdg. 35.64 *(978-1-68078-115-1(4)*, 21847, Big Buddy Bks.) ABDO Publishing Co.

Franklin D. Roosevelt. Martha London. 2023. (Influential Presidents Ser.). (ENG., Illus.). 32p. (J). (gr. 2-3). pap. 9.95 *(978-1-63739-503-5(5))*; lib. bdg. 31.35 *(978-1-63739-466-3(7))* North Star Editions. (Focus Readers).

Franklin D. Roosevelt. Laura K. Murray. 2020. (Biographies Ser.). (ENG., Illus.). 32p. (J). (gr. 1-3). pap. 6.95 *(978-1-9771-1802-8(X)*, 142162); lib. bdg. 31.32 *(978-1-9771-1358-0(3)*, 141471) Capstone. (Pebble).

Franklin D. Roosevelt: Our 32nd President. Melissa Maupin. 2020. (United States Presidents Ser.). (ENG.). 48p. (J). (gr. 3-6). lib. bdg. 41.36 *(978-1-5038-4423-0(4)*, 214200) Child's World, Inc, The.

Franklin D. Roosevelt: The Making of America #5. Teri Kanefield. (Making of America Ser.). (ENG., Illus.). (J). (gr. 5-9). 2021. 272p. pap. 7.99 *(978-1-4197-4245-3(0)*, 1263903); 2019. 256p. 16.99 *(978-1-4197-3402-1(4)*, 1263901) Abrams, Inc. (Abrams Bks. for Young Readers).

Franklin D. Roosevelt: American Hero (Rookie Biographies) Hugh Roome. 2017. (Rookie Biographies Ser.). (ENG., Illus.). 32p. (J). (gr. 1-2). pap. 5.95 *(978-0-531-23863-9(6)*, Children's Pr.) Scholastic Library Publishing.

Franklin D. Roosevelt: American Hero (Rookie Biographies) (Library Edition) Hugh Roome. 2017. (Rookie Biographies Ser.). (ENG., Illus.). 32p. (J). (gr. 1-2). lib. bdg. 25.00 *(978-0-531-23229-3(8)*, Children's Pr.) Scholastic Library Publishing.

Franklin D. Roosevelt & Hyde Park: Personal Recollections of Eleanor Roosevelt (Classic Reprint) Eleanor. Roosevelt. 2017. (ENG., Illus.). (J). 24.47 *(978-0-331-43681-5(7))*; pap. 7.97 *(978-0-259-49409-6(7))* Forgotten Bks.

Franklin D. Roosevelt's Presidency. Linda Crotta Brennan. 2016. (Presidential Powerhouses Ser.). (ENG., Illus.). 104p. (YA). (gr. 6-12). 35.99 *(978-1-4677-7928-9(8)*, ab64e692-1d98-4b8b-ae25-219dbb29d6c0); E-Book 54.65 *(978-1-4677-8549-5(0))* Lerner Publishing Group. (Lerner Pubns.).

Franklin Delano Roosevelt (Presidential Biographies) (Library Edition) Dusk Glenn. 2020. (Presidential Biographies Ser.). (ENG., Illus.). 32p. (J). (gr. 2-4). 25.00 *(978-0-531-13097-1(5)*, Children's Pr.) Scholastic Library Publishing.

Franklin Delano Roosevelt: World War II President (Presidential Biographies) Dusk Glenn. 2020. (Presidential Biographies Ser.). (ENG., Illus.). 32p. (J). (gr. 2-4). pap. 6.99 *(978-0-531-13069-8(X)*, Children's Pr.) Scholastic Library Publishing.

Franklin Endicott & the Third Key: Tales from Deckawoo Drive, Volume Six. Kate DiCamillo. Illus. by Chris Van Dusen. (Tales from Deckawoo Drive Ser.: 6). (ENG.). 112p. (J). (gr. 1-4). 2022. pap. 6.99 *(978-1-5362-2604-1(1))*; 2021. 15.99 *(978-1-5362-0181-9(2))* Candlewick Pr.

Franklin Endicott & the Third Key: #6. Kate DiCamillo. Illus. by Chris Van Dusen. 2022. (Tales from Deckawoo Drive Ser.). (ENG.). 112p. (J). (gr. 1-4). lib. bdg. 31.36 *(978-1-0982-5156-7(3)*, 40103, Chapter Bks.) Spotlight.

Franklin First Reader: Edited in Pronouncing Orthography (Classic Reprint) Edwin Leigh. (ENG., Illus.). (J). 2019. 80p. 25.55 *(978-0-365-11809-1(5))*; 2017. pap. 9.57 *(978-0-259-94852-0(7))* Forgotten Bks.

Franklin Fourth Reader: For the Use of Public & Private Schools (Classic Reprint) G. S. Hillard. (ENG., Illus.). (J). 2018. 240p. 28.85 *(978-0-484-83194-9(1))*; 2016. pap. 11.57 *(978-1-334-13268-1(2))* Forgotten Bks.

Franklin Intermediate Reader: For the Use of Public & Private Schools (Classic Reprint) George Stillman Hillard. (ENG., Illus.). (J). 2018. 246p. 28.97 *(978-0-332-92388-8(6))*; 2017. pap. 11.57 *(978-0-243-22257-5(2))* Forgotten Bks.

Franklin Is Bossy see Franklin Es un Mandon

Franklin Pierce. BreAnn Rumsch. (United States Presidents Ser.). (ENG., Illus.). (J). 2020. 48p. (gr. 3-6). lib. bdg. 35.64 *(978-1-5321-9368-2(8)*, 34893, Checkerboard Library); 2016. 40p. (gr. 2-5). 35.64 *(978-1-68078-112-0(X)*, 21841, Big Buddy Bks.) ABDO Publishing Co.

Franklin Pierce: Our 14th President. Steven Ferry. 2020. (United States Presidents Ser.). (ENG.). 48p. (J). (gr. 3-6). lib. bdg. 41.36 *(978-1-5038-4406-3(4)*, 214183) Child's World, Inc, The.

Franklin Primary Arithmetic. Edwin P. Seaver. 2017. (ENG., Illus.). (J). pap. *(978-0-649-41882-4(4))* Trieste Publishing Pty Ltd.

Franklin Square Song Collection, Vol. 3: Two Hundred Favorite Songs & Hymns for Schools & Homes, Nursery & Fireside (Classic Reprint) John Piersol McCaskey. 2018. (ENG., Illus.). 190p. (J). 27.82 *(978-0-365-42080-4(8))* Forgotten Bks.

Franklin the Fearless & His Greatest Treasure: A Thomas & Matthew Adventure. Patrick Pickett. 2020. (ENG.). 32p. (J). 24.95 *(978-1-64670-748-5(6))*; pap. 14.95 *(978-1-64670-747-8(8))* Covenant Bks.

Franklin Winslow Kane (Classic Reprint) Anne Douglas Sedgwick. 2018. (ENG., Illus.). 374p. (J). 31.63 *(978-0-483-98208-6(3))* Forgotten Bks.

Franklin's Flying Bookshop. Jen Campbell. Illus. by Katie Harnett. 2017. (Franklin & Luna Ser.: 0). 32p. (J). (gr. -1-3). 17.95 *(978-0-500-65109-4(4)*, 565109) Thames & Hudson.

Franklin's Flying Bookshop. Jen Campbell. 2018. (CHI.). (J). *(978-986-338-204-1(3))* Eastern Publishing Co., Ltd., The.

Franklin's Oath: A Tale of Wyoming One Hundred Years Ago (Classic Reprint) Charles Isaac Abel Chapman. 2017. (ENG., Illus.). (J). 26.29 *(978-0-265-19423-2(7))* Forgotten Bks.

Frankly, Frankie. Amber Jones. Illus. by Rhonda Knight. 2019. (Helpville Learner Ser.: Vol. 1). (ENG.). 42p. (J). pap. 12.99 *(978-0-9980263-1-2(X))* Lady Knight Enterprises Publishing.

Frankly, I'd Rather Spin Myself a New Name! The Story of Rumpelstiltskin As Told by Rumpelstiltskin. Jessica Gunderson. Illus. by Janna Rose Bock. 2016. (Other Side of the Story Ser.). (ENG.). 24p. (J). (gr. -1-3). lib. bdg. 27.99 *(978-1-4795-8624-0(2)*, 130446, Picture Window Bks.) Capstone.

Frankly in Love. David Yoon. (ENG.). (YA). (gr. 9). 2020. 448p. pap. 12.99 *(978-1-9848-1222-3(X)*, Penguin Books); 2019. 432p. 18.99 *(978-1-9848-1220-9(3)*, G.P. Putnam's Sons Books for Young Readers) Penguin Young Readers Group.

Franks: Duellist: a Novel (Classic Reprint) Ambrose Pratt. 2018. (ENG., Illus.). 358p. (J). 31.30 *(978-0-483-84830-6(1))* Forgotten Bks.

Frank's Campaign. Horatio Alger. 2019. (ENG.). 270p. (YA). (gr. 7-12). pap. *(978-3-337-81426-7(3))* Creation Pubs.

Frank's Campaign: Or, What Boys Can Do on the Farm for the Camp (Classic Reprint) Horatio Alger Jr. 2018. (ENG., Illus.). 308p. (J). 30.25 *(978-0-267-30193-5(6))* Forgotten Bks.

Frank's Campaign: The Farm & the Camp. Horatio Alger. 2019. (ENG.). 206p. (YA). (gr. 7-12). pap. *(978-93-5329-592-9(0))* Alpha Editions.

Frank's Campaign (Classic Reprint) Horatio Alger Jr. 2018. (ENG., Illus.). 118p. (J). 26.33 *(978-0-483-99185-9(6))* Forgotten Bks.

Frank's Frantic Festival. Harry Binnendyk. Ed. by Helena Weyer. Illus. by Tom Palomares. 2021. (ENG.). 36p. (J). pap. *(978-1-0391-2057-0(1))* FriesenPress.

Frank's Frantic Festival. Harry Binnendyk. Ed. by Helena Weyer. Illus. by Tom Palomares. 2021. (ENG.). 36p. (J). *(978-1-0391-2058-7(X))* FriesenPress.

Frank's Ranche: Or My Holiday in the Rockies, Being a Contribution to the Inquiry into What We Are to Do with Our Boys (Classic Reprint) E. Marston. 2018. (ENG., Illus.). 242p. (J). 28.91 *(978-0-364-26416-4(0))* Forgotten Bks.

Franky. Leo Timmers. Illus. by Leo Timmers. ed. 2016. (ENG., Illus.). 40p. (J). (gr. -1-2). E-Book 26.65 *(978-1-77657-054-6(5)*, 9781776570546); E-Book 26.65 *(978-1-77657-053-9(7))* Gecko Pr. NZL. Dist: Lerner Publishing Group.

Franky's Work (Classic Reprint) Caroline E. Kelley. 2017. (ENG., Illus.). (J). 26.97 *(978-0-331-83187-0(2))* Forgotten Bks.

Frannie & the Big Birthday Wish. Kim Yarbrough. Ed. by Iris M. Williams. Illus. by Kim Yarbrough. 2018. (ENG., Illus.). 52p. (J). pap. 20.95 *(978-1-947656-79-6(1))* Butterfly Typeface, The.

Frannie & the Fly. Nikki Chavez. 2020. (ENG.). 28p. (J). pap. 13.95 *(978-1-64096-638-3(2))* Newman Springs Publishing, Inc.

Frannie & Tru. Karen Hattrup. 2016. (ENG.). 320p. (YA). (gr. 9). 17.99 *(978-0-06-241020-7(2)*, HarperTeen) HarperCollins Pubs.

Frannie-May's Trip to Amelia Island. Claire Burbank. Ed. by Roberta Thomas. Illus. by Claire Burbank. 2020. (ENG.). 114p. (J). pap. 9.99 *(978-1-949701-10-4(7))* Burbank, Claire.

Franny & POM POM & the Fruit That Lasts. Kristi Smith. 2017. (ENG., Illus.). (J). pap. 10.95 *(978-1-947303-06-5(6))* Relevant Pages Pr.

Franny & POM POM & the Painted Leaves. Kristi Smith & Nena Jackson. Illus. by Cyril Jedor. 2017. (ENG.). (J). pap. 10.95 *(978-1-947303-02-7(3))* Relevant Pages Pr.

Franny & POM POM Get Boots for Christmas. Kristi Smith & Nena Jackson. Illus. by Cyril Jedor. 2017. (ENG.). (J). pap. 10.95 *(978-1-947303-05-8(8))* Relevant Pages Pr.

Franny & POM POM Go to Boot Camp. Kristi Smith. 2017. (ENG., Illus.). (J). pap. 10.95 *(978-1-947303-03-4(1))* Relevant Pages Pr.

Franny & POM POM Go to the Easter Revival. Kristi Smith. 2017. (ENG., Illus.). (J). pap. 10.95 *(978-1-947303-04-1(X))* Relevant Pages Pr.

Franny K. Stein, Mad Scientist, 5 vols., Set. Jim Benton. Illus. by Jim Benton. Incl. Attack of the 50-Ft. Cupid. 112p. 31.36 *(978-1-59961-818-0(4)*, 7828); Fran with Four Brains. 112p. 31.36 *(978-1-59961-822-7(2)*, 7832); Frandidate. 128p. 31.36 *(978-1-59961-823-4(0)*, 7833); Invisible Fran. 112p. 31.36 *(978-1-59961-819-7(2)*, 7829); Lunch Walks among Us. 112p. 31.36 *(978-1-59961-817-3(6)*, 7827); (J). (gr. 2-6). (Franny K. Stein, Mad Scientist Ser.). (ENG., Illus.). 2011. Set lib. bdg. 188.16 *(978-1-59961-816-6(8)*, 7826, Chapter Bks.) Spotlight.

Franny K. Stein, Mad Scientist Ten-Book Collection (Boxed Set) Lunch Walks among Us; Attack of the 50-Ft. Cupid; the Invisible Fran; the Fran That Time Forgot; Frantastic Voyage; the Fran with Four Brains; the Frandidate; Bad Hair Day; Recipe for Disaster; Mood Science. Jim Benton. Illus. by Jim Benton. ed. 2023. (Franny K. Stein, Mad Scientist Ser.). (ENG., Illus.). 1184p. (J). (gr. 1-5). pap. 70.99 *(978-1-6659-3281-3(3)*, Simon & Schuster Bks. For Young Readers) Simon & Schuster Bks. For Young Readers.

Franny the Nanny in Gumdrops for Breakfast. Sarah King. 2018. (ENG.). (J). 14.95 *(978-1-68401-397-5(6))* Amplify Publishing Group.

Franny's Father Is a Feminist. Rhonda Leet. Illus. by Megan Walker. 2018. (ENG.). 32p. (J). (gr. -1-2). 17.99 *(978-1-57687-873-6(2)*, powerHouse Bks.) powerHse. Bks.

F

Franny's Fix-It Shop. Edward Miller. 2022. (Illus.). 32p. (J). (gr. 1-4). 18.99 *(978-0-8234-4337-6(X))* Holiday Hse., Inc.
Fran's Van & the Arran Adventure. Frances Herbert. 2017. (ENG., Illus.). (J). (gr. k-2). pap. *(978-1-78222-498-3(X))* Paragon Publishing, Rothersthorpe.
Franz-Ferdinand the Dancing Walrus. Marcus Pfister. 2021. (ENG., Illus.). 32p. (J). (gr. -1-3). 17.95 *(978-0-7358-4469-8(0))* North-South Bks., Inc.
Franzl Allein Daheim. Volker Prescher. 2017. (GER., Illus.). 68p. (J). *(978-3-7439-1930-3(3))*; pap. *(978-3-7439-1929-7(X))* tredition Verlag.
Franz's Phantasmagorical Machine. Beth Anderson. Illus. by Caroline Hamel. 2022. (ENG.). 32p. (J). (gr. k-3). 18.99 *(978-1-5253-0325-8(2))* Kids Can Pr., Ltd. CAN. Dist: Hachette Bk. Group.
Frasco de Juna: (Juna's Jar), 1 vol. Jane Park. Illus. by Felicia Hoshino. 2022. (SPA.). 32p. (J). (gr. k-4). pap. 12.95 *(978-1-64379-619-2(4),* leelowbooks) Lee & Low Bks., Inc.
Fraser's Magazine for Town & Country, Vol. 10: July to December, 1834 (Classic Reprint) Unknown Author. 2017. (ENG., Illus.). (J). pap. 23.57 *(978-0-243-89968-5(8))* Forgotten Bks.
Fraser's Magazine for Town & Country, Vol. 25: January to June, 1842 (Classic Reprint) Robert Louis Stevenson. 2017. (ENG., Illus.). (J). 39.78 *(978-0-266-71379-1(3))*; pap. 23.57 *(978-1-5276-6834-8(7))* Forgotten Bks.
Fraser's Magazine for Town & Country, Vol. 31: January to June, 1845 (Classic Reprint) Unknown Author. 2017. (ENG., Illus.). (J). pap. 23.57 *(978-1-5276-4429-8(4))* Forgotten Bks.
Fraser's Magazine for Town & Country, Vol. 32: July to December, 1845 (Classic Reprint) Unknown Author. (ENG., Illus.). (J). 2018. 770p. 39.78 *(978-0-332-16109-9(9))*; 2017. pap. 23.57 *(978-0-243-90158-6(5))* Forgotten Bks.
Frat Girl. Kiley Roache. 2019. (ENG.). 448p. (YA). pap. 10.99 *(978-1-335-49904-2(0))* Harlequin Enterprises ULC CAN. Dist: HarperCollins Pubs.
Frat Girl: a novel. Kiley Roache. 2018. (ENG., Illus.). 448p. (YA). 18.99 *(978-0-373-21234-7(8),* Harlequin Teen) Harlequin Enterprises ULC CAN. Dist: HarperCollins Pubs.
Fratello per Natale. Emanuela Molaschi. 2022. (ITA.). 122p. (J). pap. 13.76 ***(978-1-4710-3064-2(4))*** Lulu Pr., Inc.
Fraternity. Jon Ellis & Hugo Petrus. 2022. (ENG., Illus.). 136p. (C). pap. 19.99 *(978-1-64337-878-7(3))* Humanoids, Inc.
Fraternity. Andy Mientus. 2022. (ENG.). 368p. (YA). (gr. 9-17). 19.99 *(978-1-4197-5470-8(X),* 1734501, Amulet Bks.) Abrams, Inc.
Fraternity: A Play Written for the Baltimore Hebrew Congregation Sisterhood (Classic Reprint) Pauline H. Lazaron. 2018. (ENG., Illus.). 22p. (J). 24.37 *(978-0-267-50914-0(6))* Forgotten Bks.
Frau Luises Tierpension. Karin Koudelka. 2018. (GER., Illus.). 138p. (J). pap. *(978-3-99064-188-0(3))* novum pocket Verlag in der novum publishing GmbH.
Frau Nabel und Die Spurensucher. Birgit Schuler. 2019. (GER.). 284p. (J). pap. *(978-3-7497-5348-2(2))* tredition Verlag.
Frau Wilhelmine the Concluding Part of the Buchholz Family (Classic Reprint) Julius Stinde. 2018. (ENG., Illus.). 286p. (J). 29.80 *(978-0-332-54554-7(7))* Forgotten Bks.
Fraulein Schmidt & Mr. Anstruther (Classic Reprint) Unknown Author. 2017. (ENG., Illus.). 342p. (J). 30.95 *(978-0-332-20845-9(1))* Forgotten Bks.
Fray Luis de Leon: A Biographical Fragment (Classic Reprint) James Fitzmaurice-Kelly. 2018. (ENG., Illus.). (J). 276p. 29.61 *(978-1-391-31679-6(7))*; 278p. pap. 11.97 *(978-1-390-36997-7(8))* Forgotten Bks.
Frayed. Kara Terzis. 2016. 304p. (YA). (gr. 8-12). pap. 10.99 *(978-1-4926-3173-6(6),* 9781492631736) Sourcebooks, Inc.
Frazzled: Everyday Disasters & Impending Doom. Booki Vivat. Illus. by Booki Vivat. 2016. (ENG., Illus.). 240p. (J). (gr. 3-7). 13.99 *(978-0-06-239879-6(2),* HarperCollins) HarperCollins Pubs.
Frazzled #2: Ordinary Mishaps & Inevitable Catastrophes. Booki Vivat. Illus. by Booki Vivat. 2017. (ENG., Illus.). 224p. (J). (gr. 3-7). 13.99 *(978-0-06-239881-9(4),* HarperCollins) HarperCollins Pubs.
Frazzled #3: Minor Incidents & Absolute Uncertainties. Booki Vivat. Illus. by Booki Vivat. 2019. (ENG., Illus.). 224p. (J). (gr. 3-7). 13.99 *(978-0-06-239883-3(0),* HarperCollins) HarperCollins Pubs.
Freak Like Me. Idoia Amo Ruiz & Eva M. Soler. 2018. (Freak Like Me Ser.: Vol. 1). (SPA., Illus.). 310p. (J). pap. *(978-84-09-07429-7(X))* Ruiz, Idoia Amo.
Freak 'N' Gorgeous. Sebastian J. Plata. 2018. (ENG.). 288p. (YA). (gr. 8-12). 16.99 *(978-1-5107-3210-0(1),* Sky Pony Pr.) Skyhorse Publishing Co., Inc.
Freak of Horror Coloring Book: An Adult Horror Coloring Book Featuring over 30 Pages of Giant Super Jumbo Large Designs of Evil Monsters & Villains to Color for Fun & Boredom. Beatrice Harrison. 2020. (ENG.). 34p. (YA). pap. 7.86 *(978-1-716-54805-5(5))* Lulu Pr., Inc.
Freak Show Freddy. Kathy Stacey. 2016. (ENG., Illus.). 182p. (J). pap. *(978-1-365-90454-7(7))* Lulu Pr., Inc.
Freak the Mighty Novel Units Student Packet. Novel Units. 2019. (ENG.). (J). pap. 13.99 *(978-1-56137-901-9(8),* Novel Units, Inc.) Classroom Library Co.
Freakboy. Kristin Elizabeth Clark. ed. 2016. (ENG.). 448p. (YA). (gr. 7-13). 22.10 *(978-0-606-39285-3(8))* Turtleback.
Freaked Out at Wrigley Field. Roger D. Hess. 2019. (Stadium Adventure Ser.: Vol. 1). (ENG., Illus.). 250p. (J). (gr. 3-6). pap. 11.99 *(978-0-9904124-2-7(3))* August in Au Train Press.
Freakout Island: A Funny, Silly, Daring Adventure. Justin Christopher. 2020. (ENG.). 210p. (J). pap. *(978-0-473-54863-6(1))* Browns Ink.
Freaks: A Novel. Brett Riley. 2022. (Freaks Ser.: 1). (ENG.). 288p. (YA). (gr. 9-13). 18.99 *(978-1-945501-53-1(7))* Imbrifex Bks.
Freaks & Follies of Fabledom: A Little Lempriere (Classic Reprint) Edward L. Blanchard. 2018. (ENG., Illus.). 128p. (J). 26.54 *(978-0-483-78035-4(9))* Forgotten Bks.
Freaks of Mayfair (Classic Reprint) Edward Frédéric Benson. (ENG., Illus.). (J). 2017. 29.09 *(978-0-260-37690-9(6))*; 2016. pap. 11.57 *(978-1-333-40839-8(0))* Forgotten Bks.
Freaks on the Fells: Or, Three Months' Rustication & Why I Did Not Become a Sailor (Classic Reprint) R. M. Ballantyne. 2018. (ENG., Illus.). 388p. (J). 31.90 *(978-0-483-63556-2(1))* Forgotten Bks.
Freaks on the Fells: Three Months' Rustication. Robert Michael Ballantyne. 2019. (ENG.). 216p. (J). pap. *(978-93-5329-691-9(9))* Alpha Editions.
Freaks on the Loose: The Whole Scary Story. Leigh Hobbs. 2018. (ENG., Illus.). 240p. (J). (gr. 2-6). pap. 13.99 *(978-1-76029-431-1(4))* Allen & Unwin AUS. Dist: Independent Pubs. Group.
Freaky & Fearless: Bazookas for Beginners. Robin Etherington. Illus. by Jan Bielecki. 2017. (Freaky & Fearless Ser.: 3). (ENG.). 304p. (J). (gr. 4-7). pap. 8.99 *(978-1-84812-584-1(4))* Bonnier Publishing GBR. Dist: Independent Pubs. Group.
Freaky & Fearless: the Art of Being a Freak. Robin Etherington. Illus. by Jan Bielecki. 2017. (Freaky & Fearless Ser.: 2). (ENG.). 288p. (J). (gr. 4-7). pap. 8.99 *(978-1-84812-512-4(7))* Bonnier Publishing GBR. Dist: Independent Pubs. Group.
Freaky Animals. Stella Tarakson. 2017. (Gross & Frightening Animal Facts Ser.: Vol. 6). (ENG., Illus.). 48p. (J). (gr. 5-8). 20.95 *(978-1-4222-3926-1(8))* Mason Crest.
Freaky-Big Airplanes. Meish Goldish & Mike Geddry, Sr. 2016. (World's Biggest Ser.). (ENG.). 24p. (J). (gr. 1-6). pap. 7.99 *(978-1-944998-54-7(3))* Bearport Publishing Co., Inc.
Freaky Ferret Family. Gami. 2020. (ENG., Illus.). 48p. (J). pap. 14.95 *(978-1-64531-965-8(2))* Newman Springs Publishing, Inc.
Freaky Fighting Frogs: A Field Guide. Hjcs Scholars. 2023. (ENG.). 76p. (J). pap. ***(978-1-329-09150-4(7))*** Lulu Pr., Inc.
Freaky Fish. 2017. (Freaky Fish Ser.). 24p. (gr. 2-3). pap. 48.90 *(978-1-5382-0483-2(5))*; (ENG.). lib. bdg. 145.62 *(978-1-5382-0468-9(1),* 6abde5f1-4cae-4a1f-8bb1-b5d7070c222d) Stevens, Gareth Publishing LLLP.
Freaky Frankenstein & Daunting Dracula Halloween Horror Coloring Book. Activity Book Zone for Kids. 2016. (ENG., Illus.). (J). pap. 9.20 *(978-1-68376-433-5(1))* Sabeels Publishing.
Freaky Friendship. Laurie Friedman. Illus. by Román Díaz. 2022. (Wendy & Willow Ser.). (ENG.). 64p. (J). (gr. 3-5). lib. bdg. *(978-1-0396-6104-2(1),* 22006); pap. *(978-1-0396-6299-5(4),* 22007) Crabtree Publishing Co. (Leaves Chapter Books).
Freaky Frog Facts. Hjcs Scholars. 2016. (ENG.). 50p. (J). pap. ***(978-1-365-77805-6(3))*** Lulu Pr., Inc.
Freaky, Funky Fish: Odd Facts about Fascinating Fish. Debra Kempf Shumaker. Illus. by Claire Powell. 2021. (ENG.). 32p. (J). (gr. -1-3). 17.99 *(978-0-7624-6884-3(X),* Running Pr. Kids) Running Pr.
Freaky Funky French Fries: Rhythm & Rhyme the ABC's. Jonquil Steele. 2019. (ENG., Illus.). 52p. (J). (gr. k-2). 24.95 *(978-1-64299-828-3(1))* Christian Faith Publishing.
Freaky in Fresno, 1 vol. Laurie Boyle Crompton. 2020. (ENG.). 352p. (YA). 18.99 *(978-0-310-76747-3(4))* Blink.
Freaky Nail Art with Attitude: 4D an Augmented Reading & Fashion Experience. Rebecca Rissman. 2018. (DIY Fearless Fashion Ser.). (ENG., Illus.). 48p. (J). (gr. 4-8). lib. bdg. 34.65 *(978-1-5435-1099-7(X),* 137705, Compass Point Bks.) Capstone.
Freaky Stories about Electricity, 1 vol. Amy Hayes. 2016. (Freaky True Science Ser.). (ENG., Illus.). 32p. (J). (gr. 4-5). pap. 11.50 *(978-1-4824-4812-2(2),* 429df671-7e88-466b-b27d-226194c3cc4a) Stevens, Gareth Publishing LLLP.
Freaky Stories about Inventions, 1 vol. Michael Canfield. 2016. (Freaky True Science Ser.). (ENG., Illus.). 32p. (J). (gr. 4-5). pap. 11.50 *(978-1-4824-4819-1(X),* 5935f06e-e2a7-464c-adb3-827bc3936e55) Stevens, Gareth Publishing LLLP.
Freaky Stories about Plants, 1 vol. Janey Levy. 2016. (Freaky True Science Ser.). (ENG., Illus.). 32p. (J). (gr. 4-5). pap. 11.50 *(978-1-4824-4831-3(9),* a100f90b-2264-4c93-abd2-198bf7d8ebcb) Stevens, Gareth Publishing LLLP.
Freaky Stories about Technology, 1 vol. Ryan Nagelhout. 2016. (Freaky True Science Ser.). (ENG., Illus.). 32p. (J). (gr. 4-5). pap. 11.50 *(978-1-4824-4838-2(6),* edc8cf75-3ae2-469d-bd9c-fad157133892) Stevens, Gareth Publishing LLLP.
Freaky Stories about the Paranormal, 1 vol. M. H. Seeley. 2016. (Freaky True Science Ser.). (ENG., Illus.). 32p. (J). (gr. 4-5). pap. 11.50 *(978-1-4824-4846-7(7),* f602e7d2-ec12-45ba-b3bb-8fe1986afffc) Stevens, Gareth Publishing LLLP.
Freaky Stories While You Sleep, 1 vol. Caitie McAneney. 2016. (Freaky True Science Ser.). (ENG., Illus.). 32p. (J). (gr. 4-5). pap. 11.50 *(978-1-4824-4851-1(3),* e84f85df-e8ac-4d82-b98f-af2cdb52bb59) Stevens, Gareth Publishing LLLP.
Freaky True Science: Set 2, 12 vols. 2016. (Freaky True Science Ser.). 32p. (ENG.). (gr. 4-5). lib. bdg. 169.62 *(978-1-4824-4608-1(1),* 486b71eb-4fa0-4572-b13f-f0e16a6fa013); (gr. 5-4). pap. 63.00 *(978-1-4824-5396-6(7))* Stevens, Gareth Publishing LLLP.
Freaky True Science: Set 3, 12 vols. 2019. (Freaky True Science Ser.). (ENG.). 32p. (J). (gr. 4-5). lib. bdg. 169.62 *(978-1-5382-4160-8(9),* 693feda7-a5cf-44c5-b11d-de0a7636d4d6) Stevens, Gareth Publishing LLLP.
Freaky True Science: Sets 1 - 3. 2019. (Freaky True Science Ser.). (ENG.). (J). pap. 207.00 *(978-1-5382-4424-1(1))*; (gr. 4-5). lib. bdg. 508.86 *(978-1-5382-4161-5(7),* 5de4a80c-aaf5-4c40-ac45-6a7fca376acf) Stevens, Gareth Publishing LLLP.
Freckle Face Fred. Deborah B. Cavitt. Illus. by Amy Rottinger. 2019. (ENG.). 28p. (J). (gr. k-3). 17.99 *(978-1-950074-06-8(4))*; pap. 11.99 *(978-1-950074-05-1(6))* 4RV Pub.
Freckle-Face Susie: Goes to School. Debbie Scott. Ed. by Brook Bell. Illus. by Alix Batte. 2022. (Freckle-Face Susie Ser.: Vol. 1). (ENG.). 38p. (J). 35.99 *(978-1-6628-4137-8(X))*; pap. 25.99 *(978-1-6628-4136-1(1))* Salem Author Services.
Freckle Fairy: Book & Audio CD. Bobbie Hinman. Illus. by Mark Wayne Adams. 2016. (ENG.). 32p. (J). (gr. -1-1). 16.95 *(978-0-9786791-2-5(1))* Best Fairy Bks.
Freckle Juice see Jugo de Pecas
Freckle Juice Novel Units Student Packet. Novel Units. 2019. (ENG.). (J). pap. 13.99 *(978-1-56137-822-7(4),* Novel Units, Inc.) Classroom Library Co.
Freckle Juice Novel Units Teacher Guide. Novel Units. 2019. (ENG.). (J). pap. 12.99 *(978-1-56137-008-5(8),* Novel Units, Inc.) Classroom Library Co.
Freckles. Suzie Olszewski. Illus. by Karen Olszewski. 2021. (ENG.). 40p. (J). pap. *(978-0-2288-4622-2(6))* Tellwell Talent.
Freckles. Gene Stratton-Porter. 2019. (ENG.). (YA). 172p. 19.95 *(978-1-61895-624-8(8))*; 170p. pap. 10.95 *(978-1-61895-623-1(X))* Bibliotech Pr.
Freckles. Gene Stratton-Porter. 2017. (ENG., Illus.). (J). (gr. 3-7). 24.95 *(978-1-374-90678-5(6))*; pap. 14.95 *(978-1-374-90677-8(8))* Capital Communications, Inc.
Freckles. Gene Stratton-Porter. 2022. (Mint Editions — The Children's Library). 204p. (YA). (gr. 7-10). 15.99 *(978-1-5131-3370-6(5),* West Margin Pr.) West Margin Pr.
Freckles - the Bossy Chicken. Jean Rainwater. 2022. (ENG.). 24p. (J). pap. 14.99 *(978-1-6628-3910-8(3))* Salem Author Services.
Freckles & His East Coast Adventure: R. M. Williams, Illustrated by Mary Cotter. R. M. Williams. 2020. 50p. (J). pap. 18.00 *(978-1-0983-0916-9(2))* BookBaby.
Freckles & Speckles Save the Day. Jim Wilson. Illus. by Anella Foster. 2022. (ENG.). 38p. (J). 17.99 ***(978-0-9718236-4-8(2))*** Mariposa Pr.
Freckles & Tan: A Book of Pumorous Verse (Classic Reprint) Rowland C. Bowman. 2018. (ENG., Illus.). 74p. (J). 25.42 *(978-0-267-50447-3(0))* Forgotten Bks.
Freckles & the Cost of Popularity. Vickianne Caswell. Ed. by Julie Faludi-Harpell. Illus. by Anastasia Drogaitseva. 2016. (ENG.). (J). pap. *(978-1-988345-34-5(0))* Caswell, Vickianne.
Freckles & the Less Fortunate. Vickianne Caswell. Ed. by 4 Paws Games and Publishing. Illus. by Allissa Thompson. 2016. (Freckles the Bunny Ser.: Vol. 2). (ENG.). (J). (gr. k-4). pap. *(978-1-988345-37-6(5))* Caswell, Vickianne.
Freckles & the True Meaning of Christmas. Vickianne Caswell. Ed. by Julie Faludi-Harpell. Illus. by Anastasia Drogaitseva. 2016. (Freckles the Bunny Ser.: Vol. 4). (ENG.). (J). (gr. 1-4). pap. *(978-1-988345-35-2(9))* Caswell, Vickianne.
Freckles At 5: 00. Yvonne Ripley. 2018. (ENG., Illus.). 20p. (J). pap. 11.95 *(978-1-64214-926-5(8))* Page Publishing Inc.
Freckles (Classic Reprint) Gene Stratton-Porter. (ENG., Illus.). (J). 2017. 31.45 *(978-0-265-74143-6(2))*; 2016. pap. 13.97 *(978-1-334-12856-1(1))* Forgotten Bks.
Freckles Is Scared of School. Vickianne Caswell. Ed. by 4 Paws Games and Publishing. Illus. by Allissa Thompson. 2016. (Freckles the Bunny Ser.: Vol. 1). (ENG.). (J). (gr. k-4). pap. *(978-1-988345-38-3(3))* Caswell, Vickianne.
Freckles Lends a Paw. Vickianne Caswell. Ed. by 4 Paws Games and Publishing. Illus. by Anastasia Drogaitseva. 2016. (Freckles the Bunny Ser.: Vol. 3). (ENG.). (J). (gr. 1-4). pap. *(978-1-988345-36-9(7))* Caswell, Vickianne.
Freckles the Pig. Lisa Mullarkey. Illus. by Paula Franco. 2017. (Farmyard Friends Ser.). (ENG.). 32p. (J). (gr. -1-3). lib. bdg. 32.79 *(978-1-5321-4044-0(4),* 25516, Calico Chapter Bks) Magic Wagon.
Freckly Fried Fish. Melissa Moats. Illus. by Shay Page. 2022. (ENG.). 32p. (J). pap. 9.99 ***(978-1-0880-4213-7(9))*** Indy Pub.
Fred: A Whale of a Story. Sarah McClain. 2022. (ENG., Illus.). 30p. (J). pap. 14.95 *(978-1-6624-6175-0(5))* Page Publishing Inc.
Fred: The Real Life Adventures of a Little Girl with a Big Imagination. Natalie Buske Thomas. Illus. by Natalie Buske Thomas. 2016. (ENG., Illus.). (J). (gr. k-6). 18.99 *(978-0-9666919-4-8(6))* Independent Spirit Publishing.
Fred & Fiona: Fuzzy Blue Monsters with Finicky Fur. Renu Natasha Mansukhani. 2016. (ENG., Illus.). (J). pap. 10.95 *(978-1-4808-3159-9(X))* Archway Publishing.
Fred & Friends: The Picnic & a Trip to the Seaside. Margaret Chambers. 2017. (ENG., Illus.). (J). (gr. 2-3). pap. *(978-1-78222-544-7(7))* Paragon Publishing, Rothersthorpe.
Fred & Friends the Magic Boat. Margaret Chambers. 2020. (ENG.). 18p. (J). pap. *(978-1-78710-628-4(4))* Austin Macauley Pubs. Ltd.
Fred & Harry Go on Holiday. Kevin Chick. 2019. (ENG.). 322p. (J). pap. *(978-1-7947-0319-3(5))* Lulu Pr., Inc.
Fred & Harry Stories - 3. Kevin Chick. 2019. (ENG.). 56p. (J). pap. *(978-0-244-16999-2(3))* Lulu Pr., Inc.
Fred, & Maria, & Me (Classic Reprint) Elizabeth Prentiss. (ENG., Illus.). (J). 2018. 84p. 25.65 *(978-0-483-87590-6(2))*; 2016. pap. 9.57 *(978-1-334-13822-5(2))* Forgotten Bks.
Fred & Marjorie: A Doctor, a Dog, & the Discovery of Insulin. Deborah Kerbel. Illus. by Angela Poon. 2021. (ENG.). 56p. (J). (gr. 5). 18.95 *(978-1-77147-411-5(4))* Owlkids Bks. Inc. CAN. Dist: Publishers Group West (PGW).
Fred & Mr Coronavirus: A Small Person's Guide to COVID-19 - Part Four. Louise Shone. Illus. by Louise Shone. 2022. (ENG.). 33p. (J). pap. ***(978-1-4710-5770-0(4))*** Lulu Pr., Inc.
Fred & Mr Coronavirus: A Small Person's Guide to COVID-19 - Part One. Louise Shone. Illus. by Louise Shone. 2022. (ENG.). 33p. (J). pap. ***(978-1-4710-7610-7(5))*** Lulu Pr., Inc.
Fred & Mr Coronavirus: A Small Person's Guide to COVID-19 - Part Three. Louise Shone. Illus. by Louise Shone. 2022. (ENG.). 32p. (J). pap. ***(978-1-4710-5772-4(0))*** Lulu Pr., Inc.
Fred & Mr Coronavirus: A Small Person's Guide to COVID-19 - Part Two. Louise Shone. Illus. by Louise Shone. 2022. (ENG.). 32p. (J). pap. ***(978-1-4710-5778-6(X))*** Lulu Pr., Inc.
Fred & the Bedtime Elephants. Caroline Crowe. Illus. by Claudia Ranucci. 2018. (ENG.). 32p. (J). (gr. -1-3). 17.99 *(978-0-8075-1963-9(4),* 807519634) Whitman, Albert & Co.
Fred & the Boo's Band. Louise Shone. Illus. by Louise Shone. 2023. (ENG.). 38p. (J). pap. ***(978-1-4478-5815-7(8))*** Lulu Pr., Inc.
Fred & the Happy Face Spider. Janet Morrison. 2016. (ENG., Illus.). (J). pap. 12.95 *(978-1-68197-718-8(4))* Christian Faith Publishing.
Fred & the Lumberjack. Steven Weinberg. Illus. by Steven Weinberg. 2017. (ENG., Illus.). 40p. (J). (gr. -1-3). 17.99 *(978-1-4814-2983-2(3),* McElderry, Margaret K. Bks.) McElderry, Margaret K. Bks.
Fred Bear - a Very Threadbare Bear. Flick Jones. 2023. (ENG.). 50p. (J). pap. ***(978-1-3984-7781-0(8))*** Austin Macauley Pubs. Ltd.
Fred Does It His Way! Shari Lillico. Illus. by Chloe Helms. 2022. (ENG.). 34p. (J). pap. 11.19 ***(978-1-952725-23-4(2))*** Butler, Kate Bks.
Fred Fearnought (Classic Reprint) Lawrence Lovechild. 2018. (ENG., Illus.). (J). 20p. 24.33 *(978-0-365-65259-5(8))*; 22p. pap. 7.97 *(978-0-365-65254-0(7))* Forgotten Bks.
Fred Fenton on the Track: Or, the Athletes of Riverport School. Allen Chapman. 2017. (ENG., Illus.). (J). 22.95 *(978-1-374-98025-9(0))*; pap. 12.95 *(978-1-374-98024-2(2))* Capital Communications, Inc.
Fred Flintstone's Adventures with Inclined Planes: A Rampin' Good Time. Mark Weakland. Illus. by Alan Brown. 2016. (Flintstones Explain Simple Machines Ser.). (ENG.). 24p. (J). (gr. k-2). lib. bdg. 27.99 *(978-1-4914-8476-0(4),* 130926) Capstone.
Fred Flintstone's Adventures with Levers: Lift That Load! Mark Weakland. Illus. by Christian Cornia. 2016. (Flintstones Explain Simple Machines Ser.). (ENG.). 24p. (J). (gr. k-2). lib. bdg. 27.99 *(978-1-4914-8473-9(X),* 130922) Capstone.
Fred Flintstone's Adventures with Pulleys: Work Smarter, Not Harder. Mark Weakland. Illus. by Paco Sordo. 2016. (Flintstones Explain Simple Machines Ser.). (ENG.). 24p. (J). (gr. k-2). lib. bdg. 27.99 *(978-1-4914-8475-3(6),* 130925) Capstone.
Fred Flintstone's Adventures with Screws: Righty Tighty, Lefty Loosey. Mark Weakland. Illus. by Loic Billiau. 2016. (Flintstones Explain Simple Machines Ser.). (ENG.). 24p. (J). (gr. k-2). lib. bdg. 27.99 *(978-1-4914-8478-4(0),* 130928) Capstone.
Fred Flintstone's Adventures with Wedges: Just Split! Mark Weakland. 2016. (Flintstones Explain Simple Machines Ser.). (ENG., Illus.). 24p. (J). (gr. k-2). lib. bdg. 27.99 *(978-1-4914-8477-7(2),* 130927) Capstone.
Fred Flintstone's Adventures with Wheels & Axles: Bedrock & Roll! Mark Weakland. Illus. by Alan Brown. 2016. (Flintstones Explain Simple Machines Ser.). (ENG.). 24p. (J). (gr. k-2). lib. bdg. 27.99 *(978-1-4914-8474-6(8),* 130923) Capstone.
Fred Forgets. Jarvis. 2016. (ENG., Illus.). 32p. (J). (gr. -1-3). 17.99 *(978-0-06-234916-3(3),* HarperCollins) HarperCollins Pubs.
Fred Freeland; or the Chain of Circumstances: A Story for Boys & Girls (Classic Reprint) Willis Loveyouth. 2018. (ENG., Illus.). 300p. (J). 30.08 *(978-0-267-20450-2(7))* Forgotten Bks.
Fred Goes Fishing: Practicing the F Sound, 1 vol. Isabella Garcia. 2016. (Rosen Phonics Readers Ser.). (ENG., Illus.). 8p. (J). (gr. -1-2). pap. *(978-1-5081-3077-2(9),* 57979073-4860-4ef3-9ab2-15e58fd59c50, Rosen Classroom) Rosen Publishing Group, Inc., The.
Fred Korematsu. Virginia Loh-Hagan. Illus. by Jeff Bane. 2022. (My Early Library: My Itty-Bitty Bio Ser.). (ENG.). 24p. (J). (gr. k-1). pap. 12.79 *(978-1-6689-0012-3(2),* 220103); lib. bdg. 30.64 *(978-1-5341-9898-2(9),* 219959) Cherry Lake Publishing.
Fred Korematsu Speaks Up. Laura Atkins & Stan Yogi. Illus. by Yutaka Houlette. 2017. (Fighting for Justice Ser.: 1). (ENG.). 112p. (J). 20.00 *(978-1-59714-368-4(5))* Heyday.
Fred Lawrence: Or, the World College (Classic Reprint) Margaret E. Teller. 2018. (ENG., Illus.). 230p. (J). 28.66 *(978-0-483-91233-5(6))* Forgotten Bks.
Fred Mitchell's War Story: Three Years in the War Zone (Classic Reprint) Frederick Mitchell. 2017. (ENG., Illus.). (J). 29.22 *(978-0-331-37865-8(5))* Forgotten Bks.
Fred Morris & His Dogs (Classic Reprint) M. E. Miller. 2018. (ENG., Illus.). 66p. (J). 25.26 *(978-0-267-26672-2(3))* Forgotten Bks.
Fred Pudding. Anne Vittur Kennedy. Illus. by Anne Vittur Kennedy. 2018. (ENG., Illus.). 32p. (J). (gr. -1-3). 16.99 *(978-0-8075-2581-4(2),* 807525812) Whitman, Albert & Co.
Fred Rides a Train. Janet Morrison. 2016. (ENG., Illus.). (J). pap. 12.95 *(978-1-68197-349-4(9))* Christian Faith Publishing.
Fred Rogers. Meeg Pincus. Illus. by Jeff Bane. 2021. (My Early Library: My Itty-Bitty Bio Ser.). (ENG.). 24p. (J). (gr. k-1). lib. bdg. 30.64 *(978-1-5341-7991-2(7),* 218244) Cherry Lake Publishing.
Fred Shaw's American Diadem (Classic Reprint) Unknown Author. 2018. (ENG., Illus.). (J). 78p. 25.51 *(978-1-396-33065-0(8))*; 80p. pap. 9.57 *(978-1-390-90030-9(4))* Forgotten Bks.
Fred Shaw's American Diadem (Classic Reprint) Frederick T. Shaw. (ENG., Illus.). (J). 2018. 78p. 25.51 *(978-0-656-35061-2(X))*; 2017. pap. 9.57 *(978-0-243-44685-8(3))* Forgotten Bks.
Fred. Shaw's Dime American Comic Songster: Containing a Selection of Comic Songs, Composed & Sung by Fred. Shaw, the Unrivaled American Comic Vocalist (Classic Reprint) Frederick Shaw. (ENG., Illus.). (J). 2018. 84p. 25.63 *(978-0-365-40177-3(3))*; 2017. pap. 9.57 *(978-0-259-82081-9(4))* Forgotten Bks.
Fred the Amazing Frog. Tracey Murphy. 2021. (ENG., Illus.). 28p. (J). pap. 13.95 *(978-1-63692-442-7(5))* Newman Springs Publishing, Inc.
Fred the Ant Loves Cheese. Amy Bulkeley. Ed. by Jeannine Cheever. Illus. by Ola Snimshchikova. 2020. (ENG.). 34p. (J). 15.99 ***(978-1-7344258-0-2(6))*** Bulkeley, Amy.
Fred the Frog. Tucker Hammargren. 2018. (ENG., Illus.). 32p. (J). pap. 11.95 *(978-1-64300-708-3(4))* Covenant Bks.

Fred the Generous Turkey. Helena Rayos. Illus. by Maria Christina Nel Lopez. 2020. (ENG.). 30p. (J). pap. 14.95 (978-1-0879-3150-0(9)) Indy Pub.

Fred the Super Saves the Mangroves. Pina Bird. 2021. (ENG.). 40p. (J). 24.99 (978-1-7347321-3-9(X)); pap. 14.99 (978-1-7347321-4-6(8)) Pina Bird Bks. LLC.

Fred the Tree. Leigh H. Guest. Illus. by Leigh H. Guest. 2019. (ENG., Illus.). 36p. (J). 19.99 (978-0-578-58627-4(4)) Guest, Leigh.

Fred Visits a Farm. Janet Morrison. 2017. (ENG., Illus.). 28p. (J). pap. 12.95 (978-1-64028-721-1(3)) Christian Faith Publishing.

Fred Warren: A Problem for Two Nations (Classic Reprint) George Bradshaw. (ENG., Illus.). (J). 2018. 20p. 24.33 (978-0-365-47522-4(X)); 2017. pap. 7.97 (978-0-259-86758-6(6)) Forgotten Bks.

Fred Winsted: A College Man (Classic Reprint) S. Wood McClave. 2018. (ENG., Illus.). 366p. (J). 31.47 (978-0-483-34920-9(8)) Forgotten Bks.

Freda. Fanny Wheeler Hart. 2017. (ENG.). (J). 316p. pap. (978-3-337-06513-3(9)); 328p. pap. (978-3-337-06515-7(5)); 306p. pap. (978-3-337-06516-4(3)) Creation Pubs.

Freda: A Novel, Vol. 1 (Classic Reprint) Fanny Wheeler Hart. 2018. (ENG., Illus.). 312p. (J). 30.33 (978-0-483-95879-1(4)) Forgotten Bks.

Freda: A Novel, Vol. 2 (Classic Reprint) Fanny Wheeler Hart. 2018. (ENG., Illus.). 304p. (J). 30.17 (978-0-483-79895-3(9)) Forgotten Bks.

Freda: A Novel, Vol. 3 of 3 (Classic Reprint) Fanny Wheeler Hart. 2018. (ENG., Illus.). 326p. (J). 30.64 (978-0-267-15069-4(5)) Forgotten Bks.

Freda (Classic Reprint) Katharine Tynan. 2018. (ENG., Illus.). (J). 498p. 34.19 (978-0-366-56021-9(2)); 500p. pap. 16.57 (978-0-366-05318-6(3)) Forgotten Bks.

Freda's Little Red Huset. Laurie Solis. Ed. by Natalia Solis & Tatiana Solis. 2019. (ENG.). 32p. (J). (978-1-5255-3398-3(3)); pap. (978-1-5255-3399-0(1)) FriesenPress.

Freddie & Baba Lou the Butterfly. P. K. Chutte. 2016. (ENG., Illus.). (J). pap. 15.45 (978-1-5043-3169-2(9), Balboa Pr.) Author Solutions, LLC.

Freddie & Friends Becoming Unstuck: A Story about Letting Go of Your Worry Bug, Vol. 4. Kimberly Delude. Illus. by Brian Martin. ed. 2019. (Freddie the Fly Ser.: Vol. 4). (ENG.). 31p. (J). (gr. k-4). pap. 10.95 (978-1-944882-42-6(1)) Boys Town Pr.

Freddie & Friends: Bugging Out: A Story about Learning to Keep Small Problems Small, Volume 6. Kimberly Delude. Illus. by Brian Martin. ed. 2021. (Freddie the Fly Ser.: 6). (ENG.). 31p. (J). (gr. k-5). pap. 10.95 (978-1-944882-69-3(3)) Boys Town Pr.

Freddie & Millie: Go to the Seaside. Caroline Farnham. Illus. by Carolina Rico. 2022. (ENG.). 24p. (J). pap. (978-1-80381-036-2(X)) Grosvenor Hse. Publishing Ltd.

Freddie & the Circus Train. Becky Alexander. 2017. (ENG., Illus.). (J). 22.95 (978-1-4808-3817-8(9)); pap. 10.45 (978-1-4808-3806-2(3)) Archway Publishing.

Freddie & the Fairy. Julia Donaldson. Illus. by Karen George. 2021. (ENG.). 32p. (J). (gr. -1-k). pap. 14.99 (978-1-5290-4252-8(6), 900326002, Macmillan Children's Bks.) Pan Macmillan GBR. Dist: Macmillan.

Freddie & the Magic Heart. Mark James. Illus. by Lulu McWilliams. 2023. (ENG.). 32p. (J). pap. (978-1-80381-304-2(0)) Grosvenor Hse. Publishing Ltd.

Freddie at the Building Site. R. M. Price-Mohr. 2022. (ENG.). 18p. (J). pap. (978-1-913946-83-8(5)) Crossbridge Bks.

Freddie at the Fair. R. M. Price-Mohr. 2022. (ENG.). 18p. (J). pap. (978-1-913946-82-1(7)) Crossbridge Bks.

Freddie Fieldmouse & the River Rescue. Dennis Taylor. 2023. (ENG.). 34p. (J). (978-1-80369-509-9(9)) Authors OnLine, Ltd.

Freddie Fieldmouse & the River Rescue: An Exciting Adventure of Freddie Fieldmouse & His Friends. Dennis Taylor. 2022. (ENG.). 34p. (J). pap. (978-1-80369-623-2(0)) Authors OnLine, Ltd.

Freddie Figg: The Ultimate Scary Story Anthology. D. C. Swain. 2020. (ENG.). 344p. (J). pap. (978-0-473-52716-7(2)) Cambridge Town Pr.

Freddie Figg & the Babysitter Bandit. D. C. Swain. 2020. (ENG.). 36p. (J). pap. (978-0-473-52711-2(1)) Cambridge Town Pr.

Freddie Figg & the Ghastly Garden. D. C. Swain. 2020. (ENG.). 38p. (J). pap. (978-0-473-52671-9(9)) Cambridge Town Pr.

Freddie Figg & the Grocery Store Ghouls. D. C. Swain. 2020. (ENG.). 36p. (J). pap. (978-0-473-52676-4(X)) Cambridge Town Pr.

Freddie Figg & the Homework Hound. D. C. Swain. 2020. (ENG.). 36p. (J). pap. (978-0-473-52706-8(5)) Cambridge Town Pr.

Freddie Figg & the Lunch Lady Landings. D. C. Swain. 2020. (ENG.). 38p. (J). pap. (978-0-473-52681-8(6)) Cambridge Town Pr.

Freddie Figg & the Museum Madness. D. C. Swain. 2020. (ENG.). 36p. (J). pap. (978-0-473-52696-2(4)) Cambridge Town Pr.

Freddie Figg & the Science Room Squid. D. C. Swain. 2020. (ENG.). 36p. (J). pap. (978-0-473-52666-5(2)) Cambridge Town Pr.

Freddie Figg & the Valentines Vampires. D. C. Swain. 2020. (ENG.). 36p. (J). pap. (978-0-473-52701-3(4)) Cambridge Town Pr.

Freddie Figg & the Warehouse Werewolf. D. C. Swain. 2020. (ENG.). 38p. (J). pap. (978-0-473-52686-3(7)) Cambridge Town Pr.

Freddie Figg & the Zoo Zombies. D. C. Swain. 2020. (ENG.). 36p. (J). pap. (978-0-473-52691-7(3)) Cambridge Town Pr.

Freddie Goes to College (Classic Reprint) Dwight Everett Watkins. 2018. (ENG., Illus.). 40p. (J). 24.72 (978-0-483-76941-0(X)) Forgotten Bks.

Freddie Learns to Behave. Pauline Fynn. Illus. by Jason Buhagiar. 2017. (ENG.). (J). (gr. 1-3). (978-0-9955093-9-9(5)) Perfect Pubs.

Freddie Meets Andy. R. M. Price-Mohr. 2022. (ENG.). 18p. (J). pap. (978-1-913946-80-7(0)) Crossbridge Bks.

Freddie Mercury. Maria Isabel Sanchez Vegara. Illus. by Ruby Taylor. 2023. (Little People, BIG DREAMS Ser.: 94). (ENG.). 32p. (J). (gr. -1-2). (978-0-7112-7108-1(9), Frances Lincoln Children's Bks.) Quarto Publishing Group UK.

Freddie Needs Help. R. M. Price-Mohr. 2022. (ENG.). 18p. (J). pap. (978-1-913946-81-4(9)) Crossbridge Bks.

Freddie Ramos Adds It All Up. Jacqueline Jules. Illus. by Miguel Benítez. (Zapato Power Ser.: 8). (ENG.). 96p. (J). (gr. 1-5). 2020. pap. 5.99 (978-0-8075-9559-6(4), 807595594); 2019. 14.99 (978-0-8075-9539-8(X), 080759539X) Whitman, Albert & Co.

Freddie Ramos & the Beach Monster. Jacqueline Jules. Illus. by Keiron Ward. 2023. (Zapato Power Ser.: 13). (ENG.). 96p. (J). (gr. 1-5). 14.99 (978-0-8075-8118-6(6), 0807581186) Whitman, Albert & Co.

Freddie Ramos & the Meteorite. Jacqueline Jules. Illus. by Keiron Ward. 2021. (Zapato Power Ser.: 11). (ENG.). 96p. (J). (gr. 1-5). pap. 6.99 (978-0-8075-9572-5(1), 807595721); 14.99 (978-0-8075-9570-1(5), 807595705) Whitman, Albert & Co.

Freddie Ramos Gets a Sidekick. Jacqueline Jules. Illus. by Keiron Ward. (Zapato Power Ser.: 10). (ENG.). 96p. (J). (gr. 1-5). 2021. pap. 5.99 (978-0-8075-9567-1(5), 807595675); 2020. 14.99 (978-0-8075-9562-6(4), 807595624) Whitman, Albert & Co.

Freddie Ramos Hears It All. Jacqueline Jules. Illus. by Miguel Benítez. (Zapato Power Ser.: 7). (ENG.). 96p. (J). (gr. 1-5). 2019. pap. 5.99 (978-0-8075-9542-8(X), 080759542X); 2018. 14.99 (978-0-8075-9500-8(4), 807595004) Whitman, Albert & Co.

Freddie Ramos Powers Up. Jacqueline Jules. Illus. by Keiron Ward. 2022. (Zapato Power Ser.: 12). (ENG.). 96p. (J). (gr. 1-5). 14.99 (978-0-8075-9574-9(8), 807595748) Whitman, Albert & Co.

Freddie Ramos Rules New York. Jacqueline Jules. Illus. by Miguel Benítez. (Zapato Power Ser.: 6). (ENG.). 96p. (J). (gr. 1-5). 2017. pap. 6.99 (978-0-8075-9499-5(7), 807594997); 2016. 14.99 (978-0-8075-9497-1(0), 807594970) Whitman, Albert & Co.

Freddie Ramos Tracks down a Drone. Jacqueline Jules. Illus. by Miguel Benítez. 2020. (Zapato Power Ser.: 9). (ENG.). 96p. (J). (gr. 1-5). pap. 5.99 (978-0-8075-9563-3(2), 0807595632); 14.99 (978-0-8075-9544-2(6), 807595446) Whitman, Albert & Co.

Freddie Takes Daisy for a Walk. Diana S. Duncan. 2016. (ENG., Illus.). 34p. pap. 16.05 (978-1-4828-8045-8(8)) Partridge Pub.

Freddie the Bat. L. a Adams. 2019. (ENG.). 26p. (J). pap. (978-1-5289-1127-6(X)) Austin Macauley Pubs. Ltd.

Freddie the Fly Motormouth: A Story about Learning to Listen, Vol. 1. Kimberly Delude. Illus. by Brian Martin. ed. 2017. (Freddie the Fly Ser.). (ENG.). 31p. (J). (gr. k-5). pap. 10.95 (978-1-944882-17-4(0)) Boys Town Pr.

Freddie the Fly: Seeing Through Another Lens: A Perspective-Taking Story, 7 nos., Volume 7. Kimberly Delude. Illus. by Brian Martin. 2023. (Freddie the Fly Ser.). (ENG.). 31p. (J). (gr. k-5). pap. 11.95 (978-1-889322-22-3(9), 59-007) Boys Town Pr.

Freddie the Fruit of the Spirit Tree: The Fruit of Love. Gail Hale. Illus. by Anita Tracy. 2022. (Freddie the Fruit of the Spirit Tree Ser.: 1). 30p. (J). pap. 10.99 (978-1-6678-5933-0(1)) BookBaby.

Freddie the Rock & Roll Cat. Allison McWood. Illus. by Nadine McCaughey. 2018. (ENG.). 34p. (J). pap. (978-0-9782729-6-8(X)) Annelid Pr.

Freddie the Spider. Ruth Emanuel. 2018. (ENG., Illus.). 20p. (J). pap. (978-1-911289-31-9(4)) Electric Reads.

Freddie the Spider at the Park. Ruth Emanuel. 2018. (ENG., Illus.). 18p. (J). pap. (978-1-911289-36-4(5)) Electric Reads.

Freddie the Spider Finds a Friend. Ruth Emanuel. 2018. (ENG., Illus.). 18p. (J). pap. (978-1-911289-34-0(9)) Electric Reads.

Freddie the Spider in the Snow. Ruth Emanuel. 2018. (ENG., Illus.). 18p. (J). pap. (978-1-911289-35-7(7)) Electric Reads.

Freddie vs. the Family Curse. Tracy Badua. (ENG.). (J). (gr. 3-7). 2023. 272p. pap. 9.99 (978-0-358-74928-6(X)); 2022. 256p. 16.99 (978-0-358-61289-6(6), 1815529) HarperCollins Pubs. (Clarion Bks.).

Freddie's Big Day with His New Friends. Clyde Sargent. 2020. (ENG.). 28p. (J). pap. 12.95 (978-1-64531-819-4(2)) Newman Springs Publishing, Inc.

Freddie's Birthday Party. Bessie Ann. 2019. (ENG., Illus.). 54p. (J). pap. (978-1-78878-819-9(2)) Austin Macauley Pubs. Ltd.

Freddie's Clever Magic Feather. Debbie Brewer. 2020. (ENG.). 59p. (J). pap. (978-1-716-60097-5(9)) Lulu Pr., Inc.

Freddie's First Flight: Life & Times of Freddie the Great-Tailed Grackle. William Brown. Illus. by Gary Donald Sanchez. 2022. (Life & Times of Freddie the Great-Tailed Grackle Ser.: Vol. 1). (ENG.). 32p. (J). pap. 20.99 (978-1-6628-6067-6(6)) Salem Author Services.

Freddie's Rainy Day. Phil Hall. 2016. (ENG., Illus.). 31p. (J). pap. (978-1-910223-76-5(X)) UK Bk. Publishing.

Freddy Bear & the Big Bed. Joy Cowley. Illus. by Philip Webb. 2017. (Freddy Bear Ser.). 20p. (J). (— 1). bds. 7.99 (978-1-927262-96-2(8)) Upstart Pr. NZL. Dist: Independent Pubs. Group.

Freddy Bear & the Toothpaste. Joy Cowley. Illus. by Phillip Webb. 2017. (Freddy Bear Ser.). 20p. (J). (— 1). bds. 7.99 (978-1-927262-97-9(6)) Upstart Pr. NZL. Dist: Independent Pubs. Group.

Freddy Bush Boy. John Parke. 2018. (ENG., Illus.). 92p. (J). pap. 4.23 (978-0-244-70864-1(9)) Lulu Pr., Inc.

Freddy Buttons & the Apple Bandits. Fiona Dillon. Illus. by Derry Dillon. 2016. (Freddy Buttons Ser.: 5). (ENG.). 40p. (J). pap. 12.00 (978-1-909895-87-4(3)) Orpen Pr. IRL. Dist: Dufour Editions, Inc.

Freddy Files. Scott Cawthon. 2017. (Illus.). 160p. (YA). (978-1-74276-601-0(3)) Scholastic, Inc.

Freddy Frog & the Bully. Brittany Schaeffer. 2017. (ENG., Illus.). 18p. (J). (978-1-387-36402-2(2)) Lulu Pr., Inc.

Freddy Krueger. Kenny Abdo. 2019. (Hollywood Monsters Ser.). (ENG., Illus.). 32p. (J). (gr. 2-8). lib. bdg. 31.36 (978-1-5321-2745-8(6), 31697, Abdo Zoom-Fly) ABDO Publishing Co.

Freddy Murphy & the Hidden Journal. Leslie Capozzi. 2023. (ENG.). 106p. (YA). pap. 14.95 (978-1-6624-8130-7(6)) Page Publishing.

Freddy Pompier ! Valérie Gasnier. 2017. (FRE., Illus.). 24p. (J). (978-1-326-92127-9(4)) Lulu Pr., Inc.

Freddy Shortpants & the Dreadful Dirigible Disaster: A Tale of Old Chillicothe. Steven Graves. 2020. (ENG.). 81p. (J). pap. (978-1-716-59804-3(4)) Lulu Pr., Inc.

Freddy Tangles: Champ or Chicken. Jack Brand. Illus. by Tom Jellett. 2017. (Freddy Tangles Ser.: 2). (ENG.). 128p. (J). (gr. 2-5). 7.99 (978-1-76011-035-2(3)) Allen & Unwin AUS. Dist: Independent Pubs. Group.

Freddy Tangles: Legend or Loser. Jack Brand. Illus. by Tom Jellett. 2017. (Freddy Tangles Ser.: 1). (ENG.). 128p. (J). (gr. 2-5). 7.99 (978-1-76011-034-5(5)) Allen & Unwin AUS. Dist: Independent Pubs. Group.

Freddy the Fan: The Fan That Wanted to Fly. Edward Palmer. 2017. (ENG., Illus.). 20p. (J). pap. 12.95 (978-1-64079-888-5(9)) Christian Faith Publishing.

Freddy the Fearless Dragon. Janet Soule Hassell. 2022. (ENG.). 36p. (J). pap. 20.00 (978-1-0879-3398-6(6)) Indy Pub.

Freddy, the Feral Feline: A Miss Futzy Adventure. Gina Shaw. 2017. (ENG., Illus.). (J). pap. 20.45 (978-1-5043-8075-1(4), Balboa Pr.) Author Solutions, LLC.

Freddy the Firefly Shines His Light. Leslie Tierney. 2016. (ENG., Illus.). (J). 26.95 (978-1-4808-3674-7(5)); pap. 16.95 (978-1-4808-3672-3(9)) Archway Publishing.

Freddy the Frog & the Swinging Bridge. Kathy Hesch. 2018. (ENG., Illus.). 24p. (J). pap. 12.45 (978-1-9736-1411-1(1), WestBow Pr.) Author Solutions, LLC.

Freddy the Frog & the Three Wishes. Pria Dee. 2023. (ENG.). 42p. (J). pap. (978-1-68562-016-5(7)) Austin Macauley Pubs. Ltd.

Freddy the Frogcaster & the Flash Flood. Janice Dean. (Freddy the Frogcaster Ser.). (ENG.). 40p. (J). 2020. (gr. k-3). pap. 7.99 (978-1-68451-039-9(2)); 2017. (Illus.). (gr. -1-3). 16.99 (978-1-62157-470-5(9)) Regnery Publishing. (Regnery Kids).

Freddy the Frogcaster & the Terrible Tornado. Janice Dean. (Freddy the Frogcaster Ser.). (ENG.). 40p. (J). 2020. (gr. k-3). pap. 7.99 (978-1-68451-038-2(4)); 2016. (Illus.). (gr. -1-3). 16.99 (978-1-62157-469-9(5)) Regnery Publishing. (Regnery Kids).

Freddy the Green Slimy Swamp Monster. Dalton Mullins. 2021. (ENG.). 27p. (J). pap. (978-1-6671-6765-7(0)) Lulu Pr., Inc.

Freddy the Little Freckle. J. Brenda. 2019. (ENG.). 22p. (J). pap. 12.95 (978-1-63338-797-3(6)) Fulton Bks.

Freddy the Red Beddy. Ruth Drabkin. 2022. 60p. (J). pap. 14.35 (978-1-6678-7638-2(4)) BookBaby.

Freddy, the Spinning Guinea Pig. Janet Moody. 2021. (ENG.). 46p. (J). pap. 10.99 (978-1-6628-2831-7(4)) Salem Author Services.

Freddy vs. School, Book #1. Neill Cameron. 2021. (ENG., Illus.). 224p. (J). (gr. 3-7). pap. 7.99 (978-1-338-68681-4(X)) Scholastic, Inc.

Freddy vs. School, Book #1 (Library Edition) Neill Cameron. 2021. (ENG., Illus.). 224p. (J). (gr. 3-7). lib. bdg. 26.99 (978-1-338-68682-1(8)) Scholastic, Inc.

Freddy's Gifts. Pinny Kuckel. 2023. 40p. (J). 34.95 (978-1-6678-9361-7(0)) BookBaby.

Freddy's Great Aunt: A Play for Female Characters (Classic Reprint) Ella Crane Wilkinson. (ENG., Illus.). (J). 2018. 20p. 24.31 (978-0-267-60644-3(3)); 2016. pap. 7.97 (978-1-334-13083-0(3)) Forgotten Bks.

Frederic Chopin. Mike Venezia. Illus. by Mike Venezia. rev. ed. 2017. (Getting to Know the World's Greatest Composers Ser.). (ENG., Illus.). 40p. (J). (gr. 3-4). pap. 7.95 (978-0-531-23035-0(X), Children's Pr.) Scholastic Library Publishing.

Frederic Chopin (Revised Edition) (Getting to Know the World's Greatest Composers) (Library Edition) Mike Venezia. Illus. by Mike Venezia. 2017. (Getting to Know the World's Greatest Composers Ser.). (ENG.). 40p. (J). (gr. 3-4). lib. bdg. 29.00 (978-0-531-22657-5(3), Children's Pr.) Scholastic Library Publishing.

Frederic Latimer, or the History of a Young Man of Fashion, Vol. 1 of 3 (Classic Reprint) John Gustavus LeMaistre. (ENG., Illus.). (J). 2018. 176p. 27.55 (978-0-484-66537-7(5)); 2016. pap. 9.97 (978-1-334-15364-8(7)) Forgotten Bks.

Frederic Latimer, Vol. 2 Of 3: Or the History of a Young Man of Fashion (Classic Reprint) John Gustavus LeMaistre. (ENG., Illus.). (J). 2018. 236p. 28.78 (978-0-484-32577-6(9)); 2016. pap. 11.57 (978-1-334-13772-3(2)) Forgotten Bks.

Frederica Dennison Spinster (Classic Reprint) Elizabeth Price. (ENG., Illus.). (J). 2018. 250p. 29.07 (978-0-365-22463-1(4)); 2017. pap. 11.57 (978-0-259-19565-8(0)) Forgotten Bks.

Frederick. Leo Lionni. 2017. (ENG., Illus.). 40p. (J). (gr. -1-2). 8.99 (978-0-399-55552-7(8), Dragonfly Bks.) Random Hse. Children's Bks.

Frederick / Swimmy Novel Units Teacher Guide. Novel Units. 2019. (ENG.). (J). (gr. 1-2). pap. 12.99 (978-1-56137-268-3(4), Novel Units, Inc.) Classroom Library Co.

Frederick (Classic Reprint) Lucy Bethia Walford. (ENG., Illus.). (J). 2018. 262p. 29.30 (978-0-267-00612-0(8)); 2017. pap. 11.97 (978-0-259-02281-7(0)) Forgotten Bks.

Frederick Cleveland: The Story of His Life, Suffering & Patient Service (Classic Reprint) Gertrude M. Van Vranken Cleveland U. 2017. (ENG., Illus.). (J). 29.82 (978-0-331-77504-4(2)) Forgotten Bks.

Frederick de Montford, Vol. 1 Of 3: A Novel (Classic Reprint) Edward Goulburn. 2018. (ENG., Illus.). 264p. (J). 29.36 (978-0-267-17036-4(X)) Forgotten Bks.

Frederick de Montford, Vol. 2 Of 3: A Novel in Three Volumes (Classic Reprint) Unknown Author. 2018. (ENG., Illus.). 260p. (J). 29.26 (978-0-483-40015-3(7)) Forgotten Bks.

Frederick de Montford, Vol. 3 Of 3: A Novel (Classic Reprint) Edward Goulburn. (ENG., Illus.). (J). 2018. 258p. 29.22 (978-0-483-98141-6(9)); 2016. pap. 11.57 (978-1-334-49803-9(2)) Forgotten Bks.

Frederick Douglass. 2018. (J). (978-0-7166-2280-2(7)) World Bk., Inc.

Frederick Douglass. Emma E. Haldy. Illus. by Jeff Bane. 2016. (My Early Library: My Itty-Bitty Bio Ser.). (ENG.). 24p. (J). (gr. k-1). 30.64 (978-1-63470-479-3(7), 207647) Cherry Lake Publishing.

Frederick Douglass. Mona Kerby. 2018. (ENG., Illus.). 54p. (J). (gr. 4-6). pap. 7.99 (978-0-9993790-9-7(7)) MK Pubs.

Frederick Douglass, 1 vol. Joan Stoltman. 2018. (Heroes of Black History Ser.). (ENG.). 32p. (J). (gr. 3-4). 28.27 (978-1-5382-3017-6(8), 33c38884-7b1c-4e56-b1e8-f6f62f920719) Stevens, Gareth Publishing LLLP.

Frederick Douglass, 1 vol. Kristen Susienka. 2019. (African American Leaders of Courage Ser.). (ENG.). 24p. (J). (gr. 1-2). pap. 9.25 (978-1-7253-0834-3(7), 5db88bbf-a07c-4b5f-97b8-907dda7a0163, PowerKids Pr.) Rosen Publishing Group, Inc., The.

Frederick Douglass. Barbara Kramer. ed. 2018. (National Geographic Readers Ser.). (ENG.). 32p. (J). (gr. -1-1). 13.89 (978-1-64310-447-8(0)) Penworthy Co., LLC, The.

Frederick Douglass: Abolitionist & Fighter for Equality, 1 vol. Jason Porterfield. 2017. (Britannica Beginner Bios Ser.). 32p. (J). (ENG.). (gr. 2-3). pap. 13.90 (978-1-68048-802-9(3), 8eaee0ce-f673-4150-831c-71c61eefb1ba); (gr. 6-10). 77.40 (978-1-5383-0019-0(2)) Rosen Publishing Group, Inc., The. (Britannica Educational Publishing).

Frederick Douglass: Abolitionist & Writer, 1 vol. Avery Elizabeth Hurt. 2019. (African American Trailblazers Ser.). (ENG.). 128p. (J). (gr. 9-9). lib. bdg. 47.36 (978-1-5026-4546-3(7), c1d29997-34b9-48b7-a101-89bd01ff9207) Cavendish Square Publishing LLC.

Frederick Douglass: Abolitionist & Writer. Avery Elizabeth Hurt. 2018. (J). pap. (978-1-5026-4068-0(6)) Musa Publishing.

Frederick Douglass: America's Prophet. D. H. Dilbeck. 2020. (ENG., Illus.). 208p. pap. 28.00 (978-1-4696-5904-6(2), 01PODPB) Univ. of North Carolina Pr.

Frederick Douglass: ¿Debo Argumentar el Sinsentido de la Esclavitud? Arianna Squilloni. Illus. by Cinta Fosch. 2022. (Akiparla Ser.: 8). (SPA.). 80p. (YA). (gr. 7). pap. 12.95 (978-84-18972-02-7(5)) Akiara Bks. ESP. Dist: Independent Pubs. Group.

Frederick Douglass: Líder Del Movimiento Abolicionista. Melissa Carosella. rev. ed. 2019. (Social Studies: Informational Text Ser.). (SPA., Illus.). 32p. (J). (gr. 4-8). pap. 11.99 (978-1-64290-120-7(2)) Teacher Created Materials, Inc.

Frederick Douglass: The Lion Who Wrote History. Walter Dean Myers. Illus. by Floyd Cooper. 2021. (ENG.). 40p. (J). (gr. -1-3). pap. 9.99 (978-0-06-303792-2(0), Quill Tree Bks.) HarperCollins Pubs.

Frederick Douglass: Voice for Justice, Voice for Freedom. Frank Murphy. Illus. by Nicole Tadgell. 2019. (Step into Reading Ser.). (ENG.). 48p. (J). (gr. k-3). pap. 5.99 (978-1-5247-7235-2(6), Random Hse. Bks. for Young Readers) Random Hse. Children's Bks.

Frederick Douglass: the Lion Who Wrote History. Walter Dean Myers. Illus. by Floyd Cooper. 2017. (ENG.). 40p. (J). (gr. -1-3). 17.99 (978-0-06-027709-3(2), Quill Tree Bks.) HarperCollins Pubs.

Frederick Douglass's Fourth of July Speech. Tamra Orr. 2020. (21st Century Skills Library: Front Seat of History: Famous Speeches Ser.). (ENG., Illus.). 32p. (J). (gr. 4-7). lib. bdg. 32.07 (978-1-5341-6877-0(X), 215395) Cherry Lake Publishing.

Frederick Fly-Catcher. Helen C. Johannes. 2020. (ENG.). 80p. (J). pap. 7.99 (978-1-393-77376-4(1)) Draft2Digital.

Frederick Goodyear, Letters & Remains, 1887-1917. Frederick Goodyear. 2017. (ENG., Illus.). (J). pap. (978-0-649-10939-5(2)) Trieste Publishing Pty Ltd.

Frederick Goodyear, Letters & Remains, 1887-1917 (Classic Reprint) Frederick Goodyear. (ENG., Illus.). (J). 2018. 212p. 28.27 (978-0-483-51431-7(4)); 2016. pap. 10.97 (978-1-334-17147-5(5)) Forgotten Bks.

Frederick Hazzleden, Vol. 1 Of 3: A Novel (Classic Reprint) Hugh Westbury. (ENG., Illus.). (J). 2018. 248p. 29.03 (978-0-483-90539-9(9)); 2016. pap. 11.57 (978-1-333-41157-2(X)) Forgotten Bks.

Frederick Hazzleden, Vol. 2: A Novel (Classic Reprint) Hugh Westbury. 2018. (ENG., Illus.). 256p. (J). 29.20 (978-0-332-04917-5(5)) Forgotten Bks.

Frederick Hazzleden, Vol. 3: A Novel (Classic Reprint) Hugh Westbury. (ENG., Illus.). (J). 2018. 230p. 28.66 (978-0-332-83353-8(4)); 2016. pap. 11.57 (978-1-334-12548-5(1)) Forgotten Bks.

Frederick (Leo Lionni's Friends) A Lift-The-Flap Book. Leo Lionni. 2022. (Leo Lionni's Friends Ser.). 22p. (J). (— 1). bds. 8.99 (978-0-593-38214-1(5), Random Hse. Bks. for Young Readers) Random Hse. Children's Bks.

Frederick the Great & His Court (Classic Reprint) L. Muhlbach. (ENG., Illus.). (J). 2018. 308p. 30.25 (978-0-483-84058-4(0)); 2016. pap. 13.57 (978-1-334-37460-9(0)) Forgotten Bks.

Frederick Wilmot: And a Painting & Its Mission (Classic Reprint) Frederick Wilmot. 2018. (ENG., Illus.). 132p. (J). 26.62 (978-0-332-63957-4(6)) Forgotten Bks.

Frederik Sandwich & the Earthquake That Couldn't Possibly Be. Kevin John Scott. (Frederik Sandwich Ser.: 1). (ENG.). (J). (gr. 3-7). 2019. 336p. pap. 12.99 (978-1-4926-6799-5(4)); 2018. (Illus.). 320p. 16.99 (978-1-4926-4853-6(1)) Sourcebooks, Inc.

Frederique (Classic Reprint) Marcel Prevost. 2018. (ENG., Illus.). 402p. (J). 32.19 (978-0-484-32277-5(X)) Forgotten Bks.

Fredrick the Butterfly. Karen Ann Smythe. 2017. (ENG., Illus.). 24p. (J). 19.99 (978-0-9988146-1-2(X)); pap. 9.99 (978-0-9988146-0-5(1)) Hicks, Christina Creative.

Fredrick the Butterfly - Spanish Translation. Karen Ann Smythe. 2017. (SPA., Illus.). 24p. (J). (gr. k-6). pap. 9.99 (978-0-9988146-2-9(8)) Hicks, Christina Creative.

Fred's Amazing Holiday. Ian Higgins. 2016. (ENG., Illus.). (J). pap. (978-1-925282-06-1(6)) Port Campbell Pr.

F

Fred's Big Discovery. Janet Morrison. 2018. (ENG., Illus.). 32p. (J). pap. 12.95 *(978-1-64028-723-5(X))* Christian Faith Publishing.

Fred's Big Feelings: The Life & Legacy of Mister Rogers. Laura Renauld. Illus. by Brigette Barrager. 2020. (ENG.). 40p. (J). (gr. -1-3). 17.99 *(978-1-5344-4122-4(0),* Atheneum Bks. for Young Readers) Simon & Schuster Children's Publishing.

Fred's Challenge. Peter M. Oliver. Ed. by Joyce Oliver. 2016. (ENG., Illus.). (J). pap. *(978-1-4602-9406-2(8))* FriesenPress.

Fred's Funny Farm. Jordan Dodd. 2018. (ENG., Illus.). 28p. (J). pap. *(978-1-7752259-0-4(9))* First Philosophy Bks.

Fred's Trip to the Market. Caroline Evari. Illus. by Stefan Bogdasarov. 2021. (ENG.). 24p. (J). pap. *(978-1-922621-50-4(1))* Library For All Limited.

Free. Barroux. 2022. (ENG., Illus.). 40p. (J). (gr. 3). 18.95 *(978-1-77147-451-1(3))* Owlkids Bks. Inc. CAN. Dist: Publishers Group West (PGW).

Free. Lauren McLaughlin. 2018. (ENG.). 288p. (YA). (gr. 9). pap. 10.99 *(978-1-61695-874-9(X),* Soho Teen) Soho Pr., Inc.

Free. Sam Usher. Illus. by Sam Usher. 2021. (Nature Quartet Ser.). (ENG., Illus.). 40p. (J). (gr. -1-2). 16.99 *(978-1-5362-1704-9(2),* Templar) Candlewick Pr.

Free Air (Classic Reprint) Sinclair Lewis. 2017. (ENG., Illus.). (J). 31.82 *(978-0-265-22915-6(4))* Forgotten Bks.

Free & Easy Comic Songster: Being a Choice Collection of Amusing, Broadly Burlesque, Dry, Droll, Humorous, & Truly Original Songs; All Adapted to Very Popular Airs (Classic Reprint) Robert M. De Witt. (ENG., Illus.). (J). 2018. 80p. 25.55 *(978-0-364-55300-8(6));* 2017. pap. 9.57 *(978-0-243-48661-8(8))* Forgotten Bks.

Free & Easy, or Convivial Songster: A Collection of New & Popular Songs, Comic & Sentimental (Classic Reprint) Unknown Author. 2018. (ENG., Illus.). 26p. (J). 24.45 *(978-0-483-96100-5(0))* Forgotten Bks.

Free, & Other Stories (Classic Reprint) Theodore Dreiser. 2017. (ENG., Illus.). 368p. (J). 31.51 *(978-0-332-74449-0(3))* Forgotten Bks.

Free As a Bird: The Story of Malala. Lina Maslo. 2020. (ENG., Illus.). 40p. (J). (gr. -1-3). pap. 8.99 *(978-0-06-302034-4(3),* Balzer & Bray) HarperCollins Pubs.

Free As a Bird: The Story of Malala. Lina Maslo. Illus. by Lina Maslo. 2018. (ENG., Illus.). 40p. (J). (gr. -1-3). 17.99 *(978-0-06-256077-3(8),* Balzer & Bray) HarperCollins Pubs.

Free As a Bird / Libre Como una Ave. Annelin Fagernes. Illus. by Annelin Fagernes. 2018. (Xist Kids Bilingual Spanish English Ser.). (ENG & SPA., Illus.). 32p. (J). (gr. -1-3). pap. 9.99 *(978-1-5324-0101-5(9))* Xist Publishing.

Free As a Butterfly. Jan Fenimore. Illus. by Marina Movshina. I.t. ed. 2020. (ENG.). 20p. (J). (gr. k-5). pap. 10.95 *(978-1-951545-09-3(5))* Guardian Angel Publishing, Inc.

Free at Last: A Juneteenth Poem. Sojourner Kincaid Rolle. Illus. by Alex Bostic. 2022. (ENG.). 32p. (J). (gr. -1-3). 17.99 *(978-1-4549-4374-7(2))* Sterling Publishing Co., Inc.

Free for You & Me: What Our First Amendment Means. Christy Mihaly. Illus. by Manu Montoya. 2020. (ENG.). 32p. (J). (gr. -1-3). 16.99 *(978-0-8075-2441-1(7),* 807524417) Whitman, Albert & Co.

Free Freddy. Bob Finer & Jim Pitzer. 2020. (ENG.). 46p. (J). pap. ***(978-1-716-85177-3(7))*** Lulu Pr., Inc.

Free from Panic: A Teen's Guide to Coping with Panic Attacks & Panic Symptoms. Monika Parkinson et al. Illus. by Richy K. Chandler. ed. 2022. 112p. (J). 18.95 *(978-1-78775-818-6(4),* 806071) Kingsley, Jessica Pubs. GBR. Dist: Hachette UK Distribution.

Free from the Tracks. K. T. Bowes. 2019. (Troubled Ser.: Vol. 1). (ENG.). 110p. (YA). (gr. 8-12). pap. *(978-0-9951190-4-8(X))* Bowes, KT.

Free Game: If You Can Afford It. Khalil Watts. Ed. by Writers Of the West. 2023. (ENG.). 230p. (J). pap. 15.99 ***(978-1-312-47218-1(9))*** Lulu Pr., Inc.

Free Horse. Susan Carpenter Noble. 2020. (ENG.). 192p. (YA). pap. 11.95 *(978-1-64999-068-6(5))* Primedia eLaunch LLC.

Free Indeed. Bob Masters Sr. 2017. (ENG., Illus.). (J). pap. 19.49 *(978-1-4984-9011-5(5))* Salem Author Services.

Free Joe, & Other Georgian Sketches. Joel Chandler Harris. 2017. (ENG., Illus.). (J). pap. *(978-0-649-16854-5(2));* pap. *(978-0-649-24249-8(1))* Trieste Publishing Pty Ltd.

Free Joe & Other Georgian Sketches. Joel Chandler Harris. 2017. (ENG.). 246p. (J). pap. *(978-3-337-28977-5(0))* Creation Pubs.

Free Joe, & Other Georgian Sketches (Classic Reprint) Joel Chandler Harris. 2018. (ENG., Illus.). 260p. (J). 29.26 *(978-0-483-96507-2(3))* Forgotten Bks.

Free Kid to Good Home. Hiroshi Ito. Illus. by Hiroshi Ito. 2022. (ENG., Illus.). 112p. (J). (gr. k-3). 18.99 *(978-1-77657-442-1(7),* be3942d5-83dd-45ec-9d07-89e53bf03c19) Gecko Pr. NZL. Dist: Lerner Publishing Group.

Free Lance. Mayne Reid. 2017. (ENG.). 242p. (J). pap. *(978-3-7446-7378-5(2))* Creation Pubs.

Free Lance in a Far Land: Being & Account of the Singular Fortunes of Selwyn Fyveways, of Fyveways Hall, in the County of Gloucester, Esquire (Classic Reprint) Herbert Compton. (ENG., Illus.). (J). 2018. 388p. 31.94 *(978-0-332-22893-8(2));* 2016. pap. 16.57 *(978-1-333-37370-2(8))* Forgotten Bks.

Free Lance of to-Day (Classic Reprint) Sir Hugh Charles Clifford. 2018. (ENG., Illus.). 336p. (J). 30.93 *(978-0-332-92550-9(1))* Forgotten Bks.

Free Lances. Mayne Reid. 2017. (ENG.). (J). 226p. pap. *(978-3-337-34732-1(0));* 242p. pap. *(978-3-337-34733-8(9));* 242p. pap. *(978-3-337-34734-5(7));* 244p. pap. *(978-3-7446-7685-4(4));* 226p. pap. *(978-3-7446-7686-1(2))* Creation Pubs.

Free Lances: A Romance of the Mexican Valley (Classic Reprint) Mayne Reid. 2018. (ENG., Illus.). 240p. (J). 28.85 *(978-0-267-45192-0(X))* Forgotten Bks.

Free Land for Sale! Lydia Y. Pope Burden. 2022. (ENG., Illus.). 164p. (YA). pap. 16.95 ***(978-1-6624-8709-5(6))*** Page Publishing Inc.

Free Lunch. Rex Ogle. 2019. (ENG.). 208p. (J). (gr. 6-9). 17.95 *(978-1-324-00360-1(X),* 340360, Norton Young Readers) Norton, W. W. & Co., Inc.

Free Not Bound (Classic Reprint) Katrina Trask. 2017. (ENG., Illus.). (J). 29.67 *(978-0-266-66901-2(8));* pap. 13.57 *(978-1-5276-4076-4(0))* Forgotten Bks.

Free Pizza. G. c. McRae. 2019. (ENG., Illus.). 360p. (YA). pap. *(978-0-9939183-8-4(7))* Warne, MacDonald Media.

Free Press & Censorship. Susan Brophy Down. 2018. (Why Does Media Literacy Matter? Ser.). (ENG., Illus.). 48p. (J). (gr. 6-6). *(978-0-7787-4543-3(0));* pap. *(978-0-7787-4547-1(3))* Crabtree Publishing Co.

Free Prisoners (Classic Reprint) Jane W. Bruner. 2018. (ENG., Illus.). 258p. (J). 29.22 *(978-0-483-39131-4(X))* Forgotten Bks.

Free Radicals. Lila Riesen. 2023. (ENG.). 400p. (YA). (gr. 7-12). 19.99 *(978-0-593-40771-4(7),* Nancy Paulsen Books) Penguin Young Readers Group.

Free Range (Classic Reprint) Elwell Lawrence. 2018. (ENG., Illus.). 324p. (J). 30.60 *(978-0-267-48969-5(2))* Forgotten Bks.

Free-Range Farming. Trina Mickelson. 2016. (Growing Green Ser.). (ENG., Illus.). 64p. (J). (gr. 6-8). lib. bdg. 34.65 *(978-1-4677-9389-6(2),* 342e135f-f732-4b1c-b5ef-016654f9c69f); E-Book 51.99 *(978-1-4677-9710-8(3))* Lerner Publishing Group. (Lerner Pubns.).

Free-Range Freddy. Rachel Bright. Illus. by Izzy Evans. 2022. (ENG.). 32p. (J). (gr. -1-k). 10.99 ***(978-1-4083-5007-2(6),*** Orchard Bks.) Hachette Children's Group GBR. Dist: Hachette Bk. Group.

Free Range Lanning a Western Story (Classic Reprint) George Owen Baxter. 2018. (ENG., Illus.). 302p. (J). 30.15 *(978-0-332-15629-3(X))* Forgotten Bks.

Free Rangers: A Story of the Early Days along the Mississippi. Joseph A. Altsheler. 2019. (ENG., Illus.). 264p. (YA). (gr. 7-12). pap. *(978-93-5329-446-5(0))* Alpha Editions.

Free Soil (Classic Reprint) Margaret Lynn. 2017. (ENG., Illus.). (J). 31.84 *(978-0-266-71375-3(0));* pap. 16.57 *(978-1-5276-6805-8(3))* Forgotten Bks.

Free Solitude (Classic Reprint) Alice Perrin. (ENG., Illus.). (J). 2018. 352p. 31.18 *(978-0-483-84171-0(4));* 2016. pap. 13.57 *(978-1-334-73800-5(9))* Forgotten Bks.

Free Soloing & Other Extreme Rock Climbing. Elliott Smith. 2019. (Natural Thrills Ser.). (ENG., Illus.). 32p. (J). (gr. 3-9). lib. bdg. 28.65 *(978-1-5435-7325-1(8),* 140625) Capstone.

Free Speech & Censorship: A Documentary & Reference Guide, 1 vol. Cari Lee Skogberg Eastman. annot. ed. 2022. (Documentary & Reference Guides). (ENG.). 396p. (C). 122.00 *(978-1-4408-6538-1(8),* 796288, Greenwood) Bloomsbury Publishing USA.

Free Spirits: Spring, 1981 (Classic Reprint) Coahoma Junior College. (ENG., Illus.). (J). 2018. 72p. 25.40 *(978-0-656-34783-4(X));* 2017. pap. 9.57 *(978-0-243-44152-5(5))* Forgotten Bks.

Free Spirits: The Literary Publication of the Creative Writer's Workshop (Classic Reprint) Coahoma Junior College. (ENG., Illus.). (J). 2018. 50p. 24.93 *(978-0-332-91362-9(7));* 2017. pap. 9.57 *(978-0-259-88629-7(7))* Forgotten Bks.

Free Spirits, 2002 (Classic Reprint) Coahoma Community College. (ENG., Illus.). (J). 2018. 68p. 25.32 *(978-0-364-08252-2(6));* 2017. pap. 9.57 *(978-0-243-40318-9(6))* Forgotten Bks.

Free Stuff: The Misadventures of Billy the Liberal. Jared Perkins. 2022. (ENG.). 194p. (YA). pap. ***(978-1-387-91060-1(4))*** Lulu Pr., Inc.

Free Throw! a Basketball Coloring Book. Activity Book Zone for Kids. 2016. (ENG., Illus.). (J). pap. 9.20 *(978-1-68376-335-2(1))* Sabeels Publishing.

Free Throw Contest. Shawn Pryor. Illus. by Alex Patrick. 2021. (Kids' Sports Stories Ser.). (ENG.). 32p. (J). 21.32 *(978-1-6639-0934-3(2),* 212650); pap. 5.95 *(978-1-6639-2121-5(0),* 212644) Capstone. (Picture Window Bks.).

Free Throw Fail. Jake Maddox. 2017. (Jake Maddox JV Ser.). (ENG., Illus.). 96p. (J). (gr. 4-6). lib. bdg. 26.65 *(978-1-4965-4941-9(4),* 135846, Stone Arch Bks.) Capstone.

Free to Be Elephant Me. Giles Andreae. Illus. by Guy Parker-Rees. 2021. (ENG.). 32p. (J). (gr. -1-3). 18.99 *(978-1-338-73427-0(X),* Orchard Bks.) Scholastic, Inc.

Free to Be... I Rely on Me... Marlo the Island Girl. Beth Poirier. Illus. by Claire Gordon. 2021. (ENG.). 32p. (J). *(978-1-5255-6000-2(X));* pap. *(978-1-5255-6001-9(8))* FriesenPress.

Free to Be Me. Sunflowers (Aaron and Julie Harris). Illus. by Maud Legrand. 2022. (ENG.). 48p. (J). (gr. k-2). 16.95 *(978-2-925108-91-7(1))* La Montagne Secrete CAN. Dist: Independent Pubs. Group.

Free to Be Me. Linda Richardson Brown. 2018. (ENG., Illus.). 30p. (J). pap. 12.95 *(978-1-64003-940-7(6))* Covenant Bks.

Free to Be Me. Nancy Zarriello. Illus. by Blueberry Illustrations. 2019. (ENG.). 32p. (J). (gr. 1-6). 19.99 *(978-0-578-53204-2(2))* Zarriello, Nancy.

Free to Be Me: A Book for Teens & Tweens. Pharmd Mba Kay. 2017. (ENG., Illus.). (J). pap. 10.95 *(978-1-5043-7812-3(1),* Balboa Pr.) Author Solutions, LLC.

Free to Be Me: An LGBTQ+ Journal of Love, Pride & Finding Your Inner Rainbow. Dom&Ink. 2020. (ENG., Illus.). 192p. (J). (gr. 7). pap. 14.99 *(978-0-593-09467-9(0),* Penguin Workshop) Penguin Young Readers Group.

Free to Be Me: Dreaming Out Loud. Gwen Gates. 2022. (ENG.). 32p. (J). 32.96 *(978-1-4357-9497-9(4))* Lulu Pr., Inc.

Free to Be Modest. Sahara Wisdom. 2018. (ENG., Illus.). 50p. (J). pap. *(978-1-387-78077-8(8))* Lulu Pr., Inc.

Free to Serve: A Tale of Colonial New York (Classic Reprint) Emma Rayner. (ENG., Illus.). (J). 2018. 470p. 33.59 *(978-0-666-07200-9(0));* 2016. pap. 16.57 *(978-1-333-53111-9(7))* Forgotten Bks.

Free to Sing. Sheryl Evans Davis & Sheryl Evans Davis. 2023. 28p. (J). (gr. 6-8). pap. 14.95 ***(978-1-6678-8496-7(4))*** BookBaby.

Free-Toe the Frog. David Shaffernocker. 2019. (ENG.). 46p. (J). pap. 12.49 *(978-1-5456-7345-4(4))* Salem Author Services.

Free-Toe the Hero. David Shaffernocker. 2020. (ENG.). 40p. (J). pap. 12.49 *(978-1-63050-245-4(6))* Salem Author Services.

Free Union: An One Act Drama of Free Love (Classic Reprint) Mary Marcy. 2018. (ENG., Illus.). 62p. (J). 25.20 *(978-0-267-52000-8(X))* Forgotten Bks.

Free Verse. Sarah Dooley. ed. 2017. lib. bdg. 19.65 *(978-0-606-39788-9(4))* Turtleback.

Free Verse Poems. Ruthie Van Oosbree & Lauren Kukla. 2022. (Poetry Power (BB) Ser.). (ENG.). 32p. (J). (gr. 2-5). lib. bdg. 34.21 *(978-1-5321-9893-9(0),* 39551, Big Buddy Bks.) ABDO Publishing Co.

Free Women Reforms on Women's Rights Grade 7 US History Children's United States History Books. Baby Professor. 2022. (ENG.). 72p. (J). 31.99 ***(978-1-5419-9448-5(5));*** pap. 19.99 ***(978-1-5419-8836-1(1))*** Speedy Publishing LLC. (Baby Professor (Education Kids)).

Free, yet Forging Their Own Chains (Classic Reprint) C. M. Cornwall. 2018. (ENG., Illus.). 384p. (J). 31.82 *(978-0-484-32909-5(X))* Forgotten Bks.

Free Yourself. S. Breaker. 2021. (Selfless Ser.: Vol. 3). (ENG.). 244p. (YA). pap. ***(978-0-473-57447-5(0))*** Zeta Indie Pub.

Freebles. Alan Briner & Simone Sibbald. 2020. (ENG.). 32p. (J). pap. *(978-1-78830-387-3(3))* Olympia Publishers.

Freebooters of the Wilderness (Classic Reprint) Agnes C. Laut. 2017. (ENG., Illus.). (J). 33.36 *(978-1-5285-8428-9(7))* Forgotten Bks.

Freeburgers: A Novel (Classic Reprint) Denton Jaques Snider. 2018. (ENG., Illus.). 444p. (J). 33.07 *(978-0-483-30892-3(7))* Forgotten Bks.

Freed Spirit, or Glimpses Beyond the Border: A Collection of New & Authentic Occult Tales from the Author's Personal Experience & Reliable Private Sources (Classic Reprint) Mary Kyle Dallas. (ENG., Illus.). (J). 2018. 248p. 29.01 *(978-0-484-27418-0(X));* 2017. pap. 11.57 *(978-0-243-25453-8(9))* Forgotten Bks.

Freeda the Eagle. Kristi Argyle. 2021. (ENG.). 30p. (J). pap. 20.99 *(978-1-6628-1910-0(2))* Salem Author Services.

Freeda the Frog Is on the Move. Nadine Haruni. 2018. (ENG.). 38p. (J). 14.95 *(978-1-68401-810-9(2))* Amplify Publishing Group.

Freeda the Frog Says Farewell to Her Fish. Nadine Haruni. 2019. (ENG.). 38p. (J). 14.95 *(978-1-64307-285-2(4))* Amplify Publishing Group.

Freedmen's Bureau. Duchess Harris & Bonnie Hinman. 2019. (Freedom's Promise Ser.). (ENG., Illus.). 48p. (J). (gr. 4-8). lib. bdg. 35.64 *(978-1-5321-1873-9(2),* 32615) ABDO Publishing Co.

Freedom & the Wolves. Dietmar Schönherr. Tr. by Patricia Hughes from GER. 2020. (ENG.). 206p. (J). pap. *(978-1-909275-40-9(9))* Hues Bks.

Freedom at the Falls. Marianne Hering & Sheila Seifert. (AIO Imagination Station Bks.: 22). (ENG.). 144p. (J). 2020. pap. 5.99 *(978-1-64607-010-7(0),* 20_34648); 2018. (Illus.). 9.99 *(978-1-58997-979-6(6),* 20_32348) Focus on the Family Publishing.

Freedom Baby ABC. Jane Sharpe. 2021. 28p. (J). pap. 11.99 *(978-1-0983-7059-6(7))* BookBaby.

Freedom Bird: A Tale of Hope & Courage. Jerdine Nolen. Illus. by James E. Ransome. 2020. (ENG.). 32p. (J). (gr. k-4). 18.99 *(978-0-689-87167-2(8),* Simon & Schuster/Paula Wiseman Bks.) Simon & Schuster/Paula Wiseman Bks.

Freedom by Force: The History of Slave Rebellions, 1 vol. Therese Harasymiw. 2017. (Lucent Library of Black History Ser.). (ENG.). 104p. (gr. 7-7). (J). lib. bdg. 41.03 *(978-1-5345-6235-6(4),* 47ab6440-8f55-4888-abcb-735f3a12d10e); (YA). pap. 20.99 *(978-1-5345-6294-3(X),* 14cb01df-8615-491d-9234-6c93ffd9b92d) Greenhaven Publishing LLC. (Lucent Pr.).

Freedom Day: Vincent Lingiari & the Story of the Wave Hill Walk-Off: Vincent Lingiari & the Story of the Wave Hill Walk-Off. Thomas Mayor & Rosie Smiler. Illus. by Samantha Campbell. 2021. (ENG.). 48p. (J). 24.99 *(978-1-76050-856-2(X))* Hardie Grant Children?s Publishing AUS. Dist: Independent Pubs. Group.

Freedom Fire (Dactyl Hill Squad #2) Daniel José Older. 2020. (Dactyl Hill Squad Ser.: 2). (ENG., Illus.). 320p. (J). (gr. 3-7). pap. 6.99 *(978-1-338-26885-0(6))* Scholastic, Inc.

Freedom for Addy (American Girl) Tonya Leslie. Illus. by Tanisha Cherislin. 2021. (Step into Reading Ser.). (ENG.). 32p. (J). (gr. k-3). 5.99 *(978-0-593-38191-5(2),* Random Hse. Bks. for Young Readers) Random Hse. Children's Bks.

Freedom Frog: How Freddie Got a New Name, 1 vol. Jennifer Lyons. 2019. (ENG.). 44p. (J). 24.99 *(978-1-4003-2695-2(8));* pap. 9.99 *(978-1-4003-2694-5(X))* Elm Hill.

Freedom from Fond Friends (Classic Reprint) Freedom Hill Henry. (ENG., Illus.). (J). 2018. 34p. 24.60 *(978-0-267-50921-8(9));* 2018. 34p. 24.60 *(978-0-267-59758-1(4));* 2016. pap. 7.97 *(978-1-334-14608-4(X))* Forgotten Bks.

Freedom Game. R. a Blumenthal. 2018. (ENG., Illus.). 152p. (YA). (gr. 8-12). pap. 14.95 *(978-1-62432-030-9(9))* Loose Leaves Publishing.

Freedom in Congo Square. Carole Boston Weatherford. Illus. by R. Gregory Christie. 2016. (ENG.). 40p. (J). (gr. -1-3). 17.99 *(978-1-4998-0103-3(3))* Little Bee Books Inc.

Freedom Is in Your Heart. Lisa Kort. Illus. by Jeremy Wells. 2022. (ENG.). 24p. (J). pap. 14.99 *(978-1-6678-1978-5(X))* BookBaby.

Freedom Is My Home. Karynne Wilson. Illus. by Fayetha Fullwood. 2023. (ENG.). 40p. (J). 22.99 ***(978-1-0881-2047-7(4))*** Indy Pub.

Freedom Journey. Larry Craze. 2017. (ENG., Illus.). 198p. (YA). pap. 15.95 *(978-1-64114-343-1(6))* Christian Faith Publishing.

Freedom of Assembly, 1 vol. Kelly Wittmann. 2016. (Our Basic Freedoms Ser.). (ENG.). 48p. (J). (gr. 6-6). pap. 15.05 *(978-1-4824-6104-6(8),* 662f4224-40d8-4379-9d13-8c830854c145) Stevens, Gareth Publishing LLLP.

Freedom of Expression: Deal with It Before You're Censored. Danielle McLaughlin. Illus. by Paris Alleyne. 2019. (Lorimer Deal with It Ser.). (ENG.). 32p. (J). (gr. 4-9). 25.32 *(978-1-4594-1393-1(8),* 41e471c0-d6dc-43f6-b62d-b58f692d8970) James Lorimer & Co. Ltd., Pubs. CAN. Dist: Lerner Publishing Group.

Freedom of Home. Deborah Baney. Illus. by Angie Wyers. 2021. (ENG.). 34p. (J). 18.99 *(978-1-6629-1153-8(X))* Gatekeeper Pr.

Freedom of Religion. Duchess Harris. 2017. (American Values & Freedoms Ser.). (ENG., Illus.). 112p. (J). (gr. 6-12). lib. bdg. 41.36 *(978-1-5321-1299-7(8),* 27507, Essential Library) ABDO Publishing Co.

Freedom of Religion, 1 vol. Stephanie Hoover. 2016. (Our Basic Freedoms Ser.). (ENG.). 48p. (J). (gr. 6-6). pap. 15.05 *(978-1-4824-6106-0(4),* e2ab4cff-76b3-4cac-b80f-f00fdade8b68) Stevens, Gareth Publishing LLLP.

Freedom of Speech, 1 vol. Anna Maria Johnson. 2019. (Dilemmas in Democracy Ser.). (ENG.). 80p. (gr. 7-7). pap. 18.64 *(978-1-5026-4506-7(8),* 86fd17c7-e420-494b-bc3a-7940fac0dac6) Cavendish Square Publishing LLC.

Freedom of Speech, 1 vol. Jennifer Mason. 2016. (Our Basic Freedoms Ser.). (ENG.). 48p. (J). (gr. 6-6). pap. 15.05 *(978-1-4824-6108-4(0),* 821dec63-6ee1-4476-966a-75fa34c8e5f0) Stevens, Gareth Publishing LLLP.

Freedom of Speech: Should There Be Limits? Bradley Steffens. 2023. (ENG.). 64p. (YA). (gr. 6-12). 43.93 ***(978-1-6782-0576-8(1))*** ReferencePoint Pr., Inc.

Freedom of Speech & the Press. Contrib. by Samantha S. Bell. 2023. (Understanding American Democracy Ser.). (ENG.). 64p. (J). (gr. 6-12). 43.93 ***(978-1-6782-0694-9(6),*** BrightPoint Pr.) ReferencePoint Pr., Inc.

Freedom of Speech, the Press, & Religion. John Rokutani. 2017. (Bill of Rights Ser.). (ENG.). 48p. (J). (gr. 5-8). 22.50 *(978-1-5311-8591-6(6))* Perfection Learning Corp.

Freedom of Speech, the Press, & Religion: The First Amendment, 1 vol. John Rokutani. 2017. (Bill of Rights Ser.). (ENG., Illus.). 48p. (gr. 5-6). 29.60 *(978-0-7660-8549-7(X),* d3768a18-f12a-48d5-91c9-ddbbd74ea038) Enslow Publishing, LLC.

Freedom of the Fields (Classic Reprint) Charles C. Abbott. 2017. (ENG., Illus.). (J). 29.18 *(978-0-265-18449-3(5))* Forgotten Bks.

Freedom of the Press. Duchess Harris & Kari A. Cornell. 2017. (American Values & Freedoms Ser.). (ENG., Illus.). 112p. (J). (gr. 6-12). lib. bdg. 41.36 *(978-1-5321-1300-0(5),* 27508, Essential Library) ABDO Publishing Co.

Freedom of the Press, 1 vol. Stephanie Hoover. 2016. (Our Basic Freedoms Ser.). (ENG.). 48p. (J). (gr. 6-6). pap. 15.05 *(978-1-4824-6110-7(2),* b3718c11-6a94-463a-9ae2-e0b05b17e747) Stevens, Gareth Publishing LLLP.

Freedom of the Press: Crown V. John Peter Zenger, 1 vol. Jeanne Marie Ford. 2018. (Courting History Ser.). (ENG.). 64p. (gr. 6-6). lib. bdg. 37.36 *(978-1-5026-3583-9(6),* f0d93165-5787-4171-9a1e-851a4a4bef81) Cavendish Square Publishing LLC.

Freedom over Me: Eleven Slaves, Their Lives & Dreams Brought to Life by Ashley Bryan. Ashley Bryan. Illus. by Ashley Bryan. 2016. (ENG., Illus.). 56p. (J). (gr. 4-6). 17.99 *(978-1-4814-5690-6(3),* Atheneum/Caitlyn Dlouhy Books) Simon & Schuster Children's Publishing.

Freedom Riders. Lisa A. Crayton. 2017. (Spotlight on the Civil Rights Movement Ser.). (Illus.). 48p. (J). (gr. 10-15). 70.50 *(978-1-5383-8027-7(7));* (ENG., (gr. 6-6). pap. 12.75 *(978-1-5383-8026-0(9),* 25b8f5e8-d5c9-43d2-bb6e-bb032e8b0356) Rosen Publishing Group, Inc., The.

Freedom Riders: Civil Rights Activists Fighting Segregation, 1 vol. Kate Shoup. 2017. (Peaceful Protesters Ser.). (ENG.). 112p. (YA). (gr. 9-9). 44.50 *(978-1-5026-3118-3(0),* 69d9e4c1-7c0f-4c7c-8bbd-391857d312a1); pap. 20.99 *(978-1-5026-3399-6(X),* 88255d4c-27c7-46a9-9c5d-476581ae0602) Cavendish Square Publishing LLC.

Freedom Rides: The Rise of the Civil Rights Movement, 1 vol. Sarah Machajewski. 2017. (Lucent Library of Black History Ser.). (ENG.). 104p. (YA). (gr. 7-7). pap. 20.99 *(978-1-5345-6298-1(2),* b930c3e5-bb00-4a19-bad6-f4564c9f28ad); lib. bdg. 41.03 *(978-1-5345-6239-4(7),* 5d382c93-59ab-40ea-97c0-a7aec6f9e606) Greenhaven Publishing LLC. (Lucent Pr.).

Freedom Ship of Robert Smalls. Louise Meriwether & Jonathan Green. 2018. (Young Palmetto Bks.). (ENG., Illus.). 32p. (J). 19.99 *(978-1-61117-855-5(X),* P568005) Univ. of South Carolina Pr.

Freedom Song. Dodie Ulery. 2018. (ENG., Illus.). 110p. (YA). (gr. 7-12). pap. 14.98 *(978-1-943789-87-0(8))* Taylor and Seale Publishing.

Freedom Soup. Tami Charles. Illus. by Jacqueline Alcántara. (ENG.). 32p. (J). (gr. k-4). 2021. 7.99 *(978-1-5362-2193-0(7));* 2019. 17.99 *(978-0-7636-8977-3(7))* Candlewick Pr.

Freedom Swimmer. Wai Chim. 2021. (ENG.). 256p. (YA). (gr. 7-7). 18.99 *(978-1-338-65613-8(9),* Scholastic Pr.) Scholastic, Inc.

Freedom Trip. Angela Carey. 2018. (ENG., Illus.). 92p. (YA). pap. 11.95 *(978-1-64138-721-7(1))* Page Publishing Inc.

Freedom, We Sing. Amyra León. Illus. by Molly Mendoza. 2020. (ENG.). 40p. (J). (gr. -1-2). 16.95 *(978-1-912497-32-4(8))* Flying Eye Bks. GBR. Dist: Penguin Random Hse. LLC.

Freedom's Feet. Dana Hoopingarner. 2016. (ENG.). 62p. (J). pap. 23.95 *(978-1-5127-6435-2(3),* WestBow Pr.) Author Solutions, LLC.

Freedom's Heart. Sara Conover McKinnis. Illus. by Caragh Buxton. 2019. (ENG.). 32p. (J). pap. 12.00 *(978-0-578-45015-5(1))* Mot de Mere Publishing.

708 The check digit for ISBN-10 appears in parentheses after the full ISBN-13

Freedom's Promise, 12 vols., Set. 2018. (Freedom's Promise Ser.). (ENG.). 48p. (J). (gr. 4-8). lib. bdg. 427.68 *(978-1-5321-1765-7(5)*, 30818) ABDO Publishing Co.

Freedom's Promise Set 2 (Set), 12 vols. Duchess Harris & Marne Ventura. 2019. (Freedom's Promise Ser.). (ENG.). 48p. (J). (gr. 4-8). lib. bdg. 427.68 *(978-1-5321-1868-5(6)*, 32605) ABDO Publishing Co.

Freedom's Promise Set 3 (Set), 12 vols. 2019. (Freedom's Promise Set 3 Ser.). (ENG.). 48p. (J). (gr. 4-8). lib. bdg. 427.68 *(978-1-5321-9076-6(X)*, 33662) ABDO Publishing Co.

Freedom's Slave. Heather Demetrios. 2017. (Dark Caravan Cycle Ser.: 3). (ENG., Illus.). 608p. (YA). (gr. 8). 17.99 *(978-0-06-231862-6(4)*, Balzer & Bray) HarperCollins Pubs.

Freefall. Joshua David Bellin. 2017. (ENG., Illus.). 368p. (YA). (gr. 9). 18.99 *(978-1-4814-9165-5(2)*, McElderry, Margaret K. Bks.) McElderry, Margaret K. Bks.

Freefall Summer. Tracy Barrett. 2018. 272p. (J). (gr. 7). lib. bdg. 17.99 *(978-1-58089-801-0(7)*, Charlesbridge Teen) Charlesbridge Publishing, Inc.

Freeing Finch. Ginny Rorby. 2020. (ENG.). 272p. (J). pap. 16.99 *(978-1-250-29374-9(X)*, 900194908, Starscape) Doherty, Tom Assocs., LLC.

Freeing Freddie the Dream Weaver: A Guide to Realizing Your Dreams - a Workbook. Brent Feinberg & Kim Normand. Illus. by Daniel Clarke. 2017. (ENG.). 72p. (J). pap. 19.95 *(978-0-7570-0460-5(1))* Square One Pubs.

Freeing Freddie the Dream Weaver: Reader. Brent Feinberg. Illus. by Daniel Clarke. 2017. (ENG.). 48p. (J). 16.95 *(978-0-7570-0458-2(X))* Square One Pubs.

Freeing Freddie the Dream Weaver: Ultimate Activity Book. Brent Feinberg & Kim Normand. Illus. by Daniel Clarke. 2017. (ENG.). 56p. (J). pap. 16.95 *(978-0-7570-5459-4(5))* Square One Pubs.

Freeing Freddie: the Dream Weaver: Ultimate Activity Book. Brent Feinberg & Kim Normand. 2017. (ENG.). 56p. (J). 16.95 *(978-0-7570-0459-9(8))* Square One Pubs.

Freeing Freddie the Dream Weaver: Workbook. Brent Feinberg & Kim Normand. Illus. by Daniel Clarke. 2017. (ENG.). 72p. (J). pap. 19.95 *(978-0-7570-5460-0(9))* Square One Pubs.

Freeks. Amanda Hocking. 2017. (ENG.). (YA). (gr. 8-12). pap. 9.99 *(978-1-250-14496-6(5))* Griffin.

Freelance Journalist: Leveled Reader Card Book 24 Level X. Hmh Hmh. 2019. (ENG.). (J). pap. 14.13 *(978-0-358-16189-9(4))* Houghton Mifflin Harcourt Publishing Co.

Freelance Journalist: Leveled Reader Card Book 24 Level X 6 Pack. Hmh Hmh. 2021. (J). (ENG.). pap. 69.33 *(978-0-358-18840-7(7))*; (SPA.). pap. 74.40 *(978-0-358-27321-9(8))* Houghton Mifflin Harcourt Publishing Co.

Freelands (Classic Reprint) John Galsworthy. 2017. (ENG., Illus.). (J). 32.56 *(978-1-5282-8954-2(4))* Forgotten Bks.

Freeport Pageant of the Black Hawk Country (Classic Reprint) Ethel Theodora Rockwell. 2018. (ENG., Illus.). 52p. (J). 24.97 *(978-0-267-50923-2(5))* Forgotten Bks.

Freeriding & Other Extreme Motocross Sports. Elliott Smith. 2020. (Natural Thrills Ser.). (ENG.). 32p. (J). (gr. 3-9). pap. 7.95 *(978-1-4966-6608-6(9)*, 142286); lib. bdg. 28.65 *(978-1-5435-9003-6(9)*, 141364) Capstone.

Freerunner. David Trifunov. 2018. (Lorimer Sports Stories Ser.). (ENG.). 120p. (J). (gr. 5-8). pap. 9.95 *(978-1-4594-1280-4(X)*, 272ae45c-356b-4831-9760-34d68f4dd133) James Lorimer & Co. Ltd., Pubs. CAN. Dist: Lerner Publishing Group.

Freeskiing & Other Extreme Snow Sports. Elliott Smith. 2020. (Natural Thrills Ser.). (ENG.). 32p. (J). (gr. 3-9). pap. 7.95 *(978-1-4966-6609-3(7)*, 142287); lib. bdg. 28.65 *(978-1-5435-9004-3(7)*, 141365) Capstone.

Freesland Fresh Air: Teacupke's Rose. Elena Folkerts. Illus. by Bernhard Oberdieck. 2023. (Rural Life Around the World Ser.: Vol. 4). (ENG.). 34p. (J). 23.99 ***(978-1-6629-3672-2(9))*** Gatekeeper Pr.

Freestyle: a Graphic Novel. Gale Galligan. 2022. (ENG.). 272p. (J). (gr. 3-7). 24.99 *(978-1-338-04581-9(4))*; (Illus.). pap. 12.99 *(978-1-338-04580-2(6))* Scholastic, Inc. (Graphix).

Freestyle Fun. Blake Hoena. 2018. (ThunderTrucks! Ser.). (ENG., Illus.). 56p. (J). (gr. k-2). lib. bdg. 21.99 *(978-1-4965-6493-1(6)*, 138394, Stone Arch Bks.) Capstone.

Freestyle Motocross. K. A. Hale. 2019. (Action Sports Ser.). (ENG., Illus.). 32p. (J). (gr. 3-3). pap. 9.95 *(978-1-64494-146-1(5)*, 1644941465) Bigfoot Bks. GBR. Dist: North Star Editions.

Freewater (Newbery & Coretta Scott King Award Winner) Amina Luqman-Dawson. (ENG.). 416p. (J). (gr. 5-17). 2023. pap. 8.99 ***(978-0-316-05667-0(7))***; 2022. 16.99 *(978-0-316-05661-8(8))* Little Brown & Co. (Jimmy Patterson).

Freeze. R. D. Stevens. 2023. (ENG.). 360p. (YA). pap. 16.99 ***(978-1-83919-493-1(6))*** Vulpine Pr.

Freeze. Dan Wickline. 2019. (ENG., Illus.). 128p. (YA). pap. 12.99 *(978-1-5343-1211-1(0)*, a2292d9c-2bed-4fec-92d8-3de3c1f2c75c) Image Comics.

Freeze-Land: A New World. Huda Ayaz. 2016. (ENG., Illus.). (J). 28.95 *(978-1-4808-3530-6(7))*; pap. 11.99 *(978-1-4808-3532-0(3))* Archway Publishing.

Freezosaurus. Jenny Jinks. Illus. by Daniel Limon. 2021. (Early Bird Readers — Gold (Early Bird Stories (tm)) Ser.). (ENG.). 32p. (J). (gr. k-3). pap. 9.99 *(978-1-7284-1331-0(1)*, eb3305a5-101e-4632-9c92-5f9fb839b051); lib. bdg. 30.65 *(978-1-5415-9003-8(1)*, 2ff463dc-3de7-4c77-aee5-6fe1327a7268) Lerner Publishing Group. (Lerner Pubns.).

Freida the Jongleur, Vol. 3 of 3 (Classic Reprint) Barbara Hemphill. 2018. (ENG., Illus.). 320p. (J). 30.52 *(978-0-483-89086-2(3))* Forgotten Bks.

Freight Classification: A Study of Underlying Principles. J. F. Strombeck. 2017. (ENG., Illus.). (J). pap. *(978-0-649-51825-8(X))* Trieste Publishing Pty Ltd.

Freight Train Lift-The-Flap. Donald Crews. 2021. (ENG., Illus.). 24p. (J). (gr. -1 — 1). bds. 8.99 *(978-0-06-306714-1(5)*, Greenwillow Bks.) HarperCollins Pubs.

Freight Trains. Quinn M. Arnold. 2020. (Seedlings Ser.). 24p. (J). (gr. -1-1). pap. 8.99 *(978-1-62832-802-8(9)*, 18258, Creative Paperbacks) Creative Co., The.

Freight Trains. Christina Leighton. 2017. (Amazing Trains Ser.). (ENG., Illus.). 24p. (J). (gr. k-3). lib. bdg. 26.95 *(978-1-62617-670-6(1)*, Blastoff! Readers) Bellwether Media.

Freight Trains. Kate Riggs. 2020. (Seedlings Ser.). (ENG.). 24p. (J). (gr. -1-k). *(978-1-64026-239-3(3)*, 18257, Creative Education) Creative Co., The.

Freight Train/Tren de Carga Bilingual Board Book. Donald Crews. 2016. (ENG., Illus.). 32p. (J). (gr. -1 — 1). bds. 8.99 *(978-0-06-245708-0(X)*, Greenwillow Bks.) HarperCollins Pubs.

Freight Trucks. Julie Murray. 2023. (Trucks at Work Ser.). (ENG.). 24p. (J). (gr. -1-2). lib. bdg. 31.36 ***(978-1-0982-6615-8(3)***, 42140, Abdo Kids) ABDO Publishing Co.

Freiyon Fables - Rise to the Challenge: Rise to the Challenge. Justin T. Hunt. 2022. (Freiyon Fables Ser.: Vol. 1). (ENG.). 134p. (J). pap. *(978-1-922701-92-3(0))* Shawline Publishing Group.

Fremde Welt Nox - Kurzgeschichten. Sven Icy Kuschmitz. 2018. (GER., Illus.). 132p. (J). *(978-3-7469-1058-1(7))*; pap. *(978-3-7469-1057-4(9))* tredition Verlag.

Fremdlandische Wald-Und Parkbaume Fur Europa (Classic Reprint) Heinrich Mayr. 2017. (GER., Illus.). (J). 37.82 *(978-0-266-77532-4(2))* Forgotten Bks.

Fremdy & Friendy. Christine Mallo. 2021. (ENG.). 38p. (J). pap. 15.95 *(978-1-6657-0461-8(6))* Archway Publishing.

French & Belgians (Classic Reprint) Phebe Earle Gibbons. 2018. (ENG., Illus.). 418p. (J). 32.52 *(978-0-267-45172-2(5))* Forgotten Bks.

French & Indian War, 1 vol. Gerry Boehme. 2017. (Primary Sources of Colonial America Ser.). (ENG.). 64p. (gr. 6-6). 35.93 *(978-1-5026-3144-2(X)*, a97a77d3-5aa4-4870-b111-7ee1191006a1); pap. 16.28 *(978-1-5026-3459-7(7)*, 5619c005-8624-4e07-bd14-ce54d545ce01) Cavendish Square Publishing LLC.

French & Indian War, 1 vol. Seth Lynch. 2018. (Look at U. S. History Ser.). (ENG.). 32p. (gr. 2-2). 28.27 *(978-1-5382-2123-5(3)*, 9b478ca2-74e0-40f9-9ff8-32d54779c296) Stevens, Gareth Publishing LLLP.

French & Indian War: Children's Military Book with Interesting & Informative Facts. Bold Kids. 2022. (ENG.). 42p. (J). pap. 15.99 ***(978-1-0717-0983-2(6))*** FASTLANE LLC.

French Belles-Letters: From 1640 to 1870 (Classic Reprint) Paul Scarron. 2017. (ENG., Illus.). (J). 32.91 *(978-0-265-36635-6(6))* Forgotten Bks.

French Belles-Lettres (Classic Reprint) Joel Benton. 2017. (ENG., Illus.). (J). 31.24 *(978-1-5282-7669-6(8))*; pap. 13.57 *(978-0-243-89077-4(X))* Forgotten Bks.

French Bulldog. Jennifer Watson. 2017. (Dog Lover's Guides: Vol. 18). (ENG., Illus.). 128p. (J). (gr. 3-7). 26.95 *(978-1-4222-3945-2(4))* Mason Crest.

French Bulldog ABC's with Batty. Lerin Lockwood. Illus. by Autumn Dreymala. 2021. (ENG.). 30p. (J). *(978-1-326-86169-8(7))* Lulu Pr., Inc.

French Bulldog Coloring Book: Adult Coloring Book, Dog Lover Gift, Frenchie Coloring Book, Gift for Pet Lover, Floral Mandala Coloring Pages. Illus. by Paperland Online Store. 2021. (ENG.). 42p. (J). pap. *(978-1-105-83476-9(X))* Lulu Pr., Inc.

French Bulldogs. Elizabeth Andrews. 2022. (Dogs (CK) Ser.). (ENG., Illus.). 24p. (J). (gr. k-3). lib. bdg. 31.36 *(978-1-0982-4319-7(6)*, 41213, Pop! Cody Koala) Pop!.

French Bulldogs, 1 vol. Grace Hansen. 2016. (Dogs (Abdo Kids Jumbo) Ser.). (ENG., Illus.). 24p. (J). (gr. -1-2). lib. bdg. 32.79 *(978-1-68080-516-1(9)*, 21312, Abdo Kids) ABDO Publishing Co.

French Business Situations: A Spoken Language Guide. Nathalie McAndrew Cazorla & Stuart Williams. 2016. (ENG.). 128p. (C). 190.00 *(978-1-138-15777-4(5)*, Y218029) Routledge.

French Classical Romances: Complete in Twenty Crown Octavo Volumes (Classic Reprint) Edmund Gosse. (ENG., Illus.). (J). 2018. 286p. 29.82 *(978-0-365-31290-1(8))*; 2017. pap. 13.57 *(978-0-259-19284-8(8))* Forgotten Bks.

French Classics for English Readers; Rabelais (Classic Reprint) Adolphe Cohn. 2017. (ENG., Illus.). 448p. (J). 33.14 *(978-0-484-31467-1(X))* Forgotten Bks.

French Composition (Classic Reprint) L. Raymond Talbot. 2018. (ENG., Illus.). 164p. (J). 27.30 *(978-0-331-83704-9(8))* Forgotten Bks.

French Connection. Cathy L. Stewart. 2016. (ENG., Illus.). 26p. (J). pap. 9.99 *(978-0-692-06072-8(3))* Stewart, Cathy L.

French Elements in Middle English: Chapters Illustrative of the Origin & Growth of Romance Influence on the Phrasal Power of Standard English in Its Formative Period (Classic Reprint) Frederick Henry Sykes. 2017. (ENG., Illus.). (J). 25.40 *(978-0-265-25965-8(7))* Forgotten Bks.

French Essential Dictionary: All the Words You Need, Every Day (Collins Essential) Collins Dictionaries. 2nd rev. ed. 2018. (Collins Essential Editions Ser.). (ENG.). 480p. 9.95 *(978-0-00-827072-8(4))* HarperCollins Pubs. Ltd. GBR. Dist: Independent Pubs. Group.

French Explorers. Ruth Daly. 2016. (Illus.). 32p. (J). *(978-1-5105-1873-5(8))* SmartBook Media, Inc.

French Fables in Action (Classic Reprint) Violet Partington. 2018. (FRE., Illus.). (J). 66p. 25.28 *(978-0-428-49403-2(X))*; 68p. pap. 9.57 *(978-0-428-04825-9(0))* Forgotten Bks.

French Fables in Action (Yesterday's Classics) Violet Partington. 2018. (FRE., Illus.). 68p. (J). (gr. 1-6). pap. 8.95 *(978-1-63334-098-5(8))* Yesterday's Classics.

French for Everyone Junior: 5 Words a Day. DK. 2021. (DK 5-Words a Day Ser.). (ENG.). 240p. (J). (gr. 1-4). pap. 19.99 *(978-0-7440-3678-7(X)*, DK Children) Dorling Kindersley Publishing, Inc.

French for Everyone Junior First Words Flash Cards. DK. 2023. (ENG.). 105p. (J). (gr. k-4). 9.99 *(978-0-7440-7378-2(2)*, DK Children) Dorling Kindersley Publishing, Inc.

French Fries. Raphael Fejto & Raphael Fejto. 2016. (Little Inventions Ser.). (ENG., Illus.). 32p. (J). (gr. 3-5). 9.95 *(978-1-77085-746-9(X)*, 1505a6d9-5681-4078-8dbf-d45daad528d8) Firefly Bks., Ltd.

French Fries. Joanne Mattern. 2020. (Our Favorite Foods Ser.). (ENG.). 24p. (J). (gr. k-3). lib. bdg. 26.95 *(978-1-64487-144-7(0)*, Blastoff! Readers) Bellwether Media.

French Fries. Candice Ransom. 2019. (Favorite Foods Ser.). (ENG., Illus.). 24p. (J). (gr. 1-1). pap. 8.95 *(978-1-64185-559-4(2)*, 1641855592) North Star Editions.

French Fries. Candice Ransom. 2018. (Favorite Foods Ser.). (ENG., Illus.). 24p. (J). (gr. k-3). lib. bdg. 31.36 *(978-1-5321-6188-9(3)*, 30159, Pop! Cody Koala) Pop!.

French Holiday Journal for Children. Liz Garnett. 2016. (ENG., Illus.). (J). pap. *(978-0-9935603-0-9(X))* Beachthorpe Pr.

French Horn, a Salad, & a Forgotten Toothbrush. Retold by Sara Stevens Zur. 2020. (ENG., Illus.). 26p. (J). (gr. 1-4). pap. 10.00 *(978-1-0878-6015-2(6))* Indy Pub.

French Horns. Kimberly Hutmacher. 2020. (J). *(978-1-7911-1608-8(6)*, AV2 by Weigl) Weigl Pubs., Inc.

French Idioms & Proverbs: A Companion to Deshumbert's Dictionary of Difficulties (Classic Reprint) V. Payen-Payne. 2018. (ENG., Illus.). 262p. (J). 29.30 *(978-0-484-41250-6(7))* Forgotten Bks.

French Impressionist. Rebecca Bischoff. 2016. (ENG.). 259p. (YA). pap. 9.99 *(978-1-944995-02-7(1))* Amberjack Publishing Co.

French Is Fun! a Guide for Kids a Children's Learn French Books. Baby Professor. 2017. (ENG., Illus.). (J). pap. 7.89 *(978-1-5419-0197-1(5)*, Baby Professor (Education Kids)) Speedy Publishing LLC.

French Is Fun, Friendly & Fantastic! a Children's Learn French Books. Baby Professor. 2017. (ENG., Illus.). (J). pap. 7.89 *(978-1-68368-048-2(0)*, Baby Professor (Education Kids)) Speedy Publishing LLC.

French Janet: A Novel (Classic Reprint) Sarah Tytler. (ENG., Illus.). (J). 2018. 210p. 28.23 *(978-0-666-29418-0(6))*; 2016. pap. 10.57 *(978-1-334-51876-8(9))* Forgotten Bks.

French Knitting. Demessence K. Thiboult. 2021. (ENG., Illus.). 80p. (J). pap. 16.99 *(978-1-4463-0897-4(9))* David & Charles Pubs. GBR. Dist: Two Rivers Distribution.

French Leave: A Light Comedy in Three Acts (Classic Reprint) Reginald Berkeley. 2018. (ENG., Illus.). 88p. (J). 25.73 *(978-0-483-86341-5(6))* Forgotten Bks.

French Maid & the Phonograph: A Plan in One Act (Classic Reprint) Madalene Demarest Barnum. 2018. (ENG., Illus.). 36p. (J). 24.66 *(978-0-483-86371-2(8))* Forgotten Bks.

French Mother in War Time 1916: Being the Journal of Madame Edouard Drumont (Classic Reprint) Edouard Adolphe Drumont. 2018. (ENG., Illus.). 184p. (J). 27.71 *(978-0-332-34741-7(9))* Forgotten Bks.

French Perspectives (Classic Reprint) Elizabeth Shepley Sergeant. 2018. (ENG., Illus.). 256p. (J). 29.18 *(978-0-332-16928-6(6))* Forgotten Bks.

French Pictures in English Chalk: Second Series (Classic Reprint) Eustace Clare Grenville Murray. 2018. (ENG., Illus.). 290p. (J). 29.90 *(978-0-332-13022-4(3))* Forgotten Bks.

French Pictures in English Chalk, Vol. 1 of 2 (Classic Reprint) Eustace Clare Grenville Murray. (ENG., Illus.). (J). 2018. 290p. 29.88 *(978-0-483-11151-6(1))*; 2018. 580p. 35.88 *(978-0-483-52164-3(7))*; 2018. 402p. 32.19 *(978-0-483-69710-2(9))*; 2017. pap. 13.57 *(978-0-243-59262-3(0))*; 2017. pap. 19.57 *(978-0-243-10272-3(0))* Forgotten Bks.

French Pictures in English Chalk, Vol. 2 of 2 (Classic Reprint) Eustace Clare Grenville Murray. (ENG., Illus.). (J). 2018. 290p. 29.88 *(978-0-483-97335-0(1))*; 2017. pap. 13.57 *(978-0-259-50956-1(6))*; 2017. pap. 13.57 *(978-0-243-33545-9(8))* Forgotten Bks.

French Prisoners: A Story for Boys (Classic Reprint) Edward Bertz. (ENG., Illus.). (J). 2018. 240p. 28.85 *(978-0-483-33267-6(4))*; 2017. pap. 11.57 *(978-0-259-02032-5(X))* Forgotten Bks.

French Reader: Prepared for the Use of Students Who Have Gone Through the Course of Lessons Contained in the Method, to Which Is Added a Table of the French Verbs, Arranged & Classified on a New Plan, Calculated to Facilitate Greatly Their Acquisiti. Louis Manesca. 2017. (ENG., Illus.). (J). 30.27 *(978-0-260-36422-7(3))*; pap. 13.57 *(978-0-266-10160-4(7))* Forgotten Bks.

French Reader with Composition Exercises & Vocabularies (Classic Reprint) W. H. Fraser. 2018. (ENG., Illus.). 156p. (J). 27.11 *(978-0-666-30760-6(1))* Forgotten Bks.

French Review Sentences (Classic Reprint) Robert Henry Whitcomb. (ENG., Illus.). (J). 2018. 60p. 25.13 *(978-0-365-14809-8(1))*; 2017. pap. 9.57 *(978-0-259-83018-4(6))* Forgotten Bks.

French Revolution. Virginia Loh-Hagan. 2020. (Surviving History Ser.). (ENG., Illus.). 32p. (J). (gr. 4-8). lib. bdg. 32.07 *(978-1-5341-6913-5(X)*, 215539, 45th Parallel Press) Cherry Lake Publishing.

French Revolution: People Power in Action - History 5th Grade Children's European History. Baby Professor. 2017. (ENG., Illus.). (J). pap. 8.79 *(978-1-5419-1373-8(6)*, Baby Professor (Education Kids)) Speedy Publishing LLC.

French Revolution: The Power of the People, 1 vol. Karen Diane Haywood. 2016. (World History Ser.). (ENG.). 104p. (J). (gr. 7-7). lib. bdg. 41.53 *(978-1-5345-6051-2(3)*, 713cb925-8dbc-462f-aec5-09c02f253571, Lucent Pr.) Greenhaven Publishing LLC.

French Revolution & Napoleonic Era for Kids Through the Lives of Royalty, Rebels, & Thinkers. Fet. Ed. by Scott Shuster. 2023. (ENG.). 84p. (YA). pap. 19.99 ***(978-1-0881-5126-6(4))*** Stratostream LLC.

French Scholar's Guide, or an Easy Help for Translating French into English: Containing, 1. Select Fables, 2. Diverting Tales, 3. Witty Repartees, 4. Rarities of Different Countries, 5. Familiar Letters, 6. Moral Sentences, 7. Bills, Receipts, & Oth. Peter Hudson. 2018. (FRE., Illus.). (J). 322p. 30.54 *(978-1-391-70301-5(4))*; 324p. pap. 13.57 *(978-1-390-81694-5(X))* Forgotten Bks.

French School Dictionary: Trusted Support for Learning (Collins School Dictionaries) Collins Dictionaries. 5th rev. ed. 2018. (ENG., Illus.). 640p. (J). (gr. 5-10). pap. 9.99 *(978-0-00-825796-5(5))* HarperCollins Pubs. Ltd. GBR. Dist: Independent Pubs. Group.

French Short Stories Edited for School Use (Classic Reprint) Harry C. Schweikert. 2017. (ENG., Illus.). (J). 30.66 *(978-0-266-78624-5(3))* Forgotten Bks.

French Toast Sundays. Gloria Spielman. Illus. by Inbal Gigi Bousidan. 2018. (ENG.). 32p. (J). 17.95 *(978-1-68115-529-6(X)*, f1013abc-dd12-4f81-ae5c-276a29d1231d, Apples & Honey Pr.) Behrman Hse., Inc.

French Twins. Lucy Fitch Perkins. 2018. (ENG., Illus.). 82p. (YA). (gr. 7-12). pap. *(978-93-5297-564-8(2))* Alpha Editions.

French Twins (Classic Reprint) Lucy Fitch Perkins. 2018. (ENG., Illus.). 218p. (J). 28.39 *(978-0-332-69190-9(X))* Forgotten Bks.

French Verbs & Verbal Idioms in Speech (Classic Reprint) Baptiste Meras. (ENG., Illus.). (J). 2018. 146p. 26.91 *(978-0-267-77149-3(5))*; 2016. pap. 9.57 *(978-1-334-13037-3(X))* Forgotten Bks.

French Vocabulary for Baby - Language Builder Picture Books Children's Foreign Language Books. Baby Professor. 2018. (ENG., Illus.). 64p. (J). pap. 12.99 *(978-1-5419-3019-3(3)*, Baby Professor (Education Kids)) Speedy Publishing LLC.

French Windows (Classic Reprint) John Ayscough. 2017. (ENG., Illus.). 308p. (J). 30.25 *(978-0-332-12918-1(7))* Forgotten Bks.

Frenchy: The Story of a Gentleman (Classic Reprint) William Sage. 2017. (ENG., Illus.). (J). 31.16 *(978-0-266-58418-6(7))*; pap. 13.57 *(978-1-334-87149-8(3))* Forgotten Bks.

Frenchy Teaches Faith. Tiffany Potter. Illus. by Vickie Valladares. 2023. (My, Oh My! a Character Building Series... Ser.: Vol. 3). (ENG.). 30p. (J). pap. 14.99 ***(978-1-6628-8073-5(1))*** Salem Author Services.

Frendyl Krune & the Stone Princess. Kira a McFadden. Ed. by Philip A. Lee. 2016. (Amuli Chronicles: Frendyl Krune Ser.: Vol. 3). (ENG., Illus.). (J). (gr. 3-6). pap. 15.95 *(978-1-62253-493-7(X))* Evolved Publishing.

Frenemies (Ask Emma Book 2) Sheryl Berk & Carrie Berk. (Ask Emma Ser.). (ENG.). 224p. (J). (gr. 3-7). 2021. pap. 7.99 *(978-1-4998-1098-1(9))*; 2019. 16.99 *(978-1-4998-0648-9(5))* Bonnier Publishing USA. (Yellow Jacket).

Frenemies with Benefits. Lydia Sharp. 2023. (ENG.). 400p. (YA). pap. 11.99 *(978-1-64937-409-7(7)*, 900289026) Entangled Publishing, LLC.

Frenzied Feline Mystery. Michael Anthony Steele. Illus. by Dario Brizuela. 2022. (Batman & Scooby-Doo! Mysteries Ser.). (ENG.). 72p. (J). 27.32 *(978-1-6663-3519-4(3)*, 235452); pap. 6.95 *(978-1-6663-3521-7(5)*, 235434) Capstone. (Stone Arch Bks.).

Frenzied Fiction (Classic Reprint) Stephen Leacock. 2017. (ENG., Illus.). (J). 30.06 *(978-1-5281-6041-4(X))* Forgotten Bks.

Frenzy (Fifth Anniversary Edition) Casey L. Bond. 2021. (ENG.). 746p. (YA). 32.99 *(978-1-0879-4474-6(0))* Casey L. Bond.

Frequency. Christopher Krovatin. 2018. (ENG.). 400p. (YA). 17.99 *(978-1-64063-181-6(X)*, 900190788) Entangled Publishing, LLC.

Frere Jacques, Vol. 1 (Classic Reprint) Charles Paul De Kock. 2017. (ENG., Illus.). (J). 29.53 *(978-0-265-37089-6(2))* Forgotten Bks.

Frere Jacques, Vol. 2 (Classic Reprint) Charles Paul De Kock. 2017. (ENG., Illus.). (J). 29.61 *(978-0-265-37909-7(1))* Forgotten Bks.

Freres: A Novel (Classic Reprint) Annie French Hector. (ENG., Illus.). (J). 2017. 35.53 *(978-0-265-45837-2(4))*; 2016. pap. 19.57 *(978-1-334-14554-4(7))* Forgotten Bks.

Fresa. Jaclyn Nunez. Illus. by Dwight Francis. 2016. (Early Rising Readers Ser.). (SPA.). 16p. (J). (gr. 1-1). 6.67 *(978-1-4788-4201-9(6))* Newmark Learning LLC.

Fresa - 6 Pack. Jaclyn Nunez. 2016. (Early Rising Readers Ser.). (SPA.). (J). (gr. 1). 40.00 net. *(978-1-4788-4720-5(4))* Newmark Learning LLC.

Frescoes, Dramatic Sketches (Classic Reprint) Ouida Ouida. 2017. (ENG., Illus.). (J). 358p. 31.28 *(978-0-484-88340-5(2))*; pap. 13.97 *(978-0-259-37369-8(9))* Forgotten Bks.

Fresh. Margot Wood. 2021. (ENG.). 352p. (YA). (gr. 9-17). 18.99 *(978-1-4197-4813-4(0)*, 1706101, Amulet Bks.) Abrams, Inc.

Fresh Air Child (Classic Reprint) George Edward Hawes. 2018. (ENG., Illus.). 44p. (J). 24.80 *(978-0-484-10620-7(1))* Forgotten Bks.

Fresh Air, Clean Water: Our Right to a Healthy Environment. Megan Clendenan. Illus. by Julie McLaughlin. 2022. (Orca Think Ser.: 4). (ENG.). 112p. (J). (gr. 4-8). 24.95 *(978-1-4598-2679-3(5))* Orca Bk. Pubs. USA.

Fresh Air Kids Switzerland: 52 Inspiring Hikes That Will Make Kids & Parents Happy. Melinda Schoutens & Robert Schoutens. 2019. (ENG.). 256p. pap. 29.00 *(978-2-940481-62-0(8))* Helvetiq, RedCut Sarl CHE. Dist: Consortium Bk. Sales & Distribution.

Fresh Air Kids Switzerland 2: Hikes to Huts. Melinda Schoutens & Robert Schoutens. 2021. (ENG.). 272p. pap. 29.00 *(978-3-907293-23-2(1))* Helvetiq, RedCut Sarl CHE. Dist: Consortium Bk. Sales & Distribution.

Fresh & Open Sky: And Other Stories (Classic Reprint) Richard Sullivan. (ENG., Illus.). (J). 2018. 224p. 28.52 *(978-0-484-25235-5(6))*; 2017. pap. 10.97 *(978-0-243-25448-4(2))* Forgotten Bks.

Fresh Bugs (Classic Reprint) Richard Griffin. (ENG., Illus.). (J). 2018. 94p. 25.86 *(978-0-267-31883-4(9))*; 2016. pap. 9.57 *(978-1-333-47779-0(1))* Forgotten Bks.

F

Fresh Ereba: A Collection of Caribbean Bedtime Stories for Children. Kiran H. J. Dellimore. 2020. (ENG.). 71p. (J). pap. *(978-0-244-27163-3(1))* Lulu Pr., Inc.

Fresh Every Hour: Detailing the Adventures, Comic & Pathetic of One Jimmy Martin, Purveyor of Publicity, a Young Gentleman Possessing Sublime Nerve, Whimsical Imagination, Colossal Impudence, and, Withal, the Heart of a Child (Classic Reprint) John Peter Toohey. (ENG., Illus.). (J). 2018. 254p. 29.14 *(978-0-666-78428-5(0))*; 2016. pap. 11.57 *(978-1-333-77650-3(0))* Forgotten Bks.

Fresh Fields (Classic Reprint) John Burroughs. 2018. (ENG., Illus.). 366p. (J). 31.47 *(978-0-656-61145-4(6))* Forgotten Bks.

Fresh Fish. Michael J. Rosen. 2017. (Reel Time Ser.). (Illus.). 32p. (J). (ENG.). (gr. 3-6). pap. 9.99 *(978-1-62832-379-5(5)*, 20090, Creative Paperbacks); *(978-1-60818-771-3(3)*, Creative Education) Creative Co., The.

Fresh from the Farm. Lisa Harkrader. 2016. (Spring Forward Ser.). (J). (gr. 1). *(978-1-4900-9397-0(4))* Benchmark Education Co.

Fresh from the Fens: A Story of Three Lincolnshire Lasses (Classic Reprint) E. Ward. 2018. (ENG., Illus.). 378p. (J). 31.69 *(978-0-332-36884-9(X))* Forgotten Bks.

Fresh Gleanings: Or, a New Sheaf from the Old Fields of Continental Europe (Classic Reprint) I. K. Marvel. 2017. (ENG., Illus.). (J). 32.72 *(978-0-260-23696-8(9))* Forgotten Bks.

Fresh Ink: An Anthology. Ed. by Lamar Giles. (Illus.). (YA). (gr. 7). 2019. 224p. pap. 11.99 *(978-1-5247-6631-3(3)*, Ember); 2018. (ENG., 208p. lib. bdg. 20.99 *(978-1-5247-6629-0(1)*, Crown Books For Young Readers) Random Hse. Children's Bks.

Fresh Leaves & Green Pastures (Classic Reprint) Jane Ellen (Frith) Panton. 2018. (ENG., Illus.). 402p. (J). 32.19 *(978-0-364-34031-8(2))* Forgotten Bks.

Fresh Leaves (Classic Reprint) Fanny Fern. 2018. (ENG., Illus.). 340p. (J). 30.91 *(978-0-484-25766-4(8))* Forgotten Bks.

Fresh New Face of Griselda. Jennifer Torres. (ENG.). (J). (gr. 3-7). 2020. 272p. pap. 7.99 *(978-0-316-45261-8(0))*; 2019. (Illus.). 256p. 31.99 *(978-0-316-45260-1(2))* Little, Brown Bks. for Young Readers.

Fresh-Picked Poetry: A Day at the Farmers' Market. Michelle Schaub. Illus. by Amy Huntington. 32p. (J). (gr. -1-3). 2020. pap. 8.99 *(978-1-62354-170-5(0))*; 2017. lib. bdg. 16.99 *(978-1-58089-547-7(6))* Charlesbridge Publishing, Inc.

Fresh Posies: Rhymes to Read & Pieces to Speak (Classic Reprint) Abbie Farwell Brown. (ENG., Illus.). (J). 2017. 28.60 *(978-0-331-83328-7(X))*; 2016. pap. 10.97 *(978-1-333-33625-7(X))* Forgotten Bks.

Fresh Princess. Denene Millner. Illus. by Gladys Jose. 2019. (ENG.). 32p. (J). (gr. -1-3). 18.99 *(978-0-06-288457-2(3)*, HarperCollins) HarperCollins Pubs.

Fresh Princess of Bel Air. Tameka S. Hanley. 2021. (ENG.). 98p. (YA). 18.95 *(978-1-0878-8319-9(9))* Indy Pub.

Fresh Princess: Style Rules! Denene Millner. Illus. by Gladys Jose. 2020. (ENG.). 32p. (J). (gr. -1-3). 18.99 *(978-0-06-288458-9(1)*, HarperCollins) HarperCollins Pubs.

Fresh Squeeze on Data: Problem Solving with Data: Problem Solving with Data. Readyai. 2021. (ENG.). 58p. (J). 16.03 *(978-1-0879-0548-8(6))* Indy Pub.

Fresh Start. Lexi Bissen. 2023. (ENG.). 378p. (YA). pap. 16.99 ***(978-1-0880-1594-0(8))*** Indy Pub.

Fresh Starts for Our Animal Friends: Book 6 in the Animals Build Character Series. Aviva Hermelin. I.t. ed. 2017. (ENG., Illus.). (J). 18.95 *(978-1-946124-10-4(9))*; pap. 12.95 *(978-1-946124-09-8(5))* Mazo Pubs.

Fresh Water. Linda Aspen-Baxter. 2016. (Illus.). 32p. (J). *(978-1-5105-0867-5(8))* SmartBook Media, Inc.

Fresh Water. Brad Pennington. Illus. by Eric Parker. 2023. 44p. (J). pap. 14.95 ***(978-1-6678-8026-6(8))*** BookBaby.

Fresh Water, 1 vol. Jill Sherman. 2017. (Let's Learn about Natural Resources Ser.). (ENG.). 24p. (gr. 1-2). 24.27 *(978-0-7660-9235-8(6)*, 037b692b-adfb-40d8-b278-8fcfa2ad1a56) Enslow Publishing, LLC.

Fresh Woods & Pastures New (Classic Reprint) E. Marston. 2018. (ENG., Illus.). 156p. (J). 27.11 *(978-0-483-88292-8(5))* Forgotten Bks.

Freshly Baked Pie. Lora Rozler. 2017. (ENG., Illus.). (J). (gr. -1-2). *(978-0-9947576-4-7(6))* Words on a Limb Pr.

Freshman. K. R. Coleman. 2018. (Kick! Ser.). (ENG.). 112p. (YA). (gr. 6-12). 25.32 *(978-1-5415-0020-4(2)*, a463568b-d9ed-4186-a3bf-7295efd14ec1, Darby Creek) Lerner Publishing Group.

Freshman & His College: A College Manual. Frank Cummins Lockwood. 2017. (ENG., Illus.). (J). pap. *(978-0-649-49376-0(1))* Trieste Publishing Pty Ltd.

Freshman History of the Class of Eighty: Dartmouth College, for 1876-7 (Classic Reprint) Willie B. Fellows. 2018. (ENG., Illus.). 196p. (J). 27.96 *(978-0-428-98830-2(X))* Forgotten Bks.

Freshman Themes (Classic Reprint) Warner Taylor. 2018. (ENG., Illus.). 170p. (J). 27.42 *(978-0-483-44412-6(X))* Forgotten Bks.

Freshmen. Tom Ellen & Lucy Ivison. 2019. (ENG.). 368p. (YA). (gr. 9). pap. 11.99 *(978-1-5247-0181-9(5)*, Ember) Random Hse. Children's Bks.

Freshwater: Children's Environment Book. Bold Kids. 2022. (ENG.). 42p. (J). pap. 11.99 ***(978-1-0717-0984-9(4))*** FASTLANE LLC.

Freshwater: Discover Pictures & Facts about Freshwater for Kids! Bold Kids. 2021. (ENG.). 28p. (J). pap. 11.99 *(978-1-0717-0837-8(6))* FASTLANE LLC.

Freshwater- Animal Habitats for Kids! Environment Where Wildlife Lives for Kids - Children's Environment Books. Baby Iq Builder Books. 2016. (ENG., Illus.). (J). pap. 8.99 *(978-1-68374-724-6(0))* Examined Solutions PTE. Ltd.

Freshwater & Marine Biomes: Knowing the Difference - Science Book for Kids 9-12 Children's Science & Nature Books. Baby Professor. 2017. (ENG., Illus.). (J). pap. 9.55 *(978-1-5419-1424-7(4)*, Baby Professor (Education Kids)) Speedy Publishing LLC.

Freshwater Aquarium & Its Inhabitants: A Guide for the Amateur Aquarist (Classic Reprint) Otto Eggeling. 2018. (ENG., Illus.). 372p. (J). 31.57 *(978-0-364-96422-4(7))* Forgotten Bks.

Freshwater Biome. Elizabeth Andrews. 2021. (Beautiful Biomes Ser.). (ENG., Illus.). 24p. (J). (gr. k-3). lib. bdg. 31.36 *(978-1-0982-4102-5(9)*, 38768, Pop! Cody Koala) Pop!.

Freshwater Biome, 1 vol. Grace Hansen. 2016. (Biomes Ser.). (ENG., Illus.). 24p. (J). (gr. -1-2). lib. bdg. 32.79 *(978-1-68080-502-4(9)*, 21284, Abdo Kids) ABDO Publishing Co.

Freshwater Biome. Kerri Mazzarella. 2022. (Biomes on Planet Earth Ser.). (ENG.). 24p. (J). (gr. k-2). pap. 8.95 *(978-1-63897-581-6(7)*, 19382); lib. bdg. 27.93 *(978-1-63897-466-6(7)*, 19381) Seahorse Publishing.

Freshwater Biomes. Cecilia Pinto McCarthy. 2023. (Explore Biomes Ser.). (ENG.). 32p. (J). (gr. 2-5). lib. bdg. 34.21 ***(978-1-0982-9109-9(3)***, 42023, Kids Core) ABDO Publishing Co.

Freshwater Biomes. Louise Spilsbury & Richard Spilsbury. 2018. (Earth's Natural Biomes Ser.). (Illus.). 32p. (J). (gr. 4-4). *(978-0-7787-3994-4(5))* Crabtree Publishing Co.

FRESHWATER BIOMES. Contrib. by Louise Spilsbury & Richard Spilsbury. 2018. (Earth's Natural Biomes Ser.). (Illus.). 32p. (J). (gr. 4-4). pap. *(978-0-7787-4047-6(1))* Crabtree Publishing Co.

Freshwater Biomes Around the World. Victoria G. Christensen. 2019. (Exploring Earth's Biomes Ser.). (ENG., Illus.). 32p. (J). (gr. 3-6). pap. 7.95 *(978-1-5435-7533-0(1)*, 141064); lib. bdg. 27.99 *(978-1-5435-7211-7(1)*, 140473) Capstone.

Freshwater Crisis, 1 vol. Aiden Bradshaw. 2017. (Earth's Environment in Danger Ser.). (ENG.). 24p. (J). (gr. 3-3). 25.27 *(978-1-5383-2537-7(3)*, 919bc860-bb60-43fb-9a19-b97972608372); pap. 9.25 *(978-1-5383-2607-7(8)*, ed0e1ac2-905b-494b-9d46-80599ac5557e) Rosen Publishing Group, Inc., The. (PowerKids Pr.).

Freshwater Ecosystems. Tammy Gagne. 2018. (Earth's Ecosystems Ser.). (ENG., Illus.). 32p. (J). (gr. 3-6). 32.80 *(978-1-63235-456-3(X)*, 13868, 12-Story Library) Bookstaves, LLC.

Freshwater Fish (Set), 6 vols. 2018. (Freshwater Fish Ser.). (ENG.). 24p. (J). (gr. -1-2). lib. bdg. 188.16 *(978-1-5321-2287-3(X)*, 28341, Abdo Zoom-Launch) ABDO Publishing Co.

Freshwater Fishing. Tom Carpenter. 2017. (Outdoors Ser.). (ENG., Illus.). 32p. (J). (gr. 3-5). pap. 9.95 *(978-1-63517-295-9(0)*, 1635172950); lib. bdg. 31.35 *(978-1-63517-230-0(6)*, 1635172306) North Star Editions. (Focus Readers).

Freshwater Fishing. Kerri Mazzarella. 2022. (Let's Go Fish Ser.). (ENG.). 32p. (J). (gr. 3-9). pap. *(978-1-0396-6233-9(1)*, 20447); lib. bdg. *(978-1-0396-6038-0(X)*, 20446) Crabtree Publishing Co. (Crabtree Branches).

Freshwater Fishing. Allan Morey. 2016. (Great Outdoors Ser.). (ENG., Illus.). 32p. (J). (gr. 2-5). pap. 9.99 *(978-1-68152-078-0(8)*, 15764); lib. bdg. 20.95 *(978-1-60753-799-1(0)*, 15758) Amicus.

Freshwater Fishing. Diane Lindsey Reeves. 2023. (Searchlight Books (tm) — Hunting & Fishing Ser.). (ENG., Illus.). 32p. (J). (gr. 3-5). pap. 9.99. lib. bdg. 30.65 ***(978-1-7284-9157-8(6)***, 63d22b53-fa54-4a7b-87e5-a9b82590a99b) Lerner Publishing Group. (Lerner Pubns.).

Freshwater Fishing: A Waterproof Folding Guide to What a Novice Needs to Know. James Kavanagh & Waterford Press Staff. Illus. by Raymond Leung. 2016. (Outdoor Skills & Preparedness Ser.). (ENG.). 12p. 7.95 *(978-1-58355-535-4(8))* Waterford Pr., Inc.

Freshwater Sharks, Vol. 10. Elizabeth Roseborough. 2018. (Amazing World of Sharks Ser.). (Illus.). 64p. (J). (gr. 7). lib. bdg. 31.93 *(978-1-4222-4125-7(4))* Mason Crest.

Freston Tower: A Tale of the Times of Cardinal Wolsey (Classic Reprint) Richard Cobbold. 2017. (ENG., Illus.). (J). 30.23 *(978-0-266-73990-6(3))*; pap. 13.57 *(978-1-5277-0409-1(2))* Forgotten Bks.

Freston Tower, or the Early Days of Cardinal Wolsey, Vol. 1 of 3 (Classic Reprint) Richard Cobbold. (ENG., Illus.). (J). 2018. 340p. 30.91 *(978-0-483-56171-7(1))*; 2016. pap. 13.57 *(978-1-334-21665-7(7))* Forgotten Bks.

Freston Tower, or the Early Days of Cardinal Wolsey, Vol. 2 of 3 (Classic Reprint) Richard Cobbold. 2018. (ENG., Illus.). 294p. (J). 29.96 *(978-0-364-37387-3(3))* Forgotten Bks.

Freston Tower, or the Early Days of Cardinal Wolsey, Vol. 3 of 3 (Classic Reprint) Richard Cobbold. 2018. (ENG., Illus.). (J). 30.37 *(978-0-260-53855-0(8))* Forgotten Bks.

Fretwell Hall: A Moral & Instructive Story (Classic Reprint) Unknown Author. (ENG., Illus.). (J). 2018. 26p. 24.45 *(978-0-267-57012-6(0))*; 2016. pap. 7.97 *(978-1-334-16914-4(4))* Forgotten Bks.

Freundlichkeit Ist Meine Superkraft: Ein Kinderbuch über Empathie, Freundlichkeit und Mitgefühl. Alicia Ortego. Tr. by Melle Siegfried. 2021. (My Superpower Bks.). (GER.). 40p. (J). 15.99 *(978-1-7359741-7-0(X))* Slickcolors INC.

Freville Chase, Vol. 1 of 2 (Classic Reprint) E. H. Dering. (ENG., Illus.). (J). 2018. 360p. 31.32 *(978-0-484-80813-2(3))*; 2016. pap. 13.97 *(978-1-334-13444-9(8))* Forgotten Bks.

Freville Chase, Vol. 1 of 2 (Classic Reprint) Edward Henage Dering. 2017. (ENG., Illus.). (J). pap. 20.57 *(978-1-5276-3052-9(8))* Forgotten Bks.

Freville Chase, Vol. 1 of 2 (Classic Reprint) Edward Heneage Dering. 2018. (ENG., Illus.). 680p. (J). 37.92 *(978-0-365-45504-2(0))* Forgotten Bks.

Freville Chase, Vol. 2 of 2 (Classic Reprint) Edward H. Dering. 2018. (ENG., Illus.). 330p. (J). 30.70 *(978-0-483-10057-2(9))* Forgotten Bks.

Frey & His Wife (Classic Reprint) Maurice Hewlett. 2017. (ENG., Illus.). 268p. (J). 29.42 *(978-0-484-41679-5(0))* Forgotten Bks.

Freya. Virginia Loh-Hagan. 2018. (Gods & Goddesses of the Ancient World Ser.). (ENG., Illus.). 32p. (J). (gr. 4-8). lib. bdg. 32.07 *(978-1-5341-2942-9(1)*, 211812, 45th Parallel Press) Cherry Lake Publishing.

Freya. Contrib. by Amy C. Rea. 2023. (Norse Mythology Ser.). (ENG.). 32p. (J). (gr. 2-5). lib. bdg. 34.21 ***(978-1-0982-9118-1(2)***, 42050, Kids Core) ABDO Publishing Co.

Freya: Norse Goddess of Love. Tammy Gagne. 2019. (Legendary Goddesses Ser.). (ENG., Illus.). 32p. (J). (gr. 3-9). pap. 7.95 *(978-1-5435-7555-2(2)*, 141087); lib. bdg. 30.65 *(978-1-5435-7415-9(7)*, 140708) Capstone.

Freya & Honey, 10. Julie Sykes. ed. 2022. (Unicorn Academy Ser.). (ENG.). 101p. (J). (gr. 1-4). 18.96 ***(978-1-68505-702-2(0))*** Penworthy Co., LLC, The.

Freya & the Forgotten Light. G. Fraser. 2022. (ENG.). 410p. (YA). pap. ***(978-1-80227-370-0(0))*** Publishing Push Ltd.

Freya & the Magic Jewel. Joan Holub & Suzanne Williams. 2018. (Thunder Girls Ser.: 1). (ENG., Illus.). 272p. (J). (gr. 3-7). 16.99 *(978-1-4814-9640-7(9)*, Aladdin) Simon & Schuster Children's Publishing.

Freya & the Magic Jewel. Joan Holub & Suzanne Williams. 2019. (Thunder Girls Ser.: 1). (ENG.). 288p. (J). (gr. 3-7). pap. 7.99 *(978-1-4814-9639-1(5)*, Simon & Schuster/Paula Wiseman Bks.) Simon & Schuster/Paula Wiseman Bks.

Freya & the Valley of Obershire, Book 1: The Return of Ishman. Bjarne Borresen. 2019. (Freya & the Valley of Obershire Ser.: Vol. 1). (ENG.). 196p. (J). pap. 9.99 *(978-1-7333653-1-4(1))* Hom, Jonathan.

Freya Harte Is Not a Puzzle. Méabh Collins. 2023. (ENG.). 272p. (YA). 13.99 ***(978-1-78849-345-1(1))*** O'Brien Pr., Ltd., The IRL. Dist: Casemate Pubs. & Bk. Distributors, LLC.

Freya Snow Pup Trilogy: Books 1-3. L. C. Mawson. 2016. (ENG.). 636p. (J). pap. 23.99 *(978-1-393-05735-2(7))* Draft2Digital.

Friar Hildargo, Vol. 1 Of 5: A Legendary Tale (Classic Reprint) Edward Mortimer. 2018. (ENG., Illus.). 240p. (J). 28.85 *(978-0-483-65277-4(6))* Forgotten Bks.

Friar of Wittenberg (Classic Reprint) William Stearns Davis. 2017. (ENG., Illus.). (J). 33.26 *(978-0-265-57464-5(1))* Forgotten Bks.

Friar Tuck: Being the Chronicles of the Reverend John Carmichael, of Wyoming, U. S. an;, As Set Forth & Embellished by His Friend & Admirer; Happy Hawkins (Classic Reprint) Robert Alexander Wason. 2017. (ENG., Illus.). (J). 33.63 *(978-0-265-17775-4(8))* Forgotten Bks.

Friar's Scourge: Nonsense Verses (Classic Reprint) Viscountess Combermere. 2019. (ENG., Illus.). 192p. (J). 27.86 *(978-0-483-69324-1(3))* Forgotten Bks.

Fribbleriad (Classic Reprint) David Garrick. 2019. (ENG., Illus.). 32p. (J). 24.56 *(978-0-365-22724-3(2))* Forgotten Bks.

Frick or Feet. Gregory And Natasha Neal. 2017. (ENG., Illus.). 40p. (J). pap. 12.95 *(978-1-63525-518-8(X))* Christian Faith Publishing.

Friction & the Laws of Motion - Physics Made Simple - 4th Grade Children's Physics Books. Baby Professor. 2017. (ENG., Illus.). (YA). pap. 8.79 *(978-1-5419-1134-5(2)*, Baby Professor (Education Kids)) Speedy Publishing LLC.

Frida & Bear Play the Shape Game! Anthony Browne & Hanne Bartholin. 2016. (ENG., Illus.). 32p. (J). (gr. -1-2). 15.99 *(978-0-7636-7837-1(6))* Candlewick Pr.

Frida, el Misterio Del Anillo Del Pavo Real y Yo (Me, Frida, & the Secret of the Peacock Ring) Angela Cervantes. 2018. (SPA.). 240p. (J). (gr. 3-7). pap. 6.99 *(978-1-338-26907-9(0)*, Scholastic en Espanol) Scholastic, Inc.

Frida Kahlo. 2018. (J). *(978-0-7166-2282-6(3))* World Bk., Inc.

Frida Kahlo. Kate Conley. 2021. (Groundbreaker Bios Ser.). (ENG., Illus.). 32p. (J). (gr. 2-5). lib. bdg. 34.21 *(978-1-5321-9685-0(7)*, 38402, Kids Core) ABDO Publishing Co.

Frida Kahlo. Kate Conley. 2022. (Groundbreaker Bios Ser.). (ENG., Illus.). 32p. (J). (gr. 2-3). pap. 9.95 *(978-1-64494-669-5(6))* North Star Editions.

Frida Kahlo. Czeena Devera. Illus. by Jeff Bane. 2017. (My Early Library: My Itty-Bitty Bio Ser.). (ENG.). 24p. (J). (gr. k-1). 30.64 *(978-1-63472-815-7(7)*, 209686) Cherry Lake Publishing.

Frida Kahlo. Illus. by Isabel Munoz. 2019. (Genius Ser.). (ENG.). 42p. (J). (gr. 1). 9.99 *(978-88-544-1360-3(7))* White Star Publishers ITA. Dist: Sterling Publishing Co., Inc.

Frida Kahlo. Maria Isabel Sanchez Vegara. Illus. by Gee Fan Eng. (Little People, BIG DREAMS Ser.: 2). (ENG.). 32p. (J). (gr. -1-2). 2016. 15.99 ***(978-1-84780-783-0(6))***; Volume 2. 2023. pap. 8.99 ***(978-0-7112-8389-3(3))*** Quarto Publishing Group UK GBR. (Frances Lincoln Children's Bks.). Dist: Hachette Bk. Group.

Frida Kahlo: A Kid's Book about Expressing Yourself Through Art. Mary Nhin. Illus. by Yuliia Zolotova. 2021. (Mini Movers & Shakers Ser.: Vol. 10). (ENG.). 38p. (J). 19.99 *(978-1-63731-168-4(0))* Grow Grit Pr.

Frida Kahlo: Artist & Activist. Matt Doeden. 2020. (Gateway Biographies Ser.). (ENG., Illus.). 48p. (J). (gr. 4-8). pap. 11.99 *(978-1-5415-8888-2(6)*, 4e95bb11-576b-4bed-b211-32e60ca411e8); lib. bdg. 31.99 *(978-1-5415-7745-9(0)*, 2a8ec86f-831c-4113-b8a2-fb3ac0b696ba) Lerner Publishing Group. (Lerner Pubns.).

Frida Kahlo: Biografías para Montar. Daniel Balmaceda. Illus. by Pablo Bernasconi. 2023. (Puzzle Bks.). (SPA.). 72p. (J). (gr. 4-7). 14.95 ***(978-987-637-836-9(8))*** Catapulta Pr.

Frida Kahlo: (Children's Biography Book, Kids Ages 5 to 10, Woman Artist, Creativity, Paintings, Art) Inspired Inner Genius. 2022. (ENG.). 38p. (J). pap. 13.99 *(978-1-6904-1288-5(7))* IIG Pub.

Frida Kahlo: My First Frida Kahlo. Maria Isabel Sanchez Vegara & Gee Fan Eng. 2018. (Little People, BIG DREAMS Ser.: 2). (ENG., Illus.). 24p. (J). (gr. -1 — 1). bds. 9.99 ***(978-1-78603-247-8(3)***, Frances Lincoln Children's Bks.) Quarto Publishing Group UK GBR. Dist: Hachette Bk. Group.

Frida Kahlo & Her Animalitos. Monica Brown. Illus. by John Parra. 2017. (ENG.). 40p. (J). (gr. -1-3). 18.95 *(978-0-7358-4269-4(8))* North-South Bks., Inc.

Frida Kahlo & Her Animalitos. Monica Brown. 2018. (CHI.). (J). (gr. -1-2). *(978-957-14-6415-2(5))* San Min Bk. Co., Ltd.

Frida Kahlo & the Bravest Girl in the World: Famous Artists & the Children Who Knew Them. Laurence Anholt. ed. 2016. (Anholt's Artists Books for Children Ser.). (ENG., Illus.). 32p. (J). (gr. k-3). 16.99 *(978-0-7641-6837-6(1))* Sourcebooks, Inc.

Frida Kahlo (Little Guides to Great Lives) Isabel Thomas. Illus. by Marianna Madriz. 2018. (Little Guides to Great Lives Ser.). (ENG.). 64p. (J). (gr. 2-6). 11.99 *(978-1-78627-300-0(4)*, King, Laurence Publishing) Orion Publishing Group, Ltd. GBR. Dist: Hachette Bk. Group.

Frida Kahlo (Little People Big Dreams) Maria Isabel Sanchez Vegara & Eng Gee Fan. 2016. (Little People, Big Dreams Ser.). (ENG., Illus.). 32p. (J). 14.99 *(978-1-84780-770-0(4)*, Frances Lincoln Children's Bks.) Quarto Publishing Group UK GBR. Dist: Littlehampton Bk Services, Ltd.

Frida Kahlo para Niñas y Niños. Nadia Fink. Illus. by Pitu Saa. ed. 2016.Tr. of Frida Kalho for Girls & Boys. (SPA.). (gr. 2-12). pap. 12.99 *(978-0-9973280-0-4(2))* Bks. del Sur.

Frida Kahlo (Spanish Edition) Maria Isabel Sanchez Vegara. Illus. by Gee Fan Eng. 2023. (Little People, Big Dreams en Español Ser.: Vol. 2). (SPA.). 32p. (J). (gr. -1-2). pap. ***(978-0-7112-8464-7(4))*** Frances Lincoln Childrens Bks.

Frida Kahlo: the Revolutionary Painter! James Buckley, Jr. Illus. by Cassie Anderson. 2021. (Show Me History! Ser.). (ENG.). 96p. (J). (gr. 3-7). 12.99 *(978-1-64517-433-2(6)*, Portable Pr.) Printers Row Publishing Group.

Frida Kahlo y Sus Animalitos (Spanish Edition) Monica Brown. Tr. by F. Isabel Campoy. Illus. by John Parra. 2017. (SPA.). 40p. (J). (gr. -1-3). 17.95 *(978-0-7358-4292-2(2))* North-South Bks., Inc.

Frida Kalho for Girls & Boys see Frida Kahlo para Niñas y Niños

Frida Loves Fairy Tales. Tracilyn George. 2023. (ENG.). 26p. (J). pap. 12.99 ***(978-1-77475-611-9(0))*** Draft2Digital.

Friday - the Total Ice Cream Meltdown (Total Mayhem #5) Ralph Lazar. Illus. by Ralph Lazar. 2022. (Total Mayhem Ser.). (ENG.). 240p. (J). (gr. 2-5). pap. 6.99 *(978-1-338-77051-3(9))* Scholastic, Inc.

Friday - the Total Ice Cream Meltdown (Total Mayhem #5) (Library Edition) Ralph Lazar. Illus. by Ralph Lazar. 2022. (Total Mayhem Ser.). (ENG.). 240p. (J). (gr. 2-5). 21.99 *(978-1-338-77053-7(5))* Scholastic, Inc.

Friday Adventures. Pv Jackson. 2017. (ENG., Illus.). (YA). (gr. 7-9). pap. 15.00 *(978-1-939930-47-7(2))* Brandylane Pubs., Inc.

Friday Afternoon Series of Dialogues: A Collection of Original Dialogues Suitable for Boys & Girls in School Entertainments (Classic Reprint) Thomas Stewart Denison. 2017. (ENG., Illus.). (J). 26.74 *(978-0-331-84174-9(6))*; pap. 9.57 *(978-0-243-49827-7(6))* Forgotten Bks.

Friday Barnes: Bitter Enemies. R. A. Spratt. 2021. (Friday Barnes Ser.: 7). 272p. (J). (gr. 4-6). pap. 9.99 *(978-1-76089-217-3(3)*, Puffin) Penguin Random Hse. AUS. Dist: Independent Pubs. Group.

Friday Barnes: Danger Ahead. R. A. Spratt. 2020. (Friday Barnes Ser.: 6). 272p. (J). (gr. 4-6). pap. 13.99 *(978-1-76089-216-6(5)*, Puffin) Penguin Random Hse. AUS. Dist: Independent Pubs. Group.

Friday Barnes: Last Chance. R. A. Spratt. 2023. (Friday Barnes Ser.: 11). 288p. (J). (gr. 4-7). 12.99 ***(978-0-14-377924-7(9)***, Puffin) Penguin Random Hse. AUS. Dist: Independent Pubs. Group.

Friday Barnes: Never Fear. R. A. Spratt. 2021. (Friday Barnes Ser.: 8). 288p. (J). (gr. 4-6). pap. 13.99 *(978-1-76089-218-0(1)*, Puffin) Penguin Random Hse. AUS. Dist: Independent Pubs. Group.

Friday Barnes: No Escape. R. A. Spratt. 2021. (Friday Barnes Ser.: 9). 288p. (J). (gr. 4-6). 13.99 *(978-1-76089-576-1(8)*, Puffin) Penguin Random Hse. AUS. Dist: Independent Pubs. Group.

Friday Barnes 10: Undercover. R. A. Spratt. 2022. (Friday Barnes Ser.: 10). 288p. (J). (gr. 3). 16.99 *(978-1-76104-365-9(X)*, Puffin) Penguin Random Hse. AUS. Dist: Independent Pubs. Group.

Friday Barnes 5: the Plot Thickens. R. A. Spratt. 2020. (Friday Barnes Ser.: 5). 256p. (J). (gr. 4-6). 13.99 *(978-1-76089-215-9(7)*, Puffin) Penguin Random Hse. AUS. Dist: Independent Pubs. Group.

Friday Barnes, Girl Detective. R. A. Spratt. ed. 2017. (Friday Barnes Ser.: 1). (J). lib. bdg. 18.40 *(978-0-606-39603-5(9))* Turtleback.

Friday Comes on Tuesday: An Adventure at Crystal Bridges Museum of American Art. Darcy Pattison. 2022. (ENG., Illus.). 40p. (J). (gr. 2-4). 14.95 *(978-1-68226-183-5(2)*, P717021) Univ. of Arkansas Pr.

Friday I'm in Love. Camryn Garrett. 2023. (ENG.). 288p. (YA). (gr. 7). 18.99 *(978-0-593-43510-6(9))*; lib. bdg. 21.99 *(978-0-593-43511-3(7))* Random Hse. Children's Bks. (Knopf Bks. for Young Readers).

Friday Night: A Selection of Tales Illustrating Hebrew Life (Classic Reprint) Unknown Author. 2018. (ENG., Illus.). 172p. (J). 27.44 *(978-0-483-49262-2(0))* Forgotten Bks.

Friday Night Headlights: A 4D Book. Michael Dahl. Illus. by Euan Cook. 2018. (School Bus of Horrors Ser.). (ENG.). 40p. (J). (gr. 4-8). pap. 4.95 *(978-1-4965-6277-7(1)*, 138008); lib. bdg. 24.65 *(978-1-4965-6271-5(2)*, 137999) Capstone. (Stone Arch Bks.).

Friday Night Stage Lights. Rachele Alpine. 2018. (Mix Ser.). (ENG.). 352p. (J). (gr. 4-8). 17.99 *(978-1-5344-0459-5(7))*; (Illus.). pap. 8.99 *(978-1-5344-0458-8(9))* Simon & Schuster Children's Publishing. (Aladdin).

Friday Night Wrestlefest. J. F. Fox. Illus. by Micah Player. 2020. (ENG.). 48p. (J). 19.99 *(978-1-250-21240-5(5)*, 900203724) Roaring Brook Pr.

Friday Stories Learning about Haiti 2. Jenny Delacruz. 2021. (ENG.). 40p. (J). pap. 12.99 *(978-1-7361533-1-4(5))* Cobbs Creek Publishing.

Friday Stories Learning about Haiti 2. Jenny Delacruz. Illus. by Danko Herrera. 2021. (ENG.). 40p. (J). 24.99 *(978-1-7361533-2-1(3))* Cobbs Creek Publishing.

Friday Surprise (Reading Ladder Level 3) Anne Fine. Illus. by Helen Flook. 2nd ed. 2016. (Reading Ladder Level 3 Ser.). (ENG.). 48p. (gr. k-2). pap. 10.99 *(978-1-4052-8246-8(0)*, Reading Ladder) Farshore GBR. Dist: HarperCollins Pubs.

710

The check digit for ISBN-10 appears in parentheses after the full ISBN-13

TITLE INDEX FRIENDLY SONGS

Friday The 13th. Contrib. by Tammy Gagne. 2023. (Scoop on Superstitions Ser.). (ENG.). 24p. (J). (gr. 2-5). lib. bdg. 32.79 *(978-1-5038-6510-5(X)*, 216407, Stride) Child's World, Inc, The.

Friday the 13th from the Black Lagoon. Mike Thaler. Illus. by Jared D. Lee. 2017. 64p. (J). *(978-0-545-61638-6(7))* Scholastic, Inc.

Friday the 13th from the Black Lagoon. Mike Thaler. Illus. by Jared Lee. 2016. (Black Lagoon Adventures Set 4 Ser.). (ENG.). 64p. (J). (gr. 2-6). lib. bdg. 31.36 *(978-1-61479-604-6(1)*, 24337, Chapter Bks.) Spotlight.

Friday, the Thirteenth. Thomas William Lawson. 2018. (ENG.). 164p. (J). pap. *(978-1-386-74150-3(7))* Stark Publishing.

Friday, the Thirteenth: A Novel (Classic Reprint) Thomas William Lawson. 2018. (ENG., Illus.). 268p. (J). 29.44 *(978-0-483-52076-9(4))* Forgotten Bks.

Friday, Volume 1. Ed Brubaker. 2021. (ENG., Illus.). 120p. (YA). pap., pap. 14.99 *(978-1-5343-2058-1(X))* Image Comics.

Friday War Cry, Vol. 1: October 23, 1914, to May 21, 1915 (Classic Reprint) Massachusetts Agricultural College. (ENG., Illus.). (J). 2018. 118p. 26.35 *(978-0-364-43727-8(8))*; 2016. pap. 9.57 *(978-1-334-16484-2(3))* Forgotten Bks.

Fridays Tunnel. John Verney. 2019. (ENG., Illus.). 263p. (J). (gr. 4-7). pap. 11.95 *(978-1-58988-137-2(0))* Dry, Paul Bks., Inc.

Fridays with the Wizards. Jessica Day George. (Tuesdays at the Castle Ser.). (ENG.). 2017. 256p. (J). pap. 9.99 *(978-1-68119-204-8(7)*, 900162856); 2016. 240p. (YA). 16.99 *(978-1-61963-429-9(5)*, 900135951) Bloomsbury Publishing USA. (Bloomsbury USA Childrens).

Fridge & Oven's Big Job. Steven Weinberg. Illus. by Steven Weinberg. 2021. (Big Jobs Bks.). (ENG., Illus.). 22p. (J). bds. 8.99 *(978-1-250-75325-0(2)*, 900225331) Roaring Brook Pr.

Fridge Is Being Rude. John Wood. Illus. by Chloe Jago. 2023. (Level 8 - Purple Set Ser.). (ENG.). 32p. (J). (gr. 1-4). lib. bdg. 19.95 Bearport Publishing Co., Inc.

Fridge-Opolis. Melissa Coffey. Illus. by Josh Cleland. 2022. (ENG.). 32p. (J). (gr. -1-3). 17.99 *(978-1-4998-1254-1(X))* Little Bee Books Inc.

Fridolin's Mystical Marriage (Classic Reprint) Adolf Wilbrandt. (ENG., Illus.). (J). 2018. 260p. 29.26 *(978-0-483-11165-3(1))*; 2017. pap. 11.97 *(978-0-259-31542-1(7))* Forgotten Bks.

Fried Chicken & Yams. Tyler Fisher. Illus. by Masha Somova. 2020. (ENG.). 38p. (J). pap. ***(978-1-716-65418-3(1))*** Lulu Pr., Inc.

Fried Chicken for Jesus. Tramaine Davis. 2018. (ENG., Illus.). 24p. (J). pap. 12.95 *(978-1-64191-120-7(4))* Christian Faith Publishing.

Frieda Fait la Différence: Les Objectifs de développement Durable et Comment Vous Aussi Pouvez Changer le Monde. Ed. by United Nations. 2019. (FRE., Illus.). 56p. (J). (gr. 1-3). pap. 12.00 *(978-92-1-101407-5(7))* United Nations Fund for Population Activities.

Frieda Hace la Diferencia: Los Objetivos de Desarrollo Sostenible y Cómo Tú También Puedes Cambiar el Mundo. Ed. by United Nations. 2019. (SPA., Illus.). 56p. (J). (gr. 1-3). pap. 12.00 *(978-92-1-101408-2(5))* United Nations Fund for Population Activities.

Frieda Tails Coloring Book Volume 2: Frieda & the Big Brown Bear & the Church I. Kimberly Baltz. Illus. by Marty Petersen. 2017. (ENG.). 30p. (J). pap. 6.99 *(978-0-9989256-2-2(4))* Exodus 35:31 Artistry LLC.

Friedrich Gerstäcker's Germelshausen (Classic Reprint) Friedrich Gerstacker. 2018. (ENG., Illus.). (J). 90p. 25.75 *(978-1-396-34058-1(0))*; 92p. pap. 9.57 *(978-1-390-92144-1(1))* Forgotten Bks.

Friedrich Novel Units Teacher Guide. Novel Units. 2019. (ENG.). (J). pap. 12.99 *(978-1-56137-658-2(2)*, Novel Units, Inc.) Classroom Library Co.

Friend. Gavin Bishop. Illus. by Gavin Bishop. 2023. (ENG., Illus.). 18p. (J). (gr. -1 — 1). bds. 12.99 *(978-1-77657-486-5(9)*, 5db9423f-d8da-4efa-87a3-c8085e1b2a9a) Gecko Pr. NZL. Dist: Lerner Publishing Group.

Friend. Alyvia Dunn. 2023. (ENG.). 34p. (J). pap. 5.50 ***(978-1-312-71353-6(4))*** Lulu Pr., Inc.

Friend. P. W. Hueller. 2016. (Tartan House Ser.). (ENG.). 96p. (J). (gr. 3-6). *(978-1-63235-162-3(5)*, 11893, 12-Story Library) Bookstaves, LLC.

Friend a Saguaro Keeps. Amber Garcia. Illus. by Amber Garcia. 2021. (Saguaro Tales Ser.: Vol. 2). (ENG.). 28p. (J). 19.95 *(978-0-9817939-5-5(9))* Three Knolls Publishing.

Friend Barton's Concern (Classic Reprint) Mary Hallock Foote. (ENG., Illus.). (J). 2017. 62p. 25.18 *(978-0-332-59706-5(7))*; 2016. pap. 9.57 *(978-1-333-35442-8(8))* Forgotten Bks.

Friend Book of Handwritten Letters Diary for Kids. Planners & Notebooks Inspira Journals. 2019. (ENG.). 200p. (J). pap. 12.55 *(978-1-64521-271-3(8)*, Inspira) Editorial Imagen.

Friend Chips - Friends Forever. Desio. 2020. (ENG.). 28p. (J). pap. 14.95 *(978-1-952637-15-5(5))* Be You Bks.

Friend for a Season. Jane Scott. Illus. by Gary Sanchez. 2022. (ENG.). 28p. (J). 26.99 *(978-1-6628-3636-7(8))*; pap. 14.99 *(978-1-6628-3635-0(X))* Salem Author Services.

Friend for Bear. Steve Smallman. Illus. by Caroline Pedler. 2020. (ENG.). 32p. (J). (gr. -1-2). 17.99 *(978-1-68010-188-1(9))* Tiger Tales.

Friend for Bently. Paige Keiser. Illus. by Paige Keiser. 2019. (ENG., Illus.). 40p. (J). (gr. -1-3). 17.99 *(978-0-06-264332-2(0)*, HarperCollins) HarperCollins Pubs.

Friend for Dear Dragon. Margaret Hillert. Illus. by Jack Pullan. 2016. (Beginning-To-Read Ser.). (ENG.). 32p. (J). (gr. k-2). pap. 13.26 *(978-1-60357-878-3(1))* Norwood Hse. Pr.

Friend for Dear Dragon. Margaret Hillert. 2016. (BeginningtoRead Ser.). (ENG., Illus.). 32p. (J). (-2). lib. bdg. 22.60 *(978-1-59953-765-8(6))* Norwood Hse. Pr.

Friend for Dragon. Dav Pilkey. ed. 2019. (Acorn Early Readers Ser.). (ENG.). 51p. (J). (gr. k-1). 14.96 *(978-0-87617-491-3(8))* Penworthy Co., LLC, The.

Friend for Dragon: an Acorn Book (Dragon #1) Dav Pilkey. Illus. by Dav Pilkey. 2019. (Dragon Ser.: 1). (ENG., Illus.). 64p. (J). (gr. k-2). pap. 4.99 *(978-1-338-34105-8(7))* Scholastic, Inc.

Friend for Frank. Ella Ronen & Olivia Klein. Illus. by Giward Musa. 2022. (ENG.). 20p. (J). pap. ***(978-1-922827-84-5(3))*** Library For All Limited.

Friend for Henry: (Books about Making Friends, Children's Friendship Books, Autism Awareness Books for Kids) Jenn Bailey. Illus. by Mika Song. 2019. (ENG.). 36p. (J). (gr. -1-k). 16.99 *(978-1-4521-6791-6(5))* Chronicle Bks. LLC.

Friend for Little White Rabbit, Leveled Reader Yellow Fiction Level 8 Grade 1. Hmh Hmh. 2019. (Rigby PM Ser.). (ENG.). 16p. (J). (gr. 1). pap. 11.00 *(978-0-358-12169-5(8))* Houghton Mifflin Harcourt Publishing Co.

Friend for Mole. 1 vol. Nancy Armo. 2020. (Illus.). 32p. (J). (gr. -1-3). pap. 7.95 *(978-1-68263-153-9(2))* Peachtree Publishing Co. Inc.

Friend for Patty. Sherry L. Riffle. 2021. (ENG.). 28p. (J). 20.99 *(978-1-954868-68-7(5))* Pen It Pubns.

Friend for Sidney. Missy Leigh Lynch. 2017. (ENG., Illus.). 34p. (J). pap. 14.95 *(978-1-947514-01-0(6))* St. Clair Pubns.

Friend for Summer: A Children's Picture Book about Friendship & Pets. David Richardson. 2021. (ENG.). 32p. (J). ***(978-0-6453575-1-6(0))***; pap. ***(978-0-6453575-0-9(2))*** Boss Kids Bks.

Friend for Yoga Bunny. Brian Russo. 2022. (ENG., Illus.). 40p. (J). (gr. -1-3). 17.99 *(978-0-06-301784-9(9)*, HarperCollins) HarperCollins Pubs.

Friend from an Angel. Kaitlin Jones. 2022. (ENG., Illus.). 38p. (J). pap. 16.95 ***(978-1-63985-894-1(6))*** Fulton Bks.

Friend I Could Die For. Sarah Larson. 2020. (ENG.). 192p. (YA). pap. *(978-1-716-89808-2(0))* Lulu Pr., Inc.

Friend I Need: Being Kind & Caring to Myself. Gabi Garcia. Illus. by Miranda Rivadeneira. 2020. (ENG.). 34p. (J). 18.99 *(978-1-949633-23-8(3))* Skinned Knee Publishing.

Friend in Need. N. J. Lindquist. 2016. (Circle of Friends Ser.: Vol. 3). (ENG., Illus.). (YA). pap. *(978-1-927692-06-6(7))* That's Life! Communications.

Friend in the Dark: The Story of a Seeing Eye Dog (Classic Reprint) Ruth Adams Knight. 2017. (ENG., Illus.). (J). 25.77 *(978-0-331-79976-7(6))*; pap. 9.57 *(978-0-243-41274-7(6))* Forgotten Bks.

Friend in Winter. Feridun Oral. Illus. by Feridun Oral. 2019. (Illus.). 32p. (J). (-k). 17.99 *(978-988-8341-87-0(1)*, Minedition) Penguin Young Readers Group.

Friend Is... Lisa Thiesing. Illus. by Lisa Thiesing. 2020. (ENG., Illus.). 40p. (J). (gr. -1-3). 17.99 *(978-1-5344-6572-5(3)*, Aladdin) Simon & Schuster Children's Publishing.

Friend Is Nice. Cathleen J. Lang. Illus. by Erin Reilly. 2022. (ENG.). 34p. (J). 19.95 ***(978-1-956688-09-2(9))*** Primedia eLaunch LLC.

Friend Is Someone Who Likes You. Joan Walsh Anglund. 2017. (ENG., Illus.). 40p. (J). (gr. -1-3). 9.99 *(978-0-544-99919-0(3)*, 1666824, Clarion Bks.) HarperCollins Pubs.

Friend Is Spelled with Ph see Amigo Se Escribe con H

FRIEND: Journal Notebook. Rochelle Robinson. 2023. (ENG.). 60p. (YA). pap. ***(978-1-312-44630-4(7))*** Lulu Pr., Inc.

Friend Like Anian. Meeka Caldwell. 2020. (ENG., Illus.). 30p. (J). (gr. k-5). pap. 10.99 *(978-1-7343346-8-5(1))* Publify Consulting.

Friend Like Frank. Stacey Broadbent. Illus. by Eli Broadbent. 2017. (ENG.). (J). pap. *(978-0-473-41588-4(7))* Broadbent, Stacey.

Friend Like Frank. Stacey Jayne. Illus. by Eli Broadbent. 2019. (ENG.). 38p. (J). pap. *(978-0-473-46964-1(2))* Broadbent, Stacey.

Friend Like Iggy. 1 vol. Kathryn Cole. Photos by Ian Richards. 2019. (ENG., Illus.). 32p. (J). (gr. 1-3). 18.95 *(978-1-77260-084-1(9))* Second Story Pr. CAN. Dist: Orca Bk. Pubs. USA.

Friend Like Me. Noelle Strommen. 2020. (ENG.). 28p. (J). 16.95 *(978-1-7343632-5-8(8))* Caspar's Cottage.

Friend Like Pikachu! (Pokémon) Rachel Chlebowski. Illus. by Golden Books. 2019. (Little Golden Book Ser.). (ENG.). 24p. (J). (gr. -1-2). 5.99 *(978-1-9848-4817-8(8)*, Golden Bks.) Random Hse. Children's Bks.

Friend Like You. Frank Murphy & Charnaie Gordon. Illus. by Kayla Harren. 2021. (ENG.). 32p. (gr. k-3). 16.99 *(978-1-5341-1112-7(3)*, 205108) Sleeping Bear Pr.

Friend Like You. Andrea Schomburg & Barbara Rottgen. Illus. by Sean Julian. 2021. (Let's Read Together Ser.). (ENG.). 32p. (J). (gr. -1-2). pap. 8.99 *(978-1-68010-369-4(5))* Tiger Tales.

Friend Me. Sheila M. Averbuch. 2020. (ENG.). 272p. (J). (gr. 3-7). 17.99 *(978-1-338-61808-2(3)*, Scholastic Pr.) Scholastic, Inc.

Friend of a Pirate: A Young Mouse Finds His Adventure. Janessa R. Bergen. 2022. (ENG.). 176p. (YA). pap. *(978-1-4866-2206-1(2))* Word Alive Pr.

Friend of Caesar: A Tale of the Fall of the Roman Republic. William Stearns Davis. 2017. (ENG., Illus.). (J). 29.95 *(978-1-374-96531-7(6))*; pap. 19.95 *(978-1-374-96530-0(8))* Capital Communications, Inc.

Friend of Caesar: A Tale of the Fall of the Roman Republic, Time, 50-47 B. C (Classic Reprint) William Stearns Davis. 2017. (ENG., Illus.). (J). 34.56 *(978-1-5280-8105-4(6))* Forgotten Bks.

Friend of Many Colors. Gail Wilcox. 2019. (ENG., Illus.). 26p. (J). pap. 12.95 *(978-1-64471-500-0(7))* Covenant Bks.

Friend of Numbers: The Life of Mathematician Srinivasa Ramanujan. Priya Narayanan. Illus. by Satwik Gade. 2023. (Incredible Lives for Young Readers Ser.). (ENG.). 40p. (J). 17.99 ***(978-0-8028-5608-1(X)***, Eerdmans Bks For Young Readers) Eerdmans, William B. Publishing Co.

Friend of the Family & the Gambler (Classic Reprint) Fyodor Dostoevsky. (ENG., Illus.). (J). 2018. 322p. 30.54 *(978-0-365-11619-6(X))*; 2017. pap. 13.57 *(978-1-5276-3156-4(7))* Forgotten Bks.

Friend of the Family (Classic Reprint) Fyodor Dostoevsky. (ENG., Illus.). (J). 2018. 372p. 31.57 *(978-0-483-46261-8(6))*; 2016. pap. 13.97 *(978-1-334-35667-4(X))* Forgotten Bks.

Friend of the People (Classic Reprint) Mary C. Rowsell. 2017. (ENG., Illus.). (J). 33.47 *(978-1-5285-8664-1(6))*; pap. 16.57 *(978-1-5276-9929-8(3))* Forgotten Bks.

Friend of the Poor: St Abraam Bishop of Fayum. Sherry Fanous. 2019. (ENG.). 26p. (J). pap. *(978-0-6485754-1-2(1))* St Shenouda Pr.

Friend of Youth, Vol. 1 Of 2: Translated Fro the French of M. Berquin (Classic Reprint) M. Berquin. 2018. (ENG., Illus.). 340p. (J). 30.91 *(978-0-267-26365-3(1))* Forgotten Bks.

Friend of Youth, Vol. 2 of 2 (Classic Reprint) Arnaud Berquin. (ENG., Illus.). (J). 2018. 364p. 31.42 *(978-0-267-96721-6(7))*; 2017. pap. 13.97 *(978-0-243-08463-0(3))* Forgotten Bks.

Friend Olivia (Classic Reprint) Amelia E. Barr. 2017. (ENG., Illus.). (J). 33.45 *(978-1-5279-7980-2(6))* Forgotten Bks.

Friend or Fiction. Abby Cooper. (ENG.). 272p. (J). (gr. 5). 2022. pap. 7.99 *(978-1-62354-184-2(0))*; 2019. 16.99 *(978-1-62354-108-8(5))* Charlesbridge Publishing, Inc.

Friend or Foe. Patrick Jones. 2016. (Unbarred Ser.). (ENG.). 120p. (YA). (gr. 6-12). pap. 7.99 *(978-1-5124-0095-3(5)*, 5b8cb162-38ac-444d-b04f-780ace2a68bf, Darby Creek) Lerner Publishing Group.

Friend or Foe?, 1 vol. John Sobol. Illus. by Dasha Tolstikova. 2016. (ENG.). 32p. (J). (gr. -1-2). 18.95 *(978-1-55498-407-7(6))* Groundwood Bks. CAN. Dist: Publishers Group West (PGW).

Friend or Foe. Patrick Jones. ed. 2016. (Unbarred Ser.). (ENG.). 120p. (YA). (gr. 6-12). E-Book 42.65 *(978-1-5124-0096-0(3)*, Darby Creek) Lerner Publishing Group.

Friend or Foe: A Tale of Connecticut During the War of 1812 (Classic Reprint) Frank Samuel Child. 2018. (ENG., Illus.). 358p. (J). 31.28 *(978-0-267-17768-4(2))* Forgotten Bks.

Friend Perditus a Novel, Vol. 2: By Mary H. Tennyson in Two Volumes (Classic Reprint) Mary H. Tennyson. 2018. (ENG., Illus.). 334p. (J). 30.81 *(978-0-428-99010-7(X))* Forgotten Bks.

Friend Perditus, Vol. 1 Of 2: A Novel (Classic Reprint) Mary H. Tennyson. 2018. (ENG., Illus.). 344p. (J). 30.99 *(978-0-484-00010-9(1))* Forgotten Bks.

Friend Request: Invention of Facebook & Internet Privacy. Virginia Loh-Hagan. 2022. (Behind the Curtain Ser.). (ENG., Illus.). 32p. (J). (gr. 4-8). pap. 14.21 *(978-1-6689-0060-4(2)*, 220151); lib. bdg. 32.07 *(978-1-5341-9946-0(2)*, 220007) Cherry Lake Publishing. (45th Parallel Press).

Friend Scheme. Cale Dietrich. 2021. (ENG., Illus.). 352p. (YA). pap. 10.99 *(978-1-250-79195-5(2)*, 900191760) Square Fish.

Friend Ship. Kat Yeh. Illus. by Chuck Groenink. 2016. (ENG.). 32p. (J). 16.99 *(978-1-4847-0726-5(5))* Little, Brown Bks. for Young Readers.

Friend Ships - Legend of the White Wolf. Eric Desio. 2020. (Friend Ships Ser.: Vol. 1). (ENG., Illus.). 28p. (J). 12.95 *(978-1-952637-26-1(0))* Be You Bks.

Friend Ships - Safe at Shore. Eric Desio. 2020. (Friend Ships Ser.: Vol. 1). (ENG., Illus.). 26p. (J). (gr. k-3). 12.95 *(978-1-952637-02-5(3))*; pap. 5.95 *(978-1-952637-03-2(1))* Be You Bks.

Friend Ships - the Mighty Wind. Eric Desio. 2020. (Friend Ship Ser.: Vol. 2). (ENG., Illus.). 26p. (J). (gr. k-3). 12.95 *(978-1-952637-04-9(X))*; pap. 5.95 *(978-1-952637-05-6(8))* Be You Bks.

Friend Thief (Diary of a 5th Grade Outlaw Book 2) Gina Loveless. Illus. by Andrea Bell. 2020. (Diary of a 5th Grade Outlaw Ser.). (ENG.). 224p. (J). 13.99 *(978-1-5248-5574-1(X))* Andrews McMeel Publishing.

Friend to Nature: Activities & Inspiration to Connect with the Wild World. Laura Knowles. Illus. by Rebecca Gibbon. 2021. (ENG.). 72p. (J). (gr. 1-3). 14.95 *(978-1-913519-20-9(1))* Welbeck Publishing Group Ltd. GBR. Dist: Two Rivers Distribution.

Friend to Trust. Jenne Simon. Illus. by Ana Gómez. 2016. 32p. (J). pap. *(978-1-338-03337-3(9))* Scholastic, Inc.

Friend Who Forgives: A True Story about How Peter Failed & Jesus Forgave. Daniel DeWitt. Illus. by Catalina Echeverri. 2018. (Tales That Tell the Truth Ser.). (ENG.). 24p. (J). *(978-1-78498-302-4(0))* Good Bk. Co., The.

Friend Who Forgives Board Book: A True Story about How Peter Failed & Jesus Forgave. Dan DeWitt. Illus. by Catalina Echeverri. 2021. (Tales That Tell the Truth Ser.). (ENG.). 16p. (J). bds. *(978-1-78498-582-0(1))* Good Bk. Co., The.

Friend Who Forgives Family Bible Devotional: 15 Days Exploring the Story of Peter. Contrib. by Katy Morgan & Catalina Echeverri. 2023. (ENG.). (J). pap. *(978-1-78498-836-4(7))* Good Bk. Co., The.

Friend Who Stays. Brenda Leigh. 2020. (ENG.). 176p. (YA). pap. 13.95 *(978-1-64871-538-9(9))* Independent Pub.

Friendbots #1: Blink & Block Make a Wish. Vicky Fang. 2021. (I Can Read Comics Level 2 Ser.). (ENG., Illus.). 32p. (J). (gr. -1-3). 16.99 *(978-0-06-304945-1(7))*; pap. 6.99 *(978-0-06-304944-4(9))* HarperCollins Pubs. (HarperAlley).

Friendbots #2: Blink & Block Bug Each Other. Vicky Fang. 2021. (I Can Read Comics Level 2 Ser.). (ENG., Illus.). 32p. (J). (gr. -1-3). 16.99 *(978-0-06-304948-2(1))*; Vol. 2. pap. 5.99 *(978-0-06-304947-5(3))* HarperCollins Pubs. (HarperAlley).

Friendliness. Cynthia Amoroso. 2022. (Learning Core Values Ser.). (ENG.). 24p. (J). (gr. -1-2). lib. bdg. 32.79 *(978-1-5038-5847-3(2)*, 215713, Wonder Books(r)) Child's World, Inc, The.

Friendliness. Tamra B. Orr. 2016. (21st Century Basic Skills Library: Feelings Ser.). (ENG., Illus.). 24p. (J). (gr. k-3). 26.35 *(978-1-63471-043-5(6)*, 208252) Cherry Lake Publishing.

Friendly Adventures of the Georgia Blue Flower Truck. Gina Dzierzanowski. Illus. by Qbn Studios. 2022. (ENG.). 44p. (J). 18.99 *(978-1-6629-2195-7(0))*; pap. 12.99 *(978-1-6629-2196-4(9))* Gatekeeper Pr.

Friendly Animals (Classic Reprint) Unknown Author. 2018. (ENG., Illus.). (J). 74p. 25.44 *(978-0-366-56523-8(0))*; 76p. pap. 9.57 *(978-0-366-21001-5(7))* Forgotten Bks.

Friendly Counsel for Girls, or Words in Season (Classic Reprint) Sydney Cox. 2016. (ENG., Illus.). (J). pap. 13.57 *(978-1-334-14431-8(1))* Forgotten Bks.

Friendly Enemy Children's Workbook. Lorraine Fast. 2017. (ENG., Illus.). (J). pap. 15.99 *(978-0-9834910-4-0(6))* Yawn's Bks. & More, Inc.

Friendly Enemy (Classic Reprint) Theodore Percival Cameron Wilson. (ENG., Illus.). (J). 2018. 380p. 31.73 *(978-0-483-07317-3(2))*; 2017. pap. 16.57 *(978-1-5276-7964-1(0))* Forgotten Bks.

Friendly Face: an AFK Book (Five Nights at Freddy's: Fazbear Frights #10), 1 vol. Scott Cawthon & Andrea Waggener. 2021. (Five Nights at Freddy's Ser.: 10). (ENG.). 272p. (YA). (gr. 7-7). pap. 9.99 *(978-1-338-74119-3(5))* Scholastic, Inc.

Friendly Faces: in the Forest (2020 Edition) Baby's First Soft Book. Surya Sajnani. Illus. by Surya Sajnani. 2nd ed. 2020. (Wee Gallery Cloth Bks.). (ENG., Illus.). 6p. (J). (gr. -1 — 1). 16.95 *(978-0-7112-5420-6(6)*, 336625, Words & Pictures) Quarto Publishing Group UK GBR. Dist: Hachette Bk. Group.

Friendly Faces: in the Garden (2020 Edition) Baby's First Soft Book. Surya Sajnani. Illus. by Surya Sajnani. 2nd ed. 2020. (Wee Gallery Cloth Bks.). (ENG., Illus.). 4p. (J). (gr. -1 — 1). 16.95 *(978-0-7112-5417-6(6)*, 336615, Words & Pictures) Quarto Publishing Group UK GBR. Dist: Hachette Bk. Group.

Friendly Faces: in the Wild (2020 Edition) Baby's First Soft Book. Surya Sajnani. Illus. by Surya Sajnani. 2nd ed. 2020. (Wee Gallery Cloth Bks.). (ENG., Illus.). 6p. (J). (gr. -1 — 1). 16.95 *(978-0-7112-5418-3(4)*, 336619, Words & Pictures) Quarto Publishing Group UK GBR. Dist: Hachette Bk. Group.

Friendly Farm. Anna May. Illus. by Jenni Wells. 2021. (ENG.). 28p. (J). pap. 12.99 *(978-1-954868-83-0(9))* Pen It Pubns.

Friendly Feet (Classic Reprint) Grace A. Gooderham. 2018. (ENG., Illus.). 24p. (J). 24.41 *(978-0-267-50024-6(6))* Forgotten Bks.

Friendly Five: A Story (Classic Reprint) Mary C. Hungerford. 2018. (ENG., Illus.). 286p. (J). 29.80 *(978-0-483-93345-3(7))* Forgotten Bks.

Friendly Fliers. Finn Coyle. Illus. by Srimalie Bassani. 2019. (Finn's Fun Trucks Ser.). (ENG.). 32p. (J). (gr. k-2). 6.99 *(978-1-4867-1580-0(X)*, deb5fe76-f227-4ec0-bbb5-8f7d95a0d0c5) Flowerpot Pr.

Friendly Fliers. Finn Coyle. 2019. (Finn's Fun Trucks Ser.). (ENG.). 29p. (J). (gr. k-1). 15.96 *(978-1-64310-968-8(5))* Penworthy Co., LLC, The.

Friendly Fliers: A Lift-The-Page Truck Book. Finn Coyle. Illus. by Srimalie Bassani. 2019. (Finn's Fun Trucks Ser.). (ENG.). 14p. (J). (gr. k-2). bds. 8.99 *(978-1-4867-1548-0(6)*, 595d57d9-d8e7-4761-916d-d1426ec44ac1) Flowerpot Pr.

Friendly Forest. Allan Celmer. 2022. (ENG., Illus.). 48p. (J). 30.95 *(978-1-6624-5720-3(0))* Page Publishing Inc.

Friendly Four. Eloise Greenfield & Jan Spivey Gilchrist. 2022. (ENG., Illus.). 48p. (J). (gr. -1-3). pap. 7.99 *(978-0-06-000761-4(3)*, Amistad) HarperCollins Pubs.

Friendly Foxes Coloring Book: Cute Foxes Coloring Book - Adorable Foxes Coloring Pages for Kids -25 Incredibly Cute & Lovable Foxes. Welove Coloringbooks. 2021. (ENG., Illus.). 106p. (J). pap. 10.49 *(978-1-716-27104-5(5))* Lulu Pr., Inc.

Friendly Frog: Ofelia's Forest Adventure. Luthon Hagvinprice. 2023. (ENG.). 48p. (J). 38.15 ***(978-1-4475-1822-8(5))***; pap. 9.27 ***(978-1-4475-1807-5(1))*** Lulu Pr., Inc.

Friendly King. Virgil D. Mochel. 2018. (ENG.). 24p. (J). pap. 7.99 *(978-1-64345-158-9(8))* Stratton Pr.

Friendly Little Snowman. Samantha Meredith. Ed. by Cottage Door Press. 2018. (ENG.). 12p. (J). (gr. -1 — 1). bds. 7.99 *(978-1-68052-422-2(4)*, 2000210) Cottage Door Pr.

Friendly Monsters. Karen Morgan. 2017. (ENG., Illus.). 54p. (J). *(978-1-77370-195-0(9))*; pap. *(978-1-77370-194-3(0))* Morgan, Tyleen.

Friendly Monsters: Behind the Computer. Cheurlie Pierre-Russell. 2019. (ENG., Illus.). 52p. (J). (gr. 1-6). pap. 14.99 *(978-1-0878-1601-2(7))*; pap. 14.99 *(978-1-0878-0772-0(7))* J3Russell, LLC.

Friendly Ness Goes Fishing: You'll Never Guess What Clever Ness Catches! Marcus Adrian Tarrant. Illus. by Watson Nick. 2019. (ENG.). 28p. (J). pap. *(978-0-6484718-2-0(9))* M A Tarrant Nominees Pty Ltd.

Friendly Ness Sings the Friendly Ness Song: Sing along with the Ness Monsters. Marcus Adrian Tarrant. Illus. by Nick Watson. 2019. (ENG.). 28p. (J). pap. *(978-0-6484718-0-6(2))* M A Tarrant Nominees Pty Ltd.

Friendly Python & Cobra. Rosie Amazing. Illus. by Andreea Balcan. 2021. (ENG.). 28p. (J). pap. *(978-1-990292-08-8(9))* Annelid Pr.

Friendly Rhymes: Old Friends in Joyous Verse (Classic Reprint) James W. Foley. 2018. (ENG., Illus.). 186p. (J). 27.75 *(978-0-483-65869-1(3))* Forgotten Bks.

Friendly Road: New Adventures in Contentment. David Grayson, pseud. 2017. (ENG., Illus.). (J). 23.95 *(978-1-374-91842-9(3))* Capital Communications, Inc.

Friendly Road: New Adventures in Contentment (Classic Reprint) David Grayson, pseud. 2018. (ENG., Illus.). (J). 31.24 *(978-0-331-80740-0(8))* Forgotten Bks.

Friendly Robots & Dragons Coloring Book. Cristie Publishing. 2021. (ENG.). 60p. (J). pap. 10.99 *(978-1-716-21862-0(4))* Lulu Pr., Inc.

Friendly Russia (Classic Reprint) Denis Garstin. 2017. (ENG., Illus.). (J). 29.20 *(978-0-331-39749-9(8))* Forgotten Bks.

Friendly Scarecrow Draft2. Katie Wood. 2018. (ENG., Illus.). 76p. (J). pap. 8.84 *(978-0-244-67081-8(1))* Lulu Pr., Inc.

Friendly, Scared & Working Dogs the Adventures of Miss Aspen Lu. Linda Johansen. Illus. by Kim Sponaugle. 2022. (ENG.). 26p. (J). 20.99 ***(978-1-0880-4019-5(5))*** Indy Pub.

Friendly, Scared & Working Dogs the Adventures of Miss Aspen Lu. Linda Johnasen. Illus. by Kim Sponaugle. 2022. (ENG.). 26p. (J). pap. 12.99 ***(978-1-0880-7835-8(4))*** Indy Pub.

Friendly Songs. Rose Nestling. Ed. by Cottage Door Press. 2018. (ENG.). 12p. (J). (gr. -1-2). bds. 18.99 *(978-1-68052-327-0(9)*, 1003030) Cottage Door Pr.

F

Friendly the Snowman with Word-For-Word Audio Download. Donald Kasen. 2021. (ENG.). 34p. (J). pap. 8.99 *(978-0-7396-1323-8(5))* Peter Pauper Pr. Inc.

Friendly Town That's Almost Always by the Ocean! Kir Fox & M. Shelley Coats. 2018. (Secrets of Topsea Ser.: 1). (ENG.). 208p. (J). (gr. 3-7). E-Book 45.00 *(978-1-368-00051-2(7))* Little, Brown Bks. for Young Readers.

Friendly Tree That No One Else Can Hear but Me. Sabrina Listenbee. 2022. (ENG.). 58p. (J). pap. 13.99 *(978-1-947380-07-3(9))* Woods, james E.

Friendly Village (Classic Reprint) Mabel O'Donnell. 2017. (ENG., Illus.). (J). 29.14 *(978-0-331-96046-4(X))*; pap. 11.57 *(978-0-259-86935-1(X))* Forgotten Bks.

FriendMe - What Would You Do? Cory Alexander. 2020. (ENG.). 140p. (J). pap. 12.99 *(978-0-578-73961-8(5))* Harlem Pr., LLC.

Friendroid. M. M. Vaughan. (ENG.). (J). (gr. 3-7). 2020. 400p. pap. 8.99 *(978-1-4814-9066-5(4))*; 2019. (Illus.). 384p. 17.99 *(978-1-4814-9065-8(6))* McElderry, Margaret K. Bks. (McElderry, Margaret K. Bks.).

Friends, 1 vol. Patricia Billings. 2020. (ENG., Illus.). 24p. (J). (— 1). bds. 8.99 *(978-1-78508-856-8(4))* Milet Publishing.

Friends. Zimbili Dlamini & Hlengiwe Zondi. Illus. by Catherine Groenewald. 2022. (ENG.). 40p. (J). pap. ***(978-1-922910-80-6(5))*** Library For All Limited.

Friends. Melanie Richardson Dundy. 2020. (ENG.). 20p. (J). pap. 5.00 *(978-1-0879-3088-6(X))* Indy Pub.

Friends? Melanie Richardson Dundy. 2022. (ENG.). 20p. (J). pap. 6.00 *(978-1-0880-3319-7(9))* M D C T Publishing.

Friends. Tim Huesmann. 2017. (GER., Illus.). (J). *(978-3-95627-608-8(6))*; pap. *(978-3-95627-607-1(8))* Westfälische Reihe. ein Imprint von Aschendorff Medien GmbH & Co. KG.

Friends. Aiko Ikegami. Illus. by Aiko Ikegami. 2016. (ENG., Illus.). 32p. (J). (gr. -1-3). 16.99 *(978-0-8075-2550-0(2)*, 807525502) Whitman, Albert & Co.

Friends. Albina Peters. 2023. (ENG., Illus.). 54p. (J). pap. 18.95 ***(978-1-63903-859-6(0))*** Christian Faith Publishing.

Friends. Rozanne Williams. 2017. (Learn-To-Read Ser.). (ENG., Illus.). (J). pap. 3.49 *(978-1-68310-340-0(8))* Pacific Learning, Inc.

Friends: A Duet. Elizabeth Stuart Phelps. 2017. (ENG., Illus.). (J). pap. *(978-0-649-58897-8(5))* Trieste Publishing Pty Ltd.

Friends: A Duet (Classic Reprint) Elizabeth Stuart Phelps. 2018. (ENG., Illus.). 256p. (J). 29.20 *(978-0-332-00824-0(X))* Forgotten Bks.

Friends: A Primer (Classic Reprint) Mary Elizabeth Pennell. (ENG., Illus.). (J). 2018. 138p. 26.74 *(978-0-266-93783-4(4))*; 2017. pap. 9.57 *(978-0-282-57375-1(5))* Forgotten Bks.

Friends: And Other Stories (Classic Reprint) Stacy Aumonier. 2017. (ENG., Illus.). (J). 27.96 *(978-0-265-73486-5(X))*; pap. 10.57 *(978-1-5276-9828-4(9))* Forgotten Bks.

Friends - Marafiki. Zimbili Dlamini & Hlengiwe Zondi. Illus. by Catherine Groenewald. 2023. (SWA.). 40p. (J). pap. ***(978-1-922910-21-9(X))*** Library For All Limited.

Friends Accept You. Megan Borgert-Spaniol. 2022. (Friendship Rocks Ser.). (ENG.). 24p. (J). 29.99 *(978-1-6663-1555-4(9)*, 233290); pap. 6.95 *(978-1-6663-1881-4(7)*, 233260) Capstone. (Pebble).

Friends Again. Karine-Marie Amiot. Illus. by Violaine Costa. 2020. (ENG.). 34p. (J). (gr. -1-1). 14.99 *(978-1-62164-338-8(7))* Ignatius Pr.

Friends & Adventures. Nancy C. Prue. 2019. (ENG.). 24p. (J). pap. 14.99 *(978-1-950818-20-4(9))* Rushmore Pr. LLC.

Friends & Enemies, 3. Adapted by Kathy McCullough. 2017. (Disney Tangled: the Ser.) (ENG., Illus.). 128p. (J). (gr. 1-3). 18.69 *(978-1-5364-2024-1(7))* Random Hse. Bks. for Young Readers.

Friends & Fashion Coloring Book for Girls. Kreative Kids. 2016. (ENG., Illus.). (J). pap. 9.20 *(978-1-68377-470-9(1))* Whike, Traudl.

Friends & Foes. Magnolia Belle. ed. 2018. (Passport to Reading Ser.). (ENG.). 31p. (J). (gr. -1-1). 13.89 *(978-1-64310-393-8(8))* Penworthy Co., LLC, The.

Friends & Foes: Poems about Us All. Douglas Florian. Illus. by Douglas Florian. 2018. (ENG., Illus.). 48p. (J). (gr. -1-5). 18.99 *(978-1-4424-8795-6(X)*, Beach Lane Bks.) Beach Lane Bks.

Friends & Foes from Fairy Land (Classic Reprint) Edward Knatchbull-Hugessen. 2017. (ENG., Illus.). (J). 31.84 *(978-0-266-71979-3(1))*; pap. 16.57 *(978-1-5276-7611-4(0))* Forgotten Bks.

Friends & Foes in the Transkei: An Englishwoman's Experiences During the Cape Frontier War of 1877-8 (Classic Reprint) Helen M. Prichard. 2017. (ENG., Illus.). (J). 30.39 *(978-1-5280-8960-9(X))* Forgotten Bks.

Friends & Fortune: A Moral Tale (Classic Reprint) Anna Harriet Drury. 2018. (ENG., Illus.). 386p. (J). 31.86 *(978-0-483-64347-5(5))* Forgotten Bks.

Friends & Helpers (Classic Reprint) Sarah J. Eddy. 2017. (ENG., Illus.). (J). 29.34 *(978-0-331-68992-1(8))* Forgotten Bks.

Friends & Heroes. 2022. (ENG.). 124p. (YA). pap. 15.95 *(978-1-6624-7088-2(6))* Page Publishing Inc.

Friends & Heroes: Bible: Stories from the Old & New Testament. Deborah Lock. ed. 2023. (ENG., Illus.). 160p. (J). 11.99 ***(978-1-78128-420-9(2)***, dbbec5ca-9b43-46be-ba6a-809a42b8222f, Candle Bks.) Lion Hudson PLC GBR. Dist: Baker & Taylor Publisher Services (BTPS).

Friends & Heroes: the Easter Story. Deborah Lock. ed. 2023. (ENG., Illus.). 32p. (J). pap. 9.99 ***(978-1-78128-419-3(9)***, 92d2bdf5-a557-4c24-a9e8-11f459558b11, Candle Bks.) Lion Hudson PLC GBR. Dist: Baker & Taylor Publisher Services (BTPS).

Friends & Heroes: the Nativity Story. Deborah Lock. ed. 2022. (ENG., Illus.). 32p. (J). pap. 9.99 *(978-1-78128-416-2(4)*, d2c24eb6-84a0-4f7f-af6d-e4ebb8dd003f, Candle Bks.) Lion Hudson PLC GBR. Dist: Baker & Taylor Publisher Services (BTPS).

Friends & Mates in Fifty States. Ellen Weisberg. 2017. (ENG.). 114p. (J). 16.95 *(978-1-68419-265-6(X)*, 9781684192656) Waldorf Publishing.

Friends & Memories (Classic Reprint) Maude Valerie White. (ENG., Illus.). (J). 2017. 32.25 *(978-0-331-92739-9(X))*; 2016. pap. 16.57 *(978-1-334-14872-9(4))* Forgotten Bks.

Friends & Neighbors: Monkey & Robot. Peter Catalanotto. Illus. by Peter Catalanotto. 2019. (Monkey & Robot Ser.). (ENG., Illus.). 64p. (J). (gr. 1-4). 17.99 *(978-1-939547-59-0(8)*, 38767f5c-b6dd-4d67-8c35-ca06998a8e04) Creston Bks.

Friends & Neighbours (Classic Reprint) T. S. Arthur. 2018. (ENG., Illus.). 324p. (J). 30.58 *(978-0-483-98604-6(6))* Forgotten Bks.

Friends Are Everywhere: A Gift of Love. Ann Phillips. 2018. (ENG., Illus.). 66p. (J). pap. 10.99 *(978-1-949338-67-6(3))* INFORMA INC.

Friends Are Forever (Disney/Pixar Luca) RH Disney. Illus. by RH Disney. 2021. (Step into Reading Ser.). (ENG., Illus.). 24p. (J). (gr. k-2). 5.99 *(978-0-7364-4195-7(6)*, Golden Bks.) Random Hse. Children's Bks.

Friends Are Free. Catherine Johnson. 2020. (ENG.). 66p. (J). 25.95 *(978-1-64654-002-0(6))*; pap. 15.95 *(978-1-64654-000-6(X))* Fulton Bks.

Friends Are Friends, Forever. Dane Liu. Illus. by Lynn Scurfield. 2022. (ENG.). 40p. (J). 18.99 *(978-1-250-77818-5(2)*, 900235555, Holt, Henry & Co. Bks. For Young Readers) Holt, Henry & Co.

Friends Are Not the Same: A WolfWalkers Story. Calee M. Lee. Illus. by Cartoon Saloon. 2021. (WolfWalker Readers Ser.). (ENG.). 24p. (J). (gr. k-2). pap. 9.99 *(978-1-5324-3189-0(9))* Xist Publishing.

Friends Are the Best! Natasha Bouchard. ed. 2022. (Step into Reading Ser.). (ENG.). 20p. (J). (gr. 2-3). 16.96 ***(978-1-68505-353-6(X))*** Penworthy Co., LLC, The.

Friends Are the Best! (Disney/Pixar Turning Red) RH Disney. Illus. by RH Disney. 2022. (Step into Reading Ser.). (ENG., Illus.). 24p. (J). (gr. -1-2). 14.99 *(978-0-7364-9012-2(4))*; 5.99 *(978-0-7364-4267-1(7))* Random Hse. Children's Bks. (RH/Disney).

Friends Around the World Atlas: A Compassionate Approach to Seeing the World. Compassion Compassion International. Illus. by Emma Trithart. 2019. (ENG.). 72p. (J). 24.99 *(978-1-4964-2421-1(2)*, 20_29915) Tyndale Hse. Pubs.

Friends Ask First! A Book about Sharing. Illus. by Jason Fruchter. 2019. (Daniel Tiger's Neighborhood Ser.). (ENG.). 14p. (J). (gr. -1-k). bds. 6.99 *(978-1-5344-4052-4(6)*, Simon Spotlight) Simon Spotlight.

Friends at First Sight. Kobi Tucker. 2022. (ENG.). 28p. (J). pap. 9.99 ***(978-1-0880-0322-0(2))*** Indy Pub.

Friends at School see **Friends at School: Spanish**

Friends at the Pool. Debra Ashford Huff. 2022. (ENG.). 38p. (J). pap. *(978-0-2288-6983-2(8))* Tellwell Talent.

Friends at Their Own Fireside, or Pictures of the Private Life of the People Called Quakers, Vol. 1 of 2 (Classic Reprint) Ellis. 2016. (ENG., Illus.). (J). pap. 13.97 *(978-1-333-52528-6(1))* Forgotten Bks.

Friends at Their Own Fireside, or Pictures of the Private Life of the People Called Quakers, Vol. 1 of 2 (Classic Reprint) Ellis. 2018. (ENG., Illus.). 360p. (J). 31.34 *(978-0-483-95971-2(5))* Forgotten Bks.

Friends Behind Walls. Harshikaa Udasi. 2020. (ENG.). 144p. (J). (gr. 2-4). pap. 8.99 *(978-0-14-344858-7(7)*, Puffin) Penguin Bks. India PVT, Ltd IND. Dist: Independent Pubs. Group.

Friends Beyond Measure. Lalena Fisher. Illus. by Lalena Fisher. 2023. (ENG., Illus.). 40p. (J). (gr. -1-3). 18.99 *(978-0-06-321052-3(5)*, HarperCollins) HarperCollins Pubs.

Friends Board Book: True Stories of Extraordinary Animal Friendships. Catherine Thimmesh. 2019. (ENG., Illus.). 28p. (J). (— 1). bds. 7.99 *(978-0-358-07428-1(2)*, 1745423, Clarion Bks.) HarperCollins Pubs.

Friends Come in All Sizes. Raven Howell. Illus. by Audrey Day. 2022. (ENG.). 32p. (J). pap. 10.99 *(978-1-956357-82-0(3))*; 17.99 *(978-1-956357-29-5(7))* Lawley Enterprises.

Friends Count: Dudley & Friends. Lori Brown. Ed. by Sierra Tabor. Illus. by Julianna Harvey. 2020. (Dudley & Friends Ser.). (ENG.). 32p. (J). (gr. k-2). pap. 16.95 *(978-1-949711-27-1(7))* Bluewater Pubns.

Friends Do Not Eat Friends. Jill Esbaum. ed. 2021. (Ready-To-Read Graphics Ser.). (ENG., Illus.). 62p. (J). (gr. k-1). 16.96 *(978-1-64697-982-0(6))* Penworthy Co., LLC, The.

Friend's Family: Intended for the Amusement & Instruction of Children (Classic Reprint) Ann S. Paschall. (ENG., Illus.). (J). 2018. 102p. 26.00 *(978-0-483-29090-7(4))*; 2016. pap. 9.57 *(978-1-333-35331-5(6))* Forgotten Bks.

Friends, Foes, & Heroes. Elle Stephens. ed. 2022. (Passport to Reading Ser.). (ENG.). 32p. (J). (gr. 2-3). 15.96 ***(978-1-68505-439-7(0))*** Penworthy Co., LLC, The.

Friends for a Day. Neal Layton. Illus. by Neal Layton. 2018. (ENG.). 32p. (J). (gr. -1-k). *(978-1-4449-2825-9(2)*, Hodder Children's Books) Hachette Children's Group.

Friends for Life. Andrew Norriss. ed. 2018. lib. bdg. 17.20 *(978-0-606-41128-8(3))* Turtleback.

Friends for Mouse. Rosalinda Kightley. 2019. (ENG.). 22p. (J). (gr. -1-1). 12.95 *(978-1-910716-56-4(1))* Boxer Bks., Ltd. GBR. Dist: Sterling Publishing Co., Inc.

Friends Forever. Derek Anderson. 2019. (Croc & Ally Ser.). (Illus.). 32p. (J). (gr. k-2). pap. 5.99 *(978-1-5247-8708-0(6)*, Penguin Workshop) Penguin Young Readers Group.

Friends Forever. Clever Publishing & Elena Ulyeva. Illus. by Olga Agafonova. 2023. (Clever Emotions Ser.). (ENG.). 20p. (J). (gr. -1-k). bds. 9.99 ***(978-1-956560-75-6(0))*** Clever Media Group.

Friends Forever. Shannon Hale. Illus. by LeUyen Pham. 2021. (Friends Ser.: 3). (ENG.). 304p. (J). 21.99 *(978-1-250-31755-1(X)*, 900199996); pap. 12.99 *(978-1-250-31756-8(8)*, 900199997) Roaring Brook Pr. (First Second Bks.).

Friends Forever. Bruce Hale. ed. 2022. (I Can Read Ser.). (ENG.). 32p. (J). (gr. 2-3). 16.46 ***(978-1-68505-478-6(1))*** Penworthy Co., LLC, The.

Friends Forever. Shannon Hale. ed. 2022. (Friends Ser.). (ENG.). 280p. (J). (gr. 4-5). 24.46 ***(978-1-68505-172-3(3))*** Penworthy Co., LLC, The.

Friends Forever: A QUIX Book. Helen Perelman. Illus. by Olivia Chin Mueller. 2023. (Royal Sweets Ser.: 8). (ENG.). 80p. (J). (gr. k-3). 17.99 ***(978-1-5344-7667-7(9))***; pap. 5.99 ***(978-1-5344-7666-0(0))*** Simon & Schuster Children's Publishing. (Aladdin).

Friends Forever! Ready-To-Read Pre-Level 1. Illus. by Jason Fruchter. 2022. (Daniel Tiger's Neighborhood Ser.). (ENG.). 32p. (J). (gr. -1-k). 17.99 *(978-1-5344-9897-6(4))*; pap. 4.99 *(978-1-5344-9896-9(6))* Simon Spotlight. (Simon Spotlight).

Friends Forever: The Very Fortunate Adventures of Wilbur Grey Squirrel. Lucia Daley. 2021. (ENG.). 52p. (J). pap. *(978-0-2288-4645-1(5))* Tellwell Talent.

Friends Fur-Ever, 1. Saadia Faruqi. ed. 2023. (Must Love Pets Ser.). (ENG.). 198p. (J). (gr. 3-7). 19.46 ***(978-1-68505-773-2(X))*** Penworthy Co., LLC, The.

Friends Fur-Ever (Must Love Pets #1) Saadia Faruqi. 2022. (Must Love Pets Ser.). (ENG.). 208p. (J). (gr. 3-7). pap. 7.99 *(978-1-338-78342-1(4)*, Scholastic Paperbacks) Scholastic, Inc.

Friends Go to Camp. Allyson Desormeaux. 2023. (Decodables - Activities with Friends Ser.). (ENG.). 16p. (J). (gr. k-1). 27.93 ***(978-1-68450-692-7(1))***; pap. 11.93 ***(978-1-68404-897-7(4))*** Norwood Hse. Pr.

Friends Go Treasure Hunting in the Playground Activity Book. Activibooks. 2016. (ENG., Illus.). (J). pap. 7.55 *(978-1-68321-516-5(8))* Mimaxion.

Friends Have Feelings. Jean Voice Dart. 2022. (Bully-Busting Adventures Ser.). (ENG.). 28p. (J). pap. 15.99 ***(978-1-7339327-1-4(2))*** Jean Voice Dart.

Friends Have Feelings Activity & Coloring Book. Jean Voice Dart & Voice Dart. 2022. (ENG.). 40p. (J). pap. 7.99 ***(978-1-7339327-0-7(4))*** Jean Voice Dart.

Friends in Exile: A Tale of Diplomacy, Coronets, & Hearts (Classic Reprint) Lloyd Bryce. 2017. (ENG., Illus.). 306p. (J). 30.23 *(978-0-484-88494-5(8))* Forgotten Bks.

Friends in Feathers: Character Studies of Native American Birds Which, Through Friendly Advances, I Induced to Pose, for Me, or Succeeded in Photographing by Good Fortune, with the Story of My Experiences in Obtaining Their Pictures (Classic Reprint) Gene Stratton-Porter. 2017. (ENG., Illus.). 356p. (J). 31.24 *(978-1-5280-5968-8(9))* Forgotten Bks.

Friends in Feathers & Fur, & Other Neighbors: For Young Folks (Classic Reprint) James Johonnot. 2018. (ENG., Illus.). 148p. (J). 26.95 *(978-0-365-26104-9(1))* Forgotten Bks.

Friends in North Hills; Tidbits: Short Paragraphs in Social Study & Humor. Williams A O. 2018. (ENG., Illus.). 54p. (YA). pap. 11.95 *(978-1-63630-199-0(1))* Covenant Bks.

Friends in North Hills; Tidbits a O: Short Paragraphs in Social Study & Humor. Williams a O. 2018. (ENG., Illus.). 54p. (YA). 20.95 *(978-1-64300-068-8(3))* Covenant Bks.

Friends in the Garden. Thomas Newman. 2021. (ENG., Illus.). 38p. (J). 22.95 *(978-1-63860-526-3(2))*; pap. 13.95 *(978-1-63710-566-5(5))* Fulton Bks.

Friends in the Mail. Fran Manushkin. Illus. by Laura Zarrin. 2019. (Katie Woo's Neighborhood Ser.). (ENG.). 32p. (J). (gr. k-2). pap. 5.95 *(978-1-5158-4558-4(3)*, 141146); lib. bdg. 21.32 *(978-1-5158-4458-7(7)*, 140570) Capstone. (Picture Window Bks.).

Friends in the Making Coloring Book. Activibooks For Kids. 2016. (ENG., Illus.). (J). pap. 9.20 *(978-1-68321-696-4(2))* Mimaxion.

Friends Is Friends. Greg Cook. 2016. (ENG., Illus.). 208p. (gr. 9). 19.99 *(978-1-59643-105-8(9)*, 900031547, First Second Bks.) Roaring Brook Pr.

Friends Lift You Up. Lotus Kay. 2022. (ENG.). 36p. (J). 18.99 *(978-1-63233-338-4(4))*; pap. 12.99 *(978-1-63233-337-7(6))* Elfrig Publishing.

Friends Like These. Jennifer Lynn Alvarez. 2023. (ENG.). 384p. (YA). (gr. 7). pap. 12.99 ***(978-0-593-30970-4(7)***, Ember) Random Hse. Children's Bks.

Friends Like These. Meg Rosoff. 2023. (ENG.). 320p. (YA). (gr. 9). pap. 12.99 *(978-1-77488-110-1(1)*, Tundra Bks.) PRH Canada Young Readers CAN. Dist: Penguin Random Hse. LLC.

Friends Like These, 2. Yamile Saied Mendez. ed. 2022. (Horse Country Ser.). (ENG., Illus.). 212p. (J). (gr. 3-7). 18.46 ***(978-1-68505-612-4(1))*** Penworthy Co., LLC, The.

Friends Like These (Horse Country #2) Yamile Saied Méndez. 2022. (Horse Country Ser.). (ENG., Illus.). 224p. (J). (gr. 3-7). pap. 7.99 *(978-1-338-74948-9(X))* Scholastic, Inc.

Friends Listen. Megan Borgert-Spaniol. 2022. (Friendship Rocks Ser.). (ENG.). 24p. (J). 29.99 *(978-1-6663-1556-1(7)*, 233287); pap. 6.95 *(978-1-6663-2010-7(2)*, 233257) Capstone. (Pebble).

Friends Mad Libs: World's Greatest Word Game. Jack Monaco. 2023. (Mad Libs Ser.). (ENG.). 48p. (J). pap. 5.99 *(978-0-593-52318-6(0)*, Mad Libs) Penguin Young Readers Group.

Friends Make Everything Better! Snoopy & Woodstock's Great Adventure; Woodstock's Sunny Day; Nice to Meet You, Franklin!; Be a Good Sport, Charlie Brown!; Snoopy's Snow Day! Charles M. Schulz. 2020. (Peanuts Ser.). (ENG.). 112p. (J). (gr. -1-2). 12.99 *(978-1-5344-7106-1(5)*, Simon Spotlight) Simon Spotlight.

Friends Make Me Feel Razzmatazz. Tina Gallo. ed. 2019. (Crayola 8x8 Bks). (ENG.). 24p. (J). (gr. k-1). 14.39 *(978-0-87617-320-6(2))* Penworthy Co., LLC, The.

Friends of Bohemia, Vol. 1 Of 2: Or, Phases of London Life (Classic Reprint) E. M. Whitty. 2017. (ENG., Illus.). (J). 30.62 *(978-0-265-17725-9(1))* Forgotten Bks.

Friends of Bohemia, Vol. 2 Of 2: Or Phases of London Life (Classic Reprint) E. M. Whitty. 2017. (ENG., Illus.). (J). 30.25 *(978-0-266-19956-4(9))* Forgotten Bks.

Friends of Mr Bob. Clarke Belshaw. 2023. (ENG.). 40p. (J). pap. ***(978-1-912765-72-0(1))*** Blue Falcon Publishing.

Friends of the Fields (Classic Reprint) Unknown Author. (ENG., Illus.). (J). 2018. 170p. 27.38 *(978-0-332-84743-6(8))*; 2017. pap. 9.97 *(978-0-259-00197-3(X))* Forgotten Bks.

Friends O'Mine: A Book of Poems & Stories (Classic Reprint) Margaret E. Sangster. 2018. (ENG., Illus.). 252p. (J). 29.09 *(978-0-365-12013-1(8))* Forgotten Bks.

Friends on My Street: A Celebration of Diversity. Erika Bracken Probst. Illus. by Sarah Rikaz. 2017. (ENG.). (J). (gr. -1-3). 18.99 *(978-1-61984-797-2(3))* Gatekeeper Pr.

Friends on My Street: A Celebration of Diversity. Erika Bracken Probst & Sarah Rikaz. 2017. (ENG., Illus.). (J). (gr. -1-3). pap. 11.99 *(978-1-61984-796-5(5)*, Gatekeeper Pr.) Gatekeeper Pr.

Friends on the Spectrum. Lorraine Lowry. Illus. by Isabel Finni-Price. 2018. (ENG.). 24p. (J). *(978-1-5255-2311-3(2))*; pap. *(978-1-5255-2312-0(0))* FriesenPress.

Friends, or the Triumph of Innocence over False Charges: A Tale, Founded on Facts (Classic Reprint) Unknown Author. 2018. (ENG., Illus.). 108p. (J). 26.12 *(978-0-483-96668-0(1))* Forgotten Bks.

Friends Really Are the Best. Michelle Wanasundera. Illus. by Anton Syadrov. (ENG.). 32p. (J). 2023. pap. ***(978-1-922991-78-2(3))***; 2022. pap. ***(978-1-922895-28-8(8))*** Library For All Limited.

Friends Really Are the Best! - Marafiki ni Wazuri Sana! Michelle Wanasundera. Illus. by Anton Syadrov. 2023. (SWA.). 32p. (J). pap. ***(978-1-922951-18-2(8))*** Library For All Limited.

Friends Rock. Heather Ayris Burnell. ed. 2019. (Acorn Early Readers Ser.). (ENG.). 56p. (J). (gr. k-1). 14.96 *(978-1-64697-088-9(8))* Penworthy Co., LLC, The.

Friends Rock: an Acorn Book (Unicorn & Yeti #3) Heather Ayris Burnell. Illus. by Hazel Quintanilla. 2019. (Unicorn & Yeti Ser.: 3). (ENG.). 64p. (J). (gr. k-2). pap., act. bk. ed. 4.99 *(978-1-338-32907-0(3))* Scholastic, Inc.

Friends Rock: an Acorn Book (Unicorn & Yeti #3) (Library Edition) Heather Ayris Burnell. Illus. by Hazel Quintanilla. 2019. (Unicorn & Yeti Ser.: 3). (ENG.). 64p. (J). (gr. k-2). 23.99 *(978-1-338-32908-7(1))* Scholastic, Inc.

Friends Share. Megan Borgert-Spaniol. 2022. (Friendship Rocks Ser.). (ENG.). 24p. (J). 29.99 *(978-1-6663-1557-8(5)*, 233222); pap. 6.95 *(978-1-6663-2011-4(0)*, 233216) Capstone. (Pebble).

Friends Stick Together. Hannah E. Harrison. 2018. (Illus.). 32p. (J). (gr. -1-3). 17.99 *(978-0-399-18665-3(4)*, Dial Bks) Penguin Young Readers Group.

Friends Support Each Other. Megan Borgert-Spaniol. 2022. (Friendship Rocks Ser.). (ENG.). 24p. (J). 29.99 *(978-1-6663-1558-5(3)*, 233289); pap. 6.95 *(978-1-6663-2012-1(9)*, 233259) Capstone. (Pebble).

Friends Surprise Friends. Jennifer R. Cuthbertson. 2016. (ENG., Illus.). (J). (gr. k-3). 22.00 *(978-1-939054-78-4(8))*; pap. 14.00 *(978-1-939054-71-5(0))* Rowe Publishing.

Friends Take Turns. Megan Borgert-Spaniol. 2022. (Friendship Rocks Ser.). (ENG.). 24p. (J). 29.99 *(978-1-6663-1559-2(1)*, 233286); pap. 6.95 *(978-1-6663-2013-8(7)*, 233256) Capstone. (Pebble).

Friends Tell the Truth. Megan Borgert-Spaniol. 2022. (Friendship Rocks Ser.). (ENG.). 24p. (J). 29.99 *(978-1-6663-1560-8(5)*, 233288); pap. 6.95 *(978-1-6663-2014-5(5)*, 233258) Capstone. (Pebble).

Friends: the Series Boxed Set: Real Friends, Best Friends, Friends Forever. Shannon Hale. Illus. by LeUyen Pham. 2021. (Friends Ser.). (ENG.). (J). 38.97 *(978-1-250-83672-4(7)*, 900254634, First Second Bks.) Roaring Brook Pr.

Friends to the End. C. L. Colyer. 2021. (ENG.). 192p. (J). pap. 13.99 *(978-1-5092-3794-4(1))* Wild Rose Pr., Inc., The.

Friends to the Rescue. Suzanne Chiew. Illus. by Caroline Pedler. (Let's Read Together Ser.). (ENG.). 32p. (J). (gr. -1-2). 2021. pap. 8.99 *(978-1-68010-359-5(8))*; 2016. 16.99 *(978-1-68010-007-5(6))* Tiger Tales.

Friends to the Rescue. Elizabeth Puruntatameri. 2022. (ENG.). 26p. (J). pap. *(978-1-922827-15-9(0))* Library For All Limited.

Friends with Disabilities, 4 vols., Set. Amanda Doering Tourville. Illus. by Kristin Sorra. Incl. My Friend Has ADHD. Terry Flaherty. lib. bdg. 26.65 *(978-1-4048-5749-0(4)*, 102486); My Friend Has Autism. lib. bdg. 26.65 *(978-1-4048-5750-6(8)*, 102487); My Friend Has Dyslexia. lib. bdg. 26.65 *(978-1-4048-5752-0(4)*, 102489); (Illus.). (J). (gr. k-3). (Friends with Disabilities Ser.). (ENG.). 24p. 2010. 114.60 *(978-1-4048-6004-9(5)*, 169217, Picture Window Bks.) Capstone.

Friends with God Devotions for Kids: 54 Delightfully Fun Ways to Grow Closer to Jesus, Family, & Friends. Mikal Keefer & David Harrington. 2017. (ENG., Illus.). 224p. (J). 16.99 *(978-1-4707-4862-3(2))* Group Publishing, Inc.

Friends with God Story Bible: Why God Loves People Like Me. Jeff White. Illus. by David Harrington. 2017. (ENG.). 352p. (J). (gr. -1 — 1). 19.99 *(978-1-4707-4861-6(4))* Group Publishing, Inc.

Friends with Lincoln in the White House: Adapted from Nellie Blessing-Eyster's Story. Henry W. Wilbur. 2017. (ENG., Illus.). 44p. (J). pap. *(978-0-649-74979-9(0))* Trieste Publishing Pty Ltd.

Friends Worth Knowing. Ernest Ingersoll. 2017. (ENG.). 266p. (J). pap. *(978-3-337-02655-4(9))* Creation Pubs.

Friendsgiving. Nancy Siscoe. Illus. by Sabina Gibson. 2020. (ENG.). 40p. (J). (gr. -1-3). 17.99 *(978-0-06-295676-7(0)*, Balzer & Bray) HarperCollins Pubs.

Friendship. Mary Case. 2021. (ENG., Illus.). 30p. (J). 24.95 *(978-1-64952-756-1(X))*; pap. 13.95 *(978-1-63710-860-4(5))* Fulton Bks.

Friendship. Tamika Champion-Hampton. 2019. (Kamden Faith Journey Ser.: Vol. 4). (ENG., Illus.). 24p. (J). pap. 12.99 *(978-1-63199-707-5(6))* Energion Pubns.

Friendship. Ina Claire. 2018. (ENG., Illus.). 30p. (J). 23.95 *(978-1-64114-372-1(X))*; pap. 13.95 *(978-1-64114-370-7(3))* Christian Faith Publishing.

Friendship. Luis Coronado. 2022. (ENG.). 205p. (YA). pap. *(978-1-387-78348-9(3))* Lulu Pr., Inc.

Friendship. Evangelos Georgiou. 2019. (ENG.). 32p. (J). pap. *(978-1-5289-0941-9(0))* Austin Macauley Pubs. Ltd.

Friendship. Darnell Harrell. 2016. (ENG., Illus.). (J). pap. 12.95 *(978-1-68348-322-9(7))* Page Publishing Inc.

Friendship. Julie Murray. (Character Education Set 2 Ser.). (ENG.). 24p. (J). 2020. (gr. k-k). pap. 8.95 *(978-1-64494-275-8(5)*, 1644942755, Abdo Kids-Junior);

712 The check digit for ISBN-10 appears in parentheses after the full ISBN-13

2019. (Illus.). (gr. -1-2). lib. bdg. 31.36 *(978-1-5321-8867-1(6)*, 32902, Abdo Kids) ABDO Publishing Co.

Friendship: A Story (Classic Reprint) Ouida Ouida. (ENG., Illus.). (J). 2018. 366p. 31.47 *(978-0-483-03099-2(6))*; 2017. 33.59 *(978-0-265-37783-3(8))* Forgotten Bks.

Friendship: A Tale (Classic Reprint) Elizabeth Sandham. 2018. (ENG., Illus.). 318p. (J). 30.48 *(978-0-267-43228-8(3))* Forgotten Bks.

Friendship: Insights & Tips for Teenagers. Jean Rawitt. 2022. (Empowering You Ser.). (Illus.). 152p. (YA). (gr. 8-17). pap. 29.00 *(978-1-5381-5287-4(8))* Rowman & Littlefield Publishers, Inc.

Friendship? Who Needs It Anyway! Sue Norris Janetzke. 2021. (ENG.). 122p. (YA). pap. 12.49 *(978-1-6628-1342-9(2))* Salem Author Services.

Friendship Adventure. Carole G. Barton. Illus. by Andre V. Ordonez. 2021. (ENG.). 204p. (J). pap. 9.95 *(978-1-7360559-0-8(9))* Storm Praise Publishing, LLC.

Friendship Against Nature. Rietta Lea-Ferrer. 2020. (ENG., Illus.). 44p. (J). pap. 15.95 *(978-1-64584-784-7(5))* Page Publishing Inc.

Friendship & Community Book Set Of 4. Gillian Hibbs et al. Illus. by Gillian Hibbs et al. 2020. (Social & Emotional Learning Sets Ser.). (ENG.). 144p. (J). pap., pap., pap. *(978-1-78628-539-3(8))* Child's Play International Ltd.

Friendship & Folly: A Novel (Classic Reprint) Maria Louise Pool. 2017. (ENG., Illus.). (J). 30.29 *(978-0-265-54219-4(7))*; pap. 13.57 *(978-0-282-75563-8(2))* Forgotten Bks.

Friendship & Four-Leaf Clovers St. Patrick's Day Coloring Book. Jupiter Kids. 2016. (ENG., Illus.). 106p. (J). pap. 12.55 *(978-1-68326-363-0(4)*, Jupiter Kids (Childrens & Kids Fiction)) Speedy Publishing LLC.

Friendship Book. Mary Lyn Ray. Illus. by Stephanie Graegin. 2019. (ENG.). 32p. (J). (gr. -1-3). 14.99 *(978-1-328-48899-2(3)*, 1716518, Clarion Bks.) HarperCollins Pubs.

Friendship Book: a Guide to Making & Keeping Friends. Katie O'Connell & Lynn Huggins-Cooper. Illus. by Stef Murphy. 2022. 4. (ENG.). 96p. (J). pap. 9.99 *(978-1-3988-1443-1(1)*, a7ba9b91-14f0-4969-bc48-484ab284f41c) Arcturus Publishing GBR. Dist: Baker & Taylor Publisher Services (BTPS).

Friendship Bridge. Laura Buller. 2018. (Illus.). 27p. (J). *(978-1-5490-5626-0(3))* Disney Publishing Worldwide.

Friendship Bridge. Laura Buller. ed. 2019. (World of Reading Ser.). (ENG., Illus.). 32p. (J). (gr. k-2). 13.89 *(978-1-64310-799-8(2))* Penworthy Co., LLC, The.

Friendship-Building Activities for Minecrafters: More Than 50 Activities to Help Kids Connect with Others & Build Friendships! Erin Falligrant. 2020. (Activities for Minecrafters Ser.). 64p. (J). (gr. 1-4). pap. 7.99 *(978-1-5107-6191-9(8)*, Sky Pony Pr.) Skyhorse Publishing Co., Inc.

Friendship Carousel. Illus. by Suzy Ultman. 2023. (ENG.). 18p. (J). (gr. -1 — 1). 12.99 *(978-1-7972-0791-9(1))* Chronicle Bks. LLC.

Friendship Club / el Club de la Amistad (Alma's Way) (Bilingual) (Bilingual Edition), 1 vol. Gabrielle Reyes. ed. 2023. (Alma's Way Ser.). (ENG.). 24p. (J). (gr. -1-3). pap. 5.99 *(978-1-338-88314-5(3))* Scholastic, Inc.

Friendship Code. Stacia Deutsch. 2017. 137p. (J). *(978-1-5182-5263-1(X))*; *(978-0-605-97742-6(9))* Penguin Young Readers Group. (Penguin Workshop).

Friendship Code #1. Stacia Deutsch. 2017. (Girls Who Code Ser.: 1). (Illus.). 144p. (J). (gr. 3-7). 13.99 *(978-0-399-54251-0(5)*, Penguin Workshop) Penguin Young Readers Group.

Friendship Day (Peppa Pig) Courtney Carbone. Illus. by Zoe Waring. 2022. (Little Golden Book Ser.). (ENG.). 24p. (J). (-k). 5.99 *(978-0-593-56573-5(8)*, Golden Bks.) Random Hse. Children's Bks.

Friendship Divine! (Shimmer & Shine Magic Sequins Book) Courtney Carbone. 2018. (ENG.). 12p. (J). (gr. -1-k). bds. 12.99 *(978-1-338-28388-4(X))* Scholastic, Inc.

Friendship Experiment. Erin Teagan. (ENG.). 256p. (J). (gr. 5-7). 2019. pap. 7.99 *(978-1-328-91125-4(X)*, 1701810); 2016. 16.99 *(978-0-544-63622-4(8)*, 1619956) HarperCollins Pubs. (Clarion Bks.).

Friendship Fairies. Lucy Kennedy. Illus. by Philip Cullen. 2020. (ENG.). 160p. (J). pap. 9.95 *(978-0-7171-8949-6(X))* Gill Bks. IRL. Dist: Casemate Pubs. & Bk. Distributors, LLC.

Friendship Fairies Go to Camp. Lucy Kennedy. Illus. by Phillip Cullen. 2021. (ENG.). 160p. (J). 17.95 *(978-0-7171-8966-3(X))* Gill Bks. IRL. Dist: Casemate Pubs. & Bk. Distributors, LLC.

Friendship Fairies Go to School. Lucy Kennedy. Illus. by Phillip Cullen. 2021. (ENG.). 128p. (J). pap. 10.95 *(978-0-7171-9198-7(2))* Gill Bks. IRL. Dist: Casemate Pubs. & Bk. Distributors, LLC.

Friendship Fairies Go to Sea. Lucy Kennedy. Illus. by Phillip Cullen. (ENG.). 128p. (J). 2023. pap. 12.50 ***(978-0-7171-9742-2(5))***; 2022. 16.00 *(978-0-7171-9475-9(2))* Gill Bks. IRL. Dist: Casemate Pubs. & Bk. Distributors, LLC.

Friendship Feature: A Boxcar Children Book. Stacia Deutsch. 2022. (Jessie Files Ser.: 1). (ENG., Illus.). 192p. (J). (gr. 3-7). 17.99 *(978-0-8075-3786-2(1)*, 807537861, Random Hse. Bks. for Young Readers) Random Hse. Children's Bks.

Friendship Is Forever. Patricia Hegarty. Illus. by Summer Macon. 2022. (Books of Kindness Ser.). (ENG.). 22p. (J). (— 1). bds. 8.99 *(978-0-593-37714-7(1)*, Rodale Kids) Random Hse. Children's Bks.

Friendship Is Like a Seesaw. Shona Innes. Illus. by Írisz Agócs. 2nd ed. 2019. (Big Hug Book Ser.). (ENG.). 32p. (J). 15.99 *(978-1-76050-489-2(0))* Little Hare Bks. AUS. Dist: Independent Pubs. Group.

Friendship Is the True Treasure. Vicky Gomez. Illus. by Nelly Bingham. 2016. (MUL.). (J). pap. 12.95 *(978-1-63525-362-7(4))* Christian Faith Publishing.

Friendship Is the True Treasure. Vicky Gomez & Nelly Bingham. 2016. (MUL., Illus.). (J). 22.95 *(978-1-63525-105-0(2))* Christian Faith Publishing.

Friendship Lie. Rebecca Donnelly. 2019. (ENG., Illus.). 272p. (J). (gr. 4-7). 15.95 *(978-1-68446-061-8(1)*, 140521, Capstone Editions) Capstone.

Friendship List #1: 11 Before 12. Lisa Greenwald. (Friendship List Ser.: 1). (ENG.). 416p. (J). (gr. 3-7). 2018. pap. 9.99 *(978-0-06-241175-4(6))*; 2017. 16.99 *(978-0-06-241174-7(8))* HarperCollins Pubs. (Tegen, Katherine Bks).

Friendship List #2: 12 Before 13. Lisa Greenwald. (Friendship List Ser.: 2). (ENG.). 368p. (J). (gr. 3-7). 2019. pap. 7.99 *(978-0-06-241178-5(0))*; 2018. (Illus.). 16.99 *(978-0-06-241177-8(2))* HarperCollins Pubs. (Tegen, Katherine Bks).

Friendship List #3: 13 & Counting. Lisa Greenwald. (Friendship List Ser.: 3). (ENG.). (J). (gr. 3-7). 2020. 368p. pap. 7.99 *(978-0-06-287525-9(6))*; 2019. 352p. 16.99 *(978-0-06-287524-2(8))* HarperCollins Pubs. (Tegen, Katherine Bks).

Friendship List #4: 13 And 3/4. Lisa Greenwald. (Friendship List Ser.: 4). (ENG.). (J). (gr. 3-7). 2022. 368p. pap. 7.99 *(978-0-06-287528-0(0))*; 2020. 352p. 16.99 *(978-0-06-287527-3(2))* HarperCollins Pubs. (Tegen, Katherine Bks).

Friendship List Collection 3-Book Box Set: 11 Before 12, 12 Before 13, 13 & Counting. Lisa Greenwald. 2020. (Friendship List Ser.). (ENG.). 1152p. (J). (gr. 3-7). pap. 23.97 *(978-0-06-298390-9(3)*, Tegen, Katherine Bks) HarperCollins Pubs.

Friendship Novel Units Student Packet. Novel Units. 2019. (ENG.). (J). pap. 13.99 *(978-1-58130-601-9(6)*, Novel Units, Inc.) Classroom Library Co.

Friendship Novel Units Teacher Guide. Novel Units. 2019. (ENG.). (J). pap. 12.99 *(978-1-58130-600-2(8)*, Novel Units, Inc.) Classroom Library Co.

Friendship of Anne: A Story (Classic Reprint) Ellen Douglas Deland. (ENG., Illus.). (J). 2018. 346p. 31.03 *(978-0-267-17322-8(9))*; 2016. pap. 13.57 *(978-1-334-39143-9(2))* Forgotten Bks.

Friendship on the High Seas: Ready-To-Read Level 1. Jane Yolen. Illus. by Mike Moran. 2019. (School of Fish Ser.). (ENG.). 32p. (J). (gr. -1-1). pap. 4.99 *(978-1-5344-3891-0(2)*, Simon Spotlight) Simon Spotlight.

Friendship on the High Seas: School of Fish. Jane Yolen. ed. 2019. (Ready-To-Read Ser.). (ENG.). 32p. (J). (gr. k-1). 13.96 *(978-1-64697-116-9(7))* Penworthy Co., LLC, The.

Friendship Race (the Wheels) Korean Book for Kids: Korean Language Children's Book. S. a Publishing. 2017. (Korean Bedtime Collection). (KOR., Illus.). (J). (gr. k-3). *(978-1-5259-0483-7(3))*; pap. *(978-1-5259-0482-0(5))* Kidkiddos Bks.

Friendship Recipe. Thea Stilton & Anna Pizzelli. Illus. by Barbara Pellizzari & Francesco Castelli. 2017. 128p. (J). *(978-1-338-18274-3(9))* Scholastic, Inc.

Friendship Rocks. Megan Borgert-Spaniol. 2022. (Friendship Rocks Ser.). (ENG.). 24p. (J). 179.94 *(978-1-6663-3313-8(1)*, 235012, Pebble) Capstone.

Friendship Sanctuary. Zachary Strobel & Camille Bacos. 2019. (ENG.). 88p. (J). pap. 9.99 *(978-0-359-10126-9(7))* Lulu Pr., Inc.

Friendship Sanctuary. Zachary Strobel et al. 2020. (ENG.). 89p. (J). pap. *(978-1-716-65865-5(9))* Lulu Pr., Inc.

Friendship Saves the Day! Ximena Hastings. 2019. (PJ Masks Ser.). (ENG.). 14p. (J). (gr. -1-k). bds. 6.99 *(978-1-5344-5141-4(2)*, Simon Spotlight) Simon Spotlight.

Friendship Stories. Virginia Loh-Hagan. 2019. (Stone Circle Stories: Culture & Folktales Ser.). (ENG., Illus.). 32p. (J). (gr. 4-8). pap. 14.21 *(978-1-5341-4003-5(4)*, 212841); lib. bdg. 32.07 *(978-1-5341-4347-0(5)*, 212840) Cherry Lake Publishing. (45th Parallel Press).

Friendship Story: Heart & Mind. Nishi Singhal. Illus. by Lera Munoz. 2021. (ENG.). 28p. (J). 19.95 *(978-1-7373539-7-3(0))* Precocity Pr.

Friendship Story Book Collection 3 Stories. Swati Rajoria. 2017. (ENG.). (J). bds. *(978-81-925949-4-1(7))* Aadarsh Pvt, Ltd.

Friendship Tested. Mark Musetti. 2016. (ENG., Illus.). (J). pap. 12.99 *(978-1-940609-69-0(0))* FWB Pubns.

Friendship Village (Classic Reprint) Zona Gale. 2018. (ENG., Illus.). 344p. (J). 31.01 *(978-0-666-00401-7(3))* Forgotten Bks.

Friendship Village Love Stories (Classic Reprint) Zona Gale. 2017. (ENG., Illus.). (J). 30.83 *(978-1-5284-8553-1(X))* Forgotten Bks.

Friendship, Vol. 1 Of 3: A Story (Classic Reprint) Ouida Ouida. 2018. (ENG., Illus.). 376p. (J). 31.65 *(978-0-332-11264-0(0))* Forgotten Bks.

Friendship, Vol. 2 Of 2: A Story (Classic Reprint) Ouida Ouida. 2018. (ENG., Illus.). 316p. (J). 30.46 *(978-0-332-86421-1(9))* Forgotten Bks.

Friendship War. Andrew Clements. ed. 2020. (Penworthy Picks YA Fiction Ser.). (ENG.). 173p. (J). (gr. 6-8). 19.96 *(978-1-64697-192-3(2))* Penworthy Co., LLC, The.

Friendship War. Andrew Clements. 2020. 208p. (J). (gr. 3-7). pap. 7.99 *(978-0-399-55762-0(8)*, Yearling) Random Hse. Children's Bks.

Friendship Wish: A QUIX Book. Debbie Dadey. Illus. by Fuuji Takashi. 2023. (Mini Mermaid Tales Ser.: 1). (ENG.). 80p. (J). (gr. k-3). 17.99 ***(978-1-5344-8925-7(8))***; pap. 5.99 ***(978-1-5344-8924-0(X))*** Simon & Schuster Children's Publishing. (Aladdin).

Friendship Yarn. Lisa Moser. Illus. by Olga Demidova. 2019. (ENG.). 32p. (J). (gr. -1-3). 16.99 *(978-0-8075-0762-9(8)*, 807507628) Whitman, Albert & Co.

Friendship's Offering: Christmas, New Year & Birthday Present, for 1849 (Classic Reprint) George Rippey Stewart. 2018. (ENG., Illus.). 342p. (J). 30.95 *(978-0-483-43167-6(2))* Forgotten Bks.

Friendship's Offering, & Winter's Wreath: A Christmas & New Year's (Classic Reprint) Unknown Author. (ENG., Illus.). (J). 2018. 364p. 31.42 *(978-0-332-90605-8(1))*; 2017. pap. 13.97 *(978-0-243-60188-2(3))* Forgotten Bks.

Friendship's Offering, & Winter's Wreath: A Christmas & New Year's Present, for 1834 (Classic Reprint) Unknown Author. (ENG., Illus.). (J). 2018. 442p. 33.03 *(978-0-483-99331-0(X))*; 2016. pap. 16.57 *(978-1-334-16007-3(4))* Forgotten Bks.

Friendship's Offering, and, Winter's Wreath: A Christmas & New Year's Present for 1835 (Classic Reprint) Unknown Author. (ENG., Illus.). (J). 2018. 436p. 32.89 *(978-0-428-87220-5(4))*; 2016. pap. 16.57 *(978-1-334-14299-4(8))* Forgotten Bks.

Friendship's Offering, & Winter's Wreath: A Christmas & New Year's Present, for 1836 (Classic Reprint) Unknown Author. 2018. (ENG., Illus.). (J). 432p. 32.83 *(978-1-396-39013-5(8))*; 434p. pap. 16.57 *(978-1-390-90046-0(0))* Forgotten Bks.

Friendship's Offering the Story of B. W. & Nicolettee (Classic Reprint) A. E. F. 2019. (ENG., Illus.). 22p. (J). 24.35 *(978-0-267-28008-7(4))* Forgotten Bks.

Friendship's Token, or the Philipena: A Present for All Seasons (Classic Reprint) Unknown Author. 2018. (ENG., Illus.). 132p. (J). 26.62 *(978-0-483-38401-9(1))* Forgotten Bks.

Friendships's Offering (Classic Reprint) Unknown Author. 2018. (ENG., Illus.). 436p. (J). 32.89 *(978-0-483-99088-3(4))* Forgotten Bks.

Frigate's Namesake (Classic Reprint) Alice Balch Abbot. 2018. (ENG., Illus.). 214p. (J). 28.31 *(978-0-267-21431-0(6))* Forgotten Bks.

Frigg. Virginia Loh-Hagan. 2018. (Gods & Goddesses of the Ancient World Ser.). (ENG., Illus.). 32p. (J). (gr. 4-8). lib. bdg. 32.07 *(978-1-5341-2947-4(2)*, 211832, 45th Parallel Press) Cherry Lake Publishing.

Frigg. Contrib. by Amy C. Rea. 2023. (Norse Mythology Ser.). (ENG.). 32p. (J). (gr. 2-5). lib. bdg. 34.21 ***(978-1-0982-9119-8(0)***, 42053, Kids Core) ABDO Publishing Co.

Frigg vs. Aphrodite: Battle of the Beauties. Lydia Lukidis. 2023. (Mythology Matchups Ser.). (ENG.). 32p. (J). pap. 7.99 ***(978-1-6690-1621-2(8)***, 248961, Capstone Pr.) Capstone.

Fright at the Freemont Library. Dee Phillips. 2016. (Cold Whispers II Ser.). (ENG.). 32p. (J). (gr. 2-7). 7.99 *(978-1-944998-99-8(3))*; (Illus.). 28.50 *(978-1-944102-36-4(1))* Bearport Publishing Co., Inc.

Fright at the Museum. K. A Robertson. Illus. by Katie Wood. 2017. (G. H. O. S. T. Squad Ser.). (ENG.). 48p. (gr. 3-5). pap. 8.95 *(978-1-68342-437-6(9)*, 9781683424376) Rourke Educational Media.

Fright Knight! Kate Howard. ed. 2018. (Lego Chapter Ser.). (ENG.). 71p. (J). (gr. 1-3). 9.00 *(978-1-64310-311-2(3))* Penworthy Co., LLC, The.

Fright Night. Maren Stoffels. 2020. (Underlined Paperbacks Ser.). 224p. (YA). (gr. 7). pap. 10.99 *(978-0-593-17596-5(4)*, Underlined) Random Hse. Children's Bks.

Fright of July. Linda Joy Singleton. Illus. by George Ermos. 2019. (Haunted Holidays Ser.). (ENG.). 48p. (J). (gr. 3-7). lib. bdg. 34.21 *(978-1-5321-3662-7(5)*, 33770, Spellbound) Magic Wagon.

Fright Party with Zombies, Ghosts, Witches & Black Cats. Activibooks For Kids. 2016. (ENG., Illus.). (J). pap. 7.55 *(978-1-68321-517-2(6))* Mimaxion.

Fright School. Janet Lawler. Illus. by Chiara Galletti. (ENG.). 32p. (J). (gr. -1-3). 2023. pap. 8.99 *(978-0-8075-2555-5(3)*, 0807525553); 2018. 16.99 *(978-0-8075-2553-1(7)*, 807525537) Whitman, Albert & Co.

Fright, Vol. 1 of 3 (Classic Reprint) Ellen Pickering. (ENG., Illus.). (J). 2018. 346p. 31.05 *(978-0-483-79778-9(2))*; 2016. pap. 13.57 *(978-1-333-30169-9(3))* Forgotten Bks.

Fright, Vol. 2 of 3 (Classic Reprint) Ellen Pickering. 2018. (ENG., Illus.). 338p. (J). 30.89 *(978-0-656-50259-2(2))* Forgotten Bks.

Fright, Vol. 3 of 3 (Classic Reprint) Ellen Pickering. 2018. (ENG., Illus.). 318p. (J). 30.46 *(978-0-428-19278-5(5))* Forgotten Bks.

Frightened! The Beginning. Ty'ron W. C. Robinson, II. 2020. (Frightened! Ser.: Vol. 1). (ENG.). 108p. (J). pap. 7.99 *(978-1-7353154-4-7(3))* Dark Titan.

Frightened Little Flower Bud. Renee Paule & G. R. Hewitt. Illus. by Renee Paule. 2017. (ENG., Illus.). (J). pap. *(978-0-9935098-3-4(5))*; pap. *(978-0-9935098-4-1(3))* RPG Publishing.

Frightening Fleas. Meish Goldish. 2019. (Bugged Out! the World's Most Dangerous Bugs Ser.). (ENG., Illus.). 24p. (J). (gr. 2-7). lib. bdg. 19.45 *(978-1-64280-169-9(0))* Bearport Publishing Co., Inc.

Frightful Ghost Ships. James Roland. 2017. (Searchlight Books (tm) — Fear Fest Ser.). (ENG., Illus.). 32p. (J). (gr. 3-5). 30.65 *(978-1-5124-3402-6(7)*, 35f84eeb-eda5-4dd3-b885-1ac409f61014, Lerner Pubns.) Lerner Publishing Group.

Frightful Monsters Eve Coloring Book. Kreative Kids. 2016. (ENG., Illus.). (J). pap. 9.20 *(978-1-68377-280-4(6))* Whlke, Traudl.

Frightful Plays (Classic Reprint) Charles S. Brooks. 2017. (ENG., Illus.). 216p. (J). 28.35 *(978-0-484-62431-2(8))* Forgotten Bks.

Frightful Proboscis Monkey, 1 vol. Janey Levy. 2019. (Nature's Freak Show: Ugly Beasts Ser.). (ENG.). 24p. (gr. 2-3). pap. 9.15 *(978-1-5382-4610-8(4)*, 6857828a-ac7a-4f8a-a95c-58343907a10f) Stevens, Gareth Publishing LLLP.

Frightful Ride of Michael Mcmichael. Bonny Becker. Illus. by Mark Fearing. 2018. (ENG.). 32p. (J). (gr. -1-3). 16.99 *(978-0-7636-8150-0(4))* Candlewick Pr.

Frightful Welcome. Alexandra West. 2019. (I Can Read Ser.). (ENG.). 31p. (J). (gr. 2-3). 14.96 *(978-0-87617-619-1(8))* Penworthy Co., LLC, The.

Frightlopedia: An Encyclopedia of Everything Scary, Creepy, & Spine-Chilling, from Arachnids to Zombies. Illus. by Stefano Tambellini. 2016. ix, 213p. (J). *(978-1-5181-5609-0(6))* Workman Publishing Co., Inc.

Frightlopedia: An Encyclopedia of Everything Scary, Creepy, & Spine-Chilling, from Arachnids to Zombies. Julie Winterbottom. 2016. (ENG., Illus.). 224p. (J). (gr. 3-7). pap. 9.95 *(978-0-7611-8379-2(5)*, 18379) Workman Publishing Co., Inc.

Frightlopedia: An Encyclopeidia of Everything Scary, Creepy, & Spine-Chilling, from Arachnids to Zombies. Julie Winterbottom. ed. 2016. (Illus.). ix, 213p. (J). lib. bdg. 20.80 *(978-0-606-39014-9(6))* Turtleback.

Frightmares. Eva V. Gibson. 2022. 288p. (YA). (gr. 7). pap. 9.99 *(978-0-593-48687-0(0)*, Underlined) Random Hse. Children's Bks.

Frightmares 2: More Scary Stories for the Fearless Reader. Michael Dahl. Illus. by Xavier Bonet. ed. 2016. (Michael Dahl's Really Scary Stories Ser.). (ENG.). 224p. (J). (gr. 1-3). pap., pap., pap. 8.95 *(978-1-4965-4136-9(7)*, 133386, Stone Arch Bks.) Capstone.

FrightVision: Exhibit A. Culliver Crantz. 2022. (ENG.). 328p. (J). 22.97 *(978-1-952910-24-1(2))*; pap. 12.97 *(978-1-952910-23-4(4))* Write 211 LLC.

Frigity, the Witch Big Exam. Harp Dhami. 2020. (ENG.). 30p. (J). pap. *(978-1-5289-3485-5(7))* Austin Macauley Pubs. Ltd.

Friiight Night (Goosebumps SlappyWorld #19) R. L. Stine. 2023. (Goosebumps SlappyWorld Ser.). (ENG.). 160p. (J). (gr. 3-7). pap. 6.99 *(978-1-338-75223-6(5)*, Scholastic Paperbacks) Scholastic, Inc.

Frijoles con Arroz. Joshua Lawrence Patel Deutsch. Illus. by Vikas Upadhyay. 2022. (SPA.). 20p. (J). pap. 12.50 ***(978-1-0880-6468-9(X))*** Indy Pub.

Frijoles Mágicos. Margaret Hillert. Illus. by Jack Pullan & Farida Zaman. 2017. (BeginningtoRead Ser.).Tr. of Magic Beans. (ENG & SPA.). 32p. (J). (-2). 22.60 *(978-1-59953-847-1(4))*; pap. 11.94 *(978-1-68404-046-9(9))* Norwood Hse. Pr.

Frilby an Operatic Burlesque (Classic Reprint) Minott E. Robinson Frederic Almy W. Cary. 2018. (ENG., Illus.). 50p. (J). 24.93 *(978-0-483-82924-4(2))* Forgotten Bks.

Frilled Lizards. Allan Morey. (Weird & Unusual Animals Ser.). (ENG., Illus.). 24p. (J). (gr. 1-4). 2018. pap. 8.99 *(978-1-68152-188-6(1)*, 16100); 2017. 20.95 *(978-1-68151-157-3(6)*, 14700) Amicus.

Frilly, Elegant & Fancy Coloring Book. Jupiter Kids. 2016. (ENG., Illus.). 106p. (J). pap. 12.55 *(978-1-68326-317-3(0)*, Jupiter Kids (Childrens & Kids Fiction)) Speedy Publishing LLC.

Frindle: Special Edition. Andrew Clements. Illus. by Brian Selznick. ed. 2021. (ENG.). 128p. (J). (gr. 3-7). pap. 10.99 *(978-1-6659-0622-7(7)*, Atheneum Bks. for Young Readers) Simon & Schuster Children's Publishing.

Frindleswylde. Natalia O'Hara & Lauren O'Hara. 2022. (ENG.). 40p. (J). (gr. k-4). 18.99 *(978-1-5362-2509-9(6))* Candlewick Pr.

Fringe of the Desert (Classic Reprint) Rachel Swete MacNamara. 2018. (ENG., Illus.). 448p. (J). 33.14 *(978-0-484-90926-6(6))* Forgotten Bks.

Frío Cae Blanco. G. S. Prendergast. 2021. (SPA.). 532p. (YA). (gr. 7). pap. 24.00 *(978-607-557-199-7(X))* Editorial Oceano de Mexico MEX. Dist: Independent Pubs. Group.

Frío Fatal / the Meltdown. Jeff Kinney. 2022. (Diario Del Wimpy Kid Ser.: 13). (SPA.). 224p. (J). (gr. 3-7). 15.95 *(978-1-64473-516-9(4))* Penguin Random House Grupo Editorial ESP. Dist: Penguin Random Hse. LLC.

Friquette (Classic Reprint) Charles Paul De Kock. (Illus.). (J). 2018. (ENG.). 304p. 30.17 *(978-0-656-90505-8(0))*; 2017. (FRE., 29.96 *(978-0-260-01706-2(X))*; 2017. (FRE., pap. 13.57 *(978-0-266-15158-6(2))* Forgotten Bks.

Frisk & His Flock (Classic Reprint) D. P. Sanford. (ENG., Illus.). (J). 2017. 29.05 *(978-0-266-41147-5(9))*; 2016. pap. 11.57 *(978-1-333-54385-3(9))* Forgotten Bks.

Fristers. Mihika Mishra. 2016. (ENG., Illus.). (J). pap. 25.99 *(978-1-4828-8489-0(5))* Partridge Pub.

Frituals. Katelyn Costello. (Frituals Ser.). (ENG., (YA). 2018. Illus.). 192p. (gr. 7-12). 17.99 *(978-0-578-40352-6(8))*; 2nd ed. 2019. 216p. pap. 10.99 *(978-1-7335293-6-5(5))* Costello, Katelyn.

Frituals: Large Print Edition. Katelyn Costello. Ed. by Melanie Kirk. 2019. (Frituals Saga Ser.: Vol. 1). (ENG.). 470p. (YA). (gr. 7-12). pap. 14.99 *(978-1-7335293-0-3(6))* Costello, Katelyn.

Fritz & Balthazar. Bodo Henningsen. 2016. (ENG., Illus.). (J). *(978-3-7323-8136-4(6))*; pap. *(978-3-7323-8135-7(8))*; *(978-3-7345-5114-7(5))*; pap. *(978-3-7345-5113-0(7))* tredition Verlag.

Fritz & the Beautiful Horses. Jan Brett. Illus. by Jan Brett. 2016. (Illus.). 32p. (J). (-k). 18.99 *(978-0-399-17458-2(3)*, G.P. Putnam's Sons Books for Young Readers) Penguin Young Readers Group.

Fritz Auf Ferien (Classic Reprint) Hans Arnold. 2018. (ENG., Illus.). (J). 124p. 26.45 *(978-1-396-19476-4(2))*; 126p. pap. 9.57 *(978-1-390-35988-6(3))* Forgotten Bks.

Fritz Auf Ferien (Classic Reprint) Babette Eberty Von Bulow. (ENG., Illus.). (J). 2018. 116p. 26.29 *(978-0-332-98459-9(1))*; 2018. 116p. 26.29 *(978-0-656-64350-9(1))*; 2017. 27.20 *(978-0-331-78231-8(6))* Forgotten Bks.

Fritz Goes to the Ritz. Donna Dellacamera. Illus. by Kristina Lewis. 2023. (ENG.). 80p. (J). 21.95 ***(978-1-958729-64-9(7))*** Mindstir Media.

Fritz in America. A. P. Laughlin. 2017. (ENG., Illus.). 90p. (J). pap. *(978-3-337-34344-6(9))* Creation Pubs.

Fritz in America: A Drama in Three Acts & Three Scenes (Classic Reprint) A. P. Laughlin. 2018. (ENG., Illus.). 90p. (J). 25.75 *(978-0-267-44104-4(5))* Forgotten Bks.

Fritz in Germany: A Geographical Reader (Classic Reprint) Etta Blaisdell McDonald. (ENG., Illus.). (J). 2018. 150p. 27.01 *(978-0-484-66227-7(9))*; 2016. pap. 9.57 *(978-1-334-12601-7(1))* Forgotten Bks.

Fritz, the Emigrant: A Story of New York Life, Founded upon Mr. Ga Drama of Fritz (Classic Reprint) Charles Gayler. 2018. (ENG., Illus.). 100p. (J). 25.96 *(978-0-332-16468-7(3))* Forgotten Bks.

Fritz the Farting Reindeer: A Story about a Reindeer Who Farts. Humor Heals Us. 2020. (Farting Adventures Ser.: Vol. 3). (ENG.). 36p. (J). 19.99 *(978-1-953399-17-5(7))* Grow Grit Pr.

Fritz und der Weise Im Walde. Mario Lichtenheldt. 2018. (GER., Illus.). 288p. (J). *(978-3-7439-1905-1(2))*; pap. *(978-3-7439-1904-4(4))* tredition Verlag.

Frivola (Classic Reprint) Augustus Jessopp. 2018. (ENG., Illus.). 308p. (J). 30.27 *(978-0-364-18832-3(4))* Forgotten Bks.

Frivola, Simon Ryan & Other Papers (Classic Reprint) Augustus Jessopp. 2017. (ENG., Illus.). (J). 30.19 *(978-0-265-71052-4(9))*; pap. 13.57 *(978-1-5276-6255-1(1))* Forgotten Bks.

Frivolities, Especially Addressed to Those Who Are Tired of Being Serious (Classic Reprint) Richard Marsh. (ENG., Illus.). (J). 2018. 352p. 31.16 *(978-0-483-64492-2(7))*; 2017. pap. 13.57 *(978-0-243-41283-9(5))* Forgotten Bks.

Frivolous Cupid (Classic Reprint) Anthony Hope. 2018. (ENG., Illus.). 224p. (J). 28.54 *(978-0-483-90100-1(8))* Forgotten Bks.

Friz the Bee's Royal Honeymoon. John L. D. Barnett. 2017. (ENG., Illus.). (J). (gr. k-5). pap. 9.99 *(978-1-68160-253-0(9))* Crimson Cloak Publishing.

Friz the Bee's Royal Twins. John L. D. Barnett. 2017. (Friz the Bee Ser.: Vol. 5). (ENG., Illus.). (J). (gr. k-6). pap. 9.99 *(978-1-68160-416-9(7))* Crimson Cloak Publishing.

Friz the Bee's Royal Wedding. John L. D. Barnett. 2017. (ENG., Illus.). (J). (gr. k-4). pap. 9.99 *(978-1-68160-255-4(5))* Crimson Cloak Publishing.

Frizz. Jasmine Fogwell. Illus. by Amy Martin. 2018. (ENG.). 34p. (J). *(978-0-9952650-0-4(3))*; pap. *(978-0-9952650-1-1(1))* Fogwell, Jasmine.

Frizzy. Claribel A. Ortega. Illus. by Rose Bousamra. 2022. (ENG.). 224p. (J). 21.99 *(978-1-250-25962-2(2),* 900221073); pap. 14.99 *(978-1-250-25963-9(0),* 900221074) Roaring Brook Pr. (First Second Bks.).

Frizzy Frieda's Drama Day: Third Book in the Frizzy Frieda Trilogy. Pamela Cali Bankston. Illus. by Michael Verrett. 2020. (Frizzy Frieda Ser.: Vol. 3). (ENG.). 106p. (J). pap. 11.99 *(978-1-942922-60-5(4))* Wee Creek Pr. LLC.

Frizzy Frieda's Dye-Saster: Second Book in the Frizzy Frieda Series. Pamela Cali Bankston. Illus. by Michael Verrett. 2017. (Frizzy Frieda Ser.: Vol. 2). (ENG.). (J). (gr. 5-6). pap. 10.99 *(978-1-942922-37-7(X))* Wee Creek Pr. LLC.

Frizzy Lizzy. Liz Leonard. Illus. by Katherine Hillier. 2023. (Frizzy Lizzy Ser.: 1). 34p. (J). (gr. -1-6). 26.99 BookBaby.

Frobishers: A Story of the Staffordshire Potteries (Classic Reprint) S. Baring-Gould. 2017. (ENG., Illus.). 360p. (J). 31.32 *(978-0-332-95462-2(5))* Forgotten Bks.

Frockodile. Jeanne Willis. Illus. by Stephanie Laberis. 2019. (ENG.). 32p. (J). (gr. -1-k). 16.99 *(978-1-4449-0823-7(5))* Hachette Children's Group GBR. Dist: Hachette Bk. Group.

Frog. Caroline Davis. 2017. (ENG., Illus.). 8p. (J). (gr. -1-k). 5.99 *(978-1-4380-7841-0(2))* Sourcebooks, Inc.

Frog. Nancy Dickmann. 2023. (Life Cycles Ser.). (ENG.). 24p. (J). (gr. 2-4). pap. 10.99 *(978-1-78121-564-7(2),* 16636) Black Rabbit Bks.

Frog. Nancy Dickmann. 2020. (Life Cycles Ser.). (ENG.). 24p. (J). (gr. 2-4). 29.95 *(978-1-78121-537-1(5),* 16630) Brown Bear Bks.

Frog. Susan H. Gray. Illus. by Jeff Bane. 2021. (My Early Library: My Life Cycle Ser.). (ENG.). 24p. (J). (gr. k-1). lib. bdg. 30.64 *(978-1-5341-8005-5(2),* 218300) Cherry Lake Publishing.

Frog. August Hoeft. (I See Animals Ser.). (ENG.). (J). (gr. k-1). 2022. 20p. 24.99 ***(978-1-5324-3408-2(1))***; 2022. 20p. pap. 12.99 ***(978-1-5324-4211-7(4))***; 2020. 12p. pap. 5.99 *(978-1-5324-1489-3(7))* Xist Publishing.

Frog. Grace Jones. 2019. (Life Cycles Ser.). (ENG.). 24p. (J). (gr. k-2). pap. 6.99 *(978-1-78637-647-3(4))* BookLife Publishing Ltd. GBR. Dist: Independent Pubs. Group.

Frog. Maggie Li. Illus. by Maggie Li. 2023. (Little Life Cycles Ser.). (ENG.). 26p. (J). (-k). bds. 9.99 *(978-1-5362-3023-9(5),* Templar) Candlewick Pr.

Frog. Jared Siemens. 2017. (Illus.). 24p. (J). *(978-1-5105-0563-6(6))* SmartBook Media, Inc.

Frog. Anastasiya Vasilyeva. 2016. (See Them Grow Ser.). (ENG., Illus.). 24p. (J). (gr. -1-3). 26.99 *(978-1-68402-040-9(9))* Bearport Publishing Co., Inc.

Frog: An Introduction to Anatomy & Histology (Classic Reprint) Arthur Milnes Marshall. (ENG., Illus.). (J). 2017. 26.39 *(978-0-331-95494-4(X))*; 2016. pap. 9.57 *(978-1-333-55522-1(9))* Forgotten Bks.

Frog: Animal Life Cycles. Elizabeth Neuenfeldt. 2021. (Animal Life Cycles Ser.). (ENG., Illus.). 24p. (J). (gr. k-3). lib. bdg. 26.95 *(978-1-64487-409-7(1),* Blastoff! Readers) Bellwether Media.

Frog: The Horse That Knew No Master (Classic Reprint) S. P. Meek. 2018. (ENG., Illus.). (J). 306p. 30.21 *(978-1-391-36250-2(0))*; 308p. pap. 13.57 *(978-1-390-97718-9(8))* Forgotten Bks.

Frog & Ball. Kathy Caple. 2021. (I Like to Read Comics Ser.). (Illus.). 40p. (J). (gr. -1-3). 14.99 *(978-0-8234-4341-3(8))*; pap. 7.99 *(978-0-8234-4933-0(5))* Holiday Hse., Inc.

Frog & Beaver. Simon James. Illus. by Simon James. 2018. (ENG., Illus.). 32p. (J). (gr. -1-2). 16.99 *(978-0-7636-9819-5(9))* Candlewick Pr.

Frog & Dog: Practicing the Short O Sound, 1 vol. Juliette Johnson. 2016. (Rosen Phonics Readers Ser.). (ENG., Illus.). 8p. (J). (gr. -1-2). pap. *(978-1-5081-3079-6(5),* d7bb7a2a-fae8-4505-aff7-baa9f6e0e146, Rosen Classroom) Rosen Publishing Group, Inc., The.

Frog & Dog: Unlikely Friendships. Brien Perry. Illus. by Blair Webb. 2019. (Frog & Dog Ser.: Vol. 1). (ENG.). 38p. (J). (gr. k-3). pap. 11.99 *(978-0-9980260-2-2(6))* Perry, Brien.

Frog & Dog - Unlikely Friendships. Brien Perry. 2020. (ENG., Illus.). 40p. (J). (gr. k-1). pap. *(978-1-78830-634-8(1))* Olympia Publishers.

Frog & His Friends. Niffer Dearden Foust. 2020. (ENG.). 24p. (J). pap. 16.95 *(978-1-716-50740-3(5))* Lulu Pr., Inc.

Frog & the Cat. Shannon Burton. 2021. (ENG.). 24p. (J). pap. 13.95 *(978-1-64531-444-8(8))* Newman Springs Publishing, Inc.

Frog & the Kookaburra: Australian Backyard Stories. Damian Dryden. 2018. (Hillside Habitat Ser.: Vol. 1). (ENG., Illus.). 50p. (J). pap. 16.00 *(978-1-68454-398-4(3))* Primedia eLaunch LLC.

Frog & the Paddling Pool. Philippa Davies. 2022. (ENG.). 32p. (J). pap. ***(978-1-80381-065-2(3))*** Grosvenor Hse. Publishing Ltd.

Frog & Toad: a Complete Reading Collection: Frog & Toad Are Friends, Frog & Toad Together, Days with Frog & Toad, Frog & Toad All Year. Arnold Lobel. Illus. by Arnold Lobel. 2020. (I Can Read Level 2 Ser.). (ENG., Illus.). 256p. (J). (gr. -1-3). pap. 19.99 *(978-0-06-298342-8(3),* HarperCollins) HarperCollins Pubs.

Frog & Toad: a Little Book of Big Thoughts. Arnold Lobel. Illus. by Arnold Lobel. 2020. (ENG., Illus.). 48p. (J). (gr. -1-3). 12.99 *(978-0-06-298341-1(5),* HarperCollins) HarperCollins Pubs.

Frog & Toad All Year / Frog & Toad Are Friends / Frog & Toad Together Novel Units Teacher Guide. Novel Units. 2019. (ENG.). (J). (gr. 1-2). pap. 12.99 *(978-1-56137-207-2(2),* Novel Units, Inc.) Classroom Library Co.

Frog & Toad & a Game of Three. Ian Hutton. 2016. (ENG., Illus.). 120p. (J). pap. *(978-0-9938507-3-8(1))* Very not ordinary Storytime, A.

Frog & Toad Are Friends see Sapo y Sepo Son Amigos

Frog & Toad Are Friends. Arnold Lobel. Illus. by Arnold Lobel. 2017. (I Can Read Level 2 Ser.). (ENG., Illus.). 72p. (J). (gr. -1-3). 9.99 *(978-0-06-257273-8(3),* HarperCollins) HarperCollins Pubs.

Frog & Toad Are Friends: 50th Anniversary Commemorative Edition. Arnold Lobel. 50th ed. 2020. (ENG., Illus.). 72p. (J). (gr. -1-3). 19.99 *(978-0-06-298343-5(1),* HarperCollins) HarperCollins Pubs.

Frog & Toad Storybook Favorites: Includes 4 Stories Plus Stickers! Arnold Lobel. Illus. by Arnold Lobel. 2019. (I Can Read Level 2 Ser.). (ENG., Illus.). 256p. (J). (gr. -1-3). 16.99 *(978-0-06-288312-4(7),* HarperCollins) HarperCollins Pubs.

Frog & Toad Together see Sapo y Sepo, Inseparables

Frog at the BBQ - Our Yarning. Uncle Wayne Fossey. Illus. by Meg Turner. 2022. (ENG.). 26p. (J). pap. ***(978-1-922932-89-1(2))*** Library For All Limited.

Frog Book. Steve Jenkins & Robin Page. Illus. by Steve Jenkins. 2019. (ENG., Illus.). 40p. (J). (gr. -1-3). 19.99 *(978-0-544-38760-7(0),* 1592444, Clarion Bks.) HarperCollins Pubs.

Frog Book - Te Boki ni Biraoki (Te Kiribati) Kr Clarry. Illus. by Ennel John Espanola. 2023. (ENG.). 28p. (J). pap. ***(978-1-922918-79-6(2))*** Library For All Limited.

Frog Called Rod. Gedling Day Services. 2017. (ENG., Illus.). (J). (gr. k-3). pap. *(978-1-78719-530-1(9))* Authors OnLine, Ltd.

Frog Chronicles: A Treehouse Adventure. Mj Franklin. 2021. (ENG.). 210p. (J). *(978-1-5255-9404-5(4))*; pap. *(978-1-5255-9403-8(6))* FriesenPress.

Frog Coloring Book for Kids & Toddlers! a Unique Collection of Coloring Pages. Bold Illustrations. 2018. (ENG., Illus.). 68p. (J). (gr. k-3). pap. 11.99 *(978-1-64193-819-8(6),* Bold Illustrations) FASTLANE LLC.

Frog Crush Colouring Book. Illus. by Silke Diehl. 2022. (Crush Ser.). (ENG.). 28p. (J). (gr. -1-k). pap. 9.99 *(978-80-908121-1-6(2),* Crush Series) Crush Publishing CZE. Dist: Independent Pubs. Group.

Frog Family of Little Squaw Lake. Mary E. Ives. 2020. (ENG., Illus.). 32p. (J). pap. 14.95 *(978-1-64670-843-7(1))* Covenant Bks.

Frog from the Bog. Rebecca Kwait. 2021. (ENG.). 40p. (J). 18.95 ***(978-0-578-93923-0(1))*** Frog Light Pr.

Frog He Would a-Wooing Go (Classic Reprint) Randolph Caldecott. (ENG., Illus.). (J). 2018. 30p. 24.52 *(978-0-332-15373-5(8))*; 2016. pap. 7.97 *(978-1-333-56723-1(5))* Forgotten Bks.

Frog in My Pocket: Children's Poetry. Eugenie Giasson. 2019. (ENG.). 52p. (J). pap. 11.02 *(978-1-4834-9768-6(2))* Lulu Pr., Inc.

Frog in the Toilet. Matthew Czarnecki. 2022. (ENG., Illus.). 48p. (J). pap. 15.95 *(978-1-68526-324-9(0))* Covenant Bks.

Frog in the Tree. Ashley Davis. Ed. by Iris M. Williams. Illus. by Ashley Davis. 2016. (ENG., Illus.). (J). pap. 10.95 *(978-1-942022-77-0(8))* Butterfly Typeface, The.

Frog Is in My Shoe. Rose Moore. Illus. by Tatjana Larina. 2019. (ENG.). 38p. pap. 16.95 *(978-0-9965097-8-7(X))* BookBaby.

Frog Log. Joyce Markovics. 2019. (Read & Rhyme Level 2 Ser.). (ENG., Illus.). 16p. (J). (gr. -1-1). 24.21 *(978-1-64280-553-6(X))* Bearport Publishing Co., Inc.

Frog Meets Dog. Janee Trasler. ed. 2020. (Acorn Early Readers Ser.). (ENG., Illus.). 44p. (J). (gr. k-1). 14.96 *(978-1-64697-463-4(8))* Penworthy Co., LLC, The.

Frog Meets Dog / Rana Conoce Perro (Bilingual) Un Libro de la Serie Acorn. Janee Trasler. Illus. by Janee Trasler. 2020. (Frog & Dog Ser.). (SPA.). 48p. (J). (gr. -1-1). pap. 4.99 *(978-1-338-71551-4(8),* Scholastic en Espanol) Scholastic, Inc.

Frog Moves Out of the Rain Forest. Nikki Potts. Illus. by Maarten Lenoir. 2020. (Habitat Hunter Ser.). (ENG.). 32p. (J). (gr. -1-2). pap. 8.95 *(978-1-9771-2021-2(0),* 142311); lib. bdg. 29.32 *(978-1-9771-1423-5(7),* 141551) Capstone. (Picture Window Bks.).

Frog Named Sandy. Lorrie Tapora. Illus. by Jomar Estrada. 2018. (ENG.). 42p. (J). pap. *(978-9980-900-23-4(7))* Library For All Limited.

Frog of Arcadia. Blake Bobechko. Illus. by Matlock Bobechko. 2021. (ENG.). 108p. (J). *(978-1-5255-9560-8(1))*; pap. *(978-1-5255-9559-2(8))* FriesenPress.

Frog of War. David A. Clark. Ed. by Simon Ore. 2019. (ENG., Illus.). 120p. (J). (gr. 4-7). pap. 17.95 *(978-0-9889363-9-3(9),* 917951d0-46ee-4989-8626-8d4e68fc19de) Starburns Industries Pr.

Frog Olympics. Brian Moses. 2017. (ENG., Illus.). 32p. (J). (gr. -1-k). pap. 9.99 *(978-0-7502-9683-0(6),* Wayland) Hachette Children's Group GBR. Dist: Hachette Bk. Group.

Frog on a Log. Lonnie Budro. 2022. (ENG.). 42p. (J). pap. 14.00 ***(978-1-64883-304-5(7),*** ExamWise) Total Recall Learning, Inc.

Frog or Toad? Kirsten Chang. 2020. (Spotting Differences Ser.). (ENG., Illus.). 24p. (J). (gr. k-3). pap. 7.99 *(978-1-68103-822-3(6),* 12911); lib. bdg. 26.95 *(978-1-64487-198-0(X))* Bellwether Media. (Blastoff! Readers).

Frog or Toad. Tamra Orr. 2019. (21st Century Junior Library: Which Is Which? Ser.). (ENG., Illus.). 24p. (J). (gr. 2-5). pap. 12.79 *(978-1-5341-5018-8(8),* 213379); lib. bdg. 30.64 *(978-1-5341-4732-4(2),* 213378) Cherry Lake Publishing.

Frog Pond. Edward J. Leahy. 2020. (ENG.). 36p. (J). 19.95 *(978-1-64654-288-6(9))*; pap. 14.95 *(978-1-64654-249-9(5))* Fulton Bks.

Frog Prince. Jacob Grimm. Illus. by Sybelle Schenker. 2018. 48p. (J). (gr. k-2). 29.99 *(978-988-8341-47-4(2),* Minedition) Penguin Young Readers Group.

Frog Prince: An Interactive Fairy Tale Adventure. Blake Hoena. Illus. by Mariano Epelbaum. 2020. (You Choose: Fractured Fairy Tales Ser.). (ENG.). 112p. (J). (gr. 3-7). pap. 6.95 *(978-1-4966-5812-8(4),* 142244); lib. bdg. 32.65 *(978-1-5435-9012-8(8),* 141368) Capstone.

Frog Prince & Other Stories. Walter Crane. 2018. (ENG.). 36p. (J). pap. *(978-93-5297-192-3(2))* Alpha Editions.

Frog Prince & the Zoologist. Jenna Mueller. Illus. by Heather Burns. 2023. (Fairy Tales As Told by Clementine Ser.). (ENG.). 32p. (J). (gr. -1-4). 32.79 ***(978-1-0982-3776-9(5),*** 42527, Looking Glass Library) Magic Wagon.

Frog Prince (Classic Reprint) Walter Crane. 2017. (ENG., Illus.). (J). 24.35 *(978-0-266-46682-6(6))* Forgotten Bks.

Frog Prince Saves Sleeping Beauty. Charlotte Guillain. Illus. by Dan Widdowson. 2016. (Fairy Tale Mix-Ups Ser.). (ENG.). 24p. (J). (gr. k-2). lib. bdg. 23.99 *(978-1-4109-8302-2(1),* 132995, Raintree) Capstone.

Frog Prince/el Principe Rana: Spanish/English (We Both Read - Level 1-2) Sindy McKay. Illus. by George Ulrich. 2016. (We Both Read - Level 1-2 Ser.). (ENG & SPA.). 44p. (J). pap. 5.99 *(978-1-60115-076-9(8))* Treasure Bay, Inc.

Frog Prince's Curse: A Graphic Novel. Benjamin Harper. Illus. by Álex López. 2022. (Far Out Fairy Tales Ser.). (ENG.). 40p. (J). 26.65 *(978-1-6663-3549-1(5),* 235398); pap. 5.95 *(978-1-6663-3544-6(4),* 235380) Capstone. (Stone Arch Bks.).

Frog Princess: A Burmese Cinderella Story. Phillip Martin. Illus. by Phillip Martin. 2021. (ENG.). 34p. (J). 32.95 ***(978-1-365-56759-9(1))*** Lulu Pr., Inc.

Frog Princess - a Russian Fairy Tale about Love & Loyalty. Fet. 2023. (ENG.). 34p. (J). pap. 9.99 ***(978-1-0880-8471-7(0))*** Stratostream LLC.

Frog Prints in the Snow. Deborah Leser. 2018. (ENG., Illus.). 34p. (J). pap. 12.95 *(978-1-64214-559-5(9))* Page Publishing Inc.

Frog That Couldn't Jump. William McIvor. 2020. (ENG.). 28p. (J). pap. 13.95 *(978-1-64801-387-4(2))* Newman Springs Publishing, Inc.

Frog vs Toad. Ben Mantle. Illus. by Ben Mantle. 2022. (ENG.). 32p. (J). (gr. -1-2). 17.99 *(978-1-5362-2369-9(7))* Candlewick Pr.

Frog Weebee Book 14. R. M. Price-Mohr. 2021. (ENG., Illus.). 34p. (J). pap. *(978-1-913946-33-3(9))* Crossbridge Bks.

Frog Weebee Book 14a. R. M. Price-Mohr. 2021. (ENG.). 34p. (J). pap. *(978-1-913946-42-5(8))* Crossbridge Bks.

Frog Went A-Wandering. Barbara J. Mason Rast. Illus. by Barbara J. Mason Rast. 2017. (ENG., Illus.). (J). (gr. k-2). 18.99 *(978-0-692-96859-8(8))* Golden Door Pr.

Frog Who Longed for the Moon to Smile: A Story for Children Who Yearn for Someone They Love, 2 vols. Margot Sunderland. ed. 2017. (Helping Children with Feelings Ser.). (ENG., Illus.). 28p. (C). pap. 17.95 *(978-0-86388-495-5(4),* Y330286) Routledge.

Frog Who Would a Wooing Go (Classic Reprint) Unknown Author. (ENG., Illus.). (J). 2018. 32p. 24.60 *(978-0-483-25080-2(5))*; 2016. pap. 7.97 *(978-1-334-16457-6(6))* Forgotten Bks.

Frog with a Frown. Todd G. Sorrell. 2019. (ENG.). 32p. (J). *(978-1-5255-5027-0(6))*; pap. *(978-1-5255-5028-7(4))* FriesenPress.

Frogboy - Volume 1. John Bergin. 2022. (ENG., Illus.). 64p. (YA). pap. 12.99 *(978-1-988247-78-6(0))* Chapterhouse Comics CAN. Dist: Diamond Comic Distributors, Inc.

Frogdoggy. Joan Fielding. 2019. (ENG.). 38p. (J). pap. 8.99 *(978-1-951469-10-8(0))* Bookwhip.

Frogfish. Tanya Dellaccio. 2017. (Freaky Fish Ser.). 24p. (J). (gr. 2-3). pap. 48.90 *(978-1-5382-0247-0(6))* Stevens, Gareth Publishing LLLP.

FrogFur. Rebecca Sinclair. 2021. (ENG.). 58p. (J). pap. *(978-1-716-05027-5(8))* Lulu Pr., Inc.

Frogg & His Ball. Bryant Branch. 2021. (ENG., Illus.). 38p. (J). 24.95 *(978-1-63961-578-0(4))*; pap. 14.95 *(978-1-63874-810-6(1))* Christian Faith Publishing.

Froggie Tale. Kelly Miller. 2017. (ENG., Illus.). (J). 23.95 *(978-1-64028-416-6(8))* Christian Faith Publishing.

Froggie's Big Fear. Jo-Anne S. Britt. 2021. (ENG.). 30p. (J). 23.95 *(978-1-63630-065-8(0))*; pap. 13.95 *(978-1-63630-064-1(2))* Covenant Bks.

Frogglewogs: Life Lessons from the Frog Pond. Lesley Reifert Hughes. 2022. (ENG., Illus.). 54p. (J). 25.95 *(978-1-63885-858-4(6))*; pap. 16.95 *(978-1-63885-857-7(8))* Covenant Bks.

Froggo Family Adventure. Leah Williamson. 2018. (Froggo Family Adventure Ser.: Vol. 1). (ENG., Illus.). 20p. (J). (gr. k-1). pap. 11.99 *(978-0-578-43572-5(1))* Williamson, Leah.

Froggy Builds a Snowman. Jonathan London. Illus. by Frank Remkiewicz. 2020. (Froggy Ser.). 32p. (J). (-k). 17.99 *(978-1-9848-3636-6(6),* Viking Books for Young Readers) Penguin Young Readers Group.

Froggy Day. Heather Pindar. Illus. by Barbara Bakos. 2019. (ENG.). 32p. (J). (gr. -1-3). 17.99 *(978-1-84886-411-5(6),* 2c2dfc4b-807a-4089-a603-e0162f578e1e) Maverick Arts Publishing GBR. Dist: Lerner Publishing Group.

Froggy for President! Jonathan London. Illus. by Frank Remkiewicz. 2020. (Froggy Ser.). 32p. (J). (-k). 16.99 *(978-0-451-47948-8(3),* Viking Books for Young Readers) Penguin Young Readers Group.

Froggy Goes to Grandma's. Jonathan London. Illus. by Frank Remkiewicz. (Froggy Ser.). 32p. (J). (-k). 2019. pap. 7.99 *(978-1-9848-3626-7(9),* Puffin Books); 2017. 16.99 *(978-1-101-99964-6(0),* Viking Books for Young Readers) Penguin Young Readers Group.

Froggy Goes to Grandma's. Jonathan London. ed. 2019. (Froggy Stories Ser.). (ENG.). 30p. (J). (gr. k-1). 18.89 *(978-0-87617-550-7(7))* Penworthy Co., LLC, The.

Froggy Goes to the Library. Jonathan London. ed. 2017. (Froggy Ser.). lib. bdg. 17.20 *(978-0-606-39799-5(X))* Turtleback.

Froggy Picks a Pumpkin. Jonathan London. Illus. by Frank Remkiewicz. 2019. (Froggy Ser.). 32p. (J). (-k). 16.99 *(978-1-9848-3633-5(1),* Viking Books for Young Readers) Penguin Young Readers Group.

Froggy's Birthday Wish. Jonathan London. Illus. by Frank Remkiewicz. 2016. (Froggy Ser.). 32p. (J). (-k). 7.99 *(978-0-14-751799-9(0),* Puffin Books) Penguin Young Readers Group.

Froggy's Birthday Wish. Jonathan London. 2016. (Froggy Ser.). lib. bdg. 17.20 *(978-0-606-38399-8(9))* Turtleback.

Froggy's Lemonade Stand. Jonathan London. Illus. by Frank Remkiewicz. 2018. (Froggy Ser.). 32p. (J). (-k). 16.99 *(978-1-101-99967-7(5),* Viking Books for Young Readers) Penguin Young Readers Group.

Froggy's Lemonade Stand. Jonathan London. ed. 2019. (Froggy Stories Ser.). (ENG.). 30p. (J). (gr. k-1). 18.89 *(978-0-87617-551-4(5))* Penworthy Co., LLC, The.

Frogkisser! Garth Nix. 2019. (ENG.). 384p. (YA). (gr. 7-7). pap. 12.99 *(978-1-338-05209-1(8))* Scholastic, Inc.

Frogman's Response. Heidi Voss. 2021. (ENG.). 314p. (YA). pap. 17.99 *(978-1-5092-3750-0(X))* Wild Rose Pr., Inc., The.

Frogness. Sarah Nelson. Illus. by Eugenie Fernandes. 2021. (ENG.). 32p. (J). (gr. k-4). 17.95 *(978-1-77147-375-0(4))* Owlkids Bks. Inc. CAN. Dist: Publishers Group West (PGW).

Frogs. Valerie Bodden. 2016. (Amazing Animals Ser.). (ENG.). 24p. (J). (gr. 1-3). pap. 10.99 *(978-1-62832-217-0(9),* 20434, Creative Paperbacks); (Illus.). 28.50 *(978-1-60818-611-2(3),* 20436, Creative Education) Creative Co., The.

Frogs. Aaron Carr. 2017. (World Languages Ser.). (ENG.). 24p. (J). (gr. k-2). lib. bdg. 35.70 *(978-1-4896-6624-6(9),* AV2 by Weigl) Weigl Pubs., Inc.

Frogs. Andrew Cleave. 2018. (J). *(978-1-4222-3955-1(1))* Mason Crest.

Frogs. Meg Gaertner. 2019. (Pond Animals Ser.). (ENG., Illus.). 24p. (J). (gr. 1-1). pap. 8.95 *(978-1-64185-579-2(7),* 1641855797) North Star Editions.

Frogs. Meg Gaertner. 2018. (Pond Animals Ser.). (ENG., Illus.). 24p. (J). (gr. k-3). lib. bdg. 31.36 *(978-1-5321-6208-4(1),* 30199, Pop! Cody Koala) Pop!.

Frogs. Kelly Gaffney. 2016. (Engage Literacy Orange - Extension A Ser.). (ENG.). 16p. (J). pap. 36.94 *(978-1-5157-5055-0(8),* 26050); pap. 6.99 *(978-1-5157-3280-8(0),* 133282) Capstone. (Capstone Pr.).

Frogs. Julie Murray. (Animal Kingdom Ser.). (ENG., Illus.). (J). 2019. 32p. (gr. 2-5). lib. bdg. 34.21 *(978-1-5321-1630-8(6),* 32371, Big Buddy Bks.); 2016. 24p. (gr. -1-2). lib. bdg. 31.36 *(978-1-68080-530-7(4),* 21340, Abdo Kids) ABDO Publishing Co.

Frogs. Lindsy O'Brien. 2016. (In My Backyard Ser.). (ENG., Illus.). 24p. (J). (gr. 1-3). *(978-1-60818-698-3(9),* 20590, Creative Education) Creative Co., The.

Frogs. Lindsy J. O'Brien. 2016. (In My Backyard Ser.). (ENG., Illus.). 24p. (J). (gr. 1-3). pap. 8.99 *(978-1-62832-294-1(2),* 20588, Creative Paperbacks) Creative Co., The.

Frogs. Marysa Storm. (Spot Backyard Animals Ser.). (ENG., Illus.). 16p. (J). (gr. -1-2). 2018. pap. 7.99 *(978-1-68152-216-6(0),* 14747); 2017. 17.95 *(978-1-68151-091-0(X),* 14628) Amicus.

Frogs. Gail Saunders-Smith. rev. ed. 2016. (Animals: Life Cycles Ser.). (ENG.). 24p. (J). (gr. -1-2). pap. 6.29 *(978-1-5157-4225-8(3),* 133988, Pebble) Capstone.

Frogs: Animals That Change the World! (Engaging Readers, Level 2) Ashley Lee. Ed. by Alexis Roumanis. l.t. ed. 2021. (Animals That Change the World! Ser.: Vol. 15). (ENG., Illus.). 32p. (J). pap. *(978-1-77437-757-4(8))* AD Classic.

Frogs: Animals That Make a Difference! (Engaging Readers, Level 2) Ashley Lee. Ed. by Alexis Roumanis. l.t. ed. 2020. (Animals That Make a Difference! Ser.: Vol. 15). (ENG., Illus.). 32p. (J). *(978-1-77437-646-1(6))*; pap. *(978-1-77437-647-8(4))* AD Classic.

Frogs: Children's Reptile & Amphibian Book. Bold Kids. 2022. (ENG.). 46p. (J). pap. 14.99 ***(978-1-0717-0985-6(2))*** FASTLANE LLC.

Frogs / Ranas. Jessica Lee Anderson. Illus. by Suzie Mason. 2018. (Pets! / ¡Las Mascotas! Ser.). (MUL.). 24p. (J). (gr. -1-2). lib. bdg. 33.99 *(978-1-68410-251-8(0),* 138449) Cantata Learning.

Frogs (a Day in the Life) What Do Frogs, Toads, & Tadpoles Get up to All Day? Itzue W. Caviedes-Solis & Neon Squid. Illus. by Henry Rancourt. 2023. (Day in the Life Ser.). (ENG.). 48p. (J). 16.99 *(978-1-68449-307-4(2),* 900281812) St. Martin's Pr.

Frogs & Me: Animals & Me. Sarah Harvey. l.t. ed. 2022. (Animals & Me Ser.: Vol. 3). (ENG.). 32p. (J). ***(978-1-77476-696-5(5))***; pap. ***(978-1-77476-697-2(3))*** AD Classic.

Frogs & Other Amphibians, 1 vol. David West. 2017. (Inside Animals Ser.). (ENG., Illus.). 24p. (J). (gr. 3-3). 26.27 *(978-1-5081-9393-7(2),* 8136f422-bef4-45b3-82f0-27a29d50a629, Windmill Bks.) Rosen Publishing Group, Inc., The.

Frogs & Other Amphibians, 1 vol. Contrib. by David West. 2017. (Inside Animals Ser.). (ENG., Illus.). 24p. (J). (gr. 3-3). pap. 9.25 *(978-1-5081-9427-9(0),* 3264b942-f54d-463c-a226-0affd6381bc3, Windmill Bks.) Rosen Publishing Group, Inc., The.

Frogs & Toads, 1 vol. Tamara Einstein. 2020. (KidsWorld Ser.). (ENG., Illus.). 96p. (J). pap. 9.99 *(978-1-988183-42-8(1),* be9e2ab5-6f3d-4285-94cc-f95fab38b82f) KidsWorld Bks. CAN. Dist: Lone Pine Publishing USA.

Frogs & Toads. Contrib. by Karen Wallace. 2023. (DK Super Readers Ser.). (ENG., Illus.). 32p. (J). (gr. 1-3). pap. 4.99 *(978-0-7440-7275-4(1),* DK Children) Dorling Kindersley Publishing, Inc.

Frogs Can Fly. Kristy Jo Volchko. 2021. (ENG.). 28p. (J). pap. 7.99 *(978-0-578-89784-4(9))* Cackleberry Creek Publishing LLC.

Frog's Dangerous Home. Mary Ellen Klukow. Illus. by Albert Pinilla. 2019. (Animal Habitats at Risk Ser.). (ENG.). 24p. (J). (gr. 1-3). pap. 9.99 *(978-1-68152-487-0(2),* 11073) Amicus.

Frog's Diary: A Year in My Life. Steve Parker. 2016. (Illus.). 32p. (J). (gr. -1-12). 9.99 *(978-1-86147-656-2(6),* Armadillo) Anness Publishing GBR. Dist: National Bk. Network.

Frogs Don't Fret. Loy Mach. 2017. (ENG., Illus.). 38p. (J). pap. 15.95 *(978-1-5127-9497-7(X),* WestBow Pr.) Author Solutions, LLC.

Frog's Family of Friends: Promises Kept. Bridget Cutair. 2018. (ENG., Illus.). 34p. (J). 22.95 *(978-1-64114-258-8(8))* Christian Faith Publishing.

714

The check digit for ISBN-10 appears in parentheses after the full ISBN-13

TITLE INDEX FROM EGG TO BEE

Frogs Go Diving. Tricia Gardella. Illus. by Ginger Nielson. 2023. (ENG.). 32p. (J). 19.99 ***(978-1-959412-25-0(6))***; pap. 10.99 ***(978-1-959412-24-3(8))*** Write 'em Cowgirl Publishing.
Frog's Golden Water. Adam Altman. 2018. (ENG., Illus.). 42p. (J). 15.95 *(978-1-64204-212-2(9))* Publish Wholesale.
Frogs in the Cistern. Deirdre Potter. 2019. (ENG.). 38p. (J). 14.95 *(978-1-64307-259-3(5))* Amplify Publishing Group.
Frogs in Their Hair: And Other Plagues of Egypt. Barb Johnson. Illus. by Angela Gooliaf. 2020. (ENG.). 20p. (J). *(978-1-5255-7281-4(4))*; pap. *(978-1-5255-7282-1(2))* FriesenPress.
Frog's Life. Irene Kelly. Illus. by Margherita Borin. 2020. (ENG.). 40p. (J). (gr. -1-3). pap. 8.99 *(978-0-8234-4740-4(5))* Holiday Hse., Inc.
Frog's Life Cycle. Mary R. Dunn. 2017. (Explore Life Cycles Ser.). (ENG., Illus.). 24p. (J). (gr. -1-2). pap. 6.95 *(978-1-5157-7058-9(3)*, 135488, Capstone Pr.) Capstone.
Frogs (New & Updated Edition) Gail Gibbons. 2021. (Illus.). 32p. (J). (gr. -1-3). 18.99 *(978-0-8234-4834-0(7))* Holiday Hse., Inc.
Frogs o' Poolo, or Wonder Ways of Tiny Folks (Classic Reprint) Joshua Freeman Crowell. 2017. (ENG., Illus.). (J). 27.63 *(978-0-266-78834-8(3))*; pap. 10.57 *(978-1-5277-6766-9(3))* Forgotten Bks.
Frogs, Snails & Sasquatch Tales. Kyersten Kerr. Illus. by Avalon Butchart. 2019. (ENG.). 24p. (J). *(978-0-2288-2281-3(5))*; pap. *(978-0-2288-2279-0(3))* Tellwell Talent.
Frogs, Snakes, Crocodiles & More Amphibians & Reptiles for Kids Children's Reptile & Amphibian Books. Baby Professor. 2017. (ENG., Illus.). 64p. (J). pap. 9.52 *(978-1-5419-1729-3(4)*, Baby Professor (Education Kids)) Speedy Publishing LLC.
Frog's Starry Wish. Sheesh Pal. Illus. by Proiti Roy. 2022. (ENG.). 28p. (J). pap. ***(978-1-922932-37-2(X))*** Library For All Limited.
Frog's Summer Journey. Anita Loughrey. Illus. by Lucy Barnard. 2020. (Year in Nature Ser.). (ENG.). 24p. (J). (gr. -1-1). lib. bdg. ***(978-0-7112-5079-6(0)***, QED Publishing) Quarto Publishing Group UK.
Frohe Ostern Malbuch Für Kinder: Lustiges Oster-Malbuch Für Kleinkinder, Vorschulkinder & Kindergarten Mit Niedlichem Hasen, Osterei. Marthe Reyer. 2022. (GER.). 76p. (J). pap. 10.49 *(978-1-915105-31-8(5))* Lulu Pr., Inc.
Froilan y el Tesoro. Beatriz Fuentes. 2016. (SPA., Illus.). (J). pap. *(978-3-9524650-0-4(3))* Alquibla S.L.
Froilan y el Vampiro. Beatriz Fuentes. 2016. (SPA., Illus.). (J). pap. *(978-3-9524650-3-5(8))* Alquibla S.L.
Frolic a Scarborough Romance (Classic Reprint) Frances Helen Waldy. 2018. (ENG., Illus.). 310p. (J). 30.33 *(978-0-483-32437-4(X))* Forgotten Bks.
Frolic First Bible. J. A. Reisch. Illus. by Natasha Rimmington. 2016. (Frolic First Faith Ser.). 40p. (J). (gr. -1 — 1). 14.99 *(978-1-5064-1043-2(X)*, Sparkhouse Family) 1517 Media.
Frolic Preschool Bible. Lucy Bell. Illus. by Natasha Rimmington. 2017. (Frolic First Faith Ser.). 88p. (J). 14.99 *(978-1-5064-2077-6(X)*, Sparkhouse Family) 1517 Media.
Frolics at Fairmount (Classic Reprint) Etta Anthony Baker. (ENG., Illus.). (J). 2018. 434p. 32.89 *(978-0-484-61209-8(3))*; 2016. pap. 16.57 *(978-1-334-16556-6(4))* Forgotten Bks.
Frolics of Benjamin Rabbit. Joseph Lee Smith. 2023. (ENG.). 30p. (J). pap. ***(978-1-83875-509-6(8)***, Nightingale Books) Pegasus Elliot Mackenzie Pubs.
Frolics of Puck, Vol. 1 of 2 (Classic Reprint) George Soane. (ENG., Illus.). (J). 2018. 236p. 28.76 *(978-0-267-38807-3(1))*; 2016. pap. 11.57 *(978-1-334-14263-5(7))* Forgotten Bks.
Frolics of Puck, Vol. 2 of 2 (Classic Reprint) George Soane. 2018. (ENG., Illus.). 244p. (J). 28.93 *(978-0-483-70928-7(X))* Forgotten Bks.
From 18 To 20. Elizabeth Jaudon Sellers. 2017. (ENG., Illus.). (J). pap. *(978-0-649-58962-3(9))* Trieste Publishing Pty Ltd.
From 18 To 20: A Novel (Classic Reprint) Elizabeth Jaudon Sellers. (ENG., Illus.). (J). 2018. 206p. 28.17 *(978-0-364-78157-9(2))*; 2017. pap. 10.57 *(978-0-259-19688-4(6))* Forgotten Bks.
From a Bench in Our Square. Samuel Hopkins Adams. 2017. (ENG., Illus.). (J). 23.95 *(978-1-374-83510-8(2))*; pap. 13.95 *(978-1-374-83509-2(9))* Capital Communications, Inc.
From a Bench in Our Square (Classic Reprint) Samuel Hopkins Adams. 2018. (ENG., Illus.). 320p. (J). 30.52 *(978-0-332-93379-5(2))* Forgotten Bks.
From a Boy to a Man: Pojasta Mieheksi. Yryo Kujala. 2019. (ENG.). 152p. (YA). pap. 12.99 *(978-1-5456-6075-1(1)*, Mill City Press, Inc) Salem Author Services.
From a New England Woman's Diary in Dixie in 1865 (Classic Reprint) Mary Ames. 2018. (ENG., Illus.). 132p. (J). 26.64 *(978-0-267-13844-9(X))* Forgotten Bks.
From a Pedagogue's Sketch-Book (Classic Reprint) Francis Robinson Gladstone Duckworth. 2018. (ENG., Illus.). 264p. (J). 29.36 *(978-0-484-13106-3(0))* Forgotten Bks.
From a Republic to an Empire: The Expansion of Rome Rome History Books Grade 6 Children's Ancient History. Baby Professor. 2021. (ENG.). 72p. (J). 27.99 *(978-1-5419-8412-7(9))*; pap. 16.99 *(978-1-5419-5478-6(5))* Speedy Publishing LLC. (Baby Professor (Education Kids)).
From a Russian Diary, 1917-1920. An Englishwoman. 2019. (ENG.). 288p. (J). pap. *(978-93-5380-713-9(1))* Alpha Editions.
From a Russian Diary, 1917-1920 (Classic Reprint) An Englishwoman. 2018. (ENG., Illus.). 294p. (J). 29.98 *(978-0-365-27386-8(4))* Forgotten Bks.
From a Soldier's Heart (Classic Reprint) Harold Speakman. (ENG., Illus.). (J). 2018. 148p. 26.97 *(978-0-656-43380-3(9))*; 2017. pap. 9.57 *(978-0-259-31048-8(4))* Forgotten Bks.
From a Southern Porch (Classic Reprint) Dorothy Scarborough. 2017. (ENG., Illus.). (J). 30.74 *(978-0-266-48666-4(5))* Forgotten Bks.
From a Super Continent to Seven the Pangaea & the Continental Drift Grade 5 Children's Earth Sciences Books. Baby Professor. 2020. (ENG.). 72p. (J). 24.99 *(978-1-5419-7332-9(1))*; pap. 14.99 *(978-1-5419-5402-1(5))* Speedy Publishing LLC. (Baby Professor (Education Kids)).
From a Swedish Homestead (Classic Reprint) Selma Lagerlöf. 2018. (ENG., Illus.). 388p. (J). 31.90 *(978-0-666-87415-3(8))* Forgotten Bks.
From a Tiny Seed to a Mighty Tree: How Plants Grow. Ruth Owen. 2017. (Get Started with STEM Ser.). (ENG., Illus.). 32p. (J). (gr. k-3). 9.99 *(978-1-78856-114-3(7)*, 3f66f57b-aff3-4093-89aa-788c8dff0b4a) Ruby Tuesday Books Limited GBR. Dist: Lerner Publishing Group.
From a to Z: Daily Alphabet Affirmation Book. Sonya J. Bowser. 2017. (ENG., Illus.). (J). (gr. 2-6). pap. 11.99 *(978-0-692-89897-0(2))* Zolie Zi Empire.
From a to Z for Jesus. Lena Mae. 2017. (ENG., Illus.). (J). pap. 12.95 *(978-1-63525-451-8(5))* Christian Faith Publishing.
From a to Zoot. Rebecca Doherty & Margaret David Laborde. 2018. (ENG.). 38p. (J). 16.95 *(978-1-64307-105-3(X))* Amplify Publishing Group.
From a Tree to a Chair. Roseanne McDonald. Illus. by Mary Barrows. 2019. (ENG.). 36p. (J). (gr. k-6). 22.95 *(978-1-947860-76-6(3))*; pap. 14.95 *(978-1-947860-81-0(X))* Brandylane Pubs., Inc. (Belle Isle Bks.).
From a Waterfall. Jill Arland. 2021. (ENG.). 120p. (YA). pap. 14.95 *(978-1-6624-2992-7(4))* Page Publishing Inc.
From a Whisper to a Rallying Cry: The Killing of Vincent Chin & the Trial That Galvanized the Asian American Movement. Contrib. by Paula Yoo. 2023. (ENG.). 392p. (YA). (gr. 8-13). pap. 12.95 *(978-1-324-05254-8(6)*, 345254, Norton Young Readers) Norton, W. W. & Co., Inc.
From a Woman's Note-Book: Studies in Modern Girlhood & Other Sketches (Classic Reprint) E. T. Cook. 2018. (ENG., Illus.). 260p. (J). 29.26 *(978-0-483-90522-1(4))* Forgotten Bks.
From a Woman's Note-Book; Studies in Modern Girlhood & Other Sketches. E. T. Cook. 2017. (ENG., Illus.). (J). pap. *(978-0-649-15619-1(6))* Trieste Publishing Pty Ltd.
From Abandoned to Above. Divannah Small. 2018. (ENG., Illus.). 78p. (YA). (gr. 7-12). pap. 12.95 *(978-0-9858526-9-6(0))* KDC Enterprises LLC.
From Above, 1 vol. Norah McClintock. 2016. (Riley Donovan Ser.: 2). (ENG.). 240p. (YA). (gr. 8-12). pap. 10.95 *(978-1-4598-0933-8(5))* Orca Bk. Pubs. USA.
From Academics to Theatrics Planner Unicorn. Planners & Notebooks Inspira Journals. 2019. (ENG.). 200p. (J). pap. 12.55 *(978-1-64521-399-4(4)*, Inspira) Editorial Imagen.
From Acorn to Oak Tree. Emma Carlson-Berne. 2017. (Start to Finish, Second Ser.). (ENG., Illus.). 24p. (J). (gr. k-3). pap. 7.99 *(978-1-5124-5621-9(7)*, f3f487d7-f792-4502-b80d-6043a6d6e4ea) Lerner Publishing Group.
From Acorn to Tree. Camilla de la Bedoyere. 2020. (Life Cycles Ser.). (ENG., Illus.). 24p. (J). (gr. -1-1). 26.65 *(978-0-7112-4369-9(7)*, 0fa88d92-9ea9-453b-9667-c87964be980d) QEB Publishing Inc.
From Adam to Moses Coloring Book. Kreative Kids. 2016. (ENG., Illus.). (J). pap. 9.20 *(978-1-68377-471-6(X))* Whlke, Traudl.
From Amsterdam to Zurich - Tales Across Europe. Steve Wilson. 2017. (ENG., Illus.). 164p. (J). pap. *(978-0-244-33635-6(0))* Lulu Pr., Inc.
From an Idea to Disney. Lowey Bundy Sichol. ed. 2019. (From an Idea To Ser.). (ENG.). 99p. (J). (gr. 4-5). 15.49 *(978-0-87617-480-7(2))* Penworthy Co., LLC, The.
From an Idea to Disney: How Imagination Built a World of Magic. Lowey Bundy Sichol. Illus. by C. S. Jennings. 2019. (From an Idea To Ser.). (ENG.). 112p. (J). (gr. 1-5). 16.99 *(978-1-328-45360-0(X)*, 1711801); pap. 6.99 *(978-1-328-45361-7(8)*, 1711803) HarperCollins Pubs. (Clarion Bks.).
From an Idea to Google. Lowey Bundy Sichol. ed. 2019. (From an Idea To Ser.). (ENG.). 115p. (J). (gr. 4-5). 15.49 *(978-0-87617-478-4(0))* Penworthy Co., LLC, The.
From an Idea to Lego. Lowey Bundy Sichol. ed. 2019. (From an Idea To Ser.). (ENG.). 116p. (J). (gr. 4-5). 15.49 *(978-0-87617-479-1(9))* Penworthy Co., LLC, The.
From an Idea to Nike. Lowey Bundy Sichol. ed. 2019. (From an Idea To Ser.). (ENG.). 115p. (J). (gr. 4-5). 15.49 *(978-0-87617-481-4(0))* Penworthy Co., LLC, The.
From an Idea to Nike: How Marketing Made Nike a Global Success. Lowey Bundy Sichol. Illus. by C. S. Jennings. 2019. (From an Idea To Ser.). (ENG.). 128p. (J). (gr. 1-5). pap. 7.99 *(978-1-328-45363-1(4)*, 1711807, Clarion Bks.) HarperCollins Pubs.
From an Island: A Story & Some Essays (Classic Reprint) Miss Thackeray Ritchie. 2018. (ENG., Illus.). 288p. (J). 29.84 *(978-0-483-97112-7(X))* Forgotten Bks.
From Angels to Werewolves: Human-Animal Hybrids in Art & Myth. Philip F. Palmedo. 2023. (ENG., Illus.). 144p. 35.00 *(978-0-7892-1446-1(6)*, 791446) Abbeville Pr., Inc.
From Anger to Action: Powerful Mindfulness Tools to Help Teens Harness Anger for Positive Change. Mitch R. Abblett. 2019. (Instant Help Solutions Ser.). (ENG.). 168p. (YA). (gr. 6-12). pap. 16.95 *(978-1-68403-229-7(6)*, 42297, Instant Help Books) New Harbinger Pubns.
From Apples to Zucchini Coloring Book. Kreative Kids. 2016. (ENG., Illus.). (J). pap. 9.20 *(978-1-68377-472-3(8))* Whlke, Traudl.
From Archie to Zack. Vincent Kirsch. 2020. (ENG., Illus.). 40p. (J). (gr. -1-3). 17.99 *(978-1-4197-4367-2(8)*, 1685701, Abrams Bks. for Young Readers) Abrams, Inc.
From Atlanta to the Sea (Classic Reprint) Byron A. Dunn. 2017. (ENG., Illus.). (J). 436p. 32.89 *(978-0-332-44429-1(5))*; pap. 16.57 *(978-0-259-75938-6(4))* Forgotten Bks.
From Australia & Japan: Felix Holt Secundus; the Wooing of Webster; a Yoshiwara Episode; the Bear Hunt on Fuji-San; a Tosa Monogatari of Modern Times; Faustus Junior, PH. D.; Fred Wilson's Fate (Classic Reprint) James Murdoch. 2018. (ENG., Illus.). (J). 30.85 *(978-0-260-39751-5(2))* Forgotten Bks.
From Autocracy to Democracy (Classic Reprint) Edward Meyers. 2018. (ENG., Illus.). 110p. (J). 26.19 *(978-0-267-47360-1(5))* Forgotten Bks.
From Axolotl to Zebu: Of These Animals, Who Knew? Wendy Reed. 2023. (ENG.). 60p. (J). pap. ***(978-1-312-83842-0(6))*** Lulu Pr., Inc.
From Baby Fish to Mommy Fish: A Marine Life Coloring Book. Activity Book Zone for Kids. 2016. (ENG., Illus.). (J). pap. 9.20 *(978-1-68376-484-7(6))* Sabeels Publishing.
From Barriers to Blessings: Christian Poetry to Encourage & Motivate Any Reader. Colleen Kroll. Illus. by Paul Kroll. 2021. (ENG.). 52p. (YA). pap. 10.99 *(978-1-6628-3315-1(6))* Salem Author Services.
From Baseball to Boches (Classic Reprint) Harry Charles Witwer. (ENG., Illus.). (J). 2018. 376p. 31.65 *(978-0-666-45712-7(3))*; 2017. pap. 16.57 *(978-0-259-41931-0(1))* Forgotten Bks.
From Before the Beginning to Forevermore: A Brain-Stretching Story. Judy Knapp. 2022. (ENG., Illus.). 122p. (J). pap. 12.95 *(978-1-63961-346-5(3))* Christian Faith Publishing.
From Beginning to End Dot to Dot Activity Book. Jupiter Kids. 2017. (ENG., Illus.). (J). pap. 9.20 *(978-1-68326-695-2(1)*, Jupiter Kids (Childrens & Kids Fiction)) Speedy Publishing LLC.
From Berlin to Bagdad: Behind the Scenes in the near East (Classic Reprint) George Abel Schreiner. 2017. (ENG., Illus.). (J). 32.21 *(978-0-331-83167-2(8))* Forgotten Bks.
From Black Wall Street to Allensworth. Hedreich Nichols & Kelisa Wing. 2022. (21st Century Skills Library: Racial Justice in America: Excellence & Achievement Ser.). (ENG., Illus.). 32p. (J). (gr. 5-8). pap. 14.21 *(978-1-6689-0048-2(3)*, 220139); lib. bdg. 32.07 *(978-1-5341-9934-7(9)*, 219995) Cherry Lake Publishing.
From Blomidon to Smoky: And Other Papers (Classic Reprint) Frank Bolles. 2018. (ENG., Illus.). 288p. (J). 29.84 *(978-0-666-72507-3(1))* Forgotten Bks.
From Boston to Baltimore (Classic Reprint) Caroline H. Dall. 2018. (ENG., Illus.). 246p. (J). 28.99 *(978-0-483-56790-0(6))* Forgotten Bks.
From Brahmanism to Hinduism - India's Major Beliefs & Practices - Social Studies 6th Grade - Children's Geography & Cultures Books. One True Faith. 2020. (ENG.). 80p. (J). 25.39 *(978-1-5419-7632-0(0))*; pap. 15.40 *(978-1-5419-5011-5(9))* Speedy Publishing LLC. (One True Faith (Religion & Spirituality)).
From Brains to Body: Amazing Anatomy Coloring Book. Kreative Kids. 2016. (ENG., Illus.). (J). pap. 9.20 *(978-1-68377-473-0(6))* Whlke, Traudl.
From Brat to Boss: Life Lessons from Joseph. Danette H. Moen. 2018. (ENG., Illus.). 270p. (J). 35.95 *(978-1-9736-2158-4(4))*; pap. 19.95 *(978-1-9736-2157-7(6))* Author Solutions, LLC. (WestBow Pr.).
From Broom to Heather: A Summer in a German Castle (Classic Reprint) James Taft Hatfield. 2018. (ENG., Illus.). 280p. (J). 29.67 *(978-0-428-60739-5(X))* Forgotten Bks.
From Canal Boy to President. Horatio Alger. 2017. (ENG.). (YA). 352p. pap. *(978-3-7447-3161-4(8))*; 368p. pap. *(978-3-7447-3162-1(6))* Creation Pubs.
From Canal Boy to President: The Boyhood & Manhood of James A. Garfield. Horatio Alger. 2019. (ENG.). 192p. (YA). pap. *(978-93-5329-593-6(9))* Alpha Editions.
From Cape Cod to Dixie & the Tropics (Classic Reprint) J. Milton MacKie. 2017. (ENG., Illus.). (J). 33.18 *(978-1-5285-7194-4(0))* Forgotten Bks.
From Capitol to Kremlin (Classic Reprint) Anna Sterling Guthridge. (ENG., Illus.). (J). 2018. 212p. 28.27 *(978-0-267-77675-7(6))*; 2016. pap. 10.97 *(978-1-334-12117-3(6))* Forgotten Bks.
From Castles to Cottages: Homes of All Types Coloring Book. Bobo's Children Activity Books. 2016. (ENG., Illus.). (J). pap. 9.33 *(978-1-68327-033-1(9))* Sunshine In My Soul Publishing.
From Cell Phones to Voip: The Evolution of Communication Technology - Technology Books Children's Reference & Nonfiction. Baby Professor. 2017. (ENG., Illus.). 64p. (J). pap. 9.52 *(978-1-5419-1480-3(5)*, Baby Professor (Education Kids)) Speedy Publishing LLC.
From Chaki City to LPC Grad. Richard Gant. 2020. (ENG.). 244p. (YA). pap. ***(978-1-914078-04-0(7))*** Publishing Push Ltd.
From Chart House to Bush Hut: Being the Record of a Sailor's 7 Years in the Queensland Bush (Classic Reprint) C. W. Bryde. (ENG., Illus.). (J). 2018. 168p. 27.36 *(978-0-428-19297-6(1))*; 2016. pap. 9.97 *(978-1-333-44706-9(X))* Forgotten Bks.
From Coast to Coast: The Only Man to Drive a Single Horse Across the Continent, Starting at Catalina Island, California, & Finishing at Coney Island, New York; Complete Story of This Wonderful Trip As Told by the Author (Classic Reprint) George D. Brown. 2019. (ENG., Illus.). (J). 200p. 28.02 *(978-1-397-29707-5(7))*; 202p. pap. 10.57 *(978-1-397-29693-1(3))* Forgotten Bks.
From Cocoa Beans to Chocolate. Bridget Heos. Illus. by Stephanie Fizer Coleman. (Who Made My Lunch? Ser.). (ENG.). 24p. (J). 2018. (gr. k-3). pap. 10.99 *(978-1-68152-145-9(8)*, 14768); 2017. (gr. 1-4). 20.95 *(978-1-68151-120-7(7)*, 14649) Amicus.
From Cocoon to Butterfly: An Insect Coloring Book. Smarter Activity Books for Kids. 2016. (ENG., Illus.). (J). pap. 9.22 *(978-1-68374-447-4(0))* Examined Solutions PTE. Ltd.
From Communist to Capitalist. Liudmyla Jones & Mila Jones. 2017. (ENG., Illus.). 348p. (J). 32.95 *(978-1-78612-311-4(8)*, e3bc58f8-4c3a-4a42-9fce-5aab40b116a9) Austin Macauley Pubs. Ltd. GBR. Dist: Baker & Taylor Publisher Services (BTPS).
From Cone to Pine Tree. Emma Carlson-Berne. 2017. (Start to Finish, Second Ser.). (ENG., Illus.). 24p. (J). (gr. k-3). 23.99 *(978-1-5124-3444-6(2)*, 194690a3-7c6e-487a-9341-7c25f8e0f17a, Lerner Pubns.); pap. 7.99 *(978-1-5124-5622-6(5)*, 28637ad3-bba3-46ca-ace4-1632df312229) Lerner Publishing Group.
From Coors to California: David Sickler & the New Working Class. Ed. by Kent Wong et al. 2019. (ENG., Illus.). 120p. pap. 20.00 *(978-0-9836289-8-9(X))* Center for Labor Research and Education, Univ. of California, Los Angeles.
From Cotton to T-Shirts. Cari Meister. Illus. by Albert Pinilla. 2019. (Who Made My Stuff? Ser.). (ENG.). 24p. (J). (gr. 1-4). lib. bdg. *(978-1-68151-694-3(2)*, 10846) Amicus.
From Couch to College: The Fast Track to Writing Standout Admissions Essays. Lauren C. Gillespie. 2018. (ENG., Illus.). 64p. (YA). (gr. 7-12). pap. 11.99 *(978-0-692-19996-1(9))* Gillespie, Lauren.
From Court to Court: A Collection of Verses Touching upon the Ancient, Popular & Secret Rite of Divorce (Classic Reprint) Charles Elmer Holmes. 2017. (ENG., Illus.). (J). 25.22 *(978-0-331-53639-3(0))* Forgotten Bks.
From Dance Hall to White Slavery: The World's Greatest Tragedy (Classic Reprint) H. W. Lytle. 2017. (ENG., Illus.). (J). 32.15 *(978-0-266-21805-0(9))*; pap. 16.57 *(978-0-259-29248-7(6))* Forgotten Bks.
From Dark to Light. Lisa Fouweather. 2021. (ENG.). 85p. (J). pap. *(978-1-304-94578-5(2))* Lulu Pr., Inc.
From Darkness into Light. Jennifer Degenhardt. Illus. by Juliet Chattaway. 2023. (ENG.). 146p. (YA). pap. 19.00 ***(978-1-956594-36-2(1))*** Puentes.
From Dawn to Daylight: Or the Simple Story of a Western Home (Classic Reprint) Henry Ward Beecher. 2018. (ENG., Illus.). 352p. (J). 31.16 *(978-0-331-96711-1(1))* Forgotten Bks.
From Dawn to Dusk (Classic Reprint) William Darius Fisher. 2018. (ENG., Illus.). (J). 25.22 *(978-0-260-92109-3(2))* Forgotten Bks.
From Day to Day: Essays on Things Ordinary (Classic Reprint) Grace Goodman Mauran. (ENG., Illus.). (J). 2018. 130p. 26.58 *(978-0-483-88004-7(3))*; 2016. pap. 9.57 *(978-1-333-53581-0(3))* Forgotten Bks.
From Day to Night. Illus. by Agnese Baruzzi. 2023. (Baby's First Library). (ENG.). 20p. (J). (— 1). 8.99 *(978-88-544-1949-0(4))* White Star Publishers ITA. Dist: Sterling Publishing Co., Inc.
From Death unto Life. Lee Jackson. 2019. (ENG.). 90p. (YA). pap. 12.95 *(978-1-64492-082-4(4))* Christian Faith Publishing.
From Despair to Everlasting Joy: A True Story of Finding Faith, Hope & Joy. Tatenda N. Mutswiri. 2022. (ENG.). 90p. (YA). ***(978-0-2288-8405-7(5))***; pap. ***(978-0-2288-8404-0(7))*** Tellwell Talent.
From Despair to Miracles: Josh's Struggle for Survival. Donald Cababe. 2018. (ENG., Illus.). 118p. (J). pap. 12.95 *(978-1-64424-144-8(7))* Page Publishing Inc.
From Different Standpoints (Classic Reprint) Isabella MacDonald Alden. (ENG., Illus.). (J). 2018. 388p. 31.90 *(978-0-484-74471-3(2))*; 2016. pap. 16.57 *(978-1-333-41271-5(1))* Forgotten Bks.
From Ditches to Riches. Karen Brohart. Illus. by Chad Thompson. 2020. (Adventures of Sully Ser.). (ENG.). 24p. (J). *(978-1-5255-5108-6(6))*; pap. *(978-1-5255-5109-3(4))* FriesenPress.
From Dixie (Classic Reprint) Kate Pleasants Minor. 2018. (ENG., Illus.). 172p. (J). 27.46 *(978-0-428-79728-7(8))* Forgotten Bks.
From Dixie to Canada, Romances & Realities of the Underground Railroad, Vol. 1 (Classic Reprint) Homer Uri Johnson. 2017. (ENG., Illus.). (J). 28.37 *(978-0-331-81128-5(6))* Forgotten Bks.
From Dog to Wolf. Delbert Sandlin. 2021. (ENG.). 194p. (YA). pap. 12.99 *(978-1-7368410-7-5(6))* Mindstir Media.
From Dot to Dot: A Toddler Activity Book. Activity Book Zone for Kids. 2016. (ENG., Illus.). (J). pap. 7.55 *(978-1-68376-104-4(9))* Sabeels Publishing.
From Dots to Drawings: Connect the Dots Activity Book. Kreative Kids. 2016. (ENG., Illus.). (J). pap. 10.81 *(978-1-68377-070-1(6))* Whlke, Traudl.
From Dots to Word Lots: Dot to Dot & Word Games for Teens: Activity Books Bundle, 2 vols. Speedy Publishing Books. 2019. (ENG.). 212p. (J). pap. 19.99 *(978-1-5419-7252-0(X))* Speedy Publishing LLC.
From Dreams to Waking: A Novel (Classic Reprint) Elizabeth Lynn Linton. 2018. (ENG., Illus.). 64p. (J). 25.22 *(978-0-483-99575-8(4))* Forgotten Bks.
From Dug-Out & Billet: An Officer's Letters to His Mother (Classic Reprint) Unknown Author. 2018. (ENG., Illus.). 224p. (J). 28.52 *(978-0-483-84905-1(7))* Forgotten Bks.
From Dust, a Flame. Rebecca Podos. 2022. (ENG., Illus.). 416p. (YA). (gr. 9). 17.99 *(978-0-06-269906-0(7)*, Balzer & Bray) HarperCollins Pubs.
From Dust to Ashes: A Romance of the Confederacy (Classic Reprint) George P. C. Rumbough. 2018. (ENG., Illus.). 208p. (J). 28.21 *(978-0-267-18681-5(9))* Forgotten Bks.
From Earth to the Stars. 2017. (From Earth to the Stars Ser.). 48p. (gr. 10-12). pap. 56.20 *(978-1-5081-0529-9(4))*; (ENG.). (gr. 6-7). 113.64 *(978-1-5081-0527-5(8)*, 85bb2ff4-2339-451d-b368-04a3447c1c16) Rosen Publishing Group, Inc., The. (Britannica Educational Publishing).
From Eden to Bethlehem: An Animals Primer. Danielle Hitchen. 2018. (Baby Believer Ser.). (ENG., Illus.). 20p. (J). (— 1). bds. 12.99 *(978-0-7369-7238-3(2)*, 6972383) Harvest Hse. Pubs.
From Eden to Eternity Q2 Teachers Manual: Traveling Through Time. Leah Hopkins. 2018. (ENG., Illus.). 60p. (J). (gr. k-6). pap. 19.95 *(978-1-62080-130-7(2)*, Azimuth Media) Hopkins Publishing.
From Edinburgh to India & Burmah (Classic Reprint) William Gordon Burn Murdoch. (ENG., Illus.). (J). 2018. 510p. 34.42 *(978-0-267-54910-8(5))*; 2016. pap. 16.97 *(978-1-333-16162-0(X))* Forgotten Bks.
From Ed's to Ned's. Gideon Sterer. Illus. by Lucy Ruth Cummins. 2020. 48p. (J). (gr. -1-2). (ENG.). 20.99 *(978-0-525-64807-9(0))*; 17.99 *(978-0-525-64806-2(2))* Random Hse. Children's Bks. (Knopf Bks. for Young Readers).
From Egg to Bee. Camilla de la Bedoyere. 2020. (Life Cycles Ser.). (ENG., Illus.). 24p. (J). (gr. -1-1). lib. bdg. 26.65 *(978-0-7112-4104-6(X)*, 5b3a4133-653c-4636-a355-5dcf1284b213) QEB Publishing Inc.

F

From Egg to Butterfly. Kelly; Grudzina Lewis. Ed. by Rebecca Grudzina. 2016. (Spring Forward Ser.). (ENG.). (J). (gr. 1). 7.20 net. (978-1-4900-6020-0(0)) Benchmark Education Co.

From Egg to Chicken. Camilla de la Bedoyere. 2019. (Life Cycles Ser.). (ENG., Illus.). 24p. (J). (gr. -1-1). lib. bdg. 26.65 (978-1-78603-618-6(5), f041e110-9926-4061-a163-ac5515bfe0bd) QEB Publishing Inc.

From Egg to Feather - Hannah's Egg-Citing Adventure. Kevin Hamblin. Illus. by Wendy Reed. 2023. (ENG.). 40p. (J). pap. 14.98 (978-1-4583-6882-9(3)) Lulu Pr., Inc.

From Egg to Honeybee. Lisa Owings. 2016. (Start to Finish, Second Ser.). (ENG., Illus.). 24p. (J). (gr. k-3). 23.99 (978-1-5124-0908-6(1), 12056bd0-47fc-4083-8ef7-fc7cbc63f8a6, Lerner Pubns.) Lerner Publishing Group.

From Egg to Ladybug. Lisa Owings. 2016. (Start to Finish, Second Ser.). (ENG., Illus.). 24p. (J). (gr. k-3). 23.99 (978-1-5124-0910-9(3), b14d4bf8-9d63-4e95-95d6-5b5b0359a4d9, Lerner Pubns.) Lerner Publishing Group.

From Egg to Sea Turtle. Lisa Owings. 2016. (Start to Finish, Second Ser.). (ENG., Illus.). 24p. (J). (gr. k-3). 23.99 (978-1-5124-1827-9(7), 385fcb44-1ae0-4830-b871-351293a990ba, Lerner Pubns.) Lerner Publishing Group.

From Egglace to Mouseball: Poems by Animal Fathers. Elizabeth Bayer Gillingham. Illus. by Elizabeth Bayer Gillingham. 2017. (ENG., Illus.). 104p. (J). (gr. 3-6). pap. 14.95 (978-0-692-95423-2(6)) Gillingham, Elizabeth.

From Eugene with Love: An Intern Diaries Novella. D. C. Gomez. 2019. (ENG.). 122p. (J). pap. 7.99 (978-1-7333160-1-9(9)) Gomez Expeditions.

From Fact to Fiction (Classic Reprint) Edmund Ware. 2018. (ENG., Illus.). 324p. (J). 30.60 (978-0-484-53430-7(0)) Forgotten Bks.

From Factory to Table: What You're Really Eating (Set), 12 vols. 2017. (From Factory to Table: What You're Really Eating Ser.). (ENG.). (J). (gr. 6-6). lib. bdg. 200.82 (978-1-4994-3963-2(6), 3efe4444-8799-4d22-8862-f702cb8f1846, Rosen Reference) Rosen Publishing Group, Inc., The.

From Faith to Favor: My Journey, One Step at a Time. De'Shanti Genus. Ed. by Key Press Publishing. 2020. (ENG.). 57p. (YA). pap. (978-1-716-46359-4(9)) Lulu Pr., Inc.

From Far Away. Robert Munsch & Saoussan Askar. Illus. by Rebecca Green. 2017. (ENG.). 32p. (J). (gr. k-2). 9.95 (978-1-55451-939-2(X)); 18.95 (978-1-55451-940-8(3)) Annick Pr., Ltd. CAN. Dist: Publishers Group West (PGW).

From Far Dakota: And Otherwhere (Classic Reprint) Hendry Durie Ross. 2018. (ENG., Illus.). 106p. (J). 26.08 (978-0-332-91300-1(7)) Forgotten Bks.

From Farm to Fork: Where Does My Food Come From? 3-Book Set. Linda Staniford. 2021. (From Farm to Fork: Where Does My Food Come From? Ser.). (ENG.). 24p. (J). pap., pap., pap. 20.97 (978-1-4846-6828-3(6), 239020, Heinemann) Capstone.

From Farm to Fortune: Nat Nason's Strange Experience. Horatio Alger. 2019. (ENG.). 174p. (J). pap. (978-93-5329-594-3(7)) Alpha Editions.

From Farm to Fortune; Or, Nat Nason's Strange Experience. Horatio Alger Jr. 2017. (ENG., Illus.). (J). 23.95 (978-1-374-86994-3(5)); pap. 13.95 (978-1-374-86993-6(7)) Capital Communications, Inc.

From Farm to Fortune: Or, Nat Nason's Strange Experience (Classic Reprint) Horatio Alger Jr. 2019. (ENG., Illus.). 262p. (J). 29.30 (978-0-267-28011-7(4)) Forgotten Bks.

From Farm to Fortune, or Only a Farmer's Daughter (Classic Reprint) Lurana W. Sheldon. 2018. (ENG., Illus.). (J). 38p. 24.68 (978-1-396-63254-9(9)); 40p. pap. 7.97 (978-1-391-89917-6(2)) Forgotten Bks.

From Farm to Home: A Carrot's Long Journey. Shree Kamalesh. 2022. (ENG.). 38p. (J). (978-0-2288-7428-7(9)); pap. (978-0-2288-7427-0(0)) Tellwell Talent.

From Farmers to Soldiers: The Awakening of Ancient Egypt's War Senses - History for Children Children's Ancient History. Baby Professor. 2017. (ENG., Illus.). (J). pap. 9.55 (978-1-5419-1170-3(9), Baby Professor (Education Kids)) Speedy Publishing LLC.

From Farmworker to Astronaut / de Campesino a Astronauta: My Path to the Stars / Mi Viaje a Las Estrellas. José M. Hernández & Zárate Figueroa Darío. 2019. (ENG & SPA.). 128p. (J). (gr. 4-7). pap. 10.95 (978-1-55885-868-8(7), Piñata Books) Arte Publico Pr.

From Father to Father. Émilie Vast. Illus. by Émilie Vast. 2018. (ENG., Illus.). 14p. (J). (— 1). bds. 7.99 (978-1-58089-814-0(9)) Charlesbridge Publishing, Inc.

From Father to Son (Classic Reprint) Mary Dwinell Chellis. (ENG., Illus.). (J). 2018. 414p. 32.44 (978-0-365-18512-3(4)); 2017. pap. 16.57 (978-0-259-26146-9(7)) Forgotten Bks.

From Father to Son (Classic Reprint) Mary S. Watts. 2017. (ENG., Illus.). (J). 30.46 (978-0-266-19641-9(1)) Forgotten Bks.

From Fear to Flying. Roger Burdette, Jr. 2022. (ENG.). 28p. (J). 18.99 (978-1-6629-2417-0(8)); pap. 11.99 (978-1-6629-2418-7(6)) Gatekeeper Pr.

From Field to Plate. Michael Bright. 2016. (Source to Resource Ser.). (ENG., Illus.). 32p. (J). (gr. 3-6). (978-0-7787-2705-7(X)) Crabtree Publishing Co.

From Fiji to the Cannibal Islands (Classic Reprint) Beatrice Grimshaw. 2018. (ENG., Illus.). 434p. (J). 32.85 (978-0-365-53500-3(1)) Forgotten Bks.

From Flag to Flag: A Woman's Adventures & Experiences in the South During the War, in Mexico, & in Cuba (Classic Reprint) Eliza McHatton-Ripley. (ENG., Illus.). (J). 2018. 306p. 30.21 (978-0-364-11128-4(3)); 2017. pap. 13.57 (978-0-259-49791-2(6)) Forgotten Bks.

From Floating Eggs to Coke Eruptions - Awesome Science Experiments for Kids Children's Science Experiment Books. Baby Professor. 2017. (ENG., Illus.). 64p. (J). pap. 9.52 (978-1-5419-1650-0(6), Baby Professor (Education Kids)) Speedy Publishing LLC.

From Flower to Fruit. Richard Konicek-Moran & Kathleen Konicek-Moran. 2017. (ENG., Illus.). 30p. (J). (gr. k-2). pap. 13.99 (978-1-941316-34-4(4), P527719) National Science Teachers Assn.

From Food to Movement: Transformations of Energy in Living & Nonliving Systems Grade 2 Children's Books on Science, Nature & How It Works. Baby Professor. 2022. (ENG.). 72p. (J). 31.99 (978-1-5419-8909-2(0)); pap. 19.99 (978-1-5419-8730-2(6)) Speedy Publishing LLC. (Baby Professor (Education Kids)).

From Fourteen to Fourscore (Classic Reprint) Susan W. Jewett. (ENG., Illus.). (J). 2018. 422p. 32.62 (978-0-364-93415-9(8)); 2017. pap. 16.57 (978-0-243-06203-4(6)) Forgotten Bks.

From Fox's Earth to Mountain Tarn: Days among the Wild Animals of Scotland (Classic Reprint) James Hunter Crawford. (ENG., Illus.). (J). 2018. 320p. 30.50 (978-0-267-59255-5(8)); 2016. pap. 13.57 (978-1-334-15455-3(4)) Forgotten Bks.

From Friend to Friend: With a Portrait (Classic Reprint) Ritchie Ritchie. 2018. (ENG., Illus.). 190p. (J). 27.84 (978-0-484-87067-2(X)) Forgotten Bks.

From Fugitive to Freedom: The Story of the Underground Railroad. Steven Otfinoski. 2017. (Tangled History Ser.). (ENG., Illus.). 112p. (J). (gr. 3-9). lib. bdg. 32.65 (978-1-5157-3604-2(0), 133594, Capstone Pr.) Capstone.

From Generation to Generation, Vol. 1 of 2 (Classic Reprint) Augusta Noel. (ENG., Illus.). (J). 2018. 296p. 30.02 (978-0-332-62169-2(3)); 2016. pap. 13.57 (978-1-333-63328-8(9)) Forgotten Bks.

From Generation to Generation, Vol. 2 of 2 (Classic Reprint) Augusta Noel. (ENG., Illus.). (J). 2018. 328p. 30.66 (978-0-483-13040-1(0)); 2016. pap. 13.57 (978-1-334-32903-6(6)) Forgotten Bks.

From Grandma with Love. Bella Neville Cruz et al. 2021. (ENG.). 22p. (J). (978-0-2288-5562-0(4)); pap. (978-0-2288-5561-3(6)) Tellwell Talent.

From Grandmas' Mouths to Babes. Millicent Simmons. 2021. (ENG.). 24p. (J). pap. 7.99 (978-1-956001-39-6(5)) Print & Media, Westpoint.

From Grapes to Jelly. Bridget Heos. Illus. by Stephanie Fizer Coleman. (Who Made My Lunch? Ser.). (ENG.). 24p. (J). 2018. (gr. k-3). pap. 10.99 (978-1-68152-147-3(4), 14769); 2017. (gr. 1-4). 20.95 (978-1-68151-122-1(3), 14650) Amicus.

From Grass to Bridge (Grade 3) Ben Nussbaum. rev. ed. 2018. (Smithsonian: Informational Text Ser.). (ENG., Illus.). 32p. (J). (gr. 3-4). pap. 11.99 (978-1-4938-6687-8(7)) Teacher Created Materials, Inc.

From Gray to Gold. Isabel Sinclair. 2017. (ENG., Illus.). (J). pap. (978-0-649-28425-2(9)) Trieste Publishing Pty Ltd.

From Hair to There. Cindy Lurie & Abigail Banks. 2021. (ENG.). 56p. (J). 19.99 (978-1-64949-274-6(X)) Elk Lake Publishing, Inc.

From Handypigs to Cerdipies. Francisco J. Arnaiz & Susana Arnaiz. 2020. (ENG.). 136p. (J). pap. (978-1-716-70540-3(1)) Lulu Pr., Inc.

From Hay-Time to Hopping (Classic Reprint) Coulton Coulton. (ENG., Illus.). (J). 2018. 296p. 30.02 (978-0-267-00439-3(7)); 2017. pap. 13.57 (978-0-243-97352-1(7)) Forgotten Bks.

From Head to Toe, God Made Me. Mikal Keefer. Illus. by David Harrington. 2017. (Best of Li'l Buddies Ser.). (ENG.). 16p. (J). bds. 6.99 (978-1-4707-4858-6(4)) Group Publishing, Inc.

From Head to Toe Padded Board Book. Eric Carle. Illus. by Eric Carle. 2018. (ENG., Illus.). 28p. (J). (gr. -1 — 1). bds. 9.99 (978-0-06-274766-2(5), HarperFestival) HarperCollins Pubs.

From Head to Toe/de la Cabeza a Los Pies Board Book: Bilingual English-Spanish. Eric Carle. Illus. by Eric Carle. 2020. (ENG., Illus.). 28p. (J). (gr. -1 — 1). bds. 9.99 (978-0-06-051315-3(2), HarperFestival) HarperCollins Pubs.

From Headquarters. James Albert Frye. 2017. (ENG.). 228p. (J). pap. (978-3-337-08015-0(4)) Creation Pubs.

From Headquarters: Odd Tales Picked up in the Volunteer Service (Classic Reprint) James Albert Frye. 2017. (ENG., Illus.). (J). 28.58 (978-0-266-19147-6(9)) Forgotten Bks.

From Heaven to Heaven. Karin Kirkendol. Illus. by Shaya Trinity & Hessler Julia. 2018. (ENG.). 32p. (J). (gr. k-6). pap. 14.99 (978-1-7325814-0-1(1)) Winfield Hse. Pr.

From Here. Luma Mufleh. 2023. (ENG.). 320p. (J). (gr. 7). 18.99 (978-0-593-35445-2(1), Nancy Paulsen Books) Penguin Young Readers Group.

From Here & There (Classic Reprint) J. Wight Giddings. 2018. (ENG., Illus.). 66p. (J). 25.28 (978-0-483-38387-6(2)) Forgotten Bks.

From Here to There. Sue Fliess. 2018. (2019 Av2 Fiction Ser.). (ENG.). 32p. (J). lib. bdg. 34.28 (978-1-4896-8265-9(1), AV2 by Weigl) Weigl Pubs., Inc.

From Here to There. Sue Fliess. Illus. by Christiane Engel. 2016. (ENG.). 32p. (J). (gr. -1-3). 16.99 (978-0-8075-2622-4(3), 807526223) Whitman, Albert & Co.

From Here to There - a Maps Coloring Book. Kreative Kids. 2016. (ENG., Illus.). (J). pap. 9.20 (978-1-68377-474-7(4)) Whike, Traudl.

From Here to There: a First Book of Maps. Vivian French. Illus. by Ya-Ling Huang. 2023. (ENG.). 32p. (J). (gr. -1-2). 17.99 (978-1-5362-2511-2(8)) Candlewick Pr.

From Here to There, from There to Here, Paths Are Everywhere! Mazes Book Age 6-8. Jupiter Kids. 2018. (ENG., Illus.). 106p. (J). pap. 12.55 (978-1-5419-3810-6(0), Jupiter Kids (Childrens & Kids Fiction)) Speedy Publishing LLC.

From Hero to Zero. James Patterson & Christopher Tebbetts. Illus. by Laura Park. 2017. 268p. (J). pap. (978-0-316-35756-2(1)) Little Brown & Co.

From Honey with Love: My Life As a Second-Chance Dog. Allen Paul. Illus. by Amira Kotze. 2022. 144p. (YA). (gr. 8-12). pap. 16.99 (978-1-5107-6856-7(4), Sky Pony Pr.) Skyhorse Publishing Co., Inc.

From Ibsen's Workshop, Vol. 1: Notes, Scenarios, & Drafts of the Modern Plays (Classic Reprint) Henrik Ibsen. 2017. (ENG., Illus.). (J). pap. 13.57 (978-0-243-98793-1(5)) Forgotten Bks.

From Ibsen's Workshop, Vol. 1: Notes, Scenarios, & Drafts of the Modern Plays (Classic Reprint) Henrik Ibsen. 2017. (ENG., Illus.). (J). 29.75 (978-0-331-67072-1(0)) Forgotten Bks.

From Ibsen's Workshop, Vol. 12: Notes, Scenarios, & Drafts of the Modern Plays (Classic Reprint) Henrik Ibsen. 2017. (ENG., Illus.). 976p. (J). 44.03 (978-0-266-21931-6(4)) Forgotten Bks.

From Ibsen's Workshop, Vol. 2: Notes, Scenarios, & Drafts of the Modern Plays (Classic Reprint) Henrik Ibsen. 2016. (ENG., Illus.). (J). pap. 13.57 (978-1-334-39676-2(0)) Forgotten Bks.

From Ibsen's Workshop, Vol. 2: Notes, Scenarios, & Drafts of the Modern Plays (Classic Reprint) Henrik Ibsen. 2017. (ENG., Illus.). (J). 29.67 (978-0-331-93740-4(9)) Forgotten Bks.

From Impressionism to Post-Impressionism - Art History Book for Children Children's Arts, Music & Photography Books. Baby Professor. 2017. (ENG., Illus.). (J). pap. 8.79 (978-1-5419-3866-3(6), Baby Professor (Education Kids)) Speedy Publishing LLC.

From India to the War Zone (Classic Reprint) Elbert Fisher. 2018. (ENG., Illus.). 56p. (J). 25.07 (978-0-267-47940-5(9)) Forgotten Bks.

From Infidelity to Christianity: Life Sketches of Willis M. Brown (Classic Reprint) Willis M. Brown. 2018. (ENG., Illus.). 382p. (J). 31.78 (978-0-428-19808-4(2)) Forgotten Bks.

From I's to We's: My Big Adventure. J. S. Philomath. Illus. by Christine Gurunlian. 2021. (ENG.). 36p. (J). (978-1-0391-0172-2(0)); pap. (978-1-0391-0171-5(2)) FriesenPress.

From Islam to Christian - Religious Festivals from Around the World - Religion for Kids Children's Religion Books. Baby Professor. 2017. (ENG., Illus.). 64p. (J). pap. 9.52 (978-1-5419-1672-2(7), Baby Professor (Education Kids)) Speedy Publishing LLC.

From Japan to the USA. Laura Fukushima. 2018. (ENG.). 26p. (J). (978-0-359-05115-1(4)) Lulu Pr., Inc.

From Jest to Earnest (Classic Reprint) E. P. Roe. 2018. (ENG., Illus.). 556p. (J). 35.38 (978-0-483-21950-2(9)) Forgotten Bks.

From Jungle to Java: The Trivial Impressions of a Short Excursion to Netherlands India (Classic Reprint) Arthur Keyser. (ENG., Illus.). (J). 2018. 138p. 26.74 (978-0-484-87513-4(2)); 2016. pap. 9.57 (978-1-334-24847-4(8)) Forgotten Bks.

From Killarney to New York: Or, How Thade Became a Banker (Classic Reprint) Mary Francis Clare. 2018. (ENG., Illus.). 112p. (J). 26.23 (978-0-484-03029-8(9)) Forgotten Bks.

From Kingdom to Colony (Classic Reprint) Mary Devereux. 2017. (ENG., Illus.). (J). 32.27 (978-0-331-90360-7(1)) Forgotten Bks.

From Lake to Lake, or a Trip Across Country: A Narrative of the Wilds of Maine (Classic Reprint) Charles A. J. Farrar. 2017. (ENG., Illus.). 228p. (J). 28.60 (978-0-484-12269-6(X)) Forgotten Bks.

From Lake to Lake; or, a Trip Across Country; a Narrative of the Wilds of Maine. Charles A. J. Farrar. 2017. (ENG., Illus.). (J). pap. (978-0-649-04942-4(X)) Trieste Publishing Pty Ltd.

From Land's End to John-O'-Groats: Being an Account of His Record Walk, in Which He Accomplished 9081/2 Miles in 16 Days, 21 Hours, & 33 Minutes (Classic Reprint) George H. Allen. 2017. (ENG., Illus.). (J). 26.14 (978-1-5279-4673-6(8)) Forgotten Bks.

From Lands of Exile (Classic Reprint) Pierre Loti. 2017. (ENG., Illus.). (J). 30.85 (978-1-5279-6835-6(9)) Forgotten Bks.

From Leeches to Slug Glue. Roopa Pai. 2019. (ENG.). 304p. (J). pap. 9.99 (978-0-14-344587-6(1), Puffin) Penguin Bks. India PVT, Ltd IND. Dist: Independent Pubs. Group.

From Lehi to Moroni: Illustrated Stories from the Book of Mormon. R. Coltrane. 2018. (ENG., Illus.). 128p. (J). 23.99 (978-1-4621-2264-6(7)) Cedar Fort, Inc./CFI Distribution.

From Letters to Words - Printing Practice Workbook - Writing Books for Kindergarten Children's Reading & Writing Books. Baby Professor. 2017. (ENG., Illus.). (J). pap. 9.55 (978-1-5419-2831-2(8), Baby Professor (Education Kids)) Speedy Publishing LLC.

From Little Tokyo, with Love. Sarah Kuhn. 2022. 432p. (YA). (978-0-593-40308-2(8), Viking Adult) Penguin Publishing Group.

From Loneland to London In 1894: With Notes by the Way (Classic Reprint) Harshaw Common. (ENG., Illus.). (J). 2018. 100p. 25.96 (978-0-483-62999-8(5)); 2017. pap. 9.57 (978-0-243-30576-6(1)) Forgotten Bks.

From Madge to Margaret (Classic Reprint) Carroll Winchester. 2018. (ENG., Illus.). 306p. (J). 30.21 (978-0-267-22082-3(0)) Forgotten Bks.

From Many Lands: A Third Reader (Classic Reprint) Florence Holbrook. (ENG., Illus.). (J). 2018. 294p. 29.96 (978-0-365-49153-8(5)); 2017. pap. 13.57 (978-1-5276-3880-8(4)) Forgotten Bks.

From Me to You. Anthony Bertini. Illus. by Jonathan Bentley. 2019. (ENG.). 32p. (J). 12.99 (978-1-61067-903-9(2)) Kane Miller.

From Memory's Shrine: The Reminiscences of Carmen Sylva (H. M. Queen Elisabeth of Roumania) (Classic Reprint) Carmen Sylva. 2018. (ENG., Illus.). 288p. (J). 29.86 (978-0-484-43631-1(7)) Forgotten Bks.

From Mercury to Planet Nine: The Planets in Our Solar System Coloring Book. Bobo's Children Activity Books. 2016. (ENG., Illus.). (J). pap. 9.33 (978-1-68327-463-6(6)) Sunshine In My Soul Publishing.

From Mess to Best. Judy Kiel McKain. (ENG., Illus.). 46p. (J). 2019. 23.99 (978-1-951263-39-3(1)); 2018. pap. 12.99 (978-1-948390-16-3(7)) Pen It Pubns.

From Metal to Bicycles. Cari Meister. Illus. by Albert Pinilla. 2019. (Who Made My Stuff? Ser.). (ENG.). 24p. (J). (gr. 1-4). lib. bdg. (978-1-68151-695-0(0), 10847) Amicus.

From Midnight to Midnight: A Story. Mortimer Collins. 2017. (ENG., Illus.). (J). pap. (978-0-649-73607-2(9)) Trieste Publishing Pty Ltd.

From Midnight to Midnight: A Story (Classic Reprint) Mortimer Collins. (ENG., Illus.). (J). 2018. 274p. 29.57 (978-0-332-20620-2(3)); 2017. pap. 11.97 (978-0-259-00965-8(2)) Forgotten Bks.

From Mild to Wild, Dinosaurs for Kids - Dinosaur Book for 6-Year-Old Children's Dinosaur Books. Baby Professor. 2017. (ENG., Illus.). 64p. (J). pap. 9.52 (978-1-5419-1636-4(0), Baby Professor (Education Kids)) Speedy Publishing LLC.

From Mild to Wild Pretty Birds All in One Sky Coloring for Kids. Educando Kids. 2019. (ENG.). 42p. (J). pap. 6.99 (978-1-64521-109-9(6), Educando Kids) Editorial Imagen.

From Milk to Cheese. Bridget Heos. Illus. by Stephanie Fizer Coleman. (Who Made My Lunch? Ser.). (ENG.). 24p. (J). 2018. (gr. k-3). pap. 10.99 (978-1-68152-144-2(X), 14770); 2017. (gr. 1-4). 20.95 (978-1-68151-119-1(3), 14651) Amicus.

From Milk to Ice Cream. Bridget Heos. 2018. (Who Made My Lunch? Ser.). (ENG., Illus.). 24p. (J). (gr. k-3). pap. 10.99 (978-1-68152-146-6(6), 14771) Amicus.

From Milk to Ice Cream. Bridget Heos. Illus. by Stephanie Fizer Coleman. 2017. (Who Made My Lunch? Ser.). (ENG.). 24p. (J). (gr. 1-4). 20.95 (978-1-68151-121-4(5), 14652) Amicus.

From Monocacy to Danville: A Trip with the Confederates (Classic Reprint) Alfred S. Roe. 2018. (ENG., Illus.). 44p. (J). 24.82 (978-0-267-24321-1(9)) Forgotten Bks.

From Moor Isles, Vol. 1: A Love Story (Classic Reprint) Jessie Fothergill. 2018. (ENG., Illus.). 458p. (J). 33.38 (978-0-428-99080-0(0)) Forgotten Bks.

From Moor Isles, Vol. 1 Of 3: A Love Story (Classic Reprint) Jessie Fothergill. 2018. (ENG., Illus.). 308p. (J). 30.27 (978-0-484-05310-5(8)) Forgotten Bks.

From Moor Isles, Vol. 2 Of 3: A Love Story (Classic Reprint) Jessie Fothergill. (ENG., Illus.). (J). 2018. 298p. 30.04 (978-0-267-54702-9(1)); 2016. pap. 13.57 (978-1-333-49384-4(3)) Forgotten Bks.

From Moor Isles, Vol. 3 Of 3: A Love Story (Classic Reprint) Jessie Fothergill. 2018. (ENG., Illus.). 352p. (J). 31.16 (978-0-483-67514-8(8)) Forgotten Bks.

From Morn to Midnight: A Play in Seven Scenes (Classic Reprint) Georg Kaiser. (ENG., Illus.). (J). 2018. 184p. 27.69 (978-0-656-40954-9(1)); 2017. pap. 10.57 (978-0-259-75080-2(8)) Forgotten Bks.

From Morning till Night (Classic Reprint) Werrett Wallace Charters. (ENG., Illus.). (J). 2018. 162p. 27.26 (978-0-364-41033-2(7)); 2017. pap. 9.97 (978-0-259-85991-8(5)) Forgotten Bks.

From Mother to Mother. Émilie Vast. Illus. by Émilie Vast. 2018. (ENG., Illus.). 14p. (J). (— 1). bds. 7.99 (978-1-58089-813-3(0)) Charlesbridge Publishing, Inc.

From Mud to Mufti (Classic Reprint) Bruce Bairnsfather. 2018. (ENG., Illus.). (J). 30.91 (978-0-260-61986-0(8)) Forgotten Bks.

From My Ashes. Lynn Cook. Ed. by Greg Froese & Jason Kohls. 2021. (ENG.). 87p. (YA). pap. (978-1-716-22916-9(2)) Lulu Pr., Inc.

From My Eyes. Veronica Halfen. Illus. by Veronica Halfen. 2019. (ENG., Illus.). 20p. (J). (gr. 3-6). pap. 9.99 (978-0-578-46950-8(2)) SDH Studio, LLC.

From My Head to My Toes I Say What Goes. Charlotte Barkla. Illus. by Jacqui Lee. 2023. (ENG.). 32p. (J). (gr. -1-4). 18.99 (978-1-76050-814-2(4)) Hardie Grant Bks. AUS. Dist: Hachette Bk. Group.

From My Quebec Scrap-Book (Classic Reprint) George Moore Fairchild Jr. 2018. (ENG., Illus.). (J). 428p. 32.72 (978-1-396-71106-0(6)); 430p. pap. 16.57 (978-1-391-61103-7(9)) Forgotten Bks.

From My Town - Chippenham. Chris Dallimore. 2019. (ENG.). 16p. (J). pap. 8.36 (978-0-244-76008-3(X)) Lulu Pr., Inc.

From My Window. Otávio Júnior. Illus. by Vanina Starkoff. 2020. (ENG.). 40p. (J). (gr. k-5). 17.99 (978-1-78285-977-2(2)); pap. 9.99 (978-1-78285-978-9(0)) Barefoot Bks., Inc.

From My Window: Children at Home During COVID 19. Ed. by United Nations. 2020. (ENG., Illus.). 32p. (J). (gr. -1-5). pap. 10.00 (978-92-1-101428-0(X)) United Nations Fund for Population Activities.

From My Window I See... the City. Barbara Cavanagh. 2023. (ENG.). 38p. (J). 17.95 (978-1-64307-198-5(X), Mascot Kids) Amplify Publishing Group.

From My Youth up (Classic Reprint) Marion Harland. 2018. (ENG., Illus.). 398p. (J). 32.13 (978-0-483-95067-2(X)) Forgotten Bks.

From Nerd to Ninja! (Ninja Kid #1) Anh Do. 2021. (ENG.). 192p. (J). (gr. 2-5). pap. 6.99 (978-1-338-30579-1(4), Scholastic Paperbacks) Scholastic, Inc.

From New Amsterdam to New York: Dutch Settlement of America, 1 vol. Kate Shoup. 2017. (Primary Sources of Colonial America Ser.). (ENG.). 64p. (gr. 6-6). 35.93 (978-1-5026-3136-7(9), 519b4b31-6af0-4f2e-996c-352933d1b1b9); pap. 16.28 (978-1-5026-3458-0(9), dd842f9b-a997-4986-a7bf-b102d7428422) Cavendish Square Publishing LLC.

From New York to Alaska, & Back Again (Classic Reprint) Archibald E. Stevenson. 2018. (ENG., Illus.). 50p. (J). 24.93 (978-0-267-50926-3(X)) Forgotten Bks.

From New York to la Coloring Book. Jupiter Kids. 2017. (ENG., Illus.). (J). pap. 9.20 (978-1-68326-318-0(9), Jupiter Kids (Childrens & Kids Fiction)) Speedy Publishing LLC.

From Nomads to City Builders: History of the Aztec People Grade 4 Children's Ancient History. Baby Professor. 2020. (ENG.). 72p. (J). 24.99 (978-1-5419-7951-2(6)); pap. 14.99 (978-1-5419-5359-8(2)) Speedy Publishing LLC. (Baby Professor (Education Kids)).

From North Carolina to Southern California Without a Ticket, & How I Did It: Giving My Exciting Experiences As a Hobo (Classic Reprint) John Peele. 2018. (ENG., Illus.). 142p. (J). 26.83 (978-0-267-52125-8(1)) Forgotten Bks.

From North Pole to Equator: Studies of Wild Life & Scenes in Many Lands (Classic Reprint) Alfred Edmund Brehm. 2018. (ENG., Illus.). 600p. (J). 36.27 (978-0-483-39439-1(4)) Forgotten Bks.

716

The check digit for ISBN-10 appears in parentheses after the full ISBN-13

From Nowhere to the North Pole: A Noah's Ark-Aeological Narrative (Classic Reprint) Tom Hood. 2018. (ENG., Illus.). (J). 29.30 *(978-0-265-99524-2(8))* Forgotten Bks.

From Nylon to Backpacks. Cari Meister. Illus. by Albert Pinilla. 2019. (Who Made My Stuff? Ser.). (ENG.). 24p. (J). (gr. 1-4). *(978-1-68151-696-7(9)*, 10848) Amicus.

From Oil Rig to Gas Pump. Michael Bright. 2016. (Source to Resource Ser.). (ENG., Illus.). 32p. (J). (gr. 3-6). *(978-0-7787-2706-4(8))* Crabtree Publishing Co.

From Olivet to Patmos: The First Christian Century in Picture & Story (Classic Reprint) Louise Seymour Houghton. (ENG., Illus.). (J). 2018. 264p. 29.34 *(978-0-365-05223-4(X))*; 2017. pap. 11.97 *(978-0-259-17299-4(5))* Forgotten Bks.

From One Question to More: Lessons from Experiments with Unexpected Results Grade 5 Scientific Method Book for Kids Children's Science Experiment Books. Baby Professor. 2022. (ENG.). 72p. (J). 31.99 ***(978-1-5419-8621-3(0))***; pap. 19.99 ***(978-1-5419-8111-9(1))*** Speedy Publishing LLC. (Baby Professor (Education Kids)).

From One to Ten. Mies van Hout. Illus. by Mies van Hout. 2020. (ENG., Illus.). 26p. (J). (gr. -1 — 1). bds. 11.95 *(978-1-77278-140-3(1))* Pajama Pr. CAN. Dist: Publishers Group West (PGW).

From One Wheel to Ten Coloring Book of Vehicles. Educando Kids. 2019. (ENG.). 42p. (J). pap. 6.99 *(978-1-64521-103-7(7)*, Educando Kids) Editorial Imagen.

From Out of the Past: The Story of a Meeting in Touraine. Emily Howland Hoppin. 2017. (ENG., Illus.). (J). pap. *(978-0-649-58971-5(8))* Trieste Publishing Pty Ltd.

From Out of the Past: The Story of a Meeting in Touraine (Classic Reprint) Emily Howland Hoppin. (ENG., Illus.). (J). 2018. 242p. 28.89 *(978-0-365-15909-4(3))*; 2017. pap. 11.57 *(978-1-5276-5397-9(8))* Forgotten Bks.

From Out of the Shadows. A. G. V. McPherson. 2020. (Aeternium Cycle Ser.). (ENG.). 348p. (YA). *(978-1-5255-6703-2(9))*; pap. *(978-1-5255-6704-9(7))* FriesenPress.

From Out of the West (Classic Reprint) Henrietta R. Hinckley. 2017. (ENG., Illus.). (J). 28.85 *(978-1-5284-9038-2(X))* Forgotten Bks.

From Out the Vasty Deep. Belloc Lowndes. 2017. (ENG., Illus.). (J). pap. *(978-0-649-58972-2(6))* Trieste Publishing Pty Ltd.

From Out the Vasty Deep (Classic Reprint) Belloc Lowndes. 2018. (ENG., Illus.). 286p. (J). 29.80 *(978-0-365-45421-2(4))* Forgotten Bks.

From Pain to Purpose: The Journey Continues. Ren Roberts. 2020. (ENG.). 40p. (YA). pap. 11.95 *(978-1-0980-5709-1(0))* Christian Faith Publishing.

From Paleolith to Motor Car, or Heacham Tales (Classic Reprint) Harry Lowerison. 2017. (ENG., Illus.). (J). 29.16 *(978-0-331-65211-6(0))*; pap. 11.57 *(978-0-243-96254-9(1))* Forgotten Bks.

From Palm to Glacier, with an Interlude: Brazil, Bermuda, & Alaska (Classic Reprint) Alice W. Rollins. 2018. (ENG., Illus.). 184p. (J). 27.71 *(978-0-666-29528-6(X))* Forgotten Bks.

From Peanuts to Peanut Butter. Bridget Heos. 2018. (Who Made My Lunch? Ser.). (ENG., Illus.). 24p. (J). (gr. k-3). pap. 10.99 *(978-1-68152-148-0(2)*, 14772) Amicus.

From Peanuts to Peanut Butter. Bridget Heos. Illus. by Stephanie Fizer Coleman. 2017. (Who Made My Lunch? Ser.). (ENG.). 24p. (J). (gr. 1-4). 20.95 *(978-1-68151-123-8(1)*, 14653) Amicus.

From Percy Jackson: Camp Half-Blood Confidential-An Official Rick Riordan Companion Book: Your Real Guide to the Demigod Training Camp. Rick Riordan. 2017. (Trials of Apollo Ser.). (ENG., Illus.). 192p. (J). (gr. 3-7). 12.99 *(978-1-4847-8555-3(X)*, Disney-Hyperion) Disney Publishing Worldwide.

From Persian Uplands (Classic Reprint) F. Hale. 2018. (ENG., Illus.). 260p. (J). 29.26 *(978-0-267-63584-9(2))* Forgotten Bks.

From Pillar to Post: A Novel (Classic Reprint) Unknown Author. (ENG., Illus.). (J). 2018. 344p. 30.99 *(978-0-332-44975-3(0))*; 2016. pap. 13.57 *(978-1-334-31749-1(6))* Forgotten Bks.

From Pillar to Post: Leaves from a Lecturer's Note-Book (Classic Reprint) John Kendrick Bangs. 2018. (ENG., Illus.). 354p. (J). 31.20 *(978-0-332-88844-6(4))* Forgotten Bks.

From Pit to Palace: A Romantic Autobiography (Classic Reprint) James Joseph Lawler. 2017. (ENG., Illus.). (J). 30.39 *(978-0-265-66986-0(3))*; pap. 13.57 *(978-1-5276-4141-9(4))* Forgotten Bks.

From Pithole to California: The Most Completed Book Ever Offered to the Oil Workers, It Contains Oil Poems & Oil Jokes, Conundrums, Short Sketches, etc (Classic Reprint) Smith Dalrymple. 2018. (ENG., Illus.). 100p. (J). 26.00 *(978-0-483-43426-4(4))* Forgotten Bks.

From Place to Place (Classic Reprint) Irvin S. Cobb. 2018. (ENG., Illus.). 418p. (J). 32.52 *(978-0-483-45173-5(8))* Forgotten Bks.

From Planning to Experimenting: The Scientific Investigation General Science Grades 5 Children's Science Experiment Books. Baby Professor. 2022. (ENG.). 72p. (J). 31.99 ***(978-1-5419-8655-8(5))***; pap. 19.99 ***(978-1-5419-8108-9(1))*** Speedy Publishing LLC. (Baby Professor (Education Kids)).

From Plastic Bottles to Clothes: Leveled Reader Gold Level 22. Rg Rg. 2016. (PM Ser.). (ENG.). 24p. (J). (gr. 2-3). pap. 11.00 *(978-0-544-89245-3(3))* Rigby Education.

From Plotzk to Boston (Classic Reprint) Mary Antin. 2017. (ENG., Illus.). (J). 25.59 *(978-0-265-74436-9(9))* Forgotten Bks.

From Points to Pictures! Connect the Dots Activity Book. Activibooks For Kids. 2016. (ENG., Illus.). (J). pap. 7.55 *(978-1-68321-518-9(4))* Mimaxion.

From Ponkapog to Pesth (Classic Reprint) Thomas Bailey Aldrich. (ENG., Illus.). (J). 2017. 29.61 *(978-0-265-40599-4(8))*; 2017. 29.69 *(978-0-266-17373-1(X))*; 2016. pap. 11.97 *(978-1-333-44276-7(9))* Forgotten Bks.

From Poppy Seed to Me. Julie Larrick. 2020. (ENG.). 32p. (J). 20.00 *(978-1-6629-0357-1(X))* Gatekeeper Pr.

From Post to Finis, Vol. 3 Of 3: A Novel (Classic Reprint) Hawley Smart. (ENG., Illus.). (J). 2018. 294p. 29.96 *(978-0-483-41645-1(2))*; 2016. pap. 13.57 *(978-1-333-29701-5(7))* Forgotten Bks.

From Post to Finish, Vol. 1 Of 3: A Novel (Classic Reprint) Hawley Smart. (ENG., Illus.). (J). 2018. 286p. 29.82 *(978-0-332-34637-3(4))*; 2016. pap. 13.57 *(978-1-333-69177-6(7))* Forgotten Bks.

From Post to Finish, Vol. 2 Of 3: A Novel (Classic Reprint) Hawley Smart. 2018. (ENG., Illus.). 286p. (J). 29.80 *(978-0-484-03122-6(8))* Forgotten Bks.

From Poverty to Prison to Prosperity: The Autobiographical Journey of Sean Ingram. Sean Ingram. 2017. (ENG., Illus.). (YA). (gr. 7-12). pap. 20.00 *(978-0-9749049-6-2(1))* Ingram, Sean Inc.

From Poverty to Prosperity: Poems of Hope & Resilience. Marlon McIntyre. 2023. (ENG.). 96p. (YA). pap. ***(978-1-915161-41-3(X))*** Tamarind Hill Pr.

From Prejudice to Pride: a History of LGBTQ+ Movement. Amy Lamé. 2022. (ENG., Illus.). 120p. (J). (gr. 6-17). pap. 15.99 *(978-1-5263-0191-8(1)*, Wayland) Hachette Children's Group GBR. Dist: Hachette Bk. Group.

From Priests to Untouchables Understanding the Caste System Civilizations of India Social Studies 6th Grade Children's Geography & Cultures Books. Baby Professor. 2020. (ENG.). 72p. (J). 24.99 *(978-1-5419-7634-4(7))*; pap. 14.99 *(978-1-5419-5013-9(5))* Speedy Publishing LLC. (Baby Professor (Education Kids)).

From Public to Private Transportation Coloring Book. Bobo's Children Activity Books. 2016. (ENG., Illus.). (J). pap. 9.33 *(978-1-68327-464-3(4))* Sunshine In My Soul Publishing.

From Pup to Shark. Camilla de la Bedoyere. 2020. (Life Cycles Ser.). (ENG., Illus.). 24p. (J). (gr. -1-1). 26.65 *(978-0-7112-4363-7(8)*, 30e07de4-e4e6-41fc-a809-996491126b46) QEB Publishing Inc.

From Puppy to Dog. Camilla de la Bedoyere. 2020. (Life Cycles Ser.). (ENG., Illus.). 24p. (J). (gr. -1-1). 26.65 *(978-0-7112-4366-8(2)*, 4f7095a0-7f2b-405e-a1ab-db0c9e46083b) QEB Publishing Inc.

From Rags to Bags Gold Band. Anita Ganeri. ed. 2016. (Cambridge Reading Adventures Ser.). (ENG., Illus.). 16p. pap. 7.95 *(978-1-316-50086-6(1))* Cambridge Univ. Pr.

From Rags to Riches: A Fairies Coloring Book. Activibooks For Kids. 2016. (ENG., Illus.). (J). pap. 9.20 *(978-1-68321-697-1(0))* Mimaxion.

From Rags to Riches: The Oprah Winfrey Story - Celebrity Biography Books Children's Biography Books. Baby Professor. 2017. (ENG., Illus.). (J). pap. 8.79 *(978-1-5419-1408-7(2)*, Baby Professor (Education Kids)) Speedy Publishing LLC.

From Raindrop to Tap. Michael Bright. 2016. (Source to Resource Ser.). (ENG., Illus.). 32p. (J). (gr. 3-6). *(978-0-7787-2708-8(4))* Crabtree Publishing Co.

From Riches to Rags. Jaclyn Howell. 2017. (ENG., Illus.). 78p. (J). pap. 14.95 *(978-1-64079-040-7(3))* Christian Faith Publishing.

From River to Raindrop: The Water Cycle. Emma Carlson-Berne. 2017. (Start to Finish, Second Ser.). (ENG., Illus.). 24p. (J). (gr. k-3). 23.99 *(978-1-5124-3442-2(6)*, 4901946c-a454-473c-b27e-1314009e947f, Lerner Pubns.); pap. 7.99 *(978-1-5124-5623-3(3)*, 8428878e-bfdd-49d3-9017-abee0a4a0a88) Lerner Publishing Group.

From Roots to Bloom: Plants Have a Purpose. Margaret Williamson. 2023. (Decodables - Discover Plants & Animals Ser.). (ENG.). 24p. (J). (gr. 2-3). 27.93 ***(978-1-68450-687-3(5))***; pap. 11.93 ***(978-1-68404-903-5(2))*** Norwood Hse. Pr.

From Sand Hill to Pine: A Tourist from Injianny (Classic Reprint) Bret Harte. 2019. (ENG., Illus.). (J). 358p. 31.30 *(978-1-396-82077-9(9))*; 360p. pap. 13.97 *(978-1-396-82060-1(4))* Forgotten Bks.

From Sand-Hill to Pine (Classic Reprint) Bret Harte. 2018. (ENG., Illus.). 282p. (J). 29.71 *(978-0-365-24989-4(0))* Forgotten Bks.

From Saranac to the Marquesas & Beyond: Being Letters Written by Mrs. M. I. Stevenson During 1887-88, to Her Sister, Jane Whyte Balfour, with a Short Introduction by George W. Balfour, M. D. , LL. D. , F. R. S. e (Classic Reprint) Marie Clothilde Balfour. 2017. (ENG., Illus.). 398p. (J). 32.13 *(978-0-332-36095-9(4))* Forgotten Bks.

From Saranac to the Marquesas & Beyond: Being Letters Written by Mrs. M. I. Stevenson During 1887-88, to Her Sister, Jane Whyte Balfour, with a Short Introduction (Classic Reprint) Marie Clothilde Balfour. 2017. (ENG., Illus.). (J). 388p. 31.92 *(978-0-332-37241-9(3))*; pap. 16.57 *(978-0-282-23552-9(3))* Forgotten Bks.

From Sawdust to Windsor Castle (Classic Reprint) Whimsical Walker. (ENG., Illus.). (J). 2017. 30.19 *(978-0-331-74613-6(1))*; 2016. pap. 13.57 *(978-1-334-15434-8(1))* Forgotten Bks.

From School to Battlefield: A Story of the War Days (Classic Reprint) Charles King. 2017. (ENG., Illus.). (J). 30.79 *(978-0-266-16793-8(4))* Forgotten Bks.

From School to Stage (Classic Reprint) Phyllis Dare. (ENG., Illus.). (J). 2018. 182p. 27.65 *(978-0-365-03577-0(7))*; 2017. pap. 10.57 *(978-0-259-53149-4(9))* Forgotten Bks.

From Sea to Sea. Rudyard Kipling. 2017. (ENG.). (J). 416p. pap. *(978-3-337-13727-4(X))*; 478p. pap. *(978-3-337-13725-0(3))*; 414p. pap. *(978-3-7447-6469-8(9))* Creation Pubs.

From Sea to Sea, Level E. Incl. Headway: Level E from Sea to Sea. *(978-0-89688-457-1(0)*, 88-457); Level E. pap., wbk. ed. *(978-0-89688-463-2(5)*, 88-463); Level E. suppl. ed. Level E. suppl. ed. Level E. suppl. ed. *(978-0-89688-469-4(4)*, 88-469); Level E. suppl. ed. (J). (gr. 2-3). *(978-0-89688-452-6(X)*, 88-452) Open Court Publishing Co.

From Sea to Sea: Letters of Marque (Classic Reprint) Rudyard Kipling. 2017. (ENG., Illus.). (J). 28.17 *(978-0-265-97652-4(9))*; pap. 10.57 *(978-1-5285-0067-8(9))* Forgotten Bks.

From Sea to Sea: Letters of Travel. Rudyard Kipling. 2017. (ENG.). 414p. (J). pap. *(978-3-7447-1850-9(6))* Creation Pubs.

From Sea to Sea: Letters of Travel (Classic Reprint) Rudyard Kipling. 2017. (ENG., Illus.). (J). 40.03 *(978-1-5279-5432-8(3))* Forgotten Bks.

From Sea to Sea: Letters of Travels (World Classics, Unabridged) Rudyard Kipling. 2018. (ENG., Illus.). 410p. (J). pap. *(978-93-86686-13-8(9))* Alpha Editions.

From Sea to Sea & Other Sketches, Letters of Travel, Vol. 3 of 4 (Classic Reprint) Rudyard Kipling. 2018. (ENG., Illus.). 294p. (J). 30.04 *(978-0-484-65355-8(5))* Forgotten Bks.

From Sea to Sea, Vol. 2: And Other Sketches, Letter of Travel (Classic Reprint) Rudyard Kipling. 2018. (ENG., Illus.). 576p. (J). 35.80 *(978-0-656-89692-9(2))* Forgotten Bks.

From Sea to Sea, Vol. 2 Of 4: And Other Sketches, Letters of Travel (Classic Reprint) Rudyard Kipling. 2018. (ENG., Illus.). 314p. (J). 30.37 *(978-0-484-69752-1(8))* Forgotten Bks.

From Seed to Cactus. Lisa Owings. 2017. (Start to Finish, Second Ser.). (ENG., Illus.). 24p. (J). (gr. k-3). 23.99 *(978-1-5124-3445-3(0)*, a0bd8a3b-1588-4365-a131-33b2f020a5a6, Lerner Pubns.); pap. 7.99 *(978-1-5124-5624-0(1)*, 9f9fec78-8d49-4b40-94fb-b5626cf58d9e) Lerner Publishing Group.

From Seed to Cattail. Lisa Owings. 2017. (Start to Finish, Second Ser.). (ENG., Illus.). 24p. (J). (gr. k-3). 23.99 *(978-1-5124-3443-9(4)*, 7a219c0f-636b-4d67-80bf-904aa076eafd, Lerner Pubns.) Lerner Publishing Group.

From Seed to Harvest - Children's Agriculture Books. Baby Professor. 2017. (ENG., Illus.). (J). pap. 7.89 *(978-1-68368-049-9(9)*, Baby Professor (Education Kids)) Speedy Publishing LLC.

From Seed to Pumpkin. Crystal Sikkens. 2019. (Full STEAM Ahead! - Science Starters Ser.). (Illus.). 24p. (J). (gr. 1-1). pap. *(978-0-7787-6236-2(X))* Crabtree Publishing Co.

From Seed to Seed: The Mighty Oak Tree. Margaret Williamson. 2023. (Decodables - Discover Plants & Animals Ser.). (ENG.). 24p. (J). (gr. 2-3). 27.93 ***(978-1-68450-690-3(5))***; pap. 11.93 ***(978-1-68404-900-4(8))*** Norwood Hse. Pr.

From Seven to Seventy: Memoires of a Painter & a Yankee (Classic Reprint) Edward Simmons. 2017. (ENG., Illus.). (J). 31.90 *(978-1-5282-6299-6(9))* Forgotten Bks.

From Shadow to Sunlight (Classic Reprint) Marquis Of Lorne. 2018. (ENG., Illus.). 164p. (J). 27.28 *(978-0-483-39218-2(9))* Forgotten Bks.

From Shore to Ocean Floor: the Human Journey to the Deep. Gill Arbuthnott. Illus. by Christopher Nielsen. 2023. (ENG.). 80p. (J). (gr. 3-7). 24.99 *(978-1-5362-2974-5(1)*, Big Picture Press) Candlewick Pr.

From Shore to Shore: A Journey of Nineteen Years (Classic Reprint) Agnes Elizabeth Claflin. 2017. (ENG., Illus.). (J). 394p. 32.04 *(978-0-332-99475-8(9))*; pap. 16.57 *(978-0-259-19700-3(9))* Forgotten Bks.

From Side Streets & Boulevards: A Collection of Chicago Stories (Classic Reprint) Unknown Author. 2018. (ENG., Illus.). 356p. (J). 31.24 *(978-0-483-55761-1(7))* Forgotten Bks.

From Sketch-Book & Diary (Classic Reprint) Elizabeth Butler. (ENG., Illus.). (J). 2018. 298p. 30.06 *(978-0-364-07488-6(4))*; 2016. pap. 13.57 *(978-1-334-14636-7(5))* Forgotten Bks.

From Slavery to Citizenship: And, from the Cotton Fields to Grasshopper Plains (Classic Reprint) C. S. Smith. (ENG., Illus.). (J). 2018. 28p. 24.47 *(978-0-267-34850-3(9))*; 2016. pap. 7.97 *(978-1-333-71983-8(3))* Forgotten Bks.

From Slavery to Wealth: The Life of Scott Bond, the Rewards of Honesty, Industry, Economy & Perseverance (Classic Reprint) Daniel A. Rudd. (ENG., Illus.). (J). 2017. 32.50 *(978-0-331-54982-9(4))*; 2016. pap. 16.57 *(978-1-333-50838-8(7))* Forgotten Bks.

From Slaves to Liberators: Stories of Women Who Fought for Freedom - Biography 5th Grade Children's Biography Books. Baby Professor. 2017. (ENG., Illus.). 64p. (J). pap. 9.52 *(978-1-5419-1536-7(4)*, Baby Professor (Education Kids)) Speedy Publishing LLC.

From Slaves to Soldiers, 1 vol. Ed. by Joanne Randolph. 2018. (Civil War & Reconstruction: Rebellion & Rebuilding Ser.). (ENG.). 32p. (gr. 4-5). 27.93 *(978-1-5383-4089-9(5)*, 670f1e41-6618-4ada-9e9e-4699604c1f33, PowerKids Pr.) Rosen Publishing Group, Inc., The.

From Snowdon to the Sea: Stirring Stories of North & South Wales (Classic Reprint) Marie Trevelyan. (ENG., Illus.). (J). 2017. 33.10 *(978-0-260-99932-0(6))*; 2016. pap. 16.57 *(978-1-334-28718-3(X))* Forgotten Bks.

From Soil to Garden. Mari Schuh. 2016. (Start to Finish, Second Ser.). (ENG., Illus.). 24p. (J). (gr. k-3). 23.99 *(978-1-5124-0946-8(4)*, 92e0eee1-8e3a-4a25-a6df-50944ebc07b7, Lerner Pubns.) Lerner Publishing Group.

From Specks to Spectacular Pictures! Connect the Dots Activity Book. Activibooks For Kids. 2016. (ENG., Illus.). (J). pap. 7.55 *(978-1-68321-519-6(2))* Mimaxion.

From Spore to Mushroom. Lisa Owings. 2017. (Start to Finish, Second Ser.). (ENG., Illus.). 24p. (J). (gr. k-3). 23.99 *(978-1-5124-3441-5(8)*, 267d55a1-ec64-4a08-bf88-1b8517a37132, Lerner Pubns.); pap. 7.99 *(978-1-5124-5626-4(8)*, 4db889d2-32ec-45a3-85cf-11bc6b52b2ab) Lerner Publishing Group.

From Spring to Fall: Or When Life Stirs (Classic Reprint) J. A. Owen. 2017. (ENG., Illus.). 288p. (J). 29.84 *(978-0-484-04438-7(9))* Forgotten Bks.

From Stars to Stable: Includes Interactive Talking Points with Children. Lisa Saunders & Penny Weber. 2018. (ENG., Illus.). 32p. (J). 28.00 *(978-1-5456-5105-6(1))*; pap. 18.99 *(978-1-5456-4985-5(5))* Salem Author Services. (Mill City Press, Inc).

From Stone to Boulder. W. R. Land. 2016. (ENG., Illus.). 304p. (J). pap. *(978-1-326-52362-6(7))* Lulu Pr., Inc.

From Storm & Shadow. Rachel Morgan. 2022. (Stormfae Ser.: Vol. 1). (ENG.). 416p. (YA). *(978-1-998988-00-6(7))*; pap. *(978-1-928510-49-9(3))* Morgan, Rachel.

From Street Block to Cell Block: The Choice Is Yours. Michael Mason. 2019. (ENG.). 94p. (YA). pap. 9.99 ***(978-0-578-50561-9(4))*** Keaira.

From Striving to Thriving Writers. Stephanie Harvey et al. 2018. (ENG.). 272p. (J). (gr. k-8). pap. 38.99 *(978-1-338-32168-5(4))* Scholastic, Inc.

From Studio to Stage: Reminiscences of Weedon Grossmith, Written by Himself (Classic Reprint) Weedon Grossmith. 2017. (ENG., Illus.). 442p. (J). 33.03 *(978-0-484-11603-9(7))* Forgotten Bks.

From Summer Land to Summer. J. Harris Knowles. 2017. (ENG.). 208p. (J). pap. *(978-3-7447-5687-7(4))* Creation Pubs.

From Summer Land to Summer: A Journey from Thomasville, Georgia, to New York, During April & May, 1899 (Classic Reprint) J. Harris Knowles. (ENG., Illus.). (J). 2018. 220p. 28.43 *(978-0-666-08187-2(5))*; 2016. pap. 10.97 *(978-1-333-14579-8(9))* Forgotten Bks.

From Summer Land to Summer; a Journey from Thomasville, Georgia, to New York, During April & May 1800. J. Harris Knowles. 2017. (ENG., Illus.). (J). pap. *(978-0-649-58989-0(0))* Trieste Publishing Pty Ltd.

From Summer to Summer: A Novel (Classic Reprint) Lizzie P. Evans-Hansell. 2018. (ENG., Illus.). 360p. (J). 31.32 *(978-0-332-84372-8(6))* Forgotten Bks.

From Sunrise Land: Letters from Japan (Classic Reprint) Amy Wilson-Carmichael. (ENG., Illus.). (J). 2017. 27.84 *(978-0-266-44355-1(9))*; 2016. pap. 10.57 *(978-1-334-13027-4(2))* Forgotten Bks.

From Sunset till Sunrise: Devin Dexter #2. Jonathan Rosen. 2018. (Devin & Dexter Ser.: 2). (ENG.). 314p. (J). (gr. 4-8). pap. 7.99 *(978-1-5107-3409-8(0)*, Sky Pony Pr.) Skyhorse Publishing Co., Inc.

From Sunshine to Light Bulb. Michael Bright. 2016. (Source to Resource Ser.). (Illus.). 32p. (J). (gr. 3-6). *(978-0-7787-2707-1(6))* Crabtree Publishing Co.

From Switzerland to the Mediterranean on Foot (Classic Reprint) J. B. Winter. 2018. (ENG., Illus.). 146p. (J). 26.91 *(978-0-267-49958-8(2))* Forgotten Bks.

From Tadpole to Frog. Camilla de la Bedoyere. 2019. (Life Cycles Ser.). (ENG., Illus.). 24p. (J). (gr. -1-k). lib. bdg. 26.65 *(978-1-78603-624-7(X)*, 61d41981-72e0-4b7b-a6b0-a285af90b428) QEB Publishing Inc.

From Tadpole to Frog - BIG BOOK, 1 vol. Pam Holden. 2016. (ENG.). 16p. (-1). pap. *(978-1-77654-165-2(0)*, Red Rocket Readers) Flying Start Bks.

From Tenderfoot to Scout (Classic Reprint) Anna C. Ruddy. (ENG., Illus.). (J). 2018. 344p. 30.99 *(978-0-656-33783-5(4))*; 2017. pap. 13.57 *(978-0-243-28387-3(3))* Forgotten Bks.

From Tent to Chapel at Saddle Mountain (Classic Reprint) Isabel A. H. Crawford. (ENG., Illus.). (J). 2018. 82p. 25.61 *(978-0-483-60916-7(1))*; 2017. pap. 9.57 *(978-0-243-27924-1(8))* Forgotten Bks.

From the Alamo to San Jacinto: Or, the Grito (Classic Reprint) Moncure Lyne. 2017. (ENG., Illus.). (J). 30.70 *(978-1-5283-6817-9(7))* Forgotten Bks.

From the Backfield to the Back Flip: A Football Coach Becomes Cheerleader Coach. Al Nettel. 2017. (ENG., Illus.). (J). pap. 9.99 *(978-0-9991507-0-2(7))* Mindstir Media.

From the Beginning in the Beginning. Amani Hicks. 2019. (ENG., Illus.). 82p. (YA). pap. 11.95 *(978-1-64471-192-7(3))* Covenant Bks.

From the Biggest Book of Bible Stories: The Magnificent 7 Series. Devery McDowell. 2022. (ENG., Illus.). 44p. (J). pap. 16.95 ***(978-1-0980-1458-2(8))*** Christian Faith Publishing.

From the Book of the Angel on My Shoulder. Naval Ahmed. 2021. (ENG.). 608p. (J). pap. 34.82 *(978-1-105-70802-2(0))* Lulu Pr., Inc.

From the Chrysalis: A Collection of Childhood Stories & Memories. Jasmine Howard. 2022. (ENG.). 56p. (YA). ***(978-1-387-80758-1(7))*** Lulu Pr., Inc.

From the Crucifix to the Cross & the Heretics: Stories of Western Mexico (Classic Reprint) Harriet Crawford. 2018. (ENG., Illus.). 210p. (J). 28.23 *(978-0-483-77581-7(9))* Forgotten Bks.

From the Darkness of Africa to the Light of America: The Story of an African Prince (Classic Reprint) Thomas E. Besolow. (ENG., Illus.). (J). 2018. 170p. 27.40 *(978-0-483-29062-4(9))*; 2016. pap. 9.97 *(978-1-333-33877-0(5))* Forgotten Bks.

From the Deepest Trenches to the Highest Mountains: Earth & Its Features - Geography Book Grade 3 - Children's Earth Sciences Books. Baby Professor. 2019. (ENG.). 72p. (J). pap. 14.72 *(978-1-5419-5292-8(8))*; 24.71 *(978-1-5419-7489-0(1))* Speedy Publishing LLC. (Baby Professor (Education Kids)).

From the Depths of Vispa. E. E. Oakey. Illus. by Tristan Oakey & James Oakey. 2018. (Gallant Saga Ser.: Vol. 1). (ENG.). 274p. (J). (gr. 4-6). pap. *(978-0-9876441-0-7(6))* E E Oakey.

From the Deserts to the Frozen Tundra... & Everywhere in-Between - Eco-Systems of the World - Children's Ecology Books. Bobo's Little Brainiac Books. 2016. (ENG., Illus.). (J). pap. 7.99 *(978-1-68327-795-8(3))* Sunshine In My Soul Publishing.

From the Desk of Zoe Washington. Janae Marks. (Zoe Washington Ser.). (ENG.). (J). (gr. 3-7). 2021. 320p. pap. 7.99 *(978-0-06-287586-0(8))*; 2020. (Illus.). 304p. 19.99 *(978-0-06-287585-3(X))* HarperCollins Pubs. (Tegen, Katherine Bks).

From the Earth: How Resources Are Made, 12 vols. 2016. (From the Earth: How Resources Are Made Ser.). 32p. (ENG.). (gr. 3-4). lib. bdg. 169.62 *(978-1-4824-4605-0(7)*, 8c7df53c-b798-41ef-ad7f-d3ed418a2fc1); (gr. 4-3). pap. 63.00 *(978-1-4824-5321-8(5))* Stevens, Gareth Publishing LLLP.

From the Earth to the Moon. Jules Verne. 2021. (ENG.). 144p. (J). (gr. k-2). pap. *(978-1-77426-181-1(2))* East India Publishing Co.

F

From the Earth to the Moon. Jules Verne. 2022. (ENG.). 280p. (J). (gr. k-2). pap. *(978-1-387-70403-3(6))* Lulu Pr., Inc.

From the Earth to the Moon. Jules Verne. 2023. (ENG.). 222p. (J). (gr. k-2). pap. 11.99 *(978-1-0881-4235-6(4))* Indy Pub.

From the Earth to the Moon / 100 Facts You Should Know: Space Paired Set. 2016. (LitLinks Ser.). (gr. 8-6). 61.27 *(978-1-4824-5384-3(3))* Stevens, Gareth Publishing LLLP.

From the Earth to the Moon / 100 Facts You Should Know: Space Reader Resource Guide. 2016. (LitLinks Ser.). (gr. 8-6). pap. *(978-1-4824-5409-3(2))* Stevens, Gareth Publishing LLLP.

From the Earth to the Moon; and, Round the Moon. Jules Vern. 2020. (ENG.). (J). 198p. 19.95 *(978-1-63637-149-8(3))*; 196p. pap. 10.95 *(978-1-63637-148-1(5))* Bibliotech Pr.

From the East unto the West (Classic Reprint) Jane Barlow. (ENG., Illus.). (J). 2018. 394p. 32.02 *(978-0-483-13723-3(5))*; 2017. pap. 16.57 *(978-0-259-02808-6(8))* Forgotten Bks.

From the Farm to the Table Beef. Kathy Coatney. 2017. (ENG., Illus.). 36p. (J). pap. 9.99 *(978-1-947983-11-3(3))* Windtree Pr.

From the Farm to the Table, Healthy Foods from the Farm for Kids - Children's Agriculture Books. Baby Professor. 2017. (ENG., Illus.). (J). pap. 7.89 *(978-1-68326-996-0(9))*, Baby Professor (Education Kids)) Speedy Publishing LLC.

From the Farm to the Table Olives. Kathy Coatney. 2017. (ENG., Illus.). (J). pap. 9.99 *(978-1-947983-08-3(3))* Windtree Pr.

From the Farm to the Table Potatoes. Kathy Coatney. 2017. (ENG., Illus.). (J). pap. 9.99 *(978-1-947983-09-0(1))* Windtree Pr.

From the Fields: A History of Prep Football in Turlock, California. Richard Paolinelli. 2021. (ENG.). 524p. (YA). 39.99 *(978-1-6780-7527-9(2))* Lulu Pr., Inc.

From the Five Rivers (Classic Reprint) Flora Annie Steel. 2018. (ENG., Illus.). 230p. (J). 28.64 *(978-0-428-91256-7(7))* Forgotten Bks.

From the Four Winds (Classic Reprint) John Sinjohn. 2018. (ENG., Illus.). 252p. (J). 29.09 *(978-0-483-48789-5(9))* Forgotten Bks.

From the Great Lakes to the Wide West: Impressions of a Tour Between Toronto & the Pacific (Classic Reprint) Bernard McEvoy. 2019. (ENG., Illus.). 330p. (J). 30.70 *(978-0-365-15192-0(0))* Forgotten Bks.

From the Ground to the Grocery! Popular Healthy Foods, Fun Farming for Kids - Children's Agriculture Books. Baby Professor. 2017. (ENG., Illus.). (J). pap. 7.89 *(978-1-68326-997-7(7)*, Baby Professor (Education Kids)) Speedy Publishing LLC.

From the Heart. Eva Grace. 2020. (ENG.). 83p. (YA). pap. *(978-1-716-68816-4(7))* Lulu Pr., Inc.

From the Heart. 4th Grade Students Of Hisar. 2022. (ENG.). 251p. (J). pap. *(978-1-387-95094-2(0))* Lulu Pr., Inc.

From the Heart: A Children's Guide to Idioms in the Bible. Janielle Nordell. Ed. by Isaiah Nordell. 2020. (ENG., Illus.). 32p. (J). pap. 9.99 *(978-1-950718-43-6(3))* Kudu.

From the Heart of Africa: A Book of Wisdom. Compiled by Eric Walters. 2018. (Illus.). 40p. (J). (gr. 1-4). 17.99 *(978-1-77049-719-1(6)*, Tundra Bks.) Tundra Bks. CAN. Dist: Penguin Random Hse. LLC.

From the Heart, of the Rose, Letters on Things Natural, Things Serious, Things Frivolous (Classic Reprint) Helen Milman. 2018. (ENG., Illus.). 236p. (J). 28.72 *(978-0-484-14062-1(0))* Forgotten Bks.

From the Heart of the Veld (Classic Reprint) Madeline Alston. 2018. (ENG., Illus.). 268p. (J). 29.42 *(978-0-483-36455-4(X))* Forgotten Bks.

From the Kane Chronicles: Brooklyn House Magician's Manual-An Official Rick Riordan Companion Book: Your Guide to Egyptian Gods & Creatures, Glyphs & Spells, & More. Rick Riordan. 2018. (Kane Chronicles Ser.). (ENG., Illus.). 192p. (J). (gr. 3-7). 9.99 *(978-1-4847-8553-9(3)*, Disney-Hyperion) Disney Publishing Worldwide.

From the Land of the Shamrock (Classic Reprint) Jane Barlow. 2018. (ENG., Illus.). 360p. (J). 31.32 *(978-0-483-40392-5(X))* Forgotten Bks.

From the Land of the Snow-Pearls: Tales from Puget Sound (Classic Reprint) Ella Higginson. 2018. (ENG., Illus.). 292p. (J). 29.94 *(978-0-267-23994-8(7))* Forgotten Bks.

From the Land of the Snow-Pearls - Tales from Puget Sound. Ella Higginson. 2018. (ENG., Illus.). 286p. (J). pap. *(978-1-5287-0491-5(6))* Freeman Pr.

From the Land of the Wombat (Classic Reprint) William Sylvester Walker. 2017. (ENG., Illus.). (J). 260p. 29.26 *(978-0-332-73561-0(3))*; 262p. pap. 11.97 *(978-0-332-49899-7(9))* Forgotten Bks.

From the Lands of the Night, 1 vol. Tololwa Mollel. Illus. by Darrell McCalla. 2020. (ENG.). 32p. (J). (gr. 1-4). pap. 12.95 *(978-0-88995-581-3(6)*, 29c578ce-e327-4bcb-aad1-d53bd3084666) Red Deer Pr. CAN. Dist: Firefly Bks., Ltd.

From the Life: Imaginary Portraits of Some Distinguished Americans (Classic Reprint) Harvey Jerrold O. 'Higgins. 2017. (ENG., Illus.). 350p. (J). 31.12 *(978-0-332-60916-4(2))* Forgotten Bks.

From the Littlest to the Biggest! Animal Book 4 Years Old Children's Animal Books. Baby Professor. 2017. (ENG., Illus.). (J). pap. 8.79 *(978-1-5419-1096-6(6)*, Baby Professor (Education Kids)) Speedy Publishing LLC.

From the Lune to the Neva Sixty Years Ago: With Ackworth & Quaker Life by the Way (Classic Reprint) Jane Benson. (ENG., Illus.). (J). 2018. 120p. 26.39 *(978-0-484-87654-4(6))*; 2016. pap. 9.57 *(978-1-333-41174-9(X))* Forgotten Bks.

From the Lune to the Neva Sixty Years Ago: With Ackworth & Quaker Life by the Way (Classic Reprint) Jane Edmondson Benson. 2017. (ENG., Illus.). (J). 26.43 *(978-0-331-76487-1(3))*; pap. 9.57 *(978-0-243-14173-9(4))* Forgotten Bks.

From the Magical Island of Jo-Pa Comes the Story of Dragon Dee & the Fireman. Illus. by Joseph N. Padilla. 2016. (ENG., Illus.). (J). 22.99 *(978-1-4984-7756-7(9))*; pap. 11.99 *(978-1-4984-7755-0(0))* Salem Author Services.

From the Marais des Cygnes: A Novel (Classic Reprint) William Oscar Atkeson. (ENG., Illus.). (J). 2019. 350p. 31.12 *(978-0-365-15744-1(9))*; 2017. pap. 13.57 *(978-0-282-01407-0(1))* Forgotten Bks.

From the Memoirs of a Minister of France (Classic Reprint) Stanley J. Weyman. 2018. (ENG., Illus.). 394p. (J). 32.02 *(978-0-484-64538-6(2))* Forgotten Bks.

From the Mixed-Up Files of Mrs. Basil E. Frankweiler: Special Edition. E. L. Konigsburg. Illus. by E. L. Konigsburg. 2019. (ENG., Illus.). 176p. (J). (gr. 3-7). pap. 9.99 *(978-1-5344-3645-9(6)*, Atheneum Bks. for Young Readers) Simon & Schuster Children's Publishing.

From the Mixed-Up Files of Mrs. Basil E. Frankweiler Novel Units Student Packet. Novel Units. 2019. (ENG.). (J). pap. 13.99 *(978-1-56137-714-5(7)*, Novel Units, Inc.) Classroom Library Co.

From the Moon with Love: A Trilogy: Book One: Moon Guests. Mitra Vasisht. 2016. (ENG., Illus.). (J). 25.95 *(978-1-4808-3534-4(X))*; pap. 20.45 *(978-1-4808-3533-7(1))* Archway Publishing.

From the Moon with Love: A Trilogy: Book Two: Moon Travels. Mitra Vasisht. 2017. (ENG., Illus.). (J). 25.95 *(978-1-4808-4727-9(5))* Archway Publishing.

From the Mountains to the Jungle Coloring Book. Kreative Kids. 2016. (ENG., Illus.). (J). pap. 9.20 *(978-1-68377-475-4(2))* Whike, Traudl.

From the Mouth of the Gambie: (songs of Redemption) Keith Horton. 2021. (ENG.). 120p. pap. *(978-1-6671-5707-8(8))* Lulu Pr., Inc.

From the Niger to the Nile, Vol. 1 of 2 (Classic Reprint) Boyd Alexander. 2018. (ENG., Illus.). 424p. (J). 32.66 *(978-0-365-36798-7(2))* Forgotten Bks.

From the Notebooks of a Middle-School Princess. Meg Cabot. ed. 2016. (From the Notebooks of a Middle School Princess Ser.: 1). (J). lib. bdg. 18.40 *(978-0-606-38554-1(1))* Turtleback.

From the Other Side: Stories of Transatlantic Travel (Classic Reprint) Henry Blake Fuller. 2017. (ENG., Illus.). (J). 28.81 *(978-0-266-21804-3(0))* Forgotten Bks.

From the Pacific to the Atlantic. Warren B. Johnson. 2017. (ENG.). 388p. (J). pap. *(978-3-337-10329-3(4))* Creation Pubs.

From the Pacific to the Atlantic: Being an Account of a Journey Overland from Eureka, Humboldt Co. , California, to Webster, Worcester Co. , Mass. , with a Horse, Carriage, Cow & Dog (Classic Reprint) Warren B. Johnson. (ENG., Illus.). (J). 2018. 386p. 31.88 *(978-0-483-06268-9(5))*; 2016. pap. 16.57 *(978-1-334-33918-9(X))* Forgotten Bks.

From the Peasantry to the Peerage, Vol. 1 Of 3: A Novel, by Blue Tunic (Classic Reprint) Unknown Author. (ENG., Illus.). (J). 2018. 370p. 31.53 *(978-0-483-46941-9(6))*; 2016. pap. 13.97 *(978-1-333-34277-7(2))* Forgotten Bks.

From the Peasantry to the Peerage, Vol. 2 Of 3: A Novel (Classic Reprint) Blue Tunic. 2018. (ENG., Illus.). 334p. (J). 30.79 *(978-0-267-41551-9(6))* Forgotten Bks.

From the Peasantry to the Peerage, Vol. 3 Of 3: A Novel (Classic Reprint) Blue Tunic. 2018. (ENG., Illus.). 326p. (J). 30.58 *(978-0-484-38940-2(8))* Forgotten Bks.

From the Pit to the Pulpit, or a Sot at Sixteen: A True Account of the Life of Phil. C. Hanna (Classic Reprint) Vivian Adelbert Dake. (ENG., Illus.). (J). 2018. 70p. 25.36 *(978-0-483-58983-4(7))*; 2017. pap. 9.57 *(978-0-243-24222-1(0))* Forgotten Bks.

From the Pitch to the Page: Inspiring Soccer Poems for Aspiring Soccer Players. Amanda Whiting. 2017. (ENG., Illus.). (YA). pap. 15.00 *(978-0-692-94033-4(2))* Whiting, James Maxwell.

From the Plough to the Pulpit, Vol. 2 Of 3: VI Cambridge (Classic Reprint) Luke Wesley Church. 2018. (ENG., Illus.). 334p. (J). 30.79 *(978-0-656-97715-4(9))* Forgotten Bks.

From the Pocket of an Overcoat. R Vincent. 2021. (ENG.). 36p. (J). 17.99 *(978-1-6657-0982-8(0))* Archway Publishing.

From the Pulpit to the Poor-House: And Other Romances of the Methodist Itinerancy (Classic Reprint) Jay Benson Hamilton. (ENG., Illus.). (J). 2018. 208p. 28.19 *(978-0-428-46438-7(6))*; 2017. pap. 10.57 *(978-0-243-21463-1(4))* Forgotten Bks.

From the Ranks (Classic Reprint) Charles King. 2019. (ENG., Illus.). 324p. (J). 30.58 *(978-0-365-26224-4(2))* Forgotten Bks.

From the Roots Up. Tasha Spillett. Illus. by Natasha Donovan & Donovan Yaciuk. 2020. (Surviving the City Ser.: 2). (ENG.). 64p. (YA). (gr. 8-12). pap. 21.95 *(978-1-55379-898-9(8)*, HighWater Pr.) Portage & Main Pr. CAN. Dist: Orca Bk. Pubs. USA.

From the Runway to the Sky: Airplane Coloring Book. Jupiter Kids. 2016. (ENG., Illus.). 106p. (J). pap. 12.55 *(978-1-68326-364-7(2)*, Jupiter Kids (Childrens & Kids Fiction)) Speedy Publishing LLC.

From the Shadows. Kb Shaw. 2018. (Gundtech Binary Ser.). (ENG., Illus.). (YA). 15.99 *(978-0-692-97715-6(5))*; pap. 9.99 *(978-0-692-95944-2(0))* iPulpFiction.com.

From the Skies to the Heavens: Coloring Books Large. Jupiter Kids. 2016. (ENG., Illus.). 106p. (J). pap. 12.55 *(978-1-68305-215-9(3)*, Jupiter Kids (Childrens & Kids Fiction)) Speedy Publishing LLC.

From the Sky. J. E. Nicassio. 2017. (Beyond Moondust Trilogy Ser.: Vol. 1). (ENG., Illus.). (YA). (gr. 8-12). pap. 14.95 *(978-0-578-19895-8(9))* NIEJE Production LLC.

From the Stars in the Sky to the Fish in the Sea. Illus. by Kai Yun Ching & Wai-Yant Li. 2017. 40p. (J). (gr. -1-3). 18.95 *(978-1-55152-709-3(X))* Arsenal Pulp Pr. CAN. Dist: Consortium Bk. Sales & Distribution.

From the Street to the Stars. Edward Willettt. 2nd ed. 2020. (Andy Nebula: Interstellar Rock Star Ser.: Vol. 1). (ENG.). 184p. (YA). pap. *(978-1-9993827-2-8(2))* Shadowpaw Pr.

From the Tales of Mushy Mouse & the Two-Can House. Glenn Brotherton. 2021. (ENG.). 56p. (J). 23.95 *(978-1-64468-692-8(9))*; pap. 13.95 *(978-1-63630-370-3(6))* Covenant Bks.

From the Throttle to the President's Chair: A Story of American Railway Life (Classic Reprint) Edward Sylvester Ellis. 2018. (ENG., Illus.). 390p. (J). 31.96 *(978-0-484-22872-5(2))* Forgotten Bks.

From the Tops of the Trees. Kao Kalia Yang. Illus. by Rachel Wada. 2021. (ENG.). 32p. (J). (gr. k-3). 17.99 *(978-1-5415-8130-2(X)*, ba55a548-5c49-4267-850f-6ff25f64f997, Carolrhoda Bks.) Lerner Publishing Group.

From the Tower Window of My Bookhouse (Classic Reprint) Olive Beaupre Miller. (ENG., Illus.). (J). 2018. 220p. 28.45 *(978-1-396-41373-5(1))*; 2018. 222p. pap. 10.97 *(978-1-391-00898-1(7))*; 2017. 33.22 *(978-0-266-41643-2(8))*; 2016. pap. 16.57 *(978-1-333-63349-3(1))* Forgotten Bks.

From the Universe to You. Casey Harrison. Illus. by Casey Harrison. 2018. (ENG., Illus.). 28p. (J). 16.99 *(978-0-9600441-0-8(8))* Brewer Bear Bks.

From the Unvarying Star (Classic Reprint) Elsworth Lawson. (ENG., Illus.). (J). 2018. 304p. 30.19 *(978-0-428-88539-7(X))*; 2017. pap. 13.57 *(978-1-5276-7583-4(1))* Forgotten Bks.

From the Valley of the Missing. Grace Miller White. 2017. (ENG., Illus.). (J). 26.95 *(978-1-374-97741-9(1))*; pap. 16.95 *(978-1-374-97740-2(3))* Capital Communications, Inc.

From the Valley of the Missing (Classic Reprint) Grace Miller White. 2017. (ENG., Illus.). (J). 31.12 *(978-0-332-01063-2(5))*; pap. 13.57 *(978-0-282-51024-4(9))* Forgotten Bks.

From the West to the West: Across the Plains to Oregon (Classic Reprint) Abigail Scott Duniway. (ENG., Illus.). (J). 2017. 30.48 *(978-0-266-23022-9(9))*; 2016. pap. 13.57 *(978-1-333-25472-8(5))* Forgotten Bks.

From the Wheel to the Internet! Children's Technology Books: The History of Computers - Children's Computers & Technology Books. Pfiffikus. 2016. (ENG., Illus.). (J). pap. 10.81 *(978-1-68377-621-5(6))* Whike, Traudl.

From the Wings (Classic Reprint) Elisabeth Fagan. 2017. (ENG., Illus.). 308p. (J). 30.25 *(978-0-332-82547-2(7))* Forgotten Bks.

From the Womb to the Tomb. Thomas R. Mayes. 2021. (ENG., Illus.). 280p. (J). pap. 19.95 *(978-1-6624-3699-4(8))* Page Publishing Inc.

From the World of Goodnight Moon: 100 First Words. Margaret Wise Brown. Illus. by Clement Hurd. 2020. (ENG.). 16p. (J). (gr. -1 — 1). bds. 12.99 *(978-0-06-299367-0(4)*, HarperFestival) HarperCollins Pubs.

From the World of Percy Jackson: the Sun & the Star. Rick Riordan & Mark Oshiro. 2023. (ENG.). 480p. (J). (gr. 5-9). 19.99 *(978-1-368-08115-3(0)*, Disney-Hyperion) Disney Publishing Worldwide.

From Trampoline to Vegetable Patch. Guy Turner & Maurice Grumbleweed. 2019. (ENG.). 46p. (J). pap. *(978-1-5289-3560-9(8))* Austin Macauley Pubs. Ltd.

From Tree to Sea. Shelley Moore Thomas. Illus. by Christopher Silas Neal. 2019. (ENG.). 32p. (J). (gr. -1-3). 18.99 *(978-1-4814-9531-8(3)*, Simon & Schuster/Paula Wiseman Bks.) Simon & Schuster/Paula Wiseman Bks.

From Trees to Bees Coloring Book. Kreative Kids. 2016. (ENG., Illus.). (J). pap. 9.20 *(978-1-68377-476-1(0))* Whike, Traudl.

From Trees to Paper. Cari Meister. Illus. by Albert Pinilla. 2019. (Who Made My Stuff? Ser.). (ENG.). 24p. (J). (gr. 1-4). lib. bdg. *(978-1-68151-697-4(7)*, 10849) Amicus.

From Tropic to Tropic, or Frank Reade, Jr. 's Tour with His Bicycle Car (Classic Reprint) Luis Senarens. 2018. (ENG., Illus.). (J). 40p. 24.74 *(978-1-396-67940-7(5))*; 42p. pap. 7.97 *(978-1-391-92668-1(4))* Forgotten Bks.

From Twinkle, with Love. Sandhya Menon. (ENG.). (YA). (gr. 7). 2019. 352p. pap. 12.99 *(978-1-4814-9541-7(0)*, Simon Pulse); 2018. 336p. pap. 12.99 *(978-1-5344-3223-9(X))*; 2018. (Illus.). 336p. 18.99 *(978-1-4814-9540-0(2)*, Simon Pulse) Simon Pulse.

From under My Hat (Classic Reprint) Hedda Hopper. 2017. (ENG., Illus.). (J). 29.24 *(978-1-5280-4915-3(2))*; pap. 11.97 *(978-0-243-44786-2(8))* Forgotten Bks.

From under the Bridge. Pamela Hillan & Penelope Dyan. 2021. (ENG.). 98p. (YA). pap. 9.50 *(978-1-61477-549-2(4))* Bellissima Publishing, LLC.

From under the Cloud. Anna Agnew. 2017. (ENG.). 208p. (J). pap. *(978-3-337-34047-6(4))*; pap. *(978-3-337-34093-3(8))* Creation Pubs.

From under the Cloud: Or, Personal Reminiscences of Insanity (Classic Reprint) Anna Agnew. 2017. (ENG., Illus.). (J). 28.43 *(978-0-331-06569-5(X))* Forgotten Bks.

From under the Cloud; or, Personal Reminiscences of Insanity. Anna Agnew. 2017. (ENG., Illus.). (J). pap. *(978-0-649-58992-0(0))* Trieste Publishing Pty Ltd.

From Van Dweller to Commuter: The Story of a Strenuous Quest for a Home & a Little Hearth & Garden (Classic Reprint) Albert Bigelow Paine. (ENG., Illus.). (J). 2018. 320p. 30.50 *(978-0-484-83196-3(8))*; 2017. pap. 13.57 *(978-0-282-08692-3(7))* Forgotten Bks.

From Veldt Camp Fires: Stories of Southern Africa (Classic Reprint) H. A. Bryden. (ENG., Illus.). (J). 2018. 372p. 31.57 *(978-0-332-13635-6(3))*; 2016. pap. 13.97 *(978-1-334-15824-7(X))* Forgotten Bks.

From Vikings to Modern Living: Geography of Norway Children's Geography & Culture Books. Baby Professor. 2017. (ENG., Illus.). 64p. (J). pap. 9.52 *(978-1-5419-1493-3(7)*, Baby Professor (Education Kids)) Speedy Publishing LLC.

From Virginia to Georgia: A Tribute in Song (Classic Reprint) Mary Stuart Smith. 2018. (ENG., Illus.). 72p. (J). 25.40 *(978-0-666-94366-8(4))* Forgotten Bks.

From Wages to Riches: For Young Adults Who Want to Become Financially Independent. Nancy O'Hare. 2020. (ENG.). 30p. (YA). pap. *(978-1-7774017-0-2(4))* O'Hare, Nancy.

From Wagon to Train. Kathryn L. O'Dell. Illus. by Chris Chalk. 2017. (Text Connections Guided Close Reading Ser.). (J). (gr. 2). *(978-1-4900-1854-6(9))* Benchmark Education Co.

From Wags to Riches. Cate Miller. Illus. by Amy Kleinhans. 2022. (ENG.). 280p. (J). 18.00 *(978-1-64538-431-1(4))*; pap. 15.00 *(978-1-64538-318-5(0))* Orange Hat Publishing.

From Water to Land: Tiny Amphibians Coloring Book. Smarter Activity Books for Kids. 2016. (ENG., Illus.). (J). pap. 9.22 *(978-1-68374-448-1(9))* Examined Solutions PTE. Ltd.

From Waterloo to the Peninsula, Vol. 1 Of 2: Four Months Hard Labor in Belgium, Holland, Germany, & Spain (Classic Reprint) George Augustus Sala. 2018. (ENG., Illus.). 358p. (J). 31.28 *(978-0-484-13706-5(9))* Forgotten Bks.

From Waterloo to the Peninsula, Vol. 2 Of 2: Four Months Hard Labour in Belgium, Holland, Germany, & Spain (Classic Reprint) George Augustus Sala. 2018. (ENG., Illus.). 390p. (J). 31.94 *(978-0-365-07047-4(5))* Forgotten Bks.

From Wax to Crayon see De la Cera Al Crayon

From Wax to Crayons. Cari Meister. Illus. by Albert Pinilla. 2019. (Who Made My Stuff? Ser.). (ENG.). 24p. (J). (gr. 1-4). lib. bdg. *(978-1-68151-698-1(5)*, 10850) Amicus.

From Wheat to Bread. Bridget Heos. 2018. (Who Made My Lunch? Ser.). (ENG., Illus.). 24p. (J). (gr. k-3). pap. 10.99 *(978-1-68152-143-5(1)*, 14773) Amicus.

From Wheat to Bread. Bridget Heos. Illus. by Stephanie Fizer Coleman. 2017. (Who Made My Lunch? Ser.). (ENG.). 24p. (J). (gr. 1-4). 20.95 *(978-1-68151-118-4(5)*, 14654) Amicus.

From Whitechapel to Camelot (Classic Reprint) C. R. Ashbee. 2017. (ENG., Illus.). (J). 25.61 *(978-0-266-97689-9(1))* Forgotten Bks.

From Whose Bourne, etc (Classic Reprint) Robert Barr. (ENG., Illus.). (J). 2018. 316p. 30.46 *(978-0-484-11721-0(1))*; 2017. pap. 13.57 *(978-1-334-93249-6(2))* Forgotten Bks.

From Wild to Mild: A Dog in Two Worlds. Sunny Weber. 2019. (ENG.). 196p. (J). pap. 15.00 *(978-0-9966612-7-0(1))* Pups & Purrs Pr.

From Windy Ridge to the Flint Hills: A Nick Stolter Story. Lee Anne Wonnacott. 2017. (ENG., Illus.). (YA). (gr. 7-12). pap. 15.99 *(978-0-692-91628-5(8))* Wonnacott, Lee Anne.

From Wisdom Court (Classic Reprint) Henry Seton Merriman. 2018. (ENG., Illus.). 52p. (J). 24.97 *(978-0-483-49264-6(7))* Forgotten Bks.

From Within Your Heart. David J. Sidebottom. 2016. (ENG., Illus.). (J). pap. 8.49 *(978-1-63498-400-3(5))* Bookstand Publishing.

From Wolf to Woof: The Story of Dogs. Hudson Talbott. Illus. by Hudson Talbott. 2016. (Illus.). 40p. (J). (gr. k-3). 16.99 *(978-0-399-25404-8(8)*, Nancy Paulsen Books) Penguin Young Readers Group.

From Wood to Pencils. Cari Meister. Illus. by Albert Pinilla. 2019. (Who Made My Stuff? Ser.). (ENG.). 24p. (J). (gr. 1-3). pap. 9.99 *(978-1-68152-485-6(6)*, 11071) Amicus.

From Year to Year (Classic Reprint) Alice Cary. 2018. (ENG., Illus.). 314p. (J). 30.37 *(978-0-332-84132-8(4))* Forgotten Bks.

From Your First Heartbeat: A Love Story for My IVF Babies. Tara Bushby. 2020. (ENG.). 20p. (J). *(978-1-5255-6586-1(9))*; pap. *(978-1-5255-6587-8(7))* FriesenPress.

From Your Head to Your Toes. Katie Setterberg. Illus. by Morgan Thomason. 2020. (ENG.). 34p. (J). 17.99 *(978-1-7354086-2-0(X))* Westside Storybks.

From Youth into Manhood, Vol. 1 (Classic Reprint) Winfield Scott Hall. 2018. (ENG., Illus.). 118p. (J). 26.33 *(978-0-666-01609-6(7))* Forgotten Bks.

Fromont & Risler. Alphonse Daudet. 2017. (ENG.). 412p. (J). pap. *(978-3-337-40676-9(9))* Creation Pubs.

Fromont & Risler (Fromont Jenne et Risler Aine), Vol. 1 Of 2: To Which Is Added Robert Helmont (Classic Reprint) Alphonse Daudet. 2017. (ENG., Illus.). (J). 29.80 *(978-0-266-74578-5(4))* Forgotten Bks.

Fromont & Risler (Fromont Jeune et Risler Aine), Vol. 2 Of 2: To Which Is Added Robert Helmont (Classic Reprint) Alphonse Daudet. 2017. (ENG., Illus.). (J). 29.53 *(978-0-265-73582-4(3))*; pap. 11.97 *(978-1-5276-9950-2(1))* Forgotten Bks.

Fromont & Risler (Classic Reprint) Alphonse Daudet. 2017. (ENG., Illus.). (J). 34.64 *(978-0-260-65497-7(3))* Forgotten Bks.

Fromont & Risler (Fromont Jenne et Risler Aine), Vol. 1 Of 2: To Which Is Added Robert Helmont (Classic Reprint) Alphonse Daudet. 2017. (ENG., Illus.). (J). pap. 13.57 *(978-1-5277-1439-7(X))* Forgotten Bks.

Front Country. Sara St. Antoine. 2022. (ENG.). 332p. (J). (gr. 5-17). 17.99 *(978-1-7972-1563-1(9))* Chronicle Bks. LLC.

Front Desk. Kelly Yang. ed. 2022. (Penworthy Picks - Middle Grade Ser.). (ENG.). 286p. (J). (gr. 4-5). 19.46 *(978-1-68505-260-7(6))* Penworthy Co., LLC, The.

Front Desk (Front Desk #1) (Scholastic Gold) Kelly Yang. (Front Desk Ser.). (ENG.). (J). (gr. 3-7). 2019. Illus.). 320p. pap. 8.99 *(978-1-338-15782-6(5))*; 2018. 304p. E-Book *(978-1-338-15780-2(9))*; Vol .1. 2018. (Illus.). 304p. 18.99 *(978-1-338-15779-6(5))* Scholastic, Inc. (Levine, Arthur A. Bks.).

Front-End Loaders. Aubrey Zalewski. 2019. (Construction Vehicles Ser.). (ENG., Illus.). 24p. (J). (gr. 1-1). pap. 8.95 *(978-1-64494-007-5(8)*, 1644940078) North Star Editions.

Front-End Loaders. Aubrey Zalewski. 2019. (Construction Vehicles (POP) Ser.). (ENG., Illus.). 24p. (J). (gr. k-3). lib. bdg. 31.36 *(978-1-5321-6334-0(7)*, 31983, Pop! Cody Koala) Pop!.

Front-Line Heroes. Emily Hudd. 2020. (Core Library Guide to COVID-19 Ser.). (ENG., Illus.). 48p. (J). (gr. 4-8). lib. bdg. 35.64 *(978-1-5321-9405-4(6)*, 36034) ABDO Publishing Co.

Front Lines. Michael Grant. 2016. (Front Lines Ser.: 1). (ENG.). 576p. (YA). (gr. 9). 18.99 *(978-0-06-234215-7(0)*, Tegen, Katherine Bks) HarperCollins Pubs.

Front Lines (Classic Reprint) Boyd Cable. 2017. (ENG., Illus.). (J). 392p. 32.00 *(978-0-484-42575-9(7))*; pap. 16.57 *(978-0-282-52677-1(3))* Forgotten Bks.

Front Loaders Scoop! Beth Bence Reinke. 2017. (Bumba Books (r) — Construction Zone Ser.). (ENG., Illus.). 24p. (J). (gr. -1-1). 26.65 *(978-1-5124-3360-9(8)*, 864c08a5-46f0-46a6-8ffe-963bf7212d4f, Lerner Pubns.) Lerner Publishing Group.

Front or Back?, 1 vol. Adeline Zubek. 2019. (All about Opposites Ser.). (ENG.). 24p. (gr. k-k). 24.27 *(978-1-5382-3720-5(2)*,

51b658b4-75d7-4fad-bf16-9ee1c130c2f9) Stevens, Gareth Publishing LLLP.

Front Seat of History: Famous Speeches (Set), 8 vols. Tamra Orr. 2020. (21st Century Skills Library: Front Seat of History: Famous Speeches Ser.). (ENG., Illus.). 32p. (J). (gr. 4-7). 256.56 *(978-1-5341-6809-1(5),* 215137); pap., pap., pap. 113.71 *(978-1-5341-6991-3(1),* 215138) Cherry Lake Publishing.

Front Yard: And Other Italian Stories (Classic Reprint) Constance Fenimore Woolson. 2018. (ENG., Illus.). 316p. (J). 30.41 *(978-0-483-78295-2(5))* Forgotten Bks.

Frontera. Alfredo Alva & Deborah Mills. Illus. by Claudia Navarro. 2018. (ENG.). 48p. (J). (gr. k-3). pap. 10.99 *(978-1-78285-392-3(8));* 17.99 *(978-1-78285-388-6(X))* Barefoot Bks., Inc.

Frontera. Julio Anta. Illus. by Jacoby Salcedo. 2023. (ENG.). 240p. (J). (gr. 8). 26.99 *(978-0-06-305495-0(7));* pap. 18.99 *(978-0-06-305494-3(9))* HarperCollins Pubs. (HarperAlley).

Frontier Army Sketches (Classic Reprint) James W. Steele. 2017. (ENG., Illus.). (J). 30.95 *(978-0-265-19266-5(8))* Forgotten Bks.

Frontier Boys in Frisco. Wyn Roosevelt. 2018. (ENG., Illus.). 160p. (YA). (gr. 7-12). pap. *(978-93-5297-388-0(7))* Alpha Editions.

Frontier Boys in Frisco. Wyn Roosevelt. 2017. (ENG., Illus.). (J). 23.95 *(978-1-374-85074-3(8))* Capital Communications, Inc.

Frontier Boys in Frisco. Wyn Roosevelt. 2022. (ENG.). 161p. (YA). (gr. 7-12). pap. ***(978-1-387-69976-6(8))*** Lulu Pr., Inc.

Frontier Boys in the Sierras: Or the Lost Mine (Classic Reprint) Wyn Roosevelt. 2018. (ENG., Illus.). 264p. (J). 29.36 *(978-0-267-47996-2(4))* Forgotten Bks.

Frontier Holiday: Being a Collection of Writings by Minnesota Pioneers Who Recorded Their Divers Ways of Observing Christmas, Thanksgiving & New Year's (Classic Reprint) Glenn Hanson. (ENG., Illus.). (J). 2018. 62p. 25.20 *(978-0-365-40146-9(3));* 2017. pap. 9.57 *(978-0-259-77786-1(2))* Forgotten Bks.

Frontier Humor: Some Rather Ludicrous Experiences That Befell Myself & My Acquaintances among Frontier Characters Before I Made the Acquaintance of My Esteemed Friends, the Brownies (Classic Reprint) Palmer Cox. (ENG., Illus.). (J). 2017. 31.09 *(978-0-331-52832-9(0));* 2016. pap. 13.57 *(978-1-333-37337-5(6))* Forgotten Bks.

Frontier Knight: A Story of Early Texan Border-Life (Classic Reprint) Amy E. Blanchard. 2017. (ENG., Illus.). 350p. (J). 31.12 *(978-0-332-07875-5(2))* Forgotten Bks.

Frontier Sketches (Classic Reprint) Frank W. Calkins. 2018. (ENG., Illus.). 138p. (J). 26.74 *(978-0-267-85240-6(1))* Forgotten Bks.

Frontier Stories (Classic Reprint) Bret Harte. 2017. (ENG., Illus.). 488p. (J). 33.96 *(978-0-484-01336-9(X))* Forgotten Bks.

Frontier, Vol. 1: A Literary Magazine; 1920-1921 (Classic Reprint) Unknown Author. 2018. (ENG., Illus.). 422p. (J). 32.60 *(978-0-483-40596-7(5))* Forgotten Bks.

Frontiersman: A Tale of the Yukon (Classic Reprint) H. a. Cody. 2017. (ENG., Illus.). (J). 31.01 *(978-1-5285-7435-8(4))* Forgotten Bks.

Frontiersman (Classic Reprint) Roger Pocock. 2018. (ENG., Illus.). 372p. (J). 31.57 *(978-0-365-29695-9(3))* Forgotten Bks.

Frontline Heroes. Hudd Emily. 2020. (Core Library Guide to COVID-19 Ser.). (ENG., Illus.). 48p. (J). (gr. 4-5). pap. 11.95 *(978-1-64494-502-5(9),* Core Library) ABDO Publishing Co.

Frontline Workers During COVID-19. Kerry Dinmont. 2021. (COVID-19 Pandemic Ser.). (ENG.). 80p. (YA). (gr. 6-12). 43.93 *(978-1-6782-0062-6(X),* BrightPoint Pr.) ReferencePoint Pr., Inc.

Fros, Braids, Fades, & Waves: A Celebration of Black Boy Hairstyles. Thomishia Booker. 2022. (ENG.). 30p. (J). 18.95 *(978-1-7379655-9-6(3))* Hey Carter!.

Fros, Braids, Fades, & Waves: A Celebration of Black Boy Hairstyles. Thomishia Booker. 2022. (ENG.). 30p. (J). pap. 14.95 *(978-1-7339159-8-4(2))* Hey Carter!.

Frösche Ertrinken Nie und Nimmer. Haide Frank. 2018. (GER.). 102p. (J). *(978-3-7469-7152-0(7));* pap. *(978-3-7469-7151-3(9))* tredition Verlag.

Frost. M. P. Kozlowsky. 2016. (ENG.). 352p. (J). (gr. 8). 17.99 *(978-0-545-83191-8(1),* Scholastic Pr.) Scholastic, Inc.

Frost: Based on an International Folk Tale. Irina Mazor. Ed. by Sarah Legendre. Illus. by Liliya Aksyutina. 2023. (ENG.). 40p. (J). ***(978-1-0391-5331-8(3));*** pap. ***(978-1-0391-5330-1(5))*** FriesenPress.

Frost & Friendship (Classic Reprint) George Frederic Turner. (ENG., Illus.). (J). 2018. 330p. 30.70 *(978-0-365-45225-6(4));* 2016. pap. 13.57 *(978-1-334-21270-3(8))* Forgotten Bks.

Frost & Thaw, Vol. 1 Of 2: A Story with a Moral (Classic Reprint) J. C. Boyce. 2018. (ENG., Illus.). 304p. (J). 30.17 *(978-0-483-48022-3(3))* Forgotten Bks.

Frost & Thaw, Vol. 2 Of 2: A Story with a Moral (Classic Reprint) J. C. Boyce. (ENG., Illus.). (J). 2018. 312p. 30.33 *(978-0-267-33806-1(6));* 2016. pap. 13.57 *(978-1-333-62423-1(9))* Forgotten Bks.

Frost Festival. Melody Mews. Illus. by Ellen Stubbings. 2022. (Itty Bitty Princess Kitty Ser.: 11). (ENG.). 128p. (J). (gr. k-4). 17.99 *(978-1-6659-1204-4(9));* pap. 6.99 *(978-1-6659-1203-7(0))* Little Simon. (Little Simon).

Frost Friends Forever (Diary of an Ice Princess #2) Christina Soontornvat. 2019. (Diary of an Ice Princess Ser.: 2). (ENG., Illus.). 128p. (J). (gr. 2-5). pap. 5.99 *(978-1-338-35397-6(7),* Scholastic Paperbacks) Scholastic, Inc.

Frost Giants of Jötunheim. Richard Denning. 2018. (Nineworlds Ser.: Vol. 3). (ENG., Illus.). 238p. (J). (gr. 4-6). pap. *(978-1-9996562-0-1(2))* Mercia Bks.

Frost Like Night. Sara Raasch. (Snow Like Ashes Ser.: 3). (ENG.). (YA). (gr. 9). 2017. 512p. pap. 10.99 *(978-0-06-228699-4(4));* 2016. (Illus.). 496p. 17.99 *(978-0-06-228698-7(6))* HarperCollins Pubs. (Balzer & Bray).

Frost Walker's Wolf: An Unofficial Minecrafters Novel. Maya Grace. 2019. (Unofficial Animal Warriors of the Overworld Ser.: 1). (ENG.). 112p. (J). (gr. 2-7). pap. 7.99 *(978-1-5107-4133-1(X),* Sky Pony Pr.) Skyhorse Publishing Co., Inc.

Frostbiting Winter: Alaskan Wilderness Series: Based on a True Story. S. J. Forss. 2022. (ENG., Illus.). 234p. (YA). 24.95 *(978-1-63885-729-7(6));* pap. 16.95 *(978-1-63885-721-1(0))* Covenant Bks.

Frostblood. Elly Blake. 2017. (Frostblood Saga Ser.: 1). (ENG.). 400p. (YA). (gr. 7-17). pap. 11.99 *(978-0-316-27318-3(X))* Little, Brown Bks. for Young Readers.

Frostborn. Michael Haddad. 2021. (ENG.). 284p. (YA). pap. *(978-0-2288-4964-3(0))* Tellwell Talent.

Frostfire Worlds: November 2019. Ed. by Jessica Sneeringer. 2019. (ENG., Illus.). 194p. (YA). 22.99 *(978-1-951384-22-7(9))* Alban Lake Publishing.

Frostfire Worlds May 2019. Ed. by Jessica Sneeringer. 2019. (ENG., Illus.). 194p. (YA). 22.99 *(978-0-578-50253-3(4))* Alban Lake Publishing.

Frosting & Icing Workshop: Decorating Desserts: Decorating Desserts. Contrib. by Megan Borgert-Spaniol. 2023. (Kitchen to Career Ser.). (ENG.). 64p. (J). (gr. 5-9). lib. bdg. 35.64 ***(978-1-0982-9141-9(7),*** 41750, Abdo & Daughters) ABDO Publishing Co.

Frosty Felines: Snow Leopard. Felicia Macheske. 2017. (Guess What Ser.). (ENG., Illus.). 24p. (J). (gr. k-2). lib. bdg. 30.64 *(978-1-63472-174-5(8),* 209268) Cherry Lake Publishing.

Frosty Ferguson Strategist (Classic Reprint) Lowell Hardy. 2018. (ENG., Illus.). 90p. (J). 25.75 *(978-0-484-76630-2(9))* Forgotten Bks.

Frosty Finds a Home for the Holidays. Darlene Dehart Bingham. 2017. (ENG., Illus.). 26p. (J). pap. 9.29 *(978-0-9986382-2-5(6))* Tutortime4kidz.

Frosty Mermaids. Chase Salt Pickett. Illus. by Jenn Scott Pickett. 2021. (ENG.). 32p. (J). 21.99 ***(978-1-7360152-6-1(5))*** SME Publishing.

Frosty the Lamb. Jessica Tonn. Illus. by Clara Prescott. 2021. (ENG.). 24p. (J). *(978-1-0391-2925-2(0));* pap. *(978-1-0391-2924-5(2))* FriesenPress.

Frosty the Snowman. Ed. by Donald Kasen. 2018. (ENG., Illus.). 24p. (J). (gr. k-2). pap. 8.99 *(978-0-7396-0251-5(9))* Inspired Studios Inc.

Frosty the Snowman Look & Find. Emily Skwish. ed. 2018. (Look & Find Ser.). (ENG.). 19p. (J). (gr. -1-1). 14.00 *(978-1-64310-703-5(8))* Penworthy Co., LLC, The.

Frosty the Snowman with Word-For-Word Audio Download. Steven Nelson & Jack Rollins. 2021. (ENG.). 34p. (J). pap. 8.99 *(978-0-7396-1324-5(3))* Peter Pauper Pr. Inc.

FROTA QUE TE FROTA-CARTON. Pillis Gershator. 2018. (SPA.). 22p. (J). bds. 17.99 *(978-84-8470-564-2(1))* Corimbo, Editorial S.L. ESP. Dist: Lectorum Pubns., Inc.

Froth: A Novel (Classic Reprint) Armando Palacio Valdes. 2017. (ENG., Illus.). (J). 31.57 *(978-0-260-31374-4(2));* pap. 13.97 *(978-0-259-01044-9(8))* Forgotten Bks.

Frown of Majesty: A Romance of the Days of Louis the Fourteenth (Classic Reprint) Albert Lee. (ENG., Illus.). (J). 2018. 386p. 31.86 *(978-0-365-12459-7(1));* 2016. pap. 16.57 *(978-1-334-12983-4(5))* Forgotten Bks.

Frox. 2018. (ENG.). (J). 14.95 *(978-1-68401-471-2(9))* Amplify Publishing Group.

Frozen. Alessandro Ferrari. Illus. by Massimiliano Narciso. 2020. (Disney Princesses Ser.). (ENG.). 52p. (J). (gr. 2-6). lib. bdg. 32.79 *(978-1-5321-4561-2(6),* 35208, Graphic Novels) Spotlight.

Frozen 2 - Recorder Fun! Songbook with Easy Instructions, Song Arrangements, & Coloring Pages. Composed by Robert Lopez & Kristen Anderson-Lopez. 2020. (ENG.). 24p. (J). pap. 9.99 *(978-1-5400-8538-2(4),* 00334279) Leonard, Hal Corp.

Frozen 2 Big Golden Book (Disney Frozen 2) Illus. by Disney Storybook Disney Storybook Art Team. 2019. (Big Golden Book Ser.). (ENG.). 48p. (J). (gr. -1-2). 10.99 *(978-0-7364-4034-9(8),* Golden/Disney) Random Hse. Children's Bks.

Frozen 2. Bosque de Sombras. Benko Kamilla. 2019. (SPA.). 472p. (J). pap. 17.95 *(978-607-07-6137-9(5),* Planeta Publishing) Planeta Publishing Corp.

Frozen 2: Bruni's Big Adventure. Suzanne Francis. 2020. (ENG.). 40p. (J). (gr. -1-k). 12.99 *(978-1-368-06478-1(7),* Disney Press Books) Disney Publishing Worldwide.

Frozen 2 (Disney Frozen 2) RH Disney. Illus. by Neil Erickson. 2020. (Screen Comix Ser.). (ENG.). 320p. (J). (gr. 3-7). pap. 14.99 *(978-0-7364-4138-4(7),* RH/Disney) Random Hse. Children's Bks.

Frozen 2. el Bosque Encantado. Disney Disney. 2019. (SPA.). 144p. (J). pap. 9.95 *(978-607-07-6218-5(5),* Planeta Publishing) Planeta Publishing Corp.

Frozen 2: Forest of Shadows. Kamilla Benko. ed. 2019. (ENG., Illus.). 416p. (J). (gr. 3-7). 14.99 *(978-1-368-04363-2(1),* Disney Press Books) Disney Publishing Worldwide.

Frozen 2 Little Golden Book (Disney Frozen) Illus. by Golden Books. 2019. (Little Golden Book Ser.). (ENG.). 24p. (J). (-k). 5.99 *(978-0-7364-4020-2(8),* Golden/Disney) Random Hse. Children's Bks.

Frozen 2 Look & Find. Emily Skwish. ed. 2020. (Look & Find Ser.). (ENG., Illus.). 19p. (J). (gr. k-1). 21.96 *(978-1-64697-000-1(4))* Penworthy Co., LLC, The.

Frozen 2: One for the Books. Disney Books. 2020. (ENG.). 40p. (J). (gr. -1-k). 16.99 *(978-1-368-06407-1(8),* Disney Press Books) Disney Publishing Worldwide.

Frozen 2 ReadAlong Storybook & CD. Disney Books. ed. 2019. (Read-Along Storybook & CD Ser.). (ENG., Illus.). 32p. (J). (gr. 1-3). pap. 6.99 *(978-1-368-04280-2(5),* Disney Press Books) Disney Publishing Worldwide.

Frozen: Anna, Elsa, & the Enchanting Holiday. Meredith Rusu. 2022. (ENG.). 40p. (J). (gr. -1-k). 16.99 *(978-1-368-07416-2(2),* Disney Press Books) Disney Publishing Worldwide.

Frozen Beauty. Lexa Hillyer. 2020. (ENG.). 368p. (YA). (gr. 8). 17.99 *(978-0-06-233040-6(3),* HarperTeen) HarperCollins Pubs.

Frozen Deep. Wilkie Collins. (ENG.). (J). 2018. 260p. pap. *(978-3-337-46733-3(4));* 2017. 364p. pap. *(978-3-337-09024-1(9))* Creation Pubs.

Frozen Deep: And Other Tales (Classic Reprint) Wilkie Collins. 2018. (ENG., Illus.). (J). 31.45 *(978-0-260-55353-9(0))* Forgotten Bks.

Frozen Dog Tales & Other Things (Classic Reprint) William Crosbie Hunter. 2018. (ENG., Illus.). 194p. (J). 27.90 *(978-0-267-70221-3(3))* Forgotten Bks.

Frozen Frogs & Other Amazing Hibernators. Mary Lindeen. 2017. (Searchlight Books (tm) — Animal Superpowers Ser.). (ENG., Illus.). 40p. (J). (gr. 3-5). 30.65 *(978-1-5124-2547-5(8),* 9cba5f09-9760-40d6-a1e5-77c7de2e2353); E-Book 46.65 *(978-1-5124-3662-4(3),* 9781512436624); E-Book 4.99 *(978-1-5124-3663-1(1),* 9781512436631); E-Book 46.65 *(978-1-5124-2820-9(5))* Lerner Publishing Group. (Lerner Pubns.).

Frozen Girl: The Discovery of an Incan Mummy. David Getz. Illus. by Peter McCarty. 2018. (ENG.). 80p. (J). pap. 6.99 *(978-1-250-14363-1(2),* 9781250143631) Square Fish.

Frozen Guide to Music: Explore Rhythm, Keys, & More. Tara Flandreau. 2019. (Disney Learning Let's Explore Music Ser.). (ENG., Illus.). 32p. (J). (gr. k-2). pap. 9.99 *(978-1-5415-7471-7(0));* lib. bdg. 33.32 *(978-1-5415-5492-4(2))* Lerner Publishing Group. (Lerner Pubns.).

Frozen Heart. M. J. Padgett. 2020. (ENG.). 254p. (YA). pap. 14.99 *(978-1-393-28366-9(7))* Draft2Digital.

Frozen Hearts & Death Magic. Day Leitao. 2022. (Of Fire & Fae Ser.: Vol. 1). (ENG.). 458p. (YA). *(978-1-7775227-5-9(7));* pap. *(978-1-7775227-4-2(9))* Sparkly Wave.

Frozen Lands. Mary-Jane Wilkins. 2017. (Who Lives Here? Ser.). (ENG., Illus.). 24p. (J). (gr. 2-4). 28.50 *(978-1-78121-347-6(X),* 16712) Brown Bear Bks.

Frozen Little Golden Book Library (Disney Frozen) Frozen; a New Reindeer Friend; Olaf's Perfect Day; the Best Birthday Ever; Olaf Waits for Spring, 5 vols. 2019. (Little Golden Book Ser.). (ENG., Illus.). 120p. (J). (-k). 24.95 *(978-0-7364-3914-5(5),* Golden/Disney) Random Hse. Children's Bks.

Frozen: Olaf Gives Thanks. Colin Hosten. 2018. (ENG., Illus.). 24p. (J). (gr. 1-3). 10.99 *(978-1-368-02320-7(7),* Disney Press Books) Disney Publishing Worldwide.

Frozen: Olaf Welcomes Spring. Disney Books. 2016. (ENG., Illus.). 12p. (J). (gr. -1-k). bds. 8.99 *(978-1-4847-2467-5(4),* Disney Press Books) Disney Publishing Worldwide.

Frozen Pirate. William Clark Russell. 2017. (ENG., Illus.). (J). pap. 16.95 *(978-1-374-86661-4(X))* Capital Communications, Inc.

Frozen Prince. Maxym M. Martineau. 2020. (Beast Charmer Ser.: 2). 416p. (YA). (gr. 8-12). pap. 10.99 *(978-1-7282-2935-5(9))* Sourcebooks, Inc.

Frozen Quizzes: All Good Things. Jennifer Boothroyd. 2019. (Disney Quiz Magic Ser.). (ENG., Illus.). 32p. (J). (gr. 1-4). 29.32 *(978-1-5415-5472-6(8));* pap. 8.99 *(978-1-5415-7396-3(X))* Lerner Publishing Group. (Lerner Pubns.).

Frozen Rainbow. Astrid Foss. Illus. by Monique Dong. 2021. (Snow Sisters Ser.: 3). (ENG.). 128p. (J). (gr. 2-5). 17.99 *(978-1-5344-4355-6(X));* pap. 6.99 *(978-1-5344-4354-9(1))* Simon & Schuster Children's Publishing. (Aladdin).

Frozen Reign. Kathryn Purdie. (Burning Glass Ser.: 3). (ENG.). (YA). (gr. 9). 2020. 352p. pap. 10.99 *(978-0-06-241243-0(4));* 2018. (Illus.). 336p. 17.99 *(978-0-06-241242-3(6))* HarperCollins Pubs. (Tegen, Katherine Bks).

Frozen Saga: Anna & Elsa's Journey (Disney Frozen) Random House. Illus. by Random House. 2023. (ENG., Illus.). 192p. (J). (gr. 2-5). 24.95 *(978-0-7364-4173-5(5),* RH/Disney) Random Hse. Children's Bks.

Frozen Sea (Dragon Games #2) Maddy Mara. 2023. (Dragon Games Ser.). (ENG.). 144p. (J). (gr. 2-5). pap. 5.99 *(978-1-338-85195-3(0),* Scholastic Paperbacks) Scholastic, Inc.

Frozen Time: Included Bonus Story Inside. Andrew Zellgert. Ed. by Laina Burris. Illus. by Andrew Zellgert. 2021. (ENG.). 182p. (YA). pap. 18.07 *(978-1-6671-4782-6(X))* Lulu Pr., Inc.

Frozen Top 10s: Some People Are Worth Melting For. Mary Lindeen. 2019. (My Top 10 Disney Ser.). (ENG., Illus.). 32p. (J). (gr. 1-4). pap. 8.99 *(978-1-5415-4662-2(8),* Lerner Pubns.) Lerner Publishing Group.

Frozen Vegetables: #2. Heather Macht. Illus. by Alice Brereton. 2022. (Woodlot Monster Mysteries Ser.). (ENG.). 48p. (J). (gr. 3-6). lib. bdg. 34.21 *(978-1-0982-3594-9(0),* 41169, Spellbound) Magic Wagon.

Frozen Worlds. Contrib. by Caryn Jenner. 2023. (DK Super Readers Ser.). (ENG., Illus.). 32p. (J). (gr. 1-3). pap. 4.99 *(978-0-7440-7220-4(4),* DK Children) Dorling Kindersley Publishing, Inc.

Frozen Worlds. Caryn Jenner. ed. 2019. (DK Readers Ser.). (ENG.). 23p. (J). (gr. k-1). 14.49 *(978-1-64310-922-0(7))* Penworthy Co., LLC, The.

Frozen Worlds: The Astonishing Nature of the Arctic & Antarctic. Jason Bittel. Illus. by Claire McElfatrick. 2023. (Magic & Mystery of Nature Ser.). (ENG.). 80p. (J). (gr. 2-4). 16.99 *(978-0-7440-7000-2(7),* DK Children) Dorling Kindersley Publishing, Inc.

Frozen Zone Freeze Ray. Michael Dahl. Illus. by Luciano Vecchio. 2018. (Batman Tales of the Batcave Ser.). (ENG.). 40p. (J). (gr. 4-8). lib. bdg. 24.65 *(978-1-4965-5977-7(0),* 137326, Stone Arch Bks.) Capstone.

Fru Dagmar's Son: A Survivor of the Danmark (Classic Reprint) Julia McNair Wright. 2017. (ENG., Illus.). (J). pap. 13.57 *(978-0-282-59530-2(9))* Forgotten Bks.

Frü Dagmar's Son: A Survivor of the Danmark (Classic Reprint) Julia McNair Wright. 2018. (ENG., Illus.). 352p. (J). 31.16 *(978-0-364-33575-8(0))* Forgotten Bks.

Fru Fru, el Cerdito. Édouard Manceau. 2017. 20p. (J). bds. 8.99 *(978-84-17002-16-9(2))* Plataforma Editorial SL ESP. Dist: Lectorum Pubns., Inc.

Frucht des Geistes - Übungsbuch Für Anfänger. Pip Reid. 2021. (GER.). 128p. (J). pap. *(978-1-989961-61-2(4))* Bible Pathway Adventures.

Fruit. Marissa Kirkman. 2019. (Plant Parts Ser.). (ENG., Illus.). 24p. (J). (gr. -1-2). 24.65 *(978-1-9771-0925-5(X),* 140537, Pebble) Capstone.

Fruit. Illus. by Pierre-Marie Valat. 2023. (My First Discovery Paperbacks Ser.). (ENG.). 32p. (J). (gr. k-2). pap. 9.99 *(978-1-85103-758-2(6))* Moonlight Publishing, Ltd. GBR. Dist: Independent Pubs. Group.

Fruit / Fruita. Xist Publishing. 2017. (Xist Kids Bilingual Spanish English Ser.). (ENG & SPA.). 28p. (J). (gr. -1-3). pap. 9.99 *(978-1-5324-0337-8(2))* Xist Publishing.

Fruit among the Leaves: An Anniversary Anthology; Edited with an Historical Introduction (Classic Reprint) Samuel C. Chew. (ENG., Illus.). (J). 2018. 574p. 35.74 *(978-0-483-66863-8(X));* 2017. pap. 19.57 *(978-1-334-92057-8(5))* Forgotten Bks.

Fruit & Flower Baskets for Free! a Coloring & Activity Book for Kids. Speedy Kids. 2017. (ENG., Illus.). (J). pap. 9.20 *(978-1-5419-0976-2(3))* Speedy Publishing LLC.

Fruit & Veggie Coloring Book for Children (6x9 Coloring Book / Activity Book) Sheba Blake. 2021. (ENG.). 54p. (J). pap. 9.99 *(978-1-222-28973-2(3))* Indy Pub.

Fruit & Veggie Coloring Book for Children (8. 5x8. 5 Coloring Book / Activity Book) Sheba Blake. 2021. (ENG.). 54p. (J). pap. 12.99 *(978-1-222-29161-2(4))* Indy Pub.

Fruit & Veggie Coloring Book for Children (8x10 Coloring Book / Activity Book) Sheba Blake. 2021. (ENG.). 54p. (J). pap. 14.99 *(978-1-222-28974-9(1))* Indy Pub.

Fruit & Veggie Delights Coloring Book. Kreative Kids. 2016. (ENG., Illus.). (J). pap. 9.20 *(978-1-68377-477-8(9))* Whlke, Traudl.

Fruit Bowl. Mark Hoffmann. 2018. (Illus.). 40p. (J). (gr. -1-2). 18.99 *(978-1-5247-1991-3(9),* Knopf Bks. for Young Readers) Random Hse. Children's Bks.

Fruit Bowl Friends. Sarah Orchard. Illus. by Caitlin Murphy. 2022. (ENG.). 28p. (J). pap. *(978-1-80042-138-7(9))* SilverWood Bks.

Fruit Cakes Only. Dawn Diamond. 2017. (ENG.). 50p. (J). pap. *(978-0-244-02090-3(6))* Lulu Pr., Inc.

Fruit Doesn't Feel: An ABC Book. Joshua James Cole. 2023. (ENG.). 62p. (J). 18.99 ***(978-1-0879-6854-4(2))*** Indy Pub.

Fruit Family. Sieara McLeod. 2021. (ENG.). 32p. (J). 18.99 *(978-1-6629-1478-2(4));* pap. 15.99 *(978-1-6629-1479-9(2))* Gatekeeper Pr.

Fruit in the Garden Clubhouse. Letitia y Williams. 2016. (Fruit in the Garden Clubhouse Ser.: Vol. 1). (ENG., Illus.). (J). (gr. 2-6). 16.99 *(978-0-9974831-1-6(3))* Self-Discovery LLC.

Fruit Jam - Aia Mwaiee Uaanikai (Te Kiribati) Amani Uduman. Illus. by Fandhi Wijanarko. 2023. (ENG.). 30p. (J). pap. ***(978-1-922827-68-5(1))*** Library For All Limited.

Fruit Juice: The Sound of Ul. Kara L. Laughlin. 2020. (Vowel Blends Ser.). (ENG.). 24p. (J). (gr. -1-2). lib. bdg. 32.79 *(978-1-5038-3545-0(6),* 213440) Child's World, Inc, The.

Fruit Kingdom. Christine Warugaba. Illus. by Peter Gitego. 2017. (ENG.). 24p. (J). pap. *(978-99977-772-4-9(7))* FURAHA Pubs. Ltd.

Fruit Magazine, Vol. 4: Scientific Farmer & Canadian Citizen; December, 1911 (Classic Reprint) Maxwell Smith. (ENG., Illus.). (J). 2018. 96p. 25.88 *(978-0-267-59617-1(0));* 2017. pap. 9.57 *(978-0-243-25926-7(3))* Forgotten Bks.

Fruit Magazine, Vol. 4: Scientific Farmer & Canadian Citizen; January, 1912 (Classic Reprint) Maxwell Smith. (ENG., Illus.). (J). 2018. 88p. 25.71 *(978-0-332-08111-3(7));* 2016. pap. 9.57 *(978-1-334-16926-7(8))* Forgotten Bks.

Fruit Magazine, Vol. 5: Scientific Farmer & Canadian Citizen; July, 1912 (Classic Reprint) Maxwell Smith. (ENG., Illus.). (J). 2018. 90p. 25.75 *(978-0-267-58388-1(5));* 2016. pap. 9.57 *(978-1-334-55699-9(7))* Forgotten Bks.

Fruit Magazine, Vol. 5: Scientific Farmer & Canadian Citizen; September, 1912 (Classic Reprint) Maxwell Smith. (ENG., Illus.). (J). 2018. 82p. 25.59 *(978-0-267-95096-6(9));* 2016. pap. 9.57 *(978-1-334-12434-1(5))* Forgotten Bks.

Fruit Medley: ABC. Illus. by Hope M. Myers. 2021. (ENG.). 32p. (J). pap. ***(978-1-716-29075-6(9))*** Lulu Pr., Inc.

Fruit Ninja. Illus. by Erich Owen. 2018. 78p. (J). *(978-1-5490-7114-0(9))* Andrews McMeel Publishing.

Fruit Ninja: Frenzy Force. Halfbrick Halfbrick Studios. Illus. by Erich Owen. 2018. (ENG.). 80p. (J). pap. 9.99 *(978-1-4494-8097-4(7))* Andrews McMeel Publishing.

Fruit Ninja: Frenzy Force. Halfbrick Studios. Illus. by Erich Owen. 2018. (ENG.). 82p. (J). (gr. 2-6). 26.99 *(978-1-4494-9740-8(3))* Andrews McMeel Publishing.

Fruit Ninja & Jetpack Joyride HC. Nate Cosby. 2018. (ENG., Illus.). 80p. (J). 12.99 *(978-1-5241-0573-0(2),* 09200c43-ba77-4635-afcf-b4163abb6989, Dynamite Entertainment) Dynamic Forces, Inc.

Fruit of His Folly (Classic Reprint) Arthur Lewis Tubbs. 2018. (ENG., Illus.). 66p. (J). 25.26 *(978-0-484-19484-6(4))* Forgotten Bks.

Fruit of Our Love. Macey Warren. Illus. by Gustavo Acevedo. 2022. (ENG.). 34p. (J). pap. 16.99 ***(978-1-64645-395-5(6))*** Redemption Pr.

Fruit of the Desert (Classic Reprint) Richard Barry. 2017. (ENG., Illus.). (J). 29.11 *(978-0-265-21480-0(7))* Forgotten Bks.

Fruit of the Holy Spirit: 9 Stories. Josephine Munthali. 2020. (ENG., Illus.). 70p. (J). pap. *(978-1-9162332-8-7(7))* Maurice Wylie Media.

Fruit of the Spirit. Margo Holmes. 2019. (ENG.). 30p. (J). (gr. -1). pap. 9.99 *(978-1-949297-03-4(9),* 148265) Deeper Revelation Bks.

Fruit of the Spirit. Judith Tamasang Jogwuia. Illus. by Mukah Mukah Ispahani. 2021. (ENG.). 74p. (J). *(978-0-2288-5839-3(9));* pap. *(978-0-2288-5838-6(0))* Tellwell Talent.

Fruit of the Spirit. Tabetha McLemore. 2017. (ENG., Illus.). (J). (gr. -1-3). 13.95 *(978-1-5127-7196-1(1),* WestBow Pr.) Author Solutions, LLC.

Fruit of the Spirit. Michele D. Smith. 2021. (ENG.). 26p. (J). pap. 12.99 *(978-0-578-30291-1(8))* Smith, Donella.

Fruit of the Spirit: Love. Halimah Jones. 2017. (ENG., Illus.). (J). pap. 12.95 *(978-1-68197-811-6(3))* Christian Faith Publishing.

Fruit of the Spirit Activity Book. Bible Pathway Adventures & Pip Reid. 2020. (ENG., Illus.). 186p. (J). (gr. 3-6). pap. *(978-1-9992275-2-4(2))* Bible Pathway Adventures.

F

Fruit of the Spirit Activity Book: Coloring & Activity Book (Ages 8-10) Created by Warner Press. 2023. (ENG.). 16p. (J). pap. 4.01 *(978-1-68434-458-1(1))* Warner Pr., Inc.
Fruit of the Spirit Activity Book for Beginners. Pip Reid. 2020. (Beginners Ser.: Vol. 19). (ENG.). 126p. (J). (gr. 3-6). pap. *(978-1-989961-41-4(X))* Bible Pathway Adventures.
Fruit of the Spirit Coloring Activity Book. Michele D. Smith. 2020. (ENG.). 24p. (J). pap. 10.00 *(978-0-578-80185-8(X))* Smith, Donella.
Fruit of the Spirit Grows in My Heart. Ashley Moluf. 2020. (ENG., Illus.). 24p. (J). 18.50 *(978-1-63649-812-6(4))* Primedia eLaunch LLC.
Fruit of the Spirit Is Not a Coconut. Bj Jenkins. Illus. by Katzenmeyer Katie & Crouch Molly. 2019. (ENG.). 34p. (J). pap. 9.99 *(978-1-58169-714-8(7),* Evergreen Pr.) Genesis Communications, Inc.
Fruit of the Tree (Classic Reprint) Hamilton Fyfe. 2018. (ENG., Illus.). 304p. (J). 30.17 *(978-0-267-24927-5(6))* Forgotten Bks.
Fruit of the Tree (Classic Reprint) Edith Warton. 2017. (ENG., Illus.). (J). 37.39 *(978-1-5279-8461-5(3))* Forgotten Bks.
Fruit of the Tree, Vol. 1 of 2 (Classic Reprint) Edith Warton. (ENG., Illus.). (J). 2018. 298p. 30.06 *(978-0-483-83966-3(3));* 2017. pap. 13.57 *(978-0-243-85000-6(X))* Forgotten Bks.
Fruit of the Tree, Vol. 2 of 2 (Classic Reprint) Edith Warton. (ENG., Illus.). (J). 2018. 286p. 29.80 *(978-0-483-42305-3(X));* 2016. pap. 13.57 *(978-1-334-14569-8(5))* Forgotten Bks.
Fruit of Toil: And Other One-Act Plays (Classic Reprint) Lillian P. Wilson. (ENG., Illus.). (J). 2017. 27.16 *(978-0-331-25755-7(6));* 2016. pap. 9.57 *(978-1-333-69628-3(0))* Forgotten Bks.
Fruit or Vegetable. Charlotte Hunter. 2018. (Plants, Animals, & People Ser.). (ENG., Illus.). 16p. (gr. -1-2). lib. bdg. 28.50 *(978-1-64156-158-7(0),* 9781641561587) Rourke Educational Media.
Fruit Salad Friend: Recipe for a True Friend. Maria Dismondy. Illus. by Kathryn Selbert. 2018. (ENG.). 32p. (J). (gr. 2-4). 10.95 *(978-0-9976085-2-6(8),* b541c0ae-46bf-48a4-8a90-e846da42b66f, Cardinal Rule Pr.) Dismondy, Maria Inc.
Fruita: (Fruit) Xist Publishing. 2017. (Xist Kids Spanish Bks.). (SPA.). 28p. (J). (gr. -1-3). pap. 9.99 *(978-1-5324-0405-4(0))* Xist Publishing.
Fruitful. Leslie C. Poston. 2018. (ENG.). 54p. (YA). pap. 9.95 *(978-1-9736-3687-8(5),* WestBow Pr.) Author Solutions, LLC.
Fruitful Faith: A Devotional Study Written by Teens for Teens. Ed. by Jessa R. Sexton. 2018. (ENG., Illus.). 150p. (YA). (gr. 7-12). pap. 15.00 *(978-0-9990090-3-1(6))* Hilliard Pr.
Fruitful Vine (Classic Reprint) Robert Hichens. 2017. (ENG., Illus.). (J). 34.91 *(978-0-266-20902-7(5))* Forgotten Bks.
Fruitfulness. Emile Zola. 2017. (ENG., Illus.). 390p. (J). pap. *(978-3-7326-1782-1(3))* Klassik Literatur. ein Imprint der Salzwasser Verlag GmbH.
Fruitfulness: Fecondite (Classic Reprint) Emile Zola. 2017. (ENG., Illus.). (J). 34.19 *(978-0-265-18368-7(5))* Forgotten Bks.
Fruitless Orchard (Classic Reprint) Peggy Webling. (ENG., Illus.). (J). 2018. 322p. 30.56 *(978-0-428-94627-2(5));* 2016. pap. 13.57 *(978-1-334-14682-4(9))* Forgotten Bks.
Fruits. Lauren D. Quinn. 2016. (Illus.). 24p. (J). *(978-1-5105-1409-6(0))* SmartBook Media, Inc.
Fruits. Eileen Rhona Marita. Illus. by John Robert Azuelo. 2021. (ENG.). 28p. (J). pap. *(978-1-922621-73-3(0))* Library For All Limited.
Fruits. Alicia Rodriguez. Tr. by Annie Evearts. 2021. (Parties d'une Plante (Parts of a Plant) Ser.). (FRE., Illus.). 16p. (J). (gr. -1-1). pap. *(978-1-0396-0613-5(X),* 13094) Crabtree Publishing Co.
Fruits: Copy Colour Books. Wonder House Books. 2018. (Little Artist Ser.). (ENG.). 16p. (J). (— 1). pap. 1.99 *(978-93-87779-91-4(2))* Prakash Bk. Depot IND. Dist: Independent Pubs. Group.
Fruits & Bits Activity Book for 6 Year Old Girl. Educando Kids. 2019. (ENG.). 42p. (J). pap. 8.55 *(978-1-64521-791-6(4),* Educando Kids) Editorial Imagen.
Fruits & the ABCs. Joseph Davis. 2020. 56p. (J). 26.74 *(978-1-0983-2128-4(6))* BookBaby.
Fruits & Vegetables. 2019. (Illus.). (J). *(978-1-4351-6977-7(8))* Barnes & Noble, Inc.
Fruits & Vegetables. Marnie Forestieri. 2018. (Grow with Steam Ser.). (ENG.). 12p. (J). bds. *(978-1-63560-177-0(0))* Lake Press.
Fruits & Vegetables: A Picture Book in Karen & English. Blae Ku & Shay Tha. 2016. (KAR & ENG., Illus.). 54p. (J). 26.00 *(978-1-4809-6685-7(1),* RoseDog Bks.) Dorrance Publishing Co., Inc.
Fruits & Vegetables: How We Grow & Eat Them. Ruth Owen. 2022. (Get Started with STEM Ser.). (ENG., Illus.). 32p. (J). (gr. k-3). pap. 9.99 *(978-1-78856-275-1(5),* e1ca3855-2c63-49ae-bd0c-6f4cfef7c725); lib. bdg. 30.65 *(978-1-78856-274-4(7),* d37e2e01-609f-4a58-919a-ad341b4613f3) Ruby Tuesday Books Limited GBR. Dist: Lerner Publishing Group.
Fruits & Vegetables: Taste of Nature. Nithya Kamaraj. 2021. (ENG.). 114p. (J). pap. 35.99 *(978-1-68487-353-1(3))* Notion Pr., Inc.
Fruits & Vegetables a to Z: Rhyming Alphabet Adventure. Scotty Club & Rob Bevan. I.t. ed. 2023. (My First ABC Ser.). (ENG.). 30p. (J). *(978-1-913048-08-2(X))* 247 iMedia.
Fruits & Vegetables a-Z Coloring Book. Smarter Activity Books for Kids. 2016. (ENG., Illus.). (J). pap. 9.22 *(978-1-68374-449-8(7))* Examined Solutions PTE. Ltd.
Fruits & Vegetables Activity Book. A. Green. 2020. (ENG.). 102p. (J). pap. 9.00 *(978-1-716-28663-6(8))* Lulu Pr., Inc.
Fruits & Vegetables Coloring Book. Cristie Publishing. 2020. (ENG.). 46p. (J). pap. 8.99 *(978-1-716-31002-7(4))* Lulu Pr., Inc.
Fruits & Vegetables Explained, 1 vol. Alicia Z. Klepeis. 2016. (Distinctions in Nature Ser.). (ENG.). 32p. (gr. 3-3). 30.21 *(978-1-5026-1744-6(7),* e4489408-3428-40c7-946f-ea50507a4efd) Cavendish Square Publishing LLC.
Fruits & Veggies Making Faces. Angela Y. Russ-Ayon. Illus. by Matt Mew. 2016. (ENG.). 32p. (J). pap. 11.95 *(978-0-9799612-3-6(8))* Russ Invision.
Fruits & Veggies Making Faces: A Children's Picture Book about Feelings, Emotions, & Self-Expression. Angela Russ-Ayon. Illus. by Cathy Mew. 2nd ed. 2023. (ENG.). 30p. (J). pap. 12.99 *(978-1-958627-80-8(1))* Russ Invision.
Fruits Basket Collector's Edition, Vol. 11. Natsuki Takaya. 2017. (Fruits Basket Collector's Edition Ser.: 11). (ENG., Illus.). 384p. (gr. 8-17). pap. 20.00 *(978-0-316-50168-2(9),* Yen Pr.) Yen Pr. LLC.
Fruits Basket Collector's Edition, Vol. 7. Natsuki Takaya. 2016. (Fruits Basket Collector's Edition Ser.: 7). (ENG., Illus.). 384p. (gr. 8-17). pap. 20.00 *(978-0-316-36072-2(4))* Yen Pr. LLC.
Fruits Basket Collector's Edition, Vol. 8. Natsuki Takaya. 2016. (Fruits Basket Collector's Edition Ser.: 8). (ENG., Illus.). 384p. (gr. 8-17). pap. 20.00 *(978-0-316-36073-9(2),* Yen Pr.) Yen Pr. LLC.
Fruits Basket Collector's Edition, Vol. 9. Natsuki Takaya. 2017. (Fruits Basket Collector's Edition Ser.: 9). (ENG., Illus.). 384p. (gr. 8-17). pap. 20.00 *(978-0-316-50162-0(X))* Yen Pr. LLC.
Fruits Coloring Book: Fruits Pages to Color for Kids: Boys & Girls. Cosmin. 2021. (ENG.). 64p. (J). pap. *(978-0-477-43568-0(8))* Neall-Crae Publishing Ltd.
Fruits Coloring Book for Kids Age 4 To 6. Magical Colors. 2021. (ENG., Illus.). 60p. (J). pap. 7.55 *(978-1-716-21035-8(6))* Lulu Pr., Inc.
Fruits Coloring Book for Kids! Discover These Fun & Enjoyable Coloring Pages. Bold Illustrations. 2022. (ENG.). 82p. (J). pap. 14.99 *(978-1-0717-0660-2(8),* Bold Illustrations) FASTLANE LLC.
Fruits-Conteurs. Nicolas Virag. 2017. (FRE., Illus.). 146p. (J). pap. *(978-1-326-97807-5(1))* Lulu Pr., Inc.
Fruits in Suits. Jared Chapman. 2017. (ENG., Illus.). 40p. (J). (gr. -1-k). 14.95 *(978-1-4197-2298-1(0),* 1132701, Abrams Appleseed) Abrams, Inc.
Fruits, Nuts & Cupcakes Coloring Book. Activity Book Zone for Kids. 2016. (ENG., Illus.). (J). pap. 9.20 *(978-1-68376-336-9(X))* Sabeels Publishing.
Fruits of Education, or the Two Guardians (Classic Reprint) Lucy Cameron. (ENG., Illus.). (J). 2018. 188p. 27.79 *(978-0-483-92149-8(1));* 2016. pap. 10.57 *(978-1-334-34492-3(2))* Forgotten Bks.
Fruits of Enterprize Exhibited in the Adventures of Belzoni in Egypt & Nubia: With an Account of His Discoveries in the Pyramids, among the Ruins of Cities, & in the Ancient Tombs (Classic Reprint) Lucy Sarah Atkins Wilson. 2017. (ENG., Illus.). (J). 29.88 *(978-0-331-43653-2(1))* Forgotten Bks.
Fruits of Kiribati - Uaan Abau Ae Kiribati (Te Kiribati) Teewata Aromata. Illus. by Jovan Carl Segura. 2022. (MIS.). 32p. (J). pap. *(978-1-922895-82-0(2))* Library For All Limited.
Fruits of the Spirit. Kay Reynolds. 2021. (ENG., Illus.). 44p. (J). pap. 15.95 *(978-1-6624-2988-0(6))* Page Publishing Inc.
Fruits of the Spirit. Laura Yelvington. 2016. (ENG., Illus.). (J). pap. 31.95 *(978-1-4624-1198-6(3),* Inspiring Voices) Author Solutions, LLC.
Fruits, Vegetables & Food in French - Coloring While Learning French - Language Books for Grade 1 Children's Foreign Language Books. Baby Professor. 2018. (ENG., Illus.). 64p. (J). pap. 12.99 *(978-1-5419-2565-6(3),* Baby Professor (Education Kids)) Speedy Publishing LLC.
Fruits, Vegetables & Food in Spanish - Coloring & Learn Spanish - Language Books for Kindergarten Children's Foreign Language Books. Baby Professor. 2018. (ENG., Illus.). 64p. (J). pap. 12.99 *(978-1-5419-2563-2(7),* Baby Professor (Education Kids)) Speedy Publishing LLC.
Fruits vs. Veggies. Thompson Family. 2023. (ENG.). 56p. (J). 17.99 *(978-1-0880-8821-0(X))* Indy Pub.
Fruity Adventures! Featuring Vegetables Coloring Book. Smarter Activity Books for Kids. 2016. (ENG., Illus.). (J). pap. 9.22 *(978-1-68374-500-6(0))* Examined Solutions PTE. Ltd.
Fruity Tooty Mazes for Kids Age 8-10. Educando Kids. 2019. (ENG.). 42p. (J). pap. 8.55 *(978-1-64521-608-7(X),* Educando Kids) Editorial Imagen.
Frupp & Rilely's Splendiferous Week. Neil Graham Walton. 2022. (ENG.). 62p. (J). pap. *(978-1-80302-591-9(3))* FeedARead.com.
Frustrated. August Hoeft. (Emoji Emotions Ser.). (ENG.). (J). (gr. k-1). 2022. 20p. 24.99 *(978-1-5324-3857-8(5));* 2020. 8p. pap. 5.99 *(978-1-5324-1396-4(3))* Xist Publishing.
Frustrated, Angry & Mad: A Colorful Kids Picture Book for Temper Tantrums, Anger Management & Angry Children Age 2 to 6, 3 To 5. Adrian Laurent. 2022. (Feeling Big Emotions Picture Bks.). (ENG.). 40p. (J). pap. *(978-1-9911748-0-2(2))* Bradem Press.
Frustrated Fred. Ashley Mack. Illus. by Dusan Pavlic. 2022. (ENG.). 26p. (J). 14.99 *(978-1-0879-5047-1(3))* Indy Pub.
Frustrated Ninja: A Social, Emotional Children's Book about Managing Hot Emotions. Mary Nhin. Illus. by Jelena Stupar. 2021. (Ninja Life Hacks Ser.: Vol. 62). (ENG.). 38p. (J). 19.99 *(978-1-63731-234-6(2))* Grow Grit Pr.
FRUSTRATING Book! Mo Willems. 2022. (Unlimited Squirrels Ser.: 5). (ENG.). 96p. (J). (gr. -1-3). 12.99 *(978-1-368-07482-7(0),* Hyperion Books for Children) Disney Publishing Worldwide.
Frutas en un Pincho. Judy Kentor Schmauss. Illus. by Chris Chatterton. 2016. (Early Rising Readers Ser.). (SPA.). (J). (gr. -1). 6.67 *(978-1-4788-3674-2(1))* Newmark Learning LLC.
Frutas en un Pincho - 6 Pack. Judy Kentor Schmauss. 2016. (Early Rising Readers Ser.). (SPA.). (J). (gr. 1). 40.00 net. *(978-1-4788-4617-8(8))* Newmark Learning LLC.
Frutas (Fruits) Grace Hansen. 2016. (Anatomía de una Planta (Plant Anatomy) Ser.). (SPA.). 24p. (J). (gr. -1-2). lib. bdg. 32.79 *(978-1-62402-658-4(3),* 24820, Abdo Kids) ABDO Publishing Co.
Frutas y Verduras: Fruits & Vegetables. Eusebia Esteban. 2021. (SPA.). 30p. (J). pap. 9.00 *(978-1-64086-878-6(X))* ibukku, LLC.
Fry Bread: A Native American Family Story. Kevin Noble Maillard. Illus. by Juana Martinez-Neal. 2019. (ENG.). 48p. (J). 18.99 *(978-1-62672-746-5(5),* 900172345) Roaring Brook Pr.
Fry Guys, Volume 1. Eric Geron. Illus. by Jannie Ho. 2023. (Fry Guys Ser.: 1). (ENG.). 80p. (J). 11.99 *(978-1-5248-7943-3(6))* Andrews McMeel Publishing.
Fu Hao: The Warrior Queen. Rachel Bubb. 2021. (ENG.). 80p. (J). pap. *(978-1-300-20087-1(1))* Lulu Pr., Inc.
Fuball: Kinder Malbuch. Bold Illustrations. 2017. (GER., Illus.). (J). pap. 8.35 *(978-1-64193-176-2(0),* Bold Illustrations) FASTLANE LLC.
Fußball Malbuch Für Kinder: Nettes Malbuch Für Alle Fußballliebhaber. Lenard Vinci Press. 2021. (GER.). 100p. (J). pap. 10.99 *(978-1-716-26053-7(1))* Lulu Pr., Inc.
Fuchsia Fierce. Christianne C. Jones. Illus. by Kelly Canby. 2016. (ENG.). 32p. (J). (gr. -1-2). 15.95 *(978-1-62370-786-6(2),* 133092, Capstone Young Readers); lib. bdg. 22.65 *(978-1-5158-0553-3(0),* 133091, Picture Window Bks.) Capstone.
Fuddles. Afterword by Frans Vischer. 2019. (Fuddles Pic Bks). (ENG.). 30p. (J). (gr. k-1). 18.96 *(978-0-87617-775-4(5))* Penworthy Co., LLC, The.
Fuddles & Puddles. Frans Vischer. ed. 2021. (Fuddles Pic Bks). (ENG., Illus.). 32p. (J). (gr. k-1). 19.46 *(978-1-64697-842-7(0))* Penworthy Co., LLC, The.
Fuddles & Puddles. Frans Vischer. Illus. by Frans Vischer. (ENG., Illus.). 32p. (J). (gr. -1-3). 2021. 7.99 *(978-1-5344-3903-0(X));* 2016. 17.99 *(978-1-4814-3839-1(5))* Simon & Schuster Children's Publishing. (Aladdin).
Fudge Doings, Vol. 1: Being Tony Fudge's Record of the Same (Classic Reprint) Unknown Author. 2018. (ENG., Illus.). 236p. (J). 28.78 *(978-0-365-15303-0(6))* Forgotten Bks.
Fudge Family in Paris (Classic Reprint) Thomas Moore. 2017. (ENG., Illus.). (J). 27.90 *(978-0-265-40608-3(0))* Forgotten Bks.
Fudge Family in Washington (Classic Reprint) Harry Nimrod. 2017. (ENG., Illus.). (J). 126p. 26.50 *(978-0-266-73145-0(7));* 128p. pap. 9.57 *(978-1-5276-9270-1(1))* Forgotten Bks.
¡Fuego! ¡Fuego! Leveled Reader Book 30 Level e 6 Pack. Hmh Hmh. 2021. (SPA.). 16p. (J). pap. 74.40 *(978-0-358-08250-7(1))* Houghton Mifflin Harcourt Publishing Co.
Fuego, Fueguito. Jorge Argueta et al. Illus. by Felipe Ugalde & Ugalde Alcántara Felipe. 2019. (ENG & SPA.). 32p. (J). (gr. 1-3). 17.95 *(978-1-55885-887-9(3))* Arte Publico Pr.
Fuego Secreto. C. J. Daugherty & Carina Rozenfeld. 2016. (SPA.). 384p. (YA). (gr. 9-12). pap. 17.99 *(978-987-747-142-7(6))* V&R Editoras.
Fuego the Dragon. P. R. Lockie. Illus. by Brady Wilson. 2020. (ENG.). 26p. (J). pap. 12.99 *(978-1-954004-72-6(9))* Pen It Pubns.
Fueling Flames. Mave X. Wong. 2017. (Y/a Life Ser.: Vol. 1). (ENG.). 208p. (J). pap. *(978-0-9952322-5-9(3))* Durvile Pubns. Ltd.
Fuente. Chris Door. 2017. (SPA.). 554p. (J). pap. *(978-84-697-8627-7(X))* Agencia del ISBN de España.
Fuente Escondida. el Cuento para Reencontrarte / Your Hidden Inner Spring. Miriam Tirado. 2022. (SPA.). 64p. (J). (gr. k-3). pap. 15.95 *(978-607-38-1640-3(5),* B DE Books) Penguin Random House Grupo Editorial ESP. Dist: Penguin Random Hse. LLC.
Fuente Maravillosa y otros cuentos que me conto mi Abuela see Marvelous Fountain: And other stories my grandma told Me
Fuerte y Suave en la Clase de Música / Loud & Quiet in Music Class, 1 vol. Eileen Greer. 2017. (Opuestos en la Escuela / Opposites at School Ser.). (ENG & SPA., Illus.). 24p. (J). (gr. 1-1). lib. bdg. 25.27 *(978-1-5081-6349-7(9),* 0bc15c06-53ce-4a55-ab5e-952ca8d2e015, PowerKids Pr.) Rosen Publishing Group, Inc., The.
Fuerte y Suave en la Clase de Música (Loud & Quiet in Music Class), 1 vol. Eileen Greer. 2017. (Opuestos en la Escuela (Opposites at School) Ser.). (SPA.). 24p. (J). (gr. 1-1). pap. 9.25 *(978-1-5383-2716-6(3),* 1ee40878-121f-4879-aef9-dcc778d0cd8c); (Illus.). lib. bdg. 25.27 *(978-1-5081-6345-9(6),* fa861929-b7fa-47f0-9b35-29784595fe68) Rosen Publishing Group, Inc., The. (PowerKids Pr.).
Fuertecito Rojo (the Little Red Fort) Brenda Maier. Illus. by Sonia Sánchez. 2018. (SPA.). 40p. (J). (gr. -1-3). pap. 4.99 *(978-1-338-26901-7(1),* Scholastic en Espanol) Scholastic, Inc.
Fuerza de Voluntad Del Invierno (Winter Willpower) Bill Yu. 2022. (¡Sobrevivir! Ser.).Tr. of Winter Willpower. (SPA.). 32p. (J). (gr. 3-3). pap. 9.95 *(978-1-64494-754-8(4),* Graphic Planet) ABDO Publishing Co.
Fuerza de Voluntad Del Invierno (Winter Willpower) Bill Yu. Illus. by Vincenzo Pietropaolo. 2021. (Survive! Ser.).Tr. of Winter Willpower. (SPA.). 32p. (J). (gr. 3-8). lib. bdg. 32.79 *(978-1-0982-3284-9(4),* 38694, Graphic Planet - Fiction) Magic Wagon.
Fuerzas de la Tierra. Andrea Pelleschi. 2017. (Vitales Ser.). (SPA.). (YA). (gr. 6-8). pap. *(978-1-5021-6876-4(6))* Benchmark Education Co.
Fuerzas de la Tierra - 6 Pack: Set of 6 Common Core Edition. Andrea Pelleschi. 2017. (Vitales Ser.). (SPA.). (YA). (gr. 6-8). 75.00 *(978-1-5021-7098-9(1))* Benchmark Education Co.
Fuerzas y Movimiento en Los Deportes: Set of 6 Common Core Edition. Glen Phelan & Benchmark Education Company, LLC Staff. 2016. (Navigators Ser.). (SPA.). (J). (gr. 6). 60.00 net. *(978-1-5125-0797-3(0))* Benchmark Education Co.
Fuga Dariei Din Tinutul Pasarii Maiestre. Sinziana Popescu. 2017. (Andilandi Ser.: Vol. 5). (RUM., Illus.). 340p. (J). pap. *(978-606-8913-00-1(7))* Mediamorphosis.
Fuga Do Egito: Moisés e As Dez Pragas. Pip Reid. 2020. (Defensores Da Fé Ser.: Vol. 1). (POR.). 44p. (J). pap. *(978-1-989961-42-1(8))* Bible Pathway Adventures.
Fugitive. John Grisham. 2016. (Theodore Boone Ser.: 5). 272p. lib. bdg. 18.40 *(978-0-606-38847-4(8))* Turtleback.
Fugitive: Being Memoirs of a Wanderer in Search of a Home (Classic Reprint) Ezra S. Brudno. 2018. (ENG., Illus.). 408p. (J). 32.31 *(978-0-428-85266-5(1))* Forgotten Bks.
Fugitive Anne (Classic Reprint) Campbell Praed. (ENG., Illus.). (J). 2018. 440p. 32.97 *(978-0-484-36597-0(5));* 2017. pap. 16.57 *(978-0-259-01461-4(3))* Forgotten Bks.
Fugitive Blacksmith (Classic Reprint) Charles D. Stewart. 2017. (ENG., Illus.). (J). 30.72 *(978-1-5281-4624-1(7))* Forgotten Bks.
Fugitive Facts: A Dictionary of Rare & Curious Information; a Treasury of Facts, Legends, Sayings & Their Explanation, Obtained in Large Parte from Sources Not Generally Accessible, & Covering More Than One Thousand Topics of General Interest & Fr. Robert Thorne. 2017. (ENG., Illus.). (J). pap. 16.57 *(978-0-282-00407-1(6))* Forgotten Bks.
Fugitive Facts: An Epitome of General Information, Obtained in Large Part from Sources Not Generally Accessible, & Covering More Than One Thousand Topics of General Interest & Frequent Inquiry (Classic Reprint) Robert Thorne. 2017. (ENG., Illus.). (J). pap. 16.97 *(978-1-5277-1784-8(4))* Forgotten Bks.
Fugitive Leaves from Foreign Notes: Paris, Versailles, St. Denis, Fontainebleu (Classic Reprint) Ida Sherratt Chaney. (ENG., Illus.). (J). 2018. 90p. 25.75 *(978-0-267-58545-8(4));* 2016. pap. 9.57 *(978-1-334-15754-7(5))* Forgotten Bks.
Fugitive Millionaire (Classic Reprint) Anthony Carlyle. 2018. (ENG., Illus.). 300p. (J). 30.08 *(978-0-267-26312-7(0))* Forgotten Bks.
Fugitive Six. Pittacus Lore. (Lorien Legacies Reborn Ser.: 2). (ENG.). (YA). (gr. 9). 2019. 464p. pap. 11.99 *(978-0-06-249388-0(4));* 2018. 448p. 18.99 *(978-0-06-249376-7(0))* HarperCollins Pubs. (HarperCollins).
Fugitives. Helen May. 2020. (ENG.). 120p. (YA). *(978-1-5255-6643-1(1));* pap. *(978-1-5255-6644-8(X))* FriesenPress.
Fugitives (Classic Reprint) Margaret Oliphant. 2018. (ENG., Illus.). 276p. (J). 29.59 *(978-0-364-94264-2(9))* Forgotten Bks.
Fugitives of Destiny: A Mystic Brats Novel. Robert G. Culp. 2019. (ENG.). (YA). 234p. pap. 9.99 *(978-1-393-36888-5(3));* 180p. pap. 10.99 *(978-1-393-80448-2(9));* 204p. pap. 13.99 *(978-1-393-23991-8(9))* Draft2Digital.
Fugitives, or the Tyrant Queen of Madagascar (Classic Reprint) R. M. Ballantyne. 2018. (ENG., Illus.). 496p. (J). 34.19 *(978-0-428-83258-2(X))* Forgotten Bks.
Fui Hecho para Ti. David Lucas. (SPA.). (J). 2022. 36p. (gr. k-2). pap. 13.95 *(978-84-16470-31-0(6));* 2021. 32p. (gr. -1-k). 13.95 *(978-84-16470-17-4(0))* Fineo Editorial, S.L. ESP. Dist: Independent Pubs. Group.
Fuiste Vos, Robot. Franco Vaccarini. Illus. by Ignacio Bustos. 2020. (Mis Cuentos Ser.). (SPA.). 24p. (J). (gr. k-2). pap. 4.95 *(978-987-718-633-8(0))* Ediciones Lea S.A. ARG. Dist: Independent Pubs. Group.
Fuji & Me. Ella Garvin. 2018. (ENG., Illus.). 36p. (J). 22.95 *(978-1-64096-555-3(6))* Newman Springs Publishing, Inc.
Fukushima Disaster: How a Tsunami Unleashed Nuclear Destruction. Danielle Smith-Llera. 2018. (Captured Science History Ser.). (ENG., Illus.). 64p. (J). (gr. 5-9). lib. bdg. 35.32 *(978-0-7565-5742-3(9),* 137538, Compass Point Bks.) Capstone.
Fulbeck Six. Tai Stith. 2019. (Fulbeck Six Ser.: Vol. 1). (ENG.). 368p. (J). pap. 15.99 *(978-0-578-58923-7(0))* Owl Room Pr.
Fulfilling Your Trust: Good Manners & Character. Ali Gator. 2020. (Akhlaaq Building Ser.). (ENG., Illus.). 24p. (J). 6.95 *(978-1-921772-62-7(X))* Ali Gator AUS. Dist: Consortium Bk. Sales & Distribution.
Full Amma Tell Me Series: Ten Book Set. Bhakti Mathur. 2016. (Amma Tell Me Ser.). (ENG.). 280p. (J). pap. 140.00 *(978-988-12395-7-0(5),* 63d9d725-c797-4162-bead-bfcb4fdfc8d7) Anjana Publishing HKG. Dist: Baker & Taylor Publisher Services (BTPS).
Full & Graphic Account of the Terrible Mill River Disaster, Caused by the Breaking of a Reservoir in Hampshire County, Mass. May 16 1874: With Full Details of the Loss of Life & Property at Williamsburg, Skinnerville, Haydenville & Leeds. Unknown Author. (ENG., Illus.). (J). 2018. 60p. 25.13 *(978-0-267-74863-1(9));* 2016. pap. 9.57 *(978-1-334-15375-4(2))* Forgotten Bks.
Full-Back Foster (Classic Reprint) Ralph Henry Barbour. 2018. (ENG., Illus.). 342p. (J). 30.99 *(978-0-332-20916-6(4))* Forgotten Bks.
Full Cicada Moon. Marilyn Hilton. ed. 2017. lib. bdg. 19.65 *(978-0-606-39789-6(2))* Turtleback.
Full Circle. Arnold Berman. 2018. (ENG., Illus.). 80p. (YA). pap. 11.95 *(978-1-64258-772-2(9))* Christian Faith Publishing.
Full Circle: A Pictorial Autobiography of George & Hilda Sweeting. George Sweeting. 2022. (ENG., Illus.). 224p. (gr. 3). 22.99 *(978-0-8024-2506-5(2))* Moody Pubs.
Full Circle: Massenden Chronicles. Emma Berry. 2017. (Massenden Chronicles Ser.: Vol. 6). (ENG., Illus.). (YA). pap. *(978-1-911113-99-7(2))* Spiderwize.
Full-Court Mess. Jake Maddox. 2021. (Jake Maddox JV Mysteries Ser.). (ENG.). 96p. (J). 25.99 *(978-1-6639-1107-0(X),* 214932); pap. 5.95 *(978-1-6639-2026-3(5),* 214913) Capstone. (Stone Arch Bks.).
Full-Court Press. Elena Delle Donne. (Hoops Ser.: 2). (ENG.). (J). (gr. 3-7). 2019. 176p. pap. 7.99 *(978-1-5344-1235-4(2));* 2018. (Illus.). 160p. 17.99 *(978-1-5344-1234-7(4))* Simon & Schuster Bks. For Young Readers. (Simon & Schuster Bks. For Young Readers).
Full Cry (Classic Reprint) Fred Cotton. (ENG., Illus.). (J). 2018. 346p. 31.18 *(978-0-428-91728-9(3));* 2016. pap. 13.57 *(978-1-334-16791-1(5))* Forgotten Bks.
Full Disclosure. Camryn Garrett. (ENG.). 320p. (YA). (gr. 9). 2020. pap. 10.99 *(978-1-9848-2998-6(X),* Ember); 2019. 18.99 *(978-1-9848-2995-5(5),* Knopf Bks. for Young Readers) Random Hse. Children's Bks.
Full Flight. Ashley Schumacher. 2022. (ENG., Illus.). 320p. (YA). 20.00 *(978-1-250-77978-6(2),* 900235865, Wednesday Bks.) St. Martin's Pr.

720 The check digit for ISBN-10 appears in parentheses after the full ISBN-13

TITLE INDEX FUN FACT FILE

Full Glory of d'Ianatha (Classic Reprint) Philip Verrill Mighels. 2018. (ENG., Illus.). 434p. (J). 32.85 *(978-0-483-39258-8(8))* Forgotten Bks.

Full Grammar Course for the Well-Trained Mind (Grammar for the Well-Trained Mind) Susan Wise Bauer. 2019. (Grammar for the Well-Trained Mind Ser.: 13). (ENG.). 1648p. (J). (gr. 5-12). 115.75 *(978-1-945841-78-1(8),* 458478) Well-Trained Mind Pr.

Full Measure of Devotion (Classic Reprint) Dana Gatlin. 2017. (ENG., Illus.). (J). 25.30 *(978-0-265-84476-2(2));* pap. 9.57 *(978-0-243-97296-8(2))* Forgotten Bks.

Full Moon. Ida Isandespha. 2021. (ENG.). 28p. (J). pap. *(978-1-922591-17-3(3))* Library For All Limited.

Full Moon. Camilla Pintonato. 2021. (ENG.). 48p. (J). (gr. -1-1). 18.95 *(978-1-61689-999-8(9))* Princeton Architectural Pr.

Full Moon - Fulan-Nakonu. Ida Isandespha. Illus. by Rosendo Pabalinas. 2021. (TET.). 28p. (J). pap. *(978-1-922550-49-1(3))* Library For All Limited.

Full Moon at the Napping House Padded Board Book. Audrey Wood. Illus. by Don Wood. 2019. (ENG.). 30p. (J). (—1). bds. 8.99 *(978-1-328-58515-8(8),* 1729331, Clarion Bks.) HarperCollins Pubs.

Full Moon (Classic Reprint) Augusta Gregory. 2018. (ENG., Illus.). 46p. (J). 24.85 *(978-0-365-45638-4(1))* Forgotten Bks.

Full Moon Lore. Ellen Wahi. Illus. by Ashley Stewart. 2017. (ENG.). 32p. (J). (gr. k-3). 16.99 *(978-1-58536-965-2(9),* 204301) Sleeping Bear Pr.

Full Moon Party. Jessica Young. ed. 2022. (Acorn Early Readers Ser.). (ENG.). 53p. (J). (gr. k-1). 15.46 *(978-1-68505-271-3(1))* Penworthy Co., LLC, The.

Full Moon Rising. T. M. Becker. 2018. (ENG., Illus.). 272p. (YA). pap. 14.95 *(978-1-943419-63-0(9))* Prospective Pr.

Full of Beans. Jennifer L. Holm. 2018. 224p. (J). (gr. 3-7). 8.99 *(978-0-553-51038-6(X),* Yearling) Random Hse. Children's Bks.

Full of Beans. Jennifer L. Holm. ed. 2018. lib. bdg. 18.40 *(978-0-606-40939-1(4))* Turtleback.

Full of Beans: Henry Ford Grows a Car. Peggy Thomas. Illus. by Edwin Fotheringham. 2019. (ENG.). 48p. (J). (gr. 2-5). 18.99 *(978-1-62979-639-0(5),* Calkins Creek) Highlights Pr., c/o Highlights for Children, Inc.

Full of Empty. Tim J. Myers & Priscilla Myers. Illus. by Rebecca Sorge. 2016. (ENG.). 32p. (J). (gr. -1-3). 16.95 *(978-1-942934-35-6(1),* 553435) Familius LLC.

Full of Fall. April Pulley Sayre. 2017. (Weather Walks Ser.). (ENG., Illus.). 40p. (J). (gr. -1-3). 19.99 *(978-1-4814-7984-4(9),* Beach Lane Bks.) Beach Lane Bks.

Full of Flavor: Token of Self-Esteem. Sophia Day & Kayla Pearson. Illus. by Timothy Zowada. 2020. (Mighty Tokens Ser.: 2). (ENG.). 32p. (J). pap. 4.99 *(978-1-64440-863-6(5),* 48e9676f-ac45-42f2-946a-47c2e11cb565) MVP Kids Media.

Full of Fun: Comprising Conundrums, Talks, Jokes (Classic Reprint) Dean Rivers. (ENG., Illus.). (J). 2018. 386p. 31.86 *(978-0-428-91198-0(6));* 2017. pap. 16.57 *(978-1-334-91922-0(4))* Forgotten Bks.

Full of Life: Exploring Earth's Biodiversity. Isabel Thomas. 2022. (ENG., Illus.). 224p. (gr. 3-7). 24.95 *(978-1-83866-536-4(6))* Phaidon Pr., Inc.

Full of the Moon (Classic Reprint) Caroline Lockhart. 2017. (ENG., Illus.). (J). 29.67 *(978-0-331-41653-4(0))* Forgotten Bks.

Full Report of the Speeches Delivered at St. Molly's, Newington, on Building Two New Synagogus, & Raising New Taxes to Comfort the Parishioners in Perpetuo (Classic Reprint) Scribo Scratchum. 2017. (ENG., Illus.). (J). 24.47 *(978-0-265-57631-1(8));* pap. 7.97 *(978-0-282-85403-4(7))* Forgotten Bks.

Full Revelations of a Professional Rat-Catcher. Ike Matthews. 2017. (ENG.). 72p. (J). pap. *(978-3-337-33777-3(5))* Creation Pubs.

Full Revelations of a Professional Rat-Catcher, after 25 Years' Experience (Classic Reprint) Ike Matthews. 2018. (ENG., Illus.). 72p. (J). 25.38 *(978-0-365-46294-1(2))* Forgotten Bks.

Full Speed Ahead. Henry B. Beston. 2017. (ENG., Illus.). (J). pap. *(978-0-649-00451-5(5))* Trieste Publishing Pty Ltd.

Full Speed Ahead! America's First Admiral: David Glasgow Farragut. Louise Borden. 2021. (Illus.). 224p. (J). (gr. 5-9). 18.99 *(978-1-68437-905-7(9),* Calkins Creek) Highlights Pr., c/o Highlights for Children, Inc.

Full Speed Ahead: Tales from the Log of a Correspondent with Our Navy (Classic Reprint) Henry B. Beston. 2017. (ENG., Illus.). (J). 29.77 *(978-0-266-25915-2(4))* Forgotten Bks.

Full STEAM Baseball: Science, Technology, Engineering, Arts, & Mathematics of the Game. N. Helget. 2018. (Full STEAM Sports Ser.). (ENG., Illus.). 32p. (J). (gr. 3-6). lib. bdg. 27.99 *(978-1-5435-3038-4(9),* 138622, Capstone Pr.) Capstone.

Full STEAM Basketball: Science, Technology, Engineering, Arts, & Mathematics of the Game. N. Helget. 2018. (Full STEAM Sports Ser.). (ENG., Illus.). 32p. (J). (gr. 3-6). lib. bdg. 27.99 *(978-1-5435-3037-7(0),* 138621, Capstone Pr.) Capstone.

Full STEAM Football: Science, Technology, Engineering, Arts, & Mathematics of the Game. Sean McCollum. 2018. (Full STEAM Sports Ser.). (ENG., Illus.). 32p. (J). (gr. 3-6). lib. bdg. 27.99 *(978-1-5435-3039-1(7),* 138623, Capstone Pr.) Capstone.

Full STEAM Soccer: Science, Technology, Engineering, Arts, & Mathematics of the Game. Sean McCollum. 2018. (Full STEAM Sports Ser.). (ENG., Illus.). 32p. (J). (gr. 3-6). lib. bdg. 27.99 *(978-1-5435-3040-7(0),* 138624, Capstone Pr.) Capstone.

Full STEAM Sports. N. Helget & Sean McCollum. 2018. (Full STEAM Sports Ser.). (ENG.). 32p. (J). (gr. 3-6). 119.96 *(978-1-5435-3049-0(4),* 28506, Capstone Pr.) Capstone.

Full Swing (Classic Reprint) Julia Frankau. (ENG., Illus.). (J). 2017. 31.18 *(978-0-265-40196-5(8));* 2016. pap. 13.57 *(978-1-333-35825-9(3))* Forgotten Bks.

Full Thanksgiving Meal Coloring Book. Bobo's Children Activity Books. 2016. (ENG., Illus.). (J). pap. 9.33 *(978-1-68327-499-5(7))* Sunshine In My Soul Publishing.

Full Throttle, 6 vols., Set. Incl. Choppers. Jeff Savage. lib. bdg. 28.65 *(978-1-4296-3939-2(3),* 102549); Dirt Bikes. Lori Polydoros. lib. bdg. 28.65 *(978-1-4296-3940-8(7),* 102550); Dragsters. Sean McCollum. lib. bdg. 28.65 *(978-1-4296-3941-5(5),* 102551); Indy Cars. Sean McCollum. lib. bdg. 28.65 *(978-1-4296-3942-2(3),* 102552); Monster Trucks. Jeff Savage. lib. bdg. 28.65 *(978-1-4296-3943-9(1),* 102553); Sports Cars. Sean McCollum. lib. bdg. 28.65 *(978-1-4296-3944-6(X),* 102554); (J). (gr. 3-9). (Full Throttle Ser.). (ENG.). 32p. 2010. 171.90 *(978-1-4296-4445-7(1),* 169265, Capstone Pr.) Capstone.

Full Tilt Boogie. Alex De Campi. Illus. by Eduardo Ocaña. 2021. (Full Tilt Boogie Ser.: 1). (ENG.). 64p. pap. 10.99 *(978-1-78108-907-1(8),* 2000 AD) Rebellion GBR. Dist: Simon & Schuster, Inc.

Full up & Fed Up: The Worker's Mind in Crowded Britain (Classic Reprint) Whiting Williams. 2018. (ENG., Illus.). (J). 358p. 31.28 *(978-0-483-73835-5(2));* 350p. 31.12 *(978-0-267-23948-1(3))* Forgotten Bks.

Fully Booked. Tim Harris. Illus. by James Foley. 2019. (Toffle Towers Ser.: 1). 272p. (J). (gr. 3-5). 14.99 *(978-0-14-379542-1(2),* Puffin) Penguin Random Hse. AUS. Dist: Independent Pubs. Group.

Fully Stocked Kitchen Pantry Coloring Book. Bobo's Children Activity Books. 2016. (ENG., Illus.). (J). pap. 9.33 *(978-1-68327-465-0(2))* Sunshine In My Soul Publishing.

Fully Woolly Sheep. Erin Rose Grobarek. Illus. by Angie Hodges. 2022. (Bilingual Bks.). (ENG.). 24p. (J). (gr. -1-3). pap. 9.50 *(978-1-64996-724-4(1),* 17106, Sequoia Kids Media) Sequoia Children's Bks.

Fulton, 1922 (Classic Reprint) Fulton School. (ENG., Illus.). (J). 2018. 50p. 24.95 *(978-0-365-31511-7(7));* 2017. pap. 9.57 *(978-0-259-88311-1(5))* Forgotten Bks.

Fulton & Company. Una Leonora. 2019. (ENG., Illus.). 78p. (J). pap. 18.99 *(978-1-64376-146-6(3))* PageTurner: Pr. & Media.

Fum. Adam Rapp. 2018. (ENG.). 416p. (YA). (gr. 9). 18.99 *(978-0-7636-6756-6(0))* Candlewick Pr.

Fumiko & a Tokyo Tragedy: A Great Kanto Earthquake Survival Story. Susan Griner. Illus. by Wendy Tan Shiau Wei. 2023. (Girls Survive Ser.). (ENG.). 112p. (J). 26.65 *(978-1-6690-1079-1(1),* 244930); pap. 7.95 *(978-1-6690-1451-5(7),* 244926) Capstone. (Stone Arch Bks.).

Fun: Arabic-English Bilingual Edition. Karen Durrie. 2016. (Community Helpers Ser.). (ENG.). (J). (gr. 3-7). 29.99 *(978-1-61913-902-2(2))* Weigl Pubs., Inc.

Fun 4 All Activity Book: Inspires Creativity & Cures Boredom. Marissa Gibson & Jenn Gibson. 2018. (ENG., Illus.). 60p. (J). pap. *(978-1-988071-93-0(3))* Hasmark Services Publishing.

Fun about Fords (Classic Reprint) J. J. White. 2018. (ENG., Illus.). 62p. (J). 25.18 *(978-0-666-43684-9(3))* Forgotten Bks.

Fun Activities for Children see Juegos Recreativos para Ninos

Fun Activities for Kids Coloring Book Edition. Smarter Activity Books for Kids. 2016. (ENG., Illus.). (J). (gr. 3-6). pap. 9.22 *(978-1-68374-309-5(1))* Examined Solutions PTE. Ltd.

Fun Activities Mazes Workbook Edition. Creative Playbooks. 2016. (ENG., Illus.). (J). pap. 10.81 *(978-1-68323-050-2(7))* Twin Flame Productions.

Fun Activity for Kids: The Matching Game. Jupiter Kids. 2017. (ENG., Illus.). (J). pap. 9.20 *(978-1-68326-723-2(0),* Jupiter Kids (Childrens & Kids Fiction)) Speedy Publishing LLC.

Fun & Earnest, or Rhymes with Reason (Classic Reprint) D'Arcy Wentworth Thompson. (ENG., Illus.). (J). 2018. 132p. 26.62 *(978-0-428-52722-8(1));* 2017. pap. 9.57 *(978-0-259-55740-1(4))* Forgotten Bks.

Fun & Easy Activities for Kids: Mazes, Spot the Difference & Color by Number Activity Book - Activity Ideas for Toddlers. Activibooks For Kids. 2016. (ENG., Illus.). (J). pap. 9.25 *(978-1-68321-041-2(7))* Mimaxion.

Fun & Easy Crafting with Recycled Materials. Kimberly McLeod. ed. 2020. (ENG.). 160p. (J). (gr. k-1). 26.96 *(978-1-64697-146-6(9))* Penworthy Co., LLC, The.

Fun & Easy Math: Color by Division - Math Grade 4 Children's Math Books. Baby Professor. 2018. (ENG., Illus.). 64p. (J). pap. 12.99 *(978-1-5419-3074-2(6),* Baby Professor (Education Kids)) Speedy Publishing LLC.

Fun & Engaging Kids Activity Book. Smarter Activity Books for Kids. 2016. (ENG., Illus.). (J). pap. 8.99 *(978-1-68374-310-1(5))* Examined Solutions PTE. Ltd.

Fun & Fab Find the Difference Books for Kids. Educando Kids. 2019. (ENG.). 42p. (J). pap. 8.55 *(978-1-64521-640-7(3),* Educando Kids) Editorial Imagen.

Fun & Freaky Nights of Fright Halloween Horrors Coloring Book. Bobo's Children Activity Books. 2016. (ENG., Illus.). (J). pap. 9.33 *(978-1-68327-466-7(0))* Sunshine In My Soul Publishing.

Fun & Friends in Kindergarten! Brenda Li. 2021. (ENG.). 38p. (J). pap. *(978-1-77447-014-5(4))* Summer and Muu.

Fun & Games. Stephanie Turnbull. 2016. (Sleepover Secrets Ser.). (ENG.). 24p. (J). (gr. 2-5). 28.50 *(978-1-62588-380-3(3),* 17393) Black Rabbit Bks.

Fun & Games. Celeste Cortright. ed. 2021. (Let's Play Ser.). (ENG., Illus.). 24p. (J). (gr. k-1). 20.46 *(978-1-64697-814-4(5))* Penworthy Co., LLC, The.

Fun & Games: Blast off to Camp: Time (Grade 2) Chryste Berda. rev. ed. 2018. (Mathematics in the Real World Ser.). (ENG., Illus.). 32p. (gr. 2-3). pap. 10.99 *(978-1-4258-5754-7(X))* Teacher Created Materials, Inc.

Fun & Games: Bubbles: Addition & Subtraction (Kindergarten) Logan Avery. 2018. (Mathematics in the Real World Ser.). (ENG., Illus.). 20p. (J). (gr. k-1). 8.99 *(978-1-4258-5622-9(5))* Teacher Created Materials, Inc.

Fun & Games: Building Miniature Models: Multiplying Decimals (Grade 5) Kristy Stark. 2018. (Mathematics in the Real World Ser.). (ENG., Illus.). 32p. (J). (gr. 4-8). pap. 11.99 *(978-1-4258-5821-6(X))* Teacher Created Materials, Inc.

Fun & Games: Clockwork Carnival: Measuring Time (Grade 3) Wendy Conklin. rev. ed. 2017. (Mathematics in the Real World Ser.). (ENG., Illus.). 32p. (J). (gr. 3-4). pap. 11.99 *(978-1-4807-5805-6(1))* Teacher Created Materials, Inc.

Fun & Games: Comic Conventions: Division (Grade 5) Kristy Stark. 2018. (Mathematics in the Real World Ser.). (ENG., Illus.). 32p. (gr. 4-8). pap. 11.99 *(978-1-4258-5807-0(4))* Teacher Created Materials, Inc.

Fun & Games: Day at the Parade: Length (Grade 1) Susan Daddis. rev. ed. 2018. (Mathematics in the Real World Ser.). (ENG., Illus.). 24p. (J). (gr. 1-2). pap. 9.99 *(978-1-4258-5689-2(6))* Teacher Created Materials, Inc.

Fun & Games: Everyday Play. Celeste Cortright. Illus. by Sophie Fatus. 24p. (J). (gr. -1-2). 2020. (ENG.). 16.99 *(978-1-64686-053-1(5));* 2020. (ENG.). pap. 9.99 *(978-1-64686-054-8(3));* 2021. (SPA.). pap. 7.99 *(978-1-64686-480-5(8))* Barefoot Bks., Inc.

Fun & Games: Fields, Rinks, & Courts: Partitioning Shapes (Grade 2) Kristy Stark. 2018. (Mathematics in the Real World Ser.). (ENG., Illus.). 32p. (J). (gr. 2-3). pap. 10.99 *(978-1-4258-5760-8(4))* Teacher Created Materials, Inc.

Fun & Games: Fireworks: Multiplication (Grade 5) Jay Hwang. rev. ed. 2018. (Mathematics in the Real World Ser.). (ENG., Illus.). 32p. (gr. 4-8). pap. 11.99 *(978-1-4258-5806-3(6))* Teacher Created Materials, Inc.

Fun & Games: Food Shapes: 2-D Shapes (Grade 1) John Leach. 2018. (Mathematics in the Real World Ser.). (ENG., Illus.). 24p. (J). (gr. 1-2). pap. 9.99 *(978-1-4258-5692-2(6))* Teacher Created Materials, Inc.

Fun & Games: Mazes: Perimeter & Area (Grade 4) Georgia Beth. 2017. (Mathematics in the Real World Ser.). (ENG., Illus.). 32p. (gr. 4-5). pap. 11.99 *(978-1-4258-5561-1(X))* Teacher Created Materials, Inc.

Fun & Games: Musical Chairs. Linda Claire. 2018. (Mathematics in the Real World Ser.). (ENG., Illus.). 20p. (J). (gr. k-1). 8.99 *(978-1-4258-5621-2(7))* Teacher Created Materials, Inc.

Fun & Games: Planning a Perfect Party: Division (Grade 3) Katherine McKissick. rev. ed. 2017. (Mathematics in the Real World Ser.). (ENG., Illus.). 32p. (J). (gr. 3-4). pap. 11.99 *(978-1-4807-5799-8(3))* Teacher Created Materials, Inc.

Fun & Games: Rational Numbers. Ben Nussbaum. 2019. (Mathematics in the Real World Ser.). (ENG., Illus.). 32p. (gr. 5-8). pap. 11.99 *(978-1-4258-5883-4(X))* Teacher Created Materials, Inc.

Fun & Games: World Records: Time (Grade 4) Elise Wallace. 2017. (Mathematics in the Real World Ser.). (ENG., Illus.). 32p. (gr. 4-5). pap. 11.99 *(978-1-4258-5558-1(X))* Teacher Created Materials, Inc.

Fun & Games / Diversión y Juegos: Everyday Play / ¡a Diario! Celeste Cortright. Illus. by Sophie Fatus. 2021. (ENG.). 24p. (J). (gr. -1-2). 9.99 *(978-1-64686-429-4(8))* Barefoot Bks., Inc.

Fun & Games First Grade Ages 6-7. Ed. by Zone Staff School. 2018. (ENG.). 320p. (J). (gr. 1-1). pap. 13.99 *(978-1-68147-301-7(1),* b7fc6311-747d-4d85-82b8-dda47b3be491) School Zone Publishing Co.

Fun & Games Kindergarten Ages 5-6. Ed. by Zone Staff School. 2018. (ENG.). 320p. (J). (gr. k-k). pap. 13.99 *(978-1-68147-300-0(3),* 46e126bc-a06e-4ff0-85c3-871510886085) School Zone Publishing Co.

Fun & Games with Lad & Slim: [none]. Bruce A. Murray & Geralyn (Geri) Murray. Illus. by Sandeep Choudhary. 2019. (Geniebooks Ser.: Vol. 2). (ENG.). 218p. (J). (gr. k-2). pap. 19.95 *(978-0-578-50399-8(9))* GenieBks.

Fun & Hip Dot to Dot Puzzles - Puzzle 4 Year Old Edition. Activibooks For Kids. 2016. (ENG., Illus.). (J). pap. 9.20 *(978-1-68321-137-2(5))* Mimaxion.

Fun & Learning Colouring Book. Jenny Jones. 2016. (ENG., Illus.). (J). pap. 10.47 *(978-1-326-79303-6(9))* Lulu Pr., Inc.

Fun & Light Kids Activity Book. Smarter Activity Books for Kids. 2016. (ENG., Illus.). (J). pap. 8.99 *(978-1-68374-311-8(3))* Examined Solutions PTE. Ltd.

Fun & More Kids Activity Book. Smarter Activity Books for Kids. 2016. (ENG., Illus.). (J). pap. 8.99 *(978-1-68374-312-5(1))* Examined Solutions PTE. Ltd.

Fun & Pathos of One Life (Classic Reprint) James T. DuBois. 2018. (ENG., Illus.). 188p. (J). 27.79 *(978-0-666-58454-0(0))* Forgotten Bks.

Fun & Playful Mazes for Kids: (Ages 4-8) Maze Activity Workbook. Engage Books. 2020. (ENG.). 80p. (J). pap. *(978-1-77437-928-8(7))* AD Classic.

Fun & Silly Mazes for Kids: (Ages 8-12) Maze Activity Workbook. Engage Books. 2020. (ENG.). 80p. (J). pap. *(978-1-77437-929-5(5))* AD Classic.

Fun & Work (Classic Reprint) Unknown Author. 2018. (ENG., Illus.). 184p. (J). 27.69 *(978-0-483-89632-1(2))* Forgotten Bks.

Fun Animal Pattern Coloring Book - Pattern Coloring for Kids Edition. Activibooks For Kids. 2016. (ENG., Illus.). (J). pap. 9.20 *(978-1-68321-037-5(9))* Mimaxion.

Fun at Emporia State University. Candy Michelle Johnson. 2021. (ENG.). 26p. (J). 50.00 *(978-1-716-19562-4(4))* Lulu Pr., Inc.

Fun at Summer Camp. Angela Johnson. 2018. (ENG., Illus.). 24p. (J). 22.95 *(978-1-64028-270-4(X))* Christian Faith Publishing.

Fun at the Aquarium! Sea Creatures Coloring Book. Bold Illustrations. 2018. (ENG., Illus.). 84p. (J). pap. 12.99 *(978-1-64193-982-9(6),* Bold Illustrations) FASTLANE LLC.

Fun at the Fair: a Sticker Storybook (Peppa Pig) Scholastic. Illus. by EOne. 2016.Tr. of (Peppa Pig). (ENG.). 24p. (J). (gr. -1-k). pap. 7.99 *(978-1-338-03281-9(X))* Scholastic, Inc.

Fun at the Playground! Ladi, Liz & CAM. Julia Lassa. Illus. by Merve Terzi. 2017. (Ladi, Liz & CAM Ser.: Vol. 3). (ENG.). 32p. (J). *(978-0-9956683-2-4(9));* pap. *(978-0-9956683-3-1(7))* Bower Maze.

Fun Backyard Bird Facts for Kids. Jacquelyn Elnor Johnson. 2022. (ENG.). 82p. (J). ***(978-1-990887-01-7(5));*** pap. ***(978-1-990887-00-0(7))*** Crimson Hill Bks.

Fun Bible Lessons on Diligence: Values That Stick. Agnes De Bezenac & Salem De Bezenac. Illus. by Agnes De Bezenac. 2017. (Biblegum Ser.: Vol. 1). (ENG., Illus.). (J). (gr. k-2). pap. 4.50 *(978-1-62387-592-3(7))* iCharacter.org.

Fun Bible Lessons on Gratitude: Values That Stick. Agnes De Bezenac & Salem De Bezenac. Illus. by Agnes De Bezenac. 2017. (Biblegum Ser.: Vol. 2). (ENG., Illus.). (J). (gr. k-2). pap. 4.50 *(978-1-62387-593-0(5))* iCharacter.org.

Fun Bible Lessons on Self-Control: Values That Stick. Agnes De Bezenac & Salem De Bezenac. Illus. by Agnes De Bezenac. 2017. (Biblegum Ser.: Vol. 3). (ENG., Illus.). (J). (gr. k-2). pap. 4.50 *(978-1-62387-594-7(3))* iCharacter.org.

Fun Bird Facts for Kids. Jacquelyn Elnor Johnson. 2022. (ENG.). 92p. (J). pap. ***(978-1-990887-03-1(1))*** Crimson Hill Bks.

Fun Bunny. Rosie Amazing. Illus. by Andreea Togoe. 2021. (ENG.). 28p. (J). pap. *(978-1-7772203-4-1(3))* Annelid Pr.

Fun Cat Facts for Kids 9-12. Jacquelyn Elnor Johnson. 2018. (Fun Animal Facts for Kids Ser.: Vol. 2). (ENG., Illus.). 64p. (J). (gr. 4-6). *(978-1-988650-86-9(0));* pap. *(978-1-988650-37-1(2))* Crimson Hill Bks.

Fun Cat Facts for Kids 9-12. Tristan Pulsifer & Jacquelyn Elnor Johnson. 2021. (ENG.). 64p. (J). pap. *(978-1-990291-32-6(5))* Crimson Hill Bks.

Fun Coloring Workbook for Preschool: Healthy Eats Edition Children's Activities, Crafts & Games Books. Baby Professor. 2018. (ENG., Illus.). 64p. (J). pap. 12.99 *(978-1-5419-2689-9(7),* Baby Professor (Education Kids)) Speedy Publishing LLC.

Fun Crafts Für Kinder 28 Schneeflockenvorlagen - Schwierige Kunst- und Handwerksaktivitäten Für Kinder: Kunsthandwerk Für Kinder. James Manning & Christabelle Manning. 2019. (Fun Crafts Für Kinder 28 Schneeflockenvorlagen Ser.: Vol. 4). (GER., Illus.). 58p. (J). (gr. 4-6). pap. *(978-1-83900-762-0(1))* West Suffolk CBT Service Ltd., The.

Fun Cut Outs - Everything Nice: Sticker Activity Fun. Jupiter Kids. 2016. (ENG., Illus.). 76p. (J). pap. 13.75 *(978-1-68305-399-6(0),* Jupiter Kids (Childrens & Kids Fiction)) Speedy Publishing LLC.

Fun Cute Bug & Insect Coloring Book: Buzzing with Fun: a Cute Bugs & Insects Coloring Book for All Ages - Get Creative & Relax with Adorable Critters. Ruva Publishers. 2023. (ENG.). 81p. (J). pap. ***(978-1-4477-2622-7(7))*** Lulu Pr., Inc.

Fun Day at Fun Park: Ready-To-Read Graphics Level 1. Lola M. Schaefer. Illus. by Savannah Allen. 2021. (Sprinkles & Swirls Ser.). (ENG.). 64p. (J). (gr. -1-1). 17.99 *(978-1-6659-0329-5(5));* pap. 6.99 *(978-1-6659-0328-8(7))* Simon Spotlight. (Simon Spotlight).

Fun Day with Nana - Our Yarning. Sonia Sharpe. Illus. by Paulo Azevedo Pazciencia. 2023. (ENG.). 26p. (J). pap. ***(978-1-922991-95-9(3))*** Library For All Limited.

Fun Days. Margaret Hillert. Illus. by Robin Roraback. 2016. (BeginningtoRead Ser.). (ENG.). 32p. (J). (gr. -1-2). 22.60 *(978-1-59953-815-0(6))* Norwood Hse. Pr.

Fun Days. Margaret Hillert. Illus. by Robin Roraback. 2016. (Beginning-To-Read Ser.). (ENG.). 32p. (J). (gr. k-2). pap. 13.26 *(978-1-60357-977-3(X))* Norwood Hse. Pr.

Fun Dinosaur Facts for Kids. Jacquelyn Elnor Johnson. 2022. (ENG.). 98p. (J). pap. ***(978-1-990887-09-3(0))*** Crimson Hill Bks.

Fun Dog Activities for Kids, Activity Book. Jupiter Kids. 2018. (ENG., Illus.). 106p. (J). pap. 12.55 *(978-1-68326-724-9(9),* Jupiter Kids (Childrens & Kids Fiction)) Speedy Publishing LLC.

Fun Dog Facts for Kids 9-12. Jacquelyn Elnor Johnson. (ENG.). 64p. (J). (gr. 3-6). 2021. pap. *(978-1-990291-34-0(1));* 2018. (Fun Animal Facts for Kids Ser.: Vol. 1). (Illus.). *(978-1-988650-85-2(2));* 2018. (Fun Animal Facts for Kids Ser.: Vol. 1). (Illus.). pap. *(978-1-988650-36-4(4))* Crimson Hill Bks.

Fun Dot to Dot Connections - Dot to Dot Extreme Edition. Creative Playbooks. 2016. (ENG., Illus.). (J). pap. 7.74 *(978-1-68323-041-0(8))* Twin Flame Productions.

Fun Educational Word Search Games: Talking Activity Book. Jupiter Kids. 2016. (ENG., Illus.). 76p. (J). pap. 13.75 *(978-1-68305-400-9(8),* Jupiter Kids (Childrens & Kids Fiction)) Speedy Publishing LLC.

Fun Engineering Activities for Kids: 60 Fun STEAM Projects to Design & Build (5-10 Ages) Mary Badillo. 2020. (ENG.). 170p. (J). pap. 20.99 *(978-1-953732-40-8(2))* Jason, Michael.

Fun Experiments with Electricity: Mini Robots, Micro Lightning Strikes, & More. Rob Ives. Illus. by Eva Sassin. 2017. (Amazing Science Experiments Ser.). (ENG.). 32p. (J). (gr. 3-6). lib. bdg. 27.99 *(978-1-5124-3219-0(9),* 018d7f75-207d-421c-9feb-b976384a79b9, Hungry Tomato (r)) Lerner Publishing Group.

Fun Experiments with Forces & Motion: Hovercrafts, Rockets, & More. Rob Ives. Illus. by Eva Sassin. 2017. (Amazing Science Experiments Ser.). (ENG.). 32p. (J). (gr. 3-6). lib. bdg. 27.99 *(978-1-5124-3217-6(2),* c09d5541-0bb3-4fc3-ae1d-2b1d07224398, Hungry Tomato (r)) Lerner Publishing Group.

Fun Experiments with Matter: Invisible Ink, Giant Bubbles, & More. Rob Ives. Illus. by Eva Sassin. 2017. (Amazing Science Experiments Ser.). (ENG.). 32p. (J). (gr. 3-6). lib. bdg. 27.99 *(978-1-5124-3216-9(4),* a8503d73-4445-434c-bf6d-2da4ebd9590f, Hungry Tomato (r)) Lerner Publishing Group.

Fun Fact File: Animal Adaptations, 12 vols. 2016. (Fun Fact File: Animal Adaptations Ser.). 32p. (ENG.). (gr. 2-3). lib. bdg. 167.58 *(978-1-4824-4440-7(2),* 2f74de64-408a-4497-a857-2459ccbb38f2); (gr. 3-2). pap. 63.00 *(978-1-4824-5285-3(5))* Stevens, Gareth Publishing LLLP.

Fun Fact File: Complete Set. (Fun Fact File Ser.). 32p. 2017. (gr. 2-3). lib. bdg. 1515.00 *(978-1-5382-0470-2(3));* 2016. (gr. 3-2). lib. bdg. 1363.50 *(978-1-4824-5278-5(2))* Stevens, Gareth Publishing LLLP.

Fun Fact File: Earth Science, 12 vols. 2017. (Fun Fact File: Earth Science Ser.). (ENG.). 32p. (J). (gr. 2-3). lib. bdg. 167.58 *(978-1-5382-1286-2(9),* 630b68e5-b1db-46a9-b51c-c801eb45cfbc) Stevens, Gareth Publishing LLLP.

Fun Fact File: Founding Fathers. 2017. (Fun Fact File: Founding Fathers Ser.). 32p. (gr. 2-3). pap. 63.00

F

(978-1-5382-0484-9(3)); (ENG.). lib. bdg. 167.58 *(978-1-5382-0469-6(X)*, 5024b3ee-56b1-4ea5-8a65-cc13b4937af0) Stevens, Gareth Publishing LLLP.

Fun Fact File: Complete Set. 2020. (Fun Fact File Ser.). (ENG.). (J). pap. 1104.00 *(978-1-5382-6192-7(8))* Stevens, Gareth Publishing LLLP.

Fun Fact File: Complete Set (Fall 2019), 168 vols. 2019. (Fun Fact File Ser.). (ENG.). (J). (gr. 2-3). lib. bdg. 2178.54 *(978-1-5382-4170-7(6)*, 3f392004-2b8c-4807-a93f-4ef4b9acfd76) Stevens, Gareth Publishing LLLP.

Fun Fact File: Complete Set (Fall 2020), 192 vols. 2020. (Fun Fact File Ser.). (ENG.). (J). (gr. 2-3). lib. bdg. 2681.28 *(978-1-5382-5993-1(1)*, f5d37b47-5f0d-4d89-a464-8f7d99cd8db8) Stevens, Gareth Publishing LLLP.

Fun Fact File: Complete Set (Spring 2020), 180 vols. 2019. (Fun Fact File Ser.). (ENG.). (J). (gr. 2-3). lib. bdg. 2513.70 *(978-1-5382-4903-1(0)*, 98521db4-f656-4513-82ed-11f3156b3389) Stevens, Gareth Publishing LLLP.

Fun Fact File: Engineering Marvels, 12 vols. 2019. (Fun Fact File: Engineering Marvels Ser.). (ENG.). 32p. (J). (gr. 2-3). lib. bdg. 167.58 *(978-1-5382-4897-3(2)*, f2e71b34-ca4b-462f-8827-6bfd417837c7) Stevens, Gareth Publishing LLLP.

Fun Fact File: U. S. History!: Set 2, 12 vols. 2018. (Fun Fact File: U. S. History! Ser.). (ENG.). 32p. (gr. 2-3). lib. bdg. 167.58 *(978-1-5382-2182-2(9)*, d5ece321-ac8b-4595-8287-58204eb008a1) Stevens, Gareth Publishing LLLP.

Fun Fact File: U. S. History!: Sets 1 - 2. 2018. (Fun Fact File: U. S. History! Ser.). (ENG.). (J). pap. 138.00 *(978-1-5382-2815-9(7))*; (gr. 2-3). lib. bdg. 335.16 *(978-1-5382-2183-9(7)*, 13dce87a-9c1d-4dd9-9cc3-cf63156beb4c) Stevens, Gareth Publishing LLLP.

Fun Fact File: World Wonders!: Set 2, 12 vols. 2019. (Fun Fact File: World Wonders! Ser.). (ENG.). 32p. (J). (gr. 2-3). lib. bdg. 167.58 *(978-1-5382-3924-7(8)*, ce245913-b4f5-46c6-8aec-2c2459085ce9) Stevens, Gareth Publishing LLLP.

Fun Fact File: World Wonders!: Sets 1 - 2. 2019. (Fun Fact File: World Wonders! Ser.). (ENG.). (J). pap. 138.00 *(978-1-5382-4341-1(5))*; (gr. 2-3). lib. bdg. 335.16 *(978-1-5382-4169-1(2)*, eff4d6c4-c948-422c-8a88-5f2fe09eeb5d) Stevens, Gareth Publishing LLLP.

Fun Factor. Mat Waugh. 2017. (ENG., Illus.). 246p. (J). (gr. 3-6). pap. *(978-1-9999147-0-7(8))* Big Red Button Bks.

Fun Facts about Animals - from a to Z. Nina Davis. Illus. by Sandy Davis. 2016. (ENG.). (J). pap. *(978-0-9939038-5-4(1))* LMonD Pubns.

Fun Facts about Bats. Julie Murray. 2021. (Animal Fun Facts Ser.). (ENG., Illus.). 24p. (J). (gr. k-4). lib. bdg. 31.36 *(978-1-0982-2444-8(2)*, 37094, Abdo Zoom-Dash) ABDO Publishing Co.

Fun Facts about Bears. Julie Murray. 2021. (Animal Fun Facts Ser.). (ENG., Illus.). 24p. (J). (gr. k-4). lib. bdg. 31.36 *(978-1-0982-2445-5(0)*, 37096, Abdo Zoom-Dash) ABDO Publishing Co.

Fun Facts about Big Cats. Julie Murray. 2021. (Animal Fun Facts Ser.). (ENG., Illus.). 24p. (J). (gr. k-4). lib. bdg. 31.36 *(978-1-0982-2446-2(9)*, 37098, Abdo Zoom-Dash) ABDO Publishing Co.

Fun Facts about Carbon: Chemistry for Kids the Element Series Children's Chemistry Books. Baby Professor. 2017. (ENG., Illus.). (J). pap. 8.79 *(978-1-5419-3986-8(7)*, Baby Professor (Education Kids)) Speedy Publishing LLC.

Fun Facts about Galaxies Astronomy for Kids Astronomy & Space Science. Baby Professor. 2017. (ENG., Illus.). (J). pap. 9.25 *(978-1-5419-0519-1(9)*, Baby Professor (Education Kids)) Speedy Publishing LLC.

Fun Facts about Hydrogen: Chemistry for Kids the Element Series Children's Chemistry Books. Baby Professor. 2017. (ENG., Illus.). (J). pap. 8.79 *(978-1-5419-3987-5(5)*, Baby Professor (Education Kids)) Speedy Publishing LLC.

Fun Facts about Monkeys. Julie Murray. 2021. (Animal Fun Facts Ser.). (ENG., Illus.). 24p. (J). (gr. k-4). lib. bdg. 31.36 *(978-1-0982-2447-9(7)*, 37100, Abdo Zoom-Dash) ABDO Publishing Co.

Fun Facts about Nitrogen: Chemistry for Kids the Element Series Children's Chemistry Books. Baby Professor. 2017. (ENG., Illus.). (J). pap. 8.79 *(978-1-5419-3988-2(3)*, Baby Professor (Education Kids)) Speedy Publishing LLC.

Fun Facts about Oxygen: Chemistry for Kids the Element Series Children's Chemistry Books. Baby Professor. 2017. (ENG., Illus.). (J). pap. 8.79 *(978-1-5419-3989-9(1)*, Baby Professor (Education Kids)) Speedy Publishing LLC.

Fun Facts about Sharks. Julie Murray. 2021. (Animal Fun Facts Ser.). (ENG.). 24p. (J). (gr. k-4). lib. bdg. 31.36 *(978-1-0982-2448-6(5)*, 37102, Abdo Zoom-Dash) ABDO Publishing Co.

Fun Facts about Snakes. Julie Murray. 2021. (Animal Fun Facts Ser.). (ENG., Illus.). 24p. (J). (gr. k-4). lib. bdg. 31.36 *(978-1-0982-2449-3(3)*, 37104, Abdo Zoom-Dash) ABDO Publishing Co.

Fun Facts about Space - Easy Read Astronomy Book for Kids Children's Astronomy & Space Books. Baby Professor. 2017. (ENG., Illus.). 64p. (J). pap. 9.52 *(978-1-5419-1482-7(1)*, Baby Professor (Education Kids)) Speedy Publishing LLC.

Fun Facts about the Summer & Winter Olympic Games: Sports Book Grade 3 Children's Sports & Outdoors Books. Baby Professor. 2017. (ENG., Illus.). 64p. (J). (gr. 2-5). pap. 9.52 *(978-1-5419-1276-2(4)*, Baby Professor (Education Kids)) Speedy Publishing LLC.

Fun Fall Day: A Touch & Feel Board Book, 1 vol. Tara Knudson & Juliana Motzko. 2020. (ENG., Illus.). 8p. (J). bds. 9.99 *(978-0-310-77021-3(1))* Zonderkidz.

Fun, Fantastic Favorites! Activity Book for Kids. Smarter Activity Books for Kids. 2016. (ENG., Illus.). (J). pap. 8.99 *(978-1-68374-316-3(4))* Examined Solutions PTE. Ltd.

Fun Farm Adventures with Cadie the Rescue Dog. Natalie McCurry. Illus. by Chris Schwink. 2023. (Adventures with Cadie Ser.: 2). 46p. (J). (gr. 1-3). pap. 13.99 BookBaby.

Fun Farm Circus. Stephen J. Cureatz. 2022. (ENG.). 26p. (J). pap. 7.49 ***(978-1-7387463-0-9(5))*** Matos, Melissa.

Fun Fascinating Vehicles. Compiled by Kidsbooks. 2021. (ENG.). 128p. (J). bds. 12.99 ***(978-1-62885-861-7(3))*** Kidsbooks, LLC.

Fun, Fashion & Friends - Coloring Books Teens Edition. Creative Playbooks. 2016. (ENG., Illus.). (J). pap. 7.74 *(978-1-68323-087-8(6))* Twin Flame Productions.

Fun-Filled Christmas: Advent Activity Book. Created by Warner Press. 2023. (ENG.). 32p. (J). pap. 6.49 ***(978-1-68434-470-3(0))*** Warner Pr., Inc.

Fun-Filled Games & Adventures Super Activity Book for Kids. Smarter Activity Books for Kids. 2016. (ENG., Illus.). (J). pap. 8.99 *(978-1-68374-318-7(0))* Examined Solutions PTE. Ltd.

Fun Foods for Cool Cooks. 2016. (Fun Foods for Cool Cooks Ser.). (ENG.). 32p. (J). (gr. 3-4). 153.25 *(978-1-5157-4031-5(5)*, 175643, Capstone Pr.) Capstone.

Fun for Doctors & Their Patients: Fifty Authentic Ghost Stories by Fifty Experienced Physicians (Classic Reprint) John L. Short. 2018. (ENG., Illus.). (J). 27.05 *(978-0-331-03320-5(8))* Forgotten Bks.

Fun for Every Day in the Year, or Food for All Palates: A Choice Collection of the Best Jests & Witticisms (Classic Reprint) Bury St Edmunds. (ENG., Illus.). (J). 2018. 222p. 28.48 *(978-0-484-10120-2(X))*; 2017. pap. 10.97 *(978-0-243-43521-0(5))* Forgotten Bks.

Fun for Friday Afternoons: For Scholars of All Age; a Compilation of Humorous Dialogues for School Entertainments (Classic Reprint) Carleton Britton Case. (ENG., Illus.). (J). 2019. 164p. 27.28 *(978-0-365-25097-5(X))*; 2017. pap. 9.97 *(978-0-259-83621-6(4))* Forgotten Bks.

Fun for Hours: All Day Maze Adventure Activity Book. Jupiter Kids. 2017. (ENG., Illus.). (J). pap. 9.20 *(978-1-68326-725-6(7)*, Jupiter Kids (Childrens & Kids Fiction)) Speedy Publishing LLC.

Fun for Kids! Beauty in the Beast Coloring Book: For Kids Ages 4 Years Old & Up. Beatrice Harrison. 2019. (ENG.). 34p. (J). pap. 4.99 *(978-1-7947-7908-2(6))* Lulu Pr., Inc.

Fun for Me from a to Z! Super Fun Activity Book. Smarter Activity Books for Kids. 2016. (ENG., Illus.). (J). pap. 8.99 *(978-1-68374-313-2(X))* Examined Solutions PTE. Ltd.

Fun for the Household. Emma J. Gray. 2017. (ENG.). 324p. (J). pap. *(978-3-337-40417-8(0))* Creation Pubs.

Fun for the Household: A Book of Games (Classic Reprint) Emma J. Gray. (ENG., Illus.). (J). 2018. 322p. 30.54 *(978-0-483-38968-7(4))*; 2016. pap. 13.57 *(978-1-334-13122-6(8))* Forgotten Bks.

Fun for the Million, & Business Ads: Written in Verse (Classic Reprint) Oliver F. Case. (ENG., Illus.). (J). 2018. 132p. 26.64 *(978-0-428-65704-8(4))*; 2016. pap. 9.57 *(978-1-334-16670-9(6))* Forgotten Bks.

Fun for Toddlers — Find the Hidden Image Activity Book. Activibooks For Kids. 2016. (ENG., Illus.). (J). pap. 7.55 *(978-1-68321-520-2(6))* Mimaxion.

Fun for Tots! I'm a Little Ballerina Coloring Book for Little Toddler Girls. Beatrice Harrison. 2018. (ENG.). 34p. (J). pap. *(978-0-359-19629-6(2))* Lulu Pr., Inc.

Fun for Tots! My Little Precious Puppies & Dogs Coloring Book for Toddlers. Beatrice Harrison. 2018. (ENG., Illus.). 32p. (J). pap. *(978-0-359-21690-1(0))* Lulu Pr., Inc.

Fun for Tots! My Very First Big Trucks Coloring Book for Little Toddlers. Beatrice Harrison. 2018. (ENG., Illus.). 32p. (J). pap. *(978-0-359-21685-7(4))* Lulu Pr., Inc.

Fun for Tots! My Very First Coloring Book for Little Toddlers. Beatrice Harrison. 2018. (ENG.). 32p. (J). pap. *(978-0-359-19679-1(9))* Lulu Pr., Inc.

Fun for Tots! My Very First Coloring Book of Animals, Toys, Shapes & Patterns, Alphabet, & Numbers for Toddlers. Beatrice Harrison. 2018. (ENG., Illus.). 32p. (J). pap. *(978-0-359-21676-5(5))* Lulu Pr., Inc.

Fun for Tots! My Very First Coloring Book of Princesses, Mermaids, Ballerinas, & Animals for Little Toddler Girls. Beatrice Harrison. 2018. (ENG., Illus.). 34p. (J). pap. 7.00 *(978-0-359-11637-9(X))* Lulu Pr., Inc.

Fun for Tots! My Very First Halloween Coloring Book for Toddlers. Beatrice Harrison. 2018. (ENG.). 32p. (J). pap. *(978-0-359-19688-3(8))* Lulu Pr., Inc.

Fun for Tots! My Very First Halloween Pumpkins Coloring Book for Toddlers. Beatrice Harrison. 2018. (ENG.). 32p. (J). pap. *(978-0-359-19689-0(6))* Lulu Pr., Inc.

Fun for Tots! My Very First Happy Easter Coloring Book for Toddlers. Beatrice Harrison. 2018. (ENG.). 32p. (J). pap. *(978-0-359-19641-8(1))* Lulu Pr., Inc.

Fun for Tots! My Very First Little Adorable Elephants Coloring Book for Toddlers. Beatrice Harrison. 2019. (ENG., Illus.). 34p. (J). pap. 6.65 *(978-0-359-33214-4(5))* Lulu Pr., Inc.

Fun for Tots! My Very First Little Animals Coloring Book for Toddlers. Beatrice Harrison. 2018. (ENG.). 32p. (J). pap. 6.65 *(978-0-359-19623-4(3))* Lulu Pr., Inc.

Fun for Tots! My Very First Little Ballerina Coloring Book for Little Toddler Girls. Beatrice Harrison. 2018. (ENG., Illus.). 34p. (J). pap. 6.95 *(978-0-359-12872-3(6))* Lulu Pr., Inc.

Fun for Tots! My Very First Little Cute & Precious Kittens & Cats Coloring Book for Toddlers. Beatrice Harrison. 2018. (ENG.). 32p. (J). pap. *(978-0-359-19677-7(2))* Lulu Pr., Inc.

Fun for Tots! My Very First Little Cute Puppies & Dogs Coloring Book for Toddlers. Beatrice Harrison. 2018. (ENG.). 32p. (J). pap. *(978-0-359-19618-0(7))* Lulu Pr., Inc.

Fun for Tots! My Very First Little Cute Turtles Coloring Book for Toddlers. Beatrice Harrison. 2019. (ENG., Illus.). 34p. (J). pap. 6.65 *(978-0-359-33210-6(2))* Lulu Pr., Inc.

Fun for Tots! My Very First Little Dinosaur Coloring Book for Little Toddlers. Beatrice Harrison. 2018. (ENG., Illus.). 32p. (J). pap. *(978-0-359-21677-2(3))* Lulu Pr., Inc.

Fun for Tots! My Very First Little Farm Animals Coloring Book for Toddlers. Beatrice Harrison. 2018. (ENG.). 32p. (J). pap. *(978-0-359-19612-8(8))* Lulu Pr., Inc.

Fun for Tots! My Very First Little Fireman Coloring Book for Toddlers. Beatrice Harrison. 2018. (ENG., Illus.). 34p. (J). pap. 6.65 *(978-0-359-20144-0(X))* Lulu Pr., Inc.

Fun for Tots! My Very First Little Horses & Ponies Coloring Book for Toddlers. Beatrice Harrison. 2018. (ENG.). 32p. (J). pap. *(978-0-359-19683-8(7))* Lulu Pr., Inc.

Fun for Tots! My Very First Little Mermaids & Fairies Coloring Book for Little Toddler Girls. Beatrice Harrison. 2018. (ENG., Illus.). 34p. (J). pap. 6.95 *(978-0-359-12875-4(0))* Lulu Pr., Inc.

Fun for Tots! My Very First Little Mermaids Coloring Book for Toddler Girls. Beatrice Harrison. 2019. (ENG.). 34p. (J). pap. 4.99 *(978-0-359-63262-6(9))* Lulu Pr., Inc.

Fun for Tots! My Very First Little Mermaids Coloring Book for Toddler Girls (Book Edition: 2) Beatrice Harrison. 2019. (ENG.). 34p. (J). pap. 4.99 *(978-0-359-63265-7(3))* Lulu Pr., Inc.

Fun for Tots! My Very First Little Mermaids Coloring Book for Toddler Girls (Book Edition: 3) Beatrice Harrison. 2019. (ENG.). 34p. (J). pap. 4.99 *(978-0-359-63268-8(8))* Lulu Pr., Inc.

Fun for Tots! My Very First Little Merry Christmas Coloring Book for Little Toddlers. Beatrice Harrison. 2018. (ENG.). 32p. (J). pap. *(978-0-359-19640-1(3))* Lulu Pr., Inc.

Fun for Tots! My Very First Little Pirates Coloring Book for Little Toddlers. Beatrice Harrison. 2019. (ENG., Illus.). 34p. (J). pap. 6.65 *(978-0-359-33204-5(8))* Lulu Pr., Inc.

Fun for Tots! My Very First Little Princess Ballerina Coloring Book for Little Toddler Girls. Beatrice Harrison. 2019. (ENG.). 34p. (J). pap. 4.90 *(978-0-359-36206-6(0))* Lulu Pr., Inc.

Fun for Tots! My Very First Little Princess Ballerina Coloring Book for Little Toddler Girls (Book Edition: 2) Beatrice Harrison. 2019. (ENG.). 34p. (J). pap. 4.90 *(978-0-359-36212-7(5))* Lulu Pr., Inc.

Fun for Tots! My Very First Little Princess Ponies Coloring Book for Little Toddler Girls. Beatrice Harrison. 2018. (ENG., Illus.). 34p. (J). pap. 6.65 *(978-0-359-20142-6(3))* Lulu Pr., Inc.

Fun for Tots! My Very First Super Hero Girls Coloring Book for Little Toddler Girls. Beatrice Harrison. 2018. (ENG.). 32p. (J). pap. *(978-0-359-19633-3(0))* Lulu Pr., Inc.

Fun for Tots! My Very First Super Heroes Adventures Coloring Book for Toddlers. Beatrice Harrison. 2018. (ENG.). 32p. (J). pap. *(978-0-359-19648-7(9))* Lulu Pr., Inc.

Fun Fort. Kirsten McDonald. Illus. by Fátima Anaya. 2017. (Carlos & Carmen Ser.). (ENG.). 32p. (J). (gr. -1-3). lib. bdg. 32.79 *(978-1-5321-3033-5(3)*, 27035, Calico Chapter Bks) Magic Wagon.

Fun Fossils! - Everything You Could Want to Know about the History Laying Beneath Our Feet. Earth Science for Kids. - Children's Earth Sciences Books. Prodigy. 2016. (ENG., Illus.). (J). pap. 9.25 *(978-1-68323-913-0(X))* Twin Flame Productions.

Fun from a to Z: Coloring, Drawing, & Tracing Workbook. Joyce A. Evans. 2020. (ENG.). 192p. (J). pap. 12.00 *(978-1-64633-659-3(3))* Primedia eLaunch LLC.

Fun from under the Old White Hat (Classic Reprint) Unknown Author. (ENG., Illus.). (J). 2018. 50p. 24.93 *(978-0-483-29217-8(6))*; 2016. pap. 9.57 *(978-1-333-36317-8(6))* Forgotten Bks.

Fun, Fun, Fun! Derek Anderson. 2019. (Croc & Ally Ser.). (Illus.). 32p. (J). (gr. k-2). pap. 4.99 *(978-1-5247-8711-0(6)*, Penguin Workshop) Penguin Young Readers Group.

Fun, Fun Fun! Super Activity Book for Kids. Smarter Activity Books for Kids. 2016. (ENG., Illus.). (J). pap. 8.99 *(978-1-68374-317-0(2))* Examined Solutions PTE. Ltd.

Fun Furry Portraits: A Puppy Coloring Book. Kreative Kids. 2016. (ENG., Illus.). (J). pap. 9.20 *(978-1-68377-478-5(7))* Whlke, Traudl.

Fun Games: 400 Years of Children's Books from UCLA's Special Collections; an Exhibit Prepared for the XXVII California International Antiquarian Book Fair, February 4-6, 1994 (Classic Reprint) James G. Davis. 2018. (ENG., Illus.). 56p. (J). 25.05 *(978-0-656-17311-2(4))* Forgotten Bks.

Fun Games & Activities for Children with Dyslexia. Alais Winton. Illus. by Joe Salerno. 2018. (Fun Games & Activities for Children with Dyslexia Ser.). 136p. pap. 20.95 *(978-1-78592-292-3(0)*, 696471) Kingsley, Jessica Pubs. GBR. Dist: Hachette UK Distribution.

Fun Gift! Fun Shoes Coloring Book. Jupiter Kids. 2017. (ENG., Illus.). (J). pap. 9.20 *(978-1-68326-777-5(X)*, Jupiter Kids (Childrens & Kids Fiction)) Speedy Publishing LLC.

Fun Home (Spanish Edition) Alison Bechdel. 2016. (SPA.). 240p. (gr. 9). pap. 19.95 *(978-607-31-4262-5(5)*, Reservoir Books) Penguin Random House Grupo Editorial ESP. Dist: Penguin Random Hse. LLC.

Fun Horse Facts for Kids. Jacquelyn Elnor Johnson. 2022. (ENG.). 84p. (J). ***(978-1-990291-76-0(7))*** Crimson Hill Bks.

Fun Horse Facts for Kids. Jacquelyn Elnor Elnor Johnson. 2022. (ENG.). 84p. (J). pap. ***(978-1-990291-75-3(9))*** Crimson Hill Bks.

Fun House of Evil. Donald Lemke. Illus. by Erik Doescher. 2019. (Batman Ser.). (ENG.). 56p. (J). (gr. 3-6). pap. 6.95 *(978-1-4965-8656-8(5)*, 141343); lib. bdg. 27.32 *(978-1-4965-8649-0(2)*, 141340) Capstone. (Stone Arch Bks.).

Fun in a Theatrical Office: A Vaudeville Entertainment (Classic Reprint) Maravene Kennedy Thompson. 2018. (ENG., Illus.). 44p. (J). 24.82 *(978-0-267-18115-5(9))* Forgotten Bks.

Fun in a Vaudeville Agency (Classic Reprint) James F. Parsons. 2018. (ENG., Illus.). 22p. (J). 24.35 *(978-0-267-99605-6(5))* Forgotten Bks.

Fun in Hawaii: A Combination Activity Book for 4th Grade. Jupiter Kids. 2018. (ENG., Illus.). 106p. (J). pap. 12.55 *(978-1-5419-3704-8(X)*, Jupiter Kids (Childrens & Kids Fiction)) Speedy Publishing LLC.

Fun in the Classroom! a Discovery Coloring Book. Kreative Kids. 2016. (ENG., Illus.). (J). pap. 9.20 *(978-1-68377-413-6(2))* Whlke, Traudl.

Fun in the Park. Maria Galli. Illus. by Emilio Darlun. 2022. (Adventures of Maui & Max Ser.: 1). 24p. (J). 23.99 *(978-1-6678-4013-0(4))* BookBaby.

Fun in the Park. Jill Parris. 2019. (ENG., Illus.). 20p. (J). pap. *(978-1-64713-932-2(5))* Parris Consulting.

Fun in the Rain. Marci Li. Illus. by Larry Tinsley. 2018. (ENG.). 26p. (J). pap. 19.99 *(978-0-578-43404-9(0))* INDICOMM.

Fun in the Snow! a Maze Activity Book. Activibooks For Kids. 2016. (ENG., Illus.). (J). pap. 6.99 *(978-1-68321-521-9(4))* Mimaxion.

Fun in the Sun. David Catrow. 2017. (I Like to Read Ser.). (ENG.). 32p. (J). (gr. -1-3). 7.99 *(978-0-8234-3845-7(7))* Holiday Hse., Inc.

Fun in the Sun! Janice M. Rees. 2021. (ENG.). 32p. (J). pap. 16.95 *(978-1-6657-1314-6(3))* Archway Publishing.

Fun in the Sun, Book 3. Pip Bird. 2021. (Super Cute Ser.: 3). (ENG., Illus.). 160p. (J). 5.99 *(978-0-7555-0128-1(4))* Farshore GBR. Dist: HarperCollins Pubs.

Fun in the Sun: Practicing the Short U Sound, 1 vol. Isabella Garcia. 2016. (Rosen Phonics Readers Ser.). (ENG.). 8p. (J). (gr. -1-2). pap. *(978-1-5081-3297-4(6)*, 438e1d1c-79b9-4bfe-a334-b98d431f5a79, Rosen Classroom) Rosen Publishing Group, Inc., The.

Fun in the Sun: Visiting the Beach Coloring Book Edition. Smarter Activity Books for Kids. 2016. (ENG., Illus.). (J). pap. 9.22 *(978-1-68374-314-9(8))* Examined Solutions PTE. Ltd.

Fun in the Sun Animals Coloring Book. Cristie Publishing. 2020. (ENG.). 102p. (J). pap. 10.50 *(978-1-716-31466-7(6))* Lulu Pr., Inc.

Fun in the Sun Coloring Book. Jupiter Kids. 2016. (ENG., Illus.). 106p. (J). pap. 12.55 *(978-1-68326-319-7(7)*, Jupiter Kids (Childrens & Kids Fiction)) Speedy Publishing LLC.

Fun in the Sun! Maze Games for Kids. Jupiter Kids. 2018. (ENG., Illus.). 106p. (J). pap. 12.55 *(978-1-5419-3606-5(X)*, Jupiter Kids (Childrens & Kids Fiction)) Speedy Publishing LLC.

Fun in the Van. Cecilia Minden. Illus. by Sam Loman. 2023. (In Bloom Ser.). (ENG.). (J). (gr. 2-4). 24p. pap. 12.79 *(978-1-6689-1897-5(8)*, 221875); 23p. lib. bdg. 30.64 ***(978-1-6689-2644-4(X)***, 222621) Cherry Lake Publishing. (Cherry Blossom Press).

Fun in the West Texas Sun: Follow Eleven-Year Old Twin Boys As They Used Their Creativity & Determination to Turn on Hot Summer into Paradise in West Texas. Terry Pratt. 2018. (ENG., Illus.). 90p. (YA). pap. 11.49 *(978-1-5456-3599-5(4))* Salem Author Services.

Fun, Interesting Facts about the Olympic Peninsula. Melanie Richardson Dundy. 2022. (ENG.). 36p. (J). pap. 12.00 *(978-1-0880-1824-8(6))* M D C T Publishing.

Fun Jokes for Funny Kids. Myles O'Smiles. 2021. (ENG.). 88p. (J). pap. *(978-1-990291-15-9(5))* Crimson Hill Bks.

Fun Jokes for Funny Kids: Jokes, Riddles & Brain-Teasers for Kids 6-10. Myles O'Smiles. Illus. by Camilo Luis Berneri. 2018. (ENG.). (J). 90p. (gr. 4-6). *(978-1-988650-62-3(3))*; 90p. (gr. 4-6). pap. *(978-1-988650-63-0(1))*; 106p. (gr. 3-6). pap. *(978-1-988650-51-7(8))* Crimson Hill Bks.

Fun Jokes for Kids: More Than 500 Squeaky-Clean, Super Silly, Laugh-It-Up Jokes. Compiled by Compiled by Barbour Staff. 2022. (ENG.). 256p. (J). pap. 4.99 *(978-1-63609-204-1(7))* Barbour Publishing, Inc.

Fun-Jottings: Or, Laughs I Have Taken a Pen to (Classic Reprint) N. Parker Willis. 2018. (ENG., Illus.). 368p. (J). 31.75 *(978-0-364-46110-5(1))* Forgotten Bks.

Fun-Jottings, or Laughs I Have Taken a Pen to (Classic Reprint) Nathaniel Parker Willis. 2017. (ENG., Illus.). (J). 380p. 31.75 *(978-0-332-70045-8(3))*; 386p. 31.86 *(978-0-484-78374-3(2))*; 382p. pap. 16.57 *(978-0-332-34070-8(8))*; pap. 16.57 *(978-0-259-36779-6(6))* Forgotten Bks.

Fun Kid's Activity Book — Find the Hidden Pictures. Jupiter Kids. 2017. (ENG., Illus.). (J). pap. 9.20 *(978-1-68326-726-3(5)*, Jupiter Kids (Childrens & Kids Fiction)) Speedy Publishing LLC.

Fun Knock Knock Jokes for Kids. Myles O'Smiles. 2022. (ENG.). 116p. (J). pap. *(978-1-990291-85-2(6))* Crimson Hill Bks.

Fun Leopard Gecko & Bearded Dragon Facts for Kids 9-12. Jacquelyn Elnor Johnson. (ENG.). 62p. (J). (gr. 4-6). 2021. pap. *(978-1-990291-36-4(8))*; 2018. (Fun Animal Facts for Kids Ser.: Vol. 3). (Illus.). *(978-1-988650-87-6(9))*; 2018. (Fun Animal Facts for Kids Ser.: Vol. 3). (Illus.). pap. *(978-1-988650-38-8(0))* Crimson Hill Bks.

Fun Lessons Learned: All 9 Stories for Boys & Girls. Pennie Whitt. 2020. (ENG.). 74p. (J). pap. 19.99 *(978-1-7344892-0-0(0))* Mindstir Media.

Fun Letter Tracing Book. Joyful Life Mastery & Pk Davies. 2022. (ENG.). 110p. (J). pap. *(978-1-990669-02-6(6))* Khajuria, Priya.

Fun Letter Tracing Book Vol 1 (in COLOR) Joyful Life Mastery & Pk Davies. 2022. (ENG.). 110p. (J). pap. *(978-1-990669-09-5(3))* Khajuria, Priya.

Fun Letter Tracing Book Vol 2. Joyful Life Mastery & Pk Davies. 2022. (ENG.). 110p. (J). pap. *(978-1-990669-03-3(4))* Khajuria, Priya.

Fun Letter Tracing Book Vol 2 (in COLOR) Joyful Life Mastery & Pk Davies. 2022. (ENG.). 110p. (J). pap. *(978-1-990669-10-1(7))* Khajuria, Priya.

Fun Letter Tracing Book Vol 3. Joyful Life Mastery & Pk Davies. 2022. (ENG.). 110p. (J). pap. *(978-1-990669-04-0(2))* Khajuria, Priya.

Fun Letter Tracing Book Vol 3 (in COLOR) Joyful Life Mastery & Pk Davies. 2022. (ENG.). 110p. (J). pap. *(978-1-990669-11-8(5))* Khajuria, Priya.

Fun Library (Classic Reprint) J. A. Hammerton. 2018. (ENG., Illus.). 312p. (J). 30.35 *(978-0-267-17740-0(2))* Forgotten Bks.

Fun Math for Kids of All Ages with Mazmatics Vol 1 Good Foundations. Maz Hermon. Illus. by Maz Hermon & Otto & Angelo Hermon. l.t. ed. 2023. (ENG.). 148p. (J). pap. ***(978-0-473-64141-2(0))*** Mazmatics.

Fun Math Problem Solving for Elementary School Volume 2. David Reynoso et al. 2020. (Fun Math Problem Solving Ser.: Vol. 2). (ENG.). 260p. (J). pap. 30.00 *(978-1-944863-49-4(4))* Areteem Institute.

Fun Mazes for Rainy Days Activity Book. Jupiter Kids. 2017. (ENG., Illus.). (J). pap. 9.20 *(978-1-68326-727-0(3)*, Jupiter Kids (Childrens & Kids Fiction)) Speedy Publishing LLC.

722

The check digit for ISBN-10 appears in parentheses after the full ISBN-13

Fun Mazes, Puzzles & Riddles First Grade Activity Book. Baby Professor. 2016. (ENG., Illus.). 40p. (J). pap. 11.65 *(978-1-68305-526-6(8)*, Baby Professor (Education Kids)) Speedy Publishing LLC.

Fun Mazes to Inspire - Mazes Preschool Edition. Creative Playbooks. 2016. (ENG., Illus.). (J). pap. 7.74 *(978-1-68323-129-5(5))* Twin Flame Productions.

Fun Meeting with a Reindeer. Rebecca McCaffery. 2022. (ENG.). 32p. (J). pap. *(978-1-3984-5950-2(X))* Austin Macauley Pubs. Ltd.

Fun Name Sudokus for All Ages Volume 1639: Puzzles for Tom - Easy to Medium. Glenn Lewis. 2023. (ENG.). 68p. (YA). pap. ***(978-1-365-48757-6(1))*** Lulu Pr., Inc.

Fun Name Sudokus for All Ages Volume 1740: Puzzles for Lester - Hard to Insane. Glenn Lewis. 2023. (ENG.). 70p. (YA). pap. ***(978-1-365-48368-4(1))*** Lulu Pr., Inc.

Fun Name Sudokus for All Ages Volume 19: Puzzles for Susan - Easy to Medium. Glenn Lewis. 2023. (ENG.). 68p. (YA). pap. ***(978-1-365-57918-9(2))*** Lulu Pr., Inc.

Fun Name Sudokus for All Ages Volume 24: Puzzles for Parker - Hard to Insane. Glenn Lewis. 2023. (ENG.). 68p. (YA). pap. ***(978-1-365-57880-9(1))*** Lulu Pr., Inc.

Fun Name Sudokus for All Ages Volume 30: Puzzles for Charles - Hard to Insane. Glenn Lewis. 2023. (ENG.). 68p. (YA). pap. ***(978-1-365-57852-6(6))*** Lulu Pr., Inc.

Fun Name Sudokus for All Ages Volume 32: Puzzles for Kimberly - Medium to Hard. Glenn Lewis. 2023. (ENG.). 68p. (YA). pap. ***(978-1-365-57836-6(4))*** Lulu Pr., Inc.

Fun Name Sudokus for All Ages Volume 34: Puzzles for Joseph - Easy to Medium. Glenn Lewis. 2023. (ENG.). 68p. (YA). pap. ***(978-1-365-57827-4(5))*** Lulu Pr., Inc.

Fun of Being a Fat Man (Classic Reprint) William Johnston. 2017. (ENG., Illus.). (J). 25.53 *(978-0-331-92903-4(1))* Forgotten Bks.

Fun of Meeting Jesus. Roberta Grimes. 2017. (ENG., Illus.). (J). 12.99 *(978-0-692-92782-3(4))* Anderson, Christine F. Publishing & Media.

Fun of Meeting Jesus. Roberta Grimes. 2021. (ENG.). 60p. (J). 15.99 *(978-1-7374107-6-8(1))* Greater Reality Pubns.

Fun of the Fair (Classic Reprint) Eden Phillpotts. 2017. (ENG., Illus.). (J). 29.30 *(978-0-331-07636-3(5))* Forgotten Bks.

Fun on the Bingville Branch: An Entertainment in One Scene (Classic Reprint) Jessie A. Kelley. 2018. (ENG., Illus.). 40p. (J). 24.72 *(978-0-483-03596-6(3))* Forgotten Bks.

Fun on the Farm, 12 vols. 2016. (Fun on the Farm Ser.). (ENG.). 00024p. (J). (gr. k-k). lib. bdg. 145.62 *(978-1-4824-5540-3(4)*, d66bdb45-b5f7-4f52-93fe-e4a1ed3e3547) Stevens, Gareth Publishing LLLP.

Fun on the Farm. Tiger Tales. Illus. by Gareth Lucas. 2020. (ENG.). 12p. (J). (-k). bds. 9.99 *(978-1-68010-602-2(3))* Tiger Tales.

Fun on the Farm: An a-MAZE-Ing Storybook Game. IglooBooks. 2023. (ENG.). 10p. (J). (gr. -1-5). 10.99 *(978-1-80108-665-3(6))* Igloo Bks. GBR. Dist: Simon & Schuster, Inc.

Fun on the Farm: In Old Kentucky (Classic Reprint) Ollis Craveison. 2018. (ENG., Illus.). 194p. (J). 27.90 *(978-0-483-98278-9(4))* Forgotten Bks.

Fun on the Farm Coloring Book for Kids: 23 Designs. Kristin Labuch. 2022. (ENG.). 48p. (J). 5.99 *(978-1-64124-181-6(0)*, 1816) Fox Chapel Publishing Co., Inc.

Fun on the Farm Coloring Set: With Double-Ended Stamp Markers. IglooBooks. Illus. by Pamela Barbieri. 2023. (ENG.). 32p. (J). (gr. -1). pap. 14.99 ***(978-1-83771-502-2(5))*** Igloo Bks. GBR. Dist: Simon & Schuster, Inc.

Fun on the Playground. Joanne Meier & Cecilia Minden. Illus. by Bob Ostrom. 2022. (Bear Essential Readers Ser.). (ENG.). 32p. (J). (gr. -1-2). lib. bdg. 35.64 *(978-1-5038-5920-3(7)*, 215818, First Steps) Child's World, Inc, The.

Fun on the Run Puzzle Display 40C. Highlights. 2021. (J). (gr. 1-4). pap., pap., pap. 362.64 *(978-1-64472-891-8(5)*, Highlights) Highlights Pr., c/o Highlights for Children, Inc.

Fun Origami for Children: Dino! 12 Daring Dinosaurs to Fold. Mari Ono & Hiroaki Takai. 2017. (ENG., Illus.). 32p. (J). (gr. 5-7). pap. 12.95 *(978-1-78249-466-9(9)*, 1782494669, Cico Kidz) Ryland Peters & Small GBR. Dist: WIPRO.

Fun Origami for Children: Flight! 12 Paper Planes & Other Flying Objects to Fold for Fun! Mari Ono & Roshin Ono. 2018. (ENG., Illus.). 32p. (J). pap. 12.95 *(978-1-78249-579-6(7)*, 9124101680, CICO Books) Ryland Peters & Small GBR. Dist: WIPRO.

Fun Origami for Children: Pets! 12 Amazing Animals to Fold. Mari Ono. 2018. (ENG., Illus.). 32p. (J). pap. 12.95 *(978-1-78249-580-2(0)*, 1782495800, CICO Books) Ryland Peters & Small GBR. Dist: WIPRO.

Fun Origami for Children: Wild! 12 Amazing Animals to Fold. Mari Ono & Fumiaki Shingu. 2017. (ENG., Illus.). 32p. (J). (gr. 5-7). pap. 12.95 *(978-1-78249-467-6(7)*, 1782494677, Cico Kidz) Ryland Peters & Small GBR. Dist: WIPRO.

Fun Pet Stories, 8 vols. 2018. (Fun Pet Stories Ser.). (ENG.). 24p. (J). (gr. 1-1). lib. bdg. 101.08 *(978-1-5383-4631-0(1)*, b4659be8-2203-4667-829a-8a6717392362, PowerKids Pr.) Rosen Publishing Group, Inc., The.

Fun Plants & Seeds Math Games - Multiplication & Division for Kids. Baby Professor. 2017. (ENG., Illus.). (J). pap. 7.89 *(978-1-5419-0466-8(4)*, Baby Professor (Education Kids)) Speedy Publishing LLC.

Fun Poems for Children: Volume I. Jackie Smith Ph D. 2022. (ENG.). 24p. (J). pap. 8.99 ***(978-1-956998-94-8(2))*** Bookwhip.

Fun Pony Facts for Kids. Jacquelyn Elnor Johnson. 2022. (ENG.). 68p. (J). ***(978-1-990291-81-4(3))***; pap. ***(978-1-990291-80-7(5))*** Crimson Hill Bks.

Fun Pre-Reader Sentences - Sight Words for Kids. Bobo's Little Brainiac Books. 2016. (ENG., Illus.). (J). pap. 7.99 *(978-1-68327-846-7(1))* Sunshine In My Soul Publishing.

Fun Preschooler's Activity Book: Can Cubs. Matthew Foster. 2021. (ENG.). 53p. (J). pap. *(978-1-304-00782-7(0))* Lulu Pr., Inc.

Fun Printing Practice for Kindergarten: Writing Book for Kids Children's Reading & Writing Books. Baby Professor. 2017. (ENG., Illus.). (J). pap. 9.55 *(978-1-5419-2580-9(7)*, Baby Professor (Education Kids)) Speedy Publishing LLC.

Fun Puzzles for Kids: Includes Spot the Odd One Out, Find the Differences, Mazes, Word Searches & Bonus Coloring Pages. Lomic Books. 2017. (ENG., Illus.). (J). pap. *(978-0-9952842-8-9(8))* Lomic Bks.

Fun Puzzles, Mazes & Word Games for Kids - Activities Book for Kids. Activibooks For Kids. 2016. (ENG., Illus.). (J). pap. 9.25 *(978-1-68321-047-4(6))* Mimaxion.

Fun Reptile Facts for Kids 9-12. Jacquelyn Elnor Johnson. (ENG.). 74p. (J). (gr. 4-6). 2021. pap. *(978-1-990291-38-8(4))*; 2018. (Fun Animal Facts for Kids Ser.: Vol. 4). (Illus.). *(978-1-988650-88-3(7))*; 2018. (Fun Animal Facts for Kids Ser.: Vol. 4). (Illus.). pap. *(978-1-988650-39-5(9))* Crimson Hill Bks.

Fun Revue: A Musical Grouch Cure in Five Treatments (Classic Reprint) Frederick G. Johnson. 2018. (ENG., Illus.). 70p. (J). 25.34 *(978-0-267-50602-6(3))* Forgotten Bks.

Fun Science Experiments for Kids: Over 80 STEM / STEAM Science Experiments & Simple Principles(5-10 Ages) Mary Badillo. 2020. (ENG.). 324p. (J). pap. 29.99 *(978-1-953732-31-6(3))* Jason, Michael.

Fun Scribble Pages for Preschoolers: Coloring Books for Kids 2-4. Jupiter Kids. 2016. (ENG., Illus.). 106p. (J). pap. 12.55 *(978-1-68305-218-0(8)*, Jupiter Kids (Childrens & Kids Fiction)) Speedy Publishing LLC.

Fun Sports Activities for Winter - Activity Book Boy Age 10. Jupiter Kids. 2018. (ENG., Illus.). 106p. (J). pap. 12.55 *(978-1-5419-3542-6(X)*, Jupiter Kids (Childrens & Kids Fiction)) Speedy Publishing LLC.

Fun Starts Here! Four Favorite Chapter Books in One: Junie B. Jones, Magic Tree House, Purrmaids, & a to Z Mysteries. Mary Pope Osborne et al. Illus. by Sal Murdocca. 2018. (ENG.). 336p. (J). (gr. 1-4). 9.99 *(978-1-9848-3059-3(7)*, Random Hse. Bks. for Young Readers) Random Hse. Children's Bks.

Fun STEM Challenges. Marne Ventura. 2020. (Fun STEM Challenges Ser.). (ENG.). 24p. (J). (gr. -1-2). 175.92 *(978-1-9771-1308-5(7)*, 29780); pap., pap., pap. 41.70 *(978-1-9771-2001-4(6)*, 30008) Capstone. (Pebble).

Fun Stories: Creative Magical Story Writing Guide for Kids. Gahmya Drummond-Bey. 2019. (ENG., Illus.). 44p. (J). pap. 9.99 *(978-1-7335569-1-0(5)*, Evolved Teacher Pr.) 499.

Fun Stuff for Kids Activity & Coloring Book Edition. Smarter Activity Books for Kids. 2016. (ENG., Illus.). (J). pap. 8.99 *(978-1-68374-315-6(6))* Examined Solutions PTE. Ltd.

Fun Things to Do: Puzzles, Mazes & More. Clever Publishing & Olga Utkina. 2019. (Clever Activity Pad Ser.). (ENG.). 80p. (J). (gr. -1-1). pap. 4.99 *(978-1-948418-05-8(3))* Clever Media Group.

Fun Throughout All the Seasons in Nature Coloring Book. Activibooks For Kids. 2016. (ENG., Illus.). (J). pap. 9.20 *(978-1-68321-698-8(9))* Mimaxion.

Fun Time, 6 vols., Set. Dana Meachen Rau. Incl. At a Fair. lib. bdg. 25.50 *(978-0-7614-2606-6(X)*, e93ffecd-0293-4f02-a94d-84b6786cd95f); At a Picnic. Nanci Reginelli Vargus. lib. bdg. 25.50 *(978-0-7614-2607-3(8)*, 5bb67d7f-6019-44c7-a008-38aa0a00c0b8, Cavendish Square); At the Beach. lib. bdg. 25.50 *(978-0-7614-2609-7(4)*, 81df4d12-166c-4e8d-857e-526ee8d52a8f); At the Park. lib. bdg. 25.50 *(978-0-7614-2613-4(2)*, 675f31ba-705a-4a4a-b602-5f25431fc363); At the Zoo. lib. bdg. 25.50 *(978-0-7614-2610-3(8)*, 6d7f5074-b11c-44a6-b918-579799b16eca); On a Farm. lib. bdg. 25.50 *(978-0-7614-2605-9(1)*, 2070f0f7-a0d5-4dcd-80b9-e0d0992c9615); (Illus.). 24p. (gr. k-1). 2008. (Benchmark Rebus: Fun Time Ser.). 2007. Set lib. bdg. 95.70 *(978-0-7614-2603-5(5)*, Cavendish Square) Cavendish Square Publishing LLC.

Fun Time for Little Girls! My Very First Coloring Book of Princesses, Mermaids, Ballerinas, & Animals for Girls Ages 3 Years Old & Up. Beatrice Harrison. 2018. (ENG., Illus.). 34p. (J). pap. 7.00 *(978-0-359-11640-9(X))* Lulu Pr., Inc.

Fun Time for Little Girls! My Very First Fun Coloring Book of Pretty Princesses, Mermaids, Ballerinas, Fairies, & Animals: For Girls Ages 4 Years Old & Up. Beatrice Harrison. 2018. (ENG., Illus.). 34p. (J). pap. 6.99 *(978-0-359-11918-9(2))* Lulu Pr., Inc.

Fun Time for Little Girls! My Very First Fun Coloring Book of Pretty Princesses, Mermaids, Ballerinas, Fairies, & Animals: For Girls Ages 4 Years Old & up (Book Edition: 2) Beatrice Harrison. 2018. (ENG., Illus.). 34p. (J). pap. 6.99 *(978-0-359-11923-3(9))* Lulu Pr., Inc.

Fun Time for Little Girls! My Very First Fun Coloring Book of Pretty Princesses, Mermaids, Ballerinas, Fairies, & Animals: For Girls Ages 4 Years Old & up (Book Edition:3) Beatrice Harrison. 2018. (ENG., Illus.). 34p. (J). pap. 6.99 *(978-0-359-11926-4(3))* Lulu Pr., Inc.

Fun Time for Little Girls! My Very First Fun Coloring Book of Pretty Princesses, Mermaids, Ballerinas, Fairies, & Animals: For Girls Ages 4 Years Old & up (Book Edition:4) Beatrice Harrison. 2018. (ENG., Illus.). 34p. (J). pap. 6.99 *(978-0-359-11941-7(7))* Lulu Pr., Inc.

Fun Time for Little Girls! My Very First Super Hero Girls Coloring Book: For Girls Ages 3 Years Old & Up. Beatrice Harrison. 2018. (ENG., Illus.). 34p. (J). pap. 6.65 *(978-0-359-16274-1(6))* Lulu Pr., Inc.

Fun Time Teddy Bear Stickers: Sticker & Colour-In Playbook with over 200 Reusable Stickers. Michael Johnstone. Illus. by Jenny Tulip. 2017. (ENG.). 72p. (J). (gr. -1-12). pap. 8.99 *(978-1-86147-771-2(6)*, Armadillo) Anness Publishing GBR. Dist: National Bk. Network.

Fun Time to Color! My Very First Little Mermaids, Princesses, Ballerinas, Fairies, Unicorns, & Ponies: For Girls Ages 3 to 5 Years Old. Beatrice Harrison. 2018. (ENG., Illus.). 32p. (J). pap. *(978-0-359-20147-1(4))* Lulu Pr., Inc.

Fun Times. Zipora Steiner. 2018. (ENG., Illus.). 84p. (J). pap. 37.51 *(978-1-387-78755-5(1))* Lulu Pr., Inc.

Fun-To-Color Mini Mandalas. Anna Pomaska. 2022. (Dover Little Activity Bks.). (ENG.). 64p. (J). (gr. k-3). pap. 2.50 *(978-0-486-84990-4(2)*, 849902) Dover Pubns., Inc.

Fun to Go Assortment Clip Strip. Highlights. 2022. (J). (gr. 1-4). pap., pap., pap. 83.88 *(978-1-64472-511-5(8)*, Highlights) Highlights Pr., c/o Highlights for Children, Inc.

Fun to Learn, Tracing, Coloring Mazes & More Vol. 1. Activity Book Zone for Kids. 2016. (ENG., Illus.). (J). pap. 7.55 *(978-1-68376-703-9(9))* Sabeels Publishing.

Fun to Learn, Tracing, Coloring Mazes & More Vol. 2. Activity Book Zone for Kids. 2016. (ENG., Illus.). (J). pap. 7.55 *(978-1-68376-704-6(7))* Sabeels Publishing.

Fun to Learn, Tracing, Coloring Mazes & More Vol. 3. Activity Book Zone for Kids. 2016. (ENG., Illus.). (J). pap. 7.55 *(978-1-68376-705-3(5))* Sabeels Publishing.

Fun to Learn, Tracing, Coloring Mazes & More Vol. 4. Activity Book Zone for Kids. 2016. (ENG., Illus.). (J). pap. 7.55 *(978-1-68376-706-0(3))* Sabeels Publishing.

Fun to Learn, Tracing, Coloring Mazes & More Vol. 5. Activity Book Zone for Kids. 2016. (ENG., Illus.). (J). pap. 7.55 *(978-1-68376-707-7(1))* Sabeels Publishing.

Fun to Learn, Tracing, Coloring Mazes & More Vol. 6. Activity Book Zone for Kids. 2016. (ENG., Illus.). (J). pap. 7.55 *(978-1-68376-709-1(8))* Sabeels Publishing.

Fun to Play with Trash Coloring Books. Activibooks For Kids. 2016. (ENG., Illus.). (J). pap. 9.20 *(978-1-68321-699-5(7))* Mimaxion.

Fun Tongue Twisting ABCs: Creative & Easy Way to Learn Alphabet. Inna Graham. Illus. by Green Alex. 2018. (ENG.). 28p. (J). pap. 9.99 *(978-1-5136-4148-5(4))* Graham, Inna.

Fun under Construction: Building on Coloring Book. Activity Book Zone for Kids. 2016. (ENG., Illus.). (J). pap. 9.20 *(978-1-68376-337-6(8))* Sabeels Publishing.

Fun under the Sea: Coloring & Activity Book. K. L. DeWitt. 2020. (ENG.). 158p. (J). pap. 7.79 *(978-1-0879-0857-1(4))* Indy Pub.

Fun Unplugged. Peter Cosgrove. 2020. (Illus.). 160p. (J). (gr. 7). pap. 13.95 *(978-1-84488-481-0(3))* Penguin Ireland IRL. Dist: Independent Pubs. Group.

Fun Ways to Learn. Bobbie Kalman. 2017. (My World Ser.). (Illus.). 24p. (J). (gr. 1-1). *(978-0-7787-9595-7(0))*; pap. *(978-0-7787-9603-9(5))* Crabtree Publishing Co.

Fun Winter Day. Jenna Lee Gleisner. 2018. (Welcoming the Seasons Ser.). (ENG.). 24p. (J). (gr. -1-2). lib. bdg. 32.79 *(978-1-5038-2384-6(9)*, 212227) Child's World, Inc, The.

Fun with 3 Classic Stories: The Little Red Hen, Peter Rabbit, Goldilocks & the Three Bears. Little Grasshopper Books & Publications International Ltd. Staff. 2019. (I Can Find It! Ser.). (ENG., Illus.). 16p. (J). (gr. -1-1). bds. 15.98 *(978-1-64030-941-8(1)*, 6104200) Publications International, Ltd.

Fun with ABCs: Laugh & Learn Matching Game Activity Book. Jupiter Kids. 2017. (ENG., Illus.). (J). pap. 9.20 *(978-1-68326-728-7(1)*, Jupiter Kids (Childrens & Kids Fiction)) Speedy Publishing LLC.

Fun with Alphabets Connect the Dots: ABC Activity Books. Jupiter Kids. 2016. (ENG., Illus.). 76p. (J). pap. 13.75 *(978-1-68305-401-6(6)*, Jupiter Kids (Childrens & Kids Fiction)) Speedy Publishing LLC.

Fun with Angels. D. Thomas Halpin. 2018. (ENG.). 64p. (J). pap. 5.95 *(978-0-8198-2742-5(8))* Pauline Bks. & Media.

Fun with Art: Color in Wallpaper. Jupiter Kids. 2016. (ENG., Illus.). 106p. (J). pap. 12.55 *(978-1-68305-219-7(6)*, Jupiter Kids (Childrens & Kids Fiction)) Speedy Publishing LLC.

Fun with Chemistry: Testing & Checking, 1 vol. Amanda Vink. 2017. (Computer Kids: Powered by Computational Thinking Ser.). (ENG.). 24p. (J). (gr. 4-5). 25.27 *(978-1-5383-2399-1(0)*, f1d0692f-8db5-4e36-bda8-b77a8369f7df, PowerKids Pr.); pap. *(978-1-5383-5305-9(9)*, 78073c4f-4c6a-47a3-807f-67222474e907, Rosen Classroom) Rosen Publishing Group, Inc., The.

Fun with Dinosaurs Coloring Book. Cristie Publishing. 2021. (ENG.). 102p. (J). pap. 11.50 *(978-1-716-27162-5(2))* Lulu Pr., Inc.

Fun with Ed & Fred. Kevin Bolger. Illus. by Ben Hodson. 2016. (ENG.). 40p. (J). (gr. -1-3). 7.99 *(978-0-06-228600-0(5)*, HarperCollins) HarperCollins Pubs.

Fun with Elfie the Baby Elephant. Dorothy Fallows-Thompson. Illus. by Joanne Chadwick. 2021. (ENG.). 46p. (J). pap. *(978-1-326-48235-0(1))* Lulu Pr., Inc.

Fun with English Value Pack. Sonia Mehta. 2019. (Fun with English Ser.). (ENG.). 288p. (J). (gr. 2-5). 38.99 *(978-0-14-344763-4(7)*, Puffin) Penguin Bks. India PVT, Ltd IND. Dist: Independent Pubs. Group.

Fun with Fashion Little Girls Stylish Coloring Book. Kreative Kids. 2016. (ENG., Illus.). (J). pap. 9.20 *(978-1-68377-480-8(9))* Whlke, Traudl.

Fun with Felt, 1 vol. Jane Yates. 2016. (Cool Crafts for Kids Ser.). (ENG.). 32p. (J). (gr. 3-3). pap. 12.75 *(978-1-4994-8232-4(9)*, 42514162-2131-40b8-9c67-65c9fe2013ec, Windmill Bks.) Rosen Publishing Group, Inc., The.

Fun with Fidget Spinners: 50 Super Cool Tricks & Activities. David King et al. 2017. (ENG.). 80p. (J). pap. 6.99 *(978-1-4972-0377-8(5)*, DO5913) Fox Chapel Publishing Co., Inc.

Fun with First Words. Learning As a Baby Starts to Speak. - Baby & Toddler First Word Books. Baby Professor. 2017. (ENG., Illus.). (J). pap. 7.89 *(978-1-68326-710-2(9)*, Baby Professor (Education Kids)) Speedy Publishing LLC.

Fun with Flowcharts: Following Instructions, 1 vol. Anna McDougal. 2017. (Computer Kids: Powered by Computational Thinking Ser.). (ENG.). 24p. (J). (gr. 3-4). 25.27 *(978-1-5383-2401-1(6)*, f36b857b-1114-421f-8cfb-08650ec80bd7, PowerKids Pr.); pap. *(978-1-5081-3785-6(4)*, 10e5b77f-e7f3-4649-882d-335830c515dc, Rosen Classroom) Rosen Publishing Group, Inc., The.

Fun with Frank. Yvonne Franks. 2019. (ENG.). 24p. (J). *(978-1-5289-3324-7(9))*; pap. *(978-1-5289-3323-0(0))* Austin Macauley Pubs. Ltd.

Fun with Friends: Book 7. Carole Crimeen & Suzanne Fletcher. 2023. (Healthy Me! Ser.). (ENG., Illus.). 16p. (J). (gr. -1-2). pap. 7.99 ***(978-1-922516-53-4(8)***, eafd6a71-aeb0-45a1-a6ca-6acd97f4eb01) Knowledge Bks. & Software AUS. Dist: Lerner Publishing Group.

Fun with Grammar, 12 vols. 2019. (Fun with Grammar Ser.). (ENG.). 24p. (J). (gr. 1-2). lib. bdg. 145.62 *(978-1-9785-1572-7(3)*, c412d59f-0e00-4078-9077-c3ad81ac96f7) Enslow Publishing, LLC.

Fun with KANDI. Shenita Fortson. Illus. by Travis a Thompson. 2023. (ENG.). 20p. (J). pap. 4.99 ***(978-1-0880-9000-8(1))*** Indy Pub.

Fun with Letters. Lt Cdr Smita Mohanta Ghosh. 2017. (ENG., Illus.). 56p. (J). pap. *(978-1-387-17169-9(0))* Lulu Pr., Inc.

Fun with Measurement. Marcia S. Gresko. 2017. pap. 3.99 *(978-1-68310-308-0(4))* Creative Teaching Pr., Inc.

Fun with My Best Friend. Milan Jeet Singh. 2020. (ENG.). 30p. (J). pap. 7.99 *(978-1-63640-060-0(4)*, White Falcon Publishing) White Falcon Publishing.

Fun with Nature Projects: Bubble Wands, Sunset in a Glass, & More. Megan Borgert-Spaniol. 2019. (Unplug with Science Buddies (r) Ser.). (ENG., Illus.). 32p. (J). (gr. 2-5). pap. 8.99 *(978-1-5415-7489-2(3)*, ede12981-bd06-4ecf-a6fe-ebf12e168c6a); lib. bdg. 27.99 *(978-1-5415-5496-2(5)*, 9abb24cb-23af-476c-9107-f019c9171f92) Lerner Publishing Group. (Lerner Pubns.).

Fun with Nick & Dick (Classic Reprint) Arthur Irving Gates. (ENG., Illus.). (J). 2018. 180p. 27.61 *(978-0-483-76790-4(5))*; 2017. pap. 9.97 *(978-0-259-46274-3(8))* Forgotten Bks.

Fun with Numbers. Roselouise Smith. 2021. (ENG.). 30p. (J). 21.95 *(978-1-64628-858-8(0))*; pap. 12.95 *(978-1-6624-4261-2(0))* Page Publishing Inc.

Fun with Numbers Activity Book. Fran Newman-D'Amico. 2020. (Dover Little Activity Bks.). (ENG.). 64p. (J). (gr. k-3). pap. 2.50 *(978-0-486-84467-1(6)*, 844676) Dover Pubns., Inc.

Fun with Numbers, Colors & Shapes: Sight Words for Kids. Professor Gusto. 2016. (ENG., Illus.). (J). pap. 10.81 *(978-1-68321-079-5(4))* Mimaxion.

Fun with Pets: A Pop-Up Book. Illus. by Helen Rowe. 2016. (ENG.). 12p. (J). (gr. -1-k). bds. 8.99 *(978-1-4998-0300-6(1))* Little Bee Books Inc.

Fun with Shapes, 12 vols. 2022. (Fun with Shapes Ser.). (ENG.). 24p. (J). (gr. k-k). lib. bdg. 151.62 *(978-1-5383-8742-9(5)*, db128410-bf76-4a50-8c9d-616386aa0433, PowerKids Pr.) Rosen Publishing Group, Inc., The.

Fun with Shapes. Jen Selinsky. 2019. (ENG., Illus.). (J). 22p. 20.99 *(978-1-950454-88-4(6))*; 24p. pap. 12.99 *(978-1-950454-86-0(X))* Pen It Pubns.

Fun with Statistics. Teresa Tallman. 2016. (ENG., Illus.). (J). pap. 9.95 *(978-1-55571-832-9(9)*, Grid Pr.) L & R Publishing, LLC.

Fun with Statistics: What Vary Means. Teresa Tallman. 2016. (Hear the Word: Fun with Statistics Ser.: Vol. 2). (ENG., Illus.). (J). (gr. k). pap. 9.95 *(978-1-55571-851-0(5)*, Grid Pr.) L & R Publishing, LLC.

Fun with the Alphabet. Kathy Gronlund-Marks. 2020. (ENG.). 56p. (J). pap. 15.95 *(978-1-64801-496-3(8))* Newman Springs Publishing, Inc.

Fun with Time. Donald Kasen. 2019. (Growing up Well (Video) Ser.). (ENG., Illus.). 26p. (J). pap. 8.99 *(978-0-7396-0370-3(1))* Inspired Studios Inc.

Fun with Your ABCs: The Berkeley Family Activity Fun Book That Parents & Children Will Enjoy! Elisha Berkeley & Caleb Berkeley. 2019. (ENG., Illus.). 36p. (J). pap. *(978-1-927820-73-5(1))* CM Berkeley Media Group.

Fun Worksheets for Kids: Mixed Worksheets to Develop Pen Control (Kindergarten Worksheets): 60 Preschool/Kindergarten Worksheets to Assist with the Development of Fine Motor Skills in Preschool Children. James Manning. 2019. (Kindergarten Worksheets Ser.: Vol. 2). (ENG., Illus.). 68p. (J). pap. *(978-1-83856-900-6(6))* Coloring Pages.

Fun Worksheets for Kids (Kindergarten Subtraction/Taking Away Level 2) 30 Full Color Preschool/Kindergarten Subtraction Worksheets (Includes 8 Printable Kindergarten PDF Books Worth $60. 71) James Manning. 2019. (Series Title - Use Words in Title Apart From [kind Ser.: Vol. 11). (ENG., Illus.). 34p. (J). pap. *(978-1-83878-220-7(6))* West Suffolk CBT Service Ltd., The.

Fun Worksheets for Kids (Trace & Color Worksheets to Develop Pen Control) 50 Preschool/Kindergarten Worksheets to Assist with the Development of Fine Motor Skills in Preschool Children. James Manning. 2019. (ENG., Illus.). 56p. (J). pap. *(978-1-83856-855-9(7))* West Suffolk CBT Service Ltd., The.

Funafuti (Classic Reprint) Caroline Martha David. 2018. (ENG., Illus.). 366p. (J). 31.45 *(978-0-656-97054-4(5))* Forgotten Bks.

Funámbulus. Alex Tovar & Àfrica Fanlo. 2nd ed. 2019. (Akialbum Ser.). (SPA.). 40p. (J). (— 1). 17.95 *(978-84-17440-38-1(0))* Akiara Bks. ESP. Dist: Independent Pubs. Group.

Function of Banks Amazing & Intriguing Facts Children's History Book. Bold Kids. 2023. (ENG.). 42p. (J). pap. 14.99 ***(978-1-0717-1841-4(X))*** FASTLANE LLC.

Function of Cell Parts: From the Nucleus to the Reticulum Cellular Biology Grade 5 Children's Biology Books. Baby Professor. 2021. (ENG.). 72p. (J). 27.99 *(978-1-5419-8392-2(0))*; pap. 16.99 *(978-1-5419-6010-7(6))* Speedy Publishing LLC. (Baby Professor (Education Kids)).

Functions & Disorders of the Reproductive Organs in Childhood, Youth, Adult Age. William Acton. 2017. (ENG.). 308p. (J). pap. *(978-3-337-36836-4(0))* Creation Pubs.

Functions & Variables. Teddy Borth. 2021. (Coding Basics Ser.). (ENG., Illus.). 24p. (J). (gr. k-3). lib. bdg. 31.36 *(978-1-5321-6963-2(9)*, 38003, Pop! Cody Koala) Pop!.

Functions of the Human Nervous System - Biology Books for Kids Children's Biology Books. Baby Professor.

2017. (ENG., Illus.). (J). pap. 9.55 *(978-1-5419-3886-1(0)*, Baby Professor (Education Kids)) Speedy Publishing LLC.

FUNDaFIELD: Charities Started by Kids! Melissa Sherman Pearl & David A. Sherman. 2017. (Community Connections: How Do They Help? Ser.). (ENG., Illus.). 24p. (J). (gr. 2-5). lib. bdg. 29.21 *(978-1-63472-843-0(2)*, 209798) Cherry Lake Publishing.

Fundamental English (Classic Reprint) John P. McNichols. (ENG., Illus.). (J). 2018. 278p. 29.63 *(978-0-484-53361-4(4))*; 2016. pap. 13.57 *(978-1-333-59233-2(7))* Forgotten Bks.

Fundamental Movement Skill Acquisition for Children & Adults with Autism: A Practical Guide to Teaching & Assessing Individuals on the Spectrum. Susan Crawford. 2018. 152p. pap. 26.95 *(978-1-78592-372-2(2)*, 696625) Kingsley, Jessica Pubs. GBR. Dist: Hachette UK Distribution.

Fundamental Principles of Chemistry: Practically Taught, by a New Method (Classic Reprint) Robert Galloway. 2017. (ENG., Illus.). (J). 31.65 *(978-0-331-73261-0(0))*; 30.29 *(978-0-266-61290-2(3))*; pap. 13.57 *(978-0-282-98962-0(5))* Forgotten Bks.

Fundamental Principles of Petrology. Ernst Weinschenk. 2017. (ENG., Illus.). (J). pap. *(978-0-649-59038-4(4))* Trieste Publishing Pty Ltd.

Fundamental Skills Activity Book Toddler-Grade K - Ages 1 To 6. Left Brain Kids. 2016. (ENG., Illus.). (J). pap. 7.51 *(978-1-68376-639-1(3))* Sabeels Publishing.

FunDay Fables: Book 1. R. S Doman. 2021. (ENG.). 178p. (J). pap. 9.99 *(978-0-9908374-4-2(0))* Sunraehealing.

FunDay Fables: Book 10. R. S. S. Doman. 2021. (ENG.). 172p. (J). pap. 9.99 *(978-1-7369603-4-9(2))* Sunraehealing.

FunDay Fables: Book 2. R. S Doman. 2021. (ENG.). 170p. (J). pap. 9.99 *(978-0-9908374-5-9(9))* Sunraehealing.

FunDay Fables: Book 3. R. S Doman. 2021. (ENG.). 176p. (J). pap. 9.99 *(978-0-9908374-6-6(7))* Sunraehealing.

FunDay Fables: Book 4. R. S Doman. 2021. (ENG.). 182p. (J). pap. 9.99 *(978-0-9908374-7-3(5))* Sunraehealing.

FunDay Fables: Book 5. R. S Doman. 2021. (ENG.). 184p. (J). pap. 9.99 *(978-0-9908374-8-0(3))* Sunraehealing.

FunDay Fables: Book 6. R. S Doman. 2021. (ENG.). 182p. (J). pap. 9.99 *(978-1-7369603-0-1(X))* Sunraehealing.

FunDay Fables: Book 7. R. S Doman. 2021. (ENG.). 182p. (J). pap. 9.99 *(978-1-7369603-1-8(8))* Sunraehealing.

FunDay Fables: Book 8. R. S Doman. 2021. (ENG.). 168p. (J). pap. 9.99 *(978-1-7369603-2-5(6))* Sunraehealing.

FunDay Fables: Book 9. R. S Doman. 2021. (ENG.). 168p. (J). pap. 9.99 *(978-1-7369603-3-2(4))* Sunraehealing.

Funderelele y Más Hallazgos de la Lengua. Laura Laura. 2023. (SPA.). 152p. (YA). pap. 13.95 *(978-607-07-4588-1(4))* Editorial Planeta, S. A. ESP. Dist: Two Rivers Distribution.

Fundi Saves the Day. Doug Lockhart. 2021. (Storywise Kids Ser.: Vol. 1). (ENG.). 38p. (J). pap. 12.99 *(978-1-77628-007-0(5))* Undisciplined Pr.

Funding Feminism: Monied Women, Philanthropy, & the Women's Movement, 1870-1967. Joan Marie Johnson. 2020. (Gender & American Culture Ser.). (ENG., Illus.). 320p. pap. 32.50 *(978-1-4696-5907-7(7)*, 01PB) Univ. of North Carolina Pr.

Fundraising Time. Su Zhen Fang. 2019. (CHI.). (J). pap. *(978-7-5448-5965-3(7))* Jieli Publishing Hse.

Fundy the Driftwood & His Adventures. Conny Whittaker. Illus. by Abigail Reinhart. 2023. (ENG.). 140p. (J). *(978-1-0391-6020-0(4))*; pap. *(978-1-0391-6019-4(0))* FriesenPress.

Funeral, 1 vol. Matt James. 2018. (ENG., Illus.). 40p. (J). (gr. -1-2). 18.95 *(978-1-55498-908-9(6))* Groundwood Bks. CAN. Dist: Publishers Group West (PGW).

Funeral in the Bathroom: And Other School Poems. Kalli Dakos. Illus. by Mark Beech. 2017. (ENG.). 48p. (J). (gr. -1-3). pap. 7.99 *(978-0-8075-2676-7(2)*, 807526762) Whitman, Albert & Co.

Funeral Songs for Dying Girls. Cherie Dimaline. 2023. (ENG.). 280p. (YA). (gr. 9). 17.99 *(978-0-7352-6563-9(1)*, Tundra Bks.) PRH Canada Young Readers CAN. Dist: Penguin Random Hse. LLC.

Fungarium: Welcome to the Museum. Ester Gaya. Illus. by Katie Scott. 2021. (Welcome to the Museum Ser.). (ENG.). 80p. (J). (gr. 3-7). 37.99 *(978-1-5362-1709-4(3)*, Big Picture Press) Candlewick Pr.

Fungarium Poster Book. Ester Gaya. Illus. by Katie Scott. 2023. (Welcome to the Museum Ser.). (ENG.). 56p. (J). (gr. 3-7). pap. 20.00 *(978-1-5362-3251-6(3)*, Big Picture Press) Candlewick Pr.

Fungi: Colorful Clean-Up Crews. Ruth Owen. 2021. (Tell Me More! Science Ser.). (ENG., Illus.). 24p. (J). (gr. 2-5). pap. 9.99 *(978-1-78856-160-0(0)*, 28861a5e-c87e-4008-bb4f-f8f92635184c); lib. bdg. 29.32 *(978-1-78856-159-4(7)*, f832b91b-61e2-463e-8e24-970ce569812a) Ruby Tuesday Books Limited GBR. Dist: Lerner Publishing Group.

Fungi & Molds, 1 vol. Jennifer Viegas & Margaux Baum. 2016. (Germs: Disease-Causing Organisms Ser.). (ENG., Illus.). 48p. (J). (gr. 5-5). pap. 12.75 *(978-1-4777-8840-0(9)*, 86901077-3fa5-4219-8d4f-3b876ae2a016, Rosen Reference) Rosen Publishing Group, Inc., The.

Fungi Are Not Plants - Biology Book Grade 4 Children's Biology Books. Baby Professor. 2017. (ENG., Illus.). (J). pap. 8.79 *(978-1-5419-1072-0(9)*, Baby Professor (Education Kids)) Speedy Publishing LLC.

Fungus Witch. Michael Sims. 2019. (ENG.). 38p. (J). pap. *(978-1-5289-2629-4(3))* Austin Macauley Pubs. Ltd.

FunJungle Mystery Madness Collection: Panda-Monium; Lion down; Tyrannosaurus Wrecks. Stuart Gibbs. ed. 2021. (FunJungle Ser.). (ENG., Illus.). 1120p. (J). (gr. 3-7). pap. 26.99 *(978-1-6659-0048-5(2)*, Simon & Schuster Bks. For Young Readers) Simon & Schuster Bks. For Young Readers.

FunJungle Paperback Collection (Boxed Set) Belly up; Poached; Big Game. Stuart Gibbs. ed. 2021. (FunJungle Ser.). (ENG., Illus.). 1040p. (J). (gr. 3-7). pap. 26.99 *(978-1-6659-0042-3(3)*, Simon & Schuster Bks. For Young Readers) Simon & Schuster Bks. For Young Readers.

Funky Chicken Mission Incrocible. Chris Collin. Illus. by Megan Kitchin. 2018. (ENG.). 34p. (J). pap. *(978-0-9942846-6-2(7))* Funkybooks.

Funky Chickens. Benjamin Zephaniah. 2019. 96p. (J). (gr. 4-6). 13.95 *(978-0-241-35456-8(0))* Penguin Random Hse. AUS. Dist: Independent Pubs. Group.

Funky Fish 'n Friends: Dream Doodles. Lyn Phillips. 2016. (Challenging Art Colouring Bks.: Vol. 1). (ENG., Illus.). (YA). (gr. 7-12). pap. *(978-1-908135-79-7(4))* U P Pubns.

Funky Fungi: 30 Activities for Exploring Molds, Mushrooms, Lichens, & More. Alisha Gabriel & Sue Heavenrich. 2022. (Young Naturalists Ser.: 8). (Illus.). 128p. (J). (gr. 2-4). pap. 16.99 *(978-1-64160-577-9(4))* Chicago Review Pr., Inc.

Funky Town: (Diversity, LGBTQ, Inclusion, Ages 3 To 5) Carole St-Laurent. 2019. (ENG.). 40p. (J). pap. *(978-1-7770163-5-7(5))* Chambers, Shawnda.

Funnel-Web Spiders, 1 vol. Amy Hayes. 2017. (Spiders: Eight-Legged Terrors Ser.). (ENG.). 24p. (J). (gr. 2-3). pap. 9.15 *(978-1-5382-0205-0(0)*, f735fbc1-37ed-490a-9b26-6a62eff2dc3b) Stevens, Gareth Publishing LLLP.

Funnest Activities in One Coloring Book Edition. Bobo's Children Activity Books. 2016. (ENG., Illus.). (J). pap. 9.33 *(978-1-68327-894-8(1))* Sunshine In My Soul Publishing.

Funniest & Grossest Joke Book Ever! Ed. by Editors of Portable Press. 2017. (ENG., Illus.). 256p. (J). (gr. 3-7). pap. 8.99 *(978-1-68412-128-1(0)*, Portable Pr.) Printers Row Publishing Group.

Funniest Animals Ever. Camilla de la Bedoyere. 2022. (Awesome Animals Ser.). (ENG., Illus.). 32p. (J). (gr. k-2). lib. bdg. 27.99 *(978-0-7112-7242-2(5)*, e668414b-6daf-4210-a86b-d381f4c7b37f) QEB Publishing Inc.

Funniest Dinosaur Joke Book Ever. Joe King. 2018. (ENG., Illus.). 96p. (J). (gr. 2-4). pap. 8.99 *(978-1-78344-648-3(X))* Andersen Pr. GBR. Dist: Independent Pubs. Group.

Funniest Dot-To-Dot Activity Book. Activity Book Zone for Kids. 2016. (ENG., Illus.). (J). pap. 7.55 *(978-1-68376-196-9(0))* Sabeels Publishing.

Funniest Events in History, 6 vols. 2022. (Funniest Events in History Ser.). (ENG.). 72p. (J). (gr. 3-4). lib. bdg. 108.81 *(978-1-5382-7510-8(4)*, 5cd75823-74c1-4dc9-a4c8-0fe5a4111bee) Stevens, Gareth Publishing LLLP.

Funniest Joke Book Ever! Bathroom Readers' Institute. 2016. (ENG., Illus.). 128p. (J). (gr. 3-7). pap. 4.99 *(978-1-62686-584-6(1)*, Portable Pr.) Printers Row Publishing Group.

Funniest Joke Book for Kids 5+ Marissa O'Starrie. 2021. (ENG.). 102p. (J). pap. 7.99 *(978-1-716-36426-6(4))* Lulu Pr., Inc.

Funniest Jokebooks in the World: Silly, Funny Jokes about Cows. Soph Honey. 2023. (ENG.). 88p. (J). pap. *(978-1-915337-45-0(3))* Neu Westend Pr.

Funniest Man in Baseball: The True Story of Max Patkin. Audrey Vernick. Illus. by Jennifer Bower. 2018. (ENG.). 40p. (J). (gr. 1-4). 17.99 *(978-0-544-81377-9(4)*, 1642034, Clarion Bks.) HarperCollins Pubs.

Funny Activity Pages for Kids Ages 6 & Up: Mazes, Puzzle Games, Word Search, Coloring Pages, Dot-To-dot, Find the Differences, Cut & Glue, Cross Word. Eddy Relax. 2021. (ENG.). 110p. (J). pap. 13.99 *(978-1-63848-934-4(3))* Primedia eLaunch LLC.

Funny Activity Pages for Kids Ages 6 & up VOL. 2. Eddy Relax. 2021. (ENG.). 112p. (J). pap. 13.99 *(978-1-63877-066-4(2))* Primedia eLaunch LLC.

Funny & Cozy. Anh Xuan Pham. 2018. (VIE.). (J). pap. *(978-604-963-098-9(4))* Van hoc.

Funny & Fascinating Animals! My First Wild Facts Book. Illus. by Sigrid Martinez. 2021. Orig. Title: Veo, Veo... ¡Animaladas!. (ENG.). 64p. (J). (gr. -1-1). 15.99 *(978-2-89802-259-3(4)*, CrackBoom! Bks.) Chouette Publishing CAN. Dist: Publishers Group West (PGW).

Funny & Wild Adventures of Mr. Stubstitute the Substitute. Danny Washington. 2018. (ENG., Illus.). 30p. (J). pap. 10.95 *(978-1-64350-587-9(4))* Page Publishing Inc.

Funny Animals! Steph Lehmann. 2018. (ENG.). 26p. (J). bds. 8.95 *(978-1-56037-730-6(5))* Farcountry Pr.

Funny Animals: Coloring Activity Book for Kids 4-8 Years Old - Cute Animal Coloring Book for Toddlers Boys & Girls - Big Book Coloring Books with Animals. Shanice Johnson. l.t. ed. 2021. (ENG.). 98p. (J). pap. 12.99 *(978-1-63998-210-3(8))* Brumby Kids.

Funny Animals. Colouring Book. Irina Petrova Adamatzky. 2022. (ENG.). 108p. (J). pap. *(978-1-905986-50-7(5))* Luniver Pr.

Funny Animals Sticker Fun: Mix & Match the Stickers to Make Funny Animals. Oakley Graham. Illus. by Barry Green. 2019. (Dover Sticker Bks.). (ENG.). 64p. (J). (gr. -1-3). pap. 9.99 *(978-0-486-83288-3(0)*, 832880) Dover Pubns., Inc.

Funny Baby see **Bebé Raro**

Funny Baby. Margaret Hillert. Illus. by Paula Wendland. 2016. (Beginning-To-Read Ser.). (ENG.). 32p. (J). (gr. k-2). pap. 13.26 *(978-1-60357-907-0(9))* Norwood Hse. Pr.

Funny Baby. Margaret Hillert & Hans Christian Anderson. Illus. by Paula Zinngrabe Wendland. 2016. (BeginningtoRead Ser.). (ENG.). 32p. (J). (-2). lib. bdg. 22.60 *(978-1-59953-781-8(8))* Norwood Hse. Pr.

Funny, Big & Simple: Little Kids Coloring Book. M. Garcia. 2023. (ENG.). 100p. (J). pap. *(978-1-312-30399-7(9))* Lulu Pr., Inc.

Funny Big Socks: Being the Fifth Book of the Series. Sarah L. Barrow. 2018. (ENG., Illus.). 52p. (YA). (gr. 7-12). pap. *(978-93-5329-381-9(2))* Alpha Editions.

Funny Big Socks: Being the Fifth Book of the Series (Classic Reprint) Sarah L. Barrow. 2018. (ENG., Illus.). 150p. (J). 26.99 *(978-0-267-47170-6(X))* Forgotten Bks.

Funny Bone: Short Stories & Amusing Anecdotes for a Dull Hour. Henry Martyn Kieffer. 2017. (ENG., Illus.). (J). pap. *(978-0-649-46622-1(5))* Trieste Publishing Pty Ltd.

Funny Bone: Short Stories & Amusing Anecdotes for a Dull Hour (Classic Reprint) Henry Martyn Kieffer. (ENG., Illus.). (J). 2017. 27.82 *(978-0-331-78579-1(X))*; 2016. pap. 10.57 *(978-1-333-39194-2(3))* Forgotten Bks.

Funny Book of Babies, Babies, Babies! Madlen Krushev. 2019. (ENG.). 28p. (J). *(978-0-359-44005-4(3))* Lulu Pr., Inc.

Funny Bunny Hats: Math Reader 1 Grade 1. Hmh Hmh. 2018. (SPA.). 8p. (J). pap. 9.00 *(978-1-328-57681-1(7))* Houghton Mifflin Harcourt Publishing Co.

Funny Bunny Hats: Math Reader Grade 1. Hmh Hmh. 2017. (Math Expressions Ser.). (ENG.). 8p. (J). (gr. 1). pap. 3.07 *(978-1-328-77215-2(2))* Houghton Mifflin Harcourt Publishing Co.

Funny Butts, Freaky Beaks: And Other Incredible Creature Features. Sean Taylor & Alex Morss. 2021. (ENG., Illus.). 48p. (J). (gr. 1-3). 14.95 *(978-1-913519-18-6(X))* Welbeck Publishing Group Ltd. GBR. Dist: Two Rivers Distribution.

Funny Cars. Deanna Caswell. 2017. (Gearhead Garage Ser.). (ENG., Illus.). 32p. (J). (gr. 4-6). lib. bdg. *(978-1-68072-030-3(9)*, 10446, Bolt) Black Rabbit Bks.

Funny Cows Coloring Book: Cute Cows Coloring Book - Adorable Cows Coloring Pages for Kids -25 Incredibly Cute & Lovable Cows. Welove Coloringbooks. 2020. (ENG.). 106p. (J). pap. 10.49 *(978-1-716-28258-4(6))* Lulu Pr., Inc.

Funny, Creative & Cool Coloring Book. Kreativ Entspannen. 2016. (ENG., Illus.). (J). pap. 9.20 *(978-1-68377-481-5(7))* Whike, Traudl.

Funny Faces Sticker Fun: Mix & Match the Stickers to Make Funny Faces. Oakley Graham. Illus. by Barry Green. 2019. (Dover Sticker Bks.). (ENG.). 64p. (J). (gr. -1-3). pap. 9.99 *(978-0-486-83287-6(2)*, 832872) Dover Pubns., Inc.

Funny Families, 1 vol. Chuck Whelon. 2018. (Joking Around Ser.). (ENG.). 32p. (J). (gr. 2-3). 28.93 *(978-1-5081-9559-7(5)*, c948443c-702d-481b-bc87-717f782564d2, Windmill Bks.) Rosen Publishing Group, Inc., The.

Funny Fani' Wiley Barnes. Illus. by Lokosh Joshua D. Hinson. 2021. (MUL.). (J). 88p. 19.95 *(978-1-952397-35-6(9))*; 92p. pap. 15.95 *(978-1-952397-36-3(7))* BHHR Energies Group.

Funny Fins: Cute Underwater Cartoon Coloring Book. Jupiter Kids. 2016. (ENG., Illus.). 106p. (J). pap. 12.55 *(978-1-68326-365-4(0)*, Jupiter Kids (Childrens & Kids Fiction)) Speedy Publishing LLC.

Funny Folk Tales for Children. Allison Galbraith. 2023. (ENG., Illus.). 192p. (J). (-7). pap. 15.99 *(978-1-80399-104-7(6))* History Pr. Ltd.,The GBR. Dist: Independent Pubs. Group.

Funny Folks (Classic Reprint) F. M. Howarth. 2018. (ENG., Illus.). (J). 90p. 25.75 *(978-1-396-76487-5(9))*; 92p. pap. 9.57 *(978-1-396-00572-5(2))* Forgotten Bks.

Funny Food Experiments for Kids - Science 4th Grade Children's Science Education Books. Baby Professor. 2017. (ENG., Illus.). 64p. (J). pap. 9.52 *(978-1-5419-1503-9(8)*, Baby Professor (Education Kids)) Speedy Publishing LLC.

Funny Food Riddles. A. J. Sautter. 2023. (Silly Riddles Ser.). (ENG.). 24p. (J). pap. 6.99 *(978-0-7565-7489-5(7)*, 256049, Pebble) Capstone.

Funny Friends: Barnyard Bottoms: A Silly Seek-And-find Book! Roger Priddy. 2019. (ENG., Illus.). 10p. (J). bds. 9.99 *(978-0-312-52933-8(3)*, 900203572) St. Martin's Pr.

Funny, Fuzzy, Frolicking Fish Coloring Book. Jupiter Kids. 2016. (ENG., Illus.). 106p. (J). pap. 12.55 *(978-1-68326-366-1(9)*, Jupiter Kids (Childrens & Kids Fiction)) Speedy Publishing LLC.

Funny Giraffes Coloring Book: Cute Giraffes Coloring Book - Adorable Giraffes Coloring Pages for Kids -25 Incredibly Cute & Lovable Giraffes. Welove Coloringbooks. 2021. (ENG., Illus.). 106p. (J). pap. 10.49 *(978-1-716-27091-8(X))* Lulu Pr., Inc.

Funny Girl. D. L. Green. 2018. (Funny Girl Ser.). (ENG.). 112p. (J). (gr. 3-5). 106.60 *(978-1-4965-6483-2(9)*, 28371, Stone Arch Bks.) Capstone.

Funny Girl. Betsy Bird. ed. 2019. (Penworthy Picks Middle School Ser.). (ENG.). 205p. (J). (gr. 4-5). 20.96 *(978-1-64310-929-9(4))* Penworthy Co., LLC, The.

Funny Girl: Funniest. Stories. Ever. Betsy Bird. 2018. (ENG., Illus.). 224p. (J). (gr. 3-7). 8.99 *(978-0-14-751783-8(4)*, Puffin Books) Penguin Young Readers Group.

Funny Girl: Funniest. Stories. Ever. Betsy Bird. ed. 2018. lib. bdg. 19.65 *(978-0-606-41309-1(X))* Turtleback.

Funny Gyal: My Fight Against Homophobia in Jamaica. Angeline Jackson. 2022. (ENG., Illus.). 232p. (YA). (gr. 9-12). 18.99 *(978-1-4597-5058-6(6))*; pap. 12.99 *(978-1-4597-4919-1(7))* Dundurn Pr. CAN. Dist: Publishers Group West (PGW).

Funny Ha Ha: Rhymes, Riddles & Jokes. Sandra Staines. 2016. (ENG., Illus.). 36p. (J). pap. *(978-1-365-30526-9(0))* Lulu Pr., Inc.

Funny Insects Coloring Book: Cute Insects Coloring Book Adorable Insects Coloring Pages for Kids 25 Incredibly Cute & Lovable Insects. Welove Coloringbooks. 2021. (ENG., Illus.). 106p. (J). pap. 10.99 *(978-1-716-25438-3(8))* Lulu Pr., Inc.

Funny Kid #2: Stand Up. Matt Stanton. Illus. by Matt Stanton. 2018. (Funny Kid Ser.: 2). (ENG., Illus.). 272p. (J). (gr. 3-7). 13.99 *(978-0-06-257294-3(6)*, HarperCollins) HarperCollins Pubs.

Funny Kid #3: Prank Wars. Matt Stanton. Illus. by Matt Stanton. 2019. (Funny Kid Ser.: 3). (ENG., Illus.). 256p. (J). (gr. 3-7). 12.99 *(978-0-06-257297-4(0)*, HarperCollins) HarperCollins Pubs.

Funny Kid for President. Matt Stanton. Illus. by Matt Stanton. 2018. (Funny Kid Ser.: 1). (ENG., Illus.). 240p. (J). (gr. 3-7). 13.99 *(978-0-06-257291-2(1)*, HarperCollins) HarperCollins Pubs.

Funny Kid Stand up (Funny Kid, #2) The Hilarious, Laugh-Out-loud Children's Series for 2023 from Million-copy Mega-bestselling Author Matt Stanton. Matt Stanton. 2017. (ENG., Illus.). 272p. (J). *(978-0-7333-3598-3(5))* Harper & Row Ltd.

Funny Little Food Folks (Classic Reprint) Willis N. Bugbee. 2018. (ENG., Illus.). 20p. (J). 24.31 *(978-0-656-02117-8(9))* Forgotten Bks.

Funny Little Ghost. Rosa Von Feder. Ed. by Cottage Door Press. Illus. by MacKenzie Haley. 2020. (ENG.). 10p. (J). (gr. -1-k). bds. 4.99 *(978-1-68052-928-9(5)*, 1005700) Cottage Door Pr.

Funny Little Rhymes for Funny Little Kids. Nicola Franklin. 2020. (ENG.). 38p. (J). *(978-1-5289-0996-9(8))*; pap. *(978-1-5289-0995-2(X))* Austin Macauley Pubs. Ltd.

Funny Little Socks: Being the Fourth Book. Sarah L. Barrow. 2018. (ENG., Illus.). 48p. (YA). (gr. 7-12). pap. *(978-93-5329-382-6(0))* Alpha Editions.

Funny Little Socks, Vol. 4 (Classic Reprint) Sarah L. Barrow. 2018. (ENG., Illus.). 136p. (J). 26.70 *(978-0-365-24168-3(7))* Forgotten Bks.

Funny Little Woman Novel Units Teacher Guide. Novel Units. 2019. (ENG.). (J). pap., tchr. ed., wbk. ed. 12.99 *(978-1-56137-472-4(5)*, Novel Units, Inc.) Classroom Library Co.

Funny Ninja: A Children's Book of Riddles & Knock-Knock Jokes. Mary Nhin & Grow Grit Press. Illus. by Jelena Stupar. 2020. (ENG.). 38p. (J). 18.99 *(978-1-951056-61-2(2))* Grow Grit Pr.

Funny Pets Coloring Book: Cute Pets Coloring Book - Adorable Pets Coloring Pages for Kids -25 Incredibly Cute & Lovable Pets. Welove Coloringbooks. 2020. (ENG.). 106p. (J). pap. 11.49 *(978-1-716-30077-6(0))* Lulu Pr., Inc.

Funny Race - Shindano la Mbio la Kuchekesha. Michelle Wanasundera. Illus. by Tanya Zeinalova. 2023. (SWA.). 32p. (J). pap. *(978-1-922951-36-6(6))* Library For All Limited.

Funny Ride. Margaret Hillert. 2016. (Beginning-To-Read Ser.). (ENG., Illus.). 32p. (J). (gr. k-2). pap. 13.26 *(978-1-60357-978-0(8))* Norwood Hse. Pr.

Funny Ride. Margaret Hillert. Illus. by Elena Selivanova. 2016. (BeginningtoRead Ser.). (ENG.). 32p. (J). (gr. k-2). 22.60 *(978-1-59953-816-7(4))* Norwood Hse. Pr.

Funny School Stories: Learning to Read Box Set. 2016. (I Can Read Level 1 Ser.). (ENG.). 192p. (J). (gr. -1-3). 19.99 *(978-0-06-231336-2(3)*, HarperCollins) HarperCollins Pubs.

Funny Side of Physic, or the Mysteries of Medicine, Presenting the Humorous & Serious Sides of Medical Practice: An Expose of Medical Humbugs, Quacks, & Charlatans in All Ages & All Countries (Classic Reprint) Addison Darre Crabtre. (ENG., Illus.). (J). 2017. 40.81 *(978-0-265-51696-6(X))*; 2016. pap. 23.57 *(978-1-334-76895-8(1))* Forgotten Bks.

Funny Stories: Told by the Soldiers; Pranks, Jokes & Laughable Affairs of Our Boys & Their Allies in the Great War; the Victories in Their Cheerful Moments (Classic Reprint) Carleton B. Case. 2017. (ENG., Illus.). (J). 27.32 *(978-0-265-63365-6(6))* Forgotten Bks.

Funny Stories of the Playhouse, the Play & the Players (Classic Reprint) William Sapte. 2018. (ENG., Illus.). 112p. (J). 26.23 *(978-0-267-51976-7(1))* Forgotten Bks.

Funny Sunshine. Dulmini Wathugala. 2021. (ENG.). 24p. (J). *(978-0-2288-4451-8(7))*; pap. *(978-0-2288-4450-1(9))* Tellwell Talent.

Funny Tale of Cameron & the Boxes. Sylvia Reid. 2016. (ENG.). 24p. (J). 21.95 *(978-1-78612-361-9(4)*, 5b2e9eaa-9f4c-423f-8351-50143cd2aea7) Austin Macauley Pubs. Ltd. GBR. Dist: Baker & Taylor Publisher Services (BTPS).

Funny Thing (Classic Reprint) Wanda Gag. 2018. (ENG., Illus.). (J). 36p. 24.64 *(978-0-366-67026-0(3))*; 38p. pap. 7.97 *(978-0-366-67014-7(X))* Forgotten Bks.

Funny Thing Happened at the Museum ... (Funny Children's Books, Educational Picture Books, Adventure Books for Kids) Davide Cali & Benjamin Chaud. 2017. (Funny Thing Happened Ser.). (ENG., Illus.). 44p. (J). (gr. 1-4). 12.99 *(978-1-4521-5593-7(3))* Chronicle Bks. LLC.

Funny Things Are Everywhere! a Circus Connect the Dots Book. Jupiter Kids. 2017. (ENG., Illus.). (J). pap. 9.05 *(978-1-5419-3296-8(X)*, Jupiter Kids (Childrens & Kids Fiction)) Speedy Publishing LLC.

Funny Tricks & Practical Jokes to Play on Your Friends. Alesha Sullivan. 2018. (Jokes, Tricks, & Other Funny Stuff Ser.). (ENG., Illus.). 32p. (J). (gr. 3-9). lib. bdg. 27.32 *(978-1-5435-0340-1(3)*, 137192, Capstone Pr.) Capstone.

Funny Uncle Joey. Daniel Di Censo. 2022. (ENG., Illus.). 22p. (J). pap. 12.95 *(978-1-63985-369-4(3))* Fulton Bks.

Funny Words: Like Coronavirus & COVID-19. M. F Rybner. 2020. (ENG., Illus.). 24p. (J). pap. 11.99 *(978-1-63649-485-2(4))* Primedia eLaunch LLC.

Funny, You Don't Look Autistic: A Comedian's Guide to Life on the Spectrum. Michael McCreary. 2019. (Illus.). 176p. (YA). (gr. 7). pap. 11.95 *(978-1-77321-257-9(5))* Annick Pr., Ltd. CAN. Dist: Publishers Group West (PGW).

Funnybones: the Black Cat: A Funnybones Story. Allan Ahlberg. 2018. (Funnybones Ser.: 3). (Illus.). 32p. (J). (gr. -1-k). pap. 12.99 *(978-0-14-137871-8(9))* Penguin Bks., Ltd. GBR. Dist: Independent Pubs. Group.

Funnybones: the Pet Shop: A Funnybones Story. Allan Ahlberg & Andre Amstutz. 2018. (Funnybones Ser.: 2). (Illus.). 32p. (J). (gr. -1-k). pap. 12.99 *(978-0-14-137870-1(0))* Penguin Bks., Ltd. GBR. Dist: Independent Pubs. Group.

Fun's Never Over. Brian Basset. ed. 2022. (Red & Rover Ser.). (ENG.). 175p. (J). (gr. 3-7). 23.96 *(978-1-68505-726-8(8))* Penworthy Co., LLC, The.

Funseekers on Safari. Sue Pawley Richardson. Illus. by Meaghan Claire Kehoe. 2022. (ENG.). 40p. (J). *(978-1-0391-3887-2(X))*; pap. *(978-1-0391-3886-5(1))* FriesenPress.

Funston Double Track (Classic Reprint) Willard Austin Wattles. 2018. (ENG., Illus.). 40p. (J). 24.72 *(978-0-267-19163-5(4))* Forgotten Bks.

Funtastic Farm Jumbo Activity Book: Packed with Puffy Stickers, Activities, Coloring, & More! IglooBooks. Illus. by Serena Lombardo. 2023. (ENG.). 122p. (J). (-k). 12.99 *(978-1-83771-576-3(9))* Igloo Bks. GBR. Dist: Simon & Schuster, Inc.

Funtime Picture Memory Matching with Horses Activity Book. Activibooks For Kids. 2016. (ENG., Illus.). (J). pap. 7.55 *(978-1-68321-522-6(2))* Mimaxion.

Fur Ball of the Apocalypse: Book 4. Dana Sullivan. Illus. by Dana Sullivan. 2021. (Dead Max Comix Ser.). (ENG., Illus.). 64p. (J). (gr. 4-8). 18.99 *(978-1-64371-074-7(5)*, a28a7494-6d6b-4886-9fa9-8fe1c8cebf3f); pap. 8.99 *(978-1-64371-075-4(3)*, ca3b3fbc-0b7a-405a-ac77-48c1e6bdfc2b) Red Chair Pr.

Fur-Bearing Animals. Elliott Coues. 2017. (ENG.). 370p. (J). pap. (978-3-337-23823-0(8)) Creation Pubs.

Fur-Bearing Animals: A Monograh of North American Mustelidae, in Which an Account of the Wolverene, the Martens or Sables, the Ermine, the Mink & Various Other Kinds of Weaseln, Several Species of Skunks, the Badger, the Land & Sea Otters, & Numerou. Elliott Coues. 2017. (ENG., Illus.). (J). 31.51 (978-0-266-74127-5(4)) Forgotten Bks.

Fur Beneath the Skin. Christie Dickason. 2020. (ENG.). 318p. (YA). pap. (978-1-911587-38-5(2)) Palewell Pr.

Fur-Bringers: A Story of Athabasca (Classic Reprint) Hulbert Footner. (ENG., Illus.). (J). 2018. 304p. 30.19 (978-0-332-62227-9(4)); 2017. pap. 13.57 (978-0-243-28699-7(6)) Forgotten Bks.

Fur Bringers: A Story of the Canadian Northwest (Classic Reprint) Hulbert Footner. 2018. (ENG., Illus.). 300p. (J). 30.13 (978-0-484-52017-1(2)) Forgotten Bks.

Fur, Feather, Fin — All of Us Are Kin. Diane Lang. Illus. by Stephanie Laberis. 2018. (ENG.). 48p. (J). (gr. -1-3). 18.99 (978-1-4814-4709-6(2), Beach Lane Bks.) Beach Lane Bks.

Fur Friends Forever. Latezeon Humphrey Balentine. Illus. by Rochae J. Lacey. 2020. (ENG.). 28p. (J). pap. 15.99 (978-1-970133-71-4(6)); 26.99 (978-1-970133-83-7(X)) EduMatch.

Fur (Learn about: Animal Coverings) Eric Geron. 2023. (Learn About Ser.). (ENG.). 32p. (J). (gr. k-2). 25.00 **(978-1-338-89802-6(7))**; pap. 6.99 **(978-1-338-89803-3(5))** Scholastic, Inc. (Scholastic Pr.).

Fur Magic. Andre Norton. 2023. (Magic Sequence Ser.). (ENG.). 145p. (J). (gr. 4-6). pap. 9.99 (978-1-5040-7971-6(X)) Open Road Integrated Media, Inc.

Fur Person. May Sarton. 2023. (ENG.). 52p. (J). pap. **(978-1-77323-982-8(1))** Rehak, David.

Fur Pig. Annette Stellick. 2017. (ENG., Illus.). (J). 20.95 (978-1-64027-117-3(1)) Page Publishing Inc.

Fur Seals & Fur-Seal Islands of the North Pacific Ocean, Vol. 1 (Classic Reprint) David Starr Jordan. 2017. (ENG., Illus.). (J). 30.95 (978-0-266-27815-3(9)) Forgotten Bks.

Fur Seals & Fur-Seal Islands of the North Pacific Ocean, Vol. 2 (Classic Reprint) David Starr Jordan. (ENG., Illus.). (J). 2018. 362p. 31.40 (978-0-428-20725-0(1)); 2016. pap. 13.97 (978-1-333-84875-0(7)) Forgotten Bks.

Fur Seals & Fur-Seal Islands of the North Pacific Ocean, Vol. 3 (Classic Reprint) David Starr Jordan. 2017. (ENG., Illus.). (J). 40.46 (978-0-265-57316-7(5)); pap. 23.57 (978-0-282-84768-5(5)) Forgotten Bks.

Fur Seals & Fur-Seal Islands of the North Pacific Ocean, Vol. 4 (Classic Reprint) David Starr Jordan. (ENG., Illus.). (J). 2019. 498p. 34.17 (978-0-365-17807-1(1)); 2017. pap. 16.57 (978-0-282-23396-9(2)) Forgotten Bks.

Fur Trader. Sam Ferguson. Illus. by Bob Kehl & Olivia Junghans. 2016. (ENG.). (J). pap. 11.99 (978-1-943183-50-0(3)) Dragon Scale Publishing.

Furaha. Christine Warugaba. 2019. (FRE.). 24p. (J). pap. (978-99977-774-9-2(2)) FURAHA Pubs. Ltd.

Furball Strikes Back. Aaron Blabey. ed. 2017. (Bad Guys Ser.: 3). (Illus.). 138p. (J). lib. bdg. 16.00 (978-0-606-40184-5(9)) Turtleback.

Furborn. Isabelle Rowan. 2019. (ENG.). 204p. (YA). pap. 14.99 (978-1-64405-294-5(6), Harmony Ink Pr.) Dreamspinner Pr.

Furever Home: The Adventures of Scotty the Rescue Dog. Tamara E. Janiga. 2019. (Scottys Adventures Ser.: Vol. 1). (ENG., Illus.). 34p. (J). (gr. k-4). 18.95 (978-1-0878-0224-4(5)) Indy Pub.

Furever Lucky. Felicia Filip. 2016. (ENG., Illus.). (J). pap. 17.45 (978-1-4808-3573-3(0)) Archway Publishing.

FurFins & the Mermaid Wedding. Alison Ritchie. Illus. by Aless Baylis. 2021. (FurFins Ser.). (ENG.). 32p. (J). 17.99 (978-1-5476-0597-2(9), 900233650, Bloomsbury Children's Bks.) Bloomsbury Publishing USA.

FurFins & the Sparkly Sleepover. Alison Ritchie. Illus. by Aless Baylis. 2022. (FurFins Ser.). (ENG.). 32p. (J). 17.99 (978-1-5476-0793-8(9), 900245446, Bloomsbury Children's Bks.) Bloomsbury Publishing USA.

Furia. Yamile Saied Méndez. 2022. (ENG.). 368p. (YA). (gr. 9-12). pap. 11.99 (978-1-64375-189-4(1), 74189) Algonquin Young Readers.

Furia de Las Sirenas / the Fury of the Mermaids. Amaranta Leyva. 2022. (SuperheroÍnas Ser.: 2). (SPA.). 128p. (J). (gr. 1-4). pap. 12.95 (978-607-38-0278-9(1), Alfaguara) Penguin Random House Grupo Editorial ESP. Dist: Penguin Random Hse. LLC.

Furia (Spanish Edition) Yamile Saied. 2022. (SPA.). 416p. (YA). (gr. 9). pap. 13.95 (978-1-64473-558-9(X)) Penguin Random House Grupo Editorial ESP. Dist: Penguin Random Hse. LLC.

Furious Angels. Damien Mac Namara. 2016. (ENG., Illus.). (J). pap. (978-0-9954760-0-4(4)) Furious Bk. Publishing.

Furious Francine. Jacqueline Bailey. 2021. (ENG., Illus.). 40p. (J). pap. 22.00 (978-1-63764-158-3(3)) Dorrance Publishing Co., Inc.

Furious Thing. Jenny Downham. (ENG.). 384p. (gr. 7). 2021. (YA). pap. 12.99 (978-1-338-54066-6(1)); 2020. (J). 18.99 (978-1-338-54065-9(3)) Scholastic, Inc.

Furnace 2 - Malice. Anthony T. Vento. 2022. (ENG.). 168p. (YA). pap. 15.00 **(978-1-0882-2415-1(6))** Lulu Pr., Inc.

Furnace (Classic Reprint) R. Macaulay. 2017. (ENG., Illus.). (J). 29.28 (978-0-266-18386-0(7)) Forgotten Bks.

Furnace of Earth (Classic Reprint) Hallie Erminie Rives. 2018. (ENG., Illus.). 234p. (J). 28.72 (978-0-483-70862-4(3)) Forgotten Bks.

Furnace of Gold (Classic Reprint) Philip Verrill Mighels. 2018. (ENG., Illus.). 436p. (J). 32.89 (978-0-483-51361-7(X)) Forgotten Bks.

Furnace of Iron (Classic Reprint) Andrew Firth. 2018. (ENG., Illus.). 350p. (J). 31.14 (978-0-483-52279-4(1)) Forgotten Bks.

Furry & Flo. Thomas Kingsley Troupe. 2023. (Furry & Flo Ser.). (ENG.). 128p. (J). 133.25 **(978-1-6690-8857-8(X)**, 268101, Stone Arch Bks.) Capstone.

Furry & Fuzzy Forest Friends Coloring Book. Kreative Kids. 2016. (ENG., Illus.). (J). pap. 9.20 (978-1-68377-544-7(9)) Whlke, Traudl.

Furry Animals. Paul A. Kobasa. 2018. (J). (978-0-7166-3573-4(9)) World Bk., Inc.

Furry Bunny. Annie Auerbach. Illus. by Laura Rigo. 2018. (ENG.). 10p. (J). (gr. -1-k). bds. 7.99 (978-1-4380-5011-9(9)) Sourcebooks, Inc.

Furry Chick. Annie Auerbach. Illus. by Laura Rigo. 2018. (ENG.). 10p. (J). (gr. -1-k). bds. 7.99 (978-1-4380-5012-6(7)) Sourcebooks, Inc.

Furry Fiasco. Paul DuBois Jacobs & Jennifer Swender. Illus. by Stephanie Laberis. 2016. (Animal Inn Ser.: 1). (ENG.). 112p. (J). (gr. 2-5). pap. 5.99 (978-1-4814-6223-5(7), Aladdin) Simon & Schuster Children's Publishing.

Furry Foot Notes. Leah Wells. Illus. by Naomi Rosenblatt. Photos by Judy Rosenblatt. 2016. (ENG.). (J). pap. 7.50 (978-1-942762-06-5(2)) Heliotrope Bks., LLC.

Furry Friends. Karen Mortimer. Illus. by Karen Mortimer. 2022. (ENG.). 30p. (J). 24.99 (978-1-6629-2629-7(4)); pap. 12.99 (978-1-6629-2630-3(8)) Gatekeeper Pr.

Furry Friends Activity Book. Illus. by Martha Zschock. 2022. (ENG.). 64p. (J). pap. 5.99 (978-1-4413-3817-4(9), ca7525ae-6ae9-44d0-b874-13e93cd62437) Peter Pauper Pr. Inc.

Furry Friends Adventures: With Captain & Koda. Debbie Sainati. 2022. (Furry Friends Adventures Ser.: 1). 24p. (J). pap. 9.99 (978-1-6678-2635-6(2)) BookBaby.

Furry Friends Forever: Elmo & Tango (Sesame Street) Random House. Illus. by Random House. 2022. (ENG., Illus.). 26p. (J). (— 1). bds. 8.99 (978-0-593-42638-8(X), Random Hse. Bks. for Young Readers) Random Hse. Children's Bks.

Furry Friends Forever: Elmo's Puppy Playdate (Sesame Street) Andrea Posner-Sanchez. Illus. by Barry Goldberg. 2022. (Pictureback(R) Ser.). (ENG.). 24p. (J). (— 1). 6.99 (978-0-593-42692-0(4), Random Hse. Bks. for Young Readers) Random Hse. Children's Bks.

Furry Friends Teach a Lesson. Teresa Giusti. 2022. (ENG.). 32p. (J). 19.95 **(978-1-6624-8839-9(4))** Page Publishing Inc.

Furry Frights. Luzmarie Mercado. 2020. (ENG.). 32p. (J). pap. 9.99 (978-1-716-35934-7(1)) Lulu Pr., Inc.

Furry Furkids Doggie Coloring Book. Activibooks For Kids. 2016. (ENG., Illus.). (J). pap. 9.20 (978-1-68321-733-6(0)) Mimaxion.

Furry Kittens. Christiane Gunzi & Anna Award. 2017. (ENG., Illus.). 8p. (J). bds. 9.00 (978-1-909763-08-1(X)) Award Pubns. Ltd. GBR. Dist: Parkwest Pubns., Inc.

Furry Lamb. Annie Auerbach. Illus. by Laura Rigo. 2018. (ENG.). 10p. (J). (gr. -1-k). bds. 5.99 (978-1-4380-5013-3(5)) Sourcebooks, Inc.

Furry Mouse. Tiffany Joyner. Illus. by Jose Antonio Acosta. 2020. (ENG.). 28p. (J). pap. 11.99 (978-1-7337947-4-9(3)) InkDrops Publishing.

Furry Police Officers: The Canine Police Dog Coloring Book. Kreative Kids. 2016. (ENG., Illus.). (J). pap. 9.20 (978-1-68377-483-9(3)) Whlke, Traudl.

Furry Purry. Epp Petrone. 2017. (Family Tales Ser.: Vol. 4). (ENG., Illus.). (J). pap. (978-9949-608-05-8(8)) Petrone Print.

Furry Tails. Carolina Hart. 2018. (ENG., Illus.). 36p. (J). pap. 13.95 (978-1-64140-232-3(6)) Christian Faith Publishing.

Furry Tails. Luanne McGillion. 2018. (ENG., Illus.). 44p. (J). (978-1-5255-1599-6(3)); pap. (978-1-5255-1600-9(0)) FriesenPress.

Furry Tales. Pam Tinnes Lord. 2018. (ENG., Illus.). 124p. (J). pap. 23.95 (978-1-64138-470-4(0)) Page Publishing Inc.

Furstenschulen in Germany after the Reformation. Thomas Woody. 2017. (ENG., Illus.). (J). pap. (978-0-649-33433-9(7)) Trieste Publishing Pty Ltd.

Furtastics. Aidan Laliberte. Illus. by Jack Foster. 2020. (ENG.). 64p. (J). 16.99 (978-1-64945-445-4(7)) Primedia eLaunch LLC.

Further Adventures in Oz. L. Frank Baum. 2018. (ENG., Illus.). 160p. (J). (gr. k-6). 19.99 (978-1-5154-2081-1(7)) Wilder Pubns., Corp.

Further Adventures in Oz. L. Frank Baum & Plumly Ruth Thompson. 2017. (ENG., Illus.). 160p. (J). (gr. k-6). pap. 9.99 (978-1-5154-1935-8(5)) Wilder Pubns., Corp.

Further Adventures of Courtney the Hedgehog. Paul C. Greenhalgh. 2019. (ENG.). 76p. (J). pap. (978-1-78710-865-3(1)) Austin Macauley Pubs. Ltd.

Further Adventures of Flopsy Doodle. Jan Gray. 2018. (ENG., Illus.). 62p. (J). pap. (978-0-244-70644-9(1)) Lulu Pr., Inc.

Further Adventures of Goldilocks. Poo. 2018. (ENG., Illus.). 38p. (J). (978-1-78848-109-0(7)); pap. (978-1-78848-108-3(9)) Austin Macauley Pubs. Ltd.

Further Adventures of Hank the Cowdog. John R. Erickson. Illus. by Gerald L. Holmes. 2017. (Hank the Cowdog Ser.: Vol. 2). (ENG.). 127p. (J). (gr. 3-6). 15.99 (978-1-59188-202-2(8)) Maverick Bks., Inc.

Further Adventures of Jelly Bean. Amy Meislin Pollack. 2022. (ENG.). 180p. (YA). **(978-1-64979-374-4(X))**; pap. **(978-1-64979-375-1(8))** Austin Macauley Pubs. Ltd.

Further Adventures of Lad. Albert Payson Terhune. 2020. (ENG.). (J). 170p. 17.95 (978-1-64799-867-7(0)); 168p. pap. 9.95 (978-1-64799-866-0(2)) Bibliotech Pr.

Further Adventures of Lad (Classic Reprint) Albert Payson Terhune. 2016. (ENG., Illus.). (J). pap. 13.57 (978-1-334-13110-3(4)) Forgotten Bks.

Further Adventures of Lad (Classic Reprint) Albert Payson Terhune. 2017. (ENG., Illus.). (J). 31.01 (978-0-266-48550-6(2)) Forgotten Bks.

FURther Adventures of Miss Kitty Popcorn & Cheese. Ian Morrison. Illus. by Ven Schmidt. 2022. (Adventures of Miss Kitty Popcorn & C Ser.). 32p. (J). (gr. 1-3). pap. 16.99 BookBaby.

Further Adventures of Miss Petitfour. Anne Michaels. Illus. by Emma Block. 2022. (Adventures of Miss Petitfour Ser.). 160p. (J). (gr. 1-4). 17.99 (978-0-7352-6821-0(5), Tundra Bks.) Tundra Bks. CAN. Dist: Penguin Random Hse. LLC.

Further Adventures of Mollie, Waddy & Tony (Classic Reprint) Paul Waitt. (ENG., Illus.). (J). 2018. 156p. 27.11 (978-0-483-46146-8(6)); 2017. pap. 9.57 (978-0-259-45638-4(1)) Forgotten Bks.

Further Adventures of Mr. Verdant Green, an Oxford Under-Graduate: Being a Continuation of the Adventures of Mr. Verdant Green (Classic Reprint) Cuthbert Bede. 2018. (ENG., Illus.). 128p. (J). 26.54 (978-0-484-45593-0(1)) Forgotten Bks.

Further Adventures of Mr. Verdant Green, an Oxford Undergraduate, Vol. 2 (Classic Reprint) Cuthbert Bede. (ENG., Illus.). (J). 2017. 29.14 (978-0-266-43097-1(X)); 2016. pap. 11.57 (978-1-334-16114-8(3)) Forgotten Bks.

Further Adventures of Nils (Classic Reprint) Selma Lagerlöf. 2017. (ENG., Illus.). (J). 31.73 (978-1-5282-7570-5(5)) Forgotten Bks.

Further Adventures of Poppy & Amelia. Maddy Harrisis & Misha Herwin. 2022. (ENG.). 246p. (J). pap. (978-1-9162865-2-8(6)) Penkhull Pr.

Further Adventures of Quincy Adams Sawyer, & Mason Corner Folks: A Novel (Classic Reprint) Charles Felton Pidgin. 2017. (ENG., Illus.). (J). 32.89 (978-1-5283-6716-5(2)) Forgotten Bks.

Further Adventures of the Owl & the Pussy-Cat. Julia Donaldson. Illus. by Charlotte Voake. 2017. (ENG.). 32p. (J). (gr. -1-2). 16.99 (978-0-7636-9081-6(3)) Candlewick Pr.

Further Adventures of Tommy the Tabby Cat. Sonnja Boffin. 2020. (ENG.). 50p. (J). pap. (978-1-78878-742-0(0)) Austin Macauley Pubs. Ltd.

Further Adventures of Victoria, the Friendly Ghost. Dean Rowell. (ENG.). 108p. (J). 2023. **(978-1-80369-753-6(9))**; 2022. pap. (978-1-80369-282-1(0)) Authors OnLine, Ltd.

Further Annals of the Girl in the Slumber-Boots (Classic Reprint) Jean Randolph Searles. 2018. (ENG., Illus.). (J). 298p. 30.06 (978-1-391-12444-5(8)); 300p. pap. 13.57 (978-1-390-90102-3(5)) Forgotten Bks.

Further Chronicles of Avonlea. L. M. Montgomery. 2018. (ENG., Illus.). 198p. (J). pap. (978-93-5297-105-3(1)) Alpha Editions.

Further Chronicles of Avonlea. L. M. Montgomery. 2017. (ENG., Illus.). (J). 24.95 (978-1-374-91994-5(2)); pap. 14.95 (978-1-374-91993-8(4)) Capital Communications, Inc.

Further Chronicles of Avonlea. Lucy Maud Montgomery. 2020. (ENG.). 214p. (J). 18.99 (978-1-64798-542-4(0)) Wyatt North.

Further Chronicles of Avonlea: Which Have to Do with Many Personalities & Events in & about Avonlea, the Home of the Heroine of Queen Gables (Classic Reprint) L. M. Montgomery. 2017. (ENG., Illus.). (J). 31.16 (978-0-331-17078-8(7)); pap. 13.57 (978-0-259-31641-1(5)) Forgotten Bks.

Further Chronicles of Avonlea - Which Have to Do with Many Personalities & Events in & about Avonlea, the Home of the Heroine of Green Gables, Including Tales of Aunt Cynthia. L. M. Montgomery. 2018. (ENG., Illus.). 214p. (YA). 24.99 (978-1-5287-0643-8(9), Classic Bks. Library) The Editorium, LLC.

Further E. K. Means (Classic Reprint) Eldred Kurtz Means. 2018. (ENG., Illus.). 356p. (J). 31.24 (978-0-365-32215-3(6)) Forgotten Bks.

Further East Than Asia: A Romantic Adventure (Classic Reprint) Ward Muir. 2018. (ENG., Illus.). 254p. (J). 29.16 (978-0-483-31307-1(6)) Forgotten Bks.

Further Experiences of an Irish R. M (Classic Reprint) E. OE Somerville. 2017. (ENG., Illus.). (J). 31.47 (978-0-266-36821-2(2)) Forgotten Bks.

Further Foolishness: Sketches & Satires on the Follies of the Day (Classic Reprint) Stephen Leacock. 2018. (ENG., Illus.). 314p. (J). 30.37 (978-0-483-01899-0(6)) Forgotten Bks.

Further Incidents in the Life of a Mining Engineer (Classic Reprint) E. T. McCarthy. 2018. (ENG., Illus.). 414p. (J). 32.46 (978-0-484-86128-1(X)) Forgotten Bks.

Further Indiscretion (Classic Reprint) Unknown Author. 2017. (ENG., Illus.). (J). 32.70 (978-0-260-45106-4(1)) Forgotten Bks.

Further Labors of Nick. Amy Wolf. 2020. (Mythos Ser.: Vol. 2). (ENG.). 242p. (YA). pap. 11.99 (978-1-393-61950-5(9)) Draft2Digital.

Further Mishaps to Si Klegg & Shorty: The Second Year of Their Service (Classic Reprint) John McElroy. 2017. (ENG., Illus.). (J). 33.22 (978-0-331-76854-1(2)) Forgotten Bks.

Further Notes on the Names of the Letters (Classic Reprint) Edward Stevens Sheldon. 2017. (ENG., Illus.). (J). 24.37 (978-0-265-52939-3(5)); pap. 7.97 (978-0-282-67431-1(4)) Forgotten Bks.

Further Researches on North American Acridiidae (Classic Reprint) Albert Pitts Morse. 2017. (ENG., Illus.). (J). 25.48 (978-0-266-24119-5(0)) Forgotten Bks.

Further Studies in Nature: A Posthumous Publication (Classic Reprint) Robert Randall McLeod. (ENG., Illus.). (J). 2018. 130p. 26.60 (978-0-666-84110-0(1)); 2017. pap. 9.57 (978-0-259-47618-4(8)) Forgotten Bks.

Further Tale of Peter Rabbit see Sgeulachd Eile Mu Pheader Rabaid

Furthermore. Tahereh Mafi. 2017. (ENG.). 432p. (J). (gr. 4-7). 9.99 (978-1-101-99477-1(0), Puffin Books) Penguin Young Readers Group.

Furthermore. Tahereh Mafi. ed. 2017. (Furthermore Ser.: 1). lib. bdg. 19.65 (978-0-606-40493-8(7)) Turtleback.

Fury. Raathi Chota. 2019. (Caught by the Bad Boys Ser.: Vol. 3). (ENG.). 412p. (J). pap. 16.99 (978-1-64034-580-5(9)) Limitless Publishing, LLC.

Fury (Classic Reprint) Edmund Goulding. 2018. (ENG., Illus.). 308p. (J). 30.25 (978-0-332-78188-4(7)) Forgotten Bks.

Fury of Tigerclaw: A Young Adult Superhero Adventure. Eliza Scalia. 2023. (ENG.). 150p. (YA). pap. 12.99 **(978-1-0881-5099-3(3))** Winged Pubns.

Furyborn. Claire Legrand. 2018. (Empirium Trilogy Ser.: 1). (ENG.). 512p. (YA). (gr. 8-12). 18.99 (978-1-4926-5662-3(3)) Sourcebooks, Inc.

Furyborn: The Empirium Trilogy Book 1. Claire Legrand. 2019. (Empirium Trilogy Ser.: 1). 496p. (YA). (gr. 8-12). pap. 12.99 (978-1-4926-7877-9(5)) Sourcebooks, Inc.

Furysong. Rosaria Munda. (Aurelian Cycle Ser.: 3). (ENG.). 496p. (YA). (gr. 7). 2023. pap. 13.99 **(978-0-525-51829-7(0))**; 2022. 19.99 (978-0-525-51827-3(4)) Penguin Young Readers Group. (G.P. Putnam's Sons Books for Young Readers).

Furze the Cruel (Classic Reprint) John Trevena. 2018. (ENG., Illus.). 418p. (J). 32.52 (978-0-483-65805-9(7)) Forgotten Bks.

Furzende Weihnachtsmann: Ein Lustiges Bilderbuch Zum Vorlesen Für Kinder und Erwachsene über Weihnachtsmannfurze und -Tots Weihnachtsbuch Für Kinder. Charlie Mackesy. 2021. (GER.). 36p. (J). pap. 11.99 (978-1-956677-90-4(9)) Great Liberty Pub.

¡FUSHHH! / Whoosh! El Chorro de Inventos Súper Húmedos de Lonnie Johnson. Chris Barton. Illus. by Don Tate. ed. 2019.Tr. of Whoosh!. 32p. (J). (gr. 2-5). 7.99 (978-1-58089-523-1(9)); 17.99 (978-1-58089-233-9(7)) Charlesbridge Publishing, Inc.

Fushia the Mermaid Who Loves Pink. Patrick T. Fibss. 2023. (Fushia the Mermaid Ser.: Vol. 1). (ENG.). 24p. (J). pap. 9.99 **(978-1-958310-10-6(7))** Padwolf Publishing Inc.

Fuss on the Bus. Heather Pindar. Illus. by Angelika Scudamore. 2022. (Early Bird Readers — Blue (Early Bird Stories (tm)) Ser.). (ENG.). 32p. (J). (gr. -1-2). pap. 9.99 (978-1-7284-4834-3(4), 7f1f21b0-d2f3-4b1c-aa07-59c32f10af88); lib. bdg. 30.65 (978-1-7284-3846-7(2), 1e206c5b-365c-47fb-8671-33ddf296835c) Lerner Publishing Group. (Lerner Pubns.).

Fussbum Goes to a Farm. Graham Houghton. Illus. by Laila Savolainen. 2021. (ENG.). 28p. (J). pap. (978-0-9943447-6-2(7)) Wagtail Pubns.

Fussbum Goes to the Playground. Graham Houghton. Illus. by Laila Savolainen. 2021. (ENG.). 30p. (J). pap. (978-0-9943447-7-9(5)) Wagtail Pubns.

Fussy Flamingo. Jonnie Wild. Illus. by Brita Granström. 2022. (Five Flamingos Ser.: 4). (ENG.). 32p. (J). (gr. -1-k). pap. 9.99 (978-1-913074-48-7(X)) Otter-Barry Bks. GBR. Dist: Independent Pubs. Group.

Fussy Rabbit & the Peppy Panda. Tara Ray. 2021. (ENG.). 60p. (J). 31.95 (978-1-62023-906-3(X)); pap. 19.95 (978-1-62023-862-2(4)) Atlantic Publishing Group, Inc.

Futaribeya: a Room for Two, Volume 1. Illus. by Yukiko. 2018. (Futaribeya Ser.: 1). 160p. (YA). (gr. 8-1). pap. 12.99 (978-1-4278-5982-2(5), 0fb6bbd2-62c5-4be3-bce8-c5926afb5d63) TOKYOPOP, Inc.

Futaribeya: a Room for Two, Volume 2. Illus. by Yukiko. 2018. (Futaribeya Ser.: 2). 160p. (YA). (gr. 8-1). pap. 12.99 (978-1-4278-5986-0(8), db81631a-2a67-46a7-98b5-2a9fcd9a68b1) TOKYOPOP, Inc.

Futaribeya: a Room for Two, Volume 3. Illus. by Yukiko. 2019. (Futaribeya Ser.: 3). (ENG.). 160p. (YA). (gr. 8-1). pap. 12.99 (978-1-4278-6014-9(9), 21cf34f4-88f6-4afe-a340-2251149a3c4d) TOKYOPOP, Inc.

Futaribeya: a Room for Two, Volume 4. Illus. by Yukiko. 2019. (Futaribeya Ser.: 4). (ENG.). 160p. (YA). (gr. 8-1). pap. 12.99 (978-1-4278-6025-5(4), 5e5e9135-d687-4679-a252-619d939ddc54) TOKYOPOP, Inc.

Futaribeya: a Room for Two, Volume 5. Illus. by Yukiko. 2019. (Futaribeya Ser.: 5). 160p. (YA). (gr. 8-1). pap. 12.99 (978-1-4278-6033-0(5), 7ab32156-6026-424f-a482-ccd8e0c1a1c4) TOKYOPOP, Inc.

Futaribeya: a Room for Two, Volume 6. Illus. by Yukiko. 2019. (Futaribeya Ser.: 6). 160p. (gr. 8-1). pap. 12.99 (978-1-4278-6171-9(4), fbb9b9de-d6d1-450f-b07a-a91c5ba98648) TOKYOPOP, Inc.

Futaribeya: a Room for Two, Volume 7. Illus. by Yukiko. 2020. (Futaribeya Ser.: 7). 160p. (gr. 8-1). pap. 12.99 (978-1-4278-6330-0(X), 3471d395-7358-4576-8666-a88845df55b7) TOKYOPOP, Inc.

Fútbol. Thomas Kingsley Troupe. 2022. (Los Mejores Deportes de la Escuela Secundaria (Top High School Sports) Ser.). (SPA.). 32p. (J). (gr. 3-9). pap. (978-1-0396-5014-5(7), 20525, Crabtree Branches) Crabtree Publishing Co.

Fútbol. Contrib. by Thomas Kingsley Troupe & Santiago Ochoa. 2022. (Los Mejores Deportes de la Escuela Secundaria (Top High School Sports) Ser.). (SPA.). 32p. (J). (gr. 3-9). lib. bdg. (978-1-0396-4887-6(8), 20524, Crabtree Branches) Crabtree Publishing Co.

Futbol: 101 Cosas Que Deberias Saber Sobre Los (Soccer: 101 Facts) Editor. 2017. (101 Facts (Spanish Editions) Ser.). (ENG.). 48p. (J). pap. (978-1-60745-839-5(X)) Lake Press.

Fútbol: Grandes Momentos, Récords y Datos. Teddy Borth. 2017. (Grandes Deportes Ser.). (SPA.). 24p. (J). (gr. -1-2). pap. 7.95 (978-1-4966-1187-1(X), 134974, Capstone Classroom) Capstone.

Futbol: Libro para Colorear Ninos. Bold Illustrations. 2017. (SPA., Illus.). (J). pap. 8.35 (978-1-64193-102-1(7), Bold Illustrations) FASTLANE LLC.

¡¿Fútbol... americano?! Jennifer Degenhardt. Illus. by Ajax M. Heyman. 2023. (SPA.). 90p. (J). pap. 9.00 **(978-1-956594-26-3(4))** Puentes.

Fútbol Americano. Thomas Kingsley Troupe. 2022. (Los Mejores Deportes de la Escuela Secundaria (Top High School Sports) Ser.). (SPA.). 32p. (J). (gr. 3-9). pap. (978-1-0396-5012-1(0), 20531); lib. bdg. (978-1-0396-4885-2(1), 20530) Crabtree Publishing Co. (Crabtree Branches).

Fútbol Americano: Grandes Momentos, Récords y Datos. Teddy Borth. 2017. (Grandes Deportes Ser.). (SPA.). 24p. (J). (gr. -1-2). pap. 7.95 (978-1-4966-1184-0(5), 134973, Capstone Classroom) Capstone.

Futbol Americano: Grandes Momentos, Récords y Datos (Spanish Version) Teddy Borth. 2016. (Grandes Deportes (Great Sports) Ser.). (SPA., Illus.). 24p. (J). (gr. -1-2). lib. bdg. 32.79 (978-1-68080-733-2(1), 22628); lib. bdg. 32.79 (978-1-68080-736-3(6), 22634) ABDO Publishing Co. (Abdo Kids).

Fútbol Americano (Football) Julie Murray. 2018. (Deportes: Guía Práctica (Sports How To) Ser.). (SPA.). 24p. (J). (gr. -1-2). lib. bdg. 31.36 (978-1-5321-8024-8(1), 28263, Abdo Kids) ABDO Publishing Co.

Fútbol Bandera: Resta. Dona Rice. rev. ed. 2019. (Mathematics in the Real World Ser.). (SPA.). 24p. (J). (gr. 1-2). pap. 9.99 (978-1-4258-2844-8(2)) Teacher Created Materials, Inc.

Fútbol de Las Pequeñas Estrellas. Taylor Farley. Tr. by Pablo de la Vega. 2021. (Pequeñas Estrellas (Little Stars) Ser.). (SPA., Illus.). 24p. (J). (gr. k-2). pap. *(978-1-4271-3188-1(0),* 15143); lib. bdg. *(978-1-4271-3170-6(8),* 15124) Crabtree Publishing Co.

Fútbol Extremo. Jake Maddox. Tr. by Aparicio Publishing Aparicio Publishing LLC. Illus. by Jesus Aburto. 2019. (Jake Maddox Novelas Gráficas Ser.). (SPA.). 72p. (J). (gr. 3-8). pap. 6.95 *(978-1-4965-8590-5(9),* 141331); lib. bdg. 27.99 *(978-1-4965-8580-6(1),* 141313) Capstone. (Stone Arch Bks.).

Fútbol Libro para Colorear para Niños: Lindo Libro para Colorear para Todos Los Amantes Del Fútbol. Lenard Vinci Press. 2021. (SPA.). 100p. (J). pap. 10.99 *(978-1-716-26067-4(1))* Lulu Pr., Inc.

Futbol Me Hace Feliz (Happy Like Soccer) Maribeth Boelts. Illus. by Lauren Castillo. ed. 2016. (ENG & SPA.). 32p. (J). (gr. k-4). 17.20 *(978-0-606-39111-5(8))* Turtleback.

Fútbol (Soccer) Julie Murray. 2018. (Deportes: Guía Práctica (Sports How To) Ser.). (SPA.). 24p. (J). (gr. -1-2). lib. bdg. 31.36 *(978-1-5321-8027-9(6),* 28269, Abdo Kids) ABDO Publishing Co.

Futbol Soccer Es Divertido: (Soccer Is Fun) Calee M. Lee. Tr. by Lenny Sandoval. 2017. (Xist Kids Spanish Bks.). (SPA., Illus.). 24p. (J). (gr. -1-3). pap. 9.99 *(978-1-5324-0399-6(2))* Xist Publishing.

Futbolista Fabuloso. Jake Maddox. Illus. by Katie Wood. 2023. (Jake Maddox en Español Ser.). (SPA.). 72p. (J). 25.99 *(978-1-6690-0688-6(3),* 245509); pap. 6.99 *(978-1-6690-0719-7(7),* 245511) Capstone. (Stone Arch Bks.).

Futile. Dane C. Johns. 2022. (ENG.). 318p. (YA). pap. 14.99 ***(978-1-0879-2773-2(0))*** Indy Pub.

Futility: A Novel on Russian Themes (Classic Reprint) William Gerhardie. 2017. (ENG., Illus.). (J). 29.26 *(978-0-266-55297-0(8))* Forgotten Bks.

Futsal Teamwork. Cari Meister. Illus. by Amanda Erb. 2021. (Kids' Sports Stories Ser.). (ENG.). 32p. (J). 21.32 *(978-1-6639-0946-6(6),* 212682); pap. 5.95 *(978-1-6639-2145-1(8),* 212652) Capstone. (Picture Window Bks.).

Future: Rap Rising Star. Contrib. by Melissa Higgins. 2017. (Hip-Hop Artists Ser.). (ENG., Illus.). 112p. (J). (gr. 6-12). lib. bdg. 41.36 *(978-1-5321-1328-4(5),* 27536, Essential Library) ABDO Publishing Co.

Future All-Stars: 72 Pages of Fun Footbal Theme Activity Book for All the Sports Lover!!! Hayde Miller. 2023. (ENG.). 72p. (J). pap. ***(978-1-312-76751-5(0))*** Lulu Pr., Inc.

Future Architect's Tool Kit, 1 vol. Barbara Beck. 2016. (ENG.). 48p. (gr. 3-6). 29.99 *(978-0-7643-5193-8(1),* 7544) Schiffer Publishing, Ltd.

Future Doctor (Future Baby) Lori Alexander. Illus. by Allison Black. 2020. (Future Baby Ser.: 4). (ENG.). 24p. (J). (gr. -1 — 1). bds. 8.99 *(978-1-338-31225-6(1),* Cartwheel Bks.) Scholastic, Inc.

Future Energy. Emily Kington. 2022. (Earth in Danger Ser.). (ENG., Illus.). 32p. (J). (gr. 3-6). lib. bdg. 29.32 *(978-1-914087-42-4(9),* d26848b9-ce4e-47a3-a047-6845d4c6aa28, Hungry Tomato (r)) Lerner Publishing Group.

Future Engineer (Future Baby) Lori Alexander. Illus. by Allison Black. 2019. (Future Baby Ser.). (ENG.). 24p. (J). (gr. -1 — 1). bds. 8.99 *(978-1-338-31223-2(5),* Cartwheel Bks.) Scholastic, Inc.

Future Fashion. Darlene Ivy. Illus. by Rupert Van Wyk. 2020. (ENG.). 28p. (J). pap. *(978-1-922374-96-7(2))* Library For All Limited.

Future Freak Show: Robots & Aliens Coloring Book. Activibooks For Kids. 2016. (ENG., Illus.). (J). pap. 9.20 *(978-1-68321-655-1(5))* Mimaxion.

Future Fuels to Fight Climate Change. Rachel Kehoe. 2022. (Fighting Climate Change with Science Ser.). (ENG., Illus.). 32p. (J). (gr. 3-5). pap. 9.95 *(978-1-63739-323-9(7));* lib. bdg. 31.35 *(978-1-63739-271-3(0))* North Star Editions. (Focus Readers).

Future Genius: Animal Kingdom: Be an Explorer & Go on a Wild Safari. Editors of Happy Fox Books. 2023. (ENG.). 96p. (J). pap. 11.99 *(978-1-64124-310-0(4),* 3100) Fox Chapel Publishing Co., Inc.

Future Genius: Dinosaurs: Go Back in Time & Walk with the World's Biggest Reptiles. Editors of Happy Fox Books. 2023. (ENG.). 96p. (J). pap. 11.99 *(978-1-64124-312-4(0),* 3124) Fox Chapel Publishing Co., Inc.

Future Genius: Human Body: Discover What Makes You, You! Editors of Happy Fox Books. 2023. (ENG.). 96p. (J). pap. 11.99 *(978-1-64124-311-7(2),* 3117) Fox Chapel Publishing Co., Inc.

Future Genius: Solar System: Journey Through Our Solar System & Beyond! Editors of Happy Fox Books. 2023. (ENG.). 96p. (J). pap. 11.99 *(978-1-64124-309-4(0),* 3094) Fox Chapel Publishing Co., Inc.

Future History 2050. Thomas Harding. 2022. (ENG., Illus.). 200p. (J). (gr. 7-12). 18.99 *(978-1-77306-803-9(2))* Groundwood Bks. CAN. Dist: Publishers Group West (PGW).

Future Hits: Songs for Learning! Playbook. Matt Baron. 2017. (ENG., Illus.). (J). (gr. k-4). pap. 14.99 *(978-0-9905895-5-6(2))* Tiger Stripe Publishing.

Future Innovators Program - Junior Workbook Ages 11 - 14 Years. Romney Nelson. 2023. (ENG.). 48p. (J). pap. ***(978-1-922664-58-7(8))*** Life Graduate, The.

Future King. James Riley. 2020. (Revenge of Magic Ser.: 3). (ENG.). (J). (gr. 3-7). 448p. pap. 9.99 *(978-1-5344-2576-7(4));* 432p. 18.99 *(978-1-5344-2575-0(6))* Simon & Schuster Children's Publishing. (Aladdin).

Future King. Robyn Schneider. 2023. 416p. (YA). ***(978-0-593-52892-1(1),*** Viking Adult) Penguin Publishing Group.

Future King. Robyn Schneider. 2023. (Emry Merlin Ser.: 2). 416p. (YA). (gr. 9). 19.99 *(978-0-593-35105-5(3),* Viking Books for Young Readers) Penguin Young Readers Group.

Future Lost. Elizabeth Briggs. 2018. (Future Shock Ser.: 3). (ENG.). 256p. (YA). (gr. 8-12). 16.99 *(978-0-8075-2687-3(8),* 807526878); pap. 9.99 *(978-0-8075-2689-7(4),* 807526894) Whitman, Albert & Co.

Future Me Can Be Queen Collection: Health Care Edition: an Educational Coloring Book. Ieysha M. Walker. Illus. by Ujala Shahid. 2022. (ENG.). 30p. (J). pap. 14.99 ***(978-1-0880-6464-1(7))*** Indy Pub.

Future of Biodiversity. James Shoals. 2019. (Climate Change: Problems & Progress Ser.). (Illus.). 48p. (J). (gr. 10). 30.60 *(978-1-4222-4356-5(7))* Mason Crest.

Future of Cities. Kevin Kurtz. 2020. (Searchlight Books (tm) — Future Tech Ser.). (ENG., Illus.). 32p. (J). (gr. 3-5). 30.65 *(978-1-5415-9733-4(8),* f30bbc66-da43-4135-9c56-2865e1b4276d, Lerner Pubns.) Lerner Publishing Group.

Future of Coding. Kathryn Hulick. 2019. (Coding Ser.). (ENG., Illus.). 32p. (J). (gr. 3-5). 31.35 *(978-1-64185-327-9(1),* 1641853271, Focus Readers) North Star Editions.

Future of Coding. Kathryn Hulick. 2019. (Coding Ser.). (ENG.). 32p. (J). lib. bdg. 22.99 *(978-1-5105-4664-6(2))* SmartBook Media, Inc.

Future of Communication. Jun Kuromiya. 2020. (Searchlight Books (tm) — Future Tech Ser.). (ENG., Illus.). 32p. (J). (gr. 3-5). pap. 9.99 *(978-1-7284-1379-2(6),* 0855be85-c5d4-4571-9b40-636d49673010); lib. bdg. 30.65 *(978-1-5415-9732-7(X),* 28156c40-52da-4b5e-8efb-8279a11506fe) Lerner Publishing Group. (Lerner Pubns.).

Future of Communications: From Texting to Augmented Reality. Ailynn Collins. 2020. (What the Future Holds Ser.). (ENG., Illus.). 48p. (J). (gr. 3-5). pap. 8.95 *(978-1-4966-6623-9(2),* 142331); lib. bdg. 31.99 *(978-1-5435-9219-1(8),* 141582) Capstone.

Future of Educated Women. Helen Ekin Starrett & Frances Ekin Allison. 2017. (ENG., Illus.). 84p. (J). pap. *(978-3-337-40794-0(3))* Creation Pubs.

Future of Energy: From Solar Cells to Flying Wind Farms. Christine Elizabeth Eboch. 2020. (What the Future Holds Ser.). (ENG., Illus.). 48p. (J). (gr. 3-5). pap. 8.95 *(978-1-4966-6624-6(0),* 142332); lib. bdg. 33.99 *(978-1-5435-9220-7(1),* 141583) Capstone.

Future of Entertainment. Jun Kuromiya. 2020. (Searchlight Books (tm) — Future Tech Ser.). (ENG., Illus.). 32p. (J). (gr. 3-5). 30.65 *(978-1-5415-9734-1(6),* e50c9475-d602-403d-8653-5753277b8860, Lerner Pubns.) Lerner Publishing Group.

Future of Entertainment: From Movies to Virtual Reality. Christine Elizabeth Eboch. 2020. (What the Future Holds Ser.). (ENG., Illus.). 48p. (J). (gr. 3-5). pap. 8.95 *(978-1-4966-6625-3(9),* 142333); lib. bdg. 33.99 *(978-1-5435-9221-4(X),* 141584) Capstone.

Future of Farming. Charles Piddock & Jared Keen. 2017. *(978-1-5105-2227-5(1))* SmartBook Media, Inc.

Future of Food. Kevin Kurtz. 2020. (Searchlight Books (tm) — Future Tech Ser.). (ENG., Illus.). 32p. (J). (gr. 3-5). 30.65 *(978-1-5415-9730-3(3),* b944a2d4-5ea3-4463-88cf-eaf3098ba090); pap. 9.99 *(978-1-7284-1381-5(8),* 85e8c08a-b3cb-4609-b2b1-cd2c6a59dc59) Lerner Publishing Group. (Lerner Pubns.).

Future of Food: New Ideas about Eating. Toney Allman. 2020. (ENG.). 80p. (YA). (gr. 6-12). 41.27 *(978-1-68282-927-1(8))* ReferencePoint Pr., Inc.

Future of Islam. Wilfred Scawen Blunt. 2017. (ENG., Illus.). (J). 22.95 *(978-1-374-90842-0(8));* pap. 12.95 *(978-1-374-90841-3(X))* Capital Communications, Inc.

Future of Medicine. Kevin Kurtz. 2020. (Searchlight Books (tm) — Future Tech Ser.). (ENG., Illus.). 32p. (J). (gr. 3-5). pap. 9.99 *(978-1-7284-1382-2(6),* 648127e4-f718-4179-9341-63f23f9261fa); lib. bdg. 30.65 *(978-1-5415-9735-8(4),* 6f93a2f4-4263-4515-8b81-4cd8cf4552d3) Lerner Publishing Group. (Lerner Pubns.).

Future of Our Education, 1 vol. Audra Janari. 2021. (Spotlight on Our Future Ser.). (ENG.). 32p. (J). (gr. 3-4). lib. bdg. 27.93 *(978-1-7253-2407-7(5),* e07786dc-b2a3-4270-bff8-319e26453af6, PowerKids Pr.) Rosen Publishing Group, Inc., The.

Future of Power, 12 vols. 2016. (Future of Power Ser.). (ENG.). 00032p. (J). (gr. 4-5). 167.58 *(978-1-4994-3187-2(2),* b7969f44-98cb-4954-a371-db919b3efc89, PowerKids Pr.) Rosen Publishing Group, Inc., The.

Future of Robotics, 1 vol. Laura La Bella. 2017. (Hands-On Robotics Ser.). (ENG., Illus.). 48p. (J). (gr. 5-5). pap. 12.75 *(978-1-4994-3888-8(5),* 8b299ecb-f669-471e-bc57-bfb4a7f394c0) Rosen Publishing Group, Inc., The.

Future of Space Exploration, 1 vol. Ed. by Avery Elizabeth Hurt. 2019. (Opposing Viewpoints Ser.). (ENG.). 176p. (gr. 10-12). pap. 34.80 *(978-1-5345-0503-2(2),* 91f0b196-3ec4-4300-863a-81424563190c) Greenhaven Publishing LLC.

Future of the Church: New Testament Volume 32: 1 & 2 Thessalonians. R. Iona Lyster & Bible Visuals International. 2019. (Visualized Bible Ser.: Vol. 1032). (ENG.). 30p. (J). pap. 15.00 *(978-1-64104-060-0(2))* Bible Visuals International, Inc.

Future of the Time Dragon, 15. Tracey West. ed. 2020. (Branches Early Ch Bks). (ENG.). 90p. (J). (gr. 2-3). 15.36 *(978-1-64697-302-6(X))* Penworthy Co., LLC, The.

Future of the Time Dragon, 15. Tracey West. 2020. (Branches: Dragon Masters Ser.). (ENG.). 96p. (gr. 1-4). 18.69 *(978-1-5364-6188-6(1))* Scholastic, Inc.

Future of the Time Dragon: a Branches Book (Dragon Masters #15) Tracey West. Illus. by Daniel Griffo. 2020. (Dragon Masters Ser.: 15). (ENG.). 96p. (J). (gr. 1-3). pap. 5.99 *(978-1-338-54025-3(4))* Scholastic, Inc.

Future of the Time Dragon: a Branches Book (Dragon Masters #15) (Library Edition) Tracey West. Illus. by Daniel Griffo. 2020. (Dragon Masters Ser.: 15). (ENG.). 96p. (J). (gr. 1-3). 24.99 *(978-1-338-54026-0(2))* Scholastic, Inc.

Future of Transportation. Jun Kuromiya. 2020. (Searchlight Books (tm) — Future Tech Ser.). (ENG., Illus.). 32p. (J). (gr. 3-5). pap. 9.99 *(978-1-7284-1383-9(4),* c6ffe023-3647-469a-861f-b536a46b0da0); lib. bdg. 30.65 *(978-1-5415-9731-0(1),* 14b73990-18f8-4683-9c02-587b4d32ebea) Lerner Publishing Group. (Lerner Pubns.).

Future of Transportation: From Electric Cars to Jet Packs. Alicia Z. Klepeis. 2020. (What the Future Holds Ser.). (ENG., Illus.). 48p. (J). (gr. 3-5). pap. 8.95 *(978-1-4966-6626-0(7),* 142334); lib. bdg. 31.99 *(978-1-5435-9222-1(8),* 141585) Capstone.

Future of Work in America. Duchess Harris Jd & Kari A. Cornell. 2018. (Class in America Ser.). (ENG., Illus.). 112p. (J). (gr. 6-12). lib. bdg. 41.36 *(978-1-5321-1408-3(7),* 28798, Essential Library) ABDO Publishing Co.

Future President (Future Baby) Lori Alexander. Illus. by Allison Black. 2019. (Future Baby Ser.: 3). (ENG.). 24p. (J). (gr. -1 — 1). bds. 8.99 *(978-1-338-31224-9(3),* Cartwheel Bks.) Scholastic, Inc.

Future Ratboy & the Quest for the Missing Thingy (Future Ratboy) Jim Smith. 2017. (Future Ratboy Ser.: 3). (ENG., Illus.). 256p. (J). (gr. 2-4). pap. 5.99 *(978-1-4052-8398-4(X))* Farshore GBR. Dist: HarperCollins Pubs.

Future Ready Creative Writing Projects, 1 vol. Lyric Green & Dana Meachen Rau. 2017. (Future Ready Project Skills Ser.). (ENG.). 48p. (gr. 3-4). pap. 12.70 *(978-0-7660-8767-5(0),* c88bc4a1-b814-4602-ba06-6c9da2e1812b); lib. bdg. 29.60 *(978-0-7660-8653-1(4),* 6dc322e6-680e-4b7b-9c7e-8ca398989ab9) Enslow Publishing, LLC.

Future Ready Internet Research Skills, 1 vol. Lyric Green & Ann Graham Gaines. 2017. (Future Ready Project Skills Ser.). (ENG.). 48p. (gr. 3-4). pap. 12.70 *(978-0-7660-8769-9(7),* ad6ab972-5111-458f-8450-6e5e74dd758e); lib. bdg. 29.60 *(978-0-7660-8655-5(0),* f66e0536-8aae-4285-ab59-efdb8d1e7502) Enslow Publishing, LLC.

Future Ready Library & Media Center Mastery, 1 vol. Lyric Green & Ann Graham Gaines. 2017. (Future Ready Project Skills Ser.). (ENG.). 48p. (gr. 3-4). pap. 12.70 *(978-0-7660-8777-4(8),* 95a62506-35cc-490a-ac13-2421632e54cb); lib. bdg. 29.60 *(978-0-7660-8657-9(7),* b4de4f08-d801-4e4f-b929-81d10476eaf7) Enslow Publishing, LLC.

Future Ready Oral & Multimedia Presentations, 1 vol. Lyric Green & Lisa Bullard. 2017. (Future Ready Project Skills Ser.). (ENG.). 48p. (gr. 3-4). pap. 12.70 *(978-0-7660-8771-2(9),* ff6e8704-8eef-4dea-9521-8df8765b69e6); lib. bdg. 29.60 *(978-0-7660-8659-3(3),* dd996b0f-14fc-44f4-b219-974e8bf18376) Enslow Publishing, LLC.

Future Ready Project Skills. 2017. (Future Ready Project Skills Ser.). 48p. (gr. 3-4). pap. 70.20 *(978-0-7660-8809-2(X));* (ENG.). lib. bdg. 177.60 *(978-0-7660-8593-0(7),* 37810942-c22f-4056-8afa-c043c0a277ab) Enslow Publishing, LLC.

Future Ready Research Papers, 1 vol. Lyric Green & Ann Graham Gaines. 2017. (Future Ready Project Skills Ser.). (ENG.). 48p. (gr. 3-4). pap. 12.70 *(978-0-7660-8773-6(5),* 336adb6c-ce9d-4139-8752-e12631911a58); lib. bdg. 29.60 *(978-0-7660-8661-6(5),* c176dc63-9873-4626-acdb-0e71b593bfbc) Enslow Publishing, LLC.

Future Ready Writing Assignments, 1 vol. Lyric Green & Dana Meachen Rau. 2017. (Future Ready Project Skills Ser.). (ENG.). 48p. (gr. 3-4). lib. bdg. 29.60 *(978-0-7660-8719-4(0),* b747c87e-3199-414a-b205-b42e0543266a) Enslow Publishing, LLC.

Future School: Walk Like Lions. Eric Patterson. 2017. (ENG., Illus.). (YA). (gr. 4-6). pap. 8.99 *(978-1-61286-324-5(8));* (gr. 7-12). 17.50 *(978-1-61286-326-9(4))* Avid Readers Publishing Group.

Future Shock. Elizabeth Briggs. 2016. (YA). (Future Shock Ser.: 1). (ENG.). 288p. (gr. 8-12). pap. 9.99 *(978-0-8075-2680-4(0),* 807526800); *(978-0-8075-2683-5(5));* (Future Shock Ser.: 1). (ENG.). 272p. (gr. 8-12). 16.99 *(978-0-8075-2682-8(7),* 807526827) Whitman, Albert & Co.

Future Space. Alicia Z. Klepeis et al. 2019. (Future Space Ser.). (ENG.). 32p. (J). (gr. 3-9). 245.20 *(978-1-5435-7281-0(2),* 29338); pap., pap., pap. 63.60 *(978-1-5435-8186-7(2),* 29449) Capstone.

Future Threat. Elizabeth Briggs. 2017. (Future Shock Ser.: 2). (ENG.). 272p. (YA). (gr. 8-12). 16.99 *(978-0-8075-2684-2(3),* 807526843); pap. 9.99 *(978-0-8075-2686-6(X),* 080752686X) Whitman, Albert & Co.

Future Uses & Possibilities of 3D Printing, 1 vol. Jeri Freedman. 2017. (Project Learning with 3D Printing Ser.). (ENG.). 128p. (YA). (gr. 9-9). pap. 22.16 *(978-1-5026-3421-4(X),* 5aa0e4d2-2e21-495d-be61-11db1af9ee9f) Cavendish Square Publishing LLC.

Futureland: Battle for the Park. H. D. Hunter. Illus. by Khadijah Khatib. 2022. (Futureland Ser.: 1). 320p. (J). (gr. 3-7). 16.99 *(978-0-593-47942-1(4));* (ENG.). lib. bdg. 19.99 *(978-0-593-47944-5(0))* Random Hse. Children's Bks. (Random Hse. Bks. for Young Readers).

Futuristic Fairy Tales: Goldilocks in Space. Peter Bently. Illus. by Chris Jevons. 2022. (Futuristic Fairy Tales Ser.). (ENG.). 32p. (J). (gr. -1-k). pap. 10.99 *(978-1-4449-5408-1(3))* Hachette Children's Group GBR. Dist: Hachette Bk. Group.

Futuro: A Fable about Your Transformational Power. Michael J. Bell. Illus. by Sara Riches Hall. 2017. (Futuro Cosmos Ser.: Vol. 1). (ENG.). 122p. (YA). pap. *(978-0-9957694-0-3(0))* Bell, Michael J.

Fuzzwiggs: The Switcheroo. Amy Maren Rice. 2022. (ENG.). 298p. (YA). pap. 20.95 ***(978-1-63885-922-2(1))*** Covenant Bks.

Fuzzy. Tom Angleberger & Paul Dellinger. (ENG.). (J). (gr. 3-7). 2018. 288p. pap. 9.99 *(978-1-4197-2968-3(3),* 1015003); 2016. 272p. 14.95 *(978-1-4197-2122-9(4),* 1015001, Amulet Bks.) Abrams, Inc.

Fuzzy. Ed Dixon. 2019. (ENG.). 42p. (J). pap. *(978-0-359-96815-2(5))* Lulu Pr., Inc.

Fuzzy & Fluffy Cats Coloring Book. Kreative Kids. 2016. (ENG., Illus.). (J). pap. 9.20 *(978-1-68377-484-6(1))* Whlke, Traudl.

Fuzzy Art Animals. Melanie Hibbert. Illus. by Jayne Schofield. 2023. (Fuzzy Art Ser.). (ENG.). 32p. (J). (gr. k-2). 14.99 *(978-1-80105-530-7(0))* Top That! Publishing PLC GBR. Dist: Independent Pubs. Group.

Fuzzy Art Dinosaurs. Melanie Hibbert. Illus. by Jayne Schofield. 2023. (Fuzzy Art Ser.). (ENG.). 32p. (J). (gr. k-2). 14.99 *(978-1-80105-532-1(7))* Top That! Publishing PLC GBR. Dist: Independent Pubs. Group.

Fuzzy Art Farm. Melanie Hibbert. Illus. by Jayne Schofield. 2023. (ENG.). 32p. (J). (gr. k-2). 14.99 ***(978-1-80105-661-8(7))*** Top That! Publishing PLC GBR. Dist: Independent Pubs. Group.

Fuzzy Art Machines. Melanie Hibbert. Illus. by Jayne Schofield. 2023. (Fuzzy Art Ser.). (ENG.). 32p. (J). (gr. k-2). 16.99 *(978-1-80105-531-4(9))* Top That! Publishing PLC GBR. Dist: Independent Pubs. Group.

Fuzzy Art Ocean. Melanie Hibbert. Illus. by Jayne Schofield. 2023. (ENG.). 32p. (J). (gr. k-2). 14.99 ***(978-1-80105-664-9(1))*** Top That! Publishing PLC GBR. Dist: Independent Pubs. Group.

Fuzzy Art Unicorns. Melanie Hibbert. Illus. by Jayne Schofield. 2023. (Fuzzy Art Ser.). (ENG.). 32p. (J). (gr. k-2). 14.99 *(978-1-80105-533-8(5))* Top That! Publishing PLC GBR. Dist: Independent Pubs. Group.

Fuzzy Baseball. John Steven Gurney. 2019. (Fuzzy Baseball Ser.: 1). (ENG., Illus.). 56p. (J). 12.99 *(978-1-5458-0435-3(4),* 900212522, Papercutz) Mad Cave Studios.

Fuzzy Baseball 3-In-1: Triple Play. John Steven Gurney. 2022. (Fuzzy Baseball Ser.: 1). (ENG., Illus.). 160p. (J). pap. 14.99 *(978-1-5458-0905-1(4),* 900255203, Papercutz) Mad Cave Studios.

Fuzzy Baseball Vol. 2: Ninja Baseball Blast. John Steven Gurney. 2019. (Fuzzy Baseball Ser.: 2). (ENG., Illus.). 64p. (J). pap. 7.99 *(978-1-5458-0366-0(8),* 900210363, Papercutz) Mad Cave Studios.

Fuzzy Baseball Vol. 3: R. B. I. Robots. John Steven Gurney. 2020. (Fuzzy Baseball Ser.: 3). (ENG., Illus.). 72p. (J). 12.99 *(978-1-5458-0476-6(1),* 900219411); pap. 7.99 *(978-1-5458-0475-9(3),* 900219412) Mad Cave Studios. (Papercutz).

Fuzzy Baseball Vol. 4: Di-No Hitter. John Steven Gurney. 2021. (Fuzzy Baseball Ser.: 4). (ENG., Illus.). 64p. (J). 12.99 *(978-1-5458-0715-6(9),* 900240057); pap. 7.99 *(978-1-5458-0716-3(7),* 900240058) Mad Cave Studios. (Papercutz).

Fuzzy Baseball Vol. 5: Baseballoween, Vol. 5. John Steven Gurney. 2023. (Fuzzy Baseball Ser.: 5). (ENG., Illus.). 64p. (J). 12.99 *(978-1-5458-1005-7(2),* 900279002); pap. 7.99 *(978-1-5458-1006-4(0),* 900279003) Mad Cave Studios. (Papercutz).

Fuzzy Bear: Where Are You? Susan Sesera. 2019. (ENG., Illus.). 22p. (J). 22.95 *(978-1-64559-511-3(0));* pap. 12.95 *(978-1-64559-510-6(2))* Covenant Bks.

Fuzzy Bears. Judi Zand. 2018. (ENG., Illus.). 28p. (J). 21.95 *(978-1-64138-735-4(1))* Page Publishing Inc.

Fuzzy Christmas. Kate Thomson. Illus. by Barry Green. 2017. (Soft Felt Play Bks.). (ENG.). 10p. (J). (gr. -1-1). 12.99 *(978-1-78700-249-4(7))* Top That! Publishing PLC GBR. Dist: Independent Pubs. Group.

Fuzzy Eyes. Ryan Grafenreed. 2017. (Ryan's World Ser.). (ENG., Illus.). (J). (gr. k-4). 15.99 *(978-0-692-97569-5(1));* 30p. pap. 9.99 *(978-0-692-98675-2(8))* Ryan's World.

Fuzzy Faith. Mary Stallings. 2017. (ENG., Illus.). (J). 22.95 *(978-1-64079-272-2(4));* pap. 12.95 *(978-1-64028-031-1(6))* Christian Faith Publishing.

Fuzzy Fan Gets a Tan. Melissa Joy Jorgenson. 2020. (ENG.). 32p. (J). pap. 12.99 *(978-1-7347069-3-2(7))* Mindstir Media.

Fuzzy Farm. Erin Ranson. Illus. by Barry Green. 2017. (Soft Felt Play Bks.). (ENG.). 10p. (J). (gr. -1-k). 12.99 *(978-1-78700-066-7(4))* Top That! Publishing PLC GBR. Dist: Independent Pubs. Group.

Fuzzy Fights Back (Class Pets #4) Bruce Hale. 2018. (Class Pets Ser.: 4). (ENG., Illus.). 192p. (J). (gr. 3-7). pap. 5.99 *(978-1-338-14527-4(4),* Scholastic Paperbacks) Scholastic, Inc.

Fuzzy Freddy. Steve Verhines. 2022. (ENG., Illus.). 40p. (J). pap. 14.95 *(978-1-68526-113-9(2))* Covenant Bks.

Fuzzy Funny Friendly Monsters Coloring Book. Activibooks For Kids. 2016. (ENG., Illus.). (J). pap. 9.20 *(978-1-68321-700-8(4))* Mimaxion.

Fuzzy, Furry Hat. Etienne Delessert. 2016. (ENG., Illus.). 32p. (J). (gr. 1-3). 18.99 *(978-1-56846-296-7(4),* 20815, Creative Editions) Creative Co., The.

Fuzzy Furry Ouch. Amanda Jane Jones & Cree Lane Jones. 2022. (ENG.). 26p. (J). (gr. -1). bds. 12.99 *(978-1-6659-2474-0(8),* Little Simon) Little Simon.

Fuzzy I. Jennie Hamel. 2018. (ENG., Illus.). 34p. (J). (gr. k-1). 18.95 *(978-0-9991410-2-1(3))* Planet Gina Media.

Fuzzy Learns a Lesson of Love. Patricia McLaughlin. 2020. (ENG.). 26p. (J). 14.99 *(978-1-64858-552-4(3));* pap. 9.99 *(978-1-64858-511-1(6))* Matchstick Literary.

Fuzzy Mud. Louis Sachar. ed. 2018. (Penworthy Picks Middle School Ser.). (ENG.). 181p. (J). (gr. 5-7). 19.96 *(978-1-64310-305-1(9))* Penworthy Co., LLC, The.

Fuzzy Mud. Louis Sachar. 2017. (ENG.). 208p. (J). (gr. 5). 8.99 *(978-0-385-37022-6(9),* Yearling) Random Hse. Children's Bks.

Fuzzy Mud. Louis Sachar. ed. 2017. lib. bdg. 18.40 *(978-0-606-39871-8(6))* Turtleback.

Fuzzy Socks. Brianca Jay. 2020. (ENG.). 36p. (J). pap. 12.95 *(978-1-944428-94-5(1))* Inklings Publishing.

Fuzzy Teeth. Rachel Lillie. 2023. (ENG.). 24p. (J). ***(978-1-0391-3306-8(1));*** pap. ***(978-1-0391-3305-1(3))*** FriesenPress.

Fuzzy the Dragon. Devin Suarez. 2023. 44p. (J). (gr. 3-5). pap. 16.99 ***(978-1-6678-9132-3(4))*** BookBaby.

Fuzzy-Wuzz, a Little Brown Bear of the Sierras (Classic Reprint) Allen Chaffee. 2018. (ENG., Illus.). 162p. (J). 27.24 *(978-0-484-02550-8(3))* Forgotten Bks.

726

The check digit for ISBN-10 appears in parentheses after the full ISBN-13

FV101 Scorpion. Kate Riggs. 2018. (Now That's Fast! Ser.). (ENG.). 24p. (J). (gr. 1-4). pap. 8.99 *(978-1-62832-586-7(0)*, 19855, Creative Paperbacks) Creative Co., The.

Fv101 Scorpion / Kate Riggs. Kate Riggs. 2018. (Now That's Fast! Ser.). (ENG., Illus.). 24p. (J). (gr. 1-4). lib. bdg. *(978-1-64026-031-3(5)*, 19851, Creative Education) Creative Co., The.

FX! Computer-Generated Imagery. Timothy J. Bradley. 2nd rev. ed. 2017. (TIME(r): Informational Text Ser.). (ENG., Illus.). 64p. (gr. 6-8). pap. 13.99 *(978-1-4938-3614-7(5))* Teacher Created Materials, Inc.

FX! Makeup & Costumes. Jessica Larson. 2nd rev. ed. 2017. (TIME(r): Informational Text Ser.). (ENG., Illus.). 64p. (gr. 6-8). pap. 13.99 *(978-1-4938-3613-0(7))* Teacher Created Materials, Inc.

FX! Computer-Generated Imagery. Timothy Bradley. ed. 2017. (Time for Kids Nonfiction Readers Ser.). lib. bdg. 22.10 *(978-0-606-40284-2(5))* Turtleback.

FX! Costumes & Makeup. Jessica Larson. ed. 2017. (Time for Kids Nonfiction Readers Ser.). lib. bdg. 22.10 *(978-0-606-40270-5(5))* Turtleback.

FX! Lighting & Sound. Jeff Larson. ed. 2017. (Time for Kids Nonfiction Readers Ser.). lib. bdg. 22.10 *(978-0-606-40269-9(1))* Turtleback.

FX! Lighting & Sound (Grade 7) Jeff Larson. 2nd rev. ed. 2017. (TIME(r): Informational Text Ser.). (ENG., Illus.). 64p. (gr. 6-8). pap. 13.99 *(978-1-4938-3612-3(9))* Teacher Created Materials, Inc.

Fynn und der Kleine Drache: 2. Auflage... Manuela Rehahn. 2017. (GER., Illus.). (J). *(978-3-86467-057-2(8))* Rehahn., Ronny Spurenkreis-Verlag.

Fyrian's Fire. Emily H. Jeffries. 2019. (Fate of Glademont Ser.: Vol. 1). (ENG., Illus.). 358p. (YA). pap. 15.99 *(978-1-7333733-0-2(6))* Sheepgate Pr.

Fyrian's Fire: Book 1 of the Fate of Glademont Series. Emily H. Jeffries. 2022. (Fate Of Glademont Ser.: 1). 356p. (YA). pap. 14.95 *(978-1-954854-43-7(9))* Girl Friday Bks.

Fzzrique. Elina B. 2017. (FRE., Illus.). 42p. (J). pap. *(978-0-244-04824-2(X))* Lulu Pr., Inc.

G

G. Xist Publishing. 2019. (Discover the Alphabet Ser.). (ENG.). 20p. (J). (gr. -1-1). pap. 24.99 *(978-1-5324-1359-9(9))* Xist Publishing.

G. Xist Publishing & Xist Publishing. 2019. (Discover the Alphabet Ser.). (ENG.). 22p. (J). (gr. -1-1). 22.99 *(978-1-5324-1305-6(X))* Xist Publishing.

G Airson Gàidheal: Aibidil de Chultar Nan Gàidheal an Albainn Nuaidh. Shelayne Hanson. Illus. by Etta Moffatt. 2021. (GLA.). 34p. (J). pap. *(978-1-988747-75-0(9))* Bradan Pr.

G. Chaucer, the House of Fame (Text, Varianten, Anmerkungen) (Classic Reprint) Geoffrey Chaucer. 2017. (ENG., Illus.). (J). 24.97 *(978-0-331-23062-8(3))*; pap. 9.57 *(978-0-265-21618-7(4))* Forgotten Bks.

G Comme Gaël: L'alphabet de la Culture Gaélique en Nouvelle-Écosse, 1 vol. Shelayne Hanson. Tr. by Melany Close. Illus. by Etta Moffatt. 2020. (FRE.). 32p. (J). pap. *(978-1-988747-57-6(0))* Bradan Pr.

G. Frid. Richteri de Natalibus Fulminum Tractatus Physicus: Accedit Appendix Qua Litterae et Observationes Quaedam Huc Pertinentes Maffei, Lionii, Pagliarini, Aliorumque Continentur (Classic Reprint) Georg Friedrich Richter. 2018. (LAT., Illus.). 134p. (J). pap. 9.57 *(978-1-391-11528-3(7))* Forgotten Bks.

G. H. S. Annual, 1907 (Classic Reprint) Bessie Phillips. (ENG., Illus.). (J). 2018. 128p. 26.56 *(978-0-365-36584-6(X))*; 2017. pap. 9.57 *(978-0-282-54466-9(6))* Forgotten Bks.

G. H. S. Chief, Vol. 4: May, 1914 (Classic Reprint) Greenville High School. (ENG., Illus.). (J). 2018. 118p. 26.33 *(978-0-364-13905-9(6))*; 2017. pap. 9.57 *(978-0-259-96879-5(X))* Forgotten Bks.

G. I. Dogs: Judy, Prisoner of War (G. I. Dogs #1) Laurie Calkhoven. 2018. (ENG., Illus.). 128p. (J). (gr. 2-5). pap. 5.99 *(978-1-338-18523-2(3))* Scholastic, Inc.

G. I. Joe Classified Book One. Kelley Skovron. (G. I. Joe Classified Ser.). (ENG.). 256p. (J). (gr. 3-7). 2023. pap. 8.99 *(978-1-4197-5441-8(6)*, 1732203); 2022. 14.99 *(978-1-4197-5440-1(8)*, 1732201) Abrams, Inc. (Amulet Bks.).

G Is for Garden. Ashley Marie Mireles. Illus. by Volha Kaliaha. 2023. (ENG.). 16p. (J). (gr. -1 — 1). bds. 9.99 *(978-1-64170-750-3(X)*, 550750) Familius LLC.

G Is for Garden: An Alphabet Book. Jamie B. Banta. 2018. (ENG., Illus.). 66p. (J). (gr. k-3). 18.99 *(978-1-944705-10-7(4))*; pap. 12.99 *(978-1-944705-02-2(3))* Chara Pr.

G Is for Garrett: Now I Know My ABCs & 123s Coloring & Activity Book with Writing & Spelling Exercises (Age 2-6) 128 Pages. Crawford House Learning Books. 2020. (ENG.). 130p. (J). pap. *(978-1-989828-63-2(9))* Crawford Hse.

G Is for Georgia. Christopher Robbins. Illus. by Volha Kaliaha. 2023. (ENG.). 20p. (J). (gr. -1 — 1). bds. 12.99 *(978-1-64170-745-9(3)*, 550745) Familius LLC.

G Is for Giraffe. Meg Gaertner. 2021. (Alphabet Fun Ser.). (ENG., Illus.). 24p. (J). (gr. k-1). pap. 8.95 *(978-1-64619-398-1(9))*; lib. bdg. 28.50 *(978-1-64619-371-4(7))* Little Blue Hse. (Little Blue Readers).

G Is for Go-Go: A Sixties Alphabet, 1 vol. Illus. by Greg Paprocki. 2017. (ENG.). 32p. (J). bds. 9.99 *(978-1-4236-4667-9(3))* Gibbs Smith, Publisher.

G Is for Golazo: The Ultimate Soccer Alphabet. James Littlejohn & Matthew Shipley. 2019. (ABC to MVP Ser.: 2). (ENG., Illus.). 32p. (J). (gr. -1-k). 17.95 *(978-1-62937-671-4(X))* Triumph Bks.

G Is for Gorilla. Dana Lynn Price. 2018. (ENG., Illus.). 10p. (J). bds. 14.95 *(978-1-63177-670-0(3))* Amplify Publishing Group.

G Is for Grayson: Now I Know My ABCs & 123s Coloring & Activity Book with Writing & Spelling Exercises (Age 2-6) 128 Pages. Crawford House Learning Books. 2020. (ENG.). 130p. (J). pap. *(978-1-989828-03-8(5))* Crawford Hse.

G Is for Groundhog. Kristi M. Butler. Illus. by Samantha Bell. l.t. ed. 2018. (ENG.). 24p. (J). (gr. k-3). pap. 10.95 *(978-1-61633-940-1(3))* Guardian Angel Publishing, Inc.

G-Lamb-Orous: Fun with Words, Valuable Lessons. Jacqui Shepherd. 2018. (Farm-Tastic Ser.). (ENG., Illus.). 42p. (J). (gr. k-6). pap. *(978-1-77008-972-3(1))* Awareness Publishing.

G. Martinez Sierra Teatro de Ensueno: With Introduction, Notes, Exercise, & Vocabulary (Classic Reprint) Aurelio M. Espinosa. 2017. (ENG., Illus.). (J). 26.62 *(978-0-266-26593-1(6))*; pap. 9.57 *(978-0-265-13650-8(4))* Forgotten Bks.

G My Name Is Girl: A Song of Celebration from Argentina to Zambia. Dawn Masi. 2021. (ENG., Illus.). 40p. (J). (gr. -1-2). lib. bdg. 20.99 *(978-0-593-30405-1(5)*, Doubleday Bks. for Young Readers) Random Hse. Children's Bks.

G. O. A. T. - Lebron James: Making the Case for Greatest of All Time. Bob Gurnett. 2019. (G. O. A. T. Ser.: 1). (Illus.). 128p. (J). (gr. 5). pap. 8.95 *(978-1-4549-3098-3(5))* Sterling Publishing Co., Inc.

G. O. A. T. - Tom Brady: Making the Case for Greatest of All Time. Bob Gurnett. 2020. (G. O. A. T. Ser.: 4). (Illus.). 128p. (J). (gr. 5). pap. 8.95 *(978-1-4549-3099-0(3))* Sterling Publishing Co., Inc.

G. O. A. T. Baseball Outfielders. Alexander Lowe. 2022. (Greatest of All Time Players (Lerner (tm) Sports) Ser.). (ENG., Illus.). 32p. (J). (gr. 2-5). pap. 9.99 *(978-1-7284-4841-1(7)*, e4495df4-6112-45f8-9bbe-6fd3d089e018); lib. bdg. 30.65 *(978-1-7284-4110-8(2)*, 0b885a78-1b3d-4d75-9ad4-6d5942612c41) Lerner Publishing Group. (Lerner Pubns.).

G. O. A. T. Baseball Teams. Matt Doeden. 2021. (Greatest of All Time Teams (Lerner (tm) Sports) Ser.). (ENG., Illus.). 32p. (J). (gr. 2-5). pap. 9.99 *(978-1-7284-2068-4(7)*, fd6308dd-bb81-4e96-8631-59543b94d050); lib. bdg. 30.65 *(978-1-7284-0441-7(X)*, 07660361-25f0-4e50-a896-88fa0f6cc32f) Lerner Publishing Group. (Lerner Pubns.).

G. O. A. T. Basketball Centers. Alexander Lowe. 2022. (Greatest of All Time Players (Lerner (tm) Sports) Ser.). (ENG., Illus.). 32p. (J). (gr. 2-5). pap. 9.99 *(978-1-7284-6320-9(3)*, 31032d85-138c-4be8-9b1d-2e9757701f66); lib. bdg. 30.65 *(978-1-7284-5806-9(4)*, 02c59582-b297-45d1-8b69-cbcb34e0ca97) Lerner Publishing Group. (Lerner Pubns.).

G. O. A. T. Basketball Point Guards. Alexander Lowe. 2022. (Greatest of All Time Players (Lerner (tm) Sports) Ser.). (ENG., Illus.). 32p. (J). (gr. 2-5). pap. 9.99 *(978-1-7284-6321-6(1)*, e4c9eff6-ce35-4e4b-85d1-29c731c08a34); lib. bdg. 30.65 *(978-1-7284-5804-5(8)*, e9857a25-1b63-4b3e-9df1-34a89d5f9bb3) Lerner Publishing Group. (Lerner Pubns.).

G. O. A. T. Basketball Power Forwards. Alexander Lowe. 2022. (Greatest of All Time Players (Lerner (tm) Sports) Ser.). (ENG., Illus.). 32p. (J). (gr. 2-5). pap. 9.99 *(978-1-7284-6322-3(X)*, c1914d47-31ec-437b-bbc6-1673778dc5c6); lib. bdg. 30.65 *(978-1-7284-5805-2(6)*, d2041dab-9de2-41e9-98c4-a7be0e9af018) Lerner Publishing Group. (Lerner Pubns.).

G. O. A. T. Football Linebackers. Alexander Lowe. 2022. (Greatest of All Time Players (Lerner (tm) Sports) Ser.). (ENG., Illus.). 32p. (J). (gr. 2-5). pap. 9.99 *(978-1-7284-6323-0(8)*, e057494c-921e-4275-95df-c036fbb08897); lib. bdg. 30.65 *(978-1-7284-5803-8(X)*, d1c7b844-ef0d-4a2c-a9ff-fb9a55e2c671) Lerner Publishing Group. (Lerner Pubns.).

G. O. A. T. Football Quarterbacks. Alexander Lowe. 2022. (Greatest of All Time Players (Lerner (tm) Sports) Ser.). (ENG., Illus.). 32p. (J). (gr. 2-5). pap. 9.99 *(978-1-7284-6324-7(6)*, d7ab652e-7842-4a4d-8930-b383e9f796f4); lib. bdg. 30.65 *(978-1-7284-5801-4(3)*, 5c0de8db-d89c-4062-8cd4-9f833b7b9953) Lerner Publishing Group. (Lerner Pubns.).

G. O. A. T. Football Running Backs. Alexander Lowe. 2022. (Greatest of All Time Players (Lerner (tm) Sports) Ser.). (ENG., Illus.). 32p. (J). (gr. 2-5). pap. 9.99 *(978-1-7284-6325-4(4)*, 6863da19-3afa-4be6-ae20-5bbd02964a24); lib. bdg. 30.65 *(978-1-7284-5802-1(1)*, 738a75b2-44ec-492c-a097-4ea8e7d29e3b) Lerner Publishing Group. (Lerner Pubns.).

G. O. A. T. Football Teams. Joe Levit. 2021. (Greatest of All Time Teams (Lerner (tm) Sports) Ser.). (ENG., Illus.). 32p. (J). (gr. 2-5). pap. 9.99 *(978-1-7284-2069-1(5)*, 8ccb5863-b6cc-419e-81ac-09b8b9c6c0ed, Lerner Pubns.) Lerner Publishing Group.

G. O. A. T. Hockey Teams. Matt Doeden. 2021. (Greatest of All Time Teams (Lerner (tm) Sports) Ser.). (ENG., Illus.). 32p. (J). (gr. 2-5). pap. 9.99 *(978-1-7284-2070-7(9)*, f34e1923-ef70-41aa-aba7-425b1cbe1e0c); lib. bdg. 30.65 *(978-1-7284-0444-8(4)*, 5a8ed0e5-01da-4451-9ec6-43c41e37efa6) Lerner Publishing Group. (Lerner Pubns.).

G. O. A. T. Men's Basketball Teams. Matt Doeden. 2021. (Greatest of All Time Teams (Lerner (tm) Sports) Ser.). (ENG., Illus.). 32p. (J). (gr. 2-5). pap. 9.99 *(978-1-7284-2071-4(7)*, 0c5c3148-7330-4301-b20d-7fb09ade6565); lib. bdg. 30.65 *(978-1-7284-0443-1(6)*, cfa42d77-5e72-4932-858f-3f45645d3b35) Lerner Publishing Group. (Lerner Pubns.).

G. O. A. T. Soccer Strikers. Alexander Lowe. 2022. (Greatest of All Time Players (Lerner (tm) Sports) Ser.). (ENG., Illus.). 32p. (J). (gr. 2-5). pap. 9.99 *(978-1-7284-4846-6(8)*, b95b7384-0ce0-4824-a849-1e8387cca8eb); lib. bdg. 30.65 *(978-1-7284-4112-2(9)*, 96dd0319-1f50-4fe1-aeb8-f30e8049b2f5) Lerner Publishing Group. (Lerner Pubns.).

G. O. A. T. Soccer Teams. Matt Doeden. 2021. (Greatest of All Time Teams (Lerner (tm) Sports) Ser.). (ENG., Illus.). 32p. (J). (gr. 2-5). pap. 9.99 *(978-1-7284-2072-1(5)*, 1dcf5d5b-af62-4894-93b3-c8079838e443); lib. bdg. 30.65 *(978-1-7284-0442-4(8)*, 4626c788-156b-4e31-a35e-d5f3a284da92) Lerner Publishing Group. (Lerner Pubns.).

G. O. A. T. Women's Basketball Teams. Matt Doeden. 2021. (Greatest of All Time Teams (Lerner (tm) Sports) Ser.). (ENG., Illus.). 32p. (J). (gr. 2-5). pap. 9.99 *(978-1-7284-2073-8(3)*, 7b174b9a-b1da-4e7d-a293-83ac32ca4e69); lib. bdg. 30.65 *(978-1-7284-0445-5(2)*, 1744840d-5839-419b-b827-ba3966f6ac34) Lerner Publishing Group. (Lerner Pubns.).

G. T. T. Gone to Texas: Letters from Our Boys (Classic Reprint) Thomas Hughes. 2017. (ENG., Illus.). (J). 28.97 *(978-1-5279-7824-9(9))* Forgotten Bks.

GA: Geijutsuka Art Design Class, Vol. 7, Vol. 7. Created by Satoko Kiyuduki. 2016. (GA: Geijutsuka Art Design Class Ser.: 7). (ENG., Illus.). 128p. (J). (gr. 8-17). pap. 17.00 *(978-0-316-54536-5(8))* Yen Pr. LLC.

Gaawin Gindaaswin Ndaawsii / I Am Not a Number. Jenny Kay Dupuis & Kathy Kacer. Tr. by Muriel Sawyer & Geraldine McLeod. Illus. by Gillian Newland. ed. 2019. Orig. Title: I Am Not a Number. (ENG & OJI.). 44p. (J). (gr. 3-6). pap. 14.95 *(978-1-77260-099-5(7))* Second Story Pr. CAN. Dist: Orca Bk. Pubs. USA.

Gabby & Gator. Created by James Burks. 2020. (ENG., Illus.). 192p. (J). (gr. 1-17). pap. 11.00 *(978-1-9753-1856-7(0)*, Yen Pr.) Yen Pr. LLC.

Gabby & Gram Go to the Circus. Kathy Donelson & Gabby Rose Walton. 2018. (ENG., Illus.). 24p. (J). pap. 12.95 *(978-1-64299-013-3(2))* Christian Faith Publishing.

Gabby & Grandpa. N. L. Parker. 2022. (ENG.). 26p. (J). pap. ***(978-0-2288-7426-3(2))*** Tellwell Talent.

Gabby & Ralph Meet Their New Teacher. Blessing Rogers. 2019. (ENG., Illus.). 22p. (J). (gr. k-6). pap. 6.99 *(978-1-949574-76-0(8))* Bk. Vine Pr.

Gabby & the Dark. Compiled by Ripleys Believe It Or Not!. 2019. (Story Book Ser.: 3). (ENG., Illus.). 40p. (J). 16.99 *(978-1-60991-256-7(X))* Ripley Entertainment, Inc.

Gabby & the Dark COMFY CRITTERS BUNDLE (book & Blanket) Compiled by Ripleys Believe It Or Not!. ed. 2020. (Story Book Ser.: 3). (ENG.). 40p. (J). 34.95 *(978-1-60991-470-7(8))* Ripley Entertainment, Inc.

Gabby & the Train of Thought. Brad Bott. Illus. by Sanghamitra Dasgupta. 2021. (ENG.). 50p. (J). 23.99 *(978-1-63984-071-7(0))*; pap. 15.99 *(978-1-63984-008-3(7))* Pen It Pubns.

Gabby Bears with Embarrassment: Feeling Embarrassment & Learning Humor. Sophia Day & Megan Johnson. Illus. by Stephanie Strouse. 2019. (Help Me Understand Ser.: 8). (ENG.). 72p. (J). 14.99 *(978-1-64370-752-5(3)*, 35cd472d-57f1-4b57-beff-81fed8862141); pap. 9.99 *(978-1-64370-753-2(1)*, fafb0b5d-e285-4136-a68f-e7d1539ca935) MVP Kids Media.

Gabby Duran & the Unsittables. Elise Allen & Daryle Connors. ed. 2016. (Gabby Duran Ser.: 1). (J). lib. bdg. 18.40 *(978-0-606-39443-7(5))* Turtleback.

Gabby Duran & the Unsittables: The Companion to the New Disney Channel Original Series. Elise Allen. 2021. (Gabby Duran Ser.: 4). 48p. (J). (gr. 3-7). pap. 7.99 ***(978-1-368-05442-3(0))***, Disney-Hyperion) Disney Publishing Worldwide.

Gabby Garcia's Ultimate Playbook. Iva-Marie Palmer. Illus. by Marta Kissi. 2017. (Gabby Garcia's Ultimate Playbook Ser.: 1). (ENG.). 304p. (J). (gr. 3-7). 13.99 *(978-0-06-239180-3(1)*, Tegen, Katherine Bks) HarperCollins Pubs.

Gabby Garcia's Ultimate Playbook #2: MVP Summer. Iva-Marie Palmer. Illus. by Marta Kissi. 2018. (Gabby Garcia's Ultimate Playbook Ser.: 2). (ENG.). 304p. (J). (gr. 3-7). 12.99 *(978-0-06-239183-4(6)*, Tegen, Katherine Bks) HarperCollins Pubs.

Gabby Garcia's Ultimate Playbook #3: Sidelined. Iva-Marie Palmer. Illus. by Marta Kissi. 2019. (Gabby Garcia's Ultimate Playbook Ser.: 3). (ENG.). 288p. (J). (gr. 3-7). 12.99 *(978-0-06-239186-5(0)*, Tegen, Katherine Bks) HarperCollins Pubs.

Gabby Gets: Practicing the Hard G Sound, 1 vol. Lee Young. 2016. (Rosen Phonics Readers Ser.). (ENG., Illus.). 8p. (J). (gr. -1-2). pap. *(978-1-5081-3087-1(6)*, 465717cb-bffd-4c49-a35d-5449bce295f2, Rosen Classroom) Rosen Publishing Group, Inc., The.

Gabby Gets It Together, 1. Nathan Fairbairn. ed. 2022. (Paws Ser.). (ENG.). 163p. (J). (gr. 4-5). 25.46 ***(978-1-68505-392-5(0))*** Penworthy Co., LLC, The.

Gabby Grape Meets Junk Food Junkie. Linda Hodge-McLoud. Ed. by Harry H. McLoud. Illus. by Cynthia Agee. 2018. (ENG.). 34p. (J). (gr. 1-5). pap. *(978-1-988925-10-3(X))* Doyle-Ingram, Suzanne.

Gabby's Big Leap. Ariel T. Watkins. Illus. by Badhon. 2021. (ENG.). 26p. (J). 17.99 *(978-0-578-83460-3(X))* Watkins, Ariel.

Gabby's Dollhouse: Cat-Tastic Heroes to the Rescue (SP TK) Gabhi Martins. 2022. (SPA.). 24p. (J). (gr. -1-k). pap. 5.99 *(978-1-338-83084-2(8)*, Scholastic en Espanol) Scholastic, Inc.

(Gabby's Dollhouse) (Media Tie-In) see I Love Pandy Paws: a Valentine Sticker Storybook (Gabby's Dollhouse) (Media Tie-In)

Gabby's Dollhouse: Sleepover Party (Scholastic Reader, Level 1), 1 vol. Gabrielle Reyes. 2023. (Scholastic Reader, Level 1 Ser.). (ENG.). 32p. (J). (gr. -1-k). pap. 5.99 *(978-1-338-88541-5(3))* Scholastic, Inc.

Gabby's Dollhouse Storybook #8 (Gabby's Dollhouse Storybook), Vol. 8. Adapted by Gabhi Martins. 2023. (ENG.). 24p. (J). (gr. -1-k). pap. 5.99 *(978-1-338-88537-8(5))* Scholastic, Inc.

Gabby's Dollhouse Water Wonder (a Gabby's Dollhouse Water Wonder Storybook) Scholastic. 2021. (ENG.). 12p. (J). (gr. -1-k). 10.99 *(978-1-338-64182-0(4))* Scholastic, Inc.

Gabby's Gift. Jennifer Cua. 2022. (ENG.). 38p. (J). 16.95 *(978-1-64543-685-0(3))* Amplify Publishing Group.

Gabby's Gumball Garden. Sue Rozumowicz. Illus. by Jayden Ellsworth. 2017. (ENG.). 24p. (J). pap. 10.99 *(978-1-948365-01-7(4))* Orange Hat Publishing.

Gabby's Journey-The Making of a Canadian Air Cadet Pilot. Gaynor Jones. 2020. (ENG.). 144p. (J). pap. ***(978-1-716-12518-8(9))*** Lulu Pr., Inc.

Gabe: A Story of Me, My Dog, & The 1970s. Shelley Gill. Illus. by Marc Scheff. 2016. 64p. (J). (gr. 3-7). lib. bdg. 12.95 *(978-1-57091-354-9(4))* Charlesbridge Publishing, Inc.

Gabe & Goon. Iza Trapani. Illus. by Iza Trapani. 2016. (Illus.). 32p. (J). (gr. -1-1). lib. bdg. 16.95 *(978-1-58089-640-5(5))* Charlesbridge Publishing, Inc.

Gabe in the After. Shannon Doleski. 2022. (ENG., Illus.). 240p. (J). (gr. 5-9). 17.99 *(978-1-4197-5438-8(6)*, 1732101, Amulet Bks.) Abrams, Inc.

Gabey the Bear's Beary Best. Elizabeth Hoover. Illus. by Dakota Verrill. 2020. (ENG.). 30p. (J). 20.99 *(978-1-954004-45-0(1))* Pen It Pubns.

Gabi & the Great Big Bakeover. Laura Dower. Illus. by Lilly Lazuli. 2016. (Dessert Diaries). (ENG.). 160p. (J). (gr. 4-8). lib. bdg. 26.65 *(978-1-4965-3119-3(1)*, 132190, Stone Arch Bks.) Capstone.

Gabi & the Great Big Bakeover. Laura Dower. Illus. by Lilly Lazuli. 2017. (ENG.). 160p. (J). pap. *(978-1-4747-2213-1(X)*, Stone Arch Bks.) Capstone.

Gabi's Fabulous Functions. Caroline Karanja. Illus. by Ben Whitehouse. 2018. (Code Play Ser.). (ENG.). 24p. (J). (gr. k-3). lib. bdg. 27.99 *(978-1-5158-2743-6(7)*, 137945, Picture Window Bks.) Capstone.

Gabi's If/Then Garden. Caroline Karanja. Illus. by Ben Whitehouse. 2018. (Code Play Ser.). (ENG.). 24p. (J). (gr. k-3). pap. 7.95 *(978-1-5158-2749-8(6)*, 137951); lib. bdg. 27.99 *(978-1-5158-2745-0(3)*, 137947) Capstone. (Picture Window Bks.).

Gabled House, or Self-Sacrifice (Classic Reprint) Lizzie Bates. 2018. (ENG., Illus.). 214p. (J). 28.31 *(978-0-483-21550-4(3))* Forgotten Bks.

Gables, Vol. 1 Of 3: A Story of a Life (Classic Reprint) Julia Melville. (ENG., Illus.). (J). 2018. 308p. 30.19 *(978-0-484-54578-5(7))*; 2016. pap. 13.57 *(978-1-333-36118-1(1))* Forgotten Bks.

Gables, Vol. 2 Of 3: A Story of a Life (Classic Reprint) Julia Melville. 2018. (ENG., Illus.). 310p. (J). 30.31 *(978-0-483-93787-1(8))* Forgotten Bks.

Gables, Vol. 3 Of 3: A Story of a Life (Classic Reprint) Julia Melville. 2018. (ENG., Illus.). 298p. (J). 30.06 *(978-0-267-18977-9(X))* Forgotten Bks.

Gaboon Stories (Classic Reprint) J. S. Preston. 2017. (ENG., Illus.). (J). 27.36 *(978-0-266-57943-4(4))* Forgotten Bks.

Gaboon Vipers. Julie Murray. 2017. (Slithering Snakes Ser.). (ENG., Illus.). 24p. (J). (gr. k-4). lib. bdg. 31.36 *(978-1-5321-2073-2(7)*, 26756, Abdo Zoom-Dash) ABDO Publishing Co.

Gabriel: A Story of Wichnor Wood (Classic Reprint) Mary Howitt. (ENG., Illus.). (J). 2018. 236p. 28.76 *(978-0-483-78888-6(0))*; 2017. pap. 11.57 *(978-0-243-16726-5(1))* Forgotten Bks.

Gabriel: How Saving One Calf Changed an Entire Community. Cheryl Moss. Illus. by Irene Blasco. 2021. 68p. (J). *(978-1-59056-672-5(6))* Lantern Publishing & Media.

Gabriel & the Hour Book. Evaleen Stein. 2019. (ENG., Illus.). 64p. (YA). pap. *(978-93-5329-494-6(0))* Alpha Editions.

Gabriel & the Hour Book (Classic Reprint) Evaleen Stein. (ENG., Illus.). (J). 2017. 28.04 *(978-0-266-50992-9(4))*; 2016. pap. 10.57 *(978-1-334-26688-1(3))* Forgotten Bks.

Gabriel & the Sock Bandit. Nekisha L. Cosey. 2023. (ENG.). 24p. (J). pap. 16.99 ***(978-1-0881-2504-5(2))*** Indy Pub.

Gabriel Beckett: The Asoran. B. L. Roberge. 2018. (ENG., Illus.). 236p. (YA). 29.95 *(978-1-64258-808-3(3))*; pap. 16.95 *(978-1-64258-934-9(9))* Christian Faith Publishing.

Gabriel Between Dog & Wolf. Janine Tougas. Illus. by Alexis Flower. 2017. (Voyage Collection). (ENG.). 178p. (J). pap. *(978-1-77222-493-1(6))* Apprentissage Illimite, Inc.

Gabriel Conroy. Bret Harte. 2017. (ENG.). 424p. (J). pap. *(978-3-337-04412-1(3))* Creation Pubs.

Gabriel Conroy: A Novel (Classic Reprint) Bret Harte. 2018. (ENG., Illus.). 546p. (J). 35.18 *(978-0-267-41721-6(7))* Forgotten Bks.

Gabriel Conroy Bohemian Papers, Stories of & for the Young, Vol. 1 of 2 (Classic Reprint) Bret Harte. 2018. (ENG., Illus.). 358p. (J). 31.30 *(978-0-364-46359-8(7))* Forgotten Bks.

Gabriel Conroy, Vol. 1 Of 3: A Novel (Classic Reprint) Bret Harte. 2018. (ENG., Illus.). 316p. (J). 30.41 *(978-0-484-55681-1(9))* Forgotten Bks.

Gabriel Conroy, Vol. 2 Of 2: Bohemian Papers, Stories of & for the Young (Classic Reprint) Bret Harte. 2017. (ENG., Illus.). (J). 31.30 *(978-0-266-20302-5(7))* Forgotten Bks.

Gabriel Conroy, Vol. 2 Of 3: A Novel (Classic Reprint) Bret Harte. 2018. (ENG., Illus.). 322p. (J). 30.56 *(978-0-267-16061-7(5))* Forgotten Bks.

Gabriel Conroy, Vol. 3 of 3 (Classic Reprint) Bret Harte. 2018. (ENG., Illus.). 300p. (J). 30.08 *(978-0-484-78650-8(4))* Forgotten Bks.

Gabriel Entre Chien et Loup. Janine Tougas. Illus. by Alexis Flower. 2017. (Collection Voyages Ser.). (FRE.). 192p. (J). (gr. 4-6). pap. *(978-1-897328-93-4(1))* Apprentissage Illimite, Inc.

Gabriel Finley & the Lord of Air & Darkness. George Hagen. 2017. 288p. (J). (gr. 4-7). 16.99 *(978-0-399-55347-9(9)*, Schwartz & Wade Bks.) Random Hse. Children's Bks.

Gabriel Finley & the Raven's Riddle. George Hagen. 2016. 384p. (J). (gr. 4-7). 8.99 *(978-0-399-55222-9(7)*, Yearling) Random Hse. Children's Bks.

Gabriel Finley & the Raven's Riddle. George Hagen. ed. 2016. (ENG.). 384p. (J). (gr. 4-7). 18.40 *(978-0-606-39345-4(5))* Turtleback.

Gabriel Forgets His Lines. Brian Krushel. Illus. by Mark Cann. 2023. (ENG.). 36p. (J). (978-1-0391-8295-0(X)); pap. (978-1-0391-8294-3(1)) FriesenPress.

Gabriel García Márquez (Gabito) Georgina Lazaro. 2022. (SPA.). 32p. (J). (gr. 4-6). pap. 11.99 (978-1-63245-988-6(4)) Lectorum Pubns., Inc.

Gabriel I Love You All Ways. Marianne Richmond. Illus. by Dubravka Kolanovic. 2023. (I Love You All Ways Ser.). (ENG.). 32p. (J). (gr. -1-3). 8.99 (978-1-7282-7360-0(9)) Sourcebooks, Inc.

Gabriel on the North Pole Express. J. D. Green. Illus. by Joanne Partis. 2022. (North Pole Express Bears Ser.). (ENG.). 32p. (J). (gr. -1-3). 7.99 (978-1-7282-6936-8(9)) Sourcebooks, Inc.

Gabriel on the North Pole Express. J. D. Green. 2019. (North Pole Express Ser.). (ENG.). 32p. (J). (gr. -1-3). 7.99 (978-1-7282-0334-8(1)) Sourcebooks, Inc.

Gabriel Santa's Secret Elf. Put Me In The Story & Katherine Sully. Illus. by Julia Seal. 2018. (Santa's Secret Elf Ser.). (ENG.). 32p. (J). (gr. k-3). 5.99 (978-1-4926-8142-7(3)) Sourcebooks, Inc.

Gabriel the Great. Lisa Monroy. 2016. (ENG.). (J). 14.95 (978-1-63177-318-1(6)) Amplify Publishing Group.

Gabriel Tolliver: A Story of Reconstruction (Classic Reprint) Joel Chandler Harris. 2018. (ENG., Illus.). 462p. (J). 33.43 (978-0-332-87323-7(4)) Forgotten Bks.

Gabriel 'Twas the Night Before Christmas. Illus. by Lisa Alderson. 2019. (Night Before Christmas Ser.). (ENG.). 32p. (J). (gr. -1-3). 7.99 (978-1-7282-0227-3(2)) Sourcebooks, Inc.

Gabriel Vane: His Fortune & His Friends (Classic Reprint) Jeremy Loud. 2018. (ENG., Illus.). 446p. (J). 33.10 (978-0-483-46137-6(7)) Forgotten Bks.

Gabriela, 1. Teresa E. Harris. ed. 2018. (American Girl Contemporary Ser.). (ENG.). 196p. (J). (gr. 3-5). 18.36 (978-1-64310-560-4(4)) Penworthy Co., LLC, The.

Gabriela: Time for Change, 3. Varian Johnson. ed. 2018. (American Girl Contemporary Ser.). (ENG.). 182p. (J). (gr. 3-5). 19.36 (978-1-64310-683-0(X)) Penworthy Co., LLC, The.

Gabriela Speaks Out, 2. Teresa E. Harris. ed. 2018. (American Girl Contemporary Ser.). (ENG.). 176p. (J). (gr. 3-5). 18.36 (978-1-64310-572-7(8)) Penworthy Co., LLC, The.

Gabriela Speaks Out. Teresa E. Harris. 2017. 176p. (J). (978-1-338-16733-7(2)) Scholastic, Inc.

Gabriella, a Anjinha. Larissa Caroline. 2019. (POR.). 36p. (J). pap. (978-0-359-41211-2(4)) Lulu Pr., Inc.

Gabriella on the North Pole Express. J. D. Green. 2019. (North Pole Express Ser.). (ENG.). 32p. (J). (gr. -1-3). 7.99 (978-1-7282-0335-5(X)) Sourcebooks, Inc.

Gabriella, the Angel. Larissa Caroline. 2019. (ENG.). 36p. (J). pap. (978-0-359-41133-7(9)) Lulu Pr., Inc.

Gabriella 'Twas the Night Before Christmas. Illus. by Lisa Alderson. 2019. (Night Before Christmas Ser.). (ENG.). 32p. (J). (gr. -1-3). 7.99 (978-1-7282-0228-0(0)) Sourcebooks, Inc.

Gabriella's Christmas Wish. Put Me In The Story & J. D. Green. Illus. by Julia Seal. 2018. (Christmas Wish Ser.). (ENG.). 32p. (J). (gr. k-3). 6.99 (978-1-4926-8520-3(8)) Sourcebooks, Inc.

Gabrielle de Bergerac (Classic Reprint) Henry James. 2017. (ENG., Illus.). (J). 27.09 (978-0-331-96707-4(3)) Forgotten Bks.

Gabrielle Stuart, or the Flower of Greenan, Vol. 1 Of 2: A Scottish Romance (Classic Reprint) Thomas Wilson Reid. (ENG., Illus.). (J). 2018. 300p. 30.08 (978-0-483-36684-8(6)); 2016. pap. 13.57 (978-1-333-43701-5(3)) Forgotten Bks.

Gabrielle Stuart, or the Flower of Greenan, Vol. 2 Of 2: A Scottish Romance (Classic Reprint) Thomas Wilson Reid. (ENG., Illus.). (J). 2018. 306p. 30.21 (978-0-332-63178-3(8)); 2016. pap. 13.57 (978-1-334-15342-6(6)) Forgotten Bks.

Gabrielle the Ballerina. Gabrielle Peammon. 2020. (ENG.). 20p. (J). pap. 12.99 (978-1-7948-3810-9(4)) Lulu Pr., Inc.

Gabrielle Transgressor (Classic Reprint) Harris Dickson. (ENG., Illus.). (J). 2018. 390p. 31.96 (978-0-365-44326-1(3)); 2017. pap. 16.57 (978-0-259-21467-0(1)) Forgotten Bks.

Gabrielle's Amazing Adventures Grandma's House: Grandma's House. Mosina Jordan. 2021. (ENG.). 26p. (J). 19.00 (978-0-578-34110-1(7)) Jordan, Mosina.

Gabrielle's Violin. Ruth E. Santiago. Illus. by Judi McInerny. 2017. (ENG.). (J). pap. 11.99 (978-1-4984-9268-3(1)) Salem Author Services.

Gabriel's Christmas Wish. Put Me In The Story & J. D. Green. Illus. by Julia Seal. 2018. (Christmas Wish Ser.). (ENG.). 32p. (J). (gr. k-3). 6.99 (978-1-4926-8327-8(2)) Sourcebooks, Inc.

Gabriel's Golden Key. Heather Spears Kallus. 2016. (ENG., Illus.). (J). 22.95 (978-1-68409-151-5(9)) Page Publishing Inc.

Gabriel's Gruelling Gourmet Odyssey. Alan Horsfield. Ed. by Rosemary Peers. Illus. by Nancy Bevington. 2018. (ENG.). 80p. (J). pap. (978-0-6480270-4-1(X)) Horsfield, Alan.

Gabriel's Horn. Rebecca Tatum Day. 2016. (ENG., Illus.). (J). pap. 14.95 (978-1-63525-160-9(5)) Christian Faith Publishing.

Gaby - Avoidance. Madeline Bell. 2018. (ENG.). 364p. (J). pap. (978-0-244-68928-5(8)) Lulu Pr., Inc.

Gaby - Fame. Madeline Bell. 2019. (ENG.). 426p. (J). pap. 31.58 (978-0-244-47318-1(8)) Wright Bks.

Gaby - Girl's on Fire. Madeline Bell. 2017. (ENG.). 322p. (J). pap. (978-0-244-90070-0(1)) Lulu Pr., Inc.

Gaby - Ontario. Madeline Bell. 2018. (ENG.). 362p. (J). pap. (978-0-244-42931-7(6)) Lulu Pr., Inc.

Gaby - Ontario Part 4. Madeline Bell. 2018. (ENG.). 118p. (J). pap. 11.57 (978-0-244-42824-2(7)) Lulu Pr., Inc.

Gaby - Seasons. Madeline Bell. 2016. (ENG., Illus.). 358p. (J). pap. (978-1-326-85138-5(1)) Lulu Pr., Inc.

Gaby - Summer Loving. Madeline Bell. 2017. (ENG.). 366p. (J). pap. (978-0-244-34961-5(4)) Lulu Pr., Inc.

Gaby - Summery. Madeline Bell. 2017. (ENG.). 330p. (J). pap. (978-1-326-93621-1(2)) Lulu Pr., Inc.

Gaby & the Big Red Firedog. Rebecca Houghton. 2021. (ENG., Illus.). 32p. (J). 24.95 (978-1-64654-714-2(4)); pap. 14.95 (978-1-64654-719-7(5)) Fulton Bks.

Gaby's Great Adventures. A. K. Chenoweth. 2017. (ENG., Illus.). 140p. (J). pap. (978-1-365-87654-7(3)) Lulu Pr., Inc.

Gaby's Latin American Kitchen: 70 Kid-Tested & Kid-Approved Recipes for Young Chefs. Gaby Melian. 2022. 208p. (J). (gr. 3-7). 22.99 (978-1-954210-26-4(4), America's Test Kitchen Kids) America's Test Kitchen.

Gaddings with a Primitive People: Being a Series of Sketches of Tyrolese Life & Customs (Classic Reprint) W. A. Baillie Grohman. (ENG., Illus.). (J). 2018. 426p. 32.70 (978-0-267-89532-8(1)); 2016. pap. 16.57 (978-1-333-59359-9(7)) Forgotten Bks.

Gadfly. J. G. Grace. 2021. (ENG.). 22p. (J). pap. 19.99 (978-1-63221-641-0(8)) Salem Author Services.

Gadget Disasters: Learning from Bad Ideas. Elizabeth Pagel-Hogan. 2020. (Fantastic Fails Ser.). (ENG., Illus.). 48p. (J). (gr. 3-5). pap. 8.95 (978-1-4966-6620-8(8), 142328); lib. bdg. 31.99 (978-1-5435-9211-5(2), 141579) Capstone.

Gadgets & Devices, Vol. 6. Contrib. by Mason Crest Publishers Staff. 2019. (Science & Technology Ser.). 48p. (J). (gr. 8). 27.93 (978-1-4222-4209-4(9)) Mason Crest.

Gadgets Galore: Digital Coloring. Jupiter Kids. 2016. (ENG., Illus.). 106p. (J). pap. 12.55 (978-1-68305-222-7(6), Jupiter Kids (Childrens & Kids Fiction)) Speedy Publishing LLC.

Gadrella. Tricia Gardella. Illus. by Bar Fabian. 2023. (ENG.). 38p. (J). 23.00 (978-1-959412-31-1(0)) Write 'em Cowgirl Publishing.

Gaea Project. Samuel Devaughn. 2021. (ENG.). 252p. (YA). pap. (978-1-387-41918-0(8)) Lulu Pr., Inc.

Gael (Classic Reprint) Edward E. Lysaght. 2017. (ENG., Illus.). (J). 31.07 (978-0-265-86318-3(X)) Forgotten Bks.

Gaff Linkum, a Tale of Talbotville. Archie P. McKishnie. 2017. (ENG., Illus.). (J). pap. (978-0-649-15769-3(9)) Trieste Publishing Pty Ltd.

Gaff Linkum a Tale of Talbotville (Classic Reprint) Archie P. McKishnie. 2018. (ENG., Illus.). 256p. (J). 29.34 (978-0-484-52117-8(9)) Forgotten Bks.

Gage Goes to Cairo. Tracilyn George. 2023. (ENG.). 26p. (J). pap. 12.99 (978-1-77475-531-0(9)) Draft2Digital.

Gage of Honour, Vol. 1 Of 3: A Tale of the Great Mutiny (Classic Reprint) Unknown Author. 2018. (ENG., Illus.). 304p. (J). 30.19 (978-0-483-20164-4(2)) Forgotten Bks.

Gage of Honour, Vol. 2 Of 3: A Tale of the Great Mutiny (Classic Reprint) Unknown Author. 2018. (ENG., Illus.). 280p. (J). 29.69 (978-0-267-17852-0(2)) Forgotten Bks.

Gage the Green Sea Turtle. Desirae Giovan. 2018. (ENG., Illus.). 30p. (J). pap. 12.95 (978-1-64214-986-9(1)) Page Publishing Inc.

Gage's First Deer Hunt. Josh Farr. Illus. by Oumayma Mhiri. 2022. (ENG.). 42p. (J). pap. 14.99 (978-1-7377642-5-0(3)) Southampton Publishing.

Gaia: First Gate. Nicholas Lee. 2020. (ENG.). 154p. (YA). pap. 15.95 (978-1-6624-0824-3(2)) Page Publishing Inc.

Gaia: Goddess of Earth. Imogen Greenberg. Illus. by Isabel Greenberg. 2022. (Tales of Great Goddesses Ser.). (ENG.). 96p. (YA). (gr. 3-7). 14.99 (978-1-4197-4861-5(0), 1708301) Abrams, Inc.

Gaia & the Golden Toad: A Tale of Climate Change. Joan Muller. 2016. (ENG.). (J). 14.95 (978-1-63177-829-2(3)) Amplify Publishing Group.

Gaia's Prophecy: The Fabulous Adventures of Kiso Maravillas, Book I. Isabel de Navasqüés. 2022. (ENG.). 260p. (YA). pap. (978-1-80016-263-1(4), Vanguard Press) Pegasus Elliot Mackenzie Pubs.

Gaieties & Gravities, Vol. 2 Of 3: A Series of Essays, Comic Tales, & Fugitive Vagaries, Now First Collected (Classic Reprint) Horace Smith. 2017. (ENG., Illus.). (J). 30.91 (978-0-266-17832-3(4)); pap. 13.57 (978-1-5276-1723-0(8)) Forgotten Bks.

Gaieties & Gravities, Vol. 3 Of 3: A Series of Essays, Comic Tales, & Fugitive Vagaries (Classic Reprint) Horace Smith. 2017. (ENG., Illus.). (J). 31.28 (978-0-266-52099-3(5)); pap. 13.97 (978-0-243-52956-8(2)) Forgotten Bks.

Gaiety Stage Door: Thirty Years' Reminiscences of the Theatre (Classic Reprint) James Jupp. (ENG., Illus.). (J). 2017. 31.94 (978-0-331-85105-2(9)); 2016. pap. 16.57 (978-1-334-14283-3(1)) Forgotten Bks.

Gail Gibbons' from Seed to Plant Workbook. Gail Gibbons. 2022. (STEAM Power Workbooks Ser.). 48p. (J). (gr. -1-3). pap. 7.99 (978-0-8234-5097-8(X)) Holiday Hse., Inc.

Gail Gibbons' Monarch Butterfly Workbook. Gail Gibbons. 2022. (STEAM Power Workbooks Ser.). 48p. (J). (gr. -1-3). pap. 7.99 (978-0-8234-5096-1(1)) Holiday Hse., Inc.

Gail Hamilton's Life in Letters, Vol. 2: Edited by H. Augusta Dodge (Classic Reprint) Mary Abigail Dodge. 2018. (ENG., Illus.). 490p. (J). 34.00 (978-0-364-30697-0(1)) Forgotten Bks.

Gaining Sight. Kurt and Krissy Hindman. 2016. (ENG., Illus.). (J). pap. 10.99 (978-0-9971588-2-3(4)) One Eyed Tiger Publishing.

Gaining Wings: When a Pet Crosses over the Rainbow Bridge. Tammy Wynn & Joel Altman. 2023. (ENG.). 38p. (J). 18.95 (978-1-64543-510-5(5), Mascot Kids) Amplify Publishing Group.

Gaither Sisters Trilogy Box Set: One Crazy Summer, P. S. Be Eleven, Gone Crazy in Alabama. Rita Williams-Garcia. 2018. (ENG.). 864p. (J). (gr. 3-7). pap. 24.97 (978-0-06-288965-2(6), Quill Tree Bks.) HarperCollins Pubs.

Gal Gadot. Martha London. 2020. (Superhero Superstars Ser.). (ENG., Illus.). 32p. (J). (gr. 2-3). pap. 9.95 (978-1-64493-444-9(2), 1644934442); lib. bdg. 31.35 (978-1-64493-368-8(3), 1644933683) North Star Editions. (Focus Readers).

Gal Gadot: A New Kind of Action Hero, 1 vol. Vanessa Oswald. 2019. (People in the News Ser.). (ENG.). 104p. (gr. 7-7). 41.03 (978-1-5345-6709-2(7), b6536ffd-36b8-4886-8c9e-dce6bed2e5c7, Lucent Pr.) Greenhaven Publishing LLC.

Gal Gadot: Soldier, Model, Wonder Woman. Jill Sherman. 2018. (Gateway Biographies Ser.). (ENG., Illus.). 48p. (J). (gr. 4-8). 31.99 (978-1-5415-2358-6(X), d2d1310c-1b61-4586-9092-c59559e4db4f, Lerner Pubns.) Lerner Publishing Group.

Gal Gadot Is Wonder Woman(r), 1 vol. Katie Kawa. 2019. (Human Behind the Hero Ser.). (ENG.). 32p. (gr. 1-2). pap. 11.50 (978-1-5382-4831-7(X), bf5a34fd-9d27-44a6-af64-ef57378327df) Stevens, Gareth Publishing LLLP.

Gala-Days (Classic Reprint) Gail Hamilton. 2018. (ENG., Illus.). 444p. (J). 33.05 (978-0-365-17331-1(2)) Forgotten Bks.

Galactic B. U. R. P. Wendy Mass & Michael Brawer. ed. 2016. (Space Taxi Ser.: 4). (J). lib. bdg. 16.00 (978-0-606-37518-4(X)) Turtleback.

Galactic Hot Dogs 1: Cosmoe's Wiener Getaway. Max Brallier. Illus. by Rachel Maguire & Nichole Kelley. (Galactic Hot Dogs Ser.: 1). (ENG.). 304p. (J). (gr. 3-7). 2020. 19.99 (978-1-5344-7797-1(7)); 2020. pap. 9.99 (978-1-5344-7796-4(9)); 2016. 14.99 (978-1-4814-8098-7(7)) Simon & Schuster Children's Publishing. (Aladdin).

Galactic Hot Dogs 2: The Wiener Strikes Back. Max Brallier. Illus. by Rachel Maguire & Nichole Kelley. (Galactic Hot Dogs Ser.: 2). (ENG.). 288p. (J). (gr. 3-7). 2020. 19.99 (978-1-5344-7800-8(0)); 2020. pap. 9.99 (978-1-5344-7799-5(3)); 2016. 13.99 (978-1-4814-2496-7(3)) Simon & Schuster Children's Publishing. (Aladdin).

Galactic Hot Dogs 3: Revenge of the Space Pirates. Max Brallier. Illus. by Rachel Maguire & Nichole Kelley. (Galactic Hot Dogs Ser.: 3). (ENG.). 320p. (J). (gr. 3-7). 2020. 19.99 (978-1-5344-7803-9(5)); 2020. pap. 9.99 (978-1-5344-7802-2(7)); 2017. 14.99 (978-1-4814-2498-1(X)) Simon & Schuster Children's Publishing. (Aladdin).

Galactic Hot Dogs Collection (Boxed Set) Cosmoe's Wiener Getaway; the Wiener Strikes Back; Revenge of the Space Pirates. Max Brallier. Illus. by Rachel Maguire & Nichole Kelley. ed. 2020. (Galactic Hot Dogs Ser.). (ENG.). 912p. (J). (gr. 3-7). pap. 29.99 (978-1-5344-7812-1(4), Aladdin) Simon & Schuster Children's Publishing.

Galactic Hot Dogs Collection (Boxed Set) Galactic Hot Dogs 1; Galactic Hot Dogs 2; Galactic Hot Dogs 3. Max Brallier. Illus. by Rachel Maguire & Nichole Kelley. ed. 2017. (Galactic Hot Dogs Ser.). (ENG.). 912p. (J). (gr. 3-7). 41.99 (978-1-4814-9802-9(9), Aladdin) Simon & Schuster Children's Publishing.

Galactic Passages: Planet 6333. Dean Vargo & Anson Vargo. 2018. (ENG., Illus.). 400p. (YA). (gr. 7-12). pap. 31.95 (978-1-64079-402-3(6)) Christian Faith Publishing.

Galactic Passages: Requisite Bandits. Dean Vargo & Anson Vargo. 2020. (ENG., Illus.). 400p. (YA). (gr. 7-12). pap. 36.95 (978-1-64299-711-8(0)) Christian Faith Publishing.

Galactic Peace Tribe. Katie Dawn. 2022. (ENG.). 72p. (J). pap. (978-1-78222-922-3(1)) Paragon Publishing, Rothersthorpe.

Galactic Space Bully. Daniel Galt. Illus. by Daniel Galt. 2017. (ENG., Illus.). (J). (gr. 2-6). pap. 9.97 (978-0-9992257-0-7(7)) GALT, DANIEL Bks., LLC.

Galactic Travel Coloring Book. Jumeaux Maison Publishing. 2023. (ENG.). 77p. (YA). pap. (978-1-4477-1483-5(0)) Lulu Pr., Inc.

Galacticab Catastrophe. Zoe Hauser. Illus. by David Hauser. 2023. (ENG.). 314p. (YA). pap. 15.00 (978-1-0880-8231-7(9)) Indy Pub.

Galagamous the Galactic Garbage Collector. Julia Irwin. 2019. (ENG.). 54p. (J). 32.95 (978-0-578-22717-7(7)) Greatful Geek Publishing.

Galahad of the Creeks, the Widow Lamport (Classic Reprint) S. Levett-Yeats. 2018. (ENG., Illus.). 302p. (J). 30.15 (978-0-483-51441-6(1)) Forgotten Bks.

Galahad School Scrap Book (1905-1918) (Classic Reprint) Wilder Penfield. 2017. (ENG., Illus.). (J). 27.94 (978-0-331-14501-4(4)); pap. 10.57 (978-0-260-13903-0(3)) Forgotten Bks.

Galahrad: A Halm's Elven Novel. M. T. Boulton. 2018. (ENG., Illus.). 736p. (J). 39.69 (978-0-244-02590-8(8)) Lulu Pr., Inc.

Galapagos. DK. 2022. (ENG., Illus.). 128p. (J). (gr. 2-4). 19.99 (978-0-7440-5972-4(0), DK Children) Dorling Kindersley Publishing, Inc.

Galápagos: Islands of Change. Leslie Bulion. Illus. by Becca Stadtlander. 2023. 48p. (J). (gr. 3-7). 18.99 (978-1-68263-496-7(5)) Peachtree Publishing Co. Inc.

Galápagos Girl/Galapagueña: A Bi-Lingual Celebration of the Galápagos Islands, 1 vol. Marsha Diane Arnold. Illus. by Angela Dominguez. 2023. (ENG.). 40p. (J). (gr. -1-3). 12.95 (978-0-89239-480-7(3), leelowcbp, Children's Book Press) Lee & Low Bks., Inc.

Galapagos Islands Research Journal. Natalie Hyde. 2018. (Ecosystems Research Journal Ser.). (Illus.). 32p. (J). (gr. 4-5). (978-0-7787-4661-4(5)) Crabtree Publishing Co.

Galapagos Penguin or Emperor Penguin (Wild World: Hot & Cold Animals) Eric Geron. 2022. (Hot & Cold Animals Ser.). (ENG.). 32p. (J). (gr. -1-1). 25.00 (978-1-338-79952-1(5)); pap. 6.99 (978-1-338-79953-8(3)) Scholastic Library Publishing. (Children's Pr.).

Galassie e Pianeti: Attività Divertenti e Pagine Da Colorare per Ragazzi e Ragazze per Imparare il Sistema Solare, Galassie e Pianeti Divertendosi. Libro Da Colorare con Astronauti, Pianeti, Galassie e Astronavi. Attività con Labirinti, Ricerca Di Parole. Happy Books For All. 2021. (ITA.). 100p. (J). pap. (978-1-008-93367-5(8)) Lulu.com.

Galatea: A Pastoral Romance (Classic Reprint) Florian Florian. (ENG., Illus.). (J). 2018. 168p. 27.36 (978-0-484-75544-3(7)); 2017. pap. 9.97 (978-0-243-40583-1(9)) Forgotten Bks.

Galatea: A Pastoral Romance; Imitated from Cervantes (Classic Reprint) Florian Florian. 2017. (ENG., Illus.). (J). 30.81 (978-0-265-71554-3(7)); pap. 13.57 (978-1-5276-7140-9(2)) Forgotten Bks.

Galateo: Or, a Treatise on Politeness & Delicacy of Manners (Classic Reprint) Giovanni Della Casa. 2018. (ENG., Illus.). 274p. (J). 29.55 (978-0-656-28566-2(4)) Forgotten Bks.

Galatians. Johanna Clark. Ed. by G. E. M. 2021. (ENG.). 186p. (J). pap. 15.95 (978-1-951883-59-1(4)) Butterfly Typeface, The.

Galatine's Curse: YA Arthurian Fantasy. T. J. Green. 2018. (Tom's Arthurian Legacy Ser.: Vol. 3). (ENG., Illus.). 274p. (YA). (gr. 9-12). pap. (978-0-473-42824-2(5)) Rare Design Ltd.

Galax, 1906 (Classic Reprint) Davenport College. (ENG., Illus.). (J). 2018. 82p. 25.61 (978-0-365-16245-2(0)); 2016. pap. 9.57 (978-1-334-16744-7(3)) Forgotten Bks.

Galax, 1907 (Classic Reprint) Lenoir Davenport College. (ENG., Illus.). (J). 2017. 25.98 (978-0-266-42494-9(5)); 2016. pap. 9.57 (978-1-333-84477-6(8)) Forgotten Bks.

Galax, 1908 (Classic Reprint) Davenport College. (ENG., Illus.). (J). 2018. 148p. 26.95 (978-0-267-78407-3(4)); 2016. pap. 9.57 (978-1-334-29350-4(3)) Forgotten Bks.

Galax, 1909, Vol. 4 (Classic Reprint) Davenport College. (ENG., Illus.). (J). 2018. 130p. 26.60 (978-0-332-12801-6(6)); 2016. pap. 9.57 (978-1-334-16238-1(7)) Forgotten Bks.

Galax, 1911, Vol. 6 (Classic Reprint) Davenport College. 2018. (ENG., Illus.). 140p. (J). 26.80 (978-0-267-26844-3(0)) Forgotten Bks.

Galax, 1912 (Classic Reprint) Davenport College. (ENG., Illus.). (J). 2018. 126p. 26.50 (978-0-365-22755-7(2)); 2017. pap. 9.57 (978-0-259-96710-1(6)) Forgotten Bks.

Galax, 1913, Vol. 8 (Classic Reprint) Davenport College. (ENG., Illus.). (J). 2018. 130p. 26.58 (978-0-656-09172-0(X)); 2016. pap. 9.57 (978-1-334-16227-5(1)) Forgotten Bks.

Galax, Vol. 5 (Classic Reprint) Senior Class of Davenport College. 2018. (ENG., Illus.). 136p. (J). 26.72 (978-0-484-17147-2(X)) Forgotten Bks.

Galaxia & Her Quest to Save the Universe Chapter 1: #thebeginning (8+) C. Watts. 2017. (Muchokids Ser.: Vol. 1). (ENG., Illus.). 80p. (J). pap. (978-1-912346-16-5(8)) Muchokids Ltd.

Galaxia & Her Quest to Save the Universe Chapter 1: #thebeginning (Picture Book) Clark Watts. 2017. (Muchokids Picture Bks.: Vol. 1). (ENG., Illus.). 40p. (J). pap. (978-1-912346-00-4(1)) Muchokids Ltd.

Galaxias y Planetas: Actividades Divertidas y Páginas de Colorear para niños y niñas para Aprender el Sistema Solar, Las Galaxias y Los Planetas Mientras Se Divierten. Libro de Colorear con Astronautas, Planetas, Galaxias y Naves Espaciales. Actividades C. Happy Books For All. 2021. (SPA.). 100p. (J). pap. (978-1-008-93371-2(6)) Lulu.com.

Galaxien und Planeten Färbung und Aktivität Buch Für Kinder: Spaß Galaxien und Planeten Aktivitäten und Färbung Seiten Für Jungen und Mädchen. Große Färbung und Aktivität Buch Für Kinder Mit Astronauten, Planeten, Raumschiffe, Weltraum, Wortsuche, Labyri. Happy Books For All. 2021. (GER.). 100p. (J). pap. (978-1-008-93369-9(4)) Lulu.com.

Galaxies. Heather C. Hudak. 2016. (Exploring Our Universe Ser.). (ENG., Illus.). 32p. (J). (gr. 3-6). lib. bdg. 32.79 (978-1-68078-404-6(8), 23667, Checkerboard Library) ABDO Publishing Co.

Galaxies. Betsy Rathburn. 2018. (Space Science Ser.). (ENG., Illus.). 24p. (J). (gr. 3-7). lib. bdg. 26.95 (978-1-62617-859-5(3), Torque Bks.) Bellwether Media.

Galaxies, 1 vol. Bert Wilberforce. 2020. (Look at Space Science Ser.). (ENG.). 32p. (gr. 2-2). pap. 11.50 (978-1-5382-5934-4(6), fd87dd6d-06f0-467b-a922-ee55e6e54931) Stevens, Gareth Publishing LLLP.

Galaxies: Children's Aeronautics & Space Book. Bold Kids. 2022. (ENG.). 38p. (J). pap. 15.99 (978-1-0717-0986-3(0)) FASTLANE LLC.

Galaxies a Few Educational Facts 3rd Grade Children's Space Book. Bold Kids. 2023. (ENG.). 42p. (J). pap. 14.99 (978-1-0717-1640-3(9)) FASTLANE LLC.

Galaxies & Planets Coloring & Activity Book for Kids: Fun Galaxies & Planets Activities & Coloring Pages for Boys & Girls. Great Coloring & Activity Book for Kids with Astronauts, Planets, Space Ships, Outer Space, Word Search, Mazes & Much More! Happy Books For All. 2021. (ENG.). 102p. (J). pap. (978-1-008-93372-9(4)) Lulu.com.

Galaxies & Stars, 1 vol. Nancy Dickmann. 2018. (Space Facts & Figures Ser.). (ENG., Illus.). 32p. (J). (gr. 2-3). 28.93 (978-1-5081-9514-6(5), d05058bb-c1c9-47ec-a14c-db25f4b66051, Windmill Bks.) Rosen Publishing Group, Inc., The.

Galaxies & What We Know about Them! Space Science for Kids - Children's Astrophysics & Space Science Books. Professor Gusto. 2016. (ENG., Illus.). (J). pap. 10.81 (978-1-68321-969-9(4)) Mimaxion.

Galaxies et Planètes: Livre d'activités et de Coloriage Pour les Enfants: Activités Amusantes et Pages À Colorier Pour les Garçons et les Filles Afin d'apprendre le Système Solaire, les Galaxies et les Planètes Tout en S'amusant. Livre de Coloriage Avec A. Happy Books For All. 2021. (FRE.). 100p. (J). pap. (978-1-008-93365-1(1)) Lulu.com.

Galaxies, Galaxies! Gail Gibbons. ed. 2019. (ENG.). 32p. (J). (gr. 2-3). 19.96 (978-1-64310-856-8(5)) Penworthy Co., LLC, The.

Galaxies, Galaxies! (New & Updated Edition) Gail Gibbons. 2nd rev. ed. 2018. (ENG., Illus.). 32p. (J). (gr. -1-3). 7.99 (978-0-8234-3965-2(8)); 17.99 (978-0-8234-3964-5(X)) Holiday Hse., Inc.

Galaxies in Mars. Venus Zohreh Golkari. 2023. (Galaxies Ser.: Vol. 1). (ENG.). 30p. (J). (978-1-990760-94-5(5)); pap. (978-1-990760-92-1(9)) KidsOcado.

Galaxy. Anthony K. Hewson. 2021. (Inside MLS Ser.). (ENG., Illus.). 48p. (J). (gr. 3-6). lib. bdg. 34.21 (978-1-5321-9258-6(4), 35125, SportsZone) ABDO Publishing Co.

Galaxy. Anthony K. Hewson. 2021. (Inside MLS Ser.). (ENG., Illus.). 48p. (J). (gr. 4-4). pap. 11.95 (978-1-64494-566-7(5), SportsZone) ABDO Publishing Co.

Galaxy. Alison Milford. 2016. (Rising Stars Reading Planet Ser.). (ENG.). 80p. (J). pap. (978-1-4718-8794-9(4)) Hodder Education Group.

728 The check digit for ISBN-10 appears in parentheses after the full ISBN-13

Galaxy. Jim Whiting. 2018. (Soccer Champions Ser.). (ENG.). 48p. (J). (gr. 3-6). pap. 12.00 *(978-1-62832-607-9(7),* 19973, Creative Paperbacks) Creative Co., The.

Galaxy. Jim Whiting. 2018. (Soccer Champions Ser.). (ENG.). 48p. (J). (gr. 3-6). *(978-1-60818-980-9(5),* 19968, Creative Education) Creative Co., The.

Galaxy: Soccer Champions. Jeff Savage. 2018. (Champion Soccer Clubs Ser.). (ENG., Illus.). 32p. (J). (gr. 2-5). 27.99 *(978-1-5415-1989-3(2),* 5f8e2819-fc5f-4e53-81b7-a371f4e76728, Lerner Pubns.) Lerner Publishing Group.

Galaxy - the Prettiest Star. Jadzia Axelrod. Illus. by Jess Taylor. 2022. 208p. (YA). (gr. 8-12). pap. 16.99 *(978-1-4012-9853-1(2))* DC Comics.

Galaxy 101: A Science Fiction Novel. Mike Gertken. 2020. (ENG.). 248p. (YA). pap. 15.95 *(978-1-64544-767-2(7))* Page Publishing Inc.

Galaxy for Everyone (Star Wars) Golden Books. Illus. by Golden Books. 2021. (Little Golden Book Ser.). (ENG., Illus.). 24p. (J). (-k). 5.99 *(978-0-7364-4153-7(0),* Golden Bks.) Random Hse. Children's Bks.

Galaxy Gang. Grace Davalle. Illus. by Grace Davalle. 2020. (ENG.). 360p. (J). pap. 14.85 ***(978-0-578-78405-2(X))*** DaValle, Grace.

Galaxy Guide to Running My Rocket. Bella Martini & Tash Rubie. 2021. (ENG.). 66p. (J). pap. *(978-0-6452057-4-9(5))* Ready Rocket Resources.

Galaxy Guide to Running My Rocket: The Charging Challenges. Ready Rocket Resources. 2021. (ENG.). 98p. (J). pap. *(978-0-6452057-5-6(3))* Ready Rocket Resources.

Galaxy Jump. S. E. Shellcliffe. 2018. (ENG.). 98p. (J). pap. 7.99 *(978-1-0878-5057-3(6))* Alban Lake Publishing.

Galaxy of Creatures. Kristin Baver. ed. 2022. (World of Reading Ser.). (ENG.). 32p. (J). (gr. 2-3). 16.46 ***(978-1-68505-227-0(4))*** Penworthy Co., LLC, The.

Galaxy of Sea Stars. Jeanne Zulick Ferruolo. 2021. (ENG.). 352p. (J). pap. 8.99 *(978-1-250-76326-6(6),* 900188404) Square Fish.

Galaxy of Wit, or Laughing Philosopher, Vol. 1 Of 2: Being a Collection of Choice Anecdotes, Many of Which Originated in or about the Literary Emporium (Classic Reprint) Unknown Author. (ENG., Illus.). (J). 2018. 458p. 33.36 *(978-0-483-76127-8(3));* 2017. pap. 16.57 *(978-0-243-07422-8(0))* Forgotten Bks.

Galaxy, Vol. 1: An Illustrated Magazine of Entertaining Reading; May 1, 1866, to August 15, 1866 (Classic Reprint) Unknown Author. (ENG., Illus.). (J). 2017. 40.15 *(978-0-265-42838-2(6));* 2016. pap. 23.57 *(978-1-334-16408-8(9))* Forgotten Bks.

Galaxy, Vol. 12: An Illustrated Magazine of Entertaining Reading; July, 1871, to January, 1872 (Classic Reprint) Unknown Author. 2017. (ENG., Illus.). (J). 42.67 *(978-0-266-73351-5(4));* pap. 25.01 *(978-1-5276-9615-0(4))* Forgotten Bks.

Galaxy, Vol. 2: September 1, 1866, to December 15, 1866 (Classic Reprint) Unknown Author. (ENG., Illus.). (J). 2018. 790p. 40.19 *(978-0-483-56276-9(9));* 2016. pap. 23.57 *(978-1-334-16209-1(3))* Forgotten Bks.

Galaxy, Vol. 3: An Illustrated Magazine of Entertaining Reading; January 1, to April 15, 1867 (Classic Reprint) Unknown Author. 2017. (ENG., Illus.). (J). 43.33 *(978-0-265-51747-5(8));* pap. 25.63 *(978-1-334-89914-0(2))* Forgotten Bks.

Galaxy, Vol. 5: An Illustrated Magazine of Entertaining Reading; January 1, 1868, to July 1, 1868 (Classic Reprint) Unknown Author. (ENG., Illus.). (J). 2018. 834p. 41.12 *(978-0-483-48864-9(X));* 2017. pap. 23.57 *(978-0-243-00762-2(0))* Forgotten Bks.

Galaxy, Vol. 6: An Illustrated Magazine of Entertaining Reading; July 1, 1868, to January 1, 1869 (Classic Reprint) Unknown Author. (ENG., Illus.). (J). 2018. 902p. 42.50 *(978-0-484-27033-5(8));* 2017. pap. 24.84 *(978-1-334-91733-2(7))* Forgotten Bks.

Galaxy, Vol. 7: An Illustrated Magazine of Entertaining Reading; January, 1869, to July, 1869 (Classic Reprint) Unknown Author. 2017. (ENG., Illus.). (J). 948p. 43.45 *(978-0-484-21020-1(3));* pap. 25.79 *(978-0-243-38846-2(2))* Forgotten Bks.

Galaxy Zack Collection #2 (Boxed Set) Three's a Crowd!; a Green Christmas!; a Galactic Easter!; Drake Makes a Splash! Ray O'Ryan. Illus. by Colin Jack. ed. 2022. (Galaxy Zack Ser.). (ENG.). 512p. (J). (gr. k-4). pap. 23.99 *(978-1-6659-0500-8(X),* Little Simon) Little Simon.

Galaxy Zack Ten-Book Collection (Boxed Set) Hello, Nebulon!; Journey to Juno; the Prehistoric Planet; Monsters in Space!; Three's a Crowd!; a Green Christmas!; a Galactic Easter!; Drake Makes a Spash!; the Annoying Crush; Return to Earth! Ray O'Ryan. Illus. by Colin Jack & Jason Kraft. ed. 2021. (Galaxy Zack Ser.). (ENG.). 1280p. (J). (gr. k-4). pap. 59.99 *(978-1-6659-0242-7(6),* Little Simon) Little Simon.

GalaxyNet: The Eighth Zak Steepleman Novel. Dave Bakers. 2020. (Zak Steepleman Ser.: Vol. 8). (ENG.). 316p. (J). pap. *(978-1-78532-074-3(2))* DIB Bks.

Galaxy's Most Wanted #2: into the Dorkness. John Kloepfer. Illus. by Nick Edwards. 2016. (Galaxy's Most Wanted Ser.: 2). (ENG.). 272p. (J). (gr. 3-7). pap. 6.99 *(978-0-06-223109-3(X),* HarperCollins) HarperCollins Pubs.

Gale the Goat: A Cyan Cove Hypnotic Sleep Story. Kylie Herda. Illus. by Ana Rankovic. 2019. (Cyan Cove Ser.: Vol. 1). (ENG.). 36p. (J). pap. *(978-0-6484840-0-4(9))* Nexus Hypnotherapy.

Galendor the Five Mugical Items: (Book Two of the Galendor Trilogy) W. Eric Myers. 2nd ed. 2019. (Galendor Trilogy Ser.: Vol. 2). (ENG.). 356p. (YA). (gr. 7-10). pap. 16.99 *(978-1-942922-52-0(3))* Wee Creek Pr. LLC.

Galendor the Middle of Next Week (Book Three of the Galendor Trilogy) W. Eric Myers. 2019. (Galendor Trilogy the Middle of Next Week Ser.: Vol. 3). (ENG.). 388p. (YA). (gr. 7-10). pap. 18.99 *(978-1-942922-47-6(7))* Wee Creek Pr. LLC.

Galendor Ye Dude from Yonder Forest: (Book One of the Galendor Trilogy) W. Eric Myers. 2nd ed. 2019. (Galendor Trilogy Ser.: Vol. 1). (ENG.). 364p. (YA). (gr. 7-10). pap. 16.99 *(978-1-942922-49-0(3))* Wee Creek Pr. LLC.

Galesburg's Mighty Horse Market: Leroy Marsh Sales Barn, 1877-1920, and, Memories of a Horseman (Classic Reprint) Cornelia Thompson. (ENG., Illus.). (J). 2018. 46p. 24.87 *(978-0-666-21780-6(7));* 2017. pap. 9.57 *(978-0-259-82209-7(4))* Forgotten Bks.

Galhadria. Jan-Andrew Henderson. 2022. (ENG.). 582p. (YA). pap. *(978-0-6452722-9-1(9))* Black Hart Entertainment.

Galileo, Vol. 11. Mary Steffanelli. 2018. (Scientists & Their Discoveries Ser.). (Illus.). 96p. (J). (gr. 7). lib. bdg. 34.60 *(978-1-4222-4029-8(0))* Mason Crest.

Galileo & the Magic Numbers. Sidney Rosen. 2021. (ENG.). 212p. (YA). (gr. 7-12). pap. 19.99 *(978-1-5040-6887-1(4))* Open Road Integrated Media, Inc.

Galileo Galilei, 1 vol. Corona Brezina. 2017. (Leaders of the Scientific Revolution Ser.). (ENG., Illus.). 112p. (J). (gr. 8-8). 38.80 *(978-1-5081-7468-4(7),* ca95b1f4-3867-438d-95c3-243ae8c0d1f3, Rosen Young Adult) Rosen Publishing Group, Inc., The.

Galileo Galilei: Leveled Reader Card Book 26 Level Y. Hmh Hmh. 2019. (ENG.). (J). pap. 14.13 *(978-0-358-16185-1(1))* Houghton Mifflin Harcourt Publishing Co.

Galileo Galilei: Leveled Reader Card Book 26 Level y 6 Pack. Hmh Hmh. 2021. (J). (ENG.). pap. 69.33 *(978-0-358-18836-0(9));* (SPA.). pap. 74.40 *(978-0-358-27293-9(9))* Houghton Mifflin Harcourt Publishing Co.

Galileo, Jupiter's Moons, & the Telescope, 1 vol. Eileen S. Coates. 2018. (STEM Milestones: Historic Inventions & Discoveries Ser.). (ENG.). 24p. (J). (gr. 3-3). 25.27 *(978-1-5383-4357-9(6),* db41cac0-ded3-470c-9ed4-ffe42e79d84a, PowerKids Pr.) Rosen Publishing Group, Inc., The.

Galileo, Michelangelo & Da Vinci: Invention & Discovery in the Time of the Renaissance. Baby Professor. 2017. (ENG., Illus.). (J). pap. 7.89 *(978-1-68368-056-7(1),* Baby Professor (Education Kids)) Speedy Publishing LLC.

Galjoen's Tale: An African Fish's Fate. Faizaan Gani. 2016. (ENG., Illus.). (J). pap. 22.99 *(978-1-4828-7662-8(0))* Partridge Pub.

Gallant. V. E. Schwab. (YA). 2023. (ENG.). 352p. (gr. 8). pap. 15.99 *(978-0-06-283578-9(5));* 2022. (ENG.). 352p. (gr. 8). 18.99 *(978-0-06-283577-2(7));* 2022. 338p. ***(978-0-06-323025-5(9));*** 2022. 338p. ***(978-0-06-323918-0(3));*** 2022. 338p. ***(978-0-06-325382-7(8))*** HarperCollins Pubs. (Greenwillow Bks.).

Gallant: The Call of the Trail. Claire Eckard. Illus. by Phylicia Mann. 2021. (ENG.). 300p. (YA). pap. 17.99 *(978-1-6628-2614-6(1))* Salem Author Services.

Gallant Cassian: A Puppet-Play in One Act (Classic Reprint) Arthur Schnitzler. (ENG., Illus.). (J). 2018. 48p. 24.91 *(978-0-484-85601-0(4));* 2016. pap. 9.57 *(978-1-333-43910-1(5))* Forgotten Bks.

Gallant Graham: A Romance (Classic Reprint) May Wynne. (ENG., Illus.). (J). 2018. 334p. 30.79 *(978-0-364-00990-1(X));* 2017. pap. 13.57 *(978-0-243-50711-5(9))* Forgotten Bks.

Gallant Tom, or the Perils of the Ocean: An Interesting Sea-Tale (Classic Reprint) Justin Jones. 2018. (ENG., Illus.). 114p. (J). 26.25 *(978-0-267-39585-9(X))* Forgotten Bks.

Gallegher. Richard Harding Davis & William Randolph Hearst. 2017. (ENG.). 258p. (J). pap. *(978-3-7447-4784-4(0))* Creation Pubs.

Gallegher: And Other Stories (Classic Reprint) Richard Harding Davis. 2017. (ENG., Illus.). (J). 29.18 *(978-0-260-62013-2(0))* Forgotten Bks.

Gallegher, & Other Stories (Classic Reprint) Richard Harding Davis. 2018. (ENG., Illus.). 326p. (J). 30.62 *(978-0-483-41320-7(8))* Forgotten Bks.

Galleon Treasure (Classic Reprint) Percy K. Fitzhugh. 2017. (ENG., Illus.). (J). 29.88 *(978-1-5279-4597-5(9))* Forgotten Bks.

Gallery. Laura Marx Fitzgerald. ed. 2017. lib. bdg. 18.40 *(978-0-606-40088-6(5))* Turtleback.

Gallery of Comicalities: Embracing Humorous Sketches (Classic Reprint) Robert Cruikshank. 2018. (ENG., Illus.). 304p. (J). 30.19 *(978-0-483-88081-8(7))* Forgotten Bks.

Gallery of Mothers. J. S. Latshaw. 2020. (Brathius Legacy Ser.: Vol. 2). (ENG.). 550p. (J). 34.99 *(978-0-578-76426-9(1))* Fernweh Bks.

Gallery of the Infinite. Richard Evan Schwartz. 2016. (ENG., Illus.). 187p. pap. 29.00 *(978-1-4704-2557-9(2),* P508593) American Mathematical Society.

Gallery of Unfinished Girls. Lauren Karcz. 2017. (ENG.). 352p. (YA). (gr. 8). 17.99 *(978-0-06-246777-5(8),* HarperTeen) HarperCollins Pubs.

Gallery of Wonders. Marc Remus. 2016. (ENG., Illus.). (J). pap. *(978-3-00-051930-7(0))* Remus, Marc.

Galletas de Ramadán. Marzieh A. Ali. Illus. by Lala Stellune. 2023. (Nadia & Nadir (Spanish Version) Ser.). (SPA.). 32p. (J). (gr. -1-3). lib. bdg. 32.79 ***(978-1-0982-3749-3(8),*** 42813, Calico Chapter Bks) Magic Wagon.

Galletita. Margaret Hillert. Illus. by Steven James Petruccio. 2018. (Beginning-To-Read Ser.).Tr. of Little Cookie. (SPA.). 32p. (J). (gr. k-2). pap. 13.26 *(978-1-68404-238-8(0))* Norwood Hse. Pr.

Galletita. Margaret Hillert. Illus. by Jack Pullan & Steven James Petruccio. 2017. (BeginningtoRead Ser.).Tr. of Little Cookie. (ENG & SPA.). 32p. (J). (-2). 22.60 *(978-1-59953-845-7(8));* pap. 11.94 *(978-1-68404-044-5(2))* Norwood Hse. Pr.

Galletita. Margaret Hillert et al. Illus. by Steven Petruccio. 2018. (BeginningRead Ser.).Tr. of Little Cookie. (SPA.). 32p. (J). (gr. -1-2). lib. bdg. 22.60 *(978-1-59953-954-6(3))* Norwood Hse. Pr.

Gallia (Classic Reprint) Ménie Muriel Dowie. 2017. (ENG., Illus.). (J). 30.54 *(978-1-5284-4018-9(8))* Forgotten Bks.

Gallic Girl: Le Manage de Chiffon (Classic Reprint) Gyp Gyp. 2018. (ENG., Illus.). 284p. (J). 29.75 *(978-0-483-88090-0(6))* Forgotten Bks.

Galliger: A High School Comedy in Three Acts, with a Prologue (Classic Reprint) Rea Woodman. 2018. (ENG., Illus.). 56p. (J). 25.05 *(978-0-484-43342-6(3))* Forgotten Bks.

Gallina de Los Huevos de Oro. Jean de la Fontaine. 2021. (SPA.). 16p. (J). (gr. -1-k). pap. 1.95 *(978-607-21-1093-9(2))* Larousse, Ediciones, S. A. de C. V. MEX. Dist: Independent Pubs. Group.

Gallina de Los Huevos de Oro. Illus. by Margarita Ruiz. 2020. (Troquelados Clásicos Ser.). (SPA.). 16p. (J). (gr. -1-k). pap. 3.95 *(978-84-9825-401-3(9))* Combel Editorial, S.A. ESP. Dist: Independent Pubs. Group.

Gallinaceous Game Birds of North America, Daniel Giraud Elliot. 2017. (ENG.). 316p. (J). pap. *(978-3-337-28912-6(6))* Creation Pubs.

Gallinaceous Game Birds of North America: Including the Partridges, Grouse, Ptarmigan, & Wild Turkeys; with Accounts of Their Dispersion, Habits, Nesting, etc;, & Full Descriptions of the Plumage of Both Adult & Young, Together with Their Popula. Daniel Giraud Elliot. 2017. (ENG., Illus.). 314p. (J). 30.39 *(978-0-484-07593-0(4))* Forgotten Bks.

Gallinas see Gallinas (Chickens) Bilingual

Gallinas. Amy Culliford. Tr. by Pablo de la Vega. 2021. (Animales de Granja Amistosos (Farm Animal Friends) Ser.). (SPA., Illus.). 16p. (J). (gr. -1-1). pap. *(978-1-4271-3279-6(8),* 13906) Crabtree Publishing Co.

Gallinas (Chickens) Bilingual. Amy Culliford. 2022. (Animales de Granja Amistosos (Farm Animal Friends) Bilingual Ser.).Tr. of Gallinas. (SPA.). 16p. (J). (gr. -1-1). pap. *(978-1-0396-2443-6(X),* 19226) Crabtree Publishing Co.

Gallipoli Memories (Classic Reprint) Compton Mackenzie. 2017. (ENG., Illus.). (J). 32.37 *(978-0-331-48387-1(4));* pap. 16.57 *(978-0-260-84307-4(5))* Forgotten Bks.

Gallo Sale a Ver el Mundo (Rooster's off to See the World) Eric Carle. Illus. by Eric Carle. 2018. (World of Eric Carle Ser.). (SPA., Illus.). 32p. (J). (gr. k-3). 8.99 *(978-1-5344-2447-0(4),* Libros Para Ninos) Libros Para Ninos.

Galloglass. Scarlett Thomas. 2019. (Worldquake Ser.: 3). (ENG., Illus.). 432p. (J). (gr. 4-7). 17.99 *(978-1-4814-9790-9(1),* Simon & Schuster Bks. For Young Readers) Simon & Schuster Bks. For Young Readers.

Gallop! 100 Fun Facts about Horses. Kitson Jazynka. ed. 2020. (National Geographic Readers Ser.). (ENG.). 48p. (J). (gr. 2-3). 14.96 *(978-1-64697-284-5(8))* Penworthy Co., LLC, The.

Galloper: A Play in Three Acts (Classic Reprint) Richard Harding Davis. 2017. (ENG., Illus.). 180p. (J). 27.61 *(978-0-332-93457-0(8))* Forgotten Bks.

Galloping Away: A Novel of Misadventure by the Characters. Lf Johnson. 2018. (ENG., Illus.). 348p. (YA). pap. *(978-1-4602-3621-5(1))* FriesenPress.

Gallops 2 (Classic Reprint) David Gray. 2018. (ENG., Illus.). 274p. (J). 29.55 *(978-0-365-43299-9(7))* Forgotten Bks.

Gallops & Gossips in the Bush of Australia: Or, Passage in the Life of Alfred Barnard (Classic Reprint) Samuel Sidney. (ENG., Illus.). (J). 2018. 270p. 29.47 *(978-0-365-40526-9(4));* 2017. pap. 11.97 *(978-1-5276-7680-0(3))* Forgotten Bks.

Gallops (Classic Reprint) David Gray. 2017. (ENG., Illus.). (J). 28.93 *(978-0-260-60454-5(2))* Forgotten Bks.

Gallops I (Classic Reprint) David Gray. 2018. (ENG., Illus.). 502p. (J). 34.27 *(978-0-483-66522-4(3))* Forgotten Bks.

Galloway Gossip Sixty Years Ago: Being a Series of Articles Illustrative of the Manners, Customs, & Peculiarities of the Aboriginal Picts of Galloway (Classic Reprint) Robert de Bruce Trotter. (ENG., Illus.). (J). 2018. 400p. 32.15 *(978-0-332-84580-7(X));* 2017. pap. 16.57 *(978-0-259-42775-9(6))* Forgotten Bks.

Galloway Herd (Classic Reprint) Samuel Rutherford Crockett. 2018. (ENG., Illus.). 302p. (J). 30.13 *(978-0-483-57641-4(7))* Forgotten Bks.

Gallowgate. K. R. Alexander. 2023. (ENG.). 352p. (J). (gr. 4-7). 18.99 *(978-1-338-80648-9(3,* Scholastic Pr.) Scholastic, Inc.

Gallowglass: Or Life in the Land of the Priests (Classic Reprint) Michael John Fitzgerald McCarthy. 2017. (ENG., Illus.). (J). 578p. 35.82 *(978-0-484-04495-0(8));* pap. 19.57 *(978-1-5276-8226-9(9))* Forgotten Bks.

Gallowglass, or Life in the Land of the Priests (Classic Reprint) Michael John Fitzgerald McCarthy. 2017. (ENG., Illus.). (J). 35.28 *(978-0-266-72094-2(3));* pap. 19.57 *(978-1-5276-8011-1(8))* Forgotten Bks.

Gallows Point: A Jack Rackham Adventure. David N. Ebright. 2018. (ENG., Illus.). 280p. (YA). pap. 12.95 *(978-1-7322277-0-5(5));* (Jack Rackham Adventures Ser.: Vol. 3). (gr. 7-12). 18.95 *(978-1-7322277-2-9(1))* Ebright, David.

Gallup's Guide to Modern Gay, Lesbian, & Transgender Lifestyle, 15 vols., Set. Incl. Being Gay, Staying Healthy. Jaime Seba. 64p. pap. 9.95 *(978-1-4222-1864-8(3));* Gay & Lesbian Role Models. Jaime A. Seba. 64p. pap. 9.95 *(978-1-4222-1867-9(8));* Gay Believers: Homosexuality & Religion. Emily Sanna. 64p. pap. 9.95 *(978-1-4222-1868-6(6));* Gay Characters in Theatre, Movies, & Television: New Roles, New Attitudes. Jaime Seba. 64p. pap. 9.95 *(978-1-4222-2013-9(3));* Gay Issues & Politics: Marriage, the Military, & Work Place Discrimination. Jaime A. Seba. 64p. pap. 9.95 *(978-1-4222-1869-3(4));* Gay People of Color: Facing Prejudices, Forging Identities. Jaime Seba. 64p. pap. 9.95 *(978-1-4222-1877-8(5));* Gays & Mental Health: Fighting Depression, Saying No to Suicide. Jaime Seba. 64p. pap. 9.95 *(978-1-4222-1870-9(8));* Homophobia: From Social Stigma to Hate Crimes. Jamie Hunt. 64p. pap. 9.95 *(978-1-4222-1871-6(6));* Homosexuality Around the World: Safe Havens, Cultural Challenges. Jaime Seba. 64p. pap. 9.95 *(978-1-4222-1872-3(4));* New Generation of Homosexuality: Modern Trends in Gay & Lesbian Communities. Bill Palmer. 64p. pap. 9.95 *(978-1-4222-1873-0(2));* Smashing the Stereotypes: What Does It Mean to Be Gay, Lesbian, Bisexual, or Transgender? Jaime A. Seba. 64p. pap. 9.95 *(978-1-4222-1874-7(0));* Statistical Timeline & Overview of Gay Life. Zachary Chastain. 96p. pap. 9.95 *(978-1-4222-1875-4(9));* What Causes Sexual Orientation? Genetics, Biology, Psychology. Bill Palmer. 64p. pap. 9.95 *(978-1-4222-1876-1(7));* (YA). (gr. 7-18). 2009. (Illus.). 64p. 2011. Set pap. 149.25 *(978-1-4222-1863-1(5),* 1317845); Set lib. bdg. 344.25 *(978-1-4222-1758-0(2),* 1317845) Mason Crest.

Gal's Gossip (Classic Reprint) Arthur M. Binstead. 2018. (ENG., Illus.). 196p. (J). 27.92 *(978-0-484-37648-8(9))* Forgotten Bks.

Gals They Left Behind (Classic Reprint) Margaret Shea. 2018. (ENG., Illus.). 124p. (J). 26.45 *(978-0-332-21491-7(5))* Forgotten Bks.

Galusha the Magnificent: A Novel (Classic Reprint) Joseph C. Lincoln. 2017. (ENG., Illus.). (J). 32.56 *(978-1-5281-5233-4(6))* Forgotten Bks.

Galveston Hurricane Of 1900. Contrib. by Julie Murray. 2023. (Historical Disasters Ser.). (ENG.). 24p. (J). (gr. k-4). lib. bdg. 31.36 ***(978-1-0982-8122-9(5),*** 42341, Abdo Zoom-Dash) ABDO Publishing Co.

Galway: The Irish Cob Cow Horse. Jean Heidker. 2021. (ENG.). 44p. (J). pap. 12.75 *(978-1-0983-4467-2(7))* BookBaby.

Gamayun Tales I: An Anthology of Modern Russian Folk Tales (Volume I) Alexander Utkin. 2020. (Gamayun Tales Ser.: 1). (ENG., Illus.). 184p. (J). (gr. 5-9). pap. 19.95 *(978-1-910620-67-0(X))* Nobrow Ltd. GBR. Dist: Penguin Random Hse. LLC.

Gamayun Tales II: An Anthology of Modern Russian Folk Tales (Volume II) Alexander Utkin. 2021. (Gamayun Tales Ser.: 2). (ENG., Illus.). 172p. (J). (gr. 5-9). pap. 19.95 *(978-1-910620-70-0(X))* Nobrow Ltd. GBR. Dist: Penguin Random Hse. LLC.

Gamble Gold (Classic Reprint) Edward Abbott Parry. (ENG., Illus.). (J). 2018. 256p. 29.18 *(978-0-483-36478-3(9));* 2017. pap. 11.57 *(978-0-243-88361-5(7))* Forgotten Bks.

Gamble with Fate. Raphiel Diederich. 2022. (Unwanted Unexpected Story Ser.). (ENG., Illus.). 342p. (YA). pap. 15.95 *(978-1-63885-472-2(6))* Covenant Bks.

Gambler: A Story of Chicago Life (Classic Reprint) Franc B. Wilkie. 2018. (ENG., Illus.). 332p. (J). 30.74 *(978-0-483-80967-3(5))* Forgotten Bks.

Gambler, & Other Stories (Classic Reprint) Fyodor Dostoevsky. 2017. (ENG., Illus.). (J). 30.66 *(978-0-331-94002-2(7))* Forgotten Bks.

Gambler, or the Policeman's Story (Classic Reprint) Charles Burdett. 2018. (ENG., Illus.). 182p. (J). 27.67 *(978-0-484-69931-0(8))* Forgotten Bks.

Gamblers: A Story of to-Day (Classic Reprint) Charles Klein. (ENG., Illus.). (J). 2018. 354p. 31.20 *(978-0-267-34751-3(0));* 2016. pap. 13.57 *(978-1-333-71409-3(2))* Forgotten Bks.

Gamble's Vaudeville Journal: A Book of Clever Vaudeville Material; Sketches, Acts, Monologues & Parodies (Classic Reprint) E. L. Gamble. (ENG., Illus.). (J). 2017. 24.33 *(978-0-260-13638-1(7));* 2016. pap. 7.97 *(978-1-333-35736-8(2))* Forgotten Bks.

Gambles with Destiny. George Griffith. 2017. (ENG., Illus.). (J). pap. *(978-0-649-14573-7(9))* Trieste Publishing Pty Ltd.

Gambolling with Galatea: A Bucolic Romance (Classic Reprint) Curtis Dunham. 2018. (ENG., Illus.). 216p. (J). 28.35 *(978-0-666-94411-5(3))* Forgotten Bks.

Game. Brendon Holden. 2020. (ENG., Illus.). 148p. (J). 26.95 *(978-1-6624-3735-9(8));* pap. 18.95 *(978-1-6624-2205-8(9))* Page Publishing Inc.

Game. Michael Karlberg. Illus. by Craig Howarth. 2020. (ENG.). 50p. (J). *(978-1-876322-52-6(7))* Baha'i Pubns. Australia.

Game. Linsey Miller. 2020. (Underlined Paperbacks Ser.). 240p. (YA). (gr. 7). pap. 9.99 *(978-0-593-17978-9(1),* Underlined) Random Hse. Children's Bks.

Game. Elizabeth Neal. 2019. (Do-Over Ser.). (ENG.). 104p. (YA). (gr. 6-12). pap. 7.99 *(978-1-5415-4550-2(8),* 753d5a92-d328-441e-a1eb-15f1319548eb); 26.65 *(978-1-5415-4031-6(X),* 776a0bbc-83fa-422f-a2a2-262e3925a662) Lerner Publishing Group. (Darby Creek).

Game. Molly Perry. 2017. (ENG., Illus.). 96p. (J). pap. 8.99 *(978-0-692-83558-6(X))* Perry, Molly A.

Game & the Candle (Classic Reprint) Rhoda Broughton. 2018. (ENG., Illus.). 422p. (J). 32.60 *(978-0-267-22311-4(0))* Forgotten Bks.

Game As Old As Time. Jake Stehman. 2021. (ENG.). 292p. (YA). pap. 9.99 *(978-1-6629-0931-3(4))* Gatekeeper Pr.

Game Board Grade 1. Hmh Hmh. 2018. (SPA.). 10p. (J). pap. 43.73 *(978-1-328-52100-2(1))* Houghton Mifflin Harcourt Publishing Co.

Game Board Grade 2. Hmh Hmh. 2018. (SPA.). 7p. (J). pap. 43.73 *(978-1-328-52101-9(X))* Houghton Mifflin Harcourt Publishing Co.

Game Board Grade 3. Hmh Hmh. 2018. (SPA.). 7p. (J). pap. 43.73 *(978-1-328-52102-6(8))* Houghton Mifflin Harcourt Publishing Co.

Game Board Grade 4. Hmh Hmh. 2018. (SPA.). 8p. (J). pap. 43.73 *(978-1-328-52103-3(6))* Houghton Mifflin Harcourt Publishing Co.

Game Board Grade 5. Hmh Hmh. 2018. (SPA.). 8p. (J). pap. 43.73 *(978-1-328-52104-0(4))* Houghton Mifflin Harcourt Publishing Co.

Game Board Grade 6. Hmh Hmh. 2018. (SPA.). 9p. (J). pap. 43.73 *(978-1-328-52105-7(2))* Houghton Mifflin Harcourt Publishing Co.

Game Board Grade K. Hmh Hmh. 2018. (SPA.). 5p. (J). pap. 43.73 *(978-1-328-52099-9(4))* Houghton Mifflin Harcourt Publishing Co.

Game Boards Grade 1. Hmh Hmh. 2017. (Math Expressions (Sta) Ser.). (ENG.). (J). (gr. 1). pap. 40.93 *(978-1-328-89825-8(3));* 8p. pap. 40.93 *(978-1-328-73859-2(0))* Houghton Mifflin Harcourt Publishing Co.

Game Boards Grade 2. Hmh Hmh. 2017. (Math Expressions Ser.). (ENG.). 7p. (J). (gr. 2). pap. 40.93 *(978-1-328-73860-8(4))* Houghton Mifflin Harcourt Publishing Co.

Game Boards Grade 3. Hmh Hmh. 2017. (Math Expressions Ser.). (ENG.). 7p. (J). (gr. 3). pap. 40.93 *(978-1-328-73861-5(2))* Houghton Mifflin Harcourt Publishing Co.

Game Boards Grade 4. Hmh Hmh. 2017. (Math Expressions Ser.). (ENG.). 8p. (J). (gr. 4). pap. 40.93 *(978-1-328-73862-2(0))* Houghton Mifflin Harcourt Publishing Co.

Game Boards Grade 5. Hmh Hmh. 2017. (Math Expressions Ser.). (ENG.). 8p. (J). (gr. 5). pap. 40.93

G

(978-1-328-73863-9(9)) Houghton Mifflin Harcourt Publishing Co.

Game Boards Grade 6. Hmh Hmh. 2017. (Math Expressions Ser.). (ENG.). 9p. (J). (gr. 6). pap. 40.93 *(978-1-328-73864-6(7))* Houghton Mifflin Harcourt Publishing Co.

Game Boards Grade K. Hmh Hmh. 2017. (Math Expressions Ser.). (ENG.). 5p. (J). (gr. k). pap. 40.93 *(978-1-328-73858-5(2))* Houghton Mifflin Harcourt Publishing Co.

Game Change. Joseph Monninger. 2019. (ENG.). 240p. (YA). (gr. 9). pap. 15.99 *(978-1-328-59586-7(2)*, 1730760, Clarion Bks.) HarperCollins Pubs.

Game Changer. Abbi Glines. 2022. (Field Party Ser.). (ENG.). 304p. (YA). (gr. 9). 19.99 *(978-1-5344-3093-8(8)*, Simon Pulse) Simon Pulse.

Game Changer. Tommy Greenwald. (Game Changer Ser.). (ENG.). (J). (gr. 5-9). 2021. 320p. pap. 8.99 *(978-1-4197-3697-1(3)*, 1206803); 2018. 304p. 16.99 *(978-1-4197-3143-3(2)*, 1206801, Amulet Bks.) Abrams, Inc.

Game Changer! Donalyn Miller & Colby Sharp. 2018. (ENG., Illus.). 144p. (gr. k-8). pap. 21.95 *(978-1-338-31059-7(3)*, Scholastic Professional) Scholastic, Inc.

Game Changer. Neal Shusterman. (ENG.). (YA). (gr. 9). 2022. 416p. pap. 15.99 *(978-0-06-199868-3(0))*; 2021. 400p. 17.99 *(978-0-06-199867-6(2))* HarperCollins Pubs. (Quill Tree Bks.).

Game Changer. Jaqueline Snowe. (ENG.). (YA). 2021. 308p. pap. *(978-1-83943-746-5(4))*; 2019. (Cleat Chasers Ser.: Vol. 2). 312p. pap. *(978-1-78651-844-6(9))* Totally Entwinded Group.

Game Changer! the Susie K Files 2. Shamini Flint. Illus. by Sally Heinrich. 2018. (Susie K Files Ser.: 2). (ENG.). 112p. (J). (gr. 2-7). pap. 8.99 *(978-1-76029-669-8(4))* Allen & Unwin AUS. Dist: Independent Pubs. Group.

Game Changers: A Benchwarmers Novel. John Feinstein. 2020. (Benchwarmers Ser.: 2). (ENG.). 384p. (J). 16.99 *(978-0-374-31205-3(2)*, 900198275, Farrar, Straus & Giroux (BYR)) Farrar, Straus & Giroux.

Game Changers: A Benchwarmers Novel. John Feinstein. 2022. (Benchwarmers Ser.: 2). (ENG.). 400p. (J). pap. 8.99 *(978-1-250-82044-0(8)*, 900198276) Square Fish.

Game Changers: A Biography of J. K. Rowling. Dona Herweck Rice. ed. 2017. (Time for Kids Nonfiction Readers Ser.). lib. bdg. 19.65 *(978-0-606-40264-4(0))* Turtleback.

Game Changers: Kwame Alexander. Brian S. Mcgrath. ed. 2017. (Time for Kids Nonfiction Readers Ser.). lib. bdg. 19.65 *(978-0-606-40259-0(4))* Turtleback.

Game Changers: The Story of Venus & Serena Williams. Lesa Cline-Ransome. Illus. by James E. Ransome. 2018. (ENG.). 48p. (J). (gr. -1-3). 17.99 *(978-1-4814-7684-3(X)*, Simon & Schuster/Paula Wiseman Bks.) Simon & Schuster/Paula Wiseman Bks.

Game (Classic Reprint) Lida Fitzgerald. 2018. (ENG., Illus.). 82p. (J). 25.61 *(978-0-483-67492-9(3))* Forgotten Bks.

Game (Classic Reprint) Jack. London. (ENG., Illus.). (J). 2019. 188p. 27.77 *(978-0-365-17746-3(6))*; 2017. 27.86 *(978-0-331-98963-2(8))*; 2017. pap. 10.57 *(978-0-259-49964-0(1))* Forgotten Bks.

Game Day. Hardy Coleman. Illus. by Kurt Sloop. 2022. (ENG.). 104p. (YA). pap. 16.95 *(978-1-954555-05-1(9))* Moonfire Publishing.

Game Day: Book 4. Vinay Sharma & Jason M. Burns. Illus. by Dustin Evans. 2023. (Krish & the Robot Kicks Ser.). (ENG.). 32p. (J). (gr. 2-4). lib. bdg. 30.65 ***(978-1-62920-759-9(4)***, 973c9433-a7e8-4b31-b50d-10adcaf17722) Full Tilt Pr. NZL. Dist: Lerner Publishing Group.

Game Day Collector's Set (Boxed Set) First Pitch; Jump Shot; Breakaway; Slap Shot; Match Point; Dive In. David Sabino. ed. 2020. (Game Day Ser.). (ENG., Illus.). 240p. (J). (gr. k-2). pap. 17.99 *(978-1-5344-7682-0(2)*, Simon Spotlight) Simon Spotlight.

Game Day (Cutiecorns #6) Shannon Penney. Illus. by Addy River-Sonda. 2022. (Cutiecorns Ser.). (ENG.). 112p. (J). (gr. 2-5). pap. 5.99 *(978-1-338-84710-9(4))* Scholastic, Inc.

Game Design. Greg Austic & John Willis. 2017. (Illus.). 32p. (J). *(978-1-5105-1214-6(4))* SmartBook Media, Inc.

Game Design (a True Book: Behind the Scenes) (Library Edition) Jennifer Hackett. 2017. (True Book (Relaunch) Ser.). (ENG., Illus.). 48p. (J). (gr. 3-5). lib. bdg. 31.00 *(978-0-531-23503-4(3)*, Children's Pr.) Scholastic Library Publishing.

Game Face. Shari Green. 2023. 376p. (J). (gr. 4-7). 17.99 ***(978-1-77306-868-8(7))*** Groundwood Bks. CAN. Dist: Publishers Group West (PGW).

Game Face Set 2 (Set), 4 vols. Abdo. 2017. (Game Face Ser.). (ENG., Illus.). 112p. (J). (gr. 2-5). lib. bdg. 154.00 *(978-1-5321-3042-7(2)*, 27044, Calico Chapter Bks.) ABDO Publishing Co.

Game Farming for Profit & Pleasure. Dwight Williams Huntington. 2017. (ENG., Illus.). (J). pap. *(978-0-649-30495-0(0))* Trieste Publishing Pty Ltd.

Game for Life: Troy Aikman. Clarence Hill & Clarence Hill, Jr. 2019. (Game for Life Ser.). (ENG.). 192p. (J). (gr. 3-7). lib. bdg. 16.99 *(978-1-9848-5219-9(1)*, Random Hse. Bks. for Young Readers) Random Hse. Children's Bks.

Game Hunters. Anupa Roy. 2019. (ENG., Illus.). 212p. (YA). (gr. 7-12). pap. *(978-1-911221-30-2(2))* Balestier Pr.

Game Is up - Old Testament (book 1), Bk. 1. Tnt. 2018. (On the Way Ser.). (ENG., Illus.). 96p. (J). pap. 17.99 *(978-1-85792-550-0(5)*, 46501190-5908-4c74-9034-3a8c9c3438c2) Christian Focus Pubns. GBR. Dist: Baker & Taylor Publisher Services (BTPS).

Game Is up - Old Testament (book 2), Vol. 2. Tnt. 2018. (On the Way Ser.). (ENG., Illus.). 96p. (J). pap. 17.99 *(978-1-85792-760-3(5)*, 6bb49cdf-728f-4279-b8ea-cefd147318fd) Christian Focus Pubns. GBR. Dist: Baker & Taylor Publisher Services (BTPS).

Game Keepers. Steve Dressing. 2018. (ENG., Illus.). 282p. (J). (gr. 2-6). pap. 17.99 *(978-1-7321116-2-2(6))* Number 6 Publishing LLC.

Game Logic: Level up & Create Your Own Games with Science Activities for Kids. Angie Smibert. Illus. by Lena Chandhok. 2019. (Build It Yourself Ser.). 128p. (J). (gr. 4-6). (ENG.). 22.95 *(978-1-61930-802-2(9)*, 8046bcce-4e0f-4979-8651-10aa7d9e3c9a); pap. 17.95 *(978-1-61930-805-3(3)*, 1d27a7ba-2821-40b3-a208-08d802b0304e) Nomad Pr.

Game Master: Mansion Mystery. Rebecca Zamolo & Matt Slays. 2022. (Game Master Ser.). (ENG., Illus.). 176p. (J). (gr. 3-7). 17.99 *(978-0-06-302513-4(2)*, HarperCollins) HarperCollins Pubs.

Game Master: Summer Schooled. Rebecca Zamolo & Matt Slays. (Game Master Ser.). (ENG.). 176p. (J). (gr. 3-7). 2023. pap. 9.99 *(978-0-06-302509-7(4))*; 2021. 16.99 *(978-0-06-302507-3(8))* HarperCollins Pubs. (HarperCollins).

Game Masters of Garden Place. Denis Markell. 2019. (Illus.). 304p. (J). (gr. 5). 7.99 *(978-1-101-93194-3(9)*, Yearling) Random Hse. Children's Bks.

Game of Chance (Classic Reprint) Arthur Wright. 2018. (ENG., Illus.). 226p. (J). 28.56 *(978-0-483-42812-6(4))* Forgotten Bks.

Game of Chance, Vol. 1 Of 3: A Novel (Classic Reprint) Ella J. Curtis. 2018. (ENG., Illus.). 342p. (J). 30.95 *(978-0-267-15316-9(3))* Forgotten Bks.

Game of Chance, Vol. 2 Of 3: A Novel (Classic Reprint) Ella J. Curtis. (ENG., Illus.). (J). 2018. 330p. 30.70 *(978-0-267-38160-9(3))*; 2016. pap. 13.57 *(978-1-334-15404-1(X))* Forgotten Bks.

Game of Chance, Vol. 3 Of 3: A Novel (Classic Reprint) Ella J. Curtis. (ENG., Illus.). (J). 2018. 332p. 30.74 *(978-0-332-16803-6(4))*; 2016. pap. 13.57 *(978-1-334-26330-9(2))* Forgotten Bks.

Game of Chase: #4. Marcus Emerson. Illus. by David Lee. 2022. (Diary of a 6th Grade Ninja Ser.). (ENG.). 208p. (J). (gr. 2-6). lib. bdg. 32.79 *(978-1-0982-5243-4(8)*, 41277, Chapter Bks.) Spotlight.

Game of Death. Pauline Concepcion. 2019. (ENG.). 122p. (J). pap. *(978-0-359-72009-5(9))* Lulu Pr., Inc.

Game of Fox & Squirrels. Jenn Reese. 2022. (ENG., Illus.). 256p. (J). pap. 8.99 *(978-1-250-76288-7(X)*, 900212034) Square Fish.

Game of Garlands. Frank Morin. Ed. by Joshua Essoe. 2019. (Petralist Ser.). (ENG.). 218p. (YA). (gr. 9-12). pap. 9.99 *(978-1-946910-10-3(4))* Whipsaw Pr.

Game of Hopscotch. Tiffany a Riebel. 2018. (ENG.). 44p. (J). pap. ***(978-1-387-86346-4(0))*** Lulu Pr., Inc.

Game of Life. Bolton Hall. 2017. (ENG., Illus.). (J). pap. *(978-0-649-59092-6(9))*; pap. *(978-0-649-59093-3(7))*; pap. *(978-0-649-59094-0(5))* Trieste Publishing Pty Ltd.

Game of Life (Classic Reprint) Bolton Hall. 2017. (ENG., Illus.). (J). 30.25 *(978-0-265-19480-5(6))* Forgotten Bks.

Game of Life (Classic Reprint) Leitch Ritchie. (ENG., Illus.). (J). 2018. 220p. 28.45 *(978-0-365-40997-7(9))*; 2017. pap. 10.97 *(978-0-259-20016-1(6))* Forgotten Bks.

Game of Lives (the Mortality Doctrine, Book Three) James Dashner. 2017. (Mortality Doctrine Ser.: 3). (ENG.). 384p. (YA). (gr. 7). pap. 11.99 *(978-0-385-74144-6(8)*, Ember) Random Hse. Children's Bks.

Game of Logic. Lewis Carroll, pseud. 2020. (ENG.). 112p. (J). pap. 14.00 *(978-1-6781-4964-2(0))* Lulu Pr., Inc.

Game of Love (Classic Reprint) Benjamin Swift. (ENG., Illus.). (J). 2018. 322p. 30.54 *(978-0-483-43119-5(2))*; 2017. pap. 13.57 *(978-0-243-90553-9(X))* Forgotten Bks.

Game of Nim & Graph Theory: Fun, Hands-On Activities for Learning Math. Rebecca Rapoport & J. A. Yoder. 2018. (Math Lab for Kids Ser.). (ENG., Illus.). 32p. (J). (gr. 3-6). lib. bdg. 27.99 *(978-1-63159-453-3(2)*, c1eb6d0e-1a8d-4b26-831e-e1359ea5e460, Quarry Bks.) Quarto Publishing Group USA.

Game of Scones. Eric Luper. ed. 2022. (Bad Food Ser.). (ENG., Illus.). 155p. (J). (gr. 2-3). 17.46 ***(978-1-68505-323-9(8))*** Penworthy Co., LLC, The.

Game of Scones: from the Doodle Boy Joe Whale (Bad Food #1) Eric Luper. Illus. by Joe Whale. 2021. (Bad Food Ser.). (ENG.). 160p. (J). (gr. 1-3). pap. 6.99 *(978-1-338-73035-7(5))* Scholastic, Inc.

Game of Secrets. Kim Foster. 2018. (ENG.). 368p. (YA). (gr. 7-7). 17.99 *(978-1-5107-1644-5(0)*, Sky Pony Pr.) Skyhorse Publishing Co., Inc.

Game of Stars (Kiranmala & the Kingdom Beyond #2) Sayantani DasGupta. (Kiranmala & the Kingdom Beyond Ser.: 2). (ENG.). 384p. (J). (gr. 3-7). 2020. pap. 8.99 *(978-1-338-18574-4(8))*; 2019. (Illus.). 17.99 *(978-1-338-18573-7(X))* Scholastic, Inc. (Scholastic Pr.).

Game of Strategies & Other Activities. Smarter Activity Books for Kids. 2016. (ENG., Illus.). (J). pap. 8.99 *(978-1-68374-120-6(X))* Examined Solutions PTE. Ltd.

Game of the Golden Ball (Classic Reprint) Elizabeth Johnson. (ENG., Illus.). (J). 2018. 360p. 31.34 *(978-0-267-52944-5(9))*; 2017. pap. 13.97 *(978-0-259-19099-8(3))* Forgotten Bks.

Game of War. Glen Dahlgren. 2021. (ENG.). 338p. (YA). 29.99 *(978-1-0879-0258-6(4))* Indy Pub.

Game of Wits. Nathan Reid-Welford. 2022. (Colin Harris Ser.). (ENG.). 240p. (YA). ***(978-1-0391-6347-8(5))***; pap. ***(978-1-0391-6346-1(7))*** FriesenPress.

Game of Worlds. Roger MacBride Allen. 2nd ed. 2021. (David Brin's Out of Time Ser.: Vol. 3). (ENG.). 310p. (YA). pap. 13.99 *(978-1-64971-353-7(3))* LMBPN Publishing.

Game On! Mary Amato. (Star Striker Ser.). 352p. (J). (gr. 3-7). 2022. pap. 12.99 *(978-0-8234-5249-1(2))*; 2021. 17.99 *(978-0-8234-4911-8(4))* Holiday Hse., Inc.

Game On! Alex Miles. 2019. (Girl Geeks Ser.: 2). (Illus.). 192p. (J). (gr. 3-7). 14.99 *(978-0-14-379506-3(6)*, Puffin) Penguin Random Hse. AUS. Dist: Independent Pubs. Group.

Game On: 15 Stories of Wins, Losses, & Everything in Between. Ed. by Laura Silverman. 2022. (ENG.). 448p. (YA). (gr. 7). 18.99 *(978-0-593-35278-6(5)*, Philomel Bks.) Penguin Young Readers Group.

Game On! Screen-Free Fun for Children Two & Up. Linda Armstrong. 2018. (ENG., Illus.). 168p. pap. 19.95 *(978-1-60554-548-6(1))* Redleaf Pr.

Game On! Video Game History from Pong & Pac-Man to Mario, Minecraft, & More. Dustin Hansen. 2019. (Game On Ser.: 1). (ENG., Illus.). 368p. (YA). pap. 14.99 *(978-1-250-29445-6(2)*, 900195078) Square Fish.

Game On! 2017: All the Best Games - Awesome Facts & Coolest Secrets. Scholastic, Inc. Staff. 2016. (Game On! Ser.). (ENG., Illus.). 224p. (J). (gr. 3-7). pap. 14.99 *(978-1-338-03272-7(0))* Scholastic, Inc.

Game On! 2019: All the Best Games: Awesome Facts & Coolest Secrets. Scholastic, Inc. Staff. 2018. (Game On! Ser.). (ENG., Illus.). 224p. (J). (gr. 7-7). pap. 14.99 *(978-1-338-28356-3(1))* Scholastic, Inc.

Game on! 2021: an AFK Book. Scholastic. 2020. (Game On! Ser.). (ENG., Illus.). 224p. (J). (gr. 2-5). pap. 14.99 *(978-1-338-67087-5(5))* Scholastic, Inc.

Game on! Awesome Activities for Clever Kids. Dover. 2018. (Dover Kids Activity Bks.). (ENG.). 144p. (J). (gr. 3-6). pap. 12.99 *(978-0-486-82466-6(7)*, 824667) Dover Pubns., Inc.

Game on in Ancient Greece. Linda Bailey. Illus. by Bill Slavin. 2019. (ENG.). 56p. (J). (gr. 3-7). pap. 11.99 *(978-1-77138-988-4(5))* Kids Can Pr., Ltd. CAN. Dist: Hachette Bk. Group.

Game on! MORE Awesome Activities for Clever Kids. Dover & Patrick Merrell. 2019. (Dover Kids Activity Bks.). (ENG.). 144p. (J). (gr. 3-6). pap. 12.99 *(978-0-486-82467-3(5)*, 824675) Dover Pubns., Inc.

Game on, Ryan! Ryan Kaji. 2022. (Ryan's World Ser.). (ENG.). 16p. (J). (gr. -1-2). pap. 6.99 *(978-1-6659-2635-5(X)*, Simon Spotlight) Simon Spotlight.

Game On! (Set), 6 vols. 2019. (Game On! Ser.). (ENG.). 32p. (J). (gr. 3-6). lib. bdg. 196.74 *(978-1-5321-9163-3(4)*, 33500, Checkerboard Library) ABDO Publishing Co.

Game on! Set 2 (Set), 6 vols. Jessica Rusick et al. 2021. (Game On! Ser.). (ENG.). 32p. (J). (gr. 3-6). lib. bdg. 196.74 *(978-1-5321-9577-8(X)*, 37422, Checkerboard Library) ABDO Publishing Co.

Game on! Set 2 (Set Of 6) 2021. (Game on! Set 2 Ser.). (ENG.). 192p. (J). (gr. 4-5). pap. 59.70 *(978-1-64494-546-9(0)*, Checkerboard Library) ABDO Publishing Co.

Game on! (Set Of 6) Paige V. Polinsky. 2020. (Game On! Ser.). (ENG.). 192p. (J). (gr. 4-4). pap. 59.70 *(978-1-64494-278-9(X)*, 164494278X, Checkerboard Library) ABDO Publishing Co.

Game Over. Benjamin Bird. Illus. by Patrycja Fabicka. 2020. (Boo Bks.). (ENG.). 32p. (J). (gr. k-2). lib. bdg. 22.65 *(978-1-5158-7107-1(X)*, 199206, Picture Window Bks.) Capstone.

Game Over. Fabian Grant. 2021. (ENG.). 206p. (J). *(978-1-913438-48-7(1))*; pap. *(978-1-913438-47-0(3))* ASys Publishing.

Game Over. M. C. Ross. 2022. (ENG.). 336p. (J). (gr. 4-7). pap. 7.99 *(978-1-338-53811-3(X))* Scholastic, Inc.

Game Over. Mark Wheeller. ed. 2020. (ENG.). 72p. pap. 15.95 *(978-1-913630-26-3(9))* Salamander Street Ltd. GBR. Dist: Consortium Bk. Sales & Distribution.

Game over, Nebulon. Ray O'Ryan. Illus. by Jason Kraft. 2022. (Galaxy Zack Ser.: 18). (ENG.). 128p. (J). (gr. k-4). 17.99 *(978-1-6659-1926-5(4))*; pap. 6.99 *(978-1-6659-1925-8(6))* Little Simon. (Little Simon).

Game over: Rise of the Raid Mob. M. J. Sullivan. 2022. (ENG.). 352p. (J). pap. 9.99 *(978-1-78226-959-5(2)*, 3b2ee7bc-d226-4b50-9b18-caca147518bc) Sweet Cherry Publishing GBR. Dist: Baker & Taylor Publisher Services (BTPS).

Game over, Super Rabbit Boy! see ¡Presiona Empezar! #1: ¡Fin Del Juego, Súper Chico Conejo! (Game over, Super Rabbit Boy!) (Library Edition): Un Libro de la Serie Branches

Game over, Super Rabbit Boy!, 1. Thomas Flintham. ed. 2018. (Branches Early Ch Bks). (ENG.). 72p. (J). (gr. 1-3). 16.36 *(978-1-64310-423-2(3))* Penworthy Co., LLC, The.

Game over, Super Rabbit Boy! Thomas Flintham. ed. 2016. (Press Start! Ser.: 1). lib. bdg. 14.75 *(978-0-606-39712-4(4))* Turtleback.

Game over, Super Rabbit Boy!: a Branches Book (Press Start! #1), Vol. 1. Thomas Flintham. Illus. by Thomas Flintham. 2016. (Press Start! Ser.: 1). (ENG., Illus.). 80p. (J). (gr. k-2). pap. 5.99 *(978-1-338-03471-4(5))* Scholastic, Inc.

Game Plan. Natalie Corbett Sampson. 2017. (ENG., Illus.). (J). pap. *(978-0-9879941-4-1(X))* Sampson, Natalie.

Game Plans, 4 bks., Set. Incl. Baseball. Thomas Owens & Diana Star Helmer. 1999. lib. bdg. *(978-0-7613-1373-1(7))*; Basketball. Tom Owens & Diana Star Helmer. 1999. lib. bdg. 25.40 *(978-0-7613-3234-3(0))*; Football. Tom Owens. 1998. lib. bdg. 25.40 *(978-0-7613-3233-6(2))*; 64p. (J). (gr. 5-8). (Illus.). Set lib. bdg. 93.60 Lerner Publishing Group.

Game, Set, Match! Matching Game Activity Book. Activibooks For Kids. 2016. (ENG., Illus.). (J). pap. 7.55 *(978-1-68321-523-3(0))* Mimaxion.

Game, Set, Sisters! The Story of Venus & Serena Williams. Jay Leslie. Illus. by Ebony Glenn. 2021. (Who Did It First? Ser.). (ENG.). 40p. (J). 18.99 *(978-1-250-30740-8(6)*, 900198005, Holt, Henry & Co. Bks. For Young Readers) Holt, Henry & Co.

Game That Sam Plays. Barbara A. Pierce. 2019. (ENG., Illus.). 26p. (J). 14.99 *(978-1-970072-63-1(6))*; pap. 9.99 *(978-1-970072-62-4(8))* New Leaf Media, LLC.

Game That Sam Plays. Barbara A. Pierce. 2018. (ENG., Illus.). 24p. (J). 20.99 *(978-1-948304-72-6(4))*; pap. 9.99 *(978-1-948304-71-9(6))* PageTurner: Pr. & Media.

Game Theory. Barry Jonsberg. 2017. (ENG.). 320p. (YA). (gr. 9). 13.99 *(978-1-76029-015-3(7))* Allen & Unwin AUS. Dist: Independent Pubs. Group.

Game Time! Math Reader 4 Grade 2. Hmh Hmh. 2018. (SPA.). 8p. (J). pap. 9.00 *(978-1-328-57692-7(2))* Houghton Mifflin Harcourt Publishing Co.

Game Time! Math Reader Grade 2. Hmh Hmh. 2017. (Math Expressions Ser.). (ENG.). 8p. (J). (gr. 2). pap. 3.53 *(978-1-328-77232-9(2))* Houghton Mifflin Harcourt Publishing Co.

Game Time Activity Book. Cristie Publishing. 2021. (ENG.). 78p. (J). pap. 12.00 *(978-1-716-27086-4(3))* Lulu Pr., Inc.

Game Time! (Hotdog #4) Anh Do. Illus. by Dan McGuiness. 2021. (Hotdog! Ser.: 4). (ENG.). 128p. (J). (gr. 2-4). pap. 5.99 *(978-1-338-58724-1(2)*, Scholastic Paperbacks) Scholastic, Inc.

Gameknight999 Adventures Through Time Box Set: Six Unofficial Minecrafter's Adventures. Mark Cheverton. 2017. (ENG.). 1488p. (J). (gr. 4-4). pap. 29.99 *(978-1-5107-2740-3(X)*, Sky Pony Pr.) Skyhorse Publishing Co., Inc.

Gameknight999 vs. Herobrine: Herobrine Reborn Book Three: a Gameknight999 Adventure: an Unofficial Minecrafter's Adventure. Mark Cheverton. 2016. 240p. (J). (gr. 3-3). pap. 9.99 *(978-1-5107-0010-9(2)*, Sky Pony Pr.) Skyhorse Publishing Co., Inc.

Gameknight999 vs. Herobrine Box Set: Six Unofficial Minecrafter's Adventures. Mark Cheverton. 2016. (Gameknight999 Ser.). 1488p. (J). (gr. 3-3). 29.99 *(978-1-5107-0993-5(2)*, Sky Pony Pr.) Skyhorse Publishing Co., Inc.

Gamer. Colin R. Parson. Ed. by Nicola Peake. 2020. (ENG.). 154p. (YA). *(978-1-912948-22-2(2))* Crystal Peake Publisher.

Gamer. Colin R. Parsons. Ed. by Nicola Peake. 2021. (ENG.). 176p. (YA). pap. *(978-1-912948-20-8(6))* Crystal Peake Publisher.

Gamer Army. Trent Reedy. 2018. (ENG.). 336p. (J). (gr. 3-7). 17.99 *(978-1-338-04529-1(6)*, Levine, Arthur A. Bks.) Scholastic, Inc.

Gamer Girls: 25 Women Who Built the Video Game Industry. Mary Kenney. Illus. by Salini Perera. 2022. (ENG.). 160p. (J). (gr. 7-17). 17.99 *(978-0-7624-7456-1(4)*, Running Pr. Kids) Running Pr.

Gamer Girls: Gnat vs. Spyder. Andrea Towers. Illus. by Alexis Jauregui. 2023. (Gamer Girls Ser.: 1). (ENG.). 208p. (J). 19.99 ***(978-1-5248-8453-6(7))***;Volume 1. pap. 11.99 *(978-1-5248-7658-6(5))* Andrews McMeel Publishing.

Gamer Girls: Monster Village. Andrea Towers. Illus. by Alexis Jauregui. 2023. (Gamer Girls Ser.: 2). (ENG.). 208p. (J). 19.99 ***(978-1-5248-8452-9(9))***;Volume 2. pap. 11.99 ***(978-1-5248-7659-3(3))*** Andrews McMeel Publishing.

Gamers & Streamers, 1 vol. Jonathan Bard & Mariel Bard. 2019. (Digital Insiders Ser.). (ENG.). 32p. (J). (gr. 3-4). pap. 11.50 *(978-1-5382-4751-8(8)*, a02cfc59-e029-4fee-81c6-0499ce94def4) Stevens, Gareth Publishing LLLP.

Gamers Going Airborne: Two Travel Events in Two Decades. Geoffrey R McIntyre Ph D. 2019. (ENG.). 210p. (YA). 32.95 *(978-1-64584-072-5(7))*; pap. 19.95 *(978-1-64462-783-9(3))* Page Publishing Inc.

Gamer's Guide to Getting the Girl. Kristine Scarrow. 2019. (ENG.). 208p. (YA). pap. 11.99 *(978-1-4597-4476-9(4))* Dundurn Pr. CAN. Dist: Ingram Publisher Services.

Games & Genres in Roblox. Josh Gregory. 2020. (21st Century Skills Innovation Library: Unofficial Guides Junior Ser.). (ENG., Illus.). 24p. (J). (gr. 2-5). lib. bdg. 30.64 *(978-1-5341-6970-8(9)*, 215767) Cherry Lake Publishing.

Games & Puzzles Activity Book. Ophelia S. Lewis. Illus. by Shabamukama Osbert. 2018. (ENG.). 120p. (J). pap. 12.00 *(978-1-945408-39-7(1))* Village Tales Publishing.

Games & Rhymes for Language Teaching in the First Four Grades (Classic Reprint) Alhambra Georgia Deming. 2018. (ENG., Illus.). 132p. (J). 26.62 *(978-0-364-10685-3(9))* Forgotten Bks.

Games & Songs of American Children; William Wells Newell. 2017. (ENG., Illus.). (J). pap. *(978-0-649-59102-2(X))* Trieste Publishing Pty Ltd.

Games & Songs of American Children (Classic Reprint) William Wells Newell. 2018. (ENG., Illus.). 302p. (J). 30.13 *(978-0-666-17146-7(7))* Forgotten Bks.

Games Around the World, 1 vol. Mary Pat Ehmann. 2018. (Adventures in Culture Ser.). (ENG.). 24p. (gr. 1-2). 24.27 *(978-1-5382-1863-1(1)*, 42db629e-7c28-4180-955d-dda709f175d3) Stevens, Gareth Publishing LLLP.

Games Around the World. Meg Gaertner. 2020. (Around the World Ser.). (ENG., Illus.). 24p. (J). (gr. k-1). pap. 8.95 *(978-1-64619-218-2(4)*, 1646192184); lib. bdg. 28.50 *(978-1-64619-184-0(6)*, 1646191846) Little Blue Hse. (Little Blue Readers).

Games Around the World. Lindsay Shaffer. 2020. (Customs Around the World Ser.). (ENG.). 32p. (J). (gr. 1-3). pap. 7.95 *(978-1-9771-2672-6(3)*, 201706); (Illus.). lib. bdg. 29.32 *(978-1-9771-2372-5(4)*, 200382) Capstone. (Pebble).

Games Around the World (Around the World) John Perritano. 2021. (Around the World Ser.). (ENG., Illus.). 32p. (J). (gr. k-2). pap. 7.99 *(978-1-338-76871-8(9))*; lib. bdg. 28.00 *(978-1-338-76870-1(0))* Scholastic Library Publishing. (Children's Pr.).

Games for Girls: Matching Game Activity Book. Activibooks For Kids. 2016. (ENG., Illus.). (J). pap. 7.55 *(978-1-68321-524-0(9))* Mimaxion.

Games I Can Play: Loads of Fun Things for Kids to Do, Shown Step by Step. Petra Boase. 2016. (Illus.). 48p. (J). (gr. -1 — 1). 7.99 *(978-1-86147-405-6(9)*, Armadillo) Anness Publishing GBR. Dist: National Bk. Network.

Games of Deception: The True Story of the First U. S. Olympic Basketball Team at the 1936 Olympics in Hitler's Germany. Andrew Maraniss. (Illus.). (YA). (gr. 7). 2021. 256p. 10.99 *(978-0-525-51465-7(1)*, Puffin Books); 2019. 240p. 18.99 *(978-0-525-51463-3(5)*, Philomel Bks.) Penguin Young Readers Group.

Games Pink a Band. Lynne Rickards. ed. 2016. (Cambridge Reading Adventures Ser.). (ENG., Illus.). 16p. pap. 7.95 *(978-1-316-60084-9(X))* Cambridge Univ. Pr.

Games We Play. Ellen Lawrence. 2018. (About Our World Ser.). (ENG.). 24p. (J). lib. bdg. 22.99 *(978-1-5105-3546-6(2))* SmartBook Media, Inc.

Games with Codes & Ciphers. Norvin Pallas. 2019. (Dover Brain Games Ser.). (ENG., Illus.). 112p. pap. 7.95 *(978-0-486-83846-5(3)*, 838463) Dover Pubns., Inc.

Games Wizards Play. Diane Duane. 2017. (Young Wizards Ser.: 10). (ENG.). 640p. (YA). (gr. 7). pap. 8.99 *(978-0-544-81323-6(5)*, 1641929, Clarion Bks.) HarperCollins Pubs.

Games, Word Searches, & Puzzles, Oh My! Super Fun Activity Book for Kids. Smarter Activity Books for Kids. 2016. (ENG., Illus.). (J). pap. 8.99 *(978-1-68374-319-4(9))* Examined Solutions PTE. Ltd.

Gamescape: Overworld. Emma Trevayne. 2016. (Gamescape Ser.: 1). (ENG.). 416p. (YA). (gr. 9). 17.99 *(978-0-06-240876-1(3)*, Greenwillow Bks.) HarperCollins Pubs.

Gameshow. Ed Williamsen. 2020. (ENG.). 210p. (YA). pap. 17.95 *(978-1-64584-480-8(3))* Page Publishing Inc.

GamesMasters Presents: the Ultimate Minecraft Builder's Guide (Media Tie-In) Future Publishing. ed. 2019. (ENG.).

176p. (J). (gr. 2-5). pap. 9.99 (978-1-338-59471-3(0)) Scholastic, Inc.

Gaming & Professional Sports Teams. Douglas Hustad. 2018. (ESports: Game On! Ser.). (ENG.). 48p. (J). (gr. 5-8). 29.27 (978-1-59953-965-2(9)) Norwood Hse. Pr.

Gaming Careers in Esports. Emily Hudd. 2020. (Esports Explosion Ser.). (ENG.). 32p. (J). (gr. 3-6). lib. bdg. 32.79 (978-1-5321-9445-0(5), 36645, SportsZone) ABDO Publishing Co.

Gaming Live (Game On!) Scholastic. 2016. (Game On! Ser.). (ENG., Illus.). 128p. (J). (gr. 3-7). pap. 8.99 (978-1-338-03273-4(9)) Scholastic, Inc.

Gaming Technology: Blurring Real & Virtual Worlds. Anthony J. Rotolo. 2019. (World of Video Games Ser.). (ENG.). 80p. (YA). (gr. 6-12). (978-1-68282-555-6(8)) ReferencePoint Pr., Inc.

Gaming Technology: Streaming, VR, & More, 1 vol. John Wood. 2018. (STEM in Our World Ser.). (ENG.). 32p. (gr. 4-5). lib. bdg. 28.27 (978-1-5382-2638-4(3), 83e47978-d96c-4323-a9d4-827b44408167) Stevens, Gareth Publishing LLLP.

Gaming with Bloxels. Amy Quinn. 2018. (21st Century Skills Innovation Library: Makers As Innovators Junior Ser.). (ENG., Illus.). 24p. (J). (gr. 2-5). pap. 12.79 (978-1-5341-0881-3(5), 210888); lib. bdg. 30.64 (978-1-5341-0782-3(7), 210887) Cherry Lake Publishing.

Gaming's Greatest Moments. Lisa Owings. 2020. (Best of Gaming (UpDog Books (tm)) Ser.). (ENG., Illus.). 24p. (J). (gr. 3-5). 30.65 (978-1-5415-9051-9(1), ce46bdda-5161-43b9-b8b0-e11c98fa6545, Lerner Pubns.) Lerner Publishing Group.

Gamle Norge: Rambles & Scrambles in Norway (Classic Reprint) Robert Taylor Pritchett. 2018. (ENG., Illus.). 296p. (J). 30.00 (978-0-365-27511-4(5)) Forgotten Bks.

Gammer Gurton's Famous Histories of Sir Guy of Warwick, Sir Bevis of Hampton, Tom Hickathrift, Friar Bacon, Robin Hood, & the King & the Cobbler (Classic Reprint) William John Thoms. 2017. (ENG., Illus.). (J). 26.37 (978-0-331-58964-1(8)); pap. 9.57 (978-0-259-22297-2(6)) Forgotten Bks.

Gammer Gurton's Garland of Nursery Songs: And Toby Tickle's Collection of Riddles (Classic Reprint) Peter Puzzlecap. 2018. (ENG., Illus.). 36p. (J). 24.64 (978-0-267-86230-6(X)) Forgotten Bks.

Gammer Gurton's Garland, or the Nursery Parnassus: A Choice Collection of Pretty Songs & Verses for the Amusement of All Little Good Children Who Can Neither Read nor Run (Classic Reprint) Joseph Ritson. 2017. (ENG., Illus.). 72p. (J). 25.40 (978-0-332-10179-8(7)) Forgotten Bks.

Gammer Gurton's Needle: A Modern Adaptation (Classic Reprint) Colin Campbell Clements. (ENG., Illus.). (J). 2018. 24p. 24.39 (978-0-267-33815-3(5)); 2016. pap. 7.97 (978-1-333-62584-9(7)) Forgotten Bks.

Gammer Gurton's Needle, 1575 (Classic Reprint) John Still. (ENG., Illus.). (J). 2017. 25.92 (978-0-331-06475-9(8)); 2016. pap. 9.57 (978-1-334-11631-5(8)) Forgotten Bks.

Gammy a Story about Alzheimer's Disease. Seneca Monique. 2020. (ENG.). 34p. (J). pap. 14.95 (978-1-64654-540-7(0)) Fulton Bks.

Gamora & Nebula: Sisters in Arms. Mackenzi Lee. (Marvel Rebels & Renegades Ser.: 2). (ENG.). (YA). (gr. 7-12). 2023. 416p. pap. 9.99 (978-1-368-02614-7(1)); 2021. 400p. 17.99 (978-1-368-02225-5(1)) Marvel Worldwide, Inc.

Gamosagammon, or Hints on Hymen: For the Use of Parties about to Connubialize (Classic Reprint) Hugh Rowley. 2018. (ENG., Illus.). (J). 29.32 (978-0-266-73222-8(4)); pap. 11.97 (978-1-5276-9401-9(1)) Forgotten Bks.

Gamperstone. Martin Gampers Tkachuk. Illus. by Charlemagne B. Claros. 2023. (ENG.). 32p. (J). (978-1-0391-5223-6(6)); pap. (978-1-0391-5222-9(8)) FriesenPress.

Ganando a la Bocina (Buzzer Beater) David Lawrence & Bill Yu. Illus. by Paola Amormino & Siragusa Renato. 2020. (Métete Al Juego (Get in the Game) Ser.). (SPA.). 24p. (J). (gr. 3-8). lib. bdg. 32.79 (978-1-5321-3787-7(7), 35406, Graphic Planet - Fiction) Magic Wagon.

Gandhi for Kids: His Life & Ideas, with 21 Activities. Ellen Mahoney. 2016. (For Kids Ser.: 62). (ENG., Illus.). 144p. (J). (gr. 9). pap. 17.99 (978-1-61373-122-2(1)) Chicago Review Pr., Inc.

Gandhi in 150 Anecdotes. Mamta Nainy. 2019. (ENG.). 172p. (J). 9.99 (978-0-14-344922-5(2), Puffin) Penguin Bks. India PVT, Ltd IND. Dist: Independent Pubs. Group.

Gandhi: the Peaceful Protester! James Buckley, Jr. Illus. by Cassie Anderson. 2021. (Show Me History! Ser.). (ENG.). 96p. (J). (gr. 3-7). 12.99 (978-1-64517-409-7(3), Portable Pr.) Printers Row Publishing Group.

Gandy & Christopher. Catherine Mardon. 2019. (ENG.). 80p. (J). pap. (978-1-77369-017-9(5)) Golden Meteorite Pr. CAN. Dist: Lulu Pr., Inc.

Gandy & the Archaeologist. Catherine Mardon & August Schaffler. 2019. (ENG.). 86p. (J). pap. (978-1-77369-129-9(5)) Golden Meteorite Pr. CAN. Dist: Lulu Pr., Inc.

Gandy & the Fiddler. Austin Mardon & Catherine Mardon. 2017. (ENG.). 64p. (J). pap. (978-1-77369-007-0(8)) Golden Meteorite Pr. CAN. Dist: Lulu Pr., Inc.

Gandy & the Lumberjack. Austin Mardon & Catherine Mardon. 2018. (ENG.). 76p. (J). pap. (978-0-359-03764-3(X)) Lulu Pr., Inc.

Gandy & the Piper. Austin Mardon & Catherine Mardon. 2018. (ENG.). 72p. (J). pap. (978-0-359-05172-4(3)) Lulu Pr., Inc.

Gandy et la Plage. Austin Mardon & Catherine Mardon. Tr. by Hana Hubley. Illus. by Clare Dalton. 2022. (FRE.). 67p. (J). pap. (978-1-77369-822-9(2)) Golden Meteorite Pr. CAN. Dist: Lulu Pr., Inc.

Gandy's Grand Adventures: A Compilation of Stage Plays. Alexandria Rose-Fortier et al. 2021. (ENG.). 123p. (J). pap. (978-1-77369-216-6(X)) Golden Meteorite Pr. CAN. Dist: Lulu Pr., Inc.

Ganemos a los Testigos see Winning the Witnesses

Ganesha: Illustrated Stories from Indian History & Mythology in Hindi. Wonder House Books. 2020. (Classic Tales from India Ser.). (HIN.). 84p. (J). (gr. k-3). 9.99 (978-93-89931-88-4(6)) Prakash Bk. Depot IND. Dist: Independent Pubs. Group.

Ganesha: Elephant-Headed God. Wonder House Books. 2023. (Tales from Indian Mythology Ser.). (HIN.). 16p. (J). (gr. 3-7). pap. 2.99 (978-93-5856-192-0(0)) Prakash Bk. Depot IND. Dist: Independent Pubs. Group.

Ganesha Goes Green. Lakshmi Thamizhmani. Illus. by Debasmita Dasgupta. 2023. (ENG.). 32p. (J). (gr. k-3). 17.99 (978-1-64686-997-8(4)); pap. 9.99 (978-1-64686-998-5(2)) Barefoot Bks., Inc.

Ganesha: Ravana & the Magic Stone. Sourav Dutta. Illus. by Rajesh Nagulakonda. 2016. (Campfire Graphic Novels Ser.). (ENG.). 24p. (J). (gr. -1-2). pap. 5.99 (978-93-81182-24-6(8), Campfire) Steerforth Pr.

Ganesha, the Elephant Faced God. Dandi Palmer. 2017. (ENG., Illus.). (J). pap. (978-1-906442-59-0(2)) Dodo Bks.

Ganesha: the Elephant Headed God: Illustrated Stories from Indian History & Mythology. Wonder House Books. 2019. (Classic Tales from India Ser.). (ENG.). 84p. (J). (gr. k-3). 9.99 (978-93-89432-41-1(3)) Prakash Bk. Depot IND. Dist: Independent Pubs. Group.

Gang: A Story of the Middle West (Classic Reprint) Fred Brasted. (ENG., Illus.). (J). 2018. 336p. 30.83 (978-0-332-82806-0(9)); 2017. pap. 13.57 (978-0-259-82987-4(0)) Forgotten Bks.

Gang Girl. Nancy Miller. 2018. (Lorimer SideStreets Ser.). (ENG.). 176p. (YA). (gr. 9-12). pap. 8.99 (978-1-4594-1288-0(5), 1d89ecc5-914f-4702-abbf-d14426387146) James Lorimer & Co. Ltd., Pubs. CAN. Dist: Lerner Publishing Group.

Gang of Black Eagles: La Bande des Aigles Noirs. Patrick Albouy. 2019. (ENG.). 110p. (YA). pap. 8.99 (978-1-9822-3169-9(6), Balboa Pr.) Author Solutions, LLC.

Gang of Sherlocks: The Mysterious Cave. Smira Raj. 2021. (ENG.). 40p. (J). pap. 6.99 (978-1-68586-964-9(5)) Notion Pr., Inc.

Gang of Six: A Story of the Boy Life of to-Day (Classic Reprint) Horace M. Du Bose. 2018. (ENG., Illus.). 154p. (J). 27.09 (978-0-267-20572-1(4)) Forgotten Bks.

Gangammas Gharial. Shalini Srinivasan. 2016. (ENG.). 208p. (J). pap. 19.99 (978-0-14-333407-1(7), Puffin) Penguin Bks. India PVT, Ltd IND. Dist: Independent Pubs. Group.

Gangsta Goat & the Big Moo. William Anthony. Illus. by Drue Rintoul. 2023. (Level 3 - Yellow Set Ser.). (ENG.). 32p. (J). (gr. k-2). lib. bdg. 19.95 Bearport Publishing Co., Inc.

Gangster Kitty. Valorie Bonner. 2021. (Gangster Kitty Ser.: 1). (ENG.). 60p. (J). pap. 7.99 (978-1-0983-4990-5(3)) BookBaby.

Gangsters Anonymous 12 Steps & 12 Traditions for Youth. Alcoholics Anonymou Fellowship Approved. 2023. (ENG.). 58p. (J). pap. 10.24 (978-1-312-44528-4(9)) Lulu Pr., Inc.

Ganj-I Sina. Maryam Mastiri. Illus. by Mahdiyah Safayiniya. 2017. (PER.). 23p. (J). (978-964-337-841-7(1)) Ketab-e Neyestan.

Gannet's Path: The Swan's Road & the Land the Ravens Found. Naomi Mitchison. 2022. (Naomi Mitchison Library: Vol. 41). (ENG.). 264p. (J). pap. (978-1-84921-050-8(0)) Kennedy & Boyd.

Ganny Says: Wisdom from First Lady Barbara Bush, America's Grandmother. Chris Helene Bridge. 2019. (ENG., Illus.). 32p. (J). 19.95 (978-1-942945-78-9(7), 287beea6-bab7-4f90-b03a-9cce1f823cd4) Night Heron Media.

Ganton Co: A Story of Chicago Commercial & Social Life (Classic Reprint) Arthur Jerome Eddy. 2017. (ENG., Illus.). 428p. (J). 32.72 (978-0-332-01111-0(9)) Forgotten Bks.

Gap in Between. Suzanne Smart. Illus. by Mali Powell & Cerys Edwards. 2022. (ENG.). 108p. (J). pap. (978-1-912472-66-6(X)) Wordcatcher Publishing Group Ltd.

Gap in the Fence (Classic Reprint) Harriet Louise Jerome. 2018. (ENG., Illus.). 284p. (J). 29.77 (978-0-267-25442-2(3)) Forgotten Bks.

Gap Life. John Coy. 2016. (ENG.). 224p. (YA). 24.99 (978-1-250-08895-6(X), 900158526) Feiwel & Friends.

Gap Year in Ghost Town. Michael Pryor. 2019. (Gap Year in Ghost Town Ser.). (ENG.). 336p. (YA). (gr. 8-12). pap. 12.99 (978-1-76029-276-8(1)) Allen & Unwin AUS. Dist: Independent Pubs. Group.

Gaps & Bridges. Norman H. Fulton. 2021. (ENG.). (J). 118p. 30.95 (978-1-63710-009-7(4)); (Illus.). 120p. pap. 18.95 (978-1-63710-007-3(8)) Fulton Bks.

Gara Dell'amicizia - the Friendship Race: Italian English Bilingual Edition. S. a Publishing. 2016. (Italian English Bilingual Collection). (ITA., Illus.). (J). (gr. k-3). (978-1-5259-0097-6(8)); pap. (978-1-5259-0096-9(X)) Kidkiddos Bks.

Garabato y Tinta: El Concurso. Ethan Long. 2018. (SPA.). 64p. (J). (gr. 1-3). 25.99 (978-84-945647-8-9(1)) Lata de Sal Editorial S.L. ESP. Dist: Lectorum Pubns., Inc.

Garage Apartment. Hal Daniels. 2023. (ENG.). 214p. (YA). pap. 18.95 (978-1-6624-8681-4(2)) Page Publishing Inc.

Garama: el Jardín Del Sahara: Leveled Reader Book 82 Level W 6 Pack. Hmh Hmh. 2021. (SPA.). 48p. (J). pap. 74.40 (978-0-358-08646-8(9)) Houghton Mifflin Harcourt Publishing Co.

Garbage: Follow the Path of Your Trash with Environmental Science Activities for Kids. Donna Latham. Illus. by Tom Casteel. 2019. (Build It Yourself Ser.). (ENG.). 128p. (J). (gr. 4-6). 22.95 (978-1-61930-744-5(8), 568bd6cc-1b8c-4739-9a54-a54711d56cac); pap. 17.95 (978-1-61930-747-6(2), f4e812b2-c8a8-4871-9a6e-19a0dd649ddc) Nomad Pr.

Garbage & Trash. Holly Duhig. 2020. (Animals Eat What? Ser.). (ENG., Illus.). 24p. (J). (gr. 1-4). pap. 8.99 (978-1-5415-8705-2(7), 645be3fc-d08b-45a2-9819-d5d96c7d9dba); lib. bdg. 26.65 (978-1-5415-7933-0(X), 5c77d656-f7c5-42cf-8f9d-5f4ef163cf9e) Lerner Publishing Group. (Lerner Pubns.).

Garbage Can Gang Home at Last. DeWitt Z. Smith. l.t. ed. 2021. (ENG.). 78p. (J). pap. 6.00 (978-1-0879-5995-5(0)) Indy Pub.

Garbage Collectors. Christina Leaf. 2018. (Community Helpers Ser.). (ENG., Illus.). 24p. (J). (gr. k-3). lib. bdg. 26.95 (978-1-62617-898-4(4), Blastoff! Readers) Bellwether Media.

Garbage Collectors. Julie Murray. 2018. (My Community: Jobs Ser.). (ENG.). 24p. (J). (gr. -1-2). lib. bdg. 31.36 (978-1-5321-0788-7(9), 28137, Abdo Kids) ABDO Publishing Co.

Garbage Collectors. Laura K. Murray. 2023. (Seedlings Ser.). (ENG., Illus.). 24p. (J). (gr. 1-3). pap. 10.99 (978-1-62832-944-5(0), 23574, Creative Paperbacks) Creative Co., The.

Garbage Dog. Robbie Wilkinson. Ed. by Little Little Gestalten. Illus. by Eleni Kalorkoti. 2019. (ENG.). 32p. (J). 19.95 (978-3-89955-832-6(4)) Die Gestalten Verlag DEU. Dist: Ingram Publisher Services.

Garbage Dump Disaster. Geronimo Stilton. ed. 2021. (Geronimo Stilton Ser.). (ENG., Illus.). 111p. (J). (gr. 2-3). 19.36 (978-1-68505-055-9(7)) Penworthy Co., LLC, The.

Garbage Dump Disaster (Geronimo Stilton #79) Geronimo Stilton. 2021. (Geronimo Stilton Ser.: 79). (ENG.). 128p. (J). (gr. 2-5). pap. 7.99 (978-1-338-75684-5(2), Scholastic Paperbacks) Scholastic, Inc.

Garbage Goblins. T. R. Asch. 2018. (ENG.). 148p. (J). pap. 7.95 (978-1-937791-74-2(2), Kid Fuse) Joyride Bks.

Garbage Goes Out! What Happens after That? Riley Flynn. 2018. (Story of Sanitation Ser.). (ENG., Illus.). 32p. (J). (gr. 3-6). lib. bdg. 27.99 (978-1-5435-3111-4(3), 138707, Capstone Pr.) Capstone.

Garbage in Space: A Space Discovery Guide. Margaret J. Goldstein. 2017. (Space Discovery Guides). (ENG., Illus.). 48p. (J). (gr. 4-6). 31.99 (978-1-5124-2590-1(7), de8456a6-c6ec-4c0f-9995-6893b50a2be5); E-Book 4.99 (978-1-5124-3806-2(5), 9781512438062); E-Book 47.99 (978-1-5124-2798-1(5)); E-Book 47.99 (978-1-5124-3807-9(3), 9781512438079) Lerner Publishing Group. (Lerner Pubns.).

Garbage in the Sea. Marlotte Eenkema Van Dijk. Illus. by John Maynard Balinggao. 2022. (ENG.). 36p. (J). pap. (978-1-922827-92-0(4)) Library For All Limited.

Garbage Island. Fred Koehler. (Nearly Always Perilous Adventures of Archibald Shrew Ser.). (ENG., Illus.). 288p. (J). (gr. 3-7). 2019. pap. 8.99 (978-1-68437-376-5(X)); 2018. 17.95 (978-1-62979-675-8(1)) Astra Publishing Hse. (Astra Young Readers).

Garbage Monster from Outer Space. John R. Erickson. Illus. by Gerald L. Holmes. 2017. (Hank the Cowdog Ser.: Vol. 32). (ENG.). 126p. (J). (gr. 3-6). 15.99 (978-1-59188-232-9(X)) Maverick Bks., Inc.

Garbage Pail Kids Cookbook. Elisabeth Weinberg & Matt Stine. Illus. by Joe Simko. 2022. (ENG.). 96p. (J). (gr. 3-7). 19.99 (978-1-4197-6069-3(6), 1767301, Abrams Bks. for Young Readers) Abrams, Inc.

Garbage Pail Kids: the Big Box of Garbage (Box Set) R. L. Stine. Illus. by Joe Simko et al. 2022. (Garbage Pail Kids Ser.). (ENG.). 624p. (J). (gr. 3-7). 44.99 (978-1-4197-6629-9(5), 59, Amulet Bks.) Abrams, Inc.

Garbage Truck Tales. Jack Redwing. Ed. by Cottage Door Press. Illus. by Jen Taylor. 2021. (ENG.). 24p. (J). (gr. -1 — 1). bds. 19.99 (978-1-64638-313-9(3), 1007300) Cottage Door Pr.

Garbage Trucks. Thomas K. Adamson. 2017. (Mighty Machines in Action Ser.). (ENG., Illus.). 24p. (J). (gr. k-3). lib. bdg. 26.95 (978-1-62617-605-8(1), Blastoff! Readers) Bellwether Media.

Garbage Trucks. Quinn M. Arnold. 2017. (Seedlings Ser.). (ENG., Illus.). 24p. (J). (gr. -1-k). (978-1-60818-790-4(X), 20110, Creative Education) Creative Co., The.

Garbage Trucks. Wendy Strobel Dieker. 2018. (Spot Mighty Machines Ser.). (ENG.). 16p. (J). (gr. -1-2). pap. 9.99 (978-1-68152-294-4(2), 14984); lib. bdg. (978-1-68151-374-4(9), 14978) Amicus.

Garbage Trucks. Ryan Earley. 2023. (Mighty Trucks Ser.). (ENG.). 16p. (J). (gr. -1-1). lib. bdg. 25.27 (978-1-63897-951-7(0), 33169) Seahorse Publishing.

Garbage Trucks. Contrib. by Ryan Earley. 2023. (Mighty Trucks Ser.). (ENG., Illus.). (J). (gr. -1-1). pap. 7.95 Seahorse Publishing.

Garbage Trucks, 1 vol. Marie Morrison. 2019. (XL Machines! Ser.). (ENG.). 24p. (gr. 1-2). pap. 9.25 (978-1-7253-1154-1(2), 042e1794-2cdc-4565-bb2b-e7c60b771148, PowerKids Pr.) Rosen Publishing Group, Inc., The.

Garbage Trucks / Camiones de Basura. Nadia Higgins. Illus. by Sr. Sánchez. 2019. (Machines! / ¡Las Máquinas! Ser.). (MUL.). 24p. (J). (gr. -1-2). lib. bdg. 33.99 (978-1-68410-340-9(1), 140260) Cantata Learning.

Garbage Trucks Are Coming Today! Susan Taylor. Illus. by Christian Bocquée. 2021. (ENG.). 32p. (J). (gr. k-2). pap. 9.99 (978-1-76079-343-2(4)) New Holland Pubs. Pty, Ltd. AUS. Dist: Independent Pubs. Group.

Garbage Trucks Are Here. Yvonne Jones. 2016. (ENG., Illus.). (J). pap. 9.50 (978-0-9970254-6-0(8)) LHC Publishing.

Garbage Truck's Day. Rebecca Sabelko. Illus. by Christos Skaltsas. 2023. (Machines at Work Ser.). (ENG.). (J). (gr. k-3). pap. 7.99 Bellwether Media.

Garbage Truck's Day. Contrib. by Rebecca Sabelko. 2023. (Machines at Work Ser.). (ENG., Illus.). (J). (gr. k-3). lib. bdg. 26.95 Bellwether Media.

Garbage Trucks Make a Great Coloring Book. Jupiter Kids. 2016. (ENG., Illus.). 106p. (J). pap. 12.55 (978-1-68326-367-8(7), Jupiter Kids (Childrens & Kids Fiction)) Speedy Publishing LLC.

Garbage Trucks on the Go. Beth Bence Reinke. 2018. (Bumba Books (r) — Machines That Go Ser.). (ENG., Illus.). 24p. (J). (gr. -1-1). 26.65 (978-1-5124-8253-9(6), 2aca02bf-a6f8-48ee-9a5e-29e500a16bbc, Lerner Pubns.) Lerner Publishing Group.

Garbage Wars. J. K. Burns. 2021. (ENG.). 40p. (J). pap. (978-0-620-96003-8(5)) African Public Policy & Research Institute, The.

Garbo the Gorilla & His Adventures in Waterville. Gail Hurst. 2018. (ENG.). 38p. (YA). 14.95 (978-1-68401-696-9(7)) Amplify Publishing Group.

Garden. Tamika Champion-Hampton. 2022. (Kamden Faith Journey Ser.: Vol. 7). (ENG.). 26p. (J). pap. 14.99 (978-1-63199-838-6(2)) Energion Pubns.

Garden, 1 vol. Meghan Ferrari. 2019. (ENG.). 120p. (YA). (gr. 7-12). pap. 14.95 (978-0-88995-568-4(9), a8664cc4-0233-4a75-b4ef-8e895273ab9b) Red Deer Pr. CAN. Dist: Firefly Bks., Ltd.

Garden, 1 vol. Gwendolyn Hooks. Illus. by Shirley Ng-Benitez. 2018. (Confetti Kids Ser.: 5). (ENG.). 32p. (J). (gr. k-2). 14.95 (978-1-62014-565-4(0), leelowbooks); pap. 9.95 (978-1-62014-566-1(9), leelowbooks) Lee & Low Bks., Inc.

Garden. Ed. by Rainstorm Publishing. Illus. by Gabriele Antonini. 2018. (First Animal Facts Ser.). (ENG.). 20p. (J). bds. 7.99 (978-1-989219-80-5(2)) Rainstorm Pr.

Garden: A Baby Montessori Book. Ed. by Chiara Piroddi. Illus. by Agnese Baruzzi. 2021. (Baby Montessori Ser.). (ENG.). 20p. (J). bds. 8.99 (978-1-5248-6269-5(X)) Andrews McMeel Publishing.

Garden Adventures of Griswald the Gnome, 28 vols. Daniela Drescher. Tr. by Anna Cardwell. 2018. Orig. Title: Giesbert in der Regentonne. (Illus.). 120p. (J). 19.95 (978-1-78250-521-1(0)) Floris Bks. GBR. Dist: Consortium Bk. Sales & Distribution.

Garden Adventures of Rosie Red. Clare Elson. Illus. by Sue Prosser. 2019. (ENG.). 30p. (J). pap. (978-1-78830-097-1(1)) Olympia Publishers.

Garden Amusements for Improving the Minds of Little Children (Classic Reprint) Alexander Anderson. 2018. (ENG., Illus.). 46p. (J). 25.01 (978-0-332-16954-5(5)) Forgotten Bks.

Garden Amusements, for Improving the Minds of Little Children (Classic Reprint) Unknown Author. (ENG., Illus.). (J). 2018. 40p. 24.72 (978-0-267-57023-2(6)); 2016. pap. 7.97 (978-1-334-16785-0(0)) Forgotten Bks.

Garden Art: Fun Experiments to Learn, Grow, Harvest, Make, & Play. Renata Fossen Brown. 2018. (Gardening Lab for Kids Ser.). (ENG., Illus.). 32p. (J). (gr. 3-6). lib. bdg. 27.99 (978-1-63159-451-9(6), d21b0eef-b7bc-457e-a43f-211d975cf772, Quarry Bks.) Quarto Publishing Group USA.

Garden at Monkholme, Vol. 2 Of 3: A Novel (Classic Reprint) Annie Armitt. 2018. (ENG., Illus.). 284p. (J). 29.75 (978-0-483-75915-2(5)) Forgotten Bks.

Garden at the Winkle Woods in the Wilderness (Classic Reprint) Fred Warner Shibley. (ENG., Illus.). (J). 2018. 50p. 24.93 (978-0-332-47837-1(8)); 2017. pap. 9.57 (978-0-243-50517-3(5)) Forgotten Bks.

Garden Behind the Moon: A Real Story of the Moon Angel (Classic Reprint) Howard Pyle. 2017. (ENG., Illus.). 204p. (J). 28.10 (978-0-331-86325-3(1)) Forgotten Bks.

Garden Broom. The Daisy Chain Project. 2020. (ENG.). 30p. (J). pap. (978-1-5289-8158-3(8)) Austin Macauley Pubs. Ltd.

Garden Crew. Carolyn Harris. 2017. (ENG., Illus.). (J). pap. (978-1-4602-9743-8(1)) FriesenPress.

Garden Crew Go to School. Carolyn Harris. 2020. (Garden Crew Ser.). (ENG.). 32p. (J). (978-1-5255-6114-6(6)); pap. (978-1-5255-6115-3(4)) FriesenPress.

Garden Crew Go to the Farmers' Market. Carolyn Harris. 2018. (ENG., Illus.). 32p. (J). pap. (978-1-5255-1195-0(5)) FriesenPress.

Garden Crew Meet Stanley. Carolyn Harris. 2018. (Garden Crew Ser.). (ENG., Illus.). 28p. (J). (978-1-5255-3308-2(8)); pap. (978-1-5255-3309-9(6)) FriesenPress.

Garden Critters & the Pangolin. Elena Ventura. 2021. (ENG.). 20p. (J). (978-0-6450048-2-3(0)) Ventura, Elena.

Garden Day! Candice Ransom. ed. 2019. (Step into Reading Ser.). (ENG.). 32p. (J). (gr. k-1). 14.96 (978-0-87617-963-5(4)) Penworthy Co., LLC, The.

Garden Day! Candice Ransom. Illus. by Erika Meza. 2019. (Step into Reading Ser.). 32p. (J). (gr. -1-1). pap. 5.99 (978-1-5247-2040-7(2), Random Hse. Bks. for Young Readers) Random Hse. Children's Bks.

Garden Designs That Moms Love Coloring Book. Kreative Kids. 2016. (ENG., Illus.). (J). pap. 9.20 (978-1-68377-485-3(X)) Whike, Traudl.

Garden for Raina. Michelle St Claire. Ed. by Msb Editing Services. 2019. (Beautifully Unbroken Ser.: Vol. 4). (ENG.). 140p. (YA). (gr. 7-12). 23.98 (978-1-945891-58-8(0)) May 3rd Bks., Inc.

Garden for Raina: Beautifully Unbroken - Book 4. Michelle St Claire. 2016. (Beautifully Unbroken Ser.: 4). (ENG., Illus.). (YA). (gr. 7-12). pap. 13.98 (978-1-945891-09-0(2)) May 3rd Bks., Inc.

Garden Friends. Michelle Chacon. 2021. (ENG.). 44p. (J). (978-1-83945-744-9(9)) FeedARead.com.

Garden Friends. Thomas Newman. 2021. (ENG., Illus.). 36p. (J). 22.95 (978-1-63860-527-0(0)); pap. 13.95 (978-1-63710-568-9(1)) Fulton Bks.

Garden Gnomes. Sue Hazeldine. 2022. (ENG.). 74p. (J). pap. (978-1-3984-0296-6(6)) Austin Macauley Pubs. Ltd.

Garden God: A Tale of Two Boys (Classic Reprint) Forrest Reid. (ENG., Illus.). (J). 2018. 110p. 26.17 (978-0-666-09347-9(4)); 2017. pap. 9.57 (978-0-259-35780-3(4)) Forgotten Bks.

Garden in My Hands. Meera Sriram. Illus. by Sandhya Prabhat. 2023. 40p. (J). (gr. -1-3). 18.99 (978-0-593-42710-1(6)); (ENG.). lib. bdg. 21.99 (978-0-593-42711-8(4)) Random Hse. Children's Bks. (Knopf Bks. for Young Readers).

Garden in Pink (Classic Reprint) Blanche Elizabeth Wade. 2018. (ENG., Illus.). 208p. (J). 28.19 (978-0-483-55947-9(4)) Forgotten Bks.

Garden in Your Belly: Meet the Microbes in Your Gut. Masha D'yans. Illus. by Masha D'yans. 2020. (ENG., Illus.). 32p. (J). (gr. 2-5). 19.99 (978-1-5415-7840-1(6), e1662b1e-07ea-4c25-8740-dc168a90bdca, Millbrook Pr.) Lerner Publishing Group.

Garden Insects & Bugs: My Nature Sticker Activity Book. Olivia Cosneau. 2018. (ENG.). (J). (gr. -1-1). pap. 9.99 (978-1-61689-664-5(7)) Princeton Architectural Pr.

Garden Is Big: Book 34. William Ricketts. Illus. by Dean Maynard. 2023. (Tas & Friends Ser.). (ENG.). 20p. (J). (gr. -1-k). pap. 7.99 (978-1-76127-034-5(6), ea1e3fb9-2adc-41ed-b946-a8a17eee386f) Knowledge Bks. & Software AUS. Dist: Lerner Publishing Group.

Garden Is Green: Book 32. William Ricketts. Illus. by Dean Maynard. 2023. (Tas & Friends Ser.). (ENG.). 20p. (J). (gr. -1-k). pap. 7.99 (978-1-76127-032-1(X),

bcee3990-7375-460e-a25b-5d06ba593be4) Knowledge Bks. & Software AUS. Dist: Lerner Publishing Group.

Garden-Land (Classic Reprint) Robert William Chambers. (ENG., Illus.). (J). 2018. 156p. 27.13 *(978-0-364-91945-3(0))*; 2017. pap. 9.57 *(978-0-259-80827-5(X))* Forgotten Bks.

Garden Life. Elizabeth Austin. rev. ed. 2019. (Smithsonian: Informational Text Ser.). (ENG., Illus.). 20p. (J). (gr. k-1). 7.99 *(978-1-4938-6645-8(1))* Teacher Created Materials, Inc.

Garden Lunch - 6 Pack: Set of 6 Common Core Edition. Katherine Scraper. 2016. (Early Explorers Ser.). (J). (gr. k-1). 39.00 net. *(978-1-5125-8578-0(5))* Benchmark Education Co.

Garden o' Memories: And Other Stories (Classic Reprint) Elizabeth Fairfax. 2018. (ENG., Illus.). 90p. (J). 25.75 *(978-0-484-57880-6(4))* Forgotten Bks.

Garden of a Communter's Wife (Classic Reprint) Mabel Osgood Wright. 2017. (ENG., Illus.). (J). 32.15 *(978-0-265-19641-0(8))* Forgotten Bks.

Garden of Academic Delights: Southern Campus, UCLA 1974 (Classic Reprint) University Of California. 2018. (ENG., Illus.). 256p. (J). 29.20 *(978-0-483-13306-8(X))* Forgotten Bks.

Garden of Allah, Vol. 2 (Classic Reprint) Robert Smythe Hichens. 2016. (ENG., Illus.). (J). pap. 7.97 *(978-1-333-55744-7(2))* Forgotten Bks.

Garden of Childhood: Stories for Little Folk at School & at Home (Classic Reprint) Alice M. Chesterton. (ENG., Illus.). (J). 2018. 202p. 28.06 *(978-0-365-41448-3(4))*; 2017. pap. 10.57 *(978-0-259-51643-9(0))* Forgotten Bks.

Garden of Creatures. Sheila Heti. Illus. by Esmé Shapiro. 2022. (ENG.). 40p. (J). (gr. -1-3). 18.99 *(978-0-7352-6881-4(9)*, Tundra Bks.) Tundra Bks. CAN. Dist: Penguin Random Hse. LLC.

Garden of Dreams (Classic Reprint) Clarice Vallette McCauley. 2018. (ENG., Illus.). 158p. (J). 27.16 *(978-0-267-20063-4(3))* Forgotten Bks.

Garden of Eden Adventure. Eunice Wilkie. 2020. (ENG., Illus.). 48p. (J). (gr. 1-6). pap. 10.99 *(978-1-912522-76-7(4)*, 6c610363-4ad0-4faf-a05f-36b5086fe972) Ritchie, John Ltd. GBR. Dist: Baker & Taylor Publisher Services (BTPS).

Garden of Eden (Classic Reprint) Blanche Willis Howard. 2018. (ENG., Illus.). (J). 33.26 *(978-0-331-97519-2(X))* Forgotten Bks.

Garden of Eden Coloring Book. Activity Attic Books. 2016. (ENG., Illus.). (J). pap. 7.74 *(978-1-68323-890-4(7))* Twin Flame Productions.

Garden of Emotions: Cultivating Peace Through Eft Tapping. Brad Yates. Illus. by Deborah O'Connor. 2018. (ENG.). 34p. (J). (gr. k-6). 19.99 *(978-1-63233-190-8(X))*; pap. 14.99 *(978-1-63233-189-2(6))* Elfrig Publishing.

Garden of Experience (Classic Reprint) Marion Cran. (ENG., Illus.). (J). 2017. 30.76 *(978-0-331-92316-2(5))*; 2016. pap. 13.57 *(978-1-334-45607-7(0))* Forgotten Bks.

Garden of Fate (Classic Reprint) Roy Norton. (ENG., Illus.). (J). 2018. 374p. 31.63 *(978-0-267-00356-3(0))*; 2018. 392p. 32.00 *(978-0-332-34299-3(9))*; 2017. pap. 16.57 *(978-0-243-95791-0(2))*; 2017. pap. 16.57 *(978-0-243-29862-4(5))* Forgotten Bks.

Garden of Flowers. Michael Rosenblum. 2023. (ENG.). 36p. (J). ***(978-1-0358-2678-0(X))***; pap. ***(978-1-0358-2677-3(1))*** Austin Macauley Pubs. Ltd.

Garden of Indra (Classic Reprint) Michael White. 2018. (ENG., Illus.). 302p. (J). 30.13 *(978-0-483-40212-6(5))* Forgotten Bks.

Garden of Lies: A Romance (Classic Reprint) Justus Miles Forman. 2017. (ENG., Illus.). 350p. (J). 31.12 *(978-0-332-08359-9(4))* Forgotten Bks.

Garden of Light: Nature Images & Inspiration from the Bahá'í Faith. Fiona Elizabeth. 2020. (ENG.). 48p. (J). *(978-1-5255-6922-7(8))*; pap. *(978-1-5255-6923-4(6))* FriesenPress.

Garden of Love Where Families Bloom: The Adoption Connection. Christy R. Kutz. Illus. by Krystal Kramer. 2023. 24p. (J). 24.99 ***(978-1-6678-7486-9(1))*** BookBaby.

Garden of Luzon (Classic Reprint) Julian Scott Bryan. 2018. (ENG., Illus.). 162p. (J). 27.26 *(978-0-483-41942-1(7))* Forgotten Bks.

Garden of Memories (Classic Reprint) Henry St. John Cooper. 2018. (ENG., Illus.). 314p. (J). 30.37 *(978-0-267-18783-6(1))* Forgotten Bks.

Garden of Memories; Mrs. Austin; Lizzie's Bargain, Vol. 1 (Classic Reprint) Margaret Veley. (ENG., Illus.). (J). 2018. 274p. 29.55 *(978-0-483-78222-8(X))*; 2016. pap. 11.97 *(978-1-334-23435-4(3))* Forgotten Bks.

Garden of Memories; Mrs. Austin; Lizzie's Bargain, Vol. 2 (Classic Reprint) Margaret Veley. (ENG., Illus.). (J). 2018. 244p. 28.93 *(978-0-483-87954-6(1))*; 2016. pap. 11.57 *(978-1-334-18029-3(6))* Forgotten Bks.

Garden of My Imaan, 1 vol. Farhana Zia. 2016. 192p. (J). (gr. 3-7). pap. 8.99 *(978-1-56145-921-6(6))* Peachtree Publishing Co. Inc.

Garden of Mystery (Classic Reprint) Richard Marsh. (ENG., Illus.). (J). 2018. 324p. 30.58 *(978-0-483-61303-4(7))*; 2016. pap. 13.57 *(978-1-334-14502-5(4))* Forgotten Bks.

Garden of Paradise (Classic Reprint) Edward Sheldon. 2018. (ENG., Illus.). 270p. (J). 29.49 *(978-0-656-77387-9(1))* Forgotten Bks.

Garden of Paris (Classic Reprint) Elizabeth Wallace. 2018. (ENG., Illus.). 202p. (J). 28.06 *(978-0-267-43126-7(0))* Forgotten Bks.

Garden of Peace: A Medley in Quietude (Classic Reprint) F. Littlemore. 2017. (ENG., Illus.). (J). 30.46 *(978-0-266-85295-7(5))* Forgotten Bks.

Garden of Resurrection: Being the Love Story of in Ugly Man (Classic Reprint) Ernest Temple Thurston. (ENG., Illus.). (J). 2018. 326p. 30.62 *(978-0-666-97423-5(3))*; 2016. pap. 13.57 *(978-1-334-13595-8(9))* Forgotten Bks.

Garden of Roses: Stories & Sketches (Classic Reprint) Maurice Francis Egan. 2018. (ENG., Illus.). 294p. (J). 29.96 *(978-0-267-23402-8(3))* Forgotten Bks.

Garden of Secrets. E. Hughes & A. J. Hughes. 2023. (ENG.). 124p. (YA). pap. 22.99 ***(978-1-7377052-6-0(5))*** Love-LovePublishing.

Garden of Spices (Classic Reprint) A. Keith Fraser. 2018. (ENG., Illus.). (J). 30.46 *(978-0-260-65960-6(6))* Forgotten Bks.

Garden of Survival (Classic Reprint) Algernon Blackwood. 2017. (ENG., Illus.). 182p. (J). 27.67 *(978-0-332-95204-8(5))* Forgotten Bks.

Garden of Swords (Classic Reprint) Max Pemberton. 2018. (ENG., Illus.). 354p. (J). 31.22 *(978-0-484-44978-6(8))* Forgotten Bks.

Garden of the Cursed. Katy Rose Pool. 2023. (Garden of the Cursed Ser.: 1). (ENG.). 352p. (YA). 19.99 *(978-1-250-84666-2(8)*, 900257115, Holt, Henry & Co. Bks. For Young Readers) Holt, Henry & Co.

Garden of the Lost Souls: Book 2 of the Flin's Destiny Series. Erik Olsen. 2020. (Flin's Destiny Ser.: Vol. 2). (ENG., Illus.). 340p. (J). pap. 17.50 *(978-0-578-63149-3(0))* Olsen, Erik.

Garden of the Plynck (Classic Reprint) Karle Wilson Baker. 2017. (ENG., Illus.). (J). 120p. 26.39 *(978-0-332-49391-6(1))*; pap. 9.57 *(978-1-5276-3171-7(0))* Forgotten Bks.

Garden of the Sun: A Novel (Classic Reprint) Thomas J. Powers. (ENG., Illus.). (J). 2018. 404p. 32.23 *(978-0-483-38028-8(8))*; 2016. pap. 16.57 *(978-1-334-12597-3(X))* Forgotten Bks.

Garden of Thorns. Amber Mitchell. 2017. (ENG., Illus.). (YA). pap. 16.99 *(978-1-68281-444-4(0))* Entangled Publishing, LLC.

Garden of Two. Vicki-Ann Bush. 2020. (ENG.). 288p. (YA). pap. 10.99 *(978-1-7348413-7-4(0))* Faccia Brutta.

Garden of Virtues. Smith Lee Chelsea. Illus. by MacKie Shimone. 2017. (ENG.). 52p. (J). *(978-0-9876433-2-2(0))* Enable Me To Grow.

Garden of Wonders. Judith Bouilloc & Sara Ugolotti. 2023. (ENG.). 72p. (J). (gr. 2). 16.99 ***(978-1-62164-622-8(X))*** Ignatius Pr.

Garden of Yesterday (Classic Reprint) Edith Livingston Smith. 2017. (ENG., Illus.). 30p. (J). 24.52 *(978-0-332-52368-2(3))* Forgotten Bks.

Garden Party (Classic Reprint) Katherine Mansfield. 2017. (ENG., Illus.). (J). 29.55 *(978-0-266-55626-8(4))* Forgotten Bks.

Garden Plot. Franklin W. Dixon. Illus. by Santy Gutierrez. 2022. (Hardy Boys Clue Book Ser.: 15). (ENG.). 112p. (J). (gr. 1-4). 17.99 *(978-1-5344-7684-4(9))*; pap. 5.99 *(978-1-5344-7683-7(0))* Simon & Schuster Children's Publishing. (Aladdin).

Garden Quest. The Saturn Creative Team. 2018. (Magical Adventures of Wonsook Ser.: Vol. 2). (ENG., Illus.). 46p. (J). pap. 12.99 *(978-0-692-15655-1(0))* Saturn Music & Entertainment.

Garden Rosary (Classic Reprint) Agnes Edwards. (ENG., Illus.). (J). 2018. 140p. 26.78 *(978-0-267-55108-8(8))*; 2016. pap. 9.57 *(978-1-333-56178-9(4))* Forgotten Bks.

Garden Shed Olive & Sylvia. Annette Titchen. 2020. (ENG.). 22p. (J). pap. *(978-1-5289-8119-4(7))* Austin Macauley Pubs. Ltd.

Garden That I Love. Alfred Austin. 2017. (ENG., Illus.). (J). pap. *(978-0-649-59117-6(8))* Trieste Publishing Pty Ltd.

Garden That I Love (Classic Reprint) Alfred Austin. 2018. (ENG., Illus.). 176p. (J). 27.55 *(978-0-666-09983-9(9))* Forgotten Bks.

Garden, the Curtain, & the Cross Board Book: The True Story of Why Jesus Died & Rose Again. Carl Laferton. Illus. by Catalina Echeverri. 2021. (Tales That Tell the Truth Ser.). (ENG.). 16p. (J). bds. *(978-1-78498-581-3(3))* Good Bk. Co., The.

Garden to Save the Birds. Wendy McClure. Illus. by Beatriz Mayumi. 2021. (ENG.). 32p. (J). (gr. -1-3). 17.99 *(978-0-8075-2753-5(X)*, 080752753X) Whitman, Albert & Co.

Garden to Table. Julie Knutson. 2019. (21st Century Skills Library: Nature's Makers Ser.). (ENG.). 32p. (J). (gr. 4-7). pap. 14.21 *(978-1-5341-3959-6(1)*, 212665); (Illus.). lib. bdg. 32.07 *(978-1-5341-4303-6(3)*, 212664) Cherry Lake Publishing.

Garden Warfare #1. Paul Tobin. Illus. by Jacob Chabot. 2017. (Plants vs. Zombies Ser.). (ENG.). 28p. (J). (gr. 3-7). lib. bdg. 31.36 *(978-1-5321-4127-0(0)*, 27000, Graphic Novels) Spotlight.

Garden Warfare #2. Paul Tobin. Illus. by Jacob Chabot. 2017. (Plants vs. Zombies Ser.). (ENG.). 28p. (J). (gr. 3-7). lib. bdg. 31.36 *(978-1-5321-4128-7(9)*, 27001, Graphic Novels) Spotlight.

Garden Warfare #3. Paul Tobin. Illus. by Jacob Chabot. 2017. (Plants vs. Zombies Ser.). (ENG.). 28p. (J). (gr. 3-7). lib. bdg. 31.36 *(978-1-5321-4129-4(7)*, 27002, Graphic Novels) Spotlight.

Garden We Share. Zoë Tucker. Illus. by Swaney Julianna. 2022. (ENG.). 32p. (J). (gr. -1-3). 18.95 *(978-0-7358-4484-1(4))* North-South Bks., Inc.

Garden Wedding. Dorothy Stuart. Illus. by Judy King. 2021. (ENG.). 32p. (J). *(978-1-304-08819-2(7))* Lulu Pr., Inc.

Garden Without Walls (Classic Reprint) Coningsby Dawson. 2018. (ENG., Illus.). 514p. (J). 34.50 *(978-0-332-61822-7(6))* Forgotten Bks.

Garden Wonders: A Guidebook for Little Green Thumbs, 1 vol. Sarah Grindler. 2023. 3. 32p. (J). 15.95 *(978-1-77471-143-9(5)*, 3cafafd3-11ec-4fec-b2b1-1242ef79eb58) Nimbus Publishing, Ltd. CAN. Dist: Baker & Taylor Publisher Services (BTPS).

Gardenchildren & Other Stories. Sandra Ure Griffin. 2020. (ENG., Illus.). 52p. (J). pap. *(978-1-716-63646-2(9))* Lulu Pr., Inc.

Gardener Prince. Farideh Jahandideh. 2021. (ENG.). 170p. (J). pap. *(978-1-9168874-7-3(3))* L. R. Price Pubns. Ltd.

Gardener's Daughter (Classic Reprint) Unknown Author. 2018. (ENG., Illus.). (J). 76p. 25.48 *(978-1-396-83165-2(7))*; 78p. pap. 9.57 *(978-1-396-83159-1(2))* Forgotten Bks.

Gardenhurst: A Novel (Classic Reprint) Anna Caroline Steele. (ENG., Illus.). (J). 2018. 468p. 33.57 *(978-0-267-38505-8(6))*; 2016. pap. 16.57 *(978-1-334-14952-8(6))* Forgotten Bks.

Gardenhurst, Vol. 2 Of 3: A Novel (Classic Reprint) Anna Caroline Steele. (ENG., Illus.). (J). 2018. 314p. 30.39 *(978-0-484-03465-4(0))*; 2017. pap. 13.57 *(978-0-243-40099-7(3))* Forgotten Bks.

Gardenia. Kelsey Sutton. 2017. (ENG.). 260p. (YA). pap. 13.99 *(978-1-62681-841-5(X)*, Diversion Bks.) Diversion Publishing Corp.

Gardening. Nessa Black. 2020. (Spot Outdoor Fun Ser.). (ENG.). 16p. (J). (gr. -1-2). lib. bdg. *(978-1-68151-811-4(2)*, 10685) Amicus.

Gardening Childrens Edition! Coloring Book. Bold Illustrations. 2018. (ENG., Illus.). 84p. (J). pap. 6.92 *(978-1-64193-995-9(8)*, Bold Illustrations) FASTLANE LLC.

Gardening for Kids, 6 vols., Set. Incl. Backyard Flower Garden for Kids. Amie Jane Leavitt. (Illus.). (YA). lib. bdg. 29.95 *(978-1-58415-633-8(3))*; Backyard Vegetable Garden for Kids. Amie Leavitt. (YA). lib. bdg. 29.95 *(978-1-58415-634-5(1))*; Design Your Own Butterfly Garden. Susan Sales Harkins & William H. Harkins. (Illus.). (J). lib. bdg. 29.95 *(978-1-58415-638-3(4)*, 1283225); Design Your Own Pond & Water Garden. Susan Sales Harkins & William H. Harkins. (Illus.). (YA). lib. bdg. 29.95 *(978-1-58415-635-2(X))*; Kid's Guide to Landscape Design. Marylou Morano Kjelle. (Illus.). (YA). lib. bdg. 29.95 *(978-1-58415-637-6(6))*; Kid's Guide to Perennial Gardens. Tamra Orr. (Illus.). (YA). lib. bdg. 29.95 *(978-1-58415-636-9(8))*; (gr. 1-4). (Illus.). 48p. 2008. Set lib. bdg. 179.70 *(978-1-58415-639-0(2))* Mitchell Lane Pubs.

Gardening for Kids: 35 Nature Activities to Sow, Grow, & Make. Dawn Isaac. 2021. (ENG., Illus.). 128p. (J). 16.99 *(978-1-80065-011-4(6)*, 1800650116, Cico Kidz) Ryland Peters & Small GBR. Dist: WIPRO.

Gardening for Money: How It Was Done, in Flowers, Strawberries, Vegetables (Classic Reprint) Charles Barnard. 2018. (ENG., Illus.). 352p. (J). 31.16 *(978-0-483-25653-8(6))* Forgotten Bks.

Gardening Gnome. Kristine Brooks. 2021. 130p. (YA). pap. 10.00 *(978-1-0983-5874-7(0))* BookBaby.

Gardening Guides. Lisa J. Amstutz. 2016. (Gardening Guides). (ENG., Illus.). 32p. (J). (gr. 3-9). 122.60 *(978-1-4914-8698-6(8)*, 24373, Capstone Pr.) Capstone.

Gardening with Emma: Grow & Have Fun: a Kid-To-Kid Guide. Emma Biggs & Steven Biggs. 2019. (ENG., Illus.). 144p. (J). (gr. 3-7). pap. 19.99 *(978-1-61212-925-9(0)*, 622925) Storey Publishing, LLC.

Gardens: Children's Easter Musical. Dixie & Sharon Phillips & Charlotte Coles. l.t. ed. 2018. (ENG., Illus.). 30p. (J). (gr. 1-6). pap. 9.95 *(978-1-61633-913-5(6))* Guardian Angel Publishing, Inc.

Gardens - Activity Workbook. Beth Costanzo. 2022. (ENG.). 44p. (J). pap. 8.99 ***(978-1-0879-7110-0(1))*** Adventures of Scuba Jack Pubs., The.

Gardens Are for Growing. Chelsea Tornetto. Illus. by Hsulynn Pang. 2022. (ENG.). 32p. (J). (gr. k-3). 17.99 *(978-1-64170-646-9(5)*, 550646) Familius LLC.

Gardens in the Moonlight: What Plants Do at Night. Margaret Williamson. 2023. (Decodables - Discover Plants & Animals Ser.). (ENG.). 24p. (J). (gr. 2-3). 27.93 ***(978-1-68450-688-0(3))***; pap. 11.93 ***(978-1-68404-902-8(4))*** Norwood Hse. Pr.

Gardens Mean We Believe in Tomorrow! Penelope Dyan. Illus. by Penelope Dyan. l.t. ed. 2022. (ENG.). 34p. (J). pap. 12.60 *(978-1-61477-584-3(2))* Bellissima Publishing, LLC.

Gardens of Dorr. Paul Biegel. Tr. by Paul Biegel & Gillian Hume. Illus. by Eva Johanna Rubin. 2023. (ENG.). 224p. (J). (gr. 2-5). pap. 13.95 *(978-1-78269-335-2(1)*, Pushkin Children's Bks.) Steerforth Pr.

Gardens of the Caribbees, Vol. 1 Of 2: Sketches of a Cruise to the West Indies & the Spanish Main (Classic Reprint) Ida May Hill Starr. (ENG., Illus.). (J). 2017. 30.85 *(978-0-265-44513-6(2))*; 2016. pap. 13.57 *(978-1-334-15228-3(4))* Forgotten Bks.

Gardens of the Caribbees, Vol. 2 Of 2: Sketches of a Cruise to the West Indies & the Spanish Main (Classic Reprint) Ida May Hill Starr. 2017. (ENG., Illus.). 276p. (J). 29.61 *(978-0-332-37575-5(7))* Forgotten Bks.

Garder Toujours L'Espoir. Elena Nenerica. 2016. (FRE., Illus.). 32p. (J). pap. *(978-1-326-75890-5(X))* Lulu Pr., Inc.

Gardner Museum Heist. Michael Regan. 2019. (American Crime Stories Ser.). (ENG., Illus.). 112p. (J). (gr. 6-12). lib. bdg. 41.36 *(978-1-5321-9009-4(3)*, 33338, Essential Library) ABDO Publishing Co.

Gareth Guides to an Extraordinary Life. 2017. (Gareth Guides to an Extraordinary Life Ser.). 32p. (gr. 4-5). pap. 63.00 *(978-1-5382-0485-6(1))*; (ENG.). lib. bdg. 177.60 *(978-1-5382-0471-9(1)*, c33d039f-18a0-41de-b12b-beb56f229179) Stevens, Gareth Publishing LLLP.

Gareth Guides to an Extraordinary Life: Set 2, 12 vols. 2018. (Gareth Guides to an Extraordinary Life Ser.). (ENG.). 32p. (gr. 4-5). lib. bdg. 177.60 *(978-1-5382-2184-6(5)*, e86ca806-0f87-4516-9b9c-e2d07fb4726d) Stevens, Gareth Publishing LLLP.

Gareth Guides to an Extraordinary Life: Sets 1 - 2. 2018. (Gareth Guides to an Extraordinary Life Ser.). (ENG.). (J). pap. 146.16 *(978-1-5382-2819-7(X))*; (gr. 4-5). lib. bdg. 355.20 *(978-1-5382-2185-3(3)*, 9924fd46-977e-4167-9eab-7c7bfe6d946f) Stevens, Gareth Publishing LLLP.

Gareth Stevens Vital Science: Life Science, 14 vols., Set. Incl. Animal Life. Jean F. Blashfield. lib. bdg. 29.67 *(978-0-8368-8436-4(1)*, dda560e9-eeae-4013-a098-cb8bc1a8cf54); Cells. Darlene R. Stille. lib. bdg. 29.67 *(978-0-8368-8437-1(X)*, 1fecfa67-34ff-4be9-b177-d2aa2b5fcd92); Classifying Living Things. Darlene R. Stille. lib. bdg. 29.67 *(978-0-8368-8438-8(8)*, 4bcb69b5-21cd-4a70-aed6-697f48734e91); Heredity. Darlene R. Stille. lib. bdg. 29.67 *(978-0-8368-8439-5(6)*, 80ff653b-498b-4f99-bb70-1c6ac93f1c7e); How Life Changes. Barbara A. Somervill. lib. bdg. 29.67 *(978-0-8368-8440-1(X)*, 3421a617-7f3a-41f7-aa3f-ccb0e85ed843); Human Body. Barbara A. Somervill. lib. bdg. 29.67 *(978-0-8368-8441-8(8)*, 85dd2cbb-f96d-4117-b6f5-9393d5461cbb); Plant Life. Jean F. Blashfield. lib. bdg. 29.67 *(978-0-8368-8442-5(6)*, 9d8d4a48-efe0-4d88-bc07-1fd7c449f563); Simple Life Forms. Darlene R. Stille. lib. bdg. 29.67 *(978-0-8368-8443-2(4)*, cd3cfeff-04e6-4f60-baf9-85a2e523d84e); (Illus.). (gr. 5-8). (Gareth Stevens Vital Science Library: Life Science Ser.). (ENG.). 48p. 2007. Set lib. bdg. 207.69 *(978-0-8368-8435-7(3)*, 55c5cced-7f3f-4d38-b9f7-272473901983, Gareth Stevens Secondary Library) Stevens, Gareth Publishing LLLP.

Gareth's Guide to Becoming a Brain Surgeon. Joan Stoltman. 2017. (Gareth Guides to an Extraordinary Life Ser.). 32p. (J). (gr. 4-5). pap. 63.00 *(978-1-5382-0334-7(0))* Stevens, Gareth Publishing LLLP.

Gareth's Guide to Becoming a Deep-Sea Explorer, 1 vol. Barbara M. Linde. 2018. (Gareth Guides to an Extraordinary Life Ser.). (ENG.). 32p. (gr. 4-5). 29.60 *(978-1-5382-2043-6(1)*, 172d4666-2b24-48b7-99f7-f400cbd6f165) Stevens, Gareth Publishing LLLP.

Gareth's Guide to Becoming a Pop Star. Caitie McAneney. 2017. (Gareth Guides to an Extraordinary Life Ser.). 32p. (gr. 4-5). pap. 63.00 *(978-1-5382-0335-4(9))* Stevens, Gareth Publishing LLLP.

Gareth's Guide to Becoming a Rock Star Coder, 1 vol. Patricia Harris. 2017. (Gareth Guides to an Extraordinary Life Ser.). (ENG., Illus.). 32p. (J). (gr. 4-5). 29.60 *(978-1-5382-0359-0(6)*, d0e72303-65cf-4597-9400-1b9c266b7320) Stevens, Gareth Publishing LLLP.

Gareth's Guide to Becoming a Star Athlete. Ryan Nagelhout. 2017. (Gareth Guides to an Extraordinary Life Ser.). 32p. (J). (gr. 4-5). pap. 63.00 *(978-1-5382-0336-1(7))* Stevens, Gareth Publishing LLLP.

Gareth's Guide to Becoming a World-Renowned Chef, 1 vol. Kate Mikoley. 2018. (Gareth Guides to an Extraordinary Life Ser.). (ENG.). 32p. (gr. 4-5). lib. bdg. 29.60 *(978-1-5382-2047-4(4)*, 0662a4bd-94bb-439c-8b6c-09ed083a5617) Stevens, Gareth Publishing LLLP.

Gareth's Guide to Building a Robot, 1 vol. Therese M. Shea. 2018. (Gareth Guides to an Extraordinary Life Ser.). (ENG.). 32p. (gr. 4-5). 29.60 *(978-1-5382-2051-1(2)*, 525bbc73-2603-4ab9-84b6-94509595d1fe) Stevens, Gareth Publishing LLLP.

Gareth's Guide to Building a Skyscraper, 1 vol. Ryan Nagelhout. 2018. (Gareth Guides to an Extraordinary Life Ser.). (ENG.). 32p. (gr. 4-5). 29.60 *(978-1-5382-2055-9(5)*, 5ce56764-b9ab-4209-b365-cc281b6bee67) Stevens, Gareth Publishing LLLP.

Gareth's Guide to Building a Space Probe. Therese Shea. 2017. (Gareth Guides to an Extraordinary Life Ser.). 32p. (gr. 4-5). pap. 63.00 *(978-1-5382-0337-8(5))* Stevens, Gareth Publishing LLLP.

Gareth's Guide to Saving the Environment, 1 vol. Jill Keppeler. 2018. (Gareth Guides to an Extraordinary Life Ser.). (ENG.). 32p. (gr. 4-5). 29.60 *(978-1-5382-2059-7(8)*, 944f9053-9480-4e2a-ae0f-8643fbd38317) Stevens, Gareth Publishing LLLP.

Gareth's Guide to Unearthing a Dinosaur. Melissa Raé Shofner. 2017. (Gareth Guides to an Extraordinary Life Ser.). 32p. (J). (gr. 4-5). pap. 63.00 *(978-1-5382-0339-2(1))*; (ENG.). lib. bdg. 29.60 *(978-1-5382-0360-6(X)*, 2dbe695b-c382-4a67-9ac9-a8ad66eb9a98) Stevens, Gareth Publishing LLLP.

Gareth's Guide to Writing a Best Seller, 1 vol. Kristen Rajczak Nelson. 2018. (Gareth Guides to an Extraordinary Life Ser.). (ENG.). 32p. (gr. 4-5). lib. bdg. 29.60 *(978-1-5382-2063-4(6)*, c10171f9-ad9a-4dfe-bdb8-3f8115a64c50) Stevens, Gareth Publishing LLLP.

Garfield: Hambre de Diversion. Jim Davis. 2016. (SPA., Illus.). (J). (gr. 3-6). 25.99 *(978-1-4494-7406-5(3))* Andrews McMeel Publishing.

Garfield: Niego Todo. Jim Davis. 2016. (SPA., Illus.). (J). (gr. 3-6). 25.99 *(978-1-4494-7599-4(X))* Andrews McMeel Publishing.

Garfield: Garzilla Original Graphic Novel. Created by Jim Davis. 2020. (Garfield Ser.). (ENG., Illus.). 96p. (J). pap. 14.99 *(978-1-68415-497-5(9))* BOOM! Studios.

Garfield: Homecoming. Scott Nickel. Illus. by Shelli Paroline et al. 2019. (Garfield Ser.). (ENG.). 112p. (J). (gr. 1-3). pap. 9.99 *(978-1-68415-309-1(3))* BOOM! Studios.

Garfield Original Graphic Novel: the Thing in the Fridge. Scott Nickel & Mark Evanier. Illus. by Antonio Alfaro. 2017. (Garfield Ser.: 3). (ENG.). 96p. (J). (gr. 1-3). pap. 9.99 *(978-1-68415-019-9(1))* BOOM! Studios.

Garfield Original Graphic Novel: Trouble in Paradise: Trouble in Paradise. Scott Nickel & Mark Evanier. Illus. by Antonio Alfaro & Kyle Smart. 2018. (Garfield Ser.). (ENG.). 96p. (J). (gr. 1-1). pap. 9.99 *(978-1-68415-237-7(2))* BOOM! Studios.

Garfield Original Graphic Novel: Unreality TV: Unreality TV. Scott Nickel & Mark Evanier. Illus. by Judd Winick. 2017. (Garfield Ser.: 2). (ENG.). 96p. (J). (gr. 1-3). pap. 9.99 *(978-1-60886-975-6(X))* BOOM! Studios.

Garfield: Snack Pack Vol. 1. Scott Nickel & Mark Evanier. Illus. by Antonio Alfaro. 2018. (Garfield Ser.). (ENG.). 112p. (J). pap. 14.99 *(978-1-68415-248-3(8))* BOOM! Studios.

Garfield: Snack Pack Vol. 2. Mark Evanier & Scott Nickel. Illus. by Antonio Alfaro. 2019. (Garfield Ser.). (ENG.). 112p. (J). pap. 14.99 *(978-1-68415-370-1(0))* BOOM! Studios.

Garfield: Snack Pack Vol. 3. Scott Nickel. Illus. by Antonio Alfaro. 2019. (Garfield Ser.). (ENG.). 112p. (J). pap. 14.99 *(978-1-68415-436-4(7))* BOOM! Studios.

Garfield: the Monday That Wouldn't End Original Graphic Novel. Scott Nickel & Mark Evanier. Illus. by Antonio Alfaro. 2019. (Garfield Ser.). (ENG.). 96p. (J). (gr. 1-3). pap. 14.99 *(978-1-68415-342-8(5))* BOOM! Studios.

Garfield Tips the Scales see Garfield Hace Regimen

Gargantis. Thomas Taylor. Illus. by Tom Booth. (Legends of Eerie-On-Sea Ser.: 2). (ENG.). 352p. (J). (gr. 3-7). 2021. pap. 7.99 *(978-1-5362-1909-8(6))*; 2020. 16.99 *(978-1-5362-0859-7(0))* Candlewick Pr.

Gargantua (Jr!) Defender of Earth, 1 vol. Kevin Sylvester. 2019. (ENG., Illus.). 40p. (J). (gr. k-2). 18.95 *(978-1-77306-182-5(8))* Groundwood Bks. CAN. Dist: Publishers Group West (PGW).

732 The check digit for ISBN-10 appears in parentheses after the full ISBN-13

G

Gari. Diana Bettinson. 2017. (ENG., Illus.). (J). pap. *(978-0-9954844-7-4(3))* East Anglian Pr.
Garkain: Book One of the Uluru Legacy. Anna J. Walner. 2021. (Uluru Legacy Ser.: Vol. 1). (ENG.). 260p. (YA). 19.99 *(978-0-578-78957-6(4))* Tiffany Randall.
Garland for Girls. Louisa Alcott. 2020. (ENG.). (J). (gr. 3-6). 158p. 17.95 *(978-1-64799-499-0(3))*; 156p. pap. 9.95 *(978-1-64799-498-3(5))* Bibliotech Pr.
Garland for Girls. Louisa Alcott. 2017. (ENG.). 288p. (J). pap. *(978-3-7447-0895-1(0))* Creation Pubs.
Garland for Girls. Louisa Alcott. 2019. (Grandfather Clock Ser.: Vol. 1). (ENG.). 238p. (J). pap. *(978-88-85628-52-6(4))* Flower-Ed.
Garland for Girls. Louisa Alcott. 2020. (ENG.). 148p. (J). (gr. 3-6). pap. 18.99 *(978-1-6781-9947-0(8))* Lulu Pr., Inc.
Garland for Girls. Louisa Alcott. 2018. (ENG., Illus.). 156p. (J). 19.99 *(978-1-5154-2672-1(6))* Wilder Pubns., Corp.
Garland for Girls (Children's Classics Series) Louisa Alcott. 2018. (ENG.). 106p. (J). pap. *(978-80-268-9192-5(9))* E-Artnow.
Garland for Girls (Classic Reprint) Louisa Alcott. 2018. (ENG., Illus.). 308p. (J). 30.25 *(978-0-364-67207-5(2))* Forgotten Bks.
Garlic. Contrib. by World Book, Inc. Staff. 2019. (Illus.). 48p. (J). *(978-0-7166-2861-3(9))* World Bk., Inc.
Garlic & the Vampire Graphic Novel. Bree Paulsen. 2021. (ENG., Illus.). 160p. (J). (gr. 3-7). 24.99 *(978-0-06-299509-4(X))*; pap. 12.99 *(978-0-06-299508-7(1))* HarperCollins Pubs. (Quill Tree Bks.).
Garlic & the Witch. Bree Paulsen. Illus. by Bree Paulsen. 2022. (ENG., Illus.). 160p. (J). (gr. 3-7). 22.99 *(978-0-06-299512-4(X))*; pap. 15.99 *(978-0-06-299511-7(1))* HarperCollins Pubs. (Quill Tree Bks.).
Garlic Bread for Eugene. Michael Heath. 2018. (ENG., Illus.). 128p. (YA). (gr. 7-12). pap. 9.95 *(978-1-7321478-8-1(4))* Lockwood House Publishing.
Garman & Worse: A Norwegian Novel (Classic Reprint) Alexander L. Kielland. (ENG., Illus.). (J). 2018. 308p. 30.27 *(978-0-364-52363-6(8))*; 2017. pap. 13.57 *(978-0-259-02655-6(7))* Forgotten Bks.
Garner Giraffe's Birthday. Mary Cay Wesolowski. Illus. by Betsy Hoyt Feinberg. 2018. (Garner Giraffe Ser.: Vol. 2). (ENG.). 42p. (J). (gr. k-6). pap. 8.55 *(978-1-945604-06-5(9))* Primedia eLaunch LLC.
Garner's Miscellaneous Recitations: Or Whims of the Loo Table (Classic Reprint) William Garner. 2018. (ENG., Illus.). 154p. (J). 27.07 *(978-0-483-88475-5(8))* Forgotten Bks.
Garnet & Gold, 1941 (Classic Reprint) Rankin High School. 2018. (ENG., Illus.). (J). 102p. 26.02 *(978-0-365-06712-2(1))*; 104p. pap. 9.57 *(978-0-666-87640-9(1))* Forgotten Bks.
Garnet Goes to Berlin. Tracilyn George. 2020. (ENG.). 22p. (J). pap. 11.00 *(978-1-990153-05-1(4))* Lulu Pr., Inc.
Garnet Story Book: Tales of Cheer Both Old & New (Classic Reprint) Ada M. Skinner. 2018. (ENG., Illus.). 302p. (J). 30.13 *(978-0-483-25607-1(2))* Forgotten Bks.
Garnett's Grand Getaway. Frank English. 2020. (ENG.). 86p. (J). pap. *(978-1-913071-69-1(3))* Andrews UK Ltd.
Garret Van Horn, or the Beggar on Horseback (Classic Reprint) John S. Sauzade. 2017. (ENG., Illus.). (J). 31.73 *(978-0-265-73444-5(4))*; pap. 16.57 *(978-1-5276-9769-0(X))* Forgotten Bks.
Garrett Gets the Wiggle Worms. Tricia Gardella. Illus. by Rachel Baines. 2023. (ENG.). 32p. (J). 19.99 *(978-1-959412-29-8(9))* Write 'em Cowgirl Publishing.
Garrett's Wonderful World of Wonders: Learning about Differences with Curiosity & Kindness. Shakeema Funchess. 2023. (ENG.). 40p. (J). pap. 15.00 *(978-1-0881-0923-6(3))* Indy Pub.
Garrison in Heaven: A Dream (Classic Reprint) William Denton. (ENG., Illus.). (J). 2018. 46p. 24.87 *(978-0-483-84530-5(2))*; 2016. pap. 9.57 *(978-1-334-18702-5(9))* Forgotten Bks.
Garrison Tales from Tonquin (Classic Reprint) James O'Neill. 2018. (ENG., Illus.). 198p. (J). 27.94 *(978-0-332-59278-7(2))* Forgotten Bks.
Garrison Tangle (Classic Reprint) Charles King. 2017. (ENG., Illus.). (J). 29.75 *(978-1-5284-8044-4(9))* Forgotten Bks.
Garrison the Garbage Truck: Big Brother Patience. P. J. Parisi. Illus. by Prabir Sarkar. 2022. (ENG.). 40p. (J). pap. 15.95 *(978-1-6642-8149-3(5)*, WestBow Pr.) Author Solutions, LLC.
Garrison the Garbage Truck: Counting with Friends. P. J. Parisi. Illus. by Prabir Sarkar & Johnna Wilcox. 2022. (ENG.). 28p. (J). pap. 13.95 *(978-1-6642-7670-3(X)*, WestBow Pr.) Author Solutions, LLC.
Garrison the Garbage Truck: Garrison Learns His Abcs. P. J. Parisi. Illus. by Prabir Sarkar & Johnna Wilcox. 2022. (ENG.). 40p. (J). pap. 15.95 *(978-1-6642-7750-2(1)*, WestBow Pr.) Author Solutions, LLC.
Garrison the Garbage Truck: Goodnight, Garrison. P. J. Parisi. Illus. by Prabir Sarkar & Johnna Wilcox. 2022. (ENG.). 28p. (J). pap. 13.95 *(978-1-6642-7983-4(0)*, WestBow Pr.) Author Solutions, LLC.
Garrison the Garbage Truck: Kindness at School. P. J. Parisi. Illus. by Prabir Sarkar. 2022. (ENG.). 28p. (J). pap. 13.95 *(978-1-6642-7672-7(6)*, WestBow Pr.) Author Solutions, LLC.
Garrison the Garbage Truck: Meet Your New Pal. P. J. Parisi. Illus. by Prabir Sarkar. 2022. (ENG.). 26p. (J). pap. 13.95 *(978-1-6642-7985-8(7)*, WestBow Pr.) Author Solutions, LLC.
Garrison the Garbage Truck: Winter Goodness. P. J. Parisi. Illus. by Prabir Sarkar. 2022. (ENG.). 26p. (J). pap. 13.95 *(978-1-6642-7674-1(2)*, WestBow Pr.) Author Solutions, LLC.
Garrison's Finish: A Romance of the Race-Course (Classic Reprint) W. B. M. Ferguson. (ENG., Illus.). (J). 2017. 296p. 30.02 *(978-0-484-46633-2(X))*; 2016. pap. 13.57 *(978-1-333-54616-8(5))* Forgotten Bks.
Garry, el Malvado y Guerrero Gato Alienígena. Johnny Marciano & Emily Chenoweth. 2019. (SPA.). 224p. (J). pap. 13.99 *(978-607-8614-36-3(3))* V&R Editoras.
Garry, el Malvado y Guerrero Gato Alienígena 2. Enemigos. Johnny Marciano & Emily Chenoweth. 2019. (SPA.). 232p. (J). (gr. 3-5). pap. 13.99 *(978-607-8712-01-4(2))* V&R Editoras.
Garryowen: The Romance of a Race-Horse (Classic Reprint) Henry de Vere Stacpoole. (ENG., Illus.). (J). 2018. 366p. 31.47 *(978-0-666-48245-7(4))*; 2017. pap. 13.97 *(978-0-259-18456-0(X))* Forgotten Bks.
Garryowen (Classic Reprint) H. de Vere Stacpoole. 2018. (ENG., Illus.). 330p. (J). 30.72 *(978-0-483-46918-1(1))* Forgotten Bks.
Garry's Messy Room - Ana Ruu Garry Ae Mangaongao (Te Kiribati) Nathasha Ovoi. Illus. by Joe Marie Dinson. 2023. (ENG.). 46p. (J). pap. *(978-1-922844-47-7(0))* Library For All Limited.
Garson & You. Bill Hunt. Illus. by Sanghamitra Dasgupta. 2020. (ENG.). 38p. (J). pap. 9.99 *(978-1-68160-719-1(0))* Crimson Cloak Publishing.
Garstang Grange: A Novel (Classic Reprint) Thomas Adolphus Trollope. 2017. (ENG., Illus.). (J). 31.94 *(978-0-266-72211-3(3))*; pap. 16.57 *(978-1-5276-7914-6(4))* Forgotten Bks.
Garstangs of Garstang Grange, Vol. 1 of 2 (Classic Reprint) Thomas Adolphus Trollope. 2018. (ENG., Illus.). 318p. (J). 30.48 *(978-0-483-50102-7(6))* Forgotten Bks.
Garstangs of Garstang Grange, Vol. 2 of 2 (Classic Reprint) Thomas Adolphus Trollope. (ENG., Illus.). (J). 2018. 320p. 30.52 *(978-0-483-29327-4(X))*; 2016. pap. 13.57 *(978-1-333-41364-4(5))* Forgotten Bks.
Garston Bigamy (Classic Reprint) Albert Ross. (ENG., Illus.). (J). 2018. 340p. 30.91 *(978-0-484-31979-9(5))*; 2016. pap. 13.57 *(978-1-333-68405-1(3))* Forgotten Bks.
Garth. Julian Hawthorne. 2017. (ENG.). (J). 302p. pap. *(978-3-337-04863-1(3))*; 296p. pap. *(978-3-337-00250-3(1))* Creation Pubs.
Garth: A Novel (Classic Reprint) Julian Hawthorne. 2018. (ENG., Illus.). 300p. (J). 30.08 *(978-0-484-07627-2(2))* Forgotten Bks.
Garvey's Choice. Nikki Grimes. 2016. (ENG.). 120p. (J). (gr. 3-7). 16.99 *(978-1-62979-740-3(5)*, Wordsong) Highlights Pr., c/o Highlights for Children, Inc.
Gary. Leila Rudge. Illus. by Leila Rudge. 2016. (ENG., Illus.). 32p. (J). (gr. -1-2). 16.99 *(978-0-7636-8954-4(8))* Candlewick Pr.
Gary & the Tooth Fairy. Adam Dennis. 2023. (ENG.). 32p. (J). (gr. k-3). 19.99 *(978-1-4556-2767-7(4)*, Pelican Publishing) Arcadia Publishing.
Gary Bird. Susan Lane. 2022. (ENG.). 46p. (J). *(978-1-83875-365-8(6)*, Nightingale Books) Pegasus Elliot Mackenzie Pubs.
Gary Meets Marge the Barge. Jessica Chang. 2022. (ENG.). 50p. (J). 32.00 *(978-1-6678-2743-8(X))* BookBaby.
Gary the Canadian Goose. Kelsey Lamb. 2017. (ENG., Illus.). 20p. (J). *(978-1-387-12742-9(X))* Lulu Pr., Inc.
Gary the Fish. Taira Foo. Illus. by Mousam Baner Jee. 2020. (ENG.). 26p. (J). 17.99 *(978-1-9162904-3-3(4))* BookBaby.
Gary the Fish. Taira Foo. Illus. by Mousam Baner Jee. 2020. (ENG.). 26p. (J). pap. 8.99 *(978-1-9162904-4-0(2))* BookBaby.
Gary the Go-Cart: Carbon Comes Out of the Closet. B. B. Denson. Illus. by Sidnei Marques. 2017. (Gary the Go-Cart Ser.: Vol. 2). (ENG.). (J). (gr. k-3). 18.77 *(978-0-9975883-3-0(0))* Desideramus Publishing.
Gary the Goose Belonged. Stephen & Karen Rusiniak. Illus. by Donna Rusiniak. 2022. (ENG.). 42p. (J). pap. 12.99 *(978-1-63984-242-1(X))* Pen It Pubns.
Gary the Gregarious Goose. Lynn Hahn. 2019. (ENG.). 32p. (J). pap. *(978-0-359-41656-1(X))* Lulu Pr., Inc.
Gary the Parrot. Oakley Thomas. 2018. (ENG., Illus.). 54p. (J). pap. 12.99 *(978-1-942871-47-7(3))* Hope of Vision Publishing.
Gary the Seagull, 1 vol. Christian Johnston. Illus. by Paul Hammond. 2020. (ENG.). 32p. (J). 9.95 *(978-1-77108-836-7(2)*, 9da862e5-3215-4c0d-af66-645d4bafc7c9) Nimbus Publishing, Ltd. CAN. Dist: Baker & Taylor Publisher Services (BTPS).
Gary the Time-Travelling Goat. Joe Ryan & Craig Phillips. Illus. by Paul Nash. 2020. (ENG.). 28p. (J). pap. *(978-0-646-82432-1(5))* Little Adventurer Bks.
Gary Webster - Rock Star Teacher! Pete Iussig. 2019. (ENG., Illus.). 42p. (J). pap. 14.99 *(978-1-951263-37-9(5))* Pen It Pubns.
Gas. Cindy Rodriguez & Jared Siemens. 2016. (J). *(978-1-4896-5752-7(5))* Weigl Pubs., Inc.
Ga's / the Train. Jodie Callaghan. Tr. by Joe Wilmot. Illus. by Georgia Lesley. ed. 2021. (ENG & MIC.). 36p. (J). (gr. 1-4). 19.95 *(978-1-77260-200-5(0))* Second Story Pr. CAN. Dist: Orca Bk. Pubs. USA.
Gas Giant Jump. Theo Baker. Illus. by Álex López. 2017. (Galaxy Games Ser.). (ENG.). 48p. (gr. 3-5). 25.64 *(978-1-68342-336-2(4)*, 9781683423362) Rourke Educational Media.
Gas Giants: Jupiter, Saturn, Uranus, & Neptune. K. S. Mitchell. 2022. (Our Solar System Ser.). (ENG., Illus.). 64p. (J). (gr. 6-12). 43.93 *(978-1-6782-0404-4(8)*, BrightPoint Pr.) ReferencePoint Pr., Inc.
Gas Guzzler! A Monster Truck Myth. Blake Hoena. Illus. by Fern Cano. 2018. (ThunderTrucks! Ser.). (ENG.). 56p. (J). (gr. k-2). lib. bdg. 21.99 *(978-1-4965-5737-7(9)*, 136727, Stone Arch Bks.) Capstone.
Gases. Cindy Rodriguez & Jared Siemens. 2017. (Illus.). 24p. (J). *(978-1-5105-0904-7(6))* SmartBook Media, Inc.
Gases: Arabic-English Bilingual Edition. Cindy Rodriguez. 2016. (What Is Matter? Ser.). (ARA & ENG.). (J). (gr. k-2). 29.99 *(978-1-61913-892-6(1))* Weigl Pubs., Inc.
Gashadokuro the Giant Skeleton & Other Legendary Creatures of Japan, 1 vol. Craig Boutland. 2018. (Cryptozoologist's Guide to Curious Creatures Ser.). (ENG.). 32p. (gr. 4-5). lib. bdg. 28.27 *(978-1-5382-2714-5(2)*, 3ab7138a-4dc7-4e97-ad50-7058e2e26684) Stevens, Gareth Publishing LLLP.
Gaslight. Rachael Rose. 2022. (ENG.). 352p. (YA). pap. 10.99 *(978-1-989365-61-8(2)*, 900252256) Wattpad Bks. CAN. Dist: Macmillan.
Gaslight & Daylight: With Some London Scenes They Shine upon (Classic Reprint) George Augustus Sala. 2018. (ENG., Illus.). 448p. (J). 33.14 *(978-0-483-52287-9(2))* Forgotten Bks.
Gaslight Sonatas (Classic Reprint) Fannie Hurst. 2018. (ENG., Illus.). 286p. (J). 29.80 *(978-0-365-08426-6(3))* Forgotten Bks.
Gasoline Engines. Pam Watts. 2017. (How It Works). (ENG., Illus.). 32p. (J). (gr. 3-5). pap. 9.95 *(978-1-63517-299-7(3)*, 1635172993); lib. bdg. 31.35 *(978-1-63517-234-8(9)*, 1635172349) North Star Editions. (Focus Readers).
Gasp of the Ghoulish Guinea Pig. Sam Hay. ed. 2016. (Undead Pets Ser.: 7). lib. bdg. 16.00 *(978-0-606-38406-3(5))* Turtleback.
Gasp of the Ghoulish Guinea Pig #7. Sam Hay. Illus. by Simon Cooper. 2016. (Undead Pets Ser.: 7). (ENG.). 112p. (J). (gr. 1-3). 5.99 *(978-0-448-49003-8(X)*, Grosset & Dunlap) Penguin Young Readers Group.
Gaspar, the Flatulating Ghost, Flies a Kite. Teresa Burrell. Illus. by Zachary Settle. 2017. (ENG.). (J). pap. 11.99 *(978-1-938680-25-0(1))* Silent Thunder Publishing.
Gaspar, the Gaucho: A Tale of the Gran Chaco (Classic Reprint) Mayne Reid. 2017. (ENG., Illus.). (J). 31.42 *(978-0-266-16734-1(9))* Forgotten Bks.
Gaspard - Best in Show. Zeb Soanes. Illus. by James Mayhew. 2019. (Gaspard the Fox Ser.). (ENG.). 36p. (J). 19.99 *(978-1-912654-67-3(9))* Graffeg Limited GBR. Dist: Independent Pubs. Group.
Gaspard the Fox. Zeb Soanes. Illus. by James Mayhew. 2018. (Gaspard the Fox Ser.). (ENG.). 36p. (J). (gr. -1-k). 19.99 *(978-1-912213-54-2(0))* Graffeg Limited GBR. Dist: Independent Pubs. Group.
Gaspard the Fox Postcard Pack. Zeb Soanes. Illus. by James Mayhew. 2018. (ENG.). 12p. (J). (gr. k-2). 18.95 *(978-1-912654-20-8(2))* Graffeg Limited GBR. Dist: Independent Pubs. Group.
Gassy Lass. Lex Forbes. 2021. (ENG.). 40p. (J). *(978-1-0391-1812-6(7))*; pap. *(978-1-0391-1811-9(9))* FriesenPress.
Gastón. Kelly DiPucchio. 2016. (SPA.). 32p. (J). (gr. k-2). 23.99 *(978-607-96900-0-7(4))* Editorial Leetra MEX. Dist: Lectorum Pubns., Inc.
Gaston Bligh, Vol. 2 of 2 (Classic Reprint) L. S. Lavenu. (ENG., Illus.). (J). 2018. 266p. 29.38 *(978-0-428-73582-1(7))*; 2017. pap. 11.97 *(978-1-334-94609-7(4))* Forgotten Bks.
Gastón Ha Desaparecido. Rebecca Elliott. Illus. by Rebecca Elliott. 2018. (Diario de una Lechuza Ser.: 6). (SPA., Illus.). 80p. (J). (gr. k-2). pap. 4.99 *(978-1-338-32973-5(1)*, Scholastic en Espanol) Scholastic, Inc.
Gastón la Cabra (Gaston the Goat) Lisa Mullarkey. Illus. by Paula Franco. 2019. (Amigos de la Granja (Farmyard Friends) Ser.). (SPA.). 32p. (J). (gr. -1-3). lib. bdg. 32.79 *(978-1-5321-3613-9(7)*, 31965, Calico Chapter Bks) Magic Wagon.
Gaston Olaf (Classic Reprint) Henry Oyen. 2017. (ENG., Illus.). (J). 30.00 *(978-0-266-17792-0(1))* Forgotten Bks.
Gaston the Goat. Lisa Mullarkey. Illus. by Paula Franco. 2017. (Farmyard Friends Ser.). (ENG.). 32p. (J). (gr. -1-3). lib. bdg. 32.79 *(978-1-5321-4045-7(2)*, 25518, Calico Chapter Bks) Magic Wagon.
Gastornis. Grace Hansen. 2020. (Dinosaurs (Abdo Kids Jumbo) Ser.). (ENG., Illus.). 24p. (J). (gr. -1-2). lib. bdg. 32.79 *(978-1-0982-0243-9(0)*, 34619, Abdo Kids) ABDO Publishing Co.
Gastornis (Gastornis) Grace Hansen. 2022. (Dinosaurios Ser.). (ENG.). 24p. (J). (gr. -1-2). lib. bdg. 32.79 *(978-1-0982-6336-2(7)*, 39375, Abdo Kids) ABDO Publishing Co.
Gastro Blast: Make Tasty Treats & Learn Great Science: Comics, Quizzes & Questions Answered! Get Ready to Make Science Delicious! Victoria Stevenson & Amanda McNeice. 2016. (ENG., Illus.). 128p. (J). (gr. 1-7). pap. 24.95 *(978-1-4595-0462-2(3)*, 0462) Formac Publishing Co., Ltd. CAN. Dist: Formac Lorimer Bks. Ltd.
Gastronauts. James Foley. 2018. (S. Tinker Inc Ser.). (Illus.). 120p. (J). (gr. 3-6). 9.95 *(978-1-925591-68-2(9))* Fremantle Pr. AUS. Dist: Independent Pubs. Group.
Gastronomia Texana (Gastronomy of Texas), 1 vol. Sandra Colmenares. 2016. (Explora Texas (Explore Texas) Ser.). (SPA.). 24p. (gr. 9-12). (J). lib. bdg. 26.27 *(978-1-5081-7611-4(6)*, 1cf79106-743a-4794-80c4-896eb9625864); (YA). pap. 10.70 *(978-1-5383-8008-6(0)*, 29d11bee-194b-4141-ae6b-730decbd8ce4) Rosen Publishing Group, Inc., The.
Gastronomy of Texas, 1 vol. Sandra Colmenares. 2018. (Explore Texas Ser.). (ENG.). 24p. (gr. 9-12). 26.27 *(978-1-5081-8659-5(6)*, 86b92c04-bf8e-4105-86d6-30d8a16b2b3f, Rosen Young Adult) Rosen Publishing Group, Inc., The.
Gata Curadora: Galician Edition of the Healer Cat. Tuula Pere. Tr. by Damian Guede. Illus. by Klaudia Bezak. 2019. (GLG.). 40p. (J). (gr. k-4). *(978-952-357-108-2(7))*; pap. *(978-952-357-109-9(5))* Wickwick oy.
Gata Jet (no Es una Gata) Phaea Crede. Illus. by Terry Runyan. 2023. (SPA.). 32p. (J). (gr. -1-2). pap. 9.99 *(978-1-64686-875-9(7))* Barefoot Bks., Inc.
Gata Que Curava: Portuguese Edition of the Healer Cat. Tuula Pere. Tr. by Dieter Jagnow. Illus. by Klaudia Bezak. 2019. (POR.). 40p. (J). (gr. k-4). *(978-952-325-013-0(2))*; pap. *(978-952-357-095-5(1))* Wickwick oy.
Gata Quiere Cocinar. Julia Donaldson. 2021. (SPA.). 14p. (J). (gr. k-k). bds. 13.99 *(978-84-261-4719-6(4))* Juventud, Editorial ESP. Dist: Lectorum Pubns., Inc.
Gata Sanadora: Catalan Edition of the Healer Cat. Tuula Pere. Tr. by Mireia Displas. Illus. by Klaudia Bezak. 2019. (CAT.). 40p. (J). (gr. k-4). *(978-952-357-105-1(2))*; pap. *(978-952-357-106-8(0))* Wickwick oy.
Gata Sanadora: Spanish Edition of the Healer Cat. Tuula Pere. Tr. by Maria Fuentes. Illus. by Klaudia Bezak. 2019. (SPA.). 40p. (J). (gr. k-4). *(978-952-325-003-1(5))*; pap. *(978-952-357-089-4(7))* Wickwick oy.
Gatão, Gatinho. Arbordale Publishing. Tr. by Adriana Sacciotto & Tatiana Wiedemann. Illus. by Arbordale Publishing. 2019. (POR., Illus.). 32p. (J). (gr. k-3). pap. 11.95 *(978-1-64351-409-3(1))* Arbordale Publishing.
Gate: Book 53. William Ricketts. Illus. by Dean Maynard. 2023. (Tas & Friends Ser.). (ENG.). 20p. (J). (gr. -1-k). pap. 7.99 *(978-1-76127-053-6(2)*, c045a9eb-2d78-46bc-993d-12de03a3f7c7) Knowledge Bks. & Software AUS. Dist: Lerner Publishing Group.
Gate Is Open: Book 54. William Ricketts. Illus. by Dean Maynard. 2023. (Tas & Friends Ser.). (ENG.). 20p. (J). (gr. -1-k). pap. 7.99 *(978-1-76127-054-3(0)*, cd1eb417-5880-4540-9bee-f3f44b7dbecd) Knowledge Bks. & Software AUS. Dist: Lerner Publishing Group.
Gate of Fulfillment (Classic Reprint) Knowles Ridsdale. (ENG., Illus.). (J). 2018. 224p. 28.54 *(978-0-483-75305-1(X))*; 2017. pap. 10.97 *(978-0-243-32496-5(0))* Forgotten Bks.
Gate of Horn (Classic Reprint) Beulah Marie Dix. 2017. (ENG., Illus.). (J). 30.85 *(978-0-266-71589-4(3))*; pap. 13.57 *(978-1-5276-7150-8(X))* Forgotten Bks.
Gate of Ivory (Classic Reprint) Sidney L. Nyburg. 2018. (ENG., Illus.). 380p. (J). 31.75 *(978-0-483-65765-6(4))* Forgotten Bks.
Gate of the Giant Scissors. Annie Fellows Johnston. 2018. (ENG., Illus.). 96p. (YA). (gr. 7-12). pap. *(978-93-5297-425-2(5))* Alpha Editions.
Gate Through the Old Elm Tree. Elizabeth Pietrantonio. 2021. (ENG.). 192p. (YA). pap. *(978-1-4866-2113-2(9))* Word Alive Pr.
Gate to Htrae. Kerry Gough. Illus. by Sheila Fein. 2022. 296p. (YA). pap. 15.00 *(978-1-6678-3303-3(0))* BookBaby.
Gatebreaker. Michelle Wilson. 2021. (ENG.). 288p. (YA). pap. 12.99 *(978-1-393-82155-7(3))* Draft2Digital.
Gateless Barrier (Classic Reprint) Lucas Malet. 2018. (ENG., Illus.). 360p. (J). 31.32 *(978-0-483-19771-8(8))* Forgotten Bks.
Gates Ajar (Classic Reprint) Elizabeth Stuart Phelps. 2017. (ENG., Illus.). (J). 29.18 *(978-0-331-63735-9(9))* Forgotten Bks.
Gates Between (Classic Reprint) Elizabeth Stuart Phelps. 2018. (ENG., Illus.). 246p. (J). 28.97 *(978-0-483-51858-2(1))* Forgotten Bks.
Gates of Chance (Classic Reprint) Van Tassel Sutphen. 2018. (ENG., Illus.). 310p. (J). 30.27 *(978-0-484-34092-2(1))* Forgotten Bks.
Gates of Dawn. R. E. Palmer. 2018. (ENG., Illus.). 320p. (J). pap. *(978-0-9562593-8-7(3))* FrontRunner Pubns.
Gates of Eden. Annie S. Swan. 2017. (ENG.). 328p. (J). pap. *(978-3-7447-4878-0(2))* Creation Pubs.
Gates of Eden: A Story of Endeavour (Classic Reprint) Annie S. Swan. 2018. (ENG., Illus.). 320p. (J). 30.52 *(978-0-483-87756-6(5))* Forgotten Bks.
Gates of Eventide: A Medieval Fantasy. Lisa Hofmann. 2019. (Dies Irae Ser.: Vol. 3). (ENG.). 428p. (J). pap. *(978-3-946618-03-4(0))* Hofmann, Elisabeth.
Gates of Guinée. Alys Arden. 2021. (ENG.). 566p. (YA). pap. 16.99 *(978-0-9897577-6-8(5))* fortheARTofit Publishing.
Gates of Life (Classic Reprint) Bram Stoker. 2018. (ENG., Illus.). 356p. (J). 31.24 *(978-0-428-79736-2(9))* Forgotten Bks.
Gates of Paradise. Melissa de la Cruz. 2023. (Blue Bloods Ser.). (ENG.). 368p. (YA). (gr. 7-12). pap. 10.99 *(978-1-368-09420-7(1)*, Disney-Hyperion) Disney Publishing Worldwide.
Gates of the Future Thrown Open: Dreams & Omens, from the Ancient Manuscripts of Nostradamus, Albertus Magnus & Other Famous Sorcerers, Modernized & Alphabetically Arranged (Classic Reprint) Carlotta De Barsy. 2017. (ENG., Illus.). (J). 200p. 28.04 *(978-0-266-55986-3(7))*; 202p. pap. 10.57 *(978-0-282-94834-4(1))* Forgotten Bks.
Gates of Valhalla Coloring Book. Activity Book Zone for Kids. 2016. (ENG., Illus.). (J). pap. 9.20 *(978-1-68376-286-7(X))* Sabeels Publishing.
Gates of Wrath: A Melodrama. Arnold Bennett. 2017. (ENG., Illus.). (J). pap. *(978-0-649-29160-1(3))* Trieste Publishing Pty Ltd.
Gates of Wrath: A Melodrama (Classic Reprint) Arnold Bennett. 2018. (ENG., Illus.). 256p. (J). 29.20 *(978-0-267-24926-8(8))* Forgotten Bks.
Gateway. Kathryn J. Behrens. 2016. (Atlas of Cursed Places Ser.). (ENG.). 104p. (YA). (gr. 6-12). lib. bdg. 26.65 *(978-1-5124-1325-0(9)*, 3779cb9f-bb20-4ddc-9ed5-e7130018f6ac, Darby Creek) Lerner Publishing Group.
Gateway. Juliette L. Dunn. 2019. (ENG.). 274p. (J). *(978-1-7947-9793-2(9))* Lulu Pr., Inc.
Gateway. Patti Larsen. 2017. (ENG., Illus.). (J). pap. *(978-1-988700-43-4(4))* Larsen, Patti.
Gateway Arch. Amy Culliford. 2023. (U. S. Landmarks Ser.). (ENG.). (J). (gr. -1-1). 16p. lib. bdg. 25.27 *(978-1-63897-958-6(8)*, 33517); (Illus.). pap. 7.95 Seahorse Publishing.
Gateway Arch. Lori Dittmer. 2019. (Landmarks of America Ser.). (ENG.). 24p. (J). (gr. 1-4). *(978-1-64026-124-2(9)*, 18965, Creative Education); pap. 8.99 *(978-1-62832-687-1(5)*, 18966, Creative Paperbacks) Creative Co., The.
Gateway Arch. K. a Robertson. 2019. (Visiting U. S. Symbols Ser.). (ENG.). 16p. (J). (gr. -1-2). pap. 9.95 *(978-1-7316-0419-4(X)*, 9781731604194) Rourke Educational Media.
Gateway Arch: Celebrating Western Expansion. Joanne Mattern. 2017. (Core Content Social Studies — Let's Celebrate America Ser.). (ENG., Illus.). 32p. (J). (gr. 2-5). pap. 8.99 *(978-1-63440-238-5(3)*, a460910d-62ac-482a-b5c1-70a8fc8929b4); lib. bdg. 26.65 *(978-1-63440-228-6(6)*, 87a0f930-7e15-4ac0-9985-faabb8adeab8) Red Chair Pr.
Gateway Biographies, 12 vols., Set. Incl. Al Gore: Fighting for a Greener Planet. Rebecca Stefoff. 2008. 26.60 *(978-1-57505-948-8(7))*; Alberto Gonzales: Attorney General. Lisa Tucker McElroy. (Illus.). (J). 2006. lib. bdg. 23.93 *(978-0-8225-3418-1(5))*; Barack Obama: President for a New Era. Marlene Targ Brill. 2009. 26.60 *(978-1-57505-950-1(9))*; Condoleezza Rice. Mary Dodson Wade. (Illus.). 2005. lib. bdg. 26.60 *(978-0-7613-9550-8(4))*; Green Day: Keeping Their Edge. Matt Doeden. (Illus.). 2006. lib. bdg. 26.60 *(978-0-8225-6390-7(8)*, Lerner Pubns.); John G. Roberts, Jr: Chief Justice. Lisa Tucker

McElroy. (Illus.). (J). 2006. lib. bdg. 26.60 *(978-0-8225-6389-1(4),* Lerner Pubns.); Michelle Obama: From Chicago's South Side to the White House. Marlene Targ Brill. (Illus.). 2009. 26.60 *(978-0-7613-5033-0(0));* Nancy Pelosi: First Woman Speaker of the House. Lisa Tucker McElroy. (Illus.). (J). 2007. lib. bdg. 26.60 *(978-0-8225-8685-2(1),* Lerner Pubns.); Ted Kennedy: A Remarkable Life in the Senate. Lisa Tucker McElroy. (Illus.). (J). 2009. 26.60 *(978-0-7613-4457-5(8));* Tyra Banks: From Supermodel to Role Model. Anne E. Hill. 2009. 26.60 *(978-1-57505-949-5(5));* 48p. (gr. 4-8). 2010. Set lib. bdg. 319.20 *(978-0-8225-8069-0(1))* Lerner Publishing Group.

Gateway (Classic Reprint) John Beames. (ENG., Illus.). (J). 2018. 256p. 29.18 *(978-0-483-52691-4(6));* 2017. pap. 11.57 *(978-0-243-38287-3(1))* Forgotten Bks.

Gateway, Vol. 19: A Magazine of the Times Devoted to Literature, Economics & Social Service; August 1912 (Classic Reprint) Unknown Author. (ENG., Illus.). (J). 2018. 436p. 32.89 *(978-0-428-98044-3(9));* 2016. pap. 16.57 *(978-1-334-57512-9(6))* Forgotten Bks.

Gathered Lambs: Showing How Jesus the Good Shepherd Laid down His Life for Us, & How Many Little Lambs Have Been Gathered into His Fold (Classic Reprint) Edward Payson Hammond. (ENG., Illus.). (J). 2018. 184p. 27.69 *(978-0-483-74619-0(3));* 2017. pap. 10.57 *(978-0-243-41390-4(4))* Forgotten Bks.

Gathered Leaves from the Prose of Mary E. Coleridge (Classic Reprint) Mary E. Coleridge. 2018. (ENG., Illus.). 346p. (J). 31.03 *(978-0-483-22684-5(X))* Forgotten Bks.

Gathered Thistles, or a Story of Two Households (Classic Reprint) S. Elizabeth Sisson. (ENG., Illus.). (J). 2018. 328p. 30.66 *(978-0-483-41244-6(9));* 2016. pap. 13.57 *(978-1-334-13585-9(1))* Forgotten Bks.

Gathered Treasures (Classic Reprint) Walter E. Todd. 2018. (ENG., Illus.). 44p. (J). 24.82 *(978-0-484-07235-9(8))* Forgotten Bks.

Gathered Waiflets (Classic Reprint) George McAleer. (ENG., Illus.). (J). 2018. 532p. 34.89 *(978-0-666-35605-5(X));* 2017. pap. 19.57 *(978-0-259-47614-6(5))* Forgotten Bks.

Gathering. Tamika Champion-Hamptom. Illus. by Elisha Johnson. 2017. (Kamden Faith Journey Ser.: Vol. 2). (ENG.). (J). pap. 12.99 *(978-1-63199-470-8(0))* Energion Pubns.

Gathering, 1 vol. Theresa Meuse. Illus. by Art Stevens. 2018. (Indigenous Knowledge Ser.). (ENG.). 32p. (J). (gr. 1-3). 22.95 *(978-1-77108-466-6(9),* 5220a1ca-5c04-40ac-ab66-a8a7eb1eac68) Nimbus Publishing, Ltd. CAN. Dist: Baker & Taylor Publisher Services (BTPS).

Gathering. Tecumapese Morning Star. 2019. (ENG.). 142p. (J). pap. 10.00 *(978-1-387-96681-3(2))* Lulu Pr., Inc.

Gathering. Charlie Sweeney. 2020. (ENG.). 236p. (YA). pap. 9.99 *(978-1-393-76939-2(X))* Draft2Digital.

Gathering Blue Novel Units Student Packet. Novel Units. 2019. (ENG.). (J). (gr. 7-8). pap., stu. ed. 13.99 *(978-1-58130-809-9(4),* Novel Units, Inc.) Classroom Library Co.

Gathering Blue Novel Units Teacher Guide. Novel Units. 2019. (ENG.). (J). pap., tchr. ed. 12.99 *(978-1-58130-808-2(6),* Novel Units, Inc.) Classroom Library Co.

Gathering Clouds: A Tale of the Days of St. Chrysostom (Classic Reprint) Frederic W. Farrar. 2017. (ENG., Illus.). (J). 608p. 36.44 *(978-0-484-11917-7(6));* pap. 19.57 *(978-0-259-50226-5(X))* Forgotten Bks.

Gathering Frost. Kaitlyn Davis. 2019. (Once upon a Curse Ser.: Vol. 1). (ENG.). 324p. (YA). (gr. 7-12). 24.99 *(978-1-0878-0589-4(9))* Indy Pub.

Gathering Gray. K. E. Stapylton. 2017. (ENG., Illus.). 282p. (J). pap. *(978-1-387-03725-4(0))* Lulu Pr., Inc.

Gathering of Gargoyles. Misha Herwin. 2022. (Adventures of Letty Parker Ser.: Vol. 5). (ENG.). 220p. (J). pap. ***(978-1-9162865-4-2(2))*** Penkhull Pr.

Gathering of Shadows. J. D. Netto. 2016. (Whispers of the Fallen Ser.: Vol. 3). (ENG., Illus.). (YA). pap. *(978-0-9956365-5-2(9))* Oftomes Publishing.

Gathering (Shadow House, Book 1) Dan Poblocki. 2016. (Shadow House Ser.: 1). (ENG., Illus.). 224p. (J). (gr. 3-7). 14.99 *(978-0-545-92550-1(9),* Scholastic Pr.) Scholastic, Inc.

Gathering Storm. Lucas Fischhaber. 2020. (Age of Wonder Ser.: Vol. 1). (ENG.). 360p. (YA). pap. 21.95 *(978-1-0980-1531-2(2))* Christian Faith Publishing.

Gathering Storm. H. K. Varian. 2016. (Hidden World of Changers Ser.: 1). (ENG., Illus.). 176p. (J). (gr. 3-7). pap. 6.99 *(978-1-4814-6616-5(X),* Simon Spotlight) Simon Spotlight.

Gathering to Save a Nation: Lincoln & the Union's War Governors. Stephen D. Engle. 2020. (Civil War America Ser.). (ENG.). 736p. pap. 45.00 *(978-1-4696-5906-0(9),* 01PODPB) Univ. of North Carolina Pr.

Gatherings from an Artist's Portfolio (Classic Reprint) James E. Freeman. 2017. (ENG., Illus.). (J). 30.31 *(978-0-266-73305-8(0));* pap. 13.57 *(978-1-5276-9541-2(7))* Forgotten Bks.

Gatherings XV: Youth Water Anthology, 1 vol. Ed. by Greg Younging. 2016. (Gatherings Anthology Ser.). (ENG.). 256p. (YA). (gr. 8-12). pap. 22.95 *(978-1-926886-40-4(2))* Theytus Bks., Ltd. CAN. Dist: Orca Bk. Pubs. USA.

Gatita y Yo. Judy Wolfman. Illus. by Brett Greiman. 2018. (Xist Kids Spanish Bks.). (SPA.). 32p. (J). (gr. -1-3). pap. 9.99 *(978-1-5324-0711-6(4))* Xist Publishing.

Gatito Hambriento: Leveled Reader Book 19 Level d 6 Pack. Hmh Hmh. 2021. (SPA.). 16p. (J). pap. 74.40 *(978-0-358-08234-7(X))* Houghton Mifflin Harcourt Publishing Co.

Gatito Juguetón. Maria Jose Moreno Mejias. 2017. (SPA., Illus.). 34p. (J). pap. *(978-84-9993-781-6(0))* Wanceulen, Editorial.

Gatito Malvado. Claudio Comini. 2020. (SPA.). 140p. (J). (gr. 3-5). 12.99 *(978-958-30-6076-2(3))* Panamericana Editorial COL. Dist: Lectorum Pubns., Inc.

Gatito y la Ranita: Leveled Reader Book 85 Level e 6 Pack. Hmh Hmh. 2021. (SPA.). 16p. (J). pap. 74.40 *(978-0-358-08211-8(0))* Houghton Mifflin Harcourt Publishing Co.

Gatitos. Julie Murray. 2017. (Crías de Animales (Baby Animals) Ser.).Tr. of Kittens. (SPA.). 24p. (J). (gr. -1-2). lib. bdg. 31.36 *(978-1-5321-0616-3(5),* 27207, Abdo Kids) ABDO Publishing Co.

Gatitos Enamorados Cuaderno de Rayas. Patricia Arquioni. 2022. (SPA.). 100p. (J). pap. *(978-1-387-77017-5(9))* Lulu Pr., Inc.

Gatitos Libro para Colorear: Libro de Gatitos Perfecto para niños, Chicos y Chicas, Maravilloso Libro para Colorear de Gatos para niños y Jóvenes a Los Que les Encanta Jugar y Disfrutar con Lindos Gatitos. Amelia Yardley. 2021. (SPA.). 44p. (J). pap. *(978-1-387-36131-1(7))* Lulu.com.

Gato Americano de Pelo Corto (American Shorthair Cats) Grace Hansen. 2017. (Gatos (Cats Set 2) Ser.). (SPA.). 24p. (J). (gr. -1-2). lib. bdg. 32.79 *(978-1-5321-0194-6(5),* 25214, Abdo Kids) ABDO Publishing Co.

Gato Con Botas see Puss in Boots / el Gato con Botas

Gato con Botas. Nina Filipek & Katherine Kirkland. 2017. (SPA.). 32p. (J). (gr. -1-2). 9.95 *(978-84-9145-005-4(X))* Ediciones Obelisco ESP. Dist: Spanish Pubs., LLC.

Gato con Botas y Otros Cuentos. Charles Perrault. 2016. (SPA., Illus.). (J). pap. *(978-9978-18-088-4(5))* Radmandi Editorial, Compania Ltd.

Gato de la Princesa Sucha (Princess Sucha's Cat), 1 vol. Aleix Cabrera. 2017. (Princesitas (Little Princesses) Ser.). (SPA., Illus.). 32p. (J). (gr. 1-2). pap. 11.00 *(978-1-4994-8439-7(9),* cf2e6866-5823-42c5-995d-0fede20d507e); lib. bdg. 28.93 *(978-1-4994-8437-3(2),* 596852d7-bc8c-4b05-b96f-c6bad7ea74c7) Rosen Publishing Group, Inc., The. (Windmill Bks.).

Gato de Los Sábados: Leveled Reader Book 34 Level F 6 Pack. Hmh Hmh. 2021. (SPA.). 16p. (J). pap. 74.40 *(978-0-358-08253-8(6))* Houghton Mifflin Harcourt Publishing Co.

Gato Ensombrerado Ha Regresado (the Cat in the Hat Comes Back Spanish Edition) Seuss. 2019. (Beginner Books(R) Ser.). (SPA.). 72p. (J). (gr. -1-2). 9.99 *(978-1-9848-3103-3(8));* lib. bdg. 12.99 *(978-1-9848-4828-4(3))* Random Hse. Children's Bks. (Random Hse. Bks. for Young Readers).

Gato Feliz. Steve Henry. 2020. (¡Me Gusta Leer! Ser.). 32p. (J). (gr. -1-3). pap. 8.99 *(978-0-8234-4685-8(9))* Holiday Hse., Inc.

Gato Fugado y Otros Casos de Pablo. Mario Mendez. 2017. (SPA.). (J). (gr. 1-2). pap. 11.99 *(978-607-746-343-6(4))* Progreso, Editorial, S. A. MEX. Dist: Lectorum Pubns., Inc.

Gato Gordo. Ethan Long. 2020. (¡Me Gusta Leer! Ser.). 32p. (J). (gr. -1-3). pap. 8.99 *(978-0-8234-4689-6(1))* Holiday Hse., Inc.

Gato Gordo de Dragón (Dragon's Fat Cat) Un Libro de la Serie Acorn. Dav Pilkey. Illus. by Dav Pilkey. 2020. (Dragón Ser.). (SPA., Illus.). 64p. (J). (gr. k-2). pap. 4.99 *(978-1-338-67006-6(9),* Scholastic en Espanol) Scholastic, Inc.

Gato Gordo Sam Es Casi Valiente. Ashley Moluf. 2020. (SPA.). 36p. (J). pap. 5.99 *(978-1-64871-306-4(8))* Waldorf Publishing.

Gato Guapo. Anika Aldamuy Denise. Illus. by Zara Gonzalez Hoang. 2023. (ENG.). 40p. (J). (gr. -1-3). 17.99 *(978-0-06-306266-5(6),* HarperCollins) HarperCollins Pubs.

Gato le Gusta el Rojo. Christopher Russo. 2022. (¡Me Gusta Leer! Ser.). 32p. (J). (gr. -1-3). pap. 8.99 *(978-0-8234-5194-4(1))* Holiday Hse., Inc.

Gato Pequeño y Gato Grande: Leveled Reader Book 6 Level C 6 Pack. Hmh Hmh. 2021. (SPA.). 16p. (J). pap. 74.40 *(978-0-358-08222-4(6))* Houghton Mifflin Harcourt Publishing Co.

Gato Pequeno y Grande see Little Big Cat/Gato Pequeño y Grande

Gator, Gator, Gator! Daniel Bernstrom. Illus. by Frann Preston-Gannon. 2018. (ENG.). 40p. (J). (gr. -1-3). 18.99 *(978-0-06-246330-2(6),* HarperCollins) HarperCollins Pubs.

Gator Goes by Bike. Keenan Hopson. 2016. (ENG., Illus.). 32p. (J). *(978-0-9951517-0-3(9));* pap. *(978-0-9951517-1-0(7))* Hopson, Keenan.

Gator on My Back. Mary ANn Burrows. 2020. (ENG.). 44p. (J). *(978-1-5255-7035-3(8));* pap. *(978-1-5255-7036-0(6))* FriesenPress.

Gator Tators. Ted Campbell. 2019. (ENG., Illus.). 68p. (YA). (gr. 7-12). pap. 15.95 *(978-1-64258-674-9(9))* Christian Faith Publishing.

Gator Took My Toothbrush. Brandon Frisby. Illus. by Wes Wheeler. 2020. (ENG.). (J). pap. 16.99 *(978-1-4621-3697-1(4),* Horizon Pubs.) Cedar Fort, Inc./CFI Distribution.

Gator Took My Toothbrush (Pb) Brandon Frisby. 2021. (ENG.). 32p. (J). pap. 12.99 *(978-1-4621-4023-7(8),* Sweetwater Bks.) Cedar Fort, Inc./CFI Distribution.

Gatorade: Sports Drink Innovator: Sports Drink Innovator. Contrib. by Rebecca Rowell. 2023. (Big Sports Brands Ser.). (ENG.). 48p. (J). (gr. 3-9). lib. bdg. 34.21 ***(978-1-0982-9068-9(2),*** 41900, SportsZone) ABDO Publishing Co.

Gators & Taters: A Week of Bedtime Stories. Elaine Ambrose. 2017. (ENG., Illus.). (J). pap. 18.98 *(978-0-9975871-0-4(5))* Mill Park Publishing.

Gators, Snakes, & Quicksand. Dee Molinari. 2021. (ENG.). 200p. (J). 33.95 *(978-1-6698-2504-3(3),* Balboa Pr.) Author Solutions, LLC.

Gatos: (Cats) Xist Publishing. Tr. by Victor Santana. 2017. (Xist Kids Spanish Bks.). (SPA., Illus.). 28p. (J). (gr. -1-3). pap. 9.99 *(978-1-5324-0407-8(7))* Xist Publishing.

Gatos Bien Vestidos: (Cats All Dressed Up) Xist Publishing. Tr. by Victor Santana. 2017. (Xist Kids Spanish Bks.). (SPA., Illus.). 28p. (J). (gr. -1-3). pap. 9.99 *(978-1-5324-0409-2(3))* Xist Publishing.

Gatos Grandes. Xist Publishing. 2017. (Xist Kids Spanish Bks.). (SPA., Illus.). 28p. (J). (gr. -1-3). pap. 9.99 *(978-1-5324-0117-6(5))* Xist Publishing.

Gatos Grandes/Big Cats. Xist Publishing Staff. 2017. (Xist Kids Bilingual Spanish English Ser.). (ENG & SPA., Illus.). 28p. (J). (gr. -1-3). pap. 9.99 *(978-1-5324-0095-7(0))* Xist Publishing.

Gatos Libro de Colorear: Libro de Colorear de Gatos Encantadores para niños y niñas en Edad Preescolar. Emma Silva. 2021. (SPA.). 64p. (J). pap. 9.78 *(978-1-006-85345-6(5))* Lulu Pr., Inc.

Gatsby's Grand Adventures Book 4: Vincent Van Gogh's First Steps. Barbara Cairns. Illus. by Eugene Ruble. l.t. ed. 2017. (Gatsby's Grand Adventures Ser.: Vol. 4). (ENG.). (J). (gr. k-5). pap. 9.95 *(978-1-61633-874-9(1))* Guardian Angel Publishing, Inc.

Gattini Libro Da Colorare. Daniel Lewis. l.t. ed. 2021. (ITA.). 62p. (J). pap. *(978-0-8303-7979-8(7))* Lulu.com.

Gauche et Droite. Taylor Farley. Tr. by Claire Savard. 2021. (Notions d'apprentissage (Early Learning Concepts) Ser.). (FRE.). 24p. (J). (gr. -1-1). pap. *(978-1-4271-3645-9(9),* 13553) Crabtree Publishing Co.

Gauche et Droite (Left & Right) Taylor Farley. Tr. by Claire Savard. 2021. (FRE.). 24p. (J). (gr. -1-1). lib. bdg. ***(978-1-4271-4947-3(X))*** Crabtree Publishing Co.

Gaudi - Architect of Imagination. Susan B. Katz. Illus. by Linda Schwalbe. 2022. (ENG.). 40p. (J). (gr. -1-3). 18.95 *(978-0-7358-4487-2(9))* North-South Bks., Inc.

Gauguin: Huida al Eden. David Spence. (Coleccion Grandes Artistas).Tr. of Gauguin: Escape to Eden. (SPA.). 266p. (YA). (gr. 5-8). 12.76 *(978-84-8211-138-4(8))* Celeste Ediciones, S.A. ESP. Dist: Lectorum Pubns., Inc.

Gauguin: Escape to Eden see Gauguin: Huida al Eden

Gaunt Gray Wolf: A Tale of Adventure with Ungava Bob (Classic Reprint) Dillon Wallace. (ENG., Illus.). (J). 2018. 354p. 31.20 *(978-0-428-79082-0(8));* 2017. pap. 13.57 *(978-0-259-47019-9(8))* Forgotten Bks.

Gauntlet. Karuna Riazi. 2018. (ENG., Illus.). 304p. (J). (gr. 3-7). pap. 8.99 *(978-1-4814-8697-2(7),* Salaam Reads) Simon & Schuster Bks. For Young Readers.

Gauntlet. Megan Shepherd. 2018. (Cage Ser.: 3). (ENG.). 400p. (YA). (gr. 8). pap. 9.99 *(978-0-06-224313-3(6),* Balzer & Bray) HarperCollins Pubs.

Gauntlet. Ronald Welch. 2017. (ENG., Illus.). (J). (gr. 5-6). pap. 16.95 *(978-0-9976647-1-3(1))* Hillside Education.

Gauntlet. Sandra D. C. Zoto. Illus. by Maximus B. Zoto & Gabriel Q. Zoto. 2020. (ENG.). 20p. (J). *(978-1-5255-7417-7(5));* pap. *(978-1-5255-7418-4(3))* FriesenPress.

Gautama Buddha. Melissa Gish. 2019. (Odysseys in Peace Ser.). (ENG.). 80p. (gr. 7-12). (YA). pap. 14.99 *(978-1-62832-726-7(X),* 19104, Creative Paperbacks); (J). *(978-1-64026-163-1(X),* 19107, Creative Education) Creative Co., The.

Gautama Buddha (Junior Lives) Sonia Mehta. 2018. (Junior Lives Ser.). (ENG.). 80p. (J). pap. 8.99 *(978-0-14-342824-4(1),* Puffin) Penguin Bks. India PVT, Ltd IND. Dist: Independent Pubs. Group.

Gautama y el Dragón. Tavo de Armas. 2018. (SPA.). 64p. (J). pap. ***(978-0-244-97857-0(3))*** Lulu Pr., Inc.

Gavarni in London: Sketches of Life & Character; with Illustrative Essays by Popular Writers (Classic Reprint) Albert Smith. (ENG., Illus.). (J). 2018. 218p. 28.39 *(978-0-331-64774-7(5));* 2016. pap. 10.97 *(978-1-334-16035-6(X))* Forgotten Bks.

Gaverocks: A Tale of the Cornish Coast (Classic Reprint) S. Baring-Gould. 2017. (ENG., Illus.). (J). 438p. 32.95 *(978-0-484-38287-8(X));* pap. 16.57 *(978-0-243-26941-9(2))* Forgotten Bks.

Gaverocks, Vol. 1 Of 3: A Tale of the Cornish Coast (Classic Reprint) S. Baring-Gould. 2018. (ENG., Illus.). 312p. (J). 30.33 *(978-0-483-34104-3(5))* Forgotten Bks.

Gaverocks, Vol. 2 Of 3: A Tale of the Cornish Coast (Classic Reprint) Unknown Author. 2017. (ENG., Illus.). (J). 30.25 *(978-1-5282-6968-1(3))* Forgotten Bks.

Gaverocks, Vol. 3 Of 3: A Tale of the Cornish Coast (Classic Reprint) S. Baring-Gould. 2018. (ENG., Illus.). 278p. (J). 29.65 *(978-0-666-08944-1(2))* Forgotten Bks.

Gavials see Los Gaviales (Gavials)

Gavials. Grace Hansen. 2020. (Spooky Animals Ser.). (ENG., Illus.). 24p. (J). (gr. -1-2). lib. bdg. 32.79 *(978-1-0982-0250-7(3),* 34633, Abdo Kids) ABDO Publishing Co.

Gavin Learns about Bicycles. Tracilyn George. 2021. (ENG.). 22p. (J). pap. 11.00 *(978-1-77475-302-6(2))* Lulu Pr., Inc.

Gavin Mcnally's Year Off (Set), 4 vols. 2019. (Gavin Mcnally's Year Off Ser.). (ENG., Illus.). 48p. (J). (gr. 3-7). lib. bdg. 136.88 *(978-1-5321-3505-7(X),* 31929, Spellbound) Magic Wagon.

Gaviota a Spanish Novel (Classic Reprint) Fernán Caballero. 2018. (ENG., Illus.). 286p. (J). 29.82 *(978-0-332-50198-7(1))* Forgotten Bks.

Gawayne & the Green Knight: A Fairy Tale. Charlton Miner Lewis. 2017. (ENG., Illus.). (J). pap. *(978-0-649-59150-3(X))* Trieste Publishing Pty Ltd.

Gawayne & the Green Knight: A Fairy Tale. Charlton Miner Lewis. 2018. (ENG., Illus.). 46p. (J). 12.99 *(978-1-5154-2174-0(0))* Wilder Pubns., Corp.

Gay Adventure: A Romance (Classic Reprint) Richard Bird. 2018. (ENG., Illus.). 412p. (J). 32.41 *(978-0-484-35395-3(0))* Forgotten Bks.

Gay & Festive Claverhouse an Extravaganza (Classic Reprint) Anne Warner. 2018. (ENG., Illus.). 246p. (J). 28.97 *(978-0-483-58026-8(0))* Forgotten Bks.

Gay Club! Simon James Green. 2023. (ENG.). 432p. (YA). (gr. 9). 19.99 *(978-1-338-89746-3(2),* Scholastic Pr.) Scholastic, Inc.

Gay Cockade (Classic Reprint) Temple Bailey. 2017. (ENG., Illus.). (J). 32.27 *(978-0-265-58951-8(4))* Forgotten Bks.

Gay-Dombeys: A Novel (Classic Reprint) Harry Johnston. 2018. (ENG., Illus.). 420p. (J). 32.56 *(978-0-364-34765-2(1))* Forgotten Bks.

Gay Gnani of Gingalee or Discords of Devolution, Vol. 2: A Tragical Entanglement of Modern Mysticism & Modern Science (Classic Reprint) Florence Huntley. 2018. (ENG., Illus.). 224p. (J). 28.52 *(978-0-332-16770-1(4))* Forgotten Bks.

Gay Liberation Movement: Before & after Stonewall, 1 vol. Sean Heather K. McGraw. 2018. (History of the LGBTQ+ Rights Movement Ser.). (ENG., Illus.). 112p. (J). (gr. 7-7). 38.80 *(978-1-5383-8134-2(6),* 0cda57e8-ea12-4434-bccd-d056ae4c4e85); pap. 18.65 *(978-1-5081-8311-2(2),* 474e7938-fdf5-4458-a248-88e0e81ef6d8) Rosen Publishing Group, Inc., The.

Gay Life (Classic Reprint) Keble Howard. (ENG., Illus.). (J). 2018. 318p. 30.46 *(978-0-484-88892-9(7));* 2017. pap. 13.57 *(978-0-259-31374-8(2))* Forgotten Bks.

Gay Lord Waring (Classic Reprint) Houghton Townley. 2018. (ENG., Illus.). (J). 296p. 30.02 *(978-1-396-36205-7(3));* 298p. pap. 13.57 *(978-1-390-89989-4(6))* Forgotten Bks.

Gay Rebellion (Classic Reprint) Robert William Chambers. 2018. (ENG., Illus.). 334p. (J). 30.79 *(978-0-483-71820-3(3))* Forgotten Bks.

Gay Rights Movement. Eric Braun. 2018. (Movements That Matter (Alternator Books (r)) Ser.). (ENG., Illus.). 32p. (J). (gr. 3-6). 30.65 *(978-1-5415-2334-0(2),* ed10c2d8-fbcf-4eae-ac70-2151147054ec, Lerner Pubns.) Lerner Publishing Group.

Gay-Straight Alliances: Networking with Other Teens & Allies, 1 vol. Kristina Lyn Heitkamp. 2017. (LGBTQ+ Guide to Beating Bullying Ser.). (ENG.). 64p. (J). (gr. 6-6). 36.13 *(978-1-5081-7427-1(X),* d599d0f7-1cb9-43be-9cdb-ca4ded14a3e3); pap. 13.95 *(978-1-5081-7426-4(1),* 2ad8a8ef-58b9-41fc-aeed-87bda134e7d8) Rosen Publishing Group, Inc., The. (Rosen Young Adult).

GayBCs. M. L. Webb. (Illus.). (J). (gr. -1-2). 2021. 28p. bds. 10.99 *(978-1-68369-250-8(0));* 2019. 32p. 14.99 *(978-1-68369-162-4(8))* Quirk Bks.

Gayle Langford Being the Romance of a Tory Belle, & a Patriot Captain (Classic Reprint) Harold Morton Kramer. 2018. (ENG., Illus.). 414p. (J). 32.46 *(978-0-364-84740-4(9))* Forgotten Bks.

Gaythorne Hall, Vol. 1 Of 3: A Novel (Classic Reprint) John M. Fothergill. (ENG., Illus.). (J). 2018. 324p. 30.58 *(978-0-428-73606-4(8));* 2016. pap. 13.57 *(978-1-333-57202-0(6))* Forgotten Bks.

Gaythorne Hall, Vol. 2 Of 3: A Novel (Classic Reprint) John M. Fothergill. 2018. (ENG., Illus.). 316p. (J). 30.41 *(978-0-483-46240-3(3))* Forgotten Bks.

Gayworthys: A Story of Threads & Thrums (Classic Reprint) A. D. T. Whitney. 2017. (ENG., Illus.). (J). 35.71 *(978-1-5284-7062-9(1))* Forgotten Bks.

Gazebo. Deborah Dodge. 2018. (ENG., Illus.). 108p. (YA). pap. 12.95 *(978-1-64300-347-4(X))* Covenant Bks.

Gazebo: A Series of Doors. A. C. Zito. 2020. (ENG.). 408p. (YA). pap. 9.99 *(978-1-0879-0505-1(2))* Indy Pub.

Gazelles. Tammy Gagne. 2017. (Animals of Africa Ser.). (ENG., Illus.). 32p. (J). (gr. 2-3). pap. 9.95 *(978-1-63517-327-7(2),* 1635173272); lib. bdg. 31.35 *(978-1-63517-262-1(4),* 1635172624) North Star Editions. (Focus Readers).

Gazore! Will Hallewell. 2016. (ENG., Illus.). 368p. (J). pap. *(978-0-9953421-3-2(X))* EMSA Publishing.

Gazpacho or Summer Months in Spain (Classic Reprint) William George Clark. 2017. (ENG., Illus.). (J). 29.75 *(978-0-265-24937-6(6))* Forgotten Bks.

GB for Lunch. Fran Hodgkins & Anni Matsick. 2022. (ENG.). 24p. (J). pap. ***(978-1-922835-29-1(3))*** Library For All Limited.

GB Map of Britain 2022: Folded Road Map [New Edition]. Collins Maps. ed. 2022. (ENG.). 2p. 8.95 *(978-0-00-844784-7(5))* HarperCollins Pubs. Ltd. GBR. Dist: Independent Pubs. Group.

Gboyega Never Gives Up. Ranti Beyioku. Illus. by Michael L. Harper. 2022. (ENG.). 34p. (J). pap. ***(978-1-3999-3467-1(8))*** Marina Pacheco.

GCP the First Resurrection. Frantz Charles. 2020. (ENG.). 260p. (YA). pap. 20.00 *(978-0-578-76973-8(5))* Frantz.

GCSE 9-1 English Language & Literature in a Week: Ideal for the 2024 & 2025 Exams (Collins GCSE Grade 9-1 Revision) Collins GCSE et al. 2019. (ENG.). 112p. (YA). (gr. 8-11). pap. 13.95 *(978-0-00-831768-3(2))* HarperCollins Pubs. Ltd. GBR. Dist: Independent Pubs. Group.

GCSE 9-1 Maths Foundation in a Week: Ideal for the 2024 & 2025 Exams (Collins GCSE Grade 9-1 Revision) Collins GCSE et al. 2019. (ENG.). 112p. (YA). (gr. 8-11). pap. 13.95 *(978-0-00-831625-9(2))* HarperCollins Pubs. Ltd. GBR. Dist: Independent Pubs. Group.

GCSE Chemistry Flash Notes Aqa Higher Tier (9-1) Condensed Revision Notes - Designed to Facilitate Memorisation. C. Boes. 2018. (Chemistry Revision Cards Ser.: Vol. 1). (ENG., Illus.). 106p. (YA). pap. *(978-0-9957060-8-8(5))* C. Boes.

GDScript Book of Projects. Michael McGuire. 2022. (ENG.). 134p. (C). pap. *(978-1-4357-7036-2(6))* Lulu Pr., Inc.

GDScript Programming: Hands-On Learning with Projects. Michael McGuire. 2021. (ENG.). 239p. (C). pap. *(978-1-7948-3340-1(4))* Lulu Pr., Inc.

Gear. Doug Tennapel. 20th ed. 2018. (ENG., Illus.). 160p. (YA). pap. 14.99 *(978-1-5343-0917-3(9),* 586ded01-6b16-4923-93d8-973b93f19f7c) Image Comics.

Gear Hero. Jake Maddox. Illus. by Eduardo Garcia. 2018. (Jake Maddox Graphic Novels Ser.). (ENG.). 72p. (J). (gr. 3-8). pap. 6.95 *(978-1-4965-6049-0(3),* 137430); lib. bdg. 26.65 *(978-1-4965-6045-2(0),* 137426) Capstone. (Stone Arch Bks.).

Gear up & Go! Adapted by Ximena Hastings. 2021. (Chico Bon Bon: Monkey with a Tool Belt Ser.). (ENG.). 16p. (J). (gr. -1-2). pap. 6.99 *(978-1-5344-8968-4(1),* Simon Spotlight) Simon Spotlight.

Gearbreakers. Zoe Hana Mikuta. 2021. (Gearbreakers Ser.: 1). (ENG.). 416p. (YA). 19.99 *(978-1-250-26950-8(4),* 900222826) Feiwel & Friends.

Gearbreakers. Zoe Hana Mikuta. 2022. (Gearbreakers Ser.: 1). (ENG.). 432p. (YA). pap. 10.99 *(978-1-250-83325-9(6),* 900222827) Square Fish.

Gears of Revolution. J. Scott Savage. (Mysteries of Cove Ser.: 2). (ENG., Illus.). 352p. (J). (gr. 3-6). 2017. pap. 7.99 *(978-1-62972-295-5(2),* 5166096); 2016. 17.99 *(978-1-62972-223-8(5),* 5155663) Shadow Mountain Publishing. (Shadow Mountain).

Gearz: Superficial. Dan Rafter. 2021. (ENG.). 98p. (YA). pap. 19.99 *(978-1-005-15109-6(1))* TidalWave Productions.

Gearz: Superficial #2. Dan Rafter. 2019. (ENG.). 26p. (YA). (gr. 9-12). pap. 5.99 *(978-1-948724-29-6(4))* TidalWave Productions.

Gebedenboek Voor Kinderen: Volgens de Orthodox Christelijke Traditie. Created by Orthodox Logos. 2022. (DUT.). 72p. (J). pap. *(978-1-914337-26-0(3))* Orthodox Logos.

Gecko. Raymond Huber. Illus. by Brian Lovelock. 2019. (ENG.). 32p. (J). (gr. k-4). 16.99 *(978-0-7636-9885-0(7))* Candlewick Pr.

Gecko. Jessica Rudolph. 2016. (Weird but Cute Ser.). (ENG., Illus.). 24p. (J). (gr. -1-3). 26.99 *(978-1-62724-849-5(8))* Bearport Publishing Co., Inc.

Gecko Journal. Alexandra Milewski. 2021. (ENG.). 154p. (J). pap. *(978-1-008-94991-1(4))* Lulu Pr., Inc.

Gecko or Komodo Dragon (Wild World: Pets & Wild Animals) Brenna Maloney. 2023. (Wild World Ser.). (ENG.). 32p. (J). (gr. k-2). 25.00 ***(978-1-338-89986-3(4))***; pap. 6.99 ***(978-1-338-89987-0(2))*** Scholastic Library Publishing. (Children's Pr.).

Geckos. Rachel Bach. (Spot Backyard Animals Ser.). (ENG., Illus.). 16p. (J). (gr. -1-2). 2018. pap. 7.99 *(978-1-68152-217-3(9)*, 14748); 2017. 17.95 *(978-1-68151-092-7(8)*, 14629) Amicus.

Geckos. Ashley Gish. 2019. (X-Books: Reptiles Ser.). (ENG.). 32p. (J). (gr. 3-5). pap. 9.99 *(978-1-62832-669-7(7)*, 18876, Creative Paperbacks); *(978-1-64026-081-8(1)*, 18875) Creative Co., The.

Geckos. Imogen Kingsley. 2019. (Lizards in the Wild Ser.). (ENG.). 24p. (J). (gr. 1-4). lib. bdg. *(978-1-68151-556-4(3)*, 14517) Amicus.

Geckos Don't Blink: A Light-Hearted Book on How a Gecko's Eyes Work. Kelly Tills. 2021. (ENG.). 28p. (J). 19.99 *(978-1-955758-20-8(4))*; pap. 11.49 *(978-1-7367004-2-6(1))* FDI Publishing.

Gecko's Echo. Lucy Rowland. Illus. by Natasha Rimmington. 2017. (ENG.). 32p. (J). *(978-1-4088-5949-0(1)*, 267679, Bloomsbury Children's Bks.) Bloomsbury Publishing Plc.

Geckos in the Garden. Ruth Amanda. 2023. (ENG.). 28p. (J). ***(978-1-0391-6883-1(3))***; pap. ***(978-1-0391-6882-4(5))*** FriesenPress.

Geckos Walk on Walls!, 1 vol. Elise Tobler. 2020. (Reptiles Rock! Ser.). (ENG.). 32p. (J). (gr. 2-3). pap. 11.53 *(978-1-9785-1816-2(1)*, 4a01cdd8-e75b-4d3c-988b-25528e12c63b) Enslow Publishing, LLC.

Geco (Geckos) Rachel Bach. 2017. (Spot Backyard Animals Ser.). (ENG & SPA., Illus.). 16p. (J). (gr. k-3). 17.95 *(978-1-68151-272-3(6)*, Amicus Readers) Amicus Learning.

Gedalia the Goldfish (Second Edition) Miriam Yerushalmi & Devorah Weinberg. 2nd ed. 2017. (ENG., Illus.). 32p. (J). 20.00 *(978-1-934152-55-3(2))* Sane.

Gedalia the Goldfish (Yiddish) Miriam Yerushalmi. 2017. (YID., Illus.). 32p. (J). 20.00 *(978-1-934152-46-1(3))* Sane.

Gee-Boy (Classic Reprint) Cyrus Lauron Hooper. (ENG., Illus.). (J). 2018. 280p. 29.69 *(978-0-364-19327-3(1))*; 2017. pap. 13.57 *(978-1-5276-3788-7(3))* Forgotten Bks.

Gee, Mary Catherine, Isn't It Bionic? A Play about Bionic Parts & How They're Used, 1 vol. Nick D'Alto. 2019. (Mary Catherine's Adventures in Science!: Exploring Science Through Plays Ser.). (ENG.). 24p. (gr. 4-5). pap. *(978-1-5383-7241-8(X)*, b6429748-a9a1-4644-874e-4875b965667b, Rosen Classroom) Rosen Publishing Group, Inc., The.

GeeGee & the Germans. Michael Thame. 2019. (Conyers Street Gang Ser.: Vol. 2). (ENG.). 254p. (J). pap. *(978-1-912494-41-5(8))* Book Bubble Pr.

Geeger the Robot Goes to School: A QUIX Book. Jarrett Lerner. Illus. by Serge Seidlitz. 2020. (Geeger the Robot Ser.). (ENG.). 80p. (J). (gr. k-3). 17.99 *(978-1-5344-5217-6(6))*; pap. 5.99 *(978-1-5344-5216-9(8))* Simon & Schuster Children's Publishing. (Aladdin).

Geek & His Artist. Hope Ryan. 2016. (ENG., Illus.). (J). 29.99 *(978-1-63477-965-4(7)*, Harmony Ink Pr.) Dreamspinner Pr.

Geek & the Goddess. Allie Everhart. 2018. (ENG., Illus.). 294p. (J). pap. 12.99 *(978-1-942781-09-7(1))* Waltham Publishing, LLC.

Geek Fantasy Novel. Eliot Schrefer. 2016. (ENG.). 320p. (YA). (gr. 7). pap. 9.99 *(978-0-545-16041-4(3))* Scholastic, Inc.

Geek Fire. Mel Woodburn. 2020. (ENG.). 252p. (YA). pap. 12.99 *(978-1-393-21862-3(8))* Draft2Digital.

Geek Girl: Model Misfit. Holly Smale. 2016. (Geek Girl Ser.: 2). (ENG.). 416p. (YA). (gr. 8). pap. 11.99 *(978-0-06-233361-2(5)*, HarperTeen) HarperCollins Pubs.

Geek Girl: Picture Perfect. Holly Smale. 2016. (Geek Girl Ser.: 3). (ENG.). 416p. (YA). (gr. 8). 17.99 *(978-0-06-233363-6(1)*, HarperTeen) HarperCollins Pubs.

Geek Girl's Guide to Geek Women: An Examination of Four Who Pushed the Boundaries of Technology. Lynn Beighley. 2018. (ENG., Illus.). 54p. (J). pap. 12.99 *(978-1-68045-499-4(4))* O'Reilly Media, Inc.

Geek Guardians: Recess Revolution. Michael Fry. 2022. (Geek Guardians Ser.). (ENG.). 224p. (J). (gr. 3-7). pap. 8.99 *(978-1-6672-0028-6(3)*, Silver Dolphin Bks.) Printers Row Publishing Group.

Geek Out!, 12 vols. 2017. (Geek Out! Ser.). (ENG.). 32p. (J). (gr. 3-4). lib. bdg. 169.62 *(978-1-5382-1293-6(5)*, 4072c65a-3e1b-47ac-bf6c-aab4b323ba09) Stevens, Gareth Publishing LLLP.

Geek Out!: Set 2, 12 vols. 2019. (Geek Out! Ser.). (ENG.). 32p. (J). (gr. 3-4). lib. bdg. 169.62 *(978-1-5382-4162-2(5)*, 72515697-5153-4ad8-8176-1b4796fd9a49) Stevens, Gareth Publishing LLLP.

Geek Out!: Sets 1 - 2. 2019. (Geek Out! Ser.). (ENG.). (J). pap. 138.00 *(978-1-5382-4345-9(8))*; (gr. 3-4). lib. bdg. 339.24 *(978-1-5382-4163-9(3)*, 1bd2b5db-e146-414b-9f87-5ed10876ca19) Stevens, Gareth Publishing LLLP.

Geekdazzle: Gems for Life, Love & Everything in Between. Danielle Tuozzo & Maryann Squires. 2018. (ENG., Illus.). 140p. (YA). (gr. 7-12). pap. 14.95 *(978-0-692-80608-1(3))* Geekdazzle.

Geekerella: A Fangirl Fairy Tale. Ashley Poston. 2018. (Once upon a Con Ser.: 1). 336p. (YA). (gr. 9). pap. 10.99 *(978-1-68369-043-6(5))*; 2017. 320p. *(978-1-59474-993-3(0))*; 2017. (Once upon a Con Ser.: 1). (Illus.). 320p. (YA). (gr. 9). 18.99 *(978-1-59474-947-6(7))* Quirk Bks.

Geekerella: A Fangirl Fairy Tale. Ashley Poston. ed. 2018. lib. bdg. 22.10 *(978-0-606-41068-7(6))* Turtleback.

Geek's Cookbook: Easy Recipes Inspired by Pokémon, Harry Potter, Star Wars, & More! Liguori Lecomte. 2018. (Illus.). 96p. (gr. 9). 14.99 *(978-1-5107-2923-0(2))* Skyhorse Publishing Co., Inc.

Geeks' Guide to Girls. Kai Davis. 2016. (ENG.). 84p. (J). pap. ***(978-1-326-55125-4(6))*** Lulu Pr., Inc.

Geek's Guide to Space, 10 vols. 2017. (Geek's Guide to Space Ser.). (ENG.). 192p. (gr. 9-9). 231.35 *(978-1-4994-6664-5(1)*, f2d85375-6e2c-4fc4-ba4c-1ac30436e3af, Rosen Young Adult) Rosen Publishing Group, Inc., The.

Geek's Guide to Unrequited Love. Sarvenaz Tash. 2016. (ENG., Illus.). 256p. (YA). (gr. 9). 19.99 *(978-1-4814-5653-1(9)*, Simon & Schuster Bks. For Young Readers) Simon & Schuster Bks. For Young Readers.

Geeky Baby's Guide to Colors. Ruenna Jones. Illus. by Josh Lewis. 2021. (ENG.). 26p. (J). (gr. -1 — 1). bds. 8.99 *(978-0-7624-7099-0(2)*, Running Pr. Kids) Running Pr.

Geeky Fab 5 Boxed Set #1-3: It's Not Rocket Science, the Mystery of the Missing Monarchs, & Doggone Catastrophe. Liz Lareau et al. Illus. by Ryan Jampole & Ryan Jampole. 2020. (Geeky Fab Five Ser.). (ENG.). 1p. (J). pap. 23.99 *(978-1-5458-0419-3(2)*, 900211286, Papercutz) Mad Cave Studios.

Geeky Fab 5 Vol. 1: It's Not Rocket Science. Liz Lareau et al. Illus. by Ryan Jampole & Ryan Jampole. 2019. (Geeky Fab Five Ser.: 1). (ENG.). 64p. (J). pap. 7.99 *(978-1-5458-0123-9(1)*, 900191091, Papercutz) Mad Cave Studios.

Geeky Fab 5 Vol. 2: Mystery of the Missing Monarchs. Liz Lareau et al. Illus. by Ryan Jampole & Ryan Jampole. 2019. (Geeky Fab Five Ser.: 2). (ENG.). 64p. (J). pap. 7.99 *(978-1-5458-0365-3(X)*, 900210349, Papercutz) Mad Cave Studios.

Geeky Fab 5 Vol. 3: DOGgone CATastrophe. Liz Lareau & Lucy Lareau. Illus. by Ryan Jampole. 2019. (Geeky Fab Five Ser.: 3). (ENG.). 64p. (J). 12.99 *(978-1-5458-0323-3(4)*, 900207216); pap. 7.99 *(978-1-5458-0361-5(7)*, 900210341) Mad Cave Studios. (Papercutz).

Geeky Fab 5 Vol. 4: Food Fight for Fiona. Liz Lareau & Lucy Lareau. Illus. by Ryan Jampole. 2020. (Geeky Fab Five Ser.: 4). (ENG.). 64p. (J). 12.99 *(978-1-5458-0346-2(3)*, 900209663); Vol. 4. pap. 7.99 *(978-1-5458-0364-6(1)*, 900210348) Mad Cave Studios. (Papercutz).

Geeky Fab 5 Vol. 5: Smoky Mountain Science Squad. Liz Lareau & Lucy Lareau. Illus. by Ryan Jampole. 2021. (Geeky Fab Five Ser.: 5). (ENG.). 64p. (YA). 12.99 *(978-1-5458-0562-6(8)*, 900225389); pap. 7.99 *(978-1-5458-0561-9(X)*, 900225390) Mad Cave Studios. (Papercutz).

Geeky Fab Five 3 In 1 #1, Vol. 1. Liz Lareau & Lucy Lareau. 2022. (Geeky Fab Five Ser.). (ENG., Illus.). 160p. (J). pap. 14.99 *(978-1-5458-0878-8(3)*, 900251810, Papercutz) Mad Cave Studios.

Geese, 1 vol. B. J. Best. 2016. (Migrating Animals Ser.). (ENG., Illus.). 24p. (gr. 1-1). pap. 9.81 *(978-1-5026-2098-9(7)*, 0c978b91-46fb-45aa-bb42-923defc7102f); lib. bdg. 27.36 *(978-1-5026-2100-9(2)*, 857c736a-0416-484b-9bc6-c0baef08ee3b) Cavendish Square Publishing LLC.

Geese. Mari Schuh. 2019. (Spot Backyard Animals Ser.). (ENG.). 16p. (J). (gr. -1-2). lib. bdg. *(978-1-68151-546-5(6)*, 14505) Amicus.

Geese Police on Patrol. Lynda Bulla. 2021. (ENG.). 98p. (J). pap. 14.95 *(978-1-61244-965-4(4))* Halo Publishing International.

Geeze Louise. Ozzie / Kevin Butler. 2017. (ENG.). 39p. (J). *(978-1-716-63169-6(6))* Lulu Pr., Inc.

Geeze Louise / Paperback. Ozzie & Kevin Butler. 2018. (ENG.). 40p. (J). pap. *(978-0-359-20500-4(3))* Lulu Pr., Inc.

Gefahrenklasse a (Disgardium Buch #1) LitRPG-Serie. Dan Sugralinov. 2019. (Disgardium Ser.: Vol. 1). (GER.). 538p. (J). pap. *(978-80-7619-114-3(9))* Magic Dome Bks.

Gefahrliche Liebe. Mandy Grimsehl. 2017. (GER., Illus.). (YA). pap. *(978-3-7407-3141-0(9))* VICOO International Pr.

Gefallt Mir - das Fragebuch Fur Kinder. Patrick Chernus & Michele Fischhaber. 2017. (Gefallt Mir Ser.). (GER., Illus.). (J). (gr. k-3). *(978-3-9524809-7-7(5))* What I Like GmbH.

Geffner & Friends: Hanukkah! Jonathan Geffner & Zachary Strobel. 2019. (ENG.). 32p. (J). pap. *(978-0-359-74724-5(8))* Lulu Pr., Inc.

Geheime Zutat: Die Suche Nach der Liebe. P. D Jackson. 2019. (GER., Illus.). 32p. (J). (gr. k-3). *(978-3-9820829-0-5(0))* ISeeYou Media i.G.

Geheimnis des Baumes. Sandra Lichtenegger. 2021. (GER.). 188p. (YA). pap. 13.83 *(978-1-7948-4727-9(8))* Lulu Pr., Inc.

Geheimnis des Schwarzen Diamanten. Mary Alff. 2017. (GER., Illus.). (J). *(978-3-7439-1442-1(5))*; pap. *(978-3-7439-1441-4(7))* tredition Verlag.

Gehenna or Havens of Unrest, Vol. 3 of 3 (Classic Reprint) Lewis Wingfield. 2018. (ENG., Illus.). 326p. (J). 30.62 *(978-0-332-68505-2(5))* Forgotten Bks.

Gehenna or, Vol. 2 Of 3: Havens of Unrest (Classic Reprint) Lewis Wingfield. 2019. (ENG., Illus.). 298p. (J). 30.06 *(978-0-483-20375-4(0))* Forgotten Bks.

Gehenna, Vol. 1 Of 3: Or Havens of Unrest (Classic Reprint) Lewis Wingfield. 2018. (ENG., Illus.). 324p. (J). 30.58 *(978-0-428-76457-9(6))* Forgotten Bks.

GEIA XARA L4 STUDENT'S BOOK. Papaloizos Publications Inc. 2020. (J). pap. *(978-0-932416-88-9(8))* Papaloizos Pubns., Inc.

Geia Xara L5 Activity Book. Papaloizos Publications Inc. 2021. (J). pap. *(978-0-932416-85-8(3))* Papaloizos Pubns., Inc.

GEIA XARA L5 STUDENT'S BOOK. Papaloizos Publications Inc. 2021. (J). pap. *(978-0-932416-86-5(1))* Papaloizos Pubns., Inc.

GEIA XARA L6 STUDENT'S BOOK. Papaloizos Publications Inc. 2022. (J). pap. *(978-0-932416-82-7(9))* Papaloizos Pubns., Inc.

Geiger, Volume 1. Geoff Johns. 2021. (ENG., Illus.). 160p. (YA). pap. 9.99 *(978-1-5343-2002-4(4))* Image Comics.

Gekko Saves Christmas. Adapted by Maggie Testa. (PJ Masks Ser.). (ENG.). (J). (gr. -1-2). 2018. 22p. bds. 6.99 *(978-1-5344-2885-0(2))*; 2017. 16p. pap. 5.99 *(978-1-5344-0150-1(4))* Simon Spotlight. (Simon Spotlight).

Gekko Saves the City. May Nakamura. ed. 2019. (Ready-To-Read Ser.). (ENG., Illus.). 32p. (J). (gr. k-1). 13.96 *(978-0-87617-995-6(2))* Penworthy Co., LLC, The.

Gekko Saves the City: Ready-To-Read Level 1. Adapted by May Nakamura. 2018. (PJ Masks Ser.). (ENG., Illus.). 32p. (J). (gr. -1-1). 17.99 *(978-1-5344-1773-1(7))*; pap. 4.99 *(978-1-5344-1772-4(9))* Simon Spotlight. (Simon Spotlight).

Gekko Takes Charge. Ximena Hastings. 2019. (Ready-To-Read Ser.). (ENG., Illus.). 32p. (J). (gr. k-1). 13.96 *(978-0-87617-684-9(8))* Penworthy Co., LLC, The.

Gekko Takes Charge: Ready-To-Read Level 1. Adapted by Ximena Hastings. 2019. (PJ Masks Ser.). (ENG., Illus.). 32p. (J). (gr. -1-1). 17.99 *(978-1-5344-5075-2(0))*; pap. 4.99 *(978-1-5344-5074-5(2))* Simon Spotlight. (Simon Spotlight).

Gekritzel 1: Kinder Malbuch. Bold Illustrations. 2017. (GER., Illus.). (J). pap. 8.35 *(978-1-64193-150-2(7)*, Bold Illustrations) FASTLANE LLC.

Gekritzel 2: Kinder Malbuch. Bold Illustrations. 2017. (GER., Illus.). (J). pap. 8.35 *(978-1-64193-151-9(5)*, Bold Illustrations) FASTLANE LLC.

Gekritzel 3: Kinder Malbuch. Bold Illustrations. 2017. (GER., Illus.). (J). pap. 8.35 *(978-1-64193-152-6(3)*, Bold Illustrations) FASTLANE LLC.

Gelli Belle & the Lazy Lion. Vernae Bezear. 2021. (Gelli Belle Ser.: 2). (ENG.). 40p. (J). pap. 15.99 *(978-1-0983-9033-4(4))* BookBaby.

Gelsomina & il Filato Lunare. Valerio Vitantoni. 2018. (ITA., Illus.). 32p. (J). (gr. k-3). pap. *(978-1-911143-63-5(8))* Luna Pr. Publishing.

Gelsomina & the Moon Yarn. Valerio Vitantoni. 2018. (ENG., Illus.). 32p. (J). (gr. k-3). pap. *(978-1-911143-65-9(4))* Luna Pr. Publishing.

Gelta, or the Czar & the Songstress: A Novel (Classic Reprint) Nadage Doree. 2017. (ENG., Illus.). (J). 28.85 *(978-1-5285-7327-6(7))* Forgotten Bks.

Gem. Thomas Letterle. 2019. (ENG.). 32p. (J). 24.95 *(978-1-0980-0076-9(5))*; (Illus.). pap. 14.95 *(978-1-0980-0074-5(9))* Christian Faith Publishing.

Gem: A Christmas & New Year's Present, for 1840 (Classic Reprint) Unknown Author. 2018. (ENG., Illus.). (J). 310p. 30.29 *(978-1-396-75160-8(2))*; 312p. pap. 13.57 *(978-1-391-78905-7(9))* Forgotten Bks.

Gem: A Christmas & New Year's Present; for 1842 (Classic Reprint) Unknown Author. 2018. (ENG., Illus.). (J). 304p. 30.17 *(978-1-391-73629-7(X))*; 306p. pap. 13.57 *(978-1-391-73623-5(0))* Forgotten Bks.

Gem: A Literary Annual (Classic Reprint) Thomas Hood. 2017. (ENG., Illus.). (J). 354p. 31.22 *(978-0-484-77912-8(5))*; pap. 13.57 *(978-1-5276-4366-6(2))* Forgotten Bks.

Gem & Dixie. Sara Zarr. 2018. (ENG.). 288p. (YA). (gr. 9). pap. 9.99 *(978-0-06-243461-6(6)*, Balzer & Bray) HarperCollins Pubs.

Gem & I: The ABC Game. Monique Crawley. 2017. (ENG., Illus.). 40p. (J). pap. *(978-1-5255-0951-3(9))* FriesenPress.

Gem & Tas Listen: Book 39. William Ricketts. Illus. by Dean Maynard. 2023. (Tas & Friends Ser.). (ENG.). 20p. (J). (gr. -1-k). pap. 7.99 ***(978-1-76127-039-0(7)***, 776644d3-6094-4658-90a5-a070fb3df2f8) Knowledge Bks. & Software AUS. Dist: Lerner Publishing Group.

Gem Annual: A Christmas, New Year, & Birth-Day Present, for 1854 (Classic Reprint) Unknown Author. 2018. (ENG., Illus.). (J). 328p. 30.66 *(978-1-396-75164-6(5))*; 330p. pap. 13.57 *(978-1-391-78897-5(4))* Forgotten Bks.

Gem Can Read New Words: Book 42. William Ricketts. Illus. by Dean Maynard. 2023. (Tas & Friends Ser.). (ENG.). 20p. (J). (gr. -1-k). pap. 7.99 ***(978-1-76127-042-0(7)***, e99a3a1e-76e7-4951-974b-efe36ab93693) Knowledge Bks. & Software AUS. Dist: Lerner Publishing Group.

Gem Can Read Words: Book 41. William Ricketts. Illus. by Dean Maynard. 2023. (Tas & Friends Ser.). (ENG.). 20p. (J). (gr. -1-k). pap. 7.99 ***(978-1-76127-041-3(9)***, 89ac293e-0582-473f-a276-b7fe5745efb5) Knowledge Bks. & Software AUS. Dist: Lerner Publishing Group.

Gem Can Say Garden Words: Book 51. William Ricketts. Illus. by Dean Maynard. 2023. (Tas & Friends Ser.). (ENG.). 20p. (J). (gr. -1-k). pap. 7.99 ***(978-1-76127-051-2(6)***, f3196b22-8840-4cc7-9f41-d646b039ba74) Knowledge Bks. & Software AUS. Dist: Lerner Publishing Group.

Gem Can Say Many Words: Book 90. William Ricketts. Illus. by Dean Maynard. 2023. (Tas & Friends Ser.). (ENG.). 20p. (J). (gr. -1-k). pap. 7.99 ***(978-1-76127-110-6(5)***, 950a5858-cd1d-430a-b4d1-a7bbee13d5ba) Knowledge Bks. & Software AUS. Dist: Lerner Publishing Group.

Gem Can Say Words: Book 40. William Ricketts. Illus. by Dean Maynard. 2023. (Tas & Friends Ser.). (ENG.). 20p. (J). (gr. -1-k). pap. 7.99 ***(978-1-76127-040-6(0)***, b2fa51ff-17b2-4cc5-849e-05e3f9992748) Knowledge Bks. & Software AUS. Dist: Lerner Publishing Group.

Gem, for 1849 (Classic Reprint) Unknown Author. (ENG., Illus.). (J). 2018. 274p. 29.55 *(978-0-332-14198-5(5))*; 2016. pap. 11.97 *(978-1-333-29905-7(2))* Forgotten Bks.

Gem, Himself, Alone. P. D. Workman. 2019. (ENG.). 252p. (J). pap. *(978-1-988390-51-2(6))* PD Workman.

Gem Himself Alone. P. D. Workman. 2017. (ENG.). (YA). 206p. (gr. 9-12). *(978-1-988390-56-7(7))*; 254p. (gr. 9-12). pap. *(978-1-988390-55-0(9))*; 582p. *(978-1-77468-030-8(0))* PD Workman.

Gem Is Happy to Read: Book 44. William Ricketts. Illus. by Dean Maynard. 2023. (Tas & Friends Ser.). (ENG.). 20p. (J). (gr. -1-k). pap. 7.99 ***(978-1-76127-044-4(3)***, cf4cdd79-9bb3-4961-ae47-b4525e9047b8) Knowledge Bks. & Software AUS. Dist: Lerner Publishing Group.

Gem Is Happy to See Brin: Book 60. William Ricketts. Illus. by Dean Maynard. 2023. (Tas & Friends Ser.). (ENG.). 20p. (J). (gr. -1-k). pap. 7.99 ***(978-1-76127-060-4(5)***, 6b617f9f-d60b-447f-b9e4-eaad60727ea1) Knowledge Bks. & Software AUS. Dist: Lerner Publishing Group.

Gem Is in the Garden: Book 36. William Ricketts. Illus. by Dean Maynard. 2023. (Tas & Friends Ser.). (ENG.). 20p. (J). (gr. -1-k). pap. 7.99 ***(978-1-76127-036-9(2)***, 61b1ebce-d918-4a6a-a56a-9e7a6e159df3) Knowledge Bks. & Software AUS. Dist: Lerner Publishing Group.

Gem Is Not Happy: Book 72. William Ricketts. Illus. by Dean Maynard. 2023. (Tas & Friends Ser.). (ENG.). 20p. (J). (gr. -1-k). pap. 7.99 ***(978-1-76127-072-7(9)***, 9ea7a857-1e63-46c9-b9f9-3c01d2a1ad5c) Knowledge Bks. & Software AUS. Dist: Lerner Publishing Group.

Gem Likes Bec: Book 37. William Ricketts. Illus. by Dean Maynard. 2023. (Tas & Friends Ser.). (ENG.). 20p. (J). (gr. -1-k). pap. 7.99 ***(978-1-76127-037-6(0)***, df957a72-1ed9-465a-ae23-d4cd135717f5) Knowledge Bks. & Software AUS. Dist: Lerner Publishing Group.

Gem Likes to Play a Game: Book 45. William Ricketts. Illus. by Dean Maynard. 2023. (Tas & Friends Ser.). (ENG.). 20p. (J). (gr. -1-k). pap. 7.99 ***(978-1-76127-045-1(1)***, 760e025c-a516-4b28-877f-6d548ad6ba68) Knowledge Bks. & Software AUS. Dist: Lerner Publishing Group.

Gem Looks for Tas: Book 56. William Ricketts. Illus. by Dean Maynard. 2023. (Tas & Friends Ser.). (ENG.). 20p. (J). (gr. -1-k). pap. 7.99 ***(978-1-76127-056-7(7)***, e32c8e26-80fc-47c6-ba95-eafd1744eaa8) Knowledge Bks. & Software AUS. Dist: Lerner Publishing Group.

Gem of Life (Dragon Fire Prophecy Book 4) Jack Knight. 2019. (Dragon Fire Prophecy Ser.: Vol. 4). (ENG.). 356p. (J). pap. 14.99 *(978-1-7332665-8-1(5))* Wallis, Jared.

Gem of the Mines: A Thrilling Narrative of California Life; Composed of Scenes & Incidents Which Passed under the Immediate Observation of the Author During Five Years Residence in That State in the Early Days (Classic Reprint) Jennett Blakeslee Frost. 2018. (ENG., Illus.). (J). 280p. 29.67 *(978-1-396-58976-8(7))*; 282p. pap. 13.57 *(978-1-391-59165-0(8))* Forgotten Bks.

Gem Primer (Classic Reprint) Unknown Author. (ENG., Illus.). (J). 2018. 20p. 24.31 *(978-0-656-19601-2(7))*; 2016. pap. 7.97 *(978-1-333-30538-3(9))* Forgotten Bks.

Gem School Dictionary & Thesaurus: Trusted Support for Learning, in a Mini-Format (Collins School Dictionaries) Collins Dictionaries. 3rd rev. ed. 2019. (ENG.). 840p. (J). (gr. 6). pap. 10.95 *(978-0-00-832116-1(7))* HarperCollins Pubs. Ltd. GBR. Dist: Independent Pubs. Group.

Gem School Dictionary: Trusted Support for Learning, in a Mini-Format (Collins School Dictionaries) Collins Dictionaries. 6th rev. ed. 2019. (ENG.). 736p. (J). (gr. 6). pap. 8.99 *(978-0-00-832117-8(5))* HarperCollins Pubs. Ltd. GBR. Dist: Independent Pubs. Group.

Gem School Thesaurus: Trusted Support for Learning, in a Mini-Format (Collins School Dictionaries) Collins Dictionaries. 6th rev. ed. 2019. (ENG.). 736p. (J). (gr. 6). pap. 8.99 *(978-0-00-832118-5(3))* HarperCollins Pubs. Ltd. GBR. Dist: Independent Pubs. Group.

Gemas. Xist Publishing. 2018. (Xist Kids Spanish Bks.). (SPA., Illus.). 28p. (J). (gr. -1-3). pap. 9.99 *(978-1-5324-0713-0(0))* Xist Publishing.

Gemas Orgánicas (Organic Gems) Grace Hansen. 2019. (¡Súper Geología! (Geology Rocks!) Ser.). (SPA.). 24p. (J). (gr. -1-2). lib. bdg. 32.79 *(978-1-0982-0099-2(3)*, 33072, Abdo Kids) ABDO Publishing Co.

Gemina. Amie Kaufman & Jay Kristoff. (Illuminae Files Ser.: 2). (ENG.). 672p. (YA). (gr. 9). 2018. pap. 12.99 *(978-0-553-49918-6(1)*, Ember); 2016. (Illus.). 21.99 *(978-0-553-49915-5(7)*, Knopf Bks. for Young Readers) Random Hse. Children's Bks.

Gemini. Clever Publishing. Illus. by Alyona Achilova. 2021. (Clever Zodiac Signs Ser.: 3). (ENG.). 8p. (J). (gr. -1 — 1). bds. 8.99 *(978-1-951100-63-6(8))* Clever Media Group.

Gemini. Paul D. Klarc. 2021. (ENG.). 282p. (YA). 33.95 *(978-1-64701-542-8(1))* Page Publishing Inc.

Gemini: And Lesser Lights (Classic Reprint) Kim Bilir. 2018. (ENG., Illus.). 198p. (J). 28.00 *(978-0-428-99596-6(9))* Forgotten Bks.

Gemini: Book Three in the Zodiac Dozen Series. Oliver Bestul. 2022. (Zodiac Dozen Ser.: Vol. 3). (ENG.). 176p. (J). pap. 12.99 *(978-1-64538-418-2(7))* Orange Hat Publishing.

Gemini (Classic Reprint) Emily Fox. 2018. (ENG., Illus.). 286p. (J). 29.82 *(978-0-483-87599-9(6))* Forgotten Bks.

Gemini Connection. Teri Polen. 2018. (ENG., Illus.). 228p. (YA). (gr. 7-12). pap. 18.95 *(978-1-68433-034-8(3))* Black Rose Writing.

Gemini Force I: Ghost Mine. M. G. Harris. 2017. (Gemini Force I Ser.). (ENG.). 256p. (J). (gr. 7-11). pap. 9.99 *(978-1-4440-1408-2(0)*, Orion Children's Bks.) Hachette Children's Group GBR. Dist: Hachette Bk. Group.

Gemini Force I: White Storm. M. G. Harris. 2016. (Gemini Force I Ser.). (ENG.). 256p. (J). (gr. 7-11). pap. 9.99 *(978-1-4440-1410-5(2)*, Orion Children's Bks.) Hachette Children's Group GBR. Dist: Hachette Bk. Group.

Gemini Mysteries: the Cat's Paw (the Gemini Mysteries Book 2) Kat Shepherd. 2021. (Gemini Mysteries Ser.: 2). (ENG., Illus.). 304p. (J). (gr. 3-7). 16.99 *(978-1-4998-0810-0(0)*, Yellow Jacket) Bonnier Publishing USA.

Gemma & Gus. Olivier Dunrea. Illus. by Olivier Dunrea. 2017. (Gossie & Friends Ser.). (ENG., Illus.). 32p. (J). (gr. -1-3). pap. 5.99 *(978-0-544-93722-2(8)*, 1658282, Clarion Bks.) HarperCollins Pubs.

Gemma & Gus. Olivier Dunrea. ed. 2018. (Green Light Readers Ser.). (ENG.). 32p. (J). (gr. -1-1). 13.89 *(978-1-64310-425-6(X))* Penworthy Co., LLC, The.

Gemma & Gus Board Book. Olivier Dunrea. Illus. by Olivier Dunrea. 2016. (Gossie & Friends Ser.). (ENG., Illus.). 32p. (J). (— 1). bds. 7.99 *(978-0-544-65647-5(4)*, 1622856, Clarion Bks.) HarperCollins Pubs.

Gemma & the Giant Girl. Sara O'Leary. Illus. by Marie Lafrance. 2021. 48p. (J). (gr. -1-2). 18.99 *(978-0-7352-6367-3(1)*, Tundra Bks.) Tundra Bks. CAN. Dist: Penguin Random Hse. LLC.

Gemma Hunt's See! Let's Be a Good Friend. Gemma Hunt. Illus. by Charlotte Cooke. ed. 2022. (ENG.). 96p. (J). 11.99 *(978-0-7459-7951-9(3)*, 0edf3bf9-0dce-44d6-a596-866d8fc68d09, Lion Children's) Lion Hudson PLC GBR. Dist: Baker & Taylor Publisher Services (BTPS).

Gemma's Not Sure. Gill Stewart. 2020. (Galloway Girls Ser.: 2). (ENG.). 328p. (J). 8.95 *(978-1-78226-481-1(7)*, bbb23d6b-2d53-4016-aea1-64506081b9d6) Sweet Cherry Publishing GBR. Dist: Baker & Taylor Publisher Services (BTPS).

Gems. Claudia Martin. 2018. (Rock Explorer Ser.). (ENG., Illus.). 24p. (J). (gr. 1-3). lib. bdg. 26.65 *(978-1-68297-325-7(5),* e32dbe06-0cee-4400-bbc6-c36daf1534f4) QEB Publishing Inc.

Gems. Andrea Rivera. 2017. (Rocks & Minerals (Launch!) Ser.). (ENG., Illus.). 24p. (J). (gr. -1-2). lib. bdg. 31.36 *(978-1-5321-2044-2(3),* 25338, Abdo Zoom-Launch) ABDO Publishing Co.

Gems: An Introduction to Canadian Buddhism for Young People & the Young at Heart. Kenneth K. Tanaka et al. 2022. (ENG.). 188p. (YA). pap. ***(978-1-896559-84-1(0))*** SUMERU Pr., Inc.

Gems: Selections from Literary Contributions to the Press (Classic Reprint) Endie J. Polk. (ENG., Illus.). (J). 2019. 150p. 26.99 *(978-0-365-26983-0(2));* 2017. pap. 9.57 *(978-0-259-49293-1(0))* Forgotten Bks.

Gems / Gemas. Xist Publishing. 2018. (Xist Kids Bilingual Spanish English Ser.). (ENG & SPA., Illus.). 28p. (J). (gr. -1-3). pap. 9.99 *(978-1-5324-0633-1(9))* Xist Publishing.

Gems & Relics of the School Room (Classic Reprint) A. S. N. Crawford. 2018. (ENG., Illus.). 112p. (J). 26.21 *(978-0-267-24925-1(X))* Forgotten Bks.

Gems from an Old Drummer's Grip (Classic Reprint) Nelson R. Streeter. 2018. (ENG., Illus.). 78p. (J). 25.51 *(978-0-332-86865-3(6))* Forgotten Bks.

Gems from Fable-Land: A Collection of Fables Illustrated by Facts (Classic Reprint) William Oland Bourne. 2017. (ENG., Illus.). (J). 30.91 *(978-0-265-72329-6(9));* pap. 13.57 *(978-1-5276-8149-1(1))* Forgotten Bks.

Gems from Fable-Land: A Collection of Fables Illustrated by Facts (Classic Reprint) Wm Oland Bourne. (ENG., Illus.). (J). 2018. 372p. 31.59 *(978-0-484-64476-1(9));* 2016. pap. 13.97 *(978-1-333-63565-7(6))* Forgotten Bks.

Gems from Mother Goose: Rhymes, Chimes & Jingles (Classic Reprint) Unknown Author. 2018. (ENG., Illus.). 64p. (J). 25.22 *(978-0-365-40292-3(3))* Forgotten Bks.

Gems from the Best Authors: Grave & Gay (Classic Reprint) Unknown Author. (ENG., Illus.). (J). 2018. 410p. 32.37 *(978-0-428-93114-8(6));* 2016. pap. 16.57 *(978-1-334-13322-0(0))* Forgotten Bks.

Gem's Gift. Christine Conrad Cazes. Illus. by Kalpart. 2018. (ENG.). 34p. (J). (gr. k-6). 20.95 *(978-1-948260-31-2(X));* (gr. 6). pap. 11.50 *(978-1-948260-30-5(1))* Strategic Book Publishing & Rights Agency (SBPRA).

Gems of Irish Wit & Humor (Classic Reprint) H. P. Kelly. (ENG., Illus.). (J). 2018. 164p. 27.28 *(978-0-656-07618-5(6));* 2017. pap. 9.97 *(978-0-259-39958-2(2))* Forgotten Bks.

Gems of the Bog. Jane Dunbar Chaplin. 2017. (ENG.). 410p. (J). pap. *(978-3-337-12588-2(3))* Creation Pubs.

Gems of the Bog: A Tale of the Irish Peasantry (Classic Reprint) Jane Dunbar Chaplin. 2017. (ENG., Illus.). (J). 32.39 *(978-0-260-59575-1(6))* Forgotten Bks.

Gemsbok Coloring Book: Coloring Books for Adults, Gifts for Gemsbok Lover, Floral Mandala Coloring Pages, South African Animal Coloring Book. Illus. by Paperland Online Store. 2022. (ENG.). 42p. (J). pap. *(978-1-6781-4794-5(X))* Lulu Pr., Inc.

Gemstone Adventure: Prince Gem of Ology's Royal Quest. Yvonne Jones. 2016. (ENG., Illus.). (J). pap. 10.99 *(978-0-9970254-3-9(3));* pap. 10.99 *(978-0-9970254-7-7(6))* LHC Publishing.

Gemstone Dragons 1: Opal's Time to Shine. Samantha M. Clark. Illus. by Janelle O. Anderson. 2022. (ENG.). 128p. (J). pap. 5.99 *(978-1-5476-0888-1(9),* 900251417, Bloomsbury Children's Bks.) Bloomsbury Publishing USA.

Gemstone Dragons 2: Ruby's Fiery Mishap. Samantha M. Clark. Illus. by Janelle O. Anderson. 2022. (ENG.). 128p. (J). pap. 5.99 *(978-1-5476-0892-8(7),* 900251423, Bloomsbury Children's Bks.) Bloomsbury Publishing USA.

Gemstone Dragons 3: Topaz's Spooky Night. Samantha M. Clark. 2022. (ENG., Illus.). 128p. (J). pap. 5.99 *(978-1-5476-1089-1(1),* 900280959, Bloomsbury Children's Bks.) Bloomsbury Publishing USA.

Gemstone Dragons 4: Emerald's Blooming Secret. Samantha M. Clark. 2022. (ENG.). 128p. (J). pap. 5.99 *(978-1-5476-1092-1(1),* 900280958, Bloomsbury Children's Bks.) Bloomsbury Publishing USA.

Gemstones. Patrick Perish. 2019. (Rocks & Minerals Ser.). (ENG., Illus.). 32p. (J). (gr. 3-8). lib. bdg. 27.95 *(978-1-64487-074-7(6),* Blastoff! Discovery) Bellwether Media.

Gemstones of the World, 12 vols. 2017. (Gemstones of the World Ser.). (ENG.). 24p. (J). (gr. 3-3). lib. bdg. 151.62 *(978-1-5081-6436-4(3),* e1a7c817-07b1-45fc-8ceb-a65336299ec4, PowerKids Pr.) Rosen Publishing Group, Inc., The.

Gena of the Appalachians (Classic Reprint) Clarence Monroe Wallin. 2017. (ENG., Illus.). (J). 26.23 *(978-0-265-19749-3(X))* Forgotten Bks.

Gena/Finn. Hannah Moskowitz & Kat Helgeson. 2016. (ENG., Illus.). 292p. (YA). (gr. 7-12). 17.99 *(978-1-4521-3839-8(7))* Chronicle Bks. LLC.

Gender & Race in Sports. Duchess Harris & Kate Conley. 2018. (Race & Sports Ser.). (ENG., Illus.). 112p. (J). (gr. 6-12). lib. bdg. 41.36 *(978-1-5321-1670-4(5),* 30592, Essential Library) ABDO Publishing Co.

Gender-Based Violence & Women's Rights, 1 vol. Zoe Lowery & Linda Bickerstaff. 2017. (Women in the World Ser.). (ENG., Illus.). 112p. (J). (gr. 6-6). 38.80 *(978-1-5081-7447-9(4),* 56b06358-b22e-4f32-bdf5-ce0cc697bd2c, Rosen Young Adult) Rosen Publishing Group, Inc., The.

Gender Bending Anime Characters Coloring Book. Kreativ Entspannen. 2016. (ENG., Illus.). (J). pap. 9.20 *(978-1-68377-486-0(8))* Whike, Traudl.

Gender Diversity in Government, 1 vol. Ed. by Avery Elizabeth Hurt. 2019. (Global Viewpoints Ser.). (ENG.). 200p. (gr. 10-12). 47.83 *(978-1-5345-0557-5(1),* 66827825-8b20-438b-a00a-2fe38a76ce73) Greenhaven Publishing LLC.

Gender Equality. Marie Des Neiges Leonard. 2018. (Foundations of Democracy Ser.). (ENG.). 48p. (J). lib. bdg. 34.99 *(978-1-5105-3873-3(9))* SmartBook Media, Inc.

Gender Equality. Mark R. Whittington. 2019. (Contemporary Issues Ser.). (Illus.). 112p. (J). (gr. 12). lib. bdg. 35.93 *(978-1-4222-4391-6(5))* Mason Crest.

Gender Explorers: Our Stories of Growing up Trans & Changing the World. Juno Roche. 2020. (Illus.). 192p. (J). 18.95 *(978-1-78775-259-7(3),* 728514) Kingsley, Jessica Pubs. GBR. Dist: Hachette UK Distribution.

Gender Fulfilled: Being Transgender. Joyce A. Anthony. 2019. (LGBTQ Life Ser.). (Illus.). 96p. (YA). (gr. 12). lib. bdg. 34.60 *(978-1-4222-4277-3(3))* Mason Crest.

Gender Game. Bella Forrest. 2016. (Gender Games Ser.: Bk. 1). (ENG.). 418p. (YA). pap. 15.99 *(978-0-9982992-1-1(9))* Nightlight Pr.

Gender Heroes: 25 Amazing Transgender, Non-Binary & Genderqueer Trailblazers from Past & Present! Jessica Kingsley Publishers. ed. 2023. (Illus.). 64p. (J). pap. 19.95 *(978-1-83997-325-3(0),* 860070) Kingsley, Jessica Pubs. GBR. Dist: Hachette UK Distribution.

Gender Identity. Olivia Ghafoerkhan. 2020. (LGBTQ Issues Ser.). (ENG.). 80p. (YA). (gr. 6-12). 41.27 *(978-1-68282-915-8(4))* ReferencePoint Pr., Inc.

Gender Identity: Beyond Pronouns & Bathrooms. Maria Cook. Illus. by Alexis Cornell. 2019. (Inquire & Investigate Ser.). (ENG.). 128p. (YA). (gr. 7-9). 22.95 *(978-1-61930-756-8(1),* 553a9d71-ec5f-41fc-b354-d7412b2ca075); pap. 17.95 *(978-1-61930-759-9(6),* f650d554-4380-470d-a61f-3d194d5cd572) Nomad Pr.

Gender Identity: The Search for Self, 1 vol. Kate Light. 2016. (Hot Topics Ser.). (ENG.). 104p. (YA). (gr. 7-7). lib. bdg. 41.03 *(978-1-5345-6023-9(8),* f2e6c575-fa38-44b9-8230-ba8800ffddcc, Lucent Pr.) Greenhaven Publishing LLC.

Gender Identity Workbook for Kids: A Guide to Exploring Who You Are. Kelly Storck. Illus. by Noah Grigni. 2018. (ENG.). 176p. (J). (gr. k-5). pap. 18.95 *(978-1-68403-030-9(7),* 40309) New Harbinger Pubns.

Gender Identity Workbook for Teens: A Journey Through Gender, Empowering Yourself Through Understanding & Expression. Michelle Mann. 2023. (ENG.). 92p. (YA). pap. 19.99 ***(978-1-0881-2438-3(0))*** Indy Pub.

Gender in the 21st Century, 1 vol. Ed. by M. M. Eboch. 2019. (Opposing Viewpoints Ser.). (ENG.). 176p. (gr. 10-12). pap. 34.80 *(978-1-5345-0592-6(X),* 504748ff-e075-4313-81ae-a929072c3706, Greenhaven Publishing) Greenhaven Publishing LLC.

Gender Inequality in Sports: From Title IX to World Titles. Kirstin Cronn-Mills. 2022. (ENG., Illus.). 120p. (YA). (gr. 8-12). lib. bdg. 37.32 *(978-1-7284-1947-3(6),* b428e779-ed67-449d-aaad-84357d3fd0b9, Twenty-First Century Bks.) Lerner Publishing Group.

Gender Pioneers: A Celebration of Transgender, Non-Binary & Intersex Icons. Philippa Punchard. Illus. by Philippa Punchard. ed. 2022. (Illus.). 200p. (C). 22.95 *(978-1-78775-515-4(0),* 759640) Kingsley, Jessica Pubs. GBR. Dist: Hachette UK Distribution.

Gender Politics, 1 vol. Ed. by Susan Henneberg. 2016. (At Issue Ser.). (ENG.). 120p. (YA). (gr. 10-12). pap. 28.80 *(978-1-5345-0041-9(3),* 52f77ffb-b619-480e-bc4e-71b562834b7b); lib. bdg. 41.03 *(978-1-5345-0014-3(6),* fcc4c713-c3f2-4b16-a860-e5fcf5126551) Greenhaven Publishing LLC. (Greenhaven Publishing).

Gender Wage Gap. Melissa Higgins & Michael Regan. 2016. (Special Reports Set 2 Ser.). (ENG., Illus.). 112p. (J). (gr. 6-12). lib. bdg. 41.36 *(978-1-68078-394-0(7),* 23553, Essential Library) ABDO Publishing Co.

Gender Wheel: A Story about Bodies & Gender for Every Body. Maya Gonzalez. (ENG., Illus.). (J). (gr. 2-5). 2018. 44p. pap. 13.95 *(978-1-945289-12-5(0));* 2017. 43p. 20.95 *(978-1-945289-05-7(8))* Reflection Pr.

Gender Wheel - School Edition: A Story about Bodies & Gender for Every Body. Maya Gonzalez. 2018. (ENG., Illus.). 44p. (J). (gr. 2-5). pap. 13.95 *(978-1-945289-13-2(9));* 20.95 *(978-1-945289-11-8(2))* Reflection Pr.

Gene Editing. Meg Marquardt. 2019. (Engineering the Human Body Ser.). (ENG.). 32p. (J). (gr. 3-5). pap. 9.95 *(978-1-64185-834-2(6),* 1641858346); lib. bdg. 31.35 *(978-1-64185-765-9(X),* 164185765X) North Star Editions. (Focus Readers).

Gene Rift: Book 2 of the Destiny by Design Series. J. Andersen. 2017. (ENG., Illus.). (J). pap. 12.95 *(978-1-946758-18-7(3),* Brimstone Fiction) LPC.

Gene Therapy, 1 vol. Vic Kovacs. 2016. (Miracles of Medicine Ser.). (ENG.). 48p. (J). (gr. 6-6). pap. 15.05 *(978-1-4824-6099-5(8),* 0da58736-089a-471b-8fc5-c47a2150ffd4) Stevens, Gareth Publishing LLLP.

Gene Yuss: Into the Unbelievable. Louise Norris. 2020. (ENG.). 58p. (YA). pap. 12.95 *(978-1-0980-3079-7(6))* Christian Faith Publishing.

Genealogía de la Moral. Friedrich Nietzsche. 2017. (ENG & SPA.). 246p. (YA). pap. *(978-607-8473-46-5(8))* Epoca, Editorial, S.A. de C.V.

General. Robert Muchamore. 2016. (Cherub Ser.: 10). (ENG., Illus.). 352p. (YA). (gr. 9). 17.99 *(978-1-4814-5666-1(0),* Simon Pulse) Simon Pulse.

General & Analytical Index to the American Cyclopaedia (Classic Reprint) Thomas Jefferson Conant. 2018. (ENG., Illus.). (J). 820p. 40.81 *(978-1-396-79011-9(X));* 820p. 40.81 *(978-1-396-83347-2(1));* 822p. pap. 23.57 *(978-1-396-37868-3(5));* 822p. pap. 23.57 *(978-1-396-83331-1(5))* Forgotten Bks.

General & Complete Dictionary of the English Language: To Which Are Added, an Alphabetical Account of the Heathen Deities; & a List of the Cities, Towns, Boroughs, & Remarkable Villages, in England & Wales (Classic Reprint) Unknown Author. (ENG., Illus.). (J). 2018. 272p. 29.51 *(978-0-267-58378-2(8));* 2017. pap. 11.97 *(978-0-282-34646-1(5))* Forgotten Bks.

General & Elementary View of the Undulatory Theory: As Applied to the Dispersion of Light, & Some Other Subjects, Including the Substance of Several Papers, Printed in the Philosophical Transactions, & Other Journals (Classic Reprint) Baden Powell. (ENG., Illus.). (J). 2018. 208p. 28.19 *(978-0-364-95125-5(7));* 2016. pap. 10.57 *(978-1-334-25776-6(0))* Forgotten Bks.

General & Elementary View of the Undulatory Theory, As Applied to the Dispersion of Light, & Some Other Subjects. Baden Powell. 2017. (ENG., Illus.). (J). pap. *(978-0-649-03991-3(2))* Trieste Publishing Pty Ltd.

General & the Farmer. Jeong Saeng Gweon. 2018. (KOR., Illus.). (J). *(978-89-364-5531-6(1))* Chang-jag and Bipyeong Co.

General & True History of the Lives & Actions of the Most Famous Highwaymen, Murderers, Street-Robbers, &C. to Which Is Added: Tryals of the Most Notorious Malefactors, at the Sessions-House in the Old Baily, London (Classic Reprint) Charles Johnson. 2017. (ENG., Illus.). (J). 33.59 *(978-0-265-28273-1(X))* Forgotten Bks.

General Bounce. G. J. Whyte-Melville. 2017. (ENG.). 390p. (J). pap. *(978-3-337-12228-7(0))* Creation Pubs.

General Bounce: Or the Lady & the Locusts (Classic Reprint) G. J. Whyte-Melville. 2018. (ENG., Illus.). 374p. (J). 31.63 *(978-0-267-82336-9(3))* Forgotten Bks.

General Bounce; or, the Lady & the Locusts; in Two Volumes; Vol. II. G. J. Whyte Melville. 2017. (ENG., Illus.). (J). pap. *(978-0-649-59187-9(9))* Trieste Publishing Pty Ltd.

General Bounce, or the Lady & the Locusts, Vol. 1 of 2 (Classic Reprint) G. J. Whyte Melville. (ENG., Illus.). (J). 2018. 320p. 30.50 *(978-0-332-98032-4(4));* 2016. pap. 13.57 *(978-1-334-32917-3(6))* Forgotten Bks.

General Bounce, or the Lady & the Locusts, Vol. 2 of 2 (Classic Reprint) G. J. Whyte Melville. (ENG., Illus.). (J). 2018. 300p. 30.08 *(978-0-267-31504-8(X));* 2016. pap. 13.57 *(978-1-333-44869-1(4))* Forgotten Bks.

General Bramble (Classic Reprint) André Maurois. 2018. (ENG., Illus.). 204p. (J). 28.10 *(978-0-332-95977-1(5))* Forgotten Bks.

General Crane. Linda Hoover. 2018. (ENG.). 38p. (J). 14.95 *(978-1-68401-470-5(0))* Amplify Publishing Group.

General Crook & the Fighting Apaches (Classic Reprint) Edwin L. Sabin. 2018. (ENG., Illus.). 324p. (J). 30.58 *(978-0-364-43208-2(X))* Forgotten Bks.

General Dictionary of the English Language: One Main Object of Which, Is, to Establish a Plain & Permanent Standard of Pronunciation; to Which Is Prefixed a Rhetorical Grammar (Classic Reprint) Thomas Sheridan. 2017. (ENG., Illus.). (J). 1074p. 46.07 *(978-0-260-95935-5(9));* 1076p. pap. 28.41 *(978-1-5284-6261-7(0))* Forgotten Bks.

General Dictionary of the English Language, Vol. 2: One Main Object of Which, Is, to Establish a Plain & Permanent Standard of Pronunciation; to Which Is Prefixed a Rhetorical Grammar (Classic Reprint) Thomas Sheridan. 2018. (ENG., Illus.). 490p. (J). 34.02 *(978-0-267-52613-0(X))* Forgotten Bks.

General Dixon's Boy Aide, or Ned Trinkner in the Army (Classic Reprint) W. Atkinson. (ENG., Illus.). (J). 2018. 36p. 24.64 *(978-0-332-09055-9(8));* 2016. pap. 7.97 *(978-1-334-17106-2(8))* Forgotten Bks.

General Electric. Joy Gregory. 2017. (Corporate America Ser.). (ENG.). 32p. (J). lib. bdg. 22.99 *(978-1-5105-2366-1(9))* SmartBook Media, Inc.

General Grant & the Halloween Surprise. Sean Danz. 2020. (ENG.). 36p. (J). pap. ***(978-1-7948-1612-1(7))*** Lulu Pr., Inc.

General Grant & the Super Sleepover. Sean Danz. l.t. ed. 2020. (ENG.). 32p. (J). pap. *(978-1-6781-8229-8(X))* Lulu Pr., Inc.

General Grant at Mount MacGregor (Classic Reprint) O. P. Clarke. 2018. (ENG., Illus.). 48p. (J). 24.91 *(978-0-656-16690-9(8))* Forgotten Bks.

General History & Collection of Voyages & Travels; Volume 13. Robert Kerr. 2017. (ENG., Illus.). (J). 30.95 *(978-1-374-95755-8(0));* pap. 21.95 *(978-1-374-95754-1(2))* Capital Communications, Inc.

General History & Collection of Voyages & Travels; Volume 14. Robert Kerr. 2017. (ENG., Illus.). (J). 30.95 *(978-1-374-95005-4(X));* pap. 21.95 *(978-1-374-95004-7(1))* Capital Communications, Inc.

General Knowledge Crosswords. 2017. (Activity Puzzle Bks.). (ENG.). (J). pap. 5.99 *(978-0-7945-3984-9(X),* Usborne) EDC Publishing.

General Knowledge Quizzes for Clever Kids(r). Joe Fullman & Chris Dickason. 2022. (Buster Brain Games Ser.: 19). (ENG., Illus.). 192p. (J). pap. 8.99 *(978-1-78055-710-6(8),* Buster Bks.) O'Mara, Michael Bks., Ltd. GBR. Dist: Independent Pubs. Group.

General Knowledge Trivia Questions. Sam Smith & Simon Tudhope. 2018. (Activity Puzzle Book - Trivia Bks.). (ENG.). 112p. (J). pap. 4.99 *(978-0-7945-4012-8(0),* Usborne) EDC Publishing.

General Knowledge Wordsearches. Phillip Clark. 2019. (Activity Puzzle Bks.). (ENG.). 112ppp. (J). pap. 4.99 *(978-0-7945-4703-5(6),* Usborne) EDC Publishing.

General Lee & Santa Claus: Mrs. Louise Clack's Christmas Gift to Her Little Southern Friends (Classic Reprint) Louise Clack. (ENG., Illus.). (J). 2017. 24.97 *(978-0-331-12974-8(4));* 2016. pap. 9.57 *(978-1-334-15086-9(9))* Forgotten Bks.

General Mallock's Shadow (Classic Reprint) W. B. Maxwell. 2018. (ENG., Illus.). 356p. (J). 31.24 *(978-0-483-38284-8(1))* Forgotten Bks.

General Manager's Story. Herbert Elliott Hamblen. 2017. (ENG.). 368p. (J). pap. *(978-3-7446-7773-8(7))* Creation Pubs.

General Manager's Story: Old-Time Reminiscences of Railroading, in the United States (Classic Reprint) Herbert Elliott Hamblen. 2018. (ENG., Illus.). 384p. (J). 31.82 *(978-0-656-65952-4(1))* Forgotten Bks.

General Mills. Sara Green. 2017. (Brands We Know Ser.). (ENG., Illus.). 24p. (J). (gr. 3-8). lib. bdg. 27.95 *(978-1-62617-652-2(3),* Pilot Bks.) Bellwether Media.

General Motors. Tammy Gagne. 2017. (J). *(978-1-5105-2368-5(5))* SmartBook Media, Inc.

General Nelson's Scout (Classic Reprint) Byron Archibald Dunn. 2018. (ENG., Illus.). (J). 378p. 31.69 *(978-0-366-53300-8(2));* 380p. pap. 16.57 *(978-0-365-86486-8(2))* Forgotten Bks.

General, or Twelve Nights in the Hunters Camp: A Narrative of Real Life (Classic Reprint) W. Barrows. 2018. (ENG., Illus.). 284p. (J). 29.75 *(978-0-365-24493-6(7))* Forgotten Bks.

General Physics for Students: A Text-Book on the Fundamental Properties of Matter (Classic Reprint) Edwin Edser. 2017. (ENG., Illus.). (J). 37.32 *(978-1-5282-5045-0(1))* Forgotten Bks.

General Post: A Comedy in Three Acts (Classic Reprint) J.E. Harold Terry. 2018. (ENG., Illus.). 130p. (J). 26.58 *(978-0-483-87822-8(7))* Forgotten Bks.

General Relativity for Babies. Chris Ferrie. 2017. (Baby University Ser.: 0). (Illus.). 24p. (J). (gr. -1-k). bds. 9.99 *(978-1-4926-5626-5(7))* Sourcebooks, Inc.

General Report upon the Initiation & Construction of the Tunnel under the East River, New York, to the President & Directors of the East River Gas Company (Classic Reprint) Charles M. Jacobs. (ENG., Illus.). (J). 2017. 46p. 24.87 *(978-0-332-11389-0(2));* 2016. pap. 7.97 *(978-1-334-17727-9(9))* Forgotten Bks.

General Stud Book, Vol. 19 Of 19: Containing Pedigrees of Race Horses, &C. , &C. , from the Earliest Accounts to the Year 1900 Inclusive (Classic Reprint) Unknown Author. 2017. (ENG., Illus.). (J). 47.45 *(978-0-260-03762-6(1));* pap. 29.79 *(978-1-5278-9623-9(4))* Forgotten Bks.

General Stud Book, Vol. 8 Of 14: Containing Pedigrees of Race Horses, &C. , &C. , from the Earliest Accounts to the Year 1880 Inclusive (Classic Reprint) Unknown Author. 2018. (ENG., Illus.). (J). 380p. 31.75 *(978-1-396-38979-5(2));* 382p. pap. 16.57 *(978-1-390-93576-9(0))* Forgotten Bks.

General View of the Agriculture in the County of Essex: With Observations on the Means of Its Improvement (Classic Reprint) Charles Vancouver. 2017. (ENG., Illus.). (J). 28.93 *(978-0-331-88753-2(3))* Forgotten Bks.

General View of the Agriculture of the County of Argyle: With Observations on the Means of Its Improvement, Drawn up for the Consideration of the Board of Agriculture & Internal Improvement (Classic Reprint) John Smith. 2017. (ENG., Illus.). (J). 31.59 *(978-0-266-53393-1(0));* pap. 13.97 *(978-0-282-71540-3(1))* Forgotten Bks.

General View of the Agriculture of the County of Devon: With Observations on the Means of Its Improvement; Drawn up for the Consideration of the Board of Agriculture; & Internal Improvement (Classic Reprint) Charles Vancouver. 2017. (ENG., Illus.). (J). 35.69 *(978-0-266-67075-9(X));* pap. 19.57 *(978-1-5276-4193-8(7))* Forgotten Bks.

General Vocabulary of Latin (Classic Reprint) Joseph Henry Allen. 2018. (ENG., Illus.). 210p. (J). 28.25 *(978-0-267-52193-7(6))* Forgotten Bks.

General William Sherman's Great March to the Sea - American Civil War Books - Biography 5th Grade - Children's Biographies. Dissected Lives. 2019. (ENG.). 72p. (J). pap. 14.72 *(978-1-5419-5088-7(7));* 24.71 *(978-1-5419-7537-8(5))* Speedy Publishing LLC. (Dissected Lives (Auto Biographies)).

General Wolf & Sergeant Wilcox: A Scottales Book. Scott C. Schweppe. Ed. by Christopher D. Pauley. Illus. by Jamie Miller-Bandas. 2018. (ENG.). 56p. (J). pap. 6.00 *(978-1-7322560-2-6(0))* Horn, Jonathan.

General Yang Yanhui Visits His Mother. Illus. by Pangbudun'er. 2023. (My Favorite Peking Opera Picture Bks.). (ENG.). 62p. (J). (gr. k-2). 19.95 ***(978-1-4878-1113-6(6))*** Royal Collins Publishing Group Inc. CAN. Dist: Independent Pubs. Group.

General's Double. Charles King. 2017. (ENG.). 458p. (J). pap. *(978-3-7447-4706-6(9))* Creation Pubs.

General's Double: A Story of the Army of the Potomac (Classic Reprint) Charles King. 2018. (ENG., Illus.). 462p. (J). 33.45 *(978-0-267-98598-2(3))* Forgotten Bks.

General's Log: Tales from the Lockdown. Fern Schreuder. 2021. (ENG.). 88p. (YA). pap. *(978-1-922444-73-8(1))* Shawline Publishing Group.

Generation Between (Classic Reprint) Charlotte Mary Matheson. 2017. (ENG., Illus.). (J). 31.01 *(978-0-331-55584-4(0))* Forgotten Bks.

Generation Brave: The Gen Z Kids Who Are Changing the World. Kate Alexander. 2020. (ENG., Illus.). 128p. (YA). 19.99 *(978-1-5248-6068-4(9))* Andrews McMeel Publishing.

Generation Claimed 3-Pack: You Are - Tonight - Chosen. Emily Assell. Illus. by Lauren Copple. 2020. (Generation Claimed Ser.). (ENG.). 60p. (J). bds. 19.99 *(978-1-4964-5021-0(3),* 20_35046, Tyndale Kids) Tyndale Hse. Pubs.

Generation Gap. Alex McGilvery. 2018. (ENG., Illus.). 272p. (YA). pap. *(978-978-198-909-4(2))* Celticfrog Publishing.

Generation Girls: Heartfelt Advice, Stories, Poems & Letters Written by Teenage Girls for Teenage Girls. Compiled by Tess Woods. 2018. (ENG., Illus.). 70p. (YA). pap. *(978-0-6483116-4-5(3))* Karen Mc Dermott.

Generation Manifestation. Steven Bereznai. 2021. (Gen M Ser.: 1). (ENG.). 248p. (YA). (gr. 7). pap. 17.95 *(978-1-989055-04-5(4))* Jambor Publishing CAN. Dist: Independent Pubs. Group.

Generation Moon. Shoo Rayner. Illus. by Shoo Rayner. 2023. (Generation Moon Ser.: Vol. 1). (ENG.). 146p. (J). pap. ***(978-1-908944-46-7(3))*** Rayner, Shoo.

Generation Next: the Takeover. Oli White. 2018. (ENG., Illus.). 320p. 13.99 *(978-1-4736-3444-2(X))* Hodder & Stoughton GBR. Dist: Hachette Bk. Group.

Generation One. Pittacus Lore. (Lorien Legacies Reborn Ser.: 1). (ENG.). 416p. (YA). (gr. 9). 2018. pap. 10.99 *(978-0-06-249370-5(1));* 2017. 18.99 *(978-0-06-249374-3(4))* HarperCollins Pubs. (HarperCollins).

Generation One. Pittacus Lore. ed. 2018. (YA). lib. bdg. 20.85 *(978-0-606-41372-5(3))* Turtleback.

Generation Wonder: The New Age of Heroes. Ed. by Barry Lyga. 2022. (ENG., Illus.). 368p. (YA). (gr. 8-17). 18.99 *(978-1-4197-5446-3(7),* 1732501, Amulet Bks.) Abrams, Inc.

Generation XL: Tackling & Preventing Childhood Obesity in India. Sanjay Borude. 2022. (ENG.). 224p. (J). pap. 16.95 *(978-0-14-344181-6(7),* Ebury Pr.) Ebury Publishing GBR. Dist: Independent Pubs. Group.

Generation Z: The Sleeping Giant Awakens... S. L. Daughtrey. 2019. (ENG.). 132p. (YA). (gr. 9-12). pap. 14.95 *(978-0-578-46710-8(0))* Daughtrey Publishing Hse.

736

The check digit for ISBN-10 appears in parentheses after the full ISBN-13

G

Generations Five. Renee Duke. 2020. (ENG.). 388p. (YA). pap. *(978-0-2286-1475-3(9))*; (J). pap. *(978-0-2286-1477-7(5))* Books We Love Publishing Partners.

Genereux Gateaux: The Generous Cakes. Sarah F. Kramer. Ed. by Jill Hall. Illus. by Sarah F. Kramer. 2018. (ENG., Illus.). 34p. (J). (gr. k-6). 19.99 *(978-0-692-99173-2(5))* Kramer, Sarah.

Generosity. Cynthia Amoroso. 2022. (Learning Core Values Ser.). (ENG.). 24p. (J). (gr. -1-2). lib. bdg. 32.79 *(978-1-5038-5848-0(0)*, 215714, Wonder Books(r)) Child's World, Inc, The.

Generosity. Cynthia Amoroso & Danielle Jacklin. 2018. (Illus.). 24p. *(978-1-4896-6066-4(6)*, AV2 by Weigl) Weigl Pubs., Inc.

Generous Fish. Jacqueline Jules. Illus. by Frances Tyrrell. 2020. 40p. (J). (gr. k-3). 16.95 *(978-1-937786-79-3(X)*, Wisdom Tales) World Wisdom, Inc.

Generous Jennifer: Sharing Is Contagious. Carleena Snow. Illus. by Maripat Borowski. 2018. (ENG.). 30p. (J). pap. 9.95 *(978-1-7323592-0-8(2))* Periwinkle Pr.

Generydes: A Romance in Seven-Line Stanzas (Classic Reprint) William Aldis Wright. 2017. (ENG., Illus.). (J). 29.40 *(978-0-266-36956-1(1))* Forgotten Bks.

Generydes: A Romance in Seven-Line Stanzas; Edited from the Unique Paper Ms. in Trinity College, Cambridge (about 1440 A. D.) (Classic Reprint) W. Aldis Wright. (ENG., Illus.). (J). 2018. 156p. 27.11 *(978-0-656-25887-1(X))*; 2016. pap. 9.57 *(978-1-334-32493-2(X))* Forgotten Bks.

Generydes, a Romance in Seven-Line Stanzas: Edited from the Unique Paper Ms. in Trinity College, Cambridge (about 1440 A. D.) (Classic Reprint) William Aldis Wright. (ENG., Illus.). (J). 2018. 150p. 27.01 *(978-0-656-22889-8(X))*; 2016. pap. 9.57 *(978-1-334-32611-0(8))* Forgotten Bks.

Genes & Genetics, Vol. 6. James Shoals. 2018. (Science of the Human Body Ser.). (Illus.). 80p. (J). (gr. 7). lib. bdg. 33.27 *(978-1-4222-4195-0(5))* Mason Crest.

Genesis. Brendan Reichs. 2019. (Project Nemesis Ser.: 2). (ENG.). 528p. (YA). (gr. 7). pap. 10.99 *(978-0-399-54497-2(6)*, Penguin Books) Penguin Young Readers Group.

Genesis Begins Again. Alicia D. Williams. 2019. (ENG., Illus.). 384p. (J). (gr. 4-8). 17.99 *(978-1-4814-6580-9(5)*, Atheneum/Caitlyn Dlouhy Books) Simon & Schuster Children's Publishing.

Genesis Flame. Ryan Dalton. 2018. (Time Shift Trilogy Ser.). (ENG.). 480p. (YA). (gr. 9-12). pap. 14.99 *(978-1-63163-170-2(5)*, 1631631705, Jolly Fish Pr.) North Star Editions.

Genesis for Teens. Andrew Gad. I.t. ed. 2020. (ENG.). 298p. (YA). pap. *(978-0-6488658-7-2(8))* St Shenouda Pr.

Genesis I-II: An Essay on the Bible Narrative of Creation (Classic Reprint) Augustus Radcliffe Grote. (ENG., Illus.). (J). 2017. 110p. 26.19 *(978-0-484-83148-2(8))*; 2016. pap. 9.57 *(978-1-333-39330-4(X))* Forgotten Bks.

Genesis Wars: An Infinity Courts Novel. Akemi Dawn Bowman. 2022. (Infinity Courts Ser.: 2). (ENG., Illus.). 400p. (YA). (gr. 7). 19.99 *(978-1-5344-5654-9(6))*, Simon & Schuster Bks. For Young Readers) Simon & Schuster Bks. For Young Readers.

Genesis's Christmas Wish. Put Me In The Story & J. D. Green. Illus. by Julia Seal. 2018. (Christmas Wish Ser.). (ENG.). 32p. (J). (gr. k-3). 6.99 ***(978-1-4926-8521-0(6))*** Sourcebooks, Inc.

Genetic Ancestry Testing, 1 vol. Kristi Lew. 2018. (Heredity & Genetics Ser.). (ENG.). 80p. (gr. 8-8). pap. 18.60 *(978-0-7660-9948-7(2)*, e5e4028a-83c7-452d-bcff-cfc4d9ac2126); lib. bdg. 37.60 *(978-0-7660-9947-0(4)*, 8a3b4861-28ea-4ea5-b4b1-c58651c3acae) Enslow Publishing, LLC.

Genetic Diseases & Gene Therapies (Set), 12 vols. 2018. (Genetic Diseases & Gene Therapies Ser.). (ENG.). 48p. (gr. 5-5). lib. bdg. 200.82 *(978-1-5081-8290-0(6)*, 89f45c8f-7905-46c7-942e-be096762ca35, Rosen Reference) Rosen Publishing Group, Inc., The.

Genetic Disorders Heredity, Genes, & Chromosomes Human Science Grade 7 Children's Biology Books. Baby Professor. 2021. (ENG.). 72p. (J). 27.99 *(978-1-5419-8066-2(2))*; pap. 16.99 *(978-1-5419-4957-7(9))* Speedy Publishing LLC. (Baby Professor (Education Kids)).

Genetic Engineering. Dave Bond. 2017. (Stem: Shaping the Future Ser.: Vol. 4). (ENG., Illus.). 80p. (J). 24.95 *(978-1-4222-3713-7(3))* Mason Crest.

Genetic Engineering. Dave Bond. 2019. (Stem & the Future Ser.). (ENG.). 48p. (YA). lib. bdg. 29.99 *(978-1-5105-4494-9(1))* SmartBook Media, Inc.

Genetic Engineering, 1 vol. Ed. by Susan Henneberg. 2016. (Current Controversies Ser.). (ENG.). 168p. (YA). (gr. 10-12). pap. 33.00 *(978-1-5345-0038-9(3)*, 4d229b77-7c85-4bfe-8720-19ff4ad0aa01); lib. bdg. 48.03 *(978-1-5345-0017-4(0)*, 5ff702f2-d731-467f-87d9-321f9b7c9f06) Greenhaven Publishing LLC. (Greenhaven Publishing).

Genetic Engineering, 1 vol. Kara Rogers. 2018. (Sci-Fi or STEM? Ser.). (ENG., Illus.). 64p. (J). (gr. 7-7). 36.13 *(978-1-5081-8032-6(6)*, f93619a7-e994-4010-81af-05847502b0e9) Rosen Publishing Group, Inc., The.

Genetic Engineering & Developments in Biotechnology. Anne Rooney. 2016. (Engineering in Action Ser.). (ENG., Illus.). 32p. (J). (gr. 5-9). *(978-0-7787-7538-6(0))* Crabtree Publishing Co.

Genética de Las Plantas: Set of 6 Common Core Edition. Ken Cameron & Benchmark Education Company, LLC Staff. 2016. (Navigators Ser.). (SPA.). (J). (gr. 5). 58.00 net. *(978-1-5125-0804-8(7))* Benchmark Education Co.

Genetics. Mason Anders. 2017. (Genetics Ser.). (ENG., Illus.). 32p. (J). (gr. 3-6). 119.96 *(978-1-5157-7277-4(2)*, 26712, Capstone Pr.) Capstone.

Genetics, 1 vol. Joanna Brundle. 2019. (Science in Action Ser.). (ENG.). 32p. (gr. 4-5). pap. 11.50 *(978-1-5345-3088-1(6)*, 2db6d12e-a9a9-4256-90e8-fd63c029f44d); lib. bdg. 28.88 *(978-1-5345-3017-1(7)*, 4636ea9e-8427-43fb-9fb1-e4a9cc94df92) Greenhaven Publishing LLC. (KidHaven Publishing).

Genetics. Emma Huddleston. 2021. (Discover Biology Ser.). (ENG., Illus.). 32p. (J). (gr. 2-5). lib. bdg. 34.21 *(978-1-5321-9533-4(8)*, 37516, Kids Core) ABDO Publishing Co.

Genetics. Tom Jackson. 2017. (21st Century Science Ser.). (ENG.). 48p. (YA). lib. bdg. 34.99 *(978-1-5105-2211-4(5))* SmartBook Media, Inc.

Genetics: Why We Are Who We Are, 1 vol. Tom Jackson. 2017. (Big Questions Ser.). (ENG.). 200p. (YA). (gr. 9-9). lib. bdg. 49.50 *(978-1-5026-2808-4(2)*, 6c7f6518-56a6-4797-b5e2-22033e234439) Cavendish Square Publishing LLC.

Genetics (a True Book: Greatest Discoveries & Discoverers) (Library Edition) Christine Taylor-Butler. 2016. (True Book (Relaunch) Ser.). (ENG., Illus.). 48p. (J). (gr. 3-5). lib. bdg. 31.00 *(978-0-531-21861-7(9)*, Children's Pr.) Scholastic Library Publishing.

Genetics & Medicine. Toney Allman. 2018. (ENG.). 80p. (YA). (gr. 5-12). *(978-1-68282-325-5(3))* ReferencePoint Pr., Inc.

Genetics for Smart Kids: A Little Scientist's Guide to Cells, DNA, Genes, & More! Carlos Pazos. 2020. (Future Geniuses Ser.: 3). 26p. (J). (gr. -1-2). bds. 8.99 *(978-1-5107-5414-0(8)*, Sky Pony Pr.) Skyhorse Publishing Co., Inc.

Geneva Sommers & the First Fairytales. C. J. Benjamin. 2019. (Geneva Sommers Ser.: Vol. 5). (ENG., Illus.). 188p. (YA). (gr. 7-12). 19.99 *(978-1-7326123-9-6(0))* Crown Atlantic Publishing.

Geneva Sommers & the Magic Destiny. C. J. Benjamin. 2019. (Geneva Sommers Ser.: Vol. 4). (ENG., Illus.). 600p. (YA). (gr. 7-12). 26.99 *(978-1-7326123-8-9(2))* Crown Atlantic Publishing.

Geneva Sommers & the Myth of Lies. C. J. Benjamin. 2019. (ENG., Illus.). 552p. (YA). 26.99 *(978-1-7326123-7-2(4))* Crown Atlantic Publishing.

Geneva Sommers & the Quest for Truth. C. J. Benjamin. 2019. (ENG., Illus.). 380p. (YA). 24.99 *(978-1-7326123-1-0(5))* Crown Atlantic Publishing.

Geneva Sommers & the Secret Legend. C. J. Benjamin. 2019. (ENG., Illus.). 476p. (YA). 24.99 *(978-1-7326123-6-5(6))* Crown Atlantic Publishing.

Genevieve: Fashion Princess. M. J. Goulart. Illus. by M. J. Goulart. 2016. (ENG., Illus.). (J). (gr. k-4). pap. 11.95 *(978-0-9980932-3-9(8))* Goulart-Johnston, Michelle.

Genevieve: Fashion Princess. Goulart M J. Illus. by Goulart M J. 2016. (ENG., Illus.). (J). (gr. k-4). 13.95 *(978-0-9980932-2-2(X))* Goulart-Johnston, Michelle.

Genevieve: Or Peasant Love & Sorrow (Classic Reprint) Alphonse de Lamartine. (ENG., Illus.). (J). 2018. 192p. 27.88 *(978-0-483-37078-4(9))*; 2016. pap. 10.57 *(978-1-334-15762-2(6))* Forgotten Bks.

Genevieve a Story of French School Days (Classic Reprint) Laura Spencer Portor. 2018. (ENG., Illus.). 364p. (J). 31.42 *(978-0-484-72369-5(3))* Forgotten Bks.

Genevieve's War. Patricia Reilly Giff. 2019. (ENG.). 240p. (J). (gr. 3-7). pap. 7.99 *(978-0-8234-4178-5(4))* Holiday Hse., Inc.

Genevra (Classic Reprint) Charles Marriott. 2017. (ENG., Illus.). (J). 320p. 30.52 *(978-0-332-98667-8(5))*; pap. 13.57 *(978-0-259-21605-6(4))* Forgotten Bks.

Genevra, or the History of a Portrait (Classic Reprint) Unknown Author. 2018. (ENG., Illus.). 206p. (J). 28.15 *(978-0-483-21653-2(4))* Forgotten Bks.

Genevra's Money (Classic Reprint) E. V. Lucas. 2018. (ENG., Illus.). 244p. (J). 28.93 *(978-0-484-81163-7(0))* Forgotten Bks.

Genghis Khan, 1 vol. Kassi Radomski. 2017. (Great Military Leaders Ser.). (ENG.). 128p. (YA). (gr. 9-9). 47.36 *(978-1-5026-2787-2(6)*, 0e8e5080-d964-4669-8263-ecf33291eaae) Cavendish Square Publishing LLC.

Genghis Khan: Creating the Mongol Empire, 1 vol. Barbara M. Linde. 2017. (World History Ser.). (ENG.). 104p. (YA). (gr. 7-7). pap. 20.99 *(978-1-5345-6307-0(5)*, 11a42843-f7b9-402b-9e16-55b255e5bddd); lib. bdg. 41.53 *(978-1-5345-6248-6(6)*, 4cdeece1-a83d-42b6-bf31-10c256ef4fed) Greenhaven Publishing LLC. (Lucent Pr.).

Genghis Khan: Fierce Mongolian Conqueror, 1 vol. P. V. Knight. 2016. (History's Most Murderous Villains Ser.). (ENG., Illus.). 32p. (J). (gr. 4-5). pap. 11.50 *(978-1-4824-4790-3(8)*, 64a0f98e-b558-4729-a2a5-eae4df02c321) Stevens, Gareth Publishing LLLP.

Genial Idiot: His Views & Reviews (Classic Reprint) John Kendrick Bangs. 2018. (ENG., Illus.). 222p. (J). 28.50 *(978-0-428-83574-3(0))* Forgotten Bks.

Genie & the Woodcutter. Shumate A Michael. Illus. by Shumate A Michael. 2019. (ENG., Illus.). 36p. (J). (gr. k-4). pap. *(978-0-9950584-7-7(4))* Elfstone Press.

Genie for Sale - Cheap. Patricia Srigley. 2020. (Moody Gasping Middle School Adventure Ser.: Vol. 2). (ENG.). 212p. (J). pap. *(978-0-9810435-9-3(3))* Wingate Pr.

Genie Gems: Mission to Devon. Sarah Duchess Of York. 2020. (ENG.). 118p. (J). pap. *(978-0-6488031-6-4(3))* Karen Mc Dermott.

Genie Gems Meets Arthur Fantastic. Sarah Duchess of York. (ENG.). 48p. (J). 2021. *(978-0-6450996-9-0(4))*; 2020. pap. *(978-0-6488031-2-6(0))* Karen Mc Dermott.

Genie in a Bottle (Whatever After #9) Sarah Mlynowski. 2017. (Whatever After Ser.: 9). (ENG.). 176p. (J). (gr. 3-7). pap. 6.99 *(978-0-545-85103-9(3)*, Scholastic Pr.) Scholastic, Inc.

Genie in My Drink Bottle & Other Fun Writing Prompts. Melissa Gijsbers. 2022. (ENG.). 66p. (J). pap. ***(978-0-6489603-7-9(4))*** Gijsbers, Melissa.

Genie King (the Secrets of Droon: Special Edition #7) Tony Abbott. Illus. by Royce Fitzgerald. 2018. (True Book (Relaunch) Ser.: 7). (ENG.). 176p. (J). (gr. 3-5). E-Book 31.00 *(978-0-545-41864-5(X)*, Scholastic Paperbacks) Scholastic, Inc.

Genie Magic! (Shimmer & Shine) Golden Books. Illus. by Golden Books. 2016. (ENG., Illus.). 48p. (J). (gr. -1-2). pap. 5.99 *(978-0-553-52205-1(1)*, Golden Bks.) Random Hse. Children's Bks.

Genie Meanie. Mahtab Narsimhan. Illus. by Michelle Simpson. 2021. (Orca Echoes Ser.). (ENG.). 96p. (J). (gr. 1-3). pap. 7.95 *(978-1-4598-2398-3(2))* Orca Bk. Pubs. USA.

Genie Rings, Volume 3. Jack Henseleit. 2018. (Witching Hours Ser.: 3). (ENG., Illus.). 256p. (J). (gr. 2-4). pap. 15.99 *(978-1-76012-987-3(9))* Hardie Grant Children?s Publishing AUS. Dist: Independent Pubs. Group.

Genies. Virginia Loh-Hagan. 2017. (Magic, Myth, & Mystery Ser.). (ENG., Illus.). 32p. (J). (gr. 4-8). lib. bdg. 32.07 *(978-1-63472-885-0(8)*, 209966, 45th Parallel Press) Cherry Lake Publishing.

Genies. Martha London. 2019. (Mythical Creatures Ser.). (ENG., Illus.). 32p. (J). (gr. 2-5). lib. bdg. 32.79 *(978-1-5321-6576-4(5)*, 33254, DiscoverRoo) Pop!.

Genies. Rachel Seigel. 2022. (Legendary Creatures Ser.). (ENG.). 24p. (J). (gr. 2-5). lib. bdg. 32.79 *(978-1-5038-4981-5(3)*, 214830) Child's World, Inc, The.

Genie's Curse, 3. Tom Percival. ed. 2020. (Little Legends Ser.). (ENG.). 200p. (J). (gr. 4-5). 16.96 *(978-1-64697-059-9(4))* Penworthy Co., LLC, The.

Genie's Curse. Tom Percival. 2017. (Little Legends Ser.: 3). (ENG., Illus.). 208p. (J). (gr. 2-5). pap. 8.99 *(978-1-4926-4256-5(8)*, 9781492642565, Sourcebooks Jabberwocky) Sourcebooks, Inc.

Genio Emperador: Song Huizong (Spanish Edition) Zirong ZENG. 2021. (Conozcamos a Los Pintores Famosos Ser.). (ENG.). 32p. (J). 19.95 *(978-1-4878-0821-1(6))* Royal Collins Publishing Group Inc. CAN. Dist: Independent Pubs. Group.

Genitori: Maestri per I Vostri Bambini. Elisabetta Zanello. 2018. (ITA., Illus.). 20p. (J). *(978-0-244-07653-5(7))* Lulu Pr., Inc.

Genius. J. Lee Beckstrand. 2018. (ENG., Illus.). 48p. (J). pap. 14.95 *(978-1-64114-919-8(1))* Christian Faith Publishing.

Genius: The Game. Leopoldo Gout. 2017. (Genius Ser.: 1). (ENG., Illus.). 320p. (YA). pap. 11.99 *(978-1-250-11527-0(2)*, 900171659) Square Fish.

Genius: Cartel Volume 2. Marc Bernadin & Adam Freeman. 2018. (ENG., Illus.). 136p. (YA). pap. 19.99 *(978-1-5343-0486-4(X)*, a0445687-4a43-4f05-a6f0-d62f2b47b64d) Image Comics.

Genius (Classic Reprint) Theodore Dreiser. 2017. (ENG., Illus.). (J). 39.12 *(978-0-265-52654-5(X))* Forgotten Bks.

Genius Engineering Inventions: From the Plow to 3D Printing. Matt Turner. Illus. by Sarah Conner. 2017. (Incredible Inventions Ser.). (ENG.). 32p. (J). (gr. 3-6). 27.99 *(978-1-5124-3211-4(3)*, 3f91cc2d-1780-4a8b-8864-45187dd69514, Hungry Tomato (r)) Lerner Publishing Group.

Genius Factor: How to Capture an Invisible Cat. Paul Tobin. Illus. by Thierry Lafontaine. (ENG.). (J). 2017. 288p. pap. 8.99 *(978-1-68119-278-9(0)*, 900165496); 2016. 272p. 16.99 *(978-1-61963-840-2(1)*, 900150260) Bloomsbury Publishing USA. (Bloomsbury USA Childrens).

Genius Jolene. Sara Cassidy. Illus. by Charlene Chua. 2020. (Orca Echoes Ser.). (ENG.). 112p. (J). (gr. 1-3). pap. 7.95 *(978-1-4598-2529-1(2))* Orca Bk. Pubs. USA.

Genius Kid's Guide to Cats. Merriam Garcia. 2022. (ENG., Illus.). 192p. (J). (gr. 5-5). pap. 14.99 *(978-1-952455-00-1(6)*, North Star Editions) North Star Editions.

Genius Kid's Guide to Dogs. Merriam Garcia. 2022. (ENG., Illus.). 192p. (J). (gr. 5-5). pap. 14.99 *(978-1-952455-01-8(4)*, North Star Editions) North Star Editions.

Genius Kid's Guide to Mythical Creatures. Contrib. by Sara Novak. 2023. (ENG., Illus.). 192p. (J). (gr. 5-5). pap. 16.99 *(978-1-952455-12-4(X)*, North Star Editions) North Star Editions.

Genius Kid's Guide to Sharks. Ethan Pembroke. 2022. (ENG., Illus.). 192p. (J). (gr. 5-5). pap. 14.99 *(978-1-952455-03-2(0)*, North Star Editions) North Star Editions.

Genius LEGO Inventions with Bricks You Already Have: 40+ New Robots, Vehicles, Contraptions, Gadgets, Games & Other STEM Projects with Real Moving Parts. Sarah Dees. 2018. (ENG., Illus.). 192p. (J). pap. 20.99 *(978-1-62414-678-7(3)*, 900197369) Page Street Publishing Co.

Genius Loci: Notes on Places. Vernon Lee. 2021. (ENG.). 156p. (J). pap. 13.99 *(978-0-9987044-8-7(2))* Sibilant Pr.

Genius Noses: A Curious Animal Compendium. Lena Anlauf. Tr. by Marshall Yarbrough. Illus. by Vitali Konstantinov. 2023. (ENG.). 64p. (J). (gr. 1-5). 24.95 ***(978-0-7358-4535-0(2))*** North-South Bks., Inc.

Genius of Leonardo. Guido Visconti. Illus. by Bimba Landmann. 2016. (ENG.). 40p. (J). (gr. 1-5). pap. 10.99 *(978-1-78285-277-3(8))* Barefoot Bks., Inc.

Genius of the Ancient Egyptians. Sonya Newland. 2019. (Genius of the Ancients Ser.). (ENG.). 32p. (J). (gr. 4-5). pap. *(978-0-7787-6591-2(1)*, 31f5ba0e-b6eb-49a9-b7e9-01c907fbc299); lib. bdg. *(978-0-7787-6571-4(7)*, e6cecfb7-e364-4c71-a482-3f4b9bde4b64) Crabtree Publishing Co.

Genius of the Ancient Greeks. Izzi Howell. 2019. (Genius of the Ancients Ser.). (ENG.). 32p. (J). (gr. 4-5). pap. *(978-0-7787-6592-9(X)*, 001becc9-e8d5-4a52-878b-7ca35bd83c02); lib. bdg. *(978-0-7787-6572-1(5)*, 373ad2a8-51a7-4ddc-9f0d-76618a43da20) Crabtree Publishing Co.

Genius of the Anglo-Saxons. Izzi Howell. 2019. (Genius of the Ancients Ser.). (ENG.). 32p. (J). (gr. 4-5). pap. *(978-0-7787-6593-6(8)*, fe311313-8d0a-4651-b079-ec5ddb271ac0); lib. bdg. *(978-0-7787-6573-8(3)*, 1936b976-75e3-4f65-84c3-d04b72d5a21f) Crabtree Publishing Co.

Genius of the Benin Kingdom. Sonya Newland. 2019. (Genius of the Ancients Ser.). (ENG.). 32p. (J). (gr. 4-5). pap. *(978-0-7787-6594-3(6)*, aff43730-39bc-4754-8192-db8014bd6a8a); lib. bdg. *(978-0-7787-6574-5(1)*, 7c8a3dad-f3b9-4f00-ac11-4c4d928bdbf0) Crabtree Publishing Co.

Genius of the French Language (Classic Reprint) H. Holt. 2017. (ENG., Illus.). (J). 196p. 27.94 *(978-0-484-13933-5(9))*; pap. 10.57 *(978-0-282-38127-1(9))* Forgotten Bks.

Genius of the Maya. Izzi Howell. 2019. (Genius of the Ancients Ser.). (ENG.). 32p. (J). (gr. 4-5). pap. *(978-0-7787-6595-0(4)*, 563991fb-e6b8-4fb1-af89-fc664dc20c05); lib. bdg. *(978-0-7787-6575-2(X)*, dce158c4-eb30-4443-907b-901a14c1f198) Crabtree Publishing Co.

Genius of the Romans. Izzi Howell. 2019. (Genius of the Ancients Ser.). (ENG.). 32p. (J). (gr. 4-5). pap. *(978-0-7787-6596-7(2)*, 948b0c95-b8b5-42df-978f-c19bed21c491); lib. bdg. *(978-0-7787-6576-9(8)*, 013e1d5a-0403-48c8-b5a3-53b33a6aaba5) Crabtree Publishing Co.

Genius of the Stone, Bronze, & Iron Ages. Izzi Howell. 2019. (Genius of the Ancients Ser.). (ENG.). 32p. (J). (gr. 4-5). pap. *(978-0-7787-6597-4(0)*, eacecb69-7a4f-49fb-9595-76c5efced2a9); lib. bdg. *(978-0-7787-6577-6(6)*, de4e945d-a2a1-4548-8257-d5cb3c914ce4) Crabtree Publishing Co.

Genius of the Vikings. Sonya Newland. 2019. (Genius of the Ancients Ser.). (ENG.). 32p. (J). (gr. 4-5). pap. *(978-0-7787-6598-1(9)*, 161fe44c-50f5-4f33-91ea-780eaba86221); lib. bdg. *(978-0-7787-6590-5(3)*, a405f0bd-39fd-42df-a7c1-2d932baaa1f1) Crabtree Publishing Co.

Genius Physicist Albert Einstein. Katie Marsico. 2017. (STEM Trailblazer Bios Ser.). (ENG., Illus.). 32p. (J). (gr. 2-5). pap. 8.99 *(978-1-5124-5629-5(2)*, 685e23f9-f418-4d20-994e-52d6dfa6a710) Lerner Publishing Group.

Genius Prince's Guide to Raising a Nation Out of Debt (Hey, How about Treason?), Vol. 7 (light Novel) Toru Toba. 2021. (Genius Prince's Guide to Raising a Nation Out of Debt (Hey, How about Treason?) (light Novel) Ser.: 7). (ENG., Illus.). 184p. (gr. 8-17). pap. 15.00 *(978-1-9753-2160-4(X)*, Yen Pr.) Yen Pr. LLC.

Genius: the Con. Leopoldo Gout. 2018. (Genius Ser.: 2). (ENG.). 304p. (YA). pap. 13.99 *(978-1-250-15868-0(0)*, 900174147) Square Fish.

Genius: the Revolution. Leopoldo Gout. 2018. (Genius Ser.: 3). (ENG., Illus.). 272p. (YA). 18.99 *(978-1-250-04583-6(5)*, 900129595) Feiwel & Friends.

Genius under the Table: Growing up Behind the Iron Curtain. Eugene Yelchin. Illus. by Eugene Yelchin. 2021. (ENG., Illus.). 208p. (J). (gr. 5). 16.99 *(978-1-5362-1552-6(X))* Candlewick Pr.

Genius Who Saved Baseball: A Feel Good Baseball Novel. Robert E. Ingram. 2021. (ENG.). 384p. (YA). 29.95 *(978-1-63618-037-3(X))* Aviva Publishing.

Genny Faces the Green Knight. Darrel Gregory. Illus. by Lizette Duvenage. 2020. (Genny & Bug's Big Adventures Ser.). (ENG.). 48p. (J). pap. *(978-1-5255-8098-7(1))* FriesenPress.

Geno & Vinnie Come to America. Flip. 2021. (Freedom Ser.: Vol. 1). (ENG.). 30p. (J). 19.99 *(978-1-7372791-7-4(7))* Mindstir Media.

Geno Auriemma, 1 vol. John Fredric Evans. 2019. (Championship Coaches Ser.). (ENG.). 112p. (gr. 7-7). 40.27 *(978-0-7660-9791-9(9)*, 505c2471-415a-4404-a9eb-07340af2f889) Enslow Publishing, LLC.

Geno Auriemma & the Connecticut Huskies. Thomas Carothers. 2018. (Sports Dynasties Ser.). (ENG., Illus.). 48p. (J). (gr. 4-4). pap. 11.95 *(978-1-64185-282-1(8)*, 1641852828); (gr. 3-6). lib. bdg. 34.21 *(978-1-5321-1433-5(8)*, 29076) ABDO Publishing Co. (SportsZone).

Genocide: When Is Intervention Necessary?, 1 vol. Erin L. McCoy & Lila Perl. 2019. (Today's Debates Ser.). (ENG.). 144p. (gr. 7-7). lib. bdg. 47.36 *(978-1-5026-4475-6(4)*, 3ca3f178-3961-4168-938d-260552f13add) Cavendish Square Publishing LLC.

Genome Project. Aaron Hodges. 2nd ed. 2019. (Evolution Gene Ser.: Vol. 1). (ENG., Illus.). 316p. (YA). pap. *(978-0-9951202-1-1(8))* Rare Design Ltd.

Genomics: A Revolution in Health & Disease Discovery. Hans C. Andersson & Whitney Stewart. 2020. (ENG., Illus.). 144p. (YA). (gr. 6-12). 37.32 *(978-1-5415-0056-3(3)*, 20e4f357-5606-4ab9-bed8-56a59a9af239, Twenty-First Century Bks.) Lerner Publishing Group.

Gens! Fantaisie Rimee (Classic Reprint) Georges Lorin. 2018. (FRE., Illus.). (J). 24.62 *(978-0-260-63664-5(9))*; pap. 7.97 *(978-0-266-01690-8(1))* Forgotten Bks.

Gens: Livre Coloriage Pour Enfants. Bold Illustrations. 2017. (FRE., Illus.). (J). pap. 8.35 *(978-1-64193-042-0(X)*, Bold Illustrations) FASTLANE LLC.

Gente: Libro para Colorear Ninos. Bold Illustrations. 2017. (SPA., Illus.). (J). pap. 8.35 *(978-1-64193-079-6(9)*, Bold Illustrations) FASTLANE LLC.

Gente Del Bosque, Gente Del Desierto: Leveled Reader Book 84 Level N 6 Pack. Hmh Hmh. 2020. (SPA.). 24p. (J). pap. 74.40 *(978-0-358-08392-4(3))* Houghton Mifflin Harcourt Publishing Co.

Gente y la Cultura de Costa Rica (the People & Culture of Costa Rica), 1 vol. Maxine Vargas. 2017. (Celebremos la Diversidad Hispana (Celebrating Hispanic Diversity) Ser.). (SPA.). 32p. (J). (gr. 4-5). pap. 11.00 *(978-1-5383-2727-2(9)*, 56972890-e602-49a7-aaa6-355192341314); lib. bdg. 27.93 *(978-1-5081-6306-0(5)*, c880c252-e409-4b33-b9c3-20f4ab0d1149) Rosen Publishing Group, Inc., The. (PowerKids Pr.).

Gente y la Cultura de Cuba (the People & Culture of Cuba), 1 vol. Melissa Raé Shofner. 2017. (Celebremos la Diversidad Hispana (Celebrating Hispanic Diversity) Ser.). (SPA.). 32p. (J). (gr. 4-5). lib. bdg. 27.93 *(978-1-5081-6305-3(7)*,

2e66da0d-39d1-48d6-9402-f905f3e1533b, PowerKids Pr.) Rosen Publishing Group, Inc., The.

Gente y la Cultura de Cuba (the People & Culture of Cuba), 1 vol. Melissa Raé Shofner. 2017. (Celebremos la Diversidad Hispana (Celebrating Hispanic Diversity) Ser.). (SPA.). 32p. (J). (gr. 4-5). pap. 11.00 *(978-1-5383-2726-5(0),* 96bb45d1-1464-463a-9faf-e20ee8d6ec54, PowerKids Pr.) Rosen Publishing Group, Inc., The.

Gente y la Cultura de la Republica Dominicana, 1 vol. Ian Emminizer. 2017. (Celebremos la Diversidad Hispana (Celebrating Hispanic Diversity) Ser.). (SPA.). 32p. (J). (gr. 4-5). lib. bdg. 27.93 *(978-1-5081-6302-2(2),* f253cf97-cc2a-468f-8706-52530edfeef9, PowerKids Pr.) Rosen Publishing Group, Inc., The.

Gente y la Cultura de la República Dominicana (the People & Culture of the Dominican Republic), 1 vol. Ian Emminizer. 2017. (Celebremos la Diversidad Hispana (Celebrating Hispanic Diversity) Ser.). (SPA.). 32p. (J). (gr. 4-5). pap. 11.00 *(978-1-5383-2710-4(4),* c70cd9e9-a66e-44f6-8cff-417e2e656fb8, PowerKids Pr.) Rosen Publishing Group, Inc., The.

Gente y la Cultura de México (the People & Culture of Mexico), 1 vol. Rachael Morlock. 2017. (Celebremos la Diversidad Hispana (Celebrating Hispanic Diversity) Ser.). (SPA.). 32p. (J). (gr. 4-5). pap. 11.00 *(978-1-5383-2725-8(2),* db28dfae-cdae-473e-b56b-2c68adf469e2); lib. bdg. 27.93 *(978-1-5081-6304-6(9),* c85941aa-4fc6-41ad-8dc6-4fd5a0e02ff6) Rosen Publishing Group, Inc., The. (PowerKids Pr.).

Gente y la Cultura de Puerto Rico (the People & Culture of Puerto Rico), 1 vol. Elizabeth Krajnik. 2017. (Celebremos la Diversidad Hispana (Celebrating Hispanic Diversity) Ser.). (SPA.). 32p. (J). (gr. 4-5). pap. 11.00 *(978-1-5383-2724-1(4),* 459906ef-9d93-4d7d-8624-9e2210c84a81); lib. bdg. 27.93 *(978-1-5081-6303-9(0),* 8a2c1bee-f177-409d-8a9d-dce7fc363b9a) Rosen Publishing Group, Inc., The. (PowerKids Pr.).

Gente y la Cultura de Venezuela (the People & Culture of Venezuela), 1 vol. Elizabeth Borngraber. 2017. (Celebremos la Diversidad Hispana (Celebrating Hispanic Diversity) Ser.). (SPA.). 32p. (J). (gr. 4-5). pap. 11.00 *(978-1-5383-2709-8(0),* 381e5443-8baa-4f11-8f9d-362ed5bbb3f0); lib. bdg. 27.93 *(978-1-5081-6301-5(4),* 9d95f373-6ce8-468e-b1d5-7a06301cfb4d) Rosen Publishing Group, Inc., The. (PowerKids Pr.).

Gentile Sinner, or England's Brave Gentleman: Characterized in a Letter to a Friend, Both As He Is, & As He Should Be (Classic Reprint) Clement Ellis. 2017. (ENG., Illus.). (J). pap. 13.57 *(978-0-259-27475-9(5))* Forgotten Bks.

Gentile Wife: A Play in Four Acts (Classic Reprint) Rita Wellman. 2018. (ENG., Illus.). 132p. (J). 26.62 *(978-0-666-41752-7(0))* Forgotten Bks.

Gentillesse au Terrain de Jeux. Miranda Kelly. Tr. by Claire Savard. 2021. (Dans Ma Communauté (in My Community) Ser.).Tr. of Playground Kindness. (FRE.). 24p. (J). (gr. -1-1). pap. *(978-1-4271-3658-9(0),* 12497) Crabtree Publishing Co.

Gentillesse Au Terrain de Jeux (Playground Kindness) Miranda Kelly. Tr. by Claire Savard. 2021. (FRE.). 24p. (J). (gr. -1-1). lib. bdg. ***(978-1-4271-4980-0(1))*** Crabtree Publishing Co.

Gentle. Mark Zubro. 2016. (ENG., Illus.). (YA). pap. 14.99 *(978-1-944770-29-7(1))* MLR Pr., LLC.

Gentle Art of Columning: A Treatise on Comic Journalism (Classic Reprint) C. I. Edson. 2018. (ENG., Illus.). 178p. (J). 27.59 *(978-0-483-48593-8(4))* Forgotten Bks.

Gentle Art of Cooking Wives (Classic Reprint) Elizabeth Strong Worthington. (ENG., Illus.). (J). 2018. 252p. 29.11 *(978-0-483-40502-8(7))*; 2016. pap. 11.57 *(978-1-333-32777-4(3))* Forgotten Bks.

Gentle Ben Novel Units Teacher Guide. Novel Units. 2019. (ENG.). (J). pap. 12.99 *(978-1-56137-076-4(2),* Novel Units, Inc.) Classroom Library Co.

Gentle Boa. Jennifer Lohrfink Morfea. 2017. (ENG., Illus.). (J). 25.95 *(978-1-4808-5160-3(4))*; pap. 16.95 *(978-1-4808-5159-7(0))* Archway Publishing.

Gentle Current into Danger. Tanya Lisle. 2020. (Looking Glass Saga Ser.: Vol. 8). (ENG.). 274p. (J). pap. *(978-1-988911-32-8(X))* Scrap Paper Entertainment.

Gentle France (Classic Reprint) René Bazin. 2018. (ENG., Illus.). 354p. (J). 31.20 *(978-0-267-46578-1(5))* Forgotten Bks.

Gentle Genius of Trees. Philip Bunting. 2023. (ENG., Illus.). 32p. (J). (gr. -1-3). 17.99 *(978-0-593-56781-4(1))*; lib. bdg. 20.99 *(978-0-593-56782-1(X))* Random Hse. Children's Bks. (Crown Books For Young Readers).

Gentle George: An Early Chapter Story of Bravery for Kids. Ken MacKenzie & Chris Stead. 2020. (ENG.). 78p. (J). pap. *(978-1-925638-75-2(8))* Old Mate Media.

Gentle Giants - Edutaining Facts about the Elephants - Animal Book for Toddlers Children's Elephant Books. Baby Professor. 2017. (ENG., Illus.). 64p. (J). pap. 9.52 *(978-1-5419-1575-6(5),* Baby Professor (Education Kids)) Speedy Publishing LLC.

Gentle Grafter, and, the Trimmed Lamp (Classic Reprint) O. Henry. (ENG., Illus.). (J). 2018. 434p. 32.85 *(978-0-332-69189-3(6))*; 2017. pap. 16.57 *(978-0-243-59849-6(1))* Forgotten Bks.

Gentle Grafter (Classic Reprint) O. Henry. 2018. (ENG., Illus.). 222p. (J). 28.48 *(978-0-331-75233-5(6))* Forgotten Bks.

Gentle Haven of Rhymes & Verses. Soleil. 2019. (ENG.). 104p. (J). *(978-1-5255-4399-9(7))*; pap. *(978-1-5255-4400-2(4))* FriesenPress.

Gentle Heart: A Second Series of Talking to the Children (Classic Reprint) Alexander MacLeod. 2018. (ENG., Illus.). 330p. (J). 30.72 *(978-0-483-38513-9(1))* Forgotten Bks.

Gentle Heritage (Classic Reprint) Frances E. Crompton. 2018. (ENG., Illus.). 202p. (J). 28.06 *(978-0-483-09869-5(8))* Forgotten Bks.

Gentle Hero. Ace Mask. 2018. (Kane the Collie Ser.: Vol. 2). (ENG., Illus.). 232p. (YA). pap. 16.99 *(978-0-692-13064-3(0))* MASK, ACE.

Gentle Jehu in Japan (Classic Reprint) Ethel L. McLean. 2018. (ENG., Illus.). 172p. (J). 27.44 *(978-0-365-07779-4(8))* Forgotten Bks.

Gentle Julia (Classic Reprint) Booth Tarkington. 2018. (ENG., Illus.). 394p. (J). 32.04 *(978-0-365-23061-8(8))* Forgotten Bks.

Gentle Knight of Old Brandenburg (Classic Reprint) 2018. (ENG., Illus.). 410p. (J). 32.35 *(978-0-428-79818-5(7))* Forgotten Bks.

Gentle Lover: A Comedy of Middle Age (Classic Reprint) Forrest Reid. 2018. (ENG., Illus.). 326p. (J). 30.62 *(978-0-483-01977-5(1))* Forgotten Bks.

Gentle Nobles Vacation Recommendation, Volume 1: Volume 1. Misaki. Illus. by Momochi & Sando. 2020. (Gentle Noble's Vacation Recommendation Ser.: 1). (ENG.). 208p. (gr. 8-1). pap. 12.99 *(978-1-4278-6333-1(4),* 60c0d254-b337-4ba6-ab6c-c314a5e5c0a5) TOKYOPOP, Inc.

Gentle Nobles Vacation Recommendation, Volume 2: Volume 2. Misaki. Illus. by Momochi & Sando. 2021. (Gentle Noble's Vacation Recommendation Ser.: 2). (ENG.). 176p. (gr. 8-1). pap. 12.99 *(978-1-4278-6667-7(8),* 5441b870-d38a-43ec-b59f-82c21b37bdfd) TOKYOPOP, Inc.

Gentle Nobles Vacation Recommendation, Volume 3. Misaki. Illus. by Momochi & Sando. 2021. (Gentle Noble's Vacation Recommendation Ser.: 3). (ENG.). 176p. (gr. 8-1). pap. 12.99 *(978-1-4278-6751-3(8))* TOKYOPOP, Inc.

Gentle Persuasion: Sketches of Scottish Life (Classic Reprint) Alan Gray. 2017. (ENG., Illus.). (J). 106p. 26.10 *(978-0-484-73545-2(4))*; pap. 9.57 *(978-0-243-47506-3(3))* Forgotten Bks.

Gentle Pioneer, Being the Story of the Early Days in the New West (Classic Reprint) Amy Ella Blanchard. 2018. (ENG., Illus.). 346p. (J). 31.16 *(978-0-332-10413-3(3))* Forgotten Bks.

Gentle Robin Hood Stories. Jay Finche. 2016. (ENG., Illus.). (J). pap. *(978-1-907119-47-7(7))* Tigmor Bks.

Gentle Savage (Classic Reprint) Edward King. 2017. (ENG., Illus.). (J). 33.22 *(978-0-260-37971-9(9))* Forgotten Bks.

Gentle Tyranny. Jess Corban. 2021. (Nede Rising Ser.: 1). (ENG., Illus.). 400p. (YA). 24.99 *(978-1-4964-4833-0(2),* 20_34713); pap. 15.99 *(978-1-4964-4834-7(0),* 20_34714) Tyndale Hse. Pubs. (Wander).

Gentleman: A Romance of the Sea (Classic Reprint) Alfred Ollivant. 2017. (ENG., Illus.). (J). 32.70 *(978-1-5282-7385-5(0))*; pap. 16.57 *(978-1-5276-4324-6(7))* Forgotten Bks.

Gentleman: An Idyll of the Quarter (Classic Reprint) Ethel Sidgwick. 2018. (ENG., Illus.). 294p. (J). 29.96 *(978-0-267-10726-1(9))* Forgotten Bks.

Gentleman Born (Classic Reprint) Edward C. Kane. 2018. (ENG., Illus.). 354p. (J). 31.24 *(978-0-484-49125-9(3))* Forgotten Bks.

Gentleman Digger: Being Studies & Pictures of Life in Johannesburg (Classic Reprint) Anna Anna. 2017. (ENG., Illus.). (J). 31.05 *(978-0-260-15123-0(8))* Forgotten Bks.

Gentleman Emigrant, Vol. 1 Of 2: His Daily Life, Sports, & Pastimes in Canada, Australia & the United States (Classic Reprint) W. Stamer. 2018. (ENG., Illus.). 272p. (J). 29.53 *(978-0-484-40487-7(3))* Forgotten Bks.

Gentleman from East Blueberry: A Sketch of the Vermont Legislature; State vs; Burton; a Drama of the Court Room (Classic Reprint) Bernard Marshall. 2018. (ENG., Illus.). 132p. (J). 26.62 *(978-0-332-84003-1(4))* Forgotten Bks.

Gentleman from Everywhere (Classic Reprint) James Henry Foss. 2018. (ENG., Illus.). 322p. (J). 30.56 *(978-0-483-57592-9(5))* Forgotten Bks.

Gentleman from France: An Airedale Hero (Classic Reprint) Clarence Hawkes. 2017. (ENG., Illus.). (J). 28.35 *(978-0-265-45981-2(8))*; pap. 10.97 *(978-0-243-22778-5(7))* Forgotten Bks.

Gentleman from Indiana (Classic Reprint) Booth Tarkington. 2017. (ENG., Illus.). (J). 34.64 *(978-0-265-96368-5(0))* Forgotten Bks.

Gentleman from San Francisco: And Other Stories (Classic Reprint) I.A. Bunin. 2018. (ENG., Illus.). 100p. (J). 25.96 *(978-0-483-64947-7(3))* Forgotten Bks.

Gentleman in Black: And Tales of Other Days (Classic Reprint) George Cruikshank. 2018. (ENG., Illus.). 434p. (J). 32.85 *(978-0-666-36379-4(X))* Forgotten Bks.

Gentleman in Debt, Vol. 1 Of 3: A Novel (Classic Reprint) William J. O'Neill Daunt. 2018. (ENG., Illus.). 342p. (J). 30.95 *(978-0-483-95632-2(5))* Forgotten Bks.

Gentleman in Debt, Vol. 2 Of 3: A Novel (Classic Reprint) William J. O'Neill Daunt. 2017. (ENG., Illus.). (J). 30.35 *(978-0-331-54329-2(X))* Forgotten Bks.

Gentleman in Debt, Vol. 3 Of 3: A Novel (Classic Reprint) William J. O'Neill Daunt. (ENG., Illus.). (J). 2017. 31.22 *(978-0-331-20897-9(0))*; 2016. pap. 13.57 *(978-1-333-41335-4(1))* Forgotten Bks.

Gentleman in Waiting (Classic Reprint) Cornelius V. V. Sewell. 2017. (ENG., Illus.). (J). 304p. 30.19 *(978-0-484-87034-4(3))*; pap. 13.57 *(978-0-259-21700-8(X))* Forgotten Bks.

Gentleman Jack, or Life on the Road: A Romance of Interest, Abounding in Hair-Breadth Escape of the Most Exciting Character (Classic Reprint) Elizabeth Caroline Grey. (ENG., Illus.). (J). 2018. 864p. 41.72 *(978-0-364-00208-7(5))*; 2017. pap. 24.06 *(978-0-243-49837-6(3))* Forgotten Bks.

Gentleman Jack, or Life on the Road (Classic Reprint) Elizabeth Caroline Grey. (ENG., Illus.). (J). 2018. 376p. 31.67 *(978-0-428-50017-7(X))*; 2016. pap. 16.57 *(978-1-333-77826-2(0))* Forgotten Bks.

Gentleman Jack, or Life on the Road, Vol. 2: A Romance of Interest, Abounding in Hair-Breadth Escapes of the Most Exciting Character (Classic Reprint) Elizabeth Caroline Grey. (ENG., Illus.). (J). 2018. 628p. 36.87 *(978-0-332-19252-9(0))*; 2016. pap. 19.57 *(978-1-334-16314-2(6))* Forgotten Bks.

Gentleman Jack, or Life on the Road, Vol. 2 (Classic Reprint) Elizabeth Caroline Grey. (ENG., Illus.). (J). 2018. 792p. 40.23 *(978-0-428-97786-3(3))*; 2016. pap. 23.57 *(978-1-333-24299-2(9))* Forgotten Bks.

Gentleman Jim (Classic Reprint) Stepping Heavenward. 2018. (ENG., Illus.). 82p. (J). 25.59 *(978-0-483-94607-1(9))* Forgotten Bks.

Gentleman Juror (Classic Reprint) Charles Leonard Marsh. 2018. (ENG., Illus.). 320p. (J). 30.52 *(978-0-483-62599-0(X))* Forgotten Bks.

Gentleman of France, Vol. 1 Of 3: Being the Memoirs of Gaston de Bonne, Sieur de Marsac (Classic Reprint) Stanley J. Weyman. 2018. (ENG., Illus.). 298p. (J). 30.04 *(978-0-483-49941-6(2))* Forgotten Bks.

Gentleman of Leisure: A Novel (Classic Reprint) Edgar Fawcett. 2018. (ENG., Illus.). 330p. (J). 30.72 *(978-0-267-16484-4(X))* Forgotten Bks.

Gentleman of the Old School, Vol. 1: A Tale (Classic Reprint) George Payne Rainsford James. 2018. (ENG., Illus.). 312p. (J). 30.35 *(978-0-332-97694-5(7))* Forgotten Bks.

Gentleman of the Old School, Vol. 1 Of 2: A Tale (Classic Reprint) George Payne Rainsford James. 2018. (ENG., Illus.). (J). 216p. 28.37 *(978-1-396-63628-8(5))*; 218p. pap. 10.97 *(978-1-391-59012-7(0))* Forgotten Bks.

Gentleman of the Old School, Vol. 2 Of 3: A Tale (Classic Reprint) George Payne Rainsford James. 2018. (ENG., Illus.). 328p. (J). 30.68 *(978-0-484-04364-9(1))* Forgotten Bks.

Gentleman of the Old School, Vol. 3 Of 3: A Tale (Classic Reprint) George Payne Rainsford James. 2018. (ENG., Illus.). 348p. (J). 31.09 *(978-0-332-49047-2(5))* Forgotten Bks.

Gentleman Pensioner: A Romance of the Year 1569 (Classic Reprint) Albert Lee. (ENG., Illus.). (J). 2018. 372p. 31.57 *(978-0-483-40729-9(1))*; 2016. pap. 13.97 *(978-1-334-14404-2(4))* Forgotten Bks.

Gentleman Player. Robert Neilson Stephens. 2017. (ENG.). (J). 460p. pap. *(978-3-337-32153-6(4))*; 450p. pap. *(978-3-337-17633-4(X))* Creation Pubs.

Gentleman Player: His Adventures on a Secret Mission for Queen Elizabeth (Classic Reprint) Robert Neilson Stephens. 2018. (ENG., Illus.). 462p. (J). 33.43 *(978-0-267-19766-8(7))* Forgotten Bks.

Gentleman Ragman: Johnny Thompson's Story of the Emigger (Classic Reprint) Wilbur Nesbit. 2018. (ENG., Illus.). 320p. (J). 30.50 *(978-0-483-54802-2(2))* Forgotten Bks.

Gentleman Ranker: And Other Plays. Leon Gordon. 2017. (ENG., Illus.). (J). pap. *(978-0-649-50417-6(8))* Trieste Publishing Pty Ltd.

Gentleman Ranker: And Other Plays (Classic Reprint) Leon Gordon. 2018. (ENG., Illus.). (J). 26.66 *(978-0-331-97574-1(2))* Forgotten Bks.

Gentleman Upcott's Daughter (Classic Reprint) Tom Cobbleigh. (ENG., Illus.). (J). 2017. 28.62 *(978-0-260-47210-6(7))*; 2016. pap. 10.97 *(978-1-334-12053-4(6))* Forgotten Bks.

Gentleman Vagabond & Some Others. F Hopkinson Smith. 2017. (ENG., Illus.). (J). pap. *(978-0-649-28875-5(0))* Trieste Publishing Pty Ltd.

Gentleman Vagabond, & Some Others (Classic Reprint) F Hopkinson Smith. 2017. (ENG., Illus.). 192p. (J). 27.86 *(978-0-484-38369-1(8))* Forgotten Bks.

Gentleman's Club. N. T. Herrgott. (ENG.). (YA). 2021. 428p. pap. *(978-1-7771716-0-5(1))*; 2020. (Avalon Knight Ser.: Vol. 1). 402p. *(978-1-7771716-2-9(8))* Telos Publishing, Ltd.

Gentleman's Club: Amazon Exclusive Cover. N. T. Herrgott. 2021. (ENG.). 428p. (J). pap. *(978-1-7771716-4-3(4))* Telos Publishing, Ltd.

Gentleman's Gentleman (Classic Reprint) Max Pemberton. (ENG., Illus.). (J). 2019. 260p. 29.26 *(978-0-365-22737-3(4))*; 2017. pap. 11.97 *(978-1-5276-0882-5(4))* Forgotten Bks.

Gentleman's Guide: Rules to Live By. Albert Hehr, IV. 2022. (ENG., Illus.). 48p. (YA). pap. 12.95 ***(978-1-63961-892-7(9))*** Christian Faith Publishing.

Gentleman's Guide to Getting Lucky. Mackenzi Lee. (Montague Siblings Novella Ser.). (ENG.). 128p. (YA). (gr. 9). 2021. pap. 9.99 *(978-0-06-296717-6(7))*; 2019. 14.99 *(978-0-06-296716-9(9))* HarperCollins Pubs. (Tegen, Katherine Bks).

Gentleman's Guide to Vice & Virtue. Mackenzi Lee. (Montague Siblings Ser.). (ENG.). 2018. 528p. (gr. 9-12). 31.19 *(978-1-5364-4642-5(4))*; 2018. 544p. (YA). (gr. 8). pap. 12.99 *(978-0-06-238281-8(0))*; 2017. (Illus.). 528p. (YA). (gr. 8). 18.99 *(978-0-06-238280-1(2))* HarperCollins Pubs. (Tegen, Katherine Bks).

Gentleman's Guide to Vice & Virtue. Mackenzi Lee. ed. 2018. (YA). lib. bdg. 20.85 *(978-0-606-41450-0(9))* Turtleback.

Gentleman's Magazine: January June, 1873 (Classic Reprint) Sylvanus Urban. 2018. (ENG., Illus.). 744p. (J). 39.26 *(978-0-364-04213-7(3))* Forgotten Bks.

Gentleman's Magazine: July, 1832 (Classic Reprint) Sylvanus Urban. 2017. (ENG., Illus.). (J). 36.56 *(978-0-266-56040-1(7))* Forgotten Bks.

Gentleman's Magazine: July December, 1873 (Classic Reprint) Sylvanus Urban. (ENG., Illus.). (J). 2017. 39.72 *(978-0-266-50798-7(0))*; 2016. pap. 23.57 *(978-1-334-19101-5(8))* Forgotten Bks.

Gentleman's Magazine, 1837, Vol. 1 (Classic Reprint) William Evans Burton. 2017. (ENG., Illus.). (J). 33.05 *(978-0-331-06962-4(8))*; pap. 16.57 *(978-1-5281-9562-1(0))* Forgotten Bks.

Gentleman's Magazine, 1871 (Classic Reprint) Sylvanus Urban. (ENG., Illus.). (J). 2018. 756p. 39.51 *(978-0-332-87238-4(6))*; 2017. pap. 23.57 *(978-0-243-58294-5(3))* Forgotten Bks.

Gentleman's Magazine, 1874 (Classic Reprint) Sylvanus Urban. 2017. (ENG., Illus.). (J). 40.23 *(978-1-5279-8632-9(2))*; pap. 23.57 *(978-0-243-91662-7(0))* Forgotten Bks.

Gentleman's Magazine, 1876, Vol. 16 (Classic Reprint) Sylvanus Urban. (ENG., Illus.). (J). 2018. 776p. 39.92 *(978-0-666-60939-7(X))*; 2017. pap. 23.57 *(978-0-243-94277-0(X))* Forgotten Bks.

Gentleman's Magazine, & American Monthly Review, Vol. 4: From January to July 1839 (Classic Reprint) William Evans Burton. 2017. (ENG., Illus.). (J). 31.20 *(978-0-260-92771-2(6))*; pap. 13.57 *(978-1-5282-5841-8(X))* Forgotten Bks.

Gentleman's Magazine, Vol. 1: From July to December, 1837 (Classic Reprint) William E. Burton. (ENG., Illus.). (J). 2018. 852p. 41.49 *(978-0-483-84813-9(1))*; 2017. pap. 23.97 *(978-0-243-41262-4(2))* Forgotten Bks.

Gentleman's Magazine, Vol. 10: January June, 1873 (Classic Reprint) Sylvanus Urban. (ENG., Illus.). (J). 2018. 736p. 39.08 *(978-0-483-54486-4(8))*; 2016. pap. 23.57 *(978-1-334-22819-3(1))* Forgotten Bks.

Gentleman's Magazine, Vol. 13: January to June, Inclusive, 1840 (Classic Reprint) Sylvanus Urban. 2018. (ENG., Illus.). (J). 726p. 38.87 *(978-0-366-75098-6(4))*; 728p. pap. 23.57 *(978-0-366-75085-6(2))*; 718p. 38.73 *(978-0-365-50776-5(8))* Forgotten Bks.

Gentleman's Magazine, Vol. 13: July-December, 1874 (Classic Reprint) Unknown Author. 2017. (ENG., Illus.). (J). 782p. 40.03 *(978-0-484-35728-9(X))*; pap. 25.56 *(978-1-334-94929-6(8))* Forgotten Bks.

Gentleman's Magazine, Vol. 13: July-December, 1874 (Classic Reprint) Sylvanus Urban. 2017. (ENG., Illus.). (J). 40.11 *(978-0-265-67540-3(5))*; pap. 23.57 *(978-1-5276-4532-5(0))* Forgotten Bks.

Gentleman's Magazine, Vol. 14: January June, 1875 (Classic Reprint) Sylvanus Urban. (ENG., Illus.). (J). 2018. 798p. 40.36 *(978-0-364-22164-8(X))*; 2016. pap. 23.57 *(978-1-334-13029-8(9))* Forgotten Bks.

Gentleman's Magazine, Vol. 14: July to December Inclusive, 1840 (Classic Reprint) Sylvanus Urban. 2017. (ENG., Illus.). (J). pap. 24.72 *(978-0-282-63463-6(0))* Forgotten Bks.

Gentleman's Magazine, Vol. 14: July to December, Inclusive, 1840 (Classic Reprint) Sylvanus Urban. 2017. (ENG., Illus.). (J). pap. 23.57 *(978-1-5283-2694-0(6))* Forgotten Bks.

Gentleman's Magazine, Vol. 15: July-December, 1875 (Classic Reprint) Unknown Author. (ENG., Illus.). (J). 2018. 792p. 40.23 *(978-0-484-28206-2(9))*; 2017. pap. 23.57 *(978-0-259-38541-7(7))* Forgotten Bks.

Gentleman's Magazine, Vol. 15: July-December, 1875 (Classic Reprint) Sylvanus Urban. 2018. (ENG., Illus.). (J). 942p. 43.35 *(978-1-391-60040-6(1))*; 944p. pap. 25.69 *(978-1-391-59365-4(0))* Forgotten Bks.

Gentleman's Magazine, Vol. 17: July to December, 1876 (Classic Reprint) Sylvanus Urban. (ENG., Illus.). (J). 2018. 784p. 40.07 *(978-0-428-78311-2(2))*; 2017. pap. 23.57 *(978-0-243-53132-5(X))* Forgotten Bks.

Gentleman's Magazine, Vol. 2: From January to June, 1838 (Classic Reprint) William Evans Burton. (ENG., Illus.). (J). 2018. 438p. 32.93 *(978-0-332-95116-4(2))*; 2018. 440p. 32.97 *(978-0-666-24825-1(7))*; 2017. pap. 16.57 *(978-0-259-20553-1(2))*; 2017. pap. 16.57 *(978-0-259-35782-7(0))* Forgotten Bks.

Gentleman's Magazine, Vol. 240: January to June, 1877 (Classic Reprint) Edward Cave. (ENG., Illus.). (J). 2018. 776p. 39.94 *(978-0-484-57052-7(8))*; 2016. pap. 23.57 *(978-1-333-42720-7(4))* Forgotten Bks.

Gentleman's Magazine, Vol. 240: January to June, 1877 (Classic Reprint) Sylvanus Urban. (ENG., Illus.). (J). 2018. 802p. 40.46 *(978-0-365-53079-4(4))*; 2017. pap. 23.57 *(978-0-259-20636-1(9))* Forgotten Bks.

Gentleman's Magazine, Vol. 249: July to December, 1880 (Classic Reprint) Sylvanus Urban. 2017. (ENG., Illus.). 712p. (J). 38.60 *(978-0-332-35242-8(0))* Forgotten Bks.

Gentleman's Magazine, Vol. 249: July to December 1880 (Classic Reprint) Sylvanus Urban. 2017. (ENG., Illus.). (J). 42.48 *(978-0-266-74134-3(7))*; pap. 24.82 *(978-1-5277-0707-8(5))* Forgotten Bks.

Gentleman's Magazine, Vol. 251: July to December, 1881 (Classic Reprint) Sylvanus Urban. (ENG., Illus.). (J). 2018. 768p. 39.74 *(978-0-366-36444-2(8))*; 2018. 770p. pap. 23.57 *(978-0-365-85750-1(5))*; 2018. 918p. 42.83 *(978-0-364-39921-7(X))*; 2017. pap. 25.13 *(978-0-243-56360-9(4))* Forgotten Bks.

Gentleman's Magazine, Vol. 253: July to December, 1882 (Classic Reprint) Edward Cave. (ENG., Illus.). (J). 2018. 870p. 41.84 *(978-0-483-98902-3(9))*; 2017. pap. 24.18 *(978-0-243-21880-6(X))* Forgotten Bks.

Gentleman's Magazine, Vol. 255: January to June 1885 (Classic Reprint) Sylvanus Urban. 2017. (ENG., Illus.). 626p. (J). 36.81 *(978-0-484-54106-0(4))* Forgotten Bks.

Gentleman's Magazine, Vol. 255: January to June, 1894 (Classic Reprint) Sylvanus Urban. 2016. (ENG., Illus.). (J). pap. 19.97 *(978-1-334-09496-5(9))* Forgotten Bks.

Gentleman's Magazine, Vol. 255: January to June, 1895 (Classic Reprint) Sylvanus Urban. (ENG., Illus.). (J). 2018. 574p. 35.76 *(978-0-267-77170-7(3))*; 2016. pap. 19.57 *(978-1-334-12917-9(7))* Forgotten Bks.

Gentleman's Magazine, Vol. 255: January to June, 1898 (Classic Reprint) Sylvanus Urban. 2016. (ENG., Illus.). (J). pap. 19.57 *(978-1-334-11416-8(1))* Forgotten Bks.

Gentleman's Magazine, Vol. 255: January to June, 1899 (Classic Reprint) Sylvanus Urban. 2016. (ENG., Illus.). (J). pap. 19.57 *(978-1-334-08741-7(5))* Forgotten Bks.

Gentleman's Magazine, Vol. 255: July to December 1883 (Classic Reprint) Sylvanus Urban. 2017. (ENG., Illus.). (J). 39.57 *(978-0-260-49005-6(9))* Forgotten Bks.

Gentleman's Magazine, Vol. 255: July to December 1885 (Classic Reprint) Sylvanus Urban. (ENG., Illus.). (J). 2017. 38.91 *(978-0-265-44065-0(3))*; 2016. pap. 19.57 *(978-1-334-09160-5(9))* Forgotten Bks.

Gentleman's Magazine, Vol. 255: July to December, 1891 (Classic Reprint) Sylvanus Urban. (ENG., Illus.). (J). 2018. 644p. 37.20 *(978-0-483-39723-1(7))*; 2016. pap. 19.57 *(978-1-334-12449-5(3))* Forgotten Bks.

Gentleman's Magazine, Vol. 255: July to December, 1894 (Classic Reprint) Sylvanus Urban. 2016. (ENG., Illus.). (J). pap. 19.57 *(978-1-334-09064-6(5))* Forgotten Bks.

Gentleman's Magazine, Vol. 255: July to December, 1896 (Classic Reprint) Sylvanus Urban. 2018. (ENG., Illus.). 546p. (J). 35.18 *(978-0-428-72491-7(4))* Forgotten Bks.

Gentleman's Magazine, Vol. 271: July to December, 1891 (Classic Reprint) Sylvanus Urban. (ENG., Illus.). (J). 2018.

582p. 35.92 *(978-0-332-13974-6(3))*; 2017. pap. 19.57 *(978-0-243-97662-1(3))* Forgotten Bks.

Gentleman's Magazine, Vol. 273: July to December 1892 (Classic Reprint) Sylvanus Urban. 2017. (ENG., Illus.). (J). 37.30 *(978-0-266-73644-8(0))*; pap. 19.97 *(978-1-5277-0053-6(4))* Forgotten Bks.

Gentleman's Magazine, Vol. 274: January to June, 1893 (Classic Reprint) Sylvanus Urban. 2018. (ENG., Illus.). 584p. (J). 35.94 *(978-0-483-39582-4(X))* Forgotten Bks.

Gentleman's Magazine, Vol. 275: July to December, 1893 (Classic Reprint) Sylvanus Urban. (ENG., Illus.). (J). 2018. 648p. 37.28 *(978-0-484-64356-6(8))*; 2017. pap. 19.97 *(978-0-243-17219-1(2))* Forgotten Bks.

Gentleman's Magazine, Vol. 284: January to June 1898 (Classic Reprint) Sylvanus Urban. 2017. (ENG., Illus.). (J). 36.56 *(978-0-266-48985-6(0))* Forgotten Bks.

Gentleman's Magazine, Vol. 287: July to December, 1899 (Classic Reprint) Edward Cave. (ENG., Illus.). (J). 2018. 628p. 36.85 *(978-0-267-39867-6(0))*; 2017. pap. 19.57 *(978-0-243-25630-3(2))* Forgotten Bks.

Gentleman's Magazine, Vol. 3: June-November, 1869 (Classic Reprint) Unknown Author. (ENG., Illus.). (J). 2018. 772p. 39.82 *(978-0-332-34988-6(8))*; 2017. pap. 23.57 *(978-0-243-92032-7(6))* Forgotten Bks.

Gentleman's Magazine, Vol. 4: December-May, 1870 (Classic Reprint) Edward Cave. (ENG., Illus.). (J). 2018. 766p. 39.70 *(978-0-483-60121-5(7))*; 2017. pap. 23.57 *(978-0-243-26397-4(X))* Forgotten Bks.

Gentleman's Magazine, Vol. 4: December-May, 1870 (Classic Reprint) John Henry Parker. 2017. (ENG., Illus.). (J). 39.76 *(978-0-265-73286-1(7))*; pap. 23.57 *(978-1-5276-9587-0(5))* Forgotten Bks.

Gentleman's Magazine, Vol. 8: January-June, 1872 (Classic Reprint) John Henry Parker. 2017. (ENG., Illus.). (J). 39.67 *(978-0-266-71903-8(1))*; pap. 23.57 *(978-1-5276-7545-2(9))* Forgotten Bks.

Gentleman's Magazine, Vol. 9: July-December, 1872 (Classic Reprint) Unknown Author. (ENG., Illus.). (J). 2018. 756p. 39.51 *(978-0-656-33394-3(4))*; 2017. pap. 23.57 *(978-1-334-92599-3(2))* Forgotten Bks.

Gentleman's Pocket Magazine 1829: And Album of Literature & Fine Arts (Classic Reprint) Unknown Author. (ENG., Illus.). (J). 2018. 490p. 34.00 *(978-0-364-30160-9(0))*; 2017. pap. 16.57 *(978-0-243-55180-4(0))* Forgotten Bks.

Gentleman's Pocket Magazine, & Album of Literature & Fine Arts, 1828 (Classic Reprint) George Cruikshank. (ENG., Illus.). (J). 2018. 478p. 33.76 *(978-0-267-00252-8(1))*; 2017. pap. 16.57 *(978-0-243-93553-6(6))* Forgotten Bks.

Gentleman's Stable Directory, or Modern System of Farriery: Comprehending All the Most Valuable Prescriptions & Approved Remedies, Accurately Proportioned & Properly Adapted to Every Known Disease to Which the Horse Is Incident (Classic Reprint) William Taplin. 2018. (ENG., Illus.). (J). 564p. 35.53 *(978-1-396-36202-6(9))*; 566p. pap. 19.57 *(978-1-390-97643-4(2))* Forgotten Bks.

Gentleman's Stable Directory, or Modern System of Farriery, Vol. 2: Containing Experimental Remarks, upon Breeding, Bitting, Shoeing, Stabling, Exercise & Rowelling; to Which Are Added, Particular Instructions for the General Management of Hunters. William Taplin. 2016. (ENG., Illus.). (J). pap. 16.57 *(978-1-333-84931-3(1))* Forgotten Bks.

Gentlemen All & Merry Companions (Classic Reprint) Ralph Bergengren. 2017. (ENG., Illus.). (J). 30.33 *(978-0-331-56045-9(3))*; pap. 13.57 *(978-0-282-47134-7(0))* Forgotten Bks.

Gentlemen at Arms (Classic Reprint) Centurion H. Morgan. 2018. (ENG., Illus.). 350p. (J). 31.12 *(978-0-484-16899-1(1))* Forgotten Bks.

Gentlemen of the North (Classic Reprint) Hugh Pendexter. (ENG., Illus.). (J). 2018. 266p. 29.40 *(978-0-484-24033-8(1))*; 2017. pap. 11.97 *(978-0-259-49906-0(4))* Forgotten Bks.

Gentlemen's Agreement: Robert E. Lee's Surrender at Appomattox Grade 5 Social Studies Children's American Civil War Era History. Baby Professor. 2022. (ENG.). 72p. (J). 31.99 ***(978-1-5419-8677-0(6)***, Baby Professor (Education Kids)) Speedy Publishing LLC.

Gentlemen's Book of Etiquette, & Manual of Politeness: Being a Complete Guide for a Gentleman's Conduct in All His Relations Towards Society; Containing Rules for the Etiquette to Be Observed in the Street, at Table, in the Ball Room, Evening Party, Cecil B. Hartley. 2017. (ENG., Illus.). (J). pap. 13.97 *(978-0-282-76817-1(3))* Forgotten Bks.

Gentler Legacy. Adon Hudson. 2020. (ENG.). 328p. (YA). pap. 20.95 *(978-1-64584-098-5(0))* Page Publishing Inc.

Gentlest Art: A Choice of Letters by Entertaining Hands (Classic Reprint) E. V. Lucas. 2017. (ENG., Illus.). (J). 33.03 *(978-0-266-65611-1(0))* Forgotten Bks.

Gently Bentley. Caragh Buxton. Illus. by Caragh Buxton. 2019. (Child's Play Library). (Illus.). 32p. (J). *(978-1-78628-203-3(8))*; pap. *(978-1-78628-202-6(X))* Child's Play International Ltd.

Gentoo Penguin. Grace Hansen. 2021. (Antarctic Animals Ser.). (ENG., Illus.). 24p. (J). (gr. -1-2). lib. bdg. 32.79 *(978-1-0982-0939-1(7)*, 38192, Abdo Kids) ABDO Publishing Co.

Gentoo Penguins. Jody S. Rake. 2019. (Penguins! Ser.). (ENG., Illus.). 24p. (J). (gr. -1-2). lib. bdg. 27.32 *(978-1-9771-0936-1(5)*, 140541, Pebble) Capstone.

Gentoo Penguins Activity Workbook Ages 4-8. Beth Costanzo. 2021. (ENG.). 26p. (J). pap. 6.99 *(978-1-0878-7377-0(0))* Adventures of Scuba Jack Pubs., The.

Gentrification & the Housing Crisis, 1 vol. Ed. by Marcia Amidon Lusted. 2018. (Opposing Viewpoints Ser.). (ENG.). 200p. (gr. 10-12). 50.43 *(978-1-5345-0412-7(5)*, e8c71111-d332-4d12-8405-58d0db1ddc4f) Greenhaven Publishing LLC.

Gentry & June: A Story for Mom & Dad, Too. Tierney Boggs. 2019. (ENG.). 28p. (J). pap. 13.95 *(978-1-9736-6050-7(4)*, WestBow Pr.) Author Solutions, LLC.

Genuine Fraud. E. Lockhart. 2017. (YA). *(978-1-5247-7067-9(1)*, Delacorte Pr) Random House Publishing Group.

Genuine Fraud. E. Lockhart. 2019. (ENG.). 288p. (YA). (gr. 7). pap. 11.99 *(978-0-385-74478-2(1)*, Ember) Random Hse. Children's Bks.

Genuine Girl (Classic Reprint) Jeanie Gould Lincoln. (ENG., Illus.). (J). 2018. 280p. 29.67 *(978-0-364-75248-7(3))*; 2017. pap. 13.57 *(978-0-259-21480-9(9))* Forgotten Bks.

Genuine Sweet. Faith Harkey. 2016. (ENG.). 288p. (J). (gr. 5-7). pap. 6.99 *(978-0-544-66853-9(7)*, 1625478, Clarion Bks.) HarperCollins Pubs.

Genuine Sweet. Marvel Editors. ed. 2016. (J). lib. bdg. 14.75 *(978-0-606-38314-1(X))* Turtleback.

Geo & the Wish. Anna-Julia Geiger. Illus. by Nelson Fiona. 2019. (ENG.). 26p. (J). (gr. k-4). 14.95 ***(978-1-0878-5022-1(3))*** Indy Pub.

Geo Edison & the Mesozoic Mystery: The Adventures of Geo Edison. Carl D. Lang. 2019. (ENG.). 296p. (J). pap. 14.99 *(978-0-578-59357-9(2))* Dead Fossil Entertainment.

Geo-Graficos. Regina Giménez. 2021. (SPA.). 88p. (J). 29.99 *(978-84-17374-77-8(9))* Zahorí de Ideas ESP. Dist: Lectorum Pubns., Inc.

Geo Projects. Lizabeth Mars. 2020. (ENG.). 92p. (YA). 39.10 *(978-1-716-68424-1(2))* Lulu Pr., Inc.

Geoengineering: Counteracting Climate Change, 1 vol. Ed. by Rita Santos. 2018. (Global Viewpoints Ser.). (ENG.). 176p. (gr. 10-12). 47.83 *(978-1-5345-0346-5(3)*, 9a0dca9e-bd78-4ff1-98bd-6af222801c74) Greenhaven Publishing LLC.

Geoffery Gambado: Or, a Simple Remedy for Hypochondriacism & Melancholy Splenetic Humours (Classic Reprint) Richard Cobbold. 2018. (ENG., Illus.). 156p. (J). 27.13 *(978-0-484-02415-0(9))* Forgotten Bks.

Geoffrey Austin: Student (Classic Reprint) Canon Sheehan. 2018. (ENG., Illus.). 222p. (J). 28.48 *(978-0-483-93129-9(2))* Forgotten Bks.

Geoffrey Chaucer's: The Prologue to the Book of the Tales of Canterbury, the Knight's Tale, the Nun's Priest's Tale, Edited, with Notes & Glossary (Classic Reprint) Andrew Ingraham. 2017. (ENG., Illus.). (J). 31.20 *(978-0-331-61425-1(1))* Forgotten Bks.

Geoffrey Chaucer's Canterbury Tales: Nach Dem Ellesmere Manuscript Mit Lesarten, Anmerkungen und Einem Glossar (Classic Reprint) Geoffrey Chaucer. (ENG., Illus.). (J). 2017. 40.05 *(978-0-260-42587-4(7))*; 2016. pap. 16.57 *(978-1-334-22482-9(X))* Forgotten Bks.

Geoffrey Moncton: Or the Faithless Guardian (Classic Reprint) Susanna Moodie. 2017. (ENG., Illus.). (J). 31.53 *(978-0-331-73318-1(8))* Forgotten Bks.

Geoffrey Strong (Classic Reprint) Laura E. Richards. (ENG., Illus.). (J). 2018. 228p. 28.62 *(978-0-267-39150-9(1))*; 2016. pap. 10.97 *(978-1-334-13706-8(4))* Forgotten Bks.

Geoffrey's Victory, or the Double Deception (Classic Reprint) Georgie Sheldon. (ENG., Illus.). (J). 2018. 316p. 30.41 *(978-0-484-85556-3(5))*; 2016. pap. 13.57 *(978-1-333-43020-7(5))* Forgotten Bks.

Geoff's New View. Jennie Cavanagh. 2019. (ENG.). 38p. (J). 14.95 *(978-1-64307-491-7(1))* Amplify Publishing Group.

Geognostischer Wegweiser Durch Wurttemberg: Anleitung Zum Erkennen der Schichten und Zum Sammeln der Petrefakten (Classic Reprint) Theodor Engel. 2017. (GER., Illus.). (J). 28.43 *(978-0-266-69191-4(9))*; pap. 10.97 *(978-0-265-68739-0(X))* Forgotten Bks.

Geografia de Texas (Geography of Texas), 1 vol. Jose Luis Quezada. 2016. (Explora Texas (Explore Texas) Ser.). (SPA.). 24p. (gr. 9-12). (J). lib. bdg. 26.27 *(978-1-5081-7609-1(4)*, a5e5400f-0315-4b20-9310-b074532eee13); (YA). pap. 10.70 *(978-1-5081-7608-4(6)*, f66ca9b8-b414-4acd-ba68-60e9c6dd8d37) Rosen Publishing Group, Inc., The.

Geographic Features. Elise Wallace. rev. ed. 2018. (Social Studies: Informational Text Ser.). (ENG., Illus.). 32p. (J). (gr. 3-4). pap. 10.99 *(978-1-4258-2519-5(2))* Teacher Created Materials, Inc.

Geographical & Astronomical Definitions & Explanations: In Two Parts (Classic Reprint) Jonas Evans. (ENG., Illus.). (J). 2018. 40p. 24.72 *(978-0-484-48134-2(7))*; 2016. pap. 7.97 *(978-1-334-03118-2(5))* Forgotten Bks.

Geographical History of Mammals. Richard Lydekker. 2017. (ENG.). 416p. (J). pap. *(978-3-337-32633-3(1))* Creation Pubs.

Geographics (Classic Reprint) Steven Lewis. 2018. (ENG., Illus.). 68p. (J). 25.32 *(978-0-267-27796-4(2))* Forgotten Bks.

Geographie Ancienne Abregee, Par M. d'Anville, . Tome 1. D Anville-J-B. 2016. (Histoire Ser.). (FRE., Illus.). (J). pap. *(978-2-01-957909-8(X))* Hachette Groupe Livre.

Geographie Ancienne Abregee, Par M. d'Anville, . Tome 2. D Anville-J-B. 2016. (Histoire Ser.). (FRE., Illus.). (J). pap. *(978-2-01-957910-4(3))* Hachette Groupe Livre.

Geographisch-Geologische Studien Aus Dem Bohmerwalde: Die Spuren Alter Gletscher, Die Seen und Thaler des Bohmerwaldes (Classic Reprint) Franz Bayberger. 2017. (GER., Illus.). (J). 30.31 *(978-0-331-08882-3(7))* Forgotten Bks.

Geographisch-Geologische Studien Aus Dem Böhmerwalde: Die Spuren Alter Gletscher, Die Seen und Thäler des Böhmerwaldes (Classic Reprint) Franz Bayberger. 2018. (GER., Illus.). (J). 304p. 30.19 *(978-1-390-04706-6(7))*; 306p. pap. 13.57 *(978-1-390-04615-1(X))* Forgotten Bks.

Geographische Hinweise und Anklange in Plutarchs Schrift de Facie in Orbe Lunae (Classic Reprint) Eduard Ebner. 2017. (GER., Illus.). (J). pap. 9.57 *(978-0-243-40604-3(5))* Forgotten Bks.

Geography, 1 vol. Jason Shattuck. 2016. (Study of Science Ser.). (ENG., Illus.). 120p. (YA). (gr. 8-8). 37.82 *(978-1-5081-0428-5(X)*, b018280e-1447-43d4-85d7-348884e31b66) Rosen Publishing Group, Inc., The.

Geography: An Illustrated a-Z Glossary. B. C. Lester Books. 2021. (ENG.). 52p. (J). ***(978-1-913668-50-1(9))*** VKC&B Books.

Geography: Student Edition 2016. Holt McDougal. 2016. (Geography Ser.). (ENG.). 880p. (J). (gr. 9-12). 75.95 *(978-0-544-32031-4(X))* Holt McDougal.

Geography 1 - Maps, Globes & Atlases Maps for Kids - Latitudes, Longitudes & Tropics 4th Grade Children's Science Education Books. Baby Professor. 2017. (ENG., Illus.). 64p. (J). pap. 9.52 *(978-1-5419-1747-7(2)*, Baby Professor (Education Kids)) Speedy Publishing LLC.

Geography 2 - Landforms & Features Geography for Kids - Plateaus, Peninsulas, Deltas & More 4th Grade Children's Science Education Books. Baby Professor. 2017. (ENG., Illus.). 64p. (J). pap. 9.52 *(978-1-5419-1748-4(0)*, Baby Professor (Education Kids)) Speedy Publishing LLC.

Geography & Plays (Classic Reprint) Gertrude Stein. 2017. (ENG., Illus.). (J). 32.62 *(978-0-266-39441-9(8))* Forgotten Bks.

Geography for Kids - Patterns, Location & Interrelationships the World in Spatial Terms 3rd Grade Social Studies. Baby Professor. 2017. (ENG., Illus.). 64p. (J). pap. 9.52 *(978-1-5419-1737-8(5)*, Baby Professor (Education Kids)) Speedy Publishing LLC.

Geography for Kids Continents, Places & Our Planet Quiz Book for Kids Children's Questions & Answer Game Books. Dot Edu. 2017. (ENG., Illus.). 64p. (J). pap. 9.55 *(978-1-5419-1695-1(6)*, Dot EDU (Educational & Textbooks)) Speedy Publishing LLC.

Geography for the Ib Diploma Study & Revision Guide SL Core: SL & HI Core. Simon Oakes & Ann Broadbent. 2017. (ENG.). 128p. (J). (gr. 11-12). pap. ***(978-1-5104-0355-0(8))*** Hodder Education Group.

Geography, Government, & Conflict Across the Middle East, 1 vol. Bridey Heing. 2016. (Understanding the Cultures of the Middle East Ser.). (ENG., Illus.). 112p. (YA). (gr. 9-9). lib. bdg. 44.50 *(978-1-5026-2367-6(6)*, b02357c0-5893-4caf-b744-19b0a9c4a01d) Cavendish Square Publishing LLC.

Geography Mazes Around the World for Older Kids. Educando Kids. 2019. (ENG.). 42p. (J). pap. 8.55 *(978-1-64521-607-0(1)*, Educando Kids) Editorial Imagen.

Geography of Ancient Egypt Ancient Civilizations Grade 4 Children's Ancient History. Baby Professor. 2020. (ENG.). 78p. (J). 25.99 *(978-1-5419-7971-0(0))*; pap. 14.99 *(978-1-5419-5964-4(7))* Speedy Publishing LLC. (Baby Professor (Education Kids)).

Geography of Ancient Mesopotamia Ancient Civilizations Grade 4 Children's Ancient History. Baby Professor. 2020. (ENG.). 82p. (J). 25.99 *(978-1-5419-7924-6(9))*; pap. 15.99 *(978-1-5419-5963-7(9))* Speedy Publishing LLC. (Baby Professor (Education Kids)).

Geography of Australia & the Pacific Realm, 1 vol. Shannon H. Harts. 2020. (Explore the World Ser.). (ENG.). 32p. (gr. 5-6). pap. 11.60 *(978-1-7253-2216-5(1)*, fa796c4a-15e1-4e84-8553-8a478997272b); lib. bdg. 27.93 *(978-1-7253-2222-6(6)*, 2d6bd4ff-4128-4dc8-bf8a-da95eb529e84) Rosen Publishing Group, Inc., The. (PowerKids Pr.).

Geography of California (California) Lisa Greathouse. rev. ed. 2017. (Social Studies: Informational Text Ser.). (ENG., Illus.). 32p. (J). (gr. 3-5). pap. 11.99 *(978-1-4258-3249-0(0))* Teacher Created Materials, Inc.

Geography of Europe, 1 vol. Miriam Coleman. 2020. (Explore the World Ser.). (ENG.). 32p. (gr. 5-6). pap. 11.60 *(978-1-7253-2192-2(0)*, 64367518-b468-44d9-995c-94c2d041d9d2); lib. bdg. 27.93 *(978-1-7253-2198-4(X)*, c7ae83ca-41a4-4214-a235-7770e829a261) Rosen Publishing Group, Inc., The. (PowerKids Pr.).

Geography of Latin America, 1 vol. Kate Mikoley. 2020. (Explore the World Ser.). (ENG.). 32p. (gr. 5-6). lib. bdg. 27.93 *(978-1-7253-2194-6(7)*, 2e016497-fa94-4b9a-9355-2918ed3cc8fb, PowerKids Pr.) Rosen Publishing Group, Inc., The.

Geography of Lost Things. Jessica Brody. (ENG.). (YA). (gr. 7). 2019. 480p. pap. 12.99 *(978-1-4814-9922-4(X))*; 2018. (Illus.). 464p. 18.99 *(978-1-4814-9921-7(1))* Simon Pulse. (Simon Pulse).

Geography of New York City. Alison Adams. 2017. (Text Connections Guided Close Reading Ser.). (J). (gr. 1). *(978-1-4900-1823-2(9))* Benchmark Education Co.

Geography of Russia, 1 vol. Ed. by Emily Sebastian. 2018. (Societies & Cultures: Russia Ser.). (ENG.). 128p. (gr. 10-10). lib. bdg. 39.00 *(978-1-5383-0179-1(2)*, 3f3225c5-46d2-4153-bcfa-c18f0f15f108, Britannica Educational Publishing) Rosen Publishing Group, Inc., The.

Geography of Russia & the Eurasian Republics, 1 vol. Ryan Wolf. 2020. (Explore the World Ser.). (ENG.). 32p. (gr. 5-6). pap. 11.60 *(978-1-7253-2212-7(9)*, 12bc17eb-13e3-4169-bed5-93afb809381e, PowerKids Pr.) Rosen Publishing Group, Inc., The.

Geography of Sub-Saharan Africa, 1 vol. Jill Keppeler. 2020. (Explore the World Ser.). (ENG.). 32p. (gr. 5-6). lib. bdg. 27.93 *(978-1-7253-2210-3(2)*, 87d28c8a-c82f-4a63-8324-dd36b1cdc949, PowerKids Pr.) Rosen Publishing Group, Inc., The.

Geography of Texas, 1 vol. José Luis Quezada. 2018. (Explore Texas Ser.). (ENG.). 24p. (gr. 9-12). 26.27 *(978-1-5081-8660-1(X)*, 2ff30a94-33e1-46a9-b9c1-c926c205bf5b, Rosen Young Adult) Rosen Publishing Group, Inc., The.

Geography of the Planets! Famous Places on Mars, Jupiter, Saturn & Neptune, Space for Kids - Children's Aeronautics & Space Book. Baby Professor. 2017. (ENG., Illus.). (J). pap. 7.89 *(978-1-68326-961-8(6)*, Baby Professor (Education Kids)) Speedy Publishing LLC.

Geography of the Us - Midwest States (Illinois, Indiana, Michigan, Ohio & More) Geography for Kids - Us States 5th Grade Social Studies. Baby Professor. 2017. (ENG., Illus.). 64p. (J). pap. 9.52 *(978-1-5419-1663-0(8)*, Baby Professor (Education Kids)) Speedy Publishing LLC.

Geography of the Us - Northeast States - New York, New Jersey, Maine, Massachusetts & More) Geography for Kids - Us States 5th Grade Social Studies. Baby Professor. 2017. (ENG., Illus.). 64p. (J). pap. 9.52 *(978-1-5419-1660-9(3)*, Baby Professor (Education Kids)) Speedy Publishing LLC.

Geography of the Us - South Region States (Texas, Florida, Delaware & More) Geography for Kids - Us States 5th Grade Social Studies. Baby Professor. 2017. (ENG., Illus.). 64p. (J). pap. 9.52 *(978-1-5419-1661-6(1)*, Baby Professor (Education Kids)) Speedy Publishing LLC.

Geography of the Us - Western States (California, Arizona, Colorado & More Geography for Kids - Us States 5th Grade Social Studies. Baby Professor. 2017. (ENG., Illus.). 64p. (J). pap. 9.52 *(978-1-5419-1662-3(X)*, Baby Professor (Education Kids)) Speedy Publishing LLC.

G

Geography Wise, 8 vols., Set. Incl. Coasts. Jen Green. lib. bdg. 30.27 *(978-1-4488-3279-8(9)*, aea3e351-47d2-486c-840e-b34bbbf12ff8); Deserts. Leon Gray. lib. bdg. 30.27 *(978-1-4488-3280-4(2)*, d328c0cb-a825-43d8-b420-08256f658529); Mountains. Jen Green. lib. bdg. 30.27 *(978-1-4488-3281-1(0)*, 31b4abe7-f7a0-4931-a8fc-b8b74f057b38); Rivers. Leon Gray. lib. bdg. 30.27 *(978-1-4488-3282-8(9)*, 1d85297f-3008-46a4-b5b9-84ccfe071697); (YA). (gr. 2-3). (Geography Wise Ser.). (ENG., Illus.). 32p. 2011. Set lib. bdg. 121.08 *(978-1-4488-3305-4(1)*, a06b0e21-d526-4a24-be59-c4bfd71b6d5a, PowerKids Pr.) Rosen Publishing Group, Inc., The.

Geologic Processes & Events - the Changing Earth - Geology Book - Interactive Science Grade 8 - Children's Earth Sciences Books. Baby Professor. 2020. (ENG.). 92p. (J). 26.42 *(978-1-5419-7604-7(5))*; pap. 16.43 *(978-1-5419-4966-9(8))* Speedy Publishing LLC. (Baby Professor (Education Kids)).

Geological Classification of Rocks: With Descriptive Synopses of the Species & Varieties, Comprising the Elements of Practical Geology (Classic Reprint) John MacCulloch. 2017. (ENG., Illus.). 690p. (J). 38.15 *(978-0-265-59210-6(0))* Forgotten Bks.

Geological Stories. John Ellor Taylor. 2017. (ENG.). 388p. (J). pap. *(978-3-337-01298-4(1))* Creation Pubs.

Geological Studies; or Elements of Geology: For High Schools, Colleges, Normal, & Other Schools (Classic Reprint) Alexander Winchell. 2018. (ENG., Illus.). 542p. (J). 35.10 *(978-0-365-37380-3(X))* Forgotten Bks.

Geologists at Work, 1 vol. Philip Wolny. 2017. (Scientists at Work Ser.). (ENG., Illus.). 32p. (J). (gr. 2-3). pap. 13.90 *(978-1-68048-760-2(4)*, 3a5785c6-6124-4900-b9d1-a4d92d9c474b, Britannica Educational Publishing) Rosen Publishing Group, Inc., The.

Geologists in Action. James Bow. 2018. (Scientists in Action Ser.). (ENG., Illus.). 32p. (J). (gr. 5-5). *(978-0-7787-4653-9(4))*; pap. *(978-0-7787-4657-7(7))* Crabtree Publishing Co.

Geology, 1 vol. Barbara A. Woyt. 2016. (Study of Science Ser.). (ENG., Illus.). 140p. (J). (gr. 8-8). 37.82 *(978-1-5081-0426-1(3)*, 76453cdb-8791-4a3f-b309-c243023c4b96) Rosen Publishing Group, Inc., The.

Geology: Children's Rock & Mineral Book. Bold Kids. 2022. (ENG.). 42p. (J). pap. 11.99 ***(978-1-0717-0987-0(9))*** FASTLANE LLC.

Geology: Discover Pictures & Facts about Geology for Kids! a Children's Geology Book. Bold Kids. 2022. (ENG.). 30p. (J). pap. 14.99 *(978-1-0717-0853-8(8))* FASTLANE LLC.

Geology a Manual for Students in Advanced Classes & for General Readers (Classic Reprint) Charles Bird. (ENG., Illus.). (J). 2018. 442p. 33.03 *(978-0-364-15476-2(4))*; 2017. pap. 16.57 *(978-1-5276-7677-0(3))* Forgotten Bks.

Geology & Extinct Volcanos of Central France (Classic Reprint) George Poulett Scrope. 2017. (ENG., Illus.). (J). 30.79 *(978-0-331-24038-2(6))* Forgotten Bks.

Geology for Kids - Pictionary Geology Encyclopedia of Terms Children's Rock & Mineral Books. Baby Professor. 2017. (ENG., Illus.). 64p. (J). pap. 9.52 *(978-1-5419-1732-3(4)*, Baby Professor (Education Kids)) Speedy Publishing LLC.

Geology Is a Piece of Cake. Katie Coppens. (ENG.). 40p. (J). 2019. (gr. 3-7). pap. 13.95 *(978-1-943431-46-5(9))*; 2017. (gr. 2-4). 17.95 *(978-1-943431-28-1(0))* Tumblehome Learning.

Geology Lab: Explore Earth with Art & Activities: Explore Earth with Art & Activities. Contrib. by Elsie Olson. 2023. (STEAM Lab Ser.). (ENG.). 32p. (J). (gr. 3-6). lib. bdg. 34.21 ***(978-1-0982-9161-7(1)***, 41879, Checkerboard Library) ABDO Publishing Co.

Geology Lab for Kids: 52 Projects to Explore Rocks, Gems, Geodes, Crystals, Fossils, & Other Wonders of the Earth's Surface, Volume 13. Garret Romaine. 2017. (Lab for Kids Ser.: 13). (ENG., Illus.). 144p. (J). (gr. 1-7). pap. 24.99 *(978-1-63159-285-0(8)*, 224245, Quarry Bks.) Quarto Publishing Group USA.

Geology of Sidmouth & of South-Eastern Devon (Classic Reprint) Peter Orlando Hutchinson. 2016. (ENG., Illus.). (J). pap. 9.57 *(978-1-334-51287-2(6))* Forgotten Bks.

Geology Rocks! (Set), 6 vols. 2019. (Geology Rocks! Ser.). (ENG.). 32p. (J). (gr. 3-6). lib. bdg. 196.74 *(978-1-5321-9170-1(7)*, 33514, Checkerboard Library) ABDO Publishing Co.

Geology Rocks! Set 2 (Set), 6 vols. 2019. (Geology Rocks! (Abdo Kids Jumbo) Ser.). (ENG.). 24p. (J). (gr. -1-2). lib. bdg. 196.74 *(978-1-5321-8555-7(3)*, 31448, Abdo Kids) ABDO Publishing Co.

Geology You Can Gobble. Jessie Alkire. 2018. (Super Simple Science You Can Snack On Ser.). (ENG., Illus.). 32p. (J). (gr. k-4). lib. bdg. 34.21 *(978-1-5321-1725-1(6)*, 30738, Super SandCastle) ABDO Publishing Co.

Geometria Del Compasso (Classic Reprint) Lorenzo Mascheroni. 2018. (ITA., Illus.). 170p. (J). 27.42 *(978-0-483-35495-1(3))* Forgotten Bks.

Geometria Di Sito Sul Piano, e Nello Spazio (Classic Reprint) Vincenzo Flauti. 2017. (ITA., Illus.). 280p. (J). 29.67 *(978-0-332-67939-6(X))* Forgotten Bks.

Geometric Alphabet Coloring Book for Children (6x9 Coloring Book / Activity Book) Sheba Blake. 2020. (ENG.). 56p. (J). pap. 9.99 *(978-1-222-28383-9(2))* Indy Pub.

Geometric Alphabet Coloring Book for Children (8. 5x8. 5 Coloring Book / Activity Book) Sheba Blake. 2020.

(ENG., Illus.). 56p. (J). pap. 12.99 *(978-1-222-28747-9(1))* Indy Pub.

Geometric Alphabet Coloring Book for Children (8x10 Coloring Book / Activity Book) Sheba Blake. 2020. (ENG.). 56p. (J). pap. 14.99 *(978-1-222-28384-6(0))* Indy Pub.

Geometric & Shape Designs Coloring Fun for Kids: Design Coloring Books for Kids. Activibooks For Kids. 2016. (ENG., Illus.). (J). pap. 9.20 *(978-1-68321-093-1(X))* Mimaxion.

Geometric Dinosaurs & Alphabet Coloring Book. Cristie Publishing. 2021. (ENG.). 102p. (J). pap. 9.50 *(978-1-716-24040-9(9))* Lulu Pr., Inc.

Geometric Dinosaurs Coloring Book: Colouring Book for Children 4-8 Years Old - Dinosaurs Coloring Book - Geometric Dinosaurs Coloring Pages for Kids. Lena Bidden. l.t. ed. 2021. (ENG.). 28p. (J). pap. 8.00 *(978-1-716-22493-5(4))* Lulu Pr., Inc.

Geometric Dinosaurs Coloring Book for Children (6x9 Coloring Book / Activity Book) Sheba Blake. 2020. (ENG.). 56p. (J). pap. 9.99 *(978-1-222-28385-3(9))* Indy Pub.

Geometric Dinosaurs Coloring Book for Children (8. 5x8. 5 Coloring Book / Activity Book) Sheba Blake. 2020. (ENG., Illus.). 56p. (J). pap. 12.99 *(978-1-222-28748-6(X))* Indy Pub.

Geometric Dinosaurs Coloring Book for Children (8x10 Coloring Book / Activity Book) Sheba Blake. 2020. (ENG.). 56p. (J). pap. 14.99 *(978-1-222-28386-0(7))* Indy Pub.

Geometric Figures, Congruence & Similarity - 6th Grade Geometry Books Children's Math Books. Baby Professor. 2017. (ENG., Illus.). (YA). pap. 9.25 *(978-1-5419-0538-2(5)*, Baby Professor (Education Kids)) Speedy Publishing LLC.

Geometric Mandalas for Relaxation: Coloring Books Adult Edition. Activity Attic Books. 2016. (ENG., Illus.). (J). pap. 7.74 *(978-1-68323-000-7(0))* Twin Flame Productions.

Geometric Nets Project Book: A Hands-On Introduction to Three-dimensional Geometry Using Nets to Cut Out & Copy Ith Instructions. David E. McAdams. 2023. (ENG.). 188p. (YA). pap. 29.95 ***(978-1-63270-285-2(1))*** Life is a Story Problem LLC.

Geometric Owls Coloring Book for Teens & Young Adults (6x9 Coloring Book / Activity Book) Sheba Blake. 2021. (ENG., Illus.). 34p. (YA). pap. 9.99 *(978-1-222-29101-8(0))* Indy Pub.

Geometric Owls Coloring Book for Teens & Young Adults (8. 5x8. 5 Coloring Book / Activity Book) Sheba Blake. 2021. (ENG., Illus.). 34p. (YA). pap. 12.99 *(978-1-222-29209-1(2))* Indy Pub.

Geometric Owls Coloring Book for Teens & Young Adults (8x10 Coloring Book / Activity Book) Sheba Blake. 2021. (ENG., Illus.). 34p. (YA). pap. 14.99 *(978-1-222-29102-5(9))* Indy Pub.

Geometric Patterns Coloring Book - Pattern Coloring Pages. Activibooks. 2016. (ENG., Illus.). (J). pap. 9.20 *(978-1-68321-038-2(7))* Mimaxion.

Geometric Patterns Coloring Book for Teens & Young Adults (6x9 Coloring Book / Activity Book) Sheba Blake. 2021. (Geometric Patterns Coloring Bks.: Vol. 6). (ENG.). 64p. (YA). pap. 9.99 *(978-1-222-29086-8(3))*; (Illus.). pap. 9.99 *(978-1-222-29088-2(X))* Indy Pub.

Geometric Patterns Coloring Book for Teens & Young Adults (8. 5x8. 5 Coloring Book / Activity Book) Sheba Blake. 2021. (Geometric Patterns Coloring Bks.: Vol. 6). (ENG.). 64p. (YA). pap. 12.99 *(978-1-222-29203-9(3))*; pap. 12.99 *(978-1-222-29204-6(1))* Indy Pub.

Geometric Patterns Coloring Book for Teens & Young Adults (8x10 Coloring Book / Activity Book) Sheba Blake. 2021. (Geometric Patterns Coloring Bks.: Vol. 6). (ENG., Illus.). 64p. (YA). pap. 14.99 *(978-1-222-29087-5(1))*; pap. 14.99 *(978-1-222-29089-9(8))* Indy Pub.

Geometric Patterns Coloring Book for Young Adults & Teens (6x9 Coloring Book / Activity Book) Sheba Blake. 2020. (Geometric Patterns Coloring Bks.: Vol. 5). (ENG., 74p. (YA). Illus.). pap. 9.99 *(978-1-222-28353-2(0))*; pap. 9.99 *(978-1-222-28347-1(6))*; pap. 9.99 *(978-1-222-28349-5(2))*; pap. 9.99 *(978-1-222-28351-8(4))* Indy Pub.

Geometric Patterns Coloring Book for Young Adults & Teens (8. 5x8. 5 Coloring Book / Activity Book) Sheba Blake. 2020. (Geometric Patterns Coloring Bks.: Vol. 2). (ENG., Illus.). 74p. (YA). pap. 12.99 *(978-1-222-28737-0(4))*; pap. 12.99 *(978-1-222-28738-7(2))*; pap. 12.99 *(978-1-222-28739-4(0))*; pap. 12.99 *(978-1-222-28740-0(4))* Indy Pub.

Geometric Patterns Coloring Book for Young Adults & Teens (8x10 Coloring Book / Activity Book) Sheba Blake. 2020. (Geometric Patterns Coloring Bks.: Vol. 5). (ENG., 74p. (YA). Illus.). pap. 14.99 *(978-1-222-28354-9(9))*; pap. 14.99 *(978-1-222-28348-8(4))*; pap. 14.99 *(978-1-222-28350-1(6))*; (Illus.). pap. 14.99 *(978-1-222-28352-5(2))* Indy Pub.

Géométrie en Plein Air: Volume I. Yakov Perelman. 2019. (FRE., Illus.). 94p. (YA). (gr. 7-12). pap. *(978-2-917260-97-5(1))* Prodinnova.

Geometrische Aufgaben Zum Gebrauch Bei Vorlesungen, Beim Unterricht an Höheren Lehranstalten und Zum Selbst-Studium, Vol. 1 (Classic Reprint) Ludwig Oettinger. 2018. (GER., Illus.). (J). 376p. 31.65 *(978-1-391-35721-8(3))*; 378p. pap. 16.57 *(978-1-390-19084-7(6))* Forgotten Bks.

Geometry, 1 vol. Ed. by Nicholas Faulkner & William L. Hosch. 2017. (Foundations of Math Ser.). (ENG., Illus.). 368p. (J). (gr. 10-10). lib. bdg. 55.59 *(978-1-68048-776-3(0)*, d7668a09-4f0c-4baf-9f8a-0163b8954b3e, Britannica Educational Publishing) Rosen Publishing Group, Inc., The.

Geometry & Measurement Grade 1 Math Essentials: Children's Geometry Books. Bobo's Little Brainiac Books. 2016. (ENG., Illus.). (J). pap. 7.99 *(978-1-68327-045-4(2))* Sunshine In My Soul Publishing.

Geometry & Measurement Grade 3 Math Essentials: Children's Geometry Books. Bobo's Little Brainiac Books. 2016. (ENG., Illus.). (J). pap. 7.99 *(978-1-68327-059-1(2))* Sunshine In My Soul Publishing.

Geometry & Topology: Fun, Hands-On Activities for Learning Math. Rebecca Rapoport & J. A. Yoder. 2018. (Math Lab for Kids Ser.). (ENG., Illus.). 32p. (J). (gr. 3-6). lib. bdg. 27.99 *(978-1-63159-454-0(0)*, 279f0793-3b04-43de-96a3-9e0e2ceb7f41, Quarry Bks.) Quarto Publishing Group USA.

Geometry for Preschoolers: Tracing & Naming Shapes Children's Geometry Books. Baby Professor. 2017. (ENG., Illus.). (J). pap. 9.55 *(978-1-5419-2581-6(5)*, Baby Professor (Education Kids)) Speedy Publishing LLC.

Geometry in the Open Air. Yakov Perelman. 2018. (ENG., Illus.). 266p. (YA). (gr. 7-12). pap. *(978-2-917260-45-6(9))* Prodinnova.

Geometry Is As Easy As Pie. Katie Coppens. 2020. (Piece of Cake Ser.). (ENG.). 40p. (J). (gr. 3-6). 17.95 *(978-1-943431-52-6(3))* Tumblehome Learning.

Geometry, Plane, Solid, & Spherical: In Six Books; to Which Is Added, in an Appendix, the Theory of Projection, So Far As It Is Auxiliary to Geometry; with an Account of the Plane Sections of the Cone & Cylinder (Classic Reprint) Pierce Morton. 2017. (ENG., Illus.). (J). 35.74 *(978-0-265-58078-3(1))* Forgotten Bks.

Geometry Snacks: Bite Size Problems & How to Solve Them. Ed Southall & Vincent Pantaloni. 2018. (ENG., Illus.). 96p. pap. 12.99 *(978-1-911093-70-1(3))* Tarquin Pubns. GBR. Dist: Independent Pubs. Group.

Geometry Workbook for 2nd Grade - Math Workbooks Children's Geometry Books. Baby Professor. 2017. (ENG., Illus.). (J). pap. 9.55 *(978-1-5419-2825-1(3)*, Baby Professor (Education Kids)) Speedy Publishing LLC.

Geometry Workbook for Kindergarten - Math Workbooks Children's Geometry Books. Baby Professor. 2017. (ENG., Illus.). (J). pap. 9.55 *(978-1-5419-2826-8(1)*, Baby Professor (Education Kids)) Speedy Publishing LLC.

Geordie & His Dog: And Other Stories (Classic Reprint) Unknown Author. (ENG., Illus.). (J). 2018. 70p. 25.34 *(978-0-267-50933-1(2))*; 2018. 50p. 24.93 *(978-0-483-85389-8(5))*; 2017. pap. 9.57 *(978-0-259-23866-9(X))* Forgotten Bks.

Geordie Purdie in London, or the Adventures of a Fifeshireman in the Metropolis (Classic Reprint) Daniel Gorrie. 2018. (ENG., Illus.). 178p. (J). 27.59 *(978-0-267-45065-7(6))* Forgotten Bks.

Georg Ebers III the Sisters Joshua (Classic Reprint) Georg Ebers. 2017. (ENG., Illus.). (J). 39.18 *(978-1-5285-7889-9(9))* Forgotten Bks.

Georg Ebers, Vol. 6: Homo Sum Serapis (Classic Reprint) Unknown Author. 2018. (ENG., Illus.). 698p. (J). 38.31 *(978-0-483-70387-2(7))* Forgotten Bks.

Georg und der Uhrmacher. Stefan Herbst. 2018. (GER., Illus.). 66p. (J). pap. *(978-3-7103-3631-7(7))* united p.c. Verlag.

George. Alex Gino. ed. 2017. 224p. (J). lib. bdg. 17.20 *(978-0-606-40140-1(7))* Turtleback.

George: A Memoir. Joanne Kimm. (ENG.). 34p. (J). 2021. *(978-0-2288-5169-1(6))*; 2019. pap. *(978-0-2288-0523-6(6))* Tellwell Talent.

George: A Sketch (Classic Reprint) Harold Kenyon Gornall. 2018. (ENG., Illus.). 26p. (J). 24.45 *(978-0-267-50942-3(1))* Forgotten Bks.

George: The Deaf, Dumb, & Blind Boy; a Sketch for Young Children (Classic Reprint) E. O. (ENG., Illus.). (J). 2018. 40p. 24.72 *(978-0-484-65425-8(X))*; 2017. pap. 7.97 *(978-0-259-41844-3(7))* Forgotten Bks.

George: Un Mémoire. Joanne Kimm. (FRE.). 38p. (J). 2021. *(978-0-2288-5170-7(X))*; 2020. (Illus.). pap. *(978-0-2288-2605-7(5))* Tellwell Talent.

George Allen: The Only Son (Classic Reprint) Mary Anna Fox. 2017. (ENG., Illus.). (J). 26.83 *(978-0-265-20956-1(0))* Forgotten Bks.

George & Grace Find an Egg. Amanda Jenkins. Illus. by Aleksander Zolotic. 2017. (Text Connections Guided Close Reading Ser.). (J). (gr. 2). *(978-1-4900-1846-1(8))* Benchmark Education Co.

George & Harolds Epic Comix Collection: Epic Tales of Captain Underpants, 1. Meredith Rusu. 2019. (Epic Tales of Captain Underpants Ser.). (ENG.). 207p. (J). (gr. 2-3). 19.96 *(978-0-87617-929-1(4))* Penworthy Co., LLC, The.

George & Harold's Epic Comix Collection Vol. 1 (the Epic Tales of Captain Underpants TV), Vol. 1. Adapted by Meredith Rusu. 2019. (Captain Underpants Ser.). (ENG., Illus.). 208p. (J). (gr. 2-5). pap. 9.99 *(978-1-338-26246-9(7))* Scholastic, Inc.

George & Harold's Epic Comix Collection Vol. 2. Meredith Rusu. ed. 2020. (Epic Tales of Captain Underpants Ser.). (ENG., Illus.). 191p. (J). (gr. 2-3). 19.96 *(978-1-64697-370-5(4))* Penworthy Co., LLC, The.

George & Harold's Epic Comix Collection Vol. 2 (the Epic Tales of Captain Underpants TV), 2. Adapted by Meredith Rusu. 2020. (Captain Underpants Ser.: 2). (ENG., Illus.). 192p. (J). (gr. 2-5). pap. 9.99 *(978-1-338-26247-6(5))* Scholastic, Inc.

George & His Nighttime Friends. Seng Soun Ratanavanh. 2021. (ENG., Illus.). 40p. (J). (gr. k-3). 18.95 *(978-1-64896-070-3(7))* Princeton Architectural Pr.

George & His Shadow. Davide Cali. Illus. by Serge Bloch. 2017. (ENG.). 40p. (J). (gr. -1-3). 17.99 *(978-0-06-256830-4(2)*, HarperCollins) HarperCollins Pubs.

George & Martha. James Marshall. 2023. (I Can Read Level 2 Ser.). (ENG.). 24p. (J). (gr. -1-3). 17.99 ***(978-0-06-331220-3(4))***; pap. 5.99 ***(978-0-06-331219-7(0))*** HarperCollins Pubs. (Clarion Bks.).

George & Martha American Reading Company Edition. James Marshall. 2021. (George & Martha Ser.). (ENG.). 48p. (J). (gr. -1-3). pap. 7.99 *(978-0-358-68335-3(1)*, 1826169, Clarion Bks.) HarperCollins Pubs.

George & Maude. Sarah Griffiths & Holly Bushnell. 2018. (ENG.). 44p. (J). pap. *(978-1-9999758-1-4(2))* Team Author UK.

George & Phoebe Apperson Hearst Papers: Correspondence, 1864-1921 (Classic Reprint) George Hearst. 2016. (ENG., Illus.). (J). pap. 16.57 *(978-1-334-74535-5(8))* Forgotten Bks.

George & Phoebe Apperson Hearst Papers, 1849-1926: Correspondence, 1864-1919 (Classic Reprint) George Hearst. 2017. (ENG., Illus.). (J). 30.43 *(978-0-260-68125-6(3))* Forgotten Bks.

George & Phoebe Apperson Hearst Papers, 1849-1926 (Classic Reprint) George Hearst. 2016. (ENG., Illus.). (J). pap. 16.57 *(978-1-334-15257-3(8))* Forgotten Bks.

George & Phoebe Apperson Hearst Papers (Classic Reprint) George Hearst. (ENG., Illus.). (J). 2017. 33.16 *(978-0-260-00988-3(1))*; 2016. pap. 16.57 *(978-1-334-12201-9(6))* Forgotten Bks.

George & Robert Stephenson (Classic Reprint) C. L. Mateaux. 2017. (ENG., Illus.). (J). 26.62 *(978-0-260-48962-3(X))* Forgotten Bks.

George & Son (Classic Reprint) Edward H. Cooper. (ENG., Illus.). (J). 2018. 288p. 29.84 *(978-0-483-21318-0(7))*; 2017. pap. 13.57 *(978-0-259-17205-5(7))* Forgotten Bks.

George & Tao. Claude K. Dubois. Illus. by Claude K. Dubois. 2023. (ENG., Illus.). 48p. (J). (gr. -1-k). 16.99 ***(978-1-77657-525-1(3)***, f9deaa38-bfd4-44cd-9acf-eba31fb2981e) Gecko Pr. NZL. Dist: Lerner Publishing Group.

George & the Big Red Fish. Beth Clark. Illus. by Jason Velazquez. 2020. (ENG.). 22p. (J). 17.99 *(978-1-7353862-2-5(7))*; pap. 9.99 *(978-1-7353862-1-8(9))* Beth Bks.

George & the Blue Moon. Stephen Hawking & Lucy Hawking. Illus. by Garry Parsons. (George's Secret Key Ser.). (ENG.). 336p. (J). (gr. 3-7). 2018. pap. 13.99 *(978-1-4814-6631-8(3))*; 2017. 22.99 *(978-1-4814-6630-1(5))* Simon & Schuster Bks. For Young Readers. (Simon & Schuster Bks. For Young Readers).

George & the Cherry Tree. Terry Miller Shannon. 2016. (Spring Forward Ser.). (J). (gr. 1). *(978-1-4900-9408-3(3))* Benchmark Education Co.

George & the Dragon. Elizabeth Keable. 2019. (ENG.). 30p. (J). *(978-1-5289-1788-9(X))*; pap. *(978-1-5289-1787-2(1))* Austin Macauley Pubs. Ltd.

George & the Dragon. Justin Tausig. Illus. by Nattanapat Tanatitiyotin & Matt Jordan. 2021. (ENG.). 48p. (J). 25.00 ***(978-0-578-34626-7(5))*** Myinnervision.

George & the Dragon of Lybia. Tom Noble. Illus. by Imogen Piercey. 2021. (ENG.). 30p. (J). pap. *(978-0-6489739-3-5(X))* Noble, Tom.

George & the Gargoyle Who Lived in the Garden. A. Kalahari. 2016. (ENG., Illus.). (J). pap. *(978-0-9954877-0-3(7))* Flame Projects.

George & the Kid-Eating Ogress. Kaarina Brooks. 2022. (ENG.). 32p. (J). pap. 9.95 *(978-1-988763-34-7(7))* Villa Wisteria Pubns.

George & the New Craze. Alice Hemming. Illus. by Kimberley Scott. 2019. (Early Bird Readers — Green (Early Bird Stories (tm)) Ser.). (ENG.). 32p. (J). (gr. k-3). pap. 9.99 *(978-1-5415-7406-9(0)*, ed3fcdc5-bbe2-43b1-b307-393f453ca5ae, Lerner Pubns.) Lerner Publishing Group.

George & the Ship of Time. Lucy Hawking. Illus. by Garry Parsons. 2019. (George's Secret Key Ser.). (ENG.). 416p. (J). (gr. 3-7). 18.99 *(978-1-5344-3730-2(4)*, Simon & Schuster Bks. For Young Readers) Simon & Schuster Bks. For Young Readers.

George & the Stolen Sunny Spot. Kristin Ganoung. (J). 2018. 16.95 *(978-1-944132-25-5(2))*; 2017. (Illus.). 198p. pap. 9.95 *(978-1-944132-04-0(X))* Prairieland Pr.

George & the Unbreakable Code. Stephen Hawking & Lucy Hawking. Illus. by Garry Parsons. (George's Secret Key Ser.). (ENG.). (J). (gr. 3-7). 2017. 368p. pap. 12.99 *(978-1-4814-6628-8(3))*; 2016. 352p. 19.99 *(978-1-4814-6627-1(5))* Simon & Schuster Bks. For Young Readers. (Simon & Schuster Bks. For Young Readers).

George & Will Have a Baby: The Gift of Family. Iréné Celcer. Illus. by Horacio Gatto. 2018. (J). pap. *(978-1-938313-24-0(0))* Graphite Pr.

George at the Fort: Or Life among the Soldiers (Classic Reprint) Harry Castlemon. 2018. (ENG., Illus.). 360p. (J). 31.34 *(978-0-267-46265-0(4))* Forgotten Bks.

George at the Speed of Light. Greg Trine. 2019. (George at the Speed of Light Ser.). (ENG., Illus.). 154p. (J). (gr. 2-6). pap. 9.99 *(978-1-7339589-0-5(8))* Trine, Greg.

George at the Wheel: Or, Life in the Pilot-House (Classic Reprint) Harry Castlemon. 2017. (ENG., Illus.). (J). 31.98 *(978-0-260-65757-2(3))* Forgotten Bks.

George Austin (Classic Reprint) James Hine. (ENG., Illus.). (J). 2018. 306p. 30.21 *(978-0-364-75428-3(1))*; 2017. pap. 13.57 *(978-0-259-48122-5(X))* Forgotten Bks.

George Balcombe, Vol. 1 Of 2: A Novel (Classic Reprint) Unknown Author. 2017. (ENG., Illus.). (J). 29.80 *(978-1-5280-3375-6(2))* Forgotten Bks.

George Balcombe, Vol. 2: A Novel (Classic Reprint) Beverley Tucker. 2017. (ENG., Illus.). (J). 30.56 *(978-1-5280-3388-6(4))* Forgotten Bks.

George Barnwell: A Novel (Classic Reprint) T. S. Surr. 2018. (ENG., Illus.). 198p. (J). 27.98 *(978-0-267-15645-0(6))* Forgotten Bks.

George Barnwell, or the Merchant's Clerk (Classic Reprint) Thomas Skinner Surr. (ENG., Illus.). (J). 2018. 154p. 27.07 *(978-0-484-32709-1(7))*; 2016. pap. 9.57 *(978-1-333-13957-5(8))* Forgotten Bks.

George Bryant: Or the Noble Resolve (Classic Reprint) Unknown Author. 2018. (ENG., Illus.). 156p. (J). 27.11 *(978-0-484-01710-7(1))* Forgotten Bks.

George Builds Sand Sculptures. Tracilyn George. 2020. (ENG.). 22p. (J). pap. 11.00 *(978-1-990153-06-8(2))* Lulu Pr., Inc.

George Builds Sand Sculptures. Tracilyn George. Illus. by Aria Jones. 2020. (ENG.). 24p. (J). pap. 17.14 *(978-1-716-54380-7(0))* Lulu Pr., Inc.

George Calderon: A Sketch from Memory (Classic Reprint) Percy Lubbock. (ENG., Illus.). (J). 2018. 224p. 28.52 *(978-0-484-11396-0(8))*; 2016. pap. 10.97 *(978-1-334-14557-5(1))* Forgotten Bks.

George Caleb Bingham: Frontier Artist, Missouri Politician. Greg Olson. 2017. (ENG., Illus.). 48p. (J). lib. bdg. 27.00 *(978-1-61248-206-4(6))* Truman State Univ. Pr.

George Canterbury's Will (Classic Reprint) Henry Wood. 2017. (ENG., Illus.). (J). 34.21 *(978-0-265-55832-4(8))* Forgotten Bks.

George Canterbury's Will, Vol. 1 Of 3: A Novel (Classic Reprint) Henry Wood. 2018. (ENG., Illus.). 342p. (J). 30.95 *(978-0-656-65351-5(5))* Forgotten Bks.

George Canterbury's Will, Vol. 2: A Novel (Classic Reprint) Henry Wood. 2018. (ENG., Illus.). 304p. (J). 30.17 *(978-0-483-38026-4(1))* Forgotten Bks.

George Canterbury's Will, Vol. 3 Of 3: A Novel (Classic Reprint) Henry Wood. 2018. (ENG., Illus.). 294p. (J). 29.96 *(978-0-484-05499-7(6))* Forgotten Bks.

George Catches a Cold. Scholastic Editors. ed. 2017. (Peppa Pig 8X8 Ser.). (Illus.). (J). lib. bdg. 14.75 *(978-0-606-39735-3(3))* Turtleback.

George Cruikshank's Omnibus: Illustrated with One Hundred Engravings on Steel & Wood (Classic Reprint) Laman Blanchard. 2018. (ENG., Illus.). 358p. (J). 31.28 *(978-0-483-46024-9(9))* Forgotten Bks.

George Cruikshank's Table-Book (Classic Reprint) George Cruikshank. 2018. (ENG., Illus.). 324p. (J). 30.72 *(978-0-332-69286-9(8))* Forgotten Bks.

George Crumb & the Gingerbread Run. M. T. Boulton. 2017. (ENG.). 126p. (J). pap. *(978-0-244-93266-4(2))* Lulu Pr., Inc.

George Edwin Little's God Given Shoes. Mary J. Bennett. 2022. (ENG.). 36p. (J). 19.97 ***(978-1-0880-5664-6(4))*** Indy Pub.

George Eliot: Her Early Home (Classic Reprint) Emily Swinnerton. (ENG., Illus.). (J). 2018. 62p. 25.09 *(978-0-484-41251-3(5))*; 2016. pap. 9.57 *(978-1-333-31044-8(7))* Forgotten Bks.

George Fights the Coronavirus! Raquel Britton. 2020. (ENG.). 30p. (J). ***(978-1-6780-3169-5(0))*** Lulu Pr., Inc.

George Fitch: A Memorial (Classic Reprint) William Edward Simonds. 2018. (ENG., Illus.). 52p. (J). 24.97 *(978-0-483-39285-4(5))* Forgotten Bks.

George Geith of Fen Court: A Novel (Classic Reprint) F. G. Trafford. (ENG., Illus.). (J). 2018. 576p. 35.80 *(978-0-267-33196-3(7))*; 2016. pap. 19.57 *(978-1-333-57536-6(X))* Forgotten Bks.

George Geith of Fen Court, Vol. 1 Of 2: A Novel (Classic Reprint) F. G. Trafford. (ENG., Illus.). (J). 2018. 256p. 29.18 *(978-0-484-82395-1(7))*; 2017. pap. 11.57 *(978-0-243-58443-7(1))* Forgotten Bks.

George Geith of Fen Court, Vol. 2 Of 2: A Novel (Classic Reprint) F. G. Trafford. (ENG., Illus.). (J). 2018. 250p. 29.05 *(978-0-365-16844-7(0))*; 2017. pap. 11.57 *(978-0-259-19184-1(1))* Forgotten Bks.

George Gershwin (Revised Edition) (Getting to Know the World's Greatest Composers) (Library Edition) Mike Venezia. Illus. by Mike Venezia. 2017. (Getting to Know the World's Greatest Composers Ser.). (ENG., Illus.). 40p. (J). (gr. 3-4). lib. bdg. 29.00 *(978-0-531-22659-9(X)*, Children's Pr.) Scholastic Library Publishing.

George H. W. Bush. Heidi Elston. (United States Presidents Ser.). (ENG., Illus.). (J). 2020. 48p. (gr. 3-6). lib. bdg. 35.64 *(978-1-5321-9341-5(6)*, 34839, Checkerboard Library); 2016. 40p. (gr. 2-5). lib. bdg. 35.64 *(978-1-68078-085-7(9)*, 21787, Big Buddy Bks.) ABDO Publishing Co.

George H. W. Bush. Katlin Sarantou. Illus. by Jeff Bane. 2019. (My Early Library: My Itty-Bitty Bio Ser.). (ENG.). 24p. (J). (gr. k-1). pap. 12.79 *(978-1-5341-4992-2(9)*, 213275); lib. bdg. 30.64 *(978-1-5341-4706-5(3)*, 213274) Cherry Lake Publishing.

George H. W. Bush: Our 41st President. Sandra Francis. 2020. (United States Presidents Ser.). (ENG.). 48p. (J). (gr. 3-6). lib. bdg. 41.36 *(978-1-5038-4432-2(3)*, 214209) Child's World, Inc, The.

George Handel (Revised Edition) (Getting to Know the World's Greatest Composers) Mike Venezia. Illus. by Mike Venezia. 2018. (Getting to Know the World's Greatest Composers Ser.). (ENG., Illus.). 40p. (J). (gr. 3-4). pap. 7.95 *(978-0-531-23373-3(1)*, Children's Pr.) Scholastic Library Publishing.

George Handel (Revised Edition) (Getting to Know the World's Greatest Composers) (Library Edition) Mike Venezia. Illus. by Mike Venezia. 2018. (Getting to Know the World's Greatest Composers Ser.). (ENG., Illus.). 40p. (J). (gr. 3-4). 29.00 *(978-0-531-22870-8(3)*, Children's Pr.) Scholastic Library Publishing.

George Helm (Classic Reprint) David Graham Phillips. 2017. (ENG., Illus.). (J). 30.62 *(978-0-260-32170-1(2))* Forgotten Bks.

George Hern, Vol. 1 Of 3: A Novel (Classic Reprint) Henry Glemham. 2018. (ENG., Illus.). 270p. (J). 29.47 *(978-0-364-11680-7(3))* Forgotten Bks.

George Hern, Vol. 2 Of 3: A Novel (Classic Reprint) Henry Glemham. (ENG., Illus.). (J). 2018. 264p. 29.34 *(978-0-483-95529-5(9))*; 2016. pap. 11.97 *(978-1-334-27055-0(4))* Forgotten Bks.

George Hern, Vol. 3 Of 3: A Novel (Classic Reprint) Henry Glemham. (ENG., Illus.). (J). 2018. 390p. 31.94 *(978-0-483-63443-5(3))*; 2016. pap. 16.57 *(978-1-334-13620-7(3))* Forgotten Bks.

George in Camp, or Life on the Plains (Classic Reprint) Harry Castlemon. 2018. (ENG., Illus.). 362p. (J). 31.49 *(978-0-332-14054-4(7))* Forgotten Bks.

George Kittle: NFL Star. Douglas Lynne. 2020. (Pro Sports Stars Ser.). (ENG.). 24p. (J). (gr. 3-3). pap. 8.95 *(978-1-63494-239-3(6)*, 1634942396); lib. bdg. 28.50 *(978-1-63494-221-8(3)*, 1634942213) Pr. Room Editions LLC.

George Lovell, Vol. 1 Of 3: A Novel (Classic Reprint) James Sheridan Knowles. 2018. (ENG., Illus.), 334p. (J). 30.79 *(978-0-483-14262-6(X))* Forgotten Bks.

George Lovell, Vol. 2 Of 3: A Novel (Classic Reprint) James Sheridan Knowles. 2018. (ENG., Illus.). 310p. (J). 30.29 *(978-0-332-48640-6(0))* Forgotten Bks.

George Lucas: Cineasta y Creador de Star Wars (George Lucas: Filmmaker & Creator of Star Wars) Grace Hansen. 2018. (Biografías: Personas Que Han Hecho Historia (History Maker Biographies Set 3) Ser.). (SPA.). 24p. (J). (gr. -1-2). lib. bdg. 32.79 *(978-1-5321-8036-1(5)*, 28287, Abdo Kids) ABDO Publishing Co.

George Lucas: Filmmaker & Creator of Star Wars. Grace Hansen. 2017. (History Maker Biographies (Abdo Kids Jumbo) Ser.). (ENG., Illus.). 24p. (J). (gr. -1-2). lib. bdg. 32.79 *(978-1-5321-0425-1(1)*, 26551, Abdo Kids) ABDO Publishing Co.

740 The check digit for ISBN-10 appears in parentheses after the full ISBN-13

George Malcolm (Classic Reprint) Gabriel Setoun. (ENG., Illus.). (J). 2018. 318p. 30.48 *(978-0-483-62802-1(6))*; 2017. pap. 13.57 *(978-0-259-20811-2(6))* Forgotten Bks.

George Mason, the Young Backwoodsman, or Don't Give up the Ship: A Story of the Mississippi (Classic Reprint) Timothy Flint. (ENG., Illus.). (J). 2018. 172p. 27.44 *(978-0-483-52112-4(4))*; 2016. pap. 9.97 *(978-1-333-22919-1(4))* Forgotten Bks.

George Mcgovern: South Dakota's Legendary Legislator. Sarah Nearman Herbert. 2020. (ENG.). 28p. (J). 18.99 *(978-1-0879-1490-9(6))* Indy Pub.

George Meek: Bath Chair-Man (Classic Reprint) George Meek. 2017. (ENG., Illus.). (J). 30.83 *(978-0-265-21131-1(X))* Forgotten Bks.

George Meets His Match. Kristin Bauer Ganoung. Illus. by K. E. Gadeken. 2021. (George the Cat, Head of Farm Security Ser.: Vol. 3). (ENG.). 188p. (J). 16.95 *(978-1-944132-38-5(4))* Praireland Pr.

George Melville: An American Novel (Classic Reprint) Charles Hatch Smith. (ENG., Illus.). (J). 2018. 394p. 32.04 *(978-0-332-99420-8(1))*; 2017. pap. 16.57 *(978-0-259-01096-8(0))* Forgotten Bks.

George Morland: A Biographical Essay (Classic Reprint) James Thomas Herbert Baily. 2017. (ENG., Illus.). 164p. (J). 27.28 *(978-0-332-83938-7(9))* Forgotten Bks.

George Morrow, His Book: With an Introduction (Classic Reprint) George Morrow. (ENG., Illus.). (J). 2018. 106p. 26.10 *(978-0-267-60669-6(9))*; 2016. pap. 9.57 *(978-1-334-12994-0(0))* Forgotten Bks.

George Orwell, 1 vol. Anita Croy. 2019. (Writers Who Changed the World Ser.). (ENG.). 64p. (gr. 6-7). pap. 16.28 *(978-1-5345-6590-6(6)*, 6b2fb021-e081-4a85-bda0-3c7771863cef); lib. bdg. 36.56 *(978-1-5345-6591-3(4)*, 969e90b4-5b0a-490d-b862-1aa3d5d085b3) Greenhaven Publishing LLC. (Lucent Pr.).

George Orwells 1984 Graphic Novel. M. Namai. 2022. (ENG., Illus.). 284p. (YA). (gr. 7). pap. 19.99 *(978-1-78675-057-0(0))* Palazzo Editions, Ltd. GBR. Dist: Independent Pubs. Group.

George Parker Goes Global. David Metzenthen. 2019. (ENG.). 288p. (J). (gr. 5-7). pap. 14.99 *(978-1-76052-346-6(1))* Allen & Unwin AUS. Dist: Independent Pubs. Group.

George Paull of Benita, West Africa. Samuel Wilson. 2017. (ENG.). 306p. (J). pap. *(978-3-337-30869-8(4))* Creation Pubs.

George Paull, of Benita, West Africa: A Memoir (Classic Reprint) Samuel Wilson. 2018. (ENG., Illus.). 304p. (J). 30.17 *(978-0-483-39205-2(7))* Forgotten Bks.

George Riddle's Readings (Classic Reprint) George Riddle. (ENG., Illus.). (J). 2018. 198p. 28.00 *(978-0-365-00223-9(2))*; 2017. pap. 10.57 *(978-0-243-95293-9(7))* Forgotten Bks.

George Saves the Rainforest. Lyn Pendle. 2020. (ENG.). 54p. (J). pap. *(978-1-78878-139-8(2))*; pap. *(978-1-78878-140-4(6))* Austin Macauley Pubs. Ltd.

George Shrinks. William Joyce. Illus. by William Joyce. 2017. (World of William Joyce Ser.). (ENG., Illus.). 40p. (J). (gr. -1-3). 17.99 *(978-1-4814-8953-9(4)*, Atheneum/Caitlyn Dlouhy Books) Simon & Schuster Children's Publishing.

George Springer. Kenny Abdo. 2018. (Sports Biographies Ser.). (ENG.). 24p. (J). (gr. 2-8). lib. bdg. 31.36 *(978-1-5321-2478-5(3)*, 28429, Abdo Zoom-Fly) ABDO Publishing Co.

George Stevens: The Films of a Hollywood Giant, 1 vol. Neil Sinyard. 2019. (ENG., Illus.). 222p. pap. 45.00 *(978-0-7864-7775-3(X)*, dd9b7441-718d-4826-8b2f-afe9611655b1) McFarland & Co., Inc. Pubs.

George the Alligator Finds a Home. Margaret Sansom. 2022. (ENG.). 38p. (J). 14.97 *(978-1-63777-267-6(X))*; pap. 9.99 *(978-1-63777-288-1(2))* Red Penguin Bks.

George the Bilby Chef & the Raspberry Muffin Surprise. Jedda Robaard. 2019. (ENG.). 32p. (J). (gr. -1-k). 12.99 *(978-1-76006-711-3(3))* Little Hare Bks. AUS. Dist: Independent Pubs. Group.

George the Eagle. Kelsey Lamb. 2019. (ENG.). 24p. (J). pap. 15.00 *(978-0-359-58837-4(9))* Lulu Pr., Inc.

George the Holiday Spider. Rick Powell. Illus. by John Sowder. 2022. (ENG.). 52p. (J). pap. ***(978-1-6781-6455-3(0))*** Lulu Pr., Inc.

George the Little Garden Snake. Rosie Amazing. Illus. by Ioana Balcan & Alina Ghervase. 2021. (ENG.). 28p. (J). pap. *(978-1-7772203-9-6(4))* Annelid Pr.

George the Orphan Crow & the Creatures of Blossom Valley. Helen Fox. 2016. (ENG., Illus.). 131p. (J). (gr. 4-6). pap. *(978-1-78538-505-6(4))* Andrews UK Ltd.

George, the Spider & the Diamond. Neil Ellis Sprason. 2022. (ENG.). 24p. (J). pap. ***(978-1-80227-663-3(7))*** Publishing Push Ltd.

George the Third, Vol. 1 Of 3: A Novel (Classic Reprint) Edward Mangin. 2018. (ENG., Illus.). 234p. (J). 28.72 *(978-0-267-15250-6(7))* Forgotten Bks.

George the Third, Vol. 2 Of 3: A Novel (Classic Reprint) Edward Mangin. (ENG., Illus.). (J). 2018. 232p. 28.76 *(978-0-332-47777-0(0))*; 2016. pap. 11.57 *(978-1-333-20924-7(X))* Forgotten Bks.

George the Third, Vol. 3 Of 3: A Novel (Classic Reprint) Edward Mangin. 2018. (ENG., Illus.). 238p. (J). 28.95 *(978-0-428-73982-9(2))* Forgotten Bks.

George the Wombat Thief. Shamsa Khan-Niazi. 2018. (ENG., Illus.). 32p. (J). pap. *(978-0-244-70924-2(6))* Lulu Pr., Inc.

George. the World's First Baking Magician. E. J. Yardley. 2017. (ENG., Illus.). 226p. (J). pap. *(978-1-9998894-0-1(1))* Perfect Puddle Pr.

George Visits Tenby. Lynn Stuart. 2018. (ENG., Illus.). 32p. (J). pap. *(978-1-78623-394-3(0))* Grosvenor Hse. Publishing Ltd.

George Vyvian, Vol. 1 of 2 (Classic Reprint) E. Katherine Bates. 2018. (ENG., Illus.). 310p. (J). 30.31 *(978-0-483-86415-3(3))* Forgotten Bks.

George Vyvian, Vol. 2 of 2 (Classic Reprint) Emily Katherine Bates. (ENG., Illus.). (J). 2018. 288p. 29.84 *(978-0-483-78449-9(4))*; 2016. pap. 13.57 *(978-1-333-41740-6(3))* Forgotten Bks.

George W. Bush. BreAnn Rumsch. (United States Presidents Ser.). (ENG., Illus.). (J). 2020. 48p. (gr. 3-6). lib. bdg. 35.64 *(978-1-5321-9342-2(4)*, 34841, Checkerboard Library); 2016. 40p. (gr. 2-5). lib. bdg. 35.64 *(978-1-68078-086-4(7)*, 21789, Big Buddy Bks.) ABDO Publishing Co.

George W. Bush, 1 vol. Ed. by Kenneth Zahensky. 2017. (Pivotal Presidents: Profiles in Leadership Ser.). (ENG., Illus.). 80p. (J). (gr. 8-8). 36.47 *(978-1-68048-629-2(2)*, 313237e8-c2d5-4974-8ba2-eee0eb5e0ae8, Britannica Educational Publishing) Rosen Publishing Group, Inc., The.

George W. Bush. Kenneth Zahensky. 2016. (J). lib. bdg. *(978-1-68048-526-4(1))* Rosen Publishing Group, Inc., The.

George W. Bush: Our 43rd President. Michael Burgan. 2020. (United States Presidents Ser.). (ENG.). 48p. (J). (gr. 3-6). lib. bdg. 41.36 *(978-1-5038-4434-6(X)*, 214211) Child's World, Inc, The.

George W. Bush: a Little Golden Book Biography. Joanna Keith. Illus. by Jim Starr. 2023. (Little Golden Book Ser.). 24p. (J). (gr. -1-3). 5.99 *(978-0-593-64506-2(5)*, Golden Bks.) Random Hse. Children's Bks.

George W. Bush's 9/11 Address to the Nation. Tamra Orr. 2020. (21st Century Skills Library: Front Seat of History: Famous Speeches Ser.). (ENG., Illus.). 32p. (J). (gr. 4-7). lib. bdg. 32.07 *(978-1-5341-6882-4(6)*, 215415) Cherry Lake Publishing.

George W. Carnes' New Emporium for Boys' Clothing (Classic Reprint) George W. Carnes. 2018. (ENG., Illus.). 20p. (J). 24.31 *(978-1-391-66821-5(9))*; pap. 7.97 *(978-1-391-65734-9(9))* Forgotten Bks.

George Washington, 1 vol. Kaitlyn Duling. 2017. (Great Military Leaders Ser.). (ENG.). 128p. (YA). (gr. 9-9). 47.36 *(978-1-5026-2784-1(1)*, bff19b63-d71d-426b-a194-d1610cdd3180) Cavendish Square Publishing LLC.

George Washington. Emma E. Haldy. Illus. by Jeff Bane. 2017. (My Early Library: My Itty-Bitty Bio Ser.). (ENG.). 24p. (J). (gr. k-1). lib. bdg. 30.64 *(978-1-63472-152-3(7)*, 209180) Cherry Lake Publishing.

George Washington. Elizabeth Massie. 2016. (Spring Forward Ser.). (J). (gr. 1). *(978-1-4900-9409-0(1))* Benchmark Education Co.

George Washington. Pamela McDowell. 2019. (Founding Fathers Ser.). (ENG.). 24p. (J). lib. bdg. 22.99 *(978-1-5105-4608-0(1))* SmartBook Media, Inc.

George Washington. Laura K. Murray. 2020. (Biographies Ser.). (ENG., Illus.). 32p. (J). (gr. 1-3). pap. 6.95 *(978-1-9771-1803-5(8)*, 142163); lib. bdg. 31.32 *(978-1-9771-1359-7(1)*, 141472) Capstone. (Pebble).

George Washington. Candice Ransom. 2018. (Founding Fathers Ser.). (ENG., Illus.). 24p. (J). (gr. 1-1). pap. 8.95 *(978-1-63517-817-3(7)*, 1635178177) North Star Editions.

George Washington. Candice Ransom. 2018. (Founding Fathers Ser.). (ENG., Illus.). 24p. (J). (gr. k-3). lib. bdg. 31.36 *(978-1-5321-6022-6(4)*, 28676, Pop! Cody Koala) Pop!.

George Washington. Jennifer Strand. 2016. (Legendary Leaders Ser.). (ENG.). 24p. (J). (gr. -1-2). 49.94 *(978-1-68079-405-2(1)*, 23026, Abdo Zoom-Launch) ABDO Publishing Co.

George Washington: Father of a Nation - United States Civics - Biography for Kids - Fourth Grade Nonfiction Books - Children's Biographies. Dissected Lives. 2019. (ENG.). 86p. (J). pap. 15.92 *(978-1-5419-5079-5(8))*; 25.91 *(978-1-5419-7530-9(8))* Speedy Publishing LLC. (Dissected Lives (Auto Biographies)).

George Washington: His Legacy of Faith, Character, & Courage. Demi. 2018. (ENG.). 48p. (J). (gr. k-5). 15.99 *(978-1-62164-234-3(8))* Ignatius Pr.

George Washington: Life Stories of Extraordinary Americans. Time Magazine Editors. 2018. (America Handbooks, a Time for Kids Ser.). (ENG.). 144p. (J). (gr. 6-17). 19.99 *(978-1-68330-074-8(2)*, Time Home Entertainment) Time Inc. Bks.

George Washington: Our 1st President. Ann Graham Gaines. 2020. (United States Presidents Ser.). (ENG.). 48p. (J). (gr. 3-6). lib. bdg. 41.36 *(978-1-5038-4393-6(9)*, 214170) Child's World, Inc, The.

George Washington: The Father of His Country - History You Should Know Children's History Books. Baby Professor. 2017. (ENG., Illus.). (J). pap. 8.79 *(978-1-5419-1113-0(X)*, Baby Professor (Education Kids)) Speedy Publishing LLC.

George Washington: The First President. Sarah Albee. Illus. by Chin Ko. 2017. (I Can Read Level 2 Ser.). 32p. (J). (ENG.). (gr. -1-3). pap. 4.99 *(978-0-06-243266-7(4)*, HarperCollins); *(978-1-5182-5283-9(4))* HarperCollins Pubs.

George Washington & His Right-Hand Man (Alexander Hamilton) Stephanie Kraus. rev. ed. 2017. (Social Studies: Informational Text Ser.). (ENG., Illus.). 32p. (J). (gr. 4-8). pap. 11.99 *(978-1-4258-6356-2(6))* Teacher Created Materials, Inc.

George Washington & the American Presidency. Michael Regan. 2017. (Foundations of Our Nation Ser.). (ENG., Illus.). 32p. (J). (gr. 3-5). pap. 9.95 *(978-1-63517-313-0(2)*, 1635173132); lib. bdg. 31.35 *(978-1-63517-248-5(9)*, 1635172489) North Star Editions. (Focus Readers).

George Washington & the American Presidency. Michael Regan. 2018. (Forming Our Nation Ser.). (ENG.). 32p. (J). lib. bdg. 22.99 *(978-1-5105-3801-6(1))* SmartBook Media, Inc.

George Washington & the Magic Hat: George Washington & the Magic Hat, 1 vol. Deborah Kalb. Illus. by Robert Lunsford. 2016. (President & Me Ser.: 1). (ENG.). 144p. (gr. 3-6). pap. 12.99 *(978-0-7643-5110-5(9)*, 7365) Schiffer Publishing, Ltd.

George Washington & the Men Who Shaped America. Torrey Maloof. rev. ed. 2016. (Social Studies: Informational Text Ser.). (ENG., Illus.). 32p. (gr. 4-8). pap. 11.99 *(978-1-4938-3081-7(3))* Teacher Created Materials, Inc.

George Washington Carver. Katie Marsico. Illus. by Jeff Bane. 2018. (My Early Library: My Itty-Bitty Bio Ser.). (ENG.). 24p. (J). (gr. k-1). lib. bdg. 30.64 *(978-1-5341-2878-1(6)*, 211556) Cherry Lake Publishing.

George Washington Carver. Jennifer Strand. 2016. (Incredible Inventors Ser.). (ENG.). 24p. (J). (gr. -1-2). 49.94 *(978-1-68079-397-0(7)*, 23018, Abdo Zoom-Launch) ABDO Publishing Co.

George Washington Carver: Botanist & Inventor. Mary Boone. 2018. (STEM Scientists & Inventors Ser.). (ENG.). 24p. (J). pap. 47.70 *(978-1-5435-0673-0(9)*, 27699); (Illus.). (gr. 1-3). lib. bdg. 27.99 *(978-1-5435-0646-4(1)*, 137409) Capstone. (Capstone Pr.).

George Washington Carver: Teacher & Environmentalist. Christine Montgomery. 2017. (ENG., Illus.). 48p. (J). lib. bdg. 27.00 *(978-1-61248-214-9(7))* Truman State Univ. Pr.

George Washington Carver for Kids: His Life & Discoveries, with 21 Activities. Peggy Thomas. 2019. (For Kids Ser.: 73). (ENG., Illus.). 144p. (J). (gr. 4). pap. 18.99 *(978-0-915864-00-3(2))* Chicago Review Pr., Inc.

George Washington Carver for Kids: His Life & Discoveries with 21 Activities. Peggy Thomas. 2019. (Illus.). v, 129p. (J). *(978-1-5490-7678-7(7))* Chicago Review Pr., Inc.

George Washington Carver: More Than the Peanut Man (Bright Minds) Janel Rodriguez. Illus. by Subi Bosa. 2023. (Bright Minds Ser.). (ENG.). 40p. (J). (gr. 3-4). 29.00 *(978-1-338-86420-5(3))*; pap. 8.99 *(978-1-338-86421-2(1))* Scholastic Library Publishing. (Children's Pr.).

George Washington Jones: A Christmas Gift That Went A-Begging. Ruth McEnery Stuart. 2017. (ENG., Illus.). (J). pap. *(978-0-649-49894-9(1))*; pap. *(978-0-649-59274-6(3))* Trieste Publishing Pty Ltd.

George Washington Jones: A Christmas Gift That Went a-Begging (Classic Reprint) Ruth McEnery Stuart. 2018. (ENG., Illus.). 158p. (J). 27.18 *(978-0-332-14437-5(2))* Forgotten Bks.

George Washington (Presidential Biographies) First President of the United States. Jevon Bolden. 2020. (Presidential Biographies Ser.). (ENG., Illus.). 32p. (J). (gr. 2-4). pap. 6.99 *(978-0-531-13067-4(3)*, Children's Pr.) Scholastic Library Publishing.

George Washington (Presidential Biographies) (Library Edition) Jevon Bolden. 2020. (Presidential Biographies Ser.). (ENG., Illus.). 32p. (J). (gr. 2-4). 25.00 *(978-0-531-13095-7(9)*, Children's Pr.) Scholastic Library Publishing.

George Washington SP. Emma E. Haldy. Illus. by Jeff Bane. 2018. (My Early Library: Mi Mini Biografía (My Itty-Bitty Bio) Ser.). (SPA.). 24p. (J). (gr. k-1). lib. bdg. 30.64 *(978-1-5341-2996-2(0)*, 212032) Cherry Lake Publishing.

George Washington: the First President. Sarah Albee. Illus. by Chin Ko. 2017. (I Can Read Level 2 Ser.). (ENG.). 32p. (J). (gr. -1-3). 16.99 *(978-0-06-243267-4(2)*, HarperCollins) HarperCollins Pubs.

George Washington Wasn't the First President: Exposing Myths about US Presidents. Kate Mikoley. 2019. (Exposed! More Myths about American History Ser.). (ENG.). 32p. (gr. 2-3). 63.00 *(978-1-5382-3751-9(2))* Stevens, Gareth Publishing LLLP.

George Washington's Presidency. Krystyna Poray Goddu. 2016. (Presidential Powerhouses Ser.). (ENG., Illus.). 104p. (YA). (gr. 6-12). 35.99 *(978-1-4677-7924-1(5)*, 5ef17340-8503-4d31-9be2-86617a0a3921); E-Book 54.65 *(978-1-4677-8598-3(9))* Lerner Publishing Group. (Lerner Pubns.).

George Washington's Rules of Civility: Traced to Their Sources & Restored. Moncure Daniel Conway. 2017. (ENG., Illus.). (J). 21.95 *(978-1-374-98413-4(2))*; pap. 10.95 *(978-1-374-98412-7(4))* Capital Communications, Inc.

George Washington's Rules of Civility: Traced to Their Sources & Restored (Classic Reprint) Moncure Daniel Conway. 2017. (ENG., Illus.). (J). 27.73 *(978-0-265-95368-6(5))* Forgotten Bks.

George Washington's Rules of Civility & Decent Behavior in Company & Conversation. Justin O'Brien. 2021. (ENG.). 34p. (YA). *(978-1-716-26929-5(6))* Lulu Pr., Inc.

George Washington's Secret Six (Young Readers Adaptation) The Spies Who Saved America. Brian Kilmeade & Don Yaeger. 2020. (Illus.). 176p. (J). (gr. 5). pap. 9.99 *(978-0-425-28901-3(X)*, Puffin Books) Penguin Young Readers Group.

George Washington's Spies (Totally True Adventures) Claudia Friddell. 2016. (Totally True Adventures Ser.). (Illus.). 112p. (J). (gr. 2-5). pap. 5.99 *(978-0-399-55077-5(1)*, Random Hse. Bks. for Young Readers) Random Hse. Children's Bks.

George Wender Gave a Party (Classic Reprint) John Inglis. (ENG., Illus.). (J). 2018. 306p. 30.23 *(978-0-483-90677-8(8))*; 2016. pap. 13.57 *(978-1-334-25317-1(X))* Forgotten Bks.

George Whitefield: The Colonial Orphan's Friend. Carolyn Hearing. 2023. (ENG.). 164p. (J). pap. 20.49 ***(978-1-6628-7175-7(9))*** Salem Author Services.

George Wyndham, Recognita (Classic Reprint) Charles Tindal Gatty. (ENG., Illus.). (J). 2018. 210p. 28.25 *(978-0-483-72236-1(7))*; 2016. pap. 10.57 *(978-1-333-68514-0(9))* Forgotten Bks.

George's Adventures in the Country. Amerel. 2017. (ENG., Illus.). (J). pap. *(978-0-649-59272-2(7))* Trieste Publishing Pty Ltd.

George's Adventures in the Country (Classic Reprint) Amerel Amerel. 2018. (ENG., Illus.). 138p. (J). 26.74 *(978-0-484-73646-6(9))* Forgotten Bks.

George's Big Surprise. Beth Clark. 2021. (ENG.). 22p. (J). 18.99 *(978-1-7353862-9-4(4))*; pap. 9.99 *(978-1-7353862-8-7(6))* Beth Bks.

George's Letters Home (Classic Reprint) George Bumlong. 2017. (ENG., Illus.). (J). pap. 7.97 *(978-0-259-98951-6(7))* Forgotten Bks.

Georges Lewys' the Charmed American (Francois, L'Americain) A Story of the Iron Division of France (Classic Reprint) Georges Lewys. 2017. (ENG., Illus.). (J). pap. 13.57 *(978-0-282-05502-8(9))* Forgotten Bks.

Georges Lewys' the Charmed American (François, L'Américain) A Story of the Iron Division of France (Classic Reprint) Georges Lewys. 2018. (ENG., Illus.). 328p. (J). 30.68 *(978-0-666-88021-5(2))* Forgotten Bks.

Georges Lewys the Charmed American (Francois, l'Americain) a Story of the Iron Division of France (Classic Reprint) Gladys Adelina Lewis. 2018. (ENG., Illus.). 330p. (J). 30.70 *(978-0-483-16347-8(3))* Forgotten Bks.

George's Marvelous Medicine. Roald Dahl. 2017. (ENG., Illus.). 112p. (J). (gr. 3-7). 17.99 *(978-0-425-29010-1(7)*, Puffin Books) Penguin Young Readers Group.

George's New Dinosaur. ed. 2018. (Peppa Pig 8x8 Bks). (ENG.). 24p. (J). (gr. -1-1). 13.89 *(978-1-64310-510-9(8))* Penworthy Co., LLC, The.

George's New Dinosaur (Peppa Pig) Scholastic. Illus. by EOne. 2018. (ENG.). 24p. (J). (gr. -1-k). pap. 4.99 *(978-1-338-32778-6(X))* Scholastic, Inc.

Georges, or the Isle of France (Classic Reprint) Alexandre Dumas. 2019. (ENG., Illus.). 312p. (J). 30.33 *(978-0-483-95290-4(7))* Forgotten Bks.

George's Race Car. Rebecca Gerlings et al. ed. 2021. (Peppa Pig 8x8 Bks). (ENG., Illus.). 24p. (J). (gr. k-1). 15.46 *(978-1-68505-103-7(0))* Penworthy Co., LLC, The.

George's Race Car (Peppa Pig) (Media Tie-In) Cala Spinner & Rebecca Gerlings. Illus. by EOne. ed. 2021. (ENG.). 24p. (J). (gr. -1-k). pap. 4.99 *(978-1-338-76825-1(5))* Scholastic, Inc.

George's Secret Key Complete Hardcover Collection: George's Secret Key to the Universe; George's Cosmic Treasure Hunt; George & the Big Bang; George & the Unbreakable Code; George & the Blue Moon; George & the Ship of Time. Lucy Hawking & Stephen Hawking. Illus. by Garry Parsons. ed. 2019. (George's Secret Key Ser.). (ENG.). 2064p. (J). (gr. 3-7). 123.99 *(978-1-5344-5136-0(6)*, Simon & Schuster Bks. For Young Readers) Simon & Schuster Bks. For Young Readers.

George's Secret Key Complete Paperback Collection (Boxed Set) George's Secret Key to the Universe; George's Cosmic Treasure Hunt; George & the Big Bang; George & the Unbreakable Code; George & the Blue Moon; George & the Ship of Time. Lucy Hawking & Stephen Hawking. Illus. by Garry Parsons. ed. 2020. (George's Secret Key Ser.). (ENG.). 2096p. (J). (gr. 3-7). pap. 74.99 *(978-1-5344-5137-7(4)*, Simon & Schuster Bks. For Young Readers) Simon & Schuster Bks. For Young Readers.

Georgette's Magical Adventure. Bárbara Anderson. 2017. (ENG., Illus.). (J). pap. 14.99 *(978-1-365-79780-4(5))* Lulu Pr., Inc.

Georgey. Kristine Heilman. Illus. by Patricia DeWitt. 2023. (Big Adventures on a Small Farm Ser.). (ENG.). 32p. (J). ***(978-1-5255-9512-7(1))*** FriesenPress.

Georgey. Kristine Poznikoff. Illus. by Patricia DeWitt. 2023. (Big Adventures on a Small Farm Ser.). (ENG.). 32p. (J). pap. ***(978-1-5255-9511-0(3))*** FriesenPress.

Georgey's Menagerie: The Bear (Classic Reprint) Madeline Leslie. 2017. (ENG., Illus.). (J). pap. 9.97 *(978-0-282-38357-2(3))* Forgotten Bks.

Georgia. Karen Durrie & Jennifer Nault. 2018. (Illus.). 24p. (J). *(978-1-4896-7421-0(7)*, AV2 by Weigl) Weigl Pubs., Inc.

Georgia. Christina Earley. 2023. (My State Ser.). (ENG.). 24p. (J). (gr. k-2). pap. ***(978-1-0396-9760-7(7)***, 33314); lib. bdg. ***(978-1-0396-9653-2(8)***, 33313) Crabtree Publishing Co.

Georgia, 1 vol. John Hamilton. 2016. (United States of America Ser.). (ENG., Illus.). 48p. (J). (gr. 5-9). 34.21 *(978-1-68078-312-4(2)*, 21609, Abdo & Daughters) ABDO Publishing Co.

Georgia. Ann Heinrichs. Illus. by Matt Kania. 2017. (U. S. A. Travel Guides). (ENG.). 40p. (J). (gr. 2-5). lib. bdg. 38.50 *(978-1-5038-1950-4(7)*, 211587) Child's World, Inc, The.

Georgia. Jason Kirchner & Bridget Parker. 2016. (States Ser.). (ENG., Illus.). 32p. (J). (gr. 3-6). lib. bdg. 27.99 *(978-1-5157-0396-9(7)*, 132008, Capstone Pr.) Capstone.

Georgia. Margaret Lawler. 2022. (Core Library of US States Ser.). (ENG., Illus.). 48p. (J). (gr. 4-8). lib. bdg. 35.64 *(978-1-5321-9751-2(9)*, 39593) ABDO Publishing Co.

Georgia. Jennifer Nault. 2018. (Our American States Ser.). (ENG.). 48p. (J). lib. bdg. 22.99 *(978-1-5105-3477-3(6))* SmartBook Media, Inc.

Georgia, 1 vol. Michael Spilling et al. 2017. (Cultures of the World (Third Edition)(r) Ser.). (ENG.). 144p. (gr. 5-5). 48.79 *(978-1-5026-3237-1(3)*, 4c07a52e-7741-4ef8-b22c-85db7f71b94f) Cavendish Square Publishing LLC.

Georgia. Sarah Tieck. 2019. (Explore the United States Ser.). (ENG., Illus.). 32p. (J). (gr. 2-5). lib. bdg. 34.21 *(978-1-5321-9113-8(8)*, 33414, Big Buddy Bks.) ABDO Publishing Co.

Georgia: Money & Me. Christina Hill. rev. ed. 2016. (Social Studies: Informational Text Ser.). (ENG.). 32p. (gr. 2-4). pap. 10.99 *(978-1-4938-2562-2(3))* Teacher Created Materials, Inc.

Georgia: The Peach State. Jennifer Nault. 2016. (J). *(978-1-4896-4845-7(3))* Weigl Pubs., Inc.

Georgia (a True Book: My United States) (Library Edition) Nel Yomtov. 2018. (True Book (Relaunch) Ser.). (ENG., Illus.). 48p. (J). (gr. 3-5). 31.00 *(978-0-531-23163-0(1)*, Children's Pr.) Scholastic Library Publishing.

Georgia & the American Revolution. Samuel Crompton. 2017. (Spotlight on Georgia Ser.). 32p. (gr. 9-10). 70.50 *(978-1-5081-5972-8(6)*, PowerKids Pr.) Rosen Publishing Group, Inc., The.

Georgia & the Modern Civil Rights Movement, 1 vol. Sam Crompton. 2017. (Spotlight on Georgia Ser.). (ENG.). 32p. (gr. 4-5). pap. 12.75 *(978-1-5081-5976-6(9)*, 67848fa4-38b7-44ec-ae9e-8a24b815a995, PowerKids Pr.) Rosen Publishing Group, Inc., The.

Georgia Bequest: Manolia; or the Vale of Tallulah. Georgia Huntsman. 2017. (ENG., Illus.). (J). pap. *(978-0-649-59278-4(6))* Trieste Publishing Pty Ltd.

Georgia Bequest: Manolia, or the Vale of Tallulah (Classic Reprint) Georgia Huntsman. 2018. (ENG., Illus.). 206p. (J). (gr. -1-3). 28.17 *(978-0-483-45834-5(1))* Forgotten Bks.

Georgia Bulldogs. Jeff Seidel. 2018. (Inside College Football Ser.). (ENG., Illus.). 48p. (J). (gr. 3-6). lib. bdg. 34.21 *(978-1-5321-1457-1(5)*, 29038, SportsZone) ABDO Publishing Co.

Georgia During Reconstruction, 1 vol. Sam Crompton. 2017. (Spotlight on Georgia Ser.). (ENG.). 32p. (gr. 4-5). pap. 12.75 *(978-1-5081-5981-0(5)*, fbc7b4e9-04bf-4b62-8cee-497d2366da5c, PowerKids Pr.) Rosen Publishing Group, Inc., The.

Georgia During the Civil War & Reconstruction, 1 vol. Samuel Crompton. 2017. (Spotlight on Georgia Ser.). (ENG.). 32p. (gr. 4-5). pap. 12.75 *(978-1-5081-5991-9(2)*,

For book reviews, descriptive annotations, tables of contents, cover images, author biographies & additional information, updated daily, subscribe to www.booksinprint.com

7f69e82e-cd16-46c8-b1df-a0a7f33ceddb, PowerKids Pr.) Rosen Publishing Group, Inc., The.

Georgia During the ERA of Westward Expansion, 1789 to 1840, 1 vol. Samuel Crompton. 2017. (Spotlight on Georgia Ser.). (ENG.). 32p. (gr. 4-5). pap. 12.75 *(978-1-5081-6016-8(3),* 602c76c5-0506-4236-a0a6-47433d8a1ded, PowerKids Pr.) Rosen Publishing Group, Inc., The.

Georgia During the New South Era, 1 vol. Sam Crompton. 2017. (Spotlight on Georgia Ser.). (ENG.). 32p. (gr. 4-5). pap. 12.75 *(978-1-5081-6001-4(5),* c16739e4-c71a-490d-8f9c-18dd6c72b8ed, PowerKids Pr.) Rosen Publishing Group, Inc., The.

Georgia During World War II, 1 vol. Sam Crompton. 2017. (Spotlight on Georgia Ser.). (ENG.). 32p. (gr. 4-5). pap. 12.75 *(978-1-5081-5996-4(3),* 4faf9515-51b7-4951-9c08-c1f7f3f51afe, PowerKids Pr.) Rosen Publishing Group, Inc., The.

Georgia from World War I Through the Great Depression, 1 vol. Sam Crompton. 2017. (Spotlight on Georgia Ser.). (ENG.). 32p. (gr. 4-5). pap. 12.75 *(978-1-5081-5986-5(6),* d444f40f-df61-4ffa-b8aa-20591d584592, PowerKids Pr.) Rosen Publishing Group, Inc., The.

Georgia Milestones Grade 3 English Language Arts Success Strategies Workbook: Comprehensive Skill Building Practice for the Georgia Milestones Assessment System. Ed. by Georgia Milestones Exam Secrets Test Prep. 2016. (ENG.). (J). pap. 40.99 *(978-1-5167-0079-0(1))* Mometrix Media LLC.

Georgia Milestones Grade 3 Mathematics Success Strategies Workbook: Comprehensive Skill Building Practice for the Georgia Milestones Assessment System. Ed. by Georgia Milestones Exam Secrets Test Prep. 2016. (ENG.). (J). pap. 40.99 *(978-1-5167-0080-6(5))* Mometrix Media LLC.

Georgia Milestones Grade 4 English Language Arts Success Strategies Workbook: Comprehensive Skill Building Practice for the Georgia Milestones Assessment System. Ed. by Georgia Milestones Exam Secrets Test Prep. 2016. (ENG.). (J). pap. 40.99 *(978-1-5167-0082-0(1))* Mometrix Media LLC.

Georgia Milestones Grade 4 Mathematics Success Strategies Workbook: Comprehensive Skill Building Practice for the Georgia Milestones Assessment System. Ed. by Georgia Milestones Exam Secrets Test Prep. 2016. (ENG.). (J). pap. 40.99 *(978-1-5167-0083-7(X))* Mometrix Media LLC.

Georgia Milestones Grade 5 English Language Arts Success Strategies Workbook: Comprehensive Skill Building Practice for the Georgia Milestones Assessment System. Ed. by Georgia Milestones Exam Secrets Test Prep. 2016. (ENG.). (J). pap. 40.99 *(978-1-5167-0084-4(8))* Mometrix Media LLC.

Georgia Milestones Grade 5 Mathematics Success Strategies Workbook: Comprehensive Skill Building Practice for the Georgia Milestones Assessment System. Ed. by Georgia Milestones Exam Secrets Test Prep. 2016. (ENG.). (J). pap. 40.99 *(978-1-5167-0085-1(6))* Mometrix Media LLC.

Georgia Milestones Grade 5 Science Success Strategies Study Guide: Georgia Milestones Test Review for the Georgia Milestones Assessment System. Ed. by Georgia Milestones Exam Secrets Test Prep. 2016. (ENG.). (J). pap. 40.99 *(978-1-5167-0086-8(4))* Mometrix Media LLC.

Georgia Milestones Grade 6 English Language Arts Success Strategies Study Guide: Georgia Milestones Test Review for the Georgia Milestones Assessment System. Ed. by Georgia Milestones Exam Secrets Test Prep. 2016. (ENG.). (J). pap. 40.99 *(978-1-5167-0087-5(2))* Mometrix Media LLC.

Georgia Milestones Grade 6 Mathematics Success Strategies Study Guide: Georgia Milestones Test Review for the Georgia Milestones Assessment System. Ed. by Georgia Milestones Exam Secrets Test Prep. 2016. (ENG.). (J). pap. 40.99 *(978-1-5167-0088-2(0))* Mometrix Media LLC.

Georgia Milestones Grade 7 English Language Arts Success Strategies Study Guide: Georgia Milestones Test Review for the Georgia Milestones Assessment System. Ed. by Georgia Milestones Exam Secrets Test Prep. 2016. (ENG.). (J). pap. 40.99 *(978-1-5167-0089-9(9))* Mometrix Media LLC.

Georgia Milestones Grade 7 Mathematics Success Strategies Study Guide: Georgia Milestones Test Review for the Georgia Milestones Assessment System. Ed. by Georgia Milestones Exam Secrets Test Prep. 2016. (ENG.). (J). pap. 40.99 *(978-1-5167-0090-5(2))* Mometrix Media LLC.

Georgia Milestones Grade 8 English Language Arts Success Strategies Study Guide: Georgia Milestones Test Review for the Georgia Milestones Assessment System. Ed. by Georgia Milestones Exam Secrets Test Prep. 2016. (ENG.). (J). pap. 40.99 *(978-1-5167-0091-2(0))* Mometrix Media LLC.

Georgia Milestones Grade 8 Mathematics Success Strategies Study Guide: Georgia Milestones Test Review for the Georgia Milestones Assessment System. Ed. by Georgia Milestones Exam Secrets Test Prep. 2016. (ENG.). (J). pap. 40.99 *(978-1-5167-0092-9(9))* Mometrix Media LLC.

Georgia Milestones Grade 8 Science Success Strategies Study Guide: Georgia Milestones Test Review for the Georgia Milestones Assessment System. Ed. by Georgia Milestones Exam Secrets Test Prep. 2016. (ENG.). (J). pap. 40.99 *(978-1-5167-0093-6(7))* Mometrix Media LLC.

Georgia O'Keefe: An Eternal Spirit, Vol. 8. Susan Wright. 2018. (American Artists Ser.). 128p. (J). (gr. 7). lib. bdg. 35.93 *(978-1-4222-4159-2(9))* Mason Crest.

Georgia O'Keeffe. Maria Isabel Sanchez Vegara. Illus. by Erica Salcedo. 2018. (Little People, BIG DREAMS Ser.: 13). (ENG.). 32p. (J). (gr. -1-2). 15.99 *(978-1-78603-122-8(1),* Frances Lincoln Children's Bks.) Quarto Publishing Group UK GBR. Dist: Hachette Bk. Group.

Georgia Peaches & Other Forbidden Fruit. Jaye Robin Brown. (ENG.). (YA). (gr. 9). 2018. 448p. pap. 11.99 *(978-0-06-227100-6(8));* 2016. 432p. 17.99 *(978-0-06-227098-6(2))* HarperCollins Pubs. (HarperTeen).

Georgia Rules. Nanci Turner Steveson. 2017. (ENG.). 272p. (J). (gr. 3-7). 16.99 *(978-0-06-237457-8(5),* HarperCollins) HarperCollins Pubs.

Georgia Scenes: Characters, Incidents, &C. , in the First Half Century of the Republic (Classic Reprint) Unknown Author. 2017. (ENG., Illus.). 316p. (J). 30.41 *(978-0-332-59626-6(5))* Forgotten Bks.

Georgia Sketches. Richard Malcolm Johnston. 2017. (ENG.). 120p. (J). pap. *(978-3-337-09081-4(8))* Creation Pubs.

Georgia Sketches: Containing Mr. Israel Meadows & His School; Judge Mike & His Court; How Bill Williams Took the Responsibility; Miss. Pea, Miss. Spouter, & the Yankee (Classic Reprint) Richard Malcolm Johnston. 2018. (ENG., Illus.). 120p. (J). 26.37 *(978-0-267-29537-1(5))* Forgotten Bks.

Georgiae Montaneae, Nobilis Gallae, Emblematum Christianorum Centuria: Cum Eorundem Latina Interpretatione; Cent Emblemes Chrestiens (Classic Reprint) Georgette De Montenay. 2018. (FRE., Illus.). (J). 196p. 27.96 *(978-1-391-86088-6(8));* 198p. pap. 10.57 *(978-1-390-86978-1(4))* Forgotten Bks.

Georgian Actress (Classic Reprint) Pauline Bradford MacKie. (ENG., Illus.). (J). 2018. 328p. 30.66 *(978-0-483-78187-0(8));* 2016. pap. 13.57 *(978-1-334-13622-1(X))* Forgotten Bks.

Georgian Bungalow (Classic Reprint) Frances Courtenay Baylor. 2018. (ENG., Illus.). 142p. (J). 26.85 *(978-0-267-25647-1(7))* Forgotten Bks.

Georgiana: Or Alone at Last (Classic Reprint) Henry Cockton. 2018. (ENG., Illus.). 36p. (J). 24.64 *(978-0-483-82873-5(4))* Forgotten Bks.

Georgianna's Wedding Gown: A Farce in Two Acts (Classic Reprint) Bell Bayless. 2018. (ENG., Illus.). 36p. (J). 24.64 *(978-0-267-19520-6(6))* Forgotten Bks.

Georgia's Goods & Services. Christina Hill. rev. ed. 2016. (Social Studies: Informational Text Ser.). (ENG., Illus.). 32p. (gr. 2-4). pap. 10.99 *(978-1-4938-2563-9(1))* Teacher Created Materials, Inc.

Georgia's Location & Resources. Wendy Conklin. rev. ed. 2016. (Social Studies: Informational Text Ser.). (ENG., Illus.). 32p. (gr. 2-4). pap. 10.99 *(978-1-4938-2549-3(6))* Teacher Created Materials, Inc.

Georgia's Terrific, Colorific Experiment. Zoe Persico. 2019. (ENG., Illus.). 32p. (J). (gr. -1-3). 17.99 *(978-0-7624-6524-8(7),* Running Pr. Kids) Running Pr.

Georgie. Jacob Abbott. 2018. (ENG., Illus.). 30p. (J). pap. 5.99 *(978-1-5154-0130-8(8))* Wilder Pubns., Corp.

Georgie! A Big Fish Tale. Sally Breeze Green. Illus. by Melissa Green. 2021. (ENG.). 36p. (J). 23.95 *(978-1-0980-9795-0(5))* Christian Faith Publishing.

Georgie: Story VI of Rollo at Work, or the Way to Be Industrious (Classic Reprint) Jacob Abbott. (ENG., Illus.). (J). 2018. 34p. 24.62 *(978-0-267-78435-6(X));* 2016. pap. 7.97 *(978-1-334-29551-5(4))* Forgotten Bks.

Georgie Mclittle: A Friend for Life. Lois Szymanski. Illus. by Linda Kantjas. 2020. (ENG.). (J). 35p. *(978-1-716-74012-1(6));* 36p. pap. 17.98 *(978-1-716-54357-9(6))* Lulu Pr., Inc.

Georgie the Brave. Katrina Malvar. 2022. (ENG.). 28p. (J). 19.00 *(978-1-6629-2244-2(2))* Gatekeeper Pr.

Georgina Finds Herself (Classic Reprint) Shirley Watkins. 2018. (ENG., Illus.). 338p. (J). 30.87 *(978-0-483-52335-7(6))* Forgotten Bks.

Georgina of the Rainbows. Annie Fellows Johnston. 2018. (ENG., Illus.). 232p. (YA). (gr. 7-12). pap. *(978-93-5329-386-4(3))* Alpha Editions.

Georgina of the Rainbows. Annie Fellows Johnston. 2017. (ENG., Illus.). (J). pap. 15.95 *(978-1-374-88001-6(9))* Capital Communications, Inc.

Georgina of the Rainbows (Classic Reprint) Annie Fellows Johnston. 2018. (ENG., Illus.). 360p. (J). 31.32 *(978-0-483-23079-8(0))* Forgotten Bks.

Georgina's Service Stars. Annie Fellows Johnston. 2018. (ENG., Illus.). 188p. (YA). (gr. 7-12). pap. *(978-93-5329-387-1(1))* Alpha Editions.

Georgina's Service Stars (Classic Reprint) Annie Fellows Johnston. 2018. (ENG., Illus.). 330p. (J). 30.70 *(978-0-484-45213-7(4))* Forgotten Bks.

Georgio & the Bee Party. Yvette Kinkade. 2021. (ENG.). 18p. (J). *(978-0-2288-6648-0(0));* pap. *(978-0-2288-6647-3(2))* Tellwell Talent.

Georgy Barnwell, or the Unfortunate London Apprentice! A Tragi-Comical, Operatic, Historical Burlesque, in One Act (Classic Reprint) Montague Corri. (ENG., Illus.). (J). 2018. 24p. 24.39 *(978-0-364-24260-5(4));* 2017. pap. 7.97 *(978-0-259-52948-4(6))* Forgotten Bks.

Geo's Adventure Series Colouring Book: Manjé Sent Lisi. Sadia Verneuil. 2022. (ENG.). 43p. (J). pap. *(978-1-387-76768-7(2))* Lulu Pr., Inc.

Geo's Adventure Series Colouring Book: Zannimo Ki Sent Lisi. Sadia Verneuil. 2022. (HAT.). 42p. (J). pap. *(978-1-387-79312-9(8))* Lulu Pr., Inc.

GeoSeries 1: The Coloring Book of Geometric Patterns & Mandalas. John Wik. 2022. (ENG.). 78p. (YA). pap. *(978-1-387-51481-6(4))* Lulu Pr., Inc.

GeoSeries 2: The Second Coloring Book of Geometric Patterns & Mandalas. John Wik. 2022. (ENG.). 78p. (YA). pap. *(978-1-387-51443-4(1))* Lulu Pr., Inc.

Geothermal Energy, 1 vol. Colin Grady. 2016. (Saving the Planet Through Green Energy Ser.). (ENG., Illus.). 24p. (gr. 3-3). pap. 10.35 *(978-0-7660-8280-9(6),* 83614e87-434d-4a7f-8a62-78ecf3e7a7e6) Enslow Publishing, LLC.

Geothermal Energy. Robyn Hardyman. 2022. (Energy Evolutions Ser.). (ENG., Illus.). 48p. (J). (gr. 5-9). pap. 10.99 *(978-1-915153-02-9(6),* cd124958-3d6e-4677-9d0c-772488d4427a); lib. bdg. 31.99 *(978-1-914383-02-1(8),* ad7a8618-e832-41a9-8f06-aaa2a550a87c) Cheriton Children's Bks. GBR. Dist: Lerner Publishing Group.

Geothermal Energy, 1 vol. Elizabeth Lachner. 2018. (Exploring Energy Technology Ser.). (ENG., Illus.). 48p. (J). (gr. 6-6). pap. 15.05 *(978-1-5081-0615-9(0),* 5e33db50-b943-470c-9dc6-568bde12f8c8, Britannica Educational Publishing) Rosen Publishing Group, Inc., The.

Geothermal Energy. Jodie Mangor. 2016. (Alternative Energy Ser.). (ENG.). 48p. (J). (gr. 4-8). 55.65 *(978-1-68079-839-5(1),* 24078); (Illus.). lib. bdg. 35.64 *(978-1-68078-454-1(4),* 23845) ABDO Publishing Co.

Geothermal Energy. Elsie Olson. 2018. (Earth's Energy Resources Ser.). (ENG., Illus.). 24p. (J). (gr. -1-3). lib. bdg. 29.93 *(978-1-5321-1553-0(9),* 28960, SandCastle) ABDO Publishing Co.

Geothermal Energy: Harnessing the Power of Earth's Heat, 1 vol. Mariel Bard. 2017. (Powered up! a STEM Approach to Energy Sources Ser.). (ENG.). 24p. (J). (gr. 3-3). 25.27 *(978-1-5081-6428-9(2),* 07634654-6e70-4565-8f3b-ee13fd9c6f0b); pap. 9.25 *(978-1-5383-2851-4(8),* c80a5c3a-a2bb-4e8c-b867-43d08313b3a0) Rosen Publishing Group, Inc., The. (PowerKids Pr.).

Geothermal Energy: Putting Earth's Heat to Work. Jessie Alkire. 2018. (Earth's Energy Innovations Ser.). (ENG., Illus.). 24p. (J). (gr. k-4). lib. bdg. 32.79 *(978-1-5321-1571-4(7),* 28996, Super SandCastle) ABDO Publishing Co.

Geothermal Energy Projects: Easy Energy Activities for Future Engineers! Megan Borgert-Spaniol. 2018. (Earth's Energy Experiments Ser.). (ENG., Illus.). 32p. (J). (gr. k-4). lib. bdg. 34.21 *(978-1-5321-1562-2(8),* 28978, Super SandCastle) ABDO Publishing Co.

Geothermal Energy: the Energy Inside Our Planet (a True Book: Alternative Energy) Laurie Brearley. 2018. (True Book (Relaunch) Ser.). (ENG.). 48p. (J). (gr. 3-5). pap. 7.95 *(978-0-531-23942-1(X),* Children's Pr.) Scholastic Library Publishing.

Geothermal Energy: the Energy Inside Our Planet (a True Book: Alternative Energy) (Library Edition) Laurie Brearley. 2018. (True Book (Relaunch) Ser.). (ENG.). 48p. (J). (gr. 3-5). lib. bdg. 31.00 *(978-0-531-23685-7(4),* Children's Pr.) Scholastic Library Publishing.

Geothermal Power. Linda Crotta Brennan. 2018. (Energy Explorer Ser.). (ENG.). 32p. (J). lib. bdg. 22.99 *(978-1-5105-3911-2(5))* SmartBook Media, Inc.

Gepard Malbuch: Wunderschönes Gepardenbuch Für Kinder, Jungen und Mädchen, Ideales Leoparden Malbuch Für Kinder und Kleinkinder, Die Gerne Mit Niedlichen Wildtieren Spielen und Spaß Haben. Amelia Yardley. 2021. (GER.). 44p. (J). pap. *(978-1-008-91754-5(0))* Lulu.com.

Gerald & the Amulet of Zonrach. Hackman Carl. 2017. (ENG., Illus.). (YA). (gr. 7-12). pap. 16.99 *(978-0-692-88092-0(5))* Immortal Works LLC.

Gerald Estcourt: His Confessions (Classic Reprint) Florence Marryat. 2018. (ENG., Illus.). 452p. (J). 33.22 *(978-0-483-79475-7(9))* Forgotten Bks.

Gerald Ffrench's Friends (Classic Reprint) George Henry Jessop. 2018. (ENG., Illus.). 254p. (J). 29.14 *(978-0-483-41936-0(2))* Forgotten Bks.

Gerald Ford. Megan M. Gunderson. (United States Presidents Ser.). (ENG., Illus.). (J). 2020. 48p. (gr. 3-6). lib. bdg. 35.64 *(978-1-5321-9349-1(1),* 34855, Checkerboard Library); 2016. 40p. (gr. 2-5). lib. bdg. 35.64 *(978-1-68078-093-2(X),* 21803, Big Buddy Bks.) ABDO Publishing Co.

Gerald Hastings of Barton (Classic Reprint) Author of No Appeal. 2018. (ENG., Illus.). 288p. (J). 29.84 *(978-0-267-28776-5(3))* Forgotten Bks.

Gerald Hastings of Barton, Vol. 2 of 3 (Classic Reprint) Unknown Author. 2016. (ENG., Illus.). (J). pap. 13.57 *(978-1-334-13731-0(5))* Forgotten Bks.

Gerald Hastings of Barton, Vol. 3 of 3 (Classic Reprint) Unknown Author. 2018. (ENG., Illus.). 256p. (J). 29.18 *(978-0-483-28332-9(0))* Forgotten Bks.

Gerald Mcboing Boing. Seuss. Illus. by Mel Crawford. 2017. (Classic Seuss Ser.). (ENG.). 40p. (J). (gr. k-4). 16.99 *(978-1-5247-1635-6(9),* Random Hse. Bks. for Young Readers) Random Hse. Children's Bks.

Gerald R. Ford: Our 38th President. Sandra Francis. 2020. (United States Presidents Ser.). (ENG., Illus.). (J). (gr. 3-6). lib. bdg. 41.36 *(978-1-5038-4429-2(3),* 214206) Child's World, Inc, The.

Gerald the Giraffe & Friends. Mike Callaghan. 2019. (ENG.). 36p. (J). *(978-1-5289-3020-8(7));* pap. *(978-1-5289-3019-2(3))* Austin Macauley Pubs. Ltd.

Gerald the Lion. Jessica Souhami. 2019. (ENG., Illus.). 32p. (J). (gr. -1-k). 17.99 *(978-1-910959-81-7(2))* Otter-Barry Bks. GBR. Dist: Independent Pubs. Group.

Gerald, Vol. 1 of 3 (Classic Reprint) Eleanor C. Price. 2018. (ENG., Illus.). 298p. (J). 30.04 *(978-0-332-04180-3(8))* Forgotten Bks.

Gerald, Vol. 3 of 3 (Classic Reprint) Eleanor C. Price. 2018. (ENG., Illus.). 284p. (J). 29.77 *(978-0-483-81385-4(0))* Forgotten Bks.

Geraldina & the New Kid. Dina Nasr-Heerema. 2017. (ENG., Illus.). (J). (gr. 1-2). pap. 9.99 *(978-0-692-93765-5(X))* Heerema, Dina.

Geraldina & the Saddest Day. Dina Heerema. Illus. by Alison Jerry. 2020. (ENG.). 26p. (J). pap. 11.99 *(978-0-578-73519-1(9))* Heerema, Dina.

Geraldine. Elizabeth Lilly. 2018. (ENG., Illus.). 40p. (J). 17.99 *(978-1-62672-359-7(1),* 900154386) Roaring Brook Pr.

Geraldine & the Anti-Bullying Shield. Sol Regwan. Illus. by Denise Muzzio. 2021. (Gizmo Girl Ser.: 3). (ENG.). 32p. (J). (gr. -1-3). 16.99 *(978-0-7643-6113-5(9),* 23649) Schiffer Publishing, Ltd.

Geraldine & the Gizmo Girl Collection: 4-Book Box Set. Sol Regwan. Illus. by Denise Muzzio. 2022. (ENG.). 128p. (J). pap. 56.99 *(978-0-7643-6472-3(3),* 29378) Schiffer Publishing, Ltd.

Geraldine & the Most Spectacular Science Project, 1 vol. Sol Regwan. Illus. by Denise Muzzio. 2020. (Gizmo Girl Ser.: 1). (ENG.). 32p. (J). (gr. -1-3). 16.99 *(978-0-7643-5898-2(7),* 17457) Schiffer Publishing, Ltd.

Geraldine & the Rainbow Machine. Sol Regwan. Illus. by Denise Muzzio. 2022. (Gizmo Girl Ser.: 4). (ENG.). 32p. (J). 16.99 *(978-0-7643-6439-6(1),* 29059) Schiffer Publishing, Ltd.

Geraldine & the Space Bees. Sol Regwan. Illus. by Denise Muzzio. 2020. (Gizmo Girl Ser.: 2). (ENG.). 32p. (J). (gr. -1-3). 16.99 *(978-0-7643-5994-1(0),* 18556) Schiffer Publishing, Ltd.

Geraldine Fauconberg, Vol. 1 (Classic Reprint) Sarah Harriet Burney. (ENG., Illus.). (J). 2018. 302p. 30.13 *(978-0-484-70230-0(0));* 2016. pap. 13.57 *(978-1-333-44266-8(1))* Forgotten Bks.

Geraldine Fauconberg, Vol. 1 of 2 (Classic Reprint) Sarah Harriet Burney. 2017. (ENG., Illus.). (J). 29.67 *(978-0-331-80799-8(8));* pap. 13.57 *(978-1-334-92983-0(1))* Forgotten Bks.

Geraldine Pu & Her Cat Hat, Too! Ready-To-Read Graphics Level 3. Maggie P. Chang. Illus. by Maggie P. Chang. 2022. (Geraldine Pu Ser.). (ENG., Illus.). 64p. (J). (gr. 1-3). 17.99 *(978-1-5344-8472-6(8));* pap. 6.99 *(978-1-5344-8471-9(X))* Simon Spotlight. (Simon Spotlight).

Geraldine Pu & Her Lucky Pencil, Too! Ready-To-Read Graphics Level 3. Maggie P. Chang. Illus. by Maggie P. Chang. 2022. (Geraldine Pu Ser.). (ENG., Illus.). 64p. (J). (gr. 1-3). 17.99 *(978-1-5344-8475-7(2));* pap. 6.99 *(978-1-5344-8474-0(4))* Simon Spotlight. (Simon Spotlight).

Geraldine Pu & Her Lunch Box, Too. Maggie P. Chang. ed. 2021. (Ready-To-Read Graphics Ser.). (ENG., Illus.). 64p. (J). (gr. 2-3). 16.96 *(978-1-64697-983-7(4))* Penworthy Co., LLC, The.

Geraldine Pu Collection (Boxed Set) Geraldine Pu & Her Lunch Box, Too!; Geraldine Pu & Her Cat Hat, Too!; Geraldine Pu & Her Lucky Pencil, Too! Maggie P. Chang. Illus. by Maggie P. Chang. ed. 2022. (Geraldine Pu Ser.). (ENG., Illus.). 192p. (J). (gr. 1-3). pap. 20.99 *(978-1-6659-2659-1(7),* Simon Spotlight) Simon Spotlight.

Geraldine's Treachery: A Play in Five Acts (Classic Reprint) Maude E. Simmons. 2018. (ENG., Illus.). 64p. (J). 25.24 *(978-0-267-21043-5(4))* Forgotten Bks.

Gerald's Ordeal, Vol. 1 Of 3: A Novel (Classic Reprint) Rhaynel Murray. (ENG., Illus.). (J). 2018. 378p. 31.69 *(978-0-483-84186-4(2));* 2016. pap. 16.57 *(978-1-334-34483-1(3))* Forgotten Bks.

Gerald's Ordeal, Vol. 2 Of 3: A Novel (Classic Reprint) Rhaynel Murray. 2018. (ENG., Illus.). 372p. (J). 31.59 *(978-0-483-93092-6(X))* Forgotten Bks.

Gerald's Ordeal, Vol. 3 Of 3: A Novel (Classic Reprint) Rhaynel Murray. 2018. (ENG., Illus.). 396p. (J). 32.06 *(978-0-332-94519-4(7))* Forgotten Bks.

Gerania. Joshua Barnes. 2017. (ENG.). 130p. (J). pap. *(978-3-337-25809-2(3))* Creation Pubs.

Gerania: A New Discovery of a Little Sort of People, Anciently Discoursed of, Called Pygmies; with a Lively Description of Their Stature, Habit, Manners, Buildings, Knowledge, & Government, Being Very Delightful & Profitable (Classic Reprint) Joshua Barnes. (ENG., Illus.). (J). 2017. 26.45 *(978-0-331-80365-5(8));* 2016. pap. 9.57 *(978-1-334-15861-2(4))* Forgotten Bks.

Geranium Lady (Classic Reprint) Sylvia Chatfield Bates. 2017. (ENG., Illus.). (J). 29.61 *(978-0-266-67044-5(X));* pap. 11.97 *(978-1-5276-4171-6(6))* Forgotten Bks.

Geranium Leaf: An Original Tale (Classic Reprint) George F. Man. 2018. (ENG., Illus.). 70p. (J). 25.36 *(978-0-483-79097-1(4))* Forgotten Bks.

Gérard de Rossillon, Chanson de Geste Ancienne: Publiée en Provençal et en Français d'Après les Manuscrits de Paris et de Londres (Classic Reprint) Francisque Michel. 2018. (FRE., Illus.). (J). 422p. 32.62 *(978-1-391-51549-6(8));* 424p. pap. 16.57 *(978-1-390-64068-7(X))* Forgotten Bks.

Gerard Knows Obscure Facts. Tracilyn George. 2021. (ENG.). 22p. (J). pap. 11.00 *(978-1-77475-304-0(9))* Lulu Pr., Inc.

Gerard, or the World, the Flesh, & the Devil, Vol. 3 Of 3: A Novel (Classic Reprint) Mary Elizabeth Braddon. (ENG., Illus.). (J). 2018. 250p. 29.07 *(978-0-332-89573-4(4));* 2016. pap. 11.57 *(978-1-333-47455-3(5))* Forgotten Bks.

Gerard the Call of the Church-Bell, a Story (Classic Reprint) Lucinda Barbour Helm. 2018. (ENG., Illus.). 128p. (J). 26.56 *(978-0-483-43844-6(8))* Forgotten Bks.

Gerard's Marriage: A Novel from the French of Andre Theuriet. André Theuriet. 2017. (ENG., Illus.). (J). pap. *(978-0-649-59655-3(2))* Trieste Publishing Pty Ltd.

Gerard's Marriage: A Novel from the French of Andre Theuriet (Classic Reprint) André Theuriet. 2017. (ENG., Illus.). (J). pap. 11.57 *(978-0-259-40288-6(5))* Forgotten Bks.

Gérard's Marriage: A Novel from the French of André Theuriet (Classic Reprint) André Theuriet. 2018. (ENG., Illus.). 232p. (J). 28.68 *(978-0-666-46819-2(2))* Forgotten Bks.

Gerbil Escapes! Jenny Skulski. 2016. (ENG., Illus.). (J). pap. *(978-0-9784883-3-8(4))* Skulski, Jennifer.

Gerbils. Jackie Roswell. 2017. (Illus.). 128p. (J). *(978-1-4222-3691-8(9))* Mason Crest.

Gerbils, Vol. 12. Jackie Roswell. 2016. (Understanding & Caring for Your Pet Ser.). (ENG., Illus.). 128p. (J). (gr. 5-8). 25.95 *(978-1-4222-3696-3(X))* Mason Crest.

Gerda & Friends. Cassandra Mouton. 2021. (ENG.). 50p. (J). pap. 9.94 *(978-1-387-26137-6(1))* Lulu Pr., Inc.

Gerda Muller Seasons Gift Collection: Spring, Summer, Autumn & Winter, 4 vols. Gerda Muller. 2018. (Seasons Board Bks.). (Illus.). 48p. 30.00 *(978-1-78250-473-3(7))* Floris Bks. GBR. Dist: Consortium Bk. Sales & Distribution.

Gered Uit de Vlammen: Dutch Edition of Saved from the Flames. Tuula Pere. Tr. by Mariken Van Eekelen. Illus. by Catty Flores. 2018. (Nepal Ser.: Vol. 2). (DUT.). 32p. (J). (gr. k-4). *(978-952-357-043-6(9));* pap. *(978-952-357-042-9(0))* Wickwick oy.

GERIBO, the Shelter Cat. Claire Eckard. Illus. by Erin Amavisca. 2021. (ENG.). 48p. (J). 18.99 *(978-1-6628-1026-8(1));* pap. 10.99 *(978-1-6628-1025-1(3))* Salem Author Services.

Germ Concern. Matthew Mikos. 2019. (ENG.). 40p. (J). *(978-1-5255-4534-4(5));* pap. *(978-1-5255-4535-1(3))* FriesenPress.

Germ Invaders (Set), 6 vols. 2020. (Germ Invaders Ser.). (ENG.). 32p. (J). (gr. 2-5). lib. bdg. 205.32 *(978-1-5321-9419-1(6),* 36593, Big Buddy Bks.) ABDO Publishing Co.

Germ Lab: The Gruesome Story of Deadly Diseases. Richard Platt. Illus. by John Kelly. (ENG.). 48p. (J). 2023. pap. 10.99 *(978-0-7534-7881-3(1),* 900277923); 2020.

742 The check digit for ISBN-10 appears in parentheses after the full ISBN-13

16.99 *(978-0-7534-7582-9(0),* 900219383) Roaring Brook Pr. (Kingfisher).

Germ Monsters. Chloe Daniels. Illus. by Rea Diwata Mendoza. 2022. (ENG.). 26p. (J). pap. *(978-1-922795-96-0(8))* Library For All Limited.

Germ Smart! Infectious Diseases for Kids Children's Biology Books. Baby Professor. 2017. (ENG., Illus.). (J). pap. 9.55 *(978-1-5419-3882-3(8),* Baby Professor (Education Kids)) Speedy Publishing LLC.

Germ Warfare, 1 vol. Amy Romano & Margaux Baum. 2016. (Germs: Disease-Causing Organisms Ser.). (ENG., Illus.). 48p. (J). (gr. 5-5). pap. 12.75 *(978-1-4777-8844-8(1),* 1fadc187-eb6e-4088-8d4a-29d11bf64a01, Rosen Reference) Rosen Publishing Group, Inc., The.

German Alphabet Coloring Book. - Stunning Educational Book. Contains Coloring Pages with Letters, Objects & Words Starting with Each Letters of the Alphabet. Cristie Publishing. 2021. (ENG.). 64p. (J). pap. 10.99 *(978-1-008-93507-5(7))* Lulu Pr., Inc.

German Classics of the Nineteenth & Twentieth Centuries: Masterpieces of German Literature, Translated into English (Classic Reprint) Kuno Francke. (ENG., Illus.). (J). 2018. 550p. 35.26 *(978-0-483-85811-4(0));* 2016. pap. 19.57 *(978-1-333-45469-2(4))* Forgotten Bks.

German Classics of the Nineteenth & Twentieth Centuries: Prince Otto Von Bismarck, Count Helmuth Von Moltke, Ferdinand Lassalle; Volume 10. Kuno Francke. 2017. (ENG., Illus.). (J). 29.95 *(978-1-374-94735-1(0))* Capital Communications, Inc.

German Classics of the Nineteenth & Twentieth Centuries, Vol. 11 Of 20: Masterpieces of German Literature Translated into English (Classic Reprint) Kuno Francke. 2017. (ENG., Illus.). (J). 36.64 *(978-0-265-37635-5(1))* Forgotten Bks.

German Classics of the Nineteenth & Twentieth Centuries, Vol. 12 Of 20: Masterpieces of German Literature, Translated into English (Classic Reprint) Kuno Francke. 2017. (ENG., Illus.). (J). 35.63 *(978-0-266-37929-4(X))* Forgotten Bks.

German Classics of the Nineteenth & Twentieth Centuries, Vol. 13 Of 20: Masterpieces of German Literature Translated into English (Classic Reprint) Kuno Francke. (ENG., Illus.). (J). 2017. 36.02 *(978-0-331-85280-6(2));* 2016. pap. 19.57 *(978-1-333-67476-2(7))* Forgotten Bks.

German Classics of the Nineteenth & Twentieth Centuries, Vol. 15 Of 20: Masterpieces of German Literature Translated into English (Classic Reprint) Kuno Francke. 2016. (ENG., Illus.). (J). pap. 19.57 *(978-1-334-02973-8(3))* Forgotten Bks.

German Classics of the Nineteenth & Twentieth Centuries, Vol. 16 Of 20: Masterpieces of German Literature, Translated into English; Adolf Wildebrandt; Ludwig Anzengruber; Peter Rosegger; Karl Schonherr (Classic Reprint) Kuno Francke. (ENG., Illus.). (J). 2018. 556p. 35.38 *(978-0-483-86726-0(8));* 2016. pap. 19.57 *(978-1-333-31710-2(7))* Forgotten Bks.

German Classics of the Nineteenth & Twentieth Centuries, Vol. 18: Masterpieces of German Literature (Classic Reprint) Kuno Francke. 2017. (ENG., Illus.). (J). 35.55 *(978-0-331-80516-1(2))* Forgotten Bks.

German Classics of the Nineteenth & Twentieth Centuries, Vol. 19 Of 20: Masterpieces of German Literature, Translated into English (Classic Reprint) Kuno Francke. 2018. (ENG., Illus.). 594p. (J). 36.15 *(978-0-483-61211-2(1))* Forgotten Bks.

German Classics of the Nineteenth & Twentieth Centuries, Vol. 4 Of 20: Masterpieces of German Literature, Translated into English (Classic Reprint) Kuno Francke. 2018. (ENG., Illus.). 562p. (J). 35.49 *(978-0-484-49113-6(X))* Forgotten Bks.

German Classics of the Nineteenth & Twentieth Centuries, Vol. 7 Of 20: Masterpieces of German Literature, Translated into English (Classic Reprint) Kuno Francke. (ENG., Illus.). (J). 2018. 602p. 36.31 *(978-0-484-43794-6(7));* 2016. pap. 19.57 *(978-1-333-60686-2(9))* Forgotten Bks.

German Classics of the Nineteenth & Twentieth Centuries, Vol. 9 Of 20: Masterpieces of German Literature Translated into English; Friedrich Hebbel, Otto Ludwig (Classic Reprint) Kuno Francke. (ENG., Illus.). (J). 2018. 620p. 36.68 *(978-0-332-31814-1(1));* 2016. pap. 19.57 *(978-1-333-32664-7(5))* Forgotten Bks.

German Classics of the Nineteenth & Twentieth Centuries; Volume 1. Kuno Francke. 2017. (ENG., Illus.). (J). 32.95 *(978-1-375-01553-0(2));* pap. 23.95 *(978-1-375-01552-3(4))* Capital Communications, Inc.

German Classics of the Nineteenth & Twentieth Centuries; Volume 6. Kuno Francke. 2017. (ENG., Illus.). (J). 30.95 *(978-1-374-94315-5(0))* Capital Communications, Inc.

German Classics, Vol. 14: Masterpieces of German Literature Translated into English (Classic Reprint) Kuno Francke. 2018. (ENG., Illus.). 578p. (J). 35.84 *(978-0-483-47039-2(2))* Forgotten Bks.

German Danger (Classic Reprint) Bart Kennedy. 2018. (ENG., Illus.). 210p. (J). 28.23 *(978-0-332-78625-4(0))* Forgotten Bks.

German Essential Dictionary: All the Words You Need, Every Day (Collins Essential) Collins Dictionaries. 2018. (Collins Essential Editions Ser.). (ENG.). 480p. 9.95 *(978-0-00-827074-2(0))* HarperCollins Pubs. Ltd. GBR. Dist: Independent Pubs. Group.

German Exercises in Continuous Prose: From 'a Practical German Grammar' (Classic Reprint) H. S. Beresford-Webb. (ENG., Illus.). (J). 2018. 122p. 26.41 *(978-0-364-38271-4(6));* 2017. pap. 9.57 *(978-1-5276-8375-4(3))* Forgotten Bks.

German Exercises, Vol. 2: Material to Translate into German (Classic Reprint) J. Frederick Stein. (ENG., Illus.). (J). 2018. 168p. 27.36 *(978-0-666-25658-4(6));* 2017. 26.58 *(978-0-331-89183-6(2));* 2017. pap. 9.97 *(978-0-259-94876-6(4))* Forgotten Bks.

German Fairy Tales: And Popular Stories (Classic Reprint) Gammer Grethel. 2017. (ENG., Illus.). (J). 26.80 *(978-0-266-80853-4(0))* Forgotten Bks.

German for Everyone Junior: 5 Words a Day. DK. 2021. (DK 5-Words a Day Ser.). (ENG.). 240p. (J). (gr. 1-4). pap. 19.99 *(978-0-7440-3680-0(1),* DK Children) Dorling Kindersley Publishing, Inc.

German for Everyone Junior First Words Flash Cards. DK. 2023. (ENG.). 105p. (J). (gr. k-4). 9.99 *(978-0-7440-7379-9(0),* DK Children) Dorling Kindersley Publishing, Inc.

Germán Garmendia: Star Chilean Gamer with More Than 10 Billion+ Views, 1 vol. Kevin Hall. 2019. (Top Video Gamers in the World Ser.). (ENG.). 48p. (J). (gr. 5-5). pap. 12.75 *(978-1-7253-4606-2(0),* cfcf93b9-851e-44a1-9c3b-e6e837cc32c1, Rosen Reference) Rosen Publishing Group, Inc., The.

German Gil Blas, or the Adventures of Peter Claus, Vol. 2 Of 3: Translated from the German of Baron Kuiegge (Classic Reprint) Adolf Franz Friedrich Ludwig Knigge. 2018. (ENG., Illus.). 252p. (J). 29.09 *(978-0-484-85746-8(0))* Forgotten Bks.

German Household Tales, Vol. 30 of 3 (Classic Reprint) Jacob Jacob. (ENG., Illus.). (J). 2018. 262p. 29.32 *(978-0-484-05768-4(5));* 2017. pap. 11.97 *(978-0-243-90081-7(3))* Forgotten Bks.

German Immigrants: In Their Shoes. Alex Monnig. 2017. (Immigrant Experiences Ser.). (ENG.). 32p. (J). (gr. 3-6). lib. bdg. 35.64 *(978-1-5038-2026-5(2),* 211846) Child's World, Inc, The.

German Novelists: Translated from the Originals; with Critical & Biographical Notices (Classic Reprint) Thomas Roscoe. (ENG., Illus.). (J). 2018. 640p. 37.12 *(978-0-483-29253-6(2));* 2016. pap. 19.57 *(978-1-333-39360-1(1))* Forgotten Bks.

German Novelists, Vol. 1 Of 4: Tales Selected from Ancient & Modern Authors in That Language; from the Earliest Period down to the Close of the Eighteenth Century; Translated from the Originals, with Critical & Biographical Notices. Thomas Roscoe. (ENG., Illus.). (J). 2018. 428p. 32.74 *(978-0-666-73391-7(0));* 2016. pap. 16.57 *(978-1-334-14726-5(4))* Forgotten Bks.

German Novelists, Vol. 3 Of 4: Tales Selected from Ancient & Modern Authors in That Language; from the Earliest Period down to the Close of the Eighteenth Century; Translated from the Originals; with Critical & Biographical Notices. Thomas Roscoe. 2018. (ENG., Illus.). 370p. (J). 31.53 *(978-0-483-60984-6(6))* Forgotten Bks.

German Pioneers: A Tale of the Mohawk (Classic Reprint) Frederick Spielhagen. 2018. (ENG., Illus.). 254p. (J). 29.14 *(978-0-332-20444-4(8))* Forgotten Bks.

German Pompadour: Being the Extraordinary History of Wilhelmine Von Gravenitz Landhofmeisterin of Wirtemberg; a Narrative of the Eighteenth Century (Classic Reprint) Marie Hay. 2016. (ENG., Illus.). (J). pap. 13.97 *(978-1-333-44354-2(4))* Forgotten Bks.

German Pompadour: Being the Extraordinary History of Wilhelmine Von Grävenitz Landhofmeisterin of Wirtemberg; a Narrative of the Eighteenth Century (Classic Reprint) Marie Hay. 2018. (ENG., Illus.). 382p. (J). 31.78 *(978-0-666-84699-0(5))* Forgotten Bks.

German Popular Tales & Household Stories: Collected by the Brothers Grimm (Classic Reprint) Jacob Grimm. (ENG., Illus.). (J). 2018. 446p. 33.14 *(978-0-484-44917-5(6));* 2017. pap. 16.57 *(978-1-334-12266-8(0))* Forgotten Bks.

German Primer: Introductory to the German Series (Classic Reprint) George F. Comfort. 2017. (ENG., Illus.). (J). 25.96 *(978-0-260-48399-7(0));* pap. 9.57 *(978-0-265-06609-6(3))* Forgotten Bks.

German Prose Composition Based on Storm's Immensee (Classic Reprint) George M. Howe. 2018. (ENG., Illus.). 76p. (J). 25.46 *(978-0-267-52146-3(4))* Forgotten Bks.

German Romance: Specimens of Its Chief Authors (Classic Reprint) Thomas Carlyle. 2017. (ENG., Illus.). (J). 32.44 *(978-0-260-81361-9(3))* Forgotten Bks.

German Romance, Vol. 1 Of 2: Specimens of Its Chief Authors; with Biographical & Critical Notices (Classic Reprint) Thomas Carlyle. 2018. (ENG., Illus.). 778p. (J). 39.94 *(978-0-483-20026-5(3))* Forgotten Bks.

German Romance, Vol. 2 Of 2: Specimens of Its Chief Authors (Classic Reprint) Thomas Carlyle. 2017. (ENG., Illus.). (J). 33.18 *(978-1-5283-6725-7(1))* Forgotten Bks.

German Romance, Vol. 3 (Classic Reprint) Jean Paul Friedrich. (ENG., Illus.). (J). 2018. 672p. 37.80 *(978-0-428-37473-0(5));* 2017. pap. 20.57 *(978-0-243-56914-4(9))* Forgotten Bks.

German Romances, Vol. 2 of 4 (Classic Reprint) Thomas Roscoe. 2017. (ENG., Illus.). (J). 32.41 *(978-1-5285-7078-7(2))* Forgotten Bks.

German Romances, Vol. 4 of 4 (Classic Reprint) Thomas Roscoe. 2017. (ENG., Illus.). (J). 31.82 *(978-0-331-59063-0(8))* Forgotten Bks.

German School Dictionary: Trusted Support for Learning (Collins School Dictionaries) Collins Dictionaries. 5th rev. ed. 2018. (ENG., Illus.). 624p. (J). (gr. 5-10). pap. 10.99 *(978-0-00-825798-9(1))* HarperCollins Pubs. Ltd. GBR. Dist: Independent Pubs. Group.

German Shepherd. Gill Ward. 2017. (Dog Lover's Guides: Vol. 18). (ENG., Illus.). 128p. (YA). (gr. 7-12). 26.95 *(978-1-4222-3856-1(3))* Mason Crest.

German Shepherds. Sarah Frank. 2019. (Lightning Bolt Books (r) — Who's a Good Dog? Ser.). (ENG., Illus.). 24p. (J). (gr. 1-3). 29.32 *(978-1-5415-3858-0(7),* c8ba500a-4146-434c-b8e2-63c68ba6c7fc, Lerner Pubns.); pap. 9.99 *(978-1-5415-4583-0(4),* 44129fad-512d-4b8b-a791-43e61b3e4c63) Lerner Publishing Group.

German Shepherds. Tammy Gagne. 2018. (That's My Dog Ser.). (ENG., Illus.). 32p. (J). (gr. 2-3). pap. 9.95 *(978-1-63517-612-4(3),* 1635176123); lib. bdg. 31.35 *(978-1-63517-540-0(2),* 1635175402) North Star Editions. (Focus Readers).

German Shepherds. Susan Heinrichs Gray. 2016. (J). *(978-1-4896-4591-3(8))* Weigl Pubs., Inc.

German Shepherds. Katie Lajiness. 2017. (Big Buddy Dogs Ser.). (ENG., Illus.). 32p. (J). (gr. 2-5). lib. bdg. 34.21 *(978-1-5321-1209-6(2),* 27561, Big Buddy Bks.) ABDO Publishing Co.

German Shepherds. Elizabeth Noll. 2017. (Doggie Data Ser.). (ENG., 32p. (J). Illus.). (gr. 2-7). 9.95 *(978-1-68072-455-4(X));* (gr. 4-6). pap. 9.99 *(978-1-64466-192-5(6),* 11432); (Illus.). (gr. 4-6). lib. bdg. *(978-1-68072-152-2(6),* 10488) Black Rabbit Bks. (Bolt).

German Shepherds. Martha E. H. Rustad. 2017. (Favorite Dog Breeds Ser.). (ENG., Illus.). 24p. (J). (gr. 1-4). 20.95 *(978-1-68151-127-6(4),* 14670) Amicus.

German Shepherds. Martha E.H. Rustad. 2018. (Favorite Dog Breeds Ser.). (ENG., Illus.). 24p. (J). (gr. 1-4). pap. 10.99 *(978-1-68152-158-9(X),* 14789) Amicus.

German Shepherds. Leo Statts. 2016. (Dogs (Abdo Zoom) Ser.). (ENG.). 24p. (J). (gr. -1-2). 49.94 *(978-1-68079-341-3(1),* 22962, Abdo Zoom-Launch) ABDO Publishing Co.

German Shepherds. Marysa Storm. 2022. (Our Favorite Dogs Ser.). (ENG.). 24p. (J). (gr. k-3). *(978-1-62310-469-6(6),* 13564, Bolt Jr.) Black Rabbit Bks.

German Shorthaired Pointers. Chris Bowman. 2019. (Awesome Dogs Ser.). (ENG., Illus.). 24p. (J). (gr. k-3). lib. bdg. 26.95 *(978-1-64487-007-5(X),* Blastoff! Readers) Bellwether Media.

German Shorthaired Pointers. Grace Hansen. 2021. (Dogs (Abdo Kids Jumbo) Ser.). (ENG., Illus.). 24p. (J). (gr. -1-2). lib. bdg. 32.79 *(978-1-0982-0602-4(9),* 37851, Abdo Kids) ABDO Publishing Co.

German Supercars: Porsche, Audi, Mercedes, 1 vol. Paul Mason. 2018. (Supercars Ser.). (ENG.). 32p. (J). (gr. 4-5). 27.93 *(978-1-5383-3886-5(6),* a9a076a6-3939-49f3-9d6e-99a040615094, PowerKids Pr.) Rosen Publishing Group, Inc., The.

German Tales (Classic Reprint) Berthold Auerbach. (ENG., Illus.). (J). 2018. 362p. 31.38 *(978-0-483-83754-6(7));* 2017. pap. 13.97 *(978-0-243-58964-7(6))* Forgotten Bks.

German Wit & Humor: A Collection from Various Sources Classified under Appropriate Subject Headings (Classic Reprint) Unknown Author. 2017. (ENG., Illus.). (J). 30.15 *(978-0-265-21087-1(9));* pap. 13.57 *(978-0-243-23895-8(9))* Forgotten Bks.

Germaniens Gotter. Rudolf Herzog. 2017. (GER., Illus.). 114p. (J). *(978-3-7437-2267-5(4))* Contumax GmbH & Co. KG.

Germans at Home: A Practical Introduction to German Conversation, with an Appendix Containing, the Essentials of German Grammar (Classic Reprint) Hermann Lange. 2017. (ENG., Illus.). (J). 26.78 *(978-0-265-97961-7(7))* Forgotten Bks.

Germans Coming to America — Johnnie's Adventures: A Bilingual Book. Suzanne Simon Dietz. Tr. by Anika Fetzner. Illus. by Lucy Vine. 2018. (ENG.). 42p. (J). pap. 10.99 *(978-0-9968870-6-9(7))* BeauDesigns.

Germany. Contrib. by Rachael Barnes. 2023. (Countries of the World Ser.). (ENG., Illus.). (J). (gr. k-3). lib. bdg. 26.95 Bellwether Media.

Germany. Wiley Blevins & Sarwat Chadda. 2017. (39 Clues: Doublecross Ser.: 4). (ENG.). 32p. (J). (gr. 3-7). 55.99 *(978-1-338-24139-6(7))* Scholastic, Inc.

Germany, 1 vol. Emma Calway. 2017. (World Adventures Ser.). (ENG.). 24p. (J). (gr. 1-2). pap. 9.25 *(978-1-5345-2410-1(X),* 0867d8b4-0c2e-41b1-a6f1-59733462af7c); lib. bdg. 26.23 *(978-1-5345-2408-8(8),* 2cb3f7a1-99d0-49e0-b6c9-2c6818d3f4c7) Greenhaven Publishing LLC.

Germany. Sean Corbett. 2016. (Illus.). 32p. (J). *(978-1-4896-4607-1(8))* Weigl Pubs., Inc.

Germany. Racquel Foran. 2022. (Essential Library of Countries Ser.). (ENG., Illus.). 112p. (J). (gr. 6-12). lib. bdg. 41.36 *(978-1-5321-9941-7(4),* 40671, Essential Library) ABDO Publishing Co.

Germany. Heather C. Hudack. 2018. (J). *(978-1-5105-3564-0(0))* SmartBook Media, Inc.

Germany. Amy Rechner. 2018. (Country Profiles Ser.). (ENG., Illus.). 32p. (J). (gr. 3-8). lib. bdg. 27.95 *(978-1-62617-732-1(5),* Blastoff! Discovery) Bellwether Media.

Germany. Jessica Rudolph. 2016. (Countries We Come From Ser.). (ENG., Illus.). 32p. (J). (gr. -1-3). 28.50 *(978-1-68402-053-9(0))* Bearport Publishing Co., Inc.

Germany. R. L. Van. 2022. (Countries (BBB) Ser.). (ENG., Illus.). 32p. (J). (gr. 2-5). lib. bdg. 34.21 *(978-1-5321-9961-5(9),* 40711, Big Buddy Bks.) ABDO Publishing Co.

Germany, Vol. 16. Dominic J. Ainsley. 2018. (European Countries Today Ser.). (Illus.). 96p. (J). (gr. 7). lib. bdg. 34.60 *(978-1-4222-3984-1(5))* Mason Crest.

Germany: A Book of Opposites. Ashley Evanson. Illus. by Ashley Evanson. 2021. (Hello, World Ser.). (Illus.). 14p. (J). (-k). bds. 7.99 *(978-0-593-22399-4(3),* Penguin Workshop) Penguin Young Readers Group.

Germany: Children's Europe Book with Interesting & Informative Facts. Bold Kids. 2022. (ENG.). 42p. (J). pap. 15.99 ***(978-1-0717-0989-4(5))*** FASTLANE LLC.

Germany (Follow Me Around) (Library Edition) Wiley Blevins. 2018. (Follow Me Around... Ser.). (ENG., Illus.). 32p. (J). (gr. 3-4). 27.00 *(978-0-531-23456-3(8),* Children's Pr.) Scholastic Library Publishing.

Germany for Kids: People, Places & Cultures - Children Explore the World Books. Baby Professor. 2016. (ENG., Illus.). 42p. (J). pap. 11.65 *(978-1-68305-612-6(4),* Baby Professor (Education Kids)) Speedy Publishing LLC.

Germany in War Time: What an American Girl Saw & Heard (Classic Reprint) Mary Ethel McAuley. 2018. (ENG., Illus.). 312p. (J). 30.35 *(978-0-365-50822-9(5))* Forgotten Bks.

Gérmenes: Suma y Resta. Dona Rice. rev. ed. 2019. (Mathematics in the Real World Ser.). (SPA., Illus.). 24p. (J). (gr. 1-2). pap. 9.99 *(978-1-4258-2847-9(7))* Teacher Created Materials, Inc.

Germenes en Tus Manos! see Germs on Their Fingers!

Germenes No Son para Compartir see Germs Are Not for Sharing

Germinal (Classic Reprint) Émile. Zola. 2016. (ENG., Illus.). (J). pap. 16.57 *(978-1-334-12309-2(8))* Forgotten Bks.

Germinal (Classic Reprint) Emile Zola. (Illus.). (J). 2018. (FRE.). 506p. 34.33 *(978-0-656-73976-9(2));* 2018. (ENG., 456p. 33.32 *(978-0-267-40025-6(X));* 2016. (FRE., pap. 16.97 *(978-1-334-42511-0(6))* Forgotten Bks.

Germinie Lacerteux (Classic Reprint) Edmond de Goncourt. 2017. (ENG., Illus.). (J). 29.59 *(978-0-266-88786-7(4))* Forgotten Bks.

Germs. John Devolle. Illus. by John Devolle. 2023. (Big Science for Little Minds Ser.). (ENG., Illus.). 32p. (J). (gr. k-2). 16.95 *(978-1-78269-402-1(1),* Pushkin Children's Bks.) Steerforth Pr.

Germs: Book 5. Carole Crimeen & Suzanne Fletcher. 2023. (Healthy Me! Ser.). (ENG., Illus.). 16p. (J). (gr. -1-2). pap. 7.99 ***(978-1-922516-51-0(1),*** 300b749f-3203-44aa-8e33-2cf6bbdfdb67) Knowledge Bks. & Software AUS. Dist: Lerner Publishing Group.

Germs: Children's Book on Diseases & Physical Illness. Bold Kids. 2022. (ENG.). 38p. (J). pap. 15.99 ***(978-1-0717-0990-0(9))*** FASTLANE LLC.

Germs: Disease Causing Organisms, 12 vols. 2016. (Germs: Disease-Causing Organisms Ser.). 48p. (gr. 5-5). (ENG.). 200.82 *(978-1-4994-3839-0(7),* 5d8f5483-04d5-47de-87b3-9893f621d06f); pap. 70.50 *(978-1-4777-8982-7(0))* Rosen Publishing Group, Inc., The. (Rosen Central).

Germs: Fact & Fiction, Friends & Foes. Lesa Cline-Ransome. Illus. by James Ransome. 2017. (ENG.). 40p. (J). 18.99 *(978-0-8050-7915-9(7),* 900031507, Holt, Henry & Co. Bks. For Young Readers) Holt, Henry & Co.

Germs & Disease, 12 vols. 2022. (Germs & Disease Ser.). (ENG.). 48p. (J). (gr. 5-6). lib. bdg. 198.42 *(978-1-5026-6643-7(X),* 4cd0711d-7a98-49a6-ab6c-92ae172b91b8) Cavendish Square Publishing LLC.

Germs at Home: Book 11. Carole Crimeen & Suzanne Fletcher. 2023. (Comic Decoders Ser.). (ENG., Illus.). 16p. (J). (gr. -1-k). pap. 7.99 ***(978-1-76127-091-8(5),*** a9aefb32-00fa-4e00-8183-7e50e7653786) Knowledge Bks. & Software AUS. Dist: Lerner Publishing Group.

Germs at School: Book 9. Carole Crimeen & Suzanne Fletcher. 2023. (Comic Decoders Ser.). (ENG., Illus.). 16p. (J). (gr. -1-k). pap. 7.99 ***(978-1-76127-089-5(3),*** 826d174f-7fdc-419f-8735-35febdedf878) Knowledge Bks. & Software AUS. Dist: Lerner Publishing Group.

Germs at the Park: Book 10. Carole Crimeen & Suzanne Fletcher. 2023. (Comic Decoders Ser.). (ENG., Illus.). 16p. (J). (gr. -1-k). pap. 7.99 ***(978-1-76127-090-1(7),*** 41009dca-c9d6-4eb4-aac3-83265f759aab) Knowledge Bks. & Software AUS. Dist: Lerner Publishing Group.

Germs, Fungus & Other Stuff That Makes Us Sick a Children's Disease Book (Learning about Diseases) Baby Professor. 2017. (ENG., Illus.). (J). pap. 7.89 *(978-1-5419-0181-0(9),* Baby Professor (Education Kids)) Speedy Publishing LLC.

Germs up Close. Sara Levine. 2021. (ENG., Illus.). 32p. (J). (gr. k-4). pap. 9.99 *(978-1-7284-3673-9(7),* f8ba39c6-e758-4e25-bcfe-d8a079088a78); lib. bdg. 27.99 *(978-1-7284-2408-8(9),* 1315be96-d74b-41c5-ae60-850584ed5f07) Lerner Publishing Group. (Millbrook Pr.).

Germy Science: The Sick Truth about Getting Sick (and Staying Healthy) Edward Kay. Illus. by Mike Shiell. 2021. (Gross Science Ser.). (ENG.). 48p. (J). (gr. 3-7). 18.99 *(978-1-5253-0412-5(7))* Kids Can Pr., Ltd. CAN. Dist: Hachette Bk. Group.

Gerne Schütze Ich Mich Vor Bakterien und Viren. Elias Zapple. Tr. by Katja Richters. Illus. by Eunice Vergara. 2020. (Ich Liebe Gute-Nacht-Geschichten Ser.: Vol. 6). (GER.). 28p. (J). pap. *(978-1-912704-79-8(X))* Heads or Tales Pr.

Geronimo, 1 vol. Laura L. Sullivan. 2020. (Inside Guide: Famous Native Americans Ser.). (ENG.). 32p. (gr. 4-5). pap. 11.58 *(978-1-5026-5056-6(8),* 2731f710-d002-4139-a1c6-5efe7d010f8d) Cavendish Square Publishing LLC.

Geronimo. June Thiele. Illus. by Jeff Bane. 2022. (My Early Library: My Itty-Bitty Bio Ser.). (ENG.). 24p. (J). (gr. k-1). pap. 12.79 *(978-1-6689-1051-1(9),* 220996); lib. bdg. 30.64 *(978-1-6689-0891-4(3),* 220858) Cherry Lake Publishing.

Geronimo: Leader of Native American Resistance, 1 vol. Jeri Freedman. 2018. (Hero or Villain? Claims & Counterclaims Ser.). (ENG.). 112p. (YA). (gr. 8-8). lib. bdg. 45.93 *(978-1-5026-3532-7(1),* d9f3e307-0ea3-4226-9bb5-a847a9f7ee40) Cavendish Square Publishing LLC.

Geronimo: The Inspiring Life Story of an Apache Warrior. Brenda Haugen. 2016. (Inspiring Stories Ser.). (ENG., Illus.). 112p. (J). (gr. 5-7). lib. bdg. 38.65 *(978-0-7565-5162-9(5),* 128790, Compass Point Bks.) Capstone.

Geronimo on Ice!, 71. Gerónimo Stilton. 2019. (Geronimo Stilton Ser.). (ENG., Illus.). 110p. (J). (gr. 2-3). 18.36 *(978-1-64310-994-7(4))* Penworthy Co., LLC, The.

Geronimo Stilton 3-In-1: The Discovery of America, the Secret of the Sphinx, & the Coliseum Con. Geronimo Stilton. 2017. (ENG., Illus.). 144p. (J). pap. 14.99 *(978-1-5458-0115-4(0),* 900190708, Papercutz) Mad Cave Studios.

Geronimo Stilton 3-in-1: The Fastest Train in the West, First Mouse on the Moon, & All for Stilton, Stilton for All!, Vol. 5. Geronimo Stilton. 2022. (Geronimo Stilton Graphic Novels Ser.: 5). (ENG., Illus.). 160p. (J). pap. 14.99 *(978-1-5458-0902-0(X),* 900255155, Papercutz) Mad Cave Studios.

Geronimo Stilton 3-In-1 #3: Dinosaurs in Action!, Play It Again, Mozart!, & the Weird Book Machine, Vol. 3. Geronimo Stilton. 2019. (Geronimo Stilton Graphic Novels Ser.: 3). (ENG., Illus.). 144p. (J). pap. 14.99 *(978-1-5458-0310-3(2),* 900206553, Papercutz) Mad Cave Studios.

Geronimo Stilton 3-In-1 #4, Vol. 4. Geronimo Stilton. 2022. (Geronimo Stilton Graphic Novels Ser.: 4). (ENG., Illus.). 144p. (J). pap. 14.99 *(978-1-5458-0859-7(7),* 900250824, Papercutz) Mad Cave Studios.

Geronimo Stilton 4-In-1 Vol. 6, Vol. 6. Geronimo Stilton. 2023. (Geronimo Stilton Graphic Novels Ser.: 6). (ENG., Illus.). 192p. (J). pap. 17.99 *(978-1-5458-1064-4(8),* 900281850, Papercutz) Mad Cave Studios.

G

Geronimo Stilton Boxed Set Vol. #16-18, Set. Geronimo Stilton. 2019. (ENG., Illus.). 1p. (J). 29.99 *(978-1-5458-0355-4(2)*, 900209927, Papercutz) Mad Cave Studios.

Geronimo Stilton Four Cheese Box Set (Books 1-4), 1 vol. Geronimo Stilton. 2019. (Geronimo Stilton Ser.). (ENG.). 1024p. (J). (gr. 2-5). pap., pap., pap. 31.96 *(978-1-338-53738-3(5)*, Scholastic Paperbacks) Scholastic, Inc.

Geronimo Stilton Heromice #10: Sweet Dreams, Sewer Rats! Gerónimo Stilton. 2017. (Illus.). 128p. (J). *(978-1-338-18272-9(2))* Scholastic, Inc.

Geronimo Stilton Heromice #11: Revenge of the Mini-Mice. Gerónimo Stilton. 2017. (Illus.). 128p. (J). *(978-1-338-18273-6(0))* Scholastic, Inc.

Geronimo Stilton Reporter #10: Blackrat's Treasure, Vol. 10. Geronimo Stilton. 2022. (Geronimo Stilton Reporter Graphic Novels Ser.: 10). (ENG., Illus.). 56p. (J). 9.99 *(978-1-5458-0866-5(X)*, 900249209, Papercutz) Mad Cave Studios.

Geronimo Stilton Reporter #11: Intrigue on the Rodent Express, Vol. 11. Geronimo Stilton. 2022. (Geronimo Stilton Reporter Graphic Novels Ser.: 11). (ENG., Illus.). 64p. (J). 9.99 *(978-1-5458-0885-6(6)*, 900253339, Papercutz) Mad Cave Studios.

Geronimo Stilton Reporter #12: Mouse House of the Future, Vol. 12. Geronimo Stilton. 2022. (Geronimo Stilton Reporter Graphic Novels Ser.: 12). (ENG., Illus.). 56p. (J). 9.99 *(978-1-5458-0970-9(4)*, 900259339, Papercutz) Mad Cave Studios.

Geronimo Stilton Reporter #2: It's MY Scoop!, Vol. 2. Geronimo Stilton. 2019. (Geronimo Stilton Reporter Graphic Novels Ser.: 2). (ENG., Illus.). 56p. (J). 9.99 *(978-1-5458-0537-4(7)*, 900197409, Papercutz) Mad Cave Studios.

Geronimo Stilton Reporter #3: Stop Acting Around, Vol. 3. Geronimo Stilton. 2019. (Geronimo Stilton Reporter Graphic Novels Ser.: 3). (ENG., Illus.). 56p. (J). 9.99 *(978-1-5458-0332-5(3)*, 900209535, Papercutz) Mad Cave Studios.

Geronimo Stilton Reporter 3 In 1 #1: Collecting Operation Shufongfong, Its MY Scoop, & Stop Acting Around, Vol. 1. Geronimo Stilton. 2022. (Geronimo Stilton Reporter Graphic Novels Ser.: 1). (ENG., Illus.). 152p. (J). pap. 14.99 *(978-1-5458-0975-4(5)*, 900260102, Papercutz) Mad Cave Studios.

Geronimo Stilton Reporter 3 in 1 Vol. 2: Collecting Stop Acting Around, the Mummy with No Name, & Barry the Moustache, Vol. 2. Geronimo Stilton. 2023. (Geronimo Stilton Graphic Novels Ser.: 2). (ENG., Illus.). 152p. (J). pap. 14.99 *(978-1-5458-1027-9(3)*, 900278811, Papercutz) Mad Cave Studios.

Geronimo Stilton Reporter #4: The Mummy with No Name, Vol. 4. Geronimo Stilton. 2020. (Geronimo Stilton Reporter Graphic Novels Ser.: 4). (ENG., Illus.). 56p. (J). 9.99 *(978-1-5458-0402-5(8)*, 900211143, Papercutz) Mad Cave Studios.

Geronimo Stilton Reporter #5: Barry the Moustache, Vol. 5. Geronimo Stilton. 2020. (Geronimo Stilton Reporter Graphic Novels Ser.: 5). (ENG., Illus.). 64p. (J). 9.99 *(978-1-5458-0477-3(X)*, 900219614, Papercutz) Mad Cave Studios.

Geronimo Stilton Reporter #6: Paws off, Cheddarface!, Vol. 6. Geronimo Stilton. 2020. (Geronimo Stilton Reporter Graphic Novels Ser.: 6). (ENG., Illus.). 56p. (J). 9.99 *(978-1-5458-0546-6(6)*, 900225105, Papercutz) Mad Cave Studios.

Geronimo Stilton Reporter #7: Going down to Chinatown, Vol. 7. Geronimo Stilton. 2021. (Geronimo Stilton Reporter Graphic Novels Ser.: 7). (ENG., Illus.). 56p. (J). 9.99 *(978-1-5458-0617-3(9)*, 900232736, Papercutz) Mad Cave Studios.

Geronimo Stilton Reporter #8: Hypno Tick-Tock, Vol. 8. Geronimo Stilton. 2021. (Geronimo Stilton Reporter Graphic Novels Ser.: 8). (ENG., Illus.). 56p. (J). 9.99 *(978-1-5458-0699-9(3)*, 900235849, Papercutz) Mad Cave Studios.

Geronimo Stilton Reporter #9: The Mask of Rat Jit-Su, Vol. 9. Geronimo Stilton. 2021. (Geronimo Stilton Reporter Graphic Novels Ser.: 9). (ENG., Illus.). 56p. (J). 9.99 *(978-1-5458-0729-3(9)*, 900240165, Papercutz) Mad Cave Studios.

Geronimo Stilton Reporter Vol. 13: Reported Missing, Vol. 13. Geronimo Stilton. 2023. (Geronimo Stilton Reporter Graphic Novels Ser.: 13). (ENG., Illus.). 56p. (J). 9.99 *(978-1-5458-1025-5(7)*, 900278444, Papercutz) Mad Cave Studios.

Geronimo Stilton Reporter Vol. 14: The Gem Gang, Vol. 14. Geronimo Stilton. 2023. (Geronimo Stilton Reporter Graphic Novels Ser.: 14). (ENG., Illus.). 64p. (J). 9.99 *(978-1-5458-1046-0(X)*, 900281800, Papercutz) Mad Cave Studios.

Gerrard: From the Playground to the Pitch. Matt Oldfield. 2018. (Classic Football Heroes Ser.). (ENG., Illus.). 176p. (J). (gr. 2-7). pap. 11.99 *(978-1-78606-812-5(5))* Blake, John Publishing, Ltd. GBR. Dist: Independent Pubs. Group.

Gerrit Cole: Baseball Star. Hubert Walker. 2021. (Biggest Names in Sports Set 6 Ser.). (ENG., Illus.). 32p. (J). (gr. 3-5). pap. 9.95 *(978-1-64493-734-1(4))*; lib. bdg. 31.35 *(978-1-64493-698-6(4))* North Star Editions. (Focus Readers).

Gerry the Giraffe. Patricia Allocca. 2020. (ENG.). 24p. (J). pap. 12.00 *(978-1-0983-3111-5(7))* BookBaby.

Gerrymandering & Voting Districts, 1 vol. Ed. by Rita Santos. 2018. (At Issue Ser.). (ENG.). 136p. (gr. 10-12). lib. bdg. 41.03 *(978-1-5345-0325-0(0)*, c0f0a029-f961-4304-9cca-06a588bcf45c, Greenhaven Publishing) Greenhaven Publishing LLC.

Gersham & the Golem. Edwin Radin. 2019. (ENG.). 96p. (YA). (gr. 7-12). pap. 14.99 *(978-1-63337-274-0(X))* Roland Golf Services.

Gerstacker's Travels: Rio de Janeiro; Buenos Ayres; Ride Through the Pampas; Winter Journey Across the Cordilleras; Chili; Valparaiso; California & the Gold Fields (Classic Reprint) Frederick Gerstacker. (ENG., Illus.). (J). 2018. 290p. 29.88 *(978-0-428-52069-4(3))*; 2016. pap. 13.57 *(978-1-333-35518-0(1))* Forgotten Bks.

Gert & the Sacred Stones. Marco Rocchi. Tr. by Jaime Richards. Illus. by Francesca Carita. 2021. 160p. (J). (gr. 7). pap. 14.99 *(978-1-5067-1963-4(5)*, Dark Horse Books) Dark Horse Comics.

Gertie & Bertie. Jen Selinsky. 2021. (ENG.). 44p. (J). pap. 14.99 *(978-1-954868-52-6(9))* Pen It Pubns.

Gertie & Bertie. Jen Selinsky. Illus. by Jenni Wells. 2021. (ENG.). 44p. (J). 21.99 *(978-1-954868-53-3(7))* Pen It Pubns.

Gertie, the Darling Duck of WWII. Shari Swanson. Illus. by Renée Graef. 2023. (ENG.). 40p. (J). (gr. 1-4). 18.99 *(978-1-5341-1171-4(9)*, 205368) Sleeping Bear Pr.

Gertie the Giggling Goat. Beverly Bruemmer. Illus. by Stacy Jordon. 2022. (ENG.). 34p. (J). 24.95 *(978-1-957479-31-6(0))*; pap. 15.95 *(978-1-957479-19-4(1))* Vabella Publishing.

Gertie's Guide to Nature's Cures. Lynne North. 2019. (ENG., Illus.). 178p. (J). pap. 9.99 *(978-1-68160-678-1(X))* Crimson Cloak Publishing.

Gertie's Leap to Greatness. Kate Beasley. 2018. (ENG., Illus.). 272p. (J). pap. 12.99 *(978-1-250-14374-7(8)*, 900180551) Square Fish.

Gertie's Sun Flower (Classic Reprint) Mabel Mabel. 2018. (ENG., Illus.). 24p. (J). 24.41 *(978-0-484-11131-7(0))* Forgotten Bks.

Gertrude: A Novel (Classic Reprint) Edward Hungerford. 2018. (ENG., Illus.). 400p. (J). 32.17 *(978-0-483-19582-0(0))* Forgotten Bks.

Gertrude & Toby's Friday Adventure, bks. 3. Shari Tharp. Illus. by Jim Heath. l.t. ed. 2016. (ENG.). (J). (gr. -1-3). bk. 3. 48p. 16.99 *(978-0-9969679-0-7(7))*; Bk.1. 46p. pap. 7.99 *(978-0-9969679-1-4(5))* Atlas Publishing LLC. (Atlas Publishing).

Gertrude B. Elion & Pharmacology. Ellen Labrecque. 2017. (21st Century Junior Library: Women Innovators Ser.). (ENG., Illus.). 24p. (J). (gr. 2-5). pap. 12.79 *(978-1-63472-314-5(7)*, 209301); lib. bdg. 29.21 *(978-1-63472-182-0(9)*, 209300) Cherry Lake Publishing.

Gertrude the Cow Gets in Trouble Somehow. Lisa Baker. Illus. by Corinne Grant. 2020. (ENG.). 36p. (J). 24.95 *(978-1-64719-089-7(4))* Booklocker.com, Inc.

Gertrude's Diary: And the Cube (Classic Reprint) Pansy Pansy. 2018. (ENG., Illus.). 112p. (J). 26.21 *(978-0-332-95448-6(X))* Forgotten Bks.

Gertrude's Marriage (Classic Reprint) W. Heimburg. (ENG., Illus.). (J). 2018. 326p. 30.64 *(978-0-365-32486-7(8))*; 2017. pap. 13.57 *(978-0-243-30540-7(0))* Forgotten Bks.

Gervase (Classic Reprint) Mabel Dearmer. 2018. (ENG., Illus.). (J). 452p. 33.24 *(978-1-397-17809-1(4))*; 454p. pap. 16.57 *(978-1-397-17793-3(4))* Forgotten Bks.

Gesammelte Abhandlungen Von Robert Bunsen Im Auftrage der Deutschen Bunsen-Gesellschaft Für Angewandte Physikalische Chemie, Vol. 1 (Classic Reprint) Robert Bunsen. 2018. (GER., Illus.). 660p. (J). 37.53 *(978-0-267-64784-2(0))* Forgotten Bks.

Gesammelte Abhandlungen Von Robert Bunsen, Vol. 2: Im Auftrage der Deutschen Bunsen-Gesellschaft Für Angewandte Physikalische Chemie (Classic Reprint) Robert Bunsen. 2018. (GER., Illus.). 652p. (J). 37.36 *(978-0-483-18609-5(0))* Forgotten Bks.

Gesammelte Krimis (10 Detektivromane in Einem Band) Sven Elvestad. 2017. (GER., Illus.). 796p. (YA). pap. *(978-80-268-5754-9(2))* E-Artnow.

Gesammelte Werke: Romane + Erzählungen + Briefe + Gedichte (28 Titel - Vollständige Ausgabe) (Band 1/2) Johanna Spyri. 2017. (GER., Illus.). 564p. (J). pap. *(978-80-268-5922-2(7))* E-Artnow.

Gesammelte Werke: Romane + Erzählungen + Briefe + Gedichte (28 Titel - Vollständige Ausgabe) (Band 2/2) Johanna Spyri. 2017. (GER., Illus.). 572p. (J). pap. *(978-80-268-5500-2(0))* E-Artnow.

Gesang Von Mir Selbst. Walt. Whitman. 2017. (GER., Illus.). 126p. (J). pap. *(978-0-649-77268-1(7))* Trieste Publishing Pty Ltd.

Geschaft 1: Kinder Malbuch. Bold Illustrations. 2017. (GER., Illus.). 82p. (J). pap. 8.35 *(978-1-64193-179-3(5)*, Bold Illustrations) FASTLANE LLC.

Geschaft 2: Kinder Malbuch. Bold Illustrations. 2017. (GER., Illus.). 82p. (J). pap. 8.35 *(978-1-64193-180-9(9)*, Bold Illustrations) FASTLANE LLC.

Geschenk Casars. René Goscinny & M. Uderzo. (GER., Illus.). (J). 24.95 *(978-0-8288-4967-8(6))* French & European Pubns., Inc.

Geschenk Vom Nikolaus *see* **Santa Claus & the Christmas Surprise**

Geschichte der Deutschen Frauenwelt, Vol. 1: In Drei Büchern Nach Den Quellen; Buch I und II, Altherthum und Mittelalter (Classic Reprint) Johannes Scherr. 2018. (GER., Illus.). 658p. (J). 37.47 *(978-0-656-97092-6(8))* Forgotten Bks.

Geschichte der Deutschen Frauenwelt, Vol. 2: In Drei Buchern Nach Den Quellen; Drittes Buch, Reuzeit (Classic Reprint) Johannes Scherr. 2017. (GER., Illus.). (J). pap. 13.57 *(978-0-243-60006-9(2))* Forgotten Bks.

Geschichte der Fabeldichtung in England Bis Zu John Gay (1726) Nebst Neudruck Von Bullokars Booke at Large 1580, Brei Grammar for English 1586, und Pamphlet for Grammar 1586 (Classic Reprint) Max Plessow. 2018. (GER., Illus.). (J). 552p. 35.28 *(978-0-331-03908-5(7))*; 554p. pap. 19.57 *(978-1-5280-9357-6(7))* Forgotten Bks.

Geschichte der Fabeldichtung in England Bis Zu John Gay (1726) Nebst Neudruck Von Bullokars Fables of Aesop 1585, Booke at Large 1580, Bref Grammar for English 1586, und Pamphlet for Grammar 1586 (Classic Reprint) Max Plessow. (Illus.). (J). 2017. (GER.). 35.30 *(978-0-266-50763-5(8))*; 2017. (GER., pap. 9.57 *(978-1-332-71004-1(2))*; 2016. (ENG., pap. 19.57 *(978-1-334-32495-6(6))* Forgotten Bks.

Geschichte der Fabeldichtung in England Bis Zu John Gay (1726) Nebst Neudruck Von Bullokars Fables of Æsop 1585, Booke at Large 1580, Bref Grammar for English 1586, und Pamphlet for Grammar 1586 (Classic Reprint) Max Plessow. 2018. (GER., Illus.). 84p. (J). 25.65 *(978-0-656-97562-4(8))* Forgotten Bks.

Geschichten Für Kinder und Auch Für Solche, Welche Die Kinder Lieb Haben: Heimatlos + Moni + Heidi + Rosenresli + Was Die Großmutter Gelehrt Hat und Mehr (Vollständige Ausgabe Mit Illustrationen) Johanna Spyri. Illus. by Karl Muhlmeister. 2017. (GER.). 696p. (J). pap. *(978-80-268-5646-7(5))* E-Artnow.

Geschichten Vom Ponyhof Sonnental. Marina C. Herrmann. 2017. (GER., Illus.). (J). pap. *(978-3-7407-2933-2(3))* VICOO International Pr.

Gest of Robin Hood (Classic Reprint) William Hall Clawson. (ENG., Illus.). (J). 2018. 142p. 26.83 *(978-1-396-38621-3(1))*; 2018. 144p. pap. 9.57 *(978-1-391-60984-3(0))*; 2017. 26.76 *(978-0-266-97383-6(3))* Forgotten Bks.

Gestatten, Gary Weihnachtsmann. Katrin Zimmermann. 2017. (GER., Illus.). (J). *(978-3-7345-1970-3(5))*; pap. *(978-3-7345-1969-7(1))* tredition Verlag.

Get a Clue: A Bookish Boyfriends Novel. Tiffany Schmidt. 2021. (Bookish Boyfriends Ser.). (ENG.). 336p. (YA). (gr. 7-17). pap. 9.99 *(978-1-4197-3968-2(9)*, 1296903) Abrams, Inc.

Get a Good Laugh When Doing Connect the Dots Activities. Jupiter Kids. 2017. (ENG., Illus.). (J). pap. 9.20 *(978-1-68326-729-4(X)*, Jupiter Kids (Childrens & Kids Fiction)) Speedy Publishing LLC.

Get a Grip, Vivy Cohen! Sarah Kapit. (J). (gr. 3-7). 2021. 352p. 9.99 *(978-0-525-55419-6(X)*, Puffin Books); 2020. 336p. 17.99 *(978-0-525-55418-9(1)*, Dial Bks) Penguin Young Readers Group.

Get a Grip! We're on a Trip! Dan Gutman. ed. 2022. (My Weird School Graphic Novel Ser.). (ENG.). 104p. (J). (gr. 2-3). 20.46 *(978-1-68505-379-6(3))* Penworthy Co., LLC, The.

Get a Hit, Mo! David A. Adler. Illus. by Sam Ricks. 2021. (Step into Reading Ser.). (ENG.). 32p. (J). (gr. -1-1). pap. 5.99 *(978-0-593-43236-5(3))*; lib. bdg. 14.99 *(978-0-593-43237-2(1))* Random Hse. Children's Bks. (Random Hse. Bks. for Young Readers).

Get a Hit, Mo! David A. Adler. ed. 2018. (Penguin Young Readers Ser.). (ENG.). 32p. (J). (gr. -1-3). 13.89 *(978-1-64310-428-7(4))* Penworthy Co., LLC, The.

Get a Hit, Mo! David A. Adler. ed. 2017. (Penguin Young Readers Level 2 Ser.). lib. bdg. 13.55 *(978-0-606-39770-4(1))* Turtleback.

Get a Hold of Your Elf! Nancy Krulik. Illus. by Harry Briggs. 2021. (Ms. Frogbottom's Field Trips Ser.: 4). (ENG.). 144p. (J). (gr. 2-5). 17.99 *(978-1-5344-5406-4(3))*; pap. 5.99 *(978-1-5344-5405-7(5))* Simon & Schuster Children's Publishing. (Aladdin).

Get a Job at the Airport. Joe Rhatigan. 2016. (Bright Futures Press: Get a Job Ser.). (ENG., Illus.). 32p. (J). (gr. 4-6). 32.07 *(978-1-63471-903-2(4)*, 208933) Cherry Lake Publishing.

Get a Job at the Construction Site. Joe Rhatigan. 2016. (Bright Futures Press: Get a Job Ser.). (ENG., Illus.). 32p. (J). (gr. 4-6). 32.07 *(978-1-63471-904-9(2)*, 208937) Cherry Lake Publishing.

Get a Job at the Grocery Store. Diane Lindsey Reeves. 2016. (Bright Futures Press: Get a Job Ser.). (ENG., Illus.). 32p. (J). (gr. 4-6). 32.07 *(978-1-63471-906-3(9)*, 208945) Cherry Lake Publishing.

Get a Job at the Hospital. Joe Rhatigan. 2016. (Bright Futures Press: Get a Job Ser.). (ENG., Illus.). 32p. (J). (gr. 4-6). 32.07 *(978-1-63471-907-0(7)*, 208949) Cherry Lake Publishing.

Get a Job at the Landfill. Joe Rhatigan. 2016. (Bright Futures Press: Get a Job Ser.). (ENG., Illus.). 32p. (J). (gr. 4-6). 32.07 *(978-1-63471-905-6(0)*, 208941) Cherry Lake Publishing.

Get a Job at the Shopping Mall. Diane Lindsey Reeves. 2016. (Bright Futures Press: Get a Job Ser.). (ENG., Illus.). 32p. (J). (gr. 4-6). 32.07 *(978-1-63471-908-7(5)*, 208953) Cherry Lake Publishing.

Get a Reaction: Experiments with Mixtures, Solutions & Reactions. Nick Arnold. 2019. (Hands-On Science Ser.). (ENG., Illus.). 24p. (J). (gr. 2-5). lib. bdg. 26.65 *(978-0-7112-4226-5(7)*, c8663275-ccdf-4012-a3f2-77417132c4ec) QEB Publishing Inc.

Get Active!: Dance. Alix Wood. 2022. (Get Active! Ser.). (ENG., Illus.). 32p. (J). (gr. 4-6). pap. 13.99 *(978-1-5263-1159-7(X)*, Wayland) Hachette Children's Group GBR. Dist: Hachette Bk. Group.

Get Active!: Martial Arts. Alix Wood. 2022. (Get Active! Ser.). (ENG., Illus.). 32p. (J). (gr. 4-6). pap. 13.99 *(978-1-5263-1171-9(2)*, Wayland) Hachette Children's Group GBR. Dist: Hachette Bk. Group.

Get Active! Orange Band. Anita Ganeri. ed. 2017. (Cambridge Reading Adventures Ser.). (ENG., Illus.). 16p. pap. 7.35 *(978-1-108-43973-2(X))* Cambridge Univ. Pr.

Get Active!: Swimming. Alix Wood. 2022. (Get Active! Ser.). (ENG., Illus.). 32p. (J). (gr. 4-6). pap. 13.99 *(978-1-5263-1173-3(9)*, Wayland) Hachette Children's Group GBR. Dist: Hachette Bk. Group.

Get Active!: Yoga. Alix Wood. 2022. (Get Active! Ser.). (ENG., Illus.). 32p. (J). pap. *(978-1-5263-1175-7(5)*, Wayland) Hachette Children's Group.

Get-Along Stories: A Book of Modern Fables. Terri Fisher. 2017. (ENG., Illus.). (J). pap. 12.95 *(978-1-64079-948-6(6))* Christian Faith Publishing.

Get Away from Me with Those Christmas Gifts: And Other Reactions (Classic Reprint) Sylvia Wright. 2017. (ENG., Illus.). (J). 29.34 *(978-0-265-46325-3(4))*; pap. 11.97 *(978-0-243-28936-3(7))* Forgotten Bks.

Get Busy with Your Day! Kim Ainsworth. Illus. by Amanda Perry. 2022. 30p. (J). pap. 14.99 *(978-1-6678-7053-3(X))* BookBaby.

Get Coding 2! Build Five Computer Games Using HTML & JavaScript. David Whitney. Illus. by Duncan Beedie. 2019. (ENG.). 224p. (J). (gr. 4-7). 18.99 *(978-1-5362-1030-9(7))*; pap. 12.99 *(978-1-5362-0541-1(9))* Candlewick Pr.

Get Coding!: Learn HTML, CSS & JavaScript & Build a Website, App & Game. Young Rewired State. 2017. (ENG., Illus.). 208p. (J). (gr. 4-7). pap. 12.99 *(978-0-7636-9276-6(X))* Candlewick Pr.

Get Coding! Learn HTML, CSS, & JavaScript & Build a Website, App, & Game. Young Rewired State. 2017. (ENG., Illus.). 208p. (J). (gr. 4-7). 18.99 *(978-0-7636-9833-1(4))* Candlewick Pr.

Get Crafty with Pets!, 12 vols. 2018. (Get Crafty with Pets! Ser.). (ENG.). 32p. (J). (gr. 3-4). lib. bdg. 169.62 *(978-1-5382-2724-4(X)*, 1a4f3c0e-28f0-4bc6-8f59-393a5e614971) Stevens, Gareth Publishing LLLP.

Get Dirty TV Tie-In Edition. Gretchen McNeil. 2020. (Don't Get Mad Ser.). (ENG.). 384p. (YA). (gr. 8). pap. 10.99 *(978-0-06-305192-8(3)*, Balzer & Bray) HarperCollins Pubs.

Get Dressed: a Touch-And-Feel Playbook. Ladybird. Illus. by Lemon Ribbon Studio. 2022. (Baby Touch Ser.). (ENG.). 10p. (J). (— 1). bds. 12.99 *(978-0-241-55905-5(7)*, Ladybird) Penguin Bks., Ltd. GBR. Dist: Penguin Random Hse. LLC.

Get Dressed, Sasquatch! Kyle Sullivan. Illus. by Derek Sullivan. 2018. (Hazy Dell Press Monster Ser.). 30p. (J). (gr. k-1). bds. 13.95 *(978-0-9965787-3-8(0))* Hazy Dell Pr.

Get Even [TV Tie-In Edition]. Gretchen McNeil. 2020. (Don't Get Mad Ser.). (ENG.). 400p. (YA). (gr. 8). pap. 10.99 *(978-0-06-305194-2(X)*, Balzer & Bray) HarperCollins Pubs.

Get Excited about Preschool: Activity Book. Sequoia Children's Publishing. 2020. (ENG.). 64p. (J). 7.99 *(978-1-64269-192-4(5)*, 4044, Sequoia Publishing & Media LLC) Phoenix International Publications, Inc.

Get Feisty! (Feisty Pets) Samantha Garland. 2019. (Feisty Pets Ser.). (ENG., Illus.). 96p. (J). (gr. 2-5). pap. 7.99 *(978-1-338-35861-2(8))* Scholastic, Inc.

Get Fit & Stay Fit! Men's Exercise Journal. Activinotes. 2016. (ENG., Illus.). (YA). pap. 9.20 *(978-1-68321-307-9(6))* Mimaxion.

Get GRIT: A Journal. Michele Lund. 2019. (ENG., Illus.). 156p. (J). pap. *(978-0-6482055-9-3(2))* Learning Bug Pty Ltd.

Get GRIT: A Journal for Kids (5-8 Years) Michele Lund. 2021. (ENG.). 154p. (J). pap. *(978-0-6482055-4-8(1))* Learning Bug Pty Ltd.

Get GRIT: A Journal for Kids (9-12 Years) Michele Lund. 2021. (ENG.). 154p. (J). pap. *(978-0-6482055-5-5(X))* Learning Bug Pty Ltd.

Get in Dotted Action! Connect the Dots Activity Book. Bobo's Children Activity Books. 2016. (ENG., Illus.). (J). pap. 7.99 *(978-1-68327-286-1(2))* Sunshine In My Soul Publishing.

Get in Shape: Shapes, Patterns, Position, & Direction. Anjana Chatterjee. 2018. (Master Math Ser.: Vol. 4). (ENG., Illus.). 32p. (J). (gr. k-2). lib. bdg. 27.99 *(978-1-68297-322-6(0)*, dbd05676-eb28-4b32-85a3-56fb650e5a55) QEB Publishing Inc.

Get in Shape: Two-Dimensional & Three-Dimensional Shapes (Math Everywhere) (Library Edition) Rob Colson. 2017. (Math Everywhere Ser.). (ENG., Illus.). 32p. (J). (gr. 5-8). lib. bdg. 27.00 *(978-0-531-22882-1(7)*, Children's Pr.) Scholastic Library Publishing.

Get in the Game (Set), 6 vols. 2018. (Get in the Game Ser.). (ENG.). 24p. (J). (gr. 3-8). lib. bdg. 196.74 *(978-1-5321-3292-6(1)*, 28489, Graphic Planet - Fiction) Magic Wagon.

Get in the Game Set 2 (Set), 6 vols. Bill Yu. Illus. by Eduardo Garcia & Sebastian Garcia. 2020. (Get in the Game Ser.). (ENG.). 24p. (J). (gr. 3-8). lib. bdg. 196.74 *(978-1-5321-3828-7(8)*, 35266, Graphic Planet - Fiction) Magic Wagon.

Get in the Game Set 2 (Set Of 6) Bill Yu. Illus. by Eduardo and Sebastian Garcia. 2021. (Get in the Game Set 2 Ser.). (ENG.). 192p. (J). (gr. 3-3). pap. 59.70 *(978-1-64494-477-6(4)*, Graphic Planet) ABDO Publishing Co.

Get in the Game! (Space Jam: a New Legacy) Random House. Illus. by Random House. 2021. (Step into Reading Ser.). (ENG., Illus.). 32p. (J). (gr. k-4). 5.99 *(978-0-593-38230-1(7))*; 14.99 *(978-0-593-38231-8(5))* Random Hse. Children's Bks. (Random Hse. Bks. for Young Readers).

Get in the Ring! R. R. Busse. ed. 2018. (Marvel 8x8 Bks). (ENG.). 30p. (J). (gr. -1-1). 13.89 *(978-1-64310-419-5(5))* Penworthy Co., LLC, The.

Get Inside Series. Incl. Baseball. Paul Almonte. 80p. 14.95 *(978-1-881889-55-7(6))*; Ranch. Barbara Morgenroth. 64p. 14.95 *(978-1-881889-56-4(4))*; (Illus.). (J). 1994. 29.90 *(978-1-881889-79-3(3))* Silver Moon Pr.

Get into Cartooning. Vic Kovacs. 2016. (Get-Into-It Guides). (ENG.). 32p. (J). (gr. 3-6). *(978-0-7787-2638-8(X))* Crabtree Publishing Co.

Get into Chess. Kevin Linder. 2016. (Get-Into-It Guides). (ENG., Illus.). 32p. (J). (gr. 3-6). *(978-0-7787-2639-5(8))* Crabtree Publishing Co.

Get into Citizen Science. Vic Kovacs. 2017. (Get-Into-It Guides). (Illus.). 32p. (J). (gr. 4-5). *(978-0-7787-3636-3(9))* Crabtree Publishing Co.

Get into Claymation. Kelly Spence. 2017. (Get-Into-It Guides). (ENG.). 32p. (J). (gr. 3-4). *(978-0-7787-3400-0(5))*; (Illus.). pap. *(978-0-7787-3404-8(8))* Crabtree Publishing Co.

Get into Dioramas & Models. Janice Dyer. 2016. (Get-Into-It Guides). (ENG.). 32p. (J). (gr. 3-6). *(978-0-7787-2640-1(1))* Crabtree Publishing Co.

Get into Knitting. Janice Dyer. 2016. (Get-Into-It Guides). (ENG.). 32p. (J). (gr. 3-6). *(978-0-7787-2641-8(X))* Crabtree Publishing Co.

Get into Magic. Vic Kovacs. 2017. (Get-Into-It Guides). (ENG., Illus.). 32p. (J). (gr. 3-4). *(978-0-7787-3401-7(3))*; pap. *(978-0-7787-3405-5(6))* Crabtree Publishing Co.

Get into Minecraft. Vic Kovacs. 2016. (Get-Into-It Guides). (ENG., Illus.). 32p. (J). (gr. 3-6). *(978-0-7787-2642-5(8))* Crabtree Publishing Co.

Get into Mixed Media. Janice Dyer. 2017. (Get-Into-It Guides). (ENG.). 32p. (J). (gr. 3-4). *(978-0-7787-3402-4(1))*; (Illus.). pap. *(978-0-7787-3406-2(4))* Crabtree Publishing Co.

Get into Photography. Rachel Stuckey. 2016. (Get-Into-It Guides). (ENG.). 32p. (J). (gr. 3-6). *(978-0-7787-2643-2(6))* Crabtree Publishing Co.

Get into Smart Snacks. Janice Dyer. 2017. (Get-Into-It Guides). (Illus.). 32p. (J). (gr. 4-5). *(978-0-7787-3642-4(3))* Crabtree Publishing Co.

Get into Smoothies. Jaime Winters. 2017. (Get-Into-It Guides). (ENG., Illus.). 32p. (J). (gr. 3-4).

744 The check digit for ISBN-10 appears in parentheses after the full ISBN-13

(978-0-7787-3403-1(X)); pap. *(978-0-7787-3407-9(2))* Crabtree Publishing Co.

Get into Wow-Factor Science. Janice Dyer. 2017. (Get-Into-It Guides). (Illus.). 32p. (J). (gr. 4-5). *(978-0-7787-3643-1(1))* Crabtree Publishing Co.

Get into Yoga. Jaime Winters. 2017. (Get-Into-It Guides). (Illus.). 32p. (J). (gr. 4-5). *(978-0-7787-3644-8(X))* Crabtree Publishing Co.

Get Involved in a Book Club! Sagirah Shahid. 2022. (Join the Club Ser.). (ENG.). 32p. (J). 31.32 *(978-1-6639-5879-2(3)*, 226129, Capstone Pr.) Capstone.

Get Involved in a Coding Club! Rachel Ziter-Grant. 2022. (Join the Club Ser.). (ENG.). 32p. (J). 31.32 *(978-1-6639-5880-8(7)*, 214859, Capstone Pr.) Capstone.

Get Involved in a Robotics Club! Jennifer Mason. 2022. (Join the Club Ser.). (ENG.). 32p. (J). 31.32 *(978-1-6639-5881-5(5)*, 226133, Capstone Pr.) Capstone.

Get Involved in an Art Club! Jessica Young & Sylvie Spark. 2022. (Join the Club Ser.). (ENG.). 32p. (J). 31.32 *(978-1-6639-5882-2(3)*, 226130, Capstone Pr.) Capstone.

Get Involved in an e-Sports Club! Christina Majaski. 2022. (Join the Club Ser.). (ENG.). 32p. (J). 31.32 *(978-1-6639-5884-6(X)*, 226132, Capstone Pr.) Capstone.

Get Involved in an Environmental Club! Lisa J. Amstutz. 2022. (Join the Club Ser.). (ENG.). 32p. (J). 31.32 *(978-1-6639-5883-9(1)*, 226131, Capstone Pr.) Capstone.

Get It Together, Delilah! (Young Adult Novels for Teens, Books about Female Friendship, Funny Books) Erin Gough. 2017. (ENG., Illus.). 336p. (YA). 16.99 *(978-1-4521-5187-8(3))* Chronicle Bks. LLC.

Get Lit Rising: Words Ignite. Claim Your Poem. Claim Your Life. Diane Luby Lane & the Get Lit Players. 2016. (ENG., Illus.). 272p. (YA). (gr. 7). 21.99 *(978-1-58270-576-7(3))* Simon Pulse/Beyond Words.

Get Lost! an Activity Book for Kindergartners of Mazes. Jupiter Kids. 2017. (ENG., Illus.). (J). pap. 9.20 *(978-1-68326-730-0(3)*, Jupiter Kids (Childrens & Kids Fiction)) Speedy Publishing LLC.

Get Me Out of Here! a Maze Activity Book for Young Travelers. Jupiter Kids. 2017. (ENG., Illus.). (J). pap. 9.05 *(978-1-5419-3278-4(1)*, Jupiter Kids (Childrens & Kids Fiction)) Speedy Publishing LLC.

Get Me Out of This Book: Rules & Tools for Being Brave. Deborah Cholette & Kalli Dakos. Illus. by Sara Infante. 32p. (J). (gr. -1-3). 2021. pap. 8.99 *(978-0-8234-4930-9(0))*; 2019. 17.99 *(978-0-8234-3862-4(7))* Holiday Hse., Inc.

Get Money (Classic Reprint) Louisa C. Tuthill. 2018. (ENG., Illus.). 292p. (J). 29.92 *(978-0-484-67477-5(3))* Forgotten Bks.

Get Movin' Activity Deck for Kids: 48 Creative Movement Ideas for Little Bodies. Jennifer D. Hutton. Illus. by Addy Rivera Sonda. 2023. 62p. (J). (gr. -1-3). 19.95 *(978-1-64547-057-1(1)*, Bala Kids) Shambhala Pubns., Inc.

Get Moving! Describing & Measuring Motion Physics for Grade 2 Children's Physics Books. Baby Professor. 2022. (ENG.). 72p. (J). 31.99 ***(978-1-5419-8910-8(4))***; pap. 19.99 ***(978-1-5419-8731-9(4))*** Speedy Publishing LLC. (Baby Professor (Education Kids)).

Get Moving! Sports & Exercise Coloring Book Edition. Smarter Activity Books for Kids. 2016. (ENG., Illus.). (J). pap. 9.22 *(978-1-68374-320-0(2))* Examined Solutions PTE. Ltd.

Get My Goals. Junior Vasquez. 2023. (ENG.). 104p. (YA). pap. 19.98 ***(978-1-312-57873-9(4))*** Lulu Pr., Inc.

Get My Sh$T Together Journal. Lauryn England & Synovia Dover-Harris. 2020. (ENG., Illus.). 116p. (J). (gr. k-6). pap. 34.95 *(978-1-943284-61-0(X))* A2Z Bks. Publishing.

Get off the Computer Kids Activity Book. Smarter Activity Books for Kids. 2016. (ENG., Illus.). (J). pap. 8.99 *(978-1-68374-321-7(0))* Examined Solutions PTE. Ltd.

Get off Your Phone: The No Phone Zone. Natalie Kristen F. Carricarte. 2020. (ENG.). 36p. (J). 25.95 *(978-1-4808-7247-9(4))*; pap. 16.95 *(978-1-4808-7249-3(0))* Archway Publishing.

Get on My Bus. Andy Donnell & Mike Phillips. 2018. (ENG., Illus.). 100p. (J). pap. *(978-1-9998240-7-5(5))* A Spark in the Sand.

Get on the Ice, Mo! David A. Adler. Illus. by Sam Ricks. 2022. (Mo Jackson Ser.: 8). (ENG.). 32p. (J). (gr. 1-3). 15.99 *(978-0-593-35274-8(2)*, Penguin Young Readers) Penguin Young Readers Group.

Get on Up: #4. Gary Fabbri. Illus. by Alan Brown. 2022. (Back of the Net Ser.). (ENG.). 112p. (J). (gr. 4-9). lib. bdg. 38.50 *(978-1-0982-3337-2(9)*, 41187, Claw) ABDO Publishing Co.

Get Organized Without Losing It. Janet S. Fox. Illus. by Steve Mark. 2017. (Laugh & Learn(r) Ser.). (ENG.). 112p. (J). (gr. 3-7). pap. 10.99 *(978-1-63198-173-9(0)*, 81739) Free Spirit Publishing Inc.

Get Out & Play. John Cena. ed. 2020. (Step into Reading Ser.). (ENG., Illus.). 32p. (J). (gr. k-1). 14.96 *(978-1-64697-161-9(2))* Penworthy Co., LLC, The.

Get Out & Play (Elbow Grease) John Cena. Illus. by Dave Aikins. 2020. (Step into Reading Ser.). 32p. (J). (gr. -1-1). pap. 5.99 *(978-0-525-57758-4(0))*; lib. bdg. 12.99 *(978-0-525-57759-1(9))* Random Hse. Children's Bks. (Random Hse. Bks. for Young Readers).

Get Out & Vote! How You Can Shape the Future. Elizabeth MacLeod. Illus. by Emily Chu. 2023. (Orca Think Ser.: 8). (ENG.). 96p. (J). (gr. 4-7). 26.95 *(978-1-4598-2845-2(3))* Orca Bk. Pubs. USA.

Get Out Monster. Shaniqua Moses. 2020. (ENG., Illus.). 30p. (J). 23.95 *(978-1-64559-503-8(X))*; pap. 13.95 *(978-1-64559-502-1(1))* Covenant Bks.

Get Out, Mouse! The Sound of OU. Kara L. Laughlin. 2020. (Vowel Blends Ser.). (ENG.). 24p. (J). (gr. -1-2). lib. bdg. 32.79 *(978-1-5038-3540-5(5)*, 213438) Child's World, Inc, The.

Get Out of Town. Micol Ostow. 2019. (Penworthy Picks YA Fiction Ser.). (ENG.). 283p. (J). (gr. 6-8). 19.96 *(978-0-87617-689-4(9))* Penworthy Co., LLC, The.

Get Out of Town (Riverdale, Novel 2), 1 vol., Vol. 2. Micol Ostow. 2019. (Riverdale Ser.: 2). (ENG.). 288p. (YA). (gr. 7-7). pap. 9.99 *(978-1-338-28948-0(9))* Scholastic, Inc.

Get Out, Stay Out! Charles Ghigna. Illus. by Glenn Thomas. 2017. (Fire Safety Ser.). (ENG.). 24p. (J). (gr. -1-3). 33.99 *(978-1-68410-029-3(1)*, 31512) Cantata Learning.

Get Out Ya Pluggers! Caz Carter. Illus. by Caz Carter. 2022. (ENG.). 32p. (J). pap. ***(978-1-922850-89-8(6))*** Shawline Publishing Group.

Get Outdoors, 8 vols., Set 1. Incl. Canoeing & Kayaking. Lois Rock. (J). lib. bdg. 28.93 *(978-1-4358-3041-7(5)*, 696db044-ecf8-4a6b-8c3a-12c881e70baf, PowerKids Pr.); Fishing. Nick Ross. (YA). lib. bdg. 28.93 *(978-1-4358-3042-4(3)*, cc938c0d-7b64-4c42-a7c1-03ec00dd9d46); Orienteering. Neil Champion. (YA). lib. bdg. 28.93 *(978-1-4358-3044-8(X)*, ea7e2e27-062f-4bd6-b3f0-35dab72c488f); Rock Climbing. Neil Champion. (YA). lib. bdg. 28.93 *(978-1-4358-3043-1(1)*, e8705b55-1322-4389-8dc6-a91906d7217a); (gr. 4-4). 2009. (Get Outdoors Ser.). (ENG., Illus.). 32p. 2009. Set lib. bdg. 115.72 *(978-1-4358-3231-2(0)*, f5aa904c-7f13-4530-bbf1-9e6c19864afc); Set lib. bdg. 231.44 *(978-1-4488-3309-2(4)*, 59b52beb-7981-45cc-850d-8b220660a3db) Rosen Publishing Group, Inc., The. (PowerKids Pr.).

Get Outdoors: A Mindfulness Guide to Noticing Nature. Paul Christelis. Illus. by Elisa Paganelli. 2018. (Everyday Mindfulness Ser.). (ENG.). 32p. (J). (gr. k-4). 16.99 *(978-1-63198-333-7(4)*, 83337) Free Spirit Publishing Inc.

Get Outdoors: Set 2, 8 vols. Incl. Camping & Hiking. Neil Champion. (gr. 5-5). lib. bdg. 28.93 *(978-1-4488-3295-8(0)*, cf1ff130-b58a-484e-bc01-87cc9905ee08); Mountain Biking. Paul Mason. (gr. 5-5). lib. bdg. 28.93 *(978-1-4488-3296-5(9)*, 68283c3a-2e08-4f66-a9d4-488d41e8ee0a); Sailing. Suzie Porter. (gr. 5-5). lib. bdg. 28.93 *(978-1-4488-3297-2(7)*, 454e96e7-d687-463b-9118-c0441b978eee); Skiing. Clive Gifford. (gr. 4-4). lib. bdg. 28.93 *(978-1-4488-3298-9(5)*, d983e71e-01bc-4c11-84b5-60209056c339); (J). (Get Outdoors Ser.). (ENG., Illus.). 32p. 2011. Set lib. bdg. 115.72 *(978-1-4488-3308-5(6)*, 0ad3deb2-6847-448f-9a59-77c555fea133, PowerKids Pr.) Rosen Publishing Group, Inc., The.

Get Outdoors: Skiing. Clive Gifford. 2016. (Get Outdoors Ser.). (ENG., Illus.). 32p. (J). (gr. 4-6). pap. 11.99 *(978-0-7502-8894-1(9)*, Wayland) Hachette Children's Group GBR. Dist: Hachette Bk. Group.

Get Outer My Space! (the Cosmic Adventures of Astrid & Stella Book #3 (a Hello!Lucky Book)) A Hello!Lucky Book. Sabrina Moyle. Illus. by Eunice Moyle. 2023. (Cosmic Adventures of Astrid & Stella Ser.). (ENG.). 112p. (J). (gr. 1-4). 12.99 ***(978-1-4197-6643-5(0)***, 1799101, Amulet Bks.) Abrams, Inc.

Get Outside Creativity Book: Cutouts, Games, Stencils, Stickers. National Geographic Kids. 2016. 80p. (J). (gr. 1-3). pap. 12.99 *(978-1-4263-2326-3(3)*, National Geographic Kids) Disney Publishing Worldwide.

Get Outside in Fall. Bonnie Hinman. 2019. (Get Outside Ser.). (ENG., Illus.). 32p. (J). (gr. 2-3). 31.35 *(978-1-64185-331-6(X)*, 164185331X, Focus Readers) North Star Editions.

Get Outside in Spring. Sue Gagliardi. 2019. (Get Outside Ser.). (ENG., Illus.). 32p. (J). (gr. 2-3). 31.35 *(978-1-64185-332-3(8)*, 1641853328, Focus Readers) North Star Editions.

Get Outside in Summer. Bonnie Hinman. 2019. (Get Outside Ser.). (ENG., Illus.). 32p. (J). (gr. 2-3). 31.35 *(978-1-64185-333-0(6)*, 1641853336, Focus Readers) North Star Editions.

Get Outside in Winter. Sue Gagliardi. 2019. (Get Outside Ser.). (ENG., Illus.). 32p. (J). (gr. 2-3). pap. 9.95 *(978-1-64185-392-7(1)*, 1641853921); lib. bdg. 31.35 *(978-1-64185-334-7(4)*, 1641853344) North Star Editions. (Focus Readers).

Get Outside (Set Of 4) 2019. (Get Outside Ser.). (ENG.). 128p. (J). (gr. 2-3). pap. 39.80 *(978-1-64185-388-0(3)*, 1641853883); lib. bdg. 125.40 *(978-1-64185-330-9(1)*, 1641853301) North Star Editions. (Focus Readers).

Get Permission: Zhou's Instructive Stories. Sahar Rastegar. l.t. ed. 2022. (Zhou's Instructive Stories Ser.: Vol. 3). (ENG.). 36p. (J). pap. ***(978-1-990760-61-7(9))*** KidsOcado.

Get Ready Books #1: You Can Do It! (PAW Patrol) Random House. Illus. by Random House. 2022. (Pictureback(R) Ser.). (ENG., Illus.). 24p. (J). (gr. -1-2). 5.99 *(978-0-593-43185-6(5)*, Random Hse. Bks. for Young Readers) Random Hse. Children's Bks.

Get Ready Books #2: SpongeBob Goes to the Doctor (SpongeBob SquarePants) Steven Banks. Illus. by Zina Saunders. 2022. (Pictureback(R) Ser.). (ENG.). 24p. (J). (gr. -1-2). 5.99 *(978-0-593-43186-3(3)*, Random Hse. Bks. for Young Readers) Random Hse. Children's Bks.

Get Ready Books #3: Play Fair, Crusher (Blaze & the Monster Machines) Random House. Illus. by Random House. 2023. (Pictureback(R) Ser.). (ENG., Illus.). 24p. (J). (gr. -1-2). 5.99 *(978-0-593-48390-9(1)*, Random Hse. Bks. for Young Readers) Random Hse. Children's Bks.

Get Ready for Christmas! Advent Activity Book-48 Pg. Warner Press. 2018. (ENG.). 48p. (J). pap. 5.99 *(978-1-68434-096-5(9))* Warner Pr., Inc.

Get Ready for First Grade 1 Ages 6-7. Ed. by School Zone. 2017. (ENG., Illus.). 256p. (J). pap. 11.99 *(978-0-88743-681-9(1)*, 88602c58-ab2d-47f0-91e2-fd58a01f50a9) School Zone Publishing Co.

Get Ready for First Grade: On-The-Go. Heather Stella. 2018. (Get Ready for School Ser.). (ENG.). 160p. (J). spiral bd. 13.99 *(978-0-316-48244-8(7)*, Black Dog & Leventhal Pubs. Inc.) Running Pr.

Get Ready for Kindergarten K Ages 5-6. Ed. by School Zone. 2019. (ENG., Illus.). 256p. (J). pap. 11.99 *(978-0-88743-680-2(3)*, b2482ddb-391f-432b-abc0-a6c9eed00fd4) School Zone Publishing Co.

Get Ready for Kindergarten! Little Get Ready! Book. School Zone. 2017. (ENG.). 48p. (J). (gr. -1-k). pap. 3.49 *(978-1-60159-306-1(6)*, 67527e24-0a8b-4fdb-931e-cd4d3a5e2402) School Zone Publishing Co.

Get Ready for Kindergarten: On-The-Go. Heather Stella. 2018. (Get Ready for School Ser.). (ENG.). 160p. (J). spiral bd. 13.99 *(978-0-316-48243-1(9)*, Black Dog & Leventhal Pubs. Inc.) Running Pr.

Get Ready for Kindergarten Wipe-Clean Workbook: Scholastic Early Learners (Wipe Clean) Scholastic. 2020. (Scholastic Early Learners Ser.). (ENG.). 56p. (J). (gr. -1-1). pap. 9.99 *(978-1-338-71593-4(3)*, Cartwheel Bks.) Scholastic, Inc.

Get Ready for Math! Little Get Ready! Book. School Zone. 2017. (ENG.). 48p. (J). (gr. k-1). pap. 3.49 *(978-1-60159-308-5(2)*, 1636f590-ae89-48f3-a66a-e98920a2f937) School Zone Publishing Co.

Get Ready for More Coloring! Color by Reading - 1st Grade Reading Book Children's Reading & Writing Books. Baby Professor. 2018. (ENG., Illus.). 64p. (J). pap. 12.99 *(978-1-5419-3007-0(X)*, Baby Professor (Education Kids)) Speedy Publishing LLC.

Get Ready for Pre-K Alphabet Skills Workbook: Scholastic Early Learners (Workbook) Scholastic Early Learners. 2019. (Scholastic Early Learners Ser.). (ENG.). 24p. (J). (gr. -1 — 1). pap. 3.99 *(978-1-338-30484-8(4))* Scholastic, Inc.

Get Ready for Pre-K Counting Workbook: Scholastic Early Learners (Workbook) Scholastic. 2019. (Scholastic Early Learners Ser.). (ENG.). 24p. (J). (gr. -1 — 1). pap. 3.99 *(978-1-338-30485-5(2))* Scholastic, Inc.

Get Ready for Pre-K First Sorting Workbook: Scholastic Early Learners (Workbook) Scholastic. 2019. (Scholastic Early Learners Ser.). (ENG.). 24p. (J). (gr. -1 — 1). pap. 3.99 *(978-1-338-30475-6(5))* Scholastic, Inc.

Get Ready for Pre-K Learning Pad: Scholastic Early Learners (Learning Pad) Scholastic. 2022. (Scholastic Early Learners Ser.). (ENG.). 124p. (J). (gr. -1-k). pap. 9.99 *(978-1-338-77623-2(1)*, Cartwheel Bks.) Scholastic, Inc.

Get Ready for Pre-K Summer Workbook: Scholastic Early Learners (Wipe-Clean Workbook) Scholastic. 2020. (Scholastic Early Learners Ser.). (ENG.). 80p. (J). (gr. -1-k). pap. 12.99 *(978-1-338-66228-3(7)*, Cartwheel Bks.) Scholastic, Inc.

Get Ready for Pre-K Write & Wipe Practice: Scholastic Early Learners (Write & Wipe) Scholastic. 2018. (Scholastic Early Learners Ser.). (ENG.). 96p. (J). (gr. -1-k). bds. 6.99 *(978-1-338-27229-1(2))* Scholastic, Inc.

Get Ready for Preschool. Contrib. by Highlights Learning. 2023. (Highlights Big Fun Activity Workbooks Ser.). (Illus.). 256p. (J). (— 1). pap. 12.99 *(978-1-64472-665-5(3)*, Highlights) Highlights Pr., c/o Highlights for Children, Inc.

Get Ready for Preschool P Ages 3-5. Ed. by School Zone. 2017. (ENG., Illus.). 256p. (J). pap. 11.99 *(978-0-88743-679-6(X)*, d0e7015c-b6e8-4050-aa47-fd358a0d05f4) School Zone Publishing Co.

Get Ready for School. Janet Nolan. Illus. by Maria Neradova. 2023. (ENG.). 32p. (J). (gr. -1-3). 18.99 *(978-0-8075-2833-4(1)*, 0807528331) Whitman, Albert & Co.

Get Ready for School! an Educational Coloring Book. Activibooks For Kids. 2016. (ENG., Illus.). (J). pap. 9.20 *(978-1-68321-701-5(2))* Mimaxion.

Get Ready for School: Cursive. Heather Stella. 2017. (Get Ready for School Ser.). (ENG.). 128p. (J). (gr. 3-7). spiral bd. 13.99 *(978-0-316-50251-1(0)*, Black Dog & Leventhal Pubs. Inc.) Running Pr.

Get Ready for School: First Grade (Revised & Updated) Heather Stella. rev. ed. 2021. (Get Ready for School Ser.). (ENG., Illus.). 320p. (J). (gr. 1-4). spiral bd. 18.99 *(978-0-7624-7239-0(1)*, Black Dog & Leventhal Pubs. Inc.) Running Pr.

Get Ready for School: First Grade Wipe-Off Workbook. Heather Stella. 2022. (Get Ready for School Ser.). (ENG.). 64p. (J). (gr. k-5). spiral bd. 12.99 *(978-0-7624-7584-1(6)*, Black Dog & Leventhal Pubs. Inc.) Running Pr.

Get Ready for School: Handwriting. Heather Stella. 2017. (Get Ready for School Ser.). (ENG., Illus.). 128p. (J). (gr. -1-3). spiral bd. 13.99 *(978-0-316-50254-2(5)*, Black Dog & Leventhal Pubs. Inc.) Running Pr.

Get Ready for School: Kindergarten (Revised & Updated) Heather Stella. rev. ed. 2020. (Get Ready for School Ser.). (ENG., Illus.). 320p. (J). (gr. -1-1). spiral bd. 18.99 *(978-0-7624-6990-1(0)*, Black Dog & Leventhal Pubs. Inc.) Running Pr.

Get Ready for School: Kindergarten Wipe-Off Workbook. Heather Stella. 2022. (Get Ready for School Ser.). (ENG.). 64p. (J). (gr. -1-2). spiral bd. 12.99 *(978-0-7624-8122-4(6)*, Black Dog & Leventhal Pubs. Inc.) Running Pr.

Get Ready for School: More Kindergarten. Heather Stella. 2019. (Get Ready for School Ser.). (ENG., Illus.). 320p. (J). 18.99 *(978-0-7624-6729-7(0)*, Black Dog & Leventhal Pubs. Inc.) Running Pr.

Get Ready for School: More Pre-K. Heather Stella. 2019. (Get Ready for School Ser.). (ENG., Illus.). 320p. (J). 18.99 *(978-0-7624-6730-3(4)*, Black Dog & Leventhal Pubs. Inc.) Running Pr.

Get Ready for School: Pre-K (Revised & Updated) Heather Stella. rev. ed. 2020. (Get Ready for School Ser.). (ENG., Illus.). 320p. (J). (gr. -1-1). spiral bd. 18.99 *(978-0-7624-6989-5(7)*, Black Dog & Leventhal Pubs. Inc.) Running Pr.

Get Ready for School: Pre-K Wipe-Off Workbook. Heather Stella. 2022. (Get Ready for School Ser.). (ENG.). 64p. (J). (gr. -1-2). spiral bd. 12.99 *(978-0-7624-8121-7(8)*, Black Dog & Leventhal Pubs. Inc.) Running Pr.

Get Ready for School: Second Grade (Revised & Updated) Heather Stella. 2021. (Get Ready for School Ser.). (ENG., Illus.). 320p. (J). (gr. 1-4). spiral bd. 18.99 *(978-0-7624-7240-6(5)*, Black Dog & Leventhal Pubs. Inc.) Running Pr.

Get Ready for School: Second Grade Wipe-Off Workbook. Heather Stella. 2022. (Get Ready for School Ser.). (ENG.). 64p. (J). (gr. k-5). spiral bd. 12.99 *(978-0-7624-7585-8(4)*, Black Dog & Leventhal Pubs. Inc.) Running Pr.

Get Ready for School: Writing Skills. Heather Stella. 2017. (Get Ready for School Ser.). (ENG., Illus.). 128p. (J). (gr. 1-4). spiral bd. 12.99 *(978-0-316-50255-9(3)*, Black Dog & Leventhal Pubs. Inc.) Running Pr.

Get Ready for the Classroom! an Inspiration Coloring Book. Creative Playbooks. 2016. (ENG., Illus.). (J). pap. 7.74 *(978-1-68323-761-7(7))* Twin Flame Productions.

Get Ready! Garbage Truck Coloring Books. Activity Book Zone for Kids. 2016. (ENG., Illus.). (J). pap. 9.20 *(978-1-68376-338-3(6))* Sabeels Publishing.

Get Ready, Santa! Sequoia Children's Publishing. 2019. (ENG.). 10p. (YA). bds. 5.99 *(978-1-64269-144-3(5)*, 4018, Sequoia Publishing & Media LLC) Phoenix International Publications, Inc.

Get Ready to Have Fun with Matching! Activity & Activity Book. Jupiter Kids. 2017. (ENG., Illus.). (J). pap. 9.20 *(978-1-68326-731-7(1)*, Jupiter Kids (Childrens & Kids Fiction)) Speedy Publishing LLC.

Get Ready to Read in Spanish! Language Learning 3rd Grade Children's Foreign Language Books. Baby Professor. 2018. (ENG., Illus.). 64p. (J). pap. 12.99 *(978-1-5419-3092-6(4)*, Baby Professor (Education Kids)) Speedy Publishing LLC.

Get Ready to Read! Little Get Ready! Book. School Zone. 2016. (ENG.). 48p. (J). (gr. k-1). pap. 3.49 *(978-1-60159-307-8(4)*, df629b07-e566-4e82-bedd-3a62e80b498d) School Zone Publishing Co.

Get Ready with Me for School. Joyce Richards. 2019. (ENG.). 24p. (J). pap. 12.95 *(978-1-64299-610-4(6))* Christian Faith Publishing.

Get Real: An Adaptation of the Velveteen Rabbit. John Jimerson. Ed. by Rose Jimerson. Illus. by Danh Tran. 2019. (ENG.). 78p. (J). (gr. 1-4). pap. 14.99 *(978-0-578-44197-9(7))* John M. Jimerson.

Get-Rich-Quick Wallingford: A Cheerful Account of the Rise & Fall of an American Business Buccaneer (Classic Reprint) George R. Chester. 2018. (ENG., Illus.). 462p. (J). 33.43 *(978-0-364-43562-5(3))* Forgotten Bks.

Get Rid of Bullies! Follow the Lead of Fairy Tale Heroes! Eleonora Fornasari. Illus. by Davide Ortu. 2021. (ENG.). 64p. (J). (gr. 2). 16.95 *(978-88-544-1701-4(7))* White Star Publishers ITA. Dist: Sterling Publishing Co., Inc.

Get Rolling with Phonics (Thomas & Friends) 12 Step into Reading Books, 12 vols. Christy Webster. 2016. (Step into Reading Ser.). (ENG., Illus.). 144p. (J). (gr. -1-2). pap. 12.99 *(978-1-101-93726-6(2)*, Random Hse. Bks. for Young Readers) Random Hse. Children's Bks.

Get Set! Piano - Christmas Crackers. Karen Marshall & David Blackwell. 2018. (ENG.). 40p. (J). (gr. 2-4). pap. 13.99 *(978-0-00-830614-4(1))* HarperCollins Pubs. Ltd. GBR. Dist: Independent Pubs. Group.

Get Set! Piano - My First Piano Book. Karen Marshall. Illus. by Julia Patton & Damien Jones. 2020. (Get Set! Ser.). (ENG.). 64p. (J). (gr. 2-4). pap. 13.99 *(978-0-00-835323-0(9))* HarperCollins Pubs. Ltd. GBR. Dist: Independent Pubs. Group.

Get Set! Piano - My First Piano Pieces, Puzzles & Activities. Karen Marshall. Illus. by Julia Patton & Damien Jones. 2020. (Get Set! Ser.). (ENG.). 32p. (J). (gr. 2-4). pap. 11.99 *(978-0-00-835324-7(7))* HarperCollins Pubs. Ltd. GBR. Dist: Independent Pubs. Group.

Get Stuff Done: A Guide to Managing Your Time & Being Productive. Contrib. by Terri Dougherty. 2023. (ENG.). 64p. (J). (gr. 6-12). 43.93 ***(978-1-6782-0604-8(0))*** ReferencePoint Pr., Inc.

Get Talking Chinese: Mandarin Chinese for Beginners. DK. rev. ed. 2021. (ENG.). 128p. (J). (gr. 3-7). pap. 14.99 *(978-0-7440-4069-2(8)*, DK Children) Dorling Kindersley Publishing, Inc.

Get That Ball! Judy Corbalis. 2018. (ENG., Illus.). 32p. (J). (-k). 19.99 *(978-1-78344-169-3(0))* Andersen Pr. GBR. Dist: Independent Pubs. Group.

Get That Broom! & Fizz! Wizz! Katie Dale. Illus. by Lindsay Dale-Scott. 2022. (Early Bird Readers — Red (Early Bird Stories (tm)) Ser.). (ENG.). 32p. (J). (gr. -1-2). pap. 9.99 *(978-1-7284-6312-4(2)*, 37a61b36-1782-41b7-a0ab-c71b0e509429); lib. bdg. 30.65 *(978-1-7284-5880-9(3)*, 5e84452d-81e3-40fe-bb25-9803a1572488) Lerner Publishing Group. (Lerner Pubns.).

Get That Fat Perentie. Margaret James & Alison Furber. 2021. (ENG.). 48p. (J). pap. *(978-1-922591-54-8(8))* Library For All Limited.

Get That Goat! Tallulah May. 2023. (Mighty Express Ser.). (ENG.). 24p. (J). (-k). pap. 5.99 *(978-0-593-52323-0(7)*, Penguin Young Readers Licenses) Penguin Young Readers Group.

Get the Carrot. Jean Franklin. Ed. by Rebecca; Franklin Grudzina. 2016. (Spring Forward Ser.). (ENG.). (J). (gr. 1). 6.84 net. *(978-1-4900-6014-9(6))* Benchmark Education Co.

Get the Echidna. Margaret James. Illus. by Wendy Paterson. 2021. (ENG.). 20p. (J). pap. *(978-1-922591-62-3(9))* Library For All Limited.

Get the Full Picture! Connect the Dots Activity Book. Activibooks For Kids. 2016. (ENG., Illus.). (J). pap. 7.55 *(978-1-68321-475-5(7))* Mimaxion.

Get the Giggles. ed. 2018. (Scholastic Readers Ser.). (ENG.). 32p. (J). (gr. -1-1). 13.89 *(978-1-64310-631-1(7))* Penworthy Co., LLC, The.

Get the Hat & Dad Has a Nap. Robin Twiddy. Illus. by Alex and Batumashvili Dingley. 2023. (Level 2 - Red Set Ser.). (ENG.). 32p. (J). (gr. k-2). lib. bdg. 19.95 Bearport Publishing Co., Inc.

Get the Measure: Units & Measurements (Math Everywhere) (Library Edition) Rob Colson. 2017. (Math Everywhere Ser.). (ENG., Illus.). 32p. (J). (gr. 5-8). lib. bdg. 27.00 *(978-0-531-22883-8(5)*, Children's Pr.) Scholastic Library Publishing.

Get the Moon. Alberto Varando. Ed. by Andrea Colvin. 2020. (ENG., Illus.). 52p. (J). 14.99 *(978-1-941302-59-0(9)*, e05419b7-2bda-42d6-b1c2-356991d1fb31) Magnetic Pr.

Get the Snake. Margaret James. Illus. by Wendy Paterson. 2021. (ENG.). 52p. (J). pap. *(978-1-922591-30-2(0))* Library For All Limited.

Get Thee Behind Me, Satan! A Home-Born Book of Home-Truths (Classic Reprint) Olive Logan. 2017. (ENG., Illus.). (J). 30.21 *(978-0-266-74141-1(X))* Forgotten Bks.

Get to Bed, Legs! A. J. Moore. 2019. (ENG.). 32p. (J). pap. *(978-1-5289-3173-1(4))* Austin Macauley Pubs. Ltd.

Get to Know Animals ... of the Forest. Center Science Teaching and Learning. 2021. (ENG.). 30p. (J). 15.99 *(978-1-63777-097-9(9))*; pap. 7.99 *(978-1-63777-096-2(0))* Red Penguin Bks.

Get to Know Dinosaurs: Bilingual (English / French) (Anglais / Français) Dinosaur Adventures (Engaging Readers, Level 1) Alexis Roumanis. l.t. ed. 2021. (Dinosaur Adventures Bilingual (English / French) (Anglais / Français) Ser.: Vol. 1). (ENG., Illus.). 32p. (J). *(978-1-77476-433-6(4))*; pap. *(978-1-77476-432-9(6))* AD Classic.

Get to Know Dinosaurs: Bilingual (English / Spanish) (Inglés / Español) Dinosaur Adventures (Engaging Readers, Level 1) Alexis Roumanis. l.t. ed. 2021. (Dinosaur Adventures Bilingual (English / Spanish) (Inglés / Español) Ser.: Vol. 1). (ENG., Illus.). 32p. (J). *(978-1-77476-431-2(8))*; pap. *(978-1-77476-430-5(X))* AD Classic.

Get to Know Dinosaurs: Dinosaur Adventures (Engaging Readers, Level 1) Alexis Roumanis. l.t. ed. 2021. (Dinosaur Adventures Ser.: Vol. 1). (ENG., Illus.). 32p. (J). *(978-1-77476-421-3(0))*; pap. *(978-1-77476-422-0(9))* AD Classic.

Get to Know: Money: A Fun, Visual Guide to How Money Works & How to Look after It. Kalpana Fitzpatrick. 2022. (Get to Know Ser.). (ENG.). 96p. (J). (gr. 2-4). 16.99 *(978-0-7440-3497-4(3)*, DK Children) Dorling Kindersley Publishing, Inc.

Get to Know the Chemistry of Colors Children's Science & Nature. Baby Professor. 2017. (ENG., Illus.). (YA). pap. 7.89 *(978-1-5419-0300-5(5)*, Baby Professor (Education Kids)) Speedy Publishing LLC.

Get to Know Willem de Kooning. Charlotte Taylor. 2016. (Famous Artists Ser.). (ENG.). 48p. (J). (gr. 3-4). 27.93 *(978-0-7660-7242-8(8))*; pap. 11.70 *(978-0-7660-7240-4(1))* Enslow Publishing, LLC.

Get to Work!, 12 vols. 2018. (Get to Work! Ser.). (ENG.). 24p. (gr. 2-3). lib. bdg. 145.62 *(978-1-5382-1725-2(2)*, 9188e8aa-7c57-466d-b100-5157e58e089d) Stevens, Gareth Publishing LLLP.

Get to Work! Looking for Clues with a Detective. Joan Stoltman. 2018. (Get to Work! Ser.). 24p. (gr. 2-3). 48.90 *(978-1-5382-1233-2(1))* Stevens, Gareth Publishing LLLP.

Get Together. Miguel Ordonez. Illus. by Miguel Ordonez. 2021. (Illus.). 32p. (J). (— 1). bds. 9.99 *(978-0-593-38478-7(4))* Penguin Young Readers Group.

Get up, Stand Up. Bob Marley & Cedella Marley. Illus. by John Jay Cabuay. (Marley Ser.). (ENG.). (J). (gr. -1 — 1). 2023. 28p. bds. 7.99 *(978-1-7972-1942-4(1))*; 2019. 36p. 16.99 *(978-1-4521-7172-2(6))* Chronicle Bks. LLC.

Get Well, Crabby! Jonathan Fenske. ed. 2022. (Acorn Early Readers Ser.). (ENG.). 44p. (J). (gr. k-1). 15.96 ***(978-1-68505-355-0(6))*** Penworthy Co., LLC, The.

Get Well, Crabby!: an Acorn Book (a Crabby Book #4) Jonathan Fenske. Illus. by Jonathan Fenske. 2022. (Crabby Book Ser.). (ENG.). 48p. (J). (gr. -1-1). pap. 4.99 *(978-1-338-76782-7(8))* Scholastic, Inc.

Get Well, Crabby!: an Acorn Book (a Crabby Book #4) (Library Edition) Jonathan Fenske. Illus. by Jonathan Fenske. 2022. (Crabby Book Ser.). (ENG.). 48p. (J). (gr. -1-1). 23.99 *(978-1-338-76783-4(6))* Scholastic, Inc.

Get Well, Curious George. H. A. Rey. 2017. (Curious George Ser.). (ENG., Illus.). 24p. (J). (gr. -1-3). 14.99 *(978-0-544-97750-1(5)*, 1663693, Clarion Bks.) HarperCollins Pubs.

Get Well, Eva, 16. Rebecca Elliott. ed. 2022. (Branches Early Ch Bks). (ENG.). 72p. (J). (gr. 2-3). 16.46 ***(978-1-68505-328-4(9))*** Penworthy Co., LLC, The.

Get Well, Eva: #16. Rebecca Elliott. Illus. by Rebecca Elliott. 2022. (Owl Diaries). (ENG., Illus.). 80p. (J). (gr. k-2). lib. bdg. 31.36 *(978-1-0982-5238-0(1)*, 41317, Chapter Bks.) Spotlight.

Get Well, Eva: a Branches Book (Owl Diaries #16) Rebecca Elliott. Illus. by Rebecca Elliott. 2022. (Owl Diaries). (ENG.). 80p. (J). (gr. k-2). 24.99 *(978-1-338-74541-2(7))*; pap. 5.99 *(978-1-338-74540-5(9))* Scholastic, Inc.

Get Well, Nubs! (Star Wars: Young Jedi Adventures) Golden Books. Illus. by Golden Books. 2023. (Little Golden Book Ser.). (ENG., Illus.). 24p. (J). (-k). 5.99 *(978-0-7364-4391-3(6)*, Golden Bks.) Random Hse. Children's Bks.

Get Well Soon. Aushmitha Grewal. 2020. (ENG.). 46p. (YA). pap. 8.00 *(978-1-716-38832-3(5))* Lulu Pr., Inc.

Get Well Soon! Sesame Workshop & Erin Guendelsberger. 2020. (Sesame Street Scribbles Ser.). (ENG.). 40p. (J). (gr. -1-3). 10.99 *(978-1-7282-0546-5(8))* Sourcebooks, Inc.

Get Well Soon. Agnes De Bezenac. Illus. by Agnes De Bezenac. l.t. ed. 2020. (ENG.). 62p. (J). 11.99 *(978-1-63474-393-8(8))*; pap. 6.50 *(978-1-63474-392-1(X))* iCharacter.org.

Get Well Soon, Spot. Eric Hill. 2017. (Spot Ser.). (ENG., Illus.). 12p. (J). (-k). bds. 6.99 *(978-0-14-137242-6(7)*, Warne) Penguin Young Readers Group.

Get Your Colors Right, Kid: Color by Number Activity Books for Kids Bundle, 2 vols. Speedy Publishing Books. 2019. (ENG.). 212p. (J). pap. 19.99 *(978-1-5419-7266-7(X))* Speedy Publishing LLC.

Get Your Dragon to Eat Healthy Food: A Story about Nutrition & Healthy Food Choices. Steve Herman. 2021. (My Dragon Bks.: Vol. 42). (ENG.). 46p. (J). 18.85 *(978-1-64916-101-7(8))*; pap. 12.95 *(978-1-64916-100-0(X))* Digital Golden Solutions LLC.

Get Your Dragon to Try New Things: Help Your Dragon to Overcome Fears. a Cute Children Story to Teach Kids to Embrace Change, Learn New Skills, Try New Things & Expand Their Comfort Zone. Steve Herman. 2018. (My Dragon Bks.: Vol. 19). (ENG.). 46p. (J). (gr. k-6). 18.95 *(978-1-948040-58-7(1))*; pap. 12.95 *(978-1-948040-57-0(3))* Digital Golden Solutions LLC.

Get Your Exercise! Katie Marsico. Illus. by Jeff Bane. 2019. (My Early Library: My Healthy Habits Ser.). (ENG.). 24p. (J). (gr. k-1). pap. 12.79 *(978-1-5341-3935-0(4)*, 212569); lib. bdg. 30.64 *(978-1-5341-4279-4(7)*, 212568) Cherry Lake Publishing.

Get Your Grumps Out. Suzanne Lang. ed. 2022. (Step into Reading Ser.). (ENG.). 32p. (J). (gr. 2-3). 16.96 ***(978-1-68505-312-3(2))*** Penworthy Co., LLC, The.

Get Your Man: A Canadian Mounted Mystery (Classic Reprint) Ethel Dorrance. 2018. (ENG., Illus.). 322p. (J). 30.54 *(978-0-428-47448-5(9))* Forgotten Bks.

Getaway. Lamar Giles. 2022. (ENG.). 400p. (YA). (gr. 7). 19.99 *(978-1-338-75201-4(4)*, Scholastic Pr.) Scholastic, Inc.

Getaway. Jeff Kinney. 2018. (Diary of a Wimpy Kid Ser.). (ENG., Illus.). 224p. (J). (gr. 3-7). pap. 7.99 *(978-1-4197-3266-9(8)*, Amulet Bks.) Abrams, Inc.

Getaway. Jeff Kinney. ed. (Diary of a Wimpy Kid Ser.: 12). 2018. lib. bdg. 29.40 *(978-0-606-41279-7(4))*; 2017. (J). lib. bdg. 25.70 *(978-0-606-40451-8(1))* Turtleback.

Getaway (Diary of a Wimpy Kid Book 12) Jeff Kinney. 2017. (ENG.). 224p. (J). (gr. 3-7). 14.99 *(978-1-4197-4198-2(5)*, Amulet Bks.) Abrams, Inc.

Getaway (Diary of a Wimpy Kid Book 12) (Exclusive B&N Edition) Jeff Kinney. 2017. (Diary of a Wimpy Kid Ser.). (ENG.). 224p. (J). (gr. 3-7). 13.95 *(978-1-4197-3060-3(6)*, Amulet Bks.) Abrams, Inc.

Gettin' Acquainted: A Small Town Comedy (Classic Reprint) Georgia Earle. 2018. (ENG., Illus.). 40p. (J). 24.72 *(978-0-267-29119-9(1))* Forgotten Bks.

Gettin' Around! a Kid's Guide to Brugge, Belgium. Penelope Dyan. l.t. ed. 2018. (ENG., Illus.). 34p. (J). (gr. k-4). pap. 12.60 *(978-1-61477-331-3(9))* Bellissima Publishing, LLC.

Getting a Credit Card, 1 vol. Ann Byers. Ed. by Xina M. Uhl. 2019. (Managing Your Money & Finances Ser.). (ENG.). 64p. (gr. 6-6). pap. 13.95 *(978-1-5081-8851-3(3)*, b3081c95-f6a6-4767-82ae-807868a30074) Rosen Publishing Group, Inc., The.

Getting a Dog. Jeri Cipriano. 2021. (My First Time (LOOK! Books (tm)) Ser.). (ENG., Illus.). 24p. (J). (gr. k-2). pap. 8.99 *(978-1-64371-098-3(2)*, 05000812-f3c2-40b0-b78a-b568817d2669); lib. bdg. 25.32 *(978-1-64371-092-1(3)*, 61fc5fc1-a6f8-4725-a259-b987e4c60a6d) Red Chair Pr.

Getting a Hobby: A Drawing & Activity Book for Adults. Activibooks. 2016. (ENG., Illus.). (J). pap. 6.99 *(978-1-68321-525-7(7))* Mimaxion.

Getting a Job. Leanne Currie-McGhee. 2019. (Teen Life Skills Ser.). (ENG.). 64p. (J). (gr. 6-12). 41.27 *(978-1-68282-743-7(7))* ReferencePoint Pr., Inc.

Getting a Job in Accounting, 1 vol. Jamal Hinnant & Amy Beattie. 2016. (Job Basics: Getting the Job You Need Ser.). (ENG., Illus.). 80p. (J). (gr. 8-8). lib. bdg. 38.41 *(978-1-4777-8560-7(4)*, 93ec1418-ca84-4671-9ec5-e2370b145bfa) Rosen Publishing Group, Inc., The.

Getting a Job in Education, 1 vol. Laura La Bella. 2016. (Job Basics: Getting the Job You Need Ser.). (ENG.). 80p. (J). (gr. 8-8). 38.41 *(978-1-4777-8566-9(3)*, 0fd901db-8e67-4a55-b441-8217eeed931e) Rosen Publishing Group, Inc., The.

Getting a Job in the Construction Industry, 1 vol. Philip Wolny. 2016. (Job Basics: Getting the Job You Need Ser.). (ENG., Illus.). 80p. (J). (gr. 8-8). 38.41 *(978-1-4777-8564-5(7)*, 8680c596-cd70-492f-a0bf-1b590f48add0) Rosen Publishing Group, Inc., The.

Getting a Job in the IT Industry, 1 vol. Mary-Lane Kamberg. 2016. (Job Basics: Getting the Job You Need Ser.). (ENG., Illus.). 80p. (J). (gr. 8-8). 38.41 *(978-1-4777-8556-0(6)*, 7a4b3c14-e710-450a-bfa8-243907ff473c) Rosen Publishing Group, Inc., The.

Getting a Job in the Legal Profession, 1 vol. Kathy Furgang. 2016. (Job Basics: Getting the Job You Need Ser.). (ENG., Illus.). 80p. (J). (gr. 8-8). 38.41 *(978-1-4777-8562-1(0)*, 74ecfcff-80c7-48f9-9df1-c63837ae08d0) Rosen Publishing Group, Inc., The.

Getting a Job in the Retail Industry, 1 vol. Laura La Bella. 2016. (Job Basics: Getting the Job You Need Ser.). (ENG., Illus.). 80p. (J). (gr. 8-8). 38.41 *(978-1-4777-8558-4(2)*, 7dd203d2-9273-4f52-bc3c-6e39220b707e) Rosen Publishing Group, Inc., The.

Getting a Job in the Transportation Industry, 1 vol. Katherine Yaun. 2016. (Job Basics: Getting the Job You Need Ser.). (ENG.). 80p. (J). (gr. 8-8). 38.41 *(978-1-4777-8568-3(X)*, a2927edc-a51c-421a-a0bd-5e76a1b4c3a5) Rosen Publishing Group, Inc., The.

Getting a New Baby. Jeri Cipriano. 2021. (My First Time (LOOK! Books (tm)) Ser.). (ENG., Illus.). 24p. (J). (gr. k-2). pap. 8.99 *(978-1-64371-099-0(0)*, a41838ce-587f-4627-9909-93c3d966ecb7); lib. bdg. 25.32 *(978-1-64371-093-8(1)*, 7f548b9b-7908-4169-b8ba-aa7e6c5c8cec) Red Chair Pr.

Getting a Pet. Harold Rober. 2017. (Bumba Books (r) — Fun Firsts Ser.). (ENG., Illus.). 24p. (J). (gr. -1-1). 26.65 *(978-1-5124-2553-6(2)*, 5ddc1ea3-2a2e-4785-afd3-5fcb66f1ca2d); E-Book 39.99 *(978-1-5124-2749-3(7))*; E-Book 4.99 *(978-1-5124-3675-4(5)*, 9781512436754); E-Book 39.99 *(978-1-5124-3674-7(7)*, 9781512436747) Lerner Publishing Group. (Lerner Pubns.).

Getting Along. Terri Fields. 2018. (I Wonder Ser.). (ENG., Illus.). 16p. (gr. -1-2). lib. bdg. 28.50 *(978-1-64156-185-3(8)*, 9781641561853) Rourke Educational Media.

Getting along Like Cats & Dogs: Kitty & Puppy at the Hay House. David Brown. 2022. (ENG.). 38p. (J). pap. 19.95 *(978-1-0880-2657-1(5))* Casemate Academic.

Getting along Like Cats & Dogs: Kitty & Puppy at the Hay House. David Brown. 2022. (ENG.). 38p. (J). 25.00 ***(978-1-0879-5838-5(5))*** Indy Pub.

Getting along, Vol. 2 Of 2: A Book of Illustrations (Classic Reprint) Chesebro' Chesebro'. 2018. (ENG., Illus.). (J). 30.68 *(978-0-332-02062-4(2))* Forgotten Bks.

Getting along with Lola Bird. Rita Di Gianvittorio. Illus. by Rita Di Gianvittorio. 2018. (ENG., Illus.). 36p. (J). (gr. k-2). pap. *(978-1-7752708-0-5(7))* Gianvittorio, Rita Di.

Getting Away with Murder: The True Story of the Emmett till Case. Chris Crowe. 2018. (ENG., Illus.). 144p. (YA). (gr. 7). pap. 12.99 *(978-0-451-47872-6(X)*, Speak) Penguin Young Readers Group.

Getting Crafty (Set), 6 vols. 2023. (Getting Crafty Ser.). (ENG., Illus.). 32p. (J). (gr. 4-8). 192.42 *(978-1-6689-1878-4(1)*, 221856); pap., pap., pap. 85.26 *(978-1-6689-2008-4(5)*, 221986) Cherry Lake Publishing. (45th Parallel Press).

Getting Creative: How to Sketch from the Imagination Activity Book. Jupiter Kids. 2017. (ENG., Illus.). (YA). pap. 9.20 *(978-1-68326-732-4(X)*, Jupiter Kids (Childrens & Kids Fiction)) Speedy Publishing LLC.

Getting Creative with Fab Lab, 12 vols. 2016. (Getting Creative with Fab Lab Ser.). (ENG.). 00064p. (J). (gr. 6-6). 216.78 *(978-1-5081-7366-3(4)*, aecafc58-7636-4ee8-80a2-77e2813e2f0c, Rosen Central) Rosen Publishing Group, Inc., The.

Getting Dizzy. Shea Fontana. Illus. by Celia Moscote. 2022. (ENG.). 144p. (YA). pap. 14.99 *(978-1-68415-838-6(9))* BOOM! Studios.

Getting Exercise. Meg Gaertner. 2022. (Taking Care of Myself Ser.). (ENG., Illus.). 24p. (J). (gr. k-1). pap. 8.95 *(978-1-64619-518-3(3))*; lib. bdg. 28.50 *(978-1-64619-491-9(8))* Little Blue Hse. (Little Blue Readers).

Getting from Place to Place Coloring Book. Activity Book Zone for Kids. 2016. (ENG., Illus.). (J). pap. 9.20 *(978-1-68376-434-2(X))* Sabeels Publishing.

Getting from Place to Place in My Community. Bobbie Kalman. 2017. (My World Ser.). (Illus.). 24p. (J). (gr. 1-1). *(978-0-7787-9596-4(9))*; pap. *(978-0-7787-9604-6(3))* Crabtree Publishing Co.

Getting Glasses. Jeri Cipriano. 2021. (My First Time (LOOK! Books (tm)) Ser.). (ENG., Illus.). 24p. (J). (gr. k-2). pap. 8.99 *(978-1-64371-100-3(8)*, 128e5edd-be1d-4115-b052-48f15aedd522); lib. bdg. 25.32 *(978-1-64371-094-5(X)*, 537a16e6-2c09-46ab-905a-8c9a1ceea112) Red Chair Pr.

Getting Home. Stephanie Perry Moore. 2018. (Attack on Earth Ser.). (ENG.). 104p. (YA). (gr. 6-12). pap. 7.99 *(978-1-5415-2628-0(7)*, 6c7038c6-4bf9-4551-b3f6-a8e5fdd1c3f5); lib. bdg. 26.65 *(978-1-5415-2575-7(2)*, 300dbd6a-844a-436f-b919-a2b2b67e6f26) Lerner Publishing Group. (Darby Creek).

Getting Hurt. Joy Berry. 2019. (ENG., Illus.). 34p. (J). pap. 8.99 *(978-0-7396-0343-7(4))* Inspired Studios Inc.

Getting into the Detective Agency. Allison Lee. 2016. (ENG., Illus.). (J). pap. *(978-0-9737453-4-4(7))* Doyle-Ingram, Suzanne.

Getting Lost. Samantha Patterson. 2020. (ENG.). 24p. (J). 18.99 *(978-1-952320-90-3(9))*; pap. 9.99 *(978-1-952320-89-7(5))* Yorkshire Publishing Group.

Getting Lost: The Creek. Samantha Patterson. 2023. (ENG.). 24p. (J). pap. 12.98 ***(978-1-957262-72-7(9))***; (Getting Lost Ser.: Vol. 2). 21.99 ***(978-1-957262-79-6(6))*** Yorkshire Publishing Group.

Getting of Wisdom. Henry Handel Richardson. 2022. (Mint Editions — The Children's Library). (ENG.). 184p. (J). 14.99 *(978-1-5131-3393-5(4)*, West Margin Pr.) West Margin Pr.

Getting of Wisdom (Classic Reprint) Henry Handel Richardson. 2018. (ENG., Illus.). 286p. (J). 29.82 *(978-0-364-32414-1(7))* Forgotten Bks.

Getting Out & Getting Along: The Shy Guide to Friends & Relationships. Karen Latchana Kenney. 2019. (Shy Guides). (ENG., Illus.). 48p. (J). (gr. 4-8). pap. 8.95 *(978-0-7565-6022-5(5)*, 139141); lib. bdg. 31.99 *(978-0-7565-6018-8(7)*, 139137) Capstone. (Compass Point Bks.).

Getting Out of Mazes! the Wind down Activity Book. Jupiter Kids. 2017. (ENG., Illus.). (J). pap. 9.20 *(978-1-68326-759-1(1)*, Jupiter Kids (Childrens & Kids Fiction)) Speedy Publishing LLC.

Getting over Max Cooper. Marcelle Karp. 2022. 288p. (YA). (gr. 7). 17.99 *(978-0-593-32504-9(4)*, G.P. Putnam's Sons Books for Young Readers) Penguin Young Readers Group.

Getting Paid to Blog & Vlog, 1 vol. Richard Barrington. 2016. (Turning Your Tech Hobbies into a Career Ser.). (ENG.). 80p. (J). (gr. 7-7). 37.47 *(978-1-5081-7290-1(0)*, 616bce10-1bff-4f13-9ecc-ad5834f2ea58) Rosen Publishing Group, Inc., The.

Getting Paid to Make Cosplay Costumes & Props, 1 vol. Christy Mihaly. 2016. (Turning Your Tech Hobbies into a Career Ser.). (ENG.). 80p. (J). (gr. 7-7). 37.47 *(978-1-5081-7302-1(8)*, eba5983f-8475-4c79-8ae6-ce7347b57d10) Rosen Publishing Group, Inc., The.

Getting Paid to Make Games & Apps, 1 vol. Kristina Lyn Heitkamp. 2016. (Turning Your Tech Hobbies into a Career Ser.). (ENG.). 80p. (J). (gr. 7-7). 37.47 *(978-1-5081-7296-3(X)*, d5b68163-db25-4075-9065-8dc5499e5e00) Rosen Publishing Group, Inc., The.

Getting Paid to Manage Social Media, 1 vol. Don Rauf. 2016. (Turning Your Tech Hobbies into a Career Ser.). (ENG., Illus.). 80p. (J). (gr. 7-7). 37.47 *(978-1-5081-7294-9(3)*, 4128574e-7fce-4949-b4ab-005aa847f2dd) Rosen Publishing Group, Inc., The.

Getting Paid to Moderate Websites, 1 vol. Carla Mooney. 2016. (Turning Your Tech Hobbies into a Career Ser.). (ENG., Illus.). 80p. (J). (gr. 7-7). 37.47 *(978-1-5081-7300-7(1)*, 957c04fb-ee7f-4043-b5c2-a21829e91dbb) Rosen Publishing Group, Inc., The.

Getting Paid to Produce Videos, 1 vol. Carol Hand. 2016. (Turning Your Tech Hobbies into a Career Ser.). (ENG., Illus.). 80p. (J). (gr. 7-7). 37.47 *(978-1-5081-7292-5(7)*, b40702c0-9655-4b46-b648-65d67ecf36a2) Rosen Publishing Group, Inc., The.

Getting Paid to Work in 3D, 1 vol. Don Rauf. 2016. (Turning Your Tech Hobbies into a Career Ser.). (ENG., Illus.). 80p. (J). (gr. 7-7). 37.47 *(978-1-5081-7298-7(6)*, f7c02af1-c5a3-4a44-8ee3-7e4d9de19149) Rosen Publishing Group, Inc., The.

Getting Ready. Child's Play. Illus. by Cocoretto. 2017. (Tactile Bks.). (ENG.). 12p. (J). *(978-1-84643-886-8(1))* Child's Play International Ltd.

Getting Ready for High-Stakes Assessment Algebra 1. Hmh Hmh. 2017. (Aga Ser.). (ENG.). 144p. (YA). (gr. 9-12). pap. 15.00 *(978-1-328-93851-0(4))* Houghton Mifflin Harcourt Publishing Co.

Getting Ready for High-Stakes Assessment Algebra 2. Hmh Hmh. 2017. (Aga Ser.). (ENG.). 152p. (YA). (gr. 9-12). pap. 15.00 *(978-1-328-93856-5(5))* Houghton Mifflin Harcourt Publishing Co.

Getting Ready for High-Stakes Assessment Geometry. Hmh Hmh. 2017. (Aga Ser.). (ENG.). 120p. (YA). (gr. 9-12). pap. 15.00 *(978-1-328-93852-7(2))* Houghton Mifflin Harcourt Publishing Co.

Getting Ready for High-Stakes Assessment Integrated 1. Hmh Hmh. 2017. (Integrated Mathematics Ser.). (ENG.). 136p. (YA). (gr. 9-12). pap. 15.00 *(978-1-328-93857-2(3))* Houghton Mifflin Harcourt Publishing Co.

Getting Ready for High-Stakes Assessment Integrated 3. Hmh Hmh. 2017. (Integrated Mathematics Ser.). (ENG.). 152p. (YA). (gr. 9-12). pap. 15.00 *(978-1-328-93859-6(X))* Houghton Mifflin Harcourt Publishing Co.

Getting Ready for School. Illus. by Alessandra Psacharopulo. 2017. (ENG.). 18p. (J). (gr. -1). bds. 6.95 *(978-88-544-1196-8(5))* White Star Publishers ITA. Dist: Sterling Publishing Co., Inc.

Getting Ready for the Assessments Student Edition Grade 1. Hmh Hmh. 2017. (Go Math! Spanish Ser.). (SPA.). 96p. (J). (gr. 1). pap. 12.87 *(978-1-328-99991-7(2))* Houghton Mifflin Harcourt Publishing Co.

Getting Ready for the Assessments Student Edition Grade 2. Hmh Hmh. 2017. (Go Math! Spanish Ser.). (SPA.). 104p. (J). (gr. 2). pap. 12.87 *(978-1-328-99992-4(0))* Houghton Mifflin Harcourt Publishing Co.

Getting Ready for the Assessments Student Edition Grade 3. Hmh Hmh. 2017. (Go Math! Spanish Ser.). (SPA.). 112p. (J). (gr. 3). pap. 12.87 *(978-1-328-99993-1(9))* Houghton Mifflin Harcourt Publishing Co.

Getting Ready for the Assessments Student Edition Grade 4. Hmh Hmh. 2017. (Go Math! Spanish Ser.). (SPA.). 120p. (J). (gr. 4). pap. 12.87 *(978-1-328-99994-8(7))* Houghton Mifflin Harcourt Publishing Co.

Getting Ready for the Assessments Student Edition Grade 5. Hmh Hmh. 2017. (Go Math! Spanish Ser.). (SPA.). 120p. (J). (gr. 5). pap. 12.87 *(978-1-328-99995-5(5))* Houghton Mifflin Harcourt Publishing Co.

Getting Ready for the Assessments Student Edition Grade K. Hmh Hmh. 2017. (Go Math! Spanish Ser.). (SPA.). 96p. (J). (gr. k). pap. 12.87 *(978-1-328-99990-0(4))* Houghton Mifflin Harcourt Publishing Co.

Getting Ready for the New Jersey State Assessments Student Edition Grade 1. Hmh Hmh. 2017. (Go Math! Ser.). (ENG.). 96p. (J). (gr. 1). pap. 9.93 *(978-1-328-96069-6(2))* Houghton Mifflin Harcourt Publishing Co.

Getting Ready for the New Jersey State Assessments Student Edition Grade 2. Hmh Hmh. 2017. (Go Math! Ser.). (ENG.). 104p. (J). (gr. 2). pap. 9.93 *(978-1-328-96070-2(6))* Houghton Mifflin Harcourt Publishing Co.

Getting Ready for the New Jersey State Assessments Student Edition Grade 3. Hmh Hmh. 2017. (Go Math! Ser.). (ENG.). 112p. (J). (gr. 3). pap. 9.93 *(978-1-328-96071-9(4))* Houghton Mifflin Harcourt Publishing Co.

Getting Ready for the New Jersey State Assessments Student Edition Grade 4. Hmh Hmh. 2017. (Go Math! Ser.). (ENG.). 120p. (J). (gr. 4). pap. 9.93 *(978-1-328-96072-6(2))* Houghton Mifflin Harcourt Publishing Co.

Getting Ready for the New Jersey State Assessments Student Edition Grade 5. Hmh Hmh. 2017. (Go Math! Ser.). (ENG.). 120p. (J). (gr. 5). pap. 9.93 *(978-1-328-96073-3(0))* Houghton Mifflin Harcourt Publishing Co.

Getting Ready for the New Jersey State Assessments Student Edition Grade 6. Hmh Hmh. 2017. (Go Math! Ser.). (ENG.). 88p. (J). (gr. 6). pap. 12.27 *(978-1-328-96161-7(3))* Houghton Mifflin Harcourt Publishing Co.

Getting Ready for the New Jersey State Assessments Student Edition Grade 7. Hmh Hmh. 2017. (Go Math! Ser.). (ENG.). 80p. (YA). (gr. 7). pap. 12.27 *(978-1-328-96162-4(1))* Houghton Mifflin Harcourt Publishing Co.

Getting Ready for the New Jersey State Assessments Student Edition Grade 8. Hmh Hmh. 2017. (Go Math! Ser.). (ENG.). 80p. (YA). (gr. 8). pap. 12.27 *(978-1-328-96163-1(X))* Houghton Mifflin Harcourt Publishing Co.

Getting Ready for the New Jersey State Assessments Student Edition Grade K. Hmh Hmh. 2017. (Go Math! Ser.). (ENG.). 96p. (J). (gr. k). pap. 9.93 *(978-1-328-96068-9(4))* Houghton Mifflin Harcourt Publishing Co.

Getting Ready for the Pssa Student Edition Grade 1. Hmh Hmh. 2016. (Go Math Spanish Ser.). 160p. (J). (gr. 1). (SPA.). pap. 9.73 *(978-0-544-90012-7(X))*; (ENG.). pap. 9.00 *(978-0-544-90005-9(7))* Houghton Mifflin Harcourt Publishing Co.

Getting Ready for the Pssa Student Edition Grade 2. Hmh Hmh. 2016. (Go Math Spanish Ser.). 152p. (J). (gr. 2). (SPA.). pap. 9.73 *(978-0-544-90013-4(8))*; (ENG.). pap. 9.00 *(978-0-544-90006-6(5))* Houghton Mifflin Harcourt Publishing Co.

Getting Ready for the Pssa Student Edition Grade 3. Hmh Hmh. 2016. (Go Math Spanish Ser.). 160p. (J). (gr. 3). (SPA.). pap. 9.73 *(978-0-544-90014-1(6))*; (ENG.). pap. 9.00 *(978-0-544-90007-3(3))* Houghton Mifflin Harcourt Publishing Co.

Getting Ready for the Pssa Student Edition Grade 4. Hmh Hmh. 2016. (Go Math Spanish Ser.). 168p. (J). (gr. 4). (SPA.). pap. 9.73 *(978-0-544-90015-8(4))*; (ENG.). pap. 9.00 *(978-0-544-90008-0(1))* Houghton Mifflin Harcourt Publishing Co.

Getting Ready for the Pssa Student Edition Grade 5. Hmh Hmh. 2016. (Go Math Spanish Ser.). 152p. (J). (gr. 5). (SPA.). pap. 9.73 *(978-0-544-90016-5(2))*; (ENG.). pap.

746

The check digit for ISBN-10 appears in parentheses after the full ISBN-13

9.00 (978-0-544-90009-7(X)) Houghton Mifflin Harcourt Publishing Co.

Getting Ready for the Pssa Student Edition Grade 6. Hmh Hmh. 2016. (Go Math Spanish Ser.). 168p. (J). (gr. 6). (SPA.). pap. 9.73 (978-0-544-90017-2(0)); (ENG.). pap. 9.00 (978-0-544-90010-3(3)) Houghton Mifflin Harcourt Publishing Co.

Getting Ready for the Pssa Student Edition Grade K. Hmh Hmh. 2016. (Go Math Spanish Ser.). 128p. (J). (gr. k). (SPA.). pap. 9.73 (978-0-544-90011-0(1)); (ENG.). pap. 9.00 (978-0-544-90004-2(9)) Houghton Mifflin Harcourt Publishing Co.

Getting Ready for Your Wedding Day Activity Book. Jupiter Kids. 2017. (ENG., Illus.). (J). pap. 9.20 (978-1-68326-760-7(5), Jupiter Kids (Childrens & Kids Fiction)) Speedy Publishing LLC.

Getting Ready to Move. Jeri Cipriano. 2021. (My First Time (LOOK! Books (tm)) Ser.). (ENG., Illus.). 24p. (J). (gr. k-2). pap. 8.99 (978-1-64371-101-0(6), 390cf2b6-873f-4604-9602-1d95f196a872); lib. bdg. 25.32 (978-1-64371-095-2(8), 57ac1211-8925-49bf-bbe2-ed0e93cb9c00) Red Chair Pr.

Getting Ready to Read Matching Game Activity Book. Jupiter Kids. 2017. (ENG., Illus.). (J). pap. 9.20 (978-1-68326-761-4(3), Jupiter Kids (Childrens & Kids Fiction)) Speedy Publishing LLC.

Getting Rid of the Worms: Soil. Hye-Ok Lee. Illus. by Seong-hye Hwang. 2020. (Green Earth Tales Ser.). (ENG.). 32p. (J). (gr. k-4). pap. 8.99 (978-1-925235-60-9(2), def5c17b-3bb8-4053-8868-f98606362152); lib. bdg. 27.99 (978-1-925235-64-7(5), c61e982d-eb64-4c4a-b597-3863864d3e21) ChoiceMaker Pty. Ltd., The AUS. (Big and SMALL). Dist: Lerner Publishing Group.

Getting Sleep. Meg Gaertner. 2022. (Taking Care of Myself Ser.). (ENG., Illus.). 24p. (J). (gr. k-1). pap. 8.95 (978-1-64619-519-0(1)); lib. bdg. 28.50 (978-1-64619-492-6(6)) Little Blue Hse. (Little Blue Readers).

Getting Sleep. Kirsten Chang & Kirsten Chang. 2022. (Healthy Life Ser.). (ENG., Illus.). 24p. (J). (gr. k-3). pap. 7.99 (978-1-64834-664-4(2), 21376, Blastoff! Readers) Bellwether Media.

Getting Smelly to Survive. Clara MacCarald. 2022. (Animal Survival Ser.). (ENG.). 32p. (J). (gr. 2-5). lib. bdg. 34.22 (978-1-5321-9850-2(7), 39711, Kids Core) ABDO Publishing Co.

Getting Smelly to Survive. Clara MacCarald. 2022. (Animal Survival Ser.). (ENG.). 32p. (J). (gr. 3-3). pap. 9.95 (978-1-64494-767-8(6)) North Star Editions.

Getting Started in French for Kids a Children's Learn French Books. Baby Professor. 2017. (ENG., Illus.). (J). pap. 7.89 (978-1-5419-0182-7(7), Baby Professor (Education Kids)) Speedy Publishing LLC.

Getting Started with Drawing Basic Shapes Activity Book. Jupiter Kids. 2017. (ENG., Illus.). (J). pap. 9.20 (978-1-68326-762-1(1), Jupiter Kids (Childrens & Kids Fiction)) Speedy Publishing LLC.

Getting Started with Electronics. Cathleen Shamieh. ed. 2018. (For Dummies Junior Ser.). (ENG.). 122p. (J). (gr. 3-5). 20.36 (978-1-64310-454-6(3)) Penworthy Co., LLC, The.

Getting Started with Electronics: Build Electronic Circuits! Cathleen Shamieh. 2016. (Dummies Junior Ser.). (ENG., Illus.). 128p. pap. 9.99 (978-1-119-31380-9(5), For Dummies) Wiley, John & Sons, Inc.

Getting Started with Math, 8 vols., Set. Amy Rauen. Incl. Adding & Subtracting at the Lake. lib. bdg. 21.67 (978-0-8368-8983-3(5), 78a46f6d-7777-4d2f-b30d-555e177ca563); Counting at the Market. lib. bdg. 21.67 (978-0-8368-8981-9(9), ac3553e2-1c64-4aad-800d-8e2e3acd6dc8); Finding Shortest & Longest. lib. bdg. 21.67 (978-0-8368-8982-6(7), 37efd4d4-1e51-4948-a434-311153a89b86); Using Math Outdoors. lib. bdg. 21.67 (978-0-8368-8984-0(3), 230af042-d210-4cf1-bf77-70a868d0b946); (Illus.). (gr. k-1). (Getting Started with Math Ser.). (ENG.). 16p. 2008. Set lib. bdg. 86.01 (978-0-8368-8980-2(0), 22dc6c91-4c07-4fba-9507-ddfa97a56d14, Weekly Reader Leveled Readers) Stevens, Gareth Publishing LLLP.

Getting Started with Raspberry Pi. Richard Wentk. 2016. (Illus.). iv, 124p. (J). (978-1-5182-3424-8(0)) Wiley, John & Sons, Inc.

Getting Started with the Micro:bit: Coding & Making with the BBC's Open Development Board. Wolfram Donat. 2017. (ENG., Illus.). 160p. pap. 19.99 (978-1-68045-302-7(5)) O'Reilly Media, Inc.

Getting the Best Out of College for Students on the Autism Spectrum: A Workbook for Entering Further Education. Kate Ripley & Rebecca Murphy. 2020. (Illus.). 160p. (J). 20.95 (978-1-78775-329-7(8), 731176) Kingsley, Jessica Pubs. GBR. Dist: Hachette UK Distribution.

Getting the Brain Ready for Early Learning. Lorraine Anderson & J. Cecil Anderson. Illus. by J. Cecil Anderson. 2019. (Habari Bks.: 1). (ENG., Illus.). 32p. (J). (gr. k-1). pap. 10.95 (978-0-578-55615-4(4)) Holy Child Pubns.

Getting the Brush Off, 1 vol. Mere Joyce. 2017. (Orca Limelights Ser.). (ENG.). 120p. (J). (gr. 4-7). pap. 9.95 (978-1-4598-1358-8(8)) Orca Bk. Pubs. USA.

Getting the Dirt on Soil: Leveled Reader Card Book 45 Level Q 6 Pack. Hmh Hmh. 2021. (SPA.). (J). pap. 74.40 (978-0-358-08127-2(0)) Houghton Mifflin Harcourt Publishing Co.

Getting the Edge: Conditioning, Injuries, & Legal & Illicit Drugs, 14 vols., Set. Incl. Baseball & Softball. Gabriel Sanna. lib. bdg. 24.95 (978-1-4222-1730-6(2)); Basketball. Gabrielle Vanderhoof. lib. bdg. 24.95 (978-1-4222-1731-3(0)); Cheerleading. Gabrielle Vanderhoof. lib. bdg. 24.95 (978-1-4222-1732-0(9)); Extreme Sports. Wenfang Li. lib. bdg. 24.95 (978-1-4222-1729-0(9)); Football. J. S. McIntosh. lib. bdg. 24.95 (978-1-4222-1733-7(7)); Gymnastics. J. S. McIntosh. lib. bdg. 24.95 (978-1-4222-1734-4(5)); Hockey. Gabrielle Vanderhoof. lib. bdg. 24.95 (978-1-4222-1735-1(3)); Lacrosse. Gabrielle Vanderhoof. lib. bdg. 24.95 (978-1-4222-1737-5(X)); Martial Arts. J. S. McIntosh. lib. bdg. 24.95 (978-1-4222-1738-2(8)); Soccer. J. S. McIntosh. lib. bdg. 24.95 (978-1-4222-1739-9(6)); Track & Field. Gabrielle Vanderhoof. lib. bdg. 24.95 (978-1-4222-1740-5(X)); Volleyball. Gabrielle Vanderhoof. lib. bdg. 24.95 (978-1-4222-1741-2(8)); Wrestling. J. S. McIntosh. lib. bdg. 24.95 (978-1-4222-1743-6(4)); (YA). 2010. (Illus.). 96p. 2011. Set lib. bdg. 349.30 (978-1-4222-1728-3(0), 1317895) Mason Crest.

Getting Things Done for Teens: Take Control of Your Life in a Distracting World. David Allen et al. 2018. (ENG., Illus.). 160p. pap. 17.00 (978-0-14-313193-9(1), Penguin Bks.) Penguin Publishing Group.

Getting Through Cancer One Step at a Time. Kim Schappert. 2020. (ENG., Illus.). 30p. (J). pap. 12.95 (978-1-64670-316-6(2)) Covenant Bks.

Getting Through Grief for Youth: Eight Biblical Gifts for Living with Loss. Michael W. Newman. 2021. (ENG.). 64p. (YA). pap. 5.99 (978-0-7586-6965-0(8)) Concordia Publishing Hse.

Getting to Broadway, 12 vols. 2018. (Getting to Broadway Ser.). (ENG.). 96p. (gr. 8-8). lib. bdg. 275.58 (978-1-5026-3901-1(7), a9f298bd-8b54-4736-8f5e-7c0adea2daef) Cavendish Square Publishing LLC.

Getting to Know Apple Swift, 1 vol. Sherri Mabry Gordon. 2018. (Code Power: a Teen Programmer's Guide Ser.). (ENG.). 64p. (gr. 6-6). pap. 13.95 (978-1-5081-8363-1(5), 17fb19c5-63a9-47f2-b186-ed2aecff66e4) Rosen Publishing Group, Inc., The.

Getting to Know HTML Code, 1 vol. Jeff Pratt. 2018. (Code Power: a Teen Programmer's Guide Ser.). (ENG.). 64p. (gr. 6-6). 36.13 (978-1-5081-8369-3(4), 4d402e3c-4656-4a5c-a191-c8ecae7bd2bd) Rosen Publishing Group, Inc., The.

Getting to Know Java, 1 vol. Don Rauf. 2018. (Code Power: a Teen Programmer's Guide Ser.). (ENG.). 64p. (gr. 6-6). 36.13 (978-1-5081-8372-3(4), d21e2790-dc79-41e8-b949-0f98c3091cc0) Rosen Publishing Group, Inc., The.

Getting to Know JavaScript, 1 vol. Donna Bowen McKinney. 2018. (Code Power: a Teen Programmer's Guide Ser.). (ENG.). 64p. (gr. 6-6). pap. 13.95 (978-1-5081-8375-4(9), e82dba45-9bda-4129-9f61-6dc993eda6bf) Rosen Publishing Group, Inc., The.

Getting to Know Matrix & Blaze. Dan Kunz. 2019. (ENG.). 30p. (J). 19.99 (978-1-7340777-0-4(0)) Kunz, Dan.

Getting to Know Minecraft, 1 vol. Adam Furgang. 2018. (Code Power: a Teen Programmer's Guide Ser.). (ENG.). 64p. (gr. 6-6). pap. 13.95 (978-1-5081-8378-5(3), 4621d596-9b62-4ddb-a386-3cfc89be0135) Rosen Publishing Group, Inc., The.

Getting to Know My Dad. Linda T. McLean (L T). 2022. (God My Father Ser.). (ENG., Illus.). 38p. (J). 25.95 (978-1-63630-265-2(3)) Covenant Bks.

Getting to Know Olivia. Be Blackler. 2019. (Snow Mountain Elementary Ser.: Vol. 2). (ENG., Illus.). 102p. (J). (gr. 2-4). pap. (978-1-7751782-6-2(9)) Honu World Publishing.

Getting to Know Simple Cells Coloring Book. Kreative Kids. 2016. (ENG., Illus.). (J). pap. 9.20 (978-1-68377-487-7(6)) Whlke, Traudl.

Getting to Know the Native American Indian Tribes - Us History for Kids Children's American History. Baby Professor. 2017. (ENG., Illus.). (J). pap. 9.55 (978-1-5419-1178-9(4), Baby Professor (Education Kids)) Speedy Publishing LLC.

Getting to Know the U. S. Presidents, 6 bks., Set. Mike Venezia. Illus. by Mike Venezia. Incl. Chester A. Arthur. lib. bdg. 28.00 (978-0-516-22626-2(6), Children's Pr.); Grover Cleveland: Twenty-Second & Twenty-Fourth President, 1885-1889, 1893-1897. lib. bdg. 28.00 (978-0-516-22627-9(4), Children's Pr.); James A. Garfield. lib. bdg. 28.00 (978-0-516-22625-5(8), Children's Pr.); Rutherford B. Hayes: Nineteenth President, 1877-1881. lib. bdg. 28.00 (978-0-516-22624-8(X), Children's Pr.); William McKinley. lib. bdg. 28.00 (978-0-516-22629-3(0), Children's Pr.); 23. Benjamin Harrison. lib. bdg. 22.44 (978-0-516-22628-6(2)); 32p. (J). (gr. 3-6). (Illus.). 2006. Set lib. bdg. 162.00 (978-0-516-25409-8(X), Children's Pr.) Scholastic Library Publishing.

Getting to Know the U. S. Presidents, 6 bks., Set. Mike Venezia. Illus. by Mike Venezia. Incl. Dwight D. Eisenhower: Thirty-Fourth President 1953-1961. 28.00 (978-0-516-22638-5(X), Children's Pr.); Harry S. Truman: Thirty-Third President. 28.00 (978-0-516-22637-8(1), Children's Pr.); Lyndon B. Johnson: Thirty-Sixth President, 1963-1969. 28.00 (978-0-516-22640-8(1), Children's Pr.); Richard M. Nixon: Thirty-Seventh President, 1969-1974. 28.00 (978-0-516-22641-5(X), Children's Pr.); 32. Franklin D. Roosevelt: Thirty-Second President 1933-1945. 22.44 (978-0-516-22636-1(3)); 32. John F. Kennedy: Thirty-Fifth President 1961-1963. 22.44 (978-0-516-22639-2(8)); (Illus.). 32p. (J). (gr. 3-6). 2007. 2007. 162.00 (978-0-531-17733-4(5), Children's Pr.) Scholastic Library Publishing.

Getting to Know the World's Greatest Inventors & Scientists, 4 vols., Set. Mike Venezia. Illus. by Mike Venezia. Incl. Charles Drew: Doctor Who Got the World Pumped up to Donate Blood. 28.00 (978-0-531-23725-0(7)); Mary Leakey - Archaeologist Who Really Dug Her Work. 28.00 (978-0-531-23727-4(3)); Stephen Hawking: Cosmologist Who Gets a Big Bang Out of the Universe. 28.00 (978-0-531-23728-1(1)); 32p. (J). (gr. 2-5). 2009. (Illus.). 2009. Set lib. bdg. 112.00 (978-0-531-26130-9(1), Watts, Franklin) Scholastic Library Publishing.

Getting to Know Your Yard. Kailey Noble. 2020. (Getting to Know Ser.). (ENG.). 32p. (J). pap. (978-1-5255-5756-9(4)); (978-1-5255-5755-2(6)) FriesenPress.

Getting to Paris: A Book of Practice French Conversation (Classic Reprint) Francis Stanton Williams. 2017. (ENG., Illus.). (J). 33.38 (978-0-260-77901-4(6)); pap. 16.57 (978-1-5279-9544-4(5)) Forgotten Bks.

Getting to Paris: A Book of Practice in French Conversation (Classic Reprint) Francis S. Williams. 2018. (ENG., Illus.). 454p. (J). 33.26 (978-0-484-35080-8(3)) Forgotten Bks.

Getting to Paris: A Book of Practice in French Conversation (Classic Reprint) Francis Stanton Williams. 2017. (ENG., Illus.). (J). 33.38 (978-0-260-50033-5(X)); pap. 16.57 (978-0-265-06069-8(9)) Forgotten Bks.

Getting Well: Tales for Little Convalescents (Classic Reprint) Sarah H. Bradford. 2018. (ENG., Illus.). 220p. (J). 28.37 (978-0-332-48413-6(0)) Forgotten Bks.

Getting Your First Job, 1 vol. Xina M. Uhl & Daniel E. Harmon. 2019. (Managing Your Money & Finances Ser.). (ENG.). 64p. (gr. 6-6). 36.13 (978-1-5081-8843-8(2), 57c6e114-6b3b-4186-871c-d21fbe01b3f8) Rosen Publishing Group, Inc., The.

Getting Your Money's Worth: Making Smart Financial Choices. Diane Dakers. 2017. (Financial Literacy for Life Ser.). (ENG.). 48p. (J). (gr. 5-5). (978-0-7787-3097-2(2)); pap. (978-0-7787-3106-1(5)) Crabtree Publishing Co.

Getting Your Point Across in Writing: How to Write Essays That Have Impact. Created by Heron Books. 2020. (ENG.). 98p. (YA). pap. (978-0-89739-143-6(8), Heron Bks.) Quercus.

Getty Culligan & the Monster Dust Devil. Kathleen M. Mucerino. Illus. by Bean's Nana. 2022. (ENG.). 226p. (J). 24.99 (978-1-68515-877-4(3)); pap. 14.99 (978-1-68515-878-1(1)) Palmetto Publishing.

Gettysburg. Martha Hubbard. 2023. (Visit & Learn Ser.). (ENG., Illus.). 32p. (J). pap. 9.95 (978-1-63739-674-2(0), Focus Readers) North Star Editions.

Gettysburg. Contrib. by Martha Hubbard. 2023. (Visit & Learn Ser.). (ENG., Illus.). 32p. (J). lib. bdg. 31.35 (978-1-63739-617-9(1), Focus Readers) North Star Editions.

Gettysburg! Fast Facts for Kids & Families. Gregory Christianson. 2023. (ENG.). (J). pap. 19.95 (978-1-61121-582-3(X)) Savas Beatie.

Gettysburg: Kids Who Did the Impossible. Gregory Christianson. 2019. (ENG., Illus.). 144p. (J). pap. 19.95 (978-1-61121-399-7(1)) Savas Beatie.

Gettysburg: Stories of the Red Harvest & the Aftermath (Classic Reprint) Elsie Singmaster. (ENG., Illus.). (J). 2017. 28.31 (978-0-260-76423-2(X)); 2016. pap. 10.97 (978-1-333-15222-2(1)) Forgotten Bks.

Gettysburg (a True Book: National Parks) (Library Edition) Moira Rose Donohue. 2019. (True Book (Relaunch) Ser.). (ENG., Illus.). 48p. (J). (gr. 3-5). lib. bdg. 31.00 (978-0-531-12932-6(2), Children's Pr.) Scholastic Library Publishing.

Gettysburg Address in Translation: What It Really Means. Kay Melchisedech Olson. rev. ed. 2017. (Kids' Translations Ser.). (ENG., Illus.). 32p. (J). (gr. 3-6). lib. bdg. 27.99 (978-1-5157-9136-2(X), 136570, Capstone Pr.) Capstone.

Gettysburg Battlefield: A Chilling Interactive Adventure. Matt Doeden. 2017. (You Choose: Haunted Places Ser.). (ENG., Illus.). 112p. (J). (gr. 3-7). lib. bdg. 32.65 (978-1-5157-3649-3(0), 133622, Capstone Pr.) Capstone.

Gettysburg (Classic Reprint) W. J. McKee. 2018. (ENG., Illus.). 90p. (J). 25.77 (978-0-267-28777-2(1)) Forgotten Bks.

Gettysburg Educational Facts Children's History Book 4th Grade. Bold Kids. 2023. (ENG.). 42p. (J). pap. 14.99 (978-1-0717-1641-0(7)) FASTLANE LLC.

Geysers. Sara Gilbert. 2018. (Vive la Terre! Ser.). (FRE., Illus.). 24p. (J). (978-1-77092-401-7(9), 19690) Creative Co., The.

Geysers. Sara Gilbert. 2018. (Earth Rocks! Ser.). (ENG., Illus.). 24p. (J). (gr. 1-3). pap. 9.99 (978-1-62832-509-6(7), 19564, Creative Paperbacks); (978-1-60818-893-2(0), 19566, Creative Education) Creative Co., The.

Gg. Bela Davis. 2016. (Alphabet Ser.). (ENG., Illus.). 24p. (J). (gr. -1-2). lib. bdg. 31.36 (978-1-68080-883-4(4), 23241, Abdo Kids) ABDO Publishing Co.

GG Asks, Is Jesus in Your Class? Seek, Know, Guide, Inspire. Renee Goodwin. 2021. (ENG., Illus.). 36p. (J). 25.95 (978-1-63710-235-0(6)); pap. 16.95 (978-1-63710-233-6(X)) Fulton Bks.

GG Cleans House: Learning Teamwork. Renee Goodwin. 2020. (ENG.). 26p. (J). 23.95 (978-1-64952-437-9(4)); pap. 13.95 (978-1-63338-949-6(9)) Fulton Bks.

GG Meets Her Match: Becoming Forever Friends. Renee Goodwin. 2020. (ENG.). 28p. (J). 24.95 (978-1-64952-011-1(5)); pap. 14.95 (978-1-64654-126-3(X)) Fulton Bks.

Gg (Spanish Language) Maria Puchol. 2017. (Abecedario (the Alphabet) Ser.). (SPA.). 24p. (J). (gr. -1-2). lib. bdg. 31.36 (978-1-5321-0306-3(9), 27181, Abdo Kids) ABDO Publishing Co.

GG Takes Action: Practicing Health Safety. Renee Goodwin. 2021. (ENG., Illus.). 38p. (J). 25.95 (978-1-64952-804-9(3)); pap. 16.95 (978-1-64952-802-5(7)) Fulton Bks.

Gg the Owl. K. D. Mitchell. 2019. (ENG.). 40p. (J). pap. (978-1-9991868-1-4(8)) Gauvin, Jacques.

GG's Gems Big Love. Cecille Walks Peace. Illus. by Cameron Wilson. 2023. (ENG.). 36p. (J). pap. 13.99 (978-1-0881-8216-1(X)) Indy Pub.

GG's Gems the Queen. Cecille Walks Peace. Illus. by Cameron Wilson. 2023. (ENG.). 32p. (J). pap. 13.99 (978-1-0881-0084-4(8)) Indy Pub.

Ghadab Al-Usud. Curtis Jobling. 2017. (ARA.). 383p. (YA). (978-1-85516-935-7(5)) Dar al saqi.

Ghana. Thomas Persano. 2018. (Countries We Come From Ser.). (ENG.). 32p. (J). (gr. k-3). lib. bdg. 19.95 (978-1-68402-472-8(2)) Bearport Publishing Co., Inc.

Ghana. Peg Robinson et al. 2018. (J). pap. (978-1-5026-4071-0(6)) Musa Publishing.

Ghana a Variety of Facts. Bold Kids. 2023. (ENG.). 42p. (J). pap. 14.99 (978-1-0717-1951-0(3)) FASTLANE LLC.

Ghast in the Machine! (Minecraft Woodsword Chronicles #4) Nick Eliopulos. Illus. by Alan Batson. 2020. (Minecraft Woodsword Chronicles Ser.). (ENG.). 144p. (J). (gr. 1-4). 9.99 (978-1-9848-5062-1(8)); 12.99 (978-1-9848-5063-8(6)) Random Hse. Children's Bks. (Random Hse. Bks. for Young Readers).

Ghastly Battle: An Unofficial Minetrapped Adventure, #4. Winter Morgan. 2016. (Unofficial Minetrapped Adventure Ser.: 4). (ENG.). 112p. (J). (gr. 1-7). pap. 7.99 (978-1-5107-0600-2(3), Sky Pony Pr.) Skyhorse Publishing Co., Inc.

Ghastly Gases, 1 vol. Michael Clark. 2017. (Strange Science & Explosive Experiments Ser.). (ENG.). 32p. (J). (gr. 4-5). 29.27 (978-1-5383-2268-0(4), 0e697e89-cdeb-4602-8baa-b07592b0d6cf); pap. 12.75 (978-1-5383-2364-9(8), 0928f486-684c-4768-9b85-270d1b3ced51) Rosen Publishing Group, Inc., The. (PowerKids Pr.).

Ghastly Ghosts. Teresa Bateman. Illus. by Ken Lamug. 2019. (ENG.). 32p. (J). (gr. -1-3). 16.99 (978-0-8075-2864-8(1), 807528641) Whitman, Albert & Co.

Ghepardo Libro Da Colorare: Meraviglioso Libro Di Ghepardo per Bambini, Ragazzi e Ragazze, Ideale Leopardo Libro Da Colorare per I Bambini e Toddlers Che Amano Giocare e Godere con gli Animali Selvatici Carino. Amelia Yardley. 2021. (ITA.). 44p. (J). pap. (978-1-7947-6147-6(0)) Lulu.com.

Ghetto. Herman Heijermans. 2017. (ENG.). 158p. (J). pap. (978-3-337-30383-9(8)) Creation Pubs.

Ghetto: A Drama in Four Acts (Classic Reprint) Herman Heijermans. 2018. (ENG., Illus.). 158p. (J). 27.16 (978-0-365-15391-7(5)) Forgotten Bks.

Ghetto Bastard III: Life after Death. Russell Vann. 2019. (Ghetto Bastard Ser.: Vol. 3). (ENG., Illus.). 248p. (J). pap. 14.95 (978-0-9991540-2-1(8)) Hom, Jonathan.

Ghetto Comedies (Classic Reprint) Israel Zangwill. 2017. (ENG., Illus.). (J). 34.15 (978-1-5282-5299-7(3)) Forgotten Bks.

Ghetto Girls Rule in Marseille. Toni B. Lane. 2018. (ENG., Illus.). 216p. (YA). (978-1-5255-0930-8(6)); pap. (978-1-5255-0931-5(4)) FriesenPress.

Ghetto Silhouettes (Classic Reprint) David Warfield. 2018. (ENG., Illus.). (J). 28.17 (978-0-266-17367-0(5)) Forgotten Bks.

Ghetto Tragedies, Vol. 2 of 2 (Classic Reprint) Israel Zangwill. 2017. (ENG., Illus.). (J). pap. 13.57 (978-0-259-20072-7(7)) Forgotten Bks.

Ghetto Tragedies, Vol. 2 of 2 (Classic Reprint) Israel Zangwill. 2018. (ENG., Illus.). 328p. (J). 30.66 (978-0-267-29781-8(5)) Forgotten Bks.

Ghost. Henry Kellerman. 2018. 266p. 24.95 (978-1-56980-822-1(8)) Barricade Bks., Inc.

Ghost. Jason Reynolds. 2018. (CHI.). (J). (gr. 5). pap. (978-986-479-487-4(6)) Commonwealth Publishing Co., Ltd.

Ghost. Jason Reynolds. (Track Ser.: 1). (ENG., Illus.). (J). (gr. 5). 2017. 208p. pap. 7.99 (978-1-4814-5016-4(6)); 2016. 192p. 17.99 (978-1-4814-5015-7(8), Atheneum/Caitlyn Dlouhy Books) Simon & Schuster Children's Publishing.

Ghost. David Michael Slater. Illus. by Mauro Sorghienti. 2019. (Mysterious Monsters Ser.: 4). (ENG.). 100p. (J). pap. 8.99 (978-1-944589-32-5(5)) Incorgnito Publishing Pr. LLC.

Ghost, 1. Jason Reynolds. ed. 2018. (Penworthy Picks Middle School Ser.). (ENG.). 181p. (J). (gr. 5-7). 17.96 (978-1-64310-441-6(1)) Penworthy Co., LLC, The.

Ghost. Jason Reynolds. l.t. ed. 2019. (ENG.). 196p. (J). (gr. 5). pap. 12.99 (978-1-4328-6394-4(0), Large Print Pr.) Thorndike Pr.

Ghost. Jason Reynolds. ed. 2017. (Track Ser.: bk.1). (ENG.). (J). lib. bdg. 17.20 (978-0-606-40160-9(1)) Turtleback.

Ghost: A Fantasia on Modern Themes (Classic Reprint) Arnold Bennett. (ENG., Illus.). (J). 2018. 320p. 30.50 (978-0-484-01488-5(9)); 2017. pap. 13.57 (978-0-243-51552-3(9)) Forgotten Bks.

Ghost: Thirteen Haunting Tales to Tell (Scary Children's Books for Kids Age 9 to 12, Ghost Stories for Middle Schoolers) Illustratus. 2019. (ENG., Illus.). 160p. (J). (gr. 3-7). 21.99 (978-1-4521-7128-9(9)) Chronicle Bks. LLC.

Ghost: #4. David Michael Slater. Illus. by Mauro Sorghienti. 2023. (Mysterious Monsters Ser.). (ENG.). 120p. (J). (gr. 1-4). lib. bdg. 31.36 (978-1-0982-5278-6(0), 42669, Chapter Bks.) Spotlight.

Ghost a Modern Fantasy (Classic Reprint) Arnold Bennett. 2018. (ENG., Illus.). 320p. (J). 30.50 (978-0-365-05412-2(7)) Forgotten Bks.

Ghost Academy. Sabine Muir. 2021. (ENG.). 146p. (J). pap. (978-1-83945-800-2(3)) FeedARead.com.

Ghost Afraid of the Dark. Sara Conway. Illus. by Alex Willmore. 2019. (ENG.). 40p. (J). 16.99 (978-1-989219-53-9(5)) Rainstorm Pr.

Ghost & Goblins Scary & Spooky in the Night. Activibooks For Kids. 2016. (ENG., Illus.). (J). pap. 9.20 (978-1-68321-526-4(5)) Mimaxion.

Ghost & the Greyhound. Bryan Snyder. 2020. (ENG.). 334p. (J). pap. 12.09 (978-1-7348970-2-9(3)) Southampton Publishing.

Ghost & the Wolf. Shelly X. Leonn. 2019. (Broken Ser.: Vol. 1). (ENG.). 278p. (YA). (gr. 7-12). pap. 14.95 (978-1-945654-37-4(6)) Owl Hollow Pr.

Ghost at Birkbeck Station & Other Terse Verse. Janet Ambrose. 2017. (ENG.). 94p. (J). 18.95 (978-1-78693-052-1(8), f167a8bf-6fc7-4b65-b7be-8dde9ab376d9) Austin Macauley Pubs. Ltd. GBR. Dist: Baker & Taylor Publisher Services (BTPS).

Ghost at Dawn's House (the Baby-Sitters Club #9) Ann M. Martin. 2020. (Baby-Sitters Club Ser.: 9). (ENG.). 176p. (J). (gr. 3-7). pap. 6.99 (978-1-338-64226-1(X), Scholastic Paperbacks) Scholastic, Inc.

Ghost at Dawn's House (the Baby-Sitters Club #9) (Library Edition) Ann M. Martin. 2020. (Baby-Sitters Club Ser.: 9). (ENG.). 176p. (J). (gr. 3-7). lib. bdg. 25.99 (978-1-338-65126-3(9)) Scholastic, Inc.

Ghost at Goblin's Glen. Margaret M. Rodeheaver. 2022. (ENG.). 168p. (J). pap. 7.99 (978-1-7370203-7-0(8)) Pares Forma Pr. Will Way Bks., Inc.

Ghost Book. Remy Lai. 2023. (ENG.). 320p. (J). 22.99 (978-1-250-81041-0(8), 900245517); (Illus.). pap. 14.99 (978-1-250-81043-4(4), 900245518) Holt, Henry & Co. (Holt, Henry & Co. Bks. For Young Readers).

Ghost Boy. Stafford Betty. 2018. (ENG., Illus.). 152p. (YA). (gr. 8-17). pap. 11.95 (978-1-78535-798-5(0), Our Street Bks.) Hunt, John Publishing Ltd. GBR. Dist: National Bk. Network.

Ghost Boy. Jan Burns. 2022. (ENG.). 98p. (J). pap. 12.99 (978-1-63988-371-4(1)) Primedia eLaunch LLC.

Ghost Boy & Bullies. Elaine Flores. 2017. (ENG., Illus.). (J). pap. 13.99 (978-0-9990698-0-6(2)) Mindstir Media.

Ghost Boy & Suicide. Elaine Flores. 2019. (ENG.). 38p. (YA). pap. 13.99 (978-1-7342210-3-9(8)) Mindstir Media.

G

Ghost Boys. Jewell Parker Rhodes. (ENG.). (J). (gr. 5-17). 2019. 240p. pap. 8.99 (978-0-316-26226-2(9)); 2018. 224p. 17.99 (978-0-316-26228-6(5)) Little, Brown Bks. for Young Readers.

Ghost Boys. Jewell Parker Rhodes. ed. 2020. (Penworthy Picks YA Fiction Ser.). (ENG.). 217p. (J). (gr. 6-8). 18.59 (978-1-64697-193-0(0)) Penworthy Co., LLC, The.

Ghost Boys Signed 9c Solid Floor Display - Indies. Jewell Parker Rhodes. 2018. (ENG.). 256p. (J). (gr. 5-17). 152.91 (978-0-316-47934-9(9)) Little, Brown Bks. for Young Readers.

Ghost Breaker: A Novel Based upon the Play (Classic Reprint) Charles Williams Goddard. 2017. (ENG., Illus.). (J). 30.37 (978-0-260-77450-7(2)) Forgotten Bks.

Ghost Camp or the Avengers (Classic Reprint) Rolf Boldrewood. 2017. (ENG., Illus.). (J). 32.64 (978-1-5283-8335-6(4)) Forgotten Bks.

Ghost Cat. Kevan Atteberry. 2019. (Illus.). 32p. (J). (-k). 18.99 (978-0-8234-4283-6(7), Neal Porter Bks) Holiday Hse., Inc.

Ghost Cat. Eve Bunting. Illus. by Kevin M. Barry. 2017. (ENG.). 32p. (J). (gr. k-2). 16.99 (978-1-58536-993-5(4), 204323) Sleeping Bear Pr.

Ghost Caves. Jessica Rudolph. 2017. (Tiptoe into Scary Places Ser.). (ENG.). 24p. (J). (gr. k-3). lib. bdg. 26.99 (978-1-68402-266-3(5)) Bearport Publishing Co., Inc.

Ghost (Classic Reprint) Wm. D. O'Connor. 2018. (ENG., Illus.). 102p. (J). 26.02 (978-0-483-31087-2(5)) Forgotten Bks.

Ghost Collector. Allison Mills. 2019. 200p. (J). (gr. 5). (ENG.). 18.95 (978-1-77321-296-8(6)); pap. 9.95 (978-1-77321-295-1(8)) Annick Pr., Ltd. CAN. Dist: Publishers Group West (PGW).

Ghost Come Out at Night. Melvin Fleming. 2021. (ENG.). 20p. (YA). (978-1-716-18497-0(5)) Lulu Pr., Inc.

Ghost Crab Lane. Susan Kelleher. Illus. by Gina Towne. 2021. (ENG.). 34p. (J). 22.99 (978-1-945091-50-6(9)); pap. 19.99 (978-1-945091-54-4(1)) Braughler Bks. LLC.

Ghost Crabs Like Deviled Eggs. Janice Wills Kingsbury. 2017. (ENG., Illus.). (J). pap. 12.99 (978-0-692-92649-9(6)) outerBks.

Ghost Dance, 1 vol. Alice McLerran. Illus. by Paul Morin. 2018. (ENG.). 36p. (J). (gr. 4-6). 14.95 (978-1-55455-407-2(1), c543ca13-9825-4db3-ab83-737bd8528db7) Fitzhenry & Whiteside, Ltd. CAN. Dist: Firefly Bks., Ltd.

Ghost Detectors, 6 vols., Set. Dotti Enderle. Illus. by Howard McWilliam. Incl. Don't Read This! 35.64 (978-1-60270-695-8(6), 8810); Draw! 35.64 (978-1-60270-694-1(8), 8808); I Dare You! 35.64 (978-1-60270-693-4(X), 8806); I'm Gonna Get You! 35.64 (978-1-60270-691-0(3), 8802); It Creeps! 35.64 (978-1-60270-690-3(5), 8800); Tell No One! 35.64 (978-1-60270-692-7(1), 8804); (J). (gr. 2-5). (Ghost Detectors Ser.: 6). (ENG., Illus.). 80p. 2009. Set lib. bdg. 213.84 (978-1-60270-689-7(1), 8798, Calico Chapter Bks.) ABDO Publishing Co.

Ghost Detectors Set 5 (Set), 4 vols. Abdo. 2017. (Ghost Detectors Ser.). (ENG., Illus.). 80p. (J). (gr. 2-5). lib. bdg. 142.56 (978-1-5321-3152-3(6), 27049, Calico Chapter Bks.) ABDO Publishing Co.

Ghost Director Tag Pung Un. Ju Hae Choi. 2019. (KOR.). (J). (978-89-491-2440-7(8)) Biryongso Publishing Co.

Ghost Dogs: Seeing Is Believing. Kathleen J. Shields. 2017. (ENG., Illus.). (J). (gr. 3-6). pap. 9.99 (978-1-941345-41-2(7)) Erin Go Bragh Publishing.

Ghost Driven by Sleep. Bruce Alway. 2017. (ENG., Illus.). (J). pap. 8.49 (978-0-692-93718-1(8)) Alway, Bruce.

Ghost Emperor's New Clothes: A Graphic Novel. Benjamin Harper. Illus. by Álex López. 2020. (Far Out Fairy Tales Ser.). (ENG.). 40p. (J). (gr. 3-6). pap. 5.95 (978-1-4965-9908-7(X), 201319); lib. bdg. 25.32 (978-1-4965-9686-4(2), 199254) Capstone. (Stone Arch Bks.).

Ghost Files 5. Apryl Baker. 2018. (Ghost Files Ser.: Vol. 5). (ENG., Illus.). 400p. (YA). (gr. 8-12). pap. 16.99 (978-1-64034-992-6(8)) Limitless Publishing, LLC.

Ghost Friend. Isabella Tesfaye. 2022. (ENG., Illus.). 70p. (J). pap. 15.95 (978-1-63885-681-8(8)) Covenant Bks.

Ghost Girl. Brooke Carter. Illus. by Alyssa Waterbury. 2023. (Orca Echoes Ser.). (ENG.). 104p. (J). (gr. 1-3). pap. 8.95 (978-1-4598-3688-4(X)) Orca Bk. Pubs. USA.

Ghost Girl. Ally Malinenko. (ENG.). (J). (gr. 3-7). 2022. 304p. pap. 7.99 (978-0-06-304461-6(7)); 2021. 288p. 16.99 (978-0-06-304460-9(9)) HarperCollins Pubs. (Tegen, Katherine Bks).

Ghost Girl [3]. Linda Oatman High. 2016. (Boosters Ser.). (ENG.). 64p. (YA). (gr. 9-12). pap. 9.75 (978-1-68021-158-0(7)) Saddleback Educational Publishing, Inc.

Ghost Girl (Classic Reprint) Edgar Saltus. 2018. (ENG., Illus.). 238p. (J). 28.81 (978-0-484-18713-8(9)) Forgotten Bks.

Ghost Hog. Joey Weiser. Illus. by Joey Weiser. 2019. (ENG., Illus.). 168p. (J). 21.99 (978-1-62010-654-9(X), Lion Forge) Oni Pr., Inc.

Ghost Hog. Joey Weiser. 2019. (Ghost Hog Ser.: 1). (ENG., Illus.). 168p. (J). pap. 12.99 (978-1-62010-597-9(7), Lion Forge) Oni Pr., Inc.

Ghost Horse. Daniel Will-Harris. Illus. by Lisa Skyhorse. 2020. (ENG.). 50p. (J). pap. 19.99 (978-0-9723769-3-8(3)) LOLchemy.

Ghost House. John Vorsheck, III. 2020. (ENG., Illus.). 28p. (J). pap. 13.95 (978-1-64670-049-3(X)) Covenant Bks.

Ghost Houses. Jessica Rudolph. 2016. (Tiptoe into Scary Places Ser.). (ENG., Illus.). 24p. (J). (gr. k-3). 27.07 (978-1-68402-045-4(X)) Bearport Publishing Co., Inc.

Ghost Hunt! Adapted by Melissa Lagonegro. 2018. (Illus.). 22p. (J). (978-1-5490-4049-8(9)) Random Hse., Inc.

Ghost Hunt! (Disney Frozen) Melissa Lagonegro. Illus. by RH Disney. 2018. (Step into Reading Ser.). (ENG.). 24p. (J). (gr. -1-1). pap. 5.99 (978-0-7364-3920-6(X), RH/Disney) Random Hse. Children's Bks.

Ghost Hunter. Steve Altier. 2021. (ENG.). 248p. (YA). 21.99 (978-1-0879-7943-4(9)); pap. 11.99 (978-1-0878-9600-7(2)) Dark Cloud Bks.

Ghost-Hunter & His Family. John Banim. 2017. (ENG., Illus.). (J). pap. (978-0-649-59351-4(0)) Trieste Publishing Pty Ltd.

Ghost-Hunter & His Family (Classic Reprint) John Banim. (ENG., Illus.). (J). 2018. 294p. 29.98 (978-0-365-01387-7(0)); 2017. pap. 13.57 (978-1-5276-5347-4(1)) Forgotten Bks.

Ghost Hunters. Emma Carlson-Berne. 2023. (Lightning Bolt Books (r) — That's Scary! Ser.). (ENG., Illus.). 24p. (J). (gr. 1-3). pap. 9.99 Lerner Publishing Group.

Ghost Hunters Adventure Club & the Express Train to Nowhere. Cecil H. H. Mills. 2022. (Ghost Hunters Adventure Club Ser.: 2). (ENG., Illus.). 224p. (YA). 21.00 (978-1-63758-184-1(X)) Permuted Press.

Ghost Hunter's Daughter. Dan Poblocki. 2020. (ENG.). 288p. (J). (gr. 3-7). 18.99 (978-0-545-83004-1(4), Scholastic Pr.) Scholastic, Inc.

Ghost Hunter's Handbook. Liza Gardner Walsh. 2016. (ENG., Illus.). 96p. (J). (gr. 1-6). 17.95 (978-1-60893-570-3(1)) Down East Bks.

Ghost Hunting. Ellis M. Reed. 2018. (Ghosts & Hauntings Ser.). (ENG., Illus.). 32p. (J). (gr. 4-6). lib. bdg. 28.65 (978-1-5435-4154-0(2), 139108, Capstone Pr.) Capstone.

Ghost in Apartment 2R. Denis Markell. 2020. 320p. (J). (gr. 5). 7.99 (978-0-525-64574-0(8), Yearling) Random Hse. Children's Bks.

Ghost in Room 349. Vicki Hoss. 2016. (ENG., Illus.). (J). pap. 10.95 (978-1-63066-453-4(7)) Indigo Sea Pr., LLC.

Ghost in the Attic. James M. McCracken. 2nd ed. 2020. (Charlie Maccready Mystery Ser.: Vol. 1). (ENG.). 282p. (YA). 25.00 (978-1-7329347-7-1(0)); (J). pap. 15.00 (978-1-7329347-8-8(9)) JK Pr.

Ghost in the Castle. Jordan Quinn. Illus. by Robert McPhillips. 2019. (Kingdom of Wrenly Ser.: 14). (ENG.). 128p. (J). (gr. k-4). 17.99 (978-1-5344-4511-6(0)); pap. 6.99 (978-1-5344-4510-9(2)) Little Simon. (Little Simon).

Ghost in the Closet. Kaitlin Griffin. 2019. (ENG.). 24p. (J). (978-1-5255-3014-2(3)); pap. (978-1-5255-3015-9(1)) FriesenPress.

Ghost in the County Courthouse. Barry Forbes. 2019. (Mystery Searchers Book Ser.: Vol. 2). (ENG.). 156p. (J). pap. 7.95 (978-1-7341172-0-2(6)) Southampton Publishing.

Ghost in the Gardens. Hl Carpenter. 2018. (ENG., Illus.). 154p. (J). (gr. 1-6). pap. (978-1-987976-45-8(2)) Mirror World Publishing.

Ghost in the Headlights. Lindsey Duga. 2021. (ENG.). 240p. (J). (gr. 3-7). pap. 7.99 (978-1-338-63095-4(4)) Scholastic, Inc.

Ghost in the House. Ammi-Joan Paquette. Illus. by Adam Record. 2019. (ENG.). 32p. (J). (gr. -1-2). 5.99 (978-0-7636-9892-8(X)) Candlewick Pr.

Ghost in the House. Ammi-Joan Paquette. 2019. (ENG.). 32p. (J). (gr. k-1). 15.36 (978-0-87617-634-4(1)) Penworthy Co., LLC, The.

Ghost in the Machine. Adapted by Brandon T. Snider. 2017. (Illus.). (J). (978-1-5379-5841-5(0)) Little, Brown Bks. for Young Readers.

Ghost in the Machine: Skeleton Creek #2. Patrick Carman. 2021. (Skeleton Creek Ser.: Vol. 2). (ENG.). 212p. (J). pap. 14.99 (978-1-953380-11-1(5)) International Literary Properties.

Ghost in the Machine: Skeleton Creek #2 (UK Edition) Patrick Carman. 2021. (Skeleton Creek Ser.: Vol. 2). (ENG.). 212p. (J). pap. 14.99 (978-1-953380-26-5(3)) International Literary Properties.

Ghost in the Mirror - the House with a Clock in Its Walls 4. John Bellairs. 2019. (House with a Clock in Its Walls Ser.: 4). (ENG., Illus.). 256p. (J). (gr. 4-7). pap. 11.99 (978-1-84812-816-3(9)) Bonnier Publishing GBR. Dist: Independent Pubs. Group.

Ghost in the Tree House. Dori H. Butler. 2016. (Haunted Library: 7). lib. bdg. 16.00 (978-0-606-38402-5(2)) Turtleback.

Ghost in the Tree House #7. Dori Hillestad Butler. Illus. by Aurore Damant. 2016. (Haunted Library: 7). 128p. (J). (gr. 1-3). bds. 6.99 (978-0-448-48940-7(6), Grosset & Dunlap) Penguin Young Readers Group.

Ghost Island & the Mystery of Charmander: An Unofficial Adventure for Pokémon GO Fans. Ken A. Moore. 2016. (ENG.). 236p. (J). (gr. 2-7). pap. 9.99 (978-1-5107-2296-5(3), Sky Pony Pr.) Skyhorse Publishing Co., Inc.

Ghost Job. Greg van Eekhout. 2023. (ENG.). 208p. (J). (gr. 3-7). 19.99 (978-0-06-325333-9(X), HarperCollins) HarperCollins Pubs.

Ghost King. Jeff Altabef. 2017. (Red Death Ser.: Vol. 2). (ENG., Illus.). (YA). (gr. 7-12). pap. 18.95 (978-1-62253-323-7(2)) Evolved Publishing.

Ghost Kings. H. Rider Haggard. 2017. (ENG., Illus.). (J). 26.95 (978-1-374-88072-6(8)); pap. 16.95 (978-1-374-88071-9(X)) Capital Communications, Inc.

Ghost Light: A Novel (Classic Reprint) Irene Fennell. 2018. (ENG., Illus.). 148p. (J). 26.95 (978-0-332-92131-0(X)) Forgotten Bks.

Ghost Mountain. Anne Schraff. 2021. (Red Rhino Ser.). (ENG., Illus.). 68p. (J). (gr. 4-7). pap. 9.95 (978-1-68021-896-1(4)) Saddleback Educational Publishing, Inc.

Ghost Network: Activate. I. I Davidson. 2019. (Ghost Network Ser.). (ENG., Illus.). 224p. (J). 13.99 (978-1-5248-5164-4(7)); pap. 8.99 (978-1-4494-9711-8(X)) Andrews McMeel Publishing.

Ghost Network: Reboot. I. I Davidson. 2019. (Ghost Network Ser.: 2). (ENG.). 184p. (J). 13.99 (978-1-5248-5237-5(6)); (Illus.). pap. 8.99 (978-1-4494-9731-6(4)) Andrews McMeel Publishing.

Ghost Network: System Failure. I. I Davidson & Aleksi Delikouras. 2020. (Ghost Network Ser.: 3). (ENG.). 160p. (J). 13.99 (978-1-5248-5565-9(0)); (Illus.). pap. 8.99 (978-1-4494-9732-3(2)) Andrews McMeel Publishing.

Ghost Next Door. Wylly Folk St. John. Illus. by Trina Schart Hyman. 2019. 184p. (J). pap. (978-1-948959-08-7(9)) Purple Hse. Pr.

Ghost of 5 Mile Creek. Payne Schanski. Illus. by Kurt Hershey. 2021. (ENG.). 222p. (YA). (978-1-5255-7320-0(9)); pap. (978-1-5255-7321-7(7)) FriesenPress.

Ghost of a Chance. Susan Maupin Schmid. Illus. by Lissy Marlin. 2017. (100 Dresses Ser.: 2). 320p. (J). (gr. 3-7). 16.99 (978-0-553-53373-6(8), Random Hse. Bks. for Young Readers) Random Hse. Children's Bks.

Ghost of a Tree Remembered. Marilyn Ludwig. 2017. (ENG., Illus.). (YA). (gr. 7-12). pap. 10.99 (978-0-9967422-5-2(5)) Zafa Publishing.

Ghost of Beaufort. Pam Carothers. 2020. (ENG.). 184p. (J). (gr. 3-6). pap. 9.99 (978-0-9893522-7-7(7)) Catronaut Bks.

Ghost of Canyon Camp: A Four Cousins Mystery. Margaret Krivchenia. 2019. (ENG.). 86p. (J). pap. 12.95 (978-1-64458-060-8(8)) Christian Faith Publishing.

Ghost of City Country City. Elmer G. Flowers, Jr. 2020. (ENG.). 24p. (J). (978-1-5255-7356-9(X)); pap. (978-1-5255-7357-6(8)) FriesenPress.

Ghost of Cupcakes Past & Fright-Fall. Penguin Young Readers Licenses. 2023. (Strawberry Shortcake Ser.). (ENG.). 24p. (J). (-k). pap. 6.99 (978-0-593-65967-0(8), Penguin Young Readers Licenses) Penguin Young Readers Group.

Ghost of Darwin Stewart. L. G. Nixon. 2017. (ENG., Illus.). (YA). 34.99 (978-1-5456-1687-1(6)); pap. 18.99 (978-1-5456-1590-4(X)) Salem Author Services.

Ghost of Davey Brocket. Malcolm Mowbray. 2019. (ENG.). 316p. (J). pap. (978-0-244-83881-2(X)) Lulu Pr., Inc.

Ghost of Devils Tower. Carol Morosco & Philomine Lakota. 2021. (ENG.). 154p. (YA). pap. 9.95 (978-1-0879-8848-1(9)) Saguaro Bks,. LLC.

Ghost of Drowned Meadow. Kelley Skovron. 2022. (ENG.). 304p. (J). (gr. 3-7). pap. 8.99 (978-1-338-75432-2(7)) Scholastic, Inc.

Ghost of Dunboy Castle, Vol. 1 of 2 (Classic Reprint) Huberto Huberto. 2017. (ENG., Illus.). (J). 29.26 (978-0-331-81845-1(0)) Forgotten Bks.

Ghost of Dunboy Castle, Vol. 2 of 2 (Classic Reprint) William Hugh Lambart. (ENG., Illus.). (J). 2018. 276p. 29.59 (978-0-267-39925-3(1)); 2016. pap. 11.97 (978-1-334-12495-2(7)) Forgotten Bks.

Ghost of Glencastle Prison. Carole Marsh. 2016. (Pretty Darn Scary Mysteries Ser.). (ENG.). (J). pap. 7.99 (978-0-635-12446-3(7)) Gallopade International.

Ghost of Grey Fox Inn. Carolyn Keene. 2016. (Nancy Drew Diaries: 13). (ENG., Illus.). 192p. (J). (gr. 3-7). pap. 7.99 (978-1-4814-6595-3(3), Aladdin) Simon & Schuster Children's Publishing.

Ghost of Grey Fox Inn. Carolyn Keene. 2016. (Nancy Drew Diaries: 13). (ENG., Illus.). 192p. (J). (gr. 3-7). 17.99 (978-1-4814-6596-0(1), Simon & Schuster/Paula Wiseman Bks.) Simon & Schuster/Paula Wiseman Bks.

Ghost of Grotteskew. Guy Bass. Illus. by Pete Williamson. ed. 2023. (Stitch Head Ser.: 3). (ENG.). 192p. (J). (gr. 2-5). pap. 6.99 (978-1-6643-4068-8(8)) Tiger Tales.

Ghost of Jamie Mcvay. R. G. Ziemer. 2019. (ENG.). 238p. (YA). (gr. 7-12). pap. 18.95 (978-1-68433-215-1(X)) Black Rose Writing.

Ghost of Midnight Lake, 1 vol. Lucy Strange. 2021. (ENG., Illus.). 336p. (J). (gr. 3-7). 17.99 (978-1-338-68643-2(7), Chicken Hse., The) Scholastic, Inc.

Ghost of Morgan Gulch. Vickie L Gardner. 2018. (ENG., Illus.). 180p. (YA). 34.95 (978-1-64082-652-6(1)) Page Publishing Inc.

Ghost of Old Central School: A Choose Your Path Mystery. Deb Mercier & Ryan Jacobson. 2022. (Detective: You Ser.). 152p. (J). (gr. 4-8). 24.95 (978-1-940647-77-7(0)); (ENG.). pap. 9.95 (978-1-940647-75-3(4)) Lake 7 Creative, LLC.

Ghost of Red Shoe Inn. Kathleen Olson. 2021. (ENG.). 154p. (J). pap. 15.95 (978-1-63903-281-5(9)) Christian Faith Publishing.

Ghost of Redbrook (Classic Reprint) Unknown Author. (ENG., Illus.). (J). 2018. 320p. 30.50 (978-0-365-39649-9(4)); 2017. pap. 13.57 (978-0-259-36860-1(1)) Forgotten Bks.

Ghost of Slappy, 6. R. L. Stine. 2019. (Goosebumps SlappyWorld Ser.). (ENG.). 133p. (J). (gr. 4-5). 16.49 (978-0-87617-664-1(3)) Penworthy Co., LLC, The.

Ghost of Slappy (Goosebumps SlappyWorld #6) R. L. Stine. 2018. (Goosebumps SlappyWorld Ser.: 6). (ENG.). 160p. (J). (gr. 3-7). pap. 7.99 (978-1-338-22301-9(1), Scholastic Paperbacks) Scholastic, Inc.

Ghost of Spruce Point. Nancy Tandon. (ENG.). 336p. (J). (gr. 3-7). 2023. pap. 8.99 (978-1-5344-8612-6(7)); 2022. 17.99 (978-1-5344-8611-9(9)) Simon & Schuster Children's Publishing. (Aladdin).

Ghost of the Mill House, 1 vol. Margriet Ruurs. Illus. by Claudia Dávila. 2019. (Orca Echoes Ser.). (ENG.). 104p. (J). (gr. 1-3). pap. 7.95 (978-1-4598-2035-7(5)) Orca Bk. Pubs. USA.

Ghost of Walhachin. Ramona Nehring-Silver. 2020. (ENG., Illus.). 168p. (J). (978-0-2288-1721-5(8)); pap. (978-0-2288-1720-8(X)) Tellwell Talent.

Ghost of Weir Academy: A Historical Account of the Activities of the Weir Academy Boarding School. R. Dawn Weir. 2016. (ENG., Illus.). (YA). (gr. 7-12). pap. 12.50 (978-1-68181-132-1(4)) Strategic Book Publishing & Rights Agency (SBPRA).

Ghost of Wolverine Forest. Donald W. Kruse. Illus. by Craig Howarth. 2nd ed. 2019. (Ghost of Wolverine Forest Trilogy Ser.: Vol. 1). (ENG.). 84p. (YA). (gr. 7-12). pap. 7.99 (978-0-9994571-5-3(2)) Zaccheus Entertainment Co.

Ghost of Wolverine Forest, Part 2: Son of Cytok. Donald W. Kruse. Illus. by Craig Howarth. 2nd ed. 2019. (Ghost of Wolverine Forest Ser.: Vol. 2). (ENG.). 84p. (YA). (gr. 7-12). pap. 7.99 (978-0-9994571-6-0(0)) Zaccheus Entertainment Co.

Ghost of Wolverine Forest, Part 3: Azazel's Revenge! Donald W. Kruse. Illus. by Donny Crank. 2nd ed. 2019. (Ghost of Wolverine Forest Ser.: Vol. 3). (ENG.). 84p. (YA). (gr. 7-12). pap. 8.99 (978-0-9994571-7-7(9)) Zaccheus Entertainment Co.

Ghost on the Ledge. Suchitra Krishnamoorthi. 2016. (ENG.). 280p. (J). pap. 19.99 (978-0-14-333432-3(8), Puffin) Penguin Bks. India PVT, Ltd IND. Dist: Independent Pubs. Group.

Ghost Orchid. Fiona Lumbers. 2023. (ENG., Illus.). 32p. (J). (gr. -1-3). 18.99 Lerner Publishing Group.

Ghost People of the Everglades. Barbara Tyner Hall. 2020. (ENG.). 176p. (YA). 25.95 (978-1-6624-1339-1(4)); pap. 15.95 (978-1-64701-697-5(5)) Page Publishing Inc.

Ghost Portal. Cheryl J. Carvajal. 2018. (ENG., Illus.). 280p. (J). (gr. 7-12). pap. 19.95 (978-1-68433-100-0(5)) Black Rose Writing.

Ghost Princess. Steve Underwood. 2022. (Daughters of the Lost King Ser.: Vol. 2). (ENG.). 260p. (J). pap. 14.95 (978-1-957723-21-1(1)) Warren Publishing, Inc.

Ghost Rider: Hearts of Darkness II, Vol. 2. Ed Brisson. 2020. (Ghost Rider Ser.: 2). (Illus.). 136p. (gr. 8-17). pap. 17.99 (978-1-302-92006-7(5), Marvel Universe) Marvel Worldwide, Inc.

Ghost Road. Charis Cotter. 368p. (J). (gr. 4-7). 2019. (ENG.). pap. 9.99 (978-0-7352-6325-3(6)); 2018. (Illus.). 16.99 (978-1-101-91889-0(6)) Tundra Bks. CAN. (Tundra Bks.). Dist: Penguin Random Hse. LLC.

Ghost Rock Mystery. Mary C. Jane. 2017. (ENG., Illus.). (J). (gr. 3-6). pap. (978-1-4794-2524-2(9)) Agog! Pr.

Ghost Runner. Norwyn MacTire. 2019. (League of the Paranormal Ser.). (ENG.). 104p. (YA). (gr. 6-12). 26.65 (978-1-5415-5681-2(X), 2c58b643-cdbb-4eeb-8d51-9c888ec41e0c, Darby Creek) Lerner Publishing Group.

Ghost Salmon. Edward E. Donahue. Illus. by Maria Jost & Dennis Moore. 2020. (ENG.). 32p. (J). (978-1-5255-7687-4(9)); pap. (978-1-5255-7688-1(7)) FriesenPress.

Ghost School: No One Will Survive. S. Arunchandram. 2021. (ENG.). 18p. (YA). pap. 65.08 (978-1-68494-980-9(7)) Notion Pr., Inc.

Ghost Seekers & the Church of Mystery. M. R. Deguara. 2022. (ENG.). 254p. (J). pap. (978-1-4874-3559-2(2)) eXtasy Bks.

Ghost-Seer!, Vol. 1 Of 2: From the German (Classic Reprint) Friedrich. Schiller. (ENG., Illus.). (J). 2018. 166p. 27.34 (978-0-483-38334-0(1)); 2017. pap. 9.97 (978-0-243-56648-8(4)) Forgotten Bks.

Ghost-Ship Other Stories (Classic Reprint) Richard Middleton. 2017. (ENG., Illus.). (J). 29.77 (978-0-266-19992-2(5)) Forgotten Bks.

Ghost Ships. Paige V. Polinsky. 2019. (Investigating the Unexplained Ser.). (ENG., Illus.). 32p. (J). (gr. 3-8). lib. bdg. 27.95 (978-1-64487-041-9(X), Blastoff! Discovery) Bellwether Media.

Ghost Ships: Are Ships Really Haunted? Megan Cooley Peterson. 2018. (History's Mysteries Ser.). (ENG.). 32p. (J). (gr. 4-6). pap. 9.99 (978-1-64466-257-1(4), 12281); (Illus.). lib. bdg. (978-1-68072-410-3(X), 12280) Black Rabbit Bks. (Bolt).

Ghost Sightings. Contrib. by Carla Mooney. 2023. (Are They Real? Ser.). (ENG.). 64p. (J). (gr. 6-12). 43.93 (978-1-6782-0628-4(8), BrightPoint Pr.) ReferencePoint Pr., Inc.

Ghost-Spider (Marvel) Christy Webster. Illus. by Golden Books. 2023. (Little Golden Book Ser.). (ENG.). 24p. (J). (-k). 5.99 (978-0-593-56498-1(7), Golden Bks.) Random Hse. Children's Bks.

Ghost Squad. Claribel A. Ortega. (ENG.). (J). (gr. 3-7). 2021. 272p. pap. 8.99 (978-1-338-28013-5(9)); 2020. 256p. 17.99 (978-1-338-28012-8(0), Scholastic Pr.) Scholastic, Inc.

Ghost Station. Nigel Cole. 2018. (ENG., Illus.). 212p. (J). pap. (978-1-78465-394-1(2), Vanguard Press) Pegasus Elliot Mackenzie Pubs.

Ghost Stories: And Phantom Fancies (Classic Reprint) Hain Friswell. 2017. (ENG., Illus.). (J). 28.72 (978-0-265-41787-4(2)) Forgotten Bks.

Ghost Stories: Collected with a Particular View to Counteract the Vulgar Belief in Ghosts & Apparitions (Classic Reprint) Felix Octavius Carr Darley. 2017. (ENG., Illus.). (J). 28.23 (978-0-266-21649-0(8)) Forgotten Bks.

Ghost Stories of an Antiquary (Classic Reprint) Montague Rhodes James. (ENG., Illus.). (J). 2018. 290p. 29.88 (978-0-483-19983-5(4)); 2017. pap. 13.57 (978-0-259-02804-8(5)) Forgotten Bks.

Ghost Story (Classic Reprint) Walter H. Baker. 2018. (ENG., Illus.). 48p. (J). 24.89 (978-0-484-09290-6(1)) Forgotten Bks.

Ghost Story Mad Libs: World's Greatest Word Game. Foolhardy. 2023. (Mad Libs Ser.). 48p. (J). (gr. 3-7). pap. 5.99 (978-0-593-65837-6(X), Mad Libs) Penguin Young Readers Group.

Ghost That Wasn't a Ghost: Pack Of 25. Alison Mitchell. 2017. (ENG.). (J). (978-1-78498-152-5(4)) Good Bk. Co., The.

Ghost, the Cat & the King. John Reid. 2018. (ENG.). 222p. (YA). pap. (978-1-909587-38-0(9)) Grimlock Pr.

Ghost the Christmas Stag. Sarah Fae. Illus. by Kathryn Holeman. 2020. (ENG.). 36p. (J). pap. (978-1-80042-043-4(9)) SilverWood Bks.

Ghost, the Owl. Franco. 2018. (ENG., Illus.). 48p. (J). 9.99 (978-1-63229-359-6(5), e535b043-41ab-45ee-a16c-2719674ec56c) Action Lab Entertainment.

Ghost Time. Courtney Eldridge. 2016. (ENG.). 418p. (YA). (gr. 7-12). pap. 9.99 (978-1-4778-1697-4(6), 9781477816974, Skyscape) Amazon Publishing.

Ghost Town, 1 vol. D. E. Daly. 2019. (Z Team Ser.). (ENG.). 64p. (J). (gr. 2-3). 23.25 (978-1-5383-8192-2(3), 850d287c-cb3f-4352-8c2a-68ebb15600cc); pap. 13.35 (978-1-5383-8191-5(5), 94b42f1a-0a19-4c89-8b97-9d98520f668f) Enslow Publishing, LLC. (West 44 Bks.).

Ghost Town. Brandon Graham. 2018. (ENG., Illus.). 128p. (YA). pap. 17.99 (978-1-5343-0676-9(5), 57e1a5cb-e2a6-40a9-a117-9ca6872d8a3d) Image Comics.

Ghost Town at Sundown, 10. Mary Pope Osborne. 2019. (Magic Tree House Ser.). (ENG.). 73p. (J). (gr. 2-3). 16.96 (978-0-87617-699-3(6)) Penworthy Co., LLC, The.

Ghost Towns. Valerie Bodden. 2017. (Creep Out Ser.). (ENG., Illus.). 24p. (J). (gr. 1-4). (978-1-60818-807-9(8), 20184, Creative Education) Creative Co., The.

Ghost Towns. Sarah E. Parvis. 2019. (J). pap. (978-1-64280-755-4(9)) Bearport Publishing Co., Inc.

Ghost Trap. Blake Hoena & Blake A. Hoena. Illus. by Dave Bardin. 2016. (Monster Heroes Ser.). (ENG.). 32p. (J). (gr.

TITLE INDEX GHOSTLY TOWNS

k-2). lib. bdg. 21.32 *(978-1-4965-3757-7(2)*, 133084, Stone Arch Bks.) Capstone.

Ghost Wars: Rise of the Nanimals. Benjamin Levin. Illus. by Irfan Mahardhika. 2018. (ENG.). 114p. (J). pap. 9.99 *(978-0-9997310-4-8(1))* Shrimlife Pr.

Ghost Wars: Rise of the Nanimals. Benjamin D. Levin. 2018. (ENG., Illus.). 114p. (J). pap. 24.99 *(978-0-9997310-0-0(9))* Shrimlife Pr.

Ghost Was Bored. Isabella Gumbko. 2021. (ENG.). 54p. (J). pap. 15.95 *(978-1-63710-479-8(0))* Fulton Bks.

Ghost Who Couldn't Scare. Steve Wraith. Illus. by Alfie Joey. 2018. (ENG.). 18p. (J). pap. *(978-1-910565-73-5(3))* Britain's Next Bestseller.

Ghost Who Lived in the Cupboard. Rita M. Hopkins. 2020. (ENG.). 26p. (J). pap. *(978-1-78878-721-5(8))* Austin Macauley Pubs. Ltd.

Ghost Who Was Afraid of Himself. Allison McWood. Illus. by Juliette Rajak. 2019. (ENG.). 32p. (J). pap. *(978-1-9994377-9-4(9))* Annelid Pr.

Ghost Within: A St. Augustine Novella. Klass Elle. Ed. by Lewis Dawn. 2018. (Bloodseekers Ser.: Vol. 3). (ENG., Illus.). 244p. (YA). pap. 20.97 *(978-0-9992504-5-7(0))* Bks. by Elle, Inc.

Ghost Wood Song. Erica Waters. (ENG.). (YA). (gr. 8). 2021. 384p. pap. 10.99 *(978-0-06-289423-6(4))*; 2020. 368p. 17.99 *(978-0-06-289422-9(6))* HarperCollins Pubs. (HarperTeen).

Ghostbusters: A Paranormal Picture Book. Illus. by Forrest Burdett. 2021. (ENG.). 32p. (J). (gr. -1-3). 17.99 *(978-0-7624-7357-1(6)*, Running Pr. Kids) Running Pr.

Ghostbusters: Movie Novelization. Adapted by Stacia Deutsch. 2016. (Illus.). 139p. (J). *(978-1-5182-2700-4(7))* Simon Spotlight.

Ghostbusters (Ghostbusters) John Sazaklis. Illus. by Alan Batson. 2016. (Little Golden Book Ser.). 24p. (J). (gr. -1-2). 5.99 *(978-1-5247-1489-5(5)*, Golden Bks.) Random Hse. Children's Bks.

Ghostbusters Movie Novelization. Stacia Deutsch. ed. 2016. lib. bdg. 17.20 *(978-0-606-38993-8(9))* Turtleback.

Ghostbusters: Who You Gonna Call (Ghostbusters 2016) John Sazaklis. Illus. by Alan Batson. 2016. (Little Golden Book Ser.). 24p. (J). (gr. -1-2). 5.99 *(978-1-5247-1491-8(7)*, Golden Bks.) Random Hse. Children's Bks.

Ghostcloud. Michael Mann. (ENG.). 320p. (J). (gr. 3-7). 2023. pap. 8.99 ***(978-1-68263-620-6(8))***; 2022. (Illus.). 17.99 *(978-1-68263-518-6(X))* Peachtree Publishing Co. Inc.

Ghosted. Michael Fry. 2021. (ENG., Illus.). 272p. (J). (gr. 3-7). 13.99 *(978-0-358-26961-8(X)*, 1770965, Clarion Bks.) HarperCollins Pubs.

Ghosted. Leslie Margolis. 2019. (ENG.). 256p. (J). pap. 7.99 *(978-1-250-21116-3(6)*, 900181421) Square Fish.

Ghosted. Colin R. Parsons. 2018. (ENG., Illus.). 296p. (J). pap. 16.99 *(978-1-910903-11-7(6))* AudioGO.

Ghosted: A Halloween Mystery. Jillian C. Stone. 2020. (ENG.). 308p. (YA). 37.95 *(978-1-9822-5268-7(5))*; pap. 19.99 *(978-1-9822-5266-3(9))* Author Solutions, LLC. (Balboa Pr.).

Ghosted: A Northanger Abbey Novel. Amanda Quain. 2023. (ENG.). 384p. (YA). 20.00 *(978-1-250-86507-6(7)*, 900277894, Wednesday Bks.) St. Martin's Pr.

Ghosted in L. A. Vol. 1. Sina Grace. Illus. by Siobhan Keenan. 2020. (Ghosted in La Ser.: 1). (ENG.). 112p. (YA). pap. 14.99 *(978-1-68415-505-7(3))* BOOM! Studios.

Ghoster Heights. Corey Lansdell & Kelly Mellings. Illus. by Lisa LaRose. 2022. (ENG.). 208p. (J). (gr. 4-7). pap. 12.99 *(978-1-63849-073-9(2)*, Wonderbound) Creative Mind Energy.

Ghosters 1: The Forbidden Attic. Diana Corbitt. 2022. (ENG.). 168p. (J). pap. 11.95 ***(978-1-949290-65-3(4))*** Bedazzled Ink Publishing Co.

Ghosters 3: Secrets of the Bloody Tower. Diana Corbitt. (ENG.). (J). (gr. 4-6). 2022. 212p. pap. 13.95 ***(978-1-949290-67-7(0))***; 2019. 184p. pap. 12.95 *(978-1-949290-34-9(4))* Bedazzled Ink Publishing Co.

Ghostess with the Mostest. JoJo Siwa. 2021. (JoJo & BowBow Ser.). (ENG.). 160p. (J). (gr. 1-4). 12.99 *(978-1-4197-5723-5(7)*, 1750703, Amulet Bks.) Abrams, Inc.

Ghostfaces. John Flanagan. 2016. (Brotherband Chronicles Ser.: 6). (ENG.). 400p. (J). (gr. 5). 18.99 *(978-0-399-16357-9(3)*, Philomel Bks.) Penguin Young Readers Group.

Ghostfaces. John Flanagan. ed. 2017. (Brotherband Chronicles Ser.: 6). lib. bdg. 19.65 *(978-0-606-40089-3(3))* Turtleback.

Ghostified: The First Three Books. Liam Donovan. 2016. (ENG.). 72p. (J). pap. ***(978-1-365-17306-6(2))*** Lulu Pr., Inc.

Ghosting Uplug Unwind Destress Color. Laverne Adekunle. 2022. (ENG.). 64p. (J). pap. *(978-1-6781-1642-2(4))* Lulu Pr., Inc.

Ghosting You. Alexander C. Eberhart. 2020. (ENG.). 348p. (YA). (gr. 8-12). pap. 14.99 *(978-1-0879-3573-7(3))* Indy Pub.

Ghostlight. Kenneth Oppel. (ENG.). 400p. (J). (gr. 5). 2023. 9.99 ***(978-0-593-48796-9(6)***, Yearling); 2022. 17.99 *(978-0-593-48793-8(1)*, Knopf Bks. for Young Readers); 2022. lib. bdg. 20.99 *(978-0-593-48794-5(X)*, Knopf Bks. for Young Readers) Random Hse. Children's Bks.

Ghostly Adventures of Jamie C. O'Hare: The Church Tower. C. Wade Jacobs. 2022. (Ghostly Adventures of Jamie C. O'Hare Ser.: Vol. 1). (ENG.). 164p. (J). pap. ***(978-1-7752211-1-1(3))*** Monkey Bar Bks. Inc.

Ghostly Carousel: Delightfully Frightful Poems. Calef Brown. Illus. by Calef Brown. 2018. (ENG., Illus.). 32p. (J). (gr. 1-4). 17.99 *(978-1-5124-2661-8(X)*, deb83a4a-c795-4b2f-9da6-d2ff1c54ed94, Carolrhoda Bks.) Lerner Publishing Group.

Ghostly Clues. Kay Lalone. 2017. (ENG., Illus.). (J). pap. *(978-1-77127-936-9(2))* MuseItUp Publishing.

Ghostly Echoes: A Jackaby Novel. William Ritter. ed. 2023. (Jackaby Ser.: 3). (ENG.). 352p. (YA). (gr. 8-17). pap. 11.99 ***(978-1-5235-2400-6(6))*** Algonquin Young Readers.

Ghostly Encounter. Stephanie Loureiro. Illus. by Jared Sams. 2021. (Secret Society of Monster Hunters Ser.). (ENG.). 32p. (J). (gr. 5-8). pap. 14.21 *(978-1-5341-8921-8(1)*, 219395); lib. bdg. 32.07 *(978-1-5341-8781-8(2)*, 219394) Cherry Lake Publishing. (Torch Graphic Press).

Ghostly Encounters. M. L. Ray. 2021. (ENG.). 106p. (YA). pap. 11.99 *(978-1-393-07490-8(1))* Draft2Digital.

Ghostly Goalie. Thomas Kingsley Troupe. Illus. by Rudy Faber. 2016. (Hauntiques Ser.). (ENG.). 128p. (J). (gr. 4-6). lib. bdg. 25.32 *(978-1-4965-3544-3(8)*, 132654, Stone Arch Bks.) Capstone.

Ghostly Graphics. Nel Yomtov et al. Illus. by Maurizio Campidelli et al. 2023. (Ghostly Graphics Ser.). (ENG.). 48p. (J). 143.96 ***(978-1-6690-5112-1(9)***, 255257); pap., pap., pap. 35.96 ***(978-1-6690-7144-0(8)***, 261900) Capstone. (Capstone Pr.).

Ghostly Graveyards. Judy Allen. 2016. (Scary Places Ser.). (ENG., Illus.). 32p. (J). (gr. 4-8). 28.50 *(978-1-943553-08-2(4))* Bearport Publishing Co., Inc.

Ghostly Maiden Mystery: Billy Fender Pi Series - Book 3. Glenn Lindsey. 2018. (Billy Fender Pi Ser.: Vol. 3). (ENG., Illus.). 192p. (J). pap. *(978-0-9959380-6-9(7))* Lindsey, Glenn.

Ghostly Mansions, 1 vol. Alix Wood. 2019. (World's Scariest Places Ser.). (ENG.). 32p. (J). (gr. 4-5). pap. 11.50 *(978-1-5382-4251-3(6)*, 29e50740-7736-4fce-8634-9c832b6bb821); lib. bdg. 28.27 *(978-1-5382-4198-1(6)*, 5f6b3ce4-aa68-4520-abb4-37e76d62083e) Stevens, Gareth Publishing LLLP.

Ghostly Prisons, 1 vol. Alix Wood. 2016. (World's Scariest Places Ser.). (ENG.). 32p. (J). (gr. 4-5). pap. 11.50 *(978-1-4824-5904-3(3)*, 3beecb88-7c28-4459-acb9-89009569b549) Stevens, Gareth Publishing LLLP.

Ghostly Rescue: A Story of Two Horses. Christine Burt. 2017. (ENG., Illus.). (J). pap. 9.95 *(978-1-947491-55-7(5))* Yorkshire Publishing Group.

Ghostly Reunion. Illus. by Maggie Ivy. 2018. (Haunted States of America Ser.). (ENG.). 136p. (J). (gr. 3-4). lib. bdg. 27.13 *(978-1-63163-207-5(8)*, 1631632078, Jolly Fish Pr.) North Star Editions.

Ghostly Reunion. Thomas Kingsley Troupe. Illus. by Maggie Ivy. 2018. (Haunted States of America Ser.). (ENG.). 136p. (J). (gr. 3-4). pap. 7.99 *(978-1-63163-208-2(6)*, 1631632086, Jolly Fish Pr.) North Star Editions.

Ghostly Secret of Lakeside School. Dee Phillips. 2016. (Cold Whispers II Ser.). (ENG.). 32p. (J). (gr. 2-7). 7.99 *(978-1-68402-003-4(4))*; (Illus.). 28.50 *(978-1-944102-33-3(7))* Bearport Publishing Co., Inc.

Ghostly Tales of Alabama. Alan N. Brown. 2023. (Spooky America Ser.). (ENG.). 112p. (J). (gr. 3-7). pap. 12.99 ***(978-1-4671-9729-8(7))*** Arcadia Publishing.

Ghostly Tales of Albuquerque. Jessa Dean. 2021. (ENG.). 114p. (J). 31.00 *(978-1-5402-4938-8(7))* Arcadia Publishing.

Ghostly Tales of Albuquerque. Jessica Bailess. 2021. (Spooky America Ser.). (ENG., Illus.). 112p. (gr. 3-7). pap. 12.99 *(978-1-4671-9839-4(0))* Arcadia Publishing.

Ghostly Tales of Alcatraz. Stacia Deutsch. 2023. (Spooky America Ser.). (ENG.). 112p. (J). (gr. 3-7). pap. 12.99 ***(978-1-4671-9732-8(7))*** Arcadia Publishing.

Ghostly Tales of Austin. Carie Juettner. 2021. (Spooky America Ser.). (ENG., Illus.). 112p. (gr. 3-7). pap. 12.99 *(978-1-4671-9820-2(X))* Arcadia Publishing.

Ghostly Tales of Austin. Carie Juettner. 2021. (ENG., Illus.). 114p. (J). 31.00 *(978-1-5402-4928-9(X))* Arcadia Publishing.

Ghostly Tales of Baraboo. Anna Marie Lardinois. 2022. (Spooky America Ser.). (ENG., Illus.). 112p. (gr. 3-7). pap. 12.99 *(978-1-4671-9862-2(5))* Arcadia Publishing.

Ghostly Tales of Bisbee. Stacia Stacia Deutsch. 2022. (Spooky America Ser.). (ENG., Illus.). 112p. (gr. 3-7). pap. 12.99 *(978-1-4671-9880-6(3))* Arcadia Publishing.

Ghostly Tales of Bloomington. Stacia Deutsch. 2023. (Spooky America Ser.). (ENG.). 112p. (J). (gr. 3-7). pap. 12.99 ***(978-1-4671-9746-5(7))*** Arcadia Publishing.

Ghostly Tales of Burlington. Carie Juettner. 2022. (Spooky America Ser.). (ENG., Illus.). 112p. (J). (gr. 3-7). pap. 12.99 *(978-1-4671-9864-6(1))* Arcadia Publishing.

Ghostly Tales of Cape Cod. Karen Bush Gibson. 2022. (Spooky America Ser.). (ENG., Illus.). 112p. (J). (gr. 3-7). pap. 12.99 *(978-1-4671-9866-0(8))* Arcadia Publishing.

Ghostly Tales of Charleston. Allison Singer. 2020. (Spooky America Ser.). (ENG., Illus.). 112p. (gr. 3-7). pap. 12.99 *(978-1-4671-9800-4(5))* Arcadia Publishing.

Ghostly Tales of Chattanooga. Jessica Penot. 2021. (Spooky America Ser.). (ENG., Illus.). 112p. (gr. 3-7). pap. 12.99 *(978-1-4671-9837-0(4))* Arcadia Publishing.

Ghostly Tales of Chattanooga. Amy Petulla & Jessica Penot. 2021. (ENG.). 114p. (J). 31.00 *(978-1-5402-4937-1(9))* Arcadia Publishing.

Ghostly Tales of Cheyenne. Mary Kay Carson. 2022. (Spooky America Ser.). (ENG., Illus.). 112p. (gr. 3-7). pap. 12.99 *(978-1-4671-9872-1(2))* Arcadia Publishing.

Ghostly Tales of Cleveland. Beth Richards. 2021. (ENG.). 114p. (J). 31.00 *(978-1-5402-4925-8(5))* Arcadia Publishing.

Ghostly Tales of Cleveland. Beth A. Richards. 2021. (Spooky America Ser.). (ENG., Illus.). 112p. (gr. 3-7). bds. 12.99 *(978-1-4671-9803-5(X))* Arcadia Publishing.

Ghostly Tales of Coeur D'Alene. Ms. Deb A. Cuyle. 2023. (Spooky America Ser.). (ENG.). 112p. (J). (gr. 3-7). pap. 12.99 ***(978-1-4671-9743-4(2))*** Arcadia Publishing.

Ghostly Tales of Colorado's Front Range. UNKNOWN BKM. 2021. (Spooky America Ser.). (ENG., Illus.). 112p. (gr. 3-7). pap. 12.99 *(978-1-4671-9830-1(7))* Arcadia Publishing.

Ghostly Tales of Columbia. Karen Emily Miller. 2023. (Spooky America Ser.). (ENG.). 112p. (J). (gr. 3-7). pap. 12.99 ***(978-1-4671-9728-1(9))*** Arcadia Publishing.

Ghostly Tales of Connecticut. Ellie O'Ryan. 2020. (Spooky America Ser.). (ENG., Illus.). 112p. (J). (gr. 3-7). pap. 12.99 *(978-1-4671-9809-7(9))* Arcadia Publishing.

Ghostly Tales of Dallas. Carie Juettner. 2023. (Spooky America Ser.). (ENG.). 112p. (J). (gr. 3-7). pap. 12.99 ***(978-1-4671-9727-4(0))*** Arcadia Publishing.

Ghostly Tales of Delaware. Carie Juettner. 2023. (Spooky America Ser.). (ENG.). 112p. (J). (gr. 3-7). pap. 12.99 ***(978-1-4671-9738-0(6))*** Arcadia Publishing.

Ghostly Tales of Denver. Shelli Timmons. 2021. (Spooky America Ser.). (ENG., Illus.). 112p. (gr. 3-7). pap. 12.99 *(978-1-4671-9822-6(6))* Arcadia Publishing.

Ghostly Tales of Denver. Shelli Timmons. 2021. (ENG.). 114p. (J). 31.00 *(978-1-5402-4929-6(8))* Arcadia Publishing.

Ghostly Tales of Detroit. Daralynn Walker. 2023. (Spooky America Ser.). (ENG.). 112p. (J). (gr. 3-7). pap. 12.99 ***(978-1-4671-9741-0(6))*** Arcadia Publishing.

Ghostly Tales of Door County. Karen Gibson. 2021. (ENG.). 114p. (J). 31.99 *(978-1-5402-4767-4(8))* Arcadia Publishing.

Ghostly Tales of Door County. UNKNOWN BKM. 2021. (Spooky America Ser.). (ENG., Illus.). 112p. (gr. 3-7). pap. 12.99 *(978-1-4671-9808-0(0))* Arcadia Publishing.

Ghostly Tales of Ellicott City. Deborah Deborah Morgenthal. 2022. (Spooky America Ser.). (ENG., Illus.). 112p. (J). (gr. 3-7). pap. 12.99 *(978-1-4671-9831-8(5))* Arcadia Publishing.

Ghostly Tales of Flint. Anna Lardinois. 2021. (Spooky America Ser.). (ENG., Illus.). 112p. (J). (gr. 3-7). pap. 12.99 *(978-1-4671-9835-6(8))* Arcadia Publishing.

Ghostly Tales of Flint. Anna Lardinois. 2021. (ENG.). 114p. (J). 31.00 *(978-1-5402-4935-7(2))* Arcadia Publishing.

Ghostly Tales of Galveston. Kathleen Shanahan Maca. 2021. (Spooky America Ser.). (ENG., Illus.). 112p. (gr. 3-7). pap. 12.99 *(978-1-4671-9810-3(2))* Arcadia Publishing.

Ghostly Tales of Galveston. Kathleen Shanahan Maca. 2021. (ENG.). 114p. (J). 31.99 *(978-1-5402-4768-1(6))* Arcadia Publishing.

Ghostly Tales of Granbury. Brandy Herr. 2021. (Spooky America Ser.). (ENG., Illus.). 112p. (J). (gr. 3-7). pap. 12.99 *(978-1-4671-9833-2(1))* Arcadia Publishing.

Ghostly Tales of Granbury. Brandy Herr. 2021. (ENG.). 114p. (J). 31.00 *(978-1-5402-4933-3(6))* Arcadia Publishing.

Ghostly Tales of Lake Tahoe. Kate Byrne. 2023. (Spooky America Ser.). (ENG.). 112p. (J). (gr. 3-7). pap. 12.99 ***(978-1-4671-9723-6(8))*** Arcadia Publishing.

Ghostly Tales of Lawrence. Lisha Cauthen. 2022. (Spooky America Ser.). (ENG., Illus.). 112p. (gr. 3-7). pap. 12.99 *(978-1-4671-9883-7(8))* Arcadia Publishing.

Ghostly Tales of Long Island. Rachel Kempster Barry. 2020. (Spooky America Ser.). (ENG., Illus.). 112p. (J). (gr. 3-7). pap. 12.99 *(978-1-4671-9805-9(6))* Arcadia Publishing.

Ghostly Tales of Martha's Vineyard. Anna Lardinois. 2023. (Spooky America Ser.). (ENG.). 112p. (J). (gr. 3-7). pap. 12.99 ***(978-1-4671-9730-4(0))*** Arcadia Publishing.

Ghostly Tales of Memphis. Laura Cunningham. 2021. (Spooky America Ser.). (ENG., Illus.). 112p. (J). (gr. 3-7). pap. 12.99 *(978-1-4671-9836-3(6))* Arcadia Publishing.

Ghostly Tales of Memphis. Laura Cunningham. 2021. (ENG.). 114p. (J). 31.00 *(978-1-5402-4936-4(0))* Arcadia Publishing.

Ghostly Tales of Michigan's Haunted Lighthouses. Diane Telgen. 2021. (Spooky America Ser.). (ENG., Illus.). 112p. (J). (gr. 3-7). pap. 12.99 *(978-1-4671-9825-7(0))* Arcadia Publishing.

Ghostly Tales of Michigan's Haunted Lighthouses. Diane Telgen & Diana Higgs Stampfler. 2021. (ENG.). 114p. (J). 31.99 *(978-1-5402-4772-8(4))* Arcadia Publishing.

Ghostly Tales of Michigan's Upper Peninsula. Diane Telgen. 2023. (Spooky America Ser.). (ENG.). 112p. (J). (gr. 3-7). pap. 12.99 ***(978-1-4671-9745-8(9))*** Arcadia Publishing.

Ghostly Tales of Michigan's West Coast. Diane Telgen. 2020. (Spooky America Ser.). (ENG., Illus.). 112p. (J). (gr. 3-7). pap. 12.99 *(978-1-4671-9802-8(1))* Arcadia Publishing.

Ghostly Tales of Milwaukee. Anna Lardinois. 2021. (Spooky America Ser.). (ENG., Illus.). 112p. (J). (gr. 3-7). pap. 12.99 *(978-1-4671-9834-9(X))* Arcadia Publishing.

Ghostly Tales of Milwaukee. Anna Lardinois. 2021. (ENG.). 114p. (J). 31.00 *(978-1-5402-4934-0(4))* Arcadia Publishing.

Ghostly Tales of Mystic. Beth Hester. 2023. (Spooky America Ser.). (ENG.). 112p. (J). (gr. 3-7). pap. 12.99 ***(978-1-4671-9726-7(2))*** Arcadia Publishing.

Ghostly Tales of New England. Carie Juettner. 2020. (Spooky America Ser.). (ENG., Illus.). 112p. (J). (gr. 3-7). pap. 12.99 *(978-1-4671-9806-6(4))* Arcadia Publishing.

Ghostly Tales of New Mexico. Shelli Timmons. 2022. (Spooky America Ser.). (ENG., Illus.). 112p. (J). (gr. 3-7). pap. 12.99 *(978-1-4671-9869-1(2))* Arcadia Publishing.

Ghostly Tales of New Orleans. Laura Dragon. 2021. (Spooky America Ser.). (ENG., Illus.). 112p. (gr. 3-7). pap. 12.99 *(978-1-4671-9818-9(8))* Arcadia Publishing.

Ghostly Tales of New Orleans. Laura Roach Dragon. 2021. (ENG.). 114p. (J). 31.99 *(978-1-5402-4769-8(4))* Arcadia Publishing.

Ghostly Tales of Newport. Jenn Bailey & John T. Brennan. 2021. (ENG.). 114p. (J). 31.99 *(978-1-5402-4771-1(6))* Arcadia Publishing.

Ghostly Tales of Newport. UNKNOWN BKM. 2021. (Spooky America Ser.). (ENG., Illus.). 112p. (gr. 3-7). pap. 12.99 *(978-1-4671-9824-0(2))* Arcadia Publishing.

Ghostly Tales of Ohio's Haunted Cemeteries. Kate Byrne. 2023. (Spooky America Ser.). (ENG.). 112p. (J). (gr. 3-7). pap. 12.99 ***(978-1-4671-9740-3(8))*** Arcadia Publishing.

Ghostly Tales of Oklahoma City. Tanya McCoy. 2022. (Spooky America Ser.). (ENG., Illus.). 112p. (gr. 3-7). pap. 12.99 *(978-1-4671-9877-6(3))* Arcadia Publishing.

Ghostly Tales of Panama City. Patricia Heyer. 2023. (Spooky America Ser.). (ENG.). 112p. (J). (gr. 3-7). pap. 12.99 ***(978-1-4671-9742-7(4))*** Arcadia Publishing.

Ghostly Tales of Philadelphia. Beth Landis Hester. 2023. (Spooky America Ser.). (ENG.). 112p. (J). (gr. 3-7). pap. 12.99 ***(978-1-4671-9739-7(4))*** Arcadia Publishing.

Ghostly Tales of Pittsburgh. Diane Telgen. 2020. (Spooky America Ser.). (ENG., Illus.). 112p. (J). (gr. 3-7). pap. 12.99 *(978-1-4671-9804-2(8))* Arcadia Publishing.

Ghostly Tales of Plymouth. Lisha Cauthen. 2022. (Spooky America Ser.). (ENG., Illus.). 112p. (J). (gr. 3-7). pap. 12.99 *(978-1-4671-9865-3(X))* Arcadia Publishing.

Ghostly Tales of Prescott. Anna Marie Lardinois. 2022. (Spooky America Ser.). (ENG., Illus.). 112p. (J). (gr. 3-7). pap. 12.99 *(978-1-4671-9879-0(X))* Arcadia Publishing.

Ghostly Tales of Put-In-Bay. Jay Whistler. 2022. (Spooky America Ser.). (ENG., Illus.). 112p. (J). (gr. 3-7). pap. 12.99 *(978-1-4671-9870-7(6))* Arcadia Publishing.

Ghostly Tales of Salt Lake City. Laurie Allen et al. 2021. (Spooky America Ser.). (ENG., Illus.). 112p. (J). (gr. 3-7). pap. 12.99 *(978-1-4671-9823-3(4))* Arcadia Publishing.

Ghostly Tales of Salt Lake City. Laurie Allen et al. 2021. (ENG.). 114p. (J). 31.00 *(978-1-5402-4930-2(1))* Arcadia Publishing.

Ghostly Tales of San Antonio. Jay Whistler. 2021. (Spooky America Ser.). (ENG., Illus.). 112p. (gr. 3-7). pap. 12.99 *(978-1-4671-9812-7(9))* Arcadia Publishing.

Ghostly Tales of San Antonio. Jay Whistler. 2021. (ENG.). 114p. (J). 31.00 *(978-1-5402-4926-5(3))* Arcadia Publishing.

Ghostly Tales of San Diego. Selena Selena Fragassi. 2022. (Spooky America Ser.). (ENG., Illus.). 112p. (gr. 3-7). pap. 12.99 *(978-1-4671-9882-0(X))* Arcadia Publishing.

Ghostly Tales of Santa Fe. Lisha Cauthen. 2023. (Spooky America Ser.). (ENG.). 112p. (J). (gr. 3-7). pap. 12.99 ***(978-1-4671-9734-2(3))*** Arcadia Publishing.

Ghostly Tales of Saratoga. Kate Byrne. 2022. (Spooky America Ser.). (ENG., Illus.). 112p. (gr. 3-7). pap. 12.99 *(978-1-4671-9867-7(6))* Arcadia Publishing.

Ghostly Tales of Savannah. Jessa Dean. 2020. (Spooky America Ser.). (ENG., Illus.). 112p. (J). (gr. 3-7). pap. 12.99 *(978-1-4671-9807-3(2))* Arcadia Publishing.

Ghostly Tales of Sleepy Hollow. Jessa Dean. 2021. (ENG.). 114p. (J). 31.99 *(978-1-5402-4770-4(8))* Arcadia Publishing.

Ghostly Tales of Sleepy Hollow. Jessica Bailess. 2021. (Spooky America Ser.). (ENG., Illus.). 112p. (gr. 3-7). pap. 12.99 *(978-1-4671-9821-9(8))* Arcadia Publishing.

Ghostly Tales of Snohomish. Deborah Cuyle. 2021. (ENG.). 114p. (J). 31.00 *(978-1-5402-4940-1(9))* Arcadia Publishing.

Ghostly Tales of Snohomish. Ms. Deb A. Cuyle. 2021. (Spooky America Ser.). (ENG., Illus.). 112p. (gr. 3-7). pap. 12.99 *(978-1-4671-9841-7(2))* Arcadia Publishing.

Ghostly Tales of Southern California. Dan Alleva. 2023. (Spooky America Ser.). (ENG.). 112p. (J). (gr. 3-7). pap. 12.99 ***(978-1-4671-9725-0(4))*** Arcadia Publishing.

Ghostly Tales of Southwest Pennsylvania. Karen Miller. 2022. (Spooky America Ser.). (ENG., Illus.). 112p. (J). (gr. 3-7). pap. 12.99 *(978-1-4671-9881-3(1))* Arcadia Publishing.

Ghostly Tales of St. Augustine & St. Johns County. Jessa Dean. 2021. (Spooky America Ser.). (ENG., Illus.). 112p. (J). (gr. 3-7). pap. 12.99 *(978-1-4671-9832-5(3))* Arcadia Publishing.

Ghostly Tales of St. Augustine & St. Johns County. Jessa Dean. 2021. (ENG.). 114p. (J). 31.00 *(978-1-5402-4932-6(8))* Arcadia Publishing.

Ghostly Tales of Tampa. Stacia Stacia Deutsch. 2022. (Spooky America Ser.). (ENG., Illus.). 112p. (gr. 3-7). pap. 12.99 *(978-1-4671-9874-5(9))* Arcadia Publishing.

Ghostly Tales of the Adirondacks. Karen Miller. 2022. (Spooky America Ser.). (ENG., Illus.). 112p. (J). (gr. 3-7). pap. 12.99 *(978-1-4671-9868-4(4))* Arcadia Publishing.

Ghostly Tales of the Berkshires. Robert Oakes. 2023. (Spooky America Ser.). (ENG.). 112p. (J). (gr. 3-7). pap. 12.99 ***(978-1-4671-9736-6(X))*** Arcadia Publishing.

Ghostly Tales of the Catskills. Karen Emily Miller. 2023. (Spooky America Ser.). (ENG.). 112p. (J). (gr. 3-7). pap. 12.99 ***(978-1-4671-9731-1(9))*** Arcadia Publishing.

Ghostly Tales of the Finger Lakes. Jules Heller & Patti Unvericht. 2021. (ENG.). 114p. (J). 31.99 *(978-1-5402-4773-5(2))* Arcadia Publishing.

Ghostly Tales of the Finger Lakes. UNKNOWN BKM. 2021. (Spooky America Ser.). (ENG., Illus.). 112p. (gr. 3-7). pap. 12.99 *(978-1-4671-9827-1(7))* Arcadia Publishing.

Ghostly Tales of the Haunted South. Alan Brown. 2021. (ENG.). 114p. (J). 31.00 *(978-1-5402-4939-5(5))* Arcadia Publishing.

Ghostly Tales of the Haunted South. Alan N. Brown. 2021. (Spooky America Ser.). (ENG., Illus.). 112p. (gr. 3-7). pap. 12.99 *(978-1-4671-9840-0(4))* Arcadia Publishing.

Ghostly Tales of the Jersey Shore. Patricia Heyer. 2023. (Spooky America Ser.). (ENG.). 112p. (J). (gr. 3-7). pap. 12.99 ***(978-1-4671-9724-3(6))*** Arcadia Publishing.

Ghostly Tales of the Long Beach Peninsula. Sydney Stevens. 2022. (Spooky America Ser.). (ENG., Illus.). 112p. (J). (gr. 3-7). pap. 12.99 *(978-1-4671-9863-9(3))* Arcadia Publishing.

Ghostly Tales of the Ohio State Reformatory. Emma Carlson Berne. 2021. (ENG.). 114p. (J). 31.00 *(978-1-5402-4927-2(1))* Arcadia Publishing.

Ghostly Tales of the Ohio State Reformatory. Emma Carlson Berne. 2021. (Spooky America Ser.). (ENG., Illus.). 112p. (J). (gr. 3-7). pap. 12.99 *(978-1-4671-9819-6(6))* Arcadia Publishing.

Ghostly Tales of the Pacific Northwest. Ms. Deb A. Cuyle. 2022. (Spooky America Ser.). (ENG., Illus.). 112p. (gr. 3-7). pap. 12.99 *(978-1-4671-9873-8(0))* Arcadia Publishing.

Ghostly Tales of the Queen Mary. Shelli Timmons. 2020. (Spooky America Ser.). (ENG., Illus.). 112p. (gr. 3-7). pap. 12.99 *(978-1-4671-9801-1(3))* Arcadia Publishing.

Ghostly Tales of the Rio Grande Valley. Karen Emily Miller. 2023. (Spooky America Ser.). (ENG.). 112p. (J). (gr. 3-7). pap. 12.99 ***(978-1-4671-9737-3(8))*** Arcadia Publishing.

Ghostly Tales of the Treasure Coast. Selena Selena Fragassi. 2022. (Spooky America Ser.). (ENG., Illus.). 112p. (gr. 3-7). pap. 12.99 *(978-1-4671-9876-9(5))* Arcadia Publishing.

Ghostly Tales of Tombstone. Anna Lardinois. 2023. (Spooky America Ser.). (ENG.). 112p. (J). (gr. 3-7). pap. 12.99 ***(978-1-4671-9735-9(1))*** Arcadia Publishing.

Ghostly Tales of Virginia City. Stacia Stacia Deutsch. 2022. (Spooky America Ser.). (ENG., Illus.). 112p. (gr. 3-7). pap. 12.99 *(978-1-4671-9884-4(6))* Arcadia Publishing.

Ghostly Tales of Virginia's Blue Ridge Highlands. Joe Tennis. 2021. (Spooky America Ser.). (ENG., Illus.). 112p. (J). (gr. 3-7). pap. 12.99 *(978-1-4671-9828-8(5))* Arcadia Publishing.

Ghostly Tales of Virginia's Blue Ridge Highlands. Joe Tennis. 2021. (ENG.). 114p. (J). 31.00 *(978-1-5402-4931-9(X))* Arcadia Publishing.

Ghostly Tales of Winston-Salem. Karen Miller. 2022. (Spooky America Ser.). (ENG., Illus.). 112p. (J). (gr. 3-7). pap. 12.99 *(978-1-4671-9871-4(4))* Arcadia Publishing.

Ghostly Towns. Joyce L. Markovics. 2016. (Tiptoe into Scary Places Ser.). (ENG., Illus.). 24p. (J). (gr. k-3). 27.07 *(978-1-68402-051-5(4))* Bearport Publishing Co., Inc.

Ghostly Whispers: Book 10. Baron Specter. Illus. by Robin Boyden. 2018. (Graveyard Diaries). (ENG.). 112p. (J). (gr. 2-5). lib. bdg. 38.50 *(978-1-5321-3181-3(X)*, 28457, Calico Chapter Bks.) ABDO Publishing Co.

Ghosts. Kenny Abdo. (Guidebooks to the Unexplained Ser.). (ENG., Illus.). 24p. (J). (gr. 2-2). 2020. pap. 8.95 *(978-1-64494-290-1(9)*, 1644942909); 2019. lib. bdg. 31.36 *(978-1-5321-2937-7(8)*, 33152) ABDO Publishing Co. (Abdo Zoom-Fly).

Ghosts. Virginia Loh-Hagan. 2017. (Magic, Myth, & Mystery Ser.). (ENG., Illus.). 32p. (J). (gr. 4-8). lib. bdg. 32.07 *(978-1-63472-883-6(1)*, 209958, 45th Parallel Press) Cherry Lake Publishing.

Ghosts. Lily Loye. 2022. (Unexplained Ser.). (ENG., Illus.). 32p. (J). (gr. 2-3). pap. 9.95 *(978-1-63738-198-4(0))*; lib. bdg. 31.35 *(978-1-63738-162-5(X))* North Star Editions. (Apex).

Ghosts. Elizabeth Noll. 2016. (Strange ... but True? Ser.). (ENG.). 32p. (J). (gr. 4-6). pap. 9.99 *(978-1-64466-159-8(4)*, 10338); (Illus.). 31.35 *(978-1-68072-024-2(4)*, 10337) Black Rabbit Bks. (Bolt).

Ghosts. Emily Rose Oachs. 2018. (Investigating the Unexplained Ser.). (ENG., Illus.). 32p. (J). (gr. 3-8). lib. bdg. 27.95 *(978-1-62617-853-3(4)*, Blastoff! Discovery) Bellwether Media.

Ghosts, 1 vol. David A. Robertson. 2019. (Reckoner Ser.: 3). (ENG., Illus.). 240p. (YA). (gr. 9-12). pap. *(978-1-55379-762-3(0)*, HighWater Pr.) Portage & Main Pr.

Ghosts. Marysa Storm. 2020. (Little Bit Spooky Ser.). 24p. (J). (gr. k-3). pap. 8.99 *(978-1-64466-114-7(4)*, 14451); (ENG.). lib. bdg. *(978-1-62310-176-3(X)*, 14450) Black Rabbit Bks. (Bolt Jr.).

Ghosts: a Graphic Novel. Raina Telgemeier. Illus. by Raina Telgemeier. (ENG., Illus.). 256p. (J). (gr. 3-7). 2022. pap. 12.99 *(978-1-338-80190-3(2))*; 2016. 24.99 *(978-0-545-54061-2(5))* Scholastic, Inc. (Graphix).

Ghosts a Samuel Lyle Mystery Story (Classic Reprint) Arthur Crabb. (ENG., Illus.). (J). 2018. 270p. 29.47 *(978-0-483-56779-5(5))*; 2017. pap. 11.97 *(978-0-243-32495-8(2))* Forgotten Bks.

Ghosts & Eagles: Book 2: the Past Is Unpredictable. D. J. Sawyer. 2023. (ENG.). 298p. (YA). pap. ***(978-1-80541-168-0(3))*** Publishing Push Ltd.

Ghosts & Giants: Beil Poetry 2020 Collection. Alex Beil. 2020. (ENG.). 50p. (YA). pap. *(978-1-716-69768-5(9))* Lulu Pr., Inc.

Ghosts & Goblins & Ninja, Oh My! Walker Styles. Illus. by Ben Whitehouse. 2016. (Rider Woofson Ser.: 4). (ENG.). 128p. (J). (gr. k-4). pap. 5.99 *(978-1-4814-6306-5(3)*, Little Simon) Little Simon.

Ghosts & Haunted Houses: Myth or Reality? Jane Bingham. 2018. (Investigating Unsolved Mysteries Ser.). (ENG., Illus.). 32p. (J). (gr. 3-9). lib. bdg. 28.65 *(978-1-5435-3568-6(2)*, 138909, Capstone Pr.) Capstone.

Ghosts & Poltergeists in History, 1 vol. Anita Croy. 2019. (Paranormal Throughout History Ser.). (ENG.). 48p. (gr. 5-5). 33.47 *(978-1-7253-4657-4(5)*, 20dec3ad-3ab8-4458-ae30-cf6df13383f7); pap. 12.75 *(978-1-7253-4663-5(X)*, 5eb61930-4a47-419c-92d0-45d93002e68b) Rosen Publishing Group, Inc., The. (Rosen Central).

Ghosts at Sea. Lisa Owings. 2016. (Ghost Stories Ser.). (ENG., Illus.). 24p. (J). (gr. 3-7). 26.95 *(978-1-62617-425-2(3)*, Epic Bks.) Bellwether Media.

Ghosts at the Movie Theater. Dori Hillestad Butler. ed. 2017. (Haunted Library: 9). (Illus.). 127p. (J). lib. bdg. 16.00 *(978-0-606-39772-8(8))* Turtleback.

Ghosts at the Movie Theater #9. Dori Hillestad Butler. Illus. by Aurore Damant. 2017. (Haunted Library: 9). 128p. (J). (gr. 1-3). 6.99 *(978-0-451-53435-4(2)*, Grosset & Dunlap) Penguin Young Readers Group.

Ghosts at the Movie Theater (Volume 9 Of 10) Dori Hillestad Butler. 2018. (CHI.). (J). (gr. 2-4). pap. *(978-986-443-504-3(3))* How Do Publishing Inc.

Ghosts Bite Back. Alex Foulkes. 2023. (Rules for Vampires Ser.: 2). (ENG.). 336p. (J). (gr. 3-7). 17.99 *(978-1-5344-9838-9(9)*, Aladdin) Simon & Schuster Children's Publishing.

Ghosts Come Rising. Adam Perry. 2022. (ENG.). 288p. (J). (gr. 3-7). 18.99 *(978-1-4998-1354-8(6)*, Yellow Jacket) Bonnier Publishing USA.

Ghosts Don't Eat Potato Chips: a Graphix Chapters Book (the Adventures of the Bailey School Kids #3) Marcia Thornton Jones & Debbie Dadey. Illus. by Angeli Rafer. 2023. (Adventures of the Bailey School Kids Graphix Ser.). (ENG.). 80p. (J). (gr. 1-3). 22.99 *(978-1-338-88166-0(3))*; pap. 7.99 *(978-1-338-88165-3(5))* Scholastic, Inc. (Graphix).

Ghosts Don't Have Bodies. Evy Klassen. Illus. by Me Kingcott. 2023. (ENG.). 48p. (J). ***(978-1-0391-6415-4(3))***; pap. ***(978-1-0391-6414-7(5))*** FriesenPress.

Ghosts Don't Ride Bikes, Do They? Andres Miedoso. Illus. by Victor Rivas. 2017. (Desmond Cole Ghost Patrol Ser.: 2). (ENG.). 128p. (J). (gr. k-4). 17.99 *(978-1-5344-1042-8(2))*; pap. 5.99 *(978-1-5344-1041-1(4))* Little Simon. (Little Simon).

Ghosts Don't Ride Bikes, Do They?: #2. Andres Miedoso. Illus. by Victor Rivas. 2021. (Desmond Cole Ghost Patrol Ser.). (ENG.). 128p. (J). (gr. 1-3). lib. bdg. 31.36 *(978-1-5321-4980-1(8)*, 36969, Chapter Bks.) Spotlight.

Ghosts for Breakfast, 1 vol. Stanley Todd Terasaki. Illus. by Shelly Shinjo. 2017. (ENG.). 32p. (J). (gr. k-4). pap. 10.95 *(978-1-62014-350-6(X)*, leelowbooks) Lee & Low Bks., Inc.

Ghosts Go Marching. Illus. by Claudia H. Boldt. 2020. 30p. (J). (— 1). bds. 7.99 *(978-0-593-11874-0(X)*, Random Hse. Bks. for Young Readers) Random Hse. Children's Bks.

Ghosts Go Scaring. Chrissy Bozik. Illus. by Patricia Storms. 2016. (ENG.). 24p. (J). (gr. -1-k). 14.99 *(978-1-5107-1228-7(3)*, Sky Pony Pr.) Skyhorse Publishing Co., Inc.

Ghosts I Have Met & Some Others. John Kendrick Bangs. 2017. (ENG., Illus.). (J). pap. *(978-0-649-25527-6(5))*; pap. *(978-0-649-09145-4(0))*; pap. *(978-0-649-11827-4(8))* Trieste Publishing Pty Ltd.

Ghosts I Have Met & Some Others (Classic Reprint) John Kendrick Bangs. 2017. (ENG., Illus.). (J). 29.11 *(978-0-260-56807-6(4))* Forgotten Bks.

Ghosts in Battlefields. Lisa Owings. 2016. (Ghost Stories Ser.). (ENG., Illus.). 24p. (J). (gr. 3-7). 26.95 *(978-1-62617-426-9(1)*, Epic Bks.) Bellwether Media.

Ghosts in Cemeteries. Lisa Owings. 2016. (Ghost Stories Ser.). (ENG., Illus.). 24p. (J). (gr. 3-7). 26.95 *(978-1-62617-427-6(X)*, Epic Bks.) Bellwether Media.

Ghosts in Hotels. Lisa Owings. 2016. (Ghost Stories Ser.). (ENG., Illus.). 24p. (J). (gr. 3-7). 26.95 *(978-1-62617-428-3(8)*, Epic Bks.) Bellwether Media.

Ghosts in Mansions. Lisa Owings. 2016. (Ghost Stories Ser.). (ENG., Illus.). 24p. (J). (gr. 3-7). 26.95 *(978-1-62617-429-0(6)*, Epic Bks.) Bellwether Media.

Ghosts in Palaces. Lisa Owings. 2016. (Ghost Stories Ser.). (ENG., Illus.). 24p. (J). (gr. 3-7). 26.95 *(978-1-62617-430-6(X)*, Epic Bks.) Bellwether Media.

Ghosts in Prisons. Lisa Owings. 2016. (Ghost Stories Ser.). (ENG., Illus.). 24p. (J). (gr. 3-7). 26.95 *(978-1-62617-431-3(8)*, Epic Bks.) Bellwether Media.

Ghosts in the Gallery. Eli Celata. 2019. (Paranormal Adventures of Eoin O'Leary Ser.: Vol. 1). (ENG.). 100p. (J). pap. 7.99 *(978-1-949604-11-5(X))* Hidden Helm Pr.

Ghosts in the Quarry. Phyllis Roth Lewis. 2018. (ENG., Illus.). 172p. (J). pap. 9.99 *(978-1-945871-01-6(6))* Snader Publishing Co.

Ghosts in the White House. Lisa Owings. 2016. (Ghost Stories Ser.). (ENG., Illus.). 24p. (J). (gr. 3-7). 26.95 *(978-1-62617-432-0(6)*, Epic Bks.) Bellwether Media.

Ghosts of Albion: Initiation. Amber Benson. (J). 17.00 *(978-1-931555-18-0(4))* Our Lady of Victory Schl.

Ghosts of Alcatraz & Other Hauntings of the West see Fantasmas de Alcatraz y Otros Lugares Embrujados Del Oeste

Ghosts of Autumn. Amy Gorder. 2023. (ENG.). 140p. (YA). pap. 12.99 ***(978-1-954779-72-3(0))*** Emerald Bks.

Ghosts of Blackbottle Rock. Martyn Beardsley. 2017. (ENG., Illus.). 128p. (J). (gr. 4-12). pap. 12.95 *(978-1-78535-615-5(1)*, Our Street Bks.) Hunt, John Publishing Ltd. GBR. Dist: National Bk. Network.

Ghosts of Dyas Creek. Sylvia Weiss Sinclair. 2021. (ENG.). 206p. (YA). pap. *(978-1-80016-003-3(8)*, Vanguard Press) Pegasus Elliot Mackenzie Pubs.

Ghosts of Gettysburg & Other Hauntings of the East see Fantasmas de Gettysburg y Otros Lugares Embrujados Del Este

Ghosts of Givenham Mansion. Robert Swindells. Illus. by Leo Hartas. 2021. (Outfit Ser.). (ENG.). 104p. (J). (gr. 5-8). pap. 7.99 *(978-1-5415-8686-4(7)*, 18db878c-51c5-4da7-8269-408c7e4da76f); lib. bdg. 26.65 *(978-1-5415-7908-8(9)*, b0538e31-53be-49eb-8a23-314077574c2f) Lerner Publishing Group. (Darby Creek).

Ghosts of Greenglass House: A Greenglass House Story. Kate Milford. (Greenglass House Ser.). (ENG., Illus.). (J). (gr. 5-7). 2018. 480p. pap. 9.99 *(978-1-328-59442-6(4)*, 1730255); 2017. 464p. 17.99 *(978-0-544-99146-0(X)*, 1666502) HarperCollins Pubs. (Clarion Bks.).

Ghosts of Hanover Hall. Holly Sullivan McClure. 2020. (Low Country Mystery Ser.: Vol. 1). (ENG.). 234p. (YA). pap. 11.99 *(978-0-9982279-3-1(5))* Lost Mountain Pr.

Ghosts of Heaven. Marcus Sedgwick. 2016. (ENG.). 384p. (YA). pap. 10.99 *(978-1-250-07367-9(7)*, 900150798) Square Fish.

Ghosts of Heaven. Marcus Sedgwick. ed. 2016. (ENG.). 360p. (YA). (gr. 7). 20.85 *(978-0-606-39292-1(0))* Turtleback.

Ghosts of Hell's Kettles. Malcolm Mowbray. 2021. (ENG.). 326p. (YA). pap. *(978-1-326-12555-4(9))* Lulu Pr., Inc.

Ghosts of Ian Stanley. Grace Lockhaven & Thomas Lockhaven. 2019. (Ghosts of Ian Stanley Ser.: Vol. 1). (ENG.). 142p. (J). (gr. 6). 19.97 *(978-1-947744-42-4(9))*; pap. 11.99 *(978-1-947744-44-8(5))* Twisted Key Publishing, LLC.

Ghosts of Magnolia Lane. Abigail Kaywood. 2021. (ENG.). 142p. (J). pap. 12.95 *(978-1-6624-1574-6(5))* Page Publishing Inc.

Ghosts of Mars. Ian Napier. 2018. (ENG., Illus.). 206p. (J). pap. *(978-1-78465-452-8(3)*, Vanguard Press) Pegasus Elliot Mackenzie Pubs.

Ghosts of Marshley Park. Amanda Innes. 2021. (ENG.). 318p. (YA). pap. 14.99 *(978-0-578-89486-7(6))* MPL Bks.

Ghosts of Pheasant Hill: Book 7. Baron Specter. Illus. by Robin Boyden. 2018. (Graveyard Diaries). (ENG.). 112p. (J). (gr. 2-5). lib. bdg. 38.50 *(978-1-5321-3178-3(X)*, 28451, Calico Chapter Bks.) ABDO Publishing Co.

Ghosts of Portal 31: The Hauntings & Dark History of Harlan County's Most Renowned Coal Mine. Darla Jackson & Tony Felosi. 2021. (ENG.). 84p. (YA). pap. 12.00 *(978-1-716-10617-0(6))* Lulu Pr., Inc.

Ghosts of Rancho Espanto. Adrianna Cuevas. 2023. (ENG.). 304p. (J). 17.99 *(978-0-374-39043-3(6)*, 900259334, Farrar, Straus & Giroux (BYR)) Farrar, Straus & Giroux.

Ghosts of Rose Hill. R. M. Romero. (YA). (gr. 9). 2023. 416p. pap. 11.99 *(978-1-68263-552-0(X))*; 2022. 384p. 18.99 *(978-1-68263-338-0(1))* Peachtree Publishing Co. Inc.

Ghosts of Sand Island Lighthouse. Tim D. Smith. 2022. (ENG.). 234p. (YA). pap. 15.99 ***(978-1-956851-52-6(6))*** TouchPoint Pr.

Ghosts of Science Past. Joseph Sieracki & Jesse Lonergan. 2022. (ENG., Illus.). 114p. (J). 14.99 *(978-1-64337-800-8(7)*, BiG) Humanoids, Inc.

Ghosts of Shanghai: Return to the City of Ghosts: Book 3, Bk. 3. Julian Sedgwick. 2019. (Ghosts of Shanghai Ser.). (ENG., Illus.). 360p. (J). (gr. 3-7). pap. 9.99 *(978-1-4449-2451-0(6))* Hachette Children's Group GBR. Dist: Hachette Bk. Group.

Ghosts of the Alamo & Other Hauntings of the South see Fantasmas de el Álamo y Otros Lugares Embrujados Del Sur

Ghosts of the O. K. Corral & Other Hauntings of Tombstone, Arizona. Matt Chandler. 2020. (Haunted History Ser.). (ENG., Illus.). 32p. (J). (gr. 3-5). lib. bdg. 31.32 *(978-1-4966-8370-0(6)*, 200242, Capstone Pr.) Capstone.

Ghosts of the Shadow Market. Cassandra Clare et al. (YA). 2020. (ENG.). 656p. (gr. 9). pap. 14.99 *(978-1-5344-3363-2(5))*; 2019. (Illus.). 614p. pap. *(978-1-5344-4523-9(4))*; 2019. (ENG., Illus.). 624p. (gr. 9). 24.99 *(978-1-5344-3362-5(7))* McElderry, Margaret K. Bks. (McElderry, Margaret K. Bks.).

Ghosts of the Spanish Main. Draycot Dell. 2021. (ENG.). 138p. (YA). pap. *(978-1-989788-73-8(4))* Frizzle, Douglas R.

Ghosts of the White House. Tammy Gagne. 2018. (Ghosts & Hauntings Ser.). (ENG., Illus.). 32p. (J). (gr. 4-6). lib. bdg. 28.65 *(978-1-5435-4150-2(X)*, 139104, Capstone Pr.) Capstone.

Ghosts of Their Ancestors (Classic Reprint) Weymer Jay Mills. 2017. (ENG., Illus.). (J). 27.22 *(978-0-331-98528-3(4))* Forgotten Bks.

Ghosts of War. Tammy Gagne. 2018. (Ghosts & Hauntings Ser.). (ENG., Illus.). 32p. (J). (gr. 4-6). lib. bdg. 28.65 *(978-1-5435-4147-2(X)*, 139101, Capstone Pr.) Capstone.

Ghosts of Weirdwood: A William Shivering Tale. Christian McKay Heidicker & William Shivering. Illus. by Anna Earley. 2022. (Thieves of Weirdwood Ser.: 2). (ENG.). 368p. (J). pap. 8.99 *(978-1-250-82105-8(3)*, 900197004) Square Fish.

Ghosts of Westthorpe Academy. Joseph Lewis. 2018. (ENG., Illus.). 166p. (YA). (gr. 7-12). pap. 13.99 *(978-1-63213-520-9(5))* eLectio Publishing.

Ghosts of Yokosuka. Britta Jensen. 2021. (ENG.). 68p. (YA). pap. 8.99 *(978-1-7363835-2-0(3))* Murasaki Pr.

Ghosts of Young Nick's Head. Sue Copsey. 2016. (ENG., Illus.). (J). pap. *(978-0-473-36508-0(1))* Rare Design Ltd.

Ghosts Subtract!, 1 vol. Therese M. Shea. 2018. (Monsters Do Math! Ser.). (ENG.). 24p. (gr. 2-3). 24.27 *(978-1-5382-2933-0(1)*, c105097e-ff21-4dfa-aae5-d09062ff0563) Stevens, Gareth Publishing LLLP.

Ghosts, Toast, & Other Hazards. Susan Tan. 2023. (ENG.). 240p. (J). 17.99 *(978-1-250-79700-1(4)*, 900239916) Roaring Brook Pr.

Ghosts Unveiled! (Creepy & True #2) Kerrie Logan Hollihan. 2020. (Creepy & True Ser.). (ENG., Illus.). 208p. (J). (gr. 5-9). 16.99 *(978-1-4197-4679-6(0)*, 1272201, Abrams Bks. for Young Readers) Abrams, Inc.

Ghosts We Keep. Mason Deaver. (ENG.). 336p. (YA). (gr. 9). 2022. pap. 10.99 *(978-1-338-81960-1(7))*; 2021. 18.99 *(978-1-338-59334-1(X))* Scholastic, Inc. (PUSH).

Ghosts Went Floating. Kim Norman. Illus. by Jay Fleck. 2022. (ENG.). 32p. (J). bds. 8.99 *(978-0-374-39011-2(8)*, 900257013, Farrar, Straus & Giroux (BYR)) Farrar, Straus & Giroux.

Ghostwriter: Alice's Adventures in Wonderland. Lewis Carroll, pseud & Olugbemisola Rhuday-Perkovich. 2019. (Ghostwriter Ser.). 112p. (J). (gr. 3-9). 12.99 *(978-1-7282-2150-2(1))* Sourcebooks, Inc.

Ghostwriter Series Book Set: Mystery Books for Kids. Kwame Alexander & Sesame Workshop. 2020. (Ghostwriter Ser.). (ENG.). (J). (gr. 3-9). 51.96 *(978-1-7282-4070-1(0))* Sourcebooks, Inc.

Ghostwriter: Trinity. D. J. MacHale. 2019. (Ghostwriter Ser.). 176p. (J). (gr. 3-9). 12.99 *(978-1-7282-2156-4(0))* Sourcebooks, Inc.

Ghoul. Kenneth B. Humphrey. 2018. (ENG.). 458p. (J). pap. 16.00 *(978-0-692-13259-3(7))* Wheatland Hse. publising.

Ghoul. Taghreed Najjar. Illus. by Hassan Manasra. 2022. (ENG.). 32p. (J). 8.95 *(978-1-62371-945-6(3)*, Crocodile Bks.) Interlink Publishing Group, Inc.

Ghoul Agency: Volume 1: the DAGMAR. Gene Selassie. Ed. by Vito Delsante. 2022. (ENG., Illus.). 92p. (J). pap. 14.99 *(978-1-63229-617-7(9))* Action Lab Entertainment.

Ghoul Cat. Keith Brown. l.t. ed. 2019. (ENG., Illus.). 40p. (J). (gr. k-4). pap. 13.00 *(978-0-578-48877-6(9))* Brown, Keith.

Ghoul Goes to School. Salam Saleh. Illus. by Alicia Moreno. l.t. ed. 2021. (ENG.). 38p. (J). 18.99 *(978-0-578-92062-7(X))* Saleh, Salam.

Ghoul Next Door. Cullen Bunn. Illus. by Cat Farris. 2021. (ENG.). 200p. (J). (gr. 3-7). 21.99 *(978-0-06-289610-0(5)*, HarperAlley) HarperCollins Pubs.

Ghoul Next Door Graphic Novel. Cullen Bunn. Illus. by Cat Farris. 2021. (ENG.). 200p. (J). (gr. 3-7). pap. 12.99 *(978-0-06-289609-4(1)*, HarperAlley) HarperCollins Pubs.

Ghoul of Windydown Vale. Jake Burt. 2023. (ENG.). 304p. (J). pap. 8.99 *(978-1-250-85328-8(1)*, 900210571) Square Fish.

Ghoul School. Kevin O'Malley. 2018. (Illus.). 32p. (J). (gr. -1-3). 15.95 *(978-1-63076-337-4(3))* Muddy Boots Pr.

Ghoul School. Mary Vigliante Szydlowski. 2017. (ENG., Illus.). (J). pap. 5.99 *(978-0-9983869-5-9(2))* Szydlowski, Mary Vigliante.

Ghoul School: The Harvest Moon Dance Disaster. Jen Lowry. 2021. (ENG.). 78p. (J). (gr. 3-6). pap. 7.99 *(978-1-386-29308-8(3))* Draft2Digital.

Ghoul Scouts: I Was a Tweenage Werewolf. Steve Bryant. 2018. (ENG., Illus.). 128p. (J). pap. 14.99 *(978-1-63229-260-5(2)*, 6006499d-4f59-4566-a2c9-ca9aa3ef92e3) Action Lab Entertainment.

Ghoulia & the Doomed Manor (Ghoulia Book #4) Barbara Cantini. 2021. (Ghoulia Ser.). (ENG.). 64p. (J). (gr. 1-4). 9.99 *(978-1-4197-5003-8(8)*, 1711201, Amulet Bks.) Abrams, Inc.

Ghoulia & the Ghost with No Name (Book #3) Barbara Cantini. 2020. (Ghoulia Ser.). (ENG., Illus.). 64p. (YA). (gr. 1-4). 9.99 *(978-1-4197-4688-8(X)*, 1293601, Amulet Bks.) Abrams, Inc.

Ghoulia & the Mysterious Visitor (Book #2) Barbara Cantini. 2019. (Ghoulia Ser.). (ENG., Illus.). 64p. (YA). (gr. 1-3). 9.99 *(978-1-4197-3690-2(6)*, 1254601) Abrams, Inc.

Ghoulia (Book 1) Barbara Cantini. 2018. (Ghoulia Ser.). (ENG., Illus.). 64p. (YA). (gr. 1-3). 9.99 *(978-1-4197-3293-5(5)*, 1254501, Amulet Bks.) Abrams, Inc.

Ghoulish Ghosts. Craig Boutland. 2019. (Unexplained (Alternator Books (r)) Ser.). (ENG., Illus.). 32p. (J). (gr. 3-6). pap. 10.99 *(978-1-5415-7378-9(1)*, 4d98c697-5e24-414b-81c5-b2c766660009); lib. bdg. 30.65 *(978-1-5415-6281-3(X)*, e3c82ebc-926a-4a93-be02-2bc72ff76591) Lerner Publishing Group. (Lerner Pubns.).

Ghouls & Monsters: Frightening Halloween Masks Coloring Book. Kreativ Entspannen. 2016. (ENG., Illus.). (J). pap. 9.20 *(978-1-68377-488-4(4))* Whlke, Traudl.

Ghouls' Guide to Good Grammar. Leslie Kimmelman. Illus. by Mary Sullivan. 2021. (ENG.). 32p. (J). (gr. k-3). 16.99 *(978-1-5341-1095-3(X)*, 205111) Sleeping Bear Pr.

Ghouls Just Want to Have Fun. Andres Miedoso. Illus. by Victor Rivas. 2020. (Desmond Cole Ghost Patrol Ser.: 10). (ENG.). 128p. (J). (gr. k-4). 17.99 *(978-1-5344-6110-9(8))*; pap. 6.99 *(978-1-5344-6109-3(4))* Little Simon. (Little Simon).

Ghouls Just Want to Have Fun, 10. Andres Miedoso. ed. 2021. (Desmond Cole Ghost Patrol Ser.). (ENG., Illus.). 122p. (J). (gr. 2-3). 16.46 *(978-1-68505-022-1(0))* Penworthy Co., LLC, The.

Ghouls Just Want to Have Fun: #10. Andres Miedoso. Illus. by Victor Rivas. 2021. (Desmond Cole Ghost Patrol Ser.). (ENG.). 128p. (J). (gr. 1-3). lib. bdg. 31.36 *(978-1-5321-4988-7(3)*, 36977, Chapter Bks.) Spotlight.

Ghumantu- Lokajivana Ki Samskrti Ke Vividha Ayama. Hukumacanda Jadhava. 2016. (HIN.). 336p. *(978-93-83862-18-4(1))* Mittal & Sons.

Gi Gi & Her Different-Ability. Ari Ella. Illus. by Milena Matic. 2021. (ENG.). 24p. (J). 23.00 *(978-1-950817-95-5(4))* Power Corner Pr..com(r).

Gia Maria's World True Accounts of Autism. Maria Vides Campbell & Therese Gugliara. 2019. (ENG.). 52p. (J). pap. *(978-1-7947-5966-4(2))* Lulu Pr., Inc.

Gia Speaks Her Mind: A Communication Story. Rosario Martinez. Illus. by Gal Weizman. 2023. (My Spectacular Self Ser.). (ENG.). 32p. (J). 24.65 *(978-1-4846-7178-8(3)*, 245916); pap. 8.95 *(978-1-4846-7362-1(X)*, 245901) Capstone. (Picture Window Bks.).

Gia Supera Sus Miedos: Malic: Serie de Salud Mental para niños Libro 1. Analida Arango & Maria Luisa Hincapié. Illus. by Camila de la Guardia. 2021. (SPA.). 32p. (J). pap. 14.99 ***(978-1-7364707-4-9(4))*** Purolove Bks.

Gia the Giraffe Gets Started! Getting It Done!, 1 vol. Naomi Wells. 2019. (Social & Emotional Learning for the Real World Ser.). (ENG.). 8p. (gr. k-1). pap. *(978-1-7253-5327-5(X)*, c440a6f7-9277-41b4-9a08-da6c0c66687f, Rosen Classroom) Rosen Publishing Group, Inc., The.

Giacometti Portrait (Classic Reprint) James Lord. (ENG., Illus.). (J). 2017. 25.46 *(978-1-5283-4018-2(3))*; 2016. 16.57 *(978-1-334-99721-1(7))* Forgotten Bks.

Giacomo e il Cilindro Magico. Michele M. Tucci. Illus. by Hanna Suni. 2018. (ITA.). 20p. (J). (gr. k-3). 19.99 *(978-0-9778932-8-7(6))* Art&Media Communications LLC.

Giada de Laurentiis, 1 vol. Jeanne Nagle. 2016. (Celebrity Chefs Ser.). (ENG.). 128p. (gr. 6-6). 38.93 *(978-0-7660-7759-1(4)*, 907e6a5f-bbb6-47d1-bc49-495218002ea3) Enslow Publishing, LLC.

Giada Learns about Valentine's Day. Tracilyn George. 2021. (ENG.). 22p. (J). pap. 11.00 *(978-1-77475-306-4(5))* Lulu Pr., Inc.

Giancarlo Stanton. Jon M. Fishman. 2018. (Sports All-Stars (Lerner (tm) Sports) Ser.). (ENG., Illus.). 32p. (J). (gr. 2-5). pap. 9.99 *(978-1-5415-2803-1(4)*, b713a7e3-a725-4c13-9a6d-9998cabe0a22); lib. bdg. 29.32 *(978-1-5415-2457-6(8)*, a3f714c6-4118-484d-9dc4-f670cc2e4891, Lerner Pubns.) Lerner Publishing Group.

Gianna I Love You All Ways. Marianne Richmond. Illus. by Dubravka Kolanovic. 2023. (I Love You All Ways Ser.). (ENG.). 32p. (J). (gr. -1-3). 8.99 ***(978-1-7282-7361-7(7))*** Sourcebooks, Inc.

Gianna's Marvelous Day. Mina Nasery. 2021. (ENG.). 32p. (J). 20.00 *(978-1-6629-1369-3(9))* Gatekeeper Pr.

Giannetto (Classic Reprint) Margaret Majendie. 2017. (ENG., Illus.). (J). 28.02 *(978-1-5280-8831-2(X))* Forgotten Bks.

Giannis Antetokounmpo. Luke Hanlon. 2023. (Sports Superstars Ser.). (ENG., Illus.). 32p. (J). pap. 9.95 ***(978-1-63738-606-4(0)***, Apex) North Star Editions.

Giannis Antetokounmpo. Contrib. by Luke Hanlon. 2023. (Sports Superstars Ser.). (ENG., Illus.). 32p. (J). lib. bdg. 31.35 ***(978-1-63738-552-4(8)***, Apex) North Star Editions.

Giannis Antetokounmpo, 1 vol. Sarah Machajewski. 2018. (Young Sports Greats Ser.). (ENG.). 24p. (gr. 3-3). 25.27 *(978-1-5383-3043-2(1)*, 85b5fa82-4681-42d9-b79f-d79b6f619652, PowerKids Pr.) Rosen Publishing Group, Inc., The.

Giannis Antetokounmpo. Allan Morey. 2023. (Sports Superstars Ser.). (ENG., Illus.). (J). (gr. 3-7). lib. bdg. 26.95 Bellwether Media.

Giannis Antetokounmpo. Donald Parker. 2019. (Hardwood Greats: Pro Basketball's Best Players Ser.). (Illus.). 80p. (J). (gr. 12). lib. bdg. 34.60 *(978-1-4222-4411-1(3))* Mason Crest.

Giannis Antetokounmpo: Basketball Powerhouse. Matt Chandler. 2020. (Stars of Sports Ser.). (ENG., Illus.). 32p. (J). (gr. 3-5). lib. bdg. 31.32 *(978-1-5435-9171-2(X)*, 141560) Capstone.

Giannis Antetokounmpo: Basketball Star. Paul D. Bowker. 2018. (Biggest Names in Sports Set 3 Ser.). (ENG., Illus.). 32p. (J). (gr. 3-5). pap. 9.95 *(978-1-63517-967-5(X)*, 163517967X); lib. bdg. 31.35 *(978-1-63517-866-1(5)*, 1635178665) North Star Editions. (Focus Readers).

Giant. Greg Trine. 2020. (ENG.). 170p. (J). (gr. 2-6). 22.99 *(978-1-7339589-4-3(0))*; (Illus.). pap. 11.99 *(978-1-7339589-3-6(2))* Trine, Greg.

Giant: A Panda of the Enchanted Forest. Xuan Loc Xuan. 2018. (ENG., Illus.). 38p. (J). 14.99 *(978-1-64124-014-7(8)*, 0147) Fox Chapel Publishing Co., Inc.

Giant: Numbers 0-20 Activity Book Prek-Grade K - Ages 4 To 6. Bobo's Little Brainiac Books. 2016. (ENG., Illus.). (J). pap. 7.99 *(978-1-68327-811-5(9))* Sunshine In My Soul Publishing.

Giant: The Unlikely Origins of Shim. T. A. Barron. 2022. (Merlin Saga Ser.: 13). (ENG.). 272p. (J). (gr. 3-7). 8.99 *(978-0-593-20350-7(X)*, Philomel Bks.) Penguin Young Readers Group.

Giant Ancient Fish Still Alive Today Coloring Book. Kreativ Entspannen. 2016. (ENG., Illus.). (J). pap. 9.20 *(978-1-68377-489-1(2))* Whlke, Traudl.

Giant & Minuscule: Extreme Marine Life Coloring Book. Activibooks. 2016. (ENG., Illus.). (J). pap. 9.20 *(978-1-68321-702-2(0))* Mimaxion.

750 The check digit for ISBN-10 appears in parentheses after the full ISBN-13

G

Giant & Other Nonsense Verse (Classic Reprint) Albert W. Smith. 2018. (ENG., Illus.). 74p. (J). 25.42 *(978-0-656-68534-9(4))* Forgotten Bks.

Giant & the Star (Classic Reprint) Madison Cawein. 2018. (ENG., Illus.). 180p. (J). 27.63 *(978-0-483-91492-6(4))* Forgotten Bks.

Giant & Tiny, Old & New: My Great, Big Fun Book of Opposites for Kids - Baby & Toddler Opposites Books. Baby Professor. 2017. (ENG., Illus.). (J). pap. 7.89 *(978-1-68326-745-4(1),* Baby Professor (Education Kids)) Speedy Publishing LLC.

Giant Anteater. Katie Gillespie. 2016. (J). *(978-1-4896-5378-9(3))* Weigl Pubs., Inc.

Giant Anteaters. Contrib. by Rachel Grack. 2023. (Animals at Risk Ser.). (ENG., Illus.). (J). (gr. k-3). lib. bdg. 26.95 Bellwether Media.

Giant Armadillos. Joyce Markovics. 2021. (On the Trail: Study of Secretive Animals Ser.). (ENG., Illus.). 32p. (J). (gr. 4-6). lib. bdg. 32.07 *(978-1-5341-8046-8(X),* 218464) Cherry Lake Publishing.

Giant Bear: An Inuit Folktale. Jose Angutinngurniq. Illus. by Eva Widermann. 2020. (ENG.). 32p. (J). (gr. 1-3). 10.95 *(978-1-77227-271-0(X))* Inhabit Media Inc. CAN. Dist: Consortium Bk. Sales & Distribution.

Giant Beaver. Julie Murray. 2023. (Ice Age Animals Ser.). (ENG.). 24p. (J). (gr. -1-2). lib. bdg. 32.79 ***(978-1-0982-6634-9(X),*** 42197, Abdo Kids) ABDO Publishing Co.

Giant Beetles of the World Coloring Book. Creative Playbooks. 2016. (ENG., Illus.). (J). pap. 7.74 *(978-1-68323-891-1(5))* Twin Flame Productions.

Giant Beginning Reading Workbook. 2016. (Giant Workbook Ser.). (ENG., Illus.). 320p. (J). (gr. 1-2). pap. 12.99 *(978-1-60159-744-1(4))* School Zone Publishing Co.

Giant Book of Activities for Kids Coloring Book Edition. Smarter Activity Books for Kids. 2016. (ENG., Illus.). (J). pap. 8.99 *(978-1-68374-322-4(9))* Examined Solutions PTE. Ltd.

Giant Book of Catholic Bible Activities: The Perfect Way to Introduce Kids to the Bible! Jen Klucinec & TAN Books. 2020. (ENG.). 340p. (J). (gr. -1-4). pap. 24.95 *(978-1-5051-1526-0(4),* 2829) TAN Bks.

Giant Book of Colors Coloring Book. Activibooks For Kids. 2016. (ENG., Illus.). (J). pap. 9.20 *(978-1-68321-734-3(9))* Mimaxion.

Giant Book of Hacks for Minecrafters: A Giant Unofficial Guide Featuring Tips & Tricks Other Guides Won't Teach You. Megan Miller. 2018. (Hacks for Minecrafters Ser.). (ENG.). 376p. (J). (gr. 1-7). pap. 24.99 *(978-1-5107-2720-5(5),* Sky Pony Pr.) Skyhorse Publishing Co., Inc.

Giant Book of Matching Activities for Kids of All Ages. Kreative Kids. 2016. (ENG., Illus.). (J). pap. 10.81 *(978-1-68377-044-2(7))* Whlke, Traudl.

Giant Book of Mazes Mazes 5 Year Old Edition. Creative Playbooks. 2016. (ENG., Illus.). (J). pap. 10.81 *(978-1-68323-047-2(7))* Twin Flame Productions.

Giant Called Tiny. Mike Atkins & Poo. 2017. (ENG.). 35p. (J). 24.95 *(978-1-78693-121-4(4),* aea4cbbc-0ab9-4fc6-9798-0d552340ba1b) Austin Macauley Pubs. Ltd. GBR. Dist: Baker & Taylor Publisher Services (BTPS).

Giant Centipede: Colossal Creeper of the Night. Paige V. Polinsky. 2016. (Real Monsters Ser.). (ENG., Illus.). 32p. (J). (gr. 3-6). lib. bdg. 32.79 *(978-1-68078-418-3(8),* 23695, Checkerboard Library) ABDO Publishing Co.

Giant Centipedes see Las Escolopendras Gigantes (Giant Centipedes)

Giant Centipedes. Grace Hansen. 2020. (Spooky Animals Ser.). (ENG., Illus.). 24p. (J). (gr. -1-2). lib. bdg. 32.79 *(978-1-0982-0251-4(1),* 34635, Abdo Kids) ABDO Publishing Co.

Giant Chestnut: Playdate Adventures. Emma Beswetherick. Illus. by Anna Woodbine. 2021. (Playdate Adventures Ser.). (ENG.). 112p. (J). pap. 5.99 *(978-0-86154-101-0(4),* Rock the Boat) Oneworld Pubns. GBR. Dist: Simon & Schuster, Inc.

Giant Clams of the Coral Reef Coloring Book. Bobo's Children Activity Books. 2016. (ENG., Illus.). (J). pap. 9.33 *(978-1-68327-467-4(9))* Sunshine In My Soul Publishing.

Giant Crab, & Other Tales from Old India (Classic Reprint) W. H. D. Rouse. 2018. (ENG., Illus.). 160p. (J). 27.20 *(978-0-364-32638-1(7))* Forgotten Bks.

Giant Days. Non Pratt & BOOM! Studios. (ENG.). 288p. 2019. (YA). (gr. 8-17). pap. 9.99 *(978-1-4197-3733-6(3),* 1220703); 2018. (gr. 9-17). 18.99 *(978-1-4197-3126-6(2),* 1220701, Amulet Bks.) Abrams, Inc.

Giant Days: Extra Credit. John Allison. Illus. by Jenn St-Onge et al. 2018. (Giant Days Ser.). (ENG.). 112p. (gr. 8-12). pap. 14.99 *(978-1-68415-222-3(4))* BOOM! Studios.

Giant Days Library Edition Vol. 1. John Allison. Illus. by Lissa Treiman & Max Sarin. 2023. (ENG.). 256p. (YA). 29.99 ***(978-1-68415-959-8(8))*** BOOM! Studios.

Giant Days Library Edition Vol. 2. John Allison. Illus. by Max Sarin. 2023. (ENG.). 256p. (YA). 29.99 ***(978-1-68415-960-4(1))*** BOOM! Studios.

Giant Days Library Edition Vol. 3. John Allison. Illus. by Max Sarin. 2023. (ENG.). 240p. (YA). 29.99 ***(978-1-68415-961-1(X))*** BOOM! Studios.

Giant Days Vol. 10. John Allison. Illus. by Max Sarin & Julia Madrigal. 2019. (Giant Days Ser.: 10). (ENG.). 112p. (YA). pap. 14.99 *(978-1-68415-371-8(9))* BOOM! Studios.

Giant Days Vol. 12. John Allison. Illus. by Max Sarin. 2020. (Giant Days Ser.: 12). (ENG.). 112p. (YA). pap. 14.99 *(978-1-68415-484-5(7))* BOOM! Studios.

Giant Days Vol. 9. John Allison. Illus. by Max Sarin. 2019. (Giant Days Ser.). (ENG.). 112p. (YA). (gr. 8-12). pap. 14.99 *(978-1-68415-310-7(7))* BOOM! Studios.

Giant Declan & Snugglight's Christmas. Troy David Ouellette. Illus. by Troy David Ouellette. 2019. (Giant Declan Ser.: Vol. 3). (ENG., Illus.). 54p. (J). (gr. k-3). pap. *(978-1-9995534-1-8(1))* Rushing River Bks.

Giant Declan & the Candy Treasure. Troy David Ouellette. 2018. (ENG., Illus.). 42p. (J). *(978-0-2288-0528-1(7));* pap. *(978-0-2288-0527-4(9))* Tellwell Talent.

Giant Dinosaurs: Sauropods, 1 vol. Clare Hibbert. 2018. (Dino Explorers Ser.). (ENG.). 32p. (gr. 3-3). lib. bdg. 26.93 *(978-0-7660-9996-8(2),* d0351a8b-0b11-4104-af23-319b2ff85c19) Enslow Publishing, LLC.

Giant from Nowhere. Frances Dickens. Illus. by Peter Hudspith. 2018. 56p. 21.95 *(978-1-78592-535-1(0),* 696800) Kingsley, Jessica Pubs. GBR. Dist: Hachette UK Distribution.

Giant from the Fire Sea. John Himmelman. Illus. by Jeff Himmelman. 2020. (ENG.). 256p. (J). pap. 7.99 *(978-1-250-25045-2(5),* 900194121) Square Fish.

Giant Galápagos Tortoise. Tammy Gagne. 2016. (Back from near Extinction Ser.). (ENG., Illus.). 48p. (J). (gr. 4-8). lib. bdg. 35.64 *(978-1-68078-466-4(8),* 23869) ABDO Publishing Co.

Giant Giant. Dylan Hewitt. 2022. (ENG., Illus.). 74p. (J). (gr. -1-2). 18.99 *(978-1-990252-08-2(7))* Milky Way Picture Bks. CAN. Dist: Abrams, Inc.

Giant Hornets. Trudy Becker. 2023. (Bugs Ser.). (ENG., Illus.). 24p. (J). (gr. 1-2). lib. bdg. 28.50 *(978-1-63739-450-2(0),* Focus Readers) North Star Editions.

Giant Hornets. Contrib. by Trudy Becker. 2023. (Bugs Ser.). (ENG., Illus.). 24p. (J). (gr. 1-2). pap. 8.95 *(978-1-63739-487-8(X),* Focus Readers) North Star Editions.

Giant How to Catch Activity Book for Kids: More Than 75 Awesome Activities & 12 Magical Creatures to Discover! Sourcebooks. Illus. by Andy Elkerton. 2021. (How to Catch Ser.). (ENG.). 160p. (J). (gr. k-3). pap. 12.99 *(978-1-7282-3515-8(4))* Sourcebooks, Inc.

Giant Hunter. Gary Jeffrey. 2017. (Graphic Prehistoric Animals Ser.). (ENG., Illus.). 32p. (J). (gr. 5-8). 31.35 *(978-1-62588-408-4(7),* 19277, Smart Apple Media) Black Rabbit Bks.

Giant Huntsman Spiders, 1 vol. Melissa Raé Shofner. 2017. (Spiders: Eight-Legged Terrors Ser.). (ENG.). 24p. (J). (gr. 2-3). pap. 9.15 *(978-1-5382-0209-8(3),* 8a9ed137-552d-4da1-a1c8-d8786c06ea75) Stevens, Gareth Publishing LLLP.

Giant Ice Cream Mess. Tina Kugler. ed. 2021. (Acorn Early Readers Ser.). (ENG., Illus.). 44p. (J). (gr. k-1). 15.46 *(978-1-64697-904-2(4))* Penworthy Co., LLC, The.

Giant Ice Cream Mess: an Acorn Book (Fox Tails #3) Tina Kügler. Illus. by Tina Kügler. 2021. (Fox Tails Ser.: 3). (ENG., Illus.). 48p. (J). (gr. -1-1). pap. 4.99 *(978-1-338-56172-2(3))* Scholastic, Inc.

Giant Ice Cream Mess: an Acorn Book (Fox Tails #3) (Library Edition) Tina Kügler. Illus. by Tina Kügler. 2021. (Fox Tails Ser.: 3). (ENG., Illus.). 48p. (J). (gr. -1-1). lib. bdg. 23.99 *(978-1-338-56174-6(X))* Scholastic, Inc.

Giant Island. Jane Yolen. Illus. by Doug Keith. 2022. 32p. (J). (gr. k-2). 18.95 *(978-1-947277-18-2(9))* Flashlight Pr.

Giant Jam Sandwich Lap Board Book. John Vernon Lord & Janet Burroway. Illus. by John Vernon Lord. 2018. (ENG., Illus.). 28p. (J). (— 1). bds. 12.99 *(978-1-328-48263-1(4),* 1715791, Clarion Bks.) HarperCollins Pubs.

Giant Jumperee. Julia Donaldson. Illus. by Helen Oxenbury. 2017. (ENG.). 32p. (J). (-k). 17.99 *(978-0-7352-2797-2(7),* Dial Bks) Penguin Young Readers Group.

Giant Key, Volume 6. Jack Henseleit. 2021. (Witching Hours Ser.: 6). (ENG., Illus.). 288p. (J). (gr. 2-4). pap. 15.99 *(978-1-76050-178-5(6))* Hardie Grant Children?s Publishing AUS. Dist: Independent Pubs. Group.

Giant Man from a Tiny Town: A Story of Angus MacAskill, 1 vol. Tom Ryan. Illus. by Christopher Hoyt. (ENG.). 32p. (J). 2018. (gr. -1-k). 22.95 *(978-1-77108-654-7(8),* 30748773-4b07-43a8-a6e7-b868399e986e); 2nd ed. 2021. 10.95 *(978-1-77108-897-8(4),* b065e23e-c373-4f95-97f9-f7cfe75068ea) Nimbus Publishing, Ltd. CAN. Dist: Baker & Taylor Publisher Services (BTPS).

Giant Mazes: Search, Find, & Count! Agnese Baruzzi. 2018. (ENG., Illus.). 56p. (J). (gr. k). 14.95 *(978-1-4549-2936-9(7))* Sterling Publishing Co., Inc.

Giant Mazes Activity Book for Kids. Activity Book Zone for Kids. 2016. (ENG., Illus.). (J). pap. 7.55 *(978-1-68376-197-6(9))* Sabeels Publishing.

Giant Meat-Eating Dinosaurs see Carnívoros Gigantes

Giant Mess. Jeffrey Ebbeler. 2021. (I Like to Read Comics Ser.). (Illus.). 40p. (J). (gr. -1-3). pap. 7.99 *(978-0-8234-4934-7(3));* 14.99 *(978-0-8234-4639-1(5))* Holiday Hse., Inc.

Giant Otter. Ellen Lawrence. 2016. (Apex Predators of the Amazon Rain Forest Ser.). (ENG., Illus.). 24p. (J). (gr. -1-3). 26.99 *(978-1-68402-034-8(4))* Bearport Publishing Co., Inc.

Giant Otter vs. Caiman. Kieran Downs & Kieran Downs. 2022. (Animal Battles Ser.). (ENG., Illus.). 24p. (J). (gr. 3-7). pap. 7.99 *(978-1-64834-687-3(1),* 21399) Bellwether Media.

Giant Panda. Grace Hansen. 2020. (Asian Animals (AK) Ser.). (ENG., Illus.). 24p. (J). (gr. -1-2). lib. bdg. 32.79 *(978-1-0982-0593-5(6),* 36373, Abdo Kids) ABDO Publishing Co.

Giant Panda. August Hoeft. (I See Animals Ser.). (ENG.). (J). 2022. 20p. 24.99 ***(978-1-5324-3409-9(X));*** 2022. 20p. pap. 12.99 ***(978-1-5324-4212-4(2));*** 2020. 12p. pap. 5.99 *(978-1-5324-1490-9(0))* Xist Publishing.

Giant Panda (Young Zoologist) A First Field Guide to the Bamboo-Loving Bear from China. Vanessa Hull & Neon Squid. Illus. by Charlotte Molas. 2022. (Young Zoologist Ser.). (ENG.). 32p. (J). 15.99 *(978-1-68449-221-3(1),* 900254747) St. Martin's Pr.

Giant Pandas. Martha London. 2019. (Wild about Animals Ser.). (ENG., Illus.). 32p. (J). (gr. 3-3). pap. 9.95 *(978-1-64494-245-1(3),* 1644942453) Bigfoot Bks. GBR. Dist: North Star Editions.

Giant Pandas. Mari Schuh. 2017. (Black & White Animals Ser.). (ENG., Illus.). 24p. (J). (gr. -1-2). lib. bdg. 22.65 *(978-1-5157-3372-0(6),* 133368, Pebble) Capstone.

Giant Pandas Are Awesome. Samantha S. Bell. 2018. (Animals Are Awesome Ser.). (ENG., Illus.). 32p. (J). (gr. 3-6). 32.80 *(978-1-63235-435-8(7),* 13813, 12-Story Library) Bookstaves, LLC.

Giant Pandas (Nature's Children) (Library Edition) Lisa M. Herrington. 2019. (Nature's Children, Fourth Ser.). (ENG., Illus.). 48p. (J). (gr. 3-5). lib. bdg. 30.00 *(978-0-531-12716-2(8),* Children's Pr.) Scholastic Library Publishing.

Giant Pandas (New & Updated Edition) Gail Gibbons. 2021. (Illus.). 32p. (J). (gr. -1-3). 18.99 *(978-0-8234-4982-8(3))* Holiday Hse., Inc.

Giant Pandas (Wild Life LOL!) (Library Edition) Scholastic. 2020. (Wild Life LOL! Ser.). (ENG., Illus.). 32p. (J). (gr. 1-3). lib. bdg. 25.00 *(978-0-531-12980-7(2),* Children's Pr.) Scholastic Library Publishing.

Giant Pants. Mark Fearing. Illus. by Mark Fearing. 2017. (ENG., Illus.). 40p. (J). (gr. -1-2). 16.99 *(978-0-7636-8984-1(X))* Candlewick Pr.

Giant Planets, Vol. 7. Mason Crest. 2016. (Solar System Ser.: Vol. 7). (ENG., Illus.). 48p. (J). (gr. 5-8). 20.95 *(978-1-4222-3551-5(3))* Mason Crest.

Giant Plant-Eating Dinosaurs see Herbívoros Gigantes

Giant Preschool Workbook: Scholastic Early Learners (Workbook) Scholastic. 2023. (Scholastic Early Learners Ser.). (ENG.). 276p. (J). (gr. -1-k). pap. 9.99 ***(978-1-339-04249-7(5),*** Cartwheel Bks.) Scholastic, Inc.

Giant Problem. Tony DiTerlizzi & Holly Black. Illus. by Tony DiTerlizzi. 2023. (Spiderwick Chronicles Ser.: 7). (ENG., Illus.). (J). (gr. 1-5). 176p. 13.99 *(978-1-6659-2997-4(9));* 176p. 17.99 *(978-1-6659-3023-9(3));* 192p. pap. 8.99 *(978-1-6659-3024-6(1))* Simon & Schuster Bks. For Young Readers. (Simon & Schuster Bks. For Young Readers).

Giant Pumpkin Suite. Melanie Heuiser Hill. (ENG.). 448p. (J). (gr. 4-7). 2021. pap. 8.99 *(978-1-5362-1907-4(X));* 2017. 18.99 *(978-0-7636-9155-4(0))* Candlewick Pr.

Giant Rumble: Match Three. Jim Eldridge. Illus. by Jan Bielecki. 2016. (Wrestling Trolls Ser.: 3). (ENG.). 160p. (J). (gr. k-3). pap. 9.99 *(978-1-4714-0263-0(0))* Bonnier Publishing GBR. Dist: Independent Pubs. Group.

Giant Scissors. Annie Fellows Johnston. 2017. (ENG., Illus.). (J). pap. *(978-0-649-50788-7(6));* pap. *(978-0-649-10124-5(3))* Trieste Publishing Pty Ltd.

Giant Scissors (Classic Reprint) Annie Fellows Johnston. 2018. (ENG., Illus.). 196p. (J). 27.94 *(978-0-484-22581-6(2))* Forgotten Bks.

Giant Seek, Find, & Color Activity Book: Includes Fun Facts & Bonus Challenges! Clorophyl Editions. 2022. (ENG.). 192p. (J). pap. 14.99 *(978-1-64124-179-3(9),* 1793) Fox Chapel Publishing Co., Inc.

Giant Shield: A Study of the Atmosphere - Weather Books for Kids Children's Earth Sciences Books. Baby Professor. 2017. (ENG., Illus.). (J). pap. 8.79 *(978-1-5419-4013-0(X),* Baby Professor (Education Kids)) Speedy Publishing LLC.

Giant Short-Faced Bear. Julie Murray. 2023. (Ice Age Animals Ser.). (ENG.). 24p. (J). (gr. -1-2). lib. bdg. 32.79 ***(978-1-0982-6635-6(8),*** 42200, Abdo Kids) ABDO Publishing Co.

Giant Short-Faced Bears. Sara Gilbert. 2017. (Ice Age Mega Beasts Ser.). (ENG., Illus.). 24p. (J). (gr. 1-4). pap. 8.99 *(978-1-62832-374-0(4),* 20072, Creative Paperbacks); *(978-1-60818-766-9(7),* 20074, Creative Education) Creative Co., The.

Giant Sight Word Workbook: 300 High-Frequency Words! — Fun Activities for Kids Learning to Read & Write (Ages 4-8) Diego Jourdan Pereira. 2021. (ENG.). 168p. (J). (gr. -1-3). pap. 7.99 *(978-1-63158-673-6(4),* Racehorse Publishing) Skyhorse Publishing Co., Inc.

Giant Sloth. Gary Jeffrey. 2017. (Graphic Prehistoric Animals Ser.). (ENG., Illus.). 32p. (J). (gr. 5-8). lib. bdg. 31.35 *(978-1-62588-409-1(5),* 19278, Smart Apple Media) Black Rabbit Bks.

Giant Smugglers. Matt Solomon & Chris Pauls. 2016. (ENG.). 288p. (J). 24.99 *(978-1-250-06652-7(2),* 900145679) Feiwel & Friends.

Giant Snake & the Brave Little Mouse. Queonna White. 2016. (ENG., Illus.). (J). pap. 12.95 *(978-1-68409-613-8(8))* Page Publishing Inc.

Giant Squid. Candace Fleming. Illus. by Eric Rohmann. 2016. (ENG.). 40p. (J). (gr. 1-5). 19.99 *(978-1-59643-599-5(2),* 900065585) Roaring Brook Pr.

Giant Squid. Angela Lim. 2021. (Giants of the Sea Ser.). (ENG., Illus.). 32p. (J). (gr. 2-3). pap. 9.95 *(978-1-63738-039-0(9));* lib. bdg. 31.35 *(978-1-63738-003-1(8))* North Star Editions. (Apex).

Giant Squid: Mysterious Monster of the Deep. Paige V. Polinsky. 2016. (Real Monsters Ser.). (ENG., Illus.). 32p. (J). (gr. 3-6). lib. bdg. 32.79 *(978-1-68078-419-0(6),* 23697, Checkerboard Library) ABDO Publishing Co.

Giant Steps: Suffragettes & Soldiers. Mary Blair Immel. 2016. (Illus.). 227p. (J). pap. *(978-0-87195-406-0(0))* Indiana Historical Society.

Giant Sticker Dinosaur Fun. Created by Highlights. 2023. (Giant Sticker Fun Ser.). 64p. (J). (-k). pap. 10.99 *(978-1-64472-929-8(6),* Highlights) Highlights Pr., c/o Highlights for Children, Inc.

Giant Sticker Monster Fun. Created by Highlights. 2022. (Giant Sticker Fun Ser.). 64p. (J). (-k). pap. 9.99 *(978-1-64472-895-6(8),* Highlights) Highlights Pr., c/o Highlights for Children, Inc.

Giant Tess. Dan Yaccarino. Illus. by Dan Yaccarino. 2019. (ENG., Illus.). 40p. (J). (gr. -1-3). 17.99 *(978-0-06-267027-4(1),* HarperCollins) HarperCollins Pubs.

Giant Toddler Workbook: Scholastic Early Learners (Workbook) Scholastic Early Learners. 2023. (Scholastic Early Learners Ser.). (ENG.). 276p. (J). (gr. -1 — 1). pap. 9.99 ***(978-1-339-01812-6(8),*** Cartwheel Bks.) Scholastic, Inc.

Giant Tortoise. August Hoeft. (I See Animals Ser.). (ENG.). (J). 2022. 20p. 24.99 ***(978-1-5324-3410-5(3));*** 2022. 20p. pap. 12.99 ***(978-1-5324-4213-1(0));*** 2020. 12p. pap. 5.99 *(978-1-5324-1491-6(9))* Xist Publishing.

Giant Tortoises. Megan Gendell. 2023. (Reptiles Ser.). (ENG., Illus.). 32p. (J). pap. 9.95 ***(978-1-63738-598-2(6),*** Apex) North Star Editions.

Giant Tortoises. Contrib. by Megan Gendell. 2023. (Reptiles Ser.). (ENG., Illus.). 32p. (J). lib. bdg. 31.35 ***(978-1-63738-544-9(7),*** Apex) North Star Editions.

Giant Trucks: My First Book of Sounds: a Press & Play Sound Board Book. Editors of Cider Mill Press. 2022. (My First Book of Sounds Ser.). (ENG., Illus.). 28p. (J). 19.95 *(978-1-64643-190-8(1),* Applesauce Pr.) Cider Mill Pr. Bk. Pubs., LLC.

Giant Turnip: Lap Book Edition. Carrie Smith. Illus. by Marcin Piwowarski. 2016. (My First Reader's Theater Tales Ser.). (J). (gr. k). *(978-1-5021-5505-4(2))* Benchmark Education Co.

Giant Turnip: Small Book Edition. Carrie Smith. Illus. by Marcin Piwowarski. 2016. (My First Reader's Theater Tales Ser.). (J). (gr. k). *(978-1-5021-5510-8(9))* Benchmark Education Co.

Giant Wetas Shock!, 1 vol. Janey Levy. 2017. (Insects: Six-Legged Nightmares Ser.). (ENG., Illus.). 24p. (J). (gr. 2-3). pap. 9.15 *(978-1-5382-1259-2(5),* bbf5d898-7746-4f88-b99e-69cac97f631d) Stevens, Gareth Publishing LLLP.

Giants. Martha London. 2019. (Mythical Creatures Ser.). (ENG., Illus.). 32p. (J). (gr. 2-5). lib. bdg. 32.79 *(978-1-5321-6577-1(3),* 33256, DiscoverRoo) Pop!.

Giants. Thomas Kingsley Troupe. 2020. (Mythical Creatures Ser.). (ENG., Illus.). 24p. (J). (gr. 3-7). lib. bdg. 26.95 *(978-1-64487-274-1(9))* Bellwether Media.

Giants & Fairies & Witches, Oh My! Children's European Folktales. Baby Professor. 2017. (ENG., Illus.). (J). pap. 7.89 *(978-1-5419-0283-1(1),* Baby Professor (Education Kids)) Speedy Publishing LLC.

Giants, & How to Fight Them. Richard Newton. 2017. (ENG., Illus.). (J). pap. *(978-0-649-47572-8(0))* Trieste Publishing Pty Ltd.

Giants & How to Fight Them. Richard Newton. 2017. (ENG.). 348p. (J). pap. *(978-3-337-13578-2(1))* Creation Pubs.

Giants & How to Fight Them. Richard Newton. 2017. (ENG., Illus.). (J). pap. *(978-0-649-49526-9(8))* Trieste Publishing Pty Ltd.

Giants, & How to Fight Them, and, Wonderful Things (Classic Reprint) Richard Newton. (ENG., Illus.). (J). 2018. 346p. 31.03 *(978-0-483-46141-3(5));* 2016. pap. 13.57 *(978-1-333-51720-5(3))* Forgotten Bks.

Giant's Causeway. Martha London. 2020. (Engineered by Nature Ser.). (ENG.). 32p. (J). (gr. 2-5). lib. bdg. 34.21 *(978-1-5321-9285-2(1),* 35033, Kids Core) ABDO Publishing Co.

Giants Come in Different Sizes. Jolly Roger Bradfield. 2022. (ENG.). 58p. (J). pap. 15.99 *(978-1-948959-49-0(6))* Purple Hse. Pr.

Giants' Farm: A QUIX Book. Jane Yolen. Illus. by Tomie dePaola. 2023. (Giants Ser.: 1). (ENG.). 80p. (J). (gr. k-3). 17.99 *(978-1-5344-8858-8(8));* pap. 5.99 *(978-1-5344-8857-1(X))* Simon & Schuster Children's Publishing. (Aladdin).

Giants Go Camping: A QUIX Book. Jane Yolen. Illus. by Tomie dePaola. 2023. (Giants Ser.: 2). (ENG.). 96p. (J). (gr. k-3). 17.99 ***(978-1-5344-8861-8(8));*** pap. 5.99 ***(978-1-5344-8860-1(X))*** Simon & Schuster Children's Publishing. (Aladdin).

Giants in the Earth: A Saga of the Prairie (Classic Reprint) O. L. E. Edvart Rolvaag. 2017. (ENG., Illus.). (J). 33.98 *(978-0-331-49116-6(8));* pap. 16.57 *(978-0-243-30023-5(9))* Forgotten Bks.

Giants of Comedy: Sets 1 - 2, 24 vols. 2019. (Giants of Comedy Ser.). (ENG.). (YA). (gr. 7-7). lib. bdg. 465.60 *(978-1-4994-6779-9(8),* 17e1f97d-56a5-4752-be47-bc6825a2d205) Rosen Publishing Group, Inc., The.

Giants of the Jurassic. Louise Nelson. 2023. (That's Not a Dino! Ser.). (ENG.). 24p. (J). (gr. 1-3). lib. bdg. 19.95 Bearport Publishing Co., Inc.

Giants of the Ocean Gold Band. Catherine Bowley. ed. 2016. (Cambridge Reading Adventures Ser.). (ENG., Illus.). 24p. pap. 8.80 *(978-1-107-55165-7(X))* Cambridge Univ. Pr.

Giants of the Sea. Andrew Cleave. 2019. (Creatures of the Ocean Ser.). (Illus.). 80p. (J). (gr. 12). lib. bdg. 34.60 *(978-1-4222-4306-0(0))* Mason Crest.

Giants of the Sea (Set Of 8) 2021. (Giants of the Sea Ser.). (ENG., Illus.). 256p. (J). (gr. 2-3). pap. 79.60 *(978-1-63738-036-9(4));* lib. bdg. 250.80 *(978-1-63738-000-0(3))* North Star Editions. (Apex).

Giant's Robe (Classic Reprint) F. Anstey, pseud. 2017. (ENG., Illus.). (J). 33.16 *(978-0-266-19640-2(3))* Forgotten Bks.

Giant's Ruby: And Other Fairy Tales (Classic Reprint) Mabel Fuller Blodgett. 2018. (ENG., Illus.). (J). 324p. 30.58 *(978-1-396-59756-5(5));* 326p. pap. 13.57 *(978-1-391-59355-5(3))* Forgotten Bks.

Giant's Strength (Classic Reprint) Basil King. 2018. (ENG., Illus.). (J). 356p. 31.24 *(978-0-267-24312-9(X));* 368p. 31.49 *(978-0-267-28961-5(8))* Forgotten Bks.

Giants, Trolls, Witches, Beasts: Ten Tales from the Deep, Dark Woods. Craig Phillips. 2018. (ENG., Illus.). 192p. (J). (gr. 3-7). pap. 19.99 *(978-1-76011-326-1(3))* Allen & Unwin AUS. Dist: Independent Pubs. Group.

Giants Want Ragnarok. Jack Hillman. 2021. (ENG.). 272p. (J). pap. 15.95 *(978-1-64540-597-9(4))* Speaking Volumes, LLC.

Giants Want the Lost River. Jack Hillman. 2021. (Giants War Trilogy Ser.: Vol. 2). (ENG.). 278p. (J). pap. 15.95 *(978-1-64540-400-2(5))* Speaking Volumes, LLC.

Giants, Witches, Sorcerers & the Magic Sword Children's Arthurian Folk Tales. Baby Professor. 2017. (ENG., Illus.). (J). pap. 7.89 *(978-1-5419-0218-3(1),* Baby Professor (Education Kids)) Speedy Publishing LLC.

Gibbeted Gods (Classic Reprint) Lillian Barrett. 2018. (ENG., Illus.). 332p. (J). 30.72 *(978-0-332-04307-4(X))* Forgotten Bks.

Gibones, Los Simios Cantores: Leveled Reader Book 23 Level J 6 Pack. Hmh Hmh. 2021. (SPA.). 16p. (J). pap. 74.40 *(978-0-358-08335-1(4))* Houghton Mifflin Harcourt Publishing Co.

Gibraltar What Is on This Island? Bold Kids. 2023. (ENG.). 42p. (J). pap. 14.99 ***(978-1-0717-1953-4(X))*** FASTLANE LLC.

Giddy Gusher Papers (Classic Reprint) Mary H. Fiske. 2018. (ENG., Illus.). 248p. (J). 29.01 *(978-0-483-26995-8(6))* Forgotten Bks.

Giddy up Horsey! Yeehaw! Horses Book for Kids Children's Horse Books. Pets Unchained. 2017. (ENG., Illus.). 64p. (J). pap. 9.52 *(978-1-5419-1680-7(8))* Speedy Publishing LLC.

Gideon & Lucia Befriend a Bully: Biblical Lessons for the Tiny Theologian. Leticia Soto. 2020. (ENG.). 32p. (J). pap. 19.99 *(978-1-63221-111-8(4))* Salem Author Services.

Gideon Fleyce a Novel, Vol. 1 of 3 (Classic Reprint) Henry W. Lucy. 2018. (ENG., Illus.). 346p. (J). 31.03 *(978-0-483-05048-8(2))* Forgotten Bks.

Gideon Fleyce a Novel, Vol. 3 of 3 (Classic Reprint) Henry W. Lucy. 2018. (ENG., Illus.). 344p. (J). 31.01 *(978-0-483-75995-4(3))* Forgotten Bks.

Gideon Fleyce, Vol. 2 Of 3: A Novel (Classic Reprint) Henry William Lucy. 2017. (ENG., Illus.). (J). 314p. 30.37 *(978-0-484-60628-8(X))*; pap. 13.57 *(978-0-259-17371-7(1))* Forgotten Bks.

Gideon Giles the Roper (Classic Reprint) Thomas Miller. 2017. (ENG., Illus.). (J). 32.89 *(978-0-331-90128-3(5))* Forgotten Bks.

Gideon Green in Black & White. Katie Henry. (ENG.). 384p. (YA). (gr. 8). 2023. pap. 15.99 *(978-0-06-295574-6(8))*; 2022. 18.99 *(978-0-06-295573-9(X))* HarperCollins Pubs. (Tegen, Katherine Bks).

Gideon, the Thoughtful Cat. Armei B Sales. 2018. (ENG., Illus.). 38p. (J). pap. 15.00 *(978-1-64429-124-5(X))* Notion Pr., Inc.

Gideon's Band: A Tale of the Mississippi. George W. Cable. 2020. (ENG.). (J). 258p. 19.95 *(978-1-64799-381-8(4))*; 256p. pap. 11.95 *(978-1-64799-380-1(6))* Bibliotech Pr.

Gideon's Band: A Tale of the Mississippi (Classic Reprint) George W. Cable. 2017. (ENG., Illus.). (J). 34.85 *(978-1-5284-7166-4(0))* Forgotten Bks.

Gideon's Deep. Diane Sharpe. Illus. by Pivor Jenny. 2016. (ENG.). (J). (gr. 4-6). pap. 24.99 *(978-1-945756-06-1(3))* Merrimack Media.

Gideon's Dragons. Jessica Hecket. 2018. (ENG., Illus.). 56p. (J). 19.99 *(978-0-9994364-4-8(9))* Jeriel Works.

Gidget the Surfing Dog: Catching Waves with a Small but Mighty Pug. Elizabeth Rusch. 2020. (Illus.). 48p. (J). (gr. 2-5). 18.99 *(978-1-63217-271-6(2))*, Little Bigfoot) Sasquatch Bks.

Gift. Joshua L. Ameliorate. Illus. by Joshua L. Ameliorate. 2023. (ENG.). 62p. (J). ***(978-0-646-87272-8(9))*** theameliorate.org.

Gift. Julieanne Barar. 2019. (ENG.). 24p. (J). pap. 12.95 *(978-1-64458-054-7(3))* Christian Faith Publishing.

Gift. Jennifer Blythe. Illus. by Marlene Anderson. 2018. (ENG.). 26p. (J). pap. 12.95 *(978-1-64258-486-8(X))* Christian Faith Publishing.

Gift. Liz Daniels. Illus. by Jessica Gadra. 2020. (ENG.). 22p. (J). 24.99 *(978-1-0879-3444-0(3))* Indy Pub.

Gift. R. J. Gair. 2022. (ENG.). 196p. (YA). pap. ***(978-1-80227-358-8(1))*** Publishing Push Ltd.

Gift. Khristian Kritz. Illus. by Tahna Desmond Fox. 2020. (ENG.). 40p. (J). 24.00 *(978-1-938505-50-8(6))* Lionheart Group Publishing.

Gift. Khristian Kritz. Illus. by Tahna Desmond Fox. 2020. (ENG.). 40p. (J). pap. 14.42 *(978-1-938505-51-5(4))* Lionheart Group Publishing.

Gift. Zoe Maeve. 2021. (Illus.). 46p. (YA). pap. 18.00 *(978-1-77262-055-9(6))* Conundrum Pr. CAN. Dist: Consortium Bk. Sales & Distribution.

Gift. Susan Marquart. 2018. (ENG., Illus.). 30p. (J). 22.95 *(978-1-64028-349-7(8))*; pap. 12.95 *(978-1-64028-347-3(1))* Christian Faith Publishing.

Gift. Bob Moseley. 2023. (ENG.). 202p. (YA). (gr. 7). pap. 14.95 Boutique of Quality Books Publishing Co., Inc.

Gift. Victoria Pajkowski. 2019. (ENG.). 20p. (J). *(978-1-78848-441-1(X))*; pap. *(978-1-78848-440-4(1))* Austin Macauley Pubs. Ltd.

Gift. Melissa Riewer. 2022. (ENG., Illus.). 24p. (J). 24.95 *(978-1-63692-484-7(0))* Newman Springs Publishing, Inc.

Gift. Michael Speechley. 32p. (J). (gr. k-2). 2021. (Illus.). 15.99 *(978-1-76104-196-9(7))*; 2019. 24.99 *(978-0-14-378898-0(1))* Penguin Random Hse. AUS. (Puffin). Dist: Independent Pubs. Group.

Gift. J. a Sweeney. 2021. (ENG.). 34p. (J). 25.95 *(978-1-63885-035-9(6))*; pap. 14.95 *(978-1-63885-033-5(X))* Covenant Bks.

Gift. Arielle Cheshire. 2nd ed. 2022. (Wizard Realms Ser.: Vol. 1). (ENG.). 666p. (YA). pap. 23.00 ***(978-1-0878-8049-5(1))*** Indy Pub.

Gift: A Book of Tales & Pencillings in Poetry & Prose (Classic Reprint) Unknown Author. (ENG., Illus.). (J). 2018. 400p. 32.17 *(978-0-484-55301-8(1))*; 2016. pap. 16.57 *(978-1-334-16088-2(0))* Forgotten Bks.

Gift: A Christmas & New Year's Present for 1836 (Classic Reprint) Eliza Leslie. (ENG., Illus.). (J). 2018. 312p. 30.35 *(978-0-483-40375-8(X))*; 2016. pap. 13.57 *(978-1-334-12431-0(0))* Forgotten Bks.

Gift: A Christmas & New Year's Present for 1842 (Classic Reprint) Edgar Poe. (ENG., Illus.). (J). 2017. 31.07 *(978-0-265-38246-2(7))*; 2016. pap. 13.57 *(978-1-334-16200-8(X))* Forgotten Bks.

Gift: An Idyll of Bethlehem (Classic Reprint) David De Forest Burrell. 2018. (ENG., Illus.). 32p. (J). 24.60 *(978-0-267-32149-0(X))* Forgotten Bks.

Gift: Christmas, New Year, & Birthday Present (Classic Reprint) Eliza Leslie. 2018. (ENG., Illus.). 330p. (J). 30.70 *(978-0-656-31451-5(6))* Forgotten Bks.

Gift: Ja'marion. J. G. Plummer. 2018. (ENG., Illus.). 28p. (J). pap. 9.99 *(978-0-692-06589-1(X))* Publify Consulting.

Gift: The Life & Times of Birdie Mae Hayes #1. Jeri Anne Agee. Illus. by Bryan Langdo. 2018. (Life & Times of Birdie Mae Hayes Ser.: 1). (ENG.). 112p. (J). (gr. 2-5). 13.99 *(978-1-5107-2453-2(2))*, Sky Pony Pr.) Skyhorse Publishing Co., Inc.

Gift: The Life & Times of Birdie Mae Hayes #1. Jeri Anne Agee. Illus. by Bryan Langdo. 2018. (Life & Times of Birdie Mae Hayes Ser.: 1). (ENG.). 112p. (J). (gr. 2-5). pap. 4.99 *(978-1-5107-2454-9(0))*, Sky Pony Pr.) Skyhorse Publishing Co., Inc.

Gift, 1840 (Classic Reprint) Unknown Author. (ENG., Illus.). (J). 2018. 344p. 30.99 *(978-0-483-43681-7(X))*; 2016. pap. 13.57 *(978-1-333-35146-5(1))* Forgotten Bks.

Gift & Grit: How Heroic Virtue Can Change Your Life & Relationships. Contrib. by Andrew Swafford & Sarah Swafford. 2023. (ENG.). (YA). pap. 15.95 ***(978-1-954881-91-4(6))*** Ascension Pr.

Gift Book for My Mother (Classic Reprint) Harrison Rhodes. 2018. (ENG., Illus.). 124p. (J). 26.47 *(978-0-483-38449-1(6))* Forgotten Bks.

Gift Book My Lullabible for Boys. Alette-Johanni Winckler. 2020. (ENG.). 52p. (J). bds. *(978-1-4321-3212-5(1))* Christian Art Pubs.

Gift Book My Lullabible for Girls. Alette-Johanni Winckler. 2020. (ENG.). 52p. (J). bds. *(978-1-4321-3121-0(4))* Christian Art Pubs.

Gift Book of Stories & Poems for Children (Classic Reprint) Caroline Gilman. (ENG., Illus.). (J). 2018. 366p. 31.45 *(978-0-483-98296-3(2))*; 2016. pap. 13.97 *(978-1-334-16351-7(0))* Forgotten Bks.

Gift Book Prayers for My Baby Boy. Carolyn Larsen. 2020. (ENG.). 96p. (J). *(978-1-4321-3164-7(8))* Christian Art Pubs.

Gift Book Prayers for My Baby Girl. Carolyn Larsen. 2020. (ENG.). 96p. (J). *(978-1-4321-3124-1(9))* Christian Art Pubs.

Gift Boxes to Decorate & Make: Easter. Illus. by Felicity French. 2018. (ENG.). 50p. (J). (gr. 3-7). pap. 15.99 *(978-0-7636-9638-2(2))* Candlewick Pr.

Gift Boxes to Decorate & Make: for Every Occasion. Illus. by Eilidh MuLdoon. 2018. (ENG.). 50p. (J). (gr. 3-7). pap. 15.99 *(978-0-7636-9944-4(6))* Candlewick Pr.

Gift (Classic Reprint) Rupert Hughes. 2018. (ENG., Illus.). 80p. (J). 25.55 *(978-0-365-47058-8(9))* Forgotten Bks.

Gift (Classic Reprint) Sarah Broom Macnaughtan. 2018. (ENG., Illus.). 296p. (J). 30.00 *(978-0-267-18854-3(4))* Forgotten Bks.

Gift (Classic Reprint) Margaret Prescott Montague. 2018. (ENG., Illus.). 66p. (J). 25.28 *(978-0-267-24246-7(8))* Forgotten Bks.

Gift/ el Regalo. Carlos Valverde. Illus. by Carlos Valverde. 2021. (ENG.). 30p. (J). 22.99 *(978-1-943718-06-1(7))*; pap. 13.99 *(978-1-943718-07-8(5))* Coffee Seed Bks.

Gift for All Seasons (Classic Reprint) Unknown Author. (ENG., Illus.). (J). 2018. 320p. 30.50 *(978-0-483-42089-2(1))*; 2016. pap. 13.57 *(978-1-334-21357-1(7))* Forgotten Bks.

Gift for Amma. Meera Sriram. Illus. by Mariona Cabassa. ed. 2021. (SPA.). 24p. (J). (gr. -1-3). pap. 7.99 ***(978-1-64686-384-6(4))*** Barefoot Bks., Inc.

Gift for Amma: Market Day in India. Meera Sriram. Illus. by Mariona Cabassa. 2020. (ENG.). 32p. (J). (gr. k-4). 16.99 *(978-1-64686-061-6(6))*; pap. 9.99 *(978-1-64686-062-3(4))* Barefoot Bks., Inc.

Gift for Gram. Cecilia Minden. Illus. by Becky Down. 2020. (Little Blossom Stories Ser.). (ENG.). 16p. (J). (gr. -1-2). pap. 11.36 *(978-1-5341-6824-4(9))*, 215197, Cherry Blossom Press) Cherry Lake Publishing.

Gift for Grandma Holly. Patti Ostrander. Illus. by Nikki Milley. 2020. (ENG.). 38p. (J). 19.99 *(978-1-7333848-2-7(0))* Patti Jean Ostrander.

Gift for Marco. Barbara Spilman Lawson. 2016. (Spring Forward Ser.). (J). (gr. 2). *(978-1-4900-9417-5(2))* Benchmark Education Co.

Gift for Santa. J. C. Roussos. 2016. (ENG.). (J). pap. 6.99 *(978-1-942840-20-6(9))* Hocus Pocus Publishing, Inc.

Gift for the Children. Pearl S. Buck. Illus. by Elaine Scull. 2020. (ENG.). 179p. (J). (gr. -1-3). pap. 17.99 *(978-1-5040-6014-1(8)*, Open Road Media Young Readers) Open Road Integrated Media, Inc.

Gift for the Giver: The Power of Christmas. Leila Eyvari. Illus. by Obol Andrew Jackson. 2018. (ENG.). 24p. (J). *(978-1-5255-3221-4(9))*; pap. *(978-1-5255-3222-1(7))* FriesenPress.

Gift for You. Ann Meuleners. 2018. (ENG., Illus.). 30p. (J). 22.95 *(978-1-64079-516-7(2))*; pap. 12.95 *(978-1-64079-514-3(6))* Christian Faith Publishing.

Gift for Young Students (Classic Reprint) Hannah Gardner Creamer. (ENG., Illus.). (J). 2018. 262p. 29.30 *(978-0-656-34086-6(X))*; 2017. pap. 11.97 *(978-0-243-40031-7(4))* Forgotten Bks.

Gift from Abuela. Cecilia Ruiz. Illus. by Cecilia Ruiz. (ENG.). (J). (gr. -1-3). 2023. 32p. 7.99 ***(978-1-5362-3066-6(9))***; 2018. (Illus.). 38p. 17.99 *(978-0-7636-9267-4(0))* Candlewick Pr.

Gift from Daniel: Ready-To-Read Pre-Level 1. Maria Le. Illus. by Jason Fruchter. 2023. (Daniel Tiger's Neighborhood Ser.). (ENG.). 32p. (J). (gr. -1-k). 17.99 ***(978-1-6659-4009-2(3))***; pap. 4.99 ***(978-1-6659-4008-5(5))*** Simon Spotlight. (Simon Spotlight).

Gift from Papá Diego, 1 vol. Benjamin Alire Sáenz. Illus. by Gerónimo Garcia. 2022. (Little Diego Book Ser.). (ENG.). 40p. (J). (gr. k-3). pap. 12.95 *(978-0-938317-33-3(4)*, 23353382, Cinco Puntos Press) Lee & Low Bks., Inc.

Gift from Santa Coloring Book for Kids. Deeasy Books. 2021. (ENG.). 102p. (J). pap. 9.00 ***(978-1-716-23134-6(5))*** Indy Pub.

Gift Garden. Nancy Culbert & Arthur Culbert. 2019. (ENG., Illus.). 166p. (J). (gr. 4-6). 19.99 *(978-1-7329293-3-3(5))* Gift Gardens Pr.

Gift Horse. Virginia Kouba. 2018. (ENG., Illus.). 118p. (J). pap. *(978-0-359-06655-1(0))* Lulu Pr., Inc.

Gift Horse. Sophie Siers. 2017. (Illus.). 31p. (J). pap. *(978-0-473-40855-8(4))* Millwood Press.

Gift Horse: A Lakota Story. S. D. Nelson. 2016. (ENG., Illus.). 40p. (gr. -1-3). pap. 10.99 *(978-1-4197-2064-2(3)*, 406603) Abrams, Inc.

Gift Horse: An All-Ages, Horsey, Holiday Novella. Tudor Robins. 2022. (ENG.). 112p. (J). ***(978-1-990802-30-0(3))***; ***(978-1-990802-31-7(1))***; pap. ***(978-1-990802-29-4(X))*** Robins, Tudor.

Gift Inside. Chantel Demolle. 2020. (ENG.). 36p. (J). pap. 12.99 *(978-0-578-81385-1(8))* Demolle,, Chantel K. Inc.

Gift Like Zoe's. C. C. Holmes. 2016. (ENG.). 296p. (J). pap. 14.95 *(978-0-9963966-7-7(5))* Amur Bks.

Gift of a Lifetime. Deborah Mallernee. 2022. (Illus.). 30p. (J). pap. 14.99 ***(978-1-6678-6929-5(0))*** BookBaby.

Gift of a Lifetime: A Dog's Tale: Part One. Macyle Pine. 2019. (ENG., Illus.). 34p. (J). 23.95 *(978-1-64471-943-5(6))*; pap. 13.95 *(978-1-64471-942-8(8))* Covenant Bks.

Gift of a Mermaid. Sydney Godwin-Chin. 2021. (ENG.). 34p. (J). *(978-0-2288-5923-9(9))*; pap. *(978-0-2288-5922-2(0))* Tellwell Talent.

Gift of Affection: A Christmas & New-Year's Present (Classic Reprint) James Thomas Fields. 2018. (ENG., Illus.). 334p. (J). 30.79 *(978-0-267-66667-6(5))* Forgotten Bks.

Gift of Christmas! Sharla Adams. 2022. (ENG., Illus.). 30p. (J). pap. 15.95 *(978-1-0980-4569-2(6))* Christian Faith Publishing.

Gift of Christmas: The Boy Who Blessed the World. Mary Joslin. Illus. by Kristina Swarner. ed. 2020. (ENG.). 32p. (J). (gr. -1-k). pap. 11.99 *(978-0-7459-7751-5(0)*, 30b2f419-2f42-4be3-9a1e-cd96cab05248, Lion Children's) Lion Hudson PLC GBR. Dist: Baker & Taylor Publisher Services (BTPS).

Gift of Dark Hollow. Kieran Larwood. Illus. by David Wyatt. (Longburrow Ser.). (ENG.). (J). (gr. 5-7). 2019. 288p. pap. 7.99 *(978-1-328-54993-8(3)*, 1724301); 2018. 272p. 16.99 *(978-1-328-69601-4(4)*, 1671318) HarperCollins Pubs. (Clarion Bks.).

Gift of Dark Hollow: Blue Peter Book Award-Winning Author. Kieran Larwood. Illus. by David Wyatt. 2018. (Five Realms Podkin One Ear Ser.). (ENG.). 320p. (J). pap. 9.95 *(978-0-571-32842-0(3)*, Faber & Faber Children's Bks.) Faber & Faber, Inc.

Gift of December. Sandra Waggoner. 2018. (Calendar Ser.: Vol. 3). (ENG., Illus.). 184p. (J). (gr. 4-6). pap. 12.95 *(978-0-9991157-9-4(0))* Sable Creek Pr. LLC.

Gift of Family. Susan Illera Martinez. ed. 2021. (ENG., Illus.). 24p. (J). (gr. k-1). 16.46 *(978-1-68505-051-1(4))* Penworthy Co., LLC, The.

Gift of Feathers. Ken Schept. Illus. by Romina Galotta. 2023. (ENG.). 32p. (J). 18.99 *(978-1-250-83804-9(5)*, 900254745) Feiwel & Friends.

Gift of Friendship: Seasoned with Instruction Both for the Mind & the Eye (Classic Reprint) Unknown Author. 2018. (ENG., Illus.). 30p. (J). 24.52 *(978-0-484-15482-6(6))* Forgotten Bks.

Gift of Gus. Angela LeBlanc. 2020. (ENG., Illus.). 36p. (J). 18.99 *(978-1-952320-69-9(0))*; pap. 11.99 *(978-1-952320-68-2(2))* Yorkshire Publishing Group.

Gift of Kindness. Sarah Duchess of York. 2021. (ENG.). 38p. (J). *(978-0-6453559-2-5(5))* Karen Mc Dermott.

Gift of Love. Kristin Reilly & Pamela Morris. 2019. (ENG., Illus.). 38p. (J). (gr. k-4). 19.95 *(978-1-61244-716-2(3))*; pap. 13.95 *(978-1-61244-717-9(1))* Halo Publishing International.

Gift of Manners Curriculum: A Fun & Easy Way to Promote Good Manners & Grow Self-Esteem. Margaret Russell Hagood. 2019. (ENG.). 52p. (J). pap. 39.99 *(978-1-5456-7315-7(2)*, Mill City Press, Inc) Salem Author Services.

Gift of Manners Student Activity Book: A Fun & Easy Way to Promote Good Manners & Grow Self-Esteem. Margaret Russell Hagood. 2019. (ENG.). 24p. (J). pap. 11.99 *(978-1-5456-7317-1(9)*, Mill City Press, Inc) Salem Author Services.

Gift of Maud Pie. Hasbro. ed. 2016. (Passport to Reading Level 2 Ser.). (J). lib. bdg. 13.55 *(978-0-606-39194-8(0))* Turtleback.

Gift of Mittens. Kimberly Manganelli. Illus. by Debra Tielman. 2022. (ENG.). 32p. (J). pap. 14.99 *(978-1-6678-0783-6(8))* BookBaby.

Gift of Mittens. Kimberly Manganelli. 2022. (ENG.). 32p. (J). 29.99 *(978-1-6678-2388-1(4))* BookBaby.

Gift of Our World: A Little Muslim's Guide to Loving & Caring for Planet Earth. Suma Din. 2021. (ENG.). 42p. (J). 17.95 *(978-1-912356-86-7(4))* Bright Pittman, Portia.

Gift of Paper. Isaac Andres. Illus. by Jami Darwin. 2018. (ENG.). 36p. (J). pap. 14.95 *(978-0-9843922-7-8(0))* Little Balloon Pr.

Gift of Paul Clermont (Classic Reprint) Warrington Dawson. (ENG., Illus.). (J). 2017. 30.95 *(978-0-266-42099-6(0))*; 2016. pap. 13.57 *(978-1-333-72238-8(9))* Forgotten Bks.

Gift of Poetry. Peter Matthews. 2021. (ENG.). 140p. (J). pap. 8.64 *(978-1-716-20812-6(2))* Lulu Pr., Inc.

Gift of Ramadan. Rabiah York Lumbard. Illus. by Laura K. Horton. 2021. (ENG.). 32p. (J). (gr. -1-3). pap. 9.99 *(978-0-8075-2902-7(8)*, 807529028) Whitman, Albert & Co.

Gift of Reaching Out: An Offer of Kindness. Aviva Hermelin. Ed. by Chaim Mazo. Illus. by Aviva Hermelin. l.t. ed. 2022. (ENG.). 34p. (J). 23.95 *(978-1-956381-20-7(1))*; pap. 14.95 *(978-1-956381-12-2(0))* Mazo Pubs.

Gift of the Face: Portraiture & Time in Edward S. Curtis's the North American Indian. Shamoon Zamir. 2020. (ENG., Illus.). 352p. (J). pap. 34.95 *(978-1-4696-5911-4(5)*, P627327) Univ. of North Carolina Pr.

Gift of the Forest. Jacqueline Lavon McBride. 2018. (ENG., Illus.). 30p. (J). pap. 12.95 *(978-1-64003-444-0(7))* Covenant Bks.

Gift of the Grass: Being the Autobiography of a Famous Racing Horse (Classic Reprint) John Trotwood Moore. 2017. (ENG., Illus.). (J). 31.45 *(978-0-260-10768-8(9))*; pap. 13.97 *(978-1-5285-0035-7(0))* Forgotten Bks.

Gift of the Magi & Other Short Stories Novel Units Student Packet. Novel Units. 2019. (ENG.). (YA). pap. 13.99 *(978-1-58130-905-8(8)*, Novel Units, Inc.) Classroom Library Co.

Gift of the Magi & Other Short Stories Novel Units Teacher Guide. Novel Units. 2019. (ENG.). (YA). pap. 12.99 *(978-1-58130-904-1(X)*, Novel Units, Inc.) Classroom Library Co.

Gift of the Magi & Other Stories. O. Henry. 2018. 64p. (gr. 4). pap. 5.00 *(978-1-911475-32-3(0))* Pen + Ink GBR. Dist: SCB Distributors.

Gift of You. Ezequiel Stelzer. 2017. (ENG., Illus.). (J). 14.99 *(978-0-9992231-6-1(X))*; pap. 12.99 *(978-0-9992231-5-4(1))* Stelzer, Shifra.

Gift Set One (Diwali, Navratri, Mumbai) Maya & Neel's India Adventure Series. Ajanta Chakraborty & Vivek Kumar. Ed. by Janelle Diller. 2017. (ENG., Illus.). (J). (gr. k-2). 36.99 *(978-1-945792-08-3(6))*; pap. 19.99 *(978-1-945792-09-0(4))* Bollywood Groove.

Gift Set Two (Holi, Ramadan & Eid, Vaisakhi) Maya & Neel's India Adventure Series (Festival of Colors, Multicultural, Non-Religious, Culture, Bhangra, Lassi, Biracial Indian American Families, Sikh, Muslim, Hindu, Picture Book Gift, Dhol, Global Children) Ajanta Chakraborty & Vivek Kumar. Ed. by Janelle Diller. 2018. (Maya & Neel's India Adventure Ser.: Vol. 8). (ENG., Illus.). 118p. (J). (gr. k-2). 36.99 *(978-1-945792-31-1(0))*; pap. 19.99 *(978-1-945792-30-4(2))* Bollywood Groove.

Gift Shop Bear. Phyllis Harris. Illus. by Phyllis Harris. 2021. (ENG., Illus.). 32p. (J). (gr. -1-2). 17.99 *(978-1-5460-1389-1(X)*, Worthy Kids/Ideals) Worthy Publishing.

Gift Stone. Bianca Rowena. 2017. (Gifted Ser.: Vol. 1). (ENG., Illus.). (YA). pap. *(978-0-9948513-3-8(2))* Watson, Bianca.

Gift Story Book, or Short Tales Written for Children (Classic Reprint) Dame Truelove. 2018. (ENG., Illus.). 158p. (J). 27.16 *(978-0-332-51793-3(4))* Forgotten Bks.

Gift That Changed the World: A Christmas Story about God's Love for His Children. Teresa Ann Billings. 2017. (ENG., Illus.). (J). pap. 16.95 *(978-1-5127-6811-4(1)*, WestBow Pr.) Author Solutions, LLC.

Gift That I Can Give, 1 vol. Kathie Lee Gifford. Illus. by Julia Seal. 2018. (ENG.). 32p. (J). 17.99 *(978-1-4002-0924-8(2)*, Tommy Nelson) Nelson, Thomas Inc.

Gift That I Can Give - el Don Que Puedo Dar, a Bilingual Book. Kathie Lee Gifford. ed. 2019.Tr. of Don Que Puedo Dar (Bilingual Edition). (Illus.). 32p. (J). (gr. -1-3). 17.95 *(978-1-949061-96-3(5))* Penguin Random House Grupo Editorial ESP. Dist: Penguin Random Hse. LLC.

Gift That I Can Give for Little Ones, 1 vol. Kathie Lee Gifford. Illus. by Julia Seal. 2018. (ENG.). 26p. (J). bds. 9.99 *(978-1-4002-0925-5(0)*, Tommy Nelson) Nelson, Thomas Inc.

Gift That Wouldn't Stop Giving. Nita Abbott. 2021. (ENG.). 82p. (J). pap. 5.99 ***(978-1-0879-9334-8(2))*** Indy Pub.

Gift to Young Friends; or the Guide to Good: Containing, the Good Man of the Mill from Whom All Good Things Come the Lost Purse the Great Dunce Self-Will the Careless Boy Good Boys & the Way to Save (Classic Reprint) Sarah Josepha Hale. 2017. (ENG., Illus.). (J). 25.24 *(978-0-331-27725-8(5))* Forgotten Bks.

Gift-Wife (Classic Reprint) Rupert Hughes. (ENG., Illus.). (J). 2018. 454p. 33.26 *(978-0-483-41131-9(0))*; 2016. pap. 16.57 *(978-1-334-68143-1(0))* Forgotten Bks.

Gifted. Jacquelyn Johnson. 2022. (ENG.). 202p. (Morley Stories Ser.: Vol. 3). (YA). pap. ***(978-1-990291-71-5(6))***; (J). *(978-1-990291-69-2(4))*; (J). pap. *(978-1-990291-68-5(6))* Crimson Hill Bks.

Gifted. Jordan Le. 2021. (ENG.). 322p. (YA). pap. 14.50 *(978-1-7372706-0-7(9))* Le, Jordan.

Gifted. H. A. Swain. 2016. (ENG.). 320p. (YA). 27.99 *(978-1-250-02830-3(2)*, 900118076) Feiwel & Friends.

Gifted: A Fairytale Memoirs Novella. M. Marinan. 2019. (Fairytale Memoirs Ser.: Vol. 3). (ENG.). 152p. (YA). pap. *(978-0-9951108-8-5(3))* Silversmith Publishing.

Gifted: God Has Placed Gifts in You. S. Caryn Cox. 2019. (ENG., Illus.). 44p. (J). (gr. k-6). pap. 12.99 *(978-0-9990976-1-8(X))* N'Writing.

Gifted Child's Maze Coloring Book. Jupiter Kids. 2018. (ENG., Illus.). 106p. (J). pap. 12.55 *(978-1-5419-3604-1(3)*, Jupiter Kids (Childrens & Kids Fiction)) Speedy Publishing LLC.

Gifted Game Designers. Heather C. Hudak. 2018. (It's a Digital World! Ser.). (ENG., Illus.). 32p. (J). (gr. 3-6). lib. bdg. 32.79 *(978-1-5321-1533-2(4)*, 28920, Checkerboard Library) ABDO Publishing Co.

Gifted Ones Trilogy: A Teen Superhero Sci Fi Collection. P. G. Shriver. 2021. (Gifted Ones Ser.). (ENG.). 548p. (J). pap. 26.79 *(978-1-952726-43-9(3))* Gean Penny Bks.

Gifted Sisters & the Golden Mirror. Rachel Crist. Ed. by Tom Welch. 2018. (Gifted Sisters Ser.: Vol. 1). (ENG., Illus.). 254p. (YA). (gr. 7-12). pap. 17.99 *(978-0-578-56390-9(8))* Crist, Rachel.

Gifted Teen Survival Guide: Smart, Sharp, & Ready for (Almost) Anything. Judy Galbraith & Jim Delisle. 5th rev. ed. 2022. (ENG., Illus.). 272p. (J). (gr. 7-12). pap. 26.99 *(978-1-63198-678-9(3)*, 86789) Free Spirit Publishing Inc.

Gifted, the Talented, & Me. William Sutcliffe. 2020. (ENG.). 336p. (YA). 18.99 *(978-1-5476-0420-3(4)*, 900221150, Bloomsbury Young Adult) Bloomsbury Publishing USA.

Gifted Town: No Fly Bird. David Zaborov. Ed. by Emma Thompson. 2020. (Gifted Town Ser.: Vol. 9781734364). (ENG., Illus.). 60p. (J). (gr. k-6). pap. 16.99 *(978-1-7343641-0-1(6))* Gifted Town.

Gifted Tree. Steve Pogwizd. 2023. (ENG., Illus.). 34p. (J). 26.95 ***(978-1-6624-6779-0(6))*** Page Publishing Inc.

Gifting Tree: And Other Real-World Stories. B. B. Blanshard. 2021. (ENG.). 158p. (J). *(978-1-8383465-2-2(X))* Page-Addie Pr.

Gifting Tree & Other Real World Stories. B. B. Blanshard. 2021. (ENG.). 150p. (J). pap. *(978-1-8383465-1-5(1))* Page-Addie Pr.

Gifts. Cath La Rosa. Illus. by Victoria Carlsund. 2020. (ENG.). 34p. (J). pap. *(978-1-922449-24-5(5))* Connor Court Publishing Pty Ltd.

Gifts for Millennials: Spiritual Gifts in the 21St Century. Robert Woods. 2018. (ENG.). 72p. (YA). pap. 9.95 *(978-1-9736-4396-8(0)*, WestBow Pr.) Author Solutions, LLC.

Gifts from Heaven. Susanne Funk. Illus. by Marvin Paracuelles. 2021. (ENG.). 42p. (J). *(978-0-2288-5249-0(8))*; pap. *(978-0-2288-5248-3(X))* Tellwell Talent.

Gifts from Raven see Cadeaux du Corbeau

Gifts from the Caravanserai. Joan Chabib. 2016. (ENG.). (YA). pap. 14.95 *(978-1-63177-554-3(5))* Amplify Publishing Group.

Gifts from the Enemy. Trudy Ludwig. Illus. by Craig Orback. 2019. (ENG.). 34p. (J). (gr. 3-6). pap. 12.95 *(978-0-578-55326-9(0))* Ludwig Creative, Inc.

Gifts from the Sea. Ginnie Milano. 2021. (ENG., Illus.). 18p. (J). pap. 12.95 *(978-1-64952-374-7(2))* Fulton Bks.

Gifts of Baby Duck. Ann McLeod. 2017. (ENG., Illus.). 28p. (J). ***(978-1-77370-258-2(0))***; pap. ***(978-1-77370-259-9(9))*** Tellwell Talent.

Gifts of Christmas. Virginia Quayle. 2018. (ENG., Illus.). 22p. (J). pap. 12.95 *(978-1-64299-250-2(X))* Christian Faith Publishing.

Gifts of Faeri. Raina Nightingale. 2021. (ENG.). 64p. (YA). pap. 2.99 *(978-1-952176-14-2(X))* Raina Nightingale.

Gifts of Our Lady of Guadalupe: Patroness of Latin America. Demi. 2018. (Illus.). 40p. (J). (gr. k-3). 17.95 *(978-1-937786-73-1(0),* Wisdom Tales) World Wisdom, Inc.

Gifts of the Child Christ, Vol. 1 Of 2: And Other Tales (Classic Reprint) George Mac Donald. (ENG., Illus.). (J). 2018. 292p. 29.94 *(978-0-483-54386-7(1));* 2017. pap. 13.57 *(978-0-243-26228-1(0))* Forgotten Bks.

Gifts of the Child Christ, Vol. 2 Of 2: And Other Tales (Classic Reprint) George MacDonald. (ENG., Illus.). (J). 2018. 308p. 30.27 *(978-0-365-14016-0(3));* 2017. pap. 13.57 *(978-0-259-47745-7(1))* Forgotten Bks.

Gifts of the Gods (Classic Reprint) Pearl Foley. (ENG., Illus.). (J). 2017. 286p. 29.82 *(978-0-484-86366-7(5));* 2016. pap. 13.57 *(978-1-334-15866-7(5))* Forgotten Bks.

Gifts of the Heart. Heather Culler. 2018. (ENG.). 66p. (J). pap. 14.99 *(978-1-949609-45-5(6))* Pen It Pubns.

Gifts of the Nativity. Jeana James. 2017. (ENG.). (J). (gr. 1-4). 14.99 *(978-1-4621-2060-4(1))* Cedar Fort, Inc./CFI Distribution.

Gifts of the Season: An Indigenous Coloring Book No. 3 - Life among the Northwest First Peoples. Carol Batdorf & Katherine Graves. 2018. (Indigenous Coloring Book Ser.: Vol. 3). (ENG., Illus.). 32p. (J). (gr. 2-6). pap. 14.95 *(978-0-88839-180-3(3))* Hancock Hse. Pubs.

Gifts That Bind Us. Caroline O'Donoghue. Illus. by Stefanie Caponi. (Gifts Ser.: 2). (ENG.). (YA). 2023. 416p. (gr. 7). pap. 10.99 *(978-1-5362-3029-1(4));* 2022. 400p. (gr. 9). 18.99 *(978-1-5362-2222-7(4))* Candlewick Pr.

Gifts You Cannot Buy: An Empowering Children's Book about Values & Gratitude. Andrea Skromovas. Illus. by Andrea Skromovas. 2020. (ENG., Illus.). 30p. (J). pap. 9.97 *(978-1-7322796-4-3(0));* pap. 9.97 *(978-1-7322796-6-7(7))* Skromovas, Andrea.

Gig Jobs in High-Tech. Heidi Ayarbe. 2022. (Exploring Jobs in the Gig Economy Ser.). (ENG., Illus.). 80p. (J). (gr. 6-12). 43.93 *(978-1-6782-0388-7(2),* BrightPoint Pr.) ReferencePoint Pr., Inc.

Gig Jobs in Transportation & Delivery. A. W. Buckey. 2022. (Exploring Jobs in the Gig Economy Ser.). (ENG., Illus.). 80p. (J). (gr. 6-12). 43.93 *(978-1-6782-0392-4(0),* BrightPoint Pr.) ReferencePoint Pr., Inc.

Giganotosaurus. Rebecca Sabelko. Illus. by James Keuther. 2021. (World of Dinosaurs Ser.). (ENG.). 24p. (J). (gr. 3-7). pap. 8.99 *(978-1-64834-500-5(X),* 21165) Bellwether Media.

Gigantamax Clash / Battle for the Z-Ring (Pokémon Super Special Flip Book: Galar Region / Alola Region) R. Shapiro & Jeanette Lane. 2021. (Pokémon Chapter Bks.). (ENG., Illus.). 192p. (J). (gr. 2-5). 7.99 *(978-1-338-74653-2(7))* Scholastic, Inc.

Giganta's Colossal Double-Cross. Louise Simonson. Illus. by Luciano Vecchio. 2018. (Wonder Woman the Amazing Amazon Ser.). (ENG.). 88p. (J). (gr. 2-7). lib. bdg. 24.65 *(978-1-4965-6532-7(0),* 138546, Stone Arch Bks.) Capstone.

Gigante. Linda Koons. Illus. by Erica Schmidt. 2016. (Early Rising Readers Ser.). (SPA.). 16p. (J). (gr. 1-1). 6.67 *(978-1-4788-4212-5(1))* Newmark Learning LLC.

Gigante - 6 Pack. Linda Koons. 2016. (Early Rising Readers Ser.). (SPA.). (J). (gr. 1). 40.00 net. *(978-1-4788-4731-1(X))* Newmark Learning LLC.

Gigante de un Solo Ojo / Tales from the Odyssey: The One-Eyed Giant (Sol y Luna) Spanish Edition. Mary Pope Osborne. 2017. (Sol y Luna Ser.). (SPA., Illus.). (J). pap. *(978-958-04-7985-7(2))* Norma Ediciones, S.A.

Gigantic Whale Sharks, 1 vol. Stephanie Carrington. 2017. (Great Big Animals Ser.). (ENG.). 24p. (J). (gr. k-k). pap. 9.15 *(978-1-5382-0899-1(7),* 9fd8b8c1-738a-4db2-b2e5-a066ddd7d0e2); lib. bdg. 25.27 *(978-1-5382-0901-1(2),* 452777b2-25e5-4536-b923-be6ae9b39fbe) Stevens, Gareth Publishing LLLP.

Gigantosaurio. Jonny Duddle. 2017. (SPA.). 36p. (J). (gr. k-2). 18.99 *(978-958-30-5183-8(7))* Panamericana Editorial COL. Dist: Lectorum Pubns., Inc.

Gigantosaurus: Coloring & Activity Book with Crayons. Delaney Foerster. 2023. (Coloring & Activity with Crayons Ser.). (ENG.). 48p. (J). (gr. -1-k). pap. 6.99 *(978-0-7944-5077-9(6),* Studio Fun International) Printers Row Publishing Group.

Gigantosaurus. Cuentos de 5 Minutos. Jonny Duddle. 2023. (SPA.). 192p. (J). pap. 14.95 ***(978-607-07-9335-6(8))*** Editorial Planeta, S. A. ESP. Dist: Two Rivers Distribution.

Gigantosaurus: Don't Cave In. Cyber Group Cyber Group Studios. Illus. by Cyber Group Cyber Group Studios. 2019. (Gigantosaurus Ser.). (ENG., Illus.). (J). (gr. -1-2). 34p. 5.99 *(978-1-5362-0988-4(0));* 32p. 12.99 *(978-1-5362-1207-5(5))* Candlewick Pr. (Candlewick Entertainment).

Gigantosaurus: Dream Big, Bill. Cyber Group Cyber Group Studios. Illus. by Cyber Group Cyber Group Studios. 2020. (Gigantosaurus Ser.). (ENG., Illus.). 32p. (J). (gr. -1-2). pap. 5.99 *(978-1-5362-1406-2(X),* Candlewick Entertainment) Candlewick Pr.

Gigantosaurus: Five-Minute Stories. Cyber Group Cyber Group Studios. Illus. by Cyber Group Cyber Group Studios. 2021. (Gigantosaurus Ser.). (ENG.). 192p. (J). (gr. -1-2). 12.99 *(978-1-5362-1800-8(6),* Candlewick Entertainment) Candlewick Pr.

Gigantosaurus. la Cueva Prohibida. Gigantosaurus Gigantosaurus. 2023. (SPA.). 56p. (J). pap. 7.95 ***(978-607-07-9500-8(8))*** Editorial Planeta, S. A. ESP. Dist: Two Rivers Distribution.

Gigantosaurus: Meet the Dinos! Editors of Studio Fun International. 2023. (10-Button Sound Bks.). (ENG.). 10p. (J). (gr. -1-k). bds., bds. 15.99 ***(978-0-7944-5078-6(4))*** Studio Fun International.

Gigantosaurus: Roar, Giganto, Roar! A Puppet Book. Cyber Group Cyber Group Studios. Illus. by Cyber Group Cyber Group Studios. 2021. (Gigantosaurus Ser.). (ENG.). 10p. (J). (-k). bds. 19.99 *(978-1-5362-2249-4(6),* Candlewick Entertainment) Candlewick Pr.

Gigantosaurus: Rock Out, Rocky. Cyber Group Cyber Group Studios. Illus. by Cyber Group Cyber Group Studios. 2020. (Gigantosaurus Ser.). (ENG., Illus.). 32p. (J). (gr. -1-2). pap. 5.99 *(978-1-5362-1408-6(6),* Candlewick Entertainment) Candlewick Pr.

Gigantosaurus: Smart Move, Mazu. Cyber Group Cyber Group Studios. Illus. by Cyber Group Cyber Group Studios. 2020. (Gigantosaurus Ser.). (ENG., Illus.). 32p. (J). (gr. -1-2). pap. 5.99 *(978-1-5362-1407-9(8),* Candlewick Entertainment) Candlewick Pr.

Gigantosaurus: the Groundwobbler. Cyber Group Cyber Group Studios. Illus. by Cyber Group Cyber Group Studios. 2020. (Gigantosaurus Ser.). (ENG.). 32p. (J). (gr. -1-2). 12.99 *(978-1-5362-1556-4(2));* pap. 5.99 *(978-1-5362-1665-3(8))* Candlewick Pr. (Candlewick Entertainment).

Gigantosaurus: the Holiday Party. Cyber Group Cyber Group Studios. Illus. by Cyber Group Cyber Group Studios. 2020. (Gigantosaurus Ser.). (ENG.). 32p. (J). (gr. -1-2). pap. 5.99 *(978-1-5362-1340-9(3),* Candlewick Entertainment) Candlewick Pr.

Gigantosaurus: the Last Dragonfly. Cyber Group Cyber Group Studios. Illus. by Cyber Group Cyber Group Studios. 2020. (Gigantosaurus Ser.). (ENG., Illus.). (J). (gr. -1-2). 32p. 12.99 *(978-1-5362-1400-0(0));* 36p. 5.99 *(978-1-5362-1401-7(9))* Candlewick Pr. (Candlewick Entertainment).

Gigantosaurus: the Lost Egg. Cyber Group Cyber Group Studios. Illus. by Cyber Group Cyber Group Studios. 2019. (Gigantosaurus Ser.). (ENG., Illus.). (J). (gr. -1-2). 34p. 5.99 *(978-1-5362-0987-7(2));* 32p. 12.99 *(978-1-5362-1206-8(7))* Candlewick Pr. (Candlewick Entertainment).

Gigantosaurus: the Scary Cave. Cyber Group Cyber Group Studios. Illus. by Cyber Group Cyber Group Studios. 2021. (Gigantosaurus Ser.). (ENG.). 14p. (J). (gr. -1-2). bds. 11.99 *(978-1-5362-1922-7(3),* Candlewick Entertainment) Candlewick Pr.

Gigantosaurus: Try Again, Tiny. Cyber Group Cyber Group Studios. Illus. by Cyber Group Cyber Group Studios. 2020. (Gigantosaurus Ser.). (ENG., Illus.). 32p. (J). (gr. -1-2). pap. 5.99 *(978-1-5362-1409-3(4),* Candlewick Entertainment) Candlewick Pr.

Gigantosaurus: Where's Giganto? Cyber Group Cyber Group Studios. Illus. by Cyber Group Cyber Group Studios. 2021. (Gigantosaurus Ser.). (ENG.). 8p. (J). (gr. -1-2). bds. 11.99 *(978-1-5362-1339-3(X),* Candlewick Entertainment) Candlewick Pr.

Gigget. Stacie Boggess. 2017. (ENG., Illus.). (J). 21.95 *(978-1-64027-119-7(8));* pap. 9.95 *(978-1-64027-118-0(X))* Page Publishing Inc.

Giggle + Grow Mini Crinkle Book (Value) Des. by Bendon. 2020. (ENG.). (J). 5.00 ***(978-1-6902-1201-0(2));*** 5.00 ***(978-1-6902-1202-7(0))*** Bendon, Inc.

Giggle & Go with Stubb to France: World Awareness Books for Kids. Joyce Borgman. 2019. (World Awareness Books for Kids Ser.: Vol. 3). (ENG.). 126p. (J). pap. 9.99 *(978-0-9997090-2-3(X))* Giggle & Go.

Giggle Couch. Dan H. Bonesteel. 2017. (ENG., Illus.). (J). 22.99 *(978-1-5456-0584-4(X));* pap. 12.49 *(978-1-5456-0583-7(1))* Salem Author Services.

Giggle, Giggle, Quack see Jaja Jiji, Cuac

Giggle, Giggle, Quack. Doreen Cronin. Illus. by Betsy Lewin. ed. 2018. 30p. (J). (gr. 1-4). 13.89 *(978-1-64310-125-5(0))* Penworthy Co., LLC, The.

Giggle, Giggle, Quack. Doreen Cronin. ed. 2016. (Simon & Schuster Ready-To-Read Level 2 Ser.). lib. bdg. 13.55 *(978-0-606-39752-0(3))* Turtleback.

Giggles Are Coming. Christopher Eliopoulos. Illus. by Christopher Eliopoulos. 2021. (Illus.). 32p. (J). (gr. k-3). 17.99 *(978-0-593-10931-1(7),* Dial Bks) Penguin Young Readers Group.

Giggly Wiggly Papa's Piggly! Coloring Book. Activity Book Zone for Kids. 2016. (ENG., Illus.). (J). pap. 9.20 *(978-1-68376-435-9(8))* Sabeels Publishing.

Giggly Wiggly: Playtime Rhymes. Michael Rosen. Illus. by Chris Riddell. 2019. (ENG.). 18p. (J). (— 1). bds. 8.99 *(978-1-5362-0673-9(3))* Candlewick Pr.

Gigi & Ojiji. Melissa Iwai. Illus. by Melissa Iwai. 2022. (I Can Read Level 3 Ser.). (ENG., Illus.). 32p. (J). (gr. -1-3). 17.99 *(978-0-06-320806-3(7));* pap. 5.99 *(978-0-06-320805-6(9))* HarperCollins Pubs. (HarperCollins).

Gigi & Ojiji: Food for Thought. Melissa Iwai. Illus. by Melissa Iwai. 2023. (I Can Read Level 3 Ser.). (ENG., Illus.). 32p. (J). (gr. -1-3). 17.99 ***(978-0-06-320812-4(1));*** pap. 5.99 ***(978-0-06-320811-7(3))*** HarperCollins Pubs. (HarperCollins).

Gigi & Ojiji: What's in a Name? Melissa Iwai. Illus. by Melissa Iwai. 2023. (I Can Read Level 3 Ser.). (ENG., Illus.). 32p. (J). (gr. -1-3). 16.99 *(978-0-06-320809-4(1));* pap. 5.99 *(978-0-06-320808-7(3))* HarperCollins Pubs. (HarperCollins).

Gigi & the Sea Turtle. Kim Dutcher. 2021. (ENG.). 30p. (YA). 24.95 *(978-1-64468-862-5(X));* pap. 14.95 *(978-1-64468-861-8(1))* Covenant Bks.

Gigi & the Sloth. Kim Dutcher. 2020. (ENG., Illus.). 30p. (J). 22.95 *(978-1-64670-361-6(8));* pap. 12.95 *(978-1-64670-360-9(X))* Covenant Bks.

Gigi Goes to Town. Samantha Fin. 2021. (ENG.). 36p. (J). pap. *(978-0-6486974-4-2(4))* Fin-ish, The.

Gigi Goes to Town. Samantha Fin. Illus. by Bayu Sadewo. 2019. (Gigi the Giraffe Ser.: Vol. 1). (ENG.). 36p. (J). *(978-0-6486974-2-8(8))* Fin-ish, The.

Gigi Rowe Wishes. Gigi Rowe. 2021. (ENG.). 44p. (J). 26.95 *(978-1-4808-9806-6(6));* pap. 20.95 *(978-1-4808-9808-0(2))* Archway Publishing.

Gigi's Adventures. Catherine Baumann. 2021. (ENG., Illus.). 44p. (J). 25.95 *(978-1-0980-5175-4(0));* pap. 15.95 *(978-1-0980-5174-7(2))* Christian Faith Publishing.

Gigi's Best Day Ever. Danielle Elyse King. 2017. (ENG., Illus.). (J). 21.95 *(978-1-64028-464-7(8));* pap. 12.95 *(978-1-64028-475-3(3))* Christian Faith Publishing.

Gigi's Farm Friends: Farm Friends Do Their Chores. Rick Gailunas et al. 2023. (ENG.). 46p. (J). pap. 8.99 ***(978-1-312-39191-8(X))*** Lulu Pr., Inc.

Gigi's Seasons with Friends. Gina Marie Angelini. 2019. (ENG., Illus.). 32p. (J). (gr. k-4). 19.95 *(978-1-61244-751-3(1));* pap. 13.95 *(978-1-61244-750-6(3))* Halo Publishing International.

Gigolo (Classic Reprint) Edna Ferber. 2018. (ENG., Illus.). 300p. (J). 30.10 *(978-0-666-62766-7(5))* Forgotten Bks.

Giju's Gift. Brandon Mitchell. Illus. by Veronika Barinova & Britt Wilson. 2022. (Adventures of the Pugulatmu'j Ser.: 1). (ENG.). 88p. (J). (gr. 1-3). pap. 20.95 *(978-1-55379-947-4(X),* HighWater Pr.) Portage & Main Pr. CAN. Dist: Orca Bk. Pubs. USA.

Gika the Traveling Gecko: Book 2 Japan. TMJV. Illus. by C. Pond. 2022. (Gika the Traveling Gecko Ser.: 2). 28p. (J). 24.99 *(978-1-6678-5234-8(5))* BookBaby.

Gika the Traveling Gecko: Book I. TMJV. 2022. (Gika the Traveling Gecko Ser.: 1). 28p. (J). 24.99 *(978-1-6678-3832-8(6))* BookBaby.

Gikio Den: A Japanese Romance (Classic Reprint) Uyeki Takehiko. (ENG., Illus.). (J). 2018. 158p. 27.18 *(978-0-483-45425-5(7));* 2016. pap. 9.57 *(978-1-334-12993-3(2))* Forgotten Bks.

Gil Blas, and, Robinson Crusoe (Classic Reprint) Alain-Rene Lesage. (ENG., Illus.). (J). 2018. 722p. 38.81 *(978-0-365-35870-1(3));* 2016. pap. 23.57 *(978-1-334-13323-7(9))* Forgotten Bks.

Gil the Blue Fish. Michael Edgar Chace. 2021. (ENG., Illus.). 30p. (J). pap. 14.95 *(978-1-63903-508-3(7))* Christian Faith Publishing.

Gila Monster: Venomous Desert Dweller. Carolyn Bernhardt. 2016. (Real Monsters Ser.). (ENG., Illus.). 32p. (J). (gr. 3-6). lib. bdg. 32.79 *(978-1-68078-420-6(X),* 23699, Checkerboard Library) ABDO Publishing Co.

Gila Monster: Venomous Desert Dweller. Carolyn Bernhardt. 2017. (Real Monsters Ser.). (ENG., Illus.). 32p. (J). (gr. 3-6). 51.35 *(978-1-68079-773-2(5),* 24005, Checkerboard Library) ABDO Publishing Co.

Gila Monsters. Imogen Kingsley. 2019. (Lizards in the Wild Ser.). (ENG.). 24p. (J). (gr. 1-4). lib. bdg. *(978-1-68151-557-1(1),* 14518) Amicus.

Gila Monsters. Melissa Ross. 2023. (Reptiles Ser.). (ENG., Illus.). 32p. (J). pap. 9.95 ***(978-1-63738-599-9(4),*** Apex) North Star Editions.

Gila Monsters. Contrib. by Melissa Ross. 2023. (Reptiles Ser.). (ENG., Illus.). 32p. (J). lib. bdg. 31.35 ***(978-1-63738-545-6(5),*** Apex) North Star Editions.

Gila Monsters. Rebecca Sabelko. 2018. (North American Animals Ser.). (ENG., Illus.). 24p. (J). (gr. k-3). lib. bdg. 26.95 *(978-1-62617-797-0(X),* Blastoff! Readers) Bellwether Media.

Gila Monsters Have a Deadly Bite!, 1 vol. Elise Tobler. 2020. (Reptiles Rock! Ser.). (ENG.). 32p. (gr. 2-3). pap. 11.53 *(978-1-9785-1820-9(X),* 0aa7d983-48a4-44a2-bd3e-da4bea08929c) Enslow Publishing, LLC.

Gilbert & the Search for the Lost Smile, 1 vol. Kenny Lamb. Illus. by Jon Buckner. 2017. (Gilbert Grump Ser.: 2). (ENG.). 36p. (J). (gr. -1-2). 15.95 *(978-1-943978-21-2(2),* 3fe4f9cb-0343-4215-806b-ec73410db699) WunderMill, Inc.

Gilbert Elgar's Son, Vol. 1 (Classic Reprint) Harriet Riddle Davis. 2018. (ENG., Illus.). 460p. (J). 33.38 *(978-0-483-36250-5(6))* Forgotten Bks.

Gilbert Filbert & His Big MAD Box. Ian Gilbert. 2017. (ENG., Illus.). 96p. (YA). 16.95 *(978-1-78135-254-0(2),* Independent Thinking Press) Crown Hse. Publishing LLC.

Gilbert Gabby Dino Has Yellow Hearts. Maria L Sanchez Meier. 2019. (ENG.). 34p. (J). 24.95 *(978-1-64569-614-8(6));* pap. 14.95 *(978-1-64569-612-4(X))* Christian Faith Publishing.

Gilbert Goes to School. The'man Dotch. 2019. (ENG.). 22p. (J). (gr. -1-1). pap. 13.95 *(978-1-64462-052-6(9))* Page Publishing Inc.

Gilbert Gurney (Classic Reprint) Theodore E. Hook. 2017. (ENG., Illus.). (J). 33.51 *(978-1-5283-7262-6(X))* Forgotten Bks.

Gilbert Gurney, Vol. 1 of 3 (Classic Reprint) Theodore Edward Hook. 2018. (ENG., Illus.). 346p. (J). 31.03 *(978-0-484-47236-4(4))* Forgotten Bks.

Gilbert Learns about Giraffes. Tracilyn George. 2021. (ENG.). 26p. (J). pap. 11.00 *(978-1-77475-281-4(6))* Lulu Pr., Inc.

Gilbert St. Maurice (Classic Reprint) L. D. Whitson. (ENG., Illus.). (J). 2018. 352p. 31.18 *(978-0-483-66593-4(2));* 2016. pap. 13.57 *(978-1-333-74260-7(6))* Forgotten Bks.

Gilbert Starr & His Lessons. Glance Gaylord. 2017. (ENG.). 396p. (J). pap. *(978-3-337-02814-5(4))* Creation Pubs.

Gilbert Starr & His Lessons (Classic Reprint) Glance Gaylord. (ENG., Illus.). (J). 2018. 396p. 32.08 *(978-0-267-34974-6(2));* 2016. pap. 16.57 *(978-1-333-73103-8(5))* Forgotten Bks.

Gilbert the Ghost. Guido Van Genechten. 2021. (ENG., Illus.). 24p. (J). bds. 12.95 *(978-1-60537-715-5(5))* Clavis Publishing.

Gilbert the Green-Eyed Rabbit. Poppy. Illus. by Leslie L. Spradlin. 2022. (ENG.). 36p. (J). pap. 10.99 *(978-1-6628-4449-2(2))* Salem Author Services.

Gilbert the Guitar Fish. Alexis Myers. 2019. (ENG.). 32p. (J). pap. 12.95 *(978-1-64458-201-5(5))* Christian Faith Publishing.

Gilbert the One-Eyed Cat. Philip Mumby. 2017. (ENG.). 94p. (J). pap. ***(978-0-244-30250-4(2))*** Lulu Pr., Inc.

Gilbert the Trapper, or the Heir in Buckskin (Classic Reprint) C. B. Ashley. (ENG., Illus.). (J). 2018. 228p. 28.60 *(978-0-483-41477-8(8));* 2016. pap. 10.97 *(978-1-334-11979-8(1))* Forgotten Bks.

Gilbert's Last Summer at Rainford. Glance Gaylord. 2017. (ENG.). 338p. (J). pap. *(978-3-7446-9433-9(X))* Creation Pubs.

Gilbert's Last Summer at Rainford, & What It Taught (Classic Reprint) Glance Gaylord. (ENG., Illus.). (J). 2018. 342p. 30.95 *(978-0-484-00099-4(3));* 2016. pap. 13.57 *(978-1-333-39520-9(5))* Forgotten Bks.

Gilbert's Migration Vacation: the Story of an Original Snowbird. Susan Levine. 2023. (ENG.). 40p. (J). 21.95 ***(978-1-63755-633-7(0),*** Mascot Kids) Amplify Publishing Group.

Gilberts Their Guests, Vol. 1 Of 3: A Story of Homely English Life (Classic Reprint) Julia Day. 2018. (ENG., Illus.). 326p. (J). 30.62 *(978-0-267-17123-1(4))* Forgotten Bks.

Gilberts Their Guests, Vol. 2 Of 3: A Story of Homely English Life (Classic Reprint) Julia Day. 2018. (ENG., Illus.). 292p. (J). 29.94 *(978-0-267-17242-9(7))* Forgotten Bks.

Gilberts Their Guests, Vol. 3 Of 3: A Story of Homely English Life (Classic Reprint) Julia Day. 2018. (ENG., Illus.). 260p. (J). 29.26 *(978-0-332-11392-0(2))* Forgotten Bks.

Gilbert's Universe. Harry Markos. 2022. (ENG.). 38p. (J). pap. ***(978-1-915387-39-4(6))*** Markosia Enterprises, Ltd.

Gilbertus Anglicus, Medicine, of the Thirteenth Century (Classic Reprint) Henry Ebenezer Handerson. 2017. (ENG., Illus.). (J). 25.73 *(978-0-331-87263-7(3))* Forgotten Bks.

Gilby the Gecko: Explores the Rumbling Doors. Angela Garbiso & Perry Art Reed. 2021. (Gilby the Gecko Ser.: 1). (ENG.). 32p. (J). 25.99 *(978-1-6678-0642-6(4));* pap. 14.99 *(978-1-6678-0644-0(0))* BookBaby.

Gilby the Gecko Finds His Courage. Angela Garbiso & Perry Art Reed. 2022. (Gilby the Gecko Ser.: 2). (ENG.). 32p. (J). 25.99 *(978-1-6678-3031-5(7));* pap. 14.99 *(978-1-6678-3064-3(3))* BookBaby.

Gilby the Gecko Joins the Crew. Angela Garbiso & Perry Art Reed. 2023. (Gilby the Gecko Ser.: 3). (Illus.). 32p. (J). 25.99 ***(978-1-6678-8167-6(1));*** pap. 14.99 ***(978-1-6678-8168-3(X))*** BookBaby.

Gilda, la Oveja Gigante. Emilio Urberuaga. Illus. by Emilio Urberuaga. 2018. (SPA., Illus.). 44p. (J). 17.95 *(978-84-17123-23-9(7))* NubeOcho Ediciones ESP. Dist: Consortium Bk. Sales & Distribution.

Gilda Loves Cartoons. Tracilyn George. 2021. (ENG.). 22p. (J). pap. 11.00 *(978-1-77475-308-8(1))* Lulu Pr., Inc.

Gilda the Giant Sheep. Emilio Urberuaga. Tr. by Ben Dawlatly. Illus. by Emilio Urberuaga. 2018. (ENG., Illus.). 44p. (J). 17.95 *(978-84-17123-24-6(5))* NubeOcho Ediciones ESP. Dist: Consortium Bk. Sales & Distribution.

Gilded. Marissa Meyer. 2021. (Gilded Duology Ser.: 1). (ENG.). 512p. (YA). 19.99 *(978-1-250-61884-9(3),* 900222972) Feiwel & Friends.

Gilded Age: A Tale of to-Day (Classic Reprint) Mark Twain, pseud. 2018. (ENG., Illus.). 686p. (J). 38.07 *(978-0-365-44433-6(2))* Forgotten Bks.

Gilded Age: A Tale of Today. Mark Twain, pseud. 2022. (ENG.). 336p. (J). pap. 37.32 *(978-1-4583-3154-0(7))* Lulu Pr., Inc.

Gilded Age, Vol. 1 Of 2: A Tale of to-Day (Classic Reprint) Mark Twain, pseud. 2017. (ENG., Illus.). (J). 31.32 *(978-0-266-37308-7(9))* Forgotten Bks.

Gilded Age, Vol. 2 Of 2: A Tale of to-Day (Classic Reprint) Mark Twain, pseud. 2017. (ENG., Illus.). (J). 31.65 *(978-0-265-19015-9(0))* Forgotten Bks.

Gilded Cage. Lucinda Gray. 2017. (ENG., Illus.). 256p. (YA). pap. 12.99 *(978-1-62779-182-3(5),* 900139883) Square Fish.

Gilded Cage. Lynette Noni. (Prison Healer Ser.: 2). (ENG.). (YA). (gr. 7). 2022. 464p. pap. 15.99 *(978-0-358-74326-2(5));* 2021. (Illus.). 448p. 18.99 *(978-0-358-43459-7(9),* 1793088) HarperCollins Pubs. (Clarion Bks.).

Gilded Chair: A Novel (Classic Reprint) Melville Davisson Post. (ENG., Illus.). (J). 2018. 382p. 31.78 *(978-0-365-12314-9(5));* 2017. pap. 16.57 *(978-0-259-46348-1(5))* Forgotten Bks.

Gilded Chrysalis: A Novel (Classic Reprint) Gertrude Pahlow. 2017. (ENG., Illus.). (J). 30.50 *(978-1-5280-6442-2(9))* Forgotten Bks.

Gilded Girl. Alyssa Colman. 2021. (Gilded Magic Ser.: 1). (ENG.). 352p. (J). 16.99 *(978-0-374-31393-7(8),* 900222570, Farrar, Straus & Giroux (BYR)) Farrar, Straus & Giroux.

Gilded Girl. Alyssa Colman. 2022. (Gilded Magic Ser.: 1). (ENG.). 368p. (J). pap. 8.99 *(978-1-250-82053-2(7),* 900222571) Square Fish.

Gilded Lies. M. J. Padgett. 2020. (ENG.). 250p. (YA). pap. 14.99 *(978-1-393-42629-5(8))* Draft2Digital.

Gilded Mirror. K. E. Barden. 2021. (Finding Ever After Ser.: Vol. 1). (ENG.). 246p. (YA). pap. *(978-1-922444-44-8(8))* Shawline Publishing Group.

Gilded Ones. Namina Forna. 2020. (Illus.). 418p. (YA). *(978-0-593-37548-8(3));* *(978-0-593-42612-8(6))* Random House Publishing Group. (Delacorte Pr).

Gilded Ones. Namina Forna. (Gilded Ones Ser.: 1). (ENG.). 432p. (YA). (gr. 7). 2022. pap. 12.99 *(978-1-9848-4871-0(2),* Ember); 2021. (Illus.). 18.99 *(978-1-9848-4869-7(0),* Delacorte Pr.) Random Hse. Children's Bks.

Gilded Ones #2: the Merciless Ones. Namina Forna. (Gilded Ones Ser.: 2). (ENG.). 464p. (YA). (gr. 7). 2023. pap. 12.99 *(978-1-9848-4874-1(7),* Ember); 2022. (Illus.). 18.99 *(978-1-9848-4872-7(0),* Delacorte Pr.) Random Hse. Children's Bks.

Gilded Serpent. Danielle L. Jensen. 2022. (Dark Shores Ser.: 3). (ENG., Illus.). 576p. (YA). pap. 13.99 *(978-1-250-31780-3(0),* 900200022, Tor Teen) Doherty, Tom Assocs., LLC.

Gilded Vanity (Classic Reprint) Richard Dehan. 2018. (ENG., Illus.). 340p. (J). 30.91 *(978-0-483-27256-9(6))* Forgotten Bks.

Gilded Way: A Novel (Classic Reprint) Victor Mapes. 2017. (ENG., Illus.). (J). 30.62 *(978-0-265-71029-6(4));* pap. 13.57 *(978-1-5276-6172-1(5))* Forgotten Bks.

Gilded Wolves: A Novel. Roshani Chokshi. (Gilded Wolves Ser.: 1). (ENG., Illus.). (YA). 2020. 416p. pap. 11.99 *(978-1-250-14455-3(8),* 900180661); 2019. 400p. 19.99 *(978-1-250-14454-6(X),* 900180660) St. Martin's Pr. (Wednesday Bks.).

Gilead Balm, Knight Errant: His Adventures in Search of the Truth (Classic Reprint) Bernard Capes. (ENG., Illus.). (J). 2018. 352p. 31.16 *(978-0-483-46818-4(5));* 2017. pap. 13.57 *(978-1-334-93536-7(X))* Forgotten Bks.

Gilead Guards: A Story of War-Times in a New England Town (Classic Reprint) O. W. Scott. 2018. (ENG., Illus.). 308p. (J). 30.27 *(978-0-483-69661-7(7))* Forgotten Bks.

Giles Corey, Yeoman: A Play (Classic Reprint) Mary Wilkins Freeman. 2018. (ENG., Illus.). 126p. (J). 26.50 *(978-0-365-28090-3(9))* Forgotten Bks.

Gilian the Dreamer: His Fancy His Love & Adventure. Neil Munro. 2017. (ENG., Illus.). (J). 26.95 *(978-1-374-86654-6(7));* pap. 16.95 *(978-1-374-86653-9(9))* Capital Communications, Inc.

Gilian the Dreamer: His Youth, His Love & Adventure (Classic Reprint) Neil Munro. 2018. (ENG., Illus.). 402p. (J). 32.21 *(978-0-483-58898-1(9))* Forgotten Bks.
Gill the Merboy. Tony Ardolino. 2022. 24p. (J). 23.99 *(978-1-6678-4532-6(2))*; pap. 12.99 *(978-1-6678-4942-3(5))* BookBaby.
Gillbert #2: The Curious Mysterious. Art Baltazar. 2020. (Gillbert Ser.: 2). (ENG., Illus.). 88p. (J). 14.99 *(978-1-5458-0348-6(X)*, 900209660); pap. 9.99 *(978-1-5458-0349-3(8)*, 900209661) Mad Cave Studios. (Papercutz).
Gillbert 2-In-1. Art Baltazar. 2022. (Gillbert Ser.: 2). (ENG., Illus.). 160p. (J). pap. 14.99 *(978-1-5458-0904-4(6)*, 900255202, Papercutz) Mad Cave Studios.
Gillbert #3: The Flaming Carats Evolution. Art Baltazar. 2020. (Gillbert Ser.: 3). (ENG., Illus.). 88p. (J). 14.99 *(978-1-5458-0488-9(5)*, 900219644); pap. 9.99 *(978-1-5458-0489-6(3)*, 900219645) Mad Cave Studios. (Papercutz).
Gillbert #4: The Island of the Orange Turtles. Art Baltazar. 2022. (Gillbert Ser.: 4). (ENG., Illus.). 88p. (J). 14.99 *(978-1-5458-0717-0(5)*, 900240062); pap. 9.99 *(978-1-5458-0718-7(3)*, 900240063) Mad Cave Studios. (Papercutz).
Gillespie (Classic Reprint) J. MacDougall Hay. (ENG., Illus.). (J). 2018. 626p. 36.81 *(978-0-332-79408-2(3))*; 2017. pap. 19.57 *(978-0-282-58398-9(X))* Forgotten Bks.
Gillnetter Girls. Mollie Ginther. Illus. by Mollie Ginther. 2020. (ENG., Illus.). 38p. (J). 18.99 *(978-1-64538-148-8(X))*; pap. 12.99 *(978-1-64538-163-1(3))* Orange Hat Publishing.
Gills Well High School. Njeyen Ceesay. 2021. (ENG., Illus.). 20p. (J). pap. 13.95 *(978-1-63692-888-3(9))* Newman Springs Publishing, Inc.
Gilly & Zilly: And the Colorful Crew. Ashley Newland & Jocy Mills. 2020. (ENG.). 30p. (J). pap. 12.95 *(978-1-0983-3069-9(2))* BookBaby.
Gilly Ghost Loves Scaring the Most. Heather E. Robyn. Illus. by Zoe Mellors. 2021. (ENG.). 32p. (J). 17.95 *(978-1-7345050-3-0(6))* Heather E. Robyn.
Gilly of Galilee. Tammy Lavespere. 2018. (ENG., Illus.). 42p. (J). pap. 14.95 *(978-1-68197-654-9(4))* Christian Faith Publishing.
Gilly the Giraffe Learns to Love Herself: A Story about Self-Esteem. Karen Treisman. Illus. by Sarah Peacock. ed. 2021. (Dr. Treisman's Big Feelings Stories Ser.). 40p. (J). 14.95 *(978-1-83997-029-0(4)*, 828540) Kingsley, Jessica Pubs. GBR. Dist: Hachette UK Distribution.
Gilly the Giraffe Self-Esteem Activity Book: A Therapeutic Story with Creative Activities for Children Aged 5-10. Karen Treisman. 2019. (Therapeutic Treasures Collection). (Illus.). 144p. (C). 29.95 *(978-1-78592-552-8(0)*, 696895) Kingsley, Jessica Pubs. GBR. Dist: Hachette UK Distribution.
Gilly the Grateful Superhero: Teaching Kids of All Ages the Power of Gratitude! Ruth King. 2019. (ENG.). 36p. (J). pap. 16.98 *(978-1-4834-9220-9(6))* Lulu Pr., Inc.
Gilly's Monster Trap. Cyndi Marko. Illus. by Cyndi Marko. 2023. (ENG., Illus.). 40p. (J). (gr. -1-3). 18.99 *(978-1-6659-0755-2(X)*, Simon & Schuster/Paula Wiseman Bks.) Simon & Schuster/Paula Wiseman Bks.
Gilly's Treasure. Julie Murphy. Illus. by Jay Fontano. 2016. (ENG.). 14.99 *(978-1-4621-1845-8(3)*, Sweetwater Bks.) Cedar Fort, Inc./CFI Distribution.
Gilmore Girls: at Home in Stars Hollow: (TV Book, Pop Culture Picture Book) Micol Ostow. Illus. by Cecilia Messina. 2023. (ENG.). 40p. (J). 18.99 Insight Editions.
Gilmore Girls Notebook. Maria Amato. 2022. (ENG.). 33p. (YA). pap. ***(978-1-4709-9476-1(3))*** Lulu Pr., Inc.
Gimcrackiana, or Fugitive Pieces on Manchester Men & Manners Ten Years Ago (Classic Reprint) John Stanley Gregson. (ENG., Illus.). (J). 2018. 204p. 28.10 *(978-0-483-36876-7(8))*; 2016. pap. 10.57 *(978-1-333-74567-7(2))* Forgotten Bks.
Gimli the Goblin. Lisa Beere. Illus. by Sanghamitra Dasgupta. 2019. (ENG.). 56p. (J). (gr. k-7). pap. 11.99 *(978-1-68160-644-6(5))* Crimson Cloak Publishing.
Gimmal Ring. Karen Koski. 2019. (ENG., Illus.). 126p. (J). (gr. 1-6). pap. *(978-1-987976-51-9(7))* Mirror World Publishing.
Gimme a Break! Chanda Minor Brigance. Illus. by Mariya Stoyanova. 2023. (Chan Is a Caregiver Ser.). (ENG.). 28p. (J). ***(978-1-0391-7781-9(6))***; pap. ***(978-1-0391-7780-2(8))*** FriesenPress.
Gimme Everything You Got. Iva-Marie Palmer. 2020. (ENG.). 400p. (YA). (gr. 9). 18.99 *(978-0-06-293725-4(1)*, Balzer & Bray) HarperCollins Pubs.
Gimme Shelter. Doreen Cronin. 2019. (Chicken Squad Ser.). (ENG.). 116p. (J). (gr. 2-3). 16.96 *(978-0-87617-675-7(9))* Penworthy Co., LLC, The.
Gimme Shelter: Misadventures & Misinformation. Doreen Cronin. Illus. by Stephen Gilpin. (Chicken Squad Ser.: 5). (ENG.). (J). (gr. 2-5). 2018. 144p. pap. 7.99 *(978-1-5344-0572-1(0)*, Atheneum Bks. for Young Readers); 2017. 128p. 12.99 *(978-1-5344-0571-4(2)*, Atheneum/Caitlyn Dlouhy Books) Simon & Schuster Children's Publishing.
Gimme Them Peanuts! A Hokum Afterpiece in Three Scenes (Classic Reprint) Walter Ben Hare. (ENG., Illus.). (J). 2018. 24p. 24.39 *(978-0-656-07400-6(0))*; 2016. pap. 7.97 *(978-1-333-62441-5(7))* Forgotten Bks.
Gimmicks & Glamour. Lauren Melissa Ellzey. 2023. (ENG.). 216p. (YA). (gr. 10-17). pap. 15.95 *(978-1-63679-401-3(7))* Bold Strokes Bks.
Gimmie! Gimmie! Gimmie! ... an Alfa after Midnight. J. S. Livingston. 2021. (SPA.). 303p. (YA). pap. *(978-1-329-64068-9(3))* Lulu Pr., Inc.
Gimmwitts: Adventure Series 1of4: Prince Globond the Future King. Melanie Joy Bacon & Paul Jeffrey Davids. 2020. (ENG.). 76p. (J). 37.00 *(978-1-716-56740-7(8))* Lulu Pr., Inc.
Gimmwitts: Series 1 of 4 - Prince Globond the Future King (HARDCOVER-MODERN Version) Melanie Joy Bacon Paul Jeffrey Davids et al. 2021. (ENG.). 84p. (J). *(978-1-312-83089-9(1))* Lulu Pr., Inc.
Gimmwitts: Series 1 of 4 - Prince Globond the Future King (PAPERBACK-MODERN Version) Melanie Joy Bacon Paul Jeffrey Davids et al. 2021. (ENG.). 84p. (J). pap. *(978-1-300-51507-4(4))* Lulu Pr., Inc.
Gimmwitts: Series 2 of 4 - Prince Globond's Rescue Plan (HARDCOVER-MODERN Version) Melanie Joy Bacon Paul Jeffrey Davids. 2021. (ENG.). 92p. (J). *(978-1-312-90566-5(2))* Lulu Pr., Inc.
Gimmwitts: Series 2 of 4 - Prince Globond's Rescue Plan (PAPERBACK-MODERN Version) Melanie Joy Bacon Paul Jeffrey Davids et al. 2021. (ENG.). 92p. (J). pap. *(978-1-300-51501-2(5))* Lulu Pr., Inc.
Gimmwitts: Series 3 of 4 - Prince Globond Conquers the Curse (HARDCOVER-MODERN Version) Melanie Joy Bacon Paul Jeffrey Davids et al. 2021. (ENG.). 91p. (J). *(978-1-312-90548-1(4))* Lulu Pr., Inc.
Gimmwitts: Series 3 of 4 - Prince Globond Conquers the Curse (PAPERBACK-MODERN Version) Melanie Joy Bacon Paul Jeffrey Davids et al. 2021. (ENG.). 91p. (J). pap. *(978-1-300-51497-8(3))* Lulu Pr., Inc.
Gimmwitts: Series 4 of 4 - Prince Globond & Dazzalin Fountain (HARDCOVER-MODERN Version) Melanie Joy Bacon Paul Jeffrey Davids et al. 2021. (ENG.). 79p. (J). *(978-1-312-90522-1(0))* Lulu Pr., Inc.
Gimmwitts: Series 4 of 4 - Prince Globond & Dazzalin Fountain (PAPERBACK-MODERN Version) Melanie Joy Bacon Paul Jeffrey Davids et al. 2021. (ENG.). 79p. (J). pap. *(978-1-300-51494-7(9))* Lulu Pr., Inc.
Gimmwitts: The Big Book - Prince Globond & the Flying Jewels (HARDCOVER MODERN Version) Melanie Joy Bacon Paul Jeffrey Davids et al. 2021. (ENG.). 191p. (J). *(978-1-300-51485-5(X))* Lulu Pr., Inc.
Gimmwitts: The Big Book - Prince Globond & the Flying Jewels (PAPERBACK-MODERN Version) Melanie Joy Bacon Paul Jeffrey Davids et al. 2021. (ENG.). 191p. (YA). pap. *(978-1-387-68371-0(3))* Lulu Pr., Inc.
Gimmwitts Adventure Series 2of4: Prince Globond's Rescue Plan. Melanie Joy Bacon & Paul Jeffrey Davids. 2020. (ENG.). 86p. (J). 37.00 *(978-1-716-56726-1(2))* Lulu Pr., Inc.
Gimmwitts Adventure Series 3of4: Prince Globond Conquers the Curse. Melanie Joy Bacon & Paul Jeffrey Davids. 2020. (ENG.). 84p. (J). 37.00 *(978-1-716-56718-6(1))* Lulu Pr., Inc.
Gimmwitts Adventure Series 4of4: Prince Globond & Dazzalin Fountain. Melanie Joy Bacon & Paul Jeffrey Davids. 2020. (ENG.). 72p. (J). 37.00 *(978-1-716-85503-0(9))* Lulu Pr., Inc.
Gimnasia. M. K. Osborne. 2020. (Deportes Olímpicos de Verano Ser.). (SPA.). 32p. (J). (gr. 2-5). lib. bdg. *(978-1-68151-897-8(X)*, 10701) Amicus.
Gimnasia: Grandes Momentos, Récords y Datos (Spanish Version) Teddy Borth. 2016. (Grandes Deportes (Great Sports) Ser.). (SPA., Illus.). 24p. (J). (gr. -1-2). lib. bdg. 32.79 *(978-1-68080-734-9(X)*, 22630, Abdo Kids) ABDO Publishing Co.
Gimnasia de Las Pequeñas Estrellas. Taylor Farley. Tr. by Pablo de la Vega. 2021. (Pequeñas Estrellas (Little Stars) Ser.). (SPA., Illus.). 24p. (J). (gr. k-2). pap. *(978-1-4271-3180-5(5)*, 15154); lib. bdg. *(978-1-4271-3162-1(7)*, 15135) Crabtree Publishing Co.
Gimnasia: Grandes Momentos, Récords y Datos (Spanish Version) Teddy Borth. 2016. (Grandes Deportes (Great Sports) Ser.). (SPA., Illus.). 24p. (J). (gr. -1-2). 51.35 *(978-1-68080-836-0(2)*, 22721, Abdo Kids) ABDO Publishing Co.
Gimnasia (Gymnastics) Julie Murray. 2018. (Deportes: Guía Práctica (Sports How To) Ser.). (SPA.). 24p. (J). (gr. -1-2). lib. bdg. 31.36 *(978-1-5321-8025-5(X)*, 28265, Abdo Kids) ABDO Publishing Co.
Gimoteo. Lourdes Gutiérrez. 2020. (Mirador Bolsillo Ser.). (SPA.). 24p. (J). (gr. k-2). pap. 7.95 *(978-607-8469-81-9(9))* Nostra Ediciones MEX. Dist: Independent Pubs. Group.
Gimpy: The Story of a Crow. James R. Goodwin. 2018. (ENG.). 80p. (J). pap. 16.95 *(978-1-64307-028-5(2))* Amplify Publishing Group.
Gina Giraffe Takes a Bath. Cj Brown. 2021. (ENG.). 24p. (J). pap. 12.95 *(978-1-63630-794-7(9))* Covenant Bks.
Gina Goes to Galveston. Buck Willis. Tr. by Stephanie Judd. 2021. (ENG.). 52p. (J). pap. 17.35 *(978-1-5243-1658-7(X))* Lantia LLC.
Gina Goes to School: Over & over Again, 1 vol. Marisa Pace. 2017. (Computer Science for the Real World Ser.). (ENG.). 8p. (gr. k-1). pap. *(978-1-5383-5086-7(6)*, 6ed6faa9-34c7-4869-8a78-92663d7e90a5, Rosen Classroom) Rosen Publishing Group, Inc., The.
Gina the Dolphin Girl. Timothy P. Banse. 2018. (ENG.). 28p. (J). pap. 6.99 ***(978-0-934523-87-5(8))*** Middle Coast Publishing.
Gina's Balance. Margaret Gurevich. 2016. (What's Your Dream? Ser.). (ENG., Illus.). 96p. (J). (gr. 4-6). lib. bdg. 25.99 *(978-1-4965-3443-9(3)*, 132565) Capstone.
Ginger: Selected Passages in the Military Career of Pte. (Ginger) Jordan, B. E. F (Classic Reprint) Horace Wyndham. 2018. (ENG., Illus.). 164p. (J). 27.28 *(978-0-484-50209-2(3))* Forgotten Bks.
Ginger: The Christmas Tale of a Cookie Angel. Tara Lynn Cavanagh. 2018. (ENG., Illus.). 34p. (J). pap. 19.99 *(978-1-4834-9198-1(6))* Lulu Pr., Inc.
Ginger & Alice: A Story of Two Mischievous Gerbils. John Hyland. Illus. by John Hyland & Joan Hyland. 2021. (ENG.). 64p. (J). pap. 10.99 *(978-1-953839-07-7(X))* WorkBk. Pr.
Ginger & His Search for Affordable Housing. Lyn Watson. 2022. (ENG.). 30p. (J). ***(978-1-64750-782-4(0))***; pap. ***(978-1-64750-781-7(2))*** Austin Macauley Pubs. Ltd.
Ginger & Polly Leave Home. Jill Ballou. Illus. by Joyce Dean. 2020. (ENG.). 30p. (J). pap. 9.95 *(978-1-7358172-0-0(1))* Bicycle Bell Bks.
Ginger Castle. Jennifer Mary Croy. 2017. (ENG., Illus.). 80p. (J). *(978-1-387-25814-7(1))* Lulu Pr., Inc.
Ginger Cure (Classic Reprint) William Ganson Rose. 2017. (ENG., Illus.). (J). 25.69 *(978-0-265-54123-4(9))*; pap. 9.57 *(978-0-282-75305-4(2))* Forgotten Bks.
Ginger das Furzende Rentier: Eine Lustige Geschichte über ein Rentier, das Furzt und Tut Vorlese-Bilderbuch Für Kinder und Erwachsene (Lass Diesen Furz Gehen...) Charlene Mackesy. 2021. (GER.). 38p. (J). pap. 11.99 *(978-1-956677-89-8(5))* Great Liberty Pub.
Ginger Dog or Ginger Bear? La Perrita Ginger o la Osa Ginger? Mba Claudia Sloan & Mfa Wilson. 2017. (ENG., Illus.). 34p. (J). pap. 19.99 *(978-1-4834-6702-3(3))* Lulu Pr., Inc.
Ginger Felt Nervous. Amanda Cox. Illus. by M. I. M. Zariffa & Sarah Cox. 2022. (ENG.). 32p. (J). ***(978-0-6450250-6-4(2))*** Finding Space.
Ginger Giraffe's Watermelon Birthday Party. Bobby Martin. Illus. by Courtney Laird. 2020. (ENG.). 24p. (J). 29.99 *(978-1-63221-533-8(0))*; pap. 19.99 *(978-1-63221-532-1(2))* Salem Author Services.
Ginger Green + Cousins = Total Chaos!, Volume 4. Kim Kane. Illus. by Jon Davis. 2020. (Ginger Green Ser.: 4). (ENG.). 144p. (J). (gr. k-2). pap. 8.99 *(978-1-76050-206-5(5))* Hardie Grant Children?s Publishing AUS. Dist: Independent Pubs. Group.
Ginger Green Is Absolutely MAD for Birthday Parties (Mostly), Volume 1. Kim Kane. Illus. by Jon Davis. 2019. (Ginger Green Ser.: 1). (ENG.). 144p. (J). (gr. k-2). pap. 8.99 *(978-1-76050-105-1(0))* Hardie Grant Children?s Publishing AUS. Dist: Independent Pubs. Group.
Ginger Green, Playdate Queen, 6 vols. Kim Kane & Jon Davis. 2018. (Ginger Green, Playdate Queen Ser.). (ENG.). 64p. (J). (gr. 1-3). pap., pap., pap. 35.70 *(978-1-5158-2049-9(1)*, 27367, Picture Window Bks.) Capstone.
Ginger Green's Big Book of Friendship. Kim Kane. Illus. by Jon Davis. 2021. (Ginger Green Ser.). (ENG.). 480p. (J). (gr. -1-k). pap. 20.99 ***(978-1-76050-930-9(2))*** Hardie Grant Children?s Publishing AUS. Dist: Independent Pubs. Group.
Ginger-Jar (Classic Reprint) Oliver Sandys. 2018. (ENG., Illus.). 282p. (J). 29.73 *(978-0-483-97048-9(4))* Forgotten Bks.
Ginger Kid: Mostly True Tales from a Former Nerd. Steve Hofstetter. (ENG.). 304p. (YA). (gr. 8-17). 2019. pap. 9.99 *(978-1-4197-3359-8(1)*, 1199003); 2018. 18.99 *(978-1-4197-2870-9(9)*, 1199001) Abrams, Inc. (Amulet Bks.).
Ginger Mancino, Kid Comedian. Wendi Aarons. 2022. (ENG.). 230p. (J). pap. 11.99 *(978-1-7339887-4-2(2))* BookBar, Inc.
Ginger Meggs. Tristan Bancks. 2021. 192p. (J). 24.99 *(978-1-76089-481-8(8)*, Puffin) Penguin Random Hse. AUS. Dist: Independent Pubs. Group.
Ginger-Red Caterpillar: A Graphic Novel. Benjamin Harper. Illus. by Otis Frampton. 2020. (Far Out Fairy Tales Ser.). (ENG.). 40p. (J). (gr. 3-6). pap. 5.95 *(978-1-4965-9905-6(5)*, 201316); lib. bdg. 25.32 *(978-1-4965-9683-3(8)*, 199248) Capstone. (Stone Arch Bks.).
Ginger Rogers & the Riddle of the Scarlet Cloak: An Original Story Featuring Ginger Rogers, Famous Motion-Picture Star, As the Heroine (Classic Reprint) Lela E. Rogers. (ENG., Illus.). (J). 2018. 252p. 29.11 *(978-0-331-84375-0(7))*; 2017. pap. 11.57 *(978-0-259-44231-8(3))* Forgotten Bks.
Ginger-Snaps (Classic Reprint) Fanny Fern. 2018. (ENG., Illus.). 316p. (J). 30.43 *(978-0-666-93221-1(2))* Forgotten Bks.
Gingerbread. Caleigh Blue & J. Bradshaw. 2020. (ENG.). 54p. (J). pap. 18.60 *(978-1-716-05534-8(2))* Lulu Pr., Inc.
Gingerbread Christmas. Jan Brett. Illus. by Jan Brett. (Illus.). 32p. (J). (-k). 2019. bds. 8.99 *(978-1-9848-1246-9(7))*; 2016. 18.99 *(978-0-399-17071-3(5))* Penguin Young Readers Group. (G.P. Putnam's Sons Books for Young Readers).
Gingerbread Cone: under Construction. Melissa Tumpane. 2021. (ENG.). 38p. (J). 16.95 *(978-1-64543-616-4(0))* Amplify Publishing Group.
Gingerbread Diva. Lanesha Tabb. Illus. by Felicia Whaley. 2021. (ENG.). 48p. (J). 20.99 *(978-1-63988-005-8(4))*; pap. 13.99 *(978-1-63752-833-4(7))* Primedia eLaunch LLC.
Gingerbread House. Logan Avery. 2018. (Mathematics in the Real World Ser.). (ENG., Illus.). 20p. (J). (gr. k-1). 8.99 *(978-1-4258-5625-0(X))* Teacher Created Materials, Inc.
Gingerbread House: A Re-Imagined Classic. Sandra Wilson. 2022. (ENG.). 32p. (J). pap. *(978-1-7780628-0-3(6))* Wilson, Sandra.
Gingerbread House Coloring Book: An Adult Coloring Book Featuring over 30 Pages of Giant Super Jumbo Large Designs of Adorable Gingerbread Houses, Candy, Santa Claus, & More for Holiday Fun & Christmas Cheer for Stress Relief. Beatrice Harrison. 2020. (ENG.). 34p. (YA). pap. 7.86 *(978-1-716-76762-3(8))* Lulu Pr., Inc.
Gingerbread Jitters. Abby Klein. Illus. by John McKinley. 2016. 85p. (J). pap. *(978-0-545-93174-8(5))* Scholastic, Inc.
Gingerbread Man. Donald Kasen. 2019. (ENG., Illus.). 26p. (J). pap. 8.99 *(978-0-7396-0467-0(8))* Inspired Studios Inc.
Gingerbread Man. Donald Kasen. 2021. (Peter Pan Talking Bks.). (ENG.). 34p. (J). pap. 8.99 ***(978-0-7396-1303-0(0))*** Peter Pauper Pr. Inc.
Gingerbread Man. Tiger Tales. Illus. by Miriam Latimer. 2016. (My First Fairy Tales Ser.). (ENG.). 32p. (J). (gr. -1-2). pap. 8.99 *(978-1-58925-477-0(5))* Tiger Tales.
Gingerbread Man. Gail Yerrill. Ed. by Parragon Books. 2018. (ENG., Illus.). 32p. (J). (gr. -1-1). 9.99 *(978-1-68052-449-9(6)*, 2000480, Parragon Books) Cottage Door Pr.
Gingerbread Man: A Favorite Story in Rhythm & Rhyme. Susan Sandvig Walker. Illus. by Villie Karabatzia. 2018. (Fairy Tale Tunes Ser.). (ENG.). 24p. (J). (gr. -1-3). lib. bdg. 33.99 *(978-1-68410-392-8(4)*, 140348) Cantata Learning.
Gingerbread Man: A Marlow & Sage Mystery. Lee Strauss & Elle Lee Strauss. 2018. (Nursery Rhyme Suspense Ser.: Vol. 1). (ENG.). 330p. (J). pap. *(978-1-988677-49-1(1))* Strauss, Elle Bks.
Gingerbread Man: The Adventures of a Remarkable Cookie. Nan Austin. Illus. by Nan Austin. 2018. (ENG., Illus.). 26p. (J). pap. 9.22 *(978-0-9600409-0-2(0))* Austin, Nanette.
Gingerbread Man & the Leprechaun Loose at School. Laura Murray. Illus. by Mike Lowery. 2018. (Gingerbread Man Is Loose Ser.: 5). 32p. (J). (-k). 18.99 *(978-1-101-99694-2(3)*, G.P. Putnam's Sons Books for Young Readers) Penguin Young Readers Group.
Gingerbread Man Loose at the Zoo. Laura Murray. Illus. by Mike Lowery. 2016. (Gingerbread Man Is Loose Ser.: 4). 32p. (J). (gr. k-3). 18.99 *(978-0-399-16867-3(2)*, G.P. Putnam's Sons Books for Young Readers) Penguin Young Readers Group.
Gingerbread Pup. Maribeth Boelts. ed. 2020. (Step into Reading Ser.). (ENG., Illus.). 48p. (J). (gr. 2-3). 14.96 *(978-1-64697-509-9(X))* Penworthy Co., LLC, The.
Gingerbread Twins. Micaela Blair & Lauryn Blair. 2021. (ENG., Illus.). 30p. (J). pap. 12.95 *(978-1-63874-379-8(7))* Christian Faith Publishing.
Gingerbread Witch. Alexandra Overy. 2022. (Gingerbread Witch Ser.: 1). (ENG., Illus.). 288p. (J). 16.99 *(978-1-335-42686-4(8))* Harlequin Enterprises ULC CAN. Dist: HarperCollins Pubs.
Ginger's & Polly's No Ordinary Summer Day. Jill A. Ballou. Illus. by Joyce Dean. 2019. (ENG.). 26p. (J). pap. 9.95 *(978-0-9981468-6-7(2))* Bicycle Bell Bks.
Gingersnap! Debra Young. 2019. (ENG.). 30p. (J). 23.95 *(978-1-0980-1197-0(X))*; pap. 13.95 *(978-1-64569-840-1(8))* Christian Faith Publishing.
Gingersnap Snatcher. Vicky Weber. Illus. by Svitlana Liuta. 2021. (ENG.). 32p. (J). 18.99 *(978-1-7349062-8-8(6))*; pap. 12.99 *(978-1-7349062-9-5(4))* Trunk Up Bks.
Gingham Rose (Classic Reprint) Alice Woods Ullman. 2017. (ENG., Illus.). (J). 32.35 *(978-0-260-99861-3(3))*; pap. 16.57 *(978-0-259-19842-0(0))* Forgotten Bks.
Ginny Goblin Cannot Have a Monster for a Pet. David Goodner & Louis Thomas. 2019. (ENG., Illus.). 40p. (J). (gr. -1-3). 17.99 *(978-0-544-76416-3(1)*, 1635201, Clarion Bks.) HarperCollins Pubs.
Ginny Goblin Is Not Allowed to Open This Box. David Goodner. Illus. by Louis Thomas. 2018. (ENG.). 40p. (J). (gr. -1-3). 17.99 *(978-0-544-76415-6(3)*, 1635200, Clarion Bks.) HarperCollins Pubs.
Ginny the Ghost. Samantha Downes. 2019. (ENG., Illus.). 32p. (J). pap. *(978-1-78878-831-1(1))* Austin Macauley Pubs. Ltd.
Ginny the Giraffe. Carole Robbins. Illus. by Carolyn Braley. 2019. (ENG.). 58p. (J). pap. 13.95 *(978-1-64492-197-5(9))* Christian Faith Publishing.
Gino & the Tummy Butterflies. Yvette Cook. Illus. by Erica Montez. 2022. (ENG.). 30p. (J). pap. 9.99 *(978-1-6629-1953-4(0))*; 16.99 *(978-1-6629-1952-7(2))* Gatekeeper Pr.
Gio the Worldly Dog in Hong Kong: Muchokids. Clark Watts & Laura Chavez Campero. 2020. (ENG.). 40p. (J). pap. *(978-1-912346-15-8(X))* Muchokids Ltd.
Gio the Worldly Dog in New York City: Muchokids. Clark Watts & Laura Chavez Campero. 2020. (ENG.). 26p. (J). pap. *(978-1-912346-18-9(4))* Muchokids Ltd.
Gio the Worldly Dog in Paris: Muchokids. Clark Watts & Laura Chavez Campero. 2020. (ENG.). 26p. (J). pap. *(978-1-912346-19-6(2))* Muchokids Ltd.
Gio Thoi Phuong Nao see From Where the Wind Blows
Giocare con le Fiabe... Giuseppe Mistretta. 2019. (ITA.). 98p. (J). pap. 11.50 ***(978-0-244-18353-0(8))*** Lulu Pr., Inc.
Gioconda (Classic Reprint) Gabriele D'Annunzio. 2018. (ENG., Illus.). 30p. (J). 24.52 *(978-0-428-63977-8(1))* Forgotten Bks.
Giotto's Sheep: A Cathedral Story (Classic Reprint) Mary Ella Waller. 2018. (ENG., Illus.). 40p. (J). 24.74 *(978-0-267-29325-4(9))* Forgotten Bks.
Giovanni & the Other: Children Who Have Made Stories (Classic Reprint) Frances Burnett. (ENG., Illus.). (J). 2018. 264p. 29.34 *(978-0-483-80340-4(5))*; 2017. 28.60 *(978-0-331-73259-7(9))* Forgotten Bks.
Gipsies: As Illustrated by John Bunyan, Mrs. Carlyle, & Others. & Do Snakes Swallow Their Young? James Simson. 2017. (ENG., Illus.). (J). pap. *(978-0-649-30132-4(3))* Trieste Publishing Pty Ltd.
Gipsies: As Illustrated by John Bunyan, Mrs. Carlyle, & Others; & Do Snakes Swallow Their Young? (Classic Reprint) James Simson. 2016. (ENG., Illus.). (J). pap. 9.57 *(978-1-334-03272-1(6))* Forgotten Bks.
Gipsies: The Two Sons (Classic Reprint) Unknown Author. 2018. (ENG., Illus.). 40p. (J). 24.72 *(978-0-483-87717-7(4))* Forgotten Bks.
Gipsy: A Tale (Classic Reprint) G. P. R. James. 2016. (ENG., Illus.). (J). pap. 16.57 *(978-1-334-16998-4(5))* Forgotten Bks.
Gipsy: A Tale (Classic Reprint) George Payne Rainsford James. 2018. (ENG., Illus.). 440p. (J). 32.99 *(978-0-428-64699-8(9))* Forgotten Bks.
Gipsy Mother, or the Miseries of Enforced Marriage: A Tale of Mystery (Classic Reprint) Hannah Maria Jones. (ENG., Illus.). (J). 2018. 882p. 42.09 *(978-0-364-37782-6(8))*; 2017. pap. 24.43 *(978-0-259-45592-9(X))* Forgotten Bks.
Gipsy Road (Classic Reprint) R. J. Cassidy. 2018. (ENG., Illus.). 96p. (J). 25.88 *(978-0-267-46542-2(4))* Forgotten Bks.
Gipsy Trail: A Comedy in Three Acts (Classic Reprint) Robert Housum. 2018. (ENG., Illus.). 98p. (J). 25.92 *(978-0-332-16834-0(4))* Forgotten Bks.
Gipsy, Vol. 1 Of 3: A Tale (Classic Reprint) George Payne Rainsford James. 2018. (ENG., Illus.). 344p. (J). 31.05 *(978-0-332-81501-5(3))* Forgotten Bks.
Gipsy, Vol. 2 Of 3: A Tale (Classic Reprint) Unknown Author. 2017. (ENG., Illus.). (J). 30.83 *(978-0-260-36337-4(5))* Forgotten Bks.
Gipsy's Adventures (Classic Reprint) Josephine Pollard. (ENG., Illus.). (J). 2018. 174p. 27.49 *(978-0-656-34991-3(3))*; 2017. pap. 9.97 *(978-0-243-44462-5(1))* Forgotten Bks.
Giracula, 1 vol. Caroline Watkins. Illus. by Mark Tuchman. 2019. (Bump in the Night Ser.: 1). (ENG.). 32p. (J). 16.95 *(978-1-943978-45-8(X)*, 812788bc-134a-4214-8ceb-d1dbe2d1fa22, Persnickety Pr.) WunderMill, Inc.
Girafes. Amy Culliford. Tr. by Annie Evearts. 2021. (Mes Amis les Animaux du Zoo (Zoo Animal Friends) Ser.). (FRE., Illus.). 16p. (J). (gr. -1-1). pap. *(978-1-0396-0757-6(8)*, 13290) Crabtree Publishing Co.
Giraffe. Melissa Gish. 2020. (Spotlight on Nature Ser.). (ENG.). 32p. (J). (gr. 4-7). pap. 9.99 *(978-1-62832-870-7(3)*, 18628, Creative Paperbacks) Creative Co., The.
Giraffe. August Hoeft. (I See Animals Ser.). (ENG.). (J). 2022. 20p. 24.99 ***(978-1-5324-3411-2(1))***; 2022. 20p. pap. 12.99

G

(978-1-5324-4214-8(9)); 2020. 12p. pap. 5.99 *(978-1-5324-1492-3(7))* Xist Publishing.

Giraffe: The Big 5 & Other Wild Animals. Megan Emmett. 2018. (Big 5 & Other Wild Animals Ser.). (ENG., Illus.). 44p. (J). (gr. k-6). pap. *(978-0-6393-0008-5(1))* Awareness Publishing.

Giraffe: Wildlife 3D Puzzle & Book. Kathy Broderick. 2018. (ENG.). (J). 9.99 *(978-1-64269-015-6(5)*, 4720, Sequoia Publishing & Media LLC) Phoenix International Publications, Inc.

Giraffe: Wildlife 3D Puzzle & Books, 4 vols. Kathy Broderick. 2019. (ENG.). 20p. (J). 9.99 *(978-1-64269-119-1(4)*, 4753, Sequoia Publishing & Media LLC) Phoenix International Publications, Inc.

Giraffe & Bird. Rebecca Bender. Illus. by Rebecca Bender. 2017. (Giraffe & Bird Ser.: 2). (ENG., Illus.). 32p. (J). (gr. -1-2). 17.95 *(978-1-77278-025-3(1))* Pajama Pr. CAN. Dist: Publishers Group West (PGW).

Giraffe & Bird Together Again. Rebecca Bender. 2018. (Giraffe & Bird Ser.: 4). (ENG., Illus.). 32p. (J). (gr. k-2). 17.95 *(978-1-77278-051-2(0))* Pajama Pr. CAN. Dist: Publishers Group West (PGW).

Giraffe Asks for Help. Nyasha M. Chikowore. Illus. by Janet McDonnell. 2019. 32p. (J). *(978-1-4338-2946-8(0)*, Magination Pr.) American Psychological Assn.

Giraffe Calves. Susan H. Gray. 2020. (21st Century Basic Skills Library: Level 3: Babies at the Zoo Ser.). (ENG.). 24p. (J). (gr. k-3). pap. 12.79 *(978-1-5341-6122-1(8)*, 214488); (Illus.). lib. bdg. 30.64 *(978-1-5341-5892-4(8)*, 214487) Cherry Lake Publishing.

Giraffe Calves. Julie Murray. 2018. (Baby Animals (Abdo Kids Junior) Ser.). (ENG., Illus.). 24p. (J). (gr. -1-2). lib. bdg. 31.36 *(978-1-5321-8164-1(7)*, 29885, Abdo Kids) ABDO Publishing Co.

Giraffe Coloring Book. Deeasy Books. 2021. (ENG.). 64p. (J). pap. 6.00 *(978-1-716-19777-2(5))* Indy Pub.

Giraffe Coloring Book for Kids: Amazing Giraffe Coloring Book, Fun Coloring Book for Kids Ages 3 - 8, Page Large 8. 5 X 11. Elma Angels. 2020. (ENG.). 66p. (J). pap. 8.79 *(978-1-716-30554-2(3))* Lulu Pr., Inc.

Giraffe Coloring Book for Kids! a Variety of Big Giraffe Coloring Pages. Bold Illustrations. 2022. (ENG.). 82p. (J). pap. 15.99 ***(978-1-0717-0674-9(8)***, Bold Illustrations) FASTLANE LLC.

Giraffe Extinction: Using Science & Technology to Save the Gentle Giants. Tanya Anderson. 2019. (ENG., Illus.). 128p. (YA). (gr. 6-12). lib. bdg. 37.32 *(978-1-5415-3238-0(4)*, b27c9f34-79e7-4e09-8f5a-fa47a014d67f, Twenty-First Century Bks.) Lerner Publishing Group.

Giraffe Hears the Drum. Mario Picayo. Illus. by Anabel Alfonso. 2018. (J). pap. *(978-1-934370-75-9(4))* Editorial Campana.

Giraffe in a Scarf. Jean Lamb. 2022. (ENG.). 32p. (J). pap. ***(978-1-3984-8153-4(X))*** Austin Macauley Pubs. Ltd.

Giraffe Is Grumpy (Scholastic Reader, Level 1) A First Feelings Reader. Hilary Leung. Illus. by Hilary Leung. 2023. (Scholastic Reader, Level 1 Ser.). (ENG.). 32p. (J). (— 1). pap. 5.99 ***(978-1-338-84931-8(X))*** Scholastic, Inc.

Giraffe Is Lost: An Animal Search-And-find Book. Roger Priddy. 2019. (Search & Find Ser.). (ENG., Illus.). 10p. (J). bds. 9.99 *(978-0-312-52789-1(6)*, 900194735) St. Martin's Pr.

Giraffe Is Tall, Mouse Is Small Opposites Book for Kids. Pfiffikus. 2016. (ENG., Illus.). (J). pap. 10.81 *(978-1-68377-659-8(3))* Whlke, Traudl.

Giraffe Island. Ben Cooke. 2021. (ENG.). 48p. (J). 32.00 *(978-1-0983-4971-4(7))* BookBaby.

Giraffe Made Her Laugh. Rozanne Williams. 2017. (Learn-To-Read Ser.). (ENG., Illus.). (J). pap. 3.49 *(978-1-68310-211-3(8))* Pacific Learning, Inc.

Giraffe Meets Bird. Rebecca Bender. 2nd ed. 2021. (Giraffe & Bird Ser.: 1). (ENG., Illus.). 30p. (J). (gr. -1 — 1). bds. 10.95 *(978-1-77278-194-6(0))* Pajama Pr. CAN. Dist: Publishers Group West (PGW).

Giraffe Problems. Jory John. Illus. by Lane Smith. (Animal Problems Ser.). (ENG.). (J). 2020. 34p. (— 1). bds. 8.99 *(978-0-593-12772-8(2))*; 2018. 42p. (gr. -1-2). 17.99 *(978-1-5247-7203-1(8))* Random Hse. Children's Bks. (Random Hse. Bks. for Young Readers).

Giraffe Rescue Company. Evan Sagerman. Illus. by Joey Chou. 2016. (J). *(978-1-4424-1366-5(2))* Simon & Schuster Children's Publishing.

Giraffe That Ate the Moon: Babl Children's Books in Chinese & English. Aralie Rangel. Illus. by Alvina Kwong. 2018. (ENG.). 28p. (J). (gr. k-1). 14.99 *(978-1-68304-280-8(8))* Babl Books, Incorporated.

Giraffe That Ate the Moon / Ang Dyirap Na Kinain Ang Buwan: Babl Children's Books in Tagalog & English. Aralie Rangel. l.t. ed. 2017. (ENG., Illus.). (J). 14.99 *(978-1-68304-252-5(2))* Babl Books, Incorporated.

Giraffe That Ate the Moon / la Girafe Qui a Mangé la Lune: Babl Children's Books in French & English. Alvina Kwong. l.t. ed. 2017. (FRE., Illus.). 26p. (J). 14.99 *(978-1-68304-273-0(5))* Babl Books, Incorporated.

Giraffe That Lost His Footprint. Kristy Wolanksi Ma Lpc. 2018. (ENG., Illus.). 30p. (J). 22.95 *(978-1-64003-875-2(2))*; pap. 12.95 *(978-1-64003-874-5(4))* Covenant Bks.

Giraffe Weevil. Grace Hansen. 2021. (Incredible Insects Ser.). (ENG., Illus.). 24p. (J). (gr. -1-2). lib. bdg. 32.79 *(978-1-0982-0737-3(8)*, 37893, Abdo Kids); (gr. 1-1). pap. 8.95 *(978-1-64494-557-5(6)*, Abdo Kids-Jumbo) ABDO Publishing Co.

Giraffe Who Was Afraid of Heights Chinese Edition. David A. Ufer. Tr. by He Ping. Illus. by Kirsten. Carlson. 2019. (CHI.). 32p. (J). (gr. -1-2). pap. 11.95 *(978-1-60718-390-7(0))* Arbordale Publishing.

Giraffe with One Ear. Donna Depalma. Illus. by Sanghamitra Dasgupta. 2022. (ENG.). 30p. (J). pap. 12.99 *(978-1-63984-166-0(0))* Pen It Pubns.

Giraffes see Jirafas

Giraffes. Valerie Bodden. 2020. (Amazing Animals Ser.). (ENG.). 24p. (J). (gr. 1-4). *(978-1-64026-203-4(2)*, 18083, Creative Education) Creative Co., The.

Giraffes. Kaitlyn Duling. 2019. (Animals of the Grasslands Ser.). (ENG., Illus.). 24p. (J). (gr. k-3). lib. bdg. 26.95 *(978-1-64487-057-0(6)*, Blastoff! Readers) Bellwether Media.

Giraffes. Jennifer Dussling. 2016. (Penguin Young Readers, Level 3 Ser.). (Illus.). 48p. (J). (gr. 1-3). pap. 5.99 *(978-0-448-48969-8(4)*, Penguin Young Readers) Penguin Young Readers Group.

Giraffes. Tammy Gagne. 2017. (Animals of Africa Ser.). (ENG., Illus.). 32p. (J). (gr. 2-3). pap. 9.95 *(978-1-63517-328-4(0)*, 1635173280); lib. bdg. 31.35 *(978-1-63517-263-8(2)*, 1635172632) North Star Editions. (Focus Readers).

Giraffes, 1 vol. Grace Hansen. 2016. (Super Species Ser.). (ENG., Illus.). 24p. (J). (gr. -1-2). lib. bdg. 32.79 *(978-1-68080-544-4(4)*, 21368, Abdo Kids) ABDO Publishing Co.

Giraffes. Emma Huddleston. 2019. (Wild about Animals Ser.). (ENG., Illus.). 32p. (J). (gr. 3-3). pap. 9.95 *(978-1-64494-246-8(1)*, 1644942461) Bigfoot Bks. GBR. Dist: North Star Editions.

Giraffes. Laura Marsh. 2016. (Readers Ser.). (Illus.). 32p. (J). (gr. -1-k). pap. 5.99 *(978-1-4263-2448-2(0)*, National Geographic Kids) Disney Publishing Worldwide.

Giraffes. Julie Murray. 2019. (Animal Kingdom Ser.). (ENG., Illus.). 32p. (J). (gr. 2-5). lib. bdg. 34.21 *(978-1-5321-1631-5(4)*, 32373, Big Buddy Bks.) ABDO Publishing Co.

Giraffes. Leo Statts. 2016. (Savanna Animals Ser.). (ENG.). 24p. (J). (gr. -1-2). 49.94 *(978-1-68079-369-7(1)*, 22990, Abdo Zoom-Launch) ABDO Publishing Co.

Giraffes. Valerie Bodden. 2nd ed. 2020. (Amazing Animals Ser.). 24p. (J). (gr. 1-3). pap. 9.99 *(978-1-62832-766-3(9)*, 18084, Creative Paperbacks) Creative Co., The.

Giraffes: Children's Zoo Book with Interesting & Informative Facts. Bold Kids. 2022. (ENG.). 42p. (J). pap. 15.99 ***(978-1-0717-0992-4(5))*** FASTLANE LLC.

Giraffes Can Have Stripes Too. Jesse Lowey. Illus. by John Robert Azuelo. 2022. (ENG.). 28p. (J). pap. ***(978-1-922827-60-9(6))*** Library For All Limited.

Giraffes in My Closet. Debra Young Hatch. Illus. by Alita Buck. 2021. (ENG.). 44p. (J). 25.00 *(978-1-7337502-0-2(7))* For Kids' Sake Publising, Inc.

Giraffe's Long Good-Night: A Lift-The-Flap Book, 1 vol. Illus. by Shahar Kober. 2020. (ENG.). 10p. (J). bds. 9.99 *(978-1-4002-1753-3(9)*, Tommy Nelson) Nelson, Thomas Inc.

Giraffes Stretch. Rebecca Glaser. 2016. (ENG., Illus.). 16p. (J). (gr. -1 — 1). bds. 7.99 *(978-1-68152-069-8(9)*, 15815) Amicus.

Giraffesaurus. David Guess. 2019. (ENG.). 34p. (J). pap. 13.95 *(978-1-63338-815-4(8))* Fulton Bks.

Giraffie. Craig Nordeen. 2016. (ENG., Illus.). (J). 25.95 *(978-1-4808-3728-7(8))*; pap. 16.95 *(978-1-4808-3726-3(1))* Archway Publishing.

Girdle of the Great: A Story of the New South (Classic Reprint) John Jordan Douglass. 2018. (ENG., Illus.). 226p. (J). 28.56 *(978-0-267-19463-6(3))* Forgotten Bks.

Girdle Round the Earth: Home Letters from Foreign Lands (Classic Reprint) D. N. Richardson. 2018. (ENG., Illus.). 464p. (J). 33.49 *(978-0-656-00575-8(0))* Forgotten Bks.

Girl. Gilbert Parrell. 2022. (ENG.). 306p. (YA). pap. 16.00 ***(978-1-64883-064-8(1)***, ExamWise) Total Recall Learning, Inc.

Girl: A Horse & a Dog (Classic Reprint) Francis Lynde. 2018. (ENG., Illus.). 398p. (J). 32.11 *(978-0-483-23015-6(4))* Forgotten Bks.

Girl + Bot. Ame Dyckman. Illus. by Dan Yaccarino. 2017. (J). *(978-1-5247-0072-0(X))* Knopf, Alfred A. Inc.

Girl 38: Finding a Friend. Ewa Jozefkowicz. 2020. (ENG.). 224p. (J). 13.95 *(978-1-78669-898-8(6)*, 667696, Zephyr) Head of Zeus GBR. Dist: Bloomsbury Publishing Plc.

Girl, a Raccoon, & the Midnight Moon: (Juvenile Fiction, Mystery, Young Reader Detective Story, Light Fantasy for Kids) Karen Romano Young. Illus. by Jessixa Bagley. 2020. (ENG.). 392p. (J). (gr. 5-9). 16.99 *(978-1-4521-6952-1(7))* Chronicle Bks. LLC.

Girl about Town: A Lulu Kelly Mystery. Adam Shankman & Laura L. Sullivan. 2016. (ENG., Illus.). 336p. (YA). (gr. 9). 17.99 *(978-1-4814-4787-4(4)*, Atheneum Bks. for Young Readers) Simon & Schuster Children's Publishing.

Girl Activist. Louisa Kamps et al. Illus. by Georgia Rucker. 2019. (Generation Girl Ser.). (ENG.). 160p. (J). (gr. 4). pap. 12.99 *(978-1-941367-64-3(X))* Downtown Bookworks.

Girl Activists. Virginia Loh-Hagan. 2019. (History's Yearbook Ser.). (ENG., Illus.). 32p. (J). (gr. 4-8). pap. 14.21 *(978-1-5341-5077-5(3)*, 213615); lib. bdg. 32.07 *(978-1-5341-4791-1(8)*, 213614) Cherry Lake Publishing. (45th Parallel Press).

Girl after God's Own Heart Coloring Book. Elizabeth George. 2018. (ENG., Illus.). 80p. (J). (gr. 2-7). pap. 10.99 *(978-0-7369-7462-2(8)*, 6974622) Harvest Hse. Pubs.

Girl after God's Own Heart Devotional (Milano Softone) Elizabeth George. 2017. (ENG.). 160p. (J). (gr. 2-6). im. lthr. 12.99 *(978-0-7369-6685-6(4)*, 6966856) Harvest Hse. Pubs.

Girl Against the Universe. Paula Stokes. 2016. (ENG.). 400p. (YA). (gr. 8). 17.99 *(978-0-06-237996-2(8)*, HarperTeen) HarperCollins Pubs.

Girl & Her Cows. Peggy Goodman. Illus. by Blueberry Illustrations. 2020. (ENG.). 38p. (J). (gr. k-6). 14.95 *(978-0-9990606-6-7(X))* goodman, peggy.

Girl & Her Curls. Jenna Bermudez & Jasia Bermudez. Illus. by M. Rehan. 2020. 24p. (J). pap. 14.99 *(978-1-0983-2318-9(1))* BookBaby.

Girl & Her Dogs. Carol Norris & Kelsey Anastasia Norris. 2018. (ENG., Illus.). 30p. (J). pap. 11.95 *(978-1-64299-380-6(8))* Christian Faith Publishing.

Girl & Her Elephant. Zoey Gong. 2020. (ENG.). 168p. (J). pap. 10.99 *(978-1-393-16042-7(5))* Draft2Digital.

Girl & Her Panda. Zoey Gong. 2020. Vol. 2. (ENG.). 176p. (J). pap. 11.99 *(978-1-393-82096-3(4))* Draft2Digital.

Girl & Her Religion. Margaret Slattery. 2017. (ENG., Illus.). (J). 22.95 *(978-1-374-90626-6(3))*; pap. 12.95 *(978-1-374-90625-9(5))* Capital Communications, Inc.

Girl & Her Tiger. Zoey Gong. 2020. Vol. 3. (ENG.). 202p. (J). pap. 13.99 *(978-1-393-79259-8(6))* Draft2Digital.

Girl & the Bear. Bernadette I. Bernal. 2021. (ENG., Illus.). 24p. (J). pap. 13.95 *(978-1-63692-168-6(X))* Newman Springs Publishing, Inc.

Girl & the Bill (Classic Reprint) Bannister Merwin. 2018. (ENG., Illus.). 388p. (J). 31.90 *(978-0-332-85027-6(7))* Forgotten Bks.

Girl & the Box. Leila Boukarim & Shameer Bismilla. Illus. by Barbara Moxham. 2022. (ENG.). 88p. (J). (gr. k-4). 18.99 *(978-981-4893-89-3(7))* Marshall Cavendish International (Asia) Private Ltd. SGP. Dist: Independent Pubs. Group.

Girl & the Castles. Mohammad Rokhsefat. 2023. (ENG.). 58p. (J). 29.08 ***(978-1-312-54602-8(6))*** Lulu Pr., Inc.

Girl & the Deal (Classic Reprint) Karl Edwin Harriman. 2018. (ENG., Illus.). 372p. (J). 31.57 *(978-0-656-19329-5(8))* Forgotten Bks.

Girl & the Detective: A Novel Founded on the Melodrama of the Same Title (Classic Reprint) Charles E. Blaney. (ENG., Illus.). (J). 2018. 118p. 26.35 *(978-0-267-37485-4(2))*; 2016. pap. 9.57 *(978-1-334-15842-1(8))* Forgotten Bks.

Girl & the Dinosaur. Hollie Hughes. Illus. by Sarah Massini. 2020. (ENG.). 32p. (J). 17.99 *(978-1-5476-0322-0(4)*, 900211339, Bloomsbury Children's Bks.) Bloomsbury Publishing USA.

Girl & the Game: And Other College Stories (Classic Reprint) Jesse Lynch Williams. (ENG., Illus.). (J). 2018. 698p. 38.31 *(978-0-267-00423-2(0))*; 2018. 378p. 31.71 *(978-0-483-39207-6(3))*; 2017. pap. 20.97 *(978-0-243-97368-2(3))* Forgotten Bks.

Girl & the Ghost. Hanna Alkaf. (ENG.). 288p. (J). (gr. 3-7). 2022. pap. 9.99 *(978-0-06-294096-4(1))*; 2020. 16.99 *(978-0-06-294095-7(3))* HarperCollins Pubs. (HarperCollins).

Girl & the Glim. India Swift. Illus. by India Swift & Michael Doig. 2022. 128p. (J). (gr. 4-7). pap. 12.99 *(978-1-68405-741-2(8))* Idea & Design Works, LLC.

Girl & the Goldcrest. Steve Draper. 2022. (ENG.). 208p. (J). pap. *(978-1-80302-484-4(4))* FeedARead.com.

Girl & the Grove. Eric Smith. 2018. (ENG.). 368p. (YA). (gr. 9-12). pap. 11.99 *(978-1-63583-018-7(4)*, 1635830184, Flux) North Star Editions.

Girl & the Grove. Eric Smith. ed. 2018. lib. bdg. 23.30 *(978-0-606-41247-6(6))* Turtleback.

Girl & the Kingdom: Learning to Teach (Classic Reprint) Kate Douglas Wiggin. 2018. (ENG., Illus.). 50p. (J). 24.93 *(978-0-267-27061-3(5))* Forgotten Bks.

Girl & the Man (Classic Reprint) Susan Rowley Lee. 2017. (ENG., Illus.). (J). 30.25 *(978-0-266-73514-4(2))*; pap. 13.57 *(978-1-5276-9869-7(6))* Forgotten Bks.

Girl & the Mutant. Nick Sproxton. 2017. (ENG., Illus.). 218p. (YA). (gr. 9-12). pap. *(978-0-9957904-0-7(X))* Sproxton, Nick.

Girl & the Ocean. Lisa Meier Dejong. Illus. by Taryn Skipper. 2021. (ENG.). 46p. (J). pap. 11.95 *(978-1-954200-00-5(5))* ACSkye.

Girl & the Pennant: A Base-Ball Comedy, in Three Acts (Classic Reprint) Rida Johnson Young. 2017. (ENG., Illus.). (J). 25.94 *(978-0-260-07484-3(5))* Forgotten Bks.

Girl & the Robin. Katherine Ferozedin. 2016. (ENG., Illus.). (J). pap. *(978-1-77302-195-9(8))* Tellwell Talent.

Girl & the Seagull. Annabel Hodson. 2021. (ENG.). 42p. (J). pap. 15.00 *(978-1-953507-71-6(9))* Brightlings.

Girl & the Toad:; or the Toad Prince. Lynn Henderson. Illus. by I. L. Jackson. 2017. (ENG.). (J). pap. *(978-1-926898-93-3(1))* Pine Lake Bks.

Girl & the Waterfall: A Tale from China, 1 vol. Lucretia Samson. Illus. by Caroline Romanet. 2016. (ENG.). 24p. (J). pap. 9.95 *(978-1-927244-61-6(7))* Flying Start Bks. NZL. Dist: Flying Start Bks.

Girl & the Waterfall (Big Book Edition) A Tale from China, 1 vol. Lucretia Samson. Illus. by Caroline Romanet. 2016. (ENG.). 24p. (J). pap. *(978-1-927244-71-5(4))* Flying Start Bks.

Girl & the Witch's Garden. Erin Bowman. 2020. (ENG., Illus.). 288p. (J). (gr. 3-7). 17.99 *(978-1-5344-6158-1(2)*, Simon & Schuster Bks. For Young Readers) Simon & Schuster Bks. For Young Readers.

Girl Artists. Virginia Loh-Hagan. 2019. (History's Yearbook Ser.). (ENG.). 32p. (J). (gr. 4-8). pap. 14.21 *(978-1-5341-5074-4(9)*, 213603); (Illus.). lib. bdg. 32.07 *(978-1-5341-4788-1(8)*, 213602) Cherry Lake Publishing. (45th Parallel Press).

Girl at Big Loon Post (Classic Reprint) George van Schaick. 2017. (ENG., Illus.). (J). 432p. 32.83 *(978-0-484-59624-4(1))*; pap. 16.57 *(978-0-243-07465-5(4))* Forgotten Bks.

Girl at Central (Classic Reprint) Geraldine Bonner. (ENG., Illus.). (J). 2018. 328p. 30.68 *(978-0-483-48294-4(3))*; 2016. pap. 13.57 *(978-1-333-43265-2(8))* Forgotten Bks.

Girl at Cobhurst (Classic Reprint) Frank R. Stockton. 2018. (ENG., Illus.). 426p. (J). 32.70 *(978-0-364-53874-6(0))* Forgotten Bks.

Girl at the Grave. Teri Bailey Black. 2019. (ENG.). 336p. (YA). pap. 9.99 *(978-0-7653-9949-6(0)*, 900185196, Tor Teen) Doherty, Tom Assocs., LLC.

Girl at the Halfway House: A Story of the Plains. Emerson Hough. 2017. (ENG., Illus.). (J). 25.95 *(978-1-374-91376-9(6))*; pap. 15.95 *(978-1-374-91375-2(8))* Capital Communications, Inc.

Girl at the Halfway House: A Story of the Plains (Classic Reprint) E. Hough. 2017. (ENG., Illus.). (J). 31.94 *(978-1-5280-4978-8(0))* Forgotten Bks.

Girl Athlete. Niesen Joan. Illus. by Georgia Rucker. 2021. (Generation Girl Ser.). (ENG.). 160p. (J). (gr. 4). pap. 12.99 *(978-1-950587-08-7(8))* Downtown Bookworks.

Girl Aviators' Sky Cruise. Margaret Burnham. 2017. (ENG., Illus.). (J). 23.95 *(978-1-374-83512-2(9))*; pap. 13.95 *(978-1-374-83511-5(0))* Capital Communications, Inc.

Girl Between Light & Dark. Kristyn Maslog-Levis. 2018. (ENG., Illus.). 318p. (J). pap. *(978-621-420-253-9(X))* Anvil Publishing Inc.

Girl Between Two Worlds. Kristyn Maslog-Levis. 2018. (ENG., Illus.). 238p. (J). pap. *(978-971-27-3360-4(2))* Anvil Publishing Inc.

Girl Bosses. Virginia Loh-Hagan. 2019. (History's Yearbook Ser.). (ENG., Illus.). 32p. (J). (gr. 4-8). pap. 14.21 *(978-1-5341-5078-2(1)*, 213619); lib. bdg. 32.07 *(978-1-5341-4792-8(6)*, 213618) Cherry Lake Publishing. (45th Parallel Press).

Girl Called Blue. Marita Conlon-McKenna. ed. 2022. (ENG., Illus.). 224p. (J). 12.99 *(978-1-78849-331-4(1))* O'Brien Pr., Ltd., The IRL. Dist: Casemate Pubs. & Bk. Distributors, LLC.

Girl Called Genghis Khan: The Story of Maria Toorpakai Wazir. Michelle Lord. Illus. by Shehzil Malik. 2019. (People Who Shaped Our World Ser.: 5). 48p. (J). (gr. k). 16.95 *(978-1-4549-3136-2(1))* Sterling Publishing Co., Inc.

Girl Called Vincent: The Life of Poet Edna St. Vincent Millay. Krystyna Poray Goddu. 2018. (ENG.). 224p. (J). (gr. 4). pap. 12.99 *(978-0-912777-85-6(0))* Chicago Review Pr., Inc.

Girl Can Build Anything. E. E. Charlton-Trujillo & Pat Zietlow Miller. Illus. by Keisha Morris. 2023. 32p. (J). (gr. -1-3). 18.99 *(978-0-593-46374-1(9)*, Viking Books for Young Readers) Penguin Young Readers Group.

Girl Capitalist (Classic Reprint) Florence Bright. (ENG., Illus.). (J). 2018. 372p. 31.59 *(978-0-483-32157-1(5))*; 2017. pap. 16.57 *(978-0-243-93623-6(0))* Forgotten Bks.

Girl (Classic Reprint) Katherine Keith. (ENG., Illus.). (J). 2018. 250p. 29.07 *(978-0-332-36148-2(9))*; 2017. pap. 11.57 *(978-0-243-12509-8(7))* Forgotten Bks.

Girl Code: Gaming, Going Viral, & Getting It Done. Andrea Gonzales & Sophie Houser. 2018. (ENG., Illus.). 304p. (YA). (gr. 8). pap. 9.99 *(978-0-06-247247-2(X)*, HarperCollins) HarperCollins Pubs.

Girl Code Revolution: Profiles & Projects to Inspire Coders. Sheela Preuitt. 2020. (ENG., Illus.). 32p. (J). (gr. 3-6). lib. bdg. 27.99 *(978-1-5415-9672-6(2)*, d959015a-5f4c-45d4-8e6c-a195f66ccab9, Lerner Pubns.) Lerner Publishing Group.

Girl Coloring Books. Super Cute Animals, Funny Humans Showing off. Emotional Coloring Book for Kids, Tweens & Teens. Jupiter Kids. 2017. (ENG., Illus.). 200p. (J). pap. 12.26 *(978-1-5419-4815-0(7)*, Jupiter Kids (Childrens & Kids Fiction)) Speedy Publishing LLC.

Girl Crushed. Katie Heaney. (ENG.). 352p. (YA). (gr. 7). 2021. pap. 10.99 *(978-1-9848-9737-4(3)*, Ember); 2020. lib. bdg. 21.99 *(978-1-9848-9735-0(7)*, Knopf Bks. for Young Readers) Random Hse. Children's Bks.

Girl Dad. Sean Williams & Jay Davis. 2022. (ENG., Illus.). 40p. (J). (gr. -1-3). 18.99 *(978-0-06-311363-3(5)*, HarperCollins) HarperCollins Pubs.

Girl Downstairs. Danny Phillips. Illus. by Mary Adradar Padilla. 2021. (ENG.). 64p. (J). pap. 11.99 *(978-1-716-86727-9(4))* Lulu Pr., Inc.

Girl Empowered: Affirmations for Pre-Teen & Teen Girls: Erin McKenzie Jones. Ed. by E. Marcel Jones. 2023. (ENG.). 110p. (YA). pap. 13.99 ***(978-1-0881-5930-9(3))*** Primedia eLaunch LLC.

Girl Forged by Fate. Brittany Czarnecki. 2021. (Blackbourne Ser.: Vol. 1). (ENG.). 318p. (YA). pap. 16.99 *(978-1-6629-2075-2(X))* Gatekeeper Pr.

Girl Forgotten. April Henry. 2023. (ENG.). 272p. (YA). (gr. 7-12). 18.99 *(978-0-316-32259-1(8))* Little, Brown Bks. for Young Readers.

Girl from America (Classic Reprint) L. T. Meade. (ENG., Illus.). (J). 2018. 156p. 27.11 *(978-0-364-11091-1(0))*; 2017. pap. 9.57 *(978-0-259-46167-8(9))* Forgotten Bks.

Girl from Arizona. Nina Rhoades. 2019. (ENG., Illus.). 216p. (YA). (gr. 7-12). pap. *(978-93-5329-447-2(9))* Alpha Editions.

Girl from Arizona (Classic Reprint) Nina Rhoades. (ENG., Illus.). (J). 2018. 390p. 31.94 *(978-0-483-93178-7(0))*; 2016. pap. 16.57 *(978-1-333-13907-0(1))* Forgotten Bks.

Girl from Brazil: Julia. Culture Kid Books. 2016. (ENG.). 86p. (J). pap. *(978-0-9952880-0-3(3))* Ivett Nsair.

Girl from Chimel, 1 vol. Rigoberta Menchú & Dante Liano. Tr. by David Unger. Illus. by Domi. 2020. (ENG.). 58p. (J). (gr. 3-4). pap. 14.95 *(978-1-77306-454-3(1))* Groundwood Bks. CAN. Dist: Publishers Group West (PGW).

Girl from Earth's End. Tara Dairman. 2023. (ENG.). 384p. (J). (gr. 3-7). 18.99 *(978-1-5362-2480-1(4))* Candlewick Pr.

Girl from Everywhere. Heidi Heilig. 2016. (ENG.). 464p. (YA). (gr. 8). 17.99 *(978-0-06-238075-3(3)*, Greenwillow Bks.) HarperCollins Pubs.

Girl from Felony Bay. J. E. Thompson. 2023. (ENG., Illus.). 400p. (J). (gr. 3-7). pap. 15.95 ***(978-1-4556-2745-5(3)***, Pelican Publishing) Arcadia Publishing.

Girl from Four Corners a Romance of California to-Day (Classic Reprint) Rebecca N. Porter. 2017. (ENG., Illus.). (J). 31.90 *(978-0-260-57129-8(6))* Forgotten Bks.

Girl from Glocken's Glen. Andy Wolf & Chad Leduc. 2020. (ENG., Illus.). 48p. (J). pap. 14.95 *(978-1-68433-578-7(7))* Black Rose Writing.

Girl from His Town (Classic Reprint) Marie Van Vorst. 2018. (ENG., Illus.). 346p. (J). 31.03 *(978-0-484-15908-1(9))* Forgotten Bks.

Girl from Home: A Story of Honolulu (Classic Reprint) Isobel Strong. 2017. (ENG., Illus.). (J). 30.23 *(978-0-266-24356-4(8))* Forgotten Bks.

Girl from Hong-Kong: A Story of Adventure under Five Suns (Classic Reprint) George Rathborne. (ENG., Illus.). (J). 2018. 348p. 31.07 *(978-0-483-86398-9(X))*; 2016. pap. 13.57 *(978-1-334-29080-0(6))* Forgotten Bks.

Girl from Keller's (Classic Reprint) Harold Bindloss. (ENG., Illus.). (J). 2018. 274p. 29.55 *(978-0-484-47364-4(6))*; 2016. pap. 13.57 *(978-1-333-21561-3(4))* Forgotten Bks.

Girl from Mexico (Classic Reprint) R.B. Townshend. (ENG., Illus.). (J). 2018. 372p. 31.59 *(978-0-267-37555-4(7))*; 2016. pap. 16.57 *(978-1-332-71609-8(1))* Forgotten Bks.

Girl from Montana (Classic Reprint) Grace Livingston Hill. 2017. (ENG., Illus.). (J). 28.54 *(978-0-331-77992-9(7))* Forgotten Bks.

Girl from Nippon (Classic Reprint) Carlton Dawe. 2018. (ENG., Illus.). 342p. (J). 30.95 *(978-0-483-46893-1(2))* Forgotten Bks.

Girl from Nowhere. Tiffany Rosenhan. 2020. (ENG.). 400p. (YA). 17.99 *(978-1-5476-0303-9(8)*, 900210991, Bloomsbury Young Adult) Bloomsbury Publishing USA.

Girl from Nowhere (Classic Reprint) Baillie Reynolds. 2017. (ENG., Illus.). (J). 30.39 *(978-0-331-39416-0(2))*; pap. 13.57 *(978-1-334-92717-1(0))* Forgotten Bks.

Girl from Oshkosh (Classic Reprint) Ike Ike. 2018. (ENG., Illus.). 172p. (J). 27.46 *(978-0-483-12084-6(7))* Forgotten Bks.

Girl from over There: The Hopeful Story of a Young Jewish Immigrant. Sharon Rechter. Illus. by Karla Gerard. 2020. 112p. (J). (gr. 2-8). 16.99 *(978-1-5107-5367-9(2),* Sky Pony Pr.) Skyhorse Publishing Co., Inc.

Girl from Shadow Springs. Ellie Cypher. 2021. (ENG.). 320p. (YA). (gr. 7). 19.99 *(978-1-5344-6569-5(3),* Simon & Schuster Bks. For Young Readers) Simon & Schuster Bks. For Young Readers.

Girl from the Attic. Marie Prins. 2020. (Illus.). 226p. (J). (gr. 5-7). pap. 12.99 *(978-1-988761-51-0(4))* Common Deer Pr. CAN. Dist: National Bk. Network.

Girl from the Big Horn Country (Classic Reprint) Mary Ellen Chase. 2018. (ENG., Illus.). 354p. (J). 31.20 *(978-0-484-55220-2(1))* Forgotten Bks.

Girl from the Bottom of the Sea. Anne Van Roon. 2018. (ENG., Illus.). 78p. (J). *(978-1-5255-2431-8(3));* pap. *(978-1-5255-2432-5(1))* FriesenPress.

Girl from the Farm (Classic Reprint) Gertrude Dix. (ENG., Illus.). (J). 2018. 266p. 29.38 *(978-0-332-79711-3(2));* 2017. pap. 11.97 *(978-1-5276-9552-8(2))* Forgotten Bks.

Girl from the Marsh Croft (Classic Reprint) Selma Lagerlöf. 2017. (ENG., Illus.). (J). 29.82 *(978-1-5281-8951-4(5))* Forgotten Bks.

Girl from the Sea: a Graphic Novel. Molly Knox Ostertag. 2021. (ENG., Illus.). 256p. (YA). (gr. 7-7). 24.99 *(978-1-338-54058-1(0));* pap. 14.99 *(978-1-338-54057-4(2))* Scholastic, Inc. (Graphix).

Girl from the Sky: Book VI - Official Edition. Francesca T. Barbini. Ed. by Robert Malan. 2017. (Tijaran Tales Ser.: Vol. 6). (ENG., Illus.). 188p. (YA). (gr. 9-12). pap. *(978-1-911143-18-5(2))* Luna Pr. Publishing.

Girl from the Well. Rin Chupeco. 2022. 288p. (YA). (gr. 8-12). pap. 10.99 *(978-1-7282-6234-5(8))* Sourcebooks, Inc.

Girl from Tim's Place (Classic Reprint) Charles Clark Munn. (ENG., Illus.). (J). 2018. 462p. 33.43 *(978-0-365-42275-4(4));* 2016. pap. 16.57 *(978-1-333-34601-0(8))* Forgotten Bks.

Girl from Upper 7: An Original Comedy in Three Acts (Classic Reprint) Gladys Ruth Bridgham. (ENG., Illus.). (J). 2018. 72p. 25.36 *(978-0-332-06794-0(7));* 2016. pap. 9.57 *(978-1-334-32911-1(7))* Forgotten Bks.

Girl from Vermont: The Story of a Vacation School Teacher (Classic Reprint) Marshall Saunders. 2018. (ENG., Illus.). 268p. (J). 29.42 *(978-0-483-52529-0(4))* Forgotten Bks.

Girl from Vietnam: One Girl's Journey to Freedom. Kim Jones. 2017. (ENG., Illus.). 88p. (YA). 26.95 *(978-1-64140-994-0(0));* pap. 12.95 *(978-1-64140-378-8(0))* Christian Faith Publishing.

Girl Genius: The Second Journey of Agatha Heterodyne Volume 5: Queens & Pirates. Phil Foglio & Kaja Foglio. Illus. by Phil Foglio. 2020. (ENG., Illus.). 128p. (YA). (gr. 9-12). pap. 25.00 *(978-1-890856-69-4(X),* 9270267a-4f99-4660-bb4b-6b33d5718af9) Studio Foglio, LLC.

Girl Genius: the Second Journey of Agatha Heterodyne Volume 3: The Incorruptible Library. Phil Foglio. 2017. (ENG., Illus.). 128p. (YA). (gr. 8-11). pap. 25.00 *(978-1-890856-65-6(7),* 3d1d3c51-f063-4e7e-a106-012c5893c2e8) Studio Foglio, LLC.

Girl Genius: the Second Journey of Agatha Heterodyne Volume 4: Kings & Wizards. Phil Foglio & Kaja Foglio. 2018. (ENG., Illus.). 128p. (YA). (gr. 8-11). pap. 25.00 *(978-1-890856-67-0(3),* e88ee6ac-76a9-4db3-94fe-2f699930a553) Studio Foglio, LLC.

Girl Genius: the Second Journey of Agatha Heterodyne Volume 4: Wizards & Kings. Kaja Foglio & Phil Foglio. 2018. (ENG.). 128p. (YA). 50.00 *(978-1-890856-68-7(1),* 7311137e-4384-40a6-9628-d7aa36458976) Studio Foglio, LLC.

Girl Genius: the Second Journey of Agatha Heterodyne Volume 6: Sparks & Monsters. Kaja Foglio & Phil Foglio. Illus. by Phil Foglio. 2021. (ENG., Illus.). 128p. (YA). pap. 25.00 *(978-1-890856-71-7(1),* e03375c0-3dda-40a9-9f90-dd688cb4cabe) Studio Foglio, LLC.

Girl Genius: the Second Journey of Agatha Heterodyne Volume 6: Sparks & Monsters. Phil Foglio & Kaja Foglio. 2021. (ENG.). 128p. (YA). 50.00 *(978-1-890856-72-4(X),* 09d75964-f7ce-40c8-bc3d-cf5f8e3be2b5) Studio Foglio, LLC.

Girl Giant & the Jade War. Van Hoang. 2021. (ENG., Illus.). 320p. (J). 17.99 *(978-1-250-24044-6(1),* 900211518) Roaring Brook Pr.

Girl Giant & the Monkey King. Van Hoang. 2021. (ENG., Illus.). 384p. (J). pap. 8.99 *(978-1-250-80279-8(2),* 900211516) Square Fish.

Girl God see **Jenteguden**

Girl God. Trista Hendren. Illus. by Elisabeth Slettnes. 2019. (Hardcover Special Edition Ser.: Vol. 2). (ENG.). 50p. (J). (gr. k-6). *(978-978-8293-72-9(7))* Hendren, Trista.

Girl Gone Viral. Arvin Ahmadi. 2019. 416p. (J). *(978-0-593-11351-6(9),* Viking Adult) Penguin Publishing Group.

Girl Gone Viral. Arvin Ahmadi. 2020. 432p. (YA). (gr. 7). pap. 11.99 *(978-0-425-28991-4(5),* Penguin Books) Penguin Young Readers Group.

Girl Guide. Marawa Ibrahim. Illus. by Sinem Erkas. 2018. 214p. (J). *(978-1-5490-6729-7(X))* HarperCollins Pubs.

Girl Guide: 50 Ways to Learn to Love Your Changing Body. Marawa Ibrahim. Illus. by Sinem Erkas. 2018. (ENG.). 224p. (J). (gr. 3-7). pap. 14.99 *(978-0-06-283943-5(8),* HarperCollins) HarperCollins Pubs.

Girl Haven. Lilah Sturges. Illus. by Meaghan Carter. 2021. (ENG.). 160p. (J). (gr. 5-8). pap. 14.99 *(978-1-62010-865-9(8))* Oni Pr., Inc.

Girl He Left Behind (Classic Reprint) Helen Beecher Long. (ENG., Illus.). (J). 2018. 290p. 29.88 *(978-0-364-01465-3(2));* 2017. pap. 13.57 *(978-0-243-51449-6(2))* Forgotten Bks.

Girl He Left Behind Him, Vol. 1 Of 3: A Novel (Classic Reprint) Richard Mounteney Jephson. (ENG., Illus.). (J). 2018. 274p. 29.55 *(978-0-484-34691-7(1));* 2016. pap. 11.97 *(978-1-333-87911-2(3))* Forgotten Bks.

Girl He Left Behind Him, Vol. 2 Of 3: A Novel (Classic Reprint) R. Mounteney Jephson. 2018. (ENG., Illus.). 272p. (J). 29.51 *(978-0-483-75781-3(0))* Forgotten Bks.

Girl He Left Behind Him, Vol. 3 Of 3: A Novel (Classic Reprint) R. Mounteney Jephson. 2018. (ENG., Illus.). 280p. (J). 29.67 *(978-0-483-19667-4(3))* Forgotten Bks.

Girl He Married, Vol. 1 (Classic Reprint) James Grant. 2018. (ENG., Illus.). 454p. (J). 33.26 *(978-0-483-95345-1(8))* Forgotten Bks.

Girl He Married, Vol. 1 Of 3: A Novel (Classic Reprint) James Grant. 2018. (ENG., Illus.). 274p. (J). 29.57 *(978-0-332-87921-5(6))* Forgotten Bks.

Girl He Married, Vol. 2 Of 3: A Novel (Classic Reprint) James Grant. (ENG., Illus.). (J). 2018. 300p. 30.08 *(978-0-484-40908-7(5));* 2016. pap. 13.57 *(978-1-333-23520-8(8))* Forgotten Bks.

Girl He Married, Vol. 3 Of 3: A Novel (Classic Reprint) James Grant. (ENG., Illus.). (J). 2018. 296p. 30.02 *(978-0-483-78209-9(2));* 2016. pap. 13.57 *(978-1-333-85836-0(1))* Forgotten Bks.

Girl I Am, Was, & Never Will Be: A Speculative Memoir of Transracial Adoption. Shannon Gibney. 2023. 256p. (YA). (gr. 9). 18.99 *(978-0-593-11199-4(0),* Dutton Books for Young Readers) Penguin Young Readers Group.

Girl I Left Behind Me: A Romance of Yesterday (Classic Reprint) Weymer Jay Mills. (ENG., Illus.). (J). 2018. 128p. 26.56 *(978-0-267-39823-2(9));* 2016. pap. 9.57 *(978-1-334-12662-8(3))* Forgotten Bks.

Girl I Loved (Classic Reprint) James Whitcomb Riley. (ENG., Illus.). (J). 2018. 74p. 25.42 *(978-0-332-28529-0(4));* 2017. 25.75 *(978-0-331-87726-7(0))* Forgotten Bks.

Girl I Used to Be. April Henry. ed. 2017. (YA). lib. bdg. 20.85 *(978-0-606-39999-9(2))* Turtleback.

Girl Impersonations (Classic Reprint) Stanley Schell. 2018. (ENG., Illus.). 196p. (J). 27.94 *(978-0-483-88804-3(4))* Forgotten Bks.

Girl in a Bad Place. Kaitlin Ward. 2017. (ENG.). 272p. (YA). (gr. 7-7). 17.99 *(978-1-338-10105-8(6));* 260p. (J). *(978-1-338-23075-8(1))* Scholastic, Inc.

Girl in a Coma. John Moss. 2016. 320p. (YA). pap. 18.99 *(978-1-929345-24-3(0),* Poisoned Pen Press) Sourcebooks, Inc.

Girl in Checks: Or, the Mystery of the Mountain Cabin. J. W. Daniel. 2017. (ENG., Illus.). (J). pap. *(978-0-649-24156-9(8))* Trieste Publishing Pty Ltd.

Girl in Checks: Or, the Mystery of the Mountain Cabin (Classic Reprint) J. W. Daniel. 2018. (ENG., Illus.). 212p. (J). 28.27 *(978-0-267-13669-8(2))* Forgotten Bks.

Girl in His House (Classic Reprint) Harold Macgrath. 2018. (ENG., Illus.). (J). 162p. 27.26 *(978-0-366-00564-2(2));* 164p. pap. 9.97 *(978-0-366-00166-8(3))* Forgotten Bks.

Girl in Metamorphosis: A Contemporary Poetry Chapbook. Germann. l.t. ed. 2021. (Chapbook Ser.: Vol. 1). (ENG.). 26p. (YA). pap. 13.00 *(978-1-0879-3831-8(7))* Indy Pub.

Girl in Pieces. Kathleen Glasgow. 2018. (ENG.). 448p. (YA). (gr. 9). pap. 10.99 *(978-1-101-93474-6(3),* Ember) Random Hse. Children's Bks.

Girl in Question: A Story of Not So Long Ago (Classic Reprint) L. C. Violett Houk. 2018. (ENG., Illus.). 274p. (J). 29.55 *(978-0-267-15672-6(3))* Forgotten Bks.

Girl in Room Thirteen & Other Scary Stories. Lynette Ferreira. 2017. (ENG., Illus.). 368p. (J). 36.03 *(978-0-244-65376-7(3))* Lulu Pr., Inc.

Girl in Shadows. Shannon Marzella. 2021. (ENG.). 150p. (YA). pap. 18.99 *(978-1-7363027-1-2(X))* Nymeria Publishing.

Girl in Ten Thousand (Classic Reprint) L. T. Meade. 2018. (ENG., Illus.). 280p. (J). 29.67 *(978-0-267-22226-1(2))* Forgotten Bks.

Girl in the Blue Coat. Monica Hesse. (ENG.). 320p. (YA). (gr. 7-17). 2017. pap. 11.99 *(978-0-316-26063-3(0));* 2016. E-Book 45.00 *(978-0-316-26064-0(9))* Little, Brown Bks. for Young Readers.

Girl in the Blue Coat. Monica Hesse. ed. 2017. (YA). lib. bdg. 20.85 *(978-0-606-39918-0(6))* Turtleback.

Girl in the Castle. James Patterson & Emily Raymond. 2022. (ENG.). 368p. (YA). (gr. 9-17). 18.99 *(978-0-316-41172-1(8),* Jimmy Patterson) Little Brown & Co.

Girl in the Graveyard: And Other Scary Tales. Michael Dahl. Illus. by Xavier Bonet. 2017. (Michael Dahl's Really Scary Stories Ser.). (ENG.). 72p. (J). (gr. 1-3). lib. bdg. 25.32 *(978-1-4965-4901-3(5),* 135653, Stone Arch Bks.) Capstone.

Girl in the Headlines. Hannah Jayne. 2021. (ENG.). 352p. (YA). (gr. 8-12). pap. 10.99 *(978-1-7282-2521-0(3))* Sourcebooks, Inc.

Girl in the Himalayas. David Jesus Vignolli. 2018. (ENG.). 176p. (J). (gr. 5). pap. 16.99 *(978-1-68415-129-5(5),* Archaia Entertainment) BOOM! Studios.

Girl in the Karpathians (Classic Reprint) Menie Muriel Norman. 2018. (ENG., Illus.). 324p. (J). 30.58 *(978-0-483-66360-2(3))* Forgotten Bks.

Girl in the Lake. India Hill Brown. (ENG.). 224p. (J). (gr. 3-7). 2023. pap. 7.99 *(978-1-338-67889-5(2));* 2022. 17.99 *(978-1-338-67888-8(4))* Scholastic, Inc. (Scholastic Pr.).

Girl in the Locked Room: A Ghost Story. Mary Downing Hahn. (ENG.). 208p. (J). (gr. 5-7). 2019. pap. 9.99 *(978-0-358-09755-6(X),* 1747618); 2018. 18.99 *(978-1-328-85092-8(7),* 1693448) HarperCollins Pubs. (Clarion Bks.).

Girl in the Mirror. Marvelle Estrale. 2018. (ENG., Illus.). 28p. (J). pap. *(978-1-77370-992-5(5))* Tellwell Talent.

Girl in the Mirror (Classic Reprint) Elizabeth Jordan. 2018. (ENG., Illus.). 316p. (J). 30.43 *(978-0-428-76573-6(4))* Forgotten Bks.

Girl in the Picture. Alexandra Monir. 2016. 272p. (YA). (gr. 7). 17.99 *(978-0-385-74390-7(4),* Delacorte Pr.) Random Hse. Children's Bks.

Girl in the Picture: A Play in Two Acts. Alexander Wilson Shaw. 2017. (ENG., Illus.). (J). pap. *(978-0-649-42415-3(8))* Trieste Publishing Pty Ltd.

Girl in the Picture: A Play in Two Acts (Classic Reprint) Alexander Wilson Shaw. 2018. (ENG., Illus.). 92p. (J). 25.81 *(978-0-364-93871-3(4))* Forgotten Bks.

Girl in the Pink Helmet. M. S. Ange Denny. Illus. by M. S. Lydia Ramsay. 2018. (ENG.). 18p. (J). pap. *(978-1-7752444-0-0(7))* Denny, Angie.

Girl in the Shadows. 0 vols. Gwenda Bond. 2016. (Cirque American Ser.: 2). (ENG.). 380p. (YA). (gr. 9-13). pap. 9.99 *(978-1-5039-5393-2(9),* 9781503953932, Skyscape) Amazon Publishing.

Girl in the Tree. Ellen Potter. 2023. (Squirlish Ser.: 1). (ENG.). 112p. (J). (gr. 1-4). 17.99 ***(978-1-6659-2675-1(9));*** pap. 6.99 ***(978-1-6659-2674-4(0))*** McElderry, Margaret K. Bks. (McElderry, Margaret K. Bks.).

Girl in the Well Is Me. Karen Rivers. 2017. (ENG.). 224p. (J). (gr. 5-8). pap. 6.95 *(978-1-61620-696-3(9),* 73696) Algonquin Young Readers.

Girl in the Well Is Me. Karen Rivers. ed. 2018. (Penworthy Picks Middle School Ser.). (ENG.). 220p. (J). (gr. 5-7). 19.96 *(978-1-64310-286-3(9))* Penworthy Co., LLC, The.

Girl in the White Hat. W. T. Cummings. 2017. (ENG., Illus.). 32p. (J). 14.95 *(978-0-486-81586-2(2),* 815862) Dover Pubns., Inc.

Girl in the White Van. April Henry. 2021. (ENG.). 240p. (YA). pap. 11.99 *(978-1-250-79199-3(5),* 900185228) Square Fish.

Girl in Three Parts. Suzanne Daniel. 2020. (ENG.). 320p. (YA). (gr. 7). lib. bdg. 20.99 *(978-1-9848-5108-6(X),* Knopf Bks. for Young Readers) Random Hse. Children's Bks.

Girl in Waiting (Classic Reprint) Archibald Eyre. 2018. (ENG., Illus.). 342p. (J). 30.97 *(978-0-267-25048-6(7))* Forgotten Bks.

Girl in White. Lindsay Currie. 2022. (ENG.). 320p. (J). (gr. 3-7). 16.99 *(978-1-7282-3654-4(1))* Sourcebooks, Inc.

Girl Innovators. Virginia Loh-Hagan. 2019. (History's Yearbook Ser.). (ENG., Illus.). 32p. (J). (gr. 4-8). pap. 14.21 *(978-1-5341-5076-8(5),* 213611); lib. bdg. 32.07 *(978-1-5341-4790-4(X),* 213610) Cherry Lake Publishing. (45th Parallel Press).

Girl King. Mimi Yu. (Girl King Ser.). (ENG.). 496p. (YA). 2020. pap. 10.99 *(978-1-5476-0308-4(9),* 900211273); 2019. 17.99 *(978-1-68119-889-7(4),* 900191621) Bloomsbury Publishing USA. (Bloomsbury Young Adult).

Girl Last Seen. Heather Anastasiu & Anne Greenwood Brown. 2016. (ENG.). 272p. (YA). (gr. 8-12). 16.99 *(978-0-8075-8140-7(2),* 807581402); pap. 9.99 *(978-0-8075-8141-4(0),* 807581410) Whitman, Albert & Co.

Girl Leaders. Virginia Loh-Hagan. 2019. (History's Yearbook Ser.). (ENG.). 32p. (J). (gr. 4-8). pap. 14.21 *(978-1-5341-5075-1(7),* 213607); (Illus.). lib. bdg. 32.07 *(978-1-5341-4789-8(6),* 213606) Cherry Lake Publishing. (45th Parallel Press).

Girl Least Likely. Katy Loutzenhiser. 2021. (ENG.). 352p. (YA). (gr. 8). 17.99 *(978-0-06-286570-0(6),* Balzer & Bray) HarperCollins Pubs.

Girl Like That. Tanaz Bhathena. 2019. (ENG.). 400p. (YA). pap. 10.99 *(978-1-250-29458-6(4),* 900163604) Square Fish.

Girl Like You. Frank Murphy & Carla Murphy. Illus. by Kayla Harren. 2020. (ENG.). 32p. (J). (gr. k-2). 16.99 *(978-1-5341-1096-0(8),* 204924) Sleeping Bear Pr.

Girl Made of Snow a Russian Folktale. Retold by A. D. Ariel. 2016. (Spring Forward Ser.). (J). (gr. 2). *(978-1-4900-9461-8(X))* Benchmark Education Co.

Girl Made of Stars. Ashley Herring Blake. (ENG.). 304p. (YA). (gr. 9). 2019. pap. 9.99 *(978-0-358-10822-1(5),* 1748885); 2018. 17.99 *(978-1-328-77823-9(1),* 1681853) HarperCollins Pubs. (Clarion Bks.).

Girl Mans Up. M-E Girard. (ENG.). (YA). (gr. 9). 2018. 400p. pap. 11.99 *(978-0-06-240418-3(0));* 2016. 384p. 17.99 *(978-0-06-240417-6(2))* HarperCollins Pubs. (HarperCollins).

Girl Mindset Coloring Book: Make a Dream Come True - a Coloring Book for Girls to Develop Gratitude & Mindfulness Through Positive Affirmations - Motivational & Inspirational Sayings Coloring Book for Girls, Teens, Tweens, Women & Kids - 8. 5 X 11 In. Sara Pop Girl Mindset Coloring Books. 2021. (ENG.). 98p. (YA). pap. 9.99 *(978-1-716-25946-3(0))* Lulu Pr., Inc.

Girl Named Fancy 2: When Life Gives You Lemons. . Daddy & Liberty. 2021. (ENG.). 34p. (J). 22.00 *(978-0-578-85200-3(4))* elci Productions LLC.

Girl Named Mary. Mary Jo Nickum. 2020. (ENG.). 192p. (J). pap. 11.99 *(978-0-578-67648-7(6))* Saguaro Bks,. LLC.

Girl Named Mary (Classic Reprint) Juliet Wilbor Tompkins. 2018. (ENG., Illus.). 266p. (J). 29.38 *(978-0-483-83373-9(8))* Forgotten Bks.

Girl Named Polly. Kitty Trock. 2020. (ENG.). 50p. (J). pap. 12.96 *(978-1-64719-063-7(0))* Booklocker.com, Inc.

Girl Neighbors: Or, the Old Fashion & the New (Classic Reprint) Sarah Tytler. 2018. (ENG., Illus.). 294p. (J). 29.98 *(978-0-483-68913-8(0))* Forgotten Bks.

Girl Next Door. Cecelia Vinesse. 2023. (ENG.). 368p. (YA). (gr. 8). 19.99 *(978-0-06-328587-3(8),* Quill Tree Bks.) HarperCollins Pubs.

Girl of '76 (Classic Reprint) Amy E. Blanchard. 2017. (ENG., Illus.). 344p. (J). 30.99 *(978-0-484-76090-4(4))* Forgotten Bks.

Girl of Chicago (Classic Reprint) Mary Moncure Parker. 2017. (ENG., Illus.). (J). 26.89 *(978-0-266-52025-2(1))* Forgotten Bks.

Girl of Galway (Classic Reprint) Katharine Tynan. 2018. (ENG., Illus.). 402p. (J). 32.21 *(978-0-267-00011-1(1))* Forgotten Bks.

Girl of Ghost Mountain (Classic Reprint) J. Allan Dunn. 2018. (ENG., Illus.). 284p. (J). 29.77 *(978-0-483-27066-4(0))* Forgotten Bks.

Girl of Grit: A Story or the Intelligence Department (Classic Reprint) Arthur Griffiths. 2017. (ENG., Illus.). (J). 30.21 *(978-1-5282-7072-4(X))* Forgotten Bks.

Girl of Hawthorn & Glass. Adan Jerreat-Poole. 2020. (Metamorphosis Ser.: 1). (ENG.). 328p. (YA). pap. 12.99 *(978-1-4597-4681-7(3))* Dundurn Pr. CAN. Dist: Publishers Group West (PGW).

Girl of Ink & Stars. Kiran Millwood Hargrave. 2018. (ENG., Illus.). 240p. (J). (gr. 5). 8.99 *(978-0-553-53531-0(5),* Yearling) Random Hse. Children's Bks.

Girl of Many Names. Michael W. Evans. 2016. (ENG., Illus.). 60p. (J). pap. *(978-1-365-14614-5(6))* Lulu Pr., Inc.

Girl of O. K. Valley: A Romance of the Okanagan (Classic Reprint) Robert Watson. 2018. (ENG., Illus.). 300p. (J). 30.10 *(978-0-483-59846-1(1))* Forgotten Bks.

Girl of the Blue Ridge (Classic Reprint) Payne Erskine. 2017. (ENG., Illus.). (J). 32.60 *(978-0-331-87945-2(X))* Forgotten Bks.

Girl of the Commune (Classic Reprint) G. A. Henty. 2018. (ENG., Illus.). 350p. (J). 31.12 *(978-0-332-97040-0(X))* Forgotten Bks.

Girl of the Golden Gate (Classic Reprint) William Brown Meloney. 2018. (ENG., Illus.). 324p. (J). 30.60 *(978-0-483-25988-1(8))* Forgotten Bks.

Girl of the Golden West: An Opera in Three Acts from the Drama by David Belasco (Classic Reprint) Giacomo Puccini. 2018. (ENG., Illus.). (J). 84p. 25.63 *(978-1-396-03793-1(4));* 86p. pap. 9.57 *(978-1-391-97650-1(9))* Forgotten Bks.

Girl of the Golden West: Novelized from the Play (Classic Reprint) David Belasco. (ENG., Illus.). (J). 2018. 364p. 31.42 *(978-0-428-73867-9(2));* 2017. 31.36 *(978-0-331-05394-4(2));* 2017. pap. 13.97 *(978-0-243-28147-3(1))* Forgotten Bks.

Girl of the Golden West (la Fanciulla Del West) An Opera in Three Acts, (from the Drama by David Belasco) (Classic Reprint) Giacomo Puccini. 2017. (ENG., Illus.). (J). 31.24 *(978-0-265-89186-5(8));* pap. 13.97 *(978-1-5279-1768-2(1))* Forgotten Bks.

Girl of the Guard Line (Classic Reprint) Charles Carey Waddell. (ENG., Illus.). (J). 2018. 304p. 30.17 *(978-0-483-23559-5(8));* 2017. pap. 13.57 *(978-0-259-02875-8(4))* Forgotten Bks.

Girl of the Klondike. Victoria Cross. 2017. (ENG., Illus.). (J). 22.95 *(978-1-374-98675-6(5));* pap. 12.95 *(978-1-374-98674-9(7))* Capital Communications, Inc.

Girl of the Limberlost. Gene Stratton Porter. 2021. (ENG.). 340p. (YA). pap. 20.00 ***(978-1-7948-6898-4(4))*** Lulu Pr., Inc.

Girl of the Limberlost. Gene Stratton-Porter. 2023. (ENG.). 308p. (YA). (gr. 7-10). pap. 22.99 ***(978-1-0881-6172-2(3))*** Indy Pub.

Girl of the Limberlost. Gene Stratton-Porter. 2022. (ENG.). 260p. (YA). (gr. 7-10). pap. ***(978-1-387-90972-8(X))*** Lulu Pr., Inc.

Girl of the Limberlost. Gene Stratton-Porter. 2022. (Mint Editions — The Children's Library). (ENG.). 298p. (YA). (gr. 7-10). 19.99 *(978-1-5131-3371-3(3),* West Margin Pr.) West Margin Pr.

Girl of the Limberlost (Classic Reprint) Gene Stratton-Porter. (ENG., Illus.). (J). 2017. 34.58 *(978-0-265-60199-0(1));* 2016. pap. 16.97 *(978-1-333-68379-5(0))* Forgotten Bks.

GIRL of the MOUNTAINS & DREAMS BEGIN with ONE PIG: An Anthology of Young Pioneer Adventures. Joann Klusmeyer. 2021. (Young Pioneers Adventure Series for Kids Ser.). (ENG.). 114p. (J). pap. 12.95 *(978-1-61314-638-5(8))* Innovo Publishing, LLC.

Girl of the Northland (Classic Reprint) Bessie Marchant. (ENG., Illus.). (J). 2018. 352p. 31.20 *(978-0-428-97597-5(6));* 2017. pap. 13.57 *(978-0-243-28653-9(8))* Forgotten Bks.

Girl of the People. L. T. Meade. 2017. (ENG., Illus.). (J). 23.95 *(978-1-374-91666-1(8))* Capital Communications, Inc.

Girl of the People: A Novel (Classic Reprint) L. T. Meade. 2018. (ENG., Illus.). 274p. (J). 29.57 *(978-0-483-69550-4(5))* Forgotten Bks.

Girl of the Silver Sphere: A Romance. J. Harvey Haggard. 2021. (ENG.). 28p. (YA). *(978-1-716-19227-2(7))* Lulu Pr., Inc.

Girl of the Southern Sea. Michelle Kadarusman. (Illus.). 224p. (J). (gr. 4-8). 2022. (ENG.). pap. 12.95 *(978-1-77278-236-3(X));* 2019. 17.95 *(978-1-77278-081-9(2))* Pajama Pr. CAN. Dist: Publishers Group West (PGW).

Girl of the Year - 2017 Novel 2. Teresa E. Harris. ed. 2017. (American Girl Contemporary Middle Grade Ser.: 2). 176p. (J). lib. bdg. 20.85 *(978-0-606-39987-6(9))* Turtleback.

Girl of the Year 2018, Book 1. Erin Teagan. ed. 2018. (American Girl Contempory Middle Grade Ser.: 1). lib. bdg. 18.40 *(978-0-606-41175-2(5))* Turtleback.

Girl of the Year 2018, Book 2. Erin Teagan. ed. 2018. (American Girl Contempory Middle Grade Ser.: 2). lib. bdg. 18.40 *(978-0-606-41176-9(3))* Turtleback.

Girl of the Year 2020. Erin Falligant. ed. (American Girl Contemporary Ser.). (ENG.). (J). (gr. 4-5). 1. 2020. 142p. 17.49 *(978-1-64697-065-0(9));* 2. 2019. 134p. 17.49 *(978-1-64697-066-7(7))* Penworthy Co., LLC, The.

Girl of Virginia (Classic Reprint) Lucy M. Thruston. (ENG., Illus.). (J). 2018. 320p. 30.50 *(978-0-483-30573-1(1));* 2016. pap. 13.57 *(978-1-333-28546-3(9))* Forgotten Bks.

Girl on a Motorcycle. Amy Novesky. Illus. by Julie Morstad. 2020. 48p. (J). (gr. k-4). 18.99 *(978-0-593-11629-6(1),* Viking Books for Young Readers) Penguin Young Readers Group.

Girl on a Plane. Miriam Moss. 2017. (ENG.). 288p. (YA). (gr. 7). pap. 9.99 *(978-1-328-74207-0(5),* 1677322, Clarion Bks.) HarperCollins Pubs.

Girl on Fire. Alicia Keys & Andrew Weiner. Illus. by Brittney Williams. 2022. (ENG.). 224p. (J). (gr. 9). 22.99 *(978-0-06-302956-9(1),* HarperAlley) HarperCollins Pubs.

Girl on Pointe: Chloe's Guide to Taking on the World. Chloe Lukasiak. 2018. (ENG., Illus.). 208p. (J). 18.99 *(978-1-68119-737-1(5),* 900183717, Bloomsbury USA Childrens) Bloomsbury Publishing USA.

Girl on the Bench. Margarita Acosta. 2016. (ENG., Illus.). (J). pap. 15.95 *(978-1-62550-426-5(8))* Breezeway Books.

Girl on the Ferris Wheel. Julie Halpern & Len Vlahos. 2021. (ENG.). 368p. (YA). 18.99 *(978-1-250-16939-6(9),* 900187896) Feiwel & Friends.

Girl on the Hill. Peter Veglia. Illus. by Blueberry Illustrations. 2020. (ENG.). 30p. (J). (gr. k-6). 18.99 *(978-1-7345682-0-2(8))* Veglia, Peter.

Girl on the Line. Faith Gardner. (ENG.). (YA). (gr. 8). 2022. 368p. pap. 11.99 *(978-0-06-302231-7(1));* 2021. 352p.

17.99 *(978-0-06-302230-0(3))* HarperCollins Pubs. (HarperTeen).

Girl on the Run. Abigail Johnson. 2020. (Underlined Paperbacks Ser.). 272p. (YA). (gr. 7). pap. 9.99 *(978-0-593-17981-9(1)*, Underlined) Random Hse. Children's Bks.

Girl on the Run. Nancy McDonald. 2021. (ENG.). 174p. (J). pap. *(978-1-77180-517-9(X))* Iguana Bks.

Girl on Wire. Lucy Estela. Illus. by Elise Hurst. 2018. 32p. (J). (gr. 1). 23.99 *(978-0-14-378716-7(0)*, Viking Adult) Penguin Publishing Group.

Girl Online. Zoe Sugg. 2018. (VIE.). (YA). (gr. 7). pap. *(978-604-1-11129-5(5))* Kim Dong Publishing Hse.

Girl Online: On Tour. Zoe Sugg. 2016. (ENG.). (J). pap. 13.00 *(978-1-5011-5958-9(5))* Simon & Schuster.

Girl Online: The First Novel by Zoella. Zoe Sugg. 2016. (Girl Online Book Ser.: 1). (ENG.). 352p. (gr. 7). pap. 15.00 *(978-1-4767-9976-6(8)*, Atria Bks.) Simon & Schuster.

Girl Online: Going Solo: The Third Novel by Zoella. Zoe Sugg. 2017. (Girl Online Book Ser.: 3). (ENG.). 336p. (gr. 7). pap. 17.99 *(978-1-5011-6212-1(8)*, Atria Bks.) Simon & Schuster.

Girl Online: on Tour: The Second Novel by Zoella. Zoe Sugg. 2016. (Girl Online Book Ser.: 2). (ENG.). 368p. (gr. 7). pap. 11.99 *(978-1-5011-0034-5(3)*, Atria Bks.) Simon & Schuster.

Girl Out of Water. Laura Silverman. 2017. (ENG.). 368p. (YA). (gr. 8-12). pap. 15.99 *(978-1-4926-4686-0(5)*, 9781492646860) Sourcebooks, Inc.

Girl Overboard. Sandra Block. 2022. 256p. (YA). (gr. 7). pap. 9.99 *(978-0-593-48346-6(4)*, Underlined) Random Hse. Children's Bks.

Girl Philippa (Classic Reprint) Robert W. Chambers. (ENG., Illus.). (J). 2018. 614p. 36.56 *(978-0-483-60174-1(8))*; 2016. pap. 19.57 *(978-1-334-11522-6(2))* Forgotten Bks.

Girl Plus Pen: Doodle, Draw, Color, & Express Your Individual Style. Stephanie Corfee. Illus. by Stephanie Corfee. ed. 2016. (Craft It Yourself Ser.). (ENG., Illus.). 144p. (J). (gr. 3-9). pap., pap., pap. 12.95 *(978-1-62370-596-1(7)*, 130414, Capstone Young Readers) Capstone.

Girl Power, 1 vol. Melody Carlson. 2016. (Faithgirlz / Girls of Harbor View Ser.). (ENG.). 272p. (J). pap. 9.99 *(978-0-310-75361-2(9))* Zonderkidz.

Girl Power. Emilia Tarah Roberts. 2018. (ENG.). 101p. (YA). pap. ***(978-0-359-31484-3(8))*** Lulu Pr., Inc.

Girl Power. Sesame Workshop & Erin Guendelsberger. Illus. by Marybeth Nelson. 2023. (Sesame Street Scribbles Ser.). (ENG.). 40p. (J). (gr. k-3). 10.99 ***(978-1-7282-6140-9(6))*** Sourcebooks, Inc.

Girl Power! Female Super Hero Coloring Book Edition. Smarter Activity Books for Kids. 2016. (ENG., Illus.). (J). pap. 9.22 *(978-1-68374-323-1(7))* Examined Solutions PTE. Ltd.

Girl Power: How Famous Women Chose to Answer God's Call When They Were Young. Doris Irish Lacks. 2022. (ENG.). 208p. (J). pap. 21.95 ***(978-1-4796-1528-5(5))*** TEACH Services, Inc.

Girl Power Coloring Book: Cool Careers That Could Be for You! Eileen Rudisill Miller. 2018. (Dover Kids Coloring Bks.). (ENG., Illus.). 32p. (J). (gr. 1-4). pap. 4.99 *(978-0-486-82383-6(0)*, 823830) Dover Pubns., Inc.

Girl Power Paper Dolls. Eileen Rudisill Miller. 2018. (Dover Paper Dolls Ser.). (ENG.). 32p. (J). (gr. 2-5). pap. 7.99 *(978-0-486-82024-8(6)*, 820246) Dover Pubns., Inc.

Girl Proposition: A Bunch of He & She Fables (Classic Reprint) George Ade. 2017. (ENG., Illus.). (J). 28.10 *(978-0-266-20863-1(0))* Forgotten Bks.

Girl Question: Founded on the Play of Will M. Hough & Frank R. Adams (Classic Reprint) John W. Harding. 2018. (ENG., Illus.). 230p. (J). 28.66 *(978-0-483-82788-2(6))* Forgotten Bks.

Girl Ranchers of the San Coulee: A Story for Girls (Classic Reprint) Carrie L. Marshall. (ENG., Illus.). (J). 2018. 348p. 31.07 *(978-0-484-66954-2(0))*; 2016. pap. 13.57 *(978-1-333-71884-8(5))* Forgotten Bks.

Girl, Recycled! Yolanda Theresa McCray. 2021. (ENG.). 152p. (J). pap. 22.50 *(978-1-7364145-0-7(X))* Southampton Publishing.

Girl Running. Annette Bay Pimentel. Illus. by Micha Archer. 2018. 32p. (J). (gr. k-3). 17.99 *(978-1-101-99668-3(4)*, Nancy Paulsen Books) Penguin Young Readers Group.

Girl Scientists. Virginia Loh-Hagan. 2019. (History's Yearbook Ser.). (ENG., Illus.). 32p. (J). (gr. 4-8). pap. 14.21 *(978-1-5341-5079-9(X)*, 213623); lib. bdg. 32.07 *(978-1-5341-4793-5(4)*, 213622) Cherry Lake Publishing. (45th Parallel Press).

Girl Scorned. Rachel Rust. 2017. (ENG., Illus.). 202p. (J). pap. *(978-1-77339-501-2(7))* Evernight Publishing.

Girl Scout Pioneers or Winning the First B. C. Lillian C. Garis. 2018. (ENG., Illus.). 142p. (YA). (gr. 7-12). pap. *(978-93-5297-392-7(5))* Alpha Editions.

Girl Scout Pioneers, or Winning the First B. C (Classic Reprint) Lillian C. Garis. 2017. (ENG., Illus.). (J). 28.48 *(978-0-266-36869-4(7))* Forgotten Bks.

Girl Scout Word Search Activity Book. Smarter Activity Books for Kids. 2016. (ENG., Illus.). (J). pap. 8.99 *(978-1-68374-324-8(5))* Examined Solutions PTE. Ltd.

Girl Scouts at Bellaire: Or Maid Mary's Awakening. Lilian C. McNamara Garis. 2018. (ENG., Illus.). 146p. (YA). (gr. 7-12). pap. *(978-93-5297-393-4(3))* Alpha Editions.

Girl Scouts at Camp Comalong, or, Peg of Tamarack Hills. Lilian Garis. 2017. (ENG., Illus.). (J). pap. *(978-0-649-59387-3(1))*; pap. *(978-0-649-10713-1(6))* Trieste Publishing Pty Ltd.

Girl Scouts at Camp Comalong, or Peg of Tamarack Hills (Classic Reprint) Lilian C. McNamara Garis. 2018. (ENG., Illus.). 220p. (J). 28.48 *(978-0-483-33711-4(0))* Forgotten Bks.

Girl Scouts at Home: Or, Rosanna's Beautiful Day. Katherine Keene Galt. 2017. (ENG., Illus.). (J). 22.95 *(978-1-374-93842-7(4))*; pap. 12.95 *(978-1-374-93841-0(6))* Capital Communications, Inc.

Girl Scouts at Home or Rosanna's Beautiful Day. Katherine Keene Galt. 2018. (ENG., Illus.). 122p. (YA). (gr. 7-12). pap. *(978-93-5297-390-3(9))* Alpha Editions.

Girl Scouts at Sea Crest: Or, the Wig Wag Rescue. Lilian Garis. 2017. (ENG., Illus.). (J). pap. *(978-0-649-59388-0(X))* Trieste Publishing Pty Ltd.

Girl Scouts at Sea Crest: The Wig Wag Rescue. Lillian Garis. 2019. (ENG., Illus.). 152p. (YA). (gr. 7-12). pap. *(978-93-5329-448-9(7))* Alpha Editions.

Girl Scouts at Sea Crest or the Wig Wag Rescue. Lilian Garis. 2017. (ENG., Illus.). (J). pap. *(978-0-649-10449-9(8))* Trieste Publishing Pty Ltd.

Girl Scouts' Good Turn. Edith Lavell. 2018. (ENG., Illus.). 176p. (YA). (gr. 7-12). pap. *(978-93-5297-391-0(7))* Alpha Editions.

Girl Scouts' Good Turn. Edith Lavell. 2017. (ENG., Illus.). (J). 23.95 *(978-1-374-99179-8(1))* Capital Communications, Inc.

Girl Scouts Good Turn (Classic Reprint) Edith Lavell. 2018. (ENG., Illus.). 262p. (J). 29.30 *(978-0-483-81316-8(8))* Forgotten Bks.

Girl Scouts in Beechwood Forest. Margaret Vandercook. 2018. (ENG.). 122p. (J). pap. *(978-93-5297-394-1(1))* Alpha Editions.

Girl Scouts in Beechwood Forest (Classic Reprint) Margaret Vandercook. (ENG., Illus.). (J). 2018. 232p. 28.70 *(978-0-484-41997-0(8))*; 2016. pap. 11.57 *(978-1-334-58466-4(4))* Forgotten Bks.

Girl Scouts Rally: Or Rosanna Wins (Classic Reprint) Katherine Keene Galt. 2018. (ENG., Illus.). 176p. (J). 27.53 *(978-0-365-45670-4(5))* Forgotten Bks.

Girl, Serpent, Thorn. Melissa Bashardoust. 2023. (ENG.). 352p. (YA). pap. 12.99 *(978-1-250-19616-3(7)*, 900194052) Flatiron Bks.

Girl Spies. Virginia Loh-Hagan. 2019. (History's Yearbook Ser.). (ENG.). 32p. (J). (gr. 4-8). pap. 14.21 *(978-1-5341-5080-5(3)*, 213627); (Illus.). lib. bdg. 32.07 *(978-1-5341-4794-2(2)*, 213626) Cherry Lake Publishing. (45th Parallel Press).

Girl Stenographer: A Thrilling Story of the Dangers & Temptations That Beset a Girl in Public & Private Offices (Classic Reprint) Anna C. Minogue. (ENG., Illus.). (J). 2018. 102p. 26.02 *(978-0-483-75382-2(3))*; 2017. pap. 9.57 *(978-0-243-39945-1(6))* Forgotten Bks.

Girl Stuff. Lisi Harrison. 2021. (Girl Stuff Ser.: 1). (ENG.). 256p. (J). (gr. 3-7). pap. 8.99 *(978-1-9848-1498-2(2)*, G.P. Putnam's Sons Books for Young Readers) Penguin Young Readers Group.

Girl Taking Over: A Lois Lane Story. Sarah Kuhn. Illus. by Arielle Jovellanos. 2023. 208p. (YA). (gr. 8-12). pap. 16.99 *(978-1-77950-777-8(1))* DC Comics.

Girl That Chased Wild Horses. Dws Walters. 2022. (ENG.). 206p. (J). 34.95 ***(978-1-6624-8770-5(3))***; pap. 18.95 ***(978-1-6624-8763-7(0))*** Page Publishing Inc.

Girl That Doesnt Attend School: La Nina Que No Va a la Escuela. Abby Hinojos. 2017. (ENG., Illus.). (J). pap. 6.59 *(978-1-387-10972-2(3))* Lulu Pr., Inc.

Girl That Goes Wrong. Reginald Wright Kauffman. 2017. (ENG., Illus.). (J). pap. *(978-0-649-59390-3(1))* Trieste Publishing Pty Ltd.

Girl That Goes Wrong (Classic Reprint) Reginald Wright Kauffman. 2018. (ENG., Illus.). 250p. (J). 29.07 *(978-0-484-71473-0(2))* Forgotten Bks.

Girl That Makes Mistakes: Growing Confidence One Day at a Time. Eevi Jones. Illus. by Jun Sato. 2023. (ENG.). 40p. (YA). 16.00 ***(978-1-952517-23-5(0))*** LHC Publishing.

Girl, the Map & the Mayor. Sophie Bernie. 2020. (ENG.). 70p. (J). pap. 15.00 *(978-1-953507-17-4(4))* Brightlings.

Girl the Sea Gave Back: A Novel. Adrienne Young. (Sky & Sea Ser.: 2). (ENG., Illus.). (YA). 2020. 352p. pap. 10.99 *(978-1-250-16849-8(X)*, 900187704); 2019. 336p. 20.00 *(978-1-250-16848-1(1)*, 900187703) St. Martin's Pr. (Wednesday Bks.).

Girl to Boss! Advice for Girls from 50 of America's Most Successful Women. Julia Taylor Brandus. 2023. (ENG.). 256p. (J). pap. 16.00 ***(978-1-63758-993-9(X))*** Post Hill Pr.

Girl to Girl: 60 Mother-Daughter Devotions for a Closer Relationship & Deeper Faith. Stacey Pardoe & Bekah Pardoe. 2023. (ENG.). 260p. (YA). pap. 16.99 ***(978-1-0879-8898-6(5))*** Indy Pub.

Girl under a Red Moon: Growing up During China's Cultural Revolution (Scholastic Focus) Da Chen. 2019. (ENG., Illus.). 208p. (J). (gr. 3-7). 17.99 *(978-1-338-26386-2(2)*, Scholastic Nonfiction) Scholastic, Inc.

Girl, Unframed. Deb Caletti. 2021. (ENG.). 384p. (YA). (gr. 9). pap. 12.99 *(978-1-5344-2698-6(1)*, Atheneum Bks. for Young Readers) Simon & Schuster Children's Publishing.

Girl, Unframed. Deb Caletti. 2020. (ENG.). 368p. (YA). (gr. 9). 18.99 *(978-1-5344-2697-9(3)*, Simon Pulse) Simon Pulse.

Girl Versus Squirrel. Hayley Barrett. Illus. by Renée Andriani. 32p. (J). (gr. -1-3). 2022. pap. 8.99 *(978-0-8234-5186-9(0))*; 2020. 18.99 *(978-0-8234-4251-5(9))* Holiday Hse., Inc. (Margaret Ferguson Books).

Girl vs. Boy Band: The Right Track. Harmony Jones. 2016. (ENG.). 240p. (J). 16.99 *(978-1-61963-947-8(5)*, 900152788, Bloomsbury USA Childrens) Bloomsbury Publishing USA.

Girl Warriors. Virginia Loh-Hagan. 2019. (History's Yearbook Ser.). (ENG., Illus.). 32p. (J). (gr. 4-8). pap. 14.21 *(978-1-5341-5073-7(0)*, 213599); lib. bdg. 32.07 *(978-1-5341-4787-4(X)*, 213598) Cherry Lake Publishing. (45th Parallel Press).

Girl Warriors: A Book for Girls (Classic Reprint) Adene Williams. (ENG., Illus.). (J). 2018. 104p. 26.04 *(978-0-332-80940-3(4))*; 2016. pap. 9.57 *(978-1-334-59800-5(2))* Forgotten Bks.

Girl Warriors: How 25 Young Activists Are Saving the Earth. Rachel Sarah. 2021. (Illus.). 128p. (J). (gr. 4-7). pap. 16.99 *(978-1-64160-371-3(2))* Chicago Review Pr., Inc.

Girl Who Ate All the Rice in China. Judy Hyman. 2021. (ENG., Illus.). 30p. (J). pap. 16.95 *(978-1-63844-145-8(6))* Christian Faith Publishing.

Girl Who Became a Cloud. Arlene Arden-Weir. 2019. (ENG.). 24p. (J). pap. 10.95 *(978-1-9822-2236-9(0)*, Balboa Pr.) Author Solutions, LLC.

Girl Who Became a Tree: A Story Told in Poems. Joseph Coelho. Illus. by Kate Milner. 2023. (ENG.). 176p. (YA). pap. 13.99 ***(978-1-913074-07-4(2))*** Otter-Barry Bks. GBR. Dist: Independent Pubs. Group.

Girl Who Became President: Ellen Johnson Sirleaf. Rosemond Sarpong Owens. Illus. by Skye Brookshire. 2022. (ENG.). 38p. (J). 19.99 ***(978-1-956051-16-2(3))*** Lion's Historian Pr.

Girl Who Blamed the World. Cindy Mackey. 2017. (ROA., Illus.). (J). (gr. k-4). pap. 10.99 *(978-0-9990993-3-9(7))* Cyrano Bks.

Girl Who Built a Spider. George Brewington. 2023. (ENG.). 272p. (J). 17.99 *(978-1-250-16580-0(6)*, 900187124, Holt, Henry & Co. Bks. For Young Readers) Holt, Henry & Co.

Girl Who Built an Ocean: An Artist, an Argonaut, & the True Story of the World's First Aquarium. Jess Keating. Illus. by Michelle Mee Nutter. 2022. 40p. (J). (gr. -1-3). 18.99 *(978-0-593-30511-9(6))*; (ENG.). lib. bdg. 21.99 *(978-0-593-30512-6(4))* Random Hse. Children's Bks. (Knopf Bks. for Young Readers).

Girl Who Called Wolf. Lauren Forte. ed. 2018. (Passport to Reading Ser.). (ENG.). 32p. (J). (gr. -1-1). 13.89 *(978-1-64310-698-4(8))* Penworthy Co., LLC, The.

Girl Who Can. Martha Lumatete. 2021. (ENG.). 38p. (J). 29.99 *(978-1-0878-8698-5(8))* Indy Pub.

Girl Who Can Fly. Olivia Opal. 2023. (ENG.). 344p. (YA). pap. ***(978-1-922993-44-1(1))*** Shawline Publishing Group.

Girl Who Chased a Spider & Made a Friend. Story Elle. 2019. (Girl Who Ser.: Vol. 3). (ENG., Illus.). 60p. (J). (gr. k-6). pap. 12.99 *(978-0-9758933-9-5(4))* Wanderlust Publishing.

Girl Who Chased Otters. Sally Partridge. 2021. (ENG.). 244p. (YA). pap. *(978-1-928433-28-6(6))* Modajaji Bks.

Girl Who Climbed Mountains. Lavanya Karthik. 2022. (ENG.). 48p. (J). pap. 9.99 *(978-0-14-345765-7(9))* Penguin Bks. India PVT, Ltd IND. Dist: Independent Pubs. Group.

Girl Who Climbed the Mountain. Story Elle. 2019. (Girl Who... Ser.: Vol. 2). (ENG., Illus.). 60p. (J). (gr. k-6). pap. 11.99 *(978-0-9758933-6-4(X))* Wanderlust Publishing.

Girl Who Collected Her Own Echo: A Story about Friendship. Juliette Ttofa. 2017. (Nurturing Emotional Resilience Storybooks Ser.). (ENG., Illus.). 28p. pap. 15.95 *(978-1-138-30889-3(7)*, Y367703) Routledge.

Girl Who Could Fix Anything: Beatrice Shilling, World War II Engineer. Mara Rockliff. Illus. by Daniel Duncan. 2021. (ENG.). 48p. (J). (gr. k-4). 18.99 *(978-1-5362-1252-5(0))* Candlewick Pr.

Girl Who Could Not Dream. Sarah Beth Durst. 2017. (ENG.). 384p. (J). (gr. 5-7). pap. 7.99 *(978-0-544-93526-6(8)*, 1658136, Clarion Bks.) HarperCollins Pubs.

Girl Who Could Not Dream. Sarah Beth Durst. ed. 2017. (ENG.). (J). (gr. 5-7). lib. bdg. 17.20 *(978-0-606-39810-7(4))* Turtleback.

Girl Who Couldn't Fly. Kayla Wong. 2021. (ENG.). 24p. (J). *(978-0-2288-5004-5(5))*; pap. *(978-0-2288-5003-8(7))* Tellwell Talent.

Girl Who Couldn't Keep a Secret. Clare Omanga. 2022. (ENG.). 34p. (J). pap. 14.99 ***(978-1-0880-5896-1(5))*** Indy Pub.

Girl Who Couldn't Read: Until She Discovered Her Super Powers. Dpa Weston. Illus. by Leena Ak. 2018. (ENG.). 40p. (J). *(978-1-5255-2706-7(1))* FriesenPress.

Girl Who Danced with Giants: English Edition. Shawna Thomson. Illus. by Tamara Campeau. ed. 2021. (Nunavummi Reading Ser.). (ENG.). 44p. (J). (gr. 2-4). pap. 10.95 *(978-1-77450-266-2(6))* Inhabit Education Bks. Inc. CAN. Dist: Consortium Bk. Sales & Distribution.

Girl Who Drank the Moon (Signed with Exclusive Sticker Pack for Bookstore Day) Kelly Barnhill. 2019. (ENG.). (J). (gr. 5-9). pap. 9.95 *(978-0-7611-9633-4(1)*, HarperCollins) HarperCollins Pubs.

Girl Who Drank the Moon (Winner of the 2017 Newbery Medal) Kelly Barnhill. (ENG.). 400p. (J). (gr. 5-9). 2019. pap. 9.95 *(978-1-61620-746-5(9)*, 73746); 2016. 18.99 *(978-1-61620-567-6(9)*, 73567) Algonquin Young Readers.

Girl Who Drank the Moon (Winner of the 2017 Newbery Medal) - Gift Edition. Kelly Barnhill. 2019. (ENG., Illus.). 416p. (gr. 5-9). 19.95 *(978-1-61620-997-1(6)*, 73997) Algonquin Young Readers.

Girl Who Drew Butterflies: How Maria Merian's Art Changed Science. Joyce Sidman. (ENG., Illus.). 160p. (J). (gr. 5-7). 2022. pap. 11.99 *(978-0-358-66793-3(3)*, 1822611); 2018. 17.99 *(978-0-544-71713-8(9)*, 1630630) HarperCollins Pubs. (Clarion Bks.).

Girl Who Fell. S. M. Parker. (ENG., Illus.). (YA). (gr. 11). 2017. 384p. pap. 12.99 *(978-1-4814-3724-0(0))*; 2016. 368p. 17.99 *(978-1-4814-3725-7(9))* Simon Pulse. (Simon Pulse).

Girl Who Fell Beneath the Sea. Axie Oh. 2022. (ENG.). 336p. (YA). 18.99 *(978-1-250-78086-7(1)*, 900236188) Feiwel & Friends.

Girl Who Fell Out of the Sky. Victoria Forester. 2021. (Piper Mccloud Ser.: 3). (ENG., Illus.). 336p. (J). pap. 8.99 *(978-1-250-76321-1(5)*, 900231928) Square Fish.

Girl Who Found Christmas: An Advent Calendar Storybook. Barbara Escher. 2020. (ENG., Illus.). 146p. (J). (gr. k-3). pap. 14.99 *(978-1-7333034-3-9(X))* Red Mitten Bks., LLC.

Girl Who Found Christmas: An Advent Calendar Storybook. Barbara Escher. Illus. by Dayne Sislen. 2019. (ENG.). 146p. (J). (gr. -1-3). 17.99 *(978-1-7333034-1-5(3))* Red Mitten Bks., LLC.

Girl Who Found, the Blue Bird: A Visit to Helen Keller (Classic Reprint) Georgette LeBlanc. 2018. (ENG., Illus.). 144p. (J). 26.87 *(978-0-332-20384-3(0))* Forgotten Bks.

Girl Who Gave Him the Moon. J. S Lee & Ji Soo Lee. 2019. (Zodiac Ser.: Vol. 2). (ENG.). 324p. (J). pap. *(978-1-912644-22-3(3))* Axellia Publishing.

Girl Who Had Everything (Suspense), 1 vol. Janice Greene. 2017. (Pageturners Ser.). (ENG.). 80p. (YA). (gr. 9-12). 10.75 *(978-1-68021-407-9(1))* Saddleback Educational Publishing, Inc.

Girl Who Hated Books: 25th Anniversary Edition. Manjusha Pawagi. Illus. by Leanne Franson. ed. 2023. (ENG.). 32p. (J). (gr. 1-3). 24.95 *(978-1-77260-292-0(2))* Second Story Pr. CAN. Dist: Orca Bk. Pubs. USA.

Girl Who Heard Music. Jeff R. Spalsbury. Illus. by Lorena Shindledecker & Doreen Dotson. 2022. 30p. (J). pap. 14.98 *(978-1-6678-3541-9(6))* BookBaby.

Girl Who Heard the Music: How One Pianist & 85,000 Bottles & Cans Brought New Hope to an Island. Marni Fogelson. Illus. by Marta Alvarez Miguens. 2023. (ENG.). 40p. (J). (gr. k-4). 18.99 *(978-1-7282-6231-4(3))* Sourcebooks, Inc.

Girl Who Howled at the Moon. Carol J. Etheridge. 2018. (ENG., Illus.). 266p. (J). pap. 15.99 *(978-1-4834-8322-1(3))* Lulu Pr., Inc.

Girl Who Knew Too Much. Tiffany Brooks. 2022. (ENG., Illus.). 384p. (YA). (gr. 8-12). pap. 10.99 *(978-1-7282-2232-5(X))* Sourcebooks, Inc.

Girl Who Knows Everything, 1 vol. Wil Mara. 2021. (Logan Lewis: Kid from Planet 27 Ser.). (ENG.). 64p. (J). (gr. 2-3). 23.25 *(978-1-5383-8437-4(X)*, 0402a8e9-4eff-48b5-8503-ffdaba81d898); pap. 13.35 *(978-1-5383-8438-1(8)*, 235a881d-d98c-43ef-b0ff-9cbed3cda688) Enslow Publishing, LLC. (West 44 Bks.).

Girl Who Lived in a Shoe & Other Torn-Up Tales. Bernice Seward et al. Illus. by Bernice Seward et al. 2020. (ENG.). 88p. (J). (gr. 2-3). pap. 8.99 *(978-0-9995378-5-5(7)*, Seward Media) Seward, Bernice.

Girl Who Lived Underground. Christine Gardner. 2019. (ENG.). 224p. (J). pap. *(978-0-359-48075-3(6))* Lulu Pr., Inc.

Girl Who Lives in the Sky. Jodi Kalson. 2019. (ENG.). 38p. (J). 16.95 *(978-1-64307-349-1(4))* Amplify Publishing Group.

Girl Who Lost a Leopard. Nizrana Farook. 2023. (ENG.). 224p. (J). (gr. 3-7). 16.99 *(978-1-68263-581-0(3))* Peachtree Publishing Co. Inc.

Girl Who Lost Her Country. Amal De Chickera & Deirdre Brennan. Illus. by Dian Pu. 2018. (ENG.). 90p. (J). pap. *(978-90-828366-0-8(2))* Institute on Statelessness & Inclusion.

Girl Who Lost Her Shadow, 30 vols. Emily Ilett. 2020. 272p. (J). 9.95 *(978-1-78250-607-2(1))* Floris Bks. GBR. Dist: Consortium Bk. Sales & Distribution.

Girl Who Lost Things (Classic Reprint) Lena Tyack. (ENG., Illus.). (J). 2018. 320p. 30.50 *(978-0-483-87647-7(X))*; 2017. pap. 13.57 *(978-0-243-38910-0(8))* Forgotten Bks.

Girl Who Loved Cheese. Bob Desautels & Ava Desautels Barr. Illus. by Gillian Wilson. 2017. (ENG.). (J). *(978-1-5255-1615-3(9))*; pap. *(978-1-5255-1616-0(7))* FriesenPress.

Girl Who Loved Purple. Priscilla Doremus. 2022. (ENG.). 48p. (J). 17.99 ***(978-1-7361474-9-8(8))***; pap. 15.00 ***(978-1-7361474-8-1(X))*** Seven Bears Publishing.

Girl Who Loved the Birds. Joseph Dandurand. Illus. by Elinor Atkins. 2023. 24p. (J). pap. 15.95 ***(978-0-88971-444-1(4)***, 7e9abb0e-7e26-43f9-8dd2-f74043cd688c) Nightwood Editions CAN. Dist: Harbour Publishing Co., Ltd.

Girl Who Loved to Run: PT Usha. Lavanya Karthik. 2023. (ENG.). 48p. (J). (gr. 2). pap. 8.99 ***(978-0-14-346156-2(7))*** Penguin Bks. India PVT, Ltd IND. Dist: Independent Pubs. Group.

Girl Who Loved Words: Mahashweta Devi. Lavanya Karthik. 2023. (Dreamers Ser.). (ENG.). 48p. (J). (gr. 2-4). pap. 7.99 ***(978-0-14-345841-8(8))*** Penguin Bks. India PVT, Ltd IND. Dist: Independent Pubs. Group.

Girl Who Loves Her Dress. Sandra Arauz. Illus. by Jamie Jamandre. 2022. (ENG.). 32p. (J). *(978-0-2288-5811-9(9))*; pap. *(978-0-2288-5810-2(0))* Tellwell Talent.

Girl Who Married a Skull & Other African Stories: And Other African Stories. Ed. by Kel McDonald & Kate Ashwin. 2018. (Cautionary Fables & Fairytales Ser.: 1). (ENG., Illus.). 209p. (J). pap. 15.00 *(978-1-945820-24-3(1))* Iron Circus Comics.

Girl Who Named Pluto: The Story of Venetia Burney. Alice B. McGinty. Illus. by Elizabeth Haidle. 2019. 40p. (J). (gr. -1-3). 18.99 *(978-1-5247-6831-7(6)*, Schwartz & Wade Bks.) Random Hse. Children's Bks.

Girl Who Never Stops Asking. Rita Wilkinson. 2017. (ENG., Illus.). 90p. (J). pap. *(978-1-78876-147-5(2))* FeedARead.com.

Girl Who Pretends to Speak No English: Awareness of Bullying. Widline Pierre. 2021. (ENG.). 42p. (J). ***(978-1-716-56530-4(8))*** Lulu Pr., Inc.

Girl Who Ran: Bobbi Gibb, the First Woman to Run the Boston Marathon. Frances Poletti & Kristina Yee. Illus. by Susanna Chapman. 2017. (J). *(978-1-943200-47-4(5))* Compendium, Inc., Publishing & Communications.

Girl Who Really Really Really Loves Dinosaurs. Illus. by John Hamilton. 2018. (ENG.). 28p. (J). (gr. -1-k). pap. 10.99 *(978-0-565-09459-1(9))* Natural History Museum Pubns. GBR. Dist: Independent Pubs. Group.

Girl Who Really Really Loves Nature. Illus. by John Hamilton. 2021. (ENG.). 28p. (J). (gr. k-k). pap. 10.99 *(978-0-565-09509-3(9))* Natural History Museum Pubns. GBR. Dist: Independent Pubs. Group.

Girl Who Refused Immortality: A YA Dystopian Series. Shade Owens. 2021. (ENG.). 348p. (YA). pap. 12.99 *(978-1-990271-44-1(8))* Red Raven Publishing.

Girl Who Rode the Wind. Stacy Gregg. 2016. (ENG.). 336p. (J). (gr. 4). 6.99 *(978-0-00-818923-5(4)*, HarperCollins Children's Bks.) HarperCollins Pubs. Ltd. GBR. Dist: HarperCollins Pubs.

Girl Who Said She Could. Chantal Triay. Illus. by Anne Potter. 2nd ed. 2021. (ENG.). 44p. (J). pap. 12.99 *(978-1-7343441-3-4(X))* Contreras, Chantal.

Girl Who Said Sorry. Hayoung Yim. Illus. by Marta Maszkiewicz. 2017. (ENG.). 34p. (J). (gr. -1-3). *(978-0-9937174-8-2(9))* Lee, Abigail.

Girl Who Sailed the Stars. Matilda Woods. Illus. by Anuska Allepuz. 2019. (ENG.). 272p. (J). (gr. 3-7). 16.99 *(978-0-525-51524-1(0)*, Philomel Bks.) Penguin Young Readers Group.

Girl Who Sat by the Ashes (Classic Reprint) Padraic Colum. 2017. (ENG., Illus.). (J). 27.57 *(978-0-266-48338-0(0))* Forgotten Bks.

Girl Who Saved Christmas. Matt Haig. Illus. by Chris Mould. (Boy Called Christmas Ser.). (ENG.). 320p. (J). (gr. 3-7). 2018. 8.99 *(978-1-5247-0047-8(9)*, Yearling); 2017. 16.99 *(978-1-5247-0044-7(4)*, Knopf Bks. for Young Readers) Random Hse. Children's Bks.

Girl Who Saved Lions. Lucy Bernie. 2020. (ENG.). 48p. (J). pap. 15.00 *(978-1-953507-09-9(3))* Brightlings.

Girl Who Saved Yesterday. Julius Lester. Illus. by Carl Angel. 2016. (ENG.). 32p. (J). (gr. 2-5). 16.99

G

(978-1-939547-24-8(5), 13dc2969-1695-493e-a2a3-10c58eaf602d) Creston Bks.

Girl Who Saw Clouds. Judith A. Barrett. 2018. (ENG., Illus.). 422p. (J). pap. 15.99 *(978-1-7322989-2-7(0))* Wobbly Creek, LLC.

Girl Who Searched for Love. Vanessa Bicknell. 2020. (ENG.). 24p. (J). pap. 8.79 *(978-0-244-25711-8(6))* Lulu Pr., Inc.

Girl Who Slept under the Moon. Shereen Malherbe. Illus. by Sarah Nesti Willard. 2021. (ENG.). 46p. (J). pap. *(978-1-912356-55-3(4))* Beacon Bks.

Girl Who Speaks Bear. Sophie Anderson. (ENG.). (J). (gr. 3-7). 2022. 320p. pap. 7.99 *(978-1-338-58084-6(1))*; 2020. (Illus.). 304p. 16.99 *(978-1-338-58083-9(3))* Scholastic, Inc. (Scholastic Pr.).

Girl Who Spoke to the Moon: A Story about Friendship & Loving Our Earth. Land Wilson. Illus. by Sue Cornelison. 2nd rev. ed. 2020. (ENG.). 40p. (J). (gr. k-2). 17.99 *(978-1-4926-9873-9(3)*, Little Pickle Pr.) Sourcebooks, Inc.

Girl Who Stitched the Stars. Shereen Malherbe. Illus. by Sarah Nesti Willard. 2022. (ENG.). 46p. (J). 17.95 *(978-1-915025-10-4(9))*; pap. 10.95 *(978-1-915025-09-8(5))* Bright Pittman, Portia.

Girl Who Stole an Elephant. Nizrana Farook. (ENG.). 256p. (J). (gr. 3-7). 2022. pap. 8.99 *(978-1-68263-377-9(2))*; 2021. 16.99 *(978-1-68263-285-7(7))* Peachtree Publishing Co. Inc.

Girl Who Stole J. E. B. Stuart. Paul Ferrante. 2021. (ENG.). 270p. (YA). pap. 12.49 *(978-1-7324857-6-1(3))* Paul Ferrante.

Girl Who Stood Tall. Julia Ann. 2019. (ENG., Illus.). 30p. (J). 23.95 *(978-1-64559-292-1(8))*; pap. 13.95 *(978-1-64559-291-4(X))* Covenant Bks.

Girl Who Struck Out Babe Ruth see Niña Que Ponchó a Babe Ruth

Girl Who Swallowed a Spider. Louise Wilding. 2020. (ENG.). 38p. (J). pap. 6.99 *(978-1-716-33284-5(2))* Lulu Pr., Inc.

Girl Who Swallowed a Star: A Fantasy Adventure of the Heart. Megan McGreen. 2019. (ENG.). 142p. (J). (gr. 3-6). pap. 12.95 *(978-1-62967-159-8(2))* Wise Media Group.

Girl Who Swam with Sea Creatures: English Edition. Shawna Thomson. Illus. by Tamara Campeau. 2023. (Nunavummi Reading Ser.). 56p. (J). (gr. 5-5). pap. 14.95 ***(978-1-77450-538-0(X))*** Inhabit Education Bks. Inc. CAN. Dist: Consortium Bk. Sales & Distribution.

Girl Who Talks to Ashes. Rachel Rener. 2020. (ENG.). 334p. (YA). pap. 9.99 *(978-1-0879-7950-2(1))* Indy Pub.

Girl Who Thought in Pictures: The Story of Dr. Temple Grandin. Julia Finley Mosca. Illus. by Daniel Rieley. 2019. (Amazing Scientists Ser.: 1). 40p. (J). pap. 10.99 *(978-1-943147-61-8(2),* 6085d1de-1961-4495-b956-f75f8fa6e722) Innovation Pr., The.

Girl Who Thought in Pictures: The Story of Dr. Temple Grandin. Julia Finley Mosca. Illus. by Daniel Rieley. 2017. (Amazing Scientists Ser.: 1). 40p. (J). (gr. k-5). 17.99 *(978-1-943147-30-4(2),* 5ae02658-cb15-4cd2-a907-670448522514) Innovation Pr., The.

Girl Who Travelled the World by Accident. Tom J. Perrin. 2016. (ENG., Illus.). (J). pap. 10.99 *(978-1-365-52750-0(6))* Lulu Pr., Inc.

Girl Who Was a Forest: Janaki Ammal. Lavanya Karthik. 2022. (Dreamers Ser.). (ENG.). 48p. (J). (gr. 2-4). pap. 8.99 *(978-0-14-345153-2(7))* Penguin Bks. India PVT, Ltd IND. Dist: Independent Pubs. Group.

Girl Who Was Bullied. Surah Bella. 2022. (ENG.). 46p. (J). pap. 11.99 *(978-0-9971871-6-8(6))* True 2 Life Productions.

Girl Who Was Convinced That Beyond All Reason She Could Fly. Sybil Lamb. 2020. (ENG., Illus.). 108p. (J). pap. 16.95 *(978-1-55152-817-5(7))* Arsenal Pulp Pr. CAN. Dist: Consortium Bk. Sales & Distribution.

Girl Who Was to Be Queen. Briana Dobson. 2021. (ENG.). (YA). 234p. 24.95 *(978-0-578-96710-3(3))*; 602p. 40.00 *(978-0-578-96806-3(1))* Couronne et Croix.

Girl Who Wasn't. Cara Thurlbourn. 2021. (Amhurst Ser.: Vol. 2). (ENG.). 326p. (YA). pap. 15.00 *(978-1-953944-14-6(0))* Wise Wolf Bks.

Girl Who Wasn't There. Digital Fiction & G. Scott Huggins. 2019. (Moon 2095 Ser.: Vol. 1). (ENG.). 186p. (J). pap. *(978-1-989414-34-7(6))* Digital Science Fiction.

Girl Who Wasn't There. Penny Joelson. 2020. (ENG.). 304p. (YA). (gr. 8-12). pap. 10.99 *(978-1-4926-9885-2(7))* Sourcebooks, Inc.

Girl Who Wished Away the Rain. Venice Pink. 2020. (ENG.). 26p. (J). pap. 9.99 *(978-1-7363656-0-1(6))* Teachshirt Co., The.

Girl Who Wished to Be Good. Frances Lawson. 2017. (ENG.). 196p. (J). pap. *(978-1-9999308-3-7(5))* Papillon Publishing.

Girl Who Wouldn't Die. Randall Platt. 2017. (ENG.). 368p. (J). (gr. 8-8). 16.99 *(978-1-5107-0809-9(X)*, Sky Pony Pr.) Skyhorse Publishing Co., Inc.

Girl Who Wrote (Classic Reprint) Alan Dale. 2018. (ENG., Illus.). 390p. (J). 31.96 *(978-0-483-07367-8(9))* Forgotten Bks.

Girl with a Camera: Margaret Bourke-White, Photographer: a Novel. Carolyn Meyer. 2017. (ENG., Illus.). 352p. (J). (gr. 5-9). 17.95 *(978-1-62979-584-3(4)*, Calkins Creek) Highlights Pr., c/o Highlights for Children, Inc.

Girl with a Mind for Math: The Story of Raye Montague. Julia Finley Mosca. Illus. by Daniel Rieley. 2018. (Amazing Scientists Ser.: 3). 40p. (J). (gr. 2-5). 17.99 *(978-1-943147-42-7(6),* 068f36b1-8183-489a-86df-9d1800df6843) Innovation Pr., The.

Girl with a Tusk. Tamera Riedle. 2022. (ENG.). 48p. (J). pap. *(978-1-4357-7922-8(3))* Lulu Pr., Inc.

Girl with Brush & Canvas: Georgia o'Keeffe, American Artist. Carolyn Meyer. 2019. (Illus.). 320p. (J). (gr. 5). 19.95 *(978-1-62979-934-6(3)*, Calkins Creek) Highlights Pr., c/o Highlights for Children, Inc.

Girl with No Name. Finn Moore. Illus. by Wendy Straw. (ENG.). 28p. (J). 2023. pap. 9.99 *(978-1-922418-09-8(9))*; 2021. 19.99 *(978-1-922418-07-4(2))* Borghesi & Adam Pubs. Pty Ltd AUS. (Brolly Bks.). Dist: Independent Pubs. Group.

Girl with No Name: A Perry Normal Adventure. Mason Stone. 2020. (ENG.). 216p. (J). pap. *(978-1-989386-08-8(3))* Red Pine Publishing.

Girl with Rainbow Hair. Simone Noble. 2022. (ENG., Illus.). 30p. (J). 19.95 ***(978-1-6624-2994-1(0))*** Page Publishing.

Girl with the Big Blue Eyes: The Story of Sadie Isabelle Mccrary & Her Journey with Epilepsy. Savannah Jane McCrary & Debbie McCrary. 2021. (ENG.). 38p. (J). 25.00 *(978-1-300-51659-0(3))* Lulu Pr., Inc.

Girl with the Broken Heart. Lurlene McDaniel. 2018. (ENG.). 288p. (YA). (gr. 7). 17.99 *(978-1-5247-1948-7(X)*, Delacorte Pr.) Random Hse. Children's Bks.

Girl with the Brown Eyes. Bhaumik Mohanty. 2023. (ENG.). 172p. (YA). pap. 14.00 ***(978-1-64560-420-4(9))*** Black Eagle Bks.

Girl with the Cat. 1 vol. Beverley Brenna. Illus. by Brooke Kerrigan. 2020. (ENG.). 32p. (J). (gr. 1-3). 19.95 *(978-0-88995-531-8(X),* c31fd056-b073-4703-9360-bd54cf9aef66) Red Deer Pr. CAN. Dist: Firefly Bks., Ltd.

Girl with the Curly Red Hair. Barbara Poor. Illus. by Elizabeth Eichelberger. 2021. (ENG.). 36p. (J). pap. ***(978-1-7948-3262-6(9))*** Lulu Pr., Inc.

Girl with the Curly Red Hair. Barbara Poor & Elizabeth Eichelberger. 2020. (ENG.). 38p. (J). pap. 14.80 *(978-1-7948-5906-7(3))* Lulu Pr., Inc.

Girl with the Dinosaur Tooth. Joey Reynolds. Illus. by Michael Ebensperger. 2020. (Girl with the Dinosaur Tooth Ser.: Vol. 1). (ENG.). 44p. (J). (gr. k-4). 19.99 *(978-1-7348462-0-1(8))* Scribble Scholars.

Girl with the Dragon Heart. Stephanie Burgis. 2019. (Dragon Heart Ser.). (ENG.). 304p. (J). pap. 8.99 *(978-1-5476-0244-5(9),* 900207565, Bloomsbury Children's Bks.) Bloomsbury Publishing USA.

Girl with the Flaming Red Hair. Joyce Murphy. 2020. (ENG., Illus.). 26p. (J). pap. *(978-1-912328-77-2(1))* Orla Kelly Self Publishing Services.

Girl with the Ghost Machine. Lauren DeStefano. 2018. (ENG.). 240p. (J). pap. 8.99 *(978-1-68119-784-5(7),* 900186906, Bloomsbury Children's Bks.) Bloomsbury Publishing USA.

Girl with the Ghost Machine. Lauren DeStefano. ed. 2018. (J). lib. bdg. 18.40 *(978-0-606-41072-4(4))* Turtleback.

Girl with the Glowing Hair. Alisha Costanzo. 2018. (Lily Graves Ser.: Vol. 1). (ENG.). 254p. (J). pap. 14.99 *(978-0-9984983-1-7(9))* Transmundane Pr., LLC.

Girl with the Green Eyes: A Play in Four Acts (Classic Reprint) Clyde Fitch. 2018. (ENG., Illus.). 208p. (J). 28.19 *(978-0-656-69278-1(2))* Forgotten Bks.

Girl with the Green Shoes. Valen Hart. 2020. (ENG.). 24p. (J). pap. 9.99 *(978-1-0983-4167-1(8))* BookBaby.

Girl with the Hickory Heart. Lauren Nicolle Taylor. 2021. (ENG.). 352p. (YA). pap. 14.95 *(978-1-945654-80-0(5))* Owl Hollow Pr.

Girl with the Magic Ponytails. Karen J. Young. 2020. (ENG., Illus.). 56p. (J). 19.99 *(978-0-578-55090-9(3))* Huqua Pr.

Girl with the Magical Shoes. Michelle "Honey" Thomas. 2021. (ENG.). 26p. (J). pap. 14.99 *(978-1-7355974-7-8(3))* Red Lotus Reads LLC.

Girl with the Red Balloon. Katherine Locke. 2017. (Balloonmakers Ser.: 1). (ENG.). 288p. (YA). (gr. 8-12). pap. 9.99 *(978-0-8075-2937-9(0),* 807529370) Whitman, Albert & Co.

Girl with the World for a Head: A FUDGEWILLI Story about the 2020 Coronavirus Pandemic. Fudgewilli. 2020. (ENG.). 26p. (J). pap. 9.99 *(978-1-7342208-8-9(0))* SRFPRTY.

Girl with the Wrong Name. Barnabas Miller. 2016. (Illus.). 272p. (YA). (gr. 9). pap. 10.99 *(978-1-61695-704-9(2)*, Soho Teen) Soho Pr., Inc.

Girl with Two Selves (Classic Reprint) F. H. Costello. 2018. (ENG., Illus.). 342p. (J). (gr. 3-7). 30.97 *(978-0-483-10801-1(4))* Forgotten Bks.

Girl Without a Face. Medeia Sharif. 2017. (ENG., Illus.). (J). pap. *(978-1-77339-227-1(1))* Evernight Publishing.

Girl You Thought I Was. Rebecca Phillips. 2018. (ENG.). 368p. (J). (gr. 9). 17.99 *(978-0-06-257094-9(3)*, HarperTeen) HarperCollins Pubs.

Girlfight: The Official Motion Picture Script. Kelcey Coe. 2017. (ENG., Illus.). (J). pap. 24.99 *(978-1-365-62303-5(3))* Lulu Pr., Inc.

Girl/Friend. Tina Wells. Illus. by Iliana Galvez. 2022. (Zee Files Ser.: 3). (ENG.). 168p. (J). (gr. 4-7). 12.99 *(978-1-5132-0947-0(7)*, West Margin Pr.) West Margin Pr.

Girlhood & Womanhood, or Sketches of My Schoolmates (Classic Reprint) A. J. Graves. (ENG., Illus.). (J). 2018. 220p. 28.43 *(978-0-484-68170-4(2))*; 2016. pap. 10.97 *(978-1-334-12847-9(2))* Forgotten Bks.

Girlhood of Shakespeare's Heroines. Mary Cowden Clarke. 2017. (ENG.). 470p. (J). pap. *(978-3-337-21415-9(0))* Creation Pubs.

Girlhood of Shakespeare's Heroines. Mary Cowden Clarke & Sabilla Novello. 2017. (ENG.). (J). 484p. pap. *(978-3-337-33085-9(1))*; 476p. pap. *(978-3-337-09009-8(5))* Creation Pubs.

Girlhood of Shakespeare's Heroines: In a Series of Tales (Classic Reprint) Mary Cowden Clarke. (ENG., Illus.). (J). 2018. 350p. 31.12 *(978-0-428-94417-9(5))*; 2018. 374p. 31.63 *(978-0-484-75353-1(3))*; 2017. 34.52 *(978-0-331-90549-6(3))*; 2017. pap. 16.57 *(978-0-243-25866-6(6))* Forgotten Bks.

Girlhood of Shakespeare's Heroines in a Series of Fifteen Tales (Classic Reprint) Mary Cowden Clarke. 2017. (ENG., Illus.). (J). 33.96 *(978-0-260-24362-1(0))*; pap. 16.57 *(978-0-260-24357-7(4))* Forgotten Bks.

Girlhood of Shakespeare's Heroines in a Series of Tales. Mary Cowden Clarke. 2017. (ENG.). (J). 310p. pap. *(978-3-337-02348-5(7))*; 380p. pap. *(978-3-337-02360-7(6))*; 376p. pap. *(978-3-337-02361-4(4))*; 352p. pap. *(978-3-337-02362-1(2))* Creation Pubs.

Girlhood of Shakespeare's Heroines in a Series of Tales. Mary Cowden Clarke. 2017. (ENG., Illus.). (J). pap. *(978-0-649-59382-8(0))* Trieste Publishing Pty Ltd.

Girlhood of Shakespeare's Heroines in a Series of Tales (Classic Reprint) Mary Cowden Clarke. (ENG., Illus.). (J). 2018. 994p. 44.42 *(978-0-332-68538-0(1))*; 2018. 310p. 30.29 *(978-0-483-13239-9(X))*; 2017. pap. 26.76 *(978-0-243-42135-0(4))* Forgotten Bks.

Girlhood of Shakespeare's Heroines in a Series of Tales, Vol. 5 (Classic Reprint) Mary Cowden Clarke. (ENG., Illus.). (J). 2018. 376p. 31.67 *(978-0-364-43271-6(3))*; 2017. pap. 16.57 *(978-0-243-25681-5(7))* Forgotten Bks.

Girlhood of Shakespeare's Heroines, Vol. 2: In a Series of Tales (Classic Reprint) Mary Cowden Clarke. 2017. (ENG., Illus.). (J). 33.86 *(978-0-266-98537-2(8))* Forgotten Bks.

Girlie & the War of the Wasps. Claire Plaisted. 2017. (ENG., Illus.). 92p. (J). pap. 9.00 *(978-1-365-14685-5(5))* Lulu Pr., Inc.

Girling Up: How to Be Strong, Smart & Spectacular. Mayim Bialik. 2019. 192p. (YA). (gr. 7). pap. 10.99 *(978-0-399-54861-1(0)*, Penguin Books) Penguin Young Readers Group.

Girlness: Deal with It Body & Soul. Diane Peters. Illus. by Steven Murray. 2017. (Lorimer Deal with It Ser.). (ENG.). 32p. (J). (gr. 4-9). lib. bdg. 25.32 *(978-1-4594-1186-9(2),* 395787eb-7aee-4c55-80b8-3a92bdf89f07) James Lorimer & Co. Ltd., Pubs. CAN. Dist: Lerner Publishing Group.

Girlology. Erin Falligant et al. 2018. (Girlology Ser.). (ENG., Illus.). 32p. (J). (gr. 4-8). 135.96 *(978-1-5157-7893-6(2),* 26935, Capstone Pr.) Capstone.

Girls. Lauren Ace. Illus. by Jenny Løvlie. 2019. (ENG.). 32p. (J). (gr. -1-2). 17.99 *(978-1-9848-9651-3(2)*, Rodale Kids) Random Hse. Children's Bks.

Girls: With Full-Page Colour Plates after Drawings (Classic Reprint) Alice Calhoun Haines. 2018. (ENG., Illus.). (J). 28p. 24.47 *(978-1-396-41182-3(8))*; 30p. pap. 7.97 *(978-1-390-90116-0(5))* Forgotten Bks.

Girls Activity Books Bundle: Includes an Activity, 2 vols. Speedy Publishing LLC Staff. 2016. (ENG., Illus.). 100p. (J). pap. 15.99 *(978-1-68326-048-6(1))* Speedy Publishing LLC.

Girls & Boys: Scenes from the Country & the Town (Classic Reprint) Anatole France. 2017. (ENG., Illus.). (J). 25.57 *(978-0-265-78731-1(9))*; pap. 9.57 *(978-1-5277-6762-1(0))* Forgotten Bks.

Girls & Boys Come Out to Play. Tracey Campbell Pearson. (Illus.). 40p. (J). (gr. -1-1). 2023. pap. 8.99 ***(978-0-8234-5592-8(0))***; 2021. 18.99 *(978-0-8234-4713-8(8))* Holiday Hse., Inc. (Margaret Ferguson Books).

Girls & Goddesses: Stories of Heroines from Around the World. Lari Don. Illus. by Francesca Greenwood. 2016. (World of Stories Ser.). (ENG.). 120p. (J). (gr. 2-6). 26.65 *(978-1-5124-1317-5(8),* b051024d-4766-4852-8390-cd1a8a136587, Darby Creek) Lerner Publishing Group.

Girls & Their Cameras Coloring Book. Activity Book Zone for Kids. 2016. (ENG., Illus.). (J). pap. 9.20 *(978-1-68376-339-0(4))* Sabeels Publishing.

Girls Are Never Gone. Sarah Glenn Marsh. 2021. 336p. (YA). (gr. 7). 17.99 *(978-1-9848-3615-1(3)*, Razorbill) Penguin Young Readers Group.

Girls at the Edge of the World. Laura Brooke Robson. 2021. (ENG.). 416p. (YA). (gr. 7). 18.99 *(978-0-525-55403-5(3)*, Dial Bks) Penguin Young Readers Group.

Girls' Basketball. Brendan Flynn. 2021. (Girls' SportsZone Ser.). (ENG., Illus.). 48p. (J). (gr. 4-6). lib. bdg. 34.21 *(978-1-5321-9633-1(4),* 38366, SportsZone) ABDO Publishing Co.

Girl's Best Friend Is Her Wolf: A High School Comedy. Joss Stirling. 2020. (ENG.). 220p. (J). pap. *(978-1-910426-37-1(7))* Frost Wolf.

Girl's Body Book (Fifth Edition) Everything Girls Need to Know for Growing Up! Kelli, , Bsn Dunham. 5th ed. 2019. (Boys & Girls Body Bks.). (ENG., Illus.). 148p. (J). (gr. 5). pap. 12.99 *(978-1-60433-833-1(4)*, Applesauce Pr.) Cider Mill Pr. Bk. Pubs., LLC.

Girls' Book of Famous Queens. Lydia Hoyt Farmer. 2019. (ENG., Illus.). 396p. (J). pap. *(978-93-5329-449-6(5))* Alpha Editions.

Girls' Book of Spells: Release Your Inner Magic! Rachel Elliot. Illus. by Robyn Neild. 2020. (ENG.). 128p. (J). pap. 9.99 *(978-1-83940-423-8(X),* 60a348ed-377a-472f-87d4-7f8f566e095b) Arcturus Publishing GBR. Dist: Baker & Taylor Publisher Services (BTPS).

Girls Book of the Red Cross (Classic Reprint) Mary Kendall Hyde. 2018. (ENG., Illus.). 422p. (J). 32.60 *(978-0-483-98431-8(0))* Forgotten Bks.

Girls Breaking the Mold. Angela Banner Joseph. Illus. by Abira Das. 2017. (ENG.) (J). pap. 14.99 *(978-1-943945-05-4(5))* Joseph, Dr. Angela Banner.

Girls Can. Deb Preston. Illus. by James Henry DuFresne. 2023. (ENG.). 28p. (J). 22.95 ***(978-1-68513-115-9(8))***; pap. 14.95 ***(978-1-68513-251-4(0))*** Black Rose Writing.

Girls Can! Smash Stereotypes, Defy Expectations, & Make History! Tora Pruden et al. 2020. (Illus.). 144p. (J). (gr. 5-9). 14.99 *(978-1-4263-3900-4(3))*; (ENG., lib. bdg. 24.90 *(978-1-4263-3901-1(1))* Disney Publishing Worldwide. (National Geographic Kids).

Girls Can! - Feto Bele! Prisca Pacheco Tilman. Illus. by Jovan Carl Segura. 2021. (TET.). 26p. (J). pap. *(978-1-922621-13-9(7))* Library For All Limited.

Girls Can Be Anything. London Love & Tamecca Rogers. Illus. by Arushan Art. 2021. (ENG.). 46p. (J). pap. 12.99 *(978-1-7365426-0-6(5))* Inspired Potentials.

Girls Can Do Anything. Caryl Hart. Illus. by Ali Pye. 2018. (ENG.). 32p. (J). (gr. -1-2). 14.99 *(978-1-4380-5062-1(3))* Sourcebooks, Inc.

Girls Can Do Anything! 40 Inspirational Activities. Anna Claybourne et al. Illus. by Katie Kear & Ocean Hughes. 2022. (ENG.). 96p. (J). pap. 9.99 *(978-1-3988-1989-4(1),* 0ca6f0d8-8417-4b6b-954a-75a74242ead6) Arcturus Publishing GBR. Dist: Baker & Taylor Publisher Services (BTPS).

Girls Can Do That: Thinking Outside Gender Stereotypes. Lise Frances. 2019. (ENG., Illus.). 32p. (J). (gr. k-4). *(978-0-6485903-6-1(4))*; pap. *(978-0-6485903-0-9(5))* MABEL Media.

Girls Can Play Sports Too: Our Journey to the Olympics. Brooklynn Michelle. Ed. by Bobby Jennings, Sr. 2021. (ENG.). 32p. pap. *(978-1-304-32987-5(9))* Lulu Pr., Inc.

Girl's Casket (Classic Reprint) Lovechild. 2018. (ENG., Illus.). 30p. (J). 24.52 *(978-0-267-27031-6(3))* Forgotten Bks.

Girls (Classic Reprint) Edna Ferber. 2018. (ENG., Illus.). 386p. (J). 31.88 *(978-0-267-24332-7(4))* Forgotten Bks.

Girls Coloring Book (Do What You Love) 36 Coloring Pages to Boost Confidence in Girls. James Manning. 2019. (ENG., Illus.). 74p. (J). pap. *(978-1-83856-463-6(2))* West Suffolk CBT Service Ltd., The.

Girls Coloring Book (Fashion) 40 Fashion Coloring Pages. James Manning. 2019. (Girls Coloring Book Ser.: Vol. 2). (ENG., Illus.). 82p. (J). pap. *(978-1-83856-220-5(6))* Coloring Pages.

Girls Coloring Book (Fashion) This Book Has 36 Coloring Sheets That Can Be Used to Color in, Frame, and/or Meditate over: This Book Can Be Photocopied, Printed & Downloaded As a PDF. James Manning & Christabelle Manning. 2019. (Girls Coloring Book Ser.: Vol. 30). (ENG., Illus.). 82p. (J). pap. *(978-1-83884-249-9(7))* Coloring Pages.

Girls Coloring Book (Mysterious Mechanical Creatures) Advanced Coloring (Colouring) Books with 40 Coloring Pages: Mysterious Mechanical Creatures (Colouring (Coloring) Books) James Manning. 2019. (Girls Coloring Book Ser.: Vol. 11). (ENG., Illus.). 82p. (YA). pap. *(978-1-83856-613-5(9))* Coloring Pages.

Girls Coloring Book (Unicorn Coloring Book) A Unicorn Coloring (Colouring) Book with 30 Coloring Pages That Gradually Progress in Difficulty: This Book Can Be Downloaded As a PDF & Printed Out to Color Individual Pages. James Manning. 2019. (Girls Coloring Book Ser.: Vol. 3). (ENG., Illus.). 62p. (J). pap. *(978-1-83856-632-6(5))*; pap. *(978-1-83856-633-3(3))* Coloring Pages.

Girls Coloring Books: A Princess & Fairies Coloring Book. Jupiter Kids. 2016. (ENG., Illus.). 106p. (J). pap. 12.55 *(978-1-68305-662-1(0)*, Jupiter Kids (Childrens & Kids Fiction)) Speedy Publishing LLC.

Girls Coloring Books: Princess Coloring Book Edition. Jupiter Kids. 2016. (ENG., Illus.). 106p. (J). pap. 12.55 *(978-1-68305-663-8(9)*, Jupiter Kids (Childrens & Kids Fiction)) Speedy Publishing LLC.

Girls Coloring Books Ages 4 - 8 (Do What You Love) 36 Coloring Pages to Boost Confidence in Girls. James Manning. 2019. (Girls Coloring Books Ages 4 - 8 Ser.: Vol. 1). (ENG., Illus.). 74p. (J). pap. *(978-1-83856-499-5(3))* Coloring Pages.

Girls Coloring Books Ages 4 - 8 (Unicorn Coloring Book) A Unicorn Coloring (Colouring) Book with 30 Coloring Pages That Gradually Progress in Difficulty: This Book Can Be Downloaded As a PDF & Printed Out to Color Individual Pages. James Manning. 2019. (Girls Coloring Books Ages 4 - 8 Ser.: Vol. 3). (ENG., Illus.). 62p. (J). pap. *(978-1-83856-634-0(1))* Coloring Pages.

Girls Coloring Books Ages 8 - 12 (Do What You Love) 36 Coloring Pages to Boost Confidence in Girls. James Manning. 2019. (Girls Coloring Books Ages 8 - 12 Ser.: Vol. 1). (ENG., Illus.). 74p. (J). pap. *(978-1-83856-501-5(9))* Coloring Pages.

Girls Coloring (Do What You Love) 36 Coloring Pages to Boost Confidence in Girls. James Manning. 2019. (ENG., Illus.). 74p. (J). pap. *(978-1-83856-464-3(0))* West Suffolk CBT Service Ltd., The.

Girls Coloring (Fashion Coloring Book) 40 Fashion Coloring Pages. Manning James. 2019. (ENG., Illus.). 82p. (J). pap. *(978-1-83856-120-8(X))* Coloring Pages.

Girls Coloring (Fashion Coloring Book) 40 Fashion Coloring Pages. James Manning. 2019. (Girls Coloring Ser.: Vol. 2). (ENG., Illus.). 82p. (J). pap. *(978-1-83856-303-5(2))* Coloring Pages.

Girls Dream Teen Coloring Books Vol 3: Detailed Drawings for Older Girls & Teenagers; Fun Creative Arts & Craft Teen Activity, Zendoodle, Relaxing ... Mindfulness, Relaxation & Stress Relief. Emily Paperheart. 2020. (Teen Coloring Bks.). (ENG., Illus.). 112p. (YA). pap. 9.97 *(978-0-474-06281-0(3))* Google.

Girls for Medicine. Orezime A. Uyeh. 2020. (ENG., Illus.). 38p. (J). (gr. k-4). 17.99 *(978-1-0878-5749-7(X))*; pap. 12.99 *(978-1-0878-5746-6(5))* Indy Pub.

Girls for the Win!, 12 vols. 2022. (Girls for the Win! Ser.). (ENG.). 24p. (J). (gr. 1-2). lib. bdg. 145.62 *(978-1-9785-3193-2(1),* ce03485a-7dd2-4586-98f8-a7ac92dc97c7) Enslow Publishing, LLC.

Girls Garage: How to Use Any Tool, Tackle Any Project, & Build the World You Want to See (Teenage Trailblazers, STEM Building Projects for Girls) Emily Pilloton. 2020. (ENG., Illus.). 320p. (J). (gr. 9-17). 29.99 *(978-1-4521-6627-8(7))* Chronicle Bks. LLC.

Girls Gratitude Journal: 100 Days to Practice Mindfulness with Prompts, Fun Challenges, Affirmations, & Inspirational Quotes for Kids in 5 Minutes a Day for a Better Life! Scholastic Panda Education. 2022. (Growth Mindset Read Alouds Ser.). (ENG.). 108p. (J). pap. 12.98 *(978-1-953149-41-1(3))* Polymath Publishing Hse. LLC.

Girl's Guide to a Princess's Pathway: How to Break Free, Stand, Walk in Worth & Rise above Life's Challenges - Volume 1. Chrystal Epps-Bean. 2020. (ENG.). 292p. (YA). pap. 23.99 *(978-1-7347310-0-2(1))* Anchored Anew Publishing, LLC.

Girl's Guide to Best Friends & Mean Girls. Dannah Gresh & Suzy Weibel. 2020. (True Girl Ser.). (ENG.). 112p. (J). (gr. 2-6). pap. 12.99 *(978-0-7369-8199-6(3),* 6981996) Harvest Hse. Pubs.

Girl's Guide to Bible Journaling: A Christian Teen's Workbook for Creative Lettering & Celebrating God's Word. Kristin Duran. 2020. (ENG., Illus.). 136p. (J). pap. 16.95 *(978-1-64604-070-4(8))* Ulysses Pr.

Girl's Guide to Building a Fort: Outdoor + Indoor Adventures for Hands-On Girls. Jenny Fieri. Illus. by Alexis Seabrook. 2021. (ENG.). 224p. (J). pap. 14.99 *(978-1-5248-6117-9(0))* Andrews McMeel Publishing.

Girls' Guide to Conquering Life: How to Ace an Interview, Change a Tire, Impress a Guy, & 97 Other Skills You

Need to Thrive. Erica Catherman & Jonathan Catherman. 2018. (ENG., Illus.). 300p. (YA). pap. 16.00 *(978-0-8007-2980-6(3))* Revell.

Girls' Guide to Conquering Middle School: Do This, Not That Advice Every Girl Needs. Erica Catherman & Jonathan Catherman. 2018. (ENG., Illus.). 224p. pap. 13.99 *(978-0-8007-2981-3(1))* Revell.

Girl's Guide to Love & Magic. Debbie Rigaud. 2022. (ENG.). 288p. (YA). (gr. 7). 18.99 *(978-1-338-68174-1(5)*, Scholastic Pr.) Scholastic, Inc.

Girl's Guide to Relationships, Sexuality, & Consent: Tools to Help Teens Stay Safe, Empowered, & Confident. Leah Aguirre & Geraldine O'Sullivan. 2022. (Instant Help Solutions Ser.). (ENG.). 192p. (YA). (gr. 6-12). pap. 19.95 *(978-1-68403-973-9(8)*, 49739, Instant Help Books) New Harbinger Pubns.

Girl's Guide to Studying Her Bible: Simple Steps to Grow in God's Word. Elizabeth George. 2023. (ENG.). 144p. (J). (gr. 2-6). pap. 12.99 *(978-0-7369-8746-2(0)*, 6987462, Harvest Kids) Harvest Hse. Pubs.

Girl's Guide to the Perfect Sleepover. Mame Ventura. 2017. (Go-To Guides). (ENG., Illus.). 32p. (J). (gr. 3-9). lib. bdg. 28.65 *(978-1-5157-3663-9(6)*, 133648, Capstone Pr.) Capstone.

Girl's Guide to the Wild: Be an Adventure-Seeking Outdoor Explorer! Ruby McConnell. Illus. by Teresa Grasseschi. 2019. (Her Guide to the Wild Ser.). 272p. (J). (gr. 4-7). pap. 18.99 *(978-1-63217-171-9(6)*, Little Bigfoot) Sasquatch Bks.

Girl's Guide to Understanding Boys. Dannah Gresh & Suzy Weibel. 2020. (True Girl Ser.). (ENG.). 112p. (J). (gr. 2-6). pap. 12.99 *(978-0-7369-8183-5(7)*, 6981835) Harvest Hse. Pubs.

Girls' Guides: Essential Guides, 6 bks. Incl. Cha-Ching! A Girl's Guide to Spending & Saving. Laura Weeldreyer. 1999. lib. bdg. 29.25 *(978-0-8239-2988-7(4)*, GGCHCH); Crushes, Creeps & Classmates: A Girl's Guide to Getting along with Boys. Elizabeth Frankenberger. 2005. lib. bdg. 32.75 *(978-0-8239-2980-1(9)*, GGCRCR); Fuel Up! A Girl's Guide to Eating Well. Leslie Levchuck. 1999. lib. bdg. 32.75 *(978-0-8239-2981-8(7)*, GGFUUP, Rosen Reference); Infogirl: A Girl's Guide to the Internet. Marty Brown. 2005. lib. bdg. 32.75 *(978-0-8239-2984-9(1)*, GGINGI); 48p. (YA). (gr. 5-8). (Illus.). Set lib. bdg. 98.25 *(978-0-8239-9036-8(2)*, GGESGU, Rosen Reference) Rosen Publishing Group, Inc., The.

Girls' Gymnastics. Brendan Flynn. 2021. (Girls' SportsZone Ser.). (ENG., Illus.). 48p. (J). (gr. 4-6). lib. bdg. 34.21 *(978-1-5321-9634-8(2)*, 38368, SportsZone) ABDO Publishing Co.

Girls' Home Spa Lab: All-Natural Recipes, Healthy Habits, & Feel-Good Activities to Make You Glow. Maya Pagán. 2018. (ENG., Illus.). 160p. (J). (gr. 4-8). pap. 16.95 *(978-1-61212-964-8(1)*, 622964) Storey Publishing, LLC.

Girls in Bookland (Classic Reprint) Hildegarde Hawthorne. 2018. (ENG., Illus.). 322p. (J). 30.56 *(978-0-484-08296-9(5))* Forgotten Bks.

Girls in the Moon. Janet McNally. (ENG.). (YA). (gr. 8). 2018. 368p. pap. 9.99 *(978-0-06-243625-2(2))*; 2016. 352p. 17.99 *(978-0-06-243624-5(4))* HarperCollins Pubs. (HarperTeen).

Girls I've Been. Tess Sharpe. 2021. (ENG.). 368p. (YA). (gr. 9). 19.99 *(978-0-593-35380-6(3)*, G.P. Putnam's Sons Books for Young Readers) Penguin Young Readers Group.

Girls Join the Team, 12 vols. 2016. (Girls Join the Team Ser.). 24p. (gr. 3-3). (ENG.). 151.62 *(978-1-5081-4900-2(3)*, f592b709-0b88-420c-8471-887231e2be0d); pap. 49.50 *(978-1-4994-2472-0(8))* Rosen Publishing Group, Inc., The. (PowerKids Pr.).

Girl's Journey Through Europe, Egypt & the Holy Land. Lenamay Green. 2017. (ENG.). 408p. (J). pap. *(978-3-7447-6247-2(5))* Creation Pubs.

Girl's Journey Through Europe, Egypt, & the Holy Land (Classic Reprint) Lenamay Green. (ENG., Illus.). (J). 2017. 32.27 *(978-0-331-72999-3(7))*; 2016. pap. 16.57 *(978-1-334-13811-9(7))* Forgotten Bks.

Girls Just Like You: Bible Women Who Trusted God. Jean Stapleton. rev. ed. 2017. (Daily Readings Ser.). (ENG., Illus.). 128p. (J). 9.99 *(978-1-78191-997-2(6)*, e50b9b43-90d8-4df2-b5bc-7db52679ffbf, CF4Kids) Christian Focus Pubns. GBR. Dist: Baker & Taylor Publisher Services (BTPS).

Girls' Lacrosse. Brendan Flynn. 2021. (Girls' SportsZone Ser.). (ENG., Illus.). 48p. (J). (gr. 4-6). lib. bdg. 34.21 *(978-1-5321-9635-5(0)*, 38370, SportsZone) ABDO Publishing Co.

Girls' Lacrosse: A Guide for Players & Fans. Heather Williams. 2019. (Sports Zone Ser.). (ENG., Illus.). 32p. (J). (gr. 3-6). pap. 7.95 *(978-1-5435-7460-9(2)*, 140900); lib. bdg. 27.99 *(978-1-5435-7427-2(0)*, 140713) Capstone.

Girls' Lacrosse Fun. Imogen Kingsley. 2020. (Sports Fun Ser.). (ENG., Illus.). 24p. (J). (gr. k-2). lib. bdg. 29.99 *(978-1-9771-2477-7(1)*, 200489, Pebble) Capstone.

Girl's Life in Germantown (Classic Reprint) Elizabeth W. Coffin. 2018. (ENG., Illus.). 146p. (J). 26.91 *(978-0-267-26271-7(X))* Forgotten Bks.

Girl's Life in Virginia Before the War (Classic Reprint) Letitia M. Burwell. 2017. (ENG., Illus.). (J). 29.07 *(978-0-265-21909-6(4))* Forgotten Bks.

Girl's Light. Adekunle Jegede. 2020. (ENG.). 62p. (J). pap. *(978-1-5289-4019-1(9))* Austin Macauley Pubs. Ltd.

Girls Like Girls. Hayley Kiyoko. 2023. (ENG., Illus.). 320p. (YA). 20.00 *(978-1-250-81763-1(3)*, 900249411, Wednesday Bks.) St. Martin's Pr.

Girls Like Me, 1 vol. Kristin Butcher. 2019. (Orca Soundings Ser.). (ENG.). 144p. (YA). (gr. 8-12). pap. 9.95 *(978-1-4598-2055-5(X))* Orca Bk. Pubs. USA.

Girls Like Me. Yves Lola StVil. (ENG.). 320p. (YA). (gr. 7). 2018. pap. 8.99 *(978-1-328-90102-6(5)*, 1700156); 2016. 17.99 *(978-0-544-70674-3(9)*, 1628646) HarperCollins Pubs. (Clarion Bks.).

Girls Like Me. Valerie Thompkins. Illus. by Abira Das. 2021. (ENG.). 34p. (J). pap. 14.99 *(978-1-7361829-0-1(0))* Visionary Pr. Publishing.

Girls Like Us. Randi Pink. 2021. (ENG.). 320p. (YA). pap. 14.99 *(978-1-250-62087-3(2)*, 900184788) Square Fish.

Girls Like You & Me: Picture Book to Teach Kids about Careers. Shanique Smith. Illus. by Arif Hossain. 2022. (ENG.). 28p. (J). pap. *(978-1-80068-584-0(X))* Independent Publishing Network.

Girls Love to Burp. Alice Clover. Illus. by Cheryl Lucas. 2021. (ENG.). 32p. (J). pap. *(978-1-9164826-5-4(1))* Alice Clover Stories.

Girls Love to Fart. Alice Clover. Illus. by Cheryl Lucas. (ENG.). 30p. (J). 2021. *(978-1-9164826-4-7(3))*; 2019. (Girls Love To Ser.: Vol. 1). pap. *(978-1-9164826-1-6(9))* Alice Clover Stories.

Girls Make Movies: A Follow-Your-Own-Path Guide for Aspiring Young Filmmakers. Mallory O'Meara. Illus. by Jen Vaughn. 2023. (ENG.). 144p. (J). (gr. 5-17). 17.99 *(978-0-7624-7898-9(5)*, Running Pr. Kids) Running Pr.

Girls New & Old. L. T. Meade. 2019. (ENG., Illus.). 250p. (YA). pap. *(978-93-5329-495-3(9))* Alpha Editions.

Girls Notebook. Monica Freeman. 2020. (ENG.). 166p. (J). pap. 7.09 *(978-1-716-37675-7(0))* Lulu Pr., Inc.

Girls of '64 (Classic Reprint) Emilie Benson Knipe. 2018. (ENG., Illus.). 288p. (J). 29.84 *(978-0-364-26165-1(X))* Forgotten Bks.

Girls of a Feather a Novel (Classic Reprint) Amelia E. Barr. 2018. (ENG., Illus.). 378p. (J). 31.69 *(978-0-267-44054-2(5))* Forgotten Bks.

Girls of Central High Aiding the Red Cross: Or, Amateur Theatricals for a Worthy Cause. Gertrude W. Morrison. 2017. (ENG., Illus.). (J). 22.95 *(978-1-374-87684-2(4))* Capital Communications, Inc.

Girls of Central High Aiding the Red Cross: Or Amateur Theatricals for; a Worthy Cause (Classic Reprint) Gertrude W. Morrison. (ENG., Illus.). (J). 2018. 224p. 28.52 *(978-0-365-10982-2(7))*; 2017. pap. 10.97 *(978-0-259-22827-1(3))* Forgotten Bks.

Girls of Central High at Basketball, or, the Great Gymnasium Mystery. Gertrude W. Morrison. 2018. (ENG.). 222p. (J). pap. 9.50 *(978-1-63391-624-1(3))* Westphalia Press.

Girls of Central High at Basketball or the Great Gymnasium Mystery (Classic Reprint) Gertrude W. Morrison. 2018. (ENG., Illus.). 216p. (J). 28.37 *(978-0-267-24347-1(2))* Forgotten Bks.

Girls of Central High on the Stage: Or the Play That Took the Prize (Classic Reprint) Gertrude W. Morrison. 2018. (ENG., Illus.). 220p. (J). 28.45 *(978-0-267-49253-4(7))* Forgotten Bks.

Girls of Fairmount (Classic Reprint) Etta Anthony Baker. (ENG., Illus.). (J). 2017. 320p. 30.52 *(978-0-484-77924-1(9))*; 2016. pap. 13.57 *(978-1-333-71887-9(X))* Forgotten Bks.

Girls of Fate & Fury. Natasha Ngan. (Girls of Paper & Fire Ser.: 3). (ENG.). 448p. (YA). 2022. (gr. 5-17). pap. 10.99 *(978-0-316-52879-5(X))*; 2021. (Illus.). (gr. 9-17). 18.99 *(978-0-316-52878-8(1))* Little Brown & Co. (Jimmy Patterson).

Girls of Firefly Cabin. Cynthia Ellingsen. (ENG.). 288p. (J). (gr. 3-6). 2020. pap. 9.99 *(978-0-8075-2941-6(9)*, 807529419); 2019. 16.99 *(978-0-8075-2939-3(7)*, 807529397) Whitman, Albert & Co.

Girls of July. Alex Flinn. (ENG.). (YA). (gr. 8). 2020. 496p. pap. 11.99 *(978-0-06-244784-5(X))*; 2019. 480p. 17.99 *(978-0-06-244783-8(1))* HarperCollins Pubs. (HarperTeen).

Girls of Miss. Clevelands' (Classic Reprint) Beatrice Embree. (ENG., Illus.). (J). 2018. 194p. 27.90 *(978-0-267-36994-2(8))*; 2016. pap. 10.57 *(978-1-334-16044-8(9))* Forgotten Bks.

Girls of Old Glory (Classic Reprint) Mary Constance Du Bois. 2018. (ENG., Illus.). (J). 442p. 33.01 *(978-1-396-41184-7(4))*; 444p. pap. 16.57 *(978-1-390-90123-8(8))* Forgotten Bks.

Girls of Paper & Fire. Natasha Ngan. (YA). 2019. (ENG.). 416p. (gr. 10-17). pap. 12.99 *(978-0-316-56135-8(5))*; 2018. 385p. *(978-0-316-45220-5(3))*; 2018. (ENG.). 400p. (gr. 10-17). 19.99 *(978-0-316-56136-5(3))*; 2018. 385p. *(978-0-316-53040-8(9))*; 2018. 385p. *(978-0-316-45352-3(8))* Little Brown & Co. (Jimmy Patterson).

Girls of Paper & Fire. Natasha Ngan. 2019. (ENG.). 416p. lib. bdg. 21.80 *(978-1-6636-2724-7(X))* Perfection Learning Corp.

Girls of Storm & Shadow. Natasha Ngan. 2019. (Girls of Paper & Fire Ser.: 2). (ENG., Illus.). 416p. (YA). (gr. 10-17). 18.99 *(978-0-316-52867-2(6)*, Jimmy Patterson) Little Brown & Co.

Girls of the Bible (Classic Reprint) Susan Clark Handy. (ENG., Illus.). (J). 2018. 228p. 28.60 *(978-0-364-18812-5(X))*; 2017. pap. 10.97 *(978-0-259-52992-7(3))* Forgotten Bks.

Girls of the Promised Land Book One: Daughter of Lehi. Pamela Harrington. 2021. (Girls of the Promised Land Ser.: Vol. 1). (ENG.). 318p. (YA). pap. 21.99 ***(978-1-0879-9539-7(6))*** Indy Pub.

Girls of War. Leigh Statham. 2021. (Daughter 4254 Ser.: Vol. 3). (ENG.). 248p. (YA). pap. 14.95 *(978-1-945654-73-2(2))* Owl Hollow Pr.

Girls on the Brink: Seven Female-Forward Plays for Young Adults. Rex McGregor. 2016. (ENG.). 72p. pap. 7.95 *(978-1-62088-584-0(0))* YouthPlays.

Girls on the Verge. Sharon Biggs Waller. 2023. (ENG.). 240p. (YA). pap. 11.99 *(978-1-250-23374-5(7)*, 900183376) Square Fish.

Girls over Here: A Patriotic Play in One Act (Classic Reprint) Marie Doran. 2018. (ENG., Illus.). 34p. (J). 24.62 *(978-0-483-58577-5(7))* Forgotten Bks.

Girl's Own Book (Classic Reprint) Lydia Maria Child. (ENG., Illus.). (J). 2018. 296p. 30.00 *(978-0-483-69954-0(3))*; 2017. pap. 13.57 *(978-0-243-28045-2(9))* Forgotten Bks.

Girl's Own Book of Amusing & Instructive Stories: Embellished with Cuts (Classic Reprint) Unknown Author. 2018. (ENG., Illus.). 32p. (J). 24.56 *(978-0-484-22166-5(3))* Forgotten Bks.

Girls' Own Book of Cuddly Clowns. Tony Arnold. 2017. (ENG., Illus.). (J). pap. 21.00 *(978-1-387-17244-3(1))* Lulu Pr., Inc.

Girl's Own Outdoor Book: Containing Practical Help to Girls on Matters Relating to Outdoor Occupation & Recreation (Classic Reprint) Charles Peters. 2018. (ENG., Illus.). (J). 514p. 34.52 *(978-0-366-55525-3(1))*; 516p. pap. 16.97 *(978-0-365-96675-3(4))* Forgotten Bks.

Girl's Past a Novel, Vol. 2 of 3 (Classic Reprint) Herbert Martin. 2018. (ENG., Illus.). 242p. (J). 28.91 *(978-0-483-79051-3(6))* Forgotten Bks.

Girl's Past, Vol. 1 Of 3: A Novel (Classic Reprint) Herbert Martin. 2018. (ENG., Illus.). 266p. (J). 29.38 *(978-0-483-61367-6(3))* Forgotten Bks.

Girl's Past, Vol. 3 Of 3: A Novel (Classic Reprint) Herbert Martin. 2018. (ENG., Illus.). 246p. (J). 28.97 *(978-0-484-28692-3(7))* Forgotten Bks.

Girls Play Basketball, 1 vol. Amy B. Rogers. 2016. (Girls Join the Team Ser.). (ENG.). 24p. (J). (gr. 3-3). pap. 9.25 *(978-1-4994-2093-7(5)*, b42e89b5-c8f4-4edf-a557-407aa08133c8, PowerKids Pr.) Rosen Publishing Group, Inc., The.

Girls Play Field Hockey, 1 vol. David Anthony. 2016. (Girls Join the Team Ser.). (ENG.). 24p. (J). (gr. 3-3). 25.27 *(978-1-4994-2099-9(4)*, feeaad7c-32c6-45a8-a9c6-648ae7842359); pap. 9.25 *(978-1-4994-2097-5(8)*, 94a80536-b0b3-463a-8b2e-f2b4cd4b3d17) Rosen Publishing Group, Inc., The. (PowerKids Pr.).

Girls Play Lacrosse, 1 vol. Kate Rogers. 2016. (Girls Join the Team Ser.). (ENG.). 24p. (J). (gr. 3-3). pap. 9.25 *(978-1-4994-2101-9(X)*, 94a6ac95-e1c5-4004-8fc7-1d75a2a91e65, PowerKids Pr.) Rosen Publishing Group, Inc., The.

Girls Play Rugby, 1 vol. Emma Jones. 2016. (Girls Join the Team Ser.). (ENG.). 24p. (J). (gr. 3-3). pap. 9.25 *(978-1-4994-2105-7(2)*, c7cc3f2a-c144-4018-87f4-9e3dee51f4b2, PowerKids Pr.) Rosen Publishing Group, Inc., The.

Girls Play Softball, 1 vol. Amy B. Rogers. 2016. (Girls Join the Team Ser.). (ENG.). 24p. (J). (gr. 3-3). pap. 9.25 *(978-1-5081-4964-4(X)*, cbfb7473-d014-4783-8b3e-7c1e762c9e0e, PowerKids Pr.) Rosen Publishing Group, Inc., The.

Girls Play Too: Inspiring Stories of Irish Sportswomen. Jacqui Hurley. 2nd ed. 2023. (ENG., Illus.). 64p. (J). (gr. 2-4). pap. 17.99 ***(978-1-78537-466-1(4))*** Irish Academic Pr. IRL. Dist: Independent Pubs. Group.

Girls Play Volleyball, 1 vol. Anne Forest. 2016. (Girls Join the Team Ser.). (ENG.). 24p. (J). (gr. 3-3). pap. 9.25 *(978-1-4994-2111-8(7)*, 4299e850-dc0e-4125-a16c-d6eeb3924f8b, PowerKids Pr.) Rosen Publishing Group, Inc., The.

Girls Resist! A Guide to Activism, Leadership, & Starting a Revolution. KaeLyn Rich. Illus. by Giulia Sagramola. 2018. 240p. (YA). (gr. 9). pap. 14.99 *(978-1-68369-059-7(1))* Quirk Bks.

Girl's Ride in Iceland (Classic Reprint) Alec Tweedie. 2017. (ENG., Illus.). (J). 28.19 *(978-0-260-81641-2(8))* Forgotten Bks.

Girls Rock Indonesia: Indonesia. Claudia Bellante. Illus. by Josefina Schargorodsky. 2022. (Against All Odds Ser.). (ENG.). 32p. (J). 18.95 *(978-1-62371-808-4(2)*, Crocodile Bks.) Interlink Publishing Group, Inc.

Girls Rule: A Very Special Book Created Especially for Girls. Ashley Rice. rev. ed. 2018. (ENG., Illus.). 64p. (J). pap. 12.95 *(978-1-68088-247-6(3))* Blue Mountain Arts Inc.

Girls Rule! 5-Minute Stories. Clarion Clarion Books. 2020. (5-Minute Stories Ser.). (ENG., Illus.). 224p. (J). (gr. -1-3). 12.99 *(978-0-358-16372-5(2)*, 1757329, Clarion Bks.) HarperCollins Pubs.

Girls Rule, Boys Don't. Tre Sixsix. 2017. (ENG., Illus.). (J). pap. 9.99 *(978-1-365-86222-9(4))* Lulu Pr., Inc.

Girls Rule! Matching Game Activity Book. Activibooks For Kids. 2016. (ENG., Illus.). (J). pap. 7.55 *(978-1-68321-527-1(3))* Mimaxion.

Girls Save the World in This One. Ash Parsons. 2020. (ENG.). 432p. (YA). (gr. 7). 18.99 *(978-0-525-51532-6(1)*, Philomel Bks.) Penguin Young Readers Group.

Girls' Soccer. Brendan Flynn. 2021. (Girls' SportsZone Ser.). (ENG., Illus.). 48p. (J). (gr. 4-6). lib. bdg. 34.21 *(978-1-5321-9636-2(9)*, 38372, SportsZone) ABDO Publishing Co.

Girls' Softball. Brendan Flynn. 2021. (Girls' SportsZone Ser.). (ENG., Illus.). 48p. (J). (gr. 4-6). lib. bdg. 34.21 *(978-1-5321-9637-9(7)*, 38374, SportsZone) ABDO Publishing Co.

Girls Solve Everything: Stories of Women Entrepreneurs Building a Better World. Catherine Thimmesh. Illus. by Melissa Sweet. 2022. (ENG.). 128p. (J). (gr. 5). 17.99 *(978-0-358-10634-0(6)*, 1748625, Clarion Bks.) HarperCollins Pubs.

Girls' SportsZone (Set), 6 vols. 2021. (Girls' SportsZone Ser.). (ENG.). 48p. (J). (gr. 4-6). lib. bdg. 205.32 *(978-1-5321-9632-4(6)*, 38364, SportsZone) ABDO Publishing Co.

Girl's Story Book (Classic Reprint) Theodore Thinker. (ENG., Illus.). (J). 2018. 90p. 25.75 *(978-0-267-35200-5(X))*; 2016. pap. 9.57 *(978-1-333-75573-7(2))* Forgotten Bks.

Girls Survive. Mayumi Shimose Poe et al. Illus. by Alessia Trunfio et al. (Girls Survive Ser.). (ENG.). 112p. (J). 2023. 746.20 ***(978-1-6690-5658-4(9)***, 256429); 2023. pap., pap., pap. 222.68 ***(978-1-6690-5659-1(7)***, 256430); 2023. 692.90 *(978-1-6690-1442-3(8)*, 248954); 2022. 586.30 *(978-1-6663-3373-2(5)*, 235151) Capstone. (Stone Arch Bks.).

Girls Survive Graphic Novels. Amy Rubinate et al. Illus. by Alessia Trunfio et al. 2023. (Girls Survive Graphic Novels Ser.). (ENG.). 48p. (J). 106.60 ***(978-1-6690-1379-2(0)***, 248593); pap., pap., pap. 23.96 ***(978-1-6690-1380-8(4)***, 248599) Capstone. (Stone Arch Bks.).

Girls Think of Everything: Stories of Ingenious Inventions by Women. Catherine Thimmesh. Illus. by Melissa Sweet. (ENG.). (J). (gr. 3-7). 2018. 112p. 17.99 *(978-1-328-77253-4(5)*, 1681294); 2022. 128p. reprint ed. pap. 9.99 *(978-0-618-19563-3(7)*, 410515) HarperCollins Pubs. (Clarion Bks.).

Girls' Volleyball. Brendan Flynn. 2021. (Girls' SportsZone Ser.). (ENG., Illus.). 48p. (J). (gr. 4-6). lib. bdg. 34.21 *(978-1-5321-9638-6(5)*, 38376, SportsZone) ABDO Publishing Co.

Girl's Wanderings in Hungary (Classic Reprint) H. Ellen Browning. (ENG., Illus.). (J). 2018. 400p. 32.15 *(978-0-656-02184-0(5))*; 2017. pap. 16.57 *(978-0-282-44493-8(9))* Forgotten Bks.

Girl's Week-Day Book, 1836 (Classic Reprint) London Religious Tract Society. (ENG., Illus.). (J). 2018. 246p. 28.99 *(978-0-656-33846-7(6))*; 2017. pap. 11.57 *(978-0-243-31342-6(X))* Forgotten Bks.

Girls Who Build. Marisa L. Richards. 2023. 24p. (J). 22.00 ***(978-1-6678-9527-7(3))*** BookBaby.

Girls Who Build: Inspiring Curiosity & Confidence to Make Anything Possible. Katie Hughes. 2020. (ENG., Illus.). 272p. (J). (gr. 3-9). 30.00 *(978-0-7624-6721-1(5))*; pap. 17.99 *(978-0-7624-6720-4(7))* Running Pr. (Black Dog & Leventhal Pubs. Inc.).

Girls Who Code: Learn to Code & Change the World. Reshma Saujani. (Girls Who Code Ser.). (ENG., Illus.). (J). (gr. 5). 2018. 192p. pap. 11.99 *(978-0-425-28755-2(6)*, Puffin Books); 2017. 176p. 17.99 *(978-0-425-28753-8(X)*, Viking Books for Young Readers) Penguin Young Readers Group.

Girls Who Colored Outside the Lines. Summer Dawn Reyes. 2018. (ENG., Illus.). 26p. (J). *(978-0-359-24221-4(9))* Lulu Pr., Inc.

Girls Who Go to Parties. Jude Warne. 2017. (Crushing Ser.). (ENG.). 192p. (YA). (gr. 5-12). lib. bdg. 31.42 *(978-1-68076-716-2(X)*, 25380, Epic Escape) EPIC Pr.

Girls Who Green the World: Thirty-Four Rebel Women Out to Save Our Planet. Diana Kapp. Illus. by Ana Jarén. 2022. 336p. (YA). (gr. 7). 19.99 *(978-0-593-42805-4(6))*; (ENG.). lib. bdg. 22.99 *(978-0-593-48434-0(7))* Random Hse. Children's Bks. (Delacorte Pr.).

Girls Who Run the World: 31 CEOs Who Mean Business. Diana Kapp. Illus. by Bijou Karman. 2019. 320p. (J). (gr. 5-12). 19.99 *(978-1-9848-9305-5(X))*; (ENG.). lib. bdg. 22.99 *(978-0-593-11907-5(X))* Random Hse. Children's Bks. (Delacorte Bks. for Young Readers).

Girls with Grace- a 52 Week Devotional Journal. Knicole A. Turner. 2020. (ENG.). 160p. (YA). pap. 15.00 *(978-1-716-71802-1(3))* Lulu Pr., Inc.

Girls with Guts! The Road to Breaking Barriers & Bashing Records. Debbie Gonzales. Illus. by Rebecca Gibbon. 2019. 32p. (J). (gr. 1-4). lib. bdg. 16.99 *(978-1-58089-747-1(9))* Charlesbridge Publishing, Inc.

Girls with Razor Hearts. Suzanne Young. 2021. (Girls with Sharp Sticks Ser.: 2). (ENG.). 416p. (YA). (gr. 9). pap. 13.99 *(978-1-5344-2617-7(5)*, Simon & Schuster Bks. For Young Readers) Simon & Schuster Bks. For Young Readers.

Girls with Razor Hearts. Suzanne Young. 2020. (Girls with Sharp Sticks Ser.: 2). (ENG.). 400p. (YA). (gr. 9). 19.99 *(978-1-5344-2616-0(7)*, Simon Pulse) Simon Pulse.

Girls with Rebel Souls. Suzanne Young. (Girls with Sharp Sticks Ser.: 3). (ENG.). 320p. (YA). (gr. 9). 2022. pap. 12.99 *(978-1-5344-2620-7(5))*; 2021. 19.99 *(978-1-5344-2619-1(1))* Simon & Schuster Bks. For Young Readers. (Simon & Schuster Bks. For Young Readers).

Girls with Sharp Sticks. Suzanne Young. (Girls with Sharp Sticks Ser.: 1). (ENG.). (YA). (gr. 9). 2020. 416p. pap. 12.99 *(978-1-5344-2614-6(0))*; 2019. (Illus.). 400p. 19.99 *(978-1-5344-2613-9(2))* Simon Pulse. (Simon Pulse).

Girls with Sharp Sticks Trilogy (Boxed Set) Girls with Sharp Sticks; Girls with Razor Hearts; Girls with Rebel Souls. Suzanne Young. ed. 2022. (Girls with Sharp Sticks Ser.). (ENG.). 1152p. (YA). (gr. 9). pap. 38.99 *(978-1-6659-2667-6(8)*, Simon & Schuster Bks. For Young Readers) Simon & Schuster Bks. For Young Readers.

Girly Stuff! Pretty Girls Images to Color - Coloring Books 5 Year Old Girl Edition. Creative Playbooks. 2016. (ENG., Illus.). (J). pap. 7.74 *(978-1-68323-115-8(5))* Twin Flame Productions.

Girondin (Classic Reprint) Hilaire Belloc. 2018. (ENG., Illus.). 390p. (J). 31.96 *(978-0-483-26940-8(9))* Forgotten Bks.

Girton Girl (Classic Reprint) Annie Edwards. (ENG., Illus.). (J). 2018. 368p. 31.51 *(978-0-483-64659-9(8))*; 2017. pap. 13.97 *(978-0-243-41963-0(5))* Forgotten Bks.

Gisella Vacare & Her Magical Hair. Sneaky Boy. 2018. (ENG., Illus.). 48p. (J). *(978-0-2288-0160-3(5))*; pap. *(978-0-2288-0159-7(1))* Tellwell Talent.

Giselle the Christmas Ballet Fairy. Daisy Meadows. ed. 2016. (Rainbow Magic — Special Edition Ser.). (ENG.). 176p. (J). (gr. 2-5). 17.20 *(978-0-606-39141-2(X))* Turtleback.

Gissitback. Julie Parsons. Illus. by Guy J. Price. 2018. (ENG.). 30p. (J). pap. *(978-1-78830-041-4(6))* Olympia Publishers.

Gita Takes Wing. Gailyn Porter. 2019. (ENG., Illus.). 70p. (J). (gr. 2-4). pap. 19.95 *(978-0-89556-283-8(9))* Gateways Bks. & Tapes.

Gitanjali. Rabindranath Tagore. 2018. (ENG., Illus.). 86p. (J). 12.95 *(978-1-60942-373-5(9))*; pap. 5.99 *(978-1-60942-372-8(0))* Information Age Publishing, Inc.

Gitanjali. Rabindranath Tagore. 2016. (ENG., Illus.). (J). *(978-1-77323-010-8(7))* Rehak, David.

Gitanjali. Rabindranath Tagore. 2017. (ENG.). 144p. (J). pap. *(978-93-80914-88-6(1))* Sumaiyah Distributors Pvt Ltd.

Gitanjali. Rabindranath Tagore. 2020. (ENG.). 54p. (J). *(978-1-77441-634-1(4))* Westland, Brian.

Gitanjali: A Collection of Nobel Prize Winning Poems. Rabindranath Tagore. 2019. (ENG.). 144p. (J). pap. *(978-93-89440-76-8(9))* Sumaiyah Distributors Pvt Ltd.

Gitel Goes to Cheder. Frieda Miriam. Illus. by Malka Michaela Barshishat. 2021. (ENG.). 32p. (J). 14.99 ***(978-1-0879-0211-1(8))*** Indy Pub.

Gittel's Journey: An Ellis Island Story. Lesléa Newman & Amy June Bates. 2019. (ENG., Illus.). 48p. (J). (gr. k-3). 18.99 *(978-1-4197-2747-4(8)*, 1152401, Abrams Bks. for Young Readers) Abrams, Inc.

Giuliana's Fairy Door. Caren Panizzo. 2020. (ENG.). 28p. (J). pap. 13.95 *(978-1-64584-651-2(2))* Page Publishing Inc.

Giulio Malatesta, Vol. 2 Of 3: A Novel (Classic Reprint) Thomas Adolphus Trollope. 2018. (ENG., Illus.). 320p. (J). 30.50 *(978-0-483-51218-4(4))* Forgotten Bks.

Giuseppe, My Mischievous Goat! Robin C. Di Leo-Banta. Illus. by Tamchanok K. Chada. 2022. 24p. (J). pap. 10.86 *(978-1-6678-4707-8(4))* BookBaby.

Giuseppe Verdi (Classic Reprint) Elbert Hubbard. 2018. (ENG., Illus.). 36p. (J). 24.64 *(978-0-483-45097-4(9))* Forgotten Bks.

Giuseppe Verdi: Composer, 1 vol. Daniel Snowman. 2016. (History Makers Ser.). (ENG., Illus.). 144p. (YA). (gr. 9-9). 47.36 (978-1-5026-2449-9(4), ae8d04c4-d014-480a-90e7-ece631c91f82) Cavendish Square Publishing LLC.

Giuseppino: An Occidental Story (Classic Reprint) Edward N. Shannon. 2018. (ENG., Illus.). 70p. (J). 25.34 (978-0-484-08531-1(X)) Forgotten Bks.

Give a 'Bot a Bone. Nancy Krulik & Amanda Burwasser. Illus. by Mike Moran. 2018. (Project Droid Ser.: 5). (ENG.). 112p. (J). (gr. 1-3). 13.99 (978-1-5107-2663-5(2)); pap. 4.99 (978-1-5107-2655-0(1)) Skyhorse Publishing Co., Inc. (Sky Pony Pr.).

Give a Boy a Gun: 20th Anniversary Edition. Todd Strasser. ed. 2020. (ENG.). (YA). (gr. 7). 176p. 18.99 (978-1-5344-6450-6(6)); 192p. pap. 11.99 (978-1-5344-6461-2(1)) Simon & Schuster Bks. For Young Readers. (Simon & Schuster Bks. For Young Readers).

Give an Angel Rainbow Wings Coloring Book. Creative Playbooks. 2016. (ENG., Illus.). (J). pap. 7.74 (978-1-68323-730-3(7)) Twin Flame Productions.

Give & Take. Elly Swartz. 2019. (ENG., Illus.). 320p. (J). 16.99 (978-0-374-30821-6(7), 900185163, Farrar, Straus & Giroux (BYR)) Farrar, Straus & Giroux.

Give & Take. Elly Swartz. 2020. (ENG.). 320p. (J). pap. 13.99 (978-1-250-61889-4(4), 900185161) Square Fish.

Give Bees a Chance. Bethany Barton. Illus. by Bethany Barton. (Illus.). 40p. (J). (gr. -1-3). 2019. pap. 8.99 (978-0-593-11372-1(1), Puffin Books); 2017. 17.99 (978-0-670-01694-5(2), Viking Books for Young Readers) Penguin Young Readers Group.

Give Em Sass. Raechelle R. Green. Illus. by Briana Elise. 2022. (ENG.). 38p. (J). pap. 20.00 (978-1-6678-1483-4(4)) BookBaby.

Give Her a Pixie. Nancy Jo Shaw. Illus. by Margarita Sikorskaia. 2016. (ENG.). (J). (978-1-59298-723-8(0)) Beaver's Pond Pr., Inc.

Give It! Cinders McLeod. Illus. by Cinders McLeod. 2022. (Moneybunny Book Ser.). (ENG., Illus.). 32p. (J). (-k). 8.99 (978-0-593-40622-9(2), Nancy Paulsen Books) Penguin Young Readers Group.

Give It up Saga & Other Works by Ceili Rain C. Ceili Rain C. 2023. (ENG.). 167p. (YA). pap. **(978-1-312-28706-8(3))** Lulu Pr., Inc.

Give Me a Break. Donna Riley. 2022. (ENG.). 36p. (J). pap. 11.95 **(978-1-5069-0812-0(8))** First Edition Design Publishing.

Give Me a Break! Super Fun Activity Book for Kids. Activity Book Zone for Kids. 2016. (ENG., Illus.). (J). pap. 7.55 (978-1-68376-210-2(X)) Sabeels Publishing.

Give Me a Sign. Anna Sortino. 2023. 320p. (YA). (gr. 7). 18.99 **(978-0-593-53379-6(8)**, G.P. Putnam's Sons Books for Young Readers) Penguin Young Readers Group.

Give Me a Snickle! Alisha Sevigny. 2022. (ENG., Illus.). 20p. (J). (— 1). bds. 10.95 (978-1-4598-2870-4(4)) Orca Bk. Pubs. USA.

Give Me Back My Bones! Kim Norman. Illus. by Bob Kolar. 2019. (ENG.). 40p. (J). (gr. -1-3). 16.99 (978-0-7636-8841-7(X)) Candlewick Pr.

Give Me Back My Dad! Robert Munsch. Illus. by Michael Martchenko. 2020. (ENG.). 32p. (J). 19.99 (978-1-4431-0763-1(8), North Winds Pr) Scholastic Canada, Ltd. CAN. Dist: Publishers Group West (PGW).

Give Me Back My Dad! Robert Munsch. Illus. by Michael Martchenko. 2020. (ENG.). 32p. (J). pap. 7.99 (978-1-4431-0764-8(6)) Scholastic Canada, Ltd. CAN. Dist: Publishers Group West (PGW).

Give Me Dot to Dot's! the Children's Activity Book. Activibooks For Kids. 2016. (ENG., Illus.). (J). pap. 7.55 (978-1-68321-494-6(3)) Mimaxion.

Give Me Liberty or Death! the Fight for Independence & the American Revolution Grade 7 Children's American History. Baby Professor. 2022. (ENG.). 72p. (J). 31.99 **(978-1-5419-9683-0(6))**; pap. 19.99 **(978-1-5419-5056-6(9))** Speedy Publishing LLC. (Baby Professor (Education Kids)).

Give Me Some Space! Philip Bunting. Illus. by Philip Bunting. 2021. (ENG.). 32p. (J). (gr. k-2). pap. 7.99 (978-1-338-77275-3(9), Scholastic Paperbacks) Scholastic, Inc.

Give Me Some Truth. Eric Gansworth. (ENG.). 432p. (gr. 9-9). 2022. (J). pap. 12.99 (978-1-338-58216-1(X)); 2018. (Illus.). (YA). 18.99 (978-1-338-14354-6(9)) Scholastic, Inc. (Levine, Arthur A. Bks.).

Give My Love to Maria: And Other Stories (Classic Reprint) Florence Guertin Tuttle. (ENG., Illus.). (J). 2019. 266p. 29.40 (978-0-365-23462-3(1)); 2017. pap. 11.97 (978-0-259-21293-5(8)) Forgotten Bks.

Give My World Back. Freya Crump. Illus. by Alex Crump. 2020. (ENG.). 38p. (J). pap. (978-1-5272-7309-2(1)) Lane, Betty.

Give Peas a Chance (Dinosaur Juniors, Book 2) Rob Biddulph. 2020. (Dinosaur Juniors Ser.: 2). (ENG.). 32p. (J). 17.99 (978-0-00-832746-0(7), HarperCollins Children's Bks.) HarperCollins Pubs. Ltd. GBR. Dist: HarperCollins Pubs.

Give Please a Chance. Bill O'Reilly & James Patterson. 2016. (ENG., Illus.). 56p. (J). (gr. -1-1). 17.99 (978-0-316-27688-7(X), Jimmy Patterson) Little Brown & Co.

Give Please a Chance. James Patterson & Bill O'Reilly. 2016. (Illus.). 48p. (J). (978-1-78475-680-2(6), Jimmy Patterson) Little Brown & Co.

Give Thank You a Try. James Patterson. 2017. (Give Please a Chance Ser.: 2). (ENG., Illus.). 56p. (J). (gr. -1-1). 17.99 (978-0-316-44042-4(6), Jimmy Patterson) Little Brown & Co.

Give Thanks. Kathryn O'Brien. Illus. by Gillian Flint. 2018. (My First Bible Memory Bks.). (ENG.). 32p. (J). bds. 7.99 (978-1-4964-2781-6(5), 20_30670, Tyndale Kids) Tyndale Hse. Pubs.

Give Thanks: For My Body. Ametia Booker. 2022. (ENG.). 18p. (J). pap. 13.95 **(978-1-68517-109-4(5))** Christian Faith Publishing.

Give That Child a Mouth. Frederic L. Oliver. 2017. (ENG., Illus.). (J). (978-1-5255-1584-2(5)); pap. (978-1-5255-1585-9(3)) FriesenPress.

Give the Dark My Love. Beth Revis. 2019. (ENG.). 384p. (YA). (gr. 7). pap. 10.99 (978-1-59514-718-9(7), Razorbill) Penguin Young Readers Group.

Give These Cats Outfits Some Flare! Jupiter Kids. 2018. (ENG., Illus.). 106p. (J). pap. 12.55 (978-1-68326-265-7(4), Jupiter Kids (Childrens & Kids Fiction)) Speedy Publishing LLC.

Give This Book a Cover: Spark Your Imagination with over 100 Activities. Jarrett Lerner. Illus. by Jarrett Lerner. 2021. (ENG., Illus.). 144p. (J). (gr. 3-7). pap. 12.99 (978-1-5344-8981-3(9), Aladdin) Simon & Schuster Children's Publishing.

Give This Book a Title: Over 100 Activities to Kick-Start Your Creativity. Jarrett Lerner. Illus. by Jarrett Lerner. 2020. (ENG., Illus.). 144p. (J). (gr. 3-7). pap. 12.99 (978-1-5344-8979-0(7), Aladdin) Simon & Schuster Children's Publishing.

Give This Book Away! Darren Farrell. Illus. by Maya Tatsukawa. 2022. (ENG.). 48p. (J). (gr. -1-3). 18.99 (978-0-593-48051-9(1)); lib. bdg. 21.99 (978-0-593-48052-6(X)) Random Hse. Children's Bks. (Knopf Bks. for Young Readers).

Give up Greed: Short Stories on Becoming Generous & Overcoming Greed. Sophia Day & Kayla Pearson. Illus. by Timothy Zowada. 2019. (Help Me Become Ser.: 13). (ENG.). 76p. (J). 14.99 (978-1-64440-864-3(3), 85798676-eaee-46d6-9894-c4a63bf707e6); pap. 9.99 (978-1-64440-865-0(1), b2dcbfd9-1f97-4253-8064-93fe12560d71) MVP Kids Media.

Give Us the Vote! Over Two Hundred Years of Fighting for the Ballot. Susan Goldman Rubin. 128p. (J). (gr. 5). 2021. pap. 14.99 (978-0-8234-4990-3(4)); 2020. (ENG., Illus.). 19.99 (978-0-8234-3957-7(7)) Holiday Hse., Inc.

Give Your Heart to the Barrow. Sarah K. L. Wilson. 2022. (ENG.). 404p. (YA). (978-1-990516-25-2(4)) Wilson, Sarah K. L.

Give Your Mum a Moment. Jo Leverton. 2023. (ENG.). 30p. (J). pap. **(978-1-912765-67-6(5))** Blue Falcon Publishing.

Given. Nandi Taylor. 2020. (ENG.). 464p. (YA). 17.99 (978-1-989365-04-5(3), 900221169) Wattpad Bks. CAN. Dist: Macmillan.

Giver. Tammy Gagne. 2016. (978-1-5105-2015-8(5)) SmartBook Media, Inc.

Giver 25th Anniversary Edition: A Newbery Award Winner. Lois Lowry. 25th ed. 2018. (Giver Quartet Ser.). (ENG.). 256p. (YA). (gr. 7). 18.99 (978-1-328-47122-2(5), 1714099, Clarion Bks.) HarperCollins Pubs.

Giver Graphic Novel. Lois Lowry. Illus. by P. Craig Russell. (Giver Quartet Ser.: 1). (ENG.). 192p. (J). (gr. 7). 2020. pap. 15.99 (978-1-328-57548-7(9), 1727475); 2019. 22.99 (978-0-544-15788-0(5), 1550303) HarperCollins Pubs. (Clarion Bks.).

Giver Novel Units Student Packet. Novel Units. 2019. (ENG.). (J). pap. 13.99 (978-1-56137-717-6(1), NU7171SP, Novel Units, Inc.) Classroom Library Co.

Giver Novel Units Teacher Guide. Novel Units. 2019. (ENG.). 36p. (YA). pap. 12.99 (978-1-56137-618-6(3), NU6183, Novel Units, Inc.) Classroom Library Co.

Giverny Chronicle. Robyn Collins. 2018. (Giverny Mystery Book 1 Ser.: Vol. 1). (ENG.). 168p. (J). pap. (978-0-6482457-0-4(5), Spikeback Bks.) WJR Consultancy.

Givers: Short Stories (Classic Reprint) Mary Wilkins Freeman. (ENG., Illus.). (J). 2018. 324p. 30.58 (978-0-364-39916-3(3)); 2017. 30.58 (978-0-331-66926-8(9)); 2016. pap. 13.57 (978-1-334-31874-0(3)) Forgotten Bks.

Giving. Lauretta Amata Olowu. 2016. (Really Cool Ser.: Vol. 3). (ENG., Illus.). (J). (gr. k-6). pap. (978-0-9933500-4-7(6)) Cerint Media Hse.

Giving. Penelope Dyan. Illus. by Penelope Dyan. l.t. ed. 2022. (ENG.). 34p. (J). pap. 12.60 **(978-1-61477-621-5(0))** Bellissima Publishing, LLC.

Giving an Oral Presentation. Jeff McHugh. 2018. (Show What You Know! Ser.). (ENG.). 24p. (J). lib. bdg. 22.99 (978-1-5105-3977-8(8)) SmartBook Media, Inc.

Giving & Receiving: Essays & Fantasies (Classic Reprint) E. V. Lucas. 2018. (ENG., Illus.). 220p. (J). 28.43 (978-0-483-26307-9(9)) Forgotten Bks.

Giving Back. Cecilia Minden. 2018. (Personal Finance Ser.). (ENG.). 32p. (J). (gr. 4-7). lib. bdg. 22.99 (978-1-5105-3676-0(0)) SmartBook Media, Inc.

Giving Bag Book Gives On... Cara M Hill. 2022. (ENG.). 24p. (J). 20.95 (978-1-63765-163-6(5)); pap. 13.95 (978-1-63765-164-3(3)) Halo Publishing International.

Giving Bag Book, Second Edition. Cara M. Hill. 2021. (ENG.). 22p. (J). 20.95 (978-1-63765-110-0(4)); pap. 13.95 (978-1-63765-104-9(X)) Halo Publishing International.

Giving Crow: By Destiny. Destiny Rhyne. 2021. (ENG.). 34p. (J). (978-1-300-02909-0(9)) Lulu Pr., Inc.

Giving Day. Cori Doerrfeld. Illus. by Cori Doerrfeld. 2020. (Cubby Hill Tale Ser.). (ENG., Illus.). 40p. (J). (gr. -1-2). 17.99 (978-1-4197-4419-8(4), 1688801, Abrams Bks. for Young Readers) Abrams, Inc.

Giving Earth Natural Resources. Marcie Aboff. 2016. (Spring Forward Ser.). (J). (gr. 2). (978-1-4900-9427-4(X)) Benchmark Education Co.

Giving Farmer. Erika Pizzo. Illus. by Josh Lewis. 2018. (ENG.). 24p. (J). (gr. -1-2). 10.99 (978-0-8307-7606-1(0), 145330) Cook, David C.

Giving Manger: A Christmas Family Tradition. Created by Allison Hottinger & Lisa Kalberer. 2020. (ENG.). 32p. (J). (gr. -1-17). 39.99 (978-1-5460-3422-3(6), Worthy Kids/Ideals) Worthy Publishing.

Giving Not Getting: A Christmas Lesson. Lynnda Robinson. Illus. by Visual Myths. 2020. (ENG.). 40p. (J). pap. 9.50 (978-0-9706055-8-0(7)) Southampton Publishing.

Giving Plate. Heather Tietz. Illus. by Jack Foster. l.t. ed. 2019. (ENG.). 16p. (J). (gr. k-3). pap. 9.95 (978-1-61633-969-2(1)) Guardian Angel Publishing, Inc.

Giving Satchel. Michelle Hardy. 2021. (ENG.). 42p. (J). 19.99 (978-1-63972-832-9(5)) Primedia eLaunch LLC.

Giving Thanks: Autumn Celebrations Around the World. Heather Conrad. 2022. (ENG.). 40p. (J). pap. 13.95 (978-0-578-38634-8(8)) Lightport Bks.

Giving Thanks: How Thanksgiving Became a National Holiday. Denise Kiernan. Illus. by Jamey Christoph. 2022. 32p. (J). (gr. -1-3). 18.99 (978-0-593-40441-6(6), Philomel Bks.) Penguin Young Readers Group.

Giving Trees Need Your Help! Trees for Kids - Biology 3rd Grade Children's Biology Books. Baby Professor. 2017. (ENG., Illus.). (J). pap. 8.79 (978-1-5419-1073-7(7), Baby Professor (Education Kids)) Speedy Publishing LLC.

Gizelle's Silly, Soggy Day. Joy Vandertuin & Michelle Hill. Illus. by Kimberly Merritt. l.t. ed. 2021. (ENG.). 54p. (J). pap. 12.99 (978-1-7346467-2-6(1)) Winning Proof.

Gizen Begize Anababi. Tesfaye Kifile. l.t. ed. 2022. (AMH.). 42p. (J). pap. 12.99 (978-1-0878-8781-4(X)) Indy Pub.

Gizmos, Gadgets, & Guitars: the Story of Leo Fender. Michael Mahin. Illus. by Steven Salerno. 2021. (ENG.). 40p. (J). 19.99 (978-1-250-25186-2(9), 900215258, Holt, Henry & Co. Bks. For Young Readers) Holt, Henry & Co.

Glace. Douglas Bender. Tr. by Annie Evearts. 2021. (Prévisions Météo (the Weather Forecast) Ser.). (FRE., Illus.). 16p. (J). (gr. -1-1). pap. (978-1-0396-0673-9(3), 13154) Crabtree Publishing Co.

Glacier (a True Book: National Parks) (Library Edition) Joanne Mattern. 2018. (True Book (Relaunch) Ser.). (ENG., Illus.). 48p. (J). (gr. 3-5). lib. bdg. 31.00 (978-0-531-23506-5(8), Children's Pr.) Scholastic Library Publishing.

Glacier Adventure. Samantha Brooke. ed. 2019. (Scholastic Readers Ser.). (ENG.). 32p. (J). (gr. 2-3). 13.89 (978-0-87617-312-1(1)) Penworthy Co., LLC, The.

Glacier Adventure (the Magic School Bus Rides Again: Scholastic Reader, Level 2) Samantha Brooke. Illus. by Artful Doodlers Ltd. 2018. (Scholastic Reader, Level 2 Ser.). (ENG.). 32p. (J). (gr. k-2). pap. 4.99 (978-1-338-25381-8(6)) Scholastic, Inc.

Glacier Land: From the French of Alexandre Dumas (Classic Reprint) Alexandre Dumas. 2017. (ENG., Illus.). (J). 29.63 (978-0-265-67422-2(0)); pap. 13.57 (978-1-5276-4458-8(8)) Forgotten Bks.

Glacier National Park. Grace Hansen. 2017. (National Parks (Abdo Kids Jumbo) Ser.). (ENG., Illus.). 24p. (J). (gr. -1-2). lib. bdg. 32.79 (978-1-5321-0433-6(2), 26559, Abdo Kids) ABDO Publishing Co.

Glacier National Park. Joanne Mattern. 2018. (Rookie National Parks Ser.). (ENG., Illus.). 32p. (J). (gr. 1-2). pap. 5.95 (978-0-531-23093-0(7), Children's Pr.) Scholastic Library Publishing.

Glacier National Park. Maddie Spalding. 2016. (National Parks (Core Library) Ser.). (ENG., Illus.). 48p. (J). (gr. 4-8). lib. bdg. 35.64 (978-1-68078-472-5(2), 23881) ABDO Publishing Co.

Glacier National Park: Its Trails & Treasures (Classic Reprint) Mathilde Edith Holtz. 2018. (ENG., Illus.). 296p. (J). 30.02 (978-0-267-84562-0(6)) Forgotten Bks.

Glacier on the Move. Elizabeth Rusch. Illus. by Alice Brereton. 2019. (ENG.). 32p. (J). (gr. 1-4). 17.99 (978-1-5132-6230-7(0), West Margin Pr.) West Margin Pr.

Glaciers. Sara Gilbert. 2018. (Vive la Terre! Ser.). (FRE., Illus.). 24p. (J). (978-1-77092-402-4(7), 19691) Creative Co., The.

Glaciers. Sara Gilbert. 2018. (Earth Rocks! Ser.). (ENG.). 24p. (J). (gr. 1-3). pap. 10.99 (978-1-62832-510-2(0), 19567, Creative Paperbacks); (Illus.). (978-1-60818-894-9(9), 19569, Creative Education) Creative Co., The.

Glaciers: Children's Earth Sciences Book. Bold Kids. 2022. (ENG.). 40p. (J). pap. 15.99 **(978-1-0717-0993-1(3))** FASTLANE LLC.

Glaciers: Discover Pictures & Facts about Glaciers for Kids! a Children's Earth Sciences Book. Bold Kids. 2022. (ENG.). 32p. (J). pap. 14.99 (978-1-0717-0842-2(2)) FASTLANE LLC.

Glaciers Are Alive. Debbie S. Miller. Illus. by Jon Van Zyle. 2023. 32p. (J). (gr. -1-3). 17.99 **(978-1-62354-361-7(4))** Charlesbridge Publishing, Inc.

Glad, Glad Bear! Kimberly Gee. Illus. by Kimberly Gee. 2020. (Bear's Feelings Ser.). (ENG., Illus.). 40p. (J). (-3). 17.99 (978-1-5344-5269-5(9), Beach Lane Bks.) Beach Lane Bks.

Glad of Earth. Clement Wood. 2017. (ENG., Illus.). (J). pap. (978-0-649-59400-9(2)) Trieste Publishing Pty Ltd.

Glad Tidings (Classic Reprint) De Waters. 2018. (ENG., Illus.). 318p. (J). 30.48 (978-0-484-53930-2(2)) Forgotten Bks.

Glad to Be a Girl. Jacquelyn Craighead. Illus. by Gary D. Sanchez. 2022. (ENG.). 24p. (J). 26.99 (978-1-6628-4553-6(7)); pap. 14.99 (978-1-6628-4552-9(9)) Salem Author Services.

Glad Year Round: For Boys & Girls (Classic Reprint) Almira George Plympton. (ENG., Illus.). (J). 2018. 60p. 25.15 (978-0-365-11789-6(7)); 2017. pap. 9.57 (978-0-259-82101-4(2)) Forgotten Bks.

Glade in the Forest: And Other Stories (Classic Reprint) Stephen Gwynn. 2017. (ENG., Illus.). (J). 242p. 28.89 (978-0-484-54168-8(4)); pap. 11.57 (978-0-259-22649-9(1)) Forgotten Bks.

Glade of Harmony. S. J. Saunders. 2019. (Future's Birth Ser.: Vol. 4). (ENG.). 282p. (YA). pap. 10.99 (978-1-0879-3809-7(0)) Indy Pub.

Gladiator Science: Armor, Weapons, & Arena Combat. Allison Lassieur. 2016. (Warrior Science Ser.). (ENG., Illus.). 32p. (J). (gr. 3-9). lib. bdg. 28.65 (978-1-4914-8129-5(3), 130619, Capstone Pr.) Capstone.

Gladiators. Kenny Abdo. 2020. (Ancient Warriors Ser.). (ENG., Illus.). 24p. (J). (gr. 2-8). lib. bdg. 31.36 (978-1-0982-2122-5(2), 34491, Abdo Zoom-Fly) ABDO Publishing Co.

Gladiators. Valerie Bodden. 2017. (X-Books: Fighters Ser.). (ENG., Illus.). 32p. (J). (gr. 3-6). (978-1-60818-813-0(2), 20372, Creative Education) Creative Co., The.

Gladiators, 1 vol. Ben Hubbard. 2016. (Conquerors & Combatants Ser.). (ENG.). 224p. (YA). (gr. 9-9). lib. bdg. 56.71 (978-1-5026-2457-4(5), 4e64a503-772d-447b-aa71-b30978e0908c) Cavendish Square Publishing LLC.

Gladiators, 1 vol. Natalie Hyde. 2016. (Crabtree Chrome Ser.). (ENG., Illus.). 48p. (J). (gr. 6-9). pap. (978-0-7787-2227-4(9)) Crabtree Publishing Co.

Gladiators. Gail Terp. 2019. (History's Warriors Ser.). (ENG.). 32p. (J). (gr. 4-6). pap. 9.99 (978-1-64466-040-9(7), 12749); (Illus.). lib. bdg. (978-1-68072-849-1(0), 12748) Black Rabbit Bks. (Bolt).

Gladiators: A Tale of Rome & Judaea (Classic Reprint) G. J. Whyte-Melville. (ENG., Illus.). (J). 2018. 498p. 34.17 (978-0-332-91034-5(2)); 2016. pap. 16.57 (978-1-333-30860-5(4)) Forgotten Bks.

Gladiators: A Tale of Rome & Judea (Classic Reprint) George John Weyte Melville. (ENG., Illus.). (J). 2018. 432p. 32.81 (978-0-267-00284-9(X)); 2017. pap. 16.57 (978-0-243-94393-7(8)) Forgotten Bks.

Gladiators, Vol. 1 Of 3: A Tale of Rome & Judaea (Classic Reprint) G. J. Whyte-Melville. 2018. (ENG., Illus.). 332p. (J). 30.74 (978-0-483-54956-2(8)) Forgotten Bks.

Gladiators, Vol. 2 Of 3: A Tale of Rome & Judaea (Classic Reprint) G. J. Whyte Melville. 2018. (ENG., Illus.). 314p. (J). 30.37 (978-0-332-53506-7(1)) Forgotten Bks.

Gladiolus Price List: November-December, 1929 (Classic Reprint) Champlain View Gardens. 2018. (ENG., Illus.). (J). 20p. 24.31 (978-0-428-88470-3(9)); 22p. pap. 7.97 (978-0-428-44319-1(2)) Forgotten Bks.

Gladstones, Vol. 1 Of 3: A Novel, in Three Volumes (Classic Reprint) Frank Trollope. 2018. (ENG., Illus.). 306p. (J). 30.23 (978-0-483-91413-1(4)) Forgotten Bks.

Gladstones, Vol. 2 Of 3: A Novel (Classic Reprint) Frank Trollope. (ENG., Illus.). (J). 2018. 292p. 29.92 (978-0-483-66759-4(5)); 2016. pap. 13.57 (978-1-333-33787-2(6)) Forgotten Bks.

Gladstones, Vol. 3 Of 3: A Novel (Classic Reprint) Frank Trollope. (ENG., Illus.). (J). 2018. 286p. 29.80 (978-0-483-76075-2(7)); 2016. pap. 13.57 (978-1-334-21659-6(2)) Forgotten Bks.

Gladys: A Romance (Classic Reprint) Mary Greenleaf Darling. 2018. (ENG., Illus.). 322p. (J). 30.54 (978-0-483-92434-5(2)) Forgotten Bks.

Gladys Aylward: The Little Woman with a Big Dream. Laura Wickham. Illus. by Jess Rose. 2021. (Do Great Things for God Ser.). (ENG.). 24p. (J). (978-1-78498-655-1(0)) Good Bk. Co., The.

Gladys or the Story Ov Penbirth (Classic Reprint) Julia M. Bengough. 2018. (ENG., Illus.). 164p. (J). 27.28 (978-0-484-32092-4(0)) Forgotten Bks.

Gladys Parker: a Life in Comics, a Passion for Fashion. Trina Robbins. Ed. by Eileen Sabrina Herman. 2022. (ENG.). 256p. (YA). 59.99 (978-1-61345-181-6(4), 1c621e2d-ead7-4cb7-9351-ca8738cf4267) Hermes Pr.

Gladys Squinty Wrecks Christmas. Allison McWood. Illus. by Juliette Rajak. 2018. (ENG.). 34p. (J). pap. (978-1-9994377-1-8(3)) Annelid Pr.

Gladys the Magic Chicken. Adam Rubin. Illus. by Adam Rex. 2021. 48p. (J). (gr. -1-2). 18.99 (978-0-593-32560-5(5), G.P. Putnam's Sons Books for Young Readers) Penguin Young Readers Group.

Gladys, the Reaper (Classic Reprint) Anne Beale. 2017. (ENG., Illus.). (J). 404p. 32.25 (978-0-332-69475-7(5)); pap. 16.57 (978-0-259-30680-1(0)) Forgotten Bks.

Glam & Gorgeous Room: DIY Projects for a Stylish Bedroom. Heather Wutschke. 2017. (Room Love Ser.). (ENG., Illus.). 32p. (J). (gr. 4-8). 27.99 (978-1-5157-4009-4(9), 133897) Capstone.

Glam in the Garden! (Sunny Day) Golden Books. Illus. by Golden Books. 2018. (ENG., Illus.). 48p. (J). (gr. -1-2). pap. 4.99 (978-1-5247-6853-9(7), Golden Bks.) Random Hse. Children's Bks.

Glam Opening! Jill Santopolo. Illus. by Cathi Mingus. 2017. (Sparkle Spa Ser.: 10). (ENG.). 112p. (J). (gr. 2-5). pap. 5.99 (978-1-4814-6395-9(0), Aladdin) Simon & Schuster Children's Publishing.

Glam Prix Racers: Back on Track! Deanna Kent. Illus. by Neil Hooson. 2022. (Glam Prix Racers Ser.: 2). (ENG.). 208p. (J). 12.99 (978-1-250-26540-1(1), 900222020) Feiwel & Friends.

Glam Prix Racers: Fast to the Finish! Deanna Kent. Illus. by Neil Hooson. 2022. (Glam Prix Racers Ser.: 3). (ENG.). 208p. (J). 14.99 (978-1-250-26542-5(8), 900222023) Feiwel & Friends.

Glamma's Pajamas. Crystal Paparone-Donadio. 2019. (ENG.). 26p. (J). 23.95 (978-1-68456-169-8(8)); pap. 13.95 (978-1-68456-167-4(1)) Page Publishing Inc.

Glamorous Cat Fashion Show Coloring Book. Activibooks For Kids. 2016. (ENG., Illus.). (J). pap. 9.20 (978-1-68321-703-9(9)) Mimaxion.

Glamorous Life of Josie Marie: Hollywood 1957. Angie M. Olszewski. Illus. by Rosemary Fanti. 2nd ed. 2019. (1 Ser.: Vol. 1). (ENG.). 50p. (J). (gr. k-6). pap. 12.00 (978-0-578-59324-1(6)) Olszewski, Angie.

Glamour (Classic Reprint) William Babington Maxwell. 2017. (ENG., Illus.). (J). 30.37 (978-1-5285-8126-4(1)) Forgotten Bks.

Glamour of Cork (Classic Reprint) D. L. Kelleher. 2017. (ENG., Illus.). (J). 26.62 (978-0-260-70969-1(7)) Forgotten Bks.

Glamour of Dublin (Classic Reprint) D. L. Kelleher. 2018. (ENG., Illus.). 150p. (J). 26.99 (978-0-267-24381-5(2)) Forgotten Bks.

Glamour, Vol. 1 Of 3: A Novel (Classic Reprint) Wanderer Wanderer. 2018. (ENG., Illus.). 280p. (J). 29.67 (978-0-484-40042-8(8)) Forgotten Bks.

Glamour, Vol. 2 Of 3: A Novel (Classic Reprint) Wanderer Wanderer. 2018. (ENG., Illus.). 270p. (J). 29.47 (978-0-484-14450-6(2)) Forgotten Bks.

Glamour, Vol. 3 of 3 (Classic Reprint) D'Avigdor D'Avigdor. 2018. (ENG., Illus.). 356p. (J). 31.24 (978-0-332-78969-9(1)) Forgotten Bks.

Glamourie: A Romance of Paris (Classic Reprint) William Samuel Johnson. 2018. (ENG., Illus.). 312p. (J). 30.33 (978-0-483-36030-3(9)) Forgotten Bks.

Glance into the Past (Classic Reprint) Arthur Sebright. (ENG., Illus.). (J). 2018. 258p. 29.22 (978-0-483-75097-5(2)); 2016. pap. 11.57 (978-1-334-14887-3(2)) Forgotten Bks.

Glances at Life in City & Suburb (Classic Reprint) Cornelius Webbe. 2018. (ENG., Illus.). 390p. (J). 31.94 (978-0-483-21553-5(8)) Forgotten Bks.

Glances on the Wing: At Foreign Lands (Classic Reprint) James M. Hoyt. 2017. (ENG., Illus.). 248p. (J). 29.03 (978-0-484-49316-1(7)) Forgotten Bks.

Gland Stealers (Classic Reprint) Bertram Gayton. (ENG., Illus.). (J). 2018. 320p. 30.50 *(978-0-365-16408-1(9))*; 2017. pap. 13.57 *(978-1-5276-6793-8(6))* Forgotten Bks.

GLANE - Prose. Jo. UGUEN. 2022. (FRE.). 68p. (YA). pap. ***(978-1-4710-8079-1(X))*** Lulu Pr., Inc.

Glanville Family, Vol. 1 of 3 (Classic Reprint) A. Lady Of Rank. 2017. (ENG., Illus.). (J). 30.54 *(978-0-266-19262-6(9))* Forgotten Bks.

Glanville Family, Vol. 2 of 3 (Classic Reprint) A. Lady Of Rank. 2017. (ENG., Illus.). (J). 30.43 *(978-0-266-19261-9(0))* Forgotten Bks.

Glanville Family, Vol. 3 of 3 (Classic Reprint) Unknown Author. 2018. (ENG., Illus.). 368p. (J). 31.49 *(978-0-483-86448-1(X))* Forgotten Bks.

Glare. Margot Harrison. 2022. (ENG.). 352p. (YA). (gr. 9-17). pap. 10.99 *(978-0-7595-5512-9(5))* Little, Brown Bks. for Young Readers.

Glass. Andrea Rivera. 2017. (Materials Ser.). (ENG., Illus.). 24p. (J). (gr. -1-2). lib. bdg. 31.36 *(978-1-5321-2030-5(3)*, 25296, Abdo Zoom-Launch) ABDO Publishing Co.

Glass — Many Uses: Book 6. Carole Crimeen & Suzanne Fletcher. 2023. (Sustainability Ser.). (ENG.). 16p. (J). (gr. -1-2). pap. 7.99 ***(978-1-925714-98-2(5)***, f9a7cac5-2908-4e3a-bfdc-a36d6aa21fe9) Knowledge Bks. & Software AUS. Dist: Lerner Publishing Group.

Glass Arrow. Kristen Simmons. 2016. (ENG.). 352p. (YA). pap. 18.99 *(978-0-7653-3664-4(2)*, 900121071, Tor Teen) Doherty, Tom Assocs., LLC.

Glass Art Design: An Animal Coloring Book. Activity Attic Books. 2016. (ENG., Illus.). (J). pap. 7.74 *(978-1-68323-762-4(5))* Twin Flame Productions.

Glass Blower. Josh Gregory. 2021. (21st Century Skills Library: Makers & Artisans Ser.). (ENG., Illus.). 32p. (J). (gr. 4-7). pap. 14.21 *(978-1-5341-8860-0(6)*, 219151); lib. bdg. 32.07 *(978-1-5341-8720-7(0)*, 219150) Cherry Lake Publishing.

Glass Bottle. Penny Ross Burk. Illus. by Penny Ross Burk. 2019. (ENG., Illus.). 74p. (J). (gr. 1-3). pap. 18.00 *(978-0-9966940-8-7(0))* Penzart.

Glass Faerie. Rachel Morgan. 2021. (ENG.). 266p. (YA). pap. ***(978-1-928510-41-3(8))*** Morgan, Rachel.

Glass Girl. Dorothy A. Winsor. 2023. (ENG.). 268p. (YA). pap. ***(978-1-913117-21-4(9))*** Inspired Quill.

Glass House. Suki Fleet. 2016. (ENG., Illus.). (J). 24.99 *(978-1-63477-966-1(5)*, Harmony Ink Pr.) Dreamspinner Pr.

Glass Houses. Penelope Dyan. Illus. by Penelope Dyan. l.t. ed. 2023. (ENG.). 34p. (J). pap. 12.60 ***(978-1-61477-650-5(4))*** Bellissima Publishing, LLC.

Glass Jar Science (Set), 8 vols. 2019. (Glass Jar Science Ser.). (ENG.). (J). (gr. k-3). lib. bdg. 262.32 *(978-1-5038-4001-0(8)*, 213612) Child's World, Inc, The.

Glass Kingdom. M. Lynn. 2021. (ENG.). 282p. (YA). 24.99 *(978-1-970052-78-7(3))* United Bks. Publishing.

Glass Menagerie Novel Units Student Packet. Novel Units. 2019. (ENG.). (YA). pap. 13.99 *(978-1-56137-337-6(0)*, Novel Units, Inc.) Classroom Library Co.

Glass Menagerie Novel Units Teacher Guide. Novel Units. 2019. (ENG.). (YA). (gr. 10-12). pap. 12.99 *(978-1-56137-186-0(6)*, BK8244, Novel Units, Inc.) Classroom Library Co.

Glass Princess. M. Lynn. 2021. (ENG.). 292p. (YA). 24.99 *(978-1-970052-79-4(1))* United Bks. Publishing.

Glass Queen. Gena Showalter. (Forest of Good & Evil Ser.: 2). (ENG.). (YA). 2021. 464p. pap. 11.99 *(978-1-335-21280-1(9))*; 2020. (Illus.). 448p. 19.99 *(978-1-335-08028-8(7))* Harlequin Enterprises ULC CAN. Dist: HarperCollins Pubs.

Glass Slippers. Leah Cypess. 2023. (Sisters Ever After Ser.: 2). 272p. (J). (gr. 4-7). 8.99 *(978-0-593-17890-4(4)*, Yearling) Random Hse. Children's Bks.

Glass Slippers & Mouse Whiskers: A Fairies Coloring Book. Kreative Kids. 2016. (ENG., Illus.). (J). pap. 9.20 *(978-1-68377-414-3(0))* Whlke, Traudl.

Glass Slippers & Ugly Step-Sisters: A Fairies Coloring Book. Jupiter Kids. 2017. (ENG., Illus.). (J). pap. 9.20 *(978-1-68326-778-2(8)*, Jupiter Kids (Childrens & Kids Fiction)) Speedy Publishing LLC.

Glass Spare. Lauren DeStefano. (Glass Spare Ser.: 1). (ENG.). (YA). (gr. 8). 2018. 432p. pap. 9.99 *(978-0-06-249129-9(6))*; 2017. 416p. 17.99 *(978-0-06-249128-2(8))* HarperCollins Pubs. (Balzer & Bray).

Glass Storm: The 2005 Stoughton, Wisconsin Tornado. Sally Lovell & Mary Lovell. 2019. (ENG., Illus.). 126p. (J). (gr. 4-6). pap. 15.00 *(978-1-64538-065-8(3))* Orange Hat Publishing.

Glass Sword. Victoria Aveyard. l.t. ed. 2016. (Red Queen Ser.: 2). 656p. 24.95 *(978-1-4104-8668-4(0))* Cengage Gale.

Glass Sword. Victoria Aveyard. 2016. (CHI.). 448p. (YA). (gr. 8). pap. *(978-957-33-3248-0(5))* Crown Publishing Co., Ltd.

Glass Sword. Victoria Aveyard. (Red Queen Ser.: 2). (ENG.). 464p. (YA). (gr. 8). 2018. pap. 14.99 *(978-0-06-231067-5(4))*; 2016. 19.99 *(978-0-06-231066-8(6))* HarperCollins Pubs. (HarperTeen).

Glass Sword. Victoria Aveyard. 2022. (YA). 40.00 ***(978-1-955876-26-1(6))*** LitJoy Crate.

Glass Sword. Victoria Aveyard. ed. 2018. (Red Queen Ser.: 2). (YA). lib. bdg. 24.50 *(978-0-606-41028-1(7))* Turtleback.

Glass Sword Collector's Edition. Victoria Aveyard. 2018. (Red Queen Ser.: 2). (ENG.). 464p. (YA). (gr. 8). 22.99 *(978-0-06-288183-0(3)*, HarperTeen) HarperCollins Pubs.

Glass Town Game. Catherynne M. Valente. Illus. by Rebecca Green. (ENG.). (J). (gr. 5). 2018. 560p. pap. 9.99 *(978-1-4814-7697-3(1))*; 2017. 544p. 17.99 *(978-1-4814-7696-6(3))* McElderry, Margaret K. Bks. (McElderry, Margaret K. Bks.).

Glass Town Game. Catherynne M. Valente. 2017. (ENG.). (J). (gr. 5). pap. 12.99 *(978-1-5344-1771-7(0))* Simon & Schuster.

Glass Town Game. Catherynne M. Valente. ed. 2018. lib. bdg. 20.85 *(978-0-606-41464-7(9))* Turtleback.

Glass Witch. Lindsay Puckett. 2022. (ENG.). 224p. (J). (gr. 3-7). 17.99 *(978-1-338-80342-6(5)*, Scholastic Pr.) Scholastic, Inc.

Glassblower's Children. Maria Gripe. Illus. by Harald Gripe. 2019. (ENG.). 176p. (J). (gr. 3-7). pap. 11.99 *(978-1-68137-378-2(5)*, NYRB Kids) New York Review of Bks., Inc., The.

Glasses. Raphael Fejto & Raphael Fejto. 2016. (Little Inventions Ser.). (ENG., Illus.). 32p. (J). (gr. 3-5). 9.95 *(978-1-77085-747-6(8)*, ee935b96-4709-4451-ba72-78e63e0ce9c4) Firefly Bks., Ltd.

Glasses. Henry James. 2020. (ENG.). 88p. (J). 34.99 *(978-1-6627-1873-1(X))*; pap. 24.99 *(978-1-6627-1872-4(1))* Queenior LLC.

Glasses for Gabby. N. Parker. 2021. (ENG.). 20p. (J). pap. *(978-0-2288-4982-7(9))* Tellwell Talent.

Glasses for Wally. Bryan Carrier. Illus. by Jenni Wells. 2020. (ENG.). 42p. (J). pap. 14.99 *(978-1-952894-13-8(1))* Pen It Pubns.

Glassheart. Kate Alice Marshall. 2022. (Secrets of Eden Eld Ser.: 3). (ENG.). 272p. (J). (gr. 3-7). 18.99 *(978-0-593-52642-2(2)*, Viking Books for Young Readers) Penguin Young Readers Group.

Glasshouse of Stars. Shirley Marr. 2021. (ENG.). 256p. (J). (gr. 3-7). 17.99 *(978-1-5344-8883-0(9)*, Simon & Schuster Bks. For Young Readers) Simon & Schuster Bks. For Young Readers.

Glaucia: The Greek Slave (Classic Reprint) Emma Leslie. 2018. (ENG., Illus.). 278p. (J). 29.65 *(978-0-483-53825-2(6))* Forgotten Bks.

Gleam o' Dawn: A Novel (Classic Reprint) Arthur Goodrich. (ENG., Illus.). (J). 2018. 332p. 30.74 *(978-0-365-15978-0(6))*; 2017. pap. 13.57 *(978-0-243-27740-7(7))* Forgotten Bks.

Gleaming: the Art of Laia Lopez. Laia Lopez & Belen Munoz. 2019. (ENG., Illus.). 96p. (YA). 34.50 *(978-84-679-3303-1(8)*, 84864c29-18a1-40ed-9b51-f64799a76ec8) Norma Editorial, S.A. ESP. Dist: Diamond Comic Distributors, Inc.

Gleams & Glooms: A Story of 1905 (Classic Reprint) Babbie Babbie. (ENG., Illus.). (J). 2018. 56p. 25.15 *(978-0-483-19154-9(X))*; 2016. pap. 9.57 *(978-1-333-64396-6(9))* Forgotten Bks.

Gleams of Scarlet: A Tale of the Canadian Rockies (Classic Reprint) Gertrude Amelia Proctor. 2018. (ENG., Illus.). 300p. (J). 30.08 *(978-0-483-62688-1(0))* Forgotten Bks.

Gleaned from Life's Pathway (Classic Reprint) M. C. Pritchard. (ENG., Illus.). (J). 2018. 270p. 29.47 *(978-0-656-33709-5(5))*; 2017. pap. 11.97 *(978-0-243-26457-5(7))* Forgotten Bks.

Gleaner: April, 1924 (Classic Reprint) H. Rabinowitz. (ENG., Illus.). (J). 2018. 38p. 24.70 *(978-0-364-00716-7(8))*; 2017. pap. 7.97 *(978-0-243-50209-7(5))* Forgotten Bks.

Gleaner: April, 1926 (Classic Reprint) National Farm School. (ENG., Illus.). (J). 2018. 38p. 24.68 *(978-0-365-14113-6(5))*; 2017. pap. 7.97 *(978-0-259-79620-6(4))* Forgotten Bks.

Gleaner: Founder's Day, 1925 (Classic Reprint) Samuel Colton. (ENG., Illus.). (J). 2019. 36p. 24.66 *(978-0-365-28650-9(8))*; 2017. pap. 7.97 *(978-0-259-79316-8(7))* Forgotten Bks.

Gleaner: January, 1925 (Classic Reprint) H. Rabinowitz. 2017. (ENG., Illus.). (J). 24.64 *(978-0-266-57814-7(4))*; pap. 7.97 *(978-0-282-90761-7(0))* Forgotten Bks.

Gleaner: June, 1923 (Classic Reprint) Irving a Victor. (ENG., Illus.). (J). 2018. 38p. 24.68 *(978-0-364-02739-4(8))*; 2017. pap. 7.97 *(978-0-259-95412-5(8))* Forgotten Bks.

Gleaner: June, 1924 (Classic Reprint) H. Rabinowitz. (ENG., Illus.). (J). 2018. 40p. 24.72 *(978-0-483-77991-4(1))*; 2017. pap. 7.97 *(978-0-243-40731-6(9))* Forgotten Bks.

Gleaner: March, 1944 (Classic Reprint) A. Appel. 2018. (ENG., Illus.). 52p. (J). 24.97 *(978-0-484-58173-8(2))* Forgotten Bks.

Gleaner: March, 1944 (Classic Reprint) An Appel. 2017. (ENG., Illus.). (J). pap. 9.57 *(978-0-243-43196-0(1))* Forgotten Bks.

Gleaner: November, 1942 (Classic Reprint) National Farm School. 2018. (ENG., Illus.). 44p. (J). 24.80 *(978-0-332-93875-2(1))* Forgotten Bks.

Gleaner: November, 1944 (Classic Reprint) Raymond J. Solomon. (ENG., Illus.). (J). 2018. 40p. 24.72 *(978-0-483-87646-0(1))*; 2017. pap. 7.97 *(978-0-243-40007-2(1))* Forgotten Bks.

Gleaner: October 1924 (Classic Reprint) Students of the National Farm School. 2018. (ENG., Illus.). 40p. (J). 24.72 *(978-0-267-52318-4(1))* Forgotten Bks.

Gleaner: September 1924 (Classic Reprint) H. Rabinowitz. 2018. (ENG., Illus.). (J). 40p. 24.72 *(978-1-396-68969-7(9))*; 42p. pap. 7.97 *(978-1-391-59702-7(8))* Forgotten Bks.

Gleaner: September, 1943 (Classic Reprint) National Farm School. (ENG., Illus.). (J). 2018. 36p. 24.64 *(978-0-364-47024-4(0))*; 2017. pap. 7.97 *(978-0-259-83475-5(0))* Forgotten Bks.

Gleaner, 1915, Vol. 2 (Classic Reprint) National Farm School. (ENG., Illus.). (J). 2018. 20p. 24.31 *(978-0-267-40304-2(6))*; 2016. pap. 7.97 *(978-1-334-12040-4(4))* Forgotten Bks.

Gleaner, 1925 (Classic Reprint) National Farm School. (ENG., Illus.). (J). 2018. 40p. 24.72 *(978-0-364-07422-0(1))*; 2017. pap. 7.97 *(978-0-259-95867-3(0))* Forgotten Bks.

Gleaner, 1926, Vol. 26 (Classic Reprint) National Farm School. (ENG., Illus.). (J). 2018. 44p. 24.80 *(978-0-666-98500-2(6))*; 2017. pap. 7.97 *(978-0-243-46370-1(7))* Forgotten Bks.

Gleaner, 1936, Vol. 41 (Classic Reprint) M. P. Eisman. (ENG., Illus.). (J). 2018. 42p. 24.78 *(978-0-365-53549-2(4))*; 2018. 44p. 24.80 *(978-0-483-70216-5(1))*; 2017. pap. 7.97 *(978-0-282-39384-7(6))*; 2017. pap. 7.97 *(978-0-243-40154-3(X))* Forgotten Bks.

Gleaner in Clover Fields (Classic Reprint) Ervilla Tuttle. 2017. (ENG., Illus.). (J). 26.60 *(978-0-260-07543-7(4))* Forgotten Bks.

Gleaner, or Selections in Prose & Poetry: From the Periodical Press (Classic Reprint) Unknown Author. (ENG., Illus.). (J). 2018. 242p. 28.89 *(978-0-484-70629-2(2))*; 2016. pap. 11.57 *(978-1-334-12585-0(6))* Forgotten Bks.

Gleaner Tales (Classic Reprint) Robert Sellar. 2017. (ENG., Illus.). (J). 33.63 *(978-0-265-97053-9(9))* Forgotten Bks.

Gleaner, Vol. 1: June, 1912 (Classic Reprint) National Farm School. (ENG., Illus.). (J). 2018. 28p. 24.47 *(978-0-483-86275-3(4))*; 2016. pap. 7.97 *(978-1-333-55882-6(1))* Forgotten Bks.

Gleaner, Vol. 1: May, 1912 (Classic Reprint) National Farm School. (ENG., Illus.). (J). 2018. 20p. 24.31 *(978-0-484-88718-2(1))*; 2016. pap. 7.97 *(978-1-333-66607-1(1))* Forgotten Bks.

Gleaner, Vol. 1: November, 1901 (Classic Reprint) National Farm School. (ENG., Illus.). (J). 2018. 20p. 24.31 *(978-0-267-53759-4(X))*; 2016. pap. 7.97 *(978-1-333-33641-7(1))* Forgotten Bks.

Gleaner, Vol. 10: May, 1919 (Classic Reprint) National Farm School. (ENG., Illus.). (J). 2018. 24p. 24.39 *(978-0-267-60346-6(0))*; 2016. pap. 7.97 *(978-1-334-13666-5(1))* Forgotten Bks.

Gleaner, Vol. 2: April, 1902 (Classic Reprint) Wm J. Serlin. (ENG., Illus.). (J). 2018. 20p. 24.31 *(978-0-483-86261-6(4))*; 2016. pap. 7.97 *(978-1-333-33277-8(7))* Forgotten Bks.

Gleaner, Vol. 2: December, 1902 (Classic Reprint) National Farm School. 2018. (ENG., Illus.). 20p. (J). 24.31 *(978-0-484-51176-6(9))* Forgotten Bks.

Gleaner, Vol. 21: June, 1921 (Classic Reprint) Michael Frishkopf. (ENG., Illus.). (J). 2018. 56p. 25.05 *(978-0-666-64646-0(5))*; 2017. pap. 9.57 *(978-0-259-88464-4(2))* Forgotten Bks.

Gleaner, Vol. 21: May, 1921 (Classic Reprint) Michael Frishkopf. 2018. (ENG., Illus.). 46p. (J). 24.87 *(978-0-483-98721-0(2))* Forgotten Bks.

Gleaner, Vol. 25: August 1925 (Classic Reprint) Philadelphia National Farm School. 2017. (ENG., Illus.). (J). 24.68 *(978-0-260-40472-5(1))* Forgotten Bks.

Gleaner, Vol. 25: Harvest Issue, October, 1925 (Classic Reprint) Philadelphia National Farm School. 2017. (ENG., Illus.). (J). 24.68 *(978-0-266-90894-4(2))*; pap. 7.97 *(978-0-266-26185-8(X))* Forgotten Bks.

Gleaner, Vol. 27: April, 1927 (Classic Reprint) Carl P. Green. 2017. (ENG., Illus.). (J). pap. 7.97 *(978-0-259-50984-4(1))* Forgotten Bks.

Gleaner, Vol. 27: January 1928 (Classic Reprint) Carl P. Green. 2017. (ENG., Illus.). (J). pap. 7.97 *(978-0-282-75339-9(7))* Forgotten Bks.

Gleaner, Vol. 27: July 1927 (Classic Reprint) Carl P. Green. 2017. (ENG., Illus.). (J). 24.72 *(978-0-265-54881-3(0))* Forgotten Bks.

Gleaner, Vol. 27: June, 1927 (Classic Reprint) Carl P. Green. 2017. (ENG., Illus.). (J). pap. 9.57 *(978-0-259-30656-6(8))* Forgotten Bks.

Gleaner, Vol. 27: Official Organ of the Student Body; October, 1927 (Classic Reprint) Carl P. Green. (ENG., Illus.). (J). 2018. 40p. 24.72 *(978-0-483-43536-0(8))*; 2017. pap. 7.97 *(978-0-243-44592-9(X))* Forgotten Bks.

Gleaner, Vol. 28: April, 1928 (Classic Reprint) National Farm School. (ENG., Illus.). (J). 2018. 34p. 24.62 *(978-0-483-10233-0(4))*; 2017. pap. 7.97 *(978-1-334-97594-3(9))* Forgotten Bks.

Gleaner, Vol. 28: July, 1928 (Classic Reprint) Harry E. Rogin. 2017. (ENG., Illus.). (J). 42p. 24.78 *(978-0-332-60058-1(0))*; pap. 7.97 *(978-0-259-88164-3(3))* Forgotten Bks.

Gleaner, Vol. 28: May, 1928 (Classic Reprint) National Farm School. (ENG., Illus.). (J). 2018. 44p. 24.80 *(978-0-484-53869-5(1))*; 2017. pap. 7.97 *(978-0-243-49508-5(0))* Forgotten Bks.

Gleaner, Vol. 3: April, 1903 (Classic Reprint) Unknown Author. 2018. (ENG., Illus.). 22p. (J). 24.35 *(978-0-332-79821-9(6))* Forgotten Bks.

Gleaner, Vol. 3: April, 1914 (Classic Reprint) National Farm School. 2016. (ENG., Illus.). (J). pap. 7.97 *(978-1-333-56215-1(2))* Forgotten Bks.

Gleaner, Vol. 3: January, 1915 (Classic Reprint) National Farm School. 2016. (ENG., Illus.). (J). pap. 7.97 *(978-1-333-26362-1(7))* Forgotten Bks.

Gleaner, Vol. 3: June, 1903 (Classic Reprint) National Farm School. 2018. (ENG., Illus.). 32p. (J). 24.56 *(978-0-267-29936-2(2))* Forgotten Bks.

Gleaner, Vol. 3: March, 1903 (Classic Reprint) National Farm School. (ENG., Illus.). (J). 2018. 20p. 24.31 *(978-0-483-28232-2(4))*; 2016. pap. 7.97 *(978-1-334-12600-0(3))* Forgotten Bks.

Gleaner, Vol. 3: March, 1914 (Classic Reprint) National Farm School. (ENG., Illus.). (J). 2018. 20p. 24.31 *(978-0-484-48517-3(2))*; 2016. pap. 7.97 *(978-1-333-47677-9(9))* Forgotten Bks.

Gleaner, Vol. 3: October, 1903 (Classic Reprint) National Farm School. 2018. (ENG., Illus.). 24p. (J). 24.39 *(978-0-365-46240-8(3))* Forgotten Bks.

Gleaner, Vol. 3: October, 1914 (Classic Reprint) National Farm School. (ENG., Illus.). (J). 2018. 22p. 24.35 *(978-0-267-30589-6(3))*; 2016. pap. 7.97 *(978-1-333-31583-2(X))* Forgotten Bks.

Gleaner, Vol. 3: September, 1903 (Classic Reprint) National Farm School. 2018. (ENG., Illus.). 22p. (J). 24.35 *(978-0-267-70638-9(3))* Forgotten Bks.

Gleaner, Vol. 3: September, 1914 (Classic Reprint) National Farm School. (ENG., Illus.). (J). 2018. 20p. 24.31 *(978-0-267-53528-6(7))*; 2016. pap. 7.97 *(978-1-333-28049-9(1))* Forgotten Bks.

Gleaner, Vol. 33: October, 1928 (Classic Reprint) Harry E. Rogin. (ENG., Illus.). (J). 2018. 44p. 24.80 *(978-0-365-50789-5(X))*; 2017. pap. 7.97 *(978-0-259-89634-0(9))* Forgotten Bks.

Gleaner, Vol. 34: June, 1930 (Classic Reprint) National Farm School. 2017. (ENG., Illus.). (J). 44p. 24.80 *(978-0-332-44792-6(8))*; pap. 7.97 *(978-0-259-82179-3(9))* Forgotten Bks.

Gleaner, Vol. 37: April, 1933 (Classic Reprint) National Farm School. 2017. (ENG., Illus.). (J). pap. 7.97 *(978-0-259-98115-2(X))* Forgotten Bks.

Gleaner, Vol. 37: June, 1933 (Classic Reprint) National Farm School. 2018. (ENG., Illus.). 46p. (J). 24.87 *(978-0-656-17982-4(1))* Forgotten Bks.

Gleaner, Vol. 37: October, 1933 (Classic Reprint) National Farm School. (ENG., Illus.). (J). 2018. 38p. 24.68 *(978-0-364-43901-2(7))*; 2017. pap. 7.97 *(978-0-259-95000-4(9))* Forgotten Bks.

Gleaner, Vol. 4: April, 1904 (Classic Reprint) National Farm School Pa. (ENG., Illus.). (J). 2018. 20p. 24.31 *(978-0-483-88919-4(9))*; 2016. pap. 7.97 *(978-1-334-13126-4(0))* Forgotten Bks.

Gleaner, Vol. 4: May, 1904 (Classic Reprint) National Farm School. (ENG., Illus.). (J). 2018. 20p. 24.31 *(978-0-483-93169-5(1))*; 2016. pap. 7.97 *(978-1-333-67101-3(6))* Forgotten Bks.

Gleaner, Vol. 40: October, 1935 (Classic Reprint) National Farm School. (ENG., Illus.). (J). 2018. 42p. 24.76 *(978-0-656-34892-3(5))*; 2017. pap. 7.97 *(978-0-243-43993-5(8))* Forgotten Bks.

Gleaner, Vol. 5: May, 1906 (Classic Reprint) National Farm School. 2018. (ENG., Illus.). 20p. (J). 24.31 *(978-0-267-40308-0(9))* Forgotten Bks.

Gleaner, Vol. 5: National Farm School; May 1916 (Classic Reprint) Maxwell Barnet. 2018. (ENG., Illus.). (J). 22p. pap. 7.97 *(978-1-333-14935-2(2))*; 20p. 24.31 *(978-0-267-53613-9(5))* Forgotten Bks.

Gleaner, Vol. 5: November, 1905 (Classic Reprint) Louis Condor. 2017. (ENG., Illus.). (J). 24.47 *(978-0-265-55602-3(3))*; pap. 7.97 *(978-0-282-95914-2(9))* Forgotten Bks.

Gleaner, Vol. 5: October, 1905 (Classic Reprint) Louis Condor. 2018. (ENG., Illus.). 32p. (J). 24.56 *(978-0-332-96522-2(8))* Forgotten Bks.

Gleaner, Vol. 8: April, 1908 (Classic Reprint) Henry Berg. 2018. (ENG., Illus.). 24p. (J). 24.41 *(978-0-267-61223-9(0))* Forgotten Bks.

Gleaner, Vol. 8: March, 1908 (Classic Reprint) National Farm School. (ENG., Illus.). (J). 2018. 20p. 24.33 *(978-0-484-21329-5(6))*; 2016. pap. 7.97 *(978-1-333-75876-9(6))* Forgotten Bks.

Gleaner, Vol. 8: September-October, 1918 (Classic Reprint) National Farm School. (ENG., Illus.). (J). 2018. 36p. 24.64 *(978-0-332-69729-1(0))*; 2016. pap. 7.97 *(978-1-334-05744-1(3))* Forgotten Bks.

Gleaners: A Novelette. Clara E. Laughlin. 2017. (ENG., Illus.). (J). pap. *(978-0-649-53811-9(0))* Trieste Publishing Pty Ltd.

Gleaners: A Novelette (Classic Reprint) Clara E. Laughlin. 2017. (ENG., Illus.). 158p. (J). 27.18 *(978-0-484-24640-8(2))* Forgotten Bks.

Gleanings: Stories from the Arc of a Scythe. Neal Shusterman. 2022. (Arc of a Scythe Ser.). (ENG.). 432p. (YA). (gr. 7). 19.99 *(978-1-5344-9997-3(0)*, Simon & Schuster Bks. For Young Readers) Simon & Schuster Bks. For Young Readers.

Gleanings: Western Prairies (Classic Reprint) William Ernest Youngman. 2018. (ENG., Illus.). 230p. (J). 28.64 *(978-0-484-09733-8(4))* Forgotten Bks.

Gleanings after Grand Tour-Ists (Classic Reprint) Arthur Blennerhassett Rowan. (ENG., Illus.). (J). 2018. 226p. 28.56 *(978-0-483-51926-8(X))*; 2016. pap. 10.97 *(978-1-334-16652-5(8))* Forgotten Bks.

Gleanings for the Nursery, or a Collection of Stories: Selected & Original; by the One Who Has Learned Them All (Classic Reprint) Unknown Author. (ENG., Illus.). (J). 2018. 164p. 27.28 *(978-0-483-95982-8(0))*; 2017. pap. 9.97 *(978-1-334-12257-6(1))* Forgotten Bks.

Gleanings from a Gathered Harvest (Classic Reprint) Mordecai Manuel Noah. (ENG., Illus.). (J). 2018. 222p. 28.50 *(978-0-483-64787-9(X))*; 2017. pap. 10.97 *(978-0-243-41854-1(X))* Forgotten Bks.

Gleanings from Chinese Folklore (Classic Reprint) Nellie N. Russell. 2017. (ENG., Illus.). (J). 27.42 *(978-0-331-17713-8(7))* Forgotten Bks.

Gleanings from Germany: Or Select Specimens of German Romance & History (Classic Reprint) James D. Haas. 2018. (ENG., Illus.). 412p. (J). 32.39 *(978-0-267-20522-6(8))* Forgotten Bks.

Gleanings from Many Fields (Classic Reprint) George Cousins. 2018. (ENG., Illus.). 228p. (J). 28.60 *(978-0-484-34148-6(0))* Forgotten Bks.

Gleanings from Nature. Willis Stanley Blatchley. 2017. (ENG.). 384p. (J). pap. *(978-3-337-02605-9(2))* Creation Pubs.

Gleanings from on & off the Stage (Classic Reprint) Bancroft. 2018. (ENG., Illus.). 324p. (J). 30.60 *(978-0-484-56517-2(6))* Forgotten Bks.

Gleanings from Popular Authors: Grave & Gay (Classic Reprint) Edward John Harding. 2018. (ENG., Illus.). 412p. (J). 32.39 *(978-0-428-95015-6(9))* Forgotten Bks.

Gleanings from Québec (Classic Reprint) G. M. Fairchild. 2018. (ENG., Illus.). 262p. (J). 29.30 *(978-0-484-73931-3(X))* Forgotten Bks.

Gleanings in Bee Culture, 1876, Vol. 4 (Classic Reprint) A. I. Root. (ENG., Illus.). (J). 2018. 330p. 30.70 *(978-0-656-10107-8(5))*; 2016. pap. 13.57 *(978-1-334-15208-5(X))* Forgotten Bks.

Gleanings in Bee Culture. 1878, Vol. 6 (Classic Reprint) A. I. Root. (ENG., Illus.). (J). 2018. 420p. 32.56 *(978-0-484-50852-0(0))*; 2016. pap. 16.57 *(978-1-334-16374-6(X))* Forgotten Bks.

Gleanings in Bee Culture, 1881, Vol. 9 (Classic Reprint) A. I. Root. (ENG., Illus.). (J). 2017. 36.00 *(978-0-260-16394-3(5))*; 2016. pap. 19.57 *(978-1-333-11389-6(7))* Forgotten Bks.

Gleanings in Bee Culture, 1884, Vol. 12 (Classic Reprint) A. I. Root. 2018. (ENG., Illus.). 776p. (J). 39.92 *(978-0-267-70895-6(5))* Forgotten Bks.

Gleanings in Bee Culture, 1885, Vol. 13: Devoted to Bees, Honey & Home Interests (Classic Reprint) Unknown Author. (ENG., Illus.). (J). 2018. 790p. 40.19 *(978-0-267-70959-5(5))*; 2016. pap. 23.57 *(978-1-333-21181-3(3))* Forgotten Bks.

Gleanings in Bee Culture, 1893, Vol. 21: A Journal Devoted to Bees & Honey & Home Interests (Classic Reprint) Unknown Author. 2017. (ENG., Illus.). (J). 862p. 41.70 *(978-0-484-68766-9(2))*; pap. 24.04 *(978-0-282-52440-1(1))* Forgotten Bks.

Gleanings in Bee Culture, 1894, Vol. 22: A Journal Devoted to Bees & Honey & Home Interests (Classic Reprint) Unknown Author. 2017. (ENG., Illus.). (J). 872p. 41.88 *(978-0-484-09801-4(2))*; pap. 24.22 *(978-0-282-52819-5(9))* Forgotten Bks.

G

Gleanings in Bee Culture, 1895, Vol. 23: A Journal Devoted to Bees, & Honey, & Home Interest (Classic Reprint) Unknown Author. (ENG., Illus.). (J). 2018. 868p. 41.80 *(978-0-365-17914-6(0))*; 2017. pap. 24.14 *(978-0-282-55349-4(5))* Forgotten Bks.

Gleanings in Bee Culture, 1898, Vol. 26: A Journal Devoted to Bees, & Honey, & Home Interests (Classic Reprint) Unknown Author. (ENG., Illus.). (J). 2018. 860p. 41.63 *(978-0-656-33836-8(9))*; 2017. pap. 23.98 *(978-0-282-59408-4(6))* Forgotten Bks.

Gleanings in Bee Culture, 1903, Vol. 31 (Classic Reprint) Unknown Author. (ENG., Illus.). (J). 2018. 1028p. 45.10 *(978-0-364-80440-7(8))*; 2017. pap. 27.44 *(978-0-282-47692-2(X))* Forgotten Bks.

Gleanings in Bee Culture, 1904, Vol. 33 (Classic Reprint) Unknown Author. 2017. (ENG., Illus.). (J). 1140p. 47.41 *(978-0-484-55638-5(X))*; pap. 29.75 *(978-0-282-50416-8(8))* Forgotten Bks.

Gleanings in Bee Culture, 1915, Vol. 43 (Classic Reprint) E. R. Root. 2017. (ENG., Illus.). (J). 46.96 *(978-0-266-60447-1(1))*; pap. 29.30 *(978-0-282-95144-3(X))* Forgotten Bks.

Gleanings in Bee Culture, 1917, Vol. 45 (Classic Reprint) E. R. Root. 2017. (ENG., Illus.). (J). 45.18 *(978-0-265-90019-2(0))*; pap. 27.52 *(978-1-5278-1120-1(4))* Forgotten Bks.

Gleanings in Bee Culture (Classic Reprint) Unknown Author. (ENG., Illus.). (J). 2018. 816p. 40.73 *(978-1-390-87325-2(0))*; 2018. 818p. pap. 23.57 *(978-1-390-21046-0(4))*; 2018. 564p. 35.55 *(978-0-332-88674-9(3))*; 2018. 228p. 28.62 *(978-0-666-26313-1(2))*; 2018. 468p. 33.61 *(978-0-484-65083-0(1))*; 2018. 788p. 40.17 *(978-0-267-63000-4(X))*; 2017. 40.75 *(978-1-5282-5137-2(7))* Forgotten Bks.

Gleanings in Bee Culture, Vol. 14: Devoted to Bees Honey & Home Interests; January 1, 1886 (Classic Reprint) A. I. Root. (ENG., Illus.). (J). 2018. 918p. 42.85 *(978-0-484-66672-5(X))*; 2017. pap. 25.19 *(978-0-282-58590-7(7))* Forgotten Bks.

Gleanings in Bee Culture, Vol. 15: Devoted to Bees Honey & Home Interests; January 1, 1887 (Classic Reprint) Unknown Author. (ENG., Illus.). (J). 2018. 874p. 41.94 *(978-0-428-24383-8(5))*; 2017. pap. 24.28 *(978-0-282-61191-0(6))* Forgotten Bks.

Gleanings in Bee Culture, Vol. 16: January 1, 1888 (Classic Reprint) A. J. Root. (ENG., Illus.). (J). 2018. 908p. 42.64 *(978-0-656-43153-3(9))*; 2017. pap. 24.99 *(978-0-282-50620-9(9))* Forgotten Bks.

Gleanings in Bee Culture, Vol. 17: Devoted to Bees, Honey & Home Interests; January 1, 1889 (Classic Reprint) Unknown Author. 2017. (ENG., Illus.). (J). 902p. 42.52 *(978-0-484-68791-1(3))*; pap. 24.86 *(978-0-282-53761-6(9))* Forgotten Bks.

Gleanings in Bee Culture, Vol. 18 (Classic Reprint) Unknown Author. 2018. (ENG., Illus.). 800p. (J). 40.42 *(978-0-267-63328-9(9))* Forgotten Bks.

Gleanings in Bee Culture, Vol. 19 (Classic Reprint) Unknown Author. 2018. (ENG., Illus.). 676p. (J). 37.84 *(978-0-267-62993-0(1))* Forgotten Bks.

Gleanings in Bee Culture, Vol. 2 (Classic Reprint) Unknown Author. 2018. (ENG., Illus.). 582p. (J). 35.92 *(978-0-484-23989-9(9))* Forgotten Bks.

Gleanings in Bee Culture, Vol. 20: A Journal Devoted to Bees & Honey & Home Interests; January 1, 1892 (Classic Reprint) Unknown Author. 2017. (ENG., Illus.). (J). 854p. 41.51 *(978-0-484-42686-2(9))*; pap. 23.97 *(978-0-282-59220-2(2))* Forgotten Bks.

Gleanings in Bee Culture, Vol. 25: Jan. 1, 1897 (Classic Reprint) A. I. Root Co. 2017. (ENG., Illus.). (J). 840p. 41.22 *(978-0-332-20024-8(8))*; pap. 23.57 *(978-0-282-55846-8(2))* Forgotten Bks.

Gleanings in Bee Culture, Vol. 27: Jan; 1, 1899 (Classic Reprint) Unknown Author. (ENG., Illus.). (J). 2018. 332p. 30.76 *(978-0-666-13021-1(3))*; 2016. pap. 13.57 *(978-1-333-28793-1(3))* Forgotten Bks.

Gleanings in Bee Culture, Vol. 27: Jan. 1, 1899 (Classic Reprint) A. I. Root Co. (ENG., Illus.). (J). 2018. 874p. 41.92 *(978-0-656-26344-8(X))*; 2016. pap. 24.26 *(978-1-334-12463-1(9))* Forgotten Bks.

Gleanings in Bee Culture, Vol. 28: Journal Devoted to Bees & Honey, & Home Interests; January 1, 1900 (Classic Reprint) A. I. Root Company. (ENG., Illus.). (J). 2018. 918p. 42.83 *(978-0-364-14944-7(2))*; 2017. pap. 25.17 *(978-0-282-61205-4(X))* Forgotten Bks.

Gleanings in Bee Culture, Vol. 29: A Journal Devoted to Bees & Honey & Home Interests; January 1, 1901 (Classic Reprint) Unknown Author. (ENG., Illus.). (J). 2018. 914p. 42.75 *(978-0-365-41116-1(7))*; 2017. pap. 25.09 *(978-0-282-58987-5(2))* Forgotten Bks.

Gleanings in Bee Culture, Vol. 30: A Journal Devoted to Bees, Honey, & Home Interests; January 1, 1902 (Classic Reprint) A. I. Root. 2017. (ENG., Illus.). (J). 970p. 43.90 *(978-0-484-23000-1(X))*; pap. 26.24 *(978-0-282-51082-4(6))* Forgotten Bks.

Gleanings in Bee Culture, Vol. 38: January 1, 1910 (Classic Reprint) A. I. Root Company. 2017. (ENG., Illus.). (J). 40.99 *(978-0-266-52662-9(4))*; pap. 23.57 *(978-0-282-61993-0(3))* Forgotten Bks.

Gleanings in Bee Culture, Vol. 42: Jan. 1, 1914 (Classic Reprint) E. R. Root. 2018. (ENG., Illus.). (J). 1076p. 46.09 *(978-0-332-63428-9(0))*; 1078p. pap. 28.43 *(978-0-282-49529-9(0))* Forgotten Bks.

Gleanings in Bee Culture, Vol. 47: January 1919 (Classic Reprint) E. R. Root. 2017. (ENG., Illus.). (J). 42.21 *(978-0-266-57194-0(8))*; pap. 24.55 *(978-0-282-85710-3(9))* Forgotten Bks.

Gleanings in Bee Culture, Vol. 5: January, 1877 (Classic Reprint) A. I. Root. (ENG., Illus.). (J). 2018. 364p. 31.42 *(978-0-267-90920-9(9))*; 2016. pap. 13.97 *(978-1-334-16246-6(8))* Forgotten Bks.

Gleanings in Buddha-Fields, and, the Romance of the Milky Way (Classic Reprint) Lafcadio Hearn. 2017. (ENG., Illus.). (J). pap. 16.57 *(978-0-259-54951-2(7))* Forgotten Bks.

Gleanings in Buddha-Fields, and, the Romance of the Milky Way (Classic Reprint) Lafcadio Hearn. 2018. (ENG., Illus.). 460p. (J). 33.38 *(978-0-331-68761-3(5))* Forgotten Bks.

Gleanings in Natural History: Second Series; to Which Are Added Some Extracts from the Unpublished Mss. of the Late Mr. White of Selborne (Classic Reprint) Edward Jesse. 2017. (ENG., Illus.). (J). 30.95 *(978-0-331-63103-6(2))*; pap. 13.57 *(978-0-282-50111-2(8))* Forgotten Bks.

Gleanings Through Wales, Holland, & Westphalia, Vol. 3: Fourth Edition; to Which Is Added, Humanity; a Poem (Classic Reprint) Samuel Jackson Pratt. 2018. (ENG., Illus.). 460p. (J). 33.38 *(978-0-483-27306-1(6))* Forgotten Bks.

Gleanings Through Wales, Holland & Westphalia, with Views of Peace & War at Home & Abroad, Vol. 1: To Which Is Added Humanity, or the Rights of Nature; a Poem (Classic Reprint) Samuel Jackson Pratt. (ENG., Illus.). (J). 2018. 492p. 34.06 *(978-0-428-78358-7(9))*; 2016. pap. 16.57 *(978-1-334-15073-9(7))* Forgotten Bks.

Gleanings Through Wales, Holland, & Westphalia, with Views of Peace & War at Home & Abroad, Vol. 1 (Classic Reprint) Samuel Jackson Pratt. 2018. (ENG., Illus.). (J). 482p. 33.86 *(978-0-366-47134-8(1))*; 484p. pap. 16.57 *(978-0-365-83014-6(3))* Forgotten Bks.

Gleanings Through Wales, Holland & Westphalia, with Views of Peace & War at Home & Abroad, Vol. 2: To Which Is Added, Humanity, or the Rights of Nature, a Poem (Classic Reprint) Samuel Jackson Pratt. 2018. (ENG., Illus.). (J). 520p. 34.62 *(978-0-366-56267-1(3))*; 522p. pap. 16.97 *(978-0-366-11201-2(5))* Forgotten Bks.

Gleanings Through Wales, Holland, & Westphalia, with Views of Peace & War at Home & Abroad, Vol. 3 (Classic Reprint) Samuel Jackson Pratt. (ENG., Illus.). (J). 2018. 448p. 33.16 *(978-0-365-35644-8(1))*; 2017. pap. 16.57 *(978-0-259-18460-7(8))* Forgotten Bks.

Gleason's Horse Book: The Only Authorized Work by America's King of Horse Tamers; Comprising, History, Breeding, Training, Breaking, Buying, Feeding, Grooming, Shoeing, Doctoring, Telling Age, & General Care of the Horse (Classic Reprint) Oscar Rudolph Gleason. (ENG., Illus.). (J). 2018. 436p. 32.89 *(978-0-364-13126-8(8))*; 2017. pap. 16.57 *(978-0-259-49793-6(2))* Forgotten Bks.

Gleason's Monthly Companion, Vol. 3: January, 1874 (Classic Reprint) Unknown Author. (ENG., Illus.). (J). 2018. 582p. 35.90 *(978-0-365-26956-4(5))*; 2017. pap. 19.57 *(978-0-259-45980-4(1))* Forgotten Bks.

Gleason's Pictorial, Vol. 1: July 5 December 27, 1851 (Classic Reprint) Frederick Gleason. 2018. (ENG., Illus.). 422p. (J). 32.60 *(978-0-332-96727-1(1))* Forgotten Bks.

Gleason's Pictorial, Vol. 2 (Classic Reprint) Frederick Gleason. 2018. (ENG., Illus.). 424p. (J). 32.60 *(978-0-332-11797-3(9))* Forgotten Bks.

Gleason's Pictorial, Vol. 3: July 3, 1852 (Classic Reprint) Frederick Gleason. (ENG., Illus.). (J). 2018. 426p. 32.68 *(978-0-428-81163-1(9))*; 2016. pap. 16.57 *(978-1-334-13277-3(1))* Forgotten Bks.

Gleason's Pictorial, Vol. 4: January, 1853 (Classic Reprint) F. Gleason. (ENG., Illus.). (J). 2018. 436p. 32.89 *(978-0-483-39378-3(9))*; 2017. pap. 16.57 *(978-1-333-07095-3(0))* Forgotten Bks.

Gleason's Pictorial, Vol. 5: July 2, 1853 (Classic Reprint) F. Gleason. 2018. (ENG., Illus.). (J). 870p. 41.86 *(978-0-366-57996-9(7))*; 872p. pap. 24.20 *(978-0-366-57927-3(4))* Forgotten Bks.

Glen Ellyn Paint Maker (Classic Reprint) Gordon Montagu. 2018. (ENG., Illus.). 352p. (J). 31.16 *(978-0-332-13570-0(5))* Forgotten Bks.

Glen Luna, Vol. 21: Or Dollars & Cents (Classic Reprint) Susan Warner. 2017. (ENG., Illus.). (J). 35.43 *(978-0-266-81157-2(4))* Forgotten Bks.

Glen of the High North (Classic Reprint) H. a. Cody. 2017. (ENG., Illus.). (J). 29.96 *(978-0-260-85913-6(3))* Forgotten Bks.

Glenanaar: A Story of Irish Life (Classic Reprint) P. A. Sheehan. 2017. (ENG., Illus.). (J). 30.76 *(978-1-5280-6243-5(4))* Forgotten Bks.

Glencairn, Vol. 1 of 3 (Classic Reprint) Iza Duffus Hardy. 2018. (ENG., Illus.). 328p. (J). 30.68 *(978-0-484-44765-2(3))* Forgotten Bks.

Glencairn, Vol. 2 of 3 (Classic Reprint) Iza Duffus Hardy. 2018. (ENG., Illus.). 334p. (J). 30.79 *(978-0-483-98073-0(0))* Forgotten Bks.

Glencairn, Vol. 3 of 3 (Classic Reprint) Iza Duffus Hardy. 2018. (ENG., Illus.). 344p. (J). 30.99 *(978-0-484-35245-1(8))* Forgotten Bks.

Glenda the Gardner & the Parable of the Sower. Kimberly Reich. 2018. (ENG., Illus.). 32p. (J). pap. *(978-0-359-07115-9(5))* Lulu Pr., Inc.

Glenelvan, or the Morning Draweth Nigh (Classic Reprint) Annie Maria Minster. (ENG., Illus.). (J). 2018. 386p. 31.88 *(978-0-267-67453-4(8))*; 2017. pap. 16.57 *(978-0-259-23904-8(6))* Forgotten Bks.

Glengarry School Days: A Story of Early Days in Glengarry (Classic Reprint) Ralph Connor. 2017. (ENG., Illus.). (J). 30.99 *(978-1-5282-7890-4(9))* Forgotten Bks.

Glengoyne, Vol. 1: Reminiscences of the Parish & Its People (Classic Reprint) William Gairdner. 2018. (ENG., Illus.). 204p. (J). 28.12 *(978-0-267-27561-8(7))* Forgotten Bks.

Glengoyne, Vol. 2: Reminiscences of the Parish & Its People (Classic Reprint) William Gairdner. (ENG., Illus.). (J). 2018. 208p. 28.21 *(978-0-483-10542-3(2))*; 2017. pap. 10.57 *(978-0-259-45207-2(6))* Forgotten Bks.

Glenlonely, Vol. 1 of 3 (Classic Reprint) Unknown Author. 2018. (ENG., Illus.). 310p. (J). 30.31 *(978-0-267-48784-4(3))* Forgotten Bks.

Glenlonely, Vol. 2 of 3 (Classic Reprint) William Henry De Merle. (ENG., Illus.). (J). 2018. 346p. 31.03 *(978-0-267-37722-0(3))*; 2016. pap. 13.57 *(978-1-334-15689-2(1))* Forgotten Bks.

Glenlonely, Vol. 3 of 3 (Classic Reprint) De Merle. 2018. (ENG., Illus.). 326p. (J). 30.62 *(978-0-483-95951-4(0))* Forgotten Bks.

Glenmornan (Classic Reprint) Patrick Macgill. 2017. (ENG., Illus.). (J). 30.33 *(978-0-331-74285-5(3))* Forgotten Bks.

Glenmorven: Or Child Life in the Highlands (Classic Reprint) M. M. B. 2018. (ENG., Illus.). 176p. (J). 27.53 *(978-0-483-36454-7(1))* Forgotten Bks.

Glennair, or Life in Scotland (Classic Reprint) Helen Hazlett. (ENG., Illus.). (J). 2018. 328p. 30.66 *(978-0-267-78746-3(4))*; 2016. pap. 13.57 *(978-1-334-35875-3(3))* Forgotten Bks.

Glennie's Gift. Maybeth Wallace. 2022. (ENG.). 180p. (J). pap. *(978-1-5255-6296-9(7))*; *(978-1-5255-6295-2(9))* FriesenPress.

Glenns: A Family History (Classic Reprint) J. L. M'Connel. (ENG., Illus.). (J). 2018. 282p. 29.71 *(978-0-484-03153-0(8))*; 2016. pap. 13.57 *(978-1-333-60041-9(0))* Forgotten Bks.

Glenwood of Shipbay (Classic Reprint) John H. Walsh. 2018. (ENG., Illus.). 316p. (J). 30.41 *(978-0-483-87202-8(4))* Forgotten Bks.

Glenwood, or the Parish Farm (Classic Reprint) William G. Cambridge. (ENG., Illus.). (J). 2018. 432p. 32.83 *(978-0-483-95447-2(0))*; 2016. pap. 16.57 *(978-1-334-11857-9(4))* Forgotten Bks.

Gliders. S. L. Hamilton. 2021. (Xtreme Aircraft Ser.). (ENG.). 48p. (J). (gr. 3-9). lib. bdg. 34.21 *(978-1-5321-9735-2(7)*, 38596, Abdo & Daughters) ABDO Publishing Co.

Glimely Clyn: Colección Superviviente. Oscar Aguilar. 2020. (SPA.). 124p. (J). pap. *(978-1-716-68670-2(9))* Lulu Pr., Inc.

Glimm, Too. B. A. Hughes. Illus. by Quinci Woodall. 2021. (ENG.). 284p. (YA). pap. 19.99 *(978-1-970063-88-2(2))* Braughler Bks. LLC.

Glimmer: Are You Listening? A. R. Bibeau. 2019. (ENG., Illus.). 240p. (YA). (gr. 7-12). pap. 18.95 *(978-1-68433-287-8(7))* Black Rose Writing.

Glimmer & Shine: 365 Devotions to Inspire, 1 vol. Natalie Grant. 2017. (Faithgirlz Ser.). (ENG., Illus.). 384p. (J). 16.99 *(978-0-310-75865-5(3))* Zonderkidz.

Glimmer of Hope. Kimberly Mills. 2021. (ENG.). 36p. (J). pap. 12.95 *(978-1-0983-4591-4(6))* BookBaby.

Glimmer of Hope: How Tragedy Sparked a Movement. The March for Our Lives Founders. 2018. (ENG., Illus.). 208p. (YA). 18.00 *(978-1-9848-3609-0(9)*, Razorbill) Penguin Young Readers Group.

Glimo the Toy Shop Penguin. Monica Briers. 2021. (ENG.). 26p. (J). *(978-1-64969-494-2(6))*; pap. *(978-1-64969-491-1(1))* Tablo Publishing.

Glimpse: An Adventure of the Soul (Classic Reprint) Arnold Bennett. 2017. (ENG., Illus.). (J). 31.69 *(978-1-5285-8294-0(2))* Forgotten Bks.

Glimpse of the Heart of China (Classic Reprint) Edward C. Perkins. 2017. (ENG., Illus.). (J). 26.27 *(978-1-5282-6268-2(9))* Forgotten Bks.

Glimpse of the Old World Coloring Book Vintage Car & Fashion Collection. Educando Kids. 2019. (ENG.). 42p. (J). pap. 6.99 *(978-1-64521-195-2(9)*, Educando Kids) Editorial Imagen.

Glimpse of the World (Classic Reprint) Elizabeth Missing Sewell. 2018. (ENG., Illus.). 402p. (J). 32.19 *(978-0-365-53217-0(7))* Forgotten Bks.

Glimpse the Future. Luna Graves. 2023. (Witches of Peculiar Ser.: 4). (ENG.). 144p. (J). (gr. 2-5). 17.99 *(978-1-6659-0629-6(4))*; pap. 7.99 *(978-1-6659-1429-1(7))* Simon & Schuster Children's Publishing. (Aladdin).

Glimpsed. G. F. Miller. (ENG.). 384p. (YA). (gr. 7). 2022. pap. 12.99 *(978-1-5344-7136-8(7))*; 2021. 19.99 *(978-1-5344-7135-1(9))* Simon & Schuster Bks. For Young Readers. (Simon & Schuster Bks. For Young Readers).

Glimpses at the Plant World. Fanny D. Bergen. 2017. (ENG., Illus.). (J). pap. *(978-0-649-54569-8(9))* Trieste Publishing Pty Ltd.

Glimpses of Bengal: Selected from the Letters of Sir Rabindranath Tagore; 1885 to 1895 (Classic Reprint) Rabindranath Tagore. 2018. (ENG., Illus.). 182p. (J). 27.65 *(978-0-483-35009-0(5))* Forgotten Bks.

Glimpses of Boyhood (Classic Reprint) G. R. Alden. 2018. (ENG., Illus.). 94p. (J). 25.86 *(978-0-267-45838-7(X))* Forgotten Bks.

Glimpses of Child Nature: For Teachers & Parents (Classic Reprint) Angelina W. Wray. 2018. (ENG., Illus.). 156p. (J). 27.11 *(978-0-656-50179-3(0))* Forgotten Bks.

Glimpses of East Africa & Zanzibar (Classic Reprint) Ethel Younghusband. (ENG., Illus.). (J). 2018. 400p. 32.15 *(978-0-332-83424-5(7))*; 2016. pap. 16.57 *(978-1-333-55507-8(5))* Forgotten Bks.

Glimpses of Four Continents: Letters Written During a Tour in Australia, New Zealand,& North America, in 1893 (Classic Reprint) Buckingham And Chandos. 2018. (ENG., Illus.). 326p. (J). 30.64 *(978-0-332-68561-8(6))* Forgotten Bks.

Glimpses of Gotham & City Characters (Classic Reprint) Samuel Anderson Mackeever. 2017. (ENG., Illus.). (J). 25.71 *(978-0-331-92493-0(5))*; pap. 9.57 *(978-1-334-90485-1(5))* Forgotten Bks.

Glimpses of Home Life, or Causes & Consequences (Classic Reprint) Emma Catherine Embury. 2017. (ENG., Illus.). (J). 30.66 *(978-0-265-73994-5(2))*; pap. 13.57 *(978-1-5277-0413-8(0))* Forgotten Bks.

Glimpses of Italian Society in the Eighteenth Century. Hester Lynch Piozzi. 2017. (ENG.). 370p. (J). pap. *(978-3-7447-6099-7(5))* Creation Pubs.

Glimpses of Italian Society in the Eighteenth Century, from the Journey of Mrs. Piozzi: With an Introduction by the Countess Evelyn Martinengo Cesaresco (Classic Reprint) Hester Lynch Piozzi. 2018. (ENG., Illus.). 374p. (J). 31.61 *(978-0-484-58716-7(1))* Forgotten Bks.

Glimpses of Life in Bermuda & the Tropics (Classic Reprint) Margaret Newton. 2018. (ENG., Illus.). 290p. (J). 29.88 *(978-0-484-04013-6(8))* Forgotten Bks.

Glimpses of Maori Land (Classic Reprint) Annie Robina Butler. 2018. (ENG., Illus.). 292p. (J). 29.92 *(978-0-332-36204-5(3))* Forgotten Bks.

Glimpses of My Life in Aran, Vol. 1: Some Experiences of a District Nurse in These Remote Islands, off the West Coast of Ireland (Classic Reprint) B. N. Hedderman. (ENG., Illus.). (J). 2017. 26.31 *(978-0-331-80511-6(1))*; 2016. pap. 9.57 *(978-1-334-15872-8(X))* Forgotten Bks.

Glimpses of Natural History (Classic Reprint) Unknown Author. 2018. (ENG., Illus.). 266p. (J). 29.38 *(978-0-267-28593-8(0))* Forgotten Bks.

Glimpses of Nature, & Objects of Interest Described, During a Visit to the Isle of Wight: Designed to Assist & Encourage Young Persons in Forming Habits of Observation (Classic Reprint) Loudon. 2018. (ENG., Illus.). 270p. (J). 29.47 *(978-0-267-27105-4(0))* Forgotten Bks.

Glimpses of Nature, & Objects of Interest Described, During a Visit to the Isle of Wight. Designed to Assist & Encourage Young Persons in Forming Habits of Observation. Loudon. 2017. (ENG., Illus.). (J). pap. *(978-0-649-59433-7(9))* Trieste Publishing Pty Ltd.

Glimpses of Nature, for Little Folks (Classic Reprint) Katherine A. Griel. 2018. (ENG., Illus.). 122p. (J). 26.43 *(978-0-332-46594-4(2))* Forgotten Bks.

Glimpses of New-York City (Classic Reprint) A. South Carolinian. 2017. (ENG., Illus.). (J). 28.43 *(978-0-260-98174-5(5))* Forgotten Bks.

Glimpses of Newton's Past: Told in History & Drama (Classic Reprint) Agnes Beryl Curtis. 2018. (ENG., Illus.). 92p. (J). 25.79 *(978-0-484-29814-8(3))* Forgotten Bks.

Glimpses of Norseland (Classic Reprint) Hetta M. Hervey. 2017. (ENG., Illus.). 262p. (J). 29.32 *(978-0-332-18181-3(2))* Forgotten Bks.

Glimpses of Ocean Life. John Harper. 2017. (ENG.). 400p. (J). pap. *(978-3-337-03477-1(2))* Creation Pubs.

Glimpses of Old New England Life: Legends of Old Bedford (Classic Reprint) Abram English Brown. 2017. (ENG., Illus.). (J). 28.08 *(978-0-266-94434-8(5))* Forgotten Bks.

Glimpses of Old New England Life. Legends of Old Bedford. Abram English Brown. 2017. (ENG., Illus.). (J). pap. *(978-0-649-04896-0(2))* Trieste Publishing Pty Ltd.

Glimpses of Panama: And of the Canal (Classic Reprint) Mary L. McCarty. 2017. (ENG., Illus.). (J). 27.82 *(978-0-331-18052-7(9))* Forgotten Bks.

Glimpses of Places, & People, & Things: Extracts from Published Correspondence & Other Writings, 1861-1886 (Classic Reprint) George C. Smithe. 2017. (ENG., Illus.). (J). 27.92 *(978-0-265-52159-5(9))*; pap. 10.57 *(978-0-243-97246-3(6))* Forgotten Bks.

Glimpses of Real Life As Seen in the Theatrical World & in Bohemia: Being the Confessions of Peter Paterson, a Strolling Comedian (Classic Reprint) James Glass Bertram. 2018. (ENG., Illus.). 370p. (J). 31.55 *(978-0-332-94170-7(1))* Forgotten Bks.

Glimpses of Sunshine & Shade in the Far North, or My Travels in the Land of the Midnight Sun (Classic Reprint) Lulu Alice Craig. (ENG., Illus.). (J). 2017. 28.08 *(978-0-265-40749-3(4))*; 2016. pap. 10.57 *(978-1-333-47203-0(X))* Forgotten Bks.

Glimpses of Tennyson & Some of His Relations & Friends (Classic Reprint) Agnes Grace Weld. 2018. (ENG., Illus.). 182p. (J). 27.67 *(978-0-484-79743-6(3))* Forgotten Bks.

Glimpses of the Animate World: Or Science & Literature of Natural History, for School & Home (Classic Reprint) James Johonnot. 2018. (ENG., Illus.). 452p. (J). 33.22 *(978-0-267-42403-0(5))* Forgotten Bks.

Glimpses of the Far West: An Account of a Party of Epworth Leaguers, Who Attended the 1901 Convention at San Francisco; Lights & Shadows of the Long Journey with Its Many Side-Trips (Classic Reprint) C. A. Kelley. (ENG., Illus.). (J). 2018. 112p. 26.21 *(978-0-656-07043-5(9))*; 2016. pap. 9.57 *(978-1-333-56853-5(3))* Forgotten Bks.

Glimpses of the Future. Pravin Gupta. 2020. (ENG.). 244p. (YA). pap. 8.41 *(978-1-393-81933-2(8))* Draft2Digital.

Glimpses of the Next State: The Education of an Agnostic (Classic Reprint) William Usborne Moore. 2018. (ENG., Illus.). (J). 674p. 37.80 *(978-0-267-09317-5(9))*; 676p. pap. 20.57 *(978-0-483-39828-3(4))* Forgotten Bks.

Glimpses of the Past, or the Museum (Classic Reprint) Charlotte Elizabeth. 2017. (ENG., Illus.). (J). 28.72 *(978-0-265-71507-9(5))*; pap. 11.57 *(978-1-5276-6986-4(6))* Forgotten Bks.

Glimpses of Three Coasts (Classic Reprint) Helen Jackson. 2017. (ENG., Illus.). 426p. (J). 32.68 *(978-0-484-66566-7(9))* Forgotten Bks.

Glimpses of Three Nations (Classic Reprint) G.W. Steevens. 2018. (ENG., Illus.). 304p. (J). 30.19 *(978-0-483-82845-2(9))* Forgotten Bks.

Glimpses Through the Cannon-Smoke. Archibald Forbes. 2017. (ENG.). (J). 328p. pap. *(978-3-337-35079-6(8))*; 240p. pap. *(978-3-337-09727-1(8))* Creation Pubs.

Glimpses Through the Cannon-Smoke: A Series of Sketches (Classic Reprint) Archibald Forbes. 2018. (ENG., Illus.). 242p. (J). 28.89 *(978-0-484-06400-2(2))* Forgotten Bks.

Glinda de Oz. L. Frank Baum. 2018. (ENG & SPA.). 238p. (J). pap. *(978-607-415-818-2(5))* Grupo Editorial Tomo, S.A. de C.V.

Glinda of Oz. L. Frank Baum. 2023. (ENG.). 126p. (YA). pap. ***(978-1-312-80349-7(5))*** Lulu Pr., Inc.

Glinda of Oz, 1 vol. L. Frank Baum. 2nd ed. 2016. (Wizard of Oz Collection: 14). (ENG.). 164p. (J). (gr. 4-8). 7.99 *(978-1-78226-318-0(7)*, b61b41f0-a4eb-4500-a6bd-add0fd3d2deb) Sweet Cherry Publishing GBR. Dist: Baker & Taylor Publisher Services (BTPS).

Glint. Sherri Bee. 2020. (South Island Adventures Ser.: Vol. 1). (ENG.). 138p. (J). pap. ***(978-0-473-51989-6(5))*** Sherri Bee Ltd.

Glint Book One: The Cloud Raiders. Samuel Sattin. Illus. by Ian McGinty. 2019. (ENG.). 160p. (J). pap. 12.99 *(978-1-5493-0299-2(X)*, ffca3439-73a3-4310-9b34-186ca95db5c5, Lion Forge) Oni Pr., Inc.

Glint of Exoskeleton. Robinne Weiss. 2016. (ENG.). 212p. (J). pap. *(978-0-473-35176-2(5))* Weiss, Robinne.

Glint of Wings: The Story of a Modern Girl Who Wanted Her Liberty & Got It (Classic Reprint) Cleveland Moffett. 2018. (ENG., Illus.). 336p. (J). 30.85 *(978-0-483-41413-6(1))* Forgotten Bks.

Glints of a Dying Light: Stories & Life Trials of Lucas. Julius Knight. 2021. (ENG.). 70p. (J). 22.95

G

(978-1-64462-884-3(8)); pap. 12.95 *(978-1-64462-720-4(5))* Page Publishing Inc.

Glissements de Terrain. Sara Gilbert. 2018. (Vive la Terre! Ser.). (FRE., Illus.). 24p. (J). *(978-1-77092-403-1(5),* 19692) Creative Co., The.

Glitch. Sarah Graley. 2019. (ENG.). 185p. (J). (gr. 4-5). 24.96 *(978-0-87617-930-7(8))* Penworthy Co., LLC, The.

Glitch. Laura Martin. (ENG.). (J). (gr. 3-7). 2021. 400p. pap. 9.99 *(978-0-06-289436-6(6));* 2020. 384p. 16.99 *(978-0-06-289435-9(8))* HarperCollins Pubs. (HarperCollins).

Glitch: A Graphic Novel. Sarah Graley. Illus. by Sarah Graley. 2019. (ENG., Illus.). 192p. (J). (gr. 3-7). 26.99 *(978-1-338-17452-6(5),* Graphix) Scholastic, Inc.

Glitch: An Aldo Zelnick Comic Novel. Karla Oceanak. Illus. by Kendra Spanjer. 2016. (Aldo Zelnick Comic Novel Ser.: 7). (ENG.). 160p. (J). (gr. 1-8). pap. 8.95 *(978-1-934649-71-8(6))* Bailiwick Pr.

Glitch in Time. Lois Farley-Ray. 2018. (ENG., Illus.). 70p. (J). pap. 10.95 *(978-1-64138-484-1(0))* Page Publishing Inc.

Glitched. J. E. Fahy. 2022. (ENG.). 44p. (J). pap. *(978-1-3984-4187-3(2))* Austin Macauley Pubs. Ltd.

Glitter. Stella J. Jones. Illus. by Judi Abbot. 2017. (ENG.). 32p. (J). (gr. -1-2). 16.99 *(978-1-68010-039-6(4))* Tiger Tales.

Glitter & Hands. Princess Chai'na. 2019. (ENG.). 46p. (J). pap. 20.00 *(978-1-63649-498-2(6))* Affordable Pub.

Glitter Bug: a Branches Book (Unicorn Diaries #9) Rebecca Elliott. Illus. by Rebecca Elliott. 2023. (Unicorn Diaries). (ENG.). 80p. (J). (gr. k-2). 24.99 ***(978-1-338-88040-3(3));*** pap. 6.99 ***(978-1-338-88036-6(5))*** Scholastic, Inc.

Glitter Christmas Cats Stickers. Teresa Goodridge. 2020. (Dover Little Activity Books Stickers Ser.). (ENG.). 4p. (J). (gr. k). 2.99 *(978-0-486-84130-4(8),* 841308) Dover Pubns., Inc.

Glitter Christmas Fairies Stickers. Teresa Goodridge. 2019. (Dover Sticker Bks.). (ENG.). 4p. (J). (gr. k). 1.99 *(978-0-486-83672-0(X),* 83672X) Dover Pubns., Inc.

Glitter Christmas Scripture Art: 16 Fun Designs. Twin Sisters(r) et al. 2018. (ENG.). 16p. (J). spiral bd. 9.99 *(978-1-68322-702-1(6),* Shiloh Kidz) Barbour Publishing, Inc.

Glitter Decorate Christmas Cookies Sticker Activity Book. Fran Newman-D'Amico. 2019. (Dover Little Activity Books Stickers Ser.). (ENG., Illus.). 8p. (J). (gr. k-2). 2.99 *(978-0-486-83414-6(X),* 83414X) Dover Pubns., Inc.

Glitter Effect. Timothy Lewis. 2021. (ENG.). 106p. (J). pap. 12.99 *(978-1-64949-446-7(7))* Elk Lake Publishing, Inc.

Glitter Effect. Timothy Lewis. Illus. by Lana Ziegler. 2021. (ENG.). 106p. (J). pap. 10.99 *(978-1-64949-445-0(9))* Elk Lake Publishing, Inc.

Glitter Face Painting. Editors of Klutz. 2016. (ENG.). 54p. (J). (gr. 3-7). 26.99 *(978-1-338-03751-7(X))* Klutz.

Glitter Flamingos Stickers. Ellen Scott. 2019. (Dover Little Activity Books Stickers Ser.). (ENG.). 2p. (gr. k). 2.99 *(978-0-486-83398-9(4),* 833984) Dover Pubns., Inc.

Glitter Gets Everywhere. Yvette Clark. (ENG., Illus.). (J). (gr. 3-7). 2022. 336p. pap. 7.99 *(978-0-06-303449-5(2));* 2021. 320p. 16.99 *(978-0-06-303448-8(4))* HarperCollins Pubs. (HarperCollins).

Glitter Hooray for Hippos Stickers. Teresa Goodridge. 2018. (Dover Little Activity Books Stickers Ser.). (ENG.). 4p. (J). (gr. 1-4). pap. 1.99 *(978-0-486-82914-2(6),* 829146) Dover Pubns., Inc.

Glitter Llama Stickers. Ellen Scott. 2018. (Dover Little Activity Books Stickers Ser.). (ENG.). 4p. (J). (gr. 1-4). pap. 1.99 *(978-0-486-82913-5(8),* 829138) Dover Pubns., Inc.

Glitter Magical Unicorn Sticker Paper Doll. Fran Newman-D'Amico. 2020. (Dover Little Activity Books Paper Dolls Ser.). (ENG.). 4p. (J). (gr. k-3). 2.99 *(978-0-486-84129-8(4),* 841294) Dover Pubns., Inc.

Glitter Magical Unicorns Stickers. Teresa Goodridge. 2019. (Dover Little Activity Books Stickers Ser.). (ENG., Illus.). 2p. (J). (gr. k). 2.99 *(978-0-486-83324-8(0),* 833240) Dover Pubns., Inc.

Glitter Narwhals Stickers. Teresa Goodridge. 2017. (Dover Little Activity Books Stickers Ser.). (ENG., Illus.). 2p. (J). (gr. 1-4). 2.99 *(978-0-486-81750-7(4),* 817504) Dover Pubns., Inc.

Glitter Pineapples Stickers. Ellen Scott. 2019. (Dover Little Activity Books Stickers Ser.). (ENG.). 4p. (J). (gr. k). 1.99 *(978-0-486-83787-1(4),* 837874) Dover Pubns., Inc.

Glitterbomb: A Covid-19 Story for Toddlers. Louise Ryder. Illus. by Aijon Inertia. 2020. (ENG.). 52p. (J). pap. *(978-1-5272-6435-9(1))* Lambie, Kenneth Michael.

Glitterbutt the Farting Unicorn. Ivy Erickson. 2023. 32p. (J). (gr. k-3). 17.99 *(978-1-5107-7294-6(4),* Sky Pony Pr.) Skyhorse Publishing Co., Inc.

Glittercorn & Friends. Alexandra Robinson. Illus. by Scott Barker. 2021. (ENG.). 12p. (J). (— 1). bds. 9.99 *(978-1-80058-138-8(6))* Make Believe Ideas GBR. Dist: Scholastic, Inc.

Glittering Court. Richelle Mead. 2016. 416p. (YA). pap. *(978-0-448-49385-5(3),* Razorbill) Penguin Publishing Group.

Glittering Court. Richelle Mead. (Glittering Court Ser.: 1). (ENG.). (YA). (gr. 7). 2017. 432p. pap. 11.99 *(978-1-59514-842-1(6));* 2016. 416p. 19.99 *(978-1-59514-841-4(8))* Penguin Young Readers Group. (Razorbill).

Glittering Shadows. Jaclyn Dolamore. 2016. (Dark Metropolis Ser.). (ENG., Illus.). 448p. (J). (gr. 7-12). pap. 9.99 *(978-1-4231-6477-7(6))* Hyperion Bks. for Children.

Glittering Windows of Snowflakes Coloring Book. Activity Book Zone. 2016. (ENG., Illus.). (J). pap. 9.20 *(978-1-68376-436-6(6))* Sabeels Publishing.

Glittery Dancers: Sticker Book. Illus. by Sara Ugolotti. 2023. (ENG.). 24p. (J). (gr. -1). pap. 7.99 ***(978-88-544-1988-9(5))*** White Star Publishers ITA. Dist: Sterling Publishing Co., Inc.

Glittery Fashion Designer: Sticker Book. Illus. by Sara Ugolotti. 2023. (ENG.). 24p. (J). (gr. -1). pap. 7.99 ***(978-88-544-1989-6(3))*** White Star Publishers ITA. Dist: Sterling Publishing Co., Inc.

Glittery Princesses Sticker Book. Illus. by Sara Ugolotti. 2023. (ENG.). 24p. (J). (gr. -1). pap. 7.99 *(978-88-544-1956-8(7))* White Star Publishers ITA. Dist: Sterling Publishing Co., Inc.

Glittery Unicorns Sticker Book. Illus. by Sara Ugolotti. 2023. (ENG.). 24p. (J). (gr. -1). pap. 7.99 *(978-88-544-1955-1(9))* White Star Publishers ITA. Dist: Sterling Publishing Co., Inc.

Gloam. Averil Drummond. 2020. (ENG.). 230p. (YA). pap. *(978-1-5289-4094-8(6))* Austin Macauley Pubs. Ltd.

Global: One Fragile World. an Epic Fight for Survival. Eoin Colfer & Andrew Donkin. Illus. by Giovanni Rigano. 2023. (ENG.). 144p. (J). (gr. 3-7). 24.99 *(978-1-7282-5723-5(9));* pap. 14.99 *(978-1-7282-6219-2(4))* Sourcebooks, Inc.

Global Activists: Women Who Made a Difference (Super SHEroes of History) Devra Newberger Speregen. 2022. (Super SHEroes of History Ser.). (ENG., Illus.). 48p. (J). (gr. 3-5). 29.00 *(978-1-338-84065-0(7));* pap. 7.99 *(978-1-338-84066-7(5))* Scholastic Library Publishing. (Children's Pr.).

Global Address System Maps/Globes/Geographic Tools Social Studies 6th Grade Children's Geography & Cultures Books. Baby Professor. 2020. (ENG.). 72p. (J). 24.99 *(978-1-5419-7972-7(9));* pap. 14.99 *(978-1-5419-5015-3(1))* Speedy Publishing LLC. (Baby Professor (Education Kids)).

Global Baby Playtime. The Global Fund for Children. 2021. (Global Babies Ser.: 7). (Illus.). 16p. (J). (— 1). bds. 6.99 *(978-1-62354-298-6(7))* Charlesbridge Publishing, Inc.

Global Cabal Real Reptilians. Igor Kryan. 2022. (ENG.). 45p. (YA). pap. *(978-1-716-04838-8(9))* Lulu Pr., Inc.

Global Citizens: Environmentalism (Set), 8 vols. 2017. (21st Century Skills Library: Global Citizens: Environmentalism Ser.). (ENG., Illus.). 32p. (J). (gr. 4-7). 256.56 *(978-1-5341-0216-3(7),* 209638); pap., pap., pap. 113.71 *(978-1-5341-0266-8(3),* 209639) Cherry Lake Publishing.

Global Citizens: Modern Media (Set), 8 vols. 2018. (21st Century Skills Library: Global Citizens: Modern Media Ser.). (ENG., Illus.). 32p. (J). (gr. 4-7). 256.56 *(978-1-5341-2850-7(6),* 211460); pap., pap., pap. 113.71 *(978-1-5341-3186-6(8),* 211461) Cherry Lake Publishing.

Global Citizens: Olympic Sports (Set), 8 vols. 2018. (21st Century Skills Library: Global Citizens: Olympic Sports Ser.). (ENG., Illus.). 32p. (J). (gr. 4-7). 256.56 *(978-1-5341-0705-2(3),* 210543); pap., pap., pap. 113.71 *(978-1-5341-0804-2(1),* 210544) Cherry Lake Publishing.

Global Citizens Protect the World Community, 1 vol. Elliot Paderewski. 2016. (Rosen REAL Readers: Social Studies Nonfiction / Fiction: Myself, My Community, My World Ser.). (ENG.). 12p. (gr. k-1). pap. 6.33 *(978-1-5081-2353-8(5),* 43b780cd-db75-42b2-b6ee-b313a907bef9, Rosen Classroom) Rosen Publishing Group, Inc., The.

Global Citizens: Social Media (Set), 8 vols. 2019. (21st Century Skills Library: Global Citizens: Social Media Ser.). (ENG., Illus.). 32p. (J). (gr. 4-7). 256.56 *(978-1-5341-4258-9(4),* 212445); pap., pap., pap. 113.71 *(978-1-5341-3901-5(5),* 212446) Cherry Lake Publishing.

Global Citizens: Sports (Set), 8 vols. 2019. (21st Century Skills Library: Global Citizens: Sports Ser.). (ENG., Illus.). 32p. (J). (gr. 4-7). 256.56 *(978-1-5341-4693-8(8),* 213155); pap., pap., pap. 113.71 *(978-1-5341-5296-0(2),* 213156) Cherry Lake Publishing.

Global Citizenship: Engage in the Politics of a Changing World. Julie Knutson. Illus. by Traci Van Wagoner. 2020. (Inquire & Investigate Ser.). (ENG.). 128p. (YA). (gr. 7-9). 22.95 *(978-1-61930-933-3(5),* 017bcc3f-cf7d-46fc-aab0-f7336dee3c71); pap. 17.95 *(978-1-61930-936-4(X),* 3e592b15-e4ae-4165-a170-4500b5f88726) Nomad Pr.

Global Community: Techniques & Strategies of Trade, Vol. 7. Daniel E. Harmon. 2016. (Understanding Global Trade & Commerce Ser.: Vol. 7). (ENG., Illus.). 80p. (J). (gr. 7-12). 24.95 *(978-1-4222-3664-2(1))* Mason Crest.

Global Conflict. Louise Spilsbury. Illus. by Hanane Kai. 2018. (ENG.). 32p. (J). (gr. 1-2). 9.99 *(978-1-4380-5021-8(6))* Sourcebooks, Inc.

Global Democratic Government: An Interim. G Manivannan. 2018. (ENG., Illus.). 188p. (J). pap. 12.00 *(978-1-64429-194-8(0))* Notion Pr., Inc.

Global Divide: 001 Ryu Rising. Peter Rodriguez. 2019. (ENG.). 316p. (YA). (gr. 7-12). pap. 15.64 *(978-0-359-42019-3(2))* Lulu Pr., Inc.

Global Divide: 002 GWO Mobilizing. Peter Rodriguez. 2020. (ENG.). 276p. (YA). (gr. 7-12). pap. 13.96 *(978-1-7948-6866-3(6))* Lulu Pr., Inc.

Global Economy & the Environment, Vol. 7. David Petechuk. 2016. (Understanding Global Trade & Commerce Ser.: Vol. 7). (ENG., Illus.). 80p. (J). (gr. 7-12). 24.95 *(978-1-4222-3669-7(2))* Mason Crest.

Global Effects (Set), 18 vols. 2020. (Global Effects Ser.). (ENG.). 32p. (gr. 5-6). lib. bdg. 251.37 *(978-1-7253-2296-7(X),* 652349d1-da08-4666-b424-858ad05e60c7, PowerKids Pr.) Rosen Publishing Group, Inc., The.

Global Financial Crisis. Philip Steele. 2016. (Behind the News Ser.). (Illus.). 48p. (J). (gr. 6-9). *(978-0-7787-2586-2(3))* Crabtree Publishing Co.

Global Guardians, 12 vols. 2016. (Global Guardians Ser.). (ENG.). 00024p. (J). (gr. 3-3). 151.62 *(978-1-4994-2645-8(3),* eafee3a0-4545-4faa-b010-6f6526060e46, PowerKids Pr.) Rosen Publishing Group, Inc., The.

Global Health, 1 vol. Ed. by Kathryn Roberts. 2019. (Global Viewpoints Ser.). (ENG.). 200p. (gr. 10-12). pap. 32.70 *(978-1-5345-0646-6(2),* 6a8667d3-d8d7-4f22-b78e-b6484fa86f15, Greenhaven Publishing) Greenhaven Publishing LLC.

Global Hotspots, 12 vols., Set. Incl. Afghanistan. David Downing. (Illus.). (J). lib. bdg. 21.27 *(978-0-7614-3177-0(2),* 133e9d9a-f4ce-420f-8b81-20c4cb3bb67d); Indian Subcontinent. Paul Mason. lib. bdg. 21.27 *(978-0-7614-3178-7(0),* b4d0ca0a-284c-4fd3-a4ae-4ef69259727c); Iran. David Downing. lib. bdg. 21.27 *(978-0-7614-3179-4(9),* 4ec1ec8f-235f-4acd-843f-aa915d799997); Iraq. Paul Mason. lib. bdg. 21.27 *(978-0-7614-3180-0(2),* 7668a935-7646-46b8-895c-c028c2b5791b); Israel & Palestine. Paul Mason. lib. bdg. 21.27 *(978-0-7614-3181-7(0),* 934277a6-9922-4bda-bb3e-f52728915c35); Sudan. Geoff Barker. lib. bdg. 21.27 *(978-0-7614-3182-4(9),* 6baf70c8-b2e8-49d2-9ea1-2457e7b53943); 32p. (gr. 5-5). (Global Hotspots Ser.). (ENG.). 2009. Set lib. bdg. 127.62 *(978-0-7614-3175-6(6),* a3611918-f376-42b9-a807-d8ea62a374d6, Cavendish Square) Cavendish Square Publishing LLC.

Global Inequalities & the Fair Trade Movement, Vol. 7. Elisabeth Herschbach. 2016. (Understanding Global Trade & Commerce Ser.: Vol. 7). (ENG., Illus.). 80p. (J). (gr. 7-12). 24.95 *(978-1-4222-3665-9(X))* Mason Crest.

Global Issues, 9 bks., Set. Incl. Closing the Borders. Wendy Davies. 1995. lib. bdg. 19.98 *(978-1-56847-335-2(4),* AS335-4); Exploitation of Children. Judith Ennew. 1996. lib. bdg. 19.98 *(978-0-8172-4546-7(4));* Gender Issues. Kaye Stearman & Nikki Vander Gaag. 1996. lib. bdg. 19.98 *(978-0-8172-4545-0(6));* Genetic Engineering. Jenny Bryan. 1997. lib. bdg. 19.98 *(978-0-8172-4860-4(9));* Racism. Samidha Garg & Jan Hardy. 1997. lib. bdg. 19.98 *(978-0-8172-4548-1(0));* Refugees. Rachel Warner. 1997. lib. bdg. 19.98 *(978-0-8172-4547-4(2));* Rich-Poor Divide. Teresa Garlake. 1995. lib. bdg. 19.98 *(978-1-56847-336-9(2),* AS336-2); United Nations - Peacekeeper? Edward Johnson. 1995. lib. bdg. 19.98 *(978-1-56847-267-6(6),* AS267-6); (Illus.). 64p. (YA). (gr. 5-10). Set lib. bdg. 179.82 *(978-0-7398-1534-2(2))* Heinemann-Raintree.

Global Issues, 8 vols., Set. Incl. AIDS & HIV. Katie Dicker. lib. bdg. 34.47 *(978-1-4488-1876-1(1),* 741bd25b-b5ac-4f65-8c1c-8ac7204f9b69); Fundamentalism. Sean Connolly. lib. bdg. 34.47 *(978-1-4488-1877-8(X),* f7432bd6-8eed-4ce4-a82d-98a853290524); Globalization. Harriet McGregor. lib. bdg. 34.47 *(978-1-4488-1878-5(8),* f2b501ae-1e1c-43b9-aab4-0af4addc0d17); Refugees. Cath Senker & Hachette Children's Group. lib. bdg. 34.47 *(978-1-4488-1880-8(X),* d2567166-c82a-42fb-98d5-1563e52de0b1); Terrorism. Alex Woolf. lib. bdg. 34.47 *(978-1-4488-1881-5(8),* 29556e09-c143-42ff-bc5c-36a5ad6f99fa); (YA). (gr. 6-6). (Global Issues Ser.). (ENG., Illus.). 48p. 2011. Set lib. bdg. 137.88 *(978-1-4488-2484-7(2),* 52e1bc3c-e6ba-49fb-ba96-8e83dc38b2ea, Rosen Reference) Rosen Publishing Group, Inc., The.

Global Kids. Homa Sabet Tavangar. Illus. by Sophie Fatus. 2019. (Barefoot Books Activity Decks Ser.). (ENG.). 58p. (J). (gr. k-5). 16.99 ***(978-1-78285-829-4(6))*** Barefoot Bks., Inc.

Global Leadership: US Leadership Roles & the Monroe Doctrine Grade 5 Social Studies Children's Government Books. Baby Professor. 2022. (ENG.). 72p. (J). 31.99 ***(978-1-5419-8892-7(2));*** pap. 19.99 ***(978-1-5419-8186-7(3))*** Speedy Publishing LLC. (Baby Professor (Education Kids)).

Global Marketplace, 1 vol., Set. Barbara Hollander. Incl. Money Matters. (ENG., Illus.). 56p. (J). (gr. 6-9). 2010. 37.32 *(978-1-4329-3929-8(7),* 113049, Heinemann); (Global Marketplace Ser.). (ENG.). 56p. 2010. 103.95 *(978-1-4329-3930-4(0),* 15000, Heinemann) Capstone.

Global Ocean. Rochelle Strauss. Illus. by Natasha Donovan. 2022. (CitizenKid Ser.). (ENG.). 36p. (J). (gr. 3-7). 19.99 *(978-1-5253-0491-0(7))* Kids Can Pr., Ltd. CAN. Dist: Hachette Bk. Group.

Global Pandemic. Allan Morey. 2019. (It's the End of the World! Ser.). (ENG., Illus.). 24p. (J). (gr. 3-7). lib. bdg. 26.95 *(978-1-64487-081-5(9),* Torque Bks.) Bellwether Media.

Global Recruitment by ISIS, 1 vol. Chris Townsend. 2017. (Crimes of ISIS Ser.). (ENG.). 104p. (gr. 8-8). 38.93 *(978-0-7660-9212-9(7),* 5f0c7814-9092-4aa7-960b-54a9a9afef36); pap. 20.95 *(978-0-7660-9581-6(9),* fb96fb14-1baf-49f4-90d0-9fafd5e2abb9) Enslow Publishing, LLC.

Global Refugee Crisis: Fleeing Conflict & Violence. Stephanie Sammartino McPherson. 2019. (ENG., Illus.). 128p. (YA). (gr. 6-12). 37.32 *(978-1-5415-2811-6(5),* 780aeafb-8b0b-4fd2-ab65-3fb9813b3bcc, Twenty-First Century Bks.) Lerner Publishing Group.

Global Seasons: The Fairy Ring. O. L. Morgan. 2018. (ENG., Illus.). 314p. (J). (gr. k-6). pap. 23.50 *(978-1-63135-850-0(2))* Strategic Book Publishing & Rights Agency (SBPRA).

Global Terrorism, Vol. 20. Brian Innes. Ed. by Manny Gomez. 2016. (Crime & Detection Ser.). 96p. (J). (gr. 7). 24.95 *(978-1-4222-3481-5(9))* Mason Crest.

Global Threat: The Emergence of Climate Change Science, 1 vol. Avery Elizabeth Hurt. 2017. (History of Conservation: Preserving Our Planet Ser.). (ENG.). 112p. (YA). (gr. 9-9). 44.50 *(978-1-5026-3122-0(9),* f29203c4-f0ee-4e12-a4a3-445e3ec4cb44) Cavendish Square Publishing LLC.

Global Trade in the Ancient World, Vol. 7. Tish Davidson. 2016. (Understanding Global Trade & Commerce Ser.: Vol. 7). (ENG., Illus.). 80p. (YA). (gr. 7-12). 24.95 *(978-1-4222-3666-6(8))* Mason Crest.

Global Trade in the Modern World, Vol. 7. Laura Helweg. 2016. (Understanding Global Trade & Commerce Ser.: Vol. 7). (ENG., Illus.). 80p. (J). (gr. 7-12). 24.95 *(978-1-4222-3667-3(6))* Mason Crest.

Global Trade Organizations, Vol. 7. Holly Anderson. 2016. (Understanding Global Trade & Commerce Ser.: Vol. 7). (ENG., Illus.). 80p. (J). (gr. 7-12). 24.95 *(978-1-4222-3668-0(4))* Mason Crest.

Global Viewpoints (Fall 2018), 12 vols. 2018. (Global Viewpoints Ser.). (ENG.). (YA). (gr. 10-12). lib. bdg. 286.98 *(978-1-5345-0369-4(2),* 94fac218-c417-45c2-b5fe-f61c6ebc0e7b) Greenhaven Publishing LLC.

Global Viewpoints (Fall 2019) 2019. (Global Viewpoints Ser.). (ENG.). (YA). pap. 190.20 *(978-1-5345-0585-8(7));* (gr. 10-12). lib. bdg. 286.98 *(978-1-5345-0581-0(4),* feebb441-f5fd-4d3d-9ea6-4bfc29077954) Greenhaven Publishing LLC.

Global Viewpoints (Spring 2020), 12 vols. 2019. (Global Viewpoints Ser.). (ENG.). (YA). (gr. 10-12). lib. bdg. 286.98 *(978-1-5345-0672-5(1),* 7ad6f2e7-e706-4669-9b1c-83fd2661f10d) Greenhaven Publishing LLC.

Global Warming, 1 vol. Erin L. McCoy. 2018. (Top Six Threats to Civilization Ser.). (ENG.). 64p. (J). (gr. 5-5). pap. 16.28 *(978-1-5026-4074-1(0),* e8ab9f3f-061a-48f0-8888-64c6c977583d) Cavendish Square Publishing LLC.

Global Warming: Discover Pictures & Facts about Global Warming for Kids! Bold Kids. 2021. (ENG.). 34p. (J). pap. 11.99 *(978-1-0717-0836-1(8))* FASTLANE LLC.

Global Warming. Steven B. Frank. 2023. (ENG.). 272p. (J). (gr. 3-7). 18.99 *(978-0-358-56617-5(7),* Clarion Bks.) HarperCollins Pubs.

Global Water Crisis: A Reference Handbook, 1 vol. David E. Newton. 2016. (Contemporary World Issues Ser.). (ENG., Illus.). 376p. (C). 66.00 *(978-1-4408-3980-1(8),* 794742) ABC-CLIO, LLC.

Globalization, 1 vol. Ed. by Yea Jee Bae. 2018. (Current Controversies Ser.). (ENG.). 200p. (gr. 10-12). 48.03 *(978-1-5345-0386-1(2),* 0dc0c81e-7804-4bad-9b0e-aee294eb19c0) Greenhaven Publishing LLC.

Globalization & Free Trade, 1 vol. Ed. by Lisa Idzikowski. 2017. (Introducing Issues with Opposing Viewpoints Ser.). (ENG.). 120p. (YA). (gr. 7-10). 43.63 *(978-1-5345-0191-1(6),* 644d9e96-9017-463a-956a-b6e02db33ce9) Greenhaven Publishing LLC.

Globe, Vol. 3: An Illustrated Magazine (Classic Reprint) Unknown Author. (ENG., Illus.). (J). 2018. 562p. 35.49 *(978-0-364-36078-1(X));* 2017. pap. 19.57 *(978-0-259-19885-7(4))* Forgotten Bks.

Globe Within a Globe. Demetra Tsavaris-Lecourezos & Katerina Tsavaris. Illus. by Marina Saumell. 2022. (Young World Travelers Ser.: Vol. 4). (ENG.). 54p. (J). 25.00 ***(978-1-956856-08-8(0))*** Thewordverve.

Globes. Kippy Dalton. 2016. (Spring Forward Ser.). (J). (gr. k). *(978-1-4900-2252-9(X))* Benchmark Education Co.

Globes. Simon Rose. 2019. (All about Maps Ser.). (ENG.). 24p. (J). (gr. 1-4). lib. bdg. 32.79 *(978-1-5038-2773-8(9),* 212587) Child's World, Inc, The.

Globetrotting & Sightseeing, a Maps Coloring Book. Activibooks For Kids. 2016. (ENG., Illus.). (J). pap. 9.20 *(978-1-68321-915-6(5))* Mimaxion.

Globo Bobo. Zito Camillo. 2022. (SPA.). 26p. (J). pap. 9.99 *(978-1-0879-2963-7(6))* Indy Pub.

Globular Jottings of Griselda (Classic Reprint) E. Douglas Hume. 2018. (ENG., Illus.). 490p. (J). 34.04 *(978-0-666-99759-3(4))* Forgotten Bks.

Glookie, the Shy Little Glucose Tab: A Tale of Love, Bravery & Juvenile Diabetes. Pamela Callahan. 2023. (ENG.). 26p. (J). 26.99 ***(978-1-312-44492-8(4))*** Lulu Pr., Inc.

Gloom Town. Ronald L. Smith. (ENG.). (J). (gr. 3-7). 2023. 304p. pap. 7.99 *(978-0-358-56977-0(X),* 1809535); 2020. (Illus.). 288p. 16.99 *(978-1-328-84161-2(8),* 1691738) HarperCollins Pubs. (Clarion Bks.).

GLOOMERS X Britney Renee BREEZE ART. Britney Renee. Illus. by Breeze Art. 2021. (ENG.). 28p. (J). pap. 10.00 ***(978-1-0879-8985-3(X))*** Indy Pub.

Gloomy Playground. Ralph Hart. Illus. by Ginger Nielson. 2021. (ENG.). 60p. (J). pap. 16.99 *(978-1-63821-441-0(7))* Primedia eLaunch LLC.

Glooscap Tales: & the Legends of Red E. A. R. T. H. Roche Sappier. 2017. (ENG., Illus.). (YA). pap. 20.00 *(978-1-988299-07-5(1))* Red Earth Publishing.

Glooscap the Great, Chief & Other Stories: Legends of the Micmacs (Classic Reprint) Emelyn Newcomb Partridge. 2017. (ENG., Illus.). (J). 30.97 *(978-0-331-53698-0(6))* Forgotten Bks.

Gloppy. Janice Laakko. 2021. (ENG.). 170p. (J). pap. 16.99 *(978-1-63752-792-4(6))* Primedia eLaunch LLC.

Gloria (Classic Reprint) G. Frederic Turner. (ENG., Illus.). (J). 2018. 372p. 31.59 *(978-0-364-05025-5(X));* 2017. pap. 13.97 *(978-1-5276-8036-4(3))* Forgotten Bks.

Gloria Goes Bananas. Scott Bridges. 2018. (ENG., Illus.). 12p. (J). *(978-0-244-74241-6(3))* Lulu Pr., Inc.

Gloria Mundi: A Novel (Classic Reprint) Harold Frederic. 2018. (ENG., Illus.). 600p. (J). 36.27 *(978-0-483-11381-7(6))* Forgotten Bks.

Gloria Steinem. Maria Isabel Sanchez Vegara. Illus. by Lucila Perini. 2022. (Little People, BIG DREAMS Ser.: 76). (ENG.). 32p. (J). (gr. -1-2). ***(978-0-7112-7075-6(9),*** Frances Lincoln Children's Bks.) Quarto Publishing Group UK.

Gloria Takes a Stand: How Gloria Steinem Listened, Wrote, & Changed the World. Jess Rinker. Illus. by Daria Peoples-Riley. 2019. (ENG.). 48p. (J). 17.99 *(978-1-68119-676-3(X),* 900180274, Bloomsbury Children's Bks.) Bloomsbury Publishing USA.

Gloria the Summer Fun Bus. Sue Wickstead. 2020. (ENG., Illus.). 40p. (J). (gr. k-4). pap. *(978-1-9163923-0-4(X))* Wickstead, Sue.

Gloriana & the Twins Hunt for Pirate Treasure. John Last. 2017. (ENG., Illus.). (J). *(978-1-5255-0397-9(9));* pap. *(978-1-5255-0398-6(7))* FriesenPress.

Gloriana, or the Revolution of 1900 (Classic Reprint) Florence Dixie. 2017. (ENG., Illus.). (J). 31.57 *(978-1-5279-7365-7(4))* Forgotten Bks.

Gloria's Dream. Adriana Pernetz. Illus. by Elizabeth Hudson. 2018. (ENG.). 42p. (J). pap. 14.95 *(978-1-64299-478-0(2))* Christian Faith Publishing.

Glories of Spain (Classic Reprint) Charles William Wood. (ENG., Illus.). (J). 2018. 526p. 34.77 *(978-0-483-29112-6(9));* 2016. pap. 19.57 *(978-1-333-58867-0(4))* Forgotten Bks.

Glorious. Dada Ra. 2017. (ENG., Illus.). 40p. (J). pap. *(978-1-365-59866-1(7))* Lulu Pr., Inc.

Glorious Angels for Christmas Coloring Book. Activity Book Zone. 2016. (ENG., Illus.). (J). pap. 9.20 *(978-1-68376-437-3(4))* Sabeels Publishing.

Glorious Effervescence of Blubbo. Don Reis. 2017. (ENG., Illus.). 102p. (J). pap. *(978-1-326-93644-0(1))* Lulu Pr., Inc.

Glorious Fortune (Classic Reprint) Walter Besant. 2017. (ENG., Illus.). (J). 150p. 26.99 *(978-0-332-14156-5(X));* pap. 9.57 *(978-0-259-26980-9(8))* Forgotten Bks.

Glorious Gateway of the West: An Historic Pageant of the Story of Fort Wayne, Commemorating the One Hundredth Anniversary of Indiana's Admission to the Sisterhood of States (Classic Reprint) Wallace Rice. 2017. (ENG., Illus.). (J). 25.46 *(978-0-265-60546-2(6))* Forgotten Bks.

Glorious Hope: A Novel (Classic Reprint) Jane Burr. 2017. (ENG., Illus.). (J). 29.55 *(978-0-331-98678-5(7))* Forgotten Bks.

Glorious Morning for America! the Start of the American Revolution Grade 7 Children's American History. Baby Professor. 2022. (ENG.). 72p. (J). 31.99 ***(978-1-5419-9676-2(3))***; pap. 19.99 ***(978-1-5419-5555-4(2))*** Speedy Publishing LLC. (Baby Professor (Education Kids)).

Glorious Mysteries: An Illustrated Rosary Book for Kids & Their Families. Jerry Windley-Daoust & Mark Daoust. 2019. (ENG.). 96p. (J). pap. 19.95 *(978-1-68192-513-4(3))* Our Sunday Visitor, Publishing Div.

Glorious Rascal: Pretty Maids All in a Row (Classic Reprint) Justin Huntly McCarthy. 2018. (ENG., Illus.). 312p. (J). 30.33 *(978-0-483-50000-6(3))* Forgotten Bks.

Glork Patrol (Book 3): Glork Patrol & the Magic Robot. James Kochalka. 2023. (Glork Patrol Ser.: 3). (Illus.). 40p. (J). (gr. -1-3). 9.99 *(978-1-60309-521-1(7))* Top Shelf Productions.

Glork Patrol (Book One): Glork Patrol on the Bad Planet. James Kochalka. 2020. (Glork Patrol Ser.). (Illus.). 40p. (J). (gr. -1-3). 9.99 *(978-1-60309-475-7(X))* Top Shelf Productions.

Glork Patrol (Book Two): Glork Patrol Takes a Bath! James Kochalka. 2022. (Illus.). 40p. (J). (gr. -1-3). 9.99 *(978-1-60309-504-4(7))* Top Shelf Productions.

Glory. Jodie Cooper. Illus. by Maria Rodriguez. 2021. (ENG.). 24p. (J). pap. *(978-0-6488595-3-6(3))* Cooper, Jodie.

Glory: Expanding God's Presence: Discover How to Manifest God's Glory. Bill Vincent. 2019. (God's Glory Ser.: Vol. 3). (ENG.). 162p. (J). ***(978-1-0878-1638-8(6))*** Lulu.com.

Glory: Increasing God's Presence: Discover New Waves of God's. Bill Vincent. 2019. (God's Glory Ser.: Vol. 2). (ENG.). 184p. (J). ***(978-1-0878-1632-6(7))*** Lulu.com.

Glory: Kingdom Presence of God: Secrets to Becoming Ambassadors of Christ. Bill Vincent. 2019. (God's Glory Ser.: Vol. 5). (ENG.). 172p. (J). ***(978-1-0878-1703-3(X))*** Lulu.com.

Glory: Revival Presence of God: Discover How to Release Revival Glory. Bill Vincent. 2019. (God's Glory Ser.: Vol. 4). (ENG.). 134p. (J). ***(978-1-0878-1700-2(5))*** Lulu.com.

Glory & the Dream (Classic Reprint) Anna Preston. 2017. (ENG., Illus.). (J). 29.30 *(978-0-331-96744-9(8))*; pap. 11.57 *(978-0-243-28051-3(3))* Forgotten Bks.

Glory & the Land of Signs & Wonders. Pastor Nekisha L. Cosey. 2023. (ENG.). 54p. (J). 25.99 ***(978-1-0881-1796-5(1))*** Indy Pub.

Glory Days Press Sports Biographies: David Ortiz. Andrea Alexander. 2018. (ENG.). (J). 14.95 *(978-1-68401-014-1(4))* Amplify Publishing Group.

Glory Days Press Sports Biographies: John Wall. Andrea Alexander. 2017. (ENG.). (J). 14.95 *(978-1-63177-601-4(0))* Amplify Publishing Group.

Glory Days Press Sports Biographies: Tom Brady. Andrea Alexander. 2017. (ENG., Illus.). (J). (gr. 1-5). 14.95 *(978-1-68401-013-4(6))* Amplify Publishing Group.

Glory Days Press Sports Biographies: Alexander Ovechkin. Andrea Alexander. 2016. (ENG.). (J). (gr. 1-5). 14.95 *(978-1-63177-602-1(9))* Amplify Publishing Group.

Glory Field Novel Units Student Packet. Novel Units. 2019. (ENG.). (YA). pap. 13.99 *(978-1-58130-516-6(8))*, Novel Units, Inc.) Classroom Library Co.

Glory Field Novel Units Teacher Guide. Novel Units. 2019. (ENG.). (YA). pap. 12.99 *(978-1-58130-515-9(X))*, Novel Units, Inc.) Classroom Library Co.

Glory Girl: Daring to Believe in Your Passion & God's Purpose, 1 vol. Jess Connolly. 2021. (ENG.). 160p. (J). 14.99 *(978-0-310-77015-2(7))* Zonderkidz.

Glory, Glory, Glory: And Other Narratives (Classic Reprint) Selina Runbury. (ENG., Illus.). (J). 2018. 104p. 26.04 *(978-0-483-83094-3(1))*; 2016. pap. 9.57 *(978-1-334-12956-8(8))* Forgotten Bks.

Glory Loves the Rain. Nekisha Cosey. 2023. (ENG.). 32p. (J). 24.99 ***(978-1-0881-1770-5(8))*** Indy Pub.

Glory of Clementina (Classic Reprint) William John Locke. 2018. (ENG., Illus.). 388p. (J). 31.90 *(978-0-428-72405-4(1))* Forgotten Bks.

Glory of God. Helen Flynn. Illus. by Louisa Kwan. 2023. (ENG.). 34p. (J). pap. ***(978-0-6485759-3-1(4))*** Fresh Breeze Creations.

Glory of Going on (Classic Reprint) Gertrude Pahlow. (ENG., Illus.). (J). 2018. 314p. 30.37 *(978-0-666-42900-1(6))*; 2017. pap. 13.57 *(978-1-5276-3107-6(9))* Forgotten Bks.

Glory of His Country (Classic Reprint) Frederick Landis. (ENG., Illus.). (J). 2018. 228p. 28.60 *(978-0-483-41461-7(1))*; 2016. pap. 10.97 *(978-1-333-77744-9(2))* Forgotten Bks.

Glory of the Coming: What Mine Eyes Have Seen of Americans in Action in This Year of Grace & Allied Endeavor (Classic Reprint) Irvin S. Cobb. 2017. (ENG., Illus.). (J). 33.45 *(978-1-5279-8656-5(X))* Forgotten Bks.

Glory of the Conquered: The Story of a Great Love (Classic Reprint) Susan Glaspell. 2018. (ENG., Illus.). 382p. (J). 31.78 *(978-0-483-35923-9(8))* Forgotten Bks.

Glory of the Pines: A Tale of the Ontonagon (Classic Reprint) William Chalmers Covert. 2017. (ENG., Illus.). (J). 29.11 *(978-0-265-67238-9(4))*; pap. 11.57 *(978-1-5276-4270-6(4))* Forgotten Bks.

Glory of the Renaissance Through Its Paintings: History 5th Grade Children's Renaissance Books. Baby Professor. 2017. (ENG., Illus.). (J). pap. 8.79 *(978-1-5419-1414-8(7)*, Baby Professor (Education Kids)) Speedy Publishing LLC.

Glory of the Trenches: An Interpretation (Classic Reprint) Coningsby Dawson. 2017. (ENG., Illus.). (J). 26.89 *(978-0-260-51280-2(X))* Forgotten Bks.

Glory of Youth. Temple Bailey. 2017. (ENG., Illus.). (J). 24.95 *(978-1-374-85794-0(7))*; pap. 14.95 *(978-1-374-85793-3(9))* Capital Communications, Inc.

Glory of Youth (Classic Reprint) Temple Bailey. (ENG., Illus.). (J). 2018. 348p. 31.07 *(978-0-484-60117-7(2))*; 2017. pap. 13.57 *(978-0-243-27023-1(2))* Forgotten Bks.

Glory Rides the Range (Classic Reprint) Ethel Dorrance. 2017. (ENG., Illus.). (J). 30.54 *(978-0-265-22126-6(9))* Forgotten Bks.

Glory Road (Classic Reprint) Auvergne Meredith. 2018. (ENG., Illus.). 210p. (J). 28.25 *(978-0-483-63615-6(0))* Forgotten Bks.

Gloss, Floss, & Wash: DIY Crafts & Recipes for a Fresh Face & Teeth. Aubre Andrus. 2017. (DIY Day Spa Ser.). (ENG., Illus.). 48p. (J). (gr. 4-8). lib. bdg. 31.99 *(978-1-5157-3447-5(1)*, 133425, Capstone Pr.) Capstone.

Glossaire de la Langue Romane, Vol. 1: Redige d'Apres les Manuscrits de la Bibliotheque Imperiale, et Apres Ce Qui a Ete Imprime de Plus Complet en Ce Genre, Contenant l'Etymologie et la Signification des Mots Usites Dans les XI, XII, XIII, XIV. Jean Baptiste Bonaventure de Roquefort. 2017. (FRE., Illus.). (J). 41.59 *(978-0-260-37051-8(7))*; pap. 23.97 *(978-0-265-09974-2(9))* Forgotten Bks.

Glossaire de la Langue Romane, Vol. 1: Redige d'Apres les Manuscrits de la Bibliotheque Imperiale, et d'Apres Ce Qui a Ete Imprime de Plus Complet en Ce Genre (Classic Reprint) Jean-Baptiste-Bonaventure De Roquefort. 2017. (FRE., Illus.). (J). 40.64 *(978-0-260-54888-7(X))*; pap. 23.57 *(978-0-266-04521-2(9))* Forgotten Bks.

Glossaire de la Langue Romane, Vol. 1: Rédigé d'Après les Manuscrits de la Bibliothèque Impériale, et d'Après Ce Qui a Été Imprimé de Plus Complet en Ce Genre; Contenant l'Étymologie et la Signification des Mots Usités Dans les XI, XII, XIII, X. Jean Baptiste Bonaventure de Roquefort. 2018. (FRE., Illus.). (J). 754p. 39.47 *(978-0-366-20723-7(7))*; 756p. pap. 23.57 *(978-0-366-20713-8(X))* Forgotten Bks.

Glossaire de la Langue Romane, Vol. 2: Redige d'Apres les Manuscrits de la Bibliotheque Imperiale, et d'Apres Ce Qui a Ete Imprime de Plus Complet en Ce Genre; Contenant l'Etymologie et la Signification des Mots Usites Dans les XI, XII, XIII, X. Jean Baptiste Bonaventure de Roquefort. 2017. (FRE., Illus.). (J). 39.59 *(978-0-260-27236-2(1))*; pap. 23.57 *(978-0-266-12271-5(X))* Forgotten Bks.

Glossaire de la Langue Romane, Vol. 2: Redige d'Apres les Manuscrits de la Bibliotheque Imperiale et d'Apres Ce Qui a Ete Imprime de Plus Complet en Ce Genre; Contenant l'Etymologie et la Signification des Mots Usites Dans les XI, XII, XIII, XI. Jean-Baptiste-Bonaventure De Roquefort. 2017. (FRE., Illus.). (J). 40.23 *(978-0-260-84333-3(4))*; pap. 23.57 *(978-1-5282-9330-3(4))* Forgotten Bks.

Glossaries of Lincolnshire & Sussex Words (Classic Reprint) English Dialect Society. (ENG., Illus.). (J). 2018. 320p. 30.50 *(978-0-365-04727-8(9))*; 2017. pap. 13.57 *(978-0-282-41345-3(6))* Forgotten Bks.

Glossaries of Lincolnshire & Sussex Words, Vol. 6 (Classic Reprint) English Dialect Society. 2018. (ENG., Illus.). 454p. (J). 33.28 *(978-0-484-48970-6(4))* Forgotten Bks.

Glossaries of South-West Lincolnshire, Kent, & Berkshire, Vol. 20 (Classic Reprint) Unknown Author. 2018. (ENG., Illus.). 612p. (J). 36.66 *(978-0-484-15861-9(9))* Forgotten Bks.

Glossaries of Words Used in Swaledale, Cleveland, Kent, Surrey, Oxford, Warwickshire, & Whitby (Classic Reprint) Walter W. Skeat. (ENG., Illus.). (J). 2018. 470p. 33.61 *(978-0-484-32624-7(4))*; 2017. pap. 16.57 *(978-0-259-45545-5(8))* Forgotten Bks.

Glossaries to S. R. Crockett's. the Stickit Minister; the Raiders; the Lilac Sunbonnet. Patrick Dudgeon. 2017. (ENG., Illus.). (J). pap. *(978-0-649-23773-9(0))* Trieste Publishing Pty Ltd.

Glossaries to S. R. Crockett's the Stickit Minister, the Raiders, the Lilac Sunbonnet (Classic Reprint) Patrick Dudgeon. (ENG., Illus.). (J). 2018. 40p. 24.72 *(978-0-332-82416-1(0))*; 2017. pap. 7.97 *(978-0-259-44073-4(6))* Forgotten Bks.

Glossary of Berkshire Words & Phrases (Classic Reprint) B. Lowsley. (ENG., Illus.). (J). 2018. 484p. 33.90 *(978-0-267-61905-4(7))*; 2016. pap. 16.57 *(978-1-334-21664-0(9))* Forgotten Bks.

Glossary of Dialect Archaic Words: Used in the County of Gloucester (Classic Reprint) J. Drummond Robertson. 2018. (ENG., Illus.). 422p. (J). 32.62 *(978-0-332-89726-4(5))* Forgotten Bks.

Glossary of French Slang (Classic Reprint) Olivier Leroy. 2018. (ENG., Illus.). 164p. (J). 27.30 *(978-0-332-94070-0(5))* Forgotten Bks.

Glossary of Northamptonshire Words & Phrases, with Examples of Their Colloquial Use, & Illustrations from Various Authors, Vol. 1: To Which Are Added, the Customs of the County (Classic Reprint) Anne Elizabeth Baker. (ENG., Illus.). (J). 2017. 32.97 *(978-0-265-47328-3(4))*; 2016. pap. 16.57 *(978-1-334-14016-7(2))* Forgotten Bks.

Glossary of Northamptonshire Words & Phrases, with Examples of Their Colloquial Use, & Illustrations from Various Authors, Vol. 2: To Which Are Added, the Customs of the County (Classic Reprint) Anne Elizabeth Baker. 2017. (ENG., Illus.). (J). 33.16 *(978-0-260-17075-0(5))* Forgotten Bks.

Glossary of Provincial & Local Words Used in England (Classic Reprint) Francis Grose. 2018. (ENG., Illus.). 206p. (J). 28.17 *(978-0-484-04983-2(6))* Forgotten Bks.

Glossary of Provincial Words: Used in Berkshire (Classic Reprint) Unknown Author. 2018. (ENG., Illus.). 74p. (J). 25.42 *(978-0-484-14878-8(8))* Forgotten Bks.

Glossary of the Dialect of Almondbury & Huddersfield (Classic Reprint) Thomas Lees. 2018. (ENG., Illus.). 340p. (J). 31.03 *(978-0-332-87530-9(X))* Forgotten Bks.

Glossary of the Lancashire Dialect (Classic Reprint) John H. Nodal. 2017. (ENG., Illus.). (J). 30.41 *(978-0-265-20870-0(X))* Forgotten Bks.

Glossary of the Words & Phrases of Cumberland (Classic Reprint) William Dickinson. (ENG., Illus.). (J). 2018. 158p. 27.18 *(978-0-428-34561-7(1))*; 2017. pap. 9.57 *(978-0-282-40429-1(5))* Forgotten Bks.

Glossary of the Words & Phrases of Furness (North Lancashire) With Illustrative Quotations, Principally from the Old Northern Writers (Classic Reprint) J.P. Morris. 2017. (ENG., Illus.). (J). 29.47 *(978-0-331-60831-1(6))* Forgotten Bks.

Glossary of the Words & Phrases Pertaining to the Dialect of Cumberland. William Dickinson & Edward William Prevost. 2019. (ENG.). 496p. (J). pap. *(978-93-5386-164-3(0))* Alpha Editions.

Glossary of the Words & Phrases Pertaining to the Dialect of Cumberland (Classic Reprint) W. Dickinson. 2018. (ENG., Illus.). 500p. (J). 34.21 *(978-0-484-21552-7(3))* Forgotten Bks.

Glossary of Words: Used in South-East Worcestershire (Classic Reprint) Jesse Salisbury. 2018. (ENG., Illus.). 458p. (J). 33.36 *(978-0-484-09350-7(9))* Forgotten Bks.

Glossary of Words & Phrases Pertaining to the Dialect of Cumberland (Classic Reprint) William Dickinson. 2018. (ENG., Illus.). 426p. (J). 32.77 *(978-0-484-07178-9(5))* Forgotten Bks.

Glossary of Words & Phrases Used in S. E. Worcestershire: Together with Some of the Sayings, Customs, Superstitions, Charms, &C., Common in That District (Classic Reprint) Jesse Salisbury. (ENG., Illus.). (J). 2018. 226p. 28.56 *(978-0-267-84825-6(0))*; 2017. pap. 10.97 *(978-0-282-40628-8(X))* Forgotten Bks.

Glossary of Words & Phrases Used in S. E. Worcestershire, Together with Some of the Sayings, Customs, Superstitions, Charms, &C. Common in That District. Jesse Salisbury. 2020. (ENG.). 108p. (J). pap. *(978-93-5397-416-9(X))* Alpha Editions.

Glossary of Words Used in South-West Lincolnshire: Wapentake of Graffoe (Classic Reprint) Robert Eden George Cole. (ENG., Illus.). (J). 2018. 386p. 31.86 *(978-0-365-22849-3(4))*; 2017. pap. 16.57 *(978-0-282-31830-7(5))* Forgotten Bks.

Glossary of Words Used in Swaledale, Yorkshire (Classic Reprint) John Harland. 2018. (ENG., Illus.). 472p. (J). 33.65 *(978-0-484-11505-6(7))* Forgotten Bks.

Glossary of Words Used in the County of Chester (Classic Reprint) Robert Holland. (ENG., Illus.). (J). 2018. 534p. 34.93 *(978-0-365-14411-3(8))*; 2016. pap. 19.57 *(978-1-334-12403-7(5))* Forgotten Bks.

Glossary of Words Used in the Dialect of Cheshire (Classic Reprint) Egerton Leigh. 2017. (ENG., Illus.). 284p. (J). 29.75 *(978-0-484-23804-5(3))* Forgotten Bks.

Glossary of Words Used in the Wapentakes of Manley & Corringham, Lincolnshire, Vol. 1 (Classic Reprint) Edward Peacock. (ENG., Illus.). (J). 2018. 668p. 37.69 *(978-0-656-09056-3(1))*; 2017. pap. 20.57 *(978-0-282-26532-8(5))* Forgotten Bks.

Glossary of Yorkshire Words & Phrases: Collected in Whitby & the Neighbourhood, with Examples of Their Colloquial Use, & Allusions to Local Customs & Traditions (Classic Reprint) Unknown Author. 2017. (ENG., Illus.). (J). 28.39 *(978-0-331-89245-1(6))*; pap. 10.97 *(978-0-282-07979-6(3))* Forgotten Bks.

Glossy, Perfect Jheri Curls Coloring Book. Jupiter Kids. 2017. (ENG., Illus.). (J). pap. 9.20 *(978-1-68326-805-5(9)*, Jupiter Kids (Childrens & Kids Fiction)) Speedy Publishing LLC.

Glotón. Aaron Carr. 2016. (Yo Soy Ser.). (SPA.). 24p. (J). pap. 31.41 *(978-1-4896-4339-1(7))* Weigl Pubs., Inc.

Gloucester: One of the First Chapters of the Commonwealth of Virginia (Classic Reprint) Sally Nelson Robins. 2017. (ENG., Illus.). (J). 24.74 *(978-1-5283-7373-9(1))* Forgotten Bks.

Gloverson & His Silent Partners (Classic Reprint) Ralph Keeler. 2017. (ENG., Illus.). (J). 31.65 *(978-0-331-24705-3(4))* Forgotten Bks.

Glow. Megan E. Bryant. 2018. (ENG.). 272p. (YA). (gr. 8-12). pap. 9.99 *(978-0-8075-2965-2(6)*, 807529656) Whitman, Albert & Co.

Glow. Ruth Forman. Illus. by Geneva Bowers. 2021. (ENG.). 26p. (J). (gr. -1). bds. 8.99 *(978-1-5344-4633-5(8)*, Little Simon) Little Simon.

Glow. Joss Stirling. 2017. (ENG., Illus.). (J). pap. *(978-1-910426-11-1(3))* Frost Wolf.

Glow: A Family Guide to the Night Sky. Noelia González. Illus. by Sara Boccaccini Meadows. 2023. (In Our Nature Ser.). (ENG.). 64p. (J). (gr. 3-7). 22.99 ***(978-1-4197-6780-7(1)***, 1807401) Magic Cat GBR. Dist: Abrams, Inc.

Glow: The Wild Wonders of Bioluminescence. Jennifer N. R. Smith. 2023. (ENG., Illus.). 40p. (J). (gr. 2-3). 24.95 ***(978-0-500-65320-3(8)***, 565320) Thames & Hudson.

Glow down Deep: Amazing Creatures That Light Up. Lisa Regan. 2020. (ENG., Illus.). 48p. (J). (gr. 2-8). 19.95 *(978-0-2281-0253-3(7)*, 96f3fa68-40b6-4119-8813-441bf6d90974); pap. 12.95 *(978-0-2281-0252-6(9)*, f3f9f8d0-798c-4772-98bd-f35a3aa802bb) Firefly Bks., Ltd.

Glow for It. Make Believe Ideas. 2019. (ENG.). 112p. (J). (gr. 3-7). 10.99 *(978-1-78843-628-1(8))* Make Believe Ideas GBR. Dist: Scholastic, Inc.

Glow-In-the-Dark Creatures. Natalie Hyde. 2022. (ENG.). 48p. (J). (gr. 2-5). pap. 14.95 *(978-1-55455-542-0(6)*, fc4d3d10-3f9e-475e-a388-4fc7d5d720c9) Fitzhenry & Whiteside, Ltd. CAN. Dist: Firefly Bks., Ltd.

Glow in the Dark: Nature's Light Spectacular: 12 Stunning Scenes of Earth's Greatest Light Shows. Katy Flint. Illus. by Cornelia Li. 2020. (Glow in the Dark Ser.). (ENG.). 24p. (J). (gr. -1-3). 20.99 ***(978-0-7112-5197-7(5)***, Wide Eyed Editions) Quarto Publishing Group UK GBR. Dist: Hachette Bk. Group.

Glow in the Dark Puffy Stickers Happy Halloween! Amy Boxshall. Illus. by Dawn Machell. 2021. (ENG.). 42p. (J). pap. 7.99 *(978-1-80058-433-4(4))* Make Believe Ideas GBR. Dist: Scholastic, Inc.

Glow in the Dark Space Activity Book. Patrick Bishop. Illus. by Danielle Mudd. 2022. (ENG.). 86p. (J). (gr. -1-k). 9.99 *(978-1-80058-995-7(6))* Make Believe Ideas GBR. Dist: Scholastic, Inc.

Glow in the Dark: Voyage Through Space. Katy Flint. Illus. by Cornelia Li. 2018. (Glow in the Dark Ser.). (ENG.). 24p. (J). (gr. k-3). 19.99 ***(978-1-78603-131-0(0)***, Wide Eyed Editions) Quarto Publishing Group UK GBR. Dist: Hachette Bk. Group.

Glow of Emotions: Anxious Glow. M. A. Xanthe Asberry. 2022. (ENG.). 24p. (J). pap. 14.95 ***(978-1-63903-062-0(X))*** Christian Faith Publishing.

Glow of the Fireflies. Lindsey Duga. 2019. (ENG.). 350p. (YA). pap. 9.99 *(978-1-64063-731-3(1)*, 900211123) Entangled Publishing, LLC.

Glow Show: A Picture Book about Knowing When to Share the Spotlight. Susi Schaefer. 2023. (ENG.). 40p. (J). (gr. k-3). 14.99 *(978-1-7282-6134-8(1))* Sourcebooks, Inc.

Glow Wild! (Wild Kratts) Chris Kratt & Martin Kratt. 2018. (Pictureback(R) Ser.). (Illus.). 16p. (J). (gr. -1-2). pap. 5.99 *(978-0-525-57783-6(1)*, Random Hse. Bks. for Young Readers) Random Hse. Children's Bks.

Glow Worm. Geraldine Cross. Illus. by Sue Reid. 2020. (ENG.). 26p. (J). pap. *(978-1-990996-73-3(6))* Pro Christo Publications.

Glow-Worm Tales: Second Series (Classic Reprint) James Payn. 2018. (ENG., Illus.). 290p. (J). 29.88 *(978-0-428-75348-1(5))* Forgotten Bks.

Glow Worms. Martin Berry. 2020. (ENG.). 226p. (J). pap. *(978-1-86151-956-6(7)*, Mereo Bks.) Mereo Bks.

Glowing Animals. Rose Davidson. ed. 2020. (National Geographic Readers Ser.). (ENG.). 48p. (J). (gr. k-1). 14.96 *(978-1-64697-285-2(6))* Penworthy Co., LLC, The.

Glowing Fire (Classic Reprint) Charles D. Musgrove. 2018. (ENG., Illus.). 320p. (J). 30.52 *(978-0-484-51285-5(4))* Forgotten Bks.

Glowing Ice. Jasmine Fogwell. Illus. by Dorothea Schill. 2023. (ENG.). 98p. (J). pap. ***(978-0-9952650-9-7(7))*** Fogwell, Jasmine.

Glowing Ice. Jasmine Fogwell. 2022. (ENG.). 98p. (J). pap. ***(978-0-9952650-6-6(2))*** Fogwell, Jasmine.

Glowings & Luke. Glo Dio Dati. Illus. by Wendy Guagenti. 2019. (ENG.). 40p. (J). 23.95 *(978-1-4808-8222-5(4))*; pap. 13.99 *(978-1-4808-8221-8(6))* Archway Publishing.

Glowstone Peak. David Dye & Karin Hurt. Illus. by Dawn Doughty Davidson. 2018. (ENG.). 50p. (J). (gr. 1-3). 24.97 *(978-1-7322647-0-0(8))* Let's Grow Leaders.

Glowy's Great Escape: The Sparkling Adventures of Glowy the Fish. Sea of Cortez Adventures. A.K. Smith. 2023. (Sparkling Adventures of Glowy the Fish. Sea of Cortez Adventures Ser.: Vol. 1). (ENG.). 42p. (J). pap. 11.00 ***(978-1-949325-87-4(3))*** Bks. With Soul.

Glub. Samantha Webb. Illus. by Samantha Webb. 2019. (ENG., Illus.). 32p. (J). pap. *(978-1-9996577-1-0(3))* Little Goblins' Bks.

Glub, Glub! Magic Pictures Change Color in Water! Small World Creations. Illus. by Laura-Anne Robjohns. 2018. (ENG.). 8p. (J). (gr. -1-k). 5.99 *(978-1-4380-7908-0(7))* Sourcebooks, Inc.

Glück Auf! Elisabeth Burstenbinder. 2017. (GER., Illus.). 172p. (YA). pap. *(978-80-268-5622-1(8))* E-Artnow.

Glücklich Einhorn Färbung Buch 3-5 Jahre Alt. Danny Lewis. l.t. ed. 2021. (GER.). 62p. (J). pap. *(978-1-008-91801-6(6))* Lulu.com.

Gluckskinder Band 4. Brigitte Lehnemann. 2017. (GER., Illus.). (J). *(978-3-7439-3664-5(X))*; pap. *(978-3-7439-3663-8(1))* tredition Verlag.

Glues on Strike: A Funny, Rhyming, Read Aloud Kid's Book for Preschool, Kindergarten, 1st Grade, 2nd Grade, 3rd Grade, 4th Grade, or Early Readers. Jennifer Jones. 2021. (ENG.). 36p. (J). 19.99 *(978-1-63731-313-8(6))* Grow Grit Pr.

Gluten. Michael Centore. 2017. (Illus.). 64p. (J). *(978-1-4222-3739-7(7))* Mason Crest.

Gluten Free Is Part of Me. Laurie Oestreich. 2018. (ENG.). 38p. (J). 14.95 *(978-1-68401-868-0(4))* Amplify Publishing Group.

Glyptic; or Musee Phusee Glyptic: A Scrap Book of Jottings from Stratford-On-Avon & Elsewhere, with an Attempt at Description of Henry Jones's Museum (Classic Reprint) John W. Jarvis. 2017. (ENG., Illus.). (J). 26.23 *(978-0-266-22185-2(8))* Forgotten Bks.

GMC Trucks, 1 vol. Seth Lynch. 2018. (Tough Trucks Ser.). (ENG.). 32p. (gr. 1-2). 28.27 *(978-1-5382-3033-6(X)*, a3bb6105-f0e0-4ddc-b58d-bff5fbb49cef) Stevens, Gareth Publishing LLLP.

GMC Yukon Denali. Charles Piddock. 2018. (Vroom! Hot SUVs Ser.). (ENG., Illus.). 32p. (gr. 4-8). lib. bdg. 32.79 *(978-1-64156-477-9(6)*, 9781641564779) Rourke Educational Media.

GMOs, 1 vol. Mary Colson. 2016. (Cutting-Edge Technology Ser.). (ENG.). 48p. (YA). (gr. 6-8). lib. bdg. 33.60 *(978-1-4824-5157-3(3)*, 6bc9bfb6-7191-49ff-b679-80e50ffa0200) Stevens, Gareth Publishing LLLP.

Gnarly Sports Injuries, 1 vol. John Perritano. 2017. (Red Rhino Nonfiction Ser.). (ENG., Illus.). 60p. (J). (gr. 4-7). pap. 11.95 *(978-1-68021-071-2(8))* Saddleback Educational Publishing, Inc.

Gnarly Sports Injuries. John Perritano. ed. 2017. (Red Rhino Nonfiction Ser.). (J). lib. bdg. 19.60 *(978-0-606-39893-0(7))* Turtleback.

Gnatural. Ryan Bryson & Mark Bryson. 2023. (ENG.). 38p. (J). 18.95 ***(978-1-64543-773-4(6)***, Mascot Kids) Amplify Publishing Group.

Gnawed Stories. Jose Carlos Andres. Illus. by Katharina Sieg. 2019. (ENG.). 32p. (J). (gr. -1-k). 16.95 *(978-84-16566-95-2(X))* Ediciones La Fragatina ESP. Dist: Independent Pubs. Group.

Gnawer of Rocks, 1 vol. Louise Flaherty. Illus. by Jim Nelson. 2017. (ENG.). 56p. (J). (gr. 8-12). 22.95 *(978-1-77227-165-2(9))* Inhabit Media Inc. CAN. Dist: Consortium Bk. Sales & Distribution.

Gnitle, the Sunbeam (Classic Reprint) E. Eltinge Hosier. (ENG., Illus.). (J). 2018. 156p. 27.13 *(978-0-267-36427-5(X))*; 2016. pap. 9.57 *(978-1-334-16525-2(4))* Forgotten Bks.

Gnome-A-geddon. K. A. Holt. Illus. by Colin Jack. (ENG.). 304p. (J). (gr. 3-7). 2018. pap. 7.99 *(978-1-4814-7846-5(X))*; 2017. 16.99 *(978-1-4814-7845-8(1))* McElderry, Margaret K. Bks. (McElderry, Margaret K. Bks.).

Gnome & Rat: (a Graphic Novel) Lauren Stohler. 2023. (Gnome & Rat Ser.: 1). (Illus.). 80p. (J). (gr. 1-4). 10.99 ***(978-0-593-48782-2(6))***; (ENG., lib. bdg. 13.99

764

The check digit for ISBN-10 appears in parentheses after the full ISBN-13

(978-0-593-48783-9(4)) Random Hse. Children's Bks. (Knopf Bks. for Young Readers).

Gnome at the Laundromat. Bridget Sprouls. Illus. by Bridget Sprouls. 2018. (ENG., Illus.). 32p. (J). (gr. k-2). pap. 12.95 *(978-0-692-09142-5(4))* Sprouls, Bridget.

Gnome Door Chronicles. Tom Dillman. 2018. (ENG., Illus.). 288p. (J). pap. 16.99 *(978-1-5456-4283-2(4))* Salem Author Services.

Gnome Exchange Program: North Pole Rescue. Matt Calin. 2017. (ENG.). (J). (gr. 3-7). pap. 17.99 *(978-1-4621-2012-3(1)*, Sweetwater Bks.) Cedar Fort, Inc./CFI Distribution.

Gnome in My Home. Jessica Vincent. 2020. (ENG.). 98p. (J). pap. 13.95 *(978-1-64628-909-7(9))* Page Publishing Inc.

Gnome in the Biome! Understanding Forests, Deserts & Grassland Ecosystems Grade 5 Social Studies Children's Geography Books. Baby Professor. 2022. (ENG.). 72p. (J). 31.99 ***(978-1-5419-8899-6(X))***; pap. 19.99 ***(978-1-5419-8180-5(4))*** Speedy Publishing LLC. (Baby Professor (Education Kids)).

Gnome Is Where Your Heart Is. Casey Lyall. 2023. (ENG.). 304p. (J). (gr. 3-7). 19.99 *(978-0-06-323982-1(5)*, Greenwillow Bks.) HarperCollins Pubs.

Gnome Outside the Home. Valerie R. Yanez. Illus. by Antonio Yanez. 2023. (ENG.). 26p. (J). 14.00 ***(978-1-0880-8688-9(8))*** Indy Pub.

Gnome, Sweet Gnome. Illus. by Jenny Yoon. 2018. (Sherlock Gnomes Ser.). (ENG.). 24p. (J). (gr. -1-2). pap. 3.99 *(978-1-5344-1054-1(6)*, Simon Spotlight) Simon Spotlight.

Gnomeling Goes Home: The Tales of Christian Tompta, Book 2. Dawn M. Paul. 2017. (ENG., Illus.). (J). pap. 8.95 *(978-1-946813-02-2(8))* Andehem Publishing, LLC.

Gnomes. Sue Gagliardi. 2022. (Legendary Creatures Ser.). (ENG.). 24p. (J). (gr. 2-5). lib. bdg. 32.79 *(978-1-5038-5030-9(7)*, 214878) Child's World, Inc, The.

Gnomes. Martha London. 2019. (Mythical Creatures Ser.). (ENG., Illus.). 32p. (J). (gr. 2-5). lib. bdg. 32.79 *(978-1-5321-6578-8(1)*, 33258, DiscoverRoo) Pop!.

Gnomes: Fairy Tale Creatures. Mark L. Lewis. 2021. (Fairy Tale Creatures Ser.). (ENG., Illus.). 32p. (J). (gr. 2-3). pap. 9.95 *(978-1-63739-011-5(4))*; lib. bdg. 31.35 *(978-1-63739-004-7(1))* North Star Editions. (Focus Readers).

Gnomes, Dwarfs, Trolls & Orcs Coloring Book. Activibooks For Kids. 2016. (ENG., Illus.). (J). pap. 9.20 *(978-1-68321-600-1(8))* Mimaxion.

Gnome's Garden. Tuula Pere. Ed. by Susan Korman. Illus. by Outi Rautkallio. 2018. (ENG.). 40p. (J). (gr. k-4). *(978-952-357-012-2(9))*; pap. *(978-952-357-009-2(9))* Wickwick oy.

Gnomes of the Cheese Forest & Other Poems. Ken Priebe. (ENG., Illus.). 126p. (J). (gr. 3-6). 2019. pap. *(978-1-7752559-2-5(1))*; 2018. *(978-1-7752559-0-1(5))* Priebelieving Pr.

Gnomes of the Saline Mountains: A Fantastic Narrative (Classic Reprint) Anna Goldmark Gross. 2018. (ENG., Illus.). 192p. (J). 27.88 *(978-0-483-90365-4(5))* Forgotten Bks.

Gnomes' Winter Journey, 30 vols. Ernst Kreidolf. 2nd rev. ed. 2022. Orig. Title: Ein Wintermarchen. (Illus.). 32p. (J). 18.95 *(978-1-78250-818-2(X))* Floris Bks. GBR. Dist: Consortium Bk. Sales & Distribution.

Gnome's Winter Solstice Tale: Would You Unquestionably Rather Be Yourself? Amma Sharon. 2017. (ENG., Illus.). (J). 25.95 *(978-1-4808-4511-4(6))*; pap. 16.95 *(978-1-4808-4510-7(8))* Archway Publishing.

Gnomic Sunbeams (Classic Reprint) T. J. Shaw-Sloane. 2018. (ENG., Illus.). 84p. (J). 25.63 *(978-0-483-61457-4(2))* Forgotten Bks.

Gnomo Bajo el Puente: Leveled Reader Book 14 Level I 6 Pack. Hmh Hmh. 2021. (SPA.). 16p. (J). pap. 74.40 *(978-0-358-08326-9(5))* Houghton Mifflin Harcourt Publishing Co.

Gnomologia: Adages & Proverbs, Wise Sentences, & Witty Sayings; Ancient & Modern, Foreign & British (Classic Reprint) Thomas Fuller. 2017. (ENG., Illus.). (J). 28.41 *(978-0-266-85802-7(3))*; pap. 10.97 *(978-0-243-22705-1(1))* Forgotten Bks.

Gnomos - Libro de Colorear. Emil Rana O'Neil. 2021. (SPA.). 66p. (J). pap. 9.99 *(978-1-008-93460-3(7))* Ridley Madison, LLC.

Gnu & Shrew. Danny Schnitzlein. Illus. by Anca Sandu. 2020. 32p. (J). (gr. -1-3). 16.99 *(978-1-68263-146-1(X))* Peachtree Publishing Co. Inc.

Go: a Kidd's Guide to Graphic Design. Chip Kidd. ed. 2022. (ENG., Illus.). 160p. (J). (gr. 5-17). pap. 17.95 *(978-1-5235-1565-3(1)*, 101565) Workman Publishing Co., Inc.

Go Ahead, 1836, Vol. 1: Davy Crockett's Almanack, of Wild Sports in the West, & Life in the Backwoods (Classic Reprint) Davy Crockett. 2017. (ENG., Illus.). (J). 24.99 *(978-0-266-25442-3(X))* Forgotten Bks.

Go Ahead Boys & Simon's Mine. Ross Kay. 2019. (ENG., Illus.). 160p. (YA). (gr. 7-12). pap. *(978-93-5329-450-2(9))* Alpha Editions.

Go Ahead Boys & Simon's Mine (Classic Reprint) Ross Kay. 2018. (ENG., Illus.). 246p. (J). 28.99 *(978-0-267-24245-0(X))* Forgotten Bks.

Go Ahead Boys & the Racing Motorboat. Ross Kay. 2017. (ENG., Illus.). (J). 23.95 *(978-1-374-88610-0(6))*; pap. 13.95 *(978-1-374-88609-4(2))* Capital Communications, Inc.

Go Ahead Boys in the Island Camp. Ross Kay. 2017. (ENG., Illus.). (J). pap. *(978-0-649-15264-3(6))* Trieste Publishing Pty Ltd.

Go Ahead Boys in the Island Camp (Classic Reprint) Ross Kay. 2018. (ENG., Illus.). 252p. (J). 29.09 *(978-0-484-30876-2(9))* Forgotten Bks.

Go Ahead Boys on Smugglers' Island (Classic Reprint) Ross Kay. 2018. (ENG., Illus.). 252p. (J). 29.09 *(978-0-267-23734-0(0))* Forgotten Bks.

Go & Do Likewise! The Parables & Wisdom of Jesus. John Hendrix. 2021. (ENG., Illus.). 40p. (J). (gr. -1-3). 18.99 *(978-1-4197-3705-3(8)*, 1156801, Abrams Bks. for Young Readers) Abrams, Inc.

Go & Tell Kids. Lifeway Kids. 2017. (ENG.). (J). (gr. 1-6). pap. 44.99 *(978-1-4627-7806-5(2))* Lifeway Christian Resources.

Go-And-Tell Storybook: 30 Bible Stories Showing Why We Share about Jesus. Laura Richie. Illus. by Ian Dale. 2022. (Bible Storybook Ser.). (ENG.). 80p. (J). (gr. -1-2). 18.99 *(978-0-8307-8295-6(8)*, 152579) Cook, David C.

Go Army! Beat Navy! Kathy Borkoski. 2017. (ENG., Illus.). (J). (gr. -1-3). 19.99 *(978-1-63177-956-5(7))* Amplify Publishing Group.

Go Ask Alice: 50th Anniversary Edition. Anonymous. ed. 2020. (Anonymous Diaries). (ENG.). 176p. (YA). (gr. 7). pap. 11.99 *(978-1-5344-8367-5(5)*, Simon Pulse) Simon Pulse.

Go Away! & Let's Make a Rocket. Elizabeth Dale. Illus. by Gina Lorena Maldonado. 2020. (Early Bird Readers — Red (Early Bird Stories (tm)) Ser.). (ENG.). 32p. (J). (gr. -1-2). pap. 9.99 *(978-1-5415-8730-4(8)*, 22721044-a6ea-4fd3-83d8-1ea0adc97851, Lerner Pubns.) Lerner Publishing Group.

Go Away Blue Girl! Yutaka Kouno. 2018. (VIE.). (YA). pap. *(978-604-55-3210-2(4))* Nha xuat ban Ha Noi.

Go Away Dust! Christine Warugaba. Illus. by Peter Gitego. 2017. (ENG.). 24p. (J). pap. *(978-99977-773-6-2(0))* FURAHA Pubs. Ltd.

Go Away, Foxy Foxy. Karen Hendriks. Illus. by Naomi Greaves. 2020. (ENG.). 36p. (J). (gr. k-3). *(978-0-6486998-5-9(4))*; pap. *(978-0-6486998-4-2(6))* Daisy Lane Publishing.

Go Away Mae. Laurie Weber. Illus. by A. & a Fomina. 2021. (ENG.). 26p. (J). pap. 11.99 *(978-1-7372754-2-8(2))* Little Pink Pr.

Go Away, Mama! Chelsea Fadden. Illus. by Eleonore Sebastian. 2018. (ENG.). 24p. (J). 16.95 *(978-1-59298-678-1(1))* Beaver's Pond Pr., Inc.

Go Away Monster Spray. Jennifer Giomo-Brennan. 2020. (ENG.). 32p. (J). 16.99 *(978-1-7354785-2-4(0))* Mindstir Media.

Go Away Moon. Elisabeth Humphries. Illus. by Chris Perry. 2023. 26p. (J). (-5). 24.49 BookBaby.

Go Away, Shawn! Dawn Doig. 2017. (ENG., Illus.). 48p. (J). pap. 10.99 *(978-1-948390-03-3(5))* Pen It Pubns.

Go Baby! Go Dog! Anne Vittur Kennedy. Illus. by Anne Vittur Kennedy. 2018. (ENG., Illus.). 20p. (J). (gr. -1 — 1). bds. 7.99 *(978-0-8075-2971-3(0)*, 807529710) Whitman, Albert & Co.

Go Back to Sleep. Zoë Foster Blake. Illus. by Mike Jacobsen. 2022. (ENG.). 32p. (J). (gr. -1-2). 9.99 *(978-0-593-38451-0(2)*, Penguin Workshop) Penguin Young Readers Group.

Go Back to Sleep. Jeannette Angel. l.t. ed. 2022. (ENG.). 38p. (J). 20.00 ***(978-0-578-35161-2(7))*** Trujillo, Gary M.

Go Be the Light! Robin Bennett. 2021. (ENG.). 38p. (J). 15.95 *(978-1-64543-736-9(1))* Amplify Publishing Group.

Go Be Wonderful! Donna Gephart. Illus. by Francesca Chessa. 2023. 40p. (J). (-k). pap. 8.99 *(978-0-8234-5324-5(3))* Holiday Hse., Inc.

Go, Bear, Go! Bianchi. John. 2016. (1-3Y Bird, Bunny & Bear Ser.). (ENG., Illus.). 16p. (J). pap. 8.00 *(978-1-63437-416-3(9))* American Reading Co.

Go Big or Go Home. Lucie Hall. 2021. (ENG.). 66p. (J). pap. 15.00 *(978-1-953507-48-8(4))* Brightlings.

Go Big or Go Mad Libs: 10 Mad Libs In 1! World's Greatest Word Game. Mad Libs. 2022. (Mad Libs Ser.). (ENG.). 480p. (J). (gr. 3-7). pap. 13.99 *(978-0-593-52143-4(9)*, Mad Libs) Penguin Young Readers Group.

Go, Bikes, Go! Addie Boswell. Illus. by Alexander Mostov. 2019. (In Motion Ser.). 22p. (J). (— 1). bds. 9.99 *(978-1-63217-220-4(8)*, Little Bigfoot) Sasquatch Bks.

Go, Boats, Go! Addie Boswell. Illus. by Alexander Mostov. 2020. (In Motion Ser.). 22p. (J). (— 1). bds. 9.99 *(978-1-63217-268-6(2)*, Little Bigfoot) Sasquatch Bks.

Go Camping! Heather Bode. 2022. (Wild Outdoors Ser.). (ENG.). 32p. (J). 31.32 *(978-1-6663-4559-9(8)*, 238284); pap. 7.95 *(978-1-6663-4560-5(1)*, 238254) Capstone. (Capstone Pr.).

Go Camping!, 1 vol. Peter Finn. 2019. (Go Outside! Ser.). (ENG.). 24p. (gr. k-k). pap. 9.15 *(978-1-5382-4477-7(2)*, 996f427d-74b0-42bb-8680-bbab530659fe) Stevens, Gareth Publishing LLLP.

Go Camping. Maddie Frost. Illus. by Maddie Frost. 2023. (Wombats! Ser.). (ENG., Illus.). 96p. (J). (gr. 1-4). 12.99 *(978-0-593-46529-5(6)*, Viking Books for Young Readers) Penguin Young Readers Group.

Go, Creature Powers! (Wild Kratts) Chris Kratt & Martin Kratt. 2016. (Pictureback(R) Ser.). (Illus.). 24p. (J). (gr. -1-2). 5.99 *(978-1-101-93306-0(2)*, Random Hse. Bks. for Young Readers) Random Hse. Children's Bks.

Go, Critter, Go!, 6 vols., Set. Dana Meachen Rau. Incl. Buzz, Bee, Buzz! lib. bdg. 25.50 *(978-0-7614-2648-6(5)*, df696dd3-d01d-4f71-9bf5-b460c4e9dff4); Crawl, Ladybug, Crawl! lib. bdg. 25.50 *(978-0-7614-2652-3(3)*, 56ffedff-cccb-4544-b5ed-cfd1471a7b7f, Cavendish Square); Flash, Firefly, Flash! lib. bdg. 25.50 *(978-0-7614-2651-6(5)*, fbaa74d8-88df-4feb-bcf8-428256f6154d, Cavendish Square); Fly, Butterfly, Fly! lib. bdg. 25.50 *(978-0-7614-2649-3(3)*, 99b11035-c989-4a3a-96b1-d382ea89439d); Spin, Spider, Spin! lib. bdg. 25.50 *(978-0-7614-2653-0(1)*, 4b6901ac-0f25-4f1e-a824-235317b78614); Squirm, Earthworm, Squirm! lib. bdg. 25.50 *(978-0-7614-2650-9(7)*, 62f67366-22b1-4987-b935-7926bc392104); (Illus.). 24p. (gr. k-1). 2008. (Bookworms Ser.). 2007. lib. bdg. *(978-0-7614-2647-9(7)*, Cavendish Square) Cavendish Square Publishing LLC.

Go, Critter, Go!/¡Vamos Criaturita, Vamos! Dana Meachen Rau. Incl. ¡Brilla, Luciérnaga, Brilla! / Flash, Firefly, Flash! lib. bdg. 25.50 *(978-0-7614-2816-9(X)*, 40be6551-af8d-453f-9519-7c87ad8e0ded); ¡Serpentea Lombriz, Serpentea! / Squirm, Earthworm, Squirm! lib. bdg. 25.50 *(978-0-7614-2815-2(1)*, af92ac12-bf1b-4529-8296-1e07375c9523); ¡Teje Araña, Teje! / Spin, Spider, Spin! lib. bdg. 25.50 *(978-0-7614-2818-3(6)*, 09882752-5462-4dcd-853e-477ca4c16146); ¡Trepa Mariquita, Trepa! / Crawl, Ladybug, Crawl! lib. bdg. 25.50 *(978-0-7614-2817-6(8)*, 0faf6d74-003f-457b-b630-c74df4602a17); ¡Vuela Mariposa, Vuela! / Fly, Butterfly, Fly! lib. bdg. 25.50 *(978-0-7614-2814-5(3)*, 59b347b8-b05d-4a7a-87b3-2fa248fed2ba); ¡Zumba Abeja, Zumba! / Buzz, Bee, Buzz! lib. bdg. 25.50 *(978-0-7614-2813-8(5)*, 62282e49-1ce5-4f42-bc98-f38e3225c0b2); (Illus.). (gr. k-1). 2009. (Bookworms — Bilingual Editions: Go, Critter, Go!/¡Vamos Criaturita, Vamos! Ser.). (ENG & SPA.). 24p. 2007. Set lib. bdg. 95.70 *(978-0-7614-2811-4(9)*, Cavendish Square) Cavendish Square Publishing LLC.

Go Cubs Go! Baseball's Never Give up Story. Marv Levy. 2017. (ENG., Illus.). 47p. (J). 18.95 *(978-0-9966742-7-0(6))* Ascend Bks., LLC.

Go, Dawgs! Tory Frol. 2022. (ENG.). 38p. (J). 15.95 *(978-1-64307-316-3(8))* Amplify Publishing Group.

Go! Field Guide: Rocks & Minerals. Scholastic. 2019. (ENG.). 160p. (J). (gr. 3-7). pap. 12.99 *(978-1-338-23211-0(8))* Scholastic, Inc.

Go! Field Guide: Sharks, 1 vol. Scholastic. 2019. (ENG., Illus.). 160p. (J). (gr. 3-7). 14.99 *(978-1-338-53955-4(8)*, Scholastic Nonfiction) Scholastic, Inc.

Go Find Christmas. Jane Montgomery Gibson. Illus. by Jane Montgomery Gibson. 2019. (ENG., Illus.). (YA). (gr. 10-11). 14.97 net. *(978-1-4183-0025-8(X))* Savvas Learning Co.

Go Find the Fairies! Connect the Dots Activity Book. Activibooks For Kids. 2016. (ENG., Illus.). (J). pap. 7.55 *(978-1-68321-528-8(1))* Mimaxion.

Go Fire Truck! Czeena Devera. 2019. (Watch It Go Ser.). (ENG.). 16p. (J). (gr. -1-2). pap. 11.36 *(978-1-5341-3921-3(4)*, 212513, Cherry Blossom Press) Cherry Lake Publishing.

Go Fish! Tammi Sauer. Illus. by Zoe Waring. 2018. (ENG.). 40p. (J). (gr. -1 — 1). 14.99 *(978-0-06-242155-5(7)*, HarperCollins) HarperCollins Pubs.

Go Fish Alphabet: Game Cards, 56 vols. School Zone Publishing Company Staff. rev. ed. 2019. (ENG., Illus.). (J). (gr. -1-1). 3.49 *(978-0-88743-271-2(9)*, a3ead7b1-9267-4080-97a0-c9afda934e8e) School Zone Publishing Co.

Go Fishing!, 1 vol. Peter Finn. 2019. (Go Outside! Ser.). (ENG.). 24p. (gr. k-k). pap. 9.15 *(978-1-5382-4481-4(0)*, 4fb8b0ca-2b3f-4fe9-bca1-271e368e41d7) Stevens, Gareth Publishing LLLP.

Go Fly a Kite! (and Other Sayings We Don't Really Mean) Contrib. by Cynthia Amoroso. 2023. (Understanding Idioms Ser.). (ENG.). 24p. (J). (gr. 2-5). lib. bdg. 32.79 *(978-1-5038-6556-3(8)*, 216427, Wonder Books(r)) Child's World, Inc, The.

Go for a Hike!, 1 vol. Peter Finn. 2019. (Go Outside! Ser.). (ENG.). 24p. (gr. k-k). pap. 9.15 *(978-1-5382-4485-2(3)*, b3f75e74-9b4d-46dd-ac9c-97546aed1b5d) Stevens, Gareth Publishing LLLP.

Go for a Swim!, 1 vol. Peter Finn. 2019. (Go Outside! Ser.). (ENG.). 24p. (gr. k-k). pap. 9.15 *(978-1-5382-4489-0(6)*, 023b39fb-7fea-4fe6-87a0-df50e53f3e3c); lib. bdg. 24.27 *(978-1-5382-4491-3(8)*, 815682ee-2d54-42e0-b194-7ded3ed443d8) Stevens, Gareth Publishing LLLP.

Go for Broke Regiment. Julia Garstecki. 2016. (All-American Fighting Forces Ser.). (ENG.). 32p. (J). (gr. 4-6). pap. 9.99 *(978-1-64466-152-9(7)*, 10310); (Illus.). 31.35 *(978-1-68072-001-3(5)*, 10309) Black Rabbit Bks. (Bolt).

Go for Goal!, Volume 3. Nicole Hayes & Adrian Beck. Illus. by James Hart. 2021. (AFL Little Legends Ser.: 3). (ENG.). 176p. (J). pap. 13.99 *(978-1-76050-544-8(7))* Hardie Grant Children?s Publishing AUS. Dist: Independent Pubs. Group.

Go-For-Gold Gymnasts Bind-up. Alicia Thompson & Dominique Moceanu. 2016. (Go-For-Gold Gymnasts Ser.). (ENG., Illus.). 496p. (J). (gr. 5-9). pap. 22.99 *(978-1-4847-7178-5(8))* Hyperion Bks. for Children.

Go for Lift Off! How to Train Like an Astronaut. Dave Williams & Loredana Cunti. Illus. by Theo Krynauw. 2017. (Dr. Dave — Astronaut Ser.). (ENG.). 52p. (gr. 1-6). pap. 12.95 *(978-1-55451-914-9(4))* Annick Pr., Ltd. CAN. Dist: Publishers Group West (PGW).

Go for Liftoff! Dave Williams. ed. 2019. (Dr. Dave Astronaut Ser.). (ENG.). 52p. (J). (gr. 4-6). 22.96 *(978-1-64310-806-3(9))* Penworthy Co., LLC, The.

Go for the Gold! Mad Libs: World's Greatest Word Game. Galia Abramson. 2020. (Mad Libs Ser.). 48p. (J). (gr. 3-7). pap. 4.99 *(978-0-593-09557-7(X)*, Mad Libs) Penguin Young Readers Group.

Go for the Moon: A Rocket, a Boy, & the First Moon Landing. Chris Gall. Illus. by Chris Gall. 2019. (ENG., Illus.). 48p. (J). 19.99 *(978-1-250-15579-5(7)*, 900184774) Roaring Brook Pr.

Go Forth & Find (Classic Reprint) John R. Jarboe. 2017. (ENG., Illus.). (J). 29.07 *(978-0-265-36035-4(8))* Forgotten Bks.

Go Forth & Find (Classic Reprint) Edward S. Moffat. (ENG., Illus.). (J). 2018. 382p. 31.78 *(978-0-428-84457-8(X))*; 2017. pap. 16.57 *(978-0-243-00102-6(9))* Forgotten Bks.

Go Forth & Find (Classic Reprint) Hannah Daviess Pittman. 2017. (ENG., Illus.). (J). 31.75 *(978-0-260-93362-1(7))*; pap. 16.57 *(978-1-5285-5889-1(8))* Forgotten Bks.

Go Fun! Big Book of Brain Games 2. Andrews McMeel Andrews McMeel Publishing. 2016. (Go Fun! Ser.: 12). (ENG.). 128p. (J). pap. 8.99 *(978-1-4494-7883-4(2))* Andrews McMeel Publishing.

Go Fun! Big Book of Crosswords 2. Andrews McMeel Andrews McMeel Publishing. 2016. (Go Fun! Ser.: 13). (ENG.). 128p. (J). pap. 8.99 *(978-1-4494-7882-7(4))* Andrews McMeel Publishing.

Go Gaming! the Total Guide to the World's Greatest Mobile Games. Scholastic. 2016. (Game On! Ser.). (ENG., Illus.). 128p. (J). (gr. 3-7). pap. 8.99 *(978-1-338-11811-7(0))* Scholastic, Inc.

Go Gently. Nancy M. Bell. 2018. (Cornwall Adventures Ser.: Vol. 3). (ENG., Illus.). 188p. (YA). (gr. 7-12). pap. *(978-1-77145-392-9(3))* Books We Love Publishing Partners.

Go Get 'Em, Tiger! (a Hello!Lucky Book) Hello!Lucky & Sabrina Moyle. Illus. by Eunice Moyle. 2020. (Hello!Lucky Book Ser.). (ENG.). 32p. (J). (gr. -1-17). 16.99 *(978-1-4197-3964-4(6)*, 1296401) Abrams, Inc.

Go Get 'Em, Tiger! (a Hello!Lucky Book) Hello!Lucky & Sabrina Moyle. Illus. by Eunice Moyle. 2023. (Hello!Lucky Book Ser.). (ENG.). 30p. (J). (gr. -1 — 1). bds., bds. 8.99 *(978-1-4197-4336-8(8)*, 1296410, Abrams Appleseed) Abrams, Inc.

Go Get It, Gus! Teresa L. Wallace. 2020. (ENG., Illus.). 30p. (J). 23.95 *(978-1-64559-394-2(0))*; pap. 13.95 *(978-1-64559-393-5(2))* Covenant Bks.

Go-Getter. Peter Kyne. 2018. (ENG., Illus.). 40p. (J). 10.29 *(978-1-7317-0237-1(X))* Simon & Brown.

Go-Getter. Peter B. Kyne. 2018. (ENG., Illus.). 48p. (J). 12.99 *(978-1-5154-3314-9(5))* Wilder Pubns., Corp.

Go-Getter: A Story That Tells You, How to Be One (Classic Reprint) Peter B. Kyne. 2016. (ENG., Illus.). (J). 16.57 *(978-1-334-99776-1(4))* Forgotten Bks.

Go, Girls, Go! Frances Gilbert. Illus. by Allison Black. 2019. (ENG.). 40p. (J). (gr. -1-3). 17.99 *(978-1-5344-2482-1(2)*, Beach Lane Bks.) Beach Lane Bks.

Go, Go, Cars! Jennifer Liberts. ed. 2019. (Step into Reading Ser.). (ENG.). 32p. (J). (gr. k-1). 14.96 *(978-0-87617-965-9(0))* Penworthy Co., LLC, The.

Go, Go, Cars! Jennifer Liberts. Illus. by Mike Yamada. 2018. (Step into Reading Ser.). 32p. (J). (gr. -1-1). 5.99 *(978-0-399-55461-2(0)*, Random Hse. Bks. for Young Readers) Random Hse. Children's Bks.

Go Go Eco Apple: My First Recycling Book. Claire Philip. Illus. by Steven Wood. 2021. (ENG.). 10p. (J). bds. 9.99 *(978-1-5037-6046-2(4)*, 4642, Sunbird Books) Phoenix International Publications, Inc.

Go Go Eco Tin Can: My First Recycling Book. Claire Philip. Illus. by Steven Wood. 2021. (ENG.). 10p. (J). bds. 9.99 *(978-1-5037-6045-5(6)*, 4640, Sunbird Books) Phoenix International Publications, Inc.

Go-Go Felt Angry. Amanda Cox. Illus. by M. I. M. Zariffa & Sarah Cox. 2022. (Cookie Felt Sad Ser.: Vol. 4). (ENG.). 30p. (J). ***(978-0-6450250-7-1(0))*** Finding Space.

Go, Go, Gekko-Mobile! A. E. Dingee. 2017. (PJ Masks Ser.). (ENG., Illus.). 12p. (J). (gr. -1-1). bds. 6.99 *(978-1-5344-1056-5(2)*, Simon Spotlight) Simon Spotlight.

Go, Go, Go. Bob Barner. (I Like to Read Ser.). (Illus.). 32p. (J). (gr. -1-3). 2022. pap. 7.99 *(978-0-8234-5124-1(0))*; 2020. 15.99 *(978-0-8234-4643-8(3))* Holiday Hse., Inc.

Go! Go! Go! Leveled Reader Turquoise Level 17. Rg Rg. 2016. (PM Ser.). (ENG.). 16p. (J). (gr. 2). pap. 11.00 *(978-0-544-89172-2(4))* Rigby Education.

Go Go Gorillas: A Romping Bedtime Tale. Patrick Wensink. Illus. by Nate Wragg. 2017. (ENG.). 32p. (J). (gr. -1-3). 17.99 *(978-0-06-238118-7(0)*, HarperCollins) HarperCollins Pubs.

Go, Go, Grapes! A Fruit Chant. April Pulley Sayre. Photos by April Pulley Sayre. 2016. (Classic Board Bks.). (ENG., Illus.). 34p. (J). (gr. -1 — 1). bds. 8.99 *(978-1-4814-5301-1(7)*, Little Simon) Little Simon.

Go Go Greta: Busier Than Ever. Dana Satterwhite. Illus. by Joseph Watson. 2018. (ENG.). 35p. (J). *(978-1-716-49185-6(1))* Lulu Pr., Inc.

Go, Go, Pirate Boat. Katrina Charman. Illus. by Nick Sharratt. 2019. (New Nursery Rhymes Ser.). (ENG.). 24p. (J). bds. 8.99 *(978-1-5476-0319-0(4)*, 900211337, Bloomsbury Children's Bks.) Bloomsbury Publishing USA.

Go, Go, Planes! Jennifer Liberts. ed. 2022. (Step into Reading Ser.). (ENG.). 32p. (J). (gr. k-1). 16.96 ***(978-1-68505-313-0(0))*** Penworthy Co., LLC, The.

Go, Go, Trucks! Jennifer Liberts. Illus. by Mike Yamada. 2017. (Step into Reading Ser.). 32p. (J). (gr. -1-1). 5.99 *(978-0-399-54951-9(X)*, Random Hse. Bks. for Young Readers) Random Hse. Children's Bks.

Go, Goat, Go! Erin Rose Grobarek. Illus. by Angie Hodges. 2022. (Bilingual Bks.). (ENG.). 24p. (J). (gr. -1-3). pap. 9.50 ***(978-1-64996-730-5(6)***, 17095, Sequoia Kids Media) Sequoia Children's Bks.

Go, Goats! Kama Einhorn. 2019. (True Tales of Rescue Ser.). (ENG., Illus.). 144p. (J). (gr. 3-7). 14.99 *(978-1-328-76706-6(X)*, 1680378, Clarion Bks.) HarperCollins Pubs.

Go Grandma Go! Dorothy C. Becker. Illus. by Craig Nordeen. 2016. (ENG.). (J). pap. 7.95 *(978-0-692-81633-2(X))* Blondvic Enterprises.

Go, Grandma, Go! Lynn Plourde. Illus. by Sophie Beer. 2020. (ENG.). 20p. (J). (— 1). bds. 8.99 *(978-1-5344-5222-0(2)*, Little Simon) Little Simon.

Go, Grandpa, Go! Lynn Plourde. Illus. by Sophie Beer. 2020. (ENG.). 20p. (J). (— 1). bds. 8.99 *(978-1-5344-5224-4(9)*, Little Simon) Little Simon.

Go Green! Join the Green Team & Learn How to Reduce, Reuse, & Recycle! Liz Gogerly. Illus. by Miguel R. Sanchez. 2019. (ENG.). 48p. (J). (gr. 3-6). 18.99 *(978-1-63198-430-3(6)*, 84303) Free Spirit Publishing Inc.

Go Green by Caring for Water. Lisa Bullard. Illus. by Xin Zheng. 2018. (Go Green (Early Bird Stories (tm)) Ser.). (ENG.). 24p. (J). (gr. k-2). pap. 9.99 *(978-1-5415-2711-9(9)*, 750cd29e-8d86-47e9-a9d8-3e471adcf07d); lib. bdg. 29.32 *(978-1-5415-2017-2(3)*, 06e26007-951a-4ac0-b93e-30d6c34687de, Lerner Pubns.) Lerner Publishing Group.

Go Green by Fighting Pollution. Lisa Bullard. Illus. by John Wes Thomas. 2018. (Go Green (Early Bird Stories (tm)) Ser.). (ENG.). 24p. (J). (gr. k-2). pap. 9.99 *(978-1-5415-2713-3(5)*, fdcb0da1-827f-4bfb-86de-391d8431aed1); lib. bdg. 29.32 *(978-1-5415-2016-5(5)*, 11b5a4bf-0c6d-4762-8e86-e91e08afd2b1, Lerner Pubns.) Lerner Publishing Group.

Go Green by Recycling. Lisa Bullard. Illus. by John Wes Thomas. 2018. (Go Green (Early Bird Stories (tm)) Ser.). (ENG.). 24p. (J). (gr. k-2). lib. bdg. 29.32 *(978-1-5415-2013-4(0)*, eb9f9ccd-35ad-47b3-964f-71c8a460fe93, Lerner Pubns.) Lerner Publishing Group.

Go Green by Reusing. Lisa Bullard. Illus. by John Wes Thomas. 2018. (Go Green (Early Bird Stories (tm)) Ser.). (ENG.). 24p. (J). (gr. k-2). pap. 9.99 *(978-1-5415-2715-7(1)*, 73fb9bbb-9577-48b2-98bf-bd1a6a7b1ef1); lib. bdg. 29.32 *(978-1-5415-2012-7(2)*, 4afe41af-bed3-4f77-b0c9-f5058fc8270a, Lerner Pubns.) Lerner Publishing Group.

Go Green by Saving Energy. Lisa Bullard. Illus. by John Wes Thomas. 2018. (Go Green (Early Bird Stories (tm)) Ser.). (ENG.). 24p. (J). (gr. k-2). lib. bdg. 29.32 *(978-1-5415-2015-8(7),* 5120a9c0-ad7d-4015-b87f-c80fd7d55593, Lerner Pubns.) Lerner Publishing Group.

Go Green! Energy: My First Pull-The-Tab Eco Book. Pintachan. 2023. (Go Green! Ser.). (ENG.). 8p. (J). (gr. -1 — 1). bds. 9.99 *(978-1-4197-6102-7(1),* 1774710, Abrams Appleseed) Abrams, Inc.

Go Green for Earth Day. Lisa Bullard. Illus. by Xin Zheng. 2018. (Go Green (Early Bird Stories (tm)) Ser.). (ENG.). 24p. (J). (gr. k-2). 29.32 *(978-1-5415-2014-1(9),* 76bd5c2e-cac0-466a-8d84-c9b2e7bc397c, Lerner Pubns.) Lerner Publishing Group.

Go Green Gecko! Gay Hay. Illus. by Margaret Tolland. 2017. 40p. (J). (gr. 1-2). 17.95 *(978-1-76036-033-7(3),* 7a85f9a5-894b-447f-b0c3-72ee12872a9a) Starfish Bay Publishing Pty Ltd. AUS. Dist: Baker & Taylor Publisher Services (BTPS).

Go Green! Home: My First Pull-The-Tab Eco Book. Pintachan. 2023. (Go Green! Ser.). (ENG.). 8p. (J). (gr. -1 — 1). bds. 9.99 *(978-1-4197-6101-0(3),* 1769410, Abrams Appleseed) Abrams, Inc.

Go Green with Sesame Street (r). Jennifer Boothroyd & Mary Lindeen. 2020. (ENG., Illus.). 144p. (J). (gr. -1-2). pap. 14.99 *(978-1-7284-0341-0(3),* 1a8f4ae0-0277-4a1a-810d-c5b0e108cd7d, Lerner Pubns.) Lerner Publishing Group.

Go Home Bay, 1 vol. Susan Vande Griek & Pascal Milelli. 2016. (ENG., Illus.). 32p. (J). (gr. 1-4). 18.95 *(978-1-55498-701-6(6))* Groundwood Bks. CAN. Dist: Publishers Group West (PGW).

Go Home, Cheeky Animals! Johanna Bell. Illus. by Dion Beasley. (ENG.). 32p. (J). 2022. (gr. -1). pap. 13.99 *(978-1-76106-592-7(0),* A&U Children's); 2016. (-1). 18.99 *(978-1-76029-165-5(X))* Allen & Unwin AUS. Dist: Independent Pubs. Group.

Go Home, Goat. Molly Coxe. 2019. (Bright Owl Bks.). (Illus.). 40p. (J). (gr. -1-2). 17.99 *(978-1-63592-100-7(7),* 743435bd-8508-465e-94db-1f99d7531f30, Kane Press) Astra Publishing Hse.

Go Hunt Me. Kelly deVos. 2022. 320p. (YA). (gr. 7). 18.99 *(978-0-593-20485-6(9),* Razorbill) Penguin Young Readers Group.

Go! in the Snow. Gloria Jean Royster & Iana Dobreva. 2019. (ENG.). 38p. (J). pap. 16.80 *(978-1-68470-620-4(3))* Lulu Pr., Inc.

Go, Johnny, Go! Paul O'Flynn. 2020. (ENG., Illus.). 176p. (J). 10.95 *(978-0-7171-8976-2(7))* Gill Bks. IRL. Dist: Casemate Pubs. & Bk. Distributors, LLC.

Go-Kart Race. Rachel Bach. 2016. (Let's Race Ser.). (ENG., Illus.). 16p. (J). (gr. -1-1). pap. 7.99 *(978-1-68152-132-9(6),* 15498); lib. bdg. 17.95 *(978-1-60753-913-1(6),* 15490) Amicus.

Go-Karts. Jeff Barger. 2016. (How It Works). (ENG.). 24p. (gr. 1-3). 28.50 *(978-1-68191-685-9(1),* 9781681916859) Rourke Educational Media.

Go Long! Super Sports to Try Today. Jupiter Kids. 2017. (ENG., Illus.). (J). pap. 9.20 *(978-1-68326-763-8(X),* Jupiter Kids (Childrens & Kids Fiction)) Speedy Publishing LLC.

Go Math! Getting Ready for Istep Student Edition Grade 1. Houghton Mifflin Harcourt. 2016. (Go Math! Ser.). (ENG.). 96p. (J). (gr. 1). pap. 5.25 *(978-0-544-81943-6(8))* Houghton Mifflin Harcourt Publishing Co.

Go Math! Getting Ready for Istep Student Edition Grade 2. Houghton Mifflin Harcourt. 2016. (Go Math! Ser.). (ENG.). 112p. (J). (gr. 2). pap. 5.25 *(978-0-544-81944-3(6))* Houghton Mifflin Harcourt Publishing Co.

Go Math! Getting Ready for Istep Student Edition Grade 3. Houghton Mifflin Harcourt. 2016. (Go Math! Ser.). (ENG.). 128p. (J). (gr. 3). pap. 5.25 *(978-0-544-81945-0(4))* Houghton Mifflin Harcourt Publishing Co.

Go Math! Getting Ready for Istep Student Edition Grade 4. Houghton Mifflin Harcourt. 2016. (Go Math! Ser.). (ENG.). 128p. (J). (gr. 4). pap. 5.25 *(978-0-544-81946-7(2))* Houghton Mifflin Harcourt Publishing Co.

Go Math! Getting Ready for Istep, Student Edition Grade 5. Houghton Mifflin Harcourt. 2016. (Go Math! Ser.). (ENG.). 128p. (J). (gr. 5). pap. 5.25 *(978-0-544-81947-4(0))* Houghton Mifflin Harcourt Publishing Co.

Go Math! Getting Ready for Istep, Student Edition Grade 6. Houghton Mifflin Harcourt. 2016. (Go Math! Ser.). (ENG.). 128p. (J). (gr. 6). pap. 5.25 *(978-0-544-81948-1(9))* Houghton Mifflin Harcourt Publishing Co.

Go Math! Getting Ready for Istep Student Edition Grade K. Houghton Mifflin Harcourt. 2016. (Go Math! Ser.). (ENG.). 96p. (J). (gr. k). pap. 5.25 *(978-0-544-81942-9(X))* Houghton Mifflin Harcourt Publishing Co.

Go Math! Getting Ready for the New Jersey State Assessments Student Edition Adv1. Houghton Mifflin Harcourt. 2017. (Go Math! Ser.). (ENG.). 120p. (J). (gr. 6). pap. 7.20 *(978-1-328-96164-8(8))* Houghton Mifflin Harcourt Publishing Co.

Go Math! Getting Ready for the New Jersey State Assessments Student Edition Adv2. Houghton Mifflin Harcourt. 2017. (Go Math! Ser.). (ENG.). 128p. (J). (gr. 7). pap. 7.20 *(978-1-328-96165-5(6))* Houghton Mifflin Harcourt Publishing Co.

Go Math: Getting Ready for the New York State Testing Program, Se Grade 6. Houghton Mifflin Harcourt. 2016. (Go Math Ser.). (ENG.). 152p. (J). (gr. 6). pap. 5.25 *(978-1-328-77057-8(5))* Houghton Mifflin Harcourt Publishing Co.

Go Math! Getting Ready for the New York State Testing Program Student Edition Grade 1. Houghton Mifflin Harcourt. 2017. (Go Math Ser.). (ENG.). 144p. (J). (gr. 1). pap. 5.25 *(978-1-328-77051-6(6))* Houghton Mifflin Harcourt Publishing Co.

Go Math! Getting Ready for the New York State Testing Program Student Edition Grade 2. Houghton Mifflin Harcourt. 2017. (Go Math Ser.). (ENG.). 144p. (J). (gr. 2). pap. 5.25 *(978-1-328-77053-0(2))* Houghton Mifflin Harcourt Publishing Co.

Go Math! Getting Ready for the New York State Testing Program Student Edition Grade 3. Houghton Mifflin Harcourt. 2017. (Go Math Ser.). (ENG.). 144p. (J). (gr. 3). pap. 5.25 *(978-1-328-77054-7(0))* Houghton Mifflin Harcourt Publishing Co.

Go Math! Getting Ready for the New York State Testing Program Student Edition Grade 4. Houghton Mifflin Harcourt. 2016. (Go Math Ser.). (ENG.). 152p. (J). (gr. 4). pap. 5.25 *(978-1-328-77055-4(9))* Houghton Mifflin Harcourt Publishing Co.

Go Math! Getting Ready for the New York State Testing Program Student Edition Grade 5. Houghton Mifflin Harcourt. 2016. (Go Math Ser.). (ENG.). 144p. (J). (gr. 5). pap. 5.25 *(978-1-328-77056-1(7))* Houghton Mifflin Harcourt Publishing Co.

Go Math! Getting Ready for the New York State Testing Program Student Edition Grade K. Houghton Mifflin Harcourt. 2017. (Go Math Ser.). (ENG.). 120p. (J). (gr. k). pap. 5.25 *(978-1-328-77050-9(8))* Houghton Mifflin Harcourt Publishing Co.

Go Math! Sol Success Lessons Grade 6. Houghton Mifflin Harcourt. 2018. (Go Math! Ser.). (ENG.). 96p. (J). (gr. 6). pap. 5.25 *(978-1-328-84662-4(8))* Houghton Mifflin Harcourt Publishing Co.

Go Math! Sol Success Lessons Grade 7. Houghton Mifflin Harcourt. 2018. (Go Math! Ser.). (ENG.). 128p. (J). (gr. 7). pap. 5.25 *(978-1-328-84663-1(6))* Houghton Mifflin Harcourt Publishing Co.

Go Math! Sol Success Lessons Grade 8. Houghton Mifflin Harcourt. 2018. (Go Math! Ser.). (ENG.). 96p. (J). (gr. 8). pap. 5.25 *(978-1-328-84664-8(4))* Houghton Mifflin Harcourt Publishing Co.

Go Math! Spanish (Sta) Student Edition Volume 1 Grade 3 2018. Houghton Mifflin Harcourt. 2018. (Go Math! Ser.). (SPA.). 512p. (J). (gr. 3). pap. 14.10 *(978-1-328-99514-8(3))* Houghton Mifflin Harcourt Publishing Co.

Go Math! Spanish (Sta) Student Edition Volume 1 Grade 4 2018. Houghton Mifflin Harcourt. 2018. (Go Math! Ser.). (SPA.). 392p. (J). (gr. 4). pap. 14.10 *(978-1-328-99516-2(X))* Houghton Mifflin Harcourt Publishing Co.

Go Math! Spanish (Sta) Student Edition Volume 2 Grade 3 2018. Houghton Mifflin Harcourt. 2018. (Go Math! Ser.). (SPA.). 424p. (J). (gr. 3). pap. 14.10 *(978-1-328-99515-5(1))* Houghton Mifflin Harcourt Publishing Co.

Go Math! Spanish (Sta) Student Edition Volume 2 Grade 4 2018. Houghton Mifflin Harcourt. 2018. (Go Math! Ser.). (SPA.). 544p. (J). (gr. 4). pap. 14.10 *(978-1-328-99517-9(8))* Houghton Mifflin Harcourt Publishing Co.

Go Math 2015: Professional Learning Guide Grade K-6. Houghton Mifflin Harcourt. 2017. (Go Math 2015 Ser.). (ENG.). 64p. (J). (gr. k-6). pap. 7.50 *(978-1-328-84619-8(9))* Houghton Mifflin Harcourt Publishing Co.

Go Math 2016: Professional Learning Guide Grade K-6. Houghton Mifflin Harcourt. 2017. (Go Math 2016 Ser.). (ENG.). 24p. (J). (gr. k-6). pap. 10.00 *(978-1-328-84620-4(2))* Houghton Mifflin Harcourt Publishing Co.

Go Math CC 2018: Professional Learning Guide Grades 6-8. Houghton Mifflin Harcourt. 2017. (Go Math CC 2018 Ser.). (ENG.). 64p. (J). (gr. 6-8). pap. 7.50 *(978-1-328-88215-8(2))* Houghton Mifflin Harcourt Publishing Co.

Go Math Spanish: Getting Ready for the New York State Testing Program, Se Grade 1. Houghton Mifflin Harcourt. 2017. (Go Math Spanish Ser.). (SPA.). 144p. (J). (gr. 1). pap. 5.65 *(978-1-328-77059-2(1))* Houghton Mifflin Harcourt Publishing Co.

Go Math Spanish: Getting Ready for the New York State Testing Program, Se Grade 2. Houghton Mifflin Harcourt. 2017. (Go Math Spanish Ser.). (SPA.). 144p. (J). (gr. 2). pap. 5.65 *(978-1-328-77066-0(4))* Houghton Mifflin Harcourt Publishing Co.

Go Math Spanish: Getting Ready for the New York State Testing Program, Se Grade 3. Houghton Mifflin Harcourt. 2017. (Go Math Spanish Ser.). (SPA.). 144p. (J). (gr. 3). pap. 5.65 *(978-1-328-77067-7(2))* Houghton Mifflin Harcourt Publishing Co.

Go Math Spanish: Getting Ready for the New York State Testing Program, Se Grade 4. Houghton Mifflin Harcourt. 2017. (Go Math Spanish Ser.). (SPA.). 144p. (J). (gr. 4). pap. 5.65 *(978-1-328-77068-4(0))* Houghton Mifflin Harcourt Publishing Co.

Go Math Spanish: Getting Ready for the New York State Testing Program, Se Grade 5. Houghton Mifflin Harcourt. 2017. (Go Math Spanish Ser.). (SPA.). 144p. (J). (gr. 5). pap. 5.65 *(978-1-328-77069-1(9))* Houghton Mifflin Harcourt Publishing Co.

Go Math Spanish: Getting Ready for the New York State Testing Program, Se Grade 6. Houghton Mifflin Harcourt. 2017. (Go Math Spanish Ser.). (SPA.). 142p. (J). (gr. 6). pap. 5.65 *(978-1-328-77070-7(2))* Houghton Mifflin Harcourt Publishing Co.

Go Math Spanish: Getting Ready for the New York State Testing Program, Se Grade K. Houghton Mifflin Harcourt. 2017. (Go Math Spanish Ser.). (SPA.). 144p. (J). (gr. k). pap. 5.65 *(978-1-328-77058-5(3))* Houghton Mifflin Harcourt Publishing Co.

Go Math! Spanish: Insuccess Student Edition Grade 1. Houghton Mifflin Harcourt. 2016. (Go Math Spanish Ser.). (SPA.). 118p. (J). (gr. 1). pap. 5.80 *(978-0-544-97565-1(0))* Houghton Mifflin Harcourt Publishing Co.

Go Math! Spanish: Insuccess Student Edition Grade 2. Houghton Mifflin Harcourt. 2016. (Go Math Spanish Ser.). (SPA.). 116p. (J). (gr. 2). pap. 5.80 *(978-0-544-97566-8(9))* Houghton Mifflin Harcourt Publishing Co.

Go Math! Spanish: Insuccess Student Edition Grade 3. Houghton Mifflin Harcourt. 2016. (Go Math Spanish Ser.). (SPA.). 124p. (J). (gr. 3). pap. 5.80 *(978-0-544-97567-5(7))* Houghton Mifflin Harcourt Publishing Co.

Go Math! Spanish: Insuccess Student Edition Grade 4. Houghton Mifflin Harcourt. 2016. (Go Math Spanish Ser.). (SPA.). 132p. (J). (gr. 4). pap. 5.80 *(978-0-544-97568-2(5))* Houghton Mifflin Harcourt Publishing Co.

Go Math! Spanish: Insuccess Student Edition Grade 5. Houghton Mifflin Harcourt. 2016. (Go Math Spanish Ser.). (SPA.). 158p. (J). (gr. 5). pap. 5.80 *(978-0-544-97569-9(3))* Houghton Mifflin Harcourt Publishing Co.

Go Math! Spanish: Insuccess Student Edition Grade 6. Houghton Mifflin Harcourt. 2016. (Go Math Spanish Ser.). (SPA.). 78p. (J). (gr. 6). pap. 5.80 *(978-0-544-97570-5(7))* Houghton Mifflin Harcourt Publishing Co.

Go Math! Spanish: Insuccess Student Edition Grade K. Houghton Mifflin Harcourt. 2016. (Go Math Spanish Ser.). (SPA.). 196p. (J). (gr. k). pap. 5.80 *(978-0-544-97564-4(2))* Houghton Mifflin Harcourt Publishing Co.

Go Math! Spanish: Student Edition Volume 1 Grade 1 2018. Houghton Mifflin Harcourt. 2018. (Go Math! Ser.). (SPA.). 376p. (J). (gr. 1). pap. 14.10 *(978-1-328-99503-2(8))* Houghton Mifflin Harcourt Publishing Co.

Go Math! Spanish: Student Edition Volume 1 Grade 2 2018. Houghton Mifflin Harcourt. 2018. (Go Math! Ser.). (SPA.). 520p. (J). (gr. 2). pap. 14.10 *(978-1-328-99512-4(7))* Houghton Mifflin Harcourt Publishing Co.

Go Math! Spanish: Student Edition Volume 1 Grade 5 2018. Houghton Mifflin Harcourt. 2018. (Go Math! Ser.). (SPA.). 408p. (J). (gr. 5). pap. 14.10 *(978-1-328-99518-6(6))* Houghton Mifflin Harcourt Publishing Co.

Go Math! Spanish: Student Edition Volume 1 Grade 6 2018. Houghton Mifflin Harcourt. 2018. (Go Math! Ser.). (SPA.). 440p. (J). (gr. 6). pap. 14.10 *(978-1-328-99520-9(8))* Houghton Mifflin Harcourt Publishing Co.

Go Math! Spanish: Student Edition Volume 1 Grade K 2018. Houghton Mifflin Harcourt. 2018. (Go Math! Ser.). (SPA.). 552p. (J). (gr. k). pap. 14.10 *(978-1-328-99501-8(1))* Houghton Mifflin Harcourt Publishing Co.

Go Math! Spanish: Student Edition Volume 2 Grade 1 2018. Houghton Mifflin Harcourt. 2018. (Go Math! Ser.). (SPA.). 512p. (J). (gr. 1). pap. 14.10 *(978-1-328-99504-9(6))* Houghton Mifflin Harcourt Publishing Co.

Go Math! Spanish: Student Edition Volume 2 Grade 2 2018. Houghton Mifflin Harcourt. 2018. (Go Math! Ser.). (SPA.). 408p. (J). (gr. 2). pap. 14.10 *(978-1-328-99513-1(5))* Houghton Mifflin Harcourt Publishing Co.

Go Math! Spanish: Student Edition Volume 2 Grade 5 2018. Houghton Mifflin Harcourt. 2018. (Go Math! Ser.). (SPA.). 460p. (J). (gr. 5). pap. 14.10 *(978-1-328-99519-3(4))* Houghton Mifflin Harcourt Publishing Co.

Go Math! Spanish: Student Edition Volume 2 Grade 6 2018. Houghton Mifflin Harcourt. 2018. (Go Math! Ser.). (SPA.). 504p. (J). (gr. 6). pap. 14.10 *(978-1-328-99521-6(6))* Houghton Mifflin Harcourt Publishing Co.

Go Math! Spanish: Student Edition Volume 2 Grade K 2018. Houghton Mifflin Harcourt. 2018. (Go Math! Ser.). (SPA.). 328p. (J). (gr. k). pap. 14.10 *(978-1-328-99502-5(X))* Houghton Mifflin Harcourt Publishing Co.

Go Math! Sta: Student Edition Grade 6 2018. Houghton Mifflin Harcourt. 2017. (Go Math! Sta Ser.). (ENG.). 608p. (J). (gr. 6). 91.90 *(978-1-328-79860-2(7))* Houghton Mifflin Harcourt Publishing Co.

Go Math! Sta: Student Edition Grade 7 2018. Houghton Mifflin Harcourt. 2017. (Go Math! Sta Ser.). (ENG.). 576p. (J). (gr. 7). 91.90 *(978-1-328-79861-9(5))* Houghton Mifflin Harcourt Publishing Co.

Go Math! Sta: Student Edition Grade 8 2018. Houghton Mifflin Harcourt. 2017. (Go Math! Sta Ser.). (ENG.). 648p. (J). (gr. 8). 91.90 *(978-1-328-79862-6(3))* Houghton Mifflin Harcourt Publishing Co.

Go Math! with 1 Year Digital: Hybrid Student Resource Package Grade 6 2018. HOUGHTON MIFFLIN HARCOURT. 2017. (Go Math! Ser.). (ENG.). (gr. 6-6). 48.00 *(978-1-328-90117-0(3))* Houghton Mifflin Harcourt Publishing Co.

Go Math! with 1 Year Digital: Hybrid Student Resource Package Grade 7 2018. HOUGHTON MIFFLIN HARCOURT. 2017. (Go Math! Ser.). (ENG.). (gr. 7-7). 48.00 *(978-1-328-90118-7(1))* Houghton Mifflin Harcourt Publishing Co.

Go Math! with 1 Year Digital: Hybrid Student Resource Package Grade 8 2018. HOUGHTON MIFFLIN HARCOURT. 2017. (Go Math! Ser.). (ENG.). (gr. 8-8). 48.00 *(978-1-328-90119-4(X))* Houghton Mifflin Harcourt Publishing Co.

Go Mo Go: Dinosaur Dash! Book 2, Bk. 2. Mo Farah & Kes Gray. Illus. by Marta Kissi. 2018. (Go Mo Go Ser.). (ENG.). 96p. (J). (gr. k-2). pap. 9.99 *(978-1-4449-3401-4(5))* Hachette Children's Group GBR. Dist: Hachette Bk. Group.

Go Mo Go: Monster Mountain Chase! Book 1. Mo Farah & Kes Gray. Illus. by Marta Kissi. 2018. (Go Mo Go Ser.). (ENG.). 96p. (J). (gr. k-2). pap. 9.99 *(978-1-4449-3405-2(8))* Hachette Children's Group GBR. Dist: Hachette Bk. Group.

Go Mo Go: Seaside Sprint! Book 3, Bk. 3. Mo Farah & Kes Gray. Illus. by Marta Kissi. 2018. (Go Mo Go Ser.). (ENG.). 96p. (J). (gr. k-2). pap. 9.99 *(978-1-4449-3403-8(1))* Hachette Children's Group GBR. Dist: Hachette Bk. Group.

Go, Nan, Go! & on the Log. Cath Jones. Illus. by Valeria Issa. 2020. (Early Bird Readers — Pink (Early Bird Stories (tm)) Ser.). (ENG.). 32p. (J). (gr. -1-2). pap. 9.99 *(978-1-5415-8725-0(1),* bff354c9-18a6-400b-bbca-cd0216c25afa, Lerner Pubns.) Lerner Publishing Group.

Go, New York, Go! duopress labs. Illus. by Josh Cleland. 2018. (ENG.). 22p. (J). (gr. -1-k). bds. 9.99 *(978-1-946064-97-4(1),* 806497) Duo Pr. LLC.

(Go Noodle) (Media Tie-In) see Dance Party! the Ultimate Dance-Your-Heart-Out Activity Book (GoNoodle) (Media Tie-In)

Go on a Critter Scavenger Hunt. Emily Kington. 2019. (Get Outside! Ser.). (ENG., Illus.). 24p. (J). (gr. 1-3). lib. bdg. 26.65 *(978-1-5415-5523-5(6),* ce6cafda-1a47-4e90-8845-69d2b022fc16, Hungry Tomato (r)) Lerner Publishing Group.

Go on Vacation see De Nuevo en Vacaciones

Go on Vacation, a Bugville Critters Picture Book: 15th Anniversary. Bugville Learning. 5th ed. 2021. (Bugville Critters Ser.: Vol. 5). (ENG.). 34p. (J). pap. 9.99 *(978-1-62716-577-8(0),* Reagent Pr. Bks. for Young Readers) RP Media.

Go on Vacation, Library Edition Hardcover for 15th Anniversary. Robert Stanek, pseud. Illus. by Robert Stanek. 4th ed. 2021. (Bugville Critters Ser.: Vol. 5). (ENG.). 34p. (J). 24.99 *(978-1-57545-555-6(2),* Reagent Pr. Bks. for Young Readers) RP Media.

Go on, Zap Shaytan: Seeking Shelter with Allah. Razana Noor. Illus. by Omar Burgess. 2020. 32p. (J). (gr. k-2). 9.95 *(978-0-86037-701-6(6))* Islamic Foundation, Ltd. GBR. Dist: Consortium Bk. Sales & Distribution.

Go, Otto, Go! Ready-To-Read Pre-Level 1. David Milgrim. Illus. by David Milgrim. 2016. (Adventures of Otto Ser.). (ENG., Illus.). 32p. (J). (gr. -1-k). pap. 4.99 *(978-1-4814-6723-0(9),* Simon Spotlight) Simon Spotlight.

Go Out & Play. Adam Ciccio. Illus. by Katrien Benaets. 2021. (ENG.). 32p. (J). 17.95 *(978-1-60537-646-2(9))* Clavis Publishing.

Go Out & Play. Lajuan Terrell. Illus. by Meghan Sanchez. 2022. (ENG.). 28p. (J). 15.95 ***(978-1-0880-8000-9(6))*** Indy Pub.

Go Outside!, 12 vols. 2019. (Go Outside! Ser.). (ENG.). 24p. (J). (gr. k-k). lib. bdg. 145.62 *(978-1-5382-4525-5(6),* c51966a9-c630-4e41-84a6-f42d7ea6a5fa) Stevens, Gareth Publishing LLLP.

Go, Pete, Go. James Dean. ed. 2016. (Pete the Cat (HarperCollins) Ser.). (J). lib. bdg. 14.75 *(978-0-606-38759-0(5))* Turtleback.

Go Plane! Czeena Devera. 2019. (Watch It Go Ser.). (ENG.). 16p. (J). (gr. -1-2). pap. 11.36 *(978-1-5341-3920-6(6),* 212510, Cherry Blossom Press) Cherry Lake Publishing.

Go, Planes, Go! Addie Boswell. Illus. by Alexander Mostov. 2021. (In Motion Ser.). 22p. (J). (— 1). bds. 9.99 *(978-1-63217-315-7(8),* Little Bigfoot) Sasquatch Bks.

Go Play. Jasmine Poole. 2021. (ENG.). 33p. (J). pap. *(978-1-312-18068-0(4))* Lulu Pr., Inc.

Go, Popplio! Maria S. Barbo. ed. 2018. (Scholastic Readers Ser.). (ENG.). 32p. (J). (gr. -1-k). 13.89 *(978-1-64310-232-0(X))* Penworthy Co., LLC, The.

Go Quiz Yourself Around the World. Izzi Howell. 2021. (Go Quiz Yourself Ser.). (ENG.). 48p. (J). (gr. 4-9). pap. *(978-1-4271-2877-5(4),* 10830); lib. bdg. *(978-1-4271-2871-3(5),* 10823) Crabtree Publishing Co. (Crabtree Classics).

Go Quiz Yourself on Dinosaurs. Izzi Howell. 2021. (Go Quiz Yourself Ser.). (ENG., Illus.). 48p. (J). (gr. 4-9). pap. *(978-1-4271-2878-2(2),* 10831); lib. bdg. *(978-1-4271-2872-0(3),* 10824) Crabtree Publishing Co. (Crabtree Classics).

Go Quiz Yourself on Science. Izzi Howell. 2021. (Go Quiz Yourself Ser.). (ENG., Illus.). 48p. (J). (gr. 4-9). pap. *(978-1-4271-2879-9(0),* 10832); lib. bdg. *(978-1-4271-2873-7(1),* 10825) Crabtree Publishing Co. (Crabtree Classics).

Go Quiz Yourself on Space. Izzi Howell. 2021. (Go Quiz Yourself Ser.). (ENG., Illus.). 48p. (J). (gr. 4-9). pap. *(978-1-4271-2880-5(4),* 10833); lib. bdg. *(978-1-4271-2874-4(X),* 10826) Crabtree Publishing Co. (Crabtree Classics).

Go Quiz Yourself on Sports. Annabel Savery. 2021. (Go Quiz Yourself Ser.). (ENG., Illus.). 48p. (J). (gr. 4-9). pap. *(978-1-4271-2881-2(2),* 10834); lib. bdg. *(978-1-4271-2875-1(8),* 10827) Crabtree Publishing Co. (Crabtree Classics).

Go Quiz Yourself on the Human Body. Izzi Howell. 2021. (Go Quiz Yourself Ser.). (ENG., Illus.). 48p. (J). (gr. 4-9). pap. *(978-1-4271-2882-9(0),* 10835); lib. bdg. *(978-1-4271-2876-8(6),* 10828) Crabtree Publishing Co. (Crabtree Classics).

Go Ruthie Goes to the Grocery Store. Ruth Drabkin. 2022. 52p. (J). pap. 13.05 ***(978-1-6678-7206-3(0))*** BookBaby.

Go Santa Go! A Wiggly Christmas Song Book. The The Wiggles. 2020. (Wiggles Ser.). (ENG.). 40p. (J). (gr. -1-k). bds. 16.99 *(978-1-925970-05-0(1))* Bonnier Publishing GBR. Dist: Independent Pubs. Group.

Go Show the World: A Celebration of Indigenous Heroes. Wab Kinew. Illus. by Joe Morse. 2018. 40p. (J). (gr. k-4). 17.99 *(978-0-7352-6292-8(6),* Tundra Bks.) Tundra Bks. CAN. Dist: Penguin Random Hse. LLC.

Go Skiing! Heather Bode. 2022. (Wild Outdoors Ser.). (ENG.). 32p. (J). 31.32 *(978-1-6663-4584-1(9),* 238286); pap. 7.95 *(978-1-6663-4585-8(7),* 238256) Capstone. (Capstone Pr.).

Go, Sled! Go! James Yang. Illus. by James Yang. 2022. (ENG., Illus.). 40p. (J). (gr. -1-2). 18.99 *(978-0-593-40479-9(3),* Viking Books for Young Readers) Penguin Young Readers Group.

Go Slow. Matthew K. Manning. Illus. by Dijjo Lima & Carlos Furuzono. 2016. (EOD Soldiers Ser.). (ENG.). 40p. (J). (gr. 4-8). lib. bdg. 26.65 *(978-1-4965-3109-4(4),* 132175, Stone Arch Bks.) Capstone.

Go Snowshoeing! Heather Bode. 2022. (Wild Outdoors Ser.). (ENG.). 32p. (J). 31.32 *(978-1-6663-4595-7(4),* 238285); pap. 7.95 *(978-1-6663-4590-2(3),* 238255) Capstone. (Capstone Pr.).

Go South to Freedom. Frye Gaillard. Illus. by Anne Kent Rush. 2016. (ENG.). 72p. (J). 17.95 *(978-1-58838-316-7(4),* 8799, NewSouth Bks.) NewSouth, Inc.

Go, Team. Go! Tennant Redbank. ed. 2021. (Step into Reading Ser.). (ENG., Illus.). 32p. (J). (gr. 2-3). 14.96 *(978-1-64697-699-7(1))* Penworthy Co., LLC, The.

Go, Team. Go! (Netflix: Go, Dog. Go!) Tennant Redbank. Illus. by Random House. 2021. (Step into Reading Ser.). 32p. (J). (gr. -1-1). pap. 4.99 *(978-0-593-30517-1(5));* (ENG.). lib. bdg. 14.99 *(978-0-593-30518-8(3))* Random Hse. Children's Bks. (Random Hse. Bks. for Young Readers).

Go Team! Mad Libs: World's Greatest Word Game. Sarah Fabiny. 2022. (Mad Libs Ser.). 48p. (J). (gr. 3-7). pap. 4.99 *(978-0-593-38457-2(1),* Mad Libs) Penguin Young Readers Group.

Go the Distance-A Twisted Tale. Jen Calonita. 2021. (Twisted Tale Ser.). (ENG.). 336p. (YA). (gr. 7-12). 17.99 *(978-1-368-06380-7(2),* Disney-Hyperion) Disney Publishing Worldwide.

Go to Bed, Blue. Bonnie Bader. ed. 2018. (Penguin Young Readers Ser.). (ENG.). 32p. (J). (gr. -1-1). 9.00 *(978-1-64310-660-1(0))* Penworthy Co., LLC, The.

Go to Bed, Paco! Katrina Streza. Illus. by Brenda Ponnay. 2023. (Little Readers Ser.: Vol. 17). (ENG.). 20p. (J). 24.99 ***(978-1-5324-3504-1(5));*** pap. 12.99 ***(978-1-5324-3287-3(9))*** Xist Publishing.

Go to Bed, Sleepyhead! Bedtime Shadow Book. Created by Inc. Peter Pauper Press. 2019. (Bedtime Shadow Bks.). (ENG., Illus.). 7p. (J). spiral bd. 12.99 *(978-1-4413-2928-8(5),*

766

The check digit for ISBN-10 appears in parentheses after the full ISBN-13

1eb9b327-9436-4641-9f81-9ecba7b93260) Peter Pauper Pr. Inc.

Go to Bed, Ted! Marie Powell. Illus. by Amy Cartwright. 2016. (Word Families Ser.). (ENG.). 16p. (J). (gr. k-2). lib. bdg. 17.95 *(978-1-60753-927-8(6)*, 15540) Amicus.

Go to Bible Notes. Laverne Adekunle. 2022. (ENG.). 100p. (J). pap. *(978-1-6781-5248-2(X))* Lulu Pr., Inc.

Go-To Guides. Abby Colich & Marne Ventura. 2017. (Go-To Guides). (ENG.). 32p. (J). (gr. 3-9). 122.60 *(978-1-5157-3670-7(9)*, 25461, Capstone Pr.) Capstone.

Go to It (Classic Reprint) George Vere Hobart. (ENG., Illus.). (J). 2018. 146p. 26.93 *(978-0-267-69303-0(6))*; 2017. pap. 9.57 *(978-0-259-86298-7(3))* Forgotten Bks.

Go to It (Classic Reprint) Hugh McHugh. 2018. (ENG., Illus.). 142p. (J). 26.83 *(978-0-656-37541-7(8))* Forgotten Bks.

Go to Restroom at Night. Maruyama Ayako. 2019. (CHI.). (J). *(978-7-5304-9747-0(2))* Beijing Science & Technology Publishing Hse.

Go to School. a Bugville Critters Picture Book: 15th Anniversary. Bugville Learning. Illus. by Robert Stanek. 5th ed. 2020. (Bugville Critters Ser.: Vol. 2). (ENG.). 30p. (J). pap. 9.99 *(978-1-62716-574-7(6)*, Reagent Pr. Bks. for Young Readers) RP Media.

Go to School, Library Edition Hardcover for 15th Anniversary. Robert Stanek, pseud. Illus. by Robert Stanek. 4th ed. 2020. (Bugville Critters Ser.: Vol. 2). (ENG.). 30p. (J). 24.99 *(978-1-57545-552-5(8)*, Reagent Pr. Bks. for Young Readers) RP Media.

Go to Sheep. Jennifer Sattler. Illus. by Benson Shum. 2019. (ENG.). 24p. (J). (gr. -1 — 1). bds. 7.99 *(978-1-5344-0395-6(7)*, Little Simon) Little Simon.

Go to Sleep! Marion Adams. 2017. (ENG., Illus.). (J). pap. *(978-0-9930794-7-4(4))* Full Media Ltd.

Go to Sleep, Dear Dragon. Margaret Hillert. Illus. by Jack Pullan. 2016. (BeginningtoRead Ser.). (ENG.). 32p. (J). (-2). lib. bdg. 22.60 *(978-1-59953-766-5(4))* Norwood Hse. Pr.

Go to Sleep, Dear Dragon. Margaret Hillert. Illus. by Jack Pullan. 2016. (Beginning-To-Read Ser.). (ENG.). 32p. (J). (gr. k-2). pap. 13.26 *(978-1-60357-879-0(X))* Norwood Hse. Pr.

Go to Sleep, Hoglet. Bex Sheridan. Illus. by Bex Sheridan. 2020. (ENG., Illus.). 32p. (J). 18.99 *(978-1-78849-143-3(2))* O'Brien Pr., Ltd., The IRL. Dist: Casemate Pubs. & Bk. Distributors, LLC.

Go to Sleep, Jessie. Libby Gleeson. Illus. by Freya Blackwood. 2018. (ENG.). 32p. (J). (gr. -1-k). 11.95 *(978-1-76050-124-2(7))* Little Hare Bks. AUS. Dist: Independent Pubs. Group.

Go to Sleep, Little Creep. David Quinn. Illus. by Ashley Spires. 2018. 32p. (J). (-k). 17.99 *(978-1-101-93944-4(3)*, Crown Books For Young Readers) Random Hse. Children's Bks.

Go to Sleep, Little Farm Lap Board Book. Mary Lyn Ray. Illus. by Christopher Silas Neal. 2018. (ENG.). 38p. (J). (— 1). bds. 12.99 *(978-1-328-77004-2(4)*, 1681070, Clarion Bks.) HarperCollins Pubs.

Go to Sleep Moggie. Jazib Azam. 2018. (ENG., Illus.). 26p. (J). pap. *(978-1-5272-2168-0(7))* TiCuBks.

Go to Sleep, Monster! Kevin Cornell. Illus. by Kevin Cornell. 2016. (ENG., Illus.). 32p. (J). (gr. -1-3). 17.99 *(978-0-06-234915-6(5)*, Balzer & Bray) HarperCollins Pubs.

Go to Sleep Nate! Lacey Zwick & Peyton Zwick. 2018. (ENG., Illus.). 32p. (J). 22.95 *(978-1-64114-031-7(3))*; pap. 12.95 *(978-1-64114-029-4(1))* Christian Faith Publishing.

Go to Sleep, Sheep! Bobbie Brooks. Illus. by Carrie Hennon. 2022. (Squish Squash Squeak - Silicone Bks.). (ENG.). 10p. (J). bds. 10.99 *(978-1-80105-130-9(5))* Top That! Publishing PLC GBR. Dist: Independent Pubs. Group.

Go to Sleep, Sheep!, 1 vol. Thomas Nelson. 2018. (Bedtime Barn Ser.). (ENG., Illus.). 20p. (J). bds. 8.99 *(978-1-4003-1027-2(X)*, Tommy Nelson) Nelson, Thomas Inc.

Go to the Museum see Van al Museo

Go to the Park!, 1 vol. Peter Finn. 2019. (Go Outside! Ser.). (ENG.). 24p. (gr. k-k). pap. 9.15 *(978-1-5382-4493-7(4)*, 2844463c-6662-4965-ada2-fde5ca130d52) Stevens, Gareth Publishing LLLP.

Go, Tony, Go! Sarah Kingdon-Ward. Illus. by Evie Thacker. 2020. (ENG.). 26p. (J). *(978-1-911438-35-9(2))* Blue Poppy Publishing.

Go Train! Czeena Devera. 2019. (Watch It Go Ser.). (ENG.). 16p. (J). (gr. -1-2). pap. 11.36 *(978-1-5341-3919-0(2)*, 212507, Cherry Blossom Press) Cherry Lake Publishing.

Go Truck! Czeena Devera. 2019. (Watch It Go Ser.). (ENG.). 16p. (J). (gr. -1-2). pap. 11.36 *(978-1-5341-3918-3(4)*, 212504, Cherry Blossom Press) Cherry Lake Publishing.

Go, Trucks, Go! Addie Boswell. Illus. by Alexander Mostov. 2021. (In Motion Ser.). 22p. (J). (— 1). bds. 9.99 *(978-1-63217-316-4(6)*, Little Bigfoot) Sasquatch Bks.

Go Vote, Baby! Nancy Lambert. Illus. by Anne Passchier. 2020. (ENG.). 14p. (J). (gr. -1 — 1). bds. 9.99 *(978-0-06-297119-7(0)*, HarperFestival) HarperCollins Pubs.

Go Well, Anna Hibiscus! Atinuke. Illus. by Lauren Tobia. 2018. (ENG.). 112p. (J). pap. 5.99 *(978-1-61067-679-3(3))* Kane Miller.

Go West: First Contact with Native Nations. Cynthia O'Brien. 2016. (ENG.). 32p. (J). *(978-0-7787-2331-8(3))* Crabtree Publishing Co.

Go West: Seldom-Told Stories from History. Ed. by Western Writers of America. 2021. (Illus.). 160p. (J). (gr. 4-12). pap. 19.95 *(978-1-4930-5107-6(5)*, TwoDot) Globe Pequot Pr., The.

Go West with Cowboys & Ranchers. Tim Cooke. 2016. (ENG.). 32p. (J). *(978-0-7787-2322-6(4))* Crabtree Publishing Co.

Go West with Famous Trailblazers. Rachel Stuckey. 2016. (ENG.). 32p. (J). *(978-0-7787-2324-0(0))* Crabtree Publishing Co.

Go West with Merchants & Traders. Cynthia O'Brien. 2016. (ENG.). 32p. (J). *(978-0-7787-2326-4(7))* Crabtree Publishing Co.

Go West with Miners, Prospectors, & Loggers. Cynthia O'Brien. 2016. (ENG.). 32p. (J). *(978-0-7787-2328-8(3))* Crabtree Publishing Co.

Go West with Settlers & Farmers. Rachel Stuckey. 2016. (ENG.). 32p. (J). *(978-0-7787-2330-1(5))* Crabtree Publishing Co.

Go West, Young Ash (Pokémon Classic Chapter Book #9) Tracey West. 2018. (Pokémon Chapter Bks.: 9). (ENG.). 96p. (J). (gr. 2-5). pap. 4.99 *(978-1-338-28402-7(9))* Scholastic, Inc.

Go When Ready: An Agility Dog's Story of Hope. Sandi Clark. 2023. (ENG.). 70p. (J). pap. ***(978-1-387-17854-4(7))*** Lulu Pr., Inc.

Go Wild! Bible Stories for Little Ones, 1 vol. Zonderkidz. 2018. (ENG., Illus.). 30p. (J). bds. 9.99 *(978-0-310-76169-3(7))* Zonderkidz.

Go Wild! Elephants. Margie Markarian. 2022. (Go Wild! Ser.). 48p. (J). (gr. -1-3). (ENG.). 19.90 *(978-1-4263-7257-5(4))*; (Illus.). 9.99 *(978-1-4263-7256-8(6))* Disney Publishing Worldwide. (National Geographic Kids).

Go Wild! Lemurs. Alli Brydon. 2022. (Go Wild! Ser.). (Illus.). 48p. (J). (gr. -1-3). (ENG.). 19.90 *(978-1-4263-7255-1(8))*; 9.99 *(978-1-4263-7254-4(X))* Disney Publishing Worldwide. (National Geographic Kids).

Go Wild! Pandas. Margie Markarian. 2021. (Go Wild! Ser.). (ENG., Illus.). 48p. (J). (gr. -1-3). lib. bdg. 19.90 *(978-1-4263-7161-5(6))*; (gr. 1-3). 9.99 *(978-1-4263-7160-8(8))* Disney Publishing Worldwide. (National Geographic Kids).

Go Wild! Prayers for Little Ones, 1 vol. Zonderkidz. 2018. (ENG., Illus.). 30p. (J). bds. 9.99 *(978-0-310-76143-3(3))* Zonderkidz.

Go Wild! Sea Turtles. Jill Esbaum. 2021. (Go Wild! Ser.). (ENG.). 48p. (J). (gr. -1-3). lib. bdg. 19.90 *(978-1-4263-7159-2(4)*, National Geographic Kids) Disney Publishing Worldwide.

Go with the Flow. B. Hellard & L. Gibbs. 2017. (Netball Gems Ser.: 7). 160p. (J). (gr. 2-4). pap. 10.99 *(978-0-14-378117-2(0))* Random Hse. Australia AUS. Dist: Independent Pubs. Group.

Go with the Flow: The Circulatory System. Racquel Thompson. 2023. (ENG.). 36p. (J). ***(978-0-2288-4038-1(4))***; (Learn with Me! My Human Body Ser.: Vol. 1). pap. ***(978-0-2288-4037-4(6))*** Tellwell Talent.

Go with the Flow! Mazes for the Whole Family. Jupiter Kids. 2018. (ENG., Illus.). 106p. (J). pap. 12.55 *(978-1-5419-3431-3(8)*, Jupiter Kids (Childrens & Kids Fiction)) Speedy Publishing LLC.

Go Yogi! Card Set: 50 Everyday Yoga Poses for Calm, Happy, Healthy Kids. Emma Hughes. Illus. by John Smisson. 2017. 50p. 25.00 *(978-1-84819-370-3(X)*, 700615, Singing Dragon) Kingsley, Jessica Pubs. GBR. Dist: Hachette UK Distribution.

Go Young Lions. J. Cutrone. 2022. (ENG.). 512p. (YA). pap. ***(978-1-387-36458-9(8))*** Lulu Pr., Inc.

Goaks & Tears (Classic Reprint) M. Quad. 2018. (ENG., Illus.). 84p. (J). 25.63 *(978-0-483-85494-9(8))* Forgotten Bks.

Goal! see Gól!

Goal: A Dramatic Fragment (Classic Reprint) Henry Arthur Jones. 2018. (ENG., Illus.). (J). 24.47 *(978-0-260-36520-0(3))* Forgotten Bks.

GOALLLLLL! Mad Libs: World's Greatest Word Game. Dan Alleva. 2022. (Mad Libs Ser.). 48p. (J). (gr. 3-7). pap. 5.99 *(978-0-593-52070-3(X)*, Mad Libs) Penguin Young Readers Group.

Goanna in the Sand. Margaret James. Illus. by Jesse Young. 2021. (ENG.). 26p. (J). pap. *(978-1-922591-63-0(7))* Library For All Limited.

Goat, 1 vol. Anne Fleming. 2019. (ENG.). 120p. (J). (gr. 4-6). 9.95 *(978-1-77306-299-0(9))* Groundwood Bks. CAN. Dist: Publishers Group West (PGW).

Goat. August Hoeft. (I See Animals Ser.). (ENG.). (J). 2022. 20p. 24.99 ***(978-1-5324-3412-9(X))***; 2022. 20p. pap. 12.99 ***(978-1-5324-4215-5(7))***; 2020. 12p. pap. 5.99 *(978-1-5324-1493-0(5))* Xist Publishing.

Goat. Anne Fleming. ed. 2020. (Penworthy Picks YA Fiction Ser.). (ENG.). 155p. (J). (gr. 4-5). 19.96 *(978-1-64697-194-7(9))* Penworthy Co., LLC, The.

Goat & the Coat & Joan & the Big Sail. Kirsty Holmes. Illus. by Jan Dolby & Drue Rintoul. 2023. (Level 3 - Yellow Set Ser.). (ENG.). 32p. (J). (gr. k-2). lib. bdg. 19.95 Bearport Publishing Co., Inc.

Goat Cafe. Francesca Simon. Illus. by Leo Broadley. 2019. (ENG.). 32p. 16.95 *(978-0-571-32867-3(9)*, Faber & Faber Children's Bks.) Faber & Faber, Inc.

Goat Called Magic & Other Stories. Gill Wharmby. 2021. (ENG.). 52p. (J). pap. *(978-1-913839-13-0(3))* ShieldCrest.

Goat Coloring Book: Adult Coloring Book, Goat Gifts for Goat Lovers, Floral Mandala Coloring Pages, Animal Coloring Book, Activity Coloring. Illus. by Paperland Online Store. 2021. (ENG.). 42p. (J). pap. *(978-1-6780-5107-5(1))* Lulu Pr., Inc.

Goat, Dog & Cow - Chèvre, Chien et Vache. Fabian Wakholi. Illus. by Marleen Visser & Ingrid Schechter. 2022. (FRE.). 24p. (J). pap. ***(978-1-922876-55-3(0))*** Library For All Limited.

Goat, Dog & Cow - Mbuzi, Mbwa Na Ng'ombe. Fabian Fabian Wakholi. Illus. by Marleen Visser & Ingrid Schechter. 2023. (SWA.). 24p. (J). pap. ***(978-1-922876-35-5(6))*** Library For All Limited.

Goat-Feathers (Classic Reprint) Ellis Parker Butler. 2017. (ENG., Illus.). (J). 24.80 *(978-0-331-78994-2(9))* Forgotten Bks.

Goat in a Boat. Janee Trasler. ed. 2020. (Acorn Early Readers Ser.). (ENG., Illus.). 44p. (J). (gr. k-1). 14.96 *(978-1-64697-464-1(6))* Penworthy Co., LLC, The.

Goat in a Boat: an Acorn Book (a Frog & Dog Book #2) Janee Trasler. Illus. by Janee Trasler. 2020. (Frog & Dog Ser.: 2). (ENG., Illus.). 48p. (J). (gr. -1-1). pap. 4.99 *(978-1-338-54042-0(4))* Scholastic, Inc.

Goat in a Boat: an Acorn Book (a Frog & Dog Book #2) (Library Edition) Janee Trasler. Illus. by Janee Trasler. 2020. (Frog & Dog Ser.: 2). (ENG., Illus.). 48p. (J). (gr. -1-1). lib. bdg. 23.99 *(978-1-338-54045-1(9))* Scholastic, Inc.

Goat in my Boat: Practicing the OA Sound, 1 vol. Isabella Garcia. 2016. (Rosen Phonics Readers Ser.). (ENG., Illus.). 8p. (J). (gr. -1-2). pap. *(978-1-5081-3008-6(6)*, 72329619-1565-46f8-ab6d-79859dfe2576, Rosen Classroom) Rosen Publishing Group, Inc., The.

Goat Moves Out of the Barnyard. Nikki Potts. Illus. by Maarten Lenoir. 2020. (Habitat Hunter Ser.). (ENG.). 32p. (J). (gr. -1-2). pap. 8.95 *(978-1-9771-2019-9(9)*, 142309); lib. bdg. 29.32 *(978-1-9771-1421-1(0)*, 141549) Capstone. (Picture Window Bks.).

Goat Named Chiquita. Helen Deaton. 2016. (ENG., Illus.). 32p. (J). pap. *(978-1-365-26754-3(7))* Lulu Pr., Inc.

Goat Named Joey. Tom Nochera. 2019. (ENG.). 38p. (J). 16.95 *(978-1-64307-471-9(7))* Amplify Publishing Group.

Goat Named Lucky. Michele Hunter. 2023. (ENG., Illus.). 50p. (J). pap. 14.95 ***(978-1-68526-704-9(1))*** Covenant Bks.

Goat on a Boat. Spencer Brinker. 2019. (Read & Rhyme Level 3 Ser.). (ENG., Illus.). 16p. (J). (gr. -1-1). 24.21 *(978-1-64280-563-5(7))* Bearport Publishing Co., Inc.

Goat on Cow. Michael Verrett. 2016. (ENG., Illus.). (J). pap. 15.95 *(978-1-365-22418-8(X))* Lulu Pr., Inc.

GOAT Serena Williams. T. Charles. 2020. (G. O. A. T. Ser.: 2). (ENG.). 128p. (J). (gr. 5). pap. 8.95 *(978-1-4549-3201-7(5))* Sterling Publishing Co., Inc.

GOAT Simone Biles. S. Blackaby. 2019. (G. O. A. T. Ser.: 3). (ENG., Illus.). 128p. (J). (gr. 5). pap. 8.95 *(978-1-4549-3206-2(6))* Sterling Publishing Co., Inc.

Goat That Wanted to Travel. Gareth Stamp. 2020. (ENG.). 32p. (J). pap. *(978-1-913356-17-0(5))* Hertfordshire Pr.

Goat Trainer. Amy Cobb. Illus. by Alexandria Neonakis. 2017. (Libby Wimbley Ser.). (ENG.). 32p. (J). (gr. -1-3). lib. bdg. 32.79 *(978-1-5321-3025-0(2)*, 25528, Calico Chapter Bks) Magic Wagon.

Goat Wants to Eat. Laura Gehl. ed. 2021. (Ready-To-Read Ser.). (ENG., Illus.). 32p. (J). (gr. k-1). 15.46 *(978-1-64697-977-6(X))* Penworthy Co., LLC, The.

Goat Who Chewed Too Much. Tom Angleberger. ed. 2017. (Inspector Flytrap Ser.: 3). lib. bdg. 15.95 *(978-0-606-39682-0(9))* Turtleback.

Goat Who Sailed the World. Jackie French. 2019. (Animal Stars Ser.: 01). (Illus.). 224p. 7.99 *(978-0-207-20077-9(7)*, HarperCollins) HarperCollins Pubs.

Goats. Quinn M. Arnold. 2020. (Grow with Me Ser.). (ENG.). 32p. (J). (gr. 3-6). *(978-1-64026-231-7(8)*, 18225, Creative Education) Creative Co., The.

Goats. Amy Culliford. 2021. (Farm Animal Friends Ser.). (ENG., Illus.). 16p. (J). (gr. -1-1). pap. *(978-1-4271-3247-5(X)*, 10706) Crabtree Publishing Co.

Goats. Lori Dittmer. 2020. (Grow with Me Ser.). (ENG.). 32p. (J). (gr. 3-6). pap. 12.00 *(978-1-62832-794-6(4)*, 18226, Creative Paperbacks) Creative Co., The.

Goats. Julia Jaske. 2022. (So Cute! Baby Animals Ser.). (ENG., Illus.). 16p. (J). (gr. -1-2). pap. 11.36 *(978-1-6689-0882-2(4)*, 220849, Cherry Blossom Press) Cherry Lake Publishing.

Goats. Christina Leighton. 2018. (Animals on the Farm Ser.). (ENG., Illus.). 24p. (J). (gr. k-3). lib. bdg. 26.95 *(978-1-62617-723-9(6)*, Blastoff! Readers) Bellwether Media.

Goats. Kerri Mazzarella. 2023. (Who Lives in a Barn? Ser.). (ENG.). (J). (gr. k-2). 24p. lib. bdg. 27.93 ***(978-1-63897-964-7(2)***, 33585); (Illus.). pap. 8.95 Seahorse Publishing.

Goats. Kate Riggs. 2017. (Seedlings Ser.). (ENG., Illus.). 24p. (J). (gr. -1-k). *(978-1-60818-785-0(3)*, 20131, Creative Education) Creative Co., The.

Goats. Jared Siemens. 2017. (Illus.). 24p. *(978-1-5105-0620-6(9))* SmartBook Media, Inc.

Goats. Jared Siemens. 2018. (Illus.). 24p. pap. *(978-1-4896-9541-3(9)*, AV2 by Weigl) Weigl Pubs., Inc.

Goats. Leo Statts. 2016. (Farm Animals Ser.). (ENG., Illus.). 24p. (J). (gr. -1-2). lib. bdg. 31.36 *(978-1-68079-905-7(3)*, 24114, Abdo Zoom-Launch) ABDO Publishing Co.

Goat's Coat. Tom Percival. Illus. by Christine Pym. 2018. (ENG.). 32p. (J). 16.99 *(978-1-68119-901-6(7)*, 900191665, Bloomsbury Children's Bks.) Bloomsbury Publishing USA.

Goats Eat Everything. Mariya Anderson. 2018. (Space Goats Trilogy Ser.: Vol. 1). (ENG., Illus.). 30p. (J). 14.99 *(978-0-692-07564-7(X))* Anderson, Mariya.

Goats for Christmas: Calpurnia Tate, Girl Vet. Jacqueline Kelly. Illus. by Jennifer L. Meyer. 2022. (Calpurnia Tate, Girl Vet Ser.: 6). (ENG.). 112p. (J). 16.99 *(978-1-62779-879-2(X)*, 900161311, Holt, Henry & Co. Bks. For Young Readers) Holt, Henry & Co.

Goats in Pajamas. Jeanne Maree Iacono Martin. 2017. (ENG., Illus.). (J). (gr. k-3). pap. 12.99 *(978-0-937176-12-2(5))* Lunada Pr., LLC.

Goats, Kids & Naughty Children! the Legend of the Old Goat. Debbie Brewer. 2019. (ENG.). 60p. (J). pap. *(978-0-244-47483-6(4))* Lulu Pr., Inc.

GOATs of Auto Racing. Heather Rule. (Sports GOATs: the Greatest of All Time Ser.). (ENG., Illus.). 48p. (J). (gr. 4-4). 2022. pap. 11.95 *(978-1-64494-707-4(2))*; 2021. lib. bdg. 34.21 *(978-1-5321-9647-8(4)*, 38484) ABDO Publishing Co. (SportsZone).

GOATs of Baseball. Anthony K. Hewson. 2021. (Sports GOATs: the Greatest of All Time Ser.). (ENG., Illus.). 48p. (J). (gr. 4-8). lib. bdg. 34.21 *(978-1-5321-9648-5(2)*, 38486, SportsZone) ABDO Publishing Co.

GOATs of Baseball. Anthony K. Hewson. 2022. (Sports GOATs: the Greatest of All Time Ser.). (ENG., Illus.). 48p. (J). (gr. 4-4). pap. 11.95 *(978-1-64494-708-1(0)*, SportsZone) ABDO Publishing Co.

GOATs of Basketball. Brian Mahoney. (Sports GOATs: the Greatest of All Time Ser.). (ENG., Illus.). 48p. (J). (gr. 4-4). 2022. pap. 11.95 *(978-1-64494-709-8(9))*; 2021. lib. bdg. 34.21 *(978-1-5321-9649-2(0)*, 38488) ABDO Publishing Co. (SportsZone).

GOATs of Football. Will Graves. (Sports GOATs: the Greatest of All Time Ser.). (ENG., Illus.). 48p. (J). (gr. 4-4). 2022. pap. 11.95 *(978-1-64494-710-4(2))*; 2021. lib. bdg. 34.21 *(978-1-5321-9650-8(4)*, 38490) ABDO Publishing Co. (SportsZone).

GOATs of Hockey. Anthony K. Hewson. 2021. (Sports GOATs: the Greatest of All Time Ser.). (ENG., Illus.). 48p. (J). (gr. 4-8). lib. bdg. 34.21 *(978-1-5321-9651-5(2)*, 38492, SportsZone) ABDO Publishing Co.

GOATs of Hockey. Anthony K. Hewson. 2022. (Sports GOATs: the Greatest of All Time Ser.). (ENG., Illus.). 48p. (J). (gr. 4-4). pap. 11.95 *(978-1-64494-711-1(0)*, SportsZone) ABDO Publishing Co.

GOATs of Olympic Sports. Karen Price. (Sports GOATs: the Greatest of All Time Ser.). (ENG., Illus.). 48p. (J). (gr. 4-4). 2022. pap. 11.95 *(978-1-64494-712-8(9))*; 2021. lib. bdg. 34.21 *(978-1-5321-9652-2(0)*, 38494) ABDO Publishing Co. (SportsZone).

GOATs of Soccer. Anthony K. Hewson. 2021. (Sports GOATs: the Greatest of All Time Ser.). (ENG., Illus.). 48p. (J). (gr. 4-8). lib. bdg. 34.21 *(978-1-5321-9653-9(9)*, 38496, SportsZone) ABDO Publishing Co.

GOATs of Soccer. Anthony K. Hewson. 2022. (Sports GOATs: the Greatest of All Time Ser.). (ENG., Illus.). 48p. (J). (gr. 4-4). pap. 11.95 *(978-1-64494-713-5(7)*, SportsZone) ABDO Publishing Co.

GOATs of Tennis. Karen Price. (Sports GOATs: the Greatest of All Time Ser.). (ENG., Illus.). 48p. (J). (gr. 4-4). 2022. pap. 11.95 *(978-1-64494-714-2(5))*; 2021. lib. bdg. 34.21 *(978-1-5321-9654-6(7)*, 38498) ABDO Publishing Co. (SportsZone).

Goats That Saved Christmas. Tami Johnson. 2020. (ENG., Illus.). 30p. (J). 23.95 *(978-1-64670-896-3(2))*; pap. 13.95 *(978-1-64670-895-6(4))* Covenant Bks.

Goats (Wild Life LOL!) Jessica Cohn. 2020. (Wild Life LOL! Ser.). (ENG., Illus.). 32p. (J). (gr. 1-3). pap. 5.95 *(978-0-531-13265-4(X)*, Children's Pr.) Scholastic Library Publishing.

Goats (Wild Life LOL!) (Library Edition) Jessica Cohn. 2020. (Wild Life LOL! Ser.). (ENG., Illus.). 32p. (J). (gr. 1-3). lib. bdg. 25.00 *(978-0-531-12978-4(0)*, Children's Pr.) Scholastic Library Publishing.

Gobble Gobble! Thanksgiving Coloring Books Children's Thanksgiving Books. Speedy Kids. 2017. (ENG., Illus.). (J). pap. 8.45 *(978-1-5419-4720-7(7))* Speedy Publishing LLC.

Gobble up, Snoopy! Comment by May Nakamura. 2019. (Ready-To-Read Ser.). (ENG.). 32p. (J). (gr. k-1). 13.96 *(978-0-87617-780-8(1))* Penworthy Co., LLC, The.

Gobble up, Snoopy! Ready-To-Read Level 2. Charles M. Schulz. Illus. by Scott Jeralds. 2019. (Peanuts Ser.). (ENG.). 32p. (J). (gr. k-2). 17.99 *(978-1-5344-4861-2(6))*; pap. 4.99 *(978-1-5344-4860-5(8))* Simon Spotlight. (Simon Spotlight).

Gobble Wobble. Brick Puffinton. Ed. by Cottage Door Press. Illus. by Cristophe Jacques. 2021. (ENG.). 12p. (J). (gr. -1 — 1). bds. 7.99 *(978-1-64638-269-9(2)*, 1007160) Cottage Door Pr.

Gobbledygook Is Eating a Book. Justine Clarke & Arthur Baysting. Illus. by Tom Jellett. 2016. 32p. (J). (gr. -1-2). 13.99 *(978-0-14-350693-5(5))* Random Hse. Australia AUS. Dist: Independent Pubs. Group.

Gobee from the Adobe. Lisa Aniello. Illus. by Colin Ingram. 2022. (ENG.). 40p. (J). 25.00 ***(978-1-5154-4816-7(9))***; pap. 18.99 ***(978-1-5154-4813-6(4))*** Wilder Pubns., Corp.

Gobi: a Little Dog with a Big Heart, 1 vol. Dion Leonard. Illus. by Lisa Manuzak. 2017. (ENG.). 32p. (J). 16.99 *(978-0-7180-7529-3(3)*, Tommy Nelson) Nelson, Thomas Inc.

Gobi for Little Ones: The Race for Home, 1 vol. Dion Leonard. Illus. by Lisa Manuzak. 2018. (ENG.). 24p. (J). bds. 9.99 *(978-0-7180-7530-9(7)*, Tommy Nelson) Nelson, Thomas Inc.

Gobi: una Perrita con un Gran Corazón - Bilingüe, 1 vol. Dion Leonard. ed. 2017. (SPA.). 32p. (J). 15.99 *(978-0-7180-9875-9(7))* Grupo Nelson.

Gobierno de Mi Clase: Compartir y Reutilizar, 1 vol. Roman Ellis. 2017. (Computación Científica en el Mundo Real (Computer Science for the Real World) Ser.). (SPA.). 24p. (J). (gr. 3-4). pap. *(978-1-5383-5729-3(1)*, 2ac9bfef-b365-40df-b82e-52ec168d8a43, Rosen Classroom) Rosen Publishing Group, Inc., The.

Gobierno de Mi Clase: Compartir y Reutilizar (My Class Government: Sharing & Reusing), 1 vol. Roman Ellis. 2017. (Niños Digitales: Superdotados con Pensamiento Computacional (Computer Kids: Powered by Computational Thinking) Ser.). (SPA.). 24p. (J). (gr. 3-4). 25.27 *(978-1-5383-2874-3(7)*, 26aa024d-fac5-47d0-b6b2-daadc8b8f28a, PowerKids Pr.) Rosen Publishing Group, Inc., The.

Gobierno en la Antigüedad. Vidas Barzdukas. 2017. (Vitales Ser.). (SPA.). (YA). (gr. 6-8). pap. *(978-1-5021-6883-2(9))* Benchmark Education Co.

Gobierno en la Antigüedad - 6 Pack: Set of 6 Common Core Edition. Vidas Barzdukas. 2017. (Vitales Ser.). (SPA.). (YA). (gr. 6-8). 75.00 *(978-1-5021-7105-4(8))* Benchmark Education Co.

Gobierno en Tiempos Medievales. Vidas Barzdukas. 2017. (Vitales Ser.). (SPA.). (YA). (gr. 6-8). pap. *(978-1-5021-6884-9(7))* Benchmark Education Co.

Gobierno en Tiempos Medievales - 6 Pack: Set of 6 Common Core Edition. Vidas Barzdukas. 2017. (Vitales Ser.). (SPA.). (YA). (gr. 6-8). 75.00 *(978-1-5021-7106-1(6))* Benchmark Education Co.

Gobi's Adventure. Brandon Erricson. 2021. (ENG., Illus.). 44p. (J). pap. 10.95 *(978-1-6624-2838-8(3))* Page Publishing Inc.

Goblin. Eric Grissom. Illus. by Will Perkins. 2021. 184p. (YA). (gr. 5-9). pap. 14.99 *(978-1-5067-2472-0(8)*, Dark Horse Books) Dark Horse Comics.

Goblin Army. Alex Gardiner. 2019. (Mossbelly MacFearsome Ser.: 2). (ENG.). 256p. (J). (gr. 4-6). pap. 14.99 *(978-1-78344-904-0(7))* Andersen Pr. GBR. Dist: Independent Pubs. Group.

Goblin Boys. C. V. Nest. Illus. by C. V. Nest. 2020. (ENG., Illus.). 62p. (J). (gr. k-6). pap. 15.00 ***(978-1-4951-4153-9(5))*** Independent Pub.

Goblin Crown: Billy Smith & the Goblins, Book 1. Robert Hewitt Wolfe. 2016. (Billy Smith & the Goblins Ser.: 1). (ENG.). 336p. (J). 31.95 *(978-1-68162-613-0(6))*; pap. 16.95 *(978-1-68162-612-3(8))* Turner Publishing Co.

Goblin Forest. Mark Stary. 2023. (ENG.). 252p. (YA). pap. ***(978-0-6482963-5-5(0))*** Mark Stary.

Goblin Hall: A Fantasy Adventure. Peter Kerr. 2020. (ENG.). 204p. (J). pap. *(978-0-9576586-9-1(9))* Oasis-WERP.

Goblin in the Grass: And Other Scary Tales. Michael Dahl. Illus. by Xavier Bonet. 2016. (Michael Dahl's Really Scary Stories Ser.). (ENG.). 72p. (J). (gr. 1-3). lib. bdg. 25.32 *(978-1-4965-3773-7(4)*, 133105, Stone Arch Bks.) Capstone.

G

GOBLIN MARKET

Goblin Market. Diane Zahler. 2022. 256p. (J). (gr. 5-9). 17.99 (978-0-8234-5081-7(3)) Holiday Hse., Inc.

Goblin Moon. Jacqueline Rogers. Illus. by Jacqueline Rogers. 2019. (ENG., Illus.). 32p. (J). (gr. -1-3). 17.99 (978-0-06-279229-7(6), HarperCollins) HarperCollins Pubs.

Goblin of Oxenhope. Richard Elliott. 2022. (ENG.). 38p. (J). pap. (978-1-83875-518-8(7), Nightingale Books) Pegasus Elliot Mackenzie Pubs.

Goblin of the East Hill. Huw M. A. Evans. Illus. by Anna-Maria Glover. 2018. (ENG.). 118p. (J). pap. (978-1-9996031-2-0(5)) Living Lantern.

Goblin Princess, 4. Rebecca Elliott. ed. 2021. (Branches Early Ch Bks). (ENG., Illus.). 72p. (J). (gr. 2-3). 15.86 (978-1-64697-924-0(9)) Penworthy Co., LLC, The.

Goblin Princess: Smoky the Dragon Baby. Jenny O'Connor. Illus. by Kate Willis-Crowley. 2018. (Goblin Princess Ser.). (ENG.). 96p. pap. 8.95 (978-0-571-31658-8(1), Faber & Faber Children's Bks.) Faber & Faber, Inc.

Goblin Princess: a Branches Book (Unicorn Diaries #4) Rebecca Elliott. Illus. by Rebecca Elliott. 2020. (Unicorn Diaries: 4). (ENG., Illus.). 80p. (J). (gr. k-2). pap. 5.99 (978-1-338-32345-0(8)) Scholastic, Inc.

Goblin Princess: a Branches Book (Unicorn Diaries #4) (Library Edition) Rebecca Elliott. Illus. by Rebecca Elliott. 2020. (Unicorn Diaries: 4). (ENG., Illus.). 80p. (J). (gr. k-2). lib. bdg. 24.99 (978-1-338-32346-7(6)) Scholastic, Inc.

Goblin Princess: the Grand Goblin Ball: Goblin Princess Book 2. Jenny O'Connor. Illus. by Kate Willis-Crowley. 2018. (Goblin Princess Ser.). (ENG.). 112p. pap. 8.95 (978-0-571-31660-1(3), Faber & Faber Children's Bks.) Faber & Faber, Inc.

Goblin Sharks. Christine Thomas Alderman. 2020. (J). pap. (978-1-62310-109-1(3)) Black Rabbit Bks.

Goblin Sharks. Grace Hansen. 2020. (Spooky Animals Ser.). (ENG., Illus.). 24p. (J). (gr. -1-2). lib. bdg. 32.79 (978-1-0982-0252-1(X), 34637, Abdo Kids) ABDO Publishing Co.

Goblin Sharks: A 4D Book. Marissa Kirkman. 2018. (All about Sharks Ser.). (ENG., Illus.). 24p. (J). (gr. -1-2). lib. bdg. 29.32 (978-1-9771-0157-0(7), 138322, Capstone Pr.) Capstone.

Goblin Tales of Lancashire (Classic Reprint) James Bowker. 2017. (ENG., Illus.). (J). 29.47 (978-0-266-88311-1(7)) Forgotten Bks.

Goblin Twins. Frances Cha. Illus. by Jaime Kim. 2023. 40p. (J). (gr. -1-2). 18.99 (**978-0-593-48021-2(X)**); (ENG.). lib. bdg. 21.99 (**978-0-593-48022-9(8)**) Random Hse. Children's Bks. (Crown Books For Young Readers).

Goblin, Vol. 1: April, 1921 (Classic Reprint) James A. Cowan. (ENG., Illus.). (J). 2018. 32p. 24.56 (978-0-332-69096-4(2)); 2017. pap. 7.97 (978-0-243-50001-7(7)) Forgotten Bks.

Goblin, Vol. 1: February, 1921 (Classic Reprint) University Of Toronto. (ENG., Illus.). (J). 2018. 32p. 24.56 (978-0-484-59862-0(7)); 2017. pap. 7.97 (978-1-334-98197-5(3)) Forgotten Bks.

Goblin, Vol. 1: March, 1921 (Classic Reprint) University Of Toronto. (ENG., Illus.). (J). 2018. 32p. 24.56 (978-0-332-42905-2(9)); 2017. pap. 7.97 (978-0-243-54377-9(8)) Forgotten Bks.

Goblin, Vol. 1: May, 1921 (Classic Reprint) James A. Cowan. (ENG., Illus.). (J). 2018. 40p. 24.72 (978-0-364-00993-2(4)); 2017. pap. 7.97 (978-0-243-50751-1(8)) Forgotten Bks.

Goblin, Vol. 2: April, 1922 (Classic Reprint) University Of Toronto. (ENG., Illus.). (J). 2018. 44p. 24.80 (978-0-364-01065-5(7)); 2017. pap. 7.97 (978-0-243-50781-8(X)) Forgotten Bks.

Goblin, Vol. 2: December, 1921 (Classic Reprint) James A. Cowan. (ENG., Illus.). (J). 2018. 40p. 24.72 (978-0-332-91457-2(7)); 2017. pap. 7.97 (978-0-259-87883-4(9)) Forgotten Bks.

Goblin, Vol. 2: February, 1922 (Classic Reprint) James A. Cowan. (ENG., Illus.). (J). 2018. 40p. 24.72 (978-0-483-74420-2(4)); 2017. pap. 7.97 (978-0-243-51777-0(7)) Forgotten Bks.

Goblin, Vol. 2: January, 1922 (Classic Reprint) James A. Cowan. (ENG., Illus.). (J). 2018. 38p. 24.70 (978-0-364-02429-4(1)); 2017. pap. 7.97 (978-0-243-53161-5(3)) Forgotten Bks.

Goblin, Vol. 2: March, 1922 (Classic Reprint) James a Cowen. (ENG., Illus.). (J). 2018. 38p. 24.68 (978-0-364-00808-9(3)); 2017. pap. 7.97 (978-0-243-50417-6(9)) Forgotten Bks.

Goblin, Vol. 2: May, 1922 (Classic Reprint) James A. Cowan. (ENG., Illus.). (J). 2018. 46p. 24.85 (978-0-332-99320-1(5)); 2017. pap. 7.97 (978-0-243-53180-6(X)) Forgotten Bks.

Goblin, Vol. 2: November, 1921 (Classic Reprint) James A. Cowan. (ENG., Illus.). (J). 2018. 38p. 24.68 (978-0-483-04253-7(6)); 2017. pap. 7.97 (978-1-334-98812-7(9)) Forgotten Bks.

Goblin, Vol. 3: April, 1923 (Classic Reprint) James A. Cowan. (ENG., Illus.). (J). 2018. 38p. 24.68 (978-0-483-44047-0(7)); 2017. pap. 7.97 (978-0-243-51667-4(3)) Forgotten Bks.

Goblin, Vol. 3: August, 1922 (Classic Reprint) James A. Cowan. (ENG., Illus.). (J). 2018. 32p. 24.56 (978-0-332-99300-3(0)); 2017. pap. 7.97 (978-0-243-51550-9(2)) Forgotten Bks.

Goblin, Vol. 3: December, 1922 (Classic Reprint) James a Cowad. (ENG., Illus.). (J). 2018. 38p. 24.68 (978-0-483-78307-2(2)); 2017. pap. 7.97 (978-0-259-84591-1(4)) Forgotten Bks.

Goblin, Vol. 3: Fall Fair Number; September, 1922 (Classic Reprint) James A. Cowan. 2017. (ENG., Illus.). (J). 24.72 (978-0-265-72717-1(0)); pap. 7.97 (978-1-5276-8715-8(5)) Forgotten Bks.

Goblin, Vol. 3: February, 1923 (Classic Reprint) James A. Cowan. (ENG., Illus.). (J). 2018. 38p. 24.68 (978-0-365-28731-5(8)); 2017. pap. 7.97 (978-0-259-89642-5(X)) Forgotten Bks.

Goblin, Vol. 3: January, 1923 (Classic Reprint) James A. Cowan. (ENG., Illus.). (J). 2018. 38p. 24.68 (978-0-364-00803-4(2)); 2017. pap. 7.97 (978-0-243-50410-7(1)) Forgotten Bks.

Goblin, Vol. 3: June, 1923 (Classic Reprint) James A. Cowan. (ENG., Illus.). (J). 2018. 40p. 24.72 (978-0-364-02692-2(8)); 2017. pap. 7.97 (978-0-243-57830-6(X)) Forgotten Bks.

Goblin, Vol. 3: June-July, 1922 (Classic Reprint) James A. Cowan. 2017. (ENG., Illus.). (J). 40p. 24.72 (978-0-332-42850-5(8)); pap. 7.97 (978-0-243-53107-3(9)) Forgotten Bks.

Goblin, Vol. 3: March, 1923 (Classic Reprint) Janes a Cowan. (ENG., Illus.). (J). 2018. 38p. 24.68 (978-0-484-56112-9(X)); 2017. pap. 7.97 (978-0-243-52202-6(9)) Forgotten Bks.

Goblin, Vol. 3: May, 1923 (Classic Reprint) James A. Cowan. (ENG., Illus.). (J). 2018. 42p. 24.76 (978-0-666-98622-1(3)); 2017. pap. 7.97 (978-0-243-47121-8(1)) Forgotten Bks.

Goblin, Vol. 3: November, 1922 (Classic Reprint) James A. Cowan. (ENG., Illus.). (J). 2018. 40p. 24.72 (978-0-484-21245-8(1)); 2017. pap. 7.97 (978-0-243-53294-0(6)) Forgotten Bks.

Goblin, Vol. 3: October, 1922 (Classic Reprint) James A. Cowan. (ENG., Illus.). (J). 2018. 44p. 24.80 (978-0-332-84140-3(5)); 2017. pap. 7.97 (978-0-243-51859-3(5)) Forgotten Bks.

Goblin, Vol. 4: April, 1924 (Classic Reprint) Keith Crombie. (ENG., Illus.). (J). 2018. 40p. 24.72 (978-0-364-02608-3(1)); 2017. pap. 7.97 (978-0-243-54376-2(X)) Forgotten Bks.

Goblin, Vol. 4: August, 1923 (Classic Reprint) James A. Cowan. (ENG., Illus.). (J). 2018. 42p. 24.78 (978-0-666-99065-5(4)); 2017. pap. 7.97 (978-0-243-48308-2(2)) Forgotten Bks.

Goblin, Vol. 4: December, 1923 (Classic Reprint) Keith Crombie. (ENG., Illus.). (J). 2019. 44p. 24.80 (978-0-365-12405-4(2)); 2017. pap. 7.97 (978-0-259-82105-2(5)) Forgotten Bks.

Goblin, Vol. 4: February, 1924 (Classic Reprint) Keith Crombie. (ENG., Illus.). (J). 2018. 36p. 24.66 (978-0-666-99890-3(6)); 2017. pap. 7.97 (978-0-259-87781-3(6)) Forgotten Bks.

Goblin, Vol. 4: January, 1924 (Classic Reprint) Keith Crombie. (ENG., Illus.). (J). 2018. 38p. 24.68 (978-0-666-82185-0(2)); 2017. pap. 7.97 (978-0-259-86445-5(5)) Forgotten Bks.

Goblin, Vol. 4: July, 1923 (Classic Reprint) James A. Cowan. (ENG., Illus.). (J). 2018. 36p. 24.66 (978-0-666-99324-3(6)); 2017. pap. 7.97 (978-0-243-48689-2(8)) Forgotten Bks.

Goblin, Vol. 4: June, 1924 (Classic Reprint) Keith Crombie. (ENG., Illus.). (J). 2018. 40p. 24.72 (978-0-666-99356-4(4)); 2017. pap. 7.97 (978-0-243-48620-5(0)) Forgotten Bks.

Goblin, Vol. 4: March, 1924 (Classic Reprint) Keith Crombie. (ENG., Illus.). (J). 2018. 38p. 24.68 (978-0-656-34874-9(7)); 2017. pap. 7.97 (978-0-243-44012-2(X)) Forgotten Bks.

Goblin, Vol. 4: May, 1924 (Classic Reprint) Keith Crombie. (ENG., Illus.). (J). 2018. 36p. 24.66 (978-0-364-63918-4(0)); 2017. pap. 7.97 (978-0-259-84196-8(X)) Forgotten Bks.

Goblin, Vol. 4: November, 1923 (Classic Reprint) Keith Crombie. (ENG., Illus.). (J). 2018. 38p. 24.68 (978-0-666-06182-9(3)); 2017. pap. 7.97 (978-0-259-84332-0(6)) Forgotten Bks.

Goblin, Vol. 4: October, 1923 (Classic Reprint) Keith Crombie. (ENG., Illus.). (J). 2018. 40p. 24.72 (978-0-364-01367-0(2)); 2017. pap. 7.97 (978-0-243-51114-3(0)) Forgotten Bks.

Goblin, Vol. 4: September, 1923 (Classic Reprint) James A. Cowan. (ENG., Illus.). (J). 2018. 36p. 24.66 (978-0-483-99064-7(7)); 2017. pap. 7.97 (978-0-243-47256-7(0)) Forgotten Bks.

Goblin, Vol. 5: December, 1924 (Classic Reprint) Keith Crombie. (ENG., Illus.). (J). 2018. 40p. 24.72 (978-0-332-84071-0(9)); 2017. pap. 7.97 (978-0-243-47360-1(5)) Forgotten Bks.

Goblin, Vol. 5: February, 1925 (Classic Reprint) Keith Crombie. (ENG., Illus.). (J). 2018. 36p. 24.66 (978-0-364-01862-0(3)); 2017. pap. 7.97 (978-0-243-53099-1(4)) Forgotten Bks.

Goblin, Vol. 5: January, 1925 (Classic Reprint) Keith Crombie. (ENG., Illus.). (J). 2018. 38p. 24.70 (978-0-267-00041-8(3)); 2016. pap. 7.97 (978-1-334-11557-8(5)) Forgotten Bks.

Goblin, Vol. 5: July, 1924 (Classic Reprint) Unknown Author. (ENG., Illus.). (J). 2018. 38p. 24.68 (978-0-483-94523-4(4)); 2017. pap. 7.97 (978-0-243-47806-4(2)) Forgotten Bks.

Goblin, Vol. 5: July, 1925 (Classic Reprint) Keith Crombie. (ENG., Illus.). (J). 2018. 52p. 24.97 (978-0-483-67055-6(3)); 2017. pap. 9.57 (978-0-243-32039-4(6)) Forgotten Bks.

Goblin, Vol. 5: June, 1925 (Classic Reprint) Keith Crombie. 2017. (ENG., Illus.). (J). 48p. 24.91 (978-0-332-52610-2(0)); pap. 9.57 (978-0-243-56469-9(4)) Forgotten Bks.

Goblin, Vol. 5: March-April, 1925 (Classic Reprint) Keith Crombie. (ENG., Illus.). (J). 2018. 52p. 24.97 (978-0-332-38262-3(1)); 2017. pap. 9.57 (978-0-243-48845-2(9)) Forgotten Bks.

Goblin, Vol. 5: May, 1925 (Classic Reprint) Unknown Author. (ENG., Illus.). (J). 2018. 52p. 24.97 (978-0-484-25634-6(3)); 2017. pap. 9.57 (978-0-243-51806-7(4)) Forgotten Bks.

Goblin, Vol. 5: November, 1924 (Classic Reprint) Keith Crombie. (ENG., Illus.). (J). 2018. 42p. 24.76 (978-0-666-98949-9(4)); 2017. pap. 7.97 (978-0-243-48137-8(3)) Forgotten Bks.

Goblin, Vol. 5: October, 1924 (Classic Reprint) Keith Crombie. (ENG., Illus.). (J). 2018. 40p. 24.72 (978-0-364-01804-0(6)); 2017. pap. 7.97 (978-0-243-51921-7(4)) Forgotten Bks.

Goblin, Vol. 5: September, 1924 (Classic Reprint) Keith Crombie. (ENG., Illus.). (J). 2018. 36p. 24.64 (978-0-364-02598-7(0)); 2017. pap. 7.97 (978-0-243-54059-4(0)) Forgotten Bks.

Goblin, Vol. 6: April, 1926 (Classic Reprint) Unknown Author. (ENG., Illus.). (J). 2018. 52p. 24.97 (978-0-666-99948-1(1)); 2017. pap. 9.57 (978-0-243-49195-7(6)) Forgotten Bks.

Goblin, Vol. 6: August, 1925 (Classic Reprint) Keith Crombie. (ENG., Illus.). (J). 2018. 52p. 24.97 (978-0-332-30570-7(8)); 2017. pap. 9.57 (978-0-243-51845-6(5)) Forgotten Bks.

Goblin, Vol. 6: December, 1925 (Classic Reprint) J. E. McDougall. (ENG., Illus.). (J). 2018. 50p. 24.95 (978-0-364-01440-0(7)); 2017. pap. 9.57 (978-0-243-51395-6(X)) Forgotten Bks.

Goblin, Vol. 6: February, 1926 (Classic Reprint) J. E. McDougall. (ENG., Illus.). (J). 2018. 50p. 24.93 (978-0-666-99281-9(9)); 2017. pap. 9.57 (978-0-243-48516-1(6)) Forgotten Bks.

Goblin, Vol. 6: January, 1926 (Classic Reprint) J. E. McDougall. (ENG., Illus.). (J). 2018. 46p. 24.87 (978-0-267-00215-3(7)); 2017. pap. 9.57 (978-0-259-09303-9(3)) Forgotten Bks.

Goblin, Vol. 6: June, 1926 (Classic Reprint) J. E. McDougall. (ENG., Illus.). (J). 2018. 48p. 24.91 (978-0-364-01744-9(9)); 2017. pap. 9.57 (978-0-243-51624-7(X)) Forgotten Bks.

Goblin, Vol. 6: March, 1926 (Classic Reprint) J. E. McDougall. (ENG., Illus.). (J). 2018. 48p. 24.89 (978-0-364-00092-2(9)); 2017. pap. 9.57 (978-0-243-49985-4(X)) Forgotten Bks.

Goblin, Vol. 6: May, 1926 (Classic Reprint) Unknown Author. (ENG., Illus.). (J). 2018. 50p. 24.93 (978-0-364-02693-9(6)); 2017. pap. 9.57 (978-0-243-57793-4(1)) Forgotten Bks.

Goblin, Vol. 6: November, 1925 (Classic Reprint) J. E. McDougall. (ENG., Illus.). (J). 2018. 50p. 24.93 (978-0-364-01344-1(3)); 2017. pap. 9.57 (978-0-243-51069-6(1)) Forgotten Bks.

Goblin, Vol. 6: October, 1925 (Classic Reprint) J. E. McDougall. (ENG., Illus.). (J). 2018. 50p. 24.93 (978-0-483-95810-4(7)); 2017. pap. 9.57 (978-0-243-49810-9(1)) Forgotten Bks.

Goblin, Vol. 6: September, 1925 (Classic Reprint) Keith Crombie. (ENG., Illus.). (J). 2018. 48p. 24.89 (978-0-484-38628-9(X)); 2017. pap. 9.57 (978-0-243-50958-4(8)) Forgotten Bks.

Goblin, Vol. 7: April, 1927 (Classic Reprint) J. E. McDougall. (ENG., Illus.). (J). 2018. 48p. 24.91 (978-0-364-00607-8(2)); 2017. pap. 9.57 (978-0-243-50165-6(X)) Forgotten Bks.

Goblin, Vol. 7: August, 1927 (Classic Reprint) Joseph Easton McDougall. (ENG., Illus.). (J). 2018. 46p. 24.87 (978-0-364-02572-7(7)); 2017. pap. 9.57 (978-0-243-54005-1(1)) Forgotten Bks.

Goblin, Vol. 7: December, 1926 (Classic Reprint) J. E. McDougall. (ENG., Illus.). (J). 2018. 48p. 24.89 (978-0-364-01176-8(9)); 2017. pap. 9.57 (978-0-243-51050-4(0)) Forgotten Bks.

Goblin, Vol. 7: February, 1927 (Classic Reprint) J. E. McDougall. (ENG., Illus.). (J). 2018. 46p. 24.85 (978-0-483-95822-7(0)); 2017. pap. 7.97 (978-0-243-51610-0(X)) Forgotten Bks.

Goblin, Vol. 7: January, 1927 (Classic Reprint) Unknown Author. (ENG., Illus.). (J). 2018. 50p. 24.93 (978-0-484-62644-6(2)); 2017. pap. 9.57 (978-0-243-49967-0(1)) Forgotten Bks.

Goblin, Vol. 7: July, 1927 (Classic Reprint) Joseph Easton McDougall. (ENG., Illus.). (J). 2018. 44p. 24.80 (978-0-364-02697-7(9)); 2017. pap. 7.97 (978-0-243-58099-6(1)) Forgotten Bks.

Goblin, Vol. 7: June, 1927 (Classic Reprint) J. E. McDougall. (ENG., Illus.). (J). 2018. 44p. 24.80 (978-0-484-80197-3(X)); 2017. pap. 7.97 (978-0-243-53401-2(9)) Forgotten Bks.

Goblin, Vol. 7: March, 1927 (Classic Reprint) J. E. McDougall. 2016. (ENG., Illus.). (J). pap. 9.57 (978-1-334-11601-8(6)) Forgotten Bks.

Goblin, Vol. 7: May, 1927 (Classic Reprint) J. E. McDougall. (ENG., Illus.). (J). 2018. 50p. 24.93 (978-0-666-99846-0(9)); 2017. pap. 9.57 (978-0-243-49026-4(7)) Forgotten Bks.

Goblin, Vol. 7: November 1926 (Classic Reprint) J. E. McDougall. 2018. (ENG., Illus.). (J). 50p. 24.93 (978-0-428-62619-8(X)); 52p. pap. 9.57 (978-0-428-15297-0(X)) Forgotten Bks.

Goblin, Vol. 7: October, 1926 (Classic Reprint) J. E. McDougall. (ENG., Illus.). (J). 2018. 50p. 24.93 (978-0-666-99424-0(2)); 2017. pap. 9.57 (978-0-243-48655-7(3)) Forgotten Bks.

Goblin, Vol. 7: September, 1926 (Classic Reprint) J. E. McDougall. (ENG., Illus.). (J). 2018. 46p. 24.85 (978-0-332-97088-2(4)); 2017. pap. 7.97 (978-0-243-51549-3(9)) Forgotten Bks.

Goblin, Vol. 8: April, 1928 (Classic Reprint) Unknown Author. (ENG., Illus.). (J). 2018. 38p. 24.68 (978-0-666-99036-5(0)); 2017. pap. 7.97 (978-0-243-48072-2(5)) Forgotten Bks.

Goblin, Vol. 8: August, 1928 (Classic Reprint) Joseph Easton McDougall. (ENG., Illus.). (J). 2018. 46p. 24.85 (978-0-666-99360-1(2)); 2017. pap. 7.97 (978-0-243-49343-2(6)) Forgotten Bks.

Goblin, Vol. 8: February, 1928 (Classic Reprint) Joseph Easton McDougall. (ENG., Illus.). (J). 2018. 48p. 24.89 (978-0-666-61439-1(3)); 2017. pap. 9.57 (978-0-259-41994-5(X)) Forgotten Bks.

Goblin, Vol. 8: January, 1928 (Classic Reprint) Joseph Easton McDougall. (ENG., Illus.). (J). 2018. 48p. 24.89 (978-0-332-77560-9(7)); 2017. pap. 9.57 (978-0-243-49999-1(X)) Forgotten Bks.

Goblin, Vol. 8: July, 1928 (Classic Reprint) Unknown Author. (ENG., Illus.). (J). 2018. 46p. 24.85 (978-0-364-00059-5(7)); 2017. pap. 7.97 (978-0-243-49344-9(4)) Forgotten Bks.

Goblin, Vol. 8: June, 1928 (Classic Reprint) Unknown Author. (ENG., Illus.). (J). 2018. 48p. 24.89 (978-0-364-02615-1(4)); 2017. pap. 9.57 (978-0-243-55227-6(0)) Forgotten Bks.

Goblin, Vol. 8: March, 1928 (Classic Reprint) Unknown Author. (ENG., Illus.). (J). 2018. 46p. 24.85 (978-0-483-94567-8(6)); 2017. pap. 9.57 (978-0-243-49750-8(4)) Forgotten Bks.

Goblin, Vol. 8: May, 1928 (Classic Reprint) Unknown Author. (ENG., Illus.). (J). 2018. 46p. 24.85 (978-0-428-78310-5(4)); 2017. pap. 9.57 (978-1-334-98578-2(2)) Forgotten Bks.

Goblin, Vol. 8: November, 1927 (Classic Reprint) Joseph Easton McDougall. (ENG., Illus.). (J). 2018. 48p. 24.89 (978-0-332-30472-4(8)); 2017. pap. 9.57 (978-0-243-50996-6(0)) Forgotten Bks.

Goblin, Vol. 8: October, 1927 (Classic Reprint) Joseph Easton McDougall. (ENG., Illus.). (J). 2018. 48p. 24.89 (978-0-428-90857-7(8)); 2017. pap. 9.57 (978-0-243-02975-4(6)) Forgotten Bks.

Goblin, Vol. 8: September, 1927 (Classic Reprint) Joseph Easton McDougall. (ENG., Illus.). (J). 2018. 44p. 24.80 (978-0-332-81933-4(7)); 2017. pap. 7.97 (978-0-243-51551-6(0)) Forgotten Bks.

Goblin, Vol. 9: April, 1929 (Classic Reprint) Unknown Author. (ENG., Illus.). (J). 2018. 44p. 24.80 (978-0-364-02342-6(2)); 2017. pap. 7.97 (978-0-243-52013-8(1)) Forgotten Bks.

Goblin, Vol. 9: December, 1928 (Classic Reprint) Unknown Author. (ENG., Illus.). (J). 2018. 50p. 24.93 (978-0-666-98438-8(7)); 2017. pap. 9.57 (978-0-243-46265-0(4)) Forgotten Bks.

Goblin, Vol. 9: February, 1929 (Classic Reprint) Unknown Author. (ENG., Illus.). (J). 2018. 44p. 24.80 (978-0-484-90515-2(5)); 2017. pap. 7.97 (978-1-334-95439-9(9)) Forgotten Bks.

Goblin, Vol. 9: January, 1929 (Classic Reprint) Unknown Author. (ENG., Illus.). (J). 2018. 44p. 24.80 (978-0-364-01368-7(0)); 2017. pap. 7.97 (978-0-243-51113-6(2)) Forgotten Bks.

Goblin, Vol. 9: May, 1929 (Classic Reprint) Unknown Author. (ENG., Illus.). (J). 2018. 40p. 24.72 (978-0-364-02434-8(8)); 2017. pap. 7.97 (978-0-243-53025-0(0)) Forgotten Bks.

Goblin, Vol. 9: November, 1928 (Classic Reprint) Unknown Author. (ENG., Illus.). (J). 2018. 48p. 24.89 (978-0-483-01534-0(2)); 2017. pap. 9.57 (978-1-334-98577-5(4)) Forgotten Bks.

Goblin, Vol. 9: October, 1928 (Classic Reprint) Unknown Author. (ENG., Illus.). (J). 2018. 48p. 24.89 (978-0-483-63759-7(9)); 2017. pap. 9.57 (978-0-243-52170-8(7)) Forgotten Bks.

Goblin, Vol. 9: September 1928 (Classic Reprint) Unknown Author. 2017. (ENG., Illus.). (J). 46p. 24.85 (978-0-332-71831-6(X)); 48p. pap. 7.97 (978-0-332-44078-1(8)) Forgotten Bks.

Goblins. Virginia Loh-Hagan. 2018. (Magic, Myth, & Mystery Ser.). (ENG., Illus.). 32p. (J). (gr. 4-8). lib. bdg. 32.07 (978-1-5341-2938-2(3), 211796, 45th Parallel Press) Cherry Lake Publishing.

Goblins: Fairy Tale Creatures. Emma Huddleston. 2021. (Fairy Tale Creatures Ser.). (ENG., Illus.). 32p. (J). (gr. 2-3). pap. 9.95 (978-1-63739-012-2(2)); lib. bdg. 31.35 (978-1-63739-005-4(X)) North Star Editions. (Focus Readers).

Goblins & Gold, 3. Lindsey Kelk. ed. 2022. (Cinders & Sparks Ser.). (ENG.). 157p. (J). (gr. 3-7). 19.96 (**978-1-68505-582-0(6)**) Penworthy Co., LLC, The.

Goblins' Christmas (Classic Reprint) Elizabeth Anderson. (ENG., Illus.). (J). 2018. 40p. 24.74 (978-0-267-71673-9(7)); 2016. pap. 7.97 (978-1-333-39683-1(X)) Forgotten Bks.

Goblins of Knottingham: a History of Challah. Zoe Klein. Illus. by Beth Bogart. 2017. (ENG.). 32p. (J). 17.95 (978-1-68115-526-5(5), d5ccda7f-4477-4ec4-871e-c32977aeb974) Behrman Hse., Inc.

Goby & the Blind Shrimp. Amanda DeLisle. 2017. (ENG., Illus.). (J). 25.95 (978-1-4808-5013-2(6)); pap. 16.95 (978-1-4808-5012-5(8)) Archway Publishing.

Goby Fish & Pistol Shrimp. Kevin Cunningham. 2016. (21st Century Junior Library: Better Together Ser.). (ENG., Illus.). 24p. (J). (gr. 2-5). 29.21 (978-1-63471-084-8(3), 208415) Cherry Lake Publishing.

Goby Fish & Snapping Shrimp. Kari Schuetz. 2019. (Animal Tag Teams Ser.). (ENG., Illus.). 24p. (J). (gr. k-3). lib. bdg. 26.95 (978-1-62617-955-4(7), Blastoff! Readers) Bellwether Media.

Goby the Goblin. S. A. Ellis. 2021. (ENG.). 270p. (J). (**978-1-80227-016-7(7)**); pap. (**978-1-914078-64-4(0)**) Publishing Push Ltd.

Goccia. Luisio Luciano Badolisani. Illus. by Noemi Badolisani. 2019. (Ragazzi... e Genitori Ser.: Vol. 10). (ITA.). 104p. (J). pap. (978-88-6690-490-8(2)) EEE - Edizioni Esordienti E-Bk.

God. Devon Provencher. Illus. by Jessica Provencher. 2020. (Big Theology for Little Hearts Ser.). (ENG.). 22p. (J). bds. 9.99 (978-1-4335-6523-6(4)) Crossway.

God - the Best Father. Catherine MacKenzie. 2020. (ENG., Illus.). 16p. (J). bds. 3.99 (978-1-5271-0114-2(2), 23c40bde-a621-4c6a-b9d2-0ae3750d6812, CF4Kids) Christian Focus Pubns. GBR. Dist: Baker & Taylor Publisher Services (BTPS).

God Adam & Eve. Michele Watson. 2017. (ENG., Illus.). (J). 28.99 (978-1-5456-0783-1(4)); pap. 18.49 (978-1-5456-0782-4(6)) Salem Author Services.

God Always Has a Plan: The Birth Story of Infants Leo, Ella, Jordan, & Madison. Scott Stankavage. 2020. (ENG.). 30p. (J). 24.95 (978-1-64424-457-9(8)) Page Publishing Inc.

God Always Hears. Kelly Grettler. Illus. by Solomea Kalinichenko. 2019. (ENG.). 36p. (J). (gr. k-6). 19.99 (978-0-578-57187-4(0)) Grettler, Kelly.

God Always Keeps His Promises: Unshakable Hope for Kids, 1 vol. Max Lucado. 2018. (ENG., Illus.). 208p. (J). 16.99 (978-1-4003-1687-8(1), Tommy Nelson) Nelson, Thomas Inc.

God Always Loves You. Mara Laird. 2016. (ENG., Illus.). (J). 22.95 (978-1-4808-3907-6(8)); pap. 16.95 (978-1-4808-3909-0(4)) Archway Publishing.

God & Country. Betty Lou Rogers. 2016. (ENG., Illus.). (J). pap. 12.95 (978-0-9983078-7-9(4)) Skookum Bks.

God & Israel: New Testament Volume 22: Romans Part 4. Marilyn P. Habecker & Bible Visuals International. 2019. (Visualized Bible Series 1022-Acs Ser.: Vol. 1022). (ENG.). 30p. (J). pap. 15.00 (978-1-64104-053-2(X)) Bible Visuals International, Inc.

God & John Point the Way. Steve Eggleton. ed. 2022. (ENG.). 96p. (J). pap. 10.99 (978-0-7459-7949-6(1), 02622af2-7d47-4f7f-91eb-dbe922804d6f, Lion Children's) Lion Hudson PLC GBR. Dist: Baker & Taylor Publisher Services (BTPS).

The check digit for ISBN-10 appears in parentheses after the full ISBN-13

TITLE INDEX

GOD LOVES HAIR

G

God & Me: Being a Brief Manual of the Principles That Make for a Closer Relationship of the Believer with God (Classic Reprint) Peter Ainslie. 2018. (ENG., Illus.). 50p. (J). 24.95 *(978-0-483-40646-9(5))* Forgotten Bks.

God & Me: This Little Light of Mine, I'm Gonna Let It Shine! Asia Coleman. Illus. by Gb Faelnar. 2023. (ENG.). 22p. (J). pap. ***(978-0-2288-9228-1(7))*** Tellwell Talent.

God & Me! Growing in God: 52-Week Devotional for Girls Ages 6-9. Lynn Marie-Ittn Klammer. 2020. (God & Me! Ser.). (ENG., Illus.). 384p. (J). pap. 16.99 *(978-1-62862-899-9(5)*, 20_41443, Tyndale Kids) Tyndale Hse. Pubs.

God & Noah Save the World. Steve Eggleton. ed. 2022. (ENG.). 96p. (J). pap. 10.99 *(978-0-7459-7877-2(0)*, 42fda628-aca7-492a-9e44-3feafa31b4e3, Lion Children's) Lion Hudson PLC GBR. Dist: Baker & Taylor Publisher Services (BTPS).

God & Snow: 5 Lessons That Snow Teaches about God: a Bible Devotional / Bible Activity Book for Kids Ages 4-8: a Fun Kid Workbook Game for Learning, Coloring, Dot to Dot, Mazes, Word Search & More! Corine Hyman & Corine Williams. 2018. (ENG.). 72p. (J). pap. 6.97 *(978-1-948476-04-1(5))* Teaching Christ's Children Publishing.

God & the Flightless Messenger. Hagi. 2020. (Illus.). 288p. (gr. 8-1). pap. 14.99 *(978-1-4278-6677-6(5)*, 262b7688-efed-4015-b589-cc32ed5e7108) TOKYOPOP, Inc.

God & the King (Classic Reprint) Marjorie Bowen. 2018. (ENG., Illus.). 420p. (J). 32.58 *(978-0-267-16512-4(9))* Forgotten Bks.

God & the Man: A Romance (Classic Reprint) Robert Buchanan. (ENG., Illus.). (J). 2018. 380p. 31.73 *(978-0-483-43309-0(8))*; 2016. pap. 13.57 *(978-1-333-50300-0(8))* Forgotten Bks.

God & the Man, Vol. 1 Of 3: A Romance (Classic Reprint) Robert Buchanan. (ENG., Illus.). (J). 2018. 318p. 30.48 *(978-0-483-42062-5(X))*; 2016. pap. 13.57 *(978-1-334-20668-9(6))* Forgotten Bks.

God & the Man, Vol. 2 Of 3: A Romance (Classic Reprint) Robert Buchanan. (ENG., Illus.). (J). 2018. 312p. 30.35 *(978-0-484-43321-1(0))*; 2016. pap. 13.57 *(978-1-333-29382-6(8))* Forgotten Bks.

God & Woman (Dyrendal) (Classic Reprint) Johan Bojer. (ENG., Illus.). (J). 2018. 352p. 31.16 *(978-0-484-21071-3(8))*; 2018. 354p. 31.20 *(978-0-483-55503-7(7))*; 2017. pap. 13.57 *(978-0-243-06176-1(5))* Forgotten Bks.

God Answers Maddy's Prayers. Timothy Wright. 2020. (ENG., Illus.). 36p. (J). 19.95 *(978-1-0980-1139-0(2))*; pap. 9.95 *(978-1-0980-5838-8(0))* Christian Faith Publishing.

God Believes in Me. Link Dyrdahl. Illus. by Cee Biscoe. 2023. (Tender Moments Ser.). (ENG.). 20p. (J). bds. 9.99 ***(978-1-63854-105-9(1))*** Kidsbooks, LLC.

God Bless America, 1 vol. Illus. by Peter Francis. 2016. (Land That I Love Book Ser.). (ENG.). 18p. (J). bds. 9.99 *(978-0-310-75347-6(3))* Zonderkidz.

God Bless My Family, 1 vol. Hannah Hall. Illus. by Steve Whitlow. 2017. (God Bless Book Ser.). (ENG.). 20p. (J). bds. 9.99 *(978-0-7180-9216-0(3)*, Tommy Nelson) Nelson, Thomas Inc.

God Bless My Friends, 1 vol. Hannah Hall. Illus. by Steve Whitlow. 2016. (God Bless Book Ser.). (ENG.). 20p. (J). bds. 9.99 *(978-0-7180-8953-5(7)*, Tommy Nelson) Nelson, Thomas Inc.

God Bless My Little One: A Sing along Book. to the Tune of: God Bless America. Debra Chigbu. 2018. (ENG., Illus.). 32p. (J). 22.95 *(978-1-64191-967-8(1))*; pap. 12.95 *(978-1-64191-965-4(5))* Christian Faith Publishing.

God Bless My School, 1 vol. Hannah Hall. Illus. by Steve Whitlow. 2017. (God Bless Book Ser.). (ENG.). 20p. (J). bds. 9.99 *(978-0-7180-1109-3(0)*, Tommy Nelson) Nelson, Thomas Inc.

God Bless Our Bedtime Prayers, 1 vol. Hannah Hall. Illus. by Steve Whitlow. 2018. (God Bless Book Ser.). (ENG.). 20p. (J). bds. 9.99 *(978-0-7180-9639-7(8)*, Tommy Nelson) Nelson, Thomas Inc.

God Bless Our Country, 1 vol. Hannah Hall. Illus. by Steve Whitlow. 2016. (God Bless Book Ser.). (ENG.). 20p. (J). bds. 9.99 *(978-0-7180-4017-8(1)*, Tommy Nelson) Nelson, Thomas Inc.

God Bless Our World. Villetta Craven. Illus. by Sean Julian. 2023. (ENG.). 24p. (J). (-k). bds. 9.99 *(978-1-6643-5059-5(4))* Tiger Tales.

God Bless the Devil! Liars' Bench Tales (Classic Reprint) James R. Aswell. 2017. (ENG., Illus.). (J). 29.47 *(978-0-331-88415-9(1))*; pap. 11.97 *(978-0-259-47711-2(7))* Forgotten Bks.

God Bless the Moon. Make Believe Ideas. Illus. by Dawn Machell. 2018. (ENG.). 24p. (J). (gr. -1 — 1). bds. 8.99 *(978-1-78692-906-8(6))* Make Believe Ideas GBR. Dist: Scholastic, Inc.

God Bless You & Good Night, 1 vol. Steve Whitlow. 2018. (God Bless Book Ser.). (ENG., Illus.). 32p. (J). 16.99 *(978-1-4003-0897-2(6)*, Tommy Nelson) Nelson, Thomas Inc.

God Bless You & Good Night Touch & Feel, 1 vol. Hannah Hall. Illus. by Steve Whitlow. 2018. (God Bless Book Ser.). (ENG.). 18p. (J). bds. 12.99 *(978-1-4002-0923-1(4)*, Tommy Nelson) Nelson, Thomas Inc.

God Bless You, Little One. Tilly Temple. Illus. by Sebastien Braun. 2021. (ENG.). 22p. (J). (-k). bds. 9.99 *(978-1-68010-632-9(5))* Tiger Tales.

God Blesses Me. Della Ross Ferreri. Illus. by Lizzie Walkley. 2020. (ENG.). 14p. (J). (gr. -1 — 1). bds. 8.99 *(978-1-5460-3377-6(7)*, Worthy Kids/Ideals) Worthy Publishing.

God Calls You Loved, Girl: 180 Devotions & Prayers for Teens. MariLee Parrish. 2023. (ENG.). 192p. (YA). pap. 12.99 *(978-1-63609-535-6(6))* Barbour Publishing, Inc.

God Calls You Strong, Girl: 90 Empowering Devotions for Teens. Ellie Zumbach. 2021. (ENG.). 192p. (YA). pap. 12.99 *(978-1-63609-011-5(7)*, Barbour Bks.) Barbour Publishing, Inc.

God Calls You Worthy, Girl: 180 Devotions & Prayers for Teens. Janice Thompson. 2022. (ENG.). 192p. (YA). pap. 12.99 *(978-1-63609-324-6(8)*, Barbour Bks.) Barbour Publishing, Inc.

God Can Hear Us Anywhere. Mollie Euhus. 2022. (ENG., Illus.). 30p. (J). pap. 12.95 *(978-1-63874-556-3(0))* Christian Faith Publishing.

God Cares When I Am Afraid: Jesus Calms the Storm. Debbie Duncan. Illus. by Anita Belli. ed. 2020. (ENG.). 48p. (J). (gr. k). pap. 10.99 *(978-1-78128-374-5(5)*, 32d59170-f4f3-4c50-9cf8-fefa698960b9, Candle Bks.) Lion Hudson PLC GBR. Dist: Baker & Taylor Publisher Services (BTPS).

God Cares When I Am Strong: Friends in the Fire. Debbie Duncan. Illus. by Anita Belli. ed. 2020. (God Cares Ser.). (ENG.). 48p. (J). pap. 10.99 *(978-1-78128-375-2(3)*, 766dc573-4f0d-41f0-9f75-c8444d1ce98d, Candle Bks.) Lion Hudson PLC GBR. Dist: Baker & Taylor Publisher Services (BTPS).

God Cares When I Don't Give Up: Jesus & Zacchaeus. Debbie Duncan. Illus. by Anita Belli. ed. 2021. (God Cares Ser.). (ENG.). 48p. (J). pap. 10.99 *(978-1-78128-404-9(0)*, ea540c53-4f27-4070-a75b-8363fd1fab22, Candle Bks.) Lion Hudson PLC GBR. Dist: Baker & Taylor Publisher Services (BTPS).

God Cares When I Feel Down: Jonah & Other Stories. Debbie Duncan. ed. 2020. (God Cares Ser.). (ENG.). 64p. (J). pap. 10.99 *(978-1-78128-377-6(X)*, 333323ea-fdbe-4292-90ff-bf70ff31821a, Candle Bks.) Lion Hudson PLC GBR. Dist: Baker & Taylor Publisher Services (BTPS).

God Cares When I'm Afraid. Stormie Omartian. 2020. (ENG., Illus.). 32p. (J). (gr. -1-2). 14.99 *(978-0-7369-7640-4(X)*, 6976404) Harvest Hse. Pubs.

God Cares When Life Is Tough: Paul & Other Stories. Debbie Duncan & Deborah Duncan. ed. 2021. (God Cares Ser.). (ENG., Illus.). 64p. (J). pap. 10.99 *(978-1-78128-399-8(0)*, 93cc61a0-71a9-484d-b028-30c7c3744c84, Candle Bks.) Lion Hudson PLC GBR. Dist: Baker & Taylor Publisher Services (BTPS).

God Cares When Life Is Unfair: Joseph & Other Stories. Debbie Duncan & Deborah Duncan. ed. 2021. (God Cares Ser.). (ENG., Illus.). 64p. (J). pap. 10.99 *(978-1-78128-401-8(6)*, d56b60b8-3a5d-4e67-bb54-1ddd564311c8, Candle Bks.) Lion Hudson PLC GBR. Dist: Baker & Taylor Publisher Services (BTPS).

God Commands Us to Speak the Truth. Ericka P. Nabors. Illus. by Ronald E. Tillman. 2020. (ENG.). 36p. (J). pap. 12.78 *(978-1-0879-3560-7(1))* Indy Pub.

God Contest: The True Story of Elijah, Jesus, & the Greatest Victory. Carl Laferton. Illus. by Catalina Echeverri. 2021. (Tales That Tell the Truth Ser.). (ENG.). 32p. (J). *(978-1-78498-478-6(7))* Good Bk. Co., The.

God Contest Coloring & Activity Book: Packed with Puzzles & Activities. Carl Laferton. Illus. by Catalina Echeverri. 2022. (Tales That Tell the Truth Ser.). (ENG.). (J). *(978-1-78498-701-5(8))* Good Bk. Co., The.

God Counts: Numbers in His Word & His World. Irene Sun & Irene Sun. Illus. by Alex Foster. 2017. (ENG.). 32p. (J). 16.99 *(978-1-945270-79-6(9))* New Growth Pr.

God Created Darkness. Alice Gavin Atashkar. 2021. (ENG.). 28p. (J). pap. 13.95 *(978-1-6642-2376-9(2)*, WestBow Pr.) Author Solutions, LLC.

God Created Me - So I Am. Maria E. Moreno. 2019. (ENG.). 54p. (J). pap. 15.95 *(978-1-64492-025-1(5))* Christian Faith Publishing.

God Created YOU! Donald L. Perry. 2022. (ENG.). 56p. (J). pap. 12.49 *(978-1-6628-4026-5(8))* Salem Author Services.

God Did. Ifeoluwa Akinpelu. 2021. (ENG., Illus.). 28p. (J). pap. 16.95 *(978-1-63903-568-7(0))* Christian Faith Publishing.

God Did Make Little Green Apples. Cecelia Assunto. 2018. (ENG., Illus.). 30p. (J). (gr. 1-6). pap. 12.95 *(978-1-61314-429-9(6))* Innovo Publishing, LLC.

God Don't Live in the City. Stacy Doley. 2018. (ENG., Illus.). 40p. (J). pap. 9.99 *(978-0-9985699-0-1(9))* Doley Pubns.

God Dreamed of Me. Melanie Higginbotham. Illus. by Alessia Lingesso. 2022. (ENG.). 30p. (J). 26.95 ***(978-1-6642-8034-2(0))***; pap. 13.95 ***(978-1-6642-8032-8(4))*** Author Solutions, LLC. (WestBow Pr.).

God Even Made the Birds & the Bees. Rosemary Simmons Ellsworth. Illus. by Lee Highgate. 2022. (ENG.). 32p. (J). pap. 13.95 *(978-1-6642-5175-5(8)*, WestBow Pr.) Author Solutions, LLC.

God Farm. A. B. Collins. 2020. (ENG.). 356p. (YA). pap. 15.99 *(978-0-9997429-6-9(5))* Crown of Life Ministries, Inc.

God Finds Us: A Book about Being Found. Jennifer Hilton & Kristen McCurry. 2016. (Frolic First Faith Ser.). (Illus.). 28p. (J). (gr. -1 — 1). bds. 6.99 *(978-1-5064-1045-6(6)*, Sparkhouse Family) 1517 Media.

God First, or Hester Needham's Work in Sumatra: Her Letters & Diaries (Classic Reprint) Hester Needham. 2017. (ENG., Illus.). (J). 30.58 *(978-0-331-58679-4(7))* Forgotten Bks.

God Game: A Novel. Danny Tobey. 2020. (ENG., Illus.). 464p. (YA). pap. 18.99 *(978-1-250-27079-5(0))* St. Martin's Pr.

God Gave Me a Rainbow. W. N. K. Rad. 2020. (ENG.). 32p. (J). pap. 14.95 *(978-1-64468-144-2(7))* Covenant Bks.

God Gave Me a World see Dios Me Dio un Mundo: Quarter 1, Level 1

God Gave Me Daddy. Pamela Kennedy. Illus. by Angela Edmonds. 2023. (ENG.). 22p. (J). (-k). bds. 9.99 *(978-1-0877-5559-5(X)*, 005835851, B&H Kids) B&H Publishing Group.

God Gave Me Everything I Need to Be Me! Karen Henneck. 2021. (ENG., Illus.). 58p. pap. 16.99 *(978-1-4808-9683-3(7))* Archway Publishing.

God Gave Me Grandpa. B&H Kids Editorial Staff. 2019. (ENG., Illus.). 22p. (J). (gr. -1 — 1). bds. 9.99 *(978-1-5359-3817-4(X)*, 005810878, B&H Kids) B&H Publishing Group.

God Gave Me Mommy. Pamela Kennedy. Illus. by Angela Edmonds. 2023. (ENG.). 22p. (J). (-k). bds. 9.99 *(978-1-0877-5558-8(1)*, 005835850, B&H Kids) B&H Publishing Group.

God Gave Me Relationships see Dios Me Dio Relaciones: Quarter 3, Level 1

God Gave Us Christmas. Lisa Tawn Bergren. Illus. by David Hohn. 2019. (ENG.). 30p. (J). (— 1). bds. 6.99 *(978-0-525-65349-3(X)*, WaterBrook Pr.) Crown Publishing Group, The.

God Gave Us Easter. Lisa Tawn Bergren. Illus. by Laura J. Bryant. 2020. (God Gave Us Ser.). (ENG.). 30p. (J). (gr. -1 — 1). bds. 7.99 *(978-0-525-65444-5(5)*, WaterBrook Pr.) Crown Publishing Group, The.

God Gave Us Family: A Picture Book. Lisa Tawn Bergren. Illus. by David Hohn. 2017. (ENG.). 40p. (J). (gr. -1-2). 11.99 *(978-1-60142-876-9(6)*, WaterBrook Pr.) Crown Publishing Group, The.

God Gave Us Prayer. Lisa Tawn Bergren. Illus. by David Hohn. 2021. 56p. (J). (gr. -1-2). 14.99 *(978-0-525-65411-7(9)*, WaterBrook Pr.) Crown Publishing Group, The.

God Gave Us Thankful Hearts. Lisa Tawn Bergren. Illus. by David Hohn. 2016. (ENG.). 40p. (J). (gr. -1-2). 10.99 *(978-1-60142-874-5(X)*, WaterBrook Pr.) Crown Publishing Group, The.

God Gave Us the Bible: Forty-Five Favorite Stories for Little Ones. Lisa Tawn Bergren. Illus. by David Hohn. 2019. (ENG.). 160p. (J). (gr. -1-2). 17.99 *(978-0-7352-9190-4(X)*, WaterBrook Pr.) Crown Publishing Group, The.

God Goggles: Pride vs Humility. Steve Perschbacher. 2017. (ENG., Illus.). (J). pap. 13.95 *(978-1-68197-101-8(1))* Christian Faith Publishing.

God Had a Dream Joseph & Mary. Linda Ramsey. 2016. (ENG., Illus.). (J). pap. 13.95 *(978-1-5127-5932-7(5)*, WestBow Pr.) Author Solutions, LLC.

God Had a Dream Josiah. Linda Ramsey. 2016. (ENG., Illus.). (J). pap. 13.95 *(978-1-5127-5937-2(6)*, WestBow Pr.) Author Solutions, LLC.

God Had a Dream Mordecai & Esther. Linda Ramsey. 2016. (ENG., Illus.). (J). pap. 17.45 *(978-1-5127-5908-2(2)*, WestBow Pr.) Author Solutions, LLC.

God Had a Dream Samuel. Linda Ramsey. 2016. (ENG., Illus.). (J). pap. 15.95 *(978-1-5127-5124-6(3)*, WestBow Pr.) Author Solutions, LLC.

God Has a Paintbrush. Joyce Licorish. 2020. (ENG.). 32p. (J). pap. 11.95 *(978-1-716-46982-4(1))* Lulu Pr., Inc.

God Has All the Animals in His Hands Coloring Book. Activibooks For Kids. 2016. (ENG., Illus.). (J). pap. 9.20 *(978-1-68321-257-7(6))* Mimaxion.

God Has My Back. Erick Ian Gael. Illus. by Meredith Brooks. 2022. (ENG.). 26p. (J). ***(978-1-387-58843-5(5))*** Lulu Pr., Inc.

God Hates Astronauts: the Omni-Mega-Bus. Ryan Browne. 2022. (ENG., Illus.). 696p. (YA). pap. 39.99 *(978-1-5343-2188-5(8))* Image Comics.

God Hates Racism. Patricia Mavros Brexel. 2021. (ENG.). 18p. (J). pap. 11.95 *(978-1-63630-695-7(0))* Covenant Bks.

God Hears Me When I Pray. M. M. McAfee. 2022. (ENG., Illus.). 26p. (J). pap. 14.95 *(978-1-63874-079-7(8))* Christian Faith Publishing.

God Hears You. Lucy W. Kernodle. 2022. (ENG.). 50p. (J). 27.95 ***(978-1-63961-425-7(7))*** Christian Faith Publishing.

God Hears Your Heart: Helping Kids Pray about Hard Emotions. Christina Fox. 2022. (ENG., Illus.). 80p. (J). 13.99 *(978-1-5271-0840-0(6)*, 75316e07-8e4a-4db4-b1fb-4f3918026736, CF4Kids) Christian Focus Pubns. GBR. Dist: Baker & Taylor Publisher Services (BTPS).

God, How Can You Use Me? Hope Abney. 2016. (ENG., Illus.). (J). pap. 12.95 *(978-1-68197-227-5(1))* Christian Faith Publishing.

God, How Much Do You Love Me? Vanessa Friend. 2017. (ENG., Illus.). (J). (gr. -1-k). 13.95 *(978-1-5127-8591-3(1)*, WestBow Pr.) Author Solutions, LLC.

God, I Feel Sad: Bringing Big Emotions to a Bigger God. Tama Fortner & Michelle Nietert. Illus. by Nomar Perez. 2023. (ENG.). 32p. (J). 12.99 *(978-0-310-14084-9(6))* Zonderkidz.

God, I Know You're Good, 1 vol. Bonnie Rickner Jensen. Illus. by Shane Crampton. 2021. (God, I Know Ser.). (ENG.). 24p. (J). bds. 9.99 *(978-1-4002-2146-2(3)*, Tommy Nelson) Nelson, Thomas Inc.

God, I Know You're There, 1 vol. Bonnie Rickner Jensen. Illus. by Lucy Fleming. 2019. (God, I Know Ser.). (ENG.). 24p. (J). bds. 9.99 *(978-1-4002-0922-4(6)*, Tommy Nelson) Nelson, Thomas Inc.

God, I Lost My Rainbow. Leslie C. Dobson. 2022. (ENG.). 40p. (J). *(978-1-0391-2055-6(5))*; pap. *(978-1-0391-2054-9(7))* FriesenPress.

God, I'm Disappointed. Dee Evans. 2020. (ENG.). 92p. (YA). pap. *(978-1-6781-8290-8(7))* Lulu Pr., Inc.

God, I'm Just a Little Kid, But... Marjorie Bleau-Waldorf. 2021. (ENG., Illus.). 40p. (J). 24.95 *(978-1-6624-6077-7(5))*; pap. 14.95 *(978-1-6624-1178-6(2))* Page Publishing Inc.

God in My World! Robbins Rees. 2020. (ENG.). 64p. (J). pap. 24.60 *(978-1-68470-987-8(3))* Lulu Pr., Inc.

God Is ALWAYS Right. Sharron Poss. 2021. (ENG.). 24p. (J). 19.95 *(978-1-64670-880-2(6))*; pap. 11.95 *(978-1-64471-206-1(7))* Covenant Bks.

God Is Always with Me: Psalm 139. Dandi Daley Mackall. Illus. by Cee Biscoe. 2019. (Child's First Bible Ser.). (ENG.). 16p. (J). bds. 7.99 *(978-1-4964-3277-3(0)*, 20_31604, Tyndale Kids) Tyndale Hse. Pubs.

God Is Always with Us: Ten Children's Stories of Hope, Faith & Trust. Helene Harris. 2016. (ENG., Illus.). (J). pap. 12.95 *(978-1-63525-133-3(8))* Christian Faith Publishing.

God Is Better Than Princesses. Sarah Reju. rev. ed. 2018. (ENG., Illus.). 48p. (J). 12.99 *(978-1-5271-0180-7(0)*, bbf36cfe-d2c0-41e7-a92e-926e56d412e5, CF4Kids) Christian Focus Pubns. GBR. Dist: Baker & Taylor Publisher Services (BTPS).

God Is Better Than Trucks: A-Z Alphabetical Book. Sarah Reju. rev. ed. 2017. (ENG., Illus.). 48p. (J). 13.99 *(978-1-5271-0031-2(6)*, 559fa852-8e23-4d06-bad7-5ef86d298d1b, CF4Kids) Christian Focus Pubns. GBR. Dist: Baker & Taylor Publisher Services (BTPS).

God Is Bigger Than a Bear. Rodney J. Bailey. 2018. (ENG., Illus.). 26p. (J). pap. 12.95 *(978-1-64028-904-8(6))* Christian Faith Publishing.

God Is Everywhere. Patricia J. Murphy. Illus. by Júlia Moscardó. ed. 2023. (ENG.). 48p. (J). 13.99 *(978-1-78128-415-5(6)*, 0ed5616e-c30d-407a-a9c7-a6bd1b388658, Candle Bks.) Lion Hudson PLC GBR. Dist: Baker & Taylor Publisher Services (BTPS).

God Is Giving. Amy Parker. Illus. by Chris Saunders. 2021. (God Is Ser.). (ENG.). 28p. (J). (gr. -1 — 1). bds. 9.99 *(978-0-7624-7112-6(3)*, Running Pr. Kids) Running Pr.

God Is Good (Little Sunbeams) Ginger Swift. Ed. by Cottage Door Press. Illus. by Maria Mola. 2020. (Little Sunbeams Ser.). (ENG.). 10p. (J). (gr. -1-k). bds. 4.99 *(978-1-64638-133-3(5)*, 1006690) Cottage Door Pr.

God Is Great, God Is Good. Sanna Baker. Illus. by Tomie dePaola. 2020. (ENG.). 24p. (J). (gr. -1 — 1). bds. 9.99 *(978-1-4197-4094-7(6)*, 1280510, Abrams Appleseed) Abrams, Inc.

God Is Here. Lisa Tawn Bergren. Illus. by Greg Stobbs. 2023. (ENG.). 40p. (J). (gr. -1-3). 19.99 ***(978-0-06-113178-3(4)***, HarperCollins) HarperCollins Pubs.

God Is Hope. Amy Parker. Illus. by Chris Saunders. 2020. (God Is Ser.). (ENG.). 28p. (J). (gr. -1 — 1). bds. 9.99 *(978-0-7624-7116-4(6)*, Running Pr. Kids) Running Pr.

God Is in Your Pizza. Justin Melquist. 2019. (ENG., Illus.). 18p. (J). (gr. k-1). pap. 11.99 *(978-0-578-45882-3(9))* Melquist, Justin.

God Is Just Like Me. Karen Valentin. Illus. by Antonieta Muñoz Estrada. 2023. 32p. (J). 17.99 *(978-1-5064-8242-2(2)*, Beaming Books) 1517 Media.

God Is Kind. Jamie Calloway-Hanauer. Illus. by Patrick Brooks. 2023. (ENG.). 24p. (J). (— 1). bds. 9.99 *(978-1-7282-7262-7(9))* Sourcebooks, Inc.

God Is Listening When You Pray - Children's Christian Prayer Books. Baby Professor. 2017. (ENG., Illus.). (J). pap. 7.89 *(978-1-5419-0320-3(X)*, Baby Professor (Education Kids)) Speedy Publishing LLC.

God Is Love. Hannah C. Hall. 2019. (ENG., Illus.). 24p. (J). (gr. -1 — 1). bds. 8.99 *(978-1-5460-1201-6(X)*, Jelly Telly Pr.) FaithWords.

God Is Love. Amy Parker. Illus. by Ramona Kaulitzki. 2019. (God Is Ser.). (ENG.). 28p. (J). (gr. -1 — 1). bds. 9.99 *(978-0-7624-6643-6(X)*, Running Pr. Kids) Running Pr.

God Is My Superhero. A. K. Kronicles. 2018. (ENG., Illus.). 36p. (J). 23.95 *(978-1-64191-698-1(2))* Christian Faith Publishing.

God Is Proud of Who You Are. Jenni Guzman Bautista. 2023. (ENG.). 36p. (J). 31.00 ***(978-1-63937-115-0(X))*** Dorrance Publishing Co., Inc.

God Is Sovereign: Old Testament Volume 27: Ezra, Nehemiah. Arlene S. Piepgrass & Bible Visuals International. 2019. (Visualized Bible Ser.: Vol. 2027). (ENG.). 32p. (J). pap. 15.00 *(978-1-64104-032-7(7))* Bible Visuals International, Inc.

God Is There Wherever You Go. Jo Parker. Illus. by Tara J. Hannon. 2021. 20p. (J). (-k). bds. 7.99 *(978-0-593-22558-5(9)*, Grosset & Dunlap) Penguin Young Readers Group.

God Is Watching over You, 1 vol. P. J. Lyons. Illus. by Tim Warnes. 2016. (ENG.). 16p. (J). bds. 9.99 *(978-0-310-74881-6(X))* Zonderkidz.

God Is Watching You. Cyprien K. M. Akout. 2018. (ENG., Illus.). 52p. (J). 24.95 *(978-1-64191-186-3(7))*; pap. 15.95 *(978-1-64191-184-9(0))* Christian Faith Publishing.

God Is with Me All the Time. Grace Boucaud-Moore. 2022. (Wisdom from Grandma Ser.: Vol. 4). (ENG.). 30p. (J). pap. 16.95 ***(978-1-4796-1378-6(9))*** TEACH Services, Inc.

God Is with Me When... Noel Golondrina. 2020. (ENG.). 18p. (J). pap. 12.95 *(978-1-64468-393-4(8))* Covenant Bks.

God Is with Us. Amy Parker. Illus. by Ramona Kaulitzki. 2019. (God Is Ser.). (ENG.). 28p. (J). (gr. -1 — 1). bds. 9.99 *(978-0-7624-6652-8(9)*, Running Pr. Kids) Running Pr.

God Is with You. Katie Katay. 2021. (ENG., Illus.). 30p. (J). *(978-0-9951332-7-3(1))* Sunsmile Bks.

God Is with You. Katie Katay. Illus. by Mary Em. 2021. (ENG.). 30p. (J). pap. *(978-0-9951332-2-8(0))* Sunsmile Bks.

God Is with You All the Time. Cheryl Pickett. 2021. (ENG.). 40p. (J). pap. 13.95 *(978-0-9841855-4-2(2))* Brighter Day Publishing.

God, Jesus & Reincarnation. Roger Plunk. 2020. (ENG., Illus.). 30p. (J). (gr. 1-5). pap. 14.00 *(978-0-578-62653-6(5))* Plunk, Roger.

God Knew You Could Do It, When Nobody Else Thought You Could. Jerome Holmes. 2018. (ENG., Illus.). 36p. (YA). pap. 10.95 *(978-1-64140-384-9(5))* Christian Faith Publishing.

God Knows All about You. W. David Lane & Donna E. Lane. 2019. (ENG.). 42p. (J). pap. 12.99 *(978-1-7342675-1-8(8))* Bear's Place Publishing.

God Knows My Name. Stephanie Blassingame. 2021. (ENG.). 20p. (J). 20.00 *(978-1-0879-9012-5(2))* Indy Pub.

God Knows Your Name. Kim E. Douglas. 2019. (ENG., Illus.). 26p. (J). (gr. -1-3). 20.95 *(978-1-0980-0632-7(1))*; pap. 13.95 *(978-1-0980-2705-6(1))* Christian Faith Publishing.

God Leads the Humble. Tanya Washington. 2019. (ENG.). 34p. (J). pap. ***(978-0-359-73895-3(8))*** Lulu Pr., Inc.

God Likes Me. Jen Priester. 2018. (ENG.). 36p. (J). pap. 12.99 *(978-1-7320765-1-8(0))* Priester, Jennifer.

God Lives in This House. Teresa Gair Klingelhoets. 2020. (ENG., Illus.). 90p. (J). pap. 16.95 *(978-1-64468-132-9(3))* Covenant Bks.

God Loves Animals from a to Z but Not As Much As He Loves Me. Shirley Francis-Salley. Illus. by John McNees. 2022. (ENG.). 42p. (J). 19.99 ***(978-0-9843369-7-5(4))*** Clay Jars Publishing.

God Loves Bad Guys. Hayley Cummings. 2017. (ENG., Illus.). (J). pap. 12.95 *(978-1-63525-978-0(9))* Christian Faith Publishing.

God Loves Daddy & Me, 1 vol. Bonnie Rickner Jensen. 2017. (ENG., Illus.). 20p. (J). bds. 9.99 *(978-0-7180-9177-4(9)*, Tommy Nelson) Nelson, Thomas Inc.

God Loves Hair: Tenth Anniversary Edition. Illus. by Juliana Neufeld. rev. ed. 2020. (ENG.). 128p. (J). 21.95 *(978-1-55152-813-7(4))* Arsenal Pulp Pr. CAN. Dist: Consortium Bk. Sales & Distribution.

God Loves Little Me, 1 vol. Rebecca Elliott. ed. 2016. (ENG., Illus.). 10p. (J). (— 1). bds. 7.99 (978-0-7459-6559-8(8), 7a465e75-ae75-483c-92cb-092189bdda57, Lion Children's) Lion Hudson PLC GBR. Dist: Baker & Taylor Publisher Services (BTPS).

God Loves Me: My First Bible, 1 vol. Elizabeth Beck. Illus. by Lisa Mallett. 2017. (ENG.). 34p. (J). bds. 9.99 (978-0-310-75931-7(5)) Zonderkidz.

God Loves Me (Baby's First Bible Stories) Illus. by Virginia Allyn. 2021. (ENG.). 10p. (J). (gr. -1 — 1). bds. 7.99 (978-1-338-72293-2(X), Little Shepherd) Scholastic, Inc.

God Loves Me Coloring Pages (Ages 1-2) Standard Publishing. 2016. (ENG., Illus.). 192p. (J). 16.99 (978-0-7847-1796-7(6), 140203) Standard Publishing.

God Loves Me So Much. Salisia Valentine. 2017. (ENG., Illus.). (J). 21.95 (978-1-68197-686-0(2)); pap. 12.95 (978-1-63575-789-7(4)) Christian Faith Publishing.

God Loves Me Too! Monet Love-Peterson. Illus. by Todd Sprow. 2021. (ENG.). 51p. (978-1-4834-4630-1(1)) Lulu Pr., Inc.

God Loves Me Treasury: Treasuries. Compiled by Kidsbooks. 2023. (ENG.). 112p. (J). bds. 12.99 (978-1-63854-298-8(8)) Kidsbooks, LLC.

God Loves Mommy & Me, 1 vol. Bonnie Rickner Jensen. 2017. (ENG., Illus.). 20p. (J). bds. 9.99 (978-0-7180-9178-1(7), Tommy Nelson) Nelson, Thomas Inc.

God Loves the Children. George J. Ceremuga. 2022. (ENG., Illus.). 60p. (J). pap. 18.95 (978-1-63903-889-3(2)) Christian Faith Publishing.

God Loves Us! Deidre Sample. Illus. by Cameron Wilson. 2022. (ENG.). 32p. (J). 17.95 (978-0-578-28940-3(7)) Pratt, Deidre.

God Loves You! Marie Turner. 2017. (Frolic First Faith Ser.). (Illus.). 22p. (J). 6.99 (978-1-5064-2184-1(9), Sparkhouse Family) 1517 Media.

God Loves You, I Love You. Lisa A. Walsh. 2022. (ENG.). 38p. (J). pap. 15.99 (978-1-937400-59-0(X)); 24.99 (978-1-952926-24-2(6)) Manifold Grace Publishing Hse.

God Loves You Just the Way You Are. Rosie Greening. Illus. by James Dillon. 2020. (ENG.). 32p. (J). (gr. -1 — 1). 14.99 (978-1-78947-577-7(5)) Make Believe Ideas GBR. Dist: Scholastic, Inc.

God Loves You, Little One. Alexandra Robinson. Illus. by Beth Fletcher. 2020. (ENG.). 26p. (J). (— 1). bds. 8.99 (978-1-78947-839-6(1)) Make Believe Ideas GBR. Dist: Scholastic, Inc.

God Loves You, Little Peanut, 1 vol. Annette Bourland. Illus. by Rosalinde Bonnet. 2020. (ENG.). 32p. (J). 15.99 (978-0-310-76888-3(8)) Zonderkidz.

God Loves You Too! Gabriel Lamberty. 2017. (ENG., Illus.). (J). pap. 13.95 (978-1-64028-610-8(1)) Christian Faith Publishing.

God Made. Sharon J. Miller. Illus. by Nomer Adona. 2016. (ENG.). 32p. (J). pap. 9.97 (978-0-9774756-5-0(4)) Miller, Sharon.

God Made Animals. Lizzie Henderson & Steph Bryant. Illus. by Steph Marshall. ed. 2020. (ENG.). 32p. (J). (gr. -1-k). pap. 9.99 (978-0-7459-7785-0(5), e10248d0-5ca0-4e4c-8859-059860bfa108, Lion Children's) Lion Hudson PLC GBR. Dist: Baker & Taylor Publisher Services (BTPS).

God Made Boys & Girls: Helping Children Understand the Gift of Gender. Marty Machowski. 2019. (ENG., Illus.). 32p. (J). 15.99 (978-1-64507-031-3(X)) New Growth Pr.

God Made Daddy Special, 1 vol. Glenys Nellist. Illus. by Estelle Corke. 2018. (ENG.). 20p. (J). bds. 9.99 (978-0-310-76243-0(X)) Zonderkidz.

God Made Everything. Argie. 2017. (ENG., Illus.). (J). pap. 18.99 (978-1-5043-0955-4(3), Balboa Pr.) Author Solutions, LLC.

God Made Everything. Paula Pierceall. 2017. (ENG., Illus.). (J). (gr. -1-3). pap. 12.95 (978-1-63575-124-6(1)) Christian Faith Publishing.

God Made Feelings: A Book about Emotions. Jennifer Hilton & Kristen McCurry. Illus. by Natasha Rimmington. 2017. (Frolic First Faith Ser.). 22p. (J). bds. 6.99 (978-1-5064-1782-0(5), Sparkhouse Family) 1517 Media.

God Made It for Me - Seasons - Autumn: Child's Prayers of Thankfulness for the Things They Love Best about Autumn. Nicoletta Antonia. 2017. (He Made It for Me - Seasons Ser.). (ENG., Illus.). 14p. (J). bds. 5.99 (978-1-942214-18-2(9), 85c6f4fc-7bb2-4c4a-96f4-4c16357c165f) Rindle Bks. Inc.

God Made It for Me - Seasons - Spring: Child's Prayers of Thankfulness for the Things They Love Best about Spring. Nicoletta Antonia. 2017. (He Made It for Me - Seasons Ser.). (ENG., Illus.). 14p. (J). bds. 5.99 (978-1-942214-16-8(2), 664c6892-2205-467c-b5d2-763965c8521d) Rindle Bks. Inc.

God Made It for Me - Seasons - Summer: Child's Prayers of Thankfulness for the Things They Love Best about Summer. Nicoletta Antonia. 2017. (He Made It for Me - Seasons Ser.). (ENG., Illus.). 14p. (J). bds. 5.99 (978-1-942214-17-5(0), c08eb805-d7b7-4b9f-a12e-643d938d22ff) Rindle Bks. Inc.

God Made It for Me - Seasons - Winter: Child's Prayers of Thankfulness for the Things They Love Best about Winter. Nicoletta Antonia. 2017. (He Made It for Me - Seasons Ser.). (ENG., Illus.). 14p. (J). bds. 5.99 (978-1-942214-19-9(7), 46d880e4-f67d-4dae-84b8-9b1f030c6781) Rindle Bks. Inc.

God Made Me. Hannah C. Hall. 2019. (Buck Denver Asks... What's in the Bible? Ser.). (ENG., Illus.). 24p. (J). (gr. -1 — 1). bds. 8.99 (978-1-5460-1199-6(4), Jelly Telly Pr.) FaithWords.

God Made Me. Debbie O'Brien. Illus. by Emily Davis. 2022. (ENG.). 24p. (J). (978-1-4583-6220-9(5)) Lulu Pr., Inc.

God Made Me a Little Boy Because... Crystal Griffin. Illus. by Joan Albrecht. 2022. (God Made Me a Little Boy Because... Ser.). (ENG.). 22p. (J). 21.99 (978-1-6628-6733-0(6)); pap. 10.99 (978-1-6628-4505-5(7)) Salem Author Services.

God Made Me a Little Girl Because... Crystal Griffin. Illus. by Joan Minnesota City Mn Albrecht. 2022. (ENG.). 22p. (J). 21.99 (978-1-6628-6735-4(2)) Salem Author Services.

God Made Me a Little Girl Because... Crystal Griffin. Illus. by Joan Mn Albrecht. 2022. (ENG.). 22p. (J). pap. 10.99 (978-1-6628-4921-3(4)) Salem Author Services.

God Made Me & You: Celebrating God's Design for Ethnic Diversity. Shai Linne. Illus. by Trish Mahoney. 2018. (ENG.). (J). 15.99 (978-1-948130-13-4(0)) New Growth Pr.

God Made Me Perfect: Amayah's Amazing Birthmark. Candace S. McLaughlin. 2020. (ENG.). 34p. (J). 14.99 (978-1-0878-9245-0(7)); pap. 10.99 (978-0-578-70542-2(7)) Indy Pub.

God Made Me Perfect: Amayahs's Amazing Birthmark. Candace McLaughlin. 2023. (ENG., Illus.). 36p. (J). pap. 14.95 (978-1-63844-879-2(5)) Christian Faith Publishing.

God Made Me Special. Tanynika Pace. 2019. (ENG., Illus.). 30p. (J). (gr. -1-3). pap. 12.95 (978-1-64300-160-9(4)) Covenant Bks.

God Made Me Special (2-4) Warner Press. 2018. (ENG.). 16p. (J). pap. 2.39 (978-1-68434-043-9(8)) Warner Pr., Inc.

God Made Mommy Special, 1 vol. Glenys Nellist. Illus. by Estelle Corke. 2018. (ENG.). 20p. (J). bds. 9.99 (978-0-310-76233-1(2)) Zonderkidz.

God Made Night. Kendra Andrus. Illus. by Sorinel Carstiuc. 2017. (ENG.). 36p. (J). pap. 11.95 (978-0-9995444-1-9(1)) Wild Willow Pr.

God Made Night & Day. Hannah C. Hall. 2019. (Buck Denver Asks... What's in the Bible? Ser.). (ENG., Illus.). 24p. (J). (gr. -1 — 1). bds. 8.99 (978-1-5460-1200-9(1), Jelly Telly Pr.) FaithWords.

God Made the Animals. Hannah C. Hall. 2019. (Buck Denver Asks... What's in the Bible? Ser.). (ENG., Illus.). 24p. (J). (gr. -1 — 1). bds. 8.99 (978-1-5460-1198-9(6), Jelly Telly Pr.) FaithWords.

God Made the Animals. Marie Turner. Illus. by Naomi Romero. 2017. 22p. (J). 6.99 (978-1-5064-2185-8(7), Sparkhouse Family) 1517 Media.

God Made the Dinosaurs. Caroline Carroll & Michael Carroll. Illus. by Jesús Sotés. 2022. (ENG.). 64p. (J). 17.99 (978-0-281-08296-4(0), 22e6b03d-79f9-46b4-8c6d-0ba43b66a401) SPCK Publishing GBR. Dist: Baker & Taylor Publisher Services (BTPS).

God Made the Dinosaurs: Full of Dinotastic Illustrations & Facts. Michael Carroll & Caroline Carroll. Illus. by Jesús Sotés. 2023. (ENG.). 64p. (J). pap. 14.99 (978-0-310-14471-7(X)) Zonderkidz.

God Made the Ocean. Sarah Jean Collins. Illus. by Sarah Jean Collins. 2019. (God Made Ser.). (ENG., Illus.). 22p. (J). bds. 7.99 (978-1-4964-3633-7(4), 20_32104, Tyndale Kids) Tyndale Hse. Pubs.

God Made the Rain Forest. Sarah Jean Collins. Illus. by Sarah Jean Collins. 2020. (God Made Ser.). (ENG., Illus.). 20p. (J). bds. 7.99 (978-1-4964-3632-0(6), 20_32354, Tyndale Kids) Tyndale Hse. Pubs.

God Made the Seasons - Coloring/Activity Book (Ages 2-4) Created by Warner Press. 2022. (ENG.). 16p. (J). pap. 4.01 (978-1-68434-397-3(6)) Warner Pr., Inc.

God Made the World. Sarah Jean Collins. 2017. (God Made Ser.). (ENG., Illus.). 20p. (J). bds. 9.99 (978-1-4964-2648-2(7), 20_30074, Tyndale Kids) Tyndale Hse. Pubs.

God Made the World. Hannah C. Hall. 2019. (Buck Denver Asks... What's in the Bible? Ser.). (ENG., Illus.). 24p. (J). (gr. -1 — 1). bds. 8.99 (978-1-5460-1197-2(8), Jelly Telly Pr.) FaithWords.

God Made the World. Josephine Pollard. 2017. (ENG., Illus.). 116p. (J). pap. (978-3-337-39367-0(5)) Creation Pubs.

God Made the World, 1 vol. Debbie Rivers-Moore. Illus. by Emma Haines. 2017. 4p. 11.99 (978-0-8254-4520-0(5)) Kregel Pubns.

God Made the World: A Collection of Bible Stories in Words, of Easy Reading for Little Children (Classic Reprint) Josephine Pollard. 2018. (ENG., Illus.). 116p. (J). 26.29 (978-0-484-70273-7(4)) Forgotten Bks.

God Made the World: Coloring & Activity Book (Ages 2-4) Created by Warner Press. 2023. (ENG.). 16p. (J). pap. 4.01 (978-1-68434-456-7(5)) Warner Pr., Inc.

God Made the World Coloring & Activity Book. Warner Press. 2019. (ENG., Illus.). 16p. (J). pap. 2.39 (978-1-68434-164-1(7)) Warner Pr., Inc.

God Made Us All: A Book about Big & Little. Jennifer Hilton & Kristen McCurry. 2016. (Frolic First Faith Ser.). (Illus.). 22p. (J). (gr. -1 — 1). bds. 6.99 (978-1-5064-1044-9(8), Sparkhouse Family) 1517 Media.

God Made Us Bilingual. Link Dyrdahl. Illus. by Cee Bisco. 2022. (Tender Moments Ser.). (SPA.). 20p. (J). bds. 9.99 (978-1-63854-197-4(3)) Kidsbooks, LLC.

God Made Us Just Right, 1 vol. Allia Zobel Nolan. 2021. (Illus.). 18p. (J). bds. 11.99 (978-0-8254-4663-4(5)) Kregel Pubns.

God Made You. Kim Allen. 2021. (ENG.). 30p. (J). 23.95 (978-1-64468-654-6(6)); pap. 13.95 (978-1-64468-653-9(8)) Covenant Bks.

God Made You. Stefanie McGowan. Illus. by Gennel Marie Sollano. 2019. (ENG.). 30p. (J). pap. 13.95 (978-1-9736-7657-7(5), WestBow Pr.) Author Solutions, LLC.

God Made You & God Made Me. Lynne R. O'Quinn. 2018. (ENG., Illus.). 24p. (J). 19.99 (978-1-7323398-7-3(2)); pap. 14.99 (978-1-7323398-2-8(1)) Mindstir Media.

God Made You for More (girls) Devotions & Prayers for Girls. MariLee Parrish. 2022. (ENG.). 208p. (J). pap. 12.99 (978-1-63609-409-0(0)) Barbour Publishing, Inc.

God Made You for More (teen Girls) Devotions & Prayers for Teen Girls. Janice Thompson. 2021. (ENG.). 208p. (YA). 14.99 (978-1-64352-949-3(8), Barbour Bks.) Barbour Publishing, Inc.

God Made You Just Right. Jill Roman Lord. Illus. by Amy Wummer. 2016. (ENG.). 22p. (J). bds. 7.99 (978-0-8249-1976-4(9), Worthy Kids/Ideals) Worthy Publishing.

God Made You Just the Way You Are. Amanda Lamkin. Illus. by Thomas Lamkin, Jr. 2022. (ENG.). 30p. (J). pap. 9.95 (978-1-948807-17-3(3), Line By Lion Pubns.) 3 Fates Pr.

God Made You Nose to Toes, 1 vol. Leslie Parrott. Illus. by Estelle Corke. 2017. (ENG.). 18p. (J). bds. 9.99 (978-0-310-75740-5(1)) Zonderkidz.

God Made You to Be You. Jamie Ivey & Tama Fortner. Illus. by David Creighton-Pester. 2021. (ENG.). 24p. (J). (gr. -1-1). bds. 12.99 (978-1-0877-3466-8(5), 005830059, B&H Kids) B&H Publishing Group.

God Made You Too. Chelsea Tornetto. Illus. by Kimberley Barnes. 2022. (ENG.). 32p. (J). (gr. -1-2). 14.99 (978-1-5460-0085-3(2), Worthy Kids/Ideals) Worthy Publishing.

God Makes Love, Truth, & Holiness Work: Facts & Fictions for Pre-Puberty Tweens in a Messed-Up World. Al Hiebert & Claudia Castro Castro. 2016. (ENG., Illus.). 192p. pap. (978-0-9868515-5-1(8)) christ, Inc.

God Makes Me Smile. Telika McCoy. 2020. (ENG.). 36p. (J). pap. 12.49 (978-1-63221-373-0(7)) Salem Author Services.

God Makes Us New. Tricia Alley. 2019. (ENG.). 30p. (J). pap. 12.95 (978-1-64114-957-0(4)) Christian Faith Publishing.

God of Amazing Gifts: Family Devotions for Advent. Lizzie Laferton. 2022. (ENG.). 128p. (J). pap. (978-1-78498-766-4(2)) Good Bk. Co., The.

God of Gods: A Play in Three Acts (Classic Reprint) Carroll Aikins. (ENG., Illus.). (J). 2018. 60p. 25.15 (978-0-666-01453-5(1)); 2017. pap. 9.57 (978-0-259-50568-6(4)) Forgotten Bks.

God of the Bees (Classic Reprint) Chetwood Smith. 2018. (ENG., Illus.). 214p. (J). 28.31 (978-0-483-36278-9(6)) Forgotten Bks.

God of Vengeance: Drama in Three Acts (Classic Reprint) Sholom Ash. 2017. (ENG., Illus.). (J). 26.35 (978-0-331-08745-1(6)) Forgotten Bks.

God Orchestrates Destiny: The Story of Christabel. Patricia Azuka. 2020. (ENG.). 78p. (YA). (gr. 7-12). pap. (978-1-913247-34-8(1)) Kingdom Pub.

God Painted Me. Carol Bauman. 2018. (ENG., Illus.). 22p. (J). pap. 11.95 (978-1-64299-361-5(1)) Christian Faith Publishing.

God Prepared a Deliverer: The BackYard Trio Bible Stories #10. Jason Burkhardt & Sara Kendall. Illus. by Your Children's Book. 2020. (Backyard Trio Bible Stories Ser.: 10). (ENG.). 22p. (J). (gr. k-3). pap. 7.99 (978-1-7343336-9-5(3)) Set in Stone Pr.

God Prepares His People see Dios Prepara a Su Pueblo: Quarter 2, Level 3

God Really Loves You & He Gave You Jesus! Wendy L. Nelson. 2022. (ENG., Illus.). 34p. (J). 23.99 (978-1-0879-0060-5(3)) MediaTek Grafx.

God Really Loves You & He Gave You the Bible! Wendy L. Nelson. 2022. (ENG., Illus.). 24p. (J). 16.50 (978-1-0880-2955-8(8)) MediaTek Grafx.

God Really Loves You Coloring Book. Wendy L. Nelson. 2023. (ENG.). 40p. (J). pap. 6.99 (978-1-0880-7191-5(0)) MediaTek Grafx.

God Really Needs You Today. Alexia Lombel & Zoey Lockhart. 2022. (ENG.). 18p. (J). pap. (978-0-2288-7568-0(4)) Tellwell Talent.

God Returns to the Vuelta Abajo: A Tale of the Cuban Vega (Classic Reprint) Melanie Earle Keiser. (ENG., Illus.). (J). 2018. 160p. 27.20 (978-0-364-10834-5(7)); 2017. pap. 9.57 (978-0-259-22771-7(4)) Forgotten Bks.

God, Right Here: Meeting God in the Changing Seasons. Kara Lawler. Illus. by Jennie Poh. 2023. (ENG.). 32p. (J). E-Book 17.99 (978-1-5140-0660-3(X)); 18.00 (978-1-5140-0659-7(6)) InterVarsity Pr. (IVP Kids).

God Said It #2: The Life of Joseph. Bradley Booth. 2018. (Illus.). 31p. (J). pap. (978-0-8163-6481-7(8)) Pacific Pr. Publishing Assn.

God Said It #3: The Life of Moses. Bradley Booth. 2018. (J). pap. (978-0-8163-6482-4(6)) Pacific Pr. Publishing Assn.

God Said It #4: Old Testament Heroes 1. Bradley Booth. 2019. (J). pap. (978-0-8163-6536-4(9)) Pacific Pr. Publishing Assn.

God Save the King (Classic Reprint) Ronald MacDonald. 2017. (ENG., Illus.). (J). 31.40 (978-0-331-28716-5(1)) Forgotten Bks.

God Says I Am.... I Say AMEN. Vivienne I. Anyansi. 2022. (ENG.). 40p. (J). pap. 12.00 (978-1-4583-1279-2(8)) Lulu Pr., Inc.

God, Science, Friends: Do You Know Jesus? Leonard Brand. 2019. (Illus.). 185p. (J). pap. (978-0-8163-6518-0(0)) Pacific Pr. Publishing Assn.

God Seeker: A Tale of Old Styria (Classic Reprint) Peter Rosegger. 2018. (ENG., Illus.). 484p. (J). 33.90 (978-0-365-22165-4(1)) Forgotten Bks.

GOD Sees Me & Loves Me! Terri Lynn. Illus. by Jason Velazquez. 2021. (ENG.). 20p. (J). pap. 14.99 (978-1-6628-3479-0(9)) Salem Author Services.

God Sent Me an Angel. Mina Forte. Illus. by Phillip Marcelle. 2023. (ENG.). 20p. (J). pap. 20.99 (978-1-6628-5698-3(9)) Salem Author Services.

God Sent Something Better. Angela McCoy. 2022. (ENG.). 112p. (J). pap. (978-1-988983-63-9(0)) Siretona Creative.

God Sent You with Love. Deb Adamson. Ed. by Cottage Door Press. Illus. by Alessia Trunfio. 2022. (Little Sunbeams Ser.). (ENG.). 22p. (J). (gr. -1 — 1). bds. 9.99 (978-1-64638-678-9(7), 1008640) Cottage Door Pr.

God Speaks to Me. E. Robin Northrup. 2021. (ENG.). 58p. (J). pap. 16.49 (978-1-6628-2559-0(5)) Salem Author Services.

God Squad Mission Him-Possible II: The Giant Slayers. Darlene Laney. 2019. (ENG., Illus.). 140p. (YA). (gr. 7-12). pap. 14.95 (978-1-61244-721-6(X)) Halo Publishing International.

God Stories & Poems: True Accounts of God's Intervention in My Life. Linda T. Legg. 2019. (ENG.). 142p. (YA). pap. 15.95 (978-1-0980-0641-9(0)) Christian Faith Publishing.

God Story: A Story of How God Colored the World Beautiful. Stephanie Snider. 2021. (ENG., Illus.). 30p. (J). pap. 13.95 (978-1-0980-9604-5(5)) Christian Faith Publishing.

God Takes Care of Me: Psalm 23. Dandi Daley Mackall. Illus. by Cee Biscoe. 2019. (Child's First Bible Ser.). (ENG.). 16p. (J). bds. 7.99 (978-1-4964-3276-6(2), 20_31601, Tyndale Kids) Tyndale Hse. Pubs.

God Talks with Me about Friendship. Agnes De Bezenac & Salem De Bezenac. Illus. by Agnes De Bezenac. 2017. (God Talks with Me Ser.: Vol. 3). (ENG., Illus.). (J). (gr. k-1). 11.49 (978-1-63474-012-8(2)) iCharacter.org.

God Talks with Me about Overcoming Fears. Agnes De Bezenac & Salem De Bezenac. Illus. by Agnes De Bezenac. 2017. (God Talks with Me Ser.). (ENG., Illus.). (J). (gr. k-2). pap. 6.45 (978-1-63474-032-6(7)); 11.49 (978-1-63474-009-8(2)) iCharacter.org.

God Talks with Me about Thankfulness. Agnes De Bezenac & Salem De Bezenac. Illus. by Agnes De Bezenac. 2017. (God Talks with Me Ser.: Vol. 4). (ENG., Illus.). (J). (gr. k-1). 11.49 (978-1-63474-013-5(0)) iCharacter.org.

God, the King, My Brother (Classic Reprint) Mary F. Nixon. (ENG., Illus.). (J). 2018. 316p. 30.41 (978-0-332-84554-8(0)); 2016. pap. 13.57 (978-1-334-13748-8(X)) Forgotten Bks.

God the Loving Father: Primary Department, First Year (Classic Reprint) Mary Florence Brown. (ENG., Illus.). (J). 2018. 410p. 32.35 (978-0-483-37776-9(7)); 2016. pap. 16.57 (978-1-334-13224-7(0)) Forgotten Bks.

God-The Ultimate Superhero vs. the Villain Named Jealousy! Yanick A. Kane. 2017. (ENG., Illus.). (J). pap. 13.95 (978-1-5127-7570-9(3), WestBow Pr.) Author Solutions, LLC.

God Through Biblical Quotes for Kids. Compiled by John F. Hendershot. 2021. (ENG.). 37p. (J). pap. (978-1-6671-7936-0(5)) Lulu Pr., Inc.

God Took Away My Eyes, That My Soul Might See: The Story of Clarence Hawkes, a Blind Man Who Has Become a Great Naturalist & a Popular Writer of Both Prose & Poetry (Classic Reprint) Bruce Barton. 2017. (ENG., Illus.). (J). 24.37 (978-0-331-47600-2(2)); pap. 7.97 (978-0-260-82998-6(6)) Forgotten Bks.

God Tour. Margaret Maloba. 2018. (ENG., Illus.). 64p. (YA). pap. 13.95 (978-1-64258-202-4(6)) Christian Faith Publishing.

God Turned Lola's Bad Day into a Beautiful Blessing. Gerry Griffith. 2022. (ENG., Illus.). 30p. (J). pap. 14.95 (978-1-63844-687-3(3)) Christian Faith Publishing.

God, Where Are You? Susan Brownlee Holman. 2016. (ENG., Illus.). (J). pap. 12.95 (978-1-68197-476-7(2)) Christian Faith Publishing.

God, Where Are You? Sheri Rose Shepherd. 2019. (Adventures with the King: His Little Princess Ser.: 2). (ENG., Illus.). 24p. (J). 11.99 (978-1-58997-337-4(2), 20_33229) Focus on the Family Publishing.

God Who Gave You Birth. Eloise Hopkins. 2019. (ENG., Illus.). 42p. (J). (978-1-908860-98-9(7)); pap. (978-1-908860-99-6(5)) Wide Margin.

God, Why Did You Make Me? Becky A. Johns. Illus. by Darsi Eveland. 2022. (ENG.). 30p. (J). 26.95 (978-1-6642-6040-5(4)); pap. 13.95 (978-1-6642-6038-2(2)) Author Solutions, LLC. (WestBow Pr.).

God with Us: A Journey Home. Jeremy Pierre. Illus. by Cassandra Clark. 2021. (ENG.). 268p. (J). 29.99 (978-1-63342-179-0(1)) Shepherd Pr. Inc.

God Wrote Me a Letter. Sara Neahring. 2019. (ENG.). 20p. (J). 22.95 (978-1-64515-399-3(1)); pap. 12.95 (978-1-0980-0094-3(3)) Christian Faith Publishing.

Goddess: 50 Goddesses, Spirits, Saints, & Other Female Figures Who Have Shaped Belief. Janina Ramirez. Illus. by Sarah Walsh. 2023. (British Museum Ser.). (ENG.). 112p. (J). (gr. 3-7). 24.99 Nosy Crow Inc.

Goddess (Classic Reprint) Gouverneur Morris. (ENG., Illus.). (J). 2018. 456p. 33.30 (978-0-483-62111-4(0)); 2017. pap. 16.57 (978-0-243-28962-2(6)) Forgotten Bks.

Goddess Crown. Shade Lapite. 2023. (ENG.). 288p. (YA). (gr. 8-12). 18.99 (978-1-5362-2652-2(1)) Candlewick Pr.

Goddess Girl (Classic Reprint) Louise Elizabeth Dutton. (ENG., Illus.). (J). 2018. 392p. 32.00 (978-0-666-72485-4(7)); 2017. pap. 16.57 (978-0-259-19109-4(4)) Forgotten Bks.

Goddess Girls Magical Collection (Boxed Set) Athena the Brain; Persephone the Phony; Aphrodite the Beauty; Artemis the Brave. Joan Holub & Suzanne Williams. ed. 2023. (Goddess Girls Ser.). (ENG.). 752p. (J). (gr. 3-7). pap. 31.99 (978-1-6659-3943-0(5), Aladdin) Simon & Schuster Children's Publishing.

Goddess Girls Spectacular Collection (Boxed Set) Athena the Brain; Persephone the Phony; Aphrodite the Beauty; Artemis the Brave; Athena the Wise; Aphrodite the Diva; Artemis the Loyal; Medusa the Mean; Pandora the Curious; Pheme the Gossip. Joan Holub & Suzanne Williams. ed. 2023. (Goddess Girls Ser.). (ENG.). 2368p. (J). (gr. 3-7). pap. 81.99 (978-1-6659-3944-7(3), Aladdin) Simon & Schuster Children's Publishing.

Goddess in the Machine. Lora Beth Johnson. 2021. (ENG.). 416p. (YA). (gr. 7). pap. 11.99 (978-1-9848-3594-9(7), Razorbill) Penguin Young Readers Group.

Goddess of the Dawn: A Romance (Classic Reprint) Margaret Davies Sullivan. (ENG., Illus.). (J). 2018. 350p. 31.14 (978-0-484-29840-7(2)); 2016. pap. 13.57 (978-1-334-14030-3(8)) Forgotten Bks.

Goddess of the Mountains. Eva C. Lewis. 2020. (ENG.). 101p. (YA). pap. (978-1-716-62128-4(3)) Lulu Pr., Inc.

Goddess of Thunder! (Marvel Thor) Courtney Carbone. Illus. by Hollie Mengert. 2022. (Little Golden Book Ser.). (ENG.). 24p. (J). (-k). 5.99 (978-0-593-31025-0(X), Golden Bks.) Random Hse. Children's Bks.

Goddess Stories. Michelle Rene. 2022. (ENG.). 222p. (YA). pap. 19.95 (978-1-68433-902-0(2)) Black Rose Writing.

Goddesses & Female Warriors Coloring Book. Activity Attic Books. 2016. (ENG., Illus.). (J). pap. 7.74 (978-1-68323-893-5(1)) Twin Flame Productions.

Goddesses & Heroines: Meet More Than 80 Legendary Women from Around the World. Jean Menzies. Illus. by Katie Ponder. 2023. (Ancient Myths Ser.). (ENG.). 160p. (J). (gr. 2-4). 21.99 (978-0-7440-8031-5(2), DK Children) Dorling Kindersley Publishing, Inc.

Goddesses & Heroines: Women of Myth & Legend. Xanthe Gresham-Knight. Illus. by Alice Pattullo. 2020. (ENG.). 128p. (J). (gr. 4-7). 19.95 (978-0-500-65191-9(4), 565191) Thames & Hudson.

Goddesses from a to Z, 1 vol. Ellen Lorenzi-Prince. 2019. (ENG., Illus.). 64p. (J). (gr. -1-3). 19.99 (978-0-7643-5796-1(4), 16253, Red Feather) Schiffer Publishing, Ltd.

770

The check digit for ISBN-10 appears in parentheses after the full ISBN-13

G

Goddesses in Congress at Olympus-On-Spree (Classic Reprint) Talbot Collection of British Pamphlets. (ENG., Illus.). (J). 2018. 26p. 24.45 *(978-0-364-80282-3(0))*; 2017. pap. 7.97 *(978-0-282-40758-2(8))* Forgotten Bks.

Goddesses of World Mythology. Contrib. by Rachel Bithell. 2023. (Mythology of the World Ser.). (ENG.). 64p. (J). (gr. 6-12). 43.93 ***(978-1-6782-0494-5(3)***, BrightPoint Pr.) ReferencePoint Pr., Inc.

Goddesses Three, Vol. 1 Of 2: A Novel (Classic Reprint) D. Hugh Pryce. 2018. (ENG., Illus.). 330p. (J). 30.70 *(978-0-483-78542-7(3))* Forgotten Bks.

Godey's Lady's Book, 1863, Vol. 66 (Classic Reprint) Sarah J. Hale. (ENG., Illus.). (J). 2018. 108p. 26.21 *(978-0-484-87982-8(0))*; 2018. 100p. 25.96 *(978-0-483-55324-8(7))*; 2017. 25.96 *(978-1-5283-8575-6(6))*; 2016. pap. 9.57 *(978-1-334-11946-0(5))*; 2016. pap. 9.57 *(978-1-333-48849-9(1))*; 2016. pap. 9.57 *(978-1-333-52411-1(0))* Forgotten Bks.

Godey's Lady's Book, 1863, Vol. 67 (Classic Reprint) L. a Godey. 2017. (ENG., Illus.). (J). 26.04 *(978-0-266-17553-7(8))* Forgotten Bks.

Godey's Lady's Book, 1863, Vol. 67 (Classic Reprint) Sarah J. Hale. (ENG., Illus.). (J). 2017. 26.21 *(978-0-265-59322-6(0))*; 2017. pap. 9.57 *(978-0-282-90204-9(X))*; 2017. 25.88 *(978-1-5281-6383-5(4))*; 2016. pap. 9.57 *(978-1-333-66170-0(3))* Forgotten Bks.

Godey's Lady's Book, & Ladies' American Magazine, Vol. 22: January to June, 1841 (Classic Reprint) Sarah J. Hale. 2018. (ENG., Illus.). (J). 324p. 30.58 *(978-0-366-55824-7(2))*; 326p. pap. 13.57 *(978-0-366-16758-6(8))* Forgotten Bks.

Godey's Lady's Book & Ladies' American Magazine, Vol. 23: From July to December, 1841 (Classic Reprint) Sarah J. Hale. (ENG., Illus.). (J). 2017. 31.28 *(978-0-266-87681-6(1))*; 2016. pap. 13.97 *(978-1-333-36716-9(3))* Forgotten Bks.

Godey's Lady's Book & Magazine: April, 1863 (Classic Reprint) Unknown Author. (ENG., Illus.). (J). 2018. 98p. 25.92 *(978-0-484-07633-3(7))*; 2016. pap. 9.57 *(978-1-333-61910-7(3))* Forgotten Bks.

Godey's Lady's Book & Magazine, 1864 (Classic Reprint) Louis Antoine Godey. (ENG., Illus.). (J). 2018. 1134p. 47.29 *(978-0-483-57698-8(0))*; 2017. pap. 29.63 *(978-0-243-21507-2(X))* Forgotten Bks.

Godey's Lady's Book & Magazine, Vol. 67: From July to December, 1863 (Classic Reprint) Sarah J. Hale. (ENG., Illus.). (J). 2018. 1186p. 48.36 *(978-0-483-71302-4(3))*; 2017. pap. 30.70 *(978-0-243-38720-5(2))* Forgotten Bks.

Godey's Lady's Book (Classic Reprint) Unknown Author. 2018. (ENG., Illus.). (J). 1186p. 48.36 *(978-0-666-96912-5(4))*; 1188p. pap. 30.70 *(978-0-656-79606-9(5))* Forgotten Bks.

Godey's Lady's Book, Vol. 66: 1863 (Classic Reprint) Sarah J. Hale. (ENG., Illus.). (J). 2018. 106p. 26.08 *(978-0-483-61243-3(X))*; 2016. pap. 9.57 *(978-1-334-12622-2(4))* Forgotten Bks.

Godey's Lady's Book, Vol. 67: July, 1863 (Classic Reprint) Sara J. Hale. 2016. (ENG., Illus.). (J). pap. 9.57 *(978-1-334-31090-4(4))* Forgotten Bks.

Godfrey Helstone, Vol. 1 Of 3: A Novel (Classic Reprint) Georgiana Marion Craik. 2018. (ENG., Illus.). 296p. (J). 30.00 *(978-0-483-67120-1(7))* Forgotten Bks.

Godfrey Helstone, Vol. 2 Of 3: A Novel (Classic Reprint) Georgiana Marion Craik. 2018. (ENG., Illus.). 280p. (J). 29.69 *(978-0-484-83846-7(6))* Forgotten Bks.

Godfrey Helstone, Vol. 3 Of 3: A Novel (Classic Reprint) Georgiana Marion Craik. 2018. (ENG., Illus.). 298p. (J). 30.04 *(978-0-483-96009-1(8))* Forgotten Bks.

Godfrey Malvern, or the Life of an Author (Classic Reprint) Thomas Miller. (ENG., Illus.). (J). 2018. 470p. 33.59 *(978-0-484-60962-3(9))*; 2016. pap. 16.57 *(978-1-334-15048-7(6))* Forgotten Bks.

Godfrey Morgan: A Californian Mystery. Jules Vern. 2020. (ENG.). (J). 154p. 17.95 *(978-1-63637-175-7(2))*; 152p. pap. 9.95 *(978-1-63637-174-0(4))* Bibliotech Pr.

Godiva Durleigh, Vol. 1 Of 3: A Novel for Girls (Classic Reprint) Sarah Doudney. 2017. (ENG., Illus.). (J). 30.10 *(978-0-331-40603-0(9))* Forgotten Bks.

Godiva Durleigh, Vol. 2 Of 3: A Novel for Girls (Classic Reprint) Sarah Doudney. 2017. (ENG., Illus.). (J). 30.04 *(978-0-331-58629-9(0))* Forgotten Bks.

Godiva Durleigh, Vol. 3 Of 3: A Novel for Girls (Classic Reprint) Sarah Doudney. (ENG., Illus.). (J). 2017. 30.25 *(978-0-331-62280-5(7))*; 2016. pap. 13.57 *(978-1-333-41415-3(3))* Forgotten Bks.

Godliness: Old Testament Volume 21: 1 Samuel, Part 2. Arlene S. Piepgrass & Bible Visuals International. 2019. (Visualized Bible Ser.: Vol. 2021). (ENG.). 32p. (J). pap. 15.00 *(978-1-64104-027-3(0))* Bible Visuals International, Inc.

Godling. Samantha Gribbin. 2018. (ENG., Illus.). 152p. (YA). 27.95 *(978-1-64350-236-6(0))*; pap. 13.95 *(978-1-64350-220-5(4))* Page Publishing Inc.

Godly / Ungodly Living: Old Testament Volume 26: Kings, Chronicles, Minor Prophets, Part 4. Katherine E. Hershey et al. 2019. (Visualized Bible Ser.: Vol. 2026). (ENG.). 32p. (J). pap. 15.00 *(978-1-64104-031-0(9))* Bible Visuals International, Inc.

Godly Ever After. Brooke Bartz. 2022. (ENG.). 188p. (J). pap. 15.99 *(978-1-64960-126-1(3))*; 21.99 ***(978-1-64960-586-3(2))*** Emerald Hse. Group, Inc.

Godly Forces. Joseph Fitz. 2022. (ENG.). 286p. (YA). 35.95 *(978-1-6657-1910-0(9))*; pap. 18.99 *(978-1-6657-1911-7(7))* Archway Publishing.

Godly Warrior. A. Rorie. Illus. by Aaron Rorie & Ashley Rorie. 2021. (ENG.). 58p. (J). pap. 7.99 *(978-1-952754-14-2(3))* WorkBk. Pr.

Godmens. Nathan Wennegers. 2021. (DUT.). 58p. (J). pap. 7.50 *(978-1-300-34151-2(3))* Lulu Pr., Inc.

Godmother's Tales (Classic Reprint) Elizabeth Semple. (ENG., Illus.). (J). 2018. 200p. 28.02 *(978-0-484-08368-3(6))*; 2016. pap. 10.57 *(978-1-334-04136-5(9))* Forgotten Bks.

Godnat, Min Skat! Goodnight, My Love! (Danish Edition) Shelley Admont & Kidkiddos Books. 2019. (Danish Bedtime Collection). (DAN., Illus.). 34p. (J). (gr. k-3). *(978-1-5259-1947-3(4))*; pap. *(978-1-5259-1946-6(6))* Kidkiddos Bks.

Godolphin, Vol. 1 Of 3: A Novel (Classic Reprint) Edward Bulwer Lytton. 2018. (ENG., Illus.). 314p. (J). 30.39 *(978-0-484-32106-8(4))* Forgotten Bks.

Godot 4 GDScript 2. 0 Programming. Michael McGuire. 2023. (ENG.). 342p. (C). pap. ***(978-1-312-80107-3(7))*** Lulu Pr., Inc.

Godot Android Application Development. Michael McGuire. 2022. (ENG.). 111p. (C). pap. *(978-1-4583-5903-2(4))* Lulu Pr., Inc.

Godot Learning GDScript the Fun Way. Michael McGuire. 2022. (ENG.). 470p. (C). ***(978-1-387-86195-8(6))*** Lulu Pr., Inc.

God's ABCs. Joan C. Benson & Marjorie Wingert. Illus. by Alex Gonzalez. 2023. (ENG.). 40p. (J). 24.99 ***(978-1-64949-849-6(7))***; pap. 15.99 ***(978-1-64949-850-2(0))*** Elk Lake Publishing, Inc.

Gods Above. Alex McGilvery. 2018. (ENG., Illus.). 136p. (YA). pap. *(978-1-989092-07-1(1))* Celticfrog Publishing.

God's Always Loving You. Janna Matthies. Illus. by Airin O'Callaghan. 2021. (ENG.). 24p. (J). (gr. -1 — 1). bds. 7.99 *(978-1-5460-1504-8(3)*, Worthy Kids/Ideals) Worthy Publishing.

God's Amazing Word & Works: Super Church Coloring Book. Activibooks For Kids. 2016. (ENG., Illus.). (J). pap. 9.20 *(978-1-68321-704-6(7))* Mimaxion.

Gods & Goddesses of the Ancient World (Set), 24 vols. 2019. (Gods & Goddesses of the Ancient World Ser.). (ENG., Illus.). 32p. (J). (gr. 4-8). 769.68 *(978-1-5341-5259-5(8)*, 213187); pap., pap., pap. 341.14 *(978-1-5341-5303-5(9)*, 213188) Cherry Lake Publishing. (45th Parallel Press).

Gods & Heroes: Mythology Around the World. Korwin Briggs. 2018. (ENG., Illus.). 304p. (J). (gr. 3-7). 22.99 *(978-1-5235-0378-0(5)*, 100378) Workman Publishing Co., Inc.

Gods & Heroes: Or the Kingdom of Jupiter (Classic Reprint) Robert E. Francillon. (ENG., Illus.). (J). 2018. 308p. 30.25 *(978-0-332-14461-0(5))*; 2017. pap. 13.57 *(978-0-259-46135-7(0))* Forgotten Bks.

Gods & Men. Robert A. Johnson. 2020. (ENG.). 553p. (YA). pap. *(978-1-716-93819-1(8))* Lulu Pr., Inc.

Gods & Monsters. Shelby Mahurin. (Serpent & Dove Ser.: 3). (ENG.). (YA). (gr. 9). 2022. 640p. pap. 14.99 *(978-0-06-303894-3(3))*; 2021. (Illus.). 624p. 19.99 *(978-0-06-303893-6(5))* HarperCollins Pubs. (HarperTeen).

Gods & Mr. Perrin: A Tragi-Comedy (Classic Reprint) Hugh Walpole. 2017. (ENG., Illus.). (J). 30.72 *(978-0-266-97538-0(0))* Forgotten Bks.

Gods & Thunder: A Graphic Novel of Old Norse Myths. Carl Bowen et al. Illus. by Eduardo Garcia et al. ed. 2017. (ENG.). 208p. (J). (gr. 4-7). pap., pap., pap. 14.95 *(978-1-62370-848-1(6)*, 134753, Capstone Young Readers) Capstone.

God's Animals, 1 vol. Illus. by Erin Balzer. 2018. 10p. (J). bds. 6.99 *(978-0-8254-4550-7(7))* Kregel Pubns.

God's Anointed (Classic Reprint) Mary Katherine Maule. (ENG., Illus.). (J). 2018. 368p. 31.51 *(978-0-365-26661-7(2))*; 2017. pap. 13.97 *(978-0-259-24380-9(9))* Forgotten Bks.

God's Answer Book: Colleen Reece Chapbook Series Book 3. Colleen L. Reece. l.t. ed. 2018. (Colleen Reece Chapbook Ser.: Vol. 3). (ENG., Illus.). 40p. (J). (gr. k-3). pap. 9.95 *(978-1-61633-938-8(1))* Guardian Angel Publishing, Inc.

Gods Are Athirst (Classic Reprint) Anatole France. 2017. (ENG., Illus.). (J). 30.08 *(978-1-5279-8963-4(1))* Forgotten Bks.

Gods Arrive (Classic Reprint) Annie E. Holdsworth. 2018. (ENG., Illus.). 322p. (J). 30.58 *(978-0-484-17717-7(6))* Forgotten Bks.

God's Bible Timeline: The Big Book of Biblical History. Linda Finlayson. 2020. (ENG., Illus.). 96p. (J). 19.99 *(978-1-5271-0590-4(3)*, d232c4fc-3297-480e-a5f6-e74f4bb6ae64, CF4Kids) Christian Focus Pubns. GBR. Dist: Baker & Taylor Publisher Services (BTPS).

God's Big, Big Church (board Book) B&H Kids Editorial Staff. 2018. (ENG., Illus.). 16p. (J). (gr. -1 — 1). bds. 8.99 *(978-1-4627-9654-0(0)*, 005802311, B&H Kids) B&H Publishing Group.

God's Big Creation: Inspirational Book That Teaches Children Self Love, Compassion, & Acceptance, Perfect Gift for Birthday's, Holiday's & More. Brittany N. Akins. 2021. (ENG.). 36p. (J). 19.99 *(978-1-7369882-2-0(0))* Akins, Brittany.

God's Big Plan. Elizabeth F. Caldwell & Theodore Hiebert. Illus. by Katie Yamasaki. 2019. (ENG.). 40p. (J). (gr. -1-2). 17.00 *(978-1-947888-06-7(4)*, 1947888064, Flyaway Bks.) Westminster John Knox Pr.

God's Big Plans for Me Storybook Bible: Based on the New York Times Bestseller the Purpose Driven Life, 1 vol. Rick Warren. 2017. (ENG., Illus.). 224p. (J). 18.99 *(978-0-310-75039-0(3))* Zonderkidz.

God's Big Promises Bible Heroes Sticker & Activity Book. Carl Laferton. 2023. (ENG.). (J). ***(978-1-78498-899-9(5))*** Good Bk. Co., The.

God's Big Promises Bible Storybook. Contrib. by Carl Laferton. 2023. (ENG., Illus.). 416p. (J). ***(978-1-78498-812-8(X))*** Good Bk. Co., The.

God's Big Promises Christmas Sticker & Activity Book. Carl Laferton. 2023. (ENG.). (J). ***(978-1-78498-900-2(2))*** Good Bk. Co., The.

God's Big Story: The BIGGEST Story Ever. God Wants to Fix the Broken World & Be Our Friend. Sammy Jordan. 2020. (ENG., Illus.). 20p. (J). pap. ***(978-1-9163091-0-4(0))*** Jordan, Sammy.

God's Black Color. Bettina Jones. 2022. (ENG.). 22p. (J). 12.00 ***(978-1-955243-67-4(0))***; pap. 8.00 ***(978-1-955243-66-7(2))*** Stellar Literary.

God's Blessings of Fall. Jean Matthew Hall. Illus. by Olya Badulina. 2019. (Bountiful Blessings Ser.). (ENG.). 34p. (J). (gr. k-4). 16.99 *(978-1-7332828-5-7(8))*; pap. 11.99 *(978-1-7332828-0-2(7))* Little Lamb Bks.

God's Breath. Vincent Lature Rudolph. 2022. (ENG.). 42p. (J). 26.95 *(978-1-64468-699-7(6))*; pap. 15.95 *(978-1-64468-698-0(8))* Covenant Bks.

God's Brilliant Shining Star: Learning & Growing in Love. Dianne de Jong. 2020. (ENG.). 32p. (J). *(978-1-5255-3347-1(9))*; pap. *(978-1-5255-3348-8(7))* FriesenPress.

God's Calling: The Adventures of Omolara. Sibeso Kehinde. 2021. (ENG.). 48p. (J). pap. *(978-1-5255-8352-0(2))*; *(978-1-5255-8353-7(0))* FriesenPress.

God's Children. Pertti Pietarinen. Illus. by Pertti Pietarinen. 2nd ed. 2018. (God's Children Ser.: Vol. 1). (ENG., Illus.). 40p. (J). (gr. 1-6). *(978-952-7304-00-6(8))* Papan Publishing.

Gods (Classic Reprint) Shaw Desmond. 2017. (ENG., Illus.). (J). 31.05 *(978-0-265-19748-6(1))* Forgotten Bks.

God's Crawling, Feathered & Furry Creatures: Children's Devotional Book of Rhymes. A Hidden Star Books. Illus. by Graphicstudio04. 2022. (ENG.). 24p. (J). 26.99 *(978-1-6628-4066-1(7))*; pap. 14.99 *(978-1-6628-4065-4(9))* Salem Author Services.

God's Creation: Help Tell the Story. Zondervan. 2022. (ENG., Illus.). 48p. (J). 14.99 *(978-0-310-13663-7(6))* Zonderkidz.

God's Crime Scene for Kids: Investigate Creation with a Real Detective. J. Warner Wallace et al. 2017. (ENG.). 144p. (J). pap. 9.99 *(978-1-4347-1032-1(7)*, 138158) Cook, David C.

God's Daring Dozen Box Set 1: A Minor Prophet Series. Brian J. Wright & John Robert Brown. 2021. (ENG.). 144p. (J). 39.99 *(978-1-5271-0777-9(9)*, 47f4bf33-a928-468d-b6a9-ae4985456c7e, CF4Kids) Christian Focus Pubns. GBR. Dist: Baker & Taylor Publisher Services (BTPS).

God's Daring Dozen Box Set 2: A Minor Prophet Series. Brian J. Wright & John Robert Brown. 2023. (ENG.). 144p. (J). 39.99 *(978-1-5271-0943-8(7)*, 93c20875-592f-4f71-85a4-090b3190b288, CF4Kids) Christian Focus Pubns. GBR. Dist: Baker & Taylor Publisher Services (BTPS).

God's Diner. Rebecca Lile. 2018. (ENG., Illus.). 26p. (J). 17.95 *(978-1-7323362-3-0(7))*; pap. 9.99 *(978-1-7323362-6-1(1))* Warren Publishing, Inc.

God's Discipline: Old Testament Volume 13: Numbers Part 1. Arlene S. Piepgrass & Bible Visuals International. 2019. (Visualized Bible Series 2013-Acs Ser.: Vol. 2013). (ENG.). 30p. (J). pap. 15.00 *(978-1-64104-024-2(6))* Bible Visuals International, Inc.

God's Earth Angel. Anna Fawley. 2019. (Her Path Ser.: Vol. 1). (ENG.). 246p. (YA). pap. 17.95 *(978-1-64515-559-1(5))* Christian Faith Publishing.

God's Earth, or Well Worth: A Missionary Book for the Boys & Girls (Classic Reprint) Sarah Geraldina Stock. (ENG., Illus.). (J). 2018. 116p. 26.29 *(978-0-484-30689-8(8))*; 2016. pap. 9.57 *(978-1-333-37614-7(6))* Forgotten Bks.

God's Failures (Classic Reprint) J. S. Fletcher. 2018. (ENG., Illus.). 216p. (J). 28.35 *(978-0-483-58416-7(9))* Forgotten Bks.

God's Families, 1 vol. Illus. by Erin Balzer. 2018. 10p. (J). bds. 6.99 *(978-0-8254-4551-4(5))* Kregel Pubns.

God's Favorite Fruit. Karla Richards. 2023. (ENG.). 30p. (J). 26.95 ***(978-1-63814-066-5(9))***; pap. 15.95 ***(978-1-63814-064-1(2))*** Covenant Bks.

God's Favorite Things. Brenda Cheney. 2019. (ENG., Illus.). 80p. (J). pap. 20.99 *(978-1-951263-31-7(6))* Pen It Pubns.

God's Fence. Charen Steege. 2019. (ENG., Illus.). 48p. (J). (gr. 4-6). pap. 7.99 ***(978-1-7335709-0-9(X))*** MTE Publishing.

God's Final Creation: Twelve Stories for Twelve Hebrew Months. Alex Lazarus-Klein. 2021. (ENG.). 144p. (J). pap. 11.76 *(978-1-7947-4914-6(4))* Lulu Pr., Inc.

God's Fool: A Koopstad Story (Classic Reprint) Maarten Maartens. 2017. (ENG., Illus.). (J). 33.26 *(978-1-5284-6892-3(9))* Forgotten Bks.

God's Fool, Vol. 1 Of 2: A Koopstad Story (Classic Reprint) Maarten Maartens. (ENG., Illus.). (J). 2018. 276p. 29.59 *(978-0-483-66629-9(3))*; 2016. pap. 11.97 *(978-1-333-35840-2(7))* Forgotten Bks.

God's Fool, Vol. 1 Of 3: A Koopstad Story (Classic Reprint) Maarten Maartens. (ENG., Illus.). (J). 2018. 286p. 29.82 *(978-0-483-44776-9(5))*; 2016. pap. 13.57 *(978-1-334-34480-0(9))* Forgotten Bks.

God's Fool, Vol. 2 Of 2: A Koopstad Story (Classic Reprint) Maarten Maartens. 2018. (ENG., Illus.). 274p. (J). 29.55 *(978-0-483-68952-7(1))* Forgotten Bks.

God's Fool, Vol. 2 Of 3: A Koopstad Story (Classic Reprint) Maarten Maartens. 2018. (ENG., Illus.). 296p. (J). 30.00 *(978-0-483-18986-7(3))* Forgotten Bks.

God's Foundling (Classic Reprint) A. J. Dawson. 2017. (ENG., Illus.). (J). 30.95 *(978-0-331-98214-5(5))* Forgotten Bks.

God's Fruit Giving Tree: Children's Book of Short Stories. Esther Albert-Luckett. Illus. by Graphicstudio04. 2021. (ENG.). 34p. (J). pap. 14.99 *(978-1-6628-2436-4(X))* Salem Author Services.

God's Fruit in Me. Vince Rozier. Illus. by Mindy Liang. 2018. (ENG.). 28p. (J). pap. 9.25 *(978-0-9913224-6-6(0))* Step One Publishing.

God's Garden. Frank Boylan. Illus. by Sally Garland. 2022. (ENG.). 32p. (J). 16.99 *(978-1-4867-2295-2(4)*, 34e8c4fc-8720-4500-b429-d4063f9c4a05) Flowerpot Pr.

God's Garden of Blessings (Little Sunbeams) Brick Puffinton. Ed. by Cottage Door Press. Illus. by Emily Emerson. 2020. (Little Sunbeams Ser.). (ENG.). 12p. (J). (gr. -1 — 1). bds. 7.99 *(978-1-68052-816-9(5)*, 1005290) Cottage Door Pr.

God's Generals for Kids: Kathryn Kuhlman. Roberts Liardon & Olly Goldenberg. 2018. (ENG., Illus.). 160p. (J). (gr. -1). pap. 10.99 *(978-1-61036-904-6(1)*, 161931) Bridge-Logos, Inc.

God's Generals for Kids Volume 2: Smith Wigglesworth, vols. 10, vol. 2. Roberts Liardon & Olly Goldenberg. 2018. (ENG., Illus.). 168p. pap. 10.99 *(978-1-61036-474-4(0)*, 141574) Bridge-Logos, Inc.

God's Gift of Family. Brenda Jank. 2019. (ENG.). 32p. (J). 12.99 *(978-0-7586-6215-6(7))* Concordia Publishing Hse.

God's Gift (Woman) Freddie Floyd, Jr. 2021. (ENG.). 70p. (YA). pap. 12.95 *(978-1-63885-001-4(1))* Covenant Bks.

God's Girls. Teresa Hampton. 2022. (ENG.). 160p. (YA). pap. 9.95 ***(978-0-929540-80-1(8))*** Publishing Designs, Inc.

Gods Give My Donkey Wings (Classic Reprint) Angus Evan Abbott. 2017. (ENG., Illus.). (J). 27.16 *(978-0-331-63177-7(6))* Forgotten Bks.

God's Glorious Creation Children's Christianity Books. Baby Professor. 2017. (ENG., Illus.). (J). pap. 7.89 *(978-1-5419-0198-8(3)*, Baby Professor (Education Kids)) Speedy Publishing LLC.

God's Good Man: A Simple Love-Story (Classic Reprint) Marie Corelli. 2017. (ENG., Illus.). (J). 37.39 *(978-1-5284-5161-1(9))* Forgotten Bks.

God's Good Man, Vol. 1 Of 2: A Simple Love Story (Classic Reprint) Marie Corelli. 2018. (ENG., Illus.). 364p. (J). 31.40 *(978-0-483-00044-5(2))* Forgotten Bks.

God's Good Man, Vol. 2 Of 2: A Simple Love Story (Classic Reprint) Marie Corelli. (ENG., Illus.). (J). 2018. 360p. 31.32 *(978-0-483-63345-2(3))*; 2017. pap. 13.97 *(978-0-243-31483-6(3))* Forgotten Bks.

God's Good News: More Than 60 Bible Stories & Devotions, 1 vol. Billy Graham. Illus. by Scott Wakefield. 2018. (ENG.). 208p. (J). 17.99 *(978-1-4002-0989-7(7)*, Tommy Nelson) Nelson, Thomas Inc.

God's Great Big World: A Play & Learn Book. Ed. by Jill C. Lafferty. Illus. by Peter Grosshauser. 2017. 88p. (J). pap. 9.99 *(978-1-5064-2187-2(3)*, Sparkhouse Family) 1517 Media.

God's Great Helper Featuring Ari the Dove. Anthony Ecclesiastes. Illus. by Chrystal Ross. 2016. (ENG.). (J). pap. 18.95 *(978-0-9971037-2-4(8))* Abba's Hse. International Publishing.

God's Great Idea. Lisa Phipps. Illus. by Lisa Brennan. 2019. (ENG.). 46p. (J). pap. *(978-981-14-3667-3(3))* Brindal Bks.

God's Great Love for You. Rick Warren. Illus. by Chris Saunders. (ENG.). 32p. (J). 2022. pap. 6.99 *(978-0-310-14099-3(4))*; 2017. 17.99 *(978-0-310-75247-9(7))* Zonderkidz.

God's Great Plan: An Overview of the Bible for Kids. Diana Moss. 2021. (ENG.). 42p. (J). pap. *(978-1-80369-100-8(X))* Authors OnLine, Ltd.

God's Great Plan Storybook Bible, 1 vol. Thomas Nelson Publishing Staff. 2019. (ENG.). 104p. (J). 12.99 *(978-1-4002-1324-5(X)*, Tommy Nelson) Nelson, Thomas Inc.

Gods, Heroes, & Mythology (Set), 8 vols. 2018. (Gods, Heroes, & Mythology Ser.). (ENG.). 48p. (J). (gr. 4-8). lib. bdg. 285.12 *(978-1-5321-1778-7(7)*, 30844) ABDO Publishing Co.

God's Hour in the Nursery: Activity Book. Mother Margaret Bolton. Illus. by Eleanor Dart. 2019. (ENG.). 56p. (J). (gr. k-1). pap. 12.95 *(978-1-64051-080-7(X))* St. Augustine Academy Pr.

God's Hour in the Nursery: Guidance Book. Mother Margaret Bolton. 2019. (ENG., Illus.). 92p. (J). pap. 9.95 *(978-1-64051-081-4(8))* St. Augustine Academy Pr.

God's Houses. Carla K. McCall. 2021. (ENG., Illus.). 24p. (J). 22.95 *(978-1-0980-1448-3(0))* Christian Faith Publishing.

God's King: Old Testament Bible Volume 22: 2 Samuel. Arlene S. Piepgrass & Bible Visuals International. 2019. (Visualized Bible Ser.: Vol. 2023). (ENG.). 30p. (J). pap. 15.00 *(978-1-64104-028-0(9))* Bible Visuals International, Inc.

God's Little Bug Garden: Tune: Bingo B-I-N-G-O. Tiffany Monique Crosley. 2020. (ENG.). 28p. (J). pap. 13.95 *(978-1-6642-1128-5(4)*, WestBow Pr.) Author Solutions, LLC.

God's Little Critters: The Good Listener. Allison Holmes. 2017. (ENG., Illus.). 36p. (J). pap. 14.99 *(978-1-387-46078-6(1))* Lulu Pr., Inc.

God's Little Guidebook. Hazel Scrimshire. rev. ed. 2018. (ENG., Illus.). 164p. (J). 11.99 *(978-1-5271-0259-0(9)*, 971fd216-62b2-4ea6-981f-741bebfc5979, CF4Kids) Christian Focus Pubns. GBR. Dist: Baker & Taylor Publisher Services (BTPS).

God's Little Lambs: My First Bible, 1 vol. Julie Stiegemeyer. Illus. by Qin Leng. 2018. (ENG.). 32p. (J). bds. 9.99 *(978-0-310-76159-4(X))* Zonderkidz.

God's Little Soldiers. Leonard Anderson Jr. 2018. (ENG., Illus.). 30p. (J). pap. 9.00 *(978-0-578-43447-6(4))* Jakkar Enterprises.

God's Littlest Miracle. Dianne Nicholas Goodrich. Illus. by Jordan Nicholas. 2019. (ENG.). 28p. (J). pap. 12.95 ***(978-1-63066-497-8(9))*** Indigo Sea Pr., LLC.

God's Love & Promises - Single-Sided Inspirational Coloring Book with Scripture for Kids, Teens, & Adults, 40+ Unique Colorable Illustrations. Dani R. Romero. 2023. (Wonderful Word Ser.). (ENG.). 100p. (J). pap. 11.99 ***(978-1-954819-74-0(9))*** Briley & Baxter Publications.

God's Love Is a Rainbow (Little Sunbeams) Brick Puffinton. Ed. by Cottage Door Press. Illus. by Emily Emerson. 2020. (Little Sunbeams Ser.). (ENG.). 12p. (J). (gr. -1 — 1). bds. 7.99 *(978-1-68052-817-6(3)*, 1005300) Cottage Door Pr.

God's Love Is a Warm Cookie: Sharing with Others Is Sweet As Can Be. Susan Jones. Illus. by Lee Holland. 2020. (Forest of Faith Bks.). (ENG.). 32p. (J). (-1). 12.99 *(978-1-68099-570-1(7)*, Good Bks.) Skyhorse Publishing Co., Inc.

God's Love Is Like Sunshine. Sarah Parker Rubio. Illus. by Dream Chen. 2022. (ENG.). 24p. (J). (gr. -1 — 1). bds. 7.99 *(978-1-5460-0088-4(7)*, Worthy Kids/Ideals) Worthy Publishing.

God's Love Letters from Nana. Judy A. Bowman. 2022. (ENG.). 60p. (J). pap. 24.95 ***(978-0-578-27567-3(8))*** Indy Pub.

God's Love Shines Through! Biblical Maze Activity Book. Jupiter Kids. 2017. (ENG., Illus.). (J). pap. 9.20 *(978-1-68326-764-5(8)*, Jupiter Kids (Childrens & Kids Fiction)) Speedy Publishing LLC.

God's Love Story Book 5: The Story of God's Love in Noah's Flood. R. Lane Lender. 2020. (ENG.). 20p. (J). 20.95 *(978-1-970032-09-3(X))* Stories of Life Productions.

God's Love Through Flowers. Agnes De Bezenac. 2017. (ENG., Illus.). (J). (gr. k-2). 11.85 *(978-1-63474-078-4(5))*; pap. 5.45 *(978-1-62387-675-3(3))* iCharacter.org.

God's Man: A Novel (Classic Reprint) George Bronson-Howard. 2018. (ENG., Illus.). (J). 498p. 34.19 *(978-1-391-44227-3(X))*; 500p. pap. 16.57 *(978-1-390-82624-1(4))* Forgotten Bks.

God's Man (Classic Reprint) George Bronson-Howard. 2017. (ENG., Illus.). (J). 34.21 *(978-0-331-71233-9(4))* Forgotten Bks.

God's Many Blessings. Christiana Moreno. 2019. (ENG.). 18p. (J). 22.95 *(978-1-64569-140-2(3))*; pap. 12.95 *(978-1-64458-186-5(8))* Christian Faith Publishing.

God's Masterpiece. Jim Hanak. Illus. by Sarah Aungst. 2022. (ENG.). 38p. (J). pap. 12.99 ***(978-1-0879-4527-9(5))*** Indy Pub.

God's Miracle Stories for Kiddos. Mary Frances Hedrick Garrett. 2018. (ENG., Illus.). 74p. (J). pap. 17.95 *(978-1-64349-317-6(5))* Christian Faith Publishing.

Gods of Mount Olympus! Ares, Athena, Artemis & Demeter, Greek Gods & Goddesses Grade 5 Social Studies Children's Greek Mythology. Baby Professor. 2022. (ENG.). 82p. (J). 32.99 ***(978-1-5419-8706-7(3))***; pap. 20.99 ***(978-1-5419-8158-4(8))*** Speedy Publishing LLC. (Baby Professor (Education Kids)).

Gods of Rome: A Primer for Young Adults. Clara Tagliacozzo-Lee. 2021. (ENG.). 122p. (YA). pap. 11.95 *(978-1-6629-1554-3(3))* Gatekeeper Pr.

Gods of the Ancient World: A Kids' Guide to Ancient Mythologies. Marchella Ward. 2023. (ENG., Illus.). 144p. (J). (gr. 2-6). 21.99 *(978-0-7440-6096-6(6)*, DK Children) Dorling Kindersley Publishing, Inc.

Gods of the Ancient World Coloring Book. Activibooks For Kids. 2016. (ENG., Illus.). (J). pap. 9.20 *(978-1-68321-913-2(9))* Mimaxion.

Gods of the North. Lucy Coats. ed. 2017. (Beasts of Olympus Ser.: 7). (Illus.). 136p. (J). lib. bdg. 17.20 *(978-0-606-40110-4(5))* Turtleback.

Gods of the North #7. Lucy Coats. Illus. by Brett Bean. 2017. (Beasts of Olympus Ser.: 7). (ENG.). 144p. (J). (gr. 2-4). 6.99 *(978-0-451-53433-0(6)*, Grosset & Dunlap) Penguin Young Readers Group.

Gods of World Mythology. Contrib. by Pam Watts. 2023. (Mythology of the World Ser.). (ENG.). 64p. (J). (gr. 6-12). 43.93 ***(978-1-6782-0492-1(7)***, BrightPoint Pr.) ReferencePoint Pr., Inc.

God's One Language: Teaching Children Than Amongst Our Visible Differences, We Are All the Same. Dianne de Jong. 2020. (ENG.). 36p. (J). *(978-1-5255-5378-3(X))*; pap. *(978-1-5255-5379-0(8))* FriesenPress.

God's Original Superheroes. Gina Burns. 2017. (ENG., Illus.). (J). pap. 16.95 *(978-1-9736-0985-8(1)*, WestBow Pr.) Author Solutions, LLC.

God's Outcast: All Clear, God of My Faith (Classic Reprint) J. Hartley Manners. 2018. (ENG., Illus.). 100p. (J). 25.96 *(978-0-267-28301-9(6))* Forgotten Bks.

God's Paintbrush: Tenth Anniversary Edition. Sandy Eisenberg Sasso. Illus. by Annette Compton. 2nd ed. 2021. (ENG.). 40p. (J). (gr. -1-2). 23.99 *(978-1-68442-815-1(7)*, Jewish Lights Publishing) LongHill Partners, Inc.

God's Plan for Nate Nate: An Adoption Story. Karen Spicer-Wolven. 2017. (ENG., Illus.). (J). 24.95 *(978-1-64028-679-5(9))*; pap. 14.95 *(978-1-64028-821-8(X))* Christian Faith Publishing.

God's Plan under the Cherry Tree. Bonnie Louise Kloster. Illus. by Angela Matlashevsky. l.t. ed. 2019. (ENG.). 16p. (J). (gr. k-3). pap. 9.95 *(978-1-61633-987-6(X))* Guardian Angel Publishing, Inc.

God's Plays. Sheila Young. 2021. (ENG.). 76p. (YA). pap. 11.95 *(978-1-63885-215-5(4))* Covenant Bks.

God's Playthings (Classic Reprint) Marjorie Bowen. 2018. (ENG., Illus.). 326p. (J). 30.64 *(978-0-332-01157-8(7))* Forgotten Bks.

God's Power in Me: 52 Declarations & Devotions for Kids, 1 vol. Margaret Feinberg. 2021. (ENG.). 192p. (J). 16.99 *(978-0-310-74461-0(X))* Zonderkidz.

God's Prodigal Daughter. Darlene Williams. 2018. (ENG., Illus.). 214p. (YA). (gr. 8-12). pap. 19.99 *(978-0-9858526-3-4(1))* Darlene Williams.

God's Promise of a Rainbow. Amy Fazzini. Illus. by Nadia Ilchuk. 2023. (ENG.). 26p. (J). 26.99 ***(978-1-6628-7460-4(X))***; pap. 14.99 ***(978-1-6628-7459-8(6))*** Salem Author Services.

God's Promises A-Z. R. Kay O'Neal. 2018. (ENG., Illus.). 64p. (J). pap. 16.95 *(978-1-64003-732-8(2))* Covenant Bks.

God's Promises Are for Me. Bill M. Patterson. 2018. (ENG., Illus.). 40p. (J). 22.95 *(978-1-64191-678-3(8))*; pap. 12.95 *(978-1-64114-265-6(0))* Christian Faith Publishing.

God's Promises Kept: Devotions Inspired by Charles Spurgeon. Catherine MacKenzie. 2021. (Promises Ser.). (ENG., Illus.). 96p. (J). 9.99 *(978-1-5271-0618-5(7)*, 90cd9314-4553-4aa8-b84c-2c298021d869, CF4Kids) Christian Focus Pubns. GBR. Dist: Baker & Taylor Publisher Services (BTPS).

God's Protection Covers Me. Amy Houts. Illus. by David Creighton-Pester. 2019. 32p. (J). (gr. -1-k). 15.99 *(978-1-5064-4856-5(9)*, Beaming Books) 1517 Media.

God's Providence House, Vol. 1 Of 3: A Story of 1791 (Classic Reprint) G. Linnaeus Banks. 2018. (ENG., Illus.). 346p. (J). 31.03 *(978-0-483-45170-4(3))* Forgotten Bks.

God's Providence House, Vol. 2 Of 3: A Story of 1791 (Classic Reprint) G. Linnaeus Banks. 2018. (ENG., Illus.). 320p. (J). 30.52 *(978-0-483-99500-0(2))* Forgotten Bks.

God's Providence House, Vol. 3: A Story of 1791 (Classic Reprint) G. Linnaeus Banks. 2018. (ENG., Illus.). 280p. (J). 29.69 *(978-0-483-34174-6(6))* Forgotten Bks.

God's Puppets: A Story of Old New York (Classic Reprint) Imogen Clark. 2017. (ENG., Illus.). (J). 31.98 *(978-1-5284-6642-4(X))* Forgotten Bks.

God's Puppets (Classic Reprint) William Allen White. 2018. (ENG., Illus.). 324p. (J). 30.60 *(978-0-484-38234-2(9))* Forgotten Bks.

God's RaceTrack Volume 1: The King of the Gods. Amar J. Joshi. 2021. (ENG.). 192p. (YA). pap. 20.00 ***(978-1-0880-0268-1(4))*** Indy Pub.

God's Relocated Kids. Delores A. Stone Magc Mapc Lpc. 2017. (ENG., Illus.). 56p. (J). 23.95 *(978-1-63575-624-1(3))*; pap. 13.95 *(978-1-63575-622-7(7))* Christian Faith Publishing.

God's Remnants: Stories of Israel among the Nations (Classic Reprint) Samuel Gordon. 2018. (ENG., Illus.). 384p. (J). 31.84 *(978-0-483-61293-8(6))* Forgotten Bks.

God's Report Card. Maedene S. Bowe. Illus. by Aneeza Ashraf. 2018. (ENG.). 32p. (J). (gr. k-3). pap. 9.99 *(978-1-7323126-1-6(3))* DOMINIONHOUSE Publishing & Design.

God's Revenge Against Adultery: Awfully Exemplified in the Following Cases of American Crim; con (Classic Reprint) Mason L. Weems. 2018. (ENG., Illus.). 52p. (J). 24.97 *(978-0-483-93762-8(2))* Forgotten Bks.

God's Revenge Against Murder, or the Drown'd Wife: A Tragedy, Lately Performed, with Unbounded Applause, (of the Devil & His Court) by Ned Findley, Esquire, One of the Grand Company of Tragedians in the Service of the Black Prince (Classic Reprint) Mason Locke Weems. (ENG., Illus.). (J). 2018. 44p. 24.80 *(978-0-364-11081-2(3))*; 2018. 44p. 24.80 *(978-0-483-38753-9(3))*; 2017. pap. 7.97 *(978-0-259-42797-1(7))*; 2016. pap. 7.97 *(978-1-333-45064-9(8))* Forgotten Bks.

God's Right Hand: A Young-Adult Dystopian Novel. Shanti Hershenson. 2022. (Eris Andraste Duology Ser.: Vol. 1). (ENG.). 372p. (YA). 27.99 ***(978-1-0880-3154-4(4))*** Indy Pub.

God's Scholars (Classic Reprint) Charles Fielding Marsh. (ENG., Illus.). (J). 2018. 320p. 30.52 *(978-0-364-04882-5(4))*; 2017. pap. 13.57 *(978-0-259-24369-4(8))* Forgotten Bks.

God's Servant Ruth: A Poem with a Promise. Douglas Bond. 2023. (ENG., Illus.). 40p. (J). 19.99 ***(978-1-59638-760-7(2))*** P & R Publishing.

God's Signpost: How Marriage Points Us to God's Love. Sam Allberry. Illus. by Christine Grove. 2023. (ENG.). 32p. (J). (gr. -1-3). 14.99 *(978-1-0877-7101-4(3)*, 005838660, B&H Kids) B&H Publishing Group.

God's Silver Soldiers: No. 1 Origin Issue. Ben Dunn & Joshua J. Knight. 2016. (God's Silver Soldiers Ser.: 1). (ENG., Illus.). 24p. (YA). 24.99 *(978-1-888092-30-1(0)*, b7f1c0fe-7b98-4dbb-b322-135ebf890629) Nordskog Publishing, Inc.

God's Smuggler. Andrew et al. Illus. by Tim Foley. 2017. (ENG.). 224p. (J). pap. 10.99 *(978-0-8007-9805-5(8))* Chosen Bks.

Gods, Some Mortals & Lord Wickenham (Classic Reprint) John Oliver Hobbes. 2017. (ENG., Illus.). (J). 30.00 *(978-1-5279-7429-6(4))* Forgotten Bks.

God's Special Day. Hazel Scrimshire. 2019. (ENG., Illus.). 16p. (J). pap. 0.99 *(978-1-85792-354-4(5)*, c7de9f9d-cd23-49dc-bf2a-cc04a39208d2) Christian Focus Pubns. GBR. Dist: Baker & Taylor Publisher Services (BTPS).

God's Special Name. Hazel Scrimshire. 2019. (ENG., Illus.). 16p. (J). pap. 0.99 *(978-1-85792-353-7(7)*, 1cb17ecb-3da7-4912-acc0-30920f5c17e8) Christian Focus Pubns. GBR. Dist: Baker & Taylor Publisher Services (BTPS).

God's Spring Time Miracles. Debbie Wood. Illus. by Jayamini Attanayake. 2021. (ENG.). 24p. (J). pap. 6.99 *(978-1-0879-8400-1(9))* Debra L. Wood.

God's Story: From the Beginning to the Promised Return. Becki Dudley. Illus. by Bill Looney. 2023. (ENG.). 208p. pap. 24.99 ***(978-1-68344-288-2(1)***, Master Books) New Leaf Publishing Group.

God's Story for Me Bible: 104 Life-Shaping Bible Stories for Children. David C. Cook. 2018. (ENG.). 528p. (J). (gr. -1-1). 18.99 *(978-0-8307-7200-1(6)*, 143881) Cook, David C.

God's Superheroes. Lynne Schedler. Illus. by Jasmine Bailey. 2022. (ENG.). 42p. (J). 24.99 ***(978-1-950685-92-9(6))***; pap. 12.99 ***(978-1-950685-91-2(8))*** Inspire Bks.

Gods the Greeks. Brian Starr. Ed. by Brian Starr. 2021. (ENG.). 126p. (YA). pap. *(978-1-716-13603-0(2))* Lulu Pr., Inc.

God's Timeline: The Big Book of Church History. Linda Finlayson. rev. ed. 2018. (ENG., Illus.). 80p. (J). 19.99 *(978-1-5271-0098-5(7)*, 4715b809-05bc-4f94-8823-e3b74680ec1c, CF4Kids) Christian Focus Pubns. GBR. Dist: Baker & Taylor Publisher Services (BTPS).

God's Trail of Tears. Ellen Crosby. 2023. (ENG.). 34p. (J). pap. 12.95 ***(978-1-4796-1691-6(5))*** TEACH Services, Inc.

God's Troubadour: The Story of St. Francis of Assisi (Classic Reprint) Sophie Jewett. 2017. (ENG., Illus.). (J). 28.87 *(978-0-265-18173-7(9))* Forgotten Bks.

God's Truth for You. Sarah Ensing. 2021. (ENG., Illus.). 30p. (J). 24.95 *(978-1-63814-095-5(2))*; pap. 13.95 *(978-1-63814-093-1(6))* Covenant Bks.

God's Unbelievable Underwater Creatures. Katherine Walker. Illus. by Stuart Lynch. 2022. (ENG.). 12p. (J). (— 1). 10.99 *(978-1-80337-462-8(4))* Make Believe Ideas GBR. Dist: Scholastic, Inc.

God's Unblinkable Eyes. Jane Efua Asamoah. Illus. by Patrick Noze. 2021. (ENG.). 56p. (J). 19.95 *(978-1-950685-79-0(9))*; pap. 12.95 *(978-1-950685-75-2(6))* Inspire Bks.

God's Very Good Idea. Trillia Newbell. 2017. (Tales That Tell the Truth Ser.). (ENG., Illus.). (J). *(978-1-78498-221-8(0))* Good Bk. Co., The.

God's Very Good Idea - Coloring & Activity Book. Illus. by Catalina Echeverri. 2018. (Tales That Tell the Truth Ser.). (ENG.). 32p. (J). pap. *(978-1-78498-271-3(7))* Good Bk. Co., The.

God's Very Good Idea Board Book: God Made Us Delightfully Different. Trillia J. Newbell. Illus. by Catalina Echeverri. 2023. (ENG.). 16p. (J). bds. *(978-1-78498-816-6(2))* Good Bk. Co., The.

God's War (Classic Reprint) Wilson Vance. 2018. (ENG., Illus.). 370p. (J). 31.53 *(978-0-484-47436-8(7))* Forgotten Bks.

God's Week of Work: Being an Examination of the Mosaic Six Days, in Relation to Natural & Physical Science; Together with an Exposition of Genesis, Chap; I. & Chap; II., 1-4; & a New Translation (Classic Reprint) Evan Lewis. 2018. (ENG., Illus.). 118p. (J). 26.35 *(978-0-332-37442-0(4))* Forgotten Bks.

Gods, When Mortal. Chirag Patel. 2020. (ENG.). 158p. (J). pap. 7.99 *(978-1-393-38520-2(6))* Draft2Digital.

God's Will: And Other Stories (Classic Reprint) Ilse Frapan. 2018. (ENG., Illus.). 208p. (J). 28.48 *(978-0-332-78611-7(0))* Forgotten Bks.

God's Will for My Life. Edward a Croteau. 2018. (Faith, Substance & Evidence Ser.: Vol. 4). (ENG., Illus.). 118p. (YA). 35.95 *(978-0-692-18800-2(2))* Faith, Substance & Evidence.

God's Wonder World: A Manual for Religious Instruction in Junior Grades, Especially for Pupils Nine Years Old (Classic Reprint) Cora Stanwood Cobb. 2017. (ENG., Illus.). (J). 31.34 *(978-0-331-60798-7(0))* Forgotten Bks.

God's Wonderful World: A Book about the Five Senses. Jennifer Hilton & Kristen McCurry. 2016. (Frolic First Faith Ser.). (Illus.). 22p. (J). (gr. -1 — 1). bds. 6.99 *(978-1-5064-1047-0(2)*, Sparkhouse Family) 1517 Media.

God's Word & You: What the Bible Says about Family, Friends & Other Important Stuff. Laura Martin. rev. ed. 2016. (Think Ask Bible Ser.). (ENG., Illus.). 112p. (J). (gr. 3-13). pap. 9.99 *(978-1-78191-821-0(X)*, ded39640-0a07-4961-93d4-e2fcc45d1266, CF4Kids) Christian Focus Pubns. GBR. Dist: Baker & Taylor Publisher Services (BTPS).

God's Word & Your Life: What the Bible Says about Social Media, Money & Other Exciting Stuff. Laura Martin. rev. ed. 2016. (Think Ask Bible Ser.). (ENG., Illus.). 96p. (J). (gr. 3-13). pap. 9.99 *(978-1-78191-822-7(8)*, 308460e4-bd23-4bc8-b8ae-4022a015bc4e, CF4Kids) Christian Focus Pubns. GBR. Dist: Baker & Taylor Publisher Services (BTPS).

God's Word & Your World: What the Bible Says about Creation, Languages, Missions & Other Amazing Stuff! Laura Martin. rev. ed. 2018. (Think Ask Bible Ser.). (ENG., Illus.). 128p. (J). 9.99 *(978-1-5271-0211-8(4)*, e06994d7-2839-4531-9310-f12444c53fa4, CF4Kids) Christian Focus Pubns. GBR. Dist: Baker & Taylor Publisher Services (BTPS).

God's Word for Me: 365 Daily Devos for Boys. VeggieTales. 2022. (VeggieTales Ser.). (ENG.). 384p. (J). (gr. -1-3). pap. 11.99 *(978-1-5460-0290-1(1)*, Worthy Kids/Ideals) Worthy Publishing.

God's Word for Me: 365 Daily Devos for Girls. VeggieTales. 2022. (VeggieTales Ser.). (ENG.). 384p. (J). (gr. -1-3). pap. 11.99 *(978-1-5460-0288-8(X)*, Worthy Kids/Ideals) Worthy Publishing.

God's Word, My Thoughts KJV Bible for Teen Girls. Compiled by Compiled by Barbour Staff. 2022. (ENG.). 1152p. (YA). 42.99 *(978-1-63609-146-4(6)*, Barbour Bibles) Barbour Publishing, Inc.

God's Words to Dream On: Bedtime Bible Stories & Prayers, 1 vol. Diane Stortz. 2019. (ENG., Illus.). 224p. (J). 16.99 *(978-1-4002-0935-4(8)*, Tommy Nelson) Nelson, Thomas Inc.

Godslayers. Zoe Hana Mikuta. 2022. (Gearbreakers Ser.: 2). (ENG.). 416p. (YA). 18.99 *(978-1-250-26952-2(0)*, 900222829) Feiwel & Friends.

Godslayers. Zoe Hana Mikuta. 2023. (Gearbreakers Ser.: 2). (ENG.). 416p. (YA). pap. 12.99 *(978-1-250-87890-8(X)*, 900222830) Square Fish.

Godson of a Marquis (Classic Reprint) André Theuriet. 2018. (ENG., Illus.). 284p. (J). 29.75 *(978-0-483-81855-2(0))* Forgotten Bks.

Godway Devotionals Vol 2: Pursuing God on the Way to Your Dreams. Katie Homer. 2019. (ENG.). 178p. (YA). pap. 14.95 *(978-1-64492-485-3(4))* Christian Faith Publishing.

Godwyn's Ordeal, Vol. 1 of 3 (Classic Reprint) John Kent Spender. (ENG., Illus.). (J). 2018. 318p. 30.46 *(978-0-483-39435-3(1))*; 2016. pap. 13.57 *(978-1-333-76723-5(4))* Forgotten Bks.

Godwyn's Ordeal, Vol. 2 of 3 (Classic Reprint) John Kent Spender. (ENG., Illus.). (J). 2018. 294p. 29.98 *(978-0-332-47373-4(2))*; 2016. pap. 13.57 *(978-1-333-67558-5(5))* Forgotten Bks.

Godwyn's Ordeal, Vol. 3 of 3 (Classic Reprint) John Kent Spender. (ENG., Illus.). (J). 2018. 310p. 30.29 *(978-0-484-37942-7(9))*; 2016. pap. 13.57 *(978-1-334-12468-6(X))* Forgotten Bks.

Godzilla Mad Libs: World's Greatest Word Game. Laura Macchiarola. 2021. (Mad Libs Ser.). (ENG.). 48p. (J). (gr. 3-7). pap. 5.99 *(978-0-593-22674-2(7)*, Mad Libs) Penguin Young Readers Group.

Godzilla: Monsters & Protectors - Rise Up! Erik Burnham. Illus. by Dan Schoening. 2022. 120p. (J). (gr. 4-7). pap. 9.99 *(978-1-68405-872-3(4))* Idea & Design Works, LLC.

Godzilla: Monsters & Protectors — All Hail the King! Erik Burnham. Illus. by Dan Schoening. 2023. 120p. (J). (gr. 4-7). pap. 9.99 ***(978-1-68405-988-1(7))*** Idea & Design Works, LLC.

Godzillas & Titans: Giants Coloring Book. Jupiter Kids. 2016. (ENG., Illus.). 106p. (J). pap. 12.55 *(978-1-68305-224-1(2)*, Jupiter Kids (Childrens & Kids Fiction)) Speedy Publishing LLC.

Goes for GOLD: A QUIX Book. Jarrett Lerner. Illus. by Serge Seidlitz. 2023. (Geeger the Robot Ser.). (ENG.). 96p. (J). (gr. k-3). 17.99 *(978-1-6659-1090-3(9))*; pap. 5.99 *(978-1-6659-1089-7(5))* Simon & Schuster Children's Publishing. (Aladdin).

Goes to the Dentist. Wes Adams. ed. 2021. (Pout-Pout Fish 8x8 Bks). (ENG., Illus.). 24p. (J). (gr. k-1). 14.96 *(978-1-64697-547-1(2))* Penworthy Co., LLC, The.

Goes to the Doctor. Wes Adams. ed. 2021. (Pout-Pout Fish 8x8 Bks). (ENG., Illus.). 24p. (J). (gr. k-1). 14.96 *(978-1-64697-548-8(0))* Penworthy Co., LLC, The.

Goethe: Die Leiden des Jungen Werther. Johann Wolfgang Goethe. 2021. (GER.). 116p. (YA). pap. 12.00 *(978-1-716-13301-5(7))* Lulu Pr., Inc.

Goethe & Schiller (Classic Reprint) Louisa Mulbach. 2017. (ENG., Illus.). (J). 32.06 *(978-0-331-72741-8(2))*; pap. 16.57 *(978-0-259-37963-8(8))* Forgotten Bks.

Goethe's Elective Affinities: With an Introduction (Classic Reprint) Johann Wolfgang von Goethe. 2018. (ENG., Illus.). 386p. (J). 31.86 *(978-0-331-81638-9(5))* Forgotten Bks.

Goethe's Hermann & Dorothea: Translated into English Hexameter Verse (Classic Reprint) Marmaduke J. Teesdale. 2018. (ENG., Illus.). 90p. (J). 25.77 *(978-0-483-92814-5(3))* Forgotten Bks.

Goethe's Hermann & Dorothea (Classic Reprint) Edgar Alfred Browning. 2018. (ENG., Illus.). 76p. (J). 25.46 *(978-0-267-25363-0(X))* Forgotten Bks.

Goethes Naturwissenschaftliche Schriften, Vol. 12: Zur Naturwissenschaft; Allgemeine Naturlehre, II Theil (Classic Reprint) Johann Wolfgang von Goethe. 2018. (GER., Illus.). (J). 410p. 32.37 *(978-1-390-13231-1(5))*; 412p. pap. 16.57 *(978-1-390-13205-2(6))* Forgotten Bks.

Goethe's Works, Vol. 5: Wilhelm Meister's Travels, a Romance; Elective Affinities (Classic Reprint) Johann Wolfgang Von Goethe. (ENG., Illus.). (J). 2018. 496p. 34.15 *(978-0-483-49625-5(1))*; 2016. pap. 16.57 *(978-1-334-14249-9(1))* Forgotten Bks.

Gog: The Story of an Officer & Gentleman (Classic Reprint) Arthur Fetterless. (ENG., Illus.). (J). 2018. 358p. 31.28 *(978-0-666-80527-0(X))*; 2017. pap. 13.97 *(978-0-282-52905-5(5))* Forgotten Bks.

Goggle Girl Takes Her Mark. Sheayre Bowles. 2018. (ENG., Illus.). 38p. (J). 23.95 *(978-1-63575-315-8(5))*; pap. 13.95 *(978-1-64258-247-5(5))* Christian Faith Publishing.

Gogo Family, Vol. 1 (Classic Reprint) Charles Paul De Kock. 2017. (ENG., Illus.). (J). 31.14 *(978-0-266-21684-1(6))* Forgotten Bks.

Gogo the Mountain Gorilla. Beverly Jatwani. Illus. by Sawyer Cloud. 2023. (Together We Can Change the World Ser.). (ENG.). 28p. (J). (gr. -1-1). 18.99 *(978-1-915167-25-5(6)*, 09054e5f-5091-4083-ad79-e8cc4b0fa38a) New Frontier Publishing AUS. Dist: Lerner Publishing Group.

Gogor Volume 1. Ken Garing. 2019. (ENG., Illus.). 120p. (YA). pap. 16.99 *(978-1-5343-1247-0(1)*, db2dcb48-e2f7-47d1-98fb-3f2ba031c550) Image Comics.

Goidy Land Adventures. Melissa Holmes. 2019. (ENG.). 32p. (J). pap. *(978-1-78878-920-2(2))* Austin Macauley Pubs. Ltd.

Goin' Swimmin' Day Before Yesterday (Classic Reprint) Karl Albrecht Pember. (ENG., Illus.). (J). 2018. 22p. 24.45 *(978-0-484-83040-9(6))*; 2016. pap. 7.97 *(978-1-333-36787-9(2))* Forgotten Bks.

Going after Sparky! Pararescue Jumpers Bring Vietnam War Pilot Home, Vol. 8. John Perritano. 2018. (Special Forces Stories Ser.). 64p. (J). (gr. 7). 31.93 *(978-1-4222-4079-3(7))* Mason Crest.

Going Against the World in Villainous Form Coloring Book. Activity Book Zone for Kids. 2016. (ENG., Illus.). (J). pap. 9.20 *(978-1-68376-340-6(8))* Sabeels Publishing.

Going Along. Jill Marzinske. 2018. (ENG., Illus.). 178p. (YA). 24.95 *(978-1-64300-716-8(5))* Covenant Bks.

Going & Coming As a Doughboy (Classic Reprint) Elmer H. Curtiss. 2017. (ENG., Illus.). (J). 24.87 *(978-0-260-39664-8(8))* Forgotten Bks.

Going Away. Jill Marzinske. 2022. (ENG.). 142p. (J). pap. 15.95 ***(978-1-68526-233-4(3))*** Covenant Bks.

Going Batty. Chelsea Beyl & Chris Nee. Illus. by Imaginism Studio & Disney Storybook Art Team. 2019. (Vampirina Ser.). (ENG.). 24p. (J). (gr. -1-2). 31.36 *(978-1-5321-4300-7(1)*, 31830, Picture Bk.) Spotlight.

Going Batty. Carol Stein. 2019. (Disney 8x8 Ser.). (ENG & SPA.). 24p. (J). (gr. k-1). 15.36 *(978-0-87617-745-7(3))* Penworthy Co., LLC, The.

Going Batty / Vampireando (English-Spanish) (Disney Vampirina) Tr. by Laura Collado Piriz. Illus. by Disney Storybook Art Team. 2019. (Disney Bilingual Ser.: 23). (ENG.). 24p. (J). (gr. -1-2). pap. 4.99 *(978-1-4998-0942-8(5)*, BuzzPop) Little Bee Books Inc.

Going Berry Picking: Bilingual Inuktitut & English Edition. Inhabit Education Books. 2021. (Nunavummi Reading Ser.). (ENG., Illus.). (J). pap. ***(978-1-77450-020-0(5))*** Inhabit Education Bks. Inc. CAN. Dist: Consortium Bk. Sales & Distribution.

Going Beyond the Talk! a Teen & Preteen's GUIDE: Empowering YOU to Make Choices about Sexuality & Gender from a Biblical Sexual Ethic. Corey Gilbert. 2021. (ENG.). 408p. (YA). pap. 17.97 *(978-1-63877-817-2(5))* Primedia eLaunch LLC.

Going Bicoastal. Dahlia Adler. 2023. (ENG., Illus.). 336p. (YA). 20.00 *(978-1-250-87164-0(6)*, 900279604, Wednesday Bks.) St. Martin's Pr.

Going Board Book. Craig Frazier. Illus. by Craig Frazier. 2019. (ENG., Illus.). 32p. (J). (gr. -1 — 1). bds. 7.99 *(978-0-06-279629-5(1)*, HarperFestival) HarperCollins Pubs.

Going Buggy! Ready-To-Read Level 2. Patty Michaels. Illus. by Alison Hawkins. 2022. (Super Gross Ser.). (ENG.). 32p. (J). (gr. k-2). 17.99 *(978-1-6659-1340-9(1))*; pap. 4.99 *(978-1-6659-1339-3(8))* Simon Spotlight. (Simon Spotlight).

Going Camping. Harold Rober. 2017. (Bumba Books (r) — Fun Firsts Ser.). (ENG., Illus.). 24p. (J). (gr. -1-1). 26.65 *(978-1-5124-2550-5(8)*, 6bfcf8b5-8f21-462a-929c-43b262d0fe3e); E-Book 4.99 *(978-1-5124-3678-5(X)*, 9781512436785); E-Book 39.99 *(978-1-5124-3677-8(1)*, 9781512436778); E-Book 39.99 *(978-1-5124-2746-2(2))* Lerner Publishing Group. (Lerner Pubns.).

Going Dark. Melissa de la Cruz. 2023. 336p. (YA). (gr. 8-12). 18.99 *(978-1-4549-4764-6(0)*, Union Square Pr.) Sterling Publishing Co., Inc.

Going down from Jerusalem: The Narrative of a Sentimental Traveller (Classic Reprint) Norman Duncan. 2017. (ENG., Illus.). 262p. (J). 29.32 *(978-0-484-24750-4(6))* Forgotten Bks.

Going down Home with Daddy. Kelly Starling Lyons. Illus. by Daniel Minter. 2019. 32p. (J). (gr. -1-3). 17.99 *(978-1-56145-938-4(0))* Peachtree Publishing Co. Inc.

Going Faster - 6 Pack: Set of 6 Common Core Edition. Cynthia Swain. 2016. (Early Explorers Ser.). (J). (gr. k-1). 39.00 net. *(978-1-5125-8693-0(5))* Benchmark Education Co.

Going Fishing: English Edition, 1 vol. Maren Vsetula. Illus. by Amiel Sandland. 2017. (Nunavummi Reading Ser.). (ENG.). 8p. (J). (gr. 1-1). pap. 7.95 *(978-1-77266-536-9(3))* Inhabit Education Bks. Inc. CAN. Dist: Consortium Bk. Sales & Distribution.

Going for a Walk with Papa: Story of Family. Kenneth Francis. 2019. (ENG.). 22p. (J). (gr. -1-3). pap. 13.95 *(978-1-64515-854-7(3))* Christian Faith Publishing.

TITLE INDEX

GOLD LEAF

G

Going for a Walk with Papa: Story of Houses. Kenneth Francis. 2019. (ENG.). 22p. (J). pap. 12.95 *(978-1-64492-150-0(2))* Christian Faith Publishing.

Going for Gold: Wilma Rudolph & the 1960 Olympics. Chris Bowman. Illus. by Eugene Smith. 2023. (Greatest Moments in Sports Ser.). (ENG.). (J). (gr. 3-8). pap. 8.99; lib. bdg. 29.95 Bellwether Media.

Going for Milk. Natalie Ensle. 2019. (ENG.). 22p. (J). *(978-0-359-67171-7(3))* Lulu Pr., Inc.

Going Going Gone! Paul F Petricca. 2022. (ENG.). 36p. (J). 18.99 *(978-1-6657-1488-4(3))*; pap. 15.99 *(978-1-6657-1487-7(5))* Archway Publishing.

Going, Going, Gone. Nicholas O. Time. 2016. (In Due Time Ser.: 1). (ENG., Illus.). 160p. (J). (gr. 3-7). pap. 6.99 *(978-1-4814-6729-2(8)*, Simon Spotlight) Simon Spotlight.

Going, Going, Gone. Nicholas O. Time. ed. 2016. (In Due Time Ser.: 1). lib. bdg. 17.20 *(978-0-606-38985-3(7))* Turtleback.

Going Green: An Alien's Guide. Alex Francis. 2020. (Early Bird Nonfiction Readers — Silver (Early Bird Stories (tm)) Ser.). (ENG., Illus.). 32p. (J). (gr. k-3). pap. 9.99 *(978-1-7284-1511-6(X)*, edaf03b4-9275-4bc2-ac4f-fea227e74aa1); lib. bdg. 29.32 *(978-1-7284-1509-3(8)*, 1429c582-3282-4751-89ea-a694561aef8f) Lerner Publishing Group. (Lerner Pubns.).

Going Home. Matt Haag. 2019. (ENG.). 34p. (J). 22.95 *(978-1-64515-257-6(X))*; pap. 13.95 *(978-1-64515-255-2(3))* Christian Faith Publishing.

Going Home (Classic Reprint) Eliza Martin. (ENG., Illus.). (J). 2018. 438p. 32.93 *(978-0-364-43672-1(7))*; 2016. pap. 16.57 *(978-1-334-14786-9(8))* Forgotten Bks.

Going Home Marine Life Habitat Coloring Books 9-12. Educando Kids. 2019. (ENG.). 42p. (J). pap. 6.99 *(978-1-64521-186-0(X)*, Educando Kids) Editorial Imagen.

Going Nuts: Super Happy Party Bears 4. Marcie Colleen. Illus. by Steve James. 2017. (Super Happy Party Bears Ser.: 4). (ENG.). 144p. (J). pap. 5.99 *(978-1-250-10049-8(6)*, 900162461) Imprint IND. Dist: Macmillan.

Going of the White Swan (Classic Reprint) Gilbert Parker. (ENG., Illus.). (J). 2018. 68p. 25.32 *(978-0-483-32529-6(5))*; 2017. pap. 9.57 *(978-1-331-83112-9(1))* Forgotten Bks.

Going Offbeat. S. M. R. Saia. Illus. by Tina Perko. 2022. (ENG.). 96p. (J). 14.99 *(978-1-945713-43-9(7))* Shelf Space Bks.

Going Offbeet. S. M. R. Saia. Illus. by Tina Perko. 2022. (ENG.). 96p. (J). pap. 7.99 *(978-1-945713-41-5(0))* Shelf Space Bks.

Going on a Field Trip. C. L. Reid. Illus. by Elena Aiello. 2020. (Emma Every Day Ser.). (ENG.). 32p. (J). (gr. k-2). pap. 6.95 *(978-1-5158-7314-3(5)*, 201597); lib. bdg. 22.65 *(978-1-5158-7183-5(5)*, 200573) Capstone. (Picture Window Bks.).

Going on a Plane Purple Band. Alison Sage. ed. 2016. (Cambridge Reading Adventures Ser.). (ENG., Illus.). 24p. pap. 8.80 *(978-1-316-50088-0(8))* Cambridge Univ. Pr.

Going on an Airplane. Harold Rober. 2017. (Bumba Books (r) — Fun Firsts Ser.). (ENG., Illus.). 24p. (J). (gr. -1-1). 26.65 *(978-1-5124-2554-3(0)*, 29ddf02e-0c85-4084-a034-d501ad5d4983); E-Book 4.99 *(978-1-5124-3681-5(X)*, 9781512436815); E-Book 39.99 *(978-1-5124-3680-8(1)*, 9781512436808); E-Book 39.99 *(978-1-5124-2750-9(0))* Lerner Publishing Group. (Lerner Pubns.).

Going on Me Own (Classic Reprint) Esther Chaddock Davenport. 2018. (ENG., Illus.). 164p. (J). 27.30 *(978-0-483-63585-2(5))* Forgotten Bks.

Going Past the Darkness & into the Light. Evelyn Scull. 2021. (ENG.). 112p. (YA). pap. 14.95 *(978-1-0980-8169-0(2))* Christian Faith Publishing.

Going Places. Ellen Lawrence. 2018. (About Our World Ser.). (ENG.). 24p. (J). lib. bdg. 22.99 *(978-1-5105-3540-4(3))* SmartBook Media, Inc.

Going Places: Victor Hugo Green & His Glorious Book. Tonya Bolden. Illus. by Eric Velasquez. 2022. (ENG.). 40p. (J). (gr. -1-3). 19.99 *(978-0-06-296740-4(1)*, Quill Tree Bks.) HarperCollins Pubs.

Going Rogue (at Hebrew School) Casey Breton. 2020. (ENG.). 224p. pap. 12.95 *(978-1-78438-539-2(5))* Greenhill Bks. GBR. Dist: Casemate Pubs. & Bk. Distributors, LLC.

Going Somewhere. David Milgrim. ed. 2022. (Ready-To-Read Ser.). (ENG.). 32p. (J). (gr. k-1). 16.46 ***(978-1-68505-371-0(8))*** Penworthy Co., LLC, The.

Going Somewhere: Ready-To-Read Pre-Level 1. David Milgrim. Illus. by David Milgrim. 2021. (Adventures of Otto Ser.). (ENG., Illus.). 32p. (J). (gr. -1-k). 17.99 *(978-1-5344-8931-8(2))*; pap. 4.99 *(978-1-5344-8930-1(4))* Simon Spotlight. (Simon Spotlight).

Going Spearfishing - Ba Meti. Flávio Lourenco Da Costa. Illus. by Romulo Reyes, III. 2021. (TET.). 32p. (J). pap. *(978-1-922621-10-8(2))* Library For All Limited.

Going Through a Family Breakup: Stories from Survivors. Sarah Levete & Sarah Eason. 2022. (It Happened to Me Ser.). (ENG., Illus.). 48p. (J). (gr. 6-9). pap. 10.99 *(978-1-915153-08-1(5)*, 462f58a3-9bd5-4ffc-96c6-a6d9b2985875); lib. bdg. 31.99 *(978-1-914383-10-6(9)*, 257cdf2a-8296-4c22-ac36-1bdd664d09a4) Cheriton Children's Bks. GBR. Dist: Lerner Publishing Group.

Going Through the Mill (Classic Reprint) Gerald Paget. (ENG., Illus.). (J). 2018. 318p. 30.48 *(978-0-483-87962-1(2))*; 2017. pap. 13.57 *(978-0-243-12493-0(7))* Forgotten Bks.

Going Thru with a Golden Spoon: An Illustrated Story of the 52nd Brigade, Field Artillery; American Expeditionary Forces (Classic Reprint) Dudley Hess. (ENG., Illus.). (J). 2018. 66p. 25.28 *(978-0-267-71634-0(6))*; 2016. pap. 9.57 *(978-1-333-38824-9(1))* Forgotten Bks.

Going to a Funeral. Caryn Rivadeneira. 2021. (My First Time (LOOK! Books (tm)) Ser.). (ENG., Illus.). 24p. (J). (gr. k-2). pap. 8.99 *(978-1-64371-103-4(2)*, 8b934d14-fad5-4b47-b3d4-ea7c4d4c1335); lib. bdg. 25.32 *(978-1-64371-097-6(4)*, d674785f-138c-42fe-9039-2753370ee7a1) Red Chair Pr.

Going to Church on Easter Day Coloring Book. Activity Book Zone for Kids. 2016. (ENG., Illus.). (J). pap. 9.20 *(978-1-68376-341-3(6))* Sabeels Publishing.

Going to Ghana. Christine Platt. 2020. (Ana & Andrew Set 2 Ser.). (ENG., Illus.). 32p. (J). (gr. 2-2). pap. 9.95 *(978-1-64494-260-4(7)*, 1644942607, Calico Kid) ABDO Publishing Co.

Going to Ghana. Christine Platt. Illus. by Junissa Bianda. 2019. (Ana & Andrew Ser.). (ENG.). 32p. (J). (gr. -1-3). lib. bdg. 32.79 *(978-1-5321-3636-8(6)*, 33718, Calico Chapter Bks) Magic Wagon.

Going to Grandma & Grandpa's House. Lance C. Bird. Ed. by Karen E. Bird-Meninger. Illus. by Evelyn Zuberbier. 2021. (ENG.). 48p. (J). *(978-1-5255-9521-9(0))*; pap. *(978-1-5255-9520-2(2))* FriesenPress.

Going to Grandma's: A Thanksgiving Game. Amy Houts & Stephen Houts. 2017. (ENG., Illus.). (J). (gr. k-2). pap. 7.99 *(978-0-9855084-5-6(0))* Houts & Home Pubns. LLC.

Going to Heaven Via the Pet Shop. Lynn McAtamney & Tilly Scribbles. 2021. (ENG.). 36p. (J). pap. *(978-0-6451757-5-2(7))* Torn Curtain Publishing.

Going to Malta & Gozo: Travel Guide & Journal for Kids. T. Attard & B. Grabowski. 2017. (ENG., Illus.). (J). pap. *(978-1-77302-614-5(3))* Tellwell Talent.

Going to Mermaid Island Coloring Book. Activibooks. 2016. (ENG., Illus.). (J). pap. 9.20 *(978-1-68321-705-3(5))* Mimaxion.

Going to Montreal & Quebec City: Travel Guide & Journal for Kids. T. Attard. 2017. (ENG., Illus.). (J). pap. *(978-1-77302-778-4(6))* Tellwell Talent.

Going to Nanoose Bay. Lorraine Shaw. 2018. (ENG., Illus.). 24p. (J). *(978-1-5255-2516-2(6))*; pap. *(978-1-5255-2517-9(4))* FriesenPress.

Going to New York: Travel Guide & Journal for Kids. T. Attard & B. Grabowski. 2019. (ENG., Illus.). 170p. (J). (gr. 1-6). pap. *(978-0-2288-0619-6(4))* Tellwell Talent.

Going to Ottawa: Travel Guide & Journal for Kids. Therese Attard & Barb Grabowski. 2016. (ENG., Illus.). (J). pap. *(978-1-77302-440-0(X))* Tellwell Talent.

Going to School. Philip Anda. Illus. by Darya Obraztsova. 2021. (ENG.). 30p. (J). pap. *(978-1-922591-98-2(X))* Library For All Limited.

Going to the Bad: A Novel (Classic Reprint) Edmund Yates. (ENG., Illus.). (J). 2018. 144p. 26.87 *(978-0-267-00703-5(5))*; 2017. pap. 9.57 *(978-0-259-06241-7(3))* Forgotten Bks.

Going to the Dentist. Jeri Cipriano. 2021. (My First Time (LOOK! Books (tm)) Ser.). (ENG., Illus.). 24p. (J). (gr. k-2). pap. 8.99 *(978-1-64371-102-7(4)*, f8890a88-ec8c-49a1-b883-7f1cc17e154a); lib. bdg. 25.32 *(978-1-64371-096-9(6)*, a0c73bfb-5227-48df-a009-9aa4ec9a5d83) Red Chair Pr.

Going to the Dentist. Nicole A. Mansfield. 2023. (My Teeth Ser.). (ENG.). 24p. (J). 29.99 *(978-0-7565-7082-8(4)*, 244960); pap. 6.99 *(978-0-7565-7106-1(5)*, 244945) Capstone. (Pebble).

Going to the Doctor: What Do They Do? Coloring Book. Activibooks For Kids. 2016. (ENG., Illus.). (J). pap. 9.20 *(978-1-68321-258-4(4))* Mimaxion.

Going to the Nail Salon Coloring Book. Activity Book Zone. 2016. (ENG., Illus.). (J). pap. 9.20 *(978-1-68376-438-0(2))* Sabeels Publishing.

Going to the Pet Shop. Katherine Collins. 2020. (ENG., Illus.). 22p. (J). pap. 4.99 *(978-1-63337-360-0(6))* Roland Golf Services.

Going to the Pet Store Dot to Dot Activity Book. Jupiter Kids. 2017. (ENG., Illus.). (J). pap. 9.20 *(978-1-68326-765-2(6)*, Jupiter Kids (Childrens & Kids Fiction)) Speedy Publishing LLC.

Going to the Principal's Office. Jackie Smith Ph D. 2022. (ENG.). 24p. (J). pap. 8.99 *(978-1-956998-56-6(X))* Bookwhip.

Going to the Volcano. Andy Stanton. Illus. by Miguel Ordonez. 2020. (ENG.). 32p. (J). (gr. -1-k). pap. 10.99 *(978-1-4449-3345-1(0))* Hachette Children's Group GBR. Dist: Hachette Bk. Group.

Going to the Zoo! Mary Jackson. Illus. by Dreama McFadyen. 2022. (ENG.). 112p. (J). pap. *(978-1-3984-2881-2(7))* Austin Macauley Pubs. Ltd.

Going to the Zoo. Eric Parrish & Ellen Sukovich Parrish. 2023. (Illus.). 32p. (J). (gr. 3-6). 16.95 *(978-1-4930-6846-3(6))*; 20.00 *(978-1-4930-7203-3(X))* Muddy Boots Pr.

Going to the Zoo. Michael Taylor. Illus. by Brett Curzon. 2017. (Field Trip Fun Ser.). (ENG.). 24p. (gr. -1-2). pap. 9.95 *(978-1-68342-765-0(3)*, 9781683427650) Rourke Educational Media.

Going to the Zoo Coloring Book. Activity Attic Books. 2016. (ENG., Illus.). (J). pap. 7.74 *(978-1-68323-265-0(8))* Twin Flame Productions.

Going to Toronto: Travel Guide & Journal for Kids. Therese Attard & Barb Grabowski. 2016. (ENG., Illus.). (J). pap. *(978-1-77302-087-7(0))* Tellwell Talent.

Going to Town. Margot Channing. Illus. by Ilana Exelby. ed. 2018. (Little Learners Ser.). (ENG.). 32p. (J). (gr. -1-k). pap. 5.95 *(978-1-912233-31-1(2)*, Scribblers) Book Hse. GBR. Dist: Sterling Publishing Co., Inc.

Going to Tuscany: Travel Guide & Journal for Kids. T. Attard. 2017. (ENG., Illus.). (J). pap. *(978-1-77370-141-7(X))* Tellwell Talent.

Going Under: An Epic Fantasy. S. McPherson. 2019. (Last Elentrice Ser.: Vol. 5). (ENG.). 352p. (YA). pap. *(978-1-9163026-1-7(0))* McPherson, S Bks.

Going Up! Sherry J. Lee. Illus. by Charlene Chua. 2020. (ENG.). 40p. (J). (gr. -1-2). 18.99 *(978-1-5253-0113-1(6))* Kids Can Pr., Ltd. CAN. Dist: Hachette Bk. Group.

Going Van Gogh: Learn to Draw Like the Professionals Book. Jupiter Kids. 2017. (ENG., Illus.). (YA). pap. 9.20 *(978-1-68326-766-9(4)*, Jupiter Kids (Childrens & Kids Fiction)) Speedy Publishing LLC.

Going Viral. Amy Alward. (Potion Diaries). (ENG., Illus.). 352p. (gr. 7). 2018. (J). pap. 11.99 *(978-1-4814-4385-2(2))*; 2017. (YA). 18.99 *(978-1-4814-4384-5(4))* Simon & Schuster Bks. For Young Readers. (Simon & Schuster Bks. For Young Readers).

Going Viral: a Socially Distant Love Story. Katie Cicatelli-Kuc. 2021. (ENG.). 304p. (YA). (gr. 7-7). pap. 10.99 *(978-1-338-74519-1(0))* Scholastic, Inc.

Going Viral Part 2: Minecraft Graphic Novel (Independent & Unofficial) The Conclusion to the Mindbending Graphic Novel Adventure! David Zoelner. 2021. (ENG.). 96p. (J). (gr. 3-7). pap. 9.95 *(978-1-83935-064-1(4)*, Mortimer Children's Bks.) Welbeck Publishing Group Ltd. GBR. Dist: Two Rivers Distribution.

Going Viral: the Complete Minecraft Saga (Independent & Unofficial) David Zoellner. 2022. (ENG.). 192p. (J). (gr. 3-7). pap. 17.95 *(978-1-83935-188-4(8)*, Mortimer Children's Bks.) Welbeck Publishing Group Ltd. GBR. Dist: Two Rivers Distribution.

Going West / the Pioneer Journey: Going to California. T. E. Watson. 2017. (ENG., Illus.). (J). pap. *(978-1-58478-071-7(1)*, Highland Pr.) Paw Print Pr.

Going West (Classic Reprint) Basil King. 2018. (ENG., Illus.). 56p. (J). 25.07 *(978-0-483-27440-2(2))* Forgotten Bks.

Going Where It's Dark. Phyllis Reynolds Naylor. ed. 2017. lib. bdg. 18.40 *(978-0-606-39872-5(4))* Turtleback.

Going Wild. Lisa McMann. (Going Wild Ser.: 1). (ENG.). (J). (gr. 3-7). 2017. 400p. pap. 6.99 *(978-0-06-233715-3(7))*; 2016. (Illus.). 384p. 16.99 *(978-0-06-233714-6(9))* HarperCollins Pubs. (HarperCollins).

Going Wild: Helping Nature Thrive in Cities, 1 vol. Michelle Mulder. 2018. (Orca Footprints Ser.: 12). (ENG., Illus.). 48p. (J). (gr. 4-7). 19.95 *(978-1-4598-1287-1(5))* Orca Bk. Pubs. USA.

Going Wild #2: Predator vs. Prey. Lisa McMann. 2017. (Going Wild Ser.: 2). (ENG.). 400p. (J). (gr. 3-7). 16.99 *(978-0-06-233717-7(3)*, HarperCollins) HarperCollins Pubs.

Going Wild #2: Predator vs. Prey. Lisa McMann. 2018. (Going Wild Ser.: 2). (ENG., Illus.). 416p. (J). (gr. 3-7). pap. 6.99 *(978-0-06-233718-4(1)*, HarperCollins) HarperCollins Pubs.

Going Wild #3: Clash of Beasts. Lisa McMann. (Going Wild Ser.: 3). (ENG.). 400p. (J). (gr. 3-7). 2019. pap. 6.99 *(978-0-06-233721-4(1))*; 2018. (Illus.). 16.99 *(978-0-06-233720-7(3))* HarperCollins Pubs. (HarperCollins).

Gokigenkuma's Tambourine. Various Authors. 2018. (JPN.). (J). *(978-4-591-15897-5(7))* Poplar Publishing.

Gokul Village & the Big Feast. Bal Das. Illus. by Beth Mills. 2022. (ENG.). 36p. (J). 16.95 *(978-1-7359606-9-2(1))*; (Gokul! Adventures Ser.: Vol. 3). pap. 10.95 *(978-1-7359606-8-5(3))* Gokul Workshops LLC.

Gokul Village & the Mystery of the Vanishing Colors. Bal Das. Illus. by Beth Mills. 2021. (ENG.). 36p. (J). pap. 10.95 *(978-1-7359606-1-6(6))*; (Gokul! Adventure Ser.: Vol. 2). 16.95 *(978-1-7359606-0-9(8))* Gokul Workshops LLC.

Gol Más. Marilyn Janovitz. 2022. (¡Me Gusta Leer! Ser.). 32p. (J). (gr. -1-3). pap. 8.99 *(978-0-8234-5198-2(4))* Holiday Hse., Inc.

Golazo de Pedro. Fran Manushkin. Tr. by Trusted Trusted Translations. Illus. by Tammie Lyon. 2018. (Pedro en Español Ser.). (SPA.). 32p. (J). (gr. k-2). lib. bdg. 21.32 *(978-1-5158-2511-1(6)*, 137570, Picture Window Bks.) Capstone.

Gold. Jed Alexander. Illus. by Jed Alexander. 2022. (Fairy-Tale Color Collection). (ENG., Illus.). 32p. (J). (gr. k-3). 18.99 *(978-1-954354-11-1(8)*, eb4324df-6a7f-4bfd-960a-139dd0b39009) Creston Bks.

Gold. Kathryn Hulick. 2017. (Illus.). 64p. *(978-1-4222-3840-0(7))* Mason Crest.

Gold. Kathryn Hulick. 2018. (Elements of Chemistry Ser.). (ENG.). 48p. (J). lib. bdg. 34.99 *(978-1-5105-3853-5(4))* SmartBook Media, Inc.

Gold. Jason McClure & Piper Whelan. 2017. (Illus.). 24p. (J). *(978-1-5105-1399-0(X))* SmartBook Media, Inc.

Gold, 1 vol. Anita Louise McCormick. 2018. (Exploring the Elements Ser.). (ENG.). 48p. (gr. 6-6). 29.60 *(978-1-9785-0365-6(2)*, d9d4dfb2-982d-4ac0-a6ba-43ecc335a686) Enslow Publishing, LLC.

Gold. Linda Jane Niedfeldt. 2020. (ENG.). 204p. (J). pap. 15.49 *(978-1-63221-824-7(0))* Salem Author Services.

Gold! David Shannon. Illus. by David Shannon. 2022. (Illus.). 40p. (J). (gr. -1-2). 18.99 *(978-0-593-35227-4(0)*, Viking Books for Young Readers) Penguin Young Readers Group.

Gold, 1 vol. John Wilson. 2017. (Orca Currents Ser.). (ENG.). 144p. (J). (gr. 4-7). pap. 9.95 *(978-1-4598-1481-3(9))* Orca Bk. Pubs. USA.

Gold: A Dutch-Indian Story (Classic Reprint) Annie Linden. 2018. (ENG., Illus.). 266p. (J). 29.38 *(978-0-483-33091-7(4))* Forgotten Bks.

Gold: A Play in Four Acts (Classic Reprint) Eugene G. O'Neill. 2018. (ENG., Illus.). 130p. (J). 26.58 *(978-0-484-59822-4(8))* Forgotten Bks.

Gold Adventure. Kiran Malhotra. 2018. (ENG., Illus.). 30p. (J). pap. 12.95 *(978-1-64214-961-6(6))* Page Publishing Inc.

Gold & Dross (Classic Reprint) Edward Garrett. 2018. (ENG., Illus.). 354p. (J). 31.22 *(978-0-483-68630-4(1))* Forgotten Bks.

Gold & Gilt, or Maybee's Puzzle: From the Golden Texts (Classic Reprint) Mary J. Capron. (ENG., Illus.). (J). 2018. 434p. 32.85 *(978-0-365-38779-4(7))*; 2017. pap. 16.57 *(978-0-259-20565-4(6))* Forgotten Bks.

Gold & Incense. Mark Guy Pearse. 2017. (ENG., Illus.). 100p. (J). pap. *(978-3-337-23765-3(7))* Creation Pubs.

Gold & Incense: A West Country Story. Mark Guy Pearse. 2017. (ENG., Illus.). (J). pap. *(978-0-649-39831-7(9))* Trieste Publishing Pty Ltd.

Gold & Incense: A West Country Story (Classic Reprint) Mark Guy Pearse. 2018. (ENG., Illus.). 96p. (J). 25.88 *(978-0-483-31159-6(6))* Forgotten Bks.

Gold & Iron (Classic Reprint) Joseph Hergesheimer. 2018. (ENG., Illus.). 338p. (J). 30.87 *(978-0-483-65297-2(0))* Forgotten Bks.

Gold & Silver Mines Coloring Book. Activity Attic Books. 2016. (ENG., Illus.). (J). pap. 7.74 *(978-1-68323-266-7(6))* Twin Flame Productions.

Gold Bat. P. G. Wodehouse. 2020. (ENG.). (J). 140p. 19.95 *(978-1-64799-317-7(2))*; 138p. pap. 9.95 *(978-1-64799-316-0(4))* Bibliotech Pr.

Gold Bat. Pelham Grenville Wodehouse. 2018. (ENG., Illus.). 120p. (J). 14.99 *(978-1-5154-3270-8(X))* Wilder Pubns., Corp.

Gold Bolt Chapter Book: (Step 6) Sound Out Books (systematic Decodable) Help Developing Readers, Including Those with Dyslexia, Learn to Read with Phonics. Pamela Brookes. 2020. (Dog on a Log Chapter Books: Vol. 27). (ENG., Illus.). 58p. (J). 15.99 *(978-1-64831-033-1(8)*, DOG ON A LOG Bks.) Jojoba Pr.

Gold Bowl: an Acorn Book (Rainbow Days #2) Valerie Bolling. Illus. by Kai Robinson. 2023. (Rainbow Days Ser.). (ENG.). 48p. (J). (gr. -1-1). 23.99 *(978-1-338-80597-0(5))*; pap. 5.99 *(978-1-338-80596-3(7))* Scholastic, Inc.

Gold Brick (Classic Reprint) Ann S Stephens. (ENG., Illus.). (J). 2018. 516p. 34.58 *(978-0-332-77908-9(4))*; 2016. pap. 16.97 *(978-1-333-29767-1(X))* Forgotten Bks.

Gold Brick (Classic Reprint) Brand Whitlock. 2018. (ENG., Illus.). 354p. (J). 31.20 *(978-0-484-12259-7(2))* Forgotten Bks.

Gold Bricks: Dialog for 3 Male & 2 Female Characters; No Plays Exchanged (Classic Reprint) Unknown Author. 2018. (ENG., Illus.). 22p. (J). 24.41 *(978-0-484-71748-9(0))* Forgotten Bks.

Gold Bug (Classic Reprint) Edgar Poe. (ENG., Illus.). (J). 2018. 112p. 26.21 *(978-0-331-79728-2(3))*; 2018. 70p. 25.34 *(978-0-267-72893-0(X))*; 2017. pap. 9.57 *(978-0-259-53660-4(1))*; 2017. pap. 9.57 *(978-0-282-66341-4(X))*; 2016. pap. 9.57 *(978-1-333-72367-5(9))* Forgotten Bks.

Gold Bug (Classic Reprint) Edgar Allan Poe. 2018. (ENG., Illus.). 78p. (J). 25.53 *(978-0-484-76433-9(0))* Forgotten Bks.

Gold Bug Story Book: Mining Camp Tales (Classic Reprint) Dennis H. Stovall. 2017. (ENG., Illus.). (J). 27.24 *(978-0-260-10679-7(8))* Forgotten Bks.

Gold Carnival Pitcher. Dorcas R. Mast. 2017. (ENG., Illus.). 116p. (J). pap. 5.50 *(978-0-7399-2562-1(8))* Rod & Staff Pubs., Inc.

Gold Cigar Box. Michelle McCladdie. 2020. (ENG., Illus.). 42p. (J). 24.95 *(978-1-64214-185-6(2))* Page Publishing Inc.

Gold (Classic Reprint) Stewart Edward White. 2017. (ENG., Illus.). 470p. (J). 33.61 *(978-1-5281-8315-4(0))* Forgotten Bks.

Gold Coin: A Deaconess Story (Classic Reprint) Laura a Dill. 2017. (ENG., Illus.). (J). 24.35 *(978-0-266-52306-2(4))*; pap. 7.97 *(978-0-259-83215-7(4))* Forgotten Bks.

Gold Colored Pencil (Classic Reprint) Grace Elizabeth Markell. 2018. (ENG., Illus.). 74p. (J). 25.42 *(978-0-428-96621-8(7))* Forgotten Bks.

Gold Crown. Alex Linwood. 2021. (ENG.). 384p. (YA). pap. 16.99 *(978-1-951098-14-8(5))* Greenlees Publishing.

Gold Demon, Vol. 1 (Classic Reprint) Ozaki Koyo. 2017. (ENG., Illus.). (J). 31.80 *(978-0-331-63118-0(0))* Forgotten Bks.

Gold Educational Facts Children's Science Book. Bold Kids. 2023. (ENG.). 42p. (J). pap. 14.99 ***(978-1-0717-2118-6(6))*** FASTLANE LLC.

Gold Elsie: From the German of E. Marlitt (Classic Reprint) A. L. Wister. (ENG., Illus.). (J). 2017. 31.26 *(978-0-265-39202-7(0))*; 2016. pap. 13.57 *(978-1-333-21013-7(2))* Forgotten Bks.

Gold Elsie (Classic Reprint) E. Marlitt. 2018. (ENG., Illus.). 374p. (J). 31.61 *(978-0-483-81678-7(7))* Forgotten Bks.

Gold Fever. Rachael Freeman Long. 2018. (Black Rock Desert Trilogy Ser.: Vol. 1). (ENG., Illus.). 128p. (J). pap. 11.95 *(978-1-947247-83-3(2))* Yorkshire Publishing Group.

Gold-Field Scenes: Selections from Quien Sabe's Gold-Field Manuscripts (Classic Reprint) Robert W. Bigham. 2018. (ENG., Illus.). 286p. (J). 29.82 *(978-0-484-89432-6(3))* Forgotten Bks.

Gold Fish of Gran Chimu (Classic Reprint) Charles F. Lummis. 2018. (ENG., Illus.). 146p. (J). 26.91 *(978-0-267-49059-2(3))* Forgotten Bks.

Gold Girl (Classic Reprint) James Beardsley Hendryx. 2018. (ENG., Illus.). 360p. (J). 31.32 *(978-0-365-38219-5(1))* Forgotten Bks.

Gold, Gold, in Cariboo. Clive Phillipps-Wolley. 2016. (ENG., Illus.). (J). pap. *(978-3-7433-2068-0(1))* Creation Pubs.

Gold, Gold, in Cariboo: A Story of Adventure in British Columbia (Classic Reprint) Clive Phillipps-Wolley. 2017. (ENG., Illus.). (J). 30.72 *(978-1-5285-6839-5(7))* Forgotten Bks.

Gold, Guts & Glory. Lisa Y. Potocar. 2021. (ENG.). 292p. (YA). pap. 12.99 *(978-0-9990488-4-9(8))* Potocar, Lisa Y.

Gold Hunters Adventures: Or Life in Australia (Classic Reprint) William Henry Thomas. 2018. (ENG., Illus.). 572p. (J). 35.69 *(978-0-428-33386-7(9))* Forgotten Bks.

Gold Hunter's Experience (Classic Reprint) Chalkley J. Hambleton. 2018. (ENG., Illus.). 120p. (J). 26.39 *(978-0-428-50804-3(9))* Forgotten Bks.

Gold Hunters in Europe: Or the Dead Alive (Classic Reprint) William Henry Thomes. (ENG., Illus.). (J). 2018. 400p. 32.17 *(978-0-484-80825-5(7))*; 2016. pap. 16.57 *(978-1-334-21716-6(5))* Forgotten Bks.

Gold Hunters of Alaska (Classic Reprint) Willis Boyd Allen. 2018. (ENG., Illus.). 350p. (J). 31.12 *(978-0-267-43500-5(2))* Forgotten Bks.

Gold Hunting in Alaska (Classic Reprint) Joseph Grinnell. 2017. (ENG., Illus.). (J). 26.04 *(978-0-265-73686-9(2))* Forgotten Bks.

Gold in the Sky. Alan E. Nourse. 2018. (ENG., Illus.). 118p. (J). 14.99 *(978-1-5154-2160-3(0))* Wilder Pubns., Corp.

Gold in the Streets: Reasons for Migration to the US Immigration Sociology Grade 6 Children's American History. Baby Professor. 2021. (ENG.). 72p. (J). 27.99 *(978-1-5419-8373-1(4))*; pap. 16.99 *(978-1-5419-5493-9(9))* Speedy Publishing LLC. (Baby Professor (Education Kids)).

Gold-Killer a Mystery of the New Underworld (Classic Reprint) John Prosper. 2018. (ENG., Illus.). 286p. (J). 29.82 *(978-0-267-43666-8(1))* Forgotten Bks.

Gold Leaf. Kirsten Hall. Illus. by Matthew Forsythe. 2017. (ENG.). 48p. (J). (gr. -1-3). 18.95 *(978-1-59270-214-5(7))* Enchanted Lion Bks., LLC.

Gold Medal Winter. Donna Freitas. 2017. (ENG.). 336p. (J). (gr. 5-9). pap. 7.99 (978-0-545-64378-8(3), Scholastic Pr.) Scholastic, Inc.

Gold Mine: A Play, in Five Acts (Classic Reprint) Irene Ackerman. 2018. (ENG., Illus.). 58p. (J). 25.09 (978-0-428-64072-9(9)) Forgotten Bks.

Gold Miners: A Sequel to the Pathless West (Classic Reprint) Frances E. Herring. 2017. (ENG., Illus.). (J). pap. 9.57 (978-0-259-49949-7(8)) Forgotten Bks.

Gold Miners' Rescue: Introducing Sheldon Jackson. Dave Jackson & Neta Jackson. 2016. (ENG., Illus.). (J). pap. 7.99 (978-1-939445-27-8(2)) Castle Rock Creative, Inc.

Gold Must Be Tried by Fire (Classic Reprint) Richard Aumerle Maher. (ENG., Illus.). (J). 2018. 322p. 30.54 (978-0-364-38325-4(9)); 2017. pap. 13.57 (978-1-334-92612-9(3)) Forgotten Bks.

Gold of Boavista. Franquin. 2022. (Marsupilami Ser.: 7). (Illus.). 48p. (J). (gr. 3). pap. 11.95 (978-1-80044-069-2(3)) CineBook GBR. Dist: National Bk. Network.

Gold of Chickaree. Susan Warner. 2017. (ENG., Illus.). (J). 27.95 (978-1-374-98183-6(4)); pap. 17.95 (978-1-374-98182-9(6)) Capital Communications, Inc.

Gold of Chickaree (Classic Reprint) Susan Susan. (ENG., Illus.). (J). 2018. 434p. 32.85 (978-0-483-80480-7(0)); 2017. pap. 16.57 (978-0-243-95008-9(X)) Forgotten Bks.

Gold of Fairnilee (Classic Reprint) Andrew Lang. 2018. (ENG., Illus.). 126p. (J). 26.50 (978-0-483-46579-4(8)) Forgotten Bks.

Gold Penny. Rowan Ruckus. 2020. (ENG.). 26p. (J). pap. 7.99 (978-1-935600-74-9(5)) Port Yonder Pr.

Gold Rose. Joy Favour. Illus. by Diana C R. 2021. (ENG.). 18p. (J). pap. **(978-1-914078-57-6(8))** Publishing Push Ltd.

Gold Rush see Quimera del Oro

Gold Rush. John Micklos, Jr. 2016. (Primary Source History Ser.). (ENG., Illus.). 32p. (J). (gr. 3-6). lib. bdg. 27.99 (978-1-4914-8486-9(1), 130943, Capstone Pr.) Capstone.

Gold Rush. Theresa Morlock. 2017. (Westward Expansion: America's Push to the Pacific Ser.). 48p. (J). (gr. 10-14). 84.30 (978-1-5383-0050-3(8)); (ENG.). (gr. 6-7). pap. 15.05 (978-1-68048-788-6(4), 7f841638-4882-4aff-99ff-5d0158a60c1b) Rosen Publishing Group, Inc., The. (Britannica Educational Publishing).

Gold Rush, 1 vol. Kate Shoup. 2017. (Primary Sources of Westward Expansion Ser.). (ENG., Illus.). 64p. (gr. 6-6). 35.93 (978-1-5026-2640-0(3), d773888d-81ed-4297-9d1c-eb60d3a502f4) Cavendish Square Publishing LLC.

Gold Rush. Monika Davies. rev. ed. 2017. (Social Studies: Informational Text Ser.). (ENG., Illus.). 32p. (J). (gr. 3-5). pap. 11.99 (978-1-4258-3238-4(5)) Teacher Created Materials, Inc.

Gold Rush: Children's Exploration Book. Bold Kids. 2022. (ENG.). 42p. (J). pap. 14.99 **(978-1-0717-0996-2(8))** FASTLANE LLC.

Gold Rush: Gold Seekers, Miners, & Merchants, 1 vol. Mina Flores. 2016. (Spotlight on American History Ser.). (ENG., Illus.). 24p. (J). (gr. 4-6). 27.93 (978-1-5081-4942-2(9), 131f9ae0-e447-4596-a67e-0d18383e5870, PowerKids Pr.) Rosen Publishing Group, Inc., The.

Gold Rush: The Uses & Importance of Gold - Chemistry Book for Kids 9-12 Children's Chemistry Books. Baby Professor. 2017. (ENG., Illus.). (YA). pap. 8.79 (978-1-5419-1370-7(1), Baby Professor (Education Kids)) Speedy Publishing LLC.

Gold Rush Girl. Avi. (ENG.). 320p. (J). (gr. 5-9). 2022. pap. 10.99 (978-1-5362-2308-8(5)); 2020. (Illus.). 17.99 (978-1-5362-0679-1(2)) Candlewick Pr.

Gold Rush Song Book: Comprising a Group of Twenty-Five Authentic Ballads As They Were Sung by the Men Who Dug for Gold in California During the Period of the Great Gold Rush of 1849 (Classic Reprint) Eleanora Black. 2017. (ENG., Illus.). (J). 25.34 (978-0-266-65416-2(9)); pap. 9.57 (978-1-5276-0705-7(4)) Forgotten Bks.

Gold Rushes. Natalie Hyde. 2018. (Uncovering the Past: Analyzing Primary Sources Ser.). 48p. (J). (gr. 5-6). (978-0-7787-4748-2(4)) Crabtree Publishing Co.

Gold-Seeker: From the German (Classic Reprint) Levi C. Sheip. 2018. (ENG., Illus.). 190p. (J). 27.82 (978-0-484-01805-0(1)) Forgotten Bks.

Gold-Seeking on the Dalton Trail: Being the Adventures of Two New England Boys in Alaska & the Northwest Territory (Classic Reprint) Arthur R. Thompson. 2018. (ENG., Illus.). 390p. (J). 31.94 (978-0-666-47918-1(6)) Forgotten Bks.

Gold Shades: The 'Perfect Gentleman' Lloyd Dwaah. 2017. (ENG.). 98p. (J). 18.95 (978-1-78693-207-5(5), dc16d0d0-61a3-4035-aabf-e6ba89ab2dad) Austin Macauley Pubs. Ltd. GBR. Dist: Baker & Taylor Publisher Services (BTPS).

Gold Shod (Classic Reprint) Newton Fuessle. 2018. (ENG., Illus.). 242p. (J). 28.91 (978-0-484-47392-7(1)) Forgotten Bks.

Gold Sickle: Or Hena, the Virgin of the Isle of Sen; a Tale of Druid Gaul (Classic Reprint) Eugene Sue. 2018. (ENG., Illus.). 92p. (J). 25.79 (978-0-267-46335-0(9)) Forgotten Bks.

Gold Star First Readers, 21 bks. Lynley Dodd. Incl. Schnitzel Von Krumm. Dogs Never Climb Trees. (Illus.). 32p. (gr. 1-3). 2004. lib. bdg. 25.67 (978-0-8368-4092-6(5), b3a88a34-ae03-454a-a7aa-ec03d4f78f85, Gareth Stevens Learning Library); (Illus.). Set lib. bdg. 418.00 (978-0-8368-4167-1(0)) Stevens, Gareth Publishing LLLP.

Gold Star for George. Alice Hemming. Illus. by Kimberley Scott. 2019. (Early Bird Readers — Orange (Early Bird Stories (tm)) Ser.). (ENG.). 32p. (J). (gr. k-3). pap. 9.99 (978-1-5415-7413-7(3), f3a42b56-6413-4cc5-a0a4-c95f60c2e3ef, Lerner Pubns.) Lerner Publishing Group.

Gold Star Kid: & the Dream Angel. Jonathan R. P. Taylor. 2023. (ENG.). 44p. (J). pap. **(978-1-329-51851-3(9))** Lulu Pr., Inc.

Gold-Stealers: A Story of Waddy (Classic Reprint) Edward Dyson. (ENG., Illus.). (J). 2018. 350p. 31.14 (978-0-364-00128-8(3)); 2017. pap. 13.57 (978-0-243-49696-9(6)) Forgotten Bks.

Gold Stripe, Vol. 3: A Tribute to Those Who Were Killed, Maimed & Wounded in the Great War; a Book, One of the Many Efforts to Re-Establish Some Back in Civil Life; War, Peace & Reconstruction for Prosperity (Classic Reprint) J. Francis Bursill. (ENG., Illus.). (J). 2018. 204p. 28.10 (978-0-267-09506-3(6)); 2017. pap. 10.57 (978-0-282-74950-7(0)) Forgotten Bks.

Gold That Did Not Glitter: A Novel (Classic Reprint) Virginius Dabney. 2017. (ENG., Illus.). (J). 29.26 (978-0-260-69754-7(0)) Forgotten Bks.

Gold Thief (Ned's Circus of Marvels, Book 2) Justin Fisher. 2018. (Ned's Circus of Marvels Ser.: 2). (ENG.). 432p. (J). 6.99 (978-0-00-826221-1(7), HarperCollins Children's Bks.) HarperCollins Pubs. Ltd. GBR. Dist: HarperCollins Pubs.

Gold Thread: A Story for the Young (Classic Reprint) Norman MacLeod. 2018. (ENG., Illus.). 84p. (J). 25.63 (978-0-656-67027-7(4)) Forgotten Bks.

Gold Thread (Classic Reprint) Norman MacLeod. 2018. (ENG., Illus.). (J). 138p. 26.76 (978-1-397-20648-0(9)); 140p. pap. 9.57 (978-1-397-20616-9(0)) Forgotten Bks.

Gold Trail (Classic Reprint) Harold Bindloss. 2018. (ENG., Illus.). 386p. (J). 31.86 (978-0-483-49256-1(6)) Forgotten Bks.

Gold Tree (Classic Reprint) John Collings Squire. 2018. (ENG., Illus.). 104p. (J). 26.04 (978-0-484-33251-4(1)) Forgotten Bks.

Gold Wings Rising. Alex London. 2021. (Skybound Saga Ser.: 3). (ENG.). 480p. (YA). pap. 11.99 (978-1-250-80280-4(6), 900177988) Square Fish.

Gold Wolf (Classic Reprint) Max Pemberton. (ENG., Illus.). (J). 2018. 428p. 32.74 (978-0-365-29509-9(4)); 2017. pap. 16.57 (978-1-334-91048-7(0)) Forgotten Bks.

Gold Worshipers (Classic Reprint) J. B. Harris-Burland. 2018. (ENG., Illus.). 326p. (J). 30.62 (978-0-484-44305-0(4)) Forgotten Bks.

Golda Meir Iron Lady of Israel. Marcie Aboff. 2016. (Spring Forward Ser.). (J). (gr. 2). (978-1-4900-9454-0(7)) Benchmark Education Co.

Goldeline. Jimmy Cajoleas. (ENG.). (J). (gr. 5). 2019. 272p. pap. 6.99 (978-0-06-249876-2(2)); 2017. 256p. 16.99 (978-0-06-249875-5(4)) HarperCollins Pubs. (HarperCollins).

Golden. Andrea Dickherber. 2020. (ENG.). 328p. (YA). (gr. 9-12). pap. 12.99 (978-1-7344794-0-9(X)) Dickherber, Andrea.

Golden. Mary Victoria Johnson. 2017. (Summer Road Trip Ser.). (ENG.). 184p. (YA). (gr. 5-12). 31.42 (978-1-68076-722-3(4), 27437, Epic Escape) EPIC Pr.

Golden Acorn. Katy Hudson. Illus. by Katy Hudson. 2019. (ENG., Illus.). 32p. (J). (gr. -1-1). lib. bdg. 17.95 (978-1-68446-036-6(0), 139807, Capstone Editions) Capstone.

Golden Age. Kenneth Grahame. 2018. (ENG., Illus.). 130p. (YA). (gr. 7-12). pap. (978-93-5329-264-5(6)) Alpha Editions.

Golden Age. Kenneth Grahame. 2021. (Mint Editions — Short Story Collections & Anthologiesditions Ser.). (ENG.). 98p. (J). pap. 6.99 (978-1-5132-8018-9(X), West Margin Pr.) West Margin Pr.

Golden Age. Kenneth Grahame. 2021. (Mint Editions — Short Story Collections & Anthologiesditions Ser.). (ENG.). 98p. (J). (gr. 3-7). 10.99 (978-1-5132-0716-2(4), West Margin Pr.) West Margin Pr.

Golden Age: A Play in Four Acts (Classic Reprint) Sidney Toler. 2018. (ENG., Illus.). 110p. (J). 26.19 (978-0-483-99840-7(0)) Forgotten Bks.

Golden Age: Illustrated by Maxfield Parrish (Classic Reprint) Kenneth Grahame. 2017. (ENG., Illus.). (J). 30.91 (978-0-265-45995-9(8)) Forgotten Bks.

Golden Age: Ovid's Metamorphoses. Ovid. Illus. by Ana Sender. 2022. (ENG.). 104p. (J). (gr. 3). 29.95 (978-0-7358-4471-1(2)) North-South Bks., Inc.

Golden Age in Transylvania (Classic Reprint) Maurus Jokai. 2017. (ENG., Illus.). (J). 31.49 (978-0-266-17988-7(6)) Forgotten Bks.

Golden Age Marvel Comics Omnibus Vol. 2. Joe Simon & Marvel Various. Illus. by Jack Kirby & Bill Everett. 2020. 832p. (gr. 4-17). 150.00 (978-1-302-92204-7(1), Marvel Universe) Marvel Worldwide, Inc.

Golden Age of Baghdad: Band 17/Diamond. Richard Platt. 2017. (Collins Big Cat Ser.). (ENG.). 56p. (J). pap. 12.99 (978-0-00-820895-0(6)) HarperCollins Pubs. Ltd. GBR. Dist: Independent Pubs. Group.

Golden Age of Childhood (Classic Reprint) Katharine Forrest Hamill. 2018. (ENG., Illus.). (J). 96p. 25.90 (978-0-365-14968-2(3)); 68p. 25.30 (978-0-267-95780-4(7)); 70p. pap. 9.57 (978-0-267-90400-6(2)) Forgotten Bks.

Golden Age of Patents: A Parody on Yankee Inventiveness (Classic Reprint) Wallace Peck. (ENG., Illus.). (J). 2018. 56p. 25.07 (978-0-666-08434-7(3)); 2017. pap. 9.57 (978-0-282-62121-6(0)) Forgotten Bks.

Golden Age of Pirates: An Interactive History Adventure. Bob Temple. rev. ed. 2016. (You Choose: History Ser.). (ENG., Illus.). 112p. (J). (gr. 3-7). pap. 6.95 (978-1-5157-4255-5(5), 134009, Capstone Pr.) Capstone.

Golden Age of Roman Literature - Ancient History Picture Books Children's Ancient History. Baby Professor. 2017. (ENG., Illus.). (J). pap. 8.79 (978-1-5419-1327-1(2), Baby Professor (Education Kids)) Speedy Publishing LLC.

Golden Answer (Classic Reprint) Sylvia Chatfield Bates. 2018. (ENG., Illus.). 298p. (J). 30.06 (978-0-483-72092-3(5)) Forgotten Bks.

Golden Apple: A Musical in Two Acts (Classic Reprint) Jerome Moross. (ENG., Illus.). (J). 2018. 160p. 27.22 (978-0-331-63057-2(5)); 2017. pap. 9.57 (978-0-259-46011-4(7)) Forgotten Bks.

Golden Apple: A Play for Kiltartan Children (Classic Reprint) Augusta Gregory. 2018. (ENG., Illus.). 150p. (J). 27.07 (978-0-332-29952-5(X)) Forgotten Bks.

Golden Apple (Classic Reprint) Kathlyn Rhodes. (ENG., Illus.). (J). 2018. 332p. 30.74 (978-0-332-33726-5(X)); 2017. pap. 13.57 (978-1-334-93644-9(7)) Forgotten Bks.

Golden Apple Tree (Classic Reprint) Virna Sheard. 2018. (ENG., Illus.). 242p. (J). 28.89 (978-0-267-11165-7(7)) Forgotten Bks.

Golden Arm. Carl Deuker. 2022. (ENG.). 368p. (YA). (gr. 7). pap. 11.99 (978-0-358-66794-0(1), 1822612, Clarion Bks.) HarperCollins Pubs.

Golden Ass of Lucius Apuleius, of Medaura, Vol. 1 Of 2: Reprinted from the Scarce Edition of 1709, Revised & Corrected (Classic Reprint) Lucius Apuleius. 2018. (ENG., Illus.). 394p. (J). 32.02 (978-0-483-60773-6(8)) Forgotten Bks.

Golden Ass, Vol. 2 Of 2: Of Lucius Apuleius, of Medaura (Classic Reprint) Apuleius Apuleius. 2018. (ENG., Illus.). 326p. (J). 30.62 (978-0-483-65648-2(8)) Forgotten Bks.

Golden Autumn (Classic Reprint) Alexander. 2017. (ENG., Illus.). (J). pap. 13.57 (978-0-259-45841-8(4)) Forgotten Bks.

Golden Bait, Vol. 1 Of 3: A Novel (Classic Reprint) Henry Holl. (ENG., Illus.). (J). 2018. 292p. 29.92 (978-0-483-29572-8(8)); 2016. pap. 13.57 (978-1-333-42961-4(4)) Forgotten Bks.

Golden Bait, Vol. 2 Of 3: A Novel (Classic Reprint) Henry Holl. 2018. (ENG., Illus.). 304p. (J). 30.17 (978-0-483-33936-1(9)) Forgotten Bks.

Golden Bait, Vol. 3 Of 3: A Novel (Classic Reprint) Henry Holl. 2018. (ENG., Illus.). 300p. (J). 30.08 (978-0-483-47703-2(6)) Forgotten Bks.

Golden Barque & the Weaver's Grave. Seumas O'Kelly. 2019. (ENG.). 218p. (J). pap. (978-93-5395-454-3(1)) Alpha Editions.

Golden Barque & the Weaver's Grave (Classic Reprint) Seumas O'Kelly. (ENG., Illus.). (J). 2018. 264p. 29.34 (978-0-483-21883-3(9)); 2017. 226p. 28.58 (978-0-260-78242-7(4)) Forgotten Bks.

Golden Barrier (Classic Reprint) Agnes Castle. (ENG., Illus.). (J). 2018. 416p. 32.50 (978-0-365-47286-5(7)); 2018. 424p. 32.66 (978-0-666-99931-3(7)); 2017. pap. 16.57 (978-0-259-31404-2(8)); 2017. pap. 16.57 (978-0-243-49205-3(7)) Forgotten Bks.

Golden Basket. Ludwig Bemelmans. 2016. (ENG., Illus.). 96p. (J). (gr. 1-5). pap. 9.99 (978-0-486-80717-1(7)) Dover Pubns., Inc.

Golden Bell. Tamar Sachs. Illus. by Yossi Abolafia. 2019. (ENG.). 24p. (J). (gr. -1-3). 12.99 (978-1-5415-2612-9(0), c13ea2fb-6fac-471a-9d3c-b94ff812eeb3, Kar-Ben Publishing) Lerner Publishing Group.

Golden Bells: A Peal in Seven Changes (Classic Reprint) Robert Edward Francillon. 2017. (ENG., Illus.). (J). 27.94 (978-0-265-71005-0(7)); pap. 10.57 (978-1-5276-6222-3(5)) Forgotten Bks.

Golden Bird: Leveled Reader Card Book 85 Level T 6 Pack. Hmh Hmh. 2021. (SPA.). (J). pap. 74.40 (978-0-358-08130-2(0)) Houghton Mifflin Harcourt Publishing Co.

Golden Bird (Classic Reprint) Maria Thompson Daviess. 2018. (ENG., Illus.). 286p. (J). 29.80 (978-0-483-67359-5(5)) Forgotten Bks.

Golden Blight (Classic Reprint) George Allan England. 2018. (ENG., Illus.). 354p. (J). 31.20 (978-0-483-63463-3(8)) Forgotten Bks.

Golden Book of Death see Libro Dorado de la Muerte

Golden Book of Springfield (Classic Reprint) Vachel Lindsay. 2017. (ENG., Illus.). (J). 30.89 (978-0-265-78016-9(0)) Forgotten Bks.

Golden Book of the Dutch Navigators. Hendrik Willem Van Loon. 2019. (ENG., Illus.). 184p. (YA). pap. (978-1-5287-1191-3(2)) Freeman Pr.

Golden Bowl. Jerry C. Mayo. 2017. (ENG., Illus.). (J). pap. 6.99 (978-0-9985792-0-7(3)) Mayo, Jerry.

Golden Boy: Beethoven's Youth. Mikael Ross. Tr. by Nika Knight. 2022. (ENG., Illus.). 194p. 29.99 (978-1-68396-551-0(5), 683551) Fantagraphics Bks.

Golden Boys. Phil Stamper. (Golden Boys Ser.). (ENG.). (YA). 2023. 384p. pap. 11.99 (978-1-5476-1130-0(8), 900279289); 2022. (Illus.). 352p. 18.99 (978-1-5476-0737-2(8), 900240419) Bloomsbury Publishing USA. (Bloomsbury Young Adult).

Golden Boys Beware: A Novel. Hannah Capin. 2021. (ENG.). 336p. (YA). pap. 10.99 (978-1-250-23956-3(7), 900211182, Wednesday Bks.) St. Martin's Pr.

Golden-Breasted Kootoo: And Other Stories. Laura E. Richards. 2018. (ENG., Illus.). 38p. (YA). (gr. 7-12). pap. (978-93-5329-352-9(9)) Alpha Editions.

Golden-Breasted Kootoo (Classic Reprint) Laura E. Richards. 2018. (ENG., Illus.). 64p. (J). 25.24 (978-0-484-76132-1(3)) Forgotten Bks.

Golden Buckles, Vol. 8 (Classic Reprint) Conrad Harvey Sayce. 2018. (ENG., Illus.). 256p. (J). 29.24 (978-0-332-83825-0(0)) Forgotten Bks.

Golden Bug see Escarabajo de Oro

Golden Butterfly. Walter Besant. 2017. (ENG.). 296p. (J). pap. (978-3-337-04685-9(1)) Creation Pubs.

Golden Butterfly. Walter Besant & James Rice. 2017. (ENG., (J). Illus.). 80p. pap. (978-3-337-34022-3(9)); 288p. pap. (978-3-337-04026-0(8)); 300p. pap. (978-3-337-04028-4(4)) Creation Pubs.

Golden Butterfly: A Novel (Classic Reprint) Walter Besant. (ENG., Illus.). (J). 2018. 186p. 27.73 (978-0-483-43587-2(2)); 2017. pap. 10.57 (978-0-243-07646-8(0)) Forgotten Bks.

Golden Butterfly (Classic Reprint) Walter Besant. 2018. (ENG., Illus.). 552p. (J). 35.28 (978-0-483-58259-0(X)) Forgotten Bks.

Golden Butterfly, Vol. 1 Of 3: A Novel (Classic Reprint) Walter Besant. 2017. (ENG., Illus.). (J). 29.77 (978-0-260-43445-6(0)) Forgotten Bks.

Golden Butterfly, Vol. 2 Of 3: A Novel (Classic Reprint) Walter Besant. 2017. (ENG., Illus.). (J). 29.94 (978-0-331-82436-0(1)); pap. 13.57 (978-0-243-39512-5(4)) Forgotten Bks.

Golden Butterfly, Vol. 3 Of 3: A Novel (Classic Reprint) Walter Besant. 2017. (ENG., Illus.). (J). 30.02 (978-0-331-79753-4(4)) Forgotten Bks.

Golden Cage. Miriam Estep. 2018. (ENG., Illus.). 34p. (J). 23.95 (978-1-64299-315-8(8)); pap. 13.95 (978-1-64299-313-4(1)) Christian Faith Publishing.

Golden Calf: A Play in Four Acts (Classic Reprint) Adolphe Roge. (ENG., Illus.). (J). 2018. 104p. 26.04 (978-0-267-31524-6(4)); 2016. pap. 9.57 (978-1-333-45058-8(3)) Forgotten Bks.

Golden Calf, or Prodigality & Speculation in the Nineteenth Century, Vol. 2 of 3 (Classic Reprint) Unknown Author. (ENG., Illus.). (J). 2018. 308p. 30.25 (978-0-267-40955-6(9)); 2016. pap. 13.57 (978-1-334-22849-0(3)) Forgotten Bks.

Golden Calf, or Prodigality & Speculation in the Nineteenth Century, Vol. 3 of 3 (Classic Reprint) Unknown Author. (ENG., Illus.). (J). 2018. 304p. 30.17 (978-0-267-32514-6(2)); 2016. pap. 13.57 (978-1-333-52172-1(3)) Forgotten Bks.

Golden Calf, Vol. 1: A Novel (Classic Reprint) M. E. Braddon. 2018. (ENG., Illus.). 330p. (J). 30.72 (978-0-332-17771-7(8)) Forgotten Bks.

Golden Calf, Vol. 1 Of 2: A Novel (Classic Reprint) M. E. Braddon. (ENG., Illus.). (J). 2018. 606p. 36.44 (978-0-484-48144-1(4)); 2016. pap. 19.57 (978-1-334-13307-7(7)) Forgotten Bks.

Golden Calf, Vol. 1 Of 3: Or, Prodigality & Speculation in the Nineteenth Century (Classic Reprint) Unknown Author. 2018. (ENG., Illus.). 310p. (J). 30.29 (978-0-483-97739-6(X)) Forgotten Bks.

Golden Calf, Vol. 2 Of 3: A Novel (Classic Reprint) Mary Elizabeth Braddon. (ENG., Illus.). (J). 2018. 310p. 30.29 (978-0-267-33873-3(2)); 2016. pap. 13.57 (978-1-333-62793-5(9)) Forgotten Bks.

Golden Calf, Vol. 3: A Novel (Classic Reprint) M. E. Braddon. 2018. (ENG., Illus.). 288p. (J). 29.86 (978-0-267-16496-7(3)) Forgotten Bks.

Golden Canon (Classic Reprint) G. A. Henty. 2018. (ENG., Illus.). 240p. (J). 28.87 (978-0-267-63515-3(X)) Forgotten Bks.

Golden Chain (Classic Reprint) Gwendolen Overton. 2016. (ENG., Illus.). (J). pap. 9.57 (978-1-333-24493-4(2)) Forgotten Bks.

Golden Chains. M. Lynn. 2019. (ENG.). 306p. (YA). 24.99 (978-1-970052-67-1(8)) United Bks. Publishing.

Golden Change. Carolyn Lewis. Illus. by Sallie Gordon. 2018. (ENG.). 28p. (J). pap. 11.99 (978-1-945620-53-9(6)) Hear My Heart Publishing.

Golden Chimney: A Boy's Mine (Classic Reprint) Elizabeth Gerberding. (ENG., Illus.). (J). 2018. 228p. 28.60 (978-0-484-73669-5(8)); 2016. pap. 10.97 (978-1-334-11964-4(3)) Forgotten Bks.

Golden Christmas: A Chronicle of St. John's, Berkeley; Compiled from the Notes of a Briefless Barrister (Classic Reprint) William Gilmore Simms. 2018. (ENG., Illus.). (J). 176p. 27.53 (978-0-366-50088-8(0)); 178p. pap. 9.97 (978-0-365-79667-1(0)) Forgotten Bks.

Golden Compass Graphic Novel, Complete Edition. Philip Pullman. 2017. (His Dark Materials Ser.: 1). (ENG., Illus.). 224p. (J). (gr. 5). pap. 12.99 (978-0-553-53517-4(X), Knopf Bks. for Young Readers) Random Hse. Children's Bks.

Golden Crocodile (Classic Reprint) F. Mortimer Trimmer. 2018. (ENG., Illus.). (J). 316p. 30.41 (978-0-365-51038-3(6)); 318p. pap. 13.57 (978-0-365-51036-9(X)) Forgotten Bks.

Golden Crown. M. Lynn. 2019. (Fantasy & Fairytales Ser.: Vol. 3). (ENG.). 296p. (YA). 24.99 (978-1-970052-68-8(6)) United Bks. Publishing.

Golden Cup. Maria Ritter. Illus. by Ale Adame. 2020. (ENG.). 36p. (J). pap. 11.99 (978-1-944098-17-9(8)) PartnerPress.org.

Golden Dawn: And Other Stories (Classic Reprint) Mary Wentworth. (ENG., Illus.). (J). 2018. 242p. 28.91 (978-0-483-57996-5(3)); 2016. pap. 11.57 (978-1-333-42645-3(3)) Forgotten Bks.

Golden Days (Classic Reprint) Edna Lyall. 2018. (ENG., Illus.). 392p. (J). 31.98 (978-0-483-40747-3(X)) Forgotten Bks.

Golden Days of Youth: A Fife Village in the Past. John Hutton Browne. 2017. (ENG., Illus.). (J). pap. (978-0-649-59491-7(6)) Trieste Publishing Pty Ltd.

Golden Days of Youth: A Fife Village in the Past (Classic Reprint) John Hutton Browne. (ENG., Illus.). (J). 2018. 218p. 28.39 (978-0-666-24201-3(1)); 2017. pap. 10.97 (978-1-5276-8890-2(9)) Forgotten Bks.

Golden Deed Book: A School Reader (Classic Reprint) Eli Hershey Sneath. 2017. (ENG., Illus.). (J). 376p. 31.65 (978-0-332-52660-7(7)); pap. 16.57 (978-0-243-89239-6(X)) Forgotten Bks.

Golden Dicky the Story of a Canary, & His Friends (Classic Reprint) Marshall Saunders. 2018. (ENG., Illus.). 298p. (J). 30.04 (978-0-483-90419-4(8)) Forgotten Bks.

Golden Dog (le Chien D'or) William Kirby. 2018. (ENG., Illus.). 630p. (J). pap. (978-93-5297-120-6(5)) Alpha Editions.

Golden Dog (le Chien D'or) A Romance of the Days of Louis Quinze in Quebec (Classic Reprint) William Kirby. 2017. (ENG., Illus.). (J). 35.03 (978-1-5280-7328-8(2)) Forgotten Bks.

Golden Dolphin. Hamilton Narby. 2017. (ENG., Illus.). (J). pap. 17.99 (978-1-4834-7196-9(9)) Lulu Pr., Inc.

Golden Domes & Silver Lanterns. Hena Khan. 2018. (My Arabic Library). (ARA.). 28p. (J). (gr. -1-k). pap. 7.99 (978-1-338-26752-5(3)) Scholastic, Inc.

Golden Dragon, 5 vols. Jaume Copons. 2023. (Bitmax & Co Ser.: 3). (ENG., Illus.). 72p. (J). 14.99 (978-0-7643-6578-2(9), 29332) Schiffer Publishing, Ltd.

Golden Dream: Adventures in the Far West. Robert Michael Ballantyne. 2019. (ENG.). 282p. (J). pap. (978-93-5329-697-1(8)) Alpha Editions.

Golden Dreams: True Stories of Adventure in the California Gold Rush. Frank Baumgarder. 2020. (ENG.). 238p. (YA). pap. 17.99 (978-1-4808-8676-6(9)) Archway Publishing.

Golden Dress: A Fairy Tale. L. L. Barkat. Illus. by Gail Nadeau. 2018. (ENG.). 48p. (J). pap. 12.95 (978-1-943120-20-8(X)) T.S. Poetry Pr.

Golden Eagle vs. Great Horned Owl. Nathan Sommer. 2020. (Animal Battles Ser.). (ENG., Illus.). 24p. (J). (gr. 3-7). lib. bdg. 26.95 (978-1-64487-280-2(3)) Bellwether Media.

Golden Eagles. Christina Leighton. 2017. (North American Animals Ser.). (ENG., Illus.). 24p. (J). (gr. k-3). lib. bdg. 26.95 (978-1-62617-567-9(5), Blastoff! Readers) Bellwether Media.

Golden Eagles: A Solo Journey. M. J. Cosson. 2016. (Illus.). 32p. (J). (978-1-4896-4515-9(2)) Weigl Pubs., Inc.

774

The check digit for ISBN-10 appears in parentheses after the full ISBN-13

TITLE INDEX GOLDEN NAME DAY

Golden Eggs. Sandra Wilson. 2021. (ENG.). 26p. (J). pap. *(978-0-9919177-9-2(0))* Wilson, Sandra.

Golden Era, Vol. 32: December, 1884 (Classic Reprint) Unknown Author. (ENG., Illus.). (J). 2018. 118p. 26.35 *(978-0-483-67690-9(X))*; 2016. pap. 9.57 *(978-1-334-35620-9(3))* Forgotten Bks.

Golden Era, Vol. 32: June, 1884 (Classic Reprint) Harr Wagner. (ENG., Illus.). (J). 2018. 92p. 25.79 *(978-0-483-99337-2(9))*; 2016. pap. 9.57 *(978-1-334-13729-7(3))* Forgotten Bks.

Golden Era, Vol. 32: November, 1884 (Classic Reprint) Harr Wagner. 2016. (ENG., Illus.). (J). pap. 9.57 *(978-1-333-41553-2(2))* Forgotten Bks.

Golden Era, Vol. 32: September, 1884 (Classic Reprint) Harr Wagner. (ENG., Illus.). (J). 2018. 74p. 25.42 *(978-0-484-49406-9(6))*; 2016. pap. 9.57 *(978-1-333-69641-2(8))* Forgotten Bks.

Golden Era, Vol. 33: June, 1884 (Classic Reprint) Harr Wagner. (ENG., Illus.). (J). 2018. 78p. 25.51 *(978-0-332-19904-7(5))*; 2017. pap. 9.57 *(978-0-243-12604-0(2))* Forgotten Bks.

Golden Era, Vol. 34: August, 1885 (Classic Reprint) Golden Era Company. (ENG., Illus.). (J). 2018. 80p. 25.59 *(978-0-484-52811-5(4))*; 2016. pap. 9.57 *(978-1-333-45688-7(3))* Forgotten Bks.

Golden Era, Vol. 34: June, 1885 (Classic Reprint) Golden Era Company. 2016. (ENG., Illus.). (J). pap. 9.57 *(978-1-333-54963-3(6))* Forgotten Bks.

Golden Era, Vol. 35: A Monthly Magazine; August, 1886 (Classic Reprint) Harr Wagner. (ENG., Illus.). (J). 2018. 80p. 25.55 *(978-0-483-69996-0(9))*; 2017. pap. 9.57 *(978-0-243-40497-1(2))* Forgotten Bks.

Golden Era, Vol. 35: December, 1886 (Classic Reprint) Harr Wagner. (ENG., Illus.). (J). 2018. 98p. 25.92 *(978-0-483-64186-0(3))*; 2017. pap. 9.57 *(978-0-243-32576-4(2))* Forgotten Bks.

Golden Era, Vol. 39: An Illustrated Monthly Magazine; December, 1890 (Classic Reprint) Harr Wagner. (ENG., Illus.). (J). 2018. 134p. 26.66 *(978-0-428-90771-6(7))*; 2017. pap. 9.57 *(978-1-334-92715-7(4))* Forgotten Bks.

Golden Era, Vol. 43: A Literary & Educational Review; April, 1894 (Classic Reprint) Golden Era Company. 2018. (ENG., Illus.). 20p. (J). 24.31 *(978-0-483-01925-6(9))*; pap. 7.97 *(978-1-333-52330-5(0))* Forgotten Bks.

Golden Face: A Great Crook Romance (Classic Reprint) Le Queux. 2018. (ENG., Illus.). 254p. (J). 29.16 *(978-0-484-65243-8(5))* Forgotten Bks.

Golden Farmer: Or, Jemmy Twitcher in England, a Domestic Drama, in Two Acts (Classic Reprint) Benjamin Webster. 2018. (ENG., Illus.). 50p. (J). 24.93 *(978-0-332-83714-7(9))* Forgotten Bks.

Golden Feather. Philip Ligon. 2019. (Falconbone Chronicles Ser.: Vol. 2). (ENG.). 236p. (YA). pap. 14.99 *(978-1-922376-36-7(1))* Silver Empire.

Golden Feather. Charity Waciuma. 2022. (ENG.). 48p. (J). pap. 15.00 ***(978-1-0880-3764-5(X))*** Indy Pub.

Golden Fleece. Padraic Colum. 2018. (ENG., Illus.). 174p. (J). (gr. -1-12). 19.99 *(978-1-5154-2955-5(5))* Wilder Pubns., Corp.

Golden Fleece: A Romance (Classic Reprint) Julian Hawthorne. 2018. (ENG., Illus.). 200p. (J). 28.04 *(978-0-428-47905-3(7))* Forgotten Bks.

Golden Fleece: And the Heroes Who Lived Before Achilles. Padraic Colum. Illus. by Willy Pogany. 2019. (ENG.). 320p. (J). (gr. 5-9). 18.99 *(978-1-5344-5036-3(X)*, Aladdin) Simon & Schuster Children's Publishing.

Golden Fleece & the Heroes Who Lived Before Achilles. Padraic Colum. Illus. by Willy Pogany. 2019. (ENG.). 186p. (J). (gr. 5-9). pap. 8.99 *(978-1-4209-6161-4(6))* Digireads.com Publishing.

Golden Fleece (Classic Reprint) A. L. O. E. 2018. (ENG., Illus.). 144p. (J). 26.89 *(978-0-267-20633-9(X))* Forgotten Bks.

Golden Fleece (la Toison D'or) From the French of Amedee Achard (Classic Reprint) Unknown Author. (ENG., Illus.). (J). 2018. 468p. 33.55 *(978-0-483-11382-4(4))*; 2017. pap. 16.57 *(978-0-243-15496-8(8))* Forgotten Bks.

Golden Fleece the American Adventures of a Fortune Hunting Earl (Classic Reprint) David Graham Phillips. 2018. (ENG., Illus.). 382p. (J). 31.78 *(978-0-365-37742-9(2))* Forgotten Bks.

Golden Flood (Classic Reprint) Edwin Lefevre. 2017. (ENG., Illus.). 210p. (J). 28.25 *(978-0-484-80114-0(7))* Forgotten Bks.

Golden Flute. Skylar Page. 2018. (Sanctuary of the Seraphim Ser.: Vol. 2). (ENG., Illus.). 292p. (YA). 28.95 *(978-1-64349-323-7(X))*; pap. 18.95 *(978-1-64349-321-3(3))* Christian Faith Publishing.

Golden Forest: Exploring a Coastal California Ecosystem. Carol Blanchette & Jenifer Dugan. 2017. (Long Term Ecological Research Ser.). (Illus.). 32p. (J). (gr. 2-5). 15.95 *(978-1-63076-180-6(X))* Muddy Boots Pr.

Golden Frog Games (Witchlings 2) Claribel A. Ortega. 2023. (Witchlings Ser.). (ENG.). 384p. (J). (gr. 3-7). 17.99 *(978-1-338-74579-5(4)*, Scholastic Pr.) Scholastic, Inc.

Golden Frogs / Las Ranas Doradas: Bilingual English Spanish. Bonnie T. Ogle. l.t. ed. 2017. (SPA., Illus.). (J). pap. 9.95 *(978-1-61633-876-3(8))* Guardian Angel Publishing, Inc.

Golden Fury. Samantha Cohoe. 2021. (ENG.). 368p. (YA). pap. 11.99 *(978-1-250-81381-7(6)*, 900248351, Wednesday Bks.) St. Martin's Pr.

Golden Galleon (Classic Reprint) Lucas Malet. 2018. (ENG., Illus.). 176p. (J). 27.53 *(978-0-484-43112-5(9))* Forgotten Bks.

Golden Game. David Starr. 2017. (Soccer United: Team Refugee Ser.). (ENG.). 128p. (J). (gr. 5-8). pap. 8.99 *(978-1-4594-1231-6(1)*, 01cd2e4f-1656-4241-aa8e-e4e10da52cc8) James Lorimer & Co. Ltd., Pubs. CAN. Dist: Lerner Publishing Group.

Golden Gate. James Ponti. (City Spies Ser.: 2). (ENG.). 2022. 448p. (J). (gr. 3-7). pap. 8.99 *(978-1-5344-1495-2(9))*; 2021. (Illus.). 432p. (J). (gr. 3-7). 18.99 *(978-1-5344-1494-5(0))*; 2. 2022. 448p. (gr. 4-7). 24.94 *(978-1-5364-7207-3(7))* Simon & Schuster Children's Publishing. (Aladdin).

Golden Gate Bridge. Kevin Blake. 2016. (American Places: from Vision to Reality Ser.). (ENG., Illus.). 32p. (J). (gr. 2-7). 28.50 *(978-1-944102-44-9(2))* Bearport Publishing Co., Inc.

Golden Gate Bridge. Aaron Carr. 2017. (Symbols of America Ser.). (ENG.). 24p. (J). lib. bdg. 22.99 *(978-1-5105-2427-9(4))* SmartBook Media, Inc.

Golden Gate Bridge. Lori Dittmer. 2019. (Landmarks of America Ser.). (ENG.). 24p. (J). (gr. 1-4). pap. 8.99 *(978-1-62832-688-8(3)*, 18970, Creative Paperbacks) Creative Co., The.

Golden Gate Bridge. Rebecca Stanborough. 2016. (Engineering Wonders Ser.). (ENG., Illus.). 32p. (J). (gr. 3-6). lib. bdg. 27.99 *(978-1-4914-8196-7(X)*, 130669, Capstone Pr.) Capstone.

Golden Gate Bridge: Children's American History of 1900s Book. Bold Kids. 2022. (ENG.). 40p. (J). pap. 11.99 ***(978-1-0717-0997-9(6))*** FASTLANE LLC.

Golden Gate (Classic Reprint) Mary Mapes Dodge. (ENG., Illus.). (J). 2018. 80p. 25.57 *(978-0-267-36390-2(7))*; 2016. pap. 9.57 *(978-1-334-16645-7(5))* Forgotten Bks.

Golden Gate Park, an a to Z Adventure. Marta Lindsey. Illus. by Michael Wertz. 2020. (ENG.). 32p. (J). (gr. 1-3). 17.99 *(978-1-5132-6301-4(3)*, West Margin Pr.) West Margin Pr.

Golden Gate to Hell Gate (Classic Reprint) Lester L. Whitman. 2018. (ENG., Illus.). 32p. (J). 24.56 *(978-0-484-84929-6(8))* Forgotten Bks.

Golden Gift: A Book for the Young (Classic Reprint) Harrison Weir. 2018. (ENG., Illus.). 162p. (J). 27.24 *(978-0-483-63487-9(5))* Forgotten Bks.

Golden Gifts: An Australian Tale (Classic Reprint) Maud Jeanne Franc. (ENG., Illus.). (J). 2019. 250p. 29.05 *(978-0-365-16853-9(X))*; 2017. pap. 11.57 *(978-0-259-21383-3(7))* Forgotten Bks.

Golden Girl. Reem Faruqi. (ENG.). (J). (gr. 3-7). 2023. 352p. pap. 9.99 *(978-0-06-304476-0(5))*; 2022. (Illus.). 336p. 16.99 *(978-0-06-304475-3(7))* HarperCollins Pubs. (HarperCollins).

Golden Girl the Chicken. Lisa Mullarkey. Illus. by Paula Franco. 2017. (Farmyard Friends Ser.). (ENG.). 32p. (J). (gr. -1-3). lib. bdg. 32.79 *(978-1-5321-4046-4(0)*, 25520, Calico Chapter Bks) Magic Wagon.

Golden Girls: Goodnight, Girls. Samantha Brooke. Illus. by Jen Taylor. 2022. (ENG.). 20p. (J). (gr. -1 — 1). bds. 8.99 *(978-0-316-11963-4(6))* Little, Brown Bks. for Young Readers.

Golden Girls of Rio. Illus. by Nikkolas Smith. 2016. (ENG.). 32p. (J). (gr. -1-3). 16.99 *(978-1-5107-2247-7(5)*, Sky Pony Pr.) Skyhorse Publishing Co., Inc.

Golden Girls, Vol. 1 of 3 (Classic Reprint) Alan Muir. 2018. (ENG., Illus.). 308p. (J). 30.25 *(978-0-267-46576-7(9))* Forgotten Bks.

Golden Girls, Vol. 2 of 3 (Classic Reprint) Alan Muir. (ENG., Illus.). (J). 2018. 314p. 30.37 *(978-0-267-34635-6(2))*; 2016. pap. 13.57 *(978-1-333-67901-3(5))* Forgotten Bks.

Golden Girls, Vol. 3 of 3 (Classic Reprint) Alan Muir. 2018. (ENG., Illus.). 332p. (J). 30.74 *(978-0-267-30111-9(1))* Forgotten Bks.

Golden Gleanings: A Select Miscellany (Classic Reprint) David Heston. (ENG., Illus.). (J). 2018. 360p. 31.32 *(978-0-483-54293-8(8))*; 2017. pap. 13.97 *(978-0-243-16621-3(4))* Forgotten Bks.

Golden Glow. Benjamin Flouw. 2018. (ENG., Illus.). 48p. (J). (gr. -1-3). 17.99 *(978-0-7352-6412-0(0)*, Tundra Bks.) Tundra Bks. CAN. Dist: Penguin Random Hse. LLC.

Golden Glow: How Kaitlin Sandeno Achieved Gold in the Pool & in Life. Dan D'Addona & Kaitlin Sandeno. 2019. (Illus.). 160p. 38.00 *(978-1-5381-1703-3(7))* Rowman & Littlefield Publishers, Inc.

Golden Goal. Matthew Cade. Illus. by Patrick Gray. 2020. (ENG.). 32p. (J). (gr. k-3). 18.50 *(978-1-4434-6339-3(6)*, Collins) HarperCollins Canada, Ltd. CAN. Dist: HarperCollins Pubs.

Golden Goblet: And Other Stories (Classic Reprint) Jay Thomas Stockings. 2017. (ENG., Illus.). (J). 27.49 *(978-0-331-13652-4(X))*; pap. 9.97 *(978-0-265-00086-1(6))* Forgotten Bks.

Golden Goblet Novel Units Teacher Guide. Novel Units. 2019. (ENG.). (J). pap. 12.99 *(978-1-56137-615-5(9)*, Novel Units, Inc.) Classroom Library Co.

Golden Goose. Yen Binh. 2017. (VIE., Illus.). (J). pap. *(978-604-957-781-9(1))* Van hoc.

Golden Goose: A Mother Goose Play for Children (Classic Reprint) Elizabeth F. Guptill. (ENG., Illus.). (J). 2018. 46p. 24.87 *(978-0-267-31624-3(0))*; 2016. pap. 9.57 *(978-1-333-46551-3(3))* Forgotten Bks.

Golden Goose: And Other Fairy Tales (Classic Reprint) Eva March Tappan. 2017. (ENG., Illus.). (J). 29.05 *(978-0-331-17921-7(0))*; pap. 11.57 *(978-0-266-00800-2(3))* Forgotten Bks.

Golden Goose Book: Being the Stories of the Golden Goose, the Three Bears, the 3 Little Pigs Tom Thumb. L. Leslie Brooke. 2017. (ENG., Illus.). (J). pap. *(978-0-649-42458-0(1))* Trieste Publishing Pty Ltd.

Golden Goose Book: Being the Stories of the Golden Goose, the Three Bears, the 3 Little Pigs, Tom Thumb (Classic Reprint) L. Leslie Brooke. 2017. (ENG., Illus.). (J). 25.98 *(978-0-331-57996-3(0))* Forgotten Bks.

Golden Goose (Classic Reprint) Leslie Brooke. 2017. (ENG., Illus.). (J). 24.47 *(978-0-260-30281-6(3))* Forgotten Bks.

Golden Gorse (Classic Reprint) A. G. Hales. 2018. (ENG., Illus.). 324p. (J). 30.54 *(978-0-332-34555-0(6))* Forgotten Bks.

Golden Gossip: Neighborhood Story Number Two (Classic Reprint) A. D. T. Whitney. 2017. (ENG., Illus.). (J). 31.65 *(978-0-260-71400-8(3))* Forgotten Bks.

Golden Grain (Classic Reprint) Leigh Younge. 2018. (ENG., Illus.). 226p. (J). 28.56 *(978-0-483-72076-3(3))* Forgotten Bks.

Golden Grains from Life's Harvest Field (Classic Reprint) T. S. Arthur. 2018. (ENG., Illus.). 244p. (J). 28.93 *(978-0-365-03198-7(4))* Forgotten Bks.

Golden Greyhound: A Novel (Classic Reprint) Dwight Tilton. 2018. (ENG., Illus.). 382p. (J). 31.78 *(978-0-483-82045-6(8))* Forgotten Bks.

Golden Guard Trilogy Boxed Set. Elise Kova. 2017. (ENG., Illus.). (YA). (gr. 8-12). 28.99 *(978-1-61984-742-2(6))*; pap. 16.99 *(978-1-61984-743-9(4))* Gatekeeper Pr.

Golden Hair & Her Knight of the Beanstalk in the Enchanted Forest (Classic Reprint) N. G. Clarke. (ENG., Illus.). (J). 2018. 38p. 24.70 *(978-0-267-54364-9(6))*; 2016. pap. 7.97 *(978-1-333-43597-4(5))* Forgotten Bks.

Golden-Haired Gertrude: A Story for Children (Classic Reprint) Theodore Tilton. 2018. (ENG., Illus.). 54p. (J). 25.01 *(978-0-267-45230-9(6))* Forgotten Bks.

Golden Happy Tree. Mei Su. Illus. by Ruiling Zhang. 2023. (Most Beautiful Gusu Fairy Tales Ser.). (ENG.). 48p. (J). (gr. k-2). 19.95 ***(978-1-4878-1121-1(7))*** Royal Collins Publishing Group Inc. CAN. Dist: Independent Pubs. Group.

Golden Harvest (Classic Reprint) H. Haverstock Hill. 2018. (ENG., Illus.). 322p. (J). 30.54 *(978-0-428-86604-4(2))* Forgotten Bks.

Golden Hawk (Classic Reprint) Edith Rickert. (ENG., Illus.). (J). 2018. 360p. 31.30 *(978-0-484-16604-1(2))*; 2016. pap. 13.97 *(978-1-334-09178-0(1))* Forgotten Bks.

Golden Heart. Sherif Sadek. 2020. (ENG., Illus.). 40p. (J). (gr. k-3). pap. ***(978-1-7770682-5-7(8))*** Yakootah.

Golden Heart (Classic Reprint) Ralph Henry Barbour. (ENG., Illus.). (J). 2018. 220p. 28.45 *(978-0-267-96605-9(9))*; 2017. pap. 10.97 *(978-1-5276-1023-1(3))* Forgotten Bks.

Golden Heart, Vol. 1 Of 3: A Novel (Classic Reprint) Tom Hood. 2018. (ENG., Illus.). 304p. (J). 30.17 *(978-0-483-79321-7(3))* Forgotten Bks.

Golden Heart, Vol. 2: A Novel (Classic Reprint) Tom Hood. 2018. (ENG., Illus.). 304p. (J). 30.17 *(978-0-332-95712-8(8))* Forgotten Bks.

Golden Heart, Vol. 3 Of 3: A Novel (Classic Reprint) Tom Hood. 2018. (ENG., Illus.). 284p. (J). 29.75 *(978-0-483-84378-3(4))* Forgotten Bks.

Golden Hollow (Classic Reprint) Rena Cary Sheffield. (ENG., Illus.). (J). 2018. 216p. 28.35 *(978-0-332-14243-2(4))*; 2016. pap. 10.97 *(978-1-333-30706-6(3))* Forgotten Bks.

Golden Hope: A Story of the Time of King Alexander the Great (Classic Reprint) Robert H. Fuller. 2018. (ENG., Illus.). 420p. (J). 32.56 *(978-0-483-46442-1(2))* Forgotten Bks.

Golden Hope, Vol. 3 Of 3: A Romance of the Deep (Classic Reprint) W. Clark Russell. 2018. (ENG., Illus.). 296p. (J). 30.00 *(978-0-483-39102-4(6))* Forgotten Bks.

Golden Horn, Silver Hooves. Lauren Plaskonos. 2021. (ENG.). 44p. (J). (gr. k-6). 19.99 ***(978-1-0880-0375-6(3))***; 14.99 ***(978-1-0879-8441-4(6))*** Indy Pub.

Golden Horn, Silver Hooves. Lauren Dempsey Plaskonos. 2017. (ENG., Illus.). (J). 25.95 *(978-1-4808-4652-4(X))*; pap. 20.45 *(978-1-4808-4651-7(1))* Archway Publishing.

Golden Horseshoe (Classic Reprint) Robert Aitken. 2018. (ENG., Illus.). 358p. (J). 31.28 *(978-0-666-78181-9(8))* Forgotten Bks.

Golden Hour: A Pippa Greene Novel. Chantel Guertin. 2018. (Pippa Greene Novel Ser.: 4). 192p. (YA). pap. 9.95 *(978-1-77041-235-4(2)*, ad34c2d2-6fab-4689-b0db-9fa65a3c0063) ECW Pr. CAN. Dist: Baker & Taylor Publisher Services (BTPS).

Golden Hour: Stories & Poems for Opening Exercises in the School-Room (Classic Reprint) Prudence Lewis. (ENG., Illus.). (J). 2018. 388p. 31.90 *(978-0-483-58091-6(0))*; 2016. pap. 16.57 *(978-1-334-23837-6(5))* Forgotten Bks.

Golden House; a Novel: Illustrated by W. T. Smedley (Classic Reprint) Charles Dudley Warner. 2018. (ENG., Illus.). 408p. (J). 32.33 *(978-0-484-02423-5(X))* Forgotten Bks.

Golden Journey of Mr. Paradyne (Classic Reprint) William J. Locke. (ENG., Illus.). (J). 2018. 82p. 25.61 *(978-0-365-28050-7(X))*; 2017. pap. 9.57 *(978-0-259-49919-0(6))* Forgotten Bks.

Golden Justice (Classic Reprint) William Henry Bishop. 2017. (ENG., Illus.). (J). 32.17 *(978-0-265-21262-2(6))* Forgotten Bks.

Golden Kangaroo (Classic Reprint) Ambrose Pratt. 2018. (ENG., Illus.). 216p. (J). 28.35 *(978-0-483-91315-8(4))* Forgotten Bks.

Golden Key Book: A School Reader (Classic Reprint) E. Hershey Sneath. (ENG., Illus.). (J). 2018. 362p. 31.36 *(978-0-666-88580-7(X))*; 2017. pap. 13.97 *(978-0-243-96279-2(7))* Forgotten Bks.

Golden Key (Geronimo Stilton & the Kingdom of Fantasy #15) Geronimo Stilton. 2022. (Geronimo Stilton & the Kingdom of Fantasy Ser.). (ENG., Illus.). 304p. (J). (gr. 2-5). 16.99 *(978-1-338-84800-7(3))* Scholastic, Inc.

Golden Key Mysteries: The Arcane Soul. Astria Mikaelson. 2021. (ENG.). 161p. (YA). *(978-1-312-23444-4(X))* Lulu Pr., Inc.

Golden Key of Edoux. Sharon G. Barber. 2017. (ENG., Illus.). (J). pap. 32.23 *(978-0-9990572-0-9(0))* Shinnery Publishing Co.

Golden Kingdom: Being an Account of the Quest for the Same As Described in the Remarkable Narrative of Doctor Henry Mortimer, Contained in the Manuscript Found Within the Boards of a Boer Bible During the Late War, & Edited with a Prefatory Note. Andrew Balfour. 2017. (ENG., Illus.). (J). 32.93 *(978-0-266-68033-8(X))*; pap. 16.57 *(978-1-5276-4983-5(0))* Forgotten Bks.

Golden Ladder Book: A School Reader (Classic Reprint) E. Hershey Sneath. (ENG., Illus.). (J). 2018. 290p. 29.88 *(978-0-483-12402-8(8))*; 2017. pap. 13.57 *(978-0-243-05788-7(1))* Forgotten Bks.

Golden Lads: A Thrilling Account of How the Invading War Machine Crushed Belgium. Arthur H. Gleason. 2017. (ENG., Illus.). (J). pap. *(978-0-649-59503-7(3))*; pap. *(978-0-649-24383-9(8))* Trieste Publishing Pty Ltd.

Golden Lads: A Thrilling Account of How the Invading War Machine Crushed Belgium. Arthur H. Gleason & Helen Hayes Gleason. 2017. (ENG., Illus.). (J). pap. *(978-0-649-59504-4(1))* Trieste Publishing Pty Ltd.

Golden Lads: A Thrilling Account of How the Invading War Machine Crushed Belgium (Classic Reprint) Arthur H. Gleason. (ENG., Illus.). (J). 2018. 292p. 29.92 *(978-0-666-41453-3(X))*; 2016. pap. 13.57 *(978-1-333-69044-1(4))* Forgotten Bks.

Golden Land: The True Story & Experiences of Settlers in Canada (Classic Reprint) Arthur Edward Copping. (ENG., Illus.). (J). 2017. 30.66 *(978-0-266-78870-6(X))*; 2016. pap. 13.57 *(978-1-333-45032-8(X))* Forgotten Bks.

Golden Land, or Links from Shore to Shore (Classic Reprint) B. L. Farjeon. 2017. (ENG., Illus.). (J). 31.49 *(978-0-266-73350-8(6))*; pap. 13.97 *(978-1-5276-9607-5(3))* Forgotten Bks.

Golden Lantern. Vicki D. Thomas. 2023. (Relics Adventures, Book 2 Ser.: Vol. 2). (ENG.). 344p. (YA). pap. 18.99 ***(978-1-5092-4806-3(4))*** Wild Rose Pr., Inc., The.

Golden Leaves, 1938 (Classic Reprint) Wentworth High School. 2018. (ENG., Illus.). (J). 56p. 25.05 *(978-0-428-69709-9(7))*; 58p. pap. 9.57 *(978-0-428-45913-0(7))* Forgotten Bks.

Golden Legacy. Libby V. Ealy. 2018. (ENG., Illus.). 172p. (YA). pap. 14.95 *(978-1-64299-282-3(8))* Christian Faith Publishing.

Golden Legacy: A Story of Life's Phases (Classic Reprint) H. J. Moore. 2017. (ENG., Illus.). (J). 396p. 32.06 *(978-0-484-73954-2(9))*; pap. 16.57 *(978-0-259-31650-3(4))* Forgotten Bks.

Golden Legacy: The Story of Golden Books. Leonard S. Marcus. 2017. (Deluxe Golden Book Ser.). 256p. (gr. -1-2). 40.00 *(978-0-375-82996-3(2)*, Golden Bks.) Random Hse. Children's Bks.

Golden Life of Little Steve: The Bully Challenge Picture Book. Wp Osborne. Illus. by Ayan Saha. l.t. ed. 2022. (ENG.). 38p. (J). 27.95 ***(978-1-953895-08-0(5))*** Osborne, Wanda.

Golden Like Summer. Gene Gant. 2019. (ENG.). 210p. (YA). pap. 14.99 *(978-1-64405-290-7(3)*, Harmony Ink Pr.) Dreamspinner Pr.

Golden Lion, 4. Mike Maihack. ed. 2019. (Cleopatra in Space Graphic Nvls Ser.). (ENG.). 198p. (J). (gr. 4-5). 23.96 *(978-0-87617-334-3(2))* Penworthy Co., LLC, The.

Golden Lion: a Graphic Novel (Cleopatra in Space #4), Bk. 4. Mike Maihack. Illus. by Mike Maihack. 2017. (Cleopatra in Space Ser.: 4). (ENG., Illus.). 208p. (J). (gr. 3-7). pap. 14.99 *(978-0-545-83872-6(X)*, Graphix) Scholastic, Inc.

Golden Lives: The Story of a Woman's Courage (Classic Reprint) Frederick Wicks. (ENG., Illus.). (J). 2018. 320p. 30.50 *(978-0-483-33259-1(3))*; 2016. pap. 13.57 *(978-1-333-32669-2(6))* Forgotten Bks.

Golden Lotus: And Other Legends of Japan (Classic Reprint) Edward Greey. 2018. (ENG., Illus.). 150p. (J). 27.01 *(978-0-267-26364-6(3))* Forgotten Bks.

Golden Magnet. George Manville Fenn. 2017. (ENG.). 444p. (J). pap. *(978-3-337-02640-0(0))* Creation Pubs.

Golden Magnet: A Tale of the Land of the Incas (Classic Reprint) Geo Manville Fenn. 2018. (ENG., Illus.). 440p. (J). 32.97 *(978-0-483-75824-7(6))* Forgotten Bks.

Golden Magnet: A Tale of the Land of the Incas (Classic Reprint) George Manville Fenn. 2016. (ENG., Illus.). (J). pap. 16.57 *(978-1-334-33850-2(7))* Forgotten Bks.

Golden Maple Tree. Marc Remus. 2016. (ENG., Illus.). (J). pap. *(978-3-00-051993-2(9))* Remus, Marc.

Golden Mare, the Firebird, & the Magic Ring. Ruth Sanderson. (Ruth Sanderson Collection). (ENG., Illus.). 32p. (J). (gr. 1-2). 2019. pap. 8.95 *(978-1-56656-066-5(7))*; 2016. 17.95 *(978-1-56656-079-5(9))* Interlink Publishing Group, Inc. (Crocodile Bks.).

Golden Marriage: A Romance of Deep Interest (Classic Reprint) Unknown Author. (ENG., Illus.). (J). 2018. 84p. 25.65 *(978-0-267-40874-0(9))*; 2016. pap. 9.57 *(978-1-334-20334-3(2))* Forgotten Bks.

Golden Mediocrity: A Novel (Classic Reprint) Eugénie Hamerton. 2018. (ENG., Illus.). 290p. (J). 29.88 *(978-0-483-93724-6(X))* Forgotten Bks.

Golden Mermaid: And Other Stories from the Fairy Books (Classic Reprint) Andrew Lang. 2018. (ENG., Illus.). 222p. (J). 28.48 *(978-0-483-68724-0(3))* Forgotten Bks.

Golden Mirror. Brooke Fischbeck. 2021. (ENG.). 418p. (YA). pap. 18.00 *(978-0-578-95029-7(4))* Fischbeck, Brooke.

Golden Moments: Bright Stories for Young Folks. Unknown. 2017. (ENG., Illus.). (J). (gr. 1-6). pap. *(978-93-86423-08-5(1))* Alpha Editions.

Golden Monkey Subdues Evil (1) Sun Wukong Defeats the Wicked Demoness. Shanghai Animation Film Studio. 2021. (Chinese Animation Classical Collection). (ENG.). 76p. (J). (gr. k-2). 19.95 *(978-1-4878-0852-5(6))* Royal Collins Publishing Group Inc. CAN. Dist: Independent Pubs. Group.

Golden Monkey Subdues Evil (1) Sun Wukong Defeats the Wicked Demoness (Tamil Edition) Shanghai Animation Film Studio. 2021. (Chinese Animation Classical Collection). (ENG.). 76p. (J). 19.95 *(978-1-4878-0404-6(0))* Royal Collins Publishing Group Inc. CAN. Dist: Independent Pubs. Group.

Golden Monkey Subdues Evil (2) The Monkey King's Clever Plan to Save His Master. Shanghai Animation Film Studio. 2021. (Chinese Animation Classical Collection). (ENG.). 76p. (J). (gr. k-2). 19.95 *(978-1-4878-0853-2(4))* Royal Collins Publishing Group Inc. CAN. Dist: Independent Pubs. Group.

Golden Monkey Subdues Evil (2) The Monkey King's Clever Plan to Save His Master (Tamil Edition) Shanghai Animation Film Studio. 2021. (Chinese Animation Classical Collection). (ENG.). 76p. (J). 19.95 *(978-1-4878-0405-3(9))* Royal Collins Publishing Group Inc. CAN. Dist: Independent Pubs. Group.

Golden Mother Goose. Alice Provensen & Martin Provensen. 2017. (Illus.). 72p. (J). (— 1). 16.99 *(978-1-5247-1578-6(6)*, Golden Bks.) Random Hse. Children's Bks.

Golden Mushroom. Cardwell. 2021. (ENG.). 36p. (J). pap. 9.99 *(978-1-7377407-0-4(2))* Cardwell, Robert K.

Golden Mushroom Trilogy. John Paulits. 2020. (Golden Mushroom Trilogy Ser.: Vol. 1). (ENG., Illus.). 228p. (J). pap. 17.00 *(978-1-61950-620-6(3))* Gypsy Shadow Publishing Co.

Golden Name Day. Jennie D. Lindquist. 2021. (Golden Age Library). (ENG.). 192p. (J). pap. 10.99 *(978-1-948959-30-8(5))* Purple Hse. Pr.

G

Golden Necklace the Story of Timma & Timmi (Classic Reprint) C. M Edwards. 2018. (ENG., Illus.). 130p. (J). 26.58 (978-0-483-36075-4(9)) Forgotten Bks.
Golden Oldies Strike Back. Fabian Grant. 2020. (ENG.). 132p. (YA). (978-1-913438-28-9(7)); pap. (978-1-913438-27-2(9)) ASys Publishing.
Golden One - Blooming. Hans M. Hirschi. 2018. (Golden One Ser.: Vol. 1). (ENG., Illus.). 244p. (YA). pap. (978-1-78645-282-5(0)) Beaten Track Publishing.
Golden One - Deceit. Hans M. Hirschi. 2019. (Golden One Ser.: Vol. 2). (ENG.). 248p. (YA). pap. (978-1-78645-313-6(4)) Beaten Track Publishing.
Golden One - Reckoning. Hans M. Hirschi. 2019. (Golden One Ser.: Vol. 3). (ENG.). 254p. (YA). pap. (978-1-78645-315-0(0)) Beaten Track Publishing.
Golden Parrot & the Magic Teapot. Bhargavi. 2017. (ENG., Illus.). (J). pap. 27.02 (978-1-4828-8220-9(5)) Partridge Pub.
Golden Parrot (Classic Reprint) Frederic Abildgaard Fenger. (ENG., Illus.). (J). 2018. 260p. 29.28 (978-0-331-92129-8(4)); 2017. pap. 11.97 (978-0-259-39600-0(1)) Forgotten Bks.
Golden Path Book: A School Reader (Classic Reprint) E. Hershey Sneath. 2018. (ENG., Illus.). 304p. (J). 30.17 (978-0-483-13837-7(1)) Forgotten Bks.
Golden Pomp. Arthur Thomas Quiller-Couch. 2017. (ENG.). 398p. (J). pap. (978-3-7447-7260-0(8)) Creation Pubs.
Golden Poppy: A Novel (Classic Reprint) Jeffrey Deprend. 2018. (ENG., Illus.). 312p. (J). 30.35 (978-0-483-44269-6(0)) Forgotten Bks.
Golden Present: Containing a Variety of Amusing Tales (Classic Reprint) Unknown Author. 2018. (ENG., Illus.). 66p. (J). 25.26 (978-0-666-31449-9(7)) Forgotten Bks.
Golden Present: Designed for the Amusement & Instruction of All Good Masters & Misses in the United Kingdoms of Great Britain & Ireland (Classic Reprint) Unknown Author. (ENG., Illus.). (J). 2018. 24p. 24.39 (978-0-267-40583-1(9)); 2016. pap. 7.97 (978-1-334-11783-1(7)) Forgotten Bks.
Golden Prime, Vol. 1 of 3 (Classic Reprint) Frederick Boyle. 2018. (ENG., Illus.). 304p. (J). 30.17 (978-0-428-82264-4(9)) Forgotten Bks.
Golden Prime, Vol. 2 Of 3: A Novel (Classic Reprint) Frederick Boyle. (ENG., Illus.). (J). 2018. 282p. 29.71 (978-0-483-29323-6(7)); 2016. pap. 13.57 (978-1-333-40991-3(5)) Forgotten Bks.
Golden Prime, Vol. 3 Of 3: A Novel (Classic Reprint) Frederick Boyle. (ENG., Illus.). (J). 2018. 274p. 29.55 (978-0-484-03715-0(3)); 2016. pap. 11.97 (978-1-333-22939-9(9)) Forgotten Bks.
Golden Primer, Vol. 1 (Classic Reprint) John Miller Dow Meiklejohn. 2017. (ENG., Illus.). (J). 24.70 (978-0-266-81354-5(2)); pap. 7.97 (978-1-5278-2572-7(8)) Forgotten Bks.
Golden Primer, Vol. 2 (Classic Reprint) John Miller Dow Meiklejohn. 2017. (ENG., Illus.). (J). 24.80 (978-0-266-79244-4(8)); pap. 7.97 (978-1-5278-5998-2(3)) Forgotten Bks.
Golden Provision: A Child's Devotional about God & Who He Is. Darlene Wall. Illus. by Kathryn Wall. 2021. (God's Colouring Book Ser.: Vol. 11). (ENG.). 28p. (J). pap. (978-1-4866-1392-2(6)) Word Alive Pr.
Golden Rainbow Day! Elizabeth Dennis. 2022. (Donkey Hodie Ser.). (ENG.). 14p. (J). (gr. -1-k). bds. 8.99 (978-1-6659-2169-5(2), Simon Spotlight) Simon Spotlight.
Golden Retriever. Matthew Burns. 2017. (Dog Lover's Guides: Vol. 18). (ENG., Illus.). 128p. (J). (gr. 7-12). 26.95 (978-1-4222-3857-8(1)) Mason Crest.
Golden Retrievers. Elizabeth Andrews. 2022. (Dogs (CK) Ser.). (ENG., Illus.). 24p. (J). (gr. k-3). lib. bdg. 31.36 (978-1-0982-4320-3(X), 41215, Pop! Cody Koala) Pop!.
Golden Retrievers. Sarah Frank. 2019. (Lightning Bolt Books (r) — Who's a Good Dog? Ser.). (ENG., Illus.). 24p. (J). (gr. 1-3). pap. 9.99 (978-1-5415-4584-7(2), 3076628c-427d-44c5-8d2d-2bc4b8149847) Lerner Publishing Group.
Golden Retrievers. Tammy Gagne. 2018. (That's My Dog Ser.). (ENG., Illus.). 32p. (J). (gr. 2-3). pap. 9.95 (978-1-63517-613-1(1), 1635176131); lib. bdg. 31.35 (978-1-63517-541-7(0), 1635175410) North Star Editions. (Focus Readers).
Golden Retrievers. Susan Heinrichs Gray & Maria Koran. 2016. (Illus.). 32p. (J). (978-1-4896-5605-6(7)) Weigl Pubs., Inc.
Golden Retrievers. Christa C. Hogan. 2018. (Doggie Data Ser.). (ENG.). 32p. (J). (gr. 4-6). pap. 9.99 (978-1-64466-249-6(3), 12251); (Illus.). lib. bdg. (978-1-68072-402-8(9), 12250) Black Rabbit Bks. (Bolt).
Golden Retrievers. Mary Ellen Klukow. 2019. (Favorite Dog Breeds Ser.). (ENG.). 24p. (J). (gr. 1-4). lib. bdg. (978-1-68151-657-8(8), 10789) Amicus.
Golden Retrievers. Katie Lajiness. 2017. (Big Buddy Dogs Ser.). (ENG., Illus.). 32p. (J). (gr. 2-5). lib. bdg. 34.21 (978-1-5321-1210-2(6), 27562, Big Buddy Bks.) ABDO Publishing Co.
Golden Retrievers. Leo Statts. 2016. (Dogs (Abdo Zoom) Ser.). (ENG.). 24p. (J). (gr. -1-2). 49.94 (978-1-68079-342-0(X), 22963, Abdo Zoom-Launch) ABDO Publishing Co.
Golden Road. L. M. Montgomery. 2017. (ENG., Illus.). (J). 24.95 (978-1-374-95097-9(1)); pap. 14.95 (978-1-374-95096-2(3)) Capital Communications, Inc.
Golden Road. L. M. Montgomery. 2018. (ENG.). 320p. (J). (gr. 5). pap. 9.99 (978-1-101-91947-7(7), Tundra Bks.) Tundra Bks. CAN. Dist: Penguin Random Hse. LLC.
Golden Road. L. M. Montgomery. 2018. (ENG., Illus.). 206p. (J). 19.99 (978-1-5154-3197-8(5)) Wilder Pubns., Corp.
Golden Road. L. M. Montgomery. 2022. (ENG.). 184p. (J). pap. 30.94 (978-1-4583-3152-6(0)) Lulu Pr., Inc.
Golden Road (Classic Reprint) Frank Waller Allen. 2017. (ENG., Illus.). (J). 29.09 (978-0-260-56324-8(2)) Forgotten Bks.
Golden Road (Classic Reprint) L. M. Montgomery. 2017. (ENG., Illus.). (J). 31.90 (978-0-260-32557-0(0)); pap. 16.57 (978-0-259-18569-7(8)) Forgotten Bks.
Golden-Rod: April, 1902 (Classic Reprint) Robert S. Pinkham. (ENG., Illus.). (J). 2018. 20p. 24.33 (978-0-267-74440-4(4)); 2017. pap. 7.97 (978-0-259-29400-9(4)) Forgotten Bks.
Golden-Rod: April, 1906 (Classic Reprint) Charles K. Hogan. 2017. (ENG., Illus.). (J). 24.60 (978-0-266-58438-4(1)); pap. 7.97 (978-0-282-87222-9(1)) Forgotten Bks.
Golden Rod: April, 1909 (Classic Reprint) H. Hammond Pride. 2017. (ENG., Illus.). (J). 24.45 (978-0-266-56165-1(9)); pap. 7.97 (978-0-282-93903-8(2)) Forgotten Bks.
Golden Rod: December, 1936 (Classic Reprint) Constance Viner. (ENG., Illus.). (J). 2018. 54p. 25.01 (978-0-484-02272-9(5)); 2017. pap. 9.57 (978-0-259-80423-9(1)) Forgotten Bks.
Golden Rod: February, 1927 (Classic Reprint) Quincy High School. 2017. (ENG., Illus.). (J). 25.20 (978-0-266-58246-5(X)); pap. 9.57 (978-0-282-86674-7(4)) Forgotten Bks.
Golden-Rod: January 1909 (Classic Reprint) H. Hammond Pride. (ENG., Illus.). (J). 2018. 20p. 24.31 (978-0-666-87429-0(8)); 2017. pap. 7.97 (978-0-259-86627-5(X)) Forgotten Bks.
Golden Rod: January, 1929 (Classic Reprint) Quincy High School. 2018. (ENG., Illus.). (J). 66p. 25.28 (978-1-396-68368-8(2)); 68p. pap. 9.57 (978-1-391-59690-7(0)) Forgotten Bks.
Golden Rod: January, 1936 (Classic Reprint) Quincy High School. (ENG., Illus.). (J). 2018. 62p. 25.20 (978-0-666-97667-3(8)); 2017. pap. 9.57 (978-0-243-45583-6(6)) Forgotten Bks.
Golden Rod: January 1938 (Classic Reprint) Quincy High School. (ENG., Illus.). (J). 2018. 54p. 25.01 (978-0-364-22970-5(5)); 2017. pap. 9.57 (978-0-282-42101-4(7)) Forgotten Bks.
Golden-Rod: June, 1909 (Classic Reprint) Quincy High School. (ENG., Illus.). (J). 2018. 30p. 24.54 (978-0-656-34799-5(6)); 2017. pap. 7.97 (978-0-243-43958-4(X)) Forgotten Bks.
Golden Rod: June 1944 (Classic Reprint) Quincy High School. 2018. (ENG., Illus.). 96p. (J). pap. 9.57 (978-0-656-58801-5(2)) Forgotten Bks.
Golden-Rod: May, 1905 (Classic Reprint) Avard C. Sproul. 2017. (ENG., Illus.). (J). 30p. 24.52 (978-0-332-36395-0(3)); pap. 7.97 (978-0-259-88687-7(4)) Forgotten Bks.
Golden Rod, 1892, Vol. 2 (Classic Reprint) Eva G. Reed. (ENG., Illus.). (J). 2018. 120p. 26.37 (978-0-666-25328-6(5)); 2017. pap. 9.57 (978-0-259-60092-3(X)) Forgotten Bks.
Golden-Rod, 1907 (Classic Reprint) Quincy High School. (ENG., Illus.). (J). 2018. 24p. 24.41 (978-0-656-34958-6(1)); 2017. pap. 7.97 (978-0-243-44383-3(8)) Forgotten Bks.
Golden-Rod, 1908 (Classic Reprint) Quincy High School. (ENG., Illus.). (J). 2018. 28p. 24.49 (978-0-656-34703-2(1)); 2017. pap. 7.97 (978-0-243-43615-6(7)) Forgotten Bks.
Golden-Rod, 1911, Vol. 20 (Classic Reprint) Quincy High School. 2017. (ENG., Illus.). (J). 24.54 (978-0-266-73268-6(2)); pap. 7.97 (978-1-5276-9479-8(8)) Forgotten Bks.
Golden Rod, 1915, Vol. 24 (Classic Reprint) William Macmahon. (ENG., Illus.). (J). 2018. 34p. 24.60 (978-0-365-49271-9(X)); 2017. pap. 7.97 (978-0-259-82034-5(2)) Forgotten Bks.
Golden Rod, 1916, Vol. 25 (Classic Reprint) Herbert Smith. (ENG., Illus.). (J). 2018. 30p. 24.52 (978-0-656-84965-9(7)); 2017. pap. 7.97 (978-0-259-86165-2(0)) Forgotten Bks.
Golden Rod, 1916, Vol. 26: Freshman Number (Classic Reprint) Quincy High School. (ENG., Illus.). (J). 2018. 32p. 24.56 (978-0-656-34546-5(2)); 2017. pap. 7.97 (978-0-243-42721-5(2)) Forgotten Bks.
Golden Rod, 1933, Vol. 45: Spring Issue (Classic Reprint) Quincy Senior High School. (ENG., Illus.). (J). 2018. 46p. 24.87 (978-0-483-03680-2(3)); 2017. pap. 9.57 (978-0-243-44587-5(3)) Forgotten Bks.
Golden Rod, 1935, Vol. 47: 19 January 1935 (Classic Reprint) Quincy High School. (ENG., Illus.). (J). 2018. 58p. 25.09 (978-0-365-15577-5(2)); 2017. pap. 9.57 (978-0-259-88001-1(9)) Forgotten Bks.
Golden Rod Fairy Book (Classic Reprint) Esther Singleton. (ENG., Illus.). (J). 2018. 392p. 32.00 (978-0-484-62558-6(6)); 2016. pap. 16.57 (978-1-334-14031-0(6)) Forgotten Bks.
Golden Rod, Vol. 19: December, 1909 (Classic Reprint) Grace DeWolfe. (ENG., Illus.). (J). 2018. 26p. 24.43 (978-0-365-43078-0(1)); 2017. pap. 7.97 (978-0-259-82753-5(3)) Forgotten Bks.
Golden Rod, Vol. 19: June, 1910 (Classic Reprint) Quincy High School. 2018. (ENG., Illus.). (J). 34p. 24.62 (978-0-365-07119-8(6)); 36p. pap. 7.97 (978-0-364-11692-0(7)) Forgotten Bks.
Golden Rod, Vol. 19: March, 1910 (Classic Reprint) Grace DeWolfe. 2017. (ENG., Illus.). (J). 24.54 (978-0-265-52255-4(2)); pap. 7.97 (978-0-259-38404-5(6)) Forgotten Bks.
Golden-Rod, Vol. 20: June, 1911 (Classic Reprint) Dorothy Darling. (ENG., Illus.). (J). 2018. 30p. 24.54 (978-0-365-09307-7(6)); 2017. pap. 7.97 (978-0-259-92280-3(3)) Forgotten Bks.
Golden-Rod, Vol. 20: May, 1911 (Classic Reprint) Dorothy Darling. (ENG., Illus.). (J). 2018. 30p. 24.54 (978-0-365-32369-3(1)); 2017. pap. 7.97 (978-0-259-79654-1(9)) Forgotten Bks.
Golden-Rod, Vol. 21: June, 1912 (Classic Reprint) Elizabeth Howard. (ENG., Illus.). (J). 2018. 28p. 24.47 (978-0-365-48506-3(3)); 2017. pap. 7.97 (978-0-259-80807-7(5)) Forgotten Bks.
Golden-Rod, Vol. 21: March, 1912 (Classic Reprint) Elizabeth Howard. (ENG., Illus.). (J). 2018. 30p. 24.52 (978-0-484-11004-4(7)); 2017. pap. 7.97 (978-0-259-88627-3(0)) Forgotten Bks.
Golden-Rod, Vol. 21: November, 1911 (Classic Reprint) Elizabeth Howard. (ENG., Illus.). (J). 2018. 30p. 24.52 (978-0-656-89193-1(9)); 2017. pap. 7.97 (978-0-259-81817-5(8)) Forgotten Bks.
Golden-Rod, Vol. 22: June, 1913 (Classic Reprint) Beatrice I. Costello. 2017. (ENG., Illus.). (J). 28p. 24.49 (978-0-484-21668-5(6)); pap. 7.97 (978-0-259-43058-2(7)) Forgotten Bks.
Golden-Rod, Vol. 22: March, 1913 (Classic Reprint) Beatrice I. Costello. (ENG., Illus.). (J). 2018. 30p. 24.52 (978-0-656-34537-3(3)); 2017. pap. 7.97 (978-0-243-42698-0(4)) Forgotten Bks.
Golden-Rod, Vol. 22: November, 1912 (Classic Reprint) Beatrice I. Costello. 2017. (ENG., Illus.). (J). 24.33 (978-0-265-55534-7(5)); pap. 7.97 (978-0-282-80563-0(X)) Forgotten Bks.
Golden-Rod, Vol. 23: December, 1913 (Classic Reprint) Dorothy Brokaw. (ENG., Illus.). (J). 2018. 30p. 24.52 (978-0-666-95156-4(X)); 2017. pap. 7.97 (978-0-259-77778-3(6)) Forgotten Bks.
Golden-Rod, Vol. 23: June, 1914 (Classic Reprint) Dorothy Brokaw. 2017. (ENG., Illus.). (J). 32p. 24.58 (978-0-484-83560-2(2)); pap. 7.97 (978-0-259-93753-1(3)) Forgotten Bks.
Golden-Rod, Vol. 24: April, 1915 (Classic Reprint) William Macmahon. (ENG., Illus.). (J). 2018. 32p. 24.56 (978-0-483-90186-5(5)); 2017. pap. 7.97 (978-0-243-43925-6(3)) Forgotten Bks.
Golden-Rod, Vol. 24: February, 1915 (Classic Reprint) William Macmahon. 2017. (ENG., Illus.). (J). 28p. 24.49 (978-0-484-49922-4(X)); pap. 7.97 (978-0-259-37579-1(9)) Forgotten Bks.
Golden Rod, Vol. 24: June, 1915 (Classic Reprint) William Macmahon. (ENG., Illus.). (J). 2018. 34p. 24.62 (978-0-428-61780-6(8)); 2017. pap. 7.97 (978-0-243-47529-2(2)) Forgotten Bks.
Golden Rod, Vol. 24: March, 1915 (Classic Reprint) William Macmahon. (ENG., Illus.). (J). 2018. 34p. 24.60 (978-0-267-40726-2(2)); 2016. pap. 7.97 (978-1-334-11723-7(3)) Forgotten Bks.
Golden-Rod, Vol. 25: December, 1915 (Classic Reprint) Herbert Smith. 2017. (ENG., Illus.). (J). 28p. 24.47 (978-0-332-14710-9(X)); pap. 7.97 (978-0-259-83242-3(1)) Forgotten Bks.
Golden-Rod, Vol. 26: April, 1916 (Classic Reprint) Herbert Smith. 2017. (ENG., Illus.). (J). 32p. 24.58 (978-0-332-50113-0(2)); pap. 7.97 (978-0-282-54428-7(3)) Forgotten Bks.
Golden-Rod, Vol. 26: February, 1916 (Classic Reprint) Herbert Smith. (ENG., Illus.). (J). 2018. 30p. 24.54 (978-0-365-28657-8(5)); 2017. pap. 7.97 (978-0-259-80942-5(X)) Forgotten Bks.
Golden-Rod, Vol. 26: June, 1916 (Classic Reprint) Herbert Smith. (ENG., Illus.). (J). 2018. 38p. 24.70 (978-0-364-50472-7(2)); 2017. pap. 7.97 (978-0-259-93589-6(1)) Forgotten Bks.
Golden-Rod, Vol. 26: March, 1916 (Classic Reprint) Herbert Smith. 2017. (ENG., Illus.). (J). 34p. 24.60 (978-0-332-91587-6(5)); pap. 7.97 (978-0-259-95921-2(9)) Forgotten Bks.
Golden Rod, Vol. 27: April, 1917 (Classic Reprint) Russell C. Johnson. (ENG., Illus.). (J). 2018. 38p. 24.70 (978-0-483-94125-0(5)); 2017. pap. 7.97 (978-0-243-43953-9(9)) Forgotten Bks.
Golden-Rod, Vol. 27: December, 1916 (Classic Reprint) Russell C. Johnson. (ENG., Illus.). (J). 2018. 38p. 24.70 (978-0-666-98919-2(2)); 2017. pap. 7.97 (978-0-243-47691-6(4)) Forgotten Bks.
Golden-Rod, Vol. 27: February, 1917 (Classic Reprint) Russell C. Johnson. 2017. (ENG., Illus.). (J). 38p. 24.68 (978-0-332-10075-3(8)); pap. 7.97 (978-0-259-82717-7(7)) Forgotten Bks.
Golden Rod, Vol. 27: January, 1917 (Classic Reprint) Russell C. Johnson. (ENG., Illus.). (J). 2018. 38p. 24.68 (978-0-364-53467-0(2)); 2017. pap. 7.97 (978-0-259-81787-1(2)) Forgotten Bks.
Golden-Rod, Vol. 27: March, 1917 (Classic Reprint) Russell C. Johnson. 2017. (ENG., Illus.). (J). 38p. 24.68 (978-0-484-26459-4(1)); pap. 7.97 (978-0-259-87016-6(1)) Forgotten Bks.
Golden-Rod, Vol. 27: May, 1917 (Classic Reprint) Quincy High School. (ENG., Illus.). (J). 2018. 38p. 24.68 (978-0-483-94211-0(1)); 2017. pap. 7.97 (978-0-243-44718-3(3)) Forgotten Bks.
Golden-Rod, Vol. 27: November, 1916 (Classic Reprint) Russell C. Johnson. 2017. (ENG., Illus.). (J). 24.64 (978-0-265-57927-5(9)); pap. 7.97 (978-1-5283-0033-9(5)) Forgotten Bks.
Golden Rod, Vol. 28: December, 1917 (Classic Reprint) Quincy High School. (ENG., Illus.). (J). 2018. 42p. 24.76 (978-0-484-80147-8(3)); 2017. pap. 7.97 (978-0-243-49972-4(8)) Forgotten Bks.
Golden Rod, Vol. 29: June, 1919 (Classic Reprint) William Shyne. (ENG., Illus.). (J). 2018. 66p. 25.26 (978-0-483-90127-8(X)); 2017. pap. 9.57 (978-0-243-43077-2(9)) Forgotten Bks.
Golden Rod, Vol. 30: December 1919 (Classic Reprint) Quincy High School. (ENG., Illus.). (J). 2018. 40p. 24.74 (978-0-364-71419-5(0)); 2017. pap. 7.97 (978-0-282-54119-4(5)) Forgotten Bks.
Golden-Rod, Vol. 30: February, 1920 (Classic Reprint) Herbert Fitton. (ENG., Illus.). (J). 2019. 42p. 24.76 (978-0-365-28127-6(1)); 2017. pap. 7.97 (978-0-259-87932-9(0)) Forgotten Bks.
Golden-Rod, Vol. 31: January 1921 (Classic Reprint) John Miller. 2017. (ENG., Illus.). (J). 42p. 24.76 (978-0-332-27255-9(9)); pap. 7.97 (978-0-282-33670-7(2)) Forgotten Bks.
Golden-Rod, Vol. 31: June, 1921 (Classic Reprint) John Miller. 2017. (ENG., Illus.). (J). 24.99 (978-0-266-73920-3(2)); pap. 9.57 (978-1-5277-0320-9(7)) Forgotten Bks.
Golden Rod, Vol. 32: December 12, 1921 (Classic Reprint) Quincy High School. (ENG., Illus.). (J). 2018. 44p. 24.80 (978-0-484-84508-3(X)); 2017. pap. 7.97 (978-0-243-46964-2(0)) Forgotten Bks.
Golden-Rod, Vol. 32: February 14, 1922 (Classic Reprint) Quincy High School. 2017. (ENG., Illus.). (J). 25.20 (978-0-266-99093-2(2)); pap. 9.57 (978-1-5278-6043-8(4)) Forgotten Bks.
Golden-Rod, Vol. 32: Published by the Pupils of Quincy High School; December 12, 1921 (Classic Reprint) Donald Cummings. (ENG., Illus.). (J). 2018. 96p. 25.88 (978-0-483-16484-0(4)); 2017. pap. 9.57 (978-0-259-86523-0(0)) Forgotten Bks.
Golden-Rod, Vol. 33: April 3, 1923 (Classic Reprint) Walter Blake. (ENG., Illus.). (J). 2018. 42p. 24.76 (978-0-666-82202-4(6)); 2017. pap. 7.97 (978-0-259-86852-1(3)) Forgotten Bks.
Golden-Rod, Vol. 33: January 19, 1923 (Classic Reprint) Edmund Johnson. 2017. (ENG., Illus.). (J). 24.85 (978-0-265-93539-2(3)); pap. 7.97 (978-1-5278-2900-8(6)) Forgotten Bks.
Golden-Rod, Vol. 33: June 22, 1923 (Classic Reprint) Walter Blake. 2018. (ENG., Illus.). (J). 56p. 25.05 (978-1-391-97659-4(2)); 58p. pap. 9.57 (978-1-390-54255-4(6)) Forgotten Bks.
Golden-Rod, Vol. 33: November 25, 1922 (Classic Reprint) Edmund Johnson. 2017. (ENG., Illus.). (J). 34p. 24.62 (978-0-484-61537-2(8)); pap. 7.97 (978-0-259-87535-2(X)) Forgotten Bks.
Golden Rod, Vol. 34: June, 1927 (Classic Reprint) Miriam Carr. (ENG., Illus.). (J). 2018. 94p. 25.84 (978-0-666-15037-0(0)); 2017. pap. 9.57 (978-0-259-97113-9(8)) Forgotten Bks.
Golden-Rod, Vol. 35: November 28, 1923 (Classic Reprint) Stanwood Sweetser. (ENG., Illus.). (J). 2018. 46p. 24.85 (978-0-666-67898-0(7)); 2017. pap. 7.97 (978-0-259-85407-4(7)) Forgotten Bks.
Golden Rod, Vol. 36: April 1924 (Classic Reprint) Eliot Weil. 2017. (ENG., Illus.). (J). 25.09 (978-0-266-52240-9(8)); pap. 9.57 (978-0-259-38309-3(0)) Forgotten Bks.
Golden-Rod, Vol. 36: January 23, 1924 (Classic Reprint) Stanwood Sweetser. 2017. (ENG., Illus.). (J). 24.68 (978-0-260-50412-8(2)); pap. 7.97 (978-0-266-05945-5(7)) Forgotten Bks.
Golden-Rod, Vol. 36: June 1924 (Classic Reprint) Quincy High School. 2018. (ENG., Illus.). (J). 62p. 25.18 (978-0-366-56991-5(0)); 64p. pap. 9.57 (978-0-366-52256-9(6)) Forgotten Bks.
Golden Rod, Vol. 37: Published Quarterly by the Pupils of Quincy High School; April 1925 (Classic Reprint) Wilson Dold. 2017. (ENG., Illus.). (J). 25.01 (978-0-265-93944-4(5)); pap. 9.57 (978-1-5278-2981-7(2)) Forgotten Bks.
Golden-Rod, Vol. 37: Published Quarterly by the Pupils of Quincy High School; June 1925 (Classic Reprint) Wilson Dold. 2017. (ENG., Illus.). (J). 25.26 (978-0-266-75406-0(6)); pap. 9.57 (978-1-5277-2622-2(3)) Forgotten Bks.
Golden-Rod, Vol. 38: April, 1926 (Classic Reprint) Arnold Cullman. (ENG., Illus.). (J). 2018. 46p. 24.85 (978-0-267-40016-4(0)); 2017. pap. 7.97 (978-0-259-21340-6(3)) Forgotten Bks.
Golden-Rod, Vol. 38: June, 1926 (Classic Reprint) Arnold Cullman. (ENG., Illus.). (J). 2019. 60p. 25.13 (978-0-365-30067-0(5)); 2017. pap. 9.57 (978-0-259-91387-0(1)) Forgotten Bks.
Golden-Rod, Vol. 38: November, 1925 (Classic Reprint) Quincy High School. 2017. (ENG., Illus.). (J). 48p. 24.89 (978-0-332-91417-6(8)); pap. 9.57 (978-0-259-82317-9(1)) Forgotten Bks.
Golden Rod, Vol. 39: Easter 1927 (Classic Reprint) Miriam Carr. 2017. (ENG., Illus.). (J). 25.09 (978-0-265-74161-0(0)); pap. 9.57 (978-1-5277-0769-6(5)) Forgotten Bks.
Golden-Rod, Vol. 39: November, 1926 (Classic Reprint) Frank Irwin. (ENG., Illus.). (J). 2018. 44p. 24.82 (978-0-332-82776-6(3)); 2017. pap. 7.97 (978-0-259-87878-0(2)) Forgotten Bks.
Golden Rod, Vol. 40: April 1928 (Classic Reprint) Ruth Cushman. (ENG., Illus.). (J). 2018. 56p. 25.07 (978-0-483-93630-0(8)); 2017. pap. 9.57 (978-0-243-43002-4(7)) Forgotten Bks.
Golden Rod, Vol. 40: June 1928 (Classic Reprint) Quincy High School. 2017. (ENG., Illus.). (J). 25.88 (978-0-260-69115-6(1)); pap. 9.57 (978-0-266-00143-0(2)) Forgotten Bks.
Golden Rod, Vol. 40: November 1927 (Classic Reprint) Quincy High School. (ENG., Illus.). (J). 2018. 52p. 24.97 (978-0-364-20291-3(2)); 2017. pap. 9.57 (978-0-282-39290-1(4)) Forgotten Bks.
Golden Rod, Vol. 40: Senior Issue, January 1928 (Classic Reprint) Quincy High School. (ENG., Illus.). (J). 2018. 80p. 25.55 (978-0-484-72343-5(X)); 2017. pap. 9.57 (978-0-259-93623-7(5)) Forgotten Bks.
Golden-Rod, Vol. 41: Mar. , 1929 (Classic Reprint) William Paterson. (ENG., Illus.). (J). 2018. 48p. 24.91 (978-0-267-42732-1(8)); 2017. pap. 9.57 (978-0-259-98080-3(3)) Forgotten Bks.
Golden-Rod, Vol. 41: Published Quarterly by the Pupils of the Quincy High School; November 1928 (Classic Reprint) Marjorie Cameron. 2017. (ENG., Illus.). (J). 25.09 (978-0-265-58606-8(2)); pap. 9.57 (978-0-282-90113-4(2)) Forgotten Bks.
Golden-Rod, Vol. 42: April, 1930 (Classic Reprint) Hope Dunning. (ENG., Illus.). (J). 2018. 64p. 25.22 (978-0-364-16679-6(7)); 2017. pap. 9.57 (978-0-259-90175-4(X)) Forgotten Bks.
Golden-Rod, Vol. 43: June 1931 (Classic Reprint) Quincy High School. (ENG., Illus.). (J). 2018. 100p. 25.96 (978-0-666-71057-4(0)); 2017. pap. 9.57 (978-0-259-98526-6(0)) Forgotten Bks.
Golden Rod, Vol. 43: November, 1930 (Classic Reprint) Quincy High School. (ENG., Illus.). (J). 2018. 72p. 25.38 (978-0-666-63907-3(8)); 2017. pap. 9.57 (978-0-259-17644-2(3)) Forgotten Bks.
Golden-Rod, Vol. 43: Spring Issue, 1931 (Classic Reprint) Quincy High School. (ENG., Illus.). (J). 2018. 62p. 25.18 (978-0-267-23137-9(7)); 2017. pap. 9.57 (978-0-259-38925-5(0)) Forgotten Bks.
Golden Rod, Vol. 44: April, 1932 (Classic Reprint) Arthur Peel. (ENG., Illus.). (J). 2018. 56p. 25.07 (978-0-483-93623-2(5)); 2017. pap. 9.57 (978-0-243-43055-0(8)) Forgotten Bks.
Golden Rod, Vol. 44: November, 1931 (Classic Reprint) Quincy High School. (ENG., Illus.). (J). 2018. 54p. 25.03 (978-0-666-98398-5(4)); 2017. pap. 9.57 (978-0-243-46149-3(6)) Forgotten Bks.
Golden Rod, Vol. 45: November 1932 (Classic Reprint) Quincy High School. (ENG., Illus.). (J). 2018. 52p. 24.97

(978-0-666-56666-9(6)); 2017. pap. 9.57 *(978-0-282-05614-8(9))* Forgotten Bks.

Golden Rod, Vol. 52: January 1939 (Classic Reprint) Quincy High School. 2017. (ENG., Illus.). (J). 25.11 *(978-0-260-79620-2(4))*; pap. 9.57 *(978-1-5285-3305-8(4))* Forgotten Bks.

Golden-Rod, Vol. 8: December, 1898 (Classic Reprint) Quincy High School. (ENG., Illus.). (J). 2019. 20p. 24.31 *(978-0-365-14145-7(3))*; 2017. pap. 7.97 *(978-0-259-86610-7(5))* Forgotten Bks.

Golden Rose, Vol. 1: The Romance of a Strange Soul (Classic Reprint) Amelie Rives. 2018. (ENG., Illus.). 238p. (J). 28.81 *(978-0-428-75042-8(7))* Forgotten Bks.

Golden Rule: A Dialogue Between Little Grace & Her Mother (Classic Reprint) Massachusetts Sabbath School Society. (ENG., Illus.). (J). 2018. 70p. 25.34 *(978-0-483-99005-0(1))*; 2017. pap. 9.57 *(978-0-243-40910-5(9))* Forgotten Bks.

Golden Rule: A Tale of Texas (Classic Reprint) R. H. Crozier. 2018. (ENG., Illus.). 184p. (J). 27.69 *(978-0-483-72711-3(3))* Forgotten Bks.

Golden Rule: Deluxe Edition. Ilene Cooper. Illus. by Gabi Swiatkowska. 2019. (ENG.). 40p. (J). (gr. -1-3). 19.99 *(978-1-4197-4069-5(5)*, 1198501, Abrams Bks. for Young Readers) Abrams, Inc.

Golden Rule, 1870, Vol. 2 (Classic Reprint) Unknown Author. (ENG., Illus.). (J). 2018. 388p. 31.90 *(978-0-484-84538-0(1))*; 2017. pap. 16.57 *(978-0-243-49535-1(8))* Forgotten Bks.

Golden Rule Dollivers (Classic Reprint) Margaret Cameron. (ENG., Illus.). (J). 2018. 218p. 28.39 *(978-0-656-72556-4(7))*; 2017. pap. 10.97 *(978-0-243-04671-3(5))* Forgotten Bks.

Golden Rule, or Stories Illustrative of the Ten Commandments (Classic Reprint) Henry S. Mackarness. (ENG., Illus.). (J). 2018. 31.12 *(978-0-260-91431-6(2))*; 2016. pap. 13.57 *(978-1-334-12655-0(0))* Forgotten Bks.

Golden Rule Series: The Golden Door Book; a School Reader (Classic Reprint) E. Hershey Sneath. 2017. (ENG., Illus.). (J). 30.70 *(978-1-5280-8348-5(2))* Forgotten Bks.

Golden Sands of Mexico, a Moral & Religious Tale: To Which Is Added True Riches; or the Reward of Self Sacrifice (Classic Reprint) W. Croome. 2018. (ENG., Illus.). 236p. (J). 28.76 *(978-0-364-92938-4(3))* Forgotten Bks.

Golden Scarab (Classic Reprint) Hopkins Moorhouse. 2017. (ENG., Illus.). (J). 30.31 *(978-0-260-44610-7(6))* Forgotten Bks.

Golden Scarecrow (Classic Reprint) Hugh Walpole. 2019. (ENG., Illus.). 326p. (J). 30.64 *(978-0-365-18071-5(8))* Forgotten Bks.

Golden Scorpion. Sax Rohmer, pseud. 2018. (ENG., Illus.). 236p. (J). pap. *(978-93-5329-098-6(8))* Alpha Editions.

Golden Season (Classic Reprint) Myra Kelly. 2018. (ENG., Illus.). 276p. (J). 29.61 *(978-0-428-96788-8(4))* Forgotten Bks.

Golden Secrets. Anita Perez Ferguson. 2021. (ENG.). 194p. (YA). pap. 9.99 *(978-0-9673300-4-4(1))* Luz Pubns.

Golden Selection - Green Book see Seleccion de Oro: Libro Verde

Golden Selection of Tales - Blue Book see Seleccion de Oro: Libro Azul

Golden Selection: Purple Book see Seleccion de Oro: Libro Morado

Golden Selection: Red Book see Seleccion de Oro: Libro Rojo

Golden Sheaves: Gathered from the Fields of Ancient & Modern Literature; a Miscellany of Choice Reading for the Entertainment of the Old & the Young in Hours That Are Lonely & Weary (Classic Reprint) H. A. Cleveland. 2018. (ENG., Illus.). 606p. (J). 36.42 *(978-0-483-12507-0(5))* Forgotten Bks.

Golden Shoe (Classic Reprint) Justin Huntly McCarthy. 2018. (ENG., Illus.). 318p. (J). 30.46 *(978-0-483-79558-7(5))* Forgotten Bks.

Golden Shuttle. Marion Franklin Ham. 2017. (ENG., Illus.). (J). pap. *(978-0-649-59512-9(2))* Trieste Publishing Pty Ltd.

Golden Silence (Classic Reprint) C. N. Williamson. (ENG., Illus.). (J). 2017. 34.93 *(978-0-266-51082-6(5))*; 2016. pap. 19.57 *(978-1-334-31890-0(5))* Forgotten Bks.

Golden Skull Is Stolen. Cristina Caudle. 2020. (ENG.). 84p. (J). pap. 12.95 *(978-1-716-44330-5(X))*; (YA). pap. 12.92 *(978-1-716-40297-5(2))* Lulu Pr., Inc.

Golden Sparkles: An Introduction to Mindfulness. Catarina R. Peterson & Mateya Arkova. 2018. (ENG., Illus.). 28p. (J). *(978-1-78623-127-7(1))* Grosvenor Hse. Publishing Ltd.

Golden Spears & Other Fairy Tales. Edmund Leamy. 2016. (ENG.). 126p. (J). pap. *(978-93-86019-40-0(X))* Alpha Editions.

Golden Specific. S. E. Grove. 2016. (Mapmakers Ser.: 2). lib. bdg. 19.65 *(978-0-606-38836-8(2))* Turtleback.

Golden State Warriors. Michael E. Goodman. 2018. (NBA Champions Ser.). (ENG.). 24p. (J). (gr. 1-4). pap. 8.99 *(978-1-62832-574-4(7)*, 19821, Creative Paperbacks); (Illus.). lib. bdg. *(978-1-64026-019-1(6)*, 19803, Creative Education) Creative Co., The.

Golden State Warriors. Anthony K. Hewson. 2022. (Inside the NBA (2023) Ser.). (ENG., Illus.). 48p. (J). (gr. 3-6). lib. bdg. 34.22 *(978-1-5321-9827-4(2)*, 39759, SportsZone) ABDO Publishing Co.

Golden State Warriors. K. C. Kelley. 2019. (Insider's Guide to Pro Basketball Ser.). (ENG.). 32p. (J). (gr. 1-4). lib. bdg. 35.64 *(978-1-5038-2460-7(8)*, 212267) Child's World, Inc, The.

Golden State Warriors. Jim Whiting. 2017. (NBA: a History of Hoops Ser.). (ENG., Illus.). 48p. (J). (gr. 4-7). *(978-1-60818-844-4(2)*, 20237, Creative Education) Creative Co., The.

Golden State Warriors. Jim Whiting. 2nd ed. 2017. (NBA: a History of Hoops Ser.). (ENG., Illus.). 48p. (J). (gr. 4-7). pap. 12.00 *(978-1-62832-447-1(3)*, 20238, Creative Paperbacks) Creative Co., The.

Golden State Warriors All-Time Greats. Brendan Flynn. 2020. (NBA All-Time Greats Ser.). (ENG., Illus.). 24p. (J). (gr. 3-3). pap. 8.95 *(978-1-63494-166-2(7)*, 1634941667); lib. bdg. 28.50 *(978-1-63494-153-2(5)*, 1634941535) Pr. Room Editions LLC.

Golden Statue Plot (Geronimo Stilton #55) Geronimo Stilton. 2018. (True Book (Relaunch) Ser.: 55). (ENG.). 128p. (J). (gr. 3-5). E-Book 31.00 *(978-0-545-55681-1(3)*, Scholastic Paperbacks) Scholastic, Inc.

Golden Stories: A Selection of the Best Fiction by the Foremost Writers (Classic Reprint) Frank Herbert Sweet Short Stories Gray. 2017. (ENG., Illus.). (J). 29.30 *(978-0-260-11050-3(7))* Forgotten Bks.

Golden Stories: A Selection of the Best Fiction by the Foremost Writers (Classic Reprint) Frank Herbert Sweet. 2017. (ENG., Illus.). (J). 28.89 *(978-0-265-73291-5(3))*; pap. 11.57 *(978-1-5276-9529-0(8))* Forgotten Bks.

Golden Stories for Children see Historias Doradas

Golden Sword. William M. Harmening. 2023. (ENG.). 234p. (J). 18.95 ***(978-1-0880-8709-1(4))*** Indy Pub.

Golden Talisman (Classic Reprint) H. Phelps Whitmarsh. (ENG., Illus.). (J). 2018. 314p. 30.37 *(978-0-483-67381-6(1))*; 2016. pap. 13.57 *(978-1-333-60156-0(5))* Forgotten Bks.

Golden Telescope. Tracy Partridge-Johnson. 2020. (ENG.). 330p. (J). 38.20 *(978-1-7948-8862-3(4))* Lulu Pr., Inc.

Golden Temple, 9. Katrina Charman. ed. 2020. (Branches Early Ch Bks). (ENG., Illus.). 89p. (J). (gr. 2-3). 15.96 *(978-1-64697-475-7(1))* Penworthy Co., LLC, The.

Golden Temple: a Branches Book (the Last Firehawk #9) Katrina Charman. Illus. by Judit Tondora. 2020. (Last Firehawk Ser.: 9). (ENG.). 96p. (J). (gr. 1-3). pap. 5.99 *(978-1-338-56534-8(6))* Scholastic, Inc.

Golden Temple: a Branches Book (the Last Firehawk #9) (Library Edition), Vol. 9. Katrina Charman. Illus. by Judit Tondora. 2020. (Last Firehawk Ser.: 9). (ENG.). 96p. (J). (gr. 1-3). lib. bdg. 24.99 *(978-1-338-56535-5(4))* Scholastic, Inc.

Golden Thread: A Song for Pete Seeger. Colin Meloy. 2018. (ENG., Illus.). 48p. (J). (gr. -1-3). 18.99 *(978-0-06-236825-6(7)*, Balzer & Bray) HarperCollins Pubs.

Golden Thread (Classic Reprint) S. Davis. 2018. (ENG., Illus.). 166p. (J). 27.32 *(978-0-332-96936-7(3))* Forgotten Bks.

Golden Threads. Suzanne Del Rizzo. Illus. by Miki Sato. 2020. (ENG.). 32p. (J). (gr. -1-4). 17.95 *(978-1-77147-360-6(6))* Owlkids Bks. Inc. CAN. Dist: Publishers Group West (PGW).

Golden Throne: A Romance (Classic Reprint) Samuel P. Putnam. 2018. (ENG., Illus.). 154p. (J). 27.09 *(978-0-267-18434-7(4))* Forgotten Bks.

Golden Ticket. Kate Egan. 2022. (ENG.). 240p. (J). 16.99 *(978-1-250-82033-4(2)*, 900250333) Feiwel & Friends.

Golden Touch: Told to the Children (Classic Reprint) Nathanial Hawthorne. 2017. (ENG., Illus.). (J). 24.70 *(978-1-5265-4942-4(2))* Forgotten Bks.

Golden Tower, 5. Holly Black et al. ed. 2020. (Magisterium Ser.). (ENG.). 239p. (J). (gr. 6-8). 18.96 *(978-1-64697-046-9(2))* Penworthy Co., LLC, The.

Golden Tower (Magisterium #5), 1 vol. Holly Black & Cassandra Clare. (Magisterium Ser.: 5). (ENG.). 256p. (J). (gr. 3-7). 2019. pap. 7.99 *(978-0-545-52241-0(2))*; 2018. (Illus.). 17.99 *(978-0-545-52240-3(4)*, Scholastic Pr.) Scholastic, Inc.

Golden Treasures of Poetry, Romance, & Art. William Fearing Gill. 2017. (ENG.). 400p. (J). pap. *(978-3-337-04862-4(5))* Creation Pubs.

Golden Treasures of Poetry, Romance, & Art (Classic Reprint) William Fearing Gill. (ENG., Illus.). (J). 2017. 32.06 *(978-0-266-50836-6(7))*; 2016. pap. 16.57 *(978-1-334-20918-5(9))* Forgotten Bks.

Golden Treasury Readers: Fourth Reader (Classic Reprint) Charles M. Stebbins. 2017. (ENG., Illus.). (J). 32.25 *(978-0-266-18065-4(5))* Forgotten Bks.

Golden Treasury Readers: Plan Book for Teachers. Charles M. Stebbins. 2017. (ENG., Illus.). (J). pap. *(978-0-649-52385-6(7))*; pap. *(978-0-649-54482-0(X))* Trieste Publishing Pty Ltd.

Golden Treasury Readers: Second Reader. Charles M. Stebbins. 2017. (ENG., Illus.). (J). pap. *(978-0-649-59515-0(7))* Trieste Publishing Pty Ltd.

Golden Treasury Readers: Second Reader (Classic Reprint) Charles M. Stebbins. (ENG., Illus.). (J). 2018. 182p. 27.65 *(978-0-656-28917-2(1))*; 2016. pap. 10.57 *(978-1-334-13556-9(8))* Forgotten Bks.

Golden Treasury Readers: Third Reader (Classic Reprint) Charles Maurice Stebbins. (ENG., Illus.). (J). 2018. 258p. 29.24 *(978-0-266-52195-2(9))*; 2017. pap. 11.97 *(978-0-259-20754-2(3))* Forgotten Bks.

Golden Treasury Readers: Third Reader, Pp. 1-255. Charles M. Stebbins. 2017. (ENG., Illus.). (J). pap. *(978-0-649-59514-3(9))* Trieste Publishing Pty Ltd.

Golden Tress: Translated from the French (Classic Reprint) Fortune Du Boisgobey. 2018. (ENG., Illus.). 422p. (J). 32.60 *(978-0-483-26458-8(X))* Forgotten Bks.

Golden Trident. Sabrina Dolph. 2022. (ENG.). 268p. (YA). pap. 20.95 ***(978-1-68498-237-0(5))*** Newman Springs Publishing, Inc.

Golden Vase: Gift for the Young (Classic Reprint) Hannah Flagg Gould. 2017. (ENG., Illus.). (J). 28.85 *(978-1-5282-8335-9(X))* Forgotten Bks.

Golden Vendetta. Tony Abbott. ed. 2016. (Copernicus Legacy Ser.: 3). (J). lib. bdg. 17.20 *(978-0-606-38764-4(1))* Turtleback.

Golden Way: Being Notes & Impressions on a Journey Through Ireland, Scotland & England (Classic Reprint) Albert Leroy Bartlett. 2018. (ENG., Illus.). 290p. (J). 29.94 *(978-0-428-31502-3(X))* Forgotten Bks.

Golden Wedding. Ruth McEnery Stuart. 2017. (ENG.). 394p. (J). pap. *(978-3-337-09047-0(8))* Creation Pubs.

Golden Wedding: And Other Tales (Classic Reprint) Ruth McEnery Stuart. 2018. (ENG., Illus.). 396p. (J). 32.06 *(978-0-267-48870-4(X))* Forgotten Bks.

Golden West Boys: Injun & Whitey to the Rescue (Classic Reprint) William S. Hart. 2018. (ENG., Illus.). 328p. (J). 30.66 *(978-0-365-35829-9(0))* Forgotten Bks.

Golden Wheel Dream-Book & Fortune-Teller. Felix Fontaine. 2017. (ENG.). 198p. (J). pap. *(978-3-337-37062-6(4))* Creation Pubs.

Golden Wheel Dream Book, & Fortune-Teller: Being the Most Complete Work on Fortune-Telling & Interpreting Dreams Ever Printed, Containing an Alphabetical List of Dreams, with Their Interpretation, & the Lucky Numbers They Signify. Felix Fontaine. 2017. (ENG., Illus.). (J). 28.02 *(978-1-5282-6710-6(9))* Forgotten Bks.

Golden Wheel Dream-Book, & Fortune-Teller: Being the Most Complete Work on Fortune-Telling & Interpriting Dreams Ever Printed, Containing an Alphabetical List of Dreams, with Their Interpretation, & the Lucky Numbers They Signify. Felix Fontaine. 2017. (ENG., Illus.). (J). 28.15 *(978-1-5284-7801-4(0))* Forgotten Bks.

Golden Windmill & Other Stories (Classic Reprint) Stacy Aumonier. 2017. (ENG., Illus.). (J). 29.14 *(978-0-331-66987-9(0))* Forgotten Bks.

Golden Windows: A Book of Fables for Young & Old (Classic Reprint) Laura E. Richards. 2017. (ENG., Illus.). (J). 26.99 *(978-1-5281-5285-3(9))* Forgotten Bks.

Golden Wing: A Sociological Study of Chinese Familism (Classic Reprint) Lin Yueh-Hwa. (ENG., Illus.). (J). 2018. 252p. 29.09 *(978-0-428-39686-2(0))*; 2017. pap. 11.57 *(978-0-259-51142-7(0))* Forgotten Bks.

Golden Woman: A Story of the Montana Hills (Classic Reprint) Ridgwell Cullum. 2018. (ENG., Illus.). 452p. (J). 33.24 *(978-0-364-66654-8(4))* Forgotten Bks.

Golden Word Book: A School Reader (Classic Reprint) E. Hershey Sneath. (ENG., Illus.). (J). 2018. 362p. 31.36 *(978-0-483-27206-4(X))*; 2017. pap. 13.97 *(978-0-243-12569-2(0))* Forgotten Bks.

Golden World: Who Would You Save? Yourself or an Entire World? Arti Pandey. Illus. by Pavel Zayats & Varvara Yurova. l.t. ed. 2021. (ENG.). 238p. (J). 18.99 *(978-1-0879-7319-7(8))* Indy Pub.

Golden Yarn. Cornelia Funke. Tr. by Oliver Latsch. 2021. (Mirrorworld Ser.: 3). (ENG., Illus.). 448p. (YA). (gr. 8-12). pap. 14.95 *(978-1-78269-141-9(3)*, Pushkin Children's Bks.) Steerforth Pr.

Goldenhand. Garth Nix. (Old Kingdom Ser.: 5). (ENG.). (YA). (gr. 8). 2019. 384p. pap. 10.99 *(978-0-06-156160-3(6))*; 2016. (Illus.). 368p. 19.99 *(978-0-06-156158-0(4))* HarperCollins Pubs. (HarperCollins).

GoldenHeart II. Christina Goebel et al. 2021. (Goldenheart Ser.: Vol. 2). (ENG.). 264p. (YA). pap. 10.99 *(978-1-0879-6108-8(4))* Indy Pub.

Goldenrod Lode: A Frontier Drama in Verse (Classic Reprint) James Grafton Rogers. 2018. (ENG., Illus.). 52p. (J). 24.97 *(978-0-267-27799-5(7))* Forgotten Bks.

Goldenrod, Vol. 46: April, 1934 (Classic Reprint) Quincy High School Mass. (ENG., Illus.). (J). 2018. 46p. 24.87 *(978-0-483-95733-6(X))*; 2017. pap. 9.57 *(978-0-243-43695-8(5))* Forgotten Bks.

Goldfields Girl. Elaine Forestal. 2020. 280p. (J). (gr. 4-7). 12.95 *(978-1-925816-49-5(4))* Fremantle Pr. AUS. Dist: Independent Pubs. Group.

Goldfisch, Volume 1 (English), Vol. 1. Illus. by Nana Yaa. 2018. (Goldfisch Manga (English) Ser.: 1). (ENG.). 208p. (gr. 7-1). pap. 10.99 *(978-1-4278-5767-5(9)*, 9b539eed-6f17-4dba-9955-86bc801395bc, TOKYOPOP Manga) TOKYOPOP, Inc.

Goldfisch, Volume 2 (English), Vol. 2. Illus. by Nana Yaa. 2018. (Goldfisch Manga (English) Ser.). (ENG.). 212p. (gr. 7-1). pap. 10.99 *(978-1-4278-5819-1(5)*, a5e9e2be-5adf-42b7-9fb9-47cb4a666a7f, TOKYOPOP Manga) TOKYOPOP, Inc.

Goldfisch, Volume 3 (English) Illus. by Nana Yaa. 2020. (Goldfisch Manga (English) Ser.). (ENG.). 210p. (gr. 7-1). pap. 10.99 *(978-1-4278-5823-8(3)*, f2420ee8-5b36-4a3b-ba0f-69ca097e882c, TOKYOPOP Manga) TOKYOPOP, Inc.

Goldfish. Nat Luurtsema. ed. 2018. (YA). lib. bdg. 20.85 *(978-0-606-41091-5(0))* Turtleback.

Goldfish, Vol. 12. Carl Cozier. 2016. (Understanding & Caring for Your Pet Ser.: Vol. 12). (ENG., Illus.). 128p. (J). (gr. 5-8). 25.95 *(978-1-4222-3697-0(8))* Mason Crest.

Goldfish: A Novel. Nat Luurtsema. 2018. (ENG.). 240p. (YA). pap. 11.99 *(978-1-250-15840-6(0)*, 900185489) Square Fish.

Goldfish & Poodle. Randi May Gee. 2022. (ENG.). 32p. (J). pap. *(978-1-716-03505-0(8))* Lulu Pr., Inc.

Goldfish Boy. Lisa Thompson. 2018. (ENG.). 320p. (J). (gr. 3-7). pap. 7.99 *(978-1-338-05393-7(0))* Scholastic, Inc.

Goldfish Ghost. Lemony Snicket, pseud. Illus. by Lisa Brown. 2017. (ENG.). 40p. (J). 17.99 *(978-1-62672-507-2(1)*, 900159368) Roaring Brook Pr.

Goldfish on Vacation. Sally Lloyd-Jones. Illus. by Leo Espinosa. 2018. (ENG.). 40p. (J). (gr. -1-3). 17.99 *(978-0-385-38611-1(7)*, Schwartz & Wade Bks.) Random Hse. Children's Bks.

Goldfish Wish. Laurie Friedman. Illus. by Anna Laera. 2022. (Sunshine Picture Bks.). (ENG.). 32p. (J). (gr. k-3). pap. *(978-1-0396-6311-4(7)*, 21794); lib. bdg. *(978-1-0396-6116-5(5)*, 21793) Crabtree Publishing Co. (Sunshine Picture Books).

Goldi Unlocks: A Tale of Thievery, Danger, & Redemption. Keely Bruel. Illus. by Jp Roberts. 2023. (ENG.). 28p. (J). ***(978-1-0391-4723-2(2))***; pap. ***(978-1-0391-4722-5(4))*** FriesenPress.

Goldibooks & the Wee Bear. Troy Wilson. Illus. by Edwardian Taylor. 2021. (ENG.). 32p. (J). (gr. -1-3). 17.99 *(978-0-7624-9620-4(7)*, Running Pr. Kids) Running Pr.

Goldie Blox & the Haunted Hacks! Stacy McAnulty. 2019. (Goldie Blox Ser.). (ENG.). 121p. (J). (gr. 2-3). 17.96 *(978-0-87617-648-1(1))* Penworthy Co., LLC, The.

Goldie Blox & the Three Dares. Stacy McAnulty. ed. 2017. (Goldie Blox Ser.). lib. bdg. 17.20 *(978-0-606-40255-2(1))* Turtleback.

Goldie Blox Rules the School! Stacy McAnulty. ed. 2017. (Goldie Blox Ser.). lib. bdg. 17.20 *(978-0-606-40256-9(X))* Turtleback.

Goldie Makes the Grade. Jess Black. 2017. (Little Paws Ser.: 4). 96p. (J). (gr. 1-3). 9.99 *(978-0-14-378183-7(9))* Random Hse. Australia AUS. Dist: Independent Pubs. Group.

Goldie the Two-Horned Unicorn. TiaMarie Arnold. 2020. (ENG.). 25p. (J). *(978-1-716-80126-6(5))* Lulu Pr., Inc.

Goldie Vance Graphic Novel Gift Set. Hope Larson & Jackie Ball. Illus. by Brittney Williams et al. 2019. (Goldie Vance Ser.). (ENG.). 448p. (J). pap. 39.99 *(978-1-68415-439-5(1))* BOOM! Studios.

Goldie Vance: the Hocus-Pocus Hoax. Lilliam Rivera. 2021. (ENG., Illus.). 256p. (J). (gr. 3-7). 14.99 *(978-0-316-42759-3(4))* Little, Brown Bks. for Young Readers.

Goldie Vance: the Hotel Whodunit. Lilliam Rivera. Illus. by Elle Power. 2020. (ENG.). 264p. (J). (gr. 3-7). 14.99 *(978-0-316-45664-7(0))* Little, Brown Bks. for Young Readers.

Goldie Vance Vol. 4. Hope Larson & Jackie Ball. Illus. by Elle Power. 2018. (Goldie Vance Ser.: 4). (ENG.). 112p. (YA). (gr. 4-7). pap. 14.99 *(978-1-68415-140-0(6))* BOOM! Studios.

Goldie's Guide to Grandchilding. Clint McElroy. Illus. by Eliza Kinkz. 2022. (ENG.). 40p. (J). 18.99 *(978-1-250-24932-6(5)*, 900214963, First Second Bks.) Roaring Brook Pr.

Goldie's Inheritance, Vol. 47: A Story of the Siege of Atlanta (Classic Reprint) Louisa M. Whitney. 2018. (ENG., Illus.). 268p. (J). 29.44 *(978-0-483-20199-6(5))* Forgotten Bks.

Goldilocks. Child's Play. Illus. by Tatsiana Burgaud. 2023. (Flip-Up Fairy Tales Ser.). (ENG.). 24p. (J). (gr. 1-2). ***(978-1-78628-843-1(5))*** Child's Play International Ltd.

Goldilocks. Jenna Mueller. Illus. by Roxanne Rainville. 2020. (Fairy Tales As Told by Clementine Ser.). (ENG.). 32p. (J). (gr. -1-4). 32.79 *(978-1-5321-3808-9(3)*, 35226, Looking Glass Library) Magic Wagon.

Goldilocks, 1 vol. Susan Purcell. 2017. (Fairy-Tale Phonics Ser.). (ENG.). 24p. (J). (gr. 1-1). 26.27 *(978-1-5081-9376-0(2)*, c4669a1e-c0e2-49cb-83c1-22b5fdf64649); pap. 9.25 *(978-1-5081-9447-7(5)*, a562a763-aaad-476d-a9fd-706d9e57e7fe) Rosen Publishing Group, Inc., The. (Windmill Bks.).

Goldilocks. Ruth Sanderson. 2020. (Ruth Sanderson Collection). (ENG., Illus.). 32p. (J). (gr. -1-3). pap. 8.95 *(978-1-56656-045-0(4)*, Crocodile Bks.) Interlink Publishing Group, Inc.

Goldilocks (a Hashtag Cautionary Tale) Jeanne Willis. Illus. by Tony Ross. 2020. (Online Safety Picture Bks.). (ENG.). 32p. (J). (gr. -1-k). pap. 12.99 *(978-1-78344-878-4(4))* Andersen Pr. GBR. Dist: Independent Pubs. Group.

Goldilocks & the Just Right Potty. Leigh Hodgkinson. Illus. by Leigh Hodgkinson. 2017. (ENG., Illus.). 32p. (J). (-k). 16.99 *(978-0-7636-9799-0(0))* Candlewick Pr.

Goldilocks & the Three Bears see Boucles d'Or et les Trois Ours

Goldilocks & the Three Bears. Jan Brett. 2020. 32p. (J). (— 1). bds. 8.99 *(978-1-9848-1681-8(0)*, G.P. Putnam's Sons Books for Young Readers) Penguin Young Readers Group.

Goldilocks & the Three Bears. Sherry M. Francis. 2019. (ENG.). 36p. (J). 23.95 *(978-1-0980-0738-6(7))*; pap. 13.95 *(978-1-64569-130-3(6))* Christian Faith Publishing.

Goldilocks & the Three Bears. Valeri Gorbachev. 2019. (ENG.). 32p. (J). (gr. -1-2). pap. 8.95 *(978-0-7358-4335-6(X))* North-South Bks., Inc.

Goldilocks & the Three Bears. Ed. by Parragon Books. 2018. (ENG.). 32p. (J). (gr. -1-1). 9.99 *(978-1-68052-447-5(X)*, 2000460) Cottage Door Pr.

Goldilocks & the Three Bears. Tony Ross. 2016. (ENG., Illus.). 10p. (J). (-k). bds. 9.99 *(978-1-78344-409-0(6))* Andersen Pr. GBR. Dist: Independent Pubs. Group.

Goldilocks & the Three Bears. Sequoia Children's Publishing. Illus. by Andy Catling. 2021. (Classic Storybooks Ser.). (ENG.). 24p. (J). (gr. k-2). 24.69 *(978-1-64996-038-2(7)*, 4100, Sequoia Publishing & Media LLC) Phoenix International Publications, Inc.

Goldilocks & the Three Bears. Sequoia Kids Media Sequoia Kids Media. Illus. by Andy Catling. 2021. (Classic Storybooks Ser.). (ENG.). 24p. (J). (gr. -1-3). pap. 9.50 ***(978-1-64996-657-5(1)***, 17019, Sequoia Kids Media) Sequoia Children's Bks.

Goldilocks & the Three Bears. Robert Southey. 2019. (ENG., Illus.). 26p. (J). pap. 8.99 *(978-0-7396-0468-7(6))* Inspired Studios Inc.

Goldilocks & the Three Bears. Valeri Gorbachev. ed. 2020. (ENG.). 33p. (J). (gr. k-1). 19.96 *(978-1-64697-058-2(6))* Penworthy Co., LLC, The.

Goldilocks & the Three Bears, 30 vols. Gerda Muller. 2nd rev. ed. 2020. Orig. Title: Boucles d'or et les Trois Ours. (Illus.). 40p. (J). (gr. -1-2). 17.95 *(978-1-78250-661-4(6))* Floris Bks. GBR. Dist: Consortium Bk. Sales & Distribution.

Goldilocks & the Three Bears. Tony Ross & Tony Ross. 40th ed. 2017. (ENG., Illus.). 32p. (J). (-k). 15.99 *(978-1-78344-469-4(X))* Andersen Pr. GBR. Dist: Independent Pubs. Group.

Goldilocks & the Three Bears: A Discover Graphics Fairy Tale. Renee Biermann. Illus. by Román Díaz. 2021. (Discover Graphics: Fairy Tales Ser.). (ENG.). 32p. (J). 21.32 *(978-1-6639-0902-2(4)*, 212526); pap. 6.95 *(978-1-6639-2091-1(5)*, 212508) Capstone. (Picture Window Bks.).

Goldilocks & the Three Bears: A Keepsake Story to Share. Sequoia Children's Publishing. 2020. (ENG.). 24p. (J). 6.99 *(978-1-64269-180-1(1)*, 4035, Sequoia Publishing & Media LLC) Phoenix International Publications, Inc.

Goldilocks & the Three Bears: A Little Apple Classic. Gabhor Utomo. 2021. (Little Apple Bks.). (ENG., Illus.). 28p. (J). 5.99 *(978-1-64643-185-4(5)*, Applesauce Pr.) Cider Mill Pr. Bk. Pubs., LLC.

Goldilocks & the Three Bears: A Problem-Solving Story. Lindsay Nina Giroux. Illus. by Emma Trithart. 2016. (J). *(978-0-87659-707-1(X))* Gryphon Hse., Inc.

Goldilocks & the Three Bears: Take the Temperature Test & Solve the Porridge Puzzle! Jasmine Brooke. 2017. (Fairy Tale Fixers: Fixing Fairy Tale Problems with STEM Ser.). 32p. (gr. 3-4). pap. 63.00 *(978-1-5382-0665-2(X))* Stevens, Gareth Publishing LLLP.

Goldilocks & the Three Bears: Understanding Autism Spectrum Disorder. Amy Nielsen. Illus. by Anais Balbas. 2022. (ENG.). 50p. (J). 32.00 ***(978-1-956110-26-5(7))***; pap. 24.00 ***(978-1-942197-85-0(3))*** Autism Asperger Publishing Co.

G

Goldilocks & the Three Bears: Zehava Ushloshet Hadubim. Annie Applefield. l.t. ed. 2022. (HEB.). 36p. (J). pap. 15.95 ***(978-0-9831499-9-6(2))*** E & E Publishing.

Goldilocks & the Three Bears (Book & Downloadable App!) Little Grasshopper Books. Illus. by Stacy Peterson. 2020. (ENG.). 24p. (J). (gr. -1-k). bds. 5.98 *(978-1-64030-973-9(X)*, 6112300, Little Grasshopper Bks.) Publications International, Ltd.

Goldilocks & the Three Bears. Old Mother Hubbard. Joseph Jacobs. Illus. by Walter Crane. 2018. (ENG.). 32p. (J). *(978-1-910880-58-6(2))* Robin Bks. Ltd.

Goldilocks & the Three Engineers. Sue Fliess. Illus. by Petros Bouloubasis. 2021. (ENG.). 32p. (J). (gr. -1-3). 17.99 *(978-0-8075-2997-3(4)*, 807529974) Whitman, Albert & Co.

Goldilocks & the Three Ghosts. Wiley Blevins. Illus. by Steve Cox. 2016. (Scary Tales Retold Ser.). (ENG.). 24p. (J). (gr. k-3). lib. bdg. 27.99 *(978-1-63440-093-0(3)*, 35ad6e77-c627-4d14-83e5-cbd31e8518a5) Red Chair Pr.

Goldilocks & the Three Knocks. Gregory Barrington. Illus. by Gregory Barrington. 2022. (ENG., Illus.). 40p. (J). (gr. -1-3). 17.99 *(978-0-06-289137-2(5)*, HarperCollins) HarperCollins Pubs.

Goldilocks & the Three Pancakes: A Story of Shapes, Numbers, & Friendship. Kari Cornell. Illus. by Kirsten Sevig. 2016. 32p. (J). pap. *(978-0-87659-706-4(1))* Gryphon Hse., Inc.

Goldilocks & the Three Rhinos: A South African Retelling. Illus. by Joan Rankin. (ENG.). 32p. (J). (gr. -1-3). 2021. 8.95 *(978-1-62371-944-9(5))*; 2019. 17.95 *(978-1-62371-916-6(X))* Interlink Publishing Group, Inc. (Crocodile Bks.).

Goldilocks & the Three Vampires: A Graphic Novel. Laurie S. Sutton. Illus. by Christopher S. Jennings. 2016. (Far Out Fairy Tales Ser.). (ENG.). 40p. (J). (gr. 3-6). lib. bdg. 25.32 *(978-1-4965-3783-6(1)*, 133106, Stone Arch Bks.) Capstone.

Goldilocks for Dinner: A Funny Book about Manners. Susan Montanari. Illus. by Jake Parker. 2019. 40p. (J). (gr. -1-3). 17.99 *(978-0-399-55235-9(9)*, Schwartz & Wade Bks.) Random Hse. Children's Bks.

Goldilocks, Go Home! Martha Freeman. Illus. by Marta Sevilla. (J). (gr. 2-5). 2020. 176p. pap. 7.99 *(978-0-8234-4538-7(0))*; 2019. 96p. 16.99 *(978-0-8234-3857-0(0))* Holiday Hse., Inc.

Goldilocks Private Eye. Greg Trine. 2019. (Goldilocks Private Eye Ser.: Vol. 1). (ENG., Illus.). 118p. (J). (gr. 2-6). pap. 9.99 *(978-0-578-46407-7(1))* Trine, Greg.

Goldilocks Zone: Real Facts about Outer Space. Drew Sheneman. Illus. by Drew Sheneman. 2021. (ENG., Illus.). 48p. (J). (gr. -1-3). 18.99 *(978-0-06-297236-1(7)*, HarperCollins) HarperCollins Pubs.

Goldivine. Betsy O'Neill-Sheehan. 2016. (ENG., Illus.). (J). (gr. 1-4). pap. 7.99 *(978-0-692-76678-1(2))* O'Neill-Sheehan, Elizabeth.

Gold's Gym Guide to Fitness, 8 vols. 2018. (Gold's Gym Guide to Fitness Ser.). (ENG.). 48p. (YA). (gr. 7-7). lib. bdg. 118.40 *(978-1-9785-0691-6(0)*, d9c7cf33-5cf1-4e1d-a49e-067971d61d92) Enslow Publishing, LLC.

Goldsby Legend, or Mirth & Marvels, Vol. 1 of 2 (Classic Reprint) Richard Harris Barham. 2017. (ENG., Illus.). (J). 29.53 *(978-0-265-36572-4(4))* Forgotten Bks.

Goldsmith's Wife, Vol. 1 Of 3: A Tale (Classic Reprint) William Harrison Ainsworth. 2018. (ENG., Illus.). 290p. (J). 29.88 *(978-0-483-10203-3(2))* Forgotten Bks.

Goldsmith's Wife, Vol. 3 Of 3: A Tale (Classic Reprint) William Harrison Ainsworth. 2018. (ENG., Illus.). 312p. (J). 30.37 *(978-0-483-22057-7(4))* Forgotten Bks.

Goldwater Ridge. Hannah Kaye. 2020. (ENG.). 220p. (J). pap. 10.99 *(978-0-578-68183-2(8))* Jellysquid Bks. LLC.

Goldy. Kate Ellie Fitzgerald. Illus. by Marisa Filepe. 2023. (ENG.). 40p. (J). pap. 15.95 ***(978-1-6657-3808-8(1))*** Archway Publishing.

Goldy the Amazing Bird. Scarlette R. 2020. (ENG.). 22p. (J). 18.00 *(978-1-952330-14-8(9))* Csb Innovations.

Golem: Book One of the Bellualis Chronicles. E. J. Parry. Ed. by Katharine Smith. 2019. (Bellualis Chronicles Ser.: Vol. 1). (ENG.). 236p. (YA). (gr. 7-9). pap. *(978-1-913166-09-0(0))* Heddon Publishing.

Golem's Game! (Minecraft Stonesword Saga #5) Nick Eliopulos. Illus. by Random House. 2023. (Minecraft Stonesword Saga Ser.). (ENG.). 144p. (J). (gr. 1-4). 9.99 *(978-0-593-56291-8(7))*; lib. bdg. 12.99 *(978-0-593-56292-5(5))* Random Hse. Children's Bks. (Random Hse. Bks. for Young Readers).

Goles, Trucos, y Bravucones. Jürgen Banscherus. 2018. 96p. (J). 13.99 *(978-958-30-5440-2(2))* Panamericana Editorial COL. Dist: Lectorum Pubns., Inc.

Golf. Valerie Bodden. 2016. (Making the Play Ser.). (ENG.). 24p. (J). (gr. 1-4). lib. bdg. 9.99 *(978-1-60818-655-6(5)*, 20486, Creative Education) Creative Co., The.

Golf. Mari Schuh. 2019. (Spot Sports Ser.). (ENG.). 16p. (J). (gr. -1-1). pap. 7.99 *(978-1-68152-437-5(6)*, 11023); 27.10 *(978-1-68151-651-6(9)*, 10783) Amicus.

Golf de Las Pequeñas Estrellas. Taylor Farley. Tr. by Pablo de la Vega. 2021. (Pequeñas Estrellas (Little Stars) Ser.). (SPA., Illus.). 24p. (J). (gr. k-2). pap. *(978-1-4271-3179-9(1)*, 15144); lib. bdg. *(978-1-4271-3161-4(9)*, 15125) Crabtree Publishing Co.

Golf Notebook: Scorecard & Match Notebook. Toby Vance. 2022. (ENG.). 101p. (J). pap. ***(978-1-4716-2169-7(3))*** Lulu Pr., Inc.

Golf Through the Eyes of a Child. Dominique Deserres. Illus. by Aga Kubish. 2020. (ENG.). 34p. (J). pap. *(978-1-7774183-0-4(5))* LoGreco, Bruno.

Golf Time. Cecilia Smith. 2021. (Entry Level Readers Ser.). (ENG.). (J). 20p. 12.99 ***(978-1-5324-3879-0(6))***; 20p. pap. 12.99 ***(978-1-5324-4175-2(4))***; 8p. pap. 5.99 *(978-1-5324-2777-0(8))* Xist Publishing.

Golfing Bee. Steve Kranz. 2023. (ENG.). 30p. (J). 18.99 ***(978-1-0881-7626-9(7))***; pap. 12.99 ***(978-1-0881-7623-8(2))*** Golfing Bee, LLC.

Golfing Pilgrim on Many Links. Horace G. Hutchinson. 2017. (ENG.). 342p. (J). pap. *(978-3-337-28818-1(9))* Creation Pubs.

Golfing Pilgrim on Many Links. Horace G. Hutchinson. 2017. (ENG., Illus.). (J). pap. *(978-0-649-59527-3(0))* Trieste Publishing Pty Ltd.

Golfing Pilgrim on Many Links (Classic Reprint) Horace G. Hutchinson. 2017. (ENG., Illus.). (J). 30.02 *(978-0-331-93420-5(5))* Forgotten Bks.

Golf's G. O. A. T. Jack Nicklaus, Tiger Woods, & More. Jon M. Fishman. 2021. (Sports' Greatest of All Time (Lerner (tm) Sports) Ser.). (ENG., Illus.). 32p. (J). (gr. 2-5). pap. 9.99 *(978-1-7284-3157-4(3)*, 395d2603-3e11-4c82-9d49-e30feb95d6b2, Lerner Pubns.) Lerner Publishing Group.

Golgi Complex: Methods & Protocols, 1 vol. Ed. by William J. Brown. 2016. (Methods in Molecular Biology Ser.: 1496). (ENG., Illus.). xi, 219p. 159.99 *(978-1-4939-6461-1(5)*, 978-1-4939-6461-1, Humana) Springer New York.

Goliat: En el mundo de las diferencias. Ximo Abadía. 2021. (Mundo Mejor Ser.). (SPA.). 36p. (J). (gr. k-2). 20.95 *(978-84-17137-36-6(X))* Vegueta Ediciones S. L. ESP. Dist: Independent Pubs. Group.

Goliath: The Boy Who Was Different. Ed. by Little Little Gestalten. Illus. by Ximo Abadìa. 2019. (ENG.). 48p. 19.95 *(978-3-89955-826-5(X))* Die Gestalten Verlag DEU. Dist: Ingram Publisher Services.

Goliath Beetle: The Heaviest Insect, 1 vol. Sarah Machajewski. 2019. (Animal Record Breakers Ser.). (ENG.). 24p. (gr. 2-3). pap. 9.25 *(978-1-7253-0870-1(3)*, 55332920-a1e1-473a-95a0-1794e5ffbc4a, PowerKids Pr.) Rosen Publishing Group, Inc., The.

Goliath Beetles. Aaron Carr. 2017. (World Languages Ser.). (ENG., Illus.). 24p. (J). (gr. -1-3). lib. bdg. 35.70 *(978-1-4896-6553-9(6)*, AV2 by Weigl) Weigl Pubs., Inc.

Goliath Beetles, 1 vol. Grace Hansen. 2016. (Super Species Ser.). (ENG., Illus.). 24p. (J). (gr. -1-2). lib. bdg. 32.79 *(978-1-68080-545-1(2)*, 21370, Abdo Kids) ABDO Publishing Co.

Goliath Beetles. Jared Siemens. 2017. (Illus.). 24p. (J). *(978-1-5105-0635-0(7))* SmartBook Media, Inc.

Goliath Frogs. Grace Hansen. 2018. (Super Species Ser.). (ENG., Illus.). 24p. (J). (gr. -1-2). lib. bdg. 32.79 *(978-1-5321-0823-5(0)*, 28207, Abdo Kids) ABDO Publishing Co.

Goliath Must Fall for Young Readers: Winning the Battle Against Your Giants, 1 vol. Louie Giglio. 2020. (ENG.). 208p. (J). 17.99 *(978-1-4002-2363-3(6)*, Tommy Nelson) Nelson, Thomas Inc.

Golightly Round the Globe (Classic Reprint) Golightly L. Morrill. 2018. (ENG., Illus.). 248p. (J). 29.01 *(978-0-483-56694-1(2))* Forgotten Bks.

Golightlys: Father Son (Classic Reprint) Laurence North. 2017. (ENG., Illus.). (J). 31.30 *(978-0-266-19433-0(8))* Forgotten Bks.

Gollovlev Family (Classic Reprint) N. E. Shchedrin. 2017. (ENG., Illus.). (J). 288p. 29.86 *(978-0-484-40380-1(X))*; pap. 13.57 *(978-0-243-20426-7(4))* Forgotten Bks.

Golly My Little Helper. Shade Opoola. 2021. (ENG.). 34p. (J). pap. *(978-0-2288-5699-3(X))* Tellwell Talent.

Gollywhopper Games: Friend or Foe. Jody Feldman. Illus. by Victoria Jamieson. 2016. (Gollywhopper Games Ser.: 3). (ENG.). 432p. (J). (gr. 3-7). pap. 6.99 *(978-0-06-221129-3(3)*, Greenwillow Bks.) HarperCollins Pubs.

Golom's Magical Gamers. Angela M. Odom. Illus. by Kavion Robinson. 2021. (ENG.). 42p. (J). pap. 15.00 *(978-0-9981086-3-6(4))* Genuine Six Publishing.

Gomer, Duke of Goofington, 7. Franquin. 2021. (Gomer Goof Ser.: 7). (Illus.). 48p. (J). (gr. -1-12). pap. 11.95 *(978-1-84918-590-5(5))* CineBook GBR. Dist: National Bk. Network.

Gomer Goof Vol. 8: a Giant among Goofs. André Franquin. 2021. (Gomer Goof Ser.: Volume 8). (Illus.). 48p. pap. 11.95 *(978-1-80044-021-0(9))* CineBook GBR. Dist: National Bk. Network.

Gomery of Montgomery, Vol. 1 Of 2: A Family History (Classic Reprint) Charles A. Washburn. 2017. (ENG., Illus.). (J). 36.89 *(978-1-5280-8665-3(1))* Forgotten Bks.

Gomo: Inseparable Cousins in Pursuit of Their Dreams. Tani Shallari. 2020. (ENG., Illus.). 40p. (J). *(978-0-2288-2328-5(5))*; pap. *(978-0-2288-2327-8(7))* Tellwell Talent.

Gondola Days (Classic Reprint) Francis Hopkinson Smith. 2018. (ENG., Illus.). 274p. (J). 29.57 *(978-0-267-69972-8(7))* Forgotten Bks.

Gondola to Danger: A QUIX Book. Robert Quackenbush. Illus. by Robert Quackenbush. 2019. (Miss Mallard Mystery Ser.). (ENG., Illus.). 80p. (J). (gr. k-3). 16.99 *(978-1-5344-1406-8(1))*; pap. 5.99 *(978-1-5344-1405-1(3))* Simon & Schuster Children's Publishing. (Aladdin).

Gondra's Treasure. Linda Sue Park. Illus. by Jennifer Black Reinhardt. 2019. (ENG.). 40p. (J). (gr. -1-3). 17.99 *(978-0-544-54669-1(5)*, 1609531, Clarion Bks.) HarperCollins Pubs.

Gone Again. Becky Frederick. 2019. (ENG.). 28p. (J). (gr. -1-3). pap. 14.95 *(978-1-64663-056-1(4))*; (gr. 3-7). 21.95 *(978-1-64663-058-5(0))* Koehler Bks.

Gone Before Spring. Sheila Solomon Shotwell. 2017. (ENG., Illus.). (YA). (gr. 7-12). pap. 14.99 *(978-0-9994225-1-9(0))* Shotwell, Sheila.

Gone Camping: A Novel in Verse. Tamera Will Wissinger. Illus. by Matthew Cordell. (ENG.). 112p. (J). (gr. 1-4). 2019. pap. 7.99 *(978-1-328-59634-5(6)*, 1731320); 2017. 15.99 *(978-0-544-63873-0(5)*, 1620560) HarperCollins Pubs. (Clarion Bks.).

Gone Dark. Amanda Panitch. 2023. (ENG.). 448p. (YA). (gr. 7). pap. 12.99 *(978-1-5344-6632-6(0)*, McElderry, Margaret K. Bks.) McElderry, Margaret K. Bks.

Gone Fishing. Michael J. Rosen. 2017. (Reel Time Ser.). (ENG., Illus.). 32p. (J). (gr. 3-6). pap. 9.99 *(978-1-62832-380-1(9)*, 20093, Creative Paperbacks); *(978-1-60818-772-0(1)*, 20095, Creative Education) Creative Co., The.

Gone Fishing: A Girls Can Do Anything Book. Carmen Petro. Illus. by Sarah Gledhill. 2019. (Girls Can Do Anything Ser.: Vol. 1). (ENG.). 36p. (J). (gr. 2-6). pap. 12.99 *(978-1-64467-219-8(7))* Primedia eLaunch LLC.

Gone Fishing! (Disney Junior: Mickey & the Roadster Racers) Sherri Stoner. Illus. by Golden Books. 2018. (Little Golden Book Ser.). (ENG.). 24p. (J). (-k). 4.99 *(978-0-7364-3844-5(0)*, Golden/Disney) Random Hse. Children's Bks.

Gone Is Gone: Wildlife under Threat, 1 vol. Isabelle Groc. 2019. (Orca Wild Ser.: 2). (ENG., Illus.). 128p. (J). (gr. 4-7). 24.95 *(978-1-4598-1685-5(4))* Orca Bk. Pubs. USA.

Gone Squirrelly. Luisa Izzo. 2019. (Gone Squirrelly Ser.). (ENG.). 28p. (J). *(978-1-5255-2691-6(X))*; pap. *(978-1-5255-2692-3(8))* FriesenPress.

Gone Swimming. Cora Turner. 2016. (ENG., Illus.). (J). 25.95 *(978-1-4808-3143-8(3))*; pap. 16.95 *(978-1-4808-3142-1(5))* Archway Publishing.

Gone to Drift. Diana McCaulay. 2018. (ENG.). 272p. (J). (gr. 3-7). 16.99 *(978-0-06-267296-4(7)*, HarperCollins) HarperCollins Pubs.

Gone to Earth (Classic Reprint) Mary Webb. 2017. (ENG., Illus.). (J). 30.58 *(978-0-260-90398-3(1))*; pap. 13.57 *(978-0-243-12408-4(2))* Forgotten Bks.

Gone to Ground: A Hunting Novel. George F. Underhill. 2017. (ENG., Illus.). (J). pap. *(978-0-649-59531-0(9))* Trieste Publishing Pty Ltd.

Gone to Ground: A Hunting Novel (Classic Reprint) George F. Underhill. 2017. (ENG., Illus.). (J). 208p. 28.19 *(978-0-484-48884-6(8))*; pap. 10.57 *(978-0-259-10089-8(7))* Forgotten Bks.

Gone to the Buzzards. C. B. Jones. Illus. by Chris Green. 2017. (Bog Hollow Boys Ser.). (ENG.). 72p. (J). (gr. 4-8). lib. bdg. 25.32 *(978-1-4965-4058-4(1)*, 133366, Stone Arch Bks.) Capstone.

Gone to the War, & Other Poems in the Lincolnshire Dialect (Classic Reprint) Bernard Gilbert. 2018. (ENG., Illus.). 96p. (J). 25.90 *(978-0-267-48259-7(0))* Forgotten Bks.

Gone to the Woods: Surviving a Lost Childhood. Gary Paulsen. 2021. (ENG.). 368p. (J). 18.99 *(978-0-374-31415-6(2)*, 900225840, Farrar, Straus & Giroux (BYR)) Farrar, Straus & Giroux.

Gone to the Woods: Surviving a Lost Childhood. Gary Paulsen. 2023. (ENG.). 368p. (J). pap. 9.99 *(978-1-250-86655-4(3)*, 900225841) Square Fish.

Gone to Toodoggone: Book 2 of the Wee Folk. Angus MacLeod. Illus. by Jessy Rensink. 2018. (Wee Folk Ser.: Vol. 2). (ENG.). 32p. (J). (gr. k-6). pap. *(978-1-77143-370-9(1))* CCB Publishing.

Gone Too Soon. Melody Carlson. 2018. (ENG., Illus.). 336p. (YA). (gr. 9-12). 22.99 *(978-1-946531-49-0(9)*, WhiteSpark Publishing) WhiteFire Publishing.

Gone Wild. David McLimans. Illus. by David McLimans. 2016. (ENG., Illus.). 32p. (J). bds. 9.99 *(978-1-61963-954-6(8)*, 900152939, Bloomsbury USA Childrens) Bloomsbury Publishing USA.

Gone with a Spirit. Anna Svetchnikov. 2021. (ENG.). 34p. (J). 30.88 *(978-1-716-24486-5(2))* Lulu Pr., Inc.

Gone with the Goof! André Franquin. 2018. (Gomer Goof Ser.: 3). (Illus.). 48p. pap. 11.95 *(978-1-84918-409-0(7))* CineBook GBR. Dist: National Bk. Network.

Gone Wolf. Amber McBride. 2023. (ENG.). 352p. (J). 17.99 ***(978-1-250-85049-2(5)***, 900258120) Feiwel & Friends.

Goners. J. A. Henderson. 2019. (ENG.). 332p. (YA). pap. *(978-1-64570-603-8(6))* Black Hart Entertainment.

Gong Zhu Zen Me Wa Bi Shi ? Zhuoying Li. 2016. (CHI.). 40p. (J). pap. *(978-986-161-537-0(7))* Hsin Yi Foundation.

Gonna Move, Gotta Bounce, Have to Jumpity Jump! How I Smooth Out My Jitter-Clumpy Day. Jamaree Stokes. Illus. by Charli Vince. 2021. (J). 32p. 18.95 *(978-1-7363243-0-1(6))*; 36p. pap. 12.95 *(978-1-7363243-1-8(4))* Girl Friday Bks. (Bird Upstairs).

Gonzo Capitalism: How to Make Money in an Economy That Hates You. Chris Guillebeau. 2023. (ENG., Illus.). E-Book 65.00 *(978-0-316-49152-5(7))* Little Brown & Co.

Gonzo the Grasshopper: Little Stories, Big Lessons. Jacqui Shepherd. 2018. (Bug Stories Ser.). (ENG., Illus.). 32p. (J). (gr. k-6). pap. *(978-1-77008-923-5(3))* Awareness Publishing.

Goo Disaster, 3. Melody Reed. ed. 2019. (Major Eights Ser.). (ENG.). 97p. (J). (gr. 2-3). 14.96 *(978-0-87617-323-7(7))* Penworthy Co., LLC, The.

Goo Glider Sue. Carolyn Bagnall. (Australian Kitchen Cleaning Adventures Ser.: Vol. 2). (ENG.). (J). 2019. 42p. *(978-0-2288-1083-4(3))*; 2017. (Illus.). pap. *(978-1-77302-531-5(7))* Tellwell Talent.

Goo Goo, Ga Ga! Baby's Babble to Baby's First Words. - Baby & Toddler First Word Books. Baby Professor. 2017. (ENG., Illus.). (J). pap. 7.89 *(978-1-68326-711-9(7)*, Baby Professor (Education Kids)) Speedy Publishing LLC.

Goo Makers. Kelly Halls. 2018. (Project: STEAM Ser.). (ENG., Illus.). 48p. (gr. 4-8). pap. 10.95 *(978-1-64156-591-2(8)*, 9781641565912) Rourke Educational Media.

Goob & His Grandpa. Sean Covey. ed. 2021. (Ready-To-Read Ser.). (ENG., Illus.). 32p. (J). (gr. 2-3). 13.96 *(978-1-64697-583-9(9))* Penworthy Co., LLC, The.

Goober et Muffin. Kelly Lenihan. Tr. by Dylan Pledger. Illus. by Oona Risling-Sholl. 2018. (FRE.). 50p. (J). 20.00 *(978-0-9991200-2-6(6))*; pap. 12.95 *(978-0-9991200-3-3(4))* Artisan Bookworks.

Goober Man. Peter Frazier. Illus. by Emily Wilson. 2018. (ENG.). 32p. (J). (gr. k-6). 15.99 *(978-1-365-86104-8(X))*; pap. 11.99 *(978-1-365-86109-3(0))* Lulu Pr., Inc.

Goober Man Dyslexic Font. Peter Frazier. Illus. by Emily Wilson. 2018. (ENG.). 32p. (J). (gr. k-6). 21.99 *(978-1-365-86105-5(8))*; pap. 15.99 *(978-1-365-86110-9(4))* Lulu Pr., Inc.

Goober und Muffin. Kelly Lenihan. Tr. by Jutta Lenihan. Illus. by Oona Risling-Sholl. 2018. (GER.). 50p. (J). 20.00 *(978-0-9979578-0-8(8))* Artisan Bookworks.

Goober y Muffin. Kelly Lenihan. Tr. by Norma Garcia. Illus. by Oona Risling-Sholl. 2018. (SPA.). 50p. (J). pap. 12.95 *(978-0-9979578-8-4(3))*; (gr. -1-3). 20.00 *(978-0-9979578-2-2(4))* Artisan Bookworks.

Goobletygok. Richard Bird. 2022. (ENG.). 24p. (J). ***(978-1-0391-4342-5(3))***; pap. ***(978-1-0391-4341-8(5))*** FriesenPress.

Good American Vacaton Lessons (Classic Reprint) Frances Weld Danielson. 2018. (ENG., Illus.). 114p. (J). 26.27 *(978-0-483-84841-2(7))* Forgotten Bks.

Good American Vacaton Lessons, Pp. 1-104. Frances Weld Danielson. 2017. (ENG., Illus.). (J). pap. *(978-0-649-43884-6(1))* Trieste Publishing Pty Ltd.

Good Americans (Classic Reprint) Burton Harrison. 2017. (ENG., Illus.). 230p. (J). 28.64 *(978-0-332-35428-6(8))* Forgotten Bks.

Good & Gone. Megan Frazer Blakemore. 2017. (ENG.). 304p. (YA). (gr. 8). 17.99 *(978-0-06-234842-5(6)*, HarperTeen) HarperCollins Pubs.

Good Angels in Harness (Classic Reprint) Frank E. Emmott. (ENG., Illus.). (J). 2018. 284p. 29.75 *(978-0-483-46857-3(6))*; 2016. pap. 13.57 *(978-1-334-12253-8(9))* Forgotten Bks.

Good Animals Furry Family Friends Coloring Learning Books for Kids. Educando Kids. 2019. (ENG.). 42p. (J). pap. 6.99 *(978-1-64521-148-8(7)*, Educando Kids) Editorial Imagen.

Good Artist. Brynne Gluch. Ed. by Kari Stageberg. Illus. by Bobooks. 2020. (ENG.). 24p. *(978-1-716-68482-1(X))* Lulu Pr., Inc.

Good As Gold. Candace Buford. 2023. 320p. (YA). (gr. 7-12). 18.99 *(978-1-368-09025-4(7)*, Disney-Hyperion) Disney Publishing Worldwide.

Good As Gold. Madeline Teigen. 2019. (ENG.). 244p. (YA). (gr. 9-12). pap. 14.95 ***(978-1-7334255-0-6(0))*** Teigen, Madeline.

Good As Gold: A Comedy in Four Acts (Classic Reprint) Katharine McDowell Rice. 2017. (ENG., Illus.). (J). 24.99 *(978-0-265-77923-1(5))*; pap. 9.57 *(978-1-5277-6027-1(8))* Forgotten Bks.

Good As Gold (Whatever After #14) Sarah Mlynowski. (Whatever After Ser.). (ENG.). 192p. (J). (gr. 3-7). 2023. pap. 6.99 *(978-1-338-62821-0(6))*; 2021. (Illus.). 14.99 *(978-1-338-62813-5(5))* Scholastic, Inc. (Scholastic Pr.).

Good As New. Lori Mortensen. Illus. by Ghyslaine Vaysset. 2016. (Spring Forward Ser.). (J). (gr. 1). *(978-1-4900-9375-8(3))* Benchmark Education Co.

Good, Bad & Just Plain Silly Dad Jokes: A Terribly Funny Book of Father's Day Jokes, Puns, One-Liners, Wordplay & Knock Knocks (Gifts for Dad) Hayden Fox. l.t. ed. 2020. (ENG.). 76p. (J). pap. *(978-1-989968-04-8(X)*, Fox, Hayden) Gill, Karanvir.

Good Beasts Bad Creatures. Veronica Krug. 2022. (ENG.). 346p. (YA). pap. *(978-1-387-86208-5(1))* Lulu Pr., Inc.

Good Behavior. Tayo Mabadeje. 2023. (ENG.). 36p. (J). pap. 13.99 ***(978-1-957262-11-6(7))*** Yorkshire Publishing Group.

Good Behaviours - Anuan Mareko Aika Raraoi (Te Kiribati) Mautaake Tamango. Illus. by Amit Mohanta. 2023. (ENG.). 32p. (J). pap. ***(978-1-922895-71-4(7))*** Library For All Limited.

Good Book: A Kid's Guide to Becoming a Successful Student Leader. Da'nall Wilmer. Illus. by Cameron Wilson. 2018. (ENG.). 30p. (J). pap. 12.99 *(978-0-692-15591-2(0))* Wilmer Bks.

Good Book: The Magic Coloring Book. Jupiter Kids. 2016. (ENG., Illus.). 106p. (J). pap. 12.55 *(978-1-68305-336-1(2)*, Jupiter Kids (Childrens & Kids Fiction)) Speedy Publishing LLC.

Good Book for Kids: How the Bible's Big Ideas Relate to YOU. Lisa T. Bergren. 2017. (ENG.). 416p. (J). pap. 12.99 *(978-1-4347-1024-6(6)*, 137422) Cook, David C.

Good Books for Bad Children: The Genius of Ursula Nordstrom. Beth Kephart. Illus. by Chloe Bristol. 2023. 48p. (J). (gr. -1-3). 18.99 ***(978-0-593-37957-8(8))***; (ENG.). lib. bdg. 21.99 ***(978-0-593-37958-5(6))*** Random Hse. Children's Bks. (Schwartz & Wade Bks.).

Good Boy. Paidi Murphy. 2019. (ENG.). 86p. (J). *(978-1-78823-956-1(3))*; pap. *(978-1-78823-955-4(5))* Austin Macauley Pubs. Ltd.

Good Boy. Sergio Ruzzier. Illus. by Sergio Ruzzier. 2019. (ENG., Illus.). 40p. (J). (gr. -1-3). 15.99 *(978-1-4814-9906-4(8))* Simon & Schuster Children's Publishing.

Good Boy & Girl's Lottery: All Prizes & No Blanks, As Drawn in the Presence of Master Tommy Tim, Corporal Trim's Cousin (Classic Reprint) Unknown Author. 2018. (ENG., Illus.). 26p. (J). 24.43 *(978-0-428-96178-7(9))* Forgotten Bks.

Good Boy (Classic Reprint) J. H. Butler. 2018. (ENG., Illus.). 22p. (J). 24.35 *(978-0-267-28581-5(7))* Forgotten Bks.

Good Brother No. Pastor Dave Oravec. 2021. (ENG.). 38p. (J). 15.95 *(978-1-64543-963-9(1))* Amplify Publishing Group.

Good Butterfly. Erin Green. 2021. (ENG.). 32p. (J). pap. 12.99 *(978-1-0879-6345-7(1))* Indy Pub.

Good-Bye (Classic Reprint) John Strange Winter. (ENG., Illus.). (J). 2018. 130p. 26.60 *(978-0-332-94050-2(0))*; 2017. pap. 9.57 *(978-0-259-39845-5(4))* Forgotten Bks.

Good-Bye, Proud World (Classic Reprint) Ellen Olney Kirk. 2018. (ENG., Illus.). 372p. (J). 31.57 *(978-0-483-23362-1(5))* Forgotten Bks.

Good-Bye Stacey, Good-bye, 11. Gabriela Epstein. ed. 2022. (Baby-Sitters Club Ser.). (ENG.). 165p. (J). (gr. 4-5). 23.96 ***(978-1-68505-406-9(4))*** Penworthy Co., LLC, The.

Good-Bye Stacey, Good-bye: a Graphic Novel (the Baby-Sitters Club #11), Vol. 11. Ann M. Martin. Illus. by Gabriela Epstein. adapted ed. 2022. (Baby-Sitters Club Graphix Ser.). (ENG.). 176p. (J). (gr. 3-7). 24.99 *(978-1-338-61605-7(6))*; pap. 12.99 *(978-1-338-61604-0(8))* Scholastic, Inc. (Graphix).

Good-Bye Stacey, Good-bye (the Baby-Sitters Club #13) Ann M. Martin. 2020. (Baby-Sitters Club Ser.: 13). (ENG.). 160p. (J). (gr. 3-7). pap. 6.99 *(978-1-338-68495-7(7))* Scholastic, Inc.

Good-Bye Stacey, Good-bye (the Baby-Sitters Club #13) (Library Edition) Ann M. Martin. 2020. (Baby-Sitters Club Ser.: 13). (ENG.). 160p. (J). (gr. 3-7). lib. bdg. 25.99 *(978-1-338-68496-4(5))* Scholastic, Inc.

Good-Bye, Sweetheart! Rhoda Broughton. 2017. (ENG.). 450p. (J). pap. *(978-3-337-03622-5(8))* Creation Pubs.

Good-Bye Sweetheart! Rhoda Broughton. 2017. (ENG.). (J). 322p. pap. *(978-3-337-34801-4(7))*; 310p. pap. *(978-3-337-34802-1(5))*; 320p. pap. *(978-3-337-34803-8(3))* Creation Pubs.

Good-Bye, Sweetheart! A Novel (Classic Reprint) Rhoda Broughton. 2018. (ENG., Illus.). 448p. (J). 33.14 *(978-0-332-78994-1(2))* Forgotten Bks.

G

Good-Bye, Sweetheart! a Tale (Classic Reprint) Rhoda Broughton. 2018. (ENG., Illus.). 308p. (J). 30.25 *(978-0-483-61969-2(8))* Forgotten Bks.

Good-Bye, Sweetheart! a Tale, Vol. 1 of 3 (Classic Reprint) Rhoda Broughton. 2018. (ENG., Illus.). 316p. (J). 30.43 *(978-0-483-66399-2(9))* Forgotten Bks.

Good-Bye, Sweetheart!, Vol. 1 Of 3: A Tale (Classic Reprint) Rhoda Broughton. (ENG., Illus.). (J). 2018. 318p. 30.54 *(978-0-332-57714-2(7))*; 2016. pap. 13.57 *(978-1-333-68357-3(X))* Forgotten Bks.

Good-Bye to Market: A Collection of Stories (Classic Reprint) R. Murray Gilchrist. (ENG., Illus.). (J). 2018. 246p. 28.99 *(978-0-656-43514-2(3))*; 2017. pap. 11.57 *(978-0-243-32610-5(6))* Forgotten Bks.

Good-Bye, Winter! Hello, Spring! Kazuo Iwamura. 2019. (ENG., Illus.). 32p. (J). (gr. -1-2). 17.95 *(978-0-7358-4345-5(7))* North-South Bks., Inc.

Good Character Fairy Tale (Volume 5 Of 6) Xiao Zhen Lai. 2018. (CHI.). (J). pap. *(978-986-479-526-0(0))* Commonwealth Publishing Co., Ltd.

Good Character Fairy Tale (Volume 6 Of 6) Xiao Zhen Lai. 2018. (CHI.). (J). pap. *(978-986-479-527-7(9))* Commonwealth Publishing Co., Ltd.

Good Cheer Stories Every Child Should Know. Asa Don Dickinson. 2017. (ENG., Illus.). (J). 25.95 *(978-1-374-84726-2(7))*; pap. 15.95 *(978-1-374-84725-5(9))* Capital Communications, Inc.

Good Child's a, B, C, Book: With Beautiful Oval Cuts (Classic Reprint) Unknown Author. (ENG., Illus.). (J). 2018. 22p. 24.35 *(978-0-656-09286-4(6))*; 2016. pap. 7.97 *(978-1-334-16110-0(0))* Forgotten Bks.

Good Choice. MacKenna Witwer & Danielle. 2021. (ENG., Illus.). 20p. (J). pap. 12.95 *(978-1-63710-954-0(7))* Fulton Bks.

Good Choices, Bad Choices: Bible Characters Decide. Jean Stapleton. 2020. (ENG.). 128p. (J). 9.99 *(978-1-5271-0527-0(X)*, de5fd098-1f5d-4b0e-a4bd-65431b385547, CF4Kids) Christian Focus Pubns. GBR. Dist: Baker & Taylor Publisher Services (BTPS).

Good Choices for Cat & Dog. Rozanne Williams. 2017. (Learn-To-Read Ser.). (ENG., Illus.). (J). pap. 3.49 *(978-1-68310-258-8(4))* Pacific Learning, Inc.

Good Citizenship (Classic Reprint) Julia Richman. 2017. (ENG., Illus.). 208p. (J). 28.21 *(978-0-484-75717-1(2))* Forgotten Bks.

Good Citizenship Online: Understanding Citizenship, 1 vol. Leonard Clasky. 2018. (Civics for the Real World Ser.). (ENG.). 16p. (gr. 2-3). pap. *(978-1-5383-6551-9(0)*, 78c585db-8400-407c-b9e3-25bc537e773c, Rosen Classroom) Rosen Publishing Group, Inc., The.

Good, Clean Fun. R. J. Cregg. 2019. (Disney 8x8 Ser.). (ENG & SPA.). 24p. (J). (gr. k-1). 15.36 *(978-0-87617-746-4(1))* Penworthy Co., LLC, The.

Good Clean Fun. Sia Steelbourne. 2021. (ENG.). 60p. (J). pap. *(978-1-6780-6690-1(7))* Lulu Pr., Inc.

Good, Clean Fun / Diversión Buena y Limpia (English-Spanish) (Disney Puppy Dog Pals) Tr. by Laura Collado Piriz. Illus. by Disney Storybook Art Team. 2018. (Disney Bilingual Ser.: 10). (ENG.). 24p. (J). (gr. -1-2). pap. 4.99 *(978-1-4998-0787-5(2)*, BuzzPop) Little Bee Books Inc.

Good Company, 1879-1880, Vol. 4 (Classic Reprint) Unknown Author. (ENG., Illus.). (J). 2018. 584p. 35.94 *(978-0-332-81972-3(8))*; 2017. pap. 19.57 *(978-0-243-56484-2(8))* Forgotten Bks.

Good Company, 1880, Vol. 5 (Classic Reprint) Unknown Author. (ENG., Illus.). (J). 2018. 582p. 35.90 *(978-0-483-88260-7(7))*; 2017. pap. 19.57 *(978-0-243-89453-6(8))* Forgotten Bks.

Good Comrade (Classic Reprint) Una L. Silberrad. 2017. (ENG., Illus.). (J). 31.84 *(978-0-331-71465-4(5))* Forgotten Bks.

Good Conduct (Classic Reprint) George A. Birmingham. 2018. (ENG., Illus.). 260p. (J). 29.26 *(978-0-332-41547-5(3))* Forgotten Bks.

Good Counsel: Or, the Advantages of Useful Employment in Early Life Embellished with Wood Engravings (Classic Reprint) John Warner Barber. 2018. (ENG., Illus.). 26p. (J). 24.43 *(978-0-484-59227-7(0))* Forgotten Bks.

Good Crow's Happy Shop. Patten Beard. 2019. (ENG., Illus.). 100p. (YA). (gr. 7-12). pap. *(978-93-5329-451-9(7))* Alpha Editions.

Good Crow's Happy Shop (Classic Reprint) Patten Beard. 2018. (ENG., Illus.). 182p. (J). 27.67 *(978-0-332-37434-5(3))* Forgotten Bks.

Good Day. Daniel Nesquens. Illus. by Miren Asiain Lora. 2019. (ENG.). 32p. (J). *(978-0-8028-5530-5(X)*, Eerdmans Bks For Young Readers) Eerdmans, William B. Publishing Co.

Good Day: A Picture Book about Neurodiversity. Tracy Bryan. 2018. (Neurodiversity Picture Book Ser.: Vol. 1). (ENG., Illus.). 42p. (J). (gr. k-2). pap. 10.00 *(978-0-578-41017-3(6))* Bryan, Tracy Publishing.

Good Day, Bad Day. Cheryl Ralston-Gray. 2020. (ENG.). 20p. (J). pap. *(978-0-2288-2822-8(8))* Tellwell Talent.

Good Day, Bad Day, Great Day. Tamra Hover. 2019. (ENG.). 28p. (J). 23.95 *(978-1-64416-877-6(4))*; pap. 13.95 *(978-1-64416-874-5(X))* Christian Faith Publishing.

Good Day for Climbing Trees. Jaco Jacobs. Tr. by Kobus Geldenhuys. 2018. (ENG., Illus.). 160p. (J). pap. 11.99 *(978-1-78607-317-4(X)*, 178607317X, Rock the Boat) Oneworld Pubns. GBR. Dist: Grantham Bk. Services.

Good Day for Ducks. Jane Whittingham. Illus. by Noel Tuazon. (J). (gr. -1 — 1). 2021. 26p. bds. 11.95 *(978-1-77278-188-5(6))*; 2018. (ENG.). 24p. 16.95 *(978-1-77278-061-1(8))* Pajama Pr. CAN. Dist: Publishers Group West (PGW).

Good Day, Good Night. Margaret Wise Brown. Illus. by Loren Long. 2017. (ENG.). 40p. (J). (gr. -1-3). 18.99 *(978-0-06-238310-5(8)*, HarperCollins) HarperCollins Pubs.

Good Day, Good Night Board Book. Margaret Wise Brown. Illus. by Loren Long. 2019. (ENG.). 34p. (J). (gr. -1 — 1). bds. 9.99 *(978-0-06-238312-9(4)*, HarperFestival) HarperCollins Pubs.

Good Deed. Anna de Souza. Illus. by Jennifer Wagner. 2021. (ENG.). 32p. (J). *(978-1-0391-0517-1(3))*; pap. *(978-1-0391-0516-4(5))* FriesenPress.

Good Deeds & Other Laughing Matters: A 4D Book. D. L. Green. Illus. by Leandra La Rosa. 2018. (Funny Girl Ser.). (ENG.). 112p. (J). (gr. 3-5). pap. 7.95 *(978-1-4965-6474-0(X)*, 138383); lib. bdg. 26.65 *(978-1-4965-6470-2(7)*, 138379) Capstone. (Stone Arch Bks.).

Good Demon. Jimmy Cajoleas. (ENG.). 2019. 336p. (YA). (gr. 8-17). pap. 10.99 *(978-1-4197-3899-9(2)*, 1195803); 2018. (Illus.). 320p. (gr. 9-17). 18.99 *(978-1-4197-3127-3(0)*, 1195801) Abrams, Inc. (Amulet Bks.).

Good Devils (Special Forces, Book 3) Chris Lynch. 2020. (Special Forces Ser.: 3). (ENG.). 208p. (YA). (gr. 7). 18.99 *(978-0-545-86168-7(3)*, Scholastic Pr.) Scholastic, Inc.

Good Different. Meg Eden Kuyatt. 2023. (ENG.). 288p. (J). (gr. 3-7). 18.99 *(978-1-338-81610-5(1)*, Scholastic Pr.) Scholastic, Inc.

Good Dinosaur. Alessandro Ferrari. Illus. by Denise Shimabukuro. 2020. (Disney & Pixar Movies Ser.). (ENG.). 52p. (J). (gr. 2-6). lib. bdg. 32.79 *(978-1-5321-4550-6(0)*, 35197, Graphic Novels) Spotlight.

Good Dog. Cori Doerrfeld. 2018. (ENG., Illus.). 40p. (J). (gr. -1-3). 17.99 *(978-0-06-266286-6(4)*, HarperCollins) HarperCollins Pubs.

Good Dog. Walker Jean Mills. 2018. (ENG., Illus.). 40p. (J). 20.95 *(978-1-64003-345-0(9))*; pap. 11.95 *(978-1-64003-344-3(0))* Covenant Bks.

Good Dog! Nicola Jane Swinney & Nicola Jane Swinney. 2019. (ENG., Illus.). 96p. (J). (gr. 3-5). pap. 12.95 *(978-0-2281-0213-7(8)*, 8c159ab9-59c0-49f0-83dd-0607a755d716) Firefly Bks., Ltd.

Good Dog! Sean Taylor. Illus. by David Barrow. 2020. (ENG.). 40p. (J). (gr. -1-1). pap. 10.99 *(978-1-78603-726-8(2)*, 304516); 17.99 *(978-1-78603-725-1(4)*, 304514) Quarto Publishing Group UK GBR. (Frances Lincoln Children's Bks.). Dist: Hachette UK Distribution.

Good Dog: A Dog Breed Primer, 1 vol. Dawn DeVries Sokol. 2017. (ENG., Illus.). 22p. (J). bds. 9.99 *(978-1-4236-4702-5(7))* Gibbs Smith, Publisher.

Good Dog 4 Books In 1! Home Is Where the Heart Is; Raised in a Barn; Herd You Loud & Clear; Fireworks Night. Cam Higgins. Illus. by Ariel Landy. 2021. (Good Dog Ser.). (ENG.). 496p. (J). (gr. k-4). 14.99 *(978-1-6659-0706-4(1)*, Little Simon) Little Simon.

Good Dog Carl Goes to a Party. Alexandra Day. 2023. (Good Dog Carl Collection). (ENG., Illus.). 24p. (J). bds. 10.95 *(978-1-5149-9009-4(1))* Laughing Elephant.

Good Dog Carl Goes to School: Board Book. Alexandra Day. 2023. (Good Dog Carl Collection). (ENG., Illus.). 24p. (J). bds. 10.95 *(978-1-5149-9008-7(3))* Laughing Elephant.

Good Dog Collection #2 (Boxed Set) The Swimming Hole; Life Is Good; Barnyard Buddies; Puppy Luck, Vol. 2. Cam Higgins. Illus. by Ariel Landy. ed. 2022. (Good Dog Ser.). (ENG.). 512p. (J). (gr. k-4). pap. 27.99 *(978-1-6659-2729-1(1)*, Little Simon) Little Simon.

Good Dog Collection (Boxed Set) Home Is Where the Heart Is; Raised in a Barn; Herd You Loud & Clear; Fireworks Night. Cam Higgins. Illus. by Ariel Landy. ed. 2022. (Good Dog Ser.). (ENG.). 512p. (J). (gr. k-4). pap. 23.99 *(978-1-6659-0524-4(7)*, Little Simon) Little Simon.

Good Dog, Mctavish. Meg Rosoff. Illus. by Grace Easton. 2022. (Mctavish Stories Ser.). (ENG.). 112p. (J). (gr. 2-5). pap. 7.99 *(978-1-5362-2603-4(3))* Candlewick Pr.

Good Dog (Scholastic Gold) Dan Gemeinhart. (ENG.). 304p. (J). (gr. 3-7). 2019. pap. 8.99 *(978-1-338-52875-6(0))*; 2018. (Illus.). 16.99 *(978-1-338-05388-3(4)*, Scholastic Pr.) Scholastic, Inc.

Good Dog School: Ready-To-Read Level 1. Adapted by Tina Gallo. 2022. (Donkey Hodie Ser.). (ENG.). 32p. (J). (gr. -1-1). 17.99 *(978-1-6659-1170-2(0))*; pap. 4.99 *(978-1-6659-1169-6(7))* Simon Spotlight. (Simon Spotlight).

Good Dog (Set), 6 vols. 2022. (Good Dog Ser.). (ENG.). 128p. (J). (gr. k-4). lib. bdg. 196.74 *(978-1-0982-5201-4(2)*, 41280, Chapter Bks.) Spotlight.

Good Dogs in Bad Movies. Rachel Wenitsky & David Sidorov. Illus. by Tor Freeman. 2022. (Good Dogs Ser.: 4). 192p. (J). (gr. 2-5). 7.99 *(978-0-593-10855-0(8)*, G.P. Putnam's Sons Books for Young Readers) Penguin Young Readers Group.

Good Dogs in Bad Sweaters. Rachel Wenitsky & David Sidorov. Illus. by Tor Freeman. (Good Dogs Ser.: 3). (J). (gr. 2-5). 2022. 224p. 7.99 *(978-0-593-10852-9(3))*; 2021. 192p. 13.99 *(978-0-593-10850-5(7))* Penguin Young Readers Group. (G.P. Putnam's Sons Books for Young Readers).

Good Dogs on a Bad Day. Rachel Wenitsky & David Sidorov. Illus. by Tor Freeman. 2022. (Good Dogs Ser.: 1). 224p. (J). (gr. 2-5). 8.99 *(978-0-593-10846-8(9)*, G.P. Putnam's Sons Books for Young Readers) Penguin Young Readers Group.

Good Dogs Only. Rebecca Felix. 2020. (Internet Animal Stars Ser.). (ENG., Illus.). 32p. (J). (gr. 1-4). 27.99 *(978-1-5415-9716-7(8)*, 1acbdcbc-d2b5-4890-932d-c1e292cf48c3); pap. 8.99 *(978-1-7284-0288-8(3)*, 67b65fe7-6cdd-47ed-97d4-26aba31b35b8) Lerner Publishing Group. (Lerner Pubns.).

Good Dogs with Bad Haircuts. Rachel Wenitsky & David Sidorov. Illus. by Tor Freeman. (Good Dogs Ser.: 2). (J). (gr. 2-5). 2022. 224p. 7.99 *(978-0-593-10849-9(3))*; 2021. 208p. 13.99 *(978-0-593-10847-5(7))* Penguin Young Readers Group. (G.P. Putnam's Sons Books for Young Readers).

Good Egg: An Easter & Springtime Book for Kids. Jory John. Illus. by Pete Oswald. 2019. (Food Group Ser.). (ENG.). 40p. (J). (gr. -1-3). 18.99 *(978-0-06-286600-4(1)*, HarperCollins) HarperCollins Pubs.

Good Egg & Bad Apple, 1 vol. Henry Herz. Illus. by Luke Graber. 2018. (ENG.). 32p. (J). (gr. -1-3). 16.99 *(978-0-7643-5603-2(8)*, 16111) Schiffer Publishing, Ltd.

Good Egg & the Talent Show. Jory John. Illus. by Pete Oswald. 2022. (I Can Read Level 1 Ser.). (ENG.). 32p. (J). (gr. -1-3). 17.99 *(978-0-06-295459-6(8))*; pap. 4.99 *(978-0-06-295458-9(X))* HarperCollins Pubs. (HarperCollins).

Good Egg & the Talent Show. Jory John. ed. 2022. (I Can Read Ser.). (ENG.). 32p. (J). (gr. k-1). 16.46 *(978-1-68505-477-9(3))* Penworthy Co., LLC, The.

Good Egg Presents: the Great Eggscape! Over 150 Stickers Inside: an Easter & Springtime Book for Kids. Jory John. Illus. by Pete Oswald. 2020. (Food Group Ser.). (ENG.). 32p. (J). (gr. -1-3). 10.99 *(978-0-06-297567-6(6)*, HarperCollins) HarperCollins Pubs.

Good English Program (Classic Reprint) Lucile B. Berry. 2018. (ENG., Illus.). 32p. (J). 24.58 *(978-0-483-55658-4(0))* Forgotten Bks.

Good Enough, 1 vol. Myra King. Illus. by Subrata Mahajan. 2016. (Apley Towers Ser.: 6). (ENG.). 191p. (J). 7.99 *(978-1-78226-282-4(2)*, 46223f0c-b123-43ef-a9ce-987b9891c245) Sweet Cherry Publishing GBR. Dist: Baker & Taylor Publisher Services (BTPS).

Good Enough: a Novel. Jen Petro-Roy. 2020. (ENG.). 272p. (J). pap. 7.99 *(978-1-250-23350-9(X)*, 900174222) Square Fish.

Good Enough Dinosaur: A Story about Self-Esteem & Self-Confidence. Steve Herman. 2020. (ENG.). 42p. (J). 18.95 *(978-1-64916-075-1(5))*; pap. 12.95 *(978-1-64916-074-4(7))* Digital Golden Solutions LLC.

Good Farmer. Alyssa Krekelberg. 2020. (Learning Sight Words Ser.). (ENG.). 24p. (J). (gr. -1-2). lib. bdg. 32.79 *(978-1-5038-3560-3(X)*, 213410) Child's World, Inc, The.

Good Farmer: Being an Entertaining History of Thomas Wiseman; Who Procured Riches & a Good Name, by the Paths of Virtue & Industry (Classic Reprint) Unknown Author. 2017. (ENG., Illus.). 20p. (J). 24.33 *(978-0-484-61406-1(1))* Forgotten Bks.

Good Fellow: Petite Comedy in One Act (Classic Reprint) Charles M. Walcot. 2018. (ENG., Illus.). 24p. (J). 24.39 *(978-0-332-31754-0(4))* Forgotten Bks.

Good-Fellow's Calendar, & Almanack of Perpetual Jocularity; Containing a Choice Collection of Laughable Narratives, Facetious Anecdotes, Singular Facts, & Mirth-Yielding Details; All Embellished with Sterling Wit, Genuine Humour, & Piquant 1826. Unknown Author. 2018. (ENG., Illus.). (J). 31.16 *(978-0-260-84098-1(X))* Forgotten Bks.

Good Fight: And Other Tales (Classic Reprint) Charles Reade. 2018. (ENG., Illus.). 350p. (J). 31.12 *(978-0-483-34824-0(4))* Forgotten Bks.

Good Fight (Classic Reprint) Charles Reade. 2018. (ENG., Illus.). 356p. (J). 31.24 *(978-0-364-72594-8(X))* Forgotten Bks.

Good Food at the Food Truck. Cecilia Minden. 2018. (What I Eat Ser.). (ENG.). 16p. (J). (gr. -1-2). pap. 11.36 *(978-1-5341-2866-8(2)*, 211519, Cherry Blossom Press) Cherry Lake Publishing.

Good Food, Bad Waste: Let's Eat for the Planet. Erin Silver. Illus. by Suharu Ogawa. 2023. (Orca Think Ser.: 9). (ENG.). 96p. (J). (gr. 4-7). 26.95 *(978-1-4598-3091-2(1))* Orca Bk. Pubs. USA.

Good Food, Junk Food, Rotten Food - Science Book for Kids 5-7 Children's Science Education Books. Baby Professor. 2017. (ENG., Illus.). 64p. (J). pap. 9.52 *(978-1-5419-1499-5(6)*, Baby Professor (Education Kids)) Speedy Publishing LLC.

Good for Nothing. Mariam Ansar. 2023. 336p. 17.99 *(978-0-241-52207-3(2))* Penguin Bks., Ltd. GBR. Dist: Independent Pubs. Group.

Good for Nothing: Or All down Hill (Classic Reprint) George J. Whyte-Melville. 2017. (ENG., Illus.). (J). 33.10 *(978-1-5280-8951-7(0))* Forgotten Bks.

Good for Nothing Button! Mo Willems. 2017. (Elephant & Piggie Like Reading! Ser.: 3). 40p. (J). (gr. 1-3). 9.99 *(978-1-4847-2646-4(4)*, Hyperion Books for Children) Disney Publishing Worldwide.

Good for Nothing, or All down Hill, Vol. 2 of 2 (Classic Reprint) G. J. Whyte Melville. (ENG., Illus.). (J). 2018. 278p. 29.63 *(978-0-483-94254-7(5))*; 2016. pap. 13.57 *(978-1-333-57829-9(6))* Forgotten Bks.

Good for Nothing Tree. Amy-Jill Levine & Sandy Eisenberg Sasso. Illus. by Annie Bowler. 2022. (ENG.). 40p. (J). 18.00 *(978-1-947888-31-9(5))* Westminster John Knox Pr.

Good for Nothing, Vol. 1 Of 2: All down Hill (Classic Reprint) G. J. Whyte Melville. 2018. (ENG., Illus.). 308p. (J). 30.25 *(978-0-483-70379-7(6))* Forgotten Bks.

Good for the Soul (Classic Reprint) Margaret Deland. (ENG., Illus.). (J). 2018. 96p. 25.90 *(978-0-365-00771-5(4))*; 2017. pap. 9.57 *(978-0-259-26568-9(3))* Forgotten Bks.

Good Fortune. Shawana Davenport. 2022. (ENG.). 34p. (J). 19.99 *(978-1-0880-5858-9(2))* Lulu Pr., Inc.

Good Fox. Monica Fox & Madelyn Fox. 2018. (ENG.). 38p. (J). 14.95 *(978-1-68401-251-0(1))* Amplify Publishing Group.

Good Friday: A Passion Play of Now (Classic Reprint) Tracy D. Mygatt. 2018. (ENG., Illus.). 54p. (J). 25.01 *(978-0-483-75971-8(6))* Forgotten Bks.

Good Friend. Cash Onadele. 2023. (ENG.). 38p. (J). pap. 6.99 *(978-1-312-42133-2(9))* Lulu Pr., Inc.

Good Friends! Anita Adkins. 2020. (ENG., Illus.). 56p. (J). pap. 16.99 *(978-1-951263-22-5(7))* Pen It Pubns.

Good Friends Stick Together. Diane Tomczak. Illus. by Blueberry Illustrations. 2022. (ENG.). 34p. (J). 19.99 *(978-0-578-33661-9(8))* Tomczak, Diane.

Good Game. Megan Borgert-Spaniol. Illus. by Jeff Crowther. 2022. (Be a Good Sport (Pull Ahead Readers People Smarts — Fiction) Ser.). (ENG.). 16p. (J). (gr. -1-1). pap. 8.99 *(978-1-7284-4800-8(X)*, 98ac9fac-2f9d-46d6-87d7-91c65a82df94, Lerner Pubns.) Lerner Publishing Group.

Good Genius That Turned Everything into Gold, or the Queen Bee & the Magic Dress: A Christmas Fairy Tale (Classic Reprint) Henry. Mayhew. 2017. (ENG., Illus.). (J). 28.31 *(978-0-265-66103-1(X))*; pap. 10.97 *(978-1-5276-3425-1(6))* Forgotten Bks.

Good Giraffe: The Fruit of the Spirit Collection - Book Six. Jamie Bryant. 2019. (ENG.). 31p. (J). (gr. -1). 16.99 *(978-1-940359-74-8(0)*, 157624, Burkhart Bks.) Burkhart Bks.

Good Girl, Bad Blood: The Sequel to a Good Girl's Guide to Murder. Holly Jackson. l.t. ed. 2021. (Good Girl's Guide to Murder Ser.: 2). (ENG.). 528p. pap. 20.00 *(978-0-593-34048-6(5)*, Random House Large Print) Diversified Publishing.

Good Girl, Bad Blood: The Sequel to a Good Girl's Guide to Murder. Holly Jackson. (Good Girl's Guide to Murder Ser.: 2). (ENG.). 416p. (YA). (gr. 9). 2022. pap. 10.99 *(978-1-9848-9643-8(1)*, Ember); 2021. (Illus.). 17.99 *(978-1-9848-9640-7(7)*, Delacorte Pr.) Random Hse. Children's Bks.

Good Girl (Classic Reprint) Unknown Author. 2018. (ENG., Illus.). 22p. (J). 24.35 *(978-0-484-33330-6(5))* Forgotten Bks.

Good Girl Food Comfort Cookbook. Kel Pullen. 2020. (ENG.). 32p. (YA). 27.70 *(978-1-716-73784-8(2))* Lulu Pr., Inc.

Good Girl the Pup. Paige Skinner. 2020. (ENG.). 30p. (J). pap. 13.95 *(978-1-64628-859-5(9))* Page Publishing Inc.

Good Girls. Claire Eliza Bartlett. (ENG.). 368p. (YA). (gr. 8). 2021. pap. 10.99 *(978-0-06-294311-8(1))*; 2020. 17.99 *(978-0-06-294310-1(3))* HarperCollins Pubs. (HarperTeen).

Good Girls Die First. Kathryn Foxfield. 2021. (ENG.). 368p. (YA). (gr. 8-12). pap. 10.99 *(978-1-7282-4541-6(9))* Sourcebooks, Inc.

Good Girls Don't Lie. Alexandra Diaz. 2016. (ENG., Illus.). (YA). (gr. 7-12). pap. 18.99 *(978-1-61603-069-8(0))* Leap Bks.

Good Girls Don't Make History. Elizabeth Kiehner & Kara Coyle. Illus. by Micaela Dawn. 2021. (ENG.). 160p. (J). (gr. 7-12). pap. 17.99 *(978-0-7112-7164-7(X)*, 353289, Wide Eyed Editions) Quarto Publishing Group UK GBR. Dist: Hachette UK Distribution.

Good Girl's Guide to Murder. Holly Jackson. (Good Girl's Guide to Murder Ser.: 1). (ENG., 400p. (YA). (gr. 9). 2021. Illus.). pap. 10.99 *(978-1-9848-9639-1(3)*, Ember); 2020. 19.99 *(978-1-9848-9636-0(9)*, Delacorte Pr.) Random Hse. Children's Bks.

Good Girl's Guide to Murder Series Boxed Set: A Good Girl's Guide to Murder; Good Girl, Bad Blood; As Good As Dead. Holly Jackson. 2022. (Good Girl's Guide to Murder Ser.). (ENG.). 1280p. (YA). (gr. 9). 56.97 *(978-0-593-56847-7(8)*, Delacorte Pr.) Random Hse. Children's Bks.

Good Girl's Present, or Mary & Her Mamma (Classic Reprint) Unknown Author. (ENG., Illus.). (J). 2018. 20p. 24.33 *(978-0-483-44602-1(5))*; 2016. pap. 7.97 *(978-1-334-15273-3(X))* Forgotten Bks.

Good Good Father, 1 vol. Chris Tomlin. 2016. (ENG., Illus.). 32p. (J). 17.99 *(978-0-7180-8695-4(3)*, Tommy Nelson) Nelson, Thomas Inc.

Good Good Father for Little Ones, 1 vol. Chris Tomlin. 2017. (ENG., Illus.). 24p. (J). bds. 9.99 *(978-0-7180-8697-8(X)*, Tommy Nelson) Nelson, Thomas Inc.

Good Goodbye. Jennifer Cheek. 2019. (ENG.). 38p. (J). 14.95 *(978-1-64307-555-6(1))* Amplify Publishing Group.

Good Gorilla. Louie Brown. 2020. (ENG.). 24p. (J). pap. 12.45 *(978-1-5043-2049-8(2)*, Balboa Pr.) Author Solutions, LLC.

Good Grain (Classic Reprint) Emmeline Morrison. (ENG., Illus.). (J). 2018. 318p. 30.46 *(978-0-267-23052-5(4))*; 2017. pap. 13.57 *(978-0-259-35621-9(2))* Forgotten Bks.

Good Grandmother & Her Offspring: A Tale (Classic Reprint) Hofland. 2018. (ENG., Illus.). 178p. (J). 27.57 *(978-0-483-94346-9(0))* Forgotten Bks.

Good Gumption, or the Story of a Wise Fool (Classic Reprint) C. A. Jenkens. 2018. (ENG., Illus.). 406p. (J). 32.27 *(978-0-483-54536-6(8))* Forgotten Bks.

Good Guys 5-Minute Stories. Clarion Clarion Books. 2019. (5-Minute Stories Ser.). (ENG., Illus.). 224p. (J). (gr. -1-3). 12.99 *(978-0-358-16179-0(7)*, 1756453, Clarion Bks.) HarperCollins Pubs.

Good Guys, Bad Guys. Joanne Rocklin. Illus. by Nancy Carpenter. 2020. (ENG.). 32p. (J). (gr. -1-3). 16.99 *(978-1-4197-3417-5(2)*, 1138401, Abrams Bks. for Young Readers) Abrams, Inc.

Good Guys vs. Bad Guys: Police Coloring Books. Jupiter Kids. 2016. (ENG., Illus.). 106p. (J). pap. 12.55 *(978-1-68305-225-8(0)*, Jupiter Kids (Childrens & Kids Fiction)) Speedy Publishing LLC.

Good Habit Rabbits. Summer Craze Fowler. 2019. (ENG.). 28p. (J). 21.95 *(978-1-64350-336-3(7))* Page Publishing Inc.

Good Habits, Part 1: A 3-In-1 Unique Book Teaching Children Good Habits, Values As Well As Types of Animals. Ankit Kothari. 2017. (Positive Learning for Kids Ser.: Vol. 3). (ENG., Illus.). (J). (gr. -1-3). 19.99 *(978-1-947645-06-6(4))*; pap. 7.97 *(978-1-947645-10-3(2))* Positive Pasta Publishing, LLC.

Good Habits Part 2: A 3-In-1 Unique Book Teaching Children Good Habits, Values As Well As Types of Animals. Ankit Kothari. 2017. (Positive Learning for Kids Ser.: Vol. 4). (ENG., Illus.). (J). 19.99 *(978-1-947645-07-3(2))*; pap. 7.97 *(978-1-947645-11-0(0))* Positive Pasta Publishing, LLC.

Good Hair. Shanice Smith. Illus. by Laura Graciela. l.t. ed. 2022. (ENG.). 28p. (J). 19.95 *(978-1-0879-8454-4(8))* Indy Pub.

Good Hater, Vol. 1 of 3 (Classic Reprint) Frederick Boyle. 2018. (ENG., Illus.). 326p. (J). 30.62 *(978-0-428-96808-3(2))* Forgotten Bks.

Good Hater, Vol. 2 of 3 (Classic Reprint) Frederick Boyle. 2018. (ENG., Illus.). 334p. (J). 30.81 *(978-0-267-20925-5(8))* Forgotten Bks.

Good Hater, Vol. 3 of 3 (Classic Reprint) Frederick Boyle. 2018. (ENG., Illus.). 338p. (J). 30.89 *(978-0-483-62077-3(7))* Forgotten Bks.

Good Hawk (Shadow Skye, Book One) Joseph Elliott. 2021. (Shadow Skye Trilogy Ser.: 1). (ENG.). 352p. (YA). (gr. 7). pap. 9.99 *(978-1-5362-1516-8(3))* Candlewick Pr.

Good Hearted Teddy Bear. 2023. (ENG.). 76p. (J). pap. *(978-1-83934-541-8(1))* Olympia Publishers.

Good Helpers. Terence Houston et al. 2018. (Adventures of David & Joshua Ser.: Vol. 1). (ENG.). 26p. (J). pap. 14.95 *(978-1-947574-13-7(2))* TDR Brands Publishing.

Good Hope: A Drama of the Sea in Four Acts (Classic Reprint) Herman Heijermans Jr. 2018. (ENG., Illus.). 106p. (J). 26.10 *(978-0-483-35166-0(0))* Forgotten Bks.

Good Housekeeping Kids Bake! 100+ Sweet & Savory Recipes. Susan Westmoreland. 2018. (Good

Housekeeping Kids Cookbooks Ser.: 2). (Illus.). 160p. (J). (gr. 3-7). 19.95 *(978-1-61837-269-7(6))* Hearst Communications, Inc.

Good Housekeeping Kids Cook! 100+ Super-Easy, Delicious Recipes. Susan Westmoreland. 2017. (Good Housekeeping Kids Cookbooks Ser.: 1). (Illus.). 160p. (J). (gr. 3-7). 19.95 *(978-1-61837-240-6(8))* Hearst Communications, Inc.

Good-Humor for Reading & Recitation (Classic Reprint) Henry Firth Wood. (ENG., Illus.). (J). 2018. 196p. 27.94 *(978-0-332-69119-0(5))*; 2017. pap. 10.57 *(978-0-243-50938-6(3))* Forgotten Bks.

Good in All & None All-Good, Vol. 1 of 2 (Classic Reprint) Maria Jane McIntosh. 2018. (ENG., Illus.). 322p. (J). 30.56 *(978-0-267-24238-2(7))* Forgotten Bks.

Good in Every Thing: A Story (Classic Reprint) Louisa Mary Barwell. 2017. (ENG., Illus.). (J). 27.96 *(978-0-266-67487-0(9))*; pap. 10.57 *(978-1-5276-4704-6(8))* Forgotten Bks.

Good Indian (Classic Reprint) B. M. Bower. 2017. (ENG., Illus.). (J). 32.02 *(978-1-5284-6730-8(2))* Forgotten Bks.

Good Intentions. Marilyn Milkins. 2018. (ENG., Illus.). 294p. (YA). pap. 18.95 *(978-1-64350-546-6(7))* Page Publishing Inc.

Good Investment: A Story of the Upper Ohio (Classic Reprint) William Joseph Flagg. (ENG., Illus.). (J). 2018. 118p. 26.41 *(978-0-332-10576-5(8))*; 2017. pap. 9.57 *(978-0-243-97468-9(X))* Forgotten Bks.

Good Job, George! Jane O'Connor. Illus. by Andrew Joyner. 2022. 40p. (J). (-k). 17.99 *(978-0-593-20563-1(4))* Flamingo Bks.

Good Keeper. Muhammad Saad Elahi. 2023. (ENG.). 300p. (YA). pap. ***(978-1-80016-689-9(3)***, Vanguard Press) Pegasus Elliot Mackenzie Pubs.

Good Kid Helps Mommy. Ha Xuan. 2018. (VIE.). (J). pap. *(978-604-963-532-8(3))* Van hoc.

Good Kind of Trouble. Lisa Moore Ramée. (ENG.). (J). (gr. 3-7). 2020. 384p. pap. 7.99 *(978-0-06-283669-4(2))*; 2019. 368p. 16.99 *(978-0-06-283668-7(4))* HarperCollins Pubs. (Balzer & Bray).

Good King Stories. Jonathan Laars Dudman. l.t. ed. 2023. (ENG.). 34p. (J). pap. ***(978-1-916572-00-3(6))*** UK Bk. Publishing.

Good King Wenceslas: A Beloved Carol Retold in Pictures for Today's Families of All Faiths & Backgrounds. Marcia Santore. 2018. (ENG., Illus.). 36p. (J). pap. 10.00 *(978-0-692-03567-2(2)*, Amalgamated Story) Santore, Marcia.

Good King Wenceslas: A Carol (Classic Reprint) John Mason Neale. (ENG., Illus.). (J). (gr. k-3). 2017. 24.35 *(978-0-265-42418-6(6))*; 2016. pap. 7.97 *(978-1-333-73017-8(9))* Forgotten Bks.

Good King Wenceslas: A Christmas Play for Children, in Two Acts (Classic Reprint) K. McDowell Rice. 2017. (ENG., Illus.). (J). 24.68 *(978-0-266-78685-6(5))*; pap. 7.97 *(978-1-5277-6737-9(X))* Forgotten Bks.

Good Knight, Mustache Baby. Bridget Heos. Illus. by Joy Ang. 2021. (Mustache Baby Ser.). (ENG.). 40p. (J). (gr. -1-3). 17.99 *(978-0-358-43468-9(8)*, 1793123, Clarion Bks.) HarperCollins Pubs.

Good Knight, Mustache Baby F& Heos. 2021. (ENG.). (J). 17.99 *(978-0-358-53169-2(1)*, HarperCollins) HarperCollins Pubs.

Good Life - Teen Bible Study Book: What Jesus Teaches about Finding True Happiness. Derwin Gray. 2020. (ENG.). 144p. (YA). pap. 13.99 *(978-1-0877-2437-9(6))* Lifeway Christian Resources.

Good Life - Teen Bible Study Leader Kit: What Jesus Teaches about Finding True Happiness. Derwin Gray. 2020. (ENG.). 144p. (YA). 59.99 *(978-1-0877-2466-9(X))* Lifeway Christian Resources.

Good Life & Hard Times of Meeslee Mouse. Michael Updike. 2020. (ENG., Illus.). 98p. (J). pap. 18.95 *(978-1-64544-255-4(1))* Page Publishing Inc.

Good Little Anne. Shankri Anne VINCENT. 2021. (ENG.). 64p. (YA). pap. 10.14 *(978-1-5437-6573-1(4))* Partridge Pub.

Good Little Hearts, Nelly Rivers' Great Riches, Vol. 3: A Sunday Story (Classic Reprint) Frances Elizabeth Barrow. 2018. (ENG., Illus.). (J). 178p. 27.57 *(978-1-396-74828-8(8))*; 180p. pap. 9.97 *(978-1-391-77648-4(8))* Forgotten Bks.

Good Little Hearts, Vol. 1: The Children's Charity Bazaar (Classic Reprint) Aunt Fanny. 2018. (ENG., Illus.). (J). 148p. 26.95 *(978-1-396-74617-8(X))*; 150p. pap. 9.57 *(978-1-391-77388-9(8))* Forgotten Bks.

Good Little Hearts, Vol. 2: The Bird's-Nest Stories (Classic Reprint) Frances Elizabeth Barrow. 2018. (ENG., Illus.). (J). 164p. 27.28 *(978-1-396-74644-4(7))*; 166p. pap. 9.97 *(978-1-391-77371-1(3))* Forgotten Bks.

Good Little Pirates. Talyn S. Draconmore. 2023. (ENG.). 32p. (J). 19.99 ***(978-1-0879-3154-8(1))*** Indy Pub.

Good Luck, Anna Hibiscus! Atinuke. Illus. by Lauren Tobia. 2023. (Anna Hibiscus Ser.). (ENG.). 112p. (J). (gr. 1-4). 16.99 *(978-1-5362-2521-1(5))*; pap. 7.99 *(978-1-5362-2524-2(X))* Candlewick Pr.

Good Luck, Chuck! Based on a True Event from June of 2022, Readers Are Invited to Relive the Local Roswell Fire Truck 'push-In' Ceremony Where the New Truck, Chuck, Took the Place of the Old Truck, Rusty, Who Was Retiring. Laura Bean Tenuto. 2023. (ENG.). 24p. (J). 24.99 ***(978-1-6657-4268-9(2))***; pap. 12.99 ***(978-1-6657-4270-2(4))*** Archway Publishing.

Good Luck Girls. Charlotte Nicole Davis. 2021. (Good Luck Girls Ser.: 1). (ENG.). 352p. (YA). pap. 14.99 *(978-1-250-29972-7(1)*, 900196388, Tor Teen) Doherty, Tom Assocs., LLC.

Good Luck Yogi & the Earth Adventures. J. C. Das & Anchal Leela Chand. 2023. (ENG.). 40p. (J). 19.95 ***(978-1-64307-094-0(0)***, Mascot Kids) Amplify Publishing Group.

Good Manners. Elena Ulyeva & Clever Publishing. Illus. by Victoriya Kurcheva. 2022. (Clever Manners Ser.). (ENG.). 20p. (J). (gr. -1-k). bds. 9.99 *(978-1-954738-98-0(6))* Clever Media Group.

Good Manners ABCs: Activity Book. Ophelia S. Lewis. Illus. by Shabamukama Osbert. 2019. (Adventures at Camp Pootie-Cho Ser.: Vol. 3). (ENG.). 74p. (J). (gr. k-6). pap. 12.00 *(978-1-945408-54-0(5))* Village Tales Publishing.

Good Manners & Right Conduct, Vol. 1 (Classic Reprint) Gertrude E. McVenn. 2017. (ENG., Illus.). 266p. (J). 29.38 *(978-0-266-42936-4(X))* Forgotten Bks.

Good Manners at a Friend's House, 1 vol. Holly Abraham. 2017. (Manners Matter Ser.). (ENG.). 24p. (gr. 1-1). 25.27 *(978-1-5081-5731-1(6)*, da0118ff-e614-432e-a442-68df58e9a47b, PowerKids Pr.) Rosen Publishing Group, Inc., The.

Good Manners at the Library, 1 vol. Gloria Santos. 2017. (Manners Matter Ser.). (ENG.). 24p. (gr. 1-1). 25.27 *(978-1-5081-5728-1(6)*, de535bed-0895-4d4d-819d-7227ca94ceb1, PowerKids Pr.) Rosen Publishing Group, Inc., The.

Good Manners at the Playground, 1 vol. Melissa Raé Shofner. 2017. (Manners Matter Ser.). (ENG.). 24p. (gr. 1-1). 25.27 *(978-1-5081-5729-8(4)*, 38ee01ac-b6f5-4c76-9b5f-c136d5205eae, PowerKids Pr.) Rosen Publishing Group, Inc., The.

Good Manners at the Table, 1 vol. Mary Graham. 2017. (Manners Matter Ser.). (ENG.). 24p. (gr. 1-1). 25.27 *(978-1-5081-5730-4(8)*, 933aa713-ce27-43ba-8eb3-d2e7c25f27b0, PowerKids Pr.) Rosen Publishing Group, Inc., The.

Good Manners for All Occasions: A Practical Manual (Classic Reprint) Margaret Elizabeth Munson Sangster. 2017. (ENG., Illus.). (J). 32.31 *(978-0-265-72002-8(8))* Forgotten Bks.

Good Match, the Heiress of Drosberg, & the Cathedral Chorister, Vol. 3 of 3 (Classic Reprint) Georgiana Chatterton. (ENG., Illus.). (J). 2018. 342p. 30.95 *(978-0-483-80403-6(7))*; 2016. pap. 13.57 *(978-1-334-11987-3(2))* Forgotten Bks.

Good Match, Vol. 1 Of 3: The Heiress of Drosberg, & the Cathedral Chorister (Classic Reprint) Georgiana Chatterton. (ENG., Illus.). (J). 2018. 354p. 31.16 *(978-0-332-04295-4(2))*; 2016. pap. 13.57 *(978-1-333-59217-2(5))* Forgotten Bks.

Good Match, Vol. 2 Of 3: The Heiress of Drosberg, & the Cathedral Chorister (Classic Reprint) Georgiana Chatterton. (ENG., Illus.). (J). 2018. 354p. 31.20 *(978-0-483-99637-3(8))*; 2016. pap. 13.97 *(978-1-333-65287-6(9))* Forgotten Bks.

Good Mawnin! Tj. Williams. 2020. (ENG., Illus.). 40p. (J). pap. 13.99 *(978-1-7349457-1-3(0))* Williams, TJ.

Good Measure: A Novel of S. African Interest (Classic Reprint) Nellie Fincher. (ENG., Illus.). (J). 2018. 172p. 27.44 *(978-0-483-35902-4(5))*; 2016. pap. 9.97 *(978-1-333-31569-6(4))* Forgotten Bks.

Good Men & True: And Hit the Line (Classic Reprint) Eugene Manlove Rhodes. 2017. (ENG., Illus.). (J). 30.66 *(978-0-331-34998-6(1))* Forgotten Bks.

Good Methods to Wake Up. Zabinet Borman. 2018. (CHI.). (J). *(978-7-5304-9717-3(0))* Beijing Science & Technology Publishing Hse.

Good Mind vs the Bad Mind. Michael Carter, III & Shiloh Velar. 2021. (ENG.). 34p. (J). pap. 14.99 *(978-1-63944-577-6(3))* Primedia eLaunch LLC.

Good Morning - Buenos Dias, 1 vol. Meritxell Marti. Illus. by Xavier Salomo. 2018. 18p. (J). (— 1). bds. 11.99 *(978-1-4236-5027-0(1))* Gibbs Smith, Publisher.

Good Morning, Animals. Howie Minsky. 2019. (Hello, Everglades! Ser.). (ENG.). 16p. (J). (gr. -1-2). pap. 11.36 *(978-1-5341-5706-4(9)*, 214093, Cherry Blossom Press) Cherry Lake Publishing.

Good Morning, Baby! *see* Buenos Dias, Bebe! / Good Morning, Baby!

Good Morning, Birds. Howie Minsky. 2019. (Hello, Everglades! Ser.). (ENG., Illus.). 16p. (J). (gr. -1-2). pap. 11.36 *(978-1-5341-5707-1(7)*, 214096, Cherry Blossom Press) Cherry Lake Publishing.

Good Morning Book. Lori Joy Smith. 2017. (Illus.). 24p. (J). (gr. -1-k). 12.95 *(978-1-77229-004-2(1))* Simply Read Bks. CAN. Dist: Ingram Publisher Services.

Good Morning, Cuddlebug Lane. Cherri Cardinale. Ed. by Cottage Door Press. Illus. by Sanja Rescek. 2021. (ENG.). 12p. (J). (gr. -1 — 1). bds. 8.99 *(978-1-64638-092-3(4)*, 1006510) Cottage Door Pr.

Good Morning, Dearie (Classic Reprint) Jerome Kern. (ENG., Illus.). (J). 2018. 160p. 27.20 *(978-0-365-44767-2(6))*; 2017. pap. 9.57 *(978-0-282-12751-0(8))* Forgotten Bks.

Good Morning Encinitas. Nancy Montgomery. 2021. (ENG.). 40p. (J). 14.95 *(978-1-7374052-1-4(0))*; pap. 9.50 *(978-1-7374052-0-7(2))* Montgomery, Nancy.

Good Morning, Farm Friends. Annie Bach. 2018. (Illus.). 26p. (J). (-k). bds. 8.99 *(978-1-5247-8624-3(1)*, Grosset & Dunlap) Penguin Young Readers Group.

Good Morning Farm Friends: Buenos días Amigos de la Granja. Miguel A. López. 2021. (SPA.). 36p. (J). pap. 8.50 *(978-1-64086-776-5(7))* ibukku, LLC.

Good Morning, Farmer Carmen!, 2 vols. Fran Manushkin. Illus. by Laura Zarrin. 2020. (Katie Woo's Neighborhood Ser.). (ENG.). (J). (gr. k-2). 53.32 *(978-1-5158-6691-6(2))*; 32p. pap. 5.95 *(978-1-5158-5875-1(8)*, 142131); 32p. lib. bdg. 21.32 *(978-1-5158-4815-8(9)*, 141499) Capstone. (Picture Window Bks.).

Good Morning Firefly. David Hoffman. 2018. (ENG., Illus.). 40p. (J). (gr. k-2). 22.99 *(978-0-9997645-1-0(9))*; pap. 12.99 *(978-0-9997645-2-7(7))* Citizens Rising.

Good Morning, God. Ginger Swift. Ed. by Cottage Door Press. Illus. by Daniela Sosa. 2018. (Little Sunbeams Ser.). (ENG.). 12p. (J). (gr. -1 — 1). bds. 7.99 *(978-1-68052-377-5(5)*, 1003420) Cottage Door Pr.

Good Morning, God Loves You. Crystal Bowman & Teri McKinley. 2023. (ENG.). 26p. (J). bds. 8.99 ***(978-1-4964-7327-1(2)***, 20_42734, Tyndale Kids) Tyndale Hse. Pubs.

Good Morning, Good Night. Anita Lobel. Illus. by Anita Lobel. 2023. (ENG., Illus.). 32p. (J). (gr. -1-3). 18.99 *(978-1-5344-6594-7(4)*, Simon & Schuster/Paula Wiseman Bks.) Simon & Schuster/Paula Wiseman Bks.

Good Morning, Good Night: A Book of Opposites. IglooBooks. 2022. (ENG.). 12p. (J). (gr. -1-k). 10.99 *(978-1-83852-379-4(0))* Igloo Bks. GBR. Dist: Simon & Schuster, Inc.

Good Morning, Good Night Billy & Abigail. Don Hoffman. Illus. by Todd Dakins. 2nd ed. 2016. (Billy & Abby Ser.). (ENG.). 24p. (J). (gr. -1-k). pap. 3.99 *(978-1-943154-09-8(0))* Peek-A-Boo Publishing.

Good Morning, Gorillas, 26. Mary Pope Osborne. 2019. (Magic Tree House Ser.). (ENG.). 71p. (J). (gr. 2-3). 16.96 *(978-0-87617-715-0(1))* Penworthy Co., LLC, The.

Good Morning, Grizzle Grump! Aaron Blecha. 2017. (ENG., Illus.). 32p. (J). (gr. -1-3). 17.99 *(978-0-06-229749-5(X)*, HarperCollins) HarperCollins Pubs.

Good Morning Holy Spirit, How Are You Today? Michelle Ingram. 2019. (ENG.). 22p. (J). 23.95 *(978-1-0980-0751-5(4))*; pap. 13.95 *(978-1-64492-261-3(4))* Christian Faith Publishing.

Good Morning Jesus! Princess Edition. Valentina Kostenko. 2019. (ENG.). 32p. (J). pap. ***(978-0-359-32151-3(8))*** Lulu Pr., Inc.

Good Morning, Jupiter. Alyssa Veech. 2023. (ENG.). 32p. (J). 19.99 ***(978-1-0881-7753-2(0))*** Veech, Alyssa.

Good Morning, Little One: New Mercies & Prayers to Carry You Through the Day. Amy Kavelaris. 2022. (ENG., Illus.). 32p. (J). 17.99 *(978-1-4002-3194-2(9)*, Tommy Nelson) Nelson, Thomas Inc.

Good Morning Matty! Christopher Davis Jr. Illus. by Faiza Farooq. 2019. (ENG.). 38p. (J). (gr. k-5). 22.00 *(978-0-578-45747-5(4))* Christopher Davis, Jr.

Good Morning Miss Polly. Lynn C. Skinner. Illus. by Ingrid Dohm. 2022. (ENG.). 32p. (J). pap. 11.99 *(978-1-7336531-6-9(3))* Skinner, Lynn C.

Good Morning Mommy! Is the Sun Out Yet? Dionna Marnise Pruitt. Illus. by Standish Dyson, III. 2021. (ENG.). 26p. (J). pap. 11.95 *(978-1-7379356-1-2(9))* Southampton Publishing.

Good Morning, Monster Town. John Wood. Illus. by Kris Jones. 2023. (Level 8 - Purple Set Ser.). (ENG.). 32p. (J). (gr. 1-4). lib. bdg. 19.95 Bearport Publishing Co., Inc.

Good Morning, Mr. Charlie. Mary Germaine Desmond. 2020. (ENG.). 32p. (J). *(978-1-5255-5793-4(9))*; pap. *(978-1-5255-5794-1(7))* FriesenPress.

Good Morning, My Deer! Melanie Amon. Illus. by Sophie Beer. 2023. (ENG.). 32p. (J). (gr. k-4). 17.95 ***(978-1-957363-49-3(5))*** Scribe Pubns. AUS. Dist: Consortium Bk. Sales & Distribution.

Good Morning, Neighbor: (Picture Book on Sharing, Kindness, & Working As a Team, Ages 4-8) Davide Cali & Maria Dek. 2018. (ENG., Illus.). 48p. (J). (gr. -1-2). 18.95 *(978-1-61689-699-7(X))* Princeton Architectural Pr.

Good-Morning, Rosamond (Classic Reprint) Constance Lindsay Skinner. 2017. (ENG., Illus.). (J). 32.35 *(978-0-266-36035-3(1))* Forgotten Bks.

Good Morning Sam *see* Buenos Dias Samuel

Good Morning, Snowplow! Deborah Bruss. Illus. by Steve Johnson & Lou Fancher. 2018. (ENG.). 32p. (J). (gr. -1 — 1). 17.99 *(978-1-338-08949-3(8)*, Levine, Arthur A. Bks.) Scholastic, Inc.

Good Morning Sunshine. Kayde Langer. 2017. (ENG., Illus.). 184p. (J). *(978-1-365-96918-8(5))* Lulu Pr., Inc.

Good Morning, Sunshine! The Joey Moss Story. Lorna Schultz Nicholson. Illus. by Alice Carter. 2022. (ENG.). 40p. (J). (gr. k-3). 17.99 *(978-1-5341-1169-1(7)*, 205273) Sleeping Bear Pr.

Good Morning, Superman! Michael Dahl. Illus. by Omar Lozano. 2017. (DC Super Heroes Ser.). (ENG.). 32p. (J). (gr. -1-2). lib. bdg. 23.99 *(978-1-5158-0970-8(6)*, 134754, Stone Arch Bks.) Capstone.

Good Morning! Wake-Up Time Baby Coloring Book. Activibooks For Kids. 2016. (ENG., Illus.). (J). pap. 9.20 *(978-1-68321-934-7(1))* Mimaxion.

Good Morning, World! A Book about Morning Routines. Jennifer Hilton & Kristen McCurry. Illus. by Natasha Rimmington. 2017. (Frolic First Faith Ser.). 22p. (J). 6.99 *(978-1-5064-1785-1(X)*, Sparkhouse Family) 1517 Media.

Good Morning, World - I Love You So: A Little Book of Gratitude. Olivia Herrick. 2022. (ENG., Illus.). 20p. (J). (gr. -1 — 1). bds. 9.99 *(978-1-64170-727-5(5)*, 550727) Familius LLC.

Good Morning, World Flash Cards. Olivia Herrick. 2022. (ENG., Illus.). 100p. (J). (gr. -1 — 1). 18.99 *(978-1-64170-748-0(8)*, 550748) Familius LLC.

Good Morning Yoga: A Pose-By-Pose Wake up Story. Mariam Gates. Illus. by Sarah Jane Hinder. 2020. (Good Night Yoga Ser.: 5). (ENG.). 22p. (J). bds. 9.99 *(978-1-68364-573-3(1)*, 900223841) Sounds True, Inc.

Good Morning Yoga: A Pose-By-Pose Wake up Story, 1 vol. Mariam Gates. 2016. (Good Night Yoga Ser.: 2). (ENG., Illus.). 36p. (J). 17.95 *(978-1-62203-602-8(6)*, 900220700) Sounds True, Inc.

Good Morning Yoga: Relaxing Poses for Children. Lorena Valentina Pajalunga. Illus. by Anna Láng. 2018. (ENG.). 40p. (J). (gr. -1). 14.95 *(978-88-544-1295-8(3))* White Star Publishers ITA. Dist: Sterling Publishing Co., Inc.

Good Mother Goose. Catherine Elaine McPherson. 2019. (ENG., Illus.). 58p. (J). 25.95 *(978-1-64492-109-8(X))* Christian Faith Publishing.

Good Mother's Legacy (Classic Reprint) Sarah More. 2018. (ENG., Illus.). (J). 28p. 24.47 *(978-1-391-15496-1(7))*; 30p. pap. 7.97 *(978-1-390-98305-0(6))* Forgotten Bks.

Good Mourning: A Kid's Support Guide for Grief & Mourning Death. Seldon Peden. 2021. (ENG.). 30p. (J). pap. 16.99 *(978-0-578-85573-8(9))* 1st Word Pr.

Good Mrs. Hypocrite: A Study in Self-Righteousness (Classic Reprint) Rita Rita. 2017. (ENG., Illus.). (J). 29.84 *(978-0-331-84500-6(8))*; pap. 13.57 *(978-0-259-30816-4(1))* Forgotten Bks.

Good-Natured Bear: A Story for Children of All Ages (Classic Reprint) Unknown Author. 2018. (ENG., Illus.). 100p. (J). 25.96 *(978-0-483-40986-6(3))* Forgotten Bks.

Good Neighbors. Colleen L. Reece. l.t. ed. 2019. (Colleen Reece Chapbook Ser.: Vol. 4). (ENG., Illus.). 36p. (J). (gr. k-3). pap. 9.95 *(978-1-61633-978-4(0))* Guardian Angel Publishing, Inc.

Good Neighbors (3 Book Bind-Up), 1 vol. Holly Black. Illus. by Ted Naifeh. 2023. (Good Neighbors Ser.). (ENG.). 368p. (YA). (gr. 7). pap. 14.99 *(978-1-338-87900-1(6)*, Graphix) Scholastic, Inc.

Good News of Christmas: Celebrating the Glory of Christ's Birth Story. Rousseaux Brasseur. 2022. (ENG., Illus.). 48p. (J). (gr. -1-3). 19.99 *(978-0-7369-8609-0(X)*, 6986090, Harvest Kids) Harvest Hse. Pubs.

Good Night. John Lennon & Paul McCartney. Illus. by Elisa Paganelli. 2018. (J). *(978-1-4926-4979-3(1))* Sourcebooks, Inc.

Good Night: A Toddler's Bedtime Prayer. Emmanuelle Remond-Dalyac. Illus. by Nathalie Dieterle. 2017. (ENG.). (J). bds. 7.99 *(978-1-5064-2497-2(X)*, Sparkhouse Family) 1517 Media.

Good Night - Buenas Noches, 1 vol. Meritxell Marti. Illus. by Xavier Salomo. 2018. 18p. (J). (— 1). bds. 11.99 *(978-1-4236-5028-7(X))* Gibbs Smith, Publisher.

Good Night Acadia. Adam Gamble & Mark Jasper. Illus. by Marcos Calo. 2021. (Good Night Our World Ser.). 18p. (J). (— 1). bds. 9.95 *(978-1-60219-601-8(X))* Good Night Bks.

Good Night, Adventure Bay! (PAW Patrol) Random House. Illus. by Random House. 2018. (ENG., Illus.). 12p. (J). (gr. -1-2). bds. 7.99 *(978-0-525-57774-4(2)*, Random Hse. Bks. for Young Readers) Random Hse. Children's Bks.

Good Night Aerospace Museum. Adam Gamble & Mark Jasper. Illus. by David Leonard. 2018. (Good Night Our World Ser.). 20p. (J). (— 1). bds. 9.95 *(978-1-60219-679-7(6))* Good Night Bks.

Good Night Alberta. Adam Gamble & Mark Jasper. Illus. by Patricia Castelao. 2017. (Good Night Our World Ser.). 20p. (J). (— 1). bds. 9.95 *(978-1-60219-442-7(4))* Good Night Bks.

Good Night Animals on the Farm. Loretta Welk-Jung. 2020. (ENG.). 34p. (J). pap. 9.95 *(978-0-9724174-6-4(X))* Jung, Loretta.

Good Night Aquarium. Adam Gamble & Mark Jasper. Illus. by Brenna Hansen. 2022. (Good Night Our World Ser.). 20p. (J). (— 1). bds. 9.95 *(978-1-60219-974-3(4))* Good Night Bks.

Good Night Arkansas. Adam Gamble & Mark Jasper. Illus. by Joe Veno. 2019. (Good Night Our World Ser.). 20p. (J). (— 1). bds. 9.95 *(978-1-60219-778-7(4))* Good Night Bks.

Good Night Aruba. Adam Gamble & Mark Jasper. Illus. by Cooper Kelly & Marcos Calo. 2017. (Good Night Our World Ser.). 20p. (J). (— 1). bds. 9.95 *(978-1-60219-516-5(1))* Good Night Bks.

Good Night Australia. Adam Gamble & Mark Jasper. Illus. by Kevin Keele. 2020. (Good Night Our World Ser.). 26p. (J). (— 1). bds. 9.95 *(978-1-60219-803-6(9))* Good Night Bks.

Good Night, Baboon! A Bedtime Counting Book. Sabrina Moyle. Illus. by Eunice Moyle. 2020. (Hello!Lucky Ser.). (ENG.). 22p. (J). (gr. -1 — 1). bds. 7.95 *(978-1-5235-0747-4(0)*, 100747) Workman Publishing Co., Inc.

Good Night, Baby! *see* Buenos Noches, Bebe! / Good Night, Baby!

Good Night, Baby. Little Bee Books. 2023. (Little Languages Ser.). (ENG.). 18p. (J). (— 1). bds., bds. 7.99 *(978-1-4998-1344-9(9))* Little Bee Books Inc.

Good Night Baby Animals. Adam Gamble & Mark Jasper. Illus. by Suwin Chan. 2016. (Good Night Our World Ser.). (ENG.). 20p. (J). (— 1). bds. 9.95 *(978-1-60219-499-1(8))* Good Night Bks.

Good Night Baby Dragons. Adam Gamble & Mark Jasper. Illus. by Suwin Chan. 2018. (Good Night Our World Ser.). 20p. (J). (— 1). bds. 9.95 *(978-1-60219-511-0(0))* Good Night Bks.

Good Night, Baddies. Deborah Underwood. Illus. by Juli Kangas. 2016. (ENG.). 32p. (J). (gr. -1-3). 17.99 *(978-1-4814-0984-1(0)*, Beach Lane Bks.) Beach Lane Bks.

Good Night, Bat! Good Morning, Squirrel! Paul Meisel. 2016. (ENG., Illus.). 40p. (J). (gr. -1-3). 17.95 *(978-1-62979-495-2(3)*, Astra Young Readers) Astra Publishing Hse.

Good Night Bath Time. Adam Gamble & Mark Jasper. Illus. by Suwin Chan. 2019. (Good Night Our World Ser.). 8p. (J). (— 1). 7.95 *(978-1-60219-797-8(0))* Good Night Bks.

Good Night Bears. Brad M. Epstein. Illus. by Curt Walstead. 2023. (Good Night, Team Bks.). (ENG.). (J). bds. 14.95 ***(978-1-60730-827-0(4))*** Michaelson Entertainment.

Good Night Bears. Adam Gamble & Mark Jasper. Illus. by Katherine Blackmore. 2018. (Good Night Our World Ser.). 20p. (J). (— 1). bds. 9.95 *(978-1-60219-515-8(3))* Good Night Bks.

Good Night Bedtime. Adam Gamble & Mark Jasper. Illus. by Katherine Blackmore. 2018. (Good Night Our World Ser.). 20p. (J). (— 1). bds. 9.95 *(978-1-60219-471-7(8))* Good Night Bks.

Good Night, Bedtime Moon. Danielle McLean. Illus. by Vicki Gausden. 2022. (ENG.). 12p. (J). (-k). bds. 9.99 *(978-1-6643-5031-1(4))* Tiger Tales.

Good Night Bills. Brad M. Epstein. Illus. by Curt Walstead. 2023. (Good Night, Team Bks.). (ENG.). (J). bds. 14.95 ***(978-1-60730-826-3(6))*** Michaelson Entertainment.

Good Night, Biscuit: a Padded Board Book. Alyssa Satin Capucilli. Illus. by Pat Schories. 2018. (Biscuit Ser.). (ENG.). 24p. (J). (gr. -1-3). bds. 9.99 *(978-0-06-266121-0(3)*, HarperFestival) HarperCollins Pubs.

Good Night Boats. Adam Gamble & Mark Jasper. Illus. by Joe Veno. 2016. (Good Night Our World Ser.). (ENG.). 20p. (J). (— 1). bds. 9.95 *(978-1-60219-500-4(5))* Good Night Bks.

Good Night Body: Finding Calm from Head to Toe. Britney Winn Lee. Illus. by Borghild Fallberg. 2023. (ENG.). 40p. (J). 17.99 *(978-1-4002-3849-1(8)*, Tommy Nelson) Nelson, Thomas Inc.

Good Night Broadway. Adam Gamble & Mark Jasper. Illus. by Joe Veno. 2017. (Good Night Our World Ser.). 20p. (J). (gr. -1 — 1). bds. 9.95 *(978-1-60219-436-6(X))* Good Night Bks.

Good Night Buenas Noches Virgencita, a Bilingual Bedtime Prayer Book: Libros Bilingües para Niños. Amparin & Univision. ed. 2020.Tr. of Buenas Noches Virgencita: a Bilingual Bedtime Prayers Book. 20p. (J). (-k). bds. 9.95 *(978-1-64473-158-1(4)*, Altea) Penguin Random House Grupo Editorial ESP. Dist: Penguin Random Hse. LLC.

Good Night, Bunny. Lauren Thompson. Illus. by Stephanie Yue. 2018. (ENG.). 32p. (J). (gr. -1-k). 16.99 *(978-0-545-60335-5(8)*, Orchard Bks.) Scholastic, Inc.

780 The check digit for ISBN-10 appears in parentheses after the full ISBN-13

G

Good Night Campsite. Adam Gamble & Mark Jasper. Illus. by Harvey Stevenson. 2018. (Good Night Our World Ser.). 20p. (J). (— 1). bds. 9.95 *(978-1-60219-514-1(5))* Good Night Bks.

Good Night Cape Cod National Seashore. Adam Gamble & Mark Jasper. Illus. by Katherine Blackmore. 2020. (Good Night Our World Ser.). 20p. (J). (— 1). bds. 9.95 *(978-1-60219-793-0(8))* Good Night Bks.

Good Night Cars. Adam Gamble & Mark Jasper. Illus. by Harvey Stevenson. 2022. (Good Night Our World Ser.). 20p. (J). (— 1). bds. 9.95 *(978-1-60219-819-7(5))* Good Night Bks.

Good Night Children's Museum. Adam Gamble & Mark Jasper. Illus. by Joe Veno. 2018. (Good Night Our World Ser.). 20p. (J). (— 1). bds. 9.95 *(978-1-60219-578-3(1))* Good Night Bks.

Good Night Christmas Tree. Adam Gamble & Mark Jasper. Illus. by Cooper Kelly. 2017. (Good Night Our World Ser.). 20p. (J). (— 1). bds. 9.95 *(978-1-60219-469-4(6))* Good Night Bks.

Good-Night (Classic Reprint) Unknown Author. 2018. (ENG., Illus.). 68p. (J). 25.30 *(978-0-267-86396-9(9))* Forgotten Bks.

Good Night Classics: A Fairy-Tale Journey Through God's Good News. C. S. Fritz. 2022. (ENG.). 176p. (J). 22.99 *(978-1-64158-237-7(5)*, 20_34304) NavPress Publishing Group.

Good Night Coast Guard. Adam Gamble & Michael J. Tougias. Illus. by Cooper Kelly. 2017. (Good Night Our World Ser.). 20p. (J). (gr. -1 — 1). bds. 9.95 *(978-1-60219-425-0(4))* Good Night Bks.

Good Night Coral Reef. Adam Gamble & Mark Jasper. Illus. by Andy Elkerton. 2019. (Good Night Our World Ser.). 24p. (J). (— 1). bds. 9.95 *(978-1-60219-776-3(8))* Good Night Bks.

Good Night Cowboys. Adam Gamble & Mark Jasper. Illus. by Joe Veno. 2017. (Good Night Our World Ser.). 20p. (J). (— 1). bds. 9.95 *(978-1-60219-509-7(9))* Good Night Bks.

Good Night Cuba. Adam Gamble et al. Illus. by Edel Rodriguez Mola. 2022. (Good Night Our World Ser.). 20p. (J). (— 1). bds. 9.95 *(978-1-60219-976-7(0))* Good Night Bks.

Good Night, Cuddlebug Lane. Cherri Cardinale. Ed. by Cottage Door Press. Illus. by Sanja Rescek. 2021. (ENG.). 12p. (J). (gr. -1 — 1). bds. 8.99 *(978-1-64638-093-0(2)*, 1006520) Cottage Door Pr.

Good Night, Curious George. 2017. (ENG., Illus.). 12p. (J). (— 1). bds. 9.99 *(978-1-328-79591-5(8)*, 1685558, Clarion Bks.) HarperCollins Pubs.

Good Night, Daddy Bedtime Shadow Book. Emily Sollinger. 2018. (Bedtime Shadow Bks.). (ENG., Illus.). 7p. (J). spiral bd. 12.99 *(978-1-4413-2299-9(X)*, 1dab5fbd-8af5-42b2-bbc5-31d6a7cb05a0) Peter Pauper Pr. Inc.

Good Night Dallas/Fort Worth. Adam Gamble & Mark Jasper. Illus. by Joe Veno. 2016. (Good Night Our World Ser.). (ENG.). 20p. (J). (— 1). bds. 9.95 *(978-1-60219-224-9(3))* Good Night Bks.

Good Night Dancers. Adam Gamble & Mark Jasper. Illus. by Katherine Blackmore. 2017. (Good Night Our World Ser.). 20p. (J). (gr. -1 — 1). bds. 9.95 *(978-1-60219-427-4(0))* Good Night Bks.

Good Night Delhi. Nitya Khemka. Illus. by Kavita Singh Kale. 2017. (Good Night Our World Ser.). 20p. (J). (— 1). bds. 9.95 *(978-1-60219-481-6(5))* Good Night Bks.

Good Night Diggers. Adam Gamble & Mark Jasper. Illus. by Kelly Cooper. 2018. (Good Night Our World Ser.). 24p. (J). (— 1). bds. 9.95 *(978-1-60219-678-0(8))* Good Night Bks.

Good Night Dozers. Adam Gamble & Mark Jasper. Illus. by Cooper Kelly. 2018. (Good Night Our World Ser.). 20p. (J). (— 1). bds. 9.95 *(978-1-60219-487-8(4))* Good Night Bks.

Good Night Dude Perfect. Dude Perfect. Illus. by Kristin Hilbert. 2023. (ENG.). 32p. (J). 18.99 ***(978-1-4002-4626-7(1)**, Tommy Nelson)* Nelson, Thomas Inc.

Good Night, Earth. Linda Bondestam. Tr. by Galit Hasan-Rokem. 2021. (Illus.). 48p. (J). 20.00 *(978-1-63206-286-4(0))* Restless Bks.

Good Night Fairies. Adam Gamble & Mark Jasper. Illus. by Jimmy Holder. 2018. (Good Night Our World Ser.). 20p. (J). (— 1). bds. 9.95 *(978-1-60219-433-5(5))* Good Night Bks.

Good Night Families. Adam Gamble. Illus. by Kelly Cooper. 2017. (Good Night Our World Ser.). 20p. (J). (— 1). bds. 9.95 *(978-1-60219-465-6(3))* Good Night Bks.

Good Night Farm. Patricia Hegarty. Illus. by Thomas Elliott. 2016. (ENG.). 18p. (J). (gr. -1-k). bds. 12.99 *(978-1-58925-233-2(0))* Tiger Tales.

Good Night Father, Good Night Son, Good Night Holy One! M. J. Huling. Illus. by Arisbet Cantu. 2022. 30p. (J). 24.99 *(978-1-0983-8784-6(8))* BookBaby.

Good Night Fish. Adam Gamble & Mark Jasper. Illus. by Joe Veno. 2016. (Good Night Our World Ser.). (ENG.). 20p. (J). (— 1). bds. 9.95 *(978-1-60219-502-8(1))* Good Night Bks.

Good Night, Forest. Denise Brennan-Nelson. Illus. by Marco Bucci. 2018. (ENG.). 32p. (J). (gr. -1-2). 16.99 *(978-1-58536-388-9(X)*, 204410) Sleeping Bear Pr.

Good Night Forest. Adam Gamble & Mark Jasper. Illus. by Zhen Liu. 2022. (Good Night Our World Ser.). 20p. (J). (— 1). bds. 9.95 *(978-1-60219-780-0(6))* Good Night Bks.

Good Night Fort Myers & Sanibel. Adam Gamble & Mark Jasper. Illus. by Julissa Mora. 2021. (Good Night Our World Ser.). 20p. (J). (— 1). bds. 9.95 *(978-1-60219-948-4(5))* Good Night Bks.

Good Night, Fruit Bat see Bluey: Buenas Noches, Murciélago

Good Night, God. Amy Fazzini. 2022. (ENG.). 28p. (J). 30.99 *(978-1-6628-4494-2(8))*; pap. 20.99 *(978-1-6628-4415-7(8))* Salem Author Services.

Good Night, God. Ginger Swift. Ed. by Cottage Door Press. Illus. by Daniela Sosa. 2018. (Little Sunbeams Ser.). (ENG.). 12p. (J). (gr. -1 — 1). bds. 7.99 *(978-1-68052-375-1(9)*, 1003400) Cottage Door Pr.

Good Night, God: Bedtime Prayers for Little Ones. Kim Mitzo Thompson et al. 2018. (ENG.). 8p. (J). bds. 4.99 *(978-1-68322-583-6(X)*, Shiloh Kidz) Barbour Publishing, Inc.

Good Night, God: a Bedtime Prayer Map for Boys. Compiled by Compiled by Barbour Staff. 2022. (Faith Maps Ser.). (ENG.). 176p. (J). spiral bd. 7.99 *(978-1-63609-388-8(4))* Barbour Publishing, Inc.

Good Night, God: a Bedtime Prayer Map for Girls. Compiled by Compiled by Barbour Staff. 2022. (Faith Maps Ser.). (ENG.). 176p. (J). spiral bd. 7.99 *(978-1-63609-389-5(2))* Barbour Publishing, Inc.

Good Night, God Bedtime Bible Stories. Ed. by Cottage Door Press. Illus. by Jenny Wren. 2023. (ENG.). 128p. (J). (gr. -1-2). 12.99 *(978-1-64638-776-2(7)*, 1008850) Cottage Door Pr.

Good Night, God (boys) Bedtime Prayers for Boys. Belinda Hamilton. 2022. (ENG.). 160p. (J). pap. 6.99 *(978-1-63609-378-9(7))* Barbour Publishing, Inc.

Good Night, God (girls) Bedtime Prayers for Girls. Belinda Hamilton. 2022. (ENG.). 160p. (J). pap. 6.99 *(978-1-63609-379-6(5))* Barbour Publishing, Inc.

Good Night! Good Night! Carin Berger. 2017. (ENG., Illus.). 40p. (J). (gr. -1-3). 17.99 *(978-0-06-240884-6(4)*, Greenwillow Bks.) HarperCollins Pubs.

Good Night, Good Night. Dennis Lee. Illus. by Qin Leng. 2018. (ENG.). 26p. (J). (gr. -1-k). bds. 10.50 *(978-1-4434-1165-3(5)*, HarperCollins) HarperCollins Pubs.

Good Night, Good Night: The Original Longer Version of the Going to Bed Book. Sandra Boynton. Illus. by Sandra Boynton. 2021. (ENG., Illus.). 40p. (J). (gr. -1-k). 17.99 *(978-1-5344-9974-4(1))* Simon & Schuster, Inc.

Good Night, Good Night, Victoria Beach. Rae St Clair Bridgman. 2022. (ENG.). 120p. (J). *(978-1-0391-3270-2(7))*; pap. *(978-1-0391-3269-6(3))* FriesenPress.

Good Night, Gorilla Book & Plush Package. Peggy Rathmann. Illus. by Peggy Rathmann. 2019. (ENG., Illus.). 40p. (J). (-k). 17.99 *(978-1-9848-1374-9(9)*, G.P. Putnam's Sons Books for Young Readers) Penguin Young Readers Group.

Good Night, Gotham City. R. J. Cregg. ed. 2018. (DC Comics 8x8 Bks). (ENG.). 24p. (J). (gr. -1-1). 13.89 *(978-1-64310-463-8(2))* Penworthy Co., LLC, The.

Good Night, Grammy. Matt Rufo. 2022. (ENG.). 24p. (J). pap. 10.00 *(978-1-68235-592-3(6))* Strategic Book Publishing & Rights Agency (SBPRA).

Good Night Grand Canyon. Adam Gamble & Mark Jasper. Illus. by Cooper Kelly. 2016. (Good Night Our World Ser.). (ENG.). 20p. (J). (— 1). bds. 9.95 *(978-1-60219-503-5(X))* Good Night Bks.

Good Night Grand Teton. Adam Gamble & Mark Jasper. Illus. by Janelle Anderson. 2023. (Good Night Our World Ser.). 20p. (J). (— 1). bds. 9.95 *(978-1-60219-438-0(6))* Good Night Bks.

Good Night Grandma. Adam Gamble & Mark Jasper. Illus. by Harvey Stevenson. 2016. (ENG.). 20p. (J). (— 1). bds. 9.95 *(978-1-60219-409-0(2))* Good Night Bks.

Good Night Great Barrier Reef. Adam Gamble & Mark Jasper. Illus. by Andy Elkerton. 2020. (Good Night Our World Ser.). 20p. (J). (— 1). bds. 9.95 *(978-1-60219-806-7(3))* Good Night Bks.

Good Night Great Lakes. Adam Gamble & Mark Jasper. Illus. by Ute Simon. 2020. (Good Night Our World Ser.). 20p. (J). (— 1). bds. 9.95 *(978-1-60219-848-7(9))* Good Night Bks.

Good Night Halloween. Adam Gamble & Mark Jasper. Illus. by Kevin Keele. 2019. (Good Night Our World Ser.). (ENG.). 20p. (J). (— 1). bds. 9.95 *(978-1-60219-817-3(9))* Good Night Bks.

Good Night Hanukkah. Adam Gamble & Mark Jasper. Illus. by Katherine Blackmore. 2019. (Good Night Our World Ser.). 20p. (J). (— 1). bds. 9.95 *(978-1-60219-801-2(2))* Good Night Bks.

Good Night, Heroes. Adapted by Maggie Testa. (PJ Masks Ser.). (ENG.). (J). (gr. -1-2). 2020. 32p. pap. 7.99 *(978-1-5344-7384-3(X))*; 2017. (Illus.). 26p. 12.99 *(978-1-5344-0614-8(X))* Simon Spotlight. (Simon Spotlight).

Good Night Hong Kong. Kristin Tougias. Illus. by Kevin Keele. 2020. (Good Night Our World Ser.). 20p. (J). (— 1). bds. 9.95 *(978-1-60219-827-2(6))* Good Night Bks.

Good Night Honolulu. Adam Gamble & Mark Jasper. Illus. by Joe Veno. 2018. (Good Night Our World Ser.). 20p. (J). (— 1). bds. 9.95 *(978-1-60219-680-3(X))* Good Night Bks.

Good Night Houston. Adam Gamble & Mark Jasper. Illus. by Joe Veno. 2016. (Good Night Our World Ser.). (ENG.). 20p. (J). (— 1). bds. 9.95 *(978-1-60219-504-2(8))* Good Night Bks.

Good Night Hugs, 1 vol. Ag Jatkowska. 2019. (ENG., Illus.). 20p. (J). bds. 8.99 *(978-1-4002-1239-2(1)*, Tommy Nelson) Nelson, Thomas Inc.

Good Night, I Love You. Danielle McLean. Illus. by Tina Macnaughton. 2018. (ENG.). 16p. (J). (gr. -1-k). bds. 9.99 *(978-1-68010-540-7(X))* Tiger Tales.

Good Night Idaho. Adam Gamble & Mark Jasper. Illus. by Joe Veno. 2018. (Good Night Our World Ser.). 20p. (J). (— 1). bds. 9.95 *(978-1-60219-410-6(6))* Good Night Bks.

Good Night India. Nitya Khemka. Illus. by Kavita Singh Kale. 2017. (Good Night Our World Ser.). 20p. (J). (— 1). bds. 9.95 *(978-1-60219-477-9(7))* Good Night Bks.

Good Night, Indiana University. Joey Lax Salinas. 2023. (ENG., Illus.). 32p. (J). 14.99 *(978-0-253-06702-9(2))* Indiana Univ. Pr.

Good Night Jersey Shore. Adam Gamble & Mark Jasper. Illus. by Brenna Hansen. 2021. (Good Night Our World Ser.). 20p. (J). (— 1). bds. 9.95 *(978-1-60219-969-9(8))* Good Night Bks.

Good Night, JJ. Adapted by Maria Le. 2023. (CoComelon Ser.). (ENG.). 14p. (J). (gr. -1-k). bds. 8.99 ***(978-1-6659-3344-5(5)**, Simon Spotlight)* Simon Spotlight.

Good Night Kansas. Adam Gamble & Mark Jasper. Illus. by Joe Veno. 2017. (Good Night Our World Ser.). 20p. (J). (— 1). bds. 9.95 *(978-1-60219-223-2(5))* Good Night Bks.

Good Night, Kitty Kitty! Brenda Ponnay. Illus. by Brenda Ponnay. 2018. (ENG., Illus.). 32p. (J). (gr. -1-2). 9.99 *(978-1-5324-1120-5(0))*; pap. 9.99 *(978-1-5324-0826-7(9))* Xist Publishing.

Good Night, Knight. Betsy Lewin. ed. 2018. (I Like to Read Ser.). (ENG.). 22p. (J). (gr. -1-1). 10.00 *(978-1-64310-740-0(2))* Penworthy Co., LLC, The.

Good Night, Library. Denise Brennan-Nelson & Marco Bucci. 2019. (ENG., Illus.). 32p. (J). (gr. -1-2). 16.99 *(978-1-58536-406-0(1)*, 204658) Sleeping Bear Pr.

Good Night Like This. Mary Murphy. Illus. by Mary Murphy. (ENG.). (J). 2022. 30p. (— 1). bds. 9.99 *(978-1-5362-0903-7(1))*; 2016. (Illus.). 32p. (gr. -1-k). 12.99 *(978-0-7636-7970-5(4))* Candlewick Pr.

Good Night, Little Baby: Australian Lullaby. Howard Smith. Illus. by Bonnie Lemaire. 2021. (ENG.). 26p. (J). *(978-0-2288-5376-3(1))*; pap. *(978-0-2288-5375-6(3))* Tellwell Talent.

Good Night, Little Bear: A Sleepy-Time Tale. PI Kids. Illus. by Veronica Vasylenko. 2019. (ENG.). 16p. (J). 2.99 *(978-1-64269-040-8(6)*, 3978, Sequoia Publishing & Media LLC) Phoenix International Publications, Inc.

Good Night, Little Blue Truck. Alice Schertle. Illus. by Jill McElmurry. 2019. (ENG.). 32p. (J). (gr. -1-3). 17.99 *(978-1-328-85213-7(X)*, 1711385, Clarion Bks.) HarperCollins Pubs.

Good Night, Little Bookstore. Amy Cherrix. Illus. by E. B. Goodale. 2022. (ENG.). 32p. (J). (-k). 17.99 *(978-1-5362-1251-8(2))* Candlewick Pr.

Good Night, Little Bookstore 6-Copy Prepack with I Card. Amy Cherrix. 2022. (J). (-k). 107.94 *(978-1-5362-3070-3(7))* Candlewick Pr.

Good Night Little Brother. Adam Gamble & Mark Jasper. Illus. by Cooper Kelly. 2016. (Good Night Our World Ser.). (ENG.). 20p. (J). (— 1). bds. 9.95 *(978-1-60219-505-9(6))* Good Night Bks.

Good Night, Little Engine. Watty Piper & Janet Lawler. Illus. by Jill Howarth. 2020. (Little Engine That Could Ser.). 32p. (J). (-k). 14.99 *(978-0-593-09457-0(3)*, Grosset & Dunlap) Penguin Young Readers Group.

Good Night, Little Fish. Lucy Cousins. Illus. by Lucy Cousins. 2023. (Little Fish Ser.). (ENG.). 12p. (J). (— 1). bds. 9.99 ***(978-1-5362-2444-3(8))*** Candlewick Pr.

Good Night, Little Fox see Buenas Noches, Rapo

Good Night, Little Hoo. Brenda Ponnay. Illus. by Brenda Ponnay. 2022. (Little Hoo Ser.). (ENG.). (J). 34p. pap. 12.99 ***(978-1-5324-2969-9(X))***; 32p. (gr. -1-2). 24.99 ***(978-1-5324-2972-9(X))***; 32p. (gr. -1-2). pap. 12.99 ***(978-1-5324-2966-8(5))*** Xist Publishing.

Good Night, Little Man. Daniel Bernstrom. Illus. by Heidi Woodward Sheffield. 2023. (ENG.). 40p. (J). (gr. -1-3). 19.99 *(978-0-06-301114-4(X)*, HarperCollins) HarperCollins Pubs.

Good Night Little Monsters. Adam Gamble & Mark Jasper. Illus. by Cooper Kelly. 2017. (Good Night Our World Ser.). 20p. (J). (gr. -1 — 1). bds. 9.95 *(978-1-60219-489-2(0))* Good Night Bks.

Good Night Little Sister. Adam Gamble & Mark Jasper. Illus. by Harvey Stevenson. 2016. (Good Night Our World Ser.). (ENG.). 20p. (J). (— 1). bds. 9.95 *(978-1-60219-506-6(4))* Good Night Bks.

Good Night, Little Star. Marissa Trainor. 2020. (ENG., Illus.). 16p. (J). pap. 8.00 *(978-1-945169-28-1(1))* Orison Pubs.

Good Night Long Island. Adam Gamble & Mark Jasper. Illus. by Brenna Hansen. 2020. (Good Night Our World Ser.). 20p. (J). (— 1). bds. 9.95 *(978-1-60219-849-4(7))* Good Night Bks.

Good Night Love. Adam Gamble & Mark Jasper. Illus. by Katherine Blackmore. 2018. (Good Night Our World Ser.). (ENG.). 20p. (J). (— 1). bds. 9.95 *(978-1-60219-775-6(X))* Good Night Bks.

Good Night Martin Luther King Jr. Adam Gamble & Mark Jasper. Illus. by Julissa Mora. 2020. (Good Night Our World Ser.). (ENG.). 20p. (J). (— 1). bds. 9.95 *(978-1-60219-851-7(9))* Good Night Bks.

Good Night Maui. Adam Gamble & Mark Jasper. Illus. by Katherine Blackmore. 2018. (Good Night Our World Ser.). 20p. (J). (— 1). bds. 9.95 *(978-1-60219-681-0(8))* Good Night Bks.

Good Night, Mommy Bedtime Shadow Book. Created by Inc. Peter Pauper Press. 2017. (Bedtime Shadow Bks.). (ENG., Illus.). 7p. (J). spiral bd. 12.99 *(978-1-4413-2248-7(5)*, 8b1eefb0-94c3-4ee0-8211-88b78e5ca050) Peter Pauper Pr. Inc.

Good Night Moose. Adam Gamble & Mark Jasper. Illus. by David Leonard. 2020. (Good Night Our World Ser.). 20p. (J). (— 1). bds. 9.95 *(978-1-60219-782-4(2))* Good Night Bks.

Good Night, Mr. Panda / Buenas Noches, Sr. Panda (Bilingual) (Bilingual Edition) Steve Antony. Illus. by Steve Antony. ed. 2018. (SPA., Illus.). 32p. (J). (gr. -1-k). pap. 6.99 *(978-1-338-29952-6(2)*, Scholastic en Espanol) Scholastic, Inc.

Good Night, Mr. Tom. Michelle Magorian. 2020. (ENG.). 384p. (J). (gr. 3-7). pap. 9.99 *(978-0-06-289995-8(3)*, HarperCollins) HarperCollins Pubs.

Good Night Mumbai. Nitya Khemka. Illus. by Kavita Singh Kale. 2017. (Good Night Our World Ser.). 20p. (J). (— 1). bds. 9.95 *(978-1-60219-483-0(1))* Good Night Bks.

Good Night Museums. Adam Gamble & Mark Jasper. Illus. by Cooper Kelly. 2018. (Good Night Our World Ser.). 20p. (J). (— 1). bds. 9.95 *(978-1-60219-576-9(5))* Good Night Bks.

Good Night, My Darling Baby. Alyssa Satin Capucilli. Illus. by Annie Bach. 2017. (New Books for Newborns Ser.). (ENG.). 16p. (J). (gr. -1 — 1). bds. 7.99 *(978-1-4814-8119-9(3)*, Little Simon) Little Simon.

Good Night, My Darling Dear: Prayers & Blessings for You, 1 vol. Amy Kavelaris. 2020. (ENG., Illus.). 32p. (J). 17.99 *(978-1-4002-1246-0(4)*, Tommy Nelson) Nelson, Thomas Inc.

Good Night, My Dear Child. Joanna Roth. 2019. (ENG., Illus.). 24p. (J). *(978-0-2288-0163-4(X))*; pap. *(978-0-2288-0164-1(8))* Tellwell Talent.

Good Night, My Love. Sandra Magsamen. Illus. by Sandra Magsamen. 2018. (ENG., Illus.). 10p. (J). (gr. -1 — 1). bds. 8.99 *(978-1-338-11093-7(4)*, Cartwheel Bks.) Scholastic, Inc.

Good Night Nashville. Adam Gamble & Mark Jasper. Illus. by David Leonard. 2018. (Good Night Our World Ser.). 20p. (J). (— 1). bds. 9.95 *(978-1-60219-773-2(3))* Good Night Bks.

Good Night Niagara Falls. Adam Gamble & Mark Jasper. Illus. by Joe Veno. 2019. (Good Night Our World Ser.). 20p. (J). (— 1). bds. 9.95 *(978-1-60219-600-1(1))* Good Night Bks.

Good Night, Noah. Eric Walters. Illus. by Eugenie Fernandes. 2021. (ENG.). 24p. (J). (gr. -1 — 1). bds. 10.95 *(978-1-4598-2225-2(0))* Orca Bk. Pubs. USA.

Good Night (Not Really) Nan Evenson. 2021. (ENG.). 42p. (J). pap. ***(978-1-83934-333-9(8))*** Olympia Publishers.

Good Night Octopus. Caleb Burroughs. Ed. by Cottage Door Press. Illus. by Emma Randall. ed. 2017. (ENG.). 11p. (J). (gr. -1-k). bds. 6.99 *(978-1-68052-239-6(6)*, 1002250) Cottage Door Pr.

Good Night, Octopus (down Spc'd) An I Can Do It Book. Caleb Burroughs. Illus. by Emma Randall. 2016. (J). bds. 0.00 *(978-1-68052-104-7(7))* Cottage Door Pr.

Good Night Oklahoma. Adam Gamble & Mark Jasper. Illus. by Joe Veno. 2019. (Good Night Our World Ser.). 20p. (J). (— 1). bds. 9.95 *(978-1-60219-777-0(6))* Good Night Bks.

Good Night, Oliver Wizard. Rebecca Kai Dotlich. Illus. by Josée Masse. 2019. 32p. (J). (gr. -1-2). 17.99 *(978-1-62979-337-5(X)*, Astra Young Readers) Astra Publishing Hse.

Good Night Outer Banks. Adam Gamble & Mark Jasper. Illus. by Joe Veno. 2018. (Good Night Our World Ser.). 20p. (J). (— 1). bds. 9.95 *(978-1-60219-604-9(4))* Good Night Bks.

Good Night Paco. Katrina Streza. Illus. by Brenda Ponnay. 2023. (Little Readers Ser.: Vol. 15). (ENG.). 20p. (J). 24.99 ***(978-1-5324-3502-7(9))***; pap. 12.99 ***(978-1-5324-3275-0(5))*** Xist Publishing.

Good Night Paris. Adam Gamble & Mark Jasper. Illus. by Harvey Stevenson. 2019. (Good Night Our World Ser.). 20p. (J). (— 1). bds. 9.95 *(978-1-60219-584-4(6))* Good Night Bks.

Good Night, Peter: A Peter Rabbit Tale. Beatrix Potter. 2018. (Peter Rabbit Ser.). (ENG., Illus.). 16p. (J). (— 1). bds. 7.99 *(978-0-241-34206-0(6)*, Warne) Penguin Young Readers Group.

Good Night Phoenix. Adam Gamble & Mark Jasper. Illus. by Joe Veno. 2018. (Good Night Our World Ser.). 20p. (J). (— 1). bds. 9.95 *(978-1-60219-676-6(1))* Good Night Bks.

Good Night, Planet: TOON Level 2. Liniers. 2017. (ENG., Illus.). 36p. (J). (gr. k-2). 12.99 *(978-1-943145-20-1(2)*, 9781943145201, TOON Books) Astra Publishing Hse.

Good Night Portland Maine. Adam Gamble & Mark Jasper. Illus. by Zhen Liu. 2020. (Good Night Our World Ser.). 20p. (J). (— 1). bds. 9.95 *(978-1-60219-880-7(2))* Good Night Bks.

Good Night Preschool. Adam Gamble & Mark Jasper. Illus. by Harvey Stevenson. 2021. (Good Night Our World Ser.). 20p. (J). (— 1). bds. 9.95 *(978-1-60219-846-3(2))* Good Night Bks.

Good Night Princesses. Adam Gamble & Mark Jasper. Illus. by Louise Gardner. 2016. (Good Night Our World Ser.). (ENG.). 20p. (J). (— 1). bds. 9.95 *(978-1-60219-225-6(1))* Good Night Bks.

Good Night Puerto Rico. Lisa Bolivar Martinez & Matthew Martinez. Illus. by Joe Veno. 2017. (Good Night Our World Ser.). 20p. (J). (— 1). bds. 9.95 *(978-1-60219-508-0(0))* Good Night Bks.

Good Night Rajasthan. Nitya Khemka. Illus. by Kavita Singh Kale. 2017. (Good Night Our World Ser.). 20p. (J). (— 1). bds. 9.95 *(978-1-60219-479-3(3))* Good Night Bks.

Good Night Redwoods. Adam Gamble & Mark Jasper. Illus. by Kevin Keele. 2019. (Good Night Our World Ser.). 20p. (J). (— 1). bds. 9.95 *(978-1-60219-779-4(2))* Good Night Bks.

Good Night, Reindeer. Denise Brennan-Nelson. Illus. by Marco Bucci. 2017. (ENG.). 32p. (J). (gr. -1-2). 16.99 *(978-1-58536-370-4(7)*, 204329) Sleeping Bear Pr.

Good Night Rocky Mountain National Park. Adam Gamble & Mark Jasper. Illus. by Ute Simon. 2022. (Good Night Our World Ser.). 20p. (J). (— 1). bds. 9.95 *(978-1-60219-973-6(6))* Good Night Bks.

Good Night Sam see Buenas Noches Samuel

Good Night Savannah. Adam Gamble & Mark Jasper. Illus. by Mina Price. 2021. (Good Night Our World Ser.). 20p. (J). (— 1). bds. 9.95 *(978-1-60219-950-7(7))* Good Night Bks.

Good Night Seashore. Adam Gamble & Mark Jasper. Illus. by Cooper Kelly. 2019. (Good Night Our World Ser.). 26p. (J). (— 1). bds. 9.95 *(978-1-60219-665-0(6))* Good Night Bks.

Good Night Sharks. Adam Gamble & Mark Jasper. Illus. by Cooper Kelly. 2019. (Good Night Our World Ser.). 26p. (J). (— 1). bds. 9.95 *(978-1-60219-663-6(X))* Good Night Bks.

Good Night, Sister. Katherine Schwarzenegger Pratt. Illus. by Lucy Fleming. 2023. 32p. (J). (gr. -1-2). 18.99 *(978-0-593-38581-4(0)*, Penguin Workshop) Penguin Young Readers Group.

Good Night, Sleep Tight. Ed. by Flowerpot Press. Illus. by Andrea Doss. 2019. (Bedtime Prayers Ser.). (ENG.). 20p. (J). (gr. k-1). bds. 7.99 *(978-1-4867-1578-7(8)*, 957f7fbc-af3f-45ab-a63d-5a8a3cd29ee3) Flowerpot Pr.

Good Night, Sleep Tight. Pamela Kennedy. 2019. (VeggieTales Ser.). (ENG., Illus.). 20p. (J). (gr. -1-1). bds. 7.99 *(978-0-8249-1691-6(3)*, Worthy Kids/Ideals) Worthy Publishing.

Good Night Sleep Tight: Eleven-And-a-Half Good Night Stories with Fox & Rabbit. Kristina Andres. Illus. by Kristina Andres. 2018. (ENG., Illus.). 60p. (J). (gr. k-3). 17.99 *(978-1-77657-143-7(6)*, 7bc76e84-a0b0-4640-bac2-06bfcc1f68fe) Gecko Pr. NZL. Dist: Lerner Publishing Group.

Good Night Snow. Adam Gamble & Mark Jasper. 2016. (Good Night Our World Ser.). (ENG., Illus.). 20p. (J). (— 1). bds. 9.95 *(978-1-60219-412-0(2))* Good Night Bks.

Good Night Solar System. Adam Gamble & Mark Jasper. Illus. by Andy Elkerton. 2019. (Good Night Our World Ser.). (ENG.). 20p. (J). (— 1). bds. 9.95 *(978-1-60219-823-4(3))* Good Night Bks.

Good Night, Spencer. Michelle Romo. 2021. (Spencer the Cat Ser.). (ENG., Illus.). 16p. (J). (gr. -1 — 1). bds. 6.95 *(978-1-5235-1006-1(4)*, 101006) Workman Publishing Co., Inc.

Good Night St Louis. Adam Gamble & Mark Jasper. Illus. by Joe Veno. 2017. (Good Night Our World Ser.). 20p. (J). (— 1). bds. 9.95 *(978-1-60219-467-0(X))* Good Night Bks.

Good Night Statue of Liberty. Adam Gamble & Mark Jasper. Illus. by Harvey Stevenson. 2017. (Good Night Our World Ser.). 20p. (J). (gr. -1 — 1). bds. 9.95 *(978-1-60219-429-8(7))* Good Night Bks.

Good-Night Stories. Clara Ingram Judson. 2017. (ENG., Illus.). (J). pap. *(978-0-649-49520-7(9))* Trieste Publishing Pty Ltd.

Good-Night Stories (Classic Reprint) Clara Ingram Judson. 2017. (ENG., Illus.). (J). 26.80 *(978-0-266-56955-8(2))* Forgotten Bks.

Good Night Stories for Rebel Girls: 50 Postcards of Women Creators, Leaders, Pioneers, Champions, & Warriors. Elena Favilli & Francesca Cavallo. 2018. (Good Night Stories for Rebel Girls Ser.). (ENG., Illus.). 50p. 20.00 *(978-0-525-57652-5(5),* Clarkson Potter) Potter/Ten Speed/Harmony/Rodale.

Good Night Stories for Rebel Girls: 100 Immigrant Women Who Changed the World. Elena Favilli & Rebel Girls. 2020. (Good Night Stories for Rebel Girls Ser.: 3). (Illus.). 224p. (J). (gr. 2-12). 35.00 *(978-1-7333292-9-3(3))* Rebel Girls.

Good Night Stories for Rebel Girls: 100 Tales of Extraordinary Women. Elena Favilli et al. 2016. (Good Night Stories for Rebel Girls Ser.: 1). (Illus.). 224p. (J). (gr. 1-4). 35.00 *(978-0-9978958-1-0(0))* Rebel Girls.

Good Night Stories for Rebel Girls 2. Elena Favilli et al. 2017. (Good Night Stories for Rebel Girls Ser.: 2). (Illus.). 224p. (J). (gr. 2-12). 35.00 *(978-0-9978958-2-7(9))* Rebel Girls.

Good Night Summer. Adam Gamble & Mark Jasper. Illus. by Katherine Blackmore. 2017. (Good Night Our World Ser.). 20p. (J). (— 1). bds. 9.95 *(978-1-60219-440-3(8))* Good Night Bks.

Good Night, Sweet Dreams, God Bless You, I Love You. Eric Berg. 2023. (ENG., Illus.). 24p. (J). pap. 11.95 ***(978-1-6624-6637-3(4))*** Page Publishing.

Good Night Sydney. Adam Gamble & Mark Jasper. Illus. by C. B. Canga. 2020. (Good Night Our World Ser.). 20p. (J). (— 1). bds. 9.95 *(978-1-60219-804-3(7))* Good Night Bks.

Good Night Taj Mahal. Nitya Mohan Khemka. Illus. by Kavita Singh Kale. 2019. (Good Night Our World Ser.). 20p. (J). (— 1). bds. 9.95 *(978-1-60219-673-5(7))* Good Night Bks.

Good Night Tales: A Family Treasury of Read-Aloud Stories. C. S. Fritz. Illus. by C. S. Fritz. 2017. (ENG., Illus.). 176p. (J). 19.99 *(978-1-63146-556-7(2),* 20_11823) NavPress Publishing Group.

Good Night to Your Fantastic Elastic Brain. JoAnn Deak & Terrence Deak. Illus. by Neely Daggett. 2022. (ENG.). 40p. (J). (gr. -1-3). 18.99 *(978-1-7282-2028-4(9))* Sourcebooks, Inc.

Good Night, Toucan. Joanne Partis. Illus. by Joanne Partis. 2021. (ENG.). 32p. (J). (gr. -1-2). 17.99 *(978-1-68010-258-1(3))* Tiger Tales.

Good Night Tractors. Adam Gamble & Mark Jasper. Illus. by Harvey Stevenson. 2020. (Good Night Our World Ser.). 26p. (J). (— 1). bds. 9.95 *(978-1-60219-822-7(5))* Good Night Bks.

Good Night, Trilobite. Steve Vanlandingham. Illus. by Shanda Willis McDonald. 2017. (ENG.). (J). 52p. 19.95 *(978-1-935684-59-6(0))*; pap. 17.95 *(978-1-935684-60-2(4))* BHHR Energies Group.

Good Night Trucks. Adam Gamble & Mark Jasper. Illus. by Cooper Kelly. 2019. (Good Night Our World Ser.). (ENG.). 26p. (J). (— 1). bds. 9.95 *(978-1-60219-818-0(7))* Good Night Bks.

Good Night Turtles. Adam Gamble & Mark Jasper. Illus. by Katherine Blackmore. 2020. (Good Night Our World Ser.). 20p. (J). (— 1). bds. 9.95 *(978-1-60219-877-7(2))* Good Night Bks.

Good Night Unicorns. Adam Gamble & Mark Jasper. Illus. by Suwin Chan. 2019. (Good Night Our World Ser.). 20p. (J). (— 1). bds. 9.95 *(978-1-60219-791-6(1))* Good Night Bks.

Good Night Virginia Beach. Adam Gamble & Mark Jasper. Illus. by Ute Simon. 2021. (Good Night Our World Ser.). 20p. (J). (— 1). bds. 9.95 *(978-1-60219-876-0(4))* Good Night Bks.

Good Night Whales. Adam Gamble & Mark Jasper. Illus. by Harvey Stevenson. 2016. (Good Night Our World Ser.). (ENG.). 20p. (J). (— 1). bds. 9.95 *(978-1-60219-507-3(2))* Good Night Bks.

Good Night, Wheedle. Stephen Cosgrove. Illus. by Robin James. 2016. 20p. (J). (— 1). bds. 9.99 *(978-1-63217-075-0(2),* Little Bigfoot) Sasquatch Bks.

Good Night, Wind: A Yiddish Folktale. Linda Elovitz Marshall. Illus. by Maelle Doliveux. 2019. 32p. (J). (gr. -1-3). 18.99 *(978-0-8234-3788-7(4))* Holiday Hse., Inc.

Good Night with the Very Hungry Caterpillar. Eric Carle. Illus. by Eric Carle. 2023. (Illus.). 32p. (J). (— 1). 18.99 ***(978-0-593-65915-1(5))*** Penguin Young Readers Group.

Good Night, World. Willa Perlman. Illus. by Carolyn Fisher. 2019. (Classic Board Bks.). (ENG.). 40p. (J). (gr. -1 — 1). bds. 8.99 *(978-1-5344-4384-6(3),* Little Simon) Little Simon.

Good Night, World. Aleksandra Szmidt. 2019. (Global Greetings Ser.). (ENG., Illus.). 22p. (J). (gr. k-2). bds. 7.99 *(978-1-4867-1560-2(5),* d285adea-9f85-4f76-bae7-f774dc973b57) Flowerpot Pr.

Good Night, World. Nicola Edwards. ed. 2019. (ENG.). 25p. (J). (gr. k-1). 21.36 *(978-1-64310-960-2(X))* Penworthy Co., LLC, The.

Good Night Yeti. Adam Gamble & Mark Jasper. Illus. by Harvey Stevenson. 2021. (Good Night Our World Ser.). 20p. (J). (— 1). bds. 9.95 *(978-1-60219-967-5(1))* Good Night Bks.

Good Night Yoga. Adam Gamble et al. Illus. by Suwin Chan & Katherine Blackmore. 2016. (Good Night Our World Ser.). (ENG.). 20p. (J). (— 1). bds. 9.95 *(978-1-60219-414-4(9))* Good Night Bks.

Good Night Yosemite. Adam Gamble & Mark Jasper. Illus. by Suwin Chan. 2016. (Good Night Our World Ser.). (ENG.). 20p. (J). (— 1). bds. 9.95 *(978-1-60219-389-5(4))* Good Night Bks.

Good Night Zion. Adam Gamble & Mark Jasper. Illus. by Ute Simon. 2021. (Good Night Our World Ser.). (ENG.). 20p. (J). (— 1). bds. 9.95 *(978-1-60219-795-4(4))* Good Night Bks.

Good Night's Sleep. M. S. Lana Jacobson. 2017. (ENG., Illus.). (J). pap. *(978-0-9922421-8-3(5))* ALZuluBelle.

Good Nut. Margo Gates. Illus. by Carol Herring. 2019. (Let's Look at Animal Habitats (Pull Ahead Readers — Fiction) Ser.). (ENG.). 16p. (J). (gr. -1-1). 27.99 *(978-1-5415-5865-6(0),* dcb05530-a226-4737-855b-0b26b518b851, Lerner Pubns.) Lerner Publishing Group.

Good of the Wicked, & the Party Sketches (Classic Reprint) Owen Kildare. 2017. (ENG., Illus.). (J). 27.07 *(978-0-331-22491-7(7))* Forgotten Bks.

Good Ol' Pete's Hood Raising Adventures: Whitmore's Creek. Dee L. Weston. 2022. (ENG.). 202p. (YA). pap. 17.95 ***(978-1-63710-369-2(7))*** Fulton Bks.

Good Old Anna (Classic Reprint) Marie Belloc Lowndes. 2018. (ENG., Illus.). 366p. (J). 31.45 *(978-0-484-74767-7(3))* Forgotten Bks.

Good Old Days: A Comedy in One Act (Classic Reprint) Alice C. Thompson. (ENG., Illus.). (J). 2018. 24p. 24.39 *(978-0-484-37020-2(0))*; 2016. pap. 7.97 *(978-1-334-13642-9(4))* Forgotten Bks.

Good Old Days: A Pageant of Country Life for Field Day, Meetings, Patriotic Celebrations & Other Occasions (Classic Reprint) Mary Meek Atkeson. 2018. (ENG., Illus.). 42p. (J). 24.76 *(978-0-267-50608-8(2))* Forgotten Bks.

Good Old Days: Historical Coloring Books. Jupiter Kids. 2016. (ENG., Illus.). 106p. (J). pap. 12.55 *(978-1-68305-226-5(9),* Jupiter Kids (Childrens & Kids Fiction)) Speedy Publishing LLC.

Good Old Rocking Horse. M. T. Boulton. 2018. (ENG., Illus.). 92p. (J). 20.35 *(978-0-244-68284-2(4))* Lulu Pr., Inc.

Good Old Stories for Boys & Girls (Classic Reprint) Elva Sophronia Smith. (ENG., Illus.). (J). 2018. 338p. 30.87 *(978-0-483-88626-1(2))*; 2016. pap. 13.57 *(978-1-333-62374-6(7))* Forgotten Bks.

Good Old Timers: 75 Songs You Can't Forget (Classic Reprint) Lee Orean Smith. (ENG., Illus.). (J). 2018. 72p. 25.38 *(978-0-267-89865-7(7))*; 2016. pap. 9.57 *(978-1-333-64881-7(2))* Forgotten Bks.

Good Old Times: A Tale of Auvergne (Classic Reprint) Anne Manning. 2018. (ENG., Illus.). 316p. (J). 30.46 *(978-0-332-21057-5(X))* Forgotten Bks.

Good Omens see Buenos Presagios

Good One, God. Stacy Leicht. 2021. (ENG.). 36p. (J). pap. 16.99 *(978-1-64645-484-6(7))* Redemption Pr.

Good over Evil. Valcina King-Edgehill. 2017. (ENG., Illus.). (J). pap. 12.95 *(978-1-68197-351-7(0))* Christian Faith Publishing.

Good People. Allison Zimmerman. 2018. (ENG., Illus.). 30p. (J). pap. 12.99 *(978-1-64088-091-7(7))* Trilogy Christian Publishing, Inc.

Good Pet. Juliana O'Neill. 2019. (Reading Stars Ser.). (ENG.). 28p. (J). (gr. -1-2). pap. 9.99 *(978-1-5324-1259-2(2))* Xist Publishing.

Good Pirate. Kari-Lynn Winters. Illus. by Dean Griffiths. 2016. (ENG.). 32p. (J). (gr. k-3). 17.95 *(978-1-927485-80-4(0))* Pajama Pr. CAN. Dist: Publishers Group West (PGW).

Good Pirate Funbook. Anita Kovacevic. 2019. (ENG.). 44p. pap. *(978-1-7947-0800-6(6))* Lulu Pr., Inc.

Good Place. Lucy Cousins. Illus. by Lucy Cousins. 2022. (ENG., Illus.). 40p. (J). (gr. -1-2). 17.99 *(978-1-5362-2425-2(1))* Candlewick Pr.

Good Putt! Bill Hadley & Rob Connaway. 2021. (ENG.). 28p. (J). pap. 14.99 *(978-1-0983-5136-6(3))* BookBaby.

Good Queen Charlotte (Classic Reprint) Percy Fitzgerald. 2017. (ENG., Illus.). (J). 30.72 *(978-0-266-93953-5(8))* Forgotten Bks.

Good Reading about Many Books Mostly by Their Authors (Classic Reprint) Unknown Author. (ENG., Illus.). (J). 2018. 406p. 32.29 *(978-0-332-10828-5(7))*; 2017. pap. 16.57 *(978-1-334-92070-7(2))* Forgotten Bks.

Good Reading about Many Books Mostly by Their Authors, Vol. 2 (Classic Reprint) Unknown Author. 2018. (ENG., Illus.). 310p. (J). 30.29 *(978-0-332-17217-0(1))* Forgotten Bks.

Good Recipes (Classic Reprint) Winnetka Congregational Church Society. 2017. (Jugendlexikon Ser.). (ENG., Illus.). 76p. (J). (gr. 3-7). 25.48 *(978-0-332-30059-7(5))* Forgotten Bks.

Good Red Earth (Classic Reprint) Eden Phillpotts. 2017. (ENG., Illus.). (J). 30.97 *(978-1-5283-5468-4(0))* Forgotten Bks.

Good Rosie! Kate Dicamillo. Illus. by Harry Bliss. 2018. 40p. (J). *(978-1-4063-8357-7(0))* Candlewick Pr.

Good Rosie! Kate DiCamillo. Illus. by Harry Bliss. 2018. (ENG.). 32p. (J). (gr. k-3). 17.99 *(978-0-7636-8979-7(3))* Candlewick Pr.

Good Samaritan. Ronald A. Beers & V. Gilbert Beers. 2019. (ENG., Illus.). 42p. (J). pap. 9.99 *(978-0-7396-0406-9(6))* Inspired Studios Inc.

Good Samaritan. Su Box. Illus. by Simona Sanfilippo. 2017. (My Bible Stories Ser.). (ENG.). 24p. (J). (gr. -1-k). lib. bdg. 19.99 *(978-1-68297-173-4(2),* 92b7d44e-4888-4a0f-a94a-386b1e34dddf) QEB Publishing Inc.

Good Samaritan. Lois Rock. Illus. by Alex Ayliffe. ed. 2020. (ENG.). 16p. (J). (gr. -1). pap. 21.99 *(978-0-7459-7883-3(5),* 6209f0b1-0686-4a0b-8178-fb5491015c58, Lion Children's) Lion Hudson PLC GBR. Dist: Baker & Taylor Publisher Services (BTPS).

Good Samaritan: A Parable of Kindness to Strangers. Pia Imperial. Illus. by Carly Gledhill. 2023. (Little Bible Stories Ser.). 20p. (J). (— 1). bds. 9.99 *(978-0-593-52332-2(6),* Grosset & Dunlap) Penguin Young Readers Group.

Good Samaritan & Other Parables: Gift Edition. Tomie dePaola. ed. 2017. (ENG.). 32p. (J). (gr. 1-4). 18.99 *(978-0-8234-3888-4(0))* Holiday Hse., Inc.

Good Samaritan (Classic Reprint) Mary Raymond Shipman Andrews. (ENG., Illus.). (J). 2018. 72p. 25.40 *(978-0-484-90967-9(3))*; 2016. pap. 9.57 *(978-1-334-12216-3(4))* Forgotten Bks.

Good Shepherd. TAN Books. 2021. (ENG., Illus.). (J). (gr. 1-1). pap. 24.95 *(978-1-5051-1920-6(0),* 2951) TAN Bks.

Good Shepherd (Classic Reprint) John Roland. (ENG., Illus.). (J). 2018. 344p. 31.01 *(978-0-428-96974-5(7))*; 2016. pap. 13.57 *(978-1-333-57778-0(8))* Forgotten Bks.

Good Society, or Contrasts of Character (Classic Reprint) Elizabeth Caroline Grey. 2017. (ENG., Illus.). (J). 27.44 *(978-0-265-66261-8(3))*; pap. 9.97 *(978-1-5276-3516-6(3))* Forgotten Bks.

Good Son: a Story from the First World War, Told in Miniature. Pierre-Jacques Ober. Illus. by Jules Ober & Felicity Coonan. 2019. (ENG.). 104p. (J). (gr. 9). 22.00 *(978-1-5362-0482-7(X))* Candlewick Pr.

Good Sport. W. Awdry. Illus. by Richard Courtney. 2016. 24p. (J). *(978-1-5182-1481-3(9))* Random Hse., Inc.

Good Sports. Terry Miller Shannon. 2016. (Spring Forward Ser.). (J). (gr. 1). *(978-1-4900-2236-9(8))* Benchmark Education Co.

Good Sports (Classic Reprint) Olive Higgins Prouty. (ENG., Illus.). (J). 2018. 244p. 28.93 *(978-0-365-41181-9(7))*; 2017. pap. 11.57 *(978-1-5276-8966-4(2))* Forgotten Bks.

Good Sports Don't Give Up. BreAnn Rumsch. Illus. by Mike Petrik. 2019. (Good Sports Ser.). (ENG.). 24p. (J). (gr. -1-2). pap. 7.95 *(978-1-68410-427-7(0),* 141221); lib. bdg. 33.99 *(978-1-68410-400-0(9),* 141210) Cantata Learning.

Good Sports Play Fair. BreAnn Rumsch & Mark Mallman. Illus. by Mike Petrik. 2019. (Good Sports Ser.). (ENG.). 24p. (J). (gr. -1-2). pap. 7.95 *(978-1-68410-428-4(9),* 141223) Cantata Learning.

Good Sports Use Teamwork. BreAnn Rumsch. Illus. by Mike Petrik. 2019. (Good Sports Ser.). (ENG.). 24p. (J). (gr. -1-2). 33.99 *(978-1-68410-402-4(5),* 141212) Cantata Learning.

Good Sports, Win or Lose. BreAnn Rumsch. Illus. by Mike Petrik. 2019. (Good Sports Ser.). (ENG.). 24p. (J). (gr. -1-2). pap. 7.95 *(978-1-68410-430-7(0),* 141225) Cantata Learning.

Good Squirrel. Bonny Bruno Murangwa. Illus. by Peter Gitego. 2016. (ENG.). 28p. (J). pap. *(978-99977-770-9-6(3))* FURAHA Pubs. Ltd.

Good Stories (Classic Reprint) Charles Reade. 2018. (ENG., Illus.). 300p. (J). 30.10 *(978-0-483-21162-9(1))* Forgotten Bks.

Good Stories for Great Holidays, Arranged for Story-Telling & Reading Aloud & for the Children's Own Reading (Classic Reprint) Frances Jenkins Olcott. 2017. (ENG., Illus.). (J). 34.11 *(978-1-5283-8194-9(7))* Forgotten Bks.

Good Stories; Good Stories of Man & Other Animals; Readiania (Classic Reprint) Charles Reade. (ENG., Illus.). (J). 2018. 436p. 32.89 *(978-0-267-32796-6(X))*; 2016. pap. 16.57 *(978-1-333-54300-6(X))* Forgotten Bks.

Good Stories, Vol. 4 (Classic Reprint) Unknown Author. 2018. (ENG., Illus.). 508p. (J). 34.39 *(978-0-483-56910-2(0))* Forgotten Bks.

Good Story. Zack Rock. Illus. by Zack Rock. 2017. (Illus.). 32p. (J). (gr. 3-6). 17.99 *(978-1-56846-280-6(8),* 20178, Creative Editions) Creative Co., The.

Good Sword Belgarde, or How de Burgh Held Dover (Classic Reprint) Albert Charles Curtis. (ENG., Illus.). (J). 2018. 378p. 31.69 *(978-0-428-35634-7(6))*; 2017. pap. 16.57 *(978-0-243-21925-4(3))* Forgotten Bks.

Good Team. Heather Ayris Burnell. ed. 2019. (Acorn Early Readers Ser.). (ENG.). 56p. (J). (gr. k-1). 14.96 *(978-1-64697-087-2(X))* Penworthy Co., LLC, The.

Good Team: an Acorn Book (Unicorn & Yeti #2) Heather Ayris Burnell. Illus. by Hazel Quintanilla. 2019. (Unicorn & Yeti Ser.: 2). (ENG.). 64p. (J). (gr. k-2). pap. 4.99 *(978-1-338-32904-9(9))* Scholastic, Inc.

Good, the Bad, & the Accidentally Evil! Mark Young. Illus. by Mariano Epelbaum. 2020. (Franken-Sci High Ser.: 6). (ENG.). 176p. (J). (gr. 3-7). 17.99 *(978-1-4814-9146-4(6))*; pap. 6.99 *(978-1-4814-9145-7(8))* Simon Spotlight. (Simon Spotlight).

Good, the Bad, & the Backstory. Melissa Minery. Illus. by Stephanie Hider. ed. 2021. (ENG.). 172p. (J). (gr. 4-8). pap. 9.95 *(978-1-944882-71-6(5),* Boys Town Pr.) Boys Town Pr.

Good, the Bad, & the Bossy. Caroline Cala. (Best Babysitters Ever Ser.). (ENG.). 304p. (J). (gr. 5-7). 2021. pap. 7.99 *(978-0-358-54766-2(0),* 1807384); 2019. 13.99 *(978-1-328-85090-4(0),* 1693444) HarperCollins Pubs. (Clarion Bks.).

Good, the Bad & the Broccoli. LaTricia Morris. 2016. (ENG., Illus.). (J). pap. 16.95 *(978-1-5127-5023-2(9),* WestBow Pr.) Author Solutions, LLC.

Good, the Bad, & the Cowbots. Russ Bolts. Illus. by Jay Cooper. 2019. (Bots Ser.: 2). (ENG.). 128p. (J). (gr. k-4). 16.99 *(978-1-5344-3692-3(8))*; pap. 6.99 *(978-1-5344-3691-6(X))* Little Simon. (Little Simon).

Good, the Bad & the Hungry. Eric Luper. ed. 2022. (Bad Food Ser.). (ENG.). 141p. (J). (gr. 2-3). 17.46 ***(978-1-68505-324-6(6))*** Penworthy Co., LLC, The.

Good, the Bad & the Hungry: from the Doodle Boy Joe Whale (Bad Food #2) Eric Luper. Illus. by Joe Whale. 2022. (Bad Food Ser.). (ENG.). 160p. (J). (gr. 1-3). pap. 6.99 *(978-1-338-74926-7(9))* Scholastic, Inc.

Good Thieves. Katherine Rundell. 2019. (ENG., Illus.). 272p. (J). (gr. 3-7). 17.99 *(978-1-4814-1948-2(X),* Simon & Schuster Bks. For Young Readers) Simon & Schuster Bks. For Young Readers.

Good Thing about Bad Days. Margaret McAllister. Illus. by Nigel Baines. ed. 2020. (ENG.). 64p. (J). (gr. k). pap. 14.99 *(978-0-7459-7844-4(4),* 119a162a-ad85-4966-9bcb-bfb05176a8eb, Lion Children's) Lion Hudson PLC GBR. Dist: Baker & Taylor Publisher Services (BTPS).

Good Thing Happened Today. Michelle Figueroa. Illus. by Ramona Kaulitzki. 2022. (ENG.). 40p. (J). (gr. -1-3). 17.99 *(978-0-06-314231-2(7),* HarperCollins) HarperCollins Pubs.

Good Things. Maryah Greene. Illus. by Alleanna Harris. 2023. 32p. (J). (gr. -1-3). 18.99 ***(978-0-593-40364-8(9),*** Razorbill) Penguin Young Readers Group.

Good Things Come to Those Who Wait, Volume 4. Julia Cook. Illus. by Kyle Merriman. ed. 2021. (Leader I'll Be! Ser.). (ENG.). 31p. (J). (gr. k-5). pap. 10.95 *(978-1-944882-77-8(4))* Boys Town Pr.

Good Things for Sunday Schools: A Complete Entertainer; Containing Recitations, Monologues, Dialogues, Exercises, Drills, Tableaux & Plays-For Missionary Day, Mother's Day, Children's Day, Temperance Day, Donation Day, Easter, Christmas, Harvest Home An. Mary Modena Burns. (ENG., Illus.). (J). 2018. 158p. 27.16 *(978-0-483-75833-9(7))*; 2017. pap. 9.57 *(978-0-243-39471-5(3))* Forgotten Bks.

Good Things for Washington & Lincoln Birthdays: Original Recitations, Monologues, Exercises, Dialogues, Pantomime Songs, Motion Songs, Drills & Plays; Suitable for All Ages (Classic Reprint) Marie Irish. 2018. (ENG., Illus.). 136p. (J). 26.70 *(978-0-267-13918-7(7))* Forgotten Bks.

Good Things of Life (Classic Reprint) Unknown Author. (ENG., Illus.). (J). 2018. 56p. 25.07 *(978-0-484-39663-9(3))*; 2018. 68p. 25.32 *(978-0-365-50777-2(6))*; 2017. 68p. 25.30 *(978-0-332-67694-4(3))*; 2017. 70p. pap. 9.57 *(978-0-332-34078-4(3))*; 2017. 64p. 25.22 *(978-0-332-24168-5(8))*; 2017. pap. 9.57 *(978-0-259-98926-4(6))*; 2017. pap. 9.57 *(978-0-259-81996-7(4))*; 2017. pap. 9.57 *(978-0-259-98565-5(1))* Forgotten Bks.

Good Tidings, or News from the Farm: A Poem (Classic Reprint) Robert Bloomfield. 2018. (ENG., Illus.). (J). 42p. 24.76 *(978-1-396-39121-7(5))*; 44p. pap. 7.97 *(978-1-390-99447-6(3))* Forgotten Bks.

Good Time (Classic Reprint) Lesley Merrick. (ENG., Illus.). (J). 2018. 212p. 28.29 *(978-0-656-40972-3(X))*; 2017. pap. 10.97 *(978-0-259-76679-7(8))* Forgotten Bks.

Good Time Coming (Classic Reprint) Timothy Shay Arthur. 2018. (ENG., Illus.). 326p. (J). 30.62 *(978-0-332-35946-5(8))* Forgotten Bks.

Good Time Primer (Classic Reprint) F. Grace Seymour. (ENG., Illus.). (J). 2018. 156p. 27.11 *(978-0-267-60529-3(3))*; 2016. pap. 9.57 *(978-1-334-13231-5(3))* Forgotten Bks.

Good Times Roll: A Children's Picture Book. Ric Ocasek. Illus. by Rob Sayegh. 2021. (LyricPop Ser.). 24p. (J). 16.95 *(978-1-61775-848-5(5))* Akashic Bks.

Good Times with the Juniors (Classic Reprint) Lilian M. Heath. 2018. (ENG., Illus.). 194p. (J). 27.90 *(978-0-267-20822-7(7))* Forgotten Bks.

Good Toasts & Funny Stories (Classic Reprint) Arthur LeRoy Kaser. 2019. (ENG., Illus.). (J). 160p. 27.20 *(978-1-397-28629-1(6))*; 162p. pap. 9.57 *(978-1-397-28622-2(9))* Forgotten Bks.

Good Too Too & Bad Too Too. Michael Verrett. 2017. (ENG., Illus.). (J). pap. 15.95 *(978-1-365-41491-6(4))* Lulu Pr., Inc.

Good Trade. Alma Fullerton. Illus. by Karen Patkau. 2020. 32p. (J). (gr. k-3). 14.95 *(978-1-77278-118-2(5))*; (ENG.). 18.95 *(978-1-77278-117-5(7))* Pajama Pr. CAN. Dist: Publishers Group West (PGW).

Good Trick Walking Stick. Sheri M. Bestor. Illus. by Jonny Lambert. 2016. (ENG.). 32p. (J). (gr. 1-3). 16.99 *(978-1-58536-943-0(8),* 204033) Sleeping Bear Pr.

Good Twin, Bad Twin. Michael J. Peck. 2019. (ENG.). 240p. (YA). (gr. 7-12). pap. *(978-0-6487419-0-9(7))* Peck, Michael.

Good University Guide for IB Students UK Edition 2019. Alexander Zouev & Roman Zouev. 2018. (ENG.). 110p. (YA). pap. *(978-0-9934187-5-4(9))* Zouev Publishing.

Good Vibes Coloring Book for Girls. Happy Harper. l.t. ed. 2020. (ENG., Illus.). 96p. (J). pap. *(978-1-989968-33-8(3),* Happy Harper) Gill, Karanvir.

Good Vibes Coloring Book for Teens. Happy Harper. l.t. ed. 2020. (ENG., Illus.). 96p. (YA). pap. *(978-1-989968-32-1(5),* Happy Harper) Gill, Karanvir.

Good Vibes Only Journal. Susie Rae. Illus. by Lizzy Doyle. 2022. (ENG.). 96p. (J). pap. 9.99 *(978-1-3988-1510-0(1),* c1141104-1dcd-4dcf-9e82-e5a492d86121) Arcturus Publishing GBR. Dist: Baker & Taylor Publisher Services (BTPS).

Good Vibes Pocket Book. Patricia Arquioni. 2022. (ENG.). 100p. (J). pap. ***(978-1-387-57696-8(8))*** Lulu Pr., Inc.

Good Vibes Start Here: A JOURNAL for Tween & Teen GIRLS with a VISION & a PLAN. Markita Richards. 2019. (ENG.). 102p. (YA). (gr. 7-12). pap. 8.99 *(978-1-0878-5880-7(1))* Richards, Markita.

Good Vibrations: A Children's Picture Book. Mike Love & Brian Wilson. Illus. by Paul Hoppe. 2020. (LyricPop Ser.). (ENG.). 32p. (J). 16.95 *(978-1-61775-787-7(X))* Akashic Bks.

Good War. Todd Strasser. 192p. (J). (gr. 5). 2022. 8.99 *(978-0-593-17367-1(8),* Yearling); 2021. 16.99 *(978-0-593-17365-7(1),* Delacorte Bks. for Young Readers); 2021. (ENG.). lib. bdg. 19.99 *(978-0-593-30780-9(1),* Delacorte Bks. for Young Readers) Random Hse. Children's Bks.

Good Wishes for the Children (Classic Reprint) Hans Christian Anderson. (ENG., Illus.). (J). 2018. 196p. 27.96 *(978-0-484-78101-5(4))*; 2017. pap. 10.57 *(978-0-243-98789-4(7))* Forgotten Bks.

Good Witch of Salem. Ashley Tina. 2020. (ENG.). 38p. (J). pap. 15.00 *(978-1-7352318-0-8(0))* Good Witch of Salem LLC.

Good Witches in Britches. Renea Gott. Illus. by Ananta Mohanta & Esprit Gott. 2023. (ENG.). 28p. (J). pap. 9.99 ***(978-1-0880-8267-6(X))*** Indy Pub.

Good Witches in Stitches: Book 1. Maureen Richards. 2016. (ENG., Illus.). 81p. (J). pap. *(978-1-910832-39-4(1))* Rowanvale Bks.

Good Wives. Louisa May Alcott. 2019. (Little Women Series,Virago Modern Classi Ser.). (ENG., Illus.). 400p. (J). (gr. 3-7). 15.99 *(978-0-349-01183-7(4),* Virago Press) Little, Brown Book Group Ltd. GBR. Dist: Hachette Bk. Group.

Good Wives. Louisa May Alcott. 2019. (Little Women Collection: 2). (ENG.). 368p. (J). (gr. 3). 17.99 *(978-1-5344-6249-6(X))*; pap. 7.99 *(978-1-5344-6248-9(1))* Simon & Schuster Children's Publishing. (Aladdin).

Good Wives: A Story for Girls. Louisa Alcott. 2019. (ENG.). (J). (gr. 3-7). 226p. 19.95 *(978-1-61895-503-6(9))*; 224p. pap. 11.95 *(978-1-61895-502-9(0))* Bibliotech Pr.

Good Wives: Being a Sequel to Little Women (Classic Reprint) Louisa Alcott. 2017. (ENG., Illus.). (J). 31.96 *(978-0-266-67749-9(5))*; pap. 16.57 *(978-0-243-52222-4(3))* Forgotten Bks.

Good Wolf (Classic Reprint) Frances Burnett. 2018. (ENG., Illus.). 134p. (J). 26.68 *(978-0-332-60918-8(9))* Forgotten Bks.

Good Words: For 1872 (Classic Reprint) Unknown Author. (ENG., Illus.). (J). 2018. 778p. 39.94

782

The check digit for ISBN-10 appears in parentheses after the full ISBN-13

(978-0-332-48459-4(9)); 2016. pap. 23.57 *(978-1-334-11737-4(3))* Forgotten Bks.
Good Words: For 1878 (Classic Reprint) Donald MacLeod. (ENG., Illus.). (J). 2018. 916p. 42.79 *(978-0-265-52045-1(2))*; 2017. pap. 25.13 *(978-0-243-38859-2(4))* Forgotten Bks.
Good Words: For 1880 (Classic Reprint) Unknown Author. (ENG., Illus.). (J). 2018. 456p. 33.30 *(978-0-483-87746-7(8))*; 2016. pap. 16.57 *(978-1-334-11644-5(X))* Forgotten Bks.
Good Words: For 1888 (Classic Reprint) Donald MacLeod. (ENG., Illus.). (J). 2017. 33.71 *(978-0-331-84741-3(8))*; 2016. pap. 16.57 *(978-1-334-30200-8(6))* Forgotten Bks.
Good Words, 1888 (Classic Reprint) Unknown Author. (ENG., Illus.). (J). 2018. 464p. 33.47 *(978-0-483-16225-9(6))*; 2016. pap. 16.57 *(978-1-334-30566-5(8))* Forgotten Bks.
Good Words (Classic Reprint) Unknown Author. 2018. (ENG., Illus.). 456p. (J). 33.30 *(978-0-428-79540-5(4))* Forgotten Bks.
Good Words for 1800 (Classic Reprint) Donald MacLeod. 2017. (ENG., Illus.). (J). 42.79 *(978-0-331-00116-7(0))*; pap. 25.13 *(978-1-5283-8682-1(5))* Forgotten Bks.
Good Words for 1866 (Classic Reprint) Norman MacLeod. (ENG., Illus.). (J). 2018. 938p. 43.24 *(978-0-483-62463-4(2))*; 2017. pap. 25.58 *(978-0-243-29502-9(2))* Forgotten Bks.
Good Words for 1870 (Classic Reprint) Norman MacLeod. (ENG., Illus.). (J). 2018. 922p. 42.91 *(978-0-483-66882-9(6))*; 2017. pap. 25.30 *(978-1-334-89856-3(1))* Forgotten Bks.
Good Words for 1871 (Classic Reprint) Norman MacLeod. (ENG., Illus.). (J). 2018. 926p. 43.00 *(978-0-483-60372-1(4))*; 2017. pap. 25.42 *(978-0-243-27468-0(8))* Forgotten Bks.
Good Words for 1873 (Classic Reprint) Donald MacLeod. (ENG., Illus.). (J). 2018. 954p. 43.57 *(978-0-483-62646-1(5))*; 2017. pap. 25.91 *(978-0-243-38132-6(8))* Forgotten Bks.
Good Words for 1874 (Classic Reprint) Donald MacLeod. (ENG., Illus.). (J). 2018. 918p. 42.83 *(978-0-332-94771-6(8))*; 2017. pap. 25.17 *(978-0-243-38831-8(4))* Forgotten Bks.
Good Words for 1876 (Classic Reprint) Donald MacLeod. (ENG., Illus.). (J). 2018. 926p. 43.00 *(978-0-428-88384-3(2))*; 2017. pap. 25.34 *(978-0-243-02921-1(7))* Forgotten Bks.
Good Words for 1877 (Classic Reprint) Donald MacLeod. (ENG., Illus.). (J). 2018. 936p. 43.20 *(978-0-483-81521-6(7))*; 2017. pap. 25.54 *(978-0-243-32308-1(5))* Forgotten Bks.
Good Words for 1879 (Classic Reprint) Donald MacLeod. (ENG., Illus.). (J). 2018. 914p. 42.75 *(978-0-483-45486-6(9))*; 2017. pap. 25.09 *(978-1-334-90353-3(0))* Forgotten Bks.
Good Words for 1881 (Classic Reprint) Unknown Author. 2018. (ENG., Illus.). 458p. (J). 33.34 *(978-0-483-45397-5(8))* Forgotten Bks.
Good Words for 1881 (Classic Reprint) Donald MacLeod. (ENG., Illus.). (J). 2017. 33.34 *(978-0-331-82385-1(3))*; 2016. pap. 16.57 *(978-1-334-16107-0(0))* Forgotten Bks.
Good Words for 1882 (Classic Reprint) Donald MacLeod. (ENG., Illus.). (J). 2018. 446p. 33.10 *(978-0-483-57086-3(9))*; 2016. pap. 16.57 *(978-1-334-16495-8(9))* Forgotten Bks.
Good Words, for 1884 (Classic Reprint) Donald MacLeod. (ENG., Illus.). (J). 2018. 916p. 42.79 *(978-0-483-45478-1(8))*; 2017. pap. 25.13 *(978-1-334-90431-8(6))* Forgotten Bks.
Good Words for 1885 (Classic Reprint) Donald MacLeod. (ENG., Illus.). (J). 2018. 796p. 40.31 *(978-0-483-61721-6(0))*; 2016. pap. 23.57 *(978-1-334-34491-6(4))* Forgotten Bks.
Good Words for 1886 (Classic Reprint) Donald MacLeod. (ENG., Illus.). (J). 2018. 910p. 42.69 *(978-0-483-43786-9(7))*; 2017. pap. 25.03 *(978-1-334-92441-5(4))* Forgotten Bks.
Good Words for 1887, Vol. 28 (Classic Reprint) Donald MacLeod. (ENG., Illus.). (J). 2018. 922p. 42.91 *(978-0-483-68758-5(8))*; 2017. pap. 25.34 *(978-1-334-98940-7(0))* Forgotten Bks.
Good Words for 1889 (Classic Reprint) Donald MacLeod. (ENG., Illus.). (J). 2018. 912p. 42.71 *(978-0-483-44153-8(8))*; 2017. pap. 25.01 *(978-1-334-92183-4(0))* Forgotten Bks.
Goodbye: a Story of Suicide. Hailee Joy Lamberth. Illus. by Don Hudson. 2020. (Zuiker Teen Topics Ser.). (ENG.). 88p. (J). (gr. 6). 12.99 *(978-1-947378-27-8(9))* Zuiker Pr.
Goodbye Again. Katja Aegerter. Illus. by Antje Peters. 2021. (ENG.). 54p. (J). pap. *(978-1-8381670-6-6(4))* Summertime Publishing.
Goodbye Autumn, Hello Winter. Kenard Pak. Illus. by Kenard Pak. 2017. (ENG., Illus.). 32p. (J). 18.99 *(978-1-62779-416-9(6))*, 900149958, Holt, Henry & Co. Bks. For Young Readers) Holt, Henry & Co.
Goodbye, Balloon. Adam Ciccio. Illus. by Magriet van der Berg. 2023. (Healthy Minds Ser.: 1). (ENG.). 32p. (J). 18.95 *(978-1-60537-771-1(6))* Clavis Publishing.
Goodbye, Bear. Jane Chapman. Illus. by Jane Chapman. 2022. (ENG.). 32p. (J). (gr. -1-2). 17.99 *(978-1-68010-247-5(8))* Tiger Tales.
Goodbye Book. todd Parr. Illus. by todd Parr. 2019. (Todd Parr Picture Bks.). (ENG., Illus.). 32p. (J). (gr. -1-2). 31.36 *(978-1-5321-4372-4(9))*, 31822, Picture Bk.) Spotlight.
Goodbye Brings Hello: A Book of Firsts. Dianne White & Daniel Wiseman. 2018. (ENG., Illus.). 40p. (J). (gr. -1-3). 17.99 *(978-0-544-79875-5(9))*, 1640192, Clarion Bks.) HarperCollins Pubs.
Goodbye Days. Jeff Zentner. 2018. (ENG.). 432p. (YA). (gr. 9). pap. 12.99 *(978-0-553-52409-3(7)*, Ember) Random Hse. Children's Bks.
Goodbye Fly. Grandma T. 2018. (ENG., Illus.). 26p. (J). pap. 12.95 *(978-1-64300-386-3(0))* Covenant Bks.
Goodbye, Friend! Hello, Friend! Cori Doerrfeld. 2019. (ENG., Illus.). 40p. (J). (gr. -1-3). 18.99 *(978-0-525-55423-3(8)*, Dial Bks) Penguin Young Readers Group.
Goodbye from Nowhere. Sara Zarr. 2020. (ENG.). 384p. (YA). (gr. 9). 18.99 *(978-0-06-243468-5(3)*, Balzer & Bray) HarperCollins Pubs.
Goodbye Girls, 1 vol. Lisa Harrington. 2018. (ENG.). 256p. (YA). (gr. 8-12). pap. 15.95 *(978-1-77108-635-6(1)*, 613b654d-43e6-471c-8ee8-7b76b901f8bd) Nimbus Publishing, Ltd. CAN. Dist: Baker & Taylor Publisher Services (BTPS).
Goodbye Kindergarten. Andrea Williams. 2020. (ENG.). 38p. (J). 14.95 *(978-1-68401-793-5(9))* Amplify Publishing Group.
Goodbye Kisses. Georgia Trussart. 2023. (ENG.). 24p. (J). ***(978-0-2288-8770-6(4))***; pap. ***(978-0-2288-8769-0(0))*** Tellwell Talent.
Goodbye Little Dude. Rebecca Trotsky. 2017. (ENG., Illus.). (J). (gr. 1-2). 16.99 *(978-1-970002-00-3(X))* Curran Pr. and Editorial Consulting, LLC.
Goodbye Little Dude: A Remarkable Story of Kindness, Hope, & Love. Rebecca Trotsky & Marie Smyth. Illus. by Steve Dansereau. 2018. (ENG.). 32p. (J). (gr. 1-3). pap. 12.99 *(978-1-970002-01-0(8))* Curran Pr. and Editorial Consulting, LLC.
Goodbye Long Hair. Elsie Guerrero. 2018. (ENG., Illus.). 28p. (J). pap. 9.95 *(978-1-948282-10-9(0))* Yorkshire Publishing Group.
Goodbye Long Hair: A Story about Leukemia Cancer. Elsie Guerrero. 2019. (ENG., Illus.). 28p. (J). (gr. 1-6). 19.99 *(978-1-7327573-8-7(0))* Elsie Publishing Co.
Goodbye Mother Bear. Adam D. Searle. Illus. by Ian R. Ward. 2021. (Faraday Bear & Friends Ser.). (ENG.). 36p. (J). 20.81 *(978-1-9162985-2-1(4))*; pap. 10.99 *(978-1-9162985-4-5(0))* Wide Awake Bks.
Goodbye, Mr. Changesnatcher! Freedom Speaks Diaspora & Felizia Hunt. 2019. (ENG.). 50p. (J). pap. 5.99 *(978-0-9794322-6-2(X))* Sun Cycle Publishing.
Goodbye, Mr Hitler. Jackie French. 2021. 208p. 8.99 *(978-1-4607-5129-9(9)*, HarperCollins) HarperCollins Pubs.
Goodbye, Mr. Spalding. Jennifer Robin Barr. 2019. 272p. (J). (gr. 4-7). 18.95 *(978-1-68437-178-5(3)*, Calkins Creek) Highlights Pr., c/o Highlights for Children, Inc.
Goodbye, Mr. Terupt. Rob Buyea. 416p. (J). (gr. 3-7). 2021. 8.99 *(978-0-525-64801-7(1)*, Yearling); 2020. (Illus.). 17.99 *(978-0-525-64798-0(8)*, Delacorte Bks. for Young Readers); 2020. (ENG., Illus.). lib. bdg. 20.99 *(978-0-525-64799-7(6)*, Delacorte Bks. for Young Readers) Random Hse. Children's Bks.
Goodbye, Perfect. Sara Barnard. (ENG.). (YA). (gr. 9). 2020. 400p. pap. 12.99 *(978-1-5344-0245-4(4))*; 2019. 384p. 19.99 *(978-1-5344-0244-7(6))* Simon Pulse. (Simon Pulse).
Goodbye, School. Tonya Lippert. Illus. by Tracy Bishop. 2019. 32p. (J). *(978-1-4338-3029-7(9)*, Magination Pr.) American Psychological Assn.
Goodbye Stranger. Rebecca Stead. 2017. (ENG.). 320p. (gr. 5). 8.99 *(978-0-307-98086-1(3)*, Yearling) Random Hse. Children's Bks.
Goodbye Stranger. Rebecca Stead. ed. 2017. lib. bdg. 18.40 *(978-0-606-39873-2(2))* Turtleback.
Goodbye Summer. Sarah Van Name. 2019. 352p. (YA). (gr. 8-12). pap. 10.99 *(978-1-4926-7703-1(5))* Sourcebooks, Inc.
Goodbye Summer, Hello Autumn. Kenard Pak. Illus. by Kenard Pak. 2016. (ENG., Illus.). 32p. (J). 18.99 *(978-1-62779-415-2(8)*, 900149957, Holt, Henry & Co. Bks. For Young Readers) Holt, Henry & Co.
Goodbye to Goodbyes Colouring & Activity Book: Packed with Puzzles & Activities. Lauren Chandler. Illus. by Catalina Echeverri. 2019. (Tales That Tell the Truth Ser.). (ENG.). (J). pap. *(978-1-78498-386-4(1))* Good Bk. Co., The.
Goodbye, Tooth Germs! Tsugumi Otani. 2022. 32p. (J). pap. 12.86 *(978-1-6678-4862-4(3))* BookBaby.
Goodbye Winter, Hello Spring. Kenard Pak. Illus. by Kenard Pak. 2020. (ENG., Illus.). 32p. (J). 18.99 *(978-1-250-15172-8(4)*, 900183396, Holt, Henry & Co. Bks. For Young Readers) Holt, Henry & Co.
Goode Oliver Dooley & the Palace of Keepers Book 1. Gerrad R. Bohl. 2020. (ENG.). 336p. (J). pap. *(978-1-78465-734-5(4)*, Vanguard Press) Pegasus Elliot Mackenzie Pubs.
Goodfellow: A Comedy-Drama in Three Acts (Classic Reprint) Harry L. Newton. (ENG., Illus.). (J). 2018. 94p. 25.84 *(978-0-267-72647-9(3))*; 2016. pap. 9.57 *(978-1-333-65166-4(X))* Forgotten Bks.
Goodies & Other Stories in a Yorkshire Dialect (Classic Reprint) Walter F. Turner. 2017. (ENG., Illus.). (J). 26.85 *(978-0-265-61538-6(0))* Forgotten Bks.
Goodly & Grave in a Bad Case of Kidnap (Goodly & Grave, Book 1) Justine Windsor. 2018. (Goodly & Grave Ser.: 1). (ENG.). 320p. (J). 6.99 *(978-0-00-829425-0(9)*, HarperCollins Children's Bks.) HarperCollins Pubs. Ltd. GBR. Dist: HarperCollins Pubs.
Goodly & Grave in a Case of Bad Magic (Goodly & Grave, Book 3) Justine Windsor. 2019. (Goodly & Grave Ser.: 3). (ENG.). 288p. (J). 6.99 *(978-0-00-829427-4(5)*, HarperCollins Children's Bks.) HarperCollins Pubs. Ltd. GBR. Dist: HarperCollins Pubs.
Goodly & Grave in a Deadly Case of Murder (Goodly & Grave, Book 2) Justine Windsor. 2019. (Goodly & Grave Ser.: 2). (ENG.). 320p. (J). 6.99 *(978-0-00-829426-7(7)*, HarperCollins Children's Bks.) HarperCollins Pubs. Ltd. GBR. Dist: HarperCollins Pubs.
Goodly Fellowship (Classic Reprint) Rachel Capen Schauffler. 2018. (ENG., Illus.). 342p. (J). 30.97 *(978-0-267-22904-8(6))* Forgotten Bks.
Goodness (Berenstain Bears Gifts of the Spirit) Mike Berenstain. 2023. (Berenstain Bears Gifts of the Spirit Ser.). (Illus.). 32p. (J). (gr. -1-2). 9.99 *(978-0-593-30255-2(9)*, Random Hse. Bks. for Young Readers) Random Hse. Children's Bks.
Goodness Gracious Golly Gee: I Forgot My Christmas Tree! Carol Burcham & Cori Burcham. 2021. (ENG.). 38p. (J). 15.95 *(978-1-64543-535-8(0))* Amplify Publishing Group.
Goodness, Gracious, Grumbling & Contagious. Sandra Birchfield. 2019. (ENG.). 22p. (J). (gr. k-6). pap. 8.99 *(978-1-951469-94-8(1))* Bookwhip.
Goodness of God Everyday. Rhonda Allamby. 2021. (ENG.). 182p. (J). pap. 12.49 ***(978-1-300-95212-1(1))*** Lulu Pr., Inc.
Goodnight. Chaya Alenick. Illus. by Chaya Alenick. 2018. (ENG., Illus.). 26p. (J). 14.99 *(978-0-692-05225-9(9))* Alenick, Chaya.
Goodnight ABCs: A Bedtime Alphabet Lullaby. Erin Guendelsberger. Illus. by AndoTwin. 2021. (ENG.). 28p. (J). (gr. -1-k). bds. 8.99 *(978-1-7282-4125-8(1))* Sourcebooks, Inc.
Goodnight & Sleep Tight. Esther van den Berg. 2020. (ENG., Illus.). 32p. (J). (gr. -1). 18.95 *(978-1-60537-588-5(8))* Clavis Publishing.
Goodnight, Anne. Kallie George. Illus. by Geneviève Godbout. 2022. 36p. (J). (gr. -1-2). pap. 8.99 *(978-0-7352-7173-9(9)*, Tundra Bks.) Tundra Bks. CAN. Dist: Penguin Random Hse. LLC.
Goodnight, Anne: Inspired by Anne of Green Gables. Kallie George. Illus. by Geneviève Godbout. 2018. 40p. (J). (gr. -1-2). 17.99 *(978-1-77049-926-3(1)*, Tundra Bks.) Tundra Bks. CAN. Dist: Penguin Random Hse. LLC.
Goodnight Aquarium! Alexa Asagi Andres. 2016. (ENG., Illus.). (J). pap. 9.99 *(978-1-943529-60-5(4))* Yawn's Bks. & More, Inc.
Goodnight, Arctic Animals: A Nightlight Book. Illus. by Christine Battuz. 2019. (Nightlight Book Ser.). 14p. (J). (gr. -1-k). 12.99 *(978-2-89802-058-2(3)*, CrackBoom! Bks.) Chouette Publishing CAN. Dist: Publishers Group West (PGW).
Goodnight Around the World: A Nightlight Book. Illus. by Karina Dupuis. 2018. (Nightlight Book Ser.). 14p. (J). (gr. -1-k). 12.99 *(978-2-924786-55-0(X)*, CrackBoom! Bks.) Chouette Publishing CAN. Dist: Publishers Group West (PGW).
Goodnight, Baby. Created by Melissa & Doug. 2019. (ENG., Illus.). (J). bds. 6.99 *(978-1-950013-35-7(9))* Melissa & Doug, LLC.
Goodnight, Baby Ocean Animals. Alison Sky Simmance & Fiona Ocean Simmance. Illus. by Thejal Mathura. 2021. (ENG.). 32p. (J). 13.99 *(978-981-5009-35-4(4))* Marshall Cavendish International (Asia) Private Ltd. SGP. Dist: Independent Pubs. Group.
Goodnight Basketball. Michael Dahl. Illus. by Udayana Lugo. 2020. (Sports Illustrated Kids Bedtime Bks.). (ENG.). 32p. (J). (gr. -1-2). 17.99 *(978-1-68446-200-1(2)*, 200231, Capstone Editions) Capstone.
Goodnight Bear. Joshua George. Illus. by Zhanna Ovocheva. 2018. (Magic Flashlight Bks.). (ENG.). 10p. (J). bds. 9.99 *(978-1-78700-611-9(5))* Top That! Publishing PLC GBR. Dist: Independent Pubs. Group.
Goodnight Bob. Ann Hassett. Illus. by John Hassett. 2016. (ENG.). 32p. (J). (gr. -1-3). 16.99 *(978-0-8075-3003-0(4)*, 807530034) Whitman, Albert & Co.
Goodnight, Boy. Nikki Sheehan. 2017. (ENG.). 352p. (YA). (gr. 7-13). pap. 12.99 *(978-1-78607-210-8(6)*, 1786072106, Rock the Boat) Oneworld Pubns. GBR. Dist: Grantham Bk. Services.
Goodnight Bubbala. Sheryl Haft. Illus. by Jill Weber. 2019. (ENG.). 32p. (J). (gr. k-k). 17.99 *(978-0-525-55477-6(7)*, Dial Bks) Penguin Young Readers Group.
Goodnight, Butterfly (a Very Impatient Caterpillar Book) Ross Burach. Illus. by Ross Burach. 2022. (ENG., Illus.). 32p. (J). (gr. -1-3). 17.99 *(978-1-338-61501-2(7)*, Scholastic Pr.) Scholastic, Inc.
Goodnight Cantata. Elizabeth D. Baker. Illus. by Keulen Ruthann. 2020. (ENG.). 26p. (J). 14.99 *(978-0-578-45052-0(6))* Baker, Elizabeth.
Goodnight Cat. Katie Button. Illus. by Zhanna Ovocheva. 2023. (Magic Flashlight Bks.). (ENG.). 12p. (J). (gr. -1-k). 12.99 ***(978-1-80105-610-6(2))*** Top That! Publishing PLC GBR. Dist: Independent Pubs. Group.
Goodnight Caterpillar see Buenas Noches Oruga: Una Historia para la Relajación Que Ayuda a Los Niños a Controlar la Ira y el Estrés para Que Se Queden Dormidos Sosegadamente
Goodnight, Constellations. Running Press. Illus. by Rachel McAlister. 2019. (ENG.). 20p. (J). (gr. -1 — 1). bds. 9.99 *(978-0-7624-9460-6(3)*, Running Pr. Kids) Running Pr.
Goodnight, Corduroy! Illus. by Jody Wheeler. 2022. (Corduroy Ser.). 12p. (J). (— 1). bds. 6.99 *(978-0-593-20378-1(X)*, Viking Books for Young Readers) Penguin Young Readers Group.
Goodnight Dear One. Lou Jenkins. 2021. (ENG.). 26p. (J). pap. 10.99 *(978-1-945378-11-9(5))* Jack Walker Pr.
Goodnight Dog. Katie Button. Illus. by Zhanna Ovocheva. 2023. (Magic Flashlight Bks.). (ENG.). 12p. (J). (gr. -1-k). 12.99 ***(978-1-80105-613-7(7))*** Top That! Publishing PLC GBR. Dist: Independent Pubs. Group.
Goodnight Everyone. Chris Haughton. Illus. by Chris Haughton. (ENG.). 32p. (J). (-k). 2021. bds. 10.99 *(978-1-5362-1795-7(6))*; 2016. (Illus.). 18.99 *(978-0-7636-9079-3(1))* Candlewick Pr.
Goodnight Exomoon: An Astronomical Parody. Kimberly K. Arcand. Ed. by Cottage Door Press. Illus. by Kelly Kennedy. 2020. (ENG.). 34p. (J). (gr. -1-2). 12.99 *(978-1-68052-934-0(X)*, 1005760) Cottage Door Pr.
Goodnight, Farm Animals: A Nightlight Book. Illus. by Christine Christine Battuz. 2017. (Nightlight Book Ser.). 14p. (J). (gr. -1-k). 12.99 *(978-2-9815807-7-1(9)*, CrackBoom! Bks.) Chouette Publishing CAN. Dist: Publishers Group West (PGW).
Goodnight, Forest. Carly Allen-Fletcher. 2020. (Illus.). 24p. (J). (gr. -1-1). 14.95 *(978-1-63076-362-6(4))* Muddy Boots Pr.
Goodnight Frog. Amber Lily. Illus. by Zhanna Ovocheva. 2022. (Magic Flashlight Bks.). (ENG.). 12p. (J). 9.99 *(978-1-80105-061-6(9))* Top That! Publishing PLC GBR. Dist: Independent Pubs. Group.
Goodnight from Heaven. Colleen Bishop. 2021. (Goodnight from Heaven Ser.: Vol. 1). (ENG.). 24p. (J). *(978-0-2288-4314-6(6))*; pap. *(978-0-2288-4315-3(4))* Tellwell Talent.
Goodnight Ganesha. Nadia Salomon. Illus. by Poonam Mistry. 2021. 32p. (J). (gr. -1-2). 17.99 *(978-0-593-20361-3(5)*, Philomel Bks.) Penguin Young Readers Group.
Goodnight, Glow Worms. Aura Parker. 2021. 32p. (J). (gr. -1-k). 16.99 *(978-0-14-379291-8(1)*, Puffin) Penguin Random Hse. AUS. Dist: Independent Pubs. Group.
Goodnight, Good Dog Padded Board Book. Mary Lyn Ray. Illus. by Rebecca Malone. 2018. (ENG.). 30p. (J). (— 1). bds. 8.99 *(978-1-328-85242-7(3)*, 1694366, Clarion Bks.) HarperCollins Pubs.
Goodnight, Good Dog/Buenas Noches, Perrito Bueno: Bilingual English-Spanish. Mary Lyn Ray. Illus. by Rebecca Malone. 2020. (ENG.). 30p. (J). (— 1). bds. 6.99 *(978-0-358-21224-9(3)*, 1765191, Clarion Bks.) HarperCollins Pubs.
Goodnight, Goodnight, Construction Site. Sherri Duskey Rinker. Illus. by Tom Lichtenheld. 2017. (Goodnight, Goodnight, Construc Ser.). (ENG.). 30p. (J). (gr. -1 — 1). bds. 7.99 *(978-1-4521-1173-5(1))* Chronicle Bks. LLC.
Goodnight, Goodnight, Construction Site Glow in the Dark Growth Chart. Sherri Duskey Rinker. Illus. by Tom Lichtenheld. 2016. (Goodnight, Goodnight Construction Site Ser.). (ENG.). 20p. (J). (gr. -1-7). 12.99 *(978-1-4521-5463-3(5))* Chronicle Bks. LLC.
Goodnight, Goodnight, Construction Site: Let's Go! (Construction Vehicle Board Books, Construction Site Books, Children's Books for Toddlers) Sherri Duskey Rinker. Illus. by Tom Lichtenheld. 2017. (Goodnight, Goodnight Construction Site Ser.). (ENG.). 10p. (J). (gr. -1 — 1). bds. 8.99 *(978-1-4521-6476-2(2))* Chronicle Bks. LLC.
Goodnight Great Outdoors. Lucas Alberg. Illus. by Megan Marie Myers. 2021. (Nature Time Ser.). (J). (-k). (ENG.). 22p. bds. 9.95 *(978-1-59193-985-6(2))*; 32p. 16.95 *(978-1-59193-888-0(0))* AdventureKEEN. (Adventure Pubns.).
Goodnight Greensboro. Dana a Hall. Illus. by C. P. Logan. 2018. (ENG.). 38p. (J). (gr. k-2). 21.95 *(978-0-578-40551-3(2))* Hall, Dana.
Goodnight Hawk Hill. Jamie Eckert. 2016. (ENG.). (J). (gr. -1-3). 14.95 *(978-1-63177-583-3(9))* Amplify Publishing Group.
Goodnight Hollywood. John Stafford. 2022. (ENG.). 74p. (YA). pap. 13.95 *(978-1-6624-7191-9(2))* Page Publishing Inc.
Goodnight Irene: Adventures in the Still of the Night. Debby Harris. 2016. (ENG., Illus.). (J). pap. 10.95 *(978-1-5043-5574-2(1)*, Balboa Pr.) Author Solutions, LLC.
Goodnight Irene: Book Two. Debby Harris. 2020. (ENG.). 28p. (J). pap. 10.95 *(978-1-9822-5684-5(2)*, Balboa Pr.) Author Solutions, LLC.
Goodnight, Knight: Long Vowel I Sound. Stephanie Marie Bunt. Illus. by Taylor Gallion. 2019. (ENG.). 44p. (J). pap. 10.95 *(978-1-948863-25-4(1))* Bunt, Stephanie.
Goodnight Koala Town. C. Géraldine. 2022. (ENG.). 36p. (J). 24.99 *(978-1-7379997-5-1(7))*; pap. 12.99 *(978-1-7379997-6-8(5))* Triddias.
Goodnight Krampus. Kyle Sullivan. Illus. by Derek Sullivan. 2018. (Hazy Dell Press Monster Ser.). 30p. (J). (gr. k-1). bds. 13.95 *(978-0-9965787-2-1(2))* Hazy Dell Pr.
Goodnight Lab: A Scientific Parody. Chris Ferrie. (J). (gr. -1-k). 2019. 26p. bds. 9.99 *(978-1-7282-1332-3(0))*; 2017. (Illus.). 32p. 17.99 *(978-1-4926-5617-3(8))* Sourcebooks, Inc.
Goodnight Lagoon. Lisa Ann Scott. Illus. by Paco Sordo. (Mini Bee Board Bks.). (ENG.). (J). 2022. 32p. (— 1). bds. 8.99 *(978-1-4998-1383-8(X))*; 2019. 40p. (gr. -1-3). 17.99 *(978-1-4998-0845-2(3))* Little Bee Books Inc.
Goodnight Library. Sierra White. 2019. (ENG.). 20p. (J). pap. 18.99 *(978-0-359-40317-2(4))* Lulu Pr., Inc.
Goodnight Lights. Shea Miller. Illus. by Sundas Khan. 2021. (ENG.). 22p. (J). 14.99 ***(978-1-0879-9043-9(2))*** Indy Pub.
Goodnight Lion. Joshua George. Illus. by Zhanna Ovocheva. 2018. (Magic Flashlight Bks.). (ENG.). 10p. (J). bds. 9.99 *(978-1-78700-612-6(3))* Top That! Publishing PLC GBR. Dist: Independent Pubs. Group.
Goodnight, Little Bear: A Fluffy, Snuggly Storybook! IglooBooks. Illus. by Helen Rowe. 2022. (ENG.). 24p. (J). (gr. -1-2). 12.99 *(978-1-80108-673-8(7))* Igloo Bks. GBR. Dist: Simon & Schuster, Inc.
Goodnight, Little Bunny. Amanda Wood. Illus. by Vikki Chu. 2021. (Baby Animal Tales Ser.). (ENG.). 24p. (J). (gr. -1-k). 12.99 *(978-1-4197-4840-0(8)*, 1707901) Abrams, Inc.
Goodnight, Little Duckling. Amanda Wood. 2022. (Baby Animal Tales Ser.). (ENG., Illus.). 24p. (J). (gr. -1-k). 12.99 *(978-1-4197-5287-2(1)*, 1726201) Magic Cat GBR. Dist: Abrams, Inc.
Goodnight Little Groovicorns. Rosie Greening. Illus. by Stuart Lynch. 2019. (ENG.). 14p. (J). (— 1). bds. 9.99 *(978-1-78843-991-6(0))* Make Believe Ideas GBR. Dist: Scholastic, Inc.
Goodnight, Little Llama. Amanda Wood. Illus. by Vikki Chu. 2021. (Baby Animal Tales Ser.). (ENG.). 24p. (J). (gr. -1-k). 12.99 *(978-1-4197-4841-7(6)*, 1708601) Abrams, Inc.
Goodnight Little One. Margaret Wise Brown. Illus. by Rebecca Elliot. (Margaret Wise Brown Classics Ser.). (ENG.). (J). (gr. -1-k). 2022. 28p. bds. 8.99 *(978-1-64517-025-9(X))*; 2021. 32p. 12.99 *(978-1-64517-577-3(4))* Printers Row Publishing Group. (Silver Dolphin Bks.).
Goodnight, Little Panda. Amanda Wood. Illus. by Vikki Chu. 2021. (Baby Animal Tales Ser.). (ENG.). 24p. (J). (gr. -1-k). 12.99 *(978-1-4197-5157-8(3)*, 1718701) Abrams, Inc.
Goodnight, Little Penguin. Amanda Wood. 2021. (Baby Animal Tales Ser.). (ENG., Illus.). 24p. (J). (gr. -1-k). 12.99 *(978-1-4197-5288-9(X)*, 1726301) Magic Cat GBR. Dist: Abrams, Inc.
Goodnight, Little Prince: A Nightlight Book. Antoine de Saint-Exupéry. Illus. by Antoine de Antoine de Saint-Exupéry. 2022. (Nightlight Book Ser.). (ENG.). 14p. (J). (gr. -1-k). bds. 12.99 *(978-2-89802-327-9(2)*, CrackBoom! Bks.) Chouette Publishing CAN. Dist: Publishers Group West (PGW).
Goodnight, Little Sea Otter. Amanda Wood. Illus. by Vikki Chu. 2022. (Baby Animal Tales Ser.). (ENG.). 24p. (J). (gr. -1-k). 12.99 *(978-1-4197-6021-1(1)*, 1765901) Magic Cat GBR. Dist: Abrams, Inc.
Goodnight, Little Sloth. Amanda Wood. Illus. by Vikki Chu. 2022. (Baby Animal Tales Ser.). (ENG.). 24p. (J). (gr. -1-k).

G

12.99 *(978-1-4197-5663-4(X)*, 1744601) Magic Cat GBR. Dist: Abrams, Inc.

Goodnight, Magical Princess. Tiffany Renee. 2022. (ENG.). 34p. (J). 14.99 ***(978-1-0880-1311-3(2))*** Indy Pub.

Goodnight, Max the Brave. Ed Vere. 2019. (Max Ser.: 2). (ENG.). 30p. (J). (gr. -1-k). bds. 8.99 *(978-1-4926-7928-8(3)*, Sourcebooks Jabberwocky) Sourcebooks, Inc.

Goodnight, Mice! Frances Watts. Illus. by Judy Watson. 24p. 2019. pap. 6.99 *(978-0-7333-3176-3(9))*; 2017. (ENG.). bds. 6.99 *(978-0-7333-3530-3(6))* ABC Bks. AUS. Dist: HarperCollins Pubs.

Goodnight Mind for Teens: Skills to Help You Quiet Noisy Thoughts & Get the Sleep You Need. Colleen E. Carney. 2020. (Instant Help Solutions Ser.). (ENG.). 208p. (YA). (gr. 6-12). pap. 16.95 *(978-1-68403-438-3(8)*, 44383, Instant Help Books) New Harbinger Pubns.

Goodnight Mira: Overcoming Fear of the Dark. Kendell Haynes. 2nd l.t. ed. 2023. (ENG.). 26p. (J). pap. 14.99 ***(978-1-0881-2198-6(5))*** Indy Pub.

Goodnight Monkey. Joshua George. Illus. by Zhanna Ovocheva. 2021. (Magic Flashlight Bks.). (ENG.). 12p. (J). bds. 7.99 *(978-1-80105-122-4(4))* Top That! Publishing PLC GBR. Dist: Independent Pubs. Group.

Goodnight Monsters. Danielle Lacy. Illus. by Willow Phillips. 2020. (ENG.). 30p. (J). pap. 9.99 *(978-1-7335753-6-2(7))* My Three Roses.

Goodnight Monsters Goodnight, 1 vol. Becca VanVoorhis. 2020. (ENG.). 20p. (J). 25.99 *(978-1-4003-3103-1(X))*; pap. 9.99 *(978-1-4003-3102-4(1))* Elm Hill.

Goodnight, Moomin. Tove Jansson. 2023. (Moomin Ser.). (ENG.). 16p. (J). (— 1). bds. 9.99 ***(978-1-915801-03-6(6))*** Boxer Bks., Ltd. GBR. Dist: Sterling Publishing Co., Inc.

Goodnight Moon see Buenas Noches, Luna: Goodnight Moon (Spanish Edition)

Goodnight Moon. Margaret Wise Brown. ed. 2020. (Always a Favorite Ser.). (ENG., Illus.). 31p. (J). (gr. k-1). 17.49 *(978-1-64697-411-5(5))* Penworthy Co., LLC, The.

Goodnight Moon 123/Buenas Noches, Luna 123: Bilingual Spanish-English. Margaret Wise Brown. Illus. by Clement Hurd. 2020. (ENG.). 32p. (J). (gr. -1 — 1). 17.99 *(978-0-06-297123-4(9)*, HarperCollins) HarperCollins Pubs.

Goodnight Moon 123/Buenas Noches, Luna 123 Board Book: Bilingual Spanish-English. Margaret Wise Brown. Illus. by Clement Hurd. 2020. (ENG.). 30p. (J). (gr. -1 — 1). bds. 10.99 *(978-0-06-297124-1(7)*, HarperFestival) HarperCollins Pubs.

Goodnight Moon 75th Anniversary Slipcase Edition. Margaret Wise Brown. Illus. by Clement Hurd. 2022. (ENG.). 36p. (J). (gr. -1 — 1). 24.99 *(978-0-06-309181-8(X)*, HarperCollins) HarperCollins Pubs.

Goodnight Moon Milestone Edition: Book & Milestone Cards. Margaret Wise Brown. Illus. by Clement Hurd. 2022. (ENG.). 34p. (J). (gr. -1 — 1). bds. 12.99 *(978-0-06-311131-8(4)*, HarperCollins) HarperCollins Pubs.

Goodnight Moon Padded Board Book. Margaret Wise Brown. Illus. by Clement Hurd. 2017. (ENG.). 34p. (J). (gr. -1 — 1). bds. 10.99 *(978-0-06-257309-4(8)*, HarperFestival) HarperCollins Pubs.

Goodnight, Mr. Clutterbuck. Mauri Kunnas. Tr. by Jill Timbers. Illus. by Mauri Kunnas. 2017. (Illus.). 36p. (J). (gr. -1-3). 18.00 *(978-0-914671-76-3(6)*, Elsewhere Editions) Steerforth Pr.

Goodnight Mr Moo. Liberty Aldridge. 2020. (ENG.). 28p. (J). pap. *(978-1-8380923-2-0(3))* Nielsen Bk. Services.

Goodnight Mr. Ripley. Dana Shahar. 2017. (ENG., Illus.). 58p. (J). pap. *(978-1-365-89684-2(6))* Lulu Pr., Inc.

Goodnight, Mr. Wombat: A Young Girl & an Old Wombat's Loving Friendship. Thomas Rippy. 2022. (ENG.). 32p. (J). 25.99 ***(978-0-578-36893-1(5))***; pap. 13.99 ***(978-1-0878-8999-3(5))*** Indy Pub.

Goodnight, My Love! Children's Bedtime Story. Shelley Admont. 2017. (Bedtime Stories Collection). (ENG., Illus.). (J). (gr. k-3). *(978-1-5259-0491-2(4))*; pap. *(978-1-5259-0490-5(6))* Kidkiddos Bks.

Goodnight, My Love! Children's Bedtime Story. Shelley Admont & Kidkiddos Books. 2nd ed. 2019. (Bedtime Stories Collection). (ENG., Illus.). 34p. (J). (gr. k-3). pap. *(978-1-5259-1662-5(9))* Kidkiddos Bks.

Goodnight, My Love! Dutch Edition. Shelley Admont & S. a Publishing. 2018. (Dutch Bedtime Collection). (DUT., Illus.). 34p. (J). (gr. k-3). *(978-1-5259-0944-3(4))* Kidkiddos Bks.

Goodnight, My Love! English Chinese. Shelley Admont & S. a Publishing. 2018. (English Chinese Bilingual Collection). (CHI., Illus.). 34p. (J). (gr. k-3). pap. *(978-1-5259-0913-9(4))* Kidkiddos Bks.

Goodnight, My Love! English Farsi - Persian. Shelley Admont & Kidkiddos Books. 2019. (English Farsi Bilingual Collection). (PER., Illus.). 34p. (J). (gr. k-3). *(978-1-5259-1091-3(4))*; pap. *(978-1-5259-1090-6(6))* Kidkiddos Bks.

Goodnight, My Love! English Hindi Bilingual. Shelley Admont & Kidkiddos Books. 2018. (English Hindi Bilingual Collection). (HIN., Illus.). 34p. (J). (gr. k-3). *(978-1-5259-0988-7(6))*; pap. *(978-1-5259-0987-0(8))* Kidkiddos Bks.

Goodnight, My Love! English Hungarian. Shelley Admont & Kidkiddos Books. 2019. (English Hungarian Bilingual Collection). (HUN., Illus.). 34p. (J). (gr. k-3). *(978-1-5259-1065-4(5))*; pap. *(978-1-5259-1064-7(7))* Kidkiddos Bks.

Goodnight, My Love! English Polish Bilingual. Shelley Admont & Kidkiddos Books. 2019. (English Polish Bilingual Collection). (POL., Illus.). 34p. (J). (gr. k-3). *(978-1-5259-1049-4(3))*; pap. *(978-1-5259-1048-7(5))* Kidkiddos Bks.

Goodnight, My Love! English Ukrainian Bilingual Book. Shelley Admont & Kidkiddos Books. 2019. (English Ukrainian Bilingual Collection). (UKR., Illus.). 34p. (J). (gr. k-3). *(978-1-5259-1444-7(8))*; pap. *(978-1-5259-1443-0(X))* Kidkiddos Bks.

Goodnight, My Love! English Vietnamese. Shelley Admont & S. a Publishing. 2018. (English Vietnamese Bilingual Collection). (VIE., Illus.). 34p. (J). (gr. k-3). pap. *(978-1-5259-0901-6(0))* Kidkiddos Bks.

Goodnight, My Love! English Vietnamese Bilingual Book. Shelley Admont & Kidkiddos Books. 2nd ed. 2019. (English Vietnamese Bilingual Collection). (VIE., Illus.). 34p. (J). (gr. k-3). pap. *(978-1-5259-1274-0(7))* Kidkiddos Bks.

Goodnight, My Love! Hindi Edition. Shelley Admont & Kidkiddos Books. 2019. (Hindi Bedtime Collection). (HIN., Illus.). 34p. (J). (gr. k-3). *(978-1-5259-0991-7(6))*; pap. *(978-1-5259-0990-0(8))* Kidkiddos Bks.

Goodnight, My Love! Hungarian Edition. Shelley Admont & Kidkiddos Books. 2019. (Hungarian Bedtime Collection). (HUN., Illus.). 34p. (J). (gr. k-3). *(978-1-5259-1067-8(1))*; pap. *(978-1-5259-1066-1(3))* Kidkiddos Bks.

Goodnight, My Love! Ukrainian English Bilingual Book. Shelley Admont & Kidkiddos Books. 2019. (Ukrainian English Bilingual Collection). (UKR., Illus.). 34p. (J). (gr. k-3). *(978-1-5259-1932-9(6))*; pap. *(978-1-5259-1931-2(8))* Kidkiddos Bks.

Goodnight, My Love! (Afrikaans Book for Kids) Shelley Admont. l.t. ed. 2021. (AFR., Illus.). 34p. (J). *(978-1-5259-5851-9(8))* Kidkiddos Bks.

Goodnight, My Love! (Afrikaans Book for Kids) Shelley Admont & Kidkiddos Books. l.t. ed. 2021. (AFR., Illus.). 34p. (J). pap. *(978-1-5259-5850-2(X))* Kidkiddos Bks.

Goodnight, My Love! (Afrikaans English Bilingual Book for Kids) Shelley Admont & Kidkiddos Books. l.t. ed. 2022. (Afrikaans English Bilingual Collection). (AFR., Illus.). 34p. (J). *(978-1-5259-5854-0(2))*; pap. *(978-1-5259-5852-6(6))* Kidkiddos Bks.

Goodnight, My Love! (Albanian Children's Book) Shelley Admont & Kidkiddos Books. l.t. ed. 2021. (Albanian Bedtime Collection). (ALB., Illus.). 34p. (J). *(978-1-5259-4760-5(5))*; pap. *(978-1-5259-4759-9(1))* Kidkiddos Bks.

Goodnight, My Love! (Albanian English Bilingual Book for Kids) Shelley Admont & Kidkiddos Books. l.t. ed. 2021. (Albanian English Bilingual Collection). (ALB., Illus.). 34p. (J). *(978-1-5259-4763-6(X))*; pap. *(978-1-5259-4762-9(1))* Kidkiddos Bks.

Goodnight, My Love! (Bengali Book for Kids) Shelley Admont & Kidkiddos Books. l.t. ed. 2022. (Bengali Bedtime Collection). (BEN., Illus.). 34p. (J). *(978-1-5259-6049-9(0))*; pap. *(978-1-5259-6048-2(2))* Kidkiddos Bks.

Goodnight, My Love! (Bengali English Bilingual Book for Kids) Shelley Admont & Kidkiddos Books. l.t. ed. 2022. (Bengali English Bilingual Collection). (BEN., Illus.). 34p. (J). *(978-1-5259-6052-9(0))*; pap. *(978-1-5259-6051-2(2))* Kidkiddos Bks.

Goodnight, My Love! Bonne Nuit, Mon Amour: English French Bilingual Book. Shelley Admont & Kidkiddos Books. 2nd ed. 2020. (English French Bilingual Collection). (FRE., Illus.). 34p. (J). (gr. k-3). pap. *(978-1-5259-2291-6(2))* Kidkiddos Bks.

Goodnight, My Love! Bonne Nuit, Mon Amour ! English French Bilingual Book for Kids. Shelley Admont & S. a Publishing. 2017. (English French Bedtime Collection). (FRE., Illus.). (J). (gr. k-3). *(978-1-5259-0555-1(4))*; pap. *(978-1-5259-0554-4(6))* Kidkiddos Bks.

Goodnight, My Love! (Brazilian Portuguese Children's Book) Portuguese Book for Kids. Shelley Admont & S. a Publishing. 2018. (Portuguese Bedtime Collection). (POR., Illus.). 34p. (J). (gr. k-3). *(978-1-5259-0849-1(9))*; pap. *(978-1-5259-0848-4(0))* Kidkiddos Bks.

Goodnight, My Love! (Bulgarian Edition) Shelley Admont & Kidkiddos Books. l.t. ed. 2020. (Bulgarian Bedtime Collection). (BUL.). 34p. (J). *(978-1-5259-2909-0(7))*; pap. *(978-1-5259-2908-3(9))* Kidkiddos Bks.

Goodnight, My Love! (Bulgarian English Bilingual Book for Children) Shelley Admont & Kidkiddos Books. l.t. ed. 2020. (Bulgarian English Bilingual Collection). (BUL.). 34p. (J). *(978-1-5259-2912-0(7))*; pap. *(978-1-5259-2911-3(9))* Kidkiddos Bks.

Goodnight, My Love! Buonanotte Tesoro! English Italian. Shelley Admont & Kidkiddos Books. 2nd ed. 2019. (English Italian Bilingual Collection). (ITA., Illus.). 34p. (J). (gr. k-3). pap. *(978-1-5259-1158-3(9))* Kidkiddos Bks.

Goodnight, My Love! Buonanotte Tesoro! (Bilingual Italian Children's Book) English Italian Book for Kids. Shelley Admont & S. a Publishing. 2018. (English Italian Bilingual Collection). (ITA., Illus.). 34p. (J). (gr. k-3). *(978-1-5259-0706-7(9))*; pap. *(978-1-5259-0705-0(0))* Kidkiddos Bks.

Goodnight, My Love! (Chinese Language Children's Book) Chinese Mandarin Book for Kids. Shelley Admont & S. a Publishing. 2018. (Chinese Bedtime Collection). (CHI., Illus.). 34p. (J). (gr. k-3). *(978-1-5259-0917-7(7))*; pap. *(978-1-5259-0916-0(9))* Kidkiddos Bks.

Goodnight, My Love! (Croatian Children's Book) Shelley Admont & Kidkiddos Books. l.t. ed. 2021. (Croatian Bedtime Collection). (HRV., Illus.). 34p. (J). *(978-1-5259-4607-3(2))*; pap. *(978-1-5259-4606-6(4))* Kidkiddos Bks.

Goodnight, My Love! (Croatian English Bilingual Book for Kids) Shelley Admont & Kidkiddos Books. l.t. ed. 2021. (Croatian English Bilingual Collection). (HRV., Illus.). 34p. (J). *(978-1-5259-4610-3(2))*; pap. *(978-1-5259-4609-7(9))* Kidkiddos Bks.

Goodnight, My Love! (Czech Children's Book) Shelley Admont & Kidkiddos Books. l.t. ed. 2020. (Czech Bedtime Collection). (CZE., Illus.). 34p. (J). *(978-1-5259-4423-9(1))*; pap. *(978-1-5259-4422-2(3))* Kidkiddos Bks.

Goodnight, My Love! (Czech English Bilingual Book for Kids) Shelley Admont & Kidkiddos Books. l.t. ed. 2021. (Czech English Bilingual Collection). (CZE., Illus.). 34p. (J). *(978-1-5259-4426-0(6))*; pap. *(978-1-5259-4425-3(8))* Kidkiddos Bks.

Goodnight, My Love! (Danish English Bilingual Book) Shelley Admont & Kidkiddos Books. 2020. (Danish English Bilingual Collection). (DAN., Illus.). 34p. (J). (gr. k-3). *(978-1-5259-2019-6(7))*; pap. *(978-1-5259-2018-9(9))* Kidkiddos Bks.

Goodnight, My Love! (Dutch English Bilingual Children's Book) Shelley Admont & Kidkiddos Books. l.t. ed. 2021. (Dutch English Bilingual Collection). (DUT., Illus.). 34p. (J). *(978-1-5259-4898-5(9))*; pap. *(978-1-5259-4897-8(0))* Kidkiddos Bks.

Goodnight, My Love! (English Afrikaans Bilingual Children's Book) Shelley Admont & Kidkiddos Books. 2021. (AFR., Illus.). 34p. (J). *(978-1-5259-5848-9(8))*; pap. *(978-1-5259-5847-2(X))* Kidkiddos Bks.

Goodnight, My Love! (English Albanian Bilingual Book for Kids) Shelley Admont & Kidkiddos Books. l.t. ed. 2021. (English Albanian Bilingual Collection). (ALB., Illus.). 34p. (J). (gr. k-3). *(978-1-5259-4757-5(5))*; pap. *(978-1-5259-4756-8(7))* Kidkiddos Bks.

Goodnight, My Love! (English Arabic Bilingual Children's Book) Shelley Admont & Kidkiddos Books. 2nd ed. 2019. (English Arabic Bilingual Collection). (ARA., Illus.). 34p. (J). (gr. k-3). pap. *(978-1-5259-1335-8(2))* Kidkiddos Bks.

Goodnight, My Love! (English Arabic Children's Book) Bilingual Arabic Book for Kids. Shelley Admont & S. a Publishing. 2018. (English Arabic Bilingual Collection). (ARA., Illus.). 34p. (J). (gr. k-3). *(978-1-5259-0683-1(6))*; pap. *(978-1-5259-0682-4(8))* Kidkiddos Bks.

Goodnight, My Love! (English Bengali Bilingual Children's Book) Shelley Admont & Kidkiddos Books. l.t. ed. 2021. (English Bengali Bilingual Collection). (BEN., Illus.). 34p. (J). *(978-1-5259-6046-8(6))*; pap. *(978-1-5259-6045-1(8))* Kidkiddos Bks.

Goodnight, My Love! (English Bulgarian Bilingual Book for Kids) Shelley Admont & Kidkiddos Books. l.t. ed. 2020. (English Bulgarian Bilingual Collection). (BUL.). 34p. (J). (gr. k-3). *(978-1-5259-2906-9(2))*; pap. *(978-1-5259-2905-2(4))* Kidkiddos Bks.

Goodnight, My Love! (English Chinese Bilingual Book for Kids - Mandarin Simplified) Shelley Admont & Kidkiddos Books. 2nd l.t. ed. 2020. (English Chinese Bilingual Collection). (CHI., Illus.). 34p. (J). (gr. k-3). pap. *(978-1-5259-4384-3(7))* Kidkiddos Bks.

Goodnight, My Love! (English Chinese Children's Book) Chinese Mandarin Bilingual Book for Kids. Shelley Admont & S. a Publishing. 2018. (English Chinese Bilingual Collection). (CHI., Illus.). 34p. (J). (gr. k-3). *(978-1-5259-0914-6(2))* Kidkiddos Bks.

Goodnight, My Love! (English Croatian Bilingual Book for Kids) Shelley Admont & Kidkiddos Books. l.t. ed. 2021. (English Croatian Bilingual Collection). (HRV., Illus.). 34p. (J). (gr. k-3). *(978-1-5259-4604-2(8))*; pap. *(978-1-5259-4603-5(X))* Kidkiddos Bks.

Goodnight, My Love! (English Czech Bilingual Book for Kids) Shelley Admont & Kidkiddos Books. l.t. ed. 2020. (English Czech Bilingual Collection). (CZE., Illus.). 34p. (J). (gr. k-3). *(978-1-5259-4420-8(7))*; pap. *(978-1-5259-4419-2(3))* Kidkiddos Bks.

Goodnight, My Love! (English Danish Bilingual Book) Shelley Admont & Kidkiddos Books. 2019. (English Danish Bilingual Collection). (DAN., Illus.). 34p. (J). (gr. k-3). *(978-1-5259-1944-2(X))*; pap. *(978-1-5259-1943-5(1))* Kidkiddos Bks.

Goodnight, My Love! (English Farsi - Persian Bilingual Book) Shelley Admont & Kidkiddos Books. 2nd ed. 2019. (English Farsi Bilingual Collection). (PER., Illus.). 34p. (J). (gr. k-3). pap. *(978-1-5259-1557-4(6))* Kidkiddos Bks.

Goodnight, My Love! (English German Children's Book) German Bilingual Book for Kids. Shelley Admont. 2018. (English German Bilingual Collection). (GER & DUT., Illus.). 34p. (J). (gr. k-3). pap. *(978-1-5259-0687-9(9))* Kidkiddos Bks.

Goodnight, My Love! (English German Children's Book) German Bilingual Book for Kids. Shelley Admont & S. a Publishing. 2018. (English German Bilingual Collection). (GER., Illus.). 34p. (J). (gr. k-3). *(978-1-5259-0688-6(7))* Kidkiddos Bks.

Goodnight, My Love! (English Greek Bilingual Book) Shelley Admont & Kidkiddos Books. 2019. (English Greek Bilingual Collection). (GRE., Illus.). 34p. (J). (gr. k-3). *(978-1-5259-1927-5(X))*; pap. *(978-1-5259-1926-8(1))* Kidkiddos Bks.

Goodnight, My Love! (English Hebrew Bilingual Book) Shelley Admont & Kidkiddos Books. 2nd ed. 2019. (English Hebrew Bilingual Collection). (HEB., Illus.). 34p. (J). (gr. k-3). pap. *(978-1-5259-1667-0(X))* Kidkiddos Bks.

Goodnight, My Love! (English Hebrew Children's Book) Bilingual Hebrew Book for Kids. Shelley Admont & S. a Publishing. 2018. (English Hebrew Bilingual Collection). (HEB., Illus.). 34p. (J). (gr. k-3). *(978-1-5259-0772-2(7))*; pap. *(978-1-5259-0771-5(9))* Kidkiddos Bks.

Goodnight, My Love! (English Hindi Bilingual Book) Shelley Admont & Kidkiddos Books. 2nd ed. 2019. (English Hindi Bilingual Collection). (HIN., Illus.). 34p. (J). (gr. k-3). pap. *(978-1-5259-1548-2(7))* Kidkiddos Bks.

Goodnight, My Love! (English Irish Bilingual Book for Kids) Shelley Admont & Kidkiddos Books. l.t. ed. 2021. (GLE., Illus.). 34p. (J). *(978-1-5259-5839-7(9))*; pap. *(978-1-5259-5838-0(0))* Kidkiddos Bks.

Goodnight, My Love! (English Japanese Bilingual Book) Shelley Admont & Kidkiddos Books. 2nd ed. 2019. (English Japanese Bilingual Collection). (JPN., Illus.). 34p. (J). (gr. k-3). pap. *(978-1-5259-1835-3(4))* Kidkiddos Bks.

Goodnight, My Love! (English Japanese Children's Book) Japanese Bilingual Book for Kids. Shelley Admont & S. a Publishing. 2018. (English Japanese Bilingual Collection). (JPN., Illus.). 34p. (J). (gr. k-3). *(978-1-5259-0650-3(X))*; pap. *(978-1-5259-0649-7(6))* Kidkiddos Bks.

Goodnight, My Love! (English Korean Children's Book) Bilingual Korean Book for Kid. Shelley Admont & S. a Publishing. 2018. (English Korean Bilingual Collection). (KOR., Illus.). 34p. (J). (gr. k-3). pap. *(978-1-5259-0723-4(9))* Kidkiddos Bks.

Goodnight, My Love! (English Korean Children's Book) Bilingual Korean Book for Kids. Shelley Admont & S. a Publishing. 2018. (English Korean Bilingual Collection). (KOR., Illus.). 34p. (J). (gr. k-3). *(978-1-5259-0724-1(7))* Kidkiddos Bks.

Goodnight, My Love! (English Macedonian Bilingual Children's Book) Shelley Admont & Kidkiddos Books. l.t. ed. 2022. (English Macedonian Bilingual Collection). (MAC., Illus.). 34p. (J). *(978-1-5259-6199-1(3))*; pap. *(978-1-5259-6198-4(5))* Kidkiddos Bks.

Goodnight, My Love! (English Malay Bilingual Book) Shelley Admont & Kidkiddos Books. 2020. (English Malay Bilingual Collection). (MAY., Illus.). 34p. (J). (gr. k-3). *(978-1-5259-2303-6(X))*; pap. *(978-1-5259-2302-9(1))* Kidkiddos Bks.

Goodnight, My Love! (English Maori Bilingual Children's Book) Shelley Admont & Kidkiddos Books. l.t. ed. 2021. (MAO., Illus.). 34p. (J). *(978-1-5259-5974-5(3))*; pap. *(978-1-5259-5973-8(5))* Kidkiddos Bks.

Goodnight, My Love! (English Portuguese Bilingual Book) English Brazilian Portuguese. Shelley Admont & Kidkiddos Books. 2nd ed. 2019. (English Portuguese Bilingual Collection). (POR., Illus.). 34p. (J). (gr. k-3). pap. *(978-1-5259-1477-5(4))* Kidkiddos Bks.

Goodnight, My Love! (English Portuguese Bilingual Book - Portugal) Shelley Admont & Kidkiddos Books. 2019. (English Portuguese Bilingual Collection Portugal Ser.). (POR., Illus.). 34p. (J). (gr. k-3). *(978-1-5259-1739-4(0))*; pap. *(978-1-5259-1738-7(2))* Kidkiddos Bks.

Goodnight, My Love! (English Portuguese Children's Book) Bilingual English Brazilian Portuguese Book for Kids. Shelley Admont & S. a Publishing. 2018. (English Portuguese Bilingual Collection). (POR., Illus.). 34p. (J). (gr. k-3). *(978-1-5259-0846-0(4))*; pap. *(978-1-5259-0845-3(6))* Kidkiddos Bks.

Goodnight, My Love! (English Punjabi Bilingual Children's Book) Punjabi Gurmukhi India. Shelley Admont & Kidkiddos Books. l.t. ed. 2020. (English Punjabi Bilingual Collection - India Ser.). (PAN.). 34p. (J). (gr. k-3). *(978-1-5259-3808-5(8))*; pap. *(978-1-5259-3807-8(X))* Kidkiddos Bks.

Goodnight, My Love! (English Romanian Bilingual Book) Shelley Admont & Kidkiddos Books. 2nd ed. 2019. (English Romanian Bilingual Collection). (RUM., Illus.). 34p. (J). (gr. k-3). pap. *(978-1-5259-1760-8(9))* Kidkiddos Bks.

Goodnight, My Love! (English Romanian Children's Book) Romanian Bilingual Book for Kids. Shelley Admont & S. a Publishing. 2018. (English Romanian Bilingual Collection). (RUM., Illus.). 34p. (J). (gr. k-3). *(978-1-5259-0719-7(0))*; pap. *(978-1-5259-0718-0(2))* Kidkiddos Bks.

Goodnight, My Love! (English Russian Bilingual Book) Shelley Admont & Kidkiddos Books. 2nd ed. 2019. (English Russian Bilingual Collection). (RUS., Illus.). 34p. (J). (gr. k-3). pap. *(978-1-5259-1616-8(5))* Kidkiddos Bks.

Goodnight, My Love! (English Russian Children's Book) Russian Bilingual Book for Kids. Shelley Admont & S. a Publishing. 2017. (English Russian Bilingual Collection). (RUS., Illus.). 34p. (J). (gr. k-3). *(978-1-5259-0603-9(8))* Kidkiddos Bks.

Goodnight, My Love! (English Serbian Bilingual Book for Children - Latin Alphabet) Shelley Admont & Kidkiddos Books. l.t. ed. 2020. (English Serbian Bilingual Collection - Latin Ser.). (SRP.). 34p. (J). (gr. k-3). *(978-1-5259-3014-0(1))*; pap. *(978-1-5259-3013-3(3))* Kidkiddos Bks.

Goodnight, My Love! (English Spanish Bilingual Book) Shelley Admont & Kidkiddos Books. 2nd ed. 2019. (English Spanish Bilingual Collection). (SPA., Illus.). 34p. (J). (gr. k-3). pap. *(978-1-5259-1570-3(3))* Kidkiddos Bks.

Goodnight, My Love! (English Spanish Children's Book) Spanish Bilingual Book for Kids. Shelley Admont & S. a Publishing. 2018. (English Spanish Bilingual Collection). (SPA., Illus.). 34p. (J). (gr. k-3). pap. *(978-1-5259-0710-4(7))*; *(978-1-5259-0700-5(X))*; pap. *(978-1-5259-0699-2(2))* Kidkiddos Bks.

Goodnight, My Love! (English Swedish Bilingual Children's Book) Shelley Admont & Kidkiddos Books. l.t. ed. 2020. (English Swedish Bilingual Collection). (SWE.). 34p. (J). (gr. k-3). *(978-1-5259-1897-1(4))*; pap. *(978-1-5259-1896-4(6))* Kidkiddos Bks.

Goodnight, My Love! (English Tagalog Bilingual Book) Shelley Admont & Kidkiddos Books. 2nd ed. 2019. (English Tagalog Bilingual Collection). (TGL., Illus.). 34p. (J). (gr. k-3). *(978-1-5259-1646-5(7))*; pap. *(978-1-5259-1622-9(X))* Kidkiddos Bks.

Goodnight, My Love! (English Tagalog Children's Book) Bilingual Tagalog Book for Kids. Shelley Admont & S. a Publishing. 2018. (English Tagalog Bilingual Collection). (TGL., Illus.). 34p. (J). (gr. k-3). *(978-1-5259-0794-4(8))*; pap. *(978-1-5259-0793-7(X))* Kidkiddos Bks.

Goodnight, My Love! (English Thai Bilingual Book for Kids) Shelley Admont. 2021. (THA., Illus.). 36p. (J). *(978-1-5259-5803-8(8))* Kidkiddos Bks.

Goodnight, My Love! (English Thai Bilingual Book for Kids) Kidkiddos Books. 2021. (THA., Illus.). 36p. (J). pap. *(978-1-5259-5802-1(X))* Kidkiddos Bks.

Goodnight, My Love! (English Turkish Bilingual Book for Kids) Shelley Admont & Kidkiddos Books. l.t. ed. 2020. (English Turkish Bilingual Collection). (TUR.). 34p. (J). (gr. k-3). *(978-1-5259-3136-9(9))*; pap. *(978-1-5259-3135-2(0))* Kidkiddos Bks.

Goodnight, My Love! (English Urdu Bilingual Children's Book) Shelley Admont & Kidkiddos Books. l.t. ed. 2020. (English Urdu Bilingual Collection). (URD.). 34p. (J). (gr. k-3). *(978-1-5259-3109-3(1))*; pap. *(978-1-5259-3108-6(3))* Kidkiddos Bks.

Goodnight, My Love! (English Vietnamese Children's Book) Bilingual Vietnamese Book for Kids. Shelley Admont & S. a Publishing. 2018. (English Vietnamese Bilingual Collection). (VIE., Illus.). 34p. (J). (gr. k-3). *(978-1-5259-0902-3(9))* Kidkiddos Bks.

Goodnight, My Love! (English Welsh Bilingual Children's Book) Shelley Admont. l.t. ed. 2021. (WEL., Illus.). 36p. (J). *(978-1-5259-5785-7(6))* Kidkiddos Bks.

Goodnight, My Love! (English Welsh Bilingual Children's Book) Shelley Admont & Kidkiddos Books. l.t. ed. 2021. (WEL., Illus.). 36p. (J). pap. *(978-1-5259-5784-0(8))* Kidkiddos Bks.

Goodnight, My Love! (German Book for Kids) Shelley Admont & Kidkiddos Books. 2nd l.t. ed. 2020. (German Bedtime Collection). (GER., Illus.). 34p. (J). pap. *(978-1-5259-3603-6(4))* Kidkiddos Bks.

Goodnight, My Love! (German English Bilingual Book for Kids) Shelley Admont & Kidkiddos Books. 2nd l.t. ed. 2020. (German English Bilingual Collection). (GER., Illus.). 34p. (J). pap. *(978-1-5259-3837-5(1))* Kidkiddos Bks.

Goodnight, My Love! (Greek Edition) Shelley Admont & Kidkiddos Books. 2019. (Greek Bedtime Collection). (GRE., Illus.). 34p. (J). (gr. k-3). *(978-1-5259-1929-9(6))*; pap. *(978-1-5259-1928-2(8))* Kidkiddos Bks.

Goodnight, My Love! (Greek English Bilingual Book) Shelley Admont & Kidkiddos Books. 2020. (Greek English Bilingual Collection). (GRE., Illus.). 34p. (J). (gr. k-3).

784 The check digit for ISBN-10 appears in parentheses after the full ISBN-13

(978-1-5259-2025-7(1)); pap. *(978-1-5259-2024-0(3))* Kidkiddos Bks.

Goodnight, My Love! (Hungarian English Bilingual Book for Kids) Shelley Admont & Kidkiddos Books. l.t. ed. 2021. (Hungarian English Bilingual Collection). (HUN., Illus.). 34p. (J). *(978-1-5259-5084-1(3))*; pap. *(978-1-5259-5083-4(5))* Kidkiddos Bks.

Goodnight, My Love! (Irish Children's Book) Shelley Admont & Kidkiddos Books. l.t. ed. 2021. (GLE., Illus.). 34p. (J). *(978-1-5259-5842-7(9))*; pap. *(978-1-5259-5841-0(0))* Kidkiddos Bks.

Goodnight, My Love! (Irish English Bilingual Children's Book) Shelley Admont & Kidkiddos Books. l.t. ed. 2022. (Irish English Bilingual Collection). (GLE., Illus.). 34p. (J). *(978-1-5259-5845-8(3))*; pap. *(978-1-5259-5844-1(5))* Kidkiddos Bks.

Goodnight, My Love! (Italian English Bilingual Book for Kids) Shelley Admont & Kidkiddos Books. 2nd l.t. ed. 2020. (Italian English Bilingual Collection). (ITA., Illus.). 34p. (J). pap. *(978-1-5259-3916-7(5))* Kidkiddos Bks.

Goodnight, My Love! (Japanese Children's Book) Japanese Book for Kids. Shelley Admont & S. a Publishing. 2018. (Japanese Bedtime Collection). (JPN., Illus.). 34p. (J). *(978-1-5259-0653-4(4))*; pap. *(978-1-5259-0652-7(6))* Kidkiddos Bks.

Goodnight, My Love! (Japanese English Bilingual Book for Kids) Shelley Admont & Kidkiddos Books. 2021. (Japanese English Bilingual Collection). (JPN., Illus.). 34p. (J). (gr. k-3). pap. *(978-1-5259-5008-7(8))*; *(978-1-5259-5009-4(6))* Kidkiddos Bks.

Goodnight, My Love! (Korean Children's Book) Korean Book for Kids. Shelley Admont & S. a Publishing. 2018. (Korean Bedtime Collection). (KOR., Illus.). 34p. (J). (gr. k-3). *(978-1-5259-0726-5(3))*; pap. *(978-1-5259-0725-8(5))* Kidkiddos Bks.

Goodnight, My Love! (Korean English Bilingual Book) Shelley Admont & Kidkiddos Books. 2019. (Koreanenglish Bilingual Collection). (KOR., Illus.). 34p. (J). (gr. k-3). *(978-1-5259-1455-3(3))*; pap. *(978-1-5259-1454-6(5))* Kidkiddos Bks.

Goodnight, My Love! (Macedonian Book for Kids) Shelley Admont & Kidkiddos Books. l.t. ed. 2022. (Macedonian Bedtime Collection). (MAC., Illus.). 34p. (J). *(978-1-5259-6202-8(7))*; pap. *(978-1-5259-6201-1(9))* Kidkiddos Bks.

Goodnight, My Love! (Macedonian English Bilingual Book for Kids) Shelley Admont & Kidkiddos Books. l.t. ed. 2022. (Macedonian English Bilingual Collection). (MAC., Illus.). 34p. (J). *(978-1-5259-6205-9(1))*; pap. *(978-1-5259-6204-2(3))* Kidkiddos Bks.

Goodnight, My Love (Malay Edition) Shelley Admont & Kidkiddos Books. 2020. (Malay Bedtime Collection). (MAY., Illus.). 34p. (J). (gr. k-3). *(978-1-5259-2306-7(4))*; pap. *(978-1-5259-2305-0(6))* Kidkiddos Bks.

Goodnight, My Love! (Malay English Bilingual Book) Shelley Admont & Kidkiddos Books. 2020. (Malay English Bilingual Collection). (MAY., Illus.). 34p. (J). (gr. k-3). *(978-1-5259-2309-8(9))*; pap. *(978-1-5259-2308-1(0))* Kidkiddos Bks.

Goodnight, My Love! (Mandarin English Bilingual Book - Chinese Simplified) Shelley Admont & Kidkiddos Books. 2019. (Chinese Englishbilingual Collection). (CHI., Illus.). 34p. (J). (gr. k-3). *(978-1-5259-1535-2(5))*; pap. *(978-1-5259-1534-5(7))* Kidkiddos Bks.

Goodnight, My Love! (Maori Book for Kids) Shelley Admont & Kidkiddos Books. l.t. ed. 2022. (Maori Bedtime Collection). (MAO., Illus.). 34p. (J). *(978-1-5259-5977-6(8))*; pap. *(978-1-5259-5976-9(X))* Kidkiddos Bks.

Goodnight, My Love! (Maori English Bilingual Book for Kids) Shelley Admont & Kidkiddos Books. l.t. ed. 2022. (Maori English Bilingual Collection). (MAO., Illus.). 34p. (J). *(978-1-5259-5980-6(8))*; pap. *(978-1-5259-5979-0(4))* Kidkiddos Bks.

Goodnight, My Love! (Polish English Bilingual Book for Kids) Shelley Admont & Kidkiddos Books. l.t. ed. 2021. (Polish English Bilingual Collection). (POL., Illus.). 34p. (J). *(978-1-5259-4838-1(5))*; pap. *(978-1-5259-4837-4(7))* Kidkiddos Bks.

Goodnight, My Love! (Portuguese English Bilingual Book for Kids - Brazilian) Shelley Admont & Kidkiddos Books. l.t. ed. 2021. (Portuguese English Bilingual Collection - Brazil Ser.). (POR., Illus.). 34p. (J). (gr. k-3). *(978-1-5259-5110-7(6))*; pap. *(978-1-5259-5109-1(2))* Kidkiddos Bks.

Goodnight, My Love! (Portuguese English Bilingual Children's Book - Portugal) Shelley Admont & Kidkiddos Books. l.t. ed. 2021. (Portuguese English Bilingual Collection - Portugal Ser.). (POR., Illus.). 34p. (J). (gr. k-3). *(978-1-5259-5314-9(1))*; pap. *(978-1-5259-5313-2(3))* Kidkiddos Bks.

Goodnight, My Love! (Portuguese Portugal Edition) Shelley Admont & Kidkiddos Books. 2019. (Portuguese Portugal Bedtime Collection). (POR., Illus.). 34p. (J). (gr. k-3). *(978-1-5259-1742-4(0))*; pap. *(978-1-5259-1741-7(2))* Kidkiddos Bks.

Goodnight, My Love! (Portuguese Russian Bilingual Book) Brazilian Portuguese - Russian. Shelley Admont & Kidkiddos Books. 2020. (Portuguese Russian Bilingual Collection). (RUS., Illus.). 34p. (J). (gr. k-3). *(978-1-5259-2616-7(0))*; pap. *(978-1-5259-2615-0(2))* Kidkiddos Bks.

Goodnight, My Love! (Punjabi Book for Kids) Punjabi Gurmukhi India. Shelley Admont & Kidkiddos Books. l.t. ed. 2020. (Punjabi Bedtime Collection - India Ser.). (PAN.). 34p. (J). *(978-1-5259-3811-5(8))*; pap. *(978-1-5259-3810-8(X))* Kidkiddos Bks.

Goodnight, My Love! (Punjabi English Bilingual Book for Kids - Gurmukhi) Punjabi Gurmukhi India. Shelley Admont & Kidkiddos Books. l.t. ed. 2020. (Punjabi English Bilingual Collection - India Ser.). (PAN.). 34p. (J). *(978-1-5259-3814-6(2))*; pap. *(978-1-5259-3813-9(4))* Kidkiddos Bks.

Goodnight, My Love! (Romanian Book for Kids) Romanian Children's Book. Shelley Admont & S. a Publishing. 2018. (Romanian Bedtime Collection). (RUM., Illus.). 34p. (J). (gr. k-3). *(978-1-5259-0721-0(2))*; pap. *(978-1-5259-0720-3(4))* Kidkiddos Bks.

Goodnight, My Love! (Romanian English Bilingual Book for Kids) Shelley Admont & Kidkiddos Books. l.t. ed. 2021. (Romanian English Bilingual Collection). (RUM., Illus.). 34p. (J). (gr. k-3). *(978-1-5259-5015-5(0))*; pap. *(978-1-5259-5014-8(2))* Kidkiddos Bks.

Goodnight, My Love! (Russian Book for Kids) Russian Language Children's Book. Shelley Admont & S. a Publishing. 2017. (Russian Bedtime Collection). (RUS., Illus.). 34p. (J). (gr. k-3). *(978-1-5259-0605-3(4))*; pap. *(978-1-5259-0604-6(6))* Kidkiddos Bks.

Goodnight, My Love! (Russian Children's Book) English Russian Bilingual Book for Kids. Shelley Admont & S. a Publishing. 2017. (English Russian Bilingual Collection). (RUS., Illus.). 34p. (J). (gr. k-3). pap. *(978-1-5259-0602-2(X))* Kidkiddos Bks.

Goodnight, My Love! (Russian English Bilingual Book) Shelley Admont & Kidkiddos Books. 2019. (Russian English Bilingual Collection). (RUS., Illus.). 34p. (J). (gr. k-3). *(978-1-5259-1504-8(5))*; pap. *(978-1-5259-1503-1(7))* Kidkiddos Bks.

Goodnight, My Love! (Serbian Book for Kids - Latin Alphabet) Shelley Admont. l.t. ed. 2020. (Serbian Bedtime Collection - Latin Ser.). (SRP.). 34p. (J). pap. *(978-1-5259-3016-4(8))* Kidkiddos Bks.

Goodnight, My Love! (Serbian Book for Kids - Latin Alphabet) Shelley Admont & Kidkiddos Books. l.t. ed. 2020. (SRP.). 34p. (J). *(978-1-5259-3017-1(6))* Kidkiddos Bks.

Goodnight, My Love! (Serbian English Bilingual Book for Kids - Latin Alphabet) Shelley Admont & Kidkiddos Books. l.t. ed. 2020. (Serbian English Bilingual Collection). (SRP.). 34p. (J). *(978-1-5259-3020-1(6))*; pap. *(978-1-5259-3019-5(2))* Kidkiddos Bks.

Goodnight, My Love! (Swedish Book for Kids) Shelley Admont & Kidkiddos Books. l.t. ed. 2020. (Swedish Bedtime Collection). (SWE.). 34p. (J). *(978-1-5259-1900-8(8))*; pap. *(978-1-5259-1899-5(0))* Kidkiddos Bks.

Goodnight, My Love! (Swedish English Bilingual Book for Kids) Shelley Admont & Kidkiddos Books. l.t. ed. 2020. (Swedish English Bilingual Collection). (SWE.). 34p. (J). *(978-1-5259-3383-7(3))*; pap. *(978-1-5259-3382-0(5))* Kidkiddos Bks.

Goodnight, My Love! (Tagalog Book for Kids) Tagalog Book for Kids. Shelley Admont & Kidkiddos Books. 2nd ed. 2020. (Tagalog Bedtime Collection). (TGL., Illus.). 34p. (J). pap. *(978-1-5259-3179-6(2))* Kidkiddos Bks.

Goodnight, My Love! (Tagalog Children's Book) Tagalog Book for Kids. Shelley Admont & S. a Publishing. 2018. (Tagalog Bedtime Collection). (TGL., Illus.). 34p. (J). (gr. k-3). *(978-1-5259-0796-8(4))*; pap. *(978-1-5259-0795-1(6))* Kidkiddos Bks.

Goodnight, My Love! (Tagalog English Bilingual Book for Kids) Shelley Admont & Kidkiddos Books. l.t. ed. 2020. (Tagalog English Bilingual Collection). (TGL., Illus.). 34p. (J). (gr. k-3). *(978-1-5259-3995-2(5))*; pap. *(978-1-5259-3994-5(7))* Kidkiddos Bks.

Goodnight, My Love! (Thai Children's Book) Shelley Admont & Kidkiddos Books. l.t. ed. 2021. (THA., Illus.). 34p. (J). *(978-1-5259-5806-9(2))*; pap. *(978-1-5259-5805-2(4))* Kidkiddos Bks.

Goodnight, My Love! (Thai English Bilingual Children's Book) Shelley Admont & Kidkiddos Books. l.t. ed. 2022. (Thai English Bilingual Collection). (THA., Illus.). 34p. (J). *(978-1-5259-5809-0(7))*; pap. *(978-1-5259-5808-3(9))* Kidkiddos Bks.

Goodnight, My Love! (Turkish Children's Book) Shelley Admont & Kidkiddos Books. l.t. ed. 2020. (Turkish Bedtime Collection). (TUR.). 34p. (J). *(978-1-5259-3139-0(3))*; pap. *(978-1-5259-3138-3(5))* Kidkiddos Bks.

Goodnight, My Love! (Turkish English Bilingual Book for Children) Shelley Admont & Kidkiddos Books. l.t. ed. 2020. (Turkish English Bilingual Collection). (TUR.). 34p. (J). *(978-1-5259-3142-0(3))*; pap. *(978-1-5259-3141-3(5))* Kidkiddos Bks.

Goodnight, My Love! (Ukrainian Edition) Shelley Admont & Kidkiddos Books. 2019. (Ukrainian Bedtime Collection). (UKR., Illus.). 34p. (J). (gr. k-3). *(978-1-5259-1446-1(4))*; pap. *(978-1-5259-1445-4(6))* Kidkiddos Bks.

Goodnight, My Love! (Vietnamese English Bilingual Book for Kids) Shelley Admont & Kidkiddos Books. l.t. ed. 2020. (Vietnamese English Bilingual Collection). (VIE., Illus.). 34p. (J). (gr. k-3). *(978-1-5259-4399-7(5))*; pap. *(978-1-5259-4398-0(7))* Kidkiddos Bks.

Goodnight, My Love! (Vietnamese Language Book for Kids) Shelley Admont & Kidkiddos Books. 2nd ed. 2019. (Vietnamese Bedtime Collection). (VIE., Illus.). 34p. (J). (gr. k-3). pap. *(978-1-5259-1592-5(4))* Kidkiddos Bks.

Goodnight, My Love! (Vietnamese Language Book for Kids) Vietnamese Children's Book. Shelley Admont & S. a Publishing. 2018. (Vietnamese Bedtime Collection). (VIE., Illus.). 34p. (J). (gr. k-3). *(978-1-5259-0905-4(3))*; pap. *(978-1-5259-0904-7(5))* Kidkiddos Bks.

Goodnight, My Love! (Welsh Book for Kids) Shelley Admont & Kidkiddos Books. l.t. ed. 2021. (WEL., Illus.). 34p. (J). *(978-1-5259-5788-8(0))*; pap. *(978-1-5259-5787-1(2))* Kidkiddos Bks.

Goodnight, My Love! (Welsh English Bilingual Book for Kids) Shelley Admont & Kidkiddos Books. l.t. ed. 2022. (Welsh English Bilingual Collection). (WEL., Illus.). 34p. (J). *(978-1-5259-5791-8(0))*; pap. *(978-1-5259-5790-1(2))* Kidkiddos Bks.

Goodnight, My Love! Welterusten, Lieverd! English Dutch. Shelley Admont & S. a Publishing. 2018. (English Dutch Bilingual Collection). (DUT., Illus.). 34p. (J). (gr. k-3). *(978-1-5259-0941-2(X))*; pap. *(978-1-5259-0940-5(1))* Kidkiddos Bks.

Goodnight, My Love! Welterusten, Lieverd! English Dutch Bilingual Book. Shelley Admont & Kidkiddos Books. 2nd ed. 2020. (English Dutch Bilingual Collection). (DUT., Illus.). 34p. (J). (gr. k-3). pap. *(978-1-5259-2083-7(9))* Kidkiddos Bks.

Goodnight Nose Goodnight Toes. Kirk Fernandez. Illus. by Matt Drouhard. 2022. (ENG.). (J). bds. 8.95 *(978-1-59152-318-5(4))*, Sweetgrass Bks.) Farcountry Pr.

Goodnight, Numbers. Danica McKellar. Illus. by Alicia Padrón. (McKellar Math Ser.). (J). (-k). 2022. 32p. pap. 8.99 *(978-0-593-64355-6(0))*, Dragonfly Bks.); 2018. (ENG.). 30p. bds. 8.99 *(978-1-101-93381-7(X))*, Crown Books For Young Readers); 2017. 32p. 16.99 *(978-1-101-93378-7(X))*, Crown Books For Young Readers) Random Hse. Children's Bks.

Goodnight, Panda! Babl Children's Books in Chinese & English. Babl Books. 2018. (ENG., Illus.). 26p. (J). 14.99 *(978-1-68304-282-2(4))* Babl Books, Incorporated.

Goodnight, Panda! / Matulog Ka Ng Mahimbing, Panda! Babl Children's Books in Tagalog & English. Babl Books. l.t. ed. 2017. (ENG., Illus.). (J). 14.99 *(978-1-68304-251-8(4))* Babl Books, Incorporated.

Goodnight Pothole. Shannon Atwater. 2023. (ENG., Illus.). 32p. (J). (gr. k-3). 19.99 *(978-1-4556-2737-0(2))*, Pelican Publishing) Arcadia Publishing.

Goodnight Princess: The Perfect Bedtime Book! Michelle Robinson. Illus. by Nick East. 2023. (Goodnight Ser.). (ENG.). 24p. (J). (gr. -1-k). bds. 8.99 ***(978-1-7282-9269-4(7))*** Sourcebooks, Inc.

Goodnight Racism. Ibram X. Kendi. Illus. by Cbabi Bayoc. 2022. 32p. (J). (gr. -1-2). 18.99 *(978-0-593-11051-5(X))*, Kokila) Penguin Young Readers Group.

Goodnight Sandman, 30 vols. Daniela Drescher. 2018. Orig. Title: Als der Sandmann Fast Verschlafen Hätte. (Illus.). 26p. (J). 16.95 *(978-1-78250-525-9(3))* Floris Bks. GBR. Dist: Consortium Bk. Sales & Distribution.

Goodnight, Seahorse. Carly Allen-Fletcher. 2018. (Illus.). 22p. (J). (gr. -1-1). bds. 11.95 *(978-1-63076-333-6(0))* Muddy Boots Pr.

Goodnight Ship. Richard Anthony Martinez. Illus. by Matt Pikarsky. (ENG.). (J). 2022. 32p. pap. 11.95 *(978-1-7329511-5-0(2))*; 2021. 34p. 18.95 *(978-1-7329511-3-6(6))* Martinez, Richard A.

Goodnight, Sleep Tight! Activity Books Before Bedtime. Jupiter Kids. 2017. (ENG., Illus.). (J). pap. 8.33 *(978-1-5419-3370-5(2))*, Jupiter Kids (Childrens & Kids Fiction)) Speedy Publishing LLC.

Goodnight Sleep Tight, No More Books Tonight. Katie Bukowski. Illus. by Katie Bukowski. 2017. (ENG., Illus.). (J). (gr. -1-3). 7.99 *(978-0-692-98878-7(5))* Bukowski, Katie Lynn.

Goodnight Sleeping Bear. Anne Margaret Lewis. Illus. by Nancy Cote. 2018. (ENG.). 32p. (J). (gr. -1-3). bds. 12.99 *(978-1-947141-00-1(7))* Rubber Ducky Pr.

Goodnight, Sleepy Animals: A Nightlight Book. Illus. by Christine Christine Battuz. 2016. (Nightlight Book Ser.). 14p. (J). (gr. -1-k). 12.99 *(978-2-89718-338-7(1))*, CrackBoom! Bks.) Chouette Publishing CAN. Dist: Publishers Group West (PGW).

Goodnight, Sleepy Fairy: Padded Board Book. IglooBooks. Illus. by Ria Maria Lee. 2023. (ENG.). 24p. (J). (-k). bds. 9.99 *(978-1-80368-366-9(X))* Igloo Bks. GBR. Dist: Simon & Schuster, Inc.

Goodnight, Sleepy Joe. Fabian Teter. 2020. (ENG.). 26p. (J). 19.99 *(978-1-0879-1879-2(0))* Indy Pub.

Goodnight, Sleepy Princess: Padded Board Book. IglooBooks. Illus. by Claudia Ranucci. 2022. (ENG.). 24p. (J). (-k). bds. 9.99 *(978-1-80108-696-7(6))* Igloo Bks. GBR. Dist: Simon & Schuster, Inc.

Goodnight, Sleepy Snowman: Padded Board Book. IglooBooks. Illus. by Francesca. De Luca. 2023. (ENG.). 24p. (J). (-k). bds. 9.99 ***(978-1-80108-706-3(7))*** Igloo Bks. GBR. Dist: Simon & Schuster, Inc.

Goodnight Sleepy Unicorn: Padded Board Book. IglooBooks. 2021. (ENG.). 24p. (J). (-k). bds. 9.99 *(978-1-80022-749-1(3))* Igloo Bks. GBR. Dist: Simon & Schuster, Inc.

Goodnight, Sleepy Unicorn: Padded Board Book. IglooBooks. Illus. by Roger Simo. 2023. (ENG.). 24p. (J). (-k). bds. 9.99 ***(978-1-83771-517-6(3))*** Igloo Bks. GBR. Dist: Simon & Schuster, Inc.

Goodnight, Sleepyville. Blake Liliane Hellman. Illus. by Steven Henry. 2020. (ENG.). 40p. (J). 18.99 *(978-1-68119-876-7(2))*, 900190993, Bloomsbury Children's Bks.) Bloomsbury Publishing USA.

Goodnight Soccer. Michael Dahl. Illus. by Christina E. Forshay. 2018. (Sports Illustrated Kids Bedtime Bks.). (ENG.). 32p. (J). (gr. -1-2). lib. bdg. 21.93 *(978-1-5158-0870-1(X))*, 134393, Capstone Young Readers) Capstone.

Goodnight Spaceman: The Perfect Bedtime Book! Michelle Robinson. Illus. by Nick East. 2017. (Goodnight Ser.). (ENG.). 32p. (J). (gr. -1 — 1). pap. 7.99 *(978-1-4380-1086-1(9))* Sourcebooks, Inc.

Goodnight Starlight - Matuuraoi, Ootan Itoi (Te Kiribati) Jo Seysener. Illus. by Nikka C. Pascua. 2022. (MIS.). 24p. (J). pap. ***(978-1-922918-12-3(1))*** Library For All Limited.

Goodnight, Starry Night (Peek-A-Boo Art) Amy Guglielmo & Julie Appel. 2019. (ENG., Illus.). 6p. (J). (gr. -1 — 1). 9.99 *(978-1-338-32498-3(5))*, Cartwheel Bks.) Scholastic, Inc.

Goodnight, Stinky Face. Lisa McCourt. Illus. by Cyd Moore. 2016. (ENG.). 32p. (J). (— 1). bds. 7.99 *(978-0-545-90592-3(3))*, Cartwheel Bks.) Scholastic, Inc.

Goodnight Stone. Jared Ball. Illus. by Christie Augst. 2019. (ENG.). 42p. (J). pap. 20.45 *(978-1-9736-5977-8(8))*, WestBow Pr.) Author Solutions, LLC.

Goodnight Swogg the Silly Frog. Grump C. Illus. by Stefanie St Denis. 2020. (ENG.). 20p. (J). *(978-0-2288-2856-3(2))*; pap. *(978-0-2288-2855-6(4))* Tellwell Talent.

GoodNight, Tiny Bard: Bedtime for an Adventurer & Her Party. Dan McCurdy. Illus. by Panshi Artista. 2022. 24p. (J). 30.00 ***(978-1-6678-7632-0(5))*** BookBaby.

Goodnight Tractor: The Perfect Bedtime Book! Michelle Robinson. Illus. by Nick East. 2022. (Goodnight Ser.). (ENG.). 24p. (J). (gr. -1 — 1). bds. 8.99 *(978-1-7282-6780-7(3))* Sourcebooks, Inc.

Goodnight Train Halloween Board Book: A Halloween Book for Kids. June Sobel. Illus. by Laura Huliska-Beith. 2022. (Goodnight Train Ser.). (ENG.). 12p. (J). (gr. -1 — 1). bds. 8.99 *(978-0-358-62607-7(2))*, 1816873, Clarion Bks.) HarperCollins Pubs.

Goodnight Train Lap Board Book. June Sobel. Illus. by Laura Huliska-Beith. 2017. (Goodnight Train Ser.). (ENG.). 30p. (J). (— 1). bds. 12.99 *(978-1-328-76438-6(9))*, 1681068, Clarion Bks.) HarperCollins Pubs.

Goodnight Train Pa. Sobel. 2017. (ENG.). (J). pap. 7.99 *(978-1-328-74052-6(8))*, HarperCollins) HarperCollins Pubs.

Goodnight Train Rolls On! June Sobel & Laura Huliska-Beith. Illus. by Laura Huliska-Beith. 2018. (Goodnight Train Ser.). (ENG., Illus.). 32p. (J). (gr. -1-3). 17.99 *(978-1-328-50019-9(5))*, 1717900, Clarion Bks.) HarperCollins Pubs.

Goodnight Train Rolls on! Board Book. June Sobel & Laura Huliska-Beith. Illus. by Laura Huliska-Beith. 2019. (Goodnight Train Ser.). (ENG., Illus.). 28p. (J). (— 1). bds. 7.99 *(978-1-328-49914-1(6))*, 1718042, Clarion Bks.) HarperCollins Pubs.

Goodnight Unicorn: A Magical Parody. Karla Oceanak. Illus. by Kendra Spanjer. 2016. 32p. (gr. -1-3). 16.95 *(978-1-934649-63-3(5))* Bailiwick Pr.

Goodnight, Veggies Board Book. Diana Murray. Illus. by Zachariah OHora. 2021. (ENG.). 30p. (J). (— 1). bds. 8.99 *(978-0-358-45211-9(2))*, 1795636, Clarion Bks.) HarperCollins Pubs.

Goodnight, Veggies/Buenas Noches, Vegetales Board Book: Bilingual English-Spanish. Diana Murray. Illus. by Zachariah OHora. 2022. (ENG.). 30p. (J). (— 1). bds. 6.99 *(978-0-358-51317-9(0))*, 1803001, Clarion Bks.) HarperCollins Pubs.

Goodnight Whispers. Michael Leannah. Illus. by Dani Torrent. 2018. (ENG.). 32p. (J). (gr. k-3). 16.99 *(978-1-64170-031-3(9))*, 550031) Familius LLC.

Goodnight, Wimpy Little Steve: An Unofficial Minecraft Book. M. C. Steve. 2017. (ENG., Illus.). (J). pap. 9.13 *(978-1-946525-23-9(5))* Kids Activity Publishing.

Goodnight World. Debi Gliori. Illus. by Debi Gliori. (ENG., Illus.). (J). 2018. 26p. bds. 7.99 *(978-1-68119-789-0(8))*, 900186961, Bloomsbury Children's Bks.); 2017. 32p. 16.99 *(978-1-68119-363-2(9))*, 900171540, Bloomsbury USA Childrens) Bloomsbury Publishing USA.

Goodnight World. Rebecca Parkinson. Illus. by Patrick Corrigan. 2021. (ENG.). 32p. (J). pap. 14.99 *(978-0-281-08409-8(2))*, a3462d6d-cc65-45aa-92da-9788bda4dde9) SPCK Publishing GBR. Dist: Baker & Taylor Publisher Services (BTPS).

Goodnight Zoo! Alexa Asagi Andres. 2016. (ENG., Illus.). (J). pap. 9.99 *(978-1-943529-61-2(2))* Yawn's Bks. & More, Inc.

Goodrich's Fifth School Reader (Classic Reprint) Noble Butler. (ENG., Illus.). (J). 2018. 384p. 31.82 *(978-0-332-79762-5(7))*; 2016. pap. 16.57 *(978-1-334-15465-2(1))* Forgotten Bks.

Goods: I Can Help Save Earth (Engaging Readers, Level 2) Ashley Lee. Ed. by Alexis Roumanis. 2021. (I Can Help Save Earth Ser.: Vol. 3). (ENG., Illus.). 32p. (J). *(978-1-77437-732-1(2))*; pap. *(978-1-77437-733-8(0))* AD Classic.

Goods & Services. Mary Lindeen. 2019. (BeginningtoRead Ser.). (ENG., Illus.). 32p. (J). (gr. -1-2). 22.60 *(978-1-68450-936-2(X))* Norwood Hse. Pr.

Goods & Services. Mame Ventura. 2018. (Community Economics Ser.). (ENG., Illus.). 24p. (J). (gr. 1-1). pap. 8.95 *(978-1-63517-797-8(9))*, 1635177979) North Star Editions.

Goods & Services. Mame Ventura. 2018. (Community Economics Ser.). (ENG., Illus.). 24p. (J). (gr. k-3). lib. bdg. 31.36 *(978-1-5321-6002-8(X))*, 28636, Pop! Cody Koala) Pop!.

Good's Budget (Classic Reprint) Good Knight. 2018. (ENG., Illus.). 138p. (J). 26.74 *(978-0-483-40169-3(2))* Forgotten Bks.

Goodwife at Home: Illustrating the Dialect of the Nort-West District of Aberdeenshire; Footdee in the 18th Century; Song, Fair in Kinrara (Classic Reprint) Allardyce. (ENG., Illus.). (J). 2017. 24.89 *(978-0-331-63041-1(9))*; 2016. pap. 9.57 *(978-1-334-11784-8(5))* Forgotten Bks.

Goody. Lauren Child. Illus. by Lauren Child. 2021. (ENG., Illus.). 32p. (J). (gr. -1-3). 17.99 *(978-1-338-78954-6(6))*, Orchard Bks.) Scholastic, Inc.

Goody Two-Shoes. Unknown. 2018. (ENG.). 20p. (J). pap. *(978-93-5297-184-8(1))* Alpha Editions.

Goody Two Shoes. Library Of Congress Library Of Congress. 2017. (ENG., Illus.). 20p. (gr. -1-3). reprint ed. 3.95 *(978-1-55709-169-7(2))* Applewood Bks.

Goody Two-Shoes: A Facsimile Reproduction of the Edition of 1766, with an Introduction (Classic Reprint) Oliver Goldsmith. 2018. (ENG., Illus.). (J). 192p. 27.88 *(978-0-365-71400-2(3))*; 194p. pap. 10.57 *(978-0-365-71395-1(3))* Forgotten Bks.

Goody Two-Shoes (Classic Reprint) Unknown Author. 2017. (ENG., Illus.). (J). 24.33 *(978-0-260-47944-0(6))* Forgotten Bks.

Goody Two Shoes (Classic Reprint) Unknown Author. 2018. (ENG., Illus.). (J). 22p. 24.37 *(978-0-267-85261-1(4))*; 24p. pap. 7.97 *(978-1-332-87216-9(6))* Forgotten Bks.

Gooey Slime: Gross Hagfish. Rex Ruby. 2023. (Amazing Animal Self-Defense Ser.). (ENG.). 24p. (J). (gr. 1-4). lib. bdg. 19.95 Bearport Publishing Co., Inc.

Goofball Season. Andre Franquin. 2020. (Gomer Goof Ser.: 5). (Illus.). 48p. (J). (gr. -1-12). pap. 11.95 *(978-1-84918-462-5(3))* CineBook GBR. Dist: National Bk. Network.

Goofball the Golf Ball: Lost in Discovery. Laura J. Golaboff. Illus. by Laura J. Golaboff. 2017. (ENG., Illus.). 38p. (J). (gr. 1-3). 21.95 *(978-0-9996184-1-7(5))* Golaboff, Laura J.

Goofball the Golf Ball: Lost in Discovery. Laura J. Golaboff. 2017. (ENG., Illus.). (J). 19.95 *(978-1-942914-41-9(5))* Maple Creek Media.

Goofing off in the Jungle Coloring Book. Activity Book Zone for Kids. 2016. (ENG., Illus.). (J). pap. 9.20 *(978-1-68376-342-0(4))* Sabeels Publishing.

Goofy Dinosaur Riddles. A. J. Sautter. 2023. (Silly Riddles Ser.). (ENG.). 24p. (J). pap. 6.99 ***(978-0-7565-7481-9(1))***, 256048, Pebble) Capstone.

Goofy Games, Mysterious Mazes & More! Super Fun Kids Activity Book. Activity Book Zone for Kids. 2016. (ENG., Illus.). (J). pap. 7.55 *(978-1-68376-211-9(8))* Sabeels Publishing.

Goofy Guide to Penguins: TOON Level 1. Jean-Luc Coudray. Illus. by Philippe Coudray. 2016. 40p. (J). (gr. k-1). 12.95 *(978-1-935179-96-2(9))*, TOON Books) Astra Publishing Hse.

Goofy, Nutty Jokes about Parents & Teachers. Julia Garstecki. 2018. (Just for Laughs Ser.). (ENG., Illus.). 24p.

(J). (gr. 4-6). lib. bdg. *(978-1-68072-327-4(8)*, 12092, Hi Jinx) Black Rabbit Bks.

Google. Audrey DeAngelis & Gina DeAngelis. 2018. (Tech Titans Ser.). (ENG., Illus.). 112p. (J). (gr. 6-12). lib. bdg. 41.36 *(978-1-5321-1688-9(8)*, 30628, Essential Library) ABDO Publishing Co.

Google. Sara Green. 2016. (Brands We Know Ser.). (ENG., Illus.). 24p. (J). (gr. 3-8). lib. bdg. 27.95 *(978-1-62617-347-7(8)*, Pilot Bks.) Bellwether Media.

Google Alphabet. Joy Gregory. 2017. (J). *(978-1-5105-3498-8(9))* SmartBook Media, Inc.

Google Cybersecurity Expert Parisa Tabriz. Domenica Di Piazza. 2018. (STEM Trailblazer Bios Ser.). (ENG., Illus.). 32p. (J). (gr. 2-5). 26.65 *(978-1-5415-0007-5(5)*, e42d31dc-1006-4924-88ee-368ceeb16409, Lerner Pubns.) Lerner Publishing Group.

Google-Eyed Pirates!, Vol. 9. Lee Falk. Ed. by Eileen Sabrina Herman. 2019. (ENG., Illus.). 144p. (YA). pap. 14.99 *(978-1-61345-160-1(1)*, c1251853-338c-4ae5-beaa-1cb3bd8fe1f8) Hermes Pr.

Google It: A History of Google. Anna Crowley Redding. 2021. (ENG., Illus.). 240p. (YA). pap. 13.99 *(978-1-250-79210-5(X)*, 900181901) Square Fish.

Googlee Eyes Coloring Book. Jessica Driggers & Jody Moon. 2020. (ENG.). 66p. (J). pap. 11.99 *(978-1-716-75885-0(8))* Lulu Pr., Inc.

Googly-Eyed Jokes. Created by Highlights. 2019. (Highlights Fun to Go Ser.). 32p. (J). (gr. 1-4). pap. 6.99 *(978-1-68437-643-8(2)*, Highlights) Highlights Pr., c/o Highlights for Children, Inc.

Googly Eyes: Shake 'n' Giggle: Colortivity. Editors of Dreamtivity. 2023. (ENG.). 48p. (J). (gr. -1 — 1). pap. 5.99 *(978-1-64588-659-4(X))* Printers Row Publishing Group.

Gooney Bird Greene: Three Books in One! Gooney Bird Greene, Gooney Bird & the Room Mother, Gooney the Fabulous. Lois Lowry. 2016. (Gooney Bird Greene Ser.). (ENG.). 384p. (J). (gr. 1-4). 18.99 *(978-0-544-84824-5(1)*, 1647478, Clarion Bks.) HarperCollins Pubs.

Gooney the Fabulous. Lois Lowry. 2023. (Gooney Bird Greene Ser.: 3). (ENG., Illus.). 128p. (J). (gr. 1-5). pap. 7.99 *(978-0-358-75528-9(X)*, Clarion Bks.) HarperCollins Pubs.

Goonies (Funko Pop!) Arie Kaplan. Illus. by Golden Books. 2023. (Little Golden Book Ser.). (ENG.). 24p. (J). (-k). 5.99 ***(978-0-593-57063-0(4)***, Golden Bks.) Random Hse. Children's Bks.

Goons & Bandits: Gangster Coloring Book. Jupiter Kids. 2016. (ENG., Illus.). 106p. (J). pap. 12.55 *(978-1-68305-228-9(5)*, Jupiter Kids (Childrens & Kids Fiction)) Speedy Publishing LLC.

Goop. Larisa Hunter. 2019. (ENG.). 26p. (J). pap. *(978-1-989033-24-1(5))* Saga Pr. & Little Bird Bks.

Goops & How to Be Them: A Manual of Manners for Polite Infants Inculcating Many Juvenile Virtues Both by Precept & Examples, with Ninety Drawings (Classic Reprint) Gelett Burgess. (ENG., Illus.). (J). 2018. 102p. 26.02 *(978-0-365-19768-3(8))*; 2017. pap. 9.57 *(978-0-259-54735-8(2))* Forgotten Bks.

Goops & How to Be Them - a Manual of Manners for Polite Infants Inculcating Many Juvenile Virtues Both by Precept & Example with Ninety Drawings. Gelett Burgess. 2018. (ENG., Illus.). 98p. (J). pap. 11.49 *(978-0-359-07810-3(9))* Lulu Pr., Inc.

Goose. Molly Bang. 2018. (ENG., Illus.). 36p. (J). 14.95 *(978-1-930900-95-0(3))* Purple Hse. Pr.

Goose & the Golden Eggs. Emma Bernay & Emma Carlson Berne. Illus. by Howard Gray. 2019. (Classic Fables in Rhythm & Rhyme Ser.). (ENG.). 24p. (J). (gr. -1-2). lib. bdg. 33.99 *(978-1-68410-333-1(9)*, 140253) Cantata Learning.

Goose Creek Folks: A Story of the Kentucky Mountains (Classic Reprint) Isabel Graham Bush. 2018. (ENG., Illus.). 230p. (J). 28.64 *(978-0-483-39165-9(4))* Forgotten Bks.

Goose Egg. Liz Wong. 2019. (Illus.). 40p. (J). (gr. -1-2). 17.99 *(978-0-553-51157-4(2)*, Knopf Bks. for Young Readers) Random Hse. Children's Bks.

Goose Fair: A Novel (Classic Reprint) Cecil Roberts. (ENG., Illus.). (J). 2018. 352p. 31.18 *(978-0-483-83718-8(0))*; 2017. pap. 13.57 *(978-0-243-43151-9(1))* Forgotten Bks.

Goose Flies South. Ashley Dejarnette. 2020. (ENG.). 24p. (J). pap. 12.49 *(978-1-5456-7672-1(0)*, Mill City Press, Inc) Salem Author Services.

Goose Girl (Classic Reprint) Harold Macgrath. 2018. (ENG., Illus.). (J). 422p. 32.60 *(978-0-366-56743-0(8))*; 424p. pap. 16.57 *(978-0-366-40995-2(6))*; 32.29 *(978-0-265-79651-1(2))* Forgotten Bks.

Goose Girls of the San Joaquin: A Dan d Book for Girls (Classic Reprint) Dan D. 2018. (ENG., Illus.). 54p. (J). 25.01 *(978-0-483-08994-5(X))* Forgotten Bks.

Goose Goes to the Zoo. Laura Wall. Illus. by Laura Wall. 2016. (ENG., Illus.). 48p. (J). (gr. -1-3). 12.99 *(978-0-06-232441-2(1)*, HarperCollins) HarperCollins Pubs.

Goose Man (Classic Reprint) Jakob Wassermann. 2018. (ENG., Illus.). 484p. (J). 33.88 *(978-0-484-62741-2(4))* Forgotten Bks.

Goose on the Farm. Laura Wall. Illus. by Laura Wall. 2016. (ENG., Illus.). 48p. (J). (gr. -1-3). 12.99 *(978-0-06-232439-9(X)*, HarperCollins) HarperCollins Pubs.

Goose on the Farm Board Book. Laura Wall. Illus. by Laura Wall. 2017. (ENG., Illus.). 36p. (J). (gr. -1 — 1). bds. 7.99 *(978-0-06-232440-5(3)*, HarperFestival) HarperCollins Pubs.

Goose Plays Chicken. Fern Boldt. 2019. (ENG., Illus.). 32p. (J). (gr. k-2). pap. *(978-1-4866-1880-4(4))* Word Alive Pr.

Goose Quill (Classic Reprint) Louise Robinson. 2018. (ENG., Illus.). 278p. (J). 29.63 *(978-0-483-87176-2(1))* Forgotten Bks.

Goose That Fell from the Sky. Dave Toht. 2018. (ENG., Illus.). 38p. (J). pap. 9.95 *(978-0-578-42560-3(2))* Greenleaf Publishing, Inc.

Goose That Would Not Swim. Nancy Rollo. 2018. (ENG.). 22p. (J). pap. 10.95 *(978-1-64298-929-8(0))* Page Publishing Inc.

Goosebumps 25th Anniversary Retro Set. R. L. Stine. 2017. (ENG.). 144p. (J). (gr. 3-7). 29.99 *(978-1-338-14908-1(3)*, Scholastic Paperbacks) Scholastic, Inc.

Goosebumps Slappyworld Boxset 1-5. R. L. Stine. 2018. (Goosebumps SlappyWorld Ser.). (ENG.). 160p. (J). (gr. 3-7). 34.95 *(978-1-338-26724-2(8))* Scholastic, Inc.

Gopal's Gully. Zarin Virji. 2021. (ENG.). 144p. (YA). (gr. 7). pap. 9.99 *(978-0-14-345190-7(1))* Penguin Bks. India PVT, Ltd IND. Dist: Independent Pubs. Group.

Gopher Golf: A Wordless Picture Book. Karl Beckstrand. Illus. by Jordan C. Brun. 2021. (ENG.). 32p. (J). pap. 11.95 *(978-1-951599-10-2(1))* Premio Publishing & Gozo Bks., LLC.

Gopher Golf: A Wordless Picture Book. Karl Beckstrand. Illus. by Jordan C. Brun. l.t. ed. 2022. (Stories Without Words Ser.: Vol. 3). (ENG.). 32p. (J). 26.55 ***(978-1-951599-09-6(8))*** Premio Publishing & Gozo Bks., LLC.

Gopher to Go. Kevin O'Malley. 2019. (Illus.). 32p. (J). (gr. -1-3). 15.95 *(978-1-63076-339-8(X))* Globe Pequot Pr., The.

GoPro, Garmin, & Camera Drones, Vol. 6. Tim Newcomb. 2018. (Tech 2. 0: World-Changing Entertainment Companies Ser.). (Illus.). 64p. (J). (gr. 7). 31.93 *(978-1-4222-4055-7(X))* Mason Crest.

Gorbals. R. T. Manywisch. 2020. (ENG.). 64p. (J). pap. *(978-1-78830-713-0(5))* Olympia Publishers.

Gord Downie - Brilliant Musician, Poet & Cultural Activist Who Sang Stories of Canada - Canadian History for Kids - True Canadian Heroes. Professor Beaver. 2021. (ENG.). 86p. (J). 25.99 *(978-0-2282-3596-5(0)*, Professor Beaver) Speedy Publishing LLC.

Gord Downie - Brilliant Musician, Poet & Cultural Activist Who Sang Stories of Canada Canadian History for Kids True Canadian Heroes. Professor Beaver. 2021. (ENG.). 86p. (J). pap. 15.99 *(978-0-2282-3546-0(4)*, Professor Beaver) Speedy Publishing LLC.

Gordian Knot: A Story of Good & Evil (Classic Reprint) Shirley Brooks. (ENG., Illus.). (J). 2017. 32.77 *(978-1-5281-7572-2(7))*; 2016. pap. 16.57 *(978-1-334-24523-7(1))* Forgotten Bks.

Gordie Howe. Matt Scheff. 2016. (Illus.). 32p. (J). *(978-1-62143-286-9(6))* Pr. Room Editions LLC.

Gordo & Chico: An Unexpected Friendship. Elizabeth Hope. Illus. by Pia. 2019. (Gordo Ser.). (ENG.). 48p. (J). *(978-1-5255-4324-1(5))*; pap. *(978-1-5255-4325-8(3))* FriesenPress.

Gordo Goo. Ruth Neikirk. 2022. (ENG.). 38p. (J). 16.95 *(978-1-64543-595-2(4))* Amplify Publishing Group.

Gordon & Li Li: Learn Animals in Mandarin Coloring & Activity Book: 100+ Fun Engaging Bilingual Learning Activities for Kids Ages 5+ Michele Wong McSween. 2021. (ENG.). 134p. (J). pap. 9.99 *(978-0-9820881-6-6(7))* Southampton Publishing.

Gordon & Tapir. Sebastian Meschenmoser. 2016. (ENG., Illus.). 60p. (J). 18.95 *(978-0-7358-4253-3(1))* North-South Bks., Inc.

Gordon Elopement: The Story of a Short Vacation (Classic Reprint) Carolyn Wells. 2017. (ENG., Illus.). (J). 29.05 *(978-0-266-71916-8(3))*; pap. 11.57 *(978-1-5276-7562-9(9))* Forgotten Bks.

Gordon Korman. Chris Bowman. 2017. (Children's Storytellers Ser.). (ENG., Illus.). 24p. (J). (gr. 2-5). lib. bdg. 26.95 *(978-1-62617-648-5(5)*, Blastoff! Readers) Bellwether Media.

Gordon League Ballads: Dramatic Stories in Verse (Classic Reprint) Clement Nugent Jackson. 2018. (ENG., Illus.). 184p. (J). 27.69 *(978-0-483-34834-9(1))* Forgotten Bks.

Gordon League Ballads for Working Men & Women (Classic Reprint) Clement Nugent Jackson. (ENG., Illus.). (J). 2018. 184p. 27.71 *(978-0-365-35640-0(9))*; 2017. pap. 10.57 *(978-0-259-20629-3(6))* Forgotten Bks.

Gordon Lodge, or Retribution: An Autobiography (Classic Reprint) M. Agnes White. 2017. (ENG., Illus.). (J). 298p. 30.06 *(978-0-332-53097-0(3))*; pap. 13.57 *(978-0-259-20544-9(3))* Forgotten Bks.

Gordon Pumpkin Smith the Second: The Tale of a Cat & His Family. Kay M. Bates. Illus. by Kathryn R. Smith. 2nd ed. 2021. (ENG.). 92p. (J). 22.50 *(978-1-0879-1760-3(3))*; pap. 15.50 *(978-1-0879-1728-3(X))* Indy Pub.

Gordon Readers: Second Reader (Classic Reprint) Emma K. Gordon. (ENG., Illus.). (J). 2018. 178p. 27.59 *(978-0-365-40707-2(0))*; 2017. pap. 9.97 *(978-0-259-53083-1(2))* Forgotten Bks.

Gordon Readers Fifth Book (Classic Reprint) Emma K. Gordon. 2018. (ENG., Illus.). 344p. (J). 30.99 *(978-0-365-11535-9(5))* Forgotten Bks.

Gordon Readers. First Book. Emma K. Gordon. 2017. (ENG., Illus.). (J). pap. *(978-0-649-50446-6(1))*; pap. *(978-0-649-59552-5(1))* Trieste Publishing Pty Ltd.

Gordon Readers Fourth Book (Classic Reprint) Emma K. Gordon. 2018. (ENG., Illus.). 344p. (J). 30.99 *(978-0-483-42448-7(X))* Forgotten Bks.

Gordon Readers Primer (Classic Reprint) Emma K. Gordon. (ENG., Illus.). (J). 2018. 100p. 25.98 *(978-0-666-39074-5(6))*; 2017. pap. 9.57 *(978-0-259-52530-1(8))* Forgotten Bks.

Gordon Readers, Second Book. Emma K. Gordon. 2017. (ENG., Illus.). (J). pap. *(978-0-649-52106-7(4))* Trieste Publishing Pty Ltd.

Gordon Readers, Vol. 2 (Classic Reprint) Emma K. Gordon. 2017. (ENG., Illus.). (J). 132p. 26.62 *(978-0-484-43670-0(8))*; pap. 9.57 *(978-0-259-55066-2(3))* Forgotten Bks.

Gordon's Game. Paul Howard & Gordon D'Arcy. 2020. (ENG.). 384p. (J). (gr. 4). pap. 15.99 *(978-1-84488-468-1(6))* Penguin Bks., Ltd. GBR. Dist: Independent Pubs. Group.

Gordon's Game: Blue Thunder. Paul Howard & Gordon D'Arcy. 2021. (ENG., Illus.). 432p. (J). (gr. 3-6). 23.99 *(978-1-84488-461-2(9))* Penguin Ireland IRL. Dist: Independent Pubs. Group.

Gordon's Game: Blue Thunder. Paul Howard & Gordon D'Arcy. 2021. (Illus.). 432p. (J). 15.99 *(978-1-84488-462-9(7))* Penguin Bks., Ltd. GBR. Dist: Independent Pubs. Group.

Gordon's Game: Lions Roar: Third in the Hilarious Rugby Adventure Series for 9-To-12-year-olds Who Love Spo Rt. Paul Howard & Gordon D'Arcy. 2022. (ENG., Illus.). 432p. (J). (gr. 4-7). 15.95 *(978-1-84488-530-5(5))* Penguin Bks., Ltd. GBR. Dist: Independent Pubs. Group.

Gordon's Stroll. Gerard C. O'Brien. 2022. (ENG., Illus.). 36p. (J). 28.95 *(978-1-6624-7016-5(9))*; pap. 17.95 *(978-1-6624-7014-1(2))* Page Publishing Inc.

Gordy & the Ghost Crab. Linda K. Sienkiewicz. 2020. (ENG.). 30p. (J). pap. 9.95 *(978-1-941523-22-3(6)*, Writer's Coffee Bar Pr.) Buddhapuss Ink LLC.

Gordy's Adventures. Jennifer Herring. 2019. (ENG.). 40p. (J). pap. 10.95 *(978-1-64462-994-9(1))* Page Publishing Inc.

Gordy's Outrageous Adventure. Janice Bearden. 2019. (ENG.). 40p. (J). 23.95 *(978-1-64492-358-0(0))*; pap. 13.95 *(978-1-64492-356-6(4))* Christian Faith Publishing.

Gorgeous Borgia: A Romance (Classic Reprint) Justin H. McCarthy. 2018. (ENG., Illus.). 330p. (J). 30.72 *(978-0-483-31282-1(7))* Forgotten Bks.

Gorgeous Christmas Pantomime: Little Bo-Peep, or Harlequin Jack & Jill (Classic Reprint) William M. Akhurst. 2017. (ENG., Illus.). (J). 24.72 *(978-0-331-59824-7(8))*; pap. 7.97 *(978-0-259-27618-0(9))* Forgotten Bks.

Gorgeous Coloring Book Valentine's Day: Amazing & Big Coloring Pages for Kids & Toddlers Valentine's Day, One-Sided Printing, A4 Size, Premium Quality Paper, Beautiful Illustrations, Perfect for Boys & Girls. Elli Steele. 2021. (ENG.). 88p. (J). pap. 9.89 *(978-1-716-10364-3(9))* Lulu Pr., Inc.

Gorgeous Colouring for Girls - Cupcakes & Sweet Treats. Elizabeth James. 2016. (Gorgeous Colouring Books for Girls Ser.: Vol. 9). (ENG., Illus.). (J). (gr. 3-6). pap. *(978-1-78595-162-6(9))* Kyle Craig Publishing.

Gorgeous Colouring for Girls - Fashion Fun! Elizabeth James. 2016. (Gorgeous Colouring Books for Girls Ser.). (ENG., Illus.). (J). pap. *(978-1-78595-243-2(9))* Kyle Craig Publishing.

Gorgeous Fancy Flower Jewelry Coloring Book. Activibooks. 2016. (ENG., Illus.). (J). pap. 9.20 *(978-1-68321-903-3(1))* Mimaxion.

Gorgeous Geckos, 1 vol. Rebecca Johnson. 2017. (Reptile Adventures Ser.). (ENG.). 24p. (J). (gr. 1-2). 26.27 *(978-1-5081-9359-3(2)*, 935f2f9b-2655-4428-9eae-a038af5da6ba); pap. 9.25 *(978-1-5081-9363-0(0)*, e24f6b3e-4349-40c9-ac73-bb7d44bc0a94) Rosen Publishing Group, Inc., The. (Windmill Bks.).

Gorgeous George & His Stupid Stinky Stories: New! Stuart Reid. Illus. by John Pender. 2017. (Gorgeous George Ser.: Vol. 6). (ENG.). 162p. (J). (gr. 2-3). pap. *(978-1-910614-08-2(4))* Gorgeous Garage Publishing Ltd.

Gorgeous George & the Jumbo Jobby Juicer: 2017 Edition. Stuart Reid. Illus. by John Pender. 2nd ed. 2017. (Gorgeous George Ser.: Vol. 5). (ENG.). 154p. (J). (gr. 2-3). pap. *(978-1-910614-06-8(8))* Gorgeous Garage Publishing Ltd.

Gorgeous George & the Timewarp Trouser Trumpets. Stuart Reid. Illus. by John Pender. 2018. (Gorgeous George Ser.: Vol. 7). (ENG.). 162p. (J). pap. *(978-1-910614-11-2(4))* Gorgeous Garage Publishing Ltd.

Gorgeous George & the Unidentified Unsinkable Underpants Part 1: 2017 Edition. Stuart Reid. Illus. by John Pender. 3rd ed. 2017. (Gorgeous George Ser.: Vol. 3). (ENG.). 122p. (J). (gr. 2-3). pap. *(978-1-910614-07-5(6))* Gorgeous Garage Publishing Ltd.

Gorgeous George & the Unidentified Unsinkable Underpants Part 2: 2017 Edition. Stuart Reid. Illus. by John Pender. 2nd ed. 2017. (Gorgeous George Ser.: Vol. 4). (ENG.). 122p. (J). (gr. 2-3). pap. *(978-1-910614-01-3(7))* Gorgeous Garage Publishing Ltd.

Gorgeous George & the Zigzag Zit-Faced Zombies: New 2017 Edition. Stuart Reid. Illus. by John Pender. 3rd ed. 2017. (Gorgeous George Ser.: Vol. 2). (ENG.). 162p. (J). (gr. 2-3). pap. *(978-1-910614-04-4(1))* Gorgeous Garage Publishing Ltd.

Gorgeous Girl (Classic Reprint) Nalbro Bartley. (ENG., Illus.). (J). 2018. 344p. 31.01 *(978-0-483-35112-7(1))*; 2017. pap. 13.57 *(978-0-243-91336-7(2))* Forgotten Bks.

Gorgeous Gowns Coloring Book. Megan Brock. 2022. (ENG.). 63p. (J). pap. *(978-1-387-97020-9(8))* Lulu Pr., Inc.

Gorgeous How to Draw Book for Girls. Elizabeth James. 2016. (ENG., Illus.). (J). pap. *(978-1-78595-247-0(1))* Kyle Craig Publishing.

Gorgeous Machine. Claire Bradley. 2019. (ENG.). 38p. (J). (gr. 3-6). *(978-1-78955-592-9(2))* Authors OnLine, Ltd.

Gorgeous Planet: Wild Birds Coloring Book. Activity Attic Books. 2016. (ENG., Illus.). (J). pap. 7.74 *(978-1-68323-813-3(3))* Twin Flame Productions.

Gorgo: A Romance of Old Athens (Classic Reprint) Charles Kelsey Gaines. 2018. (ENG., Illus.). 514p. (J). 34.52 *(978-0-656-53452-4(4))* Forgotten Bks.

Gorgone Médusa: Commentaires de la Cité de Zalem. Marc MORREALE. 2020. (FRE.). 82p. (YA). pap. ***(978-1-716-71049-0(9))*** Lulu Pr., Inc.

Gorila. Melissa Gish. 2023. (SPA.). 48p. (J). (gr. 5-7). pap. 13.99 ***(978-1-68277-301-7(9)***, Creative Paperbacks) Creative Co., The.

Gorilas. Jaclyn Jaycox. Tr. by Aparicio Publishing Aparicio Publishing LLC. 2020. (Animals en Espanol Ser.).Tr. of Gorillas. (SPA., Illus.). 32p. (J). (gr. 1-3). lib. bdg. 31.32 *(978-1-9771-2549-1(2)*, 200626, Pebble) Capstone.

Gorilla, 1 vol. Meredith Costain. Illus. by Stuart Jackson-Carter. 2016. (Wild World Ser.). (ENG.). 32p. (J). (gr. 1-2). pap. 11.00 *(978-1-4994-8209-6(4)*, dbd49840-858c-48e8-b353-fcab3a60bc8b, Windmill Bks.) Rosen Publishing Group, Inc., The.

Gorilla. Melissa Gish. (Spotlight on Nature Ser.). (ENG.). 32p. (J). (gr. 4-7). 2021. *(978-1-64026-339-0(X)*, 18631, Creative Education); 2020. pap. 9.99 *(978-1-62832-871-4(1)*, 18632, Creative Paperbacks) Creative Co., The.

Gorilla. August Hoeft. (I See Animals Ser.). (ENG.). (J). 2022. 20p. 24.99 ***(978-1-5324-3413-6(8))***; 2022. 20p. pap. 12.99 ***(978-1-5324-4216-2(5))***; 2020. 12p. pap. 5.99 *(978-1-5324-1494-7(3))* Xist Publishing.

Gorilla, Baboon, & Other Troops. Heather C. Hudak. 2023. (Pods, Troops, & Other Animal Groups Ser.). (ENG.). 32p. (J). (gr. 3-6). pap. *(978-1-0398-0679-5(1)*, 33430); lib. bdg. ***(978-1-0398-0653-5(8)***, 33429) Crabtree Publishing Co.

Gorilla Dawn. Gill Lewis. Illus. by Susan Meyer. (ENG.). (J). (gr. 4-9). 2018. 448p. pap. 8.99 *(978-1-4814-8658-3(6))*; 2017. 432p. 16.99 *(978-1-4814-8657-6(8)*, Atheneum/Caitlyn Dlouhy Books) Simon & Schuster Children's Publishing.

Gorilla Family, the (FSTK ONLY) Jayson Fleischer & Michelle Lynch. 2016. (2g Fstk Ser.). (ENG.). 40p. (J). pap. 8.00 *(978-1-63437-640-2(4))* American Reading Co.

Gorilla Gardener: How to Help Nature Take over the World. John Seven. Illus. by Jana Christy. 2017. (Wee Rebel Ser.). (ENG.). 44p. (J). (gr. -1). 16.95 *(978-1-945665-00-4(9))* Manic D Pr.

Gorilla Grodd & the Primate Protocol Brandon T. Snider. Illus. by Tim Levins. 2018. (Justice League Ser.). (ENG.). 88p. (J). (gr. 2-6). lib. bdg. 26.65 *(978-1-4965-5979-1(7)*, 137328, Stone Arch Bks.) Capstone.

Gorilla Hunters. Robert Michael Ballantyne. 2019. (ENG.). 258p. (YA). (gr. 7-12). pap. *(978-93-5329-698-8(6))* Alpha Editions.

Gorilla Hunters: A Tale of the Wilds of Africa (Classic Reprint) R. M. Ballantyne. 2018. (ENG., Illus.). 324p. (J). 30.58 *(978-0-267-20418-2(3))* Forgotten Bks.

Gorilla Soup! Donald W. Kruse. Illus. by Donny Crank. 2017. (ENG.). (J). (gr. k-5). pap. 14.95 *(978-0-9981972-2-7(X))* Zaccheus Entertainment Co.

Gorilla Tactics: Dr. Critchlore's School for Minions #2. Sheila Grau & Joe Sutphin. 2017. (Dr. Critchlore's School for Minions Ser.). (ENG., Illus.). 312p. (J). (gr. 3-7). pap. 7.95 *(978-1-4197-2645-3(5)*, 1132103, Amulet Bks.) Abrams, Inc.

Gorilla Thumps & Bear Hugs: A Tapping Solution Children's Story. Alex Ortner. Illus. by Erin Mariano. 2016. 32p. (J). (gr. -1-2). 16.99 *(978-1-4019-5287-7(9))* Hay Hse., Inc.

Gorilla vs. Leopard. Nathan Sommer. 2020. (Animal Battles Ser.). (ENG.). 24p. (J). (gr. 3-7). lib. bdg. 26.95 *(978-1-64487-156-0(4)*, Torque Bks.) Bellwether Media.

Gorilla Who Ate Too Many Bananas Coloring Book. Smarter Activity Books for Kids. 2016. (ENG., Illus.). (J). pap. 9.22 *(978-1-68374-475-7(6))* Examined Solutions PTE. Ltd.

Gorillas. Tammy Gagne. 2017. (Animals of Africa Ser.). (ENG., Illus.). 32p. (J). (gr. 2-3). pap. 9.95 *(978-1-63517-329-1(9)*, 1635173299); lib. bdg. 31.35 *(978-1-63517-264-5(0)*, 1635172640) North Star Editions. (Focus Readers).

Gorillas. Golriz Golkar. 2018. (Rain Forest Animals Ser.). (ENG., Illus.). 24p. (J). (gr. 1-1). pap. 8.95 *(978-1-63517-821-0(5)*, 1635178215) North Star Editions.

Gorillas. Golriz Golkar. 2018. (Rain Forest Animals (Cody Koala) Ser.). (ENG., Illus.). 24p. (J). (gr. k-3). lib. bdg. 31.36 *(978-1-5321-6026-4(7)*, 28684, Pop! Cody Koala) Pop!.

Gorillas. Emma Huddleston. 2019. (Wild about Animals Ser.). (ENG., Illus.). 32p. (J). (gr. 3-3). pap. 9.95 *(978-1-64494-247-5(X)*, 164494247X) Bigfoot Bks. GBR. Dist: North Star Editions.

Gorillas. Jaclyn Jaycox. 2020. (Animals Ser.). (ENG., Illus.). 32p. (J). (gr. 1-3). pap. 6.95 *(978-1-9771-1795-3(3)*, 142155); lib. bdg. 31.32 *(978-1-9771-1342-9(7)*, 141463) Capstone. (Pebble).

Gorillas. Emily Kington. 2022. (Animals in Danger Ser.). (ENG., Illus.). 32p. (J). (gr. 3-6). lib. bdg. 29.32 *(978-1-914087-57-8(7)*, 07e6e250-e38f-4992-9ec5-46ca8eba1dab, Hungry Tomato (r)) Lerner Publishing Group.

Gorillas. Mary Ellen Klukow. 2019. (Spot African Animals Ser.). (ENG.). 16p. (J). (gr. -1-2). lib. bdg. *(978-1-68151-640-0(3)*, 10772) Amicus.

Gorillas. Julie Murray. (Animals with Strength Ser.). (ENG.). (J). 2022. Illus.). 24p. (gr. k-4). lib. bdg. 31.36 *(978-1-0982-8003-1(2)*, 41041, Abdo Zoom-Dash); 2019. 32p. (gr. 2-5). lib. bdg. 34.21 *(978-1-5321-1632-2(2)*, 32375, Big Buddy Bks.) ABDO Publishing Co.

Gorillas, Vol. 12. Jill Caravan. 2018. (Animals in the Wild Ser.). (Illus.). 72p. (J). (gr. 7). 33.27 *(978-1-4222-4170-7(X))* Mason Crest.

Gorillas: Children's Zoo Book with Interesting & Informative Facts. Bold Kids. 2022. (ENG.). 42p. (J). pap. 15.99 ***(978-1-0717-0998-6(4))*** FASTLANE LLC.

Gorillas! an Animal Encyclopedia for Kids (Monkey Kingdom) - Children's Biological Science of Apes & Monkeys Books. Prodigy Wizard. 2016. (ENG., Illus.). (J). pap. 9.25 *(978-1-68323-963-5(6))* Twin Flame Productions.

Gorillas & Their Infants: A 4D Book. Margaret Hall. rev. ed. 2018. (Animal Offspring Ser.). (ENG., Illus.). 24p. (J). (gr. -1-2). pap. 6.95 *(978-1-5435-0836-9(7)*, 137599); lib. bdg. 29.32 *(978-1-5435-0824-6(3)*, 137587) Capstone. (Capstone Pr.).

Gorillas in Mishanana. Christine Warugaba. Illus. by Peter Gitego. 2018. (ENG.). 28p. (J). pap. *(978-99977-772-5-6(5))* FURAHA Pubs. Ltd.

Gorilla's Nest, 1 vol. Arthur Best. 2018. (Animal Homes Ser.). (ENG.). 24p. (J). (gr. 1-1). 27.36 *(978-1-5026-3666-9(2)*, 994fc0ad-d54d-48d6-8b49-d3be42cbba0c) Cavendish Square Publishing LLC.

Gorillas (New & Updated Edition) Gail Gibbons. 2021. (Illus.). 32p. (J). (gr. -1-3). 18.99 *(978-0-8234-4924-8(6))* Holiday Hse., Inc.

Gorilla's World. Katie Gillespie. 2018. (Illus.). 24p. (J). *(978-1-4896-5659-9(6)*, AV2 by Weigl) Weigl Pubs., Inc.

Gorilles. Amy Culliford. Tr. by Annie Evearts. 2021. (Mes Amis les Animaux du Zoo (Zoo Animal Friends) Ser.). (FRE., Illus.). 16p. (J). (gr. -1-1). pap. *(978-1-0396-0758-3(6)*, 13291) Crabtree Publishing Co.

Gorinjas: The Beginning. Mark Lancaster. 2016. (Gorinjas Ser.: Vol. 1). (ENG., Illus.). 32p. (J). (gr. 4-6). pap. *(978-1-925595-00-0(5))* MoshPit Publishing.

Gormond et Isembart: Reproduction Photocollographique du Manuscrit Unique, II. 181, de la Bibliotheque Royale de Belgique (Classic Reprint) Alphonse Bayot. (FRE., Illus.). (J). 2018. 70p. 25.36 *(978-0-484-03375-6(1))*; 2017. pap. 9.57 *(978-0-259-36303-3(0))* Forgotten Bks.

Gormont et Isembart: Fragment de Chanson de Geste du Xiie Siecle (Classic Reprint) Alphonse Bayot. 2017. (FRE., Illus.). (J). pap. 9.57 *(978-0-243-88403-2(6))* Forgotten Bks.

Gormont et Isembart: Fragment de Chanson de Geste du XIie Siècle (Classic Reprint) Alphonse Bayot. 2018. (FRE., Illus.). 92p. (J). 25.81 *(978-0-666-70135-0(0))* Forgotten Bks.

Gory Ghosts & Goblins: Coloring Book. Activibooks For Kids. 2016. (ENG., Illus.). (J). pap. 6.92 *(978-1-68321-706-0(3))* Mimaxion.

Gory Story of Genghis Khan: Aka Dont Mess with the Mongols. Nayanika Mahtani. 2017. (ENG., Illus.). 208p. (J). pap. 19.99 *(978-0-14-342775-9(X)*, Puffin) Penguin Bks. India PVT, Ltd IND. Dist: Independent Pubs. Group.

Gosling Rescue. Shirley Montpetit. 2020. (ENG.). 40p. (J). *(978-1-5255-6754-4(3))*; pap. *(978-1-5255-6755-1(1))* FriesenPress.

Goslings (Classic Reprint) J. D. Beresford. 2018. (ENG., Illus.). 352p. (J). 31.16 *(978-0-483-40382-6(2))* Forgotten Bks.

Goslington Shadow, Vol. 1 Of 2: A Romance of the Nineteenth Century (Classic Reprint) Mungo Coultershoggle. (ENG., Illus.). (J). 2018. 244p. 28.99 *(978-0-484-68275-6(X))*; 2016. pap. 11.57 *(978-1-334-14512-4(1))* Forgotten Bks.

Gospel. Devon Provencher. Illus. by Jessica Provencher. 2020. (Big Theology for Little Hearts Ser.). (ENG.). 22p. (J). bds. 9.99 *(978-1-4335-6525-0(0))* Crossway.

Gospel above All - Teen Bible Study Book. J. D. Greear. 2019. (ENG.). 128p. (YA). (gr. 7-12). pap. 12.99 *(978-1-5359-0086-7(5))* Lifeway Christian Resources.

Gospel According to a Blackberry. Terry McComb & Jean McComb. 2023. (Gospel According to Nature Ser.). (ENG.). 72p. (J). pap. 22.95 ***(978-1-4796-1242-0(1))*** TEACH Services, Inc.

Gospel According to a Tree. Terry McComb & Jean McComb. 2022. (ENG.). 72p. (J). pap. 16.95 ***(978-1-4796-1236-9(7))*** TEACH Services, Inc.

GOSPEL According to TUFFY TURTLE: The LIFE of JESUS As Told by TUFFY TURTLE the Seventy-Seventh Generation of Spiriturtlelus Family. Joni Lundin McNamara. Illus. by Susan Stanley. 2019. (ENG.). 142p. (J). pap. 15.99 *(978-1-5456-6457-5(9))* Salem Author Services.

Gospel among the Boys & Girls: Dedicated to the Children at Chautauqua (Classic Reprint) Hiles Pardoe. (ENG., Illus.). (J). 2018. 96p. 25.88 *(978-0-364-52734-4(X))*; 2017. pap. 9.57 *(978-0-259-20896-9(5))* Forgotten Bks.

Gospel Foundations for Students: Volume 1 - the God Who Creates. Lifeway Students. 2018. (ENG.). 112p. (YA). (gr. 7-12). pap. 9.99 *(978-1-4627-9808-7(X))* Lifeway Christian Resources.

Gospel Foundations for Students: Volume 1 - the God Who Creates Group Pack (10) Lifeway Students. 2018. (ENG.). 112p. (YA). (gr. 7-12). 99.99 *(978-1-5359-3096-3(9))* Lifeway Christian Resources.

Gospel Foundations for Students: Volume 1 - the God Who Creates Leader Kit. Lifeway Students. 2018. (ENG.). 112p. (YA). pap. 29.99 *(978-1-5359-1571-7(4))* Lifeway Christian Resources.

Gospel Foundations for Students: Volume 2 - a Wandering People Leader Kit. Lifeway Students. 2018. (ENG.). 112p. (YA). pap. 29.99 *(978-1-5359-1572-4(2))* Lifeway Christian Resources.

Gospel Foundations for Students: Volume 2 - a Wandering People, Volume 2. Lifeway Students. 2018. (ENG.). 112p. (YA). (gr. 7-12). pap. 9.99 *(978-1-5359-1552-6(8))* Lifeway Christian Resources.

Gospel Foundations for Students: Volume 3 - Longing for a King Leader Kit. Lifeway Students. 2018. (ENG.). 112p. (YA). pap. 29.99 *(978-1-5359-1573-1(0))* Lifeway Christian Resources.

Gospel Foundations for Students: Volume 3 - Longing for a King, Volume 2. Lifeway Students. 2018. (ENG.). 112p. (YA). (gr. 7-12). pap. 9.99 *(978-1-5359-1553-3(6))* Lifeway Christian Resources.

Gospel Foundations for Students: Volume 4 - the Coming Rescue Leader Kit. Lifeway Students. 2018. (ENG.). 112p. (YA). pap. 29.99 *(978-1-5359-1574-8(9))* Lifeway Christian Resources.

Gospel Foundations for Students: Volume 4 - the Coming Rescue, Volume 4. Lifeway Students. 2018. (ENG.). 112p. (YA). (gr. 7-12). pap. 9.99 *(978-1-5359-1554-0(4))* Lifeway Christian Resources.

Gospel Foundations for Students: Volume 5 - God with Us Leader Kit. Lifeway Students. 2018. (ENG.). 112p. (YA). pap. 29.99 *(978-1-5359-1575-5(7))* Lifeway Christian Resources.

Gospel Foundations for Students: Volume 5 - God with Us, Volume 5. Lifeway Students. 2018. (ENG.). 112p. (YA). (gr. 7-12). pap. 9.99 *(978-1-5359-1555-7(2))* Lifeway Christian Resources.

Gospel Foundations for Students: Volume 6 - the Kingdom on Earth Leader Kit. Lifeway Students. 2018. (ENG.). 112p. (YA). pap. 29.99 *(978-1-5359-1576-2(5))* Lifeway Christian Resources.

Gospel Foundations for Students: Volume 6 - the Kingdom on Earth, Volume 6. Lifeway Students. 2018. (ENG.). 112p. (YA). (gr. 7-12). pap. 9.99 *(978-1-5359-1556-4(0))* Lifeway Christian Resources.

Gospel: God's Plan for Me - Leader Guide. Lifeway Kids. 2019. (ENG.). 64p. (J). (gr. 1-6). pap. 22.25 *(978-1-5359-6222-3(4))* Lifeway Christian Resources.

Gospel: God's Plan for Me - Older Kids Activity Book. Lifeway Kids. 2019. (ENG., Illus.). 80p. (J). (gr. 4-6). pap. 6.99 *(978-1-5359-6224-7(0))* Lifeway Christian Resources.

Gospel: God's Plan for Me - Younger Kids Activity Book. Lifeway Kids. 2019. (ENG., Illus.). 80p. (J). (gr. 1-3). pap. 6.99 *(978-1-5359-6223-0(2))* Lifeway Christian Resources.

Gospel Messages from the Antarctic. George Paterson. 2020. (ENG.). 114p. (YA). pap. 9.95 *(978-0-9883280-5-1(4))* Golden Kingdom Pr.

Gospel of Freedom (Classic Reprint) Robert Herrick. 2018. (ENG., Illus.). 300p. (J). 30.08 *(978-0-267-24331-0(6))* Forgotten Bks.

Gospel of Jesus Christ for Kids. Rob Edwards. 2018. (ENG., Illus.). 20p. (J). pap. 19.99 *(978-1-5456-2269-8(8))* Salem Author Services.

Gospel of Luke: An Exposition (Classic Reprint) Charles Rosenbury Erdman. 2017. (ENG., Illus.). (J). 28.70 *(978-0-266-54758-7(3))* Forgotten Bks.

Gospel of Matthew for Little Ones. Sara Beth Meyer. Illus. by Allison Hsu. 2022. (ENG.). 36p. (J). 19.95 ***(978-1-59614-570-2(6))*** Marian Pr.

Gospel Pictures & Story Sermons, Vol. 1 (Classic Reprint) D. W. Whittle. 2018. (ENG., Illus.). 132p. (J). 26.62 *(978-0-332-46206-6(4))* Forgotten Bks.

Gospel Project for Kids Classroom Bible - Package Of 10, 10 vols. Lifeway Kids. 2018. (ENG.). 704p. (J). (gr. 1-6). pap. 49.99 *(978-1-5359-2805-2(0))* Lifeway Christian Resources.

Gospel Project for Kids: Kids Leader Kit - Volume 10: the Mission Begins, Volume 4. Lifeway Kids. 2020. (ENG.). 244p. (J). 91.99 *(978-1-5359-7989-4(5))* Lifeway Christian Resources.

Gospel Project for Kids: Kids Leader Kit - Volume 4: a Kingdom Established. Lifeway Kids. 2016. (ENG.). (J). (gr. 1-6). 86.99 *(978-1-4300-5240-1(6))* Lifeway Christian Resources.

Gospel Project for Kids: Kids Leader Kit - Volume 6: Exile & Return. Lifeway Kids. 2016. (ENG.). (J). (gr. 1-6). 86.99 *(978-1-4300-6310-0(6))* Lifeway Christian Resources.

Gospel Project for Kids: Kids Leader Kit - Volume 7: the Rescue Begins. Lifeway Kids. 2016. (ENG.). (J). (gr. 1-6). 86.99 *(978-1-4300-6712-2(8))* Lifeway Christian Resources.

Gospel Project for Kids: Kids Leader Kit Add-On DVD - Volume 1: in the Beginning. Lifeway Kids. 2018. (ENG.). (J). (gr. 1-6). 14.00 *(978-1-4627-9989-3(2))* Lifeway Christian Resources.

Gospel Project for Kids: Kids Leader Kit Add-On DVD - Volume 7: the Rescue Begins: Volume 7: the Rescue Begins. Lifeway Kids. 2016. (ENG.). (J). (gr. 1-6). 10.00 *(978-1-4627-6152-4(6))* Lifeway Christian Resources.

Gospel Project for Kids: Kids Leader Kit with Worship - Volume 4: a Kingdom Established. Lifeway Kids. 2016. (ENG.). (J). (gr. 1-6). 208.50 *(978-1-4300-5242-5(2))* Lifeway Christian Resources.

Gospel Project for Kids: Kids Leader Kit with Worship - Volume 6: Exile & Return. Lifeway Kids. 2016. (ENG.). (J). (gr. 1-6). 149.99 *(978-1-4300-6311-7(4))* Lifeway Christian Resources.

Gospel Project for Kids: Kids Leader Kit with Worship Add-On DVD - Volume 7: the Rescue Begins: Volume 7: the Rescue Begins. Lifeway Kids. 2016. (ENG.). (J). (gr. 1-6). 20.00 *(978-1-4627-6154-8(2))* Lifeway Christian Resources.

Gospel Project for Kids: Kids Leader Kit with Worship Add-On DVD - Volume 8: Stories & Signs: Summer 2017. Lifeway Kids. 2017. (ENG.). (J). (gr. 1-6). 28.00 *(978-1-4300-6670-5(9))* Lifeway Christian Resources.

Gospel Project for Kids: Kids Midweek Add-On Pack - Volume 1: from Creation to Chaos: Genesis. Lifeway Kids. 2021. (ENG.). (J). 69.99 *(978-1-0877-4693-7(0))* Lifeway Christian Resources.

Gospel Project for Kids: Kids Ministry Starter Kit - Volume 1 from Creation to Chaos, 4: Genesis. Lifeway Kids. 2021. (ENG.). 244p. (J). 94.99 *(978-1-0877-4312-7(5))* Lifeway Christian Resources.

Gospel Project for Kids: Kids Worship Hour Add-On - Volume 10: the Mission Begins, Volume 4. Lifeway Kids. 2020. (ENG.). (J). 68.99 *(978-1-5359-8025-8(7))* Lifeway Christian Resources.

Gospel Project for Kids: Kids Worship Hour Add-On - Volume 7: Jesus the Messiah. Lifeway Kids. 2019. (ENG.). (J). (gr. 1-6). pap. 68.99 *(978-1-5359-5150-0(8))* Lifeway Christian Resources.

Gospel Project for Kids: Kids Worship Hour Add-On DVD - Volume 1: in the Beginning. Lifeway Kids. 2018. (ENG.). (J). (gr. 1-6). 28.00 *(978-1-4627-9993-0(0))* Lifeway Christian Resources.

Gospel Project for Kids: Kids Worship Hour Add-On Pack - Volume 1: from Creation to Chaos: Genesis. Lifeway Kids. 2021. (ENG.). (J). 69.99 *(978-1-0877-4692-0(2))* Lifeway Christian Resources.

Gospel Project for Kids: Older Kids Activity Pages - Volume 1: from Creation to Chaos: Genesis. Lifeway Kids. 2021. (ENG.). 32p. (J). (gr. 4-6). pap. 3.45 *(978-1-0877-4699-9(X))* Lifeway Christian Resources.

Gospel Project for Kids: Older Kids Activity Pages - Volume 10: the Church on Mission. LifeWay Kids Staff. 2017. (ENG.). 32p. (J). (gr. 4-6). pap. 2.80 *(978-1-4627-7267-4(6))* Lifeway Christian Resources.

Gospel Project for Kids: Older Kids Activity Pages - Volume 10: the Mission Begins, Volume 4. Lifeway Kids. 2020. (ENG.). 32p. (J). (gr. 4-6). pap. 4.50 *(978-1-5359-7977-1(1))* Lifeway Christian Resources.

Gospel Project for Kids: Older Kids Activity Pages - Volume 12: Come, Lord Jesus. Lifeway Kids. 2018. (ENG.). 32p. (J). (gr. 4-6). pap. 2.99 *(978-1-4627-8370-0(8))* Lifeway Christian Resources.

Gospel Project for Kids: Older Kids Activity Pages - Volume 2: Out of Egypt. Lifeway Kids. 2018. (ENG.). 32p. (J). (gr. 4-6). 2.99 *(978-1-5359-1639-4(7))* Lifeway Christian Resources.

Gospel Project for Kids: Older Kids Activity Pages - Volume 3: into the Promised Land. Lifeway Kids. 2018. (ENG.). 32p. (J). (gr. 4-6). 4.25 *(978-1-5359-1675-2(3))* Lifeway Christian Resources.

Gospel Project for Kids: Older Kids Activity Pages - Volume 4: a Kingdom Established. Lifeway Kids. 2016. (ENG.). (J). (gr. 4-6). pap. 2.80 *(978-1-4300-5227-2(9))* Lifeway Christian Resources.

Gospel Project for Kids: Older Kids Activity Pages - Volume 5: Prophets & Kings. Lifeway Kids. 2016. (ENG.). (J). (gr. 4-6). pap. 2.80 *(978-1-4300-6139-7(1))* Lifeway Christian Resources.

Gospel Project for Kids: Older Kids Activity Pages - Volume 7: Jesus the Messiah. Lifeway Kids. 2019. (ENG.). 32p. (J). (gr. 4-6). pap. 3.15 *(978-1-5359-4809-8(4))* Lifeway Christian Resources.

Gospel Project for Kids: Older Kids Activity Pages - Volume 7: the Rescue Begins. Lifeway Kids. 2016. (ENG.). (J). (gr. 4-6). pap. 2.80 *(978-1-4300-6364-3(5))* Lifeway Christian Resources.

Gospel Project for Kids: Older Kids Leader Guide - Volume 1: from Creation to Chaos: Genesis. Lifeway Kids. 2021. (ENG.). 168p. (J). (gr. 4-6). spiral bd. 7.99 *(978-1-0877-4695-1(7))* Lifeway Christian Resources.

Gospel Project for Kids: Older Kids Leader Guide - Volume 10: the Church on Mission. LifeWay Kids Staff. 2017. (ENG.). 224p. (J). (gr. 4-6). pap. 6.75 *(978-1-4627-7269-8(2))* Lifeway Christian Resources.

Gospel Project for Kids: Older Kids Leader Guide - Volume 10: the Mission Begins, Volume 4. Lifeway Kids. 2020. (ENG.). 244p. (J). (gr. 4-6). spiral bd. 11.00 *(978-1-5359-7985-6(2))* Lifeway Christian Resources.

Gospel Project for Kids: Older Kids Leader Guide - Volume 12: Come, Lord Jesus. Lifeway Kids. 2018. (ENG.). 224p. (J). (gr. 4-6). spiral bd. 7.35 *(978-1-4627-8366-3(X))* Lifeway Christian Resources.

Gospel Project for Kids: Older Kids Leader Guide - Volume 2: Out of Egypt. LifeWay Kids Staff. 2018. (ENG.). 244p. (J). (gr. 4-6). spiral bd. 7.35 *(978-1-5359-1640-0(0))* Lifeway Christian Resources.

Gospel Project for Kids: Older Kids Leader Guide - Volume 3: from Conquest to Kingdom: Joshua - 1 Samuel Volume 3. Lifeway Kids. 2021. (Gospel Project (Tgp) Ser.). (ENG.). 136p. (J). (gr. 4-6). spiral bd. 8.49 ***(978-1-0877-5709-4(6))*** Lifeway Christian Resources.

Gospel Project for Kids: Older Kids Leader Guide - Volume 3: into the Promised Land. Lifeway Kids. 2018. (ENG.). 244p. (J). (gr. 4-6). spiral bd. 10.25 *(978-1-5359-1676-9(1))* Lifeway Christian Resources.

Gospel Project for Kids: Older Kids Leader Guide - Volume 4: a Kingdom Established. Lifeway Kids. 2016. (ENG.). (J). (gr. 4-6). spiral bd. 6.75 *(978-1-4300-5233-3(3))* Lifeway Christian Resources.

Gospel Project for Kids: Older Kids Leader Guide - Volume 5: Prophets & Kings. Lifeway Kids. 2016. (Gospel Project (Tgp) Ser.: Vol. 5). (ENG.). (J). (gr. 4-6). spiral bd. 6.75 *(978-1-4300-6127-4(8))* Lifeway Christian Resources.

Gospel Project for Kids: Older Kids Leader Guide - Volume 7: Jesus the Messiah. Lifeway Kids. 2019. (ENG.). 244p. (J). (gr. 4-6). spiral bd. 7.75 *(978-1-5359-4813-5(2))* Lifeway Christian Resources.

Gospel Project for Kids: Younger Kids Activity Pages - Volume 1: from Creation to Chaos: Genesis. Lifeway Kids. 2021. (ENG.). 32p. (J). (gr. 1-3). pap. 3.45 *(978-1-0877-4697-5(3))* Lifeway Christian Resources.

Gospel Project for Kids: Younger Kids Activity Pages - Volume 10: the Mission Begins, Volume 4. Lifeway Kids. 2020. (ENG.). 32p. (J). (gr. 1-3). pap. 4.50 *(978-1-5359-8007-4(9))* Lifeway Christian Resources.

Gospel Project for Kids: Younger Kids Activity Pages - Volume 12: Come, Lord Jesus. Lifeway Kids. 2018. (ENG.). 32p. (J). (gr. 1-3). pap. 4.25 *(978-1-4627-8368-7(6))* Lifeway Christian Resources.

Gospel Project for Kids: Younger Kids Activity Pages - Volume 2: Out of Egypt. Lifeway Kids. 2018. (ENG.). 32p. (J). (gr. 1-3). 2.99 *(978-1-5359-1620-2(6))* Lifeway Christian Resources.

Gospel Project for Kids: Younger Kids Activity Pages - Volume 3: into the Promised Land. Lifeway Kids. 2018. (ENG.). 32p. (J). (gr. 1-3). 4.25 *(978-1-5359-1592-2(7))* Lifeway Christian Resources.

Gospel Project for Kids: Younger Kids Activity Pages - Volume 7: Jesus the Messiah. Lifeway Kids. 2019. (ENG.). 32p. (J). (gr. 1-3). pap. 3.15 *(978-1-5359-4764-0(0))* Lifeway Christian Resources.

Gospel Project for Kids: Younger Kids Activity Pages - Volume 7: the Rescue Begins. Lifeway Kids. 2016. (ENG.). (J). (gr. 1-3). pap. 2.80 *(978-1-4300-6363-6(7))* Lifeway Christian Resources.

Gospel Project for Kids: Younger Kids Activity Pages - Volume 8: Stories & Signs. Lifeway Kids. 2017. (ENG.). (J). (gr. 1-3). pap. 2.80 *(978-1-4300-6664-4(4))* Lifeway Christian Resources.

Gospel Project for Kids: Younger Kids Activity Pages - Volume 9: Jesus Saves. Lifeway Kids. 2017. (ENG.). (J). (gr. 1-3). pap. 4.00 *(978-1-4627-4939-3(9))* Lifeway Christian Resources.

Gospel Project for Kids: Younger Kids Leader Guide - Volume 1: from Creation to Chaos: Genesis. Lifeway Kids. 2021. (ENG.). 168p. (J). (gr. 1-3). spiral bd. 7.99 *(978-1-0877-4694-4(9))* Lifeway Christian Resources.

Gospel Project for Kids: Younger Kids Leader Guide - Volume 10: the Church on Mission. Lifeway Kids. 2017. (ENG.). (J). (gr. 1-3). spiral bd. 6.75 *(978-1-4627-7268-1(4))* Lifeway Christian Resources.

Gospel Project for Kids: Younger Kids Leader Guide - Volume 10: the Mission Begins, Volume 4. Lifeway Kids. 2020. (ENG.). 244p. (J). (gr. 1-3). spiral bd. 11.00 *(978-1-5359-8010-4(9))* Lifeway Christian Resources.

Gospel Project for Kids: Younger Kids Leader Guide - Volume 12: Come, Lord Jesus. LifeWay Kids Staff. 2018. (ENG.). 224p. (J). (gr. 1-3). spiral bd. 7.35 *(978-1-4627-8364-9(3))* Lifeway Christian Resources.

Gospel Project for Kids: Younger Kids Leader Guide - Volume 2: Out of Egypt. Lifeway Kids. 2018. (ENG.). 244p. (J). (gr. 1-3). spiral bd. 7.35 *(978-1-5359-1643-1(5))* Lifeway Christian Resources.

Gospel Project for Kids: Younger Kids Leader Guide - Volume 3: from Conquest to Kingdom: Joshua - 1 Samuel Volume 3. Lifeway Kids. 2021. (Gospel Project (Tgp) Ser.). (ENG.). 136p. (J). (gr. 1-3). spiral bd. 8.49 ***(978-1-0877-5708-7(8))*** Lifeway Christian Resources.

Gospel Project for Kids: Younger Kids Leader Guide - Volume 3: into the Promised Land. Lifeway Kids. 2018. (ENG.). 244p. (J). (gr. 1-3). spiral bd. 10.25 *(978-1-5359-1679-0(6))* Lifeway Christian Resources.

Gospel Project for Kids: Younger Kids Leader Guide - Volume 4: a Kingdom Established. Lifeway Kids. 2016. (ENG.). (J). (gr. 1-3). spiral bd. 6.75 *(978-1-4300-5231-9(7))* Lifeway Christian Resources.

Gospel Project for Kids: Younger Kids Leader Guide - Volume 5: Prophets & Kings. Lifeway Kids. 2016. (ENG.). (J). (gr. 1-3). spiral bd. 6.75 *(978-1-4300-6126-7(X))* Lifeway Christian Resources.

Gospel Project for Kids: Younger Kids Leader Guide - Volume 6: Exile & Return. Lifeway Kids. 2016. (ENG.). (J). (gr. 1-3). spiral bd. 6.75 *(978-1-4300-6302-5(5))* Lifeway Christian Resources.

Gospel Project for Kids: Younger Kids Leader Guide - Volume 7: Jesus the Messiah. Lifeway Kids. 2019. (ENG.). 244p. (J). (gr. 1-3). spiral bd. 7.75 *(978-1-5359-4826-5(4))* Lifeway Christian Resources.

Gospel Project for Kids: Younger Kids Leader Guide - Volume 7: the Rescue Begins. Lifeway Kids. 2016. (ENG.). (J). (gr. 1-3). spiral bd. 6.75 *(978-1-4300-6360-5(2))* Lifeway Christian Resources.

Gospel Project for Kids: Younger Kids Leader Guide - Volume 8: Stories & Signs. Lifeway Kids. 2017. (ENG.). (J). (gr. 1-3). spiral bd. 9.50 *(978-1-4300-6636-1(9))* Lifeway Christian Resources.

Gospel Project for Preschool: Babies & Toddlers Leader Guide - Volume 4: a Kingdom Established. Lifeway Kids. 2016. (ENG.). (J). (— 1). spiral bd. 6.75 *(978-1-4300-5223-4(6))* Lifeway Christian Resources.

Gospel Project for Preschool: Babies & Toddlers Leader Guide - Volume 5: Prophets & Kings. Lifeway Kids. 2016. (ENG.). (J). (— 1). spiral bd. 6.75 *(978-1-4300-6124-3(3))* Lifeway Christian Resources.

Gospel Project for Preschool: Babies & Toddlers Leader Guide - Volume 9: Jesus Saves. Lifeway Kids. 2017. (ENG.). (J). (— 1). spiral bd. 6.75 *(978-1-4627-4901-0(1))* Lifeway Christian Resources.

Gospel Project for Preschool: Older Preschool Activity Pages - Volume 1: from Creation to Chaos: Genesis. Lifeway Kids. 2021. (ENG.). 32p. (J). pap. 3.45 *(978-1-0877-4690-6(6))* Lifeway Christian Resources.

Gospel Project for Preschool: Older Preschool Leader Guide - Volume 1: from Creation to Chaos: Genesis. Lifeway Kids. 2021. (ENG.). 168p. (J). spiral bd. 7.99 *(978-1-0877-4688-3(4))* Lifeway Christian Resources.

Gospel Project for Preschool: Preschool Activity Pages - Volume 1 in the Beginning. Lifeway Kids. 2018. (ENG.). 32p. (J). (gr. -1-k). pap. 4.25 *(978-1-4627-9826-1(8))* Lifeway Christian Resources.

Gospel Project for Preschool: Preschool Activity Pages - Volume 10: the Church on Mission. Lifeway Kids. 2017. (ENG.). (J). (gr. -1-k). pap. 2.80 *(978-1-4627-7265-0(X))* Lifeway Christian Resources.

Gospel Project for Preschool: Preschool Activity Pages - Volume 10: the Mission Begins, Volume 4. Lifeway Kids. 2020. (ENG.). 32p. (J). pap. 4.50 *(978-1-5359-8064-7(8))* Lifeway Christian Resources.

Gospel Project for Preschool: Preschool Activity Pages - Volume 12: Come, Lord Jesus. Lifeway Kids. 2018. (ENG.). 32p. (J). (gr. -1-k). pap. 2.99 *(978-1-4627-8129-4(2))* Lifeway Christian Resources.

Gospel Project for Preschool: Preschool Activity Pages - Volume 2: Out of Egypt. Lifeway Kids. 2018. (ENG.). 32p. (J). (gr. -1-k). 2.99 *(978-1-5359-1669-1(9))* Lifeway Christian Resources.

Gospel Project for Preschool: Preschool Activity Pages - Volume 4: a Kingdom Established. Lifeway Kids. 2016. (ENG.). (J). (gr. -1-k). pap. 2.80 *(978-1-4300-5225-8(2))* Lifeway Christian Resources.

Gospel Project for Preschool: Preschool Activity Pages - Volume 5: Prophets & Kings. Lifeway Kids. 2016. (ENG.). (J). (gr. -1-k). pap. 2.80 *(978-1-4300-6135-9(9))* Lifeway Christian Resources.

Gospel Project for Preschool: Preschool Activity Pages - Volume 7: Jesus the Messiah. Lifeway Kids. 2019. (ENG.). 32p. (J). (gr. -1-k). pap. 3.15 *(978-1-5359-4768-8(3))* Lifeway Christian Resources.

Gospel Project for Preschool: Preschool Activity Pages - Volume 7: the Rescue Begins. Lifeway Kids. 2016. (ENG.). (J). (gr. -1-k). pap. 2.80 *(978-1-4300-6362-9(9))* Lifeway Christian Resources.

Gospel Project for Preschool: Preschool Activity Pages - Volume 8: Jesus the Servant, Volume 4. Lifeway Kids. 2020. (ENG.). 32p. (J). (gr. -1-k). pap. 3.15 *(978-1-5359-4769-5(1))* Lifeway Christian Resources.

Gospel Project for Preschool: Preschool Leader Guide - Volume 1 in the Beginning. Lifeway Kids. 2018. (ENG.). 168p. (J). (gr. -1-k). spiral bd. 10.25 *(978-1-4627-9824-7(1))* Lifeway Christian Resources.

Gospel Project for Preschool: Preschool Leader Guide - Volume 10: the Church on Mission. Lifeway Kids. 2017. (ENG.). (J). (gr. -1-k). spiral bd. 6.75 *(978-1-4627-7263-6(3))* Lifeway Christian Resources.

Gospel Project for Preschool: Preschool Leader Guide - Volume 10: the Mission Begins, Volume 4. Lifeway Kids. 2020. (ENG.). 168p. (J). spiral bd. 11.00 *(978-1-5359-8071-5(0))* Lifeway Christian Resources.

Gospel Project for Preschool: Preschool Leader Guide - Volume 12: Come, Lord Jesus. Lifeway Kids. 2018. (ENG.). 168p. (J). (gr. -1-1). spiral bd. 7.35 *(978-1-4627-8126-3(8))* Lifeway Christian Resources.

Gospel Project for Preschool: Preschool Leader Guide - Volume 2: Out of Egypt. Lifeway Kids. 2018. (Gospel Project (Tgp) Ser.). (ENG.). 168p. (J). (gr. -1-k). pap. 7.35 *(978-1-5359-0825-2(4))* Lifeway Christian Resources.

Gospel Project for Preschool: Preschool Leader Guide - Volume 4: a Kingdom Established. Lifeway Kids. 2016. (ENG.). (J). (gr. -1-k). spiral bd. 6.75 *(978-1-4300-5229-6(5))* Lifeway Christian Resources.

Gospel Project for Preschool: Preschool Leader Guide - Volume 5: Prophets & Kings. Lifeway Kids. 2016. (ENG.). (J). (gr. -1-k). spiral bd. 6.55 *(978-1-4300-6128-1(6))* Lifeway Christian Resources.

Gospel Project for Preschool: Preschool Leader Guide - Volume 7: Jesus the Messiah. Lifeway Kids. 2019. (ENG.). 168p. (J). (gr. -1-k). spiral bd. 7.75 *(978-1-5359-4772-5(1))* Lifeway Christian Resources.

Gospel Project for Preschool: Preschool Leader Guide - Volume 8: Jesus the Servant, Volume 4. Lifeway Kids. 2020. (ENG.). 168p. (J). (gr. -1-k). spiral bd. 7.75 *(978-0-5359-4773-2(X))* Lifeway Christian Resources.

Gospel Project for Preschool: Preschool Leader Kit - Volume 4: a Kingdom Established. Lifeway Kids. 2016. (ENG.). (J). (-1). 66.99 *(978-1-4300-5236-4(8))* Lifeway Christian Resources.

Gospel Project for Preschool: Preschool Leader Kit Add-On DVD - Volume 1 in the Beginning. Lifeway Kids.

2018. (ENG.). (J). (gr. -1-k). 10.00 *(978-1-4627-9827-8(6))* Lifeway Christian Resources.

Gospel Project for Preschool: Preschool Leader Kit Add-On DVD - Volume 7: the Rescue Begins: Volume 7: the Rescue Begins. Lifeway Kids. 2016. (ENG.). (J). (gr. -1-k). 10.00 *(978-1-4627-6156-2(9))* Lifeway Christian Resources.

Gospel Project for Preschool: Preschool Leader Kit with Worship - Volume 4: a Kingdom Established. Lifeway Kids. 2016. (ENG.). (J). (-1). 129.99 *(978-1-4300-5238-8(4))* Lifeway Christian Resources.

Gospel Project for Preschool: Preschool Leader Kit with Worship Add-On DVD - Volume 7: the Rescue Begins: Volume 7: the Rescue Begins. Lifeway Kids. 2016. (ENG.). (J). (gr. -1-k). 28.00 *(978-1-4627-6160-9(7))* Lifeway Christian Resources.

Gospel Project for Preschool: Preschool Poster Pack - Volume 10: the Church on Mission. Lifeway Kids. 2017. (ENG.). (J). (-1). 24.99 *(978-1-4627-7273-5(0))* Lifeway Christian Resources.

Gospel Project for Preschool: Preschool Worship Hour Add-On - Volume 12: Come, Lord Jesus. Lifeway Kids. 2018. (ENG.). (J). (gr. -1-1). 93.25 *(978-1-4627-8203-1(5))* Lifeway Christian Resources.

Gospel Project for Preschool: Preschool Worship Hour Add-On - Volume 7: Jesus the Messiah. Lifeway Kids. 2019. (ENG.). (J). (gr. -1-k). pap. 68.99 *(978-1-5359-5156-2(7))* Lifeway Christian Resources.

Gospel Project for Preschool: Preschool Worship Hour Add-On - Volume 9: Jesus Saves: Fall 2017. Lifeway Kids. 2017. (ENG.). (J). (-1). 64.99 *(978-1-4627-4907-2(0))* Lifeway Christian Resources.

Gospel Project for Preschool: Preschool Worship Hour Add-On Pack - Volume 1: from Creation to Chaos: Genesis. Lifeway Kids. 2021. (ENG.). (J). 69.99 *(978-1-0877-4679-1(5))* Lifeway Christian Resources.

Gospel Project for Preschool: Younger Preschool Activity Pages - Volume 1: from Creation to Chaos: Genesis. Lifeway Kids. 2021. (ENG.). 32p. (J). pap. 3.45 *(978-1-0877-4689-0(2))* Lifeway Christian Resources.

Gospel Project: Home Edition Grades 3-5 Workbook Semester 1. Lifeway Kids. 2018. (ENG.). 64p. (J). (gr. 3-5). pap. 7.99 *(978-1-5359-0940-2(4))* Lifeway Christian Resources.

Gospel Project: Home Edition Grades 3-5 Workbook Semester 2. Lifeway Kids. 2018. (ENG.). 64p. (J). (gr. 3-5). pap. 11.25 *(978-1-5359-1584-7(6))* Lifeway Christian Resources.

Gospel Project: Home Edition Grades K-2 Workbook Semester 1. Lifeway Kids. 2018. (ENG.). 64p. (J). (gr. k-2). pap. 7.99 *(978-1-5359-0939-6(0))* Lifeway Christian Resources.

Gospel Project: Home Edition Grades K-2 Workbook Semester 2. Lifeway Kids. 2018. (ENG.). 64p. (J). (gr. k-2). pap. 11.25 *(978-1-5359-1583-0(8))* Lifeway Christian Resources.

Gospel Project Home Edition Leader Kit Semester 3. Lifeway Kids. 2019. (ENG.). (J). (gr. k-5). pap. 47.99 *(978-1-5359-8351-8(5))* Lifeway Christian Resources.

Gospel Project Home Edition Leader Kit Semester 4. Lifeway Kids. 2019. (ENG.). (J). (gr. k-5). pap. 47.99 *(978-1-5359-8520-8(8))* Lifeway Christian Resources.

Gospel Project: Home Edition Leader Kit Semester 6. Lifeway Kids. 2020. (ENG.). 424p. (J). 47.99 *(978-1-0877-1040-2(5))* Lifeway Christian Resources.

Gospel Project: Home Edition Teacher Guide Semester 1. Lifeway Kids. 2018. (ENG.). 288p. (J). (gr. k-6). 21.00 *(978-1-4627-4093-2(6))* Lifeway Christian Resources.

Gospel Project: Students - Daily Discipleship Guide - CSB - Spring 2022. Lifeway Kids. 2021. (ENG.). 112p. (YA). pap. 4.50 *(978-1-0877-6430-6(0))* Lifeway Christian Resources.

Gospel Project: Students - Daily Discipleship Guide - CSB - Winter 2022. Lifeway Students. 2021. (ENG.). 112p. (YA). pap. 4.35 *(978-1-0877-5916-6(1))* Lifeway Christian Resources.

Gospel Project: Students - Daily Discipleship Guide - Spring 2023. Lifeway Students. 2022. (Gospel Project (Tgp) Ser.). (ENG.). 112p. (YA). (gr. 7-12). pap. 6.50 ***(978-1-0877-8678-0(9))*** Lifeway Christian Resources.

Gospel Told by Animals. Bénédicte Delelis. Illus. by Éric Puybaret. 2018. (ENG.). 32p. (J). (gr. -1-5). 14.99 *(978-1-62164-248-0(8))* Ignatius Pr.

Gospel Tragedy: An Epic Poem, in Four Books (Classic Reprint) Thomas Brockway. 2016. (ENG., Illus.). (J). pap. 9.57 *(978-1-334-37009-0(5))* Forgotten Bks.

Gospel Writ in Steel, a Story of the American Civil War (Classic Reprint) Arthur Paterson. 2018. (ENG., Illus.). 360p. (J). 31.32 *(978-0-483-58135-7(6))* Forgotten Bks.

Gossamer (Classic Reprint) G. A. Birmingham. 2018. (ENG., Illus.). 298p. (J). 30.06 *(978-0-483-38332-6(5))* Forgotten Bks.

Gossamer Summer. H. M. Bouwman. 2023. (ENG.). 192p. (J). (gr. 3-7). 17.99 ***(978-1-6659-1253-2(7)*** Atheneum Bks. for Young Readers) Simon & Schuster Children's Publishing.

Gossie & Friends Big Book of Adventures. Olivier Dunrea. Illus. by Olivier Dunrea. 2017. (Gossie & Friends Ser.). (ENG., Illus.). 288p. (J). (gr. -1-3). 16.99 *(978-0-544-77980-8(0),* 1638034, Clarion Bks.) HarperCollins Pubs.

Gossie & Friends Go Swimming Bath Book with Toy. Olivier Dunrea. Illus. by Olivier Dunrea. 2019. (Gossie & Friends Ser.). (ENG., Illus.). 8p. (J). (— 1). pap. 12.99 *(978-1-328-85711-8(5),* 1694205, Clarion Bks.) HarperCollins Pubs.

Gossie & Friends Say Good Night Board Book. Olivier Dunrea. Illus. by Olivier Dunrea. 2017. (Gossie & Friends Ser.). (ENG., Illus.). 18p. (J). (— 1). bds. 8.99 *(978-0-544-91503-9(8),* 1655431, Clarion Bks.) HarperCollins Pubs.

Gossip (Classic Reprint) Henry Morley. (ENG., Illus.). (J). 2018. 446p. 33.12 *(978-0-267-00225-2(4));* 2017. pap. 16.57 *(978-0-243-85627-5(X))* Forgotten Bks.

Gossip Girl: A Novel by Cecily Von Ziegesar. Cecily von Ziegesar. ed. 2020. (Gossip Girl Ser.: 1). (ENG.). 224p. (YA). (gr. 10-17). pap. 10.99 *(978-0-316-49910-1(2),* Poppy) Little, Brown Bks. for Young Readers.

Gossip Girl: All I Want Is Everything: A Gossip Girl Novel. Cecily von Ziegesar. ed. 2020. (Gossip Girl Ser.: 3). (ENG., Illus.). 240p. (YA). (gr. 10-17). pap. 10.99 *(978-0-316-49912-5(9),* Poppy) Little, Brown Bks. for Young Readers.

Gossip Girl: You Know You Love Me: A Gossip Girl Novel. Cecily von Ziegesar. ed. 2020. (Gossip Girl Ser.: 2). (ENG.). 256p. (YA). (gr. 10-17). pap. 10.99 *(978-0-316-49911-8(0),* Poppy) Little, Brown Bks. for Young Readers.

Gossip of the Caribbees: Sketches of Anglo-West-Indian Life (Classic Reprint) William Rutherford Hayes Trowbridge. 2017. (ENG., Illus.). (J). 29.92 *(978-0-266-57833-8(0));* pap. 13.57 *(978-0-282-86032-5(0))* Forgotten Bks.

Gossip Shop (Classic Reprint) J. E. Buckrose. 2017. (ENG., Illus.). 318p. (J). 30.48 *(978-0-332-18551-4(6))* Forgotten Bks.

Gossiping. Joy Berry. 2018. (Help Me Be Good Ser.). (ENG.). 34p. (J). pap. 8.99 *(978-0-7396-0321-5(3))* Inspired Studios Inc.

Gossips of Rivertown: With Sketches in Prose & Verse (Classic Reprint) Alice B. Neal. 2017. (ENG., Illus.). (J). 30.99 *(978-0-265-55540-8(X))* Forgotten Bks.

Gossip's Story, & a Legendary Tale. Jane West. 2017. (ENG.). 294p. (J). pap. *(978-3-337-39330-4(6))* Creation Pubs.

Gossip's Story, & a Legendary Tale (Classic Reprint) West. 2018. (ENG., Illus.). 292p. (J). 29.92 *(978-0-267-15578-1(6))* Forgotten Bks.

Gossip's Story, & a Legendary Tale. in Two Volumes. Vol. II. West. 2017. (ENG., Illus.). (J). pap. *(978-0-649-22271-1(7))* Trieste Publishing Pty Ltd.

Gossip's Story, & a Legendary Tale, Vol. 1 of 2 (Classic Reprint) Jane West. (ENG., Illus.). (J). 2018. 480p. 33.80 *(978-0-366-55667-0(3));* 2018. 482p. pap. 16.57 *(978-0-366-06612-4(9));* 2017. 33.78 *(978-0-266-72757-6(3));* 2017. pap. 16.57 *(978-1-5276-8770-7(8))* Forgotten Bks.

Gossip's Story, & a Legendary Tale, Vol. 2 of 2 (Classic Reprint) West. 2018. (ENG., Illus.). 242p. (J). 28.87 *(978-0-332-63478-4(7))* Forgotten Bks.

Gossip's Week, Vol. 1 of 2 (Classic Reprint) Mary Boddington. 2018. (ENG., Illus.). 442p. (J). 33.01 *(978-0-483-49922-5(6))* Forgotten Bks.

Gossip's Week, Vol. 2 of 2 (Classic Reprint) Boddington. 2018. (ENG., Illus.). 424p. (J). 32.68 *(978-0-332-86103-6(1))* Forgotten Bks.

Gosta Berling's Saga, Vol. 1 (Classic Reprint) Selma Lagerlöf. 2017. (ENG., Illus.). (J). 30.29 *(978-0-260-35901-8(7))* Forgotten Bks.

Got a Minute God? Prayers for the Young & Young at Heart. Patti Griffiths. 2017. (ENG., Illus.). (J). pap. 12.95 *(978-1-63575-106-2(3))* Christian Faith Publishing.

Got Brains? Emma T. Graves. Illus. by Binny Boo. 2018. (My Undead Life Ser.). (ENG.). 112p. (J). (gr. 3-6). pap. 7.95 *(978-1-4965-6451-1(0),* 138363); lib. bdg. 25.99 *(978-1-4965-6447-4(2),* 138359) Capstone. (Stone Arch Bks.).

Got Me a Cat. Darcy Pattison. Illus. by Kyle McBride. 2022. (ENG.). 46p. (J). 19.99 *(978-1-62944-209-9(7));* pap. 9.99 *(978-1-62944-210-5(0))* Mims Hse.

Got Pizza? Rob Johnson & Dallas Johnson. Illus. by Bijan Samaddar. 2021. (ENG.). 36p. (J). pap. 14.99 *(978-1-6628-1401-3(1))* Salem Author Services.

Got to Get to Bear's! Brian Lies. 2018. (ENG., Illus.). 32p. (J). (gr. -1-3). 17.99 *(978-0-544-94882-2(3),* 1660304, Clarion Bks.) HarperCollins Pubs.

Got Your Nose! Alan Katz. Illus. by Alex Willan. 2023. (ENG.). 40p. (J). (gr. -1-3). 17.99 *(978-0-06-302504-2(3),* HarperCollins) HarperCollins Pubs.

Gota de Agua: Según Raimon Panikkar. Raimon Panikkar. Illus. by Inês Castel-Branco. 2019. (SPA.). 40p. (J). (gr. 2-4). pap. 17.95 *(978-84-17440-04-6(6))* Akiara Bks. ESP. Dist: Independent Pubs. Group.

Gota de Bondad. Jeff Kubiak. Tr. by Eugenia Tamez. Illus. by Liliana Mora. 2019. (SPA.). 34p. (J). pap. 15.99 *(978-1-970133-58-5(9))* EduMatch.

Gotas Del AlmaEdición Especial. Samuel P Sánchez. 2021. (SPA.). 72p. (J). 23.06 *(978-1-7947-6733-1(9))* Lulu Pr., Inc.

Gotcha! A Funny Fairy Tale Hide-And-Seek. Clotilde Perrin. Illus. by Clotilde Perrin. 2022. (ENG., Illus.). 28p. (J). (gr. k-3). 28.99 *(978-1-77657-469-8(9),* 13c4d49d-6c96-4a22-837c-8cf136f3b4dd) Gecko Pr. NZL. Dist: Lerner Publishing Group.

Gotcha! Deadliest Animals Deadly Animals for Kids Children's Safety Books. Baby Professor. 2017. (ENG., Illus.). 64p. (J). pap. 9.52 *(978-1-5419-1718-7(9),* Baby Professor (Education Kids)) Speedy Publishing LLC.

Gotcha! I'm Right Here! a Kids Hidden Object Activity Book. Jupiter Kids. 2017. (ENG., Illus.). (J). pap. 9.20 *(978-1-68326-767-6(2),* Jupiter Kids (Childrens & Kids Fiction)) Speedy Publishing LLC.

Gotcha! Jaws Shark Coloring Book for Kids. Speedy Kids. 2017. (ENG., Illus.). (J). pap. 9.20 *(978-1-5419-0963-2(1))* Speedy Publishing LLC.

Gotcha, Katchya. Aldric J. Saucier. 2017. (ENG., Illus.). (J). pap. 5.99 *(978-0-692-93063-2(9))* Entropy's Espresso.

Goteo, Gota y Llovizna: Un Diario para Incentivar la Creatividad de Tu Hijo. Mary Ostrowski. 2019. (SPA., Illus.). 106p. (J). (gr. k-4). pap. 15.95 *(978-1-61244-774-2(0))* Halo Publishing International.

Goth Girl. Vincenzo Blaschi. 2022. (ENG.). 262p. (YA). pap. ***(978-1-4716-8026-7(6))*** Lulu Pr., Inc.

Goth Girl, 1 vol. Melanie Mosher. 2017. (ENG., Illus.). 160p. (YA). (gr. 8-12). pap. 14.95 *(978-1-77108-468-0(5),* f2c968da-b262-42db-b363-43167824bc89) Nimbus Publishing, Ltd. CAN. Dist: Baker & Taylor Publisher Services (BTPS).

Goth Girl & the Sinister Symphony: Goth Girl Book 4. Chris Riddell. 2018. (Goth Girl Ser.: 4). (ENG., Illus.). 256p. (J). (gr. 4-6). pap. 10.99 *(978-1-4472-7796-5(1),* 900326039, Macmillan Children's Bks.) Pan Macmillan GBR. Dist: Macmillan.

Goth Girl & the Wuthering Fright: Goth Girl Book 3. Chris Riddell. 2017. (Goth Girl Ser.: 3). (ENG., Illus.). 224p. (J). (gr. 2-6). pap. 10.99 *(978-1-4472-7791-0(0),* 900326047, Macmillan Children's Bks.) Pan Macmillan GBR. Dist: Macmillan.

Goth Girl, Queen of the Universe. Lindsay S. Zrull. 2022. (ENG.). 352p. (YA). (gr. 9-12). pap. 14.99 *(978-1-63583-078-1(8),* Flux) North Star Editions.

Gotham High. Melissa de la Cruz. Illus. by Thomas Pitilli. 2020. 208p. (J). (gr. 11). pap. 16.99 *(978-1-4012-8624-8(0))* DC Comics.

Gothamites. Eno Raud. Tr. by Adam Cullen. Illus. by Priit Pärn. 2019. (ENG.). 44p. (J). (gr. k-3). 18.00 *(978-1-939810-28-1(0),* Elsewhere Editions) Steerforth Pr.

Gothic Angel. Janet A. Leigh. 2021. (ENG.). 290p. (YA). pap. *(978-1-78465-837-3(5),* Vanguard Press) Pegasus Elliot Mackenzie Pubs.

Gothic Horror, 1 vol. William Potter. Illus. by Juan Calle. 2019. (Ultimate Fantasy Art Ser.). (ENG.). 32p. (gr. 3-4). 29.27 *(978-1-7253-0320-1(5),* 7d4747de-bd39-4819-91be-685d301053a8); pap. 12.75 *(978-1-7253-0318-8(3),* a1b9f0ba-0753-481b-9eb5-8934f615b01e) Rosen Publishing Group, Inc., The. (PowerKids Pr.).

Gothic Princesses: A Coloring Book. R. Clemenson. 2022. (ENG.). 202p. (J). pap. ***(978-1-989584-10-1(1))*** Bright Crow Publishing.

Gothic Stories: Sir Bertrand's Adventures in a Ruinous Castle; the Story of Fitzalan; the Adventure James III. of Scotland Had with the Weird Sisters, in the Dreadful Wood of Birnan; the Story of Raymond Castle; the Ruin of the House of Albert; & Mary, Unknown Author. (ENG., Illus.). (J). 2018. 58p. 25.09 *(978-0-484-45630-2(X));* 2016. pap. 9.57 *(978-1-334-15042-5(7))* Forgotten Bks.

Gothic Story of Courville Castle, or the Illegitimate Son, a Victim of Prejudice & Passion: Owing to the Early Impressions Inculcated with Unremitting Assiduity by an Implacable Mother, Whose Resentment to Her Husband Excited Her Son to Envy, Usurpa. Unknown Author. (ENG., Illus.). (J). 2018. 52p. 25.07 *(978-0-484-78369-9(6));* 2016. pap. 9.57 *(978-1-334-15135-4(0))* Forgotten Bks.

Gotita Viajera. Toño Núñez et al. 2021. (SPA.). 32p. (J). (gr. -1-2). pap. 11.50 *(978-607-557-072-3(1))* Editorial Oceano de Mexico MEX. Dist: Independent Pubs. Group.

Gotta Catch a What!? 2-In1. Simcha Whitehill. ed. 2023. (Pokemon Graphix Chapters Ser.). (ENG.). 80p. (J). (gr. 2-5). 21.46 ***(978-1-68505-767-1(5))*** Penworthy Co., LLC, The.

Gotta Catch a What?! (Pokémon: Graphix Chapters) Simcha Whitehill. 2022. (Pokémon Chapter Bks.). (ENG.). 80p. (J). (gr. 2-5). 22.99 *(978-1-338-81995-3(X));#3.* (Illus.). pap. 8.99 *(978-1-338-81994-6(1))* Scholastic, Inc.

Gotta Find Gramps, 5. Brian "Smitty" Smith. ed. 2023. (Pea, Bee, & Jay Ser.). (ENG.). 61p. (J). (gr. 1-4). 19.46 ***(978-1-68505-791-6(8))*** Penworthy Co., LLC, The.

Gotta Get the Baby: Gotta Get the Baby. Margaret James & Trudy Inkamala. 2021. (ENG.). 40p. (J). pap. *(978-1-922591-52-4(1))* Library For All Limited.

Gotta Go, Buffalo: A Silly Book of Fun Goodbyes, 1 vol. Haily Meyers & Kevin Meyers. 2017. (Lucy Darling Ser.). (Illus.). 20p. (J). (-k). bds. 16.99 *(978-1-4236-4598-6(7))* Gibbs Smith, Publisher.

Gotta Have God: Moses & Jesus & Me! Created by Rose Publishing. 2019. (Gotta Have God Ser.). (ENG.). 224p. (J). pap. 15.99 *(978-1-62862-813-5(8),* 20_41421, Tyndale Kids) Tyndale Hse. Pubs.

Gotta Have God Moses & Jesus & Me! Created by Rose Publishing. 2019. (Gotta Have God Ser.). (ENG.). 240p. (J). pap. 15.99 *(978-1-62862-831-9(6),* 20_41380, Tyndale Kids) Tyndale Hse. Pubs.

Gotta Love Those Friendly Felines! Kids Coloring Book of Cats. Educando Kids. 2019. (ENG.). 42p. (J). pap. 6.99 *(978-1-64521-088-7(X),* Educando Kids) Editorial Imagen.

Gotta Warn the Unicorns!, 7. Nancy Krulik. ed. 2020. (Princess Pulverizer Ser.). (ENG.). 138p. (J). (gr. 2-3). 17.49 *(978-1-64697-034-6(9))* Penworthy Co., LLC, The.

Gotta Warn the Unicorns! #7. Nancy Krulik. Illus. by Ian McGinty. 2019. (Princess Pulverizer Ser.: 7). 144p. (J). (gr. 1-3). 6.99 *(978-1-5247-9156-8(3),* Penguin Workshop) Penguin Young Readers Group.

Gouldian Finch. Contrib. by Julie Murray. 2023. (Animals with Color Ser.). (ENG.). 24p. (J). (gr. k-4). lib. bdg. 31.36 ***(978-1-0982-8114-4(4),*** 42317, Abdo Zoom-Dash) ABDO Publishing Co.

Gourds & Brains (Classic Reprint) Sam Jordan White. 2018. (ENG., Illus.). 46p. (J). 24.85 *(978-0-483-27036-7(9))* Forgotten Bks.

Gourmet Family Moves to Canada. Paulette Halliday. 2018. (ENG., Illus.). 156p. (J). *(978-1-4602-2178-5(8));* pap. *(978-1-4602-2179-2(6))* FriesenPress.

Gourmet's Guide to London (Classic Reprint) Newnham-Davis Newnham-Davis. 2017. (ENG., Illus.). (J). 32.44 *(978-0-331-81416-3(1));* pap. 16.57 *(978-0-259-89780-4(9))* Forgotten Bks.

Goût. Christina Earley. Tr. by Annie Evearts. 2021. (Mes Sens (My Senses) Ser.). (FRE.). 16p. (J). (gr. -1-1). pap. *(978-1-0396-0560-2(5),* 13452) Crabtree Publishing Co.

Goût délicieux d'une Mozzarella! Piotr Ilitch Tchaïkovski. Ana Gerhard. Illus. by Marie Lafrance. 2021. (Petites Histoires de Grands Compositeurs Ser.). (ENG.). 32p. (J). (gr. 2-4). 16.95 *(978-2-924774-90-8(X))* Secret Mountain CAN. Dist: Independent Pubs. Group.

Govern Like a Girl: The Women Who Became Canada's First Ministers. Kate Graham. 2021. (Do You Know My Name? Ser.). (ENG., Illus.). 112p. (J). (gr. 4-7). pap. 22.95 *(978-1-77260-210-4(8))* Second Story Pr. CAN. Dist: Orca Bk. Pubs. USA.

Governess: Or, Evening Amusements, at a Boarding School (Classic Reprint) Unknown Author. 2018. (ENG., Illus.). 232p. (J). 28.68 *(978-0-483-41629-1(0))* Forgotten Bks.

Governess, & the Belle of a Season (Classic Reprint) Marguerite Blessington. 2017. (ENG., Illus.). (J). 322p. 30.54 *(978-0-484-89230-8(4));* pap. 13.57 *(978-0-259-23665-8(9))* Forgotten Bks.

Governess (Classic Reprint) Julie Mathilde Lippmann. 2018. (ENG., Illus.). (J). 386p. 31.86 *(978-1-396-41431-2(2));* 388p. pap. 16.57 *(978-1-390-90128-3(9))* Forgotten Bks.

Governess of Banbury Park. Julie Matern. 2020. (ENG.). 161p. (YA). pap. 16.99 *(978-1-4621-3648-3(6),* Horizon Pubs.) Cedar Fort, Inc./CFI Distribution.

Governess, or Evening Amusements, at a Boarding School (Classic Reprint) Unknown Author. 2018. (ENG., Illus.). (J). 230p. 28.64 *(978-1-396-72553-1(9));* 232p. pap. 11.57 *(978-1-396-05649-9(1))* Forgotten Bks.

Governess, or the Young Female Academy (Classic Reprint) Mary Martha Sherwood. (ENG., Illus.). (J). 2018. 220p. 28.43 *(978-0-267-11813-7(9));* 2017. pap. 10.97 *(978-0-259-38919-4(6))* Forgotten Bks.

Government. Diane Lindsey Reeves. 2017. (Bright Futures Press: World of Work Ser.). (ENG., Illus.). 32p. (J). (gr. 4-7). lib. bdg. 32.07 *(978-1-5341-0174-6(8),* 210166) Cherry Lake Publishing.

Government & Community. Mame Ventura. 2018. (Community Economics Ser.). (ENG., Illus.). 24p. (J). (gr. 1-1). pap. 8.95 *(978-1-63517-798-5(7),* 1635177987) North Star Editions.

Government & Community. Mame Ventura. 2018. (Community Economics Ser.). (ENG., Illus.). 24p. (J). (gr. k-3). lib. bdg. 31.36 *(978-1-5321-6003-5(8),* 28638, Pop! Cody Koala) Pop!.

Government & Democracy. Charlie Ogden. 2017. (Our Values - Level 3 Ser.). (Illus.). 32p. (J). (gr. 5-6). *(978-0-7787-3266-2(5))* Crabtree Publishing Co.

Government & You. Lisa Harkrader. 2016. (Spring Forward Ser.). (J). (gr. 2). *(978-1-4900-9425-0(3))* Benchmark Education Co.

Government Clerks: A Book of Ballads (Classic Reprint) Charles Gordon Rogers. 2018. (ENG., Illus.). 44p. (J). 24.82 *(978-0-364-25778-4(4))* Forgotten Bks.

Government Encyclopedia. Carla Mooney. 2022. (United States Encyclopedias Ser.). (ENG., Illus.). 192p. (J). (gr. 3-9). lib. bdg. 49.93 ***(978-1-0982-9046-7(1),*** 40899, Early Encyclopedias) ABDO Publishing Co.

Government for All. Susan Markowitz Meredith. 2016. (Spring Forward Ser.). (J). (gr. 2). *(978-1-4900-9448-9(2))* Benchmark Education Co.

Government for Kids - Citizenship to Governance State & Federal Public Administration 3rd Grade Social Studies. Baby Professor. 2017. (ENG., Illus.). 64p. (J). pap. 9.52 *(978-1-5419-1742-2(1),* Baby Professor (Education Kids)) Speedy Publishing LLC.

Government in Ancient Times - 6 Pack: Set of 6 Bridges Edition with Common Core Teacher Materials. Vidas Barzdukas. 2016. (Prime Ser.). (YA). (gr. 6-8). 69.00 *(978-1-5125-8878-1(4))* Benchmark Education Co.

Government in Ancient Times - 6 Pack: Set of 6 with Common Core Teacher Materials. Vidas Barzdukas. 2016. (Prime Ser.). (YA). (gr. 6-8). 69.00 *(978-1-5125-8860-6(1))* Benchmark Education Co.

Government in Medieval Times - 6 Pack: Set of 6 Bridges Edition with Common Core Teacher Materials. Vidas Barzdukas. 2016. (Prime Ser.). (YA). (gr. 6-8). 69.00 *(978-1-5125-8879-8(2))* Benchmark Education Co.

Government in Medieval Times - 6 Pack: Set of 6 with Common Core Teacher Materials. Vidas Barzdukas. 2016. (Prime Ser.). (YA). (gr. 6-8). 69.00 *(978-1-5125-8861-3(X))* Benchmark Education Co.

Government Intelligence Agencies, Vol. 20. Joanna Rabiger. Ed. by Manny Gomez. 2016. (Crime & Detection Ser.). (Illus.). 96p. (J). (gr. 7). 24.95 *(978-1-4222-3478-5(9))* Mason Crest.

Government Official, Vol. 1 Of 3: A Novel (Classic Reprint) J. H. Riddell. 2018. (ENG., Illus.). 310p. (J). 30.29 *(978-0-484-58992-5(X))* Forgotten Bks.

Government Official, Vol. 2 Of 3: A Novel (Classic Reprint) J. H. Riddell. 2018. (ENG., Illus.). 308p. (J). 30.27 *(978-0-428-76299-5(9))* Forgotten Bks.

Government Official, Vol. 3: A Novel (Classic Reprint) Arthur Hamilton Norway. 2018. (ENG., Illus.). 314p. (J). 30.37 *(978-0-428-96081-0(2))* Forgotten Bks.

Government Systems - 6 Pack: Set of 6 Bridges Edition with Common Core Teacher Materials. Lisa Benjamin. 2016. (Prime Ser.). (YA). (gr. 6-8). 69.00 *(978-1-5125-8880-4(6))* Benchmark Education Co.

Government Systems - 6 Pack: Set of 6 with Common Core Teacher Materials. Lisa Benjamin. 2016. (Prime Ser.). (YA). (gr. 6-8). 69.00 *(978-1-5125-8862-0(8))* Benchmark Education Co.

Governmental Checks & Balances. Duchess Harris. 2017. (American Values & Freedoms Ser.). (ENG.). 112p. (J). (gr. 6-12). lib. bdg. 41.36 *(978-1-5321-1301-7(3),* 27509, Essential Library) ABDO Publishing Co.

Governor. Kirsten Chang. 2020. (Our Government Ser.). (ENG., Illus.). 24p. (J). (gr. k-3). pap. 7.99 *(978-1-68103-825-4(0),* 12914); lib. bdg. 26.95 *(978-1-64487-201-7(3))* Bellwether Media. (Blastoff! Readers).

Governor. Contrib. by Stephanie Gaston. 2023. (Job of a Civic Leader Ser.). (ENG.). 24p. (J). (gr. k-2). lib. bdg. 27.93 ***(978-1-63897-968-5(5),*** 33493) Seahorse Publishing.

Governor. Stephanie Gaston. 2023. (Job of a Civic Leader Ser.). (ENG., Illus.). (J). (gr. k-2). pap. 8.95 Seahorse Publishing.

Governor. Julie Murray. 2017. (My Government Ser.). (ENG., Illus.). 24p. (J). (gr. -1-2). lib. bdg. 31.36 *(978-1-5321-0397-1(2),* 26523, Abdo Kids) ABDO Publishing Co.

Governor. Blaine Wiseman. 2020. (People in Our Government Ser.). (ENG.). 24p. (J). lib. bdg. 22.99 *(978-1-5105-5448-1(3))* SmartBook Media, Inc.

Governor, & Other Stories (Classic Reprint) George A. Hibbard. 2018. (ENG., Illus.). 310p. (J). 30.29 *(978-0-483-84656-2(2))* Forgotten Bks.

Governor (Classic Reprint) Karin Michaelis Stangeland. 2018. (ENG., Illus.). 252p. (J). 29.05 *(978-0-484-21938-9(3))* Forgotten Bks.

Governor's Boss (Classic Reprint) James S. Barcus. (ENG., Illus.). (J). 2018. 288p. 29.86 *(978-0-267-85328-1(9));* 2017. pap. 13.57 *(978-0-259-54386-2(1))* Forgotten Bks.

Governor's Garden: A Relation of Some Passages in the Life of His Excellency Thomas Hutchinson, Sometime Captain-General & Governor-In-Chief of His Majesty's Province of Massachusetts Bay (Classic Reprint)

George Robert Russell Rivers. 2018. (ENG., Illus.). 282p. (J). 29.73 *(978-0-428-35514-2(5))* Forgotten Bks.
Governor's Man (Classic Reprint) J. H. M. Abbott. 2018. (ENG., Illus.). 158p. (J). 27.18 *(978-0-483-62289-0(3))* Forgotten Bks.
Gowns & Dresses Through the Centuries Coloring Book. Activibooks For Kids. 2016. (ENG., Illus.). (J). pap. 9.20 *(978-1-68321-935-4(X))* Mimaxion.
Gowrie, or the King's Plot (Classic Reprint) George Payne Rainsford James. 2018. (ENG., Illus.). 428p. (J). 32.72 *(978-0-483-40295-9(8))* Forgotten Bks.
Goylemiks. Illus. by D. Gold. 2017. (YID.). 59p. *(978-1-68091-171-8(6))* Kinder Shpiel USA, Inc.
Goyo en la Libreria. Yanitzia Canetti. Illus. by Begona Corbalan. 2017. (Rising Readers Ser.). (SPA.). (J). (gr. 2). 5.83 *(978-1-4788-2719-1(X))* Newmark Learning LLC.
Goyo en la Libreria: Set of 6 Common Core Edition. Yanitzia Canetti & Newmark Learning, LLC. 2017. (Rising Readers Ser.). (SPA.). (J). (gr. 2). 38.00 *(978-1-4788-2888-4(9))* Newmark Learning LLC.
Gozo Cat Detectives: Trilogy 2. Sarah Springham. Illus. by Ryan Galea & Philip Taliana. 2018. (ENG.). 88p. (J). (gr. 2-6). pap. *(978-99957-48-84-5(3))* Faraxa Publishing.
Gps: God's Plan in Scripture Storybook. Cavins Emily Bromschwig Lisa Neville Regina Wandrei Linda. 2020. (ENG.). (J). pap. 24.95 *(978-1-950784-49-3(5))* Ascension Pr.
GPS Systems: Technology, Operation, & Applications. Lawrence Harte & Ben Levitan. 2016. (Illus.). 112p. per. 29.99 *(978-1-932813-19-7(5))* DiscoverNet.
GPS Technology. Tammy Gagne. 2018. (21st Century Inventions Ser.). (ENG.). 24p. (J). (gr. 1-1). pap. 8.95 *(978-1-63517-792-3(8)*, 1635177928) North Star Editions.
GPS Technology. Tammy Gagne. 2018. (21st Century Inventions Ser.). (ENG., Illus.). 24p. (J). (gr. k-3). lib. bdg. 31.36 *(978-1-5321-6041-7(0)*, 28714, Pop! Cody Koala) Pop!.
Grab a Pencil & Sharpen It up! Learn to Draw Activity Book. Activibooks For Kids. 2016. (ENG., Illus.). (J). pap. 6.99 *(978-1-68321-529-5(X))* Mimaxion.
Grab & Go Customized Manipulatives Kit Grade 1. Hmh Hmh. 2019. (Go Math! Ser.). (ENG.). (J). (gr. 1). pap. 195.67 *(978-0-544-25748-1(0))* Houghton Mifflin Harcourt Publishing Co.
Grab & Go Customized Manipulatives Kit Grade 2. Hmh Hmh. 2019. (Go Math! Ser.). (ENG.). (J). (gr. 2). pap. 195.67 *(978-0-544-25749-8(9))* Houghton Mifflin Harcourt Publishing Co.
Grab & Go Customized Manipulatives Kit Grade 3. Hmh Hmh. 2019. (Go Math! Ser.). (ENG.). (J). (gr. 3). pap. 195.67 *(978-0-544-25750-4(2))* Houghton Mifflin Harcourt Publishing Co.
Grab & Go Customized Manipulatives Kit Grade 4. Hmh Hmh. 2019. (Go Math! Ser.). (ENG.). (J). (gr. 4). pap. 195.67 *(978-0-544-25751-1(0))* Houghton Mifflin Harcourt Publishing Co.
Grab & Go Customized Manipulatives Kit Grade 5. Hmh Hmh. 2019. (Go Math! Ser.). (ENG.). (J). (gr. 5). pap. 195.67 *(978-0-544-25752-8(9))* Houghton Mifflin Harcourt Publishing Co.
Grab & Go Customized Manipulatives Kit Grade K. Hmh Hmh. 2019. (Go Math! Ser.). (ENG.). (J). (gr. k). pap. 195.67 *(978-0-544-25747-4(2))* Houghton Mifflin Harcourt Publishing Co.
Grab-And-Go Eats. Katrina Jorgensen. 2020. (Easy Eats Ser.). (ENG., Illus.). 32p. (J). (gr. 3-5). lib. bdg. 33.99 *(978-1-4966-8099-0(5)*, 199226, Capstone Pr.) Capstone.
Grab That Rabbit! Polly Faber. Illus. by Briony May Smith. 2018. (ENG.). 32p. (J). (gr. -1-k). pap. 9.99 *(978-1-84365-369-1(9)*, Pavilion Children's Books) Pavilion Bks. GBR. Dist: HarperCollins Pubs.
Grabbem Getaway. Adrian C. Bott. Illus. by Andy Isaac. 2017. 134p. (J). *(978-1-61067-703-5(X))* Kane Miller.
Grabbem Getaway: Axel & Beast. Adrian C. Bott. Illus. by Andy Isaac. 2018. (ENG.). 144p. (J). pap. 5.99 *(978-1-61067-633-5(5))* Kane Miller.
Grabber: A Thrilling Horror Fiction Based on a Popular Urban Legend about the Black Taj Mahal. Nirmal Pulickal & Jehan Zachary. 2023. (ENG.). 208p. (YA). (gr. 7). pap. 9.99 ***(978-0-14-345848-7(5)**, Puffin)* Penguin Bks. India PVT, Ltd IND. Dist: Independent Pubs. Group.
Grace. Morris;Gleitzman Gleitzman. 2018. 192p. (J). (gr. 3-7). 15.99 *(978-0-14-378818-8(3))* Random Hse. Australia AUS. Dist: Independent Pubs. Group.
Grace. Kate Parkinson. ed. 2018. (I Like to Read Ser.). (ENG.). 26p. (J). (gr. -1-1). 10.00 *(978-1-64310-369-3(5))* Penworthy Co., LLC, The.
Grace: Mountain Magic. Carol Harrison Gallimore. 2018. (ENG., Illus.). 98p. (J). 19.99 *(978-1-7329482-7-3(5))* Mindstir Media.
Grace Alza la Voz. Laurie Friedman. Illus. by Gal Weizman. 2022. (Las Superestrellas (the Super Starz) Ser.). (SPA.). 48p. (J). (gr. 2-4). pap. *(978-1-0396-5007-7(4)*, 20255); lib. bdg. *(978-1-0396-4880-7(0)*, 20254) Crabtree Publishing Co. (Leaves Chapter Books).
Grace & Box. Kim Howard. Illus. by Megan Lotter. 2021. (ENG.). 32p. (J). 18.99 *(978-1-250-26294-3(1)*, 900221646) Feiwel & Friends.
Grace & Clara, or Be Just As Well As Generous (Classic Reprint) M. J. McIntosh. (ENG., Illus.). (J). 2018. 122p. 26.41 *(978-0-267-40642-5(8))*; 2016. pap. 9.57 *(978-1-334-11687-2(3))* Forgotten Bks.
Grace & Fury. Tracy Banghart. 2019. (Grace & Fury Ser.: 1). (ENG.). 336p. (YA). (gr. 9-17). pap. 10.99 *(978-0-316-47142-8(9))* Little, Brown Bks. for Young Readers.
Grace & Gigi Save the Day. Jocelyn Kiyara Williams. 2022. (ENG.). 26p. (J). pap. 10.99 *(978-1-955107-93-8(9))* Hope of Vision Publishing.
Grace & Glory. Jennifer L. Armentrout. (Harbinger Ser.: 3). (ENG.). (YA). 2022. 464p. pap. 12.99 *(978-1-335-42585-0(3))*; 2021. 512p. 19.99 *(978-1-335-21278-8(7))* Harlequin Enterprises ULC CAN. Dist: HarperCollins Pubs.
Grace & Gus - the Special Glow Worms Cindy Ferrara. Illus. by Gina Urwin. 2021. (ENG.). 24p. (J). 22.00 *(978-1-0983-5713-9(2))* BookBaby.
Grace & Shu Mai: The Dumpling Dog. J. L. Tracy. 2016. (ENG., Illus.). (J). pap. 20.95 *(978-1-4808-3379-1(7))* Archway Publishing.
Grace & the Bag of Adventures. Naomi Lumpford. 2020. (ENG., Illus.). 80p. (J). 27.99 *(978-1-952011-60-3(4))*; pap. 19.99 *(978-1-952011-53-5(1))* Pen It Pubns.
Grace & the Christmas Angel. Lucinda Riley & Harry Whittaker. Illus. by Jane Ray. 2023. (Guardian Angels Ser.: 1). (ENG.). 56p. (J). 18.99 ***(978-1-5290-4980-0(6)**,* 900293313, Macmillan Children's Bks.) Pan Macmillan GBR. Dist: Macmillan.
Grace & the Fever. Zan Romanoff. 2017. (ENG.). 352p. (YA). (gr. 7). 17.99 *(978-1-5247-2084-1(4)*, Knopf Bks. for Young Readers) Random Hse. Children's Bks.
Grace & the Magical Necklace. Helen Farrugia. Illus. by Ashleigh Heyns. 2022. (ENG.). 34p. (J). pap. ***(978-1-3984-9849-5(1))*** Austin Macauley Pubs. Ltd.
Grace & the Musical Willow Tree: A Summer Adventure. Kenneth E. Korber. 2017. (ENG., Illus.). (J). pap. 16.95 *(978-1-5043-7502-3(5)*, Balboa Pr.) Author Solutions, LLC.
Grace Banker & Her Hello Girls Answer the Call: The Heroic Story of WWI Telephone Operators. Claudia Friddell. Illus. by Elizabeth Baddeley. 2021. 40p. (J). (gr. 2-5). 18.99 *(978-1-68437-350-5(6)*, Calkins Creek) Highlights Pr., c/o Highlights for Children, Inc.
Grace Barclay's Diary, or Personal Recollections of the American Revolution (Classic Reprint) Grace Barclay. (ENG., Illus.). (J). 2017. 29.03 *(978-0-331-92430-5(7))*; 2016. pap. 11.57 *(978-1-333-35405-3(3))* Forgotten Bks.
Grace Cassidy, or the Repealers, Vol. 2 Of 3: A Novel (Classic Reprint) Marguerite Blessington. (ENG., Illus.). (J). 2018. 356p. 31.24 *(978-0-656-43687-3(5))*; 2016. pap. 13.97 *(978-1-333-67821-0(5))* Forgotten Bks.
Grace Cassidy, Vol. 3 Of 3: Or the Repealers; a Novel (Classic Reprint) Unknown Author. 2018. (ENG., Illus.). 326p. (J). 30.62 *(978-0-428-18818-4(4))* Forgotten Bks.
Grace Comes at Christmas: Gracia Viene en la Navidad. M. J. McCluskey. 2018. (ENG.). 40p. (J). 15.95 *(978-1-9822-0485-3(0)*, Balboa Pr.) Author Solutions, LLC.
Grace Dermott: Or, How to Lighten Heavy Burdens (Classic Reprint) Unknown Author. 2018. (ENG., Illus.). 204p. (J). 28.10 *(978-0-267-25836-9(4))* Forgotten Bks.
Grace Finds Peace. Adrienne Prather. 2021. (ENG.). 30p. (J). pap. 13.99 *(978-1-954095-53-3(8))* Yorkshire Publishing Group.
Grace Flynn: Tiamat: Grace Flynn Chronicles: Book 2. Cathalson. Illus. by Terry Huddleston. 2019. (ENG.). 200p. pap. 29.99 *(978-0-9822656-9-7(7)*, Cathal Entertainment) Cathalson LLC.
Grace for Gus. Harry Bliss. Illus. by Harry Bliss. 2018. (ENG., Illus.). 40p. (J). (gr. -1-3). 17.99 *(978-0-06-264410-7(6)*, Tegen, Katherine Bks) HarperCollins Pubs.
Grace for Sarah. Brenda M. Lucus. 2021. (ENG.). 164p. (YA). pap. 15.95 *(978-1-0980-8883-5(2))* Christian Faith Publishing.
Grace from Space: A Race to Save Earth. Barbara A. Glazier-Robinson. 2nd ed. 2020. (ENG.). 138p. (J). pap. 5.95 *(978-1-7333601-1-1(5))* Dream Faith Productions, LLC.
Grace from Space: A Race to Save Earth. Ed. by Stephanie Gunning. Illus. by Kim Grau. 2nd ed. 2020. (Dream Catcher Ser.: Vol. 1). (ENG.). 138p. (J). 24.95 *(978-1-7333601-2-8(3))* Dream Faith Productions, LLC.
Grace Harlowe's First Year at Overton College. Jessie Graham Flower. 2017. (ENG., Illus.). (J). pap. 13.95 *(978-1-374-82713-4(4))* Capital Communications, Inc.
Grace Harlowe's Overland Riders among the Kentucky Mountaineers. Jessie Graham Flower. 2017. (ENG., Illus.). (J). 23.95 *(978-1-374-85374-4(7))* Capital Communications, Inc.
Grace Harlowe's Overland Riders in the Great North Woods (Classic Reprint) Jessie Graham Flower. 2018. (ENG., Illus.). 274p. (J). 29.55 *(978-0-267-67102-1(4))* Forgotten Bks.
Grace Harlowe's Overland Riders in the Yellowstone National Park (Classic Reprint) Jessie Graham Flower. (ENG., Illus.). (J). 2018. 222p. 28.48 *(978-0-666-42497-6(7))*; 2017. pap. 10.97 *(978-0-259-46966-7(1))* Forgotten Bks.
Grace Harlowe's Overland Riders on the Great American Desert (Classic Reprint) Jessie Graham Flower. 2018. (ENG., Illus.). 220p. (J). 28.43 *(978-0-666-64375-9(X))* Forgotten Bks.
Grace Harlowe's Return to Overton Campus (Classic Reprint) Jessie Graham Flower. (ENG., Illus.). (J). 2018. 268p. 29.42 *(978-0-666-48795-7(2))*; 2017. pap. 11.97 *(978-0-259-51576-0(0))* Forgotten Bks.
Grace Holbrook. G. R. Alden. 2017. (ENG., Illus.). 114p. (J). pap. *(978-3-337-14132-5(3))* Creation Pubs.
Grace Holbrook: And Other Stories of Endeavor & Experience (Classic Reprint) G. R. Alden. 2017. (ENG., Illus.). (J). 26.25 *(978-0-331-72046-4(9))* Forgotten Bks.
Grace Hopper: Advancing Computer Science. Megan Borgert-Spaniol. 2017. (STEM Superstar Women Ser.). (ENG., Illus.). 32p. (J). (gr. 3-6). lib. bdg. 32.79 *(978-1-5321-1280-5(7)*, 27604, Checkerboard Library) ABDO Publishing Co.
Grace Hopper: Computer Pioneer, 1 vol. Xina M. Uhl & Christy Marx. 2019. (Super Female Scientists Ser.). (ENG.). 104p. (gr. 7-7). pap. 18.65 *(978-1-7253-4044-2(5)*, 9c26f5ec-5313-4436-8334-a03df741733b) Rosen Publishing Group, Inc., The.
Grace Hopper: Computer Scientist. Jill C. Wheeler. 2017. (Women in Science Ser.). (ENG., Illus.). 112p. (J). (gr. 6-12). lib. bdg. 41.36 *(978-1-5321-1044-3(8)*, 25664, Essential Library) ABDO Publishing Co.
Grace Hopper: Computer Scientist & Navy Admiral, 1 vol. Heather Moore Niver. 2018. (Junior Biographies Ser.). (ENG.). 24p. (gr. 3-4). 24.27 *(978-1-9785-0204-8(4)*, bbdc89c2-eae3-43ea-a912-80fcb61f1050) Enslow Publishing, LLC.
Grace Hopper: Queen of Computer Code. Laurie Wallmark. Illus. by Katy Wu. 2017. (People Who Shaped Our World Ser.: 1). 48p. (J). (gr. k). 17.99 *(978-1-4549-2000-7(9))* Sterling Publishing Co., Inc.
Grace Hopper: The Woman Behind Computer Programming. Nancy Loewen. 2019. (Little Inventor Ser.). (ENG., Illus.). 32p. (J). (gr. 1-3). pap. 6.95 *(978-1-9771-1057-2(6)*, 141131); lib. bdg. 28.65 *(978-1-9771-0970-5(5)*, 140555) Capstone. (Pebble).
Grace I Love You All Ways. Marianne Richmond. Illus. by Dubravka Kolanovic. 2023. (I Love You All Ways Ser.). (ENG.). 32p. (J). (gr. -1-3). 8.99 ***(978-1-7282-7362-4(5))*** Sourcebooks, Inc.
Grace Is a Good Citizen! Understanding Citizenship, 1 vol. Dwayne Booker. 2018. (Civics for the Real World Ser.). (ENG.). 12p. (gr. 1-2). pap. *(978-1-5383-6449-9(2)*, c14b27bc-10a4-4487-acc5-c5f588ce7ad9, Rosen Classroom) Rosen Publishing Group, Inc., The.
Grace, Joyce, Faith & Friends: The Three Dogs with Big Hearts. GraceJoyceFaith. 2021. (ENG.). 26p. (J). 39.88 *(978-1-5437-6047-7(3))*; pap. 25.01 *(978-1-5437-6046-0(5))* Partridge Pub.
Grace Lee Boggs. Virginia Loh-Hagan. Illus. by Jeff Bane. 2022. (My Early Library: My Itty-Bitty Bio Ser.). (ENG.). 24p. (J). (gr. k-1). pap. 12.79 *(978-1-6689-0009-3(2)*, 220100); lib. bdg. 30.64 *(978-1-5341-9895-1(4)*, 219956) Cherry Lake Publishing.
Grace Lee, Vol. 1 Of 3: A Tale (Classic Reprint) Julia Kavanagh. (ENG., Illus.). (J). 2018. 356p. 31.24 *(978-0-483-90655-6(7))*; 2016. pap. 13.97 *(978-1-333-33626-4(8))* Forgotten Bks.
Grace Lee, Vol. 2 (Classic Reprint) Julia Kavanagh. (ENG., Illus.). (J). 2018. 370p. 31.53 *(978-0-267-34766-7(9))*; 2016. pap. 13.97 *(978-1-333-71739-1(3))* Forgotten Bks.
Grace Lee, Vol. 3 Of 3: A Tale (Classic Reprint) Julia Kavanagh. (ENG., Illus.). (J). 2018. 324p. 30.58 *(978-0-483-81913-9(1))*; 2016. pap. 13.57 *(978-1-334-24838-2(9))* Forgotten Bks.
Grace, Little & Their Pot Bellied Pigs. Patty Twomey. Illus. by Carson Pugh & Rebecca Goss. 2016. (Grace & Her Little Sister, Little Ser.: Vol. 2). (ENG.). (J). pap. *(978-1-4602-9269-5(3))* FriesenPress.
Grace Needs Hay. Jocelyn Kiyara Williams. 2021. (ENG.). 26p. (J). pap. 10.99 *(978-1-942871-95-8(3))* Hope of Vision Publishing.
Grace Needs Space! (a Graphic Novel) Benjamin A. Wilgus & Rii Abrego. 2023. (ENG., Illus.). 208p. (J). (gr. 3-7). 21.99 *(978-0-593-18239-0(1))*; pap. 13.99 *(978-0-593-18238-3(3))*; lib. bdg. 24.99 *(978-0-593-18240-6(5))* Penguin Random Hse. LLC.
Grace, Not Perfection for Young Readers: Believing You're Enough in a World of Impossible Expectations, 1 vol. Emily Ley. 2020. (ENG., Illus.). 192p. (J). 16.99 *(978-1-4002-2001-4(7)*, Tommy Nelson) Nelson, Thomas Inc.
Grace of Wild Things. Heather Fawcett. 2023. (ENG.). 368p. (J). (gr. 3-7). 17.99 *(978-0-06-314262-6(7)*, Balzer & Bray) HarperCollins Pubs.
Grace on the North Pole Express. J. D. Green. Illus. by Joanne Partis. 2022. (North Pole Express Bears Ser.). (ENG.). 32p. (J). (gr. -1-3). 7.99 ***(978-1-7282-6937-5(7))*** Sourcebooks, Inc.
Grace on the North Pole Express. J. D. Green. 2019. (North Pole Express Ser.). (ENG.). 32p. (J). (gr. -1-3). 7.99 ***(978-1-7282-0336-2(8))*** Sourcebooks, Inc.
Grace Onyango, The Butterfly That Touched the Clouds. Andrew Maina. 2019. (ENG.). 74p. (J). pap. *(978-9966-132-99-4(6))* Kenya National Library Services.
Grace over Fear. Bethany L. Correia. 2020. (ENG., Illus.). 118p. (YA). 32.95 *(978-1-0980-2863-3(5))*; pap. 18.95 *(978-1-0980-2861-9(9))* Christian Faith Publishing.
Grace, Peace & Noelle: Gracia, Paz, y Noelle. M J McCluskey. 2020. (ENG.). 40p. (J). 15.95 *(978-1-9822-1796-9(0)*, Balboa Pr.) Author Solutions, LLC.
Grace Santa's Secret Elf. Put Me In The Story & Katherine Sully. Illus. by Julia Seal. 2018. (Santa's Secret Elf Ser.). (ENG.). 32p. (J). (gr. k-3). 5.99 *(978-1-4926-8143-4(1))* Sourcebooks, Inc.
Grace Speaks Up, 1 vol. Laurie Friedman. Illus. by Gal Weizman. 2022. (Super Starz Ser.). (ENG.). 48p. (J). (gr. 2-4). lib. bdg. *(978-1-0396-4594-3(1)*, 16324); pap. *(978-1-0396-4721-3(9)*, 17330) Crabtree Publishing Co. (Leaves Chapter Books).
Grace Tainted Blood. Yvonne Varsan. 2022. (ENG.). 290p. (J). pap. ***(978-1-387-61123-2(2))*** Lulu Pr., Inc.
Grace the Cove Dragon (Dragon Girls #10), 1 vol. Maddy Mara. 2023. (Dragon Girls Ser.). (ENG.). 144p. (J). (gr. 2-5). pap. 5.99 *(978-1-338-87548-5(5)*, Scholastic Paperbacks) Scholastic, Inc.
Grace the Forgetful Goose. Spencer Wagner. 2020. (ENG.). 26p. (J). 23.95 *(978-1-6624-1236-3(3))*; pap. 13.95 *(978-1-64701-458-2(1))* Page Publishing Inc.
Grace the Gorilla. Brittney Ward. 2019. (ENG.). 10p. (J). *(978-1-7947-4726-5(5))* Lulu Pr., Inc.
Grace the Green Sea Turtle, 1 vol. Rebecca Johnson. 2017. (Reptile Adventures Ser.). (ENG.). 24p. (J). (gr. 1-2). 26.27 *(978-1-5081-9358-6(4)*, 99c0b084-6b9a-4fb1-b488-64b9960476e9); pap. 9.25 *(978-1-5081-9362-3(2)*, cd849d35-a777-4c3f-a929-dc68003c518f) Rosen Publishing Group, Inc., The. (Windmill Bks.).
Grace Truman, or Love & Principle (Classic Reprint) Sallie Rochester Ford. 2017. (ENG., Illus.). (J). 34.62 *(978-0-331-57900-0(6))* Forgotten Bks.
Grace 'Twas the Night Before Christmas. Illus. by Lisa Alderson. 2019. (Night Before Christmas Ser.). (ENG.). 32p. (J). (gr. -1-3). 7.99 ***(978-1-7282-0229-7(9))*** Sourcebooks, Inc.
Grace upon Grace Journaling Devotional: Trusting God No Matter What. Sophie Hudson. 2021. (ENG.). 304p. (J). (gr. 7-14). 14.99 *(978-1-0877-4051-5(7)*, 005831302, B&H Kids) B&H Publishing Group.
Grace Woollyhop's Musical Mystery. Daisy Meadows. 2016. (Magic Animal Friends Ser.: 12). lib. bdg. 14.75 *(978-0-606-38802-3(8))* Turtleback.
Grace Year: A Novel. Kim Liggett. (ENG., Illus.). 416p. (YA). 2020. pap. 11.99 *(978-1-250-14545-1(7)*, 900181039); 2019. 16.99 *(978-1-250-14544-4(9)*, 900181038) St. Martin's Pr. (Wednesday Bks.).
GraceFull: Growing a Heart That Cares for Our Neighbors. Dorena Williamson. 2019. (ENG., Illus.). 32p. (J). (gr. -1-3). 14.99 *(978-1-4627-9284-9(7)*, 005801647, B&H Kids) B&H Publishing Group.
Graceland in Gefahr. Eva-Maria Helmsorig. 2017. (GER., Illus.). (J). pap. *(978-3-7407-3257-8(1))* VICOO International Pr.
Graceling Graphic Novel. Kristin Cashore. Illus. by Gareth Hinds. 2021. (ENG.). 272p. (J). (gr. 9). 24.99 *(978-0-358-25042-5(0)*, 1768488); pap. 17.99 *(978-0-358-25047-0(1)*, 1768489) HarperCollins Pubs. (Clarion Bks.).
Graces. Laure Eve. 2016. (Graces Novel Ser.). (ENG.). 352p. (YA). (gr. 8-17). 18.95 *(978-1-4197-2123-6(2)*, 1138101, Amulet Bks.) Abrams, Inc.
Grace's Christmas Wish. Put Me In The Story & J. D. Green. Illus. by Julia Seal. 2018. (Christmas Wish Ser.). (ENG.). 32p. (J). (gr. k-3). 6.99 ***(978-1-4926-8328-5(0))*** Sourcebooks, Inc.
Grace's Euro Adventures. Emma Drag. 2023. (ENG.). 156p. (J). pap. ***(978-1-80381-573-2(6))*** Grosvenor Hse. Publishing Ltd.
Grace's Missing Ball. Collen Baxter Sullivan. 2020. (ENG.). 36p. (J). (gr. k-2). pap. 5.99 *(978-1-64764-926-5(9))* Waldorf Publishing.
Grace's Prayer Club. Gary E. Napper & Tara L. Napper. 2021. (ENG.). 60p. (J). 25.00 ***(978-1-0879-7361-6(9))*** Indy Pub.
Grace's Visit: A Tale for the Young (Classic Reprint) American Tract Society. 2018. (ENG., Illus.). 246p. (J). 28.97 *(978-0-267-15114-1(4))* Forgotten Bks.
Gracey at the Grange: Stories for Children 6-To-60. Betty Chish-Graham. Illus. by Dawn Dougall. 2016. (ENG.). (J). (gr. k-6). pap. *(978-1-77317-001-5(5))* Prism Pubs.
¡Gracias! Gilda Kupferman. Illus. by Emmanuel Baez. 2023. (SPA.). 18p. (J). ***(978-0-2288-9427-8(1))***; pap. ***(978-0-2288-9426-1(3))*** Tellwell Talent.
Gracias Abuela! Thankful for Grandmas & Grandpas - Family Books for Kids Children's Family Life Book. Baby Professor. 2017. (ENG., Illus.). 64p. (J). pap. 9.52 *(978-1-5419-1612-8(3)*, Baby Professor (Education Kids)) Speedy Publishing LLC.
¡Gracias, Omu! (Thank You, Omu!) Oge Mora. 2020. (SPA.). 40p. (J). (gr. -1-3). 7.99 *(978-0-316-54165-7(6))*; 18.99 *(978-0-316-54166-4(4))* Little, Brown Bks. for Young Readers.
Gracias Por Compartir, Tomás. Rosario Reyes. Illus. by Marc Monés. 2023. (SPA.). 16p. (J). (gr. -1-1). pap. 36.00 *(978-1-4788-2310-0(0)*, fad0f4f4-1b5d-4579-8a37-cab0e7533a39); pap. 5.75 *(978-1-4788-1965-3(0)*, fcd237cf-1ef1-4992-b992-9850bff6bfde) Newmark Learning LLC.
Gracias, Senor Viento! Édouard Manceau. 2017. (Los Primerisimos Ser.). (SPA.). 32p. (J). pap. 7.50 *(978-607-16-4593-7(X))* Fondo de Cultura Economica USA.
Gracie. Lisa Mullarkey. Illus. by Paula Franco. 2019. (Pony Girls Ser.). (ENG.). 112p. (J). (gr. 2-5). lib. bdg. 38.50 *(978-1-5321-3647-4(1)*, 33740, Calico Chapter Bks.) ABDO Publishing Co.
Gracie. Liz Stilwell. 2022. (ENG.). 36p. (J). 14.99 ***(978-1-0880-2968-8(X))*** Indy Pub.
Gracie: The Curious Little Goat. Lisa Strode-Carter. 2022. (ENG., Illus.). 30p. (J). pap. 14.95 *(978-1-68570-112-3(4))* Christian Faith Publishing.
Gracie: The Tale of a Very Special Sea Monster. Leslie Kaufman. Illus. by Holly Smith. 2021. (ENG.). 40p. (J). 25.00 *(978-1-0983-5588-3(1))* BookBaby.
Gracie - the Story of a Rescue Dog. Margaret Kirby. 2017. (ENG., Illus.). 70p. (J). *(978-3-7103-3047-6(5))* united p.c. Verlag.
Gracie Amber (Classic Reprint) C. W. Denison. 2018. (ENG., Illus.). 456p. (J). 33.30 *(978-0-428-78721-9(5))* Forgotten Bks.
Gracie & Aero's Wallet. Rachel Gregory. Illus. by Jack Foster. 2022. (ENG.). 32p. (J). pap. 14.95 ***(978-1-63765-343-2(3))*** Halo Publishing International.
Gracie & Grover Go to the Beach. Kristi M. Butler. Illus. by Samantha Bell. l.t. ed. 2019. (Amazing Grace Acres Ser.: Vol. 5). (ENG.). 24p. (J). (gr. k-3). pap. 10.95 *(978-1-61633-989-0(6))* Guardian Angel Publishing, Inc.
Gracie & Her Pets (Classic Reprint) Margaret L. Hunter. 2018. (ENG., Illus.). 86p. (J). 25.69 *(978-0-666-30291-5(X))* Forgotten Bks.
Gracie & Her Woobie: Book 4. Paula Gehring-Kevish. 2022. (ENG., Illus.). 34p. (J). 24.95 *(978-1-6624-7716-4(3))*; pap. 14.95 *(978-1-6624-6325-9(1))* Page Publishing Inc.
Gracie & the Stinky Green Poo. Sharon Sayers-Kiely. Illus. by Ella Rousseau. 2022. (ENG.). 32p. (J). pap. ***(978-1-922751-96-6(0))*** Shawline Publishing Group.
Gracie Blessing Battles the Bullies. Janet K. Davis. 2017. (Gracie Blessing Ser.: Vol. 2). (ENG., Illus.). 253p. (J). pap. *(978-1-912256-48-8(7))* Filament Publishing.
Gracie Blessing's Greatest Challenge. Janet K. Davis. 2019. (Gracie Blessing Ser.: Vol. 3). (ENG.). 246p. (J). pap. *(978-1-912635-57-3(7))* Filament Publishing.
Gracie Blessing's Quest for Treasure: A Magical Adventure Bursting with Surprises. Janet K. Davis. 2017. (ENG., Illus.). 247p. (J). pap. *(978-1-911425-75-5(7))* Filament Publishing.
Gracie Brave. Pamela Krikke & Mft Kate Eldean Ma. Illus. by Jane Moore Houghton. 2017. (ENG.). 38p. (J). 16.99 *(978-0-9996085-2-4(5))* Mindstir Media.
Gracie Brings Back Bubbe's Smile. Jane Sutton. Illus. by Debby Rahmalia. 2022. 32p. (J). (gr. -1-3). 17.99 *(978-0-8075-1023-0(8)*, 0807510238) Whitman, Albert & Co.
Gracie Goes to Granny's. Irene Kavanagh. 2020. (ENG.). 38p. (J). pap. 10.48 *(978-1-716-41879-2(8))* Lulu Pr., Inc.
Gracie Grabbit & Ho. Helen Stephens. 2018. (VIE.). (J). *(978-604-55-2753-5(4))* Nha xuat ban Ha Noi.
Gracie Green Turtle Finds Her Beach: A Harry Hawksbill Sea Turtle Adventure. Paul J. Mila. 2019. (ENG., Illus.). 48p. (J). (gr. 2-5). pap. 11.99 *(978-1-947239-23-4(6))* Best Publishing Co.
Gracie Is Thankful For? Amy Nielsen. 2019. (ENG., Illus.). 20p. (J). pap. 11.95 *(978-1-64471-769-1(7))* Covenant Bks.
Gracie Jane. Janet Squires. 2019. (ENG., Illus.). 28p. (J). pap. 14.99 *(978-0-9985781-6-3(9))* Mindstir Media.

G

Gracie Laroo at Pig Jubilee. Marsha Qualey. Illus. by Kristyna Litten. 2017. (Gracie Laroo Ser.). (ENG.). 40p. (J). (gr. k-2). lib. bdg. 21.32 *(978-1-5158-1442-9(4)*, 135712, Picture Window Bks.) Capstone.

Gracie Laroo at Training Camp. Marsha Qualey. Illus. by Kristyna Litten. 2019. (ENG.). 40p. (J). pap. ***(978-1-4747-7012-5(6)***, Picture Window Bks.) Capstone.

Gracie Laroo Goes to School. Marsha Qualey. Illus. by Kristyna Litten. 2017. (Gracie Laroo Ser.). (ENG.). 40p. (J). (gr. k-2). lib. bdg. 21.32 *(978-1-5158-1440-5(8)*, 135710, Picture Window Bks.) Capstone.

Gracie Laroo in the Snow. Marsha Qualey. Illus. by Kristyna Litten. 2019. (ENG.). 40p. (J). pap. ***(978-1-4747-7011-8(8)***, Picture Window Bks.) Capstone.

Gracie Laroo on the Big Screen. Marsha Qualey. Illus. by Kristyna Litten. 2017. (Gracie Laroo Ser.). (ENG.). 40p. (J). (gr. k-2). lib. bdg. 21.32 *(978-1-5158-1441-2(6)*, 135711, Picture Window Bks.) Capstone.

Gracie Laroo Sets Sail. Marsha Qualey. Illus. by Kristyna Litten. 2017. (Gracie Laroo Ser.). (ENG.). 40p. (J). (gr. k-2). lib. bdg. 21.32 *(978-1-5158-1439-9(4)*, 135709, Picture Window Bks.) Capstone.

Gracie Lou. Larissa Juliano. 2016. (ENG., Illus.). (J). 25.95 *(978-1-4808-3320-3(7))*; pap. 16.95 *(978-1-4808-3322-7(3))* Archway Publishing.

Gracie Lou Tries Something New. Larissa Juliano. Illus. by Stephen Adams. 2019. (ENG.). 24p. (J). 25.99 *(978-1-4808-8133-4(3))*; pap. 12.45 *(978-1-4808-8134-1(1))* Archway Publishing.

Gracie Meets a Ghost. Keiko Sena. 2016. (Gracie Wears Glasses Book Ser.). (ENG., Illus.). 32p. (J). (gr. -1-k). 16.99 *(978-1-940842-13-4(1))* Museyon.

Gracie Saves the Day! Catherine Gibson. 2017. (ENG., Illus.). (J). (gr. k-3). pap. 12.95 *(978-0-9831221-9-7(9))* For Children With Love Pubns.

Gracie Saves the Day! Catherine Gibson. Illus. by Rebekah Phillips. 2017. (ENG.). 32p. (J). (gr. k-3). 16.95 *(978-0-9831221-8-0(0))* For Children With Love Pubns.

Gracie the Elephant Walks a Tightrope. Michele Ward. 2018. (ENG., Illus.). 30p. (J). 22.95 *(978-1-64350-730-9(3))* Page Publishing Inc.

Gracie the Gopher & the Brown Gopher. Michael England. 2018. (Gracie the Gopher Ser.: Vol. 2). (ENG., Illus.). 42p. (J). pap. 10.99 *(978-0-9988756-9-4(4))* Endurance Pr.

Gracie the Gopher & the Christmas Bunny. Michael England. Illus. by Andy Manley. 2019. (ENG.). 38p. (J). pap. 10.99 *(978-1-7335503-0-7(5))* Endurance Pr.

Gracie the Gopher & the Silly Man. Michael England. Illus. by Andy Manley. 2018. (Gracie the Gopher Ser.: Vol. 1). (ENG.). 42p. (J). pap. 10.99 *(978-0-9988756-3-7(5))* Endurance Pr.

Gracie Youngblood. Sharon Revell. Illus. by Sharon Revell. 2018. (ENG., Illus.). 32p. (J). (gr. k-4). 15.95 *(978-0-692-07934-8(3))* Starla Enterprises, Inc.

Graciela. Liz Stilwell. 2022. (SPA.). 36p. (J). 14.99 ***(978-1-0880-2981-7(7))*** Indy Pub.

Gracie's Birds. Fred Burstein. 2021. (ENG.). 58p. (J). pap. 16.95 *(978-1-5154-4804-4(5))* Wilder Pubns., Corp.

Gracie's Garden. Lara Casey. 2020. (ENG., Illus.). 32p. (J). (gr. -1-3). 14.99 *(978-1-0877-0626-9(2)*, 005824890, B&H Kids) B&H Publishing Group.

Gracie's Ghost: LDS Baptism Gifts for Girls (about the Holy Ghost) Rayden Rose. Illus. by Olga Badulina. 2022. (Gracie's Ghost Ser.: Vol. 1). (ENG.). 36p. (J). 16.95 ***(978-1-7349025-2-5(3))*** Rayden Rose.

Gracie's Night-Night. Kristin E. Rybinski. 2020. (ENG., Illus.). 34p. (J). pap. 16.95 *(978-1-64544-599-9(2))* Page Publishing Inc.

Gracie's Playful, Dusty Day. Lorraine Derksen Janzen. Illus. by Mackenzie Cox. 2023. (ENG.). 40p. (J). pap. ***(978-1-0391-6510-6(9))***; ***(978-1-0391-6511-3(7))*** FriesenPress.

Gracie's RV Mis-Adventure: A Dog's Road Trip (Gracie the Dog) Violet Favero & Silly Yaya. 2019. (Gracie the Dog Ser.: Vol. 1). (ENG., Illus.). 84p. (J). (gr. k-2). 17.00 *(978-1-7334393-0-5(7))* Meadow Road Publishing.

Gracie's Stories. Deanna King. 2019. (ENG.). 82p. (J). pap. 7.99 *(978-1-5457-4706-3(7))* eBooks2go Inc.

Gracie's Time. Christine Potter. 2019. (Bean Bks.: Vol. 4). (ENG.). 222p. (J). pap. *(978-0-3695-0032-8(6))* Evernight Publishing.

Gracie's Wheels. Helene Vandeloo. Ed. by Frank Murphy. 2019. (ENG.). 54p. (YA). *(978-1-5255-5177-2(9))*; pap. *(978-1-5255-5178-9(7))* FriesenPress.

Gracious & Piggy. Nadeea Guillory. 2019. (ENG., Illus.). 30p. (J). (gr. -1-3). 23.95 *(978-1-64300-825-7(0))* Covenant Bks.

Gracious Visitation (Classic Reprint) Emma Frances Dawson. (ENG., Illus.). (J). 2018. 80p. 25.57 *(978-0-483-41944-5(3))*; 2016. pap. 9.57 *(978-1-334-14336-6(6))* Forgotten Bks.

Gradatim, 1933, Vol. 1 (Classic Reprint) Sacred Heart College. (ENG., Illus.). (J). 2018. 40p. 24.72 *(978-0-332-19151-5(6))*; 2017. pap. 7.97 *(978-0-259-94343-3(6))* Forgotten Bks.

Gradatim, 1934, Vol. 2: Annual Publication of the Senior Class of Sacred Heart Academy, Belmont, N. C (Classic Reprint) Sacred Heart College. (ENG., Illus.). (J). 2018. 40p. 24.72 *(978-0-483-58473-0(8))*; 2017. pap. 7.97 *(978-0-259-92960-4(3))* Forgotten Bks.

Gradatim, 1935, Vol. 3 (Classic Reprint) Sacred Heart Academy. 2017. (ENG., Illus.). (J). 24.91 *(978-0-265-80450-6(7))*; pap. 9.57 *(978-1-5278-3912-0(5))* Forgotten Bks.

Grade 1 a Bundle of Sticks: Leveled Reader 6-Pack Level K. Hmh Hmh. 2021. (ENG.). 16p. (J). pap. 69.33 *(978-0-358-01298-6(8))* Houghton Mifflin Harcourt Publishing Co.

Grade 1 a Lucky Day for Little Dinosaur: Leveled Reader 6-Pack Level F. Hmh Hmh. 2019. (ENG.). 16p. (J). pap. 69.33 *(978-0-358-01247-4(3))* Houghton Mifflin Harcourt Publishing Co.

Grade 1 a New Friend: Leveled Reader 6-Pack Level K. Hmh Hmh. 2021. (ENG.). 16p. (J). pap. 69.33 *(978-0-358-01297-9(X))* Houghton Mifflin Harcourt Publishing Co.

Grade 1 Addition Workbook Children's Math Books. Baby Iq Builder Books. 2016. (ENG., Illus.). (J). pap. 8.99 *(978-1-68374-742-0(9))* Examined Solutions PTE. Ltd.

Grade 1 All about Bikes: Leveled Reader 6-Pack Level K. Hmh Hmh. 2021. (ENG.). 16p. (J). pap. 69.33 *(978-0-358-01305-1(4))* Houghton Mifflin Harcourt Publishing Co.

Grade 1 Animal Shapes: Leveled Reader 6-Pack Level D. Hmh Hmh. 2021. (ENG.). 16p. (J). pap. 69.33 *(978-0-358-01230-6(9))* Houghton Mifflin Harcourt Publishing Co.

Grade 1 Animals That Live under the Ground: Leveled Reader 6-Pack Level I. Hmh Hmh. 2019. (ENG.). 16p. (J). pap. 69.33 *(978-0-358-01281-8(3))* Houghton Mifflin Harcourt Publishing Co.

Grade 1 Ants: Leveled Reader 6-Pack Level I. Hmh Hmh. 2021. (ENG.). 16p. (J). pap. 69.33 *(978-0-358-01282-5(1))* Houghton Mifflin Harcourt Publishing Co.

Grade 1 Apples for Sale: Leveled Reader 6-Pack Level J. Hmh Hmh. 2021. (ENG.). 16p. (J). pap. 69.33 *(978-0-358-01290-0(2))* Houghton Mifflin Harcourt Publishing Co.

Grade 1 Bigger: Leveled Reader 6-Pack Level G. Hmh Hmh. 2019. (ENG.). 16p. (J). pap. 69.33 *(978-0-358-01261-0(9))* Houghton Mifflin Harcourt Publishing Co.

Grade 1 Biggest, Smallest, Fastest, Slowest: Leveled Reader 6-Pack Level I. Hmh Hmh. 2020. (ENG.). 16p. (J). pap. 69.33 *(978-0-358-01284-9(8))* Houghton Mifflin Harcourt Publishing Co.

Grade 1 Boss Is Hungry: Leveled Reader 6-Pack Level C. Hmh Hmh. 2021. (ENG.). 16p. (J). pap. 69.33 *(978-0-358-01168-2(X))* Houghton Mifflin Harcourt Publishing Co.

Grade 1 Buddy: Leveled Reader 6-Pack Level H. Hmh Hmh. 2019. (ENG.). 16p. (J). pap. 69.33 *(978-0-358-01267-2(8))* Houghton Mifflin Harcourt Publishing Co.

Grade 1 Buddy's Bath: Leveled Reader 6-Pack Level E. Hmh Hmh. 2019. (ENG.). 16p. (J). pap. 69.33 *(978-0-358-01235-1(X))* Houghton Mifflin Harcourt Publishing Co.

Grade 1 Cold Day, Hot Chocolate: Leveled Reader 6-Pack Level E. Hmh Hmh. 2019. (ENG.). 16p. (J). pap. 69.33 *(978-0-358-01233-7(3))* Houghton Mifflin Harcourt Publishing Co.

Grade 1 Corn for Sale: Leveled Reader 6-Pack Level F. Hmh Hmh. 2019. (ENG.). 16p. (J). pap. 69.33 *(978-0-358-01255-9(4))* Houghton Mifflin Harcourt Publishing Co.

Grade 1 Crabs: Leveled Reader 6-Pack Level J. Hmh Hmh. 2021. (ENG.). 16p. (J). pap. 69.33 *(978-0-358-01291-7(0))* Houghton Mifflin Harcourt Publishing Co.

Grade 1 Dad, the Bird Caller: Leveled Reader 6-Pack Level J. Hmh Hmh. 2021. (ENG.). 16p. (J). pap. 69.33 *(978-0-358-01288-7(0))* Houghton Mifflin Harcourt Publishing Co.

Grade 1 Don't Stomp on That Bug! Leveled Reader 6-Pack Level J. Hmh Hmh. 2021. (ENG.). 16p. (J). pap. 69.33 *(978-0-358-01294-8(5))* Houghton Mifflin Harcourt Publishing Co.

Grade 1 Enter at Your Own Risk: Leveled Reader 6-Pack Level G. Hmh Hmh. 2019. (ENG.). 16p. (J). pap. 69.33 *(978-0-358-01263-4(5))* Houghton Mifflin Harcourt Publishing Co.

Grade 1 Everyone Says Sh-H-H! Leveled Reader 6-Pack Level E. Hmh Hmh. 2019. (ENG.). 16p. (J). pap. 69.33 *(978-0-358-01236-8(8))* Houghton Mifflin Harcourt Publishing Co.

Grade 1 Fire! Fire! Leveled Reader 6-Pack Level E. Hmh Hmh. 2019. (ENG.). 16p. (J). pap. 69.33 *(978-0-358-01237-5(6))* Houghton Mifflin Harcourt Publishing Co.

Grade 1 Flying Jewels: Leveled Reader 6-Pack Level I. Hmh Hmh. 2021. (ENG.). 16p. (J). pap. 69.33 *(978-0-358-01283-2(X))* Houghton Mifflin Harcourt Publishing Co.

Grade 1 Grandpa: Leveled Reader 6-Pack Level C. Hmh Hmh. 2021. (ENG.). 16p. (J). pap. 69.33 *(978-0-358-01219-1(8))* Houghton Mifflin Harcourt Publishing Co.

Grade 1 Guided Reading Level Collection (includes 16 Titles) Capstone Classroom. 2019. (ENG.). (J). pap., pap., pap. 100.00 *(978-1-4966-7430-2(8)*, 197697, Capstone Classroom) Capstone.

Grade 1 Helping Each Other: Leveled Reader 6-Pack Level C. Hmh Hmh. 2021. (ENG.). (J). pap. 69.33 *(978-0-358-01217-7(1))* Houghton Mifflin Harcourt Publishing Co.

Grade 1 Honey: Leveled Reader 6-Pack Level K. Hmh Hmh. 2021. (ENG.). 16p. (J). pap. 69.33 *(978-0-358-01303-7(8))* Houghton Mifflin Harcourt Publishing Co.

Grade 1 How Do You Sleep? Leveled Reader 6-Pack Level G. Hmh Hmh. 2019. (ENG.). 16p. (J). pap. 69.33 *(978-0-358-01264-1(3))* Houghton Mifflin Harcourt Publishing Co.

Grade 1 How Gliders Fly: Leveled Reader 6-Pack Level H. Hmh Hmh. 2019. (ENG.). 16p. (J). pap. 69.33 *(978-0-358-01271-9(6))* Houghton Mifflin Harcourt Publishing Co.

Grade 1 July Fourth! Leveled Reader 6-Pack Level F. Hmh Hmh. 2019. (ENG.). 16p. (J). pap. 69.33 *(978-0-358-01253-5(8))* Houghton Mifflin Harcourt Publishing Co.

Grade 1 Little Cat & Big Cat: Leveled Reader 6-Pack Level C. Hmh Hmh. 2021. (ENG.). 16p. (J). pap. 69.33 *(978-0-358-01216-0(3))* Houghton Mifflin Harcourt Publishing Co.

Grade 1 Little Squirrel Wants to Play: Leveled Reader 6-Pack Level D. Hmh Hmh. 2021. (ENG.). 16p. (J). pap. 69.33 *(978-0-358-01227-6(9))* Houghton Mifflin Harcourt Publishing Co.

Grade 1 Little Terriers: Leveled Reader 6-Pack Level D. Hmh Hmh. 2021. (ENG.). 16p. (J). pap. 69.33 *(978-0-358-01228-3(7))* Houghton Mifflin Harcourt Publishing Co.

Grade 1 Lizard Loses His Tail: Leveled Reader 6-Pack Level D. Hmh Hmh. 2021. (ENG.). 16p. (J). pap. 69.33 *(978-0-358-01224-5(4))* Houghton Mifflin Harcourt Publishing Co.

Grade 1 Lizard on the Loose: Leveled Reader 6-Pack Level K. Hmh Hmh. 2021. (ENG.). 16p. (J). pap. 69.33 *(978-0-358-01296-2(1))* Houghton Mifflin Harcourt Publishing Co.

Grade 1 Looking at Insects: Leveled Reader 6-Pack Level E. Hmh Hmh. 2019. (ENG.). 16p. (J). pap. 69.33 *(978-0-358-01213-9(9))* Houghton Mifflin Harcourt Publishing Co.

Grade 1 Marisol's Mystery: Leveled Reader 6-Pack Level H. Hmh Hmh. 2019. (ENG.). 16p. (J). pap. 69.33 *(978-0-358-01269-6(4))* Houghton Mifflin Harcourt Publishing Co.

Grade 1 Mom Is Late: Leveled Reader 6-Pack Level G. Hmh Hmh. 2019. (ENG.). 16p. (J). pap. 69.33 *(978-0-358-01256-6(2))* Houghton Mifflin Harcourt Publishing Co.

Grade 1 Monarch Mystery: Leveled Reader 6-Pack Level E. Hmh Hmh. 2019. (ENG.). 16p. (J). pap. 69.33 *(978-0-358-01234-4(1))* Houghton Mifflin Harcourt Publishing Co.

Grade 1 My Vacation Diary: Leveled Reader 6-Pack Level E. Hmh Hmh. 2019. (ENG.). 16p. (J). pap. 69.33 *(978-0-358-01239-9(2))* Houghton Mifflin Harcourt Publishing Co.

Grade 1 Night Work: Leveled Reader 6-Pack Level K. Hmh Hmh. 2021. (ENG.). 16p. (J). pap. 69.33 *(978-0-358-01302-0(X))* Houghton Mifflin Harcourt Publishing Co.

Grade 1 Noises in the Night: Leveled Reader 6-Pack Level K. Hmh Hmh. 2021. (ENG.). 16p. (J). pap. 69.33 *(978-0-358-01299-3(6))* Houghton Mifflin Harcourt Publishing Co.

Grade 1 Now It's Hot! Leveled Reader 6-Pack Level C. Hmh Hmh. 2021. (ENG.). 16p. (J). pap. 69.33 *(978-0-358-01222-1(8))* Houghton Mifflin Harcourt Publishing Co.

Grade 1 Oh, Baby! Leveled Reader 6-Pack Level G. Hmh Hmh. 2019. (ENG.). 16p. (J). pap. 69.33 *(978-0-358-01265-8(1))* Houghton Mifflin Harcourt Publishing Co.

Grade 1 on the Farm: Leveled Reader 6-Pack Level I. Hmh Hmh. 2021. (ENG.). 16p. (J). pap. 69.33 *(978-0-358-01278-8(3))* Houghton Mifflin Harcourt Publishing Co.

Grade 1 Our Flag: Leveled Reader 6-Pack Level D. Hmh Hmh. 2021. (ENG.). 16p. (J). pap. 69.33 *(978-0-358-01231-3(7))* Houghton Mifflin Harcourt Publishing Co.

Grade 1 Our Garden Diary: Leveled Reader 6-Pack Level F. Hmh Hmh. 2019. (ENG.). 16p. (J). pap. 69.33 *(978-0-358-01251-1(1))* Houghton Mifflin Harcourt Publishing Co.

Grade 1 Our Gift to the Beach: Leveled Reader 6-Pack Level D. Hmh Hmh. 2021. (ENG.). 16p. (J). pap. 69.33 *(978-0-358-01232-0(5))* Houghton Mifflin Harcourt Publishing Co.

Grade 1 Our Town: Leveled Reader 6-Pack Level I. Hmh Hmh. 2021. (ENG.). 16p. (J). pap. 69.33 *(978-0-358-01285-6(6))* Houghton Mifflin Harcourt Publishing Co.

Grade 1 Our Vegetable Garden: Leveled Reader 6-Pack Level E. Hmh Hmh. 2019. (ENG.). 16p. (J). pap. 69.33 *(978-0-358-01243-6(0))* Houghton Mifflin Harcourt Publishing Co.

Grade 1 Planting & Growing: Leveled Reader 6-Pack Level E. Hmh Hmh. 2019. (ENG.). 16p. (J). pap. 69.33 *(978-0-358-01245-0(7))* Houghton Mifflin Harcourt Publishing Co.

Grade 1 Plants We Use: Leveled Reader 6-Pack Level K. Hmh Hmh. 2021. (ENG.). 16p. (J). pap. 69.33 *(978-0-358-01304-4(6))* Houghton Mifflin Harcourt Publishing Co.

Grade 1 Play Ball: Leveled Reader 6-Pack Level C. Hmh Hmh. 2021. (ENG.). 16p. (J). pap. 69.33 *(978-0-358-01177-4(9))* Houghton Mifflin Harcourt Publishing Co.

Grade 1 Playing in the Snow: Leveled Reader 6-Pack Level D. Hmh Hmh. 2020. (ENG.). 16p. (J). pap. 69.33 *(978-0-358-01229-0(5))* Houghton Mifflin Harcourt Publishing Co.

Grade 1 Read the Signs: Leveled Reader 6-Pack Level I. Hmh Hmh. 2021. (ENG.). 16p. (J). pap. 69.33 *(978-0-358-01279-5(1))* Houghton Mifflin Harcourt Publishing Co.

Grade 1 Rex Runs Away: Leveled Reader 6-Pack Level G. Hmh Hmh. 2019. (ENG.). 16p. (J). pap. 69.33 *(978-0-358-01258-0(9))* Houghton Mifflin Harcourt Publishing Co.

Grade 1 Rodeo under the Sea: Leveled Reader 6-Pack Level I. Hmh Hmh. 2020. (ENG.). 16p. (J). pap. 69.33 *(978-0-358-01280-1(5))* Houghton Mifflin Harcourt Publishing Co.

Grade 1 Save Stan's Tree: Leveled Reader 6-Pack Level G. Hmh Hmh. 2019. (ENG.). 16p. (J). pap. 69.33 *(978-0-358-01259-7(7))* Houghton Mifflin Harcourt Publishing Co.

Grade 1 Secrets of the Seahorse: Leveled Reader 6-Pack Level H. Hmh Hmh. 2019. (ENG.). 16p. (J). pap. 69.33 *(978-0-358-01272-6(4))* Houghton Mifflin Harcourt Publishing Co.

Grade 1 Snowy Days: Leveled Reader 6-Pack Level H. Hmh Hmh. 2019. (ENG.). 16p. (J). pap. 69.33 *(978-0-358-01275-7(9))* Houghton Mifflin Harcourt Publishing Co.

Grade 1 Stars in the Sky: Leveled Reader 6-Pack Level F. Hmh Hmh. 2019. (ENG.). 16p. (J). pap. 69.33 *(978-0-358-01254-2(6))* Houghton Mifflin Harcourt Publishing Co.

Grade 1 Stay Safe! Leveled Reader 6-Pack Level E. Hmh Hmh. 2019. (ENG.). 16p. (J). pap. 69.33 *(978-0-358-01244-3(9))* Houghton Mifflin Harcourt Publishing Co.

Grade 1 Subtraction Workbook Children's Math Books. Baby Iq Builder Books. 2016. (ENG., Illus.). (J). pap. 8.99 *(978-1-68374-743-7(7))* Examined Solutions PTE. Ltd.

Grade 1 Tarantulas: Leveled Reader 6-Pack Level J. Hmh Hmh. 2021. (ENG.). 16p. (J). pap. 69.33 *(978-0-358-01293-1(7))* Houghton Mifflin Harcourt Publishing Co.

Grade 1 Thanksgiving Day: Leveled Reader 6-Pack Level H. Hmh Hmh. 2019. (ENG.). 16p. (J). pap. 69.33 *(978-0-358-01273-3(2))* Houghton Mifflin Harcourt Publishing Co.

Grade 1 the Angry Bear: Leveled Reader 6-Pack Level G. Hmh Hmh. 2019. (ENG.). 16p. (J). pap. 69.33 *(978-0-358-01260-3(0))* Houghton Mifflin Harcourt Publishing Co.

Grade 1 the Best Animal in the Forest: Leveled Reader 6-Pack Level J. Hmh Hmh. 2021. (ENG.). 16p. (J). pap. 69.33 *(978-0-358-01287-0(2))* Houghton Mifflin Harcourt Publishing Co.

Grade 1 the Children's Farm: Leveled Reader 6-Pack Level F. Hmh Hmh. 2019. (ENG.). 16p. (J). pap. 69.33 *(978-0-358-01252-8(X))* Houghton Mifflin Harcourt Publishing Co.

Grade 1 the Country School: Leveled Reader 6-Pack Level I. Hmh Hmh. 2021. (ENG.). 16p. (J). pap. 69.33 *(978-0-358-01276-4(7))* Houghton Mifflin Harcourt Publishing Co.

Grade 1 the Creek at the Farm: Leveled Reader 6-Pack Level H. Hmh Hmh. 2019. (ENG.). 16p. (J). pap. 69.33 *(978-0-358-01268-9(6))* Houghton Mifflin Harcourt Publishing Co.

Grade 1 the Donkey & the Wolf: Leveled Reader 6-Pack Level G. Hmh Hmh. 2019. (ENG.). 16p. (J). pap. 69.33 *(978-0-358-01257-3(0))* Houghton Mifflin Harcourt Publishing Co.

Grade 1 the Emperor's New Clothes: Leveled Reader 6-Pack Level K. Hmh Hmh. 2021. (ENG.). 24p. (J). pap. 69.33 *(978-0-358-01300-6(3))* Houghton Mifflin Harcourt Publishing Co.

Grade 1 the Five Senses: Leveled Reader 6-Pack Level C. Hmh Hmh. 2021. (ENG.). 16p. (J). pap. 69.33 *(978-0-358-01221-4(X))* Houghton Mifflin Harcourt Publishing Co.

Grade 1 the Fox & the Stork: Leveled Reader 6-Pack Level H. Hmh Hmh. 2019. (ENG.). 16p. (J). pap. 69.33 *(978-0-358-01266-5(X))* Houghton Mifflin Harcourt Publishing Co.

Grade 1 the Hungry Kitten: Leveled Reader 6-Pack Level D. Hmh Hmh. 2021. (ENG.). 16p. (J). pap. 69.33 *(978-0-358-01223-8(6))* Houghton Mifflin Harcourt Publishing Co.

Grade 1 the Little Ant & the White Bird: Leveled Reader 6-Pack Level F. Hmh Hmh. 2019. (ENG.). 16p. (J). pap. 69.33 *(978-0-358-01246-7(5))* Houghton Mifflin Harcourt Publishing Co.

Grade 1 the Little Green Car: Leveled Reader 6-Pack Level D. Hmh Hmh. 2020. (ENG.). 16p. (J). pap. 69.33 *(978-0-358-01225-2(2))* Houghton Mifflin Harcourt Publishing Co.

Grade 1 the Monster in the Attic: Leveled Reader 6-Pack Level F. Hmh Hmh. 2019. (ENG.). 16p. (J). pap. 69.33 *(978-0-358-01249-8(X))* Houghton Mifflin Harcourt Publishing Co.

Grade 1 the Mystery of the Missing Berries: Leveled Reader 6-Pack Level J. Hmh Hmh. 2021. (ENG.). 16p. (J). pap. 69.33 *(978-0-358-01289-4(9))* Houghton Mifflin Harcourt Publishing Co.

Grade 1 the Peacock & the Crane: Leveled Reader 6-Pack Level I. Hmh Hmh. 2021. (ENG.). 16p. (J). pap. 69.33 *(978-0-358-01277-1(5))* Houghton Mifflin Harcourt Publishing Co.

Grade 1 the Princess & the Pea: Leveled Reader 6-Pack Level J. Hmh Hmh. 2019. (ENG.). 16p. (J). pap. 69.33 *(978-0-358-01286-3(4))* Houghton Mifflin Harcourt Publishing Co.

Grade 1 the Saturday Cat: Leveled Reader 6-Pack Level F. Hmh Hmh. 2019. (ENG.). 16p. (J). pap. 69.33 *(978-0-358-01250-4(3))* Houghton Mifflin Harcourt Publishing Co.

Grade 1 the Vet: Leveled Reader 6-Pack Level G. Hmh Hmh. 2019. (ENG.). 16p. (J). pap. 69.33 *(978-0-358-01262-7(7))* Houghton Mifflin Harcourt Publishing Co.

Grade 1 This Is My Family: Leveled Reader 6-Pack Level D. Hmh Hmh. 2020. (ENG.). 16p. (J). pap. 69.33 *(978-0-358-01226-9(0))* Houghton Mifflin Harcourt Publishing Co.

Grade 1 Tick, Tock, Check the Clock! Leveled Reader 6-Pack Level C. Hmh Hmh. 2021. (ENG.). 16p. (J). pap. 69.33 *(978-0-358-01218-4(X))* Houghton Mifflin Harcourt Publishing Co.

Grade 1 Tomatoes Everywhere: Leveled Reader 6-Pack Level H. Hmh Hmh. 2019. (ENG.). 16p. (J). pap. 69.33 *(978-0-358-01274-0(0))* Houghton Mifflin Harcourt Publishing Co.

Grade 1 Tooth on the Loose: Leveled Reader 6-Pack Level H. Hmh Hmh. 2019. (ENG.). 16p. (J). pap. 69.33 *(978-0-358-01270-2(8))* Houghton Mifflin Harcourt Publishing Co.

Grade 1 Water Sports: Leveled Reader 6-Pack Level J. Hmh Hmh. 2021. (ENG.). 16p. (J). pap. 69.33 *(978-0-358-01292-4(9))* Houghton Mifflin Harcourt Publishing Co.

Grade 1 What Is Hiding? Leveled Reader 6-Pack Level C. Hmh Hmh. 2021. (ENG.). 16p. (J). pap. 69.33 *(978-0-358-01220-7(1))* Houghton Mifflin Harcourt Publishing Co.

Grade 1 What Is Soil? Leveled Reader 6-Pack Level K. Hmh Hmh. 2021. (ENG.). 24p. (J). pap. 69.33 *(978-0-358-01301-3(1))* Houghton Mifflin Harcourt Publishing Co.

Grade 1 Who Is Hungry? Leveled Reader 6-Pack Level C. Hmh Hmh. 2020. (ENG.). 16p. (J). pap. 69.33 *(978-0-358-01663-2(0))* Houghton Mifflin Harcourt Publishing Co.

Grade 1 Who Needs Rooster? Leveled Reader 6-Pack Level F. Hmh Hmh. 2019. (ENG.). 16p. (J). pap. 69.33

(978-0-358-01248-1(1)) Houghton Mifflin Harcourt Publishing Co.

Grade 1 Work & Play: Pulleys & Gears: Leveled Reader 6-Pack Level J. Hmh Hmh. 2021. (ENG.). 16p. (J). pap. 69.33 *(978-0-358-01295-5(3))* Houghton Mifflin Harcourt Publishing Co.

Grade 2 a Dictionary of Snake Facts: Leveled Reader 6-Pack Level J. Hmh Hmh. 2020. (ENG.). 16p. (J). pap. 69.33 *(978-0-358-01330-3(5))* Houghton Mifflin Harcourt Publishing Co.

Grade 2 a Friend for Ben: Leveled Reader 6-Pack Level K. Hmh Hmh. 2021. (ENG.). 16p. (J). pap. 69.33 *(978-0-358-01340-2(2))* Houghton Mifflin Harcourt Publishing Co.

Grade 2 a Ship Is Coming! Leveled Reader 6-Pack Level N. Hmh Hmh. 2020. (ENG.). 16p. (J). pap. 69.33 *(978-0-358-01387-7(9))* Houghton Mifflin Harcourt Publishing Co.

Grade 2 a Visit to Gold Town: Leveled Reader 6-Pack Level K. Hmh Hmh. 2021. (ENG.). 24p. (J). pap. 69.33 *(978-0-358-01342-6(9))* Houghton Mifflin Harcourt Publishing Co.

Grade 2 a Visit to the Butterfly House: Leveled Reader 6-Pack Level I. Hmh Hmh. 2021. (ENG.). 16p. (J). pap. 69.33 *(978-0-358-01312-9(7))* Houghton Mifflin Harcourt Publishing Co.

Grade 2 Addition Workbook Children's Math Books. Baby Iq Builder Books. 2016. (ENG., Illus.). (J). pap. 8.99 *(978-1-68374-744-4(5))* Examined Solutions PTE. Ltd.

Grade 2 All about Masks: Leveled Reader 6-Pack Level L. Hmh Hmh. 2021. (ENG.). 24p. (J). pap. 69.33 *(978-0-358-01365-5(8))* Houghton Mifflin Harcourt Publishing Co.

Grade 2 All about Sharks: Leveled Reader 6-Pack Level M. Hmh Hmh. 2019. (ENG.). 24p. (J). pap. 69.33 *(978-0-358-01378-5(X))* Houghton Mifflin Harcourt Publishing Co.

Grade 2 an Encyclopedia of Fossils: Leveled Reader 6-Pack Level M. Hmh Hmh. 2020. (ENG.). 24p. (J). pap. 69.33 *(978-0-358-01374-7(7))* Houghton Mifflin Harcourt Publishing Co.

Grade 2 Animal Helpers: Leveled Reader 6-Pack Level K. Hmh Hmh. 2021. (ENG.). 16p. (J). pap. 69.33 *(978-0-358-01346-4(1))* Houghton Mifflin Harcourt Publishing Co.

Grade 2 Ben Franklin: Leveled Reader 6-Pack Level K. Hmh Hmh. 2021. (ENG.). 16p. (J). pap. 69.33 *(978-0-358-01345-7(3))* Houghton Mifflin Harcourt Publishing Co.

Grade 2 Black Rhinos: Leveled Reader 6-Pack Level L. Hmh Hmh. 2021. (ENG.). 16p. (J). pap. 69.33 *(978-0-358-01364-8(X))* Houghton Mifflin Harcourt Publishing Co.

Grade 2 BMX Bikes: Leveled Reader 6-Pack Level J. Hmh Hmh. 2021. (ENG.). 16p. (J). pap. 69.33 *(978-0-358-01335-8(6))* Houghton Mifflin Harcourt Publishing Co.

Grade 2 Bug-Head & Me: Leveled Reader 6-Pack Level M. Hmh Hmh. 2020. (ENG.). 32p. (J). pap. 69.33 *(978-0-358-01366-2(6))* Houghton Mifflin Harcourt Publishing Co.

Grade 2 Bug on the Beam: Leveled Reader 6-Pack Level N. Hmh Hmh. 2020. (ENG.). 32p. (J). pap. 69.33 *(978-0-358-01384-6(4))* Houghton Mifflin Harcourt Publishing Co.

Grade 2 Camp Buddies: Leveled Reader 6-Pack Level M. Hmh Hmh. 2019. (ENG.). 24p. (J). pap. 69.33 *(978-0-358-01370-9(4))* Houghton Mifflin Harcourt Publishing Co.

Grade 2 Dairy Farmers: Leveled Reader 6-Pack Level K. Hmh Hmh. 2020. (ENG.). 16p. (J). pap. 69.33 *(978-0-358-01349-5(6))* Houghton Mifflin Harcourt Publishing Co.

Grade 2 Desert Life: Leveled Reader 6-Pack Level J. Hmh Hmh. 2021. (ENG.). 16p. (J). pap. 69.33 *(978-0-358-01329-7(1))* Houghton Mifflin Harcourt Publishing Co.

Grade 2 Did You Hear? Leveled Reader 6-Pack Level N. Hmh Hmh. 2020. (ENG.). 32p. (J). pap. 69.33 *(978-0-358-01383-9(6))* Houghton Mifflin Harcourt Publishing Co.

Grade 2 Emily's Surprise: Leveled Reader 6-Pack Level K. Hmh Hmh. 2019. (ENG.). 16p. (J). pap. 69.33 *(978-0-358-01343-3(7))* Houghton Mifflin Harcourt Publishing Co.

Grade 2 Emperor Penguins: Leveled Reader 6-Pack Level I. Hmh Hmh. 2021. (ENG.). 16p. (J). pap. 69.33 *(978-0-358-01318-1(6))* Houghton Mifflin Harcourt Publishing Co.

Grade 2 Exercise for Everyone: Leveled Reader 6-Pack Level M. Hmh Hmh. 2019. (ENG.). 24p. (J). pap. 69.33 *(978-0-358-01379-2(8))* Houghton Mifflin Harcourt Publishing Co.

Grade 2 Finding Talent: Leveled Reader 6-Pack Level L. Hmh Hmh. 2021. (ENG.). 32p. (J). pap. 69.33 *(978-0-358-01351-8(8))* Houghton Mifflin Harcourt Publishing Co.

Grade 2 Flamenco Music & Dance: Leveled Reader 6-Pack Level N. Hmh Hmh. 2021. (ENG.). 24p. (J). pap. 69.33 *(978-0-358-01389-1(5))* Houghton Mifflin Harcourt Publishing Co.

Grade 2 Flightless Birds: Leveled Reader 6-Pack Level L. Hmh Hmh. 2021. (ENG.). 16p. (J). pap. 69.33 *(978-0-358-01360-0(7))* Houghton Mifflin Harcourt Publishing Co.

Grade 2 Forest Fire: Leveled Reader 6-Pack Level J. Hmh Hmh. 2021. (ENG.). 16p. (J). pap. 69.33 *(978-0-358-01328-0(3))* Houghton Mifflin Harcourt Publishing Co.

Grade 2 Frogs: Leveled Reader 6-Pack Level K. Hmh Hmh. 2021. (ENG.). 16p. (J). pap. 69.33 *(978-0-358-01348-8(8))* Houghton Mifflin Harcourt Publishing Co.

Grade 2 Gardens: Leveled Reader 6-Pack Level I. Hmh Hmh. 2021. (ENG.). 16p. (J). pap. 69.33 *(978-0-358-01320-4(8))* Houghton Mifflin Harcourt Publishing Co.

Grade 2 Gibbons, the Singing Apes: Leveled Reader 6-Pack Level J. Hmh Hmh. 2021. (ENG.). 16p. (J). pap. 69.33 *(978-0-358-01331-0(3))* Houghton Mifflin Harcourt Publishing Co.

Grade 2 Guided Reading Level Collection (includes 14 Titles) Capstone Classroom. 2019. (ENG.). (J). pap., pap., pap. 100.00 *(978-1-4966-7431-9(6)*, 197699, Capstone Classroom) Capstone.

Grade 2 Heroes in the Sky: Leveled Reader 6-Pack Level K. Hmh Hmh. 2021. (ENG.). 16p. (J). pap. 69.33 *(978-0-358-01344-0(5))* Houghton Mifflin Harcourt Publishing Co.

Grade 2 Homes for Everyone: Leveled Reader 6-Pack Level J. Hmh Hmh. 2019. (ENG.). 16p. (J). pap. 69.33 *(978-0-358-01333-4(X))* Houghton Mifflin Harcourt Publishing Co.

Grade 2 How Living Things Help Each Other: Leveled Reader 6-Pack Level I. Hmh Hmh. 2021. (ENG.). 16p. (J). pap. 69.33 *(978-0-358-01314-3(3))* Houghton Mifflin Harcourt Publishing Co.

Grade 2 How to Put on a Class Play: Leveled Reader 6-Pack Level L. Hmh Hmh. 2021. (ENG.). 24p. (J). pap. 69.33 *(978-0-358-01356-3(9))* Houghton Mifflin Harcourt Publishing Co.

Grade 2 I Wonder ... Leveled Reader 6-Pack Level N. Hmh Hmh. 2020. (ENG.). 24p. (J). pap. 69.33 *(978-0-358-01388-4(7))* Houghton Mifflin Harcourt Publishing Co.

Grade 2 Ice: Leveled Reader 6-Pack Level J. Hmh Hmh. 2021. (ENG.). 16p. (J). pap. 69.33 *(978-0-358-01334-1(8))* Houghton Mifflin Harcourt Publishing Co.

Grade 2 Is the Wise Owl Wise? Leveled Reader 6-Pack Level I. Hmh Hmh. 2021. (ENG.). 16p. (J). pap. 69.33 *(978-0-358-01308-2(9))* Houghton Mifflin Harcourt Publishing Co.

Grade 2 Jungle Jenny: Leveled Reader 6-Pack Level M. Hmh Hmh. 2020. (ENG.). 32p. (J). pap. 69.33 *(978-0-358-01369-3(0))* Houghton Mifflin Harcourt Publishing Co.

Grade 2 Kitchen Table Science: Leveled Reader 6-Pack Level M. Hmh Hmh. 2020. (ENG.). 16p. (J). pap. 69.33 *(978-0-358-01377-8(1))* Houghton Mifflin Harcourt Publishing Co.

Grade 2 Large Trucks: Leveled Reader 6-Pack Level L. Hmh Hmh. 2021. (ENG.). 24p. (J). pap. 69.33 *(978-0-358-01361-7(5))* Houghton Mifflin Harcourt Publishing Co.

Grade 2 Little Dragon Boats: Leveled Reader 6-Pack Level I. Hmh Hmh. 2021. (ENG.). 16p. (J). pap. 69.33 *(978-0-358-01306-8(2))* Houghton Mifflin Harcourt Publishing Co.

Grade 2 Lizards: Leveled Reader 6-Pack Level L. Hmh Hmh. 2021. (ENG.). 24p. (J). pap. 69.33 *(978-0-358-01359-4(3))* Houghton Mifflin Harcourt Publishing Co.

Grade 2 Lucky Socks: Leveled Reader 6-Pack Level K. Hmh Hmh. 2021. (ENG.). 16p. (J). pap. 69.33 *(978-0-358-01338-9(0))* Houghton Mifflin Harcourt Publishing Co.

Grade 2 Many Ways to Work: Leveled Reader 6-Pack Level J. Hmh Hmh. 2021. (ENG.). 16p. (J). pap. 69.33 *(978-0-358-01332-7(1))* Houghton Mifflin Harcourt Publishing Co.

Grade 2 Mount St. Helens a Mountain Explodes: Leveled Reader 6-Pack Level N. Hmh Hmh. 2020. (ENG.). 16p. (J). pap. 69.33 *(978-0-358-01391-4(7))* Houghton Mifflin Harcourt Publishing Co.

Grade 2 MS Higgs Starts School: Leveled Reader 6-Pack Level J. Hmh Hmh. 2019. (ENG.). 16p. (J). pap. 69.33 *(978-0-358-01326-6(7))* Houghton Mifflin Harcourt Publishing Co.

Grade 2 My Frog Log: Leveled Reader 6-Pack Level N. Hmh Hmh. 2020. (ENG.). 24p. (J). pap. 69.33 *(978-0-358-01390-7(9))* Houghton Mifflin Harcourt Publishing Co.

Grade 2 Mystery of the Bay Monster: Leveled Reader 6-Pack Level J. Hmh Hmh. 2021. (ENG.). 16p. (J). pap. 69.33 *(978-0-358-01323-5(2))* Houghton Mifflin Harcourt Publishing Co.

Grade 2 Olivia's First Surf: Leveled Reader 6-Pack Level M. Hmh Hmh. 2020. (ENG.). 24p. (J). pap. 69.33 *(978-0-358-01371-6(2))* Houghton Mifflin Harcourt Publishing Co.

Grade 2 Our Changing Earth: Leveled Reader 6-Pack Level N. Hmh Hmh. 2020. (ENG.). 24p. (J). pap. 69.33 *(978-0-358-01395-2(X))* Houghton Mifflin Harcourt Publishing Co.

Grade 2 Our Day in the Big City: Leveled Reader 6-Pack Level J. Hmh Hmh. 2021. (ENG.). 16p. (J). pap. 69.33 *(978-0-358-01324-2(0))* Houghton Mifflin Harcourt Publishing Co.

Grade 2 Our Five Senses: Leveled Reader 6-Pack Level I. Hmh Hmh. 2019. (ENG.). 16p. (J). pap. 69.33 *(978-0-358-01317-4(8))* Houghton Mifflin Harcourt Publishing Co.

Grade 2 Plants Need Water: Leveled Reader 6-Pack Level K. Hmh Hmh. 2019. (ENG.). 16p. (J). pap. 69.33 *(978-0-358-01350-1(X))* Houghton Mifflin Harcourt Publishing Co.

Grade 2 Pop's Old Car: Leveled Reader 6-Pack Level I. Hmh Hmh. 2021. (ENG.). 16p. (J). pap. 69.33 *(978-0-358-01313-6(5))* Houghton Mifflin Harcourt Publishing Co.

Grade 2 Rain Forest Encyclopedia: Leveled Reader 6-Pack Level N. Hmh Hmh. 2020. (ENG.). 24p. (J). pap. 69.33 *(978-0-358-01394-5(1))* Houghton Mifflin Harcourt Publishing Co.

Grade 2 Saving Scruffy: Leveled Reader 6-Pack Level I. Hmh Hmh. 2021. (ENG.). 16p. (J). pap. 69.33 *(978-0-358-01307-5(0))* Houghton Mifflin Harcourt Publishing Co.

Grade 2 Saving the Hens: Leveled Reader 6-Pack Level N. Hmh Hmh. 2020. (ENG.). 24p. (J). pap. 69.33 *(978-0-358-01381-5(X))* Houghton Mifflin Harcourt Publishing Co.

Grade 2 Space Vacation: Leveled Reader 6-Pack Level M. Hmh Hmh. 2020. (ENG.). 24p. (J). pap. 69.33 *(978-0-358-01372-3(0))* Houghton Mifflin Harcourt Publishing Co.

Grade 2 Special Days, Special Dances: Leveled Reader 6-Pack Level I. Hmh Hmh. 2021. (ENG.). 16p. (J). pap. 69.33 *(978-0-358-01315-0(1))* Houghton Mifflin Harcourt Publishing Co.

Grade 2 Subtraction Workbook Children's Math Books. Baby Iq Builder Books. 2016. (ENG., Illus.). (J). pap. 8.99 *(978-1-68374-745-1(3))* Examined Solutions PTE. Ltd.

Grade 2 Teeth: Leveled Reader 6-Pack Level N. Hmh Hmh. 2020. (ENG.). 24p. (J). pap. 69.33 *(978-0-358-01393-8(3))* Houghton Mifflin Harcourt Publishing Co.

Grade 2 the Ant & the Dove: Leveled Reader 6-Pack Level I. Hmh Hmh. 2021. (ENG.). 16p. (J). pap. 69.33 *(978-0-358-01311-2(9))* Houghton Mifflin Harcourt Publishing Co.

Grade 2 the Bags by the Gate: Leveled Reader 6-Pack Level J. Hmh Hmh. 2021. (ENG.). 16p. (J). pap. 69.33 *(978-0-358-01327-3(5))* Houghton Mifflin Harcourt Publishing Co.

Grade 2 the Cicada Concert: Leveled Reader 6-Pack Level L. Hmh Hmh. 2021. (ENG.). 24p. (J). pap. 69.33 *(978-0-358-01355-6(0))* Houghton Mifflin Harcourt Publishing Co.

Grade 2 the Guinea Pig Rescue: Leveled Reader 6-Pack Level L. Hmh Hmh. 2019. (ENG.). 24p. (J). pap. 69.33 *(978-0-358-01357-0(7))* Houghton Mifflin Harcourt Publishing Co.

Grade 2 the Japanese Giant Hornet: Leveled Reader 6-Pack Level M. Hmh Hmh. 2020. (ENG.). 16p. (J). pap. 69.33 *(978-0-358-01376-1(3))* Houghton Mifflin Harcourt Publishing Co.

Grade 2 the Mighty Mississippi: Leveled Reader 6-Pack Level I. Hmh Hmh. 2021. (ENG.). 16p. (J). pap. 69.33 *(978-0-358-01316-7(X))* Houghton Mifflin Harcourt Publishing Co.

Grade 2 the Missing Bag: Leveled Reader 6-Pack Level I. Hmh Hmh. 2021. (ENG.). 16p. (J). pap. 69.33 *(978-0-358-01310-5(0))* Houghton Mifflin Harcourt Publishing Co.

Grade 2 the Moon Festival: Leveled Reader 6-Pack Level M. Hmh Hmh. 2019. (ENG.). 24p. (J). pap. 69.33 *(978-0-358-01367-9(4))* Houghton Mifflin Harcourt Publishing Co.

Grade 2 the Mystery Mask: Leveled Reader 6-Pack Level N. Hmh Hmh. 2020. (ENG.). 40p. (J). pap. 69.33 *(978-0-358-01385-3(2))* Houghton Mifflin Harcourt Publishing Co.

Grade 2 the Mystery of the Clever Cat: Leveled Reader 6-Pack Level J. Hmh Hmh. 2021. (ENG.). 16p. (J). pap. 69.33 *(978-0-358-01322-8(4))* Houghton Mifflin Harcourt Publishing Co.

Grade 2 the Princess & the Peas: Leveled Reader 6-Pack Level J. Hmh Hmh. 2021. (ENG.). 16p. (J). pap. 69.33 *(978-0-358-01321-1(6))* Houghton Mifflin Harcourt Publishing Co.

Grade 2 the Scooter Race: Leveled Reader 6-Pack Level J. Hmh Hmh. 2021. (ENG.). 16p. (J). pap. 69.33 *(978-0-358-01325-9(9))* Houghton Mifflin Harcourt Publishing Co.

Grade 2 the Singing Princess: Leveled Reader 6-Pack Level K. Hmh Hmh. 2021. (ENG.). 24p. (J). pap. 69.33 *(978-0-358-01336-5(4))* Houghton Mifflin Harcourt Publishing Co.

Grade 2 the Storm: Leveled Reader 6-Pack Level L. Hmh Hmh. 2019. (ENG.). 24p. (J). pap. 69.33 *(978-0-358-01352-5(6))* Houghton Mifflin Harcourt Publishing Co.

Grade 2 the Travelers & the Bear: Leveled Reader 6-Pack Level M. Hmh Hmh. 2020. (ENG.). 24p. (J). pap. 69.33 *(978-0-358-01368-6(2))* Houghton Mifflin Harcourt Publishing Co.

Grade 2 the Troll under the Bridge: Leveled Reader 6-Pack Level I. Hmh Hmh. 2019. (ENG.). 16p. (J). pap. 69.33 *(978-0-358-01309-9(7))* Houghton Mifflin Harcourt Publishing Co.

Grade 2 the Wind & the Sun: Leveled Reader 6-Pack Level K. Hmh Hmh. 2021. (ENG.). 24p. (J). pap. 69.33 *(978-0-358-01341-9(0))* Houghton Mifflin Harcourt Publishing Co.

Grade 2 the Wonderful Water Cycle: Leveled Reader 6-Pack Level L. Hmh Hmh. 2021. (ENG.). 16p. (J). pap. 69.33 *(978-0-358-01358-7(5))* Houghton Mifflin Harcourt Publishing Co.

Grade 2 Tracker Dogs: Leveled Reader 6-Pack Level M. Hmh Hmh. 2020. (ENG.). 16p. (J). pap. 69.33 *(978-0-358-01380-8(1))* Houghton Mifflin Harcourt Publishing Co.

Grade 2 Training a Guide Dog: Leveled Reader 6-Pack Level N. Hmh Hmh. 2020. (ENG.). 24p. (J). pap. 69.33 *(978-0-358-01392-1(5))* Houghton Mifflin Harcourt Publishing Co.

Grade 2 Trouble on the Trail: Leveled Reader 6-Pack Level N. Hmh Hmh. 2020. (ENG.). 40p. (J). pap. 69.33 *(978-0-358-01382-2(8))* Houghton Mifflin Harcourt Publishing Co.

Grade 2 Vr-Oo-M! Leveled Reader 6-Pack Level M. Hmh Hmh. 2020. (ENG.). 24p. (J). pap. 69.33 *(978-0-358-01373-0(9))* Houghton Mifflin Harcourt Publishing Co.

Grade 2 What a Night! Leveled Reader 6-Pack Level N. Hmh Hmh. 2020. (ENG.). 24p. (J). pap. 69.33 *(978-0-358-01386-0(0))* Houghton Mifflin Harcourt Publishing Co.

Grade 2 What's Up? Leveled Reader 6-Pack Level L. Hmh Hmh. 2021. (ENG.). 16p. (J). pap. 69.33 *(978-0-358-01363-1(1))* Houghton Mifflin Harcourt Publishing Co.

Grade 2 Where Is Hoppy? Leveled Reader 6-Pack Level K. Hmh Hmh. 2021. (ENG.). 16p. (J). pap. 69.33 *(978-0-358-01337-2(2))* Houghton Mifflin Harcourt Publishing Co.

Grade 2 Whoosh! the Story of Snowboarding: Leveled Reader 6-Pack Level M. Hmh Hmh. 2020. (ENG.). 16p. (J). pap. 69.33 *(978-0-358-01375-4(5))* Houghton Mifflin Harcourt Publishing Co.

Grade 2 Why Coyote Howls at the Moon: Leveled Reader 6-Pack Level K. Hmh Hmh. 2019. (ENG.). 16p. (J). pap. 69.33 *(978-0-358-01339-6(9))* Houghton Mifflin Harcourt Publishing Co.

Grade 2 Why the Leopard Has Spots: Leveled Reader 6-Pack Level L. Hmh Hmh. 2020. (ENG.). 32p. (J). pap. 69.33 *(978-0-358-01353-2(4))* Houghton Mifflin Harcourt Publishing Co.

Grade 2 Windy Days: Leveled Reader 6-Pack Level I. Hmh Hmh. 2021. (ENG.). 16p. (J). pap. 69.33 *(978-0-358-01319-8(4))* Houghton Mifflin Harcourt Publishing Co.

Grade 2 Winter: Leveled Reader 6-Pack Level K. Hmh Hmh. 2021. (ENG.). 16p. (J). pap. 69.33 *(978-0-358-01347-1(X))* Houghton Mifflin Harcourt Publishing Co.

Grade 2 Winter Sports: Leveled Reader 6-Pack Level L. Hmh Hmh. 2021. (ENG.). 24p. (J). pap. 69.33 *(978-0-358-01362-4(3))* Houghton Mifflin Harcourt Publishing Co.

Grade 2 Zac's New ACT: Leveled Reader 6-Pack Level L. Hmh Hmh. 2021. (ENG.). 24p. (J). pap. 69.33 *(978-0-358-01354-9(2))* Houghton Mifflin Harcourt Publishing Co.

Grade 3 1844: My Year of Change: Leveled Reader 6-Pack Level Q. Hmh Hmh. 2021. (ENG.). (J). pap. 69.33 *(978-0-358-01471-3(9))* Houghton Mifflin Harcourt Publishing Co.

Grade 3 a Combine Harvester: Leveled Reader 6-Pack Level O. Hmh Hmh. 2020. (ENG.). (J). pap. 69.33 *(978-0-358-01450-8(6))* Houghton Mifflin Harcourt Publishing Co.

Grade 3 Addition & Subtraction Workbook Children's Math Books. Baby Iq Builder Books. 2016. (ENG., Illus.). (J). pap. 8.99 *(978-1-68374-746-8(1))* Examined Solutions PTE. Ltd.

Grade 3 Airplanes: Leveled Reader 6-Pack Level P. Hmh Hmh. 2021. (ENG.). 24p. (J). pap. 69.33 *(978-0-358-01470-6(0))* Houghton Mifflin Harcourt Publishing Co.

Grade 3 Alex, the Super Soccer Striker: Leveled Reader 6-Pack Level P. Hmh Hmh. 2019. (ENG.). 32p. (J). pap. 69.33 *(978-0-358-01462-1(X))* Houghton Mifflin Harcourt Publishing Co.

Grade 3 All about Sleep: Leveled Reader 6-Pack Level N. Hmh Hmh. 2021. (ENG.). (J). pap. 69.33 *(978-0-358-01435-5(2))* Houghton Mifflin Harcourt Publishing Co.

Grade 3 All about Spiders: Leveled Reader 6-Pack Level M. Hmh Hmh. 2021. (ENG.). 24p. (J). pap. 69.33 *(978-0-358-01425-6(5))* Houghton Mifflin Harcourt Publishing Co.

Grade 3 an Alien Stole My Movie: Leveled Reader 6-Pack Level O. Hmh Hmh. 2020. (ENG.). 32p. (J). pap. 69.33 *(978-0-358-01448-5(4))* Houghton Mifflin Harcourt Publishing Co.

Grade 3 Animal Rescue Centers: Leveled Reader 6-Pack Level L. Hmh Hmh. 2020. (ENG.). (J). pap. 69.33 *(978-0-358-01404-1(2))* Houghton Mifflin Harcourt Publishing Co.

Grade 3 Animals Armed for Survival: Leveled Reader 6-Pack Level L. Hmh Hmh. 2019. (ENG.). 16p. (J). pap. 69.33 *(978-0-358-01410-2(7))* Houghton Mifflin Harcourt Publishing Co.

Grade 3 Animals of the Rain Forest: Leveled Reader 6-Pack Level L. Hmh Hmh. 2021. (ENG.). 24p. (J). pap. 69.33 *(978-0-358-01409-6(3))* Houghton Mifflin Harcourt Publishing Co.

Grade 3 Animals with Armor: Leveled Reader 6-Pack Level O. Hmh Hmh. 2021. (ENG.). 24p. (J). pap. 69.33 *(978-0-358-01455-3(7))* Houghton Mifflin Harcourt Publishing Co.

Grade 3 Beavers: Leveled Reader 6-Pack Level P. Hmh Hmh. 2021. (ENG.). (J). pap. 69.33 *(978-0-358-01465-2(4))* Houghton Mifflin Harcourt Publishing Co.

Grade 3 Bookroom. 2020. (ENG.). (J). 2894.76 *(978-1-6639-8303-9(8)*, 229477, Capstone Pr.) Capstone.

Grade 3 Butterflies below Freezing: Leveled Reader 6-Pack Level P. Hmh Hmh. 2021. (ENG.). 32p. (J). pap. 69.33 *(978-0-358-01461-4(1))* Houghton Mifflin Harcourt Publishing Co.

Grade 3 Castles in the Air: Leveled Reader 6-Pack Level O. Hmh Hmh. 2021. (ENG.). 40p. (J). pap. 69.33 *(978-0-358-01447-8(6))* Houghton Mifflin Harcourt Publishing Co.

Grade 3 Cesar Chavez the Farm Workers' Friend: Leveled Reader 6-Pack Level N. Hmh Hmh. 2021. (ENG.). 16p. (J). pap. 69.33 *(978-0-358-01440-9(9))* Houghton Mifflin Harcourt Publishing Co.

Grade 3 Classroom Library. 2020. (ENG.). (J). pap., pap., pap. 473.46 ***(978-1-6639-8304-6(6)***, 229478, Capstone Pr.) Capstone.

Grade 3 Codes & Signals: Leveled Reader 6-Pack Level L. Hmh Hmh. 2020. (ENG.). (J). pap. 69.33 *(978-0-358-01405-8(0))* Houghton Mifflin Harcourt Publishing Co.

Grade 3 Division Workbook Children's Math Books. Left Brain Kids. 2016. (ENG., Illus.). (J). pap. 7.51 *(978-1-68376-647-6(4))* Sabeels Publishing.

Grade 3 Dora's Time to Shine: Leveled Reader 6-Pack Level O. Hmh Hmh. 2021. (ENG.). 40p. (J). pap. 69.33 *(978-0-358-01446-1(8))* Houghton Mifflin Harcourt Publishing Co.

Grade 3 Electricity: Leveled Reader 6-Pack Level N. Hmh Hmh. 2021. (ENG.). (J). pap. 69.33 *(978-0-358-01434-8(4))* Houghton Mifflin Harcourt Publishing Co.

Grade 3 Emergency below the Ice Shelf: Leveled Reader 6-Pack Level M. Hmh Hmh. 2021. (ENG.). (J). pap. 69.33 *(978-0-358-01413-3(1))* Houghton Mifflin Harcourt Publishing Co.

Grade 3 Famous Bridges: Leveled Reader 6-Pack Level Q. Hmh Hmh. 2020. (ENG.). 32p. (J). pap. 69.33 *(978-0-358-01482-9(4))* Houghton Mifflin Harcourt Publishing Co.

Grade 3 Folktales from Ecosystems Around the World: Leveled Reader 6-Pack Level Q. Hmh Hmh. 2021.

(ENG.). 48p. (J). pap. 69.33 *(978-0-358-01478-2(6))* Houghton Mifflin Harcourt Publishing Co.

Grade 3 Forest Trees: Leveled Reader 6-Pack Level O. Hmh Hmh. 2021. (ENG.). 16p. (J). pap. 69.33 *(978-0-358-01454-6(9))* Houghton Mifflin Harcourt Publishing Co.

Grade 3 Freedom: Leveled Reader 6-Pack Level M. Hmh Hmh. 2020. (ENG.). 32p. (J). pap. 69.33 *(978-0-358-01418-8(2))* Houghton Mifflin Harcourt Publishing Co.

Grade 3 from Plastic Bottles to Clothes: Leveled Reader 6-Pack Level O. Hmh Hmh. 2019. (ENG.). 24p. (J). pap. 69.33 *(978-0-358-01453-9(0))* Houghton Mifflin Harcourt Publishing Co.

Grade 3 Growing up Abenaki: Leveled Reader 6-Pack Level N. Hmh Hmh. 2019. (ENG.). 24p. (J). pap. 69.33 *(978-0-358-01439-3(5))* Houghton Mifflin Harcourt Publishing Co.

Grade 3 Guided Reading Level Collection (Includes 14 Titles) Capstone Classroom. 2019. (ENG.). (J). pap., pap., pap. 100.00 *(978-1-4966-7432-6(4)*, 197700, Capstone Classroom) Capstone.

Grade 3 High-Speed Trains: Leveled Reader 6-Pack Level Q. Hmh Hmh. 2021. (ENG.). 32p. (J). pap. 69.33 *(978-0-358-01485-0(9))* Houghton Mifflin Harcourt Publishing Co.

Grade 3 Hofus the Stonecutter: Leveled Reader 6-Pack Level N. Hmh Hmh. 2020. (ENG.). 24p. (J). pap. 69.33 *(978-0-358-01432-4(8))* Houghton Mifflin Harcourt Publishing Co.

Grade 3 How Animals Protect Themselves: Leveled Reader 6-Pack Level P. Hmh Hmh. 2021. (ENG.). (J). pap. 69.33 *(978-0-358-01464-5(6))* Houghton Mifflin Harcourt Publishing Co.

Grade 3 Hydroponic Tomatoes: Leveled Reader 6-Pack Level L. Hmh Hmh. 2021. (ENG.). 16p. (J). pap. 69.33 *(978-0-358-01408-9(5))* Houghton Mifflin Harcourt Publishing Co.

Grade 3 Ice-Hockey Hero: Leveled Reader 6-Pack Level L. Hmh Hmh. 2021. (ENG.). (J). pap. 69.33 *(978-0-358-01397-6(6))* Houghton Mifflin Harcourt Publishing Co.

Grade 3 Icky Sticky Spider Web: Leveled Reader 6-Pack Level M. Hmh Hmh. 2021. (ENG.). (J). pap. 69.33 *(978-0-358-01412-6(3))* Houghton Mifflin Harcourt Publishing Co.

Grade 3 Irrigation: Leveled Reader 6-Pack Level P. Hmh Hmh. 2021. (ENG.). (J). pap. 69.33 *(978-0-358-01463-8(8))* Houghton Mifflin Harcourt Publishing Co.

Grade 3 Is It Possible? Phone Box Costume-Change: Leveled Reader 6-Pack Level M. Hmh Hmh. 2021. (ENG.). (J). pap. 69.33 *(978-0-358-01420-1(4))* Houghton Mifflin Harcourt Publishing Co.

Grade 3 Jellyfish & Octopuses: Leveled Reader 6-Pack Level M. Hmh Hmh. 2021. (ENG.). 24p. (J). pap. 69.33 *(978-0-358-01424-9(7))* Houghton Mifflin Harcourt Publishing Co.

Grade 3 Journey on a Patriotic Path: Leveled Reader 6-Pack Level Q. Hmh Hmh. 2021. (ENG.). 32p. (J). pap. 69.33 *(978-0-358-01484-3(0))* Houghton Mifflin Harcourt Publishing Co.

Grade 3 Keep the Line Zipping: Leveled Reader 6-Pack Level O. Hmh Hmh. 2021. (ENG.). 6p. (J). pap. 69.33 *(978-0-358-01442-3(5))* Houghton Mifflin Harcourt Publishing Co.

Grade 3 Kimiko Quest: Leveled Reader 6-Pack Level O. Hmh Hmh. 2021. (ENG.). 40p. (J). pap. 69.33 *(978-0-358-01445-4(X))* Houghton Mifflin Harcourt Publishing Co.

Grade 3 Leona's Sneakers: Leveled Reader 6-Pack Level M. Hmh Hmh. 2020. (ENG.). 32p. (J). pap. 69.33 *(978-0-358-01417-1(4))* Houghton Mifflin Harcourt Publishing Co.

Grade 3 Living in the Extreme: Leveled Reader 6-Pack Level O. Hmh Hmh. 2021. (ENG.). 24p. (J). pap. 69.33 *(978-0-358-01452-2(2))* Houghton Mifflin Harcourt Publishing Co.

Grade 3 Meeting Brutus: Leveled Reader 6-Pack Level M. Hmh Hmh. 2021. (ENG.). (J). pap. 69.33 *(978-0-358-01411-9(5))* Houghton Mifflin Harcourt Publishing Co.

Grade 3 Meteors: Leveled Reader 6-Pack Level M. Hmh Hmh. 2021. (ENG.). 16p. (J). pap. 69.33 *(978-0-358-01421-8(2))* Houghton Mifflin Harcourt Publishing Co.

Grade 3 More Water, Please Animals in Dry Places: Leveled Reader 6-Pack Level M. Hmh Hmh. 2021. (ENG.). 16p. (J). pap. 69.33 *(978-0-358-01423-2(9))* Houghton Mifflin Harcourt Publishing Co.

Grade 3 Mr. Jacobi Helps Out: Leveled Reader 6-Pack Level L. Hmh Hmh. 2021. (ENG.). 24p. (J). pap. 69.33 *(978-0-358-01402-7(6))* Houghton Mifflin Harcourt Publishing Co.

Grade 3 Mr. Keen's Garden: Leveled Reader 6-Pack Level M. Hmh Hmh. 2020. (ENG.). 32p. (J). pap. 69.33 *(978-0-358-01416-4(6))* Houghton Mifflin Harcourt Publishing Co.

Grade 3 Multiplication Workbook Children's Math Books. Baby Iq Builder Books. 2016. (ENG., Illus.). (J). pap. 8.99 *(978-1-68374-747-5(X))* Examined Solutions PTE. Ltd.

Grade 3 My Horse Sunny: Leveled Reader 6-Pack Level P. Hmh Hmh. 2021. (ENG.). (J). pap. 69.33 *(978-0-358-01456-0(5))* Houghton Mifflin Harcourt Publishing Co.

Grade 3 My Summer Without Baseball & Other Disasters: Leveled Reader 6-Pack Level N. Hmh Hmh. 2020. (ENG.). 48p. (J). pap. 69.33 *(978-0-358-01431-7(X))* Houghton Mifflin Harcourt Publishing Co.

Grade 3 Mystery at Number 7: Leveled Reader 6-Pack Level Q. Hmh Hmh. 2021. (ENG.). 24p. (J). pap. 69.33 *(978-0-358-01477-5(8))* Houghton Mifflin Harcourt Publishing Co.

Grade 3 Nature's Sculptures: Leveled Reader 6-Pack Level M. Hmh Hmh. 2020. (ENG.). 16p. (J). pap. 69.33 *(978-0-358-01422-5(0))* Houghton Mifflin Harcourt Publishing Co.

Grade 3 Never Bored Again: Leveled Reader 6-Pack Level N. Hmh Hmh. 2021. (ENG.). (J). pap. 69.33 *(978-0-358-01427-0(1))* Houghton Mifflin Harcourt Publishing Co.

Grade 3 Now & Then: Leveled Reader 6-Pack Level Q. Hmh Hmh. 2021. (ENG.). 32p. (J). pap. 69.33 *(978-0-358-01483-6(2))* Houghton Mifflin Harcourt Publishing Co.

Grade 3 Our Moon: Leveled Reader 6-Pack Level L. Hmh Hmh. 2021. (ENG.). (J). pap. 69.33 *(978-0-358-01403-4(4))* Houghton Mifflin Harcourt Publishing Co.

Grade 3 Our Superhero Chickens: Leveled Reader 6-Pack Level N. Hmh Hmh. 2021. (ENG.). (J). pap. 69.33 *(978-0-358-01426-3(3))* Houghton Mifflin Harcourt Publishing Co.

Grade 3 Paddy Waits Alone: Leveled Reader 6-Pack Level N. Hmh Hmh. 2020. (ENG.). 32p. (J). pap. 69.33 *(978-0-358-01430-0(1))* Houghton Mifflin Harcourt Publishing Co.

Grade 3 Parrots Around the World: Leveled Reader 6-Pack Level N. Hmh Hmh. 2021. (ENG.). (J). pap. 69.33 *(978-0-358-01433-1(6))* Houghton Mifflin Harcourt Publishing Co.

Grade 3 Patterns in Nature: Leveled Reader 6-Pack Level Q. Hmh Hmh. 2021. (ENG.). (J). pap. 69.33 *(978-0-358-01480-5(8))* Houghton Mifflin Harcourt Publishing Co.

Grade 3 Percy to the Rescue: Leveled Reader 6-Pack Level M. Hmh Hmh. 2020. (ENG.). 24p. (J). pap. 69.33 *(978-0-358-01415-7(8))* Houghton Mifflin Harcourt Publishing Co.

Grade 3 Plant Discoveries: Leveled Reader 6-Pack Level P. Hmh Hmh. 2021. (ENG.). 32p. (J). pap. 69.33 *(978-0-358-01469-0(7))* Houghton Mifflin Harcourt Publishing Co.

Grade 3 Race Day! Leveled Reader 6-Pack Level O. Hmh Hmh. 2021. (ENG.). (J). pap. 69.33 *(978-0-358-01443-0(3))* Houghton Mifflin Harcourt Publishing Co.

Grade 3 Sleeping Beauty a Modern Tale: Leveled Reader 6-Pack Level L. Hmh Hmh. 2021. (ENG.). 24p. (J). pap. 69.33 *(978-0-358-01401-0(8))* Houghton Mifflin Harcourt Publishing Co.

Grade 3 Slo-Mo Man: Leveled Reader 6-Pack Level L. Hmh Hmh. 2021. (ENG.). 32p. (J). pap. 69.33 *(978-0-358-01400-3(X))* Houghton Mifflin Harcourt Publishing Co.

Grade 3 Sundials: Leveled Reader 6-Pack Level O. Hmh Hmh. 2021. (ENG.). (YA). pap. 69.33 *(978-0-358-01449-2(2))* Houghton Mifflin Harcourt Publishing Co.

Grade 3 the Arctic Circle: Leveled Reader 6-Pack Level P. Hmh Hmh. 2021. (ENG.). 32p. (J). pap. 69.33 *(978-0-358-01468-3(9))* Houghton Mifflin Harcourt Publishing Co.

Grade 3 the Fish of Maui: Leveled Reader 6-Pack Level Q. Hmh Hmh. 2021. (ENG.). (J). pap. 69.33 *(978-0-358-01472-0(7))* Houghton Mifflin Harcourt Publishing Co.

Grade 3 the Four Winds: Leveled Reader 6-Pack Level Q. Hmh Hmh. 2021. (ENG.). (J). pap. 69.33 *(978-0-358-01473-7(5))* Houghton Mifflin Harcourt Publishing Co.

Grade 3 the Indoor Forest: Leveled Reader 6-Pack Level P. Hmh Hmh. 2021. (ENG.). 24p. (J). pap. 69.33 *(978-0-358-01460-7(3))* Houghton Mifflin Harcourt Publishing Co.

Grade 3 the Legend of the Bluebonnet: Leveled Reader 6-Pack Level N. Hmh Hmh. 2020. (ENG.). 16p. (J). pap. 69.33 *(978-0-358-01429-4(8))* Houghton Mifflin Harcourt Publishing Co.

Grade 3 the Life of Rosa Parks: Leveled Reader 6-Pack Level O. Hmh Hmh. 2021. (ENG.). 16p. (J). pap. 69.33 *(978-0-358-01451-5(4))* Houghton Mifflin Harcourt Publishing Co.

Grade 3 the Lost & Found Camera: Leveled Reader 6-Pack Level O. Hmh Hmh. 2021. (ENG.). (J). pap. 69.33 *(978-0-358-01441-6(7))* Houghton Mifflin Harcourt Publishing Co.

Grade 3 the Midnight Ride of Sybil Ludington: Leveled Reader 6-Pack Level P. Hmh Hmh. 2021. (ENG.). 24p. (J). pap. 69.33 *(978-0-358-01467-6(0))* Houghton Mifflin Harcourt Publishing Co.

Grade 3 the Mississippi River: Leveled Reader 6-Pack Level N. Hmh Hmh. 2021. (ENG.). 24p. (J). pap. 69.33 *(978-0-358-01438-6(7))* Houghton Mifflin Harcourt Publishing Co.

Grade 3 the Mumblefossick: Leveled Reader 6-Pack Level Q. Hmh Hmh. 2021. (ENG.). 32p. (J). pap. 69.33 *(978-0-358-01476-8(X))* Houghton Mifflin Harcourt Publishing Co.

Grade 3 the Mysterious Ms. Martin: Leveled Reader 6-Pack Level N. Hmh Hmh. 2020. (ENG.). 48p. (J). pap. 69.33 *(978-0-358-01428-7(X))* Houghton Mifflin Harcourt Publishing Co.

Grade 3 the Mysterious Neighbor: Leveled Reader 6-Pack Level L. Hmh Hmh. 2021. (ENG.). 24p. (J). pap. 69.33 *(978-0-358-01399-0(2))* Houghton Mifflin Harcourt Publishing Co.

Grade 3 the Mystery of the Missing Book: Leveled Reader 6-Pack Level O. Hmh Hmh. 2021. (ENG.). 32p. (J). pap. 69.33 *(978-0-358-01444-7(1))* Houghton Mifflin Harcourt Publishing Co.

Grade 3 the Nest: Leveled Reader 6-Pack Level L. Hmh Hmh. 2021. (ENG.). (J). pap. 69.33 *(978-0-358-01396-9(8))* Houghton Mifflin Harcourt Publishing Co.

Grade 3 the Prince's Carpet: Leveled Reader 6-Pack Level L. Hmh Hmh. 2021. (ENG.). 16p. (J). pap. 69.33 *(978-0-358-01398-3(4))* Houghton Mifflin Harcourt Publishing Co.

Grade 3 the Statue of Liberty: Leveled Reader 6-Pack Level N. Hmh Hmh. 2020. (ENG.). 16p. (J). pap. 69.33 *(978-0-358-01437-9(9))* Houghton Mifflin Harcourt Publishing Co.

Grade 3 the Swimming Pool Project: Leveled Reader 6-Pack Level P. Hmh Hmh. 2021. (ENG.). 32p. (J). pap. 69.33 *(978-0-358-01459-1(X))* Houghton Mifflin Harcourt Publishing Co.

Grade 3 the Trip to Rocky Ridge: Leveled Reader 6-Pack Level P. Hmh Hmh. 2021. (ENG.). (J). pap. 69.33 *(978-0-358-01457-7(3))* Houghton Mifflin Harcourt Publishing Co.

Grade 3 the Troublesome Terrarium: Leveled Reader 6-Pack Level Q. Hmh Hmh. 2021. (ENG.). 24p. (J). pap. 69.33 *(978-0-358-01475-1(1))* Houghton Mifflin Harcourt Publishing Co.

Grade 3 the Water Cycle: Leveled Reader 6-Pack Level Q. Hmh Hmh. 2021. (ENG.). 32p. (J). pap. 69.33 *(978-0-358-01481-2(6))* Houghton Mifflin Harcourt Publishing Co.

Grade 3 the Weather Box: Leveled Reader 6-Pack Level Q. Hmh Hmh. 2021. (ENG.). 40p. (J). pap. 69.33 *(978-0-358-01474-4(3))* Houghton Mifflin Harcourt Publishing Co.

Grade 3 There Are Things I Don't Know: Leveled Reader 6-Pack Level P. Hmh Hmh. 2021. (ENG.). 48p. (J). pap. 69.33 *(978-0-358-01458-4(1))* Houghton Mifflin Harcourt Publishing Co.

Grade 3 Too Much Stuff! Leveled Reader 6-Pack Level M. Hmh Hmh. 2020. (ENG.). 40p. (J). pap. 69.33 *(978-0-358-01414-0(X))* Houghton Mifflin Harcourt Publishing Co.

Grade 3 Turning the Tide for Turtles: Leveled Reader 6-Pack Level P. Hmh Hmh. 2021. (ENG.). 32p. (J). pap. 69.33 *(978-0-358-01466-9(2))* Houghton Mifflin Harcourt Publishing Co.

Grade 3 Where Does Our Food Come From? Leveled Reader 6-Pack Level M. Hmh Hmh. 2021. (ENG.). (J). pap. 69.33 *(978-0-358-01419-5(0))* Houghton Mifflin Harcourt Publishing Co.

Grade 3 Why Animals Migrate: Leveled Reader 6-Pack Level N. Hmh Hmh. 2019. (ENG.). 24p. (J). pap. 69.33 *(978-0-358-01436-2(0))* Houghton Mifflin Harcourt Publishing Co.

Grade 3 Working Dogs: Leveled Reader 6-Pack Level L. Hmh Hmh. 2021. (ENG.). 24p. (J). pap. 69.33 *(978-0-358-01407-2(7))* Houghton Mifflin Harcourt Publishing Co.

Grade 3 You're Never Too Young to Save the Planet: Leveled Reader 6-Pack Level L. Hmh Hmh. 2021. (ENG.). 16p. (J). pap. 69.33 *(978-0-358-01406-5(9))* Houghton Mifflin Harcourt Publishing Co.

Grade 3 Zoos: Leveled Reader 6-Pack Level Q. Hmh Hmh. 2021. (ENG.). (J). pap. 69.33 *(978-0-358-01479-9(4))* Houghton Mifflin Harcourt Publishing Co.

Grade 4 a Community Cares & Shares: Leveled Reader 6-Pack Level P. Hmh Hmh. 2021. (ENG.). 32p. (J). pap. 69.33 *(978-0-358-01513-0(8))* Houghton Mifflin Harcourt Publishing Co.

Grade 4 a Nation of Parks: Leveled Reader 6-Pack Level O. Hmh Hmh. 2021. (ENG.). 24p. (J). pap. 69.33 *(978-0-358-01499-7(9))* Houghton Mifflin Harcourt Publishing Co.

Grade 4 a New School for Emily: Leveled Reader 6-Pack Level P. Hmh Hmh. 2021. (ENG.). 32p. (J). pap. 69.33 *(978-0-358-01506-2(5))* Houghton Mifflin Harcourt Publishing Co.

Grade 4 Amazing Stories of Survival: Leveled Reader 6-Pack Level S. Hmh Hmh. 2020. (ENG.). 32p. (J). pap. 69.33 *(978-0-358-01557-4(X))* Houghton Mifflin Harcourt Publishing Co.

Grade 4 Asteroid, Meteoroid, & Comet Facts: Leveled Reader 6-Pack Level T. Hmh Hmh. 2021. (ENG.). 6p. (J). pap. 69.33 *(978-0-358-01565-9(0))* Houghton Mifflin Harcourt Publishing Co.

Grade 4 Beatbox Brothers: Leveled Reader 6-Pack Level R. Hmh Hmh. 2021. (ENG.). 48p. (J). pap. 69.33 *(978-0-358-01534-5(0))* Houghton Mifflin Harcourt Publishing Co.

Grade 4 Benito's Goal: Leveled Reader 6-Pack Level Q. Hmh Hmh. 2021. (ENG.). 48p. (J). pap. 69.33 *(978-0-358-01520-8(0))* Houghton Mifflin Harcourt Publishing Co.

Grade 4 Best Friends Forever: Leveled Reader 6-Pack Level S. Hmh Hmh. 2021. (ENG.). (J). pap. 69.33 *(978-0-358-01545-1(6))* Houghton Mifflin Harcourt Publishing Co.

Grade 4 Billy the Frog: Leveled Reader 6-Pack Level Q. Hmh Hmh. 2021. (ENG.). (J). pap. 69.33 *(978-0-358-01516-1(2))* Houghton Mifflin Harcourt Publishing Co.

Grade 4 Bright Ideas about Light: Leveled Reader 6-Pack Level R. Hmh Hmh. 2021. (ENG.). 32p. (J). pap. 69.33 *(978-0-358-01542-0(1))* Houghton Mifflin Harcourt Publishing Co.

Grade 4 Bugs, Beware! Leveled Reader 6-Pack Level T. Hmh Hmh. 2021. (ENG.). 40p. (J). pap. 69.33 *(978-0-358-01572-7(3))* Houghton Mifflin Harcourt Publishing Co.

Grade 4 Caitlin's Swimming Surprise: Leveled Reader 6-Pack Level R. Hmh Hmh. 2021. (ENG.). (J). pap. 69.33 *(978-0-358-01529-1(4))* Houghton Mifflin Harcourt Publishing Co.

Grade 4 Carnivorous Plants: Leveled Reader 6-Pack Level O. Hmh Hmh. 2021. (ENG.). 24p. (J). pap. 69.33 *(978-0-358-01498-0(0))* Houghton Mifflin Harcourt Publishing Co.

Grade 4 Creating a Scene: Painting & Drawing: Leveled Reader 6-Pack Level R. Hmh Hmh. 2021. (ENG.). (J). pap. 69.33 *(978-0-358-01537-6(5))* Houghton Mifflin Harcourt Publishing Co.

Grade 4 Crisis on the Mountain: Leveled Reader 6-Pack Level P. Hmh Hmh. 2021. (ENG.). (J). pap. 69.33 *(978-0-358-01501-7(4))* Houghton Mifflin Harcourt Publishing Co.

Grade 4 Danny's Dream: Leveled Reader 6-Pack Level O. Hmh Hmh. 2021. (ENG.). 6p. (J). pap. 69.33 *(978-0-358-01664-9(9))* Houghton Mifflin Harcourt Publishing Co.

Grade 4 Deminals & Fraction Workbook Children's Math Books. Left Brain Kids. 2016. (ENG., Illus.). (J). pap. 7.51 *(978-1-68376-650-6(4))* Sabeels Publishing.

Grade 4 Determined to Be First: Leveled Reader 6-Pack Level S. Hmh Hmh. 2020. (ENG.). 32p. (J). pap. 69.33 *(978-0-358-01556-7(1))* Houghton Mifflin Harcourt Publishing Co.

Grade 4 Division Workbook Children's Math Books. Left Brain Kids. 2016. (ENG., Illus.). (J). pap. 7.51 *(978-1-68376-649-0(0))* Sabeels Publishing.

Grade 4 Earth Movers: Leveled Reader 6-Pack Level T. Hmh Hmh. 2021. (ENG.). (J). pap. 69.33 *(978-0-358-01567-3(7))* Houghton Mifflin Harcourt Publishing Co.

Grade 4 Exploring Caves: Leveled Reader 6-Pack Level Q. Hmh Hmh. 2021. (ENG.). 32p. (J). pap. 69.33 *(978-0-358-01526-0(X))* Houghton Mifflin Harcourt Publishing Co.

Grade 4 Extreme U. S. A. Leveled Reader 6-Pack Level R. Hmh Hmh. 2021. (ENG.). 40p. (J). pap. 69.33 *(978-0-358-01541-3(3))* Houghton Mifflin Harcourt Publishing Co.

Grade 4 Food We Eat: Leveled Reader 6-Pack Level Q. Hmh Hmh. 2021. (ENG.). 32p. (J). pap. 69.33 *(978-0-358-01525-3(1))* Houghton Mifflin Harcourt Publishing Co.

Grade 4 Fool's Gold: Leveled Reader 6-Pack Level S. Hmh Hmh. 2020. (ENG.). 48p. (J). pap. 69.33 *(978-0-358-01548-2(0))* Houghton Mifflin Harcourt Publishing Co.

Grade 4 Fractured Tales: Leveled Reader 6-Pack Level Q. Hmh Hmh. 2021. (ENG.). 32p. (J). pap. 69.33 *(978-0-358-01666-3(5))* Houghton Mifflin Harcourt Publishing Co.

Grade 4 Gadget Girl: Leveled Reader 6-Pack Level S. Hmh Hmh. 2020. (ENG.). 48p. (J). pap. 69.33 *(978-0-358-01549-9(9))* Houghton Mifflin Harcourt Publishing Co.

Grade 4 Getting the Dirt on Soil: Leveled Reader 6-Pack Level Q. Hmh Hmh. 2021. (ENG.). 6p. (J). pap. 69.33 *(978-0-358-01522-2(7))* Houghton Mifflin Harcourt Publishing Co.

Grade 4 Go to the Extreme: Leveled Reader 6-Pack Level T. Hmh Hmh. 2021. (ENG.). 40p. (J). pap. 69.33 *(978-0-358-01569-7(3))* Houghton Mifflin Harcourt Publishing Co.

Grade 4 Gold in the 1850s And 1860s: Leveled Reader 6-Pack Level R. Hmh Hmh. 2021. (ENG.). (J). pap. 69.33 *(978-0-358-01535-2(9))* Houghton Mifflin Harcourt Publishing Co.

Grade 4 Hector's Electro-Pet Shop: Leveled Reader 6-Pack Level P. Hmh Hmh. 2021. (ENG.). 32p. (J). pap. 69.33 *(978-0-358-01505-5(7))* Houghton Mifflin Harcourt Publishing Co.

Grade 4 How Animals Communicate: Leveled Reader 6-Pack Level R. Hmh Hmh. 2021. (ENG.). 32p. (J). pap. 69.33 *(978-0-358-01540-6(5))* Houghton Mifflin Harcourt Publishing Co.

Grade 4 Hunt on the Ice: Leveled Reader 6-Pack Level O. Hmh Hmh. 2021. (ENG.). (J). pap. 69.33 *(978-0-358-01487-4(5))* Houghton Mifflin Harcourt Publishing Co.

Grade 4 I'd Love a Puppy: Leveled Reader 6-Pack Level Q. Hmh Hmh. 2021. (ENG.). 24p. (J). pap. 69.33 *(978-0-358-01527-7(8))* Houghton Mifflin Harcourt Publishing Co.

Grade 4 Intrepid Journeys: Leveled Reader 6-Pack Level T. Hmh Hmh. 2021. (ENG.). 32p. (J). pap. 69.33 *(978-0-358-01570-3(7))* Houghton Mifflin Harcourt Publishing Co.

Grade 4 Is It Possible: What Is Color? Leveled Reader 6-Pack Level R. Hmh Hmh. 2021. (ENG.). (J). pap. 69.33 *(978-0-358-01536-9(7))* Houghton Mifflin Harcourt Publishing Co.

Grade 4 James & the Tricky Trunk: Leveled Reader 6-Pack Level P. Hmh Hmh. 2021. (ENG.). (J). pap. 69.33 *(978-0-358-01500-0(6))* Houghton Mifflin Harcourt Publishing Co.

Grade 4 Kelp Forests: Leveled Reader 6-Pack Level T. Hmh Hmh. 2021. (ENG.). (J). pap. 69.33 *(978-0-358-01566-6(9))* Houghton Mifflin Harcourt Publishing Co.

Grade 4 Lizzie's Hidden Message: Leveled Reader 6-Pack Level Q. Hmh Hmh. 2021. (ENG.). (J). pap. 69.33 *(978-0-358-01514-7(6))* Houghton Mifflin Harcourt Publishing Co.

Grade 4 Long-Distance Running: Leveled Reader 6-Pack Level O. Hmh Hmh. 2021. (ENG.). 24p. (J). pap. 69.33 *(978-0-358-01497-3(2))* Houghton Mifflin Harcourt Publishing Co.

Grade 4 Lost in a Cave: Leveled Reader 6-Pack Level P. Hmh Hmh. 2021. (ENG.). 56p. (J). pap. 69.33 *(978-0-358-01504-8(9))* Houghton Mifflin Harcourt Publishing Co.

Grade 4 Message Received: Leveled Reader 6-Pack Level O. Hmh Hmh. 2021. (ENG.). (J). pap. 69.33 *(978-0-358-01494-2(8))* Houghton Mifflin Harcourt Publishing Co.

Grade 4 Moving On: Leveled Reader 6-Pack Level Q. Hmh Hmh. 2020. (ENG.). 32p. (J). pap. 69.33 *(978-0-358-01519-2(7))* Houghton Mifflin Harcourt Publishing Co.

Grade 4 Mr. Lawson Proves His Point: Leveled Reader 6-Pack Level T. Hmh Hmh. 2021. (ENG.). (J). pap. 69.33 *(978-0-358-01559-8(6))* Houghton Mifflin Harcourt Publishing Co.

Grade 4 Mr. Wu's Shop of Curiosities: Leveled Reader 6-Pack Level R. Hmh Hmh. 2021. (ENG.). 64p. (J). pap. 69.33 *(978-0-358-01532-1(4))* Houghton Mifflin Harcourt Publishing Co.

Grade 4 Multiplication Workbook Children's Math Books. Left Brain Kids. 2016. (ENG., Illus.). (J). pap. 7.51 *(978-1-68376-648-3(2))* Sabeels Publishing.

Grade 4 My Dog Soots: Leveled Reader 6-Pack Level S. Hmh Hmh. 2020. (ENG.). 32p. (J). pap. 69.33 *(978-0-358-01550-5(2))* Houghton Mifflin Harcourt Publishing Co.

Grade 4 My Savings Plan: Leveled Reader 6-Pack Level Q. Hmh Hmh. 2021. (ENG.). (J). pap. 69.33 *(978-0-358-01515-4(4))* Houghton Mifflin Harcourt Publishing Co.

792 The check digit for ISBN-10 appears in parentheses after the full ISBN-13

Grade 4 Night Skies: Leveled Reader 6-Pack Level S. Hmh Hmh. 2020. (ENG.). 32p. (J). pap. 69.33 *(978-0-358-01554-3(5))* Houghton Mifflin Harcourt Publishing Co.

Grade 4 Rain Forest Alert! Leveled Reader 6-Pack Level T. Hmh Hmh. 2021. (ENG.). 40p. (J). pap. 69.33 *(978-0-358-01568-0(5))* Houghton Mifflin Harcourt Publishing Co.

Grade 4 Rain Forest Vacation: Leveled Reader 6-Pack Level P. Hmh Hmh. 2021. (ENG.). 32p. (J). pap. 69.33 *(978-0-358-01512-3(X))* Houghton Mifflin Harcourt Publishing Co.

Grade 4 Rivers in Our World: Leveled Reader 6-Pack Level P. Hmh Hmh. 2021. (ENG.). 4p. (J). pap. 69.33 *(978-0-358-01665-6(7))* Houghton Mifflin Harcourt Publishing Co.

Grade 4 Robots: Leveled Reader 6-Pack Level Q. Hmh Hmh. 2021. (ENG.). (J). pap. 69.33 *(978-0-358-01521-5(9))* Houghton Mifflin Harcourt Publishing Co.

Grade 4 Rosamund Zeph: Future Chef: Leveled Reader 6-Pack Level T. Hmh Hmh. 2021. (ENG.). 56p. (J). pap. 69.33 *(978-0-358-01564-2(2))* Houghton Mifflin Harcourt Publishing Co.

Grade 4 Rumi & the Robo-Tel: Leveled Reader 6-Pack Level R. Hmh Hmh. 2021. (ENG.). (J). pap. 69.33 *(978-0-358-01528-4(6))* Houghton Mifflin Harcourt Publishing Co.

Grade 4 Runaway Alien: Leveled Reader 6-Pack Level Q. Hmh Hmh. 2019. (ENG.). 32p. (J). pap. 69.33 *(978-0-358-01518-5(9))* Houghton Mifflin Harcourt Publishing Co.

Grade 4 Sea Turtles in Danger: Leveled Reader 6-Pack Level O. Hmh Hmh. 2021. (ENG.). 24p. (J). pap. 69.33 *(978-0-358-01496-6(4))* Houghton Mifflin Harcourt Publishing Co.

Grade 4 Seven Fables, Seven Truths: Leveled Reader 6-Pack Level R. Hmh Hmh. 2021. (ENG.). 40p. (J). pap. 69.33 *(978-0-358-01531-4(6))* Houghton Mifflin Harcourt Publishing Co.

Grade 4 Seven Natural Wonders of the World: Leveled Reader 6-Pack Level S. Hmh Hmh. 2020. (ENG.). 40p. (J). pap. 69.33 *(978-0-358-01555-0(3))* Houghton Mifflin Harcourt Publishing Co.

Grade 4 Shipwrecked: Leveled Reader 6-Pack Level T. Hmh Hmh. 2021. (ENG.). 48p. (J). pap. 69.33 *(978-0-358-01563-5(4))* Houghton Mifflin Harcourt Publishing Co.

Grade 4 Sound & Light: Leveled Reader 6-Pack Level S. Hmh Hmh. 2021. (ENG.). (J). pap. 69.33 *(978-0-358-01551-2(0))* Houghton Mifflin Harcourt Publishing Co.

Grade 4 Spring Festivals Around the World: Leveled Reader 6-Pack Level P. Hmh Hmh. 2021. (ENG.). 32p. (J). pap. 69.33 *(978-0-358-01511-6(1))* Houghton Mifflin Harcourt Publishing Co.

Grade 4 Stars (Added) Leveled Reader 6-Pack Level P. Hmh Hmh. 2021. (ENG.). (J). pap. 69.33 *(978-0-358-01508-6(1))* Houghton Mifflin Harcourt Publishing Co.

Grade 4 Super Survival Senses: Leveled Reader 6-Pack Level T. Hmh Hmh. 2021. (ENG.). 24p. (J). pap. 69.33 *(978-0-358-01571-0(5))* Houghton Mifflin Harcourt Publishing Co.

Grade 4 Tales from near & Far: Leveled Reader 6-Pack Level P. Hmh Hmh. 2021. (ENG.). 48p. (J). pap. 69.33 *(978-0-358-01503-1(0))* Houghton Mifflin Harcourt Publishing Co.

Grade 4 Tastes of the World, India & Greece: Leveled Reader 6-Pack Level S. Hmh Hmh. 2021. (ENG.). (J). pap. 69.33 *(978-0-358-01552-9(9))* Houghton Mifflin Harcourt Publishing Co.

Grade 4 That's Some Sun! Leveled Reader 6-Pack Level O. Hmh Hmh. 2021. (ENG.). 24p. (J). pap. 69.33 *(978-0-358-01495-9(6))* Houghton Mifflin Harcourt Publishing Co.

Grade 4 the Amazing Adventures of Ordinary Girl: Leveled Reader 6-Pack Level P. Hmh Hmh. 2021. (ENG.). 56p. (J). pap. 69.33 *(978-0-358-01502-4(2))* Houghton Mifflin Harcourt Publishing Co.

Grade 4 the Brave Warrior's Lesson: Leveled Reader 6-Pack Level O. Hmh Hmh. 2021. (ENG.). 24p. (J). pap. 69.33 *(978-0-358-01492-8(1))* Houghton Mifflin Harcourt Publishing Co.

Grade 4 the Elephant & the Blind Men: Leveled Reader 6-Pack Level S. Hmh Hmh. 2021. (ENG.). (J). pap. 69.33 *(978-0-358-01544-4(8))* Houghton Mifflin Harcourt Publishing Co.

Grade 4 the Everglades: Leveled Reader 6-Pack Level Q. Hmh Hmh. 2021. (ENG.). 32p. (J). pap. 69.33 *(978-0-358-01524-6(3))* Houghton Mifflin Harcourt Publishing Co.

Grade 4 the Fishbowl Jungle: Leveled Reader 6-Pack Level O. Hmh Hmh. 2021. (ENG.). (J). pap. 69.33 *(978-0-358-01486-7(7))* Houghton Mifflin Harcourt Publishing Co.

Grade 4 the Golden Bird: Leveled Reader 6-Pack Level T. Hmh Hmh. 2021. (ENG.). 6p. (J). pap. 69.33 *(978-0-358-01558-1(8))* Houghton Mifflin Harcourt Publishing Co.

Grade 4 the Grand Canyon Doesn't Scare Me: Leveled Reader 6-Pack Level R. Hmh Hmh. 2021. (ENG.). 40p. (J). pap. 69.33 *(978-0-358-01530-7(8))* Houghton Mifflin Harcourt Publishing Co.

Grade 4 the Great Barrier Reef: Leveled Reader 6-Pack Level P. Hmh Hmh. 2021. (ENG.). 32p. (J). pap. 69.33 *(978-0-358-01510-9(3))* Houghton Mifflin Harcourt Publishing Co.

Grade 4 the King of Egypt: Leveled Reader 6-Pack Level R. Hmh Hmh. 2020. (ENG.). 48p. (J). pap. 69.33 *(978-0-358-01607-6(X))* Houghton Mifflin Harcourt Publishing Co.

Grade 4 the Longest Shortcut: Leveled Reader 6-Pack Level O. Hmh Hmh. 2021. (ENG.). 40p. (J). pap. 69.33 *(978-0-358-01491-1(3))* Houghton Mifflin Harcourt Publishing Co.

Grade 4 the Mysterious Time Capsule: Leveled Reader 6-Pack Level O. Hmh Hmh. 2019. (ENG.). 24p. (J). pap. 69.33 *(978-0-358-01490-4(5))* Houghton Mifflin Harcourt Publishing Co.

Grade 4 the Orange Grove Mystery: Leveled Reader 6-Pack Level S. Hmh Hmh. 2020. (ENG.). 48p. (J). pap. 69.33 *(978-0-358-01547-5(2))* Houghton Mifflin Harcourt Publishing Co.

Grade 4 the Parthenon: History in Danger: Leveled Reader 6-Pack Level O. Hmh Hmh. 2021. (ENG.). (J). pap. 69.33 *(978-0-358-01493-5(X))* Houghton Mifflin Harcourt Publishing Co.

Grade 4 the Power of Wind: Leveled Reader 6-Pack Level S. Hmh Hmh. 2020. (ENG.). 32p. (J). pap. 69.33 *(978-0-358-01553-6(7))* Houghton Mifflin Harcourt Publishing Co.

Grade 4 the Speed of Light & Sound: Leveled Reader 6-Pack Level P. Hmh Hmh. 2021. (ENG.). (J). pap. 69.33 *(978-0-358-01507-9(3))* Houghton Mifflin Harcourt Publishing Co.

Grade 4 the Story of Water a Moving Adventure: Leveled Reader 6-Pack Level R. Hmh Hmh. 2021. (ENG.). 32p. (J). pap. 69.33 *(978-0-358-01539-0(1))* Houghton Mifflin Harcourt Publishing Co.

Grade 4 the Treasure Ship of St Isabella: Leveled Reader 6-Pack Level T. Hmh Hmh. 2020. (ENG.). 48p. (J). pap. 69.33 *(978-0-358-01562-8(6))* Houghton Mifflin Harcourt Publishing Co.

Grade 4 the World's Greatest Trails: Leveled Reader 6-Pack Level R. Hmh Hmh. 2021. (ENG.). 32p. (J). pap. 69.33 *(978-0-358-01538-3(3))* Houghton Mifflin Harcourt Publishing Co.

Grade 4 Thunder Phobia: Leveled Reader 6-Pack Level S. Hmh Hmh. 2021. (ENG.). (J). pap. 69.33 *(978-0-358-01543-7(X))* Houghton Mifflin Harcourt Publishing Co.

Grade 4 to Stand Forever: Leveled Reader 6-Pack Level T. Hmh Hmh. 2021. (ENG.). 64p. (J). pap. 69.33 *(978-0-358-01561-1(8))* Houghton Mifflin Harcourt Publishing Co.

Grade 4 Trash Mountain: Leveled Reader 6-Pack Level P. Hmh Hmh. 2021. (ENG.). 32p. (J). pap. 69.33 *(978-0-358-01509-3(X))* Houghton Mifflin Harcourt Publishing Co.

Grade 4 Triple Word Score: Leveled Reader 6-Pack Level O. Hmh Hmh. 2021. (ENG.). 32p. (J). pap. 69.33 *(978-0-358-01489-8(1))* Houghton Mifflin Harcourt Publishing Co.

Grade 4 Tucker's Gold: Leveled Reader 6-Pack Level T. Hmh Hmh. 2021. (ENG.). 56p. (J). pap. 69.33 *(978-0-358-01560-4(X))* Houghton Mifflin Harcourt Publishing Co.

Grade 4 Uncle Jacob's Troublesome Trombone: Leveled Reader 6-Pack Level O. Hmh Hmh. 2021. (ENG.). 32p. (J). pap. 69.33 *(978-0-358-01488-1(3))* Houghton Mifflin Harcourt Publishing Co.

Grade 4 We've Got Mail! Leveled Reader 6-Pack Level Q. Hmh Hmh. 2021. (ENG.). 32p. (J). pap. 69.33 *(978-0-358-01523-9(5))* Houghton Mifflin Harcourt Publishing Co.

Grade 4 Why the Moon Is Ivory: Leveled Reader 6-Pack Level Q. Hmh Hmh. 2021. (ENG.). 40p. (J). pap. 69.33 *(978-0-358-01517-8(0))* Houghton Mifflin Harcourt Publishing Co.

Grade 4 Widfire: Leveled Reader 6-Pack Level S. Hmh Hmh. 2021. (ENG.). 48p. (J). pap. 69.33 *(978-0-358-01546-8(4))* Houghton Mifflin Harcourt Publishing Co.

Grade 5 a Desert Habitat: Leveled Reader 6-Pack Level V. Hmh Hmh. 2021. (ENG.). (J). pap. 69.33 *(978-0-358-01641-0(X))* Houghton Mifflin Harcourt Publishing Co.

Grade 5 a Night at the Beach: Leveled Reader 6-Pack Level S. Hmh Hmh. 2020. (ENG.). 40p. (J). pap. 69.33 *(978-0-358-01597-0(9))* Houghton Mifflin Harcourt Publishing Co.

Grade 5 a Scary Knight: Leveled Reader 6-Pack Level W. Hmh Hmh. 2021. (ENG.). (J). pap. 69.33 *(978-0-358-01648-9(7))* Houghton Mifflin Harcourt Publishing Co.

Grade 5 a Secret World of Codes: Leveled Reader 6-Pack Level V. Hmh Hmh. 2020. (ENG.). 32p. (J). pap. 69.33 *(978-0-358-01642-7(8))* Houghton Mifflin Harcourt Publishing Co.

Grade 5 a Solar-Powered Planet: Leveled Reader 6-Pack Level U. Hmh Hmh. 2021. (ENG.). 6p. (J). pap. 69.33 *(978-0-358-01624-3(X))* Houghton Mifflin Harcourt Publishing Co.

Grade 5 Ancient Inventions: Leveled Reader 6-Pack Level T. Hmh Hmh. 2021. (ENG.). 40p. (J). pap. 69.33 *(978-0-358-01612-0(6))* Houghton Mifflin Harcourt Publishing Co.

Grade 5 Attack of the Giant Mutant Zombie Snail: Leveled Reader 6-Pack Level W. Hmh Hmh. 2021. (ENG.). 48p. (J). pap. 69.33 *(978-0-358-01649-6(5))* Houghton Mifflin Harcourt Publishing Co.

Grade 5 Beware of the Mist: Leveled Reader 6-Pack Level V. Hmh Hmh. 2020. (ENG.). 64p. (J). pap. 69.33 *(978-0-358-01636-6(3))* Houghton Mifflin Harcourt Publishing Co.

Grade 5 by Sea to America: Leveled Reader 6-Pack Level S. Hmh Hmh. 2020. (ENG.). 48p. (J). pap. 69.33 *(978-0-358-01589-5(8))* Houghton Mifflin Harcourt Publishing Co.

Grade 5 Cars Past, Present & Future: Leveled Reader 6-Pack Level T. Hmh Hmh. 2021. (ENG.). 32p. (J). pap. 69.33 *(978-0-358-01613-7(4))* Houghton Mifflin Harcourt Publishing Co.

Grade 5 Creature Features Exploring Animal Characteristics: Leveled Reader 6-Pack Level W. Hmh Hmh. 2021. (ENG.). 56p. (J). pap. 69.33 *(978-0-358-01657-1(6))* Houghton Mifflin Harcourt Publishing Co.

Grade 5 Csi: Classroom: Leveled Reader 6-Pack Level W. Hmh Hmh. 2021. (ENG.). 48p. (J). pap. 69.33 *(978-0-358-01652-6(5))* Houghton Mifflin Harcourt Publishing Co.

Grade 5 Decimals & Fractions Workbook Children's Math Books. Left Brain Kids. 2016. (ENG., Illus.). (J). pap. 7.51 *(978-1-68376-651-3(2))* Sabeels Publishing.

Grade 5 Design for Maximum Impact: Leveled Reader 6-Pack Level W. Hmh Hmh. 2021. (ENG.). 32p. (J). pap. 69.33 *(978-0-358-01658-8(4))* Houghton Mifflin Harcourt Publishing Co.

Grade 5 Digging up the Past: Leveled Reader 6-Pack Level U. Hmh Hmh. 2021. (ENG.). 32p. (J). pap. 69.33 *(978-0-358-01627-4(4))* Houghton Mifflin Harcourt Publishing Co.

Grade 5 Dreamers & Doers: Leveled Reader 6-Pack Level S. Hmh Hmh. 2020. (ENG.). 40p. (J). pap. 69.33 *(978-0-358-01599-4(5))* Houghton Mifflin Harcourt Publishing Co.

Grade 5 Dust Bowl Survivors: Leveled Reader 6-Pack Level W. Hmh Hmh. 2021. (ENG.). 56p. (J). pap. 69.33 *(978-0-358-01659-5(2))* Houghton Mifflin Harcourt Publishing Co.

Grade 5 Escape from the Minotaur: Leveled Reader 6-Pack Level T. Hmh Hmh. 2021. (ENG.). 48p. (J). pap. 69.33 *(978-0-358-01609-0(6))* Houghton Mifflin Harcourt Publishing Co.

Grade 5 Explosive Volcanoes: Leveled Reader 6-Pack Level V. Hmh Hmh. 2020. (ENG.). 32p. (J). pap. 69.33 *(978-0-358-01643-4(6))* Houghton Mifflin Harcourt Publishing Co.

Grade 5 Extraterrestrial (et) Search: Leveled Reader 6-Pack Level W. Hmh Hmh. 2021. (ENG.). 32p. (J). pap. 69.33 *(978-0-358-01660-1(6))* Houghton Mifflin Harcourt Publishing Co.

Grade 5 Extreme Environments: Leveled Reader 6-Pack Level V. Hmh Hmh. 2020. (ENG.). 48p. (J). pap. 69.33 *(978-0-358-01644-1(4))* Houghton Mifflin Harcourt Publishing Co.

Grade 5 Fire Ready: Leveled Reader 6-Pack Level S. Hmh Hmh. 2021. (ENG.). 6p. (J). pap. 69.33 *(978-0-358-01667-0(3))* Houghton Mifflin Harcourt Publishing Co.

Grade 5 Garama, Garden of the Sahara: Leveled Reader 6-Pack Level W. Hmh Hmh. 2021. (ENG.). 48p. (J). pap. 69.33 *(978-0-358-01650-2(9))* Houghton Mifflin Harcourt Publishing Co.

Grade 5 Homes Afloat: Leveled Reader 6-Pack Level W. Hmh Hmh. 2021. (ENG.). 32p. (J). pap. 69.33 *(978-0-358-01661-8(4))* Houghton Mifflin Harcourt Publishing Co.

Grade 5 How Optical Illusions Work: Leveled Reader 6-Pack Level U. Hmh Hmh. 2021. (ENG.). (J). pap. 69.33 *(978-0-358-01626-7(6))* Houghton Mifflin Harcourt Publishing Co.

Grade 5 Hypotheticus & His Calculatorium: Leveled Reader 6-Pack Level R. Hmh Hmh. 2021. (ENG.). 48p. (J). pap. 69.33 *(978-0-358-01592-5(8))* Houghton Mifflin Harcourt Publishing Co.

Grade 5 in the Danger Zone: Leveled Reader 6-Pack Level T. Hmh Hmh. 2021. (ENG.). 24p. (J). pap. 69.33 *(978-0-358-01614-4(2))* Houghton Mifflin Harcourt Publishing Co.

Grade 5 Keeping up with Claire: Leveled Reader 6-Pack Level R. Hmh Hmh. 2021. (ENG.). 48p. (J). pap. 69.33 *(978-0-358-01577-2(4))* Houghton Mifflin Harcourt Publishing Co.

Grade 5 Keyboards Past & Present: Leveled Reader 6-Pack Level V. Hmh Hmh. 2021. (ENG.). (J). pap. 69.33 *(978-0-358-01640-3(1))* Houghton Mifflin Harcourt Publishing Co.

Grade 5 Life on the Goldfields: Leveled Reader 6-Pack Level V. Hmh Hmh. 2021. (ENG.). (J). pap. 69.33 *(978-0-358-01634-2(7))* Houghton Mifflin Harcourt Publishing Co.

Grade 5 Luca's Adventure in Florence: Leveled Reader 6-Pack Level T. Hmh Hmh. 2021. (ENG.). 32p. (J). pap. 69.33 *(978-0-358-01533-8(2))* Houghton Mifflin Harcourt Publishing Co.

Grade 5 Mapping the World: Leveled Reader 6-Pack Level U. Hmh Hmh. 2020. (ENG.). 48p. (J). pap. 69.33 *(978-0-358-01630-4(4))* Houghton Mifflin Harcourt Publishing Co.

Grade 5 Mass Production & the Model T: Leveled Reader 6-Pack Level R. Hmh Hmh. 2021. (ENG.). 32p. (J). pap. 69.33 *(978-0-358-01583-3(9))* Houghton Mifflin Harcourt Publishing Co.

Grade 5 Math - by Design: Years 4-5. Russell F. Jacobs. 2017. (ENG.). 48p. (J). pap. 19.95 *(978-0-918272-34-8(3))* Tessellations.

Grade 5 Maui & the Taming of the Sun: Leveled Reader 6-Pack Level V. Hmh Hmh. 2021. (ENG.). (J). pap. 69.33 *(978-0-358-01633-5(9))* Houghton Mifflin Harcourt Publishing Co.

Grade 5 Megafauna Giants of the Past: Leveled Reader 6-Pack Level W. Hmh Hmh. 2021. (ENG.). (J). pap. 69.33 *(978-0-358-01656-4(8))* Houghton Mifflin Harcourt Publishing Co.

Grade 5 Megafauna Mega-Fright! Leveled Reader 6-Pack Level R. Hmh Hmh. 2021. (ENG.). 48p. (J). pap. 69.33 *(978-0-358-01580-2(4))* Houghton Mifflin Harcourt Publishing Co.

Grade 5 Midnight Journeys: Leveled Reader 6-Pack Level S. Hmh Hmh. 2020. (ENG.). 32p. (J). pap. 69.33 *(978-0-358-01598-7(7))* Houghton Mifflin Harcourt Publishing Co.

Grade 5 Movie Mayhem: Leveled Reader 6-Pack Level T. Hmh Hmh. 2021. (ENG.). (J). pap. 69.33 *(978-0-358-01604-5(5))* Houghton Mifflin Harcourt Publishing Co.

Grade 5 My Special Upside-Down Birthday: Leveled Reader 6-Pack Level R. Hmh Hmh. 2021. (ENG.). (J). pap. 69.33 *(978-0-358-01602-1(9))* Houghton Mifflin Harcourt Publishing Co.

Grade 5 Mystery at Marin Marsh: Leveled Reader 6-Pack Level U. Hmh Hmh. 2021. (ENG.). 56p. (J). pap. 69.33 *(978-0-358-01619-9(3))* Houghton Mifflin Harcourt Publishing Co.

Grade 5 Needs Versus Wants: Leveled Reader 6-Pack Level R. Hmh Hmh. 2021. (ENG.). (J). pap. 69.33 *(978-0-358-01582-6(0))* Houghton Mifflin Harcourt Publishing Co.

Grade 5 Newton & the Apple: Leveled Reader 6-Pack Level S. Hmh Hmh. 2021. (ENG.). (J). pap. 69.33 *(978-0-358-01575-8(8))* Houghton Mifflin Harcourt Publishing Co.

Grade 5 Night Skies: Leveled Reader 6-Pack Level S. Hmh Hmh. 2021. (ENG.). (J). pap. 69.33 *(978-0-358-01596-3(0))* Houghton Mifflin Harcourt Publishing Co.

Grade 5 Nightmare on Flight 301: Leveled Reader 6-Pack Level W. Hmh Hmh. 2021. (ENG.). 48p. (J). pap. 69.33 *(978-0-358-01651-9(7))* Houghton Mifflin Harcourt Publishing Co.

Grade 5 on the Hunt: Leveled Reader 6-Pack Level T. Hmh Hmh. 2021. (ENG.). (J). pap. 69.33 *(978-0-358-01603-8(7))* Houghton Mifflin Harcourt Publishing Co.

Grade 5 on the Move Animal Migration: Leveled Reader 6-Pack Level W. Hmh Hmh. 2021. (ENG.). (J). pap. 69.33 *(978-0-358-01655-7(X))* Houghton Mifflin Harcourt Publishing Co.

Grade 5 Pasta Disaster: Leveled Reader 6-Pack Level U. Hmh Hmh. 2021. (ENG.). (J). pap. 69.33 *(978-0-358-01617-5(7))* Houghton Mifflin Harcourt Publishing Co.

Grade 5 Planning a City: Leveled Reader 6-Pack Level T. Hmh Hmh. 2021. (ENG.). (J). pap. 69.33 *(978-0-358-01611-3(8))* Houghton Mifflin Harcourt Publishing Co.

Grade 5 Plastics: Good or Bad? Leveled Reader 6-Pack Level S. Hmh Hmh. 2021. (ENG.). (J). pap. 69.33 *(978-0-358-01594-9(4))* Houghton Mifflin Harcourt Publishing Co.

Grade 5 Play On! Leveled Reader 6-Pack Level S. Hmh Hmh. 2020. (ENG.). 48p. (J). pap. 69.33 *(978-0-358-01593-2(6))* Houghton Mifflin Harcourt Publishing Co.

Grade 5 Preparing for a Natural Disaster: Leveled Reader 6-Pack Level T. Hmh Hmh. 2021. (ENG.). (J). pap. 69.33 *(978-0-358-01573-4(1))* Houghton Mifflin Harcourt Publishing Co.

Grade 5 Preserving Food: Leveled Reader 6-Pack Level U. Hmh Hmh. 2021. (ENG.). (J). pap. 69.33 *(978-0-358-01625-0(8))* Houghton Mifflin Harcourt Publishing Co.

Grade 5 Queen Genevieve & the Soppy Songs: Leveled Reader 6-Pack Level W. Hmh Hmh. 2021. (ENG.). 32p. (J). pap. 69.33 *(978-0-358-01653-3(3))* Houghton Mifflin Harcourt Publishing Co.

Grade 5 Return of the Wolf: Leveled Reader 6-Pack Level S. Hmh Hmh. 2020. (ENG.). 56p. (J). pap. 69.33 *(978-0-358-01591-8(X))* Houghton Mifflin Harcourt Publishing Co.

Grade 5 Riverboat Boy: Leveled Reader 6-Pack Level V. Hmh Hmh. 2020. (ENG.). 64p. (J). pap. 69.33 *(978-0-358-01637-3(1))* Houghton Mifflin Harcourt Publishing Co.

Grade 5 Robot Trouble: Leveled Reader 6-Pack Level R. Hmh Hmh. 2021. (ENG.). 40p. (J). pap. 69.33 *(978-0-358-01576-5(6))* Houghton Mifflin Harcourt Publishing Co.

Grade 5 Running for the Bus: Leveled Reader 6-Pack Level T. Hmh Hmh. 2021. (ENG.). 64p. (J). pap. 69.33 *(978-0-358-01605-2(3))* Houghton Mifflin Harcourt Publishing Co.

Grade 5 Save Our Library! Leveled Reader 6-Pack Level R. Hmh Hmh. 2021. (ENG.). (J). pap. 69.33 *(978-0-358-01618-2(5))* Houghton Mifflin Harcourt Publishing Co.

Grade 5 Second-Hand Superstars: Leveled Reader 6-Pack Level T. Hmh Hmh. 2021. (ENG.). 56p. (J). pap. 69.33 *(978-0-358-01606-9(1))* Houghton Mifflin Harcourt Publishing Co.

Grade 5 Space Technology in Space & on Earth: Leveled Reader 6-Pack Level V. Hmh Hmh. 2020. (ENG.). 32p. (J). pap. 69.33 *(978-0-358-01645-8(2))* Houghton Mifflin Harcourt Publishing Co.

Grade 5 Stars of the Red Carpet: Leveled Reader 6-Pack Level U. Hmh Hmh. 2020. (ENG.). 64p. (J). pap. 69.33 *(978-0-358-01620-5(7))* Houghton Mifflin Harcourt Publishing Co.

Grade 5 Stranded in Space: Leveled Reader 6-Pack Level U. Hmh Hmh. 2021. (ENG.). 56p. (J). pap. 69.33 *(978-0-358-01622-9(3))* Houghton Mifflin Harcourt Publishing Co.

Grade 5 Super Winter Survivors: Leveled Reader 6-Pack Level U. Hmh Hmh. 2021. (ENG.). 48p. (J). pap. 69.33 *(978-0-358-01628-1(2))* Houghton Mifflin Harcourt Publishing Co.

Grade 5 Swamp Explorer: Leveled Reader 6-Pack Level R. Hmh Hmh. 2021. (ENG.). 32p. (J). pap. 69.33 *(978-0-358-01585-7(5))* Houghton Mifflin Harcourt Publishing Co.

Grade 5 Tennis Club Tension: Leveled Reader 6-Pack Level V. Hmh Hmh. 2020. (ENG.). 64p. (J). pap. 69.33 *(978-0-358-01635-9(5))* Houghton Mifflin Harcourt Publishing Co.

Grade 5 the Age of Discovery: Leveled Reader 6-Pack Level W. Hmh Hmh. 2021. (ENG.). (J). pap. 69.33 *(978-0-358-01654-0(1))* Houghton Mifflin Harcourt Publishing Co.

Grade 5 the Amazon Rain Forest: Leveled Reader 6-Pack Level U. Hmh Hmh. 2020. (ENG.). 32p. (J). pap. 69.33 *(978-0-358-01629-8(0))* Houghton Mifflin Harcourt Publishing Co.

Grade 5 the Anderson Shelter: Leveled Reader 6-Pack Level W. Hmh Hmh. 2021. (ENG.). (J). pap. 69.33 *(978-0-358-01647-2(9))* Houghton Mifflin Harcourt Publishing Co.

Grade 5 the Art of Architecture: Leveled Reader 6-Pack Level T. Hmh Hmh. 2021. (ENG.). (J). pap. 69.33 *(978-0-358-01610-6(X))* Houghton Mifflin Harcourt Publishing Co.

Grade 5 the B-Day Box: Leveled Reader 6-Pack Level S. Hmh Hmh. 2020. (ENG.). 64p. (J). pap. 69.33 *(978-0-358-01579-6(0))* Houghton Mifflin Harcourt Publishing Co.

G

For book reviews, descriptive annotations, tables of contents, cover images, author biographies & additional information, updated daily, subscribe to **www.booksinprint.com**

Grade 5 the Black Phantom: Leveled Reader 6-Pack Level U. Hmh Hmh. 2021. (ENG.). (J). pap. 69.33 *(978-0-358-01588-8(X))* Houghton Mifflin Harcourt Publishing Co.

Grade 5 the Disappearing Island of Dr Xu: Leveled Reader 6-Pack Level V. Hmh Hmh. 2020. (ENG.). 32p. (J). pap. 69.33 *(978-0-358-01638-0(X))* Houghton Mifflin Harcourt Publishing Co.

Grade 5 the Eerie Singing Sirens: Leveled Reader 6-Pack Level V. Hmh Hmh. 2020. (ENG.). 32p. (J). pap. 69.33 *(978-0-358-01639-7(8))* Houghton Mifflin Harcourt Publishing Co.

Grade 5 the Fabled Baguettes of Beauchamp: Leveled Reader 6-Pack Level R. Hmh Hmh. 2021. (ENG.). 32p. (J). pap. 69.33 *(978-0-358-01578-9(2))* Houghton Mifflin Harcourt Publishing Co.

Grade 5 the Long Texas Trail: Leveled Reader 6-Pack Level U. Hmh Hmh. 2020. (ENG.). 56p. (J). pap. 69.33 *(978-0-358-01623-6(1))* Houghton Mifflin Harcourt Publishing Co.

Grade 5 the Martian Tales: Leveled Reader 6-Pack Level T. Hmh Hmh. 2021. (ENG.). 56p. (J). pap. 69.33 *(978-0-358-01608-3(8))* Houghton Mifflin Harcourt Publishing Co.

Grade 5 the Rainbow Serpent: Leveled Reader 6-Pack Level R. Hmh Hmh. 2021. (ENG.). (J). pap. 69.33 *(978-0-358-01574-1(X))* Houghton Mifflin Harcourt Publishing Co.

Grade 5 the Search for New Lands: Leveled Reader 6-Pack Level S. Hmh Hmh. 2020. (ENG.). 32p. (J). pap. 69.33 *(978-0-358-01600-7(2))* Houghton Mifflin Harcourt Publishing Co.

Grade 5 the Tale of the Troublesome Toad: Leveled Reader 6-Pack Level U. Hmh Hmh. 2021. (ENG.). 56p. (J). pap. 69.33 *(978-0-358-01621-2(5))* Houghton Mifflin Harcourt Publishing Co.

Grade 5 Thea & the Think-It-Arium: Leveled Reader 6-Pack Level S. Hmh Hmh. 2020. (ENG.). 48p. (J). pap. 69.33 *(978-0-358-01590-1(1))* Houghton Mifflin Harcourt Publishing Co.

Grade 5 They Fought for Justice: Leveled Reader 6-Pack Level V. Hmh Hmh. 2020. (ENG.). 32p. (J). pap. 69.33 *(978-0-358-01646-5(0))* Houghton Mifflin Harcourt Publishing Co.

Grade 5 Time & Clocks: Leveled Reader 6-Pack Level R. Hmh Hmh. 2021. (ENG.). 32p. (J). pap. 69.33 *(978-0-358-01587-1(1))* Houghton Mifflin Harcourt Publishing Co.

Grade 5 Treasure Lost at Sea: Leveled Reader 6-Pack Level T. Hmh Hmh. 2021. (ENG.). 32p. (J). pap. 69.33 *(978-0-358-01616-8(9))* Houghton Mifflin Harcourt Publishing Co.

Grade 5 Unexplained Mysteries: Leveled Reader 6-Pack Level U. Hmh Hmh. 2021. (ENG.). 32p. (J). pap. 69.33 *(978-0-358-01631-1(2))* Houghton Mifflin Harcourt Publishing Co.

Grade 5 Unusual Buildings: Leveled Reader 6-Pack Level S. Hmh Hmh. 2020. (ENG.). 32p. (J). pap. 69.33 *(978-0-358-01601-4(0))* Houghton Mifflin Harcourt Publishing Co.

Grade 5 Unusual Sports: Leveled Reader 6-Pack Level R. Hmh Hmh. 2021. (ENG.). (J). pap. 69.33 *(978-0-358-01581-9(2))* Houghton Mifflin Harcourt Publishing Co.

Grade 5 Who Can Make Art? Leveled Reader 6-Pack Level S. Hmh Hmh. 2021. (ENG.). (J). pap. 69.33 *(978-0-358-01595-6(2))* Houghton Mifflin Harcourt Publishing Co.

Grade 5 Who Was the Greatest Electrical Inventor? Leveled Reader 6-Pack Level R. Hmh Hmh. 2021. (ENG.). 24p. (J). pap. 69.33 *(978-0-358-01586-4(3))* Houghton Mifflin Harcourt Publishing Co.

Grade 5 Wild & Woolly: Leveled Reader 6-Pack Level V. Hmh Hmh. 2021. (ENG.). 6p. (J). pap. 69.33 *(978-0-358-01632-8(0))* Houghton Mifflin Harcourt Publishing Co.

Grade 5 Working at the Airport: Leveled Reader 6-Pack Level T. Hmh Hmh. 2021. (ENG.). 32p. (J). pap. 69.33 *(978-0-358-01615-1(0))* Houghton Mifflin Harcourt Publishing Co.

Grade 5 Working High & Low: Leveled Reader 6-Pack Level R. Hmh Hmh. 2021. (ENG.). 32p. (J). pap. 69.33 *(978-0-358-01584-0(7))* Houghton Mifflin Harcourt Publishing Co.

Grade 6 English Spelling Workbook: Weekly Targeted Practice Worksheets & Spelling Tests (6th Grade English Ages 11-12) Stp Books. 2021. (ENG.). 108p. (J). pap. *(978-1-912956-43-2(8))* STP Bks.

Grade 6 Fractions Workbook Children's Math Books. Left Brain Kids. 2016. (ENG., Illus.). (J). pap. 7.51 *(978-1-68376-652-0(0))* Sabeels Publishing.

Grade 9-1 GCSE Combined Science Foundation AQA Practice Test Papers: GCSE Grade 9-1 (Letts GCSE 9-1 Revision Success) Letts GCSE. 2018. (ENG., Illus.). 160p. (-8). pap. 13.95 *(978-0-00-827619-5(6))* HarperCollins Pubs. Ltd. GBR. Dist: Independent Pubs. Group.

Grade 9-1 GCSE Combined Science Higher AQA Practice Test Papers: GCSE Grade 9-1 (Letts GCSE 9-1 Revision Success) Letts GCSE. 2018. (ENG.). 160p. (-8). pap. 13.95 *(978-0-00-827620-1(X))* HarperCollins Pubs. Ltd. GBR. Dist: Independent Pubs. Group.

Grade 9-1 GCSE Maths Higher Edexcel Practice Test Papers: GCSE Grade 9-1 (Letts GCSE 9-1 Revision Success) Letts GCSE. 2018. (ENG.). 88p. (-8). pap. 9.95 *(978-0-00-827612-6(9))* HarperCollins Pubs. Ltd. GBR. Dist: Independent Pubs. Group.

Grade 9-1 GCSE Physics Higher AQA Practice Test Papers: GCSE Grade 9-1 (Letts GCSE 9-1 Revision Success) Letts GCSE. 2018. (ENG.). 80p. (-8). pap. 9.95 *(978-0-00-827618-8(8))* HarperCollins Pubs. Ltd. GBR. Dist: Independent Pubs. Group.

Grade K 2, 4, 6, 8 Legs: Leveled Reader 6-Pack Level C. Hmh Hmh. 2020. (ENG.). 16p. (J). pap. 69.33 *(978-0-358-01178-1(7))* Houghton Mifflin Harcourt Publishing Co.

Grade K a Great Day: Leveled Reader 6-Pack Level C. Hmh Hmh. 2020. (ENG.). 16p. (J). pap. 69.33 *(978-0-358-01166-8(3))* Houghton Mifflin Harcourt Publishing Co.

Grade K a Rainy Day: Leveled Reader 6-Pack Level A. Hmh Hmh. 2019. (ENG.). 16p. (J). pap. 69.33 *(978-0-358-01125-5(6))* Houghton Mifflin Harcourt Publishing Co.

Grade K All about Me: Leveled Reader 6-Pack Level A. Hmh Hmh. 2019. (ENG.). 16p. (J). pap. 69.33 *(978-0-358-01123-1(X))* Houghton Mifflin Harcourt Publishing Co.

Grade K All Kinds of Babies: Leveled Reader 6-Pack Level B. Hmh Hmh. 2019. (ENG.). 16p. (J). pap. 69.33 *(978-0-358-01156-9(6))* Houghton Mifflin Harcourt Publishing Co.

Grade K Animal Eggs: Leveled Reader 6-Pack Level B. Hmh Hmh. 2019. (ENG.). 16p. (J). pap. 69.33 *(978-0-358-01154-5(X))* Houghton Mifflin Harcourt Publishing Co.

Grade K Animals Go Home: Leveled Reader 6-Pack Level D. Hmh Hmh. 2020. (ENG.). 16p. (J). pap. 69.33 *(978-0-358-01198-9(1))* Houghton Mifflin Harcourt Publishing Co.

Grade K Animals Hide: Leveled Reader 6-Pack Level B. Hmh Hmh. 2019. (ENG.). 16p. (J). pap. 69.33 *(978-0-358-01159-0(0))* Houghton Mifflin Harcourt Publishing Co.

Grade K at the Beach: Leveled Reader 6-Pack Level A. Hmh Hmh. 2019. (ENG.). 16p. (J). pap. 69.33 *(978-0-358-01127-9(2))* Houghton Mifflin Harcourt Publishing Co.

Grade K at the Pond: Leveled Reader 6-Pack Level A. Hmh Hmh. 2019. (ENG.). 16p. (J). pap. 69.33 *(978-0-358-01128-6(0))* Houghton Mifflin Harcourt Publishing Co.

Grade K at the Supermarket: Leveled Reader 6-Pack Level A. Hmh Hmh. 2019. (ENG.). 16p. (J). pap. 69.33 *(978-0-358-01140-8(X))* Houghton Mifflin Harcourt Publishing Co.

Grade K at the Toy Shop: Leveled Reader 6-Pack Level A. Hmh Hmh. 2019. (ENG.). 16p. (J). pap. 69.33 *(978-0-358-01130-9(2))* Houghton Mifflin Harcourt Publishing Co.

Grade K Baby Animals: Leveled Reader 6-Pack Level E. Hmh Hmh. 2019. (ENG.). 16p. (J). pap. 69.33 *(978-0-358-01212-2(0))* Houghton Mifflin Harcourt Publishing Co.

Grade K Baby Hippo: Leveled Reader 6-Pack Level D. Hmh Hmh. 2020. (ENG.). 16p. (J). pap. 69.33 *(978-0-358-01194-1(9))* Houghton Mifflin Harcourt Publishing Co.

Grade K Baby Lamb Is Hungry: Leveled Reader 6-Pack Level C. Hmh Hmh. 2020. (ENG.). 16p. (J). pap. 69.33 *(978-0-358-01173-6(6))* Houghton Mifflin Harcourt Publishing Co.

Grade K Barney Owl: Leveled Reader 6-Pack Level E. Hmh Hmh. 2019. (ENG.). 16p. (J). pap. 69.33 *(978-0-358-01206-1(6))* Houghton Mifflin Harcourt Publishing Co.

Grade K Ben's Treasure Hunt: Leveled Reader 6-Pack Level D. Hmh Hmh. 2020. (ENG.). 16p. (J). pap. 69.33 *(978-0-358-01189-7(2))* Houghton Mifflin Harcourt Publishing Co.

Grade K Bobbie & the Baby: Leveled Reader 6-Pack Level C. Hmh Hmh. 2020. (ENG.). 16p. (J). pap. 69.33 *(978-0-358-01172-9(8))* Houghton Mifflin Harcourt Publishing Co.

Grade K Brave Little Snail: Leveled Reader 6-Pack Level D. Hmh Hmh. 2020. (ENG.). 16p. (J). pap. 69.33 *(978-0-358-01193-4(0))* Houghton Mifflin Harcourt Publishing Co.

Grade K Bugs in the Garden: Leveled Reader 6-Pack Level B. Hmh Hmh. 2019. (ENG.). 16p. (J). pap. 69.33 *(978-0-358-01147-7(7))* Houghton Mifflin Harcourt Publishing Co.

Grade K Carlos Goes Camping: Leveled Reader 6-Pack Level D. Hmh Hmh. 2020. (ENG.). 16p. (J). pap. 69.33 *(978-0-358-01185-9(X))* Houghton Mifflin Harcourt Publishing Co.

Grade K Casey's Lamb: Leveled Reader 6-Pack Level D. Hmh Hmh. 2020. (ENG.). 16p. (J). pap. 69.33 *(978-0-358-01196-5(5))* Houghton Mifflin Harcourt Publishing Co.

Grade K Chico: Leveled Reader 6-Pack Level D. Hmh Hmh. 2020. (ENG.). 16p. (J). pap. 69.33 *(978-0-358-01187-3(6))* Houghton Mifflin Harcourt Publishing Co.

Grade K Dad's Present: Leveled Reader 6-Pack Level D. Hmh Hmh. 2020. (ENG.). 16p. (J). pap. 69.33 *(978-0-358-01192-7(2))* Houghton Mifflin Harcourt Publishing Co.

Grade K Farley Frog: Leveled Reader 6-Pack Level B. Hmh Hmh. 2019. (ENG.). 8p. (J). pap. 69.33 *(978-0-358-01151-4(5))* Houghton Mifflin Harcourt Publishing Co.

Grade K Father Bear Goes Fishing: Leveled Reader 6-Pack Level D. Hmh Hmh. 2020. (ENG.). 16p. (J). pap. 69.33 *(978-0-358-01188-0(4))* Houghton Mifflin Harcourt Publishing Co.

Grade K Footprints: Leveled Reader 6-Pack Level C. Hmh Hmh. 2020. (ENG.). 16p. (J). pap. 69.33 *(978-0-358-01180-4(9))* Houghton Mifflin Harcourt Publishing Co.

Grade K Frogs: Leveled Reader 6-Pack Level C. Hmh Hmh. 2020. (ENG.). 8p. (J). pap. 69.33 *(978-0-358-01179-8(5))* Houghton Mifflin Harcourt Publishing Co.

Grade K Fun for All Seasons: Leveled Reader 6-Pack Level A. Hmh Hmh. 2019. (ENG.). 16p. (J). pap. 69.33 *(978-0-358-01137-8(X))* Houghton Mifflin Harcourt Publishing Co.

Grade K Give & Take: Leveled Reader 6-Pack Level D. Hmh Hmh. 2020. (ENG.). 16p. (J). pap. 69.33 *(978-0-358-01203-0(1))* Houghton Mifflin Harcourt Publishing Co.

Grade K Go Home, Chick! Leveled Reader 6-Pack Level B. Hmh Hmh. 2019. (ENG.). 16p. (J). pap. 69.33 *(978-0-358-01149-1(3))* Houghton Mifflin Harcourt Publishing Co.

Grade K Hermit Crab: Leveled Reader 6-Pack Level E. Hmh Hmh. 2019. (ENG.). 16p. (J). pap. 69.33 *(978-0-358-01205-4(8))* Houghton Mifflin Harcourt Publishing Co.

Grade K Hide & Seek: Leveled Reader 6-Pack Level D. Hmh Hmh. 2020. (ENG.). 16p. (J). pap. 69.33 *(978-0-358-01190-3(6))* Houghton Mifflin Harcourt Publishing Co.

Grade K How Does a Tree Help? Leveled Reader 6-Pack Level B. Hmh Hmh. 2019. (ENG.). 16p. (J). pap. 69.33 *(978-0-358-01158-3(2))* Houghton Mifflin Harcourt Publishing Co.

Grade K Hurry up, Hippo! Leveled Reader 6-Pack Level B. Hmh Hmh. 2019. (ENG.). 16p. (J). pap. 69.33 *(978-0-358-01150-7(7))* Houghton Mifflin Harcourt Publishing Co.

Grade K I Have Five Senses: Leveled Reader 6-Pack Level D. Hmh Hmh. 2020. (ENG.). 16p. (J). pap. 69.33 *(978-0-358-01197-2(3))* Houghton Mifflin Harcourt Publishing Co.

Grade K I See Dad: Leveled Reader 6-Pack Level A. Hmh Hmh. 2019. (ENG.). 16p. (J). pap. 69.33 *(978-0-358-01124-8(8))* Houghton Mifflin Harcourt Publishing Co.

Grade K in the Woods: Leveled Reader 6-Pack Level B. Hmh Hmh. 2019. (ENG.). 16p. (J). pap. 69.33 *(978-0-358-01145-3(0))* Houghton Mifflin Harcourt Publishing Co.

Grade K Isabel's Day: Leveled Reader 6-Pack Level C. Hmh Hmh. 2020. (ENG.). 16p. (J). pap. 69.33 *(978-0-358-01175-0(2))* Houghton Mifflin Harcourt Publishing Co.

Grade K It's Too Hot! Leveled Reader 6-Pack Level B. Hmh Hmh. 2019. (ENG.). 16p. (J). pap. 69.33 *(978-0-358-01152-1(3))* Houghton Mifflin Harcourt Publishing Co.

Grade K Joe's Bean Plants: Leveled Reader 6-Pack Level E. Hmh Hmh. 2019. (ENG.). 16p. (J). pap. 69.33 *(978-0-358-01207-8(4))* Houghton Mifflin Harcourt Publishing Co.

Grade K Josh's Scooter: Leveled Reader 6-Pack Level E. Hmh Hmh. 2019. (ENG.). 16p. (J). pap. 69.33 *(978-0-358-01209-2(0))* Houghton Mifflin Harcourt Publishing Co.

Grade K Kitty Cat & the Frog: Leveled Reader 6-Pack Level E. Hmh Hmh. 2019. (ENG.). 16p. (J). pap. 69.33 *(978-0-358-01208-5(2))* Houghton Mifflin Harcourt Publishing Co.

Grade K Little Bird & the Bath: Leveled Reader 6-Pack Level C. Hmh Hmh. 2020. (ENG.). 16p. (J). pap. 69.33 *(978-0-358-01174-3(4))* Houghton Mifflin Harcourt Publishing Co.

Grade K Look at This! Leveled Reader 6-Pack Level B. Hmh Hmh. 2019. (ENG.). 16p. (J). pap. 69.33 *(978-0-358-01157-6(4))* Houghton Mifflin Harcourt Publishing Co.

Grade K Look at Us: Leveled Reader 6-Pack Level C. Hmh Hmh. 2020. (ENG.). 16p. (J). pap. 69.33 *(978-0-358-01181-1(7))* Houghton Mifflin Harcourt Publishing Co.

Grade K Looking at Snails: Leveled Reader 6-Pack Level E. Hmh Hmh. 2019. (ENG.). 16p. (J). pap. 69.33 *(978-0-358-01238-2(4))* Houghton Mifflin Harcourt Publishing Co.

Grade K Looking at Worms: Leveled Reader 6-Pack Level D. Hmh Hmh. 2020. (ENG.). 16p. (J). pap. 69.33 *(978-0-358-01195-8(7))* Houghton Mifflin Harcourt Publishing Co.

Grade K Mack Forgot: Leveled Reader 6-Pack Level B. Hmh Hmh. 2019. (ENG.). 16p. (J). pap. 69.33 *(978-0-358-01146-0(9))* Houghton Mifflin Harcourt Publishing Co.

Grade K Mailboxes: Leveled Reader 6-Pack Level D. Hmh Hmh. 2020. (ENG.). 16p. (J). pap. 69.33 *(978-0-358-01200-9(7))* Houghton Mifflin Harcourt Publishing Co.

Grade K Making a Little Raft: Leveled Reader 6-Pack Level E. Hmh Hmh. 2019. (ENG.). 16p. (J). pap. 69.33 *(978-0-358-01210-8(4))* Houghton Mifflin Harcourt Publishing Co.

Grade K Many Homes: Leveled Reader 6-Pack Level B. Hmh Hmh. 2019. (ENG.). 16p. (J). pap. 69.33 *(978-0-358-01162-0(0))* Houghton Mifflin Harcourt Publishing Co.

Grade K Monkey's Big Bike: Leveled Reader 6-Pack Level C. Hmh Hmh. 2020. (ENG.). 16p. (J). pap. 69.33 *(978-0-358-01215-3(5))* Houghton Mifflin Harcourt Publishing Co.

Grade K My Big Pig: Leveled Reader 6-Pack Level A. Hmh Hmh. 2019. (ENG.). 16p. (J). pap. 69.33 *(978-0-358-01129-3(9))* Houghton Mifflin Harcourt Publishing Co.

Grade K My Caterpillar Report: Leveled Reader 6-Pack Level E. Hmh Hmh. 2019. (ENG.). 16p. (J). pap. 69.33 *(978-0-358-01211-5(2))* Houghton Mifflin Harcourt Publishing Co.

Grade K My City: Leveled Reader 6-Pack Level C. Hmh Hmh. 2020. (ENG.). 16p. (J). pap. 69.33 *(978-0-358-01176-7(0))* Houghton Mifflin Harcourt Publishing Co.

Grade K My New Pet: Leveled Reader 6-Pack Level A. Hmh Hmh. 2019. (ENG.). 16p. (J). pap. 69.33 *(978-0-358-01126-2(4))* Houghton Mifflin Harcourt Publishing Co.

Grade K My Pet: Leveled Reader 6-Pack Level A. Hmh Hmh. 2019. (ENG.). 16p. (J). pap. 69.33 *(978-0-358-01135-4(3))* Houghton Mifflin Harcourt Publishing Co.

Grade K My Puppy: Leveled Reader 6-Pack Level B. Hmh Hmh. 2019. (ENG.). 16p. (J). pap. 69.33 *(978-0-358-01160-6(4))* Houghton Mifflin Harcourt Publishing Co.

Grade K My School Day: Leveled Reader 6-Pack Level A. Hmh Hmh. 2019. (ENG.). 16p. (J). pap. 69.33 *(978-0-358-01141-5(8))* Houghton Mifflin Harcourt Publishing Co.

Grade K on a Reef: Leveled Reader 6-Pack Level B. Hmh Hmh. 2019. (ENG.). 16p. (J). pap. 69.33 *(978-0-358-01161-3(2))* Houghton Mifflin Harcourt Publishing Co.

Grade K on My Block: Leveled Reader 6-Pack Level A. Hmh Hmh. 2019. (ENG.). 16p. (J). pap. 69.33 *(978-0-358-01133-0(7))* Houghton Mifflin Harcourt Publishing Co.

Grade K Pop's Shed: Leveled Reader 6-Pack Level A. Hmh Hmh. 2019. (ENG.). 16p. (J). pap. 69.33 *(978-0-358-01131-6(0))* Houghton Mifflin Harcourt Publishing Co.

Grade K Red & Blue & Yellow: Leveled Reader 6-Pack Level D. Hmh Hmh. 2020. (ENG.). 16p. (J). pap. 69.33 *(978-0-358-01202-3(3))* Houghton Mifflin Harcourt Publishing Co.

Grade K Riding to School: Leveled Reader 6-Pack Level B. Hmh Hmh. 2019. (ENG.). 16p. (J). pap. 69.33 *(978-0-358-01148-4(5))* Houghton Mifflin Harcourt Publishing Co.

Grade K Sandcastles: Leveled Reader 6-Pack Level D. Hmh Hmh. 2020. (ENG.). 16p. (J). pap. 69.33 *(978-0-358-01199-6(X))* Houghton Mifflin Harcourt Publishing Co.

Grade K See Me Work: Leveled Reader 6-Pack Level B. Hmh Hmh. 2019. (ENG.). 16p. (J). pap. 69.33 *(978-0-358-01155-2(8))* Houghton Mifflin Harcourt Publishing Co.

Grade K See What I Can Do: Leveled Reader 6-Pack Level C. Hmh Hmh. 2020. (ENG.). 16p. (J). pap. 69.33 *(978-0-358-01183-5(3))* Houghton Mifflin Harcourt Publishing Co.

Grade K Snake Goes Away: Leveled Reader 6-Pack Level C. Hmh Hmh. 2020. (ENG.). 16p. (J). pap. 69.33 *(978-0-358-01165-1(5))* Houghton Mifflin Harcourt Publishing Co.

Grade K Snowball Fight: Leveled Reader 6-Pack Level A. Hmh Hmh. 2019. (ENG.). 16p. (J). pap. 69.33 *(978-0-358-01132-3(9))* Houghton Mifflin Harcourt Publishing Co.

Grade K Snug As a Bug: Leveled Reader 6-Pack Level C. Hmh Hmh. 2020. (ENG.). 16p. (J). pap. 69.33 *(978-0-358-01167-5(1))* Houghton Mifflin Harcourt Publishing Co.

Grade K Stop! Leveled Reader 6-Pack Level C. Hmh Hmh. 2020. (ENG.). 16p. (J). pap. 69.33 *(978-0-358-01164-4(7))* Houghton Mifflin Harcourt Publishing Co.

Grade K Tall Things: Leveled Reader 6-Pack Level D. Hmh Hmh. 2020. (ENG.). 16p. (J). pap. 69.33 *(978-0-358-01201-6(5))* Houghton Mifflin Harcourt Publishing Co.

Grade K the Baby Owls: Leveled Reader 6-Pack Level C. Hmh Hmh. 2019. (ENG.). 16p. (J). pap. 69.33 *(978-0-358-01169-9(8))* Houghton Mifflin Harcourt Publishing Co.

Grade K the Desert: Leveled Reader 6-Pack Level A. Hmh Hmh. 2019. (ENG.). 16p. (J). pap. 69.33 *(978-0-358-01138-5(8))* Houghton Mifflin Harcourt Publishing Co.

Grade K the Dog: Leveled Reader 6-Pack Level A. Hmh Hmh. 2019. (ENG.). 16p. (J). pap. 69.33 *(978-0-358-01139-2(6))* Houghton Mifflin Harcourt Publishing Co.

Grade K the Fishing Trip: Leveled Reader 6-Pack Level B. Hmh Hmh. 2019. (ENG.). 16p. (J). pap. 69.33 *(978-0-358-01143-9(4))* Houghton Mifflin Harcourt Publishing Co.

Grade K the Forest: Leveled Reader 6-Pack Level A. Hmh Hmh. 2019. (ENG.). 16p. (J). pap. 69.33 *(978-0-358-01136-1(1))* Houghton Mifflin Harcourt Publishing Co.

Grade K the Moon: Leveled Reader 6-Pack Level C. Hmh Hmh. 2020. (ENG.). 16p. (J). pap. 69.33 *(978-0-358-01662-5(2))* Houghton Mifflin Harcourt Publishing Co.

Grade K the Red Balloons: Leveled Reader 6-Pack Level B. Hmh Hmh. 2019. (ENG.). 16p. (J). pap. 69.33 *(978-0-358-01144-6(2))* Houghton Mifflin Harcourt Publishing Co.

Grade K Time to Go: Leveled Reader 6-Pack Level D. Hmh Hmh. 2020. (ENG.). 16p. (J). pap. 69.33 *(978-0-358-01186-6(8))* Houghton Mifflin Harcourt Publishing Co.

Grade K Two Eyes, Two Ears: Leveled Reader 6-Pack Level D. Hmh Hmh. 2020. (ENG.). 16p. (J). pap. 69.33 *(978-0-358-01204-7(X))* Houghton Mifflin Harcourt Publishing Co.

Grade K Weather & Animals: Leveled Reader 6-Pack Level C. Hmh Hmh. 2020. (ENG.). 8p. (J). pap. 69.33 *(978-0-358-01184-2(1))* Houghton Mifflin Harcourt Publishing Co.

Grade K What Am I? Leveled Reader 6-Pack Level C. Hmh Hmh. 2020. (ENG.). 16p. (J). pap. 69.33 *(978-0-358-01182-8(5))* Houghton Mifflin Harcourt Publishing Co.

Grade K What Do I See? Leveled Reader 6-Pack Level A. Hmh Hmh. 2019. (ENG.). 16p. (J). pap. 69.33 *(978-0-358-01134-7(5))* Houghton Mifflin Harcourt Publishing Co.

Grade K What Is Wet: Leveled Reader 6-Pack Level A. Hmh Hmh. 2019. (ENG.). 16p. (J). pap. 69.33 *(978-0-358-01142-2(6))* Houghton Mifflin Harcourt Publishing Co.

Grade K What Needs the Sun? Leveled Reader 6-Pack Level B. Hmh Hmh. 2019. (ENG.). 16p. (J). pap. 69.33 *(978-0-358-01153-8(1))* Houghton Mifflin Harcourt Publishing Co.

Grade K Where Are We Going? Leveled Reader 6-Pack Level C. Hmh Hmh. 2020. (ENG.). 16p. (J). pap. 69.33 *(978-0-358-01163-7(9))* Houghton Mifflin Harcourt Publishing Co.

Grade K Where Is Hannah? Leveled Reader 6-Pack Level D. Hmh Hmh. 2020. (ENG.). 16p. (J). pap. 69.33

(978-0-358-01191-0(4)) Houghton Mifflin Harcourt Publishing Co.

Grade School Invaders from Beyond the Stars. William J. Smith. 2022. (ENG.). 405p. (J). pap. ***(978-1-387-65665-3(1))*** Lulu Pr., Inc.

Graded & Annotated Catalog of Books in the Public Library of the District of Columbia for Use in the Schools of the City (Classic Reprint) District Of Columbia. Public Library. annot. ed. 2018. (ENG., Illus.). (J). 162p. 27.24 *(978-0-365-46923-0(8))*; 258p. 29.24 *(978-0-267-52365-8(3))* Forgotten Bks.

Graded & Annotated Catalog of Books in the Public Library of the District of Columbia, for Use in the Schools of the City (Classic Reprint) District Of Columbia. Public Library. annot. ed. (ENG., Illus.). (J). 2018. 154p. 27.07 *(978-0-484-00877-8(3))*; 2016. pap. 9.57 *(978-1-333-57945-6(4))* Forgotten Bks.

Graded & Annotated Catalogue of Books in the Carnegie Library of Pittsburgh, for the Use of the City Schools, 1900 (Classic Reprint) Pittsburg Carnegie Library. annot. ed. 2018. (ENG., Illus.). 326p. (J). 30.64 *(978-0-267-26467-4(4))* Forgotten Bks.

Graded City Speller: Second Year Grade, in Two Parts; Prepared from Lists Furnished by Principals & Teachers in the Schools of Six Cities (Classic Reprint) William Estabrook Chancellor. (ENG., Illus.). (J). 2018. 60p. 25.13 *(978-0-267-12432-9(5))*; 2016. pap. 9.57 *(978-1-334-14550-6(4))* Forgotten Bks.

Graded City Speller: Third Year Grade; in Two Parts (Classic Reprint) William Estabrook Chancellor. (ENG., Illus.). (J). 2017. 58p. 25.09 *(978-0-484-86654-5(0))*; 2016. pap. 9.57 *(978-1-334-14072-3(3))* Forgotten Bks.

Graded City Speller: Third Year Grade; in Two Parts; Prepared from Lists Furnished by Principals & Teachers in the Schools of Eight Cities (Classic Reprint) William Estabrook Chancellor. 2018. (ENG., Illus.). (J). 64p. 25.24 *(978-1-397-23304-2(4))*; 66p. pap. 9.57 *(978-1-397-23278-6(1))* Forgotten Bks.

Graded Classics (Classic Reprint) Margaret Winifred Haliburton. 2017. (ENG., Illus.). (J). pap. 9.57 *(978-0-259-41061-4(6))* Forgotten Bks.

Graded Exercises in Arithmetic. Sixth Year - First Half. Maria Jury. 2017. (ENG., Illus.). (J). pap. *(978-0-649-59611-9(0))* Trieste Publishing Pty Ltd.

Graded Lessons in Spelling (Classic Reprint) William Coligny Doub. (ENG., Illus.). (J). 2018. 278p. 29.65 *(978-0-483-46809-2(6))*; 2017. pap. 13.57 *(978-0-259-54949-9(5))* Forgotten Bks.

Graded List of Stories for Reading Aloud. Harriot E. Hassler. 2017. (ENG., Illus.). (J). pap. *(978-0-649-25009-7(5))* Trieste Publishing Pty Ltd.

Graded List of Stories for Reading Aloud (Classic Reprint) Harriot E. Hassler. 2017. (ENG., Illus.). (J). 24.70 *(978-0-331-30917-1(3))* Forgotten Bks.

Graded Literature Readers: Fifth Book (Classic Reprint) Ida Catherine Bender Harry Pratt Judson. 2018. (ENG., Illus.). 134p. (J). 26.66 *(978-0-364-95035-7(8))* Forgotten Bks.

Graded Literature Readers, Vol. 3 (Classic Reprint) Harry Pratt Judson. (ENG., Illus.). (J). 2018. 240p. 28.87 *(978-0-484-77880-0(3))*; 2016. pap. 11.57 *(978-1-333-18187-1(6))* Forgotten Bks.

Graded Literature Readers, Vol. 3 (Classic Reprint) Henry Pratt Judson. 2018. (ENG., Illus.). (J). 238p. 28.81 *(978-1-397-22405-7(3))*; 240p. pap. 11.57 *(978-1-397-22380-7(4))* Forgotten Bks.

Graded Literature Readers, Vol. 4 (Classic Reprint) Harry Pratt Judson. (ENG., Illus.). (J). 2018. 270p. 29.49 *(978-0-365-30127-1(2))*; 2016. pap. 13.57 *(978-1-334-12762-5(X))* Forgotten Bks.

Graded Literature Readers, Vol. 5 (Classic Reprint) Harry Pratt Judson. (ENG., Illus.). (J). 2018. 270p. 29.47 *(978-0-365-49129-3(2))*; 2017. 34.68 *(978-0-331-03588-9(X))*; 2017. pap. 19.57 *(978-1-5281-9351-1(2))*; 2017. pap. 11.97 *(978-0-259-31425-7(0))* Forgotten Bks.

Graded Literature Readers, Vol. 7 (Classic Reprint) Harry Pratt Judson. 2018. (ENG., Illus.). 274p. (J). 29.55 *(978-0-483-36547-6(5))* Forgotten Bks.

Graded Literature Readers, Vol. 8 (Classic Reprint) Harry Pratt Judson. (ENG., Illus.). (J). 2018. 210p. 28.23 *(978-0-332-95395-3(5))*; 2016. pap. 10.57 *(978-1-334-11582-0(6))* Forgotten Bks.

Graded Poetry Reader: First & Second Years (Classic Reprint) Katherine Devereux Blake. (ENG., Illus.). (J). 2017. 25.94 *(978-0-331-96316-8(7))*; 2016. pap. 9.57 *(978-1-333-22489-9(3))* Forgotten Bks.

Graded Reader Level - 3(12 Titles) Imogen Kingsley. 2017. (ENG.). (J). pap. *(978-93-86090-77-5(5))* Aadarsh Pvt, Ltd .

Graded Reader Level -1 (12 Titles) Carl Meister. 2017. (ENG.). (J). pap. *(978-93-86090-75-1(9))* Aadarsh Pvt, Ltd .

Graded Reader Level -2 (12 Titles) Vanessa Black. 2017. (ENG.). (J). pap. *(978-93-86090-76-8(7))* Aadarsh Pvt, Ltd .

Graded School Speller, Vol. 1 (Classic Reprint) Frank Ellsworth Spaulding. (ENG., Illus.). (J). 2018. 52p. 24.97 *(978-0-365-29882-3(4))*; 2017. pap. 9.57 *(978-0-259-46445-7(7))* Forgotten Bks.

Graded School Speller, Vol. 2 (Classic Reprint) Frank Ellsworth Spaulding. (ENG., Illus.). (J). 2018. 58p. 25.09 *(978-0-365-30682-5(7))*; 2017. pap. 9.57 *(978-0-259-60368-9(6))* Forgotten Bks.

Graded School Speller, Vol. 3 (Classic Reprint) Frank Ellsworth Spaulding. (ENG., Illus.). (J). 2018. 66p. 25.28 *(978-0-428-30125-5(8))*; 2017. pap. 9.57 *(978-0-259-53165-4(0))* Forgotten Bks.

Graded School Speller, Vol. 4 (Classic Reprint) Frank Ellsworth Spaulding. (ENG., Illus.). (J). 2018. 60p. 25.13 *(978-0-364-87489-9(9))*; 2016. pap. 9.57 *(978-1-334-13937-6(7))* Forgotten Bks.

Graded School Speller, Vol. 5 (Classic Reprint) Frank Ellsworth Spaulding. 2018. (ENG., Illus.). (J). 70p. 25.36 *(978-1-396-66937-8(X))*; 72p. pap. 9.57 *(978-1-391-63136-3(6))* Forgotten Bks.

Graded Spelling-Book: Being a Complete Course in Spelling for Primary & Grammar Schools (Classic Reprint) H. F. Harrington. 2018. (ENG., Illus.). 212p. (J). 28.27 *(978-0-484-51175-9(0))* Forgotten Bks.

Graded Test Spelling-Book: To Which Are Added Sentences for Analysis & Parsing (Classic Reprint) Josiah Hotchkiss Gilbert. (ENG., Illus.). (J). 2017. 26.25 *(978-0-265-48227-8(5))*; 2016. pap. 9.57 *(978-1-334-13567-5(3))* Forgotten Bks.

Gradual Reader: First Step, or Exercises in Articulation; Designed to Develop & Strengthen the Organs of Speech, & to Facilitate the Correct Utterance of the Elementary Sounds & Their Combinations (Classic Reprint) David Bates Tower. (ENG., Illus.). (J). 2018. 196p. 27.94 *(978-0-666-89069-6(2))*; 2017. pap. 10.57 *(978-0-243-55400-3(1))* Forgotten Bks.

Gradual Reader: First Step, or Exercises in Articulation; Designed to Develope & Strengthen the Organs of Speech, & to Facilitate the Correct Utterance of the Elementary Sounds & Their Combinations (Classic Reprint) David Bates Tower. 2017. (ENG., Illus.). 56p. (J). 25.05 *(978-0-332-92668-1(0))* Forgotten Bks.

Graduate, 1915 (Classic Reprint) Chesterton High School. (ENG., Illus.). (J). 2018. 60p. 25.15 *(978-0-364-01739-5(2))*; 2017. pap. 9.57 *(978-0-243-51619-3(3))* Forgotten Bks.

Graduated Course of Translation from English into French: The Junior Course with a Vocabulary of Idioms & Difficulties (Classic Reprint) Charles Cassal. (ENG., Illus.). (J). 2018. 182p. 27.65 *(978-0-483-04574-3(8))*; 2017. pap. 10.57 *(978-0-243-85428-8(5))* Forgotten Bks.

Graduated Course of Translation into French Prose Preceded by Advice to Students (Classic Reprint) Victor Spiers. 2017. (ENG., Illus.). (J). 26.70 *(978-0-265-76298-1(7))* Forgotten Bks.

Graduation at Gayville (Classic Reprint) Willis N. Bugbee. (ENG., Illus.). (J). 2018. 20p. 24.31 *(978-0-666-58878-4(3))*; 2016. pap. 7.97 *(978-1-334-11874-6(4))* Forgotten Bks.

Graduation Day. Piotr Parda. 2017. (ENG., Illus.). 52p. (J). (gr. k-2). 18.99 *(978-0-9913866-7-3(1))* Ripple Grove Pr.

Graduation Groove. Kathryn Heling & Deborah Hembrook. Illus. by Addy Rivera Sonda. 2021. (ENG.). 32p. (J). (gr. -1-1). 17.99 *(978-1-4998-1065-3(2))* Little Bee Books Inc.

Graduation Issue of the Shipbuilder, 1932, Vol. 2 (Classic Reprint) Earl F. Leavitt. 2018. (ENG., Illus.). (J). 52p. 24.97 *(978-1-391-66655-6(0))*; 54p. pap. 9.57 *(978-1-391-65371-6(8))* Forgotten Bks.

Graduation Issue of the Shipbuilder, 1933, Vol. 3 (Classic Reprint) Norwell High School. 2018. (ENG., Illus.). (J). 38p. 24.68 *(978-1-396-33457-3(2))*; 40p. pap. 7.97 *(978-1-390-91612-6(X))* Forgotten Bks.

Grady the Grasshopper Graduates. M. S. Natasha C. Peterson. Illus. by Studio Patachitra & Ankur Majumder. 2018. (ENG.). 28p. (J). pap. *(978-0-9952330-4-1(7))* Peterson, Natasha.

Graeme & the Dragon & Other Stories for Young Readers. Naomi Mitchison. 2022. (Naomi Mitchison Library). (ENG.). 162p. (J). pap. ***(978-1-84921-039-3(X))*** Kennedy & Boyd.

Graff: Creature Beloved. Yvonne Mead. 2018. (ENG., Illus.). 244p. (YA). pap. 14.95 *(978-1-64138-333-2(X))* Page Publishing Inc.

Graffiti. J. Fallenstein. ed. 2017. (Midnight Ser.). (ENG.). 88p. (YA). (gr. 6-12). E-Book 6.99 *(978-1-5124-3489-7(2)*, 9781512434897); E-Book 39.99 *(978-1-5124-2787-5(X))*; E-Book 39.99 *(978-1-5124-3488-0(4)*, 9781512434880) Lerner Publishing Group. (Darby Creek).

Graffiti Art Coloring Book. Jeremy Elder. 2016. (Dover Design Coloring Bks.). (ENG.). 32p. (YA). pap. 3.99 *(978-0-486-80457-6(7)*, 804577) Dover Pubns., Inc.

Graffiti (Ausmalen Von Buchseiten Für Kinder) Dieses Buch Bietet 40 Seiten in Farbe. Nicola Ridgeway & James Manning. 2020. (GER.). 84p. (J). pap. *(978-1-80027-341-2(X))* CBT Bks.

Graffiti Coloring Book for Children (6x9 Coloring Book / Activity Book) Sheba Blake. 2020. (ENG.). 64p. (J). pap. 9.99 *(978-1-222-28862-9(1))* Indy Pub.

Graffiti Coloring Book for Children (8. 5x8. 5 Coloring Book / Activity Book) Sheba Blake. 2020. (ENG.). 64p. (J). pap. 12.99 *(978-1-222-28876-6(1))* Indy Pub.

Graffiti Coloring Book for Children (8x10 Coloring Book / Activity Book) Sheba Blake. 2020. (ENG.). 64p. (J). pap. 14.99 *(978-1-222-28863-6(X))* Indy Pub.

Graffiti Coloring Pages for Kids (Coloring Pages for Kids) Nicola Ridgeway & James Manning. 2020. (ENG.). 84p. (J). pap. *(978-1-80027-221-7(9))* CBT Bks.

Graffiti Heart. Cyn Bermudez. 2020. (ENG.). 122p. (YA). 18.95 *(978-1-0878-8778-4(X))* Indy Pub.

Graffiti Heart. Cynthia Bermudez. 2020. (ENG.). 122p. (YA). pap. 12.85 *(978-1-0879-0463-4(3))* Indy Pub.

Graffiti Heartist: Follow Your Heart. Marisa Iacobucci. Illus. by Shamsia Hassani & Simon Conlin. 2021. (ENG.). 38p. (YA). *(978-0-2288-0717-9(4))*; pap. *(978-0-2288-0716-2(6))* Tellwell Talent.

Graffiti Street Art Coloring Book for Children (6x9 Coloring Book / Activity Book) Sheba Blake. 2020. (ENG.). 24p. (J). pap. 9.99 *(978-1-222-28925-1(3))*; (Graffiti Street Art Coloring Bks.: Vol. 2). pap. 9.99 *(978-1-222-28955-8(5))* Indy Pub.

Graffiti Street Art Coloring Book for Children (8. 5x8. 5 Coloring Book / Activity Book) Sheba Blake. 2021. (ENG.). 24p. (J). pap. 12.99 *(978-1-222-29142-1(8))*; (Graffiti Street Art Coloring Bks.: Vol. 2). pap. 12.99 *(978-1-222-29153-7(3))* Indy Pub.

Graffiti Street Art Coloring Book for Children (8x10 Coloring Book / Activity Book) Sheba Blake. 2020. (ENG.). 24p. (J). pap. 14.99 *(978-1-222-28926-8(1))*; (Graffiti Street Art Coloring Bks.: Vol. 2). pap. 14.99 *(978-1-222-28956-5(3))* Indy Pub.

Graffiti University Comics Anti-Bullying Book: Anti-Bullying. Ashshahid Muhammad. 2020. (ENG.). 51p. (J). pap. *(978-1-716-62636-4(6))* Lulu Pr., Inc.

Grafiti de la Victoria: Edificio de Fé Diario y Libro para Colorear. Greg Bretz. 2021. (SPA.). 78p. (YA). pap. 16.95 *(978-1-61244-977-7(8))* Halo Publishing International.

Grafters (Classic Reprint) Francis Lynde. 2017. (ENG., Illus.). (J). 32.68 *(978-0-266-19311-1(0))* Forgotten Bks.

Grafters I Have Met (Classic Reprint) James P. Johnston. (ENG., Illus.). (J). 2018. 346p. 31.03 *(978-0-483-35078-6(8))*; 2017. pap. 13.57 *(978-0-259-42818-3(3))* Forgotten Bks.

Graham Aspen, Painter a Novel, Vol. 1 of 2 (Classic Reprint) George Halse. 2018. (ENG., Illus.). 312p. (J). 30.35 *(978-0-483-84157-4(9))* Forgotten Bks.

Graham Aspen, Painter, Vol. 2 Of 2: A Novel (Classic Reprint) George Halse. 2018. (ENG., Illus.). 310p. (J). 30.29 *(978-0-483-90847-5(9))* Forgotten Bks.

Graham of Claverhouse (Classic Reprint) Ian MacLaren. 2018. (ENG., Illus.). 332p. (J). 30.74 *(978-0-483-33983-5(0))* Forgotten Bks.

Graham the Gosling. Julie Pryke. Illus. by Finnja Pryke. 2022. (ENG.). 36p. (J). pap. ***(978-1-78645-558-1(7))*** Beaten Track Publishing.

Grahame, or Youth & Manhood: A Romance (Classic Reprint) John Ludlum McConnel. (ENG., Illus.). (J). 2018. 372p. 31.59 *(978-0-365-18067-8(X))*; 2017. pap. 13.97 *(978-0-259-19635-8(5))* Forgotten Bks.

Graham's American Monthly Magazine of Literature & Art, 1847, Vol. 30: Embellished with Mezzotint & Steel Engravings, Music, etc (Classic Reprint) George R. Graham. (ENG., Illus.). (J). 2018. 832p. 41.08 *(978-0-483-54444-4(2))*; 2017. pap. 23.57 *(978-1-334-95183-1(7))* Forgotten Bks.

Graham's American Monthly Magazine of Literature & Art, 1848, Vol. 32: Embellished with Mezzotint & Steel Engravings, Music, etc (Classic Reprint) George B. Graham. 2018. (ENG., Illus.). (J). 408p. 32.33 *(978-1-396-38411-0(1))*; 410p. pap. 16.57 *(978-1-390-89877-4(6))* Forgotten Bks.

Graham's American Monthly Magazine of Literature & Art, 1848, Vol. 32: Embellished with Mezzotint & Steel Engravings, Music, etc (Classic Reprint) George R. Graham. (ENG., Illus.). (J). 2018. 782p. 40.05 *(978-0-483-48547-1(0))*; 2017. pap. 23.57 *(978-1-334-97593-6(0))* Forgotten Bks.

Graham's American Monthly Magazine of Literature & Art, 1851, Vol. 39 (Classic Reprint) George R. Graham. 2017. (ENG., Illus.). (J). 32.31 *(978-0-265-51617-1(X))*; pap. 16.57 *(978-1-334-92630-3(1))* Forgotten Bks.

Graham's American Monthly Magazine of Literature & Art, 1852, Vol. 41 (Classic Reprint) George R. Graham. 2017. (ENG., Illus.). (J). 37.96 *(978-0-265-70956-6(3))*; pap. 20.57 *(978-1-5276-6056-4(7))* Forgotten Bks.

Graham's American Monthly Magazine of Literature & Art, 1854, Vol. 45: Embellished with Mezzotint & Steel Engravings, etc (Classic Reprint) J. T. Headley. 2017. (ENG., Illus.). (J). 36.19 *(978-0-260-93553-3(0))*; pap. 19.57 *(978-1-5279-5906-4(6))* Forgotten Bks.

Graham's American Monthly Magazine of Literature & Art, Vol. 28: January, 1846, to June, 1846 (Classic Reprint) George R. Graham. (ENG., Illus.). (J). 2018. 700p. 38.33 *(978-0-332-20610-3(6))*; 2017. pap. 20.97 *(978-0-243-97782-6(4))* Forgotten Bks.

Graham's American Monthly Magazine of Literature & Art, Vol. 33: Embelished with Mezzotint & Steel Engravings, Music, etc.; July, 1848 (Classic Reprint) G. R. Graham. (ENG., Illus.). (J). 2018. 378p. 31.71 *(978-0-484-35738-8(7))*; 2017. pap. 16.57 *(978-1-334-94462-8(8))* Forgotten Bks.

Graham's American Monthly Magazine of Literature & Art, Vol. 34: Embellished with Mezzotint & Steel Engravings, Music, etc (Classic Reprint) Ann Sophia Stephens. (ENG., Illus.). (J). 2018. 486p. 33.94 *(978-0-656-71057-7(8))*; 2016. pap. 16.57 *(978-1-334-13075-5(2))* Forgotten Bks.

Graham's American Monthly Magazine of Literature & Art, Vol. 35: Embellished with Mezzotint & Steel Engravings, Music, etc.; June, 1849, to January, 1850 (Classic Reprint) G. R. Graham. (ENG., Illus.). (J). 2018. 404p. 32.23 *(978-0-483-44139-2(2))*; 2016. pap. 16.57 *(978-1-334-12215-6(6))* Forgotten Bks.

Graham's American Monthly Magazine of Literature & Art, Vol. 41: Embellished with Mezzotint & Steel Engravings, Music, etc.; June, 1852, to January, 1853 (Classic Reprint) George R. Graham. (ENG., Illus.). (J). 2018. 686p. 38.05 *(978-0-428-82620-8(2))*; 2017. pap. 20.57 *(978-1-334-95817-5(3))* Forgotten Bks.

Graham's American Monthly Magazine of Literature, Art, & Fashion, Vol. 47: June, 1855 to January, 1856 (Classic Reprint) W. C. Bryant. 2017. (ENG., Illus.). (J). 36.54 *(978-0-266-71692-1(X))*; pap. 19.57 *(978-1-5276-7274-1(3))* Forgotten Bks.

Graham's Magazine, 1844, Vol. 24 (Classic Reprint) George R. Graham. 2018. (ENG., Illus.). 680p. (J). 37.92 *(978-0-483-04419-7(9))* Forgotten Bks.

Graham's Magazine, Vol. 22: January to June, 1843 (Classic Reprint) Ann Sophia Stephens. (ENG., Illus.). (J). 2018. 780p. 39.98 *(978-0-364-47716-8(4))*; 2017. pap. 23.57 *(978-1-334-92121-6(0))* Forgotten Bks.

Graham's School Dialogues for Young People. George C. Graham. 2017. (ENG.). 208p. (J). pap. *(978-3-337-33489-5(X))* Creation Pubs.

Graham's School Dialogues for Young People (Classic Reprint) George C. Graham. 2017. (ENG., Illus.). (J). 202p. 28.08 *(978-0-332-55706-9(5))*; pap. 10.57 *(978-0-259-95024-0(6))* Forgotten Bks.

Graham's Shiny Things. Dale Reich. 2016. (ENG., Illus.). 36p. (J). pap. *(978-1-55571-825-1(6)*, Grid Pr.) L & R Publishing, LLC.

Grail Fire (Classic Reprint) Zephine Humphrey. 2018. (ENG., Illus.). 296p. (J). 30.02 *(978-0-483-27472-3(0))* Forgotten Bks.

Grail of the Grimoire. J. S. Sterling. 2018. (ENG., Illus.). 208p. (YA). (gr. 7-12). pap. 12.99 *(978-0-692-17587-3(3))* Jeffrey Sterling.

Grain & Chaff from an English Manor (Classic Reprint) Arthur H. Savory. 2018. (ENG., Illus.). 324p. (J). 30.58 *(978-0-365-43177-0(X))* Forgotten Bks.

Grain of Hope: A Picture Book about Refugees. Nicola Philp. Illus. by Aguirre Aldy. 2019. (ENG.). 34p. (J). (gr. 3-6). pap. *(978-0-6483486-4-1(4))* Publishink Pr.

Grain of Rice. Helena Clare Pittman. 2018. (Illus.). 112p. (J). (gr. 3-7). 14.99 *(978-1-5247-6552-1(X)*, Delacorte Bks. for Young Readers) Random Hse. Children's Bks.

Grain of Rice, 1 vol. Nhung N. Tran-Davies. 2019. (ENG.). 224p. (YA). (gr. 8-12). pap. 10.95 *(978-1-926890-25-8(6))* Tradewind Bks. CAN. Dist: Orca Bk. Pubs. USA.

Grain of Tooth. Diane Brucato. 2017. (ENG., Illus.). (J). pap. 12.45 *(978-1-5043-7416-3(9)*, Balboa Pr.) Author Solutions, LLC.

Grain Ship. Morgan Robertson. 2021. (Mint Editions — Nautical Narratives Ser.). (ENG.). 148p. 13.99 *(978-1-5132-0715-5(6)*, West Margin Pr.) West Margin Pr.

Graines. Alicia Rodriguez. Tr. by Annie Evearts. 2021. (Parties d'une Plante (Parts of a Plant) Ser.). (FRE., Illus.). 16p. (J). (gr. -1-1). pap. *(978-1-0396-0616-6(4)*, 13095) Crabtree Publishing Co.

Grains & Cereals (a True Book: Farm to Table) (Library Edition) Ann O. Squire. 2017. (True Book (Relaunch) Ser.). (ENG., Illus.). 48p. (J). (gr. 3-5). lib. bdg. 31.00 *(978-0-531-22932-3(7)*, Children's Pr.) Scholastic Library Publishing.

Grains of Sand. Sibylle Delacroix. Tr. by Karen Li from FRE. 2018. (ENG., Illus.). 32p. (J). (gr. -1-3). 16.95 *(978-1-77147-205-0(7))* Owlkids Bks. Inc. CAN. Dist: Publishers Group West (PGW).

Gramelda the Grasshopper: The Story of How the Lichen Grasshopper Came to Be. Lena Lichenpold. 2021. (ENG.). 76p. (J). 30.00 *(978-1-951960-22-3(X))*; pap. 20.00 *(978-1-951960-23-0(8))* AKA:yoLa. (Compass Flower Pr.).

Gramercy Park. John Seymour Wood. 2017. (ENG.). 230p. (J). pap. *(978-3-7447-4735-6(2))* Creation Pubs.

Gramercy Park: A Story of New York (Classic Reprint) John Seymour Wood. 2018. (ENG., Illus.). 228p. (J). 28.60 *(978-0-428-81231-7(7))* Forgotten Bks.

Gramma Betty Books: Where Is Gramma Betty? Betty a Amelia. 2019. (ENG., Illus.). 30p. (J). pap. *(978-0-2288-0273-0(3))* Tellwell Talent.

Gramma Mouse Tells a Story. M. E. E. Hembroff. 2016. (ENG., Illus.). (J). pap. *(978-1-77302-299-4(7))* Tellwell Talent.

Gramma Rene's Bird Feeder. Illus. by Irene Jahns. 2020. (ENG.). 50p. (J). pap. ***(978-1-716-59565-3(7))*** Lulu Pr., Inc.

Grammar 6 Student Book: In Print Letters (American English Edition) Sara Wernham & Sue Lloyd. Illus. by Lib Stephen. 2018. (ENG.). (J). (gr. 6-6). pap., stu. ed. 9.50 *(978-1-84414-517-1(4)*, Jolly Phonics) Jolly Learning, Ltd. GBR. Dist: American International Distribution Corp.

Grammar 6 Teacher's Book: In Print Letters (American English Edition) Sara Wernham & Sue Lloyd. Illus. by Lib Stephen. 2018. (ENG.). (J). (gr. 6). pap., tchr. ed. 10.50 *(978-1-84414-518-8(2)*, Jolly Phonics) Jolly Learning, Ltd. GBR. Dist: American International Distribution Corp.

Grammar All-Stars: Kinds of Words, 12 vols., Set. Incl. Catch-A-Wave Compounds. Gail Herman. lib. bdg. 28.67 *(978-1-4339-0008-2(4)*, 6ff77f05-a59c-4a1c-b081-47ea63ef8440); Half-Pipe Homonyms. Anna Prokos. lib. bdg. 28.67 *(978-1-4339-0010-5(6)*, 2308f8ca-2f18-4349-8866-4fb6fc103dfb); Karate Contractions. Gail Herman. lib. bdg. 28.67 *(978-1-4339-0009-9(2)*, 49486950-3693-4f39-ae42-430809bb272f); Pit Stop Prefixes. Michael Ruscoe. lib. bdg. 28.67 *(978-1-4339-0011-2(4)*, cecbe6ae-cc14-4dfe-94bd-ed0e51113b3c); Slap Shot Synonyms & Antonyms. Anna Prokos. lib. bdg. 28.67 *(978-1-4339-0013-6(0)*, 147f3781-d6ef-4679-91af-357a08780901); Soccer Goal Suffixes. Michael Ruscoe. lib. bdg. 28.67 *(978-1-4339-0012-9(2)*, 87847dd4-7393-4e57-9794-a91d7e34c85c); (Illus.). (J). (gr. 2-4). (Grammar All-Stars: Kinds of Words Ser.). (ENG.). 32p. 2009. Set lib. bdg. 172.02 *(978-1-4339-0014-3(9)*, 7c053fb8-4e44-4ff8-8c16-fbdc7e33e3bb, Gareth Stevens Learning Library) Stevens, Gareth Publishing LLLP.

Grammar All-Stars: The Parts of Speech, 12 vols., Set. Doris Fisher & D. L. Gibbs. Incl. Bowling Alley Adjectives. lib. bdg. 28.67 *(978-0-8368-8901-7(0)*, a7aaa854-c1e7-40b0-a7e1-9ed6e3ce91bd); Hole-In-One Adverbs. lib. bdg. 28.67 *(978-0-8368-8902-4(9)*, 0d4c48df-eeb2-46e5-9653-e570750250c8); Home Run Verbs. lib. bdg. 28.67 *(978-0-8368-8903-1(7)*, 485ccf4c-01a8-4058-bf69-cd30bb96bb9f); Slam Dunk Pronouns. lib. bdg. 28.67 *(978-0-8368-8904-8(5)*, 9230da51-dfd1-4565-bf2d-14e8766b4581); Tennis Court Conjunctions. lib. bdg. 28.67 *(978-0-8368-8905-5(3)*, 3a183b48-e0f8-499c-99ff-c0350484ac63); Touchdown Nouns. lib. bdg. 28.67 *(978-0-8368-8906-2(1)*, 16d86d7d-4647-4d8b-bb8c-f9ef0a9cceeb); (Illus.). (J). (gr. 2-4). (Grammar All-Stars: the Parts of Speech Ser.). (ENG.). 32p. 2008. Set lib. bdg. 172.02 *(978-0-8368-8900-0(2)*, 33501d80-99d3-43b4-a122-097427b750ee, Gareth Stevens Learning Library) Stevens, Gareth Publishing LLLP.

Grammar All-Stars: Writing Tools, 12 vols., Set. Incl. Kick Ball Capitalization. Michael Ruscoe. lib. bdg. 28.67 *(978-1-4339-1942-8(7)*, 94dfc141-fcef-4a68-9ba6-b0742a37f417); Make-A-Splash Writing Rules. Gail Herman. lib. bdg. 28.67 *(978-1-4339-1943-5(5)*, ab7445df-a43b-49bd-91ae-08f75610f86a); Pedaling to Perfect Punctuation. Gail Herman. lib. bdg. 28.67 *(978-1-4339-1941-1(9)*, 61478b50-fa9d-453c-b8fb-3f5aa08cfad2); Skating to Spelling Success. Michael Ruscoe. lib. bdg. 28.67 *(978-1-4339-1944-2(3)*, b3faba62-22ed-443f-ace8-3f17aafbe71f); Snowboarding Similes & Metaphors. Gail Herman. lib. bdg. 28.67 *(978-1-4339-1945-9(1)*, 6dbbf281-05d0-45b5-8d61-7d64374b86da); Track Star Sentences. Anna Prokos. lib. bdg. 28.67 *(978-1-4339-1946-6(X)*, 2cfff98b-e110-4656-964e-946d93a78a2f); (J). (gr. 2-4). (Grammar All-Stars: Writing Tools Ser.). (ENG.). 32p. 2009. Set lib. bdg. 172.02 *(978-1-4339-1996-1(6)*, f25dca21-0c4c-4ff9-a6ce-53c823ce0e5a, Gareth Stevens Learning Library) Stevens, Gareth Publishing LLLP.

Grammar & a Vocabulary of the Ipurina Language (Classic Reprint) J. E. R. Polak. 2018. (ENG., Illus.). 126p. (J). 26.50 *(978-0-483-99654-0(8))* Forgotten Bks.

Grammar & Punctuation IR. Sam Taplin. 2018. (Activity Puzzle Books - English Activity Books* Ser.). (ENG.). 112p.

pap. 4.99 *(978-0-7945-4017-3(1)*, Usborne) EDC Publishing.

Grammar & Punctuation Quick Quizzes: Ages 5-7. Collins UK. 2017. (Collins Easy Learning KS1 Ser.). (ENG., Illus.). 32p. (J). (gr. k-2). pap. 6.99 *(978-0-00-821246-9(5))* HarperCollins Pubs. Ltd. GBR. Dist: Independent Pubs. Group.

Grammar & Punctuation Quick Quizzes Ages 7-9: Ideal for Home Learning. Collins Easy Learning. 2017. (Collins Easy Learning KS2 Ser.). (ENG., Illus.). 32p. (J). (gr. 2-4). pap. 6.99 *(978-0-00-821255-1(4))* HarperCollins Pubs. Ltd. GBR. Dist: Independent Pubs. Group.

Grammar Big Book 1: In Print Letters (American English Edition) Sara Wernham & Sue Lloyd. Illus. by Lib Stephen. 2019. (ENG.). 24p. (J). pap. 31.00 *(978-1-84414-401-3(1)*, Jolly Phonics) Jolly Learning, Ltd. GBR. Dist: American International Distribution Corp.

Grammar Big Book 2: In Print Letters (American English Edition) Sara Wernham & Sue Lloyd. Illus. by Lib Stephen. 2019. (ENG.). (J). pap. 31.00 *(978-1-84414-402-0(X)*, Jolly Phonics) Jolly Learning, Ltd. GBR. Dist: American International Distribution Corp.

Grammar Castle & the Kingdom of Writing: Story & Songbook about the 8 Parts of Speech. Rusty Gorby. Ed. by Mindy Piehler. Illus. by Rebecca Atkins. 2020. (Grammar Castle & the Kingdom of Writing Ser.: Vol. 1). (ENG.). 50p. (J). pap. 14.95 *(978-0-578-66378-4(3))* By the Bk. Writing.

Grammar for Minecrafters: Grades 1-2: Activities to Help Kids Boost Reading & Language Skills! — An Unofficial Activity Book (Aligns with Common Core Standards) Contrib. by Erin Falligant. 2023. (Reading for Minecrafters Ser.). 64p. (J). (gr. 1-2). pap. 9.99 *(978-1-5107-7449-0(1)*, Sky Pony Pr.) Skyhorse Publishing Co., Inc.

Grammar for Minecrafters: Grades 3-4: Activities to Help Kids Boost Reading & Language Skills! — An Unofficial Activity Book (Aligns with Common Core Standards) Contrib. by Erin Falligant. 2023. (Reading for Minecrafters Ser.). 64p. (J). (gr. 3-4). pap. 9.99 *(978-1-5107-7466-7(1)*, Sky Pony Pr.) Skyhorse Publishing Co., Inc.

Grammar for the Well-Trained Mind: Blue Workbook: a Complete Course for Young Writers, AspiringRhetoricians, & Anyone Else Who Needs to Understand ... Works. Susan Wise Bauer et al. 2020. (Grammar for the Well-Trained Mind Ser.: 0). (ENG., Illus.). 641p. (J). (gr. 5-12). pap. 39.95 *(978-1-945841-32-3(X)*, 458432) Well-Trained Mind Pr.

Grammar for the Well-Trained Mind: Key to Student Workbook 1: A Complete Course for Young Writers, Aspiring Rhetoricians, & Anyone Else Who ... Works. Susan Wise Bauer. 2017. (Grammar for the Well-Trained Mind Ser.: 0). (ENG., Illus.). 435p. (J). (gr. 5-12). pap., wbk. ed. 15.95 *(978-1-945841-06-4(0)*, 458406) Well-Trained Mind Pr.

Grammar for the Well-Trained Mind: Key to Blue Workbook: A Complete Reference Tool for Young Writers, Aspiring Rhetoricians, & Anyone e Lse Who Needs to Understand How English Works. Susan Wise Bauer & Jessica Otto. 2020. (Grammar for the Well-Trained Mind Ser.: 0). (ENG., Illus.). 505p. (J). (gr. 5-12). pap. 15.95 *(978-1-945841-33-0(8)*, 458433) Well-Trained Mind Pr.

Grammar for the Well-Trained Mind Key to Red Student Workbook: A Complete Course for Young Writers, Aspiring Rhetoricians, & Anyone Else Who Needs to Understand How English Works. Susan Wise Bauer & Amanda Saxon Dean. 2018. (Grammar for the Well-Trained Mind Ser.: 0). (ENG., Illus.). 457p. (J). (gr. 5-12). pap. 15.95 *(978-1-945841-27-9(3)*, 458427) Well-Trained Mind Pr.

Grammar for the Well-Trained Mind Red Student Workbook: A Complete Course for Young Writers, Aspiring Rhetoricians, & Anyone Else Who Needs to Understand How English Works. Susan Wise Bauer et al. 2018. (Grammar for the Well-Trained Mind Ser.: 5). (ENG., Illus.). 612p. (J). (gr. 5-13). pap. 39.95 *(978-1-945841-26-2(5)*, 458426) Well-Trained Mind Pr.

Grammar for the Well-Trained Mind: Student Workbook 1: A Complete Course for Young Writers, Aspiring Rhetoricians, & Anyone Else Who Needs to Understand How English Works. Susan Wise Bauer & Audrey Anderson. 2017. (Grammar for the Well-Trained Mind Ser.: 0). (ENG., Illus.). 603p. (J). (gr. 5-12). pap., wbk. ed. 39.95 *(978-1-945841-04-0(4)*, 458404) Well-Trained Mind Pr.

Grammar Girl Presents the Ultimate Writing Guide for Students. Mignon Fogarty. Illus. by Erwin Haya. 2019. (Quick & Dirty Tips Ser.). (ENG.). 304p. (YA). pap. 17.99 *(978-1-250-21751-6(2)*, 900206991, St. Martin's Griffin) St. Martin's Pr.

Grammar Guidebook: A Complete Reference Tool for Young Writers, Aspiring Rhetoricians, & Anyone Else Who Needs to Understand How English Works (Revised) Susan Wise Bauer & Anon. 2nd rev. ed. 2019. (Grammar for the Well-Trained Mind Ser.: 0). (ENG.). 103p. (J). (gr. 5-17). 19.95 *(978-1-945841-57-6(5)*, 458457) Well-Trained Mind Pr.

Grammar of American Surnames: Being an Introduction to the Study of American Nomenclature; & Containing Twenty Thousand Names Heretofore Unknown to Our People at Large (Classic Reprint) Amos M. Judson. (ENG., Illus.). (J). 2018. 132p. 26.64 *(978-0-483-96685-7(1))*; 2017. pap. 9.57 *(978-0-259-87962-6(2))* Forgotten Bks.

Grammar of English Heraldry. W. H. St John Hope. 2017. (ENG., Illus.). (J). pap. *(978-0-649-46087-8(1))* Trieste Publishing Pty Ltd.

Grammar School Boys in Summer Athletics. H. Irving Hancock. 2018. (ENG., Illus.). 174p. (YA). (gr. 7-12). pap. *(978-93-5297-410-8(7))* Alpha Editions.

Grammar School Boys in Summer Athletics: Or, Dick & Co. Make Their Fame Secure. H. Irving Hancock. 2017. (ENG., Illus.). (J). 23.95 *(978-1-374-93018-6(0))*; pap. 13.95 *(978-1-374-93017-9(2))* Capital Communications, Inc.

Grammar School Boys in Summer Athletics: Or, Dick & Co. Make Their Fame Secure. H. Irving Hancock. 2017. (ENG., Illus.). (J). pap. *(978-0-649-59640-9(4))*; pap. *(978-0-649-10906-7(6))* Trieste Publishing Pty Ltd.

Grammar School Boys in Summer Athletics: Or Dick Co; Make Their Fame Secure (Classic Reprint) H. Irving Hancock. 2017. (ENG., Illus.). 276p. (J). 29.59 *(978-0-484-06881-9(4))* Forgotten Bks.

Grammar School Boys in the Woods: Or Dick Co, Trail Fun & Knowledge (Classic Reprint) Harrie Irving Hancock. 2018. (ENG., Illus.). 274p. (J). 29.57 *(978-0-483-62733-8(X))* Forgotten Bks.

Grammar School Boys of Gridley: Dick & Co. Start Things Moving. H. Irving Hancock. 2018. (ENG., Illus.). 178p. (YA). (gr. 7-12). pap. *(978-93-5297-409-2(3))* Alpha Editions.

Grammar School Boys of Gridley; Or, Dick & Co. Start Things Moving. Harrie Irving Hancock. 2017. (ENG., Illus.). (J). 23.95 *(978-1-374-86792-5(6))*; pap. 13.95 *(978-1-374-86791-8(8))* Capital Communications, Inc.

Grammar School Boys of Gridley; Or Dick Co, Start Things Moving (Classic Reprint) Harrie Irving Hancock. 2017. (ENG., Illus.). (J). 29.42 *(978-1-5279-7527-9(4))* Forgotten Bks.

Grammar School Boys Snowbound: Dick & Co. at Winter Sports. H. Irving Hancock. 2018. (ENG., Illus.). 180p. (YA). (gr. 7-12). pap. *(978-93-5297-411-5(5))* Alpha Editions.

Grammar School Boys Snowbound: Or, Dick & Co. at Winter Sports. H. Irving Hancock. 2017. (ENG., Illus.). (J). 23.95 *(978-1-374-85966-1(4))*; pap. 13.95 *(978-1-374-85965-4(6))* Capital Communications, Inc.

Grammar School Boys Snowbound: Or Dick Co; at Winter Sports (Classic Reprint) H. Irving Hancock. 2018. (ENG., Illus.). 264p. (J). 29.34 *(978-0-483-50340-3(1))* Forgotten Bks.

Grammar School Reader: Containing the Essential Principles of Elocution & a Series of Exercises in Reading; Designed for Classes in Grammar Schools (Classic Reprint) Salem Town. 2016. (ENG., Illus.). (J). pap. 13.97 *(978-1-334-15846-9(0))* Forgotten Bks.

Gramma's Bag of Tricks. Jessica Peng & Sherry Turner. 2023. (ENG.). 36p. (J). pap. ***(978-1-989506-63-9(1))*** Pandamonium Publishing Hse.

Grammas Love... near or Far. Lynn Braakman. Illus. by Lynn Braakman. 2022. (ENG.). 38p. (J). ***(978-0-2288-8718-8(6))***; pap. ***(978-0-2288-8717-1(8))*** Tellwell Talent.

Gramma's Rocks. Rubee Potter. 2017. (ENG., Illus.). (J). *(978-1-5255-0612-3(9))*; pap. *(978-1-5255-0613-0(7))* FriesenPress.

Gramma's Walk. Anna Grossnickle Hines. Illus. by Anna Grossnickle Hines. 2016. (ENG., Illus.). (J). (gr. -1-3). 18.95 *(978-1-930900-66-0(X))* Purple Hse. Pr.

Grammatica Teorico-Pratica Della Lingua Inglese: Nuovo Corso Completo Ad USO Degli Italiani; Diviso in Due Parti (Classic Reprint) Teofilo C. Cann. (Illus.). (J). 2017. (ITA.). 34.48 *(978-0-266-45766-4(5))*; 2016. (ENG., pap. 19.57 *(978-1-334-14597-1(0))* Forgotten Bks.

Grammatical Synthesis: The Art of English Composition (Classic Reprint) Henry Noble Day. 2017. (ENG., Illus.). (J). 372p. 31.57 *(978-0-332-15593-7(5))*; pap. 13.97 *(978-0-282-52532-3(7))* Forgotten Bks.

Grammie's Suitcase. Beverley A. Elliott. Illus. by Anna M. Costello. 2021. (ENG.). 32p. (J). pap. *(978-1-0391-1598-9(5))* FriesenPress.

Grammy Gets Treed. Catherine Saunders. Illus. by Kyla Shupe. 2019. (Grammy Tales Ser.: Vol. 3). (ENG.). 48p. (J). pap. 10.99 *(978-1-945669-97-2(7))* Kids Bk. Pr.

Grammy Grammy & the Magic Hat. Mary Byrne Hoffmann. Illus. by Sue Ann Erickson. 2019. (ENG.). 38p. (J). (gr. k-2). 15.99 *(978-1-7325265-5-6(9))* Dayton Publishing.

Grammy, Where Are You Going? Novella Price. 2019. (ENG.). 24p. (J). *(978-0-359-42475-7(9))* Lulu Pr., Inc.

Grammy's Bedtime Bible Stories. Kathy Brooks. 2020. (ENG., Illus.). 58p. (J). pap. 17.95 *(978-1-64801-139-9(X))* Newman Springs Publishing, Inc.

Grammy's Comfy Couch. Millie Ducheny. 2022. (ENG., Illus.). 30p. (J). 24.95 *(978-1-63885-936-9(1))* Covenant Bks.

Grammy's Love. Tonya Andrews. 2020. (ENG.). 30p. (J). pap. 12.99 *(978-1-952894-56-5(5))* Pen It Pubns.

Grampa Bear, Let's Go Fishing! Sara Woodman. 2023. (ENG.). 36p. (J). ***(978-0-2288-9071-3(3))***; pap. ***(978-0-2288-9070-6(5))*** Tellwell Talent.

Grampa Hal: Rooster for Rent. Lynn Cooper. 2022. (Life & Stories of Grampa Hal & Little Davey Gibson Ser.: Vol. 2). (ENG., Illus.). 70p. (J). pap. 14.95 *(978-1-0980-1863-4(X))* Christian Faith Publishing.

Grampa Jim's Tartan Colouring Book. James F. Park. 2017. (ENG.). 44p. (J). pap. ***(978-0-244-02751-3(X))*** Lulu Pr., Inc.

Grampa Jim's Tartan Faces. James F. Park. 2017. (ENG.). 36p. (J). pap. ***(978-0-244-34003-2(X))*** Lulu Pr., Inc.

Grampa Tunes. Roland Majeau. Illus. by Pranisha Shrestha. 2022. (ENG.). 56p. (J). *(978-1-0391-0658-1(7))*; pap. *(978-1-0391-0657-4(9))* FriesenPress.

Grampa, Will You Tell Me a Story: A 'Pickles' Children's Book. Dianne Young. 2018. (Brian Crane's 'Pickles' Ser.). (ENG., Illus.). 33p. (J). 17.95 *(978-1-936097-15-9(X))* Baobab Pr.

Gramps Has a Cow. Cecilia Minden. Illus. by Becky Down. 2021. (Little Blossom Stories Ser.). (ENG.). 16p. (J). (gr. -1-2). pap. 11.36 *(978-1-5341-8800-6(2)*, 218958, Cherry Blossom Press) Cherry Lake Publishing.

Gramps Has a Dog. Cecilia Minden. Illus. by Becky Down. 2021. (Little Blossom Stories Ser.). (ENG.). 16p. (J). (gr. -1-2). pap. 11.36 *(978-1-5341-8798-6(7)*, 218952, Cherry Blossom Press) Cherry Lake Publishing.

Gramps Has a Farm. Cecilia Minden. Illus. by Becky Down. 2021. (Little Blossom Stories Ser.). (ENG.). 16p. (J). (gr. -1-2). pap. 11.36 *(978-1-5341-8796-2(0)*, 218946, Cherry Blossom Press) Cherry Lake Publishing.

Gramps Has a Hen. Cecilia Minden. Illus. by Becky Down. 2021. (Little Blossom Stories Ser.). (ENG.). 16p. (J). (gr. -1-2). pap. 11.36 *(978-1-5341-8797-9(9)*, 218949, Cherry Blossom Press) Cherry Lake Publishing.

Gramps Has a Horse. Cecilia Minden. Illus. by Becky Down. 2021. (Little Blossom Stories Ser.). (ENG.). 16p. (J). (gr. -1-2). pap. 11.36 *(978-1-5341-8799-3(5)*, 218955, Cherry Blossom Press) Cherry Lake Publishing.

Grampy & His Fairyzona Playmates: Whimsical Tales about a Sorcerer, Fairies, Spells, Unicorns & a Magic Carpet. Woody Weingarten & Hannah Schifrin. Illus. by J. Marciniak. 2020. (ENG.). 58p. (J). 22.18 *(978-0-9905543-2-5(5))*; pap. 18.18 *(978-0-9905543-4-9(1))* Vitality Pr.

Gran Actuación: Leveled Reader Book 27 Level S 6 Pack. Hmh Hmh. 2021. (SPA.). 48p. (J). pap. 74.40 *(978-0-358-08596-6(9))* Houghton Mifflin Harcourt Publishing Co.

Gran Amor de Dios Por Ti. Rick Warren. 2018. (SPA.). 32p. (J). pap. 8.99 *(978-0-7899-2402-5(1))* Editorial Unilit.

Gran Atlas Illustrado(Big Picture Atlas) Emily Bone. 2019. (Picture Atlases Ser.). (SPA.). 40p. (J). 16.99 *(978-0-7945-4563-5(7)*, Usborne) EDC Publishing.

Gran Ayuda. Daniel Fehr. Illus. by Benjamin Leroy. 2018. (SPA.). 36p. (J). 15.95 *(978-84-17123-20-8(2))* NubeOcho Ediciones ESP. Dist: Consortium Bk. Sales & Distribution.

Gran Barrera de Coral: Leveled Reader Book 27 Level P 6 Pack. Hmh Hmh. 2021. (SPA.). 32p. (J). pap. 74.40 *(978-0-358-08509-6(8))* Houghton Mifflin Harcourt Publishing Co.

Gran Barrera de Coral: Valor Posicional. Dona Rice. rev. ed. 2019. (Mathematics in the Real World Ser.). (SPA., Illus.). 24p. (J). (gr. 1-2). pap. 9.99 *(978-1-4258-2839-4(6))* Teacher Created Materials, Inc.

Gran Cañón No Me Da Miedo: Leveled Reader Book 48 Level R 6 Pack. Hmh Hmh. 2021. (SPA.). 40p. (J). pap. 74.40 *(978-0-358-08528-7(4))* Houghton Mifflin Harcourt Publishing Co.

Gran Carrera. Christine Platt. Illus. by Evelt Yanait. 2022. (Cuentos Folclóricos Ser.). (SPA.). 32p. (J). (gr. -1-3). lib. bdg. 32.79 *(978-1-0982-3539-0(8)*, 41115, Calico Chapter Bks) Magic Wagon.

Gran Chapoteo (the Big Splash) Kirsten McDonald. Illus. by Fátima Anaya. 2021. (Carlos & Carmen (Spanish Version) (Calico Kid) Ser.). (SPA.). 32p. (J). (gr. -1-3). lib. bdg. 32.79 *(978-1-0982-3139-2(2)*, 37727, Calico Chapter Bks) Magic Wagon.

Gran Chisme. Louise Simonson. Tr. by Aparicio Publishing Aparicio Publishing LLC from ENG. Illus. by Sumin Cho. 2020. (Drama en la Secundaria Ser.).Tr. of Runaraound Rumor. (SPA.). 64p. (J). (gr. 3-6). pap. 6.95 *(978-1-4965-9315-3(4)*, 142345); lib. bdg. 25.99 *(978-1-4965-9160-9(7)*, 142077) Capstone. (Stone Arch Bks.).

Gran Corazón: Celebremos la Igualdad aun Siendo Diferentes, 1 vol. Linsey Davis. Illus. by Lucy Fleming. 2021. (SPA.). 32p. (J). 13.99 *(978-0-8297-7062-9(3))* Grupo Nelson.

Gran Cuento Acerca de Perros Salchicha y Disfraces: El Origen de Otras Razas. Kizzie Elizabeth Jones. Tr. by Alfonso Winston. Illus. by Scott Ward. 2019. (SPA.). 68p. (J). (gr. k-4). 23.99 *(978-1-947543-04-1(0))*; pap. 15.99 *(978-1-947543-02-7(4))* Tall Tales.

Gran Cuento Acerca de un Perro Salchicha y un Pelicano Como una Amistad Llego a Ser. Kizzie Jones. Tr. by Alfonso Winston. Illus. by Scott Ward. 2017. (SPA.). (J). (gr. k-4). 23.99 *(978-0-9979540-1-2(9))*; (Tall Tales Spanish/English Bi-Lingual Ser.: Vol. 2). pap. 14.99 *(978-0-9979540-2-9(7))* Tall Tales.

Gran Día: Leveled Reader Book 46 Level C 6 Pack. Hmh Hmh. 2021. (SPA.). 16p. (J). pap. 74.40 *(978-0-358-08175-3(0))* Houghton Mifflin Harcourt Publishing Co.

Gran Diluvio: La Historia Del Arca de Noé. Pip Reid. 2020. (Defensores de la Fe Ser.: Vol. 5). (SPA.). 42p. (J). pap. *(978-1-989961-00-1(2))* Bible Pathway Adventures.

Gran Espera Del Pequeño Búho: (Little Owl's Big Wait) Calee M. Lee. 2017. (Xist Kids Spanish Bks.). (SPA.). 28p. (J). (gr. -1-3). pap. 9.99 *(978-1-5324-0411-5(5))* Xist Publishing.

Gran Fiesta de Los Olores. Pato Mena. Illus. by Pato Mena. 2019. (ENG., Illus.). 48p. (J). 16.95 *(978-84-17123-97-0(0))* NubeOcho Ediciones ESP. Dist: Consortium Bk. Sales & Distribution.

Gran Huevo (Big Egg Spanish Edition) Molly Coxe. 2022. (LEYENDO a PASOS (Step into Reading) Ser.). 32p. (J). (gr. -1-1). (SPA.). lib. bdg. 14.99 *(978-0-593-42885-6(4))*; (Illus.). pap. 4.99 *(978-0-593-42884-9(6))* Random Hse. Children's Bks. (Random Hse. Bks. for Young Readers).

Gran Libro Bilingüe Montessori. Lydie Barusseau. 2022. (SPA & ENG.). 144p. (J). (gr. -1-k). pap. 10.95 *(978-607-21-2470-7(4))* Larousse, Ediciones, S. A. de C. V. MEX. Dist: Independent Pubs. Group.

Gran Libro de la Caca. Guillermo Guerrero. 2019. (SPA.). 160p. (YA). pap. 13.95 *(978-607-453-576-1(0))* Selector, S.A. de C.V. MEX. Dist: Spanish Pubs., LLC.

Gran Libro de Las Estrellas y Los Planetas(Big Book of Stars & Planets) Emily Bone. 2019. (Big Bks.). (SPA.). 16p. (J). 14.99 *(978-0-7945-4598-7(X)*, Usborne) EDC Publishing.

Gran Libro de Las Fábulas para Niños. Sophie Piper. 2017. (SPA.). 128p. (J). (gr. k-2). *(978-958-30-5406-8(2))* Panamericana Editorial COL. Dist: Lectorum Pubns., Inc.

Gran Libro de Letras y Números Montessori. Delphine Urvoy. 2022. (SPA.). 208p. (J). (gr. -1-k). pap. 13.95 *(978-607-21-2467-7(4))* Larousse, Ediciones, S. A. de C. V. MEX. Dist: Independent Pubs. Group.

Gran Libro de Los Colores(Big Book of Colors) Felicity Brooks. 2019. (Big Bks.). (SPA.). 26p. (J). 15.99 *(978-0-7945-4597-0(1)*, Usborne) EDC Publishing.

Gran Libro de Los Dinosaurios. Adrian Paramo Blazquez. 2021. (SPA.). 128p. (J). 24.99 *(978-84-662-4060-4(8))* Editorial Libsa, S.A. ESP. Dist: Lectorum Pubns., Inc.

Gran Libro de Matemáticas Montessori. Delphine Urvoy. 2022. (SPA.). 168p. (J). (gr. -1-k). pap. 10.95 *(978-607-21-2469-1(0))* Larousse, Ediciones, S. A. de C. V. MEX. Dist: Independent Pubs. Group.

Gran Libro de Pequeños Cuentos(Big Book of Little Stories) 2019. (Stories for Little Children Ser.). (SPA.). 360p. (J). 21.99 *(978-0-7945-4562-8(9)*, Usborne) EDC Publishing.

Gran Libro Del Calballo Americano *see* Great American Horse Book: A Childrens Guide to Horse's

Gran Libro Illustrado - Curiosidades Del Mundo(Big Picture Book of General Knowledge) James Maclaine. 2019. (SPA.). 32p. (J). 14.99 *(978-0-7945-4566-6(1)*, Usborne) EDC Publishing.

Gran Libro Illustrado - de Noche(Book of Nighttime) Laura Cowan. 2019. (SPA.). 32p. (J). 14.99 *(978-0-7945-4564-2(5)*, Usborne) EDC Publishing.

Gran Libro Illustrado - Dinosaurios(Big Picture Book of Dinosaurs) Alex Frith. 2019. (SPA.). 32p. (J). 14.99 *(978-0-7945-4641-0(2)*, Usborne) EDC Publishing.

gran libro juego de las civilizaciones: Un libro infantil con 3 niveles de juego, de 3 a 8 años. ¡Conoce 6 civilizaciones distintas! Joan Subirana Queralt. 2021. (SPA.). 14p. (J). (gr. k-2). bds. 17.99 *(978-84-17210-81-6(4))* Editorial el Pirata ESP. Dist: Independent Pubs. Group.

Gran Libro Juego para Buscar y Encontrar. Inna Anikeeva. 2023. (Libros Juego Ser.). (SPA.). 12p. (J). (gr. k-2). 16.99 *(978-84-17210-19-9(9))* Editorial el Pirata ESP. Dist: Independent Pubs. Group.

Gran Libro Juego para Buscar y Encontrar Animales. Inna Anikeeva. 2022. (Libros Juego Ser.). 12p. (J). (gr. k-2). 16.99 *(978-84-17210-20-5(2))* Editorial el Pirata ESP. Dist: Independent Pubs. Group.

Gran Muralla China (Great Wall of China) Grace Hansen. 2018. (Maravillas Del Mundo (World Wonders) Ser.). (SPA., Illus.). 24p. (J). (gr. -1-2). lib. bdg. 32.79 *(978-1-5321-8052-1(7)*, 28319, Abdo Kids) ABDO Publishing Co.

Gran Papel de Jeremy (Jeremy's Big Role) El Lobo Malo Ayuda a un niño a Manejar Su Tartamudeo. Matthew Silvestri. Illus. by Weaverbird Interactive. 2022. 1. (SPA.). 32p. (J). pap. 9.99 *(978-1-223-18362-6(9)*, ad58269c-4667-43a2-b4d0-c9c1e059f742); lib. bdg. 21.99 *(978-1-5182-6303-3(8)*, 22b3608e-5173-4179-bec6-6142cdc17941) Baker & Taylor, CATS. (Paw Prints).

Gran Peste. Fran Manushkin. Tr. by Aparicio Publishing Aparicio Publishing LLC. Illus. by Tammie Lyon. 2019. (Pedro en Español Ser.). (SPA.). 32p. (J). (gr. k-2). pap. 4.95 *(978-1-5158-4693-2(8)*, 141320); lib. bdg. 21.32 *(978-1-5158-4657-4(1)*, 141256) Capstone. (Picture Window Bks.).

Gran Pirámide de Guiza (Great Pyramid of Giza) Grace Hansen. 2018. (Maravillas Del Mundo (World Wonders) Ser.). (SPA., Illus.). 24p. (J). (gr. -1-2). lib. bdg. 32.79 *(978-1-5321-8051-4(9)*, 28317, Abdo Kids) ABDO Publishing Co.

Gran Pregunta de Sasha. Natalie Boden. Illus. by Bayo Flores. 2023. 32p. (J). (— 1). pap. 12.99 BookBaby.

Gran Problema de Las Plagas: Definir el Problema, 1 vol. Rory McCallum. 2017. (Computación Científica en el Mundo Real (Computer Science for the Real World) Ser.). (SPA.). 24p. (J). (gr. 4-5). pap. *(978-1-5383-5819-1(0)*, 117e659d-75c0-4dbd-8046-748623441dc6, Rosen Classroom) Rosen Publishing Group, Inc., The.

Gran Problema de Las Plagas: Definir el Problema (the Great Pest Problem: Defining the Problem), 1 vol. Rory McCallum. 2017. (Niños Digitales: Superdotados con Pensamiento Computacional (Computer Kids: Powered by Computational Thinking) Ser.). (SPA.). 24p. (J). (gr. 4-5). 25.27 *(978-1-5383-2904-7(2)*, 2bb85bf9-0bca-40bc-8782-8a60d5265073, PowerKids Pr.) Rosen Publishing Group, Inc., The.

Gran Quibira: A Musical Mystery, Opera Historique; a Romanza in Five Acts, with Overture, Prelude & Interlude (Classic Reprint) Clara A. B. Corbyn. (ENG., Illus.). (J). 2018. 548p. 35.22 *(978-0-332-08463-3(9))*; 2016. pap. 19.57 *(978-1-333-68988-9(8))* Forgotten Bks.

Gran Reken Blan Yo (Great White Sharks) Julie K. Lundgren. Tr. by Jean Pierre Gaston. 2021. (Dosye Reken Yo (Shark Files) Ser.). (CRP.). (J). (gr. k-2). pap. ***(978-1-0396-2316-3(6)***, 10051) Crabtree Publishing Co.

Gran Salto. Núria Parera. Illus. by Carolina Luzón. 2022. (SPA.). 40p. (J). (gr. k-2). pap. 18.00 *(978-84-17440-95-4(X))* Akiara Bks. ESP. Dist: Independent Pubs. Group.

gran sueño Americano *see* American Dream

Granada: Memories, Adventures, Studies & Impressions (Classic Reprint) Leonard Williams. 2018. (ENG., Illus.). 232p. (J). 28.68 *(978-0-483-38293-0(0))* Forgotten Bks.

Granby, Vol. 1 Of 3: A Novel (Classic Reprint) T. H. Lister. 2017. (ENG., Illus.). (J). 30.79 *(978-1-5279-5080-1(8))* Forgotten Bks.

Grand 1915: No. 11 (Classic Reprint) Grand Opera House Toronto. (ENG., Illus.). (J). 2018. 20p. 24.31 *(978-0-267-95691-3(6))*; 2016. pap. 7.97 *(978-1-334-11643-8(1))* Forgotten Bks.

Grand & Busy: What Am I? Joyce L. Markovics. 2018. (American Place Puzzlers Ser.). (ENG.). 24p. (J). (gr. -1-3). lib. bdg. 17.95 *(978-1-68402-484-1(6))* Bearport Publishing Co., Inc.

Grand Army Man (Classic Reprint) Harvey J. O'Higgins. 2017. (ENG., Illus.). 270p. (J). 29.47 *(978-0-332-54780-0(9))* Forgotten Bks.

Grand Canyon. Jason Chin. 2017. (ENG., Illus.). 54p. (J). 19.99 *(978-1-59643-950-4(5)*, 900125249) Roaring Brook Pr.

Grand Canyon. Sara Gilbert. 2016. (National Park Explorers Ser.). (ENG., Illus.). 24p. (J). (gr. 1-4). *(978-1-60818-632-7(6)*, 20504, Creative Education) Creative Co., The.

Grand Canyon. Rebecca Kraft Rector. 2018. (Natural Wonders of the World Ser.). (ENG., Illus.). 32p. (J). (gr. 3-5). pap. 9.95 *(978-1-63517-585-1(2)*, 1635175852); lib. bdg. 31.35 *(978-1-63517-513-4(5)*, 1635175135) North Star Editions. (Focus Readers).

Grand Canyon. Martha London. 2020. (Engineered by Nature Ser.). (ENG., Illus.). 32p. (J). (gr. 2-5). lib. bdg. 34.21 *(978-1-5321-9286-9(X)*, 35035, Kids Core) ABDO Publishing Co.

Grand Canyon: This Place Rocks. Joanne Mattern. 2017. (Core Content Social Studies — Let's Celebrate America Ser.). (ENG., Illus.). 32p. (J). (gr. 2-5). lib. bdg. 26.65 *(978-1-63440-221-7(9)*, 43bc0543-0fcc-48f9-a416-6da3e51fe1a9) Red Chair Pr.

Grand Canyon (a True Book: National Parks) (Library Edition) Josh Gregory. 2017. (True Book (Relaunch) Ser.). (ENG., Illus.). 48p. (J). (gr. 3-5). lib. bdg. 31.00 *(978-0-531-23393-1(6)*, Children's Pr.) Scholastic Library Publishing.

796

The check digit for ISBN-10 appears in parentheses after the full ISBN-13

Grand Canyon for Kids: Children's Books on the USA. Bold Kids. 2022. (ENG.). 40p. (J). pap. 11.99 (978-1-0717-0999-3(2)) FASTLANE LLC.

Grand Canyon Grab, 11. Ron Roy. 2019. (to Z Mysteries Ser.). (ENG.). 136p. (J). (gr. 2-3). 16.49 (978-0-87617-646-7(5)) Penworthy Co., LLC, The.

Grand Canyon National Park. Grace Hansen. 2017. (National Parks (Abdo Kids Jumbo) Ser.). (ENG., Illus.). 24p. (J). (gr. -1-2). lib. bdg. 32.79 (978-1-5321-0434-3(0), 26560, Abdo Kids) ABDO Publishing Co.

Grand Canyon National Park. J. J. Stewart. 2016. (National Parks (Core Library) Ser.). (ENG., Illus.). 48p. (J). (gr. 4-8). lib. bdg. 35.64 (978-1-68078-473-2(0), 23883) ABDO Publishing Co.

Grand Canyon South Rim Junior Ranger Activity Book. Ed. by National Park Service (U.S.). 2017. (ENG.). 16p. (J). (gr. -1). 5.00 (978-0-16-093780-4(9)) National Park Service Div. of Pubns.

Grand Central Terminal. Kevin Blake. 2018. (American Places: from Vision to Reality Ser.). (ENG.). 32p. (J). (gr. 2-7). lib. bdg. 19.95 (978-1-68402-436-0(6)) Bearport Publishing Co., Inc.

Grand Chapati Contest (Hook Books) Asha Nehemiah. 2020. (Hook Bks.). (ENG.). 40p. (J). (gr. k-2). pap. 7.99 (978-0-14-345096-2(4)) Penguin Bks. India PVT, Ltd IND. Dist: Independent Pubs. Group.

Grand Chief Salamoo Cook Is Coming to Town! Tomson Highway. Illus. by Delphine Renon. 2023. (ENG.). 48p. (J). (gr. 2-4). 16.95 (978-2-89836-042-8(2)) La Montagne Secrete CAN. Dist: Independent Pubs. Group.

Grand Chieftain: Vol 2 of the Willow's Wake Trilogy. Don Bourque. 2023. (ENG.). 210p. (YA). (978-1-0391-6508-3(7)); pap. (978-1-0391-6507-6(9)) FriesenPress.

Grand Contraband Camp. Duchess Harris. 2018. (Freedom's Promise Ser.). (ENG., Illus.). 48p. (J). (gr. 4-8). lib. bdg. 35.64 (978-1-5321-1769-5(8), 30826) ABDO Publishing Co.

Grand Duchess (Classic Reprint) George A. Birmingham. 2018. (ENG., Illus.). 322p. (J). 30.54 (978-0-483-79754-3(5)) Forgotten Bks.

Grand Escape Novel Units Teacher Guide. Novel Units. 2019. (ENG.). (J). (gr. 3-4). pap., tchr.'s training gde. ed. 12.99 (978-1-56137-723-7(6), Novel Units, Inc.) Classroom Library Co.

Grand Escape: the Greatest Prison Breakout of the 20th Century (Scholastic Focus) Neal Bascomb. 2020. (ENG.). 288p. (YA). (gr. 7-7). pap. 12.99 (978-1-338-71366-4(3)) Scholastic, Inc.

Grand et Petit. Amy Culliford. Tr. by Annie Evearts. 2021. (Contraires Autour de Moi! (Opposites All Around Me!) Ser.). (FRE., Illus.). 16p. (J). (gr. -1-1). pap. (978-1-0396-0582-4(6), 12909) Crabtree Publishing Co.

Grand Expedition. Emma AdbOge. Tr. by Annie Prime. 2018. (ENG., Illus.). (J). 16.95 (978-1-59270-245-9(7)) Enchanted Lion Bks., LLC.

Grand Félin, Petit Chat: (Big Cat, Little Kitty in French) Scotti Cohn. Tr. by Sophie Troff. Illus. by Susan Detwiler. 2019. (FRE.). 32p. (J). (gr. k-1). 11.95 (978-1-64351-727-8(9)) Arbordale Publishing.

Grand Filly (Classic Reprint) E. Somerville. 2016. (ENG., Illus.). (J). pap. 7.97 (978-1-334-13694-8(7)) Forgotten Bks.

Grand Filly (Classic Reprint) E. OE Somerville. 2018. (ENG., Illus.). 20p. (J). 24.33 (978-0-267-76857-8(5)) Forgotten Bks.

Grand Fleet Days (Classic Reprint) Unknown Author. (ENG., Illus.). (J). 2018. 256p. 29.18 (978-0-332-88068-6(0)); 2016. pap. 11.57 (978-1-334-15896-4(7)) Forgotten Bks.

Grand, Genius Summer of Henry Hoobler. Lisa Shanahan. 2018. (ENG.). 224p. (J). (gr. 2-6). pap. 11.99 (978-1-76029-301-7(6)) Allen & Unwin AUS. Dist: Independent Pubs. Group.

Grand Grasshoppers: A 4D Book. Megan Cooley Peterson. 2019. (Little Entomologist 4D Ser.). (ENG., Illus.). 32p. (J). (gr. -1-2). pap. 6.95 (978-1-9771-0572-1(6), 139985) Capstone.

Grand High Monster. Matt Beighton. Illus. by Amalia Rendon. 2019. (Monstacademy Ser.: Vol. 3). (ENG.). 106p. (J). pap. (978-1-9161360-2-1(8)) Green Monkey Pr.

Grand High Monster: Dyslexia Friendly Edition. Beighton Matt. Illus. by Rendon Amalia. 3rd ed. 2019. (Monstacademy Dyslexia Adapted Ser.: Vol. 3). (ENG.). 158p. (J). pap. (978-1-9161360-3-8(6)) Green Monkey Pr.

Grand Isle. Kate Samworth. 2021. (Illus.). 40p. (J). 18.95 (978-1-61775-976-5(7), Black Sheep) Akashic Bks.

Grand Jeté. Amy Shomshak. 2023. (Ballet Ser.: Vol. 1). (ENG.). 184p. (YA). pap. 14.99 (978-1-0880-8480-9(X)) Indy Pub.

Grand Jete & Me. Allegra Kent. Illus. by Robin Preiss Glasser. 2021. (ENG.). 32p. (J). (gr. -1-3). 17.99 (978-0-06-239202-2(6), HarperCollins) HarperCollins Pubs.

Grand Mademoiselle: From the Memoirs of Charles-Alexandre, Comte de Lannoy, Premier Ecuyer to the King Louis XIV (Classic Reprint) James Eugene Farmer. 2017. (ENG., Illus.). (J). pap. 13.57 (978-0-259-21355-0(1)) Forgotten Bks.

Grand Mademoiselle: From the Memoirs of Charles-Alexandre, Comte de Lannoy, Premier Écuyer to the King Louis XIV (Classic Reprint) James Eugene Farmer. 2018. (ENG., Illus.). 346p. (J). 31.05 (978-0-365-12229-6(7)) Forgotten Bks.

Grand Master's Treasure (Classic Reprint) Gertrude Woodbury Sargent. (ENG., Illus.). (J). 2018. 300p. 30.10 (978-0-483-59915-4(8)); 2016. pap. 13.57 (978-1-334-12732-8(8)) Forgotten Bks.

Grand Monstre Bleu de la Nuit. Didi Lemay. 2017. (FRE., Illus.). (J). pap. (978-1-7750126-0-3(3)) Okidoki Publising Services.

Grand-Mother: The Story of a Life That Never Was Lived (Classic Reprint) Laura E. Richards. 2018. (ENG., Illus.). 176p. (J). 27.59 (978-0-332-59892-5(6)) Forgotten Bks.

Grand Old Oak & the Birthday Ball. Rachel Piercey. Illus. by Freya Hartas. 2023. (Brown Bear Wood Ser.). (ENG.). 32p. (J). (gr. -1-1). 19.99 (978-1-4197-6600-8(7), 1796701) Magic Cat GBR. Dist: Abrams, Inc.

Grand Opera House, London, Ont: Season 1894-95 (Classic Reprint) Grand Opera House. 2017. (ENG., Illus.). (J). 24.35 (978-0-266-72563-3(5)); pap. 7.97 (978-1-5276-8525-3(X)) Forgotten Bks.

Grand Opera House, London, Ont: Season '94-95 (Classic Reprint) Grand Opera House. (ENG., Illus.). (J). 2017. 24.39 (978-0-266-50135-0(4)); 2017. 24.35 (978-0-260-57257-8(8)); 2017. 24.33 (978-0-260-57401-5(5)); 2017. 24.37 (978-0-260-57743-6(X)); 2017. pap. 7.97 (978-0-265-03629-7(1)); 2017. pap. 7.97 (978-0-265-03779-9(4)); 2017. pap. 7.97 (978-0-266-03768-2(2)); 2017. 24.35 (978-0-265-49123-2(1)); 2017. pap. 7.97 (978-0-282-54216-0(7)); 2016. pap. 7.97 (978-1-334-12154-8(0)) Forgotten Bks.

Grand Opera House, London, Ont. , Programme: Tuesday, Oct. 9th; the Favorite Romantic Actor Robert Mantell, under the Management of Augustus Pitou, in Dumas' Great Play in Six Acts, the Corsican Brothers (Classic Reprint) Grand Opera House London Ontario. (ENG., Illus.). (J). 2018. 24p. 24.39 (978-0-364-53930-9(5)); 2017. pap. 7.97 (978-0-259-97277-8(0)) Forgotten Bks.

Grand Opera House, London, Ont. , Programme: Wednesday & Thursday, Nov. 21st & 22nd; Matinee, Thursday, Thanksgiving Day (Classic Reprint) Grand Opera House. 2018. (ENG., Illus.). (J). 24p. 24.39 (978-1-396-19988-2(8)); 26p. pap. 7.97 (978-1-390-35366-2(4)) Forgotten Bks.

Grand Opera House, London, Ont. , Programme: Wednesday, Feb. 6th, Barnabee & MacDonald's Robin Hood Opera Company, Presenting Robin Hood; Season '94-95 (Classic Reprint) Grand Opera House. 2017. (ENG., Illus.). (J). 24.39 (978-0-260-91834-5(2)); pap. 7.97 (978-1-5280-9097-1(7)) Forgotten Bks.

Grand Opera House, London, Ont. , Programme 1895: Monday, March 18th, First Time Here, of the Three ACT Farcical Comedy, Entitled Charley's Aunt, by Brandon Thomas, under the Management of Charles Frohman (Classic Reprint) Grand Opera House. 2017. (ENG., Illus.). (J). 24.33 (978-0-260-59138-8(6)); pap. 7.97 (978-0-266-03136-9(6)) Forgotten Bks.

Grand Opera House, London, Ont. , Programme 1895: Thursday, March 14th, General Charity Concert, under the Auspices of the Mayor & Council (Classic Reprint) Grand Opera House. 2017. (ENG., Illus.). (J). 24.37 (978-0-260-59753-3(8)); pap. 7.97 (978-0-266-02935-9(3)) Forgotten Bks.

Grand Opera House, London, Ont. , Season, 1894-95 (Classic Reprint) Grand Opera House. 2018. (ENG., Illus.). (J). 24p. 24.39 (978-1-391-55078-7(1)); 26p. pap. 7.97 (978-1-390-32081-7(2)) Forgotten Bks.

Grand Opera House, London, Ont. , Season '94-95 (Classic Reprint) Grand Opera House. (ENG., Illus.). (J). 2018. 20p. 24.33 (978-0-365-35938-8(6)); 2017. 24.39 (978-0-260-58355-0(3)); 2017. pap. 7.97 (978-0-265-03466-8(3)); 2017. pap. 7.97 (978-0-259-84854-7(9)) Forgotten Bks.

Grand-Père et Moi. Dorraine Robinson. 2023. (FRE.). 36p. (J). pap. (978-1-915522-32-0(3)) Conscious Dreams Publishing.

Grand Prize Beagle. Zachary Strobel & Sakharam Umrikar. 2019. (ENG.). 36p. (J). pap. (978-1-7948-0280-3(0)) Lulu Pr., Inc.

Grand Rapids Walking Tours Kids Can Lead. Tom Mulder. 2023. (ENG.). 152p. (J). (gr. 4-7). pap. 19.00 (978-1-940368-11-5(1)) Scribe Publishing Co.

Grand Requin Blanc. Julie K. Lundgren. Tr. by Annie Evearts. 2021. (Dossiers Sur les Requins (Shark Files) Ser.). (FRE.). 24p. (J). (gr. k-2). pap. (978-1-0396-0963-1(5), 12537) Crabtree Publishing Co.

Grand Requin Blanc (Great White Shark) Amy Culliford. Tr. by Annie Evearts. 2021. (Animaux les Plus Meurtriers (Deadliest Animals) Ser.). (FRE.). (J). (gr. 3-9). pap. (978-1-0396-0300-4(9), 12826, Crabtree Branches) Crabtree Publishing Co.

Grand Slam. Evan Jacobs. ed. 2016. (White Lightning Ser.). (J). lib. bdg. 19.60 (978-0-606-40319-1(1)) Turtleback.

Grand Slam: Baseball Genius 3. Tim Green & Derek Jeter. (Jeter Publishing Ser.). (ENG.). 320p. (J). (gr. 3-7). 2022. pap. 8.99 (978-1-5344-0672-8(7)); 2021. 17.99 (978-1-5344-0671-1(9)) Simon & Schuster Children's Publishing. (Aladdin).

Grand Teton. Lori Dittmer. 2019. (National Park Explorers Ser.). (ENG.). 24p. (J). (gr. 1-3). (978-1-64026-067-2(6), 18813); pap. 8.99 (978-1-62832-655-0(7), 18814, Creative Paperbacks) Creative Co., The.

Grand Teton (a True Book: National Parks) (Library Edition) Josh Gregory. 2018. (True Book (Relaunch) Ser.). (ENG., Illus.). 48p. (J). (gr. 3-5). lib. bdg. 31.00 (978-0-531-23507-2(6), Children's Pr.) Scholastic Library Publishing.

Grand Teton National Park. Grace Hansen. 2018. (National Parks (Abdo Kids Jumbo) Ser.). (ENG., Illus.). 24p. (J). (gr. -1-2). lib. bdg. 32.79 (978-1-5321-8207-5(4), 29873, Abdo Kids) ABDO Publishing Co.

Grand Theft Horse, 1 vol. G. Neri. Illus. by Corban Wilkin. 2018. (ENG.). 240p. (YA). (gr. 6-12). pap. 19.95 (978-1-62014-855-6(2), leelowtu, Tu Bks.) Lee & Low Bks., Inc.

Grand Tintamarre! Chansons et Comptines Acadiennes. Illus. by Mathilde Cinq-Mars. 2018. (ENG.). 36p. (J). (gr. k-2). 16.95 (978-2-924217-76-4(8)) La Montagne Secrete CAN. Dist: Independent Pubs. Group.

Grand Tour (Classic Reprint) Romer Wilson. 2018. (ENG., Illus.). (J). 272p. 29.53 (978-1-390-88345-9(0)); 274p. pap. 11.97 (978-1-390-76552-6(0)) Forgotten Bks.

Grand Trial Showdown. Simcha Whitehill. 2019. (Pokemon Graphic Adventures Ser.). (ENG.). 128p. (J). (gr. 2-3). 17.96 (978-0-87617-933-8(2)) Penworthy Co., LLC, The.

Grand Voyage du Pays des Hurons: Situe en l'Amérique Vers la Mer Douce, Es Derniers Confins de la Nouvelle France Dite Canada; Avec un Dictionnaire de la Langue Huronne (Classic Reprint) Gabriel Sagard Theodat. 2018. (FRE., Illus.). 246p. (J). pap. 11.57 (978-1-391-11920-5(7)) Forgotten Bks.

Grand Voyage du Pays des Hurons, Situe en l'Amérique Vers la Mer Douce, És Derniers Confins de la Nouvelle France, Dite Canada, Vol. 2: Où il Est Amplement Traité de Tout Ce Qui Est du Pays, des Moeurs et du Naturel des Sauvages, de Leur Gouverneme. Gabriel Sagard Theodat. 2018. (FRE., Illus.). (J). 226p. 28.58 (978-0-366-30563-6(8)); 228p. pap. 10.97 (978-0-365-89577-0(6)) Forgotten Bks.

Grand Voyage du Pays des Hurons Situe en l'Amerique Vers la Mer Douce, Es Derniers Confins de la Nouvelle France, Dite Canada, Vol. 2: Ou il Est Amplement Traite de Tout Ce Qui Est du Pays, des Moeurs et du Naturel des Sauvages de Leur Gouvernement. F. Gabriel Sagard Theodat. 2018. (FRE., Illus.). 228p. (J). pap. 10.97 (978-0-428-83860-7(X)) Forgotten Bks.

Grand Voyage du Pays des Hurons, Vol. 2: Situe en l'Amerique Vers la Mer Douce, Es Derniers Confins de la Nouuelle France, Dite Canada (Classic Reprint) F. Gabriel Sagard Theodat. 2017. (FRE., Illus.). (J). pap. 10.97 (978-0-243-34541-0(0)) Forgotten Bks.

Grand Voyage du Pays des Hurons, Vol. 2: Situé en l'Amerique Vers la Mer Douce, ÉS Derniers Confins de la Nouuelle France, Dite Canada (Classic Reprint) F. Gabriel Sagard Theodat. 2018. (FRE., Illus.). 228p. (J). 28.58 (978-0-267-12122-9(9)) Forgotten Bks.

Grand Wolf, 1 vol. Avril McDonald. Illus. by Tatiana Minina. 2016. (Feel Brave Ser.). (ENG.). 32p. (J). pap. 12.95 (978-1-78583-019-8(8)) Crown Hse. Publishing LLC.

Grandad & Me. Dorraine Robinson. 2022. (ENG.). 36p. (J). pap. (978-1-915522-08-5(0)) Conscious Dreams Publishing.

Grandad & Ollie at the Play Area. Caroline Moss & Steven Moss. 2020. (ENG., Illus.). 22p. (J). (gr. k-1). pap. (978-1-78830-439-9(X)) Olympia Publishers.

Grandad Oak Stories. Barry Meade & Mary Owen. 2020. (ENG.). 44p. (J). pap. (978-1-5289-9149-0(4)) Austin Macauley Pubs. Ltd.

Grandad Whose Head Fell Off. Roy Ramsay. Illus. by Sylvia Farrow. 2020. (ENG.). 26p. (J). pap. (978-1-83975-288-9(2)) Grosvenor Hse. Publishing Ltd.

Grandad's Camper. Harry Woodgate. 2021. (Grandad's Camper Ser.). (ENG.). 32p. (J). (gr. -1-1). 17.99 (978-1-4998-1193-3(4)) Little Bee Books Inc.

Grandad's Island. Benji Davies. Illus. by Benji Davies. 2016. (ENG., Illus.). 32p. (J). (gr. -1-3). 16.99 (978-0-7636-9005-2(8)) Candlewick Pr.

Grandad's Mighty Moustache. Andy Stonehouse. 2021. (Adventures of Lily Ser.). (ENG.). 36p. (J). pap. 12.99 (978-1-9161804-5-1(0)) Moosehead Publishing.

Grandad's Pride. Harry Woodgate. 2023. (Grandad's Camper Ser.). (ENG.). 32p. (J). (gr. -1-1). 18.99 (978-1-4998-1461-3(5)) Little Bee Books Inc.

Grandchildren Are a Special Blessing. Alberta Taylor. 2022. (ENG., Illus.). 36p. (J). 25.95 (978-1-0980-4857-0(1)); pap. 15.95 (978-1-0980-4856-3(3)) Christian Faith Publishing.

Granddad & Nanny Sharon Meet the Mermaids. Sharon Witherall. 2018. (ENG., Illus.). 32p. (J). (978-1-78710-850-9(3)); pap. (978-1-78710-849-3(X)) Austin Macauley Pubs. Ltd.

Granddad Remembers (but Is He Telling the Truth?) Terence Braverman. 2019. (ENG.). 154p. (J). pap. (978-0-244-77988-7(0)) Lulu Pr., Inc.

Granddad's Animal Adventures. Stephen Scott Nelson. 2020. (ENG.). 132p. (J). 24.95 (978-1-0879-1674-3(7)) Indy Pub.

Granddad's Garden: Stories of the Natural World. David George. 2020. (ENG., Illus.). 148p. (J). (gr. k-6). pap. 18.95 (978-1-950562-23-7(9)) Benzie, Andrew Bks.

Granddad's Magic Dictionary: And More. Peter Clay. 2022. (ENG.). 252p. (J). pap. (978-1-80227-544-5(4)) Publishing Push Ltd.

Granddad's Place. Leesah Faye Kenny. Illus. by Mary K. Biswas. 2021. (ENG.). 22p. (J). pap. (978-1-922621-38-2(2)) Library For All Limited.

Granddaughter I Love You All Ways. Marianne Richmond. Illus. by Dubravka Kolanovic. 2023. (I Love You All Ways Ser.). (ENG.). 32p. (J). (gr. -1-3). 8.99 (978-1-7282-7363-1(3)) Sourcebooks, Inc.

Granddaughter 'Twas the Night Before Christmas. Illus. by Lisa Alderson. 2019. (Night Before Christmas Ser.). (ENG.). 32p. (J). (gr. -1-3). 7.99 (978-1-7282-0266-2(3)) Sourcebooks, Inc.

Granddaughters. Laura L. Nixon. 2018. (ENG.). 112p. (YA). 24.99 (978-1-5456-4901-5(4)); pap. 14.49 (978-1-5456-4900-8(6)) Salem Author Services.

Grande Adventures of Ace & Indy: Episodes 1 & 2. Jack Keys. 2021. (ENG.). 48p. (J). pap. 5.99 (978-1-63751-009-4(8)) Cadmus Publishing.

Grande & Feliz Huevo de Pascua - un Libro Alegre para Colorear: Conejita, Pollo y Los Huevos, Increíble Libro para Colorear para 4 a 8 años, niñas y niños, Libro de Colorear de Búsqueda de Huevos de Pascua. Maggie C. Love. 2021. (ENG.). 104p. (J). pap. 9.98 (978-1-716-17640-1(9)) Lulu Pr., Inc.

Grande Aventure des Poissons-Lions. Dominique Serafini. 2021. (FRE.). 52p. (J). (978-1-990238-78-9(5)) Love of the Sea Publishing.

Grande Bataille des Rois Ronron et Oro. Serge Lecomte. Illus. by Aimee Eggink. 2019. (FRE.). 38p. (J). pap. 10.99 (978-1-68160-651-4(8)) Crimson Cloak Publishing.

Grande Charlie. Paola Cavallari. 2018. (ITA., Illus.). 158p. (J). pap. (978-0-244-73499-2(2)) Lulu Pr., Inc.

Grande, Fuerte y Sabio: el Elefante / Big, Strong & Smart Elephant. Pierre Pfeffer. 2018. (SPA.). 32p. (J). (gr. 3-7). pap. 10.99 (978-1-949061-08-6(6), Altea) Penguin Random House Grupo Editorial ESP. Dist: Penguin Random Hse. LLC.

Grande Jete. Amy Shomshak. 2019. (ENG.). 206p. (J). 27.00 (978-1-7947-3088-5(5)) Lulu Pr., Inc.

Grande Motion des Halles (Classic Reprint) Unknown Author. (FRE., Illus.). (J). 2018. 26p. 24.45 (978-0-483-46437-7(6)); 2017. pap. 7.97 (978-0-282-47713-4(6)) Forgotten Bks.

Grande Sciocco: The Great Fool. Jack Minor. Ed. by Finally Free Promotions. 2023. (ENG.). 126p. (J). pap. 10.00 (978-1-312-34605-5(1)) Lulu Pr., Inc.

Grande y Pequeño (Big & Small) Julie Murray. 2019. (Contrarios (Opposites) Ser.). (SPA.). 24p. (J). (gr. -1-2). lib. bdg. 31.36 (978-1-5321-8731-5(9), 31310, Abdo Kids) ABDO Publishing Co.

Grandee: A Novel (Classic Reprint) Armando Palacio Valdes. 2018. (ENG., Illus.). 326p. (J). 30.62 (978-0-483-78663-9(2)) Forgotten Bks.

Grandee & Her Silly Birds. Dede Barr Dunst. Illus. by Tami Boyce. 2020. (ENG.). 26p. (J). 21.95 (978-1-0983-3126-9(5)) BookBaby.

Grandes Aventuras de la Biblia: con QR: Mi Primo Biblia. Yoko Matsuoka. Tr. by Jorge Solá. Illus. by Mike Krome. rev. ed. 2021. (SPA.). 48p. (J). bds. 10.99 (978-1-63264-212-7(3), c85716fb-ba26-48c8-b488-9a588d384ee7, Bk.barn Publishing) Compass Productions Inc.

Grandes Camiones: Leveled Reader Book 48 Level I 6 Pack. Hmh Hmh. 2020. (SPA.). 24p. (J). pap. 74.40 (978-0-358-08358-0(3)) Houghton Mifflin Harcourt Publishing Co.

Grandes Científicos. Paul Mason. 2019. (SPA.). 40p. (J). (gr. 3-5). pap. 11.99 (978-607-17-3554-6(8)) Trillas Editorial, S. A. MEX. Dist: Lectorum Pubns., Inc.

Grandes Colmillos. Elias Zapple. Tr. by Maria J. Manzano. Illus. by Reimarie Cabalu. 2020. (NICU - el Pequeño Vampiro Ser.: Vol. 2). (SPA.). 68p. (J). pap. (978-1-912704-84-2(6)) Heads or Tales Pr.

Grandes Inventos y Cómo Surgieron: Set of 6 Common Core Edition. Jackie Glassman & Benchmark Education Company, LLC Staff. 2016. (Navigators Ser.). (SPA.). (J). (gr. 3). 54.00 net. (978-1-5125-0798-0(9)) Benchmark Education Co.

Grandes Personajes (Great Americans), 6 vols., Set. Barbara Kiely Miller. Incl. Anne Hutchinson. (Illus.). lib. bdg. 24.67 (978-0-8368-8330-5(6), 14749122-7836-4305-8205-4305cf766f9f); Frederick Douglass. (Illus.). (J). lib. bdg. 24.67 (978-0-8368-8328-2(4), a9c1cfc5-b917-49ea-99fb-b321f4985ef6); George Washington Carver. (Illus.). lib. bdg. 24.67 (978-0-8368-8327-5(6), 59dbb862-0e49-4a09-b746-d71445de6b64); Jefe Joseph (Chief Joseph) lib. bdg. 24.67 (978-0-8368-8331-2(4), 2bdc2c31-5a7c-4345-a2bb-d8df4d35901a); John Muir. lib. bdg. 24.67 (978-0-8368-8332-9(2), fc2fd432-5fd4-462b-87ac-0011ba6ede2f); Sam Houston. (Illus.). lib. bdg. 24.67 (978-0-8368-8329-9(2), 468581b2-c389-4f19-87a2-91fb6d86c83c); 24p. (gr. 2-4). 2007., Weekly Reader Leveled Readers (SPA.). 2007. Set lib. bdg. 119.58 (978-0-8368-8326-8(8)); Set pap. 35.70 (978-0-8368-8333-6(0)) Stevens, Gareth Publishing LLLP.

Grandes Relatos. (SPA., Illus.). 80p. (J). 12.95 (978-970-607-922-0(X), LA922X) Larousse, Ediciones, S. A. de C. V. MEX. Dist: Continental Bk. Co., Inc.

Grandest Gorgonzola. Jonna Thames. Illus. by Mari T. 2021. (Cheesy Tales Ser.). (ENG.). 30p. (J). 19.99 (978-1-0879-7343-2(0)) Indy Pub.

Grandest Playground in the World: Delivered Before the Rochester Historical Society, April 15, 1918 (Classic Reprint) Rossiter Johnson. (ENG., Illus.). (J). 2018. 28p. 24.49 (978-0-484-54324-8(5)); 2016. pap. 7.97 (978-1-334-16992-2(6)) Forgotten Bks.

Grandest Thing of All: And Other Grandma Tweetie Stories. Patricia Elliott. Illus. by Steph Lehmann. 2022. (ENG.). 32p. (J). pap. 17.00 (978-1-59152-304-8(4), Sweetgrass Bks.) Farcountry Pr.

Grandfather & Grandmother Bear Stories: Volumes 1-4. Kevin Robinson. 2017. (ENG., Illus.). (J). pap. 19.95 (978-1-62967-116-1(9)) Wise Media Group.

Grandfather & the Moon, 1 vol. Stéphanie Lapointe & Stéphanie Lapointe. Tr. by Shelley Tanaka. Illus. by Rogé. 2017. (ENG.). 100p. (J). (gr. 5-8). 18.95 (978-1-55498-961-4(2)) Groundwood Bks. CAN. Dist: Publishers Group West (PGW).

Grandfather Bowhead, Tell Me a Story. Aviaq Johnston. Illus. by Tamara Campeau. 2021. 28p. (J). (gr. -1 — 1). 16.95 (978-1-77227-297-0(3)) Inhabit Media Inc. CAN. Dist: Consortium Bk. Sales & Distribution.

Grandfather Duck. Kevin O'Malley. Illus. by Kevin O'Malley. 2018. (Illus.). 32p. (J). (gr. -1-3). 15.95 (978-1-63076-335-0(7)) Muddy Boots Pr.

Grandfather Elijah: A Civil War Story. Geneva Lindner M a. 2018. (ENG.). 38p. (J). 14.95 (978-1-68401-201-5(5)) Amplify Publishing Group.

Grandfather Merrie, or the Command & the Promise (Classic Reprint) American Sunday Union. 2018. (ENG., Illus.). 144p. (J). 26.87 (978-0-483-62280-7(X)) Forgotten Bks.

Grandfather Merrie, or the Command & the Promise (Classic Reprint) American Sunday School Union. 2016. (ENG., Illus.). (J). pap. 9.57 (978-1-334-12319-1(5)) Forgotten Bks.

Grandfather; or the Christmas Holidays: A Tale (Classic Reprint) Elizabeth Sandham. 2018. (ENG., Illus.). 208p. (J). 28.19 (978-0-428-34558-7(1)) Forgotten Bks.

Grandfather School. Vic Blake. 2020. (ENG.). 18p. (J). (978-1-925775-23-5(2)) Flying Nun Pubns.

Grandfather Thunder & the Night Horses. Christine Almstrom. 2017. (ENG., Illus.). (J). 16.99 (978-0-9993872-6-9(X)) Mindstir Media.

Grandfather Whisker's Table. Eun-jeong Jo. Illus. by Bimba Landmann. 2017. (ENG.). 36p. (J). 10.00 (978-0-8028-5474-2(5), Eerdmans Bks For Young Readers) Eerdmans, William B. Publishing Co.

Grandfathers Are Part of a Family. Lucia Raatma. 2017. (Our Families Ser.). (ENG., Illus.). 24p. (J). (gr. -1-2). lib. bdg. 22.65 (978-1-5157-7458-7(9), 135805, Capstone Pr.) Capstone.

Grandfather's Day Out. Rosie Sandhu. 2021. (ENG., Illus.). 26p. (J). pap. 13.95 (978-1-63881-117-6(2)) Newman Springs Publishing, Inc.

Grandfather's Garden: Some Bedtime Stories for Little & Big Folk. David Loye. Illus. by A. Christopher Simon. 2019. (ENG.). 128p. (J). (gr. k-6). pap. 14.95 (978-0-578-43090-4(8), Osanto Univ. Pr.) Benjamin Franklin Pr.

Grandfather's Garden: Some Bedtime Stories for Little & Big Folk. David Loye & A. Christopher Simon. 2019. (ENG., Illus.). 128p. (J). (gr. k-6). 17.95 *(978-0-578-50902-0(4),* Osanto Univ. Pr.) Benjamin Franklin Pr.

Grandfather's Key. Amanda Dauvin. Illus. by Floyd Yamyamin. 2021. (ENG.). 30p. (J). *(978-0-2288-2957-7(7))*; pap. *(978-0-2288-2955-3(0))* Tellwell Talent.

Grandfather's Love Pie (Classic Reprint) Miriam Gaines. (ENG., Illus.). (J). 2018. 80p. 25.55 *(978-0-666-43843-0(9))*; 2017. pap. 9.57 *(978-0-282-08501-8(7))* Forgotten Bks.

Grandfathers Speak: Native American Folk Tales of the Lenapé People. Hitakonanu'laxk (Tree Hitakonanu'laxk (Tree Beard). 2023. (International Folk Tale Ser.). (ENG.). 160p. (J). pap. 15.00 *(978-1-62371-787-2(6),* Interlink Bks.) Interlink Publishing Group, Inc.

Grandfather's Stories (Classic Reprint) James Johonnot. 2017. (ENG., Illus.). (J). 26.99 *(978-0-260-79056-9(7))* Forgotten Bks.

Grandfather's Stories in Rhyme (Classic Reprint) William H. Nicholson. (ENG., Illus.). (J). 2018. 52p. 25.05 *(978-0-332-70880-5(2))*; 2016. pap. 9.57 *(978-1-333-41890-8(6))* Forgotten Bks.

Grandfather's Story of the Charitable Girl (Classic Reprint) Unknown Author. 2018. (ENG., Illus.). 20p. (J). 24.31 *(978-0-484-36919-0(9))* Forgotten Bks.

Grandfather's Tales Around the Campfire. Dennis Krause. 2019. (ENG., Illus.). 36p. (J). pap. 11.95 *(978-1-64559-355-3(X))* Covenant Bks.

Grandfather's Wrinkles. Kathryn England. 2023. 32p. (J). (gr. k-2). pap. 7.99 ***(978-1-947277-40-3(5))*** Flashlight Pr.

Grandissimes. George Washington Cable. 2017. (ENG.). (J). 460p. pap. *(978-3-337-21995-6(0))*; 470p. pap. *(978-3-7447-4739-4(5))* Creation Pubs.

Grandissimes: A Story of Creole Life (Classic Reprint) George Washington Cable. 2017. (ENG., Illus.). (J). 34.87 *(978-1-5280-7261-8(8))* Forgotten Bks.

Grandkids' Guide to Atlantis. Bob Hodge. 2019. (ENG.). 296p. (YA). pap. 18.99 *(978-1-5043-1936-2(2),* Balboa Pr.) Author Solutions, LLC.

Grandkids in a Box! C. M. Taylor. 2016. (ENG., Illus.). 32p. (J). pap. *(978-1-365-30780-5(8))* Lulu Pr., Inc.

Grandkids Meet the Cabin Elves. Robert Greenamyer. 2020. (Cabin Elves Ser.: Vol. 2). (ENG.). 88p. (J). 29.95 *(978-0-578-76729-1(5))* Greenamyer, Robert S.

Grandkids Read about Stupid Stuff. Grammy Ellen Tomaszewski. 2020. (ENG.). 26p. (J). pap. 16.00 *(978-1-936824-70-0(1))* Etcetera Pr. LLC.

Grandma: A Collection of Poems for Children & Grown-Ups (Classic Reprint) Lillie Gilliland McDowell. 2018. (ENG., Illus.). 68p. (J). 25.30 *(978-0-365-23231-5(9))* Forgotten Bks.

Grandma: My BFF. Ruford Douglas. 2023. (ENG.). 26p. (J). 33.00 ***(978-1-68537-205-7(8))*** Dorrance Publishing Co., Inc.

Grandma & Grandpa Can You Code. Timothy Amadi et al. 2022. (ENG.). 62p. (J). 19.99 *(978-1-61153-397-2(X),* Torchflame Bks.) Light Messages Publishing.

Grandma & I. Frank Scott & Nisa Montie. 2016. (ENG., Illus.). (J). pap. 17.95 *(978-1-5043-6349-5(3),* Balboa Pr.) Author Solutions, LLC.

Grandma & Me. Brick Puffinton. Ed. by Cottage Door Press. Illus. by Olivia Chin Mueller. 2022. (ENG.). 12p. (J). (gr. -1 — 1). bds. 7.99 *(978-1-64638-618-5(3),* 1008150) Cottage Door Pr.

Grandma & Me. Carole Boston Weatherford. Illus. by Ashleigh Corrin. 2022. (ENG.). 24p. (J). (gr. -1-k). bds. 7.99 *(978-1-7282-4243-9(6),* Sourcebooks Jabberwocky) Sourcebooks, Inc.

Grandma & Me: A Kid's Guide for Alzheimer's & Dementia. Beatrice Tauber Prior & Mary Ann Drummond. Illus. by Julia Walther. 2017. (ENG.). 44p. (J). lib. bdg. 29.95 *(978-1-68350-701-7(0))* Morgan James Publishing.

Grandma & Me Go to Mill Mountain Zoo. Alice Flora. 2019. (ENG.). 38p. (J). 19.95 *(978-1-68401-895-6(1))* Amplify Publishing Group.

Grandma & Me in the Kitchen. Danielle Kartes. Illus. by Annie Wilkinson. 2020. (Little Chef Ser.). 20p. (J). (gr. -1-k). 12.99 *(978-1-7282-1415-3(7))* Sourcebooks, Inc.

Grandma Bendy. Izy Penguin. Illus. by Izy Penguin. 2019. (Early Bird Readers — Green (Early Bird Stories (tm)) Ser.). (ENG., Illus.). 32p. (J). (gr. k-3). 30.65 *(978-1-5415-4205-1(3),* 9a3e0ab1-eba1-4cc7-abb3-04d91f4bcddb); pap. 9.99 *(978-1-5415-7407-6(9),* 073e4e65-24df-400b-b706-45022531f0a0) Lerner Publishing Group. (Lerner Pubns.).

Grandma Bright's Q. P. 's (Classic Reprint) Sallie O'Hear Dickson. (ENG., Illus.). (J). 2018. 124p. 26.47 *(978-0-484-89090-8(5))*; 2017. pap. 9.57 *(978-0-259-06204-2(9))* Forgotten Bks.

Grandma Bubbles. G. C. Robinson. 2018. (ENG., Illus.). 28p. (J). pap. 12.95 *(978-1-64214-646-2(3))* Page Publishing Inc.

Grandma Bumpheads. Patty Tate. Illus. by David Anderson. 2022. (ENG.). 24p. (J). *(978-1-5255-9638-4(1))*; pap. *(978-1-5255-9637-7(3))* FriesenPress.

Grandma Bunny: The Forest Herbalist. Jenifer Victoria Bliss. Illus. by David Randolph Griffis. 2018. (ENG.). 64p. (J). pap. 9.00 *(978-0-9912102-4-4(7))* Sierra Muses Pr.

Grandma Came to Visit. Marion Husband. Illus. by Gemma Denham. 2021. (ENG.). 24p. (J). (gr. 1-2). pap. 7.99 *(978-1-912863-65-5(0),* 4c53ea12-9ab1-4501-89b6-23ab4fd06ba7, Sarah Grace Publishing) Malcolm Down Publishing Ltd. GBR. Dist: Baker & Taylor Publisher Services (BTPS).

Grandma Comes to Visit: In the Summertime. Corinna Chiasson. 2022. (ENG.). 30p. (J). ***(978-0-2288-6786-9(X))***; pap. ***(978-0-2288-6785-2(1))*** Tellwell Talent.

Grandma Confronted Dracula: Laugh-Out-loud Funny Adventure Children's Book (2022) Wit Funnybones. 2022. (ENG.). 134p. (J). pap. ***(978-0-6397-3407-1(3))*** National Library of South Africa, Pretoria Division.

Grandma Cuddles: With Touch-And-Feel Animals!, 1 vol. Cee Biscoe. 2020. (ENG., Illus.). 12p. (J). bds. 9.99 *(978-1-4002-1459-4(9),* Tommy Nelson) Nelson, Thomas Inc.

Grandma Dangerous & the Dog of Destiny: Book 1, Bk. 1. Kita Mitchell. Illus. by Nathan Reed. 2021. (Grandma Dangerous Ser.). (ENG.). 272p. (J). (gr. 2-4). 10.99 *(978-1-4083-5506-0(X),* Orchard Bks.) Hachette Children's Group GBR. Dist: Hachette Bk. Group.

Grandma Dangerous & the Egg of Glory, Bk. 2. Kita Mitchell. Illus. by Nathan Reed. 2020. (Grandma Dangerous Ser.: 2). (ENG.). 288p. (J). (gr. 2-4). 10.99 *(978-1-4083-5550-3(7),* Orchard Bks.) Hachette Children's Group GBR. Dist: Hachette Bk. Group.

Grandma Do I Have a Home. Linda L. Cornish. 2019. (ENG.). 40p. (J). *(978-1-5255-2850-7(5))*; pap. *(978-1-5255-2851-4(3))* FriesenPress.

Grandma Dotty 2: School! Kimbriah L. Alfrenar. 2020. (ENG.). 100p. (YA). pap. 13.95 *(978-1-0980-2027-9(8))* Christian Faith Publishing.

Grandma for Christmas. Alta Halverson Seymour. Illus. by Janet Smalley & Jeanne McLavy. 2021. (ENG.). 64p. (J). pap. 13.99 *(978-1-948959-57-5(7))* Purple Hse. Pr.

Grandma Forgets. Paul Russell. Illus. by Nicky Johnston. 2017. (ENG.). 24p. (J). (gr. -1-3). 17.99 *(978-1-925335-47-7(X),* 317138, EK Bks.) Exisle Publishing Pty Ltd. AUS. Dist: Hachette UK Distribution.

Grandma Gatewood Hikes the Appalachian Trail. Jennifer Thermes. 2018. (ENG., Illus.). 48p. (J). (gr. k-2). 18.99 *(978-1-4197-2839-6(3),* 1118001) Abrams, Inc.

Grandma Gatewood Trail Tales: A Is for Appalachian Trail. Katherine Seeds Nash. 2018. (ENG., Illus.). 22p. (J). pap. 12.99 *(978-1-945091-97-1(5))* Braughler Bks. LLC.

Grandma Gatewood Trail Tales: Appalachian Trail. Katherine Seeds Nash. 2018. (ENG., Illus.). 36p. (J). pap. 14.99 *(978-0-9822187-0-9(2))* Braughler Bks. LLC.

Grandma Gator's Fascinating Facts! Lacey L. Bakker. Illus. by Alex Goubar. 2021. (ENG.). 34p. (J). pap. *(978-1-989506-49-3(6))* Pandamonium Publishing Hse.

Grandma Gee: Game of Bowls. Rahim Galia. Illus. by Bruno Carnaghi. 2023. (ENG.). 32p. (J). pap. ***(978-1-80381-334-9(2))*** Grosvenor Hse. Publishing Ltd.

Grandma Georgia's Amazing Handbag. K. D. Greaves. Illus. by Roberta Magro. 2022. (ENG.). 40p. (J). ***(978-1-80381-232-8(X))***; pap. ***(978-1-80381-231-1(1))*** Grosvenor Hse. Publishing Ltd.

Grandma Gibbs of the Red Cross: A Patriotic Comedy Drama in Four Acts (Classic Reprint) Walter Ben Hare. 2018. (ENG., Illus.). 70p. (J). 25.36 *(978-0-267-20542-4(2))* Forgotten Bks.

Grandma Ginny's Gift. Angela C. Ward. 2022. (ENG.). 50p. (J). pap. 15.00 ***(978-1-0880-4729-3(7))*** Indy Pub.

Grandma Goose Sleepytime Stories. January Joyce. l.t. ed. 2023. (ENG.). 46p. (J). 17.99 ***(978-1-0882-0328-6(0))*** January Joyce Author.

Grandma Got Grounded. Sheri Powrozek. 2020. (ENG.). 148p. (J). pap. 8.99 *(978-0-578-68300-3(8))* Imagination Bk. Works.

Grandma Grace's Special Home. Carolyn Mitchell. 2018. (ENG.). 38p. (J). 14.95 *(978-1-68401-721-8(1))* Amplify Publishing Group.

Grandma, Granddad, We Want to Praise God. Vanessa Fortenberry. 2021. (Families Growing in Faith Ser.: 3). (ENG.). 30p. (J). (gr. k-2). 17.95 *(978-1-952782-21-3(X),* BQB Publishing) Boutique of Quality Books Publishing Co., Inc.

Grandma Hearts: Grandmas. Dionne Kelm. 2018. (ENG.). 38p. (J). 14.95 *(978-1-63177-896-4(X))* Amplify Publishing Group.

Grandma Heaven. Shutta Crum. Illus. by Ruth Barshaw. 2023. (ENG.). 28p. (J). pap. 12.99 ***(978-1-958302-32-3(5))*** Lawley Enterprises.

Grandma Heaven. Shutta Crum. Illus. by Ruth McNally Barshaw. 2023. (ENG.). 28p. (J). 19.99 ***(978-1-958302-30-9(9))*** Lawley Enterprises.

Grandma Hugs. Hannah C. Hall. Illus. by Aleksandra Szmidt. 2019. (ENG.). 20p. (J). (gr. -1-1). bds. 6.99 *(978-0-8249-5697-4(4),* Worthy Kids/Ideals) Worthy Publishing.

Grandma, I Choose You. Danielle Bell. 3rd ed. 2022. (I Choose You Ser.: Vol. 3). (ENG.). 28p. (J). pap. 9.99 ***(978-1-0880-8883-8(X))*** Indy Pub.

Grandma, I Got This! Tara Hill-Starks. 2020. (ENG.). 40p. (J). *(978-0-2288-3119-8(9))*; pap. *(978-0-2288-3118-1(0))* Tellwell Talent.

Grandma, I Love You So Much. Sequoia Children's Publishing. Illus. by Amy Blay. 2021. (Love You Board Bks.). (ENG.). 16p. (J). (gr. k-2). lib. bdg. 9.00 *(978-1-64996-049-8(2),* 4780, Sequoia Publishing & Media LLC) Phoenix International Publications, Inc.

Grandma I Love You So Much. Sequoia Children's Publishing. 2019. (ENG.). (J). 10p. bds. *(978-1-64269-075-0(9),* 4736); 16p. bds. 9.99 *(978-1-64269-050-7(3),* 4733) Phoenix International Publications, Inc. (Sequoia Publishing & Media LLC).

Grandma, I Love You So Much. Sequoia Kids Media. Sequoia Kids Media. Illus. by Amy Blay. 2021. (Love You Board Bks.). (ENG.). 10p. (J). (gr. -1-3). pap. 6.50 ***(978-1-64996-668-1(7),*** 17033, Sequoia Kids Media) Sequoia Children's Bks.

Grandma Is a Star. Ligia Carvalho. 2018. (ENG., Illus.). 28p. (J). *(978-1-5255-3293-1(6))*; pap. *(978-1-5255-3294-8(4))* FriesenPress.

Grandma Is a Survivor. Alana Snyder. 2023. (ENG.). 38p. (J). 18.95 ***(978-1-63755-705-1(1),*** Mascot Kids) Amplify Publishing Group.

Grandma Is Probably Not a Witch. A. S. Cureton. 2020. (ENG.). 36p. (J). pap. *(978-1-910903-38-4(8))* Vanguard Pr.

Grandma J's Book of Children's Poems. Marvia Johnson. 2022. (ENG., Illus.). 26p. (J). pap. 15.95 *(978-1-6624-6492-8(4))* Page Publishing Inc.

Grandma Kardi & the Story Tree: A Tale of Make Believe. Karla Ridpath. 2016. (ENG., Illus.). (J). pap. 12.45 *(978-1-4808-3975-5(2))* Archway Publishing.

Grandma Kisses & Hugs, 1 vol. Laura Neutzling. Illus. by Cee Biscoe. 2021. (ENG.). 40p. (J). 11.99 *(978-1-4002-2375-6(X),* Tommy Nelson) Nelson, Thomas Inc.

Grandma Knits a Quilt! Quilt Coloring Book for Teens. Jupiter Kids. 2018. (ENG., Illus.). 106p. (J). pap. 12.55 *(978-1-5419-3783-3(X),* Jupiter Kids (Childrens & Kids Fiction)) Speedy Publishing LLC.

Grandma Knows Best. M. K. Bell. 2018. (Skeleton Tales Ser.: Vol. 2). (ENG.). 102p. (J). pap. *(978-1-988726-13-7(1))* Asylum, Eco.

Grandma Lale's Magic Adobe Oven: El Horno Magico de Abuelita Lale. Nasario García. Illus. by Dolores Aragon. 2018. (SPA & ENG.). (J). pap. *(978-1-943681-64-8(3),* Rio Grande Bks.) LPD Pr.

Grandma Lale's Tamales: A Christmas Story = Los Tamales de Abuelita Lale: un Cuento Navideano. Nasario García. Illus. by Dolores Aragon. 2018. (ENG.). 64p. (J). (gr. 1-3). pap. 17.95 *(978-1-943681-23-5(6))* Nuevo Bks.

Grandma Lost Her Teeth! Lynn Darimont. 2019. (ENG.). 32p. (J). pap. 12.95 *(978-1-64416-135-7(4))* Christian Faith Publishing.

Grandma Loves Me. Kathy Garland. 2019. (ENG.). 30p. (J). pap. 14.95 *(978-1-64569-482-3(8))* Christian Faith Publishing.

Grandma Loves Me! Marianne Richmond. 3rd ed. 2020. (Marianne Richmond Ser.). 24p. (J). (gr. -1-1). bds. 7.99 *(978-1-7282-0592-2(1),* Sourcebooks Jabberwocky) Sourcebooks, Inc.

Grandma Loves Me: Padded Board Book. IglooBooks. 2020. (ENG.). 26p. (J). (-k). bds. 8.99 *(978-1-83852-588-0(2))* Igloo Bks. GBR. Dist: Simon & Schuster, Inc.

Grandma Loves Me: The Perfect Storybook for Someone You Love. IglooBooks. Illus. by Veronica Vasylenko. 2022. (ENG.). 24p. (J). (gr. -1). 9.99 *(978-1-80368-873-2(4))* Igloo Bks. GBR. Dist: Simon & Schuster, Inc.

Grandma Loves Me 123 Bilingual. Laura Gates Galvin. Illus. by Gill Guile. 2022. (Tender Moments Ser.). (SPA.). 20p. (J). bds. 9.99 ***(978-1-63854-196-7(5))*** Kidsbooks, LLC.

Grandma Loves Me ABC. Ashley Matthews. Illus. by Gill Guile. 2022. (Tender Moments Ser.). (ENG.). 20p. (J). bds. 9.99 ***(978-1-63854-011-3(X))*** Kidsbooks, LLC.

Grandma Loves Me/Grandpa Loves Me: Flip over for Another Story! Clever Publishing & Elena Ulyeva. Illus. by Anna Mamaeva. 2023. (2-In-1 Stories Ser.). (ENG.). 32p. (J). (gr. -1-2). 13.99 ***(978-1-956560-43-5(2))*** Clever Media Group.

Grandma Loves Pillows. Mary Russo. 2018. (ENG., Illus.). 26p. (J). *(978-1-387-88570-1(7))* Lulu Pr., Inc.

Grandma Loves You! Danielle McLean. Illus. by Alison Edgson. 2018. (ENG.). 28p. (J). (gr. -1-k). bds. 7.99 *(978-1-68010-546-9(9))* Tiger Tales.

Grandma Loves You: Stories to Share. Sequoia Children's Publishing. 2019. (ENG.). 16p. (J). 2.99 *(978-1-64269-045-3(7),* 3983, Sequoia Publishing & Media LLC) Phoenix International Publications, Inc.

Grandma Loves You Because You're You. Liza Baker. Illus. by David McPhail. 2018. (ENG.). 20p. (J). (gr. -1 — 1). bds. 8.99 *(978-1-338-27143-0(1),* Cartwheel Bks.) Scholastic, Inc.

Grandma Lulu & Friends the Friend with Alzheimer Disease. Judy Jarvis. 2018. (ENG., Illus.). 30p. (J). *(978-0-2288-0154-2(0))*; pap. *(978-0-2288-0153-5(2))* Tellwell Talent.

Grandma Mable, Are You Able? Willie Etta Wright. Illus. by Blueberry Illustrations. 2018. (ENG.). 64p. (J). (gr. 3-4). 21.99 *(978-0-9703551-5-7(7))* Wright, Willie Etta.

Grandma Marie's Stories. Nelson Eae. Illus. by Jovan Carl Segura. 2021. (ENG.). 28p. (J). pap. *(978-1-922621-47-4(1))* Library For All Limited.

Grandma Mary Says Bullies Hurt. Dustin Daugherty Lisw & Gladys Noll Alvarez Lisw. 2017. (ENG., Illus.). (J). pap. 12.49 *(978-1-5456-1414-3(8))* Salem Author Services.

Grandma Mcgregor's Cottontails. Rebecca McGregor. 2021. (ENG.). 28p. (J). 23.95 *(978-1-63885-680-1(X))*; pap. 12.95 *(978-1-63630-090-0(1))* Covenant Bks.

Grandma Moses. Megan Kopp. 2016. (Illus.). 32p. (J). *(978-1-4896-4621-7(3))* Weigl Pubs., Inc.

Grandma Moses: An American Original, Vol. 8. William C. Ketchum. 2018. (American Artists Ser.). 80p. (J). (gr. 7). 33.27 *(978-1-4222-4160-8(2))* Mason Crest.

Grandma NitWit. Pat Brahs. 2021. (ENG.). 60p. (J). 27.95 *(978-1-63885-620-7(6))*; pap. 16.95 *(978-1-63630-944-6(5))* Covenant Bks.

Grandma Panda's China Storybook: Legends, Traditions & Fun. Mingmei Yip. 2017. (ENG., Illus.). 32p. (J). (gr. -1-3). 9.99 *(978-0-8048-4974-6(9))* Tuttle Publishing.

Grandma Pat & the Bat: Mixed Vowel Phonics Reader. Rebecca Raymond. 2021. (ENG.). 32p. pap. *(978-1-008-92937-1(9))* Lulu Pr., Inc.

Grandma Prays for You, 1 vol. Jean Fischer. Illus. by Frank Endersby. 2019. (ENG.). 20p. (J). bds. 9.99 *(978-1-4002-1209-5(X),* Tommy Nelson) Nelson, Thomas Inc.

Grandma Pulls the String: A Comedy in One Act (Classic Reprint) Edith Barnard Delano. (ENG., Illus.). (J). 2018. 48p. 24.89 *(978-0-666-98597-2(9))*; 2017. pap. 9.57 *(978-0-243-47062-4(2))* Forgotten Bks.

Grandma Raided a Pharaoh's Tomb: Laugh-Out-loud Funny Adventure Children's Book (2022) Wit Funnybones. 2022. (ENG.). 132p. (J). pap. ***(978-0-6397-3405-7(7))*** National Library of South Africa, Pretoria Division.

Grandma Rosie's Magic Trunk. Diane Doheny. 2019. (ENG.). 40p. (J). pap. 14.99 *(978-1-7332346-3-4(2))* Mindstir Media.

Grandma Said ... Child Listen: Volume 1. Fanny Minnitt. 2017. (ENG., Illus.). (J). pap. 20.45 *(978-1-5127-9687-2(5),* WestBow Pr.) Author Solutions, LLC.

Grandma Says Yes. Donna Warren. Illus. by Katherine Collier. 2020. (ENG.). 32p. (J). pap. 13.95 *(978-1-9736-9617-9(7),* WestBow Pr.) Author Solutions, LLC.

Grandma Sharon Tibbits's Short Stories & More. Sharon Tibbits. 2021. (ENG., Illus.). 66p. (J). pap. 13.95 *(978-1-63710-166-7(X))* Fulton Bks.

Grandma Shhh ... The Quietest Place. Peirce a Clayton. Illus. by Peirce a Clayton. 2018. (ENG., Illus.). 34p. (J). (gr. k-6). pap. 14.00 *(978-1-7326245-5-9(0))* Cridge Mumbly Publishing.

Grandma Smiley's Magical Playmates: Grandma Smiley's Magical Playmates: Love Between the Family Generations & Their Pet Dogs. C. G. Adler. 2017. (My Magic Muffin Ser.: Vol. 2). (ENG., Illus.). (J). 14.99 *(978-0-9994165-0-1(2))* Charlene Adler.

Grandma Snuggles, 1 vol. Glenys Nellist. Illus. by Gail Yerrill. 2020. (ENG.). 18p. (J). bds. 9.99 *(978-0-310-77074-9(2))* Zonderkidz.

Grandma Solved the Doogleberry Mystery: Laugh-Out-loud Funny Adventure Children's Book (2022) Wit Funnybones. 2022. (ENG.). 146p. (J). pap. ***(978-0-6397-3642-6(4))*** National Library of South Africa, Pretoria Division.

Grandma Stinks! Mark C. Collins. Illus. by Mark C. Collins. 2017. (ENG., Illus.). (J). (gr. k-4). 17.95 *(978-0-692-83463-3(X))* BRIGHT IDEAS GRAPHICS.

Grandma Taught Me to Love Mary: Mi Abuela Me Enseño a Amar a la Virgen Maria. Vanessa Garrido Mansilla & Jennifer Marte Molina. 2020. (ENG.). 32p. (J). (gr. -1-k). pap. 4.99 *(978-1-62164-426-2(X))* Ignatius Pr.

Grandma, Teach Me to Pray. Barbara A. Jones. 2021. (ENG.). 24p. (YA). pap. 10.95 *(978-1-6642-1723-2(1),* WestBow Pr.) Author Solutions, LLC.

Grandma Tells a Story, 1 vol. Wayan James. 2016. (Rosen REAL Readers: Social Studies Nonfiction / Fiction: Myself, My Community, My World Ser.). (ENG.). 8p. (gr. k-1). pap. 5.46 *(978-1-5081-2491-7(4),* 2ef66939-a927-435e-8233-8155017b4f82, Rosen Classroom) Rosen Publishing Group, Inc., The.

Grandma, the Moon, & Me. Sharon Wombacker. 2017. (ENG., Illus.). (J). 21.95 *(978-1-63575-010-2(5))* Christian Faith Publishing.

Grandma Ugogo's Zulu Hut. Patricia Benzie-Morgan. Illus. by Anna Evans. 2020. (ENG.). 22p. (J). *(978-1-922409-22-5(7))*; pap. *(978-1-922409-21-8(9))* Vivid Publishing.

Grandma Went to Heaven. Dave Thomas. 2021. (ENG.). 26p. (J). 18.99 ***(978-1-0879-9793-3(3))*** Indy Pub.

Grandma, Whatcha Doing? Janet K. Bauer. 2019. (ENG., Illus.). 32p. (J). 24.95 *(978-1-64559-014-9(3))*; pap. 14.95 *(978-1-64559-013-2(5))* Covenant Bks.

Grandma, What's That? J. a Kiehl. 2020. (ENG., Illus.). 18p. (J). 22.95 *(978-1-64670-515-3(7))*; pap. 12.95 *(978-1-64670-514-6(9))* Covenant Bks.

Grandma, Where Do Babies Come From? Granny M. 2018. (ENG., Illus.). 20p. (J). 19.95 *(978-1-64079-703-1(3))*; pap. 12.95 *(978-1-64079-701-7(7))* Christian Faith Publishing.

Grandma Wombat. Jackie French & Bruce Whatley. 2021. (Illus.). 32p. pap. 7.99 *(978-0-7322-9960-6(8),* HarperCollins) HarperCollins Pubs.

Grandmama's Pride. Becky Birtha. Illus. by Colin Bootman. 2016. (ENG.). 32p. (J). (gr. -1-3). pap. 8.99 *(978-0-8075-3022-1(0),* 807530220) Whitman, Albert & Co.

Grandmama's Song Book for the Children (Classic Reprint) Margaret Ruthven Lang. 2017. (ENG., Illus.). (J). 24.78 *(978-0-266-77493-8(8))*; pap. 7.97 *(978-1-5277-5437-9(5))* Forgotten Bks.

Grandmamma's Letters from Japan (Classic Reprint) Mary Pruyn. 2018. (ENG., Illus.). 224p. (J). 28.54 *(978-0-483-40766-4(6))* Forgotten Bks.

Grandmamma's Relics: And Her Stories about Them. C. e. Bowen. 2017. (ENG., Illus.). (J). pap. *(978-0-649-17251-1(5))* Trieste Publishing Pty Ltd.

Grandmamma's Relics: And Her Stories about Them (Classic Reprint) C. e. Bowen. 2018. (ENG., Illus.). 198p. (J). 27.98 *(978-0-267-23839-2(8))* Forgotten Bks.

Grandmas. Lynette Haynes. 2023. (ENG.). 30p. (J). 23.95 ***(978-1-6657-2572-9(9))***; pap. 14.95 ***(978-1-6657-2574-3(5))*** Archway Publishing.

Grandma's 90th Birthday: A Coloring Book for Boys & Girls. Speedy Kids. 2018. (ENG., Illus.). 106p. (J). pap. 12.55 *(978-1-5419-3721-5(X))* Speedy Publishing LLC.

Grandma's Adventures with God's Creatures. Connie Heiser. Illus. by Sheila K. Spory. l.t. ed. 2017. (Grandma's Adventures Ser.: Vol. 2). (ENG.). (J). (gr. k-5). pap. 9.95 *(978-1-61633-888-6(1))* Guardian Angel Publishing, Inc.

Grandma's Amazing Volcano Story. Emma Spelman. 2021. (ENG.). 32p. (J). pap. *(978-1-922550-18-7(3))* Library For All Limited.

Grandmas Are Greater Than Great. James Solheim. Illus. by Derek Desierto. 2021. (ENG.). 40p. (J). (gr. -1-3). 17.99 *(978-0-06-267123-3(5),* Greenwillow Bks.) HarperCollins Pubs.

Grandmas Are Lovely. Meredith Costain. Illus. by Nicolette Hegyes. 2022. (ENG.). 32p. (J). 17.99 *(978-1-250-81653-5(X),* 900249021, Holt, Henry & Co. Bks. For Young Readers) Holt, Henry & Co.

Grandmas Are the Best! (American Girl) Rebecca Mallary. Illus. by Golden Books. 2023. (Little Golden Book Ser.). (ENG.). 24p. (J). (-k). 5.99 *(978-0-593-56934-4(2),* Golden Bks.) Random Hse. Children's Bks.

Grandma's Attic Treasures. Mary Dow Brine. 2017. (ENG.). 98p. (J). pap. *(978-3-337-21837-9(7))* Creation Pubs.

Grandma's Attic Treasures: A Story of Old-Time Memories (Classic Reprint) Mary Dow Brine. 2018. (ENG., Illus.). 100p. (J). 25.96 *(978-0-267-20374-1(8))* Forgotten Bks.

Grandma's Bag. Jj Morris. 2019. (Grandma Ser.: Vol. 2). (ENG., Illus.). 38p. (J). pap. *(978-1-911412-83-0(3))* Dolman Scott Ltd.

Grandma's Bananas - les Bananes de Grand-Mère. Ursula Nafula. Illus. by Catherine Groenewald. 2022. (FRE.). 28p. (J). pap. ***(978-1-922876-56-0(9))*** Library For All Limited.

Grandma's Bananas - Ndizi Za Bibi. Ursula Nafula. Illus. by Catherine Groenewald Groenewald. 2023. (SWA.). 28p. (J). pap. ***(978-1-922876-36-2(4))*** Library For All Limited.

Grandma's Baskets. Linda McDermott. Illus. by Nancy Knipe. 2019. (ENG.). 46p. (J). (gr. k-2). pap. 16.99 ***(978-1-7325027-2-7(2))*** 1948.

Grandma's Bedtime Stories. Angela Gordon. 2019. (ENG.). 42p. (J). pap. *(978-1-5289-0400-1(1))* Austin Macauley Pubs. Ltd.

Grandma's Bedtime Stories. Linda Upham. 2021. (ENG.). 136p. (J). *(978-1-80369-099-5(2))*; pap. *(978-1-80369-098-8(4))* Authors OnLine, Ltd.

G

Grandma's Book of Rhymes. Jean Daish. 2020. (ENG., Illus.). 32p. (J). pap. *(978-1-78830-613-3(9))* Olympia Publishers.
Grandmas Can't Trampoline. Louise Pendry. 2019. (ENG.). 166p. (J). pap. *(978-0-244-53275-8(3))* Lulu Pr., Inc.
Grandma's Carrot. Karen Desue. 2021. (ENG.). 20p. (J). pap. 12.99 *(978-1-954617-03-2(8))*, Yawn Publishing LLC) Yawn's Bks. & More, Inc.
Grandma's Chicken Stories. Emy Porter. Illus. by Kermit Solheim. 2021. (ENG.). 24p. (J). 22.95 *(978-1-6642-4900-4(1))*; pap. 10.95 *(978-1-6642-4898-4(6))* Author Solutions, LLC. (WestBow Pr.).
Grandma's Christmas Wish. Holly Berry Byrd. Ed. by Cottage Door Press. Illus. by Jennifer A. Bell. 2019. (ENG.). 18p. (J). (gr. -1-1). bds. 9.99 *(978-1-68052-704-9(5)*, 1004370) Cottage Door Pr.
Grandma's Clovers. Wendy Starkey. Illus. by Ingrid Vanslyke. l.t. ed. 2021. (ENG.). 22p. (J). 15.00 *(978-1-0879-8205-2(7))* Primedia eLaunch LLC.
Grandma's Cow. Donna J. Spevack. 2017. (ENG., Illus.). (J). (gr. -1-3). pap. 16.95 *(978-1-4808-4528-2(0))* Archway Publishing.
Grandma's First Christmas in Heaven. Judy K. Billing. Illus. by Olha Tkachenko. 2022. (ENG.). 32p. (J). ***(978-1-7776036-3-2(3))*** Tkachenko, Olha.
Grandma's Garden. Joni Click. 2022. (ENG.). 28p. (J). 17.99 ***(978-1-0880-0573-6(X))*** Indy Pub.
Grandma's Garden. Breana Garratt-Johnson. Illus. by Mila Ayndingoz. 2021. (ENG.). 32p. (J). pap. *(978-1-922550-04-0(3))* Library For All Limited.
Grandma's Garden. Janet Z. Karim. Illus. by Natalie Marino. 2023. (ENG.). 60p. (J). pap. 16.49 ***(978-1-6628-6827-6(8))*** Salem Author Services.
Grandma's Garden. Stanley Oluwond. Illus. by Sviatoslav Franko. 2021. (ENG.). 18p. (J). pap. *(978-1-922621-14-6(5))* Library For All Limited.
Grandma's Garden: A Growing Adventure. Kimberly Rosemay. Illus. by Lidya Riani. 2020. (ENG.). 38p. (J). pap. 9.49 *(978-1-7350721-2-8(5))* Dream Journey Kids Publishing.
Grandma's Gardens. Hillary Clinton & Chelsea Clinton. Illus. by Carme Lemniscates. 2020. 40p. (J). (gr. -1-3). 18.99 *(978-0-593-11535-0(X)*, Philomel Bks.) Penguin Young Readers Group.
Grandma's Girl. Susanna Leonard Hill. Illus. by Laura Bobbiesi. 2020. (ENG.). 40p. (J). (gr. k-3). 17.99 *(978-1-7282-0623-3(5))* Sourcebooks, Inc.
Grandma's Glass ACT. Kaarina Brooks. 2017. (ENG., Illus.). (J). pap. 9.95 *(978-0-9735152-8-2(7))* Villa Wisteria Pubns.
Grandma's Glasses. Rohini Nilekani. Illus. by Tanya Vyas. 2022. (ENG.). 26p. (J). pap. ***(978-1-922932-35-8(3))*** Library For All Limited.
Grandma's Goldfish Pond. Dorothy Allen. 2020. (ENG.). 28p. (J). 19.95 *(978-1-64584-870-7(1))* Page Publishing Inc.
Grandma's Gone to Heaven. Christina Williamson. Illus. by Shiela Marie Alejandro. 2021. (ENG.). 20p. (J). 17.99 *(978-1-6629-1412-6(1))* Gatekeeper Pr.
Grandma's Green Grass Soup. B. Dawn. 2021. (ENG., Illus.). 30p. (J). pap. 13.95 *(978-1-63844-966-9(X))* Christian Faith Publishing.
Grandma's Gumbo, 1 vol. Deborah Thomas. Illus. by Deborah Thomas. 2017. (ENG., Illus.). 10p. bds. 9.95 *(978-1-4556-2343-3(1)*, Pelican Publishing) Arcadia Publishing.
Grandma's Haiku Passages for Youth. Connie Holt. 2022. (ENG.). 34p. (YA). pap. 6.95 ***(978-1-0880-6609-6(7))*** Starla Enterprises, Inc.
Grandma's Halloween Stories: Companion Coloring Book. Joan Tenner. Illus. by Jesus Lopez. 2021. (ENG.). 66p. (J). pap. 9.99 *(978-1-7332444-4-2(1))* Wisdom Hse. Bks.
Grandma's Hats. LaKesha L. Williams. Illus. by Jessica Wall. 2021. (ENG.). 26p. (J). pap. 12.99 *(978-1-7358359-4-5(3))* Vision to Fruition Publishing Hse., The.
Grandma's House Is a Secret Treasure-Land Activity Book. Activibooks For Kids. 2016. (ENG., Illus.). (J). pap. 7.55 *(978-1-68321-531-8(1))* Mimaxion.
Grandma's House of Rules. 2022. (ENG., Illus.). 32p. (J). 16.99 *(978-1-908714-93-0(X))* Cicada Bks. GBR. Dist: Consortium Bk. Sales & Distribution.
Grandma's Imaginary Shtick Beat the Doldrums. Donna Fields. Illus. by Katelyn Byers. 2023. (ENG.). 78p. (J). pap. 11.99 ***(978-1-6629-1965-7(4))***; 19.99 ***(978-1-6629-1964-0(6))*** Gatekeeper Pr.
Grandma's Kitchen. Tricia Gardella. 2023. (ENG.). 38p. (J). 17.95 ***(978-1-959412-10-6(8))*** Write 'em Cowgirl Publishing.
Grandma's Kitchen. Tricia Gardella. Illus. by Karen Donnelly. 2023. (ENG.). 38p. (J). pap. 10.99 ***(978-1-959412-09-0(4))*** Write 'em Cowgirl Publishing.
Grandma's Kitchen. Madison Lodi. Ed. by Cottage Door Press. Illus. by Francesca Deluca. 2017. (ENG.). 20p. (J). (gr. -1-1). bds. 9.99 *(978-1-68052-275-4(2)*, 1002600) Cottage Door Pr.
Grandma's Library. Krysia Brannon. Illus. by YoungJu Kim. 2022. (ENG.). 36p. (J). 22.99 *(978-1-6653-0369-9(7))*; pap. 12.99 *(978-1-6653-0370-5(0))* Sprout Printing.
Grandma's List, 1 vol. Portia Dery. Illus. by Toby Newsome. 2020. (ENG.). 32p. (J). (gr. 1-2). pap. 11.00 *(978-1-4994-8631-5(6)*, 0b8aa88e-f4e9-4ba3-b627-50a32059093b); lib. bdg. 28.93 *(978-1-4994-8632-2(4)*, 0ee13144-e317-41c3-b68f-dd4f1f0d7b65) Rosen Publishing Group, Inc., The. (Windmill Bks.).
Grandma's Lost Her Corgis. Joy H. Davidson. Illus. by Jenny Cooper. ed. 2020. (ENG.). 32p. (J). (gr. -1-1). 16.95 *(978-1-913337-36-0(7)*, Scribblers) Book Hse. GBR. Dist: Sterling Publishing Co., Inc.
Grandma's Love. Marianne Richmond. Illus. by Anna Kubaszewska. 2020. (Marianne Richmond Ser.). 26p. (J). (gr. -1-2). bds. 9.99 *(978-1-7282-1365-1(7)*, Sourcebooks Jabberwocky) Sourcebooks, Inc.
Grandmas Precious Memories. Katharine Yusuf. Illus. by Marilyn Martin & Jean Bates. 2018. (ENG.). 34p. (J). (gr. k-3). 16.95 *(978-0-9994765-0-5(5))* Prairie Moon Pubs.
Grandma's Precious Memories. Katharine Yusuf. Illus. by Marilyn Martin & Jean Bates. 2018. (ENG.). 34p. (J). (gr. k-3). pap. 12.95 *(978-0-9994765-1-2(3))* Prairie Moon Pubs.
Grandma's Promise. Susan Jones. Illus. by Lee Holland. (ENG.). (J). (gr. -1 — 1). 2019. 32p. 9.99 *(978-1-5107-4269-7(7))*; 2021. 16p. bds. 9.99 *(978-1-5107-6953-3(6))* Skyhorse Publishing Co., Inc. (Sky Pony Pr.).
Grandma's Purse. Vanessa Brantley-Newton. (Illus.). (J). (— 1). 2019. 26p. bds. 8.99 *(978-1-9848-4976-2(X))*; 2018. 32p. 17.99 *(978-1-5247-1431-4(3))* Random Hse. Children's Bks. (Knopf Bks. for Young Readers).
Grandma's Rhymes & Chimes for Children (Classic Reprint) Unknown Author. 2018. (ENG., Illus.). (J). 214p. 28.31 *(978-1-396-20896-6(8))*; 216p. pap. 10.97 *(978-1-390-90092-7(4))* Forgotten Bks.
Grandma's Roller Skates & Other Silly Poems. David a Ballard. 2017. (ENG., Illus.). 86p. (J). (gr. k-6). pap. *(978-1-9997283-0-4(0))* Beachy Bks.
Grandma's School of Life. Sulara James. Illus. by Barbara Hall. 2021. (ENG.). 38p. (J). 20.95 *(978-1-68433-767-5(4))* Black Rose Writing.
Grandma's Secret. Jj Morris. 2017. (ENG., Illus.). (J). pap. *(978-1-911412-53-3(1))* Dolman Scott Ltd.
Grandma's Stardust. Susan Pierce Grossman. 2016. (ENG., Illus.). 70p. (J). pap. *(978-1-365-18956-2(2))* Lulu Pr., Inc.
Grandma's Stories - Twins in Trouble. Nancy Dearborn. 2023. (ENG.). 40p. (J). pap. 16.99 ***(978-1-63984-256-8(X))*** Pen It Pubns.
Grandma's Stories & Anecdotes of Ye Olden Times: Incidents of the War of Independence, etc (Classic Reprint) S. M. X. (ENG., Illus.). (J). 2017. 26.72 *(978-0-331-32293-4(5))*; 2016. pap. 9.57 *(978-1-333-22657-2(8))* Forgotten Bks.
Grandma's Story Cupboard. Sheryl Ann Hollister. 2018. (ENG., Illus.). 52p. (J). pap. 15.95 *(978-1-63575-378-3(3))* Christian Faith Publishing.
Grandma's Sugar Cookie. Rose Rossner. Illus. by Kathryn Selbert. 2020. (ENG.). 24p. (J). (gr. -1 — 1). bds. 9.99 *(978-1-7282-1513-6(7))* Sourcebooks, Inc.
Grandma's Table. Michelle Pontefract. Illus. by Erin Cutler. 2020. (ENG.). 34p. (J). pap. *(978-1-989506-16-5(X))* Pandamonium Publishing Hse.
Grandma's Tales 2: Singers of Songs & the Not Too Stubborn Humpback. Cheryl Carpinello. 2018. (ENG.). 68p. (J). pap. *(978-1-912513-92-5(7))* Silver Quill Publishing.
Grandma's Tales 3: Vampires in the Backyard & a Fish Tale. Cheryl Carpinello. 2021. (ENG.). 64p. (J). pap. *(978-1-912513-99-4(4))* Silver Quill Publishing.
Grandma's Tiny House. Janay Brown-Wood. Illus. by Priscilla Burris. (J). (— 1). 2022. 28p. bds. 7.99 *(978-1-62354-331-0(2))*; 2021. 32p. pap. 7.99 *(978-1-62354-305-1(3))*; 2017. 32p. lib. bdg. 17.99 *(978-1-58089-712-9(6))* Charlesbridge Publishing, Inc.
Grandma's Tipi: A Present-Day Lakota Story. S. D. Nelson. 2023. (ENG., Illus.). 40p. (J). (gr. -1-3). 18.99 *(978-1-4197-3192-1(0)*, 1247801, Abrams Bks. for Young Readers) Abrams, Inc.
Grandma's Visit. Kippy Dalton. 2016. (Spring Forward Ser.). (J). (gr. 1). *(978-1-4900-3713-4(6))* Benchmark Education Co.
Grandma's Water Tower Tales. Rita Burgess. 2018. (ENG., Illus.). 38p. (J). pap. *(978-1-78823-059-9(0))* Austin Macauley Pubs. Ltd.
Grandma's Wings. Jennifer Kozich. Illus. by Hollyn Peterson. 2017. (ENG.). 22p. (J). (gr. 2-6). pap. 9.99 *(978-1-943331-96-3(0))* Orange Hat Publishing.
Grandma's Wishes of Love from Heaven. Mary Kay Zotz. 2016. (ENG., Illus.). (J). pap. 15.99 *(978-1-4834-5181-7(X))* Lulu Pr., Inc.
Grandmaster's Daughter. Dan-Ah Kim. 2021. (ENG., Illus.). 40p. (J). (gr. -1-3). 18.99 *(978-0-06-307690-7(X)*, Greenwillow Bks.) HarperCollins Pubs.
Grandmont: Stories of an Old Monastery (Classic Reprint) Walter T. Griffin. 2018. (ENG., Illus.). 272p. (J). 29.53 *(978-0-483-27505-8(0))* Forgotten Bks.
Grandmother: A Tale of Old Kentucky (Classic Reprint) Sue Froman Matthews. (ENG., Illus.). (J). 2018. 276p. 29.61 *(978-0-267-39755-6(0))*; 2016. pap. 11.97 *(978-1-334-12820-2(0))* Forgotten Bks.
Grandmother & the Smelly Girl. Southern African Folktale. Illus. by Catherine Groenewald. 2022. (ENG.). 32p. (J). pap. ***(978-1-922910-84-4(8))*** Library For All Limited.
Grandmother & the Smelly Girl - Msichana Aliyenuka. Illus. by Catherine Groenewald. 2023. (SWA.). 40p. (J). pap. ***(978-1-922910-26-4(0))*** Library For All Limited.
Grandmother Dear: A Book for Boys & Girls. Molesworth. 2017. (ENG., Illus.). (J). 23.95 *(978-1-374-93090-2(3))*; pap. 13.95 *(978-1-374-93089-6(X))* Capital Communications, Inc.
Grandmother Dear & Two Little Waifs. Molesworth. 2017. (ENG.). 452p. (J). pap. *(978-3-337-21781-5(8))* Creation Pubs.
Grandmother Dear, and, Two Little Waifs (Classic Reprint) Molesworth. 2018. (ENG., Illus.). 452p. (J). 33.22 *(978-0-483-98539-1(2))* Forgotten Bks.
Grandmother Elsie. Martha Finley. 2018. (ENG., Illus.). 196p. (YA). (gr. 7-12). pap. *(978-93-5297-362-0(3))* Alpha Editions.
Grandmother Elsie: A Sequel to Elsie's Widowhood (Classic Reprint) Martha Finley. (ENG., Illus.). (J). 2018. 306p. 30.21 *(978-0-267-34616-5(6))*; 2016. pap. 13.57 *(978-1-333-69646-7(9))* Forgotten Bks.
Grandmother Fish. Jonathan Tweet. Illus. by Karen Lewis. 2016. (ENG.). 40p. (J). 18.99 *(978-1-250-11323-8(7)*, 900170789) Feiwel & Friends.
Grandmother Moon & Andy. Christine Maeda. 2018. (ENG., Illus.). 18p. (J). (gr. k-3). pap. 9.95 *(978-1-63302-083-2(5)*, Total Publishing & Media) Yorkshire Publishing Group.
Grandmother Ptarmigan. Qaunaq Mikkigak & Joanne Schwartz. Illus. by Qin Leng. 2021. (ENG.). 28p. (J). (gr. -1 — 1). bds. 10.95 *(978-1-77227-365-6(1))* Inhabit Media Inc. CAN. Dist: Consortium Bk. Sales & Distribution.
Grandmother Rocker: A Costume Play in One Act (Classic Reprint) Tracy D. Mygatt. 2018. (ENG., Illus.). 40p. (J). 24.72 *(978-0-267-28025-4(4))* Forgotten Bks.
Grandmother School. Rina Singh. Illus. by Ellen Rooney. 2020. (ENG.). 32p. (J). (gr. 1-3). 21.95 *(978-1-4598-1905-4(5))* Orca Bk. Pubs. USA.
Grandmother Tree: Song of the Forests. Kate Norris. Illus. by Kate Norris. 2019. (ENG., Illus.). 26p. (J). pap. *(978-0-6486813-0-4(0))* Shufflewing Pubns.
Grandmother's Animal Tails. Sarah Elizabeth Taylor. Ed. by Elisabeth Irene Quinn. Illus. by Donna Atkinson. 2022. (ENG.). 92p. (J). pap. 18.99 ***(978-0-9998090-3-7(2))*** Willow Glen Pubns.
Grandmothers Are Part of a Family. Lucia Raatma. 2017. (Our Families Ser.). (ENG., Illus.). 24p. (J). (gr. -1-2). lib. bdg. 22.65 *(978-1-5157-7454-9(6)*, 135803, Capstone Pr.) Capstone.
Grandmother's Book of Verses for Her Grandchildren (Classic Reprint) Lucy P. Scott. (ENG., Illus.). (J). 2018. 130p. 26.60 *(978-0-484-43155-2(2))*; 2017. pap. 9.57 *(978-0-259-06185-4(9))* Forgotten Bks.
Grandmother's Fairy Tales (Classic Reprint) Charles Robert-Dumas. 2018. (ENG., Illus.). 158p. (J). 27.16 *(978-0-666-94304-0(4))* Forgotten Bks.
Grandmother's Nursery Rhymes/Las Nanas de Abuelita: Lullabies, Tongue Twisters, & Riddles from South America/Canciones de Cuna, Trabalenguas y Adivinanzas de Suramérica (Bilingual) Nelly Palacio Jaramillo. Illus. by Elivia Savadier. ed. 2023.Tr. of Grandmother's Nursery Rhymes/Canciones de Cuna, Trabalenguas y Adivinanzas de Suramerica. (SPA.). 32p. (J). pap. 8.99 *(978-1-250-88232-5(X)*, 900282623) Square Fish.
Grandmother's Pigeon. Louise Erdrich. Illus. by Jim LaMarche. 2021. (ENG.). 32p. (J). (gr. -1-4). 17.95 *(978-1-5179-1147-8(8))* Univ. of Minnesota Pr.
Grandmother's Recollection of Dixie (Classic Reprint) Mary Norcott Bryan. (ENG., Illus.). (J). 2018. 36p. 24.64 *(978-0-483-76117-9(6))*; 2017. pap. 7.97 *(978-0-259-31865-1(5))* Forgotten Bks.
Grandmother's Recollections (Classic Reprint) Ella Rodman. 2017. (ENG., Illus.). (J). 28.78 *(978-0-265-66322-6(9))*; pap. 11.57 *(978-1-5276-3568-5(6))* Forgotten Bks.
Grandmother's Stories (Classic Reprint) Frances B. Hurlbut. 2017. (ENG., Illus.). (J). 27.36 *(978-0-331-86979-8(9))* Forgotten Bks.
Grandmother's Story of Bunker Hill Battle: As She Saw It the Belfry (Classic Reprint) Oliver Wendell Holmes, Sr. 2018. (ENG., Illus.). 84p. (J). 25.65 *(978-0-267-82830-2(6))* Forgotten Bks.
Grandmother's Visit. Betty Quan. Illus. by Carmen Mok. 2018. (ENG.). 32p. E-Book *(978-1-55498-955-3(8))* Groundwood Bks.
Grandmother's Visit, 1 vol. Betty Quan. Illus. by Carmen Mok. 2018. (ENG.). 32p. (J). (gr. k-2). 17.95 *(978-1-55498-954-6(X))* Groundwood Bks. CAN. Dist: Publishers Group West (PGW).
Grandpa & Dad's Counsel. Joseph R. Vissicchio. 2018. (ENG., Illus.). 22p. (J). 21.95 *(978-1-64299-950-1(4))*; pap. 11.95 *(978-1-64140-494-5(9))* Christian Faith Publishing.
Grandpa & Grandma Bunny. Dick Bruna. 2018. (KOR.). (J). *(978-89-491-1708-9(8))* Biryongso Publishing Co.
Grandpa & Jake. Julie Fortenberry. Illus. by Julie Fortenberry. 2022. (Illus.). 40p. (J). (gr. -1-2). 17.99 *(978-0-593-40435-5(1)*, Viking Books for Young Readers) Penguin Young Readers Group.
Grandpa & Joseph Go Fishing for Treasures Activity Book. Activibooks For Kids. 2016. (ENG., Illus.). (J). pap. 7.55 *(978-1-68321-532-5(X))* Mimaxion.
Grandpa & Me. Takeemah Terrell. Illus. by Hina Sarwar. 2023. (ENG.). 34p. (J). pap. 14.99 ***(978-1-6628-7686-8(6))*** Salem Author Services.
Grandpa & Me. Lu Xu. 2022. (ENG.). 32p. (J). pap. 7.95 *(978-1-4788-7511-6(9))* Newmark Learning LLC.
Grandpa & Me & the Park in the City. Carren Strock. Illus. by Carren Strock. (ENG., Illus.). (J). 2016. pap. 10.00 *(978-1-5154-0050-9(6))*; 2nd ed. 2019. 34p. pap. 20.00 *(978-1-5154-2403-1(0))*; 2nd ed. 2019. 34p. pap. 10.00 *(978-1-5154-2402-4(2))* Wilder Pubns., Corp.
Grandpa & Me Learn to Cook Together. Danielle Kartes. Illus. by Annie Wilkinson. 2020. (Little Chef Ser.). 20p. (J). (gr. -1-k). 12.99 *(978-1-7282-1418-4(1))* Sourcebooks, Inc.
Grandpa & the Kingfisher. Anna Wilson. Illus. by Sarah Massini. 2023. (ENG.). 32p. (J). (gr. -1-3). 17.99 Nosy Crow Inc.
Grandpa Cacao: A Tale of Chocolate, from Farm to Family. Elizabeth Zunon. 2019. (ENG., Illus.). 40p. (J). 17.99 *(978-1-68119-640-4(9)*, 900179845, Bloomsbury Children's Bks.) Bloomsbury Publishing USA.
Grandpa Christmas. Michael Morpurgo. Illus. by Jim Field. 2020. (ENG.). 32p. (J). pap. 6.99 *(978-1-4052-9497-3(3))* Farshore GBR. Dist: HarperCollins Pubs.
Grandpa Christmas. Michael Morpurgo. ed. 2021. (ENG., Illus.). 41p. (J). (gr. k-1). 18.99 *(978-1-68505-082-5(4))* Penworthy Co., LLC, The.
Grandpa Dan's Farm. Daniel Kepple. 2019. (ENG.). 30p. (J). pap. 13.95 *(978-1-64544-905-8(X))* Page Publishing Inc.
Grandpa Frank: Love & Wisdom of Grandparents. Mary Elizabeth. 2023. (ENG.). 48p. (J). pap. 10.99 ***(978-1-6628-7256-3(9))*** Salem Author Services.
Grandpa Goose Is on the Loose. Lena Johnson. 2022. (ENG., Illus.). 30p. (J). pap. 14.95 *(978-1-6624-7310-4(9))* Page Publishing Inc.
Grandpa Graham's Football Stories. Irving Graham. 2020. (ENG.). 12p. (J). *(978-1-716-73447-2(9))* Lulu Pr., Inc.
Grandpa Grumps. Katrina Moore. Illus. by Xindi Yan. 2020. (ENG.). 40p. (J). (gr. -1-3). 17.99 *(978-1-4998-0886-5(0))* Little Bee Books Inc.
Grandpa Heaven. Shutta Crum. Illus. by Ruth Barshaw. 2023. (ENG.). 28p. (J). pap. 12.99 ***(978-1-958302-36-1(8))*** Lawley Enterprises.
Grandpa Heaven. Shutta Crum. Illus. by Ruth McNally Barshaw. 2023. (ENG.). 28p. (J). 19.99 ***(978-1-958302-34-7(1))*** Lawley Enterprises.
Grandpa, How Do I Build an Iglu? English Edition. Illus. by Ali Hinch. ed. 2021. (Nunavummi Reading Ser.). (ENG.). 32p. (J). (gr. 2-2). pap. 10.95 *(978-1-77450-198-6(8))* Inhabit Education Bks. Inc. CAN. Dist: Consortium Bk. Sales & Distribution.
Grandpa Hugs, 1 vol. Laura Neutzling. 2017. (ENG., Illus.). 20p. (J). bds. 9.99 *(978-0-7180-8940-5(5)*, Tommy Nelson) Nelson, Thomas Inc.
Grandpa, I Have a Question. Sharon Watters. 2020. (ENG., Illus.). 26p. (J). pap. *(978-1-83975-178-3(9))* Grosvenor Hse. Publishing Ltd.
Grandpa I Just Wanna Be a Cowboy: Notables from the West. Trae Q. L. Venerable. 2018. (ENG., Illus.). 40p. (J). pap. 9.95 *(978-1-62815-710-9(0))* Speaking Volumes, LLC.
Grandpa I Just Wanna Be a Cowboy: Rodeo Cowboys. Trae Q. L. Venerable. 2018. (ENG., Illus.). 38p. (J). pap. 9.95 *(978-1-62815-713-0(5))* Speaking Volumes, LLC.
Grandpa I Just Wanna Be a Cowboy: Women in the West. Trae Q. L. Venerable. 2020. (ENG.). 38p. (J). pap. 9.95 *(978-1-62815-715-4(1))* Speaking Volumes, LLC.
Grandpa, I Love You: Sparkly Story Board Book. IglooBooks. Illus. by Cee Biscoe. 2020. (ENG.). 10p. (J). (-k). bds. 7.99 *(978-1-83852-540-8(8))* Igloo Bks. GBR. Dist: Simon & Schuster, Inc.
Grandpa, I Love You So Much. Sequoia Children's Publishing. Illus. by Jack Hughes. 2021. (Love You Board Bks.). (ENG.). 16p. (J). (gr. k-2). lib. bdg. 9.00 *(978-1-64996-050-4(6)*, 4781, Sequoia Publishing & Media LLC) Phoenix International Publications, Inc.
Grandpa I Love You So Much. Sequoia Children's Publishing. 2019. (ENG.). (J). 10p. bds. *(978-1-64269-077-4(5)*, 4738); 16p. bds. 9.99 *(978-1-64269-051-4(1)*, 4734) Phoenix International Publications, Inc. (Sequoia Publishing & Media LLC).
Grandpa, I Love You So Much. Sequoia Kids Media Sequoia Kids Media. Illus. by Jack Hughes. 2021. (Love You Board Bks.). (ENG.). 10p. (J). (gr. -1-3). pap. 6.50 ***(978-1-64996-669-8(5)***, 17034, Sequoia Kids Media) Sequoia Children's Bks.
Grandpa, I Wanna Go Fishing. Stanley Yoder. 2021. (ENG.). 34p. (J). pap. *(978-1-5289-8170-5(7))* Austin Macauley Pubs. Ltd.
Grandpa Is a Sailor. Maida MacDonald. 2023. (ENG.). 24p. (J). ***(978-1-312-69837-6(3))*** Lulu Pr., Inc.
Grandpa Is Here! Tanya Rosie. Illus. by Chuck Groenink. 2023. (ENG.). 40p. (J). (gr. -1-2). 18.99 ***(978-1-5362-3126-7(6))*** Candlewick Pr.
Grandpa Is Now in Heaven. Kasie Kennedy. 2019. (ENG.). 24p. (J). *(978-1-5289-2255-5(7))*; (Illus.). (gr. -1-3). *(978-1-5289-2254-8(9))* Austin Macauley Pubs. Ltd.
Grandpa Jock & the Incredible Iron-Bru-Man Incident. Stuart Reid. Illus. by John Pender. 2019. (Gorgeous George Ser.: Vol. 8). (ENG.). 162p. (J). (gr. 3-6). pap. *(978-1-910614-12-9(2))* Gorgeous Garage Publishing Ltd.
Grandpa Kevin's... Book of COLOR: Really Kinda Strange, Somewhat Bizarre & Overly Unrealistic. . Kevin J. Brougher. 2020. (ENG., Illus.). 44p. (J). (gr. k-6). 16.95 *(978-1-7340123-5-4(8))* Missing Piece Pr.
Grandpa Kevin's... Jack & the Beanstalk. Kevin Brougher. Illus. by Jessica Warrick. 2021. (ENG.). 38p. (J). pap. 6.95 *(978-1-7340123-7-8(4))* Missing Piece Pr.
Grandpa Kevin's... Little Red Riding Hood. Kevin Brougher. Illus. by Jessica Warrick. 2023. (ENG.). 34p. (J). 16.95 ***(978-1-957035-08-6(0))*** Missing Piece Pr.
Grandpa Kevin's... the Gingerbread Man. Kevin Brougher. 2022. (ENG.). 30p. (J). 16.95 *(978-1-957035-11-6(0))* Missing Piece Pr.
Grandpa Lolo's Matanza: A New Mexico Tradition. Nasario Garcia. Illus. by Dolores Aragon. 2018. (ENG.). 74p. (J). (gr. 1-3). pap. 17.95 *(978-1-943681-27-3(9))* LPD Pr.
Grandpa Love. Hannah C. Hall. Illus. by Aleksandra Szmidt. 2019. (ENG.). 20p. (J). (gr. -1-1). bds. 6.99 *(978-0-8249-5698-1(2)*, Worthy Kids/Ideals) Worthy Publishing.
Grandpa Loves Me! Marianne Richmond. 3rd ed. 2020. (Marianne Richmond Ser.). (Illus.). 24p. (J). (gr. -1-2). bds. 7.99 *(978-1-7282-0593-9(X)*, Sourcebooks Jabberwocky) Sourcebooks, Inc.
Grandpa Loves Me 123. Laura Gates Galvin. Illus. by Gill Guile. 2023. (Tender Moments Ser.). (ENG.). 20p. (J). bds. 9.99 ***(978-1-63854-214-8(7))*** Kidsbooks, LLC.
Grandpa Loves You! Helen Foster James. Illus. by Petra Brown. 2016. (ENG.). 32p. (J). (gr. -1-1). 15.99 *(978-1-58536-940-9(3)*, 204032) Sleeping Bear Pr.
Grandpa Moon. Cindi Handley Goodeaux. Illus. by Sanghamitra Dasgupta. 2019. (ENG.). 34p. (J). pap. 11.99 *(978-1-68160-319-3(5))* Crimson Cloak Publishing.
Grandpa Nick's Bump. Lynda M. Daniele O P. 2019. (ENG.). 30p. (J). pap. 13.95 *(978-1-64458-540-5(5))* Christian Faith Publishing.
Grandpa NitWit. Pat Brahs. 2022. (ENG., Illus.). 54p. (J). 27.95 ***(978-1-68526-470-3(0))***; pap. 16.95 ***(978-1-68526-468-0(9))*** Covenant Bks.
Grandpa Percy's Money Jar. Angelia Wimbley. Illus. by Afzal Khan. 2021. (ENG.). 40p. (J). pap. 9.99 *(978-1-7360999-7-1(3))* Pathwinder Publishing.
Grandpa Seashells. Jo Johnson. ed. 2017. (ENG., Illus.). 32p. (C). pap. 7.95 *(978-0-86388-997-4(2)*, Y328929) Routledge.
Grandpa-Shirt Idea. Paula Nations. 2022. (ENG., Illus.). 28p. (J). pap. 14.95 ***(978-1-68570-725-5(4))*** Christian Faith Publishing.
Grandpa Snores! Print on Demand. 2021. (ENG.). 22p. (J). pap. *(978-0-6398323-7-1(7))* Pro Christo Publications.
Grandpa Stops a War: A Paul Robeson Story. Susan Robeson. Illus. by Rod Brown. 2019. 32p. (J). (gr. k-4). 17.95 *(978-1-60980-882-2(7)*, Triangle Square) Seven Stories Pr.
Grandpa, Tell Us about the Old Days! Abuelo, Cuéntenos Sobre Los Viejos Tiempos! Robert Strayer. 2022. (ENG.). 38p. (J). pap. 15.95 *(978-1-63874-656-0(7))* Christian Faith Publishing.
Grandpa the Talking Donkey. Lj Bynum. 2017. (ENG., Illus.). (J). 22.95 *(978-1-63575-371-4(6))* Christian Faith Publishing.
Grandpa, What's a Super Skunk? Marcia Douglas. Illus. by Cady Motherwell. 2022. (ENG.). 32p. (J). *(978-1-0391-1662-7(0))*; pap. *(978-1-0391-1661-0(2))* FriesenPress.

Grandpa Wins the Big Game. Darren Sylte. Illus. by Al Margolis. 2019. (ENG.). 38p. (J). (gr. k-6). pap. 17.95 *(978-1-63498-814-8(0))* Bookstand Publishing.

Grandpa Yakko. David Barr. 2022. (ENG.). 184p. (J). pap. 14.00 *(978-1-4583-0294-6(6))* Lulu Pr., Inc.

Grandparent Merit Badges (TM) L. L. C. Dcgifts Online. 2023. (ENG.). 34p. (J). pap. 15.95 *(978-1-63765-423-1(5))* Halo Publishing International.

Grandparent Merit Badges (TM) for Cooking Enthusiasts. Dave Grunenwald. 2023. (ENG.). 24p. (J). pap. 15.95 *(978-1-63765-450-7(2))* Halo Publishing International.

Grandparent Merit Badges (TM) for Gardening Enthusiasts. Dave Grunenwald. 2023. (ENG.). 24p. (J). pap. 15.95 *(978-1-63765-437-8(5))* Halo Publishing International.

Grandparents. Chema Heras. Illus. by Rosa Osuna. 2020. (Aldana Libros Ser.). 36p. (J). (gr. -1-3). 17.95 *(978-1-77164-566-9(0)*, Greystone Kids) Greystone Books Ltd. CAN. Dist: Publishers Group West (PGW).

Grandparents. Rebecca Rissman. rev. ed. 2021. (Families Ser.). (ENG.). 24p. (J). pap. 6.29 *(978-1-4846-6832-0(4)*, 239603, Heinemann) Capstone.

Grandparents Are Great! (the Berenstain Bears) Stan Berenstain & Jan Berenstain. 2020. (Illus.). 72p. (J). (gr. -1-2). 9.99 *(978-0-593-17609-2(X)*, Random Hse. Bks. for Young Readers) Random Hse. Children's Bks.

Grandparents Are Special Family Members - Children's Family Life Books. Baby Professor. 2017. (ENG., Illus.). (J). pap. 7.89 *(978-1-5419-0301-2(3)*, Baby Professor (Education Kids)) Speedy Publishing LLC.

Grandparents Day! Candice Ransom. ed. 2022. (Step into Reading Ser.). (ENG.). 25p. (J). (gr. k-1). 15.96 *(978-1-68505-502-8(8))* Penworthy Co., LLC, The.

Grandparents Bag of Stories. Sudha Murty. 2021. (ENG.). 240p. (J). (gr. 3-4). pap. 9.99 *(978-0-14-345184-6(7)*, Puffin) Penguin Bks. India PVT, Ltd IND. Dist: Independent Pubs. Group.

Grandpa's 14 Games. Zhao Ling. Illus. by Huang Lili. 2020. (Hopeful Picture Bks.). (ENG.). 32p. (J). (gr. k-2). lib. bdg. 27.29 *(978-1-64996-001-6(8)*, 4091, Sequoia Publishing & Media LLC) Phoenix International Publications, Inc.

Grandpa's Adventures: A Story of Love, Family, & Alzheimer's. Gabrielle Miller. 2023. (ENG.). 26p. (J). *(978-1-312-66804-1(0))* Lulu Pr., Inc.

Grandpas Are Such Nice People. J. R. Martin. 2022. (ENG.). 44p. (J). 18.99 *(978-1-6629-2536-8(0))* Gatekeeper Pr.

Grandpas Are the Greatest. Ben Faulks. Illus. by Nia Tudor. 2023. (ENG.). 32p. (J). 18.99 *(978-1-5476-1230-7(4)*, 900289017, Bloomsbury Children's Bks.) Bloomsbury Publishing USA.

Grandpa's Bear Story. Gary Raley. 2017. (ENG., Illus.). 28p. (J). 21.95 *(978-1-64138-999-0(0))*; pap. 12.95 *(978-1-64082-355-6(7))* Page Publishing Inc.

Grandpa's Bedtime Stories. Carter Engelund. 2016. (ENG., Illus.). (J). pap. 14.95 *(978-1-68197-576-4(9))* Christian Faith Publishing.

Grandpa's Bumble Bee Story. Bill Zoldak. 2022. (ENG.). 32p. (J). 22.00 *(978-1-0880-5132-0(4))*; pap. 11.00 *(978-1-0880-5105-4(7))* Stonehedges.

Grandpa's Cake & Not a Lot in Grandpa's Pot. Lou Treleaven. Illus. by Natalia Moore. 2020. (Early Bird Readers — Red (Early Bird Stories (tm)) Ser.). (ENG.). 32p. (J). (gr. -1-2). pap. 9.99 *(978-1-5415-8733-5(2)*, 9548ded1-17e9-46a4-b7da-77894f4677ff, Lerner Pubns.) Lerner Publishing Group.

Grandpa's Christmas Tree Story. J. William Zoldak. Illus. by Misti Feliciano. 2019. (ENG.). 24p. (J). 22.00 *(978-1-948018-61-6(6))*; pap. 10.00 *(978-1-948018-48-7(9))* Stonehedges.

Grandpa's Cigar Box. Barbara Renner. Illus. by Michael Hale. 2021. (ENG.). (J). 34p. 17.95 *(978-1-7357351-1-5(6))*; 36p. pap. 11.95 *(978-1-7357351-0-8(8))* Renner Writes.

Grandpa's Darlings (Classic Reprint) Pansy Pansy. (ENG., Illus.). (J). 2018. 340p. 30.93 *(978-0-365-38156-3(X))*; 2017. pap. 13.57 *(978-0-259-51994-2(4))* Forgotten Bks.

Grandpa's Day at the Circus. J. William Zoldak. 2021. (ENG.). 24p. (J). 22.00 *(978-1-0879-8010-2(0))*; pap. 10.00 *(978-1-0879-8089-8(5))* Stonehedges.

Grandpa's Deer Story. J. William Zoldak. 2020. (ENG., Illus.). 24p. (J). 22.00 *(978-1-948018-82-1(9))*; pap. 10.00 *(978-1-948018-83-8(7))* Stonehedges.

Grandpa's Farm. James Flora. 2021. (Feral Kids Ser.). (Illus.). 32p. (J). 17.95 *(978-1-62731-120-5(3))* Feral Hse.

Grandpa's Folk Poems: I Used to Run down the Mountain. J. William Zoldak. 2023. (ENG.). 56p. (J). 24.00 *(978-1-0881-1476-6(8))*; pap. 12.00 *(978-1-0881-1492-6(X))* Stonehedges.

Grandpa's Friend Mr. All. Shannon Hanbury. 2021. (ENG.). 26p. (J). *(978-0-2288-5525-5(X))*; pap. *(978-0-2288-4008-4(2))* Tellwell Talent.

Grandpa's Game Room. Barbara Renner. Illus. by Michael Hale. 2022. (ENG.). 34p. (J). 18.95 *(978-1-7357351-6-0(7))*; pap. 12.95 *(978-1-7357351-5-3(9))* Renner Writes.

Grandpa's Garden. Evangeline Anthony. Illus. by Bernesh Arulando. 2023. (ENG.). 28p. (J). *(978-1-0391-6203-7(7))*; pap. *(978-1-0391-6202-0(9))* FriesenPress.

Grandpa's Ghost Stories. James Flora & James Flora. 2017. (Feral Kids Ser.). (ENG., Illus.). 32p. (J). (gr. -1). 17.95 *(978-1-62731-052-9(5))* Feral Hse.

Grandpa's Goat-Goat. Thai Hufnagel. 2021. (ENG.). 32p. (J). pap. 14.95 *(978-1-6624-2892-0(8))* Page Publishing Inc.

Grandpa's Good News Garage. Krista L. Hinton. Illus. by Gabrielle Hope. 2021. (ENG.). 42p. (J). pap. 12.95 *(978-1-64373-322-7(2))* LPC.

Grandpa's Great Escape. David Walliams. Illus. by Tony Ross. (ENG.). (J). (gr. 3-7). 2018. 480p. pap. 7.99 *(978-0-06-256090-2(5))*; 2017. 464p. 16.99 *(978-0-06-256089-6(1))* HarperCollins Pubs. (HarperCollins).

Grandpa's Hal-La-Loo-Ya Hambone!, 1 vol. Joe Hayes & Antonio Castro L. 2016. (ENG., Illus.). 32p. (J). (gr. -1-3). pap. 11.95 *(978-1-941026-55-7(9)*, 23353382, Cinco Puntos Press) Lee & Low Bks., Inc.

Grandpa's Hat. Joan Send. 2020. (ENG.). 20p. (J). 22.95 *(978-1-6624-0995-0(8))*; (Illus.). pap. 12.95 *(978-1-6624-0993-6(1))* Page Publishing Inc.

Grandpa's Hat. Christine Warugaba. Illus. by Peter Gitego. 2018. (ENG.). 26p. (J). pap. *(978-99977-772-9-4(8))* FURAHA Pubs. Ltd.

Grandpa's Homestead. Ben Nuttall-Smith. 2021. (ENG.). 32p. (J). pap. *(978-1-988739-47-2(0))* Rutherford Pr.

Grandpa's Lost Pin. Marcie Aboff. Illus. by Laura Tolton. 2016. (Spring Forward Ser.). (J). (gr. 1). *(978-1-4900-9373-4(7))* Benchmark Education Co.

Grandpa's Magic Garden. Claire Carey. Illus. by India Danter. 2023. (ENG.). 22p. (J). pap. *(978-1-913460-57-0(6))* Cloister Hse. Pr., The.

Grandpa's Magic Glove. Jim Kavanagh. 2018. (ENG., Illus.). 30p. (J). 22.95 *(978-1-64258-779-1(6))*; pap. 12.95 *(978-1-64028-165-3(7))* Christian Faith Publishing.

Grandpa's Magical Forest. Tina Robinson. Illus. by Jose Gascon. 2019. (ENG.). 38p. (J). (gr. 2-6). *(978-1-9992973-1-2(8))*; pap. *(978-1-9992973-0-5(X))* Robinson, Tina.

Grandpa's Memoirs. William Griggs. 2021. (ENG.). 74p. (YA). pap. *(978-1-716-23844-4(7))* Lulu Pr., Inc.

Grandpa's New Job. Gen'ichi Yamanishi. 2016. (CHI.). 32p. (J). *(978-7-5056-3212-7(4))* Picture-story Publishing Hse.

Grandpa's Orchard: And the Christmas Pie. Sandra Goodwin Young. 2017. (ENG., Illus.). (J). pap. 16.95 *(978-1-4808-5184-9(1))* Archway Publishing.

Grandpa's Our Hero. Marisa Kristine Hernandez. Illus. by Jeremy Wells. 2021. (ENG.). 28p. (J). 19.99 *(978-0-578-83774-1(9))* Draft2Digital.

Grandpa's Photos. Margo Gates. Illus. by Jeff Crowther. 2021. (My Community (Pull Ahead Readers — Fiction) Ser.). (ENG.). 16p. (J). (gr. -1-1). 27.99 *(978-1-5415-9019-9(8)*, a7f520aa-7691-429a-ad8e-54164c3a2d4f, Lerner Pubns.) Lerner Publishing Group.

Grandpa's Pillow & Other Poems. Ann Campbell. 2022. (ENG.). 32p. (J). pap. *(978-0-9867434-4-3(5))* Ivycottageink.

Grandpa's Promise. Susan Jones. Illus. by Lee Holland. (ENG.). (J). (gr. -1 — 1). 2021. 16p. bds., bds. 9.99 *(978-1-5107-6954-0(4))*; 2019. 32p. 9.99 *(978-1-5107-4818-7(0))* Skyhorse Publishing Co., Inc. (Sky Pony Pr.).

Grandpa's Schoolhouse Home. Marilyn Nielsen. 2022. (ENG., Illus.). 22p. (J). pap. 13.95 *(978-1-63874-709-3(1))* Christian Faith Publishing.

Grandpa's Scroll. Ginger Park & Frances Park. Illus. by Kim Dong Hoon. 2023. (ENG.). 32p. (J). (gr. -1-3). 18.99 *(978-0-8075-3020-7(4)*, 0807530204) Whitman, Albert & Co.

Grandpa's Space Adventure. Paul Newman. Illus. by Tom Jellett. 2018. 32p. (J). (-k). 18.99 *(978-0-14-378556-9(7)*, Picture Puffin) Penguin Random Hse. AUS. Dist: Independent Pubs. Group.

Grandpa's Stars. Carolyn Huizinga Mills. Illus. by Samantha Lucy Haslam. 2023. (ENG.). 32p. (J). (gr. k-2). 23.95 *(978-1-55455-463-8(2)*, 0a43e04d-f407-44b5-bf98-3fe7a4e447c6) Fitzhenry & Whiteside, Ltd. CAN. Dist: Firefly Bks., Ltd.

Grandpa's Stories. Joseph Coelho. Illus. by Allison Colpoys. 2019. (ENG.). 32p. (J). (gr. -1-3). 16.99 *(978-1-4197-3498-4(9)*, 1267801, Abrams Bks. for Young Readers) Abrams, Inc.

Grandpa's Story of Little Teddy Freeman. Edward Freeman. 2016. (ENG., Illus.). (J). pap. 12.95 *(978-1-64027-606-2(8))* Page Publishing Inc.

Grandpa's Tales 2: Singers of Songs & the Not Too Stubborn Humpback. Cheryl Carpinello. 2018. (ENG., Illus.). 68p. (J). pap. *(978-1-912513-93-2(5))* Silver Quill Publishing.

Grandpa's Tent. Sarah Kinney Gaventa & Mary Davila. Illus. by Paul Shaffer. 2018. (ENG.). 36p. (J). pap. 12.00 *(978-0-88028-440-0(4)*, da413edb-1ed6-4ddc-834d-870ce6cf8c62) Forward Movement Pubns.

Grandpa's Top Threes. Wendy Meddour. Illus. by Daniel Egneus. 2019. (ENG.). 32p. (J). (-k). 16.99 *(978-1-5362-1125-2(7))* Candlewick Pr.

Grandpa's Treasures. Anne Stevens. 2018. (ENG.). 32p. (J). pap. 19.99 *(978-1-5456-4757-8(7))* Salem Author Services.

Grandpa's Treasures. Anne Stevens & Eugene H. Stevens. 2022. 48p. (J). pap. 16.98 *(978-1-6678-1857-3(0))* BookBaby.

Grandpa's Universe. John W. Jamison Jr. 2018. (ENG., Illus.). 194p. (YA). pap. 19.49 *(978-1-5456-3872-9(1))* Salem Author Services.

Grandpa's Visit. Beverly Brumfield. 2017. (ENG., Illus.). (J). 22.95 *(978-1-64079-480-1(8))*; pap. 12.95 *(978-1-63575-023-2(7))* Christian Faith Publishing.

Grandpa's Wings. Shawntiki Polk. 2021. (ENG.). 26p. (J). pap. 16.99 *(978-1-0879-7717-1(7))* Indy Pub.

Grandpa's Witched up Christmas. James Flora. 2018. (Feral Kids Ser.). (ENG., Illus.). 32p. (J). 17.95 *(978-1-62731-068-0(1))* Feral Hse.

Grandpa's Wood Pile Story & Coloring Book. Hassan Rasheed. 2019. (ENG.). 28p. (J). *(978-0-359-89562-5(X))* Lulu Pr., Inc.

Grandpa's Workshop. Larissa Juliano & Clever Publishing. 2020. (Clever Family Stories Ser.). (ENG.). 20p. (J). (gr. -1-1). bds. 8.99 *(978-1-951100-03-2(4))* Clever Media Group.

Grands: The Playdate. Sm Mickens Fleming. Illus. by Jack Foster. 2021. (ENG.). 24p. (J). pap. 14.95 *(978-1-63765-100-1(7))* Halo Publishing International.

Grandson I Love You All Ways. Marianne Richmond. Illus. by Dubravka Kolanovic. 2023. (I Love You All Ways Ser.). (ENG.). 32p. (J). (gr. -1-3). 8.99 *(978-1-7282-7364-8(1))* Sourcebooks, Inc.

Grandson 'Twas the Night Before Christmas. Illus. by Lisa Alderson. 2019. (Night Before Christmas Ser.). (ENG.). 32p. (J). (gr. -1-3). 7.99 *(978-1-7282-0267-9(1))* Sourcebooks, Inc.

Grandude's Green Submarine. Paul McCartney. Illus. by Kathryn Durst. 2021. (ENG.). 32p. (J). (gr. -1-1). 18.99 *(978-0-593-37243-2(3))*; lib. bdg. 21.99 *(978-0-593-37244-9(1))* Random Hse. Children's Bks. (Random Hse. Bks. for Young Readers).

Granfather Whitehead (Classic Reprint) Mark Lemon. 2018. (ENG., Illus.). 40p. (J). 24.72 *(978-0-483-97645-0(8))* Forgotten Bks.

Grange Garden a Romance, Vol. 2 of 3 (Classic Reprint) Henry Kingsley. 2018. (ENG., Illus.). 260p. (J). 29.28 *(978-0-483-26010-8(X))* Forgotten Bks.

Grange Garden, Vol. 1: A Romance (Classic Reprint) Henry Kingsley. 2018. (ENG., Illus.). 276p. (J). 29.59 *(978-0-483-39083-6(6))* Forgotten Bks.

Grange Garden, Vol. 3: A Romance (Classic Reprint) Henry Kingsley. 2018. (ENG., Illus.). 284p. (J). 29.75 *(978-0-428-85291-7(2))* Forgotten Bks.

Granger, or Caught in His Own Trap: A Comedy in Three Acts (Classic Reprint) David Hill. (ENG., Illus.). (J). 2018. 72p. 25.38 *(978-0-267-31262-7(8))*; 2016. pap. 9.57 *(978-1-333-13884-4(9))* Forgotten Bks.

Grangers, & Other Stories (Classic Reprint) Sallie O'Hear Dickson. 2018. (ENG., Illus.). (J). 110p. 26.19 *(978-1-391-49201-8(3))*; 112p. pap. 9.57 *(978-1-390-90109-2(2))* Forgotten Bks.

Grania: The Story of an Island (Classic Reprint) Emily Lawless. (ENG., Illus.). (J). 2018. 382p. 31.78 *(978-0-484-65077-9(7))*; 2017. pap. 16.57 *(978-0-259-21694-0(1))* Forgotten Bks.

Grania, Vol. 1 Of 2: The Story of an Island (Classic Reprint) Emily Lawless. 2017. (ENG., Illus.). (J). 29.75 *(978-1-5284-7831-1(2))* Forgotten Bks.

Grania, Vol. 2 Of 2: The Story of an Island (Classic Reprint) Emily Lawless. (ENG., Illus.). (J). 2017. 30.37 *(978-0-266-50840-3(5))*; 2016. pap. 13.57 *(978-1-334-21316-8(X))* Forgotten Bks.

Granite: A Novel (Classic Reprint) John Trevena. 2017. (ENG., Illus.). (J). 34.04 *(978-0-331-17201-0(1))* Forgotten Bks.

Granite & Clay (Classic Reprint) Sara Ware Bassett. (ENG., Illus.). (J). 2018. 322p. 30.54 *(978-0-483-76497-2(3))*; 2017. pap. 13.57 *(978-0-243-33011-9(1))* Forgotten Bks.

Granja. Pamela McDowell. 2016. (¿dónde Vives? Ser.). (SPA.). 24p. (J). pap. 31.41 *(978-1-4896-4480-0(6))* Weigl Pubs., Inc.

Granja. Rebecca Pettiford. 2016. (Los Primeros Viajes Escolares (First Field Trips)).Tr. of Farm. (SPA., Illus.). 24p. (J). (gr. k-2). lib. bdg. 25.65 *(978-1-62031-330-5(8)*, Bullfrog Bks.) Jump! Inc.

Granja de Cerdos Del Tio Rudy. Alfred de la Zerda. 2023. (SPA.). 56p. (J). pap. 16.99 *(978-1-0881-0832-1(6))* Indy Pub.

Granja para Niños: Leveled Reader Book 39 Level F 6 Pack. Hmh Hmh. 2021. (SPA.). 16p. (J). pap. 74.40 *(978-0-358-08258-3(7))* Houghton Mifflin Harcourt Publishing Co.

Granja. Serie Mis Primeras Palabras / the Farm. My First Words Series. Varios Varios autores. 2019. (Mis Primeras Palabras Ser.). (SPA.). 10p. (J). (— 1). bds. 5.95 *(978-987-751-815-3(5))* El Gato de Hojalata ARG. Dist: Penguin Random Hse. LLC.

Granjas Lecheras: Leveled Reader Book 32 Level K 6 Pack. Hmh Hmh. 2020. (SPA.). 16p. (J). pap. 74.40 *(978-0-358-08344-3(3))* Houghton Mifflin Harcourt Publishing Co.

Granjeros (Farmers) Julie Murray. 2022. (Trabajos en Mi Comunidad Ser.). (ENG.). 24p. (J). (gr. -1-2). lib. bdg. 31.36 *(978-1-0982-6324-9(3)*, 39449, Abdo Kids) ABDO Publishing Co.

Granjill's Goblins. Jill and Tom Banwell. 2017. (ENG., Illus.). 24p. (J). *(978-1-365-86068-3(X))* Lulu Pr., Inc.

Grannie B the Wise Old Owl. Becky Roberts. 2019. (ENG., Illus.). 64p. (J). 27.95 *(978-1-64531-465-3(0))* Newman Springs Publishing, Inc.

Grannie for Granted (Classic Reprint) George Wemyss. (ENG., Illus.). (J). 2018. 336p. 30.85 *(978-0-428-61983-1(5))*; 2017. pap. 13.57 *(978-0-243-50646-0(5))* Forgotten Bks.

Grannies. Penguin Young Readers Licenses. ed. 2021. (Bluey Ser.). (ENG., Illus.). 24p. (J). (gr. k-1). 15.46 *(978-1-68505-043-6(3))* Penworthy Co., LLC, The.

Grannie's Red Glasses: The Lost Glasses: Book 1. Colleen Baxter Sullivan. Illus. by Sanghamitra Dasgupta. 2022. (ENG.). 42p. (J). pap. 12.99 *(978-1-63984-197-4(0))* Pen It Pubns.

Grannis of the Fifth: A Story of St. Timothy's (Classic Reprint) Arthur Stanwood Pier. 2018. (ENG., Illus.). 354p. (J). 31.20 *(978-0-332-95703-6(9))* Forgotten Bks.

Granny Always Said... Amber Larke Stone. 2022. (ENG.). 34p. (J). 14.99 *(978-1-949215-18-2(0))* Carpe Diem Pubs.

Granny & Bean. Karen Hesse. Illus. by Charlotte Voake. 2022. (ENG.). 32p. (J). (gr. -1-3). 18.99 *(978-1-5362-1404-8(3))* Candlewick Pr.

Granny & Me Doctor's Visit. Ladeirdre Forehand. l.t. ed. 2022. (ENG.). 34p. (J). pap. 18.99 *(978-1-0880-6226-5(1))* Indy Pub.

Granny & the Flim Flam Brothers. Christina Rice. Illus. by Tony Fleecs et al. 2018. (My Little Pony: Friends Forever Ser.). (ENG.). 24p. (J). (gr. 1-8). lib. bdg. 31.36 *(978-1-5321-4237-6(4)*, 28565, Graphic Novels) Spotlight.

Granny Bouncer's Rescue. John Patience. Illus. by John Patience. 2022. (ENG.). 26p. (J). *(978-1-7398518-0-4(3))* Talewater Pr.

Granny Butterfly. Jean French. Illus. by Robert Hyde. 2017. (ENG.). 12p. (J). pap. *(978-1-78623-833-7(0))* Grosvenor Hse. Publishing Ltd.

Granny Butterfly Goes to the Seaside. Jean French. Illus. by Brian Marriott. 2020. (Granny Butterfly Ser.: Vol. 3). (ENG.). 30p. (J). pap. *(978-1-83975-382-4(X))* Grosvenor Hse. Publishing Ltd.

Granny Butterfly's Birthday. Jean French. Illus. by Brian Marriott. 2017. (Granny Butterfly Ser.: Vol. 2). (ENG.). 17p. (J). pap. *(978-1-78623-258-8(8))* Grosvenor Hse. Publishing Ltd.

Granny Came Here on the Empire Windrush. Patrice Lawrence. Illus. by Camilla Sucre. 2023. (ENG.). 40p. (J). (gr. -1-3). 17.99 Nosy Crow Inc.

Granny Can't Remember Me: A Children's Book about Alzheimer's. Susan McCormick. Illus. by Timur Deberdeev. 2018. (ENG.). 34p. (J). (gr. k-2). pap. 7.99 *(978-0-9986187-0-8(5))* Carroll Pr.

Granny Fanny & Pappy Pete: Explain the Ten Commandments. Lasonya Adams. 2019. (ENG., Illus.). 30p. (J). 22.95 *(978-1-64559-599-1(4))*; pap. 12.95 *(978-1-64559-598-4(6))* Covenant Bks.

Granny Franny's Big Zoo Rescue. Sonia Beldom. 2020. (Granny Franny Adventures Ser.: Vol. 4). (ENG.). 34p. (J). pap. *(978-1-9989901-3-9(3))* Beldom, Sonia.

Granny Goodness Day Frootivities(tm) Joyce Ann Evans. 2017. (Frootivities Ser.: Vol. 1). (ENG., Illus.). (J). (gr. k-5). pap. 5.99 *(978-1-64204-756-1(2))* Primedia eLaunch LLC.

Granny Jen Is Missing. Jennifer M. Ryan. 2017. (ENG., Illus.). 34p. (J). pap. 15.95 *(978-1-5043-1130-4(2)*, Balboa Pr.) Author Solutions, LLC.

Granny Jones. Sos Ingamells. Illus. by Kasey. 2022. (ENG.). 30p. (J). pap. *(978-1-80049-235-6(9))* Independent Publishing Network.

Granny Left Me a Rocket Ship. Heather Smith. Illus. by Ashley Barron. 2023. (ENG.). 32p. (J). (gr. -1-2). 19.99 *(978-1-5253-0552-8(2))* Kids Can Pr., Ltd. CAN. Dist: Hachette Bk. Group.

Granny Maumee; the Rider of Dreams; Simon the Cyrenian: Plays for a Negro Theater (Classic Reprint) Ridgely Torrence. 2018. (ENG., Illus.). 128p. (J). 26.54 *(978-0-666-66990-2(2))* Forgotten Bks.

Granny Mcflitter, the Champion Knitter. Heather Haylock. Illus. by Lael Chisholm. 2018. (Granny Mcflitter Ser.). 32p. (J). (gr. k-2). 16.99 *(978-0-14-377054-1(3))* Penguin Group New Zealand, Ltd. NZL. Dist: Independent Pubs. Group.

Granny Mouse's Magic Stew. Cynthia J. Tidball. 2019. (ENG., Illus.). 24p. (J). 18.00 *(978-1-7338938-0-0(6))* Tidball, Cynthia J.

Granny of the Hills: A Home Missionary Play (Classic Reprint) Belle Brown Clokey. (ENG., Illus.). (J). 2018. 28p. 24.47 *(978-0-267-55315-0(3))*; 2016. pap. 7.97 *(978-1-333-59875-4(0))* Forgotten Bks.

Granny Said I Can. Carol Carruthers. Illus. by Jamesha Bazemore. 2022. (ENG.). 32p. (J). pap. *(978-1-387-82033-7(8))* Lulu Pr., Inc.

Granny Sancy & the Strawberry Patch. Joyce Moreland Gish. 2016. (ENG., Illus.). (J). pap. 6.99 *(978-1-61984-551-0(2)*, Gatekeeper Pr.) Gatekeeper Pr.

Granny Smith Was Not an Apple. Sarah Glenn Fortson. Illus. by Kris Aro McLeod. 2023. (ENG.). 32p. (J). 15.99 *(978-1-4413-3944-7(2)*, 4ddf2b26-42ef-44be-ad65-adf112f4fdcc) Peter Pauper Pr. Inc.

Granny Tails. Trish Gray. Illus. by Chelsea Noyon. 2021. (ENG.). 36p. (J). pap. *(978-0-2288-5925-3(5))* Tellwell Talent.

Granny the Grasshopper. Kimberly Thompson. 2020. (ENG., Illus.). 22p. (J). 22.95 *(978-1-6624-1171-7(5))* Page Publishing Inc.

Granny, Where Does Allah Live? Yasmin Kamal. Illus. by Citra Lani. 2021. 32p. (J). (gr. 1-5). pap. 9.95 *(978-1-59784-945-6(6)*, Tughra Bks.) Blue Dome, Inc.

Grannyman. Judy Schachner & Judy Schachner. 2022. (ENG.). 34p. (J). pap. 14.99 *(978-1-948959-86-5(0))* Purple Hse. Pr.

Granny's Adventures with Dayne. V. C. "jenny" Robinson. 2019. (ENG.). 30p. (J). pap. 12.95 *(978-1-64544-292-9(6))* Page Publishing Inc.

Granny's Cat. Jessica Parkin. Illus. by Philip Reed. 2020. (ENG.). 32p. (J). pap. *(978-1-913224-11-0(2))* Jeffcock, Pippa.

Granny's Kingdom. C. G. Aiken. 2021. (ENG.). 30p. (J). 22.95 *(978-1-63844-806-8(X))* Christian Faith Publishing.

Granny's Kitchen: A Jamaican Story of Food & Family. Sade Smith. Illus. by Ken Daley. 2022. (ENG.). 32p. (J). 18.99 *(978-1-250-80633-8(X)*, 900244284) Feiwel & Friends.

Granny's Runaway Teeth! Carolyn Bryant. 2022. (ENG.). 26p. (J). 26.99 *(978-1-6628-5822-2(1))*; pap. 14.99 *(978-1-6628-5821-5(3))* Salem Author Services.

Granny's Special Delivery. Jim Kelly. Illus. by Rita Dineen. 2021. (ENG.). 28p. (J). pap. *(978-1-914560-23-1(X))* Fisher King Publishing.

Granny's Stories... from Jamaica to England. Jade Calder & Alaya Haughton. 2021. (ENG.). 54p. (J). *(978-1-9169010-0-1(X))* Calder, Jade.

Granny's Stories... from Jamaica to England. Alaya Haughton & Jade Calder. 2021. (ENG.). 54p. (J). pap. *(978-1-9169010-1-8(8))* Calder, Jade.

Granny's Wonderful Chair. Frances Browne. 2019. (ENG., Illus.). 68p. (J). (gr. 4-6). pap. *(978-93-5329-496-0(7))* Alpha Editions.

Granny's Wonderful Chair by Frances Browne: With an Introduction by Frances Hodgson Burnett Entitled the Story of the Lost Fairy Book (Classic Reprint) Frances Browne. 2017. (ENG., Illus.). (J). 29.24 *(978-0-265-72273-2(X))* Forgotten Bks.

Granny's Wonderful Chair (Christmas Classic with Original Illustrations) Children's Storybook. Frances Browne. 2018. (ENG.). 46p. (J). pap. *(978-80-268-9179-6(1))* E-Artnow.

Grant-Kohs Ranch: Junior Rancher Booklet (Classic Reprint) National Park Service. (ENG., Illus.). (J). 2018. 32p. 24.56 *(978-0-364-02520-8(4))*; 2017. pap. 7.97 *(978-0-259-85417-3(4))* Forgotten Bks.

Grant Practices Math with Manners. Nadvia Davis. Illus. by George Franco. 2019. (ENG.). 30p. (J). (gr. k-1). 15.00 *(978-0-578-49861-4(8))* Indy Pub.

Grant the Ant: And Zeater the Sneaky Anteater. Alan Shue. Illus. by Elisa Wilson & Linda Nicole Shue. 2017. (ENG.). (J). pap. 12.00 *(978-0-9845687-6-5(X))* Bug Rhymes Bks.

Grant the Jigsaw Giraffe: Different Is More. Julie Coy Manier. Illus. by Grant Manier. 2017. (J). 16.95 *(978-1-941515-83-9(5))* LongTale Publishing, LLC.

Granted. John David Anderson. (ENG.). (J). (gr. 3-7). 2019. 352p. pap. 7.99 *(978-0-06-264387-2(8))*; 2018. 336p. 16.99 *(978-0-06-264386-5(X))* HarperCollins Pubs. (Waldon Pond Pr.).

Grantham Secrets, Vol. 1 Of 3: A Novel (Classic Reprint) Phoebe M. Feilden. 2018. (ENG., Illus.). 292p. (J). 29.92 *(978-0-483-90178-0(4))* Forgotten Bks.

800 The check digit for ISBN-10 appears in parentheses after the full ISBN-13

Grantham Secrets, Vol. 3: A Novel (Classic Reprint) Phoebe M. Feilden. 2018. (ENG., Illus.). 288p. (J). 29.84 *(978-0-483-74367-0(4))* Forgotten Bks.

Grantley Grange, Benedicts & Bachelors (Classic Reprint) Shelsley Beauchamp. (ENG., Illus.). (J). 2018. 368p. 31.57 *(978-0-484-79912-6(6))*; 2017. pap. 13.97 *(978-0-243-38036-7(4))* Forgotten Bks.

Grantley Grange Benedicts, Vol. 1 of 3 (Classic Reprint) Shelsley Beauchamp. 2018. (ENG., Illus.). 290p. (J). 29.90 *(978-0-484-22052-1(7))* Forgotten Bks.

Grantley Grange, Vol. 2 Of 3: Benedicts & Bachelors (Classic Reprint) Shelsley Beauchamp. 2018. (ENG., Illus.). (J). 30.48 *(978-0-331-99584-8(0))* Forgotten Bks.

Grant's Bird Song. C. M. Carbins. 2022. (ENG.). 34p. (J). 29.95 ***(978-1-6624-7877-2(1))***; pap. 18.95 ***(978-1-6624-7875-8(5))*** Page Publishing Inc.

Grant's Sports Adventures: Math & Football. Johnny Rutledge. 2016. (ENG.). (J). 14.95 *(978-1-63177-784-4(X))* Amplify Publishing Group.

Granuaile: The Pirate Queen. John Burke. Illus. by Fatti Burke. 2019. (Little Library: 01). (ENG.). 32p. (J). 14.95 *(978-0-7171-8350-0(5))* Gill Bks. IRL. Dist: Casemate Pubs. & Bk. Distributors, LLC.

Granville: Tales & Tail Spins from a Flyer's Diary (Classic Reprint) Granville Guttersen. 2017. (ENG., Illus.). (J). 27.88 *(978-0-266-20412-1(0))* Forgotten Bks.

Granvilles, an Irish Tale, Vol. 3 of 3 (Classic Reprint) Thomas Talbot. 2018. (ENG., Illus.). 296p. (J). 30.00 *(978-0-484-27848-5(7))* Forgotten Bks.

Granvilles, Vol. 1 Of 3: An Irish Tale (Classic Reprint) Thomas Talbot. 2018. (ENG., Illus.). 324p. (J). 30.58 *(978-0-483-70990-4(5))* Forgotten Bks.

Granvilles, Vol. 2 Of 3: An Irish Tale (Classic Reprint) Thomas Talbot. (ENG., Illus.). (J). 2018. 298p. 30.04 *(978-0-483-93907-3(2))*; 2016. pap. 13.57 *(978-1-334-11811-1(6))* Forgotten Bks.

Grape! Gabriel Arquilevich. 2019. (ENG.). 185p. (J). (gr. 4-7). pap. 13.95 *(978-1-947548-59-6(X))* Regal Hse. Publishing, LLC.

Grape, Again! Gabriel Arquilevich. 2022. 173p. (J). (gr. 3-6). pap. 15.95 *(978-1-64603-247-1(0)*, Fitzroy Bks.) Regal Hse. Publishing, LLC.

Grape Escape. Stefan Venier. 2022. (ENG.). 20p. (J). pap. *(978-1-0391-3512-3(9))*; *(978-1-0391-3513-0(7))* FriesenPress.

Grape Fields III. Anna Labencka. 2017. (ENG., Illus.). (J). (gr. k-6). *(978-1-78719-534-9(1))*; pap. *(978-1-78719-533-2(3))* Authors OnLine, Ltd.

Grape Fields IV. Anna Labencka. 2018. (ENG., Illus.). 50p. (J). (gr. k-6). *(978-1-78955-154-9(4))*; pap. *(978-1-78955-153-2(6))* Authors OnLine, Ltd.

Grape from a Thorn (Classic Reprint) James Payn. 2018. (ENG., Illus.). 384p. (J). 31.82 *(978-0-483-06229-0(4))* Forgotten Bks.

Grapes & Other Round Fruits Coloring Book. Bobo's Children Activity Books. 2016. (ENG., Illus.). (J). pap. 9.33 *(978-1-68327-468-1(7))* Sunshine In My Soul Publishing.

Grapes of Paradise: Four Short Novels (Classic Reprint) H. E. Bates. (ENG., Illus.). (J). 2018. 240p. 28.87 *(978-0-483-63110-6(8))*; 2017. pap. 11.57 *(978-0-243-31386-0(1))* Forgotten Bks.

Grapes of Wrath. John Perritano. 2018. (Lightbox Literature Studies). (ENG.). 32p. (J). lib. bdg. 34.99 *(978-1-5105-3698-2(1))* SmartBook Media, Inc.

Grapes of Wrath: A Tale of North & South (Classic Reprint) Mary Harriott Norris. (ENG., Illus.). (J). 2018. 378p. 31.69 *(978-0-666-96579-0(X))*; 2017. pap. 16.57 *(978-0-259-17167-6(0))* Forgotten Bks.

Grapes of Wrath Novel Units Student Packet. Novel Units. 2019. (ENG.). (YA). pap. 13.99 *(978-1-56137-300-0(1)*, NU3001SP, Novel Units, Inc.) Classroom Library Co.

Grapes of Wrath Novel Units Teacher Guide. Novel Units. 2019. (ENG.). (YA). pap. 12.99 *(978-1-56137-299-7(4)*, Novel Units, Inc.) Classroom Library Co.

Grapevine, 1937, Vol. 1 (Classic Reprint) Irene F. Cypher. (ENG., Illus.). (J). 2018. 162p. 27.24 *(978-0-364-00805-8(9))*; 2017. pap. 9.57 *(978-0-243-50414-5(4))* Forgotten Bks.

Grapevine Cross: The Story of St Nina of Georgia. Janet Tiitinen. Illus. by Janet Tiitinen. l.t. ed. 2022. (ENG.). 36p. (J). pap. ***(978-0-6455543-0-4(8))*** St Shenouda Pr.

Graph Composition Notebook: Grid Paper Notebook: Large Size 8. 5x11 Inches, 110 Pages. Notebook Journal: Aesthetic Pink Rose Workbook for Preschoolers Students Teens Adults for School College Work Writing Notes. Allegra Edupublishing. 2021. (ENG.). 112p. (YA). pap. 7.99 *(978-1-716-18304-1(9))* Lulu Pr., Inc.

Graph Composition Notebook: Grid Paper Notebook: Large Size 8. 5x11 Inches, 110 Pages. Notebook Journal: Beach Yellow Pineapple Workbook for Preschoolers Students Teens Adults for School College Work Writing Notes. Allegra Edupublishing. 2021. (ENG.). 112p. (YA). pap. 7.99 *(978-1-716-18609-7(9))*; pap. 7.99 *(978-1-716-18611-0(0))* Lulu Pr., Inc.

Graph Composition Notebook: Grid Paper Notebook: Large Size 8. 5x11 Inches, 110 Pages. Notebook Journal: Beautiful Blue Flowers Workbook for Preschoolers Students Teens Adults for School College Work Writing Notes. Allegra Edupublishing. 2021. (ENG.). 112p. (YA). pap. 7.99 *(978-1-716-22898-8(0))* Lulu Pr., Inc.

Graph Composition Notebook: Grid Paper Notebook: Large Size 8. 5x11 Inches, 110 Pages. Notebook Journal: Beautiful Green Fur Workbook for Preschoolers Students Teens Adults for School College Work Writing Notes. Allegra Edupublishing. 2021. (ENG.). 112p. (YA). pap. 7.99 *(978-1-716-18223-5(9))* Lulu Pr., Inc.

Graph Composition Notebook: Grid Paper Notebook: Large Size 8. 5x11 Inches, 110 Pages. Notebook Journal: Beautiful Green Pine Workbook for Preschoolers Students Teens Adults for School College Work Writing Notes. Allegra Edupublishing. 2021. (ENG.). 112p. (YA). pap. 7.99 *(978-1-716-18307-2(3))* Lulu Pr., Inc.

Graph Composition Notebook: Grid Paper Notebook: Large Size 8. 5x11 Inches, 110 Pages. Notebook Journal: Black Red Cherries Workbook for Preschoolers Students Teens Adults for School College Work Writing Notes. Allegra Edupublishing. 2021. (ENG.). 112p. (YA). pap. 7.99 *(978-1-716-18697-4(8))* Lulu Pr., Inc.

Graph Composition Notebook: Grid Paper Notebook: Large Size 8. 5x11 Inches, 110 Pages. Notebook Journal: Blue Baby Stroller Workbook for Preschoolers Students Teens Adults for School College Work Writing Notes. Allegra Edupublishing. 2021. (ENG.). 112p. (YA). pap. 7.99 *(978-1-716-18594-6(7))* Lulu Pr., Inc.

Graph Composition Notebook: Grid Paper Notebook: Large Size 8. 5x11 Inches, 110 Pages. Notebook Journal: Blue Cute Jellyfish Workbook for Preschoolers Students Teens Adults for School College Work Writing Notes. Allegra Edupublishing. 2021. (ENG.). 112p. (YA). pap. 7.99 *(978-1-716-19572-3(1))* Lulu Pr., Inc.

Graph Composition Notebook: Grid Paper Notebook: Large Size 8. 5x11 Inches, 110 Pages. Notebook Journal: Blue Golden Leafs Workbook for Preschoolers Students Teens Adults for School College Work Writing Notes. Allegra Edupublishing. 2021. (ENG.). 112p. (YA). pap. 7.99 *(978-1-716-18727-8(3))* Lulu Pr., Inc.

Graph Composition Notebook: Grid Paper Notebook: Large Size 8. 5x11 Inches, 110 Pages. Notebook Journal: Blue Half Pink Workbook for Preschoolers Students Teens Adults for School College Work Writing Notes. Allegra Edupublishing. 2021. (ENG.). 112p. (YA). pap. 7.99 *(978-1-716-18688-2(9))* Lulu Pr., Inc.

Graph Composition Notebook: Grid Paper Notebook: Large Size 8. 5x11 Inches, 110 Pages. Notebook Journal: Blue Orange Pink Workbook for Preschoolers Students Teens Adults for School College Work Writing Notes. Allegra Edupublishing. 2021. (ENG.). 112p. (YA). pap. 7.99 *(978-1-716-18986-9(1))* Lulu Pr., Inc.

Graph Composition Notebook: Grid Paper Notebook: Large Size 8. 5x11 Inches, 110 Pages. Notebook Journal: Blue Pink Sunset Workbook for Preschoolers Students Teens Adults for School College Work Writing Notes. Allegra Edupublishing. 2021. (ENG.). 112p. (YA). pap. 7.99 *(978-1-716-20050-2(4))* Lulu Pr., Inc.

Graph Composition Notebook: Grid Paper Notebook: Large Size 8. 5x11 Inches, 110 Pages. Notebook Journal: Broken Smashed Ice Workbook for Preschoolers Students Teens Adults for School College Work Writing Notes. Allegra Edupublishing. 2021. (ENG.). 112p. (YA). pap. 7.99 *(978-1-716-18221-1(2))* Lulu Pr., Inc.

Graph Composition Notebook: Grid Paper Notebook: Large Size 8. 5x11 Inches, 110 Pages. Notebook Journal: Brown Black White Workbook for Preschoolers Students Teens Adults for School College Work Writing Notes. Allegra Edupublishing. 2021. (ENG.). 112p. (YA). pap. 7.99 *(978-1-716-18995-1(0))* Lulu Pr., Inc.

Graph Composition Notebook: Grid Paper Notebook: Large Size 8. 5x11 Inches, 110 Pages. Notebook Journal: Candy Shaped Flowers Workbook for Preschoolers Students Teens Adults for School College Work Writing Notes. Allegra Edupublishing. 2021. (ENG.). 112p. (YA). pap. 7.99 *(978-1-716-19659-1(0))* Lulu Pr., Inc.

Graph Composition Notebook: Grid Paper Notebook: Large Size 8. 5x11 Inches, 110 Pages. Notebook Journal: Colorful Blurry Rain Workbook for Preschoolers Students Teens Adults for School College Work Writing Notes. Allegra Edupublishing. 2021. (ENG.). 112p. (YA). pap. 7.99 *(978-1-716-18216-7(6))* Lulu Pr., Inc.

Graph Composition Notebook: Grid Paper Notebook: Large Size 8. 5x11 Inches, 110 Pages. Notebook Journal: Cute Lonely Crab Workbook for Preschoolers Students Teens Adults for School College Work Writing Notes. Allegra Edupublishing. 2021. (ENG.). 112p. (YA). pap. 7.99 *(978-1-716-18194-8(1))* Lulu Pr., Inc.

Graph Composition Notebook: Grid Paper Notebook: Large Size 8. 5x11 Inches, 110 Pages. Notebook Journal: Dark Green Roses Workbook for Preschoolers Students Teens Adults for School College Work Writing Notes. Allegra Edupublishing. 2021. (ENG.). 112p. (YA). pap. 7.99 *(978-1-716-19280-7(3))* Lulu Pr., Inc.

Graph Composition Notebook: Grid Paper Notebook: Large Size 8. 5x11 Inches, 110 Pages. Notebook Journal: Dark Purple Galaxy Workbook for Preschoolers Students Teens Adults for School College Work Writing Notes. Allegra Edupublishing. 2021. (ENG.). 112p. (YA). pap. 7.99 *(978-1-716-19266-1(8))* Lulu Pr., Inc.

Graph Composition Notebook: Grid Paper Notebook: Large Size 8. 5x11 Inches, 110 Pages. Notebook Journal: Delicious Nice Deserts Workbook for Preschoolers Students Teens Adults for School College Work Writing Notes. Allegra Edupublishing. 2021. (ENG.). 112p. (YA). pap. 7.99 *(978-1-716-18599-1(8))* Lulu Pr., Inc.

Graph Composition Notebook: Grid Paper Notebook: Large Size 8. 5x11 Inches, 110 Pages. Notebook Journal: Different Colors Blend Workbook for Preschoolers Students Teens Adults for School College Work Writing Notes. Allegra Edupublishing. 2021. (ENG.). 112p. (YA). pap. 7.99 *(978-1-716-20012-0(1))* Lulu Pr., Inc.

Graph Composition Notebook: Grid Paper Notebook: Large Size 8. 5x11 Inches, 110 Pages. Notebook Journal: Fallen White Roses Workbook for Preschoolers Students Teens Adults for School College Work Writing Notes. Allegra Edupublishing. 2021. (ENG.). 112p. (YA). pap. 7.99 *(978-1-716-18197-9(6))* Lulu Pr., Inc.

Graph Composition Notebook: Grid Paper Notebook: Large Size 8. 5x11 Inches, 110 Pages. Notebook Journal: Four Golden Flower Workbook for Preschoolers Students Teens Adults for School College Work Writing Notes. Allegra Edupublishing. 2021. (ENG.). 112p. (YA). pap. 7.99 *(978-1-716-19121-3(1))* Lulu Pr., Inc.

Graph Composition Notebook: Grid Paper Notebook: Large Size 8. 5x11 Inches, 110 Pages. Notebook Journal: Giraffe with Little Bird Workbook for Preschoolers Students Teens Adults for School College Work Writing Notes. Allegra Edupublishing. 2021. (ENG.). 112p. (YA). pap. 7.99 *(978-1-716-18689-9(7))* Lulu Pr., Inc.

Graph Composition Notebook: Grid Paper Notebook: Large Size 8. 5x11 Inches, 110 Pages. Notebook Journal: Green Christmas Tree Workbook for Preschoolers Students Teens Adults for School College Work Writing Notes. Allegra Edupublishing. 2021. (ENG.). 112p. (YA). pap. 7.99 *(978-1-716-18652-3(8))* Lulu Pr., Inc.

Graph Composition Notebook: Grid Paper Notebook: Large Size 8. 5x11 Inches, 110 Pages. Notebook Journal: Green Leafs Monkey Workbook for Preschoolers Students Teens Adults for School College Work Writing Notes. Allegra Edupublishing. 2021. (ENG.). 112p. (YA). pap. 7.99 *(978-1-716-18585-4(8))* Lulu Pr., Inc.

Graph Composition Notebook: Grid Paper Notebook: Large Size 8. 5x11 Inches, 110 Pages. Notebook Journal: Green Orange Dinosaur Workbook for Preschoolers Students Teens Adults for School College Work Writing Notes. Allegra Edupublishing. 2021. (ENG.). 112p. (YA). pap. 7.99 *(978-1-716-18670-7(6))* Lulu Pr., Inc.

Graph Composition Notebook: Grid Paper Notebook: Large Size 8. 5x11 Inches, 110 Pages. Notebook Journal: Green Pink Flowers Workbook for Preschoolers Students Teens Adults for School College Work Writing Notes. Allegra Edupublishing. 2021. (ENG.). 112p. (YA). pap. 7.99 *(978-1-716-19661-4(2))* Lulu Pr., Inc.

Graph Composition Notebook: Grid Paper Notebook: Large Size 8. 5x11 Inches, 110 Pages. Notebook Journal: Green Red Flower Workbook for Preschoolers Students Teens Adults for School College Work Writing Notes. Allegra Edupublishing. 2021. (ENG.). 112p. (YA). pap. 7.99 *(978-1-716-18658-5(7))* Lulu Pr., Inc.

Graph Composition Notebook: Grid Paper Notebook: Large Size 8. 5x11 Inches, 110 Pages. Notebook Journal: Leading Galaxy Path Workbook for Preschoolers Students Teens Adults for School College Work Writing Notes. Allegra Edupublishing. 2021. (ENG.). 112p. (YA). pap. 7.99 *(978-1-716-20020-5(2))* Lulu Pr., Inc.

Graph Composition Notebook: Grid Paper Notebook: Large Size 8. 5x11 Inches, 110 Pages. Notebook Journal: Light Green Sakura Workbook for Preschoolers Students Teens Adults for School College Work Writing Notes. Allegra Edupublishing. 2021. (ENG.). 112p. (YA). pap. 7.99 *(978-1-716-20478-4(X))* Lulu Pr., Inc.

Graph Composition Notebook: Grid Paper Notebook: Large Size 8. 5x11 Inches, 110 Pages. Notebook Journal: Little Santa Bear White Pussy Willow Workbook for Preschoolers Students Teens Adults for School College Work Writing Notes. Allegra Edupublishing. 2021. (ENG.). 112p. (YA). pap. 7.99 *(978-1-716-19026-1(6))* Lulu Pr., Inc.

Graph Composition Notebook: Grid Paper Notebook: Large Size 8. 5x11 Inches, 110 Pages. Notebook Journal: Midnight Laptop Study Workbook for Preschoolers Students Teens Adults for School College Work Writing Notes. Allegra Edupublishing. 2021. (ENG.). 112p. (YA). pap. 7.99 *(978-1-716-20027-4(X))* Lulu Pr., Inc.

Graph Composition Notebook: Grid Paper Notebook: Large Size 8. 5x11 Inches, 110 Pages. Notebook Journal: Mixed Pastel Colors Workbook for Preschoolers Students Teens Adults for School College Work Writing Notes. Allegra Edupublishing. 2021. (ENG.). 112p. (YA). pap. 7.99 *(978-1-716-18219-8(0))* Lulu Pr., Inc.

Graph Composition Notebook: Grid Paper Notebook: Large Size 8. 5x11 Inches, 110 Pages. Notebook Journal: Nice Cutted Wood Workbook for Preschoolers Students Teens Adults for School College Work Writing Notes. Allegra Edupublishing. 2021. (ENG.). 112p. (YA). pap. 7.99 *(978-1-716-19481-8(4))* Lulu Pr., Inc.

Graph Composition Notebook: Grid Paper Notebook: Large Size 8. 5x11 Inches, 110 Pages. Notebook Journal: Nice Red Background Workbook for Preschoolers Students Teens Adults for School College Work Writing Notes. Allegra Edupublishing. 2021. (ENG.). 112p. (YA). pap. 7.99 *(978-1-716-24461-2(7))* Lulu Pr., Inc.

Graph Composition Notebook: Grid Paper Notebook: Large Size 8. 5x11 Inches, 110 Pages. Notebook Journal: Odd Yellow Plant Workbook for Preschoolers Students Teens Adults for School College Work Writing Notes. Allegra Edupublishing. 2021. (ENG.). 112p. (YA). pap. 7.99 *(978-1-716-18620-2(X))* Lulu Pr., Inc.

Graph Composition Notebook: Grid Paper Notebook: Large Size 8. 5x11 Inches, 110 Pages. Notebook Journal: Orange Ballon Blue Workbook for Preschoolers Students Teens Adults for School College Work Writing Notes. Allegra Edupublishing. 2021. (ENG.). 112p. (YA). pap. 7.99 *(978-1-716-20023-6(7))* Lulu Pr., Inc.

Graph Composition Notebook: Grid Paper Notebook: Large Size 8. 5x11 Inches, 110 Pages. Notebook Journal: Orange Roses Flower Workbook for Preschoolers Students Teens Adults for School College Work Writing Notes. Allegra Edupublishing. 2021. (ENG.). 112p. (YA). pap. 7.99 *(978-1-716-18990-6(X))* Lulu Pr., Inc.

Graph Composition Notebook: Grid Paper Notebook: Large Size 8. 5x11 Inches, 110 Pages. Notebook Journal: Pink Blue Bird Workbook for Preschoolers Students Teens Adults for School College Work Writing Notes. Allegra Edupublishing. 2021. (ENG.). 112p. (YA). pap. 7.99 *(978-1-716-18713-1(3))* Lulu Pr., Inc.

Graph Composition Notebook: Grid Paper Notebook: Large Size 8. 5x11 Inches, 110 Pages. Notebook Journal: Pink Flower Green Workbook for Preschoolers Students Teens Adults for School College Work Writing Notes. Allegra Edupublishing. 2021. (ENG.). 112p. (YA). pap. 7.99 *(978-1-716-18723-0(0))* Lulu Pr., Inc.

Graph Composition Notebook: Grid Paper Notebook: Large Size 8. 5x11 Inches, 110 Pages. Notebook Journal: Pink White Red Workbook for Preschoolers Students Teens Adults for School College Work Writing Notes. Allegra Edupublishing. 2021. (ENG.). 112p. (YA). pap. 7.99 *(978-1-716-18677-6(3))* Lulu Pr., Inc.

Graph Composition Notebook: Grid Paper Notebook: Large Size 8. 5x11 Inches, 110 Pages. Notebook Journal: Planet Facing Eachother Workbook for Preschoolers Students Teens Adults for School College Work Writing Notes. Allegra Edupublishing. 2021. (ENG.). 112p. (YA). pap. 7.99 *(978-1-716-18345-4(6))* Lulu Pr., Inc.

Graph Composition Notebook: Grid Paper Notebook: Large Size 8. 5x11 Inches, 110 Pages. Notebook Journal: Plastic Rainbow Rings Workbook for Preschoolers Students Teens Adults for School College Work Writing Notes. Allegra Edupublishing. 2021. (ENG.). 112p. (YA). pap. 7.99 *(978-1-716-18203-7(4))* Lulu Pr., Inc.

Graph Composition Notebook: Grid Paper Notebook: Large Size 8. 5x11 Inches, 110 Pages. Notebook Journal: Pretty Blue Flower Workbook for Preschoolers Students Teens Adults for School College Work Writing Notes. Allegra Edupublishing. 2021. (ENG.). 112p. (YA). pap. 7.99 *(978-1-716-18991-3(8))* Lulu Pr., Inc.

Graph Composition Notebook: Grid Paper Notebook: Large Size 8. 5x11 Inches, 110 Pages. Notebook Journal: Pretty Cake Planet Workbook for Preschoolers Students Teens Adults for School College Work Writing Notes. Allegra Edupublishing. 2021. (ENG.). 112p. (YA). pap. 7.99 *(978-1-716-65723-8(7))* Lulu Pr., Inc.

Graph Composition Notebook: Grid Paper Notebook: Large Size 8. 5x11 Inches, 110 Pages. Notebook Journal: Pretty Colourful Plants Workbook for Preschoolers Students Teens Adults for School College Work Writing Notes. Allegra Edupublishing. 2021. (ENG.). 112p. (YA). pap. 7.99 *(978-1-716-20006-9(7))* Lulu Pr., Inc.

Graph Composition Notebook: Grid Paper Notebook: Large Size 8. 5x11 Inches, 110 Pages. Notebook Journal: Pretty Pink Blanket Workbook for Preschoolers Students Teens Adults for School College Work Writing Notes. Allegra Edupublishing. 2021. (ENG.). 112p. (YA). pap. 7.99 *(978-1-716-18309-6(X))* Lulu Pr., Inc.

Graph Composition Notebook: Grid Paper Notebook: Large Size 8. 5x11 Inches, 110 Pages. Notebook Journal: Pretty Pink Flower Workbook for Preschoolers Students Teens Adults for School College Work Writing Notes. Allegra Edupublishing. 2021. (ENG.). 112p. (YA). pap. 7.99 *(978-1-716-20010-6(5))* Lulu Pr., Inc.

Graph Composition Notebook: Grid Paper Notebook: Large Size 8. 5x11 Inches, 110 Pages. Notebook Journal: Pretty Pink Galaxy Workbook for Preschoolers Students Teens Adults for School College Work Writing Notes. Allegra Edupublishing. 2021. (ENG.). 112p. (YA). pap. 7.99 *(978-1-716-19265-4(X))* Lulu Pr., Inc.

Graph Composition Notebook: Grid Paper Notebook: Large Size 8. 5x11 Inches, 110 Pages. Notebook Journal: Pretty Purple Orchid Workbook for Preschoolers Students Teens Adults for School College Work Writing Notes. Allegra Edupublishing. 2021. (ENG.). 112p. (YA). pap. 7.99 *(978-1-716-19487-0(3))* Lulu Pr., Inc.

Graph Composition Notebook: Grid Paper Notebook: Large Size 8. 5x11 Inches, 110 Pages. Notebook Journal: Pretty Strange Figures Workbook for Preschoolers Students Teens Adults for School College Work Writing Notes. Allegra Edupublishing. 2021. (ENG.). 112p. (YA). pap. 7.99 *(978-1-716-19048-3(7))* Lulu Pr., Inc.

Graph Composition Notebook: Grid Paper Notebook: Large Size 8. 5x11 Inches, 110 Pages. Notebook Journal: Purple Air Balloon Workbook for Preschoolers Students Teens Adults for School College Work Writing Notes. Allegra Edupublishing. 2021. (ENG.). 112p. (YA). pap. 7.99 *(978-1-716-18694-3(3))* Lulu Pr., Inc.

Graph Composition Notebook: Grid Paper Notebook: Large Size 8. 5x11 Inches, 110 Pages. Notebook Journal: Purple Blue Galaxy Workbook for Preschoolers Students Teens Adults for School College Work Writing Notes. Allegra Edupublishing. 2021. (ENG.). 112p. (YA). pap. 7.99 *(978-1-716-19272-2(2))* Lulu Pr., Inc.

Graph Composition Notebook: Grid Paper Notebook: Large Size 8. 5x11 Inches, 110 Pages. Notebook Journal: Rainbow Light Mix White Red Road Workbook for Preschoolers Students Teens Adults for School College Work Writing Notes. Allegra Edupublishing. 2021. (ENG.). 112p. (YA). pap. 7.99 *(978-1-716-18724-7(9))* Lulu Pr., Inc.

Graph Composition Notebook: Grid Paper Notebook: Large Size 8. 5x11 Inches, 110 Pages. Notebook Journal: Realistic Flower Picture Workbook for Preschoolers Students Teens Adults for School College Work Writing Notes. Allegra Edupublishing. 2021. (ENG.). 112p. (YA). pap. 7.99 *(978-1-716-20009-0(1))* Lulu Pr., Inc.

Graph Composition Notebook: Grid Paper Notebook: Large Size 8. 5x11 Inches, 110 Pages. Notebook Journal: Red Background Snow Workbook for Preschoolers Students Teens Adults for School College Work Writing Notes. Allegra Edupublishing.

GRAPH COMPOSITION NOTEBOOK

2021. (ENG.). 112p. (YA). pap. 7.99 (978-1-716-18953-1(5)) Lulu Pr., Inc.

Graph Composition Notebook: Grid Paper Notebook: Large Size 8. 5x11 Inches, 110 Pages. Notebook Journal: Red Blue Cross Workbook for Preschoolers Students Teens Adults for School College Work Writing Notes. Allegra Edupublishing. 2021. (ENG.). 112p. (YA). pap. 7.99 (978-1-716-24465-0(X)) Lulu Pr., Inc.

Graph Composition Notebook: Grid Paper Notebook: Large Size 8. 5x11 Inches, 110 Pages. Notebook Journal: Red Roses Flower Workbook for Preschoolers Students Teens Adults for School College Work Writing Notes. Allegra Edupublishing. 2021. (ENG.). 112p. (YA). pap. 7.99 (978-1-716-96073-4(8)) Lulu Pr., Inc.

Graph Composition Notebook: Grid Paper Notebook: Large Size 8. 5x11 Inches, 110 Pages. Notebook Journal: Red Stripe Background Workbook for Preschoolers Students Teens Adults for School College Work Writing Notes. Allegra Edupublishing. 2021. (ENG.). 112p. (YA). pap. 7.99 (978-1-716-18206-8(9)) Lulu Pr., Inc.

Graph Composition Notebook: Grid Paper Notebook: Large Size 8. 5x11 Inches, 110 Pages. Notebook Journal: Red Stripped Wall Workbook for Preschoolers Students Teens Adults for School College Work Writing Notes. Allegra Edupublishing. 2021. (ENG.). 112p. (YA). pap. 7.99 (978-1-716-18334-8(0)) Lulu Pr., Inc.

Graph Composition Notebook: Grid Paper Notebook: Large Size 8. 5x11 Inches, 110 Pages. Notebook Journal: Red White Flowers Workbook for Preschoolers Students Teens Adults for School College Work Writing Notes. Allegra Edupublishing. 2021. (ENG.). 112p. (YA). pap. 7.99 (978-1-716-19119-0(X)) Lulu Pr., Inc.

Graph Composition Notebook: Grid Paper Notebook: Large Size 8. 5x11 Inches, 110 Pages. Notebook Journal: Santa Claus Christmas Workbook for Preschoolers Students Teens Adults for School College Work Writing Notes. Allegra Edupublishing. 2021. (ENG.). 112p. (YA). pap. 7.99 (978-1-716-18715-5(X)) Lulu Pr., Inc.

Graph Composition Notebook: Grid Paper Notebook: Large Size 8. 5x11 Inches, 110 Pages. Notebook Journal: Snow Mountain Sky Workbook for Preschoolers Students Teens Adults for School College Work Writing Notes. Allegra Edupublishing. 2021. (ENG.). 112p. (YA). pap. 7.99 (978-1-716-18213-6(1)) Lulu Pr., Inc.

Graph Composition Notebook: Grid Paper Notebook: Large Size 8. 5x11 Inches, 110 Pages. Notebook Journal: Sparkle Glitter Background Workbook for Preschoolers Students Teens Adults for School College Work Writing Notes. Allegra Edupublishing. 2021. (ENG.). 112p. (YA). pap. 7.99 (978-1-716-19640-9(X)) Lulu Pr., Inc.

Graph Composition Notebook: Grid Paper Notebook: Large Size 8. 5x11 Inches, 110 Pages. Notebook Journal: Strange Pink Plants Workbook for Preschoolers Students Teens Adults for School College Work Writing Notes. Allegra Edupublishing. 2021. (ENG.). 112p. (YA). pap. 7.99 (978-1-716-20028-1(8)) Lulu Pr., Inc.

Graph Composition Notebook: Grid Paper Notebook: Large Size 8. 5x11 Inches, 110 Pages. Notebook Journal: Sun Window Couch Workbook for Preschoolers Students Teens Adults for School College Work Writing Notes. Allegra Edupublishing. 2021. (ENG.). 112p. (YA). pap. 7.99 (978-1-716-18958-6(6)) Lulu Pr., Inc.

Graph Composition Notebook: Grid Paper Notebook: Large Size 8. 5x11 Inches, 110 Pages. Notebook Journal: Surprising Christmas Present Workbook for Preschoolers Students Teens Adults for School College Work Writing Notes. Allegra Edupublishing. 2021. (ENG.). 112p. (YA). pap. 7.99 (978-1-716-18618-9(8)) Lulu Pr., Inc.

Graph Composition Notebook: Grid Paper Notebook: Large Size 8. 5x11 Inches, 110 Pages. Notebook Journal: Surviving Winter Flower Workbook for Preschoolers Students Teens Adults for School College Work Writing Notes. Allegra Edupublishing. 2021. (ENG.). 112p. (YA). pap. 7.99 (978-1-716-19478-8(4)) Lulu Pr., Inc.

Graph Composition Notebook: Grid Paper Notebook: Large Size 8. 5x11 Inches, 110 Pages. Notebook Journal: Tasty Multiple Fruits Workbook for Preschoolers Students Teens Adults for School College Work Writing Notes. Allegra Edupublishing. 2021. (ENG.). 112p. (YA). pap. 7.99 (978-1-716-18673-8(0)) Lulu Pr., Inc.

Graph Composition Notebook: Grid Paper Notebook: Large Size 8. 5x11 Inches, 110 Pages. Notebook Journal: Tasty Rainbow Candy Workbook for Preschoolers Students Teens Adults for School College Work Writing Notes. Allegra Edupublishing. 2021. (ENG.). 112p. (YA). pap. 7.99 (978-1-716-19643-0(4)) Lulu Pr., Inc.

Graph Composition Notebook: Grid Paper Notebook: Large Size 8. 5x11 Inches, 110 Pages. Notebook Journal: Vacation Fun Sailing Workbook for Preschoolers Students Teens Adults for School College Work Writing Notes. Allegra Edupublishing. 2021. (ENG.). 112p. (YA). pap. 7.99 (978-1-716-18583-0(1)) Lulu Pr., Inc.

Graph Composition Notebook: Grid Paper Notebook: Large Size 8. 5x11 Inches, 110 Pages. Notebook Journal: Whie Black Raindrop Workbook for Preschoolers Students Teens Adults for School College Work Writing Notes. Allegra Edupublishing. 2021. (ENG.). 112p. (YA). pap. 7.99 (978-1-716-19482-5(2)) Lulu Pr., Inc.

Graph Composition Notebook: Grid Paper Notebook: Large Size 8. 5x11 Inches, 110 Pages. Notebook Journal: White Black Flowers Workbook for Preschoolers Students Teens Adults for School College Work Writing Notes. Allegra Edupublishing.

2021. (ENG.). 112p. (YA). pap. 7.99 (978-1-716-18693-6(5)) Lulu Pr., Inc.

Graph Composition Notebook: Grid Paper Notebook: Large Size 8. 5x11 Inches, 110 Pages. Notebook Journal: White Cat Willow Workbook for Preschoolers Students Teens Adults for School College Work Writing Notes. Allegra Edupublishing. 2021. (ENG.). 112p. (YA). pap. 7.99 (978-1-716-19114-5(9)) Lulu Pr., Inc.

Graph Composition Notebook: Grid Paper Notebook: Large Size 8. 5x11 Inches, 110 Pages. Notebook Journal: White Cloudy Texture Workbook for Preschoolers Students Teens Adults for School College Work Writing Notes. Allegra Edupublishing. 2021. (ENG.). 112p. (YA). pap. 7.99 (978-1-716-18199-3(2)) Lulu Pr., Inc.

Graph Composition Notebook: Grid Paper Notebook: Large Size 8. 5x11 Inches, 110 Pages. Notebook Journal: White Golden Flower Workbook for Preschoolers Students Teens Adults for School College Work Writing Notes. Allegra Edupublishing. 2021. (ENG.). 112p. (YA). pap. 7.99 (978-1-716-18951-7(9)) Lulu Pr., Inc.

Graph Composition Notebook: Grid Paper Notebook: Large Size 8. 5x11 Inches, 110 Pages. Notebook Journal: White Golden Globes Workbook for Preschoolers Students Teens Adults for School College Work Writing Notes. Allegra Edupublishing. 2021. (ENG.). 112p. (YA). pap. 7.99 (978-1-716-18590-8(4)) Lulu Pr., Inc.

Graph Composition Notebook: Grid Paper Notebook: Large Size 8. 5x11 Inches, 110 Pages. Notebook Journal: White Pink Blue Workbook for Preschoolers Students Teens Adults for School College Work Writing Notes. Allegra Edupublishing. 2021. (ENG.). 112p. (YA). pap. 7.99 (978-1-716-19000-1(2)) Lulu Pr., Inc.

Graph Composition Notebook: Grid Paper Notebook: Large Size 8. 5x11 Inches, 110 Pages. Notebook Journal: White Red Road Workbook for Preschoolers Students Teens Adults for School College Work Writing Notes. Allegra Edupublishing. 2021. (ENG.). 112p. (YA). pap. 7.99 (978-1-716-18994-4(2)) Lulu Pr., Inc.

Graph Composition Notebook 7. 5X9. 25 Inches: Grid Paper College Ruled, Quad Ruled 5 Squares per Inch, Math & Science Composition Notebook for Students, Abstract Journal, School Supplies for Students, Teens, Teachers. Simplify Smart. 2020. (ENG.). 112p. (YA). pap. 10.25 (978-1-716-32568-7(4)) Lulu Pr., Inc.

Graph Composition Notebook 8X10 Inches: Grid Paper College Ruled, Quad Ruled 5x5 Composition Notebook, Graph Paper Notebook Large, Graph Journal, Abstract Diary, School Supplies for Students, Teens, Teachers. Simplify Smart. 2020. (ENG.). 122p. (YA). pap. 11.25 (978-1-716-32567-0(6)) Lulu Pr., Inc.

Graph Paper Composition MATH Notebook: Grid Paper Journal: Large Size 8. 5" X 11", G. McBride. 2020. (ENG.). 102p. (J). pap. 8.97 (978-1-716-38616-9(0)) Lulu Pr., Inc.

Graph Paper Composition Notebook. Monica Freeman. 2020. (ENG.). 158p. (YA). pap. 6.99 (978-1-716-36133-3(8)); pap. 6.99 (978-1-716-39476-8(7)) Lulu Pr., Inc.

Graph Paper Journal Notebook: 100 Quad Ruled 4x4 Grid Paper Notebook for Math & Science Students - Simple Extra-Large Graph Paper Journal Pages 8. 5 X 11 Inches. Ava Ray. 2021. (ENG.). 102p. (YA). pap. 9.99 (978-1-716-26050-6(7)) Lulu Pr., Inc.

Graph Paper Notebook. G. McBride. 2020. (ENG.). 102p. pap. 9.97 (978-1-716-38580-3(6)) Lulu Pr., Inc.

Graph Paper Notebook. Zebra. 2021. (ENG.). 112p. (YA). pap. 8.99 (978-1-716-17453-7(8)) Kensington Publishing

Graph Paper Notebook. Zebra. 2021. (ENG.). 112p. (YA). pap. 8.99 (978-1-716-17450-6(3)) Lulu Pr., Inc.

Graph Paper Notebook: 8. 5" X 11", 100 Pages. G. McBride. 2020. (ENG.). 102p. (YA). pap. 9.95 (978-1-716-38575-9(X)) Lulu Pr., Inc.

Graph Paper Notebook: Amazing Grid Paper Notebook for Math & Science Students - Large & Simple Graph Paper Journal - 100 Quad Ruled 4x4 Large Pages 8. 5 X 11 Inches. Books For You To Smile. 2020. (ENG.). 102p. (J). pap. 9.99 (978-1-716-28439-7(2)) Lulu Pr., Inc.

Graph Paper Notebook: Amazing Grid Paper Notebook for Math & Science Students - Large & Simple Graph Paper Journal - 100 Quad Ruled 5x5 Large Pages 8. 5 X 11 Inches. Books For You To Smile. 2020. (ENG.). 102p. (YA). pap. 9.99 (978-1-716-28438-0(4)) Lulu Pr., Inc.

Graph Paper Notebook: Blue Abstract Lines - Grid Paper Composition Notebook, Graphing Paper, Quad Ruled. Young Dreamers Press. 2019. (Math & Science Notebooks Ser.: Vol. 1). (ENG.). 104p. (J). (gr. 3-6). pap. (978-1-989387-48-1(9)) EnemyOne.

Graph Paper Notebook: Blue Waves Drawing- Grid Paper Composition Notebook, Graphing Paper, Quad Ruled. Young Dreamers Press. 2019. (Math & Science Notebooks Ser.: Vol. 3). (ENG.). 104p. (J). (gr. 3-6). pap. (978-1-989387-50-4(0)) EnemyOne.

Graph Paper Notebook: Graph Papers School Notebook. Books & Books Books & Books. 2021. (ENG.). 100p. (YA). pap. (978-1-387-84180-6(7)) Lulu Pr., Inc.

Graph Paper Notebook: Grid Paper Notebook 110 Sheets Large 8. 5 X 11 Quad Ruled 5x5. Two Brothers Publishing. 2021. (ENG.). 112p. (YA). pap. 9.99 (978-1-716-08631-1(0)); pap. 9.49 (978-1-716-08921-3(2)) Lulu Pr., Inc.

Graph Paper Notebook: Grid Paper Notebook 110 Sheets Large 8. 5 X 11 Quad Ruled 5x5. Zebra. 2021. 112p. (YA). (ENG.). pap. 9.49 (978-1-716-16735-5(3)); (ENG.). pap. 9.48 (978-1-716-16740-9(X)); (ENG.). pap. 9.49 (978-1-716-16763-8(9)); (SPA.). pap. 9.99 (978-1-716-16776-8(0)); (ENG.). pap. 9.49 (978-1-716-16780-5(9)); (ENG.). pap. 9.99 (978-1-716-18568-7(8)); (ENG.). pap. 9.99 (978-1-716-17772-9(3)); (ENG.). pap. 9.49 (978-1-716-17777-4(4)); (ENG.). pap. 9.98 (978-1-716-18555-7(6)); (ENG.). pap. 9.99 (978-1-716-17787-3(1)); (ENG.). pap. 8.99 (978-1-716-18142-9(9)) Kensington Publishing Corp.

Graph Paper Notebook: Grid Paper Notebook 110 Sheets Large 8. 5 X 11 Quad Ruled 5x5. Zebra. 2021. (ENG.). 112p. (YA). pap. 8.99 (978-1-716-80766-4(2)); pap. 9.99 (978-1-716-18508-3(4)); pap. 9.99 (978-1-716-18147-4(X)); pap. 9.99 (978-1-716-16731-7(0))

Graph Paper Notebook: Grid Paper Notebook 110 Sheets Large 8. 5 X 11 Quad Ruled 5x5. Zebra. 2021. (ENG.). 112p. (YA). pap. 9.92 (978-1-716-17785-9(5)); pap. 9.48 (978-1-716-16787-4(6)); pap. 9.48 (978-1-716-16731-7(0)) Lulu Pr., Inc.

Graph Paper Notebook: Grid Paper Notebook 110 Sheets Large 8. 5 X 11 Quad Ruled 5x5: Grid Paper Notebook 110 Sheets Large 8. 5 X 11 Quad Ruled 5x5. Zebra. 2021. (ENG.). 112p. (YA). pap. 9.49 (978-1-716-17781-1(2)) Lulu Pr., Inc.

Graph Paper Notebook: Grid Paper Notebook: Large 8. 5 X 11Quad Ruled 5x5. Zebra. 2021. (ENG.). 112p. (YA). pap. 8.99 (978-1-716-17445-2(7)); pap. 8.99 (978-1-716-17490-2(2)) Kensington Publishing Corp.

Graph Paper Notebook: Grid Paper Notebook 110 SheetsLarge 8. 5 X 11Quad Ruled 5x5. Zebra. 2021. (ENG.). 112p. (YA). pap. 9.45 (978-1-716-17808-5(8)) Kensington Publishing Corp.

Graph Paper Notebook: Grid Paper Notebook: Large 8. 5 X 11 Quad Ruled 5x5. Two Brothers Publishing. 2021. (ENG.). 122p. (YA). pap. 9.99 (978-1-716-08911-4(5)) Lulu Pr., Inc.

Graph Paper Notebook: Grid Paper Notebook: Large 8. 5 X 11 Quad Ruled 5x5: Grid Paper Notebook 120 Sheets Large 8. 5 X 11 Quad Ruled 5x5. Two Brothers Publishing. 2021. (ENG.). 122p. (YA). pap. 9.99 (978-1-716-07817-0(2)) Lulu Pr., Inc.

Graph Paper Notebook: Large 8. 5" X 11", Quad Ruled 5 Squares per Inch. G. McBride. 2020. (ENG.). 102p. (J). pap. 9.75 (978-1-716-38687-9(X)) Lulu Pr., Inc.

Graph Paper Notebook: Large Simple Graph Paper Notebook, 100 Quad Ruled 4x4 Pages 8. 5 X 11 / Grid Paper Notebook for Math & Science Students. Daemon Nash. 2020. (Premium Collection Notebooks Ser.). (ENG.). 102p. (YA). pap. 8.99 (978-1-716-30989-2(1)); pap. 8.99 (978-1-716-30998-4(0)); pap. 8.99 (978-1-716-30999-1(9)); pap. 8.99 (978-1-716-31000-3(8)); pap. 8.99 (978-1-716-31003-4(2)); pap. 8.99 (978-1-716-31005-8(9)); pap. 8.99 (978-1-716-31010-2(5)); pap. 8.99 (978-1-716-31011-9(3)); pap. 8.99 (978-1-716-31014-0(8)) Lulu Pr., Inc.

Graph Paper Notebook: Large Simple Graph Paper Notebook, 100 Quad Ruled 4x4 Pages 8. 5 X 11 / Grid Paper Notebook for Math & Science Students / Crazy Fruits Collection. Daemon Nash. 2020. (Crazy Fruits Collection Notebooks Ser.). (ENG.). 102p. (YA). pap. 8.99 (978-1-716-30969-4(7)); pap. 8.99 (978-1-716-30972-4(7)); pap. 8.99 (978-1-716-30976-2(X)); pap. 8.99 (978-1-716-30979-3(4)); pap. 8.99 (978-1-716-30981-6(6)) Lulu Pr., Inc.

Graph Paper Notebook: Large Simple Graph Paper Notebook, 100 Quad Ruled 4x4 Pages 8. 5 X 11 / Grid Paper Notebook for Math & Science Students / Premium Collection. Daemon Nash. 2020. (Premium Collection Notebooks Ser.). (ENG.). 102p. (YA). pap. 8.99 (978-1-716-30983-0(2)); pap. 8.99 (978-1-716-30986-1(7))

Graph Paper Notebook: Large Simple Graph Paper Notebook, 100 Quad Ruled 5x5 Pages 8. 5 X 11 / Grid Paper Notebook for Math & Science Students. Daemon Nash. 2020. (Premium Collection Notebooks Ser.). (ENG.). 102p. (YA). pap. 8.99 (978-1-716-30838-3(0)) Lulu Pr., Inc.

Graph Paper Notebook: Large Simple Graph Paper Notebook, 100 Quad Ruled 5x5 Pages 8. 5 X 11 / Grid Paper Notebook for Math & Science Students / Fruits Collection. Daemon Nash. 2020. (Crazy Fruits Collection Notebooks Ser.). (ENG.). 102p. (YA). pap. 8.99 (978-1-716-30800-0(3)); pap. 8.99 (978-1-716-30807-9(0)); pap. 8.99 (978-1-716-30812-3(7)); pap. 8.99 (978-1-716-30803-1(8)) Lulu Pr., Inc.

Graph Paper Notebook: Large Simple Graph Paper Notebook, 100 Quad Ruled 5x5 Pages 8. 5 X 11 / Grid Paper Notebook for Math & Science Students / Collection Notebook. Daemon Nash. 2020. (Crazy Fruits Collection Notebooks Ser.). (ENG.). 102p. (YA). pap. 8.99 (978-1-716-30844-4(5)); pap. 8.99 (978-1-716-30851-2(8)); pap. 8.99 (978-1-716-30857-4(7)) Lulu Pr., Inc.

Graph Paper Notebook: Large Simple Graph Paper Notebook, 100 Quad Ruled 5x5 Pages 8. 5 X 11 / Grid Paper Notebook for Math & Science Students / Premium Collection Notebooks. Daemon Nash. 2020. (Premium Collection Notebooks Ser.). (ENG.). 102p. (YA). pap. 8.99 (978-1-716-30814-7(3)); pap. 8.99 (978-1-716-30816-1(X)); pap. 8.99 (978-1-716-30830-7(5)); pap. 8.99 (978-1-716-30833-8(X)); pap. 8.99 (978-1-716-41989-8(1)) Lulu Pr., Inc.

Graph Paper Notebook: Large Simple Graph Paper Notebook, 100 Quad Ruled 5x5 Pages 8. 5 X 11 / Grid Paper Notebook for Math & Science Students / Deluxe Collection Notebook. Daemon Nash. 2020. (Deluxe Collection Notebooks Ser.). (ENG.). 102p. (YA). pap. 8.99 (978-1-716-30844-4(5)); pap. 8.99 (978-1-716-30846-8(1)); pap. 8.99 (978-1-716-30851-2(8)); pap. 8.99 (978-1-716-30857-4(7)) Lulu Pr., Inc.

Graph Paper Notebook: Large Simple Graph Paper Notebook, 100 Quad Ruled 5x5 Pages 8. 5 X 11 / Grid Paper Notebook for Math & Science Students / Premium Collection Notebooks. Daemon Nash. 2020. (Premium Collection Notebooks Ser.). (ENG.). 102p. (YA). pap. 8.99 (978-1-716-30814-7(3)); pap. 8.99 (978-1-716-30816-1(X)); pap. 8.99 (978-1-716-30827-7(5)); pap. 8.99 (978-1-716-30830-7(5)); pap. 8.99 (978-1-716-30833-8(X)); pap. 8.99 (978-1-716-41989-8(1)) Lulu Pr., Inc.

Graph Paper Notebook: Purple Grid Boxes - Grid Paper Composition Notebook, Graphing Paper, Quad Ruled. Young Dreamers Press. 2019. (Math & Science Notebooks Ser.: Vol. 2). (ENG.). 104p. (J). (gr. 3-6). pap. (978-1-989387-49-8(7)) EnemyOne.

Graph Paper Notebook: Simple Graph Paper Journal, Grid Paper Notebook for Math & Science Students, (Composition Notebook) Homer T. Raymond. 2020. (ENG.). 122p. (YA). pap. 9.99 (978-1-716-35076-4(X)) Lulu Pr., Inc.

Graph Paper Notebook Grid Paper Notebook 110 Sheets Large 8. 5 X 11 Quad Ruled 5x5. Zebra. 2021. (ENG.). 112p. (YA). pap. 9.97 (978-1-716-29265-1(4)); pap. 9.99 (978-1-716-90721-0(7)) Kensington Publishing Corp.

Graph Paper Notebook Quad Ruled 5 Squares per Inch: Grid Composition Notebook 8. 5" X 11", 100 Pages. G. McBride. 2020. (ENG.). 102p. (YA). pap. 9.65 (978-1-716-38662-6(4)) Lulu Pr., Inc.

Graphene. Larry Rhodes. 2017. (ENG., Illus.). (YA). (gr. 7-12). pap. 19.95 (978-1-63492-203-6(4)) Booklocker.com, Inc.

Graphic Battles of World War II, 6 vols. Set. Incl. Battle of Guadalcanal: Land & Sea Warfare in the South Pacific. Larry Hama. lib. bdg. 37.13 (978-1-4042-0784-4(8), b4f5a2ed-2d0d-4d09-9691-70197b96a3ce); Battle of Iwo Jima: Guerilla Warfare in the Pacific. Larry Hama. Illus. by Anthony Williams. lib. bdg. 37.13 (978-1-4042-0781-3(3),

f30f6ecb-9a55-43d5-adb9-7d1eab4429b4); Battle of Midway: The Destruction of the Japanese Fleet. Dan Abnett. Illus. by Richard Elson. lib. bdg. 37.13 (978-1-4042-0783-7(X), 504f9af2-4160-40ae-8de9-6d3ee0f78eca); Battle of the Bulge. Bill Cain. lib. bdg. 37.13 (978-1-4042-0782-0(1), c8c8efc3-cd37-4e69-b9c4-e6967fa65d69); D-Day. Doug Murray. lib. bdg. 37.13 (978-1-4042-0786-8(4), 84fc88c9-7171-4a70-aeea-23ee0767a2d2); Pearl Harbor: A Day of Infamy. Steve D. White. Illus. by Jerrold Spahn. lib. bdg. 37.13 (978-1-4042-0785-1(6), 30d5dd6e-eba7-4615-992a-9714f1d9620e); (YA). (gr. 5-5). 2007. (Graphic Battles of World War II Ser.). (ENG.). 48p. 2006. Set lib. bdg. 111.39 (978-1-4042-1052-3(0), f6c178dc-0413-49f2-ab67-3e5eb86e6fcc) Rosen Publishing Group, Inc., The.

Graphic Careers, 12 vols., Set. Incl. Astronauts. David West. Illus. by Jim Robins. (YA). lib. bdg. 37.13 (978-1-4042-1461-3(5), 3933503d-1e94-4ba0-88c5-cd4b12cc4d70); Fighter Pilots. David West. Illus. by James Field. (YA). lib. bdg. 37.13 (978-1-4042-1455-2(0), 02066b9c-d906-4cbe-8bfc-7bb784fe0d92); Hurricane Hunters & Tornado Chasers. Gary Jeffrey. Illus. by Gianluca Garofalo. (YA). lib. bdg. 37.13 (978-1-4042-1458-3(5), 3486897e-4cf0-4e1a-83f8-3b59a796e2cf); Secret Agents. Gary Jeffrey. Illus. by Terry Riley. (YA). lib. bdg. 37.13 (978-1-4042-1464-4(X), 600bda56-1c6c-4364-94ee-8b17ceb3fea4); War Correspondents. Rob Shone. Illus. by Chris Forsey. (J). lib. bdg. 37.13 (978-1-4042-1449-1(6), a6d745c4-f2f5-41b5-82e5-d10e71cb82f6); (gr. 5-5). 2008. (Graphic Careers Ser.). (ENG.). 48p. 2007. Set lib. bdg. 222.78 (978-1-4042-1479-8(8), f3eb7c67-3b68-4b4c-bbbf-db2cff62c5cb) Rosen Publishing Group, Inc., The.

Graphic Design: Putting Art & Words Together, 1 vol. Donna Reynolds. 2017. (Eye on Art Ser.). (ENG., Illus.). 112p. (gr. 7-7). lib. bdg. 41.03 (978-1-5345-6099-4(8), 1e5b6d09-7647-436b-9ffd-7dc64a19079f, Lucent Pr.) Greenhaven Publishing LLC.

Graphic Dinosaurs: Set 1, 6 vols. Incl. Pteranodon: Giant of the Sky. David West. Illus. by Terry Riley & Geoff Ball. lib. bdg. 30.27 (978-1-4042-3895-4(6), 4675c14b-8a45-47c5-8a28-7fb6365bc24c); Triceratops: The Three Horned Dinosaur. Rob Shone. Illus. by Terry Riley & Geoff Ball. lib. bdg. 30.27 (978-1-4042-3896-1(4), c81abda3-7751-4ca5-a1f8-0fe30334988c); Tyrannosaurus: The Tyrant Lizard. Rob Shone. Illus. by James Field. lib. bdg. 30.27 (978-1-4042-3897-8(2), 4e825ef9-86df-41d7-8e6c-c44f18d40790); Velociraptor: The Speedy Thief. David West. Illus. by James Field. lib. bdg. 30.27 (978-1-4042-3898-5(0), 0d8ad25c-5984-4c01-9677-d3a152b1b63f); (J). (gr. 4-4). (Graphic Dinosaurs Ser.). (ENG.). 32p. 2007. Set lib. bdg. 90.81 (978-1-4042-3888-6(3), 9dad5b32-ae13-4527-870e-63ef36dee379) Rosen Publishing Group, Inc., The.

Graphic Dinosaurs: Set 2, 8 vols. Incl. Diplodocus: The Whip-Tailed Dinosaur. Rob Shone. Illus. by James Field. lib. bdg. 30.27 (978-1-4358-2504-8(7), 63bdac2f-1422-46df-a973-8c8a1ca9887a); Elasmosaurus: The Long-Necked Swimmer. Gary Jeffrey. Illus. by Terry Riley. lib. bdg. 30.27 (978-1-4358-2505-5(5), 67fbab84-2115-4085-a36e-9725444f8a089); Giganotosaurus: The Giant Southern Lizard. Rob Shone. Illus. by Terry Riley. lib. bdg. 30.27 (978-1-4358-2502-4(0), 3ffc163c-8c9e-4eb2-9458-e23af79394dd); Stegosaurus: The Plated Dinosaur. Gary Jeffrey. Illus. by James Field. lib. bdg. 30.27 (978-1-4358-2503-1(9), 78e7b638-b2a7-4051-929d-54570e084f56); (J). (gr. 4-4). (Graphic Dinosaurs Ser.). (ENG.). 32p. 2008. Set lib. bdg. 121.08 (978-1-4358-2554-3(3), e81ca0c9-264c-420f-a3d8-0ddf2d827280) Rosen Publishing Group, Inc., The.

Graphic Discoveries, 12 vols., Set. Incl. Ancient Treasures. Rob Shone. Illus. by Nick Spender. (YA). lib. bdg. 37.13 (978-1-4042-1089-9(X), 4d474db6-1701-4483-a162-454b949716ef); History of Flight. Gary Jeffrey. (J). lib. bdg. 37.13 (978-1-4042-1087-5(3), 0bb30428-1379-48d4-8e9f-9bd1c250d2c1); Incredible Space Missions. Gary Jeffrey. Illus. by Mike Lacey. (J). lib. bdg. 37.13 (978-1-4042-1090-5(3), 0c479311-4e98-474a-8c4a-2a5b0e73291b); Medical Breakthroughs. Gary Jeffrey. Illus. by Terry Riley. (YA). lib. bdg. 37.13 (978-1-4042-1086-8(5), fa2a6d23-8350-40e5-8294-3d410ce62189); Spectacular Shipwrecks. Gary Jeffrey. Illus. by Claudia Saraceni. (J). lib. bdg. 37.13 (978-1-4042-1091-2(1), 8c85c30a-3a0b-49e4-9404-8fd8af57d7bf); (gr. 5-5). 2007. (Graphic Discoveries Ser.). (ENG.). 48p. 2007. Set lib. bdg. 222.78 (978-1-4042-1101-8(2), 79fa19e9-823b-49ce-9482-c0c1d08db834) Rosen Publishing Group, Inc., The.

Graphic Expeditions, 10 vols., Set. Michael Kelleher. Incl. Mesa Verde Cliff Dwellers: An Isabel Soto Archaeology Adventure. Terry Collins. lib. bdg. 31.32 (978-1-4296-3971-2(7), 102581); Secrets of Martial Arts: An Isabel Soto History Adventure. Christopher L. Harbo. lib. bdg. 31.32 (978-1-4296-3973-6(3), 102583); (Illus.). (J). (gr. 3-9). (Graphic Expeditions Ser.). (ENG.). 32p. 2010. 306.50 (978-1-4296-4449-5(4), 169268, Capstone Pr.) Capstone.

Graphic Forensic Science, 12 vols., Set. Incl. Autopsies: Pathologists at Work. Gary Jeffrey. Illus. by Terry Riley. lib. bdg. 37.13 (978-1-4042-1446-0(1), 13dce3ad-6c1a-495c-b48d-97206e984f34); Corpses & Skeletons: The Science of Forensic Anthropology. Rob Shone. Illus. by Nick Spender. lib. bdg. 37.13 (978-1-4042-1440-8(2), 142e7f14-2c94-4fb9-a101-01e9d86b1e9e); Crime Scene Investigators. Rob Shone. Illus. by Claudia Saraceni. lib. bdg. 37.13 (978-1-4042-1443-9(7), b672771c-2c9c-4609-9567-2a2f908fc801); Solving Crimes Through Criminal Profiling. Rob Shone. Illus. by Nick Spender. lib. bdg. 37.13 (978-1-4042-1437-8(2), 97119853-57f8-48ad-8f75-100a5dffa5f0); Solving Crimes with Trace Evidence. Gary Jeffrey. Illus. by Peter Richardson. lib. bdg. 37.13 *(978-1-4042-1431-6(3),* ccc59770-c7ed-479b-b312-29a52473b233); (YA). (gr. 5-5). 2008. (Graphic Forensic Science Ser.). (ENG.). 48p. 2007. Set lib. bdg. 222.78 *(978-1-4042-1480-4(1),* 2986c0d7-0a4c-4f50-bb96-22bc59526dbd) Rosen Publishing Group, Inc., The.

Graphic History: Warriors. Blake Hoena et al. 2019. (Graphic History: Warriors Ser.). (ENG.). 32p. (J). (gr. 3-9). pap., pap., pap. 31.80 *(978-1-5435-5957-6(3),* 28988); 133.28 *(978-1-5435-5508-0(X),* 28813) Capstone.

Graphic Horror, 6 vols., Set 2. Gaston Leroux. Illus. by Rod Espinosa. Incl. Phantom of the Opera. (ENG., Illus.). 32p. (J). (gr. 5-8). 2009. 32.79 *(978-1-60270-679-8(4),* 9088, Graphic Planet - Fiction); (Graphic Horror Ser.). (ENG.). Illus.). 32p. 2009. Set lib. bdg. 196.74 *(978-1-60270-675-0(1),* 9080, Graphic Planet - Fiction) Magic Wagon.

Graphic Lives. Diego Agrimbau & Emanuel Castro. 2017. (Graphic Lives Ser.). (ENG.). 80p. (J). (gr. 3-9). 138.60 *(978-1-5157-9182-9(3),* 27334, Capstone Pr.) Capstone.

Graphic Mysteries, 12 vols., Set. Incl. Atlantis & Other Lost Cities. Rob Shone. Illus. by Jim Eldridge. (YA). lib. bdg. 37.13 *(978-1-4042-0794-3(5),* 8c043ed0-4b64-4cb8-921e-494c9375990c); Bermuda Triangle: Strange Happenings at Sea. David West. Illus. by Mike Lacey. (YA). lib. bdg. 37.13 *(978-1-4042-0795-0(3),* 31b08067-bc4a-4dfe-864b-155ae87d4551); Bigfoot & Other Strange Beasts. Rob Shone. Illus. by Nick Spender. (YA). lib. bdg. 37.13 *(978-1-4042-0793-6(7),* 63bbb09b-1918-4cff-a780-95b413b15bca); Ghosts & Poltergeists: Stories of the Supernatural. David West. Illus. by Terry Riley. (YA). lib. bdg. 37.13 *(978-1-4042-0608-3(6),* ba1b24fc-d47a-4657-a798-1bcd64ceb94d); Loch Ness Monster & Other Lake Mysteries. Gary Jeffrey. Illus. by Nik Spender & Bob Moulder. (YA). lib. bdg. 37.13 *(978-1-4042-0796-7(1),* b7d2b5e2-c797-408b-b36c-70cfdb447689); UFOs: Alien Abduction & Close Encounters. Gary Jeffrey. (J). lib. bdg. 37.13 *(978-1-4042-0797-4(X),* 5105307c-7e8d-46e9-9a27-0524bab04a48); (Illus.). (gr. 5-5). 2006. (Graphic Mysteries Ser.). (ENG.). 48p. 2005. Set lib. bdg. 222.78 *(978-1-4042-0829-2(1),* 2b559adb-669f-48d0-afe2-44471783e466) Rosen Publishing Group, Inc., The.

Graphic Natural Disasters, 12 vols., Set. Incl. Avalanches & Landslides. Rob Shone. (J). lib. bdg. 37.13 *(978-1-4042-1992-2(7),* 4730c481-094c-4ddd-92ad-2ef53b98576f); Earthquakes. Rob Shone. Illus. by Nick Spender. (YA). lib. bdg. 37.13 *(978-1-4042-1989-2(7),* ef4138bd-88e2-41f5-a34d-ab78306d13c7); Hurricanes. Gary Jeffrey. Illus. by Mike Lacey. (J). lib. bdg. 37.13 *(978-1-4042-1991-5(9),* 9ef767ce-3b5b-4a27-83d1-f7d52746265b); Tornadoes & Superstorms. Gary Jeffrey. Illus. by Terry Riley. (J). lib. bdg. 37.13 *(978-1-4042-1993-9(5),* 341abb57-9639-4eda-b52c-cd55d0121d81); Tsunamis & Floods. Illus. by Gary Jeffrey. (J). lib. bdg. 37.13 *(978-1-4042-1990-8(0),* 9439fba3-87de-4545-8c3e-b391962ad03a); Volcanoes. Rob Shone. Illus. by Terry Riley. (J). lib. bdg. 37.13 *(978-1-4042-1988-5(9),* 574bee2a-b4ca-4b2f-afca-bd7195505561); (gr. 5-5). 2007. (Graphic Natural Disasters Ser.). (ENG.). 48p. 2006. Set lib. bdg. 222.78 *(978-1-4042-1064-6(4),* 0ef669d1-4605-4cba-b64b-bb1aa108d210) Rosen Publishing Group, Inc., The.

Graphic Nonfiction Biographies: Set 3, 12 vols. Incl. Bob Marley: The Life of a Musical Legend. Gary Jeffrey. Illus. by Terry Riley. (YA). lib. bdg. 37.13 *(978-1-4042-0854-4(2),* 5d207acf-32f4-451c-baac-fa0ec9578448); Martin Luther King Jr: The Life of a Civil Rights Leader. Gary Jeffrey. Illus. by Chris Forsey. (YA). lib. bdg. 37.13 *(978-1-4042-0858-2(5),* 080b58d9-3684-4460-a4fb-15120035adcf); Muhammad Ali: The Life of a Boxing Hero. Rob Shone. Illus. by Nick Spender. (J). lib. bdg. 37.13 *(978-1-4042-0856-8(9),* 61027df5-7350-456c-a678-5961a0c05666); Nelson Mandela: The Life of an African Statesman. Rob Shone. Illus. by Neil Reed. (J). lib. bdg. 37.13 *(978-1-4042-0860-5(7),* 7a196e9f-b30e-495d-9ddc-967f20e6af60); Oprah Winfrey: The Life of a Media Superstar. Gary Jeffrey. Illus. by Terry Riley. (YA). lib. bdg. 37.13 *(978-1-4042-0862-9(3),* 62f889b8-92cd-47b0-baf3-c3130e7d0a92); Rosa Parks: The Life of a Civil Rights Heroine. Rob Shone. Illus. by Nick Spender. (J). lib. bdg. 37.13 *(978-1-4042-0864-3(X),* 6428da22-86f3-4701-b64a-9c47ea50d2f3); (gr. 4-5). 2006. (Graphic Nonfiction Biographies Ser.). (ENG.). 48p. 2006. Set lib. bdg. 222.78 *(978-1-4042-1009-7(1),* fffea14b-7b97-449a-9968-cf2edfd9dae1) Rosen Publishing Group, Inc., The.

Graphic Novel see Cat & Cat Adventures: The Quest for Snacks

Graphic Novel Book 1 see Disney Manga: Tim Burton's the Nightmare Before Christmas — Zero's Journey (Ultimate Manga Edition)

Graphic Novel Classics (Set), 6 vols. 2019. (Graphic Novel Classics Ser.). (ENG., Illus.). 32p. (J). (gr. 4-4). lib. bdg. 83.79 *(978-1-7253-0639-4(5),* 2dc73f69-eb78-42ab-924f-ce8505c2673b, PowerKids Pr.) Rosen Publishing Group, Inc., The.

Graphic Novels. Andrew Dale. 2016. (Essential Literary Genres Ser.). (ENG.). 112p. (J). (gr. 6-12). lib. bdg. 41.36 *(978-1-68078-379-7(3),* 23523, Essential Library) ABDO Publishing Co.

Graphic Science 4D. Emily Sohn et al. Illus. by Cynthia Martin et al. 2019. (Graphic Science 4D Ser.). (ENG.). 32p. (J). (gr. 3-9). pap., pap., pap. 190.80 *(978-1-5435-8135-5(8),* 29506) Capstone.

Graphic Spin. 2022. (Graphic Spin Ser.). (ENG.). 40p. (J). 77.96 *(978-1-6690-3443-8(7),* 252641, Stone Arch Bks.) Capstone.

Graphic STEM Adventures with Max Axiom, Super Scientist. Tammy Enz et al. Illus. by Joe St. Pierre & Iman Max. ed. 2020. (STEM Adventures Ser.). (ENG.). 112p. (J). (gr. 3-9). 9.95 *(978-1-4966-6662-8(3),* 142372) Capstone.

Graphics (Classic Reprint) Harris Merton Lyon. 2018. (ENG., Illus.). 328p. (J). 30.68 *(978-0-332-05467-4(5))* Forgotten Bks.

Graphing Practice: Math Reader 5 Grade 5. Hmh Hmh. 2018. (SPA.). 12p. (J). pap. 9.00 *(978-1-328-57715-3(5))* Houghton Mifflin Harcourt Publishing Co.

Graphing Practice: Math Reader Grade 5. Hmh Hmh. 2017. (Math Expressions Ser.). (ENG.). 8p. (J). (gr. 5). pap. 3.07 *(978-1-328-77191-9(1))* Houghton Mifflin Harcourt Publishing Co.

Graphing Story Problems. Sherra G. Edgar. 2018. (Making & Using Graphs Ser.). (ENG.). 24p. (J). (gr. k-3). lib. bdg. 22.99 *(978-1-5105-3616-6(7))* SmartBook Media, Inc.

Graphing the Mystery. Rachel Roger & Joe Lineberry. Illus. by Arte Rave. 2019. (Gift of Numbers Ser.: Vol. 3). (ENG.). 40p. (J). (gr. 2-3). 16.95 *(978-1-943419-47-0(7));* pap. 11.95 *(978-1-943419-48-7(5))* Prospective Pr.

Graphix Collection, 3 bks., Set. Jeff Smith. Illus. by Jeff Smith. Incl. Great Cow Race: a Graphic Novel (Bone #2) 26.99 *(978-0-439-70624-7(6));* Out from Boneville: a Graphic Novel (BONE #1) pap. 26.99 *(978-0-439-70623-0(8));* (Illus.). 144p. (J). (gr. 3-7). 2005. 2006. 54.89 *(978-0-439-79840-2(X),* Graphix) Scholastic, Inc.

Graphs. Sara Pistoia. 2019. (Let's Do Math! Ser.). (ENG.). 24p. (J). (gr. -1-2). lib. bdg. 22.99 *(978-1-5105-4560-1(3))* SmartBook Media, Inc.

Graphs. Sara Pistoia. 2016. (J). *(978-1-4896-5107-5(1))* Weigl Pubs., Inc.

Grapple: A Story of the Illinois Coal Region (Classic Reprint) Grace MacGowan Cooke. 2017. (ENG., Illus.). (J). 32.85 *(978-1-5284-7961-5(0))* Forgotten Bks.

Grasp of the Sultan (Classic Reprint) Demetra Vaka. 2017. (ENG., Illus.). (J). 30.66 *(978-0-266-22165-4(3))* Forgotten Bks.

Grasp Your Nettle, Vol. 1 Of 3: A Novel (Classic Reprint) E. Lynn Linton. 2018. (ENG., Illus.). 338p. (J). 30.87 *(978-0-267-17765-3(8))* Forgotten Bks.

Grasp Your Nettle, Vol. 2: A Novel (Classic Reprint) E. Lynn Linton. 2018. (ENG., Illus.). 280p. (J). 29.67 *(978-0-267-18332-6(1))* Forgotten Bks.

Grasping Goblin. Ian Irvine. 2nd ed. 2020. (Grim & Grimmer Ser.: Vol. 2). (ENG.). 186p. (J). pap. *(978-0-6481869-4-6(6))* Santhenar Trust, The.

Grasping Mysteries: Girls Who Loved Math. Jeannine Atkins. 2020. (ENG., Illus.). 320p. (J). (gr. 5). 18.99 *(978-1-5344-6068-3(3),* Atheneum Bks. for Young Readers) Simon & Schuster Children's Publishing.

Grass Chopper: The Insect with Wings Like a Helicopter. Manuel Garcia. 2018. (Grass Chopper Ser.: Vol. 1). (ENG., Illus.). 40p. (J). pap. 12.99 *(978-0-692-08311-6(1))* GWOG.

Grass Is Always Greener. Michele Jakubowski. Illus. by Hédi Fekete. 2017. (Ashley Small & Ashlee Tall Ser.). (ENG.). 64p. (J). (gr. 1-3). pap. 4.95 *(978-1-5158-0016-3(4),* Picture Window Bks.) Capstone.

Grass Is Greener on the Other Side: Bully Me Not. Mike Amatuzio & Amanda Tucci. 2021. (ENG.). 28p. (J). pap. *(978-0-2288-4978-0(0))* Tellwell Talent.

Grass Keeper Chronicles. Nancy Shakespeare. 2023. (ENG.). 120p. (J). pap. 12.95 ***(978-1-64307-561-7(6),*** Mascot Kids) Amplify Publishing Group.

Grass Looks Greener on the Other Side. Nadine Davis. 2022. (ENG., Illus.). 32p. (J). pap. 14.95 ***(978-1-63985-067-9(8))*** Fulton Bks.

Grass of Parnassus. Andrew Lang. 2017. (ENG.). (J). 210p. pap. *(978-3-337-38958-1(9));* 210p. pap. *(978-3-337-10587-7(4));* 208p. pap. *(978-3-337-11104-5(1))* Creation Pubs.

Grass of Parnassus: Rhymes Old & New. Andrew Lang. 2017. (ENG.). 152p. (J). pap. *(978-3-337-26114-6(0))* Creation Pubs.

Grass to Milk. Rachel Grack. 2020. (Beginning to End Ser.). (ENG., Illus.). 24p. (J). (gr. k-3). lib. bdg. 26.95 *(978-1-64487-140-9(8),* Blastoff! Readers) Bellwether Media.

Grass Widow (Classic Reprint) R. E. Boyns. (ENG., Illus.). (J). 2018. 278p. 29.63 *(978-0-483-38384-5(8));* 2016. pap. 13.57 *(978-1-334-16959-5(4))* Forgotten Bks.

Grasshopper. August Hoeft. 2022. (I See Insects Ser.). (ENG.). (J). 20p. pap. 12.99 ***(978-1-5324-4160-8(6));*** 16p. (gr. -1-2). 24.99 ***(978-1-5324-3346-7(8));*** 16p. (gr. -1-2). pap. 12.99 ***(978-1-5324-2838-8(3))*** Xist Publishing.

Grasshopper. Ernest Pope. Illus. by Giward Musa. 2021. (ENG.). 28p. (J). pap. *(978-1-922750-02-0(6))* Library For All Limited.

Grasshopper. Illus. by Tatiana Ukhova. 2021. (Aldana Libros Ser.). 56p. (J). (gr. -1-2). 18.95 *(978-1-77164-692-5(6),* Greystone Kids) Greystone Books Ltd. CAN. Dist: Publishers Group West (PGW).

Grasshopper. Bessie T. Wilkerson. Illus. by Richard "ty" Schafrath. 2020. (ENG.). 32p. (J). 21.99 *(978-1-63050-522-6(6));* pap. 19.99 *(978-1-62952-999-8(0))* Salem Author Services.

Grasshopper & the Ant. Menglin Zhao. Illus. by Michael Magpantay. 2022. (ENG.). 30p. (J). pap. ***(978-1-922827-42-5(8))*** Library For All Limited.

Grasshopper & the Butterfly. Joe Swartz. Illus. by Ansley McLeod. 2021. (ENG.). 28p. (J). pap. 12.99 *(978-1-64538-299-7(0))* Orange Hat Publishing.

Grasshopper Land (Classic Reprint) Margaret Warner Morley. (ENG., Illus.). (J). 2018. 296p. 30.00 *(978-0-364-02116-3(0));* 2017. pap. 13.57 *(978-0-259-49783-7(5))* Forgotten Bks.

Grasshoppers, 1 vol. Anika Abraham. 2018. (Creepy Crawlers Ser.). (ENG.). 24p. (gr. 1-1). pap. 9.22 *(978-1-5026-4188-5(7),* 4e51a0c4-659e-44a0-a10f-a6266fba0192) Cavendish Square Publishing LLC.

Grasshoppers. Lisa J. Amstutz. 2017. (Little Critters Ser.). (ENG., Illus.). 24p. (J). (gr. -1-2). lib. bdg. 22.65 *(978-1-5157-7824-0(X),* 135976, Capstone Pr.) Capstone.

Grasshoppers. Julie Murray. 2019. (Animal Kingdom Ser.). (ENG.). 32p. (J). (gr. 2-5). lib. bdg. 34.21 *(978-1-5321-1633-9(0),* 32377, Big Buddy Bks.) ABDO Publishing Co.

Grasshoppers. Patrick Perish. 2017. (Insects up Close Ser.). (ENG., Illus.). 24p. (J). (gr. k-3). lib. bdg. 26.95 *(978-1-62617-665-2(5),* Blastoff! Readers) Bellwether Media.

Grasshoppers. Jared Siemens. 2017. (Illus.). 24p. (J). *(978-1-5105-0638-1(1))* SmartBook Media, Inc.

Grasshoppers. Leo Statts. 2017. (Backyard Animals (Launch!) Ser.). (ENG., Illus.). 24p. (J). (gr. -1-2). lib. bdg. 31.36 *(978-1-5321-2005-3(2),* 25274, Abdo Zoom-Launch) ABDO Publishing Co.

Grasshoppers. Kim Thompson. 2022. (Bugs in My Yard Ser.). (ENG.). 16p. (J). (gr. -1-1). pap. 7.95 *(978-1-63897-543-4(4),* 19414); lib. bdg. 25.27 *(978-1-63897-428-4(4),* 19413) Seahorse Publishing.

Grasshoppers: Backyard Bugs & Creepy-Crawlies (Engaging Readers, Level Pre-1) Ava Podmorow. Ed. by Sarah Harvey. l.t. ed. 2022. (Backyard Bugs & Creepy-Crawlies Ser.: Vol. 4). (ENG., Illus.). 32p. (J). ***(978-1-77476-708-5(2))*** AD Classic.

Grasshoppers: Backyard Bugs & Creepy-Crawlies (Engaging Readers, Level Pre-1) Ava Podmorow. Ed. by Sarah Harvey. l.t. ed. 2022. (Backyard Bugs & Creepy-Crawlies Ser.: Vol. 4). (ENG., Illus.). 32p. (J). pap. ***(978-1-77476-709-2(0))*** AD Classic.

Grasshoppers: Children's Bug Book. Bold Kids. 2022. (ENG.). 46p. (J). pap. 14.99 ***(978-1-0717-1000-5(1))*** FASTLANE LLC.

Grasshoppers & Crickets. Danielle Shusterman. 2017. (1G Bugs Ser.). (ENG., Illus.). 28p. (J). pap. 9.60 *(978-1-63437-111-7(9))* American Reading Co.

Grasshoppers (Classic Reprint) Andrew Dean. 2017. (ENG., Illus.). (J). 33.18 *(978-0-265-46504-2(4))* Forgotten Bks.

Grasshoppers Sing. Matt Reher. 2016. (1B Bugs Ser.). (ENG., Illus.). 28p. (J). pap. 9.60 *(978-1-63437-550-4(5))* American Reading Co.

Grasshoppers up Close, 1 vol. Rachael Morlock. 2019. (Bugs up Close! Ser.). (ENG.). 24p. (gr. 1-2). pap. 9.25 *(978-1-7253-0790-2(1),* 1ade14e6-ae47-4b1b-8cc4-b0f2b7492d0c, PowerKids Pr.) Rosen Publishing Group, Inc., The.

Grassland Animals. Lisa Colozza Cocca. 2019. (Biome Beasts Ser.). (ENG., Illus.). 32p. (gr. 3-6). pap. 9.25 *(978-1-7316-1239-7(7),* 9781731612397) Bridges, Joseph AUS. Dist: Carson-Dellosa Publishing, LLC.

Grassland Animals, 1 vol. William Potter. Illus. by Juan Calle. 2018. (All-Action Animal Art Ser.). (ENG.). 32p. (J). (gr. 3-3). 29.27 *(978-1-5383-4734-8(2),* 846b242f-cab2-4be1-861f-96e17548bd87); pap. 12.75 *(978-1-5383-4732-4(6),* 629a4b1c-8ea2-4429-9a5f-9181688e0ad2) Rosen Publishing Group, Inc., The. (PowerKids Pr.).

Grassland Biome. Elizabeth Andrews. 2021. (Beautiful Biomes Ser.). (ENG.). 24p. (J). (gr. k-3). lib. bdg. 31.36 *(978-1-0982-4103-2(7),* 38770, Pop! Cody Koala) Pop!.

Grassland Biome, 1 vol. Colin Grady. 2016. (Zoom in on Biomes Ser.). (ENG.). 24p. (gr. 2-2). pap. 10.95 *(978-0-7660-7778-2(0),* 747cc47b-531c-4a3f-8651-24e3574a3333) Enslow Publishing, LLC.

Grassland Biome, 1 vol. Grace Hansen. 2016. (Biomes Ser.). (ENG., Illus.). 24p. (J). (gr. -1-2). lib. bdg. 32.79 *(978-1-68080-503-1(7),* 21286, Abdo Kids) ABDO Publishing Co.

Grassland Biome. Kerri Mazzarella. 2022. (Biomes on Planet Earth Ser.). (ENG.). 24p. (J). (gr. k-2). pap. 8.95 *(978-1-63897-582-3(5),* 19386); lib. bdg. 27.93 *(978-1-63897-467-3(5),* 19385) Seahorse Publishing.

Grassland Biomes. Contrib. by Laura Perdew. 2023. (Explore Biomes Ser.). (ENG.). 32p. (J). (gr. 2-5). lib. bdg. 34.21 ***(978-1-0982-9110-5(7),*** 42026, Kids Core) ABDO Publishing Co.

Grassland Biomes. Louise Spilsbury & Richard Spilsbury. 2018. (Earth's Natural Biomes Ser.). (Illus.). 32p. (J). (gr. 4-4). *(978-0-7787-3995-1(3))* Crabtree Publishing Co.

GRASSLAND BIOMES. Contrib. by Louise Spilsbury & Richard Spilsbury. 2018. (Earth's Natural Biomes Ser.). (Illus.). 32p. (J). (gr. 4-4). pap. *(978-0-7787-4123-7(0))* Crabtree Publishing Co.

Grassland Biomes Around the World. Victoria G. Christensen. 2019. (Exploring Earth's Biomes Ser.). (ENG., Illus.). 32p. (J). (gr. 3-6). pap. 7.95 *(978-1-5435-7534-7(X),* 141065); lib. bdg. 27.99 *(978-1-5435-7213-1(8),* 140476) Capstone.

Grassland Ecosystems. Tammy Gagne. 2018. (Earth's Ecosystems Ser.). (ENG., Illus.). 32p. (J). (gr. 3-6). 32.80 *(978-1-63235-457-0(8),* 13869, 12-Story Library) Bookstaves, LLC.

Grassland Globetrotting: Biome Explorers. Laura Perdew. Illus. by Lex Cornell. 2022. (Picture Book Science Ser.). (ENG.). 32p. (J). (gr. k-3). 19.95 *(978-1-64741-073-5(8),* a922b4ba-14c5-4bab-bf34-37e6d7f1e928); pap. 9.95 *(978-1-64741-076-6(2),* 37003f1f-2f98-473e-b4df-eab148ce4413) Nomad Pr.

Grassland Life Connections. Raymond Bergin. 2023. (Life on Earth! Biodiversity Explained Ser.). (ENG.). 32p. (J). (gr. 3-7). lib. bdg. 28.50 Bearport Publishing Co., Inc.

Grasslands. Quinn M. Arnold. 2016. (Seedlings Ser.). (ENG., Illus.). 24p. (J). (gr. -1-k). *(978-1-60818-796-6(9),* 20719, Creative Education); pap. 8.99 *(978-1-62832-349-8(3),* 20717, Creative Paperbacks) Creative Co., The.

Grasslands. Lily Erlic. (Illus.). 32p. (J). 2017. *(978-1-5105-0872-9(4));* 2016. *(978-1-5105-0870-5(8))* SmartBook Media, Inc.

Grasslands. Alexis Roumanis. 2017. (Habitats Ser.). (ENG.). 24p. (J). lib. bdg. 22.99 *(978-1-5105-1967-1(X))* SmartBook Media, Inc.

Grasslands. Debra Seely. 2017. (ENG., Illus.). (J). (gr. 4-6). pap. 9.99 *(978-0-922820-18-4(X))* Watermark Pr., Inc.

Grasslands. Mary-Jane Wilkins. 2017. (Who Lives Here? Ser.). (ENG., Illus.). 24p. (J). (gr. 2-4). 28.50 *(978-1-78121-362-9(3),* 16713) Brown Bear Bks.

Grasslands, Vol. 5. Kimberly Sidabras. 2018. (World's Biomes Ser.). (Illus.). 80p. (J). (gr. 7). 33.27 *(978-1-4222-4037-3(1))* Mason Crest.

Grasslands: Children's Environment & Ecology Book. Bold Kids. 2022. (ENG.). 46p. (J). pap. 14.99 ***(978-1-0717-1001-2(X))*** FASTLANE LLC.

Grasslands: Discover Pictures & Facts about Grasslands for Kids! a Earth Science Book for Children. Bold Kids. 2021. (ENG.). 34p. (J). pap. 11.99 *(978-1-0717-0808-8(2))* FASTLANE LLC.

Grasslands! - Animal Habitats for Kids! Environment Where Wildlife Lives for Kids - Children's Environment Books. Baby Iq Builder Books. 2016. (ENG., Illus.). (J). pap. 8.99 *(978-1-68374-719-2(4))* Examined Solutions PTE. Ltd.

Grasville Abbey, Vol. 1 Of 3: A Romance (Classic Reprint) George Moore. 2018. (ENG., Illus.). 266p. (J). 29.40 *(978-0-267-19890-0(6))* Forgotten Bks.

Grasville Abbey, Vol. 3 Of 3: A Romance (Classic Reprint) George Moore. 2018. (ENG., Illus.). 276p. (J). 29.61 *(978-0-267-65249-5(6))* Forgotten Bks.

Grate Adventure of Lester Zester. Mark Dantzler. Illus. by Julia Pelikhovich. 2021. (ENG.). (J). 64p. 22.99 *(978-1-64538-300-0(8));* 60p. pap. 14.99 *(978-1-64538-301-7(6))* Orange Hat Publishing.

Grateful Boys. Francoise Dumaurier. 2019. (ENG.). 328p. (YA). pap. *(978-1-913136-46-8(9))* Clink Street Publishing.

Grateful Dead, 1 vol. Michele C. Hollow. 2018. (Bands That Rock! Ser.). (ENG.). 112p. (YA). (gr. 7-7). 38.93 *(978-1-9785-0348-9(2),* 279e4bb7-03cd-40ad-96d8-2337f4f3fa12) Enslow Publishing, LLC.

Grateful for Grandpa. Michelle Wanasundera. Illus. by Andrii Bandiak. 2023. (ENG.). 34p. (J). pap. ***(978-1-922991-58-4(9))*** Library For All Limited.

Grateful Giraffe. Sandra Wilson. 2019. (Emotional Animal Alphabet Ser.: Vol. 7). (ENG.). 40p. (J). pap. *(978-1-988215-42-6(0))* words ... along the path.

Grateful Gorilla: Always Says Thanks. Molly Ann Luna & Jovan Luna. 2018. (ENG., Illus.). 28p. (J). pap. 11.77 *(978-0-692-10595-5(6))* Team Luna Productions, Inc.

Grateful Greg. Kerry McGarr. 2022. (ENG.). 24p. (J). pap. *(978-1-3984-2709-9(8))* Austin Macauley Pubs. Ltd.

Grateful Heart. Kamilah Perry. Illus. by Genero Accooe. 2017. (ENG.). 34p. (J). (gr. k-3). pap. 15.00 ***(978-1-937269-73-9(6))*** Amber Bks.

Grateful Ninja's Gratitude Journal for Kids: A Journal to Cultivate an Attitude of Gratitude, a Positive Mindset, & Mindfulness. Mary Nhin & Grow Grit Press. Illus. by Jelena Stupar. 2020. (Ninja Life Hacks Activity Bks.: Vol. 1). (ENG.). 112p. (J). 15.99 *(978-1-953399-45-8(2))* Grow Grit Pr.

Grateful Ninja's Thanksgiving: A Rhyming Children's Book about Gratitude. Mary Nhin. 2022. (Ninja Life Hacks Ser.: Vol. 80). (ENG.). 36p. (J). 19.99 ***(978-1-63731-464-7(7))*** Grow Grit Pr.

Grateful on Thanksgiving & All Year Round: An Activity Book. Jupiter Kids. 2017. (ENG., Illus.). (J). pap. 9.20 *(978-1-68326-768-3(0),* Jupiter Kids (Childrens & Kids Fiction)) Speedy Publishing LLC.

Grateful to Be Grace: Developing a Practice of Positive Thinking. Maggy Williams. 2022. (ENG.). 32p. (J). 29.95 ***(978-1-61599-711-4(3));*** pap. 16.95 ***(978-1-61599-710-7(5))*** Loving Healing Pr., Inc.

Gratitud Es Mi Superpoder: Un Libro para niños Sobre Dar Gracias y Practicar la Positividad. Alicia Ortego. 2021. (SPA.). 44p. (J). 15.99 ***(978-1-7359741-6-3(1))*** Slickcolors INC.

Gratitude, 1 vol. Patricia Billings. 2021. (ENG., Illus.). 24p. (J). (— 1). bds. 8.99 *(978-1-78508-965-7(X))* Milet Publishing.

Gratitude. Shannon Welbourn. 2016. (Step Forward! Ser.). (ENG., Illus.). 24p. (J). (gr. 1-4). *(978-0-7787-2784-2(X))* Crabtree Publishing Co.

Gratitude: Emotions & Feelings (Engaging Readers, Level 2) Kari Jones. Ed. by Alexis Roumanis. 2023. (Emotions & Feelings Ser.: Vol. 1). (ENG., Illus.). 32p. (J). pap. ***(978-1-77878-146-9(2)); (978-1-77878-145-2(4))*** AD Classic.

Gratitude: The Thankful Coat the Hospital Horse. Blue Orb Pvt Ltd. 2017. (ENG., Illus.). (J). pap. 11.99 *(978-1-947429-88-8(4))* Notion Pr., Inc.

Gratitude Bible Verse Coloring Book for Teens & Young Adults (6x9 Coloring Book / Activity Book) Sheba Blake. 2021. (ENG.). 38p. (YA). pap. 9.99 *(978-1-222-31141-9(0))* Indy Pub.

Gratitude Bible Verse Coloring Book for Teens & Young Adults (8x10 Coloring Book / Activity Book) Sheba Blake. 2021. (ENG.). 38p. (YA). pap. 14.99 *(978-1-222-31142-6(9))* Indy Pub.

Gratitude Book for Kids. Chase Malone. 2020. (ENG.). 120p. (J). pap. 9.00 *(978-1-716-32436-9(X))* Lulu Pr., Inc.

Gratitude Dude. Shadi Shakeraneh. 2019. (ENG., Illus.). 24p. (J). *(978-0-2288-0966-1(5));* pap. *(978-0-2288-0965-4(7))* Tellwell Talent.

Gratitude for Kids. Addison Greer. 2021. (ENG.). 102p. (J). pap. 10.90 *(978-1-716-16870-3(8));* pap. 10.85 *(978-1-716-16911-3(9))* Lulu Pr., Inc.

Gratitude for Kids. Chase Malone. 2020. (ENG.). 122p. (J). pap. 9.00 *(978-1-716-32256-3(1))* Lulu Pr., Inc.

Gratitude for Kids: An Activity Book Featuring Coloring, Word Games, Puzzles, Drawing, & Mazes to Cultivate Kindness & Gratitude. Shannon Roberts. 2021. 148p. (J). (gr. 2). pap. 8.95 *(978-1-950968-50-3(2))* Blue Star Pr.

Gratitude Journal. Chase Malone. 2020. (ENG.). (J). 110p. pap. 7.99 *(978-1-716-32247-1(2));* 122p. pap. 9.00 *(978-1-716-32260-0(X));* 120p. pap. 9.00 *(978-1-716-32483-3(1))* Lulu Pr., Inc.

Gratitude Journal for Kids. Addison Greer. 2021. (ENG.). 102p. (J). pap. 10.80 *(978-1-716-16885-7(6));* pap. 10.75 *(978-1-716-16894-9(5));* pap. 10.70 *(978-1-716-16924-3(0))* Lulu Pr., Inc.

Gratitude Is My Superpower: A Children's Book about Giving Thanks & Practicing Positivity. Alicia Ortego. 2021. (ENG.). 44p. (J). 15.99 *(978-1-7359741-4-9(5))* Slickcolors INC.

Gratitude Journal. Rachel Bourn. 2021. (ENG.). 122p. (YA). pap. ***(978-1-6780-8869-9(2))*** Lulu Pr., Inc.

Gratitude Journal. Beryl Chakawata. 2022. (ENG.). 100p. (YA). pap. ***(978-1-4583-4200-3(X))*** Lulu Pr., Inc.

Gratitude Journal. Ann Lester. 2022. (ENG.). 33p. (YA). pap. (978-1-4583-8381-5(4)) Lulu Pr., Inc.

Gratitude Journal: 5 Good Things a Day, Simple Gratitude Journal for Greater Happiness 365 Days a Year. Janice Walker. 2018. (ENG.). 102p. (J). pap. (978-1-911492-68-9(3)) Rose, Erin Publishing.

Gratitude Journal: Awesome Llama, Daily Gratitude Journal for Kids to Write & Draw in. for Confidence, Inspiration & Happiness Everyday (Fun Notebook, Cactus Diary) Janice Walker. 2018. (ENG.). 92p. (J). pap. (978-1-911492-64-1(0)) Rose, Erin Publishing.

Gratitude Journal: Awesome Llama Journal for Kids to Write & Draw in. for Confidence, Goal Setting & Inspiration. Janice Walker. 2018. (ENG.). 92p. (J). pap. (978-1-911492-65-8(9)) Rose, Erin Publishing.

Gratitude Journal: Believe in Yourself. Mermaid Gratitude Journal for Kids. Write in 5 Good Things a Day for Greater Happiness 365 Days a Year (Custom Keepsake) Janice Walker. 2018. (ENG.). 100p. (J). pap. (978-1-911492-79-5(9)) Rose, Erin Publishing.

Gratitude Journal: Cute Flamingo Daily Gratitude Journal for Kids to Write & Draw in. for Confidence, Inspiration & Happiness (Fun Diary, Dream Big) Janice Walker. 2018. (ENG., Illus.). 92p. (J). pap. (978-1-911492-96-2(9)) Rose, Erin Publishing.

Gratitude Journal: Cute Giant Panda, Daily Gratitude Journal for Kids to Write & Draw in. for Confidence, Fun, Inspiration & Happiness (Children's Notebook, Feathers Diary) Janice Walker. 2018. (ENG.). 92p. (J). pap. (978-1-911492-66-5(7)) Rose, Erin Publishing.

Gratitude Journal: Cute Sloth Daily Gratitude Journal for Kids to Write & Draw in. for Confidence, Inspiration & Happiness (Fun Diary, Happy Dreams) Janice Walker. 2018. (ENG.). 92p. (J). pap. (978-1-911492-61-0(6)) Rose, Erin Publishing.

Gratitude Journal: Cute Unicorn & Mermaid Gratitude Journal for Kids. Write in 5 Good Things a Day for Greater Happiness 365 Days a Year (Rainbow Stars) Janice Walker. 2018. (ENG.). 100p. (J). pap. (978-1-911492-82-5(9)) Rose, Erin Publishing.

Gratitude Journal: Don't Forget to Be Awesome. Daily Gratitude Journal for Kids to Write & Draw in. for Confidence, Self-Esteem & Happiness (Fun Notebook) Janice Walker. 2018. (ENG., Illus.). 92p. (J). pap. (978-1-911492-99-3(3)) Rose, Erin Publishing.

Gratitude Journal: Dream. Believe. Achieve. Magical Unicorn Gratitude Journal for Kids. Write in 5 Good Things a Day for Greater Happiness 365 Days a Year (Custom Keepsake) Janice Walker. 2018. (ENG.). 100p. (J). pap. (978-1-911492-80-1(2)) Rose, Erin Publishing.

Gratitude Journal: Dream Big. Cute Unicorn Gratitude Journal for Kids to Write & Draw in. for Confidence, Fun, Inspiration, Self-Esteem & Goal Setting (Daily Kids Diary) Janice Walker. 2018. (ENG.). 92p. (J). pap. (978-1-911492-62-7(4)) Rose, Erin Publishing.

Gratitude Journal: Dream Big. Llama Gratitude Journal for Kids. Write in 5 Good Things a Day for Greater Happiness 365 Days a Year (Custom Diary) Janice Walker. 2018. (ENG.). 100p. (J). pap. (978-1-911492-84-9(5)) Rose, Erin Publishing.

Gratitude Journal: Follow Your Dreams. Gratitude Journal for Kids. Write in 5 Good Things a Day for Greater Happiness 365 Days a Year (Unicorn, Rainbow) Janice Walker. 2018. (ENG.). 100p. (J). pap. (978-1-911492-89-4(6)) Rose, Erin Publishing.

Gratitude Journal: Girl Power. Daily Gratitude Journal to Write & Draw in. for Confidence, Inspiration & Fun (Happy Kids, Rainbow Diary) Janice Walker. 2018. (ENG., Illus.). 92p. (J). pap. (978-1-911492-97-9(7)) Rose, Erin Publishing.

Gratitude Journal: Good Vibes, Happiness & Fun Through Positivity. Janice Walker. 2018. (ENG.). 92p. (J). pap. (978-1-911492-29-0(2)) Rose, Erin Publishing.

Gratitude Journal: Gratitude Journal for Kids. Write in 5 Good Things a Day for Greater Happiness 365 Days a Year (Love Llama) Janice Walker. 2018. (ENG.). 100p. (J). pap. (978-1-911492-87-0(X)) Rose, Erin Publishing.

Gratitude Journal: I Love Unicorn. Rainbow Gratitude Journal for Kids. Write in 5 Good Things a Day for Greater Happiness 365 Days a Year (My Best Friend) Janice Walker. 2018. (ENG.). 100p. (J). pap. (978-1-911492-88-7(8)) Rose, Erin Publishing.

Gratitude Journal: I Love You Lots. Gratitude Journal for Kids. Write in 5 Good Things a Day for Greater Happiness 365 Days a Year (Llama, Custom Keepsake) Janice Walker. 2018. (ENG.). 100p. (J). pap. (978-1-911492-83-2(7)) Rose, Erin Publishing.

Gratitude Journal: I Love You to the Moon & Back, Gratitude Journal for Kids to Write & Draw in. for Confidence, Inspiration & Happiness (Fun Notebook, Cute Kids Diary) Janice Walker. 2018. (ENG.). 92p. (J). pap. (978-1-911492-63-4(2)) Rose, Erin Publishing.

Gratitude Journal: Love Llamas. Gratitude Journal for Kids. Write in 5 Good Things a Day for Greater Happiness 365 Days a Year (Custom Diary) Janice Walker. 2018. (ENG.). 100p. (J). pap. (978-1-911492-85-6(3)) Rose, Erin Publishing.

Gratitude Journal: Mermaids Are Real. Daily Gratitude Journal for Kids to Write & Draw in. for Confidence, Inspiration & Happiness (Lovely Diary, Cute Little Mermaid) Janice Walker. 2018. (ENG.). 92p. (J). pap. (978-1-911492-67-2(5)) Rose, Erin Publishing.

Gratitude Journal: Unicorn Magic. Helene Malmsio. 2018. (ENG., Illus.). 72p. (J). pap. 31.50 (978-0-359-05662-0(8)) Lulu Pr., Inc.

Gratitude Journal: You Are Awesome. Daily Gratitude Journal to Write & Draw in. for Confidence, Happiness & Fun (Pug Diary, Dog Lover) Janice Walker. 2018. (ENG., Illus.). 92p. (J). pap. (978-1-911492-98-6(5)) Rose, Erin Publishing.

Gratitude Journal & Wellness Guide for Teens: Create Your Own Sunshine. Awesome Inc et al. 2018. (ENG., Illus.). 194p. (YA). (gr. 7-12). 30.00 (978-0-473-43166-2(1)) MCA Denver.

Gratitude Journal & Wellness Guide for Teens: Wild + Free. Awesome Inc et al. 2018. (ENG., Illus.). 194p. (YA). (gr. 7-12). 30.00 (978-0-473-43165-5(3)) MCA Denver.

Gratitude Journal for Boys. Ally Bill. 2020. (ENG.). 102p. (J). pap. 11.97 (978-1-716-29719-9(2)); pap. 8.97 (978-1-716-29722-9(2)) Mr. Cal Cumin.

Gratitude Journal for Boys: Boost Confidence & Happiness in Children Through Daily Thanks & Fun Activities. Dubreck World Publishing. 2021. (ENG.). 110p. (J). pap. (978-1-291-71610-8(6)) Lulu Pr., Inc.

Gratitude Journal for Children. Patti Bowman. 2020. (ENG.). 130p. (J). (gr. k-5). pap. 9.97 (978-0-9981354-8-9(8)) Silver Linden Pr.

Gratitude Journal for Girls. Ally Bill. 2020. (ENG.). 102p. (J). pap. 11.97 (978-1-716-29724-3(9)) Mr. Cal Cumin.

Gratitude Journal for Girls: Boost Confidence & Happiness in Children Through Daily Thanks & Fun Activities. Dubreck World Publishing. 2021. (ENG.). 110p. (J). pap. (978-1-300-28491-8(9)) Lulu Pr., Inc.

Gratitude Journal for Girls: Daily Gratitude Journal for Girls Large 8. 5 X 11 Inches, 120 Pages a Journal to Teach Children to Practice Gratitude & Mindfulness Positivity Diary for a Happier Kid in Just 5 Minutes a Day Beautiful Gift Idea for Kids, Girls, Teens & Adults V1. Inspiring Gratitude Journal for Kids. 2021. (ENG.). 120p. (YA). pap. 9.99 (978-0-475-25709-3(X), Wordclay) Author Solutions, LLC.

Gratitude Journal for Girls - Hardcover - 126 Pages-6x9-Inches: A Daily Positive Thinking Journal -A Happiness Journal- a Growth Mindset Journal for Girls Ages 8+ Pappel20. 2021. (ENG.). 128p. (J). 14.99 (978-1-716-20701-3(0)) Lulu Pr., Inc.

Gratitude Journal for Girls -170 Pages- 6x9-Inches: A Daily Positive Thinking Journal -A Happiness Journal-a Growth Mindset Journal for Girls Ages 8+ 2020. (ENG.). 170p. (J). pap. 12.00 (978-1-716-37699-3(8)) Lulu Pr., Inc.

Gratitude Journal for Kids. Ally Bill. 2020. (ENG.). 102p. (J). pap. 11.97 (978-1-716-29834-9(2)) Mr. Cal Cumin.

Gratitude Journal for Kids. Priscilla Morgan. Illus. by Simonne-Anais Clarke & Zachary-michael Clarke. 2019. (ENG.). 34p. (J). pap. 11.99 (978-1-948071-39-0(8)) Lauren Simone Publishing Hse.

Gratitude Journal for Kids. Cristie Publishing. 2021. (ENG.). 104p. (J). pap. 9.50 (978-1-716-23266-4(X)) Lulu Pr., Inc.

Gratitude Journal for Kids. Malkovich Rickblood. 2021. (ENG.). 112p. (J). pap. 6.98 (978-1-716-28043-6(5)) Lulu Pr., Inc.

Gratitude Journal for Kids. Irene Eva Toth. 2020. (ENG.). 54p. (J). pap. 8.99 (978-1-716-33724-6(0)) Lulu Pr., Inc.

Gratitude Journal for Kids: A Daily Gratitude Journal to Teach Kids to Practice Gratitude, Mindfulness, to Have Fun & Fast Ways to Give Daily Thanks (Family Activities, Daily Activities, Weekly Activities & Monthly Activities) for Kids Ages 7-10. Molly Osborne. 2020. (ENG.). 122p. (J). pap. 10.00 (978-1-716-36936-0(3)) Lulu Pr., Inc.

Gratitude Journal for Kids: Ultimate Gratitude Journal for Kids, Boys & Girls Ages 4 & above. Indulge into Self Care & Get the Self Care Journal. This Is the Best Gratitude Journal for Boys & Gratitude Journal for Girls. You Should Have This Daily Gratitude Journal & Happin. Andrea Jensen. 2021. (ENG.). 122p. (J). pap. 10.99 (978-1-716-10761-0(X)) Lulu Pr., Inc.

Gratitude Journal for Kids Ages 5-10. Eightidd Fun Time. 2021. (ENG.). 112p. (J). pap. 9.99 (978-0-201-47051-2(9)) Lulu Pr., Inc.

Gratitude Journal for Kids Ages 5-10: 3 Minute Gratitude Journal for Kids to Develope Gratitude & Mindfulness - Fun Daily Journal with Prompts for Children Happiness. Eightidd Fun Time. 2021. (ENG.). 122p. (J). pap. 10.99 (978-1-716-26519-8(3)) Lulu Pr., Inc.

Gratitude Journal for Kids with Weekly Gratitude Acts & Quotes. Busy Bee Nation Press. 2021. (ENG.). 172p. (J). pap. 8.99 (978-1-716-09583-2(2)) Lulu Pr., Inc.

Gratitude Journal for Teens: Simple Daily Journal with Prompts - Journal for Teenage Girls to Develop Gratefulness, Positivity & Happiness. Eightidd Ge Press. 2020. (ENG.). 112p. (YA). pap. 8.99 (978-1-716-59366-6(2)) Lulu Pr., Inc.

Gratitude Planner for Kids. Addison Greer. 2021. (ENG.). 102p. (J). pap. 10.85 (978-1-716-16904-5(6)); pap. 10.80 (978-1-716-16914-4(3)) Lulu Pr., Inc.

Gratitude Seed. Linda Appleby. Illus. by Zoe Saunders. 2021. (ENG.). 34p. (J). 14.99 (978-0-9600253-5-0(9)); pap. 7.99 (978-0-9600253-8-1(3)) Seeds of Imagination.

Gratitude with Attitude - the 1 Minute Gratitude Journal for Kids Ages 10-15: Prompted Daily Questions to Empower Young Kids Through Gratitude Activities Boys Edition. Romney Nelson. 2021. (Gratitude & Mindfulness Journals for Kids Ser.: Vol. 2). (ENG.). 114p. (YA). pap. (978-1-922568-88-5(0)) Life Graduate, The.

Gratitude with Attitude - the 3 Minute Gratitude Journal for Kids Ages 8-12: Prompted Daily Questions to Empower Young Kids Through Gratitude Activities Boys Edition. Romney Nelson. 2021. (Gratitude & Mindfulness Journals for Kids Ser.: Vol. 1). (ENG.). 102p. (J). pap. (978-1-922568-87-8(2)) Life Graduate, The.

Graustark the Story of a Love, Behind a Throne (Classic Reprint) George Barr McCutcheon. 2017. (ENG., Illus.). (J). 32.81 (978-1-5282-5360-4(4)) Forgotten Bks.

Grave Danger (Confessions of a Dork Lord, Book 2) Mike Johnston. Illus. by Marta Altés. 2022. (Confessions of a Dork Lord Ser.: 2). 304p. (J). (gr. 3-7). 13.99 (978-0-593-32547-6(8), G.P. Putnam's Sons Books for Young Readers) Penguin Young Readers Group.

Grave Keepers. Elizabeth Byrne. 2017. (ENG.). 320p. (YA). (gr. 8). 17.99 (978-0-06-248475-8(3), HarperTeen) HarperCollins Pubs.

Grave Mercy: His Fair Assassin, Book I. Robin LaFevers. 2018. (His Fair Assassin Ser.: 1). (ENG.). 592p. (YA). (gr. 9). pap. 12.99 (978-1-328-56765-9(6), 1726772, Clarion Bks.) HarperCollins Pubs.

Grave Message. Mary Jennifer Payne. 2022. (Orca Anchor Ser.). (ENG.). 80p. (YA). (gr. 8-12). pap. 10.95 (978-1-4598-2864-3(X)) Orca Bk. Pubs. USA.

Grave Mistake. Jeff Gottesfeld. 2022. (Red Rhino Ser.). (ENG.). 68p. (J). (gr. 4-7). pap. 9.95 (978-1-68021-311-9(3)) Saddleback Educational Publishing, Inc.

Grave Mistakes: an AFK Book (Hello Neighbor #5), Vol. 5. Carly Anne West. 2020. (Hello Neighbor Ser.: 5). (ENG., Illus.). 208p. (J). (gr. 5-5). pap. 7.99 (978-1-338-59429-4(X)) Scholastic, Inc.

Grave Shadows. Jerry B. Jenkins & Chris Fabry. 2020. (Red Rock Mysteries Ser.: 5). (ENG.). 240p. (J). pap. 6.99 (978-1-4964-4235-2(0), 20_33639, Tyndale Kids) Tyndale Hse. Pubs.

Grave Thief. Dee Hahn. 2022. 344p. (J). (gr. 4-7). 17.99 (978-0-7352-6943-9(2), Puffin Canada) PRH Canada Young Readers CAN. Dist: Penguin Random Hse. LLC.

Grave Things Like Love. Sara Bennett Wealer. 2022. (ENG.). 352p. (YA). (gr. 7). pap. 12.99 (978-0-593-70355-7(3), Delacorte Pr.) Random Hse. Children's Bks.

Gravebooks. J. A. White. (ENG.). 272p. (J). (gr. 3-7). 2023. pap. 9.99 (978-0-06-308202-1(0)); 2022. 17.99 (978-0-06-308201-4(2)) HarperCollins Pubs. (Tegen, Katherine Bks).

Gravebriar. Casey L. Bond. 2021. (ENG.). 374p. (YA). 24.99 (978-1-0879-4277-3(2)) Indy Pub.

Gravedad. Piper Whelan. 2017. (¿qué Da Forma a la Tierra? Ser.). (SPA.). 24p. (J). lib. bdg. 22.99 (978-1-5105-2377-7(4)) SmartBook Media, Inc.

Gravedad (Gravity) Grace Hansen. 2018. (Ciencia Básica (Beginning Science) Ser.). (SPA.). 24p. (J). (gr. -1-2). lib. bdg. 32.79 (978-1-5321-8387-4(9), 29967, Abdo Kids) ABDO Publishing Co.

Gravedigger's Son. Patrick Moody. Illus. by Graham Carter. 2017. 304p. (J). (gr. 2-7). 16.99 (978-1-5107-1073-3(6), Sky Pony Pr.) Skyhorse Publishing Co., Inc.

Gravel Pit Kids. Geraldine Ryan-Lush. 2017. (ENG., Illus.). (J). (gr. 5-6). pap. 16.95 (978-1-61296-890-2(2)) Black Rose Writing.

Gravemaidens. Kelly Coon. 416p. (YA). (gr. 9). 2020. pap. 11.99 (978-0-525-64784-3(8), Ember); 2019. (ENG.). lib. bdg. 21.99 (978-0-525-64785-0(6), Delacorte Pr.) Random Hse. Children's Bks.

Graven Vengeance: Overlord Warriors. Benjamin Smith. 2016. (ENG., Illus.). 108p. (YA). (gr. 7-10). pap. (978-1-78719-140-2(0)) Authors OnLine, Ltd.

Graves at Kilmorna: A Story of '67 (Classic Reprint) Canon P. a Shehan. 2018. (ENG., Illus.). 374p. (J). 31.63 (978-0-483-34020-6(0)) Forgotten Bks.

Graves for Drifters & Thieves. Sophia Minetos. 2020. (ENG.). 470p. (YA). pap. 13.95 (978-1-7355933-0-2(3)); (Drifters' Saga Ser.: Vol. 1). 22.00 (978-1-7355933-1-9(1)) Minetos, Sophia.

Graveyard Book Graphic Novel Single Volume. Neil Gaiman. Illus. by P. Craig Russell. (ENG.). 368p. (J). (gr. 3-7). 2017. pap. 22.99 (978-0-06-242189-0(1)); 2016. 35.00 (978-0-06-242188-3(3)) HarperCollins Pubs. (Quill Tree Bks.).

Graveyard Book Graphic Novel Single Volume Special Limited Edition. Neil Gaiman. Illus. by P. Craig Russell. 2016. (ENG.). 384p. (J). (gr. 3-7). 175.00 (978-0-06-239449-1(5), Quill Tree Bks.) HarperCollins Pubs.

Graveyard Diaries Set 2 (Set), 4 vols. 2018. (Graveyard Diaries). (ENG., Illus.). 112p. (J). (gr. 2-5). lib. bdg. 154.00 (978-1-5321-3177-6(1), 28449, Calico Chapter Bks.) ABDO Publishing Co.

Graveyard Diaries Set 3 (Set), 6 vols. Baron Specter. 2021. (Graveyard Diaries). (ENG.). 112p. (J). (gr. 2-5). lib. bdg. 231.00 (978-1-0982-3028-9(0), 37673, Calico Chapter Bks.) ABDO Publishing Co.

Graveyard Dirt. Dax Varley. Illus. by Jon Proctor. 2016. (Demon Slayer Ser.). (ENG.). 48p. (J). (gr. 3-7). lib. bdg. 34.21 (978-1-62402-158-9(1), 21563, Spellbound) Magic Wagon.

Graveyard Girl & the Boneyard Boy. Martin Matthews. 2017. (ENG., Illus.). (YA). (gr. 7-12). pap. 21.95 (978-1-61296-974-9(7)) Black Rose Writing.

Graveyard Riddle: a Goldfish Boy Novel. Lisa Thompson. 2021. (ENG.). 304p. (J). (gr. 3-7). 17.99 (978-1-338-67903-8(1), Scholastic Pr.) Scholastic, Inc.

Graveyard Visible. Steve Conoboy. 2018. (ENG., Illus.). 312p. (YA). (gr. 8-17). pap. 12.95 (978-1-78535-668-1(2), Lodestone Bks.) Hunt, John Publishing Ltd. GBR. Dist: National Bk. Network.

#GraveyardChallenge. Culliver Crantz & S. O. Thomas. 2020. (Frightvision Ser.: Vol. 5). (ENG.). 102p. (J). pap. 9.97 (978-1-952910-09-8(9)) Write 211 LLC.

Gravitation: An Elementary Explanation of the Principal Perturbations in the Solar System (Classic Reprint) George Biddell Airy. 2017. (ENG., Illus.). (J). 28.83 (978-0-331-29069-1(3)) Forgotten Bks.

Gravitational Effects Educational Facts Children's Science Book. Bold Kids. 2023. (ENG.). 42p. (J). pap. 14.99 (978-1-0717-1691-5(3)) FASTLANE LLC.

Gravitational Waves Explained, 1 vol. Richard Gaughan. 2018. (Mysteries of Space Ser.). (ENG.). 80p. (gr. 7-7). 38.93 (978-1-9785-0456-1(X), 4f4e3f8e-0f57-4696-b05b-efd6625e7be9) Enslow Publishing, LLC.

Gravity, 1 vol. Kevin Czarnecki. 2016. (Great Discoveries in Science Ser.). (ENG.). 112p. (YA). (gr. 9-9). 47.36 (978-1-5026-1957-0(1), 227b987b-0e6d-45af-8db7-2614942b33be) Cavendish Square Publishing LLC.

Gravity. Robert M. Drake. 2017. (ENG., Illus.). (YA). (gr. 7-12). pap. 16.00 (978-0-9986293-0-8(8)) Vintage Wild.

Gravity. Meg Gaertner. 2019. (Science All Around Ser.). (ENG., Illus.). 24p. (J). (gr. k-3). lib. bdg. 31.36 (978-1-5321-6357-9(6), 32029, Pop! Cody Koala) Pop!.

Gravity. Grace Hansen. 2018. (Beginning Science Ser.). (ENG., Illus.). 24p. (J). (gr. -1-2). lib. bdg. 32.79 (978-1-5321-0807-5(9), 28175, Abdo Kids) ABDO Publishing Co.

Gravity. Karen Latchana Kenney. 2022. (Intro to Physics: Need to Know Ser.). (ENG.). (J). (gr. 5-7). lib. bdg. 28.50 Bearport Publishing Co., Inc.

Gravity. Joseph Midthun. Illus. by Samuel Hiti. 2022. (ENG.). 42p. (J). pap. (978-0-7166-5057-7(6)) World Bk.-Childcraft International.

Gravity. Rebecca Pettiford. 2018. (Science Starters Ser.). (ENG., Illus.). 24p. (J). (gr. k-3). pap. 7.99 (978-1-61891-463-7(4), 12116); lib. bdg. 26.95 (978-1-62617-807-6(0)) Bellwether Media. (Blastoff! Readers).

Gravity. Andrea Rivera. 2017. (Science Concepts Ser.). (ENG., Illus.). 24p. (J). (gr. -1-2). lib. bdg. 31.36 (978-1-5321-2051-0(6), 25352, Abdo Zoom-Launch) ABDO Publishing Co.

Gravity. Piper Whelan. 2017. (Illus.). 24p. (J). (978-1-5105-1040-1(0)) SmartBook Media, Inc.

Gravity: Mass, Energy, & the Force That Holds Things Together with Hands-On Science. Cindy Blobaum. Illus. by Micah Rauch. 2023. (ENG.). 112p. (J). (gr. 3-7). pap. 17.95 (978-1-64741-010-0(X), 0a7ef19c-b32c-4f0e-b0ea-d2221c567e58) Nomad Pr.

Gravity (a True Book: Physical Science) (Library Edition) Alexa Kurzius. 2019. (True Book (Relaunch) Ser.). (ENG., Illus.). 48p. (J). (gr. 3-5). lib. bdg. 31.00 (978-0-531-13139-8(4), Children's Pr.) Scholastic Library Publishing.

Gravity & the Sun in Our Solar System Coloring Book. Activibooks For Kids. 2016. (ENG., Illus.). (J). pap. 9.20 (978-1-68321-707-7(1)) Mimaxion.

Gravity Explained, 1 vol. Alexander Tolish. 2018. (Mysteries of Space Ser.). (ENG.). 80p. (gr. 7-7). 38.93 (978-0-7660-9950-0(4), 6f687c8e-4426-49a7-88d1-24013624ca22) Enslow Publishing, LLC.

Gravity Falls: Mi Diario de Notas Secreto. Disney Disney. 2019. (SPA.). 80p. (J). pap. 7.95 (978-607-07-6058-7(1), Planeta Publishing) Planeta Publishing Corp.

Gravity Falls. Ano Colorees Este Libro! Disney Disney. 2019. (ENG & SPA.). 64p. (J). pap. 5.95 (978-607-07-4619-2(8), Planeta Publishing) Planeta Publishing Corp.

Gravity Falls. Camic 1. Disney Disney. 2019. (ENG & SPA.). 240p. (J). pap. 12.95 (978-607-07-4428-0(4), Planeta Publishing) Planeta Publishing Corp.

Gravity Falls. Camic 2. Disney Disney. 2019. (ENG & SPA.). 240p. (J). pap. 12.95 (978-607-07-4753-3(4), Planeta Publishing) Planeta Publishing Corp.

Gravity Falls. Camic 3. Disney Disney. 2019. (ENG & SPA.). 248p. (J). pap. 12.95 (978-607-07-5004-5(7), Planeta Publishing) Planeta Publishing Corp.

Gravity Falls. Comic 5. Disney Disney. 2019. (SPA.). 216p. (J). pap. 13.95 (978-607-07-5620-7(7), Planeta Publishing) Planeta Publishing Corp.

Gravity Falls. Diario 3. Disney Disney. 2019. (ENG & SPA.). 288p. (J). pap. 14.95 (978-607-07-4105-0(6), Planeta Publishing) Planeta Publishing Corp.

Gravity Falls:: Dipper & Mabel & the Curse of the Time Pirates' Treasure! A Select Your Own Choose-Venture! Jeffrey Rowe. 2016. (ENG., Illus.). 288p. (J). (gr. 3-7). 12.99 (978-1-4847-4668-4(6), Disney Press Books) Disney Publishing Worldwide.

Gravity Falls. Dipper y Mabel. la Maldición de Los Piratas. Disney Disney. 2019. (ENG & SPA.). 296p. (J). pap. 12.95 (978-607-07-4006-0(8), Planeta Publishing) Planeta Publishing Corp.

Gravity Falls: Gravity Falls: Tales of the Strange & Unexplained: (Bedtime Stories Based on Your Favorite Episodes!) Disney Books. 2021. (5-Minute Stories Ser.). 12p. (J). (gr. 1-3). 14.99 (978-1-368-06411-8(6), Disney Press Books) Disney Publishing Worldwide.

Gravity Falls. Guía de Misterio y Diversión. Disney Disney. 2019. (ENG & SPA.). 160p. (J). pap. 12.95 (978-607-07-3995-8(7), Planeta Publishing) Planeta Publishing Corp.

Gravity Falls:: Journal 3. Alex Hirsch. 2016. (ENG., Illus.). 288p. (J). (gr. 3-7). 19.99 (978-1-4847-4669-1(4), Disney Press Books) Disney Publishing Worldwide.

Gravity Falls. la Tierra Antes de Los Cerdos. Disney Disney. 2019. (ENG & SPA.). 120p. (J). pap. 5.95 (978-607-07-4593-5(0), Planeta Publishing) Planeta Publishing Corp.

Gravity Falls. Lejos de Casa. Disney Disney. 2019. (ENG & SPA.). 120p. (J). pap. 5.95 (978-607-07-4589-8(2), Planeta Publishing) Planeta Publishing Corp.

Gravity Falls. Leyendas Perdidas. Disney Disney. 2019. (ENG & SPA.). 144p. (J). pap. 11.95 (978-607-07-5170-7(1), Planeta Publishing) Planeta Publishing Corp.

Gravity Falls:: Lost Legends: 4 All-New Adventures! Alex Hirsch. 2018. (ENG., Illus.). 144p. (J). (gr. 3-7). 19.99 (978-1-368-02142-5(5), Disney Press Books) Disney Publishing Worldwide.

Gravity Falls Mad Libs: World's Greatest Word Game. Laura Macchiarola. 2018. (Mad Libs Ser.). (ENG.). 48p. (J). (gr. 3-7). pap. 5.99 (978-1-5247-8713-4(2), Mad Libs) Penguin Young Readers Group.

Gravity Falls. un Verano de Misterios. Disney Disney. 2019. (ENG & SPA.). 120p. (J). pap. 7.95 (978-607-07-5138-7(8), Planeta Publishing) Planeta Publishing Corp.

Gravity Hills. Virginia Loh-Hagan. 2018. (Urban Legends: Don't Read Alone! Ser.). (ENG., Illus.). 32p. (J). (gr. 4-8). pap. 14.21 (978-1-5341-0861-5(0), 210808); lib. bdg. 32.07 (978-1-5341-0762-5(2), 210807) Cherry Lake Publishing. (45th Parallel Press).

Gravity of Missing Things. Marisa Urgo. 2022. (ENG.). 320p. (YA). pap. 9.99 (978-1-64937-217-8(5), 900259406) Entangled Publishing, LLC.

Gravity of Us. Phil Stamper. (ENG.). (YA). 2021. 336p. pap. 10.99 (978-1-5476-0568-2(5), 900232466); 2020. 320p. 17.99 (978-1-5476-0014-4(4), 900195006) Bloomsbury Publishing USA. (Bloomsbury Young Adult).

Gravity, Orbiting Objects, & Planetary Motion, 1 vol. Lisa Hiton. 2016. (Space Systems Ser.). (ENG., Illus.). 112p. (J). (gr. 8-8). 44.50 (978-1-5026-2287-7(4), 9146c42b-baf6-483f-9283-948d39cac69f) Cavendish Square Publishing LLC.

Gravity Will Always Pull You Down... A Child's Introduction to Gravity. Lawrence Martin. Illus. by Rebecca Weisenhoff. 2016. (ENG.). 42p. (J). (gr. 1-6). pap. 9.99 (978-1-879653-09-2(5)) Lakeside Pr.

Gravity's Pull: 10 Fun Gravity Experiments, 1 vol. Contrib. by Scientific American. 2022. (Bring Science Home Ser.). (ENG.). 64p. (J). (gr. 5-6). pap. 14.55 (978-1-68416-966-5(6), b71419eb-ccfa-4e4f-89a1-1eab1feed2da) Rosen Publishing Group, Inc., The.

Gray. Chris Baron. 2023. (ENG.). 304p. (J). 18.99 *(978-1-250-86471-0(2)*, 900277818) Feiwel & Friends.

Gray. Xist Publishing. 2019. (Discover Colors Ser.). (ENG.). 12p. (J). (gr. -1-2). pap. 5.99 *(978-1-5324-0965-3(6))* Xist Publishing.

Gray Adventure. Lisa Chong. Illus. by Amy Schimler-Safford. 2018. (ENG.). 32p. (J). pap. 25.00 *(978-0-9997557-0-9(6))* Chong, Lisa.

Gray & the Blue: A Story Founded on Incidents Connected with the War for the Union (Classic Reprint) E. R. Roe. 2017. (ENG., Illus.). (J). 30.15 *(978-0-260-40422-0(5))* Forgotten Bks.

Gray Angels (Classic Reprint) Nalbro Bartley. 2017. (ENG., Illus.). (J). 32.72 *(978-0-265-20838-0(6))* Forgotten Bks.

Gray Dawn (Classic Reprint) Stewart Edward White. 2017. (ENG., Illus.). (J). 32.37 *(978-1-5283-8774-3(0))* Forgotten Bks.

Gray Dream, Vol. 1 Of 2: And Other Stories of New England Life (Classic Reprint) Laura Wolcott. 2018. (ENG., Illus.). 292p. (J). 29.92 *(978-0-483-64829-6(9))* Forgotten Bks.

Gray Fairy Book: Complete & Unabridged. Andrew Lang. Illus. by Henry J. Ford. 2020. (Andrew Lang Fairy Book Ser.: 6). 360p. (J). (gr. 2-8). 14.99 *(978-1-63158-569-2(X)*, Racehorse Publishing) Skyhorse Publishing Co., Inc.

Gray Flowers. Dave Radford. Illus. by Forrest Dickison. 2018. (ENG.). 24p. (J). pap. 11.95 *(978-1-947644-46-5(7))* Canon Pr.

Gray Fox in the Moonlight. Isaac Peterson. 2023. (ENG., Illus.). 32p. (J). 17.95 *(978-1-68555-032-5(0))* Collective Bk. Studio, The.

Gray Foxes. Rebecca Sabelko. 2019. (North American Animals Ser.). (ENG., Illus.). 24p. (J). (gr. k-3). lib. bdg. 26.95 *(978-1-62617-912-7(3)*, Blastoff! Readers) Bellwether Media.

Gray Ghost: A Seckatary Hawkins Mystery. Robert Schulkers. 2016. (ENG., Illus.). 352p. 19.95 *(978-0-8131-6794-7(9)*, 978-0-8131-6794-7) Univ. Pr. of Kentucky.

Gray Heart. Kaitlyn Legaspi. 2020. (ENG.). 270p. (YA). pap. 12.95 *(978-1-393-67928-8(5))* Draft2Digital.

Gray House of the Quarries (Classic Reprint) Mary Harriott Norris. (ENG., Illus.). (J). 2018. 516p. 34.56 *(978-0-483-38970-0(6))*; 2016. pap. 16.97 *(978-1-334-13085-4(X))* Forgotten Bks.

Gray Hunter's Revenge. Franklin W. Dixon. 2018. (Hardy Boys Adventures Ser.: 17). (ENG.). 144p. (J). (gr. 3-7). Illus.). 17.99 *(978-1-5344-1151-7(8))*; pap. 6.99 *(978-1-5344-1150-0(X))* Simon & Schuster Children's Publishing. (Aladdin).

Gray Lady & the Birds: Stories of the Bird Year, for Home & School (Classic Reprint) Mabel Osgood Wright. 2018. (ENG., Illus.). 564p. (J). 35.55 *(978-0-483-23246-4(7))* Forgotten Bks.

Gray Mist: A Novel (Classic Reprint) Marguerite Cunliffe-Owen. 2018. (ENG., Illus.). 302p. (J). 30.13 *(978-0-267-44103-7(7))* Forgotten Bks.

Gray Parrot (Classic Reprint) W. W. Jacobs. (ENG., Illus.). (J). 2018. 32p. 24.56 *(978-0-267-96513-7(3))*; 2016. pap. 7.97 *(978-1-334-67108-1(7))* Forgotten Bks.

Gray Rabbit's 123. Alan Baker. ed. 2017. (Little Rabbit Bks.). (J). lib. bdg. 18.40 *(978-0-606-39601-1(2))* Turtleback.

Gray Rabbit's Favorite Things: Learn to Sort with the Little Rabbits. Alan Baker. ed. 2017. (Little Rabbit Bks.). (J). lib. bdg. 18.40 *(978-0-606-40552-2(6))* Turtleback.

Gray Roses (Classic Reprint) Henry Harland. 2018. (ENG., Illus.). 284p. (J). 29.75 *(978-0-483-89652-9(7))* Forgotten Bks.

Gray Squirrels. G. G. Lake. 2016. (Woodland Wildlife Ser.). (ENG., Illus.). 24p. (J). (gr. -1-2). lib. bdg. 27.32 *(978-1-5157-0818-6(7)*, 132154, Capstone Pr.) Capstone.

Gray Squirrels Educational Facts Children's Animal Book. Bold Kids. 2022. (ENG.). 42p. (J). pap. 14.99 ***(978-1-0717-1643-4(3))*** FASTLANE LLC.

Gray Town. Robin Lee Holmes. 2016. (ENG., Illus.). (J). pap. 20.95 *(978-1-4808-4006-5(8))* Archway Publishing.

Gray Whale Migration. Grace Hansen. 2020. (Animal Migration Ser.). (ENG., Illus.). 24p. (J). (gr. -1-2). lib. bdg. 32.79 *(978-1-0982-0233-0(3)*, 34599, Abdo Kids) ABDO Publishing Co.

Gray Wolf. Tammy Gagne. 2016. (Back from near Extinction Ser.). (ENG., Illus.). 48p. (J). (gr. 4-8). lib. bdg. 35.64 *(978-1-68078-467-1(6)*, 23871) ABDO Publishing Co.

Gray Wolf Stories: Indian Mystery Tales of Coyote, Animals & Men (Classic Reprint) Bernard Sexton. 2017. (ENG., Illus.). (J). 28.15 *(978-0-260-42803-5(5))* Forgotten Bks.

Gray Wolf (Young Zoologist) A First Field Guide to the Wild Dog from the Wilderness. Contrib. by Brenna Cassidy & Neon Squid. 2023. (Young Zoologist Ser.). (ENG., Illus.). 32p. (J). 15.99 ***(978-1-68449-313-5(7)***, 900282070, Neon Squid) St. Martin's Pr.

Gray Wolves. Al Albertson. 2020. (Animals of the Forest Ser.). (ENG., Illus.). 24p. (J). (gr. k-3). lib. bdg. 26.95 *(978-1-64487-126-3(2)*, Blastoff! Readers) Bellwether Media.

Gray Wolves. Gail Terp. 2016. (Wild Animal Kingdom Ser.). (ENG.). 32p. (J). (gr. 4-6). pap. 9.99 *(978-1-64466-169-7(1)*, 10393); (Illus.). 31.35 *(978-1-68072-051-8(1)*, 10392) Black Rabbit Bks. (Bolt).

Gray Wolves. Gail Terp. 2018. (Wild Animal Kingdom Ser.). (ENG., Illus.). 32p. (gr. 2-7). pap. 9.95 *(978-1-68072-308-3(1))* RiverStream Publishing.

Gray Wolves: Return to Yellowstone. Meish Goldish. 2016. (America's Animal Comebacks Ser.). (ENG., Illus.). 32p. (J). (gr. 2-7). pap. 7.99 *(978-1-944998-72-1(1))* Bearport Publishing Co., Inc.

Gray Wolves: Yellowstone's Hunters. Megan Borgert-Spaniol. 2019. (Animal Eco Influencers Ser.). (ENG., Illus.). 24p. (J). (gr. k-4). lib. bdg. 32.79 *(978-1-5321-9186-2(3)*, 33546, Super SandCastle) ABDO Publishing Co.

Gray Youth the Story of a Very Modern Courtship, & a Very Modern Marriage (Classic Reprint) Oliver Onions. 2018. (ENG., Illus.). (J). 36.81 *(978-0-260-90876-6(2))* Forgotten Bks.

Grayboe. Scott Risch. 2022. (Tallow Trilogy Ser.: Vol. 3). (ENG.). 70p. (J). pap. 14.00 ***(978-1-64883-164-5(8)***, ExamWise) Total Recall Learning, Inc.

Graydon of the Windermere (Classic Reprint) Evah McKowan. 2018. (ENG., Illus.). 328p. (J). 30.66 *(978-0-666-46899-4(0))* Forgotten Bks.

Grayfields. Benjamin Hulme-Cross. 2018. (Mission Alert Ser.). (ENG., Illus.). 72p. (J). (gr. 5-8). pap. 7.99 *(978-1-5415-2632-7(5)*, a52730cf-d72c-4750-9477-584023c33d5b, Darby Creek) Lerner Publishing Group.

Graylinger Grotto. Algernon Michael Roark. 2020. (ENG.). 94p. (J). pap. 22.99 *(978-1-0879-3459-4(1))* Indy Pub.

Grayling's Song. Karen Cushman. 2020. (ENG.). 240p. (J). (gr. 3-7). pap. 7.99 *(978-0-358-09748-8(7)*, 1747604, Clarion Bks.) HarperCollins Pubs.

Gray's School & Field Book of Botany: Consisting of Lessons in Botany, & Field, Forest, & Garden Botany, Bound in One Volume (Classic Reprint) Asa Gray. 2018. (ENG., Illus.). (J). 644p. 37.18 *(978-1-396-33912-7(4))*; 646p. pap. 19.57 *(978-1-390-92066-6(6))* Forgotten Bks.

Grayscale. A. E. Clarke. 2020. (ENG.). 216p. (YA). pap. *(978-1-78645-447-8(5))* Beaten Track Publishing.

Grayson I Love You All Ways. Marianne Richmond. Illus. by Dubravka Kolanovic. 2023. (I Love You All Ways Ser.). (ENG.). 32p. (J). (gr. -1-3). 8.99 ***(978-1-7282-7365-5(X))*** Sourcebooks, Inc.

Grayson on the North Pole Express. J. D. Green. Illus. by Joanne Partis. 2022. (North Pole Express Bears Ser.). (ENG.). 32p. (J). (gr. -1-3). 7.99 ***(978-1-7282-6940-5(7))*** Sourcebooks, Inc.

Grayson on the North Pole Express. J. D. Green. 2019. (North Pole Express Ser.). (ENG.). 32p. (J). (gr. -1-3). 7.99 ***(978-1-7282-0337-9(6))*** Sourcebooks, Inc.

Grayson 'Twas the Night Before Christmas. Illus. by Lisa Alderson. 2019. (Night Before Christmas Ser.). (ENG.). 32p. (J). (gr. -1-3). 7.99 ***(978-1-7282-0230-3(2))*** Sourcebooks, Inc.

Graysons: A Story of Illinois (Classic Reprint) Edward Eggleston. 2018. (ENG., Illus.). 420p. (J). 32.58 *(978-0-365-49427-0(5))* Forgotten Bks.

Grayson's Christmas Wish. Put Me In The Story & J. D. Green. Illus. by Julia Seal. 2018. (Christmas Wish Ser.). (ENG.). 32p. (J). (gr. k-3). 6.99 ***(978-1-4926-8522-7(4))*** Sourcebooks, Inc.

Grayson's Ghost: LDS Baptism Gift for Boys (about the Holy Ghost) Rayden Rose. Illus. by Olga Badulina. 2022. (ENG.). 36p. (J). 16.95 ***(978-1-7349025-4-9(X))*** Rayden Rose.

Grayson's Goggles. Roxie McBride. Illus. by Hailey Craighead. 2019. (Alphabet Vocabulary Ser.: Vol. 3). (ENG.). 42p. (J). (gr. k-4). pap. 9.99 *(978-1-0878-1831-3(1))* Children's Author.

Grayson's Instrument. Sarah Edmunds. Illus. by Stephanie Blais. 2021. (ENG.). 24p. (J). pap. *(978-0-2288-4969-8(1))* Tellwell Talent.

Graystone: A Novel (Classic Reprint) William Jasper Nicolls. (ENG., Illus.). (J). 2017. 336p. 30.83 *(978-0-332-43401-8(X))*; 2016. pap. 13.57 *(978-1-334-37097-7(4))* Forgotten Bks.

Graziella a Story of Italian Love (Classic Reprint) Alphonse de Lamartine. 2017. (ENG., Illus.). (J). 28.89 *(978-0-260-18684-3(8))* Forgotten Bks.

Grazing in the Fields, Cute Cows Coloring Book. Creative Playbooks. 2016. (ENG., Illus.). (J). pap. 7.74 *(978-1-68323-673-3(4))* Twin Flame Productions.

Great. Rachel Gregory. 2019. (ENG., Illus.). 34p. (J). (gr. k-4). pap. 13.95 *(978-1-61244-729-2(5))* Halo Publishing International.

Great. Glen Gretzky & Lauri Holomis. Illus. by Kevin Sylvester. 2016. 32p. (J). (gr. -1-3). 16.99 *(978-0-670-06990-3(6)*, Puffin Canada) PRH Canada Young Readers CAN. Dist: Penguin Random Hse. LLC.

Great. Lauri Holomis & Glen Gretzky. Illus. by Kevin Sylvester. 2018. 32p. (J). (gr. -1-3). pap. 8.99 *(978-0-7352-6513-4(5)*, Puffin Canada) PRH Canada Young Readers CAN. Dist: Penguin Random Hse. LLC.

Great AAA-OOO! Jonny Lambert. Illus. by Jonny Lambert. 2021. (Let's Read Together Ser.). (ENG.). 32p. (J). (gr. -1-2). pap. 8.99 *(978-1-68010-370-0(9))* Tiger Tales.

Great Aaa-Ooo! Jonny Lambert. 2016. (ENG., Illus.). 32p. (J). *(978-1-84869-275-6(7))*; pap. *(978-1-84869-276-3(5))* Tiger Tales.

Great Accident (Classic Reprint) Ben Ames Williams. 2017. (ENG., Illus.). (J). 32.50 *(978-0-266-64026-4(5))* Forgotten Bks.

Great Activities for Kids Activity Book. Jupiter Kids. 2017. (ENG., Illus.). (J). pap. 9.20 *(978-1-68326-795-9(8)*, Jupiter Kids (Childrens & Kids Fiction)) Speedy Publishing LLC.

Great Activity Book for Kids — Hard to Find Hidden Pictures. Jupiter Kids. 2016. (ENG., Illus.). 108p. (J). pap. 12.55 *(978-1-68326-136-0(4)*, Jupiter Kids (Childrens & Kids Fiction)) Speedy Publishing LLC.

Great Activity Book! Learn to Draw & Have Fun. Jupiter Kids. 2017. (ENG., Illus.). (YA). pap. 9.20 *(978-1-68326-796-6(6)*, Jupiter Kids (Childrens & Kids Fiction)) Speedy Publishing LLC.

Great Adventure see Mirando y Mirando: La Gran Aventura

Great Adventure! Jennifer Kurani. Illus. by Valentina Jaskina. 2021. (ENG.). 32p. (J). (gr. -1-k). 14.99 *(978-1-5107-6296-1(5)*, Sky Pony Pr.) Skyhorse Publishing Co., Inc.

Great Adventure: A Comedy in Four Acts (Classic Reprint) Arnold Bennett. 2018. (ENG., Illus.). 152p. (J). 27.05 *(978-0-364-06523-5(0))* Forgotten Bks.

Great Adventure: Treasure Huntin' in the Old West. Luona Sullivan. 2021. (ENG., Illus.). 72p. (J). pap. 18.95 *(978-1-63874-821-2(7))* Christian Faith Publishing.

Great Adventure Catholic Bible. Jeff Cavins. Ed. by Mary Healy & Andrew Swafford. 2018. (ENG.). (YA). lthr. 59.95 *(978-1-945179-41-9(4))* Ascension Pr.

Great Adventure (Classic Reprint) Louise Pond Jewell. (ENG., Illus.). (J). 2018. 190p. 27.94 *(978-0-484-72911-6(X))*; 2017. pap. 10.57 *(978-1-334-93405-6(3))* Forgotten Bks.

Great Adventure (Classic Reprint) Eva I. Scott. 2018. (ENG., Illus.). 74p. (J). 25.44 *(978-0-484-34848-5(5))* Forgotten Bks.

Great Adventure in Yellowstone + CD. Collective. 2017. (Green Apple Ser.). (ENG.). 96p. (YA). pap. 24.95 *(978-88-530-1412-2(1)*, Black Cat) Grove/Atlantic, Inc.

Great Adventure Kids Bible Coloring Book. Emily Cavins. 2020. (ENG.). (J). pap. 9.95 ***(978-1-950784-75-2(4))*** Ascension Pr.

Great Adventure Kids Bible Timeline Chart. Cavins Emily Christmyer Sarah. 2019. (ENG.). (J). 4.95 *(978-1-950784-12-7(6))* Ascension Pr.

Great Adventure Mazes for Fun Mazes 7 Year Old Edition. Creative Playbooks. 2016. (ENG., Illus.). (J). pap. 7.74 *(978-1-68323-053-3(1))* Twin Flame Productions.

Great Adventures in the World of Nature Coloring Book. Smarter Activity Books. 2016. (ENG., Illus.). (J). pap. 9.22 *(978-1-68374-451-1(9))* Examined Solutions PTE. Ltd.

Great Adventures of Baby Coyote: Rondo Meets Baby Coyote Human Contact. Gordon Tufte. 2018. (ENG., Illus.). 28p. (J). 21.95 *(978-1-64424-075-5(0))*; pap. 11.95 *(978-1-64424-073-1(4))* Page Publishing Inc.

Great Adventures of Piggy the Peruvian Guinea Pig. Sarah King. 2016. (ENG., Illus.). 36p. (J). pap. 10.95 *(978-1-63047-568-0(8))* Morgan James Publishing.

Great African-Americans Classroom Collection. Jeni Wittrock & Isabel Martin. 2021. (Great African-Americans Ser.). (ENG.). 24p. (J). 363.33 *(978-1-6663-9600-3(1)*, 245961, Capstone Pr.) Capstone.

Great Alien Wars Coloring Book. Activibooks For Kids. 2016. (ENG., Illus.). (J). pap. 9.20 *(978-1-68321-322-2(X))* Mimaxion.

Great Amazon & Rainforest Coloring Book (with Stickers) Color & Learn about Sloths, Snakes, Exotic Birds & Many More Mysterious Animals. Editors of Design Originals. 2023. (ENG.). 84p. (J). 9.99 *(978-1-4972-0630-4(8)*, DO6166, Design Originals) Fox Chapel Publishing Co., Inc.

Great American Artists for Kids: Hands-On Art Experiences in the Styles of Great American Masters. MaryAnn F. Kohl & Kim Solga. 2nd ed. 2019. (Bright Ideas for Learning Ser.: 9). (ENG., Illus.). 144p. (J). (gr. -1-4). pap. 19.99 *(978-1-64160-170-2(1))* Chicago Review Pr., Inc.

Great American Entrepreneurs, 12 vols. 2019. (Great American Entrepreneurs Ser.). (ENG.). 128p. (YA). (gr. 9-9). lib. bdg. 284.16 *(978-1-5026-4760-3(5)*, d68caa8b-b29e-4725-baab-0f7c46437121) Cavendish Square Publishing LLC.

Great American Entrepreneurs (Set) 2019. (Great American Entrepreneurs Ser.). (ENG.). 128p. (YA). pap. 126.96 *(978-1-5026-4782-5(6))* Cavendish Square Publishing LLC.

Great American Foot Race: Ballyhoo for the Bunion Derby! Andrew Speno. 2017. (ENG., Illus.). 176p. (J). (gr. 5-12). 17.95 *(978-1-62979-602-4(6)*, Calkins Creek) Highlights Pr., c/o Highlights for Children, Inc.

Great American Girls (Classic Reprint) Kate Dickinson Sweetser. (ENG., Illus.). (J). 2018. 340p. 30.91 *(978-0-483-76568-9(6))*; 2017. pap. 13.57 *(978-0-259-43743-7(3))* Forgotten Bks.

Great American Memorials, 5 vols. Brent Ashabranner. Incl. No Better Hope: What the Lincoln Memorial Means to America. Jennifer Ashabranner. (J). 2001. lib. bdg. 25.90 *(978-0-7613-1523-0(3))*; Remembering Korea: Korean War. Photos by Jennifer Ashabranner. 2001. lib. bdg. 25.90 *(978-0-7613-2156-9(X))*; Their Names to Live: What the Vietnam Veterans Memorial Means to America. Photos by Jennifer Ashabranner. (J). 1998. lib. bdg. 24.90 *(978-0-7613-3235-0(9))*; Washington Monument: A Beacon for America. Photos by Jennifer Ashabranner. (J). 2002. lib. bdg. 25.90 *(978-0-7613-1524-7(1))*; 64p. (gr. 4-8). (Illus.). 2004. 155.40 *(978-0-7613-3142-1(5)*, Twenty-First Century Bks.) Lerner Publishing Group.

Great American Pie Company (Classic Reprint) Ellis Parker Butler. (ENG., Illus.). (J). 2018. 56p. 25.05 *(978-0-484-34452-4(8))*; 2018. 66p. 25.26 *(978-0-331-87299-6(4))*; 2017. pap. 9.57 *(978-0-259-84558-4(2))* Forgotten Bks.

Great American Pie Contest. Olivia Thomason. 2022. (ENG.). 30p. (J). *(978-1-64750-947-7(5))*; pap. *(978-1-64750-928-6(9))* Austin Macauley Pubs. Ltd.

Great American Story of Charlie Brown, Snoopy, & the Peanuts Gang! Ready-To-Read Level 3. Chloe Perkins. Illus. by Scott Burroughs. 2017. (History of Fun Stuff Ser.). (ENG.). 48p. (J). (gr. 1-3). pap. 4.99 *(978-1-4814-9553-0(4)*, Simon Spotlight) Simon Spotlight.

Great American Thinkers, 12 vols. 2016. (Great American Thinkers Ser.). (ENG.). 128p. (gr. 9-9). lib. bdg. 284.16 *(978-1-5026-1997-6(0)*, c6f399d6-8280-4a39-b260-fad171a628a4, Cavendish Square) Cavendish Square Publishing LLC.

Great American Whatever. Tim Federle. (ENG., Illus.). (YA). (gr. 9). 2017. 304p. pap. 12.99 *(978-1-4814-0410-5(5))*; 2016. 288p. E-Book *(978-1-4814-0411-2(3))*; 2016. 288p. 17.99 *(978-1-4814-0409-9(1))* Simon & Schuster Bks. For Young Readers. (Simon & Schuster Bks. For Young Readers).

Great American Women in Science & Environment. D. J. Mathews. 2020. (ENG., Illus.). 154p. (YA). 24.95 *(978-1-64718-242-7(5))*; pap. 14.95 *(978-1-64718-241-0(7))* Booklocker.com, Inc.

Great Americans, 6 vols., Set. Barbara Kiely Miller. Incl. Anne Hutchinson. (Illus.). lib. bdg. 24.67 *(978-0-8368-8317-6(9)*, 349e5929-1415-4b48-9fa4-586b925a16be); Chief Joseph. lib. bdg. 24.67 *(978-0-8368-8314-5(4)*, 7059abea-3114-45b1-afbb-d8e0deb55224); Frederick Douglass. (Illus.). (J). lib. bdg. 24.67 *(978-0-8368-8315-2(2)*, 6766fb17-e159-4d91-8538-2492f4a05b78); George Washington Carver. lib. bdg. 24.67 *(978-0-8368-8313-8(6)*, b323bce2-0796-497d-a3e5-22f7fc7bb709); John Muir. lib. bdg. 24.67 *(978-0-8368-8318-3(7)*, 86d24b9e-cde3-4ee8-a2b1-a311970c63af); Sam Houston. lib. bdg. 24.67 *(978-0-8368-8316-9(0)*, c0d85d45-374f-44a0-82b7-fe4611ee39a8); 24p. (gr. 2-4). 2007., Weekly Reader Leveled Readers 2007. Set lib. bdg. 119.58 *(978-0-8368-8312-1(8))* Stevens, Gareth Publishing LLLP.

Great & Colorful Pinkie Green. Candice Edwards. 2022. (ENG., Illus.). 30p. (J). pap. 14.95 ***(978-1-63985-527-8(0))*** Fulton Bks.

Great & Small Bible Animals. B&H Kids Editorial Staff. Illus. by Anna Abramskaya. 2023. (ENG.). 20p. (J). (-k). bds. 9.99 *(978-1-0877-5596-0(4)*, 005835873, B&H Kids) B&H Publishing Group.

Great & Small Christmas. B&H Kids Editorial Staff. Illus. by Anna Abramskaya. 2023. (ENG.). 20p. (J). (-k). bds. 9.99 ***(978-1-0877-8443-4(3)***, 005842314, B&H Kids) B&H Publishing Group.

Great & Small Easter. Pamela Kennedy. Illus. by Anna Abramskaya. 2021. (ENG.). 12p. (J). (— 1). bds. 8.99 *(978-1-0877-3014-1(7)*, 005829432, B&H Kids) B&H Publishing Group.

Great & Small Prayers for Babies. Illus. by Anna Abramskaya. 2019. (ENG.). 12p. (J). (— 1). bds. 7.99 *(978-1-5359-4821-0(3)*, 005813030, B&H Kids) B&H Publishing Group.

Great & the Grand. Benjamin Fox. Illus. by Elizabeth Robbins. 2021. (ENG.). 32p. (J). (gr. -1-1). pap. 6.99 *(978-1-64170-562-2(0)*, 550562) Familius LLC.

Great & the Small. A. T. Balsara. Illus. by A. T. Balsara. 2018. (Illus.). 294p. (YA). (gr. 8-17). 29.99 *(978-1-988761-12-1(3))* Common Deer Pr. CAN. Dist: National Bk. Network.

Great & the Small. A. T. Balsara. 2018. (Illus.). 292p. (YA). (gr. 8-17). pap. 14.99 *(978-1-988761-10-7(7))* Common Deer Pr. CAN. Dist: National Bk. Network.

Great & the Terrible: The World's Most Glorious & Notorious Rulers & How They Got Their Names. Joanne O'Sullivan. Illus. by Udayana Lugo. 2020. (ENG.). 176p. (J). (gr. 3-7). 17.99 *(978-0-7624-9661-7(4)*, Running Pr. Kids) Running Pr.

Great Animal Escape Stories: True Adventures of Farm Animals. Barbara G. Cox. Illus. by Patty Voje. 2016. (ENG.). (J). (gr. k-6). pap. 9.99 *(978-0-9973745-3-7(5))* Windhorse Bks.

Great Ant Colony. Garth Sterling. 2019. (ENG.). 20p. (J). pap. 12.95 *(978-1-64350-849-8(0))* Page Publishing Inc.

Great Antonio: TOON Level 2. Elise Gravel. 2016. (Illus.). 64p. (J). (gr. -1-3). 12.99 *(978-1-943145-08-9(3)*, 9781943145089, TOON Books) Astra Publishing Hse.

Great Appointment (Classic Reprint) Myra Goodwin Plantz. 2018. (ENG., Illus.). 216p. (J). 28.35 *(978-0-483-66113-4(9))* Forgotten Bks.

Great Arizona Adventure. Eileen Moore. 2019. (ENG., Illus.). 114p. (J). (gr. 4-6). pap. 21.95 *(978-0-9991108-4-3(5))* Morten Moore Publishing.

Great Art Activity Book. Paul Thurlby. 2019. (National Gallery Paul Thurlby Ser.). (ENG., Illus.). 64p. (J). (gr. 1-3). pap. 15.99 *(978-1-4449-3427-4(9))* Hachette Children's Group GBR. Dist: Hachette Bk. Group.

Great Artists of the World. Larissa Branin. 2017. (Art Collections: Vol. 7). (ENG., Illus.). 128p. (YA). (gr. 9-12). 26.95 *(978-1-4222-3934-6(9))* Mason Crest.

Great Artists: Set 2, 12 vols. 2022. (Great Artists Ser.). (ENG.). 32p. (J). (gr. 4-6). lib. bdg. 169.62 *(978-1-5382-8148-2(1)*, 0e086809-c94c-4203-b780-43d795d963de) Stevens, Gareth Publishing LLLP.

Great Artists: Sets 1 - 2, 24 vols. 2022. (Great Artists Ser.). (ENG.). (J). (gr. 4-6). lib. bdg. 339.24 *(978-1-5382-8149-9(X)*, 82971678-247d-4c55-97e0-cfaad0aa85fc) Stevens, Gareth Publishing LLLP.

Great Asian Americans. Stephanie Cham. 2018. (Great Asian Americans Ser.). (ENG.). 24p. (J). (gr. -1-2). 146.60 *(978-1-5157-9995-5(6)*, 27500, Capstone Pr.) Capstone.

Great Astronomers. R. S Ball. 2017. (ENG.). 274p. (J). pap. *(978-93-86780-91-1(7))* Alpha Editions.

Great Aunt Agatha's Dreaming House. B. J. J. Marvin. 2020. (ENG.). 72p. (J). pap. *(978-1-83975-037-3(5))* Grosvenor Hse. Publishing Ltd.

Great-Aunt Gretchen's Secret. M. Elaine Finley. 2017. (ENG., Illus.). (J). 19.95 *(978-1-947491-07-6(5))* Yorkshire Publishing Group.

Great Australian Bite. Mitchell Toy. 2022. (ENG.). 32p. (J). (gr. -1-3). pap. 17.99 ***(978-1-922677-86-0(8))*** Bonnier Publishing GBR. Dist: Independent Pubs. Group.

Great Bake Off. Poppy Green. Illus. by Jennifer A. Bell. 2019. (Adventures of Sophie Mouse Ser.: 14). (ENG.). 128p. (J). (gr. k-4). 17.99 *(978-1-5344-3301-4(5))*; pap. 6.99 *(978-1-5344-3300-7(7))* Little Simon. (Little Simon).

Great Ball Game: How Bat Settles the Rivalry Between the Animals & the Birds; a Circle Round Book. Rebecca Sheir. Illus. by Joshua Pawis-Steckley. 2022. (Circle Round Ser.). (ENG.). 44p. (J). (gr. k-17). 14.99 *(978-1-63586-343-7(0)*, 626343) Storey Publishing, LLC.

Great Ballawoo. Barbara Swift Guidotti. Illus. by Barbara Swift Guidotti. 2019. (ENG., Illus.). (J). 36p. 15.99 *(978-1-7339651-3-2(0))*; (Wallaboos Ser.: Vol. 17). 48p. pap. 9.95 *(978-1-7339651-2-5(2))* Sagaponack Bks.

Great Banned-Books Bake Sale. Aya Khalil. Illus. by Anait Semirdzhyan. 2023. (ENG.). 32p. (J). (gr. k-3). 18.95 ***(978-0-88448-967-2(1)***, 884967) Tilbury Hse. Pubs.

Great Barrier Reef. Vicky Franchino. 2016. (Community Connections: Getting to Know Our Planet Ser.). (ENG., Illus.). 24p. (J). (gr. 2-5). 29.21 *(978-1-63470-517-2(3)*, 207799) Cherry Lake Publishing.

Great Barrier Reef. Rebecca Kraft Rector. 2018. (Natural Wonders of the World Ser.). (ENG., Illus.). 32p. (J). (gr. 3-5). pap. 9.95 *(978-1-63517-586-8(0)*, 1635175860); lib. bdg. 31.35 *(978-1-63517-514-1(3)*, 1635175143) North Star Editions. (Focus Readers).

Great Barrier Reef. Martha London. 2020. (Engineered by Nature Ser.). (ENG., Illus.). 32p. (J). (gr. 2-5). lib. bdg. 34.21 *(978-1-5321-9287-6(8)*, 35037, Kids Core) ABDO Publishing Co.

Great Barrier Reef. Rebecca Kraft Rector. 2018. (Illus.). 48p. (J). *(978-1-63517-658-2(1)*, Focus Readers) North Star Editions.

Great Barrier Reef. Helen Scales. Illus. by Lisk Feng. (Earth's Incredible Places Ser.: 2). (ENG.). 88p. (J). (gr. 2-6). 2023. pap. 14.99 ***(978-1-83874-870-8(9))***; 2023. pap. 14.99 ***(978-1-83874-147-1(X))***; 2022. 19.99

G

(978-1-83874-984-2(5)) Flying Eye Bks. GBR. Dist: Penguin Random Hse. LLC.

Great Barrier Reef: Leveled Reader Emerald Level 25. Rg Rg. 2019. (PM Ser.). (ENG.). 32p. (J). (gr. 3-4). pap. 11.00 (978-0-544-89278-1(X)) Rigby Education.

Great Barrier Reef Rescue. Karen Tyrrell. 2019. (Song Bird Ser.: Vol. 4). (ENG.). 196p. (J). (gr. 2-6). pap. (978-0-6481617-4-5(9)) Digital Future Press.

Great Barrier Reef Research Journal. Natalie Hyde. 2017. (Ecosystems Research Journal Ser.). (Illus.). 32p. (J). (gr. 4-5). (978-0-7787-3470-3(6)); (ENG., pap. (978-0-7787-3495-6(1)) Crabtree Publishing Co.

Great Baseball Debates. Marty Gitlin. 2018. (Great Sports Debates Ser.). (ENG., Illus.). 48p. (J). (gr. 3-6). lib. bdg. 34.21 (978-1-5321-1441-0(9), 29024, SportsZone) ABDO Publishing Co.

Great Basketball Debates. Andres Ybarra. 2018. (Great Sports Debates Ser.). (ENG., Illus.). 48p. (J). (gr. 3-6). lib. bdg. 34.21 (978-1-5321-1442-7(7), 29026, SportsZone) ABDO Publishing Co.

Great Bastard, Protector of the Little One: Done Out of French (Classic Reprint) Sangorski And Sutcliffe. 2017. (ENG., Illus.). (J). 36p. 24.64 (978-0-484-83660-9(9)); pap. 7.97 (978-0-282-02490-1(5)) Forgotten Bks.

Great Battle of Astapailia. A. A. Mullins. 2023. (ENG.). 322p. (YA). pap. 14.99 **(978-1-990089-46-6(1))** Birch Tree Publishing.

Great Beach Cake Bake (JoJo & BowBow #6) JoJo Siwa. 2020. (JoJo & BowBow Ser.). (ENG., Illus.). 128p. (J). (gr. 1-4). pap. 6.99 (978-1-4197-4597-3(2), 1697903, Amulet Bks.) Abrams, Inc.

Great Bear: The Misewa Saga, Book Two. David A. Robertson. (Misewa Saga Ser.: 2). 240p. (J). (gr. 5). 2022. pap. 9.99 (978-0-7352-6615-5(8)); 2021. 17.99 (978-0-7352-6613-1(1)) PRH Canada Young Readers CAN. (Puffin Canada). Dist: Penguin Random Hse. LLC.

Great Bear Rainforest: A Giant-Screen Adventure in the Land of the Spirit Bear, 1 vol. Ian McAllister & Alex Van Tol. 2019. (ENG., Illus.). 96p. (J). (gr. 4-7). 29.95 (978-1-4598-2279-5(X)) Orca Bk. Pubs. USA.

Great Bear Rescue: Saving the Gobi Bears. Sandra Markle. 2020. (Sandra Markle's Science Discoveries Ser.). (ENG., Illus.). 40p. (J). (gr. 4-6). 33.32 (978-1-5415-8125-8(3), b9b744bc-7ad3-410e-a978-357699bf3255, Millbrook Pr.) Lerner Publishing Group.

Great Bear's Story: The Vizier & the Woodman (Classic Reprint) George Nicol. (ENG., Illus.). (J). 2018. 78p. 25.53 (978-0-267-60952-9(3)); 2016. pap. 9.57 (978-1-334-12474-7(4)) Forgotten Bks.

Great, Big Activity & Coloring Book Edition. Bobo's Children Activity Books. 2016. (ENG., Illus.). (J). pap. 7.99 (978-1-68327-895-5(X)) Sunshine In My Soul Publishing.

Great Big Activity Book for Kids: (Ages 8-10) 150 Pages of Mazes, Connect-The-dots, Writing Prompts, Coloring Pages, & More! Ashley Lee. 2020. (ENG.). 152p. (J). pap. (978-1-77437-842-7(6)) AD Classic.

Great Big African Lions Coloring Book. Jupiter Kids. 2017. (ENG., Illus.). (J). pap. 9.20 (978-1-68326-994-6(2), Jupiter Kids (Childrens & Kids Fiction)) Speedy Publishing LLC.

Great Big Animal Search Book. Stéphane Frattini & Édouard Manceau. 2020. (ENG., Illus.). 32p. (J). (gr. 2-4). 18.99 (978-1-912785-19-3(6), Buster Bks.) O'Mara, Michael Bks., Ltd. GBR. Dist: Independent Pubs. Group.

Great Big Animals: Set 2, 12 vols. 2017. (Great Big Animals Ser.). (ENG.). 24p. (J). (gr. k-k). lib. bdg. 151.62 (978-1-5382-1281-3(1), e5978123-b6b1-41e4-ac0a-a7e36e5ce992) Stevens, Gareth Publishing LLLP.

Great Big Animals: Sets 1 - 2. 2017. (Great Big Animals Ser.). (ENG.). (J). pap. 109.80 (978-1-5382-1663-7(9)); lib. bdg. 303.24 (978-1-5382-1415-2(6), 84344a65-83a9-400c-a481-b49c0c26f013) Stevens, Gareth Publishing LLLP.

Great Big Art History Colouring Book. Annabelle Von Sperber. 2017. (ENG., Illus.). 48p. (J). (gr. 3-7). 14.95 (978-3-7913-7295-2(5)) Prestel Verlag GmbH & Co KG. DEU. Dist: Penguin Random Hse. LLC.

Great Big Book of Acronyms Acronyms Vocabulary Reading & Vocabulary Skills Language Arts 6th Grade Children's ESL Books. Baby Professor. 2020. (ENG.). 76p. (J). 24.99 (978-1-5419-7687-0(8)); pap. 14.99 (978-1-5419-5073-3(9)) Speedy Publishing LLC. (Baby Professor (Education Kids)).

Great Big Book of Drawing Activity Book. Kreative Kids. 2016. (ENG., Illus.). (J). pap. 9.20 (978-1-68377-045-9(5)) Whlke, Traudl.

Great Big Book of Irish Wildlife: Through the Seasons. Juanita Browne. Illus. by Barry Reynolds. 2018. (ENG.). 80p. 29.00 (978-1-84717-915-9(0)) O'Brien Pr., Ltd., The IRL. Dist: Casemate Pubs. & Bk. Distributors, LLC.

Great Big Book of My First Puzzles. Created by Highlights. 2022. (Great Big Puzzle Bks.). (ENG.). 256p. (J). (gr. 1-k). pap. 12.99 (978-1-64472-873-4(7), Highlights) Highlights Pr., c/o Highlights for Children, Inc.

Great Big Book of Really Hard Puzzles. Contrib. by Highlights. 2023. (Great Big Puzzle Bks.). 256p. (J). (gr. 3-7). pap. 12.99 **(978-1-63962-086-9(9),** Highlights) Highlights Pr., c/o Highlights for Children, Inc.

Great Big Caterpillar. Daniel Roberts. Illus. by Daniel Roberts. (ENG.). 34p. (J). 2021. pap. (978-1-6780-7558-3(2)); 2020. (978-1-6780-7560-6(4)) Lulu Pr., Inc.

Great Big Chocolate Bunny Coloring Book. Activibooks For Kids. 2016. (ENG., Illus.). (J). pap. 9.20 (978-1-68321-595-0(8)) Mimaxion.

Great Big Easter Egg Hunt. Beatrix Potter. 2022. (Peter Rabbit Ser.). (ENG.). 24p. (J). (— 1). 8.99 (978-0-241-54470-9(X), Warne) Penguin Young Readers Group.

Great Big Feather Collection Coloring Book. Activibooks. 2016. (ENG., Illus.). (J). pap. 9.20 (978-1-68321-828-9(0)) Mimaxion.

Great Big Fun Workbook for Minecrafters: Grades 1 And 2: An Unofficial Workbook. Sky Pony Press. Illus. by Amanda Brack. 2018. 356p. (J). (gr. 1-2). pap. 15.99 (978-1-5107-3986-4(6), Sky Pony Pr.) Skyhorse Publishing Co., Inc.

Great Big Fun Workbook for Minecrafters: Grades 3 And 4: An Unofficial Workbook. Sky Pony Press. Illus. by Amanda Brack. 2018. (ENG.). 356p. (J). (gr. 3-4). pap. 15.99 (978-1-5107-3985-7(8), Sky Pony Pr.) Skyhorse Publishing Co., Inc.

Great Big Hug. Isy Abraham-Raveson. 2019. (ENG.). 38p. (J). 16.95 (978-1-64543-036-0(7)) Amplify Publishing Group.

Great Big Hug. Lisa Lis. 2017. (ENG., Illus.). (J). pap. 26.50 (978-1-365-76548-3(2)) Lulu Pr., Inc.

Great Big Indoors Family Puzzle Book. Gareth Moore. 2021. (ENG.). 176p. pap. 14.99 (978-1-5294-1212-3(9)) Quercus GBR. Dist: Hachette Bk. Group.

Great Big Inheritance. Hannah Roberts. 2023. (ENG.). 20p. (J). 30.99 **(978-1-6628-6539-8(2));** pap. 20.99 **(978-1-6628-6538-1(4))** Salem Author Services.

Great Big Irish Annual 2020. Gill Books. 2021. (ENG.). 64p. (J). 12.95 (978-0-7171-8998-4(8)) Gill Bks. IRL. Dist: Casemate Pubs. & Bk. Distributors, LLC.

Great Big Night, 1 vol. Kate Inglis. Illus. by Josée Bisaillon. 2020. (ENG.). 32p. (J). 17.95 (978-1-77108-908-1(3), c215a536-9fbd-4d01-9d6a-30a71bff20dd) Nimbus Publishing, Ltd. CAN. Dist: Baker & Taylor Publisher Services (BTPS).

Great Big Number Coloring Book. Bobo's Children Activity Books. 2016. (ENG., Illus.). (J). pap. 9.33 (978-1-68327-584-8(5)) Sunshine In My Soul Publishing.

Great Big One. J. C. Geiger. 2022. (ENG.). 384p. (YA). (gr. 9-17). pap. 10.99 (978-0-316-10465-4(5)) Little, Brown Bks. for Young Readers.

Great Big Paw Print. Poppy Green. Illus. by Jennifer A. Bell. 2016. (Adventures of Sophie Mouse Ser.: 9). (ENG.). 128p. (J). (gr. k-4). 17.99 (978-1-4814-7149-7(X), Little Simon) Little Simon.

Great Big Paw Print. Poppy Green. Illus. by Jennifer A. Bell. 2017. (Adventures of Sophie Mouse Ser.). (ENG.). 128p. (J). (gr. k-4). lib. bdg. 31.36 (978-1-5321-4118-8(1), 26991, Chapter Bks.) Spotlight.

Great Big Sad: Finding Comfort in Grief & Loss. Christina Fox. 2023. (ENG.). 80p. (J). 13.99 **(978-1-5271-1008-3(7),** 2feb786a-6f3f-486e-b78f-713319cfddc3, CF4Kids) Christian Focus Pubns. GBR. Dist: Baker & Taylor Publisher Services (BTPS).

Great, Big Solar System Activity Book. Kreative Kids. 2016. (ENG., Illus.). (J). pap. 10.81 (978-1-68377-049-7(8)) Whlke, Traudl.

Great Big Things. Kate Hoefler. Illus. by Noah Klocek. 2017. (ENG.). 40p. (J). (gr. -1-3). 17.99 (978-0-544-77477-3(9), 1637144, Clarion Bks.) HarperCollins Pubs.

Great Big Travels of Rory & Kudo. Katrina Boyce. Illus. by Uliana Barabash. 2021. (ENG.). 22p. (J). pap. (978-1-64969-696-0(5)) Tablo Publishing.

Great Big Treasury of Beatrix Potter. Beatrix Potter. 2017. (ENG., Illus.). (J). 22.95 (978-1-374-88694-0(7)); pap. 12.95 (978-1-374-88693-3(9)) Capital Communications, Inc.

Great Big Treasury of Beatrix Potter. Beatrix Potter. 2017. (ENG., Illus.). 102p. (J). pap. (978-1-387-09751-7(2)) Lulu Pr., Inc.

Great Big Water Cycle Adventure. Kay Barnham & Maddie Frost. 2018. (ENG., Illus.). 32p. (J). (gr. k-3). 10.99 (978-1-4380-5044-7(5)) Sourcebooks, Inc.

Great Big White Shark & Steven's Adventures. Maritza Signorella. 2022. (ENG.). 30p. (J). pap. 14.95 **(978-1-63881-449-8(X))** Newman Springs Publishing, Inc.

Great Blue Heron. Howie Minsky. 2019. (Hello, Everglades! Ser.). (ENG., Illus.). 16p. (J). (gr. -1-2). pap. 11.36 (978-1-5341-5733-0(6), 214174, Cherry Blossom Press) Cherry Lake Publishing.

Great Blue Heron's Great Day. Howie Minsky. 2019. (Hello, Everglades! Ser.). (ENG.). 16p. (J). (gr. -1-2). pap. 11.36 (978-1-5341-5734-7(4), 214177, Cherry Blossom Press) Cherry Lake Publishing.

Great Blue Hole. Martha London. 2020. (Engineered by Nature Ser.). (ENG., Illus.). 32p. (J). (gr. 2-5). lib. bdg. 34.21 (978-1-5321-9288-3(6), 35039, Kids Core) ABDO Publishing Co.

Great Boer War: 120th Anniversary Edition. Arthur Conan Doyle. 2021. (ENG.). 568p. (J). 39.95 (978-1-64764-495-6(X)); pap. 27.95 (978-1-64764-479-6(8)) Primedia eLaunch LLC.

Great Bonanza: Illustrated Narrative of Adventure & Discovery in Gold Mining, Silver Mining, among the Raftsmen, in the Oil Regions, Whaling, Hunting, Fishing & Fighting (Classic Reprint) Oliver Optic, pseud. 2018. (ENG., Illus.). 266p. (J). 29.40 (978-0-666-28097-8(5)) Forgotten Bks.

Great Book: A Kid's Guide to Understanding the Greatness in Extroverts & Introverts. Da'nall Wilmer. Illus. by Cameron Wilson. 2021. (ENG.). 34p. (J). pap. 13.99 (978-0-578-78093-1(3)) Wilmer Bks.

Great Book about Nothing. Dawn Blair-Jimenez. 2019. (ENG., Illus.). 44p. (J). 24.95 (978-1-64300-633-8(9)); pap. 14.95 (978-1-64300-632-1(0)) Covenant Bks.

Great Book of Dragon Legends. Tea Orsi. Illus. by Anna Lang. 2023. (ENG.). 64p. (J). (gr. 2). 16.99 (978-88-544-1836-3(6)) White Star Publishers ITA. Dist: Sterling Publishing Co., Inc.

Great Book of Emotions. Illus. by Alessandra Manfredi. 2020. (ENG.). 48p. (J). (gr. 3). 14.95 (978-88-544-1670-3(3)) White Star Publishers ITA. Dist: Sterling Publishing Co., Inc.

Great Book of Explorers: With Augmented Realty. Illus. by César Samaniego. 2016. (ENG.). 112p. (J). 12.99 (978-1-910596-92-0(2), 69fa4cf7-c4bf-4641-b6f1-637167e0b511) Design Media Publishing Ltd. HKG. Dist: Baker & Taylor Publisher Services (BTPS).

Great Book of Fairies - Augmented Reality. Denise DESPEYROUX. 2019. (ENG.). 114p. (J). 12.99 (978-1-912268-05-4(1), 89ae39e8-9126-4352-bf46-656a9ded4e2c) Design Media Publishing Ltd. HKG. Dist: Baker & Taylor Publisher Services (BTPS).

Great Book of Monsters of the Deep. Giuseppe D'anna. Illus. by Anna Láng. 2020. (Great Book Of... Ser.: 4). (ENG.). 64p. (J). (gr. 2). 19.95 (978-1-4549-4114-9(6)) Sterling Publishing Co., Inc.

Great Book of Olympic Games. Veruska Motta. Illus. by Luca Poli. 2021. (ENG.). 80p. (J). (gr. 2). 16.95 (978-88-544-1653-6(3)) White Star Publishers ITA. Dist: Sterling Publishing Co., Inc.

Great Box Escape. Wren Blue. 2021. (ENG., Illus.). 28p. (J). pap. 13.95 (978-1-0980-7299-5(5)) Christian Faith Publishing.

Great Brain Robbery: a Train to Impossible Places Novel. P. G. Bell. 2021. (Train to Impossible Places Ser.: 2). (ENG.). 400p. (J). pap. 14.99 (978-1-250-61980-8(7), 900192356) Square Fish.

Great Brassmonkey Bay Jewel Robbery. Judith Lydia Mercure. 2020. (Magic Island Gang Ser.: 1). (ENG.). 178p. (YA). pap. 19.99 (978-1-0983-2217-5(7)) BookBaby.

Great Breakthroughs in Technology: The Scientific & Industrial Innovations That Changed the World. Robert Snedden. 2021. (ENG.). 192p. (J). 14.99 (978-1-83940-964-6(9), 0f0ad528-d592-4dba-9714-dcf7ca313489) Arcturus Publishing GBR. Dist: Baker & Taylor Publisher Services (BTPS).

Great Britain Educational Facts Children's History Book. Bold Kids. 2023. (ENG.). 40p. (J). pap. 14.99 **(978-1-0717-1644-1(1))** FASTLANE LLC.

Great Britain for Kids: People, Places & Cultures - Children Explore the World Books. Baby Professor. 2016. (ENG., Illus.). 42p. (J). pap. 11.65 (978-1-68305-613-3(2), Baby Professor (Education Kids)) Speedy Publishing LLC.

Great Bunk Bed Battle. Tina Kugler. ed. 2020. (Acorn Early Readers Ser.). (ENG., Illus.). 44p. (J). (gr. k-1). 14.96 (978-1-64697-462-7(X)) Penworthy Co., LLC, The.

Great Bunny Escape. Holly Anna. Illus. by Genevieve Santos. 2019. (Daisy Dreamer Ser.: 9). (ENG.). 128p. (J). (gr. k-4). 17.99 (978-1-5344-2656-6(6)); pap. 5.99 (978-1-5344-2655-9(8)) Little Simon. (Little Simon).

Great Cake Race (Barbie Dreamhouse Adventures) Random House. 2018. (Step into Reading Ser.). (ENG., Illus.). 24p. (J). (gr. -1-1). pap. 5.99 (978-1-5247-6908-6(8), Random Hse. Bks. for Young Readers) Random Hse. Children's Bks.

Great Camping Holiday. The The Wiggles. 2023. (Wiggles Ser.). (ENG.). 32p. (J). (gr. -1-4). 17.99 **(978-1-922857-01-9(7))** Bonnier Publishing GBR. Dist: Independent Pubs. Group.

Great Candy Caper (JoJo's Sweet Adventures) JoJo Siwa. 2021. (JoJo's Sweet Adventures Ser.). (ENG., Illus.). 112p. (J). (gr. 1-4). pap. 12.99 (978-1-4197-5337-4(1), 1727203, Amulet Bks.) Abrams, Inc.

Great Candy Caper (JoJo's Sweet Adventures) A Graphic Novel. JoJo Siwa. 2021. (JoJo's Sweet Adventures Ser.). (ENG., Illus.). 112p. (J). (gr. 1-4). 22.99 (978-1-4197-5338-1(X), 1727201, Amulet Bks.) Abrams, Inc.

Great Candyland Adventure. Andee Sanoria. 2019. (ENG.). 40p. (J). pap. **(978-0-359-74066-6(9))** Lulu Pr., Inc.

Great Cape o' Colors: Career Costumes for Kids. Karl Beckstrand. Illus. by John Collado. 2018. (Careers for Kids Ser.: Vol. 4). (ENG.). 30p. (J). 26.55 (978-1-7320696-3-3(8)) Premio Publishing & Gozo Bks., LLC.

Great Caper Caper. Josh Funk & Brendan Kearney. 2022. (Lady Pancake & Sir French Toast Ser.: 5). 40p. (J). (gr. -1-3). 17.99 (978-1-4549-4363-1(7), Union Square Pr.) Sterling Publishing Co., Inc.

Great Careers in Education. Brienna Rossiter. 2021. (Great Careers Ser.). (ENG., Illus.). 32p. (J). (gr. 3-5). pap. 9.95 (978-1-64493-888-1(X)); lib. bdg. 31.35 (978-1-64493-842-3(1)) North Star Editions. (Focus Readers).

Great Careers in Health Care. Meg Gaertner. 2021. (Great Careers Ser.). (ENG., Illus.). 32p. (J). (gr. 3-5). pap. 9.95 (978-1-64493-890-4(1)); lib. bdg. 31.35 (978-1-64493-844-7(8)) North Star Editions. (Focus Readers).

Great Careers in Nature. Connor Stratton. 2021. (Great Careers Ser.). (ENG., Illus.). 32p. (J). (gr. 3-5). pap. 9.95 (978-1-64493-892-8(8)); lib. bdg. 31.35 (978-1-64493-846-1(4)) North Star Editions. (Focus Readers).

Great Careers in Science. Meg Gaertner. 2021. (Great Careers Ser.). (ENG., Illus.). 32p. (J). (gr. 3-5). pap. 9.95 (978-1-64493-893-5(6)); lib. bdg. 31.35 (978-1-64493-847-8(2)) North Star Editions. (Focus Readers).

Great Careers in Sports. Ted Coleman. 2021. (Great Careers Ser.). (ENG., Illus.). 32p. (J). (gr. 3-5). pap. 9.95 (978-1-64493-894-2(4)); lib. bdg. 31.35 (978-1-64493-848-5(0)) North Star Editions. (Focus Readers).

Great Careers in Technology. Connor Stratton. 2021. (Great Careers Ser.). (ENG., Illus.). 32p. (J). (gr. 3-5). pap. 9.95 (978-1-64493-895-9(2)); lib. bdg. 31.35 (978-1-64493-849-2(9)) North Star Editions. (Focus Readers).

Great Careers in the Sports Industry: Set 3, 12 vols. 2017. (Great Careers in the Sports Industry Ser.). (ENG.). 128p. (YA). (gr. 7-7). lib. bdg. 264.78 (978-1-5081-7771-5(6), 6a91c511-60db-4ef6-a9e7-7e4fc5a5e295, Rosen Young Adult) Rosen Publishing Group, Inc., The.

Great Careers in the Sports Industry: Sets 1 - 3, 32 vols. 2017. (Great Careers in the Sports Industry Ser.). (ENG.). (YA). (gr. 7-7). lib. bdg. 706.08 (978-1-5081-7770-8(8), 370a9014-2c86-44cd-9c58-479ab2012453) Rosen Publishing Group, Inc., The.

Great Careers in Writing. Brienna Rossiter. 2021. (Great Careers Ser.). (ENG., Illus.). 32p. (J). (gr. 3-5). pap. 9.95 (978-1-64493-896-6(0)); lib. bdg. 31.35 (978-1-64493-850-8(2)) North Star Editions. (Focus Readers).

Great Careers (Set Of 10) 2021. (Great Careers Ser.). (ENG., Illus.). 320p. (J). (gr. 3-5). pap. 99.50 (978-1-64493-887-4(1)); lib. bdg. 313.50 (978-1-64493-841-6(3)) North Star Editions. (Focus Readers).

Great Careers Working with Animals. Derek Moon. 2021. (Great Careers Ser.). (ENG., Illus.). 32p. (J). (gr. 3-5). pap. 9.95 (978-1-64493-897-3(9)); lib. bdg. 31.35 (978-1-64493-851-5(0)) North Star Editions. (Focus Readers).

Great Caribbean Lionfish Escape. Dominique Serafini. 2021. (ENG.). 52p. (J). (978-0-9730598-7-8(7)) Love of the Sea Publishing.

Great Carrot Quest! Stephen Breen. Illus. by Lakshmi Murali. 2023. (ENG.). 30p. (J). 14.00 **(978-1-0880-9150-0(4));** pap. 10.00 **(978-1-0879-2843-2(5))** Indy Pub.

Great Cartoonists. Craig E. Blohm. 2016. (ENG.). 80p. (J). (gr. 5-12). (978-1-60152-996-1(1)) ReferencePoint Pr., Inc.

Great Catch, Sarafina! Carol a Bacon. Illus. by Marvin Alonso. 2017. (ENG.). (J). (gr. k-3). pap. 10.99 (978-0-9981543-3-6(4)) Himari Publishing.

Great Change. Gabriel White Deer of Autumn Horn. Illus. by Carol Grigg. 2023. (ENG.). 32p. (J). pap. 10.99 (978-1-58270-892-8(4), Beyond Words) Simon & Schuster.

Great Cheese Conspiracy. Jean Van Leeuwen. 2023. 98p. (J). (gr. 1-3). pap. 9.99 **(978-1-4778-1050-7(1),** 9781477810507, Two Lions) Amazon Publishing.

Great Cheese Robbery. Chris Mould. Illus. by Chris Mould. 2018. (Pocket Pirates Ser.: 1). (ENG., Illus.). 160p. (J). (gr. 1-4). 17.99 (978-1-4814-9115-0(6)); pap. 6.99 (978-1-4814-9114-3(8)) Simon & Schuster Children's Publishing. (Aladdin).

Great Cheese Robbery. Tim Warnes. Illus. by Tim Warnes. 2021. (Let's Read Together Ser.). (ENG.). 32p. (J). (gr. -1-2). pap. 8.99 (978-1-68010-352-6(0)) Tiger Tales.

Great Chicago Fire. Robin Johnson. 2016. (Crabtree Chrome Ser.). (ENG., Illus.). 48p. (J). (gr. 2-2). pap. (978-0-7787-2235-9(X)) Crabtree Publishing Co.

Great Chicago Fire. Contrib. by Julie Murray. 2023. (Historical Disasters Ser.). (ENG.). 24p. (J). (gr. k-4). lib. bdg. 31.36 **(978-1-0982-8123-6(3),** 42344, Abdo Zoom-Dash) ABDO Publishing Co.

Great Chicago Fire: A Cause-And-Effect Investigation. Michael Regan. ed. 2016. (Cause-And-Effect Disasters Ser.). (ENG., Illus.). 40p. (J). (gr. 4-6). E-Book 46.65 (978-1-5124-1130-0(2), Lerner Pubns.) Lerner Publishing Group.

Great Chicago Fire: All Is Not Lost. Steven Otfinoski. 2018. (Tangled History Ser.). (ENG., Illus.). 112p. (J). (gr. 3-9). pap. 6.95 (978-1-5157-7962-9(9), 136042); lib. bdg. 32.65 (978-1-5157-7931-5(9), 136026) Capstone. (Capstone Pr.).

Great Chicago Fire: Described in Seven Letters by Men & Women Who Experienced Its Horrors (Classic Reprint) Paul McClelland Angle. (ENG., Illus.). (J). 2018. 94p. 25.86 (978-0-365-21388-8(8)); 2017. pap. 9.57 (978-0-259-88065-3(5)) Forgotten Bks.

Great Chicken Escape. Nikki McClure. 2018. (ENG., Illus.). 40p. (J). (gr. -1-3). 16.95 (978-1-944903-22-0(4), 1313201, Cameron Kids) Cameron + Co.

Great Children's Stories. Frederick Richardson. 2016. (Calla Editions Ser.). (ENG.). 208p. (J). 30.00 (978-1-60660-085-6(0), 600850) Dover Pubns., Inc.

Great Christmas Bell Tsunami. Robert Owen. 2021. (ENG., Illus.). 36p. (J). 24.00 (978-1-64913-178-2(X)) Dorrance Publishing Co., Inc.

Great Christmas Tradition Coloring Book. Kreative Kids. 2016. (ENG., Illus.). (J). pap. 9.20 (978-1-68377-531-7(7)) Whlke, Traudl.

Great City Search. Rosie Heywood. 2017. (VIE., Illus.). (J). (gr. -1). pap. (978-604-88-4435-6(2)) Dan tri Publishing Hse.

Great Co-Partnership, & Other Papers (Classic Reprint) Obed Obed. (ENG., Illus.). (J). 2018. 204p. 28.10 (978-0-483-50044-0(5)); 2016. pap. 10.57 (978-1-334-15721-9(9)) Forgotten Bks.

Great Cold Queen: A Poppenohna Land Adventure. Carrie Turley. Illus. by Lara Law. 2nd ed. 2023. (Poppenohna Land Ser.: Vol. 1). (ENG.). 324p. (J). pap. 13.99 **(978-1-956357-89-9(0));** 19.99 **(978-1-956357-87-5(4))** Lawley Enterprises.

Great Colouring Mystery. Lynda Barrett & Andy Barrett. 2018. (Cheeky Chimp City Ser.). (ENG., Illus.). 36p. (J). pap. (978-1-912183-61-6(7)) UK Bk. Publishing.

Great Communicator: The Life of President Ronald Reagan - Us History Book Presidents Grade 3 Children's American History. Baby Professor. 2017. (ENG., Illus.). 64p. (J). pap. 9.52 (978-1-5419-1259-5(4), Baby Professor (Education Kids)) Speedy Publishing LLC.

Great Compromise, Volume 2. Julia Cook. Illus. by Kyle Merriman. ed. 2019. (Leader I'll Be! Ser.: 2). (ENG.). 31p. (J). (gr. k-5). pap. 10.95 (978-1-944882-44-0(8)) Boys Town Pr.

Great Connecting Fun Activity Book - Dot to Dot Books. Creative Playbooks. 2016. (ENG., Illus.). (J). pap. 7.74 (978-1-68323-039-7(6)) Twin Flame Productions.

Great Conspiracy: Its Origin & History. John Alexander Logan. 2017. (ENG., Illus.). (J). 33.95 (978-1-375-01633-9(4)); pap. 24.95 (978-1-375-01632-2(6)) Capital Communications, Inc.

Great Cookie War. Caroline Stellings. 2021. (ENG.). 144p. (J). (gr. 4-7). pap. 10.95 (978-1-77260-173-2(X)) Second Story Pr. CAN. Dist: Orca Bk. Pubs. USA.

Great Corrector: More or Less a Vital Satire (Classic Reprint) Percival W. Wells. 2017. (ENG., Illus.). (J). 28.54 (978-0-266-17985-6(1)) Forgotten Bks.

Great Creator Saves Boobie & Ceeble. G. S. White. 2017. (ENG., Illus.). (J). pap. 13.95 (978-1-63575-893-1(9)) Christian Faith Publishing.

Great Cricket Picket. Nathan Tafoya. 2016. (ENG., Illus.). (J). (gr. 1-5). 19.25 (978-0-9983352-0-9(7), Bk.ify by Sanitaryum) Sanitaryum.

Great Crown Mystery: A Search & Find Book. Chrissy Metge. Illus. by Dmitry Chizhov. 2022. (ENG.). 40p. (J). pap. (978-0-473-62056-1(1)) Duckling Publishing.

Great Crown Mystery: A Search & Find Book: a Search & Find Book Chrissy Metge. Chrissy Metge. Illus. by Dmitry Chizhov. l.t. ed. 2022. (ENG.). 40p. (J). (978-0-473-62058-5(8)) Duckling Publishing.

Great Cultures, Great Ideas (Set), 12 vols. 2018. (Great Cultures, Great Ideas Ser.). (ENG.). 32p. (gr. 3-4). lib. bdg. 167.58 (978-1-5383-3921-3(8), 2d23405e-b597-4b1b-a069-416a3b2c5d4a, PowerKids Pr.) Rosen Publishing Group, Inc., The.

Great Cyclone at St. Louis & East St. Louis, May 27 1896: Being a Full History of the Most Terrifying &

806

The check digit for ISBN-10 appears in parentheses after the full ISBN-13

G

Destructive Tornado in the History of the World, with Numerous Thrilling & Pathetic Incidents & Personal Experiences of Those Who Were In. Cyclone Publishing Co. (ENG., Illus.). (J). 2018. 418p. 32.52 *(978-0-484-02624-6(0))*; 2016. pap. 16.57 *(978-1-333-47019-7(3))* Forgotten Bks.

Great Dairy River. Muhabbat Yuldasheva. 2017. (ENG.). 124p. (J). pap. *(978-1-365-86304-2(2))* Lulu Pr., Inc.

Great Danes. Elizabeth Andrews. 2022. (Dogs (CK) Ser.). (ENG., Illus.). 24p. (J). (gr. k-3). lib. bdg. 31.36 *(978-1-0982-4321-0(8)*, 41217, Pop! Cody Koala) Pop!.

Great Danes. Chris Bowman. 2016. (Awesome Dogs Ser.). (ENG., Illus.). 24p. (J). (gr. k-3). lib. bdg. 26.95 *(978-1-62617-306-4(0)*, Blastoff! Readers) Bellwether Media.

Great Danes, 1 vol. Grace Hansen. 2016. (Dogs (Abdo Kids Jumbo) Ser.). (ENG., Illus.). 24p. (J). (gr. -1-2). lib. bdg. 32.79 *(978-1-68080-517-8(7)*, 21314, Abdo Kids) ABDO Publishing Co.

Great Danes. Christa C. Hogan. 2018. (Doggie Data Ser.). (ENG.). 32p. (J). (gr. 4-6). pap. 9.99 *(978-1-64466-250-2(7)*, 12255); (Illus.). lib. bdg. *(978-1-68072-403-5(7)*, 12254) Black Rabbit Bks. (Bolt).

Great Danes. Mary Ellen Klukow. 2019. (Favorite Dog Breeds Ser.). (ENG.). 24p. (J). (gr. 1-4). lib. bdg. *(978-1-68151-658-5(6)*, 10790) Amicus.

Great Date Experiment. Ashley Mays. 2022. (ENG.). 304p. (YA). pap. 17.99 *(978-1-941720-93-6(5)*, WhiteSpark Publishing) WhiteFire Publishing.

Great Day. Rozanne Williams. 2017. (Learn-To-Read Ser.). (ENG., Illus.). (J). pap. 3.49 *(978-1-68310-313-4(0))* Pacific Learning, Inc.

Great Day at School - Coloring Books 2nd Grade Edition. Creative Playbooks. 2016. (ENG., Illus.). (J). pap. 7.74 *(978-1-68323-093-9(0))* Twin Flame Productions.

Great Day for a Hug. Mack van Gageldonk. Illus. by Mack van Gageldonk. 2021. (ENG., Illus.). 20p. (J). bds. 12.95 *(978-1-60537-625-7(6))* Clavis Publishing.

Great Day for Up. Seuss. ed. 2019. (Dr. Seuss Beginner Bks.). (ENG.). 28p. (J). (gr. k-1). 17.49 *(978-0-87617-606-1(6))* Penworthy Co., LLC, The.

Great Days a Novel (Classic Reprint) Frank Harris. 2018. (ENG., Illus.). 462p. (J). 33.43 *(978-0-483-53562-6(1))* Forgotten Bks.

Great Days (Classic Reprint) Frank Harris. 2018. (ENG., Illus.). (J). 360p. 31.34 *(978-0-366-44230-0(9))*; 362p. pap. 13.97 *(978-0-366-06165-5(8))* Forgotten Bks.

Great de-Stressor — Adult Dot-To-Dot Activity Book. Speedy Publishing LLC. 2016. (ENG., Illus.). 108p. (J). pap. 12.55 *(978-1-68326-137-7(2))* Speedy Publishing LLC.

Great Debate, 1 vol. Jill Andersen. 2016. (Rosen REAL Readers: Social Studies Nonfiction / Fiction: Myself, My Community, My World Ser.). (ENG.). 12p. (gr. k-1). pap. 6.33 *(978-1-5081-2553-2(8)*, c415fce0-c0e8-4552-bfbb-ca7760262fc6, Rosen Classroom) Rosen Publishing Group, Inc., The.

Great Depression. Martin Gitlin. 2021. (21st Century Skills Library: American Eras: Defining Moments Ser.). (ENG., Illus.). 32p. (J). (gr. 4-8). pap. 14.21 *(978-1-5341-8877-8(0)*, 219219); lib. bdg. 32.07 *(978-1-5341-8737-5(5)*, 219218) Cherry Lake Publishing.

Great Depression. Joy Gregory. 2016. (Illus.). 48p. (J). *(978-1-5105-1286-3(1))* SmartBook Media, Inc.

Great Depression, 1 vol. Avery Elizabeth Hurt. 2017. (Interwar Years Ser.). (ENG., Illus.). 128p. (YA). (gr. 9-9). 47.36 *(978-1-5026-2713-1(2)*, 98487ccd-d96e-49c4-abb1-5be7fa9b27d7) Cavendish Square Publishing LLC.

Great Depression, 1 vol. John O'Mara. 2019. (Look at U. S. History Ser.). (ENG.). 32p. (gr. 2-2). pap. 11.50 *(978-1-5382-4875-1(1)*, bb8529a0-100d-4cb8-a4f8-202c8254a6da) Stevens, Gareth Publishing LLLP.

Great Depression: Children's American History of 1900s Book. Bold Kids. 2022. (ENG.). 38p. (J). pap. 14.99 ***(978-1-0717-1002-9(8))*** FASTLANE LLC.

Great Depression: Economic Problems & Solutions - Interactive History - History 7th Grade - Children's American History. Baby Professor. 2019. (ENG.). 74p. (J). pap. 14.89 *(978-1-5419-5062-7(3))*; 24.88 *(978-1-5419-7477-7(8))* Speedy Publishing LLC. (Baby Professor (Education Kids)).

Great Depression: Experience the 1930s from the Dust Bowl to the New Deal. Marcia Amidon Lusted. Illus. by Tom Casteel. 2016. (Inquire & Investigate Ser.). (ENG.). 128p. (J). (gr. 6-10). 22.95 *(978-1-61930-336-2(1)*, 25f2b5db-fb04-4b75-85cd-8cd865e5abb5) Nomad Pr.

Great Depression: Experience the 1930's from the Dust Bowl to the New Deal. Marcia Amidon Lusted. Illus. by Tom Casteel. 2016. (Inquire & Investigate Ser.). (ENG.). 128p. (J). (gr. 6-10). pap. 17.95 *(978-1-61930-340-9(X)*, ce2d6583-b839-4faf-a77d-dd176911c683) Nomad Pr.

Great Depression: Worldwide Economic Crisis, 1 vol. Siyavush Saidian. 2017. (American History Ser.). (ENG.). 104p. (gr. 7-7). lib. bdg. 41.03 *(978-1-5345-6131-1(5)*, 05906c5b-6889-4ea0-85eb-f2215c73dd73, Lucent Pr.) Greenhaven Publishing LLC.

Great Depression (a Step into History) (Library Edition) Steven Otfinoski. 2018. (Step into History Ser.). (ENG., Illus.). 144p. (J). (gr. 5-8). lib. bdg. 36.00 *(978-0-531-22690-2(5)*, Children's Pr.) Scholastic Library Publishing.

Great Depression Wasn't Always Sad! Entertainment & Jazz Music Book for Kids Children's Arts, Music & Photography Books. Baby Professor. 2017. (ENG., Illus.). (J). pap. 9.55 *(978-1-5419-1543-5(7)*, Baby Professor (Education Kids)) Speedy Publishing LLC.

Great Desire (Classic Reprint) Alexander Black. 2017. (ENG., Illus.). (J). 32.31 *(978-0-266-20905-8(X))* Forgotten Bks.

Great Destroyers. Caroline Tung Richmond. 2021. (ENG.). 400p. (YA). (gr. 7-7). 18.99 *(978-1-338-26674-0(8)*, Scholastic Pr.) Scholastic, Inc.

Great Dictionary Caper. Judy Sierra. Illus. by Eric Comstock. 2018. (ENG.). 40p. (J). (gr. -1-3). 17.99 *(978-1-4814-8004-8(9)*, Simon & Schuster/Paula Wiseman Bks.) Simon & Schuster/Paula Wiseman Bks.

Great Dillon Mystery. Stephen Blunden. 2019. (ENG.). 34p. (J). *(978-1-5289-0643-2(8))*; pap. *(978-1-5289-0642-5(X))* Austin Macauley Pubs. Ltd.

Great Dinosaur Hunt, 6 vols. (Woodland Mysteriestm Ser.). 133p. (gr. 3-7). 42.50 *(978-0-7802-7929-2(8))* Wright Group/McGraw-Hill.

Great Dinosaur Search see Dinosaurios

Great Dinosaur Search. Rosie Heywood. 2017. (VIE., Illus.). (J). (gr. -1). pap. *(978-604-88-4438-7(7))* Dan tri Publishing Hse.

Great Discoveries in Science, 16 vols. 2016. (Great Discoveries in Science Ser.). (ENG.). 128p. (gr. 9-9). lib. bdg. 378.88 *(978-1-5026-2001-9(4)*, e1e19ad0-9d4d-4baa-b26e-c204acc5be05, Cavendish Square) Cavendish Square Publishing LLC.

Great Discoveries in Science (Group 2), 16 vols. 2017. (Great Discoveries in Science Ser.). (ENG.). 128p. (gr. 9-9). lib. bdg. 378.88 *(978-1-5026-2684-4(5)*, 698e9bc8-041a-420a-a32f-45d2ceb1190a, Cavendish Square) Cavendish Square Publishing LLC.

Great Discoveries in Science (Groups 1 - 3), 48 vols. 2018. (Great Discoveries in Science Ser.). (ENG.). (YA). (gr. 9-9). lib. bdg. 1136.64 *(978-1-5026-4387-2(1)*, f751e4a6-ae35-4033-b5d6-bda249cd1af4) Cavendish Square Publishing LLC.

Great Divide: A Play in Three Acts (Classic Reprint) William Vaughn Moody. 2017. (ENG., Illus.). (J). 27.65 *(978-1-5279-6049-7(8))* Forgotten Bks.

Great Dog. Davide Cali. Illus. by Miguel Tanco. 2018. (ENG.). 46p. (J). (gr. -1-2). 17.99 *(978-1-101-91917-0(5)*, Tundra Bks.) Tundra Bks. CAN. Dist: Penguin Random Hse. LLC.

Great Dot to Dot Kid's Activity Book. Kreative Kids. 2016. (ENG., Illus.). (J). pap. 9.20 *(978-1-68377-046-6(3))* Whlke, Traudl.

Great Drain Escape. Chris Mould. Illus. by Chris Mould. 2018. (Pocket Pirates Ser.: 2). (ENG., Illus.). 144p. (J). (gr. 1-4). 17.99 *(978-1-4814-9118-1(0))*; pap. 6.99 *(978-1-4814-9117-4(2))* Simon & Schuster Children's Publishing. (Aladdin).

Great e-Sports Debates. Meg Marquardt. 2018. (Great Sports Debates Ser.). (ENG.). 48p. (J). (gr. 3-6). lib. bdg. 34.21 *(978-1-5321-1443-4(5)*, 29028, SportsZone) ABDO Publishing Co.

Great Earthquake in Japan, October 28th 1891: Being a Full Description of the Disasters Resulting from the Recent Terrible Catastrophe, Taken from the Accounts in the Hyogo News by Its Special Correspondent, & from Other Sources. H. Tennant. 2016. (ENG., Illus.). (J). pap. 9.57 *(978-1-333-51505-8(7))* Forgotten Bks.

Great Easter Egg Hunt. Melinda Lee Rathjen & Greg Fritz. Illus. by Lisa Reed & Aruna Rangarajan. 2021. (VeggieTales Ser.). (ENG.). 20p. (J). (gr. -1 — 1). bds. 7.99 *(978-1-5460-3710-1(1))* Worthy Publishing.

Great Easter Race! Sesame Workshop. 2017. (Sesame Street Scribbles Ser.: 0). (ENG.). 40p. (J). (gr. k-4). 10.99 *(978-1-4926-3837-7(4)*, 9781492638377) Sourcebooks, Inc.

Great Educators. Herbart & the Herbartians. Charles de Garmo. 2017. (ENG., Illus.). (J). pap. *(978-0-649-60146-2(7))* Trieste Publishing Pty Ltd.

Great Egg Hunter. Linda Talley. 2022. (ENG., Illus.). 32p. (J). pap. 14.95 *(978-1-63881-543-3(7))* Newman Springs Publishing, Inc.

Great Emergency: And Other Tales (Classic Reprint) Juliana Horatia Ewing. (ENG., Illus.). (J). 2018. 372p. 31.59 *(978-0-428-89055-1(5))*; 2016. pap. 13.97 *(978-1-334-09084-4(X))* Forgotten Bks.

Great Emergency & Other Tales. Juliana Horatia Gatty Ewing. 2017. (ENG., Illus.). (J). pap. 14.95 *(978-1-374-82045-6(8))* Capital Communications, Inc.

Great Emergency & Other Tales. Juliana Horatia Gatty Ewing. 2017. (ENG.). 298p. (J). pap. *(978-3-337-07240-7(2))* Creation Pubs.

Great Emergency, & Other Tales: By Juliana Horatia Ewing (Classic Reprint) Juliana Horatia Gatty Ewing. 2018. (ENG., Illus.). 256p. (J). 29.18 *(978-0-483-47919-7(5))* Forgotten Bks.

Great Emergency (Classic Reprint) Juliana Horatia Ewing. 2018. (ENG., Illus.). 182p. (J). 27.65 *(978-0-484-83982-2(9))* Forgotten Bks.

Great Engine Book for Kids: Secrets of Trains, Monster Trucks & Airplanes Discussed Children's Transportation Books. Baby Professor. 2019. (ENG.). 106p. (J). 23.95 *(978-1-5419-6846-2(8))*; pap. 13.99 *(978-1-5419-6836-3(0))* Speedy Publishing LLC. (Baby Professor (Education Kids)).

Great Engineering Fails. Barbara Krasner. 2020. (Searchlight Books (tm) — Celebrating Failure Ser.). (ENG., Illus.). 32p. (J). (gr. 3-5). pap. 9.99 *(978-1-5415-8928-5(9)*, f5e4acd9-4724-4631-9c8d-7b463dee07e0); lib. bdg. 30.65 *(978-1-5415-7734-3(5)*, e8b3ca86-497a-4ce7-ba4d-fcb3ef8b5ffd) Lerner Publishing Group. (Lerner Pubns.).

Great English Novelists, Vol. 1: With Introductory Essays & Notes (Classic Reprint) William James Dawson. (ENG., Illus.). (J). 2017. 30.99 *(978-0-260-47092-8(9))*; 2016. pap. 13.57 *(978-1-334-14566-7(0))* Forgotten Bks.

Great English Novelists, Vol. 2: With Introductory Essays & Notes (Classic Reprint) William James Dawson. (ENG., Illus.). (J). 2018. 352p. 31.18 *(978-0-483-38974-8(9))*; 2016. pap. 13.57 *(978-1-334-12808-0(1))* Forgotten Bks.

Great English Short-Story Writers, Vol. 1: With Introductory Essays (Classic Reprint) William J. Dawson. (ENG., Illus.). (J). 2018. 324p. 30.58 *(978-0-364-76528-9(3))*; 2017. pap. 13.57 *(978-1-334-92351-7(5))* Forgotten Bks.

Great English Short-Story Writers, Vol. 2 (Classic Reprint) William James Dawson. (ENG., Illus.). (J). 2018. 350p. 31.12 *(978-0-267-00437-9(0))*; 2017. pap. 13.57 *(978-0-243-97377-4(2))* Forgotten Bks.

Great Entrepreneurs in U. S. History. 2016. (Great Entrepreneurs in U. S. History Ser.). 32p. (gr. 5-5). pap. 70.50 *(978-1-4994-2446-1(9)*, PowerKids Pr.) Rosen Publishing Group, Inc., The.

Great Escape. Kate Biberdorf. 2020. (Kate the Chemist Ser.). (ENG., Illus.). 144p. (J). (gr. 3-7). 12.99 *(978-0-593-11658-6(5)*, Philomel Bks.) Penguin Young Readers Group.

Great Escape. Menaka Raman. 2022. (ENG.). 80p. (J). pap. 8.99 *(978-0-14-345776-3(4))* Penguin Bks. India PVT, Ltd IND. Dist: Independent Pubs. Group.

Great Escape. Cathy L. Stewart. 2016. (ENG., Illus.). 26p. (J). pap. 9.99 *(978-0-692-06070-4(7))* Stewart, Cathy L.

Great Escape White Band. Peter Millett. Illus. by Alfredo Belli. ed. 2016. (Cambridge Reading Adventures Ser.). (ENG.). 24p. pap. 8.80 *(978-1-107-55158-9(7))* Cambridge Univ. Pr.

Great Escape (Goblin & Pig 1) Patrick S. Stemp. Illus. by Anita Soelver. 2016. (Goblin & Pig Ser.: Vol. 1). (ENG.). 34p. (J). pap. *(978-1-988023-02-1(5))* Stirling Bay.

Great Escape! (the Cuphead Show!) Random House. Illus. by Random House. 2023. (Step into Reading Ser.). (Illus.). 32p. (J). (gr. k-3). 5.99 *(978-0-593-56578-0(9))*; (ENG., 14.99 *(978-0-593-56579-7(7))* Random Hse. Children's Bks. (Random Hse. Bks. for Young Readers).

Great Escapes: Real Tales of Harrowing Getaways. Judy Dodge Cummings. 2017. (Mystery & Mayhem Ser.). (ENG., Illus.). 128p. (J). (gr. 4-6). 19.95 *(978-1-61930-612-7(3)*, bd019601-6897-4987-ab97-032850dc4f1e); pap. 9.95 *(978-1-61930-616-5(6)*, e768792f-0ac2-4a95-a740-4a570cf527f3) Nomad Pr.

Great Escapes #1: Nazi Prison Camp Escape. Michael Burgan. Illus. by James Bernardin. 2020. (Great Escapes Ser.: 1). (ENG.). 128p. (J). (gr. 3-7). 16.99 *(978-0-06-286036-1(4))*; pap. 4.99 *(978-0-06-286035-4(6))* HarperCollins Pubs. (HarperCollins).

Great Escapes #2: Journey to Freedom 1838. Sherri Winston. Illus. by James Bernardin. 2020. (Great Escapes Ser.: 2). (ENG.). 128p. (J). (gr. 3-7). 16.99 *(978-0-06-286039-2(9))*; pap. 4.99 *(978-0-06-286038-5(0))* HarperCollins Pubs. (HarperCollins).

Great Escapes #3: Civil War Breakout. W. N. Brown. Illus. by James Bernardin. 2020. (Great Escapes Ser.: 3). (ENG.). 128p. (J). (gr. 3-7). pap. 4.99 *(978-0-06-286041-5(0)*, HarperCollins) HarperCollins Pubs.

Great Escapes #4: Survival in the Wilderness. James Bernardin & Steven Otfinoski. 2020. (Great Escapes Ser.: 4). (ENG., Illus.). 128p. (J). (gr. 3-7). pap. 4.99 *(978-0-06-286044-6(5)*, HarperCollins) HarperCollins Pubs.

Great Escapes #4: Survival in the Wilderness. Steven Otfinoski. 2020. (Great Escapes Ser.: 4). (ENG., Illus.). 128p. (J). (gr. 3-7). 16.99 *(978-0-06-286045-3(3)*, HarperCollins) HarperCollins Pubs.

Great Escapes #5: Terror in the Tower of London. W. N. Brown. Illus. by James Bernardin. 2021. (Great Escapes Ser.: 5). (ENG.). 128p. (J). (gr. 3-7). 16.99 *(978-0-06-286048-4(8))*; pap. 4.99 *(978-0-06-286047-7(X))* HarperCollins Pubs. (HarperCollins).

Great Escapes #6: Across the Minefields. Pamela D. Toler. Illus. by James Bernardin. 2021. (Great Escapes Ser.: 6). (ENG.). 128p. (J). (gr. 3-7). 16.99 *(978-0-06-286069-9(0))*; pap. 4.99 *(978-0-06-286050-7(X))* HarperCollins Pubs. (HarperCollins).

Great Escapes in History (Set), 8 vols. 2018. (Great Escapes in History Ser.). (ENG.). (J). (gr. 3-6). lib. bdg. 285.12 *(978-1-5038-3094-3(2)*, 212671, MOMENTUM) Child's World, Inc, The.

Great Escapes of World War II. Nel Yomtov. Illus. by Wilson Tortosa & Michael Bartolo. 2017. (Great Escapes of World War II Ser.). (ENG.). 32p. (J). (gr. 3-9). 133.28 *(978-1-5157-3533-5(8)*, 25399, Capstone Pr.) Capstone.

Great Events by Famous Historians; Volume 1. Rossiter Johnson. 2017. (ENG., Illus.). (J). 29.95 *(978-1-374-81370-0(2))*; pap. 19.95 *(978-1-374-81369-4(9))* Capital Communications, Inc.

Great Events by Famous Historians; Volume 10. Rossiter Johnson. 2017. (ENG., Illus.). (J). 29.95 *(978-1-374-93252-4(3))*; pap. 19.95 *(978-1-374-93251-7(5))* Capital Communications, Inc.

Great Exit Projects on the Civil War & Reconstruction, 1 vol. Alana Benson. 2019. (Great Social Studies Exit Projects Ser.). (ENG.). 64p. (gr. 5-5). 36.13 *(978-1-4994-4033-1(2)*, 217db278-5ca4-4b7a-99f0-9c6d8d765678, Rosen Young Adult) Rosen Publishing Group, Inc., The.

Great Exit Projects on the Columbian Exchange, 1 vol. Alana Benson. 2019. (Great Social Studies Exit Projects Ser.). (ENG.). 64p. (gr. 5-5). pap. 13.95 *(978-1-4994-4036-2(7)*, 74c90fa5-1a13-43ee-b33f-9e8e8d30f23f) Rosen Publishing Group, Inc., The.

Great Exit Projects on the Eastern Hemisphere, 1 vol. Bridey Heing. 2019. (Great Social Studies Exit Projects Ser.). (ENG.). 64p. (gr. 5-5). pap. 13.95 *(978-1-4994-4039-3(1)*, 947df70e-cef2-44ed-b683-99f01de68c30) Rosen Publishing Group, Inc., The.

Great Exit Projects on the Harlem Renaissance, 1 vol. Carolyn DeCarlo. 2019. (Great Social Studies Exit Projects Ser.). (ENG.). 64p. (gr. 5-5). pap. 13.95 *(978-1-4994-4042-3(1)*, 4ad43b6c-4c46-4e7a-ac40-e9c02dfcec7d, Rosen Reference) Rosen Publishing Group, Inc., The.

Great Exit Projects on the U. S. Constitution, 1 vol. Bridey Heing. 2019. (Great Social Studies Exit Projects Ser.). (ENG.). 64p. (gr. 5-5). pap. 13.95 *(978-1-4994-4045-4(6)*, f055e8d2-aa19-4db0-a8df-8ed789632de7) Rosen Publishing Group, Inc., The.

Great Exit Projects on the Vietnam War & the Antiwar Movement, 1 vol. Carolyn DeCarlo. 2019. (Great Social Studies Exit Projects Ser.). (ENG.). 64p. (gr. 5-5). pap. 13.95 *(978-1-4994-4048-5(0)*, f65c7091-9c33-42ae-97c1-3b2e092e2eba) Rosen Publishing Group, Inc., The.

Great Exit Projects on the Western Hemisphere, 1 vol. Bridey Heing. 2019. (Great Social Studies Exit Projects Ser.). (ENG.). 64p. (gr. 5-5). pap. 13.95 *(978-1-4994-4051-5(0)*, 5f6f3648-63ad-44ef-b057-34aea1f8af30) Rosen Publishing Group, Inc., The.

Great Exit Projects on the Women's Rights Movement, 16 vols. 2019. (Great Social Studies Exit Projects Ser.). (ENG.). 64p. (J). (gr. 5-5). lib. bdg. 289.04 *(978-1-4994-4057-7(X)*, b77d62d6-41f6-4f99-bafe-ca554329d204, Rosen Reference) Rosen Publishing Group, Inc., The.

Great Exit Projects on the Women's Rights Movement, 1 vol. Bethany Bryan. 2019. (Great Social Studies Exit Projects Ser.). (ENG.). 64p. (gr. 5-5). pap. 13.95 *(978-1-4994-4054-6(5)*, 0c75f1a8-bbc5-40ff-9d6c-f53ef02c76d0) Rosen Publishing Group, Inc., The.

Great Expectations. Charles Dickens. 2020. (ENG.). 416p. (J). (gr. 3-7). pap. *(978-1-77426-072-2(7))* East India Publishing Co.

Great Expectations. Charles Dickens. 2022. (ENG.). 400p. (J). (gr. 3-7). pap. 40.06 ***(978-1-4583-4035-1(X))***; pap. 40.06 ***(978-1-4583-3855-6(X))*** Lulu Pr., Inc.

Great Expectations. Charles Dickens. 2022. (Children's Signature Classics Ser.). 584p. (J). (gr. 9-7). pap. 14.99 *(978-1-4549-4564-2(8)*, Union Square Pr.) Sterling Publishing Co., Inc.

Great Expectations. Charles Dickens. 2018. (ENG., Illus.). 466p. (J). (gr. 4-6). 24.99 *(978-1-5154-2681-3(5))* Wilder Pubns., Corp.

Great Expectations: A BabyLit Storybook, 1 vol. Illus. by Mike Byrne. 2018. (BabyLit Ser.). 28p. (J). (gr. -1-k). 12.99 *(978-1-4236-4984-7(2))* Gibbs Smith, Publisher.

Great Expectations: A Drama in Five Acts; Dramatized from Dicken's Popular Work of the Same Name (Classic Reprint) Charles Augustus Scott. (ENG., Illus.). (J). 2018. 70p. 25.36 *(978-0-428-97246-2(2))*; 2017. pap. 9.57 *(978-0-243-18681-5(9))* Forgotten Bks.

Great Expectations, and, Master Humphrey's Clock, Vol. 2 (Classic Reprint) Charles Dickens. (ENG., Illus.). (J). 2018. 426p. 32.68 *(978-0-365-21060-3(9))*; 2018. 514p. 34.52 *(978-0-483-57081-8(8))*; 2017. pap. 16.57 *(978-0-259-19652-5(5))*; 2016. pap. 16.97 *(978-1-333-46711-1(7))* Forgotten Bks.

Great Expectations, and, the Uncommercial Traveller (Classic Reprint) Charles Dickens. (ENG., Illus.). (J). 2018. 684p. 38.00 *(978-0-428-37595-9(2))*; 2016. pap. 20.57 *(978-1-334-15290-0(X))* Forgotten Bks.

Great Expectations (Classic Reprint) Charles Dickens. (ENG., Illus.). (J). 2017. 40.99 *(978-0-266-41369-1(2))*; 2017. 35.01 *(978-0-260-00231-0(3))*; 2017. 34.93 *(978-0-266-72257-1(1))*; 2017. pap. 19.57 *(978-1-5276-8009-8(6))*; 2016. pap. 23.57 *(978-1-333-58557-0(8))* Forgotten Bks.

Great Expectations (Comic Classics) Jack Noel. Illus. by Jack Noel. 2023. (Comic Classics Ser.). (ENG., Illus.). 272p. (J). 9.99 ***(978-0-00-860033-4(3))*** Farshore GBR. Dist: HarperCollins Pubs.

Great Expectations Novel Units Student Packet. Novel Units. 2019. (ENG.). (YA). pap. 13.99 *(978-1-56137-515-8(2)*, NU5152SP, Novel Units, Inc.) Classroom Library Co.

Great Expectations Novel Units Teacher Guide. Novel Units. 2019. (ENG.). (YA). pap. 12.99 *(978-1-56137-514-1(4)*, NU5144, Novel Units, Inc.) Classroom Library Co.

Great Expectations; the Mystery of Edwin Drood; Mugby Junction; Master Humphrey's Clock (Classic Reprint) Charles Dickens. (ENG., Illus.). (J). 2018. 954p. 43.57 *(978-0-428-97743-6(X))*; 2017. pap. 25.91 *(978-0-243-31788-2(3))* Forgotten Bks.

Great Expedition: Dog the Dragon, Book 3. J. Lasterday. Illus. by Heather Young. 2017. (ENG.). (J). pap. 5.99 *(978-0-9981054-2-0(2))* Walker Hammond Pubs.

Great Experience (Classic Reprint) Julia Farr. 2018. (ENG., Illus.). 246p. (J). 28.97 *(978-0-484-57327-6(6))* Forgotten Bks.

Great Explorations Group 4, 12 vols., Set. Incl. Christopher Columbus: To the New World. James Lincoln Collier. lib. bdg. 36.93 *(978-0-7614-2221-1(8)*, db74d56f-0939-43e1-96d3-f1522a2f9b54); David Livingstone: Deep in the Heart of Africa. Steven Otfinoski. lib. bdg. 36.93 *(978-0-7614-2226-6(9)*, 7a28dbce-109c-476e-99fa-e3fac1da0bdd); Edmund Hillary: First to the Top. Dan Elish. lib. bdg. 36.93 *(978-0-7614-2224-2(2)*, 0ffc39f0-72d2-424d-bd4f-1d1714700be7); Henry Hudson: In Search of the Northwest Passage. Steven Otfinoski. lib. bdg. 36.93 *(978-0-7614-2225-9(0)*, dc68d715-c348-4a06-bea3-41505938cfa2); Kit Carson: He Led the Way. Patricia Calvert. lib. bdg. 36.93 *(978-0-7614-2223-5(4)*, 963e1330-9bef-4967-b147-72bb2846fbe9); Richard Francis Burton: Explorer, Scholar, Spy. Serinity Young. lib. bdg. 36.93 *(978-0-7614-2222-8(6)*, 0ea7af1b-7bac-4c33-bf8a-5c5f2cbf5a85); (Illus.). 80p. (gr. 6-6). (Great Explorations Ser.). (ENG.). 2007. Set lib. bdg. 221.58 *(978-0-7614-2219-8(6)*, 72039f68-83ef-4648-84da-530bde0fe2cf, Cavendish Square) Cavendish Square Publishing LLC.

Great Explorers. James Buckley, Jr. & Dorling Kindersley Publishing Staff. 2018. (ENG., Illus.). 48p. (J). *(978-0-241-31596-5(4))* Dorling Kindersley Publishing, Inc.

Great Explorers. James Jr. Buckley. ed. 2019. (DK Readers Ser.). (ENG.). 48p. (J). (gr. k-1). 14.49 *(978-1-64310-923-7(5))* Penworthy Co., LLC, The.

Great Fairies of the World: Padded Storybook. IglooBooks. Illus. by Louise Forshaw. 2020. (ENG.). 26p. (J). (-k). 9.99 *(978-1-83903-763-4(6))* Igloo Bks. GBR. Dist: Simon & Schuster, Inc.

Great Fairy Tales - Coloring Books for Girls Edition. Creative Playbooks. 2016. (ENG., Illus.). (J). pap. 7.74 *(978-1-68323-173-8(2))* Twin Flame Productions.

Great Falls. Steve Watkins. 2016. (ENG.). 256p. (YA). (gr. 9). 17.99 *(978-0-7636-7155-6(X))* Candlewick Pr.

Great Family Pet. Nancy Beveridge. 2020. (ENG., Illus.). 28p. (J). pap. 13.95 *(978-1-64559-577-9(3))* Covenant Bks.

Great Farmapalooza. Jill Roman Lord. Illus. by Kelly Breemer. 2020. (ENG.). 22p. (J). (-k). bds. 9.99 *(978-1-0877-0616-0(5)*, 005824877, B&H Kids) B&H Publishing Group.

Great Festival of the Mardi Gras - Holiday Books for Children Children's Holiday Books. Baby Professor. 2017. (ENG., Illus.). (J). pap. 8.79 *(978-1-5419-1052-2(4)*, Baby Professor (Education Kids)) Speedy Publishing LLC.

Great FIFA World Cup Matches. Contrib. by Ethan Olson. 2023. (Great Pro Sports Championships Ser.). (ENG.). 64p. (YA). (gr. 6-12). 43.93 ***(978-1-6782-0652-9(0)***, BrightPoint Pr.) ReferencePoint Pr., Inc.

Great Fight: Poems & Sketches (Classic Reprint) William Henry Drummond. 2018. (ENG., Illus.). 206p. (J). 28.15 *(978-0-364-35443-8(7))* Forgotten Bks.

Great Fire Dogs, Bk. 8. Megan Rix. 2016. (Illus.). 240p. (J). (gr. 4-6). pap. 11.99 *(978-0-14-136526-8(9)*, Puffin) Penguin Bks., Ltd. GBR. Dist: Independent Pubs. Group.

Great Fire of London 350th Anniversary. Emma Adams. 2016. (ENG., Illus.). 48p. (J). (gr. 2-4). 17.99 *(978-0-7502-9820-9(0)*, Wayland) Hachette Children's Group GBR. Dist: Hachette Bk. Group.

Great Fire of Teignmouth: The Little Town That Rose from the Ashes. Illus. by Annie J. Pomeroy. 2023. (ENG.). 84p. (J). pap. ***(978-1-4476-6963-0(0))*** Lulu Pr., Inc.

Great Fishing Derby: Bilingual Inuktitut & English Edition. Alex Ittimangnaq. Illus. by Eric Kim. ed. 2020. (ENG.). 40p. (J). pap. 10.95 *(978-0-2287-0491-1(X))* Inhabit Education Bks. Inc. CAN. Dist: Consortium Bk. Sales & Distribution.

Great Flood. Noah Johnson & Adrian Guevara. 2020. (ENG.). 34p. (J). pap. 10.00 *(978-1-716-50731-1(6))* Lulu Pr., Inc.

Great Flood: The Story of Noah's Ark. Pip Reid. 2020. (Defenders of the Faith Ser.: Vol. 5). (ENG.). 42p. (J). pap. *(978-0-473-44160-9(8))* Bible Pathway Adventures.

Great Flytrap Disaster. Chris Mould. Illus. by Chris Mould. 2019. (Pocket Pirates Ser.: 3). (ENG., Illus.). 144p. (J). (gr. 1-4). 17.99 *(978-1-4814-9121-1(0))*; pap. 6.99 *(978-1-4814-9120-4(2))* Simon & Schuster Children's Publishing. (Aladdin).

Great Focus Pocus. Sneaky Boy. 2017. (ENG., Illus.). (J). *(978-1-77370-122-6(3))*; pap. *(978-1-77370-121-9(5))* Tellwell Talent.

Great Folk Tales of the World. Anitha Murthy. Tr. by Sayan Mukherjee). 2019. (ENG., Illus.). 184p. (J). (gr. k-6). pap. *(978-93-88874-76-2(5))* Speaking Tiger Publishing.

Great Football Debates. Barry Wilner. 2018. (Great Sports Debates Ser.). (ENG., Illus.). 48p. (J). (gr. 3-6). lib. bdg. 34.21 *(978-1-5321-1444-1(3)*, 29030, SportsZone) ABDO Publishing Co.

Great Fun Mazes & Coloring Pages - Mazes Coloring Book Edition. Creative Playbooks. 2016. (ENG., Illus.). (J). pap. 7.74 *(978-1-68323-127-1(9))* Twin Flame Productions.

Great Fuzz Frenzy. Susan Stevens Crummel. Illus. by Janet Stevens. 2017. (ENG.). 56p. (J). (gr. -1-3). pap. 7.99 *(978-0-544-94391-9(0)*, 1659042, Clarion Bks.) HarperCollins Pubs.

Great Fuzz Frenzy. Janet Stevens & Susan Stevens Crummel. ed. 2017. (ENG.). (J). (gr. -1-3). lib. bdg. 18.40 *(978-0-606-39816-9(3))* Turtleback.

Great G. O. A. T. Debate: The Best of the Best in Everything from Sports to Science. Paul Volponi. 2022. (Illus.). 184p. (YA). (gr. 8-17). 30.00 *(978-1-5381-5315-4(7))* Rowman & Littlefield Publishers, Inc.

Great Game. Jenny Moon. 2023. (ENG.). 136p. (J). pap. ***(978-1-3984-9604-0(9))*** Austin Macauley Pubs. Ltd.

Great Game Design. Clive Gifford. 2017. (Get Connected to Digital Literacy Ser.). (Illus.). 32p. (J). (gr. 4-5). *(978-0-7787-3622-6(9))* Crabtree Publishing Co.

Great Garden Mystery. Renee Treml. 2020. 32p. (J). (gr. -1-k). 9.99 *(978-0-85798-417-3(9)*, Puffin) Penguin Random Hse. AUS. Dist: Independent Pubs. Group.

Great Garden Party. Cynthia Wylie & Courtney Carbone. Illus. by Katya Longhi. 2018. (Bloomers Island Ser.). 32p. (J). (gr. -1-3). 17.99 *(978-1-63565-069-3(0)*, 9781635650693, Rodale Kids) Random Hse. Children's Bks.

Great Gary Rescue! Davod Lewman. ed. 2020. (SpongeBob SquarePants 8x8 Bks). (ENG., Illus.). 24p. (J). (gr. k-1). 15.96 *(978-1-64697-291-3(0))* Penworthy Co., LLC, The.

Great Gatsby. F. Scott Fitzgerald. 2022. (ENG.). 152p. (J). 19.99 ***(978-1-64594-111-8(6))*** Athanatos Publishing Group.

Great Gatsby. F. Scott Fitzgerald. 2021. (ENG.). 124p. (J). *(978-1-80302-162-1(4))* FeedARead.com.

Great Gatsby. F. Scott Fitzgerald. 2022. (ENG.). 144p. (J). pap. 10.00 ***(978-1-387-94316-6(2))*** Lulu Pr., Inc.

Great Gatsby. Francis Scott Fitzgerald. 2022. (Read in English Ser.). (ENG & SPA.). 224p. (gr. 9-7). pap. 6.95 *(978-607-21-2438-7(0))* Larousse, Ediciones, S. A. de C. V. MEX. Dist: Independent Pubs. Group.

Great Gatsby: a Graphic Novel Adaptation. F. Scott Fitzgerald. Illus. by K. Woodman-Maynard. 2021. (ENG.). 240p. (YA). (gr. 9). 24.99 *(978-1-5362-1301-0(2))*; pap. 14.99 *(978-1-5362-1676-9(3))* Candlewick Pr.

Great Gatsby Novel Units Student Packet. Novel Units. 2019. (ENG.). (YA). pap. 13.99 *(978-1-56137-317-8(6)*, Novel Units, Inc.) Classroom Library Co.

Great Gatsby Novel Units Teacher Guide. Novel Units. 2019. (ENG.). (YA). pap. 12.99 *(978-1-56137-316-1(8)*, NU3168, Novel Units, Inc.) Classroom Library Co.

Great Gatz Bee. Francis. 2022. (ENG.). 34p. (J). pap. ***(978-0-6454590-3-6(8))*** Ng, Thomas.

Great General of Pounded Cakes. Aili Mou. 2022. (Taste of China Ser.). (ENG.). 36p. (J). (gr. k-2). pap. 8.95 *(978-1-4878-0989-8(1))* Royal Collins Publishing Group Inc. CAN. Dist: Independent Pubs. Group.

Great Geology: Explaining the Earth's Essence Coloring Book. Activibooks For Kids. 2016. (ENG., Illus.). (J). pap. 9.20 *(978-1-68321-160-0(X))* Mimaxion.

Great Ghost Hoax. Emily Ecton. Illus. by David Mottram. 2022. (Great Pet Heist Ser.). (ENG.). 288p. (J). (gr. 3-7). pap. 8.99 *(978-1-5344-7992-0(9)*, Atheneum Bks. for Young Readers) Simon & Schuster Children's Publishing.

Great Ghost Stories (Classic Reprint) Unknown Author. 2017. (ENG., Illus.). (J). 25.30 *(978-0-266-48054-9(3))* Forgotten Bks.

Great Ghost Stories (Classic Reprint) Joseph Lewis French. (ENG., Illus.). (J). 2017. 31.67 *(978-0-260-29094-6(7))*; 2016. pap. 16.57 *(978-1-334-12550-8(3))* Forgotten Bks.

Great Gilly Hopkins Novel Units Student Packet. Novel Units. 2019. (ENG.). (J). pap. 13.99 *(978-1-56137-837-1(2)*, Novel Units, Inc.) Classroom Library Co.

Great Giraffe Rescue: Saving the Nubian Giraffes. Sandra Markle. 2023. (Sandra Markle's Science Discoveries Ser.). (ENG., Illus.). 40p. (J). (gr. 4-6). lib. bdg. 33.32 *(978-1-7284-4321-8(0)*, fd3f5e92-82ea-40d5-b721-f6f9dec43538, Millbrook Pr.) Lerner Publishing Group.

Great Girl Golfers. Jim Gigliotti. 2016. 32p. (J). *(978-1-4896-4779-5(1))* Weigl Pubs., Inc.

Great Global Pause: Inspired by Life on Earth In 2020. Maggie Reidy. Illus. by Andrew Sharp. 2021. (ENG.). 40p. (J). *(978-1-0391-1935-2(2))*; pap. *(978-1-0391-1934-5(4))* FriesenPress.

Great God Success: A Novel (Classic Reprint) John Graham. 2018. (ENG., Illus.). 322p. (J). 30.54 *(978-0-484-43991-6(X))* Forgotten Bks.

Great Godden. Meg Rosoff. 2021. (ENG.). 256p. (YA). (gr. 9). 17.99 *(978-1-5362-1585-4(6))* Candlewick Pr.

Great Gold Rush: A Tale of the Klondike (Classic Reprint) William Henry Pope Jarvis. 2017. (ENG., Illus.). (J). 31.34 *(978-0-331-65800-2(3))*; pap. 13.97 *(978-0-282-55180-3(8))* Forgotten Bks.

Great Golden Banana. Tamar Johnson. Illus. by Rebecca Bender. 2021. (Adventures of Bree & Tae Ser.). (ENG.). 48p. (J). pap. *(978-1-5255-8373-5(5))*; *(978-1-5255-8374-2(3))* FriesenPress.

Great Googlini, 1 vol. Sara Cassidy. Illus. by Charlene Chua. 2018. (Orca Echoes Ser.). (ENG.). 112p. (J). (gr. 1-3). pap. 7.95 *(978-1-4598-1703-6(6))* Orca Bk. Pubs. USA.

Great Grace Escape. Pam Saxelby. Illus. by Anne Saxelby. 2018. (ENG.). 36p. (J). (gr. k-4). 19.95 *(978-1-61244-695-0(7))*; pap. 12.95 *(978-1-61244-653-0(1))* Halo Publishing International.

Great Grains. Katie Marsico. 2020. (21st Century Basic Skills Library: Level 3: Strong Kids Healthy Plate Ser.). (ENG., Illus.). 24p. (J). (gr. k-3). lib. bdg. 30.64 *(978-1-5341-6866-4(4)*, 215351) Cherry Lake Publishing.

Great Grammar Book. Kate Petty. Illus. by Jennie Maizels. 2018. (ENG.). 14p. (J). (gr. 2-5). 24.99 *(978-0-7636-9575-0(0))* Candlewick Pr.

Great Grampa My Hero. Marlene Kinley. 2020. (ENG.). 24p. (J). pap. *(978-0-2288-2074-1(X))* Tellwell Talent.

Great-Grandma & the Camper Van. Lois Davis & Sarah Gillman. 2019. (ENG., Illus.). 62p. (J). (gr. k-2). pap. *(978-1-909985-33-9(3))* Green, Callisto.

Great Grandma Flew Away Today: Great Grandma Flew Away Today. Ava Gabrielle. 2018. (ENG., Illus.). 28p. (J). pap. 12.95 *(978-0-578-42242-8(5))* Gabrielle, Ava.

Great Grandma Joins the Circus. Lois Davis. 2017. (ENG., Illus.). 34p. (J). pap. *(978-1-84897-858-4(8))* Olympia Publishers.

Great Grandma Says, a Little Is Better Than Nothing! Penelope Dyan. Illus. by Dyan. l.t. ed. 2023. (ENG.). 34p. (J). pap. 12.60 ***(978-1-61477-638-3(5))*** Bellissima Publishing, LLC.

Great Grandma Says, a Watched Pot Never Boils! Penelope Dyan. Illus. by Penelope Dyan. l.t. ed. 2023. (ENG.). 34p. (J). pap. 12.60 ***(978-1-61477-662-8(8))*** Bellissima Publishing, LLC.

Great Grandma Says, All Roads Lead to Rome! Penelope Dyan. Illus. by Penelope Dyan. l.t. ed. 2023. (ENG.). 34p. (J). pap. 12.60 ***(978-1-61477-656-7(3))*** Bellissima Publishing, LLC.

Great Grandma Says, Always Be Kind! Penelope Dyan. Illus. by Dyan. l.t. ed. 2023. (ENG.). 34p. (J). pap. 12.60 ***(978-1-61477-634-5(2))*** Bellissima Publishing, LLC.

Great Grandma Says, Always Listen to Your Mother! Dyan. Illus. by Penelope Dyan. l.t. ed. 2023. (ENG.). 34p. (J). pap. 12.60 ***(978-1-61477-633-8(4))*** Bellissima Publishing, LLC.

Great Grandma Says, Be a Light! Dyan. Illus. by Dyan. l.t. ed. 2023. (ENG.). 34p. (J). pap. 12.60 ***(978-1-61477-632-1(6))*** Bellissima Publishing, LLC.

Great Grandma Says, Everyone Needs Integrity! Penelope Dyan. Illus. by Penelope Dyan. l.t. ed. 2023. (ENG.). 34p. (J). pap. 12.60 ***(978-1-61477-646-8(6))*** Bellissima Publishing, LLC.

Great Grandma Says, Happiness Is Acceptance! Penelope Dyan. Illus. by Penelope Dyan. l.t. ed. 2023. (ENG.). 34p. (J). pap. 12.60 ***(978-1-61477-666-6(0))*** Bellissima Publishing, LLC.

Great Grandma Says, Help One Another! Penelope Dyan. Illus. by Dyan. l.t. ed. 2023. (ENG.). 34p. (J). pap. 12.60 ***(978-1-61477-640-6(7))*** Bellissima Publishing, LLC.

Great Grandma Says, It Has to Be You! Penelope Dyan. Illus. by Penelope Dyan. l.t. ed. 2023. (ENG.). 34p. (J). pap. 12.60 ***(978-1-61477-660-4(1))*** Bellissima Publishing, LLC.

Great Grandma Says, Listen to Everything! Penelope Dyan. Illus. by Penelope Dyan. l.t. ed. 2023. (ENG.). 34p. (J). pap. 12.60 ***(978-1-61477-665-9(2))*** Bellissima Publishing, LLC.

Great Grandma Says, Love Conquers Anything! Penelope Dyan. Illus. by Penelope Dyan. l.t. ed. 2023. (ENG.). 34p. (J). pap. 12.60 ***(978-1-61477-673-4(3))*** Bellissima Publishing, LLC.

Great Grandma Says, Please Don't Complain! Penelope Dyan. Illus. by Penelope Dyan. l.t. ed. 2023. (ENG.). 34p. (J). pap. 12.60 ***(978-1-61477-668-0(7))*** Bellissima Publishing, LLC.

Great Grandma Says, Say Something Nice! Penelope Dyan. Illus. by Penelope Dyan. l.t. ed. 2023. (ENG.). 34p. (J). pap. 12.60 ***(978-1-61477-667-3(9))*** Bellissima Publishing, LLC.

Great Grandma Says, Shake Things Up! Penelope Dyan. Illus. by Penelope Dyan. l.t. ed. 2023. (ENG.). 34p. (J). pap. 12.60 ***(978-1-61477-674-1(1))*** Bellissima Publishing, LLC.

Great Grandma Says, Wait Your Turn! Dyan. Illus. by Dyan. l.t. ed. 2023. (ENG.). 34p. (J). pap. 12.60 ***(978-1-61477-644-4(X))*** Bellissima Publishing, LLC.

Great Grandma Says, We Can't Change Yesterday! Penelope Dyan. Illus. by Penelope Dyan. l.t. ed. 2023. (ENG.). 34p. (J). pap. 12.60 ***(978-1-61477-671-0(7))*** Bellissima Publishing, LLC.

Great Grandma Says, You Catch More Flies with Honey! Penelope Dyan. Illus. by Penelope Dyan. l.t. ed. 2023. (ENG.). 34p. (J). pap. 12.60 ***(978-1-61477-639-0(3))*** Bellissima Publishing, LLC.

Great-Grandmother's Girls in New Mexico: 1670-1680 (Classic Reprint) Elizabeth W. Champney. 2018. (ENG., Illus.). (J). 30.99 *(978-0-331-98774-4(0))* Forgotten Bks.

Great-Grandpa & the Magic Locket. Carrie Lee. Illus. by Crisdelin Prentice. 2022. (ENG.). 30p. (J). pap. *(978-1-0879-6612-0(4))* Lulu.com.

Great-Grandpa Joe. Kathleen A. Larson. 2017. (ENG., Illus.). 26p. (J). 22.95 *(978-1-4808-4975-4(8))*; pap. 12.45 *(978-1-4808-4977-8(4))* Archway Publishing.

Great Granny Cake Contest! Hubble Bubble. Tracey Corderoy. Illus. by Joe Berger. 2017. (Hubble Bubble Ser.). (ENG.). 128p. (J). (gr. 1-4). pap. 6.99 *(978-0-7636-8849-3(5))* Candlewick Pr.

Great Granny Gang: Band 11/Lime (Collins Big Cat) Judith Kerr. Illus. by Judith Kerr. 2019. (Collins Big Cat Ser.). (ENG., Illus.). 36p. (J). (gr. k-2). pap. 9.99 *(978-0-00-832090-4(X))* HarperCollins Pubs. Ltd. GBR. Dist: Independent Pubs. Group.

Great Gray. Beverly Davis. 2017. (Great Gray Ser.: Vol. 1). (ENG., Illus.). (J). (gr. k-6). 18.00 *(978-1-941251-93-5(5))* Thewordverve.

Great Gray Day. Denise Sampson. 2021. (ENG.). 30p. (J). pap. 13.95 *(978-1-63710-210-7(0))* Fulton Bks.

Great Gray Meets New Friends. Beverly Davis. 2017. (Great Gray Ser.: Vol. 2). (ENG., Illus.). (J). (gr. k-6). 18.00 *(978-1-941251-94-2(3))* Thewordverve.

Great Gray Owls. Al Albertson. 2020. (Animals of the Forest Ser.). (ENG.). 24p. (J). (gr. k-3). lib. bdg. 26.95 *(978-1-64487-127-0(0)*, Blastoff! Readers) Bellwether Media.

Great Gray Owls. Contrib. by Rachael Barnes. 2023. (Who's Hoo? Owls! Ser.). (ENG., Illus.). (J). (gr. k-3). lib. bdg. 26.95 Bellwether Media.

Great-Great-Great-Great Grandma's Radish & Other Stories. Tang Tang. Ed. by Rebecca Moesta. Illus. by Lü Qiumei. 2022. (ENG.). 92p. (J). 27.99 *(978-1-68057-312-1(8))* WordFire Pr.

Great, Great Whale. D.J. Harris. 2018. (ENG., Illus.). 42p. (J). 27.95 *(978-1-64349-387-9(6))*; pap. 17.95 *(978-1-64258-366-3(9))* Christian Faith Publishing.

Great Greenfield Bake-Off. Illus. by Anthony VanArsdale. 2021. (Boxcar Children Mysteries Ser.: 158). (ENG.). 128p. (J). (gr. 2-5). 12.99 *(978-0-8075-0820-6(9)*, 807508209); 6.99 *(978-0-8075-0821-3(7)*, 807508217) Random Hse. Children's Bks. (Random Hse. Bks. for Young Readers).

Great Grizzlies Go Home. Judy Hilgemann. Illus. by Judy Hilgemann. 2020. (ENG., Illus.). 32p. (J). *(978-1-55017-907-1(1)*, fc933c61-99ba-4135-8e20-0d37667b5094) Harbour Publishing Co., Ltd.

Great Grizzly Race. Zoa Lumsden. Illus. by Monika Suska. 2019. (Early Bird Readers — Purple (Early Bird Stories (tm)) Ser.). (ENG.). 32p. (J). (gr. k-3). 30.65 *(978-1-5415-4231-0(2)*, 3784ef28-44d5-4352-946c-9ca1dca4bcc8); pap. 9.99 *(978-1-5415-7419-9(2)*, 6cea8f99-e0a8-4465-915f-f76b6528bb6c) Lerner Publishing Group. (Lerner Pubns.).

Great Grub from the Meerkat Café: A Safari Cooking Adventure in Your Own Burrow. Pam Bennett-Wallberg. Illus. by Kristen Perry. 2020. (ENG.). 48p. (gr. 1-5). 21.95 *(978-1-4556-2511-6(6)*, Pelican Publishing) Arcadia Publishing.

Great Grundy Romance: A True Tale of Cathedral City (Classic Reprint) Unknown Author. (ENG., Illus.). (J). 2018. 190p. 27.82 *(978-0-364-03398-2(3))*; 2017. pap. 10.57 *(978-0-243-95370-7(4))* Forgotten Bks.

Great Guide to Children's Money & Saving Reference. Baby Professor. 2017. (ENG., Illus.). (J). pap. 7.89 *(978-1-5419-0236-7(X)*, Baby Professor (Education Kids)) Speedy Publishing LLC.

Great Halloween Pik-A-Punkin Roll. Cynthia Noles. Illus. by John E. Hume. 2020. (ENG.). (J). 44p. 25.00 *(978-1-950434-26-8(5))*; 48p. pap. 15.00 *(978-1-950434-25-1(7))* Janneck Bks.

Great Hesper (Classic Reprint) Frank Barrett. 2017. (ENG., Illus.). (J). 27.30 *(978-0-266-68410-7(6))*; pap. 9.97 *(978-1-5276-5905-6(4))* Forgotten Bks.

Great Highway: A Story of the World's Struggles (Classic Reprint) S. W. Fullom. 2018. (ENG., Illus.). 450p. (J). 33.18 *(978-0-483-83848-2(9))* Forgotten Bks.

Great Highway, Vol. 1 Of 3: A Story of the World's Struggles (Classic Reprint) S. W. Fullom. 2018. (ENG., Illus.). 314p. (J). 30.39 *(978-0-428-96653-9(5))* Forgotten Bks.

Great Highway, Vol. 3 Of 3: A Story of the World's Struggles (Classic Reprint) Stephen Watson Fullom. (ENG., Illus.). (J). 2018. 336p. 30.83 *(978-0-364-01556-8(X))*; 2016. pap. 13.57 *(978-1-334-11867-8(1))* Forgotten Bks.

Great Hike: The Pride of the Khaki Troop. Alan Douglas. 2018. (ENG., Illus.). 116p. (YA). (gr. 7-12). pap. *(978-93-5329-254-6(9))* Alpha Editions.

Great Hispanic & Latino Americans. Christine Juarez. 2023. (Great Hispanic & Latino Americans Ser.). (ENG.). 24p. (J). 147.90 ***(978-1-6690-8550-8(3)***, 267512, Capstone Pr.) Capstone.

Great History Search. Kamini Khanduri. 2017. (VIE., Illus.). (J). (gr. -1-3). pap. *(978-604-88-4434-9(4))* Dan tri Publishing Hse.

Great Hockey Debates. Giles Ferrell. 2018. (Great Sports Debates Ser.). (ENG., Illus.). 48p. (J). (gr. 3-6). lib. bdg. 34.21 *(978-1-5321-1445-8(1)*, 29032, SportsZone) ABDO Publishing Co.

Great Honeypot Robbery. P. J. Reed. Illus. by Emma Gribble. 2021. (ENG.). 118p. (J). pap. *(978-1-80068-462-1(2))* Second Imprint.

Great Hornbill. Grace Hansen. 2020. (Asian Animals (AK) Ser.). (ENG., Illus.). 24p. (J). (gr. -1-2). lib. bdg. 32.79 *(978-1-0982-0594-2(4)*, 36375, Abdo Kids) ABDO Publishing Co.

Great Horned Owls. Contrib. by Rachael Barnes. 2023. (Who's Hoo? Owls! Ser.). (ENG., Illus.). (J). (gr. k-3). lib. bdg. 26.95 Bellwether Media.

Great Horned Owls. Julie Murray. 2021. (Animals with Camo Ser.). (ENG.). 24p. (J). (gr. k-4). lib. bdg. 31.36 *(978-1-0982-2438-7(8)*, 37082, Abdo Zoom-Dash) ABDO Publishing Co.

Great House (Classic Reprint) Stanley J. Weyman. 2018. (ENG., Illus.). 414p. (J). 32.44 *(978-0-428-94859-7(6))* Forgotten Bks.

Great House of Castleton, and, Patricia (Classic Reprint) Winifred Graham. (ENG., Illus.). (J). 2018. 336p. 30.85 *(978-0-332-16153-2(6))*; 2017. pap. 13.57 *(978-0-259-00974-0(1))* Forgotten Bks.

Great Hunger. Lauren Krichilsky. Illus. by Colleen Madden. 2017. (Text Connections Guided Close Reading Ser.). (J). (gr. 2). *(978-1-4900-1862-1(X))* Benchmark Education Co.

Great Hunger (Classic Reprint) Johan Bojer. (ENG., Illus.). (J). 2018. 336p. 30.81 *(978-0-332-82276-1(1))*; 2016. pap. 13.57 *(978-1-333-30026-5(3))* Forgotten Bks.

Great Hunt. Wendy Higgins. 2017. (Eurona Duology Ser.: 1). (ENG.). 448p. (YA). (gr. 8). pap. 9.99 *(978-0-06-238134-7(2)*, HarperTeen) HarperCollins Pubs.

Great Ice Cream Parade. Zoe A. Madison. Illus. by Wild Creations. 2022. (ENG.). 34p. (J). pap. 12.99 ***(978-1-0879-2805-0(2))*** Indy Pub.

Great Ice Race. Renee Melendez. ed. 2018. (Step into Reading Ser.). (ENG.). 24p. (J). (gr. -1-1). 13.89 *(978-1-64310-361-7(X))* Penworthy Co., LLC, The.

Great Ice Race. Renee Melendez. Illus. by Dave Aikins. 2017. 24p. (J). *(978-1-5182-5217-4(6))* Random Hse., Inc.

Great Ice Race (Blaze & the Monster Machines) Renee Melendez. Illus. by Dave Aikins. 2017. (Step into Reading Ser.). (ENG.). 24p. (J). (gr. -1-1). pap. 5.99 *(978-1-5247-6384-8(5)*, Random Hse. Bks. for Young Readers) Random Hse. Children's Bks.

Great Idea. Ulrica Cooper. 2020. (ENG.). 54p. (J). pap. *(978-1-78723-426-0(6))* CompletelyNovel.com.

Great Idea. Ulrica Cooper. 2023. (ENG.). 52p. (J). pap. ***(978-1-78792-003-3(8))*** Paragon Publishing, Rothersthorpe.

Great Idea (Classic Reprint) Laura M. Adams. (ENG., Illus.). (J). 2018. 20p. 24.33 *(978-0-483-79783-3(9))*; 2016. pap. 7.97 *(978-1-333-37050-3(4))* Forgotten Bks.

Great Ideas Come from Kids Activity Book. Activity Book Zone for Kids. 2016. (ENG., Illus.). (J). pap. 7.55 *(978-1-68376-212-6(6))* Sabeels Publishing.

Great IKEYAH(TM) Treasure Hunt: A Story of Courage, Friendship, & Swiss-Meatballs(TM) Open Ai Gpt-3. Ed. by Matthew Oldach. Illus. by Midjourney. 2023. (ENG.). 80p. (J). pap. ***(978-1-7388432-1-3(1))*** LoGreco, Bruno.

Great Indian Speeches for Children. Intro. by Derek O'Brien. 2018. (ENG., Illus.). 256p. (YA). (gr. 7-12). pap. *(978-93-88326-06-3(7))* Speaking Tiger Publishing.

Great Indoors. Julie Falatko. Illus. by Ruth Chan. 2019. (ENG.). 40p. (J). (gr. -1-k). 17.99 *(978-1-368-00083-3(5))* Little, Brown Bks. for Young Readers.

Great Invasion of 1813-14, or after Leipzig (Classic Reprint) Émile Erckmann. (ENG., Illus.). (J). 2018. 296p. 30.00 *(978-0-484-20002-8(X))*; 2016. pap. 13.57 *(978-1-334-35550-9(9))* Forgotten Bks.

Great Invention Fails. Barbara Krasner. 2020. (Searchlight Books (tm) — Celebrating Failure Ser.). (ENG., Illus.). 32p. (J). (gr. 3-5). pap. 9.99 *(978-1-5415-8929-2(7)*, fc9c7109-0629-422b-85bd-7391274b6790); lib. bdg. 30.65 *(978-1-5415-7733-6(7)*, 66de2cd4-10b5-40a2-8b87-23188c930415) Lerner Publishing Group. (Lerner Pubns.).

Great Inventions, 10 vols., Group 2. Incl. Airplane. Harold Faber. lib. bdg. 45.50 *(978-0-7614-1876-4(8)*, 02d6c3dc-cf4a-488f-ae43-0c84fe9df24b); Automobile. James Lincoln Collier. lib. bdg. 45.50 *(978-0-7614-1877-1(6)*, c5384541-12d0-497b-b404-92e7478d0ff0); Electricity & the Light Bulb. James Lincoln Collier. lib. bdg. 45.50 *(978-0-7614-1878-8(4)*, 697a2052-f11c-4914-bf6d-f9e931df3a24); Steam Engines. James Lincoln Collier. lib. bdg. 45.50 *(978-0-7614-1880-1(6)*, 0d3dedd7-e3ba-4b33-86da-d2275ec61393); Telephone. Rebecca Stefoff. lib. bdg. 45.50 *(978-0-7614-1879-5(2)*, 564380bd-c0be-4780-bc33-6d17eb506d95); (Illus.). 144p. (YA). (gr. 8-8). (Great Inventions Ser.). (ENG.). 2007. 227.50 *(978-0-7614-1875-7(X)*, a28e5d85-9433-4fb3-9c46-e6f74e75afed, Cavendish Square) Cavendish Square Publishing LLC.

Great Inventions - Group 4, 10 vols., Set. Incl. Camera. Rebecca Stefoff. lib. bdg. 45.50 *(978-0-7614-2596-0(9)*, 6fa1fc62-d69a-4b5f-9058-4c37d0dbcb9d); Computers. Steven Otfinoski. lib. bdg. 45.50 *(978-0-7614-2597-7(7)*, 0d9be163-d215-4b31-b00c-89cac8ba75b0); Navigational Aids. Linda D. Williams. lib. bdg. 45.50 *(978-0-7614-2599-1(3)*, 4fc1ac96-ac12-4dff-9cee-ec355d570514); Robots. Rebecca Stefoff. lib. bdg. 45.50 *(978-0-7614-2601-1(9)*, 3fe36c42-98ae-4759-9b51-a60fbcf7b2a6); (Illus.). 144p. (YA). (gr. 8-8). (Great Inventions Ser.). (ENG.). 2008. Set lib. bdg. 227.50 *(978-0-7614-2595-3(0)*, b398fd6f-9fbc-4a20-a64f-68b059d027ba, Cavendish Square) Cavendish Square Publishing LLC.

Great Inventions Group 3, 10 vols., Set. Incl. Medical Imaging. Victoria Sherrow. 144p. lib. bdg. 45.50 *(978-0-7614-2231-0(5)*, 77b3a29d-2939-4f96-aca7-8c862fb59b51); Microscopes & Telescopes. Rebecca Stefoff. 144p. lib. bdg. 45.50 *(978-0-7614-2230-3(7)*, 11dc8094-4cd3-42ab-964c-4d6b85996783); Rockets. Steven Otfinoski. 144p. lib. bdg. 45.50 *(978-0-7614-2232-7(3)*, 6c1b6f58-9052-4e3d-b31e-27e97401193c); Submarines. Rebecca Stefoff. 128p. lib. bdg. 45.50 *(978-0-7614-2229-7(3)*, 91a70dbf-d58a-432d-bc27-75f24541c815); Television. Steven Otfinoski. 144p. lib. bdg. 45.50 *(978-0-7614-2228-0(5)*, 057969d9-3182-4a2c-9c4d-af1466a5a3d8); (Illus.). (YA). (gr. 8-8). (Great Inventions Ser.). (ENG.). 2007. Set lib. bdg. 227.50 *(978-0-7614-2227-3(7)*, ec066f7d-de63-4386-9ee1-05399da10de7, Cavendish Square) Cavendish Square Publishing LLC.

Great Inventor. Gabby Pritchard. Illus. by Pablo Gallego. ed. 2016. (Cambridge Reading Adventures Ser.). (ENG.). 16p. pap. 7.95 *(978-1-316-50083-5(7))* Cambridge Univ. Pr.

808

The check digit for ISBN-10 appears in parentheses after the full ISBN-13

G

Great Inventor of the Stars. Avery Davis. 2021. (ENG.). 30p. (J). 22.99 *(978-1-0983-6723-7(5))* BookBaby.

Great Irish Farm Book. Darragh McCullough. Illus. by Sally Caulwell. 2021. (ENG.). 96p. (J). 34.95 *(978-0-7171-8896-3(5))* Gill Bks. IRL. Dist: Casemate Pubs. & Bk. Distributors, LLC.

Great Irish History Book. Myles Dungan. Illus. by Alan Dunne. 2023. (ENG.). 96p. (J). 31.00 *(978-0-7171-9492-6(2))* Gill Bks. IRL. Dist: Casemate Pubs. & Bk. Distributors, LLC.

Great Irish Politics Book. David McCullagh. Illus. by Graham Corcoran. 2021. (ENG.). 96p. (J). 34.95 *(978-0-7171-9028-7(5))* Gill Bks. IRL. Dist: Casemate Pubs. & Bk. Distributors, LLC.

Great Irish Weather Book. Joanna Donnelly. Illus. by Fuchsia MacAree. 2019. (ENG.). 96p. (J). 41.00 *(978-0-7171-8093-6(X))* Gill Bks. IRL. Dist: Casemate Pubs. & Bk. Distributors, LLC.

Great Issue, or the Undertow (Classic Reprint) Eugene Walter. 2017. (ENG., Illus.). (J). 31.07 *(978-0-331-68309-7(1))*; pap. 13.57 *(978-0-243-97205-0(9))* Forgotten Bks.

Great Jataka Tales. Illus. by Kalyani Ganapathy. 2018. (ENG.). 122p. (J). (gr. 2-6). pap. *(978-93-88326-64-3(4))* Speaking Tiger Publishing.

Great Jedi Rescue. Cavan Scott. ed. 2021. (Star Wars 8x8 Ser.). (ENG., Illus.). 22p. (J). (gr. k-1). 15.46 *(978-1-64697-817-5(X))* Penworthy Co., LLC, The.

Great Jeff. Tony Abbott. 2020. (ENG.). 304p. (J). (gr. 3-7). 8.99 *(978-0-316-47971-4(3))* Little, Brown Bks. for Young Readers.

Great Jewelled Egg Mystery Turquoise Band. Gabby Pritchard. Illus. by Paula Franco. ed. 2016. (Cambridge Reading Adventures Ser.). (ENG.). 16p. pap. 7.95 *(978-1-107-57614-8(8))* Cambridge Univ. Pr.

Great Job, Dad! Holman Wang. (Great Job Ser.: 1). 32p. (J). (gr. -1-2). 2022. pap. 8.99 *(978-1-77488-037-1(7))*; 2019. (Illus.). 16.99 *(978-0-7352-6410-6(4))* Tundra Bks. CAN. (Tundra Bks.). Dist: Penguin Random Hse. LLC.

Great Job, Mom! Holman Wang. (Great Job Ser.: 2). 32p. (J). (gr. -1-2). 2022. pap. 8.99 *(978-1-77488-036-4(9))*; 2019. (Illus.). 16.99 *(978-0-7352-6408-3(2))* Tundra Bks. CAN. (Tundra Bks.). Dist: Penguin Random Hse. LLC.

Great Jobs in Business. Craig E. Blohm. 2019. (Great Jobs Ser.). (ENG.). 80p. (YA). (gr. 6-12). *(978-1-68282-517-4(5))* ReferencePoint Pr., Inc.

Great Jobs in Education. Don Nardo. 2019. (Great Jobs Ser.). (ENG.). 80p. (YA). (gr. 6-12). *(978-1-68282-519-8(1))* ReferencePoint Pr., Inc.

Great Jobs in Engineering. Peggy J. Parks. 2019. (Great Jobs Ser.). (ENG.). 80p. (YA). (gr. 6-12). *(978-1-68282-521-1(3))* ReferencePoint Pr., Inc.

Great Jobs in Health Care. Barbara Sheen. 2019. (Great Jobs Ser.). (ENG.). 80p. (YA). (gr. 6-12). *(978-1-68282-523-5(X))* ReferencePoint Pr., Inc.

Great Jobs in Sports. Heidi C. Feldman. 2019. (Great Jobs Ser.). (ENG.). 80p. (YA). (gr. 6-12). *(978-1-68282-527-3(2))* ReferencePoint Pr., Inc.

Great Jobs in Technology. Tom Streissguth. 2019. (Great Jobs Ser.). (ENG.). 80p. (YA). (gr. 6-12). *(978-1-68282-529-7(9))* ReferencePoint Pr., Inc.

Great Jobs in the Skilled Trades. W. L. Kitts. 2019. (Great Jobs Ser.). (ENG.). 80p. (YA). (gr. 6-12). *(978-1-68282-525-9(6))* ReferencePoint Pr., Inc.

Great Journey. Agathe Demois & Vincent Godeau. 2016. (ENG., Illus.). 32p. (J). (gr. k-2). 19.95 *(978-1-84976-375-2(5)*, 1662201) Tate Publishing, Ltd. GBR. Dist: Abrams, Inc.

Great K. & A. Train-Robbery (Classic Reprint) Paul Leicester Ford. 2017. (ENG., Illus.). (J). 28.25 *(978-1-5281-7217-2(5))* Forgotten Bks.

Great Keinplatz Experiment: And Other Tales of Twilight & the Unseen (Classic Reprint) Arthur Conan Doyle. 2017. (ENG., Illus.). (J). 29.18 *(978-0-260-88850-1(8))*; pap. 11.57 *(978-1-5280-4159-1(3))* Forgotten Bks.

Great King. Jasmin Hajro. 2021. (ENG.). 32p. (YA). pap. ***(978-1-4467-3398-1(X))*** Lulu Pr., Inc.

Great King Hammurabi & His Code of Law - Ancient History Illustrated Children's Ancient History. Baby Professor. 2017. (ENG., Illus.). (J). pap. 9.55 *(978-1-5419-1460-5(0)*, Baby Professor (Education Kids)) Speedy Publishing LLC.

Great Kiwi 123 Book. Illus. by Donovan Bixley. 2018. 32p. (J). (gr. -1-k). pap. 9.99 *(978-1-988516-07-3(2))* Upstart Pr. NZL. Dist: Independent Pubs. Group.

Great Kiwi 123 Book. Donovan Bixley. Illus. by Donovan Bixley. 2019. (Illus.). 24p. (J). (gr. -1-k). 16.99 *(978-1-988516-23-3(4))* Upstart Pr. NZL. Dist: Independent Pubs. Group.

Great Kiwi ABC Book. Donovan Bixley. 2017. (Illus.). 24p. (J). (gr. -1-k). bds. 10.99 *(978-1-927262-91-7(7))* Upstart Pr. NZL. Dist: Independent Pubs. Group.

Great Kiwi ABC Book. Illus. by Donovan Bixley. 2017. 24p. (J). (gr. -1-k). pap. 9.99 *(978-1-927262-71-9(2))* Upstart Pr. NZL. Dist: Independent Pubs. Group.

Great Lakes: Color the World's Largest Group of Lakes. Bobo's Children Activity Books. 2016. (ENG., Illus.). (J). pap. 9.33 *(978-1-68327-585-5(3))* Sunshine In My Soul Publishing.

Great Lakes Odyssey with Louis & Louise. Stephen T. Schram. Illus. by Kimberly Vandenberg. 2018. (ENG.). 68p. (J). (gr. 2-6). pap. 14.99 *(978-1-937165-80-2(9))* Orange Hat Publishing.

Great Lakes Research Journal. Ellen Rodger. 2018. (Ecosystems Research Journal Ser.). (Illus.). 32p. (J). (gr. 4-5). *(978-0-7787-4658-4(5))* Crabtree Publishing Co.

Great Leap Westward. Katelyn Rice. rev. ed. 2017. (Social Studies: Informational Text Ser.). (ENG., Illus.). 32p. (gr. 4-8). pap. 11.99 *(978-1-4938-3791-5(5))* Teacher Created Materials, Inc.

Great Lemonade Stand Standoff (the Secret Slide Money Club, Book 1) Art Rainer. 2019. (ENG., Illus.). 96p. (J). (gr. 1-4). pap. 5.99 *(978-1-4627-9203-0(0)*, 005801166, B&H Kids) B&H Publishing Group.

Great Leopard Hunt. Carolyn Macy. 2017. (ENG., Illus.). (J). 29.99 *(978-0-9989127-0-7(0))*; pap. 19.99 *(978-0-9988838-9-2(1))* Macy, Carolyn.

Great Leopard Hunt Coloring Book. Carolyn Macy. 2017. (ENG., Illus.). (J). pap. 9.99 *(978-0-9989127-8-3(6))* Macy, Carolyn.

Great Leopard Rescue: Saving the Amur Leopards. Sandra Markle. 2016. (Sandra Markle's Science Discoveries Ser.). (ENG., Illus.). 48p. (J). (gr. 4-6). 33.32 *(978-1-4677-9247-9(0)*, 3561c0d3-eabe-4129-b277-24d7098ea0a8); E-Book 47.99 *(978-1-4677-9755-9(3))* Lerner Publishing Group. (Millbrook Pr.).

Great Lion Escape. Patrick Hulce. Illus. by Kate Lozovskaya. 2023. 24p. (J). 21.99 ***(978-1-6678-7880-5(8))*** BookBaby.

Great Lives in Graphics Albert Einstein. Button Books. 2022. (Great Lives in Graphics Ser.). (ENG., Illus.). 32p. (J). 14.99 *(978-1-78708-121-5(4))* Button Bks. GBR. Dist: Publishers Group West (PGW).

Great Lives in Graphics: Anne Frank. Button Books. 2020. (Great Lives in Graphics Ser.). (ENG., Illus.). 32p. (J). 14.99 *(978-1-78708-100-0(1))* Button Bks. GBR. Dist: Publishers Group West (PGW).

Great Lives in Graphics Frida Kahlo. Button Books. 2022. (Great Lives in Graphics Ser.). (ENG., Illus.). 32p. (J). (gr. 6-6). 14.99 *(978-1-78708-114-7(1))* Button Bks. GBR. Dist: Publishers Group West (PGW).

Great Lives in Graphics Shakespeare. Button Books. 2022. (Great Lives in Graphics Ser.). (ENG., Illus.). 32p. (J). 14.99 *(978-1-78708-051-5(X))* Button Bks. GBR. Dist: Publishers Group West (PGW).

Great Lizard Trek. Felicity Bradshaw. Illus. by Norma MacDonald. 2018. 32p. (J). (gr. 1-6). 19.95 *(978-1-4863-0882-8(1))* CSIRO Publishing AUS. Dist: Stylus Publishing, LLC.

Great Locomotive Chase, 1862 (the Symbiont Time Travel Adventures Series, Book 4) T. L. B. Wood. 2018. (Symbiont Time Travel Adventures Ser.: Vol. 4). (ENG., Illus.). 304p. (YA). pap. 16.99 *(978-1-947833-19-7(7))* ePublishing Works!.

Great Louweezie #1. Erica S. Perl. Illus. by Chris Chatterton. 2019. (Arnold & Louise Ser.: 1). (ENG.). 64p. (J). (gr. 1-3). 6.99 *(978-1-5247-9039-4(7))*; lib. bdg. 15.99 *(978-1-5247-9040-0(0))* Penguin Young Readers Group. (Penguin Workshop).

Great Love (Classic Reprint) Clara Louise Burnham. 2018. (ENG., Illus.). 316p. (J). 30.48 *(978-0-332-51702-5(0))* Forgotten Bks.

Great Magicians & Illusionists. John Allen. 2016. (ENG.). 80p. (J). (gr. 5-12). lib. bdg. *(978-1-60152-998-5(8))* ReferencePoint Pr., Inc.

Great Man. Arnold Bennett. 2023. (ENG.). 192p. (J). pap. 17.99 ***(978-1-0881-4292-9(3))*** Indy Pub.

Great Man: A Frolic (Classic Reprint) Arnold Bennett. (ENG., Illus.). (J). 2018. 360p. 31.34 *(978-0-364-00211-7(5))*; 2018. 318p. 30.48 *(978-0-666-38188-0(7))*; 2017. pap. 13.97 *(978-0-243-49831-4(4))* Forgotten Bks.

Great Masterpieces in Art History. Louise Lockhart. 2019. (ENG., Illus.). 48p. (J). (gr. 3-7). 19.95 *(978-3-7913-7395-9(1))* Prestel Verlag GmbH & Co KG. DEU. Dist: Penguin Random Hse. LLC.

Great Masterpieces of the World. Irene Korn. 2017. (Art Collections: Vol. 7). (ENG., Illus.). 128p. (YA). (gr. 9-12). 26.95 *(978-1-4222-3935-3(7))* Mason Crest.

Great Match, & Other Matches (Classic Reprint) John Trowbridge. 2018. (ENG., Illus.). 302p. (J). 30.15 *(978-0-267-46277-3(8))* Forgotten Bks.

Great Maze Escape! a Kid's Activity Book. Kreative Kids. 2016. (ENG., Illus.). (J). pap. 9.20 *(978-1-68377-047-3(1))* Whike, Traudl.

Great Medicine Fails. Barbara Krasner. 2020. (Searchlight Books (tm) — Celebrating Failure Ser.). (ENG., Illus.). 32p. (J). (gr. 3-5). 30.65 *(978-1-5415-7735-0(3)*, cb97735e-ac17-46a3-9967-4108ab94d8d9); pap. 9.99 *(978-1-5415-8930-8(0)*, d9468994-e489-403a-ae38-807c2f88882f) Lerner Publishing Group. (Lerner Pubns.).

Great Mediterranean Cheese Heist. Lara Malmqvist. 2019. (Jacob Wheeler Mystery Ser.). (ENG.). 192p. (J). pap. *(978-1-5255-3273-3(1))* FriesenPress.

Great Men: And a Practical Novelist (Classic Reprint) John Davidson. 2017. (ENG., Illus.). (J). 30.13 *(978-1-5283-5471-4(0))* Forgotten Bks.

Great, Messy, Multicoloured, Monstrous, Yarn Monster. Andrea Pukteris. Illus. by Stephen Stone. 2021. (ENG.). 36p. (J). *(978-1-7773996-4-1(5))*; pap. *(978-1-7773996-5-8(3))* Tellwell Talent.

Great Migration. Duchess Harris & Kate Conley. 2019. (Freedom's Promise Ser.). (ENG., Illus.). 48p. (J). (gr. 4-8). lib. bdg. 35.64 *(978-1-5321-1874-6(0)*, 32617) ABDO Publishing Co.

Great Migration White Band. Jonathan Scott & Angela Scott. ed. 2016. (Cambridge Reading Adventures Ser.). (ENG., Illus.). 32p. pap. 9.50 *(978-1-107-56065-9(9))* Cambridge Univ. Pr.

Great Military Leaders, 16 vols. 2017. (Great Military Leaders Ser.). (ENG.). 128p. (gr. 9-9). lib. bdg. 378.88 *(978-1-5026-2686-8(1)*, a5fae9b3-a623-466e-afa0-d9ae4500cf93, Cavendish Square) Cavendish Square Publishing LLC.

Great Minds Coloring Book. Caroline Frechette. 2018. (ENG.). 46p. (J). pap. *(978-1-987963-38-0(5))* Renaissance Pr.

Great Minds Think Alike! (Rugrats) Tex Huntley. Illus. by Random House. 2022. (Pictureback(R) Ser.). (ENG.). 24p. (J). (gr. -1-2). 5.99 *(978-0-593-48656-6(0)*, Random Hse. Bks. for Young Readers) Random Hse. Children's Bks.

Great Minecraft(r) Builds, 12 vols. 2022. (Great Minecraft(r) Builds Ser.). (ENG.). 24p. (J). (gr. 2-3). lib. bdg. 145.62 *(978-1-9785-3194-9(X)*, b898e433-f345-4963-905a-7ca8aa63b846) Enslow Publishing, LLC.

Great Miss. Driver (Classic Reprint) Anthony Hope. 2017. (ENG., Illus.). (J). 32.70 *(978-0-266-17656-5(9))* Forgotten Bks.

Great Missionaries Throughout the Ages: 15 Portraits of Faith & Courage. Gaëlle Tertrais. 2022. (ENG.). 96p. (J). (gr. 3-8). 18.99 ***(978-1-62164-601-3(7))*** Ignatius Pr.

Great Modern American Stories: An Anthology (Classic Reprint) William Dean Howells. 2018. (ENG., Illus.). 458p. (J). 33.34 *(978-0-483-93247-0(7))* Forgotten Bks.

Great Modern English Stories: An Anthology (Classic Reprint) Edward Joseph O'Brien. 2018. (ENG., Illus.). (J). 388p. 31.92 *(978-1-397-23647-0(7))*; 390p. pap. 16.57 *(978-1-397-23631-9(0))* Forgotten Bks.

Great Modern English Stories an Anthology Compiled & Edited: With an Introduction (Classic Reprint) Edward J. O'Brien. 2017. (ENG., Illus.). (J). 31.86 *(978-1-5281-5229-7(8))* Forgotten Bks.

Great Modern French Stories: A Chronological Anthology (Classic Reprint) Willard Huntington Wright. (ENG., Illus.). (J). 2018. 446p. 33.10 *(978-0-484-61860-1(1))*; 2017. pap. 16.57 *(978-1-334-92218-3(7))* Forgotten Bks.

Great Moments in a Woman's Life (Classic Reprint) Emily Calvin Blake. 2018. (ENG., Illus.). 92p. (J). 25.81 *(978-0-332-77892-1(4))* Forgotten Bks.

Great Moments in Catholic History. Rev Edward Lodge Curran. Illus. by Samuel Nisenson. 2017. (ENG.). (J). pap. 16.95 *(978-0-9976647-7-5(0))* Hillside Education.

Great Moments in History. Elliott Smith et al. Illus. by Charles Stewart, III et al. 2023. (Great Moments in History Ser.). (ENG.). 32p. (J). 146.60 ***(978-1-6690-1678-6(1)***, 249106); pap., pap., pap. 31.96 ***(978-1-6690-1679-3(X)***, 249107) Capstone. (Capstone Pr.).

Great Moments in NFL History. Robert Cooper. 2019. (Football in America Ser.). (ENG.). 32p. (J). (gr. 3-3). pap. 9.95 *(978-1-64494-048-8(5)*, 1644940485) North Star Editions.

Great Moments in NFL History. Robert Cooper. 2019. (Football in America Ser.). (ENG., Illus.). 32p. (J). (gr. 2-5). lib. bdg. 32.79 *(978-1-5321-6375-3(4)*, 32065, DiscoverRoo) Pop!.

Great Moments in Olympic History, 10 vols., Set. Incl. Olympic Basketball. Adam B. Hofstetter. (YA). lib. bdg. 34.47 *(978-1-4042-0967-1(0)*, 1306d162-405e-489c-b4e2-b1a95f5e69ec); Olympic Gymnastics. Adam B. Hofstetter. (J). lib. bdg. 34.47 *(978-1-4042-0968-8(9)*, 798df64e-e4dc-4583-9f17-1d448c33c199, Rosen Reference); Olympic Swimming & Diving. Greg Kehm. (YA). lib. bdg. 34.47 *(978-1-4042-0970-1(0)*, f230c654-7ef6-4adb-bc81-9080dc33cd67); Olympic Track & Field. Brian Belval. (YA). lib. bdg. 34.47 *(978-1-4042-0971-8(9)*, 9b4d562c-aa63-4cc1-bcbd-172e30c50573); Olympic Wrestling. Barbara M. Linde. (YA). lib. bdg. 34.47 *(978-1-4042-0972-5(7)*, ee6cb8eb-6a82-4f4b-98eb-35a4a88d2322); (Illus.). 48p. (gr. 5-6). 2007. (Great Moments in Olympic History Ser.). (ENG.). 2003. Set lib. bdg. 172.35 *(978-1-4042-0933-6(6)*, 0361dc31-1865-44b6-a996-8d4495e5c6e0) Rosen Publishing Group, Inc., The.

Great Moments in Olympic Soccer. Thomas Carothers. (Super Soccer Ser.). (ENG., Illus.). 32p. (J). 2019. (gr. 4-4). pap. 9.95 *(978-1-64185-626-3(2)*, 1641856262); 2018. (gr. 3-9). lib. bdg. 32.79 *(978-1-5321-1744-2(2)*, 30776) ABDO Publishing Co. (SportsZone).

Great Moments in Sports, 9 bks., Set. Incl. All-Star Game. Steve Potts. (J). (gr. 4-7). lib. bdg. 21.30 *(978-0-88682-537-9(7))*; America's Cup. Pat Ryan. (YA). (gr. 3-12). lib. bdg. 21.30 *(978-0-88682-532-4(6))*; Boston Marathon. Eileen Kulper. (YA). (gr. 4-7). lib. bdg. 21.30 *(978-0-88682-536-2(9))*; Heavyweight Championship. Pat Ryan. (YA). (gr. 4-7). lib. bdg. 21.30 *(978-0-88682-554-6(7))*; Masters. Paul J. Deegan. (YA). (gr. 4-7). lib. bdg. 21.30 *(978-0-88682-535-5(0))*; Tour de France. Skip Berry. (YA). (gr. 4-7). lib. bdg. 21.30 *(978-0-88682-539-3(3))*; Track & Field. Steve Potts. (YA). (gr. 4-7). lib. bdg. 21.30 *(978-0-88682-533-1(4))*; Wimbledon. Nancy Gilbert. (YA). (gr. 4-7). lib. bdg. 21.30 *(978-0-88682-319-1(6))*; 32p. 1993. (Illus.). Set lib. bdg. 191.70 *(978-0-88682-330-6(7)*, Creative Education) Creative Co., The.

Great Monkey Show! Ron Holsey. Illus. by Don Cassity. 2018. 24p. (J). *(978-1-5490-4051-1(0))* Random Hse., Inc.

Great Monster Hunt. Norbert Landa. Illus. by Tim Warnes. 2021. (Let's Read Together Ser.). (ENG.). 32p. (J). (gr. -1-2). pap. 8.99 *(978-1-68010-371-7(7))* Tiger Tales.

Great Morning with a Missing Bright, Shiny Pink Ribbon. Donna Arena. 2018. (ENG., Illus.). 30p. (J). pap. 12.95 *(978-1-64214-746-9(X))* Page Publishing Inc.

Great Mouse Detective Mastermind Collection Books 1-8 (Boxed Set) Basil of Baker Street; Basil & the Cave of Cats; Basil in Mexico; Basil in the Wild West; Basil & the Lost Colony; Basil & the Big Cheese Cook-Off; Basil & the Royal Dare; Basil & the Library Ghost. Eve Titus & Cathy Hapka. Illus. by Paul Galdone & David Mottram. ed. 2020. (Great Mouse Detective Ser.). (ENG.). 832p. (J). (gr. 1-4). pap. 47.99 *(978-1-5344-6307-3(0)*, Aladdin) Simon & Schuster Children's Publishing.

Great Museum Mix-Up & Other Surprise Endings. Deborah Lytton. 2019. (Ruby Starr Ser.: 3). (ENG.). 240p. (J). (gr. 3-7). pap. 7.99 *(978-1-4926-4583-2(4))* Sourcebooks, Inc.

Great Mxy-Up. Heath Corson. ed. 2022. (DC League of Super-Pets Graphic Nvls Ser.). (ENG.). 145p. (J). (gr. 3-7). 22.96 ***(978-1-68505-602-5(4))*** Penworthy Co., LLC, The.

Great Mysteries & Little Plagues. John Neal. 2016. (ENG.). 276p. (J). pap. *(978-3-7433-5049-6(1))* Creation Pubs.

Great Mysteries & Little Plagues. John Neal. 2017. (ENG., Illus.). (J). pap. *(978-0-649-24270-2(X))* Trieste Publishing Pty Ltd.

Great Mysteries & Little Plagues (Classic Reprint) John Neal. (ENG., Illus.). (J). 2017. 29.61 *(978-0-331-65748-7(1))*; 2016. pap. 13.57 *(978-1-334-18780-3(0))* Forgotten Bks.

Great Mystery. Juliet Russell-Roberts. 2018. (ENG., Illus.). 116p. (J). (gr. 3-6). pap. *(978-1-9999389-2-5(5))* Russell-Roberts, Juliet.

Great Mystery Solved: Being a Continuation of & Conclusion to the Mystery of Edwin Drood, (Ran Unfinished Won or Charles Dickens) (Classic Reprint) Gillan Vase. 2017. (ENG., Illus.). 324p. (J). 30.60 *(978-0-332-16523-3(X))* Forgotten Bks.

Great Mystery Solved, Vol. 1 Of 3: Being a Sequel to the Mystery of Edwin Drood (Classic Reprint) Gillan Vase. (ENG., Illus.). (J). 2018. 330p. 30.72 *(978-0-267-39223-0(0))*; 2016. pap. 13.57 *(978-1-334-13636-8(X))* Forgotten Bks.

Great Mystery Solved, Vol. 2 Of 3: Being a Sequel to the Mystery of Edwin Drood (Classic Reprint) Gillan Vase. (ENG., Illus.). (J). 2018. 328p. 30.68 *(978-0-483-75341-9(6))*; 2016. pap. 13.57 *(978-1-334-11872-2(8))* Forgotten Bks.

Great Mystery Solved, Vol. 3 Of 3: Being a Sequel to the Mystery of Edwin Drood (Classic Reprint) Gillan Vase. (ENG., Illus.). (J). 2018. 344p. 30.99 *(978-0-267-39918-5(9))*; 2016. pap. 13.57 *(978-1-334-12487-7(6))* Forgotten Bks.

Great Myth (Classic Reprint) J. C. Wright. 2018. (ENG., Illus.). 168p. (J). 27.38 *(978-0-267-15686-3(3))* Forgotten Bks.

Great Natural Healer (Classic Reprint) Charles Heber Clark. 2018. (ENG., Illus.). 94p. (J). 25.98 *(978-0-484-10831-7(X))* Forgotten Bks.

Great Navigators of the Eighteenth Century. Jules Verne. 2022. (ENG.). 336p. (J). pap. 37.42 *(978-1-4583-3148-9(2))* Lulu Pr., Inc.

Great NBA Championships. Contrib. by Ethan Olson. 2023. (Great Pro Sports Championships Ser.). (ENG.). 64p. (YA). (gr. 6-12). 43.93 ***(978-1-6782-0656-7(3)***, BrightPoint Pr.) ReferencePoint Pr., Inc.

Great Neapolitan Earthquake Of 1857. Robert Mallet. 2017. (ENG.). 496p. (J). pap. *(978-3-337-17338-8(1))* Creation Pubs.

Great Neapolitan Earthquake of 1857 (Classic Reprint) Robert Mallet. (ENG., Illus.). (J). 2018. 528p. 34.81 *(978-0-364-77474-8(6))*; 2017. pap. 19.57 *(978-0-282-40912-8(2))* Forgotten Bks.

Great Neapolitan Earthquake of 1857, Vol. 2 Of 2: The First Principles of Observational Seismology As Developed in the Report to the Royal Society of London of the Expedition Made by Command of the Society in the Interior of the Kingdom of Naples. Robert Mallet. (ENG., Illus.). (J). 2018. 472p. 33.63 *(978-0-666-56684-3(4))*; 2017. pap. 16.57 *(978-0-282-06130-2(4))* Forgotten Bks.

Great New York Subway Map. Emiliano Ponzi. 2018. (ENG., Illus.). 36p. (J). 19.95 *(978-1-63345-025-7(2)*, 1653501) Museum of Modern Art.

Great New Zealand Robbery: The Extraordinary True Story of How Gangsters Pulled off Our Most Audacious Heist. Scott Bainbridge. 2017. (ENG., Illus.). 288p. pap. 24.95 *(978-1-877505-76-8(5))* Allen & Unwin AUS. Dist: Independent Pubs. Group.

Great NHL Stanley Cup Championships. Contrib. by Ethan Olson. 2023. (Great Pro Sports Championships Ser.). (ENG.). 64p. (YA). (gr. 6-12). 43.93 ***(978-1-6782-0658-1(X)***, BrightPoint Pr.) ReferencePoint Pr., Inc.

Great Nibling. Darcy Nybo. Illus. by Marion Townsend. 2022. (ENG.). 34p. (J). pap. ***(978-1-987982-57-2(6))*** Artistic Warrior Publishing.

Great Nijinsky: God of Dance. Lynn Curlee. Illus. by Lynn Curlee. 2019. (Illus.). 120p. (YA). (gr. 7). lib. bdg. 19.99 *(978-1-58089-800-3(9)*, Charlesbridge Teen) Charlesbridge Publishing, Inc.

Great Noodle King. Virginia E. Gilbert. 2021. (ENG., Illus.). 32p. (J). 25.95 *(978-1-6624-1070-3(0))*; pap. 14.95 *(978-1-6624-1068-0(9))* Page Publishing Inc.

Great North Woods. Brian J. Heinz. Illus. by Michael Rothman. 2016. (ENG.). 32p. (J). (gr. 3-6). 18.99 *(978-1-56846-275-2(1)*, 20817, Creative Editions) Creative Co., The.

Great, Now We've Got Barbarians! Jason Carter Eaton. Illus. by Mark Fearing. 2017. (ENG.). 40p. (J). (gr. -1-3). 16.99 *(978-0-7636-6827-3(3))* Candlewick Pr.

Great Number Rumble: A Story of Math in Surprising Places. Cora Lee & Gillian O'Reilly. Illus. by Lil Crump. 2nd ed. 2016. (ENG.). 104p. (J). (gr. 3-7). pap. 12.95 *(978-1-55451-849-4(0))* Annick Pr., Ltd. CAN. Dist: Publishers Group West (PGW).

Great Ocean Clean-Up. Ingrid Wolfenden. Ed. by Riley Wolfenden. Illus. by C. Mercedes Walls. 2020. (ENG.). 28p. (J). 19.95 *(978-0-578-75407-9(X))* Wolfenden, Ingrid.

Great Opera Stories: Translated from Old German Original Sources (Classic Reprint) Millicent S. Bender. 2018. (ENG., Illus.). 208p. (J). 28.19 *(978-0-483-35156-1(3))* Forgotten Bks.

Great or Nothing. Joy McCullough et al. 400p. (YA). (gr. 7). 2023. pap. 11.99 *(978-0-593-37262-3(X)*, Ember); 2022. 18.99 *(978-0-593-37259-3(X)*, Delacorte Pr.) Random Hse. Children's Bks.

Great Orange. Joseph Vajda. Illus. by Gabor Norbert Kis. 2017. (ENG.). (gr. 1-4). *(978-1-78222-499-0(8))* Paragon Publishing, Rothersthorpe.

Great Ordeal: The Aspect-Emperor: Book Three. R. Scott Bakker. 2017. (ENG.). 512p. pap. 16.95 *(978-1-4683-1488-5(2)*, 1467103, Overlook Pr., The) Abrams, Inc.

Great Outdoors, 8 vols. 2022. (Great Outdoors Ser.). (ENG.). 32p. (J). (gr. 4-5). lib. bdg. 107.72 *(978-1-9785-3206-9(7)*, 1a300099-0b40-4584-933b-a005783c7399) Enslow Publishing, LLC.

Great Outdoors Camping Seek & Find Activity Book. Jupiter Kids. 2017. (ENG., Illus.). (J). pap. 9.20 *(978-1-68326-126-1(7)*, Jupiter Kids (Childrens & Kids Fiction)) Speedy Publishing LLC.

Great Pablo P. I. In Dad Comes Home. Joe Robles Jr. 2018. (In Dad Comes Home Ser.: Vol. 2). (ENG., Illus.). 30p. (J). (gr. k-2). 10.99 *(978-0-692-13997-4(4))*; pap. 8.99 *(978-0-692-13602-7(9))* Benny's Bks.

Great Pacific Garbage Patch. Laura Perdew. 2017. (Ecological Disasters Ser.). (ENG.). 112p. (J). (gr. 6-12). lib. bdg. 41.36 *(978-1-5321-1023-8(5)*, 25622, Essential Library) ABDO Publishing Co.

Great Paint. Alex Willmore. 2021. (ENG., Illus.). 32p. (J). (gr. -1-k). 16.99 *(978-1-84976-744-6(0))* Tate Publishing, Ltd. GBR. Dist: Abrams, Inc.

Great Painters Warhol Coloring Book: Coloring Book with the Most Famous Andy Warhol Paintings. Jacek Lasa. 2023. (ENG.). 102p. (J). pap. 18.96 ***(978-1-4475-1841-9(1))*** Lulu Pr., Inc.

Great Pancake Race. Jeanette Lane. ed. 2018. (Scholastic Readers Ser.). (ENG.). 32p. (J). (gr. -1-k). 13.89 (978-1-64310-233-7(8)) Penworthy Co., LLC, The.

Great Pancake Race. Jeanette Lane. ed. 2018. (Pokemon Reader Ser.). lib. bdg. 14.75 (978-0-606-41177-6(1)) Turtleback.

Great Pancake Race (Pokémon: Scholastic Reader, Level 2) Jeanette Lane. 2017. (Scholastic Reader, Level 2 Ser.). (ENG.). 32p. (J). (gr. -1-3). pap. 5.99 (978-1-338-19366-4(X)) Scholastic, Inc.

Great Panjandrum Himself (Classic Reprint) Randolph Caldecott. 2018. (ENG., Illus.). (J). 32p. 24.58 (978-0-366-50042-0(2)); 34p. pap. 7.97 (978-0-365-78763-1(9)) Forgotten Bks.

Great Part: And Other Stories of the Stage (Classic Reprint) George Henry Payne. (ENG., Illus.). (J). 2018. 228p. 28.60 (978-0-364-78587-4(X)); 2017. pap. 10.97 (978-0-259-40796-6(8)) Forgotten Bks.

Great Passover Escape. Pamela Moritz. Illus. by Florence Weiser. 2021. (ENG.). 32p. (J). (gr. -1-3). pap. 7.99 (978-1-5415-8898-1(3), a2330b91-1008-434f-8bae-40b48dc3199c, Kar-Ben Publishing) Lerner Publishing Group.

Great Pasta Escape. Miranda Paul. Illus. by Javier Joaquin. (ENG.). 40p. (J). (gr. -1-3). 2021. 7.99 (978-1-4998-1348-7(1)); 2017. 17.99 (978-1-4998-0480-5(6)) Little Bee Books Inc.

Great Patriarchs of the Bible Who Followed God Children's Christianity Books. Baby Professor. 2017. (ENG., Illus.). (J). pap. 7.89 (978-1-5419-0412-5(5), Baby Professor (Education Kids)) Speedy Publishing LLC.

Great Pause: Perseverance Through the Pandemic. Julia Manini & Anne-Joyelle Occhicone. Illus. by Laura Catrinella. 2022. (ENG.). 24p. (J). (978-1-0391-1725-9(2)); pap. (978-1-0391-1724-2(4)) FriesenPress.

Great Peach Experiment 3: Frozen Peaches. Erin Soderberg Downing. 2023. (Great Peach Experiment Ser.: 3). 288p. (J). (gr. 3-7). 17.99 (978-1-64595-135-3(9)) Pixel+Ink.

Great Peanut Butter Heist. Daniel Kenney. 2020. (Lunchmeat Lenny Ser.: Vol. 1). (ENG.). 192p. (J). pap. 9.95 (978-1-947865-39-6(0)) Trendwood Pr.

Great Peduncle. Alexander J. Peterson. Illus. by Mina Price. 2020. (ENG.). 26p. (J). pap. 9.99 (978-1-64945-178-1(4)) Primedia eLaunch LLC.

Great Penguin Rescue: Saving the African Penguins. Sandra Markle. 2017. (Sandra Markle's Science Discoveries Ser.). (ENG., Illus.). 48p. (J). (gr. 4-6). 33.32 (978-1-5124-1315-1(1), 13d008ae-882e-42e2-932f-9f3333384b00, Millbrook Pr.) Lerner Publishing Group.

Great Pest Problem: Defining the Problem, 1 vol. Rory McCallum. 2017. (Computer Kids: Powered by Computational Thinking Ser.). (ENG.). 24p. (J). (gr. 4-5). 25.27 (978-1-5383-2433-2(4), f41bcf02-fff1-48e1-897f-d308da96aae1, PowerKids Pr.); pap. (978-1-5081-3763-4(3), 5f5f5626-90e6-4bbb-95b9-969d2446cd76, Rosen Classroom) Rosen Publishing Group, Inc., The.

Great Pet Heist. Emily Ecton. Illus. by David Mottram. (Great Pet Heist Ser.). (ENG.). (J). (gr. 3-7). 2021. 272p. pap. 8.99 (978-1-5344-5537-5(X)); 2020. 256p. 18.99 (978-1-5344-5536-8(1)) Simon & Schuster Children's Publishing. (Atheneum Bks. for Young Readers).

Great Pets, 10 vols., Set. Incl. Hamsters & Gerbils. Carol Ellis. 2008. lib. bdg. 32.64 (978-0-7614-2999-9(9), b14a73f6-bf91-4e72-b5db-008882003ca2); Lizards. Ruth Bjorklund. 2009. lib. bdg. 32.64 (978-0-7614-2997-5(2), 58f52f39-1129-4c55-90b7-5d18bc7db540); Parrots. Johannah Haney. 2009. lib. bdg. 32.64 (978-0-7614-2998-2(0), c575f812-b500-4651-af4c-2749b9e3738e); Small Dogs. Joyce Hart. 2009. lib. bdg. 32.64 (978-0-7614-2995-1(6), 4f5d3d2d-9ec9-4c98-81c0-751eea4f189c); Snakes. Joyce Hart. 2009. lib. bdg. 32.64 (978-0-7614-2996-8(4), cbcd11b0-5a23-44bc-a513-3a076c8f5d8f); 48p. (gr. 3-3). (Great Pets Ser.). (ENG.). 2009. Set lib. bdg. 163.20 (978-0-7614-2994-4(8), 9c6ac3b9-db69-437b-8a36-81408ee951e8); Set lib. bdg. 163.20 (978-0-7614-2706-3(6), 622debca-bfed-4ebd-b0d4-3f22f1f79990) Cavendish Square Publishing LLC. (Cavendish Square).

Great Pets Unleashed Collection (Boxed Set) The Great Pet Heist; the Great Ghost Hoax; the Great Vandal Scandal. Emily Ecton. Illus. by David Mottram. ed. 2023. (Great Pet Heist Ser.). (ENG.). 768p. (J). (gr. 3-7). 55.99 **(978-1-6659-2943-1(X)**, Atheneum Bks. for Young Readers) Simon & Schuster Children's Publishing.

Great Philosophers: Socrates, Plato & Aristotle - Ancient Greece - 5th Grade Biography - Children's Biographies. Dissected Lives. 2019. (ENG.). 72p. (J). pap. 14.72 (978-1-5419-5086-3(0)); 24.71 (978-1-5419-7535-4(9)) Speedy Publishing LLC. (Dissected Lives (Auto Biographies)).

Great Pilot & His Lessons (Classic Reprint) Richard Newton. (ENG., Illus.). (J). 2018. 326p. 30.62 (978-0-267-11808-3(2)); 2017. pap. 13.57 (978-0-259-37821-1(6)) Forgotten Bks.

Great Pirate Mystery. J. T. Hobbs. 2019. (ENG.). 32p. (J). pap. 12.99 (978-1-7334732-6-2(2)) Mindstir Media.

Great Pirate Stories. Joseph Lewis French. 2018. (ENG., Illus.). 184p. (J). 19.99 (978-1-5154-2237-2(2)) Wilder Pubns., Corp.

Great Plague! London, 1665-1666. Tim Cooke. 2022. (Doomed History Ser.). (ENG.). (J). (gr. 3-7). lib. bdg. 28.50 Bearport Publishing Co., Inc.

Great Platonic Friendship, Vol. 1 of 3 (Classic Reprint) W. Dutton Burrard. (ENG., Illus.). (J). 2018. 340p. 30.91 (978-0-267-54928-3(8)); 2016. pap. 13.57 (978-1-333-53377-9(2)) Forgotten Bks.

Great Platonic Friendship, Vol. 2 of 3 (Classic Reprint) W. Dutton Burrard. (ENG., Illus.). (J). 2018. 332p. 30.74 (978-0-483-96929-2(X)); 2016. pap. 13.57 (978-1-334-15640-3(9)) Forgotten Bks.

Great Platonic Friendship, Vol. 3 of 3 (Classic Reprint) W. Dutton Burrard. 2018. (ENG., Illus.). 312p. (J). 30.33 (978-0-483-73627-6(9)) Forgotten Bks.

Great Poetry for the English Classroom. Sean Burke. 2021. (ENG.). 130p. pap. (978-1-716-21490-5(4)) Lulu Pr., Inc.

Great Poplar Mystery. Giovanni Volpi. 2018. (ENG., Illus.). 142p. (J). pap. (978-0-244-70095-9(8)) Lulu Pr., Inc.

Great Possessions. David Grayson, pseud. 2017. (ENG., Illus.). (J). 22.95 (978-1-374-89306-1(4)) Capital Communications, Inc.

Great Possessions: A New Series of Adventures (Classic Reprint) David Grayson, pseud. 2017. (ENG., Illus.). (J). 28.87 (978-1-5283-7413-2(4)) Forgotten Bks.

Great Power, No Responsibility. Steve Foxe. ed. 2022. (Spider-Ham Graphix Chapters Ser.). (ENG.). 63p. (J). (gr. 2-3). 24.46 **(978-1-68505-198-3(7))** Penworthy Co., LLC, The.

Great Power, No Responsibility (Spider-Ham Original Graphic Novel) Steve Foxe. Illus. by Shadia Amin. 2021. (ENG.). 80p. (J). (gr. 2-5). 22.99 (978-1-338-73431-7(8)); pap. 8.99 (978-1-338-73430-0(X)) Scholastic, Inc. (Graphix).

Great Powers of Nature: Natural Disasters. Yun-Hui Hong. Illus. by Soon-Ho Kim. (Science Storybooks Ser.). (ENG.). 32p. (J). (gr. k-4). 2021. 8.99 (978-1-925235-46-3(7), 8019ca6b-57cb-416f-8f70-5daf3d778e51); 2017. lib. bdg. 27.99 (978-1-925235-40-1(8), 8b731ffa-611f-47d9-835d-c751a4fc26f1) ChoiceMaker Pty. Ltd., The AUS. (Big and SMALL). Dist: Lerner Publishing Group.

Great Proconsul: The Memoirs of Mrs. Hester Ward, Formerly in the Family of the Honble, Warren Hastings, Late Governor-General of India (Classic Reprint) Sydney C. Grier. 2018. (ENG., Illus.). 462p. (J). 33.43 (978-0-267-24675-5(7)) Forgotten Bks.

Great Pumpkin Contest. Angie Rozelaar. Illus. by Angie Rozelaar. 2019. (ENG., Illus.). 40p. (J). (gr. -1-3). 17.99 (978-0-06-274137-0(3), Tegen, Katherine Bks) HarperCollins Pubs.

Great Pumpkin Returns. Jason Cooper. ed. 2018. (Peanuts Holiday Pic Bks). (ENG.). 24p. (J). (gr. -1-1). 19.36 (978-1-64310-384-6(9)) Penworthy Co., LLC, The.

Great Pumpkin Smash. Franklin Dixon. Illus. by Santy Gutierrez. 2019. (Hardy Boys Clue Book Ser.: 10). (ENG.). 96p. (J). (gr. 1-4). pap. 5.99 (978-1-5344-3123-2(3), Simon & Schuster/Paula Wiseman Bks.) Simon & Schuster/Paula Wiseman Bks.

Great Puppy Invasion. Alastair Heim. Illus. by Kim Smith. 2017. (ENG.). 40p. (J). (gr. -1-3). 17.99 (978-0-544-99917-6(7), 1666808, Clarion Bks.) HarperCollins Pubs.

Great Puppy Invasion Padded Board Book. Alastair Heim. Illus. by Kim Smith. 2019. (ENG.). 30p. (J). (— 1). bds. 8.99 (978-1-328-60667-9(8), 1732423, Clarion Bks.) HarperCollins Pubs.

Great Pursuit. Wendy Higgins. (Eurona Duology Ser.: 2). (ENG.). (YA). (gr. 8). 2018. 528p. pap. 9.99 (978-0-06-238137-8(7)); 2017. (Illus.). 512p. 17.99 (978-0-06-238136-1(9)) HarperCollins Pubs. (HarperTeen).

Great Push: An Episode of the Great War (Classic Reprint) Patrick Patrick. 2018. (ENG., Illus.). 302p. (J). 30.15 (978-0-666-42078-7(5)) Forgotten Bks.

Great Pyramid of Giza. Tyler Gieseke. 2021. (Ancient Egypt Ser.). (ENG., Illus.). 32p. (J). (gr. 2-3). pap. 9.95 (978-1-64494-536-0(3)); lib. bdg. 32.79 (978-1-5321-6989-2(2), 38055, DiscoverRoo) Pop!.

Great Pyramid of Giza. Grace Hansen. 2017. (World Wonders Ser.). (ENG., Illus.). 24p. (J). (gr. -1-2). lib. bdg. 32.79 (978-1-5321-0440-4(5), 26566, Abdo Kids) ABDO Publishing Co.

Great Pyramid of Giza. Rebecca Stanborough. 2016. (Engineering Wonders Ser.). (ENG., Illus.). 32p. (J). (gr. 3-6). lib. bdg. 27.99 (978-1-4914-8195-0(1), 130668, Capstone Pr.) Capstone.

Great Pyramid of Giza: Children's Ancient History Book. Bold Kids. 2022. (ENG.). 42p. (J). pap. 15.99 **(978-1-0717-1003-6(6))** FASTLANE LLC.

Great Quackqua; or Brothers of the Shadow: A Burlesque Operetta; in Two Acts (Classic Reprint) A. J. Requier. 2018. (ENG., Illus.). 46p. (J). 24.85 (978-0-267-50958-4(8)) Forgotten Bks.

Great Quest. Charles Boardman Hawes. 2019. (ENG.). 278p. (J). (gr. k-6). pap. 9.99 (978-1-5154-4219-6(5)); (gr. 1-6). 19.99 (978-1-5154-4218-9(7)) Wilder Pubns., Corp.

Great Rabbit Chase. Freya Blackwood. 2017. (Illus.). 32p. (J). (978-1-74381-164-1(0), Scholastic Pr.) Scholastic Australia.

Great Race. R. E. Fernandez. 2022. (ENG.). 24p. (J). pap. 8.99 (978-1-6629-2827-7(0)); 16.99 (978-1-6629-2826-0(2)) Gatekeeper Pr.

Great Race. Christine Platt. Illus. by Evelt Yanait. 2021. (Folktales Ser.). (ENG.). 32p. (J). (gr. -1-3). lib. bdg. 32.79 (978-1-0982-3024-1(8), 37665, Calico Chapter Bks) Magic Wagon.

Great Race: Fight to the Finish. 2017. (Great Race: Fight to the Finish Ser.). 48p. (gr. 4-5). pap. 84.30 (978-1-5382-0834-2(2)); (ENG.). lib. bdg. 201.60 (978-1-5382-0828-1(8), ea6727c5-c27a-4312-9ed8-659c60cc247e) Stevens, Gareth Publishing LLLP.

Great Race: The Story of the Chinese Zodiac. Christopher Corr. 2023. (ENG.). 32p. (J). (gr. -1-1). pap. 12.99 **(978-0-7112-8936-9(0)**, Frances Lincoln Children's Bks.) Quarto Publishing Group UK GBR. Dist: Hachette Bk. Group.

Great Race for the Lunar Calendar. Valerie Tsen. 2021. 28p. (J). pap. 15.99 (978-1-0983-5965-2(8)) BookBaby.

Great Races (Set), 8 vols. 2019. (Great Races Ser.). (ENG.). (J). (gr. 3-6). lib. bdg. 285.12 (978-1-5038-4002-7(6), 213613, MOMENTUM) Child's World, Inc, The.

Great Railroad Series: Laying New Tracks. Isaac Ben Levi. Illus. by Ani Barmashi. 2019. (Great Railroad Ser.: Vol. 5). (ENG.). 30p. (J). pap. 9.95 (978-1-7330477-1-5(9)) Living Tree Pr.

Great Rat Rally: a Graphic Novel (Geronimo Stilton #3). Geronimo Stilton. Illus. by Tom Angleberger. 2022. (Geronimo Stilton Graphic Novel Ser.: 3). (ENG.). 208p. (J). (gr. 2-5). 12.99 (978-1-338-72938-2(1), Graphix) Scholastic, Inc.

Great Realization. Tomos Roberts (Tomfoolery). Illus. by Nomoco. 2020. (ENG.). 32p. (J). (gr. -1-3). 18.99 (978-0-06-306636-6(X), HarperCollins) HarperCollins Pubs.

Great Recession. Kate Riggs. 2016. (Turning Points Ser.). (ENG.). 48p. (J). (gr. 4-7). (978-1-60818-749-2(7), 20813, Creative Education); pap. 12.00 (978-1-62832-345-0(0), 20811, Creative Paperbacks) Creative Co., The.

Great Refusal: A Novel (Classic Reprint) Maxwell Gray. (ENG., Illus.). (J). 2018. 390p. 31.94 (978-0-366-55751-6(3)); 2018. 392p. pap. 16.57 (978-0-366-05247-9(0)); 2018. 396p. 32.06 (978-0-483-86857-1(4)); 2016. pap. 16.57 (978-1-334-17094-2(0)) Forgotten Bks.

Great Return (Classic Reprint) Arthur Machen. 2018. (ENG., Illus.). 84p. (J). 25.65 (978-0-483-86568-6(0)) Forgotten Bks.

Great Rhino Rescue: Saving the Southern White Rhinos. Sandra Markle. 2018. (Sandra Markle's Science Discoveries Ser.). (ENG., Illus.). 48p. (J). (gr. 4-6). lib. bdg. 33.32 (978-1-5124-4436-0(7), a37400b5-fe18-4c53-b129-3554267faebe, Millbrook Pr.) Lerner Publishing Group.

Great Rivers of the World. Volker Mehnert. Illus. by Martin Haake. 2021. (ENG.). 40p. (J). (gr. 3-7). 19.95 (978-3-7913-7470-3(2)) Prestel Verlag GmbH & Co KG. DEU. Dist: Penguin Random Hse. LLC.

Great Santa Stakeout. Betsy Bird. Illus. by Dan Santat. 2019. (ENG.). 40p. (J). (gr. -1-3). 17.99 (978-1-338-16998-0(X), Levine, Arthur A. Bks.) Scholastic, Inc.

Great Science Fails. Barbara Krasner. 2020. (Searchlight Books (tm) — Celebrating Failure Ser.). (ENG., Illus.). 32p. (J). (gr. 3-5). pap. 9.99 (978-1-5415-8931-5(9), 2e4249d8-cbcc-42a5-a206-dc036c8d3b01); lib. bdg. 30.65 (978-1-5415-7732-9(9), 564261d4-cc1d-482d-9021-f9e2d1533567) Lerner Publishing Group. (Lerner Pubns.).

Great Scientists & Inventors. Emily James. (Great Scientists & Inventors Ser.). (ENG.). 24p. (J). 2023. pap., pap., pap. 41.70 **(978-1-6690-8551-5(1)**, 267523); 2017. (gr. -1-2). 163.92 (978-1-5157-3910-4(4), 25530) Capstone. (Capstone Pr.).

Great Scoop (Classic Reprint) Molly Elliot Seawell. (ENG., Illus.). (J). 2018. 150p. 27.01 (978-0-365-15364-1(8)); 2017. pap. 9.57 (978-0-259-20648-4(2)) Forgotten Bks.

Great Sea Horse (Classic Reprint) Isabel Anderson. 2017. (ENG., Illus.). (J). 31.26 (978-0-265-21710-8(5)) Forgotten Bks.

Great Seal. Heather Kissock. 2017. (Illus.). 24p. (J). (978-1-5105-0599-5(7)) SmartBook Media, Inc.

Great Secret of Shadow Pantomimes; or, Harlequin in the Shades: How to Get Them up & How to Act Them; with Full & Concise Instructions, & Numerous Illustrations (Classic Reprint) Tony Denier. 2018. (ENG., Illus.). 90p. (J). 25.75 (978-0-267-28027-8(0)) Forgotten Bks.

Great Shadow, and, Beyond the City (Classic Reprint) Arthur Conan Doyle. 2017. (ENG., Illus.). (J). 30.66 (978-1-5283-8877-1(1)) Forgotten Bks.

Great Shadow & Uncle Bernac (Classic Reprint) Arthur Conan Doyle. 2018. (ENG., Illus.). 414p. (J). 32.44 (978-0-483-26884-5(4)) Forgotten Bks.

Great Shadow (Classic Reprint) Arthur Conan Doyle. 2018. (ENG., Illus.). 188p. (J). 27.79 (978-0-483-26443-4(1)) Forgotten Bks.

Great Shark Rescue: Saving the Whale Sharks. Sandra Markle. 2019. (Sandra Markle's Science Discoveries Ser.). (ENG., Illus.). 48p. (J). (gr. 4-6). 33.32 (978-1-5415-1041-8(0), 8547381d-d1ef-441b-8cfc-60d92fa97508, Millbrook Pr.) Lerner Publishing Group.

Great Shelby Holmes. Elizabeth Eulberg. 2017. (ENG., Illus.). 272p. (J). pap. 8.99 (978-1-68119-053-2(2), 900157428, Bloomsbury USA Childrens) Bloomsbury Publishing USA.

Great Shelby Holmes. Elizabeth Eulberg. ed. 2017. (Great Shelby Holmes Ser.: 1). (J). lib. bdg. 18.40 (978-0-606-40594-2(1)) Turtleback.

Great Shelby Holmes: Girl Detective. Elizabeth Eulberg. 2016. (ENG., Illus.). 256p. (J). 16.99 (978-1-68119-051-8(6), 900157427, Bloomsbury USA Childrens) Bloomsbury Publishing USA.

Great Shelby Holmes & the Coldest Case. Elizabeth Eulberg. (ENG., Illus.). (J). 2019. 240p. pap. 8.99 (978-1-68119-059-4(1), 900157440); 2018. 224p. 16.99 (978-1-68119-057-0(5), 900157430) Bloomsbury Publishing USA. (Bloomsbury Children's Bks.).

Great Shelby Holmes & the Haunted Hound. Elizabeth Eulberg. 2019. (ENG., Illus.). 256p. (J). 16.99 (978-1-5476-0147-9(7), 900199958, Bloomsbury Children's Bks.) Bloomsbury Publishing USA.

Great Shelby Holmes Meets Her Match. Elizabeth Eulberg. (ENG., Illus.). (J). 2018. 256p. pap. 8.99 (978-1-68119-056-3(7), 900157442, Bloomsbury Children's Bks.); 2017. 240p. 16.99 (978-1-68119-054-9(0), 900157431, Bloomsbury USA Childrens) Bloomsbury Publishing USA.

Great Shoe Parade. Nikolai Popov. Illus. by Nikolai Popov. 2018. (Illus.). 40p. (J). (gr. -1-k). 17.99 (978-988-8341-25-2(1), Minedition) Penguin Young Readers Group.

Great Short Stories, Vol. 1 (Classic Reprint) William Patten. 2018. (ENG., Illus.). 436p. (J). 32.89 (978-0-666-73108-1(X)) Forgotten Bks.

Great Short-Stories, Vol. 1 Of 2: With Introductory Essays on the Great Story Writers (Classic Reprint) William J. Dawson. 2018. (ENG., Illus.). 674p. (J). 37.82 (978-0-428-25191-8(9)) Forgotten Bks.

Great Short Stories, Vol. 2: A New Collection of Famous Examples from the Literatures of France, England & America; Ghost Stories (Classic Reprint) William Patten. (ENG., Illus.). (J). 2018. 428p. 32.72 (978-0-484-05896-4(7)); 2017. pap. 16.57 (978-0-243-54510-0(X)) Forgotten Bks.

Great Sioux Trail: A Story of Mountain & Plain (Classic Reprint) Joseph A. Altsheler. 2018. (ENG., Illus.). 360p. (J). 31.34 (978-0-364-31669-6(1)) Forgotten Bks.

Great Sleep-Under, 0 vols. Louise Bonnett-Rampersaud. Illus. by Adam McHeffey. 2016. (Secret Knock Club Ser.: 4). (ENG.). 112p. (J). (gr. 1-4). pap. 9.99 (978-1-5039-5063-4(8), 9781503950634, Two Lions) Amazon Publishing.

Great Small Cat, & Others: Seven Tales (Classic Reprint) May Elizabeth Southworth. 2018. (ENG., Illus.). 162p. (J). 27.24 (978-0-483-40410-6(1)) Forgotten Bks.

Great Smoky Mountains. Sara Gilbert. 2016. (National Park Explorers Ser.). (ENG., Illus.). 24p. (J). (gr. 1-4). (978-1-60818-633-4(4), 20507, Creative Education) Creative Co., The.

Great Smoky Mountains National Park. Grace Hansen. 2017. (National Parks (Abdo Kids Jumbo) Ser.). (ENG., Illus.). 24p. (J). (gr. -1-2). lib. bdg. 32.79 (978-1-5321-0435-0(9), 26561, Abdo Kids) ABDO Publishing Co.

Great Smoky Mountains National Park. Maddie Spalding. 2016. (National Parks (Core Library) Ser.). (ENG., Illus.). 48p. (J). (gr. 4-8). lib. bdg. 35.64 (978-1-68078-474-9(9), 23885) ABDO Publishing Co.

Great-Snakes: A Variation on a Classical Theme (Classic Reprint) William Caine. 2017. (ENG., Illus.). (J). 28.25 (978-0-331-93076-4(5)) Forgotten Bks.

Great-Snakes! a Variation on a Classical Theme. William Caine. 2017. (ENG., Illus.). (J). pap. (978-0-649-59722-2(2)) Trieste Publishing Pty Ltd.

Great Soccer Debates. Jonathan Avise. 2018. (Great Sports Debates Ser.). (ENG., Illus.). 48p. (J). (gr. 3-6). lib. bdg. 34.21 (978-1-5321-1446-5(X), 29034, SportsZone) ABDO Publishing Co.

Great Space Adventure. Ryka Aoki. Illus. by Cai L. Steele. 2019. (ENG.). 28p. (J). (gr. 1-3). 15.95 (978-1-9991562-1-3(8)) Flamingo Rampant! CAN. Dist: Orca Bk. Pubs. USA.

Great Sphinx. Tyler Gieseke. 2021. (Ancient Egypt Ser.). (ENG., Illus.). 32p. (J). (gr. 2-3). pap. 9.95 (978-1-64494-538-4(X)); lib. bdg. 32.79 (978-1-5321-6990-8(6), 38057, DiscoverRoo) Pop!.

Great Sphinx. Ken Karst. 2018. (Enduring Mysteries Ser.). (ENG.). 48p. (J). (gr. 4-7). pap. 12.00 (978-1-62832-557-7(7), 19754, Creative Paperbacks) Creative Co., The.

Great Sphinx. Ken Karst. (Odysseys in Mysteries Ser.). (ENG.). 80p. (J). (gr. 7-10). 2021. (978-1-64026-363-5(2), 18058, Creative Education); 2020. pap. 15.99 (978-1-62832-895-0(9), 18059, Creative Paperbacks) Creative Co., The.

Great Sphinx of Giza: The Pharaohs' Eternal Guardian - History Kids Books Children's Ancient History. Baby Professor. 2017. (ENG., Illus.). (J). pap. 8.79 (978-1-5419-1166-6(0), Baby Professor (Education Kids)) Speedy Publishing LLC.

Great Spies of the World. John Perritano. 2021. (Red Rhino Nonfiction Ser.). (ENG., Illus.). 60p. (J). (gr. 4-7). pap. 11.95 (978-1-68021-889-3(1)) Saddleback Educational Publishing, Inc.

Great Sporting Events: Cricket. Clive Gifford. 2016. (Great Sporting Events Ser.). (ENG.). 32p. (J). (gr. 4-6). pap. 11.99 (978-1-4451-4962-2(1), Franklin Watts) Hachette Children's Group GBR. Dist: Hachette Bk. Group.

Great Sports Debates (Set), 6 vols. 2018. (Great Sports Debates Ser.). (ENG.). 48p. (J). (gr. 3-6). lib. bdg. 205.32 (978-1-5321-1440-3(0), 29022, SportsZone) ABDO Publishing Co.

Great Sports Fails. Grace Campbell. 2020. (Searchlight Books (tm) — Celebrating Failure Ser.). (ENG., Illus.). 32p. (J). (gr. 3-5). pap. 9.99 (978-1-5415-8932-2(7), 122696f2-e687-44a4-83d1-97d4de4d24b9); lib. bdg. 30.65 (978-1-5415-7736-7(1), 62a46f9b-8642-4e53-bb42-b3f6bc117d75) Lerner Publishing Group. (Lerner Pubns.).

Great Spruce. John Duvall. Illus. by Rebecca Gibbon. 2016. 40p. (J). (gr. k-3). 18.99 (978-0-399-16084-4(1), G.P. Putnam's Sons Books for Young Readers) Penguin Young Readers Group.

Great Spy Showdown. Illus. by Hollie Hibbert. 2019. (Boxcar Children Interactive Mysteries Ser.). (ENG.). 144p. (J). (gr. 2-5). pap. 6.99 (978-0-8075-2860-0(9), 807528609, Random Hse. Bks. for Young Readers) Random Hse. Children's Bks.

Great Stem Projects: Tried-and-True Experiments for All Budding Scientists. Contrib. by Dk. 2023. (DK Activity Lab Ser.). (ENG.). 320p. (J). (gr. 4-7). pap. 29.99 (978-0-7440-6970-9(X), DK Children) Dorling Kindersley Publishing, Inc.

Great Stirring: The Way of the Gentle Giant Book One. Donna Mazzitelli. 2017. (ENG., Illus.). 52p. (J). pap. 12.95 (978-1-939919-52-6(5)) Merry Dissonance Pr.

Great Stirring: The Way of the Gentle Giant Book One. Donna Mazzitelli. Illus. by Franki Holidarling. 2017. (The Way of the Gentle Giant Ser.: 1). (ENG.). (J). 17.95 (978-1-939919-55-7(X)) Merry Dissonance Pr.

Great Stone Book of Nature. David Thomas Ansted. 2016. (ENG.). 348p. (J). pap. (978-3-7433-4400-6(9)) Creation Pubs.

Great Stories of the Bible, 1 vol. David Miles. 2016. (I Can Read! / Adventure Bible Ser.). (ENG., Illus.). 192p. (J). 11.99 (978-0-310-75099-4(7)) Zonderkidz.

Great Story of Marindel. Nathan Keys. 2021. (ENG.). 246p. (J). pap. 14.95 (978-1-7353859-2-1(1)) Square Tree Publishing.

Great Streets of the World: From London to San Francisco. Frauke Berchtig. Illus. by Agusti Sousa. 2019. (ENG.). 40p. (J). (gr. k-4). 14.95 (978-3-7913-7403-1(6)) Prestel Verlag GmbH & Co KG. DEU. Dist: Penguin Random Hse. LLC.

Great Streets of the World (Classic Reprint) Richard Harding Davis. 2017. (ENG., Illus.). 268p. (J). 29.44 (978-0-484-23809-0(4)) Forgotten Bks.

Great Success (Classic Reprint) Humphry Ward. 2018. (ENG., Illus.). 224p. (J). 28.52 (978-0-332-51579-3(6)) Forgotten Bks.

Great Surrealists: Dreamers & Artists, 1 vol. Vanessa Oswald. 2018. (Eye on Art Ser.). (ENG.). 104p. (gr. 7-7). pap. 20.99 (978-1-5345-6604-0(X), 90e6ed74-18b1-4238-bf79-9056f171e34c, Lucent Pr.) Greenhaven Publishing LLC.

G

Great Tab Dope: And Other Stories (Classic Reprint) Ole Luk-Oie. 2018. (ENG., Illus.). 380p. (J). 31.73 *(978-0-428-28097-0(8))* Forgotten Bks.

Great Taboo (Classic Reprint) Grant Allen. 2018. (ENG., Illus.). 280p. (J). 29.69 *(978-0-483-78049-1(9))* Forgotten Bks.

Great-Tasting Food: Smart Nutrition in Your Life Coloring Book. Kreative Kids. 2016. (ENG., Illus.). (J). pap. 9.20 *(978-1-68377-416-7(7))* Whike, Traudl.

Great Technology Fails. Barbara Krasner. 2020. (Searchlight Books (tm) — Celebrating Failure Ser.). (ENG., Illus.). 32p. (J). (gr. 3-5). pap. 9.99 *(978-1-5415-8933-9(5),* b667cf00-6d6a-4695-99df-a369ff75b7e7); lib. bdg. 30.65 *(978-1-5415-7731-2(0),* 07806cf5-164d-4f69-b385-3bf0bd9a43c2) Lerner Publishing Group. (Lerner Pubns.).

Great Temptation (Classic Reprint) Richard Marsh. 2017. (ENG., Illus.). (J). 31.82 *(978-0-260-01320-0(X))* Forgotten Bks.

Great Temptation, Vol. 1 of 3 (Classic Reprint) Dora Russell. 2018. (ENG., Illus.). 252p. (J). 29.09 *(978-0-267-20381-9(0))* Forgotten Bks.

Great Temptation, Vol. 2 of 3 (Classic Reprint) Dora Russell. 2018. (ENG., Illus.). 250p. (J). 29.07 *(978-0-267-19673-9(3))* Forgotten Bks.

Great Texas Dragon Race. Kacy Ritter. 2023. (ENG.). 400p. (J). (gr. 3-7). 19.99 ***(978-0-06-324792-5(5),*** Clarion Bks.) HarperCollins Pubs.

Great Thanksgiving Escape. Mark Fearing. Illus. by Mark Fearing. 2017. (ENG., Illus.). 32p. (J). (gr. k-3). 6.99 *(978-0-7636-9511-8(4))* Candlewick Pr.

Great Thanksgiving Escape. Mar Fearing. ed. 2018. (ENG.). 30p. (J). (gr. -1-1). 17.96 *(978-1-64310-418-8(7))* Penworthy Co., LLC, The.

Great Thanksgiving Food Fight, 1 vol. Michael Lewis. Illus. by Stan Jaskiel. 2017. (ENG.). 32p. (J). (gr. -1-3). 16.99 *(978-1-4556-2285-6(0),* Pelican Publishing) Arcadia Publishing.

Great Things. William Anthony. Illus. by Drue Rintoul. 2023. (Level 10 - White Set Ser.). (ENG.). 40p. (J). (gr. 2-4). lib. bdg. 19.95 Bearport Publishing Co., Inc.

Great Things Done by Little People (Classic Reprint) Unknown Author. 2018. (ENG., Illus.). 216p. (J). 28.39 *(978-0-484-37092-9(8))* Forgotten Bks.

Great Things to Do Activity & Coloring Book Edition. Activity Book Zone for Kids. 2016. (ENG., Illus.). (J). pap. 7.55 *(978-1-68376-213-3(4))* Sabeels Publishing.

Great Things You'll Do! Gregory Collins. 2017. (ENG., Illus.). (YA). (gr. 7-12). 20.99 *(978-0-9988194-0-2(9))* Textorium Publishing.

Great Thirst Land: A Ride Through Natal, Orange Free State, Transvaal, & Kalahari Desert. Parker Gillmore. 2019. (ENG.). 496p. (J). pap. *(978-93-5380-589-0(9))* Alpha Editions.

Great Thirst Land: A Ride Through Natal, Orange Free State, Transvaal, & Kalahari Desert (Classic Reprint) Parker Gillmore. 2018. (ENG., Illus.). 498p. (J). 34.17 *(978-0-267-82759-6(8))* Forgotten Bks.

Great Tom of Oxford, Vol. 1 of 3 (Classic Reprint) J. Hewlett. 2018. (ENG., Illus.). 328p. (J). 30.66 *(978-0-267-25276-3(5))* Forgotten Bks.

Great Tontine: A Novel (Classic Reprint) Hawley Smart. (ENG., Illus.). (J). 2018. 422p. 32.60 *(978-0-267-32793-5(5));* 2016. pap. 16.57 *(978-1-333-54264-1(X))* Forgotten Bks.

Great Too. Lauri Holomis & Glen Gretzky. Illus. by Kevin Sylvester. 2021. 32p. (J). (gr. -1-3). 17.99 *(978-0-7352-6561-5(5),* Puffin Canada) PRH Canada Young Readers CAN. Dist: Penguin Random Hse. LLC.

Great Tornado of 1821 in New Hampshire (Classic Reprint) Fred William Lamb. (ENG., Illus.). (J). 2018. 22p. 24.37 *(978-0-428-37659-8(2));* 2017. pap. 7.97 *(978-0-259-17390-8(8))* Forgotten Bks.

Great Toy Disaster. Sarah Winter. Illus. by Margarita Fomenko. 2022. (ENG.). 36p. (J). 16.99 ***(978-0-578-35257-2(5))*** Winter Ridge Farm.

Great Tractor Day. Mick Thompson. 2018. (ENG., Illus.). 34p. (J). (gr. k-2). 21.95 *(978-0-692-16315-3(8))* mickego art.

Great Tradition: And Other Stories (Classic Reprint) Katharine Fullerton Gerould. 2017. (ENG., Illus.). (J). 31.45 *(978-1-5283-8370-7(2))* Forgotten Bks.

Great Train Adventure of Hudson B the Young Code Writer & G-Man. Lori D Lord. 2020. (ENG.). 40p. (J). *(978-1-78848-723-8(0));* pap. *(978-1-78848-722-1(2))* Austin Macauley Pubs. Ltd.

Great Train Robbery. Mary Kay Worth. 2023. (ENG.). 30p. (J). 16.99 ***(978-1-961225-06-0(9));*** pap. 9.99 ***(978-1-961225-05-3(0))*** Good River Print & Media.

Great Trains Ladybird Readers Level 2. Ladybird. 2017. (Ladybird Readers Ser.). (Illus.). 48p. (J). (gr. k-2). pap. 9.99 *(978-0-241-29808-4(3))* Penguin Bks., Ltd. GBR. Dist: Independent Pubs. Group.

Great Treason: A Story of the War of Independence (Classic Reprint) Mary A. M. Hoppus. (ENG., Illus.). (J). 2018. 604p. 36.37 *(978-0-428-96376-7(5));* 2017. pap. 19.57 *(978-0-243-54085-3(X))* Forgotten Bks.

Great Treason, Vol. 1: A Story of the War of Independence (Classic Reprint) Mary A. M. Hoppus. (ENG., Illus.). (J). 2018. 290p. 29.88 *(978-0-364-25259-8(6));* 2017. pap. 13.57 *(978-1-5276-1004-0(7))* Forgotten Bks.

Great Treason, Vol. 2: A Story of the War of Independence (Classic Reprint) Mary A. M. Marks. (ENG., Illus.). (J). 2018. 324p. 30.60 *(978-0-267-39007-6(6));* 2017. pap. 13.57 *(978-0-259-51766-5(6))* Forgotten Bks.

Great Treasure Hunt. Johanna Gohmann. Illus. by Jessika von Innerebner. 2017. (Pirate Kids Ser.). (ENG.). 32p. (J). (gr. -1-3). lib. bdg. 32.79 *(978-1-5321-3039-7(2),* 27041, Calico Chapter Bks) Magic Wagon.

Great Treasure Hunt. Chris Mould. Illus. by Chris Mould. 2019. (Pocket Pirates Ser.: 4). (ENG., Illus.). 160p. (J). (gr. 1-4). 17.99 *(978-1-4814-9124-2(5));* pap. 6.99 *(978-1-4814-9123-5(7))* Simon & Schuster Children's Publishing. (Aladdin).

Great Treehouse War. Lisa Graff. 2018. (ENG.). 304p. (J). (gr. 3-7). 8.99 *(978-0-14-751671-8(4),* Puffin Books) Penguin Young Readers Group.

Great Treehouse War. Lisa Graff. ed. 2018. lib. bdg. 19.65 *(978-0-606-41308-4(1))* Turtleback.

Great Troll Rescue, 2. Tom Percival. ed. 2020. (Little Legends Ser.). (ENG.). 200p. (J). (gr. 4-5). 16.96 *(978-1-64697-060-5(8))* Penworthy Co., LLC, The.

Great Undersea Search. Kate Neddham. 2017. (VIE., Illus.). (J). pap. *(978-604-88-4436-3(0))* Dan tri Publishing Hse.

Great Underwear Robbery. Heather Pindar. Illus. by Serena Lombardo. 2021. (Early Bird Readers — Gold (Early Bird Stories (tm)) Ser.). (ENG.). 32p. (J). (gr. k-3). 30.65 *(978-1-5415-9010-6(4),* 7079f138-eada-47df-8522-1788b2ee9e10); pap. 9.99 *(978-1-7284-1336-5(2),* 4828600b-49ef-4903-b69b-fe6e7e4a1123) Lerner Publishing Group. (Lerner Pubns.).

Great Unicorn Race: Book 8. Whitney Sanderson. Illus. by Jomike Tejido. 2021. (Unicorns of the Secret Stable Set 2 Ser.). (ENG.). 72p. (J). (gr. 1-3). pap. 4.99 *(978-1-63163-513-7(1));* lib. bdg. 25.32 *(978-1-63163-512-0(3))* North Star Editions. (Jolly Fish Pr.).

Great Unknowable End. Kathryn Ormsbee. (ENG.). (YA). (gr. 7). 2020. 416p. pap. 12.99 *(978-1-5344-2051-9(7));* 2019. (Illus.). 400p. 19.99 *(978-1-5344-2050-2(9))* Simon & Schuster Bks. For Young Readers. (Simon & Schuster Bks. For Young Readers).

Great Us & Britain Breakup: The Declaration of Independence - Us History for Kids Children's History Books. Baby Professor. 2017. (ENG., Illus.). (J). pap. 8.79 *(978-1-5419-1104-8(0),* Baby Professor (Education Kids)) Speedy Publishing LLC.

Great Vandal Scandal. Emily Ecton. Illus. by David Mottram. 2023. (Great Pet Heist Ser.). (ENG.). 240p. (J). (gr. 3-7). 17.99 *(978-1-6659-1905-0(1),* Atheneum Bks. for Young Readers) Simon & Schuster Children's Publishing.

Great Voyages. D. Patterson. 2018. (ENG., Illus.). 96p. (J). (gr. 4-7). 17.99 *(978-0-7123-5285-7(6))* British Library, The GBR. Dist: Independent Pubs. Group.

Great Wall of China. Grace Hansen. 2017. (World Wonders Ser.). (ENG., Illus.). 24p. (J). (gr. -1-2). lib. bdg. 32.79 *(978-1-5321-0441-1(3),* 26567, Abdo Kids) ABDO Publishing Co.

Great Wall of China. Elizabeth Noll. 2020. (Seven Wonders of the Modern World Ser.). (ENG., Illus.). 32p. (J). (gr. 3-8). lib. bdg. 27.95 *(978-1-64487-268-0(4),* Blastoff! Readers) Bellwether Media.

Great Wall of China. Rebecca Stanborough. 2016. (Engineering Wonders Ser.). (ENG., Illus.). 32p. (J). (gr. 3-6). lib. bdg. 27.99 *(978-1-4914-8197-4(8),* 130670, Capstone Pr.) Capstone.

Great Wall of China. C. Webster. 2018. (Structural Wonders of the World Ser.). (ENG.). 24p. (J). (gr. 2-5). lib. bdg. 28.55 *(978-1-4896-8172-0(8),* AV2 by Weigl) Weigl Pubs., Inc.

Great Wall of China: Children's Asian History Book. Bold Kids. 2022. (ENG.). 38p. (J). pap. 14.99 ***(978-1-0717-1004-3(4))*** FASTLANE LLC.

Great War: Stories Inspired by Items from the First World War. Illus. by Jim Kay. 2019. (ENG.). 304p. (J). (gr. 5). pap. 14.99 *(978-1-5362-0886-3(8))* Candlewick Pr.

Great War As I Saw It. Frederick George Scott. 2017. (ENG., Illus.). (J). 27.95 *(978-1-374-84798-9(4))* Capital Communications, Inc.

Great War As I Saw It (Classic Reprint) Frederick George Scott. (ENG., Illus.). (J). 2017. 30.74 *(978-0-331-64338-1(3));* 2016. pap. 13.57 *(978-1-334-16053-0(8))* Forgotten Bks.

Great War Relic: Together with a Sketch of My Life, Service in the Army, & How I Lost My Feet since the Close of the War; Also, Many Interesting Incidents Illustrative of the Life of a Soldier (Classic Reprint) Charles L. Cummings. (ENG., Illus.). (J). 2018. 52p. 24.97 *(978-0-484-64995-7(7));* 2016. pap. 9.57 *(978-1-334-15293-1(4))* Forgotten Bks.

Great Waterfalls, Cataracts, & Geysers: Described & Illustrated (Classic Reprint) John Gibson. (ENG., Illus.). (J). 2018. 304p. 30.17 *(978-0-365-36382-8(0));* 2016. pap. 13.57 *(978-1-333-29710-7(6))* Forgotten Bks.

Great Wave of Tamarind. Nadia Aguiar. 2018. (Book of Tamarind Ser.: 3). (ENG.). 384p. (J). pap. 16.99 *(978-1-250-14394-5(2),* 900177169) Square Fish.

Great Way: A Story of the Joyful, the Sorrowful, the Glorious (Classic Reprint) Horace Fish. (ENG., Illus.). (J). 2018. 496p. 34.13 *(978-0-365-47420-3(7));* 2017. pap. 16.57 *(978-1-333-34736-9(7))* Forgotten Bks.

Great Way to Relax - Ultimate Doodling Book. Flash Planners and Notebooks. 2016. (ENG., Illus.). (J). pap. 9.20 *(978-1-68377-855-4(3))* Whike, Traudl.

Great Wet Way (Classic Reprint) Alan Dale. 2018. (ENG., Illus.). 304p. (J). 30.19 *(978-0-666-57892-1(3))* Forgotten Bks.

Great Whales & Their Friends Coloring Book. Creative Playbooks. 2016. (ENG., Illus.). (J). pap. 7.74 *(978-1-68323-941-3(5))* Twin Flame Productions.

Great Whales of the Sea Coloring Book. Activity Book Zone for Kids. 2016. (ENG., Illus.). (J). pap. 9.20 *(978-1-68376-287-4(8))* Sabeels Publishing.

Great Wheel War. Wendy Kaupa. Illus. by Brent Plooster. 2023. (ENG.). 40p. (J). pap. 13.95 ***(978-1-7356895-7-9(2))*** ALNI Publishing.

Great White Army (Classic Reprint) Max Pemberton. 2018. (ENG., Illus.). 350p. (J). 31.22 *(978-0-484-03985-7(7))* Forgotten Bks.

Great White Shark. Karen Durrie. 2017. (World Languages Ser.). (ENG.). 24p. (J). lib. bdg. 35.70 *(978-1-4896-6562-1(5),* AV2 by Weigl) Weigl Pubs., Inc.

Great White Shark. Joyce L. Markovics. 2016. (J). lib. bdg. *(978-1-62724-819-8(6))* Bearport Publishing Co., Inc.

Great White Shark. Julie Murray. 2020. (Animals with Bite Ser.). (ENG., Illus.). 24p. (J). (gr. k-4). lib. bdg. 31.36 *(978-1-0982-2297-0(0),* 36231, Abdo Zoom-Dash) ABDO Publishing Co.

Great White Shark. Claire Saxby. Illus. by Cindy Lane. 2023. (ENG.). 32p. (J). (gr. k-3). 18.99 *(978-1-5362-2503-7(7))* Candlewick Pr.

Great White Shark. Leah Troller. 2017. (1-3Y Marine Life Ser.). (ENG., Illus.). 20p. (J). pap. 9.60 *(978-1-63437-678-5(1))* American Reading Co.

Great White Shark: Animal Books for Kids Age 9-12 Children's Animal Books. Baby Professor. 2017. (ENG., Illus.). 64p. (J). pap. 9.52 *(978-1-5419-3877-9(1),* Baby Professor (Education Kids)) Speedy Publishing LLC.

Great White Shark 500-Piece Jigsaw Puzzle & Book: A 500-Piece Family Jigsaw Puzzle Featuring the Shark Handbook. Applesauce Press Staff. Illus. by Julius Csotonyi. 2021. (ENG.). 48p. (J). 19.95 *(978-1-64643-080-2(8),* Applesauce Pr.) Cider Mill Pr. Bk. Pubs., LLC.

Great White Shark Adventure. Fabien Cousteau & James O. Fraioli. Illus. by Joe St.Pierre. 2019. (Fabien Cousteau Expeditions Ser.). (ENG.). 112p. (J). (gr. 3-7). 12.99 *(978-1-5344-2087-8(8),* McElderry, Margaret K. Bks.) McElderry, Margaret K. Bks.

Great White Shark (Dragged from Under #2) Joseph Monninger. 2021. (ENG.). 208p. (J). (gr. 3-7). pap. 6.99 *(978-1-338-58771-5(4))* Scholastic, Inc.

Great White Shark Migration. Susan H. Gray. 2020. (21st Century Junior Library: Marvelous Migrations Ser.). (ENG., Illus.). 24p. (J). (gr. 2-5). lib. bdg. 30.64 *(978-1-5341-6860-2(5),* 215327) Cherry Lake Publishing.

Great White Shark Scientist. Sy Montgomery. (Scientists in the Field Ser.). (ENG., Illus.). 80p. (J). (gr. 5). 2021. pap. 10.99 *(978-0-358-45207-2(4),* 1795552); 2016. 18.99 *(978-0-544-35298-8(X),* 1586364) HarperCollins Pubs. (Clarion Bks.).

Great White Shark vs. Killer Whale. Thomas K. Adamson. 2020. (Animal Battles Ser.). (ENG.). 24p. (J). (gr. 3-7). lib. bdg. 26.95 *(978-1-64487-157-7(2),* Torque Bks.) Bellwether Media.

Great White Shark vs. Mosquito. Eric Braun. 2018. (Versus! Ser.). (ENG.). 24p. (J). (gr. 4-6). pap. 9.99 *(978-1-64466-332-5(5),* 12163); (Illus.). lib. bdg. *(978-1-68072-349-6(9),* 12162) Black Rabbit Bks. (Hi Jinx).

Great White Sharks see Tiburones Blancos

Great White Sharks. Thomas K. Adamson. 2020. (Shark Frenzy Ser.). (ENG., Illus.). 24p. (J). (gr. k-3). lib. bdg. 26.95 *(978-1-64487-245-1(5),* Blastoff! Readers) Bellwether Media.

Great White Sharks. Christine Thomas Alderman. 2020. (J). pap. *(978-1-62310-110-7(7))* Black Rabbit Bks.

Great White Sharks. Nicki Clausen-Grace. 2018. (Wild Animal Kingdom (Continuation) Ser.). (ENG.). 32p. (gr. 2-7). 9.95 *(978-1-68072-734-0(6));* (J). (gr. 4-6). pap. 9.99 *(978-1-64466-287-8(6),* 12401); (J). (gr. 4-6). lib. bdg. *(978-1-68072-440-0(1),* 12400) Black Rabbit Bks. (Bolt).

Great White Sharks. Beth Costanzo. 2020. (ENG.). 28p. (J). pap. 11.80 *(978-1-7948-9430-3(6))* Lulu Pr., Inc.

Great White Sharks. Jaclyn Jaycox. 2020. (Animals Ser.). (ENG., Illus.). 32p. (J). (gr. 1-3). pap. 6.95 *(978-1-9771-1796-0(1),* 142156); lib. bdg. 31.32 *(978-1-9771-1343-6(5),* 141464) Capstone. (Pebble).

Great White Sharks. Angela Lim. 2021. (Giants of the Sea Ser.). (ENG., Illus.). 32p. (J). (gr. 2-3). pap. 9.95 *(978-1-63738-040-6(2));* lib. bdg. 31.35 *(978-1-63738-004-8(6))* North Star Editions. (Apex).

Great White Sharks. Martha London. 2019. (Wild about Animals Ser.). (ENG., Illus.). 32p. (J). (gr. 3-3). pap. 9.95 *(978-1-64494-248-2(8),* 1644942488) Bigfoot Bks. GBR. Dist: North Star Editions.

Great White Sharks, 1 vol. Caitie McAneney. 2019. (Killers of the Animal Kingdom Ser.). (ENG.). 24p. (gr. 3-3). pap. 9.25 *(978-1-7253-0601-1(8),* 5ab8edbc-8141-451c-8a80-c1f6234f3e09, PowerKids Pr.) Rosen Publishing Group, Inc., The.

Great White Sharks. Julie Murray. 2019. (Animal Kingdom Ser.). (ENG.). 32p. (J). (gr. 2-5). lib. bdg. 34.21 *(978-1-5321-1634-6(9),* 32379, Big Buddy Bks.) ABDO Publishing Co.

Great White Sharks. Contrib. by Julie Murray. 2023. (Sharks Ser.). (ENG.). 24p. (J). (gr. k-3). lib. bdg. 31.36 ***(978-1-0982-4423-1(0),*** 42446, Pop! Cody Koala) Pop!.

Great White Sharks. Rebecca Pettiford. 2016. (Ocean Life up Close Ser.). (ENG., Illus.). 24p. (J). (gr. k-3). 26.95 *(978-1-62617-416-0(4));* pap. 7.99 *(978-1-61891-264-0(X),* 12054) Bellwether Media. (Blastoff! Readers).

Great White Sharks. Elizabeth Roseborough. 2018. (J). *(978-1-4222-4121-9(1))* Mason Crest.

Great White Sharks. Leo Statts. 2017. (Sharks (Launch!) Ser.). (ENG., Illus.). 24p. (J). (gr. -1-2). lib. bdg. 31.36 *(978-1-5321-2008-4(7),* 25364, Abdo Zoom-Launch) ABDO Publishing Co.

Great White Sharks. Laura Hamilton Waxman. 2016. (Sharks Ser.). (ENG., Illus.). 32p. (J). (gr. 2-5). pap. 9.99 *(978-1-68152-090-2(7),* 15735); lib. bdg. 20.95 *(978-1-60753-977-3(2),* 15727) Amicus.

Great White Sharks: Children's Biology of Fishes & Sharks Book. Bold Kids. 2022. (ENG.). 42p. (J). pap. 15.99 ***(978-1-0717-1005-0(2))*** FASTLANE LLC.

Great White Sharks in Action. Buffy Silverman. 2017. (Lightning Bolt Books (r) — Shark World Ser.). (ENG., Illus.). 24p. (J). (gr. 1-3). pap. 9.99 *(978-1-5124-5594-6(6),* fd9e9db7-8299-4e60-94c3-7fed3f304129) Lerner Publishing Group.

Great White Sharks (Wild Life LOL!) (Library Edition) Scholastic. 2019. (Wild Life LOL! Ser.). (ENG., Illus.). 32p. (J). (gr. 1-3). lib. bdg. 25.00 *(978-0-531-24037-3(1),* Children's Pr.) Scholastic Library Publishing.

Great White Spirit Kitty: Where Has My Kitty Gone - for Children & Pet Lovers of All Ages. C. Lee. 2017. (ENG., Illus.). (J). 22.95 *(978-1-63525-470-9(1))* Christian Faith Publishing.

Great Wiz & the Ruckus. Joey McCormick. 2019. (ENG., Illus.). 208p. (J). pap. 14.99 *(978-1-68415-315-2(8))* BOOM! Studios.

Great Women, 6 vols. Jennifer Strand. 2016. (Great Women Ser.). (ENG.). 24p. (J). (gr. -1-2). 299.64 *(978-1-68079-387-1(X),* 23008, Abdo Zoom-Launch) ABDO Publishing Co.

Great Wonders in Little Things (Classic Reprint) Sidney Dyer. (ENG., Illus.). (J). 2018. 352p. 31.18 *(978-0-484-52424-7(0));* 2016. pap. 13.57 *(978-1-334-24295-3(X))* Forgotten Bks.

Great Writers. Life of Charles Darwin. G. T. Bettany. 2017. (ENG., Illus.). (J). pap. *(978-0-649-63334-0(2))* Trieste Publishing Pty Ltd.

Great Year of Our Lives: At the Old Squire's (Classic Reprint) C. A. Stephens. 2018. (ENG., Illus.). 332p. (J). 30.76 *(978-0-656-72854-1(X))* Forgotten Bks.

Great Zodiac Race. W. C. Jefferson. 2017. (ENG., Illus.). (J). pap. *(978-988-78009-0-3(2))* Toucan Publishing, Incorporated.

Great Zombie Invasion: The Birth of Herobrine Book One: a Gameknight999 Adventure: an Unofficial Minecrafter's Adventure. Mark Cheverton. 2016. (Gameknight999 Ser.). 248p. (J). (gr. 3-3). pap. 9.99 *(978-1-5107-0994-2(0),* Sky Pony Pr.) Skyhorse Publishing Co., Inc.

Greater Estimations. Bruce Goldstone. ed. 2018. (Great Estimations Ser.). (ENG.). 31p. (J). (gr. 1-3). 11.00 *(978-1-64310-701-1(1))* Penworthy Co., LLC, The.

Greater Glory. Maarten Maartens. 2017. (ENG.). 500p. (J). pap. *(978-3-337-15970-2(2))* Creation Pubs.

Greater Glory: A Story of High Life (Classic Reprint) Maarten Maartens. 2018. (ENG., Illus.). 498p. (J). 34.17 *(978-0-666-61848-1(8))* Forgotten Bks.

Greater Glory (Classic Reprint) William Dudley Pelley. 2018. (ENG., Illus.). 386p. (J). 31.86 *(978-0-483-12475-2(3))* Forgotten Bks.

Greater Glory, Vol. 1 Of 2: A Story of High Life (Classic Reprint) Maarten Maartens. (ENG., Illus.). (J). 2018. 290p. 29.88 *(978-0-484-35745-6(X));* 2016. pap. 13.57 *(978-1-334-45416-5(7))* Forgotten Bks.

Greater Glory, Vol. 2 Of 2: A Story of High Life (Classic Reprint) Maarten Maartens. 2018. (ENG., Illus.). 290p. (J). 29.90 *(978-0-483-26905-7(0))* Forgotten Bks.

Greater Inclination. Edith Warton. 2017. (ENG.). 266p. (J). pap. *(978-3-7436-5808-0(9))* Creation Pubs.

Greater Inclination: The Touchstone (Classic Reprint) Edith Warton. 2017. (ENG., Illus.). (J). 31.73 *(978-0-265-96215-2(3));* pap. 16.57 *(978-1-5278-4723-1(3))* Forgotten Bks.

Greater Inclination (Classic Reprint) Edith Warton. 2017. (ENG., Illus.). (J). 29.47 *(978-1-5283-7777-5(X))* Forgotten Bks.

Greater Joy: A Romance (Classic Reprint) Margaret Blake. 2018. (ENG., Illus.). 476p. (J). 33.71 *(978-0-484-39892-3(X))* Forgotten Bks.

Greater Love (Classic Reprint) Chaplain George T. McCarthy. 2018. (ENG., Illus.). 192p. (J). 27.88 *(978-0-483-64954-5(6))* Forgotten Bks.

Greater Love (Classic Reprint) Anna Mcclure Sholl. (ENG., Illus.). (J). 2018. 396p. 32.06 *(978-0-656-00519-2(X));* 2017. pap. 16.57 *(978-0-259-25887-2(3))* Forgotten Bks.

Greater Love Hath No Man (Classic Reprint) Frank L. Packard. (ENG., Illus.). (J). 2018. 320p. 30.52 *(978-0-364-42865-8(1));* 2018. 318p. 30.48 *(978-0-483-60570-1(0));* 2017. pap. 13.57 *(978-0-243-27570-0(6))* Forgotten Bks.

Greater Me Cards: A Tool for Children & Young People to Develop Self-Advocacy Skills & Build Resilience. Leanna Lopez & Samuel Kelly. 2021. 32.95 *(978-1-78775-690-8(4),* 786509) Kingsley, Jessica Pubs. GBR. Dist: Hachette UK Distribution.

Greater Mischief a Novel, Vol. 1 (Classic Reprint) Margaret Westrup. 2017. (ENG., Illus.). 384p. (J). 31.84 *(978-0-332-14765-9(7))* Forgotten Bks.

Greater Mystery (Classic Reprint) Edna De Fremery. 2018. (ENG., Illus.). 220p. (J). 28.43 *(978-0-267-16176-8(X))* Forgotten Bks.

Greater Power (Classic Reprint) Harold Bindloss. 2018. (ENG., Illus.). 342p. (J). 30.97 *(978-0-483-72044-2(5))* Forgotten Bks.

Greater Punishment (Classic Reprint) Stephen Chalmers. (ENG., Illus.). (J). 2018. 252p. 29.11 *(978-0-483-62224-1(9));* 2017. pap. 11.57 *(978-0-243-28927-1(8))* Forgotten Bks.

Greater Swiss Mountain Dogs, 1 vol. Paige V. Polinsky. 2016. (Dogs Ser.). (ENG., Illus.). 24p. (J). (gr. 3-6). 31.36 *(978-1-68078-177-9(4),* 21903, Checkerboard Library) ABDO Publishing Co.

Greater Than, Less Than & Equal to Worksheet - Math Books First Grade Children's Math Books. Baby Professor. 2017. (ENG., Illus.). (J). pap. 8.79 *(978-1-5419-4060-4(1),* Baby Professor (Education Kids)) Speedy Publishing LLC.

Greater Than the Greatest (Classic Reprint) Hamilton Drummond. (ENG., Illus.). (J). 2018. 316p. 30.41 *(978-0-365-16188-2(8));* 2017. pap. 13.57 *(978-0-259-41009-6(8))* Forgotten Bks.

Greater Waterloo: A Love Story (Classic Reprint) M. M. Perkins. 2018. (ENG., Illus.). 276p. (J). 29.61 *(978-0-484-70991-0(7))* Forgotten Bks.

Greater World of Sports (Set), 6 vols. 2019. (Greater World of Sports Ser.). (ENG.). 32p. (J). (gr. 3-6). lib. bdg. 196.74 *(978-1-5321-9037-7(9),* 33584, SportsZone) ABDO Publishing Co.

Greatest American Outlaw. Dennis A. Nehamen. 2016. (ENG.). 306p. (J). pap. 12.95 *(978-1-945329-02-9(5))* Golden Poppy Pubns.

Greatest Bible Stories Never Told: 30 Exciting Stories with Character-Building Lessons. Trever J. Ehrlich. Ed. by Sherry Ehrlich. 2022. (ENG.). 48p. (J). pap. 8.99 ***(978-1-0879-0829-8(9))*** Indy Pub.

Greatest Bible Stories Never Told: 30 Exciting Stories with Character-Building Lessons for Kids. Trever J. Ehrlich. Ed. by Sherry Ehrlich. 2022. (ENG.). 48p. (J). 15.99 *(978-1-0879-0765-9(9))* Indy Pub.

Greatest Blessing of Life, or the Adventures of Catherine Sinclair: A Domestic, in Search of a Good Mistress (Classic Reprint) Silas Little. (ENG., Illus.). (J). 2017. 170p. 27.42 *(978-0-484-55362-9(3));* 2016. pap. 9.97 *(978-1-334-12530-0(9))* Forgotten Bks.

Greatest Book Ever. Teresa Joyelle Krager. Illus. by Jesus Lopez. 2023. (ENG.). 32p. (J). (gr. -1-3). 14.99 ***(978-1-0877-6981-3(7),*** 005838530, B&H Kids) B&H Publishing Group.

Greatest Buildings & Structures. Grace Jones. 2018. (Ideas, Inventions, & Innovators Ser.). (Illus.). 32p. (J). (gr. 4-4). pap. *(978-0-7787-5970-6(9))* Crabtree Publishing Co.

Greatest Day on Duck River. Carter Miller. Illus. by Donna Stackhouse. 2022. (ENG.). 46p. (J). pap. 14.99 ***(978-1-956867-34-3(1))*** Telemachus Pr., LLC.

Greatest Fairy Tales. Charles Perrault et al. Illus. by Francesca. Rossi. 2018. (ENG.). 240p. (J). (gr. k). 19.95 *(978-88-544-1257-6(0))* White Star Publishers ITA. Dist: Sterling Publishing Co., Inc.

Greatest Father's Day of All. Anne Mangan. Illus. by Tamsin Ainslie. 2017. 32p. 9.99 *(978-0-7322-9577-6(7)*, HarperCollins) HarperCollins Pubs.

Greatest Female Athletes of All Time. Todd Kortemeier. 2017. (Women in Sports Ser.). (ENG., Illus.). 48p. (J). (gr. 4-8). lib. bdg. 34.21 *(978-1-5321-1154-9(1)*, 25884, SportsZone) ABDO Publishing Co.

Greatest Football Players of All Time, 1 vol. Matt Jankowski. 2019. (Greatest of All Time: Sports Stars Ser.). (ENG.). 32p. (gr. 3-4). pap. 11.50 *(978-1-5382-4779-2(8)*, f7136120-5950-4441-8b57-1d9c2be43774) Stevens, Gareth Publishing LLLP.

Greatest Football Teams of All Time (a Sports Illustrated Kids Book) A G. O. A. T. Series Book. The Editors of Sports Illustrated Kids. 2018. (ENG., Illus.). 144p. (J). 19.99 *(978-1-68330-072-4(6))* Sports Illustrated For Kids.

Greatest Gift, 1 vol. Jill Andersen. 2016. (Rosen REAL Readers: Social Studies Nonfiction / Fiction: Myself, My Community, My World Ser.). (ENG.). 12p. (gr. k-1). pap. 6.33 *(978-1-5081-2541-9(4)*, 5bf409a3-4095-4c80-a3f4-1ddc0682a5c4, Rosen Classroom) Rosen Publishing Group, Inc., The.

Greatest Gift. Kallie George. Illus. by Stephanie Graegin. 2017. (Heartwood Hotel Ser.: 2). (ENG.). 176p. (J). (gr. 2-5). 14.99 *(978-1-4847-3234-2(0))* Hyperion Bks. for Children.

Greatest Gift. Kallie George. ed. 2017. (Heartwood Hotel Ser.: 2). (J). lib. bdg. 16.00 *(978-0-606-39967-8(4))* Turtleback.

Greatest Gift: A Fairy Tale about Following Your Dreams. Amy Schisler. Illus. by Christianna Messick. 2017. (ENG.). (J). pap. 11.99 *(978-0-692-83640-8(3))* Schisler, Amy MacWilliams.

Greatest Gift: A Story of Sperm Donation. Isabelle Caron Hébert. Illus. by Sakshi Mangal. 2021. (ENG.). 24p. (J). *(978-0-2288-6945-0(5))*; pap. *(978-0-2288-6944-3(7))* Tellwell Talent.

Greatest Gift (Classic Reprint) Arthur Williams Marchmont. (ENG., Illus.). (J). 2018. 448p. 33.14 *(978-0-483-96602-4(9))*; 2016. pap. 16.57 *(978-1-333-32154-3(6))* Forgotten Bks.

Greatest Grandma Mad Libs: World's Greatest Word Game. Ellen Lee. 2022. (Mad Libs Ser.). 48p. (J). (gr. 3-7). pap. 4.99 *(978-0-593-52068-0(8)*, Mad Libs) Penguin Young Readers Group.

Greatest Heiress in England, Vol. 1 of 2 (Classic Reprint) Margaret Oliphant. (ENG., Illus.). (J). 2018. 634p. 36.99 *(978-0-483-85580-9(4))*; 2017. pap. 19.57 *(978-0-243-41174-0(X))* Forgotten Bks.

Greatest Heiress in England, Vol. 1 of 3 (Classic Reprint) Margaret O. W. Oliphant. 2018. (ENG., Illus.). 306p. (J). 30.23 *(978-0-267-24920-6(9))* Forgotten Bks.

Greatest Heiress in England, Vol. 2 of 3 (Classic Reprint) Margaret O. W. Oliphant. 2018. (ENG., Illus.). 350p. (J). 31.14 *(978-0-483-99948-0(2))* Forgotten Bks.

Greatest Heiress in England, Vol. 3 of 3 (Classic Reprint) Margaret O. W. Oliphant. 2018. (ENG., Illus.). 328p. (J). 30.66 *(978-0-483-80726-6(5))* Forgotten Bks.

Greatest Heroes Unite (Marvel: Comictivity with Pencil Topper) Meredith Rusu. 2021. (ENG.). 48p. (J). (gr. 2-5). 10.99 *(978-1-338-71484-5(8))* Scholastic, Inc.

Greatest Human Achievements. Grace Jones & Kirsty Holmes. 2018. (Ideas, Inventions, & Innovators Ser.). (Illus.). 32p. (J). (gr. 4-4). *(978-0-7787-5827-3(3))* Crabtree Publishing Co.

Greatest in the World! Ben Clanton. Illus. by Ben Clanton. 2022. (Tater Tales Ser.: 1). (ENG., Illus.). 88p. (J). (gr. 1-4). 12.99 *(978-1-5344-9318-6(2)*, Simon & Schuster Bks. For Young Readers) Simon & Schuster Bks. For Young Readers.

Greatest Kid in the World. John David Anderson. 2023. (ENG.). 368p. (J). (gr. 3-7). 19.99 *(978-0-06-298603-0(1)*, Waldon Pond Pr.) HarperCollins Pubs.

Greatest Kids Ever! Hjcs Scholars. 2019. (ENG.). 32p. (J). pap. *(978-0-359-38421-1(8))* Lulu Pr., Inc.

Greatest Magician in the World. Matt Edmondson. 2018. (ENG., Illus.). 40p. (J). (gr. 1-5). 21.99 *(978-1-5098-0618-8(0))* Pan Macmillan GBR. Dist: Independent Pubs. Group.

Greatest Magician That Ever Came to Be. Vera Adjin. 2018. (ENG., Illus.). 30p. (J). pap. 12.99 *(978-1-7323398-9-7(9))* Mindstir Media.

Greatest Moments in Women's Sports. Todd Kortemeier. 2017. (Women in Sports Ser.). (ENG., Illus.). 48p. (J). (gr. 4-8). lib. bdg. 34.21 *(978-1-5321-1155-6(X)*, 25886, SportsZone) ABDO Publishing Co.

Greatest Mommy of All. IglooBooks. 2019. (ENG.). 24p. (J). 9.99 *(978-1-83852-544-6(0))* Igloo Bks. GBR. Dist: Simon & Schuster, Inc.

Greatest Mommy of All: Padded Board Book. IglooBooks. Illus. by Ela Jarzabek. (ENG.). 24p. (J). (-k). 2023. bds. 9.99 *(978-1-80368-358-4(9))*; 2021. bds. 8.99 *(978-1-83903-603-3(6))* Igloo Bks. GBR. Dist: Simon & Schuster, Inc.

Greatest Mother's Day of All. Tamsin Ainslie & Anne Mangan. 2017. (Illus.). 32p. 9.99 *(978-0-7322-9334-5(0)*, HarperCollins) HarperCollins Pubs.

Greatest: Muhammad Ali (Scholastic Focus) Walter Dean Myers. 2018. (ENG., Illus.). 192p. (J). (gr. 7-7). pap. 8.99 *(978-1-338-29014-1(2))* Scholastic, Inc.

Greatest News for Children: Psalm 23. Sharayah Colter. Illus. by Sharayah Colter. 2020. (ENG.). (J). 26p. 27.99 *(978-1-716-42483-0(6))*; 28p. pap. 14.99 *(978-1-716-42482-3(8))* Lulu Pr., Inc.

Greatest News for Children: The Story of Salvation. Sharayah Colter. Illus. by Sharayah Colter. 2020. (ENG.). (J). 26p. 27.99 *(978-1-716-58971-3(1))*; 28p. pap. 14.99 *(978-1-716-58980-5(0))* Lulu Pr., Inc.

Greatest of All Gifts. Patricia E. Dow. Illus. by Nickie Thompson. 2023. (ENG.). 20p. (J). pap. ***(978-0-2288-8912-0(X))*** Tellwell Talent.

Greatest of All Time. Ernest Woodson. 2016. (ENG., Illus.). 24p. pap. 10.95 *(978-1-5043-6500-0(3)*, Balboa Pr.) Author Solutions, LLC.

Greatest of All Time Clean Jokes for Kids: Funny Stories, Riddles, Knock-Knocks, & More! Compiled by Compiled by Barbour Staff. 2021. (ENG.). 224p. (J). mass mkt. 4.99 *(978-1-64352-984-4(6))* Barbour Publishing, Inc.

Greatest of All Time: Sports Stars, 12 vols. 2019. (Greatest of All Time: Sports Stars Ser.). (ENG.). 32p. (J). (gr. 3-4). lib. bdg. 169.62 *(978-1-5382-4891-1(3)*, 78aa12f9-4c50-4cf5-b333-715fd79f6a54) Stevens, Gareth Publishing LLLP.

Greatest of These (Classic Reprint) Archibald Marshall. 2018. (ENG., Illus.). 448p. (J). 33.16 *(978-0-267-23814-9(2))* Forgotten Bks.

Greatest of These (Classic Reprint) Laurette Taylor. 2017. (ENG., Illus.). (J). 26.37 *(978-0-265-17199-8(7))* Forgotten Bks.

Greatest of These IS Always Love... Richard L. Cassidy. 2020. (ENG.). 152p. (YA). pap. *(978-1-716-70910-4(5))* Lulu Pr., Inc.

Greatest of These Is Always Love... Richard L. Cassidy. 2020. (ENG.). 152p. (YA). *(978-1-716-72512-8(7))* Lulu Pr., Inc.

Greatest of These Is Love. Joyce Pike. 2022. (ENG., Illus.). 122p. (J). 29.95 ***(978-1-6624-5797-5(9))*** Page Publishing Inc.

Greatest Opposites Book on Earth. Lee Singh. Illus. by Tom Frost. 2017. (ENG.). 16p. (J). (gr. -1-2). bds. 18.99 *(978-0-7636-9554-5(8)*, Big Picture Press) Candlewick Pr.

Greatest Race. A. Lawati. Illus. by Elizabeth Arnold. 2018. (ENG.). 74p. (J). (gr. 1-6). 18.99 *(978-1-68160-626-2(7))* Crimson Cloak Publishing.

Greatest Race. A. Lawati. 2017. (ENG., Illus.). (J). (gr. 1-6). pap. 9.25 *(978-1-68160-414-5(0))* Crimson Cloak Publishing.

Greatest Receivers of All Time. Barry Wilner. 2020. (NFL's Greatest Ser.). (ENG.). 80p. (YA). (gr. 6-12). 43.93 *(978-1-6782-0020-6(4)*, BrightPoint Pr.) ReferencePoint Pr., Inc.

Greatest Running Backs of All Time. Marty Gitlin. 2020. (NFL's Greatest Ser.). (ENG.). 80p. (YA). (gr. 6-12). 43.93 *(978-1-6782-0022-0(0)*, BrightPoint Pr.) ReferencePoint Pr., Inc.

Greatest Sacrifice. Jeff Polen. 2017. (ENG., Illus.). (J). 21.95 *(978-1-64027-822-6(2))* Page Publishing Inc.

Greatest Save Ever. Andrew Strachan. rev. ed. 2018. (ENG.). 32p. (J). 4.50 *(978-1-5271-0237-8(8)*, 6a6e48b7-1b4c-42f9-84c0-84386011eddf, CF4Kids) Christian Focus Pubns. GBR. Dist: Baker & Taylor Publisher Services (BTPS).

Greatest Short Stories for Children. Wonder House Books. 2021. (Greatest Short Stories Ser.). (ENG.). 376p. (J). pap. 9.99 ***(978-93-5440-369-9(7))*** Prakash Bk. Depot IND. Dist: Independent Pubs. Group.

Greatest Short Stories, Vol. 1 (Classic Reprint) Unknown Author. (ENG., Illus.). (J). 2018. 358p. 31.28 *(978-0-666-48268-6(3))*; 2016. pap. 16.57 *(978-1-334-13824-9(9))* Forgotten Bks.

Greatest Short Stories, Vol. 2 (Classic Reprint) Unknown Author. 2017. (ENG., Illus.). (J). 31.84 *(978-0-265-70959-7(8))*; pap. 16.57 *(978-1-5276-6053-3(2))* Forgotten Bks.

Greatest Short Stories, Vol. 7 (Classic Reprint) Unknown Author. (ENG., Illus.). (J). 2018. 384p. 31.82 *(978-0-483-96968-1(0))*; 2017. pap. 16.57 *(978-0-243-92487-5(9))* Forgotten Bks.

Greatest Short Stories, Vol. 8 (Classic Reprint) Unknown Author. 2017. (ENG., Illus.). (J). 31.94 *(978-0-265-67488-8(3))*; pap. 16.57 *(978-1-5276-5001-5(4))* Forgotten Bks.

Greatest Show Unearthed #1. Paul Tobin. Illus. by Jacob Chabot. 2020. (Plants vs. Zombies Ser.). (ENG.). 28p. (J). (gr. 3-7). lib. bdg. 31.36 *(978-1-5321-4760-9(0)*, 36755, Graphic Novels) Spotlight.

Greatest Show Unearthed #2. Paul Tobin. Illus. by Jacob Chabot. 2020. (Plants vs. Zombies Ser.). (ENG.). 28p. (J). (gr. 3-7). lib. bdg. 31.36 *(978-1-5321-4761-6(9)*, 36756, Graphic Novels) Spotlight.

Greatest Show Unearthed #3. Paul Tobin. Illus. by Jacob Chabot. 2020. (Plants vs. Zombies Ser.). (ENG.). 28p. (J). (gr. 3-7). lib. bdg. 31.36 *(978-1-5321-4762-3(7)*, 36757, Graphic Novels) Spotlight.

Greatest Showman - Recorder Fun! With Easy Instructions & Fingering Chart. Composed by Benj Pasek & Justin Paul. 2018. (ENG.). 24p. (J). pap. 7.99 *(978-1-5400-3797-8(5)*, 00285228) Leonard, Hal Corp.

Greatest Song of All: How Isaac Stern United the World to Save Carnegie Hall. Megan Hoyt. Illus. by Katie Hickey. 2022. (ENG.). 40p. (J). (gr. -1-3). 18.99 *(978-0-06-304527-9(3)*, Quill Tree Bks.) HarperCollins Pubs.

Greatest Sports Moments. Brandon Terrell. 2019. (Greatest Sports Moments Ser.). (ENG.). 32p. (J). (gr. 3-9). pap., pap., pap. 47.70 *(978-1-5435-4231-8(X)*, 28719); 199.92 *(978-1-5435-4229-5(8)*, 28717) Capstone.

Greatest Stories Ever Played: Video Games & the Evolution of Storytelling. Dustin Hansen. 2022. (Game On Ser.: 2). (ENG., Illus.). 304p. (YA). 19.99 *(978-1-250-18356-9(1)*, 900190892) Feiwel & Friends.

Greatest Table. Michael J. Rosen. Illus. by Becca Stadtlander. 2019. (ENG.). 32p. (J). (gr. 1-3). 19.99 *(978-1-56846-303-2(0)*, 18894, Creative Editions) Creative Co., The.

Greatest Teams That Didn't Win It All. Will Graves. 2017. (Wild World of Sports Ser.). (ENG., Illus.). 48p. (J). (gr. 3-6). lib. bdg. 34.21 *(978-1-5321-1364-2(1)*, 27662, SportsZone) ABDO Publishing Co.

Greatest Ten. Janice Surlin. Illus. by Rivka Siegel Krinsky. 2016. (ENG.). 26p. (J). pap. 11.95 *(978-0-9981700-0-8(3))* Hummingbird Jewel Pr.

Greatest Thing. Sarah Winifred Searle. 2022. (ENG., Illus.). 352p. (YA). 25.99 *(978-1-250-29722-8(2)*, 900195898); pap. 17.99 *(978-1-250-29723-5(0)*, 900195899) Roaring Brook Pr. (First Second Bks.).

Greatest Togger Story Ever Told - Parts One to Four. Stephen J. Ward. 2018. (ENG., Illus.). 408p. (J). pap. 23.29 *(978-0-244-10377-4(1))* Lulu Pr., Inc.

Greatest Track Stars of All Time, 1 vol. Matt Jankowski. 2019. (Greatest of All Time: Sports Stars Ser.). (ENG.). 32p. (gr. 3-4). pap. 11.50 *(978-1-5382-4787-7(9)*, 952f41ce-5ad2-46b0-8037-bc093101b89a) Stevens, Gareth Publishing LLLP.

Greatest Treasure. Gillian Margaret Leggat. 2019. (ENG., Illus.). 20p. (J). (gr. k-6). pap. *(978-0-9935959-6-7(0))* Kingdom Pub.

Greatest Treasure Hunt in History: the Story of the Monuments Men (Scholastic Focus) Robert M. Edsel. 2019. (ENG., Illus.). 368p. (YA). (gr. 4-7). 18.99 *(978-1-338-25119-7(8)*, Scholastic Nonfiction) Scholastic, Inc.

Greatest Wish. Amanda Yoshida. 2016. (ENG.). (J). 17.95 *(978-1-63177-879-7(X))* Amplify Publishing Group.

Greatest Wish in the World (Classic Reprint) E. Temple Thurston. 2018. (ENG., Illus.). 406p. (J). 32.29 *(978-0-483-85435-2(2))* Forgotten Bks.

Greatest World: We Can Make It Together. Janice Surlin. Illus. by Madison Koslowski. 2020. (ENG.). 42p. (J). pap. 11.95 ***(978-0-9981700-1-5(1))*** Southampton Publishing.

Greatest Wrestlers of All Time, 1 vol. Kristen Nelson. 2019. (Greatest of All Time: Sports Stars Ser.). (ENG.). 32p. (gr. 3-4). pap. 11.50 *(978-1-5382-4791-4(7)*, 6637d669-c224-45dd-8ee6-c931be9787bf) Stevens, Gareth Publishing LLLP.

Greatest Zombie Movie Ever. Jeff Strand. 2016. 272p. (YA). (gr. 6-12). pap. 12.99 *(978-1-4926-2814-9(X)*, 9781492628149) Sourcebooks, Inc.

Greatfulness Guide: Next Level Thinking - How to Think, Not What to Think. Jacqui Jones. 2021. (ENG., Illus.). 240p. (J). (gr. 4-7). pap. 25.99 *(978-1-911668-14-5(5))* Murdoch Bks. Pty Ltd. AUS. Dist: Hachette Bk. Group.

Greatheart (Classic Reprint) Ethel M. Dell. 2018. (ENG., Illus.). 526p. (J). 34.75 *(978-0-483-91290-8(5))* Forgotten Bks.

Greatheart of Papua (James Chalmers) (Classic Reprint) W. P. Nairne. (ENG., Illus.). (J). 2018. 298p. 30.06 *(978-0-483-75320-4(3))*; 2016. pap. 13.57 *(978-1-333-60535-3(8))* Forgotten Bks.

Greatheart, Vol. 1 of 3 (Classic Reprint) Walter Thornbury. 2018. (ENG., Illus.). 350p. (J). 31.12 *(978-0-483-79957-8(2))* Forgotten Bks.

Greatheart, Vol. 2 of 3 (Classic Reprint) Walter Thornbury. 2018. (ENG., Illus.). 338p. (J). 30.87 *(978-0-484-49404-5(X))* Forgotten Bks.

Greatheart, Vol. 3 of 3 (Classic Reprint) Walter Thornbury. 2018. (ENG., Illus.). 356p. (J). 31.24 *(978-0-483-63579-1(0))* Forgotten Bks.

Greatness in My Community. R. H. Wright. 2019. (ENG.). 32p. (J). *(978-0-359-94892-5(8))* Lulu Pr., Inc.

Greatness of Josiah Porlick (Classic Reprint) Unknown Author. 2018. (ENG., Illus.). 348p. (J). 31.07 *(978-0-483-57654-4(9))* Forgotten Bks.

Greats, 1 vol. Deborah Ellis. 2020. (ENG.). 200p. (YA). (gr. 7). 16.95 *(978-1-77306-387-4(1))* Groundwood Bks. CAN. Dist: Publishers Group West (PGW).

Grecia Antica Fra Sorrisi e Fantasia: Dalle Origini Alla Guerra Di Troia. Franco Nicoli. 2023. (ITA.). 131p. (YA). ***(978-1-4709-0216-2(8))*** Lulu Pr., Inc.

Greece. Lori Dittmer. 2019. (Ancient Times Ser.). (ENG.). 24p. (J). (gr. 1-4). pap. 8.99 *(978-1-62832-677-2(8)*, 18926, Creative Paperbacks) Creative Co., The.

Greece. Christina Leaf. 2019. (Country Profiles Ser.). (ENG., Illus.). 32p. (J). (gr. 3-8). lib. bdg. 27.95 *(978-1-64487-049-5(5)*, Blastoff! Discovery) Bellwether Media.

Greece. Joyce Markovics. 2017. (Countries We Come From Ser.). (ENG., Illus.). 32p. (J). (gr. k-3). lib. bdg. 19.95 *(978-1-68402-256-4(8))* Bearport Publishing Co., Inc.

Greece. R. L. Van. 2022. (Countries (BBB) Ser.). (ENG., Illus.). 32p. (J). (gr. 2-5). lib. bdg. 34.21 *(978-1-5321-9962-2(7)*, 40713, Big Buddy Bks.) ABDO Publishing Co.

Greece. Jim Westcott. 2018. (Illus.). 32p. (J). *(978-1-4896-7516-3(7)*, AV2 by Weigl) Weigl Pubs., Inc.

Greece, Vol. 16. Dominic J. Ainsley. 2018. (European Countries Today Ser.). (Illus.). 96p. (J). (gr. 7). 34.60 *(978-1-4222-3985-8(3))* Mason Crest.

Greece (Follow Me Around) Anna T. Tabachnik. 2018. (Follow Me Around... Ser.). (ENG., Illus.). 32p. (J). (gr. 3-4). pap. 7.95 *(978-0-531-13866-3(6)*, Children's Pr.) Scholastic Library Publishing.

Greece (Follow Me Around) (Library Edition) Anna T. Tabachnik. 2018. (Follow Me Around... Ser.). (ENG., Illus.). 32p. (J). (gr. 3-4). 27.00 *(978-0-531-12924-1(1)*, Children's Pr.) Scholastic Library Publishing.

Greece Lightning. Johnny Pearce & Andy Loneragan. 2022. (ENG.). 280p. (J). pap. ***(978-1-8382391-3-8(8)***, Loom) Ginger Prince Pubns.

Greed. William Forde. 2016. (ENG., Illus.). 244p. (J). pap. *(978-1-326-84261-1(7))* Lulu Pr., Inc.

Greed. Penelope Dyan. Illus. by Penelope Dyan. l.t. ed. 2023. (ENG.). 34p. (J). pap. 12.60 ***(978-1-61477-664-2(4))*** Bellissima Publishing, LLC.

Greedy Beetle. Molly Coxe. 2019. (Bright Owl Bks.). (Illus.). 40p. (J). (gr. -1-2). 27.99 *(978-1-63592-103-8(1)*, b23f0601-3c12-4c1c-ba33-4aec689de22e, Kane Press) Astra Publishing Hse.

Greedy Book: A Gastronomical Anthology (Classic Reprint) Frank Schloesser. 2018. (ENG., Illus.). 312p. (J). 30.33 *(978-0-656-41705-6(6))* Forgotten Bks.

Greedy Dog. Heather Ma. 2023. (Decodables - Fables & Folktales Ser.). (ENG.). 24p. (J). (gr. 2-3). 27.93 ***(978-1-68450-682-8(4))***; pap. 11.93 ***(978-1-68404-909-7(1))*** Norwood Hse. Pr.

Greedy Dragons & Wonky Wyverns Coloring Book. Creative Playbooks. 2016. (ENG., Illus.). (J). pap. 7.74 *(978-1-68323-674-0(2))* Twin Flame Productions.

Greedy Gertie. Salma Zaman. 2019. (ENG., Illus.). 32p. (J). pap. *(978-1-912765-14-0(4))* Blue Falcon Publishing.

Greedy Goat. Petr Horacek. Illus. by Petr Horacek. 2018. (ENG., Illus.). 32p. (J). (-k). 15.99 *(978-0-7636-9497-5(5))* Candlewick Pr.

Greedy Gran. Clara Wolds. 2020. (ENG.). 154p. (J). pap. *(978-1-5289-1458-1(9))* Austin Macauley Pubs. Ltd.

Greedy Gremlin, 2. Tracey West. ed. 2021. (Branches Early Ch Bks). (ENG., Illus.). 88p. (J). (gr. 2-3). 15.86 *(978-1-64697-918-9(4))* Penworthy Co., LLC, The.

Greedy Hyena. John Nga'sike. Illus. by Zablon Alex Nguku. 2022. (ENG.). 38p. (J). pap. ***(978-1-922910-71-4(6))*** Library For All Limited.

Greedy Hyena - Fisi Mlafi. John Nga'sike. Illus. by Salim Kasamba. 2023. (SWA.). 44p. (J). pap. ***(978-1-922910-10-3(4))*** Library For All Limited.

Greedy Kiundu. Mutugi Kamundi. Illus. by Alex Zablon. 2022. (ENG.). 32p. (J). pap. ***(978-1-922910-75-2(9))*** Library For All Limited.

Greedy Kiundu - Kiundu Mlafi. Mutugi Kamundi. Illus. by Alex Zablon. 2023. (SWA.). 32p. (J). pap. ***(978-1-922910-16-5(3))*** Library For All Limited.

Greedy of Gain: A Sketch (Classic Reprint) Cleadas Cleadas. 2018. (ENG., Illus.). 82p. (J). 25.59 *(978-0-483-59537-8(3))* Forgotten Bks.

Greedy Sun Man. Pascale Eenkema Van Dijk. Illus. by Morgan Raum. 2022. (ENG.). 48p. (J). pap. ***(978-1-922835-11-6(0))*** Library For All Limited.

Greedy Thom: A Pointed-Nose Goose in Greedy Thom's Bathtub. Tracy L Thompson & Stuart. 2021. (ENG., Illus.). 26p. (J). 23.95 *(978-1-6624-2250-8(4))*; pap. 13.95 *(978-1-6624-2376-5(4))* Page Publishing Inc.

Greedy Thom: Kangaroo Troubles. Tracy L Thompson & Stuart Thompson. 2022. (ENG., Illus.). 36p. (J). 25.95 *(978-1-6624-6718-9(4))*; pap. 15.95 *(978-1-6624-6700-4(1))* Page Publishing Inc.

Greedy Worm. Jeff Newman. Illus. by Jeff Newman. 2023. (ENG., Illus.). 32p. (J). (gr. -1-3). 18.99 *(978-1-4424-7195-5(6)*, Simon & Schuster Bks. For Young Readers) Simon & Schuster Bks. For Young Readers.

Greek Adventure. Frances Durkin. Illus. by Grace Cooke. 2022. (Histronauts Ser.). (ENG.). 88p. (J). (gr. 3-4). pap. 11.99 *(978-1-63163-678-3(2))*; lib. bdg. 29.99 *(978-1-63163-677-6(4))* North Star Editions. (Jolly Fish Pr.).

Greek & What Next? Arnold Green. 2017. (ENG., Illus.). (J). pap. *(978-3-7447-2205-6(8))* Creation Pubs.

Greek Family Table, Vol. 11. Diane Bailey. 2018. (Connecting Cultures Through Family & Food Ser.). (Illus.). 64p. (J). (gr. 7). 31.93 *(978-1-4222-4044-1(4))* Mason Crest.

Greek Geeks Republic: Leaders & Philosphers of Greece Children's Historical Biographies. Dissected Lives. 2019. (ENG.). 112p. (J). 23.95 *(978-1-5419-6879-0(4))*; pap. 13.99 *(978-1-5419-6875-2(1))* Speedy Publishing LLC. (Dissected Lives (Auto Biographies)).

Greek Geometry from Thales to Euclid (Classic Reprint) George Johnston Allman. 2017. (ENG., Illus.). (J). 29.22 *(978-0-331-26705-1(5))* Forgotten Bks.

Greek Geometry, from Thales to Euclid (Classic Reprint) George Johnston Allman. 2017. (ENG., Illus.). (J). 27.34 *(978-0-266-17295-6(4))* Forgotten Bks.

Greek Goddesses for Girls. Brian Hanson Appleton. 2018. (ENG., Illus.). 218p. (YA). (gr. 7-12). pap. 32.00 *(978-0-692-19972-5(1))* Appleton, Brian H.

Greek Goddesses for Girls: The Coloring Book Edition. Brian Hanson Appleton. 2018. (ENG., Illus.). 216p. (J). (gr. k-6). pap. 16.99 *(978-0-692-04293-9(8))* Appleton, Brian H.

Greek Gods & Goddesses (Set), 12 vols. 2019. (Greek Gods & Goddesses Ser.). (ENG.). (J). (gr. 3-6). lib. bdg. 427.68 *(978-1-5038-4005-8(0)*, 213614) Child's World, Inc, The.

Greek Gods & Goddesses (Set Of 8) Christine Ha. 2021. (Greek Gods & Goddesses Ser.). (ENG., Illus.). 256p. (J). (gr. 2-3). pap. 79.60 *(978-1-63738-045-1(3))*; lib. bdg. 250.80 *(978-1-63738-009-3(7))* North Star Editions. (Apex).

Greek Gods & Heroes - Ancient Greece for Kids Children's Ancient History. Baby Professor. 2017. (ENG., Illus.). (J). pap. 8.79 *(978-1-5419-1118-5(0)*, Baby Professor (Education Kids)) Speedy Publishing LLC.

Greek Gods, Heroes, & Mythology. A. W. Buckey. 2018. (Gods, Heroes, & Mythology Ser.). (ENG., Illus.). 48p. (J). (gr. 4-8). lib. bdg. 35.64 *(978-1-5321-1782-4(5)*, 30852) ABDO Publishing Co.

Greek Like Me: Pavlos & Irini. Cathy H. Paris. 2021. (ENG.). 100p. (J). pap. ***(978-1-312-77072-0(4))*** Lulu Pr., Inc.

Greek Meets Greek: When Greek Meets Greek, Then's the Tug of War (Classic Reprint) Virginia Dee Sappington. 2018. (ENG., Illus.). 190p. (J). 27.82 *(978-0-483-06901-5(9))* Forgotten Bks.

Greek Mythology. Erin Palmer. Illus. by Matt Forsyth. 2017. (Mythology Marvels Ser.). (ENG.). 32p. (gr. 3-5). pap. 9.95 *(978-1-68342-892-3(7)*, 9781683428923) Rourke Educational Media.

Greek Mythology: Children's European History. Bold Kids. 2022. (ENG.). 42p. (J). pap. 15.99 ***(978-1-0717-1006-7(0))*** FASTLANE LLC.

Greek Mythology Coloring Book for Kids! Discover These Coloring Pages. Bold Illustrations. 2018. (ENG., Illus.). 72p. (J). pap. 11.99 *(978-1-64193-767-2(X)*, Bold Illustrations) FASTLANE LLC.

Greek Mythology for Kids: Explore Timeless Tales & Bedtime Stories from Ancient Greece. Myths, History, Fantasy & Adventures of the Gods, Goddesses, Titans, Heroes, Monsters & More. History Brought Alive. 2022. (ENG.). 190p. (J). pap. *(978-1-914312-24-3(4))*; ***(978-1-914312-90-8(2))*** Thomas W Swain.

Greek Mythology (Set), 8 vols. 2021. (Greek Mythology Ser.). (ENG.). 32p. (J). (gr. 2-5). lib. bdg. 273.76 *(978-1-5321-9673-7(3)*, 38378, Kids Core) ABDO Publishing Co.

Greek Mythology (Set), 6 vols. David Campiti. Illus. by Lelo Alves. 2021. (Greek Mythology (Magic Wagon) Ser.). (ENG.). 32p. (J). (gr. 3-8). lib. bdg. 196.74 *(978-1-0982-3177-4(5)*, 38696, Graphic Planet - Fiction) Magic Wagon.

Greek Mythology (Set Of 6) David Campiti. 2022. (Greek Mythology Ser.). (ENG., Illus.). 192p. (J). (gr. 3-3). pap. 59.70 *(978-1-64494-659-6(9)*, Graphic Planet) ABDO Publishing Co.

Greek Myths. Eric Braun. 2018. (Mythology Around the World Ser.). (ENG., Illus.). 32p. (J). (gr. 3-6). lib. bdg. 27.99 *(978-1-5157-9606-0(X)*, 136779, Capstone Pr.) Capstone.

Greek Myths. Contrib. by Deborah Lock. 2023. (DK Super Readers Ser.). (ENG., Illus.). 48p. (J). (gr. 4-7). 14.99 *(978-0-7440-7234-1(4)*, DK Children) Dorling Kindersley Publishing, Inc.

Greek Myths: Meet the Heroes, Gods, & Monsters of Ancient Greece. DK & Jean Menzies. 2020. (Ancient

812

The check digit for ISBN-10 appears in parentheses after the full ISBN-13

Myths Ser.). (ENG., Illus.). 160p. (J). (gr. 2-4). 21.99 *(978-1-4654-9153-4(8),* DK Children) Dorling Kindersley Publishing, Inc.
Greek Myths: Three Heroic Tales. Hugh Lupton & Daniel Morden. Illus. by Carol Henaff. 2017. (ENG.). 136p. (J). (gr. 3-5). pap. 12.99 *(978-1-78285-349-7(9))* Barefoot Bks., Inc.
Greek Myths & Mazes. Jan Bajtlik. Illus. by Jan Bajtlik. 2019. (ENG., Illus.). 80p. (J). (gr. 5). 35.00 *(978-1-5362-0964-8(3))* Candlewick Pr.
Greek Myths: Volume 2: Volume 2. Jacqueline Morley. ed. 2019. (Myths Ser.). (ENG., Illus.). 96p. (J). (gr. 2). 12.95 *(978-1-912006-70-0(7),* Scribblers) Book Hse. GBR. Dist: Sterling Publishing Co., Inc.
Greek Romances of Heliodorus, Longus, & Achilles Tatius: Comprising, the Ethiopics, or Adventures of Theagenes & Chariclea; the Pastoral Amours of Daphnis & Chloe; & the Loves of Clitopho & Leucippe (Classic Reprint) Heliodorus Heliodorus. (ENG., Illus.). (J). 2018. 566p. 35.57 *(978-0-365-02069-1(9));* 2017. pap. 19.57 *(978-0-243-56800-0(2))* Forgotten Bks.
Greek Romances of Heliodorus, Longus, & Achilles Tatius: Comprising the Ethiopics; or Adventures of Theagenes & Chariclea; the Pastoral Amours of Daphnis & Chloe; & the Loves of Clitopho & Leucippe (Classic Reprint) Rowland Smith. 2017. (ENG., Illus.). (J). 35.28 *(978-0-331-75082-9(1))* Forgotten Bks.
Greek Slave: Translated from the German (Classic Reprint) Franz Hoffmann. (ENG., Illus.). (J). 2018. 258p. 29.22 *(978-0-656-33798-9(2));* 2017. pap. 11.57 *(978-0-243-28741-3(0))* Forgotten Bks.
Greek Town. John Malam. Illus. by David Antram. 2017. (Time Traveler's Guide Ser.). 48p. (gr. 3-7). 37.10 *(978-1-911242-00-0(8))* Book Hse. GBR. Dist: Black Rabbit Bks.
Greek Wit: A Collection of Smart Sayings & Anecdotes. F. A. Paley. 2017. (ENG., Illus.). (J). pap. *(978-0-649-52147-0(1))* Trieste Publishing Pty Ltd.
Greek Wit: A Collection of Smart Sayings & Anecdotes, Translated from Greek Prose Writers (Classic Reprint) F. A. Paley. 2018. (ENG., Illus.). 138p. (J). 26.74 *(978-0-483-25617-0(X))* Forgotten Bks.
Greek Wit: A Collection of Smart Sayings & Anecdotes Translated from Greek Prose Writers (Classic Reprint) Frederick Apthorp Paley. (ENG., Illus.). (J). 2018. 266p. 29.38 *(978-0-267-53634-4(8));* 2016. pap. 11.97 *(978-1-332-70997-7(4))* Forgotten Bks.
Greek Wit: A Collection of Smart Sayings & Anecdotes; Translated from Greek Prose Writers (Classic Reprint) Frederick Apthorp Paley. (ENG., Illus.). (J). 2017. 29.57 *(978-0-331-90218-1(4));* 2016. pap. 11.97 *(978-1-334-14340-3(4))* Forgotten Bks.
Greek Wit; a Collection of Smart Sayings & Anecdotes, First & Second Series. F. A. Paley. 2017. (ENG., Illus.). (J). pap. *(978-0-649-11004-9(8))* Trieste Publishing Pty Ltd.
Greek Wit a Collection of Smart Sayings & Anecdotes Translated from Greek Prose Writers (Classic Reprint) F. A. Paley. 2018. (ENG., Illus.). 136p. (J). 26.70 *(978-0-267-17492-8(6))* Forgotten Bks.
Greek Wonder Tales: Translated & Edited (Classic Reprint) Lucy Mary Jane Garnett. 2018. (ENG., Illus.). 286p. (J). 29.80 *(978-0-267-49173-5(5))* Forgotten Bks.
Greeking Out: Epic Retellings of Classic Greek Myths. Kenny Curtis & Jillian Hughes. Illus. by Javier Espila. 2023. (Greeking Out Ser.). 192p. (J). (gr. 3-7). 19.99 ***(978-1-4263-7596-5(4));*** (ENG.). lib. bdg. 29.90 ***(978-1-4263-7598-9(0))*** Disney Publishing Worldwide. (National Geographic Kids).
Greeks. Anita Yasuda. 2016. (Illus.). 32p. (J). *(978-1-5105-1100-2(8))* SmartBook Media, Inc.
Greeks, Vol. 5. Mason Crest Publishers Staff. 2019. (Untold History of Ancient Civilizations Ser.). (Illus.). 64p. (J). (gr. 8). lib. bdg. 31.93 *(978-1-4222-3520-1(3))* Mason Crest.
Greeks & Persians Go to War: War Book Best Sellers Children's Ancient History. Baby Professor. 2017. (ENG., Illus.). (J). pap. 9.55 *(978-1-5419-1457-5(0),* Baby Professor (Education Kids)) Speedy Publishing LLC.
Greeks Sure Loved Their Gods Festivals for the Gods Grade 5 Children's Ancient History. Baby Professor. 2021. (ENG.). 72p. (J). 27.99 *(978-1-5419-8454-7(4));* pap. 16.99 *(978-1-5419-5422-9(X))* Speedy Publishing LLC. (Baby Professor (Education Kids)).
Greely Expedition's Fatal Quest for Farthest North. Golriz Golkar. Illus. by Ana Carolina Tega. 2023. (Deadly Expeditions Ser.). (ENG.). 32p. (J). 36.65 *(978-1-6663-9062-9(3),* 243708); pap. 7.99 *(978-1-6663-9057-5(7),* 243693) Capstone. (Capstone Pr.).
Green. Amy Culliford. 2021. (My Favorite Color Ser.). (ENG., Illus.). 16p. (J). (gr. -1-1). pap. *(978-1-4271-3258-1(5),* 11514) Crabtree Publishing Co.
Green. Amanda Doering. Illus. by Mike Bundad. 2018. (Sing Your Colors! Ser.). (ENG.). 24p. (J). (gr. -1-2). 33.99 *(978-1-68410-311-9(8),* 140698) Cantata Learning.
Green. Alex Gino. 2023. (ENG.). 240p. (J). (gr. 3-7). 17.99 ***(978-1-338-77614-0(2),*** Scholastic Pr.) Scholastic, Inc.
Green. Louise Greig. Illus. by Hannah Peck. 2021. (ENG.). 32p. (J). pap. 6.99 *(978-1-4052-9939-8(8))* Farshore GBR. Dist: HarperCollins Pubs.
Green. Asya Krengauz. 2021. (ENG.). 74p. (J). pap. 9.99 *(978-0-578-94223-0(2))* Magical World of AGAT Publishing, The.
Green. Xist Publishing. 2019. (Discover Colors Ser.). (ENG.). 12p. (J). (gr. -1-2). pap. 5.99 *(978-1-5324-0959-2(1))* Xist Publishing.
Green: Exploring Color in Art. Valentina Zucchi. Tr. by Katherine Gregor. Illus. by Ángela León. 2021. (True Color Ser.). (ENG.). 64p. (J). (gr. 7). pap. 12.95 *(978-1-80069-059-2(2))* Orange Hippos! GBR. Dist: Two Rivers Distribution.
Green Alleys: A Comedy (Classic Reprint) Eden Phillpotts. 2018. (ENG., Illus.). 412p. (J). 32.39 *(978-0-483-76666-2(6))* Forgotten Bks.
Green Anaconda. Brittany Canasi. 2018. (World's Coolest Snakes Ser.). (ENG., Illus.). 32p. (gr. 4-8). lib. bdg. 32.79 *(978-1-64156-486-1(5),* 9781641564861) Rourke Educational Media.
Green Anaconda. Ellen Lawrence. 2016. (Apex Predators of the Amazon Rain Forest Ser.). (ENG., Illus.). 24p. (J). (gr. -1-3). 26.99 *(978-1-68402-031-7(X))* Bearport Publishing Co., Inc.
Green Anacondas, 1 vol. Grace Hansen. 2016. (Super Species Ser.). (ENG., Illus.). 24p. (J). (gr. -1-2). lib. bdg. 32.79 *(978-1-68080-546-8(0),* 21372, Abdo Kids) ABDO Publishing Co.
Green & Gold, 1914, Vol. 1 (Classic Reprint) Fitchburg High School. 2017. (ENG., Illus.). (J). 26.87 *(978-0-260-62889-3(1));* pap. 9.57 *(978-0-266-01940-4(4))* Forgotten Bks.
Green & Spiky: What Am I? Joyce Markovics. 2018. (American Place Puzzlers Ser.). (ENG.). 24p. (J). (gr. -1-3). E-Book 41.36 *(978-1-68402-536-7(2))* Bearport Publishing Co., Inc.
Green & Spiky: What Am I? Joyce L. Markovics. 2018. (American Place Puzzlers Ser.). (ENG.). 24p. (J). (gr. -1-3). lib. bdg. 26.99 *(978-1-68402-478-0(1))* Bearport Publishing Co., Inc.
Green Animals. Christina Leaf. 2018. (Animal Colors Ser.). (ENG., Illus.). 24p. (J). (gr. k-3). lib. bdg. 26.95 *(978-1-62617-828-1(3),* Blastoff! Readers) Bellwether Media.
Green Ants vs. Army Ants. Jerry Pallotta. ed. 2020. (Who Would Win Ser.). (ENG., Illus.). 32p. (J). (gr. 2-3). 14.36 *(978-1-64697-525-9(1))* Penworthy Co., LLC, The.
Green Ants vs. Army Ants. Jerry Pallotta. Illus. by Rob Bolster. 2023. (Who Would Win? Ser.). (ENG.). 32p. (J). (gr. 1-4). lib. bdg. 32.79 ***(978-1-0982-5249-6(7),*** 42614) Spotlight.
Green Ants vs. Army Ants (Who Would Win?) Jerry Pallotta. Illus. by Rob Bolster. 2019. (Who Would Win? Ser.). (ENG.). 32p. (J). (gr. 1-3). lib. bdg. 15.80 *(978-1-6636-2442-0(9))* Perfection Learning Corp.
Green Apple Harvest (Classic Reprint) Sheila Kaye-Smith. 2017. (ENG., Illus.). (J). 30.37 *(978-0-331-65921-4(2))* Forgotten Bks.
Green Apples. Tora Stephenchel. 2021. (Learning Sight Words Ser.). (ENG.). 24p. (J). (gr. -1-2). lib. bdg. 32.79 *(978-1-5038-4506-0(0),* 214273) Child's World, Inc, The.
Green Architecture. Joyce Markovics. 2023. (Building Big Ser.). (ENG., Illus.). 32p. (J). (gr. 4-6). pap. 14.21 *(978-1-6689-2085-5(9),* 222063); lib. bdg. 32.07 *(978-1-6689-1983-5(4),* 221961) Cherry Lake Publishing.
Green Arrow Vol. 5: Black Arrow. Mike Grell. ed. 2016. lib. bdg. 33.05 *(978-0-606-38630-2(0))* Turtleback.
Green Arrow: Stranded. Brendan Deneen. Illus. by Bell Hosalla. 2022. 160p. (J). (gr. 2-6). pap. 9.99 *(978-1-77950-121-9(8))* DC Comics.
Green As the Grass. Sebastian Smith. 2022. (Learning My Colors Ser.). (ENG.). 24p. (J). (gr. k-2). pap. *(978-1-0396-6224-7(2),* 20363); lib. bdg. *(978-1-0396-6029-8(0),* 20362) Crabtree Publishing Co.
Green Bay Packers. Kenny Abdo. 2021. (NFL Teams Ser.). (ENG.). 32p. (J). (gr. 2-8). lib. bdg. 32.79 *(978-1-0982-2462-2(0),* 37158, Abdo Zoom-Fly) ABDO Publishing Co.
Green Bay Packers. Josh Anderson. 2022. (Professional Football Teams Ser.). (ENG.). 32p. (J). (gr. 2-5). lib. bdg. 35.64 *(978-1-5038-5763-6(8),* 215737, Stride) Child's World, Inc, The.
Green Bay Packers. Nate Cohn. 2017. (Illus.). 24p. *(978-1-4896-5510-3(7),* AV2 by Weigl) Weigl Pubs., Inc.
Green Bay Packers. Tony Hunter. 2019. (Inside the NFL Ser.). (ENG.). 48p. (J). (gr. 3-6). lib. bdg. 34.21 *(978-1-5321-1847-0(3),* 32563, SportsZone) ABDO Publishing Co.
Green Bay Packers. Contrib. by Joanne Mattern. 2023. (NFL Team Profiles Ser.). (ENG., Illus.). (J). (gr. 3-7). lib. bdg. 26.95 Bellwether Media.
Green Bay Packers, 1 vol. Dan Myers. 2016. (NFL up Close Ser.). (ENG., Illus.). 32p. (J). (gr. 3-9). lib. bdg. 32.79 *(978-1-68078-217-2(7),* 22035, SportsZone) ABDO Publishing Co.
Green Bay Packers. Jim Whiting. rev. ed. 2019. (NFL Today Ser.). (ENG.). 48p. (J). (gr. 4-7). pap. 12.00 *(978-1-62832-704-5(9),* 19031, Creative Paperbacks) Creative Co., The.
Green Bay Packers All-Time Greats. Ted Coleman. 2021. (NFL All-Time Greats Ser.). (ENG., Illus.). 24p. (J). (gr. 3-3). pap. 8.95 *(978-1-63494-373-4(2));* lib. bdg. 28.50 *(978-1-63494-356-7(2))* Pr. Room Editions LLC.
Green Bay Packers Story. Allan Morey. 2016. (NFL Teams Ser.). (ENG., Illus.). 32p. (J). (gr. 3-7). lib. bdg. 26.95 *(978-1-62617-366-8(4),* Torque Bks.) Bellwether Media.
Green Bay Tree: A Tale of to-Day (Classic Reprint) William Henry Wilkins. 2018. (ENG., Illus.). 400p. (J). 32.15 *(978-0-484-50846-9(6))* Forgotten Bks.
Green Bay Tree, Vol. 11: A Tale of to-Day (Classic Reprint) W. H. Wilkins. 2018. (ENG., Illus.). 314p. (J). 30.37 *(978-0-484-18460-1(1))* Forgotten Bks.
Green Bay Tree, Vol. 2: A Tale of to-Day (Classic Reprint) W. H. Wilkins. 2018. (ENG., Illus.). 292p. (J). 29.92 *(978-0-484-34177-6(4))* Forgotten Bks.
Green Bay Tree, Vol. 3: A Tale of to-Day (Classic Reprint) William Henry Wilkins. (ENG., Illus.). (J). 2018. 298p. 30.04 *(978-0-483-49436-7(4));* 2016. pap. 13.57 *(978-1-333-27488-7(2))* Forgotten Bks.
Green Beans & Tangerines. Tiffiny Mariano. 2019. (ENG., Illus.). 38p. (J). (gr. -1-3). 14.95 *(978-1-68401-932-8(X))* Amplify Publishing Group.
Green Berets. Jessica Coupé. 2022. (US Military Ser.). (ENG., Illus.). 32p. (J). (gr. 2-3). pap. 9.95 *(978-1-63738-344-5(4));* lib. bdg. 31.35 *(978-1-63738-308-7(8))* North Star Editions. (Apex).
Green Berets. Melissa Gish. 2022. (X-Books: Special Forces Ser.). (ENG., Illus.). 32p. (J). (gr. 3-5). pap. 9.99 *(978-1-62832-903-2(3),* 18565, Creative Paperbacks); *(978-1-64026-371-0(3),* 18564, Creative Education) Creative Co., The.
Green Berets. John Hamilton. 2020. (Xtreme Armed Forces Ser.). (ENG., Illus.). 48p. (J). (gr. 3-9). lib. bdg. 34.21 *(978-1-5321-9455-9(2),* 36559, Abdo & Daughters) ABDO Publishing Co.
Green Berets. Tom Head. 2018. (Elite Warriors Ser.). (ENG.). 32p. (gr. 2-7). 9.95 *(978-1-68072-722-7(2));* (J). (gr. 4-6). pap. 9.99 *(978-1-64466-275-5(2),* 12353); (J). (gr. 4-6). lib. bdg. *(978-1-68072-428-8(2),* 12352) Black Rabbit Bks. (Bolt).
Green, Black or White. Mike Ludwig. Ed. by Katharine Worthington. Illus. by Haeun Sung. 2020. (Green, Black or White Ser.: Vol. 1). (ENG.). (J). 32p. 18.99 *(978-1-7362371-6-8(0));* 32p. pap. 9.99 *(978-1-7362371-2-0(8));* 30p. 22.99 *(978-1-64633-647-0(X))* Ludwig, Michael.
Green, Black or White: A Voyage to Mars. Mike Ludwig. Ed. by Katharine Worthington. Illus. by Haeun Sung. 2020. (ENG.). 68p. (J). (Green, Black or White Ser.: Vol. 2). 22.99 *(978-1-7362371-7-5(9));* (Green, Black or White Ser.: Vol. 2). pap. 13.99 *(978-1-7362371-3-7(6));* 30.99 *(978-1-64921-606-9(8))* Ludwig, Michael.
Green Bluff: A Temperance Story (Classic Reprint) T. N. Soper. (ENG., Illus.). (J). 2018. 228p. 28.60 *(978-0-267-34347-8(7));* 2016. pap. 10.97 *(978-1-333-66834-1(1))* Forgotten Bks.
Green Book: June, '34 (Classic Reprint) Eastern Nazarene College. (ENG., Illus.). (J). 2018. 60p. 25.13 *(978-0-483-64785-5(3));* 2017. pap. 9.57 *(978-0-243-30695-4(4))* Forgotten Bks.
Green Book: Or Freedom under the Snow; a Novel (Classic Reprint) Waugh. 2017. (ENG., Illus.). (J). 34.19 *(978-0-265-86834-8(3))* Forgotten Bks.
Green Book, 1926, Vol. 3 (Classic Reprint) Unknown Author. (ENG., Illus.). (J). 2018. 64p. 25.24 *(978-0-365-29881-6(6));* 2017. pap. 9.57 *(978-0-259-45694-0(2))* Forgotten Bks.
Green Book, 1926, Vol. 3 (Classic Reprint) Eastern Nazarene College. (ENG., Illus.). (J). 2018. 72p. 25.40 *(978-0-267-39886-7(7));* 2016. pap. 9.57 *(978-1-334-12574-4(0))* Forgotten Bks.
Green Book, 1927 (Classic Reprint) Eastern Nazarene College. (ENG., Illus.). (J). 2018. 88p. 25.73 *(978-0-483-48523-5(3));* 2017. pap. 9.57 *(978-1-334-97230-0(3))* Forgotten Bks.
Green Book, 1929, Vol. 6 (Classic Reprint) Harvey Blaney. 2017. (ENG., Illus.). (J). 25.40 *(978-0-265-57500-0(1));* pap. 9.57 *(978-0-282-85248-1(4))* Forgotten Bks.
Green Book, 1930, Vol. 4 (Classic Reprint) H. Elisabeth Brown. (ENG., Illus.). (J). 2018. 144p. 26.89 *(978-0-666-70245-6(4));* 2017. pap. 9.57 *(978-0-259-42089-7(1))* Forgotten Bks.
Green Book, 1930, Vol. 7 (Classic Reprint) E. Elisabeth Brown. (ENG., Illus.). (J). 2018. 100p. 25.98 *(978-0-656-34631-2(3));* 2017. pap. 9.57 *(978-0-243-43876-1(1))* Forgotten Bks.
Green Book, 1932 (Classic Reprint) Eastern Nazarene College. 2017. (ENG., Illus.). (J). 98p. 25.94 *(978-0-484-58113-4(9));* pap. 9.57 *(978-0-243-38857-8(8))* Forgotten Bks.
Green Book, 1937 (Classic Reprint) Lillian Kendall. (ENG., Illus.). (J). 2018. 90p. 25.77 *(978-0-666-84184-1(5));* 2017. pap. 9.57 *(978-0-259-50554-9(4))* Forgotten Bks.
Green Book 1938: The Freshman Publication (Classic Reprint) Eastern Nazarene College. 2017. (ENG., Illus.). (J). 132p. 26.64 *(978-0-484-29952-7(2));* pap. 9.57 *(978-0-243-51810-4(2))* Forgotten Bks.
Green Book, 1941 (Classic Reprint) Eastern Nazarene College. 2017. (ENG., Illus.). (J). pap. 9.57 *(978-0-259-50031-5(3))* Forgotten Bks.
Green Book, 1942 (Classic Reprint) Eastern Nazarene College. (ENG., Illus.). (J). 2018. 130p. 26.60 *(978-0-428-99579-9(9));* 2017. pap. 9.57 *(978-0-259-50757-4(1))* Forgotten Bks.
Green Book, 1944 (Classic Reprint) Eastern Nazarene College. (ENG., Illus.). (J). 2018. 156p. 27.18 *(978-0-666-69697-7(7));* 2017. pap. 9.57 *(978-0-243-50168-7(4))* Forgotten Bks.
Green Bough (Classic Reprint) E. Temple Thurston. 2017. (ENG., Illus.). (J). 30.62 *(978-0-266-20244-8(6))* Forgotten Bks.
Green Buildings. Nick Winnick. 2016. (Illus.). 32p. (J). *(978-1-5105-2215-2(8))* SmartBook Media, Inc.
Green Caldron, 1947, Vol. 17: A Magazine of Freshman Writing (Classic Reprint) University Of Illinois. (ENG., Illus.). (J). 2018. 318p. 30.48 *(978-0-484-46839-8(1));* 2017. pap. 13.57 *(978-0-243-09247-5(4))* Forgotten Bks.
Green Caldron, Vol. 1: November, 1931 (Classic Reprint) University Of Illinois. (ENG., Illus.). (J). 2018. 412p. 32.39 *(978-0-483-43684-8(4));* 2017. pap. 16.57 *(978-1-334-92663-1(8))* Forgotten Bks.
Green Caldron, Vol. 10: November 1940 (Classic Reprint) University Of Illinois. 2018. (ENG., Illus.). (J). 572p. 35.71 *(978-1-396-75301-5(X));* 574p. pap. 19.57 *(978-1-391-78732-9(3))* Forgotten Bks.
Green Caldron, Vol. 37: A Magazine of Freshman Writing; September, 1968 (Classic Reprint) University Of Illinois. 2018. (ENG., Illus.). (J). 110p. 26.19 *(978-0-366-55099-9(3));* 112p. pap. 9.57 *(978-0-365-94533-8(1))* Forgotten Bks.
Green Caldron, Vol. 4: October, 1934 (Classic Reprint) University Of Illinois. 2018. (ENG., Illus.). 386p. (J). pap. 16.57 *(978-1-391-78402-1(2))* Forgotten Bks.
Green Caldron, Vol. 7: October, 1937 (Classic Reprint) University Of Illinois. 2018. (ENG., Illus.). (J). 434p. 32.85 *(978-1-396-75263-6(3));* 436p. pap. 16.57 *(978-1-391-78575-2(4))* Forgotten Bks.
Green Careers, 12 vols., Set. Incl. Jobs As Green Builders & Planners. Ann Byers. lib. bdg. 38.47 *(978-1-4358-3566-5(2),* 9d6c9578-1e22-413a-973a-16332280b1de); Jobs in Environmental Cleanup & Emergency Hazmat Response. Daniel E. Harmon. lib. bdg. 38.47 *(978-1-4358-3570-2(0),* 4e9364fd-9fe0-47fe-8634-46249a9de995); Jobs in Environmental Law. Chris Hayhurst. lib. bdg. 38.47 *(978-1-4358-3567-2(0),* 408754c4-69ff-4db0-a222-f86331f1e236); Jobs in Green Travel & Tourism. Jacqueline Ching. lib. bdg. 38.47 *(978-1-4358-3571-9(9),* ef3c614e-7851-4fa8-9f3f-63d2cb57a104); Jobs in Sustainable Agriculture. Paula Johanson. lib. bdg. 38.47 *(978-1-4358-3568-9(9),* 7eb37c29-c230-4a9b-a1f1-2676d0b3b494); Jobs in Sustainable Energy. Corona Brezina. lib. bdg. 38.47 *(978-1-4358-3569-6(7),* 848f836d-2c52-4bf5-b300-bbad9698cb46); (YA). (gr. 6-6). 2010. (Green Careers Ser.). (ENG., Illus.). 80p. 2009. Set lib. bdg. 230.82 *(978-1-4358-3609-9(X),* 29b1236b-ca11-4b07-a4a0-81d5a2c9d66f) Rosen Publishing Group, Inc., The.
Green Carnation (Classic Reprint) Robert Smythe Hichens. 2017. (ENG., Illus.). (J). 28.48 *(978-0-266-52080-1(4))* Forgotten Bks.
Green Cheese & Chocolate. Misty Smith. 2016. (ENG., Illus.). 32p. (J). pap. *(978-1-365-32926-5(7))* Lulu Pr., Inc.
Green Children. Richmond Warner. 2019. (ENG., Illus.). 112p. (J). pap. *(978-1-913179-20-5(6))* UK Bk. Publishing.
Green Children of Woolpit. J. Anderson Coats. 2020. (ENG.). 272p. (J). (gr. 5). pap. 7.99 *(978-1-5344-2791-4(0))* Simon & Schuster Children's Publishing.
Green City: How One Community Survived a Tornado & Rebuilt for a Sustainable Future. Allan Drummond. 2016. (Green Power Ser.). (ENG., Illus.). 40p. (J). 18.99 *(978-0-374-37999-5(8),* 900065068, Farrar, Straus & Giroux (BYR)) Farrar, Straus & Giroux.
Green Cliffs: A Summer Love Story (Classic Reprint) Rowland Grey. 2017. (ENG., Illus.). (J). 30.50 *(978-0-331-10022-8(3))* Forgotten Bks.
Green Colt, No. 4. S. J. Dahlstrom. 2016. (Adventures of Wilder Good Ser.: 4). (ENG., Illus.). 158p. (J). (gr. 3). pap. 9.95 *(978-1-58988-114-3(1))* Dry, Paul Bks., Inc.
Green Crafts for Children: 35 Step-By-step Projects Using Natural, Recycled, & Found Materials. Emma Hardy. 2018. (ENG., Illus.). 128p. (J). pap. 14.95 *(978-1-78249-464-5(2),* 1906094748, CICO Books) Ryland Peters & Small GBR. Dist: WIPRO.
Green Curve: And Other Stories (Classic Reprint) Ernest Dunlop Swinton. 2017. (ENG., Illus.). (J). 30.37 *(978-1-5281-7094-9(6))* Forgotten Bks.
Green Dagger. Kelly Hess. 2016. (ENG., Illus.). (J). pap. *(978-1-988256-02-3(X))* Dragon Moon Pr.
Green Diamond (Classic Reprint) Arthur. Morrison. 2018. (ENG., Illus.). 336p. (J). 30.85 *(978-0-666-57805-1(2))* Forgotten Bks.
Green Dinosaur Pancakes, 1 vol. Kat Pigott. Illus. by Mason Sibley. 2016. (ENG.). 32p. (J). (gr. k-3). 16.99 *(978-1-4556-2177-4(3),* Pelican Publishing) Arcadia Publishing.
Green Door (Classic Reprint) Mary Wilkins Freeman. (ENG., Illus.). (J). 2018. 94p. 25.84 *(978-0-483-20092-0(1));* 2018. 78p. 25.53 *(978-0-483-37977-0(8));* 2016. pap. 9.57 *(978-1-334-12650-5(X))* Forgotten Bks.
Green Dragons: Eight Gods: Book 1. Lanegan Bicchieri. 2017. (ENG., Illus.). 272p. (YA). pap. 12.95 *(978-0-692-89244-2(3))* McMillan, Carol.
Green Eggs & Ham. Seuss. ed. 2019. (Dr. Seuss Beginner Bks.). (ENG.). 62p. (J). (gr. k-1). 17.49 *(978-0-87617-607-8(4))* Penworthy Co., LLC, The.
Green Eggs & Ham: a Magnetic Play Book. Seuss. Illus. by Jan Gerardi. 2019. (ENG.). 8p. (J). (gr. -1-2). bds. 12.99 *(978-1-5247-7345-8(X),* Random Hse. Bks. for Young Readers) Random Hse. Children's Bks.
Green Energy. Nick Winnick. 2016. (Illus.). 32p. (J). *(978-1-5105-2219-0(0))* SmartBook Media, Inc.
Green Englishman: And Other Stories of Canada (Classic Reprint) S. Macnaughtan. 2018. (ENG., Illus.). 318p. (J). 30.48 *(978-0-483-82320-4(1))* Forgotten Bks.
Green Eyes & Ham. Mary Penney. 2022. (ENG.). 448p. (J). (gr. 3-7). 16.99 *(978-0-06-269693-9(9),* HarperCollins) HarperCollins Pubs.
Green Eyes of Bast (Classic Reprint) Sax Rohmer, pseud. (ENG., Illus.). (J). 2018. 344p. 31.01 *(978-0-267-40547-3(2));* 2016. pap. 13.57 *(978-1-334-11802-9(7))* Forgotten Bks.
Green Fairy Book. Andrew Lang. (Mint Editions — The Children's Library). (ENG.). 290p. (J). (gr. 7-12). 2022. 19.99 *(978-1-5131-3252-5(0));* 2021. pap. 13.99 *(978-1-5132-8159-9(3))* West Margin Pr. (West Margin Pr.).
Green Fairy Book: Complete & Unabridged. Andrew Lang. Illus. by Henry J. Ford. 2020. (Andrew Lang Fairy Book Ser.: 3). 436p. (J). (gr. 3-8). 14.99 *(978-1-63158-563-0(0),* Racehorse Publishing) Skyhorse Publishing Co., Inc.
Green Fairy Book (Classic Reprint) Andrew Lang. 2017. (ENG., Illus.). (J). 32.21 *(978-0-266-20279-0(9))* Forgotten Bks.
Green Fancy (Classic Reprint) George Barr McCutcheon. (ENG., Illus.). (J). 2018. 378p. 31.69 *(978-0-428-76540-8(8));* 2017. 31.42 *(978-0-265-16923-0(2));* 2017. pap. 13.97 *(978-1-334-93353-0(7))* Forgotten Bks.
Green Festival: Recycling Paper to Save Trees - Scotland. Jeong-hee Nam. Illus. by Anna Ladecka. 2022. (Green Earth Tales 2 Ser.). (ENG.). 36p. (J). (gr. k-4). lib. bdg. 27.99 *(978-1-925235-12-8(2),* e29132c6-24f7-4dcf-9832-c1c678538f6c, Big and SMALL) ChoiceMaker Pty. Ltd., The AUS. Dist: Lerner Publishing Group.
Green Fields & Whispering Woods, or the Recreations of an American Country Gentleman: Embracing Journeys over His Farm & Excursions into His Library (Classic Reprint) Frank S. Burton. (ENG., Illus.). (J). 2018. 536p. 34.95 *(978-0-484-06548-1(3));* 2016. pap. 19.57 *(978-1-334-22776-9(4))* Forgotten Bks.
Green Foods, 2 vols. Martha E. H. Rustad. 2016. (Colorful Foods Ser.). (ENG.). (J). (gr. k-1). 53.32 *(978-1-5157-5574-6(6));* (Illus.). 24p. (gr. -1-2). lib. bdg. 22.65 *(978-1-5157-2372-1(0),* 132794, Pebble) Capstone.
Green Forest Fairy Book (Classic Reprint) Loretta Ellen Brady. (ENG., Illus.). (J). 2018. 300p. 30.10 *(978-0-483-48207-4(2));* 2016. pap. 13.57 *(978-1-334-11937-8(6))* Forgotten Bks.
Green Gate: A Romance (Classic Reprint) Ernst Wichert. 2018. (ENG., Illus.). 378p. (J). 31.69 *(978-0-483-90325-8(6))* Forgotten Bks.
Green Gecko Fun & Funny Reptile Coloring Book. Activibooks. 2016. (ENG., Illus.). (J). pap. 9.20 *(978-1-68321-578-3(8))* Mimaxion.
Green General Contractor. Ellen Labrecque. 2016. (21st Century Skills Library: Cool Vocational Careers Ser.). (ENG., Illus.). 32p. (J). (gr. 4-7). 32.07 *(978-1-63471-063-3(0),* 208331) Cherry Lake Publishing.

G

Green Ginger (Classic Reprint) Arthur. Morrison. 2018. (ENG., Illus.). (J). 31.45 *(978-0-331-05129-2(X))* Forgotten Bks.

Green Go, Red Stop! Tara Hill-Starks. 2021. (ENG.). 38p. (J). *(978-0-2288-5765-5(1))*; pap. *(978-0-2288-5764-8(3))* Tellwell Talent.

Green Goddess: A Play in Four Acts (Classic Reprint) William Archer. 2018. (ENG., Illus.). 148p. (J). 26.95 *(978-0-267-44454-0(0))* Forgotten Bks.

Green Goddess (Classic Reprint) Louise Jordan Miln. 2017. (ENG., Illus.). (J). 30.87 *(978-0-266-19639-6(X))* Forgotten Bks.

Green God's Pavilion: A Novel of the Philippines (Classic Reprint) Mabel Wood Martin. 2018. (ENG., Illus.). 360p. (J). 31.34 *(978-0-483-08465-0(4))* Forgotten Bks.

Green Grass & Still Waters. Kelli Carruth Miller. 2017. (ENG., Illus.). (J). (gr. -1-3). 17.99 *(978-1-5456-0263-8(8))*; 27.99 *(978-1-5456-0264-5(6))* Salem Author Services.

Green Green: A Community Gardening Story. Marie Lamba & Baldev Lamba. Illus. by Sonia Sanchez. 2017. (ENG.). 32p. (J). 19.99 *(978-0-374-32797-2(1)*, 900147768, Farrar, Straus & Giroux (BYR)) Farrar, Straus & Giroux.

Green Hair Don't Care. Bryan Lee O'Malley. 2017. (ENG., Illus.). 136p. (YA). pap. 9.99 *(978-1-5343-0036-1(8)*, d6ca861f-cb76-490e-9b16-6d8b5e987dbc) Image Comics.

Green Hills by the Sea, Vol. 1 Of 3: A Manx Story (Classic Reprint) Hugh Coleman Davidson. 2018. (ENG., Illus.). 324p. (J). 30.58 *(978-0-484-72704-4(4))* Forgotten Bks.

Green Hills by the Sea, Vol. 2 Of 3: A Manx Story (Classic Reprint) Hugh Coleman Davidson. 2018. (ENG., Illus.). 306p. (J). 30.23 *(978-0-484-63878-4(5))* Forgotten Bks.

Green Hills by the Sea, Vol. 3 Of 3: A Manx Story (Classic Reprint) Hugh Coleman Davidson. (ENG., Illus.). (J). 2018. 292p. 29.92 *(978-0-267-30735-7(7))*; 2016. pap. 13.57 *(978-1-333-34143-5(1))* Forgotten Bks.

Green Iguanas. Imogen Kingsley. 2019. (Lizards in the Wild Ser.). (ENG.). 24p. (J). (gr. 1-4). lib. bdg. *(978-1-68151-558-8(X)*, 14519) Amicus.

Green in My World. Brienna Rossiter. 2020. (Colors in My World Ser.). (ENG., Illus.). 16p. (J). (gr. -1-1). pap. 7.95 *(978-1-64619-192-5(7)*, 1646191927); lib. bdg. 25.64 *(978-1-64619-158-1(7)*, 1646191587) Little Blue Hse. (Little Blue Readers).

Green in the Grass: A Book of Colors. Denise Jones & Miranda Jones. Photos by Denise Jones & Miranda Jones. 2016. (Illus.). 32p. (J). *(978-0-9969574-3-4(X))* Kids At Heart Publishing, LLC.

Green Is a Chile Pepper. Roseanne Greenfield Thong. ed. 2016. (J). lib. bdg. 18.40 *(978-0-606-39431-4(1))* Turtleback.

Green Is for Christmas. Drew Daywalt. Illus. by Oliver Jeffers. 2022. (ENG.). 32p. (J). (gr. -1-3). 9.99 *(978-0-593-35338-7(2)*, Philomel Bks.) Penguin Young Readers Group.

Green Kids Club Gorilla's Roar. Sylvia M. Medina. Illus. by Morgan Spicer. Photos by Thomas D. Mangelsen. 2020. (Environmental Heroes Ser.). (ENG.). 63p. (J). pap. 26.00 *(978-1-939871-56-5(5))* Green Kids Club, Inc.

Green Ladies (Classic Reprint) W. Douglas Newton. 2017. (ENG., Illus.). (J). 30.74 *(978-0-260-77233-6(X))* Forgotten Bks.

Green Ladybug: A Book about Kindness. Zachariah Rippee. 2017. (Green Ladybug Ser.: Vol. 1). (ENG., Illus.). (J). (gr. k-3). 17.00 *(978-1-942846-93-2(2))* Rippee, Zachariah J.

Green Ladybug 2: A Book about Making New Friends. Zachariah Rippee. 2017. (Green Ladybug Ser.: Vol. 2). (ENG., Illus.). (J). (gr. k-3). 17.00 *(978-1-64204-812-4(7))* Rippee, Zachariah J.

Green Lantern, 12 vols., Set. Illus. by Dan Schoening. Incl. Battle of the Blue Lanterns. Michael V. Acampora & Michael V. Acampora. lib. bdg. 26.65 *(978-1-4342-2608-2(5)*, 113653); Beware Our Power! Scott Sonneborn. 26.65 *(978-1-4342-2607-5(7)*, 113652); Escape from the Orange Lanterns. Michael V. Acampora. lib. bdg. 26.65 *(978-1-4342-2622-8(0)*, 113667); Fear the Shark. Laurie S. Sutton. lib. bdg. 26.65 *(978-1-4342-2620-4(4)*, 113665); Guardian of Earth. Michael Dahl. lib. bdg. 27.32 *(978-1-4342-2611-2(5)*, 113656); High-Tech Terror. Michael Anthony Steele. lib. bdg. 26.65 *(978-1-4342-2609-9(3)*, 113654); Light King Strikes! Laurie S. Sutton. lib. bdg. 26.65 *(978-1-4342-2610-5(7)*, 113655); Prisoner of the Ring. Scott Sonneborn. lib. bdg. 26.65 *(978-1-4342-2624-2(7)*, 113669); Red Lanterns' Revenge. Michael V. Acampora. lib. bdg. 26.65 *(978-1-4342-2623-5(9)*, 113668); Savage Sands. J. E. Bright. lib. bdg. 26.65 *(978-1-4342-2619-8(0)*, 113664); Web of Doom. Michael Anthony Steele. lib. bdg. 26.65 *(978-1-4342-2621-1(2)*, 113666); (Illus.). (J). (gr. 3-6). (Green Lantern Ser.). (ENG.). 56p. 2011. 300.52 *(978-1-4342-3240-3(9)*, 171278, Stone Arch Bks.) Capstone.

Green Lantern: Legacy. Minh Le. ed. 2020. (DC Books for Young Readers Ser.). (ENG., Illus.). 143p. (J). (gr. 4-5). 21.96 *(978-1-64697-350-7(X))* Penworthy Co., LLC, The.

Green Lantern: Alliance. Minh Le. Illus. by Andie Tong. 2022. 144p. (J). (gr. 3-7). pap. 9.99 *(978-1-77950-380-0(6))* DC Comics.

Green Lantern Is Responsible. Christopher Harbo. Illus. by Otis Frampton. 2018. (DC Super Heroes Character Education Ser.). (ENG.). 24p. (J). (gr. k-2). pap. 4.95 *(978-1-62370-953-2(9)*, 137171, Stone Arch Bks.) Capstone.

Green Lantern: Legacy. Minh Le. Illus. by Andie Tong. 2020. (ENG.). 144p. (J). (gr. 3-7). pap. 9.99 *(978-1-4012-8355-1(1))* DC Comics.

Green Levels 12-15 Add-To Package Grades 1-2. Hmh Hmh. 2019. (Rigby PM Collection). (ENG.). (J). (gr. 1-2). pap. 247.50 *(978-0-358-18546-8(7))* Houghton Mifflin Harcourt Publishing Co.

Green Lifestyle Journal: Action for Conservation & Wellbeing. Rosie James. 2023. (ENG., Illus.). 128p. pap. 16.99 *(978-1-78929-443-9(6))* O'Mara, Michael Bks., Ltd. GBR. Dist: Independent Pubs. Group.

Green Lizards & Red Rectangles & the Blue Ball. Steve Antony. 2021. (ENG., Illus.). 32p. (J). (gr. -1-k). pap. 10.99 *(978-1-4449-4824-0(5))* Hachette Children's Group GBR. Dist: Hachette Bk. Group.

Green Machine: The Slightly Gross Truth about Turning Your Food Scraps into Green Energy. Rebecca Donnelly. Illus. by Christophe Jacques. 2020. (ENG.). 32p. (J). 17.99 *(978-1-250-30406-3(7)*, 900197214, Holt, Henry & Co. Bks. For Young Readers) Holt, Henry & Co.

Green Man. Virginia Loh-Hagan. 2017. (Urban Legends: Don't Read Alone! Ser.). (ENG., Illus.). 32p. (J). (gr. 4-8). lib. bdg. 32.07 *(978-1-63472-902-4(1)*, 210034, 45th Parallel Press) Cherry Lake Publishing.

Green Matters, 12 vols., Set. Incl. Making Good Choices about Biodegradability. Judy Monroe Peterson. lib. bdg. 37.13 *(978-1-4358-5313-3(X)*, ab2e3626-36b2-4f7f-b953-415748665a05); Making Good Choices about Conservation. Janey Levy. lib. bdg. 37.13 *(978-1-4358-5314-0(8)*, 5426b571-6c1b-410d-8694-64c20e23115e); Making Good Choices about Fair Trade. Paula Johanson. lib. bdg. 37.13 *(978-1-4358-5315-7(6)*, 478ad6e3-8fd2-4732-ac15-93b335ba8941); Making Good Choices about Recycling & Reuse. Stephanie Watson. lib. bdg. 37.13 *(978-1-4358-5312-6(1)*, daa45e5f-85c2-4435-854b-f137897b0622); Making Good Choices about Renewable Resources. Jeanne Nagle. lib. bdg. 37.13 *(978-1-4358-5310-2(5)*, 2cbe5ab7-3998-443d-932b-b56b1dea8327); (Illus.). 64p. (YA). (gr. 6-6). 2009. (Green Matters Ser.). (ENG.). 2009. Set lib. bdg. 222.78 *(978-1-4358-5635-6(X)*, 8caa6a27-d7f6-4a1b-af73-3cc33333864d) Rosen Publishing Group, Inc., The.

Green Means Clean. Merlene Guadalupe. 2019. (ENG.). 32p. (J). (gr. k-6). 13.99 *(978-1-951313-06-7(2))*; pap. 7.99 *(978-1-951313-05-0(4))* BLACK LACQUER Pr. & MARKETING INC.

Green Mirror: A Quiet Story (Classic Reprint) Hugh Walpole. 2017. (ENG., Illus.). (J). 32.64 *(978-0-266-92557-6(X))* Forgotten Bks.

Green Monk: Blood of the Martyrs. Brandon Dayton. 2018. (ENG., Illus.). 128p. (YA). pap. 16.99 *(978-1-5343-0831-2(8)*, 002b4edb-6c05-4ee3-9bfe-22a66dcc74ae) Image Comics.

Green Mountain. Josiah. Barnes. 2016. (ENG., Illus.). (J). pap. *(978-3-7433-1249-4(2))* Creation Pubs.

Green Mountain: Travellers' Entertainment (Classic Reprint) Josiah. Barnes. 2017. (ENG., Illus.). 362p. (J). 31.36 *(978-0-484-89316-9(5))* Forgotten Bks.

Green Mountain Boy: A Comedy, in Two Acts (Classic Reprint) Joseph Stevens Jones. (ENG., Illus.). (J). 2018. 38p. 24.68 *(978-0-483-85353-9(4))*; 2016. pap. 7.97 *(978-1-333-31963-2(0))* Forgotten Bks.

Green Mountain Boys: A Historical Tale of the Early Settlement of Vermont (Classic Reprint) Daniel Pierce Thompson. 2017. (ENG., Illus.). (J). 32.56 *(978-1-5280-7436-0(X))* Forgotten Bks.

Green-Mountain Girls: A Story of Vermont (Classic Reprint) Blythe White. 2018. (ENG., Illus.). 420p. (J). 32.56 *(978-0-483-58597-3(1))* Forgotten Bks.

Green Mouse (Classic Reprint) Robert W. Chambers. 2018. (ENG., Illus.). 314p. (J). 30.37 *(978-0-365-44801-3(X))* Forgotten Bks.

Green-Oak Forest Adventures: The Surprise. Anat Kaplan. 2018. (ENG., Illus.). 32p. (J). *(978-1-77370-856-0(2))*; pap. *(978-1-77370-855-3(4))* Tellwell Talent.

Green Overcoat (Classic Reprint) Hilaire Belloc. 2017. (ENG., Illus.). (J). 30.83 *(978-0-265-36112-2(5))* Forgotten Bks.

Green Pants. Kenneth Kraegel. Illus. by Kenneth Kraegel. 2020. (ENG., Illus.). 40p. (J). (gr. -1-2). 7.99 *(978-1-5362-0288-5(6))* Candlewick Pr.

Green Papayas. Nhung Tran Davies. Illus. by Gillian Newland. 2023. (ENG.). 32p. (J). (gr. k-4). 21.95 ***(978-0-88995-560-8(3)***, df44e49a-2e19-4648-bdb0-5f21bb82194c) Red Deer Pr. CAN. Dist: Firefly Bks., Ltd.

Green Pastures & Piccadilly. William Black. 2017. (ENG.). 390p. (J). pap. *(978-3-337-04964-5(8))* Creation Pubs.

Green Pastures & Piccadilly: A Novel (Classic Reprint) William Black. 2018. (ENG., Illus.). 390p. (J). 31.96 *(978-0-484-04310-6(2))* Forgotten Bks.

Green Pastures & Piccadilly, Vol. 1 of 3 (Classic Reprint) William Black. 2017. (ENG., Illus.). (J). 30.21 *(978-0-260-69726-4(5))* Forgotten Bks.

Green Pastures & Piccadilly, Vol. 2 of 3 (Classic Reprint) William Black. 2017. (ENG., Illus.). (J). 30.74 *(978-0-265-96793-5(7))* Forgotten Bks.

Green Pastures & Piccadilly, Vol. 3 of 3 (Classic Reprint) William Black. 2018. (ENG., Illus.). 292p. (J). 29.94 *(978-0-365-42210-5(X))* Forgotten Bks.

Green Patch (Classic Reprint) Bettina Von Hutten. 2018. (ENG., Illus.). 376p. (J). 31.65 *(978-0-483-86895-3(7))* Forgotten Bks.

Green Piano: How Little Me Found Music. Roberta Flack & Tonya Bolden. Illus. by Hayden Goodman. 2023. 40p. (J). (gr. -1-3). 18.99 *(978-0-593-47987-2(4))*; (ENG.). lib. bdg. 21.99 *(978-0-593-47988-9(2))* Random Hse. Children's Bks. (Schwartz & Wade Bks.).

Green Place to Be: the Creation of Central Park. Ashley Benham Yazdani. Illus. by Ashley Benham Yazdani. 2019. (ENG., Illus.). 40p. (J). (gr. 2-5). 18.99 *(978-0-7636-9695-5(1))* Candlewick Pr.

Green Planet. Cambraia Fonseca Fernandes. 2020. (ENG.). 24p. (J). 22.00 *(978-1-0983-3300-3(4))* BookBaby.

Green Pleasure & Grey Grief (Classic Reprint) Duchess Duchess. 2018. (ENG., Illus.). (J). 31.57 *(978-0-331-99039-3(3))* Forgotten Bks.

Green Ray of the Sun. Reinhardt Suarez. 2020. (Yellowstone Ser.: Vol. 2). (ENG.). 418p. (YA). 29.99 *(978-1-7337106-4-0(7))*; pap. 18.99 *(978-1-7337106-5-7(5))* Suarez, Reinhardt.

Green Reaper. Emilie King. Illus. by Taylor King. 2022. (ENG.). 56p. (J). ***(978-1-387-46087-8(0))*** Lulu Pr., Inc.

Green Rebel Activity Book: Eco-Friendly Brain Games for Eco-heroes. Frances Evans. Illus. by Berta Maluenda. 2022. (ENG.). 96p. (J). pap. 13.99 *(978-1-78055-711-3(6)*, Buster Bks.) O'Mara, Michael Bks., Ltd. GBR. Dist: Independent Pubs. Group.

Green Ribbon Day. Colleen E. Jones. Illus. by Mary Bausman. 2016. (ENG.). (J). 21.95 *(978-1-63525-049-7(8))*; pap. 12.95 *(978-1-63525-047-3(1))* Christian Faith Publishing.

Green Room Stories (Classic Reprint) Clement Scott. 2018. (ENG., Illus.). 240p. (J). 28.85 *(978-0-483-86112-1(X))* Forgotten Bks.

Green Sand Beaches of the Big Island Coloring Book. Smarter Activity Books. 2016. (ENG., Illus.). (J). pap. 9.22 *(978-1-68374-452-8(7))* Examined Solutions PTE. Ltd.

Green Satin Gown (Classic Reprint) Laura Elizabeth Richards. 2018. (ENG., Illus.). (J). 28.87 *(978-0-331-99816-0(5))* Forgotten Bks.

Green Science Saves Christmas. D. B. Clay. 2021. (ENG.). 36p. (J). pap. 5.00 *(978-1-956876-35-2(9))* WorkBk. Pr.

Green Sea Turtle (Young Zoologist) A First Field Guide to the Ocean Reptile from the Tropics. Carlee Jackson & Neon Squid. Illus. by Daniel Rieley. 2023. (Young Zoologist Ser.). (ENG.). 32p. (J). 15.99 *(978-1-68449-308-1(0)*, 900281813) St. Martin's Pr.

Green Sea Turtles. Nancy Dickmann. 2019. (Animals in Danger Ser.). (ENG.). 24p. (J). (gr. 2-4). lib. bdg. *(978-1-78121-442-8(5)*, 16560) Brown Bear Bks.

Green Sea Turtles: A Nesting Journey. Rebecca E. Hirsch. 2016. (Illus.). 32p. (J). *(978-1-4896-4517-3(9))* Weigl Pubs., Inc.

Green Tambourines: A Percussion Instruments Coloring Book. Activity Book Zone for Kids. 2016. (ENG., Illus.). (J). pap. 9.20 *(978-1-68376-439-7(0))* Sabeels Publishing.

Green Team! Lauren Clauss. ed. 2020. (Step into Reading Ser.). (ENG., Illus.). 24p. (J). (gr. 2-3). 14.96 *(978-1-64697-162-6(0))* Penworthy Co., LLC, The.

Green Team! (Corn & Peg) Lauren Clauss. Illus. by Erik Doescher. 2020. (Step into Reading Ser.). (ENG.). 24p. (J). (gr. -1-1). 12.99 *(978-0-593-12396-6(4)*, Random Hse. Bks. for Young Readers) Random Hse. Children's Bks.

Green Tech, 8 vols. 2022. (Green Tech Ser.). (ENG.). 32p. (J). (gr. 5-5). lib. bdg. 111.72 *(978-1-5383-8743-6(3)*, 9d7bf292-f3f5-499f-ad01-845d6d7fe107, PowerKids Pr.) Rosen Publishing Group, Inc., The.

Green Teen Cook Book. Sophia Robson & Edward Gosling. Ed. by Laurane Marchive. Illus. by Dominic McInnes. 2021. (ENG.). 112p. (gr. 4). pap. 18.99 *(978-1-906582-12-8(2))* Aurora Metro Pubns. Ltd. GBR. Dist: Publishers Group West (PGW).

Green Tent in Flanders (Classic Reprint) Maud Mortimer. 2017. (ENG., Illus.). (J). 29.11 *(978-0-266-17808-8(1))* Forgotten Bks.

Green Toby Jug & the Princess Who Lived Opposite: Stories for Little Children (Classic Reprint) Edwin Hohler. (ENG., Illus.). (J). 2018. 324p. 30.58 *(978-0-267-00484-3(2))*; 2017. pap. 13.57 *(978-0-243-99077-1(4))* Forgotten Bks.

Green Tractor. Kersten Hamilton. Illus. by Valeria Petrone. 2021. (Red Truck & Friends Ser.). 30p. (J). (— 1). bds. 8.99 *(978-0-593-20237-1(6)*, Viking Books for Young Readers) Penguin Young Readers Group.

Green Trails & Upland Pastures (Classic Reprint) Walter Prichard Eaton. 2018. (ENG., Illus.). 336p. (J). 30.85 *(978-0-267-69526-3(8))* Forgotten Bks.

Green Transport: Exploring Eco-Friendly Travel for a Better Tomorrow. Rani Iyer. 2016. (ENG.). 120p. (gr. 8-12). *(978-81-7993-444-9(6))* Energy and Resources Institute, The IND. Dist: Motilal (UK) Bks. of India.

Green Tree Frogs. Natalie Lunis. 2018. (Disappearing Acts Ser.). (ENG.). 24p. (J). (gr. k-3). 7.99 *(978-1-61772-394-0(0))* Bearport Publishing Co., Inc.

Green Tree Revisited. Susannah Nilsen. Ed. by Susannah Nilsen. 2022. (ENG., Illus.). 24p. (J). (gr. -1-2). pap. *(978-0-6454010-1-1(3))* Floribunda Publishing.

Green Umbrella. Jackie Azúa Kramer. Illus. by Maral Sassouni. 2017. (ENG.). 32p. (J). (gr. -1-3). 17.95 *(978-0-7358-4218-2(3))* North-South Bks., Inc.

Green Umbrella. Jackie Azúa Kramer. Illus. by Maral Sassouni. 2022. (ENG.). 32p. (J). (gr. -1-2). 8.95 *(978-0-7358-4503-9(4))* North-South Bks., Inc.

Green Valentine. Lili Wilkinson. 2016. (ENG.). 288p. (YA). (gr. 9-12). 12.99 *(978-1-76011-027-7(2))* Allen & Unwin AUS. Dist: Independent Pubs. Group.

Green Valley (Classic Reprint) Katharine Reynolds. 2018. (ENG., Illus.). (J). 316p. 30.41 *(978-0-366-39449-4(5))*; 318p. pap. 13.57 *(978-0-366-06140-2(2))* Forgotten Bks.

Green Valley School: A Pedagogical Story (Classic Reprint) C. W. G. Hyde. 2018. (ENG., Illus.). 194p. (J). 27.90 *(978-0-484-58500-2(2))* Forgotten Bks.

Green Vase (Classic Reprint) William R. Castle. 2018. (ENG., Illus.). 418p. (J). 32.52 *(978-0-484-61424-5(X))* Forgotten Bks.

Green Velvet Secret. Vicki Grant. 2023. (ENG.). 256p. (J). (gr. 5). 17.99 *(978-0-7352-7012-1(0)*, Tundra Bks.) PRH Canada Young Readers CAN. Dist: Penguin Random Hse. LLC.

Green-Verde, 1 vol. Meritxell Marti. 2019. (ENG., Illus.). 48p. (J). (— 1). bds. 9.99 *(978-1-4236-5148-2(0))* Gibbs Smith, Publisher.

Green Village. Christine Warugaba. Illus. by Peter Gitego. 2018. (ENG.). 26p. (J). pap. *(978-99977-772-7-0(1))* FURAHA Pubs. Ltd.

Green Was My Forest. Edna Iturralde. Tr. by Jessica Ernst Powell. Illus. by Mauricio Maggiorini. 2018. (Young Eco Fiction Ser.: 2).Tr. of Verde Fue Mi Selva. (ENG.). 136p. (YA). pap. 14.99 *(978-1-942134-60-2(6))* Mandel Vilar Pr.

Green Willow & Other Japanese Fairy Tales (Classic Reprint) Grace James. 2017. (ENG., Illus.). (J). 33.26 *(978-1-5282-6121-0(6))* Forgotten Bks.

Green Window (Classic Reprint) Vincent O'Sullivan. 2017. (ENG., Illus.). (J). 26.47 *(978-0-331-82703-3(4))* Forgotten Bks.

Green Witch. Dan S. Terrell. Illus. by Jane T. Connolly. 2021. (ENG.). 78p. (J). (Little German Gnome Ser.: Vol. 2). pap. 13.99 ***(978-1-7348596-4-5(4))***; 19.99 ***(978-1-7348596-3-8(6))*** Artful Options, LLC.

Green Wizard with Chickenpox Oh! No! Kenneth Brown. 2019. (ENG.). 46p. (J). pap. 19.99 *(978-0-359-10645-5(5))* Lulu Pr., Inc.

Green Woolen Fedora. Deborah Stevenson. Ed. by Krista Hill. Illus. by Stella Mongodi. l.t. ed. 2021. (ENG.). 32p. (J). pap. 12.95 *(978-1-7348242-3-0(9))* Frog Prince Bks.

Greenacre Girls (Classic Reprint) Izola Louise Forrester. (ENG., Illus.). (J). 2018. 340p. 30.93 *(978-0-484-15906-7(2))*; 2016. pap. 13.57 *(978-1-334-12652-9(6))* Forgotten Bks.

Greenbank Primary: First Aid Brought to Life. Malcolm Sweetlove. Illus. by Maggie Kneen. 2021. (ENG.). 92p. (J). pap. *(978-1-912964-77-2(5))* Cranthorpe Millner Pubs.

Greenbeard the Pirate Pig. Andrea Torrey Balsara. 2016. (ENG., Illus.). (J). pap. *(978-1-4602-8501-5(8))* FriesenPress.

Greenbook, 1926 (Classic Reprint) Eastern Nazarene College. 2018. (ENG., Illus.). 86p. (J). pap. 9.57 *(978-1-391-59498-9(3))* Forgotten Bks.

Greenbook, 1933 (Classic Reprint) Eastern Nazarene College. 2018. (ENG., Illus.). (J). 122p. 26.43 *(978-1-391-99206-8(7))*; 124p. pap. 9.57 *(978-1-391-99189-4(3))* Forgotten Bks.

Greenbook, 1935 (Classic Reprint) Eastern Nazarene College. (ENG., Illus.). (J). 2018. 96p. 25.90 *(978-0-484-36137-8(6))*; 2017. pap. 9.57 *(978-0-243-29924-9(9))* Forgotten Bks.

Greenbook (Classic Reprint) Unknown Author. (ENG., Illus.). (J). 2018. 80p. 25.57 *(978-0-483-66972-7(5))*; 2017. pap. 9.57 *(978-0-243-28966-0(9))* Forgotten Bks.

Greenbrier Ghost: A Ghost Convicts Her Killer. Megan Atwood. 2020. (Real-Life Ghost Stories Ser.). (ENG., Illus.). 32p. (J). (gr. 3-9). pap. 7.95 *(978-1-4966-6612-3(7)*, 142296); lib. bdg. 30.65 *(978-1-5435-7339-8(8)*, 140630) Capstone.

Greencoat Against Napoleon see Flying Ensign: Greencoats Against Napoleon

Greencoats. Kate Innes. Illus. by Anna Streetly. 2021. (ENG.). 296p. (J). pap. *(978-0-9934837-6-9(3))* Mindforest Pr.

Greene Ferne Farm (Classic Reprint) Richard Jefferies. 2017. (ENG., Illus.). (J). 30.19 *(978-0-265-98322-5(3))* Forgotten Bks.

Greener on the Other Side. Matthew K. Manning. Illus. by Jon Sommariva. 2018. (Batman / Teenage Mutant Ninja Turtles Adventures Ser.). (ENG.). 32p. (J). (gr. 2-6). lib. bdg. 28.95 *(978-1-4965-7383-4(8)*, 138941, Stone Arch Bks.) Capstone.

Greener Pond. Nyron Blake. Illus. by Jessica Wrike. 2019. (ENG.). 32p. (J). pap. 8.95 *(978-0-578-52946-2(7))* Blake, Nyron.

Greener Prairie (Classic Reprint) William Wilder McKinley Parker. 2018. (ENG., Illus.). 76p. (J). 25.48 *(978-0-484-83681-4(1))* Forgotten Bks.

Greenfield Fishing Club. William E. Boone. 2022. (ENG.). 70p. (J). pap. 12.99 *(978-1-7352150-1-3(5))* Palmetto Publishing.

Greenglass House. Kate Milford. ed. 2016. (Greenglass House Ser.: 1). lib. bdg. 18.40 *(978-0-606-38908-2(3))* Turtleback.

Greenheads & the Redheads. Matt Bell. 2021. (ENG.). 32p. (J). 24.95 *(978-1-68526-239-6(2))*; pap. 13.95 *(978-1-63885-584-2(6))* Covenant Bks.

Greenhorn Mountain Mystery. Lynda Bulla. 2021. (ENG.). 122p. (J). pap. 19.95 *(978-1-61244-964-7(6))* Halo Publishing International.

Greenhouse. Fabian Grant. 2022. (ENG.). 192p. (J). ***(978-1-913438-66-1(X))***; pap. ***(978-1-913438-64-7(3))*** ASys Publishing.

Greenhouse Effect (a True Book: Understanding Climate Change) (Library Edition) Mara Grunbaum. 2020. (True Book (Relaunch) Ser.). (ENG., Illus.). 48p. (J). (gr. 3-5). lib. bdg. 31.00 *(978-0-531-13076-6(2)*, Children's Pr.) Scholastic Library Publishing.

Greenhouse Gas Emissions a Variety of Facts Children's Science Book. Bold Kids. 2023. (ENG.). 42p. (J). pap. 14.99 ***(978-1-0717-1730-1(8))*** FASTLANE LLC.

Greenhouse Gases a Variety of Facts Children's Earth Sciences Book. Bold Kids. 2023. (ENG.). 42p. (J). pap. 14.99 ***(978-1-0717-1723-3(5))*** FASTLANE LLC.

Greening's Popular Reciter & the Art of Elocution & Public Speaking: Being Simple Explanation of the Various Branches of Elocution; Together with Lessons for Self-Instruction (Classic Reprint) Ross Ferguson. 2018. (ENG., Illus.). 238p. (J). 28.81 *(978-0-332-39900-3(1))* Forgotten Bks.

Greenland (Enchantment of the World) (Library Edition) Ruth Bjorklund. 2018. (Enchantment of the World. Second Ser.). (ENG., Illus.). 144p. (J). (gr. 5-9). lib. bdg. 40.00 *(978-0-531-13047-6(9)*, Children's Pr.) Scholastic Library Publishing.

Greenlee Is Growing. Anthony DeStefano. Illus. by Louise A. Ellis. 2023. 40p. (J). (gr. -1-2). 12.99 *(978-0-593-57796-7(5)*, Convergent Bks.) Crown Publishing Group, The.

Greenlee Learns about Denmark. Tracilyn George. 2021. (ENG.). 26p. (J). pap. 11.00 *(978-1-77475-310-1(3))* Lulu Pr., Inc.

Greenlight: A Children's Picture Book about an Essential Neighborhood Traffic Light. Breanna Carzoo. Illus. by Breanna Carzoo. 2023. (ENG., Illus.). 32p. (J). (gr. -1-3). 19.99 ***(978-0-06-305406-6(X)***, HarperCollins) HarperCollins Pubs.

Greenmantle (Classic Reprint) John Buchan. 2017. (ENG., Illus.). (J). 30.52 *(978-1-5280-8015-6(7))* Forgotten Bks.

Greenpeace Fund. Katie Marsico. 2016. (Community Connections: How Do They Help? Ser.). (ENG., Illus.). 24p. (J). (gr. 2-5). 29.21 *(978-1-63471-049-7(5)*, 208276) Cherry Lake Publishing.

Greens & the Grays, Daylight & Decay. Christopher Paul Guido. 2021. 156p. (YA). pap. 13.95 *(978-1-0983-6857-9(6))* BookBaby.

Greens Find Their Space. Jymi Bond. 2017. (ENG., Illus.). 42p. (J). (gr. -1-3). 22.95 *(978-1-64082-884-1(2))* Page Publishing Inc.

Greensea Island: A Mystery of the Essex Coast (Classic Reprint) Victor Bridges. 2017. (ENG., Illus.). (J). 32.11 *(978-0-331-60725-3(5))*; pap. 16.57 *(978-0-243-58248-8(X))* Forgotten Bks.

Greenstone Mystery. Lynley Smith. 2016. (ENG., Illus.). (J). pap. *(978-1-911211-46-4(3))* Zaccmedia.

Greenwich Hospital: A Series of Naval Sketches, Descriptive of the Life of a Man-Of-War's Man (Classic

814 The check digit for ISBN-10 appears in parentheses after the full ISBN-13

TITLE INDEX GRIEF

G

Reprint) Old Sailor. 2018. (ENG., Illus.). 232p. (J). 28.68 (978-0-483-44947-3(4)) Forgotten Bks.

Greenwich Village (Classic Reprint) Anna Alice Chapin. 2018. (ENG., Illus.). 348p. (J). 31.09 (978-0-666-15651-8(4)) Forgotten Bks.

Greenwich Village, Vol. 2: June 23, 1915 (Classic Reprint) Guido Bruno. (ENG., Illus.). (J). 2018. 52p. 24.97 (978-0-483-93315-6(5)); 2017. pap. 9.57 (978-0-243-08179-0(0)) Forgotten Bks.

Greenwild: The World Behind the Door. Pari Thomson. 2023. (Greenwild Ser.: 1). (ENG., Illus.). 384p. (J). 17.99 (978-0-374-39137-9(8), 900288655, Farrar, Straus & Giroux (BYR)) Farrar, Straus & Giroux.

Greenwoods Add & Subtract Fractions with Like Denominators. Brandy Crump. Illus. by rks Illustrations. 2019. (ENG.). 28p. (J). pap. 12.99 **(978-1-7335296-0-0(8))** Resilience Learning Academy LLC.

Greenwoods (Classic Reprint) Lucile Grinnan Lyon. (ENG., Illus.). (J). 2018. 390p. 31.94 (978-0-267-29507-4(3)); 2017. pap. 16.57 (978-0-259-17404-2(1)) Forgotten Bks.

Greenwoods Multiply & Divide Fractions. Brandy Crump & rks Illustrations. 2019. (ENG.). 26p. (J). pap. 12.99 **(978-1-7335296-2-4(4))** Resilience Learning Academy LLC.

Greenwoods Solve One-Step Equations. Brandy Crump. Illus. by rks Illustrations. 2019. (ENG.). 34p. (J). pap. 12.99 **(978-1-7335296-5-5(9))** Resilience Learning Academy LLC.

Greenwoods Solve Proportions. Brandy Crump. Illus. by rks Illustrations. 2019. (ENG.). 28p. (J). pap. 12.99 **(978-1-7335296-6-2(7))** Resilience Learning Academy LLC.

Greeting to America: Reminiscences and;;; Impressions of My Travels Kindergarten Suggestions (Classic Reprint) Baroness Von Bulow. 2018. (ENG., Illus.). 162p. (J). 27.26 (978-0-364-37361-3(X)) Forgotten Bks.

Greetings! from a Distance. Zewlan Moor. Illus. by Romulo Reyes, III. 2022. (ENG.). 32p. (J). pap. **(978-1-922827-26-5(6))** Library For All Limited.

Greetings from Somewhere Ten-Book Collection (Boxed Set) The Mystery of the Gold Coin; of the Mosaic; of the Stolen Painting; in the Forbidden City; of the Lion's Tail; of the Suspicious Spices; Across the Secret Bridge; at the Coral Reef; of the Icy Paw Prints; of the Secret Society. Harper Paris. Illus. by Marcos Calo. ed. 2022. (Greetings from Somewhere Ser.). (ENG.). 1280p. (J). (gr. k-4). pap. 59.99 (978-1-6659-0795-8(9), Little Simon) Little Simon.

Greetings from the Lil' Beanimals. Momo Givens. 2021. (ENG.). 72p. (J). 29.95 (978-1-970109-26-9(2)); pap. 18.95 (978-1-970109-56-6(4)) 2Nimble. (AnewPr., Inc.).

Greetings from the Lil' Beanimals: AmeriCanamals. Momo Givens. 2021. (ENG.). (J). 52p. 25.95 (978-1-970109-65-8(3)); 54p. pap. 15.95 (978-1-970109-66-5(1), AnewPr., Inc.) 2Nimble.

Greetings from the Lil' Beanimals: Waiinimals. Momo Givens. 2021. (ENG.). 42p. (J). 22.95 (978-1-970109-72-6(6)); pap. 12.95 (978-1-970109-73-3(4)) 2Nimble. (AnewPr., Inc.).

Greetings from Witness Protection! Jake Burt. 2018. (ENG.). 384p. (J). pap. 8.99 (978-1-250-17904-3(1), 900164745) Square Fish.

Greetings, Leroy, 1 vol. Itah Sadu. Illus. by Alix Delinois. 2017. (ENG.). 32p. (J). (gr. k-2). 18.95 (978-1-55498-760-3(1)) Groundwood Bks. CAN. Dist: Publishers Group West (PGW).

Greetings, Sharkling! (Book 2) Honesty. Lori Haskins Houran. Illus. by Jessica Warrick. ed. 2016. (How to Be an Earthling (r) Ser.: 2). (ENG.). 64p. (J). (gr. 1-3). E-Book 34.65 (978-1-57565-823-0(2)) Astra Publishing Hse.

Greg the Gecko Has a Goal: What's Your Goal?, 1 vol. Leona Fowler. 2019. (Social & Emotional Learning for the Real World Ser.). (ENG.). 8p. (gr. k-1). pap. (978-1-7253-5374-9(1), 226a6d24-9ff4-4110-afa4-b9d7e07bb2a5, Rosen Classroom) Rosen Publishing Group, Inc., The.

Gregor & the Code of Claw (the Underland Chronicles #5: New Edition) Suzanne Collins. 2020. (Underland Chronicles Ser.: 5). (ENG.). 416p. (J). (gr. 4-7). pap. 7.99 (978-1-338-72280-2(8)) Scholastic, Inc.

Gregor & the Curse of the Warmbloods (the Underland Chronicles #3: New Edition) Suzanne Collins. 2020. (Underland Chronicles Ser.: 3). (ENG.). 368p. (J). (gr. 4-7). pap. 7.99 (978-1-338-72278-9(6)) Scholastic, Inc.

Gregor & the Prophecy of Bane (the Underland Chronicles #2: New Edition) Suzanne Collins. 2020. (Underland Chronicles Ser.: 2). (ENG.). 320p. (J). (gr. 4-7). pap. 7.99 (978-1-338-72277-2(8)) Scholastic, Inc.

Gregor Mendel, Vol. 11. George Wilmer. 2018. (Scientists & Their Discoveries Ser.). (Illus.). 96p. (J). (gr. 7). lib. bdg. 34.60 (978-1-4222-4030-4(4)) Mason Crest.

Gregory & the Bully. Denise F. Guymer. Illus. by Savolainen Laila. 2019. (ENG.). 32p. (J). pap. (978-0-9873142-1-5(1)) Guymer, Denise Fay.

Gregory & the Green Knight. M. C. Holliss. Illus. by Sol Hilmarsdóttir. 2021. (ENG.). 106p. (J). pap. (978-1-9999639-7-2(0)) Magical History Stories Limited.

Gregory Green Moves to the Purple Side of Town. Inc the Little Artist. 2018. (ENG., Illus.). 28p. (J). pap. 12.95 (978-1-64140-597-3(X)) Christian Faith Publishing.

Gregory's Christmas Tree. Deborah Parkinson-Anatol. 2020. (ENG.). 30p. (J). 22.95 (978-1-64471-910-7(X)); pap. 12.95 (978-1-64471-909-1(6)) Covenant Bks.

Greg's Fourth Adventure in Time. C. M. Huddleston. 2018. (ENG., Illus.). 250p. (YA). pap. 8.99 (978-0-9964304-8-7(2)) Interpreting Time's Past, LLC.

Greg's Pony. Patsy E. Stackhouse. 2019. (ENG., Illus.). 72p. (J). pap. 19.99 (978-1-950454-94-5(0)) Pen It Pubns.

Greifenstein. Francis Marion Crawford. 2017. (ENG., Illus.). (J). 28.95 (978-1-374-93684-3(7)); pap. 18.95 (978-1-374-93683-6(9)) Capital Communications, Inc.

Greifenstein, Vol. 1 of 3 (Classic Reprint) F. Marion Crawford. 2018. (ENG., Illus.). 308p. (J). 30.27 (978-0-484-81450-8(8)) Forgotten Bks.

Gremlin Night. Mark Dantzler. Illus. by Maja Veselinovic. 2023. (ENG.). 38p. (J). 19.99 **(978-1-64538-554-7(X))**; pap. 14.99 **(978-1-64538-551-6(5))** Orange Hat Publishing.

Gremlins Little Golden Book (Funko Pop!) Arie Kaplan. Illus. by Golden Books. 2023. (Little Golden Book Ser.). (ENG.). 24p. (J). (-k). 5.99 **(978-0-593-64813-1(7)**, Golden Bks.) Random Hse. Children's Bks.

Gremlin's Shoes (Big Foot & Little Foot #5) Ellen Potter. Illus. by Felicita Sala. 2021. (Big Foot & Little Foot Ser.). (ENG.). 144p. (J). (gr. 1-4). 13.99 (978-1-4197-4324-5(4), 1683001, Amulet Bks.) Abrams, Inc.

Grenada, 1 vol. Guek Cheng Pang & Debbie Nevins. 3rd ed. 2019. (Cultures of the World (Third Edition)(r) Ser.). (ENG.). 144p. (gr. 5-5). lib. bdg. 48.79 (978-1-5026-5072-6(X), 2d0806bd-3b86-42f9-a2fd-c3a6ce737890) Cavendish Square Publishing LLC.

Grenade. Alan Gratz. (ENG.). 288p. E-Book 17.99 (978-1-338-24571-4(6)); 2018. (Illus.). (J). (gr. 4-7). 17.99 (978-1-338-24569-1(4)) Scholastic, Inc. (Scholastic Pr.).

Grenade. Alan Gratz. l.t. ed. 2020. (ENG.). lib. bdg. 22.99 (978-1-4328-7747-7(X)) Thorndike Pr.

Grenadier a Story of the Empire (Classic Reprint) James Eugene Farmer. 2017. (ENG., Illus.). 332p. (J). 30.74 (978-0-332-99738-4(3)) Forgotten Bks.

Grendel Novel Units Student Packet. Novel Units. 2019. (ENG.). (YA). (gr. 8-12). pap. 13.99 (978-1-56137-561-5(6), BK8167, Novel Units, Inc.) Classroom Library Co.

Gret: The Story of a Pagan (Classic Reprint) Beatrice Mantle. 2017. (ENG., Illus.). (J). 32.41 (978-1-5280-5384-6(2)) Forgotten Bks.

Greta & the Ghost Hunters. Sam Copeland. 2022. (Tuchus & Topps Investigate Ser.). (Illus.). 304p. (J). (gr. 3-7). 15.99 **(978-0-241-44638-6(4)**, Puffin) Penguin Bks., Ltd. GBR. Dist: Independent Pubs. Group.

Greta & the Giants. Zoe Tucker. ed. 2020. (ENG.). 32p. (J). (gr. k-1). 19.96 (978-0-87617-277-3(X)) Penworthy Co., LLC, The.

Greta & the Giants: Inspired by Greta Thunberg's Stand to Save the World. Zoë Tucker. Illus. by Zoe Persico. ed. 2019. (ENG.). 32p. (J). (gr. -1-2). **(978-0-7112-5377-3(3)**, Frances Lincoln Children's Bks.) Quarto Publishing Group UK.

Greta the Great-Horned Owl: A True Story of Rescue & Rehabilitation. Christie Gove-Berg. 2019. (Wildlife Rescue Stories Ser.). (ENG., Illus.). 32p. (J). (gr. -1-3). 14.95 (978-1-59193-815-6(5), Adventure Pubns.) AdventureKEEN.

Greta Thunberg. Maria Isabel Sanchez Vegara. Illus. by Anke Weckmann. (Little People, Big Dreams Ser.: Vol. 40). (ENG.). 32p. (J). (gr. -1-2). 2023. pap. **(978-0-7112-8396-1(6))**; 2020. **(978-0-7112-5645-3(4))** Frances Lincoln Childrens Bks.

Greta Thunberg. Katlin Sarantou. Illus. by Jeff Bane. 2021. (My Early Library: My Itty-Bitty Bio Ser.). (ENG.). 24p. (J). (gr. k-1). pap. 12.79 (978-1-5341-8828-0(2), 219047); lib. bdg. 30.64 (978-1-5341-8688-0(3), 219046) Cherry Lake Publishing.

Greta Thunberg: Climate Activist. Elizabeth Neuenfeldt & Elizabeth Neuenfeldt. 2022. (Women Leading the Way Ser.). (ENG., Illus.). 24p. (J). (gr. k-3). pap. 7.99 (978-1-64834-668-2(5), 21380, Blastoff! Readers) Bellwether Media.

Greta Thunberg: Climate Activist. Meg Gaertner. 2021. (Important Women Ser.). (ENG., Illus.). 32p. (J). (gr. 2-3). pap. 9.95 (978-1-64493-728-0(X)); lib. bdg. 31.35 (978-1-64493-692-4(5)) North Star Editions. (Focus Readers).

Greta Thunberg: Climate Activist. Hal Marcovitz. 2020. (ENG.). 80p. (YA). (gr. 6-12). 41.27 (978-1-68282-923-3(5)) ReferencePoint Pr., Inc.

Greta Thunberg: Climate Crisis Activist. Matt Doeden. 2020. (Gateway Biographies Ser.). (ENG., Illus.). 48p. (J). (gr. 4-8). lib. bdg. 31.99 (978-1-5415-9679-5(X), c1b96b41-469a-4823-95ab-998792149042, Lerner Pubns.) Lerner Publishing Group.

Greta Thunberg: My First Greta Thunberg. Maria Isabel Sanchez Vegara. Illus. by Anke Weckmann. 2021. (Little People, BIG DREAMS Ser.: Vol. 40). (ENG.). 24p. (J). (gr. -1 — 1). bds. 9.99 **(978-0-7112-6658-2(1)**, Frances Lincoln Children's Bks.) Quarto Publishing Group UK GBR. Dist: Hachette Bk. Group.

Greta Thunberg (Spanish Edition) Maria Isabel Sanchez Vegara. Illus. by Anke Weckmann. 2023. (Little People, Big Dreams en Español Ser.: Vol. 40). (SPA.). 32p. (J). (gr. -1-2). pap. **(978-0-7112-8474-6(1))** Frances Lincoln Childrens Bks.

Greta Thunberg (the First Names Series) Tracey Turner. Illus. by Tom Knight. 2022. (First Names Ser.). (ENG.). 160p. (J). (gr. 3-7). 12.99 (978-1-4197-3740-4(6), 1279001, Abrams Bks. for Young Readers) Abrams, Inc.

Greta Visits the Great State of Arizona. Ken Yoffe & Ellen Weisberg. 2020. (ENG.). 44p. (J). pap. 6.99 (978-1-64945-100-2(8)) Waldorf Publishing.

Greta Visits the Great State of California. Ellen Weisberg & Ken Yoffe. 2021. (ENG.). 44p. (J). pap. 6.99 (978-1-63795-321-1(6)) Waldorf Publishing.

Greta Visits the Great State of Oregon. Ellen Weisberg & Ken Yoffe. 2021. (ENG.). 44p. (J). pap. 6.99 (978-1-63795-322-8(4)) Waldorf Publishing.

Greta Visits the Great State of Wyoming. Ellen Weisberg & Ken Yoffe. 2021. (ENG.). 44p. (J). pap. 6.99 (978-1-63795-323-5(2)) Waldorf Publishing.

Greta's Dilemma. Rainey Leigh Seraphine. 2019. (ENG.). 122p. (J). (gr. 4-6). pap. (978-0-6485458-7-3(3)) Wizzenhill Publishing.

Greta's Story: The Schoolgirl Who Went on Strike to Save the Planet. Valentina Camerini. Tr. by Moreno Giovannoni. Illus. by Veronica Carratello. (ENG.). 144p. (J). (gr. 3-7). 2021. pap. 7.99 (978-1-5344-6878-8(1)); 2019. 17.99 (978-1-5344-6877-1(3)) Simon & Schuster Children's Publishing. (Aladdin).

Greta's Story: The Schoolgirl Who Went on Strike to Save the Planet. Valentina Camerini. Tr. by Moreno Giovannoni. Illus. by Veronica Carratello. 2019. (ENG.). 144p. (J). (978-1-4711-9065-0(X), Simon & Schuster/Paula Wiseman Bks.) Simon & Schuster/Paula Wiseman Bks.

Gretchen: A Novel (Classic Reprint) Mary J. Holmes. (ENG., Illus.). (J). 2018. 466p. 33.51 (978-0-267-56508-5(9)); 2016. pap. 16.57 (978-1-333-77261-1(0)) Forgotten Bks.

Gretchen over the Beach. R. W. Alley. 2016. (ENG., Illus.). 32p. (J). (gr. -1-3). 14.99 (978-0-547-90708-6(7), 1512358, Clarion Bks.) HarperCollins Pubs.

Gretchen Thyrd on the Bridge. Jason T. Graves. 2016. (Tales of Thyrd Ser.: Vol. 1). (ENG., Illus.). (YA). (gr. 7-12). pap. 14.95 (978-1-943419-24-1(8)) Prospective Pr.

Gretchen's Gift: Or, a Noble Sacrifice; an Original Tale (Classic Reprint) A. L. S. 2018. (ENG., Illus.). (J). 25.98 (978-0-260-57492-3(9)) Forgotten Bks.

Gretchen's Joys & Sorrows (Classic Reprint) Clementine Helm Beyrich. 2018. (ENG., Illus.). 120p. (J). 26.37 (978-0-483-28493-7(9)) Forgotten Bks.

Gretel & Hansel. Bee Waeland. 2023. (ENG., Illus.). 64p. (J). (gr. -1-k). 19.95 (978-1-4598-3382-1(1)) Orca Bk. Pubs. USA.

Gretel Pushes Back. Joan Holub & Suzanne Williams. ed. 2016. (Grimmtastic Girls Ser.: 8). (ENG.). 192p. (J). (gr. 3-7). 16.00 (978-0-606-39144-3(4)) Turtleback.

Gretta & Pete. Lola Edelen Peters. 2018. (ENG.). 38p. (J). 14.95 (978-1-64307-150-3(5)) Amplify Publishing Group.

Grettir the Outlaw: A Story of Iceland (Classic Reprint) S. Baring-Gould. (ENG., Illus.). (J). 2018. 308p. 30.25 (978-0-365-25606-9(4)); 2017. pap. 13.57 (978-0-259-44118-2(X)) Forgotten Bks.

Grève à la Ferme de Charles/Strike at Charles' Farm. Nicole Audet. Illus. by Mylène Villeneuve. 2023. (FRE.). 34p. (J). pap. **(978-1-998096-02-2(5))** Dr. Nicole Publishing.

Grey & Gold (Classic Reprint) Emma Jane Worboise. 2018. (ENG., Illus.). 530p. (J). 34.83 (978-0-267-66486-3(9)) Forgotten Bks.

Grey Brethren: And Other Fragments in Prose & Verse (Classic Reprint) Michael Fairless. 2018. (ENG., Illus.). 162p. (J). 27.26 (978-0-267-26877-1(7)) Forgotten Bks.

Grey Cloak: Dragon Wars - Book 13. Craig Halloran. 2020. (Dragon Wars Ser.: Vol. 13). (ENG.). 276p. (YA). 19.99 (978-1-946218-89-6(8)) Two-Ten Bk. Pr., Inc.

Grey Cloud. Matthew Barker. 2020. (ENG.). 34p. (J). (978-0-6487427-4-6(1)) Barker, Matthew.

Grey Cloud. Matthew Barker. Illus. by Jaimee McLeod. 2020. (ENG.). 34p. (J). pap. (978-0-6487427-3-9(3)) Barker, Matthew.

Grey Fairy Book. Andrew Lang. 2017. (ENG., Illus.). (J). (gr. 4-7). 25.95 (978-1-374-90108-7(3)) Capital Communications, Inc.

Grey Fairy Book. Andrew Lang. (Mint Editions — The Children's Library). (ENG.). 244p. (J). (gr. 7-12). 2022. 16.99 (978-1-5131-3256-3(3)); 2021. pap. 11.99 (978-1-5132-8163-6(1)) West Margin Pr. (West Margin Pr.).

Grey Fairy Book (Classic Reprint) Andrew Lang. 2017. (ENG., Illus.). (J). 32.17 (978-0-331-82886-3(3)) Forgotten Bks.

Grey Friar, & the Black Spirit of the Wye, Vol. 2 Of 2: A Romance (Classic Reprint) John English. 2018. (ENG., Illus.). 310p. (J). 30.25 (978-0-484-86976-8(0)) Forgotten Bks.

Grey Guest Chamber (Classic Reprint) Unknown Author. 2018. (ENG., Illus.). 118p. (J). 26.33 (978-0-428-73740-5(4)) Forgotten Bks.

Grey Haven. Lynnie Purcell. 2020. (ENG.). 380p. (YA). pap. 14.95 (978-1-393-28724-7(7)) Draft2Digital.

Grey Jacket, Vol. 1: May 20, 1900 (Classic Reprint) Maud W. Holt. (ENG., Illus.). (J). 2018. 30p. 24.52 (978-0-483-94030-7(5)); 2017. pap. 7.97 (978-0-243-44136-5(3)) Forgotten Bks.

Grey Knight (Classic Reprint) Henry De La Pasture. (ENG., Illus.). (J). 2018. 326p. 30.64 (978-0-483-70388-9(5)); 2017. pap. 13.57 (978-0-243-33069-0(3)) Forgotten Bks.

Grey Lady (Classic Reprint) Henry Seton Merriman. 2017. (ENG., Illus.). (J). 30.99 (978-1-5285-8125-7(3)) Forgotten Bks.

Grey Life: A Romance of Modern Bath (Classic Reprint) Rita Rita. 2018. (ENG., Illus.). 356p. (J). 31.24 (978-0-332-92905-7(1)) Forgotten Bks.

Grey Maiden, the Story of a Sword Through the Ages (Classic Reprint) Arthur D. Howden Smith. 2017. (ENG., Illus.). 324p. (J). 30.58 (978-0-260-97484-6(6)) Forgotten Bks.

Grey Man (Classic Reprint) S. R. Crockett. 2017. (ENG., Illus.). (J). 33.67 (978-1-5279-4436-7(0)); pap. 16.57 (978-0-243-18584-9(7)) Forgotten Bks.

Grey Nymph. Ana Scannell. 2021. (ENG.). 52p. (J). 23.99 (978-1-954868-46-5(4)) Pen It Pubns.

Grey Pool: And Other Stories (Classic Reprint) Frances Parthenope. (ENG., Illus.). (J). 2018. 362p. 31.38 (978-0-483-88287-4(9)); 2017. pap. 13.97 (978-0-243-89646-2(8)) Forgotten Bks.

Grey Sisters. Jo Treggiari. (YA). (gr. 7). 2020. 288p. pap. 10.99 (978-0-7352-6300-0(0)); 2019. (ENG.). 256p. 17.99 (978-0-7352-6298-0(5)) PRH Canada Young Readers CAN. (Penguin Teen). Dist: Penguin Random Hse. LLC.

Grey Squirrel. Laura Ferraro Close. Illus. by Laura Ferraro Close. 2023. (Classic Children's Songs Ser.). (ENG.). 16p. (J). (gr. -1-2). 29.93 (978-1-5038-6539-6(8), 216438) Child's World, Inc, The.

Grey Stocking & Other Plays (Classic Reprint) Maurice Baring. 2018. (ENG., Illus.). 382p. (J). 31.78 (978-0-267-16847-7(0)) Forgotten Bks.

Grey Story Book (Classic Reprint) Katherine M. Yates. (ENG., Illus.). (J). 2018. 74p. 25.44 (978-0-483-93307-1(4)); 2016. pap. 9.57 (978-1-334-15575-8(5)) Forgotten Bks.

Grey Tale of Mrs Sciurus. Colin Bonnington. 2018. (ENG., Illus.). 54p. (J). (gr. 1-3). pap. (978-1-9999394-0-3(9)) Bonnington, Colin.

Grey the Dog: A Tail of a Dream. S. D. Hall. Illus. by Shizue Harrison. 2019. (ENG.). 32p. (J). 19.95 (978-1-4808-8601-8(7)); pap. 16.95 (978-1-4808-8599-8(1)) Archway Publishing.

Grey Town: An Australian Story. Gerald R. Baldwin. 2017. (ENG., Illus.). (J). pap. (978-0-649-37073-3(2)) Trieste Publishing Pty Ltd.

Grey Town: An Australian Story (Classic Reprint) Gerald R. Baldwin. 2018. (ENG., Illus.). 266p. (J). 29.38 (978-0-267-44858-6(9)) Forgotten Bks.

Grey Weather: Moorland Tales of My Own People (Classic Reprint) John Buchan. 2017. (ENG., Illus.). (J). 30.25 (978-0-331-61881-5(8)) Forgotten Bks.

Grey Wig, Stories & Novelettes (Classic Reprint) I. Zangwill. 2018. (ENG., Illus.). (J). 35.90 (978-0-260-77934-2(2)) Forgotten Bks.

Greycliff Wings (Classic Reprint) Harriet Pyne Grove. 2019. (ENG., Illus.). (J). 244p. 28.93 (978-1-397-29107-3(9)); 246p. pap. 11.57 (978-1-397-29084-7(6)) Forgotten Bks.

Greyfriars Bobby: a Puppy's Tale, 30 vols. Michelle Sloan. Illus. by Elena Bia. 2019. (Traditional Scottish Tales Ser.). 32p. (J). 11.95 (978-1-78250-590-7(3), Kelpies) Floris Bks. GBR. Dist: Consortium Bk. Sales & Distribution.

Greyfriars Bobby (Classic Reprint) Eleanor Atkinson. 2016. (ENG., Illus.). (J). 19.57 (978-1-334-99803-4(5)) Forgotten Bks.

Greyhound, a Groundhog. Emily Jenkins. Illus. by Chris Appelhans. 2017. 32p. (J). (gr. -1-2). 17.99 (978-0-553-49805-9(3), Schwartz & Wade Bks.) Random Hse. Children's Bks.

Greyhound Fanny (Classic Reprint) Martha Morley Stewart. 2017. (ENG., Illus.). (J). 28.81 (978-0-266-20278-3(0)) Forgotten Bks.

Greyhounds. Lindsay Shaffer. 2019. (Awesome Dogs Ser.). (ENG., Illus.). 24p. (J). (gr. k-3). lib. bdg. 26.95 (978-1-62617-908-0(5), Blastoff! Readers) Bellwether Media.

Greyhounds Are Great. Michael Rohr. Illus. by Jorgia Dimmock. 2022. (ENG.). 54p. (J). **(978-1-68583-464-7(7))**; pap. **(978-1-68583-465-4(5))** Tablo Publishing.

Greymare Romance (Classic Reprint) Edwin John Ellis. 2018. (ENG., Illus.). 118p. (J). 26.35 (978-0-483-07975-5(8)) Forgotten Bks.

Greymist Fair. Francesca Zappia. 2023. (ENG., Illus.). 336p. (YA). (gr. 8). 19.99 (978-0-06-316169-6(9), Greenwillow Bks.) HarperCollins Pubs.

Greymore a Story of Country Life, Vol. 3 of 3 (Classic Reprint) A. B. Church. 2018. (ENG., Illus.). 328p. (J). 30.66 (978-0-332-07210-4(X)) Forgotten Bks.

Greyslaer, Vol. 2 Of 2: A Romance of the Mohawk (Classic Reprint) Unknown Author. 2017. (ENG., Illus.). (J). 30.29 (978-1-5282-6992-6(6)) Forgotten Bks.

Greyson's Shoes. Beverley A. Elliott. Illus. by Anna M. Costello. 2020. (ENG.). 40p. (J). (978-1-5255-8887-7(7)); pap. (978-1-5255-8886-0(9)) FriesenPress.

Greystone & Porphyry. Harry Thurston Peck. 2017. (ENG., Illus.). (J). pap. (978-0-649-32939-7(2)) Trieste Publishing Pty Ltd.

Greystone Secrets #1: the Strangers. Margaret Peterson Haddix. Illus. by Anne Lambelet. (Greystone Secrets Ser.: 1). (ENG.). (J). (gr. 3-7). 2020. 432p. pap. 9.99 (978-0-06-283838-4(5)); 2019. 416p. 17.99 (978-0-06-283837-7(7)); 2019. 432p. E-Book (978-0-06-283839-1(3), 9780062838391) HarperCollins Pubs. (Tegen, Katherine Bks).

Greystone Secrets #2: the Deceivers. Margaret Peterson Haddix. (Greystone Secrets Ser.: 2). (ENG.). (J). (gr. 3-7). 2021. 464p. pap. 10.99 (978-0-06-283841-4(5)); 2020. (Illus.). 448p. 17.99 (978-0-06-283840-7(7)) HarperCollins Pubs. (Tegen, Katherine Bks).

Greystone Secrets #3: the Messengers. Margaret Peterson Haddix. (Greystone Secrets Ser.). (ENG.). (J). (gr. 3-7). 2022. 432p. pap. 8.99 (978-0-06-283844-5(X)); 2021. 416p. 17.99 (978-0-06-283843-8(1)) HarperCollins Pubs. (Tegen, Katherine Bks).

Greyt Christmas Tail. Miriam Payne. 2017. (ENG., Illus.). (J). pap. (978-1-912256-22-8(3)) Filament Publishing.

Greyt Pirate Tail. Miriam Payne. 2018. (ENG., Illus.). 36p. (J). pap. (978-1-912256-85-3(1)) Filament Publishing.

Greythorne. Crystal Smith. (Bloodleaf Trilogy Ser.). (ENG.). 368p. (YA). (gr. 9). 2021. pap. 10.99 (978-0-358-44805-1(0), 1795527); 2020. 18.99 (978-1-328-49631-7(7), 1717295) HarperCollins Pubs. (Clarion Bks.).

Greywaren (the Dreamer Trilogy #3), 1 vol. Maggie Stiefvater. 2022. (Dreamer Trilogy Ser.). (ENG.). 352p. (YA). (gr. 8-12). 19.99 (978-1-338-18839-4(9), Scholastic Pr.) Scholastic, Inc.

Gri (Gray) Amy Culliford. Tr. by Jean Pierre Gaston. 2021. (Koulè Mwen Pi Renmen Yo (My Favorite Color) Ser.). (CRP., Illus.). (J). (gr. -1-1). pap. **(978-1-0396-0129-1(4)**, 10103, Crabtree Roots) Crabtree Publishing Co.

Grid Copy Puzzles: Christmas Edition: Drawing Book for Kids. Speedy Kids. 2017. (ENG., Illus.). (J). pap. 9.20 (978-1-5419-3396-5(6)) Speedy Publishing LLC.

Grid Copy Puzzles: Thanksgiving Edition: Drawing Book for Kids. Speedy Kids. 2017. (ENG., Illus.). (J). pap. 9.20 (978-1-5419-3398-9(2)) Speedy Publishing LLC.

Grid Copy Puzzles: Valentine's Day Edition: Drawing Book for Kids. Speedy Kids. 2017. (ENG., Illus.). (J). pap. 9.20 (978-1-5419-3397-2(4)) Speedy Publishing LLC.

Grid Drawing Book Make a World of Magic & Tricks. Educando Kids. 2019. (ENG.). 42p. (J). pap. 8.55 (978-1-64521-634-6(9), Educando Kids) Editorial Imagen.

Griddle Creek: Sugar Rush. M. Malenga. 2017. (ENG., Illus.). (J). pap. 9.13 (978-0-9991946-0-7(7)) Malenga, Mubita.

Gridiron: Stories from 100 Years of the National Football League. Fred Bowen. Illus. by James E. Ransome. 2020. (ENG.). 112p. (J). (gr. 3-7). 19.99 (978-1-4814-8112-0(6), McElderry, Margaret K. Bks.) McElderry, Margaret K. Bks.

Gridiron Gamer. Jake Maddox. Illus. by Francisco Bueno Capeáns. 2022. (Jake Maddox ESports Ser.). (ENG.). 72p. (J). 25.99 (978-1-6663-4466-0(4), 238321); pap. 5.95 (978-1-6663-5332-7(9), 238306) Capstone. (Stone Arch Bks.).

Gridiron Girl: A YA Contemporary Sports Novel. Tamara Girardi. 2022. (ENG.). 278p. (YA). pap. 14.95 (978-1-953944-65-8(5)) Wise Wolf Bks.

Gridiron Greats: Heroes of Football. Jennifer Rivkin. 2016. (ENG., Illus.). 32p. (J). (978-0-7787-2295-3(3)) Crabtree Publishing Co.

Gridiron Grit. J. N. Kelly. 2022. (In the Clutch Ser.). (ENG.). 72p. (J). (gr. 3-4). pap. 7.99 (978-1-63163-666-0(9)); lib. bdg. 25.70 (978-1-63163-665-3(0)) North Star Editions. (Jolly Fish Pr.).

Grief: Emotions & Feelings (Engaging Readers, Level 2) Sarah Harvey. Ed. by Ashley Lee. l.t. ed. 2023. (Emotions & Feelings Ser.: Vol. 4). (ENG., Illus.). 32p. (J).

(978-1-77878-140-7(3)); pap. *(978-1-77878-141-4(1))* AD Classic.

Grief & Loss. Meg Gaertner. 2022. (Dealing with Challenges Ser.). (ENG., Illus.). 24p. (J). (gr. k-1). pap. 8.95 *(978-1-64619-512-1(4))*; lib. bdg. 28.50 *(978-1-64619-485-8(3))* Little Blue Hse. (Little Blue Readers).

Grief Doodling: Bringing Back Your Smiles. Harriet Hodgson. 2021. (ENG.). 72p. (J). pap. 11.95 *(978-1-60808-252-0(0))*, WriteLife Publishing) Boutique of Quality Books Publishing Co., Inc.

Grief Keeper. Alexandra Villasante. 2019. (ENG.). 320p. (YA). (gr. 7). 17.99 *(978-0-525-51402-2(3))*, G.P. Putnam's Sons Books for Young Readers) Penguin Young Readers Group.

Grief Rock: A Book to Understand Grief & Love. Natasha Daniels. Illus. by Lily Fossett. ed. 2023. 32p. (J). 15.95 *(978-1-83997-439-7(7))*, 866405) Kingsley, Jessica Pubs. GBR. Dist: Hachette UK Distribution.

Grief Squad: Mom's Sky. Susan Repa. Illus. by Dimas Yuli. 2023. (Grief Squad Ser.: Vol. 1). (ENG.). 26p. (J). pap. *(978-1-990336-42-3(6))* Rusnak, Alanna.

Grieta en el Espacio. Madeleine L'Engle. 2018. (SPA.). 240p. (YA). (gr. 7). pap. 15.50 *(978-607-527-143-9(0))* Editorial Oceano de Mexico MEX. Dist: Independent Pubs. Group.

Grif. Benjamin Leopold Farjeon. 2017. (ENG.). 374p. (J). pap. *(978-3-337-31223-7(3))* Creation Pubs.

Grif: A Story of Australian Life (Classic Reprint) Benjamin Leopold Farjeon. 2018. (ENG., Illus.). 370p. (J). 31.55 *(978-0-483-93849-6(1))* Forgotten Bks.

Griffin. Heather DiLorenzo Williams. Illus. by Haylee Troncone. 2021. (Magical Creatures Ser.). (ENG.). 24p. (J). (gr. k-2). lib. bdg. 26.65 *(978-1-62920-888-6(4)*, 74f5df36-a387-4456-b4b4-128b88b5791a) Full Tilt Pr. NZL. Dist: Lerner Publishing Group.

Griffin Grey & the Trailmaker's Map. Veronica J. Whitney. 2022. (ENG.). (J). 596p. *(978-1-6781-5792-0(9))*; 606p. pap. *(978-1-6781-5791-3(0))* Lulu Pr., Inc.

Griffin in the Spring. Melissa Marie Keeping. 2020. (ENG.). 24p. (J). *(978-0-2288-3824-1(X))*; pap. *(978-0-2288-3823-4(1))* Tellwell Talent.

Griffin J. Hare & the Birthday Party Dilemma. Jennifer Griffin & Marlo Garnsworthy. 2021. (ENG.). 32p. (J). 21.49 *(978-1-0880-0183-7(1))* Indy Pub.

Griffin J. Hare & the Birthday Party Dilemma. Jennifer K. Griffin. Illus. by Marlo Garnsworthy. 2021. (ENG.). 32p. (J). pap. 14.99 *(978-1-0879-9963-0(4))* Indy Pub.

Griffin the Dragon & the Game of Chess for Kids. Ken Mask & Simmie Williams. 2017. (ENG., Illus.). (J). pap. 14.95 *(978-1-4566-2757-7(0))* eBookit.com.

Griffins. Matt Doeden. Illus. by Martín Bustamante. 2019. (Mythical Creatures Ser.). (ENG.). 32p. (J). (gr. k-2). lib. bdg. 29.99 *(978-1-5158-4444-0(7)*, 140564, Picture Window Bks.) Capstone.

Griffins. Virginia Loh-Hagan. 2017. (Magic, Myth, & Mystery Ser.). (ENG., Illus.). 32p. (J). (gr. 4-8). lib. bdg. 32.07 *(978-1-63472-886-7(6)*, 209970, 45th Parallel Press) Cherry Lake Publishing.

Griffins: A Colonial Tale (Classic Reprint) Mary Stuart Young. (ENG., Illus.). (J). 2018. 184p. 27.69 *(978-0-364-03681-5(8))*; 2017. pap. 10.57 *(978-0-282-63255-7(7))* Forgotten Bks.

Griffin's Feather (Dragon Rider #2) Cornelia Funke. (Dragon Rider Ser.: 2). (ENG.). 432p. (J). (gr. 3-7). 2019. pap. 9.99 *(978-1-338-57715-0(8))*; 2018. (Illus.). 17.99 *(978-1-338-21553-3(1))* Scholastic, Inc. (Chicken Hse., The).

Griffins of Castle Cary. Heather Shumaker. 2019. (ENG., Illus.). 320p. (J). (gr. 3-7). 17.99 *(978-1-5344-3088-4(1)*, Simon & Schuster Bks. For Young Readers) Simon & Schuster Bks. For Young Readers.

Griffin's Thoughtful Night. Sonia Nahbila Moonen. 2021. (ENG.). (J). 38p. 15.99 *(978-1-68489-147-4(7))*; 36p. pap. 13.99 *(978-1-63795-796-7(3))* Primedia eLaunch LLC.

Griffith Gaunt: Or Jealousy (Classic Reprint) Charles Reade. 2018. (ENG., Illus.). 696p. (J). 38.25 *(978-0-267-18053-0(5))* Forgotten Bks.

Griffith Gaunt, or Jealousy (Classic Reprint) Charles Reade. (ENG., Illus.). (J). 2018. 292p. 29.92 *(978-0-428-95973-9(3))*; 2017. 28.60 *(978-0-266-50540-2(6))*; 2016. pap. 10.97 *(978-1-334-11576-9(1))* Forgotten Bks.

Griffith Gaunt, Vol. 1 Of 3: Or Jealousy (Classic Reprint) Charles Reade. 2018. (ENG., Illus.). 314p. (J). 30.39 *(978-0-483-66185-1(6))* Forgotten Bks.

Griffith Gaunt, Vol. 2 Of 3: Or Jealousy (Classic Reprint) Charles Reade. 2018. (ENG., Illus.). 326p. (J). 30.62 *(978-0-484-72260-5(3))* Forgotten Bks.

Griffith Gaunt, Vol. 3 Of 3: Or Jealousy (Classic Reprint) Charles Reade. 2018. (ENG., Illus.). 336p. (J). 30.83 *(978-0-484-18446-5(6))* Forgotten Bks.

Griffith's Guide for Dragon Masters, Special Ed. Tracey West. ed. 2019. (Branches Early Ch Bks). (ENG.). 145p. (J). (gr. 2-3). 16.69 *(978-1-64697-099-5(3))* Penworthy Co., LLC, The.

Griffith's Guide for Dragon Masters: a Branches Special Edition (Dragon Masters) Tracey West. Illus. by Matt Loveridge. 2019. (Dragon Masters Ser.). (ENG.). 144p. (J). (gr. 1-3). pap. 6.99 *(978-1-338-54034-5(3))* Scholastic, Inc.

Græðikisan: Icelandic Edition of the Healer Cat. Tuula Pere. Tr. by Helgi Mar Baroason. Illus. by Klaudia Bezak. 2019. (ICE.). 40p. (J). (gr. k-4). *(978-952-357-117-4(6))*; pap. *(978-952-357-118-1(4))* Wickwick oy.

Grill Master: Finger-Licking Grilled Recipes. Tyler Omoth. 2017. (Kids Can Cook! Ser.). (ENG., Illus.). 32p. (J). (gr. 3-9). lib. bdg. 28.65 *(978-1-5157-3815-2(9)*, 133718, Capstone Pr.) Capstone.

Grilled Cheese & Dragons, 1. Nancy Krulik. ed. 2020. (Princess Pulverizer Ser.). (ENG.). 132p. (J). (gr. 2-3). 17.49 *(978-1-64697-035-3(7))* Penworthy Co., LLC, The.

Grilled Cheese & Dragons #1. Nancy Krulik. Illus. by Ben Balistreri. 2018. (Princess Pulverizer Ser.: 1). 144p. (J). (gr. 1-3). 6.99 *(978-0-515-15831-1(3)*, Penguin Workshop) Penguin Young Readers Group.

Grilled Cheese Sandwiches. Joanne Mattern. 2021. (Our Favorite Foods Ser.). (ENG., Illus.). 24p. (J). (gr. k-3). lib. bdg. 26.95 *(978-1-64487-434-9(2)*, Blastoff! Readers) Bellwether Media.

Grillo en Times Square: Revised & Updated Edition with Foreword by Stacey Lee. George Selden. Ed. by Stacey Lee. Illus. by Garth Williams. 2022. (Chester Cricket & His Friends Ser.: 1). (SPA.). 160p. (J). pap. 7.99 *(978-1-250-87581-5(1)*, 900280962) Square Fish.

Grils of the Ocean. Mandy Voisin. 2022. (ENG.). 136p. (J). pap. 12.99 *(978-1-4621-4121-0(8))*, Sweetwater Bks.) Cedar Fort, Inc./CFI Distribution.

Grim. Sara B. Elfgren. Tr. by Judith Kiros. 2023. (ENG.). 400p. (YA). (gr. 8). 20.00 *(978-1-64690-030-5(8))* North-South Bks., Inc.

Grim. The Dark Writer. 2017. (ENG., Illus.). (J). *(978-1-4602-3668-0(8))*; pap. *(978-1-4602-3669-7(6))* FriesenPress.

Grim & Grimmer Omnibus. Ian Irvine. 2020. (Grim & Grimmer Ser.). (ENG.). 682p. (J). pap. *(978-0-6482854-4-1(8))* Santhenar Trust, The.

Grim, Grunt, & Grizzle-Tail: A Tale from Chile. Fran Parnell. Illus. by Sophie Fatus. 2020. (Stories from Around the World Ser.). (ENG.). 48p. (J). (gr. 1-5). pap. 6.99 *(978-1-78285-846-1(6))* Barefoot Bks., Inc.

Grim Life. K. D. Worth. 2016. (ENG., Illus.). (J). 24.99 *(978-1-63477-967-8(3))*, Harmony Ink Pr.) Dreamspinner Pr.

Grim Lovelies. Megan Shepherd. (Grim Lovelies Ser.). (ENG.). (YA). (gr. 9). 2019. 448p. pap. 9.99 *(978-0-358-10823-8(3)*, 1748887); 2018. 384p. 17.99 *(978-1-328-80918-6(8)*, 1688543) HarperCollins Pubs. (Clarion Bks.).

Grim Lovelies. Encantos Siniestros. Megan Shepherd. 2019. (SPA.). 408p. (YA). pap. 16.99 *(978-607-8614-71-4(1))* V&R Editoras.

Grim Reaper & Death Skulls Coloring Book. Activibooks. 2016. (ENG., Illus.). (J). pap. 9.20 *(978-1-68321-579-0(6))* Mimaxion.

Grim Reaper Angel of Death: An Adult Horror Coloring Book Featuring over 30 Pages of Giant Super Jumbo Large Designs of Day of the Dead Nightmare, Horror Scenes of Death Angels, Evil Demons of Death, & Terrifying Skulls for Stress Relief. Beatrice Harrison. 2020. (ENG.). 34p. (YA). pap. 7.86 *(978-1-716-76436-3(X))* Lulu Pr., Inc.

Grim Reaper's Calling Card. Donald Webb. 2016. (ENG., Illus.). pap. 18.95 *(978-1-62639-748-4(1))* Bold Strokes Bks.

Grimelda & the Spooktacular Pet Show. Diana Murray. Illus. by Heather Ross. 2017. (ENG.). 40p. (J). (gr. -1-3). 16.99 *(978-0-06-226449-7(4)*, Tegen, Katherine Bks) HarperCollins Pubs.

Grimelda: the Very Messy Witch. Diana Murray. Illus. by Heather Ross. 2016. (ENG.). 32p. (J). (gr. -1-3). 16.99 *(978-0-06-226448-0(6)*, Tegen, Katherine Bks) HarperCollins Pubs.

Grimly Jane. Elle Alexander. 2017. (Grimly Jane Trilogy Ser.: Vol. 1). (ENG., Illus.). (J). (gr. 3-6). 16.99 *(978-0-692-87956-6(0))* Oliver Pr. LLC.

Grimm Fairy Tales Colouring Book for Kids: Suitable for Ages 4+ Marcelline Hubble. 2022. (ENG.). 100p. (J). pap. *(978-1-4583-6771-6(1))* Lulu Pr., Inc.

Grimm Tales Made Gay (Classic Reprint) Guy Wetmore Carryl. 2018. (ENG., Illus.). 150p. (J). 26.99 *(978-0-483-27207-1(8))* Forgotten Bks.

Grimms & Garms. Rissa Renae. 2016. (ENG., Illus.). 550p. (J). pap. *(978-0-9948840-3-9(6))* Gauvin, Jacques.

Grimm's Complete Fairy Tales (Classic Reprint) Jacob Grimm. 2017. (ENG., Illus.). (J). 37.22 *(978-1-5283-4978-9(4))* Forgotten Bks.

Grimm's Fairy Stories. Jacob Grimm. 2017. (ENG., Illus.). (J). 23.95 *(978-1-374-87928-7(2))*; pap. 13.95 *(978-1-374-87927-0(4))* Capital Communications, Inc.

Grimm's Fairy Stories. Jacob Grimm & Wilhelm Grimm. 2016. (ENG.). 92p. (J). pap. *(978-93-86019-42-4(6))* Alpha Editions.

Grimm's Fairy Tales. Brothers Grimm. Illus. by Arthur Rackham. 2021. (ENG.). 270p. (J). pap. 10.99 *(978-1-4209-7480-5(7))* Digireads.com Publishing.

Grimm's Fairy Tales. Jacob Grimm. 2019. (ENG.). 128p. (J). 14.99 *(978-1-78950-927-4(0)*, 044eedea-816d-4b52-b579-8120c4b23a70) Arcturus Publishing GBR. Dist: Baker & Taylor Publisher Services (BTPS).

Grimm's Fairy Tales. Jacob Grimm & Wilhelm Grimm. 2016. (ENG.). 282p. (J). (gr. k-5). pap. *(978-93-86019-43-1(4))* Alpha Editions.

Grimm's Fairy Tales. Jacob Grimm & Wilhelm Grimm. 2022. (Children's Signature Classics Ser.). 168p. (J). (gr. 3-7). 17.99 *(978-1-4549-4568-0(0)*, Union Square Pr.) Sterling Publishing Co., Inc.

Grimms' Fairy Tales. Jacob Grimm & Wilhelm Grimm. 2019. (ENG.). 162p. (J). pap. 5.85 *(978-1-68092-303-2(X))* 12th Media Services.

Grimms' Fairy Tales. Jacob Grimm & Wilhelm Grimm. 2020. (ENG.). 194p. (J). (gr. k-5). pap. *(978-93-5397-344-5(9))* Alpha Editions.

Grimm's Fairy Tales. Jacob Ludwig Karl Grimm. 2023. (ENG.). 278p. (YA). pap. *(978-1-312-88891-3(1))* Lulu Pr., Inc.

Grimms Fairy Tales. The Brothers Grimm & Wilhelm Carl Grimm. 2021. (Mint Editions — The Children's Library). (ENG.). 220p. (J). (gr. k-8). 15.99 *(978-1-5132-2130-4(2)*, West Margin Pr.) West Margin Pr.

Grimms' Fairy Tales. Wilhelm Grimm & Jacob Grimm. 2019. (ENG.). 162p. (J). 12.89 *(978-1-68092-304-9(8))* 12th Media Services.

Grimm's Fairy Tales. Racehorse for Young Readers & The Brothers Grimm. Illus. by Rie Cramer. 2018. (Children's Classic Collections). 160p. (J). (gr. -1-3). 14.99 *(978-1-63158-252-3(6)*, Racehorse Publishing) Skyhorse Publishing Co., Inc.

Grimm's Fairy Tales. The Brothers Grimm. 2018. (ENG., Illus.). 262p. (J). (gr. 3-6). 27.34 *(978-1-7317-0556-3(5))*; pap. 15.26 *(978-1-7317-0557-0(3))*; 14.12 *(978-1-7317-0161-9(6))*; pap. 7.34 *(978-1-7317-0162-6(4))* Simon & Brown.

Grimm's Fairy Tales: A New Translation (Classic Reprint) H. B. Paull. 2018. (ENG., Illus.). 582p. (J). 35.90 *(978-0-364-11453-7(3))* Forgotten Bks.

Grimm's Fairy Tales: Kid Classics: the Classic Edition Reimagined Just-For-Kids! (Kid Classic #5), Vol. 5. Jacob Grimm. 2023. (Kid Classics Ser.: 5). (ENG., Illus.). 224p. (J). (gr. 2). 19.95 *(978-1-951511-36-4(0)*, Applesauce Pr.) Cider Mill Pr. Bk. Pubs., LLC.

Grimm's Fairy Tales: Retold in One-Syllable Words (Classic Reprint) Wilhelm Grimm. 2017. (ENG., Illus.). (J). 27.16 *(978-0-331-86630-8(7))*; pap. 9.57 *(978-0-259-49863-6(7))* Forgotten Bks.

Grimm's Fairy Tales: Selected & Edited for Primary Reader Grades (Classic Reprint) Edna Henry Lee Turpin. (ENG., Illus.). (J). 2018. 210p. 28.25 *(978-0-332-94470-8(0))*; 2016. pap. 10.97 *(978-1-334-14273-4(4))* Forgotten Bks.

Grimm's Fairy Tales (Classic Reprint) Jacob Grimm. 2017. (ENG., Illus.). (J). 32.48 *(978-1-5281-5132-0(1))* Forgotten Bks.

Grimms' Fairy Tales (Illustrated by Walter Crane) Jacob Grimm & Wilhelm Grimm. Illus. by Walter Crane. 2016. (ENG.). 194p. (J). *(978-1-78139-729-9(5))* Benediction Classics.

Grimms' Fairy Tales (Illustrated by Walter Crane) Jacob Grimm et al. 2016. (ENG., Illus.). (J). pap. *(978-1-78139-730-5(9))* Benediction Classics.

Grimms' Fairy Tales (Illustrated by Walter Crane) Jacob Grimm et al. 2019. (ENG., Illus.). 194p. (J). *(978-1-78943-061-5(5))*; pap. *(978-1-78943-060-8(7))* Benediction Classics.

Grimm's Fairy Tales, Vol. 1 (Classic Reprint) Jacob Grimm. 2017. (ENG., Illus.). (J). 27.07 *(978-0-266-57669-3(9))*; pap. 11.57 *(978-0-243-32523-8(1))* Forgotten Bks.

Grimm's Fairy Tales, Vol. 1 (Classic Reprint) Jacob Grimm. 2018. (ENG., Illus.). 246p. (J). 29.30 *(978-0-483-13335-8(3))* Forgotten Bks.

Grimm's Household Tales (Classic Reprint) Jacob Grimm. 2017. (ENG., Illus.). (J). 32.48 *(978-0-266-91826-4(3))* Forgotten Bks.

Grimms Manga Tales. Illus. by Kei Ishiyama. 2017. (Grimms Manga Tales Ser.). (ENG.). 352p. (J). (gr. 5-1). pap. 17.99 *(978-1-4278-5730-9(X)*, f02b609d-4ed5-4a35-a758-5ff8ad2233b7) TOKYOPOP, Inc.

Grimoire d'Askaryl * Acte 3. Nicolas LENAIN. 2021. (FRE.). 696p. (YA). pap. *(978-1-008-98940-5(1))* Lulu Pr., Inc.

Grimoire Noir. Vera Greentea. Illus. by Yana Bogatch. 2019. (ENG.). 288p. (J). 24.99 *(978-1-250-30573-2(X)*, 900197572); pap. 17.99 *(978-1-62672-598-0(5)*, 900162654) Roaring Brook Pr. (First Second Bks.).

Grimoire of Grave Fates. Created by Hanna Alkaf & Margaret Owen. 2023. (Illus.). 464p. (YA). (gr. 7). 18.99 *(978-0-593-42745-3(9))*; (ENG., lib. bdg. 21.99 *(978-0-593-42746-0(7))* Random Hse. Children's Bks. (Delacorte Pr.).

Grimoire Spell Journal Hardcover126 Pages 6x9 -Inches. Popappel20. 2021. (ENG.). 126p. (YA). 13.99 *(978-1-716-19770-3(8))* Lulu Pr., Inc.

Grimpy Letters: A Series of Letters Written by a Young Girl to Her Old Lady Chum. Mary Dyer Lemon. 2017. (ENG., Illus.). (J). pap. *(978-0-649-59770-3(2))* Trieste Publishing Pty Ltd.

Grimpy Letters: A Series of Letters Written by a Young Girl to Her Old Lady Chum (Classic Reprint) Mary Dyer Lemon. (ENG., Illus.). (J). 2018. 202p. 28.08 *(978-0-428-73011-6(6))*; 2016. pap. 10.57 *(978-1-334-12544-7(9))* Forgotten Bks.

Grimrose Girls. Laura Pohl. 2021. (Grimrose Girls Ser.: 1). 400p. (YA). (gr. 8-12). pap. 10.99 *(978-1-7282-2887-7(5))* Sourcebooks, Inc.

Grimsdon. Deborah Abela. 2020. (Grimsdon Ser.: 1). 288p. (J). (gr. 4-7). 9.99 *(978-1-76089-254-8(8)*, Puffin) Penguin Random Hse. AUS. Dist: Independent Pubs. Group.

Grimwood. Nadia Shireen. 2023. (Grimwood Ser.: 1). (ENG.). 240p. (J). 19.99 *(978-1-5248-8226-6(7))*; pap. 11.99 *(978-1-5248-8225-9(9))* Andrews McMeel Publishing.

Grimwood: Let the Fur Fly! Nadia Shireen. 2023. (Grimwood Ser.: 2). (ENG.). 256p. (J). 19.99 *(978-1-5248-8229-7(1))*; pap. 11.99 *(978-1-5248-8227-3(5))* Andrews McMeel Publishing.

Grimworld: Tick, Tock, Tick, Tock. Avery Moray. 2019. (ENG., Illus.). 160p. (J). (gr. 4-8). pap. 11.95 *(978-1-78904-157-6(0)*, Our Street Bks.) Hunt, John Publishing Ltd. GBR. Dist: National Bk. Network.

Grin: Dealing with Bullies. Jo Ann Rufo. 2022. (ENG.). 38p. (J). 20.99 *(978-1-957575-69-8(7))*; pap. 10.99 *(978-1-957575-67-4(0))* GoldTouch Pr.

Grin & Bear It: the Wit & Wisdom of Corduroy. Don Freeman. 2018. (Corduroy Ser.). (Illus.). 56p. (J). (gr. k-4). 12.99 *(978-0-451-47929-7(7)*, Viking Books for Young Readers) Penguin Young Readers Group.

Grin to Fin. Joyce Markovics. 2019. (Read & Rhyme Level 1 Ser.). (ENG., Illus.). 16p. (J). (gr. -1-1). 24.21 *(978-1-64280-541-3(6))* Bearport Publishing Co., Inc.

Grinder Papers (Classic Reprint) Mary Kyle Dallas. 2018. (ENG., Illus.). 350p. (J). 31.14 *(978-0-483-77335-6(2))* Forgotten Bks.

Grindhouse: 3 Books in One. Megan Brock. 2023. (ENG.). 524p. (J). pap. *(978-1-312-61142-9(1))* Lulu Pr., Inc.

Grinding: A Louisiana Story (Classic Reprint) Clara Goodyear Boise Bush. 2018. (ENG., Illus.). 322p. (J). 30.56 *(978-0-484-86871-6(3))* Forgotten Bks.

Gringos: A Story of the Old California Days in 1849 (Classic Reprint) B. M. Bower. 2018. (ENG., Illus.). (J). 376p. 31.65 *(978-1-397-20643-5(8))*; 378p. pap. 16.57 *(978-1-397-20618-3(7))*; 376p. 31.65 *(978-0-483-03425-9(8))* Forgotten Bks.

Grinning Grandmas: Nice Older People Cartoon Coloring Book. Activity Book Zone for Kids. 2016. (ENG., Illus.). (J). pap. 9.20 *(978-1-68376-440-3(4))* Sabeels Publishing.

Grinning Man. Shannon Huntley. 2019. (ENG.). 330p. (J). pap. 11.99 *(978-0-578-55297-2(3))* Huntley, Shannon.

Grinny Granny Donkey. Craig Smith. ed. 2020. (Wonky Donkey & Friends Ser.). (ENG., Illus.). 22p. (J). (gr. k-1). 18.59 *(978-1-64697-534-1(0))* Penworthy Co., LLC, The.

Grinny Granny Donkey (a Wonky Donkey Book) Craig Smith. Illus. by Katz Cowley. 2020. (ENG.). 24p. (J). (gr. -1-k). pap. 7.99 *(978-1-338-69227-3(5))* Scholastic, Inc.

Grins & Wrinkles, or Food for Thought & Laughter (Classic Reprint) James Macgrigor Allan. (ENG., Illus.). (J). 2018. 372p. 31.57 *(978-0-484-41856-0(4))*; 2016. pap. 13.97 *(978-1-334-38982-5(9))* Forgotten Bks.

Grip. Marcus Stroman. 2023. (Marcus Stroman Ser.: 1). (ENG.). (J). (gr. 3-7). 224p. pap. 8.99 *(978-1-6659-1613-4(3))*; 208p. 17.99 *(978-1-6659-1614-1(1))* Simon & Schuster Children's Publishing. (Aladdin).

Grip (Classic Reprint) John Strange Winter. 2018. (ENG., Illus.). 246p. (J). 28.99 *(978-0-332-85635-3(6))* Forgotten Bks.

Grip of the Bookmaker (Classic Reprint) Percy White. 2017. (ENG., Illus.). (J). 30.85 *(978-0-266-72088-1(9))*; pap. 13.57 *(978-1-5276-7767-8(2))* Forgotten Bks.

Gripped - Part 1: The Truth We Never Told. Stacy A. Padula. 2019. (ENG.). 186p. (YA). (gr. 7-12). pap. 13.50 *(978-1-949483-88-8(6))* Strategic Book Publishing & Rights Agency (SBPRA).

Gripped Part 1: The Truth We Never Told. Stacy A. Padula. 2nd ed. 2020. (Gripped Ser.: Vol. 1). (ENG., (YA). Illus.). 168p. 19.95 *(978-1-7331536-3-8(2))*; 170p. pap. 12.50 *(978-1-7350168-3-2(7))* Briley & Baxter Publications.

Gripped Part 2: Blindsided. Stacy A. Padula. 2020. (Gripped Ser.: Vol. 2). (ENG., Illus.). 182p. (YA). (gr. 7-12). 19.95 *(978-1-7350168-0-1(2))* Briley & Baxter Publications.

Gripped Part 2: Blindsided. Stacy A. Padula. Ed. by Michael Mattes. 2019. (Gripped Ser.: Vol. 2). (ENG.). 206p. (YA). (gr. 7-12). pap. 13.50 *(978-1-7331536-0-7(8))* Briley & Baxter Publications.

Gripped Part 3: The Fallout. Stacy A. Padula. (Gripped Ser.: Vol. 3). (ENG.). (YA). (gr. 7-12). 2020. 162p. 19.95 *(978-1-7350168-1-8(0))*; 2019. (Illus.). 158p. pap. 13.50 *(978-1-7331536-2-1(4))* Briley & Baxter Publications.

Gripped Part 4: Smoke & Mirrors. Stacy A. Padula. 2020. (Gripped Ser.: Vol. 4). (ENG., Illus.). 310p. (YA). (gr. 7-12). pap. 16.95 *(978-1-7331536-4-5(0))* Briley & Baxter Publications.

Gripped Part 5: Taylor's Story. Stacy A. Padula. 2021. (Gripped Ser.: Vol. 5). (ENG.). 238p. (YA). 23.00 *(978-1-954819-25-2(0))*; pap. 16.95 *(978-1-954819-24-5(2))* Briley & Baxter Publications.

Gris. Amy Culliford. Tr. by Claire Savard. 2021. (Ma Couleur Préférée (My Favorite Color) Ser.). (FRE., Illus.). 16p. (J). (gr. -1-1). pap. *(978-1-0396-0114-7(6)*, 13246) Crabtree Publishing Co.

Gris como un Delfín see Gray as a Dolphin/Gris como un Delfín

Gris Grimly's Tales from the Brothers Grimm. Jacob Grimm. Illus. by Gris Grimly. 2016. (ENG.). 288p. (J). (gr. 3-7). 17.99 *(978-0-06-235233-0(4)*, Balzer & Bray) HarperCollins Pubs.

Gris Grimly's Wicked Nursery Rhymes III. Gris Grimly. 2017. (ENG., Illus.). 32p. 16.95 *(978-1-61404-014-9(1))* Baby Tattoo Bks.

Grisel Romney, Vol. 1 of 2 (Classic Reprint) M. E. Fraser-Tytler. 2018. (ENG., Illus.). 234p. (J). 28.72 *(978-0-483-74362-5(3))* Forgotten Bks.

Grisel Romney, Vol. 2 Of 2: A Novel (Classic Reprint) M. E. Fraser-Tytler. (ENG., Illus.). (J). 2018. 226p. 28.58 *(978-0-428-74747-3(7))*; 2016. pap. 10.97 *(978-1-334-15557-4(7))* Forgotten Bks.

Griselda (Classic Reprint) Basil King. 2018. (ENG., Illus.). 342p. (J). 30.97 *(978-0-428-94313-4(6))* Forgotten Bks.

Griselda Rella. Lee Renwick Steele. 2023. (ENG.). 368p. (YA). pap. 19.99 *(978-1-5092-4408-9(5))* Wild Rose Pr., Inc., The.

Griselda, Vol. 1 Of 3: A Novel (Classic Reprint) Alice Mangold Diehl. (ENG., Illus.). (J). 2018. 264p. 29.36 *(978-0-484-83337-0(5))*; 2016. pap. 11.97 *(978-1-333-43203-4(8))* Forgotten Bks.

Griselda, Vol. 2 Of 3: A Novel (Classic Reprint) Unknown Author. 2018. (ENG., Illus.). 254p. (J). 29.16 *(978-0-267-15162-2(4))* Forgotten Bks.

Grisley Suitor: A Story (Classic Reprint) Frank Wedekind. 2018. (ENG., Illus.). 42p. (J). 24.76 *(978-0-484-30069-8(5))* Forgotten Bks.

Grisly Gooey Grimy Jokes Facts & Rhymes for Kids. Bonnie Ferrante. 2022. (ENG.). 54p. (J). pap. *(978-1-928064-64-0(7))* Single Drop Publishing.

Grisly Grisell or the Laidly Lady of Whitburn: A Tale of the Wars of the Roses (Classic Reprint) Charlotte Mary Yonge. 2017. (ENG., Illus.). (J). 30.33 *(978-1-5282-7912-3(3))* Forgotten Bks.

Grisly Grisell or the Laidly Lady of Whitburn, Vol. 1 Of 2: A Tale of the Wars of the Roses (Classic Reprint) Charlotte Mary Yonge. 2017. (ENG., Illus.). (J). 28.97 *(978-0-266-42387-4(6))* Forgotten Bks.

Grisly Grisell, Vol. 2 Of 2: Or the Laidly Lady of Whitburn a Tale of the Wars of the Roses (Classic Reprint) Charlotte M. Yonge. 2017. (ENG., Illus.). (J). 28.97 *(978-0-266-26131-5(0))* Forgotten Bks.

Grit: A Novel. Gillian French. (ENG.). (YA). (gr. 9). 2018. 320p. pap. 9.99 *(978-0-06-264256-1(1))*; 2017. 304p. 17.99 *(978-0-06-264255-4(3))* HarperCollins Pubs. (HarperTeen).

Grit A-Plenty: A Tale of the Labrador Wild (Classic Reprint) Dillon Wallace. 2017. (ENG., Illus.). 266p. (J). 29.38 *(978-0-484-66088-4(8))* Forgotten Bks.

Grit & Gold. Brandon Terrell. Illus. by Eduardo Garcia. 2016. (Time Machine Magazine Ser.). (ENG.). 128p. (J). (gr. 3-6). lib. bdg. 23.99 *(978-1-4965-2597-0(3)*, 130726) Capstone.

Grit & Grace: Heroic Women of the Bible. Caryn Rivadeneira. Illus. by Katy Betz. 2017. 144p. (J). (gr. 4-6). pap. 14.99 *(978-1-5064-2495-8(3)*, Sparkhouse Family) 1517 Media.

Grit & Gratitude: The Foster Youth's Playbook for Adulting. Crystal Lindsey Mba. 2020. (ENG.). 246p. (J). pap. 16.99 *(978-0-578-23196-9(4))* 333 Publishing.

Grit Book I: The Voices You Form. L. P. King. 2021. (Grit Ser.: Vol. 1). (ENG.). 302p. (YA). pap. *(978-0-6451739-0-1(8))* M. P. Furo.

Grit Guide for Teens: A Workbook to Help You Build Perseverance, Self-Control, & a Growth Mindset. Caren Baruch-Feldman. 2017. (ENG.). 152p. (YA). (gr. 6-12). pap. 18.95 *(978-1-62625-856-3(2)*, 38563) New Harbinger Pubns.

816

The check digit for ISBN-10 appears in parentheses after the full ISBN-13

Grit Is Good. Kristen Riddell. 2021. (ENG.). 26p. (J). pap. 13.99 *(978-1-952725-67-8(4))* Butler, Kate Bks.

Grit Lawless (Classic Reprint) F. E. Mills Young. 2018. (ENG., Illus.). 340p. (J). 30.91 *(978-0-483-21453-8(1))* Forgotten Bks.

Grit, the Young Boatman (Classic Reprint) Horatio Alger Jr. 2018. (ENG., Illus.). 294p. (J). 29.96 *(978-0-483-79629-4(8))* Forgotten Bks.

Grit Workbook for Kids: CBT Skills to Help Kids Cultivate a Growth Mindset & Build Resilience. Elisa Nebolsine. 2020. (ENG., Illus.). 136p. (J). (gr. k-5). pap. 16.95 *(978-1-68403-598-4(8),* 45984, Instant Help Books) New Harbinger Pubns.

Gritar a la Lluvia / Shouting at the Rain. Lynda Mullaly Hunt. 2021. (SPA.). 264p. (J). (gr. 5). pap. 14.95 *(978-1-64473-251-9(3),* Nube De Tinta) Penguin Random House Grupo Editorial ESP. Dist: Penguin Random Hse. LLC.

Gritili's Children a Story for Children & for Those Who Love Children (Classic Reprint) Johanna Spyri. 2017. (ENG., Illus.). 410p. (J). 32.37 *(978-0-484-71885-1(1))* Forgotten Bks.

Grito. Eric Berg. 2018. 176p. (YA). 15.99 *(978-958-30-5158-6(6))* Panamericana Editorial COL. Dist: Lectorum Pubns., Inc.

Grits. Philip Tanner. Illus. by Cindy Nielsen. 2020. (ENG.). 24p. (J). pap. 7.99 *(978-1-0983-3779-7(4))* BookBaby.

Gritta & the Witches of Olavland. Janet C. Smith. 2021. (ENG.). 156p. (J). pap. *(978-1-78695-713-9(2))* Zadkiel Publishing.

Gritty & Graceful: 15 Inspiring Women of the Bible. Caryn Rivadeneira. Illus. by Sonya Abby Soekarno. 2019. 32p. (J). (gr. k-3). 16.99 *(978-1-5064-5206-7(X),* Beaming Books) 1517 Media.

Gritty Little Lamb. Dan Allbaugh. Illus. by Anil Yap. 2021. (ENG.). 32p. (J). 17.99 *(978-1-7357708-1-9(7))* Green Meeple Bks.

Gritty Ninja: A Children's Book about Dealing with Frustration & Developing Perseverance. Grow Grit Press & Mary Nhin. Illus. by Jelena Stupar. 2020. (Ninja Life Hacks Ser.: Vol. 12). (ENG.). 32p. (J). 18.99 *(978-1-953399-87-8(8))* Grow Grit Pr.

Grizzle, Man or Mouse. Lawrence Fredrick Williams Sr. 2019. (ENG., Illus.). 48p. (J). 22.95 *(978-1-64471-975-6(4));* pap. 12.95 *(978-1-64300-349-8(6))* Covenant Bks.

Grizzled Grist Does Not Exist! Juliette MacIver. Illus. by Sarah Davis. 2022. (ENG.). 36p. (J). (gr. -1-2). 18.99 *(978-1-77657-415-5(X),* f7029c58-3c9d-4725-94e8-faa481ab3326) Gecko Pr. NZL. Dist: Lerner Publishing Group.

Grizzlies of Grouse Mountain: The True Adventures of Coola & Grinder. Shelley Hrdlitschka & Rae Schidlo. Illus. by Linda Sharp. 2020. (ENG.). 48p. (J). (gr. 1-2). pap. *(978-1-77203-355-7(3))* Heritage Hse.

Grizzly. Glenna Dawn. l.t. ed. 2022. (ENG.). 32p. (J). 17.99 *(978-1-0880-1659-6(6))* Indy Pub.

Grizzly: A Journal Published by the Students of the California for the Blind, May, 1921 (Classic Reprint) Unknown Author. 2018. (ENG., Illus.). 68p. (J). 25.30 *(978-0-483-96970-4(2))* Forgotten Bks.

Grizzly: (Age 6 & Above) Tj Rob. 2016. (Discovering the World Around Us Ser.). (ENG., Illus.). (J). pap. *(978-1-988695-18-1(X))* TJ Rob.

Grizzly: Our Greatest Wild Animal (Classic Reprint) Unknown Author. 2017. (ENG., Illus.). (J). 30.58 *(978-0-265-54112-8(3))* Forgotten Bks.

Grizzly 399. Sylvia M. Medina. 2020. (ENG., Illus.). 43p. (J). 29.99 *(978-1-939871-53-4(0))* Green Kids Club, Inc.

Grizzly 399 - 3rd Edition - Hardback. Sylvia M. Medina. Illus. by Morgan Spicer. 2021. (ENG.). 58p. (J). 35.50 *(978-1-955023-94-8(8))* Green Kids Club, Inc.

Grizzly 399 - 3rd Edition - Paperback. Sylvia M. Medina. Illus. by Morgan Spicer. 2021. (ENG.). 58p. (J). pap. 24.50 *(978-1-955023-93-1(X))* Green Kids Club, Inc.

Grizzly 399 - Abridged Version - HB: Environmental Heroes Series. Sylvia M. Medina. Illus. by Morgan Spicer. 2022. (ENG.). 48p. (J). 29.99 *(978-1-955023-74-0(3))* Green Kids Club, Inc.

Grizzly 399 - Environmental Reader - Hardback. Sylvia M. Medina. Illus. by Morgan Spicer. 2021. (ENG.). 64p. (J). 29.99 *(978-1-955023-91-7(3))* Green Kids Club, Inc.

Grizzly 399 - Environmental Reader - Paperback. Sylvia M. Medina. Illus. by Morgan Spicer. 2021. (ENG.). 64p. (J). pap. 24.99 *(978-1-955023-90-0(5))* Green Kids Club, Inc.

Grizzly 399 - Hardback 2nd Edition. Sylvia M. Medina. 2020. (Environmental Heroes Ser.). (ENG., Illus.). 64p. (J). 35.50 *(978-1-939871-50-3(6))* Green Kids Club, Inc.

Grizzly 399 - Paperback: Environmental Heroes Series. Sylvia M. Medina. Illus. by Morgen Spicer. 2020. (ENG.). 43p. (J). pap. 19.99 *(978-1-939871-62-6(X))* Green Kids Club, Inc.

Grizzly 399 & Her Four Hungry Cubs - HB: Environmental Heroes Series. Sylvia M. Medina. Illus. by Morgan Spicer. 2022. (ENG.). 48p. (J). 29.99 *(978-1-955023-70-2(0))* Green Kids Club, Inc.

Grizzly 399 & Her Four Hungry Cubs - HB 2nd Edition - Environmental Heroes Series. Sylvia M. Medina. Illus. by Morgan Spicer. 2022. (ENG.). 48p. (J). 24.99 *(978-1-955023-68-9(9))* Green Kids Club, Inc.

Grizzly 399 & Her Four Hungry Cubs - PB 2nd Edition - Environmental Heroes Series. Sylvia M. Medina. Illus. by Spicer. 2nd ed. 2022. (ENG.). 48p. (J). pap. 13.99 *(978-1-955023-67-2(0))* Green Kids Club, Inc.

Grizzly 399's Hibernation Pandemonium - Paperback. Sylvia M. Medina. Illus. by Morgan Spicer. 2021. (ENG.). 44p. (J). pap. 22.50 *(978-1-955023-98-6(0))* Green Kids Club, Inc.

Grizzly Bear. Tammy Gagne. 2016. (Back from near Extinction Ser.). (ENG., Illus.). 48p. (J). (gr. 4-8). lib. bdg. 35.64 *(978-1-68078-468-8(4),* 23873) ABDO Publishing Co.

Grizzly Bear. Karen Durrie. 2017. (World Languages Ser.). (ENG.). 24p. (J). lib. bdg. 35.70 *(978-1-4896-6564-5(1),* AV2 by Weigl) Weigl Pubs., Inc.

Grizzly Bear. Julie Murray. 2020. (Animals with Bite Ser.). (ENG., Illus.). 24p. (J). (gr. k-4). lib. bdg. 31.36 *(978-1-0982-2298-7(9),* 36233, Abdo Zoom-Dash) ABDO Publishing Co.

Grizzly Bear vs. Wolf Pack. Nathan Sommer. 2020. (Animal Battles Ser.). (ENG.). 24p. (J). (gr. 3-7). lib. bdg. 26.95 *(978-1-64487-158-4(0),* Torque Bks.) Bellwether Media.

Grizzly Bear Who Lost His GRRRRR! Rob Biddulph. Illus. by Rob Biddulph. 2016. (ENG., Illus.). 40p. (J). (gr. -1-3). 17.99 *(978-0-06-236725-9(0),* HarperCollins) HarperCollins Pubs.

Grizzly Bears, 1 vol. Theresa Emminizer. 2019. (Killers of the Animal Kingdom Ser.). (ENG.). 24p. (gr. 3-3). 25.27 *(978-1-7253-0607-3(7),* f7f896cd-4203-4a0e-8716-5d39d6a8e66a, PowerKids Pr.) Rosen Publishing Group, Inc., The.

Grizzly Bears. Rachel Hamby. 2023. (Wild Animals Ser.). (ENG., Illus.). 32p. (J). (gr. 2-3). lib. bdg. 31.35 *(978-1-63738-442-8(4),* Apex) North Star Editions.

Grizzly Bears. Contrib. by Rachel Hamby. 2023. (Wild Animals Ser.). (ENG., Illus.). 32p. (J). (gr. 2-3). pap. 9.95 *(978-1-63738-469-5(6),* Apex) North Star Editions.

Grizzly Bears. Julie Murray. 2019. (Animal Kingdom Ser.). (ENG., Illus.). 32p. (J). (gr. 2-5). lib. bdg. 34.21 *(978-1-5321-1635-3(7),* 32381, Big Buddy Bks.) ABDO Publishing Co.

Grizzly Bears: Guardians of the Wilderness. Frances Backhouse. 2023. (Orca Wild Ser.: 10). (ENG., Illus.). 96p. (J). (gr. 4-7). 24.95 *(978-1-4598-2854-4(2))* Orca Bk. Pubs. USA.

Grizzly Bears Aren't So Scary! Jimmy Ewing. Illus. by Zimanski Anne. 2018. (ENG.). 42p. (J). (gr. k-3). pap. 14.99 *(978-0-578-42526-9(2))* Hound Dog Pr., The.

Grizzly Bears (Wild Life LOL!) Scholastic. 2019. (Wild Life LOL! Ser.). (ENG., Illus.). 32p. (J). (gr. 1-3). pap. 5.95 *(978-0-531-23491-4(6),* Children's Pr.) Scholastic Library Publishing.

Grizzly King a Romance of the Wild (Classic Reprint) James Oliver Curwood. 2017. (ENG., Illus.). (J). 30.70 *(978-0-265-17260-5(8))* Forgotten Bks.

Grizzly Mother, 1 vol. Hebxw'ms Gyetxw Brett D. Huson. Illus. by Natasha Donovan. 2019. (Mothers of Xsan Ser.: 2). (ENG.). 32p. (J). (gr. 4-6). 23.00 *(978-1-55379-776-0(0),* HighWater Pr.) Portage & Main Pr. CAN. Dist: Orca Bk. Pubs. USA.

Grizzly Peak. Jonathan London. Illus. by Sean London. 2017. (Aaron's Wilderness Ser.). (ENG.). 174p. (YA). 24.99 *(978-1-943328-85-7(4));* (gr. 3-7). pap. 12.99 *(978-1-943328-77-2(3))* West Margin Pr. (West Winds Pr.).

Gro. Eelonqa K. Harris. Ed. by Florian Tietgen. Illus. by Eelonqa K. Harris. 2021. (GER.). 50p. (J). pap. *(978-1-989388-22-8(1))* TaleFeather Publishing.

Gro. Eelonqa K. Harris. Ed. by Lisa Kenney. Illus. by Eelonqa K. Harris. 2021. (ENG.). 50p. (J). pap. *(978-1-989388-19-8(1))* TaleFeather Publishing.

Groans & Grins of One Who Survived (Classic Reprint) Unknown Author. 2018. (ENG., Illus.). 396p. (J). 32.08 *(978-0-484-04082-2(0))* Forgotten Bks.

Grob's Basic Electronics. Mitchel E. Schultz & Bernard Grob. 13th ed. 2020. (Illus.). xxxi, 1277p. (J). *(978-1-259-85267-1(9))* McGraw-Hill Higher Education.

Grocer Greatheart: A Tropical Romance (Classic Reprint) Arthur Henry Adams. 2018. (ENG., Illus.). 354p. (J). 31.20 *(978-0-483-46018-8(4))* Forgotten Bks.

Grocery Man & Peck's Bad Boy Peck's Bad Boy & His Pa, No. 2 - 1883. George W. Peck. 2018. (ENG., Illus.). 126p. (YA). (gr. 7-12). pap. *(978-93-5297-515-0(4))* Alpha Editions.

Grocery Shopping see Hacer la Compra

Grocery Store. Jennifer Colby. 2016. (21st Century Junior Library: Explore a Workplace Ser.). (ENG., Illus.). 24p. (J). (gr. 2-5). 29.21 *(978-1-63471-073-2(8),* 208371) Cherry Lake Publishing.

Grocery Store. Megan Cuthbert. 2019. (World Languages Ser.). (ENG.). 24p. (J). (gr. 3-7). lib. bdg. 35.70 *(978-1-4896-6955-1(8),* AV2 by Weigl) Weigl Pubs., Inc.

Grocery Store Workers. Julie Murray. 2020. (My Community: Jobs Ser.). (ENG., Illus.). 24p. (J). (gr. -1-2). lib. bdg. 31.36 *(978-1-0982-0582-9(0),* 36351, Abdo Kids) ABDO Publishing Co.

Grod Family's Christmas Lights: [a Grod Family Christmas Story]. Gord Yakimow. Illus. by Paul Schultz. 2022. (ENG.). 44p. (J). ***(978-1-0391-1009-0(6));*** pap. ***(978-1-0391-1008-3(8))*** FriesenPress.

Groeten Uit Leusden / Greetings from Leusden: Gedichten Poems. Hannie Rouweler. 2022. (ENG.). 83p. (YA). pap. ***(978-1-4710-2299-9(4))*** Lulu Pr., Inc.

Grog Weebee Book 1. R. M. Price-Mohr. 2020. (ENG., Illus.). 26p. (J). pap. *(978-1-913946-00-5(2))* Crossbridge Bks.

Grog Weebee Book 1a. R. M. Price-Mohr. 2020. (ENG.). 26p. (J). pap. *(978-1-913946-09-8(6))* Crossbridge Bks.

Groggle's Monster Halloween. Diana Murray. Illus. by Bats Langley. 2022. 32p. (J). (gr. -1-1). 16.99 *(978-1-5107-7085-0(2),* Sky Pony Pr.) Skyhorse Publishing Co., Inc.

Groggle's Monster Valentine. Diana Murray. Illus. by Bats Langley. 2017. (Groggle's Monster Bks.). (ENG.). 32p. (J). (gr. -1-k). 9.99 *(978-1-5107-0508-1(2),* Sky Pony Pr.) Skyhorse Publishing Co., Inc.

Groggy Froggy. Tamara Jill. 2022. (ENG.). 30p. (J). pap. ***(978-1-64979-511-3(4))*** Austin Macauley Pubs. Ltd.

Grok of the Rock. Zander Van Duff. 2023. 38p. (J). (gr. -1-2). pap. 12.99 BookBaby.

Grommet & Shaka. M. J. S. Krasny. Illus. by Archie Delapaz. 2019. (ENG.). 48p. (J). pap. 14.99 *(978-1-7342210-8-4(9))* Mindstir Media.

Grommet's Tale. Cate Dunn. 2018. (ENG., Illus.). 156p. (J). pap. *(978-0-6482102-1-4(9))* Dunn Publishing, Cate.

Gronox Wars. Marilynn Dawson. 2022. (Through the Ashes Ser.: Vol. 1). (ENG.). 80p. (YA). pap. *(978-1-928160-31-1(X))* Dawson, Marilynn.

Grooins. Drew McAdam. 2023. (ENG.). 122p. (J). pap. ***(978-1-4478-1499-3(1))*** Lulu Pr., Inc.

Groot #1. Jeff Loveness. Illus. by Brian Kesinger. 2017. (Guardians of the Galaxy: Groot Ser.). (ENG.). 24p. (J). (gr. 4-8). lib. bdg. 31.36 *(978-1-5321-4077-8(0),* 25482, Marvel Age) Spotlight.

Groot #2. Jeff Loveness. Illus. by Brian Kesinger. 2017. (Guardians of the Galaxy: Groot Ser.). (ENG.). 24p. (J). (gr. 4-8). lib. bdg. 31.36 *(978-1-5321-4078-5(9),* 25483, Marvel Age) Spotlight.

Groot #3. Jeff Loveness. Illus. by Brian Kesinger & Vero Gandini. 2017. (Guardians of the Galaxy: Groot Ser.). (ENG.). 24p. (J). (gr. 4-8). lib. bdg. 31.36 *(978-1-5321-4079-2(7),* 25484, Marvel Age) Spotlight.

Groot #4. Jeff Loveness. Illus. by Brian Kesinger. 2017. (Guardians of the Galaxy: Groot Ser.). (ENG.). 24p. (J). (gr. 4-8). lib. bdg. 31.36 *(978-1-5321-4080-8(0),* 25485, Marvel Age) Spotlight.

Groot #5. Jeff Loveness. Illus. by Brian Kesinger & Vero Gandini. 2017. (Guardians of the Galaxy: Groot Ser.). (ENG.). 24p. (J). (gr. 4-8). lib. bdg. 31.36 *(978-1-5321-4081-5(9),* 25486, Marvel Age) Spotlight.

Groot #6. Jeff Loveness. Illus. by Brian Kesinger. 2017. (Guardians of the Galaxy: Groot Ser.). (ENG.). 24p. (J). (gr. 4-8). lib. bdg. 31.36 *(978-1-5321-4082-2(7),* 25487, Marvel Age) Spotlight.

Groot Vet Olifantboude. Print on Demand. 2021. (AFR.). 22p. (J). pap. *(978-0-6398323-2-6(6))* Pro Christo Publications.

Groovy Gifts. Jane Yates. 2023. (Crafts in a Snap! Ser.). (ENG.). 24p. (J). (gr. 2-5). lib. bdg. 19.95 Bearport Publishing Co., Inc.

Groovy Grandad. Margaret Young. Illus. by Maria Ward. 2021. (ENG.). 86p. (J). pap. *(978-1-83975-506-4(7))* Grosvenor Hse. Publishing Ltd.

Groovy Grandad Comes to the Rescue. Margaret Young. Illus. by Maria Ward. 2021. (Groovy Grandad Ser.: Vol. 2). (ENG.). 84p. (J). pap. *(978-1-83975-731-0(0))* Grosvenor Hse. Publishing Ltd.

Groovy Grandad Works His Magic. Margaret Young. Illus. by Maria Ward. 2022. (Groovy Grandad Ser.: Vol. 3). (ENG.). 84p. (J). pap. *(978-1-80381-102-4(1))* Grosvenor Hse. Publishing Ltd.

Groovy Groovy Land: Where Every Girl Is a Princess. January Rose. 2020. (ENG., Illus.). 38p. (J). pap. 14.95 *(978-1-64584-288-0(6))* Page Publishing Inc.

Groovy Movies see Esas Geniales Peliculas

Gros Camions de Transport! Alan Walker. Tr. by Annie Evearts. 2021. (Grosses Machines (Big Machines) Ser.). Tr. of Big Trucks Bring Goods!. (FRE.). 24p. (J). (gr. k-2). pap. *(978-1-0396-0805-4(1),* 12969) Crabtree Publishing Co.

Gros Engins de Chantier. Tracy Nelson Maurer. Tr. by Annie Evearts. 2021. (Grosses Machines (Big Machines) Ser.). Tr. of Big Construction Machines. (FRE.). 24p. (J). (gr. k-2). pap. *(978-1-0396-0802-3(7),* 12970) Crabtree Publishing Co.

Gros Tracteurs. Sebastian Smith. Tr. by Annie Evearts. 2021. (Grosses Machines (Big Machines) Ser.). (FRE.). 24p. (J). (gr. k-2). pap. *(978-1-0396-0804-7(3),* 12971) Crabtree Publishing Co.

Grose's Classical Dictionary of the Vulgar Tongue: Revised & Corrected, with the Addition of Numerous Slang Phrases, Collected from Tried Authories (Classic Reprint) Pierce Egan. (ENG., Illus.). (J). 2017. 29.82 *(978-0-265-23830-1(7));* 2016. pap. 13.57 *(978-1-334-39441-6(5))* Forgotten Bks.

Grose's Classical Dictionary of the Vulgar Tongue: Revised & Corrected with the Addition of Numerous Slang Phrases, Collected from Tried Authorities (Classic Reprint) Francis Grose. 2017. (ENG., Illus.). (J). 29.82 *(978-0-331-80970-1(2));* pap. 13.57 *(978-0-282-37799-1(9))* Forgotten Bks.

Gross! A Baby Blues Collection. Rick Kirkman & Jerry Scott. 2016. (Baby Blues Ser.: 40). (ENG., Illus.). 208p. pap. 18.99 *(978-1-4494-7781-3(X))* Andrews McMeel Publishing.

Gross & Disgusting Food. Julie K. Lundgren. 2021. (Gross & Disgusting Things Ser.). (ENG., Illus.). 32p. (J). (gr. 3-9). pap. *(978-1-4271-5453-8(8),* 10851); lib. bdg. *(978-1-4271-5447-7(3),* 10844) Crabtree Publishing Co.

Gross & Disgusting Nature, 1 vol. Wendy Einstein. 2020. (KidsWorld Ser.). (ENG.). 64p. (J). pap. 6.99 *(978-1-988183-50-3(2),* 8eb84e49-00dd-48a8-b706-f71f00df8e18) KidsWorld Bks. CAN. Dist: Lone Pine Publishing USA.

Gross & Ghastly: Human Body: The Big Book of Disgusting Human Body Facts. Kev Payne. 2021. (Gross & Ghastly Ser.). (ENG., Illus.). 128p. (J). (gr. 1-4). pap. 5.99 *(978-0-7440-3940-5(1),* DK Children) Dorling Kindersley Publishing, Inc.

Gross & Goofy Body, 12 vols., Set. Melissa Stewart. Illus. by Janet Hamlin. Incl. Blasts of Gas: The Secrets of Breathing, Burping, & Passing Gas. 32.64 *(978-0-7614-4155-7(7),* 3b95f34b-42d2-4a41-9f61-11c47e7a680e); Eyes Have It: The Secrets of Eyes & Seeing. 32.64 *(978-0-7614-4167-0(0),* ef19629c-5d27-47b8-9ffc-d561c78f7247); It's Spit-Acular! The Secrets of Saliva. 32.64 *(978-0-7614-4163-2(8),* 7cdd9323-3938-459f-8b43-f9b002d7ec1e); Now Hear This! The Secrets of Ears & Hearing. 32.64 *(978-0-7614-4161-8(1),* 0492c84f-35f6-49a3-af5f-a3125c9a55dc); Pump It Up! The Secrets of the Heart & Blood. 32.64 *(978-0-7614-4164-9(6),* 465cebf5-3cf6-40b2-8b57-1081f4ac76b6); Up Your Nose! The Secrets of Schnozes & Snouts. 32.64 *(978-0-7614-4170-0(0),* c0f55085-421f-4d1a-afc0-85296b532c4e); (Illus.). 48p. (gr. 3-3). (Gross & Goofy Body Ser.). (ENG.). 2010. Set lib. bdg. 195.84 *(978-0-7614-4154-0(9),* 6403107a-2bfc-4951-90df-3d7f6dca2e51, Cavendish Square) Cavendish Square Publishing LLC.

Gross As a Snot Otter. Jess Keating. 2019. (World of Weird Animals Ser.). (Illus.). 48p. (J). (gr. k-3). 18.99 *(978-1-5247-6450-0(7));* (ENG.). lib. bdg. 20.99 *(978-1-5247-6451-7(5))* Random Hse. Children's Bks. (Knopf Bks. for Young Readers).

Gross Body Science, 5 vols., Set. Illus. by Michael H. Slack. Incl. Clot & Scab: Gross Stuff about Your Scrapes, Bumps, & Bruises. Kristi Lew. lib. bdg. 29.27 *(978-0-8225-8965-5(6));* Crust & Spray: Gross Stuff in Your Eyes, Ears, Nose, & Throat. C. S. Larsen. lib. bdg. 29.27 *(978-0-8225-8964-8(8));* Hawk & Drool: Gross Stuff in Your Mouth. Sandy Donovan. lib. bdg. 29.27 *(978-0-8225-8966-2(4));* Itch & Ooze: Gross Stuff on Your Skin. Kristi Lew & Laura C. Lewandowski. lib. bdg. 29.27 *(978-0-8225-8963-1(X));* Rumble & Spew: Gross Stuff in Your Stomach & Intestines. Sandy Donovan. lib. bdg. 29.27 *(978-0-8225-8899-3(4));* (Illus.). 48p. (gr. 3-5). 2009. Set lib. bdg. 146.35 *(978-0-8225-8898-6(6),* Millbrook Pr.) Lerner Publishing Group.

Gross Bugs. Melanie Bridges & Camilla de la Bedoyere. 2020. (In Focus: Bugs Ser.). (ENG., Illus.). 32p. (J). (gr. 2-5). lib. bdg. 29.32 *(978-0-7112-4804-5(4),* b4ac7f6d-f156-48f2-a53f-a94dc73ce910) QEB Publishing Inc.

Gross FACTopia! Follow the Trail of 400 Foul Facts. Paige Towler & Britannica Britannica Group. Illus. by Andy Smith. 2022. (FACTopia! Ser.: 3). (ENG.). 208p. (J). (gr. 3-7). 14.99 *(978-1-913750-68-8(X),* Britannica Bks.) What on Earth Books.

Gross Facts about Pirates. Mira Vonne. 2017. (Gross History Ser.). (ENG., Illus.). 32p. (J). (gr. 3-9). lib. bdg. 27.32 *(978-1-5157-4157-2(5),* 133957, Capstone Pr.) Capstone.

Gross Facts about the American Civil War. Mira Vonne. 2017. (Gross History Ser.). (ENG., Illus.). 32p. (J). (gr. 3-9). lib. bdg. 27.32 *(978-1-5157-4155-8(9),* 133955, Capstone Pr.) Capstone.

Gross Facts about the American Colonies. Mira Vonne. 2017. (Gross History Ser.). (ENG., Illus.). 32p. (J). (gr. 3-9). lib. bdg. 27.32 *(978-1-5157-4154-1(0),* 133954, Capstone Pr.) Capstone.

Gross Facts about the Middle Ages. Mira Vonne. 2017. (Gross History Ser.). (ENG., Illus.). 32p. (J). (gr. 3-9). lib. bdg. 27.32 *(978-1-5157-4153-4(2),* 133953, Capstone Pr.) Capstone.

Gross Facts about the Renaissance Scientists Children's Renaissance History. Baby Professor. 2017. (ENG., Illus.). (J). pap. 7.89 *(978-1-5419-0445-3(1),* Baby Professor (Education Kids)) Speedy Publishing LLC.

Gross Facts about the Roman Empire. Mira Vonne. 2017. (Gross History Ser.). (ENG., Illus.). 32p. (J). (gr. 3-9). lib. bdg. 27.32 *(978-1-5157-4156-5(7),* 133956, Capstone Pr.) Capstone.

Gross Facts about Vikings. Mira Vonne. 2017. (Gross History Ser.). (ENG., Illus.). 32p. (J). (gr. 3-9). lib. bdg. 27.32 *(978-1-5157-4158-9(3),* 133958, Capstone Pr.) Capstone.

Gross Facts Noteworthy Card Deck: Seriously Nasty Lunch Box Notes for KIDS! 2022. (ENG.). 60p. (J). 5.99 ***(978-1-4413-3997-3(3),*** 379ecf4f-58bb-46e7-9ade-9e576cfbfc08) Peter Pauper Pr. Inc.

Gross Guides. Mame Ventura et al. 2023. (Gross Guides). (ENG.). 32p. (J). 122.60 ***(978-1-6690-6394-0(1),*** 260052, Capstone Pr.) Capstone.

Gross History. Mira Vonne. 2017. (Gross History Ser.). (ENG., Illus.). 32p. (J). (gr. 3-9). 175.92 *(978-1-5157-4200-5(8),* 25640, Capstone Pr.) Capstone.

Gross Jobs in Medicine: 4D an Augmented Reading Experience. Nikki Bruno. 2019. (Gross Jobs 4D Ser.). (ENG., Illus.). 32p. (J). (gr. 3-9). lib. bdg. 31.99 *(978-1-5435-5491-5(1),* 139362, Capstone Pr.) Capstone.

Gross Jobs in Science: 4D an Augmented Reading Experience. Nikki Bruno. 2019. (Gross Jobs 4D Ser.). (ENG., Illus.). 32p. (J). (gr. 3-9). lib. bdg. 31.99 *(978-1-5435-5490-8(3),* 139361, Capstone Pr.) Capstone.

Gross Jobs Working with Animals: 4D an Augmented Reading Experience. Nikki Bruno. 2019. (Gross Jobs 4D Ser.). (ENG., Illus.). 32p. (J). (gr. 3-9). lib. bdg. 31.99 *(978-1-5435-5489-2(X),* 139360, Capstone Pr.) Capstone.

Gross Jobs Working with Food: 4D an Augmented Reading Experience. Nikki Bruno. 2019. (Gross Jobs 4D Ser.). (ENG., Illus.). 32p. (J). (gr. 3-9). lib. bdg. 31.99 *(978-1-5435-5492-2(X),* 139363, Capstone Pr.) Capstone.

Gross Jobs Working with Garbage: 4D an Augmented Reading Experience. Nikki Bruno. 2019. (Gross Jobs 4D Ser.). (ENG., Illus.). 32p. (J). (gr. 3-9). lib. bdg. 31.99 *(978-1-5435-5487-8(3),* 139358, Capstone Pr.) Capstone.

Gross Jobs Working with Water & Sewers: 4D an Augmented Reading Experience. Nikki Bruno. 2019. (Gross Jobs 4D Ser.). (ENG., Illus.). 32p. (J). (gr. 3-9). lib. bdg. 31.99 *(978-1-5435-5488-5(1),* 139359, Capstone Pr.) Capstone.

Gross Jokes. Joe King. (Abdo Kids Jokes Ser.). (ENG., Illus.). 24p. (J). 2022. (gr. k-k). pap. 8.95 *(978-1-64494-631-2(9),* Abdo Kids-Junior); 2021. (gr. -1-2). lib. bdg. 31.36 *(978-1-0982-0917-9(6),* 38162, Abdo Kids) ABDO Publishing Co.

Gross Life Cycles, 8 vols. 2021. (Gross Life Cycles Ser.). (ENG.). 24p. (J). (gr. 2-2). lib. bdg. 97.08 *(978-1-9785-2679-2(2),* 7d4269b8-dfd4-4dc8-8150-ef78e7ad948c) Enslow Publishing, LLC.

Gross Me Out Mad Libs: World's Greatest Word Game. Gabriella DeGennaro. 2023. (Mad Libs Ser.). (ENG.). 48p. (J). (gr. 3-7). pap. 5.99 *(978-0-593-65836-9(1),* Mad Libs) Penguin Young Readers Group.

Gross-Out Books (Set), 8 vols. 2021. (Gross-Out Bks.). (ENG.). (J). (gr. 3-6). lib. bdg. 262.32 *(978-1-5038-5675-2(5),* 215479) Child's World, Inc, The.

Gross Science of Athlete's Foot, 1 vol. Mary-Lane Kamberg. 2018. (Way Gross Science Ser.). (ENG.). 48p. (gr. 5-5). 33.47 *(978-1-5081-8159-0(4),* faff5967-d644-4aac-8567-233816ec7a99, Rosen Reference) Rosen Publishing Group, Inc., The.

Gross Science of Bad Breath & Cavities, 1 vol. Jessica Shaw. 2018. (Way Gross Science Ser.). (ENG.). 48p. (gr. 5-5). 33.47 *(978-1-5081-8162-0(4),* 1cce1909-e9ca-4540-8fb0-dc1aa5d59e1f, Rosen Reference) Rosen Publishing Group, Inc., The.

Gross Science of Bad Smells, 1 vol. Carla Mooney. 2018. (Way Gross Science Ser.). (ENG.). 48p. (gr. 5-5). 33.47 *(978-1-5081-8165-1(9),* 19f6370d-713e-4ef1-9ea3-4db692391d21, Rosen Reference) Rosen Publishing Group, Inc., The.

Gross Science of Germs All Around You, 1 vol. Carol Hand. 2018. (Way Gross Science Ser.). (ENG.). 48p. (gr. 5-5). 33.47 *(978-1-5081-8168-2(3),* ac8952df-5b68-4a53-aacb-a3245233163a, Rosen Reference) Rosen Publishing Group, Inc., The.

Gross Science of Lice & Other Parasites, 1 vol. Keith Olexa. 2018. (Way Gross Science Ser.). (ENG.). 48p. (gr. 5-5). 33.47 *(978-1-5081-8171-2(3),* fd0fa5b9-8dc2-4e0d-9da6-cf97922f8377, Rosen Reference) Rosen Publishing Group, Inc., The.

Gross Science of Sneezing, Coughing, & Vomiting, 1 vol. Rachel Gluckstern. 2018. (Way Gross Science Ser.). (ENG.). 48p. (gr. 5-5). 33.47 (978-1-5081-8174-3(8), 73dbc99d-3cc0-43ad-aab4-3af50fce15f5, Rosen Reference) Rosen Publishing Group, Inc., The.

Gross Stuff in the Hospital. Pam Rosenberg. Illus. by Beatriz Helena Ramos. 2021. (Gross-Out Bks.). (ENG.). 24p. (J). (gr. 3-6). lib. bdg. 32.79 (978-1-5038-5022-4(6), 214870) Child's World, Inc, The.

Gross Stuff in Your Body. Pam Rosenberg. Illus. by Beatriz Helena Ramos. 2021. (Gross-Out Bks.). (ENG.). 24p. (J). (gr. 3-6). lib. bdg. 32.79 (978-1-5038-5019-4(6), 214867) Child's World, Inc, The.

Gross Stuff in Your Food. Pam Rosenberg. Illus. by Beatriz Helena Ramos. 2021. (Gross-Out Bks.). (ENG.). 24p. (J). (gr. 3-6). lib. bdg. 32.79 (978-1-5038-5020-0(X), 214868) Child's World, Inc, The.

Gross Stuff in Your Garden. Pam Rosenberg. Illus. by Beatriz Helena Ramos. 2021. (Gross-Out Bks.). (ENG.). 24p. (J). (gr. 3-6). lib. bdg. 32.79 (978-1-5038-5021-7(8), 214869) Child's World, Inc, The.

Gross Stuff in Your House. Pam Rosenberg. Illus. by Beatriz Helena Ramos. 2021. (Gross-Out Bks.). (ENG.). 24p. (J). (gr. 3-6). lib. bdg. 32.79 (978-1-5038-5023-1(4), 214871) Child's World, Inc, The.

Gross Stuff in Your School. Pam Rosenberg. Illus. by Beatriz Helena Ramos. 2021. (Gross-Out Bks.). (ENG.). 24p. (J). (gr. 3-6). lib. bdg. 32.79 (978-1-5038-5024-8(2), 214872) Child's World, Inc, The.

Gross Stuff Underground. Pam Rosenberg. Illus. by Beatriz Helena Ramos. 2021. (Gross-Out Bks.). (ENG.). 24p. (J). (gr. 3-6). lib. bdg. 32.79 (978-1-5038-5025-5(0), 214873) Child's World, Inc, The.

Gross Stuff Underwater. Pam Rosenberg. Illus. by Beatriz Helena Ramos. 2021. (Gross-Out Bks.). (ENG.). 24p. (J). (gr. 3-6). lib. bdg. 32.79 (978-1-5038-5026-2(9), 214874) Child's World, Inc, The.

Grosses Bêtes. Roland Marx. Ed. by Éditions Astérion. Illus. by Philippe Sponne. 2021. (FRE.). 60p. (J). pap. (978-1-008-97853-9(1)) Lulu Pr., Inc.

Grosses Machines Agricoles. Tracy Nelson Maurer. Tr. by Annie Evearts. 2021. (Grosses Machines (Big Machines) Ser.). (FRE.). 24p. (J). (gr. k-2). pap. (978-1-0396-0803-0(5), 12972) Crabtree Publishing Co.

Grossest Joke Book Ever! Bathroom Readers' Institute. 2016. (ENG., Illus.). 128p. (J). (gr. 3-7). pap. 4.99 (978-1-62686-585-3(X), Portable Pr.) Printers Row Publishing Group.

Grotesque. Scott R. Welvaert. 2016. (Tartan House Ser.). (ENG.). 96p. (J). (gr. 3-6). (978-1-63235-163-0(3), 11894, 12-Story Library) Bookstaves, LLC.

Groton School Verses, 1886-1903 (Classic Reprint) William Amory Gardner. 2017. (ENG., Illus.). 426p. (J). 32.68 (978-0-484-84250-1(1)) Forgotten Bks.

Grotto. Fredrick Cooper. 2022. (ENG.). 338p. (YA). pap. 17.99 (978-1-5092-3771-5(2)) Wild Rose Pr., Inc., The.

Grouchy Goose. Betina Baptist. 2019. (ENG., Illus.). 30p. (J). pap. 12.95 (978-1-64471-410-2(8)) Covenant Bks.

Grouchy Neighbor. Susan Scheuerman. Illus. by Annie Zygarowicz. 2018. (ENG.). 34p. (J). pap. 11.95 (978-0-692-12328-7(8)) Scheuerman, Susan.

Ground Beetles, 1 vol. Erin Long. 2016. (Dig Deep! Bugs That Live Underground Ser.). (ENG.). 24p. (J). (gr. 3-3). pap. 9.25 (978-1-4994-2054-8(4), 7e04949e-bb90-4705-a0fc-30e8de15234d, PowerKids Pr.) Rosen Publishing Group, Inc., The.

Ground Is My Ocean. Sean Black & David Young. 2022. (ENG.). 278p. (YA). pap. (978-1-909062-77-1(4)) Sean Black Digital.

Ground Is Shaking! Earthquakes & How to Be Prepared If One Were to Occur - Children's Earthquake & Volcano Books. Bobo's Little Brainiac Books. 2016. (ENG., Illus.). (J). pap. 7.99 (978-1-68327-790-3(2)) Sunshine In My Soul Publishing.

Ground Is Shaking! What Happens During an Earthquake? Geology for Beginners Children's Geology Books. Baby Professor. 2017. (ENG., Illus.). (J). pap. 8.79 (978-1-5419-3820-5(8), Baby Professor (Education Kids)) Speedy Publishing LLC.

Ground-Swell (Classic Reprint) Mary Hallock Foote. 2018. (ENG., Illus.). 292p. (J). 29.92 (978-0-483-34742-7(6)) Forgotten Bks.

Ground Transportation Professionals: A Practical Career Guide. Marcia Santore. 2021. (Practical Career Guides). (Illus.). 159p. (YA). (gr. 8-17). pap. 37.00 (978-1-5381-5207-2(X)) Rowman & Littlefield Publishers, Inc.

Ground Zero, 1 vol. Alan Gratz. 2021. (ENG., Illus.). 336p. (J). (gr. 4-7). 17.99 (978-1-338-24575-2(9), Scholastic Pr.) Scholastic, Inc.

Ground Zero: How a Photograph Sent a Message of Hope, 2 vols. Don Nardo. 2016. (Captured History Ser.). (ENG.). (J). (gr. 5-7). 53.32 (978-0-7565-5563-4(9), Compass Point Bks.) Capstone.

Ground Zero: Then & Now. Jessica Rusick. 2020. (9/11 Terrorist Attacks Ser.). (ENG., Illus.). 48p. (J). (gr. 5-9). lib. bdg. 34.21 (978-1-5321-9449-8(8), 36547, Abdo & Daughters) ABDO Publishing Co.

Groundbreaker Bios (Set), 6 vols. 2021. (Groundbreaker Bios Ser.). (ENG.). 32p. (J). (gr. 2-5). lib. bdg. 205.32 (978-1-5321-9682-9(2), 38396, Kids Core) ABDO Publishing Co.

Groundbreaker Bios (Set Of 6) 2022. (Groundbreaker Bios Ser.). (ENG.). 192p. (J). (gr. 2-3). pap. 59.70 (978-1-64494-666-4(1)) North Star Editions.

Groundbreakers: Black Moviemakers (Set), 6 vols. Joyce Markovics & Alrick A. Brown. 2023. (Groundbreakers: Black Moviemakers Ser.). (ENG., Illus.). 24p. (J). (gr. 3-6). 183.84 (978-1-6689-1881-4(1), 221859); pap., pap., pap. 76.74 (978-1-6689-2011-4(5), 221989) Cherry Lake Publishing.

Groundbreaking Guys: 40 Men Who Became Great by Doing Good. Stephanie True Peters. 2019. (ENG., Illus.). 96p. (J). (gr. 3-7). 16.99 (978-0-316-52941-9(9)) Little, Brown Bks. for Young Readers.

Groundbreaking Pony Express. Patricia R. Quiri. 2017. (Landmarks in U. S. History Ser.). (ENG., Illus.). 32p. (J). (gr. 3-6). lib. bdg. 27.99 (978-1-5157-7115-9(6), 135516, Capstone Pr.) Capstone.

Groundbreaking Scientists. J. P. Miller. Illus. by Chellie Carroll. 2021. (Black Stories Matter Ser.). (ENG.). 48p. (J). (gr. 4-9). pap. (978-1-4271-2813-3(8), 10354); lib. bdg. (978-1-4271-2809-6(X), 10349) Crabtree Publishing Co. (Crabtree Classics).

Groundbreaking Women in Politics (Set Of 4) Compiled by North Star North Star Editions. 2020. (Groundbreaking Women in Politics Ser.). (ENG.). 192p. (J). (gr. 5-6). pap. 47.80 (978-1-64493-165-3(6), 1644931656); lib. bdg. 136.84 (978-1-64493-086-1(2), 1644930862) North Star Editions. (Focus Readers).

Grounded. Aisha Saeed et al. 2023. (ENG., Illus.). 272p. (J). (gr. 3-7). 18.99 (978-1-4197-6175-1(7), 1774301, Amulet Bks.) Abrams, Inc.

Grounded for All Eternity. Darcy Marks. (ENG., (J). (gr. 3-7). 2023. Illus.). 400p. pap. 8.99 (978-1-5344-8337-8(3)); 2022. 384p. 18.99 (978-1-5344-8336-1(5)) Simon & Schuster Children's Publishing. (Aladdin).

Groundhog & the Sun. Kippy Dalton. Illus. by Joanna Czernichowska. 2016. (Spring Forward Ser.). (J). (gr. 1). (978-1-4900-9369-7(9)) Benchmark Education Co.

Groundhog Day. Rachel Grack. 2017. (Celebrating Holidays Ser.). (ENG.). 24p. (J). (gr. k-3). lib. bdg. 26.95 (978-1-62617-620-1(5), Blastoff! Readers) Bellwether Media.

Groundhog Day, 1 vol. Hannah Isbell. 2016. (Story of Our Holidays Ser.). (ENG., Illus.). 32p. (J). (gr. 3-3). pap. 11.52 (978-0-7660-8332-5(2), 7b5752ee-f67d-4223-bb51-427fe5a0086b) Enslow Publishing, LLC.

Groundhog Day. Betsy Rathburn. 2023. (Happy Holidays! Ser.). (ENG., Illus.). (J). (gr. -1-2). pap. 7.99 Bellwether Media.

Groundhog Day. Contrib. by Betsy Rathburn. 2023. (Happy Holidays! Ser.). (ENG., Illus.). (J). (gr. -1-2). lib. bdg. 25.95 Bellwether Media.

Groundhog Day from the Black Lagoon. Mike Thaler. Illus. by Jared Lee. 2016. (Black Lagoon Adventures Set 4 Ser.). (ENG.). 64p. (J). (gr. 2-6). lib. bdg. 31.36 (978-1-61479-605-3(X), 24338, Chapter Bks.) Spotlight.

Groundhog Day in Amazing Grace Acres. Kristi M. Butler. l.t. ed. 2017. (Amazing Grace Acres Ser.: Vol. 1). (ENG., Illus.). (J). pap. 10.95 (978-1-61633-835-0(0)) Guardian Angel Publishing, Inc.

Groundhog Day (New & Updated) Gail Gibbons. 2022. (Illus.). 32p. (J). (gr. -1-3). 18.99 (978-0-8234-5090-9(2)) Holiday Hse., Inc.

Groundhog Gets It Wrong. Jessica Townes. Illus. by Nicole Miles. 2023. 40p. (J). (-k). 18.99 (978-0-593-32615-2(6), Dial Bks) Penguin Young Readers Group.

Groundhogs. Martha London. 2020. (Underground Animals Ser.). (ENG., Illus.). 24p. (J). (gr. k-3). lib. bdg. 31.36 (978-1-5321-6762-1(8), 34685, Pop! Cody Koala) Pop!.

Groundhogs Across America: Story Within a Story(c). Barbara Birenbaum. 2016. (ENG., Illus.). 44p. (J). (gr. 2-5). 21.00 (978-0-935343-44-1(X)) Peartree (r).

Groundhog's Runaway Shadow. David Biedrzycki. Illus. by David Biedrzycki. (Illus.). 32p. (J). (gr. -1-3). 2019. pap. 8.99 (978-1-62354-112-5(3)); 2016. 17.99 (978-1-58089-734-1(7)) Charlesbridge Publishing, Inc.

Groundhog's Runaway Shadow. David Biedrzycki. ed. 2020. (ENG.). 32p. (J). (gr. k-1). 20.96 (978-0-87617-460-9(8)) Penworthy Co., LLC, The.

Groundhug Day. Anne Marie Pace. Illus. by Christopher Denise. 2017. (ENG.). 48p. (J). (gr. -1-k). 18.99 (978-1-4847-5356-9(9)) Little, Brown Bks. for Young Readers.

Grounds & Occasions of the Contempt of the Clergy & Religion Enquired into in a Letter Written to R. I (Classic Reprint) John Eachard. 2018. (ENG., Illus.). 742p. (J). 39.22 (978-0-428-94621-0(6)) Forgotten Bks.

Group. Heather E. Robyn. 2019. (ENG.). 334p. (YA). (gr. 7-12). pap. 14.95 (978-1-7324371-7-3(3), AnewPr., Inc.) 2Nimble.

Group. Heather E. Robyn. 2nd ed. 2020. (ENG.). 222p. (YA). 14.95 (978-1-7345050-9-2(5)); pap. 12.95 (978-1-7345050-6-1(0)) Heather E. Robyn.

Group Hug. Jean Reidy. Illus. by Joey Chou. 2021. (ENG.). 32p. (J). 18.99 (978-1-250-12710-5(6), 900175377, Holt, Henry & Co. Bks. For Young Readers) Holt, Henry & Co.

Group of Noble Dames (Classic Reprint) Thomas Hardy. 2017. (ENG., Illus.). (J). 30.41 (978-0-331-74142-1(3)) Forgotten Bks.

Group Planning, Creating, & Testing: Programming Together, 1 vol. Derek L. Miller. 2017. (Everyday Coding Ser.). (ENG.). 32p. (J). (gr. 3-3). pap. 11.58 (978-1-5026-2991-3(7), 763093d6-3ebf-470e-88fc-480247d3248e); lib. bdg. 30.21 (978-1-5026-2993-7(3), ce7d911c-137c-4932-a9b8-55af36b4d9f4) Cavendish Square Publishing LLC.

Groupie: Track Six: a Living Out Loud Novel. Denise Jaden. 2018. (ENG., Illus.). 188p. (YA). pap. (978-0-9881413-7-7(X)) Jaden, Denise.

Groups in the Garden. Kirsty Holmes. 2021. (Math Academy Ser.). (ENG., Illus.). 24p. (J). (gr. 1-4). pap. (978-1-4271-3014-3(0), 11417); lib. bdg. (978-1-4271-3010-5(8), 11412) Crabtree Publishing Co. (Crabtree Classics).

Grove Dogs. Alfonso Grambone. 2023. (ENG.). 34p. (J). pap. (978-1-83934-564-7(0)) Olympia Publishers.

Grover Cleveland. BreAnn Rumsch. (United States Presidents Ser.). (ENG., Illus.). (J). 2020. 48p. (gr. 3-6). lib. bdg. 35.64 (978-1-5321-9344-6(0), 34845, Checkerboard Library); 2016. 40p. (gr. 2-5). 35.64 (978-1-68078-088-8(3), 21793, Big Buddy Bks.) ABDO Publishing Co.

Grover Cleveland: Our 22nd & 24th President. Ann Graham Gaines. 2020. (United States Presidents Ser.). (ENG.). 48p. (J). (gr. 3-6). lib. bdg. 41.36 (978-1-5038-4414-8(5), 214191) Child's World, Inc, The.

Grover Cleveland: The 22nd & 24th President. K. C. Kelley. 2016. (First Look at America's Presidents Ser.). (ENG., Illus.). 24p. (J). (gr. -1-3). 26.99 (978-1-944102-67-8(1)) Bearport Publishing Co., Inc.

Grover Cleveland, Again! A Treasury of American Presidents. Ken Burns. Illus. by Gerald Kelley. 2016. (ENG.). 96p. (J). (gr. 5-12). 25.00 (978-0-385-39209-9(5), Knopf Bks. for Young Readers) Random Hse. Children's Bks.

Grover Goes to Israel. Joni Kibort Sussman. Illus. by Tom Leigh. 2019. (ENG.). 12p. (J). (gr. -1 — 1). bds. 5.99 (978-1-5415-2920-5(0), f0313eea-2851-49fb-8a60-b6fb74d402f5, Kar-Ben Publishing) Lerner Publishing Group.

Grover School Pledge. Wanda Taylor. 2023. (ENG.). 176p. (J). (gr. 3-7). 15.99 (978-1-4434-6725-4(1), HarperCollins) HarperCollins Pubs.

Grover (Sesame Street Friends) Andrea Posner-Sanchez. Illus. by Random House. 2020. (Sesame Street Friends Ser.). (ENG.). 26p. (J). (— 1). bds. 7.99 (978-0-593-17671-9(5), Random Hse. Bks. for Young Readers) Random Hse. Children's Bks.

Grover's Eight Nights of Light (Sesame Street) Jodie Shepherd. Illus. by Joe Mathieu. 2017. (Pictureback(R) Ser.). (ENG.). 24p. (J). (gr. -1-2). pap. 6.99 (978-1-5247-2073-5(9), Random Hse. Bks. for Young Readers) Random Hse. Children's Bks.

Grover's Hanukkah Party. Joni Kibort Sussman. Illus. by Tom Leigh. 2019. (ENG.). 12p. (J). (gr. -1 — 1). bds. 5.99 (978-1-5415-2923-6(5), e53960c2-3c18-440c-bc48-733444120b30, Kar-Ben Publishing) Lerner Publishing Group.

Grover's Own Alphabet (Sesame Street) Golden Books. Illus. by Sal Murdocca. 2019. (Little Golden Book Ser.). (ENG.). 24p. (J). (-k). 4.99 (978-1-9848-4793-5(7), Golden Bks.) Random Hse. Children's Bks.

Grow. Clarion Clarion Books. Illus. by Hsulynn Pang. 2021. (ENG.). 12p. (J). (— 1). bds. 10.99 (978-0-358-45206-5(6), 1795551, Clarion Bks.) HarperCollins Pubs.

Grow. Cynthia Platt. Illus. by Olivia Holden. 2018. (ENG.). 32p. (J). (gr. 1-3). 17.99 (978-1-68152-239-5(X), 14937) Amicus.

Grow: A Family Guide to Plants & How to Grow Them. Riz Reyes. Illus. by Sara Boccaccini Meadows. 2022. (In Our Nature Ser.). (ENG.). 64p. (J). (gr. 3-7). 22.99 (978-1-4197-5665-8(6), 1744801) Magic Cat GBR. Dist: Abrams, Inc.

Grow: Secrets of Our DNA. Nicola Davies. Illus. by Emily Sutton. 2020. (Our Natural World Ser.). (ENG.). 40p. (J). (gr. k-4). 17.99 (978-1-5362-1272-3(5)) Candlewick Pr.

Grow & Go with Daniel! (Boxed Set) No Red Sweater for Daniel; Tiger Family Trip; Daniel Goes to the Carnival; Daniel Chooses to Be Kind; Daniel's First Babysitter; Daniel Has an Allergy. Illus. by Jason Fruchter. ed. 2019. (Daniel Tiger's Neighborhood Ser.). (ENG.). 144p. (J). (gr. -1-2). pap. 17.99 (978-1-5344-5079-0(3), Simon Spotlight) Simon Spotlight.

Grow, & I Love You. Imaizumi Tadaki. 2018. (JPN.). (J). (978-4-86255-465-9(2)) KANZEN Co., Ltd.

Grow, Baby, Grow! Watch Baby Grow Month by Month! Mertixell Marti. Illus. by Xavier Salomo. 2019. (ENG.). 18p. (J). (gr. k-2). 24.99 (978-1-64170-100-6(5), 550100) Familius LLC.

Grow, Candace, Grow. Candace Cameron Bure. Illus. by Christine Battuz. 2020. (ENG.). 32p. (J). (gr. -1-3). E-Book 9.43 (978-0-310-76275-1(8)) Zonderkidz.

Grow Closer As a Couple: The Activity Book. Jupiter Kids. 2017. (ENG., Illus.). (J). pap. 9.20 (978-1-68326-797-3(4), Jupiter Kids (Childrens & Kids Fiction)) Speedy Publishing LLC.

Grow, Cook, Dye, Wear: From Seed to Style the Sustainable Way. Bella Gonshorovitz. 2022. (Illus.). 224p. (J). pap. 25.99 (978-0-241-53644-5(8), DK) Dorling Kindersley Publishing, Inc.

Grow. Eat. Repeat. a Love Letter to Black-Eyed Peas. Stacey Woodson & Paige Woodson. 2022. (ENG.). 38p. (J). 21.99 (978-1-7361873-9-5(2)) Melanated Magic Bks.

Grow Grateful. Sage Foster-Lasser & Jon Lasser. Illus. by Christopher Lyles. 2018. 32p. (J). (978-1-4338-2903-1(7), Magination Pr.) American Psychological Assn.

Grow Happy. Jon Lasser & Sage Foster-Lasser. Illus. by Christopher Lyles. 2017. 32p. (J). 15.95 (978-1-4338-2331-2(4), Magination Pr.) American Psychological Assn.

Grow in Love, Faith & Responsibility - Values for Children Age 4-8 Children's Values Books. Baby Professor. 2017. (ENG., Illus.). 64p. (J). pap. 9.52 (978-1-5419-1614-2(X), Baby Professor (Education Kids)) Speedy Publishing LLC.

Grow It! Mary Boone. 2020. (Saving Our Planet Ser.). (ENG., Illus.). 32p. (J). (gr. 1-3). pap. 7.95 (978-1-9771-2592-7(1), 201144); lib. bdg. 31.32 (978-1-9771-2578-1(6), 201117) Capstone. (Pebble).

Grow Kind. Jon Lasser & Sage Foster-Lasser. 2020. (Illus.). 32p. (J). (978-1-4338-3050-1(7), Magination Pr.) American Psychological Assn.

Grow Little One. Lennora Sellers. 2022. (ENG.). 35p. (J). pap. (978-1-387-59336-1(6)) Lulu Pr., Inc.

Grow! Raise! Catch! How We Get Our Food. Shelley Rotner. 2017. (ENG.). 32p. (J). (gr. -1-3). 7.99 (978-0-8234-3884-6(8)) Holiday Hse., Inc.

Grow Strong! A Book about Healthy Habits. Cheri J. Meiners. Illus. by Elizabeth Allen. 2016. (Being the Best Me(r) Ser.). (ENG.). 40p. (J). (gr. -1-2). pap. 11.99 (978-1-63198-085-5(8)) Free Spirit Publishing Inc.

Grow to Know Subtraction. Ed. Kumon Publishing North America. 2016. (ENG., Illus.). 64p. (J). pap. 4.99 (978-1-941082-47-8(5)) Kumon Publishing North America, Inc.

Grow up, AntMan! Brandon T. Snider. 2020. (ENG., Illus.). 30p. (J). (gr. -1-k). bds. 7.99 (978-1-368-05600-7(8)) Marvel Worldwide, Inc.

Grow up, David! David Shannon. Illus. by David Shannon. 2018. (ENG., Illus.). 32p. (J). (gr. -1-k). 18.99 (978-1-338-25097-8(3), Blue Sky Pr., The) Scholastic, Inc.

Grow Where You're Planted. Dorothy Harmon. Ed. by Samuel N. Calderon. Illus. by Amber N. Calderon. 2022. (ENG.). 40p. (J). 19.00 (978-1-0880-2566-6(8)) Indy Pub.

Grow with Me Poetry: An Interactive Guide to Mindfulness. Bridgette Fowler. 2020. (ENG., Illus.). 250p. (J). (gr. -1-7). pap. 17.95 (978-1-951565-24-4(X), Belle Isle Bks.) Brandylane Pubs., Inc.

Grow Your Own Crystal Jewelry: 7 Sparkly Projects to Make & Wear. Editors of Klutz. 2016. (ENG.). 48p. (J). (gr. 3-7). 22.99 (978-1-338-03749-4(8)) Klutz.

Grow Your Own Flesh Eating Plant Kit: Everything You Need to Grow a Venus Flytrap. Mill press Cider. 2021. (Grow Your Own Ser.). (ENG.). 48p. (J). 14.95 (978-1-64643-074-1(3), Applesauce Pr.) Cider Mill Pr. Bk. Pubs., LLC.

Grow Your Own Giant Sequoia Kit: Plant the Biggest Tree in the World in Your Very Own Backyard! Mill press Cider. 2021. (Grow Your Own Ser.). (ENG.). 48p. (J). 14.95 (978-1-64643-075-8(1), Applesauce Pr.) Cider Mill Pr. Bk. Pubs., LLC.

Grow Your Own Palm Tree: Bring the Tropics to Your Backyard. Editors of Editors of Cider Mill Press. 2021. (Grow Your Own Ser.). (ENG.). 72p. (J). 18.95 (978-1-64643-163-2(4), Applesauce Pr.) Cider Mill Pr. Bk. Pubs., LLC.

Grower. Kimberly Tong. 2020. (ENG.). 18p. (J). 29.99 (978-1-63129-706-9(6)); pap. 19.99 (978-1-63129-705-2(8)) Salem Author Services.

Growin up in Japan. Andrea C. Nakaya. 2017. (ENG., Illus.). 80p. (J). (gr. 5-12). (978-1-68282-219-7(2)) ReferencePoint Pr., Inc.

Growing 360. Joe Shepard. 2017. (ENG., Illus.). (J). pap. 25.00 (978-1-387-18556-6(X)) Lulu Pr., Inc.

Growing 360. Joe Shepard et al. 2020. (ENG.). 66p. (J). pap. (978-1-716-50879-0(7)) Lulu Pr., Inc.

Growing a Beanstalk for Jack. Joanne Mattern. 2020. (Fairy Tale Science Ser.). (ENG., Illus.). 32p. (J). (gr. 2-3). pap. 9.95 (978-1-64493-106-6(0), 1644931060); lib. bdg. 31.35 (978-1-64493-027-4(7), 1644930277) North Star Editions. (Focus Readers).

Growing a Pizza Garden. Maddie Spalding. 2018. (Welcoming the Seasons Ser.). (ENG., Illus.). 24p. (J). (gr. -1-2). lib. bdg. 32.79 (978-1-5038-2379-2(2), 212222) Child's World, Inc, The.

Growing & Changing: Let's Investigate Life Cycles. Ruth Owen. 2017. (Get Started with STEM Ser.). (ENG., Illus.). 32p. (J). (gr. k-3). 9.99 (978-1-78856-115-0(5), 5b0a993d-c915-41b7-be19-42082ddb4d13); lib. bdg. 30.65 (978-1-911341-31-4(6), 2c302540-3ac3-4b50-94f4-c6e470047e87) Ruby Tuesday Books Limited GBR. Dist: Lerner Publishing Group.

Growing Around: Party Panic. Johnathan Enter Rozanski. Illus. by Meghan Molony. 2016. (ENG.). (J). pap. 12.00 (978-0-9983327-9-6(8)) Rozanski, Johnathan.

Growing Bad, an Enemy for All Coloring Book. Activity Attic. 2016. (ENG., Illus.). (J). pap. 7.74 (978-1-68323-675-7(0)) Twin Flame Productions.

Growing Big & Strong (Classic Reprint) J. Mace Andress. 2017. (ENG., Illus.). (J). 28.99 (978-0-265-20661-4(8)) Forgotten Bks.

Growing Career Opportunities in the Marijuana Industry, Vol. 5. Andrew Morkes. 2018. (Marijuana Today Ser.). 80p. (J). (gr. 7). lib. bdg. 33.27 (978-1-4222-4104-2(1)) Mason Crest.

Growing Character (Set), 8 vols. 2019. (21st Century Junior Library: Growing Character Ser.). (ENG., Illus.). 24p. (J). (gr. 2-5). 245.12 (978-1-5341-4691-4(1), 213147); pap., pap., pap. 102.29 (978-1-5341-5294-6(6), 213148) Cherry Lake Publishing.

Growing Feelings: A Kids' Guide to Dealing with Emotions about Friends & Other Kids. Eileen Kennedy-Moore & Christine McLaughlin. 2023. (ENG.). 208p. (J). pap. 16.99 (978-1-58270-878-2(9), Beyond Words) Simon & Schuster.

Growing Flower. Esther Goh. Illus. by Jovan Carl Segura. 2022. (ENG.). 26p. (J). pap. (978-1-922827-85-2(1)) Library For All Limited.

Growing Food in the Garden. Catherine Stier. Illus. by Francesca Rosa. 2022. (Science Makes It Work Ser.). 32p. (J). (gr. -1-3). 17.99 (978-0-8075-7271-9(3), 0807572713) Whitman, Albert & Co.

Growing Friendships. Honor Head. 2021. (Building Resilience Ser.). (ENG., Illus.). 32p. (J). (gr. 1-5). pap. (978-1-4271-2825-6(1), 10407); lib. bdg. (978-1-4271-2821-8(9), 10402) Crabtree Publishing Co. (Crabtree Classics).

Growing Friendships: A Kids' Guide to Making & Keeping Friends. Eileen Kennedy-Moore & Christine McLaughlin. 2017. (ENG., Illus.). 192p. (J). (gr. 1-4). pap. 16.99 (978-1-58270-588-0(7)) Aladdin/Beyond Words.

Growing God's Gifts: The Fruit of the Spirit. Lucy Joy. 2020. (ENG., Illus.). 96p. (J). 12.99 (978-1-5271-0505-8(9), 572be2db-4d17-4e6c-b995-7ed8d01bfdcb, CF4Kids) Christian Focus Pubns. GBR. Dist: Baker & Taylor Publisher Services (BTPS).

Growing Hope. Patricia Guin. 2017. 40p. 30.00 (978-1-68187-031-1(2)) BookBaby.

Growing in Christ: Lessons from the Parables for Kids. Christina Dronen. 2018. (ENG., Illus.). 50p. (J). (gr. 4-6). pap. 6.99 (978-0-9997520-2-9(2)) Dronen, Christina.

Growing in Faith Bible Storybook. Wayne Palmer. 2019. (ENG., Illus.). 264p. (J). 16.99 (978-0-7586-6629-1(2)) Concordia Publishing Hse.

Growing in God's Love: A Story Bible. Elizabeth F. Caldwell & Carol A. Wehrheim. 2018. (ENG., Illus.). 360p. (J). (gr. -1-3). 25.00 (978-0-664-26291-4(0), 0664262910) Westminster John Knox Pr.

Growing in God's Word Super Church Coloring Book. Smarter Activity Books for Kids. 2016. (ENG., Illus.). (J). pap. 9.22 (978-1-68374-453-5(5)) Examined Solutions PTE. Ltd.

Growing in the Garden. Randi May Gee. 2022. (ENG.). 32p. (J). pap. (978-1-716-03529-6(5)) Lulu Pr., Inc.

Growing into Greatness with God: 7 Paths to Greatness for Our Sons & Daughters. Janet Autherine. 2018. (ENG.). 78p. (J). pap. 16.99 (978-0-9912000-4-7(7)) Autherine Publishing.

Growing into Greatness with God: 7 Paths to Greatness for Our Sons & Daughters. Janet Autherine. 2nd ed. 2018. (ENG., Illus.). 78p. (J). (gr. k-6). 19.99 (978-0-9912000-1-6(2)) Autherine Publishing.

818 The check digit for ISBN-10 appears in parentheses after the full ISBN-13

TITLE INDEX GRUMBONES

Growing Nutritious Food. Tamra Orr. 2018. (J). *(978-1-5105-3714-9(7))* SmartBook Media, Inc.

Growing Pains. Caroline Lasher. 2020. (ENG.). 63p. (YA). pap. *(978-1-716-77663-2(5))* Lulu Pr., Inc.

Growing Pains. Matt Shaw. 2022. (ENG.). 94p. (YA). pap. ***(978-1-4710-5067-1(X))*** Lulu Pr., Inc.

Growing Pains. Luella White. 2020. (ENG.). 32p. (YA). 18.23 *(978-1-716-42065-8(2))* Lulu Pr., Inc.

Growing Pains! Impact of Early Immigration & the Growth of American Cities Grade 6 Social Studies Children's American History. Baby Professor. 2022. (ENG.). 72p. (J). 31.99 ***(978-1-5419-9453-9(1))***; pap. 19.99 ***(978-1-5419-8303-8(3))*** Speedy Publishing LLC. (Baby Professor (Education Kids)).

Growing Painz. Adapted by Steven Korté. 2017. (Illus.). 134p. (J). *(978-1-5182-4721-7(0))* Little Brown & Co.

Growing Peace, 1 vol. Richard Sobol. 2016. (ENG., Illus.). 40p. (J). (gr. 2-7). 20.95 *(978-1-60060-450-8(1),* leelowbooks) Lee & Low Bks., Inc.

Growing Peace: A Story of Farming, Music, & Religious Harmony, 1 vol. Richard Sobol. 2023. (ENG.). 40p. (J). (gr. 2-7). 12.95 ***(978-1-64379-649-9(6),*** leelowbooks) Lee & Low Bks., Inc.

Growing Plants in Space. Georgia Beth & Heidi Fielder. rev. ed. 2019. (Smithsonian: Informational Text Ser.). (ENG., Illus.). 32p. (J). (gr. 2-3). pap. 10.99 *(978-1-4938-6670-0(2))* Teacher Created Materials, Inc.

Growing Smarter. Judith Vt Wilson. Illus. by Christopher Saghy. 2018. (ENG.). 30p. (J). (gr. 4-6). 18.95 *(978-0-692-07753-5(7))* Judith VT Wilson.

Growing Social Awareness. Emily Rose. 2022. (My Early Library: Building My Social-Emotional Toolbox Ser.). (ENG., Illus.). 24p. (J). (gr. 2-5). pap. 12.79 *(978-1-6689-1062-7(4),* 221007); lib. bdg. 30.64 *(978-1-6689-0902-7(2),* 220869) Cherry Lake Publishing.

Growing Spaghetti. Katie Trujillo-Acosta. 2021. (ENG.). 26p. (J). 16.99 *(978-1-7377291-0-5(5))* Trujillo-Acosta, Katie.

Growing Things: Creative Expression Theme. 2016. (Early Rising Readers Ser.). (ENG.). (J). (gr. 1-2). 105.00 *(978-1-4788-5106-6(6))* Newmark Learning LLC.

Growing Things: Math Theme. 2016. (Early Rising Readers Ser.). (ENG.). (J). (gr. 1-2). 105.00 *(978-1-4788-5076-2(0))* Newmark Learning LLC.

Growing Things: Physical Development Theme. 2016. (Early Rising Readers Ser.). (ENG.). (J). (gr. 1-2). 105.00 *(978-1-4788-5066-3(3))* Newmark Learning LLC.

Growing Things: Science Theme. 2016. (Early Rising Readers Ser.). (ENG.). (J). (gr. 1-2). 105.00 *(978-1-4788-5096-0(5))* Newmark Learning LLC.

Growing Things: Social & Emotional Development Theme. 2016. (Early Rising Readeers Ser.). (ENG.). (J). (gr. 1-2). 105.00 *(978-1-4788-5056-4(6))* Newmark Learning LLC.

Growing Things: Social Studies Theme. 2016. (Early Rising Readers Ser.). (ENG.). (J). (gr. 1-2). 105.00 *(978-1-4788-5086-1(8))* Newmark Learning LLC.

Growing Towards the Light (Classic Reprint) Henry A. Doudy. 2018. (ENG., Illus.). 382p. (J). 31.78 *(978-0-483-82582-6(4))* Forgotten Bks.

Growing Up. Abby Walters. Illus. by Nina de Polonia. 2017. (School Days Ser.). (ENG.). 24p. (gr. -1-2). pap. 9.95 *(978-1-68342-799-5(8),* 9781683427995) Rourke Educational Media.

Growing Up: A Story of the Girlhood of Judith MacKenzie (Classic Reprint) Jennie M. Drinkwater. 2018. (ENG., Illus.). 438p. (J). 32.95 *(978-0-483-73042-7(4))* Forgotten Bks.

Growing Up: Home & School. Sephone Zorro. Illus. by Rhea Baxter. 2017. 144p. pap. 7.99 *(978-1-941429-55-6(6))* Handersen Publishing.

Growing up a Girl. Nancy Redd. 2017. (Being Female in America Ser.). (ENG., Illus.). 112p. (J). (gr. 6-12). lib. bdg. 41.36 *(978-1-5321-1306-2(4),* 27514, Essential Library) ABDO Publishing Co.

Growing up (Berenstain Bears Gifts of the Spirit) Mike Berenstain. 2023. (Berenstain Bears Gifts of the Spirit Ser.). (Illus.). 32p. (J). (gr. -1-2). 9.99 *(978-0-593-30252-1(4),* Random Hse. Bks. for Young Readers) Random Hse. Children's Bks.

Growing up Catholic in Pittsburgh. Regina K. Munsch. 2019. (ENG., Illus.). 24p. (J). (gr. k-6). pap. 10.00 *(978-0-692-13906-6(0))* MARK & Assocs. LLC.

Growing up (Classic Reprint) Mary Heaton Vorse. (ENG., Illus.). (J). 2018. 232p. 28.70 *(978-0-332-52848-9(0))*; 2017. pap. 11.57 *(978-0-243-93915-2(9))* Forgotten Bks.

Growing up Divided. Kasia Cunningham. l.t. ed. 2022. (ENG.). 44p. (YA). pap. 20.00 ***(978-1-0879-2937-8(7))*** Indy Pub.

Growing up Down's. Tammy Watson. 2018. (ENG., Illus.). 28p. (J). pap. 12.95 *(978-1-63575-737-8(1))* Christian Faith Publishing.

Growing up Elizabeth May: The Making of an Activist. Sylvia Olsen. 2021. (ENG., Illus.). 136p. (J). (gr. 4-7). pap. 24.95 *(978-1-4598-2370-9(2))* Orca Bk. Pubs. USA.

Growing up Enchanted: Fighting Bullies, Hunting Dragons - Special Edition. Jack Briglio. 2023. (ENG.). 120p. (J). ***(978-1-915860-55-2(5))*** Markosia Enterprises, Ltd.

Growing up Fisher: Musings, Memories, & Misadventures. Joely Fisher. 2017. (ENG., Illus.). 320p. 28.99 *(978-0-06-269553-6(3),* Morrow, William & Co.) HarperCollins Pubs.

Growing up Gorilla: How a Zoo Baby Brought Her Family Together. Clare Hodgson Meeker. (ENG., Illus.). 48p. (J). (gr. 3-6). 2023. pap. 11.99 *(978-1-7284-7777-0(8),* 4bbddfea-a561-4656-8507-df5c232e6123); 2019. 31.99 *(978-1-5415-4240-2(1),* 10f080ef-eeb6-432b-99a4-0ebfbc30939e) Lerner Publishing Group. (Millbrook Pr.).

Growing up in Australia. Martin Gitlin. 2018. (Growing up Around the World Ser.). (ENG.). 80p. (YA). (gr. 5-12). lib. bdg. 39.93 *(978-1-68282-319-4(9))* ReferencePoint Pr., Inc.

Growing up in Brazil. John Allen. 2017. (Growing up Around the World Ser.). (ENG.). 80p. (YA). (gr. 5-12). *(978-1-68282-205-0(2))* ReferencePoint Pr., Inc.

Growing up in Canada. Gail Snyder. 2017. (Growing up Around the World Ser.). (ENG.). 80p. (YA). (gr. 5-12). *(978-1-68282-207-4(9))* ReferencePoint Pr., Inc.

Growing up in China. John Allen. 2017. (Growing up Around the World Ser.). (ENG.). 80p. (YA). (gr. 5-12). *(978-1-68282-209-8(5))* ReferencePoint Pr., Inc.

Growing up in France. Peggy J. Parks. 2018. (Growing up Around the World Ser.). (ENG.). 80p. (YA). (gr. 5-12). 39.93 *(978-1-68282-321-7(0))* ReferencePoint Pr., Inc.

Growing up in Germany. Barbara Sheen. 2017. (Growing up Around the World Ser.). (ENG.). 80p. (YA). (gr. 5-12). *(978-1-68282-211-1(7))* ReferencePoint Pr., Inc.

Growing up in India. Andrea Nakaya. 2017. (Growing up Around the World Ser.). (ENG.). 80p. (YA). (gr. 5-12). *(978-1-68282-213-5(3))* ReferencePoint Pr., Inc.

Growing up in Italy. Peggy J. Parks. 2017. (ENG.). 80p. (YA). (gr. 5-12). *(978-1-68282-217-3(6))* ReferencePoint Pr., Inc.

Growing up in Mexico. Barbara Sheen. 2017. (Growing up Around the World Ser.). (ENG.). 80p. (YA). (gr. 5-12). *(978-1-68282-221-0(4))* ReferencePoint Pr., Inc.

Growing up in Russia. James Roland. 2017. (ENG.). 80p. (YA). (gr. 5-12). *(978-1-68282-223-4(0))* ReferencePoint Pr., Inc.

Growing up in Saudi Arabia. Contrib. by Barbara Sheen. 2018. (ENG.). 80p. (YA). (gr. 5-12). lib. bdg. *(978-1-68282-323-1(7))* ReferencePoint Pr., Inc.

Growing up in the Dragonfly Zone. Marlana DeMarco Hogan. 2018. (ENG., Illus.). 28p. (J). 22.95 *(978-1-64096-142-5(9))* Newman Springs Publishing, Inc.

Growing up in the Eyes of Joey. Kenneth W. Hestich. 2021. (ENG.). 18p. (J). pap. 11.95 *(978-1-64801-821-3(1))* Newman Springs Publishing, Inc.

Growing up in the Medieval Time Zone. Marlana DeMarco Hogan. 2020. (ENG., Illus.). 30p. (J). 23.95 *(978-1-64531-843-9(5))* Newman Springs Publishing, Inc.

Growing up in the Pasta Zone. Marlana DeMarco Hogan. 2022. (ENG.). 30p. (J). 23.95 ***(978-1-68498-300-1(2))*** Newman Springs Publishing, Inc.

Growing up in the Splash Zone. Marlana DeMarco Hogan. 2020. (ENG., Illus.). 28p. (J). 23.95 *(978-1-64531-840-8(0))* Newman Springs Publishing, Inc.

Growing up in the Torrone Zone. Marlana DeMarco Hogan. 2022. (ENG., Illus.). 30p. (J). 23.95 ***(978-1-68498-302-5(9))*** Newman Springs Publishing, Inc.

Growing up Is Hard to Do: Reflections on Your Earliest Beginnings to Your Late Teenage Years. Jay Spence. Illus. by Ian Baker. 2017. (ENG.). (J). *(978-1-5255-1177-6(7))* FriesenPress.

Growing up LGBTQ. Duchess Harris & Rebecca Rowell. 2019. (Being LGBTQ in America Ser.). (ENG.). 112p. (J). (gr. 6-12). lib. bdg. 41.36 *(978-1-5321-1904-0(6),* 32273, Essential Library) ABDO Publishing Co.

Growing up Like a Beautiful Flower Baby & Toddler Size & Shape. Baby Professor. 2017. (ENG., Illus.). (J). pap. 7.89 *(978-1-5419-0284-8(X),* Baby Professor (Education Kids)) Speedy Publishing LLC.

Growing up Lucky: A Young Magician's Travels in the American Civil War. Billy M. Copeland. Illus. by Marvin Tabacon. 2018. (ENG.). 236p. (YA). (gr. 7-12). 28.99 *(978-1-943492-40-4(9))*; pap. 15.99 *(978-1-943492-41-1(7))* Elm Grove Publishing.

Growing up Meathead. James B. Zimmerman. 2020. (ENG., Illus.). 116p. (YA). pap. 14.95 *(978-1-68433-548-0(5))* Black Rose Writing.

Growing up Mennonite: Broken Horses. Bailey Larroquette. 2022. (ENG.). 534p. (YA). pap. *(978-0-2288-7666-3(4))* Tellwell Talent.

Growing up on a Farm - Children's Agriculture Books. Baby Professor. 2017. (ENG., Illus.). (J). pap. 7.89 *(978-1-5419-0219-0(X),* Baby Professor (Education Kids)) Speedy Publishing LLC.

Growing up on the Playground / Nuestro Patio de Recreo. James Luna. Illus. by Monica Barela-Di Bisceglie. 2018. (ENG & SPA.). 32p. (J). (gr. -1-3). 17.95 *(978-1-55885-871-8(7),* Piñata Books) Arte Publico Pr.

Growing up, Poetry. Jennelle L. White. 2016. (ENG., Illus.). (J). 24.99 *(978-0-9978612-3-5(1))* Mindstir Media.

Growing up Sassafras: Where Is My Daddy. Denise Harvey. 2019. (ENG., Illus.). 70p. (J). (gr. 2-5). pap. *(978-1-64088-165-5(4))* Trilogy Christian Publishing, Inc.

Growing up Series: My Period: Step-By-step Guide. Marissa Bruce. 2022. (ENG.). 22p. (J). pap. ***(978-1-998754-05-2(7))*** Greer, Sabrina.

Growing up Stories. Caleb Burroughs & Cheri Vogel. Ed. by Cottage Door Press. 2021. (ENG.). 72p. (J). (gr. -1 — 1). 24.99 *(978-1-64638-175-3(0),* 1006770) Cottage Door Pr.

Growing up Supremely: The Women of the U. S. Supreme Court. Nichola D. Gutgold & Jessica L. Armstrong. Illus. by Rachel C. Ferguson. 2020. (ENG.). 34p. (J). (gr. k-5). pap. 9.99 *(978-1-63233-218-9(3))* Eifrig Publishing.

Growing up Tobey: The First Year. Caroline V. Barthen. 2017. (ENG., Illus.). (J). pap. 13.95 *(978-1-5043-6908-4(4),* Balboa Pr.) Author Solutions, LLC.

Growing up Trans: In Our Own Words. Ed. by Lindsay Herriot & Kate Fry. 2021. (ENG., Illus.). 176p. (J). (gr. 5-12). pap. 24.95 *(978-1-4598-3137-7(3))* Orca Bk. Pubs. USA.

Growing up Uniting. Ed. by William W. Emilsen & Elizabeth A. Watson. 2021. (ENG.). 210p. (J). pap. ***(978-1-925722-46-8(5))*** MediaCom Education Inc.

Growing up with Aloha. Kirby Larson. 2017. 208p. (J). *(978-1-5182-5294-5(X),* American Girl) American Girl Publishing, Inc.

Growing up with Autism. Alex Chrenka. 2016. (ENG., Illus.). 32p. (J). pap. *(978-1-365-38323-6(7))* Lulu Pr., Inc.

Growing up with Autism. Andrea Reid. 2018. (ENG., Illus.). 34p. (J). pap. 12.99 *(978-1-64254-479-4(5))* BookPatch LLC, The.

Growing up with Bobby. Msw Asw Roman Flintroy. Ed. by Riel Felice. 2023. (ENG.). 82p. (J). 24.99 ***(978-1-957751-40-5(1))*** Journal Joy, LLC.

Growing up with Manos: The Hands of Fate (Hardback) Jackey Neyman Jones. 2016. (ENG., Illus.). 154p. 24.95 *(978-1-59393-923-6(X))* BearManor Media.

Growing up with Patience. Morgan Dabney. Illus. by Aleksey Ivanov & Olga Ivanov. 2023. (ENG.). 80p. (J). (gr. 2-4). 16.95 ***(978-1-955492-27-0(1),*** GT2270) Good & True Media.

Growing Upward: A Guide to Discovering Your Greatness (and Owning Your Life) Natalie Zombeck. 2023. (ENG.). 220p. (YA). (gr. 7). pap. 19.95 *(978-1-989819-33-3(8))* Floating Castles Media Inc. CAN. Dist: Independent Pubs. Group.

Growing Vegetable Soup see Growing Vegetable Soup/Sembrar Sopa de Verduras Board Book: Bilingual English-Spanish

Growing with Delilah: Together We Can. Irene Field. Illus. by Malix_Art. 2022. 26p. (J). 21.95 ***(978-1-6678-6900-1(0))*** BookBaby.

Growing with God: 365 Daily Devos for Girls. VeggieTales. 2017. (VeggieTales Ser.). (ENG.). (J). (gr. -1-3). 12.99 *(978-1-68397-037-8(3),* Worthy Kids/Ideals) Worthy Publishing.

Growing with God Through the Eyes & Heart of a Child. Robie. 2018. (ENG., Illus.). 40p. (YA). pap. 10.49 *(978-1-5456-2243-8(4))* Salem Author Services.

Growing with Gratitude. Danielle C. Cheplowitz. Illus. by Kylee J. Frate. 2022. (ENG.). 42p. (J). 19.99 ***(978-1-0880-7331-5(X))***; pap. 12.99 ***(978-1-0880-2999-2(X))*** Indy Pub.

Growing World, or Progress of Civilization, & the Wonders of Nature, Science, Literature & Art: Interspersed with an Useful & Entertaining Collection of Miscellany, by the Best Authors of Our Day (Classic Reprint) W. M. Patterson and Co. 2017. (ENG., Illus.). (J). 34.54 *(978-0-260-36593-4(9))*; pap. 16.97 *(978-1-5283-1476-3(X))* Forgotten Bks.

Growing Your Creativity: Artistic Flower Coloring Book. Activity Attic Books. 2016. (ENG., Illus.). (J). pap. 7.74 *(978-1-68323-282-7(8))*; pap. 7.74 *(978-1-68323-763-1(3))* Twin Flame Productions.

Growl. Jen Corace. 2023. (ENG., Illus.). 40p. (J). (gr. -1-3). 18.99 *(978-1-4197-5748-8(2),* 1753901, Abrams Bks. for Young Readers) Abrams, Inc.

Grown. Tiffany D. Jackson. (ENG.). (YA). 2021. 400p. (gr. 8). pap. 11.99 *(978-0-06-284036-3(3))*; 2020. 384p. (gr. 8). 18.99 *(978-0-06-284035-6(5))*; 2020. 384p. *(978-0-06-305671-8(2))* HarperCollins Pubs. (Tegen, Katherine Bks).

Grown up Coloring Pages (36 Intricate & Complex Abstract Coloring Pages) 36 Intricate & Complex Abstract Coloring Pages: This Book Has 36 Abstract Coloring Pages That Can Be Used to Color in, Frame, and/or Meditate over: This Book Can Be Photocopied, Printed & Downloaded As a PDF. James Manning & Christabelle Manning. 2019. (Grown up Coloring Pages Ser.: Vol. 24). (ENG., Illus.). 74p. (YA). pap. *(978-1-83856-362-2(8))* Coloring Pages.

Grown up Coloring Pages (Absolute Nonsense) This Book Has 36 Coloring Sheets That Can Be Used to Color in, Frame, and/or Meditate over: This Book Can Be Photocopied, Printed & Downloaded As a PDF. James Manning. 2019. (Grown up Coloring Pages Ser.: Vol. 30). (ENG., Illus.). 74p. (YA). pap. *(978-1-83884-179-9(2))* Coloring Pages.

Grown up Coloring Pages (All You Need Is Love) This Book Has 40 Coloring Sheets That Can Be Used to Color in, Frame, and/or Meditate over: This Book Can Be Photocopied, Printed & Downloaded As a PDF. James Manning & Christabelle Manning. 2019. (Grown up Coloring Pages Ser.: Vol. 27). (ENG., Illus.). 82p. (YA). pap. *(978-1-83884-039-6(7))*; pap. *(978-1-83884-038-9(9))* Coloring Pages.

Grown up Coloring Pages (Anti Stress) This Book Has 36 Coloring Sheets That Can Be Used to Color in, Frame, and/or Meditate over: This Book Can Be Photocopied, Printed & Downloaded As a PDF. James Manning. 2019. (Grown up Coloring Pages Ser.: Vol. 32). (ENG., Illus.). 74p. (YA). pap. *(978-1-83884-296-3(9))* Coloring Pages.

Grown up Coloring Pages (Art Therapy) This Book Has 40 Art Therapy Coloring Sheets That Can Be Used to Color in, Frame, and/or Meditate over: This Book Can Be Photocopied, Printed & Downloaded As a PDF. James Manning. 2019. (Grown up Coloring Pages Ser.: Vol. 26). (ENG., Illus.). 82p. (YA). pap. *(978-1-83856-150-5(1))* Coloring Pages.

Grown up Coloring Pages (Fashion) This Book Has 36 Coloring Sheets That Can Be Used to Color in, Frame, and/or Meditate over: This Book Can Be Photocopied, Printed & Downloaded As a PDF. James Manning & Christabelle Manning. 2019. (Grown up Coloring Pages Ser.: Vol. 30). (ENG., Illus.). 74p. (YA). pap. *(978-1-83884-248-2(9))* Coloring Pages.

Grown up Coloring Pages (Mysterious Mechanical Creatures) Advanced Coloring (Colouring) Books with 40 Coloring Pages: Mysterious Mechanical Creatures (Colouring (Coloring) Books) James Manning. 2019. (Grown up Coloring Pages Ser.: Vol. 11). (ENG., Illus.). 82p. (YA). pap. *(978-1-83856-612-8(0))* West Suffolk CBT Service Ltd., The.

Grown up Coloring Pages (Mysterious Wild Beasts) A Wild Beasts Coloring Book with 30 Coloring Pages for Relaxed & Stress Free Coloring. This Book Can Be Downloaded As a PDF & Printed off to Color Individual Pages. James Manning. 2019. (Grown up Coloring Pages Ser.: Vol. 14). (ENG., Illus.). 62p. (YA). pap. *(978-1-83856-575-6(2))* Coloring Pages.

Grown up Coloring Pages (Nonsense Alphabet) This Book Has 36 Coloring Sheets That Can Be Used to Color in, Frame, and/or Meditate over: This Book Can Be Photocopied, Printed & Downloaded As a PDF. James Manning & Christabelle Manning. 2019. (Grown up Coloring Pages Ser.: Vol. 29). (ENG., Illus.). 74p. (YA). pap. *(978-1-83884-120-1(2))* Coloring Pages.

Grown-Ups Never Do That: (Funny Kids Book about Adults, Children's Book about Manners) Davide Cali & Benjamin Chaud. 2019. (ENG., Illus.). 40p. (J). (gr. k-3). 16.99 *(978-1-4521-3169-6(4))* Chronicle Bks. LLC.

Grownups Make Mistakes Too. Robert Glassford. 2022. (ENG., Illus.). 46p. (J). pap. 16.95 *(978-1-6624-7423-1(7))* Page Publishing Inc.

Growth: A Novel (Classic Reprint) Graham Travers. (ENG., Illus.). (J). 2018. 482p. 33.84 *(978-0-364-70827-9(1))*; 2016. pap. 16.57 *(978-1-334-76803-3(X))* Forgotten Bks.

Growth & Aging, 1 vol. Ed. by Joanne Randolph. 2017. (Amazing Human Body Ser.). (ENG.). 48p. (gr. 6-6). pap. 12.70 *(978-0-7660-8981-5(9),* 1e0893f4-fb67-454d-8a1d-2f9aa279f105) Enslow Publishing, LLC.

Growth & Life Cycle of Living Things: From Animals to Humans Life Cycle Books Grade 4 Children's Science & Nature Books. Baby Professor. 2020. (ENG.). 72p. (J). 24.99 *(978-1-5419-8056-3(5))*; pap. 14.99 *(978-1-5419-5961-3(2))* Speedy Publishing LLC. (Baby Professor (Education Kids)).

Growth Mindset: Bulletin Board. Scholastic. 2018. (Bulletin Board Ser.). (ENG.). (gr. k-6). 14.99 *(978-1-338-23625-5(3))* Teacher's Friend Pubns., Inc.

Growth Mindset Grit for Kids: A Fully Illustrated Story about Learning Persistence, Not Giving up & How to Keep Trying for Ages 2-6, 3-5. Adrian Laurent. 2022. (Feeling Big Emotions Picture Bks.). (ENG.). 32p. (J). pap. ***(978-0-473-58780-2(7))*** Bradem Press.

Growth Mindset Ninja: A Children's Book about the Power of Yet. Mary Nhin. Illus. by Jelena Stupar. 2020. (Ninja Life Hacks Ser.: Vol. 36). (ENG.). 34p. (J). 18.99 *(978-1-63731-017-5(X))* Grow Grit Pr.

Growth of Florida: Pioneers & Technological Advances. Heather E. Schwartz. rev. ed. 2016. (Social Studies: Informational Text Ser.). (ENG.). 32p. (gr. 3-8). pap. 11.99 *(978-1-4938-3538-6(6))* Teacher Created Materials, Inc.

Growth of the Soil (Classic Reprint) Knut Hamsun. 2017. (ENG., Illus.). (J). 35.82 *(978-0-265-77614-8(7))* Forgotten Bks.

Growth of the Soil, Vol. 1 (Classic Reprint) Knut Hamsun. 2017. (ENG., Illus.). (J). 30.33 *(978-0-265-90057-4(3))* Forgotten Bks.

Growth of the Soil, Vol. 2 (Classic Reprint) W. W. Worster. 2018. (ENG., Illus.). 280p. (J). 29.67 *(978-0-365-20545-6(1))* Forgotten Bks.

Grozzlesnark the Dragon. Chris J. Irving. Illus. by Marie Fisher. 2021. (ENG.). 48p. (J). pap. *(978-0-6484494-4-7(0))* Irving Publishing.

Grrr! Argh! Eeek! Scream! Run! Monster Mazes Activity Book. Activity Book Zone for Kids. 2016. (ENG., Illus.). (J). pap. 7.55 *(978-1-68376-198-3(7))* Sabeels Publishing.

Grrranimals: Unforgettable Land & Water Creatures. Phineas Peabody. Illus. by Steve McGinnis. 2018. (ENG.). 30p. (J). pap. 17.95 *(978-0-9963323-8-5(3))*; (Grranimals: I Love Animals Ser.: Vol. 1). 17.95 *(978-0-9963323-9-2(1))* Peabody Publishing Co.

Grrrrrrrr, Do I Have To? Natasha Biddy. Illus. by Balarupa Studio. 2019. (ENG.). 28p. (J). pap. *(978-1-9990856-0-5(4))* Gauvin, Jacques.

Grubbs Vol. 1. Max Weaver. Illus. by Ted Dawson. 2021. (ENG.). 136p. (J). pap. 9.99 *(978-1-932775-99-0(4))* Keenspot Entertainment.

Grudge (Classic Reprint) Hubert Hitchens. (ENG., Illus.). (J). 2018. 194p. 27.92 *(978-0-483-67077-8(4))*; 2017. pap. 10.57 *(978-0-243-38134-0(4))* Forgotten Bks.

Gruel Snarl Draws a Wild Zugthing, 1 vol. Jeff Jantz. 2017. (ENG.). 32p. (J). 16.99 *(978-0-7643-5397-0(7),* 7749) Schiffer Publishing, Ltd.

Gruesome Ghosts (No. 1 Boy Detective) Barbara Mitchelhill. Illus. by Tony Ross. 2018. (No. 1 Boy Detective Ser.). (ENG.). 64p. (J). (gr. 2-4). pap. 9.99 *(978-1-78344-669-8(2))* Andersen Pr. GBR. Dist: Independent Pubs. Group.

Gruesome Gorgilla! Steve Behling. ed. 2018. (Marvel Chapter Ser.). (ENG.). 172p. (J). (gr. 3-5). 17.36 *(978-1-64310-690-8(2))* Penworthy Co., LLC, The.

Gruesome Monsters. Cordelia Nash. Illus. by Benjamin Richards. 2021. (Spray Pen Art Ser.). (ENG.). 60p. (J). 12.99 *(978-1-78958-854-5(5))* Top That! Publishing PLC GBR. Dist: Independent Pubs. Group.

Gruff the Grump. Steve Smallman. Illus. by Cee Biscoe. 2021. (Let's Read Together Ser.). (ENG.). 32p. (J). (gr. -1-2). pap. 8.99 *(978-1-68010-372-4(5))* Tiger Tales.

Grullas 1. Seis Grullas. Elizabeth Lim. 2023. (SPA.). 496p. (YA). pap. 24.95 ***(978-607-07-9612-8(8))*** Editorial Planeta, S. A. ESP. Dist: Two Rivers Distribution.

Grullas de Papel: (Spanish Edition) Jordan Ford. Tr. by Maria Paz Vivanco Carmona. 2021. (ENG.). 382p. (J). pap. *(978-1-9911500-9-7(1))* Forever Love Publishing.

Grumble, Yawn. Deborah Kerbel. Illus. by Jacqui Lee. 2022. (ENG.). 20p. (J). (— 1). bds. 10.95 *(978-1-4598-2867-4(4))* Orca Bk. Pubs. USA.

Grumbles: A Story about Gratitude. Tricia Goyer & Amy Parker. Illus. by Monica de Rivas. 2021. (ENG.). 32p. (J). (gr. -1-3). 17.99 *(978-0-7624-7338-0(X),* Running Pr. Kids) Running Pr.

Grumbles from the Town: Mother-Goose Voices with a Twist. Jane Yolen & Rebecca Kai Dotlich. Illus. by Angela Matteson. 2016. (ENG.). 40p. (J). (gr. k-4). 17.95 *(978-1-59078-922-3(9),* Wordsong) Highlights Pr., c/o Highlights for Children, Inc.

Grumbletroll, 4 vols. aprilkind & Barbara van den Speulhof. Illus. by Stephan Pricken. 2021. (Grumbletroll by Aprilkind Ser.: 1). (ENG.). 32p. (J). 16.99 *(978-0-7643-6117-3(1),* 25851) Schiffer Publishing, Ltd.

Grumbletroll ... Isn't Grumbling Today! aprilkind & Barbara van den Speulhof. Illus. by Stephan Pricken. 2021. (Grumbletroll by Aprilkind Ser.: 2). (ENG.). 32p. (J). (gr. -1-3). 16.99 *(978-0-7643-6220-0(8),* 25852) Schiffer Publishing, Ltd.

Grumbletroll ... Wants to Be First! Barbara van den Speulhof. Illus. by Stephan Pricken. 2022. (Grumbletroll by Aprilkind Ser.: 3). (ENG.). 32p. (J). 16.99 *(978-0-7643-6335-1(2),* 27951) Schiffer Publishing, Ltd.

Grumbletroll Meet My Friends Activity Book. Illus. by Stephan Pricken. 2022. (Grumbletroll by Aprilkind Ser.: 4). (ENG.). 96p. (J). 9.99 *(978-0-7643-6336-8(0),* 28978) Schiffer Publishing, Ltd.

Grumbletroll Merry Christmas. aprilkind & Barbara van den Speulhof. Illus. by Stephan Pricken. 2022. (Grumbletroll by Aprilkind Ser.: 5). (ENG.). 32p. (J). 16.99 *(978-0-7643-6440-2(5),* 29190) Schiffer Publishing, Ltd.

Grumbones. Jenn Bennett. 2023. (ENG.). 304p. (J). (gr. 3-7). 17.99 ***(978-1-6659-3031-4(4),*** Simon & Schuster Bks. For Young Readers) Simon & Schuster Bks. For Young Readers.

G

Grump & Other Poems. Ashley Harvey & Ronnie Kreimes. 2016. (ENG., Illus.). (J). pap. *(978-1-78723-014-9(7))* CompletelyNovel.com.

Grump in the Night. Celeste Sisler. ed. 2020. (Grumpy Cat 8x8 Bks). (ENG., Illus.). 24p. (J). (gr. k-1). 16.96 *(978-1-64697-405-4(0))* Penworthy Co., LLC, The.

Grump in the Night (Grumpy Cat) Celeste Sisler. Illus. by Steph Laberis. 2020. (Pictureback(R) Ser.). 24p. (J). (gr. -1-2). 5.99 *(978-1-9848-5137-6(3)*, Random Hse. Bks. for Young Readers) Random Hse. Children's Bks.

Grump: the (Fairly) True Tale of Snow White & the Seven Dwarves. Liesl Shurtliff. 2019. (ENG.). 336p. (J). (gr. 3-7). 8.99 *(978-1-5247-1704-9(5)*, Yearling) Random Hse. Children's Bks.

Grumpiest Grumpf. Jill Lawless. 2018. (ENG.). 40p. (J). pap. *(978-1-387-07416-7(4))* Lulu Pr., Inc.

Grumpy America: a Paper Doll Book (Grumpy Cat) Random House. Illus. by MJ Illustrations. 2020. 32p. (J). (gr. -1-2). pap. 8.99 *(978-1-9848-5135-2(7)*, Random Hse. Bks. for Young Readers) Random Hse. Children's Bks.

Grumpy Bird. Jeremy Tankard. 2016. (ENG.). 30p. (J). (— 1). bds. 6.99 *(978-0-545-87182-2(4)*, Scholastic Pr.) Scholastic, Inc.

Grumpy Cat, Vol. 1. Royal McGraw et al. 2016. (ENG., Illus.). 104p. (J). 12.99 *(978-1-60690-796-2(4)*, 7edde535-7787-4551-8b26-f7a8a64f9bc5, Dynamite Entertainment) Dynamic Forces, Inc.

Grumpy Cat & Garfield. Mark Evanier. Ed. by Anthony Marques. 2017. (ENG., Illus.). 100p. (J). 12.99 *(978-1-5241-0496-2(5)*, 924dd88f-79fd-426f-9590-d17e1f2285ed, Dynamite Entertainment) Dynamic Forces, Inc.

Grumpy Cat & Pokey. Royal McGraw et al. 2016. (ENG., Illus.). 104p. (J). 12.99 *(978-1-5241-0004-9(8)*, 25826548-1683-49ce-ba34-c2185ff7e4c8, Dynamite Entertainment) Dynamic Forces, Inc.

Grumpy Cat & Pokey, Vol. 3. Ben McCool et al. 2017. (ENG., Illus.). 104p. (J). 12.99 *(978-1-5241-0246-3(6)*, 8497b40c-b311-44ea-aa3e-ee1aa918532a, Dynamite Entertainment) Dynamic Forces, Inc.

Grumpy Cat's Road Trip Spot-The-Differences. John Kurtz. 2018. (Dover Kids Activity Books: Animals Ser.). (ENG.). 64p. (gr. 2-7). pap. 5.99 *(978-0-486-82470-3(5)*, 824705) Dover Pubns., Inc.

Grumpy Cat's Word Play Book. Jimi Bonogofsky-Gronseth. 2018. (Dover Kids Activity Books: Animals Ser.). (ENG.). 64p. (gr. 2-4). pap. 5.99 *(978-0-486-82469-7(1)*, 824691) Dover Pubns., Inc.

Grumpy Dad Shovels Snow. Tom Romita. Illus. by Nick Guarracino. 2017. (Grumpy Dad Ser.). (ENG.). 38p. (J). (gr. k-1). pap. 11.99 *(978-0-9995928-0-9(7))* Romita, Tom.

Grumpy Days. Sue deGennaro. 2022. (Different Days Ser.). (ENG., Illus.). 24p. (J). (gr. -1-k). 17.99 *(978-1-76050-761-9(X))* Little Hare Bks. AUS. Dist: Independent Pubs. Group.

Grumpy Dinosaur: (Children's Book about a Dinosaur Who Gets Angry Easily, Picture Books, Preschool Books) Michael Gordon. 2021. (ENG.). 32p. (J). 14.99 *(978-1-7344674-6-8(0))* Kids Bk. Pr.

Grumpy Duck. Joyce Dunbar. Illus. by Petr Horacek. 2019. (ENG.). 32p. (J). (gr. -1-2). 16.99 *(978-1-5362-0424-7(2))* Candlewick Pr.

Grumpy Easter. Frank Berrios. ed. 2020. (Grumpy Cat 8x8 Bks). (ENG.). 24p. (J). (gr. k-1). 15.96 *(978-1-64697-170-1(1))* Penworthy Co., LLC, The.

Grumpy Easter (Grumpy Cat) Frank Berrios. Illus. by Patrick Spaziante. 2020. (Pictureback(R) Ser.). 24p. (J). (gr. -1-2). 5.99 *(978-0-593-12264-8(X)*, Random Hse. Bks. for Young Readers) Random Hse. Children's Bks.

Grumpy Fairies. Bethan Stevens. ed. 2021. (ENG., Illus.). 32p. (J). (gr. -1-1). ***(978-0-7112-4941-7(5))*** Frances Lincoln Childrens Bks.

Grumpy Feet. Lisa Stubbs. Illus. by Lisa Stubbs. 2017. (Lily & Bear Ser.). (ENG., Illus.). 32p. (J). (gr. -1-3). 17.99 *(978-1-4814-7167-1(8)*, Simon & Schuster/Paula Wiseman Bks.) Simon & Schuster/Paula Wiseman Bks.

Grumpy Goat: A Dance-It-Out Creative Movement Story. Once Upon A Dance. Illus. by Ethan Roffler. 2022. (Dance-It-Out! Creative Movement Stories for Young Movers Ser.). (ENG.). 40p. (J). 24.99 ***(978-1-955555-45-6(1))*** Once Upon a Dance.

Grumpy Gramps. John Louis. 2022. (ENG.). 94p. (J). pap. *(978-1-3984-3567-4(8))* Austin Macauley Pubs. Ltd.

Grumpy Grandma! Grand-Maman Grincheuse! Erica Adams. Illus. by Carlene Adams & Ron & Vic Marshall. 2022. (ENG.). 36p. (J). *(978-1-0391-0796-0(6))*; pap. *(978-1-0391-0795-3(8))* FriesenPress.

Grumpy King Colin. Phil Allcock. Illus. by Steve Stone. 2019. (Early Bird Readers — Purple (Early Bird Stories (tm)) Ser.). (ENG.). 32p. (J). (gr. k-3). 30.65 *(978-1-5415-4223-5(1)*, adb90bc4-8b5f-4ceb-aac3-3a41598c7f63); pap. 9.99 *(978-1-5415-7423-6(0)*, 05d87a56-81cf-4fb3-89be-30e52448326c) Lerner Publishing Group. (Lerner Pubns.).

Grumpy Kyle. Allyn M. Stotz. I.t. ed. 2017. (ENG., Illus.). (J). pap. 9.95 *(978-1-61633-848-0(2))* Guardian Angel Publishing, Inc.

Grumpy Little Fox. Karen Morgan. Ed. by Tyleen Barker. Illus. by Tyleen Barker. 2018. (ENG.). 26p. (J). pap. *(978-1-7752861-0-3(X))* Morgan, Tyleen.

Grumpy Little Fox. Karen Morgan. Ed. by Tyleen Barker. Illus. by Tyleen Barker. 2018. (ENG.). 26p. (J). *(978-1-7752861-1-0(8))* Morgan, Tyleen.

Grumpy Mom. Sarah Levitin. Illus. by Christina Cartwright. 2019. (ENG.). 34p. (J). (gr. 4-5). pap. 7.99 *(978-0-578-43972-3(7))* levitin, sarah.

Grumpy Monkey. Suzanne Lang. Illus. by Max Lang. (Grumpy Monkey Ser.). (ENG.). 32p. (J). 2019. (— 1). bds. 8.99 *(978-0-593-12399-7(9))*; 2018. (gr. -1-2). 17.99 *(978-0-553-53786-4(5)*, Random Hse. Bks. for Young Readers) Random Hse. Children's Bks.

Grumpy Monkey Are We There Yet? Suzanne Lang. Illus. by Max Lang. 2022. (Grumpy Monkey Ser.). 24p. (J). (— 1). bds. 8.99 *(978-0-593-43283-9(5))* Random Hse. Children's Bks.

Grumpy Monkey Don't Be Scared. Suzanne Lang. Illus. by Max Lang. 2023. (Grumpy Monkey Ser.). (ENG.). 32p. (J). (gr. -1-3). 10.99 ***(978-0-593-48695-5(1))***; lib. bdg. 13.99 ***(978-0-593-48696-2(X))*** Random Hse. Children's Bks.

Grumpy Monkey ¡Está Gruñón! / Grumpy Monkey. Suzanne Lang. Illus. by Max Lang. 2023. (Grumpy Monkey Ser.: 1). (SPA.). 32p. (J). (gr. -1-3). 17.95 ***(978-1-64473-866-5(X))*** Penguin Random House Grupo Editorial ESP. Dist: Penguin Random Hse. LLC.

Grumpy Monkey Get Your Grumps Out. Suzanne Lang. Illus. by Max Lang. 2021. (Step into Reading Ser.). (ENG.). 32p. (J). (gr. -1-1). pap. 4.99 *(978-0-593-42832-0(3))*; lib. bdg. 14.99 *(978-0-593-42833-7(1))* Random Hse. Children's Bks. (Random Hse. Bks. for Young Readers).

Grumpy Monkey Oh, No! Christmas. Suzanne Lang. Illus. by Max Lang. 2021. (Grumpy Monkey Ser.). (ENG.). 32p. (J). (gr. -1-2). 18.99 *(978-0-593-30609-3(0))* Random Hse. Children's Bks.

Grumpy Monkey Party Time! Suzanne Lang. Illus. by Max Lang. 2019. (Grumpy Monkey Ser.). (ENG.). 44p. (J). (gr. -1-2). 18.99 *(978-0-593-11862-7(6)*, Random Hse. Bks. for Young Readers) Random Hse. Children's Bks.

Grumpy Monkey Ready, Set, Bananas! Suzanne Lang. Illus. by Max Lang. 2021. (Step into Reading Ser.). (ENG.). 32p. (J). (gr. -1-1). pap. 4.99 *(978-0-593-42831-3(5)*, Random Hse. Bks. for Young Readers) Random Hse. Children's Bks.

Grumpy Monkey Says No! Suzanne Lang. Illus. by Max Lang. 2022. (Grumpy Monkey Ser.). 24p. (J). (— 1). bds. 8.99 *(978-0-593-43284-6(3))* Random Hse. Children's Bks.

Grumpy Monkey the Egg-Sitter. Suzanne Lang. Illus. by Max Lang. 2023. (Step into Reading Ser.). 32p. (J). (gr. -1-1). pap. 5.99 *(978-0-593-43464-2(1))*; (ENG.). lib. bdg. 15.99 *(978-0-593-43465-9(X))* Random Hse. Children's Bks. (Random Hse. Bks. for Young Readers).

Grumpy Monkey up All Night. Suzanne Lang. Illus. by Max Lang. 2020. (Grumpy Monkey Ser.). (ENG.). 32p. (J). (gr. -1-2). 21.99 *(978-0-593-11976-1(2)*, Random Hse. Bks. for Young Readers); 18.99 *(978-0-593-11975-4(4))*; E-Book *(978-0-593-11977-8(0)*, Random Hse. Bks. for Young Readers) Random Hse. Children's Bks.

Grumpy Monkey Valentine Gross-Out. Suzanne Lang. Illus. by Max Lang. 2022. (Grumpy Monkey Ser.). 32p. (J). (gr. -1-3). 10.99 *(978-0-593-48692-4(7))* Random Hse. Children's Bks.

Grumpy Monkey Who Threw That? A Graphic Novel Chapter Book. Suzanne Lang. Illus. by Max Lang. 2022. (Grumpy Monkey Ser.). 88p. (J). (gr. 2-5). 9.99 *(978-0-593-30605-5(8))*; (ENG.). lib. bdg. 12.99 *(978-0-593-30606-2(6))* Random Hse. Children's Bks.

Grumpy Monkey's Little Book of Grumpiness. Suzanne Lang. Illus. by Max Lang. 2020. (Grumpy Monkey Ser.). (ENG.). 24p. (J). (— 1). bds. 8.99 *(978-0-593-17720-4(7)*, Random Hse. Bks. for Young Readers) Random Hse. Children's Bks.

Grumpy New Year. Katrina Moore. Illus. by Xindi Yan. 2022. (ENG.). 40p. (J). (gr. -1-3). 18.99 *(978-1-4998-1282-4(5))* Little Bee Books Inc.

Grumpy Ninja: A Children's Book about Gratitude & Pespective. Mary Nhin & Grow Grit Press. Illus. by Jelena Stupar. 2020. (Ninja Life Hacks Ser.: Vol. 7). (ENG.). 36p. (J). 18.99 *(978-1-953399-53-3(3))* Grow Grit Pr.

Grumpy Old Ox. Anthony DeStefano. 2020. (ENG.). (J). mass mkt. 16.95 *(978-1-64413-483-2(7))* Sophia Institute Pr.

Grumpy Pants. Claire Messer. Illus. by Claire Messer. (Illus.). 32p. (J). (gr. -1-3). 2022. pap. 8.99 *(978-0-8075-3079-5(4)*, 807530794); 2016. (ENG.). 16.99 *(978-0-8075-3075-7(1)*, 807530751) Whitman, Albert & Co.

Grumpy Pets. Kristine Lombardi. 2016. (ENG., Illus.). 32p. (J). (gr. k-2). 14.95 *(978-1-4197-1888-5(6)*, 1094801, Abrams Bks. for Young Readers) Abrams, Inc.

Grumpy Pirate. Corinne Demas & Artemis Roehrig. Illus. by Ashlyn Anstee. 2020. (ENG.). 40p. (J). (gr. -1-k). 17.99 *(978-1-338-22297-5(X)*, Orchard Bks.) Scholastic, Inc.

Grumpy Puddle. Tammy Abernathy. Illus. by Deirdre Burnside. 2020. (ENG.). 44p. (J). pap. 14.99 *(978-1-948026-71-0(6))* Write Integrity Pr.

Grumpy Reindeer: A Winter Story about Friendship & Kindness. DK. Illus. by Clare Wilson. 2022. (First Seasonal Stories Ser.). (ENG.). 18p. (J). (-k). bds. 6.99 *(978-0-7440-6506-0(2)*, DK Children) Dorling Kindersley Publishing, Inc.

Grumpy Stories. Ron Hicks. 2018. (ENG., Illus.). 46p. (J). *(978-1-5289-2509-9(2))*; pap. *(978-1-5289-2510-5(6))* Austin Macauley Pubs. Ltd.

Grumpy the Stump. Alicia Feizo & Larry Cavanagh. Illus. by Jasmine Cleofas. 2019. (ENG.). 22p. (J). (gr. k-2). pap. 11.99 *(978-5-532-37877-3(0)*, ExamWise) Total Recall Learning, Inc.

Grumpy to Grateful. Ann Aschauer. Illus. by Roberta Stella Dills. 2022. (ENG.). 40p. (J). pap. 12.95 ***(978-1-60920-148-7(5))*** Ajoyin Publishing, Inc.

Grumpy Unicorn. Joey Spiotto. 2019. (Illus.). 112p. (J). *(978-1-74383-267-7(2))* Scholastic, Inc.

Grumpy Unicorn Hits the Road: a Graphic Novel. Joey Spiotto. Illus. by Joey Spiotto. 2020. (ENG., Illus.). 128p. (J). (gr. 2-5). pap. 8.99 *(978-1-338-66604-5(5)*, Graphix) Scholastic, Inc.

Grumpy Unicorn Saves the World. Joey Spiotto. ed. 2022. (Grumpy Unicorn Ser.). (ENG.). 125p. (J). (gr. 2-3). 23.96 ***(978-1-68505-195-2(2))*** Penworthy Co., LLC, The.

Grumpy Unicorn Saves the World: a Graphic Novel. Joey Spiotto. Illus. by Joey Spiotto. 2021. (ENG.). 128p. (J). (gr. 2-5). pap. 8.99 *(978-1-338-73996-1(4)*, Graphix) Scholastic, Inc.

Grumpy Unicorn: Why Me? Joey Spiotto. Illus. by Joey Spiotto. 2019. (ENG., Illus.). 112p. (J). (gr. 2-5). pap. 7.99 *(978-1-338-56541-6(9))* Scholastic, Inc.

Grumpycorn. Sarah McIntyre. Illus. by Sarah McIntyre. 2020. (ENG., Illus.). 32p. (J). (gr. -1-k). pap. 6.99 *(978-1-338-61799-3(0))* Scholastic, Inc.

Grumpycorn. Sara McIntyre. ed. 2021. (ENG., Illus.). 28p. (J). (gr. k-1). 17.96 *(978-1-64697-741-3(6))* Penworthy Co., LLC, The.

Grundriss der Anatomie des Menschen: Atlas (Classic Reprint) Jacob Henle. 2017. (GER., Illus.). (J). pap. 19.57 *(978-0-243-96556-4(7))* Forgotten Bks.

Grundriss der Physiologie des Menschen: Fur das Erste Studium und Zur Selbstbelehrung (Classic Reprint) Gabriel Valentin. 2017. (GER., Illus.). (J). pap. 23.57 *(978-0-243-45325-2(6))* Forgotten Bks.

Grundriss der Speciellen Botanik Fur Den Unterricht an Hoheren Lehranstalten (Classic Reprint) Theodor Liebe. 2017. (GER., Illus.). (J). pap. 9.57 *(978-0-243-60141-7(7))* Forgotten Bks.

Grundriss der Speciellen Botanik Für Den Unterricht an Höheren Lehranstalten (Classic Reprint) Theodor Liebe. 2018. (GER., Illus.). 152p. (J). 27.03 *(978-0-666-75754-8(2))* Forgotten Bks.

Grundzüge der Chemischen Pflanzenuntersuchung (Classic Reprint) Leopold Rosenthaler. 2018. (GER., Illus.). 140p. (J). 26.78 *(978-0-267-02834-4(2))* Forgotten Bks.

Grundzuge der Mathematisch-Physikalischen Akustik, Vol. 1 (Classic Reprint) Alfred Kalahne. 2017. (GER., Illus.). (J). 26.87 *(978-0-266-76251-5(4))* Forgotten Bks.

Grunnick. Dandi Palmer. 2017. (ENG., Illus.). (J). pap. *(978-1-906442-57-6(6))* Dodo Bks.

Gruntwhistle Goes in Search. Martin Miles. 2016. (ENG., Illus.). (J). pap. 12.55 *(978-1-4834-5682-9(X))* Lulu Pr., Inc.

Grupos de Animales (Animal Groups) (Set), 6 vols. 2018. (Grupos de Animales (Animal Groups) Ser.). (SPA.). 24p. (J). (gr. -1-2). lib. bdg. 188.16 *(978-1-5321-8358-4(5)*, 29909, Abdo Kids) ABDO Publishing Co.

Gruta de la Serpiente. Mónica Parra. Illus. by Manrique Cos & Lola Parra. 2016. (SPA.). (J). pap. *(978-84-946255-1-0(9))* Editorial Proyecto Educa.

Gruvel the Great. L. Sydney Abel. 2018. (ENG., Illus.). 98p. (J). pap. 12.95 *(978-1-62815-504-4(3))* Speaking Volumes, LLC.

Gryll Grange. Thomas Love Peacock. 2017. (ENG., Illus.). (J). 25.95 *(978-1-375-00873-0(0))*; pap. 15.95 *(978-1-375-00872-3(2))* Capital Communications, Inc.

Gryll Grange: Illustrated by F. H. Townsend, with an Introd, by George Saintsbury (Classic Reprint) Thomas Love Peacock. 2018. (ENG., Illus.). 324p. (J). 30.58 *(978-0-483-05949-8(8))* Forgotten Bks.

Gryphon's Lair: Royal Guide to Monster Slaying, Book 2. Kelley Armstrong. (Royal Guide to Monster Slaying Ser.: 2). 352p. (J). (gr. 5-9). 2021. pap. 9.99 *(978-0-7352-6540-0(2))*; 2020. (ENG.). 16.99 *(978-0-7352-6538-7(0))* PRH Canada Young Readers CAN. (Puffin Canada). Dist: Penguin Random Hse. LLC.

Gu Hongzhong y Su Cuadro el Banquete Nocturno de Han Xizai (Spanish Edition) Zirong ZENG. 2021. (Entendiendo Las Pinturas Famosas Ser.). (ENG.). 32p. (J). 19.95 *(978-1-4878-0825-9(9))* Royal Collins Publishing Group Inc. CAN. Dist: Independent Pubs. Group.

Gu Kaizhi y Su Obra la Ninfa Del Río Luo (Spanish Edition) Zirong ZENG. 2021. (Entendiendo Las Pinturas Famosas Ser.). (ENG.). 36p. (J). 19.95 *(978-1-4878-0826-6(7))* Royal Collins Publishing Group Inc. CAN. Dist: Independent Pubs. Group.

Guacamole: A Cooking Poem / Guacamole: un Poema para Cocinar. Jorge Argueta. ed. 2016. (ENG & SPA.). lib. bdg. 19.60 *(978-0-606-38493-3(6))* Turtleback.

Guacamole: Un Poema para Cocinar / a Cooking Poem, 1 vol. Jorge Argueta. Tr. by Elisa Amado. Illus. by Margarita Sada. 2016. (Bilingual Cooking Poems Ser.). (SPA.). 32p. (J). (gr. -1-2). pap. 10.99 *(978-1-55498-888-4(8))* Groundwood Bks. CAN. Dist: Publishers Group West (PGW).

Guadalquivir: Its Personality, Its People & Its Associations (Classic Reprint) Paul Gwynne. 2018. (ENG., Illus.). 458p. (J). 33.34 *(978-0-484-81559-8(8))* Forgotten Bks.

Guadalupe: First Words/Primeras Palabras, 1 vol. Patty Rodriguez & Ariana Stein. Illus. by Citlali Reyes. ed. 2018. 22p. (J). bds. 9.99 *(978-0-9861099-0-4(8))* Little Libros, LLC.

Guan Yin: La Virgen de Esperanza: Un Cuento Relatado Del Sutra de Loto. Jin Rou & Hsüan Hua. Illus. by Heng Jing. 2018. (SPA.). (J). *(978-1-64217-023-8(2))* Buddhist Text Translation Society.

Guan Yin: The Buddha's Helper. Jin Rou et al. Illus. by Heng Jing. 2018. (J). *(978-1-64217-021-4(6))* Buddhist Text Translation Society.

Guandi: God of War. Samantha S. Bell. 2022. (Chinese Mythology Ser.). (ENG., Illus.). 32p. (J). (gr. 2-5). lib. bdg. 34.21 *(978-1-5321-9994-3(5)*, 40857, Kids Core) ABDO Publishing Co.

Guanya Pau: Story of an African Princess (Classic Reprint) Joseph Jeffrey Walters. 2017. (ENG., Illus.). 148p. (J). 26.97 *(978-1-5281-8788-6(1))* Forgotten Bks.

Guapo's Giant Heart: the True Story of the Calf Who Kept Growing. Janet Zappala & Wendy Perkins. 2022. (ENG.). 38p. (J). 15.95 *(978-1-63755-093-9(6))* Amplify Publishing Group.

Guaracha y Campirana: La Hora Del Cuento. Azucena Ordoñez Rodas. 2022. (SPA.). 101p. pap. ***(978-1-387-61953-5(5))*** Lulu Pr., Inc.

Guard. Gabriella Neveau. 2021. (ENG.). 324p. (YA). pap. 20.95 *(978-1-63881-216-6(0))* Newman Springs Publishing, Inc.

Guard Cat. Duncan Saunders. 2019. (ENG.). 152p. (J). pap. 15.26 ***(978-1-716-01964-7(8))*** Lulu Pr., Inc.

Guard Dog Named Honey. Denise Gosliner Orenstein. 2020. (ENG.). 256p. (J). (gr. 3-7). 16.99 *(978-1-338-34846-0(9)*, Scholastic Pr.) Scholastic, Inc.

Guard Dogs. Rochelle Groskreutz. 2018. (Illus.). 24p. (J). *(978-1-4896-9906-0(6)*, AV2 by Weigl) Weigl Pubs., Inc.

Guard Is Changing at Buckingham Palace. Brian Wilson. I.t. ed. 2022. (ENG., Illus.). 34p. (J). ***(978-0-473-65688-1(4))*** Brian Wilson.

Guard Is Changing at Buckingham Palace. Brian David Wilson. 2nd ed. 2023. (ENG.). 34p. (J). pap. ***(978-0-473-65687-4(6))*** Brian Wilson.

Guard the Fort. Nancy Schaffer. 2019. (ENG., Illus.). 30p. (J). pap. 12.95 *(978-1-64559-713-1(X))* Covenant Bks.

Guard Your Heart. Cheryl Delamarter. (ENG., Illus.). (J). 2017. (gr. 2-6). pap. 11.95 *(978-0-9861864-9-3(X))*; 2016. (gr. k-6). 19.95 *(978-0-9861864-6-2(5))* Silver Thread Publishing.

Guardador de Códices: Amoxhué Versión Original. Jorge Zerecero Contreras. 2022. (SPA.). 150p. (YA). pap. 16.95 *(978-1-6624-9396-6(7))* Page Publishing Inc.

Guardaparques (Park Rangers) Julie Murray. 2018. (Trabajos en Mi Comunidad (My Community: Jobs) Ser.). (SPA.). 24p. (J). (gr. -1-2). lib. bdg. 31.36 *(978-1-5321-8369-0(0)*, 29931, Abdo Kids) ABDO Publishing Co.

Guarded Flame (Classic Reprint) W. B. Maxwell. (ENG., Illus.). (J). 2017. 31.53 *(978-1-5282-6362-7(6))*; 2016. pap. 13.97 *(978-1-334-75818-8(2))* Forgotten Bks.

Guarded Flame (Classic Reprint) William Babington Maxwell. (ENG., Illus.). (J). 2018. 382p. 31.78 *(978-0-332-20430-7(8))*; 2017. pap. 16.57 *(978-0-243-49913-7(2))* Forgotten Bks.

Guarded Heights (Classic Reprint) Wadsworth Camp. 2018. (ENG., Illus.). 370p. (J). 31.55 *(978-0-483-35145-5(8))* Forgotten Bks.

Guardi & Angel Work on the Ranch. Rachel Holscher. 2020. (ENG.). 28p. (J). 29.99 *(978-1-63050-274-4(X))*; pap. 19.99 *(978-1-63050-273-7(1))* Salem Author Services.

Guardian. Victoria K. Avery. 2022. (ENG.). 28p. (J). pap. 13.95 *(978-1-64492-006-0(9))* Christian Faith Publishing.

Guardian. Lavay Byrd. 2018. (ENG.). 298p. (YA). pap. 15.99 *(978-1-393-43537-2(8))* Draft2Digital.

Guardian. David A. Combs. 2020. (Witches of Pioneer Vale Ser.: Vol. 2). (ENG.). 274p. (YA). pap. 13.99 *(978-1-7350034-1-2(7))* Combs, David.

Guardian. M. C. Lee. 2019. (Touchstone Ser.: 2). (ENG.). 256p. (YA). pap. 16.99 *(978-1-64405-621-9(6)*, Harmony Ink Pr.) Dreamspinner Pr.

Guardian. Patricia Vordtriede. 2022. (ENG., Illus.). 40p. (J). pap. 15.95 *(978-1-6624-6143-9(7))* Page Publishing Inc.

Guardian: Book 0. 5 of the Lissae Series. R. Lennard. 2nd ed. 2019. (Lissae Ser.: Vol. 5). (ENG., Illus.). 96p. (YA). (gr. 7-12). pap. 9.99 *(978-0-463-32283-3(5))* Smashwords.

Guardian: Book 3 in the Steeplejack Series. A. J. Hartley. 2019. (Steeplejack Ser.: 3). (ENG.). 320p. (YA). pap. 17.99 *(978-0-7653-8816-2(2)*, 900162382, Tor Teen) Doherty, Tom Assocs., LLC.

Guardian Angel. Lynette Ferreira. 2017. (ENG., Illus.). (J). pap. 12.32 *(978-0-244-61451-5(2))* Lulu Pr., Inc.

Guardian Angel. Sr. Oliver Wendell Holmes. 2017. (ENG., Illus.). (J). 27.95 *(978-1-374-92032-3(0))*; pap. 17.95 *(978-1-374-92031-6(2))* Capital Communications, Inc.

Guardian Angel. Kayla Klanreungsang. 2017. (ENG., Illus.). (YA). (gr. 7-12). pap. 15.95 *(978-0-9987157-5-9(1))* RMA Publicity LLC dba Sigma's Bookshelf.

Guardian Angel & the Wishing Star. Cindy Bruce. 2018. (ENG., Illus.). 36p. (J). 23.95 *(978-1-64114-889-4(6))* Christian Faith Publishing.

Guardian Angel (Classic Reprint) Oliver Wendell Holmes, Sr. 2017. (ENG., Illus.). 470p. (J). 33.61 *(978-0-332-12730-9(3))* Forgotten Bks.

Guardian Angel of Schooley Pond. Regina Holland. 2019. (ENG.). 68p. (J). pap. 17.95 *(978-1-64462-232-2(7))* Page Publishing Inc.

Guardian Cat. Rabia Hakim. 2023. (ENG.). 34p. (J). 15.99 ***(978-1-0880-1135-5(7))*** Indy Pub.

Guardian Cat. Rabia Hakim. Illus. by Venus Redwood. 2022. (ENG.). 44p. (J). pap. 12.99 ***(978-1-0880-0765-5(1))*** Indy Pub.

Guardian (Classic Reprint) Frederick Orin Bartlett. (ENG., Illus.). (J). 2018. 484p. 33.88 *(978-0-483-89848-6(1))*; 2017. pap. 16.57 *(978-0-243-85818-7(3))* Forgotten Bks.

Guardián de Rak: I. Rafael y el Péndulo. Lionel Simon. 2017. (SPA., Illus.). 244p. (J). pap. *(978-84-697-7156-3(6))* Corchia, Lionel Simon.

Guardián Del Bosque y Mi Cohete de Papel. Henry Giron. 2021. (SPA.). 58p. (J). pap. 13.95 *(978-1-6624-9050-7(X))* Page Publishing Inc.

Guardian for Garson. Bill Hunt. 2016. (Garson Ser.: 1). (ENG., Illus.). (J). pap. 9.25 *(978-1-68160-198-4(2))* Crimson Cloak Publishing.

Guardian Herd: Landfall. Jennifer Lynn Alvarez. 2016. (Guardian Herd Ser.: 3). (ENG., Illus.). 352p. (J). (gr. 3-7). 16.99 *(978-0-06-228612-3(9)*, HarperCollins) HarperCollins Pubs.

Guardian Herd: Windborn. Jennifer Lynn Alvarez. Illus. by David McClellan. 2017. (Guardian Herd Ser.: 4). (ENG.). 432p. (J). (gr. 3-7). pap. 7.99 *(978-0-06-228616-1(1)*, HarperCollins) HarperCollins Pubs.

Guardian Herd: Windborn. Jennifer Lynn Alvarez. Illus. by David McClellan. 2016. (Guardian Herd Ser.: 4). (ENG.). 368p. (J). (gr. 3-7). 16.99 *(978-0-06-228615-4(3)*, HarperCollins) HarperCollins Pubs.

Guardian Lions: The Search for the Divine Peach. Tim C. Franklin. 2016. (Guardian Lions Ser.: Vol. 1). (ENG., Illus.). (J). (gr. 1-6). pap. *(978-0-9956512-0-3(5))* Fully Alive Sanctuary.

Guardian of a Princess & Other Shorts. Cheryl Carpinello. 2018. (ENG., Illus.). 80p. (J). pap. *(978-1-912513-91-8(9))* Silver Quill Publishing.

Guardian of Ajalon. Joan Campbell. 2022. (ENG.). 336p. (YA). pap. *(978-1-991222-95-4(5))* African Public Policy & Research Institute, The.

Guardian of Giria. June Molloy. 2018. (ENG.). 290p. (J). (gr. 4-6). pap. *(978-1-9999981-0-3(3))* Adakavas Pr.

Guardian of the Dragon Gem. Suzanne Francis. ed. 2021. (Disney 8x8 Ser.). (ENG., Illus.). 24p. (J). (gr. k-1). 15.96 *(978-1-64697-695-9(9))* Penworthy Co., LLC, The.

Guardian of the Dragon Gem (Disney Raya & the Last Dragon) RH Disney. Illus. by RH Disney. 2021. (Pictureback(R) Ser.). (ENG., Illus.). 24p. (J). (gr. -1-2). 5.99 *(978-0-7364-4110-0(7)*, RH/Disney) Random Hse. Children's Bks.

Guardian of the Dream Tree. Heather Wenonah Ellis. 2019. (ENG.). 220p. (J). pap. *(978-1-78830-386-6(5))* Olympia Publishers.

Guardian of the Realm: The Extraordinary Adventure from the TikTok Sensation. Kyle Thomas. 2022. (ENG.). 144p. (YA). (gr. 6-12). 24.99 Insight Editions.

Guardian of the Realm (Geronimo Stilton & the Kingdom of Fantasy #11) Geronimo Stilton. 2018. (Geronimo Stilton & the Kingdom of Fantasy Ser.: 11). (ENG., Illus.). 320p. (J). (gr. 2-5). 16.99 *(978-1-338-21501-4(9)*, Scholastic Paperbacks) Scholastic, Inc.

820 The check digit for ISBN-10 appears in parentheses after the full ISBN-13

G

Guardian of the Sky Realms, 2 vols. Gerry Huntman. rev. ed. 2020. (Sky Realms Chronicles Ser.: 1). 216p. (J). pap. 14.95 *(978-1-946154-37-8(7))* Meerkat Pr.

Guardian of the Valley. Dawn Bramwell. Ed. by Vivienne Ainslie. 2021. (ENG.). 342p. (J). pap. ***(978-1-8382769-8-0(X))*** Ainslie & Fishwick Pub.

Guardian Test (Legends of Lotus Island #1) Christina Soontornvat. Illus. by Kevin Hong. 2023. (Legends of Lotus Island Ser.). (ENG.). 160p. (J). (gr. 3-7). 16.99 *(978-1-338-75915-0(9),* Scholastic Pr.) Scholastic, Inc.

Guardian, Vol. 22: June, 1871 (Classic Reprint) Unknown Author. 2018. (ENG., Illus.). (J). 36p. 24.64 *(978-1-396-26720-8(4));* 38p. pap. 7.97 *(978-1-391-75489-5(1))* Forgotten Bks.

Guardiana de la Libreta: Una Historia de Bondad Desde la Frontera. Stephen Briseño. Tr. by Polo Orozco. Illus. by Magdalena Mora. 2022. Orig. Title: The Notebook Keeper. 40p. (J). (gr. -1-3). 17.99 *(978-0-593-48646-7(3));* (SPA.). lib. bdg. 20.99 *(978-0-593-48655-9(2))* Random Hse. Children's Bks.

Guardianes de la Galaxia. Disturbios en el Espacio. Disney Disney. 2019. (ENG & SPA.). 224p. (J). pap. 16.95 *(978-607-07-5110-3(8),* Planeta Publishing) Planeta Publishing Corp.

Guardians. A. M. Burns. 2016. (ENG., Illus.). (J). 24.99 *(978-1-63533-021-2(1),* Harmony Ink Pr.) Dreamspinner Pr.

Guardians #1: Clashing Storms. Travis Thomas. 2020. (ENG.). 102p. (J). pap. *(978-1-716-79663-0(6))* Lulu Pr., Inc.

Guardians #3: Civil War. Travis Thomas. 2020. (ENG.). 86p. (J). pap. *(978-1-716-77769-1(0))* Lulu Pr., Inc.

Guardians #5: The Awakening. Travis Thomas. 2020. (ENG.). 91p. (J). pap. *(978-1-716-75996-3(X))* Lulu Pr., Inc.

Guardians & Government: Rebellion. Zachary J. Michael. Ed. by Serena Michael & Linda Michael. 2022. (ENG.). 220p. (J). pap. 15.00 ***(978-1-387-77076-2(4))*** Lulu Pr., Inc.

Guardians & Wards: Or, Simplicity & Fascination (Classic Reprint) Anne Beale. 2018. (ENG., Illus.). 342p. (J). 30.97 *(978-0-484-28464-6(9))* Forgotten Bks.

Guardians Collection (Boxed Set) Nicholas St. North & the Battle of the Nightmare King; E. Aster Bunnymund & the Warrior Eggs at the Earth's Core!; Toothiana, Queen of the Tooth Fairy Armies; the Sandman & the War of Dreams; Jack Frost. William Joyce. Illus. by William Joyce. ed. 2018. (Guardians Ser.). (ENG., Illus.). 1376p. (J). (gr. 2-6). 89.99 *(978-1-5344-4001-2(1),* Atheneum/Caitlyn Dlouhy Books) Simon & Schuster Children's Publishing.

Guardian's Guide to Complete Dragon Care. Bill Hunt. Illus. by Meredith. 2017. (Garson the Dragon Ser.: Vol. 4). (ENG.). 162p. (J). (gr. 3-6). pap. 10.99 *(978-1-68160-243-1(1))* Crimson Cloak Publishing.

Guardians of Aragon. Maggie Moore & Cassie Moore. 2019. (ENG.). 260p. (YA). pap. 17.95 *(978-1-64471-221-4(0))* Covenant Bks.

Guardians of Earea. E. J. Denman. 2023. (ENG.). 306p. (J). pap. ***(978-1-80439-195-2(6))*** Olympia Publishers.

Guardians of Eden: Iron Lion. Tracy Blom. Ed. by Claire McGee (Editor). Illus. by Peter Dutile. 2019. (Guardians of Eden Ser.: Vol. 3). (ENG.). 292p. (J). pap. 12.99 *(978-1-7336349-2-2(4))* Southampton Publishing.

Guardians of Iressia: Book One: Awakening. Cloé Doerksen. 2019. (ENG.). 258p. (YA). pap. 17.99 *(978-1-4808-7553-1(8))* Archway Publishing.

Guardians of Liberty: Freedom of the Press & the Nature of News. Linda Barrett Osborne. 2020. (ENG., Illus.). 208p. (YA). (gr. 5-9). 18.99 *(978-1-4197-3689-6(2),* 1267401, Abrams Bks. for Young Readers) Abrams, Inc.

Guardians of Porthaven. Shane Arbuthnott. 2021. (ENG.). 336p. (J). (gr. 4-7). pap. 14.95 *(978-1-4598-2704-2(X))* Orca Bk. Pubs. USA.

Guardians of River-Earth: The Witchle's Fire Box. M. E. Champey. 2021. (ENG.). 104p. (YA). pap. 5.99 *(978-1-0879-1400-8(0))* Indy Pub.

Guardians of the Athame: A Blackhill Manor Novel. Claire Hastie. 2018. (ENG., Illus.). 254p. (YA). pap. *(978-1-9993677-0-1(7))* Indigo Eclipse.

Guardians of the Athame: A Blackhill Manor Novel. Claire Hastie. 2020. (Blackhill Manor Ser.: Vol. 1). (ENG.). 320p. (YA). pap. *(978-1-912964-39-0(2))* Cranthorpe Millner Pubs.

Guardians of the Dinosaur Canvas. Cara Cusack. l.t. ed. 2023. (ENG.). 30p. (J). 26.95 ***(978-1-0881-4706-1(2))*** Indy Pub.

Guardians of the Galaxy: Gamora's Galactic Showdown! Brandon T. Snider. ed. 2017. (Mighty Marvel Chapter Bks.). (J). lib. bdg. 16.00 *(978-0-606-39965-4(8))* Turtleback.

Guardians of the Galaxy: Gamora's Galactic Showdown. Brandon T. Snider. Illus. by Pascale Qualano & Chris Sotomayor. 2018. (Mighty Marvel Chapter Bks.). (ENG.). 128p. (J). (gr. 2-7). lib. bdg. 31.36 *(978-1-5321-4216-1(1),* 28553, Chapter Bks.) Spotlight.

Guardians of the Galaxy: Groot (Set), 6 vols. 2017. (Guardians of the Galaxy: Groot Ser.). (ENG.). 24p. (J). (gr. 4-8). lib. bdg. 188.16 *(978-1-5321-4076-1(2),* 25481, Marvel Age) Spotlight.

Guardians of the Galaxy Hallo-Scream Spook-Tacular!!! Tomas Palacios. ed. 2016. (J). lib. bdg. 16.00 *(978-0-606-38338-7(7))* Turtleback.

Guardians of the Galaxy (Marvel: Guardians of the Galaxy) John Sazaklis. Illus. by Michael Borkowski & Michael Atiyeh. 2016. (Little Golden Book Ser.). (ENG.). 24p. (J). (-k). 5.99 *(978-0-399-55096-6(8),* Golden Bks.) Random Hse. Children's Bks.

Guardians of the Galaxy: Rocket Raccoon (Set), 6 vols. 2017. (Guardians of the Galaxy: Rocket Raccoon Ser.). (ENG.). 24p. (J). (gr. 6-12). lib. bdg. 188.16 *(978-1-5321-4083-9(5),* 25488, Marvel Age) Spotlight.

Guardians of the Galaxy Set 2 (Set), 6 vols. 2017. (Guardians of the Galaxy Set 2 Ser.). (ENG.). 24p. (J). (gr. 2-6). lib. bdg. 188.16 *(978-1-5321-4069-3(X),* 25474, Marvel Age) Spotlight.

Guardians of the Galaxy Set 3 (Set), 6 vols. Illus. by Marvel Animation Studios. 2019. (Guardians of the Galaxy Ser.). (ENG.). 24p. (J). (gr. 2-6). lib. bdg. 188.16 *(978-1-5321-4357-1(5),* 31877, Marvel Age) Spotlight.

Guardians of the Galaxy: the Story of the Guardians. Tomas Palacios. Illus. by Ron Lim & Marcelo Pinto. 2017. (World of Reading Level 2 (Leveled Readers) Ser.). (ENG.). 32p. (J). (gr. k-3). lib. bdg. 31.36 *(978-1-5321-4063-1(0),* 25434) Spotlight.

Guardians of the Shard: Thon's Journey. Neil E. Fisher. 2018. (ENG.). 190p. (YA). 30.95 *(978-1-4808-5865-7(X));* pap. 13.99 *(978-1-4808-5867-1(6))* Archway Publishing.

Guardians of the Taiga. StacyPlays. 2018. (Illus.). 224p. (J). *(978-0-06-285705-7(3))* Harper & Row Ltd.

Guardians of the Wild Unicorns, 30 vols. Lindsay Littleson. 2019. (Kelpies Ser.). 248p. (J). 9.95 *(978-1-78250-555-6(5),* Kelpies) Floris Bks. GBR. Dist: Consortium Bk. Sales & Distribution.

Guardians of the World Gates: The Watcher at Crow Forest. Susanna Elliot. 2021. (ENG.). 108p. (J). pap. *(978-1-83975-572-9(5))* Grosvenor Hse. Publishing Ltd.

Guardians of Virtue. Metryx McCarty. 2017. (ENG., Illus.). (YA). pap. 13.95 *(978-1-63575-027-0(X))* Christian Faith Publishing.

Guardians of Your Heart. Rebecca (Becca Blue) Blue. 2019. (ENG.). 824p. (YA). (gr. 7-12). pap. ***(978-0-9878132-2-0(6))*** Carrigan Publishing.

Guardians of Zoone. Lee Edward Fodi. 2021. (Zoone Ser.: 2). (ENG.). 432p. (J). (gr. 3-7). pap. 7.99 *(978-0-06-284530-6(6),* HarperCollins) HarperCollins Pubs.

Guardians or Demons. R. M. Rose & Shannon Leuzinger. 2017. (ENG.). 419p. (YA). pap. 15.95 *(978-1-78612-746-4(6),* 1250bce7-2cc5-4844-8e09-9c8a726c6786) Austin Macauley Pubs. Ltd. GBR. Dist: Baker & Taylor Publisher Services (BTPS).

Guardians Paperback Collection (Jack Frost Poster Inside!) Nicholas St. North & the Battle of the Nightmare King; E. Aster Bunnymund & the Warrior Eggs at the Earth's Core!; Toothiana, Queen of the Tooth Fairy Armies; the Sandman & the War of Dreams; Jack Frost. William Joyce. Illus. by William Joyce. ed. 2020. (Guardians Ser.). (ENG., Illus.). 1456p. (J). (gr. 2-6). pap. 41.99 *(978-1-5344-5552-8(3),* Atheneum/Caitlyn Dlouhy Books) Simon & Schuster Children's Publishing.

Guardians Save the Day. R. R. Busse. ed. 2018. (Passport to Reading Ser.). (ENG.). 32p. (J). (gr. -1-1). 13.89 *(978-1-64310-456-0(X))* Penworthy Co., LLC, The.

Guarding Air Force One. Brandon Terrell. 2016. (Highly Guarded Places Ser.). (ENG.). 24p. (J). (gr. 2-5). 32.79 *(978-1-5038-0808-9(4),* 210643) Child's World, Inc, The.

Guarding Area 51. Brandon Terrell. 2016. (Highly Guarded Places Ser.). (ENG.). 24p. (J). (gr. 2-5). 32.79 *(978-1-5038-0809-6(2),* 210644) Child's World, Inc, The.

Guarding Atlantis. Mavis Sybil. 2021. (ENG.). 44p. (J). pap. 9.99 *(978-1-0879-8186-4(7))* Indy Pub.

Guarding Fort Knox. Linda Cernak. 2016. (Highly Guarded Places Ser.). (ENG.). 24p. (J). (gr. 2-5). 32.79 *(978-1-5038-0812-6(2),* 210646) Child's World, Inc, The.

Guarding Nuclear Weapons Facilities. Jill Sherman. 2016. (Highly Guarded Places Ser.). (ENG.). 24p. (J). (gr. 2-5). 32.79 *(978-1-5038-0813-3(0),* 210647) Child's World, Inc, The.

Guarding Supermax Prisons. Maddie Spalding. 2016. (Highly Guarded Places Ser.). (ENG.). 24p. (J). (gr. 2-5). 32.79 *(978-1-5038-0807-2(6),* 210648) Child's World, Inc, The.

Guarding the Centers for Disease Control & Prevention. Maddie Spalding. 2016. (Highly Guarded Places Ser.). (ENG.). 24p. (J). (gr. 2-5). 32.79 *(978-1-5038-0810-2(6),* 210649) Child's World, Inc, The.

Guarding the Federal Reserve Bank of New York. Peggy Caravantes. 2016. (Highly Guarded Places Ser.). (ENG.). 24p. (J). (gr. 2-5). 32.79 *(978-1-5038-0811-9(4),* 210645) Child's World, Inc, The.

Guarding the Invisible Dragons, 22. Tracey West. ed. 2022. (Branches Early Ch Bks). (ENG.). 90p. (J). (gr. 1-4). 16.46 ***(978-1-68505-710-7(1))*** Penworthy Co., LLC, The.

Guarding the Super Bowl Stadium. Elizabeth Weitzman. 2016. (Highly Guarded Places Ser.). (ENG.). 24p. (J). (gr. 2-5). 32.79 *(978-1-5038-0814-0(9),* 210650) Child's World, Inc, The.

Guards, Hussars & Infantry, Vol. 1 Of 3: Adventures of Harry Austin (Classic Reprint) Unknown Author. 2018. (ENG., Illus.). 314p. (J). 30.39 *(978-0-267-47137-9(8))* Forgotten Bks.

Guards, Hussars & Infantry, Vol. 2 Of 3: Adventures of Harry Austin (Classic Reprint) Unknown Author. 2018. (ENG., Illus.). 318p. (J). 30.46 *(978-0-332-98736-1(1))* Forgotten Bks.

Guards, Hussars & Infantry, Vol. 3 Of 3: Adventures of Harry Austin (Classic Reprint) Unknown Author. 2018. (ENG., Illus.). 334p. (J). 30.79 *(978-0-332-76689-8(6))* Forgotten Bks.

Guards of the Guards: Or the Fortunes of War (Classic Reprint) Louis Evan Shipman. 2018. (ENG., Illus.). 248p. (J). 29.03 *(978-0-656-95905-1(3))* Forgotten Bks.

Guards, Vol. 1 Of 2: A Novel (Classic Reprint) Unknown Author. (ENG., Illus.). (J). 2018. 242p. 28.95 *(978-0-484-12606-9(7));* 2016. pap. 11.57 *(978-1-334-13819-5(2))* Forgotten Bks.

Guards, Vol. 1 Of 3: A Novel (Classic Reprint) Unknown Author. 2018. (ENG., Illus.). 268p. (J). 29.44 *(978-0-483-78803-9(1))* Forgotten Bks.

Guards, Vol. 2: A Novel (Classic Reprint) Unknown Author. 2018. (ENG., Illus.). 266p. (J). 29.40 *(978-0-483-41537-9(5))* Forgotten Bks.

Guards, Vol. 3 Of 3: A Novel (Classic Reprint) Unknown Author. 2018. (ENG., Illus.). 276p. (J). 29.59 *(978-0-483-57724-4(3))* Forgotten Bks.

Guardsman (Classic Reprint) Homer Greene. 2017. (ENG., Illus.). (J). 30.89 *(978-0-266-66902-9(6));* pap. 13.57 *(978-1-5276-4081-8(7))* Forgotten Bks.

Guaridas (Dens) Julie Murray. (Casas de Animales Ser.). (SPA.). 24p. (J). 2020. (gr. k-k). pap. 8.95 *(978-1-64494-370-0(0),* 1644943700, Abdo Kids-Junior); 2019. (gr. -1-2). lib. bdg. 31.36 *(978-1-0982-0062-6(4),* 32998, Abdo Kids) ABDO Publishing Co.

Guatemala. Contrib. by Rachael Barnes. 2023. (Countries of the World Ser.). (ENG., Illus.). (J). (gr. k-3). lib. bdg. 26.95 Bellwether Media.

Guatemala. Alicia Z. Klepeis. 2019. (Country Profiles Ser.). (ENG., Illus.). 32p. (J). (gr. 3-8). lib. bdg. 27.95 *(978-1-62617-960-8(3),* Blastoff! Discovery) Bellwether Media.

Guatemala. Joanne Mattern. 2019. (Hello Neighbor (LOOK! Books (tm)) Ser.). (ENG., Illus.). 24p. (J). (gr. -1-3). pap. 8.99 *(978-1-63440-387-0(8),* 4dcd2738-31ad-460e-a97a-3f58f120c0c0) Red Chair Pr.

Guatemala, 1 vol. Sean Sheehan et al. 2018. (Cultures of the World (Third Edition)(r) Ser.). (ENG.). 144p. (gr. 5-5). 48.79 *(978-1-5026-3624-9(7),* 9a972e61-a9c3-4821-85b2-14ab5836bbf3) Cavendish Square Publishing LLC.

Guatemalan Genocide of the Maya People, 1 vol. John A. Torres. 2017. (Bearing Witness: Genocide & Ethnic Cleansing Ser.). (ENG., Illus.). 64p. (J). (gr. 6-6). 36.13 *(978-1-5081-7736-4(8),* 0ac87a6f-1908-464d-9698-89be5c5b9154); pap. 13.95 *(978-1-5081-7870-5(4),* 1119aeb5-ba5b-416b-ba91-d647b20a47fc) Rosen Publishing Group, Inc., The.

Gucci Mane. Carlie Lawson. 2021. (Hip-Hop & R&B: Culture, Music & Storytelling Ser.). (ENG.). (J). (gr. 7-12). 34.60 *(978-1-4222-4627-6(2))* Mason Crest.

Gudrid the Fair: A Tale of the Discovery of America (Classic Reprint) Maurice Henry Hewlett. 2017. (ENG., Illus.). (J). 29.84 *(978-1-5283-5396-0(X))* Forgotten Bks.

Gudsriki. Ari Bach. 2016. (ENG., Illus.). (YA). 32.99 *(978-1-63533-022-9(X),* Harmony Ink Pr.) Dreamspinner Pr.

Guenn: A Wave on the Breton Coast (Classic Reprint) Blanche Willis Howard. 2017. (ENG., Illus.). (J). 33.14 *(978-0-266-89240-3(X))* Forgotten Bks.

Guepardo. Kate Riggs. 2021. (Planeta Animal Ser.). (SPA.). 24p. (J). (gr. 1-4). lib. bdg. *(978-1-64026-463-2(9),* 17698) Creative Co., The.

Guepardos Bebés. Kate Riggs. 2021. (Principio de Los Ser.). (SPA.). 16p. (J). (gr. -1-k). pap. 7.99 *(978-1-62832-985-8(8),* 17999, Creative Paperbacks) Creative Co., The.

Guepardos Cazadores. Lucía M. Sánchez & Jayson Fleischer. 2017. (2Az Animales Ser.). (SPA.). 32p. (J). pap. 9.60 *(978-1-64053-025-6(8),* ARC Pr. Bks.) American Reading Co.

Guerilla Green. Ophélie Damblé. Illus. by Cookie Kalkair. 2021. (ENG.). 176p. (YA). pap. 16.99 *(978-1-68415-663-4(7))* BOOM! Studios.

Guerilla Poets Anthology 2021-2022 Trails. Guerilla Poets. 2022. (ENG.). 80p. (J). pap. *(978-1-4583-7774-6(1))* Lulu Pr., Inc.

Guerndale. Frederic Jessup Stimson. 2017. (ENG.). 462p. (J). pap. *(978-3-7447-4728-8(X))* Creation Pubs.

Guerndale: An Old Story (Classic Reprint) Frederic Jessup Stimson. 2017. (ENG., Illus.). 458p. (J). 33.34 *(978-0-332-79259-0(5))* Forgotten Bks.

Guernsey Lily: Or, How the Feud Was Healed; a Story for Boys & Girls. Susan Coolidge. 2017. (ENG., Illus.). (J). pap. *(978-0-649-04059-9(7))* Trieste Publishing Pty Ltd.

Guernsey Lily: Or, How the Feud Was Healed; a Story for Girls & Boys (Classic Reprint) Susan Coolidge. (ENG., Illus.). (J). 2018. 254p. 29.14 *(978-0-483-90888-8(6));* 2017. pap. 11.57 *(978-1-5276-1689-9(4))* Forgotten Bks.

Guerra (Classic Reprint) Alfred Neumann. (ENG., Illus.). (J). 2018. 344p. 31.01 *(978-0-656-33924-2(1));* 2017. pap. 13.57 *(978-0-243-41778-0(0))* Forgotten Bks.

Guerra de Bolas de Nieve: Leveled Reader Book10 Level a 6 Pack. Hmh Hmh. 2021. (SPA.). 16p. (J). pap. 74.40 *(978-0-358-08139-5(4))* Houghton Mifflin Harcourt Publishing Co.

Guerra de Depredadores. Steve Parker. 2017. (SPA.). 80p. (J). (gr. 3-5). 15.99 *(978-958-766-799-8(9))* Panamericana Editorial COL. Dist: Lectorum Pubns., Inc.

Guerra de Los Mundos y de la Tierra a la Luna. H. G. Wells & Julio Verne. 2018. (SPA.). 160p. (J). (gr. 1-7). pap. 8.95 *(978-607-453-162-6(5))* Selector, S.A. de C.V. MEX. Dist: Spanish Pubs., LLC.

Guerra de Los Naipes. Colleen Oakes. 2019. (Reina de Corazones Ser.: Vol. 3). (SPA.). 314p. (J). pap. *(978-607-453-518-1(3))* Selector, S.A. de C.V.

Guerra de Los Pájaros. Victoria Bayona. 2019. (Los Viajes de Marion Ser.). (SPA.). 256p. (YA). (gr. 7). pap. 21.00 *(978-987-609-710-9(5))* Editorial de Nuevo Extremo S.A. ARG. Dist: Independent Pubs. Group.

Guerra Entre Deuses: Comeco Do Caos. Vitor Souza Alves. Illus. by Stefane Christine Cruz. 2016. (POR.). (J). pap. *(978-85-920831-5-1(X))* WM.

Guerra Que Al Fin Gané. Kimberly Brubaker-Bradley. Illus. by Josie Portillo. 2020. (SPA.). (J). pap. 15.95 *(978-1-5433-2399-3(5))* Santillana USA Publishing Co., Inc.

Guerra Que Salvo Mi Vida. Kimberly Brubaker Bradley. 2016. (Serie Azul Ser.). (SPA., Illus.). (J). (gr. 3-7). pap. 14.95 *(978-607-01-2887-5(7))* Santillana USA Publishing Co., Inc.

Guerras de Sangre. Ali Barnett Kennedy. 2020. (SPA.). 128p. (YA). pap. *(978-1-716-70955-5(5))* Lulu Pr., Inc.

Guerre des Mondes. H. G. Wells. 2018. (FRE., Illus.). 314p. (J). (gr. 5-10). pap. 40.46 *(978-0-244-09415-7(2))* Lulu Pr., Inc.

Guerre du Feu. J. -H Rosny Aine. 2020. (FRE.). 158p. (J). pap. *(978-3-96787-280-4(7))* Prodinnova.

Guerrero de Combate. Victor Fuentes. 2022. (SPA.). 136p. (J). 25.99 ***(978-1-6629-3084-3(4));*** pap. 19.99 ***(978-1-6629-3085-0(2))*** Gatekeeper Pr.

Guerrilla Chief, Vol. 2 Of 3: A Novel (Classic Reprint) Emma Parker. 2018. (ENG., Illus.). (J). 314p. 30.37 *(978-0-366-20442-7(4));* 316p. pap. 13.57 *(978-0-366-06348-2(0))* Forgotten Bks.

Guess How Much God Loves You. Karen Ferguson. 2022. (ENG.). 40p. (J). 18.99 *(978-1-64960-100-1(X))* Emerald Hse. Group, Inc.

Guess How Much I Love Hockey. Harry Caminelli. Illus. by Mark Kummer. 2017. (Guess How Much I Love Ser.). (ENG.). 32p. (J). (gr. 1-3). 9.99 *(978-1-4867-1301-1(7),* 298f66fa-cde5-42f6-9eef-03021d4fdd35) Flowerpot Pr.

Guess How Much I Love Indiana. Johannah Gilman Paiva. Illus. by Mark Kummer. 2018. (Guess How Much I Love Ser.). (ENG.). 32p. (J). (gr. 1-3). 9.99 *(978-1-4867-1428-5(5),* bbec4e69-bbec-4e74-9b6a-2a7408aedfe5) Flowerpot Pr.

Guess How Much I Love Texas. Johannah Gilman Paiva. Illus. by Mark Kummer. 2017. (Guess How Much I Love Ser.). (ENG.). 32p. (J). (gr. 1-3). 9.99 *(978-1-4867-1280-9(0),* 6dba325d-643f-4eb5-ade5-12ece6b82c85) Flowerpot Pr.

Guess How Much I Love You 25th Anniversary Slipcase Edition. Sam McBratney & Anita Jeram. 2019. (Guess How Much I Love You Ser.). (ENG.). 40p. (J). (gr. k-k). 24.99 *(978-1-5362-1064-4(1))* Candlewick Pr.

Guess How Much I Love You: Baby Milestone Moments: Board Book & Cards Gift Set, 1 vol. Sam McBratney. Illus. by Anita Jeram. 2018. (Guess How Much I Love You Ser.). (ENG.). 22p. (J). (— 1). bds. 17.99 *(978-1-5362-0149-9(9))* Candlewick Pr.

Guess How Much I Love You Blush Sweetheart Edition. Sam McBratney. Illus. by Anita Jeram. 2020. (Guess How Much I Love You Ser.). (ENG.). 32p. (J). (gr. k-k). 14.00 *(978-1-5362-1680-6(1))* Candlewick Pr.

Guess How Much I Love You Coloring Book. Sam McBratney. Illus. by Anita Jeram. 2017. (Guess How Much I Love You Ser.). (ENG.). 96p. (J). (gr. k-k). pap. 7.99 *(978-0-7636-9467-8(3))* Candlewick Pr.

Guess How Much I Love You: Deluxe Book & Toy Gift Set. Sam McBratney. Illus. by Anita Jeram. 2023. (Guess How Much I Love You Ser.). (ENG.). 32p. (J). (-k). 19.99 ***(978-1-5362-3115-1(0))*** Candlewick Pr.

Guess How Much I Love You: One More Tickle! A Puppet Book. Sam McBratney. Illus. by Anita Jeram. 2016. (Guess How Much I Love You Ser.). (ENG.). 14p. (J). (gr. k-k). bds. 18.99 *(978-0-7636-8819-6(3))* Candlewick Pr.

Guess How Much I Love You Padded Board Book. Sam McBratney. Illus. by Anita Jeram. 2019. (Guess How Much I Love You Ser.). (ENG.). 30p. (J). (— 1). bds. 10.99 *(978-1-5362-1062-0(5))* Candlewick Pr.

Guess It. Brendan D. Lynch. 2017. (ENG., Illus.). (J). (gr. 3-6). pap. 9.99 *(978-0-9825243-4-3(X))* 1776 Pr.

Guess Me: A Curious Collection of Enigmas, Charades, Acting Charade, Double Acrostics, Conundrums, Verbal Puzzles, Hieroglyphics, Anagrams, etc (Classic Reprint) Frederick D'Arros Planche. 2018. (ENG., Illus.). (J). 336p. 30.83 *(978-0-366-18178-0(5));* 338p. pap. 13.57 *(978-0-366-05791-7(X))* Forgotten Bks.

Guess My Name: With Veggies & Fruits. Liana Strat. 2018. (ENG., Illus.). 56p. (J). pap. *(978-1-912850-12-9(5))* Clink Street Publishing.

Guess My Number. Laura Dicht. Illus. by Giward Musa. 2022. (ENG.). 28p. (J). pap. ***(978-1-922827-38-8(X))*** Library For All Limited.

Guess That Animal!, 12 vols. 2016. (Guess That Animal! Ser.). 24p. (ENG.). (gr. 1-2). lib. bdg. 145.62 *(978-1-4824-4587-9(5),* ca0cf813-e48e-4b02-8f3e-27263b736597); (gr. 2-1). pap. 48.90 *(978-1-4824-5288-4(X))* Stevens, Gareth Publishing LLLP.

Guess the Animal Workbook for Kids. Baby Professor. 2017. (ENG., Illus.). (J). pap. 7.89 *(978-1-68368-040-6(5),* Baby Professor (Education Kids)) Speedy Publishing LLC.

Guess the Animals: A Lift-The-Flap Book with 35 Flaps!, Volume 1. Clever Publishing. 2021. (Clever Hide & Seek Ser.: 1). (ENG., Illus.). 10p. (J). (gr. -1-1). bds. 10.99 *(978-1-951100-32-2(8))* Clever Media Group.

Guess the Color Workbook for Kids. Baby Professor. 2017. (ENG., Illus.). (J). pap. 7.89 *(978-1-68368-041-3(3),* Baby Professor (Education Kids)) Speedy Publishing LLC.

Guess the Dinosaurs. Clever Publishing. Illus. by Lena Zolotareva. 2023. (Clever Hide & Seek Ser.). (ENG.). 10p. (J). (gr. -1-1). bds. 11.99 ***(978-1-956560-16-9(5))*** Clever Media Group.

Guess the Emotions. Clever Publishing. Illus. by Lena Zolotareva. 2023. (Clever Hide & Seek Ser.). (ENG.). 10p. (J). (gr. -1-1). bds. 11.99 ***(978-1-956560-17-6(3))*** Clever Media Group.

Guess the Magical Creatures: With 35 Flaps! Clever Publishing. Illus. by Lena Zolotareva. 2023. (Clever Hide & Seek Ser.). (ENG.). 10p. (J). (gr. -1-1). bds. 10.99 *(978-1-956560-09-1(2))* Clever Media Group.

Guess the Phrase Workbook for Kids. Baby Professor. 2017. (ENG., Illus.). (J). pap. 7.89 *(978-1-68368-039-0(1),* Baby Professor (Education Kids)) Speedy Publishing LLC.

Guess the Vehicles: A Lift-The-Flap Book with 35 Flaps!, Volume 2. Clever Publishing. 2021. (Clever Hide & Seek Ser.: 2). (ENG., Illus.). 10p. (J). (gr. -1-1). bds. 10.99 *(978-1-951100-33-9(6))* Clever Media Group.

Guess What? Joan Asante. 2022. (ENG.). 30p. (J). *(978-1-80068-947-3(0))* Independent Publishing Network.

Guess What? Michelle Wanasundera. Illus. by Begum Manav. (ENG.). 32p. (J). 2023. pap. ***(978-1-922991-88-1(0));*** 2022. pap. ***(978-1-922895-62-2(8))*** Library For All Limited.

Guess What? - Unajua Nini? Michelle Wanasundera. Illus. by Jovan Carl Segura. 2023. (SWA.). 32p. (J). pap. ***(978-1-922932-51-8(5))*** Library For All Limited.

Guess What? I Still Love You. Jessica Simon. 2016. (ENG., Illus.). (J). pap. 14.99 *(978-1-4834-6163-2(7))* Lulu Pr., Inc.

Guess What Baby J Is Learning? English ABC's. Mboya Sharif. 2023. (ENG., Illus.). 36p. (J). (gr. -1-17). 19.99 *(978-1-7378519-2-9(X))* Doses of Reality, Inc.

Guess What Baby J Is Learning? 123's ARABIC. Mboya Sharif. 2023. (ARA.). 32p. (J). 19.99 ***(978-1-960749-03-1(X))*** Doses of Reality, Inc.

Guess What I Am. Laura Young. 2020. (ENG., Illus.). 38p. (J). 24.95 *(978-1-64584-745-8(4))* Page Publishing Inc.

Guess What I Can See with My Microscope! C. Cherie Hardy. 2018. (ENG., Illus.). 40p. (J). pap. 14.95 *(978-1-946753-28-1(9))* Avant-garde Bks.

Guess What I Can See with My Microscope! Girl Version. C. Cherie Hardy. 2018. (ENG., Illus.). 40p. (J). pap. 14.95 *(978-1-946753-32-8(7))* Avant-garde Bks.

Guess What I Herd: An Introduction to the Wild World of Animal Group Names. Christina Dimas. 2021. (ENG.). 34p. (J). pap. *(978-1-291-58878-1(7))* Lulu Pr., Inc.

Guess What (Set), 36 vols. 2017. (Guess What Ser.). (ENG., Illus.). 24p. (J). (gr. k-2). 1103.04 *(978-1-5341-0214-9(0),* 209630); pap., pap., pap. 460.29 *(978-1-5341-0264-4(7),* 209631) Cherry Lake Publishing.

Guess What's Behind the Door? Agnese Baruzzi. 2018. (ENG.). 20p. (J). (gr. -1). 12.95 *(978-88-544-1300-9(3))* White Star Publishers ITA. Dist: Sterling Publishing Co., Inc.

Guess What's for Christmas: A Lift-The-Flap Book with 35 Flaps! Clever Publishing. Illus. by Lena Zolotareva. 2022. (Clever Hide & Seek Ser.). (ENG.). 10p. (J). (gr. -1-1). bds. 10.99 *(978-1-954738-01-0(3))* Clever Media Group.

Guess What's for Halloween: With 35 Flaps! Clever Publishing. Illus. by Lena Zolotareva. 2023. (Clever Hide & Seek Ser.). (ENG.). 10p. (J). (gr. -1-1). bds. 10.99 *(978-1-956560-08-4(4))* Clever Media Group.

Guess What's in Nature: A Lift-The-Flap Book with 35 Flaps!, Vol. 3. Clever Publishing. Illus. by Lena Zolotareva. 2022. (Clever Hide & Seek Ser.: 3). (ENG.). 20p. (J). (gr. -1-1). bds. 10.99 *(978-1-951100-99-5(9))* Clever Media Group.

Guess What's in Space: A Lift-The-Flap Book with 35 Flaps! Clever Publishing. Illus. by Lena Zolotareva. 2022. (Clever Hide & Seek Ser.). (ENG.). 10p. (J). (gr. -1-1). bds. 10.99 *(978-1-951100-98-8(0))* Clever Media Group.

Guess What's in Spring: A Lift-The-Flap Book with 35 Flaps!, Volume 4. Clever Publishing. Illus. by Lena Zolotareva. 2022. (Clever Hide & Seek Ser.: 4). (ENG.). 10p. (J). (gr. -1-1). bds. 10.99 *(978-1-954738-02-7(1),* 355918) Clever Media Group.

Guess Who. Lea Krpan. 2023. (ENG.). 24p. (J). ***(978-1-312-87559-3(3))*** Lulu Pr., Inc.

Guess Who, 6 bks., Set. Dana Meachen Rau. Incl. Guess Who Grunts. lib. bdg. 25.50 *(978-0-7614-2906-7(9),* 0a8f4823-c6cb-4a5a-ae51-895f67248d94); Guess Who Hunts. lib. bdg. 25.50 *(978-0-7614-2907-4(7),* 19f9df62-bd09-4218-b641-fe6bf1782640); Guess Who Jumps. lib. bdg. 25.50 *(978-0-7614-2908-1(5),* 3f4ab731-404b-4ee6-9a89-580315b53693); Guess Who Purrs. lib. bdg. 25.50 *(978-0-7614-2972-2(7),* e666baf0-caf6-4258-821c-f832f697f141); Guess Who Stings. lib. bdg. 25.50 *(978-0-7614-2973-9(5),* 14a22ff1-f1ef-452b-92f4-38c51e137265); Guess Who Swims. lib. bdg. 25.50 *(978-0-7614-2974-6(3),* 8934e38f-c926-4c45-925a-1edf5fb44664); 32p. (gr. k-1). 2009. (Bookworms: Guess Who 3 Ser.). 24p. 2004. Set lib. bdg. 95.70 net. *(978-0-7614-2905-0(0),* Cavendish Square) Cavendish Square Publishing LLC.

Guess Who? with Tuktu & Friends: Bilingual Inuktitut & English Edition. Nadia Sammurtok & Rachel Rupke. Illus. by Ali Hinch. 2022. (Arvaaq Bks.). (ENG.). 34p. (J). bds. 12.95 *(978-1-77450-458-1(8))* Inhabit Education Bks. Inc. CAN. Dist: Consortium Bk. Sales & Distribution.

Guess Who (Adivina Quién), 6 bks., Set. Edward R. Ricciuti. Incl. Adivina Quién Atrapa / Guess Who Grabs. lib. bdg. 25.50 *(978-0-7614-2464-2(4),* 806d2516-de0b-499c-911b-e90f1b239fb8); Adivina Quién Baja en Picada / Guess Who Swoops. lib. bdg. 25.50 *(978-0-7614-2468-0(7),* 47fe6237-6707-4e32-83ed-087e5fd375c1); Adivina Quién Cambia / Guess Who Changes. lib. bdg. 25.50 *(978-0-7614-2461-1(X),* 77155f0b-c8b4-43bd-aaf1-e19da1e5e069); Adivina Quién Ruge / Guess Who Roars. lib. bdg. 25.50 *(978-0-7614-2466-6(0),* 6acbb7d0-dcef-4684-889d-59d69543e750); Adivina Quién Se Esconde / Guess Who Hides. lib. bdg. 25.50 *(978-0-7614-2465-9(2),* dea09a7a-025d-48a7-b1a4-7dcce4919bcf); Adivina Quién Se Zambulle / Guess Who Dives. lib. bdg. 25.50 *(978-0-7614-2462-8(8),* 57bac569-7f2d-4540-a5cd-37656d2bbcbd); (Illus.). 32p. (gr. k-2). 2008. (Bookworms — Bilingual Editions: Guess Who/Adivina Quien 2 Ser.). (ENG & SPA.). 2006. lib. bdg. *(978-0-7614-2459-8(8),* Cavendish Square) Cavendish Square Publishing LLC.

Guess Who, Haiku. Deanna Caswell. Illus. by Bob Shea. 2016. (Guess Who Haiku Ser.). (ENG.). 24p. (J). (gr. -1-k). 14.95 *(978-1-4197-1889-2(4),* 1127501, Abrams Appleseed) Abrams, Inc.

Guess Who I Am? - Keetinna Bwa Teraa Ngai? (Te Kiribati) Matirete Aukitino. Illus. by Shutterstock. 2022. (MIS.). 28p. (J). pap. ***(978-1-922932-50-1(7))*** Library For All Limited.

Guess Who Imagine Ink Magic Ink Pictures (Value) Des. by Bendon. 2020. (ENG.). (J). 3.00 ***(978-1-6902-1190-7(3))*** Bendon, Inc.

Guess Who Is Behind the Door: A Counting Book in 4 Languages. Susan S. Novich. 2020. (ENG., Illus.). 26p. (J). bds. 9.99 *(978-0-7643-6004-6(3),* 17474) Schiffer Publishing, Ltd.

Guess Who Scratch Frantastic (Value) Des. by Bendon. 2020. (ENG.). (J). 3.00 ***(978-1-6902-1187-7(3))*** Bendon, Inc.

Guess Who's Coming to Santa's for Dinner? Tomie dePaola. Illus. by Tomie dePaola. (ENG., Illus.). 48p. (J). (gr. -1-3). 2021. 7.99 *(978-1-5344-6650-0(9));* 2020. 18.99 *(978-1-5344-6649-4(5))* Simon & Schuster Bks. For Young Readers. (Simon & Schuster Bks. For Young Readers).

Guess Who's in the Book of Mormon? Molly Carter. 2018. (ENG., Illus.). (J). 14.99 *(978-1-4621-2197-7(7))* Cedar Fort, Inc./CFI Distribution.

Guess Who's in the Book of Mormon. Molly Carter. Illus. by Katie Payne. 2021. (ENG.). 32p. (J). (gr. 3-4). pap. 12.99 *(978-1-4621-4047-3(5))* Cedar Fort, Inc./CFI Distribution.

Guess Who's the Latter-Day Prophet. Molly Carter. Illus. by Katie Payne. 2019. (ENG.). 32p. (J). 15.99 *(978-1-4621-2320-9(1))* Cedar Fort, Inc./CFI Distribution.

Guessing at Heroes (Classic Reprint) Sallie O'Hear Dickson. 2018. (ENG., Illus.). (J). 120p. 26.37 *(978-1-396-41234-9(4));* 122p. pap. 9.57 *(978-1-390-90119-1(X))* Forgotten Bks.

Guest: A Changeling Tale. Mary Downing Hahn. (ENG.). (J). (gr. 5-7). 2020. 240p. pap. 7.99 *(978-0-358-34631-9(2),* 1782431); 2019. 224p. 16.99 *(978-0-358-06731-3(6),* 1744240) HarperCollins Pubs. (Clarion Bks.).

Guest at the Ludlow, & Other Stories (Classic Reprint) Edgar Wilson Nye. 2018. (ENG., Illus.). 332p. (J). 30.74 *(978-0-428-86553-5(4))* Forgotten Bks.

Guest of Honor (Classic Reprint) William Hodge. (ENG., Illus.). (J). 2018. 386p. 31.86 *(978-0-428-65608-9(0));* 2016. pap. 16.57 *(978-1-333-33015-6(4))* Forgotten Bks.

Guest Retainer: A Farce in Three Acts (Classic Reprint) Carl Webster Pierce. 2018. (ENG., Illus.). 80p. (J). 25.55 *(978-0-483-68707-3(3))* Forgotten Bks.

Guest the One-Eyed (Classic Reprint) Gunnar Gunnarsson. 2017. (ENG., Illus.). (J). 31.05 *(978-0-266-24006-8(2))* Forgotten Bks.

Guesthouse. Tiffany Howig. Illus. by Jacqueline Kerr. 2018. (ENG.). 60p. (J). (gr. 1-3). 25.00 *(978-0-692-07670-5(0))* Howig, Tiffany.

Guests (Classic Reprint) Maud Lindsay. 2018. (ENG., Illus.). 238p. (J). 28.81 *(978-0-483-85113-9(2))* Forgotten Bks.

Guests of Hercules (Classic Reprint) C. N. Williamson. 2018. (ENG., Illus.). 652p. (J). 37.34 *(978-0-483-85720-9(3))* Forgotten Bks.

Guggenheim Mystery. Robin Stevens. 2019. (ENG.). 336p. (J). (gr. 3-7). 8.99 *(978-0-525-58238-0(X),* Yearling) Random Hse. Children's Bks.

¡Guía de Etiqueta para niños de Lady Battle! Los Buenos Modales, ¡hacen la Vida Mucho Más Fácil! Louise A. Battle. Illus. by Juares Kougoum. 2021. (SPA.). 36p. (J). 35.99 *(978-1-6628-2159-2(X));* pap. 25.99 *(978-1-6628-2158-5(1))* Salem Author Services.

Guía de Exploradores de la Biblia: 1000 Datos y Fotos Fascinantes, 1 vol. Nancy I. Sanders. 2019. (SPA.). 80p. (J). 13.99 *(978-0-8297-6980-7(3))* Vida Pubs.

Guía de Exploradores de la Biblia, Personas y Lugares: 1,000 Datos y Fotos Fascinantes, 1 vol. Vida. 2021. (SPA.). 96p. (J). 15.99 *(978-0-8297-6983-8(8))* Vida Pubs.

Guía del Caballero Para el Vicio y la Virtud. Mackenzi Lee. 2018. (SPA.). 448p. (YA). bds. 18.99 *(978-987-747-321-6(6))* V&R Editoras.

Guía Esencial de STEAM. Eryl Nash. 2021. (SPA.). 50p. (J). (gr. 2-4). 12.99 *(978-958-30-6224-7(3))* Panamericana Editorial COL. Dist: Lectorum Pubns., Inc.

Guía Grabación de Campo: Compilación. Summary by Amarilys Quintero Ruiz. 2022. (SPA.). 72p. pap. ***(978-1-4357-8746-9(3))*** Lulu Pr., Inc.

Guía Moderna para Invertir en la Bolsa de Valores para Adolescentes: Cómo Garantizar una Vida de Libertad Financiera a Través Del Poder de la Inversión. Alan John. 2nd ed. 2022. (SPA.). 150p. (YA). pap. 14.99 ***(978-1-0880-6357-6(8))*** Indy Pub.

Guía para Chicas de la Pubertad y Los Periodos Menstruales. Marni Sommer et al. 2022. (SPA.). 110p. (J). pap. 12.99 ***(978-1-0879-4979-6(3))*** Indy Pub.

Guía para Jóvenes Sobre el Gobierno. Emma Bernay & Emma Carlson Berne. 2020. (Guía para Jóvenes Sobre el Gobierno Ser.).Tr. of Kids' Guide to Government. (SPA.). 32p. (J). (gr. 3-6). 119.96 *(978-1-4966-5731-2(4),* 29933) Capstone.

Guía para niños para Estar a Salvo (a Kid's Guide to Keeping Safe), 1 vol. Eloise MacGregor. Tr. by Diana Osorio. Illus. by Alix Wood. 2020. (Sé un Guerrero Contra el Virus (Be a Virus Warrior!) Ser.). (SPA.). 24p. (J). (gr. 2-3). pap. 12.70 *(978-1-7253-3234-8(5),* 35552ad4-0e19-4216-b125-a9e026bddedd0); lib. bdg. 21.60 *(978-1-7253-3235-5(3),* cf534209-d951-47bd-843f-4a3a7c13467a) Rosen Publishing Group, Inc., The. (PowerKids Pr.).

Guía Pokémon: Legendarios y Míticos (Edición Ampliada) / Pokémon: Legendary & Mythical Guidebook (Super Deluxe Edition) Varios Varios autores. 2023. (ColecciÓn PokÉmon Ser.). (SPA.). 144p. (J). (gr. 3-7). pap. 21.95 ***(978-607-38-2593-1(5),*** Altea) Penguin Random House Grupo Editorial ESP. Dist: Penguin Random Hse. LLC.

Guía Turística (Tour Guide) Amy Cobb. Illus. by Alexandria Neonakis. 2021. (Libby Wimbley Ser.).Tr. of Tour Guide. (SPA.). 32p. (J). (gr. -1-3). lib. bdg. 32.79 *(978-1-0982-3278-8(X),* 38730, Calico Chapter Bks) Magic Wagon.

Guibert d'Andrenas, Chanson de Geste (Classic Reprint) Johan Melander. (FRE., Illus.). (J). 2018. 220p. 28.45 *(978-0-666-69549-9(0));* 2017. pap. 10.97 *(978-1-332-66102-2(5))* Forgotten Bks.

Guide de l'investissement Boursier Pour les Adolescents: Comment Assurer une Vie de Liberté Financière Grâce Au Pouvoir de L'investissement. Alan John. 2nd ed. 2022. (FRE.). 150p. (YA). pap. 14.99 ***(978-1-0880-6298-2(9))*** Indy Pub.

Guide Dog. Komichi Inoue. 2018. (JPN.). (J). *(978-4-7520-0816-3(5))* Alice-Kan.

Guide Dogs for the Blind. Alice Boynton. 2018. (Animals That Help Us (LOOK! Books (tm)) Ser.). (ENG., Illus.). 24p. (J). (gr. -1-3). pap. 8.99 *(978-1-63440-363-4(0),* 9606864a-c812-4edb-8d37-52ef4bfae9c2); lib. bdg. 25.32 *(978-1-63440-315-3(0),* 354505a4-2375-488e-a33a-50a8507d9654) Red Chair Pr.

Guide du Botaniste Herborisant: Conseils Sur la Recolte des Plantes, la Preparation des Herbiers, l'Exploration des Stations de Plantes Phanerogames et Cryptogames et les Herborisations (Classic Reprint) Bernard Verlot. 2017. (FRE., Illus.). (J). 614p. 36.62 *(978-0-332-28888-8(9));* pap. 19.57 *(978-0-282-89235-7(4))* Forgotten Bks.

Guide for Grown-Ups to Books of Prose & Poetry for Wee Little Folks & Big Little Folks (Classic Reprint) Marian E. Tobey. (ENG., Illus.). (J). 2018. 20p. 24.33 *(978-0-666-10875-3(7));* 2016. pap. 7.97 *(978-1-333-63122-2(7))* Forgotten Bks.

Guide for Toddlers Learning the Alphabet Coloring Book Age 1 - 4: Coloring Book for Kids, Toddlers, Learn While You Play, Alphabet, Words & More. Arthur Lighthouse. 2023. (ENG.). 67p. (J). pap. ***(978-1-312-58987-2(6))*** Lulu Pr., Inc.

Guide Manual to the Mammoth Cave of Kentucky (Classic Reprint) Charles W. Wright. 2017. (ENG., Illus.). (J). 25.20 *(978-0-260-46240-4(3))* Forgotten Bks.

Guide-Posts on Immortal Roads (Classic Reprint) Jacob Martin. (ENG., Illus.). (J). 2018. 80p. 25.55 *(978-0-483-57281-2(0));* 2017. pap. 9.57 *(978-0-243-21135-7(X))* Forgotten Bks.

Guide Right: Ethics for Young People (Classic Reprint) Emma Lovisa Ballou. 2018. (ENG., Illus.). (J). 150p. 26.99 *(978-1-396-72776-4(0));* 152p. pap. 9.57 *(978-1-396-05289-7(5))* Forgotten Bks.

Guide to Animal Habitats. Olivia Lauren. Ed. by Tamira Butler-Likely. Illus. by Aadil Khan. 2023. (Olivia Lauren's Ser.: Vol. 7). (ENG.). 34p. (J). pap. 14.99 ***(978-0-9979520-7-0(5))*** Lauren Simone Publishing Hse.

Guide to Bigfoot. Carrie Gleason. 2023. (Cryptid Guides: Creatures of Folklore Ser.). (ENG.). 32p. (J). (gr. 3-9). lib. bdg. ***(978-1-0396-6342-8(7),*** 32809) Crabtree Publishing Co.

Guide to Bigfoot. Contrib. by Carrie Gleason. 2023. (Cryptid Guides: Creatures of Folklore Ser.). (ENG., Illus.). 32p. (J). (gr. 3-9). pap. ***(978-1-0396-6391-6(5),*** 32810) Crabtree Publishing Co.

Guide to Cape Fear Leisure see Wilmington Today: A Guide to Cape Fear Leisure

Guide to Chupacabras. Contrib. by Carrie Gleason. 2023. (Cryptid Guides: Creatures of Folklore Ser.). (ENG.). 32p. (J). (gr. 3-9). lib. bdg. ***(978-1-0396-6343-5(5),*** 32813); (Illus.). pap. ***(978-1-0396-6392-3(3),*** 32814) Crabtree Publishing Co.

Guide to Competitive Gymnastics. Erin Nicks. 2020. (Gymnastics Zone Ser.). (ENG., Illus.). 32p. (J). (gr. 3-6). lib. bdg. 32.79 *(978-1-5321-9236-4(3),* 35081, SportsZone) ABDO Publishing Co.

Guide to Drawing Animals Activity Book. Kreative Kids. 2016. (ENG., Illus.). (J). pap. 9.20 *(978-1-68377-050-3(1))* Whlke, Traudl.

Guide to Drawing Horses of All Ages Activity Book. Jupiter Kids. 2016. (ENG., Illus.). 106p. (J). pap. 12.55 *(978-1-68326-139-1(9),* Jupiter Kids (Childrens & Kids Fiction)) Speedy Publishing LLC.

Guide to Farts: With 10 of the Foulest Sounds! Igloo Igloo Books. 2018. (ENG.). 24p. (gr. 6). bds. 14.99 *(978-1-4998-8221-6(1))* Igloo Bks. GBR. Dist: Simon & Schuster, Inc.

Guide to Gaelic Conversation & Pronunciation: With Vocabularies, Dialogues, Phrases, & Letter Forms (Classic Reprint) L. Macbean. 2017. (ENG., Illus.). (J). 26.43 *(978-0-265-27481-1(8));* pap. 9.57 *(978-1-5277-2100-5(0))* Forgotten Bks.

Guide to Giant Forest, Sequoia National Park: A Handbook of the Northern Section of Sequoia National Park & the Adjacent Sierra Nevada (Classic Reprint) Ansel F. Hall. (ENG., Illus.). (J). 2018. 180p. 27.63 *(978-0-331-58134-8(5));* 2017. pap. 10.57 *(978-0-282-39799-9(X))* Forgotten Bks.

Guide to Gowns Coloring Book. Kreative Kids. 2016. (ENG., Illus.). (J). pap. 9.20 *(978-1-68377-281-1(4))* Whlke, Traudl.

Guide to Improving Your Art: A How to Draw Activity Book. Kreative Kids. 2016. (ENG., Illus.). (J). pap. 9.20 *(978-1-68377-051-0(X))* Whlke, Traudl.

Guide to Life for Young Men Aged 13+ Dave Whitehead. 2020. (ENG.). 108p. (YA). 27.45 *(978-1-9822-8138-0(3));* pap. 15.18 *(978-1-9822-8136-6(7))* Author Solutions, LLC. (Balboa Pr.).

Guide to Mummies. Carrie Gleason. 2023. (Cryptid Guides: Creatures of Folklore Ser.). (ENG.). 32p. (J). (gr. 3-9). lib. bdg. ***(978-1-0396-6344-2(3),*** 32817) Crabtree Publishing Co.

Guide to Mummies. Contrib. by Carrie Gleason. 2023. (Cryptid Guides: Creatures of Folklore Ser.). (ENG., Illus.). 32p. (J). (gr. 3-9). pap. ***(978-1-0396-6393-0(1),*** 32818) Crabtree Publishing Co.

Guide to Nature, Vol. 10: June, 1917 May, 1918 (Classic Reprint) Agassiz Association. (ENG., Illus.). (J). 2018. 430p. 32.77 *(978-0-484-72596-5(3));* 2016. pap. 16.57 *(978-1-334-16198-8(4))* Forgotten Bks.

Guide to Nature, Vol. 3: May, 1910 (Classic Reprint) Edward F. Bigelow. (ENG., Illus.). (J). 2018. 614p. 36.56 *(978-0-483-50037-2(2));* 2016. pap. 19.57 *(978-1-334-12481-5(7))* Forgotten Bks.

Guide to Nature, Vol. 5: May, 1912 (Classic Reprint) Agassiz Association. (ENG., Illus.). (J). 2018. 448p. 33.18 *(978-0-332-49763-1(1));* 2016. pap. 16.57 *(978-1-334-13142-4(2))* Forgotten Bks.

Guide to Nature, Vol. 7: June, 1914 (Classic Reprint) Edward F. Bigelow. (ENG., Illus.). (J). 2018. 504p. 34.31 *(978-0-267-57559-6(9));* 2016. pap. 16.97 *(978-1-334-16329-6(4))* Forgotten Bks.

Guide to Nature, Vol. 8: June, 1915 (Classic Reprint) Edward F. Bigelow. (ENG., Illus.). (J). 2018. 494p. 34.09 *(978-0-267-57735-4(4));* 2016. pap. 16.57 *(978-1-334-16122-3(4))* Forgotten Bks.

Guide to Nature, Vol. 9: June, 1916 (Classic Reprint) Agassiz Association. (ENG., Illus.). (J). 2018. 504p. 34.35 *(978-0-484-35578-0(3));* 2016. pap. 16.97 *(978-1-334-16199-5(2))* Forgotten Bks.

Guide to Sea Monsters. Carrie Gleason. 2022. (Cryptid Guides: Creatures of Folklore Ser.). (ENG.). 32p. (J). (gr. 3-6). pap. *(978-1-0396-6394-7(X),* 19626); lib. bdg. *(978-1-0396-6345-9(1),* 19625) Crabtree Publishing Co. (Crabtree Branches).

Guide to Sequoia & General Grant National Parks (Classic Reprint) Ansel F. Hall. (ENG., Illus.). (J). 2018. 176p. 27.55 *(978-0-656-72387-4(4));* 2017. pap. 9.97 *(978-0-282-36018-4(2))* Forgotten Bks.

Guide to South Florida off-Road Bicycling see Fat Tire Favorites: South Florida off-Road Bicycling

Guide to Space. Kevin Pettman. ed. 2020. (ENG., Illus.). 64p. (J). (gr. 4-6). pap. 12.99 *(978-1-5263-0738-5(3),* Wayland) Hachette Children's Group GBR. Dist: Hachette Bk. Group.

Guide to Supernatural Beings. Amanda Little. 2021. (ENG.). 87p. (YA). pap. *(978-1-716-45109-6(4))* Lulu Pr., Inc.

Guide to Surviving an Encounter with Dragons Coloring Book. Kreative Kids. 2016. (ENG., Illus.). (J). pap. 9.20 *(978-1-68377-363-4(2))* Whlke, Traudl.

Guide to the Dark. Meriam Metoui. 2023. (ENG.). 368p. (YA). 19.99 *(978-1-250-86321-8(X),* 900277465, Holt, Henry & Co. Bks. For Young Readers) Holt, Henry & Co.

Guide to the Examination of the Throat, Nose & Ear: For Senior Students & Junior Practitioners (Classic Reprint) William Lamb. 2017. (ENG., Illus.). (J). 27.36 *(978-0-265-84631-5(5))* Forgotten Bks.

Guide to the Exhibition Galleries of the Department of Geology & Palaentology in the British Museum (Natural History), Part I. -Fossil Mammals & Birds. Henry Woodward. 2017. (ENG., Illus.). (J). pap. *(978-0-649-46562-0(8))* Trieste Publishing Pty Ltd.

Guide to the Exhibition Galleries of the Department of Geology & Paleontology, Vol. 1: In the British Museum (Natural History), Cromwell Road, London, S. W.; Fossil Mammals & Birds (Classic Reprint) Henry Woodward. 2017. (ENG., Illus.). (J). pap. 9.57 *(978-0-282-99540-9(4))* Forgotten Bks.

Guide to the Foundation Desk: An Inspirational Device for Children (Classic Reprint) Ellsworth D. Foster. 2016. (ENG., Illus.). (J). pap. 13.57 *(978-1-334-12800-4(6))* Forgotten Bks.

Guide to the Foundation Desk: An Inspirational Device for Children (Classic Reprint) Ellsworth Decatur Foster. 2018. (ENG., Illus.). 280p. (J). 29.69 *(978-0-483-57561-5(5))* Forgotten Bks.

Guide to the Lakes of Killarney: Illustrated by Engravings, after the Designs of George Petrie, Esq. (Classic Reprint) George Newenham Wright. (ENG., Illus.). (J). 2018. 122p. 26.41 *(978-0-666-16211-3(5));* 2017. pap. 9.57 *(978-0-282-52898-0(9))* Forgotten Bks.

Guide to the Other Side. Robert Imfeld. 2016. (Beyond Baylor Ser.: 1). (ENG., Illus.). 320p. (J). (gr. 5-9). 17.99 *(978-1-4814-6636-3(4),* Aladdin) Simon & Schuster Children's Publishing.

Guide to the Panorama of North American Mammals (Classic Reprint) Kansas University Natural Histor Museum. 2018. (POR., Illus.). (J). 32p. 24.58 *(978-1-391-91789-4(8));* 34p. pap. 7.97 *(978-1-390-58767-8(3))* Forgotten Bks.

Guide to the Trades (Set), 8 vols. 2019. (21st Century Skills Library: Guide to the Trades Ser.). (ENG., Illus.). 32p. (J). (gr. 4-7). 256.56 *(978-1-5341-4695-2(4),* 213163); pap., pap., pap. 113.71 *(978-1-5341-5298-4(9),* 213164) Cherry Lake Publishing.

Guide to the Universe. Contrib. by Institute for Creation Research Staff. 2016. (Illus.). 115p. (J). *(978-1-935587-82-8(X))* Institute for Creation Research.

Guide to the Universe. Kari Sutherland & Madeleine L'Engle. Illus. by Vivien Wu. 2018. 192p. (J). *(978-1-74299-442-0(3))* Disney Publishing Worldwide.

Guide to Things We Wear. Olivia Lauren & Melissa-Sue John. Illus. by Simonne-Anaïs Clarke. 2018. (Olivia Lauren Ser.: Vol. 5). (ENG.). 34p. (J). 19.99 *(978-1-948071-30-7(4))* Lauren Simone Publishing Hse.

Guide to Unicorns. Carrie Gleason. 2023. (Cryptid Guides: Creatures of Folklore Ser.). (ENG.). 32p. (J). (gr. 3-9). lib. bdg. ***(978-1-0396-6346-6(X),*** 32821) Crabtree Publishing Co.

Guide to Unicorns. Contrib. by Carrie Gleason. 2023. (Cryptid Guides: Creatures of Folklore Ser.). (ENG., Illus.). 32p. (J). (gr. 3-9). pap. ***(978-1-0396-6395-4(8),*** 32822) Crabtree Publishing Co.

Guide to Vampires. Carrie Gleason. 2022. (Cryptid Guides: Creatures of Folklore Ser.). (ENG.). 32p. (J). (gr. 3-6). lib. bdg. *(978-1-0396-6347-3(8),* 19629, Crabtree Branches) Crabtree Publishing Co.

Guide to Vampires. Contrib. by Carrie Gleason. 2022. (Cryptid Guides: Creatures of Folklore Ser.). (ENG.). 32p. (J). (gr. 3-6). pap. *(978-1-0396-6396-1(6),* 19630, Crabtree Branches) Crabtree Publishing Co.

Guide to Werewolves. Carrie Gleason. 2022. (Cryptid Guides: Creatures of Folklore Ser.). (ENG.). 32p. (J). (gr. 3-6). pap. *(978-1-0396-6397-8(4),* 19634); lib. bdg. *(978-1-0396-6348-0(6),* 19633) Crabtree Publishing Co. (Crabtree Branches).

Guide to Zombies. Carrie Gleason. 2022. (Cryptid Guides: Creatures of Folklore Ser.). (ENG.). 32p. (J). (gr. 3-6). pap. *(978-1-0396-6398-5(2),* 19638); lib. bdg. *(978-1-0396-6349-7(4),* 19637) Crabtree Publishing Co. (Crabtree Branches).

Guidebook for Teachers for the Basic Preprimer Programme: To Accompany Skip along & Open the Door (Classic Reprint) Mabel O'Donnell. (ENG., Illus.). (J). 2018. 128p. 26.54 *(978-0-332-06896-1(X));* 2017. pap. 9.57 *(978-0-259-86151-5(0))* Forgotten Bks.

Guidebook for Teachers for the Preprimer Program (Classic Reprint) Mabel O'Donnell. 2017. (ENG., Illus.). (J). 33.26 *(978-0-265-57530-7(3));* pap. 16.57 *(978-0-282-85260-3(3))* Forgotten Bks.

Guidebook for Teachers on Initial Stages of Reading Readiness (Classic Reprint) Emmett A. Betts. (ENG., Illus.). (J). 2018. 230p. 28.64 *(978-0-428-54732-5(X));* 2017. pap. 11.57 *(978-0-259-86230-7(4))* Forgotten Bks.

Guidebook for Young Carers: Children Who Provide Care (Second Edition) Mike Raynor. 2nd ed. 2021. (ENG.). 126p. (J). pap. *(978-1-83975-650-4(0))* Grosvenor Hse. Publishing Ltd.

Guidebook for Young Carers (Children Who Provide Care) Mike Raynor. 2016. (ENG., Illus.). xiii, 118p. (J). pap. *(978-1-78623-042-3(9))* Grosvenor Hse. Publishing Ltd.

Guidebooks to the Unexplained (Set), 6 vols. Kenny Abdo. 2019. (Guidebooks to the Unexplained Ser.). (ENG.). 24p. (J). (gr. 2-8). lib. bdg. 188.16 *(978-1-5321-2932-2(7),* 33146, Abdo Zoom-Fly) ABDO Publishing Co.

Guidebooks to the Unexplained (Set Of 6) Kenny Abdo. 2020. (Guidebooks to the Unexplained Ser.). (ENG.). 144p. (J). (gr. 2-2). pap. 53.70 *(978-1-64494-285-7(2),* 1644942852, Abdo Zoom-Fly) ABDO Publishing Co.

Guided by His Light: A Child's Bedtime Prayer Book. Susan Jones. Illus. by Pauline Siewert. 2017. (ENG.). 64p. (J). (gr. k). 9.99 *(978-1-68099-282-3(1),* Good Bks.) Skyhorse Publishing Co., Inc.

Guided by Moonlight. L. a Kirchheimer. 2020. (ENG.). 248p. (YA). pap. 13.95 *(978-1-64701-605-0(3))* Page Publishing Inc.

Guided by Stars (Grade 5) Roger Sipe. rev. ed. 2018. (Smithsonian: Informational Text Ser.). (ENG., Illus.). 32p. (gr. 4-8). pap. 11.99 *(978-1-4938-6718-9(0))* Teacher Created Materials, Inc.

Guided Reading Coaching Cards Grade 3-6. Hmh Hmh. 2019. 4p. (J). (SPA.). pap. 77.20 *(978-0-358-25514-7(7));* (ENG.). pap. 72.13 *(978-0-358-25505-5(8))* Houghton Mifflin Harcourt Publishing Co.

Guided Reading Coaching Cards Grade K-2. Hmh Hmh. 2019. 4p. (J). (SPA.). pap. 101.93 *(978-0-358-25506-2(6));* (ENG.). pap. 95.27 *(978-0-358-25504-8(X))* Houghton Mifflin Harcourt Publishing Co.

G

Guided Reading Teacher's Companion: Prompts, Discussion Starters & Teaching Points. Jan Richardson. 2016. (ENG.). 26p. (gr. k-8). pap. 19.99 *(978-1-338-11226-9(0)*, Scholastic Professional) Scholastic, Inc.

Guide's Greatest Discovery Stories. Lori Peckham. 2017. 154p. (J). *(978-0-8163-6260-8(2))* Pacific Pr. Publishing Assn.

Guide's Greatest Friendship Stories. Lori Peckham. 2016. 158p. (J). pap. *(978-0-8163-6144-1(4))* Pacific Pr. Publishing Assn.

Guide's Greatest Hope Stories. Lori Peckham. 2018. (Illus.). 142p. (J). pap. *(978-0-8163-6365-0(X))* Pacific Pr. Publishing Assn.

Guide's Greatest Mischief Stories. Lori Peckham. 2019. 127p. (J). pap. *(978-0-8163-6504-3(0))* Pacific Pr. Publishing Assn.

Guiding Book: Dedicated to the Girlhood of Many Countries & to All Those with a Heart Still Young (Classic Reprint) Ann Kindersley. (ENG., Illus.). (J). 2018. 164p. 27.30 *(978-0-656-34905-0(0))*; 2017. pap. 9.97 *(978-0-243-44134-1(7))* Forgotten Bks.

Guiding Gaia. Tish Thawer. 2021. (ENG.). 258p. (YA). 24.99 *(978-1-0878-9709-7(2))* Indy Pub.

Guiding Lights. Mark Restaino. Illus. by Felipe Luna Lira. 2022. (ENG.). 32p. (J). 21.99 *(978-1-0879-4657-3(3))* Restaino, Mark.

Guiding Thread (Classic Reprint) Beatrice Harraden. (ENG., Illus.). (J). 2018. 318p. 30.46 *(978-0-365-21829-6(4))*; 2017. pap. 13.57 *(978-0-243-50585-2(X))* Forgotten Bks.

Guidon (Classic Reprint) State Female Normal School. 2018. (ENG., Illus.). 74p. (J). 25.42 *(978-0-484-07194-9(7))* Forgotten Bks.

Guidon, Vol. 1: February, 1905 (Classic Reprint) Farmville State Female Normal School. 2018. (ENG., Illus.). 62p. (J). 25.18 *(978-0-483-89793-9(0))* Forgotten Bks.

Guidon, Vol. 2: December, 1905 (Classic Reprint) Lizzie B. Kinzer. 2018. (ENG., Illus.). 88p. (J). 25.71 *(978-0-483-36575-9(0))* Forgotten Bks.

Guidon, Vol. 2: January, 1906 (Classic Reprint) State Female Normal School. 2018. (ENG., Illus.). 76p. (J). 25.46 *(978-0-484-24108-3(7))* Forgotten Bks.

Guidon, Vol. 2: March, 1906 (Classic Reprint) State Female Normal School. 2018. (ENG., Illus.). 74p. (J). 25.42 *(978-0-483-71672-8(3))* Forgotten Bks.

Guidon, Vol. 2: May, 1906 (Classic Reprint) Lizzie B. Kizer. 2018. (ENG., Illus.). 84p. (J). 25.63 *(978-0-483-28736-5(9))* Forgotten Bks.

Guidon, Vol. 2: November, 1905 (Classic Reprint) Lizzie B. Kinzer. 2018. (ENG., Illus.). 70p. (J). 25.36 *(978-0-484-88415-0(8))* Forgotten Bks.

Guidon, Vol. 3: Jan; Feb;, 1907 (Classic Reprint) Farmville State Female Normal School. 2018. (ENG., Illus.). 84p. (J). 25.63 *(978-0-483-68929-9(7))* Forgotten Bks.

Guidon, Vol. 3: March-April, 1907 (Classic Reprint) State Female Normal School. 2018. (ENG., Illus.). (J). 90p. 25.75 *(978-0-366-37093-1(6))*; 92p. pap. 9.57 *(978-0-365-72860-3(8))* Forgotten Bks.

Guidon, Vol. 3: May-June, 1907 (Classic Reprint) Mae Marshall. 2018. (ENG., Illus.). 92p. (J). 25.79 *(978-0-483-71105-1(5))* Forgotten Bks.

Guidon, Vol. 3: Oct;-Nov;, 1906 (Classic Reprint) Mary Mercer Schofield. 2018. (ENG., Illus.). 92p. (J). 25.79 *(978-0-484-68770-6(0))* Forgotten Bks.

Guidon, Vol. 4: March April, '08 (Classic Reprint) State Female Normal School. 2018. (ENG., Illus.). 70p. (J). 25.36 *(978-0-484-20718-8(0))* Forgotten Bks.

Guidon, Vol. 4: May June, 1908 (Classic Reprint) Farmville State Female Normal School. 2018. (ENG., Illus.). 68p. (J). 25.30 *(978-0-483-99226-9(7))* Forgotten Bks.

Guidon, Vol. 4: October November, 1907 (Classic Reprint) Farmville State Female Normal School. 2018. (ENG., Illus.). 72p. (J). 25.40 *(978-0-483-14043-1(0))* Forgotten Bks.

Guidon, Vol. 5: January-February, 1909 (Classic Reprint) State Female Normal School. (ENG., Illus.). (J). 2018. 74p. 25.42 *(978-0-483-62720-8(8))*; 2016. pap. 9.57 *(978-1-334-59207-2(1))* Forgotten Bks.

Guidon, Vol. 5: March-April, 1909 (Classic Reprint) Farmville State Female Normal School. (ENG., Illus.). (J). 2018. 86p. 25.67 *(978-0-267-32817-8(6))*; 2016. pap. 9.57 *(978-1-333-54704-2(8))* Forgotten Bks.

Guidon, Vol. 5: May June 1909 (Classic Reprint) Farmville State Female Normal School. 2018. (ENG., Illus.). 92p. (J). 25.79 *(978-0-483-90598-6(4))* Forgotten Bks.

Guidon, Vol. 5: November December, 1908 (Classic Reprint) State Female Normal School. 2018. (ENG., Illus.). 66p. (J). 25.26 *(978-0-484-05448-5(1))* Forgotten Bks.

Guidon, Vol. 6: January-February 1910 (Classic Reprint) Julia Johnson. 2018. (ENG., Illus.). 64p. (J). 25.22 *(978-0-483-65672-7(0))* Forgotten Bks.

Guild Court: A London Story (Classic Reprint) George MacDonald. 2017. (ENG., Illus.). (J). 30.89 *(978-0-265-35931-0(7))* Forgotten Bks.

Guile. Constance Cooper. 2017. (ENG.). 384p. (YA). (gr. 7). pap. 9.99 *(978-0-544-93691-1(4)*, 1658694, Clarion Bks.) HarperCollins Pubs.

Guile. Constance Cooper. ed. 2017. (ENG.). (YA). (gr. 7). lib. bdg. 20.85 *(978-0-606-39821-3(X))* Turtleback.

Guillaume de la Barre: Roman d'Aventures (Classic Reprint) Arnaut Vidal de Castelnaudari. (FRE., Illus.). (J). 2018. 288p. 29.86 *(978-0-656-85968-9(7))*; 2017. pap. 13.57 *(978-0-259-35387-4(6))* Forgotten Bks.

Guillotine Club: And Other Stories (Classic Reprint) S. Weir Mitchell. 2017. (ENG., Illus.). 294p. (J). 29.98 *(978-0-484-27540-8(2))* Forgotten Bks.

Guilt: Emotions & Feelings (Engaging Readers, Level 2) Sarah Harvey. Ed. by Ashley Lee. l.t. ed. 2023. (Emotions & Feelings Ser.: Vol. 5). (ENG., Illus.). 32p. (J). *(978-1-77878-160-5(8))*; pap. *(978-1-77878-161-2(6))* AD Classic.

Guilty? Crime, Punishment, & the Changing Face of Justice. Teri Kanefield. 2019. (ENG.). 156p. (YA). (gr. 7). pap. 12.99 *(978-0-9984257-2-6(9))* Armon Bks.

Guilty Forgiven-Reclaimed: Truth Is Stranger Than Fiction, a Canadian Story from Real Life (Classic Reprint) Lance Bilton. (ENG., Illus.). (J). 2018. 310p. 30.31 *(978-0-332-51776-6(4))*; 2016. pap. 13.57 *(978-1-334-15890-2(8))* Forgotten Bks.

Guilty Man: Le Coupable (Classic Reprint) Francois Coppee. (ENG., Illus.). (J). 2018. 334p. 30.79 *(978-0-666-99926-9(0))*; 2017. pap. 13.57 *(978-0-259-84012-1(2))* Forgotten Bks.

Guilty River: A Novel (Classic Reprint) Wilkie Collins. 2017. (ENG., Illus.). (J). 27.98 *(978-0-331-93764-0(6))*; pap. 10.57 *(978-1-5276-9473-6(9))* Forgotten Bks.

Guimo Audi & Guimoland. Joxel Garcia. 2022. (ENG.). 32p. (J). pap. 14.99 ***(978-1-956630-21-3(X))*** Publishing Xpert.

Guimo (Classic Reprint) Walter Elwood. 2017. (ENG., Illus.). (J). 31.16 *(978-0-265-18448-6(7))* Forgotten Bks.

Guinea Dog 3. Patrick Jennings. 2017. (Guinea Dog Ser.: 3). (ENG.). 176p. (J). (gr. 3-6). 7.99 *(978-1-5124-4147-5(3)*, 647e5549-e17e-4d41-b816-9d10e59219fe, Darby Creek) Lerner Publishing Group.

Guinea Girl: A Melodrama in Three Acts, Together with the Incidental, Music, Here Presented for the Entertainment of the Curious (Classic Reprint) Norman Davey. 2018. (ENG., Illus.). 292p. (J). 29.92 *(978-0-483-44124-8(4))* Forgotten Bks.

Guinea Gold (Classic Reprint) Beatrice Grimshaw. 2017. (ENG., Illus.). (J). 31.05 *(978-1-5282-8835-4(1))* Forgotten Bks.

Guinea Pig. Coming Soon. 2018. (Eyediscover Ser.). (ENG., Illus.). 24p. (J). (gr. k-2). 28.55 *(978-1-4896-8015-0(2)*, AV2 by Weigl) Weigl Pubs., Inc.

Guinea Pig. August Hoeft. (I See Animals Ser.). (ENG.). (J). 2022. 20p. 24.99 ***(978-1-5324-3414-3(6))***; 2022. 20p. pap. 12.99 ***(978-1-5324-4217-9(3))***; 2020. 12p. pap. 5.99 *(978-1-5324-1495-4(1))* Xist Publishing.

Guinea Pig. Jared Siemens. 2017. (Illus.). 24p. (J). *(978-1-5105-0566-7(0))* SmartBook Media, Inc.

Guinea Pig Detective - the Case of the Missing Carrot. Joanne Livesey. 2019. (ENG.). 48p. (J). pap. *(978-1-78830-409-2(8))* Olympia Publishers.

Guinea Pig Pals. Pat Jacobs. 2017. (Pet Pals Ser.). (Illus.). 32p. (J). (gr. 3-3). *(978-0-7787-3552-6(4))* Crabtree Publishing Co.

Guinea Pig Rescue: Leveled Reader Gold Level 21. Rg Rg. 2016. (PM Ser.). (ENG.). 24p. (J). (gr. 2-3). pap. 11.00 *(978-0-544-89237-8(2))* Rigby Education.

Guinea Pigs. Lisa J. Amstutz. 2018. (Our Pets Ser.). (ENG.). 24p. (J). pap. 41.70 *(978-1-5435-0195-7(8)*, 27580, Capstone Pr.); (Illus.). (gr. -1-2). lib. bdg. 22.65 *(978-1-5435-0158-2(3)*, 137099, Pebble) Capstone.

Guinea Pigs. Roderick Hurst. 2021. (ENG.). 198p. (YA). pap. 16.95 *(978-1-6624-3502-7(9))* Page Publishing Inc.

Guinea Pigs. Christina Leaf. 2020. (Favorite Pets Ser.). (ENG., Illus.). 24p. (J). (gr. -1-2). pap. 7.99 *(978-1-68103-804-9(8)*, 12892); lib. bdg. 25.95 *(978-1-64487-317-5(6))* Bellwether Media. (Blastoff! Readers).

Guinea Pigs. Julie Murray. 2018. (Pet Care Ser.). (ENG., Illus.). 24p. (J). (gr. k-4). lib. bdg. 31.36 *(978-1-5321-2523-2(2)*, 30055, Abdo Zoom-Dash) ABDO Publishing Co.

Guinea Pigs. Mari Schuh. 2018. (Spot Pets Ser.). (ENG.). 16p. (J). (gr. -1-2). *(978-1-68151-368-3(4)*, 14948); pap. 7.99 *(978-1-68152-288-3(8)*, 14956) Amicus.

Guinea Pigs, Vol. 12. Anne McBride. 2016. (Understanding & Caring for Your Pet Ser.: Vol. 12). (ENG., Illus.). 128p. (J). (gr. 5-8). 25.95 *(978-1-4222-3698-7(6))* Mason Crest.

Guinea Pigs: Children's Mouse & Rodent Book. Bold Kids. 2022. (ENG.). 46p. (J). pap. 14.99 ***(978-1-0717-1007-4(9))*** FASTLANE LLC.

Guinea Pigs Go Baking: Learn about Shapes. Kate Sheehy. 2023. (Guinea Pigs Ser.). (ENG.). 14p. (J). (-k). bds. 7.99 ***(978-0-7440-8506-8(3)***, DK Children) Dorling Kindersley Publishing, Inc.

Guinea Pigs Go Bug Hunting: Learn Your ABCs. Kate Sheehy. 2023. (Guinea Pigs Ser.). (ENG., Illus.). 14p. (J). (-k). bds. 7.99 *(978-0-7440-7285-3(9)*, DK Children) Dorling Kindersley Publishing, Inc.

Guinea Pigs Go Dancing: A First Book of Opposites. Kate Sheehy. 2023. (Guinea Pigs Ser.). (ENG.). 14p. (J). (-k). bds. 7.99 ***(978-0-7440-8533-4(0)***, DK Children) Dorling Kindersley Publishing, Inc.

Guinea Pigs Go Painting: Learn Your Colors. Kate Sheehy. 2023. (Guinea Pigs Ser.). (ENG.). 14p. (J). (-k). bds. 7.99 *(978-0-7440-8034-6(7)*, DK Children) Dorling Kindersley Publishing, Inc.

Guinea Pigs Go to the Beach: Learn Your 123s. Kate Sheehy. 2023. (Guinea Pigs Ser.). (ENG.). 14p. (J). (-k). bds. 7.99 *(978-0-7440-7284-6(0)*, DK Children) Dorling Kindersley Publishing, Inc.

Guinea Stamp: A Tale of Modern Glasgow (Classic Reprint) Annie S. Swan. (ENG., Illus.). (J). 2018. 358p. 31.28 *(978-0-483-89490-7(7))*; 2016. pap. 13.97 *(978-1-333-36333-8(8))* Forgotten Bks.

Guinevere:: at the Dawn of Legend. Cheryl Carpinello. 2020. (Guinevere Ser.: Vol. 2). (ENG.). 166p. (J). (gr. 3-6). pap. *(978-1-912513-42-0(0))* Silver Quill Publishing.

Guinevere: On the Eve of Legend: Tales & Legends. Cheryl Carpinello. 2020. (Guinevere Ser.: Vol. 1). (ENG.). 180p. (J). (gr. 3-6). pap. *(978-1-912513-40-6(4))* Silver Quill Publishing.

Guinevere: The Legend. Cheryl Carpinello. Illus. by Michael Molinet. 2019. (Tales & Legends for Reluctant Readers: Guinevere Ser.: Vol. 3). (ENG.). 178p. (J). (gr. 3-6). pap. *(978-1-912513-49-9(8))* Silver Quill Publishing.

Guinevere Deception. Kiersten White. 2020. (Camelot Rising Trilogy Ser.: 1). 352p. (YA). (gr. 7). pap. 11.99 *(978-0-525-58170-3(7)*, Ember) Random Hse. Children's Bks.

Guinevere Learns about Australia. Tracilyn George. 2021. (ENG.). 26p. (J). pap. 11.00 *(978-1-77475-312-5(X))* Lulu Pr., Inc.

Guinevere's Lover (Classic Reprint) Elinor Glyn. 2017. (ENG., Illus.). (J). 31.57 *(978-1-5279-7803-4(6))* Forgotten Bks.

Guinness World Records: Amazing Body Records! 100 Mind-Blowing Body Records from Around the World! Christa Roberts. ed. 2016. (J). lib. bdg. 16.00 *(978-0-606-38192-5(9))* Turtleback.

Guinness World Records: Biggest & Smallest! Christy Webster. ed. 2016. (J). lib. bdg. 24.50 *(978-0-606-38195-6(3))* Turtleback.

Guinness World Records: Incredible Animals: Amazing Animals & Their Awesome Feats! Christa Roberts. ed. 2016. (J). lib. bdg. 16.00 *(978-0-606-38191-8(0))* Turtleback.

Guinness World Records: Super Humans! Donald Lemke. ed. 2016. (J). lib. bdg. 24.50 *(978-0-606-38193-2(7))* Turtleback.

Guinness World Records: Wacky & Wild! Calista Brill. ed. 2016. (J). lib. bdg. 24.50 *(978-0-606-38194-9(5))* Turtleback.

Guinness World Records: Biggest & Smallest! Christy Webster. 2016. (Guinness World Records Ser.). (ENG., Illus.). 176p. (J). (gr. 3-7). pap. 12.99 *(978-0-06-234178-5(2))* HarperCollins Pubs.

Guinness World Records: Incredible Animals! Christa Roberts. 2016. (Guinness World Records Ser.). (ENG., Illus.). 112p. (J). (gr. 1-5). pap. 5.99 *(978-0-06-234167-9(7))* HarperCollins Pubs.

Guinness World Records: Man-Made Marvels! Donald Lemke. 2016. (Guinness World Records Ser.). (ENG., Illus.). 176p. (J). (gr. 3-7). pap. 12.99 *(978-0-06-234180-8(4)*, HarperCollins) HarperCollins Pubs.

Guinness World Records: Wacky & Wild! Calliope Glass. 2016. (Guinness World Records Ser.). (ENG., Illus.). 176p. (J). (gr. 3-7). pap. 13.99 *(978-0-06-234176-1(6))* HarperCollins Pubs.

Guiño. Rob Harrell. 2021. (SPA.). 364p. (J). (gr. 4-7). pap. 18.50 *(978-607-557-255-0(4))* Editorial Oceano de Mexico MEX. Dist: Independent Pubs. Group.

Guise of the Enemy (Classic Reprint) James L. Doran. 2018. (ENG., Illus.). 44p. (J). 24.82 *(978-0-267-20008-5(0))* Forgotten Bks.

Guiso de la Hoguera de la Chef Kate. Laurie Friedman. Illus. by Gal Weizman. 2022. (Cocina de la Chef Kate (Chef Kate's Kitchen) Ser.). (SPA.). 32p. (J). (gr. -1-3). pap. *(978-1-0396-4983-5(1)*, 20063); lib. bdg. *(978-1-0396-4856-2(8)*, 20062) Crabtree Publishing Co. (Crabtree Blossoms).

Guiso de la Hoguera de la Chef Kate (Chef Kate's Campfire Stew) Bilingual. Laurie Friedman. Illus. by Gal Weizman. 2022. (Cocina de la Chef Kate (Chef Kate's Kitchen) Bilingual Ser.).Tr. of Guiso de la Hoguera de la Chef Kate. (SPA.). 24p. (J). (gr. -1-3). pap. *(978-1-0396-2477-1(4)*, 20053, Crabtree Blossoms) Crabtree Publishing Co.

Guitalele Chords for Kids... & Big Kids Too! Nancy Eriksson. 2017. (Fretted Friends Beginners Ser.: Vol. 40). (ENG., Illus.). (J). pap. *(978-1-912087-93-8(6))* Cabot Bks.

Guitar. Matilda James. 2021. (Discover Musical Instruments Ser.). (ENG.). 20p. (J). (gr. k-3). 9.99 *(978-1-5324-1672-9(5))*; pap. 9.99 *(978-1-5324-1671-2(7))* Xist Publishing.

Guitar Adventures Max's Magical Adventure. Jennifer Beach. 2020. (ENG.). 48p. (J). ***(978-1-716-03063-5(3))*** Lulu Pr., Inc.

Guitar Chords for Kids... & Big Kids Too! Nancy Eriksson. 2016. (Fretted Friends Ser.: Vol. 35). (ENG., Illus.). (J). pap. *(978-1-906207-81-6(X))* Cabot Bks.

Guitar for Kids: First Steps in Learning to Play Guitar. Gareth Evans. 2016. (ENG., Illus.). (J). (gr. 4-7). pap. *(978-0-9928343-9-5(2))* Intuition Pubns.

Guitar Genius: How les Paul Engineered the Solid-Body Electric Guitar & Rocked the World (Children's Music Books, Picture Books, Guitar Books, Music Books for Kids) Kim Tomsic. Illus. by Brett Helquist. 2019. (ENG.). 56p. (J). (gr. k-3). 17.99 *(978-1-4521-5919-5(X))* Chronicle Bks. LLC.

Guitar Music Theory: A Practical Approach for Guitarists & Other Musicians. Jeffrey Nevaras. 2021. (ENG.). 50p. pap. *(978-1-716-20584-2(0))* Lulu Pr., Inc.

Guitar of Mayhem. Jessica Renwick. 2019. (Starfell Ser.: Vol. 2). (ENG.). (J). (gr. 4-6). 268p. *(978-1-7753871-5-2(1))*; 314p. pap. *(978-1-7753871-4-5(3))* Starfell Pr.

Guitarist Wanted. Steve Brezenoff. 2017. (Boy Seeking Band Ser.). (ENG., Illus.). 96p. (J). (gr. 5-8). lib. bdg. 25.99 *(978-1-4965-4448-3(X)*, 134762, Stone Arch Bks.) Capstone.

Guitarra de Mi Hermano / My Brother's Guitar, 1 vol. Elizabeth Ritter. Tr. by Eida de la Vega. 2018. (¡Vamos a Hacer Música! / Making Music! Ser.). (ENG & SPA.). 24p. (J). (gr. 1-1). 25.27 *(978-1-5383-3450-8(X)*, 81dc0b15-8c58-459b-baf9-8a14c8a9313b, PowerKids Pr.) Rosen Publishing Group, Inc., The.

Guitarra de Mi Hermano (My Brother's Guitar), 1 vol. Elizabeth Ritter. Tr. by Eida de la Vega. 2018. (¡Vamos a Hacer Música! (Making Music) Ser.). (SPA.). 24p. (J). (gr. 1-1). 25.27 *(978-1-5383-3240-5(X)*, 46c27cd1-f97a-4217-ac82-155c8d481057); pap. 9.25 *(978-1-5383-3241-2(8)*, 509aefff-0204-48a3-9640-ab423398ae2c) Rosen Publishing Group, Inc., The. (PowerKids Pr.).

Guitarrista. Lucky Diaz. Illus. by Micah Player. 2023. (ENG.). 40p. (J). (gr. -1-3). 19.99 *(978-0-06-325415-2(8)*, HarperCollins) HarperCollins Pubs.

Guitars. Patricia Lakin. 2021. (Made by Hand Ser.: 4). (ENG.). 32p. (J). (gr. 3-7). 17.99 *(978-1-4814-4835-2(8)*, Aladdin) Simon & Schuster Children's Publishing.

Guitars. Kara L. Laughlin. 2019. (Musical Instruments Ser.). (ENG.). 24p. (J). (gr. 3-6). lib. bdg. 32.79 *(978-1-5038-3193-3(0)*, 213318) Child's World, Inc, The.

Gujarati Exercises, or a New Mode of Learning to Read, Write, & Speak the Gujarati Language in Six Months, on the Ollendorffian System: With Appendix (Classic Reprint) Robert Young. 2017. (ENG., Illus.). (J). pap. 19.57 *(978-0-243-44805-0(8))* Forgotten Bks.

Gujarati Exercises, or a New Mode of Learning to Read, Write, & Speak the Gujarati Language in Six Months, on the Ollendorffian System: With Appendix (Classic Reprint) Robert Young. 2018. (ENG., Illus.). 560p. (J). 35.47 *(978-0-483-99048-7(5))* Forgotten Bks.

Gulbetegnaw Jingo. Salem Melaku Hailu. 2020. (AMH.). 26p. (J). pap. 11.99 *(978-1-0879-3423-5(0))* Indy Pub.

Guld, the Cavern King (Classic Reprint) Mary Lydia Branch. 2017. (ENG., Illus.). (J). 27.75 *(978-0-266-22281-1(1))* Forgotten Bks.

Gulf & Glacier: Or the Percivals in Alaska (Classic Reprint) Willis Boyd Allen. 2018. (ENG., Illus.). 270p. (J). 29.49 *(978-0-483-27168-5(3))* Forgotten Bks.

Gulf Islands Alphabet. Bronwyn Preece. Illus. by Alex Walton. 2016. (ENG.). 56p. (J). (gr. k-3). 8.99 *(978-1-77229-011-0(4))* Simply Read Bks. CAN. Dist: Ingram Publisher Services.

Gulf War. Anita Yasuda. 2017. (J). *(978-1-5105-3512-1(8))* SmartBook Media, Inc.

Gulf War Journal: Book Two - Ground War. Don Lomax. Illus. by Don Lomax. 2017. (ENG., Illus.). (YA). pap. 16.99 *(978-1-63529-988-5(8))* Caliber Comics.

Gulistan, or Flower-Garden: Translated, with an Essay by James Ross (Classic Reprint) Sadi Sadi. 2017. (ENG., Illus.). (J). 332p. 30.74 *(978-0-331-57487-6(X))*; pap. 13.57 *(978-1-332-83382-5(9))* Forgotten Bks.

Gulistan, Ou l'Empire des Roses (Classic Reprint) Sadi Sadi. 2018. (FRE., Illus.). (J). 174p. 27.51 *(978-0-366-32454-5(3))*; 176p. pap. 9.97 *(978-0-366-32434-7(9))* Forgotten Bks.

Gull Who Thought He Was Dull. Mary Langer Thompson. Illus. by Samantha Kickingbird. 2018. (ENG.). 42p. (J). pap. 12.99 *(978-0-9987767-3-6(4))* Red Cardinal Publishing, LLC.

Gull Who Was Afraid of Heights. Anita Everett. Illus. by Allison Frame. 2021. (ENG.). 20p. (J). *(978-1-0391-0841-7(5))*; pap. *(978-1-0391-0840-0(7))* FriesenPress.

Gullet the Mullet. Uncle Hardy Roper. Illus. by Mike Royder. 2017. (ENG.). 38p. (J). (gr. -1-1). 12.99 *(978-1-59095-344-0(4)*, ExamWise) Total Recall Learning, Inc.

Gullible Gus. Maxine Schur. Illus. by Andrew Glass. 2020. (ENG.). 52p. (J). (gr. 1-4). 16.99 *(978-1-952209-28-4(5))* Lawley Enterprises.

Gullible's Travels, etc (Classic Reprint) Ring W. Lardner. (ENG., Illus.). (J). 2018. 264p. 29.34 *(978-0-484-85376-7(7))*; 2016. pap. 11.97 *(978-1-334-26851-9(7))* Forgotten Bks.

Gullible's Travels to the Panama-Pacific International Exposition (Classic Reprint) Mollie Slater Merrill. 2018. (ENG., Illus.). 32p. (J). 24.58 *(978-0-365-37991-1(3))* Forgotten Bks.

Gulliver. Jonathan Swift. Illus. by Lauren O'Neill. 2nd ed. 2022. (ENG.). 80p. (YA). 18.99 *(978-1-78849-342-0(7))* O'Brien Pr., Ltd., The IRL. Dist: Casemate Pubs. & Bk. Distributors, LLC.

Gulliver Giant. Thomas Kingsley Troupe. Illus. by Xavier Bonet. 2019. (Michael Dahl Presents: Midnight Library 4D Ser.). (ENG.). 80p. (J). (gr. 4-6). lib. bdg. 25.99 *(978-1-4965-7894-5(5)*, 139609, Stone Arch Bks.) Capstone.

Gulliver Joe (Classic Reprint) Jonathan Quick. 2019. (ENG., Illus.). 128p. (J). 26.56 *(978-0-483-40444-1(6))* Forgotten Bks.

Gulliver Joi: His Three Voyages; Being an Account of His Mar-Velous Adventures in Kailoo, Hydrogenia & Ejario (Classic Reprint) Elbert Perce. 2018. (ENG., Illus.). 286p. (J). 29.80 *(978-0-666-99241-3(X))* Forgotten Bks.

Gulliver?s Travels to the Land of the Lilliputians & Puss in Boots (1900) Rose City Books - Classic Reprint. 2019. (ENG.). 42p. (J). pap. *(978-0-359-59666-9(5))* Lulu Pr., Inc.

Gulliver the Great: And Other Dog Stories (Classic Reprint) Walter A. Dyer. (ENG., Illus.). (J). 2017. 322p. 30.54 *(978-0-484-31819-8(5))*; 2016. pap. 13.57 *(978-1-333-64528-1(7))* Forgotten Bks.

Gulliver's Travel. Jonathan Swift. 2018. (ENG., Illus.). 300p. (J). (gr. 5). 14.78 *(978-1-7317-0349-1(X))*; pap. 7.99 *(978-1-7317-0350-7(3))* Simon & Brown.

Gulliver's Travels. Jonathan Swift. (ENG.). (gr. 5). 2020. 220p. (YA). pap. *(978-1-77426-038-8(7))*; 2018. 186p. (J). pap. *(978-1-989201-28-2(8))* East India Publishing Co.

Gulliver's Travels. Jonathan Swift. 2020. (ENG.). 220p. (J). (gr. 3-7). pap. *(978-1-716-13563-7(X))* Lulu Pr., Inc.

Gulliver's Travels. Jonathan Swift. Illus. by Francesca. Rossi. 2017. (ENG.). 96p. (J). (gr. 1). 14.95 *(978-88-544-1184-5(1))* White Star Publishers ITA. Dist: Sterling Publishing Co., Inc.

Gulliver's Travels. Jonathan Swift. 2021. (ENG.). 202p. (J). (gr. 5). pap. 8.99 *(978-1-4209-7607-6(9))* Digireads.com Publishing.

Gulliver's Travels. Jonathan Swift. 2023. (Children's Signature Classics Ser.). 352p. (J). (gr. 9). pap. 9.99 *(978-1-4549-4882-7(5)*, Union Square Pr.) Sterling Publishing Co., Inc.

Gulliver's Travels: A Robert Ingpen Illustrated Classic. Jonathan Swift. Illus. by Robert Ingpen. 2021. (Ingpen Classics Ser.). (ENG.). 176p. (J). (gr. 3-7). 24.99 *(978-1-913519-44-5(9))* Welbeck Publishing Group Ltd. GBR. Dist: Two Rivers Distribution.

Gulliver's Travels: Illustrated Abridged Children Classics English Novel with Review Questions (Hardback) Jonathan Swift. 2021. (Illustrated Classics Ser.). (ENG.). 240p. (J). (gr. 3-11). 6.99 ***(978-93-90391-16-5(4))*** Prakash Bk. Depot IND. Dist: Independent Pubs. Group.

Gulliver's Travels: Into Several Remote Regions of the World. Jonathan Swift. 2019. (ENG.). (J). (gr. 5). 146p. 19.95 *(978-1-61895-718-4(X))*; 144p. pap. 9.95 *(978-1-61895-717-7(1))* Bibliotech Pr.

Gulliver's Travels: Into Some Remote Countries (Classic Reprint) Jonathan Swift. 2017. (ENG., Illus.). (J). 27.67 *(978-1-5284-8094-9(5))* Forgotten Bks.

Gulliver's Travels (Classic Reprint) Jonathan Swift. 2017. (ENG., Illus.). (J). 33.24 *(978-0-265-20043-8(1))* Forgotten Bks.

Gulliver's Travels into Several Remote Nations of the World. Jonathan Swift. 2019. (ENG.). 324p. (J). pap. *(978-3-337-68192-0(1))* Creation Pubs.

Gulliver's Travels Novel Units Student Packet. Novel Units. 2019. (ENG.). (YA). pap. 13.99 *(978-1-56137-922-4(0)*, Novel Units, Inc.) Classroom Library Co.

Gulliver's Travels Novel Units Teacher Guide. Novel Units. 2019. (ENG.). (YA). pap. 12.99 *(978-1-56137-921-7(2)*, Novel Units, Inc.) Classroom Library Co.

Gulliver's Travels: Voyage to Lilliput. Jonathan Swift. Illus. by Chris Riddell. 2017. (ENG.). 48p. (J). (gr. 2-5). 8.99 (978-0-7636-9349-7(9)) Candlewick Pr.

Gulliver's Travels (Yesterday's Classics) Jonathan Swift. Ed. by F. C. Tilney. Illus. by Arthur Rackham. 2021. (ENG.). 154p. (J). pap. 12.95 (978-1-63334-144-9(5)) Yesterday's Classics.

Gull's Horn-Book (Classic Reprint) Thomas Dekker. (ENG., Illus.). (J). 2018. 132p. 26.62 (978-0-483-89125-8(8)); 2016. pap. 9.57 (978-1-333-47833-9(X)) Forgotten Bks.

Gullstruck Island. Frances Hardinge. 2018. (ENG.). 480p. (gr. 7-17). pap. 10.99 (978-1-4197-3149-5(1), 1248003, Amulet Bks.) Abrams, Inc.

Gully of Bluemansdyke & Other Stories (Classic Reprint) Arthur Conan Doyle. 2018. (ENG., Illus.). 254p. (J). 29.16 (978-0-656-79791-2(6)) Forgotten Bks.

Gulp, Gobble. Marilyn Singer. ed. 2019. (Ready-To-Read Ser.). (ENG.). 32p. (J). (gr. k-1). 13.96 (978-1-64697-117-6(5)) Penworthy Co., LLC, The.

Gulp, Gobble: Ready-To-Read Pre-Level 1. Marilyn Singer. Illus. by Kathryn Durst. 2019. (Ready-To-Read Ser.). (ENG.). 32p. (J). (gr. -1-k). 17.99 (978-1-5344-2134-9(3)); pap. 4.99 (978-1-5344-2133-2(5)) Simon Spotlight. (Simon Spotlight).

Gum Boughs & Wattle Bloom: Gathered on Australian Hills & Plains (Classic Reprint) Donald MacDonald. 2018. (ENG., Illus.). 260p. (J). 29.28 (978-0-484-52059-1(8)) Forgotten Bks.

Gum Chums in Decay in the Fruit Garden. Kesha Naomi Binns. Illus. by Daniel McCouid-Carr. 2nd ed. 2019. (ENG.). 28p. (J). pap. (978-1-78645-288-7(X)) Beaten Track Publishing.

Gum Luck. Rhode Montijo. ed. 2018. (Gum Girl Ser.: 2). (J). lib. bdg. 17.20 (978-0-606-40644-4(1)) Turtleback.

Gum-Shoe Girl: A Musical Travesty (Classic Reprint) Robert Nichols. (ENG., Illus.). (J). 2018. 68p. 25.30 (978-0-267-59770-3(3)); 2016. pap. 9.57 (978-1-333-87332-5(8)) Forgotten Bks.

Gumazing Gum Girl! Chews Your Destiny. Rhode Montijo. Illus. by Rhode Montijo. 2017. (Gumazing Gum Girl! Ser.: 1). (ENG., Illus.). 128p. (J). (gr. 1-3). pap. 7.99 (978-1-4231-5794-6(X)) Little, Brown Bks. for Young Readers.

Gumazing Gum Girl! Cover Blown. Rhode Montijo. 2020. (Gumazing Gum Girl! Ser.: 4). (ENG., Illus.). 160p. (J). (gr. 1-5). pap. 6.99 (978-1-368-05809-4(4)) Hyperion Bks. for Children.

Gumazing Gum Girl! Cover Blown. Rhode Montijo. 2019. (Gumazing Gum Girl! Ser.: 4). (ENG., Illus.). 160p. (J). (gr. 1-5). 14.99 (978-1-368-04817-0(X)) Little, Brown Bks. for Young Readers.

Gumazing Gum Girl! Gum Luck. Rhode Montijo & Luke Reynolds. Illus. by Rhode Montijo. 2017. (Gumazing Gum Girl! Ser.: 2). (ENG., Illus.). 160p. (J). (gr. 1-5). 14.99 (978-1-4231-6117-2(3)) Hyperion Bks. for Children.

Gumazing Gum Girl! Stick Together! Rhode Montijo. (Gumazing Gum Girl! Ser.: 5). (ENG., Illus.). 160p. (J). (gr. 1-5). 2023. pap. 6.99 (978-0-316-50562-8(5)); 2021. 14.99 (978-0-7595-5478-8(1)) Little, Brown Bks. for Young Readers.

Gumbo for the Soul: Children's Cookbook & Affirmations. Charity Muhammad. l.t. ed. 2023. (Gumbo for the Soul Ser.: Vol. 1). (ENG.). 26p. (J). pap. 20.00 (978-1-0881-0241-1(7)) Indy Pub.

Gumbo Gators. Paul Schexnayder. 2022. (ENG., Illus.). 32p. (J). 19.99 (978-1-4556-2701-1(1), Pelican Publishing) Arcadia Publishing.

Gumbo Goes Camping. Jeanni Thrasher. Illus. by Jenni Wells. 2022. (ENG.). 40p. (J). pap. 13.99 (978-1-63984-213-1(6)) Pen It Pubns.

Gumbo the Bayou Dog. Jeanni Thrasher. Illus. by Stephanie Browne. 2020. (ENG.). 26p. (J). pap. 12.99 (978-1-952011-14-6(0)) Pen It Pubns.

Gumbo YA-YA: A Collection of Louisiana Folk Tales (Classic Reprint) Louisiana Writers' Project. 2016. (ENG., Illus.). (J). pap. 19.57 (978-1-334-16271-8(9)) Forgotten Bks.

Gumbo YA-YA (Classic Reprint) Louisiana Writers' Project. 2017. (ENG., Illus.). (J). 37.06 (978-0-265-31775-4(4)) Forgotten Bks.

Gumdrop Angel, 8. Scott Cawthon et al. ed. 2021. (Five Nights at Freddy's Ser.). (ENG., Illus.). 227p. (J). (gr. 6-8). 21.46 (978-1-68505-015-3(8)) Penworthy Co., LLC, The.

Gumdrop Angel: an AFK Book (Five Nights at Freddy's: Fazbear Frights #8), 1 vol. Scott Cawthon & Andrea Waggener. 2021. (Five Nights at Freddy's Ser.: 8). (ENG.). 256p. (YA). (gr. 7-7). pap. 9.99 (978-1-338-73998-5(0)) Scholastic, Inc.

Gumdrop Tree. Zeata Ruff. 2017. (ENG., Illus.). (J). (gr. k-6). pap. 13.95 (978-1-937449-34-6(3)) YAV.

Gummy Bear. Tiger Powell. 2018. (ENG., Illus.). 26p. (J). 22.95 (978-1-64458-115-5(9)); pap. 12.95 (978-1-64416-937-7(1)) Christian Faith Publishing.

Gummy Bears Everywhere, a Candy Coloring Book. Activibooks For Kids. 2016. (ENG., Illus.). (J). pap. 9.20 (978-1-68321-580-6(X)) Mimaxion.

Gummy War. Nicholas A. Renner. 2021. (ENG.). 34p. (J). pap. 9.50 (978-1-0879-9858-9(1)) Indy Pub.

Gummy Worms for Fishing. Chan Blue. Illus. by Jochema Avendano. 2021. (ENG.). 34p. (J). pap. 9.99 (978-1-08789-9259-7(7)) Indy Pub.

Gumshoe Escapades: Mineko & Slade & the Mascot Blues. Jennifer F. Smith. Illus. by Baobab Publishing. 2020. (Gumshoe Escapades Ser.: Vol. 1). (ENG.). 126p. (J). pap. 11.99 (978-1-947045-27-9(X)) Baobab Publishing.

Gumwood Tales Story Two: The Trouble with Swill. John T. Winter. 2016. (ENG., Illus.). (YA). (gr. 7-12). pap. 12.95 (978-1-68181-636-4(9)) Strategic Book Publishing & Rights Agency (SBPRA).

Gun: #6. Paul Langan. 2021. (Bluford Ser.). (ENG.). 128p. (YA). (gr. 6-12). lib. bdg. 32.79 (978-1-0982-5035-5(4), 38132, Chapter Bks.) Spotlight.

Gun-Bearer: A War Novel (Classic Reprint) E. A. Robinson. 2018. (ENG., Illus.). (J). 30.17 (978-0-260-53250-3(9)) Forgotten Bks.

GUN-BRAND (a Western Adventure) James B. Hendryx. 2019. (ENG.). 136p. (YA). pap. (978-80-273-3197-0(8)) E-Artnow.

Gun Control. Jim Gallagher. 2019. (Contemporary Issues Ser.). (Illus.). 112p. (J). (gr. 12). lib. bdg. 35.93 (978-1-4222-4392-3(3)) Mason Crest.

Gun Control & the Second Amendment. Carol Hand. 2016. (Special Reports Set 2 Ser.). (ENG., Illus.). 112p. (J). (gr. 6-12). lib. bdg. 41.36 (978-1-68078-395-7(5), 23555, Essential Library) ABDO Publishing Co.

Gun Control Debate: From Classrooms to Congress, 1 vol. Lianna Tatman. 2019. (Hot Topics Ser.). (ENG.). 104p. (gr. 7-7). 41.03 (978-1-5345-6699-6(6), 7fae2ec1-ed8f-4728-9b0a-4398ba9400b9, Lucent Pr.) Greenhaven Publishing LLC.

Gun Laws in America. Nick Rebman. 2023. (Focus on Current Events Set 2 Ser.). (ENG., Illus.). 48p. (J). pap. 11.95 (978-1-63739-697-1(X)); lib. bdg. 34.21 (978-1-63739-640-7(6)) North Star Editions. (Focus Readers).

Gun-Runners (Classic Reprint) W. Dingwall Fordyce. 2018. (ENG., Illus.). 324p. (J). 30.58 (978-0-484-40163-0(7)) Forgotten Bks.

Gun Violence. Natalie Hyde. 2019. (Get Informed — Stay Informed Ser.). (Illus.). 48p. (J). (gr. 5-6). pap. (978-0-7787-5346-9(8)) Crabtree Publishing Co.

Gun Violence, 1 vol. Ellen C. Scherer. 2020. (Rosen Verified: Current Issues Ser.). (ENG.). 48p. (gr. 3-3). lib. bdg. 33.47 (978-1-4994-6841-0(5), c8c16fa0-0cb6-40c1-b53f-3a674657267a) Rosen Publishing Group, Inc., The.

Gun Violence. Bradley Steffens. 2019. (Emerging Issues in Public Health Ser.). (ENG.). 80p. (J). (gr. 6-12). 41.27 (978-1-68282-669-0(4)) ReferencePoint Pr., Inc.

Gun Violence & Mass Shootings. Bradley Steffens. 2018. (ENG.). 80p. (YA). (gr. 6-12). 39.93 (978-1-68282-515-0(9)) ReferencePoint Pr., Inc.

Gunboat Boys; or Harry & Artie among the Guerillas, Vol. 3: August 1, 1896 (Classic Reprint) Arthur a Rankin. 2018. (ENG., Illus.). 36p. (J). 24.64 (978-0-332-56890-4(3)) Forgotten Bks.

Gunby Cats. Suzanne King & Nicola Spink. 2018. (ENG., Illus.). 44p. (J). (gr. k-6). 17.99 (978-1-68160-641-5(0)); pap. 10.99 (978-1-68160-555-5(4)) Crimson Cloak Publishing.

Gunfighter's Legacy: The Hard Road. C. R. Britting. 2019. (ENG.). 328p. (YA). pap. 19.95 (978-1-64462-267-4(X)) Page Publishing Inc.

Gunnar. Hjalmar Hjorth Boyesen. 2017. (ENG.). (J). 298p. pap. (978-3-337-00943-4(3)); 292p. pap. (978-3-337-01566-4(2)); 296p. pap. (978-3-337-01601-2(4)) Creation Pubs.

Gunnar: A Tale of Norse Life (Classic Reprint) Hjalmar Hjorth Boyesen. 2018. (ENG., Illus.). 294p. (J). 29.98 (978-0-365-50796-3(2)) Forgotten Bks.

Gunner Aboard the Yankee. Russell Doubleday. 2017. (ENG., Illus.). (J). 24.95 (978-1-374-95315-4(6)); pap. 14.95 (978-1-374-95314-7(8)) Capital Communications, Inc.

Gunner & Mabes: The Carnival. W. H. Wax. 2021. (Gunner & Mabes Ser.: 1). 36p. (J). 24.50 (978-1-0983-7468-6(1)) BookBaby.

Gunner Depew (Classic Reprint) Albert N. DePew. 2018. (ENG., Illus.). 328p. (J). 30.66 (978-0-365-20144-1(8)) Forgotten Bks.

Gunner Mcgee Meets a Donkey. Lauren N. O'Banion. Illus. by Gerald R. Bowers. 2021. (ENG.). 34p. (J). pap. 15.99 (978-1-63837-794-8(4)) Palmetto Publishing.

Gunner's Best Friend Willard. Ed Dixon. 2019. (ENG.). 56p. (J). pap. (978-0-359-88774-3(0)) Lulu Pr., Inc.

Gunner's Big Day on Frobisher Bay: Bilingual Inuktitut & English Edition. Trevor Taylor. Illus. by Marcus Cutler. 2023. 36p. (J). (gr. -1-2). 23.95 (978-1-77450-604-2(1)) Inhabit Education Bks. Inc. CAN. Dist: Consortium Bk. Sales & Distribution.

Gunner's Vicarious Adventures on the Arizona Trail. Barbara Light Lacy. 2019. (ENG., Illus.). 40p. (J). pap. 14.95 (978-0-9966544-8-7(8)) Golightly Publishing.

Gunniwolf. Illus. by William Wiesner. fac. ed. 2017. 32p. reprint ed. 16.95 (978-1-62654-326-3(7)) Echo Point Bks. & Media, LLC.

Gunpoint on Ditch Day. Robert Ljubas. 2023. (ENG.). 394p. (YA). pap. 24.95 (978-1-6624-3644-4(0)) Page Publishing Inc.

Gunpowder & Tea Cakes: My Journey with Felicity. Kathleen Ernst. 2017. 185p. (J). (978-1-5182-4407-0(6), American Girl) American Girl Publishing, Inc.

Gunroom (Classic Reprint) Charles Langbridge Morgan. 2018. (ENG., Illus.). 356p. (J). 31.24 (978-0-483-60964-8(1)) Forgotten Bks.

Guns: Conceal & Carry, 1 vol. Ed. by Anne C. Cunningham. 2017. (At Issue Ser.). (ENG.). 200p. (gr. 10-12). pap. 28.80 (978-1-5345-0060-0(X), 471e5030-e592-4f60-b733-0c3c221bd26f); lib. bdg. 41.03 (978-1-5345-0062-4(6), 02d4f851-ccb4-4082-ab28-20c1ba8d8a59) Greenhaven Publishing LLC.

Guns & the #NeverAgain Movement: What Would It Take to End Mass Shootings? Emma Bernay & Emma Carlson Berne. 2019. (Informed! Ser.). (ENG., Illus.). 64p. (J). (gr. 5-9). pap. 8.95 (978-0-7565-6227-4(9), 140928); lib. bdg. 35.32 (978-0-7565-6172-7(8), 140655) Capstone. (Compass Point Bks.).

Guns for Sport. David Wilson. 2021. (Gun Country Ser.). (ENG.). (YA). (gr. 7-12). 34.60 (978-1-4222-4461-6(X)) Mason Crest.

Guns Hurt: Joe Was Shot with a Gun. Beverly A. Brewster LLM,(Int'l Law),MPA. 2022. (Illus.). 24p. (J). pap. 14.99 (978-1-6678-5590-5(5)) BookBaby.

Guns of Europe (Classic Reprint) Joseph A. Altsheler. 2018. (ENG., Illus.). 352p. (J). 31.16 (978-0-332-94639-9(8)) Forgotten Bks.

Guns of Shiloh: A Story of the Great Western Campaign. Joseph A. Altsheler. 2019. (ENG.). 242p. (YA). (gr. 7-12). pap. (978-93-5329-646-9(3)) Alpha Editions.

Guns of the Gods: A Story of Yasmini's Youth (Classic Reprint) Talbot Mundy. 2017. (ENG., Illus.). (J). 31.18 (978-0-265-66324-0(5)); pap. 13.57 (978-1-5276-3572-2(4)) Forgotten Bks.

Gunsight Pass. William MacLeod Raine. 2017. (ENG., Illus.). (J). 25.95 (978-1-374-95821-0(2)) Capital Communications, Inc.

Gunsight Pass: How Oil Came to the Cattle Country & Brought the New West (Classic Reprint) William MacLeod Raine. 2017. (ENG., Illus.). (J). 30.95 (978-0-265-21803-7(9)) Forgotten Bks.

Gunslinger Girl. Lyndsay Ely. 2018. (ENG.). 448p. (YA). (gr. 10-17). pap. 9.99 (978-0-316-55524-1(X), Jimmy Patterson) Little Brown & Co.

Gunsmoke Gold. Tom West. 2020. (ENG.). 165p. (J). pap. (978-1-716-52833-0(X)) Lulu Pr., Inc.

Gunther's Excellent Adventure: Gunther Remembers to Help His Friends. Ginger a Nielson. Illus. by Ginger a Nielson. 2018. (ENG., Illus.). 42p. (J). (gr. k-3). 19.95 (978-0-578-41662-5(X)) Ginger Nielson - Children's Bk. Illustration.

Gunther's Journey: Where the Blueberry Sea Meets the Lemonade Sky. Ginger Nielson. Illus. by Ginger Nielson. 2019. (ENG., Illus.). 76p. (J). 21.95 (978-0-9913093-9-9(1)); pap. 19.95 (978-0-578-44108-5(X)) Ginger Nielson - Children's Bk. Illustration.

Gunther's Treasured Moments. Mary Cole. 2022. (ENG.). 24p. (J). pap. (978-0-2288-7481-2(5)) Tellwell Talent.

Gupshup Goes to Prison. Arefa Tehsin. 2022. (ENG.). 80p. (J). pap. 8.99 (978-0-14-345659-9(8)) Penguin Bks. India PVT, Ltd IND. Dist: Independent Pubs. Group.

Gurgles, Giggles, & Glee with a, B, C. Ley-Ann Sui. Illus. by Veronika Hipolito. 2022. (ENG.). 30p. (J). (978-0-2288-6308-3(2)); pap. (978-0-2288-6307-6(4)) Tellwell Talent.

Guðríður's Saga. Bryndís Víglundsdóttir & Gay Strandemo. 2022. (ENG.). 44p. (J). pap. (978-0-2288-7243-6(X)) Tellwell Talent.

Guðríður's Saga Coloring Book. Bryndís Víglundsdóttir. Illus. by Gay Strandemo. 2022. (ENG.). 40p. (J). pap. (978-0-2288-7244-3(8)) Tellwell Talent.

Gurney Married, Vol. 1 Of 2: A Sequel to Gilbert Gurney (Classic Reprint) Theodore Edward Hook. (ENG., Illus.). (J). 2018. 212p. 28.33 (978-0-484-11786-9(6)); 2016. pap. 10.97 (978-1-334-15341-9(8)) Forgotten Bks.

Gurney Married, Vol. 1 Of 3: A Sequel to Gilbert Gurney (Classic Reprint) Theodore Edward Hook. 2018. (ENG., Illus.). 332p. (J). 30.74 (978-0-365-42408-6(0)) Forgotten Bks.

Gurney Married, Vol. 3 Of 3: A Sequel to Gilbert Gurney (Classic Reprint) Theodore Edward Hook. 2017. (ENG., Illus.). (J). 30.95 (978-1-5283-8471-1(7)) Forgotten Bks.

Gurple & Preen: A Broken Crayon Cosmic Adventure. Linda Sue Park. Illus. by Debbie Ridpath Ohi. 2020. (ENG.). 48p. (J). (gr. -1-3). 17.99 (978-1-5344-3141-6(1)) Simon & Schuster.

Gurpreet Goes to Gurdwara: Understanding the Sikh Place of Worship. Harman Singh Pandher. Illus. by Gurpreet Kaur Birk. 2020. (ENG.). 38p. (J). (978-0-2288-3032-0(X)); pap. (978-0-2288-3031-3(1)) Tellwell Talent.

Guru Kid: Everybody Loves. Christina Belogour. 2017. (Guru Kid Ser.: Vol. 1). (ENG., Illus.). (J). (gr. k-3). 19.99 (978-0-692-93247-6(X)) Mercy Grace Publishing.

Guru Kid: Loving Animals. Christina Belogour. 2017. (Guru Kid Ser.: Vol. 2). (ENG., Illus.). (J). (gr. k-3). 21.99 (978-0-692-96818-5(0)) Mercy Grace Publishing.

Gus. Albert Dixon. 2018. (ENG., Illus.). 214p. (YA). pap. 15.95 (978-1-64138-350-9(X)) Page Publishing Inc.

Gus. Olivier Dunrea. ed. 2018. (Green Light Readers Ser.). (ENG.). 32p. (J). (gr. -1-1). 13.89 (978-1-64310-398-3(9)) Penworthy Co., LLC, The.

Gus & the Baby Ghost. Jane Thayer. Illus. by Seymour Fleishman. 2018. (Gus the Ghost Ser.). (ENG.). 32p. (J). 17.95 (978-1-948959-05-6(4)) Purple Hse. Pr.

Gus & the Caterpillar Caper: An Owlegories Tale. Thomas Boto & Julie Boto. 2018. (Owlegories Ser.). (ENG.). 32p. (J). 12.99 (978-1-5064-3311-0(1), Sparkhouse Family) 1517 Media.

Gus & the Mighty Mess: Helping Others. Ken Bowser. Illus. by Ken Bowser. ed. 2016. (Funny Bone Readers (tm) — Truck Pals on the Job Ser.). (ENG., Illus.). 24p. (J). (gr. k-2). E-Book 30.65 (978-1-63440-067-1(4)) Red Chair Pr.

Gus Board Book. Olivier Dunrea. Illus. by Olivier Dunrea. 2016. (Gossie & Friends Ser.). (ENG., Illus.). 32p. (J). (— 1). bds. 7.99 (978-0-544-64102-0(7), 1620822, Clarion Bks.) HarperCollins Pubs.

Gus Finds God. Michael P. Foley. Illus. by Andrea Dahm. 2018. (ENG.). 44p. (J). (gr. -1-3). 22.95 (978-1-947792-60-9(1)); pap. 11.95 (978-1-947792-61-6(X)) Emmaus Road Publishing.

Gus' Fortunate Misfortune. Susan Pepka. Illus. by Joseph Cowman. 2018. (ENG.). 62p. (J). 15.00 (978-0-9966422-3-1(4)) Full Cycle Pubns.

Gus Goes to School. Teresa L. Wallace. 2020. (ENG.). 30p. (J). 23.95 (978-1-64468-219-7(2)); pap. 13.95 (978-1-64468-218-0(4)) Covenant Bks.

Gus Goes to School. Kate Petty. ed. 2018. (ENG.). 22p. (J). (gr. -1-1). 19.96 (978-1-64310-677-9(5)) Penworthy Co., LLC, The.

Gus Is Gorgeous! Seven Rainbow Waters & Melanie Anne Nittel. 2021. (ENG.). 32p. (J). (978-0-2288-3041-2(9)); pap. (978-0-2288-3040-5(0)) Tellwell Talent.

Gus Is Hot! Starter 7. Ladybird. 2019. (Ladybird Readers Ser.). (Illus.). 32p. (gr. k). pap. 9.99 (978-0-241-39373-4(6), Ladybird) Penguin Bks., Ltd. GBR. Dist: Independent Pubs. Group.

Gus Is Hot! Starter B. Ladybird. 2017. (Ladybird Readers Ser.). (ENG., Illus.). 32p. (J). (gr. k-2). pap. 9.99 (978-0-241-29914-2(4)) Penguin Bks., Ltd. GBR. Dist: Independent Pubs. Group.

Gus Is Hot! Activity Book - Ladybird Readers Starter Level 7. Ladybird. 2019. (Ladybird Readers Ser.). 16p. (gr. k). pap. 6.99 (978-0-241-39391-8(4), Ladybird) Penguin Bks., Ltd. GBR. Dist: Independent Pubs. Group.

Gus, the Asparagus. Illus. by Ann-Marie Finn. 2017. (ENG.). (J). pap. (978-0-9945570-6-3(X)) Riveted Pr.

Gus the Famous Football Cat (Reading Ladder Level 3) Tom Palmer. Illus. by Alex Paterson. 2018. (Reading Ladder Level 3 Ser.). (ENG.). 48p. (gr. -1-k). pap. 4.99 (978-1-4052-9094-4(3), Reading Ladder) Farshore GBR. Dist: HarperCollins Pubs.

Gus the Garbage Truck. Richard Janes. 2016. (ENG., Illus.). (J). pap. 10.99 (978-0-692-77834-0(9)) The Richard Janes Co.

Gus the Garlic & Pals: Stories for Kids on How to Handle Tough Situations. Melanie Hernandez. 2023. (ENG.). 44p. (J). pap. 14.99 (978-1-329-84664-7(8)) Lulu Pr., Inc.

Gus the Goose. Robin Anstead. 2021. (ENG., Illus.). 32p. (J). 21.95 (978-1-64952-977-0(5)) Fulton Bks.

Gus the Goose & His Friendship with Millie the Horse. Linda Davis. 2020. (ENG.). 26p. (J). 16.95 (978-1-64764-888-6(2)) Waldorf Publishing.

Gus the Guide Dog. Gina Dawson. 2023. (ENG.). 32p. (J). (gr. k-2). pap. 12.99 (978-1-76079-583-2(6)) New Holland Pubs. Pty, Ltd. AUS. Dist: Independent Pubs. Group.

Gus Wheelchair Races. Tracilyn George. 2020. (ENG.). 68p. (J). pap. 16.00 (978-1-990153-07-5(0)) Lulu Pr., Inc.

Gus Works for Kisses: A Friendly Therapy Dog Who Loves People & Bananas. Maleah King & Paul Rosen. Illus. by Gus Rosen. 2020. (ENG.). 48p. (J). (gr. k-5). 19.95 (978-1-7347787-0-0(9)) Healing Hounds Publishing LLC.

Gusanito Investigador. Celso Roman. 2018. (SPA.). 52p. (J). pap. 12.99 (978-958-30-5487-7(9)) Panamericana Editorial COL. Dist: Lectorum Pubns., Inc.

Gusano. Coleccion Animalejos. Elise Gravel. Illus. by Elise Gravel. 2022. (SPA., Illus.). 36p. (J). 11.99 (978-84-18599-38-5(3)) NubeOcho Ediciones ESP. Dist: Consortium Bk. Sales & Distribution.

Gus's Escape: A QUIX Book. Allison Gutknecht. Illus. by Anja Grote. 2023. (Pet Pals Ser.: 4). (ENG.). 80p. (J). (gr. k-3). 17.99 (978-1-5344-7408-6(0)); pap. 5.99 (978-1-5344-7407-9(2)) Simon & Schuster Children's Publishing. (Aladdin).

Gus's Garage. Leo Timmers. Illus. by Leo Timmers. 2017. (ENG., Illus.). 32p. (gr. -1-k). (J). 16.99 (978-1-77657-092-8(8), 972546ee-c75c-40e3-b578-20e22695b85e); 9.99 (978-1-77657-094-2(4)) Gecko Pr. NZL. Dist: Lerner Publishing Group.

Gus's Work Journey. Patty Davidson. Illus. by Teresa Garcia. 2022. (ENG.). 34p. (J). pap. 12.99 (978-1-63984-182-0(2)) Pen It Pubns.

Gussie & Max: A Sweet Story of First Friendships. Deirdre Sullivan. Illus. by Lisa M. Griffin. 2023. 32p. (J). (gr. -1-1). 19.99 (978-1-5107-7126-0(3), Sky Pony Pr.) Skyhorse Publishing Co., Inc.

Gussy. Jimmy Cajoleas. 2021. (ENG.). 336p. (J). (gr. 3-7). 16.99 (978-0-06-300877-9(7), Quill Tree Bks.) HarperCollins Pubs.

Gust. Katie Meyer. Illus. by Brigid Malloy. 2023. (ENG.). 34p. (J). 21.99 (978-1-64538-526-4(4)); pap. 14.99 (978-1-64538-525-7(6)) Orange Hat Publishing.

Gust, Gust, Gust! Ray Jaramillo. 2021. (ENG., Illus.). 42p. (J). 25.95 (978-1-6624-3783-0(8)); pap. 15.95 (978-1-6624-2467-0(1)) Page Publishing Inc.

Gustav Is Missing! A Tale of Friendship & Bravery. Andrea Zuill. 2023. (Illus.). 40p. (J). (gr. -1-3). 18.99 (978-0-593-48747-1(8)); (ENG.). lib. bdg. 21.99 (978-0-593-48748-8(6)) Random Hse. Children's Bks.

Gustave, and, M. Martin's Donkey, Vol. 2 (Classic Reprint) Charles Paul De Kock. 2017. (ENG., Illus.). (J). 30.19 (978-0-265-37488-7(X)) Forgotten Bks.

Gustavo, el Fantasmita Timido. Flavia Z. Drago. Illus. by Flavia Z. Drago. 2020. (World of Gustavo Ser.). (SPA., Illus.). 40p. (J). (gr. -1-2). 17.99 (978-1-5362-1414-7(0)) Candlewick Pr.

Gustavo, the Shy Ghost. Flavia Z. Drago. Illus. by Flavia Z. Drago. 2020. (World of Gustavo Ser.). (ENG., Illus.). 40p. (J). (gr. -1-2). 17.99 (978-1-5362-1114-6(1)) Candlewick Pr.

Gustavus Lindorm, or Lead Us Not into Temptation (Classic Reprint) Emilie Flygare-Carlen. (ENG., Illus.). (J). 2018. 364p. 31.40 (978-0-364-15737-4(2)); 2017. pap. 13.97 (978-0-259-27474-2(7)) Forgotten Bks.

Gustavus Vasa, or King & Peasant: With a Historic Sketch & Notes (Classic Reprint) Gustav Nieritz. (ENG., Illus.). (J). 2018. 276p. 29.59 (978-0-656-33792-7(3)); 2017. pap. 11.97 (978-0-243-28602-7(3)) Forgotten Bks.

Gusto. Aaron Carr. 2017. (MIS Cinco Sentidos Ser.). (SPA.). 24p. (J). lib. bdg. 23.99 (978-1-5105-2379-1(0)) SmartBook Media, Inc.

Gusto Kong Magbigay: I Love to Share - Tagalog (Filipino) Edition. Shelley Admont & Kidkiddos Books. 2nd ed. 2019. (Tagalog Bedtime Collection). (TGL., Illus.). 34p. (J). (gr. k-3). pap. (978-1-5259-1670-4(X)) Kidkiddos Bks.

Gusto Kong Magbigay I Love to Share: Tagalog English Bilingual Edition. Shelley Admont & S. a Publishing. 2016. (Tagalog English Bilingual Collection). (TGL., Illus.). (J). (gr. k-3). (978-1-77268-950-1(5)); pap. (978-1-77268-949-5(1)) Shelley Admont Publishing.

Gusto Kong Magsabi Ng Totoo: I Love to Tell the Truth - Tagalog Edition. Shelley Admont & Kidkiddos Books. 2nd ed. 2019. (Tagalog Bedtime Collection). (TGL., Illus.). 34p. (J). (gr. k-3). pap. (978-1-5259-1781-3(1)) Kidkiddos Bks.

Gusto Kong Magsabi Ng Totoo I Love to Tell the Truth: Tagalog English Bilingual Book. Shelley Admont & Kidkiddos Books. 2nd ed. 2019. (Tagalog English Bilingual Collection). (TGL., Illus.). 34p. (J). (gr. k-3). pap. (978-1-5259-1685-4(8)) Kidkiddos Bks.

Gusto Kong Matulog Sa Sarili Kong Kama: I Love to Sleep in My Own Bed - Tagalog Edition. Shelley Admont & Kidkiddos Books. 2nd ed. 2020. (Tagalog Bedtime Collection). (TGL., Illus.). 36p. (J). (gr. k-3). pap. (978-1-5259-2294-7(7)) Kidkiddos Bks.

Gusto Kong Matulog Sa Sarili Kong Kama I Love to Sleep in My Own Bed: Tagalog English Bilingual Book. Shelley Admont & Kidkiddos Books. 2nd ed. 2019. (Tagalog English Bilingual Collection). (TGL., Illus.). 36p. (J). (gr. k-3). pap. (978-1-5259-1844-5(3)) Kidkiddos Bks.

Gusto Kong Tumulong: I Love to Help (Tagalog Edition) Shelley Admont & S. a Publishing. 2016. (Tagalog Bedtime Collection). (TGL., Illus.). (J). (gr. k-3). (978-1-77268-934-1(3)); pap. (978-1-77268-933-4(5)) Shelley Admont Publishing.

Gustong-Gusto Ko Magsipilyo I Love to Brush My Teeth: Tagalog English Bilingual Book. Shelley Admont & Kidkiddos Books. 2nd ed. 2019. (Tagalog English Bilingual

Collection). (TGL., Illus.). 36p. (J). (gr. k-3). pap. *(978-1-5259-1645-8(9))* Kidkiddos Bks.

Gut. Joyce Markovics. 2022. (Hello, Body! Ser.). (ENG., Illus.). 24p. (J). (gr. 4-6). pap. 12.79 *(978-1-6689-1119-8(1)*, 221064); lib. bdg. 30.64 *(978-1-6689-0959-1(6)*, 220926) Cherry Lake Publishing.

Gut-Busting Puns for Minecrafters: Endermen, Explosions, Withers, & More. Brian Boone & Amanda Brack. 2018. (Jokes for Minecrafters Ser.). (Illus.). 168p. (J). (gr. 1-6). pap. 7.99 *(978-1-5107-2718-2(3)*, Sky Pony Pr.) Skyhorse Publishing Co., Inc.

Gut Check: A Novel. Eric Kester. 2020. (ENG.). 304p. (YA). pap. 13.99 *(978-1-250-25077-3(3)*, 900181271) Square Fish.

Gute Nacht, Mein Liebling! (German Kids Book) German Children's Book. Shelley Admont & S. a Publishing. 2018. (German Bedtime Collection). (GER., Illus.). 34p. (J). (gr. k-3). pap. *(978-1-5259-0690-9(9))* Kidkiddos Bks.

Gute Nacht, Mein Liebling! (German Kids Book) Goodnight, My Love! - German Children's Book. Shelley Admont. 2018. (German Bedtime Collection). (GER., Illus.). 34p. (J). (gr. k-3). *(978-1-5259-0691-6(7))* Kidkiddos Bks.

Gute Nacht, Mein Liebling! Goodnight, My Love! German English Bilingual. Shelley Admont. 2018. (German English Bilingual Collection). (GER., Illus.). 34p. (J). (gr. k-3). *(978-1-5259-1000-5(0))* Kidkiddos Bks.

Gute Nacht, Mein Liebling! Goodnight, My Love! German English Bilingual. Shelley Admont & Kidkiddos Books. 2018. (German English Bilingual Collection). (GER., Illus.). 34p. (J). (gr. k-3). pap. *(978-1-5259-0999-3(1))* Kidkiddos Bks.

Gutenberg's Bible, 1 vol. Jason Carter. 2016. (Let's Find Out! Primary Sources Ser.). (ENG., Illus.). 32p. (J). (gr. 2-3). lib. bdg. 26.06 *(978-1-5081-0403-2(4)*, de363167-e563-4bc8-be88-fcc6b78a4332) Rosen Publishing Group, Inc., The.

Gutless. Carl Deuker. 2017. (ENG.). 336p. (YA). (gr. 7). pap. 11.99 *(978-1-328-74206-3(7)*, 1677320, Clarion Bks.) HarperCollins Pubs.

Gutless Part 1: Welcome to the Ride. Hana Engel. 2020. (ENG.). 306p. (YA). pap. 16.99 *(978-1-393-98006-3(6))* Draft2Digital.

Gutless Part 2: The Truth about Ciprian Deveraux. Hana Engel. 2020. (ENG.). 340p. (YA). pap. 17.99 *(978-1-393-15472-3(7))* Draft2Digital.

Guts see Agallas (Guts)

Guts: Revised Edition. Seymour Simon. 2019. (ENG., Illus.). 32p. (J). (gr. 1-5). 17.99 *(978-0-06-247042-3(6))*; pap. 7.99 *(978-0-06-247041-6(8))* HarperCollins Pubs. (HarperCollins).

Guts: a Graphic Novel. Raina Telgemeier. 2019. (ENG., Illus.). 224p. (J). (gr. 3-7). pap. 12.99 *(978-0-545-85250-0(1)*, Graphix) Scholastic, Inc.

Guts: a Graphic Novel (Library Edition) Raina Telgemeier. 2019. (ENG., Illus.). 224p. (J). (gr. 3-7). 24.99 *(978-0-545-85251-7(X)*, Graphix) Scholastic, Inc.

Guts (a Stomach-Turning Augmented Reality Experience) Percy Leed. 2020. (Gross Human Body in Action: Augmented Reality Ser.). (ENG., Illus.). 32p. (J). (gr. 3-5). 31.99 *(978-1-5415-9806-5(7)*, c810338b-c9ac-433f-bfd9-959a1c02bcdb, Lerner Pubns.) Lerner Publishing Group.

Guts & Glory: the American Revolution. Ben Thompson. 2019. (Guts & Glory Ser.: 4). (ENG., Illus.). 336p. (J). (gr. 3-7). pap. 8.99 *(978-0-316-31207-3(X))* Little, Brown Bks. for Young Readers.

Guts & Glory: the Vikings. Ben Thompson. 2016. (Guts & Glory Ser.: 2). (ENG., Illus.). 320p. (J). (gr. 3-7). pap. 8.99 *(978-0-316-32057-3(9))* Little, Brown Bks. for Young Readers.

Guts & Glory: World War II. Ben Thompson. 2016. (ENG., Illus.). 384p. (J). E-Book *(978-0-316-32199-0(0))* Little Brown & Co.

Gutsy Daredevils. Virginia Loh-Hagan. 2023. (Wild Wicked Wonderful Express Ser.). (ENG., Illus.). 24p. (J). (gr. 2-5). lib. bdg. 30.64 *(978-1-6689-1974-3(5)*, 221952, 45th Parallel Press) Cherry Lake Publishing.

Gutsy Daredevils. Contrib. by Virginia Loh-Hagan. 2023. (Wild Wicked Wonderful Express Ser.). (ENG., Illus.). 24p. (J). (gr. 2-5). pap. 12.79 *(978-1-6689-2076-3(X)*, 222054, 45th Parallel Press) Cherry Lake Publishing.

Gutsy Girl: Escapades for Your Life of Epic Adventure. Caroline Paul. Illus. by Wendy MacNaughton. 2016. (ENG.). 160p. (gr. 5-8). 18.00 *(978-1-63286-123-8(2)*, 900148432) Bloomsbury Publishing USA.

Gutsy Girls Go for Science: 4-Book Hardcover Set. 2019. (ENG., Illus.). 448p. (J). (gr. 3-5). 77.95 ***(978-1-61930-879-4(7)**,* deae5710-b971-4c30-9323-f21142c57710) Nomad Pr.

Gutsy Girls Go for Science - Astronauts: With Stem Projects for Kids. Alicia Klepeis. Illus. by Hui Li. 2019. (Gutsy Girls Ser.). 112p. (J). (gr. 3-5). pap. 14.95 *(978-1-61930-781-0(2)*, a4955870-eaa4-45e5-867d-4612eb9263a2) Nomad Pr.

Gutsy Girls Go for Science - Engineers: With Stem Projects for Kids. Diane Taylor. Illus. by Hui Li. 2019. (Gutsy Girls Ser.). 112p. (J). (gr. 3-5). pap. 14.95 *(978-1-61930-785-8(5)*, c5d1fc85-6896-457b-9811-5b2dc77490b8) Nomad Pr.

Gutsy Girls Go for Science - Paleontologists: With Stem Projects for Kids. Karen Bush Gibson. Illus. by Hui Li. 2019. (Gutsy Girls Ser.). 112p. (J). (gr. 3-5). pap. 14.95 *(978-1-61930-793-3(6)*, d9816dba-7f77-4e5b-98f6-f697a0cb9008) Nomad Pr.

Gutsy Girls Go for Science - Programmers: With Stem Projects for Kids. Karen Bush Gibson. Illus. by Hui Li. 2019. (Gutsy Girls Ser.). 112p. (J). (gr. 3-5). pap. 14.95 *(978-1-61930-789-6(8)*, a018ad2b-9a61-4274-9243-5fa6c1f0086e) Nomad Pr.

Gutta Percha Willie: The Working Genius. George MacDonald. 2017. (ENG., Illus.). (J). 22.95 *(978-1-374-89016-9(2))*; pap. 12.95 *(978-1-374-89015-2(4))* Capital Communications, Inc.

Gutter-Babies (Classic Reprint) Dorothea Slade. 2017. (ENG., Illus.). 378p. (J). 31.69 *(978-0-265-21972-0(8))* Forgotten Bks.

Guttersnipes. Scott Eric Barrett. 2016. (ENG., Illus.). 249p. (J). pap. *(978-1-78465-137-4(0)*, Vanguard Press) Pegasus Elliot Mackenzie Pubs.

Guuluu Gimbaijar (Bush Friends) Cherie Johnson. 2021. (ENG.). 40p. (J). pap. *(978-1-83875-349-8(4)*, Nightingale Books) Pegasus Elliot Mackenzie Pubs.

Guy Deverell: A Novel (Classic Reprint) J. S. Le Fanu. 2017. (ENG., Illus.). (J). pap. 9.57 *(978-0-259-52732-9(7))* Forgotten Bks.

Guy Deverell, Vol. 1 of 2 (Classic Reprint) J. S. Le Fanu. 2017. (ENG., Illus.). (J). 30.54 *(978-0-266-24507-0(2))* Forgotten Bks.

Guy Deverell, Vol. 2 of 2 (Classic Reprint) J. S. Le Fanu. 2017. (ENG., Illus.). (J). 30.25 *(978-0-265-89187-2(6))* Forgotten Bks.

Guy Garrick (Classic Reprint) Arthur B. Reeve. 2017. (ENG., Illus.). (J). 30.79 *(978-0-265-18544-5(0))* Forgotten Bks.

Guy Harris, the Runaway (Classic Reprint) Harry Castlemon. (ENG., Illus.). (J). 2018. 318p. 30.48 *(978-0-332-93000-8(9))*; 2016. pap. 13.57 *(978-1-333-77936-8(4))* Forgotten Bks.

Guy Mannering, Vol. 1 Of 2: Or the Astrologer (Classic Reprint) Scott W. 2017. (ENG., Illus.). 360p. (J). 31.32 *(978-0-484-28963-4(2))* Forgotten Bks.

Guy Rivers, the Outlaw: A Tale of Georgia (Classic Reprint) W. Gillmore Simms. 2018. (ENG., Illus.). 534p. (J). 34.91 *(978-0-364-56900-9(X))* Forgotten Bks.

Guy Rivers, Vol. 1 Of 2: A Tale of Georgia (Classic Reprint) William Gilmore Simms. 2017. (ENG., Illus.). (J). 272p. 29.53 *(978-0-484-91248-8(8))*; pap. 11.97 *(978-0-243-92476-9(3))* Forgotten Bks.

Guy Stuff: The Body Book for Boys. Cara Natterson. Illus. by Micah Player. 2017. (American Girl(r) Wellbeing Ser.). (ENG.). 112p. (J). pap. 12.99 *(978-1-68337-026-0(0))* American Girl Publishing, Inc.

Guy Stuff Feelings: Everything You Need to Know about Your Emotions. Cara Natterson. 2021. (American Girl(r) Wellbeing Ser.). (ENG.). 112p. (J). pap. 12.99 *(978-1-68337-174-8(7))* American Girl Publishing, Inc.

Guy Tresillian's Fate: A Sequel to Tresillian Court (Classic Reprint) Harriet Lewis. 2017. (ENG., Illus.). (J). 30.17 *(978-0-331-16421-3(3))*; pap. 13.57 *(978-0-266-00484-4(9))* Forgotten Bks.

Guy with a Tie. Matt McDerby & Anupama Adhikari. 2018. (ENG.). 30p. (J). 22.95 *(978-1-64258-136-2(4))* Christian Faith Publishing.

Guyana. Lisa Ally. 2019. (Countries We Come From Ser.). (ENG., Illus.). 32p. (J). (gr. k-3). lib. bdg. 19.95 *(978-1-64280-192-7(5))* Bearport Publishing Co., Inc.

Guyana, 1 vol. Debbie Nevins et al. 2019. (Cultures of the World (Third Edition)(r) Ser.). (ENG.). 144p. (gr. 5-5). lib. bdg. 48.79 *(978-1-5026-4746-7(X)*, 8ad2dc39-8971-4232-9e18-d962fa6d8dd3) Cavendish Square Publishing LLC.

Guyanese Alphabet: 26 Iconic Guyanese People to Know. Angel Budhram. 2022. (Illus.). 34p. (J). pap. 19.99 *(978-1-0983-5339-1(0))* BookBaby.

Guyness: Deal with It Body & Soul. Steve Pitt. Illus. by Steven Murray. 2017. (Lorimer Deal with It Ser.). (ENG.). 32p. (J). (gr. 4-9). lib. bdg. 25.32 *(978-1-4594-1187-6(0)*, 4868da23-40c2-4939-a513-cef9d5a2aeef) James Lorimer & Co. Ltd., Pubs. CAN. Dist: Lerner Publishing Group.

Guy's Guide to Being Great. Douglas Mincey. 2017. (ENG., Illus.). (YA). (gr. 7-12). pap. 14.95 *(978-1-63498-451-5(X))* Great Success, LLC.

Guy's Guide to Four Battles Every Young Man Must Face: A Manual to Overcoming Life's Common Distractions. Jonathan McKee. 2019. (ENG.). 192p. (YA). pap. 12.99 *(978-1-68322-949-0(5)*, Shiloh Run Studios) Barbour Publishing, Inc.

Guys' Guides, 6 bks. Bill Kelly. Incl. You Ought to Know: A Guy's Guide to Sex. (Illus.). 48p. (J). (gr. 5-8). 1999. lib. bdg. 34.47 *(978-0-8239-3084-5(X)*, 55304f57-eb72-494c-8f9c-42710374192a); (Illus.). Set lib. bdg. 107.70 *(978-0-8239-9088-7(5)*, GUGUID, Rosen Reference) Rosen Publishing Group, Inc., The.

Guys Read: Heroes & Villains. Jon Scieszka et al. 2017. (Guys Read Ser.: 7). (ENG., Illus.). 288p. (J). (gr. 3-7). pap. 7.99 *(978-0-06-238560-4(7)*, Waldon Pond Pr.) HarperCollins Pubs.

Guzi: A Tiny Monster Story. Lu Kombe. 2020. (ENG.). 38p. (J). pap. *(978-0-9958086-2-1(7))* Lee, Lucia.

Gwan Anthology, Volume Two. Johny Tay. 2020. (ENG., Illus.). 222p. (YA). (gr. 9-12). pap. 25.00 *(978-1-7344969-0-1(8))* Forward Comix.

Gwatney Blinkytoes: A Magical, Encouraging Story about a New Beginning. Jeffrey Baer. 2017. (ENG., Illus.). (J). 22.95 *(978-1-64028-359-6(5))* Christian Faith Publishing.

Gwen: A Romance of Australian Station Life (Classic Reprint) Leslie Alfred Redgrave. 2018. (ENG., Illus.). 218p. (J). 28.39 *(978-0-483-94930-0(2))* Forgotten Bks.

Gwen: An Idyll of the Canyon (Classic Reprint) Ralph Connor. 2017. (ENG., Illus.). (J). 102p. 26.02 *(978-0-332-88683-1(2))*; pap. 9.57 *(978-0-259-23380-0(3))* Forgotten Bks.

Gwen Frostic. Katlin Sarantou. Illus. by Jeff Bane. 2019. (My Early Library: My Itty-Bitty Bio Ser.). (ENG.). 24p. (J). (gr. k-1). pap. 12.79 *(978-1-5341-4987-8(2)*, 213255); lib. bdg. 30.64 *(978-1-5341-4701-0(2)*, 213254) Cherry Lake Publishing.

Gwen Gladstone: A Tale from the Town of Harmony. Dan O'Mahony. 2020. (ENG.). 176p. (J). pap. 12.99 *(978-1-393-36885-4(9))* Draft2Digital.

Gwen the Beauty & the Beast Fairy. Daisy Meadows. 2016. (Illus.). 67p. (J). *(978-1-5182-1018-1(X))* Scholastic, Inc.

Gwen the Rescue Hen. Leslie Crawford. Illus. by Sonja Stangl. 2018. (ENG.). 38p. (J). 17.95 *(978-0-9988623-2-3(0)*, 0998862320) Stone Pier Pr.

Gwenda (Classic Reprint) Mabel Sarah Barnes Grundy. 2017. (ENG., Illus.). (J). 31.47 *(978-0-260-88758-0(7))* Forgotten Bks.

Gwendoline: Or, Halcots & Halcombes (Classic Reprint) Agnes Giberne. 2018. (ENG., Illus.). 238p. (J). 28.81 *(978-0-365-28438-3(6))* Forgotten Bks.

Gwendoline's Harvest. James Payn. 2017. (ENG.). (J). 296p. pap. *(978-3-337-34815-1(7))*; 330p. pap. *(978-3-337-34816-8(5))* Creation Pubs.

Gwendoline's Harvest: A Novel (Classic Reprint) James Payn. (ENG., Illus.). (J). 2018. 102p. 26.02 *(978-0-428-41117-6(7))*; 2017. pap. 9.57 *(978-1-5276-4348-2(4))* Forgotten Bks.

Gwendoline's Harvest, Vol. 1 Of 2: A Novel (Classic Reprint) Unknown Author. 2018. (ENG., Illus.). 292p. (J). 29.94 *(978-0-267-16249-9(9))* Forgotten Bks.

Gwendolyn! Juliette MacIver. Illus. by Terri Rose Baynton. 2018. 32p. pap. 6.99 *(978-0-7333-3518-1(7))* ABC Bks. AUS. Dist: HarperCollins Pubs.

Gwen's Canyon (Classic Reprint) Ralph Connor. (ENG., Illus.). (J). 2018. 32p. 24.56 *(978-0-666-99351-9(3))*; 2017. pap. 7.97 *(978-0-259-09371-8(8))* Forgotten Bks.

Gwen's Great Gizmos (Disney Junior: Sofia the First) Melissa Lagonegro. Illus. by RH Disney. 2016. (Little Golden Book Ser.). (ENG.). 24p. (J). (gr. -1-k). 4.99 *(978-0-7364-3448-5(8)*, Golden/Disney) Random Hse. Children's Bks.

Gwinn the Penguin. Hannah Park & Annette Park. 2017. (ENG.). 38p. (J). pap. ***(978-1-387-40555-8(1))*** Lulu Pr., Inc.

G'Witches. C. D. Gorri & P. Mattern. 2021. (ENG.). 116p. (YA). pap. 9.99 *(978-1-386-91736-6(2))* Draft2Digital.

Gwo Ak Piti (Big & Small) Amy Culliford. Tr. by Jean Pierre Gaston. 2021. (Bagay Ki Opoze Youn Ak lòt Ki Tout Otou Mwen! (Opposites All Around Me!) Ser.). (CRP., Illus.). (J). (gr. -1-1). pap. ***(978-1-0396-2251-7(8)**,* 10003, Crabtree Roots) Crabtree Publishing Co.

GX K Flashcard Book. Papaloizos Publications Inc. 2021. (J). pap. *(978-0-932416-84-1(5))* Papaloizos Pubns., Inc.

Gym Tales & Barbells: Bella's Journey. Justin Morrissette. 2021. (ENG.). 24p. (J). pap. 19.99 *(978-1-6628-0555-4(1))* Salem Author Services.

Gymkhana Hijinks. Soraya Nicholas. 2017. (Starlight Stables Ser.: 2). 192p. (J). (gr. 2-4). 8.99 *(978-0-14-330863-8(7))* Random Hse. Australia AUS. Dist: Independent Pubs. Group.

Gymkitasaurus. Becky Clemett. 2018. (ENG.). 88p. (J). pap. ***(978-0-244-98020-7(9))*** Lulu Pr., Inc.

Gymnastics. Charly Haley. 2019. (Kids' Sports Ser.). (ENG., Illus.). 24p. (J). (gr. k-3). lib. bdg. 31.36 *(978-1-5321-6548-1(X)*, 33198, Pop! Cody Koala) Pop!.

Gymnastics. Contrib. by Christina Leaf. 2023. (Sports Fun! Ser.). (ENG., Illus.). (J). (gr. -1-2). lib. bdg. 25.95 Bellwether Media.

Gymnastics. Tracy Maurer & Heather E. Schwartz. 2016. (Gymnastics Ser.). (ENG.). 32p. (J). (gr. 3-9). 122.60 *(978-1-5157-2345-5(3)*, 25095, Capstone Pr.) Capstone.

Gymnastics. Alex Monnig. 2022. (Xtreme Moments in Sports Ser.). (ENG.). 48p. (J). (gr. 3-9). lib. bdg. 34.21 *(978-1-5321-9930-1(9)*, 40649, Abdo & Daughters) ABDO Publishing Co.

Gymnastics. Julie Murray. 2017. (Sports How To Ser.). (ENG., Illus.). 24p. (J). (gr. -1-2). lib. bdg. 31.36 *(978-1-5321-0414-5(6)*, 26540, Abdo Kids) ABDO Publishing Co.

Gymnastics. M. K. Osborne. 2020. (Summer Olympic Sports Ser.). (ENG.). 32p. (J). (gr. 2-5). 32.80 *(978-1-68151-823-7(6)*, 10697) Amicus.

Gymnastics. Contrib. by Karen Price. 2023. (Early Sports Encyclopedias Ser.). (ENG.). 128p. (J). (gr. -1-4). lib. bdg. 47.07 ***(978-1-0982-9129-7(8)**,* 42083, Early Encyclopedias) ABDO Publishing Co.

Gymnastics. Nick Rebman. 2018. (Sports Ser.). (ENG., Illus.). 16p. (J). (gr. k-1). pap. 7.95 *(978-1-64185-021-6(3)*, 1641850213); lib. bdg. 25.64 *(978-1-63517-919-4(X)*, 163517919X) North Star Editions. (Focus Readers).

Gymnastics. Mari Schuh. (Spot Ser.). (ENG., Illus.). 16p. (J). (gr. -1-1). 2018. pap. 7.99 *(978-1-68152-206-7(3)*, 14737); 2017. 17.95 *(978-1-68151-087-3(1)*, 14618) Amicus.

Gymnastics. Jill Sherman. 2019. (Let's Play Sports! Ser.). (ENG., Illus.). 24p. (J). (gr. k-3). lib. bdg. 26.95 *(978-1-64487-000-6(2)*, Blastoff! Readers) Bellwether Media.

Gymnastics. Kim Thompson. 2022. (My First Team Ser.). (ENG.). 16p. (J). (gr. -1-1). pap. 7.95 *(978-1-63897-536-6(1)*, 20851); lib. bdg. 25.27 *(978-1-63897-421-5(7)*, 20850) Seahorse Publishing.

Gymnastics. M. K. Osborne. 2nd ed. 2020. (Summer Olympic Sports Ser.). (ENG., Illus.). 32p. (J). (gr. 2-4). pap. 11.99 *(978-1-68152-551-8(8)*, 10750) Amicus.

Gymnastics, Vol. 13. Crest Mason. 2016. (Inside the World of Sports Ser.: Vol. 13). (ENG., Illus.). 80p. (J). (gr. 7-12). 24.95 *(978-1-4222-3462-4(2))* Mason Crest.

Gymnastics: A Guide for Athletes & Fans. Matthew Allan Chandler. 2019. (Sports Zone Ser.). (ENG., Illus.). 32p. (J). (gr. 3-6). pap. 7.95 *(978-1-5435-7457-9(2)*, 140897); lib. bdg. 27.99 *(978-1-5435-7358-9(4)*, 140640) Capstone.

Gymnastics: Great Moments, Records, & Facts. Teddy Borth. 2017. (Great Sports Ser.). (ENG.). 24p. (J). (gr. -1-2). pap. 7.95 *(978-1-4966-1171-0(3)*, 134966, Capstone Classroom) Capstone.

Gymnastics: Science on the Mat & in the Air, 1 vol. Elizabeth Morgan. 2017. (Science Behind Sports Ser.). (ENG.). 104p. (J). (gr. 7-7). lib. bdg. 41.03 *(978-1-5345-6110-6(2)*, b80cf519-fe81-4ef9-8278-b82aa01d83be, Lucent Pr.) Greenhaven Publishing LLC.

Gymnastics Book: The Young Performer's Guide to Gymnastics. Elfi Schlegel & Claire Ross Dunn. 2018. (Illus.). 144p. (J). *(978-1-5490-7288-8(9))*; 3rd rev. ed. (ENG., (gr. 2-6). pap. 19.95 *(978-0-2281-0074-4(7)*, 141c5aa7-c2ae-46af-be8c-71834accf551) Firefly Bks., Ltd.

Gymnastics Comeback. Jake Maddox. 2020. (Jake Maddox JV Girls Ser.). (ENG.). 96p. (J). (gr. 4-6). pap. 5.95 *(978-1-4965-9918-6(7)*, 201329); lib. bdg. 25.99 *(978-1-4965-9702-1(8)*, 199324) Capstone. (Stone Arch Bks.).

Gymnastics for Fun & Fitness, 1 vol. Ty Schalter. 2019. (Sports for Fun & Fitness Ser.). (ENG.). 32p. (gr. 3-3). pap. 11.53 *(978-1-9785-1337-2(2)*, 09b57bfd-5aa6-40e5-aaca-bf16803392e7) Enslow Publishing, LLC.

Gymnastics Fun. Imogen Kingsley. 2020. (Sports Fun Ser.). (ENG., Illus.). 24p. (J). (gr. k-2). lib. bdg. 29.99 *(978-1-9771-2473-9(9)*, 200485, Pebble) Capstone.

Gymnastics Goalbook (black & Gold Cover #6) Wag. Created by Dream Co Publishing. 2019. (Gymnastics Goalbooks Ser.: Vol. 6). (ENG., Illus.). 100p. (YA). (gr. 10-12). pap. ***(978-0-9951255-2-0(X))*** Dream Be Publishing.

Gymnastics Goalbook (galaxy Cover #7) Wag. Created by Dream Co Publishing. 2019. (Gymnastics Goalbooks Ser.: Vol. 10). (ENG., Illus.). 100p. (YA). (gr. 10-12). pap. *(978-0-9951317-0-5(8))* Dream Be Publishing.

Gymnastics Goalbook (rainbow Colour Cover #3) WAG Junior. Created by Dream Co Publishing. 2019. (Gymnastics Goalbooks Ser.: Vol. 4). (ENG., Illus.). 100p. (J). (gr. 5-6). pap. *(978-0-9951255-0-6(3))* Dream Be Publishing.

Gymnastics Jump. C. C. Joven. Illus. by Ed Shems. 2017. (Sports Illustrated Kids Starting Line Readers Ser.). (ENG.). 32p. (J). (gr. -1-1). lib. bdg. 22.65 *(978-1-4965-4250-2(9)*, 133929, Stone Arch Bks.) Capstone.

Gymnastics Payback. Jake Maddox. 2021. (Jake Maddox JV Mysteries Ser.). (ENG.). 96p. (J). 25.99 *(978-1-6639-1119-3(3)*, 214910); pap. 5.95 *(978-1-6639-2029-4(X)*, 214904) Capstone. (Stone Arch Bks.).

Gymnastics Queen. Marci Peschke. Illus. by Tuesday Mourning. 2016. (Kylie Jean Ser.). (ENG.). 112p. (J). (gr. 1-3). lib. bdg. 22.65 *(978-1-5158-0052-1(0)*, 131862, Picture Window Bks.) Capstone.

Gymnastics Routine Takeover. Dionna L. Mann. Illus. by Amanda Erb. 2022. (Kids' Sports Stories Ser.). (ENG.). 32p. (J). 22.65 *(978-1-6663-3887-4(7)*, 236968); pap. 5.95 *(978-1-6663-3888-1(5)*, 236953) Capstone. (Picture Window Bks.).

Gymnastics Superstar Simone Biles. Jon M. Fishman. 2019. (Bumba Books (r) — Sports Superstars Ser.). (ENG., Illus.). 24p. (J). (gr. -1-1). pap. 8.99 *(978-1-5415-4578-6(8)*, 7c08e551-bc33-4f7c-864d-b1a0e2bc9210); lib. bdg. 26.65 *(978-1-5415-3850-4(1)*, f481f176-7957-46ec-9851-c42c17449906, Lerner Pubns.) Lerner Publishing Group.

Gymnastics Time! Brendan Flynn. 2016. (Bumba Books (r) — Sports Time! Ser.). (ENG., Illus.). 24p. (J). (gr. -1-1). 26.65 *(978-1-5124-1436-3(0)*, d44c413f-72cb-428d-a460-12a7d4c4702d, Lerner Pubns.) Lerner Publishing Group.

Gymnastics Zone (Set), 6 vols. 2020. (Gymnastics Zone Ser.). (ENG.). 32p. (J). (gr. 3-6). lib. bdg. 196.74 *(978-1-5321-9232-6(0)*, 35073, SportsZone) ABDO Publishing Co.

Gymnastics's G. O. A. T. Nadia Comaneci, Simone Biles, & More. Joe Levit. 2021. (Sports' Greatest of All Time (Lerner (tm) Sports) Ser.). (ENG., Illus.). 32p. (J). (gr. 2-5). pap. 9.99 *(978-1-7284-3158-1(1)*, 23d5f2d5-68fb-4602-a476-273146d0cb29, Lerner Pubns.) Lerner Publishing Group.

Gyógyító Macska: Hungarian Edition of the Healer Cat. Tuula Pere. Tr. by Tamas Czuczor. Illus. by Klaudia Bezak. 2019. (HUN.). 40p. (J). (gr. k-4). pap. *(978-952-357-115-0(X))* Wickwick oy.

Gypsies (Classic Reprint) Charles G. Leland. 2017. (ENG., Illus.). (J). 31.65 *(978-1-5282-9018-0(6))* Forgotten Bks.

Gypsies of the Danes' Dike: A Story of Hedge-Side Life in England, in the Year 1855 (Classic Reprint) George Searle Phillips. (ENG., Illus.). (J). 2019. 432p. 32.81 *(978-0-365-20823-5(X))*; 2017. pap. 16.57 *(978-1-334-98816-5(1))* Forgotten Bks.

Gypsies, or Why We Went Gypsying in the Sierras (Classic Reprint) Dio Lewis. (ENG., Illus.). (J). 2018. 480p. 33.80 *(978-0-364-01004-4(5))*; 2016. pap. 19.57 *(978-1-333-24452-1(5))* Forgotten Bks.

Gypsy: Where Are You? Judy Ginter. 2018. (ENG., Illus.). 52p. (J). (gr. 1-6). 24.99 *(978-0-692-16194-4(5))* Ginter, Judy.

Gypsy & Ginger (Classic Reprint) Eleanor Farjeon. 2017. (ENG., Illus.). (J). 27.49 *(978-0-265-23687-1(8))* Forgotten Bks.

Gypsy & the Summer Storm. Lucy Reed. Illus. by Megan Duff. 2020. (ENG.). 24p. (J). 24.95 *(978-1-64670-924-3(1))*; pap. 14.95 *(978-1-64670-923-6(3))* Covenant Bks.

Gypsy Blood (Classic Reprint) Konrad Bercovici. 2017. (ENG., Illus.). 240p. (J). 28.87 *(978-0-332-23553-0(X))* Forgotten Bks.

Gypsy Breynton. Elizabeth Stuart Phelps. 2017. (ENG., Illus.). (J). 22.95 *(978-1-374-96985-8(0))*; pap. 12.95 *(978-1-374-96984-1(2))* Capital Communications, Inc.

Gypsy Breynton (Classic Reprint) Elizabeth Stuart Phelps. (ENG., Illus.). (J). 2018. 280p. 29.67 *(978-0-656-69882-0(9))*; 2016. pap. 13.57 *(978-1-333-29935-4(4))* Forgotten Bks.

Gypsy Christ, & Other Tales (Classic Reprint) William Sharp. 2018. (ENG., Illus.). 292p. (J). 29.94 *(978-0-483-31774-1(8))* Forgotten Bks.

Gypsy Days: In Colorado, California, Florida & the Canada Bush (Classic Reprint) Lambertus Wolters Ledyard. 2018. (ENG., Illus.). 188p. (J). 27.79 *(978-0-484-89318-3(1))* Forgotten Bks.

Gypsy Horses. Grace Hansen. 2016. (Horses (Abdo Kids Jumbo) Ser.). (ENG.). 24p. (J). (gr. -1-2). lib. bdg. 32.79 *(978-1-68080-927-5(X)*, 23329, Abdo Kids) ABDO Publishing Co.

Gypsy Queen's Vow (Classic Reprint) May Agnes Fleming. (ENG., Illus.). (J). 2018. 402p. 32.21 *(978-0-484-77389-8(5))*; 2017. pap. 16.57 *(978-0-259-18312-9(1))* Forgotten Bks.

Gypsy Quest. William Carr. 2018. (ENG., Illus.). 168p. (YA). (gr. 7-12). pap. *(978-1-911596-85-1(3))* Spiderwize.

Gypsy Road: A Journey from Krakow to Coblentz (Classic Reprint) Grenville Arthur James Cole. (ENG., Illus.). (J). 2018. 180p. 27.61 *(978-0-484-90764-4(6))*; 2016. pap. 9.97 *(978-1-333-62771-3(8))* Forgotten Bks.

Gypsy Secret see Secreto Gitano

Gypsy the Pink Poodle. Debbie Wood. 2023. (ENG.). 20p. (J). pap. 9.99 ***(978-1-0881-7033-5(1))*** Debra L. Wood.

Gypsy the Refugee. Patricia Coughlin. 2021. (ENG.). 126p. (J). 24.95 *(978-1-6624-3522-5(3))*; pap. 14.95 *(978-1-6624-3427-3(8))* Page Publishing Inc.

Gypsying Through Central America: With Photographs by Norman Hartman (Classic Reprint) Eugene Cunningham. 2018. (ENG., Illus.). 338p. (J). 30.87 *(978-0-267-79838-4(5))* Forgotten Bks.

Gypsy's Cousin Joy (Classic Reprint) Elizabeth Stuart Phelps. 2018. (ENG., Illus.). 286p. (J). 29.80 *(978-0-483-58470-9(3))* Forgotten Bks.

Gypsy's Parson: His Experiences & Adventures (Classic Reprint) George Hall. (ENG., Illus.). (J). 2018. 382p. 31.86 *(978-0-484-53783-4(0))*; 2016. pap. 16.57 *(978-1-333-69374-9(5))* Forgotten Bks.

Gypsy's Sowing & Reaping (Classic Reprint) Elizabeth Stuart Phelps. 2018. (ENG., Illus.). 198p. (J). 27.98 *(978-0-483-94787-0(3))* Forgotten Bks.

Gypsy's Year at the Golden Crescent (Classic Reprint) Elizabeth Stuart Phelps. (ENG., Illus.). (J). 2018. 262p. 29.30 *(978-0-267-41130-6(8))*; 2016. pap. 11.97 *(978-1-334-27623-1(4))* Forgotten Bks.

H

H. Xist Publishing. 2019. (Discover the Alphabet Ser.). (ENG.). 20p. (J). (gr. -1-1). pap. 24.99 *(978-1-5324-1360-5(2))* Xist Publishing.

H. Xist Publishing & Xist Publishing. 2019. (Discover the Alphabet Ser.). (ENG.). 22p. (J). (gr. -1-1). 22.99 *(978-1-5324-1306-3(8))* Xist Publishing.

H - an Urchin's Tale. Henry Clay Childs. 2nd ed. 2020. (Fantasy Fiction Ser.). (ENG.). 252p. (YA). (gr. 8-12). pap. 12.00 *(978-1-0878-6931-5(5))* Indy Pub.

H-E-I-I-o Bill: A Book of after-Dinner Stories (Classic Reprint) Unknown Author. 2018. (ENG., Illus.). 98p. (J). 25.92 *(978-0-483-71928-6(5))* Forgotten Bks.

H. E. R.: Singer, Songwriter, & Guitarist: Singer, Songwriter, & Guitarist. Doris Edwards. 2021. (Hip-Hop Artists Ser.). (ENG.). 112p. (YA). (gr. 6-12). lib. bdg. 41.36 *(978-1-5321-9615-7(6)*, 38414, Essential Library) ABDO Publishing Co.

H-Family: Tralinnan; Axel & Anna; & Other Tales (Classic Reprint) Fredrika. Bremer. (ENG., Illus.). (J). 2018. 142p. 26.83 *(978-0-484-83968-6(3))*; 2016. pap. 9.57 *(978-1-334-14343-4(9))* Forgotten Bks.

H Family: Tralinnan; Axel & Anna, Vol. 2 of 2: & Other Tales (Classic Reprint) Fredrika. Bremer. 2018. (ENG., Illus.). 356p. (J). 31.24 *(978-0-483-49301-8(5))* Forgotten Bks.

H Family, Vol. 1 Of 2: Axel & Anna; & Other Tales (Classic Reprint) Fredrika. Bremer. 2018. (ENG., Illus.). 310p. (J). 30.29 *(978-0-483-57487-8(2))* Forgotten Bks.

H. I. V. E. Paperback Collection: H. I. V. E.; the Overlord Protocol; Escape Velocity; Dreadnought; Rogue; Zero Hour; Aftershock; Deadlock. Mark Walden. ed. 2021. (H. I. V. E. Ser.). (ENG.). 2640p. (J). (gr. 3-7). pap. 70.99 *(978-1-5344-9616-3(5)*, Simon & Schuster Bks. For Young Readers) Simon & Schuster Bks. For Young Readers.

H Is for Harper: Now I Know My ABCs & 123s Coloring & Activity Book with Writing & Spelling Exercises (Age 2-6) 128 Pages. Crawford House Learning Books. 2020. (ENG.). 130p. (J). pap. *(978-1-989828-50-2(7))* Crawford Hse.

H Is for Hippo. Nick Rebman. 2021. (Alphabet Fun Ser.). (ENG., Illus.). 24p. (J). (gr. k-1). pap. 8.95 *(978-1-64619-399-8(7))*; lib. bdg. 28.50 *(978-1-64619-372-1(5))* Little Blue Hse. (Little Blue Readers).

H Is for Home: A Sesame Street (r) Guide to Homes Around the World. Karen Latchana Kenney. 2020. (ENG., Illus.). 32p. (J). (gr. -1-2). pap. 9.99 *(978-1-7284-1376-1(1)*, fb14e69d-9cef-456c-a9c2-094f9506351b); lib. bdg. 27.99 *(978-1-5415-9001-4(5)*, f7aa417a-4c99-4d20-b9ac-f204a47c5323) Lerner Publishing Group. (Lerner Pubns.).

H Is for Honey Bee: A Beekeeping Alphabet. Robbyn Smith van Frankenhuyzen. Illus. by Eileen Ryan Ewen. 2020. (ENG.). 32p. (J). (gr. 2-5). 17.99 *(978-1-5341-1070-0(4)*, 204917) Sleeping Bear Pr.

H Is for House: Beginning Letter Sounds for Kindergarten Children's Reading & Writing Books. Baby Professor. 2017. (ENG., Illus.). (J). pap. 9.55 *(978-1-5419-2590-8(4)*, Baby Professor (Education Kids)) Speedy Publishing LLC.

H Is for Howdy: And Other Lone Star Letters. Eva J. Freeburn & Lawson Gow. Illus. by James Little. 2016. (ENG.). 24p. (J). 15.95 *(978-1-942945-34-5(5)*, 08b517d1-d5c4-4ff9-8a19-9e01ad9a3156) Night Heron Media.

H Is for Howdy: the Coloring Book: And Other Lone Star Letters. Eva Freeburn & Lawson Gow. Illus. by James Little. 2016. (ENG.). 24p. (J). pap. 9.95 *(978-1-942945-45-1(0)*, fe158edf-8aba-402a-8243-11833c1649e8) Night Heron Media.

H Is for Hunt. Irina Wooden Heisey. 2017. (ENG., Illus.). (J). 23.95 *(978-1-63525-002-2(1))*; pap. 12.95 *(978-1-68197-279-4(4))* Christian Faith Publishing.

H Is for Hunter: Now I Know My ABCs & 123s Coloring & Activity Book with Writing & Spelling Exercises (Age 2-6) 128 Pages. Crawford House Learning Books. 2020. (ENG.). 130p. (J). pap. *(978-1-989828-62-5(0))* Crawford Hse.

H. M. Lynn Papers, 1858 1882 & Undated (Classic Reprint) H. M. Lynn. 2018. (ENG., Illus.). 352p. (J). 31.18 *(978-0-428-79716-4(4))* Forgotten Bks.

H. M. Pulham, Esquire (Classic Reprint) John P. Marquand. 2017. (ENG., Illus.). (J). 446p. 33.10 *(978-0-484-55653-8(3))*; pap. 16.57 *(978-0-282-51693-2(X))* Forgotten Bks.

H. M. S. Pinafore, or the Lass That Loved a Sailor: An Entirely Original Nautical Comic Opera, in Two Acts (Classic Reprint) Arthur Sullivan. 2017. (ENG., Illus.). (J). 134p. 26.68 *(978-0-332-74247-2(4))*; pap. 9.57 *(978-0-282-30414-0(2))* Forgotten Bks.

H. M. S. Pinafore, or the Lass That Loved a Sailor (Classic Reprint) Arthur Sullivan. 2018. (ENG., Illus.). (J). 156p. 27.13 *(978-0-366-59982-0(8))*; 158p. pap. 9.57 *(978-0-366-59967-7(4))* Forgotten Bks.

H. O. M. e Is Where L. O. V. E. Brightly Speaks. Adele M. Lim. Illus. by Degphilip. 2018. (ENG.). 32p. (J). pap. *(978-1-912145-16-4(2))* Acorn Independent Pr.

H. P. ? Who's He? Patricia Karwatowicz. 2018. (ENG., Illus.). 160p. (J). (gr. 4-6). 20.99 *(978-1-940310-65-7(2))*; (gr. 5-6). pap. 16.99 *(978-1-940310-64-0(4))* 4RV Pub.

H Pide la Palabra y Otros Cuentos de Letras. Raul Fabian Sevilla. 2018. (SPA.). 160p. (YA). pap. 7.95 *(978-607-453-007-0(6))* Selector, S.A. de C.V. MEX. Dist: Spanish Pubs., LLC.

H. R (Classic Reprint) Edwin Lefevre. (ENG., Illus.). (J). 2018. 350p. 31.14 *(978-0-364-78931-5(X))*; 2016. pap. 13.57 *(978-1-334-13413-5(8))* Forgotten Bks.

H?rissons Ne Peuvent Pas Voler. Tim Leach. 2019. (FRE.). 34p. (J). pap. *(978-0-359-76607-9(2))* Lulu Pr., Inc.

H2o. Enrique Adonis Rodriguez Morales. Illus. by Jesús Enrique Gil. 2016. (SPA.). 112p. (J). (gr. 4-7). pap. 13.99 *(978-607-8237-89-0(6))* Nostra Ediciones MEX. Dist: Independent Pubs. Group.

Ha! Ha! Ha: A Volume of Humorous & Satirical Sketches, Selected from the Leading Journals of the Day (Classic Reprint) Scissors Scissors. (ENG., Illus.). (J). 2018. 78p. 25.51 *(978-0-666-69986-2(0))*; 2017. pap. 9.57 *(978-0-259-30284-1(8))* Forgotten Bks.

Ha Li Bo Te (8) Bei Zu Zhou de Hai Zi (Yuan Zhu Ju Ben Te Bie Pai Yan Ban) J. K. Rowling. 2016. (CHI.). (J). pap. *(978-957-33-3270-1(1))* Crown Publishing Co., Ltd.

Ha Li Bo Te Yu Bei Zu Zhou de Hai Zi (Simplified Chinese) J. K. Rowling. 2016. (CHI.). 352p. (J). *(978-7-02-012028-4(8))* People's Literature Publishing Hse.

Ha Nsel & Gretel: A Fairy Opera in Three Acts (Classic Reprint) Adelheid Wette. 2016. (ENG., Illus.). (J). pap. 9.57 *(978-1-334-13690-0(4))* Forgotten Bks.

Ha Querido Nacer. Brenda Oviedo. 2020. (Ha Querido Nacer Ser.: Vol. 1). (SPA.). 66p. (YA). pap. 4.99 *(978-1-393-64900-7(9))* Draft2Digital.

¿Ha Sido un Pedo? Sandra Alonso. 2022. 32p. (J). (gr. -1-k). 16.95 *(978-84-18664-01-4(0))* Editorial el Pirata ESP. Dist: Independent Pubs. Group.

Haarige Elefantenkind. Marion Von Tessin. 2016. (GER., Illus.). (J). pap. *(978-3-944384-66-5(0))* Goloseo Verlag GmbH.

Habakkuk's Song: The Minor Prophets, Book 2. Brian J. Wright & John Robert Brown. 2021. (Minor Prophets Ser.). (ENG.). 40p. (J). 10.99 *(978-1-5271-0700-7(0)*, 0d7d07d4-beb0-41d5-b60e-39b2929b8dbc, CF4Kids) Christian Focus Pubns. GBR. Dist: Baker & Taylor Publisher Services (BTPS).

Habari's Book of Letters: A Practical Guide for Learning the Alphabet. Lorraine Anderson & J. Cecil Anderson. Illus. by J. Cecil Anderson. 2019. (Habari Bks.: 2). (ENG., Illus.). 36p. (J). (gr. k-1). pap. 10.95 *(978-0-578-55616-1(2))* Holy Child Pubns.

Habari's Book of Numbers: Counting & Introductory Math for Early Learners. Lorraine Anderson & J. Cecil Anderson. 2020. (Habari Book Ser.: Vol. 3). (ENG.). 36p. (J). pap. 10.95 *(978-0-578-80955-7(9))* Holy Child Pubns.

Habbi: The Hard Working Camel. T. S. Daggenhurst. Illus. by Joseph Cowman. 2017. (ENG.). 37p. (J). 12.00 *(978-0-9905819-0-1(X))* Full Cycle Pubns.

Habermeister: A Tale of the Bavarian Mountains (Classic Reprint) Herman Schmid. 2017. (ENG., Illus.). (J). 31.94 *(978-0-265-72124-7(5))*; pap. 16.57 *(978-1-5276-7793-7(1))* Forgotten Bks.

Había una Vez... mexicanas Que Hicieron Historia / Once upon a Time... Mexican Women Who Made History. Fa Orozco & Pedro J. Fernández. 2019. (SPA.). 216p. (J). (gr. 5-12). pap. 19.95 *(978-607-31-7604-0(X)*, Alfaguara) Penguin Random House Grupo Editorial ESP. Dist: Penguin Random Hse. LLC.

Había una Vez una Viejecita Que una Mosca Se Tragó. Illus. by Pam Adams. 2019. (Classic Books with Holes 8x8 with CD Ser.). (SPA.). 16p. (J). *(978-1-78628-401-3(4))* Child's Play International Ltd.

Había una Vez una Viejecita Que una Mosca Se Tragó. Illus. by Pam Adams. 2018. (Classic Books with Holes Big Book Ser.). (SPA.). 16p. (J). *(978-1-78628-165-4(1))* Child's Play International Ltd.

Habib Learns to Say: Alhamdulillah. Farzana Ali. 2018. (ENG.). 20p. (J). pap. *(978-1-915570-14-7(X))* Light Pub.

Habib Learns to Say: Assalamu Alaikum. Farzana Ali. 2018. (ENG.). 20p. (J). pap. *(978-1-915570-20-8(4))* Light Pub.

Habib Learns to Say: Bismillah. Farzana Ali. 2018. (ENG.). 20p. (J). pap. *(978-1-915570-16-1(6))* Light Pub.

Habib Learns to Say: In Sha Allah. Farzana Ali. 2018. (ENG.). 20p. (J). pap. *(978-1-915570-18-5(2))* Light Pub.

Habit of Smoldering. Karl Bimshas. 2023. (ENG.). 120p. (YA). pap. *(978-1-329-59351-0(0))* Lulu Pr., Inc.

Habitant & Other French-Canadian Poems. William Henry Drummond. 2017. (ENG., Illus.). (J). 22.95 *(978-1-374-87414-5(0))*; pap. 12.95 *(978-1-374-87413-8(2))* Capital Communications, Inc.

Habitant Nuggets (Classic Reprint) David Henry Herron. 2017. (ENG., Illus.). (J). 25.46 *(978-0-265-88230-6(3))*; pap. 9.57 *(978-1-5279-1978-5(1))* Forgotten Bks.

Habitat. Helen Lepp Friesen. 2017. (Science of Survival Ser.). (ENG.). 24p. (J). lib. bdg. 22.99 *(978-1-5105-2336-4(7))* SmartBook Media, Inc.

Habitat Days & Nights. Ellen Labrecque & Mary Boone. 2022. (Habitat Days & Nights Ser.). (ENG.). 24p. (J). 179.94 *(978-1-6663-3310-7(7)*, 235010, Pebble) Capstone.

Hábitat Del Desierto: Leveled Reader Card Book 62 Level V 6 Pack. Hmh Hmh. 2021. (SPA.). (J). pap. 74.40 *(978-0-358-08628-4(0))* Houghton Mifflin Harcourt Publishing Co.

Habitat Destruction, 1 vol. Harriet Brundle. 2017. (Climate Change: Our Impact on Earth Ser.). (ENG.). 32p. (J). (gr. 5-5). pap. 11.50 *(978-1-5345-2469-9(X)*, 68403690-4fa7-4dfe-9a1e-5b0977aad08d); lib. bdg. 28.88 *(978-1-5345-2443-9(6)*, dc0a4023-74be-467a-869c-5f805ea6d58d) Greenhaven Publishing LLC.

Habitat Destruction. Emily Kington. 2022. (Earth in Danger Ser.). (ENG., Illus.). 32p. (J). (gr. 3-6). lib. bdg. 29.32 *(978-1-914087-43-1(7)*, 7390f60b-40ed-44d1-a914-beb3d35bd660, Hungry Tomato (r)) Lerner Publishing Group.

Habitat Hunter. Nikki Potts. Illus. by Maarten Lenoir. 2020. (Habitat Hunter Ser.). (ENG.). 32p. (J). (gr. -1-2). 187.92 *(978-1-9771-1431-0(8)*, 29796); pap., pap., pap. 53.70 *(978-1-9771-2078-6(4)*, 30101) Capstone. (Picture Window Bks.).

Habitat Loss: Our Changing Planet (Engaging Readers, Level 3) Lucy Bashford. l.t. ed. 2023. (Our Changing Planet Ser.: Vol. 4). (ENG., Illus.). 32p. (J). ***(978-1-77476-903-4(4))***; pap. ***(978-1-77476-904-1(2))*** AD Classic.

Habitats, 1 vol. Sebastian Avery. 2016. (Spotlight on Ecology & Life Science Ser.). (ENG.). 24p. (J). (gr. 4-6). 27.93 *(978-1-4994-2567-3(8)*, 21fd76d4-7503-4a7f-bda0-b977e45becf9); pap. 11.00 *(978-1-4994-2564-2(3)*, 70f2d10b-8f3b-4326-b643-f5b6a5a3d49f) Rosen Publishing Group, Inc., The. (PowerKids Pr.).

Habitats. Harriet Brundle. 2019. (Infographics Ser.). (ENG.). 32p. (J). (gr. 2-6). pap. 9.99 *(978-1-78637-632-9(6))* BookLife Publishing Ltd. GBR. Dist: Independent Pubs. Group.

Habitats. Steffi Cavell-Clarke. 2019. (Extreme Facts Ser.). (ENG.). 24p. (J). (gr. k-6). pap. 7.99 *(978-1-78637-817-0(5))* BookLife Publishing Ltd. GBR. Dist: Independent Pubs. Group.

Habitats. Christina Mia Gardeski. 2022. (Habitats Ser.). (ENG.). 24p. (J). 92.45 *(978-1-6690-5669-0(4)*, 256458, Capstone Pr.) Capstone.

Habitats. Sonya Newland. 2020. (Outdoor Science Ser.). (ENG., Illus.). 32p. (J). (gr. 3-5). lib. bdg. 31.99 *(978-1-4966-5795-4(0)*, 142211) Capstone.

Habitats, 1 vol. Jon Richards & Ed Simkins. 2019. (Science in Infographics Ser.). (ENG.). 32p. (J). (gr. 4-5). pap. 11.50 *(978-1-5382-4295-7(8)*, 09c93472-c86a-4587-86be-097698ba3e13); lib. bdg. 28.27 *(978-1-5382-4297-1(4)*, 4f64c3f0-e55f-4db6-8165-a84262249b20) Stevens, Gareth Publishing LLLP.

Habitats, 8 bks., Set. Incl. Coasts. David Cumming. 1997. lib. bdg. 27.12 *(978-0-8172-4520-7(0))*; Forests. Anita Ganeri. 1997. lib. bdg. 27.12 *(978-0-8172-4519-1(7))*; Grasslands. Julia Waterlow. 1996. lib. bdg. 18.98 *(978-0-8172-4518-4(9))*; Islands. Julia Waterlow. 1995. lib. bdg. 18.98 *(978-1-56847-387-1(7)*, AS387-7); Mountains. David Cumming. 1999. lib. bdg. 18.98 *(978-0-8172-5239-7(8))*; Polar Regions. Nigel Bonner. 1995. lib. bdg. 27.12 *(978-1-56847-386-4(9)*, AS386-9); Seas & Oceans. Ewan McLeish. 1996. lib. bdg. 27.12 *(978-0-8172-4517-7(0))*; (Illus.). 48p. (YA). (gr. 4-9). Set lib. bdg. 151.84 *(978-0-7398-4112-9(2))* Heinemann-Raintree.

Habitats, 6 bks., Set. David C. Lion. Incl. Home in the Swamp. (Illus.). 24p. (J). (gr. 1-2). 2006. lib. bdg. 22.00 *(978-0-516-25349-7(2))*; (Scholastic News Nonfiction Readers Ser.). (Illus.). 2006. 114.00 *(978-0-516-25221-6(6)*, Children's Pr.) Scholastic Library Publishing.

Habitats & the Animals Who Live in Them: With Stickers & Activities to Make Family Learning Fun. Anita Ganeri & Penny Arlon. 2021. (ENG.). 112p. (J). pap. 14.99 *(978-1-68188-742-5(8))* Weldon Owen, Inc.

Hábitats de Animales (Animal Habitats) (Set), 6 vols. Julie Murray. 2021. (Hábitats de Animales (Animal Habitats) Ser.).Tr. of Animal Habitats. (SPA.). 24p. (J). (gr. -1-2). lib. bdg. 188.16 *(978-1-0982-6063-7(5)*, 38242, Abdo Kids) ABDO Publishing Co.

Hábitats Del Mundo (Habitats of the World) Un Viaje Por Los Ecosistemas de la Tierra. DK. 2023. (SPA.). 32p. (J). (gr. 2-6). 21.99 *(978-0-7440-7924-1(1)*, DK Children) Dorling Kindersley Publishing, Inc.

Habitats Educational Facts Children's Earth Sciences Book. Bold Kids. 2023. (ENG.). 42p. (J). pap. 14.99 ***(978-1-0717-1645-8(X))*** FASTLANE LLC.

Habitats of the World. DK. 2023. (ENG.). 32p. (J). (gr. 2-6). 21.99 *(978-0-7440-6972-3(6)*, DK Children) Dorling Kindersley Publishing, Inc.

Hábitats Terrestres. Alan Walker. Tr. by Pablo de la Vega. 2021. (Mis Primeros Libros de Ciencia (My First Science Books) Ser.). (SPA.). 24p. (J). (gr. k-2). pap. *(978-1-4271-3225-3(9)*, 15040); lib. bdg. *(978-1-4271-3214-7(3)*, 15023) Crabtree Publishing Co.

Hábitos Saludables para Estar Seguros (Staying Safe with Healthy Habits) Julie Murray. 2020. (Coronavirus (the Coronavirus) Ser.). (SPA.). 24p. (J). (gr. -1-2). lib. bdg. 32.79 *(978-1-0982-0871-4(4)*, 36912, Abdo Kids) ABDO Publishing Co.

Habits: 3 Habits Stories. Marwan Asmar. 2018. (ENG., Illus.). 48p. (J). pap. *(978-1-77334-042-5(5))* Propriety Publishing.

Habits of Falling Leaves. Benjamin R. Nysse. 2018. (ENG., Illus.). 308p. (YA). (gr. 8-12). pap. 13.99 *(978-1-948365-21-5(9)*, TEN16 Pr) Orange Hat Publishing.

Habits of Good Society. Anonymous. 2017. (ENG.). 446p. (J). pap. *(978-3-7446-6521-6(6))* Creation Pubs.

Habla María: Una Novela Gráfica Sobre el Autismo. Bernardo Fernández. 2019. (SPA.). 152p. (J). (gr. 2-4). pap. 15.50 *(978-607-527-764-6(1))* Editorial Oceano de Mexico MEX. Dist: Independent Pubs. Group.

Hablemos de Política y Religión. Tadeo Vitko. 2022. (SPA.). 186p. (YA). pap. 7.99 *(978-1-6629-2312-8(0))* Gatekeeper Pr.

Habra Moscardones con Gusto a Zanahorias? Matthias Sodkte. 2017. (SPA.). 64p. (J). 8.95 *(978-84-16773-25-1(4))* Ediciones Urano S. A. ESP. Dist: Spanish Pubs., LLC.

Habu & the Lost Zebra. Beth Solomon. Illus. by Ira Baykovska. 2020. (ENG.). 32p. (J). (gr. k-1). *(978-1-9163239-1-9(X))* Novewell Publishing.

Hacawa, 1912, Vol. 4 (Classic Reprint) Frances Glass. (ENG., Illus.). (J). 2018. 156p. 27.11 *(978-0-666-73472-3(0))*; 2016. pap. 9.57 *(978-1-334-22814-8(0))* Forgotten Bks.

¡Hace Mucho Calor! Leveled Reader Book 29 Level B 6 Pack. Hmh Hmh. 2021. (SPA.). 16p. (J). pap. 74.40 *(978-0-358-08158-6(0))* Houghton Mifflin Harcourt Publishing Co.

Hace Sol / It's Sunny, 1 vol. Celeste Bishop. 2016. (¿Qué Tiempo Hace? / What's the Weather Like? Ser.). (ENG & SPA., Illus.). 24p. (J). (gr. 1-1). lib. bdg. 25.27 *(978-1-4994-2330-3(6)*, 5aa8873c-8fa0-4d64-8a76-23d926fa4242, PowerKids Pr.) Rosen Publishing Group, Inc., The.

Hace Sol (It's Sunny), 1 vol. Celeste Bishop. 2016. (¿Qué Tiempo Hace? (What's the Weather Like?) Ser.). (SPA., Illus.). 24p. (J). (gr. 1-1). lib. bdg. 25.27 *(978-1-4994-2326-6(8)*, 4d67c389-7b95-43fb-af6c-5473cc0e649e, PowerKids Pr.) Rosen Publishing Group, Inc., The.

Hace Viento / It's Windy, 1 vol. Celeste Bishop. 2016. (¿Qué Tiempo Hace? / What's the Weather Like? Ser.). (ENG & SPA., Illus.). 24p. (J). (gr. 1-1). lib. bdg. 25.27 *(978-1-4994-2337-2(3)*, fdc1cc58-0e3a-4bad-9cc0-3ec3a212c05a, PowerKids Pr.) Rosen Publishing Group, Inc., The.

Hace Viento (It's Windy), 1 vol. Celeste Bishop. 2016. (¿Qué Tiempo Hace? (What's the Weather Like?) Ser.). (SPA., Illus.). 24p. (J). (gr. 1-1). lib. bdg. 25.27 *(978-1-4994-2333-4(0)*, df02b9cb-ce6f-45a4-8f20-2220830d0ea7, PowerKids Pr.) Rosen Publishing Group, Inc., The.

Hache. Lourdes Gutiérrez. 2020. (Mirador Bolsillo Ser.). (SPA.). 24p. (J). (gr. k-2). pap. 7.95 *(978-607-8469-82-6(7))* Nostra Ediciones MEX. Dist: Independent Pubs. Group.

Hacia Los Confines Del Universo. Prinja Raman. 2020. (SPA.). 36p. (J). (gr. 2-4). 19.00 *(978-607-21-1205-6(6))* Larousse, Editions FRA. Dist: Independent Pubs. Group.

Hack & Whack. Francesca Simon. Illus. by Charlotte Cotterill. 2017. (ENG.). 32p. (J). (gr. -1-k). 16.95 *(978-0-571-32871-0(7)*, Faber & Faber Children's Bks.) Faber & Faber, Inc.

Hack Attack! Kirsty Holmes. 2019. (Code Academy Ser.). (ENG.). 24p. (J). (gr. 2-2). pap. *(978-0-7787-6340-6(4)*, 715c8bb8-c90b-4e8f-b1db-0bf32dced668); lib. bdg. *(978-0-7787-6330-7(7)*, cdcd7794-9a3a-44bd-8db4-ac82c9613f86) Crabtree Publishing Co.

Hack Your Backyard: Discover a World of Outside Fun with Science Buddies (r). Niki Ahrens. Photos by Niki Ahrens. 2019. (ENG., Illus.). 32p. (J). (gr. 2-5). pap. 8.99 *(978-1-5415-5717-8(4)*, cd54a986-bf19-4a32-8f1c-71d6c1192ce8); 27.99 *(978-1-5415-3915-0(X)*, 4aa57832-bbc6-4429-a592-ec16090159e1) Lerner Publishing Group. (Lerner Pubns.).

Hack Your Kitchen: Discover a World of Food Fun with Science Buddies (r). Niki Ahrens. Photos by Niki Ahrens. 2021. (ENG., Illus.). 32p. (J). (gr. 2-5). pap. 8.99 *(978-1-7284-2385-2(6)*, 99aa1ee2-9616-4bed-b3f0-aa36813a095a); lib. bdg. 27.99 *(978-1-7284-1468-3(7)*, c85e300b-bce9-49c9-b396-fd3fa93eaccc) Lerner Publishing Group. (Lerner Pubns.).

Hackathon. Alex Miles. 2019. (Girl Geeks Ser.: 1). (Illus.). 192p. (J). (gr. 3-7). 14.99 *(978-0-14-379505-6(8)*, Puffin) Penguin Random Hse. AUS. Dist: Independent Pubs. Group.

Hackathons, 1 vol. Kerry Hinton. 2016. (Digital & Information Literacy Ser.). (ENG.). 48p. (J). (gr. 6-6). pap. 12.75 *(978-1-5081-7322-9(2)*, c4a43904-bcbf-482a-80d7-0e4eb6cf467d) Rosen Publishing Group, Inc., The.

Hacked. M. G. Higgins. 2020. (Red Rhino Nonfiction Ser.). (ENG., Illus.). 60p. (J). (gr. 4-7). pap. 11.95 *(978-1-68021-877-0(8))* Saddleback Educational Publishing, Inc.

Hackensack Café Adventures. Norrie Thomas. Illus. by Meghan Syndergaard. 2022. 34p. (J). 24.99 *(978-1-6678-5007-8(5))* BookBaby.

Hackers Are Scouts. Jasmin Hajro. 2020. (ENG.). 181p. (YA). pap. ***(978-1-716-37283-4(6))*** Lulu Pr., Inc.

Hacker's Key. Jon Skovron. 2020. (ENG.). 224p. (J). (gr. 3-7). pap. 7.99 *(978-1-338-63398-6(8))* Scholastic, Inc.

Hacker's Key (Library Edition) Jon Skovron. 2020. (ENG.). 224p. (J). (gr. 3-7). lib. bdg. 26.99 *(978-1-338-63401-3(1))* Scholastic, Inc.

Hacker's Zibaldone: Tutorials, Concepts, & Insights on Cybersecurity. Roberto Dillon. 2023. (ENG.). 246p. (YA). pap. ***(978-1-312-62589-1(9))*** Lulu Pr., Inc.

Hacking & Data Privacy: How Exposed Are We?, 1 vol. Ed. by he New York Times. 2018. (Looking Forward Ser.). (ENG.). 224p. (YA). (gr. 9-9). lib. bdg. 54.93 *(978-1-64282-084-3(9)*, bbc713f6-f5aa-4ee7-89cb-9d63d0a258be, New York Times Educational Publishing) Rosen Publishing Group, Inc., The.

Hacking & Data Privacy: How Exposed Are We?, 1 vol. Ed. by The New York Times Editorial. 2018. (Looking Forward Ser.). (ENG.). 224p. (YA). (gr. 9-9). pap. 24.47 *(978-1-64282-083-6(0)*, 55e94547-a217-4d8a-9229-1aeff44be5fa, New York Times Educational Publishing) Rosen Publishing Group, Inc., The.

Hacking & Freedom of Information, 1 vol. Ed. by Marcia Amidon Lusted. 2017. (Opposing Viewpoints Ser.). (ENG.). 208p. (YA). (gr. 10-12). pap. 34.80 *(978-1-5345-0184-3(3)*, d0ccb76d-8022-46c3-8c0c-93b8821dbee3); lib. bdg. 50.43 *(978-1-5345-0178-2(9)*, 86e65c67-fcf6-437e-a38e-91c5cafffdfd) Greenhaven Publishing LLC.

Hacking Fashion: Denim. Kristin Fontichiaro. 2016. (21st Century Skills Innovation Library: Makers As Innovators Ser.). (ENG., Illus.). 32p. (J). (gr. 4-8). lib. bdg. 32.07 *(978-1-63471-416-7(4)*, 208443) Cherry Lake Publishing.

Hacking T-Shirts. Kristin Fontichiaro & Grace de Klerk. 2017. (21st Century Skills Innovation Library: Makers As Innovators Junior Ser.). (ENG., Illus.). 24p. (J). (gr. 2-5). lib. bdg. 30.64 *(978-1-63472-689-4(8)*, 210054) Cherry Lake Publishing.

Hacks for Minecrafters: Aquatic: The Unofficial Guide to Tips & Tricks That Other Guides Won't Teach You. Megan Miller. 2020. (Hacks for Minecrafters Ser.). (Illus.).

128p. (J). (gr. 1-7). 12.99 (978-1-5107-6193-3(4), Sky Pony Pr.) Skyhorse Publishing Co., Inc.

Hacks for Minecrafters Box Set: 6 Unofficial Guides to Tips & Tricks That Other Guides Won?t Teach You. Megan Miller. 2016. (ENG., Illus.). 800p. (J). (gr. 1-7). pap. 29.99 (978-1-5107-0699-6(2), Sky Pony Pr.) Skyhorse Publishing Co., Inc.

Hacks for Minecrafters: Earth: The Unofficial Guide to Tips & Tricks That Other Guides Won't Teach You. Megan Miller. 2020. (Hacks for Minecrafters Ser.). (Illus.). 112p. (J). (gr. 1-7). 12.99 (978-1-5107-6208-4(6), Sky Pony Pr.) Skyhorse Publishing Co., Inc.

Hacks for Minecrafters: Mods: The Unofficial Guide to Tips & Tricks That Other Guides Won't Teach You. Megan Miller. 2019. 128p. (J). (gr. 1-7). pap. 7.99 (978-1-5107-4108-9(9), Sky Pony Pr.) Skyhorse Publishing Co., Inc.

Hack/Slash: Resurrection Volume 2. Tini Howard. 2018. (ENG., Illus.). 144p. pap. 16.99 (978-1-5343-0879-4(2), bb4b98d0-70c4-48ca-9618-71f89d817eb0) Image Comics.

Haco the Dreamer, Vol. 1 Of 2: A Tale of Scotch University Life (Classic Reprint) William Sime. (ENG., Illus.). (J). 2018. 250p. 29.07 (978-0-267-34767-4(7)); 2016. pap. 11.57 (978-1-333-71724-7(5)) Forgotten Bks.

Haco the Dreamer, Vol. 2 Of 2: A Tale of Scotch University Life (Classic Reprint) William Sime. (ENG., Illus.). (J). 2018. 264p. 29.34 (978-0-483-29664-0(3)); 2016. pap. 11.97 (978-1-333-45423-4(6)) Forgotten Bks.

Had a Little Rooster. John Feierabend. Illus. by Jamie-Lynn Morrow. 2019. (First Steps in Music Ser.). 32p. (J). (gr. -1-k). 17.95 (978-1-62277-359-6(4)) G I A Pubns., Inc.

Hada de Los Dientes (Tooth Fairy's Night Spanish Edition) Candice Ransom. 2021. (LEYENDO a PASOS (Step into Reading) Ser.). 32p. (J). (gr. -1-1). (SPA.). lib. bdg. 14.99 (978-0-593-30557-7(4)); (Illus.). pap. 4.99 (978-0-593-17774-7(6)) Random Hse. Children's Bks. (Random Hse. Bks. for Young Readers).

Hada Del Solsticio. Loreley Amiti. Illus. by Simone Stanghini. 2017. (SPA.). (J). pap. (978-0-9956761-9-0(4)) Littwitz Pr.

Hada Me Vino a Visitar. Thalita Reboucas. 2016. (SPA.). 176p. (J). (gr. 5-7). pap. 13.99 (978-987-747-128-1(0)) V&R Editoras.

Hadas Encantadas Libro para Colorear: Diseños para Colorear Hadas Mágicas-Páginas para Colorear con Hermosas Hadas, Flores y Mariposas - Maravilloso Libro para Colorear para Que Las niñas, niños y Adultos Se Diviertan y Se Relajen - Increíbles Escenas De. Shirley L. Maguire. 2021. (SPA.). 80p. (J). pap. 8.69 (978-1-716-37760-0(9)) Lulu Pr., Inc.

Hadas Libro de Colorear para Niños: Libro de Colorear y Actividades para niños, Edades: 3-6,7-8. Deeasy B. 2021. (SPA.). 86p. (J). pap. 8.89 (978-1-008-93005-6(9)) Chronicle Bks. LLC.

Hades. Christine Ha. 2021. (Greek Gods & Goddesses Ser.). (ENG., Illus.). 32p. (J). (gr. 2-3). pap. 9.95 (978-1-63738-050-5(X)); lib. bdg. 31.35 (978-1-63738-014-7(3)) North Star Editions. (Apex).

Hades. Heather C. Hudak. 2021. (Greek Mythology Ser.). (ENG., Illus.). 32p. (J). (gr. 2-5). lib. bdg. 34.21 (978-1-5321-9677-5(6), 38386, Kids Core) ABDO Publishing Co.

Hades. Virginia Loh-Hagan. 2017. (Gods & Goddesses of the Ancient World Ser.). (ENG., Illus.). 32p. (J). (gr. 4-8). 32.07 (978-1-63472-132-5(2), 209100, 45th Parallel Press) Cherry Lake Publishing.

Hades. Teri Temple. 2016. (J). (978-1-4896-4643-9(4)) Weigl Pubs., Inc.

Hades: God of the Underworld. Teri Temple. Illus. by Robert Squier. 2019. (Greek Gods & Goddesses Ser.). (ENG.). 32p. (J). (gr. 3-6). lib. bdg. 35.64 (978-1-5038-3258-9(9), 213025) Child's World, Inc, The.

Hades: The Only Olympian God Who Didn't Live on Mount Olympus - Greek Mythology for Kids Children's Greek & Roman Books. Baby Professor. 2017. (ENG., Illus.). 64p. (J). pap. 9.52 (978-1-5419-1628-9(X), Baby Professor (Education Kids)) Speedy Publishing LLC.

Hades & the Helm of Darkness Graphic Novel. Illus. by Glass House Glass House Graphics. 2022. (Heroes in Training Graphic Novel Ser.: 3). (ENG.). 144p. (J). (gr. 3-7). 19.99 (978-1-5344-8121-3(4)); pap. 9.99 (978-1-5344-8120-6(6)) Simon & Schuster Children's Publishing. (Aladdin).

Hades & the Underworld: An Interactive Mythological Adventure. Blake Hoena. Illus. by Nadine Takvorian. 2017. (You Choose: Ancient Greek Myths Ser.). (ENG.). 112p. (J). (gr. 3-7). lib. bdg. 32.65 (978-1-5157-4823-6(5), 134439, Capstone Pr.) Capstone.

Hades vs. Anubis: The Deadly Duel. Lydia Lukidis. 2023. (Mythology Matchups Ser.). (ENG.). 32p. (J). pap. 7.99 (978-1-6690-1629-8(3), 248959, Capstone Pr.) Capstone.

Hadith Al Kisa: The Event of the Cloak (Children's Version) R. Mughal. 2018. (ENG., Illus.). 46p. (J). pap. (978-1-9164161-0-9(1)) Fourteen Five Ltd.

Hadith Al Kisa; the Event of the Cloak. R. Mughal. 2018. (ENG., Illus.). 46p. (J). pap. 9.99 (978-1-9164161-1-6(X)) Nielsen-Bks.

Hadji Murad (Classic Reprint) Leo Tolstoi. 2016. (ENG., Illus.). (J). pap. 13.57 (978-1-334-15007-4(9)) Forgotten Bks.

Hadji Murd (Classic Reprint) Leo Tolstoi. 2018. (ENG., Illus.). 302p. (J). 30.13 (978-0-656-96981-4(4)) Forgotten Bks.

Hadley Academy for the Improbably Gifted, 1 vol. Conor Grennan. Illus. by Alessandro Valdrighi. 2019. (ENG.). 368p. (J). 16.99 (978-1-4002-1534-8(X), Tommy Nelson) Nelson, Thomas Inc.

Hadley Jane's Garden Fairies. Linda Sue Rauch. 2018. (ENG., Illus.). 98p. (J). 60.00 (978-0-692-04341-7(1)) Rauch, Linda Gallery.

Hadleys Hidden Smile. Angela Parks-Baldasare & Amy Parks-Urrutia Psy.D. Illus. by Lyndsey Capouano. 2021. (ENG.). 36p. (J). pap. 14.99 (978-1-0983-3956-2(8)) BookBaby.

Hadrian: Emperor of Rome, 1 vol. Beatriz Santillian & Julian Morgan. 2017. (Leaders of the Ancient World Ser.). (ENG., Illus.). 112p. (J). (gr. 6-6). 38.80 (978-1-5081-7484-4(9), 1ec256a1-3c9d-416c-8596-284ded145c9a, Rosen Young Adult) Rosen Publishing Group, Inc., The.

Hadurree Fayyistuu: Oromo Edition of the Healer Cat. Tuula Pere. Tr. by Hadurree Fayyistuu. Illus. by Klaudia Bezak. 2019. (ORM.). 40p. (J). (gr. k-4). (978-952-357-229-4(6)); pap. (978-952-357-230-0(X)) Wickwick oy.

Haffling. Caleb James. 2nd ed. 2016. (Haffling Ser.: 1). (ENG., Illus.). 250p. pap. 16.99 (978-1-63476-795-8(0), DSP Pubns.) Dreamspinner Pr.

Hafro & the Drizmal Day. Peggy Flo. Illus. by Charles Barry. 2023. (ENG.). 36p. (J). (978-1-80381-557-2(4)); pap. (978-1-80381-556-5(6)) Grosvenor Hse. Publishing Ltd.

Hafwen & Her Butterfly. Robert Brown. 2021. (ENG.). 28p. (J). pap. (978-1-8382805-4-3(5)) Cambria Bks.

Hafwen & the Egg. Robert Brown. 2018. (ENG., Illus.). 28p. (J). pap. (978-1-9996129-2-4(2)) Cambria Bks.

Hag. Kathleen Kaufman. 2018. 336p. pap. 17.99 (978-1-68442-167-1(5)) Turner Publishing Co.

Hag: A Novel. Kathleen Kaufman. 2018. (ENG.). 336p. 35.99 (978-1-68442-168-8(3)) Turner Publishing Co.

Hagamos una Obra. Margaret Hillert. Illus. by Ruth Flanigan. 2021. (Beginning-To-Read Ser.). (SPA.). 32p. (J). (gr. k-2). pap. 13.26 (978-1-68404-538-9(X)) Norwood Hse. Pr.

Hagamos una Obra. Margaret Hillert. Illus. by Ruth Flanigan. 2020. (Beginning-To-Read: Spanish Easy Stories Ser.). (SPA.). 32p. (J). (-2). 22.60 (978-1-68450-876-1(2)) Norwood Hse. Pr.

Hagar: A Story of to-Day (Classic Reprint) Alice Cary. (ENG., Illus.). (J). 2017. 30.29 (978-0-331-96503-2(8)); 2016. pap. 13.57 (978-1-333-30676-2(8)) Forgotten Bks.

Hagar (Classic Reprint) Mary Johnston. 2017. (ENG., Illus.). (J). 32.11 (978-1-5279-7997-0(0)) Forgotten Bks.

Hagar of the Pawn-Shop (Classic Reprint) Fergus Hume. 2017. (ENG., Illus.). (J). 30.13 (978-0-331-72220-8(8)); pap. 13.57 (978-0-243-96926-5(0)) Forgotten Bks.

Hagar Revelly (Classic Reprint) Daniel Carson Goodman. 2018. (ENG., Illus.). 438p. (J). 32.93 (978-0-656-11272-2(7)) Forgotten Bks.

Hagar the Martyr; or Passion & Reality: A Tale of the North & South (Classic Reprint) H. Marion Stephens. 2017. (ENG., Illus.). (J). 31.69 (978-1-5284-8075-8(9)) Forgotten Bks.

Hagar, Vol. 1 of 3 (Classic Reprint) Eliza Tabor. 2018. (ENG., Illus.). 312p. (J). 30.33 (978-0-483-75247-4(9)) Forgotten Bks.

Hagar, Vol. 2 of 3 (Classic Reprint) Tabor Tabor. 2017. (ENG., Illus.). (J). 30.70 (978-0-265-20955-4(2)) Forgotten Bks.

Hagar, Vol. 3 of 3 (Classic Reprint) Eliza Tabor. (ENG., Illus.). (J). 2018. 362p. 31.36 (978-0-483-72434-1(3)); 2016. pap. 13.97 (978-1-334-27616-3(1)) Forgotten Bks.

Hagar's Hoard (Classic Reprint) George Kibbe Turner. 2018. (ENG., Illus.). 312p. (J). 30.35 (978-0-483-89759-5(0)) Forgotten Bks.

Hagatha & the Miracle. Ruth Amutice. 2019. (ENG., Illus.). 34p. (J). pap. 10.99 (978-1-950981-50-2(9)) Parchment Global Publishing.

Hagatha Substitutes. Ruth Amutice. 2020. (ENG., Illus.). 24p. (J). pap. 7.99 (978-1-950981-71-7(1)) Parchment Global Publishing.

Haggai's Feast: Minor Prophets, Book 4. Brian J. Wright & John Robert Brown. 2021. (Minor Prophets Ser.). (ENG.). 40p. (J). 10.99 (978-1-5271-0702-1(7), 714157ca-dd1b-4796-acc1-f2395df2a2d9, CF4Kids) Christian Focus Pubns. GBR. Dist: Baker & Taylor Publisher Services (BTPS).

Haggard Side, Being Essays in Fiction. John Hutton Balfour Browne. 2017. (ENG., Illus.). (J). pap. (978-0-649-59838-0(5)) Trieste Publishing Pty Ltd.

Haggard Side, Being Essays in Fiction (Classic Reprint) John Hutton Balfour Browne. 2018. (ENG., Illus.). 214p. (J). 28.33 (978-0-483-55937-0(7)) Forgotten Bks.

Haggld. K P L Levy. 2020. (ENG.). 114p. (YA). (978-1-5255-7110-7(9)); pap. (978-1-5255-7111-4(7)) FriesenPress.

Haggis Macdougall & His Very Long Tail. Katie Lorna McMillan. Illus. by Graeme Andrew Clark. 2017. (ENG.). 34p. (J). (gr. k-3). pap. (978-1-9997427-9-9(6)) Laughing Monkey Publishing.

Haggis MacDougall & the Dinosaur Egg. Katie Lorna McMillan. 2019. (ENG., Illus.). 34p. (J). (gr. k-3). pap. (978-1-9997427-5-1(3)) Laughing Monkey Publishing.

Haggis Macdougall & the Pirate King. Katie Lorna McMillan. Illus. by Graeme Andrew Clark. 2017. (ENG.). 36p. (J). (gr. k-2). pap. (978-1-9997427-7-5(X)) Laughing Monkey Publishing.

Haggis Macdougall Saves Santa. Katie Lorna McMillan. Illus. by Graeme Andrew Clark. 2018. (Haggis Macdougall Ser.). (ENG.). 34p. (J). (gr. k-2). pap. (978-1-9997427-6-8(1)) Laughing Monkey Publishing.

Haggis Macdougall Saves the Day. Katie Lorna McMillan. Illus. by Graeme Andrew Clark. 2017. (ENG.). 32p. (J). (gr. k-2). pap. (978-1-9997427-8-2(8)) Laughing Monkey Publishing.

Hago mi sueno Realidad see I'm Living My Dream: An inspirationsl Rhyme for all Ages in English & Spanish

Haha. W. Maxwell Prince. 2021. (ENG., Illus.). 176p. (YA). pap. 16.99 (978-1-5343-1914-1(X)) Image Comics.

Hahn-O-Scope, 1931, Vol. 1 (Classic Reprint) Hahnemann Hospital School of Nursing. (ENG., Illus.). (J). 2018. 122p. 26.41 (978-0-483-76746-1(8)); 2017. pap. 9.57 (978-0-259-46080-0(X)) Forgotten Bks.

Hahn-O-Scope, 1940 (Classic Reprint) Hahnemann Hospital School of Nursing. (ENG., Illus.). (J). 2018. 94p. 25.86 (978-0-484-61237-1(9)); 2017. pap. 9.57 (978-0-259-82339-1(2)) Forgotten Bks.

Hahn-O-Scope of the Class of 1932 (Classic Reprint) Hahnemann Hospital School of Nursing. (ENG., Illus.). (J). 2018. 112p. 26.21 (978-0-365-41516-9(2)); 2017. pap. 9.57 (978-0-259-82024-6(5)) Forgotten Bks.

Hahnemann Hospital School of Nursing, Class of 1993 (Classic Reprint) Hahnemann Hospital School of Nursing. (ENG., Illus.). (J). 2018. 54p. 25.03 (978-0-483-87385-8(3)); 2017. pap. 9.57 (978-0-243-45135-7(0)) Forgotten Bks.

Haibu Lost in New York. Blake Freeman. 2018. (Haibu Ser.). (ENG., Illus.). 144p. (J). (gr. 1-4). 18.99 (978-1-5132-6221-5(1)); pap. 7.99 (978-1-5132-6220-8(3)) West Margin Pr. (Graphic Arts Bks.).

Haibu Saves the Circus Animals. Blake Freeman. 2019. (Haibu Ser.). (ENG.). 32p. (J). (gr. k-2). 16.99 (978-1-5132-6254-3(8), Graphic Arts Bks.) West Margin Pr.

Haida. Jennifer Nault. 2018. (Canadian Aboriginal Art & Culture Ser.). (ENG.). 32p. (J). lib. bdg. 22.99 (978-1-5105-3987-7(5)) SmartBook Media, Inc.

Haida Gwaii Treasures: All. Donna-Lee Larocque. Ed. by Amy Jo Salter. Illus. by Penny Richardson. 2020. (Haida Gwaii Treasures Ser.: Vol. 1). (ENG.). 58p. (J). pap. (978-0-9949552-4-1(3)) Mermaid Publishing.

Haida Gwaii Treasures: Hunter. Donna-Lee Larocque. Ed. by Amy Jo Salter. Illus. by Penny Richardson. 2020. (Haida Gwaii Treasures Ser.: Vol. 7). (ENG.). 58p. (J). pap. (978-0-9949552-8-9(6)) Mermaid Publishing.

Haida Gwaii Treasures: Issy. Donna-Lee Larocque. Ed. by Amy Jo Salter. Illus. by Penny Richardson. 2020. (Haida Gwaii Treasures Ser.: Vol. 4). (ENG.). 58p. (J). pap. (978-0-9949552-7-2(8)) Mermaid Publishing.

Haida Gwaii Treasures: Luke. Donna-Lee Larocque. Ed. by Amy Jo Salter. Illus. by Penny Richardson. 2020. (Haida Gwaii Treasures Ser.: Vol. 3). (ENG.). 58p. (J). pap. (978-0-9949552-6-5(X)) Mermaid Publishing.

Haida Gwaii Treasures: Stephie. Donna-Lee Larocque. Ed. by Amy Jo Salter. Illus. by Penny Richardson. 2020. (Haida Gwaii Treasures Ser.: Vol. 2). (ENG.). 58p. (J). pap. (978-0-9949552-5-8(1)) Mermaid Publishing.

Haida Legend: Salmon Boy. Natalie Janssen. 2018. (ENG., Illus.). 20p. (J). (978-1-77370-938-3(0)); pap. (978-1-77370-939-0(9)) Tellwell Talent.

Haida the Hunter. O. J. Baycroft. 2017. (ENG., Illus.). (J). (978-1-4602-9827-5(6)); pap. (978-1-4602-9828-2(4)) FriesenPress.

Haiku, Do You? Sharon Stanley. l.t. ed. 2017. (ENG., Illus.). (J). pap. 10.95 (978-1-61633-862-6(8)) Guardian Angel Publishing, Inc.

Haiku Poems. Ruthie Van Oosbree & Lauren Kukla. 2022. (Poetry Power (BB) Ser.). (ENG.). 32p. (J). (gr. 2-5). lib. bdg. 34.21 (978-1-5321-9894-6(9), 39553, Big Buddy Bks.) ABDO Publishing Co.

Haiku Tommy Makes Folk Art. Laura Jasper. 2017. (ENG., Illus.). 46p. (J). pap. (978-1-365-64904-2(0)) Lulu Pr., Inc.

Haiku Zoo: The Haiku Zoo Book 2: Tiger. Mark Watson. Illus. by Dunstan Carter. 2019. (Haiku Zoo Ser.: Vol. 2). (ENG.). 38p. (J). pap. (978-1-9993686-1-6(4)) Watson, Mark Bks.

Hail. Julie Murray. 2017. (Wild Weather Ser.). (ENG., Illus.). 24p. (J). (gr. k-4). lib. bdg. 31.36 (978-1-5321-2087-9(7), 26770, Abdo Zoom-Dash) ABDO Publishing Co.

Hail Alley. Alexander Lowe. Illus. by Sebastian Kadlecik. 2021. (Norwood Discovery Graphics Ser.). (ENG.). 32p. (J). (gr. 2-3). pap. 14.60 (978-1-68404-593-8(2)) Norwood Hse. Pr.

Hail Alley. Alexander Lowe. Illus. by Sebastian Kadlecik. 2020. (Norwood Discovery Graphics: Weather Warriors Ser.). (ENG.). 32p. (J). (gr. 2-3). 29.27 (978-1-68450-854-9(1)) Norwood Hse. Pr.

Hail & Farewell: Vale (Classic Reprint) George Moore. 2017. (ENG., Illus.). (J). 32.08 (978-0-265-54392-4(4)) Forgotten Bks.

Hail Lacey! David Roth. Illus. by Wes Tyrell. 2022. (Sports Friends Ser.). (ENG.). 32p. (J). (gr. k-4). pap. (978-1-0396-6414-2(8), 21702); lib. bdg. (978-1-0396-6365-7(6), 21701) Crabtree Publishing Co.

Hail Mary. Maite Roche. 2017. (ENG.). 14p. (J). (gr. -1-k). bds. 8.99 (978-1-62164-124-7(4)) Ignatius Pr.

Hail the Conquering Hero: A Comedy in Three Acts (Classic Reprint) Adelaide C. Rowell. 2018. (ENG., Illus.). 78p. (J). 25.51 (978-0-267-24917-6(9)) Forgotten Bks.

Hail to the Chief. Callista Gingrich. Illus. by Susan Arciero. 2016. (Ellis the Elephant Ser.: 6). (ENG.). 40p. (J). (gr. -1-4). 16.99 (978-1-62157-479-8(2), Regnery Kids) Regnery Publishing.

Hail to the Snail. Sandra Bruneau. Illus. by Sakshi Mangal. 2018. (ENG.). 28p. (J). (978-1-77370-665-8(9)); pap. (978-1-77370-666-5(7)) Tellwell Talent.

Hailee Steinfeld: Actress & Singer, 1 vol. Rita Santos. 2018. (Junior Biographies Ser.). (ENG.). 24p. (gr. 3-4). lib. bdg. 24.27 (978-1-9785-0208-6(7), 8fbe41c8-5b2b-4085-9912-1117602571fb) Enslow Publishing, LLC.

Hailey Loves Dandelions. C. Ingrid Deringer. Ed. by Claire Mulligan. Illus. by Kateryna Manko. 2022. (Love the Earth Ser.). (ENG.). 28p. (J). (978-1-0391-3935-0(3)); pap. (978-1-0391-3934-3(5)) FriesenPress.

Hailey on the North Pole Express. J. D. Green. 2019. (North Pole Express Ser.). (ENG.). 32p. (J). (gr. -1-3). 7.99 (978-1-7282-0338-6(4)) Sourcebooks, Inc.

Hailey Shops for Clay. Cecilia Minden. Illus. by Rob Parkinson. 2022. (Little Blossom Stories Ser.). (ENG.). 16p. (J). (gr. -1-2). pap. 11.36 (978-1-5341-9864-7(4), 220069, Cherry Blossom Press) Cherry Lake Publishing.

Hailey the Hedgehog: Fairy Animals of Misty Wood. Lily Small. 2016. (Fairy Animals of Misty Wood Ser.: 6). (ENG., Illus.). 144p. (J). pap. 6.99 (978-1-62779-735-1(1), 900158794, Holt, Henry & Co. Bks. For Young Readers) Holt, Henry & Co.

Hailey 'Twas the Night Before Christmas. Illus. by Lisa Alderson. 2019. (Night Before Christmas Ser.). (ENG.). 32p. (J). (gr. -1-3). 7.99 (978-1-7282-0231-0(0)) Sourcebooks, Inc.

Hailey's Christmas Wish. Put Me In The Story & J. D. Green. Illus. by Julia Seal. 2018. (Christmas Wish Ser.). (ENG.). 32p. (J). (gr. -3). 6.99 (978-1-4926-8523-4(2)) Sourcebooks, Inc.

Hailey's Trip to the Dentist. Brandi McCoy-Davis. Illus. by Cameron Wilson. 2022. (ENG.). 24p. (J). pap. 13.99 (978-1-0880-5178-8(2)) Indy Pub.

Hainan Gibbon. Ben Garrod. Illus. by Gabriel Ugueto. 2023. (Extinct the Story of Life on Earth Ser.: 8). (ENG.). 128p. (J). pap. 15.99 (978-1-83893-548-1(7), 678996, Zephyr) Head of Zeus GBR. Dist: Bloomsbury Publishing Plc.

Hair. Leslie Patricelli. Illus. by Leslie Patricelli. 2017. (Leslie Patricelli Board Bks.). (ENG., Illus.). 26p. (J). (— 1). bds. 8.99 (978-0-7636-7931-6(3)) Candlewick Pr.

Hair. Angela C. Styles. Illus. by Jq Sirls. 2018. (ENG.). (J). 16.99 (978-0-9974495-1-8(9)) AngelaCstyles Holdngs LLC.

Hair! Animal Fur, Wool, & More. Marilyn Singer. Illus. by Julie Colombet. 2019. (ENG.). 40p. (J). (gr. 2-5). 26.65 (978-1-5124-4915-0(6), 147590c8-e566-40f6-a583-e641d72be039, Millbrook Pr.) Lerner Publishing Group.

Hair: From Moptops to Mohicans, Afros to Cornrows. Katja Spitzer. 2022. (ENG., Illus.). 40p. (J). (gr. k-2). 14.95 (978-3-7913-7528-1(8)) Prestel Verlag GmbH & Co KG. DEU. Dist: Penguin Random Hse. LLC.

Hair - Cheveux. Et Al Thembani Dladla. Illus. by Bronwen Heath & Ingrid Schechter. 2022. (FRE.). 24p. (J). pap. (978-1-922876-57-7(7)) Library For All Limited.

Hair - Nywele. Clare Verbeek Et Al. Illus. by Bronwen Heath & Ingrid Schechter. 2023. (SWA.). 24p. (J). pap. (978-1-922876-37-9(2)) Library For All Limited.

Hair Alazoozle. Gina Marie Burris. 2021. (ENG., Illus.). 38p. (J). 27.95 (978-1-63710-498-9(7)); pap. 17.95 (978-1-63710-496-5(0)) Fulton Bks.

Hair & Makeup Design. Alix Wood. 2017. (Design It! Ser.). 32p. (gr. 3-4). pap. 63.00 (978-1-5382-0783-3(4)) Stevens, Gareth Publishing LLLP.

Hair & Makeup in Theater, 1 vol. Bethany Bryan. 2017. (Exploring Theater Ser.). (ENG.). 96p. (YA). (gr. 7-7). 44.50 (978-1-5026-3003-2(6), 8724cfc9-93b3-444d-9874-fcfb01def823); pap. 20.99 (978-1-5026-3427-6(9), 7ba0fa06-9d6d-437a-8d21-29eabf9d88e1) Cavendish Square Publishing LLC.

Hair Book. Graham TETHER. Illus. by Andrew Joyner. 2019. (Bright & Early Books(R) Ser.). (ENG.). 36p. (J). (-k). 9.99 (978-1-5247-7340-3(9), Random Hse. Bks. for Young Readers) Random Hse. Children's Bks.

Hair Book. LaTonya Yvette. Illus. by Amanda Jane Jones. 2022. (J). 22p. (— 1). bds. 9.99 (978-1-4549-4431-7(5)); 40p. (gr. -1). 14.99 (978-1-4549-4432-4(3)) Sterling Publishing Co., Inc.

Hair Book: Care & Keeping Advice for Girls. Mary Richards Beaumont. Illus. by Josee Masse. 2016. (American Girl(r) Wellbeing Ser.). (ENG.). 64p. (J). spiral bd. 9.99 (978-1-60958-739-0(1)) American Girl Publishing, Inc.

Hair Daze. Lashaun Kemp. l.t. ed. 2022. (ENG.). 20p. (J). 16.99 (978-1-0880-4189-5(2)) Indy Pub.

Hair Fairies. Deleasa Curtis. Illus. by Syeda Farwa. 2021. (ENG.). 59p. (J). pap. (978-1-365-04856-2(X)) Lulu Pr., Inc.

Hair Fairies Halloween. Amy DeSpain. Illus. by Savannah Whetten. 2023. (ENG.). 32p. (J). 17.99 (978-1-960137-02-9(6)) Lawley Enterprises.

Hair, Fur, & Spines, 1 vol. Derek Miller. 2018. (Animal Structures Ser.). (ENG.). 24p. (gr. 1-1). pap. 9.22 (978-1-5026-4192-2(5), d325d74e-ce7b-4af4-b4f3-0d5a58f0c6ee) Cavendish Square Publishing LLC.

Hair Hacks: Your Tresses Troubles Solved! Mary Boone. 2017. (Beauty Hacks Ser.). (ENG., Illus.). 48p. (J). (gr. 4-8). lib. bdg. 31.99 (978-1-5157-6829-6(5), 135361, Capstone Pr.) Capstone.

Hair, Hair, Everywhere! Lisa Beere. 2017. (ENG., Illus.). (J). (gr. k-4). pap. 9.99 (978-1-68160-450-3(7)) Crimson Cloak Publishing.

Hair Happiness. Symphorosa Gabriel. Illus. by Yograj Saini. 2021. (ENG.). 20p. (J). (978-1-5255-9854-8(6)); pap. (978-1-5255-9853-1(8)) FriesenPress.

Hair in My Brush. Latesha Young. 2018. (ENG., Illus.). 34p. (J). pap. 12.99 (978-1-64254-608-8(9)) BookPatch LLC, The.

Hair Is Amazing. Mel Nakamura. ed. 2022. (Step into Reading Ser.). (ENG.). 22p. (J). (gr. k-1). 15.96 (978-1-68505-250-8(9)) Penworthy Co., LLC, The.

Hair Is Amazing (Barbie) A Book about Diversity. Random House. Illus. by Random House. 2022. (Step into Reading Ser.). (ENG., Illus.). 24p. (J). (gr. -1-2). pap. 5.99 (978-0-593-43151-0(0)); lib. bdg. 14.99 (978-0-593-43152-8(9)) Random Hse. Children's Bks. (Random Hse. Bks. for Young Readers).

Hair, It's a Family Affair. Mylo Freeman. 2019. (Macy's World Ser.: 1). (ENG., Illus.). 28p. (J). 16.95 (978-1-911115-68-7(5)) Cassava Republic Pr. GBR. Dist: Consortium Bk. Sales & Distribution.

Hair Like Me. Heather Burris. 2019. (ENG.). 36p. (J). (gr. k-6). 18.95 (978-1-944348-66-3(2)) PearlStone Publishing, Inc.

Hair Love. Matthew A. Cherry. Illus. by Vashti Harrison. 2019. (ENG.). 32p. (J). (gr. -1-3). 17.99 (978-0-525-55336-6(3), Kokila) Penguin Young Readers Group.

Hair Love ABCs. Matthew A. Cherry. Illus. by Vashti Harrison. 2023. (ENG.). 28p. (J). (— 1). bds. 8.99 (978-0-593-69564-7(X), Kokila) Penguin Young Readers Group.

Hair Love ABCs 6c Pre-Pack W/ L-Card. Matthew A. Cherry. 2023. (J). (— 1). bds. 53.94 (978-0-593-72025-7(3), Kokila) Penguin Young Readers Group.

Hair of Zoe Fleefenbacer Goes to School. Laurie Halse Anderson. ed. 2019. (ENG.). 32p. (J). (gr. k-1). 19.49 (978-0-87617-595-8(7)) Penworthy Co., LLC, The.

Hair of Zoe Fleefenbacher Goes to School. Laurie Halse Anderson. Illus. by Ard Hoyt. 2019. (ENG.). 32p. (J). (gr. -1-3). 7.99 (978-1-5344-5226-8(5), Atheneum Bks. for Young Readers) Simon & Schuster Children's Publishing.

Hair Peace. Dawn Doig. 2020. (ENG.). 52p. (J). 20.99 (978-1-952011-11-5(6)); pap. 13.99 (978-1-952011-18-4(3)) Pen It Pubns.

Hair-Pulling Hurts! Kamla Williams. Illus. by Kryslyn Williams. 2020. 24p. (J). 25.00 (978-1-0983-2501-5(X)) BookBaby.

Hair-Raising Hairstyles That Make a Statement: 4D an Augmented Reading & Fashion Experience. Rebecca Rissman. Illus. by Victoria Skovran. 2018. (DIY Fearless Fashion Ser.). (ENG.). 48p. (J). (gr. 4-8). lib. bdg. 34.65 (978-1-5435-1101-7(5), 137707, Compass Point Bks.) Capstone.

Hair-Raising Halloween. Mary Meinking. 2018. (Hair-Raising Halloween Ser.). (ENG.). 32p. (J). (gr. 3-9). 117.28 (978-1-5435-3079-7(6), 28519, Capstone Pr.) Capstone.

Hair Scare! John Sazaklis. Illus. by Patrycja Fabicka. 2022. (Boo Bks.). (ENG.). 32p. (J). 22.65 (978-1-6663-3996-3(2), 236921, Picture Window Bks.) Capstone.

Hair That Went Elsewhere. Andrew Musumeci. Illus. by Dave Smith. 2019. (ENG.). (J). 40p. (978-1-9997558-2-9(0)); 38p. pap. (978-1-9997558-0-5(4)) MUZME.

Hair, There, Everywhere. Chanelle Thorpe. Illus. by Sam G. Adams. 2020. (ENG.). 28p. (J). pap. *(978-0-9950508-0-8(5))* Thorpe, Chanelle Delisia.

Hair to Share. Sylvia Walker. 2022. (Illus.). 40p. (J). (gr. -1-2). 17.99 *(978-0-593-42688-3(6))*; (ENG., lib. bdg. 20.99 *(978-0-593-57078-4(2))* Random Hse. Children's Bks. (Rodale Kids).

Hair Wars Coloring Book. David Yellen. Illus. by Miguel Villalobos. 2017. (ENG.). 32p. pap. 9.99 *(978-1-57687-846-0(5)*, powerHouse Bks.) powerHse. Bks.

Hairables. Roxanne M. Walker. 2019. (ENG., Illus.). 30p. (J). pap. 12.95 *(978-1-64003-831-8(0))* Covenant Bks.

Hairbreadth Escapes of Major Mendax: A Personal Narrative (the Book for Boys) (Classic Reprint) Francis Blake Crofton. 2017. (ENG., Illus.). (J). 240p. 28.85 *(978-0-484-56821-0(3))*; pap. 11.57 *(978-0-259-76202-7(4))* Forgotten Bks.

Haircut Day! Andrew Critelli. 2020. (Club Jeffery Book Ser.: Vol. 8). (ENG.). 38p. (J). pap. *(978-1-989822-06-7(1))* Infinite Abundance.

Haircut Day at the Poodle Salon. Janet Charlebois. 2017. (Max Copper Million Ser.). (ENG., Illus.). 36p. (J). *(978-1-5255-1627-6(2))*; pap. *(978-1-5255-1628-3(0))* FriesenPress.

Haircuts for Little Lambs. Tomie dePaola. Illus. by Tomie dePaola. 2020. (ENG., Illus.). 26p. (J). (gr. -1-k). bds. 8.99 *(978-1-5344-6058-4(6)*, Little Simon) Little Simon.

Hairdo That Got Away. Joseph Coelho. Illus. by Fiona Lumbers. 2019. (ENG.). 32p. (J). (gr. -1-3). 17.99 *(978-1-5415-7841-8(4)*, deb91c4e-9f31-4ae7-911c-9b2025893602) Lerner Publishing Group.

Hairdresser's Experience: In High Life (Classic Reprint) Eliza Potter. 2017. (ENG., Illus.). (J). 29.92 *(978-0-265-65176-6(X))* Forgotten Bks.

Hairdressing Is Fun - Our Yarning. Jaala Ozies. Illus. by Angharad Neal-Williams. 2023. (ENG.). 26p. (J). pap. *(978-1-922991-07-2(4))* Library For All Limited.

Hairless Bear. R. Anderson, Jr. 2021. (ENG.). 32p. (J). 21.00 *(978-1-7325362-3-4(6))* Rogue Star Publishing LLC.

Hairstylists. Betsy Rathburn. 2020. (Community Helpers Ser.). (ENG., Illus.). 24p. (J). (gr. k-3). pap. 7.99 *(978-1-61891-788-1(9)*, 12573, Blastoff! Readers) Bellwether Media.

Hairy & Hopper to the Rescue: The True Story of a Very Sick Girl & Her Extremely Unusual Friends. Linda E. Jessup. Illus. by Yohanna Roe Jessup. 2021. (ENG.). 32p. (J). pap. 9.95 *(978-0-578-90580-8(9))* Promise Pr.

Hairy Ape. Eugene O'Neill. 2022. (ENG.). 162p. (J). 24.95 *(978-1-63637-939-5(7))*; pap. 13.95 *(978-1-63637-938-8(9))* Bibliotech Pr.

Hairy Ape: Anna Christie; the First Man (Classic Reprint) Eugene O'Neill. 2017. (ENG., Illus.). (J). 30.87 *(978-0-331-57326-8(1))* Forgotten Bks.

Hairy Back Jack & the Three Little Hairs. Chris Perreira Jardine & Rachael Perreira Jardine. Illus. by Uliana Barabash. 2020. (ENG.). 40p. (J). *(978-1-5255-7522-8(8))*; pap. *(978-1-5255-7523-5(6))* FriesenPress.

Hairy Catch. Sarah Peel. Illus. by Gb Faelnar. 2022. (ENG.). 22p. (J). pap. *(978-0-2288-6658-9(8))* Tellwell Talent.

Hairy Frogfish. Grace Hansen. 2020. (Spooky Animals Ser.). (ENG., Illus.). 24p. (J). (gr. -1-2). lib. bdg. 32.79 *(978-1-0982-0253-8(8)*, 34639, Abdo Kids) ABDO Publishing Co.

Hairy, Hairy Poodle: Ready-To-Read Level 1. Marilyn Singer. Illus. by Abigail Tompkins. 2022. (Ready-To-Read Ser.). (ENG.). 32p. (J). (gr. -1-1). 17.99 *(978-1-5344-9959-1(8))*; pap. 4.99 *(978-1-5344-9958-4(X))* Simon Spotlight. (Simon Spotlight).

Hairy Harry. Ron Wehringer. 2023. (ENG.). 28p. (J). *(978-0-2288-9140-6(X))*; pap. *(978-0-2288-9139-0(6))* Tellwell Talent.

Hairy Hunter: Tarantula. Felicia Macheske. 2016. (Guess What Ser.). (ENG., Illus.). 24p. (J). (gr. k-2). 30.64 *(978-1-63470-722-0(2)*, 207599) Cherry Lake Publishing.

Hairy Problem. Lea Taddonio. 2019. (Shiverwood Academy Ser.). (ENG., Illus.). 48p. (J). (gr. 3-7). lib. bdg. 34.21 *(978-1-5321-3502-6(5)*, 31923, Spellbound) Magic Wagon.

Hairy Sam Loves Bread & Jam. Sally Rippin. ed. 2022. (School of Monsters Ser.). (ENG.). 33p. (J). (gr. k-1). 19.46 *(978-1-68505-430-4(7))* Penworthy Co., LLC, The.

Hairy, Scary, but Mostly Merry Fairies! Curing Nature Deficiency Through Folklore, Imagination, & Creative Activities. Renee Simmons Raney. Illus. by Carolyn Walker Crowe. 2017. (ENG.). 128p. pap. 15.95 *(978-1-58838-328-0(8)*, 8814, NewSouth Bks.) NewSouth, Inc.

Hairy, Scary, Ordinary, 20th Anniversary Edition: What Is an Adjective? Brian P. Cleary. Illus. by Jenya Prosmitsky. 20th rev. ed. 2021. (Words Are CATegorical (r) (20th Anniversary Editions) Ser.). (ENG.). 32p. (J). (gr. 2-5). 29.32 *(978-1-7284-2841-3(6)*, ed0f6f3a-febb-496d-8f42-8a39ade6352c); pap. 7.99 *(978-1-7284-3170-3(0)*, d5b26c64-093c-4c88-baaa-9a54e8c1ef08) Lerner Publishing Group. (Lerner Pubns.).

Hairy Tarantulas. Kathryn Camisa & Brian Victor Brown. 2019. (J). pap. *(978-1-64280-749-3(4))* Bearport Publishing Co., Inc.

Hairyman. Troy Townsin. Illus. by Trish Glab. 2021. (ENG.). 34p. (J). pap. *(978-1-928131-57-1(3))* Polyglot Publishing.

Haiti. Jeri Cipriano. 2019. (Hello Neighbor (LOOK! Books (tm)) Ser.). (ENG., Illus.). 24p. (J). (gr. -1-3). pap. 8.99 *(978-1-63440-371-9(1)*, 6daca452-82a7-448f-b287-07e87d585726); lib. bdg. 25.32 *(978-1-63440-329-0(0)*, be2eda6b-dee0-480a-bee4-2ac675cddf44) Red Chair Pr.

Haiti. Joyce L. Markovics. 2016. (Countries We Come From Ser.). (ENG., Illus.). 32p. (J). (gr. -1-3). 28.50 *(978-1-943553-36-5(X))* Bearport Publishing Co., Inc.

Haiti, 1 vol. Joanne Mattern. 2019. (Exploring World Cultures (First Edition) Ser.). (ENG.). 32p. (gr. 3-3). pap. 12.16 *(978-1-5026-5176-1(9)*, 33708d82-88df-4f68-8759-5e1ddaa895df) Cavendish Square Publishing LLC.

Haiti. Blaine Wiseman. 2016. (Illus.). 32p. (J). *(978-1-4896-6079-4(8))* Weigl Pubs., Inc.

Haiti (Enchantment of the World) (Library Edition) Liz Sonneborn. 2018. (Enchantment of the World. Second Ser.). (ENG., Illus.). 144p. (J). (gr. 5-9). lib. bdg. 40.00 *(978-0-531-13048-3(7)*, Children's Pr.) Scholastic Library Publishing.

Haitidecoded Journal. Maudelyne Maxineau-Gedeon. 2020. (ENG.). 102p. (YA). pap. 15.96 *(978-1-716-44038-0(6))* Lulu Pr., Inc.

Haizea Wolf. Sinead Smith. Illus. by Larissa Betty. 2021. (ENG.). 15p. (J). *(978-1-716-11350-5(4))* Lulu Pr., Inc.

Hakan, Nimerigar of Wyoming. Elizabeth Fisk. 2020. (ENG.). 186p. (YA). pap. 14.95 *(978-0-578-68168-9(4))* Indy Pub.

Hake Instructional Masters Workbook Grade 3. Hmh Hmh. 2017. (Saxon Math Ser.). (ENG.). 204p. (J). (gr. 3). pap. 117.53 *(978-1-328-96644-5(5))* Houghton Mifflin Harcourt Publishing Co.

Hake Instructional Masters Workbook Grade 4. Hmh Hmh. 2017. (Saxon Math Ser.). (ENG.). 132p. (J). (gr. 4). pap. 117.53 *(978-1-328-96688-9(7))* Houghton Mifflin Harcourt Publishing Co.

Hake Instructional Masters Workbook Grade 5. Hmh Hmh. 2017. (Saxon Math Ser.). (ENG.). 132p. (J). (gr. 5). pap. 117.53 *(978-1-328-96689-6(5))* Houghton Mifflin Harcourt Publishing Co.

Haki the Shetland Pony, 28 vols. Kathleen Fidler. 3rd rev. ed. 2018. (Illus.). 144p. (J). pap. 9.95 *(978-1-78250-493-1(1)*, Kelpies) Floris Bks. GBR. Dist: Consortium Bk. Sales & Distribution.

Hakim's Big Imagination. Chris Mabrey. 2016. (ENG., Illus.). (J). pap. 9.99 *(978-0-9979042-1-5(6))* Mabrey, Chris.

Hakims Big Imagination. Chris Mabrey. Illus. by Samaddar Bijan. 2019. (ENG.). 36p. (J). (gr. k-2). 18.99 *(978-0-9979042-9-1(1))* Mabrey, Chris.

Hal & Al: Self-Esteem. Ken Bowser. Illus. by Ken Bowser. ed. 2016. (Funny Bone Readers (tm) — Truck Pals on the Job Ser.). (ENG., Illus.). 24p. (J). (gr. k-2). E-Book 30.65 *(978-1-63440-070-1(4))* Red Chair Pr.

Hal & the New Kid: A Book about Making Friends. Elias Carr. Illus. by Michael Garton. 2016. (Frolic First Faith Ser.). 32p. (J). (gr. -1-k). 12.99 *(978-1-5064-1050-0(2)*, Sparkhouse Family) 1517 Media.

Hal & the Prickle Problem: A Book about Doing Your Part. Lucy Bell. Illus. by Michael Garton. 2018. (Frolic First Faith Ser.). 32p. (J). (gr. -1-3). 12.99 *(978-1-5064-3970-9(5)*, Sparkhouse Family) 1517 Media.

Hal & the Very Long Race: A Book about Self-Acceptance. Lucy Bell. Illus. by Michael Garton. 2017. (Frolic First Faith Ser.). 32p. (J). (gr. -1-k). 12.99 *(978-1-5064-1789-9(2)*, Sparkhouse Family) 1517 Media.

Hal-Hazard, or the Federal Spy: A Military Drama, in Four Acts (Classic Reprint) Fred G. Andrews. (ENG., Illus.). (J). 2018. 36p. 24.66 *(978-0-267-71481-0(5))*; 2016. pap. 7.97 *(978-1-333-35830-3(X))* Forgotten Bks.

Hal Leonard Harmonica Method - Book 1 for C Diatonic Harmonica Book/Online Audio. Lil Lil Rev. 2022. (ENG.). 48p. (J). pap. 14.99 *(978-1-5400-8757-7(3)*, 00337564) Leonard, Hal Corp.

Hal o the Ironsides: A Story of the Days of Cromwell (Classic Reprint) S. R. Crockett. 2018. (ENG., Illus.). 340p. (J). 30.93 *(978-0-483-31212-8(6))* Forgotten Bks.

Hal y el Nuevo Compañero. Elias Carr. Illus. by Michael Garton. 2016. (SPA.). (J). *(978-1-5064-2098-1(2))* 1517 Media.

Halal Hot Dogs. Susannah Aziz. Illus. by Parwinder Singh. 2021. (ENG.). 40p. (J). (gr. -1-3). 17.99 *(978-1-4998-1157-5(8))* Little Bee Books Inc.

Halber Bär. Agnes Fox. 2018. (GER.). 50p. (J). pap. *(978-3-95840-654-4(8))* Novum Verlag in der Verlags- und Medienhaus WSB GmbH.

Halcon y la Paloma. Paul Kor. 2020. (SPA.). 40p. (J). (gr. -1-2). 19.95 *(978-84-9145-307-9(5)*, Picarona Editorial) Ediciones Obelisco ESP. Dist: Spanish Pubs., LLC.

Halcyon: The Chronicles of the Great Galactic War. Cara Arlene Bolton. 2021. (ENG., Illus.). 238p. (YA). pap. 14.99 *(978-1-6624-5311-3(6))* Page Publishing Inc.

Halcyon Days (Classic Reprint) Edward Whymper. 2018. (ENG., Illus.). 56p. (J). 25.05 *(978-0-484-61310-1(3))* Forgotten Bks.

Halcyone (Classic Reprint) Elinor Glyn. 2018. (ENG., Illus.). 344p. (J). 30.99 *(978-0-428-80743-6(7))* Forgotten Bks.

Hale's Magazine, Vol. 6: December, 1899 (Classic Reprint) Blanche Partington. (ENG., Illus.). (J). 2018. 84p. 25.65 *(978-0-483-74160-7(4))*; 2016. pap. 9.57 *(978-1-334-11748-0(9))* Forgotten Bks.

Haley the Harley-Riding Dog. Robbie McCarrell. 2022. (ENG., Illus.). 30p. (J). pap. 13.95 *(978-1-63692-129-7(9))* Newman Springs Publishing, Inc.

Half a Dozen Girls (Classic Reprint) Anna Chapin Ray. 2018. (ENG., Illus.). 374p. (J). 31.63 *(978-0-483-48291-3(9))* Forgotten Bks.

Half-A-Dozen Housekeepers: A Story for Girls in Half-A-Dozen Chapters (Classic Reprint) Kate Douglas Wiggin. 2018. (ENG., Illus.). 172p. (J). 27.44 *(978-0-483-40122-8(6))* Forgotten Bks.

Half a Giraffe? Jodie Parachini. Illus. by Richard Smythe. 2018. (ENG.). 32p. (J). (gr. -1-3). 16.99 *(978-0-8075-3144-0(8)*, 807531448) Whitman, Albert & Co.

Half a Hero. Anthony Hope. 2017. (ENG., Illus.). (J). 24.95 *(978-1-374-93828-1(9))*; pap. 14.95 *(978-1-374-93827-4(0))* Capital Communications, Inc.

Half a Hero. Anthony Hope. 2017. (ENG.). (J). 260p. pap. *(978-3-337-18537-4(1))*; 248p. pap. *(978-3-337-18539-8(8))*; 276p. pap. *(978-3-337-03236-4(2))* Creation Pubs.

Half a Hero: A Novel (Classic Reprint) Anthony Hope. 2018. (ENG., Illus.). 276p. (J). 29.61 *(978-0-484-57166-1(4))* Forgotten Bks.

Half a Hero & Father Stafford (Classic Reprint) Anthony Hope. (ENG., Illus.). (J). 2018. 464p. 33.49 *(978-0-364-90234-9(5))*; 2017. pap. 16.57 *(978-0-282-55860-4(8))* Forgotten Bks.

Half a Hero, Vol. 1 of 2 (Classic Reprint) Anthony Hope. 2018. (ENG., Illus.). 256p. (J). 29.18 *(978-0-332-18768-6(3))* Forgotten Bks.

Half a Hero, Vol. 2 of 2 (Classic Reprint) Anthony Hope. 2018. (ENG., Illus.). 252p. (J). 29.11 *(978-0-483-88077-1(9))* Forgotten Bks.

Half a Hundred Hero Tales of Ulysses & the Men of Old (Classic Reprint) Francis Storr. 2017. (ENG., Illus.). (J). 35.18 *(978-0-265-21826-6(8))* Forgotten Bks.

Half a Million of Money, Vol. 1 Of 2: A Novel (Classic Reprint) Amelia B. Edwards. 2017. (ENG., Illus.). (J). 328p. 30.68 *(978-0-484-21395-0(4))*; pap. 13.57 *(978-0-259-19362-3(3))* Forgotten Bks.

Half a Million of Money, Vol. 1 Of 3: A Novel (Classic Reprint) Amelia B. Edwards. 2018. (ENG., Illus.). 330p. (J). 30.72 *(978-0-332-09665-0(3))* Forgotten Bks.

Half a Million of Money, Vol. 3 Of 3: A Novel (Classic Reprint) Amelia B. Edwards. 2016. (ENG., Illus.). (J). pap. 16.57 *(978-1-333-25550-3(0))* Forgotten Bks.

Half a Rabbit. Janice Hutto Washington. Illus. by Mark Linen. 2016. (ENG.). (J). 20.00 *(978-0-692-70761-6(1))* Kingdom Builders Pubn.

Half a Rabbit. Janice Hutto Washington. 2016. (ENG., Illus.). (J). pap. 10.00 *(978-0-692-69456-5(0))* Kingdom Builders Pubn.

Half a Rogue (Classic Reprint) Harold Macgrath. 2018. (ENG., Illus.). 472p. (J). 33.63 *(978-0-365-27373-8(2))* Forgotten Bks.

Half an Hour; or, Truth in a Mask. a Fantasia. Solon N. Sapp. 2017. (ENG., Illus.). (J). pap. *(978-0-649-44151-8(6))* Trieste Publishing Pty Ltd.

Half-Back's Interference: A Farce in One Act (Classic Reprint) M. N. Beebe. (ENG., Illus.). (J). 2018. 32p. 24.56 *(978-0-267-94515-3(9))*; 2016. pap. 7.97 *(978-1-334-13531-6(2))* Forgotten Bks.

Half-Blood of Faerie. J. D. Edwards. 2020. (ENG.). 244p. (YA). 29.99 *(978-1-716-70116-0(3))*; pap. 14.99 *(978-1-716-72190-8(3))* Lulu Pr., Inc.

Half-Bloods Rising. J. T. Williams. 2021. (ENG.). 322p. (J). 24.99 *(978-1-7363707-0-4(7))* Dwemhar Realms.

Half-Breed Dance, & Other Far Western Stories: Mining Camp, Indian Hudson's Bay Tales, Based on the Experiences of the Author (Classic Reprint) Randall Harold Kemp. (ENG., Illus.). (J). 2018. 138p. 26.76 *(978-0-267-71395-0(9))*; 2016. pap. 9.57 *(978-1-333-34055-1(9))* Forgotten Bks.

Half Century in Salem (Classic Reprint) M. C. D. Silsbee. 2017. (ENG., Illus.). (J). 26.60 *(978-0-266-69198-3(6))* Forgotten Bks.

Half-Court Hero. Mike Lupica. 2018. (Zach & Zoe Mysteries Ser.: 2). (ENG., Illus.). 96p. (J). (gr. 1-4). 6.99 *(978-0-425-28940-2(0)*, Puffin Books) Penguin Young Readers Group.

Half-Court Trap. Kevin heronJones. 2022. (Lorimer Sports Stories Ser.). (ENG.). 120p. (J). (gr. 4-8). pap. 9.95 *(978-1-4594-1644-4(9)*, c35de987-6460-4f29-bfcd-47698d32a11a) James Lorimer & Co. Ltd., Pubs. CAN. Dist: Lerner Publishing Group.

Half-Hearted (Classic Reprint) John Buchan. 2017. (ENG., Illus.). (J). 30.43 *(978-0-331-91762-8(9))* Forgotten Bks.

Half Hours (Classic Reprint) James Matthew Barrie. 2017. (ENG., Illus.). 190p. (J). 27.82 *(978-0-332-69577-8(8))* Forgotten Bks.

Half Hours in the Tiny World: Wonders of Insect Life (Classic Reprint) Charles Frederick Holder. 2017. (ENG., Illus.). (J). 30.60 *(978-0-331-54183-0(1))* Forgotten Bks.

Half-Hours of Blind Man's Holiday, or Summer & Winter Sketches in Black & White, Vol. 1 of 2 (Classic Reprint) W. W. Fenn. 2018. (ENG., Illus.). 486p. (J). 33.92 *(978-0-332-14995-0(1))* Forgotten Bks.

Half Hours with a Naturalist. John George Wood. 2017. (ENG.). 354p. (J). pap. *(978-3-337-02554-0(4))* Creation Pubs.

Half-Hours with Foreign Authors (Classic Reprint) G. L. (ENG., Illus.). (J). 2018. 194p. 27.90 *(978-0-483-27221-7(3))*; 2017. pap. 10.57 *(978-0-243-13230-0(1))* Forgotten Bks.

Half-Hours with Foreign Novelists, Vol. 1 Of 2: With Short Notices of Their Lives & Writings (Classic Reprint) Helen Zimmern. (ENG., Illus.). (J). 2018. 398p. 32.11 *(978-0-483-64304-8(1))*; 2017. pap. 16.57 *(978-0-243-32898-7(2))* Forgotten Bks.

Half-Hours with Foreign Novelists, Vol. 2 Of 2: With Short Notices of Their Lives & Writings (Classic Reprint) Helen Zimmern. (ENG., Illus.). (J). 2018. 380p. 31.73 *(978-0-483-64293-5(2))*; 2017. pap. 16.57 *(978-0-243-32599-3(1))* Forgotten Bks.

Half-Hours with Great Authors (Classic Reprint) M. Thackeray. 2018. (ENG., Illus.). 244p. (J). 28.93 *(978-0-332-78675-9(7))* Forgotten Bks.

Half Hours with Irish Authors (Classic Reprint) James E. McGee. 2018. (ENG., Illus.). 340p. (J). 30.91 *(978-0-483-20420-1(X))* Forgotten Bks.

Half-Hours with Jimmieboy (Classic Reprint) John Kendrick Bangs. 2018. (ENG., Illus.). 212p. (J). 28.27 *(978-0-483-02617-9(4))* Forgotten Bks.

Half Hours with the Animals: Narratives Exhibiting Thought, Sympathy, & Affection in the Brute Creation (Classic Reprint) Unknown Author. (ENG., Illus.). (J). 2018. 290p. 29.88 *(978-0-267-30772-2(1))*; 2017. pap. 13.57 *(978-1-333-34909-7(2))* Forgotten Bks.

Half-Hours with the Best American Authors, Vol. 1 (Classic Reprint) Charles Morris. 2018. (ENG., Illus.). 524p. (J). 34.81 *(978-0-332-88814-9(2))* Forgotten Bks.

Half-Hours with the Best American Authors, Vol. 2 (Classic Reprint) Charles Morris. 2018. (ENG., Illus.). 530p. (J). 34.83 *(978-0-483-08591-6(X))* Forgotten Bks.

Half-Hours with the Best American Authors, Vol. 3 (Classic Reprint) Charles Morris. 2018. (ENG., Illus.). 524p. (J). 34.72 *(978-0-484-37587-0(3))* Forgotten Bks.

Half-Hours with the Best American Authors, Vol. 4 (Classic Reprint) Charles Morris. abr. ed. 2018. (ENG., Illus.). 544p. (J). 35.12 *(978-0-428-90785-3(7))* Forgotten Bks.

Half-Hours with the Best Foreign Authors, Vol. 3 (Classic Reprint) Charles Morris. 2018. (ENG., Illus.). 534p. (J). 34.93 *(978-0-332-57740-1(6))* Forgotten Bks.

Half-Hours with the Best Foreign Authors, Vol. 4: Italian, Spanish, etc (Classic Reprint) Charles Morris. 2017. (ENG., Illus.). (J). 34.89 *(978-0-331-68659-3(7))* Forgotten Bks.

Half-Hours with the Highwaymen, Vol. 1: Picturesque Biographies & Traditions of the Knights of the Road (Classic Reprint) Charles George Harper. 2017. (ENG., Illus.). (J). 33.14 *(978-0-331-55083-2(0))* Forgotten Bks.

Half-Hours with the Highwaymen, Vol. 2: Picturesque Biographies & Traditions of the Knights of the Road (Classic Reprint) Charles G. Harper. 2018. (ENG., Illus.). 410p. (J). 32.37 *(978-0-428-28916-4(9))* Forgotten Bks.

Half Hours with the Idiot (Classic Reprint) John Kendrick Bangs. (ENG., Illus.). (J). 2018. 174p. 27.51 *(978-0-483-14417-0(7))*; 2018. 166p. 27.32 *(978-0-483-47671-4(4))*; 2017. pap. 9.97 *(978-1-334-93789-7(3))* Forgotten Bks.

Half Hours with the Lower Animals: Protozoans, Sponges, Corals, Shells, Insects, & Crustaceans (Classic Reprint) Charles Frederick Holder. (ENG., Illus.). (J). 2018. 244p. 28.93 *(978-0-666-35778-6(1))*; 2016. pap. 11.57 *(978-1-333-18954-9(0))* Forgotten Bks.

Half-Hours with the Millionaires (Classic Reprint) B. B West. 2018. (ENG., Illus.). 282p. (J). 29.73 *(978-0-483-91629-6(3))* Forgotten Bks.

Half in Earnest (Classic Reprint) Muriel Hine. (ENG., Illus.). (J). 2018. 326p. 30.62 *(978-0-267-00148-4(7))*; 2017. pap. 13.57 *(978-0-243-50167-0(6))* Forgotten Bks.

Half Loaves: A Story (Classic Reprint) Helen MacKay. 2018. (ENG., Illus.). 382p. (J). 31.80 *(978-0-483-68054-8(0))* Forgotten Bks.

Half Loaves (Classic Reprint) Margaret Culkin Banning. 2017. (ENG., Illus.). (J). 30.25 *(978-0-331-74394-4(9))*; pap. 13.57 *(978-0-243-99272-0(6))* Forgotten Bks.

Half Lost. Sally Green. ed. 2017. (Half Bad Trilogy Ser.: 3). lib. bdg. 22.10 *(978-0-606-39798-8(1))* Turtleback.

Half Married: Agame Game (Classic Reprint) Annie Bliss McConnell. 2018. (ENG., Illus.). 314p. (J). 30.39 *(978-0-332-88520-9(8))* Forgotten Bks.

Half-Moon Girl: Or the Rajah's Daughter (Classic Reprint) Bessie Marchant. 2018. (ENG., Illus.). 164p. (J). 27.28 *(978-0-364-39908-8(2))* Forgotten Bks.

Half Moon Summer. Elaine Vickers. 2023. 288p. (J). (gr. 3-7). 17.99 *(978-1-68263-539-1(2))* Peachtree Publishing Co. Inc.

Half on Tuesdays. Amy E. Whitman. 2019. (ENG.). 274p. (YA). (gr. 7-10). pap. 16.95 *(978-1-947860-71-1(2))* Brandylane Pubs., Inc.

Half-Orphan's Handbook. Joan F. Smith. 2022. (ENG.). 352p. (YA). pap. 10.99 *(978-1-250-82116-4(9)*, 900224276) Square Fish.

Half-Past Bedtime (Classic Reprint) H. H. Bashford. 2017. (ENG., Illus.). (J). 28.58 *(978-0-260-41695-7(9))* Forgotten Bks.

Half Past, Quarter 'Til & o'Clock a Telling Time Book for Kids. Pfiffikus. 2016. (ENG., Illus.). (J). pap. 10.81 *(978-1-68377-660-4(7))* Whke, Traudl.

Half-Pipe Panic. Jake Maddox. Illus. by Berenice Muñiz. 2018. (Jake Maddox Graphic Novels Ser.). (ENG.). 72p. (J). (gr. 3-8). lib. bdg. 27.99 *(978-1-4965-6044-5(2)*, 137425, Stone Arch Bks.) Capstone.

Half Portions (Classic Reprint) Unknown Author. 2019. (ENG., Illus.). 168p. (J). 27.38 *(978-0-483-66512-5(6))* Forgotten Bks.

Half Portions (Classic Reprint) Edna Ferber. 2017. (ENG., Illus.). (J). 30.60 *(978-0-265-18039-6(2))* Forgotten Bks.

Half-Smart Set: A Novel (Classic Reprint) Armand Both. (ENG., Illus.). (J). 2018. 320p. 30.52 *(978-0-267-00555-0(5))*; 2017. pap. 13.57 *(978-0-259-00574-2(6))* Forgotten Bks.

Half-Tail Uprising: A Sequel. Brett Wirebaugh. 2020. (ENG.). 184p. 36.00 *(978-1-5326-9005-1(3))*; pap. 21.00 *(978-1-5326-9004-4(5))* Wipf & Stock Pubs. (Resource Pubns.(OR)).

Half-True Lies of Cricket Cohen. Catherine Lloyd Burns. ed. 2018. (J). lib. bdg. 18.40 *(978-0-606-41096-0(1))* Turtleback.

Half-True Stories for Little Folks of Just the Right Age (Classic Reprint) Stanton Davis Kirkham. (ENG., Illus.). (J). 2018. 218p. 28.41 *(978-0-267-09820-0(0))*; 2017. pap. 10.97 *(978-0-243-96578-6(8))* Forgotten Bks.

Half-Truths & Brazen Lies: An Honest Look at Lying. Kira Vermond & Clayton Hanmer. 2016. (ENG., Illus.). 48p. (J). (gr. 3-7). 16.95 *(978-1-77147-146-6(8)*, Owlkids) Owlkids Bks. Inc. CAN. Dist: Publishers Group West (PGW).

Half-Way (Classic Reprint) J. a. x. Smith. 2018. (ENG., Illus.). 62p. (J). 25.18 *(978-0-267-49172-8(7))* Forgotten Bks.

Half Wild. Sally Green. 2016. (CHI.). 352p. (YA). (gr. 7). pap. *(978-986-235-510-7(7))* Faces Pubns.

Half-Witch: A Novel. John Schoffstall. 2019. (ENG.). 336p. (YA). pap. 14.95 *(978-1-61873-167-8(X)*, Big Mouth Hse.) Small Beer Pr.

Halfway House: A Comedy of Degrees (Classic Reprint) Maurice Hewlett. 2017. (ENG., Illus.). (J). 33.26 *(978-0-265-18006-8(6))* Forgotten Bks.

Halfway Normal. Barbara Dee. 2017. (ENG., Illus.). 256p. (J). (gr. 4-8). 16.99 *(978-1-4814-7851-9(6)*, Aladdin) Simon & Schuster Children's Publishing.

Halfway to Happily Ever after (the Wish List #3) Sarah Aronson. 2018. (Wish List Ser.: 3). (ENG., Illus.). 192p. (J). (gr. 3-7). 14.99 *(978-0-545-94162-4(8)*, Scholastic Pr.) Scholastic, Inc.

Halfway to Harmony. Barbara O'Connor. 2021. (ENG.). 240p. (J). 16.99 *(978-0-374-31445-3(4)*, 900232941, Farrar, Straus & Giroux (BYR)) Farrar, Straus & Giroux.

Halfway to Harmony. Barbara O'Connor. 2022. (ENG.). 240p. (J). pap. 7.99 *(978-1-250-82106-5(1)*, 900232942) Square Fish.

Halfway to Penwellard. Claire Collard. 2018. (ENG., Illus.). 222p. (YA). (gr. 7-12). pap. *(978-1-78222-573-7(0))* Paragon Publishing, Rothersthorpe.

Halfway Wild, 1 vol. Laura Freudig. Illus. by Kevin Barry. 2016. (ENG.). 32p. (J). 17.95 *(978-1-934031-48-3(8)*, 73f100ad-e4d5-44ec-9395-1c31bdb64c29) Islandport Pr., Inc.

Haliburton First Reader (Classic Reprint) Margaret Winifred Haliburton. 2018. (ENG., Illus.). 150p. (J). 26.99 *(978-0-483-65510-2(4))* Forgotten Bks.

TITLE INDEX HALLOWEEN GAMES

Haliburton Second Reader (Classic Reprint) Margaret Winifred Haliburton. (ENG., Illus.). (J). 2018. 182p. 27.67 *(978-0-267-00295-5(5))*; 2017. pap. 10.57 *(978-0-243-94788-1(7))* Forgotten Bks.

Haliburton Teacher's Manual: To Accompany the Haliburton Readers (Classic Reprint) M. W. Haliburton. 2018. (ENG., Illus.). 446p. (J). 33.12 *(978-0-483-76059-2(5))* Forgotten Bks.

Haliburton Third Reader (Classic Reprint) M. W. Haliburton. 2018. (ENG., Illus.). 246p. (J). 28.97 *(978-0-332-99241-9(1))* Forgotten Bks.

Halibut Jackson. David Lucas. 2016. (ENG., Illus.). 32p. (J). (gr. -1-k). pap. 14.99 *(978-1-84270-371-7(4))* Andersen Pr. GBR. Dist: Independent Pubs. Group.

Halifax Time-Travelling Tune, 1 vol. Jan Coates. Illus. by Marijke Simons. 2018. (ENG.). 32p. (J). (gr. 1-3). 22.95 *(978-1-77108-569-4(X)*, 3ca49108-ce1f-4721-b663-bcbd60bc609f) Nimbus Publishing, Ltd. CAN. Dist: Baker & Taylor Publisher Services (BTPS).

Halil the Pedlar: A Tale of Old Stambul (Classic Reprint) Maurus Jokai. 2017. (ENG., Illus.). (J). 296p. 30.00 *(978-0-484-08553-3(0))*; pap. 13.57 *(978-0-259-44083-3(3))* Forgotten Bks.

Halima & the Hot Air Balloon. Tamara Pizzoli. Illus. by Elena Tommasi Ferroni. 2022. (ENG.). 32p. (J). pap. 16.95 *(978-1-955130-19-6(1))* English SchoolHouse, The.

Hall & the Grange: A Novel (Classic Reprint) Archibald Marshall. 2017. (ENG., Illus.). 426p. (J). 32.68 *(978-0-332-39706-1(8))* Forgotten Bks.

Hall de la Independencia. Aaron Carr. 2018. (Los Símbolos Estadounidenses Ser.). (SPA.). 24p. (J). lib. bdg. 22.99 *(978-1-5105-3376-9(1))* SmartBook Media, Inc.

Hall Monitors Are Fired!: a Branches Book (Eerie Elementary #8) Jack Chabert. Illus. by Matt Loveridge. 2018. (Eerie Elementary Ser.: 8). (ENG.). 96p. (J). (gr. 1-3). pap. 5.99 *(978-1-338-18188-3(2))* Scholastic, Inc.

Hall of Chavenlay: A Winter's Tale of 1649 (Classic Reprint) Henry Curling. 2018. (ENG., Illus.). 132p. (J). 26.62 *(978-0-267-41494-9(3))* Forgotten Bks.

Hall of Fame Heist. Mike Lupica. 2020. (Zach & Zoe Mysteries Ser.). (ENG., Illus.). 96p. (J). (gr. 1-4). 5.99 *(978-1-9848-3690-8(0)*, Puffin Books) Penguin Young Readers Group.

Hall of Shells. Mary Earle Hardy. 2017. (ENG.). 244p. (J). pap. *(978-3-337-38957-4(0))* Creation Pubs.

Hall of Shells (Classic Reprint) A. S. Hardy. 2018. (ENG., Illus.). 252p. (J). 29.09 *(978-0-666-54631-9(2))* Forgotten Bks.

Hall of the Betrayed. Haley D. Brown. 2023. (ENG.). 508p. (YA). 23.99 ***(978-1-0880-9529-4(1))*** Indy Pub.

Hall of the Hopeless. Haley D. Brown. 2022. (ENG.). (YA). 340p. 19.99 ***(978-1-0879-6810-0(0))***; 396p. pap. 11.99 ***(978-1-0880-4233-5(3))*** Indy Pub.

Hallam Succession. Amelia E. Barr. 2017. (ENG.). (J). 322p. pap. *(978-3-337-05479-3(X))*; 322p. pap. *(978-3-337-07238-4(0))*; 320p. pap. *(978-3-337-02283-9(9))* Creation Pubs.

Hallam Succession: A Tale of Methodist Life in Two Countries (Classic Reprint) Amelia E. Barr. 2018. (ENG., Illus.). 326p. (J). 30.64 *(978-0-483-64604-9(0))* Forgotten Bks.

Hallazgo de Mirabel (Mirabel's Discovery Spanish Edition) (Disney Encanto) Vicky Weber. Illus. by Disney Storybook Disney Storybook Art Team. 2022. (LEYENDO a PASOS (Step into Reading) Ser.). (SPA.). 32p. (J). (gr. 1-3). pap. 5.99 *(978-0-7364-4367-8(3))*; lib. bdg. 14.99 *(978-0-7364-9035-1(3))* Random Hse. Children's Bks. (RH/Disney).

Hallberger's Illustrated Magazine, 1876, Vol. 2 (Classic Reprint) Unknown Author. (ENG., Illus.). (J). 2018. 432p. 32.81 *(978-0-364-73363-9(2))*; 2017. pap. 16.57 *(978-0-243-07985-8(0))* Forgotten Bks.

Hallgrey Counting Book. Johnathan Hallgrey. 2018. (ENG., Illus.). 34p. (J). pap. *(978-1-387-59164-0(9))* Lulu Pr., Inc.

Hallonröd: Swedish Edition of Raspberry Red. Tuula Pere. Tr. by Angelika Nikolowski-Bogomoloff. Illus. by Georgia Stylou. 2018. (History Ser.: Vol. 2). (SWE.). 40p. (J). (gr. k-4). pap. *(978-952-5878-98-1(8))* Wickwick oy.

Hallow Creatures of the Dark: Halloween Color Books. Jupiter Kids. 2016. (ENG., Illus.). 106p. (J). pap. 12.55 *(978-1-68305-230-2(7)*, Jupiter Kids (Childrens & Kids Fiction)) Speedy Publishing LLC.

Hallow Isle Tragedy, Vol. 1 of 3 (Classic Reprint) Unknown Author. 2018. (ENG., Illus.). 312p. (J). 30.33 *(978-0-483-38278-7(7))* Forgotten Bks.

Hallow Isle Tragedy, Vol. 2 of 3 (Classic Reprint) Unknown Author. 2018. (ENG., Illus.). 312p. (J). 30.35 *(978-0-483-75188-0(X))* Forgotten Bks.

Hallow Isle Tragedy, Vol. 3 of 3 (Classic Reprint) Unknown Author. 2018. (ENG., Illus.). 340p. (J). 30.91 *(978-0-483-40754-1(2))* Forgotten Bks.

Hallow-Weenie. Lea Taddonio. 2019. (Shiverwood Academy Ser.). (ENG., Illus.). 48p. (J). (gr. 3-7). lib. bdg. 34.21 *(978-1-5321-3503-3(3)*, 31925, Spellbound) Magic Wagon.

Halloween. Elanor Best. Illus. by Dawn Machell. 2020. (ENG.). 42p. (J). (gr. -1-7). pap. 7.99 *(978-1-78947-707-8(7))* Make Believe Ideas GBR. Dist: Scholastic, Inc.

Halloween. David Carson. 2022. (ENG.). 32p. (J). pap. ***(978-1-387-95637-1(X))*** Lulu Pr., Inc.

Halloween. Marie F. Crow. 2020. (ENG.). 62p. (J). 19.99 *(978-1-64533-962-5(9))*; pap. 9.99 *(978-1-64533-529-0(1))* Kingston Publishing Co.

Halloween. Vineeta Dhillon. 2022. (ENG.). 30p. (J). 25.00 ***(978-1-7353502-6-4(5))*** Mo' Bks.

Halloween. Anthony Di Micco. 2021. (ENG.). 40p. (J). *(978-1-5255-8365-0(4))*; pap. *(978-1-5255-8364-3(6))* FriesenPress.

Halloween. Lori Dittmer. (Seedlings Ser.). (ENG.). 24p. (J). (gr. -1-k). 2021. *(978-1-64026-329-1(2)*, 17874, Creative Education); 2020. pap. 8.99 *(978-1-62832-861-5(4)*, 17875, Creative Paperbacks) Creative Co., The.

Halloween. Rachel Grack. 2017. (Celebrating Holidays Ser.). (ENG., Illus.). 24p. (J). (gr. k-3). lib. bdg. 26.95 *(978-1-62617-621-8(3)*, Blastoff! Readers) Bellwether Media.

Halloween. Charly Haley. 2019. (Holidays Ser.). (ENG.). 24p. (J). (gr. 1-1). pap. 8.95 *(978-1-64185-568-6(1)*, 1641855681) North Star Editions.

Halloween. Charly Haley. 2018. (Holidays (Cody Koala) Ser.). (ENG., Illus.). 24p. (J). (gr. k-3). lib. bdg. 31.36 *(978-1-5321-6197-1(2)*, 30177, Pop! Cody Koala) Pop!.

Halloween. Evan Jacobs. 2017. (Walden Lane Ser.). (ENG.). 72p. (J). (gr. 4-7). pap. 9.75 *(978-1-68021-370-6(9))* Saddleback Educational Publishing, Inc.

Halloween. Make Believe Ideas. Illus. by Dawn Machell. 2018. (ENG.). 36p. (J). (— 1). 4.99 *(978-1-78843-161-3(8))* Make Believe Ideas GBR. Dist: Scholastic, Inc.

Halloween. Pearl Markovics. 2018. (Happy Holidays! Ser.). (ENG.). 16p. (J). (gr. -1-1). 6.99 *(978-1-64280-151-4(8))* Bearport Publishing Co., Inc.

Halloween. Allan Morey. Illus. by Doreen Mulryan. 2017. (Holidays in Rhythm & Rhyme Ser.). (ENG.). 24p. (J). (gr. -1-3). 33.99 *(978-1-68410-031-6(3)*, 31519) Cantata Learning.

Halloween. Arthur Over & Barry Green. 2020. (Scratch & Draw Card Wallet Format Ser.). (ENG.). 34p. (J). (gr. k-2). pap. 9.99 *(978-1-78958-679-4(8))* Top That! Publishing PLC GBR. Dist: Independent Pubs. Group.

Halloween, 1 vol. Joanna Ponto & Fay Robinson. 2016. (Story of Our Holidays Ser.). (ENG., Illus.). 32p. (gr. 3-3). pap. 11.52 *(978-0-7660-7650-1(4)*, 61835b49-9b37-4810-8e21-ceb5bc962e5a) Enslow Publishing, LLC.

Halloween. Betsy Rathburn. 2022. (Happy Holidays! Ser.). (ENG., Illus.). 24p. (J). (gr. -1-2). pap. 7.99 *(978-1-64834-854-9(8)*, 21708, Blastoff! Readers) Bellwether Media.

Halloween: A Peek-Through Halloween Book of Counting. Patricia Hegarty. Illus. by Fhiona Galloway. 2021. (My Little World Ser.). (ENG.). 16p. (J). (-k). bds. 8.99 *(978-1-6643-5000-7(4))* Tiger Tales.

Halloween: Kinder Malbuch. Bold Illustrations. 2017. (GER., Illus.). (J). pap. 8.35 *(978-1-64193-171-7(X)*, Bold Illustrations) FASTLANE LLC.

Halloween: Libro Da Colorare per Bambini. Bold Illustrations. 2017. (ITA., Illus.). 82p. (J). pap. 8.35 *(978-1-64193-134-2(5)*, Bold Illustrations) FASTLANE LLC.

Halloween: Livre Coloriage Pour Enfants. Bold Illustrations. 2017. (FRE., Illus.). 82p. (J). pap. 8.35 *(978-1-64193-060-4(8)*, Bold Illustrations) FASTLANE LLC.

Halloween: Pages de Coloriage Halloween Originales et Uniques Pour les Enfants, Livre de Coloriage Pour les Enfants de Tous les âges 2-4, 4-8, Tout-Petits, Enfants d'âge Préscolaire (Cadeau Pour Garçons et Filles) Lenard Vinci Press. 2020. (FRE.). 76p. (J). pap. 9.99 *(978-1-716-29920-9(9))* Lulu Pr., Inc.

Halloween 2023 32c. 2023. (J). (gr. -1-2). pap., bds., bds. 243.68 ***(978-0-593-78513-3(4)***, Puffin Books) Penguin Young Readers Group.

Halloween 2023 32c Pre-Packs. 2023. (J). (gr. -1-2). pap., bds., bds. 243.68 ***(978-0-593-78519-5(3)***, Puffin Books) Penguin Young Readers Group.

Halloween 23 6-Copy Clip Strip. 2023. (J). (— 1). bds., bds., bds. 47.94 ***(978-0-593-57707-3(8)***, Crown Books For Young Readers) Random Hse. Children's Bks.

Halloween ABC. Illus. by Jannie Ho. 2017. (ENG.). 26p. (J). (— 1). bds. 6.99 *(978-0-7636-9527-9(0))* Candlewick Pr.

Halloween Activity & Coloring Book for Kids: Amazing Collection of Halloween Activities & Games: Word Search, Color by Number, Search & Find, Mazes, Dot to Dot, Coloring Pages for Girls & Boys of All Ages - Fun, Cute, Spooky & Scary Things F. Molly Osborne. 2020. (ENG., Illus.). 92p. (J). pap. 9.00 *(978-1-716-36951-3(7))* Lulu Pr., Inc.

Halloween Activity Book. Elanor Best. Illus. by Dawn Machell. 2019. (ENG.). 32p. (J). (gr. -1-7). pap. 5.99 *(978-1-78843-898-8(1))* Make Believe Ideas GBR. Dist: Scholastic, Inc.

Halloween Activity Book: For Kids 7 To 12. Josephine's Papers. 2022. (ENG.). 112p. (J). pap. 7.99 ***(978-1-0880-4741-5(6))*** Indy Pub.

Halloween Activity Book for Boys Age 11. Educando Kids. 2019. (ENG.). 42p. (J). pap. 8.55 *(978-1-64521-770-1(1)*, Educando Kids) Editorial Imagen.

Halloween Activity Book for Kids: Over 100 Pages Happy Halloween Activity Book for Kids Ages 5 to 12, Including Coloring Pictures, Mazes, Word Search, & Sudoku! Lora Loson. 2021. (ENG.). 106p. (J). pap. *(978-1-80383-005-6(0))* Carswell.

Halloween Activity Book for Kids Ages 4-8! Discover & Enjoy Fun Halloween Activity Pages. Bold Illustrations. 2021. (ENG.). 70p. (J). pap. 11.99 *(978-1-0717-0713-5(2)*, Bold Illustrations) FASTLANE LLC.

Halloween Activity Book for Kids! Discover a Variety of Activity Pages for Children. Bold Illustrations. 2021. (ENG.). 70p. (J). pap. 11.99 *(978-1-0717-0711-1(6)*, Bold Illustrations) FASTLANE LLC.

Halloween Activity Book for Toddlers! Discover & Enjoy Fun Halloween Activity Pages. Bold Illustrations. 2021. (ENG.). 70p. (J). pap. 11.99 *(978-1-0717-0712-8(4)*, Bold Illustrations) FASTLANE LLC.

Halloween Adulte Coloriage Livre: Livre de Coloriage Pour Adultes Anti-Stress Avec une Collection de 40 Merveilleux Dessins D'Halloween. Rhea Stokes. 2021. (FRE.). 88p. (YA). pap. 10.65 *(978-1-4710-9205-3(4))* Lulu Pr., Inc.

Halloween All'italiana 2020. Autori Vari. Illus. by Angela Catalani. 2020. (ITA.). 335p. (J). pap. *(978-1-716-47672-3(0))* Lulu Pr., Inc.

Halloween & Day of the Dead Traditions Around the World. Joan Axelrod-Contrada. Illus. by Elisa Chavarri. 2021. (Traditions Around the World Ser.). (ENG.). 32p. (J). (gr. k-3). lib. bdg. 35.64 *(978-1-5038-5016-3(1)*, 214864) Child's World, Inc, The.

Halloween & Remembrances of the Dead, Vol. 10. Betsy Richardson. 2018. (Celebrating Holidays & Festivals Around the World Ser.). (Illus.). 112p. (J). (gr. 7). lib. bdg. 34.60 *(978-1-4222-4147-9(5))* Mason Crest.

Halloween Assortment Clip Strip. Highlights. 2023. (J). (gr. 1-4). pap., pap. 83.88 *(978-1-63962-112-5(1)*, Highlights) Highlights Pr., c/o Highlights for Children, Inc.

Hallowe'en at Merryvale. Alice Hale Burnett. 2018. (ENG., Illus.). 32p. (YA). (gr. 7-12). pap. *(978-93-5297-459-7(X))* Alpha Editions.

Halloween at the Zoo 10th Anniversary Edition: A Pop-Up Trick-or-Treat Experience. George White. Illus. by Jason O'Malley. 2017. (ENG.). 7p. (J). 19.99 *(978-1-62348-457-6(X))* Jumping Jack Pr.

Halloween Ball. Perdita Cargill & Honor Cargill. Illus. by Katie Saunders. 2023. (Diary of an Accidental Witch Ser.: 2). (ENG.). 128p. (J). (gr. 1-4). pap. 6.99 ***(978-1-6643-4058-9(0))*** Tiger Tales.

Halloween Book. Beth Costanzo. 2019. (ENG.). 24p. (J). pap. 10.00 *(978-0-359-97320-0(5))* Lulu Pr., Inc.

Halloween Book. Juno Jakob. Illus. by Simon Lucas. 2021. (ENG.). 132p. (YA). pap. *(978-1-9163953-8-1(4))* Beercott Bks.

Halloween Christmas Pie Poetry: Geometric Moon Magazine. Deanna Stinson. Illus. by Wish Fire. 2021. (ENG.). 63p. (YA). pap. ***(978-1-6781-1683-5(1))*** Lulu Pr., Inc.

Halloween Color by Number. Becky J. Radtke. 2017. (Dover Halloween Coloring Bks.). (ENG.). 32p. (J). (gr. -1-2). pap. 3.99 *(978-0-486-81216-8(2)*, 812162) Dover Pubns., Inc.

Halloween Color by Number for Toddlers. Happy Harper. 2020. (ENG., Illus.). 96p. (J). pap. *(978-1-989968-54-3(6)*, Happy Harper) Gill, Karanvir.

Halloween Coloring & Activity Book for Kids. Happy Harper. l.t. ed. 2020. (ENG.). 76p. (J). pap. *(978-1-989968-40-6(6)*, Happy Harper) Gill, Karanvir.

Halloween Coloring & Activity Book for Kids. A. B. Lockhaven & Thomas Lockhaven. Illus. by Aisha Gohar. l.t. ed. 2020. (ENG.). 106p. (J). pap. 7.99 *(978-1-947744-67-7(4))* Twisted Key Publishing, LLC.

Halloween Coloring & Activity Book for Kids: Children Coloring Workbooks for Kids, Kids Halloween Book. Esel Press. l.t. ed. 2020. (ENG.). 196p. (J). pap. 12.95 *(978-1-716-36678-9(X))* Lulu Pr., Inc.

Halloween Coloring & Activity Book for Kids Ages 4-8. Happy Harper. l.t. ed. 2020. (ENG.). 76p. (J). pap. *(978-1-989968-42-0(2)*, Happy Harper) Gill, Karanvir.

Halloween Coloring Book. Raz McOvoo. 2020. (ENG.). 70p. (J). pap. 6.00 *(978-1-716-39855-1(X))* Lulu Pr., Inc.

Halloween Coloring Book: A Haunted House Themed Coloring Book for Children. Jean Charles Fernandez. 2023. (ENG.). 103p. (J). pap. ***(978-1-4467-9632-0(9))*** Lulu Pr., Inc.

Halloween Coloring Book: An Adult Coloring Book Featuring over 30 Pages of Giant Super Jumbo Large Designs of Spooky Creatures, Pumpkins, & Witches to Color for Relaxation. Beatrice Harrison. 2020. (ENG.). 34p. (YA). pap. 7.86 *(978-1-716-49924-1(0))* Lulu Pr., Inc.

Halloween Coloring Book: An Adult Coloring Book Featuring over 30 Pages of Giant Super Jumbo Large Designs of Spooky Creatures, Pumpkins, & Witches to Color for Relaxation (Book Edition:2) Beatrice Harrison. 2020. (ENG.). 34p. (YA). pap. 7.86 *(978-1-716-49913-5(5))* Lulu Pr., Inc.

Halloween Coloring Book: For Kids Ages 4-8, 9-12. Young Dreamers Press. Illus. by Fairy Crocs. 2021. (Coloring Books for Kids Ser.: Vol. 15). (ENG.). 66p. (J). pap. *(978-1-990136-15-3(X))* EnemyOne.

Halloween Coloring Book: Happy Halloween Coloring Book, Halloween Coloring Pages for Kids Age 2-4, 4-8, Girls & Boys, Fun & Original Paperback. H. Elliott. 2020. (ENG.). 102p. (J). pap. *(978-1-716-46150-7(2))* Lulu Pr., Inc.

Halloween Coloring Book: Happy Halloween Coloring Book, Halloween Coloring Pages for Kids Age 2-4, 4-8, Girls & Boys, Fun & Original Paperback. H. Elliott. 2021. (ENG.). 104p. (J). pap. 7.99 *(978-1-716-21054-9(2))* Lulu Pr., Inc.

Halloween Coloring Book for Kids: 50 Spooky Halloween Coloring Pages for Kids Age 2-4 & 4-8 | Trick or Treat, Pumpkins, Jack-O-Lanterns, Cats, Bats, Witches Hats & Ghosts | Lots of Scary Fun. Melinda Green. 2022. (ENG.). 102p. (J). pap. ***(978-1-4710-8405-8(1))*** Lulu Pr., Inc.

Halloween Coloring Book for Kids: Amazing Coloring Book for Kids with Spooky & Cute Illustrations - Halloween Coloring Pages for Kids Ages 4-8, 8-12. Digby Dinwiddie Coloring. l.t. ed. 2020. (ENG.). 108p. (J). pap. 9.49 *(978-1-716-33795-6(X))* Lulu Pr., Inc.

Halloween Coloring Book for Kids: Coloring Book with Ghosts, Witches, Haunted Houses & More Halloween for Toddlers, Preschoolers & Elementary School. Lora Loson. 2021. (ENG.). 102p. (J). pap. *(978-0-459-36406-9(5))* Carswell.

Halloween Coloring Book for Kids: Fun Collection of Halloween Coloring Pages for Boys & Girls Cute, Scary & Spooky Witches, Vampires, Ghosts, Monsters, Pumpkins, Skeletons, Haunted Houses, Jack-O-Lanterns & Much More Perfect Coloring Book Gift for Kids All Ages 3-5, 4-8, Toddlers, Pr. Art Books. 2021. (ENG.). 82p. (J). pap. 11.99 *(978-1-915100-47-4(X)*, GoPublish) Visual Adjectives.

Halloween Coloring Book for Kids: Fun Halloween Coloring Pages Collection for Girls & Boys - Cute, Scary & Spooky Witches, Ghosts, Vampires, Pumpkins, Haunted Houses, Skeletons, Jack-O-Lanterns & Much More - Perfect Gift for Kids Ages 5 & Up. Molly Osborne. 2020. (ENG.). 102p. (J). pap. 9.99 *(978-1-716-36944-5(4))* Lulu Pr., Inc.

Halloween Coloring Book for Kids: Treat, Skeletons, Scary Monsters/ Coloring Pages for Toddlers. Rex McJamie. 2021. (ENG.). 76p. (J). pap. 10.49 *(978-1-915105-03-5(X))* Lulu Pr., Inc.

Halloween Coloring Book for Kids #1. R. Jane. 2020. (Vol I Ser.: Vol. 1). (ENG.). 32p. (J). pap. 6.99 *(978-1-60087-166-5(6))* Moonswept Pr.

Halloween Coloring Book for Kids #2. R. Jane. 2020. (Vol I Ser.: Vol. 2). (ENG.). 32p. (J). pap. 6.99 *(978-1-60087-167-2(4))* Moonswept Pr.

Halloween Coloring Book for Kids (6x9 Coloring Book / Activity Book) Sheba Blake. 2020. (ENG.). 44p. (J). pap. 9.99 *(978-1-222-28359-4(X))* Indy Pub.

Halloween Coloring Book for Kids (8x10 Coloring Book / Activity Book) Sheba Blake. 2020. (ENG.). 44p. (J). pap. 14.99 *(978-1-222-28360-0(3))* Indy Pub.

Halloween Coloring Book for Kids Ages 4-8: A Fun Halloween Coloring Gift Book for Boys & Girls. Happy Harper. 2019. (ENG., Illus.). 104p. (J). pap. *(978-1-989543-36-8(7)*, Happy Harper) Gill, Karanvir.

Halloween Coloring Book for Kids Ages 4-8! Discover a Variety of Pages to Color. Bold Illustrations. 2021. (ENG.). 82p. (J). pap. 11.99 *(978-1-0717-0710-4(8)*, Bold Illustrations) FASTLANE LLC.

Halloween Coloring Book for Kids Ages 5 & Up: Spooky Cute Halloween Coloring Pages for Kids Ages 4-8, 6-8 - Kids Halloween Books. Pencil Press. 2021. (ENG.). 51p. (J). pap. ***(978-1-4717-9973-0(5))*** Lulu Pr., Inc.

Halloween Coloring Book for Kids! Discover a Variety of Halloween Coloring Pages for Children! Bold Illustrations. 2021. (ENG.). 82p. (J). pap. 11.99 *(978-1-0717-0708-1(6)*, Bold Illustrations) FASTLANE LLC.

Halloween Coloring Book for Toddlers: A Fun Children Coloring Book for Halloween, Cute Halloween Illustrations for Preschool. Lenard Vinci Press. 2020. (ENG.). 78p. (J). pap. 8.99 *(978-1-716-29474-7(6))* Lulu Pr., Inc.

Halloween Coloring Book for Toddlers! Discover a Variety of Halloween Coloring Pages. Bold Illustrations. 2021. (ENG.). 82p. (J). pap. 11.99 *(978-1-0717-0709-8(4)*, Bold Illustrations) FASTLANE LLC.

H

Halloween Coloring Book. Monsters from the Other Realm. Scary Halloween Color & Connect the Dots for Kids & Adults. No Fuss Skills-Based Exercise Book for Sharing. Speedy Kids. 2017. (ENG., Illus.). 200p. (J). pap. 12.26 *(978-1-5419-4777-1(0))* Speedy Publishing LLC.

Halloween Colors. Barbara Barbieri McGrath. Illus. by Peggy Tagel. 2016. (First Celebrations Ser.: 1). 12p. (J). (— 1). bds. 6.95 *(978-1-58089-533-0(6))* Charlesbridge Publishing, Inc.

Halloween Colouring Book for Kids: Suitable for Ages 4+ Marcelline Hubble. 2022. (ENG.). 65p. (J). pap. ***(978-1-4710-7752-4(7))*** Lulu Pr., Inc.

Halloween Costume Alphabet. K. L. DeWitt. 2020. (ENG.). 34p. (J). pap. 6.99 *(978-1-0879-1370-4(5))* Indy Pub.

Halloween Costume Contest. Cecilia Minden & Joanne Meier. Illus. by Bob Ostrom. 2022. (Bear Essential Readers Ser.). (ENG.). 32p. (J). (gr. -1-2). lib. bdg. 35.64 *(978-1-5038-5930-2(4)*, 215828, First Steps) Child's World, Inc, The.

Halloween Counting (1-10) Activity Book for Children (6x9 Activity Book) Sheba Blake. 2020. (ENG.). 24p. (J). pap. 9.99 *(978-1-222-28401-0(4))* Indy Pub.

Halloween Counting (1-10) Activity Book for Children (8x10 Activity Book) Sheba Blake. 2020. (ENG.). 24p. (J). pap. 14.99 *(978-1-222-28402-7(2))* Indy Pub.

Halloween Crafts. Anita Yasuda. Illus. by Mernie Gallagher-Cole. 2016. (Holiday Crafts Ser.). (ENG.). 24p. (J). (gr. k-3). 32.79 *(978-1-5038-0820-1(3)*, 210656) Child's World, Inc, The.

Halloween Designs & Fairytales: Geometric Moon Magazine. Deanna Stinson. Ed. by Wish Fire. Illus. by Ana Moon. 2021. (ENG.). 101p. (YA). pap. ***(978-1-008-94229-5(4))*** Lulu Pr., Inc.

Halloween Explained for Children. Joyce Ulrich. 2018. (ENG., Illus.). 18p. (J). pap. 12.95 *(978-1-63575-937-2(4))* Christian Faith Publishing.

Halloween Extreme, 4 vols., Set. Incl. How to Build Hair-Raising Haunted Houses. Megan Cooley Peterson. lib. bdg. 28.65 *(978-1-4296-5421-0(X)*, 113835); How to Carve Freakishly Cool Pumpkins. Sarah L. Schuette. lib. bdg. 28.65 *(978-1-4296-5420-3(1)*, 113834); How to Create Spectacular Halloween Costumes. Louann Mattes Brown & Jason D. Nemeth. lib. bdg. 28.65 *(978-1-4296-5422-7(8)*, 113836); How to Make Frightening Halloween Decorations. Catherine Ipcizade. lib. bdg. 28.65 *(978-1-4296-5423-4(6)*, 113837); (J). (gr. 3-9). (Halloween Extreme Ser.). (ENG.). 32p. 2010. 122.60 *(978-1-4296-5424-1(4)*, 170563, Capstone Pr.) Capstone.

Halloween Fairy Tale. Felipe Seba & Marcella Cappelletti. Illus. by Marcella Cappelletti. 2020. (ENG.). 44p. (J). *(978-1-716-38772-2(8))* Lulu Pr., Inc.

Halloween Fear Coloring & Activities Book. The Sports Player & J. A. W. 2022. (ENG.). 80p. (J). pap. ***(978-1-387-56920-5(1))*** Lulu Pr., Inc.

Halloween First Words: A Not-So-Spooky Introduction to the Season. Created by Flying Frog Publishing. 2022. (ENG.). 14p. (J). (gr. -1). bds. 7.99 ***(978-1-63560-385-9(4))*** Flying Frog Publishing, Inc.

Halloween Forest. Marion Dane Bauer. Illus. by John Shelley. 2018. 32p. (J). (gr. -1-3). pap. 7.99 *(978-0-8234-4038-2(9))* Holiday Hse., Inc.

Halloween Forest. Marion Dane Bauer. 2019. (ENG.). 32p. (J). (gr. k-1). 18.96 *(978-0-87617-637-5(6))* Penworthy Co., LLC, The.

Halloween Friends. Nikki Shannon Smith. Illus. by DeAndra Hodge. 2023. (Brown Baby Parade Ser.). 28p. (J). (— 1). bds. 8.99 ***(978-0-593-56601-5(7)***, Crown Books For Young Readers) Random Hse. Children's Bks.

Halloween Fun. Created by Highlights. 2023. (Holiday Fun Activity Bks.). 48p. (J). (-k). pap. 8.99 ***(978-1-63962-082-1(6)***, Highlights) Highlights Pr., c/o Highlights for Children, Inc.

Halloween Fun: Bring Everyday Objects to Life. Danielle McLean. Illus. by Agathe Hiron. 2021. (Crazy Stickers Ser.). (ENG.). 24p. (J). (gr. -1-2). pap. 4.99 *(978-1-6643-4021-3(1))* Tiger Tales.

Halloween Fun Colouring & Activity Workbook. Jean Shaw. 2018. (ENG., Illus.). 66p. (J). pap. *(978-1-9999339-2-0(3))* Jeans Jottings.

Halloween Fun for Everyone! (Dr. Seuss/Cat in the Hat) Tish Rabe. Illus. by Tom Brannon. 2016. (ENG.). 12p. (J). (— 1). bds. 9.99 *(978-1-101-93495-1(6)*, Random Hse. Bks. for Young Readers) Random Hse. Children's Bks.

Halloween Fun Workbook. Beth Costanzo. 2021. (ENG.). 26p. (J). pap. 7.99 *(978-1-0878-7407-4(6))* Adventures of Scuba Jack Pubs., The.

Halloween Games. Created by Highlights. 2022. (Highlights Fun to Go Ser.). (Illus.). 32p. (J). (gr. 1-4). pap. 6.99

(978-1-64472-846-8(X), Highlights) Highlights Pr., c/o Highlights for Children, Inc.

Halloween Goblin, 4. Tracey West. ed. 2022. (Branches Early Ch Bks). (ENG.). 88p. (J). (gr. 1-4). 16.46 ***(978-1-68505-565-3(6))*** Penworthy Co., LLC, The.

Halloween Good Night. Rebecca Grabill. Illus. by Ella Okstad. 2017. (ENG.). 32p. (J). (gr. -1-3). 17.99 *(978-1-4814-5061-4(1))* Simon & Schuster Children's Publishing.

Halloween Haunt & Find (I Spy with My Little Eye) Rosa Von Feder. Ed. by Cottage Door Press. Illus. by Nila Aye. 2021. (I Spy with My Little Eye Ser.). (ENG.). 32p. (J). (gr. -1-3). 8.99 *(978-1-64638-182-1(3)*, 1006840) Cottage Door Pr.

Halloween Haunted Houses Coloring Book: An Adult Coloring Book Features over 30 Pages of Giant Super Jumbo Large Designs of Halloween Haunted Houses, Witches, Scary Pumpkins & More for Relaxation & Fun. Beatrice Harrison. 2020. (ENG.). 34p. (J). pap. 7.86 *(978-1-716-71617-1(9))* Lulu Pr., Inc.

Halloween, Here I Come! D. J. Steinberg. Illus. by Laurie Stansfield. 2020. (Here I Come! Ser.). 32p. (J). (gr. -1-1). pap. 5.99 *(978-0-593-09420-4(4)*, Grosset & Dunlap) Penguin Young Readers Group.

Halloween, Here I Come! D. J. Steinberg. ed. 2020. (Here I Come Ser.). (ENG., Illus.). 32p. (J). (gr. k-1). 15.96 *(978-1-64697-403-0(4))* Penworthy Co., LLC, The.

Halloween Heroes! (Paw Patrol) Random House. Illus. by Random House. 2017. (ENG., Illus.). 22p. (J). (— 1). bds. 6.99 *(978-1-5247-6622-1(4)*, Random Hse. Bks. for Young Readers) Random Hse. Children's Bks.

Halloween Hidden Pictures Puffy Sticker Playscenes. Created by Highlights. 2020. (Highlights Puffy Sticker Playscenes Ser.). (ENG.). 48p. (J). (-k). pap. 8.99 *(978-1-64472-116-2(3)*, Highlights) Highlights Pr., c/o Highlights for Children, Inc.

Halloween Hidden Pictures Puzzles to Highlight. Created by Highlights. 2018. (Highlights Hidden Pictures Puzzles to Highlight Activity Bks.). (Illus.). 32p. (J). (gr. 1-4). pap. 6.99 *(978-1-68437-202-7(X)*, Highlights) Highlights Pr., c/o Highlights for Children, Inc.

Halloween Hidden Pictures Puzzles to Highlight Clip Strip, 12 vols. Highlights. 2018. (J). (gr. 1-4). pap. 83.88 *(978-1-68437-348-2(4)*, Highlights) Highlights Pr., c/o Highlights for Children, Inc.

Halloween Hocus Pocus & Hijinks. Suzanne Hill. Illus. by Bryan Werts. 2020. (ENG.). 78p. (J). 27.99 *(978-1-952894-47-3(6))* Pen It Pubns.

Halloween Holiday. Collective. 2017. (Earlyreads Ser.). (ENG.). 128p. (J). pap. 14.95 *(978-88-530-1317-0(6)*, Black Cat) Grove/Atlantic, Inc.

Halloween Holler: Picture Book for Children 3+ Loreley Amiti. Illus. by Simone Stanghini. 2017. (ENG.). (J). pap. *(978-0-9956761-0-7(0))* Littwitz Pr.

Halloween Hooligans. Daniel Kenney. 2019. (Pirate Ninja Ser.: Vol. 3). (ENG.). 124p. (J). pap. 9.95 *(978-1-947865-27-3(7))* Trendwood Pr.

Halloween Horror Coloring Book: An Adult Coloring Book Featuring over 30 Pages of Giant Super Jumbo Large Designs of Dark Fantasy Creatures, Evil Demons, & Scary Monsters for Relaxation & Fun. Beatrice Harrison. 2020. (ENG.). 34p. (YA). pap. 7.86 *(978-1-716-78275-6(9))* Lulu Pr., Inc.

Halloween Horror! Ghoulish Ghosts & Gory Goblins Coloring Book. Jupiter Kids. 2017. (ENG., Illus.). (J). pap. 9.20 *(978-1-68326-806-2(7)*, Jupiter Kids (Childrens & Kids Fiction)) Speedy Publishing LLC.

Halloween House: Thirty-One Putrid Poems & Rotten Rhymes for October. Riley Cain. 2020. (ENG., Illus.). 112p. (J). 22.99 *(978-1-78218-924-4(6))* Curriach Pr. IRL. Dist: Casemate Pubs. & Bk. Distributors, LLC.

Halloween HP to Highlights 12C Prepack. Highlights. 2022. (J). (gr. 1-4). pap. 83.88 *(978-1-64472-944-1(X)*, Highlights) Highlights Pr., c/o Highlights for Children, Inc.

Halloween Hugs: A Lift-The-Flap Book, 1 vol. Thomas Nelson. Illus. by Marta Costa. 2020. (ENG.). 10p. (J). bds. 9.99 *(978-1-4002-1775-5(X)*, Tommy Nelson) Nelson, Thomas Inc.

Halloween Hunt: Over 800 Spooky Objects! Clever Publishing. 2020. (Look & Find Ser.). (ENG.). 24p. (J). (gr. -1-3). 10.99 *(978-1-949998-84-9(3))* Clever Media Group.

Halloween in the Orchard. Phyllis Alsdurf. Illus. by Lisa Hunt. 2023. (Countryside Holidays Ser.). (ENG.). 32p. (J). 17.99 ***(978-1-5064-8768-7(8)***, Beaming Books) 1517 Media.

Halloween Is a Treat! (a Hello!Lucky Book) Hello!Lucky & Sabrina Moyle. Illus. by Eunice Moyle. 2022. (Hello!Lucky Book Ser.). (ENG.). 24p. (J). (gr. -1 — 1). bds. 7.99 *(978-1-4197-5106-6(9)*, 1717510, Abrams Appleseed) Abrams, Inc.

Halloween Is Coming. Sandy Murphy Humber. 2018. (ENG., Illus.). 28p. (J). 22.95 *(978-1-64003-303-0(3))*; pap. 12.95 *(978-1-64003-302-3(5))* Covenant Bks.

Halloween Is Here Tonight. Maralyn Smith. 2017. (ENG., Illus.). (J). pap. 10.00 *(978-1-910853-18-4(6))* Lioness Publishing.

Halloween Is Sweet! (the Berenstain Bears) Stan Berenstain & Jan Berenstain. 2020. (Illus.). 22p. (J). (— 1). bds. 6.99 *(978-0-593-17610-8(3)*, Random Hse. Bks. for Young Readers) Random Hse. Children's Bks.

Halloween Isn't Fun! Planet Master & JF Garrard. 2022. (ENG.). 30p. (J). pap. ***(978-1-988416-42-7(6))*** Dark Helix P.

Halloween Jokes for Kids. Morgan Leight. 2022. (ENG.). 64p. (J). pap. 8.99 ***(978-1-926695-49-5(6)***, bb80e668-37f1-4b78-8562-152cee39d7d8) Quagmire Pr., Ltd. CAN. Dist: Lone Pine Publishing USA.

Halloween Jokes Game Book for Kids. Hayden Fox. 2020. (ENG.). 96p. (J). pap. *(978-1-989968-48-2(1)*, Fox, Hayden) Gill, Karanvir.

Halloween Kitty. Salina Yoon. Illus. by Salina Yoon. 2019. (Wag My Tail Book Ser.). (ENG., Illus.). 12p. (J). (gr. -1). bds. 7.99 *(978-1-5344-4342-6(8)*, Little Simon) Little Simon.

Halloween Libro Da Colorare: Un Divertente Libro Da Colorare per Bambini per Halloween, Simpatiche Illustrazioni Di Halloween per la Scuola Materna (Regalo per Ragazzi e Ragazze) Lenard Vinci Press. 2020. (ITA.). 78p. (J). pap. 8.99 *(978-1-716-29424-2(X))* Lulu Pr., Inc.

Halloween Libro Da Colorare per Bambini: Disegni Da Colorare Originali e Unici Di Halloween per Bambini, Libro Da Colorare per Bambini Di Tutte le età 2-4, 4-8, Bambini Piccoli, Bambini in età Prescolare (regalo per Ragazzi e Ragazze) Lenard Vinci Press. 2020. (ITA.). 76p. (J). pap. 9.99 *(978-1-716-29918-6(7))* Lulu Pr., Inc.

Halloween Livre de Coloriage: Un Livre de Coloriage Pour Enfants Amusant Pour Halloween, Illustrations d'Halloween Mignonnes Pour les Enfants d'âge Préscolaire. Lenard Vinci Press. 2020. (FRE.). 78p. (J). pap. 8.99 *(978-1-716-29437-2(1))* Lulu Pr., Inc.

Halloween Magic Painting. Fiona Watt. 2019. (Magic Painting Bks.). (ENG.). 16ppp. (J). pap. 9.99 *(978-0-7945-4798-1(2)*, Usborne) EDC Publishing.

Halloween Malbuch: Ein Lustiges Malbuch Für Kinder Für Halloween, Süße Halloween-Illustrationen Für Die Vorschule. Lenard Vinci Press. 2020. (GER.). 78p. (J). pap. 8.99 *(978-1-716-29430-3(4))* Lulu Pr., Inc.

Halloween Maze Book for Kids: Game Book for Toddlers / Kids Halloween Books. Rex McJamie. 2021. (ENG.). 66p. (J). pap. 8.99 *(978-1-915105-06-6(4))* Lulu Pr., Inc.

Halloween Mazes & Monsters Book for Kids. Educando Kids. 2019. (ENG.). 42p. (J). (gr. k-6). pap. 8.55 *(978-1-64521-611-7(X)*, Educando Kids) Editorial Imagen.

Halloween Mein Gruseliges Tagebuch: Süßes Oder Saures. Petal Publishing Co. 2021. (GER.). 26p. (J). pap. *(978-1-922568-62-5(7))* Life Graduate, The.

Halloween Mi Diario Espantoso: Truco o Trato? Petal Publishing Co. 2021. (SPA.). 26p. (J). pap. *(978-1-922568-61-8(9))* Life Graduate, The.

Halloween Mon Livre Effrayant. Petal Publishing Co. 2021. (FRE.). 26p. (J). pap. *(978-1-922568-52-6(X))* Life Graduate, The.

Halloween Moon. Joseph Fink. (ENG.). 288p. (J). (gr. 5). 2022. pap. 7.99 *(978-0-06-302098-6(X))*; 2021. (Illus.). 16.99 *(978-0-06-302097-9(1))* HarperCollins Pubs. (Quill Tree Bks.).

Halloween My Spooky Journal: Trick or Treat. Petal Publishing Co. 2020. (ENG.). 26p. (J). pap. *(978-1-922515-27-8(2))* Life Graduate, The.

Halloween Night Caper. Robin Hollo. 2021. (ENG.). 74p. (J). pap. 16.49 *(978-1-0983-9512-4(3))* BookBaby.

Halloween Nightmares, 1 vol. Mark Andrew Poe. 2017. (ENG., Illus.). 200p. (J). (gr. 1-8). 16.99 *(978-1-943785-63-6(5)*, 4614fce4-dd7f-4eb5-83fa-6fde5ccee8e2) Rabbit Pubs.

Halloween on the Farm. Roger Priddy & Priddy Priddy Books. 2023. (On the Farm Ser.). (ENG.). 14p. (J). bds. 8.99 *(978-1-68449-296-1(3)*, 900279897) St. Martin's Pr.

Halloween Parade. Sylva Fae. 2021. (ENG.). 36p. (J). pap. 12.99 *(978-1-989022-30-6(8))* Hatchling Pr.

Halloween Parade: A Monstacademy Mystery. Matt Beighton. Illus. by Amalia Rendon. 2017. (Monstacademy Ser.: Vol. 1). (ENG.). 128p. (J). (gr. 1-5). pap. *(978-1-9997244-2-9(9))* Green Monkey Pr.

Halloween Parade: Dyslexia Friendly Edition. Matt Beighton. Illus. by Amalia Rendon. 2017. (Monstacademy Dyslexia Adapted Ser.: Vol. 1). (ENG.). 166p. (J). (gr. 1-5). pap. *(978-1-9997244-3-6(7))* Green Monkey Pr.

Halloween Party. Alexandra Robinson. Illus. by Dawn Machell. 2020. (ENG.). 12p. (J). (— 1). bds. 6.99 *(978-1-78947-689-7(5))* Make Believe Ideas GBR. Dist: Scholastic, Inc.

Halloween Party! (Blue's Clues & You) Random House. Illus. by Random House. 2021. (ENG., Illus.). 22p. (J). (— 1). bds. 7.99 *(978-0-593-31012-0(8)*, Random Hse. Bks. for Young Readers) Random Hse. Children's Bks.

Halloween Party Mad Libs: World's Greatest Word Game. Mad Libs. 2020. (Mad Libs Ser.). 240p. (J). (gr. 3-7). pap. 7.99 *(978-0-593-09643-7(6)*, Mad Libs) Penguin Young Readers Group.

Halloween Preschool Activity Workbook. Beth Costanzo. 2021. (ENG.). 24p. (J). pap. 8.99 *(978-1-0878-8238-3(9))* Adventures of Scuba Jack Pubs., The.

Halloween Puzzles Deluxe. Created by Highlights. 2022. (Highlights Hidden Pictures Ser.). (Illus.). 96p. (J). (gr. -1-3). pap. 12.99 *(978-1-64472-842-0(7)*, Highlights) Highlights Pr., c/o Highlights for Children, Inc.

Halloween Raid: Chicago. George Saoulidis. 2019. (ENG.). 82p. (YA). pap. 6.99 *(978-1-393-06803-7(0))* Draft2Digital.

Halloween Raid: London. George Saoulidis. 2021. (ENG.). 66p. (YA). pap. 5.99 *(978-1-393-19865-9(1))* Draft2Digital.

Halloween Scissor & Paste Skills for Kids. Rose Nestling. Ed. by Cottage Door Press. Illus. by Carlo Beranek. 2022. (ENG.). 88p. (J). (gr. -1-3). pap. 6.99 *(978-1-64638-596-6(9)*, 1008070) Cottage Door Pr.

Halloween Scissor Skills for Kids: Book for Kids with Coloring & Cutting/Scissor Skills Cutting Practice for Little Kids, Boys & Girls. Rex McJamie. 2021. (ENG.). 90p. (J). pap. 10.99 *(978-1-915105-05-9(6))* Lulu Pr., Inc.

Halloween Society. David Stashko. 2018. (ENG., Illus.). 42p. (J). pap. 10.00 *(978-1-387-51383-3(4))* Lulu Pr., Inc.

Halloween Spooktacular. Jacob Chabot et al. Illus. by Mario del Pennino et al. 2019. (Marvel Super Hero Adventures Graphic Novels Ser.). (ENG.). 24p. (J). (gr. 1-5). lib. bdg. 31.36 *(978-1-5321-4447-9(4)*, 33852, Marvel Age) Spotlight.

Halloween Spooktacular with the Three Little Ghosts: 50+ Kids' Coloring & Activity Pages with Mazes & Dot-To-Dots. Gumdrop Press. 2020. (ENG.). 56p. (J). pap. 7.95 *(978-1-64252-730-8(0))* Gumdrop Pr.

Halloween Spooky & Fun Color, Cut, & Glue: Activity Book for Kids. Tiecha Keiffer. 2021. (ENG.). 50p. (J). pap. 11.00 *(978-1-7379444-5-4(6))* Mystical Publishing.

Halloween Story. James Clark. 2017. (ENG., Illus.). (YA). pap. 13.95 *(978-1-63568-186-4(3))* Page Publishing Inc.

Halloween Tales: Solve the Hidden Pictures Puzzles & Fill in the Silly Stories with Stickers! Created by Highlights. 2016. (Highlights Hidden Pictures Silly Sticker Stories Ser.). (ENG.). 48p. (J). (gr. 1-4). pap. 7.99 *(978-1-62979-712-0(X)*, Highlights) Highlights Pr., c/o Highlights for Children, Inc.

Halloween-Themed Find the Difference Activity Book. Jupiter Kids. 2017. (ENG., Illus.). (J). pap. 9.05 *(978-1-5419-3298-2(6)*, Jupiter Kids (Childrens & Kids Fiction)) Speedy Publishing LLC.

Halloween Things (That Sometimes Rhymes) [Deluxe Edition]. Thomas Huff. 2021. (ENG.). 143p. (YA). pap. *(978-1-105-71016-2(5))* Lulu Pr., Inc.

Halloween Time. Xist Publishing. 2019. (Entry Level Readers Ser.). (ENG.). 8p. (J). (gr. -1-2). pap. 5.99 *(978-1-5324-1255-4(X))* Xist Publishing.

Halloween Time. Xist Publishing. 2019. (Entry Level Readers Ser.). (ENG.). 20p. (J). 12.99 ***(978-1-5324-3880-6(X))***; pap. 12.99 ***(978-1-5324-4176-9(2))*** Xist Publishing.

Halloween Treats. Make Believe Ideas. Illus. by Make Believe Ideas. 2020. (ENG.). 48p. (J). (gr. -1-7). pap. 6.99 *(978-1-78947-702-3(6))* Make Believe Ideas GBR. Dist: Scholastic, Inc.

Halloween Vegetable Horror Children's Book (German) When Parents Tricked Kids with Healthy Treats. Gunter. Ed. by Nate Books. Illus. by Mauro Lirussi. 2021. (German Children Books about Life & Behavior Ser.: Vol. 10). (GER.). 40p. (J). pap. 9.95 ***(978-0-578-98306-6(0))*** TGJS Publishing.

Halloween Vegetable Horror Children's Book (Portuguese) When Parents Tricked Kids with Healthy Treats. Gunter. Ed. by Nate Books. Illus. by Mauro Lirussi. 2021. (Portuguese Children Books about Life & Behavior Ser.: Vol. 10). (POR.). 40p. (J). pap. 9.95 ***(978-0-578-99359-1(7))*** TGJS Publishing.

Halloween Vegetable Horror Children's Book (Spanish) When Parents Tricked Kids with Healthy Treats. Gunter. Ed. by Nate Books. Illus. by Mauro Lirussi. 2021. (Spanish Children Books about Life & Behavior Ser.: Vol. 10). (SPA.). 40p. (J). pap. 9.95 ***(978-0-578-98801-6(1))*** TGJS Publishing.

Halloween Warriors: Legacy & Adventures. Esteban Vazquez. 2022. (Halloween Warriors Ser.: Vol. 7). (ENG., Illus.). 78p. (YA). pap. 18.95 *(978-1-63881-415-3(5))* Newman Springs Publishing, Inc.

Halloween Warriors: Parts 1, 2 And 3. Esteban Vazquez. 2018. (ENG., Illus.). 54p. (J). pap. 15.95 *(978-1-64299-172-7(4))* Christian Faith Publishing.

Halloween Warriors: Parts 6, 7 And 8. Esteban Vazquez. 2020. (ENG.). 92p. (J). pap. 20.95 *(978-1-64801-327-0(9))* Newman Springs Publishing, Inc.

Halloween Warriors - Part 9 & 10. Esteban Vazquez. 2020. (ENG., Illus.). 66p. (YA). pap. 17.95 *(978-1-64801-047-7(4))* Newman Springs Publishing, Inc.

Halloween Warriors Part 4 And 5. Esteban Vazquez. 2019. (ENG., Illus.). 74p. (YA). pap. 18.95 *(978-1-64531-259-8(3))* Newman Springs Publishing, Inc.

Halloween Wipe-Clean Activity Book. Contrib. by Scholastic, Inc. Staff. 2018. (ENG.). 56p. (J). (gr. -1-1). spiral bd. 9.99 *(978-1-338-30537-1(9))* Scholastic, Inc.

Halloween with Snowman Paul. Yossi Lapid. Illus. by Pasek Joanna. 2018. (Snowman Paul Ser.: Vol. 6). (ENG.). 40p. (J). (gr. k-2). 24.99 *(978-1-949091-08-3(2))* Lapid, Yosef.

Halloween Wizard: Story Book for Kids Ages 8 to 12 Years Old. Beatrice Harrison. 2022. (ENG.). 34p. (J). pap. 10.72 *(978-1-387-82219-5(5))* Lulu Pr., Inc.

Halloween Zombie Party. Reyna Young. 2020. (Monsters Ser.: Vol. 10). (ENG.). 88p. (J). pap. 9.98 *(978-1-946874-22-1(1))* Black Bed Sheet Bks.

Halloweenie. Amanda McCann. Illus. by Simone Föhl. 2022. 42p. (J). 24.99 *(978-1-6678-6332-0(0))* BookBaby.

Halloweenumzug: Ein Geheimnis der Monstakademie. Matt Beighton. Illus. by Amalia Rendon. 2021. (Monstakademie Ser.: Vol. 1). (GER.). 118p. (J). pap. *(978-1-9161360-5-2(2))* Green Monkey Pr.

Hallowell Partnership (Classic Reprint) Katharine Holland Brown. (ENG., Illus.). (J). 2018. 264p. 29.24 *(978-0-332-30174-7(5))*; 2016. pap. 11.97 *(978-1-333-71414-7(9))* Forgotten Bks.

Hall's Composition Outlines: Or Outlines, Plans, Schemes & Suggestions for Composition Writing (Classic Reprint) Hattie G. Hall. (ENG., Illus.). (J). 2018. 62p. 25.20 *(978-0-365-26350-0(8))*; 2017. pap. 9.57 *(978-0-259-56315-0(3))* Forgotten Bks.

Halls of Certitude. James D. Connolly. 2019. (Department of Truth Trilogy Ser.: Vol. 3). (ENG.). 210p. (YA). (gr. 7-12). pap. *(978-0-6485588-4-2(3))* Connolly, James D.

Hallucigenia. Ben Garrod. Illus. by Gabriel Ugueto. 2022. (Extinct the Story of Life on Earth Ser.: 1). (ENG.). 128p. (J). pap. 15.99 ***(978-1-83893-527-6(4)***, 668768, Zephyr) Head of Zeus GBR. Dist: Bloomsbury Publishing Plc.

Hallucinations or Reality. Mike Richards. 2016. (ENG.). 187p. (J). pap. 13.95 *(978-1-78612-152-3(2)*, 080d9d91-1852-49bc-9a9b-0628d8010b58) Austin Macauley Pubs. Ltd. GBR. Dist: Baker & Taylor Publisher Services (BTPS).

Hallucinogen Abuse, 1 vol. Bridey Heing. 2018. (Overcoming Addiction Ser.). (ENG., Illus.). 64p. (J). (gr. 7-7). 36.13 *(978-1-5081-7942-9(5)*, 7281f7a3-2c5c-46bb-a9a1-801eb892edff) Rosen Publishing Group, Inc., The.

Hallucinogens: Affecting Lives. Ashley Storm. 2021. (Affecting Lives: Drugs & Addiction Ser.). (ENG.). 32p. (J). (gr. 4-7). lib. bdg. 35.64 *(978-1-5038-4493-3(5)*, 214260, MOMENTUM) Child's World, Inc, The.

Hallucinogens: Ecstasy, LSD, & Ketamine, Vol. 13. John Perritano. Ed. by Sara Becker. 2016. (Drug Addiction & Recovery Ser.). (Illus.). 64p. (J). (gr. 7). 23.95 *(978-1-4222-3604-8(8))* Mason Crest.

Hally & the Sideways Tooth. Noah P. Flesher. Illus. by Jenny Chen. 2021. (ENG.). 44p. (J). 24.99 *(978-1-64990-104-0(6))* Palmetto Publishing.

Halo. Gail Pate. 2019. (Sequel in the Light Book Ser.). (ENG.). 186p. (YA). 25.95 *(978-1-64628-420-7(8))*; pap. 12.95 *(978-1-64628-418-4(6))* Page Publishing Inc.

Halo Boy. M. Garzon. Illus. by Melanie Hutchins. 2021. (Blaze of Glory Companion Bks.: Vol. 2). (ENG.). 302p. (YA). *(978-1-988844-10-7(X))* Petal Pr.

Halo Cat. Julia Simone. Illus. by Julia Simone. 2017. (ENG., Illus.). (J). (gr. 2-6). pap. 9.99 *(978-0-692-82697-3(1))* Simone, Julia.

Halo (Classic Reprint) Bettina Von Hutten. 2018. (ENG., Illus.). 358p. (J). 31.28 *(978-0-365-26474-3(1))* Forgotten Bks.

Halo Hair. Larry Mitchell. Illus. by Blueberry Illustrations. 2021. (ENG.). 58p. (J). 19.99 *(978-0-578-98461-2(X))* Larry W. Mitchell.

Halo of Light for Children. Ann L. Atkinson. 2021. (ENG., Illus.). 26p. (J). pap. 11.95 *(978-1-0980-9316-7(X))* Christian Faith Publishing.

Halos & Wings of Angels Coloring Book. Activity Book Zone for Kids. 2016. (ENG., Illus.). (J). pap. 9.20 *(978-1-68376-343-7(2))* Sabeels Publishing.

Halo's Glow. Margery Phelps. 2017. (ENG., Illus.). (J). pap. 9.49 *(978-0-9968902-7-4(0))* Cherokee Rose Publishing, LLC.

Halphaween. Kelsey Crnich. 2017. (ENG., Illus.). 32p. (J). pap. *(978-1-387-23730-2(6))* Lulu Pr., Inc.

Hal's Travels in Europe, Egypt, & the Holy Land. A. R. Wiggs. 2017. (ENG.). 396p. (J). pap. *(978-3-337-33017-0(7))*; pap. *(978-3-337-04288-2(0))* Creation Pubs.

Hal's Travels in Europe, Egypt, & the Holy Land: A Twelve Months Tour During Which He Saw Many Wonderful Things & a Vast Deal of Fun (Classic Reprint) A. R. Wiggs. 2017. (ENG., Illus.). (J). 32.08 *(978-0-260-42120-3(0))* Forgotten Bks.

Hal's Worst Wednesday. Mike Trenk. 2018. (ENG.). 32p. (J). 14.95 *(978-1-68401-486-6(7))* Amplify Publishing Group.

Halt! Who's There? (Classic Reprint) Wilfrid Meynell. (ENG., Illus.). (J). 2018. 108p. 26.14 *(978-0-484-31902-7(7))*; 2016. pap. 9.57 *(978-1-334-14157-7(6))* Forgotten Bks.

Halted Between Two Opinions, or a Madman's Confession: A Novel (Classic Reprint) James Cary. (ENG., Illus.). (J). 2018. 308p. 30.27 *(978-0-483-49958-4(7))*; 2017. pap. 13.57 *(978-0-282-02530-4(8))* Forgotten Bks.

Halting Pollution, 1 vol. Keisha Jones. 2016. (Global Guardians Ser.). (ENG.). 24p. (J). (gr. 3-3). pap. 9.25 *(978-1-4994-2756-1(5)*, 24284a20-72e7-47fc-a755-b5e1f6ed8652, PowerKids Pr.) Rosen Publishing Group, Inc., The.

Halves, Vol. 1: A Novel (Classic Reprint) James Payn. 2018. (ENG., Illus.). 278p. (J). 29.65 *(978-0-483-72351-1(7))* Forgotten Bks.

Halves, Vol. 2 Of 3: A Novel (Classic Reprint) James Payn. (ENG., Illus.). (J). 2018. 282p. 29.73 *(978-0-428-79608-2(7))*; 2017. pap. 13.57 *(978-0-243-08365-7(3))* Forgotten Bks.

Halves, Vol. 3 Of 3: And Other Tales (Classic Reprint) James Payn. 2018. (ENG., Illus.). 272p. (J). 29.53 *(978-0-483-25757-3(5))* Forgotten Bks.

Halyean Legacy: Scars & Gifts. Susan Tracy. 2023. (ENG.). 258p. (YA). 43.99 ***(978-1-6657-3762-3(X))***; pap. 20.99 ***(978-1-6657-3763-0(8))*** Archway Publishing.

Ham Helsing #2: Monster Hunter. Rich Moyer. 2022. (Ham Helsing Ser.: 2). (ENG.). 240p. (J). (gr. 3-7). 12.99 *(978-0-593-30895-0(6))*; lib. bdg. 15.99 *(978-0-593-30896-7(4))* Random Hse. Children's Bks. (Crown Books For Young Readers).

Ham Helsing #3: Raising the Stakes: (a Graphic Novel) Rich Moyer. 2023. (Ham Helsing Ser.: 3). (ENG.). 240p. (J). (gr. 3-7). 13.99 *(978-0-593-30899-8(9))* Penguin Random Hse. LLC.

Hamburger & French Flies: A Barn Swallow's Story. Carol Kent. 2022. (ENG.). 56p. (J). ***(978-1-0391-5023-2(3))***; pap. ***(978-1-0391-5022-5(5))*** FriesenPress.

Hamburgers. Golriz Golkar. 2019. (Favorite Foods Ser.). (ENG., Illus.). 24p. (J). (gr. 1-1). pap. 8.95 *(978-1-64185-560-0(6)*, 1641855606) North Star Editions.

Hamburgers. Golriz Golkar. 2018. (Favorite Foods Ser.). (ENG., Illus.). 24p. (J). (gr. k-3). lib. bdg. 31.36 *(978-1-5321-6189-6(1)*, 30161, Pop! Cody Koala) Pop!.

Hamburgers. Joanne Mattern. 2021. (Our Favorite Foods Ser.). (ENG., Illus.). 24p. (J). (gr. k-3). lib. bdg. 26.95 *(978-1-64487-435-6(0)*, Blastoff! Readers) Bellwether Media.

Hamel, Gumpus & Statue of Gold. Kristen T. Wright. 2022. (ENG.). 20p. (J). pap. 12.99 ***(978-0-9704455-1-3(2))*** Wright, R. Inc.

Hamel Gumpus & the Hot Air Balloon. Kristen T. Wright. 2022. (ENG.). 20p. (J). pap. 12.99 ***(978-0-9704455-2-0(0))*** Wright, R. Inc.

Hamelin Stoop: The Eagle, the Cave, & the Footbridge. Robert B. Sloan. 2016. (Hamelin Stoop Ser.: Vol. 1). (ENG.). 336p. (YA). (gr. 7-11). 19.99 *(978-1-4956-1972-4(9))*; pap. 10.99 *(978-1-4956-1973-1(7))* Independent Pubs. Group.

Hamelin Stoop: The Lost Princess & the Jewel of Periluna. Robert B. Sloan. 2017. (Hamelin Stoop Ser.: Vol. 2). (ENG.). 304p. (YA). (gr. 7-12). 21.99 *(978-1-4956-1990-8(7))*; pap. 12.99 *(978-1-4956-1991-5(5))* Independent Pubs. Group.

Hamelin Stoop: The Ring of Truth. Robert B. Sloan. 2020. (Hamelin Stoop Ser.: Vol. 3). (ENG.). 640p. (YA). (gr. 7-12). pap. 17.99 *(978-1-4956-2029-4(8))*; 24.99 ***(978-1-4956-2033-1(6))*** Independent Pubs. Group.

Hamer: The Poor Little Thing. Aundi Gilliland. 2020. (ENG., Illus.). 32p. (J). pap. 13.95 *(978-1-64670-415-6(0))* Covenant Bks.

Hamete de Toledo. Lope de. Vega. 2017. (SPA., Illus.). (J). 22.95 *(978-1-374-92092-7(4))*; pap. 12.95 *(978-1-374-92091-0(6))* Capital Communications, Inc.

Hamid's Story: A Real-Life Account of His Journey from Eritrea. Andy Glynne. 2017. (Seeking Refuge Ser.). (ENG., Illus.). 32p. (J). (gr. k-5). 27.99 *(978-1-5158-1413-9(0)*, 135355, Picture Window Bks.) Capstone.

Hamilton: A Play in Four Acts (Classic Reprint) Mary P. Hamlin. (ENG., Illus.). (J). 2018. 78p. 25.51 *(978-0-365-29176-3(5))*; 2017. pap. 9.57 *(978-0-259-28349-2(5))* Forgotten Bks.

Hamilton & Peggy! A Revolutionary Friendship. L. M. Elliott. (ENG.). (YA). (gr. 8). 2019. 464p. pap. 10.99 *(978-0-06-267131-8(6))*; 2018. 448p. 17.99 *(978-0-06-267130-1(8))* HarperCollins Pubs. (Tegen, Katherine Bks).

Hamilton King: Or, the Smuggler & the Dwarf (Classic Reprint) Old Sailor. (ENG., Illus.). (J). 2018. 210p. 28.25 *(978-0-365-32225-2(3))*; 2017. pap. 10.97 *(978-0-259-39215-6(4))* Forgotten Bks.

Hamilton King, Vol. 1 Of 3: Or, the Smuggler & the Dwarf (Classic Reprint) Old Sailor. 2018. (ENG., Illus.). 340p. (J). 30.93 *(978-0-267-67482-4(1))* Forgotten Bks.

830

The check digit for ISBN-10 appears in parentheses after the full ISBN-13

TITLE INDEX

HAN SOLO: VOLUME 1

Hamilton Troll Cookbook: Easy to Make Recipes for Children. Illus. by Carol W. Bryant & Leigh A. Klug. 2017. (Hamilton Troll Adventures Ser.: Vol. 15). (ENG.). 88p. (J). pap. 19.95 *(978-1-941345-59-7(X))* Erin Go Bragh Publishing.

Hamilton Troll Cookbook: Easy to Make Recipes for Children. Kathleen J. Shields. Illus. by Carol W. Bryant & Leigh A. Klug. 2016. (Hamilton Troll Adventures Ser.). (ENG.). (J). (gr. 2-5). pap. 14.95 *(978-1-941345-29-0(8))* Erin Go Bragh Publishing.

Hamilton Troll Meets Barney Bee. Kathleen J. Shields. Illus. by Leigh A. Klug & Carol W. Bryant. 2017. (Hamilton Troll Adventures Ser.: Vol. 3). (ENG.). 46p. (J). pap. 11.95 *(978-1-941345-36-8(0))* Erin Go Bragh Publishing.

Hamilton Troll Meets Chatterton Squirrel. Kathleen J. Shields. Illus. by Leigh A. Klug & Carol W. Bryant. 2017. (Hamilton Troll Adventures Ser.: Vol. 4). (ENG.). 42p. (J). pap. 9.95 *(978-1-941345-37-5(9))* Erin Go Bragh Publishing.

Hamilton Troll Meets Dinosaurs. Kathleen J. Shields. Illus. by Leigh A. Klug & Carol W. Bryant. 2017. (Hamilton Troll Adventures Ser.: Vol. 6). (ENG.). 36p. (J). pap. 9.95 *(978-1-941345-39-9(5))* Erin Go Bragh Publishing.

Hamilton Troll Meets Elwood Woodpecker. Kathleen J. Shields. Illus. by Leigh A. Klug & Carol W. Bryant. 2017. (Hamilton Troll Adventures Ser.: Vol. 5). (ENG.). 38p. (J). pap. 9.95 *(978-1-941345-38-2(7))* Erin Go Bragh Publishing.

Hamilton Troll Meets Pink Light Sprite. Kathleen J. Shields. Illus. by Leigh A. Klug & Carol W. Bryant. 2017. (Hamilton Troll Adventures Ser.: Vol. 1).Tr. of Hamilton Troll Meets Pink Light Sprite. (ENG.). 46p. (J). pap. 12.95 *(978-1-941345-34-4(4))* Erin Go Bragh Publishing.

Hamilton Troll Meets Skeeter Skunk. Kathleen J. Shields. Illus. by Leigh A. Klug & Carol W. Bryant. 2017. (Hamilton Troll Adventures Ser.: Vol. 2).Tr. of Hamilton Troll Meets Skeeter Skunk. (ENG.). 54p. (J). pap. 12.95 *(978-1-941345-35-1(2))* Erin Go Bragh Publishing.

Hamilton Troll Meets Whitaker Owl. Kathleen J. Shields. Illus. by Leigh A. Klug & Carol W. Bryant. 2017. (Hamilton Troll Adventures Ser.: Vol. 7). (ENG.). 40p. (J). pap. 9.95 *(978-1-941345-40-5(9))* Erin Go Bragh Publishing.

Hamilton vs. Jefferson (Alexander Hamilton) Curtis Slepian. rev. ed. 2017. (Social Studies: Informational Text Ser.). (ENG., Illus.). 32p. (gr. 4-8). pap. 11.99 *(978-1-4258-6354-8(X))* Teacher Created Materials, Inc.

Hamiltons, or Official Life in 1830 (Classic Reprint) Gore. 2017. (ENG., Illus.). (J). 31.59 *(978-0-260-60915-1(3))* Forgotten Bks.

Hamiltons, or Sunshine in Storm (Classic Reprint) Cora Berkley. (ENG., Illus.). (J). 2018. 214p. 28.31 *(978-0-483-57055-9(9))*; 2017. pap. 10.97 *(978-0-243-28195-4(1))* Forgotten Bks.

Hamish. James F. Park. 2017. (ENG.). 38p. (J). pap. ***(978-0-244-93578-8(5))*** Lulu Pr., Inc.

Hamish Takes the Train. Daisy Hirst. Illus. by Daisy Hirst. 2020. (ENG.). 40p. (J). (gr. -1-2). 16.99 *(978-1-5362-1659-2(3))* Candlewick Pr.

Hamish the Hedgehog, Cooking Classes. P. J. Tierney. Illus. by Aishwarya Vhora. 2022. (Hamish the Hedgehog Ser.: 2). (ENG.). 32p. (J). (gr. -1-k). 17.95 *(978-1-943016-15-0(1))* Kitchen Ink Publishing.

Hamisi's Lucky Day. Adelheid Marie Bwire. Illus. by Rob Owen. 2022. (ENG.). 24p. (J). pap. ***(978-1-922910-73-8(2))*** Library For All Limited.

Hamisi's Lucky Day - Hamisi Abahatika. Adelheid Marie Bwire. Illus. by Rob Owen. 2023. (SWA.). 24p. (J). pap. ***(978-1-922910-13-4(9))*** Library For All Limited.

Hamlet. William Shakespeare. Illus. by Naresh Kumar. 2019. (Campfire Graphic Novels Ser.). 90p. (YA). (gr. 7). pap. 12.99 *(978-93-81182-51-2(5)*, Campfire) Steerforth Pr.

Hamlet. William Shakespeare. 2021. (ENG.). 154p. (J). (gr. 4-6). pap. 7.99 *(978-1-4209-7582-6(X))* Digireads.com Publishing.

Hamlet. William Shakespeare. 2020. (ENG.). 174p. (J). (gr. 4-6). pap. *(978-1-77426-039-5(5))* East India Publishing Co.

Hamlet: A Tragedy by William Shakespeare. William Shakespeare. 2020. (ENG.). 198p. (J). (gr. 3-7). pap. 19.99 *(978-1-6781-4647-4(1))* Lulu Pr., Inc.

Hamlet: A Tragedy by William Shakespeare. William Shakespeare. 2022. (ENG.). 186p. (J). (gr. 4-6). pap. 28.52 ***(978-1-4583-4032-0(5))***; pap. 31.02 ***(978-1-4583-3852-5(5))*** Lulu Pr., Inc.

Hamlet & Cheese, 11. Megan Mcdonald. ed. 2019. (Judy Moody & Stink Ser.). (ENG.). 124p. (J). (gr. 2-3). 15.49 *(978-0-87617-953-6(7))* Penworthy Co., LLC, The.

Hamlet in Old Hampshire (Classic Reprint) Anna Lea Merritt. (ENG., Illus.). (J). 2018. 268p. 29.42 *(978-0-332-82362-1(8))*; 2017. pap. 11.97 *(978-1-5276-6856-0(8))* Forgotten Bks.

Hamlet Novel Units Student Packet. Novel Units. 2019. (ENG.). (YA). pap. 13.99 *(978-1-56137-419-9(9)*, Novel Units, Inc.) Classroom Library Co.

Hamlet, Prince of Denmark: A Tragedy (Classic Reprint) William Shakespeare. 2017. (ENG., Illus.). 236p. (YA). (gr. 10). 28.76 *(978-0-331-22271-5(X))* Forgotten Bks.

Hamlet, Prince of Denmark: a Shakespeare Children's Story. Illus. by Macaw Books. abr. ed. 2019. (Sweet Cherry Easy Classics Ser.). (ENG.). 64p. (J). (gr. 3-6). 5.99 *(978-1-78226-564-1(3)*, babce95b-c2a0-4bba-97f8-c42b6fcb560d); 8.99 *(978-1-78226-558-0(9)*, b5caa9dc-ba22-4dfc-9918-9a76d123ea25) Sweet Cherry Publishing GBR. Dist: Baker & Taylor Publisher Services (BTPS).

Hamlet Príncipe de Dinamarca. William Shakespeare & Kathy McEvoy. 2017. (SPA.). 52p. (J). (gr. 6-8). pap. 17.99 *(978-958-30-5188-3(8))* Panamericana Editorial COL. Dist: Lectorum Pubns., Inc.

Hamlet: Shakespeare's Greatest Stories: With Review Questions & an Introduction to the Themes in the Story. Wonder House Books. 2019. (Illustrated Classics Ser.). (ENG.). 88p. (YA). (gr. 9). pap. 3.99 ***(978-93-89432-50-3(2))*** Prakash Bk. Depot IND. Dist: Independent Pubs. Group.

Hamlet (Worldview Edition) William Shakespeare. 2019. (ENG.). (YA). pap. 10.95 *(978-1-944503-07-9(2))* Canon Pr.

Hamlets: A Tale (Classic Reprint) Harriet Martineau. 2017. (ENG., Illus.). (J). 27.75 *(978-0-266-72000-3(5))*; pap. 10.57 *(978-1-5276-7815-6(6))* Forgotten Bks.

Hamlet's Trap (Suspense), 1 vol. Janice Greene. 2017. (Pageturners Ser.). (ENG.). 76p. (YA). (gr. 9-12). 10.75 *(978-1-68021-404-8(7))* Saddleback Educational Publishing, Inc.

Hammer & Anvil: A Novel (Classic Reprint) Friedrich Spielhagen. 2017. (ENG., Illus.). (J). 696p. 38.27 *(978-0-332-43295-3(5))*; pap. 20.97 *(978-0-259-20964-5(3))* Forgotten Bks.

Hammer & Nails. Josh Bledsoe. Illus. by Jessica Warrick. 2016. (ENG.). 32p. (J). (gr. k-2). 17.95 *(978-1-936261-36-9(7))* Flashlight Pr.

Hammer of Thor. Rick Riordan. ed. 2018. (Magnus Chase & the Gods of Asgard Ser.: 2). (J). lib. bdg. 20.85 *(978-0-606-40961-2(0))* Turtleback.

Hammer or Screwdriver: A Tool Coloring Book. Smarter Activity Books for Kids. 2016. (ENG., Illus.). (J). pap. 9.22 *(978-1-68374-454-2(3))* Examined Solutions PTE. Ltd.

Hammered by Hurricanes, 1 vol. Melissa Raé Shofner. 2017. (Natural Disasters: How People Survive Ser.). (ENG.). 32p. (J). (gr. 4-5). 27.93 *(978-1-5383-2561-2(6)*, 02135d0f-3775-4fbc-a04f-d8f380b30c23); pap. 11.00 *(978-1-5383-2630-5(2)*, 5bb414ef-20f4-48e2-b6d6-6de6ea24680f) Rosen Publishing Group, Inc., The. (PowerKids Pr.).

Hammerhead Shark. Martha London. 2022. (Shark Shock! Ser.). (ENG., Illus.). 24p. (J). (gr. 2-5). lib. bdg. 26.99 *(978-1-63691-532-6(9)*, 18645) Bearport Publishing Co., Inc.

Hammerhead Sharks. Christine Thomas Alderman. 2019. (Swimming with Sharks Ser.). (ENG., Illus.). 32p. (J). (gr. 4-6). pap. 9.99 *(978-1-64466-049-2(0)*, 12805, Bolt) Black Rabbit Bks.

Hammerhead Sharks. Beth Costanzo. 2021. (ENG.). 26p. (J). pap. 9.95 *(978-1-0879-5701-2(X))* Adventures of Scuba Jack Pubs., The.

Hammerhead Sharks. Beth Costanzo. 2020. (ENG.). 28p. (J). pap. 12.95 *(978-1-6781-5346-5(X))* Lulu Pr., Inc.

Hammerhead Sharks. Traci Dibble. 2017. (1-3Y Marine Life Ser.). (ENG.). 12p. (J). pap. 9.60 *(978-1-63437-910-6(1)*, ARC Pr. Bks.) American Reading Co.

Hammerhead Sharks. Allan Morey. 2016. (Sharks Ser.). (ENG., Illus.). 32p. (J). (gr. 2-5). pap. 9.99 *(978-1-68152-091-9(5)*, 15736); lib. bdg. 20.95 *(978-1-60753-978-0(0)*, 15728) Amicus.

Hammerhead Sharks. Julie Murray. 2019. (Animal Kingdom Ser.). (ENG.). 32p. (J). (gr. 2-5). lib. bdg. 34.21 *(978-1-5321-1636-0(5)*, 32383, Big Buddy Bks.) ABDO Publishing Co.

Hammerhead Sharks. Contrib. by Julie Murray. 2023. (Sharks Ser.). (ENG.). 24p. (J). (gr. k-3). lib. bdg. 31.36 ***(978-1-0982-4424-8(9)***, 42449, Pop! Cody Koala) Pop!.

Hammerhead Sharks. Deborah Nuzzolo. 2017. (All about Sharks Ser.). (ENG., Illus.). 24p. (J). (gr. -1-2). pap. 6.95 *(978-1-5157-7009-1(5)*, 135456, Capstone Pr.) Capstone.

Hammerhead Sharks. Rebecca Pettiford. 2020. (Shark Frenzy Ser.). (ENG., Illus.). (J). (gr. k-3). 24p. lib. bdg. 26.95 *(978-1-64487-246-8(3))*; pap. 7.99 Bellwether Media.

Hammerhead Sharks. Leo Statts. 2017. (Sharks (Launch!) Ser.). (ENG., Illus.). 24p. (J). (gr. -1-2). lib. bdg. 31.36 *(978-1-5321-2009-1(5)*, 25366, Abdo Zoom-Launch); E-Book 57.08 *(978-1-61479-776-0(5)*, 26181) ABDO Publishing Co.

Hammerhead Sharks, Vol. 10. Joyce A. Hull. 2018. (Amazing World of Sharks Ser.). (Illus.). 64p. (J). (gr. 7). lib. bdg. 31.93 *(978-1-4222-4127-1(0))* Mason Crest.

Hammerhead Sharks: Children's Fish Books. Bold Kids. 2022. (ENG.). 44p. (J). pap. 15.99 ***(978-1-0717-1008-1(7))*** FASTLANE LLC.

Hammerhead vs. Bull Shark. Jerry Pallotta. Illus. by Rob Bolster. 2023. (Who Would Win? Ser.). (ENG.). 32p. (J). (gr. 1-4). lib. bdg. 32.79 ***(978-1-0982-5250-2(0)***, 42616) Spotlight.

Hammerhead vs. Bull Shark (Who Would Win?) Jerry Pallotta. Illus. by Rob Bolster. 2019. (Who Would Win? Ser.). (ENG.). 32p. (J). (gr. 1-3). lib. bdg. 14.80 *(978-1-6636-2451-2(8))* Perfection Learning Corp.

Hammerhead vs. Bull Shark (Who Would Win?) Jerry Pallotta. Illus. by Rob Bolster. 2016. (Who Would Win? Ser.). (ENG.). 32p. (J). (gr. 1-3). pap. 4.95 *(978-0-545-30170-1(X))* Scholastic, Inc.

Hammerheads, Great Whites & More! Sharks Coloring Book. Activity Book Zone for Kids. 2016. (ENG., Illus.). (J). pap. 9.20 *(978-1-68376-344-4(0))* Sabeels Publishing.

Hammering for Freedom, 1 vol. Rita Lorraine Hubbard. Illus. by John Holyfield. 2018. (New Voices Ser.). (ENG.). 32p. (J). (gr. 2-7). 19.95 *(978-1-60060-969-5(4)*, leelowbooks) Lee & Low Bks., Inc.

Hammersmith: His Harvard Days (Classic Reprint) Mark Sibley Severance. 2018. (ENG., Illus.). 534p. (J). 34.91 *(978-0-428-20724-3(3))* Forgotten Bks.

Hammet Achmet: A Servant of George Washington (Classic Reprint) Emilie T. Stedman. 2018. (ENG., Illus.). 22p. (J). 24.35 *(978-0-267-28028-5(9))* Forgotten Bks.

Hammond's Hard Lines (Classic Reprint) Skelton Kuppord. 2018. (ENG., Illus.). 266p. (J). 29.38 *(978-0-267-46075-5(9))* Forgotten Bks.

Hammy & Friends. Jordon Hadfield. Illus. by Godwill 'Mort' Belium. 2017. (ENG.). 44p. (J). pap. ***(978-0-244-50225-6(0))*** Lulu Pr., Inc.

Hammy & Friends: The Haunted Kingdom. Jordon Hadfield. Illus. by Godwill 'Mort' Belium. 2017. (ENG.). 48p. (J). pap. ***(978-0-244-20226-2(5))*** Lulu Pr., Inc.

Hammy & Friends: The Mad Science Lab. Jordon Hadfield. Illus. by Godwill 'Mort' Belium. 2019. (ENG.). 40p. (J). pap. ***(978-1-4710-5634-5(1))*** Lulu Pr., Inc.

Hammy & Gerbee: Mummies at the Museum. Wong Herbert Yee. Illus. by Wong Herbert Yee. 2018. (ENG., Illus.). 112p. (J). pap. 13.99 *(978-1-62779-462-6(X)*, 900151451, Holt, Henry & Co. Bks. For Young Readers) Holt, Henry & Co.

Hammy the Hamster & Friends. Jordon Hadfield. 2017. (ENG., Illus.). (J). pap. 3.21 *(978-0-244-91648-0(9))* Lulu Pr., Inc.

Hammy's Christmas Activity Book. Jordon Hadfield. 2022. (ENG.). 32p. (J). pap. ***(978-1-4709-7891-4(1))*** Lulu Pr., Inc.

Hammy's Day Out. Kristine D. Linder. 2021. (ENG.). 64p. (J). pap. 14.99 ***(978-1-0879-9520-5(5))*** Indy Pub.

Hammy's Easter Egg Hunt. Jordon Hadfield. Illus. by Godwill 'Mort' Belium. 2023. (ENG.). 35p. (J). pap. ***(978-1-4478-5109-7(9))*** Lulu Pr., Inc.

Hammy's New Home. Melanie L. Lopata. 2016. (ENG., Illus.). (J). pap. 10.99 *(978-0-692-64200-9(5))* Melanie.

Hampdens: An Historiette (Classic Reprint) Harriet Martineau. 2018. (ENG., Illus.). 214p. (J). 28.33 *(978-0-483-60682-1(0))* Forgotten Bks.

Hampered: A Play in Three Acts; One Dance & One Tableau; an Adaptation of a Novel, with Permission of the Authoress (Classic Reprint) J. Bunford Samuel. (ENG., Illus.). (J). 2018. 54p. 25.03 *(978-0-483-97902-4(3))*; 2016. pap. 9.57 *(978-1-334-20670-2(8))* Forgotten Bks.

Hampshire Days (Classic Reprint) William Henry Hudson, 3rd. (ENG., Illus.). (J). 2018. 426p. 32.68 *(978-0-332-28640-2(1))*; 2016. pap. 16.57 *(978-1-333-64107-8(9))* Forgotten Bks.

Hampshire Folk Tales for Children. Michael O'Leary. Illus. by Su Eaton. 2016. (Folk Tales for Children Ser.). (ENG.). 192p. (J). (gr. 2-4). pap. 16.99 *(978-0-7509-6484-5(7))* History Pr. Ltd.,The GBR. Dist: Independent Pubs. Group.

Hampstead Annual, 1902 (Classic Reprint) Greville E. Matheson. (ENG., Illus.). (J). 2018. 204p. 28.10 *(978-0-267-59523-5(9))*; 2016. pap. 10.57 *(978-1-334-15051-7(6))* Forgotten Bks.

Hampstead Surveyed. Mike Bassett. 2017. (ENG.). 523p. (J). 30.95 *(978-1-84963-633-9(8)*, 6902f7a2-e7e3-4373-923c-11b54b785c18) Austin Macauley Pubs. Ltd. GBR. Dist: Baker & Taylor Publisher Services (BTPS).

Hampstead the Hamster. Michael Rosen. 2018. (ENG., Illus.). 80p. (J). (gr. k-2). 9.99 *(978-1-78344-732-9(X))* Andersen Pr. GBR. Dist: Independent Pubs. Group.

Hampton Hattie. K. P. Fox. 2018. (ENG., Illus.). 274p. (J). (gr. 3-6). pap. 7.99 *(978-0-9979179-4-9(6))* Flat Pond Publishing.

Hampton's Curse: A Werewolf Story. S. M. Williams. 2017. (ENG., Illus.). (J). pap. *(978-1-911175-63-6(7))* YouCaxton Pubns.

Hampton's Magazine, Vol. 27: July, 1911 (Classic Reprint) Unknown Author. (ENG., Illus.). (J). 2018. 914p. 42.75 *(978-0-484-18173-0(4))*; 2017. pap. 25.09 *(978-1-334-92321-0(3))* Forgotten Bks.

Hamra & the Jungle of Memories. Hanna Alkaf. 2023. (ENG.). 400p. (J). (gr. 3-7). 19.99 *(978-0-06-320795-0(8)*, HarperCollins) HarperCollins Pubs.

Hamrammr: Book One. Katrina a Trujillo. 2021. (Book One Ser.: Vol. 1). (ENG.). 248p. (YA). pap. 9.99 *(978-1-953904-49-2(1))* Stellar Literary.

Hamrammr: Book Two. Katrina a Trujillo. 2021. (Book Two Ser.: Vol. 2). (ENG.). 340p. (YA). pap. 9.99 *(978-1-953904-32-4(7))* Stellar Literary.

Hamsly, Burdance & Dogston Find a New Home. Leah Margolis. 2020. (ENG., Illus.). 32p. (J). 17.99 *(978-1-7332346-4-1(0))* Mindstir Media.

Hamster. Douglas Bender. 2022. (My First Pet Ser.). (ENG.). 16p. (J). (gr. -1-1). pap. 7.95 *(978-1-63897-549-6(3)*, 20815); lib. bdg. 25.27 *(978-1-63897-434-5(9)*, 20814) Seahorse Publishing.

Hamster. Barry Cole. 2019. (My Pet Ser.). (ENG.). 16p. (J). (gr. -1-2). pap. 9.95 *(978-1-7316-0409-5(2)*, 9781731604095) Rourke Educational Media.

Hamster. Jill Foran & Katie Gillespie. 2019. (J). *(978-1-7911-1904-1(2)*, AV2 by Weigl) Weigl Pubs., Inc.

Hamster. August Hoeft. (I See Animals Ser.). (ENG.). (J). 2022. 20p. 24.99 ***(978-1-5324-3415-0(4))***; 2022. 20p. pap. 12.99 ***(978-1-5324-4218-6(1))***; 2020. 12p. pap. 5.99 *(978-1-5324-1496-1(X))* Xist Publishing.

Hamster: Children's Mouse & Rodent Book. Bold Kids. 2022. (ENG.). 46p. (J). pap. 15.99 ***(978-1-0717-1009-8(5))*** FASTLANE LLC.

Hamster de la Princesa Criseta (Princess Criseta's Hamster), 1 vol. Aleix Cabrera. 2017. (Princesitas (Little Princesses) Ser.). (SPA., Illus.). 32p. (J). (gr. 1-2). pap. 11.00 *(978-1-4994-8432-8(1)*, 368cd6d0-861d-46ac-b6bf-57c8cdd15c65); lib. bdg. 28.93 *(978-1-4994-8434-2(8)*, 7f67d3c2-401b-4a43-9b8e-a672e0507489) Rosen Publishing Group, Inc., The. (Windmill Bks.).

Hamster Garden Heist. Catrienne McGuire. 2021. (Butters & Big Mac, School Detectives Ser.: Vol. 3). (ENG.). 68p. (J). pap. *(978-1-913833-74-9(7))* Mirador Publishing.

Hamster Holmes, a Big-Time Puzzle: Ready-To-Read Level 2. Albin Sadar. Illus. by Valerio Fabbretti. 2019. (Hamster Holmes Ser.). (ENG.). 32p. (J). (gr. k-2). 17.99 *(978-1-5344-2198-1(X))*; pap. 4.99 *(978-1-5344-2197-4(1))* Simon Spotlight. (Simon Spotlight).

Hamster Holmes, a Bit Stumped: Ready-To-Read Level 2. Albin Sadar. Illus. by Valerio Fabbretti. 2019. (Hamster Holmes Ser.). (ENG.). 32p. (J). (gr. k-2). 17.99 *(978-1-5344-2192-9(0))*; pap. 4.99 *(978-1-5344-2191-2(2))* Simon Spotlight. (Simon Spotlight).

Hamster Holmes, Afraid of the Dark? Ready-To-Read Level 2. Albin Sadar. Illus. by Valerio Fabbretti. 2019. (Hamster Holmes Ser.). (ENG.). 32p. (J). (gr. k-2). 17.99 *(978-1-5344-2195-0(5))*; pap. 4.99 *(978-1-5344-2194-3(7))* Simon Spotlight. (Simon Spotlight).

Hamster Holmes Box of Mysteries (Boxed Set) Hamster Holmes, a Mystery Comes Knocking; Hamster Holmes, Combing for Clues; Hamster Holmes, on the Right Track; Hamster Holmes, a Bit Stumped; Hamster Holmes, Afraid of the Dark?; Hamster Holmes, a Big-Time Puzzle. Albin Sadar. Illus. by Valerio Fabbretti. ed. 2020. (Hamster Holmes Ser.). (ENG.). 192p. (J). (gr. k-2). pap. 17.99 *(978-1-5344-6548-0(0)*, Simon Spotlight) Simon Spotlight.

Hamster Holmes... for Clues. Albin Sadar. ed. 2018. (Ready-To-Read Ser.). (ENG.). 32p. (J). (gr. -1-1). 9.00 *(978-1-64310-554-3(X))* Penworthy Co., LLC, The.

Hamster Holmes, on the Right Track. Albin Sadar. ed. 2016. (Simon & Schuster Ready-To-Read Level 2 Ser.). lib. bdg. 13.55 *(978-0-606-38245-8(3))* Turtleback.

Hamster Holmes, on the Right Track: Ready-To-Read Level 2. Albin Sadar. Illus. by Valerio Fabbretti. 2016. (Hamster Holmes Ser.). (ENG.). 32p. (J). (gr. k-2). pap. 4.99 *(978-1-4814-2042-6(9)*, Simon Spotlight) Simon Spotlight.

Hamster Holmes On... Track. Albin Sadar. ed. 2018. (Ready-To-Read Ser.). (ENG.). 32p. (J). (gr. -1-1). 9.00 *(978-1-64310-470-6(5))* Penworthy Co., LLC, The.

Hamster HQ. Darren Mennie. 2022. (ENG.). 208p. (J). pap. ***(978-1-3984-3692-3(5))*** Austin Macauley Pubs. Ltd.

Hamster Pals. Pat Jacobs. 2017. (Pet Pals Ser.). 32p. (J). (gr. 3-3). *(978-0-7787-3560-1(5))* Crabtree Publishing Co.

Hamster Princess: Giant Trouble. Ursula Vernon. 2017. (Hamster Princess Ser.: 4). (Illus.). 224p. (J). (gr. 3-7). 14.99 *(978-0-399-18652-3(2)*, Dial Bks) Penguin Young Readers Group.

Hamster Princess: Little Red Rodent Hood. Ursula Vernon. 2018. (Hamster Princess Ser.: 6). (Illus.). 224p. (J). (gr. 3-7). 14.99 *(978-0-399-18658-5(1)*, Dial Bks) Penguin Young Readers Group.

Hamster Princess: of Mice & Magic. Ursula Vernon. 2016. (Hamster Princess Ser.: 2). (Illus.). 240p. (J). (gr. 3-7). 13.99 *(978-0-8037-3984-0(2)*, Dial Bks) Penguin Young Readers Group.

Hamster Princess: Ratpunzel. Ursula Vernon. 2016. (Hamster Princess Ser.: 3). (Illus.). 240p. (J). (gr. 3-7). 14.99 *(978-0-8037-3985-7(0)*, Dial Bks) Penguin Young Readers Group.

Hamster Princess: Whiskerella. Ursula Vernon. 2018. (Hamster Princess Ser.: 5). (Illus.). 256p. (J). (gr. 3-7). 14.99 *(978-0-399-18655-4(7)*, Dial Bks) Penguin Young Readers Group.

Hamster Sitter Wanted. Tracy Gunaratnam. Illus. by Hannah Marks. 2019. (ENG.). 32p. (J). (gr. -1-3). 17.99 *(978-1-84886-359-0(4)*, 136af545-b42c-4232-8e56-767553e3e7cd) Maverick Arts Publishing GBR. Dist: Lerner Publishing Group.

Hamsters. Lisa J. Amstutz. 2018. (Our Pets Ser.). (ENG., Illus.). 24p. (J). (gr. -1-2). lib. bdg. 22.65 *(978-1-5435-0159-9(1)*, 137100, Pebble) Capstone.

Hamsters. Sophie Geister-Jones. 2019. (Pets Ser.). (ENG., Illus.). 24p. (J). (gr. k-3). lib. bdg. 31.36 *(978-1-5321-6571-9(4)*, 33244, Pop! Cody Koala) Pop!.

Hamsters. Derek Zobel. 2020. (Favorite Pets Ser.). (ENG.). 24p. (J). (gr. -1-2). lib. bdg. 25.95 *(978-1-64487-316-8(8))*; (Illus.). pap. 7.99 *(978-1-68103-803-2(X)*, 12893) Bellwether Media. (Blastoff! Readers).

Hamsters, Vol. 12. Anne McBride. 2016. (Understanding & Caring for Your Pet Ser.). (Illus.). 128p. (J). (gr. 5). 25.95 *(978-1-4222-3699-4(4))* Mason Crest.

Hamsters: Questions & Answers. Christina Mia Gardeski. 2016. (Pet Questions & Answers Ser.). (ENG., Illus.). 24p. (J). (gr. -1-2). pap. 6.95 *(978-1-5157-0359-4(2)*, 131992); lib. bdg. 27.32 *(978-1-5157-0352-5(5)*, 131986) Capstone. (Capstone Pr.).

Hamsters Don't Fight Fires! Andrew Root. Illus. by Jessica Olien. 2017. (ENG.). 40p. (J). (gr. -1-3). 17.99 *(978-0-06-245294-8(0)*, HarperCollins) HarperCollins Pubs.

Hamsters Make Terrible Roommates. Cheryl Klein. Illus. by Abhi Alwar. 2021. 40p. (J). (gr. -1-2). 18.99 *(978-0-593-32423-3(4)*, Dial Bks) Penguin Young Readers Group.

Hamsters, Mice, & Rodents: Children's Guide to Caring for Rodents! Pet Books for Kids - Children's Animal Care & Pets Books. Left Brain Kids. 2016. (ENG., Illus.). (J). pap. 7.51 *(978-1-68376-602-5(4))* Sabeels Publishing.

Hamsters on the Go, 1 vol. Kass Reich. 2016. (ENG., Illus.). 24p. (J). (gr. -1 — 1). bds. 9.95 *(978-1-4598-1016-7(3))* Orca Bk. Pubs. USA.

Hamstersaurus Rex. Tom O'Donnell. Illus. by Tim J. Miller. 2016. (Hamstersaurus Rex Ser.: 1). (ENG.). 272p. (J). (gr. 3-7). 12.99 *(978-0-06-237754-8(X)*, HarperCollins) HarperCollins Pubs.

Hamstersaurus Rex Gets Crushed. Tom O'Donnell. Illus. by Tim Miller. 2018. (Hamstersaurus Rex Ser.: 3). (ENG.). 304p. (J). (gr. 3-7). 13.99 *(978-0-06-237758-6(2)*, HarperCollins) HarperCollins Pubs.

Hamstersaurus Rex vs. Squirrel Kong. Tom O'Donnell. Illus. by Tim Miller. 2017. (Hamstersaurus Rex Ser.: 2). (ENG.). 304p. (J). (gr. 3-7). 12.99 *(978-0-06-237756-2(6)*, HarperCollins) HarperCollins Pubs.

Hamstersaurus Rex vs. the Cutepocalypse. Tom O'Donnell. Illus. by Tim J. Miller. 2018. (Hamstersaurus Rex Ser.: 4). (ENG.). 368p. (J). (gr. 3-7). 13.99 *(978-0-06-237760-9(4)*, HarperCollins) HarperCollins Pubs.

Hamsterstein: Monsters: Book Eight. Reyna Young. 2018. (ENG., Illus.). 90p. (J). pap. 8.98 *(978-1-946874-04-7(3))* Black Bed Sheet Bks.

Hamza's Pyjama Promise: A Book about Mindfulness Through Wudhu! Marzieh Abbas. 2019. (ENG., Illus.). 26p. (J). pap. *(978-1-908110-63-3(5))* Sunlight Pubns.

Han & Chewie Adventure, 1. Cavan Scott. ed. 2019. (Star Wars Choose Your Destiny Ser.). (ENG.). 144p. (J). (gr. 2-4). 15.59 *(978-1-64310-797-4(6))* Penworthy Co., LLC, The.

Han & Chewie Adventure. Cavan Scott. Illus. by Elsa Charretier. 2020. (Star Wars: Choose Your Destiny Ser.). (ENG.). 144p. (J). (gr. 2-6). lib. bdg. 32.79 *(978-1-5321-4574-2(8)*, 36070, Chapter Bks.) Spotlight.

Han & the Rebel Rescue. Lucasfilm Press. ed. 2017. (J). lib. bdg. 14.75 *(978-0-606-39966-1(6))* Turtleback.

Han & the Rebel Rescue. Nate Millici. ed. 2018. (Star Wars 8x8 Ser.). (ENG.). 24p. (J). (gr. -1-1). 13.89 *(978-1-64310-491-1(8))* Penworthy Co., LLC, The.

Han Dynasty: A Historical Summary Chinese Ancient History Grade 6 Children's Ancient History. Baby Professor. 2021. (ENG.). 72p. (J). 27.99 *(978-1-5419-8439-4(0))*; pap. 16.99 *(978-1-5419-5474-8(2))* Speedy Publishing LLC. (Baby Professor (Education Kids)).

Han Learns about Salvador Dali. Tracilyn George. 2023. (ENG.). 26p. (J). pap. 12.99 ***(978-1-77475-817-5(2))*** Draft2Digital.

Han on the Run. Beth Davies. ed. 2018. (DK Readers Ser.). (ENG.). (J). (gr. k-1). 13.89 *(978-1-64310-251-1(6))* Penworthy Co., LLC, The.

Han Solo: Volume 1. Marjorie Liu. Illus. by Mark Brooks & Sonia Oback. 2017. (Star Wars: Han Solo Ser.). (ENG.).

24p. (J). (gr. 6-12). lib. bdg. 31.36 *(978-1-5321-4015-0(0)*, 25448, Graphic Novels) Spotlight.

Han Solo: Volume 2. Marjorie Liu. Illus. by Mark Brooks & Sonia Oback. 2017. (Star Wars: Han Solo Ser.). (ENG.). 24p. (J). (gr. 6-12). lib. bdg. 31.36 *(978-1-5321-4016-7(9)*, 25449, Graphic Novels) Spotlight.

Han Solo: Volume 3. Marjorie Liu. Illus. by Mark Brooks & Sonia Oback. 2017. (Star Wars: Han Solo Ser.). (ENG.). 24p. (J). (gr. 6-12). lib. bdg. 31.36 *(978-1-5321-4017-4(7)*, 25450, Graphic Novels) Spotlight.

Han Solo: Volume 4. Marjorie Liu. Illus. by Mark Brooks et al. 2017. (Star Wars: Han Solo Ser.). (ENG.). 24p. (J). (gr. 6-12). lib. bdg. 31.36 *(978-1-5321-4018-1(5)*, 25451, Graphic Novels) Spotlight.

Han Solo: Volume 5. Marjorie Liu. Illus. by Mark Brooks & Sonia Oback. 2017. (Star Wars: Han Solo Ser.). (ENG.). 24p. (J). (gr. 6-12). lib. bdg. 31.36 *(978-1-5321-4019-8(3)*, 25452, Graphic Novels) Spotlight.

Hana: A Daughter of Japan (Classic Reprint) Gensai Murai. (ENG., Illus.). (J). 2017. 32.19 *(978-0-331-87901-8(8))*; 2016. pap. 16.57 *(978-1-334-14789-0(2))* Forgotten Bks.

Hana Hsu & the Ghost Crab Nation. Sylvia Liu. 2022. 368p. (J). (gr. 3-7). 17.99 *(978-0-593-35039-3(1)*, Razorbill) Penguin Young Readers Group.

Hana, Jiji & Sandy's Day Out. Martin Noble. 2021. (ENG.). 72p. (J). *(978-1-910301-99-9(X))* AESOP Pubns.

Hana, Jiji & Sandy's Day Out. Martin Noble. Illus. by Martin Noble. 2021. (ENG.). 72p. (J). pap. *(978-1-910301-96-8(5))* AESOP Pubns.

Hanadie & Teddy's First Day of School. Hanadie Bazzelle-Keyes. 2017. (ENG., Illus.). (J). pap. *(978-1-927529-43-0(3))* MacKenzie, Catherine A.

Hanadie & Teddy's First Day of Vacation. Hanadie Bazzelle-Keyes. Illus. by Lucia Benito. 2021. (ENG.). 32p. (J). pap. *(978-1-927529-98-0(0))* MacKenzie, Catherine A.

HANARIA & the Sorcerer's Son. C. L. Zúñiga. 2020. (Sorcerer's Legacy Pentalogy Ser.: Vol. 1). (ENG.). 272p. (YA). (gr. 7-12). pap. 10.70 *(978-1-7347558-1-7(4))* CZ Mentoring, LLC.

Hana's Cube Adventure. Julie Morikawa. Illus. by Julie Morikawa. 2016. (ENG.). 42p. (J). pap. *(978-4-902422-17-7(4))* Forest River Pr.

Hana's First Christmas on the Farm. Tami Johnson. 2018. (ENG., Illus.). 32p. (J). 22.95 *(978-1-64003-965-0(1))*; pap. 12.95 *(978-1-64003-964-3(3))* Covenant Bks.

Hana's Hundreds of Hijabs. Razeena Omar Gutta. Illus. by Manal Mirza. 2022. (ENG.). 24p. (J). (gr. -1-4). 16.99 *(978-1-64686-620-5(7))*; 9.99 *(978-1-64686-621-2(5))* Barefoot Bks., Inc.

Hanbok, My Fairy Friends, My Child. Sun-Mi Shin. 2017. (ENG & KOR., Illus.). 1p. 59.50 *(978-1-56591-485-8(6))* Hollym International Corp.

Hand & Glove (Classic Reprint) Amelia B. Edwards. (ENG., Illus.). (J). 2018. 394p. 32.04 *(978-0-483-72357-3(6))*; 2016. pap. 16.57 *(978-1-334-13051-9(5))* Forgotten Bks.

Hand-Book of Meteorological Tables (Classic Reprint) Henry Allen Hazen. 2017. (ENG., Illus.). (J). 26.83 *(978-0-266-94689-2(5))* Forgotten Bks.

Hand-Book of Modern Steam Fire-Engines: Including the Running, Care & Management of Steam Fire-Engines & Fire-Pumps (Classic Reprint) Stephen Roper. (ENG., Illus.). (J). 2017. 412p. 32.39 *(978-0-266-49143-9(X))*; 2016. pap. 16.57 *(978-1-333-88361-4(7))* Forgotten Bks.

Hand-Book of Mythology: The Myths & Legends of Ancient Greece & Rome (Classic Reprint) E. M. Berens. 2017. (ENG., Illus.). (J). 31.01 *(978-0-266-82985-0(6))* Forgotten Bks.

Hand-Book of Proverbs: Comprising Ray's Collection of English Proverbs, with His Additions from Foreign Languages, & a Complete Alphabetical Index (Classic Reprint) Henry G. Bohn. 2017. (ENG., Illus.). (J). 37.57 *(978-0-331-52631-8(X))* Forgotten Bks.

Hand-Book of Proverbs: Comprising Ray's Collection of English Proverbs, with His Additions from Foreign Languages, & a Complete Alphabetical Index (Classic Reprint) Henry George Bohn. 2018. (ENG., Illus.). (J). 586p. 36.00 *(978-0-366-31627-4(3))*; 588p. pap. 19.57 *(978-0-366-31626-7(5))* Forgotten Bks.

Hand-Book on the Treatment of the Horse in the Stable & on the Road: Or, Hints to Horse Owners (Classic Reprint) Charles Wharton. 2018. (ENG., Illus.). 154p. (J). 27.07 *(978-0-484-77832-9(3))* Forgotten Bks.

Hand-Book on the Treatment of the Horse in the Stable & on the Road, or Hints to Horse Owners (Classic Reprint) Charles Wharton. (ENG., Illus.). (J). 2018. 62p. 25.61 *(978-0-483-64904-0(X))*; 2016. pap. 9.57 *(978-1-333-92083-8(0))* Forgotten Bks.

Hand-Clasp of East & West: A Story of Pioneer Life on the Western Slope of Colorado (Classic Reprint) Henry Ripley. 2017. (ENG., Illus.). (J). 472p. 33.65 *(978-0-332-67442-1(8))*; pap. 16.57 *(978-0-259-25044-9(9))* Forgotten Bks.

Hand-Drawn Owls Coloring Book for Teens & Young Adults (6x9 Coloring Book / Activity Book) Sheba Blake. 2021. (ENG., Illus.). 24p. (YA). pap. 9.99 *(978-1-222-29099-8(5))* Indy Pub.

Hand-Drawn Owls Coloring Book for Teens & Young Adults (8. 5x8. 5 Coloring Book / Activity Book) Sheba Blake. 2021. (ENG., Illus.). 24p. (YA). pap. 12.99 *(978-1-222-29208-4(4))* Indy Pub.

Hand-Drawn Owls Coloring Book for Teens & Young Adults (8x10 Coloring Book / Activity Book) Sheba Blake. 2021. (ENG., Illus.). 24p. (YA). pap. 14.99 *(978-1-222-29100-1(2))* Indy Pub.

Hand in Hand. Alyssa Satin Capucilli. Illus. by Sheryl Murray. 2020. (New Books for Newborns Ser.). (ENG.). 16p. (J). (— 1). bds. 8.99 *(978-1-5344-4172-9(7)*, Little Simon) Little Simon.

Hand in Hand. Ingrid Dewald Lambermont. 2019. (ENG.). 64p. (J). pap. 15.00 ***(978-0-359-59072-8(1))*** Wright Bks.

Hand in Hand. Andrea Warmflash Rosenbaum. Illus. by Maya Shleifer. 2018. (ENG.). 32p. (J). 17.95 *(978-1-68115-538-8(9)*, 3447b1ea-4080-4d17-89e0-66a98406b7fd, Apples & Honey Pr.) Behrman Hse., Inc.

Hand in Hand. Rosemary Wells. Illus. by Rosemary Wells. 2016. (ENG., Illus.). 32p. (J). 17.99 *(978-1-62779-434-3(4)*, 900150563, Holt, Henry & Co. Bks. For Young Readers) Holt, Henry & Co.

Hand-In-Hand Figure-Skating (Classic Reprint) Norcliffe G. Thompson. 2017. (ENG., Illus.). (J). 29.53 *(978-0-266-66245-7(5))*; pap. 11.97 *(978-1-5276-3490-9(6))* Forgotten Bks.

Hand in Hand, Through the Happy Valley (Classic Reprint) J. a Oertel. 2018. (ENG., Illus.). 104p. (J). 26.04 *(978-0-428-77093-8(2))* Forgotten Bks.

Hand in the Game (Classic Reprint) Gardner Hunting. 2018. (ENG., Illus.). 342p. (J). 30.95 *(978-0-428-92587-1(1))* Forgotten Bks.

Hand Is For. Judith Weiss-Katz. Illus. by Sofia Iudina. 2022. (ENG.). 24p. (J). 22.95 ***(978-1-6657-2584-2(2))***; pap. 10.95 ***(978-1-6657-2475-3(7))*** Archway Publishing.

Hand Is Not Better Than the Foot! Penelope Dyan. Illus. by Dyan. l.t. ed. 2021. (ENG.). 34p. (J). pap. 12.60 *(978-1-61477-562-1(1))* Bellissima Publishing, LLC.

Hand-Made Fables (Classic Reprint) George Ade. 2018. (ENG., Illus.). 350p. (J). 31.12 *(978-0-332-81558-9(7))* Forgotten Bks.

Hand-Made Gentleman: A Tale of the Battles of Peace (Classic Reprint) Irving Bacheller. 2018. (ENG., Illus.). (J). 31.18 *(978-0-260-90103-3(2))* Forgotten Bks.

Hand-Me-Down Magic: Perfect Patchwork Purse. Corey Ann Haydu. Illus. by Luisa Uribe. 2021. (Hand-Me-Down Magic Ser.: 3). Orig. Title: Vol. 3. (ENG.). 128p. (J). (gr. 1-5). pap. 5.99 *(978-0-06-297827-1(6))*; Vol. 3. 16.99 *(978-0-06-287829-8(8))* HarperCollins Pubs. (Tegen, Katherine Bks).

Hand-Me-Down Magic #1: Stoop Sale Treasure. Corey Ann Haydu & Luisa Uribe. 2020. (Hand-Me-Down Magic Ser.: 1). (ENG., Illus.). 128p. (J). (gr. 1-5). pap. 5.99 *(978-0-06-297825-7(X)*, Tegen, Katherine Bks) HarperCollins Pubs.

Hand-Me-Down Magic #1: Stoop Sale Treasure. Corey Ann Haydu. Illus. by Luisa Uribe. 2020. (Hand-Me-Down Magic Ser.: 1). (ENG.). 128p. (J). (gr. 1-5). 16.99 *(978-0-06-287825-0(5)*, Tegen, Katherine Bks) HarperCollins Pubs.

Hand-Me-Down Magic #2: Crystal Ball Fortunes. Corey Ann Haydu. Illus. by Luisa Uribe. 2020. (Hand-Me-Down Magic Ser.: 2). (ENG.). 128p. (J). (gr. 1-5). 16.99 *(978-0-06-287827-4(1)*, Tegen, Katherine Bks) HarperCollins Pubs.

Hand-Me-Down Magic #2: Crystal Ball Fortunes. Corey Ann Haydu. Illus. by Luisa Uribe. 2020. (Hand-Me-Down Magic Ser.: 2). (ENG.). 128p. (J). (gr. 1-5). pap. 5.99 *(978-0-06-297826-4(8)*, Tegen, Katherine Bks) HarperCollins Pubs.

Hand-Me-Down Magic #4: Mysterious Tea Set. Corey Ann Haydu. Illus. by Luisa Uribe. 2022. (Hand-Me-Down Magic Ser.: 4). (ENG.). 128p. (J). (gr. 1-5). 16.99 *(978-0-06-287831-1(X))*; Vol. 4. pap. 5.99 *(978-0-06-297828-8(4))* HarperCollins Pubs. (Tegen, Katherine Bks).

Hand Me Downs. Michele Carter. 2021. (ENG.). 450p. (J). pap. 16.95 *(978-1-64921-496-6(0))* Waldorf Publishing.

Hand of Ethelberta: A Comedy in Chapters (Classic Reprint) Thomas Hardy. 2017. (ENG., Illus.). (J). 32.68 *(978-0-265-67739-1(4))*; 33.76 *(978-0-266-17595-7(3))*; pap. 16.57 *(978-1-5276-4619-3(X))* Forgotten Bks.

Hand of Ethelberta, Vol. 1 Of 2: A Comedy in Chapters (Classic Reprint) Thomas Hardy. (ENG., Illus.). (J). 2018. 346p. 31.03 *(978-0-332-10579-6(2))*; 2016. pap. 13.57 *(978-1-334-12799-1(9))* Forgotten Bks.

Hand of Ethelberta, Vol. 2 Of 2: A Comedy in Chapters (Classic Reprint) Thomas Hardy. 2018. (ENG., Illus.). 336p. (J). 30.83 *(978-0-484-88219-4(8))* Forgotten Bks.

Hand of Fate (Classic Reprint) Beresford Gale. 2018. (ENG., Illus.). 30p. (J). 24.54 *(978-0-267-45211-8(X))* Forgotten Bks.

Hand of Fu-Manchu Being a New Phase in the Activities of Fu-Manchu, the Devil Doctor. Sax Rohmer, pseud. 2018. (ENG., Illus.). 226p. (J). pap. *(978-93-5329-100-6(3))* Alpha Editions.

Hand of God in Alaska. Jana Lee Johnson. 2017. (ENG., Illus.). (J). 22.99 *(978-1-5456-1609-3(4))*; pap. 12.49 *(978-1-5456-1337-5(0))* Salem Author Services.

Hand of Mercy (Classic Reprint) Richard W. Alexander. (ENG., Illus.). (J). 2018. 298p. 30.04 *(978-0-428-23649-6(9))*; 2017. pap. 13.57 *(978-0-243-23978-8(5))* Forgotten Bks.

Hand of Peril (Classic Reprint) Arthur Stringer. 2018. (ENG., Illus.). 338p. (J). 30.89 *(978-0-483-99283-2(6))* Forgotten Bks.

Hand of Petrarch: And Other Stories (Classic Reprint) T. R. Sullivan. (ENG., Illus.). (J). 2018. 340p. 30.91 *(978-0-483-43785-2(9))*; 2017. pap. 13.57 *(978-1-334-92440-8(6))* Forgotten Bks.

Hand of the Mighty: And Other Stories (Classic Reprint) Vaughan Kester. 2017. (ENG., Illus.). (J). 32.93 *(978-1-5282-8728-9(2))* Forgotten Bks.

Hand of the Potter (Classic Reprint) Theodore Dreiser. 2018. (ENG., Illus.). 206p. (J). 28.17 *(978-0-267-17792-9(5))* Forgotten Bks.

Hand on the Wall. Maureen Johnson. 2020. (Truly Devious Ser.: 3). (ENG.). 384p. (YA). (gr. 9). pap. 12.99 *(978-0-06-233812-9(9))*; (Illus.). 18.99 *(978-0-06-233811-2(0))* HarperCollins Pubs. (Tegen, Katherine Bks).

Hand-Picked. Michelle Mogan Morse. 2017. (ENG., Illus.). 34p. (J). pap. *(978-1-387-29266-0(8))* Lulu Pr., Inc.

Handa's Noisy Night. Eileen Browne. Illus. by Eileen Browne. 2020. (ENG., Illus.). 32p. (J). (gr. -1-2). 16.99 *(978-1-5362-1489-5(2))*; 7.99 *(978-1-5362-1109-2(5))* Candlewick Pr.

Handball. Felice Arena. Illus. by Tom Jarrett. 6th ed. 2017. (Sporty Kids Ser.). 80p. (J). (gr. 1-3). 8.99 *(978-0-14-330890-4(4))* Random Hse. Australia AUS. Dist: Independent Pubs. Group.

Handbook. Jim Benton. Illus. by Jim Benton. 2017. (ENG., Illus.). 240p. (J). (gr. 3-7). 12.99 *(978-0-545-94240-9(3)*, Scholastic Pr.) Scholastic, Inc.

Handbook - Cats. Camilla De La Bedoyere. Ed. by Richard Kelly. 2017. 96p. (J). pap. 9.95 *(978-1-78209-779-2(1))* Miles Kelly Publishing, Ltd. GBR. Dist: Parkwest Pubns., Inc.

Handbook - Dogs. Camilla De La Bedoyere & Richard Kelly. 2017. 96p. (J). pap. 9.95 *(978-1-78209-778-5(3))* Miles Kelly Publishing, Ltd. GBR. Dist: Parkwest Pubns., Inc.

Handbook for Boy Adolescents Book 1(volume 1 Of 2) Thuong Lang. 2018. (VIE.). (YA). (gr. 8-12). pap. *(978-604-2-11000-6(4))* Kim Dong Publishing Hse.

Handbook for Boy Adolescents Book 2 (Volume 2 Of 2) Thuong Lang. 2018. (VIE.). (YA). (gr. 8-12). pap. *(978-604-2-11001-3(2))* Kim Dong Publishing Hse.

Handbook for Mortals: Book One of the Series. Lani Sarem. 2017. (ENG.). (YA). 24.99 ***(978-1-5456-1145-6(9))*** Salem Author Services.

Handbook for Scout Masters: Boy Scouts of America (Classic Reprint) Boy Scouts Of America. (ENG., Illus.). (J). 2018. 244p. 28.95 *(978-0-666-67572-9(4))*; 2017. pap. 11.57 *(978-0-259-77164-7(3))* Forgotten Bks.

Handbook of Best Readings (Classic Reprint) S. H. Clark. 2019. (ENG., Illus.). 590p. (J). 36.07 *(978-0-365-08739-7(4))* Forgotten Bks.

Handbook of Birds of the Western United States: Including the Great Plains, Great Basin, Pacific Slope, & Lower Rio Grande Valley (Classic Reprint) Florence Merriam Bailey. 2017. (ENG., Illus.). (J). 38.29 *(978-0-266-20804-4(5))*; pap. 19.97 *(978-0-260-34468-7(0))*; 38.50 *(978-0-265-78972-8(9))* Forgotten Bks.

Handbook of Conundrums (Classic Reprint) Edith B. Ordway. 2018. (ENG., Illus.). 220p. (J). 28.43 *(978-0-267-99504-2(0))* Forgotten Bks.

Handbook of Exorcism. Lester Bivens. 2018. (ENG., Illus.). 92p. (YA). (gr. 10-12). pap. 12.95 *(978-93-5297-957-8(5))* Scribbles.

Handbook of Forgotten Skills: Timeless Fun for a New Generation. Elaine Batiste & Natalie Crowley. Illus. by Chris Duriez. 2023. (ENG.). 112p. (J). (gr. 3-7). 24.99 ***(978-1-4197-6776-0(3)***, 1807001) Magic Cat GBR. Dist: Abrams, Inc.

Handbook of German Idioms (Classic Reprint) Marcus Bachman Lambert. 2017. (ENG., Illus.). (J). 26.14 *(978-0-260-06263-5(4))* Forgotten Bks.

Handbook of Idiomatic English As Now Written & Spoken. John Kirkpatrick. 2019. (ENG.). 336p. (J). pap. *(978-93-5392-332-7(8))* Alpha Editions.

Handbook of Idiomatic English, As Now Written & Spoken: Containing Idioms, Phrases, & Locutions (Classic Reprint) John Kirkpatrick. (ENG., Illus.). (J). 2018. 30.85 *(978-0-266-94873-5(1))*; 2016. pap. 13.57 *(978-1-333-63732-3(2))* Forgotten Bks.

Handbook of Irish Idioms (Classic Reprint) F. Edmund Hogan. (ENG., Illus.). (J). 2018. 150p. 26.99 *(978-0-332-82461-1(6))*; 2017. pap. 9.57 *(978-0-259-47038-0(4))* Forgotten Bks.

Handbook of Mental Tests: A Further Revision & Extension of the Binet-Simon Scale. F. Kuhlmann. 2017. (ENG., Illus.). (J). pap. *(978-0-649-04105-3(4))* Trieste Publishing Pty Ltd.

Handbook of Mental Tests: A Further Revision & Extension of the Binet-Simon Scale (Classic Reprint) F. Kuhlmann. 2018. (ENG., Illus.). 218p. (J). 28.41 *(978-0-656-90129-6(2))* Forgotten Bks.

Handbook of Moral Philosophy. Henry Calderwood. 2017. (ENG.). (J). 390p. pap. *(978-3-337-23412-6(7))*; 316p. pap. *(978-3-337-07757-0(9))* Creation Pubs.

Handbook of Moral Philosophy. Henry Calderwood. 2017. (ENG., Illus.). (J). pap. *(978-0-649-20398-7(4))* Trieste Publishing Pty Ltd.

Handbook of Practical Shipbuilding: With a Glossary of Terms. J. D. MacBride. 2017. (ENG., Illus.). (J). pap. *(978-0-649-04114-5(3))* Trieste Publishing Pty Ltd.

Handbook of Swindling: And Other Papers (Classic Reprint) Douglas Jerrold. 2018. (ENG., Illus.). 276p. (J). 29.59 *(978-0-483-49400-8(3))* Forgotten Bks.

Handbook of the Diagnosis & Treatment of Diseases of the Throat, Nose, & Naso-Pharynx (Classic Reprint) Carl Seiler. 2018. (ENG., Illus.). (J). 312p. 30.33 *(978-1-396-80693-3(8))*; 314p. pap. 13.57 *(978-1-396-80640-7(7))* Forgotten Bks.

Handbook to Bigfoot, Nessie, & Other Unexplained Creatures. Tyler Omoth. 2016. (Paranormal Handbooks Ser.). (ENG., Illus.). 32p. (J). (gr. 3-9). lib. bdg. 28.65 *(978-1-5157-1311-1(3)*, 132358, Capstone Pr.) Capstone.

Handbook to Ghosts, Poltergeists, & Haunted Houses. Sean McCollum. 2016. (Paranormal Handbooks Ser.). (ENG., Illus.). 32p. (J). (gr. 3-9). lib. bdg. 28.65 *(978-1-5157-1308-1(3)*, 132355, Capstone Pr.) Capstone.

Handbook to Handle: Those Ways & Woes. Dotty Bretton. 2016. (Handbook to Handle Ser.: Vol. 1). (ENG., Illus.). (J). pap. *(978-0-9956044-0-7(1))* Bretton, Dotty.

Handbook to Stonehenge, the Bermuda Triangle, & Other Mysterious Locations. Tyler Omoth. 2016. (Paranormal Handbooks Ser.). (ENG., Illus.). 32p. (J). (gr. 3-9). lib. bdg. 28.65 *(978-1-5157-1310-4(5)*, 132357, Capstone Pr.) Capstone.

Handbook to the Galar Region (Pokémon) Scholastic. 2020. (ENG., Illus.). 240p. (J). (gr. 2-5). pap. 9.99 *(978-1-338-59252-8(1))* Scholastic, Inc.

Handbook to UFOs, Crop Circles, & Alien Encounters. Sean McCollum. 2016. (Paranormal Handbooks Ser.). (ENG., Illus.). 32p. (J). (gr. 3-9). lib. bdg. 28.65 *(978-1-5157-1309-8(1)*, 132356, Capstone Pr.) Capstone.

Handbuch der Anatomie der Wirbelthiere (Classic Reprint) Hermann Stannius. (GER., Illus.). (J). 2018. 288p. 29.86 *(978-0-267-25263-3(3))*; 2017. pap. 13.57 *(978-0-243-35790-1(7))*; 2017. pap. 19.57 *(978-0-243-46839-3(3))* Forgotten Bks.

Handbuch der Botanischen Terminologie und Systemkunde, Vol. 3: Das Register (Classic Reprint) Gottlieb-Wilhelm Bischoff. (LAT., Illus.). (J). 2018. 354p. 31.20 *(978-0-332-55765-6(0))*; 2017. pap. 13.57 *(978-0-243-52498-3(6))* Forgotten Bks.

Handbuch der Elektricitt und des Magnetismus: Fr Techniker (Classic Reprint) Oscar Frlich. 2018. (GER., Illus.). 530p. (J). 34.83 *(978-0-666-10775-6(0))* Forgotten Bks.

Handbuch der Englischen und Deutschen Conversationssprache, Oder Vollstandige Anleitung Fur Deutsche, Welche Sich Im Englischen, und Fur Englander, Welche Sich Im Deutschen Richtig und Gelaufig Ausdrucken Wollen: Auch ein Vademecum Fur Reisende. Robert Flaxman. 2017. (ENG., Illus.). (J). 35.88 *(978-0-331-85753-5(7))*; pap. 19.57 *(978-0-331-85741-2(3))* Forgotten Bks.

Handbuch der Mathematik, Physik, Geodäsie und Astronomie, Vol. 1 of 2 (Classic Reprint) Rudolf Wolf. 2018. (GER., Illus.). 504p. (J). 34.29 *(978-0-364-53069-6(3))* Forgotten Bks.

Handbuch der Ohrenheilkunde: Für Aerzte und Studierende (Classic Reprint) Wilhelm Kirchner. 2018. (GER., Illus.). 256p. (J). 29.18 *(978-0-364-40213-9(X))* Forgotten Bks.

Handbuch der Praktischen Zergliederungskunst ALS Anleitung Zu Den Sectionsubungen und Zur Ausarbeitung Anatomischer Praparate (Classic Reprint) Joseph Hyrtl. 2017. (GER., Illus.). (J). pap. 23.57 *(978-0-282-26789-6(1))* Forgotten Bks.

Handbuch der Praktischen Zergliederungskunst ALS Anleitung Zu Den Sectionsübungen und Zur Ausarbeitung Anatomischer PRäparate (Classic Reprint) Joseph Hyrtl. 2018. (GER., Illus.). 790p. (J). 40.19 *(978-0-483-16592-2(1))* Forgotten Bks.

Handbuch der Vergleichenden Anatomie der Haustiere (Classic Reprint) Wilhelm Ellenberger. 2018. (GER., Illus.). (J). 1102p. 46.63 *(978-1-391-38083-4(5))*; 1104p. pap. 28.97 *(978-1-391-23719-0(6))* Forgotten Bks.

Handcuffs, Wishes, & Misinterpreted Kisses. Bree Smith. 2016. (ENG., Illus.). 358p. (YA). pap. *(978-1-365-48444-5(0))* Lulu Pr., Inc.

Handful of Beans. Jeanne Steig. Illus. by William Steig. 2016. (ENG.). 128p. (YA). (gr. 7). 17.99 *(978-1-4814-3961-9(8)*, Atheneum/Caitlyn Dlouhy Books) Simon & Schuster Children's Publishing.

Handful of Eggs. Mellor Belinda. Illus. by Nolan Karen. 2017. (Fire Lizards Ser.). (ENG.). 32p. (J). (gr. k-1). *(978-0-473-43252-2(8))* Intrepid Sparks.

Handful of Exotics. Samuel Gordon. 2017. (ENG.). 312p. (J). pap. *(978-3-337-13033-6(X))* Creation Pubs.

Handful of Exotics: Scenes & Incidents Chiefly of Russo-Jewish Life (Classic Reprint) Samuel Gordon. 2018. (ENG., Illus.). 352p. (J). 31.16 *(978-0-484-72853-9(9))* Forgotten Bks.

Handful of Feelings: Dealing with Separation & Loss from a Traumatic Event. Irit Almog Ma & Shoshana Wheeler Ma. 2018. (ENG., Illus.). 26p. (J). pap. *(978-965-7680-00-1(X))* Children 911 Resources.

Handful of Monographs: Continental & English (Classic Reprint) Margaret (Junkin) Preston. (ENG., Illus.). (J). 2018. 232p. 28.70 *(978-0-666-69248-1(3))*; 2016. pap. 9.97 *(978-1-333-97938-6(X))* Forgotten Bks.

Handful of Silver: Six Stories of Silversmiths (Classic Reprint) Horace Townsend. 2018. (ENG., Illus.). 184p. (J). 27.69 *(978-0-483-74601-5(0))* Forgotten Bks.

Handful of Stars. Cynthia Lord. 2019. (Penworthy Picks YA Fiction Ser.). (ENG.). 184p. (J). (gr. 6-8). 18.96 *(978-0-87617-889-8(1))* Penworthy Co., LLC, The.

Handful of Stars. Cynthia Lord. 2017. (ENG.). 192p. (J). (gr. 3-7). pap. 8.99 *(978-0-545-70028-3(0)*, Scholastic Pr.) Scholastic, Inc.

Handfuls of Soil. Bessie T. Wilkerson. 2022. (Age of Me Ser.: Vol. 1). (ENG.). 34p. (J). 35.99 ***(978-1-6628-4595-6(2))***; pap. 25.99 ***(978-1-6628-4594-9(4))*** Salem Author Services.

Handguns. David Wilson. 2021. (Gun Country Ser.). (ENG.). (YA). (gr. 7-12). 34.60 *(978-1-4222-4462-3(8))* Mason Crest.

Handheld Gaming. Betsy Rathburn. 2021. (Ready, Set, Game! Ser.). (ENG., Illus.). 24p. (J). (gr. 3-7). pap. 7.99 *(978-1-64834-250-9(7)*, 20361); lib. bdg. 26.95 *(978-1-64487-457-8(1))* Bellwether Media.

Handicap: A Novel of Pioneer Days (Classic Reprint) Robert E. Knowles. 2018. (ENG., Illus.). 388p. (J). 31.92 *(978-0-267-18832-1(3))* Forgotten Bks.

Handicapped (Classic Reprint) Marion Harland. 2018. (ENG., Illus.). 410p. (J). 32.35 *(978-0-484-18804-3(6))* Forgotten Bks.

Handkerchief & the Sword: And Other Stories (Classic Reprint) Flora Clarke Huntington. (ENG., Illus.). (J). 2018. 106p. 26.08 *(978-0-364-40668-7(2))*; 2017. pap. 9.57 *(978-0-259-54446-3(9))* Forgotten Bks.

Handle with Care! (the Cuphead Show!) Random House. 2022. (Screen Comix Ser.). (ENG., Illus.). 80p. (J). (gr. 1-4). pap. 7.99 *(978-0-593-43202-0(9)*, Random Hse. Bks. for Young Readers) Random Hse. Children's Bks.

Handley Cross, or Mr. Jorrocks's Hunt (Classic Reprint) Robert Smith Surtees. (ENG., Illus.). (J). 2018. 772p. 39.82 *(978-0-483-36838-5(5))*; 2016. pap. 23.57 *(978-1-333-67513-4(5))* Forgotten Bks.

Handley Cross, Vol. 1: Or the Spa Hunt; a Sporting Tale (Classic Reprint) Robert Smith Surtees. 2018. (ENG., Illus.). 334p. (J). 30.79 *(978-0-267-44443-4(5))* Forgotten Bks.

Handley Cross, Vol. 2 Of 3: Or the Spa Hunt; a Sporting Tale (Classic Reprint) Robert Smith Surtees. 2018. (ENG., Illus.). 324p. (J). 30.58 *(978-0-332-87065-6(0))* Forgotten Bks.

Handley Cross, Vol. 3 Of 3: Or the Spa Hunt; a Sporting Tale (Classic Reprint) Robert Smith Surtees. 2018. (ENG., Illus.). 314p. (J). 30.37 *(978-0-483-63740-5(8))* Forgotten Bks.

Handling ADHD. Carol Hand. 2021. (Handling Health Challenges Ser.). (ENG., Illus.). 112p. (J). (gr. 6-12). lib. bdg. 41.36 *(978-1-5321-9492-4(7)*, 37360, Essential Library) ABDO Publishing Co.

Handling Asthma. Alexis Burling. 2021. (Handling Health Challenges Ser.). (ENG.). 112p. (J). (gr. 6-12). lib. bdg. 41.36 *(978-1-5321-9493-1(5)*, 37362, Essential Library) ABDO Publishing Co.

Handling Autism. Racquel Foran. 2021. (Handling Health Challenges Ser.). (ENG.). 112p. (J). (gr. 6-12). lib. bdg. 41.36 *(978-1-5321-9494-8(3)*, 37364, Essential Library) ABDO Publishing Co.

Handling Cancer. Carla Mooney. 2021. (Handling Health Challenges Ser.). (ENG., Illus.). 112p. (J). (gr. 6-12). lib.

bdg. 41.36 *(978-1-5321-9495-5(1)*, 37366, Essential Library) ABDO Publishing Co.

Handling Depression. Marie-Therese Miller. 2021. (Handling Health Challenges Ser.). (ENG.). 112p. (J). (gr. 6-12). lib. bdg. 41.36 *(978-1-5321-9496-2(X)*, 37368, Essential Library) ABDO Publishing Co.

Handling Diabetes. A. R. Carser. 2021. (Handling Health Challenges Ser.). (ENG., Illus.). 112p. (J). (gr. 6-12). lib. bdg. 41.36 *(978-1-5321-9497-9(8)*, 37370, Essential Library) ABDO Publishing Co.

Handling Family Challenges. Rebecca Rowell. 2020. (Strong, Healthy Girls Ser.). (ENG., Illus.). 112p. (J). (gr. 6-12). lib. bdg. 41.36 *(978-1-5321-9218-0(5)*, 34989, Essential Library) ABDO Publishing Co.

Handling Hardware Problems, 1 vol. David Machajewski. 2018. (Tech Troubleshooters Ser.). (ENG.). 24p. (gr. 3-3). 25.27 *(978-1-5383-2959-7(X)*, 278c0ae0-223d-4846-ac5c-16d06b55105d, PowerKids Pr.) Rosen Publishing Group, Inc., The.

Handling Health Challenges (Set), 8 vols. Carol Hand et al. 2021. (Handling Health Challenges Ser.). (ENG.). 112p. (J). (gr. 6-12). lib. bdg. 330.88 *(978-1-5321-9491-7(9)*, 37358, Essential Library) ABDO Publishing Co.

Handling Obesity. Jill C. Wheeler. 2021. (Handling Health Challenges Ser.). (ENG., Illus.). 112p. (J). (gr. 6-12). lib. bdg. 41.36 *(978-1-5321-9498-6(6)*, 37372, Essential Library) ABDO Publishing Co.

Handling Sickle Cell Disease. Yvette LaPierre. 2021. (Handling Health Challenges Ser.). (ENG., Illus.). 112p. (J). (gr. 6-12). lib. bdg. 41.36 *(978-1-5321-9499-3(4)*, 37374, Essential Library) ABDO Publishing Co.

Handling Your Dog. Michael J. Rosen. 2019. (Dog's Life Ser.). (ENG.). 24p. (J). (gr. 1-4). pap. 8.99 *(978-1-62832-642-0(5)*, 18764, Creative Paperbacks) Creative Co., The.

Handmade by Me (Set), 12 vols. 2019. (Handmade by Me Ser.). (ENG.). 32p. (J). (gr. 3-4). lib. bdg. 175.62 *(978-1-7253-0343-0(4)*, e54a86e2-d10e-4578-8931-24b0814597b7, PowerKids Pr.) Rosen Publishing Group, Inc., The.

Handmade Christmas Crafts, 1 vol. Ruth Owen. 2016. (Handmade Holiday Crafts Ser.). (ENG.). 32p. (J). (gr. 3-3). pap. 11.50 *(978-1-4824-6081-0(5)*, 14938b5f-2301-4ccb-af32-7ad7daa7a8ea) Stevens, Gareth Publishing LLLP.

Handmade Easter Crafts, 1 vol. Ruth Owen. 2016. (Handmade Holiday Crafts Ser.). (ENG.). 32p. (J). (gr. 3-3). pap. 11.50 *(978-1-4824-6083-4(1)*, eda560cd-6bac-4e24-bb2f-130fe879109c) Stevens, Gareth Publishing LLLP.

Handmade Halloween Crafts, 1 vol. Ruth Owen. 2016. (Handmade Holiday Crafts Ser.). (ENG.). 32p. (J). (gr. 3-3). pap. 11.50 *(978-1-4824-6085-8(8)*, 9454b0bb-766a-4f2f-bcd7-54bc807843a3) Stevens, Gareth Publishing LLLP.

Handmade Holiday Crafts, 12 vols. 2016. (Handmade Holiday Crafts Ser.). (ENG.). 00032p. (J). (gr. 3-3). lib. bdg. 169.62 *(978-1-4824-6194-7(3)*, 383a4ddf-82c8-4045-9079-968f8e0029ae) Stevens, Gareth Publishing LLLP.

Handmade St. Patrick's Day Crafts, 1 vol. Ruth Owen. 2016. (Handmade Holiday Crafts Ser.). (ENG.). 32p. (J). (gr. 3-3). pap. 11.50 *(978-1-4824-6087-2(4)*, 8d20c56e-6eed-42d8-93ee-aea3a4786c37) Stevens, Gareth Publishing LLLP.

Handmade Thanksgiving Crafts, 1 vol. Ruth Owen. 2016. (Handmade Holiday Crafts Ser.). (ENG.). 32p. (J). (gr. 3-3). pap. 11.50 *(978-1-4824-6089-6(0)*, 4660bffd-5a52-4691-bacd-139dc61cf23b) Stevens, Gareth Publishing LLLP.

Handmade Valentine's Day Crafts, 1 vol. Ruth Owen. 2016. (Handmade Holiday Crafts Ser.). (ENG.). 32p. (J). (gr. 3-3). pap. 11.50 *(978-1-4824-6091-9(2)*, c214c1e6-03c6-4687-b25e-6927d70ebe4e) Stevens, Gareth Publishing LLLP.

Handmaid's Tale. Valerie Weber. 2018. (J). *(978-1-5105-3702-6(3))* SmartBook Media, Inc.

Handprint Animals. Henu Mehtani. 2017. (Handprint Art Ser.). (Illus.). 32p. (J). (gr. 1-2). *(978-0-7787-3108-5(1))* Crabtree Publishing Co.

Handprint Garden. Henu Mehtani. 2017. (Handprint Art Ser.). (Illus.). 32p. (J). (gr. 1-2). *(978-0-7787-3110-8(3))* Crabtree Publishing Co.

Handprint People. Henu Mehtani. 2017. (Handprint Art Ser.). (Illus.). 32p. (J). (gr. 1-2). *(978-0-7787-3111-5(1))* Crabtree Publishing Co.

Handprint Transportation. Henu Mehtani. 2017. (Handprint Art Ser.). (Illus.). 32p. (J). (gr. 1-2). *(978-0-7787-3109-2(X))* Crabtree Publishing Co.

Hands. Torrey Maldonado. 2023. 144p. (J). (gr. 5). 16.99 *(978-0-593-32379-3(3)*, Nancy Paulsen Books) Penguin Young Readers Group.

Hands All Round: A Patriotic Play in One Act (Classic Reprint) Irene Jean Crandall. (ENG., Illus.). (J). 2018. 32p. 24.56 *(978-0-484-75754-6(7))*; 2016. pap. 7.97 *(978-1-334-12128-9(1))* Forgotten Bks.

Hands Faster Than Lightning: The Beginning. Brent Bohn. 2019. (Hands Faster Than Lightning Ser.: Vol. 1). (ENG.). 286p. (YA). pap. 17.95 *(978-0-578-21727-7(9))* Gatekeeper Pr.

Hands, Legs & Toes Anatomy for Kids: Physiology for Kids Series - Children's Anatomy & Physiology Books. Baby Professor. 2017. (ENG., Illus.). (J). pap. 7.89 *(978-1-68305-745-1(7)*, Baby Professor (Education Kids)) Speedy Publishing LLC.

Hands of Compulsion (Classic Reprint) Amelia E. Barr. 2019. (ENG., Illus.). 328p. (J). 30.68 *(978-0-267-22773-0(6))* Forgotten Bks.

Hands of Esau (Classic Reprint) Margaret Deland. 2018. (ENG., Illus.). 100p. (J). 25.96 *(978-0-656-91953-6(1))* Forgotten Bks.

Hands of Esau (Classic Reprint) Hiram Haydn. (ENG., Illus.). (J). 2018. 800p. 40.42 *(978-0-483-60582-4(4))*; 2017. pap. 23.57 *(978-0-243-27787-2(3))* Forgotten Bks.

Hands off (Classic Reprint) Edward Everett Hale. 2018. (ENG., Illus.). 42p. (J). 24.78 *(978-0-483-70679-8(5))* Forgotten Bks.

Hands On! Anne Wynter. 2022. (ENG., Illus.). 24p. (J). (gr. -1 — 1). bds. 9.99 *(978-0-06-293492-5(9)*, Balzer & Bray) HarperCollins Pubs.

Hands-On Bible 365 Devotions for Kids: Faith-Filled Activities for Families. Jennifer Hooks. 2018. (ENG.). 384p. (J). pap. 14.99 *(978-1-4964-1053-5(X)*, 20_11622) Tyndale Hse. Pubs.

Hands-On Bible NLT (LeatherLike, Purple/Pink Swirls) Created by Tyndale. 2021. (ENG.). 1344p. (J). lthr. 39.99 *(978-1-4964-5016-6(7)*, 20_35045) Tyndale Hse. Pubs.

Hands-On History, 10 vols., Group 2. Incl. Projects about Nineteenth-Century Chinese Immigrants. Marian Broida. lib. bdg. 34.07 *(978-0-7614-1978-5(0)*, b08f1fd7-21d5-46c5-8de6-13bf50870de3); Projects about Nineteenth-Century European Immigrants. Marian Broida. lib. bdg. 34.07 *(978-0-7614-1980-8(2)*, d27dec08-f4be-42aa-a850-1c326d5708f6); Projects about the American Revolution. Marian Broida. lib. bdg. 34.07 *(978-0-7614-1981-5(0)*, 9accd3af-7002-4ce8-8212-853be6e77e08); Projects about the Spanish West. David C. King. lib. bdg. 34.07 *(978-0-7614-1982-2(9)*, a52eb496-efaf-4d41-8b47-36b641d7e99d); Projects about the Woodland Indians. David C. King. lib. bdg. 34.07 *(978-0-7614-1979-2(9)*, 43069906-e0f5-4c16-9808-35832224f2b0); (Illus.). 48p. (gr. 3-3). (Hands-On History Ser.). (ENG.). 2007. 170.35 *(978-0-7614-1977-8(2)*, 63195346-bfe1-4b69-aef2-e0a18a23abcf, Cavendish Square) Cavendish Square Publishing LLC.

Hands-On History Group 3, 5 bks., Set. Incl. Projects about Ancient China. Ruth Bjorklund. lib. bdg. 34.07 *(978-0-7614-2257-0(9)*, 71b20aa7-5123-4613-92cf-d725af9dd9aa); Projects about Ancient Egypt. David C. King. lib. bdg. 34.07 *(978-0-7614-2258-7(7)*, 3b65b462-50f5-490b-a814-a515f3fc5752); Projects about Ancient Greece. Marian Broida. lib. bdg. 34.07 *(978-0-7614-2259-4(5)*, e29c90d2-89d8-49a2-a447-fd0e46182995); Projects about Ancient Rome. Karen Frankel. lib. bdg. 34.07 *(978-0-7614-2260-0(9)*, c50ab922-409b-4a0d-8841-a5a2b9e547c0); Projects about the Ancient Aztecs. David C. King. lib. bdg. 34.07 *(978-0-7614-2256-3(0)*, b0e5e12c-d7d3-4713-95cd-6922d265908a); (Illus.). 48p. (gr. 3-3). 2007. lib. bdg. *(978-0-7614-2255-6(2)*, Cavendish Square) Cavendish Square Publishing LLC.

Hands on Learning: A Toddler's Great, Fun Book All about Opposites from a to Z - Baby & Toddler Opposites Books. Baby Professor. 2017. (ENG., Illus.). (J). pap. 7.89 *(978-1-68326-746-1(X)*, Baby Professor (Education Kids)) Speedy Publishing LLC.

Hands-On Learning Drills for Sounds - Science Experiments for Kids Children's Science Education Books. Baby Professor. 2017. (ENG., Illus.). (J). pap. 8.79 *(978-1-5419-1398-1(1)*, Baby Professor (Education Kids)) Speedy Publishing LLC.

Hands-On Phonics: Long Vowels, Blends, Digraphs, & Variant Vowels (Gr K-2) Newmark Learning. 2016. (Handson Phonics Ser.). (ENG.). 232p. (J). pap. 14.99 *(978-1-4788-5752-5(8))* Newmark Learning LLC.

Hands-On Projects for Wildlife Watchers. Tamara JM Peterson & Ruthie Van Oosbree. 2023. (Adventurous Crafts for Kids Ser.). (ENG.). 32p. (J). 33.99 *(978-1-6690-0431-8(7)*, 245226, Capstone Pr.) Capstone.

Hands-On Robotics, 10 vols. 2017. (Hands-On Robotics Ser.). (ENG.). (J). (gr. 5-5). lib. bdg. 167.35 *(978-1-4994-3962-5(8)*, aab49c9e-419d-4c21-80ff-6ab04bc6f620, Rosen Reference) Rosen Publishing Group, Inc., The.

Hands-On Science. (Hands-On Science Ser.). (ENG., 48p. (J). 2017. Illus.). pap. 421.20 *(978-0-7660-8393-6(4))*; 2016. (gr. 4-4). lib. bdg. 177.60 *(978-0-7660-8392-9(6)*, 53c71e7d-3bc8-4976-b861-4fcc7c4322d1) Enslow Publishing, LLC.

Hands-On Science: 50 Kids' Activities from CSIRO. Ed. by Sarah Kellett et al. 2017. (Illus.). 128p. (gr. 7-14). pap. 16.50 *(978-1-4863-0614-5(4))* CSIRO Publishing AUS. Dist: Stylus Publishing, LLC.

Hands-On Science Fun. Barbara Alpert. 2021. (Hands-On Science Fun Ser.). (ENG.). 24p. (J). 273.20 *(978-1-6663-8268-6(X)*, 244015, Pebble) Capstone.

Hands-On Science: Matter. Lola M. Schaefer. Illus. by Druscilla Santiago. 2023. (Hands-On Science Ser.). 40p. (J). (gr. -1-3). 16.99 ***(978-1-62354-243-6(X))*** Charlesbridge Publishing, Inc.

Hands-On Songs Board Book Set Of 5. Illus. by Anthony Lewis. 2020. (Social & Emotional Learning Sets Ser.). (ENG.). 60p. (J). bds., bds., bds. *(978-1-78628-533-1(9))* Child's Play International Ltd.

Hands-On Stem, 8 vols. 2017. (Hands-On STEM Ser.). (ENG.). 256p. (J). (gr. 2-3). pap. 79.60 *(978-1-63517-353-6(1)*, 1635173531); lib. bdg. 250.80 *(978-1-63517-288-1(8))* North Star Editions. (Focus Readers).

Hands to Heart: Breathe & Bend with Animal Friends. Alex Bauermeister. Illus. by Flora Waycott. 2019. (ENG.). 32p. (J). (gr. -1-3). 14.99 *(978-1-328-55041-5(9)*, 1724226, Clarion Bks.) HarperCollins Pubs.

Hands Up! Breanna J. McDaniel. Illus. by Shane W. Evans. 32p. (J). (gr. -1-3). 2020. pap. 8.99 *(978-0-593-32664-0(4)*, Puffin Books); 2019. 17.99 *(978-0-525-55231-4(6)*, Dial Bks) Penguin Young Readers Group.

Hands Up. Darlene P. Timmons. 2018. (ENG., Illus.). 30p. (J). 22.95 *(978-1-64079-327-9(5))*; pap. 12.95 *(978-1-64079-325-5(9))* Christian Faith Publishing.

Hands Up: Or, Thirty-Five Years of Detective Life in the Mountains & on the Plains (Classic Reprint) David J. Cook. 2018. (ENG., Illus.). 452p. (J). 33.24 *(978-0-267-68901-9(2))* Forgotten Bks.

Hands up (Classic Reprint) Frederick Niven. 2018. (ENG., Illus.). 322p. (J). 30.56 *(978-0-483-49942-3(0))* Forgotten Bks.

Handscapes: Dream Doodles. Lyn Phillips. 2017. (Challenging Art Colouring Bks.: Vol. 2). (ENG., Illus.). 62p. (YA). (gr. 7-12). pap. *(978-1-908135-81-0(6))* U P Pubns.

Handset Reminiscences: Recollections of an Old-Time Printer & Journalist (Classic Reprint) J. B. Graham. 2017. (ENG., Illus.). (J). 30.31 *(978-1-5281-8533-2(1))* Forgotten Bks.

Handsome Brandons (Classic Reprint) Katharine Tynan. 2018. (ENG., Illus.). 410p. (J). 32.35 *(978-0-332-90968-4(9))* Forgotten Bks.

Handsome Brothers. Tom W. Schwartz. 2017. (ENG., Illus.). (J). pap. 12.00 *(978-0-9893046-2-7(0))* Schwartz Marketing.

Handsome Hardcastles. E. M. Channon. 2017. (ENG., Illus.). 179p. (J). pap. *(978-1-909423-81-7(5))* Bks. to Treasure.

Handsome Humes: A Novel (Classic Reprint) William Black. 2018. (ENG., Illus.). 352p. (J). 31.16 *(978-0-666-50978-9(6))* Forgotten Bks.

Handsome Humes, Vol. 1 of 3 (Classic Reprint) William Black. 2018. (ENG., Illus.). 246p. (J). 28.97 *(978-0-483-26821-0(6))* Forgotten Bks.

Handsome Humes, Vol. 2 of 3 (Classic Reprint) William Black. 2018. (ENG., Illus.). 230p. (J). 28.64 *(978-0-267-24911-4(X))* Forgotten Bks.

Handsome Humes, Vol. 3 of 3 (Classic Reprint) William Black. 2018. (ENG., Illus.). 238p. (J). 28.83 *(978-0-332-08009-3(9))* Forgotten Bks.

Handsome Lawrence. George Sand. 2017. (ENG.). 128p. (J). pap. *(978-3-337-38587-3(7))* Creation Pubs.

Handsome Lawrence: A Sequel to a Rolling Stone (Classic Reprint) George Sand. (ENG., Illus.). (J). 2018. 126p. 26.50 *(978-0-483-87289-9(X))*; 2016. pap. 9.57 *(978-1-333-67419-9(8))* Forgotten Bks.

Handsome Little Cygnet. Matthew Mehan. Illus. by John Folley. 2021. (ENG.). 48p. (J). (gr. -1-3). 19.95 *(978-1-5051-2060-8(8)*, 2972) TAN Bks.

Handsome Quaker: And Other Stories (Classic Reprint) Katharine Tynan. 2017. (ENG., Illus.). (J). 29.34 *(978-0-265-17213-1(6))* Forgotten Bks.

Handstand. Lisa Stickley. (ENG., Illus.). 32p. (J). (gr. -1-1). 2019. pap. 9.99 *(978-1-84365-345-5(1))*; 2016. 14.99 *(978-1-84365-312-7(5))* Pavilion Bks. GBR. (Pavilion). Dist: Independent Pubs. Group.

Handwashing Is No Big Deal. A. Alban et al. 2017. (ENG., Illus.). (J). pap. 19.91 *(978-1-5437-4240-4(8))* Partridge Pub.

Handwerk Für 4-Jährige 28 Schneeflockenvorlagen - Schwierige Kunst- und Handwerksaktivitäten Für Kinder: Kunsthandwerk Für Kinder. James Manning & Christabelle Manning. 2019. (Handwerk Für 4-Jährige Ser.: Vol. 4). (GER., Illus.). 58p. (J). (gr. 4-6). pap. *(978-1-83900-787-3(7))* West Suffolk CBT Service Ltd., The.

Handwrinting Practice Paper for Kids: Enjoy Letter Tracing. 200 Blank Pages of High-Quality Handwriting Practice Paper with Dotted Lines. Hector England. 2020. (ENG.). 206p. (J). pap. 12.00 *(978-1-716-31543-5(3))* Lulu Pr., Inc.

Handwriting: 100 Blank Writing Pages. Helen C. Seventh. 2020. (ENG.). 104p. (J). pap. 5.99 *(978-1-716-30220-6(X))* Lulu Pr., Inc.

Handwriting: Printing Workbook Grades K-2 - Ages 5 To 8. Bobo's Little Brainiac Books. 2016. (ENG., Illus.). (J). pap. 7.99 *(978-1-68327-824-5(0))* Sunshine In My Soul Publishing.

Handwriting: Cursive Practice. Created by Highlights Learning. 2019. (Highlights Handwriting Practice Pads Ser.). (ENG.). 80p. (J). (gr. 2-4). pap. 6.99 *(978-1-68437-663-6(7)*, Highlights) Highlights Pr., c/o Highlights for Children, Inc.

Handwriting for First Grade: Handwriting Practice Books for Kids. Lynn Franklin. 2020. (ENG.). 82p. (J). pap. 18.99 ***(978-1-952524-73-8(3))*** Smith Show Media Group.

Handwriting for Kindergarten: Handwriting Practice Books for Kids. Lynn Franklin. 2020. (ENG.). 68p. (J). pap. 16.99 ***(978-1-952524-72-1(5))*** Smith Show Media Group.

Handwriting for Minecrafters: Cursive. Sky Pony Press. Illus. by Amanda Brack. 2018. 64p. (J). 7.99 *(978-1-5107-3254-4(3)*, Sky Pony Pr.) Skyhorse Publishing Co., Inc.

Handwriting for Minecrafters: Printing. Sky Pony Press. Illus. by Amanda Brack. 2018. 64p. (J). pap. 7.99 *(978-1-5107-3253-7(5)*, Sky Pony Pr.) Skyhorse Publishing Co., Inc.

Handwriting for Preschool: Handwriting Practice Books for Kids. Lynn Franklin. 2020. (ENG.). 42p. (J). pap. 14.99 ***(978-1-952524-71-4(7))*** Smith Show Media Group.

Handwriting Kindergarten Workbook: Scholastic Early Learners (Skills Workbook) Scholastic. 2019. (Scholastic Early Learners Ser.). (ENG.). 24p. (J). (gr. k-2). pap. 3.99 *(978-1-338-30507-4(7))* Scholastic, Inc.

Handwriting: Letter Practice. Created by Highlights Learning. 2019. (Highlights Handwriting Practice Pads Ser.). 80p. (J). (gr. k-1). pap. 6.99 *(978-1-68437-662-9(9)*, Highlights) Highlights Pr., c/o Highlights for Children, Inc.

Handwriting Paper 200 Pages: Blank Dotted Midline Journal. G. McBride. 2020. (ENG.). 202p. (J). pap. 12.95 *(978-1-716-33389-7(X))* Lulu Pr., Inc.

Handwriting Paper 220 Blank Writing Pages: 220-Page Dotted Line Notebook Handwriting Practice Paper Notebook. G. McBride. 2020. (ENG.). 222p. (J). pap. 14.97 *(978-1-716-33484-9(5))* Lulu Pr., Inc.

Handwriting Paper Book (Advanced 13 Lines per Page) A Handwriting & Cursive Writing Book with 100 Pages of Extra Large 8. 5 by 11. 0 Inch Writing Practise Pages. This Book Has Guidelines for Practising Writing. James Manning. 2018. (Handwriting Paper Book Ser.: Vol. 5). (ENG., Illus.). 104p. (J). (gr. k-6). pap. *(978-1-78970-324-5(7))* Elige Cogniscere.

Handwriting Paper Book (Beginners 9 Lines per Page) A Handwriting & Cursive Writing Book with 100 Pages of Extra Large 8. 5 by 11. 0 Inch Writing Practise Pages. This Book Has Guidelines for Practising Writing. James Manning. 2018. (Handwriting Paper Book Ser.: Vol. 3). (ENG., Illus.). 104p. (J). (gr. k-6). pap. *(978-1-78970-261-3(5))* Elige Cogniscere.

Handwriting Paper Book (Highly Advanced 18 Lines per Page) A Handwriting & Cursive Writing Book with 100 Pages of Extra Large 8. 5 by 11. 0 Inch Writing Practise Pages. This Book Has Guidelines for Practising Writing. James Manning. 2018. (Handwriting Paper Book Ser.: Vol. 6). (ENG., Illus.). 104p. (J). (gr. k-6). pap. *(978-1-78970-358-0(1))* Elige Cogniscere.

Handwriting Paper Book (Intermediate 11 Lines per Page) A Handwriting & Cursive Writing Book with 100 Pages of Extra Large 8. 5 by 11. 0 Inch Writing Practise Pages. This Book Has Guidelines for Practising Writing. James Manning. 2018. (Handwriting Paper Book Ser.: Vol. 4). (ENG., Illus.). 104p. (J). (gr. k-6). pap. *(978-1-78970-292-7(5))* Elige Cogniscere.

Handwriting Practice 1: Children's Reading & Writing Education Books. Professor Gusto. 2016. (ENG., Illus.). (J). pap. 10.81 *(978-1-68321-354-3(8))* Mimaxion.

Handwriting Practice 2nd Grade: Children's Reading & Writing Education Books. Professor Gusto. 2016. (ENG., Illus.). (J). pap. 10.81 *(978-1-68321-346-8(7))* Mimaxion.

Handwriting Practice 3rd Grade: Children's Reading & Writing Education Books. Professor Gusto. 2016. (ENG., Illus.). (J). pap. 10.81 *(978-1-68321-954-5(6))* Mimaxion.

Handwriting Practice 5th: Children's Reading & Writing Education Books. Professor Gusto. 2016. (ENG., Illus.). (J). pap. 10.81 *(978-1-68321-333-8(5))* Mimaxion.

Handwriting Practice Bible: Children's Reading & Writing Education Books. Baby Professor. 2016. (ENG., Illus.). 40p. (J). pap. 11.65 *(978-1-68326-417-0(7)*, Baby Professor (Education Kids)) Speedy Publishing LLC.

Handwriting Practice Book (Advanced 13 Lines per Page) A Handwriting & Cursive Writing Book with 100 Pages of Extra Large 8. 5 by 11. 0 Inch Writing Practise Pages. This Book Has Guidelines for Practising Writing. James Manning. 2018. (Handwriting Practice Book Ser.: Vol. 5). (ENG., Illus.). 104p. (J). (gr. k-6). pap. *(978-1-78970-348-1(4))* Elige Cogniscere.

Handwriting Practice Book (Beginners 9 Lines per Page) A Handwriting & Cursive Writing Book with 100 Pages of Extra Large 8. 5 by 11. 0 Inch Writing Practise Pages. This Book Has Guidelines for Practising Writing. James Manning. 2018. (Handwriting Practice Book Ser.: Vol. 3). (ENG., Illus.). 104p. (J). (gr. k-6). pap. *(978-1-78970-282-8(8))* Elige Cogniscere.

Handwriting Practice Book for Children Aged 3 to 5 (Beginners 9 Lines per Page) A Handwriting & Cursive Writing Book with 100 Pages of Extra Large 8. 5 by 11. 0 Inch Writing Practise Pages. This Book Has Guidelines for Practising Writing. James Manning. 2018. (Handwriting Practice Book for Children Aged 3 To 5 Ser.). (ENG., Illus.). 104p. (J). (gr. k-6). pap. *(978-1-78970-265-1(8))* Elige Cogniscere.

Handwriting Practice Book for Kids. Bev Biason. 2020. (ENG.). 116p. (J). pap. 10.50 *(978-1-716-29308-5(1))* Lulu Pr., Inc.

Handwriting Practice Book for Kids (Beginners 9 Lines per Page) A Handwriting & Cursive Writing Book with 100 Pages of Extra Large 8. 5 by 11. 0 Inch Writing Practise Pages. This Book Has Guidelines for Practising Writing. James Manning. 2018. (Handwriting Practice Book for Kids Ser.: Vol. 3). (ENG., Illus.). 104p. (J). (gr. k-6). pap. *(978-1-78970-264-4(X))* Elige Cogniscere.

Handwriting Practice Book (Highly Advanced 18 Lines per Page) A Handwriting & Cursive Writing Book with 100 Pages of Extra Large 8. 5 by 11. 0 Inch Writing Practise Pages. This Book Has Guidelines for Practising Writing. James Manning. 2018. (Handwriting Practice Book Ser.: Vol. 7). (ENG., Illus.). 104p. (J). (gr. k-6). pap. *(978-1-78970-379-5(4))* Elige Cogniscere.

Handwriting Practice Book (Intermediate 11 Lines per Page) A Handwriting & Cursive Writing Book with 100 Pages of Extra Large 8. 5 by 11. 0 Inch Writing Practise Pages. This Book Has Guidelines for Practising Writing. James Manning. 2018. (Handwriting Practice Book Ser.: Vol. 4). (ENG., Illus.). 104p. (J). (gr. k-6). pap. *(978-1-78970-315-3(8))* Elige Cogniscere.

Handwriting Practice Books (Beginners 9 Lines per Page) A Handwriting & Cursive Writing Book with 100 Pages of Extra Large 8. 5 by 11. 0 Inch Writing Practise Pages. This Book Has Guidelines for Practising Writing. James Manning. 2018. (Handwriting Practice Bks.: Vol. 3). (ENG., Illus.). 104p. (J). (gr. k-6). pap. *(978-1-78970-276-7(3))* Elige Cogniscere.

Handwriting Practice Books for Adults: Children's Reading & Writing Education Books. Professor Gusto. 2016. (ENG., Illus.). (J). pap. 10.81 *(978-1-68321-949-1(X))* Mimaxion.

Handwriting Practice Boys: Children's Reading & Writing Education Books. Bobo's Little Brainiac Books. 2016. (ENG., Illus.). (J). pap. 7.99 *(978-1-68327-095-9(9))* Sunshine In My Soul Publishing.

Handwriting Practice Cursive: Children's Reading & Writing Education Books. Professor Gusto. 2016. (ENG., Illus.). (J). pap. 10.81 *(978-1-68321-943-9(0))* Mimaxion.

Handwriting Practice for Kids: Capital Letter Tracing Workbook for Age 3+ Sam Ade. 2019. (ENG.). 58p. (J). pap. *(978-0-359-99531-8(4))* Lulu Pr., Inc.

Handwriting Practice for Kids: Children's Reading & Writing Education Books. Professor Gusto. 2016. (ENG., Illus.). (J). pap. 10.81 *(978-1-68321-325-3(4))* Mimaxion.

Handwriting Practice for Kids: Small Letter Tracing Workbook for Age 3+ Sam Ade. 2019. (ENG.). 58p. (J). pap. *(978-0-359-99504-2(7))* Lulu Pr., Inc.

Handwriting Practice for Kindergarten: Children's Reading & Writing Education Books. Baby Professor. 2016. (ENG., Illus.). 40p. (J). pap. 11.65 *(978-1-68326-404-0(5)*, Baby Professor (Education Kids)) Speedy Publishing LLC.

Handwriting Practice for Middle School: Children's Reading & Writing Education Books. Baby Iq Builder Books. 2016. (ENG., Illus.). (J). pap. 8.99 *(978-1-68374-669-0(4))* Examined Solutions PTE. Ltd.

Handwriting Practice for Preschool: Children's Reading & Writing Education Books. Baby Professor. 2016. (ENG., Illus.). 40p. (J). pap. 11.65 *(978-1-68326-424-8(X)*, Baby Professor (Education Kids)) Speedy Publishing LLC.

Handwriting Practice for Teens: Children's Reading & Writing Education Books. Prodigy Wizard Books. 2016. (ENG., Illus.). (J). pap. 9.25 *(978-1-68323-287-2(9))* Twin Flame Productions.

Handwriting Practice Grade 4: Children's Reading & Writing Education Books. Professor Gusto. 2016. (ENG., Illus.). (J). pap. 10.81 *(978-1-68321-955-2(4))* Mimaxion.

Handwriting Practice; K-2nd. Maria Diaz. 2018. (ENG., Illus.). 40p. (J). (gr. k-2). pap. 11.95 *(978-1-64003-526-3(5))* Covenant Bks.

Handwriting Practice Kindergarten: Children's Reading & Writing Education Books. Professor Gusto. 2016. (ENG., Illus.). (J). pap. 10.81 *(978-1-68321-960-6(0))* Mimaxion.

Handwriting Practice Paper. Writing Pro. 2021. (ENG.). 102p. (J). pap. 8.99 *(978-1-716-38463-9(X))* Lulu Pr., Inc.

Handwriting Practice Paper: Dotted Lined Writing Paper for Kids - Handwriting Paper Notebook with Dotted Lined for Kids to Learn the ABC. Maxine Dixon. 2021. (ENG.). 104p. (J). pap. 9.99 *(978-1-716-31644-9(8))* Lulu Pr., Inc.

Handwriting Practice Paper: Handwriting Paper Notebook with Dotted Lined for Kids to Learn the ABC - Big Dotted Lined Writing Paper for Kids, Cover Design for Boys, Perfect for Kindergarten. Maxine Dixon. 2021. (ENG.). 104p. (J). pap. 9.99 *(978-1-716-26080-3(9))* Lulu Pr., Inc.

Handwriting Practice Paper: Handwriting Paper Notebook with Dotted Lined for Kids to Learn the ABC - Big Dotted Lined Writing Paper for Kids, Cover Design for Girls, Perfect for Kindergarten. Maxine Dixon. 2021. (ENG.). 104p. (J). pap. 9.99 *(978-1-716-26079-7(5))* Lulu Pr., Inc.

Handwriting Practice Paper: Jumbo Handwriting Paper Notebook with Dotted Lined for Kids to Learn the ABC & Practice Their Writing Skills - Big Dotted Lined Writing Paper for Kids, Suitable for Girls & Boys, Perfect for Kindergarten. Maxine Dixon. 2021. (ENG.). 104p. (J). pap. 9.09 *(978-1-716-26069-8(8))* Lulu Pr., Inc.

Handwriting Practice Paper: Writing Paper for Kids with Dotted Lined, Dotted Lined Handwriting Paper Notebook for ABC Kids. Books For You To Smile. 2020. (ENG.). 104p. (J). pap. 9.99 *(978-1-716-28440-3(6))* Lulu Pr., Inc.

Handwriting Practice Paper Book (Beginners 9 Lines per Page) A Handwriting & Cursive Writing Book with 100 Pages of Extra Large 8. 5 by 11. 0 Inch Writing Practise Pages. This Book Has Guidelines for Practising Writing. James Manning. 2018. (Handwriting Practice Paper Book Ser.). (ENG., Illus.). 104p. (J). (gr. k-6). pap. *(978-1-78970-262-0(3))* Elige Cogniscere.

Handwriting Practice Paper Dotted Notebook: Big Handwriting Paper Notebook with Dotted Lined for Kids to Learn the ABC - Writing Paper for Kids to Practice & Improve Their Writing Skills - Kindergarten Composition Notebook Perfect for Boys & Girls. Maxine Dixon. 2021. (ENG.). 104p. (J). pap. 9.99 *(978-1-716-26068-1(X))* Lulu Pr., Inc.

Handwriting Practice Paper for Kids: Dotted Line Notebook Handwriting Practice Paper Notebook. G. McBride. 2020. (ENG.). 222p. (J). pap. 14.75 *(978-1-716-37118-9(X))* Lulu Pr., Inc.

Handwriting Practice Paper for Kids: Trace Letters of the Alphabet - Learn to Write Workbook: Preschool Writing Workbook with Sight Words for Pre K, Kindergarten & Kids Ages 3+. Writing Practice Book to Master Letters - ABC Handwriting Book. Maxine Dixon. 2020. (ENG.). 152p. (J). pap. 11.49 *(978-1-716-34306-3(2))* Lulu Pr., Inc.

Handwriting Practice Sheets Book (Beginners 9 Lines per Page) 100 Basic Handwriting Practice Sheets for Children Aged 3 to 7: This Book Contains Suitable Handwriting Paper to Practise Writing. James Manning. 2018. (Handwriting Practice Sheets Book Ser.). (ENG., Illus.). 104p. (J). (gr. k-6). pap. *(978-1-78970-263-7(1))* Elige Cogniscere.

Handwriting Practice Trace: Children's Reading & Writing Education Books. Professor Gusto. 2016. (ENG., Illus.). (J). pap. 10.81 *(978-1-68321-948-4(1))* Mimaxion.

Handwriting Practice: Wacky Facts. Violet Findley. 2016. (ENG., Illus.). 48p. (J). (gr. k-3). pap. 10.99 *(978-1-338-03061-7(2)*, 803061) Scholastic, Inc.

Handwriting Practice Workbook: Children's Reading & Writing Education Books. Professor Gusto. 2016. (ENG., Illus.). (J). pap. 10.81 *(978-1-68321-942-2(2))* Mimaxion.

Handwriting Practice Workbook: Cursive Handwriting Workbook for Kids 3-In-1 Letters, Words, Sentences & Week Planner Gift. Hector England. 2020. (ENG.). 88p. (J). pap. 12.00 *(978-1-716-31547-3(6))* Lulu Pr., Inc.

Handwriting Practice Workbook for Adults: Children's Reading & Writing Education Books. Professor Gusto. 2016. (ENG., Illus.). (J). pap. 10.81 *(978-1-68321-961-3(9))* Mimaxion.

Handwriting Practice Workbook for Kids Ages +3. George Wood. l.t. ed. 2020. (ENG.). 98p. (J). pap. 7.90 *(978-1-716-29142-5(9))* Lulu Pr., Inc.

Handwriting Practice Worksheets Book for Kids Aged 4 to 6 (Beginners 9 Lines per Page) A Handwriting & Cursive Writing Book with 100 Pages of Extra Large 8. 5 by 11. 0 Inch Writing Practise Pages. This Book Has Guidelines for Practising Writing. James Manning. 2018. (Handwriting Practice Worksheets Book for Kids Ser.: Vol. 3). (ENG.). 104p. (J). (gr. k-6). pap. *(978-1-78970-268-2(2))* Elige Cogniscere.

Handwriting Practise Book for Children Aged 3 to 5 (Advanced 13 Lines per Page) A Handwriting & Cursive Writing Book with 100 Pages of Extra Large 8. 5 by 11. 0 Inch Writing Practise Pages. This Book Has Guidelines for Practising Writing. James Manning. 2018. (Handwriting Practise Book for Children Aged 3 To 5 Ser.: Vol. 5). (ENG., Illus.). 104p. (J). (gr. k-6). pap. *(978-1-78970-328-3(X))* Elige Cogniscere.

Handwriting Practise Book for Children Aged 3 to 5 (Highly Advanced 18 Lines per Page) A Handwriting & Cursive Writing Book with 100 Pages of Extra Large 8. 5 by 11. 0 Inch Writing Practise Pages. This Book Has Guidelines for Practising Writing. James Manning. 2018. (Handwriting Practise Book for Children Aged 3 To 5 Ser.: Vol. 6). (ENG., Illus.). 104p. (J). (gr. k-6). pap. *(978-1-78970-362-7(X))* Elige Cogniscere.

Handwriting Practise Book for Children Aged 3 to 5 (Intermediate 11 Lines per Page) A Handwriting & Cursive Writing Book with 100 Pages of Extra Large 8. 5 by 11. 0 Inch Writing Practise Pages. This Book Has Guidelines for Practising Writing. James Manning. 2018. (Handwriting Practise Book for Children Aged 3 To 5 Ser.: Vol. 4). (ENG., Illus.). 104p. (J). (gr. k-6). pap. *(978-1-78970-296-5(8))* Elige Cogniscere.

Handwriting Practise Book for Kids (Advanced 13 Lines per Page) A Handwriting & Cursive Writing Book with 100 Pages of Extra Large 8. 5 by 11. 0 Inch Writing Practise Pages. This Book Has Guidelines for Practising Writing. James Manning. 2018. (Handwriting Practise Book for Kids Ser.: Vol. 5). (ENG., Illus.). 104p. (J). (gr. k-6). pap. *(978-1-78970-327-6(1))* Elige Cogniscere.

Handwriting Practise Book for Kids (Highly Advanced 18 Lines per Page) A Handwriting & Cursive Writing Book with 100 Pages of Extra Large 8. 5 by 11. 0 Inch Writing Practise Pages. This Book Has Guidelines for Practising Writing. James Manning. 2018. (Handwriting Practise Book for Kids Ser.: Vol. 6). (ENG., Illus.). 104p. (J). (gr. k-6). pap. *(978-1-78970-361-0(1))* Elige Cogniscere.

Handwriting Practise Book for Kids (Intermediate 11 Lines per Page) A Handwriting & Cursive Writing Book with 100 Pages of Extra Large 8. 5 by 11. 0 Inch Writing Practise Pages. This Book Has Guidelines for Practising Writing. James Manning. 2018. (Handwriting Practise Book for Kids Ser.: Vol. 4). (ENG., Illus.). 104p. (J). (gr. k-6). pap. *(978-1-78970-295-8(X))* Elige Cogniscere.

Handwriting Practise Books (Advanced 13 Lines per Page) A Handwriting & Cursive Writing Book with 100 Pages of Extra Large 8. 5 by 11. 0 Inch Writing Practise Pages. This Book Has Guidelines for Practising Writing. James Manning. 2018. (Handwriting Practise Bks.: Vol. 5). (ENG., Illus.). 104p. (J). (gr. k-6). pap. *(978-1-78970-340-5(9))* Elige Cogniscere.

Handwriting Practise Books (Highly Advanced 18 Lines per Page) A Handwriting & Cursive Writing Book with 100 Pages of Extra Large 8. 5 by 11. 0 Inch Writing Practise Pages. This Book Has Guidelines for Practising Writing. James Manning. 2018. (Handwriting Practise Bks.: Vol. 7). (ENG., Illus.). 104p. (J). (gr. k-6). pap. *(978-1-78970-373-3(5))* Elige Cogniscere.

Handwriting Practise Books (Intermediate 11 Lines per Page) A Handwriting & Cursive Writing Book with 100 Pages of Extra Large 8. 5 by 11. 0 Inch Writing Practise Pages. This Book Has Guidelines for Practising Writing. James Manning. 2018. (Handwriting Practise Bks.: Vol. 4). (ENG., Illus.). 104p. (J). (gr. k-6). pap. *(978-1-78970-309-2(3))* Elige Cogniscere.

Handwriting Practise Paper Book (Advanced 13 Lines per Page) A Handwriting & Cursive Writing Book with 100 Pages of Extra Large 8. 5 by 11. 0 Inch Writing Practise Pages. This Book Has Guidelines for Practising Writing. James Manning. 2018. (Handwriting Practise Paper Book Ser.: Vol. 5). (ENG., Illus.). 104p. (J). (gr. k-6). pap. *(978-1-78970-325-2(5))* Elige Cogniscere.

Handwriting Practise Paper Book (Expert 22 Lines per Page) A Handwriting & Cursive Writing Book with 100 Pages of Extra Large 8. 5 by 11. 0 Inch Writing Practise Pages. This Book Has Guidelines for Practising Writing. James Manning. 2018. (Handwriting Practise Paper Book Ser.: Vol. 8). (ENG., Illus.). 104p. (J). (gr. k-6). pap. *(978-1-78970-390-0(5))* Elige Cogniscere.

Handwriting Practise Paper Book (Highly Advanced 18 Lines per Page) A Handwriting & Cursive Writing Book with 100 Pages of Extra Large 8. 5 by 11. 0 Inch Writing Practise Pages. This Book Has Guidelines for Practising Writing. James Manning. 2018. (Handwriting Practise Paper Book Ser.: Vol. 6). (ENG., Illus.). 104p. (J). (gr. k-6). pap. *(978-1-78970-359-7(X))* Elige Cogniscere.

Handwriting Practise Sheets Book (Advanced 13 Lines per Page) A Handwriting & Cursive Writing Book with 100 Pages of Extra Large 8. 5 by 11. 0 Inch Writing Practise Pages. This Book Has Guidelines for Practising Writing. James Manning. 2018. (Handwriting Practise Sheets Book Ser.: Vol. 5). (ENG., Illus.). 104p. (J). (gr. k-6). pap. *(978-1-78970-326-9(3))* Elige Cogniscere.

Handwriting Practise Sheets Book (Expert 22 Lines per Page) A Handwriting & Cursive Writing Book with 100 Pages of Extra Large 8. 5 by 11. 0 Inch Writing Practise Pages. This Book Has Guidelines for Practising Writing. James Manning. 2018. (Handwriting Practise Sheets Book Ser.: Vol. 8). (ENG., Illus.). 104p. (J). (gr. k-6). pap. *(978-1-78970-391-7(3))* Elige Cogniscere.

Handwriting Practise Sheets Book (Highly Advanced 18 Lines per Page) A Handwriting & Cursive Writing Book with 100 Pages of Extra Large 8. 5 by 11. 0 Inch Writing Practise Pages. This Book Has Guidelines for Practising Writing. James Manning. 2018. (Handwriting Practise Sheets Book Ser.: Vol. 6). (ENG., Illus.). 104p. (J). (gr. k-6). pap. *(978-1-78970-360-3(3))* Elige Cogniscere.

Handwriting Practise Sheets Book (Intermediate 11 Lines per Page) A Handwriting & Cursive Writing Book with 100 Pages of Extra Large 8. 5 by 11. 0 Inch Writing Practise Pages. This Book Has Guidelines for Practising Writing. James Manning. 2018. (Handwriting Practise Sheets Book Ser.: Vol. 4). (ENG., Illus.). 104p. (J). (gr. k-6). pap. *(978-1-78970-294-1(1))* Elige Cogniscere.

Handwriting Practise Worksheets Book for Kids Aged 4 to 6 (Advanced 13 Lines per Page) A Handwriting & Cursive Writing Book with 100 Pages of Extra Large 8. 5 by 11. 0 Inch Writing Practise Pages. This Book Has Guidelines for Practising Writing. James Manning. 2018. (Handwriting Practise Worksheets Book for Kids Ser.: Vol. 5). (ENG., Illus.). 104p. (J). (gr. k-6). pap. *(978-1-78970-332-0(8))* Elige Cogniscere.

Handwriting Practise Worksheets Book for Kids Aged 4 to 6 (Highly Advanced 18 Lines per Page) A Handwriting & Cursive Writing Book with 100 Pages of Extra Large 8. 5 by 11. 0 Inch Writing Practise Pages. This Book Has Guidelines for Practising Writing. James Manning. 2018. (Handwriting Practise Worksheets Book for Kids Ser.: Vol. 6). (ENG., Illus.). 104p. (J). (gr. k-6). pap. *(978-1-78970-365-8(4))* Elige Cogniscere.

Handwriting Practise Worksheets Book for Kids Aged 4 to 6 (Intermediate 11 Lines per Page) A Handwriting & Cursive Writing Book with 100 Pages of Extra Large 8. 5 by 11. 0 Inch Writing Practise Pages. This Book Has Guidelines for Practising Writing. James Manning. 2018. (Handwriting Practise Worksheets Book for Kids Ser.: Vol. 4). (ENG., Illus.). 104p. (J). (gr. k-6). pap. *(978-1-78970-299-6(2))* Elige Cogniscere.

Handwriting Series Guide- Cursive for Children. Aleta Gordon. 2022. (ENG.). 99p. pap. ***(978-1-387-50202-8(6))*** Lulu Pr., Inc.

Handwriting: Tracing Practice. Created by Highlights Learning. 2019. (Highlights Handwriting Practice Pads Ser.). 80p. (J). (-k). pap. 6.99 *(978-1-68437-661-2(0)*, Highlights) Highlights Pr., c/o Highlights for Children, Inc.

Handwriting: Word Practice. Created by Highlights Learning. 2019. (Highlights Handwriting Practice Pads Ser.). 80p. (J). (gr. 1-2). pap. 6.99 *(978-1-68437-749-7(8)*, Highlights) Highlights Pr., c/o Highlights for Children, Inc.

Handwriting Workbook - 1st Grade Writing Skills: Handwriting Practice Book for Kids to Master Letters, Words & Sentences. Pronisclaroo. 2021. (ENG.). 52p. (J). pap. 5.89 *(978-0-7229-5926-8(5))* ProQuest LLC.

Handwriting Workbook for Kids: 3-In-1 Writing Practice Book to Master Letters, Words & Sentences. Scholdeners. 2019. (ENG.). 112p. (J). (gr. k-6). pap. *(978-1-913357-02-3(3))* Devela Publishing.

Handwriting Workbooks (Advanced 13 Lines per Page) A Handwriting & Cursive Writing Book with 100 Pages of Extra Large 8. 5 by 11. 0 Inch Writing Practise Pages. This Book Has Guidelines for Practising Writing. James Manning. 2018. (Handwriting Workbooks Ser.: Vol. 5). (ENG., Illus.). 104p. (J). (gr. k-6). pap. *(978-1-78970-343-6(3))* Elige Cogniscere.

Handwriting Workbooks (Beginners 9 Lines per Page) A Handwriting & Cursive Writing Book with 100 Pages of Extra Large 8. 5 by 11. 0 Inch Writing Practise Pages. This Book Has Guidelines for Practising Writing. James Manning. 2018. (Handwriting Workbooks Ser.: Vol. 3). (ENG., Illus.). 104p. (J). (gr. k-6). pap. *(978-1-78970-279-8(8))* Elige Cogniscere.

Handwriting Workbooks (Highly Advanced 18 Lines per Page) A Handwriting & Cursive Writing Book with 100 Pages of Extra Large 8. 5 by 11. 0 Inch Writing Practise Pages. This Book Has Guidelines for Practising Writing. James Manning. 2018. (Handwriting Workbooks Ser.: Vol. 7). (ENG., Illus.). 104p. (J). (gr. k-6). pap. *(978-1-78970-376-4(X))* Elige Cogniscere.

Handwriting Workbooks (Intermediate 11 Lines per Page) A Handwriting & Cursive Writing Book with 100 Pages of Extra Large 8. 5 by 11. 0 Inch Writing Practise Pages. This Book Has Guidelines for Practising Writing. James Manning. 2018. (Handwriting Workbooks Ser.: Vol. 4). (ENG., Illus.). 104p. (J). (gr. k-6). pap. *(978-1-78970-312-2(3))* Elige Cogniscere.

Handwriting Worksheets Book (Advanced 13 Lines per Page) A Handwriting & Cursive Writing Book with 100 Pages of Extra Large 8. 5 by 11. 0 Inch Writing Practise Pages. This Book Has Guidelines for Practising Writing. James Manning. 2018. (Handwriting Worksheets Book Ser.: Vol. 5). (ENG., Illus.). 104p. (J). (gr. k-6). pap. *(978-1-78970-323-8(9))* Elige Cogniscere.

Handwriting Worksheets Book (Beginners 9 Lines per Page) A Handwriting & Cursive Writing Book with 100 Pages of Extra Large 8. 5 by 11. 0 Inch Writing Practise Pages. This Book Has Guidelines for Practising Writing. James Manning. 2018. (Handwriting Worksheets Book (Beginners) Ser.: Vol. 3). (ENG., Illus.). 104p. (J). (gr. k-6). pap. *(978-1-78970-260-6(7))* Elige Cogniscere.

Handwriting Worksheets Book (Highly Advanced 18 Lines per Page) A Handwriting & Cursive Writing Book with 100 Pages of Extra Large 8. 5 by 11. 0 Inch Writing Practise Pages. This Book Has Guidelines for Practising Writing. James Manning. 2018. (Handwriting Worksheets Book Ser.: Vol. 6). (ENG., Illus.). 104p. (J). (gr. k-6). pap. *(978-1-78970-357-3(3))* Elige Cogniscere.

Handwriting Worksheets Book (Intermediate 11 Lines per Page) A Handwriting & Cursive Writing Book with 100 Pages of Extra Large 8. 5 by 11. 0 Inch Writing Practise Pages. This Book Has Guidelines for Practising Writing. James Manning. 2018. (Handwriting Worksheets Book Ser.: Vol. 4). (ENG., Illus.). 104p. (J). (gr. k-6). pap. *(978-1-78970-291-0(7))* Elige Cogniscere.

Handy All Around. Tana Reiff. 2020. (ENG.). 52p. (J). pap. *(978-1-77153-351-5(X))* Grass Roots Pr.

Handy Andy. Samuel Lover. 2017. (ENG.). 456p. (J). pap. *(978-3-7447-3881-1(7))* Creation Pubs.

Handy Andy: A Tale of Irish Life (Classic Reprint) Samuel Lover. 2017. (ENG., Illus.). (J). 34.17 *(978-1-5280-6322-7(8))* Forgotten Bks.

Handy Andy & Friends. James F. Park. 2017. (ENG.). 40p. (J). pap. ***(978-0-244-03088-9(X))*** Lulu Pr., Inc.

Handy Andy, Vol. 1 (Classic Reprint) Samuel Lover. (ENG., Illus.). (J). 2018. 322p. 30.56 *(978-0-483-75334-1(3))*; 2016. pap. 13.57 *(978-1-334-14148-5(7))* Forgotten Bks.

Handy Dictionary of the English & French Languages (Classic Reprint) Ignaz Emanuel Wessely. (ENG., Illus.). (J). 2018. 512p. 34.48 *(978-0-267-59484-9(4))*; 2016. pap. 16.97 *(978-1-334-15061-6(3))* Forgotten Bks.

Handy Dictionary of the English & French Languages (Classic Reprint) J. E. Wessely. 2018. (ENG., Illus.). 516p. (J). 34.54 *(978-0-267-86918-3(5))* Forgotten Bks.

Handy Dictionary of the English & Italian Languages: Thoroughly Revised & Re-Written (Classic Reprint) J. E. Wessely. (ENG., Illus.). (J). 2018. 438p. 32.93 *(978-0-666-57056-7(6))*; 2016. pap. 16.57 *(978-1-333-58897-7(6))* Forgotten Bks.

Handy Dramas for Amateur Actors: New Pieces for Home, School & Public Entertainment (Classic Reprint) George Melville Baker. (ENG., Illus.). (J). 2018. 370p. 31.53 *(978-0-666-84813-0(0))*; 2017. pap. 13.97 *(978-0-259-89410-0(9))* Forgotten Bks.

Handy Guide for Beggars: Especially Those of the Poetic Fraternity (Classic Reprint) Vachel Lindsay. 2018. (ENG., Illus.). 226p. (J). 28.56 *(978-0-483-27163-0(2))* Forgotten Bks.

Handy Projects for Happy Campers. Tamara JM Peterson & Ruthie Van Oosbree. 2023. (Adventurous Crafts for Kids Ser.). (ENG.). 32p. (J). 33.99 *(978-1-6690-0437-0(6)*, 245246, Capstone Pr.) Capstone.

Handy Russian-English & English-Russian Dictionary & Self-Instructor (Classic Reprint) Salomon Isaac Luboff. (ENG., Illus.). (J). 2017. 29.82 *(978-0-260-67483-8(4))*; 2016. pap. 13.57 *(978-1-334-13358-9(1))* Forgotten Bks.

Handy Russian-English & English-Russian Dictionary, & Self-Instructor (Classic Reprint) Salomon Isaac Luboff. 2017. (ENG., Illus.). (J). 30.04 *(978-0-331-85047-5(8))*; pap. 13.57 *(978-0-259-83698-8(2))* Forgotten Bks.

Handy Smarts: Frozen Pipes... Where'd the Water Go? Barry Bloom. Illus. by Nora Ziegler. 2020. (ENG.). 26p. (J). pap. 13.00 *(978-1-7362073-0-7(X))* Southampton Publishing.

Handy Speaker: Comprising Fresh Selections in Poetry & Prose, Humorous, Pathetic, Patriotic, for Reading Clubs, School Declamation, Home & Public Entertainments (Classic Reprint) George Melville Baker. (ENG., Illus.). (J). 2018. 434p. 32.85 *(978-0-267-00501-7(6))*; 2017. pap. 16.57 *(978-0-243-99170-9(3))* Forgotten Bks.

Handy Texas Answer Book. James L. Haley. 2018. (Handy Answer Book Ser.). (ENG., Illus.). 416p. pap. 44.95 *(978-1-57859-634-8(3))* Visible Ink Pr.

Hang-Gliding & Paragliding. John Allan. 2022. (Adventure Sports Ser.). (ENG., Illus.). 48p. (J). (gr. 5-8). lib. bdg. 29.32 *(978-1-914087-18-9(6)*, 75dbf8f6-a318-4e94-9ccc-a42764ef6c0c, Hungry Tomato (r)) Lerner Publishing Group.

Hang in There! (a Hello!Lucky Book) Hello!Lucky & Sabrina Moyle. Illus. by Eunice Moyle. 2022. (Hello!Lucky Book Ser.). (ENG.). 32p. (J). (gr. -1-17). 16.99 *(978-1-4197-5556-9(0)*, 1739501, Abrams Appleseed) Abrams, Inc.

Hang On! Penelope Dyan. Illus. by Dyan. l.t. ed. 2022. (ENG.). 34p. (J). pap. 12.60 ***(978-1-61477-606-2(7))*** Bellissima Publishing, LLC.

Hang on, Monkey! (1 Hardcover/1 CD) Susan B. Neuman. 2017. (National Geographic Kids Ser.). (ENG.). (J). 29.95 *(978-1-4301-2641-6(8))* Live Oak Media.

Hang on, Monkey! (1 Paperback/1 CD) Susan B. Neuman. 2017. (National Geographic Kids Ser.). (ENG.). (J). pap. 19.95 *(978-1-4301-2640-9(X))* Live Oak Media.

Hang on, Monkey! (4 Paperbacks/1 CD), 4 vols. Susan B. Neuman. 2017. (National Geographic Kids Ser.). (ENG.). (J). pap. 31.95 *(978-1-4301-2642-3(6))* Live Oak Media.

Hang Ten for Dear Life! Nicholas O. Time. 2017. (In Due Time Ser.: 6). (ENG., Illus.). 160p. (J). (gr. 3-7). pap. 6.99 *(978-1-4814-9654-4(9)*, Simon Spotlight) Simon Spotlight.

Hang the Moon Pa. Wiles. 2016. (ENG.). (J). pap. 0.25 *(978-0-15-202453-6(0)*, HarperCollins) HarperCollins Pubs.

Hang Together Boys (Classic Reprint) Mabel Burkholder. (ENG., Illus.). (J). 2018. 40p. 24.74 *(978-0-364-02580-2(8))*; 2017. pap. 7.97 *(978-0-243-54110-2(4))* Forgotten Bks.

Hanging Around for You. Stacia Leigh. 2020. (ENG.). 350p. (J). pap. 12.67 *(978-1-7321435-2-4(8))* Espial Design.

Hanging by a Spider's Thread Coloring Book. Smarter Activity Books for Kids. 2016. (ENG., Illus.). (J). pap. 9.22 *(978-1-68374-455-9(1))* Examined Solutions PTE. Ltd.

Hanging Gardens of Babylon a Variety of Facts. Bold Kids. 2023. (ENG.). 42p. (J). pap. 14.99 ***(978-1-0717-2078-3(3))*** FASTLANE LLC.

Hanging Girl. Eileen Cook. 2017. (ENG.). 320p. (YA). (gr. 9). 17.99 *(978-0-544-82982-4(4)*, 1644036, Clarion Bks.) HarperCollins Pubs.

Hanging Out with Jesus. Bob Hartman. 2019. (ENG., Illus.). 282p. (J). pap. 14.99 *(978-1-78893-029-1(0)*, 329763) Authentic Media GBR. Dist: EMI CMG Distribution.

Hanging Out with Jesus: Life Lessons with Jesus & His Childhood Friends. Agnes De Bezenac & Salem De Bezenac. Illus. by Agnes De Bezenac. 2017. (ENG., Illus.). (J). (gr. k-1). 15.45 *(978-1-63474-059-3(9))*; pap. 10.95 *(978-1-63474-070-8(X))* iCharacter.org.

Hanging Out with Jesus Again. Bob Hartman. 2021. (ENG., Illus.). 178p. (J). pap. 14.99 *(978-1-78893-119-9(X)*, 329851) Authentic Media.

Hanging Out with Wild Animals. Cheryl Batavia. 2017. (ENG., Illus.). (J). (gr. 3-6). pap. 11.95 *(978-1-63492-001-8(5))* Booklocker.com, Inc.

Hanging Out with Wild Animals II. Cheryl Batavia. 2017. (ENG., Illus.). (J). (gr. 3-6). pap. 11.95 *(978-1-63492-249-4(2))* Booklocker.com, Inc.

Hanging Tree: The Adventures of Letty Parker. Misha Herwin. 2021. (ENG.). 280p. (J). pap. *(978-1-9162865-1-1(8))* Penkhull Pr.

Hanging with Vampires: A Totally Factual Field Guide to the Supernatural. Insha Fitzpatrick. 2023. (Totally Factual Field Guide to the Supernatural Ser.: 1). (Illus.). 128p. (J). (gr. 3-7). pap. 14.99 *(978-1-68369-341-3(8))* Quirk Bks.

Hangman Activity Book for Children (6x9 Puzzle Book / Activity Book) Sheba Blake. 2020. (ENG.). 104p. (J). pap. 9.99 *(978-1-222-28389-1(1))* Indy Pub.

Hangman Activity Book for Children (8x10 Puzzle Book / Activity Book) Sheba Blake. 2020. (ENG.). 104p. (J). pap. 14.99 *(978-1-222-28390-7(5))* Indy Pub.

Hangman Puzzles. Buster Mcjames. 2021. (ENG.). 122p. (J). pap. 8.99 *(978-0-632-71463-6(8))* Lions Gate Home Entertainment.

Hangman Puzzles for Bright Kids. Jack Ketch. 2017. (Puzzlewright Junior Hangman Ser.: 4). (ENG.). 96p. (J). (gr. 3-7). pap. 6.95 *(978-1-4549-2713-6(5)*, Puzzlewright) Sterling Publishing Co., Inc.

Hangry. Drew Brockington. 2019. (ENG., Illus.). 40p. (J). (gr. -1-3). 17.99 *(978-0-316-55932-4(6))* Little, Brown Bks. for Young Readers.

Hangry Little Monster. Andrea Witt. 2021. (ENG.). 32p. (J). pap. 15.99 *(978-1-0878-7898-0(5))* Indy Pub.

Hangry Ninja: A Children's Book about Preventing Hanger & Managing Meltdowns & Outbursts. Mary Nhin & Grow Grit Press. Illus. by Jelena Stupar. 2020. (Ninja Life Hacks Ser.: Vol. 20). (ENG.). 32p. (J). 18.99 *(978-1-953399-54-0(1))* Grow Grit Pr.

Hangwoman. K. R. Meera. 2016. (ENG.). 444p. (YA). pap. *(978-0-14-343153-4(6))* Penguin Bks. India PVT, Ltd.

Hania (Classic Reprint) Henryk Sienkiewicz. 2017. (ENG., Illus.). (J). 35.65 *(978-0-266-19252-7(1))* Forgotten Bks.

Haniya Learns about Syria. Tracilyn George. 2021. (ENG.). 26p. (J). pap. 11.00 *(978-1-77475-185-5(2))* Lulu Pr., Inc.

Haniyah & the Pink Rabbit. Kariema Taliep Davids. 2021. (ENG.). 30p. (J). pap. *(978-0-620-91592-2(7))* Pro Christo Publications.

834

The check digit for ISBN-10 appears in parentheses after the full ISBN-13

TITLE INDEX HANSFORD

Hank & Gertie: A Pioneer Hansel & Gretel Story. Eric A. Kimmel. Illus. by Mara Penny. 2018. (ENG.). 32p. (J). (gr. 1-3). 16.99 *(978-1-5132-6122-5(3)*, West Winds Pr.) West Margin Pr.

Hank & Pearl, the Tale of a Captain & Crew. Jodie Knox. 2023. (ENG.). 38p. (J). 18.95 ***(978-1-63755-565-1(2)***, Mascot Kids) Amplify Publishing Group.

Hank el Cuida-Mascotas (Hank the Pet Sitter Set 1) (Set), 4 vols. 2018. (Hank el Cuida-Mascotas (Hank the Pet Sitter) Ser.). (SPA.). 32p. (J). (gr. -1-3). lib. bdg. 131.16 *(978-1-5321-3325-1(1)*, 28513, Calico Chapter Bks) Magic Wagon.

Hank el Cuida-Mascotas Set 2 (Hank the Pet Sitter Set 2) (Set), 4 vols. Claudia Harrington. Illus. by Anoosha Syeed. 2019. (Hank el Cuida-Mascotas (Hank the Pet Sitter) Ser.). (SPA.). 32p. (J). (gr. -1-3). lib. bdg. 131.16 *(978-1-5321-3760-0(5)*, 33786, Calico Chapter Bks) Magic Wagon.

Hank the Cowdog & Monkey Business. John R. Erickson. Illus. by Gerald L. Holmes. 2017. (Hank the Cowdog Ser.: Vol. 14). (ENG.). 110p. (J). (gr. 3-6). 15.99 *(978-1-59188-214-5(1))* Maverick Bks., Inc.

Hank the Hiking Hound & Lessons from the Trail. Mitch Emmons. 2023. (ENG.). 50p. (YA). 28.49 ***(978-1-6628-7742-1(0))***; pap. 16.49 ***(978-1-6628-7741-4(2))*** Salem Author Services.

Hank the Pet Sitter Set 2 (Set), 4 vols. 2018. (Hank the Pet Sitter Ser.). (ENG., Illus.). 32p. (J). (gr. -1-3). lib. bdg. 131.16 *(978-1-5321-3172-1(0)*, 28439, Calico Chapter Bks) Magic Wagon.

Hank the Septopus. Disney Editors. ed. 2016. (Disney/Pixar Finding Dory 8x8 Ser.). lib. bdg. 14.75 *(978-0-606-38894-8(X))* Turtleback.

Hank the Tank. Jeanne Prebble. Illus. by Robin Maxon. 2022. (ENG.). 34p. (J). pap. 25.99 ***(978-1-6628-5136-0(7))*** Salem Author Services.

Hank Zipzer: the Colossal Camera Calamity. Theo Baker. 2020. (Hank Zipzer Ser.). (ENG.). 128p. (J). (gr. 2-5). pap. 6.99 *(978-1-5362-1337-9(3)*, Candlewick Entertainment) Candlewick Pr.

Hank Zipzer: the Cow Poop Treasure Hunt. Theo Baker. 2018. (Hank Zipzer Ser.). (ENG.). 144p. (J). (gr. 2-5). pap. 6.99 *(978-1-5362-0333-2(5)*, Candlewick Entertainment) Candlewick Pr.

Hank Zipzer: the Pizza Party. Theo Baker. 2019. (Hank Zipzer Ser.). (ENG.). 144p. (J). (gr. 2-5). pap. 6.99 *(978-1-5362-0765-1(9)*, Candlewick Entertainment) Candlewick Pr.

Hanks Assorted Yarns from Puck (Classic Reprint) Pucks. 2018. (ENG., Illus.). 194p. (J). 27.90 *(978-0-666-94089-6(4))* Forgotten Bks.

Hank's Big Day: The Story of a Bug. Evan Kuhlman. Illus. by Chuck Groenink. 2016. 40p. (J). (gr. -1-2). 17.99 *(978-0-553-51150-5(5)*, Schwartz & Wade Bks.) Random Hse. Children's Bks.

Hank's New Shoes. Chris Gallagher. Illus. by Darren Gate. 2019. (ENG.). 34p. (J). 24.99 *(978-0-578-56238-4(3))* Gallagher, Chris.

Hanley the Hippo. Andre Gibson. 2020. (ENG.). 24p. (J). 23.99 *(978-1-0983-4187-9(2))* BookBaby.

Hanmoji Handbook: Your Guide to the Chinese Language Through Emoji. Jason Li et al. Illus. by Jason Li. 2022. (ENG.). 160p. (YA). (gr. 9). 24.99 *(978-1-5362-1913-5(4)*, MiTeen Press) Candlewick Pr.

Hanna & the Elves. Tracilyn George. 2020. (ENG.). 50p. (J). pap. 15.00 *(978-1-990153-08-2(9))* Lulu Pr., Inc.

Hanna & the Elves. Tracilyn George. Illus. by Aria Jones. 2020. (ENG.). 24p. (J). pap. 17.14 *(978-1-716-62099-7(6))* Lulu Pr., Inc.

Hanna Banana. Racquel R. Reece. 2022. (ENG.). 53p. (J). pap. *(978-1-4357-6238-1(X))* Lulu Pr., Inc.

Hanna Himbeere. Sa Bu. 2019. (GER.). 94p. (J). pap. *(978-3-95840-992-7(X))* Novum Verlag in der Verlags- und Medienhaus WSB GmbH.

Hanna the Banana. Olympia Jones. 2020. (ENG.). 74p. (J). pap. *(978-1-78830-471-9(3))* Olympia Publishers.

Hannah - Men & Women of the Bible Revised. Contrib. by Casscom Media. 2017. (Men & Women of the Bible - Revised Ser.). (ENG., Illus.). (J). pap. *(978-87-7132-582-9(4))* Scandinavia Publishing Hse.

Hannah & the Ramadan Gift. Qasim Rashid. Illus. by Aaliya Jaleel. 2021. 40p. (J). (gr. -1-2). 17.99 *(978-0-593-11466-7(3)*, Viking Books for Young Readers) Penguin Young Readers Group.

Hannah Ann: A Sequel to a Little Girl in Old New York (Classic Reprint) Amanda Minnie Douglas. 2018. (ENG., Illus.). 384p. (J). 31.84 *(978-0-267-15183-7(7))* Forgotten Bks.

Hannah Banana & Her Pink Bandana. Casey Bednarczyk. 2020. (ENG.). 42p. (J). 19.99 *(978-0-578-58146-0(9))* Bednarczyk, Casey.

Hannah, Blue Magic & the Foxes. Grete Belinda Barton. Illus. by Inger Lise Belsvik. 2018. (ENG.). 54p. (YA). *(978-82-999555-2-2(1))* Bien Forlag.

Hannah (Classic Reprint) Dinah Maria Mulock Craik. 2018. (ENG., Illus.). 336p. (J). 30.85 *(978-0-666-34792-3(1))* Forgotten Bks.

Hannah G. Solomon Dared to Make a Difference. Bonnie Lindauer. Illus. by Sofia Moore. 2021. (ENG.). 32p. (J). (gr. k-4). 7.99 *(978-1-7284-1574-1(8)*, 7fe778f6-f25a-4c6e-9743-a3ada202ab87, Kar-Ben Publishing) Lerner Publishing Group.

Hannah Goodheart & the Guardian of Time. C. Michael Morrison. Ed. by Twyla Beth Lambert. 2019. (ENG.). 320p. (YA). (gr. 7-12). pap. 15.95 *(978-1-945419-36-2(9))* Fawkes Pr., LLC.

Hannah Gould. Thomas F. Linehan Jr. 2018. (ENG., Illus.). 366p. (YA). (gr. 7-12). pap. 21.95 *(978-1-68433-095-9(5))* Black Rose Writing.

Hannah Hawkins: The Reformed Drunkard's Daughter (Classic Reprint) John Marsh. 2018. (ENG., Illus.). 78p. (J). 25.51 *(978-0-331-83840-4(0))* Forgotten Bks.

Hannah I Love You All Ways. Marianne Richmond. Illus. by Dubravka Kolanovic. 2023. (I Love You All Ways Ser.). (ENG.). 32p. (J). (gr. -1-3). 8.99 ***(978-1-7282-7366-2(8))*** Sourcebooks, Inc.

Hannah I Su Kabai. Luisette Kraal. 2020. (PAP.). 134p. (J). 18.00 *(978-1-0878-9956-5(7))*; pap. 10.00 *(978-1-0878-9479-9(4))* Indy Pub.

Hannah in the Spotlight: Star Club Book 1. Natasha Mac a'Bháird. 2016. (Star Club Ser.: 1). (ENG.). 192p. (J). pap. 15.00 *(978-1-84717-845-9(6))* O'Brien Pr., Ltd., The IRL. Dist: Dufour Editions, Inc.

Hannah on the North Pole Express. J. D. Green. 2019. (North Pole Express Ser.). (ENG.). 32p. (J). (gr. -1-3). 7.99 ***(978-1-7282-0339-3(2))*** Sourcebooks, Inc.

Hannah Santa's Secret Elf. Put Me In The Story & Katherine Sully. Illus. by Julia Seal. 2018. (Santa's Secret Elf Ser.). (ENG.). 32p. (J). (gr. k-3). 5.99 *(978-1-4926-8144-1(X))* Sourcebooks, Inc.

Hannah Sharpe Cartoon Detective. Janet Tashjian. Illus. by Jake Tashjian. 2023. (ENG.). 320p. (J). (gr. 3-7). 17.99 ***(978-0-316-31980-5(5))*** Little, Brown Bks. for Young Readers.

Hannah Sparkles: a Friend Through Rain or Shine. Robin Mellom. Illus. by Vanessa Brantley-Newton. 2017. (ENG.). 32p. (J). (gr. -1-3). 17.99 *(978-0-06-232233-3(8)*, HarperCollins) HarperCollins Pubs.

Hannah Sparkles: Hooray for the First Day of School! Robin Mellom. Illus. by Vanessa Brantley-Newton. 2019. (ENG.). 32p. (J). (gr. -1-3). 17.99 *(978-0-06-232234-0(6)*, HarperCollins) HarperCollins Pubs.

Hannah the Honeybee & the Surprising Adventure. Lyn Rose Ram. Ed. by Candice Lemon-Scott. Illus. by The Illustrators. 2021. (Hannah the Honeybee & Friends Ser.: Vol. 2). (ENG.). 40p. (J). pap. *(978-0-6488055-1-9(4))* Lyn Rose.

Hannah, the Odd Fellow's Orphan (Classic Reprint) Abigail D. Hawkins. (ENG., Illus.). (J). 2018. 244p. 28.93 *(978-0-428-61119-4(2))*; 2017. pap. 11.57 *(978-0-243-40820-7(X))* Forgotten Bks.

Hannah Thurston. Bayard Taylor. 2016. (ENG.). 472p. (J). pap. *(978-3-7433-9994-5(6))* Creation Pubs.

Hannah Thurston: A Story of American Life (Classic Reprint) Bayard Taylor. (ENG., Illus.). (J). 2017. 33.63 *(978-0-266-40627-3(0))*; 2016. pap. 16.57 *(978-1-333-44933-9(X))* Forgotten Bks.

Hannah Thurston, a Story of American Life (Classic Reprint) Bayard Taylor. 2017. (ENG., Illus.). (J). 298p. 30.06 *(978-0-265-67680-6(0))*; 300p. pap. 13.57 *(978-1-5276-4752-7(8))* Forgotten Bks.

Hannah 'Twas the Night Before Christmas. Illus. by Lisa Alderson. 2019. (Night Before Christmas Ser.). (ENG.). 32p. (J). (gr. -1-3). 7.99 ***(978-1-7282-0232-7(9))*** Sourcebooks, Inc.

Hannah Unhinged: A Guided Bible Study for Teens. Sherree G. Funk. 2017. (ENG., Illus.). (YA). (gr. 7-10). pap. 14.99 *(978-0-9823137-7-0(2))* Serving One Lord Resources.

Hannah Visits Nana in the Nursing Home. Chelsia Harris. 2018. (ENG., Illus.). 28p. (J). 22.95 *(978-1-64191-499-4(8))*; pap. 12.95 *(978-1-64191-497-0(1))* Christian Faith Publishing.

Hannah's Christmas Wish. Put Me In The Story & J. D. Green. Illus. by Julia Seal. 2018. (Christmas Wish Ser.). (ENG.). 32p. (J). (gr. k-3). 6.99 ***(978-1-4926-8329-2(9))*** Sourcebooks, Inc.

Hannah's Dancing Bear. Marygrace Snook. 2019. (ENG.). 22p. (J). pap. 13.95 *(978-1-64349-216-2(0))* Christian Faith Publishing.

Hannah's Day of Revelations. Cindy Mackey Dold. 2020. (ENG.). 46p. (J). pap. 9.99 *(978-1-7322739-4-8(4))* Cyrano Bks.

Hannah's Eyes. Mary Ann Noe. 2023. (ENG.). 220p. (J). pap. 20.95 ***(978-1-68513-161-6(1))*** Black Rose Writing.

Hannah's Faith & Grace. Hannah Shea. 2018. (ENG., Illus.). 30p. (J). pap. 12.95 *(978-1-64079-234-0(1))* Christian Faith Publishing.

Hannah's Hanukkah Hiccups. Shanna Silva. Illus. by Bob McMahon. 2018. (ENG.). 32p. (J). 17.95 *(978-1-68115-537-1(0)*, de2112a3-07e2-46f6-87c3-e9b32d1f4e76, Apples & Honey Pr.) Behrman Hse., Inc.

Hannah's Heart: The Broken Pieces. Denise M. Walker. 2019. (My True Identity Teen Ser.: Vol. 2). (ENG.). 254p. (J). pap. 11.99 *(978-1-7336134-1-5(2))* Armor of Hope Writing & Publishing Services, LLC.

Hannah's Magical Horse Farm. Cassandra Wolf. 2018. (ENG., Illus.). 32p. (J). *(978-1-5289-2421-4(5))*; pap. *(978-1-5289-2422-1(3))* Austin Macauley Pubs. Ltd.

Hannah's Promise. Kim E. Douglas. 2021. (ENG., Illus.). 22p. (J). 19.95 *(978-1-63903-298-3(3))*; pap. 13.95 *(978-1-0980-6002-2(4))* Christian Faith Publishing.

Hannah's Tall Order: An a to Z Sandwich. Linda Vander Heyden. Illus. by Kayla Harren. 2018. (ENG.). 32p. (J). (gr. k-2). 16.99 *(978-1-58536-382-7(0)*, 204587) Sleeping Bear Pr.

Hannah's Thank You Prayer Coloring Book. Linda Gunn. Illus. by Alissa Staples. 2023. (ENG.). 34p. (J). pap. 11.99 ***(978-1-6628-7603-5(3))*** Salem Author Services.

Hannah's Zoo. Beth Oriole. 2020. (ENG., Illus.). 30p. (J). 22.95 *(978-1-64559-422-2(X))*; pap. 12.95 *(978-1-64559-421-5(1))* Covenant Bks.

Hanna's Cold Winter. Trish Marx. Illus. by Barbara Knutson. 2020. (ENG.). 32p. (J). (gr. -1-3). pap. 11.95 *(978-1-948959-13-1(5))* Purple Hse. Pr.

Hannele: A Dream Poem (Classic Reprint) Gerhart Hauptmann. 2018. (ENG., Illus.). (J). 116p. 26.31 *(978-0-332-17304-7(6))*; 122p. 26.41 *(978-0-483-21588-7(0))* Forgotten Bks.

Hannibal, 1 vol. Joel Newsome. 2017. (Great Military Leaders Ser.). (ENG.). 128p. (YA). (gr. 9-9). 47.36 *(978-1-5026-2869-5(4)*, 5a9f24ae-5483-45ea-b2fb-6d1680e49a8f) Cavendish Square Publishing LLC.

Hannibal's Man & Other Tales. Leonard Kip. 2017. (ENG.). 376p. (J). pap. *(978-3-7447-0770-1(9))* Creation Pubs.

Hannibal's Man, & Other Tales: The Argus Christmas Stories (Classic Reprint) Leonard Kip. (ENG., Illus.). (J). 2018. 372p. 31.59 *(978-0-483-36748-7(6))*; 2016. pap. 13.97 *(978-1-333-58943-1(3))* Forgotten Bks.

Hannoki's Will. Emma K. Blacker. 2016. (ENG., Illus.). 354p. (YA). pap. *(978-1-910077-93-1(3))* 2QT, Ltd. (Publishing).

Hannukah. Grace Jones. 2019. (Festivals Around the World Ser.). (ENG.). 24p. (J). (gr. k-2). pap. 9.99 *(978-1-78637-822-4(1))* BookLife Publishing Ltd. GBR. Dist: Independent Pubs. Group.

Hannukah Bunny. Mort Laitner. 2016. (ENG., Illus.). (J). (gr. k-4). pap. 20.00 *(978-0-9960369-3-1(8))* Transitional Pr.

Hans & Greta: In What Is Christmas. Tami Johnson. 2022. (ENG., Illus.). 30p. (J). 22.95 ***(978-1-68526-787-2(4))***; pap. 12.95 ***(978-1-68526-785-8(8))*** Covenant Bks.

Hans Andersen's Fairy Tales: Second Series (Classic Reprint) Hans Christian Anderson. 2017. (ENG., Illus.). (J). 31.78 *(978-0-265-15773-2(0))* Forgotten Bks.

Hans Andersen's Fairy Tales: With Illustrations (Classic Reprint) Hans Christian Anderson. 2017. (ENG., Illus.). (J). 31.55 *(978-0-331-62724-4(8))* Forgotten Bks.

Hans Andersen's Fairy Tales (Classic Reprint) Hans Christian Anderson. 2017. (ENG., Illus.). (J). 27.77 *(978-0-265-73278-6(6))*; 30.46 *(978-1-5280-6105-6(5))* Forgotten Bks.

Hans Andersen's Stories (Classic Reprint) Hans Christian Anderson. 2017. (ENG., Illus.). (J). 28.31 *(978-0-266-21983-5(7))* Forgotten Bks.

Hans Andersen's Story Book: With a Memoir (Classic Reprint) Mary Howitt. 2017. (ENG., Illus.). (J). 33.53 *(978-0-331-94940-7(7))* Forgotten Bks.

Hans Breitmann und His Philosopede (Classic Reprint) Charles G. Leland. 2018. (ENG., Illus.). 32p. (J). 24.56 *(978-0-484-03862-1(1))* Forgotten Bks.

Hans Brinker. Mary Mapes Dodge. 2017. (ENG.). 388p. (J). (gr. -1-7). pap. *(978-3-337-38768-6(3))* Creation Pubs.

Hans Brinker -Or- the Silver Skates. Mary Mapes Dodge. 2018. (ENG., Illus.). 222p. (J). 24.99 *(978-1-5154-2945-6(8))* Wilder Pubns., Corp.

Hans Brinker, or the Silver Skates: A Story of Life in Holland (Classic Reprint) Mary Mapes Dodge. 2017. (ENG., Illus.). (J). 31.71 *(978-1-5282-7142-4(4))* Forgotten Bks.

Hans Brinker, or the Silver Skates: The Classic Tale of Dutch Culture & Heritage. Mary Mapes Dodge. 2018. (ENG., Illus.). 156p. (J). (gr. 4-6). pap. *(978-0-359-03018-7(1))* Lulu Pr., Inc.

Hans Brinker, or the Silver Skates: The Classic Tale of Dutch Culture & Heritage (Hardcover) Mary Mapes Dodge. 2018. (ENG., Illus.). 156p. (J). (gr. 4-6). *(978-0-359-03017-0(3))* Lulu Pr., Inc.

Hans Christian Andersen. Maria Isabel Sanchez Vegara. Illus. by Maxine Lee-Mackie. 2021. (Little People, BIG DREAMS Ser.: 59). (ENG.). 32p. (J). (gr. -1-2). 15.99 ***(978-0-7112-5934-8(8))***, Frances Lincoln Children's Bks.) Quarto Publishing Group UK GBR. Dist: Hachette Bk. Group.

Hans Christian Andersen: A Biography (Classic Reprint) R. Nisbet Bain. 2017. (ENG., Illus.). (J). 33.88 *(978-0-331-90731-5(3))* Forgotten Bks.

Hans Christian Andersen: The Journey of His Life. Heinz Janisch. Illus. by Maja Kastelic. 2020. (ENG.). 56p. (J). (gr. -1-2). 18.95 *(978-0-7358-4388-2(0))* North-South Bks., Inc.

Hans Christian Andersen Fairy Tale Colouring Book for Kids: Suitable for Ages 4+ Marcelline Hubble. 2022. (ENG.). 120p. (J). pap. *(978-1-4583-6768-6(1))* Lulu Pr., Inc.

Hans Christian Andersen Fairy Tales: Slip-Cased Edition. Hans Christian. Andersen. Tr. by H. P. Paull. Illus. by Heath Robinson. 2018. (Arcturus Slipcased Classics Ser.: 14). (ENG.). 384p. (J). 24.99 *(978-1-78888-323-8(3)*, f541923d-79cc-450b-8fce-0efa7698dbad) Arcturus Publishing GBR. Dist: Baker & Taylor Publisher Services (BTPS).

Hans Christian Andersen Lives Next Door. Cary Fagan. Illus. by Chelsea O'Byrne. 2023. 160p. (J). (gr. 4-7). 16.99 ***(978-1-77488-015-9(6)***, Tundra Bks.) Tundra Bks. CAN. Dist: Penguin Random Hse. LLC.

Hans Christian Andersen (Spanish Edition) Maria Isabel Sanchez Vegara. Illus. by Maxine Lee-Mackie. 2023. (Little People, Big Dreams en Español Ser.: Vol. 59). (SPA.). 32p. (J). (gr. -1-2). pap. ***(978-0-7112-8478-4(4))*** Frances Lincoln Childrens Bks.

Hans Christian Andersen's Fairy Tales: An Illustrated Classic. Hans Christian Andersen. Illus. by Arthur Rackham et al. 2017. (Illustrated Classic Ser.). (ENG.). 260p. (J). 12.99 *(978-1-68412-031-4(4))* Readerlink Distribution Services, LLC.

Hans Christian Andersen's Fairy Tales: The Ugly Duckling, Thumbelina, & Other Stories. Hans Christian. Andersen. Illus. by Edna F. Hart. ed. 2017. (First Avenue Classics (tm) Ser.). (ENG.). 422p. (J). (gr. 3-8). E-Book 19.99 *(978-1-5124-2611-3(3))*; E-Book 19.99 *(978-1-5124-6655-3(7)*, 9781512466553) Lerner Publishing Group. (First Avenue Editions).

Hans Christian Andersen's Fairy Tales (Royal Collector's Edition) (Case Laminate Hardcover with Jacket) Hans Christian. Andersen. Tr. by Heinrich Oskar Sommer. 2022. (ENG.). 852p. (J). ***(978-1-77476-915-7(8))*** AD Classic.

Hans in Luck: A Grimm & Gross Retelling. J. E. Bright. Illus. by Timothy Banks. 2018. (Michael Dahl Presents: Grimm & Gross Ser.). (ENG.). 64p. (J). (gr. 3-5). pap. 4.95 *(978-1-4965-7320-9(X)*, 138924); lib. bdg. 21.99 *(978-1-4965-7316-2(1)*, 138920) Capstone. (Stone Arch Bks.).

Hans in Luck: Seven Stories by the Brothers Grimm. Brothers Grimm. Illus. by Felix Hoffmann. 2017. (ENG.). 256p. (J). (gr. -1-3). 30.00 *(978-0-7358-4281-6(7))* North-South Bks., Inc.

Hans Millerman. Bernadette Watts. 2022. (ENG.). 32p. (J). (gr. -1-3). 17.95 *(978-0-7358-4489-6(5))* North-South Bks., Inc.

Hansel & Getel: A Play: a Play in Two Acts for Young Actors. Millie Hardy-Sims. 2021. (ENG.). 68p. (YA). pap. *(978-1-326-90086-1(2))* Lulu Pr., Inc.

Hansel & Greta. Jeanette Winterson. Illus. by Laura Barrett. 2022. (Fairy Tale Revolution Ser.). (ENG.). 32p. (J). 17.95 *(978-1-64259-576-5(4))* Haymarket Bks.

Hansel & Gretel see Hansel et Gretel

Hansel & Gretel. Illus. by Francesca Cosanti. 2017. (ENG.). 40p. (J). (gr. 1). 16.95 *(978-88-544-1186-9(8))* White Star Publishers ITA. Dist: Sterling Publishing Co., Inc.

Hansel & Gretel. Brothers Grimm. Illus. by Bernadette Watts. 2018. (ENG.). 32p. (J). (gr. -1-2). 17.95 *(978-0-7358-4327-1(9))* North-South Bks., Inc.

Hansel & Gretel. Jenna Mueller. Illus. by Roxanne Rainville. 2020. (Fairy Tales As Told by Clementine Ser.). (ENG.). 32p. (J). (gr. -1-4). 32.79 *(978-1-5321-3809-6(1)*, 35228, Looking Glass Library) Magic Wagon.

Hansel & Gretel. Bethan Woollvin. (ENG.). 32p. (J). (gr. k-4). 2021. 8.99 *(978-1-68263-329-8(2))*; 2018. (Illus.). 16.95 *(978-1-68263-073-0(0))* Peachtree Publishing Co. Inc.

Hansel & Gretel: A Discover Graphics Fairy Tale. Jessica Gunderson. Illus. by Álex López. 2020. (Discover Graphics: Fairy Tales Ser.). (ENG.). 32p. (J). (gr. k-2). pap. 6.95 *(978-1-5158-7273-3(4)*, 201233); lib. bdg. 21.32 *(978-1-5158-7120-0(7)*, 199342) Capstone. (Picture Window Bks.).

Hansel & Gretel: A Fairy Opera in Three Acts (Classic Reprint) Adelheid Wette. (ENG., Illus.). (J). 2018. 188p. 27.79 *(978-0-267-61527-8(2))*; 2017. 42p. 24.78 *(978-0-332-17493-8(X))*; 2016. pap. 10.57 *(978-1-334-11750-3(0))* Forgotten Bks.

Hänsel & Gretel: A Fairy Opera in Three Acts (Classic Reprint) Adelheid Wette. 2018. (ENG., Illus.). 48p. (J). 24.93 *(978-0-483-17787-1(3))* Forgotten Bks.

Hansel & Gretel: An Interactive Fairy Tale Adventure. Matt Doeden. Illus. by Sabrina Miramon. 2017. (You Choose: Fractured Fairy Tales Ser.). (ENG.). 112p. (J). (gr. 3-7). pap. 6.95 *(978-1-5157-6952-1(6)*, 135424); lib. bdg. 32.65 *(978-1-5157-6944-6(5)*, 135418) Capstone. (Capstone Pr.).

Hansel & Gretel: And Other Stories (Classic Reprint) Jacob Grimm. 2018. (ENG., Illus.). 312p. (J). (gr. -1-3). 30.33 *(978-0-365-45815-9(5))* Forgotten Bks.

Hansel & Gretel Activity Book - Ladybird Readers Level 3. Ladybird. 2017. (Ladybird Readers Ser.). 16p. (J). (gr. k-2). pap., act. bk. ed. 5.99 *(978-0-241-29852-7(0))* Penguin Bks., Ltd. GBR. Dist: Independent Pubs. Group.

Hansel & Gretel & the Haunted Hut. Wiley Blevins. Illus. by Steve Cox. 2016. (Scary Tales Retold Ser.). (ENG.). 24p. (J). (gr. k-3). pap. 6.99 *(978-1-63440-097-8(6)*, 3901e723-1a08-42ee-a75c-16f968d8bfca); lib. bdg. 27.99 *(978-1-63440-096-1(8)*, 5cfd02df-7edf-431d-873a-53668e90ccdf) Red Chair Pr.

Hansel & Gretel & Zombies: A Graphic Novel. Benjamin Harper. Illus. by Fernando Cano. 2016. (Far Out Fairy Tales Ser.). (ENG.). 40p. (J). (gr. 3-6). lib. bdg. 25.32 *(978-1-4965-2509-3(4)*, 130481, Stone Arch Bks.) Capstone.

Hansel & Gretel (Classic Reprint) Margaret Evans Price. 2018. (ENG., Illus.). (J). 20p. 24.31 *(978-1-397-17605-9(9))*; 22p. pap. 7.97 *(978-1-397-17432-1(3))* Forgotten Bks.

Hansel & Gretel Coloring Book for Children (6x9 Coloring Book / Activity Book) Sheba Blake. 2021. (ENG.). 34p. (J). pap. 9.99 *(978-1-222-29045-5(6))* Indy Pub.

Hansel & Gretel Coloring Book for Children (8. 5x8. 5 Coloring Book / Activity Book) Sheba Blake. 2021. (ENG.). 34p. (J). pap. 12.99 *(978-1-222-29193-3(2))* Indy Pub.

Hansel & Gretel Coloring Book for Children (8x10 Coloring Book / Activity Book) Sheba Blake. 2021. (ENG.). 34p. (J). pap. 14.99 *(978-1-222-29046-2(4))* Indy Pub.

Hansel & Gretel Ladybird Readers Level 3. Ladybird. 2017. (Ladybird Readers Ser.). (Illus.). 64p. (J). (gr. k-2). pap. 9.99 *(978-0-241-29861-9(X))* Penguin Bks., Ltd. GBR. Dist: Independent Pubs. Group.

Hansel & Gretel Stories Around the World: 4 Beloved Tales. Cari Meister. Illus. by Teresa Ramos Chano et al. 2016. (Multicultural Fairy Tales Ser.). (ENG.). 32p. (J). (gr. k-2). lib. bdg. 27.99 *(978-1-4795-9706-2(6)*, 132545, Picture Window Bks.) Capstone.

Hansel & Gretel's First Halloween. Erica Weiss. 2017. (ENG., Illus.). 32p. (J). pap. *(978-1-387-43195-3(1))* Lulu Pr., Inc.

Hansel & Gretel's Gingerbread House: A Story about Hope. Sue Nicholson. Illus. by Laura Brenlla. 2020. (Fairytale Friends Ser.). (ENG.). 24p. (J). (gr. -1-k). lib. bdg. 27.99 *(978-0-7112-4479-5(0)*, 44893205-6890-4f89-9bb1-c838495928a9) QEB Publishing Inc.

Hansel & Grethel: And Other Tales (Classic Reprint) Jacob Grimm. 2017. (ENG., Illus.). (J). (gr. -1-3). 28.31 *(978-0-266-22081-7(9))* Forgotten Bks.

Hansel Gets Rescued. Amy Baker. 2022. (ENG.). 32p. (J). 17.95 *(978-1-63755-288-9(2)*, Mascot Kids) Amplify Publishing Group.

Hansel y Gretel. Wilhelm Grimm & Jacob Grimm. 2019. (SPA.). 80p. (J). (gr. 1-7). pap. 7.95 *(978-607-453-540-2(X))* Selector, S.A. de C.V. MEX. Dist: Spanish Pubs., LLC.

Hansel y Gretel. Hermanos Grimm. 2020. (SPA.). 80p. (J). (gr. 4-7). pap. 8.95 *(978-607-453-695-9(3))* Selector, S.A. de C.V. MEX. Dist: Spanish Pubs., LLC.

Hansel y Gretel: 4 Cuentos Predilectos de Alrededor Del Mundo. Cari Meister. Tr. by Aparicio Publishing Aparicio Publishing LLC. Illus. by Teresa Ramos Chano et al. 2020. (Cuentos Multiculturales Ser.). Tr. of Hansel & Gretel Stories Around the World. (SPA.). 32p. (J). (gr. k-2). pap. 6.95 *(978-1-5158-6073-0(6)*, 142294); lib. bdg. 29.99 *(978-1-5158-5715-0(8)*, 142076) Capstone. (Picture Window Bks.).

Hansel y Gretel (Hansel & Gretel) Jenna Mueller. Illus. by Roxanne Rainville. 2022. (Cuentos de Hadas Contados Por Clementina (Fairy Tales As Told by Clementine) Ser.). (SPA.). 32p. (J). (gr. -1-4). 32.79 *(978-1-0982-3476-8(6)*, 39905, Looking Glass Library) Magic Wagon.

Hansen Clan: A Washington DC Adventure. Bjarne Borresen. 2018. (ENG., Illus.). 112p. (J). (gr. 3-7). pap. 9.99 *(978-1-64424-215-5(X))* Page Publishing Inc.

Hansen Clan: Ghost Town. Bjarne Borresen. 2019. (ENG.). 102p. (J). (gr. 3-7). pap. 9.99 *(978-1-68456-462-0(X))* Page Publishing Inc.

Hansen Clan: Trouble in the Grand Canyon. Bjarne Borresen. 2019. (ENG.). 126p. (J). (gr. 3-7). pap. 9.99 *(978-1-68456-456-9(5))* Page Publishing Inc.

Hansford: A Tale of Bacon's Rebellion (Classic Reprint) St. George Tucker. 2017. (ENG., Illus.). (J). 31.40 *(978-1-5279-6349-8(7))* Forgotten Bks.

H

Hanu Klaus. Maxwell Gibson. 2021. (ENG.). 32p. (J). pap. 14.95 *(978-1-63814-995-8(X))* Covenant Bks.

Hanukkah see On Hanukkah/la Hanukkah

Hanukkah. Lisa J. Amstutz. 2017. (Holidays Around the World Ser.). (ENG., Illus.). 24p. (J). (gr. -1-2). lib. bdg. 22.65 *(978-1-5157-4854-0(5),* 134460, Pebble) Capstone.

Hanukkah. Lori Dittmer. 2020. (Seedlings: Holidays Ser.). (ENG.). 24p. (J). (gr. -1-1). pap. 10.99 *(978-1-62832-862-2(2),* 17879, Creative Paperbacks) Creative Co., The.

Hanukkah. Rachel Grack. 2017. (Celebrating Holidays Ser.). (ENG., Illus.). 24p. (J). (gr. k-3). pap. 7.99 *(978-1-61891-274-9(7),* 12063); lib. bdg. 26.95 *(978-1-62617-595-2(0))* Bellwether Media. (Blastoff! Readers).

Hanukkah. Mary Lindeen. 2018. (Beginning-To-Read Ser.). (ENG.). 32p. (J). (gr. k-2). pap. 13.26 *(978-1-68404-163-3(5));* (Illus.). (gr. -1-2). lib. bdg. 22.60 *(978-1-59953-907-2(1))* Norwood Hse. Pr.

Hanukkah. Pearl Markovics. 2018. (Happy Holidays! Ser.). (ENG.). 16p. (J). (gr. -1-1). 6.99 *(978-1-64280-149-1(6))* Bearport Publishing Co., Inc.

Hanukkah. Allan Morey. Illus. by Luke Séguin-Magee. 2017. (Holidays in Rhythm & Rhyme Ser.). (ENG.). 24p. (J). (gr. -1-3). 33.99 *(978-1-68410-033-0(X),* 31520) Cantata Learning.

Hanukkah, 1 vol. Joanna Ponto & Arlene Erlbach. 2016. (Story of Our Holidays Ser.). (ENG., Illus.). 32p. (J). (gr. 3-3). pap. 11.52 *(978-0-7660-7625-9(3),* a3c77978-34c2-4e76-b799-060ca51be504) Enslow Publishing, LLC.

Hanukkah. Rebecca Sabelko. 2022. (Happy Holidays! Ser.). (ENG., Illus.). 24p. (J). (gr. -1-2). pap. 7.99 *(978-1-64834-855-6(6),* 21709, Blastoff! Readers) Bellwether Media.

Hanukkah. Mari Schuh. 2020. (Spot Holidays Ser.). (ENG.). 16p. (J). (gr. -1-2). lib. bdg. *(978-1-68151-804-6(X),* 10678) Amicus.

Hanukkah: The Festival of Lights. Bonnie Bader. Illus. by Joanie Stone. 2020. (Big Golden Book Ser.). 32p. (J). (gr. -1-2). 10.99 *(978-1-9848-5249-6(3),* Golden Bks.) Random Hse. Children's Bks.

Hanukkah & Christmas: Religious Holidays Coloring Books Kids Age 7 Bundle, 2 vols. Speedy Publishing Books. 2019. (ENG.). 212p. (J). pap. 19.99 *(978-1-5419-7255-1(4))* Speedy Publishing LLC.

Hanukkah at Valley Forge (rev Ed) Stephen Krensky. Illus. by Greg Harlin. 2021. (ENG.). 32p. (J). 17.95 *(978-1-68115-584-5(2),* fab88a5c-94fc-459f-8d30-e03759291766, Apples & Honey Pr.) Behrman Hse., Inc.

Hanukkah Delight! Leslea Newman & Lesléa Newman. Illus. by Amy Husband. ed. 2016. (ENG.). 12p. (J). (gr. -1 — 1). E-Book 23.99 *(978-1-5124-0937-6(5),* Kar-Ben Publishing) Lerner Publishing Group.

Hanukkah Fable of Little Dreidel & Silver Menorah. Sylvia Rouss. Illus. by T. L. Derby. ed. 2019. (ENG.). 30p. (J). (gr. k-6). pap. 15.99 *(978-1-64372-294-8(8),* Huskies Pub) MacLaren-Cochrane Publishing.

Hanukkah Hamster. Michelle Markel. Illus. by André Ceolin. 2018. (ENG.). 32p. (J). (gr. k-2). 16.99 *(978-1-58536-399-5(5),* 204583) Sleeping Bear Pr.

Hanukkah Happiness: A Holiday Coloring Book. Kreative Kids. 2016. (ENG., Illus.). (J). pap. 9.20 *(978-1-68377-417-4(5))* Whike, Traudl.

Hanukkah Harvie vs. Santa Claus. David Michael Slater. Illus. by Michelle Simpson. 2017. (ENG.). (J). (gr. k-2). pap. 14.99 *(978-0-9992758-2-5(8))* Library Tales Publishing, Inc.

Hanukkah, Here I Come! D. J. Steinberg. Illus. by Sara Palacios. 2022. (Here I Come! Ser.). 32p. (J). (gr. -1-1). pap. 5.99 *(978-0-593-09426-6(3),* Grosset & Dunlap) Penguin Young Readers Group.

Hanukkah Hunt. Laura Gehl. Illus. by Olga Ivanov & Aleksey Ivanov. 2022. (Ruby Celebrates! Ser.). (ENG.). 32p. (J). (gr. -1-3). 17.99 *(978-0-8075-7175-0(X),* 080757175X) Whitman, Albert & Co.

Hanukkah in Little Havana. Julie Anna Blank. Illus. by Carlos Vélez Aguilera. 2022. (ENG.). 24p. (J). (gr. -1-3). 8.99 *(978-1-7284-4285-3(0),* 92a8ed82-0e0e-4af4-b4f0-7b729c5a51a3, Kar-Ben Publishing) Lerner Publishing Group.

Hanukkah Magic of Nate Gadol. Arthur A. Levine. Illus. by Kevin Hawkes. (ENG.). (J). (gr. k-3). 2023. 32p. 7.99 ***(978-1-5362-3326-1(9));*** 2020. 40p. 19.99 *(978-0-7636-9741-9(9))* Candlewick Pr.

Hanukkah Matata: Religious Activity Book for 7 Year Old Girl. Speedy Kids. 2018. (ENG., Illus.). 106p. (J). pap. 12.55 *(978-1-5419-3719-2(8))* Speedy Publishing LLC.

Hanukkah Miracle. Albert I. Slomovitz. Illus. by Remi Bryant. 2022. (Jewish Christian Discovery Ser.). (ENG.). 28p. (J). pap. 7.99 *(978-1-954529-99-1(6))* PlayPen Publishing.

Hanukkah Nights, Hanukkah Lights! Coloring Book. Bobo's Children Activity Books. 2016. (ENG., Illus.). (J). pap. 9.33 *(978-1-68327-085-0(1))* Sunshine In My Soul Publishing.

Hanukkah Party Sticker Activity Book. Fran Newman D'Amico. 2023. (Dover Little Activity Bks.). (ENG.). 4p. (J). (gr. -1-3). pap. 2.50 ***(978-0-486-85201-0(6),*** 852016) Dover Pubns., Inc.

Hanukkah: the Festival of Lights. Bonnie Bader. Illus. by Joanie Stone. 2023. (Little Golden Book Ser.). 24p. (J). (-k). 5.99 ***(978-0-593-64668-7(1),*** Golden Bks.) Random Hse. Children's Bks.

Hanukkah with the Family: A Coloring Book for Kids & Adults. Speedy Kids. 2018. (ENG., Illus.). 106p. (J). pap. 12.55 *(978-1-5419-3720-8(1))* Speedy Publishing LLC.

Hanuman. Wonder House Books. 2023. (Tales from Indian Mythology Ser.). (HIN.). 16p. (J). (gr. 3-7). pap. 2.99 ***(978-93-5856-193-7(9))*** Prakash Bk. Depot IND. Dist: Independent Pubs. Group.

Hanuman: Anjani's Mighty Son (Read & Colour) Read & Colour, All-in-one Storybook, Picture Book, & Colouring Book for Children by Devdutt Pattanaik, India's Most-loved Mythologist. Devdutt Pattanaik. 2023. (ENG.). 96p. (J). (gr. 1-4). pap. 9.99 ***(978-0-14-346079-4(X),*** Puffin) Penguin Bks. India PVT, Ltd IND. Dist: Independent Pubs. Group.

Hanuman Moves a Mountain. Amy Maranville. 2017. (ENG.). (J). 19.95 *(978-1-63177-849-0(8))* Amplify Publishing Group.

Haoyu Learns to Love Himself: Learning Self-Love. Amari Smith. 2022. (ENG.). 20p. (J). 24.99 ***(978-1-0880-8251-5(3))*** Indy Pub.

Hap-Hap-Py Day: Let's Go! Series-Book Two. M. M. Jen Jellyfish. 2016. (ENG., Illus.). (J). 25.95 *(978-1-4808-4009-6(2));* pap. 16.95 *(978-1-4808-4008-9(4))* Archway Publishing.

Hap-Pea All Year. Keith Baker. Illus. by Keith Baker. 2016. (Peas Ser.). (ENG., Illus.). 40p. (J). (gr. -1-3). 18.99 *(978-1-4814-5854-2(X),* Beach Lane Bks.) Beach Lane Bks.

Hap-Pea All Year. Keith Baker. Illus. by Keith Baker. 2019. (Peas Ser.). (ENG., Illus.). 36p. (J). (gr. -1 — 1). bds. 7.99 *(978-1-5344-5657-0(0),* Little Simon) Little Simon.

Hap-Pea All Year: Book & CD. Keith Baker. Illus. by Keith Baker. 2019. (Peas Ser.). (ENG., Illus.). 40p. (J). (gr. -1-3). pap. 9.99 *(978-1-5344-1843-1(1),* Little Simon) Little Simon.

Hap-Pig-Ness: Fun with Words, Valuable Lessons. Jacqui Shepherd. 2018. (Farm-Tastic Ser.). (ENG., Illus.). 42p. (J). (gr. k-6). pap. *(978-1-77008-971-6(3))* Awareness Publishing.

Hapi. Virginia Loh-Hagan. 2019. (Gods & Goddesses of the Ancient World Ser.). (ENG., Illus.). 32p. (J). (gr. 4-8). pap. 14.21 *(978-1-5341-5060-7(9),* 213547); lib. bdg. 32.07 *(978-1-5341-4774-4(8),* 213546) Cherry Lake Publishing. (45th Parallel Press).

Happening in Hawthorne. Tom Allen Wiggins. 2020. (ENG.). 200p. (YA). 21.99 *(978-1-0879-1405-3(1))* Indy Pub.

Happenstance — — Things Aways Happen for a Reason! Penelope Dyan. Illus. by Penelope Dyan. l.t. ed. 2020. (ENG., Illus.). 34p. (J). pap. 12.60 *(978-1-61477-471-6(4))* Bellissima Publishing, LLC.

Happenstances at the Yellow County Community College a Couple of Semesters Later. Peter L. Harmon. 2017. (ENG., Illus.). (YA). (gr. 7-12). 22.95 *(978-1-63393-441-2(1));* pap. 12.95 *(978-1-63393-439-9(X))* Koehler Bks.

Happiest Animals Ever. Camilla de la Bedoyere. 2022. (Awesome Animals Ser.). (ENG., Illus.). 32p. (J). (gr. k-2). lib. bdg. 27.99 *(978-0-7112-7239-2(5),* 95ef32d7-ec66-4681-b6e7-aef412d8b052) QEB Publishing Inc.

Happiest Birthday Ever. Stephanie Berger. 2019. (ENG., Illus.). 34p. (J). (gr. -1-3). 23.95 *(978-1-64471-534-5(1));* pap. 13.95 *(978-1-64471-533-8(3))* Covenant Bks.

Happiest Birthday Memories Coloring Book. Jupiter Kids. 2017. (ENG., Illus.). (J). pap. 9.20 *(978-1-68305-729-1(5),* Jupiter Kids (Childrens & Kids Fiction)) Speedy Publishing LLC.

Happiest Place in the World. Michelle Page Deleau. Illus. by Bonnie Lemaire. 2022. (ENG.). 46p. (J). *(978-0-2288-5914-7(X));* pap. *(978-0-2288-5913-0(1))* Tellwell Talent.

Happiest Snowman: A Finger Puppet Board Book IglooBooks. Illus. by Natasha Rimmington. 2021. (ENG.). 10p. (J). (— 1). bds., bds. 6.99 *(978-1-80022-840-5(6))* Igloo Bks. GBR. Dist: Simon & Schuster, Inc.

Happiest Time of Their Lives. Alice Duer Miller. 2020. (ENG.). (J). 162p. 17.95 *(978-1-64799-787-8(9));* 160p. pap. 9.95 *(978-1-64799-786-1(0))* Bibliotech Pr.

Happiest Time of Their Lives. Alice Duer Miller. 2017. (ENG., Illus.). (J). 24.95 *(978-1-374-89902-5(X))* Capital Communications, Inc.

Happiest Time of Their Lives (Classic Reprint) Alice Duer Miller. 2018. (ENG., Illus.). 392p. (J). 32.00 *(978-0-483-80239-1(5))* Forgotten Bks.

Happiest Tree: a Story of Growing Up. Hyeon-Ju Lee. Illus. by Hyeon-Ju Lee. 2022. (ENG., Illus.). 40p. (J). pap. 8.99 *(978-1-250-83509-3(7),* 900254238) Square Fish.

Happily & Madly: A Novel. Alexis Bass. 2020. (ENG.). 368p. (YA). pap. 9.99 *(978-1-250-19593-7(4),* 900193984, Tor Teen) Doherty, Tom Assocs., LLC.

Happily Ever After. Kristine Leahy. 2019. (ENG.). 134p. (YA). pap. 13.95 *(978-1-64462-701-3(9))* Page Publishing Inc.

Happily Ever After. James Riley. 2023. (Once upon Another Time Ser.: 3). (ENG.). 352p. (J). (gr. 3-7). 18.99 ***(978-1-6659-0492-6(5),*** Aladdin) Simon & Schuster Children's Publishing.

Happily Ever After: A Fairies Coloring Book. Smarter Activity Books for Kids. 2016. (ENG., Illus.). (J). pap. 9.22 *(978-1-68374-456-6(X))* Examined Solutions PTE. Ltd.

Happily Ever After: Companion to the Selection Series. Kiera Cass. ed. 2016. (Selection Ser.). (YA). lib. bdg. 20.85 *(978-0-606-38919-8(9))* Turtleback.

Happily Ever after Rescue Team: Agents of H. E. A. R. T. Sam Hay. Illus. by Geneviève Kote. 2022. (Agents of H. E. A. R. T. Ser.: 1). (ENG.). 240p. (J). pap. 8.99 *(978-1-250-79830-5(2),* 900240211) Feiwel & Friends.

Happily Ever Afters. Elise Bryant. 2021. (ENG.). (YA). (gr. 9). 400p. pap. 10.99 *(978-0-06-298284-1(2));* 384p. 17.99 *(978-0-06-298283-4(4))* HarperCollins Pubs. (Balzer & Bray).

Happily Ever Island. Crystal Cestari. 2022. (ENG.). 336p. (YA). (gr. 9-12). 18.99 *(978-1-368-07547-3(9),* Disney-Hyperion) Disney Publishing Worldwide.

Happily Ever Laughter, 4. Roy L. Hinuss. ed. 2020. (Prince Not-So Charming Ser.). (ENG.). 130p. (J). (gr. 2-3). 15.96 *(978-1-64697-019-3(5))* Penworthy Co., LLC, The.

Happily for Now. Kelly Jones. Illus. by Kelly Murphy. 2021. 288p. (J). (gr. 3-7). 16.99 *(978-0-593-17952-9(8));* (ENG.). lib. bdg. 19.99 *(978-0-593-17953-6(6))* Random Hse. Children's Bks. (Knopf Bks. for Young Readers).

Happily Me. Lianne Totty. Illus. by Urbantoons Illustrations. 2021. (ENG.). 26p. (J). 26.99 *(978-1-6628-2451-7(3));* pap. 14.99 *(978-1-6628-2450-0(5))* Salem Author Services.

Happiness. Czeena Devera. Illus. by Jeff Bane. 2021. (My Early Library: My Many Emotions Ser.). (ENG.). 24p. (J). (gr. k-1). pap. 12.79 *(978-1-5341-8832-7(0),* 219063); lib. bdg. 30.64 *(978-1-5341-8692-7(1),* 219062) Cherry Lake Publishing.

Happiness. Andrew Dykeman. 2019. (ENG.). 44p. (J). pap. ***(978-0-359-79512-3(9))*** Lulu Pr., Inc.

Happiness. Theresa Vallone. 2020. (Feel Good Children's Book Ser.). (ENG.). 38p. (J). pap. 14.95 *(978-1-64468-241-8(9))* Covenant Bks.

Happiness: A Lesson with Lulu. Robert Jones. Illus. by Anna Maddox. 2018. (Lessons with Lulu Ser.: Vol. 1). (ENG.). 34p. (J). (gr. 1-6). pap. 12.99 *(978-1-939267-74-0(9))* Healthy Life Pr., LLC.

Happiness: A Mickey & Friends Story. Isabelle Filliozat. 2020. (J). *(978-1-5415-9856-0(3))* Lerner Publishing Group.

Happiness: Emotions & Feelings (Engaging Readers, Level 1) Kari Jones. Ed. by Sarah Harvey. l.t. ed. 2023. (Emotions & Feelings Ser.: Vol. 3). (ENG., Illus.). 32p. (J). ***(978-1-77476-804-4(6));*** pap. ***(978-1-77476-805-1(4))*** AD Classic.

Happiness & Other Plays (Classic Reprint) John Hartley Manners. 2017. (ENG., Illus.). (J). 28.10 *(978-1-5283-4760-0(9))* Forgotten Bks.

Happiness (Classic Reprint) Frederick S. Attwood. (ENG., Illus.). (J). 2018. 130p. 26.58 *(978-0-484-86300-1(2));* 2017. pap. 9.57 *(978-0-243-17233-7(8))* Forgotten Bks.

Happiness Doesn't Come from Headstands. Tamara Levitt. 2017. (ENG., Illus.). 38p. (J). 18.95 *(978-1-61429-405-4(4))* Wisdom Pubns.

Happiness Every Day for Kids: 365 Daily Tips for a Happier Life (Islamic Book for Children) Safiya Hussain. 2021. (ENG.). 378p. (J). pap. *(978-0-9931895-2-4(0))* New Age Pubrs. UK.

Happiness Hacks: How to Find Energy & Inspiration. Aubre Andrus & Karen Bluth. Illus. by Veronica Collignon. 2017. (Stress-Busting Survival Guides). (ENG.). 48p. (J). (gr. 4-8). lib. bdg. 31.99 *(978-1-5157-6820-3(1),* 135349, Capstone Pr.) Capstone.

Happiness Is a Dancing Dog. Charles M. Schulz. 2022. (Peanuts Ser.). (ENG.). 32p. (J). (gr. -1-1). pap. 7.99 *(978-1-6659-2021-6(1),* Simon Spotlight) Simon Spotlight.

Happiness Is a Rainbow. Patricia Hegarty. Illus. by Summer Macon. 2021. (Books of Kindness Ser.). (ENG.). 22p. (J). (— 1). bds. 8.99 *(978-0-593-30380-1(6),* Rodale Kids) Random Hse. Children's Bks.

Happiness Is Drawing! Learn to Draw Activity Book. Creative Playbooks. 2016. (ENG., Illus.). (J). pap. 7.74 *(978-1-68323-499-9(5))* Twin Flame Productions.

Happiness Is... My Family & Me. Linda Kulivan. 2022. (ENG., Illus.). 42p. (J). 25.95 *(978-1-63885-954-3(X));* pap. 15.95 *(978-1-63885-952-9(3))* Covenant Bks.

Happiness Journal: A Keepsake of Your Happiness. Kiaya Robinson. 2022. (ENG.). 76p. (YA). pap. ***(978-1-387-63285-5(X))*** Lulu Pr., Inc.

Happiness of a Dog with a Ball in Its Mouth. Bruce Handy. Illus. by Hyewon Yum. ed. 2021. 56p. (J). (gr. -1-3). 18.95 *(978-1-59270-351-7(8))* Enchanted Lion Bks., LLC.

Happiness Tastes Like Cotton Candy. Tina Gallo. ed. 2019. (Crayola 8x8 Bks). (ENG.). 24p. (J). (gr. k-1). 14.39 *(978-1-64310-879-7(4))* Penworthy Co., LLC, The.

HAPPS: an AFK Book (Five Nights at Freddy's: Tales from the Pizzaplex #2), 1 vol., Vol. 2. Scott Cawthon et al. 2022. (Five Nights at Freddy's Ser.). (ENG.). 256p. (YA). (gr. 7). pap. 10.99 *(978-1-338-83169-6(0))* Scholastic, Inc.

Happy. Kerry Dinmont. 2019. (Learning about Emotions Ser.). (ENG.). 24p. (J). (gr. -1-2). lib. bdg. 32.79 *(978-1-5038-2809-4(3),* 212616) Child's World, Inc, The.

Happy. August Hoeft. (Emoji Emotions Ser.). (ENG.). (J). (gr. k-1). 2022. 20p. 24.99 ***(978-1-5324-3859-2(1));*** 2020. 8p. pap. 5.99 *(978-1-5324-1388-9(2))* Xist Publishing.

Happy, 1 vol. Julie Murray. 2016. (Emotions Ser.). (ENG., Illus.). 24p. (J). (gr. -1-2). lib. bdg. 31.36 *(978-1-68080-523-9(1),* 21326, Abdo Kids) ABDO Publishing Co.

Happy. Mies van Hout. Illus. by Mies van Hout. ed. 2023. (ENG., Illus.). 42p. (J). (gr. -1-6). 19.95 ***(978-1-77278-287-5(4))*** Pajama Pr. CAN. Dist: Publishers Group West (PGW).

Happy: A Beginner's Book of Mindfulness. Nicola Edwards. import ed. 2020. (ENG., Illus.). 32p. (J). (gr. -1-2). 17.99 *(978-0-593-12119-1(8),* Rodale Kids) Random Hse. Children's Bks.

Happy! A Choose Your Own Attitude Book. Gail Hayes. Illus. by Helen Flook. 2022. (Choose Your Own Attitude Book Ser.). (ENG.). 36p. (J). 14.99 *(978-1-4867-2304-1(7),* 4c569a66-b948-42c6-abf8-4dbed923bb5f); 8.99 *(978-1-4867-2353-9(5),* 05410ce1-98f1-400c-b736-2988a9f40fc6) Flowerpot Pr.

Happy: A Song of Joy & Thanks for Little Ones, Based on Psalm 92. Sally Lloyd-Jones. Illus. by Jago. 2023. (ENG.). 18p. (J). bds. 10.99 ***(978-0-310-15119-7(8))*** Zonderkidz.

Happy: The Life of a Bee (Classic Reprint) Walter Flavius McCaleb. 2018. (ENG., Illus.). 122p. (J). 26.41 *(978-0-267-42094-0(3))* Forgotten Bks.

Happy - Kukurei (Te Kiribati) Catherine Kereku. Illus. by Jovan Carl Segura. 2023. (ENG.). 24p. (J). pap. ***(978-1-922844-51-4(9))*** Library For All Limited.

Happy 4th of July: Coloring Book for Kids & Adults 50 Holiday Designs Ready to Be Colored. Hanna Joy. 2021. (ENG.). 106p. (J). pap. 16.80 *(978-0-205-23055-6(5))* Longman Publishing.

Happy Acres (Classic Reprint) Edna Henry Lee Turpin. 2018. (ENG., Illus.). 380p. (J). 31.73 *(978-0-483-57001-6(X))* Forgotten Bks.

Happy Akai. Ursula Nafula. Illus. by Rob Owen. 2022. (ENG.). 32p. (J). pap. ***(978-1-922910-68-4(6))*** Library For All Limited.

Happy Akai - Akai Afurahi. Ursula Nafula. Illus. by Rob Owen. 2023. (SWA.). 32p. (J). pap. ***(978-1-922910-06-6(6))*** Library For All Limited.

Happy All-Idays! Cindy Jin. Illus. by Rob Sayegh, Jr. 2022. (ENG.). 16p. (J). (gr. -1-k). bds. 7.99 *(978-1-6659-2141-1(2),* Little Simon) Little Simon.

Happy & Heinous Halloween of Classroom 13. Honest Lee & Matthew J. Gilbert. Illus. by Joëlle Dreidemy. 2018. (Classroom 13 Ser.: 5). (ENG.). 128p. (J). (gr. 1-5). pap. 9.99 *(978-0-316-50115-6(8))* Little, Brown Bks. for Young Readers.

Happy & Hoppy. R. I. Redd. Ed. by Cottage Door Press. Illus. by Yi-Hsuan Wu. 2017. (ENG.). 10p. (J). (gr. -1-k). bds. 10.99 *(978-1-68052-287-7(6),* 1002720) Cottage Door Pr.

Happy! & Other Feelings. Jeff Whitcher. 2017. (ENG., Illus.). 104p. (J). *(978-1-365-73809-8(4))* Lulu Pr., Inc.

Happy & Sad. Kelsey Jopp. 2019. (Opposites Ser.). (ENG., Illus.). 16p. (J). (gr. k-1). 25.64 *(978-1-64185-346-0(8),* 1641853468, Focus Readers) North Star Editions.

Happy & Sad Masks Coloring Book. Activity Attic. 2016. (ENG., Illus.). (J). pap. 7.74 *(978-1-68323-935-2(0))* Twin Flame Productions.

Happy & Zombie: The Beauty Within. Michael L. White & Wayne Anthony. 2021. (ENG., Illus.). 36p. (J). pap. 14.95 *(978-1-64350-135-2(6))* Page Publishing Inc.

Happy Animal Alphabet! Naomi Vogel. Illus. by Naomi Vogel. 2016. (ENG., Illus.). (J). pap. 9.95 *(978-0-692-81723-0(9))* Nay Vogel Photography & Design.

Happy Animals Coloring Book: A Cute Animals Coloring Book for Kids (Coloring Book for Toddlers) Popacolor. 2021. (ENG.). 58p. (J). pap. *(978-1-291-08181-7(X))* Lulu Pr., Inc.

Happy at Last, or Sigh No More Ladies: A Comedy, in Five Acts; As Performed at the Theatre-Royal, Kendal, March 13th, 1805 (Classic Reprint) Henry Summersett. (ENG., Illus.). (J). 2018. 78p. 25.51 *(978-0-332-88768-5(5));* 2017. pap. 9.57 *(978-0-259-31069-3(7))* Forgotten Bks.

Happy Average (Classic Reprint) Brand Whitlock. 2018. (ENG., Illus.). 372p. (J). 31.57 *(978-0-483-99809-4(5))* Forgotten Bks.

Happy Baby. Compiled by Kidsbooks. 2023. (ENG.). 12p. (J). bds. 8.99 ***(978-1-63854-281-0(3))*** Kidsbooks, LLC.

Happy Baby. Roger Priddy. 2023. (ENG., Illus.). 10p. (J). bds. 11.99 ***(978-1-68449-343-2(9),*** 900288208) St. Martin's Pr.

Happy Baby: Kiss. Zoe Waring. 2022. (ENG.). 10p. (J). (— 1). 10.99 *(978-1-338-84995-0(6),* Cartwheel Bks.) Scholastic, Inc.

Happy Beach Coloring Book for Children (6x9 Coloring Book / Activity Book) Sheba Blake. 2021. (ENG.). 24p. (J). pap. 9.99 *(978-1-222-28979-4(2))* Indy Pub.

Happy Beach Coloring Book for Children (8. 5x8. 5 Coloring Book / Activity Book) Sheba Blake. 2021. (ENG.). 24p. (J). pap. 12.99 *(978-1-222-29164-3(9))* Indy Pub.

Happy Beach Coloring Book for Children (8x10 Coloring Book / Activity Book) Sheba Blake. 2021. (ENG.). 24p. (J). pap. 14.99 *(978-1-222-28980-0(6))* Indy Pub.

Happy Bear: It's Fun Being Me! IglooBooks. Illus. by Steve James. 2022. (ENG.). 24p. (J). (-k). 9.99 *(978-1-80368-887-9(4))* Igloo Bks. GBR. Dist: Simon & Schuster, Inc.

Happy Bee. Tonie P. B. Illus. by Misnaini. 2021. (ENG.). 20p. (J). *(978-0-2288-5553-8(5));* pap. *(978-0-2288-5220-9(X))* Tellwell Talent.

Happy Big Baby Animals Coloring Book. Activibooks For Kids. 2016. (ENG., Illus.). (J). pap. 9.20 *(978-1-68321-932-3(5))* Mimaxion.

Happy Bird. Stephania Monroy. Illus. by Aiman Fatima. 2023. (ENG.). 26p. (J). 19.99 ***(978-1-0881-5513-4(8))*** Indy Pub.

Happy Birdday, Tacky! Helen Lester. Illus. by Lynn Munsinger. 2017. (Tacky the Penguin Ser.). (ENG.). 32p. (J). (gr. -1-3). pap. 7.99 *(978-1-328-74057-1(9),* 1677031, Clarion Bks.) HarperCollins Pubs.

Happy Birds Coloring Book for Children (6x9 Coloring Book / Activity Book) Sheba Blake. 2020. (ENG.). 24p. (J). pap. 9.99 *(978-1-222-28941-1(5))* Indy Pub.

Happy Birds Coloring Book for Children (8. 5x8. 5 Coloring Book / Activity Book) Sheba Blake. 2021. (ENG.). 24p. (J). pap. 12.99 *(978-1-222-29147-6(9))* Indy Pub.

Happy Birds Coloring Book for Children (8x10 Coloring Book / Activity Book) Sheba Blake. 2020. (ENG.). 24p. (J). pap. 14.99 *(978-1-222-28942-8(3))* Indy Pub.

Happy Birthday! Annie Auerbach. 2019. (Peppa Pig 8x8 Bks). (SPA.). 24p. (J). (gr. k-1). 13.89 *(978-0-87617-736-5(4))* Penworthy Co., LLC, The.

Happy Birthday. Marie F. Crow. 2021. (Abigail & Her Pet Zombie Illustrated Ser.: Vol. 6). (ENG.). 82p. (J). 19.99 *(978-1-64533-293-0(4));* pap. 9.99 *(978-1-64533-289-3(6))* Kingston Publishing Co.

Happy Birthday! Illus. by Alessandra Psacharopulo. 2017. (ENG.). 16p. (J). (gr. -1). bds. 6.95 *(978-88-544-1195-1(7))* White Star Publishers ITA. Dist: Sterling Publishing Co., Inc.

Happy Birthday. Illus. by Hazel Quintanilla. 2022. (Happy Birthday Ser.). (ENG.). 32p. (J). (gr. -1-3). 8.99 *(978-1-7282-7006-7(5))* Sourcebooks, Inc.

Happy Birthday! Mamoru Suzuki. 2017. (ENG.). 32p. (J). (gr. -1-k). 12.99 *(978-1-940842-20-2(4))* Museyon.

Happy Birthday! A Birthday Party Book. Sesame Workshop. 2017. (Sesame Street Scribbles Ser.: 0). (ENG.). 40p. (J). (gr. -1-1). 10.99 *(978-1-4926-4141-4(3),* 9781492641414) Sourcebooks, Inc.

Happy Birthday! A Peter Rabbit Tale. Beatrix Potter. 2018. (Peter Rabbit Ser.). (ENG., Illus.). 16p. (J). (— 1). bds. 8.99 *(978-0-241-32788-3(1),* Warne) Penguin Young Readers Group.

Happy Birthday: Journal. Erika Sanders & Erika Garcia. l.t. ed. 2023. (ENG.). 80p. (YA). pap. 14.73 ***(978-1-0881-5059-7(4))*** Indy Pub.

Happy Birthday Abigail. Illus. by Hazel Quintanilla. 2020. (Happy Birthday Ser.). (ENG.). 32p. (J). (gr. -1-3). 7.99 *(978-1-7282-1143-5(3))* Sourcebooks, Inc.

Happy Birthday Addison. Illus. by Hazel Quintanilla. 2020. (Happy Birthday Ser.). (ENG.). 32p. (J). (gr. -1-3). 7.99 *(978-1-7282-1144-2(1))* Sourcebooks, Inc.

Happy Birthday Aiden. Illus. by Hazel Quintanilla. 2020. (Happy Birthday Ser.). (ENG.). 32p. (J). (gr. -1-3). 7.99 *(978-1-7282-1145-9(X))* Sourcebooks, Inc.

Happy Birthday Alexander. Illus. by Hazel Quintanilla. 2020. (Happy Birthday Ser.). (ENG.). 32p. (J). (gr. -1-3). 7.99 *(978-1-7282-1146-6(8))* Sourcebooks, Inc.

Happy Birthday, Alice Babette, 1 vol. Monica Kulling. Illus. by Qin Leng. 2016. (ENG.). 32p. (J). (gr. -1-3). 16.95 *(978-1-55498-820-4(9))* Groundwood Bks. CAN. Dist: Publishers Group West (PGW).

Happy Birthday Amelia. Illus. by Hazel Quintanilla. 2020. (Happy Birthday Ser.). (ENG.). 32p. (J). (gr. -1-3). 7.99 *(978-1-7282-1147-3(6))* Sourcebooks, Inc.

Happy Birthday! (American Girl) Rebecca Mallary. Illus. by Zhen Liu. 2021. (Little Golden Book Ser.). (ENG.). 24p. (J). (-k). 5.99 *(978-0-593-38185-4(8),* Golden Bks.) Random Hse. Children's Bks.

836 The check digit for ISBN-10 appears in parentheses after the full ISBN-13

Happy Birthday Andrew. Illus. by Hazel Quintanilla. 2020. (Happy Birthday Ser.). (ENG.). 32p. (J). (gr. -1-3). 7.99 *(978-1-7282-1148-0(4))* Sourcebooks, Inc.

Happy Birthday Anna. Illus. by Hazel Quintanilla. 2020. (Happy Birthday Ser.). (ENG.). 32p. (J). (gr. -1-3). 7.99 *(978-1-7282-1149-7(2))* Sourcebooks, Inc.

Happy Birthday Anthony. Illus. by Hazel Quintanilla. 2020. (Happy Birthday Ser.). (ENG.). 32p. (J). (gr. -1-3). 7.99 *(978-1-7282-1150-3(6))* Sourcebooks, Inc.

Happy Birthday Aria. Illus. by Hazel Quintanilla. 2020. (Happy Birthday Ser.). (ENG.). 32p. (J). (gr. -1-3). 7.99 *(978-1-7282-1151-0(4))* Sourcebooks, Inc.

Happy Birthday Aubrey. Illus. by Hazel Quintanilla. 2020. (Happy Birthday Ser.). (ENG.). 32p. (J). (gr. -1-3). 7.99 *(978-1-7282-1152-7(2))* Sourcebooks, Inc.

Happy Birthday Audrey. Illus. by Hazel Quintanilla. 2020. (Happy Birthday Ser.). (ENG.). 32p. (J). (gr. -1-3). 7.99 *(978-1-7282-1153-4(0))* Sourcebooks, Inc.

Happy Birthday Ava. Illus. by Hazel Quintanilla. 2020. (Happy Birthday Ser.). (ENG.). 32p. (J). (gr. -1-3). 7.99 *(978-1-7282-1154-1(9))* Sourcebooks, Inc.

Happy Birthday, Ava! A Book about Putting Others First. Lucy Bell. Illus. by Michael Garton. 2017. (Frolic First Faith Ser.). 32p. (J). (gr. -1-k). 12.99 *(978-1-5064-1786-8(8),* Sparkhouse Family) 1517 Media.

Happy Birthday Avery. Illus. by Hazel Quintanilla. 2020. (Happy Birthday Ser.). (ENG.). 32p. (J). (gr. -1-3). 7.99 *(978-1-7282-1155-8(7))* Sourcebooks, Inc.

Happy Birthday, Batman! Benjamin Bird. Illus. by Fernando Cano. 2019. (DC Super Heroes Ser.). (ENG.). 32p. (J). (gr. -1-1). lib. bdg. 22.65 *(978-1-68446-106-6(5),* 141346, Capstone Editions) Capstone.

Happy Birthday Benjamin. Illus. by Hazel Quintanilla. 2020. (Happy Birthday Ser.). (ENG.). 32p. (J). (gr. -1-3). 7.99 *(978-1-7282-1156-5(5))* Sourcebooks, Inc.

Happy Birthday, Blue! (Blue's Clues & You) Megan Roth. Illus. by Golden Books. 2020. (Little Golden Book Ser.). (ENG.). 24p. (J). (-k). 5.99 *(978-0-593-12393-5(X),* Golden Bks.) Random Hse. Children's Bks.

Happy Birthday, Blue Kangaroo! (Blue Kangaroo) Emma Chichester Clark. Illus. by Emma Chichester Clark. 2020. (Blue Kangaroo Ser.). (ENG., Illus.). 32p. (J). pap. 6.99 *(978-0-00-826630-1(1),* HarperCollins Children's Bks.) HarperCollins Pubs. Ltd. GBR. Dist: HarperCollins Pubs.

Happy Birthday Brayden. Illus. by Hazel Quintanilla. 2020. (Happy Birthday Ser.). (ENG.). 32p. (J). (gr. -1-3). 7.99 *(978-1-7282-1157-2(3))* Sourcebooks, Inc.

Happy Birthday Brooklyn. Illus. by Hazel Quintanilla. 2020. (Happy Birthday Ser.). (ENG.). 32p. (J). (gr. -1-3). 7.99 *(978-1-7282-1158-9(1))* Sourcebooks, Inc.

Happy Birthday Caleb. Illus. by Hazel Quintanilla. 2020. (Happy Birthday Ser.). (ENG.). 32p. (J). (gr. -1-3). 7.99 *(978-1-7282-1159-6(X))* Sourcebooks, Inc.

Happy Birthday Cameron. Illus. by Hazel Quintanilla. 2020. (Happy Birthday Ser.). (ENG.). 32p. (J). (gr. -1-3). 7.99 *(978-1-7282-1160-2(3))* Sourcebooks, Inc.

Happy Birthday Caroline. Illus. by Hazel Quintanilla. 2020. (Happy Birthday Ser.). (ENG.). 32p. (J). (gr. -1-3). 7.99 *(978-1-7282-1161-9(1))* Sourcebooks, Inc.

Happy Birthday Carter. Illus. by Hazel Quintanilla. 2020. (Happy Birthday Ser.). (ENG.). 32p. (J). (gr. -1-3). 7.99 *(978-1-7282-1162-6(X))* Sourcebooks, Inc.

Happy Birthday Charlotte. Illus. by Hazel Quintanilla. 2020. (Happy Birthday Ser.). (ENG.). 32p. (J). (gr. -1-3). 7.99 *(978-1-7282-1163-3(8))* Sourcebooks, Inc.

Happy Birthday Chloe. Illus. by Hazel Quintanilla. 2020. (Happy Birthday Ser.). (ENG.). 32p. (J). (gr. -1-3). 7.99 *(978-1-7282-1164-0(6))* Sourcebooks, Inc.

Happy Birthday, Christmas Child. Laura Sassi. Illus. by Gabi Murphy. 2022. (ENG.). 10p. (J). (gr. -1 — 1). bds. 9.99 *(978-1-64060-799-6(4))* Paraclete Pr., Inc.

Happy Birthday Christopher. Illus. by Hazel Quintanilla. 2020. (Happy Birthday Ser.). (ENG.). 32p. (J). (gr. -1-3). 7.99 *(978-1-7282-1165-7(4))* Sourcebooks, Inc.

Happy Birthday Claire. Illus. by Hazel Quintanilla. 2020. (Happy Birthday Ser.). (ENG.). 32p. (J). (gr. -1-3). 7.99 *(978-1-7282-1166-4(2))* Sourcebooks, Inc.

Happy Birthday, Coco Bear - a Story of a Covid-Born Baby Bear. Mary Lou Guthrie McDonough. 2022. (ENG.). 34p. (J). pap. ***(978-1-83934-373-5(7))*** Olympia Publishers.

Happy Birthday Connor. Illus. by Hazel Quintanilla. 2020. (Happy Birthday Ser.). (ENG.). 32p. (J). (gr. -1-3). 7.99 *(978-1-7282-1167-1(0))* Sourcebooks, Inc.

Happy Birthday, Curious George (Tabbed Book) 2016. (Curious George Ser.). (ENG., Illus.). 14p. (J). (— 1). bds. 8.99 *(978-0-544-75050-0(0),* 1633430, Clarion Bks.) HarperCollins Pubs.

Happy Birthday, Daddy! Jennifer K. Piatt. 2019. (ENG., Illus.). 28p. (J). (gr. k-3). pap. 14.95 *(978-1-0980-1831-3(1))* Christian Faith Publishing.

Happy Birthday Daniel. Illus. by Hazel Quintanilla. 2020. (Happy Birthday Ser.). (ENG.). 32p. (J). (gr. -1-3). 7.99 *(978-1-7282-1168-8(9))* Sourcebooks, Inc.

Happy Birthday David. Illus. by Hazel Quintanilla. 2020. (Happy Birthday Ser.). (ENG.). 32p. (J). (gr. -1-3). 7.99 *(978-1-7282-1169-5(7))* Sourcebooks, Inc.

Happy Birthday, Dear Dragon. Margaret Hillert. Illus. by Jack Pullan. 2016. (BeginningtoRead Ser.). (ENG.). 32p. (J). (-2). lib. bdg. 22.60 *(978-1-59953-767-2(2))* Norwood Hse. Pr.

Happy Birthday, Dear Dragon. Margaret Hillert. Illus. by Jack Pullan. 2016. (Beginning-To-Read Ser.). (ENG.). 32p. (J). (gr. k-2). pap. 13.26 *(978-1-60357-880-6(3))* Norwood Hse. Pr.

Happy Birthday Dolly. Lynn C. Skinner. Illus. by Ingrid Dohm. 2020. (ENG.). 32p. (J). pap. 11.99 *(978-1-7336531-2-1(0))* Skinner, Lynn C.

Happy Birthday, Dragon! Celebrate the Perfect Birthday for Your Dragon. a Cute & Fun Children Story to Teach Kids to Celebrate Birthday. Steve Herman. 2018. (My Dragon Bks.: Vol. 6). (ENG.). (J). 50p. 18.95 *(978-1-948040-74-7(3));* (Illus.). 46p. pap. 17.95 *(978-1-948040-16-7(6))* Digital Golden Solutions LLC.

Happy Birthday Dylan. Illus. by Hazel Quintanilla. 2020. (Happy Birthday Ser.). (ENG.). 32p. (J). (gr. -1-3). 7.99 *(978-1-7282-1170-1(0))* Sourcebooks, Inc.

Happy Birthday, Elbow Grease! John Cena. 2022. (Little Golden Book Ser.). (Illus.). 24p. (J). (-k). 5.99 *(978-0-593-37707-9(9),* Golden Bks.) Random Hse. Children's Bks.

Happy Birthday Elijah. Illus. by Hazel Quintanilla. 2020. (Happy Birthday Ser.). (ENG.). 32p. (J). (gr. -1-3). 7.99 *(978-1-7282-1171-8(9))* Sourcebooks, Inc.

Happy Birthday Elizabeth. Illus. by Hazel Quintanilla. 2020. (Happy Birthday Ser.). (ENG.). 32p. (J). (gr. -1-3). 7.99 *(978-1-7282-1172-5(7))* Sourcebooks, Inc.

Happy Birthday Ella. Illus. by Hazel Quintanilla. 2020. (Happy Birthday Ser.). (ENG.). 32p. (J). (gr. -1-3). 7.99 *(978-1-7282-1173-2(5))* Sourcebooks, Inc.

Happy Birthday Ellie. Illus. by Hazel Quintanilla. 2020. (Happy Birthday Ser.). (ENG.). 32p. (J). (gr. -1-3). 7.99 *(978-1-7282-1174-9(3))* Sourcebooks, Inc.

Happy Birthday Emily. Illus. by Hazel Quintanilla. 2020. (Happy Birthday Ser.). (ENG.). 32p. (J). (gr. -1-3). 7.99 *(978-1-7282-1175-6(1))* Sourcebooks, Inc.

Happy Birthday Emma. Illus. by Hazel Quintanilla. 2020. (Happy Birthday Ser.). (ENG.). 32p. (J). (gr. -1-3). 7.99 *(978-1-7282-1176-3(X))* Sourcebooks, Inc.

Happy Birthday Ethan. Illus. by Hazel Quintanilla. 2020. (Happy Birthday Ser.). (ENG.). 32p. (J). (gr. -1-3). 7.99 *(978-1-7282-1177-0(8))* Sourcebooks, Inc.

Happy Birthday Evelyn. Illus. by Hazel Quintanilla. 2020. (Happy Birthday Ser.). (ENG.). 32p. (J). (gr. -1-3). 7.99 *(978-1-7282-1178-7(6))* Sourcebooks, Inc.

Happy Birthday, Fiona, 1 vol. Richard Cowdrey. 2022. (Fiona the Hippo Book Ser.). (ENG., Illus.). 32p. (J). 12.99 *(978-0-310-75164-9(0))* Zonderkidz.

Happy Birthday from the Very Hungry Caterpillar. Eric Carle. Illus. by Eric Carle. 2019. (World of Eric Carle Ser.). (ENG., Illus.). 32p. (J). (gr. -1-2). 9.99 *(978-1-5247-9082-0(6))* Penguin Young Readers Group.

Happy Birthday Gabriel. Illus. by Hazel Quintanilla. 2020. (Happy Birthday Ser.). (ENG.). 32p. (J). (gr. -1-3). 7.99 *(978-1-7282-1179-4(4))* Sourcebooks, Inc.

Happy Birthday Gabriella. Illus. by Hazel Quintanilla. 2020. (Happy Birthday Ser.). (ENG.). 32p. (J). (gr. -1-3). 7.99 *(978-1-7282-1180-0(8))* Sourcebooks, Inc.

Happy Birthday, Geronimo! Gerónimo Stilton. ed. 2021. (Geronimo Stilton Ser.). (ENG., Illus.). 105p. (J). (gr. 2-3). 18.36 *(978-1-64697-565-5(0))* Penworthy Co., LLC, The.

Happy Birthday, Geronimo! (Geronimo Stilton #74) Geronimo Stilton. 2019. (Geronimo Stilton Ser.: 74). (ENG., Illus.). 128p. (J). (gr. 2-5). pap. 7.99 *(978-1-338-58753-1(6),* Scholastic Paperbacks) Scholastic, Inc.

Happy Birthday Grace. Illus. by Hazel Quintanilla. 2020. (Happy Birthday Ser.). (ENG.). 32p. (J). (gr. -1-3). 7.99 *(978-1-7282-1181-7(6))* Sourcebooks, Inc.

Happy Birthday Granddaughter. Illus. by Hazel Quintanilla. 2020. (Happy Birthday Ser.). (ENG.). 32p. (J). (gr. -1-3). 7.99 *(978-1-7282-1182-4(4))* Sourcebooks, Inc.

Happy Birthday Grandson. Illus. by Hazel Quintanilla. 2020. (Happy Birthday Ser.). (ENG.). 32p. (J). (gr. -1-3). 7.99 *(978-1-7282-1183-1(2))* Sourcebooks, Inc.

Happy Birthday Grayson. Illus. by Hazel Quintanilla. 2020. (Happy Birthday Ser.). (ENG.). 32p. (J). (gr. -1-3). 7.99 *(978-1-7282-1184-8(0))* Sourcebooks, Inc.

Happy Birthday Hailey. Illus. by Hazel Quintanilla. 2020. (Happy Birthday Ser.). (ENG.). 32p. (J). (gr. -1-3). 7.99 *(978-1-7282-1185-5(9))* Sourcebooks, Inc.

Happy Birthday Hannah. Illus. by Hazel Quintanilla. 2020. (Happy Birthday Ser.). (ENG.). 32p. (J). (gr. -1-3). 7.99 *(978-1-7282-1186-2(7))* Sourcebooks, Inc.

Happy Birthday Harper. Illus. by Hazel Quintanilla. 2020. (Happy Birthday Ser.). (ENG.). 32p. (J). (gr. -1-3). 7.99 *(978-1-7282-1187-9(5))* Sourcebooks, Inc.

Happy Birthday, Hedgehog! Norm Feuti. ed. 2022. (Acorn Early Readers Ser.). (ENG.). 44p. (J). (gr. k-1). 15.96 ***(978-1-68505-506-6(0))*** Penworthy Co., LLC, The.

Happy Birthday, Hedgehog!: an Acorn Book (Hello, Hedgehog! #6) Norm Feuti. Illus. by Norm Feuti. 2022. (Hello, Hedgehog! Ser.). (ENG., Illus.). 48p. (J). (gr. -1-1). 23.99 *(978-1-338-67718-8(7));* pap. 4.99 *(978-1-338-67717-1(9))* Scholastic, Inc.

Happy Birthday Henry. Illus. by Hazel Quintanilla. 2020. (Happy Birthday Ser.). (ENG.). 32p. (J). (gr. -1-3). 7.99 *(978-1-7282-1188-6(3))* Sourcebooks, Inc.

Happy Birthday Hunter. Illus. by Hazel Quintanilla. 2020. (Happy Birthday Ser.). (ENG.). 32p. (J). (gr. -1-3). 7.99 *(978-1-7282-1189-3(1))* Sourcebooks, Inc.

Happy Birthday Isaac. Illus. by Hazel Quintanilla. 2020. (Happy Birthday Ser.). (ENG.). 32p. (J). (gr. -1-3). 7.99 *(978-1-7282-1190-9(5))* Sourcebooks, Inc.

Happy Birthday Isabella. Illus. by Hazel Quintanilla. 2020. (Happy Birthday Ser.). (ENG.). 32p. (J). (gr. -1-3). 7.99 *(978-1-7282-1191-6(3))* Sourcebooks, Inc.

Happy Birthday Jack. Illus. by Hazel Quintanilla. 2020. (Happy Birthday Ser.). (ENG.). 32p. (J). (gr. -1-3). 7.99 *(978-1-7282-1192-3(1))* Sourcebooks, Inc.

Happy Birthday Jackson. Illus. by Hazel Quintanilla. 2020. (Happy Birthday Ser.). (ENG.). 32p. (J). (gr. -1-3). 7.99 *(978-1-7282-1193-0(X))* Sourcebooks, Inc.

Happy Birthday Jacob. Illus. by Hazel Quintanilla. 2020. (Happy Birthday Ser.). (ENG.). 32p. (J). (gr. -1-3). 7.99 *(978-1-7282-1194-7(8))* Sourcebooks, Inc.

Happy Birthday James. Illus. by Hazel Quintanilla. 2020. (Happy Birthday Ser.). (ENG.). 32p. (J). (gr. -1-3). 7.99 *(978-1-7282-1195-4(6))* Sourcebooks, Inc.

Happy Birthday Jaxon. Illus. by Hazel Quintanilla. 2020. (Happy Birthday Ser.). (ENG.). 32p. (J). (gr. -1-3). 7.99 *(978-1-7282-1196-1(4))* Sourcebooks, Inc.

Happy Birthday Jayden. Illus. by Hazel Quintanilla. 2020. (Happy Birthday Ser.). (ENG.). 32p. (J). (gr. -1-3). 7.99 *(978-1-7282-1197-8(2))* Sourcebooks, Inc.

Happy Birthday, Jesus! Christmas Coloring Activity Books for Kids Age 4-5 Bundle, 2 vols. Speedy Publishing Books. 2019. (ENG.). 212p. (J). pap. 19.99 *(978-1-5419-7254-4(6))* Speedy Publishing LLC.

Happy Birthday Jesus! Christmas Coloring Book for 4 Year Old. Speedy Kids. 2018. (ENG., Illus.). 106p. (J). pap. 12.55 *(978-1-5419-3510-5(1))* Speedy Publishing LLC.

Happy Birthday, Jesus Coloring Book: Coloring Activity Books] Christmas — 2-4. Warner Press. l.t. ed. 2019. (ENG.). (J). pap. 2.39 *(978-1-68434-048-4(9))* Warner Pr., Inc.

Happy Birthday John. Illus. by Hazel Quintanilla. 2020. (Happy Birthday Ser.). (ENG.). 32p. (J). (gr. -1-3). 7.99 *(978-1-7282-1198-5(0))* Sourcebooks, Inc.

Happy Birthday Jonathan. Illus. by Hazel Quintanilla. 2020. (Happy Birthday Ser.). (ENG.). 32p. (J). (gr. -1-3). 7.99 *(978-1-7282-1588-4(9))* Sourcebooks, Inc.

Happy Birthday Joseph. Illus. by Hazel Quintanilla. 2020. (Happy Birthday Ser.). (ENG.). 32p. (J). (gr. -1-3). 7.99 *(978-1-7282-1199-2(9))* Sourcebooks, Inc.

Happy Birthday Joshua. Illus. by Hazel Quintanilla. 2020. (Happy Birthday Ser.). (ENG.). 32p. (J). (gr. -1-3). 7.99 *(978-1-7282-1200-5(6))* Sourcebooks, Inc.

Happy Birthday Journal. Meaningful Moments. 2018. (ENG., Illus.). 98p. (J). *(978-0-359-15473-9(5))* Lulu Pr., Inc.

Happy Birthday Julian. Illus. by Hazel Quintanilla. 2020. (Happy Birthday Ser.). (ENG.). 32p. (J). (gr. -1-3). 7.99 *(978-1-7282-2570-8(1))* Sourcebooks, Inc.

Happy Birthday Kennedy. Illus. by Hazel Quintanilla. 2020. (Happy Birthday Ser.). (ENG.). 32p. (J). (gr. -1-3). 7.99 *(978-1-7282-1202-9(2))* Sourcebooks, Inc.

Happy Birthday Landon. Illus. by Hazel Quintanilla. 2020. (Happy Birthday Ser.). (ENG.). 32p. (J). (gr. -1-3). 7.99 *(978-1-7282-1203-6(0))* Sourcebooks, Inc.

Happy Birthday Layla. Illus. by Hazel Quintanilla. 2020. (Happy Birthday Ser.). (ENG.). 32p. (J). (gr. -1-3). 7.99 *(978-1-7282-1204-3(9))* Sourcebooks, Inc.

Happy Birthday Leah. Illus. by Hazel Quintanilla. 2020. (Happy Birthday Ser.). (ENG.). 32p. (J). (gr. -1-3). 7.99 *(978-1-7282-1205-0(7))* Sourcebooks, Inc.

Happy Birthday Levi. Illus. by Hazel Quintanilla. 2020. (Happy Birthday Ser.). (ENG.). 32p. (J). (gr. -1-3). 7.99 *(978-1-7282-1206-7(5))* Sourcebooks, Inc.

Happy Birthday Liam. Illus. by Hazel Quintanilla. 2020. (Happy Birthday Ser.). (ENG.). 32p. (J). (gr. -1-3). 7.99 *(978-1-7282-1207-4(3))* Sourcebooks, Inc.

Happy Birthday Lillian. Illus. by Hazel Quintanilla. 2020. (Happy Birthday Ser.). (ENG.). 32p. (J). (gr. -1-3). 7.99 *(978-1-7282-1208-1(1))* Sourcebooks, Inc.

Happy Birthday, Little Hoo! Brenda Ponnay. Illus. by Brenda Ponnay. 2017. (Little Hoo Ser.). (ENG., Illus.). 32p. (J). (gr. -1-k). pap. 9.99 *(978-1-5324-0190-9(6));* (gr. k-1). 18.99 *(978-1-5324-1057-4(3))* Xist Publishing.

Happy Birthday Little Hoo / ¡feliz Cumpleaños Pequeño Buho! Brenda Ponnay. Illus. by Brenda Ponnay. 2018. (Little Hoo Ser.). (ENG., Illus.). 32p. (J). (gr. -1-3). 9.99 *(978-1-5324-1087-1(5))* Xist Publishing.

Happy Birthday, Little Hoo! (¡Feliz Cumpleaños Pequeño Buho!) Brenda Ponnay. Illus. by Brenda Ponnay. 2018. (Xist Kids Bilingual Spanish English Ser.). (ENG & SPA., Illus.). 32p. (J). (gr. -1-3). pap. 9.99 *(978-1-5324-0637-9(1))* Xist Publishing.

Happy Birthday, Little Pookie. Sandra Boynton. Illus. by Sandra Boynton. 2017. (Little Pookie Ser.). (ENG., Illus.). 18p. (J). (gr. -1-k). bds. 6.99 *(978-1-4814-9770-1(7))* Simon & Schuster, Inc.

Happy Birthday Logan. Illus. by Hazel Quintanilla. 2020. (Happy Birthday Ser.). (ENG.). 32p. (J). (gr. -1-3). 7.99 *(978-1-7282-1209-8(X))* Sourcebooks, Inc.

Happy Birthday Lucas. Illus. by Hazel Quintanilla. 2020. (Happy Birthday Ser.). (ENG.). 32p. (J). (gr. -1-3). 7.99 *(978-1-7282-1210-4(3))* Sourcebooks, Inc.

Happy Birthday Lucy. Illus. by Hazel Quintanilla. 2020. (Happy Birthday Ser.). (ENG.). 32p. (J). (gr. -1-3). 7.99 *(978-1-7282-1211-1(1))* Sourcebooks, Inc.

Happy Birthday Luke. Illus. by Hazel Quintanilla. 2020. (Happy Birthday Ser.). (ENG.). 32p. (J). (gr. -1-3). 7.99 *(978-1-7282-1212-8(X))* Sourcebooks, Inc.

Happy Birthday Madelyn. Illus. by Hazel Quintanilla. 2020. (Happy Birthday Ser.). (ENG.). 32p. (J). (gr. -1-3). 7.99 *(978-1-7282-1213-5(8))* Sourcebooks, Inc.

Happy Birthday Madison. Illus. by Hazel Quintanilla. 2020. (Happy Birthday Ser.). (ENG.). 32p. (J). (gr. -1-3). 7.99 *(978-1-7282-1214-2(6))* Sourcebooks, Inc.

Happy Birthday, Maine. Lynn Plourde. Illus. by Mark Scott Ricketts. 2020. 40p. (J). (gr. -1-1). 18.95 *(978-1-60893-711-0(9))* Down East Bks.

Happy Birthday, Maisy. Lucy Cousins. Illus. by Lucy Cousins. 2021. (Maisy Ser.). (ENG.). 16p. (J). (gr. -1-2). 14.99 *(978-1-5362-1681-3(X))* Candlewick Pr.

Happy Birthday Mason. Illus. by Hazel Quintanilla. 2020. (Happy Birthday Ser.). (ENG.). 32p. (J). (gr. -1-3). 7.99 *(978-1-7282-1215-9(4))* Sourcebooks, Inc.

Happy Birthday Matthew. Illus. by Hazel Quintanilla. 2020. (Happy Birthday Ser.). (ENG.). 32p. (J). (gr. -1-3). 7.99 *(978-1-7282-1216-6(2))* Sourcebooks, Inc.

Happy Birthday Mia. Illus. by Hazel Quintanilla. 2020. (Happy Birthday Ser.). (ENG.). 32p. (J). (gr. -1-3). 7.99 *(978-1-7282-1217-3(0))* Sourcebooks, Inc.

Happy Birthday Michael. Illus. by Hazel Quintanilla. 2020. (Happy Birthday Ser.). (ENG.). 32p. (J). (gr. -1-3). 7.99 *(978-1-7282-1218-0(9))* Sourcebooks, Inc.

Happy Birthday Mila. Illus. by Hazel Quintanilla. 2020. (Happy Birthday Ser.). (ENG.). 32p. (J). (gr. -1-3). 7.99 *(978-1-7282-1219-7(7))* Sourcebooks, Inc.

Happy Birthday, Mouse! Laura Numeroff. Illus. by Felicia Bond. 2020. (If You Give... Ser.). (ENG.). 24p. (J). (gr. -1 — 1). bds. 7.99 *(978-0-694-01425-5(7),* HarperFestival) HarperCollins Pubs.

Happy Birthday Natalie. Illus. by Hazel Quintanilla. 2020. (Happy Birthday Ser.). (ENG.). 32p. (J). (gr. -1-3). 7.99 *(978-1-7282-1224-1(3))* Sourcebooks, Inc.

Happy Birthday Nathan. Illus. by Hazel Quintanilla. 2020. (Happy Birthday Ser.). (ENG.). 32p. (J). (gr. -1-3). 7.99 *(978-1-7282-1225-8(1))* Sourcebooks, Inc.

Happy Birthday Nicholas. Illus. by Hazel Quintanilla. 2020. (Happy Birthday Ser.). (ENG.). 32p. (J). (gr. -1-3). 7.99 *(978-1-7282-1226-5(X))* Sourcebooks, Inc.

Happy Birthday Noah. Illus. by Hazel Quintanilla. 2020. (Happy Birthday Ser.). (ENG.). 32p. (J). (gr. -1-3). 7.99 *(978-1-7282-1227-2(8))* Sourcebooks, Inc.

Happy Birthday Nora. Illus. by Hazel Quintanilla. 2020. (Happy Birthday Ser.). (ENG.). 32p. (J). (gr. -1-3). 7.99 *(978-1-7282-1228-9(6))* Sourcebooks, Inc.

Happy Birthday Oliver. Illus. by Hazel Quintanilla. 2020. (Happy Birthday Ser.). (ENG.). 32p. (J). (gr. -1-3). 7.99 *(978-1-7282-1229-6(4))* Sourcebooks, Inc.

Happy Birthday Olivia. Illus. by Hazel Quintanilla. 2020. (Happy Birthday Ser.). (ENG.). 32p. (J). (gr. -1-3). 7.99 *(978-1-7282-1230-2(8))* Sourcebooks, Inc.

Happy Birthday Owen. Illus. by Hazel Quintanilla. 2020. (Happy Birthday Ser.). (ENG.). 32p. (J). (gr. -1-3). 7.99 *(978-1-7282-1231-9(6))* Sourcebooks, Inc.

Happy Birthday Paisley. Illus. by Hazel Quintanilla. 2020. (Happy Birthday Ser.). (ENG.). 32p. (J). (gr. -1-3). 7.99 *(978-1-7282-2571-5(X))* Sourcebooks, Inc.

Happy Birthday Papa - I Wrote This Book for You: The Perfect Birthday Gift for Kids to Create Their Very Own Book for Papa. The Life Graduate Publishing Group & Romney Nelson. 2021. (ENG.). 52p. (J). pap. *(978-1-922568-34-2(1))* Life Graduate, The.

Happy Birthday Penelope. Illus. by Hazel Quintanilla. 2020. (Happy Birthday Ser.). (ENG.). 32p. (J). (gr. -1-3). 7.99 *(978-1-7282-1233-3(2))* Sourcebooks, Inc.

Happy Birthday! (Peppa Pig) Annie Auerbach. Illus. by EOne. 2019. (ENG.). 20p. (J). (gr. -1-3). bds. 10.99 *(978-1-338-54613-2(9))* Scholastic, Inc.

Happy Birthday! (Peppa Pig) (Media Tie-In) Annie Auerbach. Illus. by EOne. ed. 2023. (ENG.). 24p. (J). (gr. -1-k). pap. 5.99 *(978-1-338-89192-8(8))* Scholastic, Inc.

Happy Birthday, Princess! (Disney Princess) Jennifer Liberts. Illus. by Elisa Marrucchi. 2016. (Step into Reading Ser.). (ENG.). 24p. (J). (gr. -1-1). pap. 4.99 *(978-0-7364-3664-9(2),* RH/Disney) Random Hse. Children's Bks.

Happy Birthday, Puppy Pals! Michael Olson & Jessica Carleton. Illus. by Disney Storybook Art Team. 2018. (Puppy Dog Pals Ser.). (ENG.). 24p. (J). (gr. -1-3). 31.36 *(978-1-5321-4252-9(8),* 28540, Picture Bk.) Spotlight.

Happy Birthday Riley. Illus. by Hazel Quintanilla. 2020. (Happy Birthday Ser.). (ENG.). 32p. (J). (gr. -1-3). 7.99 *(978-1-7282-1234-0(0))* Sourcebooks, Inc.

Happy Birthday Ryan. Illus. by Hazel Quintanilla. 2020. (Happy Birthday Ser.). (ENG.). 32p. (J). (gr. -1-3). 7.99 *(978-1-7282-1235-7(9))* Sourcebooks, Inc.

Happy Birthday Sadie. Illus. by Hazel Quintanilla. 2020. (Happy Birthday Ser.). (ENG.). 32p. (J). (gr. -1-3). 7.99 *(978-1-7282-1236-4(7))* Sourcebooks, Inc.

Happy Birthday Samantha. Illus. by Hazel Quintanilla. 2020. (Happy Birthday Ser.). (ENG.). 32p. (J). (gr. -1-3). 7.99 *(978-1-7282-1237-1(5))* Sourcebooks, Inc.

Happy Birthday Samuel. Illus. by Hazel Quintanilla. 2020. (Happy Birthday Ser.). (ENG.). 32p. (J). (gr. -1-3). 7.99 *(978-1-7282-1238-8(3))* Sourcebooks, Inc.

Happy Birthday Savannah. Illus. by Hazel Quintanilla. 2020. (Happy Birthday Ser.). (ENG.). 32p. (J). (gr. -1-3). 7.99 *(978-1-7282-1239-5(1))* Sourcebooks, Inc.

Happy Birthday Scarlett. Illus. by Hazel Quintanilla. 2020. (Happy Birthday Ser.). (ENG.). 32p. (J). (gr. -1-3). 7.99 *(978-1-7282-1240-1(5))* Sourcebooks, Inc.

Happy Birthday Sebastian. Illus. by Hazel Quintanilla. 2020. (Happy Birthday Ser.). (ENG.). 32p. (J). (gr. -1-3). 7.99 *(978-1-7282-1241-8(3))* Sourcebooks, Inc.

Happy Birthday Sofia. Illus. by Hazel Quintanilla. 2020. (Happy Birthday Ser.). (ENG.). 32p. (J). (gr. -1-3). 7.99 *(978-1-7282-1589-1(7))* Sourcebooks, Inc.

Happy Birthday Sophia. Illus. by Hazel Quintanilla. 2020. (Happy Birthday Ser.). (ENG.). 32p. (J). (gr. -1-3). 7.99 *(978-1-7282-1242-5(1))* Sourcebooks, Inc.

Happy Birthday Stella. Illus. by Hazel Quintanilla. 2020. (Happy Birthday Ser.). (ENG.). 32p. (J). (gr. -1-3). 7.99 *(978-1-7282-1243-2(X))* Sourcebooks, Inc.

Happy Birthday! Tattoos. Janet Skiles. 2016. (Dover Little Activity Bks.). (ENG., Illus.). 2p. (J). (gr. 1-3). 1.99 *(978-0-486-81070-6(4),* 810704) Dover Pubns., Inc.

Happy Birthday Thomas. Illus. by Hazel Quintanilla. 2020. (Happy Birthday Ser.). (ENG.). 32p. (J). (gr. -1-3). 7.99 *(978-1-7282-1244-9(8))* Sourcebooks, Inc.

Happy Birthday to Me. Thao Lam. 2023. (ENG., Illus.). 44p. (J). (gr. -1-1). 19.99 *(978-1-77306-872-5(5))* Groundwood Bks. CAN. Dist: Publishers Group West (PGW).

Happy Birthday to Me & You. Jokeeta Johnson. Illus. by Antonius Setyo Asmoro. 2016. (ENG.). (J). 22.99 *(978-1-4984-9089-4(1));* pap. 11.99 *(978-1-4984-9088-7(3))* Salem Author Services.

Happy Birthday to Me! by ME, Myself. Seuss. 2017. (ENG., Illus.). 64p. (J). (gr. -1-2). 16.99 *(978-0-553-53719-2(9),* Random Hse. Bks. for Young Readers) Random Hse. Children's Bks.

Happy Birthday to You! Kristen L. Depken. Illus. by Dave Aikins. 2018. 24p. (J). *(978-1-5444-0156-0(6))* Random Hse., Inc.

Happy Birthday to You! Kristen L. Depken. ed. 2018. (Step into Reading Ser.). (ENG.). 24p. (J). (gr. -1-k). 13.89 *(978-1-64310-240-5(0))* Penworthy Co., LLC, The.

Happy Birthday to You. Agnes De Bezenac. Illus. by Agnes De Bezenac. l.t. ed. 2020. (ENG.). 42p. (J). pap. 6.95 *(978-1-63474-357-0(1))* iCharacter.org.

Happy Birthday to You! Coloring Book. Noelle Dahlen. 2019. (Dover Kids Coloring Bks.). (ENG.). 32p. (J). (gr. -1-3). 3.99 *(978-0-486-83790-1(4),* 837904) Dover Pubns., Inc.

Happy Birthday to You, Curious George! (Novelty Crinkle Boar. 2019. (Curious George Ser.). (ENG., Illus.). 10p. (J). (— 1). bds. 7.99 *(978-0-358-04061-3(2),* 1740942, Clarion Bks.) HarperCollins Pubs.

Happy Birthday to You! Great Big Flap Book. Seuss. 2017. (ENG., Illus.). 12p. (J). (-k). bds. 12.99 *(978-1-5247-1460-4(7),* Random Hse. Bks. for Young Readers) Random Hse. Children's Bks.

Happy Birthday to You, Pirate. Michelle Robinson. Illus. by Vicki Gausden. 2019. (ENG.). 32p. (J). pap. 6.99 *(978-0-00-824220-6(8),* HarperCollins Children's Bks.) HarperCollins Pubs. Ltd. GBR. Dist: HarperCollins Pubs.

Happy Birthday to You, Princess. Michelle Robinson. Illus. by Vicki Gausden. 2019. (ENG.). 32p. (J). pap. 6.99 *(978-0-00-824221-3(6),* HarperCollins Children's Bks.) HarperCollins Pubs. Ltd. GBR. Dist: HarperCollins Pubs.

Happy Birthday to You! (Shimmer & Shine) Kristen L. Depken. Illus. by Dave Aikins. 2018. (Step into Reading Ser.). (ENG.). 24p. (J). (gr. -1-1). pap. 5.99 *(978-1-5247-6799-0(9),* Random Hse. Bks. for Young Readers) Random Hse. Children's Bks.

H

Happy Birthday to You! the Coloring Book. Jupiter Kids. 2016. (ENG., Illus.). 106p. (J). pap. 12.55 *(978-1-68326-325-8(1)*, Jupiter Kids (Childrens & Kids Fiction)) Speedy Publishing LLC.

Happy Birthday, Trees! Karen Rostoker-Gruber. Illus. by Holly Sterling. 2020. (ENG.). 12p. (J). (gr. -1 — 1). bds. 7.99 *(978-1-5415-4564-9(8)*, 13f6b3fa-fb6d-4fd4-8c53-892517e2f5bb, Kar-Ben Publishing) Lerner Publishing Group.

Happy Birthday, Tulip & Violet! Antoinetta McKay. Illus. by Jenny Brewer. 2018. (ENG.). 32p. (J). pap. 15.00 *(978-1-7321045-0-1(6))* I Follow the Leader, LLC.

Happy Birthday Vana! Tsiku Lachimwemwe Lakubadwa Kwa Vana! Judith Makanianikhondo Nyirenda. 2019. (ENG., Illus.). 26p. (J). (gr. k-2). *(978-0-9957068-3-5(2))* Flanko Pr.

Happy Birthday Victoria. Illus. by Hazel Quintanilla. 2020. (Happy Birthday Ser.). (ENG.). 32p. (J). (gr. -1-3). 7.99 *(978-1-7282-1245-6(6))* Sourcebooks, Inc.

Happy Birthday Violet. Illus. by Hazel Quintanilla. 2020. (Happy Birthday Ser.). (ENG.). 32p. (J). (gr. -1-3). 7.99 *(978-1-7282-1246-3(4))* Sourcebooks, Inc.

Happy Birthday William. Illus. by Hazel Quintanilla. 2020. (Happy Birthday Ser.). (ENG.). 32p. (J). (gr. -1-3). 7.99 *(978-1-7282-1247-0(2))* Sourcebooks, Inc.

Happy Birthday with Ant & Bee (Ant & Bee) Angela Banner. 2020. (Ant & Bee Ser.). (ENG., Illus.). 112p. (J). 9.99 *(978-1-4052-9846-9(4))* Farshore GBR. Dist: HarperCollins Pubs.

Happy Birthday Wombat. Jackie French & Bruce Whatley. 2021. 32p. pap. 7.99 *(978-1-4607-5160-2(4)*, HarperCollins) HarperCollins Pubs.

Happy Birthday, World. Aleksandra Szmidt. 2022. (Global Greetings Ser.). (ENG.). 22p. (J). bds. 7.99 *(978-1-4867-2171-9(0)*, c64af96d-8a21-4d3a-8af8-655e131855e2) Flowerpot Pr.

Happy Birthday Wyatt. Illus. by Hazel Quintanilla. 2020. (Happy Birthday Ser.). (ENG.). 32p. (J). (gr. -1-3). 7.99 *(978-1-7282-1248-7(0))* Sourcebooks, Inc.

Happy Birthday Zoey. Illus. by Hazel Quintanilla. 2020. (Happy Birthday Ser.). (ENG.). 32p. (J). (gr. -1-3). 7.99 *(978-1-7282-1249-4(9))* Sourcebooks, Inc.

Happy Blue Couch. Jodyne Ferreira. 2017. (ENG., Illus.). (J). pap. 8.99 *(978-1-64133-067-1(8))* MainSpringBks.

Happy Book. Andy Rash. Illus. by Andy Rash. 2019. (Illus.). 40p. (J). (gr. -1-2). 17.99 *(978-0-451-47125-3(3)*, Viking Books for Young Readers) Penguin Young Readers Group.

Happy Book: A Book Full of Feelings. Alex Allan. Illus. by Anne Wilson. 2020. (ENG.). 32p. (J). (gr. k-3). pap. 12.95 *(978-1-78312-596-8(9))* Welbeck Publishing Group Ltd. GBR. Dist: Two Rivers Distribution.

Happy Bookshelf Reading Comprehension Journal for Kids: Motivating Questions That Build Reading Comprehension. Ren Lowe. 2020. (ENG.). 124p. (J). pap. 6.99 ***(978-1-7359437-5-6(4))*** Royaltee Pr. LLC.

Happy Boots. Shirley Stuby. 2021. (ENG., Illus.). 26p. (J). pap. 13.95 *(978-1-63710-798-0(6))* Fulton Bks.

Happy Boy. Bjornstjerne Bjornson. 2017. (ENG.). 212p. (J). pap. *(978-3-337-09672-4(7))* Creation Pubs.

Happy Boy. Bjornstjerne Bjornson. 2017. (ENG., Illus.). (J). pap. *(978-0-649-37167-9(4))* Trieste Publishing Pty Ltd.

Happy Boy: And Later Sketches (Classic Reprint) Bjornstjerne Bjornson. (ENG., Illus.). (J). 2018. 214p. 28.33 *(978-0-483-62135-0(8))*; 2016. pap. 10.97 *(978-1-333-29021-4(7))* Forgotten Bks.

Happy Bubble. Fudgewilli. 2019. (ENG., Illus.). 22p. (YA). (gr. 7-12). pap. 14.00 *(978-1-0878-1566-4(5))* SRFPRTY.

Happy Bubbles (Ages 3-5) James V. Aleixo. 2018. (ENG., Illus.). 38p. (J). 17.99 *(978-0-692-19030-2(9))* Aleixo, James.

Happy Bunnies Coloring Book. Cristie Publishing. 2021. (ENG.). 98p. (J). pap. 13.50 *(978-0-695-11554-8(5))* Lulu Pr., Inc.

Happy Bunny Day! Illus. by Jason Fruchter. 2021. (Daniel Tiger's Neighborhood Ser.). (ENG.). 14p. (J). (gr. -1-k). bds. 6.99 *(978-1-5344-8173-2(7)*, Simon Spotlight) Simon Spotlight.

Happy Butterfly. Tanya Hollinshed. l.t. ed. 2022. 28p. (J). 18.99 ***(978-1-0880-5743-8(8))*** Indy Pub.

Happy Butterfly: Workbook. Tanya Hollinshed. l.t. ed. 2022. (Happy Butterfly Ser.: Vol. 2). (ENG.). 30p. (J). 22.99 ***(978-1-0880-5760-5(8))*** Indy Pub.

Happy Campers! Davod Lewman. ed. 2020. (Step into Reading Ser.). (ENG.). 24p. (J). (gr. 2-3). 14.96 *(978-1-64697-293-7(7))* Penworthy Co., LLC, The.

Happy Campers Songs. Ktrome. 2022. (ENG., Illus.). 66p. (J). 27.95 ***(978-1-68526-342-3(9))***; pap. 16.95 ***(978-1-68526-289-1(9))*** Covenant Bks.

Happy Cat. Jane Wolfe. Illus. by Tors Benham. 2016. 8p. (J). (gr. -1-k). bds. 6.99 *(978-1-84322-720-5(7)*, Armadillo) Anness Publishing GBR. Dist: National Bk. Network.

Happy Cat & Merry Cat. Mary Catherine Rolston. Illus. by Keith Cains. 2018. (ENG.). 28p. (J). *(978-1-5255-2483-7(6))*; pap. *(978-1-5255-2484-4(4))* FriesenPress.

Happy Cat, Sad Cat: A Book of Opposites. IglooBooks. 2022. (ENG.). 12p. (J). (gr. -1-k). 10.99 *(978-1-83852-378-7(2))* Igloo Bks. GBR. Dist: Simon & Schuster, Inc.

Happy Cats. Illus. by Emi Lenox. 2021. (ENG.). 32p. (J). (gr. -1-1). 14.99 *(978-1-4197-5085-4(2)*, 1715801, Abrams Appleseed) Abrams, Inc.

Happy Cats Coloring Book for Children (6x9 Coloring Book / Activity Book) Sheba Blake. 2020. (ENG.). 34p. (J). pap. 9.99 *(978-1-222-28949-7(0))* Indy Pub.

Happy Cats Coloring Book for Children (8. 5x8. 5 Coloring Book / Activity Book) Sheba Blake. 2021. (ENG.). 34p. (J). pap. 12.99 *(978-1-222-29151-3(7))* Indy Pub.

Happy Cats Coloring Book for Children (8x10 Coloring Book / Activity Book) Sheba Blake. 2020. (ENG.). 34p. (J). pap. 14.99 *(978-1-222-28950-3(4))* Indy Pub.

Happy Cells! Bronwyn Tollefson. Illus. by Haude Levesque. 2020. (ENG.). 36p. (J). pap. 14.95 *(978-1-7348886-1-4(X))* BronwynTollefson.

Happy Child Life: In Pictures (Classic Reprint) Oscar Pletsch. (ENG., Illus.). (J). 2018. 82p. 25.59 *(978-0-483-96188-3(4))*; 2016. pap. 9.57 *(978-1-334-16256-5(5))* Forgotten Bks.

Happy Children Readers, Vol. 2 (Classic Reprint) Mary E. Pennell. (ENG., Illus.). (J). 2018. 120p. 26.37 *(978-0-656-01017-2(7))*; 2017. pap. 9.57 *(978-0-259-44025-3(6))* Forgotten Bks.

Happy Chinese New Year! A Festive Counting Story. Jannie Ho. 2022. (Illus.). 28p. (J). (— 1). bds. 10.99 *(978-0-593-56297-0(6)*, Crown Books For Young Readers) Random Hse. Children's Bks.

Happy Chinese New Year - Chinese New Year Coloring Book Children's Chinese New Year Books. Speedy Kids. 2017. (ENG., Illus.). (J). pap. 8.45 *(978-1-5419-4729-0(0))* Speedy Publishing LLC.

Happy Chipmunk. Tom Burckardt. 2021. (ENG., Illus.). 20p. (J). pap. 12.95 *(978-1-63692-591-2(X))* Newman Springs Publishing, Inc.

Happy Christmas Coloring Book. Noelle Dahlen. 2018. (Dover Christmas Coloring Bks.). (ENG.). 32p. (J). (gr. k-3). pap. 3.99 *(978-0-486-82810-7(7)*, 828107) Dover Pubns., Inc.

Happy Christmas, Harry: Official Harry Potter Advent Calendar. Scholastic. 2022. (ENG.). 24p. (J). (gr. 1-3). 19.99 *(978-1-338-83982-1(9))* Scholastic, Inc.

Happy Christmas Stickers. Teresa Goodridge. 2016. (Dover Little Activity Books Stickers Ser.). (ENG., Illus.). 4p. (J). (gr. k-3). pap. 1.99 *(978-0-486-80774-4(6)*, 807746) Dover Pubns., Inc.

Happy Clappy Paper People: The Beach. Nannie Kisses. 2022. (ENG.). 26p. (J). pap. ***(978-1-80227-740-1(4))*** Publishing Push Ltd.

Happy Coloring Book: Monsters & Woodland Animal & Fruit, Veggie & Children Hobby. Personaldev Book. 2021. (ENG., Illus.). 64p. (YA). pap. 7.99 *(978-1-716-23315-9(1))* Lulu Pr., Inc.

Happy Cooking School. Cecilia Minden. Illus. by Sam Loman. 2022. (Little Blossom Stories Ser.). (ENG.). 16p. (J). (gr. -1-2). pap. 11.36 *(978-1-6689-0869-3(7)*, 220836, Cherry Blossom Press) Cherry Lake Publishing.

Happy Courtship, Merry Marriage, & PIC Nic Dinner, of Cock Robin, & Jenny Wren: To Which Is Added, Alas! the Doleful Death of the Bridegroom (Classic Reprint) Unknown Author. 2017. (ENG., Illus.). (J). 24.68 *(978-0-331-67352-4(5))* Forgotten Bks.

Happy Crab. Layla Palmer & Kevin Palmer. Illus. by Guy Wolek. 2021. (ENG.). 32p. (J). 15.99 *(978-0-7642-3855-0(8))* Bethany Hse. Pubs.

Happy Day. Ruth Krauss. ed. 2020. (Always a Favorite Ser.). (ENG., Illus.). 31p. (J). (gr. k-1). 17.49 *(978-1-64697-435-1(2))* Penworthy Co., LLC, The.

Happy Day: Farce in One Act (Classic Reprint) Octavia Roberts. 2018. (ENG., Illus.). (J). 32p. 24.56 *(978-0-365-57409-5(0))*; 34p. pap. 7.97 *(978-0-365-57407-1(4))* Forgotten Bks.

Happy Days. Sue deGennaro. 2022. (Different Days Ser.). (ENG., Illus.). 24p. (J). (gr. -1-k). 17.99 *(978-1-76050-760-2(1))* Little Hare Bks. AUS. Dist: Independent Pubs. Group.

Happy Days (Classic Reprint) Alan Alexander Milne. (ENG., Illus.). (J). 2018. 294p. 29.96 *(978-0-267-15602-3(2))*; 2017. 32.74 *(978-0-331-48665-0(2))*; 2016. pap. 16.57 *(978-1-334-12156-2(7))* Forgotten Bks.

Happy Days in Southern California (Classic Reprint) Frederick Hastings Rindge. 2017. (ENG., Illus.). (J). 28.25 *(978-1-5281-5497-0(5))* Forgotten Bks.

Happy Days of Childhood. Amy Meadows. 2017. (ENG., Illus.). (J). pap. *(978-0-649-32582-5(6))* Trieste Publishing Pty Ltd.

Happy Days of Childhood (Classic Reprint) Amy Meadows. (ENG., Illus.). (J). 2018. 62p. 25.20 *(978-0-666-54811-5(0))*; 2017. pap. 9.57 *(978-0-259-52883-8(8))* Forgotten Bks.

Happy Days Reasons to Smile Kids Coloring Book for Relaxation. Educando Kids. 2019. (ENG.). 42p. (J). pap. 6.99 *(978-1-64521-191-4(6)*, Educando Kids) Editorial Imagen.

Happy Days with Daniel. Elaine S. Bowman Martin. Illus. by Linda Shirk. 2017. 108p. (J). *(978-0-7399-2563-8(6))* Rod & Staff Pubs., Inc.

Happy Death, or Memoir of Mary Jane: With Alterations, Adapting It to the Use of the General Protestant Episcopal Sunday School Union (Classic Reprint) Protestant Episcopal Sunday Schoo Union. (ENG., Illus.). (J). 2018. 28p. 24.47 *(978-0-656-40102-4(8))*; 2017. pap. 7.97 *(978-0-259-26458-3(X))* Forgotten Bks.

Happy Diwali! Sanyukta Mathur & Courtney Pippin-Mathur. Illus. by Courtney Pippin-Mathur. 2021. (ENG., Illus.). 40p. (J). 18.99 *(978-1-250-25746-8(8)*, 900219558, Holt, Henry & Co. Bks. For Young Readers) Holt, Henry & Co.

Happy Diwali Mad Libs: World's Greatest Word Game. Shweta Raj. 2021. (Mad Libs Ser.). 48p. (J). (gr. 3-7). pap. 4.99 *(978-0-593-09400-6(X)*, Mad Libs) Penguin Young Readers Group.

Happy Diwali! (Peppa Pig) (Media Tie-In) Illus. by EOne. ed. 2022. (ENG.). 24p. (J). (gr. -1-k). pap. 5.99 *(978-1-338-84474-0(1))* Scholastic, Inc.

Happy Dodd. Rose Terry Cooke. 2017. (ENG.). 438p. (J). pap. *(978-3-337-40741-4(2))* Creation Pubs.

Happy Dodd: Or She Hath Done What She Could (Classic Reprint) Rose Terry Cooke. 2017. (ENG., Illus.). 438p. (J). 32.93 *(978-0-332-95440-0(4))* Forgotten Bks.

Happy Dreamer. Peter H. Reynolds. Illus. by Peter H. Reynolds. 2017. (ENG., Illus.). 32p. (J). (gr. -1-3). 17.99 *(978-0-545-86501-2(8)*, Orchard Bks.) Scholastic, Inc.

Happy Earth Day! Deborah Hopkinson. Illus. by Jennifer Zivoin. 2023. (Little Golden Book Ser.). 24p. (J). (-k). 5.99 *(978-0-593-56669-5(6)*, Golden Bks.) Random Hse. Children's Bks.

Happy Easter, 1 vol. Zonderkidz. Illus. by Emily Emerson. 2022. (Easter Egg-Shaped Board Book Ser.). (ENG.). 12p. (J). bds. 4.99 *(978-0-310-77091-6(2))* Zonderkidz.

Happy Easter: 60 Cute & Adorable Easter Coloring Pages with Progressive Difficulty / Holiday Coloring Designs for Children / Happy Easter Coloring Pages for Boys & Girls / Toddler Easter Coloring Book. D. Daemon Coloring. 2021. (ENG.). 128p. (J). pap. 11.49 *(978-1-6780-6766-3(0))* Lulu Pr., Inc.

Happy Easter: Libro para Colorear para niños: Libro para Colorear para niños: 60 Lindas y Adorables Páginas para Colorear de Pascua con Dificultad Progresiva / Diseños de Vacaciones para Colorear para niños / Páginas para Colorear de Pascua Feliz para Niñ. D. Daemon Coloring. 2021. (SPA.). 130p. (J). pap. 11.49 *(978-1-6780-6750-2(4))* Lulu Pr., Inc.

Happy Easter - Coloring Book: An Egg-Cellent Collection of Intricate Designs for a Hoppy Easter. Ruva Publishers. 2023. (ENG.). 107p. (J). pap. ***(978-1-4477-9193-5(2))*** Lulu Pr., Inc.

Happy Easter!: a Touch-And-Feel Playbook. Ladybird. Illus. by Lemon Ribbon Studio. 2022. (Baby Touch Ser.). (ENG.). 10p. (J). (— 1). bds. 7.99 *(978-0-241-53037-5(7)*, Ladybird) Penguin Bks., Ltd. GBR. Dist: Penguin Random Hse. LLC.

Happy Easter Activity Book for Kids: The Ultimate Easter Workbook Gift for Children with 50+ Activities of Coloring, Learning, Mazes, Dot to Dot, Puzzles, Word Search & More! Happy Harper. 2020. (ENG.). 106p. (J). pap. *(978-1-989543-92-4(8)*, Happy Harper) Gill, Karanvir.

Happy Easter, Baby Shark!: Doo Doo Doo Doo Doo Doo (a Baby Shark Book) Illus. by John John Bajet. 2022. (Baby Shark Ser.). (ENG.). 24p. (J). (gr. -1-k). pap. 5.99 *(978-1-338-79501-1(5)*, Cartwheel Bks.) Scholastic, Inc.

Happy Easter, Biscuit! A Lift-The-Flap Book: an Easter & Springtime Book for Kids. Alyssa Satin Capucilli. Illus. by Pat Schories. 2020. (Biscuit Ser.). (ENG.). 20p. (J). (gr. -1-3). pap. 6.99 *(978-0-694-01223-7(8)*, HarperFestival) HarperCollins Pubs.

Happy Easter, Bunny! Pippa Mellon. Ed. by Cottage Door Press. Illus. by Chie Y. Boyd. 2022. (ENG.). 12p. (J). (gr. -1-k). bds. 10.99 *(978-1-64638-426-6(1)*, 1007780) Cottage Door Pr.

Happy Easter Bunny: Easter Colouring Book for Kids Ages 3-8 a Collection of Happy Easter Egg & Bunny Colouring Pages for Kids Makes a Perfect Gift for Easter Easter Egg Coloring Book 50 Easter Design Easter Book for Boys & Girls. Porto O'Karolyn. 2021. (ENG.). 102p. (J). pap. 9.99 *(978-0-229-25445-3(4))* Lulu Pr., Inc.

Happy Easter Coloring Book. Suellen Molviolet. 2021. (ENG.). (J). 64p. pap. 9.29 *(978-1-68474-435-0(0))*; (Illus.). 46p. pap. 9.00 *(978-1-68474-372-8(9))* Lulu Pr., Inc.

Happy Easter Coloring Book: 50 Pages of Cute & Playful Designs for Kids. David Sechovicz. 2023. (ENG.). 104p. (J). pap. ***(978-1-4478-1520-4(3))*** Lulu Pr., Inc.

Happy Easter! Coloring Book: Amazing Coloring Book for Kids Ages 4-8,8-12 100 Easter Images All to Color (Bunny, Eggs, Chicks, Basket & More) Easter Gift for Kids. Hannelore C. Thomson. 2021. (ENG.). 104p. (J). pap. 5.99 *(978-1-716-18831-2(8))* Lulu Pr., Inc.

Happy Easter Coloring Book: Easter Coloring Book for Toddlers. Pixie Publishing House. 2023. (ENG.). 153p. (J). pap. ***(978-1-312-73542-2(2))*** Lulu Pr., Inc.

Happy Easter Coloring Book: Magical Easter Coloring Book for for Kids Ages 4-8, Beautiful Designs of Rabbits, Chicks, Eggs, & More, Perfect As a Easter Gift or Present! Snow Thome. 2021. (ENG.). 106p. (J). pap. 11.00 *(978-0-927261-39-5(1))* Lulu Pr., Inc.

Happy Easter Coloring Book for Boys & Girls: A Fun Easter Themed Activity Book for Kids (Easter Gifts for Kids) Happy Harper. 2020. (ENG.). 92p. (J). pap. *(978-1-989543-91-7(X)*, Happy Harper) Gill, Karanvir.

Happy Easter Coloring Book for Kids: (Ages 4-8) with Unique Coloring Pages! (Easter Gift for Kids) Engage Books. 2021. (ENG.). 66p. (J). pap. *(978-1-77476-141-0(6))* AD Classic.

Happy Easter Coloring Book for Kids: Amazing Coloring Book for Kids Ages 4-8- 50 Easy Easter Images All to Color (Bunny, Eggs, Chicks, Basket & More)- Easter Gift for Kids. Hannelore C. Thomson. 2021. (ENG.). 104p. (J). pap. 5.99 *(978-1-716-21348-9(7))* Lulu Pr., Inc.

Happy Easter Coloring Book for Kids Ages 4-8: The Ultimate Easter Coloring Book for Boys & Girls with over 40 Unique Designs (Easter Gifts & Basket Stuffers for Kids) Happy Harper. 2020. (ENG.). 88p. (J). pap. *(978-1-989543-90-0(1)*, Happy Harper) Gill, Karanvir.

Happy Easter Coloring Book Kids 4-8: Big Easter Coloring Book - Coloring Book for Toddlers - Colouring Books for Children. Mary Wayne. l.t. ed. 2021. (ENG.). 84p. (J). pap. 12.99 *(978-1-937814-04-5(1))* Lulu Pr., Inc.

Happy Easter, Corduroy! Don Freeman. Illus. by Jody Wheeler. 2021. (Corduroy Ser.). 14p. (J). (— 1). bds. 7.99 *(978-0-593-20375-0(5)*, Viking Books for Young Readers) Penguin Young Readers Group.

Happy Easter, Country Bunny Shaped Board Book: An Easter & Springtime Book for Kids. DuBose Heyward. Illus. by Marjorie Flack. 2018. (ENG.). 18p. (J). (— 1). bds. 8.99 *(978-1-328-68394-6(X)*, 1670548, Clarion Bks.) HarperCollins Pubs.

Happy Easter, Dear Dragon. Margaret Hillert. Illus. by Jack Pullan. 2016. (BeginningtoRead Ser.). (ENG.). 32p. (J). (-2). lib. bdg. 22.60 *(978-1-59953-768-9(0))* Norwood Hse. Pr.

Happy Easter, Dear Dragon. Margaret Hillert. Illus. by Jack Pullan. 2016. (Beginning-To-Read Ser.). (ENG.). 32p. (J). (gr. k-2). pap. 13.26 *(978-1-60357-881-3(1))* Norwood Hse. Pr.

Happy Easter Egg: Happy Easter Egg Coloring Book-Funny Coloring Pages with Easter Eggs & Bunnies for Kids Makes This Book the Perfect Gift for Todlers, Preschool, Boys & Girls. Jully Lémieux. 2021. (ENG.). 100p. (J). pap. 9.99 *(978-1-716-08034-0(7))* Lulu Pr., Inc.

Happy Easter from the Crayons. Drew Daywalt. Illus. by Oliver Jeffers. 2023. (ENG.). 32p. (J). (gr. -1-3). 9.99 *(978-0-593-62105-9(0)*, Philomel Bks.) Penguin Young Readers Group.

Happy Easter, Little Bunny. Amanda Wood. Illus. by Vikki Chu. 2023. (Baby Animal Tales Ser.). (ENG.). 16p. (J). (gr. -1-k). bds., bds. 8.99 *(978-1-4197-6664-0(3)*, 1800010) Magic Cat GBR. Dist: Abrams, Inc.

Happy Easter, Little Critter (Little Critter) Mercer Mayer. 2019. (Pictureback(R) Ser.). (Illus.). 24p. (J). (gr. -1-2). 6.99 *(978-1-9848-5158-1(6)*, Random Hse. Bks. for Young Readers) Random Hse. Children's Bks.

Happy Easter, Little Hoo! Brenda Ponnay. Illus. by Brenda Ponnay. 2019. (Little Hoo Ser.). (ENG., Illus.). 32p. (J). (gr. -1-2). pap. 9.99 *(978-1-5324-0929-5(X))* Xist Publishing.

Happy Easter, Little Hoo! / Felices Pascuas Pequeño Buho! Brenda Ponnay. Illus. by Brenda Ponnay. 2019. (Little Hoo Ser.). (Illus.). 32p. (J). (gr. -1-2). (ENG.). 9.99 *(978-1-5324-1136-6(7))*; pap. 9.99 *(978-1-5324-1135-9(9))* Xist Publishing.

Happy Easter, Little Pookie. Sandra Boynton. Illus. by Sandra Boynton. 2023. (Little Pookie Ser.). (ENG., Illus.). 18p. (J). (gr. -1-k). bds., bds. 6.99 *(978-1-6659-2838-0(7))* Simon & Schuster Children's Publishing.

Happy Easter, Mouse! An Easter & Springtime Book for Kids. Laura Numeroff. Illus. by Felicia Bond. 2019. (If You Give... Ser.). (ENG.). 24p. (J). (gr. -1 — 1). bds. 7.99 *(978-0-694-01422-4(2)*, HarperFestival) HarperCollins Pubs.

Happy Easter! (Peppa Pig) Reika Chan. Illus. by EOne. 2020. (ENG.). 10p. (J). (gr. -1 — 1). bds. 8.99 *(978-1-338-68104-8(4))* Scholastic, Inc.

Happy Easter, Pout-Pout Fish. Deborah Diesen. Illus. by Dan Hanna. 2017. (Pout-Pout Fish Mini Adventure Ser.: 8). (ENG.). 12p. (J). bds. 5.99 *(978-0-374-30400-3(9)*, 900158630, Farrar, Straus & Giroux (BYR)) Farrar, Straus & Giroux.

Happy Easter to All: Easter Coloring Books for Kids Children's Easter Books. Speedy Kids. 2017. (ENG., Illus.). (J). pap. 8.45 *(978-1-5419-4736-8(3))* Speedy Publishing LLC.

Happy Emigrants (Classic Reprint) Dale Collins. 2018. (ENG., Illus.). 178p. (J). 27.59 *(978-0-267-15996-3(X))* Forgotten Bks.

Happy Ending Is Put on Ice. asya Pekurovskaya. 2020. (ENG., Illus.). 236p. (J). *(978-1-5289-3795-5(3))*; pap. *(978-1-5289-3794-8(5))* Austin Macauley Pubs. Ltd.

Happy Ending Stories from Fern Hollow. John Patience. Illus. by John Patience. 2019. (Tales from Fern Hollow Ser.). (ENG., Illus.). 80p. (J). (gr. k-2). *(978-1-9161125-4-4(4))* Talewater Pr.

Happy Ever After: A Pandemic Tale. 2022. (ENG.). 40p. (J). 18.99 ***(978-1-0878-9376-1(3))***; pap. 12.99 ***(978-1-0880-2928-2(0))*** Indy Pub.

Happy Ever Afters. Lorna j Child. 2019. (ENG.). 94p. (J). *(978-1-78823-664-5(5))*; pap. *(978-1-78823-663-8(7))* Austin Macauley Pubs. Ltd.

Happy Ever Crafter: Knights & Castles. Annalees Lim. 2020. (Illus.). 32p. (J). pap. *(978-1-5263-0754-5(5))* Lerner Publishing Group.

Happy Exile (Classic Reprint) H. D. Lowry. 2018. (ENG., Illus.). 256p. (J). 29.18 *(978-0-483-19652-0(5))* Forgotten Bks.

Happy Family. Idella Pearl Edwards & Urijah. 2022. (ENG.). 28p. (J). pap. 10.00 *(978-1-7364506-6-6(2))* Edwards, Idella.

Happy Family (Classic Reprint) B. M. Bower. 2018. (ENG., Illus.). 342p. (J). 30.95 *(978-0-332-20670-7(X))* Forgotten Bks.

Happy Family (Classic Reprint) Frank Swinnerton. 2018. (ENG., Illus.). 352p. (J). 31.16 *(978-0-267-15598-9(0))* Forgotten Bks.

Happy Family, or Winter Evenings' Enjoyment: Consisting of Readings & Conversations; in Seven Parts (Classic Reprint) Hannah More. (ENG., Illus.). (J). 2018. 114p. 26.25 *(978-0-483-95428-1(4))*; 2016. pap. 9.57 *(978-1-334-16923-6(3))* Forgotten Bks.

Happy Farm Coloring Book for Children (6x9 Coloring Book / Activity Book) Sheba Blake. 2020. (ENG.). 24p. (J). pap. 9.99 *(978-1-222-28909-1(1))* Indy Pub.

Happy Farm Coloring Book for Children (8. 5x8. 5 Coloring Book / Activity Book) Sheba Blake. 2021. (ENG.). 24p. (J). pap. 12.99 *(978-1-222-29224-4(6))* Indy Pub.

Happy Farm Coloring Book for Children (8x10 Coloring Book / Activity Book) Sheba Blake. 2020. (ENG.). 24p. (J). pap. 14.99 *(978-1-222-28910-7(5))* Indy Pub.

Happy Farm Days: Ants in the Pants. Karen Peterson. 2023. (Happy Farm Days Ser.: Vol. 1). (ENG.). 52p. (J). 24.99 ***(978-1-6629-3035-5(6))***; pap. 15.99 ***(978-1-6629-3036-2(4))*** Gatekeeper Pr.

Happy Father's Day!, 1 vol. Ada Kinney. 2016. (Celebrations Ser.). (ENG.). 24p. (J). (gr. 1-1). pap. 9.25 *(978-1-4994-2668-7(2)*, 35b7f026-0e8a-495b-8c00-6f00275cfdf1, PowerKids Pr.) Rosen Publishing Group, Inc., The.

Happy Father's Day: A Coloring Book. Gwen Gates. 2022. (ENG.). 46p. (J). pap. 8.99 *(978-1-4357-7764-4(6))* Lulu Pr., Inc.

Happy Father's Day Coloring Book for Adults: Quotes Coloring Book with Colorful Mandala & Floral Patterns with Stress Relieving Motivational & Inspirational Quotes Coloring Pages for Dad. Fiona Ortega. 2023. (ENG.). 100p. (YA). pap. ***(978-1-312-55322-4(7))*** Lulu Pr., Inc.

Happy Father's Day, Dad! Celebrations from Around the World - the Holiday Book for Kindergarten Children's Holiday Books. Baby Professor. 2017. (ENG., Illus.). 64p. (J). pap. 9.52 *(978-1-5419-1635-7(2)*, Baby Professor (Education Kids)) Speedy Publishing LLC.

Happy Fell #3. Erica S. Perl. Illus. by Chris Chatterton. 2019. (Arnold & Louise Ser.: 3). (ENG.). 64p. (J). (gr. 1-3). 6.99 *(978-1-5247-9045-5(1)*, Penguin Workshop) Penguin Young Readers Group.

Happy Field. Bethany Clemons. Illus. by Janae Dueck. 2020. (ENG.). 34p. (J). pap. 12.99 ***(978-0-578-67029-4(1))*** Clemons, Bethany.

Happy, Flappy, & Me! Joy Johnson. 2020. (ENG.). 12p. (J). pap. 8.99 *(978-1-6781-0958-5(4))* Lulu Pr., Inc.

Happy Flowers Coloring Book for Children (6x9 Coloring Book / Activity Book) Sheba Blake. 2020. (ENG.). 24p. (J). pap. 9.99 *(978-1-222-28961-9(X))* Indy Pub.

Happy Flowers Coloring Book for Children (8. 5x8. 5 Coloring Book / Activity Book) Sheba Blake. 2021. (ENG.). 24p. (J). pap. 12.99 *(978-1-222-29155-1(X))* Indy Pub.

Happy Flowers Coloring Book for Children (8x10 Coloring Book / Activity Book) Sheba Blake. 2020. (ENG.). 24p. (J). pap. 14.99 *(978-1-222-28962-6(8))* Indy Pub.

Happy Food for the Tummy: Food Coloring Books. Jupiter Kids. 2016. (ENG., Illus.). 106p. (J). pap. 12.55

838 The check digit for ISBN-10 appears in parentheses after the full ISBN-13

(978-1-68305-232-6(3), Jupiter Kids (Childrens & Kids Fiction)) Speedy Publishing LLC.

Happy from Head to Toe: How Your Body Can Bring You Happiness Every Day. Fearne Cotton. 2022. (Illus.). 224p. (J). (gr. 2-6). 19.99 *(978-0-241-46671-1(7))* Penguin Bks., Ltd. GBR. Dist: Independent Pubs. Group.

Happy Garden (Classic Reprint) Mary Ansell. 2017. (ENG., Illus.). 294p. (J). 29.98 *(978-0-266-51789-4(7))* Forgotten Bks.

Happy Girl Coloring & Activity Book: For Girls - I'm Confident Activity Book - Color, Draw & Have Fun Book - Friendly Empowering Art Activities for Girls. Lena Bidden. 2020. (ENG.). 64p. (J). pap. 9.00 *(978-1-716-28007-8(9))* Lulu Pr., Inc.

Happy Girl Lucky (the Valentines, Book 1) Holly Smale. 2021. (Valentines Ser.: 1). (ENG.). 480p. (J). 9.99 *(978-0-00-840491-8(7)*, HarperCollins Children's Bks.) HarperCollins Pubs. Ltd. GBR. Dist: HarperCollins Pubs.

Happy-Go-Lucky. Miriam Coles Harris. 2016. (ENG.). 424p. (J). pap. *(978-3-7433-8883-3(9))* Creation Pubs.

Happy-Go-Lucky: A Novel (Classic Reprint) Miriam Coles Harris. 2017. (ENG., Illus.). (J). 422p. 32.60 *(978-0-484-84993-7(X))*; 32.64 *(978-0-266-71587-0(7))*; pap. 16.57 *(978-1-5279-0003-5(7))* Forgotten Bks.

Happy-Go-Lucky (Classic Reprint) Ian Hay. 2018. (ENG., Illus.). 376p. (J). 31.67 *(978-0-483-80085-4(6))* Forgotten Bks.

Happy-Go-Lucky Morgans (Classic Reprint) Edward Thomas. 2018. (ENG., Illus.). 308p. (J). 30.27 *(978-0-483-60219-9(1))* Forgotten Bks.

Happy Grumpy Loved: a Little Book of Feelings: Board Book. Ruth Austin. 2018. (ENG., Illus.). (J). (gr. -1). bds. 16.95 *(978-1-946873-07-1(1))* Compendium, Inc., Publishing & Communications.

Happy Habit (Classic Reprint) Joe Mitchell Chapple. 2018. (ENG., Illus.). 480p. (J). 33.82 *(978-0-483-63685-9(1))* Forgotten Bks.

Happy Haiku. Elizabeth Crocket. Illus. by Jack Foster. 2019. (ENG.). 36p. (J). pap. 9.99 *(978-1-68160-692-7(5))* Crimson Cloak Publishing.

Happy Hair. Mechal Renee Roe. (Happy Hair Ser.). (ENG., Illus.). (J). 2020. 28p. (— 1). bds. 7.99 *(978-0-593-17333-6(3))*; 2019. 32p. (gr. -1-2). 16.99 *(978-1-9848-9554-7(0))* Random Hse. Children's Bks. (Doubleday Bks. for Young Readers).

Happy Halloween. Jim Gaven. 2022. (ENG.). 34p. (J). pap. ***(978-1-387-51674-2(4))*** Lulu Pr., Inc.

Happy Halloween! Rosa VonFeder. Ed. by Cottage Door Press. Illus. by Elena Aiello. 2021. (ENG.). 10p. (J). (gr. -1 — 1). bds. 10.99 *(978-1-64638-195-1(5)*, 1006970) Cottage Door Pr.

Happy Halloween. Rosa VonFeder. Ed. by Cottage Door Press. Illus. by Pamela Barbieri. 2018. (ENG.). 10p. (J). (gr. -1-k). bds. 10.99 *(978-1-68052-341-6(4)*, 1003130) Cottage Door Pr.

Happy Halloween: A Touch-And-feel Book. Rosie Adams. Illus. by Lucy Barnard. 2023. (ENG.). 10p. (J). (-k). bds. 7.99 ***(978-1-6643-5080-9(2))*** Tiger Tales.

Happy Halloween! (a Changing Faces Book) Nathan Thoms. Illus. by Pintachan. 2018. (Changing Faces Ser.). (ENG.). 16p. (J). (gr. -1 — 1). bds. 7.95 *(978-1-4197-2967-6(5)*, 1208910) Abrams, Inc.

Happy Halloween, Biscuit! Alyssa Satin Capucilli. Illus. by Pat Schories. 2019. (Biscuit Ser.). (ENG.). 20p. (J). (gr. -1-3). pap. 6.99 *(978-0-694-01220-6(3)*, HarperFestival) HarperCollins Pubs.

Happy Halloween (Book 6) Wiley Blevins. Illus. by Jim Paillot. 2019. (Funny Bone Books (tm) First Chapters — Ick & Crud Ser.). (ENG.). 32p. (J). (gr. k-2). pap. 6.99 *(978-1-63440-266-8(9)*, d6d21ab9-dc63-43f2-9c67-02d6df57575b); lib. bdg. 19.99 *(978-1-63440-262-0(6)*, 0ea6d5b8-8704-49bb-b5d6-5108ffe1d026) Red Chair Pr.

Happy Halloween Burfurt. Rosie Amazing. Illus. by Andreea Togoe. 2021. (Burfurt the Kitten Ser.: Vol. 6). (ENG.). 28p. (J). pap. *(978-1-990292-09-5(7))* Annelid Pr.

Happy Halloween, Charlie Brown! Charles M. Schulz. Illus. by Robert Pope. 2018. (Peanuts Ser.). (ENG.). 16p. (J). (gr. -1-2). 5.99 *(978-1-5344-1641-3(2)*, Simon Spotlight) Simon Spotlight.

Happy Halloween, Clifford! Illus. by Jennifer Oxley. 2021. (ENG.). 10p. (J). (gr. -1-k). bds. 8.99 *(978-1-338-71589-7(5))* Scholastic, Inc.

Happy Halloween (Colorforms) Joel Selby & Ashley Selby. Ed. by Cottage Door Press. 2022. (Colorforms Ser.). (ENG.). 12p. (J). (gr. -1-2). bds. 11.99 *(978-1-64638-595-9(0)*, 1008060) Cottage Door Pr.

Happy Halloween Coloring & Activity Book for Kids. Happy Harper. 2020. (ENG.). 76p. (J). pap. *(978-1-989968-50-5(3))*; pap. *(978-1-989968-43-7(0))* Gill, Karanvir. (Happy Harper).

Happy Halloween Coloring Book: Cute Halloween Coloring Pages for Kids. Popacolor. 2021. (ENG.). 40p. (J). pap. *(978-1-326-29021-4(5))* Lulu Pr., Inc.

Happy Halloween Coloring Book: My Spooky Halloween Coloring Book for Kids Age 3 & up - Collection of Fun, Original & Unique Halloween Coloring. Bucur BUCUR HOUSE. 2021. (ENG.). 32p. (J). pap. ***(978-1-4452-1633-1(7))*** Lulu Pr., Inc.

Happy Halloween Coloring Book for Kids. Happy Harper. l.t. ed. 2020. (ENG., Illus.). 98p. (J). pap. *(978-1-989968-41-3(4)*, Happy Harper) Gill, Karanvir.

Happy Halloween Coloring Book for Kids: Cute Halloween Coloring Book for Kids. Deeasy B. 2021. (ENG.). 66p. (J). pap. 7.99 *(978-1-008-92822-0(4))* Chronicle Bks. LLC.

Happy Halloween Coloring Book for Kids & Toddlers. Happy Harper. 2020. (ENG., Illus.). 96p. (J). pap. *(978-1-989968-44-4(9)*, Happy Harper) Gill, Karanvir.

Happy Halloween Coloring Book for Toddlers. Happy Harper. 2020. (ENG., Illus.). 98p. (J). pap. *(978-1-989968-47-5(3)*, Happy Harper) Gill, Karanvir.

Happy Halloween, Corduroy! Illus. by Jody Wheeler. 2021. (Corduroy Ser.). 14p. (J). (— 1). bds. 6.99 *(978-0-593-20376-7(3)*, Viking Books for Young Readers) Penguin Young Readers Group.

Happy Halloween from the Very Busy Spider: A Lift-The-Flap Book. Eric Carle. Illus. by Eric Carle. 2020. (World of Eric Carle Ser.). (ENG., Illus.). 10p. (J). (— 1). bds. 12.99 *(978-0-593-09710-6(6))* Penguin Young Readers Group.

Happy Halloween! (Kindi Kids). 1 vol. Rebecca Potters. 2020. (ENG.). 24p. (J). (gr. -1-k). pap. 5.99 *(978-1-338-66426-3(3))* Scholastic, Inc.

Happy Halloween Libro Da Colorare per Bambini: Carino Libro Da Colorare Di Halloween per Bambini. Deeasy B. 2021. (ITA.). 66p. (J). pap. 7.99 *(978-1-008-91756-9(7))* Chronicle Bks. LLC.

Happy Halloween Libro de Colorear para Niños: Lindo Libro para Colorear de Halloween para Niños. Deeasy B. 2021. (SPA.). 66p. (J). pap. 7.99 *(978-1-008-91781-1(8))* Chronicle Bks. LLC.

Happy Halloween, Little Engine! A Tabbed Board Book. Matt Mitter. Illus. by Jannie Ho. 2022. (Little Engine That Could Ser.). 16p. (J). (— 1). bds. 7.99 *(978-0-593-51923-3(X)*, Grosset & Dunlap) Penguin Young Readers Group.

Happy Halloween Livre de Coloriage Pour Enfants. Deeasy B. 2021. (FRE.). 66p. (J). pap. 7.99 *(978-1-008-92435-2(0))* Chronicle Bks. LLC.

Happy Halloween MALBUCH FÜR KINDER: Niedliches Halloween-Malbuch Für Kinder. Deeasy B. 2021. (GER.). 66p. (J). pap. 7.99 *(978-1-008-92287-7(0))* Chronicle Bks. LLC.

Happy Halloween, Pirates! Lift-The-Flap Book. W. Harry Kim & Clever Publishing. 2019. (Clever Flaps Ser.). (ENG.). 18p. (J). (gr. -1-1). 12.99 *(978-1-948418-88-1(6)*, 331782) Clever Media Group.

Happy Halloweenie. Katie Vernon. Illus. by Katie Vernon. 2023. (ENG., Illus.). 30p. (J). (gr. -1-k). bds., bds. 7.99 ***(978-1-6659-3060-4(8)***, Little Simon) Little Simon.

Happy Hannah. Colleen Aynn. 2017. (ENG., Illus.). (J). pap. *(978-1-988071-63-3(1))* Hasmark Services Publishing.

Happy Hanukkah! Cala Spinner. ed. 2020. (Peppa Pig 8x8 Bks). (ENG., Illus.). 24p. (J). (gr. k-1). 13.89 *(978-1-64697-518-1(9))* Penworthy Co., LLC, The.

Happy Hanukkah - Hanukkah Coloring Books for Kids Children's Jewish Holiday Books. Speedy Kids. 2017. (ENG., Illus.). (J). pap. 8.45 *(978-1-5419-4725-2(8))* Speedy Publishing LLC.

Happy Hanukkah! a Holiday Coloring Book. Activity Book Zone for Kids. 2016. (ENG., Illus.). (J). pap. 9.20 *(978-1-68376-345-1(9))* Sabeels Publishing.

Happy Hanukkah Fun Activity Book: Celebrate the Festival of Lights with Cute Coloring Pages, Mazes, Matching Games, Word Search Puzzles, Chanukah Writing & Drawing Prompts & So Much Creative Jewish Holiday Fun for Kids! Rae Shagalov. 2019. (ENG.). 42p. (J). pap. 10.99 *(978-1-937472-10-8(8))* Holy Sparks.

Happy Hanukkah, Little Dreidel. Brick Puffinton. Ed. by Cottage Door Press. Illus. by Juliana Motzko. 2020. (ENG.). 12p. (J). (gr. -1 — 1). bds. 7.99 *(978-1-64638-056-5(8)*, 1006290) Cottage Door Pr.

Happy Hanukkah Mini Coloring Roll. Galison. 2018. (ENG.). (J). (gr. -1-7). 6.99 *(978-0-7353-5510-1(X))* Mudpuppy Pr.

Happy Hanukkah! (Peppa Pig) Cala Spinner. Illus. by EOne & Jason Fruchter. 2020. (ENG.). 24p. (J). (gr. -1-k). pap. 6.99 *(978-1-338-61171-7(2))* Scholastic, Inc.

Happy Hanukkah, Pout-Pout Fish. Deborah Diesen. Illus. by Dan Hanna. 2020. (Pout-Pout Fish Mini Adventure Ser.: 11). (ENG.). 12p. (J). bds. 5.99 *(978-0-374-30936-7(1)*, 900189999, Farrar, Straus & Giroux (BYR)) Farrar, Straus & Giroux.

Happy Hanukkah, Pups! (PAW Patrol) Random House. Illus. by Random House. 2021. (ENG., Illus.). 22p. (J). (— 1). bds. 7.99 *(978-0-593-17780-8(0)*, Random Hse. Bks. for Young Readers) Random Hse. Children's Bks.

Happy Happy Halloween - Halloween Coloring Book Children's Halloween Books. Speedy Kids. 2017. (ENG., Illus.). (J). pap. 8.45 *(978-1-5419-4715-3(0))* Speedy Publishing LLC.

Happy Happy Hanukah! Chanukah Coloring Book. Jupiter Kids. 2016. (ENG., Illus.). 106p. (J). pap. 12.55 *(978-1-68305-233-3(1)*, Jupiter Kids (Childrens & Kids Fiction)) Speedy Publishing LLC.

Happy Harlow: The Tail of an Emotional Support Dog. Jordyn Croft. Illus. by 18-1 Graphic Studio. 2021. (ENG.). 30p. (J). *(978-0-2288-6240-6(X))*; pap. *(978-0-2288-6239-0(6))* Tellwell Talent.

Happy Harry Gets His First Haircut. Fallon Ward. Illus. by L. Taranggana. 2019. (ENG.). 26p. (J). pap. 14.97 *(978-0-578-21625-6(6))* Diverse Skills Ctr.

Happy Harry's World Turns Upside Down. Nicola Ferris. Illus. by Laura Crossett. 2020. (ENG.). 32p. (J). *(978-1-9998842-8-4(0))*; pap. *(978-1-9998842-7-7(2))* Bear Pr.

Happy Hatchday (Dinosaur Juniors, Book 1) Rob Biddulph. 2019. (Dinosaur Juniors Ser.: 1). (ENG.). 32p. (J). 17.99 *(978-0-00-832550-3(2)*, HarperCollins Children's Bks.) HarperCollins Pubs. Ltd. GBR. Dist: HarperCollins Pubs.

Happy Haunting. Louise Alexander. ed. 2016. (My Little Pony 8X8 Picture Bks.). (J). lib. bdg. 13.55 *(978-0-606-38324-0(7))* Turtleback.

Happy Hawkins (Classic Reprint) Robert Alexander Wason. 2018. (ENG., Illus.). 394p. (J). 32.02 *(978-0-364-75258-6(0))* Forgotten Bks.

Happy Hazy Maze Creative Activity Book. Kreative Kids. 2016. (ENG., Illus.). (J). pap. 9.43 *(978-1-68377-052-7(8))* Whike, Traudl.

Happy, Healthy Minds: A Children's Guide to Emotional Wellbeing. The School of Life. Ed. by Alain de Botton. Illus. by Lizzy Stewart. 2020. (ENG.). 176p. (J). (gr. 3-9). 24.99 ***(978-1-912891-19-1(0))*** Schl. of Life Pr., The GBR. Dist: Consortium Bk. Sales & Distribution.

Happy Hearing (Classic Reprint) Rutger Bleecker Green. 2018. (ENG., Illus.). 198p. (J). 27.98 *(978-0-483-40257-7(5))* Forgotten Bks.

Happy Heart. Hannah Eliot. Illus. by Susie Hammer. 2019. (ENG.). 14p. (J). (gr. -1-k). bds. 7.99 *(978-1-5344-3202-4(7)*, Little Simon) Little Simon.

Happy Heart Family (Classic Reprint) Virginia Gerson. (ENG., Illus.). (J). 2018. 88p. 25.71 *(978-0-267-74873-0(6))*; 2016. pap. 9.57 *(978-1-334-15326-6(4))* Forgotten Bks.

Happy Heart Journal: 365 Days of Happy. Lindsay Rielly. 2021. (ENG.). 384p. (J). (gr. 5-12). pap. 16.00 *(978-1-64293-752-7(5))* Post Hill Pr.

Happy Hearts (Classic Reprint) June Isle. 2018. (ENG., Illus.). 58p. (J). 25.11 *(978-0-484-01644-5(X))* Forgotten Bks.

Happy Hen House. Michael Paterson. 2017. (ENG., Illus.). (J). pap. 20.99 *(978-1-5043-0790-1(9)*, Balboa Pr.) Author Solutions, LLC.

Happy Highways (Classic Reprint) Storm Jameson. 2017. (ENG., Illus.). (J). 30.25 *(978-1-5281-4630-2(1))* Forgotten Bks.

Happy Hill (Classic Reprint) Bertha (Lunt) Leach. (ENG., Illus.). (J). 2018. 66p. 25.26 *(978-0-428-35765-8(2))*; 2017. pap. 9.57 *(978-0-243-24638-0(2))* Forgotten Bks.

Happy Hippo. K. P. Andree. 2019. (ENG.). 32p. (J). pap. *(978-0-244-80162-5(2))* Lulu Pr., Inc.

Happy Hippos Have Healthy Hips. Laura Fox. 2018. (ENG., Illus.). 58p. (J). *(978-0-2288-0804-6(9))*; pap. *(978-0-2288-0803-9(0))* Tellwell Talent.

Happy Holidays! Children's Activity Book for Christmas. Jupiter Kids. 2017. (ENG., Illus.). (J). pap. 8.33 *(978-1-5419-3368-2(0)*, Jupiter Kids (Childrens & Kids Fiction)) Speedy Publishing LLC.

Happy Holidays! (American Girl) Lauren Diaz Morgan. Illus. by Romina Galotta. 2021. (Little Golden Book Ser.). (ENG.). 24p. (J). (-k). 5.99 *(978-0-593-38194-6(7)*, Golden Bks.) Random Hse. Children's Bks.

Happy Holidays (Classic Reprint) D. J. Dickie. (ENG., Illus.). (J). 2018. 164p. 27.30 *(978-0-365-28610-3(9))*; 2017. pap. 9.97 *(978-0-259-49921-3(8))* Forgotten Bks.

Happy Holidays (Classic Reprint) Frances G. Wickes. 2017. (ENG., Illus.). (J). 31.47 *(978-0-331-69814-5(5))* Forgotten Bks.

Happy Holidays in India at the Time of the Last Durbar (Classic Reprint) M. E. Fitch. 2018. (ENG., Illus.). (J). 25.81 *(978-0-260-83760-8(1))* Forgotten Bks.

Happy Holidays, Pirates: Lift-The-flap Book. Clever Publishing & Tatiana Koval. Illus. by Inna Chernyak. 2018. (Clever Flaps Ser.). (ENG.). 14p. (J). (gr. -1-1). bds. 12.99 *(978-1-948418-45-4(2))* Clever Media Group.

Happy Holidays! (series) Bearport Publishing. 2018. (ENG.). 16p. (J). (gr. -1-1). 47.70 *(978-1-64280-147-7(X))* Bearport Publishing Co., Inc.

Happy Hollisters. Jerry West. Illus. by Helen S. Hamilton. (Happy Hollisters Ser.: Vol. 1). (ENG.). (J). (gr. 1-6). 2021. 196p. 21.99 *(978-1-949436-67-9(5))*; 2019. 190p. pap. 11.98 *(978-1-949436-34-1(9))* Svenson Group, Inc., The.

Happy Hollisters & the Castle Rock Mystery. Jerry West. Illus. by Helen S. Hamilton. 2019. (Happy Hollisters Ser.: Vol. 23). (ENG.). (J). 172p. (J). (gr. 1-6). pap. 11.98 *(978-1-949436-56-3(X))* Svenson Group, Inc., The.

Happy Hollisters & the Castle Rock Mystery: HARDCOVER Special Edition. Jerry West. Illus. by Helen S. Hamilton. 2023. (Happy Hollisters Ser.: Vol. 23). (ENG.). 188p. (J). 24.98 ***(978-1-949436-13-6(6))*** Svenson Group, Inc., The.

Happy Hollisters & the Cowboy Mystery. Jerry West. Illus. by Helen S. Hamilton. 2020. (Happy Hollisters Ser.: Vol. 20). (ENG.). 180p. (J). (gr. 1-6). pap. 11.98 *(978-1-949436-53-2(5))* Svenson Group, Inc., The.

Happy Hollisters & the Cowboy Mystery: HARDCOVER Special Edition. Jerry West. Illus. by Helen S. Hamilton. 2022. (Happy Hollisters Ser.: Vol. 20). (ENG.). 196p. (J). (gr. 1-6). 24.98 ***(978-1-949436-10-5(1))*** Svenson Group, Inc., The.

Happy Hollisters & the Cuckoo Clock Mystery. Jerry West. Illus. by Helen S. Hamilton. (ENG.). 180p. (J). 2019. (Happy Hollisters Ser.: Vol. 24). (gr. 1-6). pap. 11.98 *(978-1-949436-57-0(8))*; 2018. pap. 9.95 *(978-1-949436-24-2(1))* Svenson Group, Inc., The.

Happy Hollisters & the Cuckoo Clock Mystery: HARDCOVER Special Edition. Jerry West. Illus. by Helen S. Hamilton. 2023. (Happy Hollisters Ser.: Vol. 24). (ENG.). 198p. (J). 24.98 ***(978-1-949436-14-3(4))*** Svenson Group, Inc., The.

Happy Hollisters & the Ghost Horse Mystery. Jerry West. Illus. by Helen S. Hamilton. 2019. (Happy Hollisters Ser.: Vol. 29). (ENG.). 184p. (J). (gr. 1-6). pap. 11.98 *(978-1-949436-62-4(4))* Svenson Group, Inc., The.

Happy Hollisters & the Ghost Horse Mystery: HARDCOVER Special Edition. Jerry West. Illus. by Helen S. Hamilton. 2023. (Happy Hollisters Ser.: Vol. 29). (ENG.). 196p. (J). (gr. 1-6). 24.98 ***(978-1-949436-19-8(5))*** Svenson Group, Inc., The.

Happy Hollisters & the Ghost Horse Mystery: (volume 29) Jerry West. Illus. by Helen S. Hamilton. 2019. (Happy Hollisters Ser.: Vol. 29). (ENG.). 184p. (J). pap. 11.95 *(978-1-949436-29-7(2))* Svenson Group, Inc., The.

Happy Hollisters & the Haunted House Mystery. Jerry West & Helen S. Hamilton. 2020. (Happy Hollisters Ser.: Vol. 21). (ENG., Illus.). 182p. (J). (gr. 1-6). pap. 11.98 *(978-1-949436-54-9(3))* Svenson Group, Inc., The.

Happy Hollisters & the Haunted House Mystery: HARDCOVER Special Edition. Jerry West. Illus. by Helen S. Hamilton. 2022. (Happy Hollisters Ser.: Vol. 21). (ENG.). 196p. (J). (gr. 1-6). 24.98 ***(978-1-949436-11-2(X))*** Svenson Group, Inc., The.

Happy Hollisters & the Ice Carnival Mystery. Jerry West. Illus. by Helen S. Hamilton. (Happy Hollisters Ser.: Vol. 16). (ENG.). (J). (gr. 1-6). 2022. 182p. 24.98 ***(978-1-949436-06-8(3))***; 2020. 170p. pap. 11.98 *(978-1-949436-49-5(7))* Svenson Group, Inc., The.

Happy Hollisters & the Indian Treasure. Jerry West. Illus. by Helen S. Hamilton. 2020. (Happy Hollisters Ser.: Vol. 4). (ENG.). 190p. (J). (gr. 1-6). pap. 11.98 *(978-1-949436-37-2(3))* Svenson Group, Inc., The.

Happy Hollisters & the Indian Treasure. Jerry West. Illus. by Helen S. Hamilton. 2022. (ENG.). 196p. (J). (gr. 1-6). 24.98 *(978-1-949436-70-9(5))* Svenson Group, Inc., The.

Happy Hollisters & the Merry-Go-Round Mystery. Jerry West. Illus. by Helen S. Hamilton. (Happy Hollisters Ser.: Vol. 10). (J). (gr. 1-6). 2022. (ENG.). 188p. 24.98 *(978-1-949436-76-1(4))*; 2020. (SPA.). 180p. pap. 11.98 *(978-1-949436-43-3(8))* Svenson Group, Inc., The.

Happy Hollisters & the Monster Mystery. Jerry West. Illus. by Helen S. Hamilton. 2019. (Happy Hollisters Ser.: Vol. 32). (ENG.). 174p. (J). (gr. 1-6). pap. 11.95 *(978-1-949436-65-5(9))* Svenson Group, Inc., The.

Happy Hollisters & the Mystery at Missile Town. Jerry West. Illus. by Helen S. Hamilton. (Happy Hollisters Ser.: Vol. 19). (ENG.). (J). (gr. 1-6). 2022. 192p. pap. 24.98 ***(978-1-949436-09-9(8))***; 2020. 176p. pap. 11.98 *(978-1-949436-52-5(7))* Svenson Group, Inc., The.

Happy Hollisters & the Mystery in Skyscraper City. Jerry West. Illus. by Helen S. Hamilton. 2020. (Happy Hollisters Ser.: Vol. 17). (ENG.). 184p. (J). (gr. 1-6). pap. 11.98 *(978-1-949436-50-1(0))* Svenson Group, Inc., The.

Happy Hollisters & the Mystery of the Golden Witch. Jerry West. Illus. by Helen S. Hamilton. 2019. (Happy Hollisters Ser.: Vol. 30). (ENG.). 184p. (J). (gr. 1-6). pap. 11.95 *(978-1-949436-63-1(2))* Svenson Group, Inc., The.

Happy Hollisters & the Mystery of the Golden Witch: HARDCOVER Special Edition. Jerry West. Illus. by Helen S. Hamilton. 2023. (Happy Hollisters Ser.: Vol. 30). (ENG.). 196p. (J). 24.98 ***(978-1-949436-20-4(9))*** Svenson Group, Inc., The.

Happy Hollisters & the Mystery of the Golden Witch: (Volume 30) Jerry West. Illus. by Helen S. Hamilton. 2019. (Happy Hollisters Ser.: Vol. 30). (ENG.). 184p. (J). pap. 11.95 *(978-1-949436-30-3(6))* Svenson Group, Inc., The.

Happy Hollisters & the Mystery of the Little Mermaid. Jerry West. Illus. by Helen S. Hamilton. (Happy Hollisters Ser.: Vol. 18). (ENG.). (J). (gr. 1-6). 2022. 192p. 22.98 ***(978-1-949436-08-2(X))***; 2020. 176p. pap. 11.98 *(978-1-949436-51-8(9))* Svenson Group, Inc., The.

Happy Hollisters & the Mystery of the Mexican Idol. Jerry West. Illus. by Helen S. Hamilton. 2019. (Happy Hollisters Ser.: Vol. 31). (ENG.). 182p. (J). (gr. 1-6). pap. 11.98 *(978-1-949436-64-8(0))* Svenson Group, Inc., The.

Happy Hollisters & the Mystery of the Mexican Idol: HARDCOVER Special Edition. Jerry West. Illus. by Helen S. Hamilton. 2023. (Happy Hollisters Ser.: Vol. 31). (ENG.). 196p. (J). (gr. 1-6). 24.98 ***(978-1-949436-21-1(7))*** Svenson Group, Inc., The.

Happy Hollisters & the Mystery of the Midnight Trolls. Jerry West. Illus. by Helen S. Hamilton. 2019. (Happy Hollisters Ser.: Vol. 33). (ENG.). 174p. (J). (gr. 1-6). pap. 11.95 *(978-1-949436-66-2(7))* Svenson Group, Inc., The.

Happy Hollisters & the Mystery of the Totem Faces. Jerry West. Illus. by Helen S. Hamilton. (Happy Hollisters Ser.: Vol. 15). (ENG.). (J). (gr. 1-6). 2022. 180p. 22.98 *(978-1-949436-05-1(5))*; 2020. 168p. pap. 11.98 *(978-1-949436-48-8(9))* Svenson Group, Inc., The.

Happy Hollisters & the Old Clipper Ship. Jerry West. Illus. by Helen S. Hamilton. (Happy Hollisters Ser.: Vol. 12). (ENG.). (J). (gr. 1-6). 2022. 190p. 24.98 *(978-1-949436-02-0(0))*; 2020. 180p. pap. 11.98 *(978-1-949436-45-7(4))* Svenson Group, Inc., The.

Happy Hollisters & the Punch & Judy Mystery. Jerry West. Illus. by Helen S. Hamilton. (Happy Hollisters Ser.: Vol. 27). (ENG.). (J). (gr. 1-6). 2023. 196p. 19.98 ***(978-1-949436-17-4(9))***; 2019. 186p. pap. 11.98 *(978-1-949436-60-0(8))* Svenson Group, Inc., The.

Happy Hollisters & the Punch & Judy Mystery: (volume 27) Jerry West. Illus. by Helen S. Hamilton. 2018. (Happy Hollisters Ser.: Vol. 27). (ENG.). 186p. (J). pap. 9.95 *(978-1-949436-27-3(6))* Svenson Group, Inc., The.

Happy Hollisters & the Scarecrow Mystery. Jerry West. Illus. by Helen S. Hamilton. (Happy Hollisters Ser.: Vol. 14). (ENG.). (J). (gr. 1-6). 2022. 184p. 24.98 *(978-1-949436-04-4(7))*; 2020. 174p. pap. 11.98 *(978-1-949436-47-1(0))* Svenson Group, Inc., The.

Happy Hollisters & the Sea Turtle Mystery. Jerry West. Illus. by Helen S. Hamilton. 2019. (Happy Hollisters Ser.: Vol. 26). (ENG.). 174p. (J). (gr. 1-6). pap. 11.98 *(978-1-949436-59-4(4))* Svenson Group, Inc., The.

Happy Hollisters & the Sea Turtle Mystery: HARDCOVER Special Edition. Jerry West. Illus. by Helen S. Hamilton. 2023. (Happy Hollisters Ser.: Vol. 26). (ENG.). 192p. (J). 24.98 ***(978-1-949436-16-7(0))*** Svenson Group, Inc., The.

Happy Hollisters & the Sea Turtle Mystery: (volume 26) Jerry West. Illus. by Helen S. Hamilton. 2018. (Happy Hollisters Ser.: Vol. 26). (ENG.). 174p. (J). pap. 9.95 *(978-1-949436-26-6(8))* Svenson Group, Inc., The.

Happy Hollisters & the Secret Fort. Jerry West. Illus. by Helen S. Hamilton. (Happy Hollisters Ser.: Vol. 9). (ENG.). (J). (gr. 1-6). 2022. 188p. 24.98 *(978-1-949436-75-4(6))*; 2020. 178p. pap. 11.98 *(978-1-949436-42-6(X))* Svenson Group, Inc., The.

Happy Hollisters & the Secret of the Lucky Coins. Jerry West. Illus. by Helen S. Hamilton. 2020. (Happy Hollisters Ser.: Vol. 22). (ENG.). 170p. (J). (gr. 1-6). pap. 11.98 *(978-1-949436-55-6(1))* Svenson Group, Inc., The.

Happy Hollisters & the Secret of the Lucky Coins: HARDCOVER Special Edition. Jerry West. Illus. by Helen S. Hamilton. 2023. (Happy Hollisters Ser.: Vol. 22). (ENG.). 188p. (J). 24.98 ***(978-1-949436-12-9(8))*** Svenson Group, Inc., The.

Happy Hollisters & the Swiss Echo Mystery. Jerry West & Helen S. Hamilton. 2019. (Happy Hollisters Ser.: Vol. 25). (ENG., Illus.). 174p. (J). (gr. 1-6). pap. 11.98 *(978-1-949436-58-7(6))* Svenson Group, Inc., The.

Happy Hollisters & the Swiss Echo Mystery: HARDCOVER Special Edition. Jerry West & Helen S. Hamilton. 2023. (Happy Hollisters Ser.: Vol. 25). (ENG., Illus.). 194p. (J). 24.98 ***(978-1-949436-15-0(2))*** Svenson Group, Inc., The.

Happy Hollisters & the Swiss Echo Mystery: (volume 25) Jerry West. Illus. by Helen S. Hamilton. 2018. (Happy Hollisters Ser.: Vol. 25). (ENG.). 174p. (J). pap. 9.95 *(978-1-949436-25-9(X))* Svenson Group, Inc., The.

Happy Hollisters & the Trading Post Mystery. Jerry West. Illus. by Helen S. Hamilton. 2020. (ENG.). (J). (gr. 1-6). 196p. 24.98 *(978-1-949436-73-0(X))*; (Happy Hollisters Ser.: Vol. 7). 190p. pap. 11.98 *(978-1-949436-40-2(3))* Svenson Group, Inc., The.

Happy Hollisters & the Whistle-Pig Mystery. Jerry West. Illus. by Helen S. Hamilton. (Happy Hollisters Ser.: Vol. 28). (ENG.). (J). (gr. 1-6). 2023. 196p. 24.98 ***(978-1-949436-18-1(7))***; 2019. 184p. pap. 11.98 *(978-1-949436-61-7(6))* Svenson Group, Inc., The.

Happy Hollisters & the Whistle-Pig Mystery: (volume 28) Jerry West. Illus. by Helen S. Hamilton. 2019. (ENG.). 184p.

H

(J). pap. 9.95 *(978-1-949436-28-0(4))* Svenson Group, Inc., The.

Happy Hollisters at Circus Island. Jerry West. Illus. by Helen S. Hamilton. (Happy Hollisters Ser.: Vol. 8). (ENG.). (J). (gr. 1-6). 2022. 196p. 24.98 *(978-1-949436-74-7(8))*; 2020. 188p. pap. 11.98 *(978-1-949436-41-9(1))* Svenson Group, Inc., The.

Happy Hollisters at Lizard Cove. Jerry West. Illus. by Helen S. Hamilton. (Happy Hollisters Ser.: Vol. 13). (ENG.). (J). (gr. 1-6). 2022. 184p. 19.98 *(978-1-949436-03-7(9))*; 2020. 170p. pap. 11.98 *(978-1-949436-46-4(2))* Svenson Group, Inc., The.

Happy Hollisters at Mystery Mountain. Jerry West. Illus. by Helen S. Hamilton. (ENG.). (J). (gr. 1-6). 2021. 196p. 24.98 *(978-1-949436-71-6(3))*; 2019. (Happy Hollisters Ser.: Vol. 5). 188p. pap. 11.98 *(978-1-949436-38-9(1))* Svenson Group, Inc., The.

Happy Hollisters at Pony Hill Farm. Jerry West & Helen S. Hamilton. 2020. (Happy Hollisters Ser.: Vol. 11). (Illus.). (J). (ENG.). 190p. 24.98 *(978-1-949436-01-3(2))*; (SPA., 182p. (gr. 1-6). pap. 11.95 *(978-1-949436-44-0(6))* Svenson Group, Inc., The.

Happy Hollisters at Sea Gull Beach. Jerry West. Illus. by Helen S. Hamilton. (ENG.). (J). (gr. 1-6). 2022. 196p. 24.98 *(978-1-949436-69-3(1))*; 2019. (Happy Hollisters Ser.: Vol. 3). 190p. pap. 11.98 *(978-1-949436-36-5(5))* Svenson Group, Inc., The.

Happy Hollisters at Snowflake Camp. Jerry West. Illus. by Helen S. Hamilton. (ENG.). (J). (gr. 1-6). 2021. 196p. 24.98 *(978-1-949436-72-3(1))*; 2019. (Happy Hollisters Ser.: Vol. 6). 190p. pap. 11.98 *(978-1-949436-39-6(X))* Svenson Group, Inc., The.

Happy Hollisters Coloring & Activity Book. Illus. by Helen S. Hamilton. 2020. (ENG.). 96p. (J). (gr. k-6). pap. 11.98 *(978-1-949436-77-8(2))* Svenson Group, Inc., The.

Happy Hollisters on a River Trip. Jerry West. Illus. by Helen S. Hamilton. (ENG.). (J). (gr. 1-6). 2021. 194p. 24.98 *(978-1-949436-68-6(3))*; 2019. (Happy Hollisters Ser.: Vol. 2). 190p. pap. 11.95 *(978-1-949436-35-8(7))* Svenson Group, Inc., The.

Happy Hollow Farm (Classic Reprint) William R. Lighten. 2017. (ENG., Illus.). (J). 30.95 *(978-0-331-29436-1(2))* Forgotten Bks.

Happy Home, 1855, Vol. 1: Richly Embellished with Numerous Cuts & Plates (Classic Reprint) Abijah Richardson Baker. (ENG., Illus.). (J). 2018. 398p. 32.11 *(978-0-484-73309-0(5))*; 2017. pap. 16.57 *(978-0-243-32572-6(X))* Forgotten Bks.

Happy Home, Vol. 2: Richly Embellished with Numerous Cuts & Plates (Classic Reprint) Abijah Richardson Baker. (ENG., Illus.). (J). 2018. 396p. 32.06 *(978-0-484-03384-8(0))*; 2017. pap. 16.57 *(978-0-243-32631-0(9))* Forgotten Bks.

Happy Horse Coloring Book for Kids: 23 Designs. Kristin Labuch. 2022. (ENG.). 48p. (J). 5.99 *(978-1-64124-182-3(9)*, 1823) Fox Chapel Publishing Co., Inc.

Happy Hour Stories (Classic Reprint) M. Genevieve Silvester. 2017. (ENG., Illus.). (J). 26.29 *(978-0-331-19076-2(1))*; pap. 9.57 *(978-0-265-00998-7(7))* Forgotten Bks.

Happy Hours: Or, the Home Story-Book (Classic Reprint) Mary Cherwell. 2018. (ENG., Illus.). 222p. (J). 28.50 *(978-0-484-17268-4(9))* Forgotten Bks.

Happy Hours at Home: Or Know Thyself (Classic Reprint) Isabel Coston Byrum. (ENG., Illus.). (J). 2017. 26.02 *(978-0-331-57700-6(3))*; 2016. pap. 9.57 *(978-1-334-11930-9(9))* Forgotten Bks.

Happy House. Martha Beaugard-Woodruff. 2022. (ENG., Illus.). 30p. (J). pap. 14.95 *(978-1-63903-885-5(X))* Christian Faith Publishing.

Happy House. Elena Feldman & Clever Publishing. Illus. by Irina Avgustinovich. 2022. (Clever Storytime Ser.). (ENG.). 32p. (J). (gr. -1-2). 12.99 *(978-1-954738-18-8(8))* Clever Media Group.

Happy House (Classic Reprint) Jane D. Abbott. 2016. (ENG., Illus.). (J). pap. 13.57 *(978-1-334-26310-1(8))* Forgotten Bks.

Happy House (Classic Reprint) Baroness Von Hutten. 2017. (ENG., Illus.). (J). 30.29 *(978-1-5284-4913-7(4))* Forgotten Bks.

Happy Houses (Classic Reprint) Mary Ansell. 2017. (ENG., Illus.). (J). 29.51 *(978-0-260-00824-4(9))* Forgotten Bks.

Happy Howl-O-ween Mad Libs: World's Greatest Word Game. Mad Libs. 2021. (Mad Libs Ser.). 144p. (J). (gr. 3-7). pap. 6.99 *(978-0-593-22585-1(6)*, Mad Libs) Penguin Young Readers Group.

Happy Howl-Oween. Christine Gallivan. 2021. (ENG.). 24p. (J). 30.00 *(978-1-6678-0430-9(8))* BookBaby.

Happy Howl-Oween! (Netflix: Go, Dog. Go!) Elle Stephens. Illus. by Alan Batson. 2021. (ENG.). 22p. (J). (— 1). bds. 7.99 *(978-0-593-37395-8(2)*, Random Hse. Bks. for Young Readers) Random Hse. Children's Bks.

Happy Hue, Happy New: Coloring & Mazes & Activity Books for Children Bundle, 2 vols. Speedy Publishing Books. 2019. (ENG.). 212p. (J). pap. 19.99 *(978-1-5419-7265-0(1))* Speedy Publishing LLC.

Happy Hula Hawaiian Dances Coloring Book. Activity Book Zone for Kids. 2016. (ENG., Illus.). (J). pap. 9.20 *(978-1-68376-441-0(2))* Sabeels Publishing.

Happy Hunter. Illus. by Roger Duvoisin. 2016. (ENG.). 40p. (J). (gr. -1-3). 16.95 *(978-1-59270-205-3(8))* Enchanted Lion Bks., LLC.

Happy Hunters: Hawk Humor Coloring Book. Bobo's Children Activity Books. 2016. (ENG., Illus.). (J). pap. 9.33 *(978-1-68327-086-7(X))* Sunshine In My Soul Publishing.

Happy Hunting-Grounds (Classic Reprint) Kermit Roosevelt. 2017. (ENG., Illus.). (J). 28.62 *(978-0-331-69731-5(9))*; pap. 10.97 *(978-0-282-36072-6(7))* Forgotten Bks.

Happy Hypocrite. Max Beerbohm. 2017. (ENG.). 60p. (J). pap. *(978-3-337-11915-7(8))* Creation Pubs.

Happy Hypocrite: A Fairy Tale for Tired Men (Classic Reprint) Max Beerbohm. 2017. (ENG., Illus.). 66p. (J). 25.28 *(978-0-332-16338-3(5))* Forgotten Bks.

Happy Island: A New Uncle William Story (Classic Reprint) Jennette Lee. 2018. (ENG., Illus.). 338p. (J). 30.87 *(978-0-267-28899-1(9))* Forgotten Bks.

Happy Island & the Typhoons. Antonia Babauta Lyzenga. 2017. (ENG., Illus.). 40p. (J). pap. 15.95 *(978-1-4808-5665-3(7))* Archway Publishing.

Happy Jack at the Farm. Dennis Woodwell. 2018. (ENG., Illus.). 32p. (J). *(978-1-5255-3884-1(6))*; pap. *(978-1-5255-3885-8(3))* FriesenPress.

Happy Josh. Wilmer Price Jr. 2019. (ENG.). 28p. (J). 22.95 *(978-1-64515-410-5(6))*; pap. 12.95 *(978-1-64258-576-6(9))* Christian Faith Publishing.

Happy Kid's Activity Pre-K Edition. Kreative Kids. 2016. (ENG., Illus.). (J). pap. 10.81 *(978-1-68377-745-8(X))* Whlke, Traudl.

Happy Kids Don't Tell Lies. C Q D. 2021. (ENG., Illus.). 36p. (J). pap. 15.95 *(978-1-63860-156-2(9))* Fulton Bks.

Happy Kwanzaa Mad Libs: World's Greatest Word Game. David Tierra. 2020. (Mad Libs Ser.). 48p. (J). (gr. 3-7). pap. 4.99 *(978-0-593-09401-3(8)*, Mad Libs) Penguin Young Readers Group.

Happy Leprechaun. Brick Puffinton. Ed. by Cottage Door Press. Illus. by Amanda Enright. 2020. (ENG.). 12p. (J). (gr. -1 — 1). bds. 7.99 *(978-1-64638-065-7(7)*, 1006310) Cottage Door Pr.

Happy Life. Bailey West. 2020. (ENG.). 98p. (YA). pap. 9.99 *(978-1-0879-1244-8(X))* Indy Pub.

Happy Little Easter: a Finger Wiggle Book. Sally Symes. Illus. by Nick Sharratt. 2023. (Finger Wiggle Bks.). (ENG.). 18p. (J). (— 1). bds. 9.99 *(978-1-5362-2838-0(9))* Candlewick Pr.

Happy Little Edward & His Pleasant Ride & Rambles in the Country (Classic Reprint) Unknown Author. 2018. (ENG., Illus.). 20p. (J). 24.31 *(978-0-267-69620-8(5))* Forgotten Bks.

Happy Little Elves. Make Believe Ideas. Illus. by Dawn Machell. 2017. (ENG.). 48p. (J). (gr. -1-7). pap. 6.99 *(978-1-78692-346-2(7))* Make Believe Ideas GBR. Dist: Scholastic, Inc.

Happy Little Garbage Truck. Josan Wright Callender & Mattie Wright. Illus. by Steve Ferchaud. 2020. (Happy Little Garbage Truck Ser.: Vol. 1). (ENG.). 44p. (J). (gr. k-2). 21.99 ***(978-0-9996107-6-3(7))*** MatJo International.

Happy Little Garbage Truck. Mattie Wright & Josan Wright Callender. Illus. by Steve Ferchaud. 2019. (Happy Little Garbage Truck Ser.: Vol. 1). (ENG.). 44p. (J). pap. 12.99 ***(978-0-9996107-3-2(2))*** MatJo International.

Happy Little Garbage Truck Teacher's Guide with Vocabulary Words. Josan W. Callender. 2023. (ENG.). 88p. (J). pap. 59.99 ***(978-0-9996107-4-9(0))*** MatJo International.

Happy Little Grumpy Girl. Steven J. Lichtenberg. 2022. (ENG.). 24p. (J). pap. 12.95 *(978-1-6642-4136-7(1)*, WestBow Pr.) Author Solutions, LLC.

Happy Little Ogre. Maggie Testa. Illus. by Sydney Hanson. 2021. (Baby by DreamWorks Ser.). (ENG.). 14p. (J). (— 1). bds. 7.99 *(978-1-5344-8551-8(1)*, Simon Spotlight) Simon Spotlight.

Happy Little Pets: I Take Care of My Kitten. Illus. by Michael Slack. 2023. (ENG.). 16p. (J). (gr. -1 — 1). bds. 14.99 *(978-1-7972-0527-4(7))* Chronicle Bks. LLC.

Happy Little Pets: I Take Care of My Puppy. Illus. by Michael Slack. 2023. (ENG.). 16p. (J). (gr. -1 — 1). bds. 14.99 *(978-1-7972-0526-7(9))* Chronicle Bks. LLC.

Happy Little Sun. Zhilu Zhang. Illus. by Ming En. 2020. (ENG.). 48p. (J). pap. 9.95 *(978-1-4788-6916-0(X))*; 17.95 *(978-1-4788-6847-7(3))* Newmark Learning LLC.

Happy Llamakkah! A Hanukkah Story. Laura Gehl. Illus. by Lydia Nichols. (ENG.). (J). (gr. -1 — 1). 2022. 22p. bds., bds. 8.99 *(978-1-4197-4315-3(5)*, 1682610); 2020. 24p. 14.99 *(978-1-4197-4314-6(7)*, 1682601, Abrams Appleseed) Abrams, Inc.

Happy Machine. Laura Kampf & Tracy Blom. 2021. (ENG.). 32p. (J). pap. 11.99 *(978-1-7345901-7-3(3))* Southampton Publishing.

Happy Magical Dreams. Lynn Snawder. 2017. (ENG.). (J). 14.95 *(978-1-63177-302-0(X))* Amplify Publishing Group.

Happy Makes Me Happy. B's Books. 2023. (ENG.). 32p. (J). 16.95 ***(978-1-958729-75-5(2))*** Mindstir Media.

Happy Mamas. Kathleen T. Pelley & Ruth E. Harper. 2016. (ENG., Illus.). 30p. 14.95 *(978-1-58760-160-6(5)*, P544297, CWLA Pr.) Child Welfare League of America, Inc.

Happy Man's Shirt, & the Magic Cap: Imitated from the Italian (Classic Reprint) John Payne Collier. 2017. (ENG., Illus.). (J). 24.31 *(978-0-331-58128-7(0))* Forgotten Bks.

Happy Me! Relax & Breathe. Eileen Michele. 2017. (ENG., Illus.). (J). 25.95 *(978-1-4808-2730-1(4))*; pap. 16.95 *(978-1-4808-2732-5(0))* Archway Publishing.

Happy Medium & Other Stories (Classic Reprint) Charles Marriott. 2018. (ENG., Illus.). 312p. (J). 30.41 *(978-0-483-13049-4(4))* Forgotten Bks.

Happy Meets Lola the Head-Huntress. Mary Brown. 2019. (ENG., Illus.). 34p. (J). pap. 15.00 *(978-1-7338884-0-0(3))* Savannah's Safe Publishing Co.

Happy Memories: Daddy & Me. Luthon Hagvinprice. 2023. (ENG.). 48p. (J). 38.15 ***(978-1-4475-1816-7(0))*** Lulu Pr., Inc.

Happy Memories: Daddy & Me. Luthon Hagvinprice & Ofelia Hagvinprice Farstad. 2023. (ENG.). 50p. (J). 38.94 ***(978-1-4477-0466-9(5))*** Lulu Pr., Inc.

Happy Meow-Loween Little Pumpkin. Rose Rossner. Illus. by Gareth Williams. 2021. (Punderland Ser.). 24p. (J). (gr. -1-k). bds. 8.99 *(978-1-7282-2334-6(2))* Sourcebooks, Inc.

Happy Messy Scary Love. Leah Konen. 2019. (ENG., Illus.). 336p. (YA). (gr. 8-17). 18.99 *(978-1-4197-3489-2(X)*, 1149101, Amulet Bks.) Abrams, Inc.

Happy Mid-Autumn Festival. Yanan Meng. Tr. by Jasmine Alexander from CHI. 2018. (ENG., Illus.). 46p. (J). (gr. k-6). pap. *(978-1-911221-32-6(9))* Balestier Pr.

Happy Miniature Schnauzer: Raise Your Puppy to a Happy, Well-Mannered Dog (Happy Paw Series) Asia Moore. 2021. (ENG.). 198p. (J). pap. *(978-1-913586-40-9(5))* WORLDWIDE INFORMATION PUBLISHING.

Happy Monsters. Ron Bartalini. 2017. (ENG., Illus.). (J). pap. 10.00 *(978-0-9991261-1-0(3))* Sundie Enterprises.

Happy Monsters Coloring Book for Children (6x9 Coloring Book / Activity Book) Sheba Blake. 2021. (ENG.). 24p. (J). pap. 9.99 *(978-1-222-28996-1(2))* Indy Pub.

Happy Monsters Coloring Book for Children (8. 5x8. 5 Coloring Book / Activity Book) Sheba Blake. 2021. (ENG.). 24p. (J). pap. 12.99 *(978-1-222-29171-1(1))* Indy Pub.

Happy Monsters Coloring Book for Children (8x10 Coloring Book / Activity Book) Sheba Blake. 2021. (ENG.). 24p. (J). pap. 14.99 *(978-1-222-28997-8(0))* Indy Pub.

Happy Mother's Day!, 1 vol. Erin Day. 2016. (Celebrations Ser.). (ENG.). 24p. (J). (gr. 1-1). pap. 9.25 *(978-1-4994-2765-3(4)*, f6aebcbe-1946-4134-abf9-be0989d52511, PowerKids Pr.) Rosen Publishing Group, Inc., The.

Happy Mother's Day: Mamma MIA! Carlo Di Iorio. Illus. by Joss Frank. 2021. (ENG.). 32p. (J). *(978-1-5255-7681-2(X))*; pap. *(978-1-5255-7682-9(8))* FriesenPress.

Happy Mother's Day - I Wrote This Book for You: The Mother's Day Gift Book Created for Kids. The Life Graduate Publishing Group. 2021. (ENG.). 52p. (J). pap. *(978-1-922568-33-5(3))* Life Graduate, The.

Happy Mother's Day Grandma - I Wrote This Book for You: The Mother's Day Gift Book Created for Kids. The Life Graduate Publishing Group. 2021. (ENG.). 52p. (J). pap. *(978-1-922568-28-1(7))* Life Graduate, The.

Happy Mother's Day Mom - I Wrote This Book for You: The Mother's Day Gift Book Created for Kids. The Life Graduate Publishing Group. 2021. (ENG.). 52p. (J). pap. *(978-1-922568-29-8(5))* Life Graduate, The.

Happy Mother's Day Mum - I Wrote This Book for You: The Mother's Day Gift Book Created for Kids. The Life Graduate Publishing Group. 2021. (ENG.). 52p. (J). pap. *(978-1-922568-31-1(7))* Life Graduate, The.

Happy Narwhalidays (a Narwhal & Jelly Book #5) Ben Clanton. 2020. (Narwhal & Jelly Book Ser.: 5). (ENG.). 76p. (J). (gr. 1-4). 12.99 *(978-0-7352-6251-5(9)*, Tundra Bks.) Tundra Bks. CAN. Dist: Penguin Random Hse. LLC.

Happy New Year!, 1 vol. Clara O. Coleman. 2016. (Celebrations Ser.). (ENG.). 24p. (J). (gr. 1-1). pap. 9.25 *(978-1-4994-2671-7(2)*, 1334b96c-2d12-4dd0-aa93-e2534b5fdffa, PowerKids Pr.) Rosen Publishing Group, Inc., The.

Happy New Year! Joanne Meier & Cecilia Minden. Illus. by Bob Ostrom. 2022. (Bear Essential Readers Ser.). (ENG.). 32p. (J). (gr. -1-2). lib. bdg. 35.64 *(978-1-5038-5931-9(2)*, 215829, First Steps) Child's World, Inc, The.

Happy New Year! Coloring Book for Kids. Speedy Kids. 2018. (ENG., Illus.). 106p. (J). pap. 12.55 *(978-1-5419-3741-3(4))* Speedy Publishing LLC.

Happy New Year Mad Libs: World's Greatest Word Game. Gabrielle Reyes. 2019. (Mad Libs Ser.). 48p. (J). (gr. 3-7). pap. 4.99 *(978-0-593-09299-6(6)*, Mad Libs) Penguin Young Readers Group.

Happy New Year, Spot! Eric Hill. 2016. (Spot Ser.). (ENG., Illus.). 10p. (J). (-k). bds. 6.99 *(978-0-14-137009-5(2)*, Warne) Penguin Young Readers Group.

Happy New Year, Spots & Stripes! Laurie Friedman. Illus. by Srimalie Bassani. 2021. (Spots & Stripes Ser.). (ENG.). 32p. (J). (gr. -1-3). pap. 7.99 *(978-1-4271-5308-1(6)*, 12142); lib. bdg. *(978-1-4271-5302-9(7)*, 12135) Crabtree Publishing Co.

Happy or Sad? Baby's First Book of Opposites - Baby & Toddler Opposites Books. Baby Professor. 2017. (ENG., Illus.). (J). pap. 7.89 *(978-1-68326-744-7(3)*, Baby Professor (Education Kids)) Speedy Publishing LLC.

Happy Owl-Oween! A Halloween Story. Laura Gehl. Illus. by Lydia Nichols. 2022. (ENG.). 24p. (J). (gr. -1-k). 14.99 *(978-1-4197-4312-2(0)*, 1682501, Abrams Appleseed) Abrams, Inc.

Happy Owls. Celestino Piatti. 2022. (ENG., Illus.). 32p. (J). (gr. -1-3). 17.95 *(978-0-7358-4483-4(6))* North-South Bks., Inc.

Happy Panda. New Holland New Holland Publishers. 2023. (ENG.). 6p. (J). (— 1). 9.99 ***(978-1-76079-557-3(7))*** New Holland Pubs. Pty, Ltd. AUS. Dist: Independent Pubs. Group.

Happy Paws, 1. Vicky Fang. ed. 2020. (Branches Early Ch Bks). (ENG., Illus.). 71p. (J). (gr. 2-3). 15.36 *(978-1-64697-478-8(6))* Penworthy Co., LLC, The.

Happy Paws: a Branches Book (Layla & the Bots #1) (Summer Reading) Vicky Fang. Illus. by Christine Nishiyama. 2022. (Layla & the Bots Ser.). (ENG.). 80p. (J). (gr. k-2). pap. 2.99 *(978-1-338-84588-4(8))* Scholastic, Inc.

Happy Piglets. Michal Splho. 2019. (ENG., Illus.). 40p. (J). *(978-80-973358-0-9(8))* Morandi S. R. O.

Happy Pollyooly: The Rich Little Poor Girl. Edgar Jepson. 2017. (ENG., Illus.). (J). 23.95 *(978-1-374-90530-6(5))*; pap. 13.95 *(978-1-374-90529-0(1))* Capital Communications, Inc.

Happy Prince: A Tale by Oscar Wilde. Maisie Paradise Shearring. 2017. (ENG., Illus.). 48p. (J). (gr. k-5). 14.95 *(978-0-500-65111-7(6)*, 565111) Thames & Hudson.

Happy Prince: And Other Fairy Tales (Classic Reprint) Oscar. Wilde. (ENG., Illus.). (J). 2017. 28.58 *(978-1-5284-5163-5(5))*; 2016. (gr. 3-7). pap. 10.97 *(978-1-334-16456-9(8))* Forgotten Bks.

Happy Prince: And Other Tales (Classic Reprint) Oscar. Wilde. 2017. (ENG., Illus.). (J). 27.63 *(978-1-5281-4633-3(6))* Forgotten Bks.

Happy Prince, & Other Fairy Stories (Classic Reprint) Oscar. Wilde. 2017. (ENG., Illus.). (J). 26.83 *(978-0-266-17022-8(6))* Forgotten Bks.

Happy Prince & Other Stories. Oscar. Wilde. Illus. by Charles Robinson. 2018. (Calla Editions Ser.). (ENG.). 160p. pap. 30.00 *(978-1-60660-117-4(2)*, 601172) Dover Pubns., Inc.

Happy Prince & Other Tales. Oscar. Wilde. 2018. (ENG., Illus.). 40p. (J). 12.99 *(978-1-5154-3061-2(8))* Wilder Pubns., Corp.

Happy Pumpkin. DK. Illus. by MacKenzie Haley. 2021. (First Seasonal Stories Ser.). (ENG.). 16p. (J). (— 1). bds. 6.99 *(978-0-7440-3383-0(7)*, DK Children) Dorling Kindersley Publishing, Inc.

Happy Rainbow. Hannah Eliot. Illus. by Susie Hammer. 2020. (ENG.). 14p. (J). (gr. -1-k). bds. 8.99 *(978-1-5344-3203-1(5)*, Little Simon) Little Simon.

Happy Right Now. Julie Berry. Illus. by Holly Hatam. 2019. (ENG.). 32p. (J). 17.95 *(978-1-68364-352-4(6)*, 900214691) Sounds True, Inc.

Happy Robots Coloring Book for Children (6x9 Coloring Book / Activity Book) Sheba Blake. 2020. (ENG.). 24p. (J). pap. 9.99 *(978-1-222-28951-0(2))* Indy Pub.

Happy Robots Coloring Book for Children (8. 5x8. 5 Coloring Book / Activity Book) Sheba Blake. 2021. (ENG.). 24p. (J). pap. 12.99 *(978-1-222-29152-0(5))* Indy Pub.

Happy Robots Coloring Book for Children (8x10 Coloring Book / Activity Book) Sheba Blake. 2020. (ENG.). 24p. (J). pap. 14.99 *(978-1-222-28952-7(0))* Indy Pub.

Happy Roo Year: It's Rosh Hashanah. Jessica Hickman. Illus. by Elissambura. 2021. (ENG.). 12p. (J). (gr. -1 — 1). bds. 7.99 *(978-1-7284-2790-4(8)*, 805385eb-1aa0-46d7-b338-b1823b1df98f, Kar-Ben Publishing) Lerner Publishing Group.

Happy Root Beer. David Swarbrick. Illus. by Greg White. 2017. (ENG.). (J). (gr. k-3). pap. 9.99 *(978-1-59095-047-0(X)*, ExamWise) Total Recall Learning, Inc.

Happy Root Beer a Coloring Book. David E. Swarbrick. 2021. (ENG.). 32p. (J). pap. 12.00 *(978-1-59095-425-6(4)*, ExamWise) Total Recall Learning, Inc.

Happy, Sad, Feeling Glad: Draw & Discover. Illus. by Yasmeen Ismail. 2017. (ENG.). 56p. (J). (gr. -1-2). pap. 9.99 *(978-1-78067-933-4(5)*, King, Laurence Publishing) Orion Publishing Group, Ltd. GBR. Dist: Hachette Bk. Group.

Happy Sad Mean, Joseph's Dream: Exploring FEELINGS Through the Story of Joseph. Karen Rosario Ingerslev. Illus. by Kristina Abbott. 2022. (Bible Explorers Ser.). (ENG.). 26p. (J). pap. ***(978-1-915699-03-9(7))*** Pure and Fire.

Happy Santa Day! A QUIX Book. Alan Katz. Illus. by Sernur Isik. 2022. (Elf Academy Ser.: 3). (ENG.). 80p. (J). (gr. k-3). 17.99 *(978-1-5344-6795-8(5))*; pap. 5.99 *(978-1-5344-6794-1(7))* Simon & Schuster Children's Publishing. (Aladdin).

Happy School Days an Entertainment for Fourteen Males & Eleven Females (Classic Reprint) Jessie A. Kelley. 2018. (ENG., Illus.). 48p. (J). 24.89 *(978-0-332-38793-2(3))* Forgotten Bks.

Happy School Days (Classic Reprint) Margaret Elizabeth Munson Sangster. 2018. (ENG., Illus.). 274p. (J). 29.57 *(978-0-483-80839-3(3))* Forgotten Bks.

Happy Sequel, or the History of Isabella Mordaunt: A Tale for Young People (Classic Reprint) Unknown Author. 2018. (ENG., Illus.). 142p. (J). 26.85 *(978-0-332-93084-8(X))* Forgotten Bks.

Happy Shapes Make the World Go 'Round! Learning about Shapes for Kids - Baby & Toddler Size & Shape Books. Baby Professor. 2017. (ENG., Illus.). (J). pap. 7.89 *(978-1-68326-818-5(0)*, Baby Professor (Education Kids)) Speedy Publishing LLC.

Happy-Ship, Setting Forth the Adventures of Shorty & Patrick, U. S: S. Oklahoma (Classic Reprint) Stephen French Whitman. 2018. (ENG., Illus.). 278p. (J). 29.63 *(978-0-483-20288-7(6))* Forgotten Bks.

Happy Six (Classic Reprint) Penn Shirley. (ENG., Illus.). (J). 2018. 188p. 27.77 *(978-0-267-00097-5(9))*; 2017. pap. 10.57 *(978-0-243-44046-7(4))* Forgotten Bks.

Happy Snappy Crab. Tiger Tales. Illus. by Gareth Lucas. 2019. (ENG.). 12p. (J). (gr. 2-k). bds. 9.99 *(978-1-68010-584-1(1))* Tiger Tales.

Happy Snow Day Activities Coloring Book. Kreative Kids. 2016. (ENG., Illus.). (J). pap. 9.20 *(978-1-68377-418-1(3))* Whlke, Traudl.

Happy Song. Siu Williams-Lemi. Illus. by Rosina Cater. 2020. (ENG.). 24p. (J). (gr. k-1). pap. *(978-0-473-50996-5(2))* Kingfisher Publishing.

Happy Spark Day! Shane Richardson & Sarah Marino. Illus. by Shane Richardson & Sarah Marino. 2022. (Dragons of Ember City Ser.: 1). (ENG., Illus.). 96p. (J). (gr. 1-4). 19.99 *(978-1-5344-7524-3(9))*; pap. 9.99 *(978-1-5344-7523-6(0))* Simon & Schuster Children's Publishing. (Aladdin).

Happy Spark Day!, 1. Shane Richardson et al. ed. 2023. (Dragons of Ember City Ser.). (ENG.). 93p. (J). (gr. 1-4). 21.96 ***(978-1-68505-831-9(0))*** Penworthy Co., LLC, The.

Happy Springtime! Kate McMullan. Illus. by Sujean Rim. 2021. (ENG.). 32p. (J). (gr. -1-3). 18.99 *(978-0-8234-4551-6(8)*, Neal Porter Bks) Holiday Hse., Inc.

Happy Springtime in Pictures (Classic Reprint) Oscar Pletsch. (ENG., Illus.). (J). 2018. 86p. 25.69 *(978-0-332-85342-0(X))*; 2016. pap. 9.57 *(978-1-333-49211-3(1))* Forgotten Bks.

Happy St. Patrick's Day Coloring Book: Saint Patrick's Day Coloring Book for Kids, Lucky Four-Leaf Clovers, Coloring Leprechaun for Toddlers. Nikolas Norbert. 2021. (ENG.). 100p. (J). pap. *(978-0-251-05566-0(3)*, Square Peg) Penguin Random Hse.

Happy St. Patrick's Day, Tiny! Cari Meister. Illus. by Rich Davis. 2021. (Tiny Ser.). 32p. (J). (-k). pap. 5.99 *(978-0-593-09743-4(2)*, Penguin Workshop) Penguin Young Readers Group.

Happy St. Patrick's Day, Tiny! Cari Meister. ed. 2022. (Tiny the Dog 8x8 Bks). (ENG., Illus.). 32p. (J). (gr. k-1). 15.46 *(978-1-68505-131-0(6))* Penworthy Co., LLC, The.

Happy Stan the Recycling Man: Saves Christmas. Karla Kehler. 2020. (ENG.). 18p. (J). *(978-0-2288-2366-7(8))*; pap. *(978-0-2288-2365-0(X))* Tellwell Talent.

Happy State. Samantha Fitzgibbons. Ed. by Nicola Peake. 2022. (ENG.). 388p. (YA). pap. *(978-1-912948-45-1(1))* Crystal Peake Publisher.

Happy Students! a Friendly Coloring Book. Smarter Activity Books for Kids. 2016. (ENG., Illus.). (J). pap. 9.22 *(978-1-68374-002-5(5))* Examined Solutions PTE. Ltd.

Happy Sun & Sleepy Moon Seek & Find Activity Book. Jupiter Kids. 2017. (ENG., Illus.). (J). pap. 9.20 *(978-1-68326-799-7(0)*, Jupiter Kids (Childrens & Kids Fiction)) Speedy Publishing LLC.

Happy Tails: Jitterbug Makes a Name for Herself. Joy Metzer. 2020. (ENG., Illus.). 220p. (J). (gr. 3-6). pap. 16.95

840 The check digit for ISBN-10 appears in parentheses after the full ISBN-13

(978-1-947860-99-5(2), Belle Isle Bks.) Brandylane Pubs., Inc.

Happy Tails Camper Stories: Lucy Learns to Share. Sharlene Novak. Illus. by Sarah Gledhill. 2021. (ENG.). 32p. (J). pap. 12.99 *(978-1-63988-120-8(4))* Primedia eLaunch LLC.

Happy Tails Lodge: A QUIX Book. Dee Romito. Illus. by Marta Kissi. 2020. (Fort Builders Inc Ser.: 2). (ENG.). 96p. (J). (gr. k-3). 17.99 *(978-1-5344-5242-8(7));* pap. 5.99 *(978-1-5344-5241-1(9))* Simon & Schuster Children's Publishing. (Aladdin).

Happy Tales of Happy Tails. Jean Clough. Illus. by Jennie Sinnott. 2017. (ENG.). (J). pap. *(978-1-78645-170-5(0))* Beaten Track Publishing.

Happy Thanksgiving, Biscuit! Alyssa Satin Capucilli. Illus. by Pat Schories. 2019. (Biscuit Ser.). (ENG.). 20p. (J). (gr. -1-3). pap. 6.99 *(978-0-694-01221-3(1),* HarperFestival) HarperCollins Pubs.

Happy Thanksgiving Coloring Book. Cristie Dozaz. 2020. (ENG.). 44p. (J). pap. 10.00 *(978-1-716-42946-0(3))* Lulu Pr., Inc.

Happy Thanksgiving Coloring Book for Toddlers: The Ultimate Collection of Fun & Easy Turkey Day Coloring Pages for Kids Ages 2-6 & Preschool (Holiday Coloring Gift Book Ideas for Boys & Girls) Happy Harper. 2019. (ENG., Illus.). 94p. (J). pap. *(978-1-989543-41-2(3),* Happy Harper) Gill, Karanvir.

Happy Thanksgiving, Snoopy! Charles M. Schulz. Illus. by Scott Jeralds. 2018. (Peanuts Ser.). (ENG.). 24p. (J). (gr. -1-2). pap. 4.99 *(978-1-5344-2528-6(4),* Simon Spotlight) Simon Spotlight.

Happy Thanksgiving! Thanksgiving Coloring Books Children's Thanksgiving Books. Speedy Kids. 2017. (ENG., Illus.). (J). pap. 8.45 *(978-1-5419-4718-4(5))* Speedy Publishing LLC.

Happy Thanksgiving, Tiny! Cari Meister. Illus. by Rich Davis. 2018. (Tiny Ser.). 32p. (J). (gr. k-1). pap. 4.99 *(978-1-5247-8388-4(9),* Penguin Young Readers) Penguin Young Readers Group.

Happy Thanksgiving, Tiny! Cari Meister. ed. 2018. (Penguin Young Readers: Level 1 Ser.). lib. bdg. 13.55 *(978-0-606-41333-6(2))* Turtleback.

Happy Thanksgiving to Auntie Yammy. Sandra Heitmeier Thompson. 2018. (ENG., Illus.). 36p. (J). (gr. 3-7). pap. 13.95 *(978-1-64003-917-9(1))* Covenant Bks.

Happy Thanksgiving to Auntie Yammy. Sandy Heitmeier Thompson. Illus. by Toby Mikle. 2018. (ENG.). 36p. (J). 23.95 *(978-1-63630-820-3(1))* Covenant Bks.

Happy Thanksgiving Workbook for Pre-K. Beth Costanzo. 2020. (ENG.). 20p. (J). pap. 9.40 *(978-1-7947-9736-9(X))* Lulu Pr., Inc.

Happy the Duck: A Duck Out of Water. Staci Durst. 2022. (ENG., Illus.). 30p. (J). 24.95 *(978-1-63885-613-9(3))* Covenant Bks.

Happy the Hippo Goes to School. Happy. 2017. (ENG., Illus.). (J). pap. 20.00 *(978-1-365-71482-5(9))* Lulu Pr., Inc.

Happy the Hippo Goes to Sea. Happy. 2016. (ENG., Illus.). 72p. (J). pap. *(978-1-365-23107-0(0))* Lulu Pr., Inc.

Happy the Lion. Karin Ahrenholz. Illus. by Heather Keys. 2019. (ENG.). 26p. (J). pap. 16.95 *(978-1-9822-2586-5(6),* Balboa Pr.) Author Solutions, LLC.

Happy Therapy: Thanksgiving Bundle Coloring Books for Kids Ages 6-10, 2 vols. Speedy Publishing Books. 2019. (ENG.). 172p. (J). pap. 19.99 *(978-1-5419-7185-1(X))* Speedy Publishing LLC.

Happy-Thought Hall (Classic Reprint) F. C. Burnand. 2018. (ENG., Illus.). 240p. (J). 28.87 *(978-0-483-83640-2(0))* Forgotten Bks.

Happy Thoughts (Classic Reprint) F. C. Burnand. 2017. (ENG., Illus.). (J). 37.51 *(978-1-5282-4647-7(0))* Forgotten Bks.

Happy Thoughts (Classic Reprint) Francis Cowley Burnand. 2018. (ENG., Illus.). 320p. (J). 30.52 *(978-0-428-35746-7(6))* Forgotten Bks.

Happy Times! Michael Foreman. Illus. by Michael Foreman. 2022. (ENG., Illus.). 32p. (J). (gr. -1-3). 17.99 *(978-1-7284-4972-2(3),* c9869279-58a5-43b7-8043-50d26ee3aaa2) Lerner Publishing Group.

Happy Times Children's Workbook. J. Ramirez Perez & Juan D. Perez. Illus. by Yocelyn Riojas. 2020. (ENG.). 46p. (J). pap. 15.00 *(978-1-0879-1769-6(7))* Indy Pub.

Happy to Be Me. Emma Dodd. 2020. (ENG., Illus.). 32p. (J). (gr. -1-k). pap. 10.99 *(978-1-4083-5570-1(1),* Orchard Bks.) Hachette Children's Group GBR. Dist: Hachette Bk. Group.

Happy to Be Me. Idella Pearl Edwards. 2017. (ENG., Illus.). (J). pap. 9.95 *(978-0-9896802-9-5(0))* Edwards, Idella.

Happy to Be Me. Naomi Raby. 2021. (ENG., Illus.). 30p. (J). pap. 15.95 *(978-1-63814-916-3(X))* Covenant Bks.

Happy to Be Nappy. bell hooks. Illus. by Chris Raschka. 2017. (ENG.). 32p. (J). (gr. -1-1). bds. 8.99 *(978-1-4847-8841-7(9))* Little, Brown Bks. for Young Readers.

Happy to Be Your Friend, 1 vol. Amy Culliford. Illus. by John Joseph. 2022. (Phoenix & Goose Ser.). (ENG.). 24p. (J). (gr. -1-3). lib. bdg. 28.50 *(978-1-0396-4494-6(5),* 16301); pap. *(978-1-0396-4685-8(9),* 17307) Crabtree Publishing Co. (Crabtree Blossoms).

Happy to Hear. Alexandra Giordano. Illus. by Madeleine Mae Migallos. 2021. (ENG.). 28p. (J). *(978-0-2288-4729-8(X));* pap. *(978-0-2288-4728-1(1))* Tellwell Talent.

Happy Toddler Coloring Book: Coloring Book. Compiled by Kidsbooks. 2023. (ENG.). 96p. (J). 6.99 ***(978-1-63854-224-7(4))*** Kidsbooks, LLC.

Happy Tots Learning Basics Activity Book Toddler. Educando Kids. 2019. (ENG.). 40p. (J). pap. 8.55 *(978-1-64521-709-1(4),* Educando Kids) Editorial Imagen.

Happy Trails with Abby & Taz. Christina Brown. Illus. by Alvina Kwong. 2019. (ENG.). 26p. (J). (gr. -1-3). pap. 9.99 *(978-1-61254-387-1(1))* Brown Books Publishing Group.

Happy Tree & the Bee. C. E. King. Illus. by C. E. King. 2020. (ENG.). 32p. (J). 17.99 *(978-1-0878-9004-3(7))* Indy Pub.

Happy Tree Book of Children's Verse. Leonor Varella. Illus. by Edwina Beezley. 2018. (ENG.). 90p. (J). pap. *(978-1-84897-931-4(2))* Olympia Publishers.

Happy Tuesday! Yve. 2023. (ENG.). 36p. (J). 19.99 ***(978-1-0881-2176-4(4))*** Indy Pub.

Happy Turkey Holiday! Coloring Activity Book for Kids Ages 8-10 Bundle: Thanksgiving Special, 2 vols. Speedy Publishing Books. 2019. (ENG.). 172p. (J). pap. 19.99 *(978-1-5419-7186-8(8))* Speedy Publishing LLC.

Happy Turtle Squad Coloring Book. Smarter Activity Books for Kids. 2016. (ENG., Illus.). (J). pap. 9.22 *(978-1-68374-003-2(3))* Examined Solutions PTE. Ltd.

Happy Unicorns Coloring Book. Cristie Publishing. 2021. (ENG.). 62p. (J). pap. 8.99 *(978-1-716-27225-7(4))* Lulu Pr., Inc.

Happy Valentine's Day. Jennifer Mary Croy. 2018. (ENG., Illus.). 24p. (J). *(978-1-387-56318-0(1))* Lulu Pr., Inc.

Happy Valentine's Day!, 1 vol. Elizabeth A. Ritter. 2016. (Celebrations Ser.). (ENG.). 24p. (J). (gr. 1-1). pap. 9.25 *(978-1-4994-2673-1(9),* 5ff003ba-a26f-4163-8877-1e11389409dc, PowerKids Pr.) Rosen Publishing Group, Inc., The.

Happy Valentine's Day! Annie Auerbach. ed. 2021. (Disney 8x8 Ser.). (ENG., Illus.). 23p. (J). (gr. k-1). 15.49 *(978-1-64697-600-3(2))* Penworthy Co., LLC, The.

Happy Valentine's Day. Elizabeth Bennett. ed. 2018. (Scholastic Readers Ser.). (ENG.). 32p. (J). (gr. -1-1). 13.89 *(978-1-64310-315-0(6))* Penworthy Co., LLC, The.

Happy Valentine's Day! Pinkfong. ed. 2021. (Baby Shark 8x8 Bks). (ENG., Illus.). 24p. (J). (gr. k-1). 15.96 *(978-1-64697-612-6(6))* Penworthy Co., LLC, The.

Happy Valentine's Day, Charlie Brown! Ready-To-Read Level 2. Charles M. Schulz. Illus. by Scott Jeralds. 2017. (Peanuts Ser.). (ENG.). 32p. (J). (gr. k-2). pap. 4.99 *(978-1-5344-0502-8(X),* Simon Spotlight) Simon Spotlight.

Happy Valentine's Day Coloring Book for Kids: (Ages 4-8) with Unique Coloring Pages! (Valentine's Day Gift for Kids) Engage Books. 2021. (ENG.). 66p. (J). pap. *(978-1-77476-151-9(3))* AD Classic.

Happy Valentine's Day Journal: 120-Page Blank, Lined Writing Journal - Makes a Valentine's Day Gift (5. 25 X 8 Inches / Pink) Journal Jungle Publishing. 2019. (ENG., Illus.). 122p. (J). pap. *(978-1-77380-168-1(6))* Mindful Word, The.

Happy Valentine's Day Journal: Beautiful Journal for a Special Person in Your Life: Lined Journal 120 Pages 8. 5x11. Kkarla. 2021. (ENG.). 122p. (YA). pap. 19.99 *(978-1-716-20358-9(9))* Lulu Pr., Inc.

Happy Valentine's Day Journal: Beautiful Valentines Day Gift: the Perfect Gift for the Special Person in Your Life. Kkarla. 2021. (ENG.). 122p. (YA). pap. 11.99 *(978-1-716-18666-0(8))* Lulu Pr., Inc.

Happy Valentine's Day Journal: The Perfect Gift for a Special Person in Your Life - Lined Journal 120 Pages 8. 5x11. Kkarla. 2021. (ENG.). 102p. (YA). pap. 16.99 *(978-1-716-21787-6(3))* Lulu Pr., Inc.

Happy Valentine's Day! Lovey Dovey Hidden Picture Activity Book. Jupiter Kids. 2017. (ENG., Illus.). (J). pap. 9.20 *(978-1-68326-800-0(8),* Jupiter Kids (Childrens & Kids Fiction)) Speedy Publishing LLC.

Happy Valentine's Day, Mouse! Laura Numeroff. Illus. by Felicia Bond. 2019. (If You Give... Ser.). (ENG.). 24p. (J). (gr. -1 — 1). bds. 7.99 *(978-0-06-180432-8(0),* HarperFestival) HarperCollins Pubs.

Happy Valentine's Day, Spots & Stripes! Laurie Friedman. Illus. by Srimalie Bassani. 2021. (Spots & Stripes Ser.). (ENG.). 32p. (J). (gr. -1-3). pap. *(978-1-4271-5309-8(4),* 12143); lib. bdg. *(978-1-4271-5303-6(5),* 12136) Crabtree Publishing Co.

Happy Valley: A Story of Oregon (Classic Reprint) Anne Shannon Monroe. 2018. (ENG., Illus.). 364p. (J). 31.40 *(978-0-483-53986-0(4))* Forgotten Bks.

Happy Valley (Classic Reprint) Bithia Mary Croker. 2018. (ENG., Illus.). 324p. (J). 30.58 *(978-0-483-47563-2(7))* Forgotten Bks.

Happy Veggies. Mayumi Oda. 2018. (Illus.). 40p. (J). (gr. -1-3). 12.95 *(978-1-946764-06-5(X),* Plum Blossom Bks.) Parallax Pr.

Happy Venture (Classic Reprint) Edith Ballinger Price. (ENG., Illus.). (J). 2018. 222p. 28.48 *(978-0-483-55799-4(4));* 2017. pap. 10.97 *(978-0-243-18860-4(9))* Forgotten Bks.

Happy Very First Birthday! Clever Publishing. Illus. by Margarita Kukhtina. 2023. (Clever Lift-The-Flap Stories Ser.). (ENG.). 20p. (J). (gr. -1 — 1). bds. 10.99 ***(978-1-956560-59-6(9),*** 1173019) Clever Media Group.

Happy Villagers: Embellished with an Engraving (Classic Reprint) Unknown Author. 2018. (ENG., Illus.). 32p. (J). 24.56 *(978-0-332-99457-4(0))* Forgotten Bks.

Happy Warrior (Classic Reprint) Arthur Stuart-Menteth Hutchinson. 2018. (ENG., Illus.). 470p. (J). 33.61 *(978-0-364-47940-7(X))* Forgotten Bks.

Happy with My Nappy. Gina Jarrell. Illus. by Lhaiza Morena. 2023. (Own Voices, Own Stories Ser.). (ENG.). 32p. (J). (gr. k-3). 18.99 *(978-1-5341-1192-9(1),* 205378) Sleeping Bear Pr.

Happy Within/ Feliz Por Dentro: Bilingual Children's Book English Brazilian Portuguese for Kids Ages 2-6/ Livro Infantil Bilíngue Inglês Português Do Brasil para Crianças de 2 a 6 Anos. Marisa J Taylor. Illus. by Vanessa Balleza. 2023. (POR.). 38p. (J). ***(978-1-914605-20-8(9))*** Taylor, Marisa J.

Happy Woman (Classic Reprint) Maurice Weyl. 2018. (ENG., Illus.). 328p. (J). 30.66 *(978-0-483-80583-5(1))* Forgotten Bks.

Happy Woods: Good Grades, with African-American Illustrations. James Malloy. 2022. (Happy Woods Ser.: Vol. 1). (ENG.). 34p. (J). 19.99 *(978-1-6629-1299-3(4));* pap. 12.99 *(978-1-6629-1300-6(1))* Gatekeeper Pr.

Happy Woods: Good Grades, with Caucasian Illustrations. James Malloy. 2022. (Happy Woods Ser.: Vol. 2). (ENG.). 34p. (J). 19.99 *(978-1-6629-0752-4(4));* pap. 12.99 *(978-1-6629-0753-1(2))* Gatekeeper Pr.

Happy Workbook: A Kid's Activity Book for Dealing with Sadness. Imogen Harrison. 2022. (Big Feelings, Little Workbooks Ser.: 2). (ENG.). 128p. (J). (gr. 2-6). pap. 16.99 *(978-1-5107-7061-4(5),* Sky Pony Pr.) Skyhorse Publishing Co., Inc.

Happy Years (Classic Reprint) Inez Haynes Irwin. 2018. (ENG., Illus.). 342p. (J). 30.95 *(978-0-483-91738-5(9))* Forgotten Bks.

Happyface. Alex Macon. 2018. (ENG.). 96p. (YA). pap. *(978-1-716-94131-3(8))* Lulu Pr., Inc.

Happyfeet Kids Load the Train. Donald Dione. Ed. by Donna Dione. Illus. by Eminence System. 2017. (Happyfeet Kids Ser.: Vol. 2). (ENG.). 34p. (J). 19.99 *(978-0-9992492-2-2(3))* HappyFeet Bks.

Happyfeet Kids Make New Friends. Donald Dione. Ed. by Donna Dione. Illus. by Eminence System. 2018. (Happyfeet Kids Ser.: Vol. 1). (ENG.). 34p. (J). 19.99 *(978-0-9992492-5-3(8))* HappyFeet Bks.

Happymerrythanksmas. Ann Drews. Illus. by Jenni Wells. 2018. (ENG.). 34p. (J). pap. 12.99 *(978-1-949609-70-7(7))* Pen It Pubns.

Happyvism: A Story about Choosing Joy. Justis Lopez et al. 2021. (ENG.). 34p. (J). pap. 14.99 *(978-1-948071-40-6(1))* Lauren Simone Publishing Hse.

Har Lampkins: A Narrative of Mountain Life, on the Borders of Two Virginias (Classic Reprint) Abel Patton. (ENG., Illus.). (J). 2018. 192p. 27.88 *(978-0-656-72466-6(8));* 2017. pap. 10.57 *(978-0-282-37057-2(9))* Forgotten Bks.

Haran Travels to London. Nalini Pillay. 2019. (Haran Travels Ser.). (ENG.). 32p. (J). *(978-1-5255-4429-3(2));* pap. *(978-1-5255-4430-9(6))* FriesenPress.

Harangue d'Achior l'Ammonite Sur un Advis Donne a Monseigneur le Prince: Prononcée Apres Celle d'Alexandre le Forgeron, Achior le Duc de Tous les Fils d'Ammon, Dit. Monseigneur S'il Te Plaist de M'Escouter le Diray la Verisé en Sa Presence et Ne Sort. Achior Achior. 2018. (FRE., Illus.). 22p. (J). 24.35 *(978-0-666-36897-3(X))* Forgotten Bks.

Harbard College Library: Bequest of William Mcmichael Woodworth (Class of 1888) (Classic Reprint) William McMichael Woodworth. (ENG., Illus.). (J). 2018. 244p. 28.93 *(978-0-483-93935-6(8));* 2017. pap. 11.57 *(978-0-259-10225-0(3))* Forgotten Bks.

Harbin Ice & Snow Festival. Grace Hansen. 2022. (World Festivals Ser.). (ENG.). 24p. (J). (gr. -1-2). lib. bdg. 32.79 *(978-1-0982-6176-4(3),* 40969, Abdo Kids) ABDO Publishing Co.

Harbor Absolution. Gryffyn Phoenix. 2017. (ENG., Illus.). (J). pap. 19.99 *(978-0-9834119-9-4(9))* Avalerion Bks., Inc.

Harbor (Classic Reprint) Ernest Poole. 2017. (ENG., Illus.). (J). 31.94 *(978-1-5280-7837-5(3))* Forgotten Bks.

Harbor Jim of Newfoundland (Classic Reprint) A. Eugene Bartlett. 2018. (ENG., Illus.). 124p. (J). 26.47 *(978-0-483-33498-4(7))* Forgotten Bks.

Harbor Jim of Newfoundland (Classic Reprint) An Eugene Bartlett. 2016. (ENG., Illus.). (J). pap. 9.57 *(978-1-334-15442-3(2))* Forgotten Bks.

Harbor Me. Jacqueline Woodson. (ENG.). 192p. (J). (gr. 5). 2020. 8.99 *(978-0-525-51514-2(3),* Puffin Books); 2018. 17.99 *(978-0-399-25252-5(5),* Nancy Paulsen Books) Penguin Young Readers Group.

Harbor Road (Classic Reprint) Sara Ware Bassett. 2018. (ENG., Illus.). 312p. (J). 30.33 *(978-0-483-26895-1(X))* Forgotten Bks.

Harbor Seals. Ellen Lawrence. 2018. (Day at the Beach: Animal Life on the Shore Ser.). (ENG.). 24p. (J). (gr. -1-3). lib. bdg. 26.99 *(978-1-68402-448-3(X));* E-Book 41.36 *(978-1-68402-506-0(0))* Bearport Publishing Co., Inc.

Harbor Tales down North (Classic Reprint) Norman Duncan. (ENG., Illus.). (J). 2017. 30.04 *(978-0-265-22355-0(5));* 2016. pap. 13.57 *(978-1-4510-1628-4(X))* Forgotten Bks.

Harboring Hope: The True Story of How Henny Sinding Helped Denmark's Jews Escape the Nazis. Susan Hood. 2023. (ENG., Illus.). 400p. (J). (gr. 5). 19.99 *(978-0-06-321448-4(2),* HarperCollins) HarperCollins Pubs.

Harbour Explosion: The Nova Scotia Episode. Lisa Tasca Oatway. 2022. (ENG.). 158p. (J). *(978-0-2288-7566-6(8));* pap. *(978-0-2288-7564-2(1))* Tellwell Talent.

Harbour Tales: Book 1. David Hobson. Illus. by Michelle Brown. 2018. (ENG.). 48p. (J). pap. 12.95 *(978-1-4566-3181-9(0))* eBookit.com.

Harbours of Memory (Classic Reprint) William McFee. 2017. (ENG., Illus.). (J). 31.32 *(978-1-5282-7744-0(9))* Forgotten Bks.

Hard & Soft. Emilie DuFresne. 2019. (Opposites Ser.). (ENG.). 24p. (J). (gr. -1-k). lib. bdg. 22.99 *(978-1-5105-4623-3(5))* SmartBook Media, Inc.

Hard & Soft. Cecilia Minden. 2016. (21st Century Basic Skills Library: Animal Opposites Ser.). (ENG., Illus.). 24p. (J). (gr. k-3). 26.35 *(978-1-63470-469-4(X),* 207607) Cherry Lake Publishing.

Hard & Soft. Julie Murray. 2018. (Opposites Ser.). (ENG., Illus.). 24p. (J). (gr. -1-2). lib. bdg. 31.36 *(978-1-5321-8179-5(5),* 29831, Abdo Kids) ABDO Publishing Co.

Hard-Boiled Bugs for Breakfast: And Other Tasty Poems. Jack Prelutsky. Illus. by Ruth Chan. (ENG.). 144p. (J). (gr. 3). 2023. pap. 9.99 *(978-0-06-301914-0(0));* 2021. 18.99 *(978-0-06-301913-3(2))* HarperCollins Pubs. (Greenwillow Bks.).

Hard Cash: A Matter-Of-Fact Romance (Classic Reprint) Charles Reade. 2017. (ENG., Illus.). (J). 37.18 *(978-1-5282-5072-6(9))* Forgotten Bks.

Hard Cash, a Matter-Of-Fact Romance, Vol. 2: Singleheart & Doubleface, and, Good Stories of Man & Other Animals (Classic Reprint) Charles Reade. (ENG., Illus.). (J). 2018. 752p. 39.43 *(978-0-666-73547-8(6));* 2016. pap. 23.57 *(978-1-333-43751-0(X))* Forgotten Bks.

Hard Cash, Vol. 1: A Matter-Of-Fact Romance (Classic Reprint) Charles Reade. 2017. (ENG., Illus.). (J). 35.84 *(978-0-260-68311-3(6))* Forgotten Bks.

Hard Cash, Vol. 1 Of 3: A Matter-Of-Fact Romance (Classic Reprint) Charles Reade. 2017. (ENG., Illus.). (J). 30.74 *(978-1-5284-7423-8(6))* Forgotten Bks.

Hard Cash, Vol. 2 of 3 (Classic Reprint) Charles Reade. 2017. (ENG., Illus.). (J). 29.96 *(978-0-266-19251-0(3))* Forgotten Bks.

Hard Cash, Vol. 3 of 3 (Classic Reprint) Charles Reade. 2017. (ENG., Illus.). (J). 30.97 *(978-1-5282-7145-5(9))* Forgotten Bks.

Hard Ever After: A Hard Ink Novella. Laura Kaye. 2016. (Hard Ink Ser.: 4.5). (ENG.). 176p. mass mkt. 3.99 *(978-0-06-242174-6(3),* Avon Impulse) HarperCollins Pubs.

Hard Hat Cat! Jamie Kiffel-Alcheh. Illus. by Maxine Lee. 2020. (ENG.). 24p. (J). (gr. -1-2). 17.99 *(978-1-5415-4635-6(0),* eaf7a502-7a58-4c74-a89c-eebb9299225b, Kar-Ben Publishing) Lerner Publishing Group.

Hard Hat Heroes. Molly Beth Griffin. Illus. by Mike Deas. 2019. (School Sidekicks Ser.). (ENG.). 32p. (J). (gr. -1-2). lib. bdg. 21.32 *(978-1-5158-4417-4(X),* 140511, Picture Window Bks.) Capstone.

Hard-Hearted Man: A Play; in English & in Irish (Classic Reprint) Seumas MacManus. (ENG., Illus.). (J). 2019. 112p. 26.23 *(978-0-365-30668-9(1));* 2017. pap. 9.57 *(978-0-259-54771-6(9))* Forgotten Bks.

Hard Hit: A Newfoundland Story (Classic Reprint) William B. Stabb. (ENG., Illus.). (J). 2018. 206p. 28.15 *(978-0-484-77976-0(1));* 2017. pap. 10.57 *(978-0-243-50912-6(X))* Forgotten Bks.

Hard Knocks: A Life Story of the Vanishing West (Classic Reprint) Harry Young. 2018. (ENG., Illus.). 294p. (J). 29.98 *(978-0-267-45996-4(3))* Forgotten Bks.

Hard Knocks High: Darkskin & Redbones. Kevin Brown. 2017. (ENG., Illus.). (YA). (gr. 7-12). pap. 9.95 *(978-0-9845572-1-9(0))* Bks. for the Culture LLC.

Hard Life of Jackson. Finn Newcomen. 2018. (ENG., Illus.). 32p. (J). *(978-0-2288-0458-1(2));* pap. *(978-0-2288-0457-4(4))* Tellwell Talent.

Hard Lines. Hawley Smart. 2017. (ENG.). (J). 292p. pap. *(978-3-337-34635-5(9));* 300p. pap. *(978-3-337-34636-2(7));* 278p. pap. *(978-3-337-34637-9(5))* Creation Pubs.

Hard Lines: A Novel (Classic Reprint) Hawley Smart. (ENG., Illus.). (J). 2018. 376p. 31.65 *(978-0-483-70713-9(9));* 2016. pap. 16.57 *(978-1-333-69930-7(1))* Forgotten Bks.

Hard Lines, Vol. 1 Of 3: A Novel (Classic Reprint) Hawley Smart. 2018. (ENG., Illus.). 288p. (J). 29.86 *(978-0-483-44667-0(X))* Forgotten Bks.

Hard Lines, Vol. 2 Of 3: A Novel (Classic Reprint) Hawley Smart. 2018. (ENG., Illus.). 294p. (J). 29.98 *(978-0-483-96436-5(0))* Forgotten Bks.

Hard Lines, Vol. 3 Of 3: A Novel (Classic Reprint) Hawley Smart. 2018. (ENG., Illus.). 276p. (J). 29.59 *(978-0-483-53203-8(7))* Forgotten Bks.

Hard-Luck Story (Classic Reprint) Henry M. Blossom. 2017. (ENG., Illus.). (J). 29.38 *(978-1-5279-7229-2(1))* Forgotten Bks.

Hard Maple (Classic Reprint) Anna Bartlett Warner. 2018. (ENG., Illus.). (J). 29.28 *(978-0-331-97738-7(9))* Forgotten Bks.

Hard-Pan: A Story of Bonanza Fortunes. Geraldine Bonner. 2017. (ENG., Illus.). (J). pap. *(978-0-649-36372-8(8))* Trieste Publishing Pty Ltd.

Hard-Pan: A Story of Bonanza Fortunes (Classic Reprint) Geraldine Bonner. 2018. (ENG., Illus.). 286p. (J). 29.82 *(978-0-267-17925-1(1))* Forgotten Bks.

Hard Pressed (Classic Reprint) Fred M. White. 2017. (ENG., Illus.). (J). 30.60 *(978-0-266-86192-8(X))* Forgotten Bks.

Hard Rock. Ginger Rue. 2017. (Tig Ripley Ser.). (ENG.). 368p. (YA). (gr. 4-7). 16.99 *(978-1-58536-947-8(0),* 204223) Sleeping Bear Pr.

Hard Rock Man (Classic Reprint) Frederick R. Bechdolt. 2018. (ENG., Illus.). 236p. (J). 28.78 *(978-0-267-43947-8(4))* Forgotten Bks.

Hard-Scrabble of ELM Island (Classic Reprint) Elijah Kellogg. 2018. (ENG., Illus.). 342p. (J). 30.97 *(978-0-364-84234-8(2))* Forgotten Bks.

Hard Skin. Melissa Llanes Brownlee. 2022. (ENG.). 112p. (YA). pap. 16.00 *(978-1-953447-38-8(4))* Vidaurre, Edward.

Hard Sudoku Puzzle Book (16x16) (6x9 Puzzle Book / Activity Book) Sheba Blake. 2021. (ENG.). 106p. (YA). pap. 9.99 *(978-1-222-29073-8(1))* Indy Pub.

Hard Sudoku Puzzle Book (16x16) (8x10 Puzzle Book / Activity Book) Sheba Blake. 2021. (ENG.). 106p. (YA). pap. 14.99 *(978-1-222-29074-5(X))* Indy Pub.

Hard Time for Unicorn. Michael EL FATHI. 2021. (ENG., Illus.). 32p. (J). (gr. k-2). 16.99 *(978-1-84976-742-2(4))* Tate Publishing, Ltd. GBR. Dist: Abrams, Inc.

Hard Times. Charles Dickens. 2020. (ENG.). (J). 242p. 19.95 *(978-1-61895-950-8(6));* 240p. pap. 12.95 *(978-1-61895-949-2(2))* Bibliotech Pr.

Hard Times. Charles Dickens. 2021. (ENG.). 216p. (J). pap. 9.99 *(978-1-4209-7499-7(8))* Digireads.com Publishing.

Hard Times. Charles Dickens. (ENG.). (J). 2022. 230p. pap. 30.38 ***(978-1-4583-4030-6(9));*** 2022. 230p. pap. 32.88 ***(978-1-4583-3850-1(9));*** 2020. 228p. pap. *(978-1-716-13517-0(6))* Lulu Pr., Inc.

Hard Times. Charles Dickens. 2019. (ENG.). 408p. (J). pap. 21.99 *(978-1-64661-628-2(6))* Notion Pr., Inc.

Hard Times: And Other Stories (Classic Reprint) Charles Dickens. (ENG., Illus.). (J). 2018. 520p. 34.64 *(978-0-484-03953-6(9));* 2016. pap. 19.57 *(978-1-334-15160-6(1))* Forgotten Bks.

Hard Times: Illustrated Edition. Charles Dickens. 2018. (ENG.). 192p. (J). pap. *(978-80-273-3047-8(5))* E-Artnow.

Hard Times (Classic Reprint) Charles Dickens. 2018. (ENG., Illus.). 502p. (J). 34.25 *(978-0-364-42726-2(4))* Forgotten Bks.

Hard-To-Beat Sports Records. Barry Wilner. 2017. (Wild World of Sports Ser.). (ENG., Illus.). 48p. (J). (gr. 3-6). lib. bdg. 34.21 *(978-1-5321-1365-9(X),* 27663, SportsZone) ABDO Publishing Co.

Hard Wired. Len Vlahos. 2020. (ENG.). 320p. (YA). 17.99 *(978-1-68119-037-2(0),* 900156314, Bloomsbury Young Adult) Bloomsbury Publishing USA.

Hard Woman: A Story in Scenes (Classic Reprint) Violet Hunt. 2018. (ENG., Illus.). 352p. (J). 31.16 *(978-0-364-92368-9(7))* Forgotten Bks.

Hard Work! Dyan. Illus. by Dyan. l.t. ed. 2023. (ENG.). 34p. (J). pap. 12.60 ***(978-1-61477-643-7(1))*** Bellissima Publishing, LLC.

Hard Work, but It's Worth It: The Life of Jimmy Carter. Bethany Hegedus. Illus. by Kyung Eun Han. 2020. (ENG.). 40p. (J). (gr. -1-3). 18.99 *(978-0-06-264378-0(9),* Balzer & Bray) HarperCollins Pubs.

Hard Working Ninja: A Children's Book about Valuing a Hard Work Ethic. Mary Nhin. Illus. by Jelena Stupar. 2021. (Ninja Life Hacks Ser.: Vol. 39). (ENG.). 34p. (J). 19.99 *(978-1-63731-047-2(1))* Grow Grit Pr.

H

Hardbound Ruled Paper Book (I Choose to Have Fun) Writing Paper Book: 104 Page, Hardbound Writing Book, 8. 5 Inches by 11. 0 Inches with a Powerful Message. 32 Ruled Lines per Page. James Manning. 2019. (ENG., Illus.). 106p. (J). *(978-1-83856-943-3(X)); (978-1-83856-944-0(8)); (978-1-83856-945-7(6))* Coloring Pages.

Hardcore Volume 2: Reloaded. Brandon Thomas. 2020. (ENG., Illus.). 112p. (YA). pap. 14.99 *(978-1-5343-1596-9(9),* b6e97210-3812-481d-ac97-c66ed443ed13) Image Comics.

Harden Hall, or the Three Proposals, Vol. 1: A Novel (Classic Reprint) Unknown Author. 2018. (ENG., Illus.). 328p. (J). 30.66 *(978-0-267-18701-0(7))* Forgotten Bks.

Harden Hall, or the Three Proposals, Vol. 2 Of 3: A Novel (Classic Reprint) Unknown Author. 2018. (ENG., Illus.). 322p. (J). 30.54 *(978-0-483-94202-8(2))* Forgotten Bks.

Hardenbrass & Haverill; or the Secret of the Castle, a Novel, Vol. 1 Of 4: Containing a Madman & No Madman Who Walks Deeds of Darkness, &C, Remarkable Characters, Incidents, Adventures, &C, &C, Instructive & Entertaining (Classic Reprint) James Athearn Jones. 2018. (ENG., Illus.). 436p. (J). 32.89 *(978-0-484-78247-0(9))* Forgotten Bks.

Hardenbrass & Haverill; or the Secret of the Castle, a Novel, Vol. 2 Of 4: Containing a Madman & No Madman Who Walks Deeds of Darkness, &C, Remarkable Characters, Incidents, Adventures, &C, &C, Instructive & Entertaining (Classic Reprint) James Athearn Jones. 2018. (ENG., Illus.). 612p. (J). 36.52 *(978-0-428-77667-1(1))* Forgotten Bks.

Hardenbrass & Haverill, or the Secret of the Castle, Vol. 3 Of 4: A Novel (Classic Reprint) James Athearn Jones. (ENG., Illus.). (J). 2018. 390p. 31.94 *(978-0-483-72280-4(4));* 2016. pap. 16.57 *(978-1-334-15764-6(2))* Forgotten Bks.

Hardenbrass & Haverill, or the Secret of the Castle, Vol. 4 Of 4: A Novel (Classic Reprint) James Athearn Jones. (ENG., Illus.). (J). 2018. 426p. 32.68 *(978-0-483-36654-1(4));* 2016. pap. 16.57 *(978-1-333-39848-4(4))* Forgotten Bks.

Hardest Ever Connecting the Dots for Little Learners. Kreative Kids. 2016. (ENG., Illus.). (J). pap. 9.20 *(978-1-68377-053-4(6))* Whlke, Traudl.

Hardest Ever Dot 2 Dot for 5th Graders. Kreative Kids. 2016. (ENG., Illus.). (J). pap. 9.20 *(978-1-68377-054-1(4))* Whlke, Traudl.

Hardest Hidden Pictures Book Ever. Created by Highlights. 2021. (Highlights Hidden Pictures Ser.). (Illus.). 144p. (J). (gr. 3-7). pap. 9.95 *(978-1-64472-334-0(4),* Highlights) Highlights Pr., c/o Highlights for Children, Inc.

Harding of Allenwood (Classic Reprint) Harold Bindloss. 2016. (ENG., Illus.). (J). pap. 13.57 *(978-1-334-21236-9(8))* Forgotten Bks.

Harding of St. Timothy's (Classic Reprint) Arthur Stanwood Pier. (ENG., Illus.). (J). 2018. 29.34 *(978-0-331-99002-7(4));* 2016. pap. 11.97 *(978-1-333-34174-9(1))* Forgotten Bks.

Harding the Money-Spinner, Vol. 1 of 3 (Classic Reprint) Miles Gerald Keon. 2018. (ENG., Illus.). 314p. (J). 30.37 *(978-0-483-14038-7(4))* Forgotten Bks.

Harding the Money-Spinner, Vol. 2 of 3 (Classic Reprint) Miles Gerald Keon. 2018. (ENG., Illus.). 276p. (J). 29.61 *(978-0-483-27383-2(X))* Forgotten Bks.

Harding the Money-Spinner, Vol. 3 of 3 (Classic Reprint) Miles Gerald Keon. 2018. (ENG., Illus.). 280p. (J). 29.69 *(978-0-484-90621-0(6))* Forgotten Bks.

Harding's Luck. E. Nesbit. 2018. (ENG., Illus.). 208p. (YA). (gr. 7-12). pap. *(978-93-5329-309-3(X))* Alpha Editions.

Harding's Luck (Classic Reprint) E. Nesbit. 2017. (ENG., Illus.). 324p. (J). 30.60 *(978-0-266-20467-1(8))* Forgotten Bks.

Hardness. Rebecca Kraft Rector. 2019. (Let's Learn about Matter Ser.). (ENG.). 24p. (gr. 1-2). 56.10 *(978-1-9785-0911-5(1))* Enslow Publishing, LLC.

Hardrock Rooster of Rose-Nose Mound. Donald Anderson. Illus. by Michelle Crowe. 2017. (ENG.). (YA). (gr. 7-12). pap. 11.95 *(978-0-9881993-2-3(7))* CK Books Publishing.

Hardscrabble. Sandra Dallas. 2018. (ENG.). 264p. (J). (gr. 3-6). pap. 9.99 *(978-1-58536-376-6(6),* 204412); 15.95 *(978-1-58536-375-9(8),* 204400) Sleeping Bear Pr.

Hardware, 1 vol. Jeff Mapua. 2018. (Let's Learn about Computer Science Ser.). (ENG.). 24p. (gr. 1-2). 24.27 *(978-1-9785-0182-9(X),* ee9f1a4b-35c0-42be-b0b5-3231f0a565aa) Enslow Publishing, LLC.

Hardware Helper! Ready-To-Read Level 1. Dana Regan. Illus. by Berta Maluenda. 2023. (Mike Delivers Ser.). (ENG.). 32p. (J). (gr. -1-1). 17.99 ***(978-1-5344-8913-4(4));*** pap. 4.99 ***(978-1-5344-8912-7(6))*** Simon Spotlight. (Simon Spotlight).

Hardy Boys Adventures 3-Books-In-1! Secret of the Red Arrow; Mystery of the Phantom Heist; the Vanishing Game. Franklin Dixon. 2016. (Hardy Boys Adventures Ser.). (ENG., Illus.). 448p. (J). (gr. 3-7). pap. 8.99 *(978-1-4814-8553-1(9),* Aladdin) Simon & Schuster Children's Publishing.

Hardy Boys Adventures (Set), 6 vols. Franklin Dixon. 2021. (Hardy Boys Adventures Ser.). (ENG.). 120p. (J). (gr. 3-7). lib. bdg. 188.16 *(978-1-0982-5000-3(1),* 36978, Chapter Bks.) Spotlight.

Hardy Boys Adventures Special Collection (Boxed Set) Secret of the Red Arrow; Mystery of the Phantom Heist; the Vanishing Game; into Thin Air; Peril at Granite Peak; the Battle of Bayport; Shadows at Predator Reef; Deception on the Set; the Curse of the Ancient Emerald; Tunnel of Secrets. Franklin W. Dixon. ed. 2020. (Hardy Boys Adventures Ser.). (ENG.). 1456p. (J). (gr. 3-7). pap. 69.99 *(978-1-5344-7522-9(2),* Aladdin) Simon & Schuster Children's Publishing.

Hardy Boys Clue Book Case-Cracking Collection (Boxed Set) The Video Game Bandit; the Missing Playbook; Water-Ski Wipeout; Talent Show Tricks; Scavenger Hunt Heist; a Skateboard Cat-Astrophe; the Pirate Ghost; the Time Warp Wonder; Who Let the Frogs Out?; the Great Pumpkin Smash. Franklin W. Dixon. Illus. by Matt David & Santy Gutierrez. ed. 2020. (Hardy Boys Clue Book Ser.). (ENG.). 960p. (J). (gr. 1-4). pap. 59.99 *(978-1-5344-6151-2(5),* Aladdin) Simon & Schuster Children's Publishing.

Hardy Norseman (Classic Reprint) Edna Lyall. 2018. (ENG., Illus.). 438p. (J). 32.93 *(978-0-483-47126-9(7))* Forgotten Bks.

Hare & the Moon - Special Edition: A Calming Fable for Anxious Children. Sophie Shaw. Illus. by Sophie Shaw. 2020. (Calming Fables Ser.: Vol. 1). (ENG.). 94p. (J). pap. 17.99 *(978-1-8381713-0-8(4))* Gracelight Pr. LLC.

Hare & the Tortoise. Diamond Adebowale. Illus. by Busisiwe Ndlovu. 2019. (ENG.). 54p. (J). pap. *(978-1-928348-83-2(1))* Verity Pubs.

Hare & the Tortoise: a Lesson in Determination: A Lesson in Determination. Grace Hansen. 2021. (Lessons with Aesop's Fables Ser.). (ENG.). 32p. (J). (gr. 2-5). lib. bdg. 32.79 *(978-1-0982-4130-8(4),* 38796, DiscoverRoo) Pop!.

Hare & Tortoise. Alison Murray. Illus. by Alison Murray. 2016. (ENG., Illus.). 32p. (J). (-k). 18.99 *(978-0-7636-8721-2(9))* Candlewick Pr.

Hare B&B, 1 vol. Bill Richardson. Illus. by Bill Pechet. 2021. (ENG.). 64p. (J). (gr. 1-3). 19.95 *(978-1-927917-38-1(7))* Running the Goat, Bks. & Broadsides CAN. Dist: Orca Bk. Pubs. USA.

Hare of Inaba: Told to Children (Classic Reprint) T. H. James. (ENG., Illus.). (J). 2018. 20p. 24.33 *(978-0-666-30715-6(6));* 2017. pap. 7.97 *(978-0-282-60648-0(3))* Forgotten Bks.

Hare Pota Me Te Whatu Manapou [Harry Potter & the Philosopher's Stone]. J. K. Rowling. Tr. by Leon Heketu Blake. 2021. (Kotahi Rau Pukapuka Ser.: 1). 328p. pap. 24.99 *(978-1-86940-914-2(0))* Auckland Univ. Pr. NZL. Dist: Independent Pubs. Group.

Hare Tricks Elephant - Sungura Amdanganya Tembo. Agnes Gichaba. Illus. by Wiehan de Jager. 2023. (SWA.). 36p. (J). pap. ***(978-1-922910-42-4(2))*** Library For All Limited.

Hare Tricks Elephant Again. Agnes Gichaba. Illus. by Wiehan de Jager. 2022. (ENG.). 36p. (J). pap. ***(978-1-922910-99-8(6))*** Library For All Limited.

Haremlik: Some Pages from the Life of Turkish Women (Classic Reprint) Demetra Vaka. 2017. (ENG., Illus.). (J). 29.88 *(978-0-266-79736-4(9))* Forgotten Bks.

Hares & Rabbits. Ryan Gale. 2020. (Comparing Animal Differences Ser.). (ENG.). 24p. (J). (gr. k-3). lib. bdg. 32.79 *(978-1-5038-3591-7(X),* 213369) Child's World, Inc, The.

Hares Hiccups. Karen Parker. 2019. (ENG., Illus.). 34p. (J). *(978-1-5289-2183-1(6));* pap. *(978-1-5289-2182-4(8))* Austin Macauley Pubs. Ltd.

Hares in the Moonlight. Sharron Kraus. 2017. (ENG.). 148p. (J). pap. 10.00 ***(978-0-244-04810-5(X))*** Lulu Pr., Inc.

Harini & Padmini Say Namaste. Amy Maranville. 2017. (ENG., Illus.). (J). 19.95 *(978-1-63177-848-3(X))* Amplify Publishing Group.

Hark Forrard (Classic Reprint) Frederick Cotton. 2019. (ENG., Illus.). 228p. (J). 28.60 *(978-0-365-31231-4(2))* Forgotten Bks.

Hark the Herald Angels Sing. Ed. by Flowerpot Press. Illus. by Jonas Bell. 2019. (ENG.). 16p. (J). (gr. k-2). bds. 5.99 *(978-1-4867-1820-7(5),* f026f324-b4ca-44dc-9334-be0d246c48f7) Flowerpot Pr.

Hark! the Herald Angels Sing. Grace Lin. 2020. (ENG., Illus.). 20p. (J). (gr. -1 — 1). bds. 7.99 *(978-0-316-49657-5(X))* Little, Brown Bks. for Young Readers.

Harkavy's Manual Dictionary of the English Language: Giving the Exact Meaning of Every Word in Jewish, with the Pronunciation of Every Word in Hebrew Characters (Classic Reprint) Alexander Harkavy. 2017. (ENG., Illus.). (J). 34.02 *(978-0-260-84721-8(6));* pap. 16.57 *(978-0-260-35480-8(5))* Forgotten Bks.

Harleian Ms. 7334 of Chaucer's Canterbury Tales (Classic Reprint) Geoffrey Chaucer. (ENG., Illus.). (J). 2018. 748p. 39.34 *(978-0-364-11181-9(X));* 2018. 788p. 40.21 *(978-0-656-15196-7(X));* 2018. 780p. 39.98 *(978-0-666-24080-4(9));* 2016. pap. 23.57 *(978-1-334-15725-7(1));* 2016. pap. 23.57 *(978-1-334-15742-4(1));* 2016. pap. 23.57 *(978-1-334-32492-5(1))* Forgotten Bks.

Harlem at Four. Michael Datcher. Illus. by Frank Morrison. 2023. (ENG.). 48p. (J). (gr. -1-3). 18.99 ***(978-0-593-42933-4(8));*** lib. bdg. 21.99 ***(978-0-593-42934-1(6))*** Random Hse. Children's Bks.

Harlem Charade. Natasha Tarpley. ed. 2019. (Penworthy Picks Middle School Ser.). (ENG.). 297p. (J). (gr. 4-5). 18.36 *(978-1-64310-934-3(0))* Penworthy Co., LLC, The.

Harlem Charade. Natasha Tarpley. (ENG., 320p. (J). (gr. 3-7). 2018. Illus.). pap. 7.99 *(978-0-545-78388-0(7));* 2017. 16.99 *(978-0-545-78387-3(9),* Scholastic Pr.) Scholastic, Inc.

Harlem Grown: How One Big Idea Transformed a Neighborhood. Tony Hillery. Illus. by Jessie Hartland. 2020. (ENG.). 40p. (J). (gr. -1-3). 17.99 *(978-1-5344-0231-7(4))* Simon & Schuster, Inc.

Harlem Hellfighters. Julia Garstecki. 2016. (All-American Fighting Forces Ser.). (ENG.). 32p. (J). (gr. 4-6). pap. 9.99 *(978-1-64466-153-6(5),* 10314); (Illus.). 31.35 *(978-1-68072-002-0(3),* 10313) Black Rabbit Bks. (Bolt).

Harlem Hellfighters: African-American Heroes of World War I. John Micklos, Jr. 2017. (Military Heroes Ser.). (ENG., Illus.). 32p. (J). (gr. 3-6). lib. bdg. 27.99 *(978-1-5157-3348-5(3),* 133345, Capstone Pr.) Capstone.

Harlem Renaissance. Duchess Harris & Martha London. 2019. (Freedom's Promise Set 3 Ser.). (ENG., Illus.). 48p. (J). (gr. 4-8). lib. bdg. 35.64 *(978-1-5321-9082-7(4),* 33672) ABDO Publishing Co.

Harlem Renaissance. Hedreich Nichols & Kelisa Wing. 2022. (21st Century Skills Library: Racial Justice in America: Excellence & Achievement Ser.). (ENG., Illus.). 32p. (J). (gr. 5-8). pap. 14.21 *(978-1-6689-0044-4(0),* 220135); lib. bdg. 32.07 *(978-1-5341-9930-9(6),* 219991) Cherry Lake Publishing.

Harlem Renaissance. Lucia Raatma. 2023. (Black American Journey Ser.). (ENG.). 32p. (J). (gr. 4-7). lib. bdg. 35.64 ***(978-1-5038-8070-2(2),*** 216980) Child's World, Inc, The.

Harlem Renaissance: An African American Cultural Movement, 1 vol. Tamra B. Orr. 2018. (American History Ser.). (ENG.). 104p. (gr. 7-7). lib. bdg. 41.03 *(978-1-5345-6421-3(7),* 3a153934-d5c7-4f40-be29-47bdae39e8a7, Lucent Pr.) Greenhaven Publishing LLC.

Harlem Stomp! A Cultural History of the Harlem Renaissance (National Book Award Finalist) Laban Carrick Hill. ed. 2020. (ENG., Illus.). 160p. (J). (gr. 7-17). pap. 19.99 *(978-0-316-49633-9(2))* Little, Brown Bks. for Young Readers.

Harlequin & Columbine: Front, by Stetson Crawford (Classic Reprint) Booth Tarkington. 2018. (ENG., Illus.). 202p. (J). 28.06 *(978-0-484-46338-6(1))* Forgotten Bks.

Harlequin Opal, Vol. 1: A Romance (Classic Reprint) Fergus Hume. 2017. (ENG., Illus.). (J). 29.96 *(978-0-260-68505-6(4))* Forgotten Bks.

Harlequinade: A Novel (Classic Reprint) Holloway Horn. 2018. (ENG., Illus.). 256p. (J). 29.18 *(978-0-483-49991-1(9))* Forgotten Bks.

Harlequinade: An Excursion (Classic Reprint) Dion Clayton Calthrop. 2018. (ENG., Illus.). 102p. (J). 26.00 *(978-0-365-16253-7(1))* Forgotten Bks.

Harley & Aya. Robin Audu. 2021. (ENG.). 24p. (J). 17.99 *(978-1-0879-7100-1(4))* Indy Pub.

Harley & Batgirl Show. Michael Anthony Steele. Illus. by Sarah Leuver. 2022. (Harley Quinn's Madcap Capers Ser.). (ENG.). 72p. 27.32 *(978-1-6639-7537-9(X),* 226353); pap. 6.95 *(978-1-6663-2977-3(0),* 226335) Capstone. (Stone Arch Bks.).

Harley at Bat! Arie Kaplan. ed. 2020. (Step into Reading Ser.). (ENG., Illus.). 32p. (J). (gr. 2-3). 14.96 *(978-1-64697-355-2(0))* Penworthy Co., LLC, The.

Harley at Bat! (DC Super Heroes: Batman) Arie Kaplan. Illus. by Marco Lesko et al. 2020. (Step into Reading Ser.). (ENG.). 32p. (J). (gr. -1-1). pap. 5.99 *(978-0-593-12802-2(8),* Random Hse. Bks. for Young Readers) Random Hse. Children's Bks.

Harley Attention Deficit Dog: I Need To... Soozie Zysk. 2017. (ENG., Illus.). 32p. (J). 21.95 *(978-1-64082-508-6(8))* Page Publishing Inc.

Harley-Davidson. Julie Murray. 2018. (Motorcycles Ser.). (ENG., Illus.). 24p. (J). (gr. k-4). lib. bdg. 31.36 *(978-1-5321-2303-0(5),* 28373, Abdo Zoom-Dash) ABDO Publishing Co.

Harley in the Sky. Akemi Dawn Bowman. 2021. (ENG.). 432p. (YA). (gr. 7). pap. 12.99 *(978-1-5344-3713-5(4),* Simon & Schuster Bks. For Young Readers) Simon & Schuster Bks. For Young Readers.

Harley in the Sky. Akemi Dawn Bowman. 2020. (ENG.). 416p. (YA). (gr. 7). 19.99 *(978-1-5344-3712-8(6),* Simon Pulse) Simon Pulse.

Harley Quinn: Wild Card. Liz Marsham. Illus. by Patrick Spaziante. 2016. 127p. (J). *(978-1-5182-1359-5(6))* Scholastic, Inc.

Harley Quinn: Wild Card. Scholastic Editors & Liz Marsham. ed. 2016. (Backstories Ser.). (ENG., Illus.). 128p. (J). (gr. 3-7). 16.00 *(978-0-606-39148-1(7))* Turtleback.

Harley Quinn: DC Comics Villain Turned Heroine. Kenny Abdo. 2020. (Fierce Females of Fiction Ser.). (ENG.). 24p. (J). (gr. 2-8). lib. bdg. 31.36 *(978-1-0982-2311-3(X),* 36259, Abdo Zoom-Fly) ABDO Publishing Co.

Harley Quinn: Ravenous. Rachael Allen. 2023. (DC Icons Ser.: 2). (Illus.). 368p. (YA). (gr. 9). 19.99 *(978-0-593-42990-7(7),* Random Hse. Bks. for Young Readers) Random Hse. Children's Bks.

Harley Quinn: Reckoning. Rachael Allen. (DC Icons Ser.: 1). (YA). (gr. 9). 2023. 416p. pap. 11.99 *(978-0-593-42987-7(7),* Ember); 2022. (Illus.). 464p. 18.99 *(978-0-593-42986-0(9),* Random Hse. Bks. for Young Readers); 2022. (ENG., Illus.). 464p. lib. bdg. 21.99 *(978-0-593-42989-1(3),* Random Hse. Bks. for Young Readers) Random Hse. Children's Bks.

Harley Quinn's Crazy Creeper Caper. Louise Simonson. Illus. by Luciano Vecchio. 2017. (Batman & Robin Adventures Ser.). (ENG.). 88p. (J). (gr. 2-6). lib. bdg. 26.65 *(978-1-4965-5347-8(0),* 136289, Stone Arch Bks.) Capstone.

Harley Quinn's Hat Trick. Michael Dahl. Illus. by Luciano Vecchio. 2018. (Batman Tales of the Batcave Ser.). (ENG.). 40p. (J). (gr. 4-8). lib. bdg. 24.65 *(978-1-4965-5983-8(5),* 137331, Stone Arch Bks.) Capstone.

Harley Quinn's Madcap Capers. Steve Brezenoff & Michael Anthony Steele. Illus. by Sarah Leuver & Sara Foresti. (Harley Quinn's Madcap Capers Ser.). (ENG.). 72p. 2023. 218.56 *(978-1-6690-1561-1(0),* 249097); 2023. pap., pap., pap. 55.60 *(978-1-6690-1562-8(9),* 249098); 2022. 109.28 *(978-1-6663-3359-6(X),* 235137); 2022. pap., pap., pap. 27.80 *(978-1-6663-3360-2(3),* 235138) Capstone. (Stone Arch Bks.).

Harley the Hero. Peggy Collins. 2021. (ENG., Illus.). 32p. (J). (gr. k-2). 17.95 *(978-1-77278-195-3(9))* Pajama Pr. CAN. Dist: Ingram Publisher Services.

Harley's Cape. Terrence P. Nelson. 2017. (ENG., Illus.). 244p. (J). pap. 11.61 *(978-1-387-36269-1(0))* Lulu Pr., Inc.

Harley's Journey to Family. Nana B. 2019. (ENG.). 28p. (J). *(978-0-359-83220-0(2))* Lulu Pr., Inc.

Harlow & the Lost Laughter. Shannan Stedman & Tayla Stedman. 2018. (ENG., Illus.). 26p. (J). *(978-1-78878-520-4(7));* pap. *(978-1-78878-519-8(3))* Austin Macauley Pubs. Ltd.

Harlow Has a Hypothesis: Explaining the Scientific Method. Kristen Barton & Kevin Boldt. 2022. (ENG.). 30p. (J). ***(978-0-2288-7991-6(4));*** pap. ***(978-0-2288-7990-9(6))*** Tellwell Talent.

Harlow's Journey Home. Ashley Tomassini-LaBelle. 2021. (ENG.). 40p. (J). pap. *(978-1-5255-9388-8(9));* *(978-1-5255-9389-5(7))* FriesenPress.

Harm Reduction: Public Health Strategies, 1 vol. Ed. by Barbara Krasner. 2018. (Opposing Viewpoints Ser.). (ENG.). 176p. (gr. 10-12). 50.43 *(978-1-5345-0413-4(3),* db19734f-a4c6-431b-a7e2-626d22d0890a) Greenhaven Publishing LLC.

Harmen Pols (Classic Reprint) Maarten Maartens. (ENG., Illus.). (J). 2018. 320p. 30.50 *(978-0-483-27205-7(1));* 2017. pap. 13.57 *(978-0-259-00365-6(4))* Forgotten Bks.

Harmoniæ Cælestes, or Christian Melodies: And Other Poems (Classic Reprint) George Bettner. 2019. (ENG., Illus.). 160p. (J). 27.20 *(978-0-365-16972-7(2))* Forgotten Bks.

Harmonia Ruralis, or an Essay Towards a Natural History of British Song Birds, Vol. 1: Illustrated with Figures the Size of Life, of the Birds, Male & Female, in Their Most Natural Attitudes; Their Nests & Eggs, Food, Favourite Plants, Shrubs, Trees, James Bolton. (ENG., Illus.). (J). 2018. 338p. 30.87 *(978-0-666-96910-1(8));* 2016. pap. 13.57 *(978-1-333-75567-6(8))* Forgotten Bks.

Harmoniae Caelestes, or Christian Melodies: And Other Poems (Classic Reprint) George Bettner. 2016. (ENG., Illus.). (J). pap. 9.57 *(978-1-334-67849-3(9))* Forgotten Bks.

Harmonica Aerobics: A 42-Week Workout Program for Developing, Improving, & Maintaining Harmonica Technique. David Harp. 2017. (ENG.). 96p. (J). pap. 19.99 *(978-1-4803-4466-2(4),* 00119679) Leonard, Hal Corp.

Harmonious Hearts. Ed. by Anne Regan. 2016. (ENG., Illus.). (YA). (gr. 9-12). 27.99 *(978-1-63533-024-3(6),* Harmony Ink Pr.) Dreamspinner Pr.

Harmonious Hearts 2015. Ed. by Anne Regan. 2016. (ENG., Illus.). (YA). 24.99 *(978-1-63533-025-0(4),* Harmony Ink Pr.) Dreamspinner Pr.

Harmonious Hearts 2016: Stories from the Young Author Challenge. Arbour Ames et al. Ed. by Anne Regan. 2016. (Harmony Ink Press - Young Author Challenge Ser.: 3). (ENG., Illus.). 314p. (YA). pap. 17.99 *(978-1-63477-834-3(0),* Harmony Ink Pr.) Dreamspinner Pr.

Harmonious Hearts 2016: Stories from the Young Author Challenge. Ed. by Anne Regan. 2017. (Harmony Ink Press - Young Author Challenge Ser.). (ENG., Illus.). (YA). 27.99 *(978-1-64080-365-7(3),* Harmony Ink Pr.) Dreamspinner Pr.

Harmonious Hearts 2019 - Stories from the Young Author Challenge. Daniel Okulov et al. 2020. (Harmony Ink Press - Young Author Challenge Ser.: 6). (ENG.). 234p. (YA). pap. 14.99 *(978-1-64405-831-2(6),* Harmony Ink Pr.) Dreamspinner Pr.

Harmony, 1974 (Classic Reprint) Rockmont College. 2017. (ENG., Illus.). (J). 26.02 *(978-0-260-29887-4(5));* pap. 9.57 *(978-0-266-11651-6(5))* Forgotten Bks.

Harmony & Echo: The Mermaid Ballet. Brigette Barrager. 2023. (Illus.). 40p. (J). (gr. -1-2). 18.99 *(978-1-9848-3042-5(2));* (ENG., lib. bdg. 21.99 *(978-1-9848-3043-2(0))* Random Hse. Children's Bks.

Harmony & Hoops. Brandon Terrell. Illus. by Eduardo Garcia. 2016. (Time Machine Magazine Ser.). (ENG.). 128p. (J). (gr. 3-6). lib. bdg. 23.99 *(978-1-4965-2596-3(5),* 130725) Capstone.

Harmony Hall: A Story for Girls. Marion Hill. 2017. (ENG., Illus.). (J). pap. *(978-0-649-59927-1(6))* Trieste Publishing Pty Ltd.

Harmony Hall: A Story for Girls (Classic Reprint) Marion Hill. (ENG., Illus.). (J). 2018. 226p. 28.56 *(978-0-666-14264-1(5));* 2017. pap. 10.97 *(978-0-259-19155-1(8))* Forgotten Bks.

Harmony House. Nic Sheff. 2016. (ENG.). 304p. (YA). (gr. 9). 17.99 *(978-0-06-233709-2(2),* HarperTeen) HarperCollins Pubs.

Harmony Meets the World: Invitation to the Sun Festival. Erin K. Schonauer & Jamie C. Schonauer. Illus. by Kathleen Schonauer. 2022. (Harmony Meets the World Ser.: Vol. 1). (ENG.). 166p. (J). pap. 14.99 ***(978-1-958150-04-7(5))*** Inner Peace Pr.

Harmony's Grandmothers Hats. Annie S. Treheme. I.t. ed. 2020. (ENG.). 42p. (J). pap. 14.00 *(978-0-578-72794-3(3))* Treheme, Annie S.

Harmsworth London Magazine, Vol. 10: February-July, 1903 (Classic Reprint) Unknown Author. (ENG., Illus.). (J). 2018. 778p. 39.92 *(978-0-332-45849-6(0));* 2017. pap. 23.57 *(978-1-334-92770-6(7))* Forgotten Bks.

Harnessing Biofuels, 1 vol. Nancy Dickmann. 2016. (Future of Power Ser.). (ENG.). 32p. (J). (gr. 4-5). pap. 11.00 *(978-1-4994-3210-7(0),* 451670d5-f4ef-4eed-a1c0-af54d8848b94, PowerKids Pr.) Rosen Publishing Group, Inc., The.

Harnessing Geothermal Energy, 1 vol. Nancy Dickmann. 2016. (Future of Power Ser.). (ENG., Illus.). 32p. (J). (gr. 4-5). pap. 11.00 *(978-1-4994-3211-4(9),* dcd36dc6-fffb-4619-a7d7-e1f62aec43e3, PowerKids Pr.) Rosen Publishing Group, Inc., The.

Harnessing Hydroelectric Energy, 1 vol. Nancy Dickmann. 2016. (Future of Power Ser.). (ENG.). 32p. (J). (gr. 4-5). pap. 11.00 *(978-1-4994-3212-1(7),* b5b5b52f-3d8e-4a5a-b6a6-5b1195d3400c, PowerKids Pr.) Rosen Publishing Group, Inc., The.

Harnessing Solar Energy, 1 vol. Nancy Dickmann. 2016. (Future of Power Ser.). (ENG., Illus.). 32p. (J). (gr. 4-5). pap. 11.00 *(978-1-4994-3214-5(3),* e600a406-7aba-4fbb-beab-0fe97a437a87, PowerKids Pr.) Rosen Publishing Group, Inc., The.

Harnessing Wave & Tidal Energy, 1 vol. Nancy Dickmann. 2016. (Future of Power Ser.). (ENG.). 32p. (J). (gr. 4-5). pap. 11.00 *(978-1-4994-3213-8(5),* c12dcabf-35bb-471d-a583-2ffae4844273, PowerKids Pr.) Rosen Publishing Group, Inc., The.

Harnessing Wind Energy, 1 vol. Nancy Dickmann. 2016. (Future of Power Ser.). (ENG., Illus.). 32p. (J). (gr. 4-5). pap. 11.00 *(978-1-4994-3215-2(1),* 8b269d6d-69b1-4c51-9790-512021b6335d, PowerKids Pr.) Rosen Publishing Group, Inc., The.

Harold: An Experiment (Classic Reprint) Beckles Willson. (ENG., Illus.). (J). 2018. 236p. 28.76 *(978-0-332-17383-2(6));* 2017. pap. 11.57 *(978-1-334-92477-4(5))* Forgotten Bks.

Harold & Darby. Gayle Strasser. 2019. (ENG.). 22p. (J). 20.95 *(978-1-64424-769-3(0))* Page Publishing Inc.

Harold & Gina Meet a Moose. Jeffrey Zygmont. Illus. by Daniel Pantano. 2023. (White Mountain Chidren's Adventure Ser.: 5). (ENG.). 38p. (J). pap. 9.95 ***(978-1-959341-01-7(4))*** Free People Publishing.

Harold & Hog Pretend for Real!-Elephant & Piggie Like Reading! Dan Santat. 2019. (Elephant & Piggie Like Reading! Ser.: 6). 36p. (J). (gr. 1-3). 9.99 ***(978-1-368-02716-8(4),*** Hyperion Books for Children) Disney Publishing Worldwide.

Harold & Lucy. Michelle George. Illus. by Amanda Schubert. 2020. (ENG.). 42p. (J). *(978-0-6487529-9-8(2))* Shanti Yatra.

Harold & Lucy. Michelle George & Amanda Schubert. 2020. (ENG.). 42p. (J). pap. *(978-0-6487529-7-4(6))* Shanti Yatra.

842   The check digit for ISBN-10 appears in parentheses after the full ISBN-13

Harold & the Purple Crayon: a New Adventure. Alexandra West. Illus. by Walter Carzon. 2020. (I Can Read Level 2 Ser.). (ENG.). 32p. (J). (gr. -1-3). pap. 4.99 *(978-0-06-328334-3(4),* HarperCollins) HarperCollins Pubs.

Harold & the Purple Crayon Lap Edition. Crockett Johnson. Illus. by Crockett Johnson. 2016. (ENG., Illus.). 34p. (J). (gr. -1 — 1). bds. 12.99 *(978-0-06-242730-4(X),* HarperFestival) HarperCollins Pubs.

Harold & the Purple Crayon: Meet Harold! Alexandra West. Illus. by Walter Carzon. 2022. (I Can Read Level 1 Ser.). (ENG.). 32p. (J). (gr. -1-3). pap. 4.99 *(978-0-06-328331-2(X),* HarperCollins) HarperCollins Pubs.

Harold & the Purple Crayon Novel Units Teacher Guide. Novel Units. 2019. (ENG.). (J). pap. 12.99 *(978-1-58130-834-1(5),* Novel Units, Inc.) Classroom Library Co.

Harold Angel. Allison McWood. Illus. by Andra Morosan. 2018. (ENG.). 28p. (J). pap. *(978-1-9994377-2-5(1))* Annelid Pr.

Harold at the North Pole Board Book: A Christmas Holiday Book for Kids. Crockett Johnson. Illus. by Crockett Johnson. 2018. (ENG., Illus.). 34p. (J). (gr. -1 — 1). bds. 7.99 *(978-0-06-279697-4(6),* HarperFestival) HarperCollins Pubs.

Harold Cardinal - Professor, Politician & Activist Who Used the Pen to Fight for the Six Nations Canadian History for Kids True Canadian Heroes - Indigenous People of Canada Edition. Professor Beaver. 2021. (ENG.). 74p. (J). 24.99 *(978-0-2282-3592-7(8));* pap. 14.99 *(978-0-2282-3538-5(3))* Speedy Publishing LLC. (Professor Beaver).

Harold Dorsey's Fortune (Classic Reprint) Mary Dwinell Chellis. 2018. (ENG., Illus.). 390p. (J). 31.96 *(978-0-428-92932-9(X))* Forgotten Bks.

Harold Effermere. Michael Costello. 2017. (ENG.). 320p. (J). pap. *(978-3-337-32346-2(4))* Creation Pubs.

Harold Effermere: A Story of the Queensland Bush (Classic Reprint) Michael Costello. 2018. (ENG., Illus.). 326p. (J). 30.64 *(978-0-267-18389-0(5))* Forgotten Bks.

Harold Finds a Voice 8x8 Edition. Courtney Dicmas. Illus. by Courtney Dicmas. 2021. (Child's Play Mini-Library). (ENG., Illus.). 32p. (J). *(978-1-84643-910-0(8))* Child's Play International Ltd.

Harold Goes to School: Dyslexic Inclusive. Philippa Rae. Illus. by Philippa Rae & Diego Cadena. 2021. (ENG.). (J). 19.99 *(978-1-64372-456-0(8))* MacLaren-Cochrane Publishing.

Harold Goes to School: Dyslexic Inclusive. Philippa Rae. Illus. by Diego Cadena. 2021. (ENG.). (J). pap. 15.99 *(978-1-64372-449-2(5))* MacLaren-Cochrane Publishing.

Harold Huxley & the Mysterious Island. Emma R. McNally. Ed. by Jmd Writing and Editorial Services. Illus. by Emma R. McNally. 2017. (Adventures of Harold Huxley Ser.: Vol. 6). (ENG.). (J). (gr. k-2). pap. *(978-0-9930806-7-8(7))* R McNally, Emma.

Harold Loves His Woolly Hat. Vern Kousky. 2018. (Harold the Bear Story Ser.). (Illus.). 40p. (J). (gr. -1-2). 17.99 *(978-1-5247-6467-8(1),* Schwartz & Wade Bks.) Random Hse. Children's Bks.

Harold Peabody & the Magic Glasses. Dawn Kopman Whidden & O. M. Faye. 2018. (ENG., Illus.). 166p. (J). pap. *(978-0-359-08456-2(7))* Lulu Pr., Inc.

Harold Snipperpot's Best Disaster Ever. Beatrice Alemagna. Illus. by Beatrice Alemagna. 2019. (ENG., Illus.). 48p. (J). (gr. -1-3). 18.99 *(978-0-06-249882-3(7),* HarperCollins) HarperCollins Pubs.

Harold Tennyson: The Story of a Young Sailor, Put Together by a Friend (Classic Reprint) Harold Courtenay Tennyson. 2018. (ENG., Illus.). 312p. (J). 30.33 *(978-0-483-61383-6(5))* Forgotten Bks.

Harold the Bionic Hamster. Philip Watson. Illus. by Jamie Illingworth. 2017. (ENG.). 193p. (J). pap. *(978-0-9927162-8-8(4))* Watson, Philip.

Harold the Duck Learns to Fly. Michalla Brianna. 2017. (ENG., Illus.). 49p. (J). pap. *(978-1-387-08841-6(6))* Lulu Pr., Inc.

Harold the Exile, Vol. 1 of 3 (Classic Reprint) Unknown Author. 2018. (ENG., Illus.). 290p. (J). 29.88 *(978-0-484-03951-2(2))* Forgotten Bks.

Harold the Giraffe. Jennifer Martha Hanks. 2022. (ENG.). 25p. (J). ***(978-1-387-72011-8(2))*** Lulu Pr., Inc.

Harold the Giraffe: You Are Too Tall. Kayla Meyer. 2017. (ENG., Illus.). 34p. (J). 22.95 *(978-1-64003-316-0(5));* pap. 12.95 *(978-1-64003-315-3(7))* Covenant Bks.

Harold the Hamster, 1 vol. Dava Pressberg. 2017. (Pet Tales! Ser.). (ENG.). 24p. (J). (gr. 1-1). 25.27 *(978-1-5081-5734-2(0),* f8fc00c3-7309-4987-935c-ebf391d2464e, PowerKids Pr.) Rosen Publishing Group, Inc., The.

Harold the Hippo & Drucilla Duck at Poundly Pond: Book II. David Underhill. 2023. (ENG.). 50p. (J). pap. 10.99 ***(978-1-960752-92-5(8))*** WorkBk. Pr.

Harold the Iceberg Melts Down. Lisa Wyzlic. Illus. by Rebecca Syracuse. 2023. (Harold the Iceberg Ser.: 1). (ENG.). 40p. (J). 18.99 *(978-1-250-83062-3(1),* 900252854) Feiwel & Friends.

Harold the Klansman (Classic Reprint) George Alfred Brown. (ENG., Illus.). (J). 2018. 308p. 30.27 *(978-0-364-02677-9(4));* 2017. pap. 13.57 *(978-0-243-57233-5(6))* Forgotten Bks.

Harold the Kung Fu Kid Coloring Book. Activity Book Zone for Kids. 2016. (ENG., Illus.). (J). pap. 9.20 *(978-1-68376-346-8(7))* Sabeels Publishing.

Harold Tiene Hambre (Harold's Hungry Eyes) (Spanish Edition) Kevin Waldron. 2016. (SPA.). 32p. (J). (gr. -1-1). 16.95 *(978-0-7148-7189-9(3))* Phaidon Pr., Inc.

Harold, Violet, Hector, & Bear. Sheila Derreberry. 2021. (ENG., Illus.). 30p. (J). 23.95 *(978-1-63692-856-2(0))* Newman Springs Publishing, Inc.

Harold's Bride: A Tale (Classic Reprint) A. L. O. E. 2018. (ENG., Illus.). 226p. (J). 28.56 *(978-0-483-40534-9(5))* Forgotten Bks.

Harold's Imagination: 3 Adventures with the Purple Crayon. Crockett Johnson. Illus. by Crockett Johnson. 2018. (ENG., Illus.). 208p. (J). (gr. -1-3). 19.99 *(978-0-06-283945-9(4),* HarperCollins) HarperCollins Pubs.

Harold's Treasure Hunt. Crockett Johnson. Illus. by Crockett Johnson. 2020. (ENG., Illus.). 64p. (J). (gr. -1-3). 16.99 *(978-0-06-265531-8(0),* HarperCollins) HarperCollins Pubs.

Harp of a Thousand Strings: Or Laughter for a Lifetime (Classic Reprint) Samuel Putnam Avery. (ENG., Illus.). (J). 2018. 378p. 31.69 *(978-0-484-22760-5(2));* 2016. pap. 16.57 *(978-1-333-78929-9(7))* Forgotten Bks.

Harp Seals. Jessie Alkire. 2018. (Arctic Animals at Risk Ser.). (ENG., Illus.). 32p. (J). (gr. 3-6). lib. bdg. 32.79 *(978-1-5321-1696-4(9),* 30680, Checkerboard Library) ABDO Publishing Co.

Harp Seals. Rebecca Pettiford. 2019. (Animals of the Arctic Ser.). (ENG., Illus.). 24p. (J). (gr. k-3). lib. bdg. 26.95 *(978-1-62617-937-0(9),* Blastoff! Readers) Bellwether Media.

Harp, Vol. 6: A Magazine of General Literature; April, 1881 (Classic Reprint) Unknown Author. 2018. (ENG., Illus.). 50p. (J). 24.93 *(978-0-484-64177-7(8))* Forgotten Bks.

Harp, Vol. 6: A Magazine of General Literature; August, 1881 (Classic Reprint) Unknown Author. 2017. (ENG., Illus.). (J). 50p. 24.93 *(978-0-332-43862-7(7));* pap. 9.57 *(978-0-259-46185-2(7))* Forgotten Bks.

Harp, Vol. 6: A Magazine of General Literature; December, 1880 (Classic Reprint) Unknown Author. (ENG., Illus.). (J). 2018. 50p. 24.95 *(978-0-364-11092-8(9));* 2017. pap. 9.57 *(978-0-259-46440-2(6))* Forgotten Bks.

Harp, Vol. 6: A Magazine of General Literature; January, 1881 (Classic Reprint) Unknown Author. (ENG., Illus.). (J). 2018. 52p. 24.97 *(978-0-666-45827-8(8));* 2017. pap. 9.57 *(978-0-259-46439-6(2))* Forgotten Bks.

Harp, Vol. 6: A Magazine of General Literature; July, 1881 (Classic Reprint) Unknown Author. 2017. (ENG., Illus.). (J). 52p. 24.97 *(978-0-484-45682-1(2));* pap. 9.57 *(978-0-259-46194-4(6))* Forgotten Bks.

Harp, Vol. 6: A Magazine of General Literature; June, 1881 (Classic Reprint) Unknown Author. 2017. (ENG., Illus.). (J). pap. 9.57 *(978-0-259-46195-1(4))* Forgotten Bks.

Harp, Vol. 6: A Magazine of General Literature; March, 1881 (Classic Reprint) Unknown Author. 2017. (ENG., Illus.). (J). pap. 9.57 *(978-0-259-46425-9(2))* Forgotten Bks.

Harp, Vol. 6: A Magazine of General Literature; May, 1881 (Classic Reprint) Unknown Author. (ENG., Illus.). (J). 2018. 50p. 24.93 *(978-0-428-39256-7(3));* 2017. pap. 9.57 *(978-0-259-46286-6(1))* Forgotten Bks.

Harp, Vol. 6: A Magazine of General Literature; November, 1880 (Classic Reprint) Unknown Author. (ENG., Illus.). (J). 2018. 52p. 24.97 *(978-0-364-49769-2(6));* 2017. pap. 9.57 *(978-0-259-46625-3(5))* Forgotten Bks.

Harp, Vol. 6: A Magazine of General Literature; September, 1881 (Classic Reprint) Unknown Author. (ENG., Illus.). (J). 2018. 50p. 24.93 *(978-0-365-47356-5(1));* 2017. pap. 9.57 *(978-0-259-46179-1(2))* Forgotten Bks.

Harp, Vol. 6: October, 1881 (Classic Reprint) Unknown Author. (ENG., Illus.). (J). 2018. 52p. 24.97 *(978-0-484-59813-2(9));* 2017. pap. 9.57 *(978-1-334-93288-5(3))* Forgotten Bks.

Harp, Vol. 7: A Magazine of General Literature; November, 1881 (Classic Reprint) Unknown Author. (ENG., Illus.). (J). 2018. 54p. 25.01 *(978-0-483-44889-6(3));* 2017. pap. 9.57 *(978-1-334-91236-8(X))* Forgotten Bks.

Harper & the Circus of Dreams. Cerrie Burnell. Illus. by Laura Ellen Anderson. (Harper Ser.: 2). (ENG.). 152p. (J). (gr. 1-3). 2020. pap. 12.99 *(978-1-5107-5771-4(6));* 2017. 14.99 *(978-1-5107-1567-7(3))* Skyhorse Publishing Co., Inc. (Sky Pony Pr.).

Harper & the Elephant. Harper Langendoen & Amber Kuipers. Illus. by Marta Taylor. 2022. (ENG.). 48p. (J). pap. *(978-1-990336-26-3(4))* Rusnak, Alanna.

Harper & the Fire Star. Cerrie Burnell. Illus. by Laura Ellen Anderson. (Harper Ser.: 4). (ENG.). 168p. (J). (gr. 1-3). 2021. pap. 7.99 *(978-1-5107-5773-8(2));* 2018. 14.99 *(978-1-5107-3613-9(1))* Skyhorse Publishing Co., Inc. (Sky Pony Pr.).

Harper & the Night Forest. Cerrie Burnell. Illus. by Laura Ellen Anderson. (ENG.). 188p. (J). (gr. 1-3). 2021. (Harper Ser.: 3). pap. 7.99 *(978-1-5107-5772-1(4));* 2018. 14.99 *(978-1-5107-3483-8(X))* Skyhorse Publishing Co., Inc. (Sky Pony Pr.).

Harper & the Scarlet Umbrella. Cerrie Burnell. Illus. by Laura Ellen Anderson. (ENG.). 128p. (J). (gr. 1-4). 2020. (Harper Ser.: 1). pap. 7.99 *(978-1-5107-5770-7(8));* 2017. 14.99 *(978-1-5107-1566-0(5))* Skyhorse Publishing Co., Inc. (Sky Pony Pr.).

Harper Effect. Taryn Bashford. 2018. (ENG.). 408p. (YA). (gr. 8-8). 17.99 *(978-1-5107-2665-9(9),* Sky Pony Pr.) Skyhorse Publishing Co., Inc.

Harper Hall of Pern Trilogy (Boxed Set) Dragonsong; Dragonsinger; Dragondrums. Anne McCaffrey. ed. 2020. (Harper Hall of Pern Ser.). (ENG.). 752p. (J). (gr. 3-7). pap. 25.99 *(978-1-5344-6148-2(5),* Aladdin) Simon & Schuster Children's Publishing.

Harper I Love You All Ways. Marianne Richmond. Illus. by Dubravka Kolanovic. 2023. (I Love You All Ways Ser.). (ENG.). 32p. (J). (gr. -1-3). 8.99 ***(978-1-7282-7367-9(6))*** Sourcebooks, Inc.

Harper on the North Pole Express. J. D. Green. Illus. by Joanne Partis. 2022. (North Pole Express Bears Ser.). (ENG.). 32p. (J). (gr. -1-3). 7.99 ***(978-1-7282-6941-2(5))*** Sourcebooks, Inc.

Harper on the North Pole Express. J. D. Green. 2019. (North Pole Express Ser.). (ENG.). 32p. (J). (gr. -1-3). 7.99 ***(978-1-7282-0340-9(6))*** Sourcebooks, Inc.

Harper Santa's Secret Elf. Put Me In The Story & Katherine Sully. Illus. by Julia Seal. 2018. (Santa's Secret Elf Ser.). (ENG.). 32p. (J). (gr. k-3). 5.99 *(978-1-4926-8145-8(8))* Sourcebooks, Inc.

Harper 'Twas the Night Before Christmas. Illus. by Lisa Alderson. 2019. (Night Before Christmas Ser.). (ENG.). 32p. (J). (gr. -1-3). 7.99 ***(978-1-7282-0233-4(7))*** Sourcebooks, Inc.

Harper Wrestles Dumpy. Tracilyn George. 2020. (ENG.). 22p. (J). pap. 11.00 *(978-1-990153-09-9(7))* Lulu Pr., Inc.

Harper Wrestles Dumpy. Tracilyn George. Illus. by Aria Jones. 2020. (ENG.). 24p. (J). pap. 17.14 *(978-1-716-61601-3(8))* Lulu Pr., Inc.

HarperCollins Children's Classics - Just So Stories. Rudyard Kipling. 2021. (HarperCollins Children's Classics Ser.). (ENG., Illus.). 192p. (J). 7.99 *(978-0-00-851436-5(4),* HarperCollins Children's Bks.) HarperCollins Pubs. Ltd. GBR. Dist: HarperCollins Pubs.

HarperCollins Children's Classics - the Swiss Family Robinson. Johann David Wyss. 2021. (HarperCollins Children's Classics Ser.). (ENG.). 528p. (J). 7.99 *(978-0-00-851452-5(6),* HarperCollins Children's Bks.) HarperCollins Pubs. Ltd. GBR. Dist: HarperCollins Pubs.

HarperCollins Children's Classics - Treasure Island. Robert Louis Stevenson. 2021. (HarperCollins Children's Classics Ser.). (ENG.). 336p. (J). 7.99 *(978-0-00-851458-7(5),* HarperCollins Children's Bks.) HarperCollins Pubs. Ltd. GBR. Dist: HarperCollins Pubs.

Harper's Aircraft Book: Why Aeroplanes Fly, How to Make Models, & All about Aircraft, Little & Big (Classic Reprint) Alpheus Hyatt Verrill. 2017. (ENG., Illus.). (J). 29.38 *(978-0-260-10151-8(6))* Forgotten Bks.

Harper's Christmas Wish. Put Me In The Story & J. D. Green. Illus. by Julia Seal. 2018. (Christmas Wish Ser.). (ENG.). 32p. (J). (gr. k-3). 6.99 ***(978-1-4926-8330-8(2))*** Sourcebooks, Inc.

Harper's Educational Series: Harper's Second Reader (Classic Reprint) Unknown Author. (ENG., Illus.). (J). 2018. 218p. 28.39 *(978-0-267-52753-3(5));* 2017. pap. 10.97 *(978-1-5276-3149-6(4))* Forgotten Bks.

Harper's Fourth Reader: In Two Parts (Classic Reprint) Orville T. Bright. (ENG., Illus.). (J). 2018. 424p. 32.64 *(978-0-364-89585-6(3));* 2016. pap. 16.57 *(978-1-334-12513-3(9))* Forgotten Bks.

Harper's Magazine, Vol. 134: December, 1916, to May, 1917 (Classic Reprint) Unknown Author. (ENG., Illus.). (J). 2018. 1006p. 44.65 *(978-0-483-83466-8(1));* 2017. pap. 26.99 *(978-0-243-01240-4(3))* Forgotten Bks.

Harper's Monthly Magazine: June-November, 1921 (Classic Reprint) (ENG., Illus.). (J). 2018. 860p. 41.63 *(978-0-483-44495-9(2));* 2017. pap. 23.98 *(978-1-334-91631-1(4))* Forgotten Bks.

Harper's Monthly Magazine, Vol. 100: December, 1899 (Classic Reprint) Unknown Author. 2017. (ENG., Illus.). (J). 44.50 *(978-0-265-51704-8(4));* pap. 26.39 *(978-1-334-91327-3(7))* Forgotten Bks.

Harper's Monthly Magazine, Vol. 102: December, 1900, to May, 1901 (Classic Reprint) Unknown Author. (ENG., Illus.). (J). 2018. 1008p. 44.69 *(978-0-484-57638-3(0));* 2017. pap. 27.03 *(978-1-334-94455-0(5))* Forgotten Bks.

Harper's Monthly Magazine, Vol. 103: June, 1901, to November, 1901 (Classic Reprint) Unknown Author. (ENG., Illus.). (J). 2018. 1044p. 45.43 *(978-0-483-68733-2(2));* 2016. pap. 27.77 *(978-1-334-13761-7(7))* Forgotten Bks.

Harper's Monthly Magazine, Vol. 104: December, 1901 to May, 1902 (Classic Reprint) Unknown Author. (ENG., Illus.). (J). 2018. 1054p. 45.64 *(978-0-365-48473-8(3));* 2017. pap. 27.98 *(978-0-259-52747-3(5))* Forgotten Bks.

Harper's Monthly Magazine, Vol. 105: July, 1902 (Classic Reprint) Unknown Author. (ENG., Illus.). (J). 2018. 862p. 41.68 *(978-0-428-39468-4(X));* 2017. pap. 24.02 *(978-0-259-48427-1(X))* Forgotten Bks.

Harper's Monthly Magazine, Vol. 106: December, 1902 (Classic Reprint) Unknown Author. (ENG., Illus.). (J). 2018. 1046p. 45.47 *(978-0-483-09442-0(0));* 2017. pap. 27.81 *(978-1-334-91128-6(2))* Forgotten Bks.

Harper's Monthly Magazine, Vol. 107: June-November, 1903 (Classic Reprint) Unknown Author. (ENG., Illus.). (J). 2018. 1024p. 45.02 *(978-0-364-47730-4(X));* 2017. pap. 27.36 *(978-1-334-90440-0(5))* Forgotten Bks.

Harper's Monthly Magazine, Vol. 108: December, 1903 (Classic Reprint) Unknown Author. (ENG., Illus.). (J). 2017. 45.47 *(978-0-265-49903-0(8));* 2016. pap. 27.81 *(978-1-334-12503-4(1))* Forgotten Bks.

Harper's Monthly Magazine, Vol. 109: June, 1904 (Classic Reprint) Unknown Author. (ENG., Illus.). (J). 2018. 1052p. 45.59 *(978-0-483-35915-4(7));* 2017. pap. 27.94 *(978-0-259-52387-1(9))* Forgotten Bks.

Harper's Monthly Magazine, Vol. 110: December, 1904, to May, 1905 (Classic Reprint) Henry Mills Alden. (ENG., Illus.). (J). 2018. 1076p. 46.09 *(978-0-483-85161-0(2));* 2017. pap. 28.43 *(978-0-243-58520-5(9))* Forgotten Bks.

Harper's Monthly Magazine, Vol. 111: June to November 1905 (Classic Reprint) Unknown Author. (ENG., Illus.). (J). 2018. 1052p. 45.59 *(978-0-332-04121-6(2));* 2017. pap. 27.94 *(978-1-334-88911-9(8))* Forgotten Bks.

Harper's Monthly Magazine, Vol. 113: June, 1906, to November, 1906 (Classic Reprint) Henry Mills Alden. (ENG., Illus.). (J). 2018. 1064p. 45.86 *(978-0-365-05182-4(9));* 2017. pap. 28.20 *(978-0-243-58985-2(9))* Forgotten Bks.

Harper's Monthly Magazine, Vol. 114: January, 1907 to June, 1907 (Classic Reprint) Unknown Author. (ENG., Illus.). (J). 2018. 888p. 42.21 *(978-0-483-40244-7(3));* 2017. pap. 24.55 *(978-1-334-89928-7(2))* Forgotten Bks.

Harper's Monthly Magazine, Vol. 115: July, 1907 (Classic Reprint) Unknown Author. (ENG., Illus.). (J). 2018. 1070p. 45.97 *(978-0-483-92161-0(0));* 2017. pap. 28.31 *(978-1-334-95107-7(1))* Forgotten Bks.

Harper's Monthly Magazine, Vol. 117: June, 1808 (Classic Reprint) Unknown Author. 2017. (ENG., Illus.). (J). 1080p. 46.17 *(978-0-484-41459-3(3));* pap. 28.51 *(978-0-259-52748-0(3))* Forgotten Bks.

Harper's Monthly Magazine, Vol. 118: December, 1908, to May, 1909 (Classic Reprint) Unknown Author. 2017. (ENG., Illus.). (J). 46.46 *(978-0-331-20010-2(4));* pap. 28.80 *(978-0-265-03441-5(8))* Forgotten Bks.

Harper's Monthly Magazine, Vol. 119: June, 1909, to November, 1909 (Classic Reprint) Unknown Author. (ENG., Illus.). (J). 2018. 1080p. 46.17 *(978-0-428-97005-5(2));* 2017. pap. 28.51 *(978-1-334-99395-4(5))* Forgotten Bks.

Harper's Monthly Magazine, Vol. 120: December, 1909, to May, 1910 (Classic Reprint) Unknown Author. (ENG., Illus.). (J). 2018. 1096p. 46.50 *(978-0-483-07378-4(4));* 2017. pap. 28.84 *(978-1-334-90264-2(X))* Forgotten Bks.

Harper's Monthly Magazine, Vol. 121: June, 1910 to November, 1910 (Classic Reprint) Harper And Brothers. 2017. (ENG., Illus.). (J). 1078p. 46.13 *(978-0-332-69790-1(8));* pap. 28.47 *(978-0-259-54832-4(4))* Forgotten Bks.

Harper's Monthly Magazine, Vol. 122: December, 1910, to May, 1911 (Classic Reprint) Unknown Author. (ENG., Illus.). (J). 2018. 1090p. 46.38 *(978-0-483-84698-2(8));* 2017. pap. 28.72 *(978-0-243-32264-0(X))* Forgotten Bks.

Harper's Monthly Magazine, Vol. 123: June, 1911, to November, 1911 (Classic Reprint) Unknown Author. (ENG., Illus.). (J). 2018. 1078p. 46.13 *(978-0-483-79298-2(5));* 2017. pap. 28.47 *(978-1-334-90350-2(6))* Forgotten Bks.

Harper's Monthly Magazine, Vol. 124: December, 1911, to May, 1912 (Classic Reprint) Unknown Author. 2017. (ENG., Illus.). (J). 1086p. 46.30 *(978-0-332-61283-6(X));* pap. 28.64 *(978-1-334-89949-2(5))* Forgotten Bks.

Harper's Monthly Magazine, Vol. 125: June, 1912 to November, 1912 (Classic Reprint) Unknown Author. 2017. (ENG., Illus.). (J). 46.13 *(978-0-331-76037-8(1));* pap. 28.45 *(978-0-243-01286-2(1))* Forgotten Bks.

Harper's Monthly Magazine, Vol. 126: December, 1912 to May, 1913 (Classic Reprint) Unknown Author. (ENG., Illus.). (J). 2018. 1082p. 46.21 *(978-0-484-64222-4(7));* 2017. pap. 28.55 *(978-1-334-98202-6(3))* Forgotten Bks.

Harper's Monthly Magazine, Vol. 127: June, 1913, to November, 1913 (Classic Reprint) Unknown Author. (ENG., Illus.). (J). 2018. 1074p. 46.05 *(978-0-483-44855-1(9));* 2017. pap. 28.39 *(978-1-334-91267-2(X))* Forgotten Bks.

Harper's Monthly Magazine, Vol. 128: December, 1913 to May, 1914 (Classic Reprint) Unknown Author. 2017. (ENG., Illus.). (J). pap. 28.27 *(978-1-334-89948-5(7))* Forgotten Bks.

Harper's Monthly Magazine, Vol. 129: June-November, 1914 (Classic Reprint) Unknown Author. (ENG., Illus.). (J). 2018. 1070p. 45.97 *(978-0-483-46351-6(5));* 2017. pap. 28.27 *(978-1-334-89943-0(6))* Forgotten Bks.

Harper's Monthly Magazine, Vol. 130: December, 1914, to May, 1915 (Classic Reprint) Unknown Author. (ENG., Illus.). (J). 2018. 1058p. 45.72 *(978-0-483-48891-5(7));* 2017. pap. 28.06 *(978-0-243-00827-8(9))* Forgotten Bks.

Harper's Monthly Magazine, Vol. 131: June to November, 1915 (Classic Reprint) Unknown Author. (ENG., Illus.). (J). 2018. 1070p. 45.97 *(978-0-428-65956-1(X));* 2017. pap. 28.31 *(978-0-259-51362-9(8))* Forgotten Bks.

Harper's Monthly Magazine, Vol. 132: December, 1915, to May, 1916 (Classic Reprint) Unknown Author. (ENG., Illus.). (J). 2018. 1068p. 45.92 *(978-0-332-99089-7(3));* 2016. pap. 28.27 *(978-1-334-12504-1(X))* Forgotten Bks.

Harper's Monthly Magazine, Vol. 133: June, 1916, to November, 1916 (Classic Reprint) Unknown Author. (ENG., Illus.). (J). 2018. 1054p. 45.64 *(978-0-364-40611-3(9));* 2017. pap. 27.98 *(978-0-259-52077-1(2))* Forgotten Bks.

Harper's Monthly Magazine, Vol. 136: December, 1917, to May, 1918 (Classic Reprint) Unknown Author. (ENG., Illus.). (J). 2018. 1002p. 44.56 *(978-0-483-15720-0(1));* 2017. pap. 26.90 *(978-0-259-50971-4(X))* Forgotten Bks.

Harper's Monthly Magazine, Vol. 137: June to November, 1918 (Classic Reprint) Unknown Author. (ENG., Illus.). (J). 2018. 946p. 43.41 *(978-0-483-83132-2(8));* 2017. pap. 25.75 *(978-0-243-01613-6(1))* Forgotten Bks.

Harper's Monthly Magazine, Vol. 138: December, 1918 May, 1919 (Classic Reprint) Unknown Author. (ENG., Illus.). (J). 2018. 940p. 43.28 *(978-0-483-11975-8(X));* 2016. pap. 25.63 *(978-1-334-12691-8(7))* Forgotten Bks.

Harper's Monthly Magazine, Vol. 139: June to November, 1919 (Classic Reprint) Unknown Author. (ENG., Illus.). (J). 2018. 994p. 44.40 *(978-0-267-00053-1(7));* 2017. pap. 26.74 *(978-1-334-94875-6(5))* Forgotten Bks.

Harper's Monthly Magazine, Vol. 140: December, 1919-May, 1920 (Classic Reprint) Unknown Author. (ENG., Illus.). (J). 2018. 926p. 43.00 *(978-0-666-25138-1(X));* 2017. pap. 25.34 *(978-0-259-49778-3(9))* Forgotten Bks.

Harper's Monthly Magazine, Vol. 141: June-November, 1920 (Classic Reprint) Unknown Author. (ENG., Illus.). (J). 2018. 862p. 41.68 *(978-0-484-46775-9(1));* 2017. pap. 24.02 *(978-0-243-01855-0(X))* Forgotten Bks.

Harper's Monthly Magazine, Vol. 142: December, 1920-May, 1921 (Classic Reprint) Unknown Author. (ENG., Illus.). (J). 2018. 848p. 41.39 *(978-0-483-46411-7(2));* 2017. pap. 23.97 *(978-1-334-89881-5(2))* Forgotten Bks.

Harper's Monthly Magazine, Vol. 144: December, 1921-May, 1922 (Classic Reprint) Unknown Author. (ENG., Illus.). (J). 2018. 868p. 41.80 *(978-0-428-82713-7(6));* 2017. pap. 24.02 *(978-1-334-97662-9(7))* Forgotten Bks.

Harper's Monthly Magazine, Vol. 145: June-November, 1922 (Classic Reprint) Unknown Author. (ENG., Illus.). (J). 2018. 862p. 41.68 *(978-0-483-09516-8(8));* 2017. pap. 24.02 *(978-1-334-91122-4(3))* Forgotten Bks.

Harper's Monthly Magazine, Vol. 26: European Edition; June to November, 1893 (Classic Reprint) Unknown Author. (ENG., Illus.). (J). 2018. 984p. 44.19 *(978-0-332-41003-6(X));* 2017. pap. 26.53 *(978-1-334-91428-7(1))* Forgotten Bks.

Harper's New Monthly Magazine, 1857, Vol. 14: March 1857 (Classic Reprint) David Hunter Strother. 2017. (ENG., Illus.). (J). 64p. 25.22 *(978-0-484-75399-9(1));* pap. 9.57 *(978-0-282-56664-7(3))* Forgotten Bks.

Harper's New Monthly Magazine, 1862, Vol. 25 (Classic Reprint) Henry Mills Alden. 2017. (ENG., Illus.). (J). 27.20 *(978-0-331-67777-5(6))* Forgotten Bks.

Harper's New Monthly Magazine, 1865, Vol. 31 (Classic Reprint) Henry Mills Alden. 2017. (ENG., Illus.). 152p. (J). 27.03 *(978-0-332-10255-9(6))* Forgotten Bks.

Harper's New Monthly Magazine, 1869, Vol. 24 (Classic Reprint) Henry Mills Alden. 2018. (ENG., Illus.). 160p. (J). 27.20 *(978-0-483-04044-1(4))* Forgotten Bks.

Harper's New Monthly Magazine, 1882, Vol. 26 (Classic Reprint) Henry Mills Alden. 2018. (ENG., Illus.). 160p. (J). 27.20 *(978-0-428-95609-7(2))* Forgotten Bks.

Harper's New Monthly Magazine, Vol. 1: June to November, 1850 (Classic Reprint) Unknown Author. 2017. (ENG., Illus.). (J). 876p. 41.96 *(978-0-484-57535-5(X));* pap. 24.31 *(978-1-334-90329-8(8))* Forgotten Bks.

H

For book reviews, descriptive annotations, tables of contents, cover images, author biographies & additional information, updated daily, subscribe to **www.booksinprint.com**

Harper's New Monthly Magazine, Vol. 10: December, 1854, to May, 1855 (Classic Reprint) Unknown Author. (ENG., Illus.). (J). 2018. 876p. 41.96 *(978-0-483-48220-3(X))*; 2017. pap. 24.31 *(978-1-334-90387-8(5))* Forgotten Bks.

Harper's New Monthly Magazine, Vol. 101: June, 1900, to November, 1900 (Classic Reprint) Unknown Author. 2017. (ENG., Illus.). (J). 988p. 44.27 *(978-0-484-66373-1(9))*; pap. 26.62 *(978-0-282-35569-2(3))* Forgotten Bks.

Harper's New Monthly Magazine, Vol. 11: June to November, 1855 (Classic Reprint) Unknown Author. (ENG., Illus.). (J). 2018. 876p. 41.96 *(978-0-484-90155-0(9))*; 2016. pap. 24.31 *(978-1-334-59215-7(2))* Forgotten Bks.

Harper's New Monthly Magazine, Vol. 12: December, 1855, to May, 1856 (Classic Reprint) Unknown Author. 2017. (ENG., Illus.). (J). 41.96 *(978-0-331-92062-8(X))*; pap. 24.31 *(978-1-334-89895-2(2))* Forgotten Bks.

Harper's New Monthly Magazine, Vol. 13: June to November, 1856 (Classic Reprint) Unknown Author. (ENG., Illus.). (J). 2018. 878p. 42.01 *(978-0-483-01844-0(9))*; 2017. pap. 24.35 *(978-1-334-91552-9(0))* Forgotten Bks.

Harper's New Monthly Magazine, Vol. 14: December, 1856, to May, 1857 (Classic Reprint) Unknown Author. (ENG., Illus.). (J). 2018. 876p. 41.96 *(978-0-483-52359-3(3))*; 2017. pap. 24.31 *(978-1-334-90131-7(7))* Forgotten Bks.

Harper's New Monthly Magazine, Vol. 15: June to November, 1857 (Classic Reprint) Unknown Author. 2017. (ENG., Illus.). (J). 41.92 *(978-0-265-51769-7(9))*; pap. 24.26 *(978-1-334-91690-8(X))* Forgotten Bks.

Harper's New Monthly Magazine, Vol. 16: December, 1857, to May, 1858 (Classic Reprint) Unknown Author. (ENG., Illus.). (J). 2018. 882p. 42.09 *(978-0-666-23062-1(5))*; 2017. pap. 24.43 *(978-1-334-91364-8(1))* Forgotten Bks.

Harper's New Monthly Magazine, Vol. 17: June to November, 1858 (Classic Reprint) Unknown Author. 2017. (ENG., Illus.). (J). 876p. 41.96 *(978-0-484-51961-8(1))*; pap. 24.31 *(978-0-259-21623-0(2))* Forgotten Bks.

Harper's New Monthly Magazine, Vol. 19: June, 1859 (Classic Reprint) Unknown Author. (ENG., Illus.). (J). 2018. 864p. 41.72 *(978-0-484-40180-7(7))*; 2017. pap. 24.06 *(978-1-334-94413-0(X))* Forgotten Bks.

Harper's New Monthly Magazine, Vol. 2: December, 1850, to May, 1851 (Classic Reprint) Unknown Author. (ENG., Illus.). (J). 2018. 876p. 41.96 *(978-0-332-79117-3(3))*; 2017. pap. 24.31 *(978-1-334-96716-0(4))* Forgotten Bks.

Harper's New Monthly Magazine, Vol. 20: December, 1859, to May, 1860 (Classic Reprint) Unknown Author. (ENG., Illus.). (J). 2018. 876p. 41.96 *(978-0-483-08104-8(3))*; 2017. pap. 24.31 *(978-1-334-91222-1(X))* Forgotten Bks.

Harper's New Monthly Magazine, Vol. 21: June to November, 1860 (Classic Reprint) Unknown Author. (ENG., Illus.). (J). 2018. 872p. 41.88 *(978-0-484-62425-1(3))*; 2017. pap. 24.22 *(978-0-243-38202-6(2))* Forgotten Bks.

Harper's New Monthly Magazine, Vol. 22: December, 1860, to May, 1861 (Classic Reprint) Unknown Author. (ENG., Illus.). (J). 2018. 882p. 42.09 *(978-0-483-96718-2(1))*; 2017. pap. 24.43 *(978-1-334-90192-8(9))* Forgotten Bks.

Harper's New Monthly Magazine, Vol. 23: June to November, 1861 (Classic Reprint) Unknown Author. (ENG., Illus.). (J). 2018. 880p. 42.05 *(978-0-428-96609-6(8))*; 2017. pap. 24.39 *(978-1-334-90265-9(8))* Forgotten Bks.

Harper's New Monthly Magazine, Vol. 24: February, 1862 (Classic Reprint) Unknown Author. (ENG., Illus.). (J). 2018. 160p. 27.20 *(978-0-483-30188-7(4))*; 2016. pap. 9.57 *(978-1-333-73231-8(7))* Forgotten Bks.

Harper's New Monthly Magazine, Vol. 24: May, 1862 (Classic Reprint) Henry Mills Alden. 2016. (ENG., Illus.). (J). pap. 9.97 *(978-1-333-51802-8(1))* Forgotten Bks.

Harper's New Monthly Magazine, Vol. 25: August, 1862 (Classic Reprint) Henry Mills Alden. (ENG., Illus.). (J). 2018. 160p. 27.20 *(978-0-483-29806-4(9))*; 2016. pap. 9.57 *(978-1-333-51731-1(9))* Forgotten Bks.

Harper's New Monthly Magazine, Vol. 25: July, 1862 (Classic Reprint) Henry Mills Alden. (ENG., Illus.). (J). 2018. 160p. 27.20 *(978-0-428-40288-4(7))*; 2016. pap. 9.57 *(978-1-334-13402-9(2))* Forgotten Bks.

Harper's New Monthly Magazine, Vol. 25: June to November, 1862 (Classic Reprint) Unknown Author. (ENG., Illus.). (J). 2018. 876p. 41.96 *(978-0-483-47979-1(9))*; 2017. pap. 24.31 *(978-1-334-92929-8(7))* Forgotten Bks.

Harper's New Monthly Magazine, Vol. 25: November, 1862 (Classic Reprint) Harper And Brothers. (ENG., Illus.). (J). 2018. 164p. 27.28 *(978-0-428-98838-8(5))*; 2016. pap. 9.97 *(978-1-334-12514-0(7))* Forgotten Bks.

Harper's New Monthly Magazine, Vol. 25: October, 1862 (Classic Reprint) Henry Mills Alden. (ENG., Illus.). (J). 2018. 156p. 27.11 *(978-0-483-55606-5(8))*; 2016. pap. 9.57 *(978-1-334-17145-1(9))* Forgotten Bks.

Harper's New Monthly Magazine, Vol. 25: September, 1862 (Classic Reprint) Henry Mills Alden. (ENG., Illus.). (J). 2018. 168p. 27.36 *(978-0-332-13154-2(8))*; 2016. pap. 9.97 *(978-1-333-55752-2(3))* Forgotten Bks.

Harper's New Monthly Magazine, Vol. 26: December, 1862, to May, 1863 (Classic Reprint) Unknown Author. (ENG., Illus.). (J). 2018. 874p. 41.92 *(978-0-332-37319-5(3))*; 2017. pap. 24.26 *(978-1-334-89994-2(0))* Forgotten Bks.

Harper's New Monthly Magazine, Vol. 26: March, 1863 (Classic Reprint) Unknown Author. 2018. (ENG., Illus.). 20p. (J). 24.33 *(978-1-391-87846-1(9))*; pap. 7.97 *(978-1-391-87738-9(1))* Forgotten Bks.

Harper's New Monthly Magazine, Vol. 27: June to November, 1863 (Classic Reprint) Unknown Author. (ENG., Illus.). (J). 2018. 868p. 41.80 *(978-0-483-46383-7(3))*; 2017. pap. 24.14 *(978-1-334-89874-7(X))* Forgotten Bks.

Harper's New Monthly Magazine, Vol. 28: December, 1863, to May, 1864 (Classic Reprint) Unknown Author. (ENG., Illus.). (J). 2018. 872p. 41.88 *(978-0-483-44690-8(4))*; 2017. pap. 24.22 *(978-1-334-91507-9(5))* Forgotten Bks.

Harper's New Monthly Magazine, Vol. 29: June to November, 1864 (Classic Reprint) Unknown Author. (ENG., Illus.). (J). 2018. 816p. 40.73 *(978-0-332-19636-7(4))*; 2017. pap. 23.57 *(978-1-334-91720-2(5))* Forgotten Bks.

Harper's New Monthly Magazine, Vol. 3: June to November, 1851 (Classic Reprint) Unknown Author. 2017. (ENG., Illus.). (J). 41.04 *(978-0-265-51739-0(7))*; 41.96 *(978-0-260-27652-0(9))*; pap. 24.31 *(978-1-5282-0936-6(2))*; pap. 24.31 *(978-1-334-89971-3(1))* Forgotten Bks.

Harper's New Monthly Magazine, Vol. 30: December, 1861 (Classic Reprint) Unknown Author. (ENG., Illus.). (J). 2018. 836p. 41.14 *(978-0-332-61341-3(0))*; 2017. pap. 23.57 *(978-1-334-91058-6(8))* Forgotten Bks.

Harper's New Monthly Magazine, Vol. 30: May, 1865 (Classic Reprint) Unknown Author. (ENG., Illus.). (J). 2018. 22p. 24.35 *(978-0-267-76982-7(2))*; 2016. pap. 7.97 *(978-1-334-13373-2(5))* Forgotten Bks.

Harper's New Monthly Magazine, Vol. 31: June to November, 1865 (Classic Reprint) Unknown Author. (ENG., Illus.). (J). 2018. 824p. 40.89 *(978-0-483-81361-8(3))*; 2017. pap. 23.57 *(978-0-243-00642-7(X))* Forgotten Bks.

Harper's New Monthly Magazine, Vol. 32: December, 1865, to May, 1866 (Classic Reprint) Unknown Author. 2017. (ENG., Illus.). (J). 41.10 *(978-0-484-13789-8(1))*; pap. 23.57 *(978-1-334-91487-4(7))* Forgotten Bks.

Harper's New Monthly Magazine, Vol. 33: June to November, 1866 (Classic Reprint) Unknown Author. (ENG., Illus.). (J). 2018. 832p. 41.06 *(978-0-483-48838-0(0))*; 2017. pap. 23.57 *(978-1-334-86632-6(5))* Forgotten Bks.

Harper's New Monthly Magazine, Vol. 34: December, 1866, to May, 1867 (Classic Reprint) Unknown Author. (ENG., Illus.). (J). 2018. 828p. 40.97 *(978-0-483-47987-6(X))*; 2017. pap. 23.57 *(978-1-334-93261-8(1))* Forgotten Bks.

Harper's New Monthly Magazine, Vol. 35: June to November, 1867 (Classic Reprint) Unknown Author. (ENG., Illus.). (J). 2018. 844p. 41.30 *(978-0-484-70630-8(6))*; 2017. pap. 23.97 *(978-0-243-25115-5(7))* Forgotten Bks.

Harper's New Monthly Magazine, Vol. 36: December, 1867, to May, 1868 (Classic Reprint) Unknown Author. 2017. (ENG., Illus.). (J). 41.10 *(978-0-266-51753-5(6))*; pap. 24.02 *(978-1-334-89813-6(8))* Forgotten Bks.

Harper's New Monthly Magazine, Vol. 37: June to November, 1868 (Classic Reprint) Unknown Author. 2017. (ENG., Illus.). (J). 42.42 *(978-0-331-55609-4(X))*; pap. 24.76 *(978-1-334-92849-9(5))* Forgotten Bks.

Harper's New Monthly Magazine, Vol. 38: December 1868, to May, 1869 (Classic Reprint) Unknown Author. (ENG., Illus.). (J). 2018. 906p. 42.58 *(978-0-484-11780-7(7))*; 2017. pap. 24.92 *(978-1-334-98941-4(9))* Forgotten Bks.

Harper's New Monthly Magazine, Vol. 39: June to November, 1869 (Classic Reprint) Unknown Author. (ENG., Illus.). (J). 2018. 986p. 44.23 *(978-0-428-84339-7(5))*; 2017. pap. 26.57 *(978-1-334-90213-0(5))* Forgotten Bks.

Harper's New Monthly Magazine, Vol. 4: December, 1851, to May, 1852 (Classic Reprint) Unknown Author. (ENG., Illus.). (J). 2018. 880p. 42.05 *(978-0-483-07574-0(4))*; 2017. pap. 24.39 *(978-1-334-90148-5(1))* Forgotten Bks.

Harper's New Monthly Magazine, Vol. 40: December, 1869 to May, 1870 (Classic Reprint) Unknown Author. (ENG., Illus.). (J). 2018. 962p. 43.74 *(978-0-484-62015-4(0))*; 2017. pap. 26.08 *(978-1-334-91993-0(3))* Forgotten Bks.

Harper's New Monthly Magazine, Vol. 41: June to November, 1870 (Classic Reprint) Unknown Author. (ENG., Illus.). (J). 2018. 966p. 43.82 *(978-0-364-05588-5(X))*; 2017. pap. 26.16 *(978-1-334-91250-4(5))* Forgotten Bks.

Harper's New Monthly Magazine, Vol. 42: December, 1870 to May, 1871 (Classic Reprint) Unknown Author. (ENG., Illus.). (J). 2018. 972p. 43.94 *(978-0-484-02920-9(7))*; 2017. pap. 26.29 *(978-1-334-91203-0(3))* Forgotten Bks.

Harper's New Monthly Magazine, Vol. 43: June to November, 1871 (Classic Reprint) Unknown Author. 2017. (ENG., Illus.). (J). 44.15 *(978-0-265-51752-9(4))*; pap. 26.49 *(978-1-334-89886-0(3))* Forgotten Bks.

Harper's New Monthly Magazine, Vol. 44: December, 1871, to May, 1872 (Classic Reprint) Unknown Author. (ENG., Illus.). (J). 2018. 978p. 44.07 *(978-0-483-12442-4(7))*; 2017. pap. 26.41 *(978-1-334-90679-4(3))* Forgotten Bks.

Harper's New Monthly Magazine, Vol. 45: June to November, 1872 (Classic Reprint) Unknown Author. (ENG., Illus.). (J). 2018. 994p. 44.40 *(978-0-428-85789-9(2))*; 2017. pap. 26.74 *(978-1-334-89980-5(0))* Forgotten Bks.

Harper's New Monthly Magazine, Vol. 46: December, 1872, to May, 1873 (Classic Reprint) Henry Mills Alden. (ENG., Illus.). (J). 2018. 966p. 43.84 *(978-0-484-70515-8(6))*; 2017. pap. 26.18 *(978-0-243-24908-4(X))* Forgotten Bks.

Harper's New Monthly Magazine, Vol. 46: December, 1872, to May, 1873 (Classic Reprint) Unknown Author. (ENG., Illus.). (J). 2018. 972p. 43.94 *(978-0-428-87756-9(7))*; 2017. pap. 26.29 *(978-1-334-89883-9(9))* Forgotten Bks.

Harper's New Monthly Magazine, Vol. 47: June to November, 1873 (Classic Reprint) Unknown Author. 2017. (ENG., Illus.). (J). 43.74 *(978-0-265-51699-7(4))*; pap. 26.08 *(978-1-334-91251-1(3))* Forgotten Bks.

Harper's New Monthly Magazine, Vol. 49: June to November, 1874 (Classic Reprint) Unknown Author. 2017. (ENG., Illus.). (J). pap. 25.17 *(978-1-334-92540-5(2))* Forgotten Bks.

Harper's New Monthly Magazine, Vol. 5: June to November, 1852 (Classic Reprint) Unknown Author. (ENG., Illus.). (J). 2018. 868p. 41.80 *(978-0-483-11558-3(4))*; 2017. pap. 24.14 *(978-1-334-89887-7(1))* Forgotten Bks.

Harper's New Monthly Magazine, Vol. 51: June to November, 1875 (Classic Reprint) Unknown Author. (ENG., Illus.). (J). 2018. 932p. 43.12 *(978-0-483-10468-6(X))*; 2017. pap. 25.46 *(978-1-334-89979-9(7))* Forgotten Bks.

Harper's New Monthly Magazine, Vol. 52: December, 1875, to May, 1876 (Classic Reprint) Unknown Author. 2017. (ENG., Illus.). (J). pap. 26.29 *(978-1-334-96626-2(5))* Forgotten Bks.

Harper's New Monthly Magazine, Vol. 53: June to November, 1876 (Classic Reprint) Unknown Author. 2017. (ENG., Illus.). (J). 43.78 *(978-0-265-51768-0(0))*; pap. 26.12 *(978-1-334-91253-5(X))* Forgotten Bks.

Harper's New Monthly Magazine, Vol. 54: December, 1876 (Classic Reprint) Unknown Author. (ENG., Illus.). (J). 2018. 946p. 43.41 *(978-0-484-27063-2(X))*; 2017. pap. 25.71 *(978-1-334-90096-9(5))* Forgotten Bks.

Harper's New Monthly Magazine, Vol. 55: June to November, 1877 (Classic Reprint) Unknown Author. (ENG., Illus.). (J). 2018. 966p. 43.82 *(978-0-332-13180-1(7))*; 2017. pap. 26.16 *(978-1-334-91739-4(6))* Forgotten Bks.

Harper's New Monthly Magazine, Vol. 56: December, 1877, to May, 1878 (Classic Reprint) Unknown Author. (ENG., Illus.). (J). 2018. 966p. 43.82 *(978-0-332-56725-9(7))*; 2017. pap. 26.16 *(978-1-334-95718-5(5))* Forgotten Bks.

Harper's New Monthly Magazine, Vol. 58: December, 1878, to May, 1879 (Classic Reprint) Unknown Author. 2017. (ENG., Illus.). (J). 43.78 *(978-0-265-51722-2(2))*; pap. 26.12 *(978-1-334-90477-6(4))* Forgotten Bks.

Harper's New Monthly Magazine, Vol. 59: June to November, 1879 (Classic Reprint) Unknown Author. (ENG., Illus.). (J). 2018. 972p. 43.94 *(978-0-656-33971-6(3))*; 2017. pap. 26.29 *(978-0-243-33633-3(0))* Forgotten Bks.

Harper's New Monthly Magazine, Vol. 6: December, 1852, to May, 1853 (Classic Reprint) Unknown Author. (ENG., Illus.). (J). 2018. 892p. 42.29 *(978-0-428-21597-2(1))*; 2017. pap. 24.59 *(978-1-334-90029-7(9))* Forgotten Bks.

Harper's New Monthly Magazine, Vol. 60: December, 1879, to May, 1880 (Classic Reprint) Unknown Author. (ENG., Illus.). (J). 2018. 964p. 43.78 *(978-0-483-83705-8(9))*; 2017. pap. 26.12 *(978-0-243-31601-4(1))* Forgotten Bks.

Harper's New Monthly Magazine, Vol. 61: June to November, 1880 (Classic Reprint) Unknown Author. (ENG., Illus.). (J). 2018. 972p. 43.94 *(978-0-267-96371-3(8))*; 2017. pap. 26.29 *(978-0-243-25535-1(7))* Forgotten Bks.

Harper's New Monthly Magazine, Vol. 63: June to November, 1881 (Classic Reprint) Unknown Author. (ENG., Illus.). (J). 2018. 972p. 43.94 *(978-0-332-56486-9(X))*; 2017. pap. 26.29 *(978-1-334-89950-8(9))* Forgotten Bks.

Harper's New Monthly Magazine, Vol. 65: June to November, 1882 (Classic Reprint) Unknown Author. 2017. (ENG., Illus.). (J). 44.27 *(978-0-265-51999-8(3))*; pap. 26.62 *(978-0-243-30247-5(9))* Forgotten Bks.

Harper's New Monthly Magazine, Vol. 66: December 1882, to May, 1883 (Classic Reprint) Unknown Author. (ENG., Illus.). (J). 2018. 984p. 44.19 *(978-0-484-62070-3(3))*; 2017. pap. 26.53 *(978-1-334-99081-6(6))* Forgotten Bks.

Harper's New Monthly Magazine, Vol. 68: December, 1883 to May, 1884 (Classic Reprint) Unknown Author. (ENG., Illus.). (J). 2018. 992p. 44.36 *(978-0-483-77048-5(5))*; 2016. pap. 26.70 *(978-1-334-12687-1(9))* Forgotten Bks.

Harper's New Monthly Magazine, Vol. 69: June to November, 1884 (Classic Reprint) Unknown Author. (ENG., Illus.). (J). 2018. 988p. 44.27 *(978-0-484-79291-2(1))*; 2016. pap. 26.62 *(978-1-334-75984-0(7))* Forgotten Bks.

Harper's New Monthly Magazine, Vol. 7: June to November, 1853 (Classic Reprint) Unknown Author. (ENG., Illus.). (J). 2018. 876p. 41.96 *(978-0-483-44144-6(9))*; 2017. pap. 24.28 *(978-1-334-84591-8(3))* Forgotten Bks.

Harper's New Monthly Magazine, Vol. 70: December, 1884, to May, 1885 (Classic Reprint) Unknown Author. (ENG., Illus.). (J). 2018. 992p. 44.36 *(978-0-483-67799-9(X))*; 2017. pap. 26.70 *(978-0-243-29263-9(5))* Forgotten Bks.

Harper's New Monthly Magazine, Vol. 71: June to November, 1885 (Classic Reprint) Unknown Author. (ENG., Illus.). (J). 2018. 998p. 44.48 *(978-0-656-33412-4(6))*; 2017. pap. 26.82 *(978-0-243-07239-2(2))* Forgotten Bks.

Harper's New Monthly Magazine, Vol. 72: January, 1886 (Classic Reprint) Unknown Author. 2017. (ENG., Illus.). (J). 832p. 41.06 *(978-0-332-99844-2(4))*; pap. 23.57 *(978-0-259-48175-1(0))* Forgotten Bks.

Harper's New Monthly Magazine, Vol. 73: June to November, 1886 (Classic Reprint) Unknown Author. (ENG., Illus.). (J). 2018. 984p. 44.19 *(978-0-483-47733-9(8))*; 2017. pap. 26.53 *(978-1-334-89944-7(4))* Forgotten Bks.

Harper's New Monthly Magazine, Vol. 74: December, 1886, to May, 1887 (Classic Reprint) Unknown Author. (ENG., Illus.). (J). 2018. 1008p. 44.71 *(978-0-483-44793-6(5))*; 2017. pap. 27.07 *(978-1-334-91402-7(8))* Forgotten Bks.

Harper's New Monthly Magazine, Vol. 75: June to November, 1887 (Classic Reprint) Unknown Author. (ENG., Illus.). (J). 2018. 982p. 44.19 *(978-0-364-64927-5(5))*; 2017. pap. 26.51 *(978-1-334-91553-6(9))* Forgotten Bks.

Harper's New Monthly Magazine, Vol. 76: December, 1877, to May, 1888 (Classic Reprint) Unknown Author. (ENG., Illus.). (J). 2018. 990p. 44.32 *(978-0-483-46271-7(3))*; 2017. pap. 26.66 *(978-1-334-89931-7(2))* Forgotten Bks.

Harper's New Monthly Magazine, Vol. 77: June to November, 1888 (Classic Reprint) Unknown Author. (ENG., Illus.). (J). 2018. 970p. 43.90 *(978-0-483-46432-2(5))*; 2017. pap. 26.24 *(978-1-334-90048-8(5))* Forgotten Bks.

Harper's New Monthly Magazine, Vol. 78: December, 1888, to May, 1889 (Classic Reprint) Unknown Author. (ENG., Illus.). (J). 2018. 1016p. 44.85 *(978-0-365-37920-1(4))*; 2017. pap. 27.19 *(978-1-334-90657-2(2))* Forgotten Bks.

Harper's New Monthly Magazine, Vol. 79: June to November, 1889 (Classic Reprint) Unknown Author. 2018. (ENG., Illus.). (J). 986p. 44.23 *(978-1-396-00536-7(6))*; 988p. pap. 26.57 *(978-1-396-00423-0(8))* Forgotten Bks.

Harper's New Monthly Magazine, Vol. 8: December, 1853, to May, 1854 (Classic Reprint) Unknown Author. (ENG., Illus.). (J). 2018. 874p. 41.92 *(978-0-483-44718-9(8))*; 2017. pap. 24.26 *(978-1-334-91463-8(X))* Forgotten Bks.

Harper's New Monthly Magazine, Vol. 80: December, 1889, to May, 1890 (Classic Reprint) Unknown Author. 2017. (ENG., Illus.). (J). 986p. 44.23 *(978-0-332-31990-2(3))*; pap. 26.57 *(978-0-259-53005-3(0))* Forgotten Bks.

Harper's New Monthly Magazine, Vol. 81: June to November, 1890 (Classic Reprint) Unknown Author. (ENG., Illus.). (J). 2018. 986p. 44.23 *(978-0-483-77815-3(X))*; 2017. pap. 26.57 *(978-0-243-00497-3(4))* Forgotten Bks.

Harper's New Monthly Magazine, Vol. 83: September, 1891 (Classic Reprint) Harper And Brothers. (ENG., Illus.). (J). 2017. 24.37 *(978-0-331-97563-5(7))*; 2016. pap. 7.97 *(978-1-334-05210-1(7))* Forgotten Bks.

Harper's New Monthly Magazine, Vol. 85: June-November, 1892 (Classic Reprint) Unknown Author. 2017. (ENG., Illus.). (J). 978p. 44.07 *(978-0-484-06556-6(4))*; pap. 26.41 *(978-0-259-55539-1(8))* Forgotten Bks.

Harper's New Monthly Magazine, Vol. 86: December, 1892 (Classic Reprint) Unknown Author. (ENG., Illus.). (J). 2018. 982p. 44.15 *(978-0-428-98238-6(7))*; 2017. pap. 26.53 *(978-1-334-91476-8(1))* Forgotten Bks.

Harper's New Monthly Magazine, Vol. 88: December, 1893 to May, 1894 (Classic Reprint) Unknown Author. (ENG., Illus.). (J). 2018. 994p. 44.40 *(978-0-483-51136-1(6))*; 2017. pap. 26.74 *(978-1-334-90078-5(7))* Forgotten Bks.

Harper's New Monthly Magazine, Vol. 89: June-November, 1894 (Classic Reprint) Unknown Author. (ENG., Illus.). (J). 2018. 1002p. 44.56 *(978-0-484-00704-7(1))*; 2017. pap. 26.90 *(978-1-334-85593-1(5))* Forgotten Bks.

Harper's New Monthly Magazine, Vol. 90: December, 1894, to May, 1895 (Classic Reprint) Unknown Author. (ENG., Illus.). (J). 2018. 990p. 44.27 *(978-0-332-17467-9(0))*; 2017. pap. 26.66 *(978-1-334-90183-6(X))* Forgotten Bks.

Harper's New Monthly Magazine, Vol. 91: June, 1895 (Classic Reprint) Unknown Author. (ENG., Illus.). (J). 2018. 972p. 43.96 *(978-0-483-78378-2(1))*; 2017. pap. 26.31 *(978-0-243-55269-6(6))* Forgotten Bks.

Harper's New Monthly Magazine, Vol. 91: June to November, 1895 (Classic Reprint) Unknown Author. (ENG., Illus.). (J). 2018. 976p. 44.05 *(978-0-428-94636-4(4))*; 2017. pap. 26.41 *(978-0-243-03318-8(4))* Forgotten Bks.

Harper's New Monthly Magazine, Vol. 92: December, 1895, to May, 1896 (Classic Reprint) Unknown Author. 2017. (ENG., Illus.). (J). 44.52 *(978-0-265-51692-8(7))*; pap. 26.86 *(978-1-334-91452-2(4))* Forgotten Bks.

Harper's New Monthly Magazine, Vol. 93: July, 1896 (Classic Reprint) Unknown Author. (ENG., Illus.). (J). 2018. 812p. 40.66 *(978-0-484-76888-7(3))*; 2016. pap. 23.57 *(978-1-334-52879-8(9))* Forgotten Bks.

Harper's New Monthly Magazine, Vol. 93: June, 1896, to November, 1896 (Classic Reprint) Henry Mills Alden. (ENG., Illus.). (J). 2018. 1032p. 45.18 *(978-0-364-21375-9(2))*; 2017. pap. 27.52 *(978-0-243-93520-8(X))* Forgotten Bks.

Harper's New Monthly Magazine, Vol. 94: December, 1896, to May, 1897 (Classic Reprint) Unknown Author. (ENG., Illus.). (J). 2018. 1004p. 44.60 *(978-0-483-44734-9(X))*; 2017. pap. 26.95 *(978-1-334-91386-0(2))* Forgotten Bks.

Harper's New Monthly Magazine, Vol. 95: July, 1897 (Classic Reprint) Unknown Author. (ENG., Illus.). (J). 2018. 816p. 40.73 *(978-0-483-45900-7(3))*; 2017. pap. 23.57 *(978-1-334-89969-0(X))* Forgotten Bks.

Harper's New Monthly Magazine, Vol. 96: December, 1897, to May, 1898 (Classic Reprint) Unknown Author. (ENG., Illus.). (J). 2018. 996p. 44.44 *(978-0-483-46773-6(1))*; 2017. pap. 26.78 *(978-1-334-89827-3(8))* Forgotten Bks.

Harper's New Monthly Magazine, Vol. 97: June, 1898, to November, 1898 (Classic Reprint) Unknown Author. (ENG., Illus.). (J). 2018. 1028p. 45.10 *(978-0-483-44494-2(4))*; 2017. pap. 27.44 *(978-1-334-91595-6(4))* Forgotten Bks.

Harper's New Monthly Magazine, Vol. 99: June to November, 1899 (Classic Reprint) Unknown Author. 2017. (ENG., Illus.). (J). 44.23 *(978-0-265-51648-5(X))*; pap. 26.49 *(978-1-334-92179-7(2))* Forgotten Bks.

Harper's Round Table, 1895, Vol. 16: November 6, 1891 (Classic Reprint) Unknown Author. (ENG., Illus.). (J). 2018. 1108p. 46.79 *(978-0-428-97226-4(8))*; 2017. pap. 29.11 *(978-0-243-17782-0(8))* Forgotten Bks.

Harper's Story Books: A Series of Narratives, Dialogues, Biographies, & Tales, for the Instruction & Entertainment of the Young (Classic Reprint) Jacob Abbott. (ENG., Illus.). (J). 2019. 162p. 27.24 *(978-0-267-28220-3(6))*; 2018. 162p. 27.24 *(978-0-484-48212-7(2))*; 2018. 162p. 27.24 *(978-0-365-33439-2(1))*; 2018. 164p. 27.28 *(978-0-666-26860-0(6))*; 2018. 260p. 29.26 *(978-0-267-66577-8(6))*; 2018. 168p. 27.36 *(978-0-267-54752-4(8))*; 2018. 162p. 27.24 *(978-0-267-53328-2(4))*; 2018. 482p. 33.88 *(978-0-484-06848-2(2))*; 2018. 168p. 27.36 *(978-0-267-28641-6(4))*; 2018. 162p. 27.24 *(978-0-483-95949-1(9))*; 2018. 482p. 33.84 *(978-0-483-79853-3(3))*; 2018. 162p. 27.24 *(978-0-483-47841-1(5))*; 2018. 162p. 27.24 *(978-0-483-46676-0(X))*; 2018. 330p. 30.70 *(978-0-483-44041-8(8))*; 2018. 164p. 27.28 *(978-0-332-78287-4(5))*; 2017. 480p. 33.80 *(978-0-484-47930-1(X))*; 2017. pap. 9.97 *(978-0-282-50029-0(4))*; 2017. pap. 16.57 *(978-0-259-49414-0(3))*; 2017. pap. 16.57 *(978-0-243-30988-7(0))*; 2016. pap. 16.57 *(978-1-334-34679-8(8))*; 2016. pap. 9.97 *(978-1-333-58971-4(9))*; 2016. pap. 9.97 *(978-1-333-50183-9(8))*; 2016. pap. 9.97 *(978-1-333-21502-6(9))* Forgotten Bks.

Harper's Tail of Adventure. John McLaughlin. Illus. by Katherine B. Duncan. 2022. (ENG.). 34p. (J). **(978-0-6453791-2-9(3))** Gannadoo.

Harper's Weekly, Vol. 53: A Journal of Civilization; February 13, 1909 (Classic Reprint) George Harvey. (ENG., Illus.). (J). 2018. 26p. 24.72 *(978-0-428-95443-7(X))*; 2016. pap. 7.97 *(978-1-333-47060-9(6))* Forgotten Bks.

Harper's Young People, 1880, Vol. 1: An Illustrated Weekly (Classic Reprint) Unknown Author. (ENG., Illus.). (J). 2018. 780p. 40.00 *(978-0-483-65355-9(1))*; 2017. pap. 23.57 *(978-0-243-38094-7(1))* Forgotten Bks.

844 The check digit for ISBN-10 appears in parentheses after the full ISBN-13

Harper's Young People, 1882, Vol. 3 (Classic Reprint) Unknown Author. 2017. (ENG., Illus.). (J). pap. 23.97 *(978-0-243-38089-3(5))* Forgotten Bks.

Harper's Young People, 1883, Vol. 4 (Classic Reprint) Unknown Author. (ENG., Illus.). (J). 2018. 848p. 30.10 *(978-0-484-60295-2(0))*; 2017. pap. 23.97 *(978-0-243-38861-5(6))* Forgotten Bks.

Harper's Young People, 1884 (Classic Reprint) Unknown Author. (ENG., Illus.). (J). 2018. 844p. 41.30 *(978-0-428-59739-9(4))*; 2017. pap. 23.97 *(978-0-243-24645-8(5))* Forgotten Bks.

Harper's Young People, 1886, Vol. 7: An Illustrated Weekly (Classic Reprint) Unknown Author. (ENG., Illus.). (J). 2018. 848p. 41.39 *(978-0-483-54650-9(X))*; 2017. pap. 23.97 *(978-0-243-17399-0(7))* Forgotten Bks.

Harper's Young People, 1889, Vol. 10: An Illustrated Weekly (Classic Reprint) Unknown Author. (ENG., Illus.). (J). 2018. 938p. 43.24 *(978-0-483-60927-3(7))*; 2017. pap. 25.63 *(978-0-243-27932-6(9))* Forgotten Bks.

Harper's Young People, 1892, Vol. 13 (Classic Reprint) Unknown Author. (ENG., Illus.). (J). 2018. 886p. 42.25 *(978-0-484-38029-4(X))*; 2017. pap. 24.51 *(978-1-334-96912-6(4))* Forgotten Bks.

Harper's Young People, 1893, Vol. 14 (Classic Reprint) Unknown Author. (ENG., Illus.). (J). 2018. 912p. 42.71 *(978-0-483-59442-5(3))*; 2017. pap. 25.05 *(978-0-243-21588-1(6))* Forgotten Bks.

Harper's Young People, 1894, Vol. 15 (Classic Reprint) Unknown Author. (ENG., Illus.). (J). 2018. 902p. 42.50 *(978-0-483-75602-1(4))*; 2017. pap. 24.80 *(978-0-243-24156-9(9))* Forgotten Bks.

Harper's Young People, Vol. 2: An Illustrated Weekly; November 2, 1880 (Classic Reprint) Unknown Author. (ENG., Illus.). (J). 2018. 840p. 41.24 *(978-0-483-68205-4(5))*; 2017. pap. 23.97 *(978-0-243-38092-3(5))* Forgotten Bks.

Harper's Young People, Vol. 6: An Illustrated Weekly; November 4, 1884 (Classic Reprint) Unknown Author. (ENG., Illus.). (J). 2018. 846p. 41.35 *(978-0-483-47727-8(3))*; 2016. pap. 23.97 *(978-1-334-12663-5(1))* Forgotten Bks.

Harper's Young People, Vol. 6: November 4, 1884 (Classic Reprint) Unknown Author. (ENG., Illus.). (J). 2018. 424p. 32.64 *(978-0-483-72476-1(9))*; 2017. pap. 16.57 *(978-0-243-24649-6(8))* Forgotten Bks.

Harpe's Head: A Legend of Kentucky. James Hall. 2017. (ENG., Illus.). (J). pap. *(978-0-649-59934-9(9))* Trieste Publishing Pty Ltd.

Harpe's Head: A Legend of Kentucky (Classic Reprint) James Hall. (ENG., Illus.). (J). 2018. 290p. 29.88 *(978-0-484-78524-2(9))*; 2017. pap. 13.57 *(978-0-282-54294-8(9))* Forgotten Bks.

Harps in the Willows. Candy M. Fothergill. 2023. (ENG.). 50p. (J). pap. 27.99 ***(978-1-6628-7151-1(1))*** Salem Author Services.

Harpy Eagle vs. Ocelot. Nathan Sommer. 2023. (Animal Battles Ser.). (ENG., Illus.). (J). (gr. 3-7). lib. bdg. 26.95 Bellwether Media.

Harpy Eagle vs. Ocelot. Contrib. by Nathan Sommer. 2023. (Animal Battles Ser.). (ENG., Illus.). (J). (gr. 3-7). pap. 7.99 Bellwether Media.

Harpy Eagles. Karen Latchana Kenney. 2020. (Animals of the Rain Forest Ser.). (ENG.). 24p. (J). (gr. k-3). lib. bdg. 26.95 *(978-1-64487-223-9(4)*, Blastoff! Readers) Bellwether Media.

Harriers. Connor Stratton. 2022. (Birds of Prey Ser.). (ENG., Illus.). 32p. (J). (gr. 2-3). pap. 9.95 *(978-1-63738-179-3(4))*; lib. bdg. 31.35 *(978-1-63738-143-4(3))* North Star Editions. (Apex).

Harriet & Emilie. Eleanor Watkins. 2022. (ENG.). 256p. (YA). pap. 16.99 *(978-1-915046-24-6(6)*, e2ff1a86-c57c-4b1a-8142-e9b0929bf6e8) Malcolm Down Publishing Ltd. GBR. Dist: Baker & Taylor Publisher Services (BTPS).

Harriet & Philadelphia: Bffs. Emilie Nunn. 2016. (ENG.). (J). 16.95 *(978-1-63177-605-2(3))* Amplify Publishing Group.

Harriet & the Piper (Classic Reprint) Kathleen Norris. 2017. (ENG., Illus.). (J). 31.36 *(978-0-331-99009-6(1))* Forgotten Bks.

Harriet Beecher Stowe: Author & Abolitionist, 1 vol. Katie Griffiths. 2016. (Great American Thinkers Ser.). (ENG., Illus.). 128p. (J). (gr. 9-9). 47.36 *(978-1-5026-1930-3(X)*, e0837d98-e85e-4f42-b472-bf45f0e02b37) Cavendish Square Publishing LLC.

Harriet Beecher Stowe: The Inspiring Life Story of the Abolition Advocate. Brenda Haugen. 2016. (Inspiring Stories Ser.). (ENG., Illus.). 112p. (J). (gr. 5-7). lib. bdg. 38.65 *(978-0-7565-5164-3(1)*, 128792, Compass Point Bks.) Capstone.

Harriet Beecher Stowe's Story to End Slavery Women's Biographies Grade 5 Children's Biographies. Dissected Lives. 2020. (ENG.). 72p. (J). 24.99 *(978-1-5419-7324-4(0))*; pap. 14.99 *(978-1-5419-6059-6(9))* Speedy Publishing LLC. (Dissected Lives (Auto Biographies)).

Harriet Gets Carried Away. Jessie Sima. Illus. by Jessie Sima. 2018. (ENG., Illus.). 48p. (J). (gr. -1-3). 18.99 *(978-1-4814-6911-1(8)*, Simon & Schuster Bks. For Young Readers) Simon & Schuster Bks. For Young Readers.

Harriet Hall & the Enemy Within. Sonia Garrett. 2023. (ENG.). 196p. (J). pap. ***(978-1-7750106-8-5(6))*** Garrett, Sonia.

Harriet Hall & the Kaiser's Curse. Sonia Garrett. 2022. (ENG.). 150p. (J). pap. *(978-1-7750106-6-1(X))* Garrett, Sonia.

Harriet Hall & the Miracle Cure. Sonia Garrett. 2021. (ENG.). 164p. (J). pap. *(978-1-7750106-4-7(3))* Garrett, Sonia.

Harriet Hippopotamus & Henry Hamster. Bessie T. Wilkerson. Illus. by Cindy Wilson. 2020. (ENG.). 34p. (J). 34.99 *(978-1-63221-706-6(6))*; pap. 24.99 *(978-1-63221-705-9(8))* Salem Author Services.

Harriet Homes & the Celts Book of Spells. James F. Park. 2019. (ENG.). 96p. (J). pap. ***(978-0-244-45125-7(7))*** Lulu Pr., Inc.

Harriet Newell Haskell: January 14th, 1835, Waldoboro, Me, May 6th, 1907, Godfrey, Ill, a Span of Sunshine Gold (Classic Reprint) Emily Gilmore Alden. 2018. (ENG., Illus.). 82p. (J). 25.61 *(978-0-483-46722-4(7))* Forgotten Bks.

Harriet Robinson Scott: from the Frontier to Freedom. Duchess Harris & Samantha S. Bell. 2019. (Freedom's Promise Ser.). (ENG., Illus.). 48p. (J). (gr. 4-8). lib. bdg. 35.64 *(978-1-5321-1875-3(9)*, 32619) ABDO Publishing Co.

Harriet Ross Tubman: Abolitionist & Activist. Contrib. by Don Troy. 2023. (Black American Journey Ser.). (ENG.). 32p. (J). (gr. 4-7). lib. bdg. 35.64 ***(978-1-5038-8066-5(4)***, 216970) Child's World, Inc, The.

Harriet Spies. Elana K. Arnold. Illus. by Dung Ho. 2023. (ENG.). 240p. (J). (gr. 1-5). 18.99 *(978-0-06-309213-6(1)*, Walden Pond Pr.) HarperCollins Pubs.

Harriet the Elephotamus. Fiona Kirkman. Illus. by Dawn Treacher. 2021. (ENG.). 30p. (J). pap. 12.00 *(978-1-913432-32-4(7))* Stairwell Bks.

Harriet the Hatchling Is in Trouble. Shawn Wilhite. Illus. by Jp Roberts. 2021. (ENG.). 36p. (J). *(978-1-5255-9509-7(1))*; pap. *(978-1-5255-9508-0(3))* FriesenPress.

Harriet the Spy. Louise Fitzhugh. ed. 2021. (ENG., Illus.). 320p. (J). (gr. 3-7). 8.99 *(978-0-593-48232-2(8)*, Yearling) Random Hse. Children's Bks.

Harriet the Spy Novel Units Teacher Guide. Novel Units. 2019. (ENG.). (J). pap. 12.99 *(978-1-56137-349-9(4)*, Novel Units, Inc.) Classroom Library Co.

Harriet Tubman. Doraine Bennett. 2019. (History Makers Ser.). (ENG.). 24p. (J). (gr. 1-2). lib. bdg. 22.99 *(978-1-5105-4524-3(7))* SmartBook Media, Inc.

Harriet Tubman. Jehan Jones-Radgowski. 2020. (Biographies Ser.). (ENG., Illus.). 32p. (J). (gr. 1-3). pap. 6.95 *(978-1-9771-1804-2(6)*, 142164); lib. bdg. 31.32 *(978-1-9771-1360-3(5)*, 141473) Capstone. (Pebble).

Harriet Tubman, 1 vol. Janey Levy. 2020. (Heroes of Black History Ser.). (ENG.). 32p. (J). (gr. 3-4). pap. 11.50 *(978-1-5382-5814-9(5)*, 20d86b14-ede0-4eff-8674-8fe38633554b) Stevens, Gareth Publishing LLLP.

Harriet Tubman. Christine Platt. 2020. (Sheroes Ser.). (ENG., Illus.). 32p. (J). (gr. 2-2). pap. 9.95 *(978-1-64494-308-3(5)*, 1644943085, Calico Kid) ABDO Publishing Co.

Harriet Tubman. Christine Platt. Illus. by Addy Rivera. 2019. (Sheroes Ser.). (ENG.). 32p. (J). (gr. -1-3). lib. bdg. 32.79 *(978-1-5321-3642-9(0)*, 33730, Calico Chapter Bks) Magic Wagon.

Harriet Tubman. Maria Isabel Sanchez Vegara. Illus. by Pili Aguado. 2018. (Little People, BIG DREAMS Ser.: 13). (ENG.). 32p. (J). (gr. -1-2). ***(978-1-78603-227-0(9)***, Frances Lincoln Children's Bks.) Quarto Publishing Group UK.

Harriet Tubman, 1 vol. Joan Stoltman. 2017. (Little Biographies of Big People Ser.). (ENG.). 24p. (J). (gr. 1-2). pap. 9.15 *(978-1-5382-0923-3(3)*, 019cd048-f5b7-4135-9d4e-0594639408d7) Stevens, Gareth Publishing LLLP.

Harriet Tubman, 1 vol. Joan Stoltman. Tr. by Ana Maria Garcia. 2017. (Pequeñas Biografías de Grandes Personajes (Little Biographies of Big People) Ser.). (SPA.). 24p. (J). (gr. 1-2). pap. 9.15 *(978-1-5382-1559-3(4)*, 885f27e3-a953-4d2e-9705-f3a7f168bf4c); lib. bdg. 24.27 *(978-1-5382-1552-6(2)*, 2e5b2b7a-3997-4773-aecd-9f20f001c9fc) Stevens, Gareth Publishing LLLP.

Harriet Tubman, 1 vol. Kristen Susienka. 2019. (African American Leaders of Courage Ser.). (ENG.). 24p. (J). (gr. 1-2). pap. 9.25 *(978-1-7253-0838-1(X)*, bd382e70-5850-4e81-a8f1-6f6b909b71f2, PowerKids Pr.) Rosen Publishing Group, Inc., The.

Harriet Tubman: A Kid's Book about Bravery & Courage. Mary Nhin. 2022. (Mini Movers & Shakers Ser.: Vol. 32). (ENG.). 38p. (J). 22.99 ***(978-1-63731-677-1(1))*** Grow Grit Pr.

Harriet Tubman: Abolitionist & Conductor of the Underground Railroad, 1 vol. Barbara Krasner. 2017. (Women Who Changed History Ser.). (ENG., Illus.). 48p. (J). (gr. 6-7). lib. bdg. 28.41 *(978-1-68048-659-9(4)*, 611d4e7b-3922-4555-9e42-c5a184b72b18, Britannica Educational Publishing) Rosen Publishing Group, Inc., The.

Harriet Tubman: Conductor on the Underground Railroad. Ann Petry. 2018. (ENG.). 272p. (J). (gr. 3-7). 16.99 *(978-0-06-269130-9(9))*; pap. 9.99 *(978-0-06-266826-4(9))* HarperCollins Pubs. (Amistad).

Harriet Tubman: Leading Others to Liberty. Torrey Maloof. rev. ed. 2017. (Social Studies: Informational Text Ser.). (ENG., Illus.). 32p. (J). (gr. 4-8). pap. 11.99 *(978-1-4938-3802-8(4))* Teacher Created Materials, Inc.

Harriet Tubman: Little Biographies of Big People. Joan Stoltman. 2018. (Little Biographies of Big People Ser.). (ENG.). 24p. (J). (gr. 1-4). 18.95 *(978-1-5311-8645-6(9))* Perfection Learning Corp.

Harriet Tubman: My First Harriet Tubman [BOARD BOOK]. Maria Isabel Sanchez Vegara. Illus. by Pili Aguado. 2019. (Little People, BIG DREAMS Ser.: 14). (ENG.). 24p. (J). (gr. -1 — 1). bds. 9.99 ***(978-0-7112-4311-8(5)***, Frances Lincoln Children's Bks.) Quarto Publishing Group UK GBR. Dist: Hachette Bk. Group.

Harriet Tubman: Union Spy. Jeri Cipriano. Illus. by Scott R. Brooks. 2018. (Hidden History — Spies Ser.). (ENG.). 32p. (J). (gr. 2-5). pap. 8.99 *(978-1-63440-297-2(9)*, 5e2c1d5c-d773-44e5-88c4-8055f5dbaba1); lib. bdg. 26.65 *(978-1-63440-284-2(7)*, 4952045c-b015-4ac4-8fd8-61bdf73e9075) Red Chair Pr.

Harriet Tubman - All Aboard the Underground Railroad - U. S. Economy in the Mid-1800s - Biography 5th Grade - Children's Biographies. Dissected Lives. 2019. (ENG.). 72p. (J). pap. 14.72 *(978-1-5419-5089-4(5))*; 24.71 *(978-1-5419-7538-5(3))* Speedy Publishing LLC. (Dissected Lives (Auto Biographies)).

Harriet Tubman: Fighter for Freedom! James Buckley, Jr. Illus. by Izeek Esidene. 2023. (Show Me History! Ser.). (ENG.). 96p. (J). (gr. 3-7). pap. 8.99 *(978-1-6672-0300-3(2)*, Portable Pr.) Printers Row Publishing Group.

Harriet Tubman: Freedom Fighter. Nadia L. Hohn. Illus. by Gustavo Mazali. 2018. (I Can Read Level 2 Ser.). (ENG.). 32p. (J). (gr. -1-3). 16.99 *(978-0-06-243285-8(0))*; pap. 4.99 *(978-0-06-243284-1(2))* HarperCollins Pubs. (HarperCollins).

Harriet Tubman SP. Czeena Devera. Illus. by Jeff Bane. 2018. (My Early Library: Mi Mini Biografía (My Itty-Bitty Bio) Ser.). (SPA.). 24p. (J). (gr. k-1). lib. bdg. 30.64 *(978-1-5341-2997-9(9)*, 212036) Cherry Lake Publishing.

Harriet Tubman: Toward Freedom. Whit Taylor. 2021. (Center for Cartoon Studies Presents Ser.). (ENG., Illus.). 112p. (J). (gr. 5-9). 19.99 *(978-0-7595-5550-1(8))*; pap. 12.99 *(978-0-7595-5551-8(6))* Little, Brown Bks. for Young Readers.

Harriet Tubman Way: An Inspirational Guide to Self-Love, Empowerment & Legendary Leadership for Girls Workbook. Karol Brown. 2022. (ENG.). 152p. (YA). pap. 17.10 ***(978-0-9840050-6-2(4))*** Brown Tones Publishing.

Harriet Tubman's Escape: a Fly on the Wall History. Thomas Kingsley Troupe. Illus. by Jomike Tejido. 2017. (Fly on the Wall History Ser.). (ENG.). 32p. (J). (gr. 1-3). lib. bdg. 27.99 *(978-1-4795-9788-8(0)*, 133417, Picture Window Bks.) Capstone.

Harriet Ward Foote Hawley (Classic Reprint) Maria Huntington. 2018. (ENG., Illus.). 114p. (J). 26.25 *(978-0-483-86648-5(2))* Forgotten Bks.

Harriet's Big Adventure. Glenn S. Guiles. Illus. by Raymond J. Whalen. 2018. (ENG.). 32p. (J). *(978-1-5255-2688-6(X))*; pap. *(978-1-5255-2689-3(8))* FriesenPress.

Harriet's Heartbroken Heart. Lainie Belcastro & Nika Belcastro. Illus. by Jack Foster. l.t. ed. 2017. (ENG.). (J). (gr. -1-2). 10.95 *(978-1-61633-886-2(5))* Guardian Angel Publishing, Inc.

Harriet's Hibernation. Alanna Betambeau. Ed. by E. Rachael Hardcastle. Illus. by Ellen Barker. 2021. (ENG.). 32p. (J). pap. 9.99 *(978-1-9196261-1-6(5)*, Curious Cat Bks.) Legacy Bound.

Harriet's Horrible Hair Day. Dawn Lesley Stewart. ed. 2018. (J). lib. bdg. 18.40 *(978-0-606-41011-3(2))* Turtleback.

Harriet's Hungry Worms. Samantha Smith. Illus. by Melissa Johns. 2023. (ENG.). 32p. (J). (gr. 4-8). 19.99 *(978-1-922539-47-2(3)*, EK Bks.) Exisle Publishing Pty Ltd. AUS. Dist: Two Rivers Distribution.

Harriet's Monster Diary: Awfully Anxious (but I Squish It, Big Time), Volume 3. Raun Melmed & S. E. Abramson. Illus. by Arief Kriembonga. 2019. (Monster Diaries: 3). (ENG.). 116p. (J). (gr. 2-6). pap. 12.99 *(978-1-64170-127-3(7)*, 550127) Familius LLC.

Harriet's Yellow Jacket. Analise Harris & Adri Norris. 2019. (ENG.). 24p. (J). pap. 15.00 *(978-1-4834-9772-3(0))* Lulu Pr., Inc.

Harriett the Hearing Dog. Gina Dawson. 2023. (ENG.). 32p. (J). (gr. k-2). pap. 12.99 ***(978-1-76079-584-9(4))*** New Holland Pubs. Pty, Ltd. AUS. Dist: Independent Pubs. Group.

Harrigon. David Felty. 2019. (ENG.). 76p. (J). pap. 27.00 *(978-0-359-71205-2(3))* Lulu Pr., Inc.

Harrigon, a Dragon's Tale. David D. Felty. Illus. by Karalee R. Felty. 2021. (ENG.). 79p. (J). pap. *(978-1-6780-8350-2(X))* Lulu Pr., Inc.

Harrington: A Story of True Love (Classic Reprint) William Douglas O'Connor. (ENG., Illus.). (J). 2019. 558p. 35.41 *(978-1-397-27142-6(6))*; 2019. 560p. pap. 19.57 *(978-1-397-27045-0(4))*; 2017. 35.53 *(978-0-266-50019-3(6))*; 2016. pap. 19.57 *(978-1-334-12173-9(7))* Forgotten Bks.

Harrington, a Tale, and, Ormond, a Tale, Vol. 1 of 3 (Classic Reprint) Maria Edgeworth. 2016. (ENG., Illus.). (J). pap. 16.57 *(978-1-333-24683-9(8))* Forgotten Bks.

Harrington, a Tale, and, Ormond, a Tale, Vol. 1 of 3 (Classic Reprint) Maria Edgeworth. 2017. (ENG., Illus.). (J). 33.18 *(978-0-331-67687-7(7))* Forgotten Bks.

Harrington, a Tale, and, Ormond, a Tale, Vol. 2 of 3 (Classic Reprint) Maria Edgeworth. 2016. (ENG., Illus.). (J). pap. 16.57 *(978-1-334-64704-8(6))* Forgotten Bks.

Harris & Sloth. Rhonda Rice. 2020. (ENG.). 30p. (J). *(978-1-64575-373-5(5))*; pap. *(978-1-64575-374-2(3))* Austin Macauley Pubs. Ltd.

Harris Finds His Feet. Catherine Rayner. Illus. by Catherine Rayner. 2020. (ENG., Illus.). 24p. (J). (-k). bds. 9.99 *(978-1-68010-596-4(5))* Tiger Tales.

Harris Goes to Paris (Color Edition) Laird Stevens. 2019. (ENG.). 30p. (J). pap. 9.95 *(978-1-989454-12-1(7))* Paris Pr.

Harrison & His Dinosaur Robot. Daniel Roberts. Illus. by Daniel Roberts. 2020. (ENG.). 30p. (J). ***(978-1-6781-0107-7(9))*** Lulu Pr., Inc.

Harrison & His Dinosaur Robot & the Little Sister. Daniel Roberts. 2016. (ENG., Illus.). 34p. (J). pap. *(978-1-365-84027-2(1))* Lulu Pr., Inc.

Harrison & His Dinosaur Robot Visit the Doctor. Daniel Roberts. 2017. (ENG.). 32p. (J). pap. *(978-0-359-39354-1(3))* Lulu Pr., Inc.

Harrison, Hadley & Their Dinosaur Robots. Daniel Roberts. 2019. (ENG.). 32p. (J). pap. *(978-0-359-39643-6(7))* Lulu Pr., Inc.

Harrison Loved His Umbrella. Rhoda Levine. Illus. by Karla Kuskin. 2016. 56p. (J). (-k). 14.95 *(978-1-59017-991-8(9)*, NYR Children's Collection) New York Review of Bks., Inc., The.

Harrison Okene: Sixty Hours Underwater. Virginia Loh-Hagan. 2019. (True Survival Ser.). (ENG., Illus.). 32p. (J). (gr. 4-8). pap. 14.21 *(978-1-5341-3986-2(9)*, 212773); lib. bdg. 32.07 *(978-1-5341-4330-2(0)*, 212772) Cherry Lake Publishing. (45th Parallel Press).

Harrison P. Spader, Personal Space Invader. Christianne C. Jones. Illus. by Cale Atkinson. 2018. (Little Boost Ser.). (ENG.). 32p. (J). (gr. -1-2). lib. bdg. 23.99 *(978-1-5158-2722-1(4)*, 137920, Picture Window Bks.) Capstone.

Harrison's: Amusing Picture & Poetry Book, Containing Seventy Engravings (Classic Reprint) J. Harrison. 2018. (ENG., Illus.). 44p. (J). 24.80 *(978-0-267-24424-9(X))* Forgotten Bks.

Harrison's British Classicks, Vol. 5: Containing the Fifth, Sixth, Seventh, & Eighth Volumes of the Spectator (Classic Reprint) Edward Francis Burney. 2018. (ENG., Illus.). 648p. (J). 37.26 *(978-0-365-11605-9(X))* Forgotten Bks.

Harrison's British Classicks, Vol. 6: Containing: the Connoisseur, the Citizen of the World, and, the Babler (Classic Reprint) Edward Francis Burney. (ENG., Illus.). (J). 2018. 754p. 39.47 *(978-0-365-17461-5(0))*; 2017. pap. 23.57 *(978-0-259-22932-2(6))* Forgotten Bks.

Harrison's Hands. Debra Graves. Illus. by Savannah Horton. 2022. (ENG.). 72p. (J). pap. 15.99 *(978-1-63984-240-7(3))* Pen It Pubns.

Harrison's New Nursery Picture Book, Containing Seventy Interesting Engravings (Classic Reprint) Thomas Bewick. 2018. (ENG., Illus.). (J). 40p. 24.72 *(978-0-365-67780-2(9))*; 42p. pap. 7.97 *(978-0-365-67773-4(6))* Forgotten Bks.

Harrow Lake. Kat Ellis. 2021. (ENG.). 320p. (YA). (gr. 7). pap. 10.99 *(978-1-9848-1455-5(9)*, Dial Bks) Penguin Young Readers Group.

Harrowing Haunts, 8 vols., Set. 2016. (Harrowing Haunts Ser.). (ENG.). 256p. (J). (gr. 7-7). lib. bdg. 165.88 *(978-1-4994-6380-4(4)*, 840e6284-5060-49bc-b955-5d64c4f8dbb7) Rosen Publishing Group, Inc., The.

Harrowing Human Gallery, 1 vol. John Wood. 2020. (Museum of Phobias Ser.). (ENG.). 32p. (J). (gr. 3-4). pap. 11.50 *(978-1-5382-5998-6(2)*, edc139cd-cbe5-4f73-a0e3-29920a34d9e7); lib. bdg. 28.27 *(978-1-5382-6000-5(X)*, 1b20e2b2-34ea-40f0-a875-843d478a8a39) Stevens, Gareth Publishing LLLP.

Harrowing of Hell. Evan Dahm. 2020. (ENG., Illus.). 128p. pap. 15.00 *(978-1-945820-44-1(6))* Iron Circus Comics.

Harrowing Tales of Magic Gone Wrong Coloring Book. Smarter Activity Books. 2016. (ENG., Illus.). (J). pap. 9.22 *(978-1-68374-457-3(8))* Examined Solutions PTE. Ltd.

Harry: The Very Hairy Hare. Dan Wohlleber. 2020. (ENG.). 28p. (J). 22.95 *(978-1-4808-9080-0(4))*; pap. 16.95 *(978-1-4808-9082-4(0))* Archway Publishing.

Harry & Buster Go to the Cottage. Darlene Callingham. Illus. by Melina Found. 2019. (ENG.). 20p. (J). *(978-1-5255-4949-6(9))*; pap. *(978-1-5255-4950-2(2))* FriesenPress.

Harry & His Big Nose. Candace And Simeon Hudson. 2020. (ENG.). 22p. (J). pap. 12.95 *(978-1-64468-601-0(5))* Covenant Bks.

Harry & His Pony (Classic Reprint) Unknown Author. 2017. (ENG., Illus.). (J). 27.82 *(978-0-266-21214-0(X))* Forgotten Bks.

Harry & His Time Machine. Mark Andrew Poe. 2017. (ENG., Illus.). 180p. (YA). (gr. 6-8). 14.99 *(978-1-943785-04-9(X)*, 43145a21-453c-4483-903d-ff42fa2ee920) Rabbit Pubs.

Harry & Lucy: To Which Are Added the Little Dog Trusty, the Cherry Orchard, & the Orange Man (Classic Reprint) Maria Edgeworth. 2018. (ENG., Illus.). 202p. (J). 28.02 *(978-0-484-29985-5(9))* Forgotten Bks.

Harry & Lucy: With the Stories of Little Dog Trusty, the Orange Man, & the Cherry Orchard, & an Address to Mothers (Classic Reprint) Maria Edgeworth. 2018. (ENG., Illus.). 504p. (J). 34.31 *(978-0-428-46969-6(8))* Forgotten Bks.

Harry & Lucy Concluded, Vol. 1 Of 4: Being the Last Part of Early Lessons (Classic Reprint) Maria Edgeworth. 2018. (ENG., Illus.). 650p. (J). 37.30 *(978-0-428-93701-0(2))* Forgotten Bks.

Harry & Lucy Concluded, Vol. 2 Of 4: Being the Last Part of Early Lessons (Classic Reprint) Maria Edgeworth. 2018. (ENG., Illus.). 364p. (J). 31.40 *(978-0-365-18982-4(0))* Forgotten Bks.

Harry & Lucy Concluded, Vol. 3 Of 4: Being the Last Part of Early Lessons (Classic Reprint) Maria Edgeworth. 2017. (ENG., Illus.). 334p. (J). 30.81 *(978-0-484-67553-6(2))* Forgotten Bks.

Harry & Lucy, Vol. 1 Of 2: With Other Tales (Classic Reprint) Maria Edgeworth. 2017. (ENG., Illus.). (J). pap. 16.57 *(978-0-243-90080-0(5))* Forgotten Bks.

Harry & Lucy, Vol. 1 Of 2: With Other Tales (Classic Reprint) Maria Edgeworth. (ENG., Illus.). (J). 2018. 396p. 32.08 *(978-0-483-98352-6(7))*; 2017. 32.08 *(978-0-331-83021-7(3))* Forgotten Bks.

Harry & Lucy, Vol. 1 of 3 (Classic Reprint) Maria Edgeworth. 2018. (ENG., Illus.). 336p. (J). 30.85 *(978-0-483-92692-9(2))* Forgotten Bks.

Harry & Lucy, Vol. 2 Of 2: With Other Tales (Classic Reprint) Maria Edgeworth. 2016. (ENG., Illus.). (J). pap. 16.57 *(978-1-333-32794-1(3))* Forgotten Bks.

Harry & Lucy, Vol. 2 Of 2: With Other Tales (Classic Reprint) Maria Edgeworth. 2018. (ENG., Illus.). 384p. (J). 31.84 *(978-0-365-23848-5(1))* Forgotten Bks.

Harry & Lucy, Vol. 2 of 3 (Classic Reprint) Maria Edgeworth. 2016. (ENG., Illus.). (J). pap. 13.57 *(978-1-333-15453-0(4))* Forgotten Bks.

Harry & Lucy, Vol. 2 of 3 (Classic Reprint) Maria Edgeworth. 2018. (ENG., Illus.). 346p. (J). 30.99 *(978-0-428-71639-4(3))* Forgotten Bks.

Harry & Lucy, Vol. 3 of 3 (Classic Reprint) Maria Edgeworth. 2018. (ENG., Illus.). 356p. (J). 31.24 *(978-0-428-19275-4(0))* Forgotten Bks.

Harry & Meghan Sticker Paper Dolls. Eileen Rudisill Miller. 2019. (Dover Little Activity Books Paper Dolls Ser.). (ENG., Illus.). 8p. (J). (gr. 1-5). 1.99 *(978-0-486-83403-0(4)*, 834034) Dover Pubns., Inc.

Harry & the Careless Chick. Ruth Chesney. 2020. (ENG., Illus.). 32p. (J). (gr. 5-8). 12.99 *(978-1-912522-87-3(X)*, de773aae-03c3-45c5-b45b-70b322758ccc) Ritchie, John Ltd. GBR. Dist: Baker & Taylor Publisher Services (BTPS).

Harry & the Dark Horse. Janine Tougas. Illus. by Alexis Flower. 2018. (Voyage Collection). (ENG.). 220p. (J). pap. *(978-1-77222-532-7(0))* Apprentissage Illimite, Inc.

Harry & the Guinea Pig. Gene Zion. Illus. by Margaret Bloy Graham. 2021. (ENG.). 32p. (J). (gr. -1-3). 17.99 *(978-0-06-274773-0(8)*, HarperCollins) HarperCollins Pubs.

Harry & the Haircut. Silvia Borando. 2023. (ENG.). 24p. (J). (-k). 17.99 ***(978-1-922677-63-1(9))*** Bonnier Publishing GBR. Dist: Independent Pubs. Group.

Harry & the Haunted House. Chris Robertson. Illus. by Chris Robertson. 2022. (ENG.). 32p. (J). (gr. -1-2). pap. 14.99 ***(978-1-5324-3327-6(1))*** Xist Publishing.

Harry & the Kidnappers. Robert A. Ernst. Illus. by Rose E. Grier Evans. 2022. (Dr. Bob's Tales Ser.: Vol. 4). (ENG.). 176p. (J). 18.95 ***(978-1-7377805-2-6(6))***; pap. 12.95 ***(978-1-7377805-1-9(8))*** Discoveries Publishing llc.

H

Harry & the Lost Sheep. Ruth Chesney. 2019. (ENG., Illus.). 24p. (J). 10.99 *(978-1-912522-34-7(9),* 24bb03ba-2fff-423c-8787-f1e4fbaf3b51) Ritchie, John Ltd. GBR. Dist: Baker & Taylor Publisher Services (BTPS).

Harry & the Muddy Pig. Ruth Chesney. 2017. (ENG., Illus.). 24p. (J). pap. 7.99 *(978-1-910513-74-3(1),* bb553607-2892-4f79-8ce8-9c8bee4859da) Ritchie, John Ltd. GBR. Dist: Baker & Taylor Publisher Services (BTPS).

Harry & the Noise in the Night. Jo Neil. 2018. (ENG., Illus.). 28p. (J). (gr. -1-3). *(978-1-5289-2385-9(5))*; pap. *(978-1-5289-2386-6(3))* Austin Macauley Pubs. Ltd.

Harry & the Noise in the Night. Jo Neil. 2017. (ENG.). 26p. (J). 19.95 *(978-1-78693-316-4(0),* 9618181d-bd90-4649-802d-e0d55be7d93b); (Illus.). pap. 11.95 *(978-1-78693-315-7(2),* a74743cb-1279-4f72-90a6-fcad09566801) Austin Macauley Pubs. Ltd. GBR. Dist: Baker & Taylor Publisher Services (BTPS).

Harry & the Pelican. Amy Leaf. Illus. by Tami Boyce. 2019. (ENG.). 30p. (J). (gr. k-3). 19.99 *(978-0-578-44020-0(2))* Leaf Publishing, LLC.

Harry & the Pelican. Amy Leaf. Illus. by Tami Boyce. 2019. (ENG.). 30p. (J). pap. 9.99 *(978-0-692-19308-2(1))* Leaf Publishing, LLC.

Harry & the Pelican Coloring Book. Amy Leaf. Illus. by Tami Boyce. 2019. (ENG.). 30p. (J). pap. 5.99 *(978-0-578-49097-7(8))* Leaf Publishing, LLC.

Harry & Walter. Kathy Stinson. Illus. by Qin Leng. 2018. (ENG.). 32p. (J). (gr. k-2). pap. 9.95 *(978-1-55451-801-2(6))* Annick Pr., Ltd. CAN. Dist: Publishers Group West (PGW).

Harry Ascott Abroad (Classic Reprint) Matthew White. 2018. (ENG., Illus.). 98p. (J). 25.94 *(978-0-332-21040-7(5))* Forgotten Bks.

Harry at the Dog Show. Gene Zion. Illus. by Margaret Bloy Graham. 2023. (I Can Read Level 1 Ser.). (ENG.). 32p. (J). (gr. -1-3). 17.99 *(978-0-06-274778-5(9))*; pap. 5.99 *(978-0-06-274777-8(0))* HarperCollins Pubs. (HarperCollins).

Harry Beaufoy: Or the Pupil of Nature (Classic Reprint) Maria Hack. (ENG., Illus.). (J). 2018. 104p. 26.06 *(978-0-666-23395-0(0))*; 2017. pap. 9.57 *(978-0-259-40272-5(9))* Forgotten Bks.

Harry Belafonte - A Little Golden Book Biography. Lavaille Lavette. Illus. by Anastasia Williams. 2023. (Little Golden Book Ser.). 24p. (J). (gr. -1-3). 5.99 *(978-0-593-56810-1(9),* Golden Bks.) Random Hse. Children's Bks.

Harry Burne: A Story for the Young (Classic Reprint) Unknown Author. 2018. (ENG., Illus.). 128p. (J). 26.56 *(978-0-267-16843-9(8))* Forgotten Bks.

Harry Butters, R. F. an;, an American Citizen: Life & War Letters (Classic Reprint) Henry Augustus Butters. 2019. (ENG., Illus.). 320p. (J). 30.52 *(978-0-365-15343-6(5))* Forgotten Bks.

Harry Can Hear. Fynisa Engler. Illus. by Milanka Reardon. 2023. (ENG.). 32p. (J). pap. 10.99 ***(978-1-956357-98-1(X))***; 17.99 ***(978-1-956357-96-7(3))*** Lawley Enterprises.

Harry Coverdale's Courtship: And All That Came of It (Classic Reprint) Frank E. Smedley. 2018. (ENG., Illus.). 516p. (J). 34.54 *(978-0-267-19931-0(7))* Forgotten Bks.

Harry Dale, City Salesman (Classic Reprint) Sherwood Dowling. 2017. (ENG., Illus.). (J). 28.15 *(978-0-265-78761-8(0))*; pap. 10.57 *(978-1-5277-6761-4(2))* Forgotten Bks.

Harry Dee: Or Making It Out (Classic Reprint) Francis J. Finn. 2017. (ENG., Illus.). (J). 29.84 *(978-1-5283-6233-7(0))* Forgotten Bks.

Harry, Die Kleine Schildkrote. Katharina Hallmann. 2017. (GER., Illus.). (J). *(978-3-7345-5023-2(8))*; pap. *(978-3-7345-5022-5(X))* tredition Verlag.

Harry Egerton, or the Younger Son of the Day, Vol. 1 of 3 (Classic Reprint) G. L. Tottenham. (ENG., Illus.). (J). 2018. 328p. 30.66 *(978-0-483-37801-8(1))*; 2016. pap. 13.57 *(978-1-334-13160-8(0))* Forgotten Bks.

Harry Egerton, or the Younger Son of the Day, Vol. 2 (Classic Reprint) G. L. Tottenham. (ENG., Illus.). (J). 2018. 322p. 30.54 *(978-0-484-70096-2(0))*; 2016. pap. 13.57 *(978-1-333-41267-8(3))* Forgotten Bks.

Harry Egerton, or the Younger Son of the Day, Vol. 3 of 3 (Classic Reprint) G. L. Tottenham. (ENG., Illus.). (J). 2018. 308p. 30.27 *(978-0-483-30635-6(5))*; 2016. pap. 13.57 *(978-1-334-15536-9(4))* Forgotten Bks.

Harry Gets into the Swing of Things: A Children's Book on Perseverance & Overcoming Life's Obstacles & Goal Setting. Sarah Beliza Tucker. Illus. by Adam Ihle. l.t. ed. 2020. (Adventures of Harry & Friends Ser.: Vol. 3). (ENG.). 50p. (J). 18.99 *(978-1-953979-01-8(7))* Ocean Aire Productions, Inc.

Harry Harson: Or, the Benevolent Bachelor (Classic Reprint) John T. Irving. 2018. (ENG., Illus.). 372p. (J). 31.59 *(978-0-483-31150-3(2))* Forgotten Bks.

Harry Has a Hippo: Practicing the H Sound, 1 vol. Jamal Brown. 2016. (Rosen Phonics Readers Ser.). (ENG., Illus.). 8p. (J). (gr. -1-2). pap. *(978-1-5081-3095-6(7),* 8b2e4a49-ad2e-4f64-8df2-2166d5771528, Rosen Classroom) Rosen Publishing Group, Inc., The.

Harry Has a Lot of Energy. Elise Abram. Illus. by Elise Abram. 2020. (ENG., Illus.). 42p. (J). (gr. k-6). *(978-1-988843-42-1(1))* EMSA Publishing.

Harry, Hattie, & Henry the Helpful Hippos. Marilyn Clifford Pepe. 2018. (ENG., Illus.). 42p. (J). 22.95 *(978-1-64082-978-7(4))* Page Publishing Inc.

Harry Hawksbill Helps His Friends. Paul Mila. 2016. (ENG., Illus.). (J). pap. 11.99 *(978-1-930536-97-5(6))* Best Publishing Co.

Harry Heal the Friendly Footballer. David Vaughan. Illus. by Fran Brylewski. 2023. (ENG.). 28p. (J). pap. ***(978-1-80369-826-7(8))*** Authors OnLine, Ltd.

Harry Heathcote of Gangoil: A Tale of Australian Bush Life (Classic Reprint) Anthony Trollope. 2018. (ENG., Illus.). (J). 31.82 *(978-0-260-17040-8(2))* Forgotten Bks.

Harry Horse & the Magic Microdot. James F. Park. 2019. (ENG.). 74p. (J). pap. ***(978-0-244-22011-2(5))*** Lulu Pr., Inc.

Harry Horse, Private Detective. James F. Park. 2019. (ENG.). 76p. (J). pap. ***(978-0-244-81261-4(6))*** Lulu Pr., Inc.

Harry Houdini. Maria Isabel Sanchez Vegara. Illus. by Juliana Vido. 2022. (Little People, Big Dreams Ser.: Vol. 77). (ENG.). 32p. (J). (gr. -1-2). ***(978-0-7112-5945-4(3))*** Frances Lincoln Childrens Bks.

Harry Houdini (the First Names Series) Kjartan Poskitt. Illus. by Geraint Ford. (First Names Ser.). (ENG.). (J). (gr. 3-7). 2020. 176p. pap. 6.99 *(978-1-4197-4090-9(3),* 1279203); 2019. 160p. 9.99 *(978-1-4197-3862-3(3),* 1279201) Abrams, Inc. (Abrams Bks. for Young Readers).

Harry Joscelyn, Vol. 1 of 3 (Classic Reprint) Oliphant. 2017. (ENG., Illus.). (J). 30.54 *(978-0-266-19630-3(6))* Forgotten Bks.

Harry Joscelyn, Vol. 2 of 3 (Classic Reprint) Margaret O. W. Oliphant. 2018. (ENG., Illus.). 310p. (J). 30.29 *(978-0-483-74959-7(1))* Forgotten Bks.

Harry Joscelyn, Vol. 3 of 3 (Classic Reprint) Margaret O. W. Oliphant. 2018. (ENG., Illus.). 318p. (J). 30.46 *(978-0-483-63370-4(4))* Forgotten Bks.

Harry Kane. Todd Kortemeier. (World's Greatest Soccer Players Ser.). (ENG., Illus.). 32p. (J). 2020. (gr. 4-4). pap. 9.95 *(978-1-64494-341-0(7),* 1644943417); 2019. (gr. 3-9). lib. bdg. 32.79 *(978-1-5321-9062-9(X),* 33634) ABDO Publishing Co. (SportsZone).

Harry Kane: The Ultimate Fan Book. Adrian Besley. 2020. (Y Ser.). (ENG., Illus.). 64p. (gr. 4). 11.95 *(978-1-78739-343-1(7))* Carlton Bks., Ltd. GBR. Dist: Two Rivers Distribution.

Harry Kernell's Eccentric Irish Songster: Containing the Very Essence of Irish Wit & Humor in the Form of Jolly, Characteristic, Ludicrous, Comic, & Semicomic Hibernian Songs & Ballads, As Sung to Immense & Rapturous Audiences (Classic Reprint) Harry Kernell. (ENG., Illus.). (J). 2018. 70p. 25.36 *(978-0-483-69772-0(9))*; 2016. pap. 9.57 *(978-1-334-13876-8(1))* Forgotten Bks.

Harry Lauder: At Home & on Tour (Classic Reprint) Harry Lauder. 2016. (ENG., Illus.). (J). pap. 9.57 *(978-1-334-13473-9(1))* Forgotten Bks.

Harry Lauder, at Home & on Tour (Classic Reprint) Harry Lauder. 2017. (ENG., Illus.). (J). 26.66 *(978-0-260-05249-0(3))* Forgotten Bks.

Harry Lee, or Hope for the Poor (Classic Reprint) Harper And Brothers. (ENG., Illus.). (J). 2018. 388p. 31.90 *(978-0-365-29156-5(0))*; 2017. pap. 16.57 *(978-0-259-23004-5(9))* Forgotten Bks.

Harry Lorrequer (Classic Reprint) Charles James Lever. 2017. (ENG., Illus.). (J). 32.64 *(978-0-331-93211-9(3))* Forgotten Bks.

Harry Lorrequer, Vol. 1 of 2 (Classic Reprint) Charles Lever. (ENG., Illus.). (J). 2018. 368p. 31.49 *(978-0-483-33481-6(2))*; 2016. pap. 13.97 *(978-1-334-15679-3(4))* Forgotten Bks.

Harry Miller's Run. David Almond. Illus. by Salvatore Rubbino. 2017. (ENG.). 64p. (J). (gr. 2-4). 16.99 *(978-0-7636-8975-9(0))* Candlewick Pr.

Harry Mowbray (Classic Reprint) Knox. 2017. (ENG., Illus.). (J). pap. 16.57 *(978-0-259-18327-3(X))* Forgotten Bks.

Harry Mowbray (Classic Reprint) Charles Henry Knox. 2017. (ENG., Illus.). (J). 32.72 *(978-0-265-20572-3(7))* Forgotten Bks.

Harry Muir: A Story of Scottish Life (Classic Reprint) Margaret Oliphant. 2018. (ENG., Illus.). (J). 318p. 30.48 *(978-0-366-56134-6(0))*; 320p. pap. 13.57 *(978-0-366-06643-8(9))* Forgotten Bks.

Harry Muir, Vol. 1 Of 3: A Story of Scottish Life (Classic Reprint) Margaret O. W. Oliphant. 2018. (ENG., Illus.). 296p. (J). 30.00 *(978-0-332-84750-4(0))* Forgotten Bks.

Harry Muir, Vol. 2 Of 3: A Story of Scottish Life (Classic Reprint) Margaret O. W. Oliphant. 2018. (ENG., Illus.). 308p. (J). 30.25 *(978-0-267-19255-7(X))* Forgotten Bks.

Harry Muir, Vol. 3 Of 3: A Story of Scottish Life (Classic Reprint) Margaret O. W. Oliphant. 2018. (ENG., Illus.). 316p. (J). 30.41 *(978-0-267-19135-2(9))* Forgotten Bks.

Harry Okpik, Determined Musher: English Edition. Harry Okpik & Maren Vsetula. Illus. by Ali Hinch. ed. 2021. (Nunavummi Reading Ser.). (ENG.). 52p. (J). 18.95 *(978-1-77450-201-3(1))* Inhabit Education Bks. Inc. CAN. Dist: Consortium Bk. Sales & Distribution.

Harry O'Reardon: Or Illustrations of Irish Pride (Classic Reprint) S. C. Hall. (ENG., Illus.). (J). 2018. 196p. 27.94 *(978-0-484-56312-3(2))*; 2017. pap. 10.57 *(978-0-259-20220-2(7))* Forgotten Bks.

Harry o'Wienie, Whodini, O'What? Bonnie Gentry-Kelly. 2021. (ENG., Illus.). 30p. (J). 23.00 *(978-1-64913-352-6(9))* Dorrance Publishing Co., Inc.

Harry Potter. Emma Huddleston. 2019. (Our Favorite Brands Ser.). (ENG., Illus.). 32p. (J). (gr. 3-3). pap. 9.95 *(978-1-64494-179-9(1),* 1644941791) Bigfoot Bks. GBR. Dist: North Star Editions.

Harry Potter: A History of Magic. British British Library. 2018. (ENG., Illus.). 272p. (J). (gr. 5). 39.99 *(978-1-338-31150-1(6),* Levine, Arthur A. Bks.) Scholastic, Inc.

Harry Potter: And the Order of the Phoenix. J. K. Rowling. Illus. by Jim Kay & Neil Packer. 2022. (Harry Potter Ser.). (ENG.). 576p. (J). (gr. 3). 54.99 *(978-0-545-79143-4(X))* Scholastic, Inc.

Harry Potter - A Magical Year: The Illustrations of Jim Kay. J. K. Rowling. Illus. by Jim Kay. 2021. (ENG.). 240p. (J). (gr. 3). 36.99 *(978-1-338-80997-8(0))* Scholastic, Inc.

Harry Potter a l'Ecole des Sorciers. J. K. Rowling. Tr. by Jean-François Menard. 2017. (FRE.). (J). (gr. 4-10). pap. *(978-2-07-058462-8(3))* Gallimard, Editions.

Harry Potter & the Chamber of Secrets, Bk. 2. J. K. Rowling. Illus. by Brian Selznick & Mary GrandPré. 2018. (Harry Potter Ser.: 2). (ENG.). 368p. (J). (gr. 3). pap. 12.99 *(978-1-338-29915-1(8),* Levine, Arthur A. Bks.) Scholastic, Inc.

Harry Potter & the Chamber of Secrets, Bk. 2. J. K. Rowling. Illus. by Minalima Minalima Design. ed. 2021. (Harry Potter Ser.: 2). (ENG.). 400p. (J). (gr. 3-3). 37.99 *(978-1-338-71653-5(0))* Scholastic, Inc.

Harry Potter & the Chamber of Secrets, Bk. 2. J. K. Rowling. Illus. by Jim Kay. ed. 2016. (Harry Potter Ser.: 2). (ENG.). 272p. (J). (gr. 3). 39.99 *(978-0-545-79132-8(4),* Levine, Arthur A. Bks.) Scholastic, Inc.

Harry Potter & the Chamber of Secrets (Harry Potter, Book 2) J. K. Rowling. Illus. by Mary GrandPré. 2023. (Harry Potter Ser.). (ENG.). 352p. (J). (gr. 3). pap. 12.99 *(978-1-338-87893-6(X))* Scholastic, Inc.

Harry Potter & the Chamber of Secrets (Latin) Harrius Potter et Camera Secretorum. J. K. Rowling. Tr. by Peter Needham. 2016. (Harry Potter Ser.). (LAT.). 288p. 29.99 *(978-1-4088-6911-6(X),* 900210040, Bloomsbury Children's Bks.) Bloomsbury Publishing USA.

Harry Potter & the Chamber of Secrets Novel Units Student Packet. Novel Units. 2019. (Harry Potter Ser.: Year 2). (ENG.). (J). pap., stu. ed. 13.99 *(978-1-58130-655-2(5),* Novel Units, Inc.) Classroom Library Co.

Harry Potter & the Cursed Child. J. K. Rowling et al. l.t. ed. 2016. (Harry Potter Ser.: 8). (ENG.). 407p. 32.99 *(978-1-4104-9620-1(1))* Cengage Gale.

Harry Potter & the Cursed Child, Parts One & Two: the Official Playscript of the Original West End Production, 1 vol., Pt. 1&2. J. K. Rowling et al. 2017. (ENG.). 336p. (J). (gr. 5-5). 29.99 *(978-1-338-21667-7(8))*; pap. 12.99 *(978-1-338-21666-0(X))* Scholastic, Inc. (Levine, Arthur A. Bks.).

Harry Potter & the Cursed Child: the Journey: Behind the Scenes of the Award-Winning Stage Production. Harry Potter Theatrical Productions & Jody Revenson. 2019. (ENG., Illus.). 224p. (J). (gr. 5-5). 39.99 *(978-1-338-27403-5(1),* Levine, Arthur A. Bks.) Scholastic, Inc.

Harry Potter & the Deathly Hallows. J. K. Rowling. Tr. by Jean-François Menard. 2017. (FRE.). 896p. (J). (gr. 4-10). pap. *(978-2-07-058523-6(9))* Gallimard, Editions.

Harry Potter & the Deathly Hallows, Bk. 7. J. K. Rowling. Illus. by Brian Selznick & Mary GrandPré. 2018. (Harry Potter Ser.: 7). (ENG.). 784p. (J). (gr. 3). pap. 16.99 *(978-1-338-29920-5(4),* Levine, Arthur A. Bks.) Scholastic, Inc.

Harry Potter & the Deathly Hallows (Harry Potter, Book 7) J. K. Rowling. Illus. by Mary GrandPré. 2023. (Harry Potter Ser.). (ENG.). 784p. (J). (gr. 3). pap. 16.99 *(978-1-338-87898-1(0))* Scholastic, Inc.

Harry Potter & the Goblet of Fire. J. K. Rowling. Illus. by Jim Kay. ed. 2019. (Harry Potter Ser.: 4). (ENG.). 464p. (J). (gr. 3). 47.99 *(978-0-545-79142-7(1),* Levine, Arthur A. Bks.) Scholastic, Inc.

Harry Potter & the Goblet of Fire, Bk. 4. J. K. Rowling. Illus. by Brian Selznick & Mary GrandPré. 2018. (Harry Potter Ser.: 4). (ENG.). 768p. (J). (gr. 3). pap. 14.99 *(978-1-338-29917-5(4),* Levine, Arthur A. Bks.) Scholastic, Inc.

Harry Potter & the Goblet of Fire (Harry Potter, Book 4) J. K. Rowling. Illus. by Mary GrandPré. 2023. (Harry Potter Ser.). (ENG.). 752p. (J). (gr. 3). pap. 14.99 *(978-1-338-87895-0(6))* Scholastic, Inc.

Harry Potter & the Half-Blood Prince, Bk. 6. J. K. Rowling. Illus. by Brian Selznick & Mary GrandPré. 2018. (Harry Potter Ser.: 6). (ENG.). 688p. (J). (gr. 3). pap. 14.99 *(978-1-338-29919-9(0),* Levine, Arthur A. Bks.) Scholastic, Inc.

Harry Potter & the Half-Blood Prince (Harry Potter, Book 6) J. K. Rowling. Illus. by Mary GrandPré. 2023. (Harry Potter Ser.). (ENG.). 672p. (J). (gr. 3). pap. 14.99 *(978-1-338-87897-4(2))* Scholastic, Inc.

Harry Potter & the Order of the Phoenix see Harry Potter et l'Ordre du Phenix

Harry Potter & the Order of the Phoenix, Bk. 5. J. K. Rowling. Illus. by Brian Selznick & Mary GrandPré. 2018. (Harry Potter Ser.: 5). (ENG.). 912p. (J). (gr. 3). pap. 14.99 *(978-1-338-29918-2(2),* Levine, Arthur A. Bks.) Scholastic, Inc.

Harry Potter & the Order of the Phoenix (Harry Potter, Book 5) J. K. Rowling. Illus. by Mary GrandPré. 2023. (Harry Potter Ser.). (ENG.). 896p. (J). (gr. 3). pap. 14.99 *(978-1-338-87896-7(4))* Scholastic, Inc.

Harry Potter & the Philosopher's Stane: Harry Potter & the Philosopher's Stone in Scots. J. K. Rowling. Tr. by Matthew Fitt. 2018. (SCO.). 320p. (J). (gr. 4-6). pap. 14.95 *(978-1-78530-154-4(3))* Black and White Publishing Ltd. GBR. Dist: Independent Pubs. Group.

Harry Potter & the Philosopher's Stone see Harrius Potter et Philosophi Lapis: (Harry Potter & the Philosopher's Stone)

Harry Potter & the Prisoner of Azkaban, Bk. 3. J. K. Rowling. Illus. by Minalima Design. 2023. (Harry Potter Ser.). (ENG.). 480p. (J). (gr. 3). 39.99 ***(978-1-338-81528-3(8))*** Scholastic, Inc.

Harry Potter & the Prisoner of Azkaban, Bk. 3. J. K. Rowling. Illus. by Brian Selznick & Mary GrandPré. 2018. (Harry Potter Ser.: 3). (ENG.). 464p. (J). (gr. 3). pap. 12.99 *(978-1-338-29916-8(6),* Levine, Arthur A. Bks.) Scholastic, Inc.

Harry Potter & the Prisoner of Azkaban, Bk. 3. J. K. Rowling. Illus. by Jim Kay. 2017. (Harry Potter Ser.: 3). (ENG.). 336p. (J). (gr. 3-3). 39.99 *(978-0-545-79134-2(0),* Levine, Arthur A. Bks.) Scholastic, Inc.

Harry Potter & the Prisoner of Azkaban (Harry Potter, Book 3) J. K. Rowling. Illus. by Mary GrandPré. 2023. (Harry Potter Ser.). (ENG.). 448p. (J). (gr. 3). pap. 12.99 *(978-1-338-87894-3(8))* Scholastic, Inc.

Harry Potter & the Prisoner of Azkaban Novel Units Student Packet. Novel Units. 2019. (Harry Potter Ser.: Year 3). (ENG.). (J). pap., stu. ed. 13.99 *(978-1-58130-657-6(1),* Novel Units, Inc.) Classroom Library Co.

Harry Potter & the Prisoner of Azkaban Novel Units Teacher Guide. Novel Units. 2019. (Harry Potter Ser.: Year 3). (ENG.). (J). pap., tchr. ed. 12.99 *(978-1-58130-656-9(3),* Novel Units, Inc.) Classroom Library Co.

Harry Potter & the Sorcerer's Stone see Harry Potter à l'École des Sorciers

Harry Potter & the Sorcerer's Stone, Bk. 1. J. K. Rowling. Illus. by Brian Selznick & Mary GrandPré. 2018. (Harry Potter Ser.: 1). (ENG.). 336p. (J). (gr. 3). pap. 12.99 *(978-1-338-29914-4(X),* Levine, Arthur A. Bks.) Scholastic, Inc.

Harry Potter & the Sorcerer's Stone, Bk. 1. J. K. Rowling & J. K. Rowling. Illus. by Minalima Minalima Design. ed. 2020. (Harry Potter Ser.: 1). (ENG.). 368p. (J). (gr. 3-3). 37.99 *(978-1-338-59670-0(5))* Scholastic, Inc.

Harry Potter & the Sorcerer's Stone (Harry Potter, Book 1) J. K. Rowling. Illus. by Mary GrandPré. 2023. (Harry Potter Ser.). (ENG.). 320p. (J). (gr. 3). pap. 12.99 *(978-1-338-87892-9(1))* Scholastic, Inc.

Harry Potter & the Sorcerer's Stone Novel Units Student Packet. Novel Units. 2019. (ENG.). (J). (gr. -1-7). pap., stu. ed. 13.99 *(978-1-58130-607-1(5),* Novel Units, Inc.) Classroom Library Co.

Harry Potter Books 1-7 Special Edition Boxed Set. J. K. Rowling. Illus. by Brian Selznick & Mary GrandPré. 2018. (Harry Potter Ser.). (ENG.). 8640p. (J). (gr. 3-3). pap., pap., pap. 100.00 *(978-1-338-21839-8(5),* Levine, Arthur A. Bks.) Scholastic, Inc.

Harry Potter Boxed Set: Harry Potter & the Chamber of Secrets; Harry Potter & the Sorcerer's Stone; Harry Potter & the Prisoner of Azkaban see Harry Potter Coffret: Harry Potter à l'École des Sorciers; Harry Potter et la Chambre des Secrets; Harry Potter et le Prisonnier d'Azkaban

Harry Potter Cocktail Cookbook: 50+ Magical Concoctions, Potions & Cocktails Recipes for Harry Potter Fans & Kids. Tanya Cervantes. 2020. (ENG.). 66p. (J). 21.99 *(978-1-953732-25-5(9))* Jason, Michael.

Harry Potter Cocktail Cookbook: 55 Amazing Drink Recipes for Wizards & Non-Wizards Alike. Jessica Woods. 2020. (ENG.). 48p. (J). 20.99 *(978-1-80121-500-8(6))* Jason, Michael.

Harry Potter: Create by Sticker: Hogsmeade. Cala Spinner. 2021. (ENG.). 24p. (J). (gr. 1-3). pap. 9.99 *(978-1-338-71597-2(6))* Scholastic, Inc.

Harry Potter: Diagon Alley: a Movie Scrapbook. Jody Revenson. 2018. (Harry Potter Ser.). (ENG., Illus.). 48p. (J). (gr. 5). 19.99 *(978-0-7636-9592-7(0))* Candlewick Pr.

Harry Potter Divination Crystal Ball: Lights Up! Donald Lemke. 2021. (RP Minis Ser.). (ENG., Illus.). 48p. (J). (gr. 3-17). pap. 13.95 *(978-0-7624-7490-5(4),* Running Pr. Minature Editions) Running Pr.

Harry Potter et le Prisonnier D'Azkaban. J. K. Rowling. Tr. by Jean-François Menard. 2017. (FRE.). 448p. (J). (gr. 4-10). pap. *(978-2-07-058492-5(5))* Gallimard, Editions.

Harry Potter Hardcover Boxed Set: Books 1-7 (Slipcase) J. K. Rowling. 2023. (Harry Potter Ser.). (ENG.). 4224p. (J). (gr. 3). 226.93 *(978-1-338-86429-8(7))* Scholastic, Inc.

Harry Potter Hardcover Boxed Set: Books 1-7 (Trunk) J. K. Rowling. 2022. (Harry Potter Ser.). (ENG.). 4224p. (J). (gr. 3). 226.93 *(978-1-338-86428-1(9))* Scholastic, Inc.

Harry Potter: Hogwarts: a Movie Scrapbook. Jody Revenson. 2018. (ENG., Illus.). 48p. (J). (gr. 2). 19.99 *(978-1-9848-3045-6(7),* Random Hse. Bks. for Young Readers) Random Hse. Children's Bks.

Harry Potter: Hogwarts Magic! Book with Pencil Topper. Terrance Crawford. 2021. (ENG.). 48p. (J). (gr. 1-3). pap. 10.99 *(978-1-338-71751-8(0))* Scholastic, Inc.

Harry Potter: Hogwarts Trunk Collectible Set. Donald Lemke. 2021. (ENG., Illus.). 128p. (gr. 5-17). 35.00 *(978-0-7624-7473-8(4),* Running Pr.) Running Pr.

Harry Potter: Imagining Hogwarts: A Beginner's Guide to Moviemaking. Bryan Michael Stoller. 2018. (ENG., Illus.). 64p. (J). 19.99 *(978-1-68383-399-4(6))* Insight Editions.

Harry Potter: Joke Shop: Water-Color! Adapted by Terrance Crawford. 2021. (ENG.). 48p. (J). (gr. 2-5). 12.99 *(978-1-338-74517-7(4))* Scholastic, Inc.

Harry Potter Magical Creatures Postcard Coloring Book. Scholastic. 2016. (ENG.). 40p. (J). (gr. 3). pap. 9.99 *(978-1-338-05459-0(7))* Scholastic, Inc.

Harry Potter: Magical Film Projections: Patronus Charm. Insight Editions. 2017. (Harry Potter Ser.). (ENG., Illus.). 16p. (J). (gr. 2-5). 16.99 *(978-0-7636-9586-6(6))* Candlewick Pr.

Harry Potter: Magical Film Projections: Quidditch. Insight Editions. 2017. (Harry Potter Ser.). (ENG.). 16p. (J). (gr. 2-5). 16.99 *(978-0-7636-9587-3(4))* Candlewick Pr.

Harry Potter Magical Places & Characters Coloring Book. Scholastic. ed. 2016. (ENG.). (J). (gr. 3). lib. bdg. 28.15 *(978-0-606-39590-8(3))* Turtleback.

Harry Potter Magical Places & Characters Coloring Book: The Official Coloring Book. Scholastic. 2016. (ENG.). 96p. (J). (gr. 3). pap. 15.99 *(978-1-338-03001-3(9))* Scholastic, Inc.

Harry Potter Magical Places & Characters Poster Coloring Book. Scholastic. 2016. (ENG.). 40p. (J). (gr. 3). pap. 24.99 *(978-1-338-13292-2(X))* Scholastic, Inc.

Harry Potter Origami Volume 1 (Harry Potter), 1. Scholastic. 2019. (ENG., Illus.). 112p. (J). (gr. 1-1). pap. 12.99 *(978-1-338-32296-5(6))* Scholastic, Inc.

Harry Potter Origami Volume 2 (Harry Potter) Scholastic. ed. 2021. (ENG., Illus.). 112p. (J). (gr. 1-3). pap. 12.99 *(978-1-338-74518-4(2))* Scholastic, Inc.

Harry Potter Paper Flyers. Editors of Klutz. 2017. (ENG.). 74p. (J). (gr. 3-7). 19.99 *(978-1-338-10639-8(2))* Klutz.

Harry Potter Quidditch at Hogwarts: The Player's Kit. Donald Lemke. 2020. (ENG., Illus.). 128p. (gr. 5-17). 35.00 *(978-0-7624-6945-1(5),* Running Pr.) Running Pr.

Harry Potter Screaming Mandrake: With Sound! Donald Lemke. 2021. (RP Minis Ser.). (ENG., Illus.). 2p. (gr. 3-17). pap. 13.95 *(978-0-7624-7477-6(7),* Running Pr. Minature Editions) Running Pr.

Harry Potter: Spell Deck & Interactive Book. Donald Lemke. 2020. (ENG., Illus.). 88p. (gr. 3-17). 20.00 *(978-0-7624-7071-6(2),* Running Pr.) Running Pr.

Harry Potter: Squishy: Bravery & Friendship. As told by Samantha Swank. 2021. (ENG.). 128p. (J). (gr. 2-2). 14.99 *(978-1-338-71599-6(2))* Scholastic, Inc.

Harry Potter: the Illustrated Collection (Books 1-3 Boxed Set) J. K. Rowling. Illus. by Jim Kay. 2018. (Harry Potter Ser.). (ENG.). 864p. (J). (gr. 3-3). 120.00 *(978-1-338-31291-1(X),* Levine, Arthur A. Bks.) Scholastic, Inc.

Harry Potter: Winter at Hogwarts: a Magical Coloring Set, Set. Candlewick Press Staff. 2016. (Harry Potter Ser.). (ENG.). 48p. (J). (gr. 3-7). 15.99 *(978-0-7636-9589-7(0))* Candlewick Pr.

Harry Potter Wizarding Almanac: the Official Magical Companion to J. K. Rowling's Harry Potter Books. J. K. Rowling. Illus. by Peter Goes et al. 2023. (ENG.). 208p. (J). (gr. 3). 39.99 ***(978-1-339-01814-0(4))*** Scholastic, Inc.

Harry Potter y el cáliz de fuego (Harry Potter 4) J. K. Rowling. 2020. (Harry Potter Ser.: 4). (SPA.). 672p. (J). (gr. 4-7). 29.95 *(978-84-9838-926-5(7))* Publicaciones y

Ediciones Salamandra, S.A. ESP. Dist: Penguin Random Hse. LLC.

Harry Potter y el misterio del príncipe (Harry Potter 6) J. K. Rowling. 2020. (Harry Potter Ser.: 6). (SPA.). 608p. (J). (gr. 4-7). 29.95 *(978-84-9838-928-9(3))* Publicaciones y Ediciones Salamandra, S.A. ESP. Dist: Penguin Random Hse. LLC.

Harry Potter y el prisionero de Azkaban - Gryffindor (Harry Potter [edición del 20º aniversario] 3) J.k. Rowling. 2021. (SPA.). 416p. (J). (gr. 5-9). 24.95 *(978-84-18174-08-7(0))* Publicaciones y Ediciones Salamandra, S.A. ESP. Dist: Penguin Random Hse. LLC.

Harry Potter y el prisionero de Azkaban - Hufflepuff (Harry Potter [edición del 20º aniversario] 3) J.k. Rowling. 2021. (SPA.). 416p. (J). (gr. 5-9). 24.95 *(978-84-18174-10-0(2))* Publicaciones y Ediciones Salamandra, S.A. ESP. Dist: Penguin Random Hse. LLC.

Harry Potter y el prisionero de Azkaban - Ravenclaw (Harry Potter [edición del 20º aniversario] 3) J.k. Rowling. 2021. (SPA.). 416p. (J). (gr. 5-9). 24.95 *(978-84-18174-11-7(0))* Publicaciones y Ediciones Salamandra, S.A. ESP. Dist: Penguin Random Hse. LLC.

Harry Potter y el prisionero de Azkaban - Slytherin (Harry Potter [edición del 20º aniversario] 3) J.k. Rowling. 2021. (SPA.). 416p. (J). (gr. 5-9). 24.95 *(978-84-18174-09-4(9))* Publicaciones y Ediciones Salamandra, S.A. ESP. Dist: Penguin Random Hse. LLC.

Harry Potter y el Prisionero de Azkaban / Harry Potter & the Prisoner of Azkaban. J. K. Rowling. 2021. (SPA.). 360p. (J). (gr. 4-7). 28.95 *(978-607-31-9391-7(2))* Publicaciones y Ediciones Salamandra, S.A. ESP. Dist: Penguin Random Hse. LLC.

Harry Potter y el Prisionero de Azkaban. Edición Ilustrada / Harry Potter & the Prisoner of Azkaban: the Illustrated Edition. J. K. Rowling. 2017. (Harry Potter Ser.: 3). (SPA.). 326p. (J). (gr. 4-7). 46.95 *(978-84-9838-827-5(9))* Publicaciones y Ediciones Salamandra, S.A. ESP. Dist: Penguin Random Hse. LLC.

Harry Potter y el prisionero de Azkaban (Harry Potter 3) J. K. Rowling. 2020. (Harry Potter Ser.: 3). (SPA.). 360p. (J). (gr. 4-7). 28.95 *(978-84-9838-925-8(9))* Publicaciones y Ediciones Salamandra, S.A. ESP. Dist: Penguin Random Hse. LLC.

Harry Potter y la cámara secreta - Gryffindor (Harry Potter [edición del 20º aniversario]) J.k. Rowling. 2019. (Harry Potter Ser.: 2). (SPA., Illus.). 339p. (J). (gr. 4-7). 24.95 *(978-84-9838-971-5(2))* Publicaciones y Ediciones Salamandra, S.A. ESP. Dist: Penguin Random Hse. LLC.

Harry Potter y la cámara secreta - Hufflepuff (Harry Potter [edición del 20º aniversario]) J.k. Rowling. 2019. (Harry Potter Ser.: 2). (SPA., Illus.). 339p. (J). (gr. 4-7). 24.95 *(978-84-9838-973-9(9))* Publicaciones y Ediciones Salamandra, S.A. ESP. Dist: Penguin Random Hse. LLC.

Harry Potter y la cámara secreta - Ravenclaw (Harry Potter [edición del 20º aniversario]) J.k. Rowling. 2019. (Harry Potter Ser.: 2). (SPA., Illus.). 339p. (J). (gr. 4-7). 24.95 *(978-84-9838-975-3(5))* Publicaciones y Ediciones Salamandra, S.A. ESP. Dist: Penguin Random Hse. LLC.

Harry Potter y la cámara secreta - Slytherin (Harry Potter [edición del 20º aniversario]) J.k. Rowling. 2019. (Harry Potter Ser.: 2). (SPA., Illus.). 339p. (J). (gr. 4-7). 24.95 *(978-84-9838-977-7(1))* Publicaciones y Ediciones Salamandra, S.A. ESP. Dist: Penguin Random Hse. LLC.

Harry Potter y la Cámara Secreta / Harry Potter & the Chamber of Secrets. J. K. Rowling. 2021.Tr. of Harry Potter & the Chamber of Secrets. (SPA.). 296p. (J). (gr. 4-7). 25.95 *(978-607-31-9390-0(4))* Publicaciones y Ediciones Salamandra, S.A. ESP. Dist: Penguin Random Hse. LLC.

Harry Potter y la Cámara Secreta (Ed. Minalima) / Harry Potter & the Chamber o F Secrets. J.k. Rowling. 2022. (SPA.). 400p. (J). (gr. 4-7). 49.95 *(978-84-18637-01-8(3))* Publicaciones y Ediciones Salamandra, S.A. ESP. Dist: Penguin Random Hse. LLC.

Harry Potter y la cámara secreta (Harry Potter 2) J. K. Rowling. 2020. (Harry Potter Ser.: 2). (SPA.). 296p. (J). (gr. 4-7). 25.95 *(978-84-9838-924-1(0))* Publicaciones y Ediciones Salamandra, S.A. ESP. Dist: Penguin Random Hse. LLC.

Harry Potter y la Orden Del Fénix (Ed. Ilustrada) / Harry Potter & the Order o F the Phoenix: the Illustrated Edition. J. K. Rowling. Illus. by Jim Kay & Neil Packer. 2023. (Harry Potter Ser.: 5). (SPA.). 736p. (J). (gr. 4-7). 59.95 *(978-84-18797-62-0(2))* Publicaciones y Ediciones Salamandra, S.A. ESP. Dist: Penguin Random Hse. LLC.

Harry Potter y la Orden del Fénix (Harry Potter 5) J. K. Rowling. 2020. (Harry Potter Ser.: 5). (SPA.). 896p. (J). (gr. 4-7). 29.95 *(978-84-9838-927-2(5))* Publicaciones y Ediciones Salamandra, S.A. ESP. Dist: Penguin Random Hse. LLC.

Harry Potter y la piedra filosofal - Hufflepuff (Harry Potter [edición del 20º aniversario] 1) Entrega · Paciencia · Lealtad. J.k. Rowling. 2018. (Harry Potter Ser.: 1). (SPA.). 303p. (J). (gr. 4-7). 24.95 *(978-84-9838-889-3(9))* Publicaciones y Ediciones Salamandra, S.A. ESP. Dist: Penguin Random Hse. LLC.

Harry Potter y la Piedra Filosofal / Harry Potter & the Sorcerer's Stone. J. K. Rowling. 2021. (SPA.). 264p. (J). (gr. 4-7). 26.95 *(978-607-31-9389-4(0))* Publicaciones y Ediciones Salamandra, S.A. ESP. Dist: Penguin Random Hse. LLC.

Harry Potter y la Piedra Filosofal (20 Aniv. Gryffindor) / Harry Potter & the Sorcerer's Stone (Gryffindor) J.k. Rowling. 2018. (Harry Potter Ser.: 1). (SPA.). 303p. (J). (gr. 4-7). 24.95 *(978-84-9838-887-9(2))* Publicaciones y Ediciones Salamandra, S.A. ESP. Dist: Penguin Random Hse. LLC.

Harry Potter y la Piedra Filosofal (20 Aniv. Ravenclaw) / Harry Potter & the S Orcerer's Stone (Ravenclaw) J.k. Rowling. 2018. (Harry Potter Ser.: 1). (SPA.). 303p. (J). (gr. 4-7). 24.95 *(978-84-9838-891-6(0))* Publicaciones y Ediciones Salamandra, S.A. ESP. Dist: Penguin Random Hse. LLC.

Harry Potter y la Piedra Filosofal (20 Aniv. Slytherin) / Harry Potter & the S Orcerer's Stone (Slytherin) J.k. Rowling. 2018. (Harry Potter Ser.: 1). (SPA.). 303p. (J). (gr. 4-7). 24.95 *(978-84-9838-893-0(7))* Publicaciones y Ediciones Salamandra, S.A. ESP. Dist: Penguin Random Hse. LLC.

Harry Potter y la Piedra Filosofal. Edición Ilustrada / Harry Potter & the Sorcerer's Stone: the Illustrated Edition. J. K. Rowling. Illus. by Jim Kay. 2019. (Harry Potter Ser.: 1). (SPA.). 246p. (J). (gr. 4-7). pap. 35.95 *(978-84-9838-948-7(8))* Publicaciones y Ediciones Salamandra, S.A. ESP. Dist: Penguin Random Hse. LLC.

Harry Potter: You're Magical: A Fill-In Book. Donald Lemke. 2020. (ENG., Illus.). 96p. 12.00 *(978-0-7624-7072-3(0),* Running Pr.) Running Pr.

Harry Rides the Danger. Lancelot Schaubert. Illus. by Tony Otero. 2023. (ENG.). 36p. (J). 19.99 ***(978-1-949547-10-8(8))*** Lance Schaubert.

Harry Roughton: Or, Reminiscences of a Revenue Officer (Classic Reprint) Lionel J. F. Hexham. 2018. (ENG., Illus.). 372p. (J). 31.57 *(978-0-267-25732-4(5))* Forgotten Bks.

Harry S. Truman. Heidi Elston. (United States Presidents Ser.). (ENG., Illus.). (J). 2020. 48p. (gr. 3-6). lib. bdg. 35.64 *(978-1-5321-9375-0(0),* 34907, Checkerboard Library); 2016. 40p. (gr. 2-5). 35.64 *(978-1-68078-119-9(7),* 21855, Big Buddy Bks.) ABDO Publishing Co.

Harry S. Truman, 1 vol. Kevin Geller. 2017. (Pivotal Presidents: Profiles in Leadership Ser.). (ENG., Illus.). 80p. (J). (gr. 8-8). lib. bdg. 46.58 *(978-1-68048-633-9(0),* 6fbd2e3d-226b-4f14-9f06-044fc28f431d, Britannica Educational Publishing) Rosen Publishing Group, Inc., The.

Harry S. Truman: Our 33rd President. Ann Graham Gaines. 2020. (United States Presidents Ser.). (ENG.). 48p. (J). (gr. 3-6). lib. bdg. 41.36 *(978-1-5038-4424-7(2),* 214201) Child's World, Inc, The.

Harry S. Truman: The 33rd President. Kevin Blake. 2016. (First Look at America's Presidents Ser.). (ENG., Illus.). 24p. (J). (gr. -1-3). 26.99 *(978-1-943553-29-7(7))* Bearport Publishing Co., Inc.

Harry Saves Wreck. Robert A. Ernst. 2022. (ENG.). 134p. (J). 18.95 *(978-0-9998318-9-2(5))* Discoveries Publishing llc.

Harry Saves Wreck. Robert A. Ernst. Illus. by Rose E. Grier Evans. 2022. (ENG.). 134p. (J). pap. 12.95 *(978-0-9998318-8-5(7))* Discoveries Publishing llc.

Harry Styles. Linda Barghoorn. 2018. (Superstars! Ser.). (ENG., Illus.). 32p. (J). (gr. 4-4). *(978-0-7787-4833-5(2));* pap. *(978-0-7787-4848-9(0))* Crabtree Publishing Co.

Harry Styles. Emma Huddleston. 2020. (Biggest Names in Music Ser.). (ENG., Illus.). 32p. (J). (gr. 3-5). pap. 9.95 *(978-1-64493-648-1(8),* 1644936488); lib. bdg. 31.35 *(978-1-64493-639-9(9),* 1644936399) North Star Editions. (Focus Readers).

Harry Styles: Chart-Topping Musician & Style Icon. Heather E. Schwartz. 2023. (Gateway Biographies Ser.). (ENG., Illus.). 48p. (J). (gr. 4-8). pap. 11.99 Lerner Publishing Group.

Harry Styles: Everyone's Favorite Performer: Everyone's Favorite Performer. Contrib. by Elizabeth Andrews. 2023. (Pop Biographies Ser.). (ENG.). 32p. (J). (gr. 2-5). lib. bdg. 32.79 ***(978-1-0982-4436-1(2),*** 42485, DiscoverRoo) Pop!.

Harry the Bear & the Perfect Pair. Renée Phipps. 2020. (ENG.). 36p. (J). *(978-1-5255-4895-6(6));* pap. *(978-1-5255-4896-3(4))* FriesenPress.

Harry the Camel. Diann Floyd Boehm. 2019. (ENG., Illus.). 48p. (J). (gr. k-3). *(978-1-9990156-5-7(7));* pap. *(978-1-9990156-4-0(9))* OC Publishing.

Harry the Christmas Mouse: (Hardback) N. Gk. Illus. by Dimmed Janelle. 2016. (ENG.). (J). (gr. k-3). *(978-0-9933670-3-8(8))* ngk media.

Harry the Happy Mouse - Anniversary Special Edition: The Worldwide Bestselling Book on Kindness. N. G. K. Illus. by Janelle Dimmett. 2022. (ENG.). 36p. (J). pap. *(978-1-9160811-7-8(7))* ngk media.

Harry the Happy Mouse Colouring & Mindfulness: From the Bestselling Children's Book Series. N. G. K. Illus. by Janelle Dimmett. 2020. (Harry the Happy Mouse Ser.: Vol. 7). (ENG.). 62p. (J). pap. *(978-1-9160811-3-0(4))* ngk media.

Harry the Heroic Herbivore. Tia Edwards-Hutchinson. Illus. by Virginia Nunez. 2019. (ENG.). 30p. (J). (gr. 1-5). 15.99 *(978-0-578-60713-9(1))* Edwards-Hutchinson, Tia.

Harry the Honest Horse: A Cute Children's Book about Horses Friendship Honesty for Ages 1-3 Ages 4-6 Ages 7-8. K. a Mulenga. 2021. (ENG., Illus.). 26p. (J). pap. *(978-1-991202-00-0(8))* ALZuluBelle.

Harry the Hummingbird: A Lesson Learned. Patricia A. Thorpe. 2022. (ENG.). 28p. (J). 14.99 ***(978-1-0880-3694-5(5));*** pap. 7.99 ***(978-1-0880-3688-4(0))*** Indy Pub.

Harry the Hummingbird: A Lesson Learned. Patricia A. Thorpe. 2018. (ENG., Illus.). 26p. (J). pap. 7.99 *(978-1-948304-18-4(X))* PageTurner: Pr. & Media.

Harry the Hypno-Potamus Volume 2: More Metaphorical Tales for Children. Linda Thomson. 2nd ed. 2017. (ENG.). 192p. (C). pap. 49.95 *(978-1-78583-235-2(2))* Crown Hse. Publishing LLC.

Harry the Lonely Spider. Daniel Francis Bouchard. 2019. (ENG.). 26p. (J). 21.95 *(978-1-64350-954-9(3))* Page Publishing Inc.

Harry the Talking Rabbit. Rebecca Francisco. 2019. (ENG., Illus.). 30p. (J). pap. 12.95 *(978-1-64096-598-0(X))* Newman Springs Publishing, Inc.

Harry the Wolf. Contrib. by World Book, Inc. Staff. 2017. (Illus.). 31p. (J). *(978-0-7166-3522-2(4))* World Bk., Inc.

Harry Winter: The Shipwrecked Sailor Boy; to Which Is Added the Oak at Home (Classic Reprint) Unknown Author. 2018. (ENG., Illus.). 28p. (J). 24.47 *(978-0-666-79487-1(1))* Forgotten Bks.

Harry Potter y el Cáliz de Fuego / Harry Potter & the Goblet of Fire. J. K. Rowling. 2020. (Harry Potter Ser.: 4). (SPA.). 672p. (J). (gr. 4-7). pap. 20.95 *(978-1-64473-210-6(6))* Penguin Random Hse. Grupo Editorial (USA) LLC.

Harry Potter y el Cáliz de Fuego / Harry Potter & the Goblet of Fire. J. K. Rowling. 2021. (SPA.). 672p. (J). (gr. 4-7). 32.95 *(978-607-31-9392-4(0))* Publicaciones y Ediciones Salamandra, S.A. ESP. Dist: Penguin Random Hse. LLC.

Harry Potter y el Misterio Del Principe / Harry Potter & the Half-Blood Prince. J. K. Rowling. 2020. (Harry Potter Ser.: 6). (SPA.). 576p. (J). (gr. 4-7). pap. 20.95 *(978-1-64473-212-0(2))* Penguin Random Hse. Grupo Editorial (USA) LLC.

Harry Potter y el Misterio Del Príncipe / Harry Potter & the Half-Blood Prince. J. K. Rowling. 2021. (SPA.). 608p. (J). (gr. 4-7). 29.95 *(978-607-31-9395-5(5))* Publicaciones y Ediciones Salamandra, S.A. ESP. Dist: Penguin Random Hse. LLC.

Harry Potter y el Prisionero de Azkaban / Harry Potter & the Prisoner of Azkaban. J. K. Rowling. 2020. (Harry Potter Ser.: 3). (SPA.). 384p. (J). (gr. 4-7). pap. 16.95 *(978-1-64473-209-0(2))* Penguin Random Hse. Grupo Editorial (USA) LLC.

Harry Potter y la Cámara Secreta / Harry Potter & the Chamber of Secrets. J. K. Rowling. 2020. (Harry Potter Ser.: 2). (SPA.). 320p. (J). (gr. 4-7). pap. 14.95 *(978-1-64473-208-3(4))* Penguin Random Hse. Grupo Editorial (USA) LLC.

Harry Potter y la Orden Del Fénix / Harry Potter & the Order of the Phoenix. J. K. Rowling. 2020. (Harry Potter Ser.: 5). (SPA.). 928p. (J). (gr. 4-7). pap. 23.95 *(978-1-64473-211-3(4))* Penguin Random Hse. Grupo Editorial (USA) LLC.

Harry Potter y la Orden Del Fénix / Harry Potter & the Order of the Phoenix. J. K. Rowling. 2021. (SPA.). 896p. (J). (gr. 4-7). 29.95 *(978-607-31-9393-1(9))* Publicaciones y Ediciones Salamandra, S.A. ESP. Dist: Penguin Random Hse. LLC.

Harry Potter y la Piedra Filosofal / Harry Potter & the Sorcerer's Stone. J. K. Rowling. 2020. (Harry Potter Ser.: 1). (SPA.). 288p. (J). (gr. 4-7). pap. 14.95 *(978-1-64473-207-6(6))* Penguin Random Hse. Grupo Editorial (USA) LLC.

Harry Potter y Las Reliquias de la Muerte / Harry Potter & the Deathly Hallows. J. K. Rowling. 2020. (Harry Potter Ser.: 7). (SPA.). 704p. (J). (gr. 4-7). pap. 21.95 *(978-1-64473-213-7(0))* Penguin Random Hse. Grupo Editorial (USA) LLC.

Harry Potter y Las Reliquias de la Muerte / Harry Potter & the Deathly Hallows. J. K. Rowling. 2021. (Harry Potter Ser.: 7). (SPA.). 640p. (J). (gr. 4-7). 29.95 *(978-607-31-9394-8(7))* Publicaciones y Ediciones Salamandra, S.A. ESP. Dist: Penguin Random Hse. LLC.

Harry's Big Boots: A Fairy Tale, for Smalle Folke (Classic Reprint) Susan E. Gay. 2018. (ENG., Illus.). 244p. (J). 29.01 *(978-0-332-97610-5(6))* Forgotten Bks.

Harry's Christmas Carol, 1 vol. Regina Jennings et al. 2017. (ENG., Illus.). 200p. (J). (gr. -1-8). 16.99 *(978-1-943785-69-8(4),* cb19d329-6c70-4a26-8812-fe08c3038079) Rabbit Pubs.

Harry's Christmas Carol. Mark Andrew Poe. 2017. (ENG., Illus.). 213p. (J). 14.99 *(978-1-943785-24-7(4),* 7edddd82-8985-4dbd-a048-eb6d0e4e3fde) Rabbit Pubs.

Harry's First Day Jitters. Latashia Williams. Illus. by Zaire Harvey. 2019. (ENG.). 38p. (J). (gr. k-2). 22.75 ***(978-0-578-54182-2(3))*** Vivid Kids Apparel.

Harry's First Holiday. Sally R. Wilkes. 2017. (ENG.). 26p. (J). pap. *(978-1-78808-966-1(9))* Independent Publishing Network.

Harry's Hair. Mark C. Collins. 2017. (ENG., Illus.). (J). (gr. k-4). 19.95 *(978-0-692-87847-7(5))* BRIGHT IDEAS GRAPHICS.

Harry's Journal. Beach House Books. 2022. (ENG.). 122p. (J). pap. 18.38 *(978-1-4357-7112-3(5))* Lulu Pr., Inc.

Harry's Ladder to Learning: With Two Hundred & Thirty Illustrations (Classic Reprint) Unknown Author. (ENG., Illus.). (J). 2018. 252p. 29.09 *(978-0-365-23383-1(8));* 2016. pap. 11.57 *(978-1-334-16233-6(6))* Forgotten Bks.

Harry's Magic Tables: Learn Your Times Tables in As Little As a Week - Magic! Stephanie Moraghan. 2020. (ENG.). 32p. (J). pap. 8.95 *(978-0-7171-8871-0(X))* Gill Bks. IRL. Dist: Casemate Pubs. & Bk. Distributors, LLC.

Harry's Midnight Adventure. Catherine Campbell. Illus. by Chantal Bourgonje. 2018. (Bad Cat Club Ser.: Vol. 1). (ENG.). 82p. (J). (gr. 1-2). pap. *(978-1-9164538-0-7(5))* Campbell, Catherine.

Harry's New Adventure. Mickey Zinczenko. 2022. (ENG.). 28p. (J). ***(978-1-64979-846-6(6));*** pap. ***(978-1-64979-845-9(8))*** Austin Macauley Pubs. Ltd.

Harry's Spiders. Tobias Inigo. 2020. (ENG.). 54p. (J). pap. 22.50 *(978-1-7948-6593-8(4))* Lulu Pr., Inc.

Harry's Squirrel Trouble. Gene Zion. 2022. (I Can Read Level 1 Ser.). (ENG., Illus.). 32p. (J). (gr. -1-3). 16.99 *(978-0-06-274775-4(4));* pap. 5.99 *(978-0-06-274774-7(6))* HarperCollins Pubs. (HarperCollins).

Harry's Temptation, or Christmas in Canada (Classic Reprint) R. E. C. (ENG., Illus.). (J). 2018. 34p. 24.60 *(978-0-364-02560-4(3));* 2017. pap. 7.97 *(978-0-243-53840-9(5))* Forgotten Bks.

Harry's Trip to the Orient (Classic Reprint) Charles Steadman Newhall. 2018. (ENG., Illus.). 390p. (J). 31.94 *(978-0-484-33120-3(5))* Forgotten Bks.

Harry's Vacation: Or, Philosophy at Home (Classic Reprint) William C. Richards. 2018. (ENG., Illus.). 418p. (J). 32.52 *(978-0-483-90282-4(9))* Forgotten Bks.

Harsh Winds of Rathlin: Stories of Rathlin Shipwrecks. Tommy Cecil & Mario Weidner. 2020. (ENG.). 146p. (YA). pap. *(978-1-909906-54-9(9))* Clachan Publishing.

Hart & Seoul. Kristen Burnham. 2019. (ENG.). 256p. (YA). pap. 17.95 *(978-1-64307-314-9(1))* Amplify Publishing Group.

Hart & Seoul of Harperstown Kid Club. Jacqueline Lipscomb. 2023. (ENG., Illus.). 34p. (J). pap. 14.95 ***(978-1-63903-222-8(3))*** Christian Faith Publishing.

Hart for Adventure: A Scout Adventure. Henry Vogel. 2020. (Scout Ser.: Vol. 6). (ENG.). 156p. (J). pap. 9.99 *(978-1-938834-25-7(9))* Rampant Loon Media LLC.

Hart Schaffner & Marx Prize Essays, XII: Freight Classification, a Study of Underlying Principles. J. F. Strombeck. 2017. (ENG., Illus.). (J). pap. *(978-0-649-51007-8(0))* Trieste Publishing Pty Ltd.

Hart Street & Main. Tabitha Sprunger. 2021. (ENG.). 320p. (YA). pap. 18.99 *(978-1-63752-911-9(2))* Primedia eLaunch LLC.

Hart Street & Main: Metamorphosis. Tabitha Sprunger. 2022. (ENG.). 320p. (YA). pap. 18.99 *(978-1-63988-474-2(2))* Primedia eLaunch LLC.

Hartas Maturin (Classic Reprint) H. F. Lester. 2017. (ENG., Illus.). (J). 32.31 *(978-0-266-71224-4(X));* pap. 16.57 *(978-1-5276-6572-9(0))* Forgotten Bks.

Hartas Maturin, Vol. 2 of 3 (Classic Reprint) H. F. Lester. (ENG., Illus.). (J). 2018. 328p. 30.66 *(978-0-332-05075-1(0));* 2017. pap. 13.57 *(978-0-259-02002-8(8))* Forgotten Bks.

Hartland Forest & Roseteague (Classic Reprint) Anna Bray. 2017. (ENG., Illus.). (J). pap. 13.57 *(978-0-243-91204-9(8))* Forgotten Bks.

Hartland Forest & Roseteague (Classic Reprint) Anna Eliza (Kempe) Stothard Bray. 2018. (ENG., Illus.). 290p. (J). 29.90 *(978-0-483-63914-0(1))* Forgotten Bks.

Hartley Norman: A Tale of the Times (Classic Reprint) Allen Hampden. (ENG., Illus.). (J). 2018. 436p. 32.89 *(978-0-484-42143-0(3));* 2016. pap. 16.57 *(978-1-334-37744-0(8))* Forgotten Bks.

Hartmann, the Anarchist: Or the Doom of the Great City (Classic Reprint) E. Douglas Fawcett. 2017. (ENG., Illus.). (J). 28.60 *(978-0-331-43982-3(4));* pap. 10.97 *(978-0-259-19655-6(X))* Forgotten Bks.

Hartswood Kids: A Wartime Adventure. Ted Bailey. 2022. (ENG.). 120p. (YA). pap. *(978-1-83975-946-8(1))* Grosvenor Hse. Publishing Ltd.

Hartwell Farm (Classic Reprint) Elizabeth Barker Comins. (ENG., Illus.). (J). 2018. 210p. 28.23 *(978-0-365-51412-1(8));* 2016. pap. 10.57 *(978-1-333-39457-8(8))* Forgotten Bks.

Haru, Zombie Dog Hero. Ellen Oh. 2023. (ENG.). 176p. (J). (gr. 3-7). 18.99 ***(978-0-06-327229-3(6),*** HarperCollins) HarperCollins Pubs.

Haruki Murakami: Best-Selling Author, 1 vol. John A. Torres. 2016. (Influential Asians Ser.). (ENG.). 128p. (gr. 6-7). 38.93 *(978-0-7660-7901-4(5),* ad12af7f-3dba-4457-8885-0ba4f7ed1fd4) Enslow Publishing, LLC.

Haruko. Saul Muñoz Lopez. 2018. (SPA.). 84p. (J). pap. ***(978-0-244-37372-6(8))*** Lulu Pr., Inc.

Harum Scarum: The Story of a Wild Girl (Classic Reprint) Esme Stuart. 2017. (ENG., Illus.). (J). 322p. 30.54 *(978-0-484-33583-6(9));* pap. 13.57 *(978-0-259-17159-1(X))* Forgotten Bks.

Harum-Scarum Joe (Classic Reprint) Will Allen Dromgoole. (ENG., Illus.). (J). 2018. 78p. 25.53 *(978-0-428-81711-4(4));* 2017. pap. 9.57 *(978-0-259-55493-6(6))* Forgotten Bks.

Harvard Advocate, Vol. 46 (Classic Reprint) Harvard University. 2018. (ENG., Illus.). 388p. (J). 31.90 *(978-0-267-23592-6(5))* Forgotten Bks.

Harvard Advocate, Vol. 51: March 13, 1891 (Classic Reprint) Hugh McKennan Landon. 2017. (ENG., Illus.). (J). 24.49 *(978-0-266-72464-3(7));* pap. 7.97 *(978-1-5276-8444-7(X))* Forgotten Bks.

Harvard Advocate, Vol. 66: October 17, 1898 (Classic Reprint) J. A. Macy. 2017. (ENG., Illus.). (J). 24.41 *(978-0-266-72091-1(9));* pap. 7.97 *(978-1-5276-7788-3(5))* Forgotten Bks.

Harvard Advocate, Vol. 67 (Classic Reprint) Harvard University. 2018. (ENG., Illus.). 28p. (J). 24.49 *(978-0-483-69640-2(4))* Forgotten Bks.

Harvard Advocate, Vol. 74: September 25, 1902 (Classic Reprint) Harvard University. 2017. (ENG., Illus.). (J). 25.28 *(978-0-265-66605-0(8));* 68p. pap. 9.57 *(978-1-5276-4016-0(7))* Forgotten Bks.

Harvard Classics Shelf of Fiction: Pepita Jimenez, by Juan Valera; a Happy Boy, by Bjornstjerne Bjornson; Skipper Worse, by Alexander L. Kielland (Classic Reprint) Charles William Eliot. 2018. (ENG., Illus.). 472p. (J). 33.63 *(978-0-483-97451-7(X))* Forgotten Bks.

Harvard Classics Shelf of Fiction (Classic Reprint) Charles William Eliot. 2017. (ENG., Illus.). (J). 33.80 *(978-0-265-38100-7(2))* Forgotten Bks.

Harvard College Library: Bought with Money Received from Library Fines (Classic Reprint) Unknown Author. 2018. (ENG., Illus.). 114p. (J). 26.27 *(978-0-484-75726-3(1))* Forgotten Bks.

Harvard College Library: From the Estate of Mrs. Charles Robert Sanger of Cambridge Received February 19, 1936 (Classic Reprint) Epes Sargent. (ENG., Illus.). (J). 2018. 238p. 28.81 *(978-0-483-55725-3(0));* 2017. pap. 11.57 *(978-0-243-33104-8(5))* Forgotten Bks.

Harvard College Library: From the Fund Bequeathed by Archibald Cary Coolidge A. B. 1887 Professor of History 1908-1928 Director of the University Library 1910 1928 (Classic Reprint) Unknown Author. 2018. (ENG., Illus.). 274p. (J). 29.55 *(978-0-428-91269-7(9))* Forgotten Bks.

Harvard College Library: From the Library of George Lyman Kittredge Gurney Professor of English Literature, 1917 1941 (Classic Reprint) Unknown Author. 2017. (ENG., Illus.). (J). 116p. 26.29 *(978-0-484-32830-2(1));* pap. 9.57 *(978-0-259-02238-1(1))* Forgotten Bks.

Harvard College Library: From the Mary Osgood Legacy (Classic Reprint) Unknown Author. 2017. (ENG., Illus.). (J). 32.25 *(978-0-265-23306-1(2))* Forgotten Bks.

Harvard College Library: The Bequest of Evert Jansen Wendell (Class of 1882) of New York (Classic Reprint) Unknown Author. (ENG., Illus.). (J). 2018. 98p. 25.92 *(978-0-483-43425-7(6));* 2017. pap. 9.57 *(978-1-5276-3013-0(7))* Forgotten Bks.

Harvard Episodes (Classic Reprint) Charles Macomb Flandrau. 2017. (ENG., Illus.). 348p. (J). 31.09 *(978-0-332-50427-8(1))* Forgotten Bks.

Harvard Inside-Out (Classic Reprint) Elmer Elsworth Hagler Jr. (ENG., Illus.). (J). 2018. 50p. 24.95 *(978-0-428-80340-7(7));* 2016. pap. 9.57 *(978-1-334-24379-0(4))* Forgotten Bks.

Harvard Lampoon, Vol. 12: October 15, 1886 (Classic Reprint) L. Honore. 2017. (ENG., Illus.). (J). 24.33 *(978-0-265-75967-7(6));* pap. 7.97 *(978-1-5277-3595-8(8))* Forgotten Bks.

Harvard Lampoon, Vol. 18: October 16, 1889 (Classic Reprint) John Porter Denison. (ENG., Illus.). (J). 2018. 340p. 30.91 *(978-0-656-70605-1(8));* 2017. pap. 13.57 *(978-0-259-76680-3(1))* Forgotten Bks.

Harvard Lampoon, Vol. 7: June 20, 1879 (Classic Reprint) Unknown Author. (ENG., Illus.). (J). 2018. 20p. 24.33

H

(978-0-483-33643-8(2)); 2017. pap. 7.97 *(978-0-259-20181-6(2))* Forgotten Bks.

Harvard Monthly, Vol. 30: March to July, 1900 (Classic Reprint) William Morrow. (ENG., Illus.). (J). 2018. 258p. 29.22 *(978-0-484-87079-5(3))*; 2017. pap. 11.57 *(978-0-259-26250-3(1))* Forgotten Bks.

Harvard Monthly, Vol. 46: March, 1908, to July, 1908 (Classic Reprint) John Hall Wheelock. (ENG., Illus.). (J). 2018. 300p. 30.08 *(978-0-483-64576-9(1))*; 2016. pap. 13.57 *(978-1-334-13882-9(6))* Forgotten Bks.

Harvard Monthly, Vol. 57: Oct., 1913, to Feb., 1914 (Classic Reprint) Irving Pichel. (ENG., Illus.). (J). 2018. 130p. 26.60 *(978-0-484-74963-3(3))*; 2016. pap. 9.57 *(978-1-334-14514-8(8))* Forgotten Bks.

Harvard Monthly, Vol. 59: October, 1914 (Classic Reprint) Harvard College. (ENG., Illus.). (J). 2018. 128p. 26.54 *(978-0-267-00577-2(6))*; 2017. pap. 9.57 *(978-0-259-00621-3(1))* Forgotten Bks.

Harvard Stories: Sketches of the Undergraduate (Classic Reprint) Waldron Kintzing Post. 2018. (ENG., Illus.). 330p. (J). 30.70 *(978-0-428-37563-8(4))* Forgotten Bks.

Harvest. Humphry Ward. 2017. (ENG., Illus.). (J). 24.95 *(978-1-374-83716-4(4))*; pap. 14.95 *(978-1-374-83715-7(6))* Capital Communications, Inc.

Harvest: A Novel (Classic Reprint) V. I. Longman. 2018. (ENG., Illus.). 334p. (J). 30.81 *(978-0-428-96416-0(8))* Forgotten Bks.

Harvest #2. Heather Knox. 2018. (Vampire Wars Ser.). (ENG.). 191p. (YA). (gr. 5-12). 32.84 *(978-1-68076-905-0(7)*, 28608, Epic Escape) EPIC Pr.

Harvest 2022 28c Floor Display W/ RISER. 2022. (J). (gr. -1-2). pap., pap., bds. 215.72 *(978-0-593-32225-3(8)*, Puffin Books) Penguin Young Readers Group.

Harvest 2022 28c Pre-Pack. 2022. (J). (gr. -1-2). pap., pap., bds. 207.72 *(978-0-593-32226-0(6)*, Puffin Books) Penguin Young Readers Group.

Harvest (Classic Reprint) Humphry Ward. 2017. (ENG., Illus.). (J). 31.45 *(978-0-260-52884-1(6))* Forgotten Bks.

Harvest Days. Kate DePalma. Illus. by Martina Peluso. 2022. (World of Celebrations Ser.). (ENG.). 40p. (J). (gr. -1-5). 17.99 *(978-1-64686-626-7(6))*; 9.99 *(978-1-64686-627-4(4))* Barefoot Bks., Inc.

Harvest Gleanings: A Holiday Book. M. A. Dwight. 2017. (ENG., Illus.). (J). pap. *(978-0-649-59950-9(0))* Trieste Publishing Pty Ltd.

Harvest Gleanings: A Holiday Book (Classic Reprint) M. A. Dwight. (ENG., Illus.). (J). 2018. 258p. 29.22 *(978-0-484-55998-0(2))*; 2016. pap. 11.57 *(978-1-334-15580-2(1))* Forgotten Bks.

Harvest Gleanings: A Holiday Book (Classic Reprint) Mary Ann Dwight. 2017. (ENG., Illus.). (J). 29.22 *(978-0-266-68143-4(3))*; pap. 11.57 *(978-1-5276-5248-4(3))* Forgotten Bks.

Harvest Hoedown. Gina Gold et al. 2017. (Illus.). (J). *(978-1-5182-5126-9(9))* Harcourt.

Harvest Home (Classic Reprint) E. V. Lucas. 2017. (ENG., Illus.). (J). 27.94 *(978-0-266-92286-5(4))* Forgotten Bks.

Harvest House. Cynthia Leitich Smith. 2023. (ENG.). 320p. (YA). (gr. 7). 19.99 *(978-1-5362-1860-2(X))* Candlewick Pr.

Harvest Moon (Classic Reprint) Joseph Smith Fletcher. 2017. (ENG., Illus.). (J). 31.61 *(978-0-266-68178-6(6))*; pap. 13.97 *(978-1-5276-5619-2(5))* Forgotten Bks.

Harvest Mouse. Ruth Owen. 2018. (Wildlife Watchers Ser.). (ENG., Illus.). 24p. (J). (gr. k-2). 8.99 *(978-1-78856-072-6(8)*, 36f4bdc6-a63f-4c67-bfaa-3598378c3d29); lib. bdg. 27.99 *(978-1-78856-058-0(2)*, fd8ed147-3bb7-435b-85a2-f7b5985323b0) Ruby Tuesday Books Limited GBR. Dist: Lerner Publishing Group.

Harvest of Moloch: A Story of to-Day (Classic Reprint) Jessie Lawson. 2017. (ENG., Illus.). (J). 30.72 *(978-0-260-54117-8(6))* Forgotten Bks.

Harvest of Moloch: A Story of to-Day (Classic Reprint) Jessie Kerr Lawson. 2018. (ENG., Illus.). (J). 344p. 30.99 *(978-0-366-51841-8(0))*; 346p. pap. 13.57 *(978-0-366-05688-0(3))* Forgotten Bks.

Harvest of Souls Crossover Part 2. Va McCloud. 2019. (ENG.). 82p. (YA). pap. 11.95 *(978-1-64214-374-4(X))* Page Publishing Inc.

Harvester (Classic Reprint) Gene Stratton-Porter. 2018. (ENG., Illus.). (J). 36.37 *(978-0-260-99522-3(3))* Forgotten Bks.

Harvesters. Lori Dittmer. 2018. (Seedlings Ser.). (ENG., Illus.). 24p. (J). (gr. -1-1). pap. 7.99 *(978-1-62832-525-6(9)*, 19570, Creative Paperbacks); *(978-1-60818-909-0(0)*, 19572, Creative Education) Creative Co., The.

Harvesters Go to Work. Jennifer Boothroyd. 2018. (Farm Machines at Work Ser.). (ENG., Illus.). 24p. (J). (gr. k-3). 26.65 *(978-1-5415-2600-6(7)*, 91aef4dc-6030-4f24-b44e-9a55008bd7c1, Lerner Pubns.) Lerner Publishing Group.

Harvesting Equipment, 1 vol. Therese M. Shea. 2019. (Let's Learn about Farm Machines Ser.). (ENG.). 24p. (J). (gr. 1-2). pap. 10.35 *(978-1-9785-1309-9(7)*, 7826413b-d4b5-45b6-bb04-9dd51459e65f) Enslow Publishing, LLC.

Harvesting Fog for Water. Cecilia Pinto McCarthy. 2019. (Unconventional Science Ser.). (ENG., Illus.). 48p. (J). (gr. 4-8). lib. bdg. 35.64 *(978-1-5321-1900-2(3)*, 32669) ABDO Publishing Co.

Harvesting Friends: Cosechando Amigos. Kathleen Contreras. 2018. (ENG & SPA., Illus.). 32p. (J). (gr. 1-4). 17.95 *(978-1-55885-858-9(X))* Arte Publico Pr.

Harvesting Solar, Wind & Tidal Power - Environment for Kids Children's Earth Sciences Books. Baby Professor. 2017. (ENG., Illus.). (J). pap. 9.55 *(978-1-5419-1474-2(0)*, Baby Professor (Education Kids)) Speedy Publishing LLC.

Harvey. Mary Chase. 2022. (ENG.). 50p. (J). pap. *(978-1-77323-921-7(X))* Renak, David.

Harvey: How I Became Invisible, 1 vol. Herve Bouchard. Tr. by Helen Mixter. Illus. by Janice Nadeau. 2017. (ENG.). 168p. (J). (gr. 5). pap. 14.95 *(978-1-77306-005-7(8))* Groundwood Bks. CAN. Dist: Publishers Group West (PGW).

Harvey & the Extraordinary. Eliza Martin. Illus. by Anna Bron. 2021. 176p. (J). (gr. 3-6). 17.95 *(978-1-77321-543-3(4))*; pap. 9.95 *(978-1-77321-544-0(2))* Annick Pr., Ltd. CAN. Dist: Publishers Group West (PGW).

Harvey Bear Gets Rescued. Aurora Margarita Gonzalez de Freire. Illus. by Krupp Susan. 2019. (ENG.). 62p. (J). 19.95 *(978-1-950685-20-2(9))* Inspire Bks.

Harvey Comes Home. Colleen Nelson. Illus. by Tara Anderson. ed. 2021. (Harvey Stories Ser.: 1). (ENG.). 224p. (J). (gr. 4-7). pap. 12.95 *(978-1-77278-198-4(3))* Pajama Pr. CAN. Dist: Publishers Group West (PGW).

Harvey Drew & the Junk Skunks. Cas Lester. 2016. (Harvey Drew Ser.: 3). (ENG., Illus.). 256p. (J). (gr. k-3). pap. 9.99 *(978-1-4714-0334-7(3))* Bonnier Publishing GBR. Dist: Independent Pubs. Group.

Harvey Hippo & the Magical Caterpillar. Created by Samantha Ball. 2nd ed. 2018. (ENG., Illus.). 22p. (J). pap. *(978-1-9996059-1-9(8))* Ball, Samantha.

Harvey Holds His Own. Colleen Nelson. Illus. by Tara Anderson. 2022. (Harvey Stories Ser.: 2). 288p. (J). (gr. 4-8). pap. 13.95 *(978-1-77278-251-6(3))* Pajama Pr. CAN. Dist: Publishers Group West (PGW).

Harvey Madden. Doug McKim. 2022. (ENG.). 182p. (YA). pap. 14.95 ***(978-1-945450-06-8(1))*** Same Old Story Productions.

Harvey Milk. Little Bee Books. Illus. by Victoria Grace Elliott. 2020. (People of Pride Ser.). (ENG.). 22p. (J). (gr. -1-k). bds. 6.99 *(978-1-4998-1016-5(4))* Little Bee Books Inc.

Harvey Milk: The First Openly Gay Elected Official in the United States. Barbara Gottfried Hollander. 2017. (Spotlight on Civic Courage: Heroes of Conscience Ser.). 48p. (J). (gr. 10-15). 70.50 *(978-1-5383-8093-2(5))*; (ENG.). (gr. 6-6). pap. 12.75 *(978-1-5383-8092-5(7)*, 82e9e281-3c17-4b47-ab96-0eb334981d4b) Rosen Publishing Group, Inc., The. (Rosen Young Adult).

Harvey Milk Story, 1 vol. Kari Krakow. 2022. (ENG., Illus.). 32p. (J). (gr. 1-3). 11.95 *(978-1-64379-600-0(3)*, leelowbooks) Lee & Low Bks., Inc.

Harvey Takes the Lead. Colleen Nelson. Illus. by Tara Anderson. 2022. (Harvey Stories Ser.: 3). (ENG.). 256p. (J). (gr. 4-7). 18.95 *(978-1-77278-240-0(8))* Pajama Pr. CAN. Dist: Publishers Group West (PGW).

Harvey the Giant Green Tree Frog. Joseph Bugos. 2021. (ENG., Illus.). 30p. (J). pap. 13.95 *(978-1-63692-342-0(9))* Newman Springs Publishing, Inc.

Harvey the Owl Asks, "Why?" Carrie Hyatt. 2020. (ENG.). 38p. (J). pap. 12.49 *(978-1-63221-328-0(1))* Salem Author Services.

Harvey, Who's Good at Nothing, Gets Bullied. Eric Eddy. 2019. (King Harvey Ser.: Vol. 2). (ENG., Illus.). 50p. (J). (gr. k-3). pap. 15.99 *(978-0-578-60866-2(9))* Eddy, Eric.

Harvey's Bad Day. Emily Lambert. 2018. (ENG.). 20p. (J). *(978-0-359-44679-7(5))* Lulu Pr., Inc.

Harvey's Hideout. Russell Hoban. Illus. by Lillian Hoban. 2018. (ENG.). 42p. (J). (gr. -1-3). 16.00 *(978-0-87486-138-9(1))* Plough Publishing Hse.

Harveys, Vol. 1 of 2 (Classic Reprint) Henry Kingsley. 2018. (ENG., Illus.). 262p. (J). 29.30 *(978-0-484-05142-2(3))* Forgotten Bks.

Harwood. George James Atkinson Coulson. 2017. (ENG.). 210p. (J). pap. *(978-3-337-02840-4(3))* Creation Pubs.

Harwood. George James Atkinson Coulson. 2017. (ENG., Illus.). (J). pap. *(978-0-649-59957-8(8))* Trieste Publishing Pty Ltd.

Harwood: A Novel (Classic Reprint) George James Atkinson Coulson. 2018. (ENG., Illus.). 210p. (J). 28.23 *(978-0-666-16259-5(X))* Forgotten Bks.

Has Anyone Seen Prickles? Pat Pennington. 2018. (ENG., Illus.). 46p. (J). 23.95 *(978-1-64214-301-0(4))* Page Publishing Inc.

Has Anyone Seen Sydney? Janet E. Humphries. 2017. (ENG., Illus.). 61p. (J). pap. *(978-1-84897-847-8(2))* Olympia Publishers.

Has Anyone Seen the Creature? Lani Sharp. 2016. (ENG., Illus.). 24p. pap. 9.95 *(978-1-78554-396-8(2)*, 2b175d46-ee31-4189-8e2c-2bdce7d4690c) Austin Macauley Pubs. Ltd. GBR. Dist: Baker & Taylor Publisher Services (BTPS).

Has Been. Solvatore Rigitano. 2018. (ENG., Illus.). 96p. (YA). pap. 12.95 *(978-1-64140-772-4(7))* Christian Faith Publishing.

Has Been & His Friends. Betty Brim. Illus. by Rebecca Rason Flor Ferreira. 2020. (ENG.). 36p. (J). pap. *(978-1-83975-308-4(0))* Grosvenor Hse. Publishing Ltd.

Has Llamado a Sam. Dustin Thao. 2022. (SPA.). 302p. (YA). pap. 23.99 *(978-84-18539-86-2(0))* Ediciones Kiwi S.L. ESP. Dist: Lectorum Pubns., Inc.

¿Has Visto Al Gato? Los Editores de Catapulta. 2023. (SPA.). 16p. (J). (gr. k-2). bds. 18.00 ***(978-987-637-775-1(2))*** Catapulta Pr.

Has Wanted to Be Born. Brenda Oviedo. 2020. (Ha Querido Nacer Ser.: Vol. 1). (ENG.). 64p. (YA). pap. 4.99 *(978-1-386-54112-7(5))* Draft2Digital.

Hasbro: My Little Pony. Created by P. i p i kids. 2016. (First Look & Find Ser.). (ENG.). 16p. (J). bds. Phoenix International Publications, Inc.

Hasbro My Little Pony the Movie Look & Find. Veronica Wagner. ed. 2018. (Look & Find Ser.). (ENG.). 19p. (J). (gr. -1-1). 22.36 *(978-1-64310-736-3(4))* Penworthy Co., LLC, The.

Hash Brown Hannah. Carol Kasser. 2020. (ENG., Illus.). 48p. (J). pap. 13.99 *(978-1-951263-02-7(2))* Pen It Pubns.

Hashem's Love. Henrietta Charach. Illus. by Devorah Weinberg. 2020. (ENG.). 20p. (J). 19.99 *(978-1-61704-151-8(3))* Jewish Girls Unite.

Hashem's Marvelous, Magical, Magnificent, Creation. Daniel Freedman. 2017. (ENG., Illus.). 26p. (J). *(978-1-365-77240-5(3))* Lulu Pr., Inc.

Hashimura Togo, Domestic Scientist (Classic Reprint) Wallace Irwin. 2018. (ENG., Illus.). 174p. (J). 27.49 *(978-0-483-93780-2(0))* Forgotten Bks.

Hashtag Leaves Qwertyville. Maureen Sky. 2021. (ENG.). 28p. (J). pap. 9.99 *(978-1-954345-80-5(1))* Rushmore Pr. LLC.

Hassan & Aneesa Celebrate Eid. Yasmeen Rahim. Illus. by Omar Burgess. 2018. 24p. (J). pap. 5.99 *(978-0-86037-698-9(2))* Kube Publishing Ltd. GBR. Dist: Consortium Bk. Sales & Distribution.

Hassan & Aneesa Go to a Nikkah. Yasmeen Rahim. Illus. by Rakiaya Azzouz. 2022. (Hassan & Aneesa Ser.). (ENG.). 22p. (J). 5.99 *(978-0-86037-871-6(3))* Kube Publishing Ltd. GBR. Dist: Consortium Bk. Sales & Distribution.

Hassan & Aneesa Go to Madrasa. Yasmeen Rahim. Illus. by Omar Burgess. 2016. (Hassan & Aneesa Ser.). (ENG.). 16p. (J). pap. 5.99 *(978-0-86037-459-6(9))* Kube Publishing Ltd. GBR. Dist: Consortium Bk. Sales & Distribution.

Hassan & Aneesa Go to Masjid. Yasmeen Rahim. Illus. by Omar Burgess. 2016. (Hassan & Aneesa Ser.). 28p. (J). pap. 5.99 *(978-0-86037-521-0(8))* Kube Publishing Ltd. GBR. Dist: Consortium Bk. Sales & Distribution.

Hassan & Aneesa Love Ramadan. Yasmeen Rahim. Illus. by Omar Burgess. 2017. (Hassan & Aneesa Ser.). 24p. (J). pap. 5.99 *(978-0-86037-642-2(7))* Kube Publishing Ltd. GBR. Dist: Consortium Bk. Sales & Distribution.

Hasta el Límite: Leveled Reader Book 87 Level T 6 Pack. Hmh Hmh. 2021. (SPA.). 40p. (J). pap. 74.40 *(978-0-358-08565-2(9))* Houghton Mifflin Harcourt Publishing Co.

Hasta la Vista, Cocodrilo: el Diario de Alexa. Brady Barr & Jennifer Keats Curtis. Illus. by Susan Detwiler. 2016. (SPA.). 32p. (J). (gr. 2-3). pap. 11.95 *(978-1-62855-836-4(9)*, 3f8213bc-7d57-4d95-ab47-784cd803357f) Arbordale Publishing.

Hasta Los Huesos. J. R. Johansson. 2019. (SPA.). 328p. (YA). (gr. 9-12). pap. 20.99 *(978-607-8614-82-0(7))* V&R Editoras.

Hasta los muertos se levantan por Leche see Even the Dead Get up for Milk

Hasta Que Alguien Me Escuche / until Someone Listens (Spanish Ed.) Una Historia Sobre Las Fronteras, la Familia y la Mision de una Nina. Estela Juarez & Lissette Norman. Tr. by Cecilia Molinari. 2022. (SPA., Illus.). 40p. (J). 18.99 *(978-1-250-85979-2(4)*, 900262179) Roaring Brook Pr.

Hasta que el viento te devuelva la sonrisa. Alexandra Manzanares Pérez. 2017. (SPA.). 568p. (YA). (gr. 9-12). pap. *(978-84-17002-53-4(7))* Plataforma Editorial SL ESP. Dist: Lectorum Pubns., Inc.

Hasty Bunch (Classic Reprint) Robert McAlmon. 2017. (ENG., Illus.). (J). 29.94 *(978-0-265-59017-1(5))* Forgotten Bks.

Hat see Sombrero

Hat. Renee Paule & G. R. Hewitt. 2018. (ENG., Illus.). 38p. (J). pap. *(978-0-9935098-6-5(X))* RPG Publishing.

Hat & Bug Shop: (Step 2) Sound Out Books (systematic Decodable) Help Developing Readers, Including Those with Dyslexia, Learn to Read with Phonics. Pamela Brookes. 2020. (Dog on a Log Let's Go! Books: Vol. 8). (ENG., Illus.). 32p. (J). 14.99 *(978-1-64831-058-4(3)*, DOG ON A LOG Bks.) Jojoba Pr.

Hat & Bug Shop Chapter Book: (Step 2) Sound Out Books (systematic Decodable) Help Developing Readers, Including Those with Dyslexia, Learn to Read with Phonics. Pamela Brookes. 2020. (Dog on a Log Chapter Books: Vol. 8). (ENG., Illus.). 50p. (J). 14.99 *(978-1-64831-015-7(X)*, DOG ON A LOG Bks.) Jojoba Pr.

Hat Cat. Troy Wilson. Illus. by Eve Coy. 2022. (ENG.). 32p. (J). (gr. -1-3). 17.99 *(978-1-5362-1366-9(7))* Candlewick Pr.

Hat for Ivan (Redesign) Max Lucado. Illus. by David Wenzel. ed. 2017. (ENG.). 32p. (J). 14.99 *(978-1-4335-5833-7(5))* Crossway.

Hat for Joey. Patsy E. Stackhouse. 2021. (ENG.). 26p. (J). pap. 12.99 *(978-1-954868-19-9(7))* Pen It Pubns.

Hat for Mrs. Goldman: A Story about Knitting & Love. Michelle Edwards. Illus. by G. Brian Karas. 2016. 40p. (J). (gr. -1-3). 18.99 *(978-0-553-49710-6(3)*, Schwartz & Wade Bks.) Random Hse. Children's Bks.

Hat Is Blue: Bilingual Inuktitut & English Edition. Inhabit Education Books. 2021. (Nunavummi Reading Ser.). (ENG., Illus.). (J). pap. ***(978-1-77450-012-5(4))*** Inhabit Education Bks. Inc. CAN. Dist: Consortium Bk. Sales & Distribution.

Hat of Miss Mctate. Marjorie Howe. 2019. (ENG.). 34p. (J). pap. 21.00 *(978-0-359-83115-9(X))* Lulu Pr., Inc.

Hat on, Hat Off. Theo Heras. Illus. by Renné Benoit. 2nd ed. 2022. (Toddler Skill Builders Ser.: 1). 24p. (J). (gr. -1-k). bds. 11.95 *(978-1-77278-214-1(9))* Pajama Pr. CAN. Dist: Publishers Group West (PGW).

Hat Trick. Alex Morgan. 2021. (Kicks Ser.). (ENG.). 128p. (J). (gr. 3-7). lib. bdg. 31.36 *(978-1-5321-4991-7(3)*, 36987, Chapter Bks.) Spotlight.

Hat Tricks. Satoshi Kitamura. 2022. (ENG., Illus.). 32p. (J). (-k). 7.99 *(978-1-68263-390-8(X))* Peachtree Publishing Co. Inc.

Hat Who Was Left Behind. Céline Lamour-Crochet. Illus. by Feridun Oral. 2020. 32p. (J). (gr. -1-k). 17.99 *(978-988-8341-77-1(4)*, Minedition) Penguin Young Readers Group.

Hatastrophe (Disney Muppet Babies) Random House. Illus. by Character Building Studio. 2019. (Little Golden Book Ser.). (ENG.). 24p. (J). (gr. -1-2). 4.99 *(978-0-7364-3995-4(1)*, Golden/Disney) Random Hse. Children's Bks.

Hatch. Make Believe Ideas. 2018. (ENG.). 16p. (J). 9.99 *(978-1-78843-851-3(5))* Make Believe Ideas GBR. Dist: Scholastic, Inc.

Hatch. Make Believe Ideas. Illus. by Make Believe Ideas. 2017. (ENG.). 16p. (J). (gr. -1 — 1). 7.99 *(978-1-78692-081-2(6))* Make Believe Ideas GBR. Dist: Scholastic, Inc.

Hatch. Kenneth Oppel. (Overthrow Ser.: 2). (ENG.). 416p. (J). (gr. 5). 2021. 9.99 *(978-1-9848-9479-3(X)*, Yearling); 2020. lib. bdg. 20.99 *(978-1-9848-9477-9(3)*, Knopf Bks. for Young Readers) Random Hse. Children's Bks.

Hatch an Egg (Bobo & Pup-Pup) (a Graphic Novel) Vikram Madan. Illus. by Nicola Slater. 2023. (Bobo & Pup-Pup Ser.: 4). 72p. (J). (gr. k-3). 9.99 *(978-0-593-56284-0(4))*; (ENG.). lib. bdg. 12.99 *(978-0-593-56285-7(2))* Penguin Random Hse. LLC.

Hatchet: 30th Anniversary Edition. Gary Paulsen. Illus. by Drew Willis. 30th ed. 2017. (ENG.). 224p. (J). (gr. 5-9). pap. 9.99 *(978-1-4814-8629-3(2)*, Simon & Schuster Bks. For Young Readers) Simon & Schuster Bks. For Young Readers.

Hatchet by Gary Paulson, Novel Study Grades 5-7. Ruth Solski. 2019. (ENG.). 66p. (J). pap. *(978-1-4877-1171-9(9))* S & S Learning Material, Ltd.

Hatchet Novel Units Student Packet. Novel Units. 2019. (ENG.). (YA). pap. 13.99 *(978-1-56137-493-9(8)*, Novel Units, Inc.) Classroom Library Co.

Hatchet Throwers (Classic Reprint) James Greenwood. 2017. (ENG., Illus.). (J). 27.32 *(978-0-260-82550-6(6))* Forgotten Bks.

Hatching a Chick. Dona Herweck Rice. rev. ed. 2019. (Smithsonian: Informational Text Ser.). (ENG., Illus.). 32p. (J). (gr. 2-3). pap. 10.99 *(978-1-4938-6661-8(3))* Teacher Created Materials, Inc.

Hatching Chicks in Room 6. Caroline Arnold. 2017. (Life Cycles in Room 6 Ser.). (Illus.). 40p. (J). (gr. -1-2). lib. bdg. 17.99 *(978-1-58089-735-8(5))* Charlesbridge Publishing, Inc.

Hatching the Lucky Egg (Classic Reprint) Unknown Author. 2018. (ENG., Illus.). 26p. (J). 24.43 *(978-0-267-51880-7(3))* Forgotten Bks.

Hatchling: (a Louie the Duck Story) Vivian Zabel. Illus. by Jeanne Conway. 2021. (Louie the Duck Ser.: Vol. 3). (ENG.). 52p. (J). 21.99 *(978-1-950074-16-7(1))*; pap. 16.99 *(978-1-950074-15-0(3))* 4RV Pub.

Hatchling Hero: A Sea Turtle Defender's Journal. J. A. Watson. Illus. by Arpad Olbey. 2018. (Science Squad Ser.). (ENG.). 192p. (J). (gr. 3-4). 28.50 *(978-1-63163-160-3(8)*, 1631631608); pap. 9.99 *(978-1-63163-161-0(6)*, 1631631616) North Star Editions. (Jolly Fish Pr.).

Hatchment (Classic Reprint) R. B. Cunninghame Graham. 2017. (ENG., Illus.). (J). 29.98 *(978-0-265-57246-7(0))* Forgotten Bks.

Hatchups of Me & My School-Fellows. Peter Parley, pseud. 2017. (ENG., Illus.). (J). pap. *(978-0-649-11269-2(5))* Trieste Publishing Pty Ltd.

Hatchups of Me & My School-Fellows (Classic Reprint) Peter Parley, pseud. 2018. (ENG., Illus.). 192p. (J). 27.88 *(978-0-364-09150-0(9))* Forgotten Bks.

Hatchways (Classic Reprint) Ethel Sidgwick. 2018. (ENG., Illus.). 340p. (J). 30.93 *(978-0-484-13001-1(3))* Forgotten Bks.

Hate: What If Hate Was Just a Word? Eric Desio. 2021. (ENG.). 28p. (J). pap. 9.99 *(978-1-952637-43-8(0))* Be You Bks.

HATE - What If Hate Was Just a Word? HATE - What If Hate Was Just a Word? Eric Desio. 2021. (ENG., Illus.). 28p. (J). *(978-1-952637-70-4(8))* Be You Bks.

Hate Crime in America: From Prejudice to Violence. Danielle Smith-Llera. 2020. (Informed! Ser.). (ENG., Illus.). 64p. (J). (gr. 5-9). pap. 8.95 *(978-0-7565-6559-6(6)*, 142215); lib. bdg. 37.32 *(978-0-7565-6409-4(3)*, 141403) Capstone. (Compass Point Bks.).

Hate Crimes, 1 vol. Ed. by Barbara Krasner. 2017. (Global Viewpoints Ser.). (ENG.). 240p. (gr. 10-12). pap. 32.70 *(978-1-5345-0108-9(8)*, 3a1baf5a-70bb-4543-a0c4-71d333880053); lib. bdg. 47.83 *(978-1-5345-0110-2(X)*, 776573ce-dd4d-4491-b06a-fa76255cd6d0) Greenhaven Publishing LLC.

Hate Crimes. Hal Marcovitz. 2018. (ENG.). 80p. (YA). (gr. 6-12). 39.93 *(978-1-68282-471-9(3))* ReferencePoint Pr., Inc.

Hate Crimes, Vol. 20. John D. Wright. Ed. by Manny Gomez. 2016. (Crime & Detection Ser.). (Illus.). 96p. (J). (gr. 7). 24.95 *(978-1-4222-3479-2(7))* Mason Crest.

Hate Crimes: When Intolerance Turns Violent, 1 vol. Meghan Sharif. 2017. (Hot Topics Ser.). (ENG.). 112p. (gr. 7-7). lib. bdg. 41.03 *(978-1-5345-6149-6(8)*, 7c32483a-fbcb-41a3-ab6f-757a847385d3, Lucent Pr.) Greenhaven Publishing LLC.

Hate Crimes in America. Melissa Abramovitz. 2016. (Special Reports Set 2 Ser.). (ENG., Illus.). 112p. (J). (gr. 6-12). lib. bdg. 41.36 *(978-1-68078-396-4(3)*, 23557, Essential Library) ABDO Publishing Co.

Hate Games. Aubrey Bischoff. 2020. (ENG.). 42p. (J). pap. 19.98 *(978-1-716-99267-4(2))* Lulu Pr., Inc.

Hate Is Such a Strong Word... Sarah Ayoub. 2019. 256p. pap. 9.99 *(978-0-7322-9684-1(6)*, HarperCollins) HarperCollins Pubs.

Hate List. Jennifer Brown. 2017. (ENG.). 528p. (YA). (gr. 9-17). pap. 11.99 *(978-0-316-55678-1(5))* Little, Brown Bks. for Young Readers.

Hate of a Hun (Classic Reprint) Arthur Wright. 2018. (ENG., Illus.). 200p. (J). 28.02 *(978-0-267-19977-8(5))* Forgotten Bks.

Hate Project. Mj Padgett. 2020. (ENG.). 214p. (YA). pap. 12.99 *(978-1-393-88102-5(5))* Draft2Digital.

Hate the # 1 Social Behavioral Disease: The Prince of Principles. Steven Anthony. 2022. (ENG.). 230p. (YA). pap. 18.95 *(978-1-6624-4251-3(3))* Page Publishing Inc.

Hate to Love You: Alex, Approximately; Starry Eyes. Jenn Bennett. 2021. (ENG.). 832p. (YA). (gr. 7). pap. 14.99 *(978-1-5344-7739-1(X)*, Simon & Schuster Bks. For Young Readers) Simon & Schuster Bks. For Young Readers.

Hate U Give. Angie Thomas. ed. 2017. (YA). lib. bdg. 31.80 *(978-0-606-41493-7(2))* Turtleback.

Hate U Give: A Printz Honor Winner. Angie Thomas. (ENG.). (YA). (gr. 9). 2022. 480p. pap. 16.99 *(978-0-06-249854-0(1))*; 2017. 464p. 18.99 *(978-0-06-249853-3(3))* HarperCollins Pubs. (Balzer & Bray).

Hate U Give Collector's Edition: A Printz Honor Winner. Angie Thomas. 2018. (ENG.). 512p. (YA). (gr. 9). 20.99 *(978-0-06-287234-0(6)*, Balzer & Bray) HarperCollins Pubs.

Hate U Give Movie Tie-In Edition: A Printz Honor Winner. Angie Thomas. 2018. (ENG.). 480p. (YA). (gr. 9). 19.99 *(978-0-06-287135-0(8)*, Balzer & Bray) HarperCollins Pubs.

Haters. Jesse Andrews. 2017. (ENG.). 336p. (YA). (gr. 8-17). pap. 9.95 *(978-1-4197-2370-4(7)*, 1140003, Amulet Bks.) Abrams, Inc.

Haters. Jesse Andrews. ed. 2017. (YA). lib. bdg. 20.80 *(978-0-606-39688-2(8))* Turtleback.

Haters Going to Hate. Mae Barrett. 2019. (ENG.). 52p. (J). pap. 12.95 *(978-1-64544-723-8(5))* Page Publishing Inc.

Hatful of Dragons: And More Than 13. 8 Billion Other Funny Poems. Vikram Madan. 2020. (ENG., Illus.). 64p.

848

The check digit for ISBN-10 appears in parentheses after the full ISBN-13

(J). (gr. 2). 17.99 *(978-1-68437-150-1(3),* Wordsong) Highlights Pr., c/o Highlights for Children, Inc.

Hathercourt (Classic Reprint) Molesworth. 2018. (ENG., Illus.). 394p. (J). 32.04 *(978-0-483-79349-1(3))* Forgotten Bks.

Hathercourt Rectory, Vol. 1 of 3 (Classic Reprint) Molesworth. 2018. (ENG., Illus.). 296p. (J). 29.96 *(978-0-483-04351-0(6))* Forgotten Bks.

Hathercourt Rectory, Vol. 2 of 3 (Classic Reprint) Molesworth. (ENG., Illus.). (J). 2018. 320p. 30.56 *(978-0-483-73158-5(7));* 2016. pap. 13.57 *(978-1-334-15769-1(3))* Forgotten Bks.

Hathercourt Rectory, Vol. 3 of 3 (Classic Reprint) Molesworth. 2018. (ENG., Illus.). 336p. (J). 30.87 *(978-0-484-47262-3(3))* Forgotten Bks.

Hathor. Heather C. Hudak. 2022. (Egyptian Mythology Ser.). (ENG., Illus.). 32p. (J). (gr. 2-5). lib. bdg. 34.22 *(978-1-5321-9866-3(3),* 39725, Kids Core) ABDO Publishing Co.

Hathor. Contrib. by Heather C. Hudak. 2022. (Egyptian Mythology Ser.). (ENG., Illus.). 32p. (J). (gr. 3-3). pap. 9.95 *(978-1-64494-774-6(9))* North Star Editions.

Hathor: Egyptian Goddess of Many Names. Tammy Gagne. 2019. (Legendary Goddesses Ser.). (ENG., Illus.). 32p. (J). (gr. 3-9). pap. 7.95 *(978-1-5435-7553-8(6),* 141085); lib. bdg. 28.65 *(978-1-5435-7413-5(0),* 140706) Capstone.

Hatmaker. Seth Wilks. Illus. by Seth Wilks. 2018. (ENG., Illus.). 310p. (J). (gr. 3-6). *(978-0-9940674-0-1(2))* Wilks, Seth.

Hats Are Not for Cats! Jacqueline Rayner. 2022. (ENG., Illus.). 30p. (J). (gr. -1 — 1). bds. 8.99 *(978-0-358-73108-5(9),* Clarion Bks.) HarperCollins Pubs.

Hats Are Not for Cats! Jacqueline K. Rayner. Illus. by Jacqueline K. Rayner. 2019. (ENG., Illus.). 32p. (J). (gr. -1-3). 17.99 *(978-1-328-96719-0(0),* 1707633, Clarion Bks.) HarperCollins Pubs.

Hats of Faith. Medeia Cohan. Illus. by Sarah Walsh. 2018. (ENG.). 12p. (J). (gr. -1 — 1). bds. 9.99 *(978-1-4521-7320-7(6))* Chronicle Bks. LLC.

Hats off to Mr. Boar. Mary Korte. 2018. (ENG., Illus.). 202p. (J). pap. 14.99 *(978-0-9983132-3-8(8))* Havet Pr.

Hats off to Mr. Pockles! Sally Lloyd-Jones. Illus. by David Litchfield. 2019. (ENG.). 40p. (J). (gr. -1-3). 17.99 *(978-0-399-55815-3(2),* Schwartz & Wade Bks.) Random Hse. Children's Bks.

Hatshepsut, 1 vol. Margaux Baum & Susanna Thomas. 2016. (Leaders of the Ancient World Ser.). (ENG.). 112p. (J). (gr. 6-6). 38.80 *(978-1-5081-7250-5(1),* bc9792bd-204a-4413-938e-b22e8311abec) Rosen Publishing Group, Inc., The.

Hatshepsut: The Most Powerful Woman Pharaoh - Ancient History 4th Grade Children's Ancient History. Baby Professor. 2017. (ENG., Illus.). 64p. (J). pap. 9.52 *(978-1-5419-1610-4(7),* Baby Professor (Education Kids)) Speedy Publishing LLC.

Hattie. Frida Nilsson. Illus. by Stina Wirsén. 2020. (Hattie Ser.). (ENG.). 160p. (J). (gr. 2-5). 17.99 *(978-1-77657-270-0(X),* 7179fb4a-a504-422c-9939-ca63a972feb9) Gecko Pr. NZL. Dist: Lerner Publishing Group.

Hattie & Hudson. Chris Van Dusen. Illus. by Chris Van Dusen. (ENG.). 40p. (J). (gr. -1-3). 2021. 7.99 *(978-1-5362-1738-4(7));* 2017. (Illus.). 17.99 *(978-0-7636-6545-6(2))* Candlewick Pr.

Hattie & Olaf. Frida Nilsson. Illus. by Stina Wirsén. 2021. (Hattie Ser.). (ENG.). 176p. (J). (gr. 2-5). 18.99 *(978-1-77657-317-2(X),* b8cd6f05-1bd6-449b-9688-b8202a86c2c6) Gecko Pr. NZL. Dist: Lerner Publishing Group.

Hattie Brown Versus the Cloud Snatchers. Claire Harcup. 2020. (Hattie Brown Ser.: Vol. 1). (ENG.). 240p. (J). pap. *(978-1-913099-66-4(0))* Agora Bks.

Hattie Brown Versus the Elephant Captors. Claire Harcup. 2020. (Hattie Brown Ser.: Vol. 2). (ENG.). 222p. (J). pap. *(978-1-913099-67-1(9))* Agora Bks.

Hattie Brown Versus the Red Dust Army. Claire Harcup. 2020. (Hattie Brown Ser.: Vol. 3). (ENG.). 270p. (J). pap. *(978-1-913099-68-8(7))* Agora Bks.

Hattie Harmony: Opening Night. Elizabeth Olsen & Robbie Arnett. Illus. by Marissa Valdez. 2023. 40p. (J). (gr. -1-3). 18.99 ***(978-0-593-35146-8(0),*** Viking Books for Young Readers) Penguin Young Readers Group.

Hattie Harmony: Worry Detective. Elizabeth Olsen & Robbie Arnett. Illus. by Marissa Valdez. 2022. 40p. (J). (gr. -1-3). 17.99 *(978-0-593-35144-4(4),* Viking Books for Young Readers) Penguin Young Readers Group.

Hattie Helps Out. Jane Godwin & Davina Bell. Illus. by Freya Blackwood. 2016. (ENG.). 32p. (J). (gr. -1-k). 19.99 *(978-1-74343-543-4(6))* Allen & Unwin AUS. Dist: Independent Pubs. Group.

Hattie Holmes Holds Her Breath: Discover How Kindness Is Great! & Don't Be Late! Pam Kumpe. Illus. by Jennifer Nilsson. 2020. (ENG.). 32p. (J). pap. 13.91 ***(978-0-578-72713-4(7))*** Southampton Publishing.

Hattie in the Spotlight. Poppy Green. Illus. by Jennifer A. Bell. 2020. (Adventures of Sophie Mouse Ser.: 16). (ENG.). 128p. (J). (gr. k-4). 17.99 *(978-1-5344-6019-5(5));* pap. 6.99 *(978-1-5344-6018-8(7))* Little Simon. (Little Simon).

Hattie Peck. Illus. by Emma Levey. 2016. (ENG.). 32p. (J). (gr. -1-k). 19.99 *(978-1-63450-170-5(5),* Sky Pony Pr.) Skyhorse Publishing Co., Inc.

Hattie Peck: the Journey Home. Emma Levey. 2017. (ENG., Illus.). 32p. (J). (gr. -1-k). 16.99 *(978-1-5107-1390-1(5),* Sky Pony Pr.) Skyhorse Publishing Co., Inc.

Hattie's Journey: A Child's Second Chance at Life after a Kidney Transplant. Felicia Williams-McGowan. 2020. (Hattie's Journey Ser.: Vol. 2). (ENG., Illus.). 26p. (J). pap. 12.00 *(978-1-970079-88-3(6))* Opportune Independent Publishing Co.

Hattie's Journey: The Courage to Keep Going. Williams-McGowan. 2020. (ENG.). 26p. (J). pap. 16.99 *(978-1-63616-004-7(2))* Opportune Independent Publishing Co.

Hatty & Barty Adventures Month Eight. Grant Boyer. Ed. by Jeannine Tuttle. Illus. by Aleksandra Rzepka. 2023. (ENG.). 120p. (J). 29.99 ***(978-1-0880-7536-4(3))*** Indy Pub.

Hatty & Barty Adventures Month Five. Grant Boyer. Ed. by Jeannine Tuttle. Illus. by Aleksandra Rzepka. 2023. (ENG.). 110p. (J). 29.99 ***(978-1-0880-9340-5(X))*** Indy Pub.

Hatty & Barty Adventures Month Four. Grant Boyer. Ed. by Elizabeth Boyer. Illus. by Aleksandra Rzepka. 2023. (ENG.). 134p. (J). 29.99 ***(978-1-0881-1797-2(X))*** Indy Pub.

Hatty & Barty Adventures Month Seven. Grant Boyer. Ed. by Jeannine Tuttle. Illus. by Aleksandra Rzepka. 2023. (ENG.). 108p. (J). 29.99 ***(978-1-0880-6416-0(7))*** Indy Pub.

Hatty & Barty Adventures Month Six. Grant Boyer. Ed. by Elizabeth Boyer. Illus. by Aleksandra Rzepka. 2023. (ENG.). 104p. (J). 29.99 ***(978-1-0881-2383-6(X))*** Indy Pub.

Hatty & Barty Adventures Month Three. Grant Boyer. Ed. by Elizabeth Boyer. Illus. by Aleksandra Rzepka. I.t. ed. 2022. (ENG.). 124p. (J). 34.99 ***(978-1-0879-5440-0(1))*** Indy Pub.

Hatty & Barty Adventures Month Two. Grant Boyer. Ed. by Elizabeth Boyer. Illus. by Aleksandra Rzepka. I.t. ed. 2022. (ENG.). 122p. (J). pap. 34.99 ***(978-1-0878-6412-9(7))*** Indy Pub.

Hatty & Marcus: Or First Steps in the Better Path (Classic Reprint) Aunt Friendly. 2018. (ENG., Illus.). 100p. (J). 25.98 *(978-0-332-96336-5(5))* Forgotten Bks.

Hau Kiou Choaan, or the Pleasing History, Vol. 3: A Translation from the Chinese Language; to Which Are Added, I. the Argument or Story of a Chinese Play, II. a Collection of Chinese Provebs, & III. Fragments of Chinese Poetry (Classic Reprint) Thomas Percy. 2017. (ENG., Illus.). (J). 278p. 29.65 *(978-0-332-92015-3(1));* pap. 13.57 *(978-0-282-18598-5(4))* Forgotten Bks.

Hau Kiou Choaan, or the Pleasing History, Vol. 4: A Translation from the Chinese Language; to Which Are Added, I. the Argument or Story of a Chinese Play; II. a Collection of Chinese Proverbs; & III. Fragments of Chinese Poetry; with Notes. Thomas Percy. 2018. (ENG., Illus.). 276p. (J). 29.61 *(978-0-365-32310-5(1))* Forgotten Bks.

Haughtyshire Hunt (Classic Reprint) Unknown Author. 2018. (ENG., Illus.). 336p. (J). 30.83 *(978-0-267-25835-2(6))* Forgotten Bks.

Hauke Rabauke: Und Oskar der Höllenhund. Ines Gölß. 2018. (GER., Illus.). 102p. (J). pap. *(978-3-947083-11-4(4))* Schenk, Maria Kelebek Verlag.

Haunch Paunch & Jowl: An Anonymous Autobiography (Classic Reprint) Samuel Ornitz. (ENG., Illus.). (J). 2018. 300p. 30.08 *(978-0-483-89821-9(X));* 2016. pap. 13.57 *(978-1-334-16208-4(5))* Forgotten Bks.

Haunt. Tricia Barr. 2018. (Bound Ones Ser.: Vol. 4). (ENG., Illus.). 288p. (YA). pap. 12.99 *(978-0-9989777-5-1(6))* Barr, Tricia.

Haunt & Seek. Thomas Kingsley Troupe. Illus. by Maggie Ivy. 2021. (Haunted States of America Set 3 Ser.). (ENG.). 136p. (J). (gr. 3-4). pap. 7.99 *(978-1-63163-476-5(3),* 1631634763); lib. bdg. 27.13 *(978-1-63163-475-8(5),* 1631634755) North Star Editions. (Jolly Fish Pr.).

Haunt: Dead Scared. Curtis Jobling. 2016. (ENG.). 256p. (J). pap. 7.99 *(978-1-4711-1577-6(1),* Simon & Schuster Children's) Simon & Schuster, Ltd. GBR. Dist: Simon & Schuster, Inc.

Haunt Me. K. R. Alexander. 2020. (ENG.). 224p. (J). (gr. 3-7). pap. 7.99 *(978-1-338-33884-3(6))* Scholastic, Inc.

Haunt Me. Liz Kessler. 2017. (ENG.). 384p. (YA). (gr. 7). 17.99 *(978-0-7636-9162-2(3))* Candlewick Pr.

Haunt of Ancient Peace. James Deschene. 2020. (ENG.). 123p. (YA). pap. *(978-1-716-56708-7(4))* Lulu Pr., Inc.

Haunted. Hope A. C. Bentley. 2018. (ENG., Illus.). 296p. (YA). (gr. 7-12). pap. 14.99 *(978-1-7327645-2-1(2))* Golden Light Factory.

Haunted. Jo Ho. 2018. (Chase Ryder Ser.: Vol. 2). (ENG., Illus.). 402p. (YA). *(978-1-9164890-4-2(4));* pap. *(978-1-9164890-2-8(8))* Ho, Jo.

Haunted. Ginna Moran. 2016. (Demon Within Ser.: Vol. 3). (ENG., Illus.). (YA). pap. 13.99 *(978-1-942073-47-5(X))* Sunny Palms Pr.

Haunted. Danielle Vega. (Haunted Ser.). (ENG.). (YA). (gr. 9). 2020. 272p. pap. 10.99 *(978-0-451-48148-1(8));* 2019. 256p. 17.99 *(978-0-451-48146-7(1))* Penguin Young Readers Group. (Razorbill).

Haunted, 4 vols. Rich Wallace. Illus. by Daniela Volpari. 2016. (Haunted Ser.). (ENG.). 48p. (J). (gr. 3-7). lib. bdg. 136.88 *(978-1-62402-146-6(8),* 21569, Spellbound) Magic Wagon.

Haunted: Scary Halloween Coloring Book. Lightburst Media. 2016. (ENG., Illus.). (J). pap. 7.99 *(978-0-9979389-0-6(0))* LightBurst Media.

Haunted Adjutant, & Other Stories. Edmund Quincy. 2017. (ENG.). 378p. (J). pap. *(978-3-7447-4831-5(6))* Creation Pubs.

Haunted Adjutant, & Other Stories (Classic Reprint) Edmund Quincy. 2018. (ENG., Illus.). 374p. (J). 31.61 *(978-0-483-45399-9(4))* Forgotten Bks.

Haunted Amusement Parks. Rachel Anne Cantor. 2016. (Tiptoe into Scary Places Ser.). (ENG., Illus.). 24p. (J). (gr. k-3). 26.99 *(978-1-68402-050-8(6))* Bearport Publishing Co., Inc.

Haunted Art. Elizabeth Andrews. (Hauntings Ser.). (ENG., Illus.). 32p. (J). (gr. 2-3). 2022. pap. 9.95 *(978-1-64494-674-9(2));* 2021. lib. bdg. 32.79 *(978-1-0982-4121-6(5),* 38778, DiscoverRoo) Pop!.

Haunted Asylums. Kenny Abdo. 2020. (Haunted Places Ser.). (ENG., Illus.). 24p. (J). (gr. 2-2). pap. 9.95 *(978-1-64494-410-3(3));* lib. bdg. 31.36 *(978-1-0982-2129-4(X),* 34505) ABDO Publishing Co. (Abdo Zoom-Fly).

Haunted at Sea. Jaime Winters. 2018. (Haunted or Hoax? Ser.). (ENG., Illus.). 32p. (J). (gr. 4-4). *(978-0-7787-4638-6(0));* pap. *(978-0-7787-4644-7(5))* Crabtree Publishing Co.

Haunted Backpack. Michael Dahl. Illus. by Marilisa Cotroneo. 2019. (Boo Bks.). (ENG.). 32p. (J). (gr. k-2). lib. bdg. 22.65 *(978-1-5158-4486-0(2),* 140582, Picture Window Bks.) Capstone.

Haunted Battle Sites. Ashley Storm. 2022. (Spooky Spots Ser.). (ENG.). 32p. (J). (gr. 4-6). *(978-1-62310-276-0(6),* 13432, Bolt) Black Rabbit Bks.

Haunted Battlefields. Kenny Abdo. 2020. (Haunted Places Ser.). (ENG., Illus.). 24p. (J). (gr. 2-2). pap. 9.95 *(978-1-64494-411-0(1));* lib. bdg. 31.36 *(978-1-0982-2130-0(3),* 34507) ABDO Publishing Co. (Abdo Zoom-Fly).

Haunted Battlefields. Janice Dyer. 2018. (Haunted or Hoax? Ser.). (ENG., Illus.). 32p. (J). (gr. 4-4). *(978-0-7787-4628-7(3));* pap. *(978-0-7787-4639-3(9))* Crabtree Publishing Co.

Haunted Battlefields, 1 vol. Alix Wood. 2016. (World's Scariest Places Ser.). (ENG.). 32p. (J). (gr. 4-5). pap. 11.50 *(978-1-4824-5908-1(6),* d10b62e9-6718-457e-b8ab-824337945a6d) Stevens, Gareth Publishing LLLP.

Haunted Bookshop (Classic Reprint) Christopher Morley. 2017. (ENG., Illus.). (J). 30.08 *(978-1-5285-7660-4(8));* 30.17 *(978-1-5285-7797-7(3));* pap. 13.57 *(978-0-243-49530-6(7))* Forgotten Bks.

Haunted Bookstore - Gateway to a Parallel Universe (Light Novel) Vol. 1. Shinobumaru. Illus. by Munashichi. 2021. (Haunted Bookstore - Gateway to a Parallel Universe Ser.: 1). 240p. (gr. 8-12). pap. 14.99 *(978-1-64827-622-4(9),* Airship) Seven Seas Entertainment, LLC.

Haunted Bridal Chamber: A Romance of Old-Time New Orleans (Classic Reprint) George Augustin. (ENG., Illus.). (J). 2018. 266p. 29.38 *(978-0-365-31681-7(4));* 2017. pap. 11.97 *(978-0-282-53921-4(2))* Forgotten Bks.

Haunted Broch. Wendy H. Jones. 2018. (Fergus & Flora Mysteries Ser.: Vol. 2). (ENG., Illus.). 178p. (J). pap. *(978-1-909423-94-7(7))* Bks. to Treasure.

Haunted Castle, or the Child of Misfortune: A Gothic Tale (Classic Reprint) Unknown Author. 2017. (ENG., Illus.). (J). 48p. 24.89 *(978-0-332-97403-3(0));* pap. 9.57 *(978-0-259-26175-9(0))* Forgotten Bks.

Haunted Castles & Forts. Vic Kovacs. 2018. (Haunted or Hoax? Ser.). (ENG., Illus.). 32p. (J). (gr. 4-4). *(978-0-7787-4629-4(1));* pap. *(978-0-7787-4640-9(2))* Crabtree Publishing Co.

Haunted Cathedral. Antony Barone Kolenc. 2021. (Harwood Mysteries Ser.: 2). (ENG.). 144p. (J). (gr. 4-7). pap. 14.99 *(978-0-8294-4812-2(8))* Loyola Pr.

Haunted Cave. Christy Webster. ed. 2020. (Step into Reading Ser.). (ENG.). 24p. (J). (gr. 2-3). 14.96 *(978-1-64697-163-3(9))* Penworthy Co., LLC, The.

Haunted Cemeteries Around the World. Alicia Z. Klepeis. 2017. (It's Haunted! Ser.). (ENG., Illus.). 32p. (J). (gr. 3-9). lib. bdg. 28.65 *(978-1-5157-3861-9(2),* 133765, Capstone Pr.) Capstone.

Haunted Churches & Graveyards. Vic Kovacs. 2018. (Haunted or Hoax? Ser.). (ENG., Illus.). 32p. (J). (gr. 4-4). *(978-0-7787-4630-0(5));* pap. *(978-0-7787-4641-6(0))* Crabtree Publishing Co.

Haunted Circle, & Other Outdoor Plays (Classic Reprint) Adelaide Nichols. (ENG., Illus.). (J). 2018. 300p. 30.10 *(978-0-483-83153-7(0));* 2017. pap. 13.57 *(978-0-243-40493-3(X))* Forgotten Bks.

Haunted Dolls. Elizabeth Andrews. (Hauntings Ser.). (ENG., Illus.). 32p. (J). (gr. 2-3). 2022. pap. 9.95 *(978-1-64494-675-6(0));* 2021. lib. bdg. 32.79 *(978-1-0982-4122-3(3),* 38780, DiscoverRoo) Pop!.

Haunted Dolls. Susan B. Katz. 2023. (Lightning Bolt Books (r) — That's Scary! Ser.). (ENG., Illus.). 24p. (J). (gr. 1-3). pap. 9.99 Lerner Publishing Group.

Haunted Dolls. Martha London. 2018. (Ghosts & Hauntings Ser.). (ENG., Illus.). 32p. (J). (gr. 4-6). lib. bdg. 28.65 *(978-1-5435-4148-9(8),* 139102, Capstone Pr.) Capstone.

Haunted Fountain: A Novel (Classic Reprint) Katharine S. Macquoid. 2018. (ENG., Illus.). 202p. (J). 28.06 *(978-0-428-20217-0(9))* Forgotten Bks.

Haunted (Ghost House, Book 2) Alexandra Adornetto. 2017. (Ghost House Ser.: 02). 274p. 9.99 *(978-0-7322-9934-7(9),* HarperCollins) HarperCollins Pubs.

Haunted Ghost Tour in My Town. Louise Martin. Illus. by Gabriele Tafuni. 2023. (Haunted Ghost Tour In Ser.). (ENG.). 40p. (J). (gr. k-3). 11.99 ***(978-1-7282-6371-7(9),*** Hometown World) Sourcebooks, Inc.

Haunted Gotham. Joyce L. Markovics. 2016. (Scary Places Ser.). (ENG., Illus.). 32p. (J). (gr. 4-8). 28.50 *(978-1-68402-020-1(4))* Bearport Publishing Co., Inc.

Haunted Halloween: Oct31. Alice Hickey. 2021. (ENG.). 64p. (YA). pap. ***(978-1-365-28603-2(7))*** Lulu Pr., Inc.

Haunted Halloween at Kool's School: Lessons Learned. Bruce R. Foster. Tr. by Stephane Raynaud. Illus. by Joshua Stewart. 2020. (ENG.). 40p. (J). *(978-1-5255-8347-6(6));* pap. *(978-1-5255-8346-9(8))* FriesenPress.

Haunted Halloween Holiday. Robbie Cheadle & Michael Cheadle. 2022. (ENG.). 34p. (J). pap. ***(978-1-915660-00-8(9))*** TSL Pubns.

Haunted Halloween Pencil Toppers. Maggie Fischer. Illus. by Eric Wolfe Hanson & Luke Newell. 2021. (Pencil Toppers Ser.). (ENG.). 64p. (J). (gr. 1-3). pap. 9.99 *(978-1-64517-681-7(9),* Silver Dolphin Bks.) Printers Row Publishing Group.

Haunted Halloween Sticker Activity Book. Scott Altmann. 2020. (Dover Little Activity Books Stickers Ser.). (ENG.). 8p. (J). (gr. -1-3). 1.99 *(978-0-486-84180-9(4),* 841804) Dover Pubns., Inc.

Haunted Halls (Peachy & Keen) Jason Tharp & J. B. Rose. Illus. by Jason Tharp. 2018. (Peachy & Keen Ser.: 3). (ENG., Illus.). 96p. (J). (gr. 2-5). pap. 4.99 *(978-1-338-27130-0(X))* Scholastic, Inc.

Haunted Handwriting. Michael Dahl. Illus. by Patricio Clarey. 2022. (Secrets of the Library of Doom Ser.). (ENG.). 40p. (J). 23.99 *(978-1-6639-7673-4(2),* 226375); pap. 5.95 *(978-1-6663-2981-0(9),* 226357) Capstone. (Stone Arch Bks.).

Haunted Hayride. Abby Klein. Illus. by John McKinley. 2016. 90p. (J). *(978-0-545-93172-4(X))* Scholastic, Inc.

Haunted Hayride (Ready, Freddy! 2nd Grade #5) Abby Klein. Illus. by John McKinley. 2018. (Follow Me Around... Ser.: 5). (ENG.). 96p. (J). (gr. 3-4). E-Book 27.00 *(978-0-545-93214-1(9))* Scholastic, Inc.

Haunted Heart (Classic Reprint) Agnes Castle. (ENG., Illus.). (J). 2018. 414p. 32.46 *(978-0-483-84047-8(5));* 2017. pap. 16.57 *(978-0-243-85538-4(9))* Forgotten Bks.

Haunted Hearts (Classic Reprint) Unknown Author. 2017. (ENG., Illus.). (J). 35.41 *(978-1-5281-9036-7(X))* Forgotten Bks.

Haunted High-Tops. Rosie Knight. Illus. by Francisco Bueno Capeáns. 2020. (Scary Graphics Ser.). (ENG.). 40p. (J). (gr. 3-5). lib. bdg. 25.32 *(978-1-4965-9797-7(4),* 200591, Stone Arch Bks.) Capstone.

Haunted Hijinks. S. A. Check et al. Illus. by Diego Jourdan & John Galligher. 2019. (ENG.). 128p. (J). pap. 19.99 *(978-1-945205-17-0(2),* 569b79fc-c4dc-495f-80a1-cae5adb305ab) American Mythology Productions.

Haunted History. Emma Carlson-Berne. 2023. (Lightning Bolt Books (r) — That's Scary! Ser.). (ENG., Illus.). 24p. (J). (gr. 1-3). pap. 9.99. lib. bdg. 29.32 ***(978-1-7284-9117-2(7),*** 3748685a-7a0d-42c1-967b-87c738c0571a) Lerner Publishing Group. (Lerner Pubns.).

Haunted History. Megan Cooley Peterson & Matt Chandler. 2020. (Haunted History Ser.). (ENG.). 32p. (J). (gr. 3-5). 187.92 *(978-1-4966-8553-7(9),* 200735, Capstone Pr.) Capstone.

Haunted Holiday: A Christmas Cookie Ghost Story. Margaret M. Rodeheaver. 2018. (ENG., Illus.). 75p. (J). (gr. 2-5). pap. 7.99 *(978-1-7327837-3-7(X))* Pares Forma Pr. Will Way Bks., Inc.

Haunted Holidays (Set), 4 vols. Linda Joy Singleton. Illus. by George Ermos. 2019. (Haunted Holidays Ser.). (ENG.). 48p. (J). (gr. 3-7). lib. bdg. 136.88 *(978-1-5321-3660-3(9),* 33766, Spellbound) Magic Wagon.

H

Haunted Homes. Elizabeth Andrews. (Hauntings Ser.). (ENG., Illus.). 32p. (J). (gr. 2-3). 2022. pap. 9.95 *(978-1-64494-676-3(9));* 2021. lib. bdg. 32.79 *(978-1-0982-4123-0(1),* 38782, DiscoverRoo) Pop!.

Haunted Homes: And Family Traditions of Great Britain (Classic Reprint) John H. Ingram. (ENG., Illus.). (J). 2018. 686p. 38.07 *(978-0-331-74453-8(8));* 2016. pap. 20.57 *(978-1-334-16255-8(7))* Forgotten Bks.

Haunted Homes & Family Traditions of Great Britain (Classic Reprint) John Henry Ingram. 2017. (ENG., Illus.). (J). 35.05 *(978-0-331-88231-5(0));* pap. 19.57 *(978-0-259-56287-0(4))* Forgotten Bks.

Haunted Homestead: A Novel (Classic Reprint) E. D. E. N. Southworth. 2017. (ENG., Illus.). (J). 29.26 *(978-0-265-43204-4(9))* Forgotten Bks.

Haunted Hospital. Marty Chan. 2020. (Orca Currents Ser.). (ENG.). 144p. (J). (gr. 4-7). pap. 10.95 *(978-1-4598-2620-5(5))* Orca Bk. Pubs. USA.

Haunted Hot Rod (Disney Junior: Mickey & the Roadster Racers) Jennifer Liberts. Illus. by Marco Gervasio & Massimo Rocca. 2018. (Little Golden Book Ser.). (ENG.). 24p. (J). (-k). 4.99 *(978-0-7364-3902-2(1),* Golden/Disney) Random Hse. Children's Bks.

Haunted Hotel: Solve Its Mysteries!, 1 vol. Lisa Regan. 2018. (Puzzle Adventure Stories Ser.). (ENG.). 32p. (J). (gr. 3-3). 30.27 *(978-1-5081-9628-0(1),* c974c937-722b-4c91-af34-b55f4b8e6451); pap. 12.75 *(978-1-5081-9541-2(2),* a30721ac-47e1-434b-8ba0-43cc5826bc4d) Rosen Publishing Group, Inc., The. (Windmill Bks.).

Haunted Hotels. Kenny Abdo. 2020. (Haunted Places Ser.). (ENG., Illus.). 24p. (J). (gr. 2-2). pap. 9.95 *(978-1-64494-412-7(X));* lib. bdg. 31.36 *(978-1-0982-2131-7(1),* 34509) ABDO Publishing Co. (Abdo Zoom-Fly).

Haunted Hotels Around the World. Megan Cooley Peterson. 2017. (It's Haunted! Ser.). (ENG., Illus.). 32p. (J). (gr. 3-9). lib. bdg. 28.65 *(978-1-5157-3858-9(2),* 133758, Capstone Pr.) Capstone.

Haunted House. Sheila Jasek. 2020. (ENG.). 30p. (J). 23.95 *(978-1-64654-872-9(8));* pap. 14.95 *(978-1-64654-216-1(9))* Fulton Bks.

Haunted House. Virginia Loh-Hagan. 2016. (D. I. Y. Make It Happen Ser.). (ENG., Illus.). 32p. (J). (gr. 4-8). 32.07 *(978-1-63470-492-2(4),* 207699) Cherry Lake Publishing.

Haunted House. Wes Adams. ed. 2019. (Pout-Pout Fish 8x8 Bks). (ENG., Illus.). 24p. (J). (gr. k-1). 14.96 *(978-0-87617-546-0(9))* Penworthy Co., LLC, The.

Haunted House: The Extra Christmas Number of All the Year Round; Christmas, 1859 (Classic Reprint) Charles Dickens. (ENG., Illus.). (J). 2018. 54p. 25.03 *(978-0-666-56288-3(1));* 2016. pap. 9.57 *(978-1-333-45598-9(4))* Forgotten Bks.

Haunted House - Halloween Coloring Book for Kids Children's Halloween Books. Speedy Kids. 2017. (ENG., Illus.). (J). pap. 8.45 *(978-1-5419-4716-0(9))* Speedy Publishing LLC.

Haunted House (Classic Reprint) Mary Frances Armstrong. 2017. (ENG., Illus.). (J). 24.56 *(978-0-331-14500-7(6));* pap. 7.97 *(978-0-260-13902-3(5))* Forgotten Bks.

Haunted House Coloring Book: An Adult Coloring Book Featuring over 30 Pages of Giant Super Jumbo Large Designs of Spooky Monsters, Creepy Scenes, & Spooky Adventures for Fun & Relaxation. Beatrice Harrison. 2020. (ENG.). 34p. (YA). pap. 7.86 *(978-1-716-79263-2(0))* Lulu Pr., Inc.

Haunted House Next Door. Andres Miedoso. Illus. by Victor Rivas. 2017. (Desmond Cole Ghost Patrol Ser.: 1). (ENG.). 128p. (J). (gr. k-4). 17.99 *(978-1-5344-1039-8(2));* pap. 6.99 *(978-1-5344-1038-1(4))* Little Simon. (Little Simon).

Haunted House Next Door: #1. Andres Miedoso. Illus. by Victor Rivas. 2021. (Desmond Cole Ghost Patrol Ser.). (ENG.). 128p. (J). (gr. 1-3). lib. bdg. 31.36 *(978-1-5321-4979-5(4),* 36968, Chapter Bks.) Spotlight.

Haunted House Project. Tricia Clasen. 2016. (ENG.). 228p. (J). (gr. 2-7). 15.99 *(978-1-5107-0712-2(3),* Sky Pony Pr.) Skyhorse Publishing Co., Inc.

Haunted Houses. Kenny Abdo. 2020. (Haunted Places Ser.). (ENG., Illus.). 24p. (J). (gr. 2-2). pap. 9.95 *(978-1-64494-413-4(8));* lib. bdg. 31.36 *(978-1-0982-2132-4(X),* 34511) ABDO Publishing Co. (Abdo Zoom-Fly).

Haunted Houses. Valerie Bodden. 2017. (Creep Out Ser.). (ENG., Illus.). 24p. (J). (gr. 1-4). *(978-1-60818-808-6(6),* 20186, Creative Education) Creative Co., The.

Haunted Houses. Meg Gaertner. 2022. (Unexplained Ser.). (ENG., Illus.). 32p. (J). (gr. 2-3). pap. 9.95 *(978-1-63738-199-1(9));* lib. bdg. 31.35 *(978-1-63738-163-2(8))* North Star Editions. (Apex).

Haunted Houses. Grace Hansen. 2018. (Amusement Park Rides Ser.). (ENG., Illus.). 24p. (J). (gr. -1-2). lib. bdg. 32.79

(978-1-5321-0802-0(8), 28165, Abdo Kids) ABDO Publishing Co.

Haunted Houses. Lisa Owings. 2018. (Investigating the Unexplained Ser.). (ENG., Illus.). 32p. (J). (gr. 3-8). lib. bdg. 27.95 *(978-1-62617-854-0(2)*, Blastoff! Discovery) Bellwether Media.

Haunted Houses, 1 vol. Alix Wood. 2016. (World's Scariest Places Ser.). (ENG.). 32p. (J). (gr. 4-5). pap. 11.50 *(978-1-4824-5912-8(4)*, 9283b3e1-d7e4-4d43-b35a-36ce401bf9b9) Stevens, Gareth Publishing LLLP.

Haunted Houses: Tales of the Supernatural; with Some Account of Hereditary Curses & Family Legends (Classic Reprint) Charles G. Harper. 2018. (ENG., Illus.). 414p. (J). 32.46 *(978-0-666-44406-6(4))* Forgotten Bks.

Haunted Houses Around the World. Joan Axelrod-Contrada. 2017. (It's Haunted! Ser.). (ENG., Illus.). 32p. (J). (gr. 3-9). lib. bdg. 28.65 *(978-1-5157-3860-2(4)*, 133764, Capstone Pr.) Capstone.

Haunted Howl. Eric Luper. Illus. by Lisa K. Weber. 2016. (Key Hunters Ser.: 3). (ENG.). 128p. (J). (gr. 2-5). pap. 4.99 *(978-0-545-82211-4(4)*, Scholastic Paperbacks) Scholastic, Inc.

Haunted Inn: A Drama in Four Acts (Classic Reprint) Peretz Hirshbein. 2018. (ENG., Illus.). 180p. (J). 27.61 *(978-0-483-68182-8(2))* Forgotten Bks.

Haunted Inn: A Farce, in Two Acts (Classic Reprint) Richard Brinsley Peake. (ENG., Illus.). (J). 2018. 50p. 24.93 *(978-0-267-61292-5(3))*; 2016. pap. 7.97 *(978-1-334-12057-2(9))* Forgotten Bks.

Haunted Inn on the Hill. Craig Randall. 2018. (Creepy, Scary, Boo! Ser.: Vol. 1). (ENG., Illus.). 28p. (J). pap. *(978-1-909587-37-3(0))* Grimlock Pr.

Haunted Jewels. Elizabeth Andrews. (Hauntings Ser.). (ENG., Illus.). 32p. (J). (gr. 2-3). 2022. pap. 9.95 *(978-1-64494-677-0(7))*; 2021. lib. bdg. 32.79 *(978-1-0982-4124-7(X)*, 38784, DiscoverRoo) Pop!.

Haunted Journey. Wendy B. Truscott. 2016. (ENG., Illus.). (YA). (gr. 7-12). pap. *(978-0-9952108-0-6(2))* Loon Echo Pubns.

Haunted Key (Frightville #3) Mike Ford. 2020. (Frightville Ser.: 3). (ENG.). 128p. (J). (gr. 2-5). pap. 5.99 *(978-1-338-36013-4(2)*, Scholastic Paperbacks) Scholastic, Inc.

Haunted Lake. P. J. Lynch. Illus. by P. J. Lynch. 2020. (ENG.). 48p. (J). (gr. 2-5). 17.99 *(978-1-5362-0013-3(1))* Candlewick Pr.

Haunted Legends Special. Created by Gertrude Chandler Warner. 2016. (Boxcar Children Mysteries Ser.). (ENG., Illus.). 368p. (J). (gr. 2-5). 9.99 *(978-0-8075-0724-7(5)*, 807507245, Random Hse. Bks. for Young Readers) Random Hse. Children's Bks.

Haunted Library: The Ghost at the Fire Station (Volume 6 Of 9) Dori Hillestad Butler. 2018. (CHI.). (J). (gr. 1-3). pap. *(978-986-443-467-1(5))* How Do Publishing Inc.

Haunted Library (Volume 7 Of 10) Dori Hillestad Butler. 2018. (CHI.). (J). (gr. 2-4). pap. *(978-986-443-480-0(2))* How Do Publishing Inc.

Haunted Man: A Dramatization in Three Acts of Chas; Dickens' Charistmas Story of the Same Title (Classic Reprint) Charles A. Scott. 2017. (ENG., Illus.). (J). 25.28 *(978-0-331-78605-7(2))* Forgotten Bks.

Haunted Man & the Ghost's Bargain (Cactus Classics Large Print) 16 Point Font; Large Text; Large Type; Illustrated. Charles Dickens & Marc Cactus. l.t. ed. 2019. (Cactus Classics Large Print Ser.). (ENG., Illus.). 214p. (J). pap. *(978-1-77360-004-8(4)*, Cactus Classics) Cactus Publishing Inc.

Haunted Man & the Ghost's Bargain (Classic Reprint) Charles Dickens. 2018. (ENG., Illus.). 184p. (J). 27.69 *(978-0-364-73473-5(6))* Forgotten Bks.

Haunted Mansion (Disney Classic) Lauren Clauss. Illus. by Glen Brogan. (Big Little Golden Book Ser.). (ENG.). 24p. (J). (-k). 2023. 10.99 ***(978-0-7364-4398-2(3))***; 2021. 5.99 *(978-0-7364-4177-3(8))* Random Hse. Children's Bks. (Golden/Disney).

Haunted Mansion: Storm & Shade. Claudia Gray. 2023. (ENG.). 432p. (YA). (gr. 7). 17.99 ***(978-1-368-07606-7(8)***, Disney Press Books) Disney Publishing Worldwide.

Haunted Mansions: A Terribly Creepy Tale, 1 vol. Craig Lopetz. 2021. (I Read-N-Rhyme Ser.). (ENG., Illus.). 24p. (J). (gr. -1-3). pap. *(978-1-4271-2931-4(2)*, 11018) Crabtree Publishing Co.

Haunted Mansions: a Terribly Creepy Tale see Mansiones Encantadas: Un Cuento Muy Asustador

Haunted Mansions: a Terribly Creepy Tale. Craig Lopetz. 2021. (I Read-N-Rhyme Ser.). (ENG., Illus.). 24p. (J). (gr. -1-3). lib. bdg. *(978-1-4271-2920-8(7)*, 11006) Crabtree Publishing Co.

Haunted Mill, or con o'Ragen's Secret: An Irish Drama in Three Acts (Classic Reprint) Bernard Francis Moore. (ENG., Illus.). (J). 2018. 36p. 24.64 *(978-0-483-42564-4(8))*; 2016. pap. 7.97 *(978-1-333-66226-4(2))* Forgotten Bks.

Haunted Mustache, 1. Joe McGee. ed. 2022. (Night Frights Ser.). (ENG.). 152p. (J). (gr. 2-5). 19.96 ***(978-1-68505-569-1(9))*** Penworthy Co., LLC, The.

Haunted Mustache. Joe McGee. Illus. by Teo Skaffa. 2021. (Night Frights Ser.: 1). (ENG.). 160p. (J). (gr. 2-5). 17.99 *(978-1-5344-8089-6(7))*; pap. 6.99 *(978-1-5344-8088-9(9))* Simon & Schuster Children's Publishing. (Aladdin).

Haunted Objects from Around the World. Megan Cooley Peterson. 2017. (It's Haunted! Ser.). (ENG., Illus.). 32p. (J). (gr. 3-9). lib. bdg. 28.65 *(978-1-5157-3859-6(0)*, 133759, Capstone Pr.) Capstone.

Haunted Pajamas (Classic Reprint) Francis Perry Elliott. 2017. (ENG., Illus.). (J). 31.69 *(978-0-260-45053-1(7))* Forgotten Bks.

Haunted Photograph, Whence & Whither: A Case in Diplomacy the Afterglow (Classic Reprint) Ruth McEnery Stuart. 2018. (ENG., Illus.). 198p. (J). 27.98 *(978-0-483-02342-0(6))* Forgotten Bks.

Haunted Photograph; Whence & Whither; a Case in Diplomacy; the Afterglow. Ruth McEnery Stuart. 2017. (ENG., Illus.). (J). pap. *(978-0-649-18449-1(1))* Trieste Publishing Pty Ltd.

Haunted Pizza. Mark Allen Poe & Mark Andrew Poe. 2017. (ENG., Illus.). 184p. (J). 14.99 *(978-1-943785-38-4(4)*, ff83ac48-99b6-452b-8be8-8bc60adc8a0a) Rabbit Pubs.

Haunted Places. Elizabeth Andrews. (Hauntings Ser.). (ENG., Illus.). 32p. (J). (gr. 2-3). 2022. pap. 9.95 *(978-1-64494-678-7(5))*; 2021. lib. bdg. 32.79 *(978-1-0982-4125-4(8)*, 38786, DiscoverRoo) Pop!.

Haunted Places. Jennifer M. Besel. 2020. (Little Bit Spooky Ser.). 24p. (J). (gr. k-3). pap. 8.99 *(978-1-64466-115-4(2)*, 14455, Bolt Jr.) Black Rabbit Bks.

Haunted Places. Susan B. Katz. 2023. (Lightning Bolt Books (r) — That's Scary! Ser.). (ENG., Illus.). 24p. (J). (gr. 1-3). pap. 9.99 Lerner Publishing Group.

Haunted Places. Elizabeth Noll. 2016. (Strange ... but True? Ser.). (ENG.). 32p. (J). (gr. 4-6). pap. 9.99 *(978-1-64466-160-4(8)*, 10342); (Illus.). 31.35 *(978-1-68072-025-9(2)*, 10341) Black Rabbit Bks. (Bolt).

Haunted Places. Sequoia Kids Media Sequoia Kids Media. 2022. (Super Spooky Stories for Kids Ser.). (ENG.). 24p. (J). (gr. -1-2). pap. 9.50 ***(978-1-64996-759-6(4)***, 17141, Sequoia Kids Media) Sequoia Children's Bks.

Haunted Places in England (Classic Reprint) Elliot O'Donnell. 2017. (ENG., Illus.). (J). 28.76 *(978-0-331-02946-8(4))* Forgotten Bks.

Haunted Places (Set), 6 vols. Kenny Abdo. 2020. (Haunted Places Ser.). (ENG.). 24p. (J). (gr. 2-8). lib. bdg. 188.16 *(978-1-0982-2128-7(1)*, 34503, Abdo Zoom-Fly) ABDO Publishing Co.

Haunted Places (Set Of 6) Kenny Abdo. 2020. (Haunted Places Ser.). (ENG., Illus.). 144p. (J). (gr. 2-2). pap. 59.70 *(978-1-64494-409-7(X)*, Abdo Zoom-Fly) ABDO Publishing Co.

Haunted Priory, or the Fortunes of the House of Rayo: A Romance Founded Principally on Historical Facts (Classic Reprint) Stephen Cullen. (ENG., Illus.). (J). 2018. 264p. 29.36 *(978-0-332-69510-5(7))*; 2016. pap. 11.97 *(978-1-334-15116-3(4))* Forgotten Bks.

Haunted Prisons. Kenny Abdo. 2020. (Haunted Places Ser.). (ENG., Illus.). 24p. (J). (gr. 2-2). pap. 9.95 *(978-1-64494-414-1(6))*; lib. bdg. 31.36 *(978-1-0982-2133-1(8)*, 34513) ABDO Publishing Co. (Abdo Zoom-Fly).

Haunted Prisons. Dinah Williams. 2017. (Scary Places Ser.). (ENG.). 32p. (J). (gr. 4-8). 7.99 *(978-1-68402-603-6(2))* Bearport Publishing Co., Inc.

Haunted Pumpkin Patch. Lazaro Garcia. 2017. (ENG.). (J). (gr. 2-5). pap. 12.95 *(978-1-68401-186-5(8))* Amplify Publishing Group.

Haunted Purse. Kimberly Baer. 2020. (ENG.). 304p. (YA). pap. 17.99 *(978-1-5092-3238-3(9))* Wild Rose Pr., Inc., The.

Haunted Room: A Tale (Classic Reprint) Unknown Author. 2017. (ENG., Illus.). (J). 31.01 *(978-0-266-30550-7(4))* Forgotten Bks.

Haunted Sanatorium: A Chilling Interactive Adventure. Matt Doeden. 2017. (You Choose: Haunted Places Ser.). (ENG., Illus.). 112p. (J). (gr. 3-7). lib. bdg. 32.65 *(978-1-5157-3651-6(2)*, 133624, Capstone Pr.) Capstone.

Haunted Ships. Elizabeth Andrews. (Hauntings Ser.). (ENG., Illus.). 32p. (J). (gr. 2-3). 2022. pap. 9.95 *(978-1-64494-679-4(3))*; 2021. lib. bdg. 32.79 *(978-1-0982-4126-1(6)*, 38788, DiscoverRoo) Pop!.

Haunted Ships. Tammy Gagne. 2018. (Ghosts & Hauntings Ser.). (ENG., Illus.). 32p. (J). (gr. 4-6). lib. bdg. 28.65 *(978-1-5435-4149-6(6)*, 139103, Capstone Pr.) Capstone.

Haunted Sleepover. B. A. Frade & Stacia Deutsch. 2017. (Tales from the Scaremaster Ser.: 6). (ENG.). 160p. (J). (gr. 3-7). pap. 5.99 *(978-0-316-43802-5(2))* Little, Brown Bks. for Young Readers.

Haunted Sleepover. B. A. Frade & Stacia Deutsch. ed. 2017. (Tales of the Scaremaster Ser.). (J). lib. bdg. 16.00 *(978-0-606-40631-4(X))* Turtleback.

Haunted States of America Set 2 (Set Of 4) Thomas Kingsley Troupe. Illus. by Maggie Ivy. 2019. (Haunted States of America Set 2 Ser.). (ENG.). 544p. (J). (gr. 3-4). pap. 31.96 *(978-1-63163-344-7(9)*, 1631633449); lib. bdg. 108.52 *(978-1-63163-343-0(0)*, 1631633430) North Star Editions. (Jolly Fish Pr.).

Haunted States of America Set 3 (Set Of 2) Thomas Kingsley Troupe. Illus. by Maggie Ivy. 2021. (Haunted States of America Set 3 Ser.). (ENG.). (J). (gr. 3-4). 272p. pap. 15.98 *(978-1-63163-473-4(9)*, 1631634739); 136p. lib. bdg. 54.26 *(978-1-63163-472-7(0)*, 1631634720) North Star Editions. (Jolly Fish Pr.).

Haunted States of America (set Of 4) Thomas Kingsley Troupe. Illus. by Maggie Ivy. 2018. (Haunted States of America Ser.). (ENG.). (J). (gr. 3-4). pap. 31.96 *(978-1-63163-200-6(0)*, 1631632000); lib. bdg. 108.52 *(978-1-63163-199-3(3)*, 1631631993) North Star Editions. (Jolly Fish Pr.).

Haunted Student: Romance of the Fourteenth Century (Classic Reprint) Harriette Fanning Read. (ENG., Illus.). (J). 2018. 396p. 32.06 *(978-0-483-46266-3(7))*; 2017. pap. 16.57 *(978-0-243-07173-9(6))* Forgotten Bks.

Haunted Studio, 1. Hayley LeBlanc. ed. 2023. (Hayley Mysteries Ser.). (ENG.). 168p. (J). (gr. 3-7). 20.96 ***(978-1-68505-834-0(5))*** Penworthy Co., LLC, The.

Haunted Time. Kathryn Lay. Illus. by Dave Bardin. 2016. (Time Twisters Ser.). (ENG.). 112p. (J). (gr. 2-5). lib. bdg. 38.50 *(978-1-62402-178-7(6)*, 24535, Calico Chapter Bks.) ABDO Publishing Co.

Haunted Titanic. E. Merwin. 2018. (Titanica Ser.). (ENG.). 32p. (J). (gr. 2-7). 19.95 *(978-1-68402-433-9(1))* Bearport Publishing Co., Inc.

Haunted Tower: A Comic Opera in Three Acts (Classic Reprint) Stephen Storace. 2018. (ENG., Illus.). (J). 78p. 25.53 *(978-0-365-63832-2(3))*; 80p. pap. 9.57 *(978-0-365-63828-5(5))* Forgotten Bks.

Haunted Towns. Kenny Abdo. 2020. (Haunted Places Ser.). (ENG., Illus.). 24p. (J). (gr. 2-2). pap. 9.95 *(978-1-64494-415-8(4))*; lib. bdg. 31.36 *(978-1-0982-2134-8(6)*, 34515) ABDO Publishing Co. (Abdo Zoom-Fly).

Haunted Towns, 1 vol. Alix Wood. 2019. (World's Scariest Places Ser.). (ENG.). 32p. (J). (gr. 4-5). pap. 11.50 *(978-1-5382-4255-1(9)*, d9dec641-416f-4219-8d05-0afc4a54c68b); lib. bdg. 28.27 *(978-1-5382-4200-1(1)*, 745f7fca-ff92-41dd-b413-4c68ef28e231) Stevens, Gareth Publishing LLLP.

Haunted Towns & Villages. Vic Kovacs. 2018. (Haunted or Hoax? Ser.). (ENG., Illus.). 32p. (J). (gr. 4-4). *(978-0-7787-4631-7(3))*; pap. *(978-0-7787-4642-3(9))* Crabtree Publishing Co.

Haunted Waters. Jerry B. Jenkins & Chris Fabry. 2020. (Red Rock Mysteries Ser.: 1). (ENG.). 224p. (J). pap. 6.99 *(978-1-4964-4938-2(X)*, 20_34878, Tyndale Kids) Tyndale Hse. Pubs.

Haunted Woods & Caves. Janice Dyer. 2018. (Haunted or Hoax? Ser.). (ENG., Illus.). 32p. (J). (gr. 4-4). *(978-0-7787-4637-9(2))*; pap. *(978-0-7787-4643-0(7))* Crabtree Publishing Co.

Haunted World. Jillian L. Harvey et al. 2018. (Haunted World Ser.). (ENG.). 32p. (J). (gr. 3-9). 122.60 *(978-1-5435-2608-0(X)*, 28160, Capstone Pr.) Capstone.

Haunter. R. L. Stine. 2016. 175p. (J). *(978-1-5182-1752-4(4))* Scholastic, Inc.

Haunter. R. L. Stine. 2016. (Goosebumps Most Wanted Ser.). lib. bdg. 18.40 *(978-0-606-38784-2(6))* Turtleback.

Haunter (Goosebumps Most Wanted Special Edition #4) R. L. Stine. ed. 2016. (Goosebumps Most Wanted Special Edition Ser.: 4). (ENG.). 192p. (J). (gr. 3-7). pap. 8.99 *(978-0-545-82545-0(8)*, Scholastic Paperbacks) Scholastic, Inc.

Haunting. Lindsey Duga. 2020. (ENG.). 240p. (J). (gr. 3-7). pap. 7.99 *(978-1-338-50651-8(X)*, Scholastic Pr.) Scholastic, Inc.

Haunting. Natasha Preston. 2023. (ENG.). 384p. (YA). (gr. 7). pap. 12.99 ***(978-0-593-48151-6(8)***, Delacorte Pr.) Random Hse. Children's Bks.

Haunting & Hilarious Fairy Tales. Ed. Jack Zipes. Tr. by Jack Zipes. Illus. by Rolf Brandt. 2022. (ENG.). 226p. (J). 25.00 ***(978-1-7332232-7-0(4))*** Little Mole & Honey Bear.

Haunting at Cliff House. Karleen Bradford. 2017. (ENG., Illus.). (J). (gr. 1-6). pap. *(978-0-9959528-2-9(5))* Karleen/Bradford.

Haunting (Classic Reprint) Catharine Amy Dawson-Scott. (ENG., Illus.). (J). 2018. 310p. 30.29 *(978-0-656-62500-0(7))*; 2016. pap. 13.57 *(978-1-333-54798-1(6))* Forgotten Bks.

Haunting near Battlefield Ridge. Rita Monette. 2020. (Nikki Landry Swamp Legends Ser.: Vol. 5). (ENG., Illus.). 156p. (J). (gr. 1-6). pap. *(978-1-987976-65-6(7))* Mirror World Publishing.

Haunting of a House. Laurie Thornberry. 2019. (ENG.). 46p. (J). pap. 11.95 *(978-1-64628-055-1(5))* Page Publishing Inc.

Haunting of Cedar Hill Plantation. Margaret J. McMaster. 2020. (Phoebe Sproule Novel Ser.: Vol. 2). (ENG.). 232p. (J). (gr. 4-6). pap. *(978-1-9991144-1-1(8))* Margaret J. McMaster.

Haunting of Falcon House. Eugene Yelchin. ed. 2017. (J). lib. bdg. 18.40 *(978-0-606-39938-8(0))* Turtleback.

Haunting of Griswall Island & the Secret Want Ad. Joyce Magyar. 2019. (ENG.). 136p. (YA). pap. 13.95 *(978-1-64424-553-8(1))* Page Publishing Inc.

Haunting of Hawthorne Harbor, 6 vols. Bailey J. Russell. Illus. by Neil Evans. 2020. (Haunting of Hawthorne Harbor Ser.). (ENG.). 112p. (J). (gr. 4-9). lib. bdg. 231.00 *(978-1-5321-3835-5(0)*, 35280, Claw) ABDO Publishing Co.

Haunting of Hawthorne Harbor Set 2 (Set), 6 vols. Bailey J. Russell. Illus. by Neil Evans. 2021. (Haunting of Hawthorne Harbor Ser.). (ENG.). 112p. (J). (gr. 4-9). lib. bdg. 231.00 *(978-1-0982-3184-2(8)*, 38734, Claw) ABDO Publishing Co.

Haunting of Henry Davis. Kathryn Siebel. 2019. (ENG.). 240p. (J). (gr. 3-7). lib. bdg. 19.99 *(978-1-101-93278-0(3)*, Knopf Bks. for Young Readers) Random Hse. Children's Bks.

Haunting of Hounds Hollow. Jeffrey Salane. 2018. 339p. (J). pap. *(978-1-338-10550-6(7)*, Scholastic Pr.) Scholastic, Inc.

Haunting of Lavender Raine. Jessica Renwick. 2020. (Lavender Raine Ser.: Vol. 1). (ENG.). 126p. (J). pap. *(978-1-989854-02-0(8))* Starfell Pr.

Haunting of Loch Ness Castle #2: A Graphic Novel. Chelsea M. Campbell. Illus. by Laura Knetzger. 2023. (Bigfoot & Nessie Ser.: 2). 64p. (J). (gr. 1-4). 12.99 ***(978-0-593-38575-3(6)***, Penguin Workshop) Penguin Young Readers Group.

Haunting of Room 909 (Junior Paranormal Investigators #1) Michael James. 2019. (ENG.). 146p. (J). pap. 12.99 *(978-0-359-59743-7(2))* Lulu Pr., Inc.

Haunting of Sunshine Girl. Paige McKenzie. 2016. (Haunting of Sunshine Girl Ser.: Vol. 1). (ENG.). 320p. (YA). (gr. 7-17). lib. bdg. 21.80 *(978-1-5311-8307-3(7))* Perfection Learning Corp.

Haunting of Sunshine Girl: Book One. Paige McKenzie. 2016. (Haunting of Sunshine Girl Ser.: 1). (ENG.). 320p. (YA). (gr. 7-17). pap. 10.99 *(978-0-60286-302-6(4))* Hachette Bk. Group.

Haunting of the Antique Brooch. Hina Ansari. 2020. (ENG.). 326p. (YA). pap. 15.99 *(978-1-63129-055-8(X)*, Mill City Press, Inc) Salem Author Services.

Haunting of the Monastery. Karen Hodges. 2022. (ENG.). 176p. (J). pap. 17.95 ***(978-1-6624-8349-3(X))*** Page Publishing Inc.

Haunting on Heliotrope Lane. Carolyn Keene. 2018. (Nancy Drew Diaries: 16). (ENG.). 176p. (J). (gr. 3-7). 17.99 *(978-1-4814-8547-0(4))*; (Illus.). (gr. 3-7). pap. 6.99 *(978-1-4814-8546-3(6))*; 16. (gr. 4-6). 21.19 *(978-1-5364-2995-4(3))* Simon & Schuster Children's Publishing. (Aladdin).

Haunting the Deep. Adriana Mather. (ENG.). (YA). (gr. 7). 2018. 368p. pap. 9.99 *(978-0-553-53954-7(X)*, Ember); 2017. 352p. lib. bdg. 20.99 *(978-0-553-53952-3(3)*, Knopf Bks. for Young Readers) Random Hse. Children's Bks.

Haunting with the Stars, 17. R. L. Stine. ed. 2022. (Goosebumps SlappyWorld Ser.). (ENG.). 123p. (J). (gr. 3-7). 17.96 ***(978-1-68505-610-0(5))*** Penworthy Co., LLC, The.

Haunting with the Stars (Goosebumps SlappyWorld #17) R. L. Stine. 2022. (Goosebumps SlappyWorld Ser.). (ENG.). 160p. (J). (gr. 3-7). pap. 6.99 *(978-1-338-75218-2(9)*, Scholastic Paperbacks) Scholastic, Inc.

Hauntings. Contrib. by Carla Mooney. 2023. (Are They Real? Ser.). (ENG.). 64p. (YA). (gr. 6-12). 43.93 ***(978-1-6782-0630-7(X)***, BrightPoint Pr.) ReferencePoint Pr., Inc.

Hauntings: Fantastic Stories. Vernon Lee. 2017. (ENG., Illus.). (J). pap. *(978-0-649-59965-3(9))* Trieste Publishing Pty Ltd.

Hauntings (Set), 6 vols. Elizabeth Andrews. 2021. (Hauntings Ser.). (ENG.). 32p. (J). (gr. 2-5). lib. bdg. 196.74 *(978-1-0982-4120-9(7)*, 38776, DiscoverRoo) Pop!.

Hauntings (Set Of 6) Elizabeth Andrews. 2022. (Hauntings Ser.). (ENG., Illus.). 192p. (J). (gr. 2-3). pap. 59.70 *(978-1-64494-673-2(4))* Pop!.

Hauntiques, 4 vols. Thomas Kingsley Troupe. 2016. (Hauntiques Ser.). (ENG., Illus.). 128p. (J). (gr. 4-6). 106.60 *(978-1-4965-3561-0(8)*, 25039, Stone Arch Bks.) Capstone.

Hauntley Girls. Chelsea Beyl. ed. 2021. (World of Reading Ser.). (ENG., Illus.). 32p. (J). (gr. k-1). 14.36 *(978-1-64697-603-4(7))* Penworthy Co., LLC, The.

Haunts & Horrors. Meghan Gottschall. 2019. (Death Uncovered Ser.). (ENG., Illus.). 48p. (J). (gr. 5-8). lib. bdg. 27.99 *(978-1-62920-808-4(6)*, 0ee40290-c2b6-461b-85b7-4eb4d2fb2233) Full Tilt Pr. NZL. Dist: Lerner Publishing Group.

Haunts of Giant Fish Coloring Book. Activibooks For Kids. 2016. (ENG., Illus.). (J). pap. 9.20 *(978-1-68321-597-4(4))* Mimaxion.

Haunts of Men (Classic Reprint) Robert W. Chambers. 2017. (ENG., Illus.). (J). 30.33 *(978-0-260-38665-6(0))* Forgotten Bks.

Hausfrau Rampant (Classic Reprint) E. V. Lucas. 2018. (ENG., Illus.). 284p. (J). 29.75 *(978-0-483-64371-0(8))* Forgotten Bks.

Hausfrau Rampant (Classic Reprint) Edward Verrall Lucas. 2017. (ENG., Illus.). (J). 31.30 *(978-0-265-68350-7(5))*; pap. 13.97 *(978-1-5276-5760-1(4))* Forgotten Bks.

Haustier Für Tom. Joan Pont Galmés. 2021. (GER.). 132p. (YA). pap. 9.55 *(978-1-393-14744-2(5))* Draft2Digital.

Hauts et les Bas de Fish. Joanne Levy. Tr. by Rachel Martinez from ENG. 2023. (Orca Currents en Français Ser.). Orig. Title: Fish Out of Water. (FRE.). 160p. (J). (gr. 4-7). pap. 10.95 *(978-1-4598-3581-8(6))* Orca Bk. Pubs. USA.

Havamal. Henry Adams Bellows. 2020. (ENG.). 86p. (J). 22.36 *(978-1-716-84887-2(3))* Lulu Pr., Inc.

Havdalah Is Coming! Tracy Newman. Illus. by Viviana Garofoli. 2020. (ENG.). 12p. (J). (gr. -1 — 1). bds. 6.99 *(978-1-5415-2163-6(3)*, 701faafe-bdd8-4b76-b195-9290a39c1d77, Kar-Ben Publishing) Lerner Publishing Group.

Have a Bite! A Story of Sharing & Trust. Yuqin Huang. 2016. (CHI.). 48p. (J). *(978-986-93192-5-6(4))* Common Wealth.

Have a Heart, Geronimo. Geronimo Stilton. ed. 2022. (Geronimo Stilton Ser.). (ENG.). 111p. (J). (gr. 2-5). 19.36 ***(978-1-68505-662-9(8))*** Penworthy Co., LLC, The.

Have a Heart, Geronimo (Geronimo Stilton #80) Geronimo Stilton. 2022. (Geronimo Stilton Ser.). (ENG., Illus.). 128p. (J). (gr. 2-5). pap. 7.99 *(978-1-338-80224-5(0)*, Scholastic Paperbacks) Scholastic, Inc.

Have a Little Faith. Gina Panzino Lyman. 2020. (ENG.). 30p. (J). pap. 12.49 *(978-1-63221-791-2(0))* Salem Author Services.

Have a Little Faith in Me. Sonia Hartl. 2019. (ENG., Illus.). 336p. (YA). 17.99 *(978-1-62414-797-5(6)*, 900207516) Page Street Publishing Co.

Have a Look, Says Book. Richard Jackson. Illus. by Kevin Hawkes. 2016. (ENG.). 48p. (J). (gr. -1-2). 17.99 *(978-1-4814-2105-8(0))* Simon & Schuster Children's Publishing.

Have a Silly Easter! Mad Libs Junior Activity Book. Brenda Sexton. 2017. (Mad Libs Junior Ser.). (ENG., Illus.). 32p. (J). (gr. -1-k). 7.99 *(978-0-8431-3125-3(X)*, Mad Libs) Penguin Young Readers Group.

Have a Sleepover, a Bugville Critters Picture Book: 15th Anniversary. Bugville Learning. 5th ed. 2020. (Bugville Critters Ser.: Vol. 3). (ENG.). 30p. (J). pap. 9.99 *(978-1-62716-575-4(4)*, Reagent Pr. Bks. for Young Readers) RP Media.

Have a Sleepover, Library Edition Hardcover for 15th Anniversary. Robert Stanek, pseud. Illus. by Robert Stanek. 4th ed. 2020. (Bugville Critters Ser.: Vol. 3). (ENG.). 30p. (J). 24.99 *(978-1-57545-553-2(6)*, Reagent Pr. Bks. for Young Readers) RP Media.

Have a Very Peppa Christmas! (Peppa Pig) Golden Books. Illus. by Golden Books. 2019. (ENG., Illus.). 48p. (J). (gr. -1-2). pap. 5.99 *(978-0-593-11894-8(4)*, Golden Bks.) Random Hse. Children's Bks.

Have Courage & Be Kind: Knights in Training & the Great Battle. Luella Neufeld. 2021. (ENG.). 28p. (J). *(978-1-5255-9785-5(X))*; pap. *(978-1-5255-9784-8(1))* FriesenPress.

Have Faith in God! And Without Faith It Is Impossible to Please God... Hebrews 11:6. Linda Roller. Illus. by Jason Velazquez. 2020. (ENG.). 30p. (J). 29.99 *(978-1-63129-559-1(4))*; pap. 19.99 *(978-1-63129-558-4(6))* Salem Author Services.

Have Fun, Be Healthy & Play: Skating. Pamela Ashley Spuehler. Illus. by Jupiter's Muse. 2021. (ENG.). 24p. (J). *(978-0-2288-5950-5(6))*; pap. *(978-0-2288-5949-9(2))* Tellwell Talent.

Have Fun Learning to Draw with Kids Activity Book. Jupiter Kids. 2017. (ENG., Illus.). (YA). pap. 9.20 *(978-1-68326-801-7(6)*, Jupiter Kids (Childrens & Kids Fiction)) Speedy Publishing LLC.

Have Fun Today with Trash Coloring Book. Smarter Activity Books for Kids. 2016. (ENG., Illus.). (J). pap. 9.22 *(978-1-68374-458-0(6))* Examined Solutions PTE. Ltd.

Have Fun While Learning to Draw Using This Activity Book. Jupiter Kids. 2017. (ENG., Illus.). (YA). pap. 9.20 *(978-1-68326-802-4(4)*, Jupiter Kids (Childrens & Kids Fiction)) Speedy Publishing LLC.

Have Fun with Horses Activity Book. Creative Playbooks. 2016. (ENG., Illus.). (J). pap. 10.81 *(978-1-68323-500-2(2))* Twin Flame Productions.

850 The check digit for ISBN-10 appears in parentheses after the full ISBN-13

Have Fun with Numbers! Matching Game Activity Book. Jupiter Kids. 2017. (ENG., Illus.). (J). pap. 9.20 *(978-1-68326-803-1(2)*, Jupiter Kids (Childrens & Kids Fiction)) Speedy Publishing LLC.

Have I Ever Told You? Shani King. Illus. by Anna Horvath. 2017. (ENG.). 32p. (J). (gr. -1-3). 16.95 *(978-1-59298-694-1(3))* Beaver's Pond Pr., Inc.

Have I Ever Told You?, 1 vol. Shani King. Illus. by Anna Horváth. 2019. (ENG.). 32p. (J). (gr. -1-5). 14.95 *(978-0-88448-719-7(9)*, 884719) Tilbury Hse. Pubs.

Have I Ever Told You Black Lives Matter, 1 vol. Shani Mahiri King. Illus. by Bobby C. Martin Jr. 2021. (ENG.). 80p. (J). (gr. 4-7). 17.95 *(978-0-88448-889-7(6)*, 884889) Tilbury Hse. Pubs.

Have I Told You Today Why I Love You? Bernie DiPasquale. 2019. (ENG.). 38p. (J). pap. 13.99 *(978-0-9600881-4-0(8))* Mindstir Media.

Have No Fear! Nicole C. Kear. ed. 2017. (Fix-It Friends Ser.: 01). (J). lib. bdg. 16.00 *(978-0-606-40563-8(1))* Turtleback.

Have No Fear! Halloween Is Here! (Dr. Seuss/the Cat in the Hat Knows a Lot About. Tish Rabe. Illus. by Tom Brannon. 2016. (Step into Reading Ser.). (ENG.). 24p. (J). (gr. -1-1). 5.99 *(978-1-101-93492-0(1)*, Random Hse. Bks. for Young Readers) Random Hse. Children's Bks.

Have Seen My Frog? Edward Smith. 2021. (ENG.). 28p. (J). pap. 9.99 *(978-1-0879-0028-5(X))* Indy Pub.

Have You Eaten? A Story of Food, Friendship, & Kindness. Su Youn Lee. 2022. (ENG., Illus.). 32p. (J). 18.99 *(978-1-250-79114-6(6)*, 900238340) Feiwel & Friends.

Have You Ever Felt a Tickle? Cathleen Flynn. 2016. (ENG., Illus.). 34p. (J). pap. *(978-1-365-03332-2(5))* Lulu Pr., Inc.

Have You Ever Felt Angry? Lee Sullivan. 2018. (ENG., Illus.). 32p. (J). pap. *(978-1-9999818-4-6(7))* Sullivan, Lee.

Have You Ever Felt Anxious? Supporting Parents to Talk to Their Children about Uncomfortable or Unfamiliar Feelings. Lee Sullivan. 2018. (ENG., Illus.). 32p. (J). pap. *(978-1-9999818-0-8(4))* Sullivan, Lee.

Have You Ever Felt Down? Lee Sullivan. 2018. (ENG., Illus.). 32p. (J). pap. *(978-1-9999818-3-9(9))* Sullivan, Lee.

Have You Ever Felt Like Crying? Lee Sullivan. 2018. (ENG., Illus.). 36p. (J). pap. *(978-1-9999818-1-5(2))* Sullivan, Lee.

Have You Ever Felt Like Giving Up? Lee Sullivan. 2018. (ENG.). 32p. (J). pap. *(978-1-9999818-5-3(5))* Sullivan, Lee.

Have You Ever Had to Name a Pet? MacKenzie Height & Drew Longland. Illus. by Drew Longland. 2023. (ENG.). 34p. (J). pap. ***(978-1-7388398-1-0(8))*** LoGreco, Bruno.

Have You Ever Met a Morphosis? Steven King. Ed. by Dave Leong. 2019. (ENG., Illus.). 42p. (J). (gr. k-3). 17.99 *(978-0-578-50394-3(8))* King, Steven.

Have You Ever Met a Sleepy Shark? Sue Lancaster. Illus. by Carlo Beranek. 2023. (Hand Puppet Pals Ser.). (ENG.). 10p. (J). (gr. -1-k). bds. 12.99 ***(978-1-80105-621-2(8))*** Top That! Publishing PLC GBR. Dist: Independent Pubs. Group.

Have You Ever Met a Snappy Croc? Sue Lancaster. Illus. by Carlo Beranek. 2023. (Hand Puppet Pals Ser.). (ENG.). 10p. (J). (gr. -1-k). bds. 12.99 ***(978-1-80105-622-9(6))*** Top That! Publishing PLC GBR. Dist: Independent Pubs. Group.

Have You Ever Seen? Debbie Wood. Illus. by Omamori Kuro. 2021. (ENG.). 20p. (J). pap. 6.99 *(978-1-0878-9269-6(4))* Debra L. Wood.

Have You Ever Seen? Jacqueline "MAX" Zarro. Illus. by Ron Zarro. 2022. 40p. (J). 25.99 *(978-1-6678-6211-8(1))* BookBaby.

Have You Ever Seen? - Book 2. Debbie Wood. Illus. by Omamori Kuro. 2021. (ENG.). 22p. (J). pap. 6.99 *(978-1-0878-9248-1(1))* Debra L. Wood.

Have You Ever Seen? - Book 3. Debbie Wood. Illus. by Omamori Kuro. 2021. (ENG.). 22p. (J). pap. 6.99 *(978-1-0879-8408-7(4))* Debra L. Wood.

Have You Ever Seen? - Book 4. Debbie Wood. Illus. by Omamori Kuro. 2021. (ENG.). 24p. (J). pap. 6.99 *(978-1-0879-8935-8(3))* Debra L. Wood.

Have You Ever Seen? - Book 5. Debbie Wood. Illus. by Omamori Kuro. 2022. (ENG.). 24p. (J). pap. 9.99 *(978-1-0879-3242-2(4))* Debra L. Wood.

Have You Ever Seen a Blue Whale? Animal Book Age 4 Children's Animal Books. Baby Professor. 2017. (ENG., Illus.). (J). pap. 9.55 *(978-1-5419-1553-4(4)*, Baby Professor (Education Kids)) Speedy Publishing LLC.

Have You Ever Seen a Dogahogahippodile? Kieshia Chun. (ENG.). 38p. (J). 2023. pap. ***(978-1-912765-74-4(8))***; 2022. pap. ***(978-1-912765-56-0(X))*** Blue Falcon Publishing.

Have You Ever Seen a Flower? Illus. by Shawn Harris. 2021. (ENG.). 48p. (J). (gr. -1-k). 17.99 *(978-1-4521-8270-4(1))* Chronicle Bks. LLC.

Have You Ever Seen a Selfish? Drew Bialko. 2022. (ENG.). 44p. (J). pap. 14.99 ***(978-1-0880-7232-5(1))*** Indy Pub.

Have You Ever Seen God's Fingerprints? Hannah Louise. 2022. (ENG., Illus.). 18p. (J). pap. 13.95 *(978-1-68570-691-3(6))* Christian Faith Publishing.

Have You Ever Watched What Your World Does? Matt Scott. 2016. (ENG.). (J). 14.95 *(978-1-63177-674-8(6))* Amplify Publishing Group.

Have You Ever Wondered? Holly Mayberry. 2023. (ENG.). 22p. (J). pap. ***(978-1-83934-665-1(5))*** Olympia Publishers.

Have You Ever Wondered... Who Is God? Becky Picard. 2022. (ENG., Illus.). 38p. (J). 27.95 ***(978-1-68517-654-9(2))***; pap. 15.95 ***(978-1-68517-652-5(6))*** Christian Faith Publishing.

Have You Ever Zeen a Ziz? Linda Elovitz Marshall. Illus. by Kyle Reed. 2020. (ENG.). 32p. (J). (gr. -1-3). 16.99 *(978-0-8075-3173-0(1)*, 807531731) Whitman, Albert & Co.

Have You Forgotten: Journal Entries From 2020. Zachary Hanson. 2021. (ENG.). 444p. (YA). pap. *(978-1-6780-7713-6(5))* Lulu Pr., Inc.

Have You Heard? A Child's Introduction to the Ten Commandments, 1 vol. Jeff Glickman. Illus. by Eric Krackow. 2017. (ENG.). 32p. (J). (gr. -1-3). 14.99 *(978-0-7643-5395-6(0)*, 7767) Schiffer Publishing, Ltd.

Have You Heard about Lady Bird? Poems about Our First Ladies. Marilyn Singer. Illus. by Nancy Carpenter. 2018. (ENG.). 56p. (J). (gr. -1-3). 17.99 *(978-1-4847-2660-0(X))* Disney Pr.

Have You Heard of Dolly Parton. Editors of Silver Dolphin Books. Illus. by Una Woods. 2023. (Have You Heard Of Ser.). (ENG.). 10p. (J). (gr. -1-k). bds. 10.99 ***(978-1-6672-0452-9(1)***, Silver Dolphin Bks.) Printers Row Publishing Group.

Have You Heard of Me ABC. Abigail Laura. Illus. by Lindy Finkle. 2019. (ENG.). 44p. (J). 24.95 *(978-1-64559-760-5(1))*; pap. 14.95 *(978-1-64559-759-9(8))* Covenant Bks.

Have You Heard of the Little Boy Named Oliver? Gigi Costa. Illus. by Rosie Ruiz. 2018. (ENG.). 24p. (J). pap. 14.99 *(978-0-692-11572-5(2))* Gigi Costa.

Have You Heard of the Little Farmer? Reid Yochim. 2022. (ENG.). 30p. (J). pap. 14.95 ***(978-1-6624-8204-5(3))*** Page Publishing Inc.

Have You Met My Dragon? Anger. Crystal Nichelle Dyste. 2018. (ENG.). 28p. (J). pap. *(978-1-7751441-3-7(5))* LoGreco, Bruno.

Have You Met the Anglo-Indians? (Have You Met Series) Anastasia Damani. 2021. (ENG.). 48p. (J). (gr. k-3). pap. 9.99 *(978-0-14-345166-2(9)*, Puffin) Penguin Bks. India PVT, Ltd IND. Dist: Independent Pubs. Group.

Have You Met the Parsis? (Have You Met Series) Anastasia Damani. 2021. (ENG.). 48p. (J). (gr. k-3). pap. 9.99 *(978-0-14-345144-0(8)*, Puffin) Penguin Bks. India PVT, Ltd IND. Dist: Independent Pubs. Group.

Have You Seen a Thylacine? Woz. 2022. (ENG., Illus.). 28p. (J). pap. *(978-1-83875-343-6(5)*, Nightingale Books) Pegasus Elliot Mackenzie Pubs.

Have You Seen a Tree for Me? Sarah Eccleston. 2021. (ENG.). 32p. (J). (gr. k-2). 14.99 *(978-1-76079-124-7(5))* New Holland Pubs. Pty, Ltd. AUS. Dist: Independent Pubs. Group.

Have You Seen Baby Pigeon. Hanna Kowalewska. Illus. by Hanna Kowalewska. l.t. ed. 2022. (ENG.). 30p. (J). 19.99 ***(978-1-0879-6650-2(7))*** Indy Pub.

Have You Seen Bigfoot's New Socks? Yannick Charette. 2018. (Sock Burglar Ser.: Vol. 3). (ENG.). 24p. (J). ***(978-0-2288-0383-6(7))***; (Illus.). pap. ***(978-0-2288-0382-9(9))*** Tellwell Talent.

Have You Seen Bunny? Sam Loman. 2020. (ENG., Illus.). 32p. (J). (gr. -1). 17.95 *(978-1-60537-573-1(X))* Clavis Publishing.

Have You Seen Elephant? David Barrow. Illus. by David Barrow. 2016. (ENG., Illus.). 32p. (J). (gr. -1-1). 16.99 *(978-1-77657-008-9(1)*, be2f8dd9-d24f-4747-abde-c12e16dd4222) Gecko Pr. NZL. Dist: Lerner Publishing Group.

Have You Seen Enoch? Karen Allard. 2018. (ENG.). 34p. (J). pap. 13.95 *(978-1-64258-571-1(8))*; (Illus.). 22.95 *(978-1-64416-632-1(1))* Christian Faith Publishing.

Have You Seen Gordon? Adam Jay Epstein. Illus. by Ruth Chan. 2021. (ENG.). 32p. (J). (gr. -1-3). 18.99 *(978-1-5344-7736-0(5)*, Simon & Schuster Bks. For Young Readers) Simon & Schuster Bks. For Young Readers.

Have You Seen Gusto? Yannick Charette. 2018. (Sock Burglar Ser.: Vol. 2). (ENG., Illus.). 24p. (J). ***(978-1-77370-523-1(7))***; pap. ***(978-1-77370-522-4(9))*** Tellwell Talent.

Have You Seen It? Take a Look!!!! Donna Coleman. 2017. (ENG., Illus.). (J). 16.99 *(978-0-9993872-3-8(5))* Mindstir Media.

Have You Seen Joe? R. T. J. Hockin. 2018. (ENG., Illus.). 164p. (J). pap. *(978-1-912021-69-7(2)*, Nightingale Books) Pegasus Elliot Mackenzie Pubs.

Have You Seen Lola & Larry Loon? Debra Goebel. 2017. (ENG., Illus.). (J). pap. 9.99 *(978-0-9991507-8-8(2))* Mindstir Media.

Have You Seen Me? Alexandrea Weis. 2021. (ENG.). 350p. (YA). (gr. 7). 19.95 *(978-1-64548-075-4(5))* Vesuvian Bks.

Have You Seen My Big Brother? Beverly C. Lyles. 2020. (ENG.). 30p. (J). pap. 12.00 *(978-1-946746-59-7(2))* ASA Publishing Corp.

Have You Seen My Blankie? Lucy Rowland. Illus. by Paula Metcalf. 2019. (ENG.). 32p. (J). (-k). 16.99 *(978-1-5362-0819-1(1))* Candlewick Pr.

Have You Seen My Dog? Edward Smith. 2023. (ENG.). 30p. (J). pap. 9.99 ***(978-1-0881-6952-0(X))*** Indy Pub.

Have You Seen My Friends? the Adventures of Creativity. Monica H. Kang. 2021. (ENG.). 42p. (J). 20.95 *(978-1-63765-127-8(9))*; pap. 13.95 *(978-1-63765-128-5(7))* Halo Publishing International.

Have You Seen My Invisible Dinosaur? Helen Yoon. Illus. by Helen Yoon. 2023. (ENG.). 32p. (J). (gr. -1-2). 18.99 *(978-1-5362-2625-6(4))* Candlewick Pr.

Have You Seen My Keys? - Ko a Tia N Noori Au Kiing? (Te Kiribati) Bruce Sagata. Illus. by Jomar Estrada. 2023. (ENG.). 26p. (J). pap. ***(978-1-922835-76-5(5))*** Library For All Limited.

Have You Seen My Lamb: An Original Christmas Story. Autumn Driscoll & Brian Driscoll. 2020. (ENG.). 40p. (J). 19.95 *(978-1-9736-8907-2(3)*, WestBow Pr.) Author Solutions, LLC.

Have You Seen My Lunch Box? Steve Light. Illus. by Steve Light. 2017. (ENG., Illus.). 18p. (J). (-k). bds. 6.99 *(978-0-7636-9068-7(6))* Candlewick Pr.

Have You Seen My Mom? Sierra White. 2017. (ENG., Illus.). 34p. (J). pap. 18.00 *(978-1-387-46216-2(4))* Lulu Pr., Inc.

Have You Seen My Sister? Kirsty McKay. 2023. (ENG.). 352p. (YA). (gr. 6-12). pap. 11.99 ***(978-1-7282-6845-3(1))*** Sourcebooks, Inc.

Have You Seen My Sock? Colombe Linotte. Illus. by Claudia Bielinsky. 2023. (ENG.). 20p. (J). (gr. -1 — 1). bds. 10.99 Éditions Tourbillon FRA. Dist: Hachette Bk. Group.

Have You Seen My Tail. Penny Estelle. 2020. (ENG.). 34p. (J). pap. 13.60 *(978-1-7948-5856-5(3))* Lulu Pr., Inc.

Have You Seen My Trumpet? Michaël Escoffier. Illus. by Kris Di Giacomo. 2016. (ENG.). 48p. (J). (gr. -1-3). 17.95 *(978-1-59270-201-5(5))* Enchanted Lion Bks., LLC.

Have You Seen Spud? Debbie Capiccioni. 2017. (ENG., Illus.). (J). pap. 12.95 *(978-1-61244-553-3(5))* Halo Publishing International.

Have You Seen the Dublin Vampire? Una Woods. 2020. (ENG., Illus.). 32p. (J). 18.99 *(978-1-78849-119-8(X))* O'Brien Pr., Ltd., The IRL. Dist: Casemate Pubs. & Bk. Distributors, LLC.

Have You Seen the Sleep Fairy? T K R. 2018. (ENG., Illus.). 30p. (J). pap. *(978-1-912262-82-3(7))* Clink Street Publishing.

Have You Seen the Sock Burglar? Yannick Charette. 2017. (Sock Burglar Ser.: Vol. 1). (ENG., Illus.). 24p. (J). ***(978-1-77302-918-4(5))*** Tellwell Talent.

Have You Seen This Book? Angela DiTerlizzi & Tom Booth. 2021. (Illus.). 32p. (J). (gr. -1-3). 17.99 *(978-0-593-11684-5(4)*, Philomel Bks.) Penguin Young Readers Group.

Have You Seen This Fish? Erin Ball. Illus. by Pervin Ozcan. 2019. (ENG.). (J). (gr. -1-3). 34p. 21.00 *(978-1-7337375-0-0(2))*; 36p. 11.00 *(978-1-7337375-1-7(0))* Writing Times Publishing.

Have You Seen This Hamster? William Anthony. Illus. by Amy Li. 2023. (Level 8 - Purple Set Ser.). (ENG.). 32p. (J). (gr. 1-4). lib. bdg. 19.95 Bearport Publishing Co., Inc.

Have You Seen Tomorrow? Kyle Mewburn. Illus. by Laura Bee. 2022. 32p. (J). (gr. -1-k). 16.99 ***(978-0-14-377631-4(2))*** Penguin Group New Zealand, Ltd. NZL. Dist: Independent Pubs. Group.

Have You Seen Tucker? Jo Ann Jeffries. Ed. by Sierra Tabor. Illus. by Lilian Barac. 2020. (ENG.). 28p. (J). pap. 18.95 *(978-1-949711-39-4(0))* Bluewater Pubns.

Have Yourself a Hairy Little Christmas. Rosie Greening. 2018. (ENG.). 12p. (J). (— 1). bds. 9.99 *(978-1-78843-264-1(9))* Make Believe Ideas GBR. Dist: Scholastic, Inc.

Haven. Katherine Bogle. 2017. (Chronicles of Warshard Ser.: Vol. 1). (ENG.). 326p. (YA). (gr. 9-12). ***(978-1-927940-96-9(6))*** Patchwork Pr.

Haven. Mary Lindsey. 2017. (Haven Ser.: 1). (ENG.). 400p. (YA). 17.99 *(978-1-63375-883-4(4)*, 900185369) Entangled Publishing, LLC.

Haven. Katherine Bogle. 2nd ed. 2017. (Chronicles of Warshard Ser.: Vol. 1). (ENG., Illus.). 320p. (YA). (gr. 9-12). pap. ***(978-1-927940-86-0(9))*** Patchwork Pr.

Haven: A Small Cat's Big Adventure. Megan Wagner Lloyd. 2022. (ENG.). 144p. (J). (gr. 3-7). 17.99 *(978-1-5362-1657-8(7))* Candlewick Pr.

Haven Children: Or Frolics at the Funny Old House on Funny Street (Classic Reprint) Emilie Foster. 2018. (ENG., Illus.). 296p. (J). 30.00 *(978-0-332-16230-0(3))* Forgotten Bks.

Haven (Classic Reprint) Eden Phillpotts. 2018. (ENG., Illus.). 362p. (J). 31.36 *(978-0-267-67237-0(3))* Forgotten Bks.

Haven Jacobs Saves the Planet. Barbara Dee. 2022. (ENG., Illus.). 304p. (J). (gr. 4-8). 17.99 *(978-1-5344-8983-7(5)*, Aladdin) Simon & Schuster Children's Publishing.

Haven, Kansas. Alethea Kontis. 2016. (ENG., Illus.). (YA). (gr. 7-12). 19.99 *(978-1-942541-34-9(1))* Kontis, Alethea.

Haven, Please Forgive ME. Haven McLauchlin. 2021. (ENG.). 34p. (J). pap. 14.99 *(978-1-0879-8909-9(4))* Indy Pub.

Haven Wakes: The Haven Chronicles: Book One. Fi Phillips. (Haven Chronicles Ser.: Vol. 1). (ENG.). (YA). 2019. 312p. (gr. 9-11). pap. *(978-1-912946-07-5(6))*; 2nd ed. 2022. 264p. pap. *(978-1-912946-29-7(7))* Burning Chair Publishing.

Havenfall. Sara Holland. (Havenfall Ser.: 1). (ENG.). (YA). 2021. 336p. pap. 10.99 *(978-1-5476-0573-6(1)*, 900232471); 2020. 320p. 18.99 *(978-1-5476-0379-4(8)*, 900215313) Bloomsbury Publishing USA. (Bloomsbury Young Adult).

Haven's Legacy (the Powers Book 2) Melissa Benoist & Jessica Benoist. 2023. (Powers Ser.). (ENG.). 256p. (J). (gr. 3-7). 18.99 *(978-1-4197-5263-6(4)*, 1725001, Amulet Bks.) Abrams, Inc.

Haven's Secret (the Powers Book 1) Melissa Benoist et al. (Powers Ser.). (ENG.). (J). (gr. 3-7). 2022. 320p. pap. 8.99 *(978-1-4197-5262-9(6)*, 1724903); 2021. (Illus.). 304p. 18.99 *(978-1-4197-5261-2(8)*, 1724901) Abrams, Inc. (Amulet Bks.).

Haven't-Time & Don't-Be-In-a-Hurry, & Other Stories (Classic Reprint) Timothy Shay Arthur. (ENG., Illus.). (J). 2018. 156p. 27.13 *(978-0-267-10500-7(2))*; 2016. pap. 9.57 *(978-1-333-43080-1(9))* Forgotten Bks.

Haverfordian: Volumes XLII-XLIII; May, 1922-May, 1924 (Classic Reprint) Dudley Pruitt. (ENG., Illus.). (J). 2018. 666p. 37.65 *(978-0-483-45120-9(7))*; 2017. pap. 20.57 *(978-1-334-91935-0(6))* Forgotten Bks.

Haverfordian, Vol. 40: November, 1920 (Classic Reprint) Samuel Albert Nock. (ENG., Illus.). (J). 2018. 488p. 33.98 *(978-0-483-62653-9(8))*; 2016. pap. 16.57 *(978-1-334-16911-3(X))* Forgotten Bks.

Haverfordian, Vol. 44: June, 1924 (Classic Reprint) Haverford College. (ENG., Illus.). (J). 2018. 420p. 32.56 *(978-0-666-52169-9(7))*; 2017. pap. 16.57 *(978-0-259-38122-8(5))* Forgotten Bks.

Haverfordian, Vol. 45: June, 1925 (Classic Reprint) Robert Barry. 2017. (ENG., Illus.). (J). 33.51 *(978-0-331-25108-1(6))*; pap. 16.57 *(978-0-265-09683-3(9))* Forgotten Bks.

Haverfordian, Vol. 46: June, 1926 (Classic Reprint) John Dickson Carr. 2017. (ENG., Illus.). (J). 39.14 *(978-0-331-41655-8(7))*; pap. 23.57 *(978-0-243-31977-0(0))* Forgotten Bks.

Haverfordian, Vol. 48: June 1928 (Classic Reprint) Haverford College. 2017. (ENG., Illus.). (J). 490p. 34.00 *(978-0-332-69584-6(0))*; pap. 16.57 *(978-0-282-54225-2(6))* Forgotten Bks.

Haverfordian, Vol. 49: June, 1929 (Classic Reprint) Joseph Walford Martin. (ENG., Illus.). (J). 2018. 422p. 32.60 *(978-0-483-97651-1(2))*; 2017. pap. 16.57 *(978-0-243-33626-5(8))* Forgotten Bks.

Haverfordian, Vol. 50: Published Monthly at Haverford College; November, 1930 (Classic Reprint) Lockhart Amerman. 2017. (ENG., Illus.). (J). 38.66 *(978-0-331-58039-6(X))*; pap. 20.97 *(978-1-334-91857-5(0))* Forgotten Bks.

Haverfordian, Vol. 52: November, 1932-June, 1934 (Classic Reprint) Haverford College. (ENG., Illus.). (J). 2018. 508p. 34.39 *(978-0-428-75120-3(2))*; 2017. pap. 16.97 *(978-1-334-91115-6(0))* Forgotten Bks.

Haverfordian, Vol. 54: November, 1934 (Classic Reprint) Rene Blanc-Roos. (ENG., Illus.). (J). 2018. 470p. 33.59 *(978-0-428-75121-0(0))*; 2017. pap. 16.57 *(978-1-334-91032-6(4))* Forgotten Bks.

Haverfordian, Vol. 56: November, 1936 (Classic Reprint) James D. Hoover. (ENG., Illus.). (J). 2018. 456p. 33.30 *(978-0-428-60940-5(6))*; 2017. pap. 16.57 *(978-0-243-38872-1(1))* Forgotten Bks.

Havergal College Magazine, Vol. 6: May, 1913 (Classic Reprint) Havergal College. (ENG., Illus.). (J). 2018. 202p. 28.06 *(978-0-484-02342-9(X))*; 2018. 102p. 26.00 *(978-0-365-29321-7(0))*; 2017. pap. 10.57 *(978-0-259-87891-9(X))*; 2017. pap. 9.57 *(978-0-259-81573-0(X))* Forgotten Bks.

Havergal Magazine, 1914-1915, Vol. 8 (Classic Reprint) Winnipeg Havergal College. (ENG., Illus.). (J). 2018. 106p. 26.08 *(978-0-666-97302-3(4))*; 2017. pap. 9.57 *(978-0-259-42090-3(5))* Forgotten Bks.

Havergal Magazine, Vol. 7: May, 1914 (Classic Reprint) Havergal College Winnipeg. (ENG., Illus.). (J). 2018. 104p. 26.04 *(978-0-364-02621-2(9))*; 2017. pap. 9.57 *(978-0-243-55326-6(9))* Forgotten Bks.

Haverhill, or Memoirs of an Officer in the Army of Wolfe, Vol. 1 of 2 (Classic Reprint) James Athearn Jones. 2017. (ENG., Illus.). (J). 28.76 *(978-0-266-74163-3(0))*; pap. 11.57 *(978-1-5277-0773-3(3))* Forgotten Bks.

Haverhill, or Memoirs of an Officer in the Army of Wolfe, Vol. 2 of 2 (Classic Reprint) James Athearn Jones. (ENG., Illus.). (J). 2018. 258p. 29.30 *(978-0-483-80434-0(7))*; 2017. pap. 11.97 *(978-1-334-92641-9(7))* Forgotten Bks.

Having a Drug Addiction: Stories from Survivors. Sarah Eason & Karen Latchana Kenney. 2022. (It Happened to Me Ser.). (ENG., Illus.). 48p. (J). (gr. 6-9). pap. 10.99 *(978-1-915153-09-8(3)*, 1ff569ff-6ae8-4317-9deb-eb836d9351d5); lib. bdg. 31.99 *(978-1-914383-08-3(7)*, e7a0742c-368d-4881-8cfb-343843e44bbc) Cheriton Children's Bks. GBR. Dist: Lerner Publishing Group.

Having a Sleepover. Harold Rober. 2017. (Bumba Books (r) — Fun Firsts Ser.). (ENG., Illus.). 24p. (J). (gr. -1-1). 26.65 *(978-1-5124-2555-0(9)*, 567fec16-66dd-465c-9b63-27d7ade18843); E-Book 4.99 *(978-1-5124-3684-6(4)*, 9781512436846); E-Book 39.99 *(978-1-5124-3683-9(6)*, 9781512436839); E-Book 39.99 *(978-1-5124-2751-6(9))* Lerner Publishing Group. (Lerner Pubns.).

Having an Alcohol Addiction: Stories from Survivors. Ella Newell & Sarah Eason. 2022. (It Happened to Me Ser.). (ENG., Illus.). 48p. (J). (gr. 6-9). pap. 10.99 *(978-1-915153-10-4(7)*, af23ac7d-3b17-4b6a-b79b-106572b04ef7); lib. bdg. 31.99 *(978-1-914383-07-6(9)*, c5f1c4f6-08c3-4dee-b400-58911dcf10fe) Cheriton Children's Bks. GBR. Dist: Lerner Publishing Group.

Having an Eating Disorder: Stories from Survivors. Sarah Levete & Sarah Eason. 2022. (It Happened to Me Ser.). (ENG., Illus.). 48p. (J). (gr. 6-9). pap. 10.99 *(978-1-915153-11-1(5)*, afb5fe3c-12c0-4d85-8c41-a85741cca7b6); lib. bdg. 31.99 *(978-1-914383-06-9(0)*, 89505bc4-c0f1-4596-b590-a5692bef16f4) Cheriton Children's Bks. GBR. Dist: Lerner Publishing Group.

Having & Holding, Vol. 1 Of 3: A Story of Country Life (Classic Reprint) J. E. Panton. 2018. (ENG., Illus.). 252p. (J). 29.11 *(978-0-483-66846-1(X))* Forgotten Bks.

Having & Holding, Vol. 2 Of 3: A Story of Country Life (Classic Reprint) J. E. Panton. (ENG., Illus.). (J). 2018. 258p. 29.22 *(978-0-332-84699-6(7))*; 2016. pap. 11.57 *(978-1-333-34246-3(2))* Forgotten Bks.

Having & Holding, Vol. 3 Of 3: A Story of Country Life (Classic Reprint) Jane Ellen Panton. 2016. (ENG., Illus.). (J). pap. 13.57 *(978-1-334-16066-0(X))* Forgotten Bks.

Having & Holding, Vol. 3 Of 3: A Story of Country Life (Classic Reprint) Jane Ellen (Frith) Panton. 2018. (ENG., Illus.). 288p. (J). 29.84 *(978-0-484-15092-7(8))* Forgotten Bks.

Having Confidence in Yourself. Warner Bourgeois. 2017. (ENG., Illus.). (J). 22.95 *(978-1-63575-366-0(X))*; pap. 12.95 *(978-1-63525-182-1(6))* Christian Faith Publishing.

Having Everything: Artemesia's Story. Jeanne Arlene Gale. Ed. by Charles Carlisle. 2020. (ENG.). 112p. (YA). (gr. 9-12). pap. 11.95 *(978-1-7322986-1-3(0))* JeanneArleneGale.

Having Fun. John Allan. 2022. (What Machines Do Ser.). (ENG., Illus.). 24p. (J). (gr. k-2). lib. bdg. 27.99 *(978-1-914087-55-4(0)*, 8025d27d-d0e7-49c7-9a76-8b117ac2c334, Hungry Tomato (r)) Lerner Publishing Group.

Having Fun with a to Z: Baby & Toddler Alphabet Book. Bobo's Little Brainiac Books. 2016. (ENG., Illus.). (J). pap. 7.99 *(978-1-68327-849-8(6))* Sunshine In My Soul Publishing.

Having Fun with Coloring, Doodle Monsters Coloring Book. Activity Book Zone for Kids. 2016. (ENG., Illus.). (J). pap. 9.20 *(978-1-68376-442-7(0))* Sabeels Publishing.

Having Fun with Dots: Dot to Dot Adult. Jupiter Kids. 2016. (ENG., Illus.). 76p. (J). pap. 13.75 *(978-1-68305-438-2(5)*, Jupiter Kids (Childrens & Kids Fiction)) Speedy Publishing LLC.

Having Fun with Hidden Pictures: Hidden Picture Activity Book. Jupiter Kids. 2017. (ENG., Illus.). (J). pap. 9.20 *(978-1-68326-804-8(0)*, Jupiter Kids (Childrens & Kids Fiction)) Speedy Publishing LLC.

Havoc in Heaven: The Monkey King Encounters the Golden Cudgel (Tamil Edition) Shanghai Animation Film Studio. 2021. (Chinese Animation Classical Collection). (ENG.). 76p. (J). 19.95 *(978-1-4878-0402-2(4))* Royal Collins Publishing Group Inc. CAN. Dist: Independent Pubs. Group.

Havoc in Heaven (2) Sun Wukong's Battle with the God Erlang (Tamil Edition) Shanghai Animation Film Studio. 2021. (Chinese Animation Classical Collection). (ENG.). 76p. (J). 19.95 *(978-1-4878-0403-9(2))* Royal Collins Publishing Group Inc. CAN. Dist: Independent Pubs. Group.

Havoc in the Hammock! Kelly Russell Jaques. 2022. (ENG.). 32p. (J). 17.95 *(978-1-4788-7528-4(3))* Newmark Learning LLC.

H

Havok & Wolverine: Meltdown. Walt Simonson & Louise Simonson. Illus. by Jon J. Muth & Kent Williams. 2019. 224p. (gr. 13-17). pap. 24.99 (978-1-302-91895-8(8), Marvel Universe) Marvel Worldwide, Inc.

Hawaii. Annie Bright. 2022. (Core Library of US States Ser.). (ENG., Illus.). 48p. (J). (gr. 4-8). lib. bdg. 35.64 (978-1-5321-9752-9(7), 39595) ABDO Publishing Co.

Hawaii. Christina Earley. 2023. (My State Ser.). (ENG.). 24p. (J). (gr. k-2). pap. **(978-1-0398-0255-1(9),** 33318); lib. bdg. **(978-1-0398-0245-2(1),** 33317) Crabtree Publishing Co.

Hawai'i. Jill Foran. 2018. (Our American States Ser.). (ENG.). 48p. (J). lib. bdg. 22.99 (978-1-5105-3475-9(X)) SmartBook Media, Inc.

Hawaii, 1 vol. John Hamilton. 2016. (United States of America Ser.). (ENG., Illus.). 48p. (J). (gr. 5-9). 34.21 (978-1-68078-313-1(0), 21611, Abdo & Daughters) ABDO Publishing Co.

Hawai'i. Ann Heinrichs. Illus. by Matt Kania. 2017. (U. S. A. Travel Guides). (ENG.). 40p. (J). (gr. 2-5). lib. bdg. 38.50 (978-1-5038-1951-1(5), 211588) Child's World, Inc, The.

Hawaii. Angie Swanson & Bridget Parker. 2016. (States Ser.). (ENG., Illus.). 32p. (J). (gr. 3-6). lib. bdg. 27.99 (978-1-5157-0397-6(5), 132009, Capstone Pr.) Capstone.

Hawaii. Sarah Tieck. 2019. (Explore the United States Ser.). (ENG., Illus.). 32p. (J). (gr. 2-5). lib. bdg. 34.21 (978-1-5321-9114-5(6), 33416, Big Buddy Bks.) ABDO Publishing Co.

Hawaii: Children's American Local History Book. Bold Kids. 2022. (ENG.). 46p. (J). pap. 14.99 **(978-1-0717-1010-4(9))** FASTLANE LLC.

Hawaii: Scenes & Impressions (Classic Reprint) Katharine Fullerton Gerould. 2018. (ENG., Illus.). 242p. (J). 28.91 (978-0-666-44932-0(5)) Forgotten Bks.

Hawai'i: The Aloha State. Jill Foran. 2016. (J). (978-1-4896-4848-8(8)) Weigl Pubs., Inc.

Hawaii, a Snap Shot: Being the Record of a Trip to the Paradise of the Pacific in Which the Truth of General Impressions More Than Literal & Often Misleading Fact Is Offered (Classic Reprint) Clarence a Webster. (ENG., Illus.). (J). 2017. 25.28 (978-0-260-58904-0(7)); 2016. pap. 9.57 (978-1-333-62581-8(2)) Forgotten Bks.

Hawaii Big Reproducible Activity Book-New Version. Carole Marsh. 2018. (Hawaii Experience Ser.). (ENG.). 96p. (J). pap. 12.95 (978-0-635-06479-0(0)) Gallopade International.

Hawaii (Classic Reprint) Anne M. Prescott. 2017. (ENG., Illus.). (J). 26.72 (978-0-265-22231-7(1)); 29.26 (978-0-265-72741-6(3)); pap. 11.97 (978-1-5276-8750-9(3)) Forgotten Bks.

HAWAII-I Legenda: Szerelemről és Hűtlenségről. Balazs Szabo. 2019. (HUN., Illus.). 62p. (J). 24.95 (978-0-578-48744-1(6)) Refugee Pr.

Hawaii in the Sand. Barbara Poor & Elizabeth Eichelberger. 2019. (ENG.). 40p. (J). pap. (978-1-7947-0833-4(2)) Lulu Pr., Inc.

Hawaii Nei (Classic Reprint) Mabel Clare Craft. 2018. (ENG., Illus.). 244p. (J). 28.93 (978-0-267-90711-3(7)) Forgotten Bks.

Hawaii Pug-O. Michael Olson et al. Illus. by Premise Entertainment & Disney Storybook Art Team. 2018. (Puppy Dog Pals Ser.). (ENG.). 24p. (J). (gr. -1-3). 31.36 (978-1-5321-4253-6(6), 28541, Picture Bk.) Spotlight.

Hawai'i Sea Turtle Rescue. Fabien Cousteau & James O. Fraioli. Illus. by Joe St.Pierre. 2022. (Fabien Cousteau Expeditions Ser.). (ENG.). 112p. (J). (gr. 3-7). 19.99 (978-1-5344-2097-7(5)); 12.99 (978-1-5344-2096-0(7)) McElderry, Margaret K. Bks. (McElderry, Margaret K. Bks.).

Hawaii Trees & Wildflowers: A Folding Pocket Guide to Familiar Species. James Kavanagh & Waterford Press Staff. Illus. by Raymond Leung. 2017. (Wildlife & Nature Identification Ser.). (ENG.). 12p. 7.95 (978-1-58355-509-5(9)) Waterford Pr., Inc.

Hawaii Volcano Of 2018. Shannon Berg. 2019. (21st Century Disasters Ser.). (ENG., Illus.). 32p. (J). (gr. 2-3). pap. 9.95 (978-1-64185-808-3(7), 1641858087); lib. bdg. 31.35 (978-1-64185-739-0(0), 1641857390) North Star Editions. (Focus Readers).

Hawai'i Volcanoes (a True Book: National Parks) (Library Edition) Karina Hamalainen. 2018. (True Book (Relaunch) Ser.). (ENG., Illus.). 48p. (J). (gr. 3-5). lib. bdg. 31.00 (978-0-531-12933-3(0), Children's Pr.) Scholastic Library Publishing.

Hawai'i Volcanoes National Park. Grace Hansen. 2018. (National Parks (Abdo Kids Jumbo) Ser.). (ENG., Illus.). 24p. (J). (gr. -1-2). lib. bdg. 32.79 (978-1-5321-8208-2(2), 29875, Abdo Kids) ABDO Publishing Co.

Hawai'i Volcanoes National Park (Rookie National Parks) (Library Edition) Karina Hamalainen. 2018. (Rookie National Parks Ser.). (ENG., Illus.). 32p. (J). (gr. 1-2). lib. bdg. 25.00 (978-0-531-13320-0(6), Children's Pr.) Scholastic Library Publishing.

Hawaiian Archipelago. Isabella L. Bird. 2017. (ENG., Illus.). (J). 27.95 (978-1-374-90112-4(1)); pap. 17.95 (978-1-374-90111-7(3)) Capital Communications, Inc.

Hawaiian Christmas Day. Beth Greenway. Illus. by Jamie Tablason. 2018. (ENG.). 28p. (J). (gr. -1-2). 12.95 (978-1-949000-01-6(X)) Beachhouse Publishing, LLC.

Hawaiian Folk Tales: A Collection of Native Legends (Classic Reprint) Thomas G. Thrum. 2017. (ENG., Illus.). (J). 30.48 (978-0-331-58962-7(1)) Forgotten Bks.

Hawaiian Heist. Gerónimo Stilton. ed. 2021. (Geronimo Stilton Ser.). (ENG., Illus.). 110p. (J). (gr. 2-3). 18.36 (978-1-64697-566-2(9)) Penworthy Co., LLC, The.

Hawaiian Legend: Of Love & Betrayal. Balazs Szabo. 2017. (ENG., Illus.). (J). 24.95 (978-0-692-88712-7(1)) Refugee Pr.

Hawaiian Lion: Thunder from the Mountaintop. Jason Louis. 2023. (ENG.). 80p. (J). pap. 17.95 (978-1-63755-460-9(5), Mascot Kids) Amplify Publishing Group.

Hawaiian Phrase Book: No Huaolelo a Me Na Olelo Kikeke Ma Ka Olelo Beritania a Me Ka Olelo Hawaii (Classic Reprint) John Harris Soper. 2018. (ENG., Illus.). 112p. (J). 26.21 (978-0-484-70031-3(6)) Forgotten Bks.

Hawaiian Sketches (Classic Reprint) H. De La Vergne. 2017. (ENG., Illus.). (J). 26.35 (978-0-265-17979-6(3)) Forgotten Bks.

Hawbuck Grange: Or the Sporting Adventures of Thomas Scott, Esq. (Classic Reprint) Robert Smith Surtees. 2017. (ENG., Illus.). (J). 31.90 (978-0-266-37670-5(3)) Forgotten Bks.

Hawk. Tucker Axum & James Patterson. 2020. (ENG.). (YA). 74.99 (978-1-5491-6095-0(8)) Hachette Audio.

Hawk. Jennifer Dance. 2016. (ENG.). 264p. (YA). pap. 12.99 (978-1-4597-3184-4(0)) Dundurn Pr. CAN. Dist: Publishers Group West (PGW).

Hawk. James Patterson. (Maximum Ride: Hawk Ser.: 1). (ENG.). (YA). (gr. 7-17). 2021. 432p. pap. 10.99 (978-0-316-28922-1(1)); 2020. 416p. 18.99 (978-0-316-49440-3(2)) Little Brown & Co. (Jimmy Patterson).

Hawk. Delroy O. Walker. Illus. by Davia A. Morris. 2022. (Hawk Trilogy Ser.: 1). 56p. (J). 34.00 (978-1-6678-2256-3(X)) BookBaby.

Hawk & the Dove. Paul Kor. Illus. by Paul Kor. 2019. (ENG., Illus.). 32p. (J). (gr. -1-3). 16.99 (978-1-5253-0125-4(X)) Kids Can Pr., Ltd. CAN. Dist: Hachette Bk. Group.

Hawk Bandits of Tarkoom (the Secrets of Droon #11) Tony Abbott. Illus. by Tim Jessell. 2018. (True Book (Relaunch) Ser.: 11). (ENG.). 128p. (J). (gr. 3-5). E-Book 31.00 (978-0-545-41824-9(0), Scholastic Paperbacks) Scholastic, Inc.

Hawk Eyes. J L W. 2019. (ENG.). 38p. (J). (978-0-2288-0638-7(0)); pap. (978-0-2288-0639-4(9)) Tellwell Talent.

Hawk-Eyes (Classic Reprint) Robert J. Burdette. 2017. (ENG., Illus.). (J). 30.62 (978-0-266-20547-0(X)) Forgotten Bks.

Hawk Mccoy: The Penthiads. Mary T. Kincaid. 2017. (ENG., Illus.). 104p. (J). pap. 10.00 (978-0-9971488-3-1(7)) Red Hawk Pr.

Hawk Mccoy: the Mutant Onion. Mary T. Kincaid. 2021. (Hawk Mccoy: the Penthiads Ser.: 2). 114p. (YA). pap. 11.00 (978-0-9971488-4-8(5)) BookBaby.

Hawk Mother: The Story of a Red-Tailed Hawk Who Hatched Chickens. Kara Hagedorn. 2017. (Hawk Mother Ser.). (ENG., Illus.). 32p. (J). (gr. k-4). 16.95 (978-0-9883303-7-5(7)) Web of Life Children's Bks.

Hawk of Egypt (Classic Reprint) Joan Conquest. (ENG., Illus.). (J). 2018. 320p. 30.52 (978-0-483-44554-3(1)); 2016. pap. 13.57 (978-1-333-27169-5(7)) Forgotten Bks.

Hawk of the Castle: A Story of Medieval Falconry. Danna Smith. Illus. by Bagram Ibatoulline. 2017. (ENG.). 40p. (J). (gr. -1-3). 19.99 (978-0-7636-7992-7(5)) Candlewick Pr.

Hawk Rising. Maria Gianferrari. 2018. (ENG., Illus.). 40p. (J). 18.99 (978-1-62672-096-1(7), 900135780) Roaring Brook Pr.

Hawkeye Little Golden Book (Marvel: Hawkeye) Christy Webster. Illus. by Shane Clester. 2022. (Little Golden Book Ser.). (ENG.). 24p. (J). (-k). 5.99 (978-0-593-43208-2(8), Golden Bks.) Random Hse. Children's Bks.

Hawkeye: This Is Hawkeye. Clarissa Wong. Illus. by Andrea Di Vito & Rachelle Rosenberg. 2017. (World of Reading Level 1 Ser.). (ENG.). 32p. (J). (gr. -1-3). lib. bdg. 31.36 (978-1-5321-4052-5(5), 25424) Spotlight.

Hawking's Hallway. Neal Shusterman & Eric Elfman. (Accelerati Trilogy Ser.: 3). (ENG.). 368p. (J). (gr. 5-9). 2017. pap. 8.99 (978-1-4231-5521-8(1)); 2016. 16.99 (978-1-4231-4805-0(3)) Little, Brown Bks. for Young Readers.

Hawking's Hallway. Neal Shusterman. ed. 2017. (Accelerati Ser.: 3). (J). lib. bdg. 19.65 (978-0-606-39502-1(4)) Turtleback.

Hawkins Horrors (Stranger Things) A Collection of Terrifying Tales. Matthew J. Gilbert. 2022. (ENG.). 208p. (J). (gr. 3-7). 13.99 (978-0-593-48396-1(0), Random Hse. Bks. for Young Readers) Random Hse. Children's Bks.

Hawkins Middle School Yearbook/Hawkins High School Yearbook (Stranger Things) Matthew J. Gilbert. 2019. (Illus.). 80p. (YA). (gr. 7). 16.99 (978-1-9848-9448-9(X), Random Hse. Bks. for Young Readers) Random Hse. Children's Bks.

Hawks. Megan Gendell. 2022. (Birds of Prey Ser.). (ENG., Illus.). 32p. (J). (gr. 2-3). pap. 9.95 (978-1-63738-180-9(8)); lib. bdg. 31.35 (978-1-63738-144-1(1)) North Star Editions. (Apex).

Hawks. Mari Schuh. 2019. (Spot Backyard Animals Ser.). (ENG.). 16p. (J). (gr. -1-2). lib. bdg. (978-1-68151-543-4(1), 14506) Amicus.

Hawks. Nathan Sommer. 2018. (Birds of Prey Ser.). (ENG., Illus.). 24p. (J). (gr. 3-7). lib. bdg. 26.95 (978-1-62617-880-9(1), Epic Bks.) Bellwether Media.

Hawks Kettle, Puffins Wheel: And Other Poems of Birds in Flight. Susan Vande Griek. Illus. by Mark Hoffmann. 2019. (ENG.). 36p. (J). (gr. 1-4). 16.99 (978-1-77138-995-2(8)) Kids Can Pr., Ltd. CAN. Dist: Hachette Bk. Group.

Hawk's Message, bk. 2. P. K. Butler. Illus. by Madli Silm. 2nd I.t. ed. 2021. (ENG.). 143p. (J). pap. 7.99 (978-0-9820342-5-5(3)) Pinchey Hse. Pr.

Hawk's Nest (Classic Reprint) James Mark Allerton. 2017. (ENG., Illus.). (J). 29.22 (978-0-260-55706-3(4)) Forgotten Bks.

Hawks of Hawk-Hollow: A Tradition of Pennsylvania; in Two Volumes, Vol; 1-2 (Classic Reprint) Unknown Author. 2018. (ENG., Illus.). 544p. (J). 35.12 (978-0-483-46340-0(X)) Forgotten Bks.

Hawks of Hawk-Hollow, Vol. 1 Of 2: A Tradition of Pennsylvania (Classic Reprint) Robert Montgomery Bird. 2018. (ENG., Illus.). 282p. (J). 29.73 (978-0-483-34091-6(X)) Forgotten Bks.

Hawkshawes, Vol. 1 Of 2: A Novel by Bird (Classic Reprint) M. A. Bird. 2018. (ENG., Illus.). 610p. (J). 36.50 (978-0-483-02118-1(0)) Forgotten Bks.

Hawkshawes, Vol. 1 Of 2: A Novel (Classic Reprint) M. A. Bird. 2018. (ENG., Illus.). 320p. (J). 30.50 (978-0-484-11863-7(3)) Forgotten Bks.

Hawkshawes, Vol. 2 Of 2: A Novel (Classic Reprint) M. A. Bird. 2018. (ENG., Illus.). (J). 30.00 (978-0-332-01203-2(4)) Forgotten Bks.

Hawkstone a Tale of & for England in 184, Vol. 2 of 2 (Classic Reprint) William Sewell. 2018. (ENG., Illus.). 432p. (J). 32.83 (978-0-484-07563-3(2)) Forgotten Bks.

Hawkstone, Vol. 1 Of 2: A Tale of & for England in 1845 (Classic Reprint) William Sewell. 2018. (ENG., Illus.). 426p. (J). 32.68 (978-0-484-04309-0(9)) Forgotten Bks.

Hawksview a Family History of Our Own Times (Classic Reprint) Holme Lee. 2018. (ENG., Illus.). 356p. (J). 31.24 (978-0-483-44770-7(6)) Forgotten Bks.

Hawkweed Legacy. Irena Brignull. 2018. (Hawkweed Ser.: 2). (ENG.). 384p. (YA). (gr. 7-17). pap. 9.99 (978-1-60286-337-8(7), Hachette Bks.) Hachette Bks.

Hawkweed Prophecy. Irena Brignull. 2017. (Hawkweed Ser.: 1). (ENG.). 384p. (YA). (gr. 7-17). pap. 10.99 (978-1-60286-313-2(X)) Hachette Bk. Group.

Haworth's (Classic Reprint) Frances Burnett. 2017. (ENG., Illus.). (J). 32.44 (978-1-5284-8812-9(1)) Forgotten Bks.

Hawthorn: A Christmas & New Year's Present (Classic Reprint) Unknown Author. 2017. (ENG., Illus.). (J). 28.60 (978-0-266-19249-7(1)) Forgotten Bks.

Hawthorne: A Dark Elf Fantasy. Anthea Sharp. 2020. (Darkwood Chronicles Ser.: Vol. 2). (ENG.). 284p. (J). pap. 12.99 (978-1-68013-111-6(7)) Fiddlehead Pr.

Hawthorne & His Circle (Classic Reprint) Julian Hawthorne. 2017. (ENG., Illus.). (J). 32.77 (978-0-266-17979-5(7)) Forgotten Bks.

Hawthorne Legacy. Jennifer Lynn Barnes. (Inheritance Games Ser.: 2). (ENG.). (YA). (gr. 7-17). 2022. 384p. pap. 10.99 (978-0-316-10518-7(X)); 2021. (Illus.). 368p. 17.99 (978-0-7595-5763-5(2)) Little, Brown Bks. for Young Readers.

Hawthorne Readers: Literature; a Fourth Reader (Classic Reprint) Edward Everett Hale Jr. (ENG., Illus.). (J). 2018. 440p. 32.97 (978-0-484-75239-8(1)); 2017. pap. 16.57 (978-0-243-10732-2(3)) Forgotten Bks.

Hawthorne's Comic Reciter: Filled with the Liveliest, Jolliest, Laughter-Provoking Stories, Lectures, & Other Humorous Pieces; Fitted to Keep Audience in a Roar, & to Drive Away Dull Care (Classic Reprint) Henry Llewellyn Williams. (ENG., Illus.). (J). 2018. 126p. 26.50 (978-0-666-97096-1(3)); 2017. pap. 9.57 (978-0-243-44803-6(1)) Forgotten Bks.

Hawthorne's Works (Classic Reprint) Nathanial Hawthorne. 2017. (ENG., Illus.). (J). 36.31 (978-1-5283-5495-0(8)) Forgotten Bks.

Hawwii Fi Abdi: Afaan Oromoo. Mahmud Siraj. Illus. by Nicole Monha. 2021. (ENG.). 32p. (J). (978-1-5255-8217-2(8)); pap. (978-1-5255-8218-9(6)) FriesenPress.

Hay. Gail Boe. 2023. (ENG.). 38p. (J). 18.95 **(978-1-63755-763-1(9),** Mascot Kids) Amplify Publishing Group.

Hay Cosas Que No Sé: Leveled Reader Book 68 Level P 6 Pack. Hmh Hmh. 2021. (SPA.). 48p. (J). pap. 74.40 (978-0-358-08462-4(8)) Houghton Mifflin Harcourt Publishing Co.

Hay Fever (Classic Reprint) Augustus Hoppin. 2018. (ENG., Illus.). (J). 34p. 24.60 (978-0-365-63813-1(7)); 36p. pap. 7.97 (978-0-365-63795-0(5)) Forgotten Bks.

Hay Fever (Classic Reprint) Walter Herries Pollock. 2018. (ENG., Illus.). 232p. (J). 28.68 (978-0-428-87096-6(1)) Forgotten Bks.

Hay-Field (Classic Reprint) Unknown Author. 2018. (ENG., Illus.). 34p. (J). 24.60 (978-0-267-51678-0(9)) Forgotten Bks.

Hay Palabras Que Los Peces No Entienden. Maria Fernanda Heredia. Illus. by Roger. Ycaza. 2016. (Serie Azul Ser.). (SPA.). 168p. (J). (gr. 5-8). pap. 12.95 (978-1-64101-196-9(3)) Santillana USA Publishing Co., Inc.

Hay There! Horse Coloring & Activity Book. Creative Playbooks. 2016. (ENG., Illus.). (J). pap. 10.81 (978-1-68323-501-9(0)) Twin Flame Productions.

Hay un Elefante en el Arbol. H. G. Lukofth. 2016. (SPA., Illus.). 60p. (J). pap. (978-1-365-25815-2(7)) Lulu Pr., Inc.

Hay un Hombre Mosca en Mi Sopa. Tedd Arnold. ed. 2018. (Scholastic Readers Ser.). (SPA.). 30p. (J). (gr. -1-1). 13.89 (978-1-64310-329-7(6)) Penworthy Co., LLC, The.

¡Hay un Molillo en Mi Bolsillo! (There's a Wocket in My Pocket Spanish Edition) Seuss. 2019. (Bright & Early Books(R) Ser.). (SPA.). 36p. (J). (-k). 9.99 (978-1-9848-3120-0(8)); lib. bdg. 12.99 (978-1-9848-9496-0(X)) Random Hse. Children's Bks. (Random Hse. Bks. for Young Readers).

Hay un Monstruo en el Bosque! Paola Savinelli. 2020. (SPA.). 36p. (J). (gr. -1-1). 17.95 (978-84-9145-310-9(5), Picarona Editorial) Ediciones Obelisco ESP. Dist: Spanish Pubs., LLC.

Hay un Perro Sobre la Mesa Del Comedor. Elizabeth Maginnis. Illus. by Annie Dwyer Internicola. 2018. (Xist Kids Spanish Bks.). (SPA.). 32p. (J). (gr. -1-3). pap. 9.99 (978-1-5324-0715-4(7)) Xist Publishing.

Hay un Raton en la Alacena: Una Gran Aventura de Osos y Amigos: a Big Shoe Bears & Friends Adventure. Dawn Doig. 2020. (Big Shoe Bears & Friends Ser.: Vol. 5). (SPA., Illus.). 34p. (J). pap. 12.99 (978-1-954004-12-2(5)) Pen It Pubns.

Hayden Heyer: At Radcliff Manor. D. Perdue Henderson. 2017. (ENG., Illus.). (J). pap. 15.00 (978-0-9858953-4-1(9)) Twin Guardian Publishing.

Hayden the (Not So) Perfect Hedgehog & Sammy. Arla Jayne. 2018. (ENG., Illus.). 40p. (J). pap. 9.99 (978-1-64299-410-0(3)) Christian Faith Publishing.

Hayden the Perfect Hedgehog. Arla Jayne. 2017. (ENG., Illus.). (J). pap. 9.99 (978-1-63525-996-4(7)) Christian Faith Publishing.

Hayden's Chronicles Vol. 2 the Shield of Faith. Seth Koenig. 2016. (ENG.). 236p. (J). pap. **(978-1-329-85810-7(7))** Lulu Pr., Inc.

Haydn's Farewell Symphony. Anna Harwell Celenza. Illus. by JoAnn Kitchel. 2016. (Once upon a Masterpiece Ser.: 1). 32p. (J). (gr. 1-4). lib. bdg. 16.95 (978-1-58089-527-9(1)) Charlesbridge Publishing, Inc.

Haydocks' Testimony (Classic Reprint) L. C. W. 2018. (ENG., Illus.). 282p. (J). 29.71 (978-0-483-73168-4(4)) Forgotten Bks.

Hayey's Stories for Children, Vol. 2 (Classic Reprint) Unknown Author. 2018. (ENG., Illus.). 44p. (J). 24.80 (978-0-484-30981-3(1)) Forgotten Bks.

Hayfield Mower & Scythe of Progress, Vol. 1: Numbers 1 to 26 (Classic Reprint) Unknown Author. 2018. (ENG., Illus.). 178p. (J). 27.59 (978-0-484-44869-7(2)) Forgotten Bks.

Haylee & Comet: a Tale of Cosmic Friendship. Deborah Marcero. Illus. by Deborah Marcero. 2021. (Haylee & Comet Ser.: 1). (ENG., Illus.). 72p. (J). 17.99 (978-1-250-77439-2(X), 900234593) Roaring Brook Pr.

Haylee & Comet: a Trip Around the Sun. Deborah Marcero. Illus. by Deborah Marcero. 2022. (Haylee & Comet Ser.: 2). (ENG., Illus.). 72p. (J). 17.99 (978-1-250-77440-8(3), 900234594) Roaring Brook Pr.

Haylee & Comet: over the Moon. Deborah Marcero. Illus. by Deborah Marcero. 2022. (Haylee & Comet Ser.: 3). (ENG., Illus.). 72p. (J). 17.99 (978-1-250-77441-5(1), 900234596) Roaring Brook Pr.

Haylee & Dean Explore Europe. Tracy Ingram. 2022. (ENG.). 35p. (J). pap. **(978-1-6781-0109-1(5))** Lulu Pr., Inc.

Haylee & Pumpkin. Wayne Wentker. 2021. (ENG.). 34p. (J). pap. 14.95 (978-1-0980-6930-8(7)) Christian Faith Publishing.

Hayley & Howard the Hush Monster. Heather Waskey. 2023. (ENG.). 32p. (J). pap. 14.99 **(978-1-0879-0347-7(5))** Waskey, Heather.

Hayley Mysteries: The Haunted Studio. Hayley LeBlanc. 2022. (Hayley Mysteries Ser.: 1). 176p. (J). (gr. 4-8). pap. 7.99 (978-1-7282-5198-1(2)) Sourcebooks, Inc.

Hayley Mysteries: The Missing Jewels. Hayley LeBlanc. 2022. (Hayley Mysteries Ser.: 2). 176p. (J). (gr. 4-8). pap. 7.99 (978-1-7282-5201-8(6)) Sourcebooks, Inc.

Hayley Mysteries: The Secret on Set. Hayley LeBlanc. 2022. (Hayley Mysteries Ser.: 3). 176p. (J). (gr. 4-8). pap. 7.99 (978-1-7282-5204-9(0)) Sourcebooks, Inc.

Hayley the Hairy Horse. Gavin Puckett. Illus. by Tor Freeman. 2019. (Fables from the Stables Ser.). (ENG.). 80p. pap. 8.95 (978-0-571-33780-4(5), Faber & Faber Children's Bks.) Faber & Faber, Inc.

Hayley Wickenheiser. Todd Kortemeier. 2016. (Illus.). 32p. (J). (978-1-62143-290-6(4)) Pr. Room Editions LLC.

Haylie & the Bubbles. Nathalie Maharaj B. 2019. (Haylie & the Bubbles Ser.: Vol. 1). (ENG., Illus.). 26p. (J). 16.99 **(978-0-578-51922-7(4))** none.

Hays' Type One-Derful Journey. Hays Gray. Ed. by Jolie Gray. 2019. (ENG., Illus.). 24p. (J). 12.99 (978-1-7340647-0-4(6)) Gray, Jolie.

¡Haz un Panqueque!/Pop a Little Pancake! Tr. by Yanitzia Canetti. Illus. by Annie Kubler & Sarah Dellow. 2022. (Baby Rhyme Time (Spanish/English) Ser.). (ENG.). 12p. (J). bds. (978-1-78628-648-2(3)) Child's Play International Ltd.

Haz un Pastel/Pat a Cake. Tr. by Yanitzia Canetti. Illus. by Annie Kubler & Sarah Dellow. 2021. (Baby Rhyme Time (Spanish/English) Ser.). (ENG.). 12p. (J). bds. (978-1-78628-572-0(X)) Child's Play International Ltd.

Haz una Pelicula. Francesco Filippi. 2019. (SPA.). 128p. (J). (gr. 2-5). pap. 17.95 (978-84-9145-235-5(4), Picarona Editorial) Ediciones Obelisco ESP. Dist: Spanish Pubs., LLC.

Hazard. Frances O'Roark Dowell. 2022. (ENG.). 160p. (J). (gr. 4-8). 17.99 (978-1-4814-2466-0(1), Atheneum/Caitlyn Dlouhy Books) Simon & Schuster Children's Publishing.

Hazard: From the Playground to the Pitch. Matt Oldfield. 2018. (Ultimate Football Heroes Ser.). (ENG., Illus.). 176p. (J). (gr. 2-7). pap. 9.99 (978-1-78606-808-8(7)) Blake, John Publishing, Ltd. GBR. Dist: Independent Pubs. Group.

Hazard of Concealing, or All in a Man's Keeping (Classic Reprint) Meg Dyan. (ENG., Illus.). (J). 2018. 360p. 31.32 (978-0-332-09823-4(0)); 2016. pap. 13.97 (978-1-334-24116-1(3)) Forgotten Bks.

Hazard of New Fortunes: Two Volumes in One (Classic Reprint) William Dean Howells. 2018. (ENG., Illus.). 616p. (J). 36.62 (978-0-483-47762-9(1)) Forgotten Bks.

Hazard of New Fortunes a Novel, Vol. 2 of 2 (Classic Reprint) William Dean Howells. 2018. (ENG., Illus.). 338p. (J). 30.87 (978-0-483-95940-8(5)) Forgotten Bks.

Hazard of New Fortunes, Vol. 1 Of 2: A Novel (Classic Reprint) William D. Howells. (ENG., Illus.). (J). 2017. 30.91 (978-0-331-81355-5(6)); 2016. pap. 13.57 (978-1-334-15969-5(6)) Forgotten Bks.

Hazardous Habitats & Endangered Animals: How Is the Natural World Changing, & How Can YOU Help? Camilla de la Bédoyère. 2021. (Earth Action Ser.). (ENG.). 64p. (J). (gr. 3-7). 11.95 (978-1-78312-652-1(3)) Welbeck Publishing Group Ltd. GBR. Dist: Two Rivers Distribution.

Hazardous Trash, 1 vol. Melissa Raé Shofner. 2017. (Unnatural Disasters Ser.). (ENG.). 32p. (gr. 4-5). pap. 11.50 (978-1-5382-0436-8(3), fe404487-8ca5-4c47-a252-2d7c8b04f431) Stevens, Gareth Publishing LLLP.

Hazel & the Snails. Blanchard. 2019. (Illus.). 108p. (J). (gr. 4-7). pap. 15.00 (978-0-9951135-8-9(0)) Massey University Press NZL. Dist: Independent Pubs. Group.

Hazel & Twig: the Birthday Fortune. Brenna Burns Yu. Illus. by Brenna Burns Yu. 2018. (Hazel & Twig Ser.). (ENG., Illus.). 40p. (J). (gr. -1-2). 15.99 (978-0-7636-8970-4(X)) Candlewick Pr.

Hazel & Twig: the Lost Egg. Brenna Burns Yu. Illus. by Brenna Burns Yu. 2020. (ENG.). 40p. (J). (gr. -1-2). 16.99 (978-1-5362-0492-6(7)) Candlewick Pr.

Hazel Bly & the Deep Blue Sea. Ashley Herring Blake. 2022. (ENG.). 368p. (J). (gr. 3-7). pap. 8.99 (978-0-316-53547-2(8)) Little, Brown Bks. for Young Readers.

Hazel Faces Her Fears: a Halloween Story (Pikwik Pack) (Media Tie-In) Meredith Rusu. ed. 2022. (ENG.). 24p. (J). (gr. -1-k). pap. 5.99 (978-1-338-64859-1(4)) Scholastic, Inc.

Hazel Gray. Elizabeth Catharine. 2018. (ENG., Illus.). 114p. (J). pap. (978-1-387-95604-3(3)) Lulu Pr., Inc.

Hazel Grove. Leslie Barnard Booth. Illus. by Terri Murphy. 2020. (ENG.). 28p. (J). pap. (978-1-922374-97-4(0)) Library For All Limited.

Hazel Hill Is Gonna Win This One. Maggie Horne. 2022. (ENG.). 240p. (J). (gr. 3-7). 16.99 (978-0-358-66470-3(5), HarperCollins) HarperCollins Pubs.

Hazel I Love You All Ways. Marianne Richmond. Illus. by Dubravka Kolanovic. 2023. (I Love You All Ways Ser.). (ENG.). 32p. (J). (gr. -1-3). 8.99 **(978-1-7282-7368-6(4))** Sourcebooks, Inc.

Hazel Kirke: A Domestic Comedy Drama in Four Acts (Classic Reprint) Steele Mackaye. (ENG., Illus.). (J). 2018.

96p. 25.90 *(978-0-483-84466-7(7))*; 2016. pap. 9.57 *(978-1-333-31133-9(8))* Forgotten Bks.

Hazel Loves Books. Tracilyn George. 2020. (ENG.). 22p. (J). pap. 11.00 *(978-1-990153-64-8(X))* Lulu Pr., Inc.

Hazel Mist, Hypnotist. Kristin Pierce. Illus. by Abbey Bryant. 2020. (ENG.). 38p. (J). *(978-1-9990881-2-5(3))* Inner Compass Bks.

Hazel Mist, Hypnotist. Kristin S. Pierce. Illus. by Abbey Bryant. 2020. (ENG.). 38p. (J). pap. *(978-1-9990881-3-2(1))* Inner Compass Bks.

Hazel Nook: Or, Cottage Stories (Classic Reprint) Harriet Farley. 2018. (ENG., Illus.). 264p. (J). 29.34 *(978-0-332-81870-2(5))* Forgotten Bks.

Hazel of Heatherland (Classic Reprint) Mabel Barnes-Grundy. (ENG., Illus.). (J). 2018. 392p. 32.00 *(978-0-365-22453-2(7))*; 2016. pap. 16.57 *(978-1-334-11895-1(7))* Forgotten Bks.

Hazel Scott: A Woman, a Piano, & a Commitment to Justice. Susan Engle. Illus. by Luthando Mazibuko. 2021. (Change Maker Ser.). (ENG.). 192p. (J). (gr. 4-7). pap. 9.95 *(978-1-61851-194-2(7))* Baha'i Publishing.

Hazel the Goose: Are You Like Me? Laura Hall. 2020. (ENG., Illus.). 30p. (J). pap. 15.95 *(978-1-0980-6567-6(0))* Christian Faith Publishing.

Hazel Wood. Melissa Albert. l.t. ed. 2018. (ENG.). 458p. 21.99 *(978-1-4328-4617-6(5))* Cengage Gale.

Hazel Wood: A Novel. Melissa Albert. (Hazel Wood Ser.: 1). (ENG., Illus.). (YA). 2019. 400p. pap. 10.99 *(978-1-250-14793-6(X)*, 900181824); 2018. 368p. 16.99 *(978-1-250-14790-5(5)*, 900181823) Flatiron Bks.

Hazelhurst Mystery, Vol. 1: A Novel (Classic Reprint) Jessie Sale Lloyd. 2018. (ENG., Illus.). 240p. (J). 28.85 *(978-0-267-41479-6(X))* Forgotten Bks.

Hazelhurst Mystery, Vol. 2 Of 2: A Novel (Classic Reprint) Jessie Sale Lloyd. 2018. (ENG., Illus.). 236p. (J). 28.76 *(978-0-267-18779-9(3))* Forgotten Bks.

Hazell & Sons, Brewers (Classic Reprint) Annie S. Swan. (ENG., Illus.). (J). 2018. 266p. 29.38 *(978-0-267-33752-1(3))*; 2016. pap. 11.97 *(978-1-333-61672-4(4))* Forgotten Bks.

Hazelnut Days. Emmanuel Bourdier. Illus. by Zau. 2018. 40p. (J). (gr. k-2). 17.99 *(978-988-8341-54-2(5)*, Minedition) Penguin Young Readers Group.

Hazel's Adventures Living with Grandma. Joni Stanchfield. Illus. by Katie Atkinson. 2017. (ENG.). (J). 22.95 *(978-1-64079-416-0(6))*; pap. 13.95 *(978-1-64079-414-6(X))* Christian Faith Publishing.

Hazel's Masquerade. Sarah a Trautvetter. 2016. (ENG., Illus.). (J). 32.00 *(978-1-59687-999-7(8)*, ipicturebooks) ibooks, Inc.

Hazel's Theory of Evolution. Lisa Jenn Bigelow. (ENG.). (J). (gr. 3-7). 2020. 352p. pap. 7.99 *(978-0-06-279118-4(4))*; 2019. 336p. 16.99 *(978-0-06-279117-7(6))* HarperCollins Pubs. (HarperCollins).

Hazen's Primer & First Reader (Classic Reprint) Marshman William Hazen. (ENG., Illus.). (J). 2018. 148p. 26.95 *(978-0-484-76418-6(7))*; 2017. pap. 9.57 *(978-0-259-53140-1(5))* Forgotten Bks.

Hazen's Second Reader (Classic Reprint) Marshman Williams Hazen. (ENG., Illus.). (J). 2018. 220p. 28.43 *(978-0-656-21733-5(2))*; 2017. pap. 10.97 *(978-0-259-40448-4(9))* Forgotten Bks.

Hazes Gathering. D. M. Fayer. 2017. (ENG., Illus.). (J). pap. 12.95 *(978-1-64028-542-2(3))* Christian Faith Publishing.

Hazing at the Military Academy; Testimony Taken by the Select Committee of the House of Representatives, Vol. 3: Appointed to Investigate & Report upon the Alleged Hazing & Resulting Death of Oscar L. Booz, Late a Cadet at the Military Academy, & Up. Unknown Author. 2018. (ENG., Illus.). 646p. (J). 37.22 *(978-0-484-25279-9(8))* Forgotten Bks.

HAZMAT Teams: Disposing of Dangerous Materials. Justin Petersen. 2016. (Emergency! Ser.). (ENG., Illus.). 32p. (J). (gr. 3-9). lib. bdg. 28.65 *(978-1-4914-8029-8(7)*, 130531, Capstone Pr.) Capstone.

Hazy Bloom & the Mystery Next Door. Jennifer Hamburg. Illus. by Jenn Harney. 2020. (Hazy Bloom Ser.: 3). (ENG.). 176p. (J). pap. 19.99 *(978-1-250-23327-1(5)*, 900162033) Square Fish.

Hazy Bloom & the Pet Project. Jennifer Hamburg. Illus. by Jenn Harney. 2019. (Hazy Bloom Ser.: 2). (ENG.). 208p. (J). pap. 6.99 *(978-1-250-29411-1(8)*, 900162030) Square Fish.

Hazy Bloom & the Tomorrow Power. Jennifer Hamburg. Illus. by Jenn Harney. 2018. (Hazy Bloom Ser.: 1). (ENG.). 192p. (J). pap. 9.99 *(978-1-250-14355-6(1)*, 900162027) Square Fish.

Hbd Grandpa. Ryan Holder. 2023. (ENG.). 43p. (J). *(978-1-329-89992-6(X))* Lulu Pr., Inc.

He- with All My Worldly Goods I Thee Endow, She- but, What Is Written in the Law, How Readest Thou? A Novel (Classic Reprint) George Washington Moon. 2018. (ENG., Illus.). 310p. (J). 30.29 *(978-0-484-10672-6(4))* Forgotten Bks.

He Aha Ka Mea Ai No Ka Aina Awakea? see What's for Lunch?

He & Hecuba: A Novel (Classic Reprint) Baroness Von Hutten. 2018. (ENG., Illus.). 324p. (J). 30.58 *(978-0-365-34588-6(1))* Forgotten Bks.

He & She (Classic Reprint) Paul de Musset. 2017. (ENG., Illus.). (J). 29.26 *(978-0-265-86192-9(6))* Forgotten Bks.

He Ate & Drank the Precious Words: There Is No Frigate Like a Book, a Drop Fell on the Apple Tree. Emily Dickinson & Ngj Schlieve. 2017. (It's a Classic, Baby Ser.). (ENG., Illus.). 36p. (J). pap. 11.95 *(978-1-947032-02-6(X))* Pemberley Publishing.

He Ate & Drank the Precious Words: There Is No Frigate Like a Book, a Drop Fell on the Apple Tree. Emily Dickinson & Ngj Schlieve. 2017. (It's a Classic, Baby Ser.). (ENG., Illus.). 36p. (J). 16.95 *(978-1-947032-11-8(9))* Pemberley Publishing.

He Beautiful Cloak Model: A Novel Founded on Owen Davis' Famous Melodrama & Motion Picture (Classic Reprint) Grace Miller White. 2017. (ENG., Illus.). 266p. (J). 29.38 *(978-0-484-90567-1(8))* Forgotten Bks.

He Calls Me His Dandelion. Alivia Puterbaugh. 2018. (ENG., Illus.). 50p. (YA). 24.49 *(978-1-5456-3309-0(6))*; pap. 13.49 *(978-1-5456-3308-3(8))* Salem Author Services.

He Certainty of the Worlds of Spirits, & Consequently, of the Immortality of Souls: Of the Malice & Misery of the Devils, & the Damned; & of the Blessedness of the Justified; Fully Evinced by Unquestionable Histories of Apparitions, Operations, Wi. Richard Baxter. 2017. (ENG., Illus.). (J). 29.65 *(978-0-265-18174-4(7))* Forgotten Bks.

He (Classic Reprint) Andrew Lang. 2018. (ENG., Illus.). 136p. (J). 26.72 *(978-0-483-20160-6(X))* Forgotten Bks.

He Comes up Smiling (Classic Reprint) Charles Sherman. (ENG., Illus.). (J). 2018. 390p. 31.96 *(978-0-483-99071-5(X))*; 2017. pap. 16.57 *(978-0-243-49201-5(4))* Forgotten Bks.

He Conquered the Kaiser (Classic Reprint) H. A. Mason. 2018. (ENG., Illus.). 400p. (J). 32.17 *(978-0-365-30121-9(3))* Forgotten Bks.

He Cried. He Tried. He Survived. Brigette Ways Washington. 2021. (ENG.). 33p. (J). pap. *(978-1-304-01638-6(2))* Lulu Pr., Inc.

He Deserved to Die. Anna Ruth Worten-Fritz. 2021. (ENG.). 156p. (YA). pap. 13.95 *(978-1-63860-877-6(6))* Fulton Bks.

He Did It. Gregory Atkins. 2020. (Braydon & Brycen Ser.: Vol. 1). (ENG., Illus.). 42p. (J). pap. 12.00 ***(978-0-9969215-1-0(6))*** ATKINS ARTHse.

HE DID IT & Billy Bad Lad. Michael Beaumont. 2020. (ENG.). 86p. (J). pap. *(978-1-83945-678-7(7))* FeedARead.com.

HE DID IT HIS WAY & It Didn't Work Out: The Prodigal Son. Paul Gully. Illus. by Paul & Dee Gully. 2019. (ENG.). 32p. (J). (gr. k-2). 14.95 ***(978-1-0878-1335-6(2))*** Indy Pub.

He Drift of Pinions (Classic Reprint) Robert Keable. (ENG., Illus.). (J). 2018. 204p. 28.10 *(978-0-483-36842-2(3))*; 2016. pap. 10.57 *(978-1-333-68851-6(2))* Forgotten Bks.

He Fell in Love with His Wife (Classic Reprint) E. P. Roe. 2018. (ENG., Illus.). 472p. (J). 33.65 *(978-0-364-74897-8(4))* Forgotten Bks.

He Is Risen! Ronald Beers & V. Gilbert Beers. 2019. (ENG., Illus.). 42p. (J). pap. 9.99 *(978-0-7396-0430-4(9))* Inspired Studios Inc.

He Is Risen: Rocks Tell the Story of Easter, 1 vol. Patti Rokus. 2019. (ENG., Illus.). 32p. (J). 17.99 *(978-0-310-76486-1(6))* Zondervan.

He Is Risen! Activity Book. Bible Pathway Adventures & Pip Reid. 2020. (ENG.). 92p. (J). (gr. 3-6). pap. *(978-1-988585-99-4(6))* Bible Pathway Adventures.

He Is Risen! Activity Book. Pip Reid. 2020. (Beginners Ser.: Vol. 3). (ENG.). 98p. (J). (gr. 3-6). pap. *(978-1-988585-77-2(5))* Bible Pathway Adventures.

He Is Risen! Easter Coloring Book Children's Easter Books. Speedy Kids. 2017. (ENG., Illus.). (J). pap. 8.45 *(978-1-5419-4735-1(5))* Speedy Publishing LLC.

He Is Risen! the Story of Easter Children's Jesus Book. Baby Professor. 2017. (ENG., Illus.). (J). pap. 7.89 *(978-1-5419-0199-5(1)*, Baby Professor (Education Kids)) Speedy Publishing LLC.

He Knew. Christy Schmid Fregien. Illus. by Julie Wells. 2022. (ENG.). 34p. (J). 16.99 *(978-1-64538-401-4(2))*; pap. 12.99 *(978-1-64538-400-7(4))* Orange Hat Publishing.

He Knew Lincoln & Other Billy Brown Stories. Ida. M. Tarbell. 2018. (ENG., Illus.). 70p. (J). *(978-3-7326-2616-8(4))* Klassik Literatur. ein Imprint der Salzwasser Verlag GmbH.

He Knew Lincoln, & Other Billy Brown Stories (Classic Reprint) Ida. M. Tarbell. 2018. (ENG., Illus.). 222p. (J). 28.48 *(978-0-332-84722-1(5))* Forgotten Bks.

He Knew Lincoln (Classic Reprint) Ida. M. Tarbell. 2018. (ENG., Illus.). 64p. (J). 25.22 *(978-0-364-88499-7(1))* Forgotten Bks.

He Knew Me. Glen Wood. 2017. (ENG., Illus.). (J). (gr. k-2). pap. 9.95 *(978-1-947247-65-9(4))* Yorkshire Publishing Group.

He Knows You. Jill Lash. Illus. by Heidi Darley & Shari Griffiths. 2020. (ENG.). 32p. (J). pap. 12.99 *(978-1-4621-3932-3(9))* Cedar Fort, Inc./CFI Distribution.

He Leads: Mountain Gorilla, the Gentle Giant. June Smalls. Illus. by Yumi Shimokawara. 2022. (ENG.). 32p. (J). (gr. -1-3). 17.99 *(978-1-64170-648-3(1)*, 550648) Familius LLC.

He Loves Me Not. Nenia Corcoran. 2021. (ENG.). 220p. (YA). pap. 12.99 *(978-0-578-89384-6(3))* Corcoran, Nenia.

He Loves Me, She Loves Me Not (Riverdale) Jenne Simon. 2019. (Riverdale Ser.). (ENG., Illus.). 80p. (YA). (gr. 7-7). 10.99 *(978-1-338-56014-5(X))* Scholastic, Inc.

He Made His Wife His Partner (Classic Reprint) Henry Irving Dodge. 2018. (ENG., Illus.). 94p. (J). 25.86 *(978-0-483-50626-8(5))* Forgotten Bks.

He-Man & the Masters of the Universe: Heroes & Villains Guidebook (Media Tie-In) Melanie Shannon & Rob David. ed. 2021. (ENG., Illus.). 112p. (J). (gr. 2-5). pap. 8.99 *(978-1-338-76085-9(8))* Scholastic, Inc.

He-Man & the Masters of the Universe: I, Skeletor (Tales of Eternia Book 2) Gregory Mone. 2022. (Tales of Eternia Ser.). (ENG.). 176p. (J). (gr. 7-17). 14.99 *(978-1-4197-6602-2(3)*, 1797201, Amulet Bks.) Abrams, Inc.

He-Man & the Masters of the Universe: Lost in the Void (Tales of Eternia Book 3), Vol. 3. Liselle Sambury. 2023. (Tales of Eternia Ser.).Tr. of (Tales of Eternia Book 3). (ENG.). 176p. (J). (gr. 3-7). 14.99 *(978-1-4197-6604-6(X)*, 1797301, Amulet Bks.) Abrams, Inc.

He-Man & the Masters of the Universe Reader (Lvl 2): the Sword of Grayskull. Shelby Curran. 2022. (ENG.). 32p. (J). (gr. -1-3). pap. 5.99 *(978-1-338-81929-8(1))* Scholastic, Inc.

He-Man & the Masters of the Universe: the Hunt for Moss Man (Tales of Eternia Book 1) Gregory Mone. (Tales of Eternia Ser.). (ENG.). 176p. (J). (gr. 3-7). 2023. pap. 7.99 *(978-1-4197-5450-0(5)*, 1732703); 2022. 14.99 *(978-1-4197-5449-4(1)*, 1732701) Abrams, Inc. (Amulet Bks.).

He Must Like You. Danielle Younge-Ullman. 2022. (ENG.). 336p. (YA). (gr. 9). pap. 10.99 *(978-0-7352-6571-4(2)*, Penguin Teen) PRH Canada Young Readers CAN. Dist: Penguin Random Hse. LLC.

He Numbered the Pores on My Face: Hottie Lists, Clogged Pores, Eating Disorders, & Freedom from It All. Scarlet Hiltibidal. 2019. (ENG.). 192p. (J). (gr. 8-12). pap. 14.99 *(978-1-5359-3763-4(7)*, 005810782, B&H Kids) B&H Publishing Group.

¡He Perdido un Diente! (Spanish Edition) Mo Willems. Illus. by Mo Willems. 2020. (Unlimited Squirrels Ser.). (SPA., Illus.). 96p. (J). (gr. -1-3). 12.99 *(978-1-368-05611-3(3)*, Hyperion Books for Children) Disney Publishing Worldwide.

He Played with Thomas: A Story of God's Own Country (Classic Reprint) Roswell Martin Field. (ENG., Illus.). (J). 2018. 26p. 24.45 *(978-0-365-48005-1(3))*; 2017. pap. 7.97 *(978-0-259-81138-1(6))* Forgotten Bks.

He Sounds Like a Good Boy: A Digital Cautionary Tale. Abie Amen & Osa Amen. Ed. by Owen Amenaghawon. 2020. (ENG.). 30p. (J). pap. *(978-1-5255-4746-1(1))*; *(978-1-5255-4745-4(3))* FriesenPress.

He That Eateth Bread with Me (Classic Reprint) H. A. Mitchell Keays. 2018. (ENG., Illus.). 372p. (J). 31.57 *(978-0-267-16457-8(2))* Forgotten Bks.

He That Had Received the Five Talents (Classic Reprint) John Clark Murray. (ENG., Illus.). (J). 2018. 460p. 33.38 *(978-0-267-59448-1(8))*; 2016. pap. 16.57 *(978-1-334-15184-2(9))* Forgotten Bks.

He That Is Without Sin (Classic Reprint) Ivan Trepoff. (ENG., Illus.). (J). 2018. 356p. 31.26 *(978-0-666-14050-0(2))*; 2017. pap. 13.97 *(978-1-5276-3884-6(7))* Forgotten Bks.

He That Will Not When He May (Classic Reprint) Margaret O. W. Oliphant. 2017. (ENG., Illus.). 506p. (J). 34.33 *(978-0-332-69206-7(X))* Forgotten Bks.

He That Will Not When He May, Vol. 1 of 3 (Classic Reprint) Margaret Oliphant. (ENG., Illus.). (J). 2018. 292p. 29.92 *(978-0-483-92287-7(0))*; 2016. pap. 13.57 *(978-1-334-59741-1(3))* Forgotten Bks.

He That Will Not When He May, Vol. 2 of 3 (Classic Reprint) Margaret O. W. Oliphant. 2018. (ENG., Illus.). 290p. (J). 29.88 *(978-0-483-39210-6(3))* Forgotten Bks.

He That Will Not When He May, Vol. 3 of 3 (Classic Reprint) Oliphant. 2016. (ENG., Illus.). (J). pap. 13.57 *(978-1-333-63347-9(5))* Forgotten Bks.

He That Will Not When He May, Vol. 3 of 3 (Classic Reprint) Margaret O. W. Oliphant. 2017. (ENG., Illus.). (J). 29.84 *(978-0-260-48377-5(X))* Forgotten Bks.

He Was No Magician. Kayla M. H. Alexander. 2017. (ENG., Illus.). 29p. (J). 24.95 *(978-1-78612-129-5(8)*, fbb22049-75d2-4e81-95e7-41a4634e1697); pap. 13.95 *(978-1-78612-128-8(X)*, 0a9a93ae-34fd-4c83-9c9a-70c55e4e77cc) Austin Macauley Pubs. Ltd. GBR. Dist: Baker & Taylor Publisher Services (BTPS).

He Went for a Soldier (Classic Reprint) John Strange Winter. 2018. (ENG., Illus.). 150p. (J). 26.99 *(978-0-483-11950-5(4))* Forgotten Bks.

He Who Breaks the Earth. Caitlin Sangster. 2023. (Gods-Touched Duology Ser.). (ENG.). 592p. (YA). (gr. 7). 21.99 *(978-1-5344-6614-2(2)*, McElderry, Margaret K. Bks.) McElderry, Margaret K. Bks.

He Who Dreams. Melanie Florence. 2nd ed. 2021. (Orca Soundings Ser.). (ENG.). 176p. (YA). (gr. 8-12). pap. 10.95 *(978-1-4598-3342-5(2))* Orca Bk. Pubs. USA.

He Who Started the Reign of Terror: The Story of Maximilien Robespierre - Biography Book for Kids 9-12 Children's Biography Books. Baby Professor. 2017. (ENG., Illus.). 64p. (J). pap. 9.52 *(978-1-5419-1648-7(4)*, Baby Professor (Education Kids)) Speedy Publishing LLC.

He Who Steals (Colui Che Ruba) a Story for the Young. Alfredo Baiocco. 2017. (ENG., Illus.). (J). pap. *(978-0-649-15019-9(8))* Trieste Publishing Pty Ltd.

He Who Steals, Colui Che Ruba a Story for the Young (Classic Reprint) Alfredo Baiocco. 2018. (ENG., Illus.). 234p. (J). 28.78 *(978-0-332-80689-1(8))* Forgotten Bks.

He Who Was Once a Little Child: Stories of Jesus (Classic Reprint) Unknown Author. (ENG., Illus.). (J). 2018. 88p. 25.71 *(978-0-656-40518-3(X))*; 2017. pap. 9.57 *(978-0-259-44032-1(9))* Forgotten Bks.

He-With All My Worldly Goods I Thee Endow, She-but, What Is Written in the Law, How Readest Thou? A Novel (Classic Reprint) George Washington Moon. 2017. (ENG., Illus.). (J). pap. 13.57 *(978-0-259-06035-2(6))* Forgotten Bks.

He Wore a Purple Robe. Barbara T. Sena. Illus. by Diane Lucas. 2016. (Faith Heroes Ser.: Vol. 2). (ENG.). (J). (gr. 3-6). 24.99 *(978-0-692-78537-9(X))* BTSena Pubns.

He Would Be a Gentleman. Samuel Lover. 2017. (ENG.). 410p. (J). pap. *(978-3-337-35107-6(7))* Creation Pubs.

He Would Be a Gentleman; or, Treasure Trove. Samuel Lover. 2017. (ENG.). 456p. (J). pap. *(978-3-7447-8801-4(6))* Creation Pubs.

He Would Be a Gentleman, or Treasure Trove, Vol. 2 (Classic Reprint) Samuel Lover. (ENG., Illus.). (J). 2018. 312p. 30.35 *(978-0-483-87296-7(2))*; 2016. pap. 13.57 *(978-1-334-15235-1(7))* Forgotten Bks.

He Would Be a Soldier! Richard Mounteney Jephson. 2017. (ENG.). 324p. (J). pap. *(978-3-337-13278-1(2))* Creation Pubs.

He Would Be a Soldier! (Classic Reprint) Richard Mounteney Jephson. (ENG., Illus.). (J). 2018. 326p. 30.62 *(978-0-483-51483-6(7))*; 2016. pap. 13.57 *(978-1-334-16740-9(0))* Forgotten Bks.

He Would Have Me Be Brave: A Story Taken from Life (Classic Reprint) Frances I. Katzenberger. 2018. (ENG., Illus.). 400p. (J). 32.17 *(978-0-483-98857-6(X))* Forgotten Bks.

Head above the Rest. Krista Kay. Illus. by Scotty Roberts. 2nd ed. 2019. (ENG.). 28p. (J). 18.00 *(978-0-578-60188-5(5))* Krista Kay.

Head above Water. Caitlin Ricci. 2016. (Robbie & Sam Ser.: 2). (ENG.). (YA). 180p. pap. 14.99 *(978-1-63477-424-6(8))*; 25.99 *(978-1-64080-368-8(8))* Dreamspinner Pr. (Harmony Ink Pr.).

Head Case. Niki Cluff. 2018. (ENG.). 254p. (J). pap. *(978-1-77339-805-1(9))* Evernight Publishing.

Head Coach (Classic Reprint) Ralph Delahaye Paine. (ENG., Illus.). (J). 2018. 320p. 30.50 *(978-0-364-74176-4(7))*; 2016. pap. 13.57 *(978-1-333-33630-1(6))* Forgotten Bks.

Head Coaches. Josh Leventhal. 2016. (Football's All-Time Greats Ser.). (ENG.). 32p. (J). (gr. 4-6). pap. 9.99 *(978-1-64466-163-5(2)*, 10354); (Illus.). 31.35 *(978-1-68072-039-6(2)*, 10353) Black Rabbit Bks. (Bolt).

Head Count: A Battle for Existence. David M. Hilinski. 2021. (ENG.). 276p. (YA). 26.95 *(978-1-63860-222-4(0))*; pap. 16.95 *(978-1-63860-220-0(4))* Fulton Bks.

Head for Mexico: The Life & Times of Mexican General Antonio Lopez de Santa Anna Grade 5 Children's Historical Biographies. Dissected Lives. 2021. (ENG.). 72p. (J). 27.99 *(978-1-5419-8479-0(X))*; pap. 16.99 *(978-1-5419-5437-3(8))* Speedy Publishing LLC. (Dissected Lives (Auto Biographies)).

Head in the Clouds, 4. Abby Hanlon. ed. 2020. (Dory Fantasmagory Ser.). (ENG.). 146p. (J). (gr. 2-3). 17.96 *(978-1-64697-031-5(4))* Penworthy Co., LLC, The.

Head Lice. Margaret Mincks. 2016. (Awful, Disgusting Parasites Ser.). (ENG.). 32p. (J). (gr. 4-6). pap. 9.99 *(978-1-64466-137-6(3)*, 10250); (Illus.). 31.35 *(978-1-68072-007-5(4)*, 10249) Black Rabbit Bks. (Bolt).

Head Lopper & the Crimson Tower. Andrew MacLean. 2022. (ENG., Illus.). 200p. (YA). pap. 17.99 *(978-1-5343-0508-3(4)*, 441f007f-7364-448d-a80f-d0eaa50d6e63) Image Comics.

Head of a Tale: The Story of Ganesh. Ranjani Krishnaswamy. 2016. (ENG., Illus.). (J). pap. 13.70 *(978-0-9911454-1-6(0))* Nosey Trunk.

Head of Kay's. P. G. Wodehouse. 2020. (ENG.). (J). 140p. 16.95 *(978-1-64799-323-8(7))*; 138p. pap. 9.95 *(978-1-64799-322-1(9))* Bibliotech Pr.

Head of Kay's (Classic Reprint) Pelham Grenville Wodehouse. (ENG., Illus.). (J). 2018. 290p. 29.88 *(978-0-483-52804-8(8))*; 2017. pap. 13.57 *(978-0-243-09218-5(0))* Forgotten Bks.

Head of Medusa. Manlar Aleixandre. Tr. by Jonathan Dunne. 2019. (Galician Wave Ser.: Vol. 18). (ENG.). 176p. (YA). (gr. 7-12). pap. *(978-954-384-099-1(7))* Small Stations Pr. = Smol Stejsans Pres.

Head of Medusa (Classic Reprint) George Fleming. (ENG., Illus.). (J). 2018. 372p. 31.59 *(978-0-483-19252-2(X))*; 2016. pap. 13.97 *(978-1-334-15811-7(8))* Forgotten Bks.

Head of Medusa, Vol. 1 of 3 (Classic Reprint) George Fleming. 2018. (ENG., Illus.). 276p. (J). 29.61 *(978-0-483-86644-7(X))* Forgotten Bks.

Head of Medusa, Vol. 2 of 3 (Classic Reprint) George Fleming. 2018. (ENG., Illus.). 264p. (J). 29.36 *(978-0-483-50917-7(5))* Forgotten Bks.

Head of Medusa, Vol. 3 of 3 (Classic Reprint) George Fleming. 2018. (ENG., Illus.). 282p. (J). 29.71 *(978-0-483-84381-3(4))* Forgotten Bks.

Head of Ned Belly. Jason Byrne. Illus. by Oisín McGann. 2021. (Accidental Adventures of Onion O'Brien Ser.: 2). (ENG.). 224p. (J). pap. 12.95 *(978-0-7171-8952-6(X))* Gill Bks. IRL. Dist: Casemate Pubs. & Bk. Distributors, LLC.

Head of the Family: A Novel (Classic Reprint) Unknown Author. 2018. (ENG., Illus.). 578p. (J). 35.84 *(978-0-365-40502-3(7))* Forgotten Bks.

Head of the Family (Classic Reprint) Alphonse Daudet. 2017. (ENG., Illus.). (J). 32.56 *(978-0-260-32509-9(0))* Forgotten Bks.

Head of the Family, Vol. 1 Of 3: A Novel (Classic Reprint) Unknown Author. 2018. (ENG., Illus.). 398p. (J). 32.11 *(978-0-483-43518-6(X))* Forgotten Bks.

Head of the Family, Vol. 2 Of 3: A Novel (Classic Reprint) Dinah Maria Mulock Craik. 2018. (ENG., Illus.). 334p. (J). 30.79 *(978-0-484-60680-6(8))* Forgotten Bks.

Head of the Family, Vol. 3 Of 3: A Novel (Classic Reprint) Dinah Maria Mulock Craik. 2018. (ENG., Illus.). 350p. (J). 31.12 *(978-0-483-41597-3(9))* Forgotten Bks.

Head of the Firm, Vol. 1 Of 3: A Novel (Classic Reprint) J. H. Riddell. 2018. (ENG., Illus.). 298p. (J). 30.04 *(978-0-365-36283-8(2))* Forgotten Bks.

Head of the Firm, Vol. 2 Of 3: A Novel (Classic Reprint) J. H. Riddell. (ENG., Illus.). (J). 2018. 310p. 30.31 *(978-0-483-90929-8(7))*; 2016. pap. 13.57 *(978-1-334-13200-1(3))* Forgotten Bks.

Head of the Firm, Vol. 3 Of 3: A Novel (Classic Reprint) J. H. Riddell. 2018. (ENG., Illus.). 330p. (J). 30.70 *(978-0-428-59629-3(0))* Forgotten Bks.

Head of the House of Coombe (Classic Reprint) Frances Burnett. 2017. (ENG., Illus.). (J). 31.80 *(978-0-266-21796-1(6))* Forgotten Bks.

Head of the Lower School (Classic Reprint) Dorothea Moore. (ENG., Illus.). (J). 2018. 320p. 30.52 *(978-0-365-02388-3(4))*; 2017. pap. 13.57 *(978-0-259-49196-5(9))* Forgotten Bks.

Head of the Serpent: The Pearl & the Sword. W. C. Gorski. 2022. (Pearl & the Sword Ser.: Vol. 3). (ENG.). 522p. (YA). pap. 18.00 *(978-1-6629-2171-1(3))*; 35.00 *(978-1-6629-2170-4(5))* Gatekeeper Pr.

Head on Backwards, Chest Full of Sand: A Coming of Age Novel. Sandy Day. 2020. (ENG.). 180p. (J). pap. *(978-1-9990735-1-0(7))* Day, Sandy.

Head over Heels (Set), 4 vols. Lea Taddonio. Illus. by Mina Price. 2016. (Head over Heels Ser.). (ENG.). 48p. (J). (gr. 3-7). lib. bdg. 136.88 *(978-1-62402-191-6(3)*, 24561, Spellbound) Magic Wagon.

Head over Tail. Rachel Bright. ed. 2022. (World of Peter Rabbit Ser.). (ENG.). 30p. (J). (gr. k-1). 23.46 ***(978-1-68505-302-4(5))*** Penworthy Co., LLC, The.

Head, Shoulders, Knees & Toes. Skye Silver. Illus. by Mariana Ruiz Johnson. (Barefoot Singalongs Ser.). (ENG.). (J). (gr. -1-2). 2021. 30p. bds. 14.99 ***(978-1-64686-285-6(6))***; 2020. 32p. pap. 10.99 *(978-1-64686-069-2(1))* Barefoot Bks., Inc.

Head, Shoulders, Knees & Toes. Illus. by Annie Kubler & Sarah Dellow. ed. 2021. (Baby Rhyme Time Ser.). 12p. (J). bds. *(978-1-78628-579-9(7))* Child's Play International Ltd.

Head, Shoulders, Knees & Toes. Skye Silver. Illus. by Mariana Ruiz Johnson. ed. (Barefoot Singalongs Ser.). 32p. (J). (gr. -1-2). 2022. (HIN.). pap. 7.99 ***(978-1-64686-666-3(5))***; 2021. (POR.). pap. 7.99 ***(978-1-64686-546-8(4))***; 2021. (PRS.). pap. 7.99 ***(978-1-64686-698-4(3))***; 2021. (RUS.). pap. 7.99 ***(978-1-64686-548-2(0))***; 2021. (PUS.). pap. 7.99 ***(978-1-64686-699-1(1))***; 2021. (BEN.). pap. 7.99 ***(978-1-64686-697-7(5))***; 2021. (AMH.). pap. 7.99

H

(978-1-64686-547-5(2)); 2021. (FRE.). pap. 7.99 ***(978-1-64686-484-3(0))***; 2021. (HAT.). pap. 7.99 ***(978-1-64686-483-6(2))***; 2021. (HMN.). pap. 7.99 ***(978-1-64686-380-8(1))***; 2021. (ARA.). pap. 7.99 ***(978-1-64686-377-8(1))***; 2021. (VIE.). pap. 7.99 ***(978-1-64686-379-2(8))***; 2021. (SOM.). pap. 7.99 ***(978-1-64686-376-1(3))***; 2021. (KOR.). pap. 7.99 ***(978-1-64686-381-5(X))***; 2021. (CHI.). pap. 7.99 ***(978-1-64686-382-2(8))***; 2021. (KAR.). pap. 7.99 ***(978-1-64686-378-5(X))***; 2021. (SPA.). pap. 7.99 ***(978-1-64686-375-4(5))*** Barefoot Bks., Inc.

Head, Shoulders, Knees, & Toes: Sing along with Me! Illus. by Yu-Hsuan Huang. 2021. (Sing along with Me! Ser.). (ENG.). 8p. (J). (— 1). bds. 8.99 *(978-1-5362-1716-2(6))* Candlewick Pr.

Head, Shoulders, Knees, & Toes Coloring Book. Bobo's Children Activity Books. 2016. (ENG., Illus.). (J). pap. 9.33 *(978-1-68327-469-8(5))* Sunshine In My Soul Publishing.

Head, Shoulders, Knees, Tails Coloring Fun. Kreative Kids. 2016. (ENG., Illus.). (J). pap. 9.20 *(978-1-68377-419-8(1))* Whlke, Traudl.

Head, the Heart, & the Heir. Alice Hanov. 2022. (Head, the Heart, & the Heir Ser.: Vol. 1). (ENG.). 474p. (YA). 23.99 *(978-1-7780476-0-2(2))*; pap. 12.99 *(978-1-7780476-1-9(0))* Gryphon Pr., The.

Head to Head. Jennifer Manuel. 2021. (Lorimer Sports Stories Ser.). (ENG.). 128p. (J). (gr. 4-8). pap. 9.95 *(978-1-4594-1428-0(4),* 44d199cc-55f8-4dc6-9c2f-489305e6fec7) James Lorimer & Co. Ltd., Pubs. CAN. Dist: Lerner Publishing Group.

Head to Heart: Fixing Failure, Grief, & Anger: Finding Love, Grace, & Mercy: Josh & Emily. Kathryn Maureen O'Rourke. 2018. (ENG.). 68p. (YA). (gr. 7-12). pap. 13.95 *(978-1-64349-129-5(6))* Christian Faith Publishing.

Head to Toe, Front to Back of It Opposites Book for Kids. Pfiffikus. 2016. (ENG., Illus.). (J). pap. 10.81 *(978-1-68377-667-3(4))* Whlke, Traudl.

Head-to-Toe Health, 12 vols., Set. Elaine Landau. Incl. Asthma. lib. bdg. 31.21 *(978-0-7614-2845-9(3),* 2dabf934-68b8-421e-97d2-f3dc1b6dde04); Bites & Stings. lib. bdg. 31.21 *(978-0-7614-2850-3(X),* e296badd-fc9a-42c1-afcf-0ac4f94dc558); Broken Bones. lib. bdg. 31.21 *(978-0-7614-2847-3(X),* 17d3bac1-9050-4bb1-b123-364f11478019); Bumps, Bruises, & Scrapes. lib. bdg. 31.21 *(978-0-7614-2849-7(6),* 4d3f3e11-8444-457d-b048-c8cc3c74a936); Cavities & Toothaches. lib. bdg. 31.21 *(978-0-7614-2848-0(8),* b2e9fdd3-1584-4b0d-8d85-545fbb25b871); Common Cold. lib. bdg. 31.21 *(978-0-7614-2844-2(5),* 61769ee6-df6e-432e-b76b-62ce010b77a0); 32p. (J). (gr. 2-2). (Head-To-Toe Health Ser.). (ENG.). 2009. Set lib. bdg. 187.26 *(978-0-7614-2843-5(7),* 7f06f4a1-dddd-4df7-8816-a82b36b87da8, Cavendish Square) Cavendish Square Publishing LLC.

Head up & Fix Your Crown. Audree Cumbo. 2022. (ENG., Illus.). 30p. (J). 20.95 ***(978-1-63710-851-2(6))*** Fulton Bks.

Headhunters of Borneo (SAS Operation) Shaun Clarke. 2016. (SAS Operation Ser.). (ENG.). 208p. 12.99 *(978-0-00-815503-2(8),* HarperCollins) HarperCollins Pubs.

Headin' for the Hills (Classic Reprint) Montana State Highway Commission. (ENG., Illus.). (J). 2018. 34p. 24.62 *(978-0-365-49855-1(6))*; 2017. pap. 7.97 *(978-0-259-53574-4(5))* Forgotten Bks.

Heading West: Oregon Trail & Westward Expansion. Virginia Loh-Hagan. 2019. (Behind the Curtain Ser.). (ENG.). 32p. (J). (gr. 4-8). pap. 14.21 *(978-1-5341-3995-4(8),* 212809); (Illus.). lib. bdg. 32.07 *(978-1-5341-4339-5(4),* 212808) Cherry Lake Publishing. (45th Parallel Press).

Headless Highwayman. Ian Irvine. 2nd ed. 2020. (Grim & Grimmer Ser.: Vol. 1). (ENG.). 172p. (J). pap. *(978-0-6481869-3-9(8))* Santhenar Trust, The.

Headless Snowman. Donaldson. Illus. by Rikee McGrone. 2018. (ENG.). 34p. (J). (gr. 4-6). 15.00 *(978-0-9764645-7-0(8))* Shepard's Ink Publishing.

Headless Wolf. Joseph E. Barrera. 2018. (ENG., Illus.). 54p. (YA). *(978-1-5255-2030-3(X))*; pap. *(978-1-5255-2031-0(8))* FriesenPress.

Headliner, 1 vol. Susan White. 2018. (ENG.). 168p. (J). (gr. 4-7). pap. 12.95 *(978-1-77366-007-3(1),* 5f47ce95-2f1b-429b-bf11-6018601d539f) Acorn Pr., The CAN. Dist: Baker & Taylor Publisher Services (BTPS).

Headlong Hall & Nightmare Abbey. Thomas Love Peacock. 2017. (ENG., Illus.). (J). pap. *(978-0-649-12766-5(8))* Trieste Publishing Pty Ltd.

Headlong Hall & Nightmare Abbey (Classic Reprint) Thomas Love Peacock. 2017. (ENG., Illus.). (J). 29.51 *(978-0-266-25901-5(4))* Forgotten Bks.

Headlong Hall (Classic Reprint) Thomas Love Peacock. 2017. (ENG., Illus.). (J). 27.55 *(978-0-331-58855-2(2))* Forgotten Bks.

Headmaster's List. Melissa de la Cruz. 2023. (ENG.). 400p. (YA). 19.99 *(978-1-250-82738-8(8),* 900252062) Roaring Brook Pr.

Headquarter Recruit: And Other Stories (Classic Reprint) Richard Dehan. (ENG., Illus.). (J). 2018. 394p. 32.02 *(978-0-366-46048-9(X))*; 2018. 396p. pap. 16.57 *(978-0-366-06166-2(6))*; 2018. 370p. 31.53 *(978-0-364-92073-2(4))*; 2016. pap. 16.57 *(978-1-333-40610-3(X))* Forgotten Bks.

Heads & Tails. John Canty. Illus. by John Canty. 2018. (ENG., Illus.). 40p. (J). (-k). 17.99 *(978-1-5362-0033-1(6))* Candlewick Pr.

Heads & Tails: (Dog Books, Books about Dogs, Dog Gifts for Dog Lovers) Photos by Carli Davidson. 2017. (ENG., Illus.). 20p. (J). bds. 8.99 *(978-1-4521-5137-3(7))* Chronicle Bks. LLC.

Heads & Tails: Studies & Stories of Pets (Classic Reprint) Grace Greenwood. 2018. (ENG., Illus.). 190p. (J). 27.84 *(978-0-484-91439-0(1))* Forgotten Bks.

Heads & Tails: Insects. John Canty. Illus. by John Canty. 2020. (ENG., Illus.). 40p. (J). (-k). 17.99 *(978-1-5362-0784-2(5))* Candlewick Pr.

Heads & Tails: Underwater. John Canty. Illus. by John Canty. 2021. (ENG.). 32p. (J). (-k). 17.99 *(978-1-5362-1460-4(4))* Candlewick Pr.

Heads & Tales of Travellers & Travelling: A Book for Everybody, Going Anywhere (Classic Reprint) Edward L. Elanchard. (ENG., Illus.). (J). 2018. 108p. 26.14 *(978-0-483-91647-0(1))*; 2016. pap. 9.57 *(978-1-333-26087-3(3))* Forgotten Bks.

Heads & Tales, or Anecdotes & Stories of Quadrupeds & Other Beasts Chiefly Connected with Incidents in the Histories of More or Less Distinguished Men (Classic Reprint) Adam White. 2018. (ENG., Illus.). 360p. (J). 31.32 *(978-0-484-04590-2(3))* Forgotten Bks.

Heads, Legs, & Tails! Animal Shapes Coloring Book. Creative Playbooks. 2016. (ENG., Illus.). (J). pap. 7.74 *(978-1-68323-764-8(1))* Twin Flame Productions.

Heads of the People: Or, Portraits of the English (Classic Reprint) Kenny Meadows. 2018. (ENG., Illus.). (J). 32.93 *(978-0-331-76073-6(8))*; 506p. 34.33 *(978-0-483-56149-6(5))* Forgotten Bks.

Heads of the People, or Portraits of the English (Classic Reprint) Kenny Meadows. 2018. (ENG., Illus.). 512p. (J). 34.46 *(978-0-332-46817-4(8))* Forgotten Bks.

Heads Shoulders Knees & Toes. Richard Watson. 2022. (Padded Board Bks.). (ENG.). 24p. (J). (gr. -1-k). bds. 8.99 *(978-1-80105-476-8(2))* Top That! Publishing PLC GBR. Dist: Independent Pubs. Group.

Heads Up: Changing Minds on Mental Health. Melanie Siebert. Illus. by Belle Wuthrich. 2020. (Orca Issues Ser.: 4). (ENG.). 192p. (YA). (gr. 8-12). pap. 24.95 *(978-1-4598-1911-5(X))* Orca Bk. Pubs. USA.

Heads up! Concussion Awareness. Jeff Szpirglas & Danielle Saint-Onge. 2017. (Exploring the Brain Ser.). (Illus.). 48p. (J). (gr. 5-6). *(978-0-7787-3508-3(7))*; pap. *(978-0-7787-3512-0(5))* Crabtree Publishing Co.

Heads up Money. DK. 2017. (DK Heads Up Ser.). (ENG., Illus.). 160p. (YA). (gr. 5-12). pap. 15.99 *(978-1-4654-5626-7(0),* DK Children) Dorling Kindersley Publishing, Inc.

Headshot: A Thriller. Matthew McAndrew. 2017. (ENG., Illus.). 178p. (YA). pap. 10.99 *(978-0-692-97450-6(4))* Dark Mantle Publishing.

Headstrong Hallie! The Story of Hallie Morse Daggett, the First Female Fire Guard. Aimee Bissonette. Illus. by David Hohn. 2021. (ENG.). 40p. (J). (gr. 1-4). 16.99 *(978-1-5341-1061-8(5),* 205007) Sleeping Bear Pr.

Headswoman (Classic Reprint) Kenneth Grahame. (ENG., Illus.). (J). 2018. 56p. 25.07 *(978-0-656-24619-9(7))*; 2017. 25.63 *(978-0-265-24973-4(2))* Forgotten Bks.

Heal the Earth. Julian Lennon & Bart Davis. Illus. by Smiljana Coh. (Julian Lennon White Feather Flier Adventure Ser.: 2). (ENG.). (J). (gr. -1-1). 2020. 38p. bds. 9.99 *(978-1-5107-5188-0(2))*; 2018. 40p. 17.99 *(978-1-5107-2853-0(8))* Skyhorse Publishing Co., Inc. (Sky Pony Pr.).

Heal the Earth (author Signed Copies) Julian Lennon & Bart Davis. Illus. by Smiljana Coh. 2018. (ENG.). 40p. (J). 17.99 *(978-1-5107-3994-9(7),* Sky Pony Pr.) Skyhorse Publishing Co., Inc.

Healer. Donna Freitas. 2018. (ENG.). 400p. (YA). (gr. 8). 17.99 *(978-0-06-266211-8(2),* HarperTeen) HarperCollins Pubs.

Healer. Susan Miura. 2018. (ENG., Illus.). 330p. (YA). (gr. 10-12). pap. 18.99 *(978-1-7321348-1-2(2))* Vinspire Publishing LLC.

Healer. Kay L. Moody. 2019. (Truth Seer Trilogy Ser.: Vol. 2). (ENG.). 336p. (YA). (gr. 8-12). 24.95 *(978-1-7324588-3-3(9))*; pap. 15.95 *(978-1-7324588-2-6(0))* Marten Pr.

Healer: A Young Adult / New Adult Fantasy Novel. Joanne Wadsworth. 2020. (Princesses of Myth Ser.: Vol. 4). (ENG.). 220p. (YA). pap. *(978-1-990034-18-3(7))* Wadsworth, Joanne.

Healer & Witch. Nancy Werlin. (ENG.). 304p. (J). (gr. 4-7). 2023. pap. 8.99 ***(978-1-5362-3299-8(8))***; 2022. (Illus.). 19.99 *(978-1-5362-1956-2(8))* Candlewick Pr.

Healer Cat. Tuula Pere. Ed. by Susan Korman. Illus. by Klaudia Bezak. 2018. (ENG.). 40p. (J). (gr. k-4). pap. *(978-952-7107-57-7(1))* Wickwick oy.

Healer Cat: Greek Edition of the Healer Cat. Tuula Pere. Tr. by Irene Papakosta. Illus. by Klaudia Bezak. 2018. (GRE.). 40p. (J). (gr. k-4). pap. *(978-952-7107-81-2(4))* Wickwick oy.

Healer Cat (Oriya) Oriya Edition of the Healer Cat. Tuula Pere. Tr. by Gouri Sankar Mahapatro. Illus. by Klaudia Bezak. 2019. (ORI.). 40p. (J). (gr. k-4). *(978-952-357-280-5(6))*; pap. *(978-952-357-281-2(4))* Wickwick oy.

Healer Cat (Sinhala) Sinhala Edition of the Healer Cat. Tuula Pere. Ed. by L. Sankha Jayasinghe. Illus. by Klaudia Bezak. 2019. (SIN.). 40p. (J). (gr. k-4). *(978-952-357-283-6(0))*; pap. *(978-952-357-284-3(9))* Wickwick oy.

Healer (Classic Reprint) Robert Herrick. (ENG., Illus.). (J). 2017. 33.47 *(978-1-5285-8339-8(6))*; 2016. pap. 16.57 *(978-1-334-45346-5(2))* Forgotten Bks.

Healer Gang. Edg Smith. 2020. (ENG.). 200p. (YA). pap. 9.99 ***(978-1-7328750-6-7(5))*** EDGSMITH Publishing,LLC.

Healer of the Water Monster. Brian Young. (ENG.). 368p. (J). (gr. 3-7). 2022. pap. 9.99 *(978-0-06-299041-9(1))*; 2021. 19.99 *(978-0-06-299040-2(3))* HarperCollins Pubs. (Heartdrum).

Healers. Kimo Armitage. 2016. (ENG.). 208p. pap. 19.99 *(978-0-8248-5645-8(7),* 4598, Latitude 20) Univ. of Hawaii Pr.

Healers: A Novel. Jonel Abellanosa. 2023. 256p. (YA). (gr. 6). 13.99 ***(978-981-5058-97-0(5))*** Penguin Random House SEA Pte. Ltd. SGP. Dist: Independent Pubs. Group.

Healers (Classic Reprint) Maarten Maartens. (ENG., Illus.). (J). 2018. 402p. 32.21 *(978-0-364-98973-9(4))*; 2017. pap. 16.57 *(978-0-243-49638-9(9))* Forgotten Bks.

Healer's Gift: Book 1 of the Adventures on Brad. Wong Tao. 2020. (Adventures on Brad Ser.: Vol. 1). (ENG.). 348p. (YA). (gr. 7-11). pap. *(978-1-989458-44-0(0))* Tao Wong.

Healers, Vol. 1 of 2 (Classic Reprint) Maarten Maartens. 2018. (ENG., Illus.). 288p. (J). 29.90 *(978-0-484-58130-1(9))* Forgotten Bks.

Healers, Vol. 2 of 2 (Classic Reprint) Maarten Maartens. 2018. (ENG., Illus.). 282p. (J). 29.73 *(978-0-483-45386-9(2))* Forgotten Bks.

Healing. Don Rauf. 2017. (Freaky Phenomena Ser.: Vol. 8). (ENG., Illus.). 48p. (J). (gr. 5-8). 20.95 *(978-1-4222-3775-5(3))* Mason Crest.

Healing Breath: A Guided Meditation Through Nature for Kids. William Meyer. Illus. by Brittany R. Jacobs. 2021. (ENG.). 32p. (J). (gr. -1-5). 16.95 *(978-1-60868-746-6(5))* New World Library.

Healing Feelings. Leslie Baker. 2017. (ENG., Illus.). (J). (gr. -1-3). pap. 9.95 *(978-1-947247-76-5(X))* Yorkshire Publishing Group.

Healing Hands: Empowering Kids to Make a Difference. Stacy-Lyn Corlett. Illus. by Sheng Mei. 2022. (ENG.). 36p. (J). ***(978-0-2288-5794-5(5))***; pap. ***(978-0-2288-5796-9(1))*** Tellwell Talent.

Healing Heart's Club Story & Activity Book. Harriet Hill et al. 2018. (ENG., Illus.). 74p. (J). (gr. 3-6). pap. 2.99 *(978-1-937628-90-1(6))* American Bible Society.

Healing House. Karen Bradshaw Grathoff. 2016. (ENG., Illus.). (J). pap. 15.95 *(978-1-4808-4114-7(5))* Archway Publishing.

Healing in the Woods Healing in the Woods. H. a Bryan. 2018. (ENG., Illus.). 346p. (J). 34.99 *(978-1-387-87827-7(1))* Lulu Pr., Inc.

Healing Items & Potions in Fortnite. Josh Gregory. 2020. (21st Century Skills Innovation Library: Unofficial Guides Junior Ser.). (ENG., Illus.). 24p. (J). (gr. 2-5). lib. bdg. 30.64 *(978-1-5341-6962-3(8),* 215735) Cherry Lake Publishing.

Healing Kiss. Chellelee C. 2022. (Healing Chronicles Novel Book 1 Ser.). (ENG.). 216p. (YA). pap. 18.95 ***(978-1-63985-740-1(0))*** Fulton Bks.

Healing Light: A Super Nine Adventure. Sandy Brown. 2018. (ENG., Illus.). 86p. (J). 28.95 *(978-1-64458-777-5(7))*; pap. 18.95 *(978-1-64258-089-1(9))* Christian Faith Publishing.

Healing of the Hawaiian: A Story of the Hawaiian Islands (Classic Reprint) Evelyn Whitell. 2019. (ENG., Illus.). (J). 156p. 27.13 *(978-1-397-29190-5(7))*; 158p. pap. 9.57 *(978-1-397-29181-3(8))* Forgotten Bks.

Healing Racial Stress Workbook for Black Teens: Skills to Help You Manage Emotions, Resist Racism, & Feel Empowered. Dana Cunningham et al. 2023. (Instant Help Social Justice Ser.). (ENG.). 168p. (YA). (gr. 6-12). pap. 17.95 ***(978-1-64848-067-6(5)***, 50676, Instant Help Books) New Harbinger Pubns.

Healing Stone. Theresa Newport Singleton. 2018. (ENG., Illus.). 34p. (J). pap. 13.95 *(978-1-64140-867-7(7))* Christian Faith Publishing.

Healing Sunni. Darleen Ewing. 2021. (ENG.). 20p. (J). pap. 11.95 *(978-1-0980-7825-6(X))* Christian Faith Publishing.

Healing the Temple of the Soul. D. Watt. 2018. (ENG.). 156p. (J). pap. *(978-0-9734768-1-1(8))* Russell, Sharon.

Healing the Unbreakable. Jessica Nelson. 2017. (ENG., Illus.). (YA). (gr. 9-12). pap. 15.00 *(978-0-692-95114-9(8))* Jessica Nelson.

Healing with Art Ornamental Mandala Coloring Book for Teens. Educando Kids. 2019. (ENG.). 42p. (J). pap. 6.99 *(978-1-64521-180-8(0),* Educando Kids) Editorial Imagen.

Health. Celeste A. Peters. 2016. (J). *(978-1-5105-2237-4(9))* SmartBook Media, Inc.

Health: Arabic-English Bilingual Edition. Karen Durrie. 2016. (Community Helpers Ser.). (ENG.). (J). (gr. -1-3). 29.99 *(978-1-61913-903-9(0))* Weigl Pubs., Inc.

Health Alert, 12 vols., Group 2. Incl. Allergies. Terry Allan Hicks. lib. bdg. 35.50 *(978-0-7614-1918-1(7),* 450b26a4-e3e6-4cdf-8e5c-41cf9048ed0d); Common Cold. Terry Allan Hicks. lib. bdg. 35.50 *(978-0-7614-1913-6(6),* 4fed6695-ccc3-45a8-b2b2-f91f47a82286); Eating Disorders. Ruth Bjorklund. lib. bdg. 35.50 *(978-0-7614-1914-3(4),* d58852e9-376e-43d0-81cd-110149dc4278); Food Borne Illnesses. Ruth Bjorklund. lib. bdg. 35.50 *(978-0-7614-1917-4(9),* ef04ced0-d170-414a-b365-4203cdc82774); Leukemia. Lorrie Klosterman. lib. bdg. 35.50 *(978-0-7614-1916-7(0),* a40b0dfc-28e0-4168-af9f-95cf9621114d); Mononucleosis. Gretchen Hoffmann. lib. bdg. 35.50 *(978-0-7614-1915-0(2),* 2f90bc7c-08b5-46ee-9f32-4989099d7e60); (Illus.). 64p. (gr. 4-4). (Health Alert Ser.). (ENG.). 2007. 213.00 *(978-0-7614-1912-9(8),* f5905f3b-ecf4-4fb7-b3da-ad9fd809cbce, Cavendish Square) Cavendish Square Publishing LLC.

Health Alert - Group 4, 12 vols., Set. Incl. ADD & ADHD. George Capaccio. lib. bdg. 35.50 *(978-0-7614-2705-6(8),* afd4e88d-f997-4722-bc5d-672dfd83fa61); Autism. Marlene Targ Brill. lib. bdg. 35.50 *(978-0-7614-2700-1(7),* 9a14824b-9876-42b2-9cf1-bf92ac2fa9d5); Multiple Sclerosis. Marlene Targ Brill. lib. bdg. 35.50 *(978-0-7614-2699-8(X),* d904844c-1ab3-444f-aa3f-78c62b8871d2); Osteoporosis. Gretchen Hoffmann. lib. bdg. 35.50 *(978-0-7614-2702-5(3),* fe21167f-3e19-4f28-a42b-f8ddda6e37ed); Rabies. Lorrie Klosterman. lib. bdg. 35.50 *(978-0-7614-2704-9(X),* 6a088b66-1bbd-449c-bcf0-87c70b2a540f); Skin Cancer. Marjorie L. Buckmaster. lib. bdg. 35.50 *(978-0-7614-2703-2(1),* 2965129b-7dc6-4acd-b58c-0dc82531fd6b); (Illus.). 64p. (gr. 4-4). (Health Alert Ser.). (ENG.). 2008. Set lib. bdg. 213.00 *(978-0-7614-2698-1(1),* 0c05b5c7-aa5c-4d37-be18-9cfcc61e4aa6, Cavendish Square) Cavendish Square Publishing LLC.

Health Alert - Group 5, 12 vols., Set. Incl. Chicken Pox. Gretchen Hoffmann. lib. bdg. 35.50 *(978-0-7614-2916-6(6),* c243c9a7-493e-4f99-be28-099499ef49fc); Cystic Fibrosis. Ruth Bjorklund. lib. bdg. 35.50 *(978-0-7614-2912-8(3),* e4856d72-7ec2-4745-bb09-af692060b1aa); Fever. Camilla Calamandrei. lib. bdg. 35.50 *(978-0-7614-2915-9(8),* c1f138a5-a141-49df-8c07-5cac8edf3fc2); Obesity. Terry Allan Hicks. lib. bdg. 35.50 *(978-0-7614-2911-1(5),* 4e68d304-05a3-44ae-92ff-e77723006809); Sleep Disorders. L. H. Colligan. lib. bdg. 35.50 *(978-0-7614-2913-5(1),* e5e5a659-1b11-4cd2-874a-5e39d58be2cb); Tick-Borne Illnesses. L. H. Colligan. lib. bdg. 35.50 *(978-0-7614-2914-2(X),* 4708b431-62af-4438-a310-0eaee21e4381); 64p. (gr. 4-4). (Health Alert Ser.). (ENG.). 2009. Set lib. bdg. 213.00 *(978-0-7614-2910-4(7),* 959aba00-9994-46e4-bd10-7156aff161e6, Cavendish Square) Cavendish Square Publishing LLC.

Health Alert Group 3, 12 vols., Set. Incl. Cerebral Palsy. Ruth Bjorklund. lib. bdg. 35.50 *(978-0-7614-2209-9(9),* 5366b459-5a49-43f4-9e17-d75a4823c184); Down Syndrome. Marlene Targ Brill. lib. bdg. 35.50 *(978-0-7614-2207-5(2),* 53609adc-4500-4291-aee5-1769ffd96e1e); Epilepsy. Ruth Bjorklund. lib. bdg. 35.50 *(978-0-7614-2206-8(4),* afb1a2ec-d10d-4799-987e-3e7b7ef6dcc4); Flu. Gretchen Hoffmann. lib. bdg. 35.50 *(978-0-7614-2208-2(0),* 3e3dd1b2-f051-42a9-9c07-af947933dcfd); Headaches. Rick Petreycik. lib. bdg. 35.50 *(978-0-7614-2210-5(2),* a73a9a01-00f0-41e2-bea4-c4667e5dd25d); Meningitis. Lorrie Klosterman. lib. bdg. 35.50 *(978-0-7614-2211-2(0),* ec8ffe3c-5ee0-491b-aabd-7d243537f3b5); (Illus.). 64p. (gr. 4-4). (Health Alert Ser.). (ENG.). 2007. Set lib. bdg. 213.00 *(978-0-7614-2205-1(6),* 59e5548f-68fc-4e08-a72e-75049a6f4aec, Cavendish Square) Cavendish Square Publishing LLC.

Health & Disease in Society, 8 vols., Set. Kara Rogers. Incl. Battling & Managing Disease. 224p. lib. bdg. 56.59 *(978-1-61530-321-2(9),* 18ed4ea4-4617-4dd3-9c90-d024068f0bcb); Infectious Diseases. 232p. lib. bdg. 56.59 *(978-1-61530-341-0(3),* 002683da-f346-4dd0-9528-50f2f343334d); Medicine & Healers Through History. 240p. lib. bdg. 56.59 *(978-1-61530-367-0(7),* 6d67ac37-5e18-4ac4-a867-77f977fa7ce2); Substance Use & Abuse. 208p. lib. bdg. 56.59 *(978-1-61530-338-0(3),* 7221e990-5d87-4044-9b56-d805fe5fc696); (YA). (gr. 10-10). (Health & Disease in Society Ser.). (ENG., Illus.). 208 ndash; 240p. 2011. Set lib. bdg. 226.36 *(978-1-61530-347-2(2),* a908323f-55e6-4ea7-a9d0-8279923b8ed1) Rosen Publishing Group, Inc., The.

Health & Hygiene. Mason Crest. 2019. (Health & Nutrition Ser.). (Illus.). 80p. (J). (gr. 12). lib. bdg. 34.60 *(978-1-4222-4221-6(8))* Mason Crest.

Health & Medicine, Vol. 9. John Perritano. Ed. by Ruud van Dijk. 2016. (Making of the Modern World: 1945 to the Present Ser.). (Illus.). 64p. (J). (gr. 7). 23.95 *(978-1-4222-3639-0(0))* Mason Crest.

Health & Wellness (Set), 8 vols., Set. Cecilia Minden. Incl. Breakfast by the Numbers. (Illus.). lib. bdg. 32.07 *(978-1-60279-011-7(6),* 200060); Cooking by the Numbers. (Illus.). lib. bdg. 32.07 *(978-1-60279-007-0(8),* 200061); Dinner by the Numbers. (Illus.). lib. bdg. 32.07 *(978-1-60279-013-1(2),* 200062); Exercise by the Numbers. (Illus.). lib. bdg. 32.07 *(978-1-60279-010-0(8),* 200063); Gardening by the Numbers. (Illus.). lib. bdg. 32.07 *(978-1-60279-008-7(6),* 200064); Grocery Shopping by the Numbers. (Illus.). lib. bdg. 32.07 *(978-1-60279-006-3(X),* 200065); Lunch by the Numbers. (Illus.). lib. bdg. 32.07 *(978-1-60279-012-4(4),* 200066); Restaurants by the Numbers. lib. bdg. 32.07 *(978-1-60279-009-4(4),* 200067); (gr. 4-8). (21st Century Skills Library: Real World Math Ser.). (ENG.). 32p. 2007. 256.56 *(978-1-60279-103-9(1),* 200059) Cherry Lake Publishing.

Health Care. Mark R. Whittington. 2019. (Contemporary Issues Ser.). (Illus.). 112p. (J). (gr. 12). lib. bdg. 35.93 *(978-1-4222-4393-0(1))* Mason Crest.

Health Care: Should It Be Universal?, 1 vol. Anita Croy. 2019. (What's Your Viewpoint? Ser.). (ENG.). 48p. (gr. 6-6). pap. 15.05 *(978-1-5345-6566-1(3),* 4a6e8198-de60-4e35-bd12-685109a79776); lib. bdg. 35.23 *(978-1-5345-6567-8(1),* b8c519d0-91fb-48af-8769-79c54da91072) Greenhaven Publishing LLC. (Lucent Pr.).

Health Care & Science, Vol. 10. Daniel Lewis. 2018. (Careers in Demand for High School Graduates Ser.). 112p. (J). (gr. 7). 34.60 *(978-1-4222-4137-0(8))* Mason Crest.

Health Care Careers. Christine Wilcox. 2018. (STEM Careers Ser.). (ENG.). 80p. (YA). (gr. 6-12). 39.93 *(978-1-68282-433-7(0))* ReferencePoint Pr., Inc.

Health Care Careers in 2 Years: Sets 1 - 2, 28 vols. 2018. (Health Care Careers in 2 Years Ser.). (ENG.). (YA). (gr. 7-7). lib. bdg. 537.74 *(978-1-4994-6754-3(0),* 1ebabd5a-9c90-4e21-9a95-94c68a71388b) Rosen Publishing Group, Inc., The.

Health-Care Divide. Duchess Harris Jd & Rebecca Morris. 2018. (Class in America Ser.). (ENG.). 112p. (J). (gr. 6-12). lib. bdg. 41.36 *(978-1-5321-1409-0(5),* 28800, Essential Library) ABDO Publishing Co.

Health Care Journalism. Diane Dakers. 2018. (Investigative Journalism That Inspired Change Ser.). (Illus.). 48p. (J). (gr. 6-6). pap. *(978-0-7787-5363-6(8))* Crabtree Publishing Co.

Health Care: Universal Right or Personal Responsibility?, 1 vol. Erin L. McCoy & Corinne J. Naden. 2018. (Today's Debates Ser.). (ENG.). 144p. (gr. 7-7). pap. 22.16 *(978-1-5026-4325-4(1),* 78bb0843-759e-4d9c-9715-9c675e489ff4) Cavendish Square Publishing LLC.

Health Care Workers During COVID-19. Robin Johnson. 2021. (Community Helpers During COVID-19 Ser.). (ENG., Illus.). 24p. (J). (gr. k-4). pap. *(978-1-4271-2837-9(5),* 10458); lib. bdg. *(978-1-4271-2833-1(2),* 10453) Crabtree Publishing Co. (Crabtree Classics).

Health for Life: Grade 3. Incl. Health for Life. pap., wbk. ed. 4.40 *(978-0-673-29613-9(X))*; Health for Life. pap., tchr. ed., wbk. ed. 8.25 *(978-0-673-29623-8(7))*; Health for Life. suppl. ed. 44.55 *(978-0-673-29643-6(1))*; Health for Life. suppl. ed. 23.80 *(978-0-673-29673-3(3))*; (J). (gr. 3). Set pap., stu. ed. 14.10 *(978-0-673-29583-5(4))* Addison-Wesley Educational Pubs., Inc.

Health Game (Classic Reprint) Rebecca Katharine Beeson. 2018. (ENG., Illus.). 252p. (J). 29.11 *(978-0-483-47920-3(9))* Forgotten Bks.

Health, Illness, & Death in the Time of COVID-19. Bradley Steffens. 2021. (Understanding the COVID-19 Pandemic Ser.). (ENG.). 64p. (YA). (gr. 6-12). 43.93 *(978-1-6782-0034-3(4))* ReferencePoint Pr., Inc.

Health Issues When You're Transgender, 1 vol. Susan Meyer. 2016. (Transgender Life Ser.). (ENG., Illus.). 64p. (J). (gr. 6-6). pap. 13.95 *(978-1-4994-6462-7(2),* ed0807f5-0157-46d4-8b88-92e9e9ffec05) Rosen Publishing Group, Inc., The.

TITLE INDEX HEART CHORD

Health Master (Classic Reprint) Samuel Hopkins Adams. 2018. (ENG., Illus.). 354p. (J). 31.20 *(978-0-483-20798-1(5))* Forgotten Bks.

Health Matters (Set), 12 vols. 2018. (Health Matters Ser.). (ENG.). 32p. (gr. 3-4). lib. bdg. 167.58 *(978-1-5383-3922-0(6)*, 6888bb94-9811-49a3-ae54-90ba4fcb70ce, PowerKids Pr.) Rosen Publishing Group, Inc., The.

Health Parade (Classic Reprint) James Mace Andress. (ENG., Illus.). (J). 2018. 176p. 27.53 *(978-0-365-38366-6(X))*; 2017. pap. 9.97 *(978-0-259-82020-8(2))* Forgotten Bks.

Health Plays for School Children: As Developed by Teachers & Pupils in Public Schools of Greater New York (Classic Reprint) Unknown Author. 2018. (ENG., Illus.). 80p. (J). 25.55 *(978-0-666-76711-0(4))* Forgotten Bks.

Health Reader (Black & White Edition) (Yesterday's Classics) W. Hoskyns-Abrahall. 2021. (ENG.). 320p. (YA). pap. 13.95 *(978-1-63334-151-7(8))* Yesterday's Classics.

Health Safety. Sarah L. Schuette. 2019. (Staying Safe! Ser.). (ENG., Illus.). 24p. (J). (gr. -1-2). 24.65 *(978-1-9771-0874-6(1)*, 140485, Pebble) Capstone.

Health Sciences. Diane Lindsey Reeves. 2017. (Bright Futures Press: World of Work Ser.). (ENG., Illus.). 32p. (J). (gr. 4-7). lib. bdg. 32.07 *(978-1-63472-624-5(3)*, 209530) Cherry Lake Publishing.

Health Tech: The Apps & Gadgets Redefining Wellness, 1 vol. Ed. by he New York Times. 2018. (Looking Forward Ser.). (ENG.). 224p. (YA). (gr. 9-9). lib. bdg. 54.93 *(978-1-64282-087-4(3)*, 44a70d65-faf2-4996-a4a9-d68700abd0ab, New York Times Educational Publishing) Rosen Publishing Group, Inc., The.

Health Tech: The Apps & Gadgets Redefining Wellness, 1 vol. Ed. by The New York Times Editorial. 2018. (Looking Forward Ser.). (ENG.). 224p. (YA). (gr. 9-9). pap. 24.47 *(978-1-64282-086-7(5)*, 0e559411-1b32-4aa5-99c5-b821b5022fad, New York Times Educational Publishing) Rosen Publishing Group, Inc., The.

Health Trip to the Tropics (Classic Reprint) Nathaniel Parker Willis. 2018. (ENG., Illus.). 452p. (J). 33.24 *(978-0-483-61589-2(7))* Forgotten Bks.

Health, United States: With Chartbook on Long-Term Trends in Health & Health United States 2016 in Brief, 2 vols. Ed. by Government Publishing Office. 2018. (Health, United States Ser.). (ENG.). 488p. (gr. 9). pap. 79.00 *(978-0-16-093978-5(X)*, Health & Human Services Dept.) United States Government Printing Office.

Health, United States, 2016, with Chartbook on Long-Term Trends in Health, 2 vols. Ed. by Government Publishing Office. 2017. (ENG.). 570p. (gr. 13). pap. 79.00 *(978-0-16-093977-8(1)*, Health & Human Services Dept.) United States Government Printing Office.

Health unto His Majesty (Classic Reprint) Justin Huntly McCarthy. 2018. (ENG., Illus.). 362p. (J). 31.38 *(978-0-483-94306-3(1))* Forgotten Bks.

Health, Work, & Play: Suggestions. Henry W. Acland. 2017. (ENG., Illus.). (J). pap. *(978-0-649-29737-5(7))* Trieste Publishing Pty Ltd.

Health Zone, 6 vols., Set. Illus. by Jack Desrocher. Incl. Eat Right! How You Can Make Good Food Choices. Matt Doeden. lib. bdg. 30.60 *(978-0-8225-7552-8(3))*; Keep Your Cool! What You Should Know about Stress. Jane Mersky Leder & Sandy Donovan. lib. bdg. 30.60 *(978-0-8225-7555-9(8))*; Stay Clear! What You Should Know about Skin Care. Sandy Donovan. lib. bdg. 30.60 *(978-0-8225-7550-4(7))*; Stay Fit! How You Can Get in Shape. Matt Doeden. (YA). lib. bdg. 30.60 *(978-0-8225-7553-5(1))*; Stay Safe! How You Can Keep Out of Harm's Way. Sara Kirsten Nelson. lib. bdg. 30.60 *(978-0-8225-7551-1(5))*; Take a Stand! What You Can Do about Bullying. Carrie Golus. (YA). lib. bdg. 30.60 *(978-0-8225-7554-2(X))*; (Illus.). 64p. (gr. 4-7). 2008. 2008. Set lib. bdg. 183.60 *(978-0-8225-7549-8(3))* Lerner Publishing Group.

Healthcare Heroes: Medical Workers Take on COVID-19. Rachael L. Thomas. 2020. (Battling COVID-19 Ser.). (ENG., Illus.). 32p. (J). (gr. 3-6). lib. bdg. 32.79 *(978-1-5321-9428-3(5)*, 36611, Checkerboard Library) ABDO Publishing Co.

Healthy Alphabet. Barbara Poor. 2020. (ENG.). 42p. (J). pap. 16.00 *(978-1-7948-5310-2(3))* Lulu Pr., Inc.

Healthy Bites, Healthy Life Coloring Book. Activibooks For Kids. 2016. (ENG., Illus.). (J). pap. 6.92 *(978-1-68323-576-7(2))* Twin Flame Productions.

Healthy Choices, 12 vols. 2021. (Healthy Choices Ser.). (ENG.). 24p. (J). (gr. 1-2). lib. bdg. 155.58 *(978-1-5026-6135-7(7)*, 34a7c718-8271-4edb-98e2-c407e6a78852) Cavendish Square Publishing LLC.

Healthy Diet. Mason Crest. 2019. (Health & Nutrition Ser.). (Illus.). 80p. (J). (gr. 12). lib. bdg. 34.60 *(978-1-4222-4222-3(6))* Mason Crest.

Healthy Eating, 1 vol. Gemma McMullen. 2020. (ENG., Illus.). 24p. (J). (gr. 2-6). pap. 9.99 *(978-1-83927-819-8(6))* BookLife Publishing Ltd. GBR. Dist: Independent Pubs. Group.

Healthy Eating for Families: Starring the Super Crew. Melissa Halas. 2020. (ENG.). 42p. (J). pap. 9.99 *(978-1-7339692-7-7(6))* SuperKids Nutrition Inc.

Healthy Eating Habits. Beth Bence Reinke. 2018. (Bumba Books (r) — Nutrition Matters Ser.). (ENG., Illus.). 24p. (J). (gr. -1-1). 26.65 *(978-1-5415-0342-7(2)*, ab8d0c99-a37a-40c7-b47f-b0e0814b403e, Lerner Pubns.) Lerner Publishing Group.

Healthy Eating: Read It Yourself with Ladybird Level 2. Ladybird. 2019. (Read It Yourself with Ladybird Ser.). 32p. (J). (gr. -1-k). 5.99 *(978-0-241-36108-5(7))* Penguin Random Hse. AUS. Dist: Independent Pubs. Group.

Healthy Eating with Liam, the Smart Rabbit. Azaliya Schulz. Illus. by Daria Volkova. 2023. (ENG.). 34p. (J). 17.99 ***(978-1-7378727-5-7(7))***; pap. 12.99 ***(978-1-7378727-4-0(9))*** Things That Matter LLC.

Healthy Eats! Fruits & Veggies Coloring Book. Activibooks For Kids. 2016. (ENG., Illus.). (J). pap. 9.20 *(978-1-68321-911-8(2))* Mimaxion.

Healthy Food for Thought Coloring Book. Activibooks For Kids. 2016. (ENG., Illus.). (J). pap. 9.20 *(978-1-68321-938-5(4))* Mimaxion.

Healthy Foods. Anne Giulieri. 2016. (Engage Literacy Purple - Extension A Ser.). (ENG.). 16p. (J). pap. 36.94 *(978-1-5157-3335-5(1)*, 25322); pap. 7.99 *(978-1-5157-3314-0(9)*, 133316) Capstone. (Capstone Pr.).

Healthy Foods Around the World. Beth Bence Reinke. 2018. (Bumba Books (r) — Nutrition Matters Ser.). (ENG., Illus.). 24p. (J). (gr. -1-1). 26.65 *(978-1-5415-0341-0(4)*, 643aefaa-475c-4480-b212-f27bcb695133, Lerner Pubns.) Lerner Publishing Group.

Healthy for Life: Keeping Fit. Anna Claybourne. 2018. (Healthy for Life Ser.). (ENG., Illus.). 32p. (J). (gr. 4-6). pap. 11.99 *(978-1-4451-4973-8(7)*, Franklin Watts) Hachette Children's Group GBR. Dist: Hachette Bk. Group.

Healthy for Life: Self-Esteem & Mental Health. Anna Claybourne. 2018. (Healthy for Life Ser.). (ENG., Illus.). 32p. (J). (gr. 4-6). pap. 11.99 *(978-1-4451-4980-6(X)*, Franklin Watts) Hachette Children's Group GBR. Dist: Hachette Bk. Group.

Healthy for Life: Smoking, Drugs & Alcohol. Anna Claybourne. 2018. (Healthy for Life Ser.). (ENG., Illus.). 32p. (J). (gr. 4-6). pap. 11.99 *(978-1-4451-4976-9(1)*, Franklin Watts) Hachette Children's Group GBR. Dist: Hachette Bk. Group.

Healthy Friendships. Emma Huddleston. 2020. (Strong, Healthy Girls Ser.). (ENG., Illus.). 112p. (J). (gr. 6-12). lib. bdg. 41.36 *(978-1-5321-9219-7(3)*, 34991, Essential Library) ABDO Publishing Co.

Healthy Habbits Sticker Activity Book. The The Wiggles. 2023. (Wiggles Ser.). (ENG.). 16p. (J). (gr. -1-3). pap. 7.99 *(978-1-922677-28-0(0))* Bonnier Publishing GBR. Dist: Independent Pubs. Group.

Healthy Habits: Set, 12 vols. Incl. Blood Pressure Basics. Laura La Bella. lib. bdg. 37.13 *(978-1-4358-9441-9(3)*, 54754953-6d69-4b0b-aa88-e1a1ab5ad9d4); Living a Heart-Healthy Life. Michael R. Wilson. lib. bdg. 37.13 *(978-1-4358-9438-9(3)*, bfe5c946-a403-4c37-8569-5da2de1a5772); Maintaining a Healthy Weight. Kate Canino. lib. bdg. 37.13 *(978-1-4358-9439-6(1)*, e999b1dd-7402-449e-882f-3a766ad0a71c); Understanding Cholesterol. Judy Monroe Peterson. lib. bdg. 37.13 *(978-1-4358-9440-2(5)*, a3cc0675-909a-4ce9-a322-92140a6a4bc8); Vitamins & Minerals: Getting the Nutrients Your Body Needs. Stephanie Watson. lib. bdg. 37.13 *(978-1-4358-9443-3(X)*, f005eb6c-f697-40e7-9759-741c28d4e6b1); Your Immune System: Protecting Yourself Against Infection & Illness. Linda Bickerstaff. lib. bdg. 37.13 *(978-1-4358-9442-6(1)*, c0387469-54d6-421d-8ffd-beb2b3daecd1); (YA). (gr. 5-5). (Healthy Habits Ser.). (ENG., Illus.). 64p. 2010. Set lib. bdg. 222.78 *(978-1-4358-9568-3(1)*, 0d556d51-69f8-407e-b793-0d4109077409, Rosen Reference) Rosen Publishing Group, Inc., The.

Healthy Happy Me: Easy-Peasy Guide to Awesome Health. Kavita Sharma. 2016. (ENG.). 28p. pap. *(978-81-7993-368-8(7))* Energy and Resources Institute, The IND. Dist: Motilal (UK) Bks. of India.

Healthy, Healthy. Love, Love, Love. Violet Lemay. 2020. (ENG., Illus.). 24p. (J). (gr. -1 — 1). bds. 8.99 *(978-0-06-306843-8(5)*, HarperFestival) HarperCollins Pubs.

Healthy Heath & His Magic Fruits & Vegetables: A Book about Kids Nutrition, Kindness, & Celebrating Individuality. Kristen Poe. Illus. by Vladimir Cebu LL B. 2018. (ENG.). 52p. (J). pap. 11.95 *(978-0-692-19206-1(9))* POE Holistic Health.

Healthy Heather & Her Magic Fruits & Vegetables:: Take a Journey with Healthy Heather & Her Magic Fruits & Vegetables, a Book about Kids' Nutrition, Kindness, & Celebrating Individuality. Kristen Poe. 2018. (ENG.). 52p. (J). pap. 11.95 *(978-0-692-19207-8(7))* POE Holistic Health.

Healthy Living, 16 vols., Set. Incl. Talking about Exercise. Wendy St. Germain. (YA). lib. bdg. 28.67 *(978-1-4339-3662-3(3)*, badbf909-2f60-408c-a0ba-65af3ef66900); Talking about Food & the Environment. Alan Horsfield & Elaine Horsfield. (YA). lib. bdg. 28.67 *(978-1-4339-3658-6(5)*, 68907c7c-4731-4a60-afd7-96f0f77c0aec); Talking about Illnesses. Hazel Edwards & Goldie Alexander. (YA). lib. bdg. 28.67 *(978-1-4339-3657-9(7)*, d5c41ef8-5830-42c7-b7a0-67c53235bf07); Talking about Making Good Choices. Wayne Anderson. (J). lib. bdg. 28.67 *(978-1-4339-3660-9(7)*, e9f4e96b-8877-41e1-aeeb-d4724f5a6e20); Talking about the Dangers of Alcohol, Tobacco, & Caffeine. Alan Horsfield & Elaine Horsfield. (YA). lib. bdg. 28.67 *(978-1-4339-3661-6(5)*, f8455b09-d20b-4c35-aa6a-b16fab7556f5); Talking about the Dangers of Taking Risks. Hazel Edwards & Goldie Alexander. (YA). lib. bdg. 28.67 *(978-1-4339-3659-3(3)*, ac1495dd-553e-4fe0-abdf-094261ec8715); Talking about What You Eat. Hazel Edwards & Goldie Alexander. (YA). lib. bdg. 28.67 *(978-1-4339-3656-2(9)*, cc24bdc7-7a45-4b00-8506-1dba8abdab01); Talking about Your Weight. Hazel Edwards & Goldie Alexander. (YA). lib. bdg. 28.67 *(978-1-4339-3655-5(0)*, a8867b6a-ae51-4e96-8b40-b52e3aba4cc8); (Illus.). (gr. 3-4). (Healthy Living Ser.). (ENG.). 32p. 2010. Set lib. bdg. 229.36 *(978-1-4339-3595-4(3)*, badbfe07-941e-4d0b-bee8-b787f9198c62, Gareth Stevens Learning Library) Stevens, Gareth Publishing LLLP.

Healthy Living for Teens: Inspiring Advice on Diet, Exercise, & Handling Stress. Ed. by Youth Communication & Al Desetta. 2021. (YC Teen's Advice from Teens Like You Ser.). 168p. (YA). (gr. 3-8). pap. 8.99 *(978-1-5107-5990-9(5)*, Sky Pony Pr.) Skyhorse Publishing Co., Inc.

Healthy Living (Set), 4 vols. 2020. (Healthy Living Ser.). (ENG., Illus.). 16p. (J). (gr. -1-2). pap., pap., pap. 45.43 *(978-1-5341-6338-6(7)*, 214298, Cherry Blossom Press) Cherry Lake Publishing.

Healthy Me!, 12 vols. 2022. (Healthy Me! Ser.). (ENG.). 24p. (J). (gr. k-k). lib. bdg. 145.62 *(978-1-5382-8150-5(3)*, 6068c3f5-0427-4fa2-894a-40aa5e125210) Stevens, Gareth Publishing LLLP.

Healthy Me! Kathleen Connors. 2022. (Healthy Me! Ser.). (ENG.). 24p. (J). pap. 51.90 *(978-1-5382-8209-0(7))* Stevens, Gareth Publishing LLLP.

Healthy Me. Maria Kennedy. 2022. (ENG.). 38p. (J). 16.95 *(978-1-63755-144-8(4)*, Mascot Kids) Amplify Publishing Group.

Healthy Me. Martha E. H. Rustad. 2017. (Healthy Me Ser.). (ENG.). 24p. (J). (gr. -1-2). 98.60 *(978-1-5157-4002-5(1)*, 25581, Pebble) Capstone.

Healthy Me: Resting & Sleeping. Katie Woolley. Illus. by Ryan Wheatcroft. 2022. (Healthy Me Ser.). (ENG.). 32p. (J). (gr. k-2). pap. 13.99 *(978-1-5263-0562-6(3)*, Wayland) Hachette Children's Group GBR. Dist: Hachette Bk. Group.

Healthy Mind Games Kids Activity Book. Activity Book Zone for Kids. 2016. (ENG., Illus.). (J). pap. 7.55 *(978-1-68376-214-0(2))* Sabeels Publishing.

Healthy Mindsets for Little Kids: A Resilience Programme to Help Children Aged 5-9 with Anger, Anxiety, Attachment, Body Image, Conflict, Discipline, Empathy & Self-Esteem. Stephanie Azri. Illus. by Sid Azri. ed. 2019. 160p. 32.95 *(978-1-78592-865-9(1)*, 697059) Kingsley, Jessica Pubs. GBR. Dist: Hachette UK Distribution.

Healthy Ninja: A Children's Book about Mental, Physical, & Social Health. Mary Nhin. Illus. by Jelena Stupar. 2021. (ENG.). 36p. (J). 19.99 *(978-1-63731-251-3(2))* Grow Grit Pr.

Healthy Romantic Relationships. Alexis Burling. 2020. (Strong, Healthy Girls Ser.). (ENG., Illus.). 112p. (J). (gr. 6-12). lib. bdg. 41.36 *(978-1-5321-9220-3(7)*, 34993, Essential Library) ABDO Publishing Co.

Healthy Snacks, 1 vol. Claudia Martin. 2018. (Cooking Skills Ser.). (ENG.). 48p. (gr. 5-5). pap. 12.70 *(978-1-9785-0665-7(1)*, 8f9b489f-b1d4-4773-a0b7-ffb9784786b3); lib. bdg. 29.60 *(978-1-9785-0638-1(4)*, a76bf6cd-59ad-44b7-8334-74c07f97983d) Enslow Publishing, LLC.

Heaps of Money (Classic Reprint) W. E. Norris. 2018. (ENG., Illus.). 346p. (J). 31.03 *(978-0-483-87679-8(8))* Forgotten Bks.

Hear Me. Kerry O'Malley Cerra. 2022. (ENG.). 344p. (J). (gr. 5-8). 19.99 *(978-1-7284-2074-5(1)*, 486f442c-7d3a-498b-90dd-fb99be0e0fbe, Carolrhoda Bks.) Lerner Publishing Group.

Hear Me. H. R. Hobbs. 2018. (Breaking the Rules Ser.: Vol. 2). (ENG.). 268p. (J). pap. *(978-0-9953448-1-5(7))* Hobbs, Heather.

Hear Me Read Bible: Level 2. Mary Manz Simon. 2018. (ENG., Illus.). 248p. (J). 15.99 *(978-0-7586-6051-0(0))* Concordia Publishing Hse.

Hear Me Roar! Lions Coloring Book. Bobo's Children Activity Books. 2016. (ENG., Illus.). (J). pap. 9.33 *(978-1-68327-470-4(9))* Sunshine In My Soul Publishing.

Hear My Voice. Ed. by Liz Rhodebeck. 2016. (ENG., Illus.). (YA). (gr. 7-12). pap. 10.00 *(978-1-943331-28-4(6))* Orange Hat Publishing.

Hear My Voice/Escucha Mi Voz: The Testimonies of Children Detained at the Southern Border of the United States. Compiled by Warren Binford. ed. 2021. (SPA., Illus.). 96p. (J). (gr. 3-17). 19.95 *(978-1-5235-1348-2(9)*, 101348) Workman Publishing Co., Inc.

Hear, o Little One: In the Morning & in the Evening. Eric Schrotenboer & Meredith Schrotenboer. 2022. (ENG., Illus.). 20p. (J). (— 1). bds. 9.99 *(978-0-7369-8365-5(1)*, 6983655, Harvest Kids) Harvest Hse. Pubs.

Hear the Wind Blow. Doe Boyle. Illus. by Emily Paik. 2021. (ENG.). 32p. (J). (gr. -1-3). 16.99 *(978-0-8075-4561-4(9)*, 807545619) Whitman, Albert & Co.

Hear the Wind Blow. Mary Downing Hahn. 2017. (ENG.). 288p. (J). (gr. 5-7). pap. 7.99 *(978-1-328-74092-2(7)*, 1677135, Clarion Bks.) HarperCollins Pubs.

Hear the Wolves. Victoria Scott. 2017. (ENG.). 240p. (J). (gr. 3-7). 16.99 *(978-1-338-04358-7(7)*, Scholastic Pr.) Scholastic, Inc.

Hear Them Roar: 14 Endangered Animals from Around the World. June Smalls. Illus. by Becky Thorns. 2023. (ENG.). 32p. (J). (gr. k-2). 24.99 *(978-1-64170-728-2(3)*, 550728) Familius LLC.

Hear What I Hear. Tressie D. Poole. Illus. by Hadiamir. 2022. (ENG.). 36p. (J). pap. 25.99 ***(978-1-6628-5575-7(3))*** Salem Author Services.

Hearing. Lisa Owings. 2018. (Five Senses Ser.). (ENG., Illus.). 24p. (J). (gr. k-3). pap. 7.99 *(978-1-61891-296-1(8)*, 12101, Blastoff! Readers) Bellwether Media.

Hearing. Natasha Vizcarra. Illus. by Public Domain Images. 2022. (ENG.). 24p. (J). pap. ***(978-1-922827-58-6(4))*** Library For All Limited.

Hearing. Frankie Wright. 2016. (Illus.). 16p. (J). pap. *(978-1-338-03053-2(1))* Scholastic, Inc.

Hearing Devices. Marne Ventura. 2019. (Engineering the Human Body Ser.). (ENG., Illus.). 32p. (J). (gr. 3-5). pap. 9.95 *(978-1-64185-835-9(4)*, 1641858354); lib. bdg. 31.35 *(978-1-64185-766-6(8)*, 1641857668) North Star Editions. (Focus Readers).

Hearing God Journal (Pastel) Pastel. Rivkah Isaacs. 2016. (ENG., Illus.). (J). pap. 7.50 *(978-1-946162-15-1(9))* Treasures of Glory Ministries.

Hearing God Journal (Space) Space. Rivkah Isaacs. 2016. (ENG., Illus.). (J). pap. 7.50 *(978-1-946162-14-4(0))* Treasures of Glory Ministries.

Hearing (Learn about: the Five Senses) Claire Caprioli. 2023. (Learn About Ser.). (ENG.). 32p. (J). (gr. k-2). 25.00 ***(978-1-338-89826-2(4))***; pap. 6.99 ***(978-1-338-89827-9(2))*** Scholastic Library Publishing. (Children's Pr.).

Hearing Lies. Olivia Smit. 2021. (ENG.). 226p. (YA). 22.99 *(978-1-941720-49-3(8))*; pap. 14.99 *(978-1-941720-47-9(1))* WhiteFire Publishing. (WhiteSpark Publishing).

Hearing Loss: Understand Your Mind & Body (Engaging Readers, Level 3) Aj Knight. l.t. ed. 2023. (Understand Your Mind & Body Ser.: Vol. 11). (ENG., Illus.). 32p. (J). ***(978-1-77878-169-8(1))***; pap. ***(978-1-77878-170-4(5))*** AD Classic.

Hearing Voices - Teaching Children Sounds for Kids - Children's Acoustics & Sound Books. Baby Professor. 2017. (ENG., Illus.). (J). pap. 7.89 *(978-1-68326-854-3(7)*, Baby Professor (Education Kids)) Speedy Publishing LLC.

Hearst's, 1915, Vol. 27 (Classic Reprint) Unknown Author. 2018. (ENG., Illus.). (J). 572p. 35.69 *(978-0-331-11660-1(X))*; 574p. pap. 19.57 *(978-1-5281-9857-8(3))* Forgotten Bks.

Hearst's, 1919, Vol. 36 (Classic Reprint) Unknown Author. (ENG., Illus.). (J). 2018. 518p. 34.58 *(978-0-365-42866-4(3))*; 2017. pap. 16.97 *(978-0-259-19769-0(6))* Forgotten Bks.

Hearst's, Vol. 32: July, 1921 (Classic Reprint) Unknown Author. (ENG., Illus.). (J). 2018. 518p. 34.60 *(978-0-428-86192-6(X))*; 2017. pap. 19.57 *(978-1-334-90527-8(4))* Forgotten Bks.

Heart. Kayenta Cruz. 2020. (ENG.). 32p. (J). pap. 4.99 *(978-1-0878-9175-0(2))* Indy Pub.

Heart. Deirdre Pecchioni Cummings. 2016. (ENG., Illus.). (J). pap. 18.95 *(978-1-4834-4838-1(X))* Lulu Pr., Inc.

Heart. Joyce Markovics. 2022. (Hello, Body! Ser.). (ENG., Illus.). 24p. (J). (gr. 4-6). pap. 12.79 *(978-1-6689-1120-4(5)*, 221065); lib. bdg. 30.64 *(978-1-6689-0960-7(X)*, 220927) Cherry Lake Publishing.

Heart. Stefan Taylor. l.t. ed. 2022. (ENG.). 304p. (YA). pap. *(978-0-6486677-4-2(X))* Taylor, Stefan.

Heart: Children's Anatomy Book with Interesting & Informative Facts. Bold Kids. 2022. (ENG.). 42p. (J). pap. 15.99 ***(978-1-0717-1011-1(7))*** FASTLANE LLC.

Heart: (Cuore) an Italian Schoolboy's Journal. Edmondo De Amicis. Tr. by Isabel F Hapgood. 2022. (ENG.). 156p. (J). pap. ***(978-1-77323-655-1(5))*** Rehak, David.

Heart: Discover Pictures & Facts about Hearts for Kids! Bold Kids. 2021. (ENG.). 28p. (J). pap. 11.99 *(978-1-0717-0811-8(2))* FASTLANE LLC.

Heart 2 Heart. Make Believe Ideas. Illus. by Make Believe Ideas. 2017. (ENG.). 80p. (J). (gr. 3-7). 12.99 *(978-1-78692-341-7(6))* Make Believe Ideas GBR. Dist: Scholastic, Inc.

Heart a Schoolboy's Journal (Classic Reprint) Edmondo De Amicis. 2017. (ENG., Illus.). (J). 31.73 *(978-0-260-92141-3(6))* Forgotten Bks.

Heart & Chart (Classic Reprint) Margarita Spalding Gerry. 2018. (ENG., Illus.). 328p. (J). 30.66 *(978-0-484-58255-1(0))* Forgotten Bks.

Heart & Mind: Meet a New Friend. Nishi Singhal. Illus. by Lera Munoz. 2021. (ENG.). 30p. (J). 19.95 *(978-1-7373539-2-8(X))* Precocity Pr.

Heart & Mind Activities for Today's Kids, Workbook, Ages 10-11. Evan-Moor Educational Publishers. 2022. (Heart & Mind Activities for Today's Kids Ser.). (ENG., Illus.). 128p. (J). (gr. 5-5). pap., tchr. ed. 11.99 *(978-1-64514-165-5(9))* Evan-Moor Educational Pubs.

Heart & Mind Activities for Today's Kids, Workbook, Ages 4-5. Evan-Moor Educational Publishers. 2022. (Heart & Mind Activities for Today's Kids Ser.). (ENG., Illus.). 128p. (J). (gr. -1 — 1). pap., tchr. ed. 11.99 *(978-1-64514-162-4(4))* Evan-Moor Educational Pubs.

Heart & Mind Activities for Today's Kids, Workbook, Ages 6-7. Evan-Moor Educational Publishers. 2022. (Heart & Mind Activities for Today's Kids Ser.). (ENG., Illus.). 128p. (J). (gr. 1-1). pap., tchr. ed. 11.99 *(978-1-64514-163-1(2))* Evan-Moor Educational Pubs.

Heart & Mind Activities for Today's Kids, Workbook, Ages 8-9. Evan-Moor Educational Publishers. 2022. (Heart & Mind Activities for Today's Kids Ser.). (ENG., Illus.). 128p. (J). (gr. 3-3). pap., tchr. ed. 11.99 *(978-1-64514-164-8(0))* Evan-Moor Educational Pubs.

Heart & Science. Wilkie Collins. 2017. (ENG.). 382p. (J). pap. *(978-3-7447-3673-2(3))* Creation Pubs.

Heart & Science: A Story of the Present Time (Classic Reprint) Wilkie Collins. 2018. (ENG., Illus.). 552p. (J). 35.30 *(978-0-483-34185-2(1))* Forgotten Bks.

Heart & Science, Vol. 1 Of 3: A Story of the Present Time (Classic Reprint) Wilkie Collins. 2018. (ENG., Illus.). 312p. (J). 30.33 *(978-0-483-14876-5(8))* Forgotten Bks.

Heart & Science, Vol. 2 Of 3: A Story of the Present (Classic Reprint) Wilkie Collins. 2018. (ENG., Illus.). 298p. (J). 30.06 *(978-0-428-93689-1(X))* Forgotten Bks.

Heart & Science, Vol. 3 Of 3: A Story of the Present Time (Classic Reprint) Wilkie Collins. (ENG., Illus.). (J). 2017. 308p. 30.27 *(978-0-266-50250-0(4))*; 2016. pap. 13.57 *(978-1-334-12062-6(5))* Forgotten Bks.

Heart & Shadow: the Valkyrie Duology: Between the Blade & the Heart, from the Earth to the Shadows. Amanda Hocking. 2019. (Valkyrie Ser.). (ENG.). 768p. (YA). pap. 17.99 *(978-1-250-30819-1(4)*, 900198099, Wednesday Bks.) St. Martin's Pr.

Heart & Songs of the Spanish Sierras. George Whit White. 2016. (ENG.). 204p. (J). pap. *(978-3-7433-5008-3(4))* Creation Pubs.

Heart & Songs of the Spanish Sierras (Classic Reprint) George Whit White. 2017. (ENG., Illus.). (J). 28.21 *(978-0-260-71672-9(3))* Forgotten Bks.

Heart & Soul: A Novel (Classic Reprint) Henrietta Dana Skinner. (ENG., Illus.). (J). 2018. 286p. 29.84 *(978-0-484-71445-7(7))*; 2017. pap. 13.57 *(978-0-243-58438-3(5))* Forgotten Bks.

Heart Berry Bling. Jenny Kay Dupuis. Illus. by Eva Campbell. 2023. (ENG.). 48p. (J). (gr. 1-3). 24.95 *(978-1-77492-055-8(7)*, HighWater Pr.) Portage & Main Pr. CAN. Dist: Orca Bk. Pubs. USA.

Heart Blooms at Twenty-Four Homes. Arthur Ketterling. 2019. (ENG.). 30p. (J). pap. 12.95 *(978-1-64416-460-0(4))* Christian Faith Publishing.

Heart Bubbles: Exploring Compassion with Kids. Heather Krantz. Illus. by Lisa May. 2017. (ENG.). (J). (gr. k-4). 16.99 *(978-0-9987037-2-5(9)*, Herow Pr.) Krantz, Heather.

Heart Changer. Jarm del Boccio. 2019. (ENG.). 120p. (J). (gr. 5-6). 22.99 *(978-1-64960-245-9(6))* Emerald Hse. Group, Inc.

Heart Chord: A Story That Just Grew, Unfolding Widely-Varied Phases of American Life As Viewed in Editorial Work on a Country, Weekly, Daily Newspaper & Magazine (Classic Reprint) Joe Mitchell Chapple. (ENG., Illus.). (J). 2018. 326p. 30.62

H

(978-0-267-39054-0(8)); 2016. pap. 13.57 *(978-1-334-13858-4(3))* Forgotten Bks.

Heart Crystal & Other Stories. Nancy "Niiti" Gannon. 2021. (ENG.). 48p. (J). pap. 15.95 *(978-1-6624-2356-7(X))* Page Publishing Inc.

Heart Culture. Emma Elizabeth Page. 2017. (ENG.). 282p. (J). pap. *(978-3-337-14975-8(8))* Creation Pubs.

Heart Culture: A Text Book for Teaching Kindness to Animals, Arranged for Use in Public & Private Schools (Classic Reprint) Emma Elizabeth Page. 2017. (ENG., Illus.). (J). 29.71 *(978-0-266-65993-8(4))*; pap. 13.57 *(978-1-5276-3333-9(0))* Forgotten Bks.

Heart Family Adventures. Nigel Palmer. I.t. ed. 2021. (ENG.). 32p. (J). pap. 8.50 *(978-1-951302-87-0(7))* Diamond Media Pr.

Heart Finds. Jaime Berry. 2022. (ENG.). 320p. (J). (gr. 3-7). 16.99 *(978-0-316-39047-7(X))* Little, Brown Bks. for Young Readers.

Heart for JESUS... Intimate Basics. Michele Darlhing. 2020. (ENG., Illus.). 142p. (J). (gr. 1-5). 45.00 *(978-1-4809-8264-2(4))* Dorrance Publishing Co., Inc.

Heart Forger: Bone Witch #2. Rin Chupeco. (Bone Witch Ser.: 2). (YA). (gr. 8-12). 2019. 544p. pap. 10.99 *(978-1-4926-6808-4(7))*; 2018. (ENG., Illus.). 528p. 17.99 *(978-1-4926-3585-7(5))* Sourcebooks, Inc.

Heart Full of Colors. Carrie Turley. Illus. by Diana del Grande. 2022. (ENG.). 32p. (J). pap. 10.99 *(978-1-956357-86-8(6))*; 17.99 *(978-1-956357-35-6(1))* Lawley Enterprises.

Heart Full of Love. Jenny Cooper. Illus. by Carrie Hennon. 2020. (Shake, Shimmer & Sparkle Bks.). (ENG.). 10p. (J). bds. 9.99 *(978-1-78958-325-0(X))* Top That! Publishing PLC GBR. Dist: Independent Pubs. Group.

Heart Full of Manners. Daynah Richert. Illus. by Anna Murfield. 2020. (ENG.). 22p. (J). pap. 11.99 *(978-1-64538-168-6(4))* Orange Hat Publishing.

Heart-Histories & Life-Pictures. Timothy Shay Arthur. 2017. (ENG.). 354p. (J). pap. *(978-3-7447-5055-4(8))* Creation Pubs.

Heart-Histories & Life Pictures (Classic Reprint) Timothy Shay Arthur. (ENG., Illus.). (J). 2018. 356p. 31.24 *(978-0-267-40625-8(8))*; 2016. pap. 13.97 *(978-1-334-11735-0(7))* Forgotten Bks.

Heart Horse: A Natalie Story. Kelsey Abrams. Illus. by Jomike Tejido. 2019. (Second Chance Ranch Set 2 Ser.). (ENG.). 120p. (J). (gr. 3-4). pap. 7.99 *(978-1-63163-260-0(4)*, 1631632604); lib. bdg. 27.13 *(978-1-63163-259-4(0)*, 1631632590) North Star Editions. (Jolly Fish Pr.).

Heart Hunter. Mickey George. Illus. by V. Gagnon. 2021. (ENG.). 160p. (YA). (gr. 6). pap. 19.99 *(978-1-68116-074-0(9))* Legendary Comics.

Heart in a Body in the World. Deb Caletti. (ENG., Illus.). (YA). (gr. 9). 2020. 384p. pap. 12.99 *(978-1-4814-1521-7(2))*; 2018. 368p. 18.99 *(978-1-4814-1520-0(4))* Simon Pulse. (Simon Pulse).

Heart-In-the-Lodge: All a Mistake (Classic Reprint) A. McG Beede. (ENG., Illus.). (J). 2018. 64p. 25.24 *(978-0-267-33754-5(X))*; 2016. pap. 9.57 *(978-1-333-61634-2(1))* Forgotten Bks.

Heart Just Like My Mother's. Lela Nargi. Illus. by Valeria Cis. 2018. (ENG.). 32p. (J). (gr. -1-2). pap. 7.99 *(978-1-5124-2099-9(9)*, 862306a5-0512-4e3c-b235-a7651e28407a, Kar-Ben Publishing) Lerner Publishing Group.

Heart Line: A Drama of San Francisco (Classic Reprint) Gelett Burgess. 2018. (ENG., Illus.). 610p. (J). 36.48 *(978-0-364-31620-7(9))* Forgotten Bks.

Heart Messages from the Trenches (Classic Reprint) Nellie Rosilla Taylor. (ENG., Illus.). (J). 2018. 250p. 29.05 *(978-0-267-78466-0(X))*; 2016. pap. 11.57 *(978-1-334-30010-3(0))* Forgotten Bks.

Heart o' Mary: A Mystery Play Done in English Verse (Classic Reprint) George M. P. Baird. 2018. (ENG., Illus.). 46p. (J). 24.85 *(978-0-483-99194-1(5))* Forgotten Bks.

Heart of a Boy: Cuore; a Story (Classic Reprint) Edmondo De Amicis. 2016. (ENG., Illus.). (J). 19.57 *(978-1-334-99749-5(7))* Forgotten Bks.

Heart of a Champion. James R. E. Coleman. 2017. (ENG., Illus.). 36p. (J). ***(978-1-77302-616-9(X))***; pap. ***(978-1-77302-615-2(1))*** Tellwell Talent.

Heart of a Champion. Ellen Schwartz. 2017. 272p. (J). (gr. 4-7). pap. 10.99 *(978-1-77049-881-5(8)*, Tundra Bks.) Tundra Bks. CAN. Dist: Penguin Random Hse. LLC.

Heart of a Child: Being Passages from the Early Life of Sally Snape Lady Kidderminster (Classic Reprint) Frank Danby. 2017. (ENG., Illus.). (J). 32.27 *(978-0-265-20299-9(X))* Forgotten Bks.

Heart of a Child (Affirming Tolerance & Respect for Self & Others in the Hearts of Our Children) Shelley Sheldon. 2023. (ENG.). 34p. (J). pap. ***(978-1-83875-680-2(9)***, Nightingale Books) Pegasus Elliot Mackenzie Pubs.

Heart of a Crown: Book 3 of the Crowning Series. Nattie Kate Mason. 2020. (Crowning Ser.: Vol. 3). (ENG., Illus.). 254p. (YA). (gr. 7-12). *(978-0-6484853-9-1(0))*; pap. *(978-0-6484853-8-4(2))* Nattie Kate Mason.

Heart of a Dog (Classic Reprint) Albert Payson Terhune. 2018. (ENG., Illus.). (J). 232p. 28.70 *(978-1-397-17680-6(6))*; 234p. pap. 11.57 *(978-1-397-17521-2(4))* Forgotten Bks.

Heart of a Dolphin. Cathy Hapka, pseud. 2016. (Illus.). 186p. (J). pap. *(978-1-338-03282-6(8))* Scholastic, Inc.

Heart of a Fool (Classic Reprint) William Allen White. (ENG., Illus.). (J). 2018. 638p. 37.06 *(978-0-267-40294-6(5))*; 2017. pap. 19.57 *(978-0-259-26528-3(4))* Forgotten Bks.

Heart of a Goof (Classic Reprint) Pelham Grenville Wodehouse. 2017. (ENG., Illus.). (J). 30.58 *(978-1-5280-5336-5(2))* Forgotten Bks.

Heart of a Maid (Classic Reprint) Charles Garvice. (ENG., Illus.). (J). 2018. 372p. 31.57 *(978-0-484-67017-3(4))*; 2017. pap. 13.97 *(978-0-243-52215-6(0))* Forgotten Bks.

Heart of a Maid (Classic Reprint) Beatrice Kipling. 2018. (ENG., Illus.). 256p. (J). 29.18 *(978-0-483-56632-3(2))* Forgotten Bks.

Heart of a Million Dollar Stroll. Darrell Dwayne Bernard Maillard, II. 2023. (ENG., Illus.). 278p. (YA). pap. 21.95 ***(978-1-63784-107-5(8))*** Hawes & Jenkins Publishing, Inc.

Heart of a Mother-To-Be (Classic Reprint) Mabel Hotchkiss Robbins. 2018. (ENG., Illus.). 152p. (J). 27.05 *(978-0-483-26402-1(4))* Forgotten Bks.

Heart of a Mouse. Mandy Pang. Illus. by Sophie Corrigan. 2016. (ENG.). (J). (gr. 1-3). pap. *(978-0-9935872-1-4(6))* Pang, Mandy.

Heart of a Mystery: A Novel (Classic Reprint) Thomas Wilkinson Speight. (ENG., Illus.). (J). 2018. 332p. 30.76 *(978-0-666-58109-9(6))*; 2017. pap. 13.57 *(978-0-259-21095-5(1))* Forgotten Bks.

Heart of a Prince: A Journal for Black Boys. Avant-Garde Books. 2018. (ENG., Illus.). 148p. (J). pap. 10.95 *(978-1-946753-27-4(0))* Avant-garde Bks.

Heart of a Prince: An Inspirational Journal for Boys. Avant-Garde Books. 2017. (ENG., Illus.). (J). pap. 10.95 *(978-1-946753-02-1(5))* Avant-garde Bks.

Heart of a Princess. Hannah Currie. 2020. (Daughters of Peverell Ser.: Vol. 2). (ENG.). 326p. (YA). 24.99 *(978-1-946531-86-5(3))*; pap. 15.99 *(978-1-946531-84-1(7))* WhiteFire Publishing. (WhiteSpark Publishing).

Heart of a Princess. Casi Ivey. Illus. by Rachel Syler. 2018. (ENG.). 30p. (J). 20.00 *(978-0-9990716-6-3(1))* Grassleaf Publishing.

Heart of a Soldier; As Revealed in the Intimate Letters of Genl. George E. Pickett (Classic Reprint) George E. Pickett. 2017. (ENG., Illus.). (J). 28.81 *(978-0-331-36574-0(X))* Forgotten Bks.

Heart of a Soldier; As Revealed in the Intimate Letters of Genl. George E. Pickett. George E. Pickett. 2017. (ENG., Illus.). (J). pap. *(978-0-649-13363-5(3))* Trieste Publishing Pty Ltd.

Heart of a Soldier (Classic Reprint) Lauchlan MacLean Watt. (ENG., Illus.). (J). 2017. 29.30 *(978-0-331-81266-4(5))*; 2016. pap. 11.97 *(978-1-334-14142-3(8))* Forgotten Bks.

Heart of a Whale. Anna Pignataro. 2020. (ENG., Illus.). 40p. (J). (gr. -1-2). 17.99 *(978-1-9848-3627-4(7)*, Philomel Bks.) Penguin Young Readers Group.

Heart of Alsace (Classic Reprint) Benjamin Vallotton. 2018. (ENG., Illus.). 322p. (J). 30.56 *(978-0-483-34927-8(5))* Forgotten Bks.

Heart of an Orphan (Classic Reprint) Amanda Mathews. (ENG., Illus.). (J). 2018. 180p. 27.61 *(978-0-267-26876-4(9))*; 2017. pap. 9.97 *(978-1-331-81499-3(5))* Forgotten Bks.

Heart of Bakers & Artists. Antoinette Martin. 2021. (ENG.). 198p. (J). pap. 7.99 *(978-1-63777-132-7(0))* Red Penguin Bks.

Heart of Bakers & Artists. Antoinette Truglio Martin. 2021. (ENG.). 198p. (J). pap. 7.99 *(978-1-63777-177-8(0))* Red Penguin Bks.

Heart of Betrayal: The Remnant Chronicles, Book Two. Mary E. Pearson. 2016. (Remnant Chronicles Ser.: 2). (ENG.). 496p. (YA). pap. 12.99 *(978-1-250-08002-8(9)*, 900154651) Square Fish.

Heart of Boyhood (Classic Reprint) Edmondo De Amicis. 2017. (ENG., Illus.). (J). 28.45 *(978-0-265-35289-2(4))* Forgotten Bks.

Heart of Canyon Pass (Classic Reprint) Thomas K. Holmes. 2018. (ENG., Illus.). 324p. (J). 30.58 *(978-0-267-22910-9(0))* Forgotten Bks.

Heart of Childhood: Harper's Novelettes (Classic Reprint) William Dean Howells. 2017. (ENG., Illus.). (J). 30.00 *(978-0-265-18355-7(3))* Forgotten Bks.

Heart of Darkness; the Secret Sharer Novel Units Student Packet. Novel Units. 2019. (ENG.). (YA). pap. 13.99 *(978-1-58130-625-5(3)*, Novel Units, Inc.) Classroom Library Co.

Heart of Darkness; the Secret Sharer Novel Units Teacher Guide. Novel Units. 2019. (ENG.). (YA). pap. 12.99 *(978-1-58130-624-8(5)*, Novel Units, Inc.) Classroom Library Co.

Heart of Desire (Classic Reprint) Elizabeth Dejeans. (ENG., Illus.). (J). 2018. 378p. 31.69 *(978-0-364-88317-4(0))*; 2016. pap. 16.57 *(978-1-334-16871-0(7))* Forgotten Bks.

Heart of Everything That Is: Young Readers Edition. Bob Drury & Tom Clavin. (ENG.). (J). (gr. 5). 2018. 336p. pap. 8.99 *(978-1-4814-6461-1(2))*; 2017. (Illus.). 320p. 16.99 *(978-1-4814-6460-4(4))* McElderry, Margaret K. Bks. (McElderry, Margaret K. Bks.).

Heart of Fire. Raina Nightingale. 2023. (Dragon-Mage Ser.: Vol. 1). (ENG.). 168p. (YA). pap. 12.99 ***(978-1-952176-23-4(9))*** Raina Nightingale.

Heart of Flames. Nicki Pau Preto. 2021. (Crown of Feathers Ser.). (ENG.). 656p. (YA). (gr. 7). pap. 13.99 *(978-1-5344-2466-1(0)*, McElderry, Margaret K. Bks.) McElderry, Margaret K. Bks.

Heart of Gold. Ruth Alberta Brown. 2017. (ENG., Illus.). (J). 23.95 *(978-1-374-86966-0(X))*; pap. 13.95 *(978-1-374-86965-3(1))* Capital Communications, Inc.

Heart of Gold (Cutiecorns #1) Shannon Penney. Illus. by Addy Rivera Sonda. 2020. (Cutiecorns Ser.: 1). (ENG.). 112p. (J). (gr. 2-5). pap. 5.99 *(978-1-338-54036-9(X)*, Scholastic Paperbacks) Scholastic, Inc.

Heart of Hades. Laurie S. Sutton. Illus. by Omar Lozano. 2019. (You Choose Stories: Wonder Woman Ser.). (ENG.). 112p. (J). (gr. 2-6). pap. 6.95 *(978-1-4965-8438-0(4)*, 140963); lib. bdg. 32.65 *(978-1-4965-8348-2(5)*, 140642) Capstone. (Stone Arch Bks.).

Heart of Hannah. Kim Rice Smith. 2019. (ENG.). 28p. (J). 23.95 *(978-1-64569-858-6(0))*; pap. 13.95 *(978-1-64515-145-6(X))* Christian Faith Publishing.

Heart of Happy Hollow (Classic Reprint) Paul Laurence Dunbar. 2017. (ENG., Illus.). (J). 30.87 *(978-0-266-20814-3(2))* Forgotten Bks.

Heart of Her Highness (Classic Reprint) Clara E. Laughlin. 2018. (ENG., Illus.). 400p. (J). 32.15 *(978-0-332-04451-4(3))* Forgotten Bks.

Heart of Hyacinth (Classic Reprint) Onoto Watanna. 2017. (ENG., Illus.). (J). 29.44 *(978-0-266-22006-0(1))* Forgotten Bks.

Heart of Iron. Ashley Poston. 2019. (ENG.). 496p. (YA). (gr. 8). pap. 9.99 *(978-0-06-265286-7(9))*; 2018. (ENG.). 480p. (YA). (gr. 8). 17.99 *(978-0-06-265285-0(0))*; 2018. 467p. (J). *(978-0-06-284485-9(7))* HarperCollins Pubs. (Balzer & Bray).

Heart of It: A Romance of East & West (Classic Reprint) William Osborn Stoddard. 2018. (ENG., Illus.). 450p. (J). 33.18 *(978-0-483-99482-9(0))* Forgotten Bks.

Heart of Life (Classic Reprint) Pierre de Coulevain. (ENG., Illus.). (J). 2018. 406p. 32.29 *(978-0-483-09421-5(8))*; 2017. pap. 16.57 *(978-0-243-58467-3(9))* Forgotten Bks.

Heart of Little Shikara: And Other Stories (Classic Reprint) Edison Marshall. 2017. (ENG., Illus.). (J). 30.15 *(978-0-266-51980-5(6))* Forgotten Bks.

Heart of Merrie England (Classic Reprint) James S. Stone. 2018. (ENG., Illus.). 412p. (J). 32.39 *(978-0-428-95868-8(0))* Forgotten Bks.

Heart of Midlothian, and, the Bride of Lammermoor (Classic Reprint) Walter Scott. 2017. (ENG., Illus.). (J). 43.35 *(978-0-331-71444-9(2))*; pap. 25.69 *(978-0-243-42532-7(5))* Forgotten Bks.

Heart of Midlothian (Classic Reprint) Walter Scott. 2017. (ENG., Illus.). (J). 36.15 *(978-0-331-57507-1(8))*; 36.60 *(978-0-266-72427-8(2))*; pap. 19.57 *(978-1-5276-8311-2(7))* Forgotten Bks.

Heart of Midlothian; the Surgeon's Daughter; Castle Dangerous (Classic Reprint) Walter Scott. (ENG., Illus.). (J). 2018. 1044p. 45.43 *(978-0-364-02096-8(2))*; 2017. pap. 27.69 *(978-0-243-52053-4(0))* Forgotten Bks.

Heart of Nami-San (Hototogisu) a Story of War, Intrigue & Love (Classic Reprint) Kenjiro Tokutomi. 2018. (ENG., Illus.). 396p. (J). 32.06 *(978-0-365-33999-1(7))* Forgotten Bks.

Heart of Nature, Vol. 1: Stories of Plants & Animals (Classic Reprint) Mabel Osgood Wright. (ENG., Illus.). (J). 2018. 466p. 33.51 *(978-0-267-55746-2(9))*; 2016. pap. 16.57 *(978-1-333-68642-0(0))* Forgotten Bks.

Heart of Night Wind: A Story of the Great North West (Classic Reprint) Vingie Eve Roe. 2018. (ENG., Illus.). (J). 422p. 32.62 *(978-0-366-56112-4(X))*; 424p. pap. 16.57 *(978-0-366-06328-4(6))* Forgotten Bks.

Heart of o Sono San (Classic Reprint) Elizabeth Cooper. 2017. (ENG., Illus.). (J). 30.46 *(978-1-5279-8948-1(8))* Forgotten Bks.

Heart of Oak Books (Classic Reprint) Unknown Author. 2017. (ENG., Illus.). (J). 29.88 *(978-0-265-21649-1(4))* Forgotten Bks.

Heart of Oak Books (Classic Reprint) Charles Eliot Norton. 2018. (ENG., Illus.). 286p. (J). 29.80 *(978-0-364-46618-6(9))* Forgotten Bks.

Heart of Oak Books, Vol. 1 (Classic Reprint) Charles Eliot Norton. 2018. (ENG., Illus.). 136p. (J). 26.72 *(978-0-666-91388-3(9))* Forgotten Bks.

Heart of Oak Books, Vol. 2: Fables & Nursery Tales (Classic Reprint) Charles Eliot Norton. (ENG., Illus.). (J). 2018. 180p. 27.61 *(978-0-267-62342-6(9))*; 2018. 96p. 25.90 *(978-0-267-62342-6(9))*; 2017. pap. 9.57 *(978-0-259-50484-9(X))* Forgotten Bks.

Heart of Oak Books, Vol. 3: Fairy Tales, Narratives, & Poems (Classic Reprint) Charles Eliot Norton. 2017. (ENG., Illus.). (J). 28.29 *(978-0-266-39138-8(9))* Forgotten Bks.

Heart of Oak Books, Vol. 4 (Classic Reprint) Charles Eliot Norton. 2018. (ENG., Illus.). 350p. (J). 31.12 *(978-0-666-28031-2(2))* Forgotten Bks.

Heart of Old Hickory: And Other Stories of Tennessee (Classic Reprint) Will Allen Dromgoole. 2018. (ENG., Illus.). 226p. (J). 28.56 *(978-0-332-90919-6(0))* Forgotten Bks.

Heart of Oz. Isra Sravenheart. Ed. by Jody Freeman. 2019. (Oz: Origins of Darkness Ser.: Vol. 1). (ENG.). 222p. (J). pap. *(978-0-9957095-4-6(8))* Sravenheart, Isra.

Heart of Philura (Classic Reprint) Florence Morse Kingsley. 2018. (ENG., Illus.). 374p. (J). 31.61 *(978-0-267-25919-9(0))* Forgotten Bks.

Heart of Princess Osra (Classic Reprint) Anthony Hope. 2018. (ENG., Illus.). 340p. (J). 30.91 *(978-0-267-17846-9(8))* Forgotten Bks.

Heart of Rachael (Classic Reprint) Kathleen Thompson Norris. 2017. (ENG., Illus.). (J). 32.52 *(978-1-5282-8389-2(9))* Forgotten Bks.

Heart of Rome: A Tale of the Lost Water (Classic Reprint) F. Marion Crawford. 2017. (ENG., Illus.). (J). 32.81 *(978-1-5280-7588-6(9))*; pap. 16.57 *(978-0-243-27661-5(3))* Forgotten Bks.

Heart of Rome: A Tale of the Lost Water (Classic Reprint) Francis Marion Crawford. 2018. (ENG., Illus.). 418p. (J). 32.54 *(978-0-483-60890-0(4))* Forgotten Bks.

Heart of Sally Temple (Classic Reprint) Rupert Sargent Holland. 2018. (ENG., Illus.). 284p. (J). 29.77 *(978-0-267-20173-0(7))* Forgotten Bks.

Heart of Shadow. Sarah L. Wilson. 2021. (ENG.). 312p. (YA). *(978-1-990516-01-6(7))* Wilson, Sarah K. L.

Heart of Shadra: Book Three of the Heart of the Citadel. Susan Faw. Ed. by Pam Elise Harris. 2018. (Heart of the Citadel Ser.: Vol. 3). (ENG., Illus.). 204p. (YA). (gr. 7-12). pap. *(978-1-989022-02-3(2))* Faw, Susan.

Heart of Siasconset (Classic Reprint) Phebe A. Hanaford. 2017. (ENG., Illus.). (J). 27.65 *(978-0-266-72273-1(3))* Forgotten Bks.

Heart of Steel: A Novel (Classic Reprint) Christian Reid. 2017. (ENG., Illus.). (J). 35.45 *(978-0-260-64041-3(7))* Forgotten Bks.

Heart of Terrenon. Kimberly Briggs. 2021. (Terrenon Ser.: Vol. 1). (ENG.). 298p. (YA). 28.99 *(978-1-6629-2071-4(7))*; pap. 16.99 *(978-1-6629-2072-1(5))* Gatekeeper Pr.

Heart of the Ancient Wood (Classic Reprint) Charles G. D. Roberts. 2017. (ENG., Illus.). (J). 30.04 *(978-1-5285-7444-0(3))* Forgotten Bks.

Heart of the Balkans (Classic Reprint) Demetra Vaka. 2018. (ENG., Illus.). 264p. (J). 29.36 *(978-0-365-14932-3(2))* Forgotten Bks.

Heart of the Blue Ridge (Classic Reprint) Waldron Baily. 2018. (ENG., Illus.). 286p. (J). 29.82 *(978-0-267-18120-9(5))* Forgotten Bks.

Heart of the Brush: The Splendor of East Asian Calligraphy. Kazuaki Tanahashi. 2016. (Illus.). 400p. pap. 39.95 *(978-1-61180-134-7(6))* Shambhala Pubns., Inc.

Heart of the Country. Ford Madox Ford. 2017. (ENG., Illus.). (J). pap. *(978-0-649-22870-6(7))* Trieste Publishing Pty Ltd.

Heart of the Country: A Survey of a Modern Land. Ford Madox Ford. 2017. (ENG., Illus.). (J). pap. *(978-0-649-60027-4(4))* Trieste Publishing Pty Ltd.

Heart of the Country: A Survey of a Modern Land (Classic Reprint) Ford Madox Ford. (ENG., Illus.). (J). 2018. 236p. 28.78 *(978-0-483-53114-7(6))*; 2016. pap. 11.57 *(978-1-333-35245-5(X))* Forgotten Bks.

Heart of the Crown. Hannah Currie. 2021. (ENG.). 320p. (YA). 24.99 *(978-1-946531-89-6(8))*; pap. 16.99 *(978-1-946531-87-2(1))* WhiteFire Publishing. (WhiteSpark Publishing).

Heart of the Dancer (Classic Reprint) Percy White. 2017. (ENG., Illus.). (J). 31.32 *(978-0-265-66111-6(0))*; pap. 13.97 *(978-1-5276-3431-2(0))* Forgotten Bks.

Heart of the Desert: Kut-Le of the Desert (Classic Reprint) Honore Willsie. 2018. (ENG., Illus.). (J). 328p. 30.68 *(978-0-366-56348-7(3))*; 330p. pap. 13.57 *(978-0-366-14165-4(1))*; 320p. 30.52 *(978-0-483-46917-4(3))* Forgotten Bks.

Heart of the Doctor: A Story of the Italian Quarter (Classic Reprint) Mabel G. Foster. (ENG., Illus.). (J). 2018. 268p. 29.42 *(978-0-267-34482-6(1))*; 2016. pap. 11.97 *(978-1-333-68030-5(9))* Forgotten Bks.

Heart of the Furnace (Classic Reprint) Lambert Williams. (ENG., Illus.). (J). 2018. 306p. 30.21 *(978-0-267-40751-4(3))*; 2016. pap. 13.57 *(978-1-334-11563-9(X))* Forgotten Bks.

Heart of the Hills (Classic Reprint) John Fox. 2018. (ENG., Illus.). 412p. (J). 32.39 *(978-0-364-52285-1(2))* Forgotten Bks.

Heart of the Hills (Classic Reprint) John Fox Jr. 2017. (ENG., Illus.). (J). 32.48 *(978-0-266-38286-7(X))* Forgotten Bks.

Heart of the Hudson. Tracey Brown. 2022. (ENG.). 186p. (J). ***(978-1-0391-2094-5(6))***; pap. ***(978-1-0391-2093-8(8))*** FriesenPress.

Heart of the Impaler. Alexander Delacroix. 2021. (ENG., Illus.). 352p. (YA). 18.99 *(978-1-250-75616-9(2)*, 900226043) Feiwel & Friends.

Heart of the Land. Sarah Prineas. 2017. (Spirit Animals: Fall of the Beasts Ser.: 5). (ENG., Illus.). 192p. (J). (gr. 3-7). 12.99 *(978-1-338-11665-6(7))* Scholastic, Inc.

Heart of the Mountain: A Short Novella. Jeanette O'Hagan. 2018. (Under the Mountain Ser.: Vol. 1). (ENG., Illus.). 70p. (YA). (gr. 7-12). pap. *(978-0-9943989-9-4(9))* By the Light Bks.

Heart of the Northern Sea (Classic Reprint) Alvide Prydz. 2018. (ENG., Illus.). 310p. (J). 30.29 *(978-0-483-26393-2(1))* Forgotten Bks.

Heart of the Oak. J. L. Novinsky. 2017. (ENG., Illus.). 36p. (J). pap. 12.95 *(978-1-63575-817-7(3))* Christian Faith Publishing.

Heart of the People: A Picture of Life As It Is to-Day (Classic Reprint) J. R. Abarbanell. 2017. (ENG., Illus.). (J). 31.55 *(978-0-266-21264-5(6))* Forgotten Bks.

Heart of the Prairie (Classic Reprint) John MacKie. 2018. (ENG., Illus.). 304p. (J). 30.19 *(978-0-483-51857-5(3))* Forgotten Bks.

Heart of the Range (Classic Reprint) William Patterson White. (ENG., Illus.). (J). 2019. 326p. 30.62 *(978-0-365-13578-4(X))*; 2017. pap. 13.57 *(978-0-282-58860-1(4))* Forgotten Bks.

Heart of the Red Firs: A Story of the Pacific Northwest (Classic Reprint) A. D. A. Woodruff Anderson. (ENG., Illus.). (J). 2018. 348p. 31.09 *(978-0-483-62029-2(7))*; 2017. pap. 13.57 *(978-0-243-28687-4(2))* Forgotten Bks.

Heart of the Storm: A Biography of Sue Bird. Sharon Mentyka. Illus. by Ellen Rooney. 2022. (Growing to Greatness Ser.). 48p. (J). (gr. k-4). 18.99 *(978-1-63217-288-4(7)*, Little Bigfoot) Sasquatch Bks.

Heart of the Sunset (Classic Reprint) Rex Beach. 2018. (ENG., Illus.). 374p. (J). 31.63 *(978-0-483-32096-3(X))* Forgotten Bks.

Heart of the West (Classic Reprint) O. Henry. 2017. (ENG., Illus.). (J). 30.50 *(978-1-5280-8543-4(4))* Forgotten Bks.

Heart of the Wicked: Yarn of Destiny Book 2. Rebekah Nance. 2022. (ENG.). 206p. (YA). 51.00 ***(978-1-0880-6438-2(8))*** Indy Pub.

Heart of Thorns. Bree Barton. 2019. (Heart of Thorns Ser.: 1). (ENG.). 480p. (YA). (gr. 8). pap. 11.99 *(978-0-06-244769-2(6))*; 2018. (Heart of Thorns Ser.: 1). (ENG., Illus.). 464p. (YA). (gr. 8). 17.99 *(978-0-06-244768-5(8))*; 2018. (Illus.). 464p. (J). *(978-0-06-288917-1(6))* HarperCollins Pubs. (Tegen, Katherine Bks).

Heart of Thunder Mountain (Classic Reprint) Edfrid A. Bingham. (ENG., Illus.). (J). 2017. 31.61 *(978-0-265-41586-3(1))*; 2016. pap. 16.57 *(978-1-333-62140-7(X))* Forgotten Bks.

Heart of Toil (Classic Reprint) Octave Thanet. 2018. (ENG., Illus.). 296p. (J). 30.02 *(978-0-484-84001-9(0))* Forgotten Bks.

Heart of Unaga (Classic Reprint) Ridgwell Cullum. 2018. (ENG., Illus.). 464p. (J). 33.49 *(978-0-483-23546-5(6))* Forgotten Bks.

Heart of Uncle Terry (Classic Reprint) Charles Clark Munn. (ENG., Illus.). (J). 2018. 496p. 34.13 *(978-0-666-62152-8(7))*; 2017. pap. 16.57 *(978-0-259-27844-3(0))* Forgotten Bks.

Heart of Us: A Novel (Classic Reprint) T. R. Sullivan. 2018. (ENG., Illus.). 360p. (J). 31.32 *(978-0-484-69702-6(1))* Forgotten Bks.

Heart of Washington (Classic Reprint) Dorothea Heness Knox. 2018. (ENG., Illus.). 240p. (J). 28.85 *(978-0-332-39789-4(0))* Forgotten Bks.

Heart of Woman: The Love Story of Catrina Rutherford Contained in Writings of Alexander Adams (Classic Reprint) Harry W. Desmond. 2018. (ENG., Illus.). 340p. (J). 30.93 *(978-0-483-87243-1(1))* Forgotten Bks.

Heart on Your Sleeve: A Tattoo Coloring Book. Activibooks For Kids. 2016. (ENG., Illus.). (J). pap. 9.20 *(978-1-68321-259-1(2))* Mimaxion.

Heart or Mind. Patrick Jones. 2016. (Unbarred Ser.). (ENG., Illus.). 120p. (YA). (gr. 6-12). pap. 7.99 *(978-1-5124-0091-5(2)*, 5fb7039d-e377-4665-92a9-0f19e5db448c, Darby Creek) Lerner Publishing Group.

856 The check digit for ISBN-10 appears in parentheses after the full ISBN-13

Heart or Mind. Patrick Jones. ed. 2016. (Unbarred Ser.). (ENG.). 120p. (YA). (gr. 6-12). E-Book 42.65 *(978-1-5124-0092-2(0)*, Darby Creek) Lerner Publishing Group.

Heart Regained: A Novel (Classic Reprint) Carmen Sylva. (ENG., Illus.). (J). 2018. 136p. 26.72 *(978-0-484-38337-0(X))*; 2017. pap. 9.57 *(978-0-243-29925-6(7))* Forgotten Bks.

Heart S Kingdom. Maria Thompson Daviess. 2017. (ENG., Illus.). (J). 24.95 *(978-1-374-97119-6(7))*; pap. 14.95 *(978-1-374-97118-9(9))* Capital Communications, Inc.

Heart-Shattering Facts about the Trail of Tears - Us History Non Fiction 4th Grade Children's American History. Baby Professor. 2017. (ENG., Illus.). (J). pap. 9.55 *(978-1-5419-1182-6(2)*, Baby Professor (Education Kids)) Speedy Publishing LLC.

Heart Sister. Michael F. Stewart. 2020. (ENG.). 336p. (YA). (gr. 8-12). pap. 14.95 *(978-1-4598-2487-4(3)*, 1459824873) Orca Bk. Pubs. USA.

Heart So Fierce & Broken. Brigid Kemmerer. (Cursebreaker Ser.). (ENG.). (YA). 2021. 480p. pap. 11.99 *(978-1-5476-0567-5(7)*, 900232463); 2020. (Illus.). 464p. 18.99 *(978-1-68119-511-7(9)*, 900175608) Bloomsbury Publishing USA. (Bloomsbury Young Adult).

Heart Song: Book 1. Whitney Sanderson. Illus. by Jomike Tejido. 2020. (Unicorns of the Secret Stable Ser.). (ENG.). 72p. (J). (gr. 1-3). lib. bdg. 25.32 *(978-1-63163-391-1(0)*, 1631633910, Jolly Fish Pr.) North Star Editions.

Heart Songs Dear to the American People: And by Them Contributed in the Search for Treasured Songs Initiated by the National Magazine (Classic Reprint) Joe Mitchell Chapple. (ENG., Illus.). (J). 2017. 34.99 *(978-0-331-87987-2(5))*; 2016. pap. 19.57 *(978-1-334-38434-9(7))* Forgotten Bks.

Heart Space. Candace Richmond. Illus. by Jonathan Sherrah. 2020. (ENG.). 16p. (J). pap. *(978-0-6450397-0-2(5))* LIL SOULSEEKAS.

Heart-Stopping Roller Coasters. Meish Goldish & Eric Gieszl. 2016. (World's Biggest Ser.). (ENG., Illus.). 24p. (J). (gr. 1-6). pap. 7.95 *(978-1-944998-55-4(1))* Bearport Publishing Co., Inc.

Heart Stories (Classic Reprint) Jean Blewett. (ENG., Illus.). (J). 2018. 32p. 24.56 *(978-0-483-19430-4(1))*; 2017. pap. 7.97 *(978-0-243-48481-2(X))* Forgotten Bks.

Heart Takes the Stage: A Heart of the City Collection. Steenz. 2022. (Heart of the City Ser.: 1). (ENG., Illus.). 208p. (J). pap. 11.99 *(978-1-5248-7159-8(1))* Andrews McMeel Publishing.

Heart That Knows (Classic Reprint) Charles G. D. Roberts. 2018. (ENG., Illus.). 408p. (J). 32.31 *(978-0-483-77340-0(9))* Forgotten Bks.

Heart That Silence Built: Poems about Adoption, Trauma, Permanency & Family. Wendy Hayes. 2023. (ENG.). 64p. (YA). pap. *(978-1-365-58127-4(6))* Lulu Pr., Inc.

Heart Throbs: In Prose & Verse (Classic Reprint) Joe Mitchell Chapple. 2018. (ENG., Illus.). 454p. (J). 33.26 *(978-0-365-32030-2(7))* Forgotten Bks.

Heart Throbs & Hoof Beats: Poems of Track, Stable & Fireside (Classic Reprint) Walter Palmer. 2018. (ENG., Illus.). 108p. (J). 26.14 *(978-0-267-48863-6(7))* Forgotten Bks.

Heart to Heart. Lois Ehlert. Illus. by Lois Ehlert. 2017. (ENG., Illus.). 72p. (J). (gr. -1-3). 9.99 *(978-1-4814-8087-1(1)*, Beach Lane Bks.) Beach Lane Bks.

Heart to Heart: Encouragement, Advice & Inspiration for Teen Girls. Sharon y Judie. 2017. (ENG., Illus.). 144p. (J). pap. 11.99 *(978-0-692-93298-8(4))* Golden Quill LLC, The.

Heart Wants What It Wants Diary of a Young Girl. Planners & Notebooks Inspira Journals. 2019. (ENG.). 200p. (J). pap. 12.55 *(978-1-64521-270-6(X)*, Inspira) Editorial Imagen.

Heart Wheel Ramadan Journal for Kids. Ariba Farheen. 2019. (ENG.). 120p. (J). (gr. k-6). pap. *(978-0-6484521-3-3(1))* Miss.

Heart Whispers, or a Peep Behind the Family Curtain: Interspersed with Sketches of a Tour Through Nine Southern States, Contained in a Series of Letters to His Wife (Classic Reprint) William Atson. (ENG., Illus.). (J). 2018. 364p. 31.40 *(978-0-364-79313-8(9))*; 2016. pap. 13.97 *(978-1-333-41406-1(4))* Forgotten Bks.

Heart-Wish: Family. Jim Wallace. 2019. (ENG.). 56p. (J). pap. 11.95 *(978-1-64462-431-9(1))* Page Publishing Inc.

Heartbeat. Doe Boyle. Illus. by Daniel Long. 2020. (Imagine This! Ser.). (ENG.). 32p. (J). (gr. -1-3). 17.99 *(978-0-8075-3190-7(1)*, 807531901) Whitman, Albert & Co.

Heartbeat. Evan Turk. Illus. by Evan Turk. 2018. (ENG., Illus.). 56p. (J). (gr. -1-3). 19.99 *(978-1-4814-3520-8(5)*, Atheneum Bks. for Young Readers) Simon & Schuster Children's Publishing.

Heartbeat (Classic Reprint) Stacy Aumonier. 2018. (ENG., Illus.). 312p. (J). 30.33 *(978-0-483-98792-0(1))* Forgotten Bks.

Heartbeat of Wounded Knee (Young Readers Adaptation) Life in Native America. David Treuer. 2022. (Illus.). 288p. (J). (gr. 7). 19.99 *(978-0-593-20347-7(X)*, Viking Books for Young Readers) Penguin Young Readers Group.

Heartblazer: Children's Underground Fantasy Novel for 9-12 Year Olds. Stuart Purcell. 2017. (ENG., Illus.). (J). pap. *(978-0-9935137-2-5(7))* Pocket Watch Publishing.

Heartbreak Bakery. A. R. Capetta. (ENG.). 352p. (YA). (gr. 9). 2023. pap. 11.99 *(978-1-5362-3044-4(8))*; 2021. 18.99 *(978-1-5362-1653-0(4))* Candlewick Pr.

Heartbreak Boys. Simon James Green. 2022. (ENG.). 384p. (YA). (gr. 8). 18.99 *(978-0-358-61725-9(1)*, Clarion Bks.) HarperCollins Pubs.

Heartbreak Hill: A Comedy Romance (Classic Reprint) Herman Knickerbocker Viele. 2018. (ENG., Illus.). 346p. (J). 31.03 *(978-0-483-26456-4(3))* Forgotten Bks.

Heartbreak Homes, 1 vol. Jo Treggiari. 2022. (ENG., Illus.). 304p. (YA). pap. 15.95 *(978-1-77471-116-3(8)*, cca79ce9-21bb-4fee-8811-9b12a185e39b, Vagrant Pr.) Nimbus Publishing, Ltd. CAN. Dist: Baker & Taylor Publisher Services (BTPS).

Heartbreak House: A Fantasia in the Russian Manner on English Themes. George Bernard Shaw. 2022. (ENG.). (J). 136p. 19.95 *(978-1-63637-785-8(8))*; 134p. pap. 9.95 *(978-1-63637-784-1(X))* Bibliotech Pr.

Heartbreakers & Fakers. Cameron Lund. 2022. 352p. (YA). (gr. 9). pap. 10.99 *(978-0-593-11496-4(5)*, Razorbill) Penguin Young Readers Group.

Heartbroken Father: 10-Year-Old Gracie & the Save a Soul Prayer Team. Paula Rose. 2018. (Fruit of the Spirit Book Ser.: Vol. 1). (ENG., Illus.). 206p. (YA). pap. 12.99 *(978-1-949609-63-9(4))*; 204p. (J). pap. 10.99 *(978-1-949609-26-4(X))* Pen It Pubns.

Heartfire: A Winterkill Novel. Kate A. Boorman. 2016. (Winterkill Ser.: 3). (ENG.). 336p. (YA). (gr. 7-17). 17.95 *(978-1-4197-2124-3(0)*, 1106401, Amulet Bks.) Abrams, Inc.

Heartheaded. Constantina Pappas. 2021. (ENG.). 284p. (J). pap. 17.99 *(978-1-63988-170-3(0))*; pap. 17.99 *(978-1-63988-125-3(5))* Primedia eLaunch LLC.

Hearthside Sketches (Classic Reprint) Harriett Hunt Carus. (ENG., Illus.). (J). 2018. 122p. 26.41 *(978-0-483-93645-4(6))*; 2016. pap. 9.57 *(978-1-334-12041-1(2))* Forgotten Bks.

Hearthstone Echoes (Classic Reprint) R. P. Meeks. 2017. (ENG., Illus.). (J). 32.50 *(978-0-331-31713-8(3))* Forgotten Bks.

Heartless. Marissa Meyer. 2016. (ENG.). 464p. (YA). 22.99 *(978-1-250-04465-5(0)*, 900128559) Feiwel & Friends.

Heartless. Marissa Meyer. 2018. (ENG.). 480p. (YA). pap. 12.99 *(978-1-250-14818-6(9)*, 900181891) Square Fish.

Heartless. Marissa Meyer. 2016. (ENG.). (YA). (gr. 8-12). pap. 12.99 *(978-1-250-11486-0(1))* St. Martin's Pr.

Heartless. Marissa Meyer. ed. 2018. (YA). lib. bdg. 22.10 *(978-0-606-41089-2(9))* Turtleback.

Heartless. Marissa Meyer. 2017. 592p. (YA). pap. 17.99 *(978-987-747-254-7(6))* V&R Editoras.

Heartless Heirs, 1 vol. MarcyKate Connolly. 2021. (ENG.). 352p. (YA). 18.99 *(978-0-310-76827-2(6))* Blink.

Heartless Prince. Leigh Dragoon. 2021. (Heartless Prince Ser.). (Illus.). (YA). (gr. 7-12). 20p. 20.99 *(978-1-368-02835-6(7))*; 48p. pap. 14.99 *(978-1-368-02836-3(5))* Disney Publishing Worldwide. (Disney-Hyperion).

Heartless Troll. Oyvind Torseter. Tr. by Kari Dickson. 2016. (ENG., Illus.). 120p. (J). (gr. 1-9). 19.95 *(978-1-59270-193-3(0))* Enchanted Lion Bks., LLC.

Hearts a Novel, Vol. 1 of 3 (Classic Reprint) David Christie Murray. 2018. (ENG., Illus.). 326p. (J). 30.64 *(978-0-484-34241-4(X))* Forgotten Bks.

Hearts a Novel, Vol. 2 of 3 (Classic Reprint) David Christie Murray. 2018. (ENG., Illus.). 334p. (J). 30.81 *(978-0-483-75027-2(1))* Forgotten Bks.

Hearts a Novel, Vol. 3 of 3 (Classic Reprint) David Christie Murray. 2018. (ENG., Illus.). 318p. (J). 30.46 *(978-0-267-17111-8(0))* Forgotten Bks.

Hearts Afire: A Novel (Classic Reprint) May Christie. (ENG., Illus.). (J). 2018. 322p. 30.54 *(978-0-332-34744-8(3))*; 2017. pap. 13.57 *(978-0-243-44910-1(0))* Forgotten Bks.

Hearts & Creeds (Classic Reprint) Anna Chapin Ray. 2018. (ENG., Illus.). 334p. (J). 30.79 *(978-0-267-22467-8(2))* Forgotten Bks.

Hearts & Faces: Or, Home-Life Unveiled (Classic Reprint) Paul Creyton. 2018. (ENG., Illus.). 298p. (J). 30.04 *(978-0-483-34823-3(6))* Forgotten Bks.

Hearts & Homes, or Social Distinction: A Story (Classic Reprint) Sarah Stickney Ellis. (ENG., Illus.). (J). 2018. 722p. 38.79 *(978-0-267-38872-1(1))*; 2016. pap. 23.57 *(978-1-334-14222-2(X))* Forgotten Bks.

Hearts & Hooves. Meghan McCarthy. 2017. (My Little Pony Leveled Readers Ser.). (ENG.). 32p. (J). (gr. -1-3). lib. bdg. 31.36 *(978-1-5321-4091-4(6)*, 26964) Spotlight.

Hearts & Masks (Classic Reprint) Harold Macgrath. 2018. (ENG., Illus.). 200p. (J). 28.04 *(978-0-483-93729-1(0))* Forgotten Bks.

Hearts & the Cross (Classic Reprint) Harold Morton Kramer. (ENG., Illus.). (J). 2019. 434p. 32.85 *(978-0-483-62399-6(7))*; 2017. pap. 16.57 *(978-0-243-93741-7(5))* Forgotten Bks.

Hearts & the Diamond (Classic Reprint) Gerald Beaumont. 2018. (ENG., Illus.). 330p. (J). 30.70 *(978-0-428-60003-7(4))* Forgotten Bks.

Hearts & the Highway (Classic Reprint) Cyrus Townsend Brady. 2018. (ENG., Illus.). 348p. (J). 31.09 *(978-0-483-47158-0(5))* Forgotten Bks.

Hearts Are for Showing Love. Be Blackler. 2018. (ENG., Illus.). 28p. (J). *(978-1-7751782-0-0(X))* Honu World Publishing.

Hearts Are Trumps (Classic Reprint) Alexander Otis. (ENG., Illus.). (J). 2018. 346p. 31.07 *(978-0-484-44274-9(0))*; 2017. pap. 13.57 *(978-0-243-08387-9(4))* Forgotten Bks.

Hearts at War. Rob Winblad. Ed. by Kimberly Winblad. Illus. by Zechariah Olson. 2nd ed. 2019. (Two Month Novel Challenge Ser.: Vol. 2). (ENG.). 122p. (YA). (gr. 7-12). pap. 20.00 *(978-0-578-50969-3(5))* S.C. TreeHouse LLC.

Hearts Contending: A Novel (Classic Reprint) Georg Schock. 2018. (ENG., Illus.). 282p. (J). 29.71 *(978-0-483-61163-4(8))* Forgotten Bks.

Heart's Content: And They Who Lived There (Classic Reprint) Clara Doty Bates. 2018. (ENG., Illus.). 272p. (J). 29.53 *(978-0-483-91795-8(8))* Forgotten Bks.

Heart's Content (Classic Reprint) Ralph Henry Barbour. (ENG., Illus.). (J). 2018. 216p. 28.37 *(978-0-267-32981-6(4))*; 2016. pap. 10.97 *(978-1-333-56516-9(X))* Forgotten Bks.

Heart's Country (Classic Reprint) Mary Heaton Vorse. 2018. (ENG., Illus.). 312p. (J). 30.33 *(978-0-483-41095-4(0))* Forgotten Bks.

Hearts Courageous (Classic Reprint) Hallie Erminie Rives. 2017. (ENG., Illus.). 444p. (J). 33.05 *(978-0-332-50208-3(2))* Forgotten Bks.

Heart's Desire. Emerson Hough. 2017. (ENG., Illus.). (J). 25.95 *(978-1-374-96165-4(5))*; pap. 15.95 *(978-1-374-96164-7(7))* Capital Communications, Inc.

Heart's Desire (Classic Reprint) Emerson Hough. 2018. (ENG., Illus.). 402p. (J). 32.19 *(978-0-267-67037-6(0))* Forgotten Bks.

Hearts Entwined. Ariel Ellis. 2016. (ENG., Illus.). (J). pap. 15.00 *(978-1-365-46680-9(9))* Lulu Pr., Inc.

Hearts Faces (Classic Reprint) John Murray Gibbon. 2018. (ENG., Illus.). 354p. (J). 31.22 *(978-0-365-47171-4(2))* Forgotten Bks.

Hearts for Kids. Jenny Lynne. 2018. (ENG., Illus.). 66p. (J). (gr. k-3). 19.99 *(978-1-7324015-2-5(7))* BRAZZLE.

Hearts for Your Crush, Sugar for Your Honey Sweet Thoughts to Inspire the Day Diary for Girls. Planners & Notebooks Inspira Journals. 2019. (ENG.). 200p. (J). pap. 12.55 *(978-1-64521-315-4(3)*, Inspira) Editorial Imagen.

Hearts from Heaven. Rachel Prohaska. 2020. 32p. (J). pap. 9.99 *(978-1-0983-4601-0(7))* BookBaby.

Hearts Full of Hope. Meera Bala. Illus. by Aldi Mustofa. 2021. (ENG.). 24p. (J). 13.99 *(978-1-7775303-5-8(0))* Indy Pub.

Hearts' Haven: A Novel (Classic Reprint) Clara Louise Burnham. (ENG., Illus.). (J). 2017. 31.36 *(978-0-265-42334-9(1))*; 2016. pap. 13.97 *(978-1-333-90074-8(0))* Forgotten Bks.

Heart's Highway: A Romance of Virginia in the Seventeenth Century (Classic Reprint) Mary E. Wilkins. 2018. (ENG., Illus.). 332p. (J). 30.76 *(978-0-666-93460-4(6))* Forgotten Bks.

Hearts Importunate (Classic Reprint) Evelyn Dickinson. 2017. (ENG., Illus.). (J). 30.43 *(978-0-265-19248-1(X))* Forgotten Bks.

Hearts Journey: My thoughts on life, its trials & tribulations. Elva Diaz-Cobo. 2022. (ENG.). 126p. pap. *(978-1-716-20362-6(7))* Lulu Pr., Inc.

Heart's Justice (Classic Reprint) Amanda Hall. 2018. (ENG., Illus.). 318p. (J). 30.46 *(978-0-483-36331-1(6))* Forgotten Bks.

Heart's Kindred (Classic Reprint) Zona Gale. 2017. (ENG., Illus.). (J). 29.11 *(978-0-331-96545-2(3))* Forgotten Bks.

Hearts Made for Breaking. Jen Klein. 2019. 320p. (YA). (gr. 7). pap. 9.99 *(978-1-5247-0008-9(8)*, Random Hse. Bks. for Young Readers) Random Hse. Children's Bks.

Hearts of Steel, Vol. 2: An Irish Historical Tale of the Last Century (Classic Reprint) James M'Henry. 2017. (ENG., Illus.). (J). 330p. 30.72 *(978-0-332-74637-1(2))*; 332p. pap. 13.57 *(978-0-332-52967-7(3))* Forgotten Bks.

Hearts, Stars, Rainbows Coloring Set: With Color-Changing Markers. IglooBooks. Illus. by Pamela Barbieri. 2022. (ENG.). 64p. (J). (gr. -1). pap. 14.99 *(978-1-80368-870-1(X))* Igloo Bks. GBR. Dist: Simon & Schuster, Inc.

Hearts Steadfast (Classic Reprint) Edward S. Moffat. 2018. (ENG., Illus.). 298p. (J). 30.04 *(978-0-484-29062-3(2))* Forgotten Bks.

Hearts, Strings, & Other Breakable Things. Jacqueline Firkins. (ENG.). (YA). (gr. 9). 2021. 400p. pap. 9.99 *(978-0-358-56981-7(8)*, 1809539); 2019. 384p. 17.99 *(978-1-328-63519-8(8)*, 1735318) HarperCollins Pubs. (Clarion Bks.).

Hearts Unbroken. Cynthia Leitich Smith. 2020. (ENG.). 304p. (YA). (gr. 9). pap. 8.99 *(978-1-5362-1313-3(6))* Candlewick Pr.

Hearts Undaunted: A Romance of Four Frontiers (Classic Reprint) Eleanor Atkinson. 2018. (ENG., Illus.). 366p. (J). 31.47 *(978-0-267-44805-0(8))* Forgotten Bks.

Hearts We Sold. Emily Lloyd-Jones. (ENG., (YA). 2019. Illus.). 416p. (gr. 9-17). pap. 10.99 *(978-0-316-31455-8(2))*; 2017. 400p. (gr. 10-17). 17.99 *(978-0-316-31459-6(5))* Little, Brown Bks. for Young Readers.

Heartsease: Or the Brother's Wife (Classic Reprint) Charlotte M. Yonge. 2018. (ENG., Illus.). 548p. (J). 35.22 *(978-0-484-83036-2(8))* Forgotten Bks.

Heartsease, or the Brother's Wife, Vol. 2 of 2 (Classic Reprint) Charlotte Mary Yonge. (ENG., Illus.). (J). 2018. 360p. 31.32 *(978-0-365-00499-8(5))*; 2017. pap. 13.97 *(978-0-259-19711-9(4))* Forgotten Bks.

Heartsease, Vol. 1 Of 2: Or, the Brother's Wife (Classic Reprint) Unknown Author. 2018. (ENG., Illus.). 350p. (J). 31.12 *(978-0-666-36665-8(9))* Forgotten Bks.

HeartShaper Bible Storybook: Bible Stories to Fill Young Hearts with God's Word. Catherine DeVries. Illus. by Laura Logan. 2018. (HeartSmart Ser.). (ENG.). 224p. (J). (gr. -1-k). 16.99 *(978-0-7814-1273-5(0)*, 134428) Cook, David C.

Heartsong's Missing Foal: Book 1. Whitney Sanderson. Illus. by Jomike Tejido. 2020. (Unicorns of the Secret Stable Ser.). (ENG.). 72p. (J). (gr. 1-3). pap. 4.99 *(978-1-63163-392-8(9)*, 1631633929, Jolly Fish Pr.) North Star Editions.

Heartstone. Helene Opocensky. 2021. (Smoke & Mirrors Ser.: Vol. 2). (ENG.). 420p. (YA). pap. 15.99 *(978-1-6629-0989-4(6))* Gatekeeper Pr.

Heartstone. Robyn Prokop. 2020. (ENG., Illus.). 310p. (YA). pap. *(978-0-473-55356-2(2))* Toutouwai Pubns.

Heartstopper #1-4 Box Set, 1 vol. Alice Oseman. Illus. by Alice Oseman. 2023. (Heartstopper Ser.). (ENG.). 1984p. (YA). (gr. 9). pap., pap., pap. 59.96 *(978-1-338-89056-3(5)*, Graphix) Scholastic, Inc.

Heartstopper #1: a Graphic Novel. Alice Oseman. Illus. by Alice Oseman. 2020. (Heartstopper Ser.: 1). (ENG., Illus.). 288p. (YA). (gr. 9-7). 24.99 *(978-1-338-61744-3(3))*; pap. 14.99 *(978-1-338-61743-6(5))* Scholastic, Inc. (Graphix).

Heartstopper #2: a Graphic Novel, Vol. 2. Alice Oseman. Illus. by Alice Oseman. 2020. (Heartstopper Ser.: 2). (ENG., Illus.). 320p. (YA). (gr. 9-7). 24.99 *(978-1-338-61749-8(4))*; pap. 14.99 *(978-1-338-61747-4(8))* Scholastic, Inc. (Graphix).

Heartstopper #3: a Graphic Novel, Vol. 3. Alice Oseman. Illus. by Alice Oseman. 2021. (Heartstopper Ser.: 3). (ENG., Illus.). 384p. (YA). (gr. 9-7). 24.99 *(978-1-338-61753-5(2))*; pap. 14.99 *(978-1-338-61752-8(4))* Scholastic, Inc. (Graphix).

Heartstopper 4. Alice Oseman. 2021. (SPA.). 1284p. (YA). (gr. 9-12). pap. 16.99 *(978-987-747-748-1(3))* V&R Editoras.

Heartstopper #4: a Graphic Novel, Vol. 4. Alice Oseman. Illus. by Alice Oseman. 2022. (Heartstopper Ser.: 4). (ENG., Illus.). 384p. (YA). (gr. 9-7). 24.99 *(978-1-338-61756-6(7))*; pap. 14.99 *(978-1-338-61755-9(9))* Scholastic, Inc. (Graphix).

Heartstopper Yearbook. Alice Oseman. 2022. (Heartstopper Ser.). (ENG., Illus.). 288p. (YA). (gr. 9). 21.99 *(978-1-338-85389-6(9)*, Graphix) Scholastic, Inc.

Heartstruck. Rebecca Sky. 2020. (Love Curse Ser.: 2). (ENG.). 384p. (YA). (gr. 7-17). 10.99 *(978-1-4449-4007-7(4))* Hachette Children's Group GBR. Dist: Hachette Bk. Group.

Heartthrob. Russell J. Sanders. 2021. (ENG.). 298p. (YA). pap. 16.99 *(978-1-64405-918-0(5)*, Harmony Ink Pr.) Dreamspinner Pr.

Heartwarming Happenings of Hildy Hi-Faloot: Kindling Kindness. Kimberly Reich. 2018. (ENG., Illus.). 32p. (J). pap. *(978-0-359-01599-3(9))* Lulu Pr., Inc.

Heartwood. Jennifer Lacovara. 2019. (ENG.). 48p. (J). 25.95 *(978-1-0980-1080-5(9))*; pap. 15.95 *(978-1-64458-052-3(7))* Christian Faith Publishing.

Heartwood Box. Ann Aguirre. 2020. (ENG.). 336p. (YA). pap. 9.99 *(978-0-7653-9763-8(3)*, 900181498, Tor Teen) Doherty, Tom Assocs., LLC.

Heartwood Crown. Matt Mikalatos. 2019. (Sunlit Lands Ser.: 2). (ENG., Illus.). 416p. (YA). pap. 15.99 *(978-1-4964-3176-9(6)*, 20_31152, Wander) Tyndale Hse. Pubs.

Heat, 1 vol. Kathleen Connors. 2018. (Look at Physical Science Ser.). (ENG.). 32p. (gr. 2-2). 28.27 *(978-1-5382-2147-1(0)*, 0f62c6aa-d308-48c1-8fb1-14fd3bd50d02) Stevens, Gareth Publishing LLLP.

Heat. Grace Hansen. 2018. (Beginning Science Ser.). (ENG., Illus.). 24p. (J). (gr. -1-2). lib. bdg. 32.79 *(978-1-5321-0808-2(7)*, 28177, Abdo Kids) ABDO Publishing Co.

Heat. Ellen Lawrence. 2016. (FUN-Damental Experiments Ser.). (ENG., Illus.). 24p. (J). (gr. -1-3). 26.99 *(978-1-943553-19-8(X))* Bearport Publishing Co., Inc.

Heat. Joseph Midthun. Illus. by Samuel Hiti. 2022. (ENG.). 42p. (J). pap. *(978-0-7166-5058-4(4))* World Bk.-Childcraft International.

Heat #2. Nic Stone. 2020. (Shuri: a Black Panther Adventure Ser.). (ENG., Illus.). 80p. (J). (gr. 3-7). lib. bdg. 31.36 *(978-1-5321-4774-6(0)*, 36746, Chapter Bks.) Spotlight.

Heat & Light. Richard Glazebrook. 2017. (ENG.). 460p. (J). pap. *(978-3-337-25065-2(3))*; pap. *(978-3-337-10572-3(6))* Creation Pubs.

Heat (Classic Reprint) Jacob Abbott. (ENG., Illus.). (J). 2017. 320p. 30.50 *(978-0-484-08911-1(0))*; 2016. pap. 13.57 *(978-1-333-40629-5(0))* Forgotten Bks.

Heat Energy: Children's Earth Sciences Book. Bold Kids. 2022. (ENG.). 42p. (J). pap. 15.99 *(978-1-0717-1012-8(5))* FASTLANE LLC.

Heat Is On. Charise Mericle Harper. Illus. by Aurélie Blard-Quintard. (Next Best Junior Chef Ser.: 2). (ENG.). 192p. (J). (gr. 3-7). 2019. pap. 7.99 *(978-1-328-56139-8(9)*, 1725608); 2018. 12.99 *(978-0-544-98028-0(X)*, 1664276) HarperCollins Pubs. (Clarion Bks.).

Heat of the Lava Dragon, 18. Tracey West. ed. 2021. (Branches Early Ch Bks). (ENG., Illus.). 89p. (J). (gr. 2-3). 15.86 *(978-1-64697-912-7(5))* Penworthy Co., LLC, The.

Heat of the Lava Dragon: a Branches Book (Dragon Masters #18) Tracey West. Illus. by Graham Howells. 2021. (Dragon Masters Ser.: 18). (ENG.). 96p. (J). (gr. 1-3). pap. 5.99 *(978-1-338-63545-4(X))* Scholastic, Inc.

Heat of the Lava Dragon: a Branches Book (Dragon Masters #18) (Library Edition) Tracey West. Illus. by Graham Howells. 2021. (Dragon Masters Ser.: 18). (ENG.). 96p. (J). (gr. 1-3). lib. bdg. 24.99 *(978-1-338-63546-1(8))* Scholastic, Inc.

Heat Transference Educational Facts Children's Science Book. Bold Kids. 2023. (ENG.). 42p. (J). pap. 14.99 *(978-1-0717-1692-2(1))* FASTLANE LLC.

Heat Wave. Melissa Gunn. 2022. (ENG.). (YA). 402p. *(978-0-473-62230-5(0))*; 306p. pap. *(978-0-473-62229-9(7))* Melissa Gunn.

Heat Wave. T. J. Klune. (Extraordinaries Ser.: 3). (ENG.). 384p. (YA). 2023. pap. 12.99 *(978-1-250-20374-8(0)*, 900200554); 2022. 18.99 *(978-1-250-20373-1(2)*, 900200553) Doherty, Tom Assocs., LLC. (Tor Teen).

Heat Wave. Elizabeth Neal. 2020. (Road Trip Ser.). (ENG.). 96p. (YA). (gr. 6-12). pap. 7.99 *(978-1-5415-7299-7(8)*, e2d8db60-b64b-4da7-b034-ccdd7034a45a, Darby Creek) Lerner Publishing Group.

Heat Waves. World Book. 2023. (Library of Natural Disasters Ser.). (ENG.). 58p. (J). pap. *(978-0-7166-9480-9(8))* World Bk.-Childcraft International.

Heath & Robin's Commotion in the Ocean. Omri Stephenson. 2019. (ENG.). 32p. (J). pap. 10.42 *(978-0-244-77765-4(9))* Wright Bks.

Heath & Robin's Lime Green Time Machine. Omri Stephenson. 2019. (ENG.). 34p. (J). pap. *(978-0-244-75205-7(2))* Lulu Pr., Inc.

Heath & Robin's Well Intentioned Invention. Omri Stephenson. 2018. (ENG.). 36p. (J). pap. *(978-0-244-41310-1(X))* Lulu Pr., Inc.

Heath, Cliffs & Wandering Hearts. Laura Barnard. 2016. (ENG., Illus.). (YA). pap. *(978-0-9935701-5-5(1))* Barnard, Laura.

Heath Hen. Joyce Markovics. 2022. (Endlings: the Last Species Ser.). (ENG., Illus.). 24p. (J). (gr. 4-6). pap. 12.79 *(978-1-6689-1125-9(6)*, 221070); lib. bdg. 30.64 *(978-1-6689-0965-2(0)*, 220932) Cherry Lake Publishing.

Heath Readers: Fifth Reader (Classic Reprint) D. C. Heath And Company. 2018. (ENG., Illus.). 362p. (J). 31.32 *(978-0-332-12997-6(7))* Forgotten Bks.

Heath Readers: First Reader (Classic Reprint) D. C. Heath And Company. (ENG., Illus.). (J). 2018. 138p. 26.76 *(978-0-267-38911-7(6))*; 2016. pap. 9.57 *(978-1-334-14138-6(X))* Forgotten Bks.

Heath Readers: Fouth Reader (Classic Reprint) D. C. Heath And Company. 2017. (ENG., Illus.). (J). 30.62 *(978-1-5282-5337-6(X))* Forgotten Bks.

Heath Readers: Primer (Classic Reprint) D. C. Heath And Company. (ENG., Illus.). (J). 2018. 136p. 26.70 *(978-0-364-60679-7(7))*; 2017. pap. 9.57 *(978-0-259-89894-8(5))* Forgotten Bks.

Heath Readers: Second Reader (Classic Reprint) D. C. Heath And Company. 2017. (ENG., Illus.). (J). 188p. 27.77 *(978-0-484-30157-2(8))*; pap. 10.57 *(978-0-259-19230-5(9))* Forgotten Bks.

Heath Readers: Third Reader (Classic Reprint) D. C. Heath And Company. 2018. (ENG., Illus.). 270p. (J). 29.49 *(978-0-483-38319-7(8))* Forgotten Bks.

Heath Readers by Grades, Vol. 7 (Classic Reprint) Unknown Author. (ENG., Illus.). (J). 2018. 266p. 29.38

H

HEATH READERS, VOL. 1 (CLASSIC REPRINT)

(978-0-267-29687-3(8)); 2016. pap. 11.97 (978-1-334-13829-4(X)) Forgotten Bks.

Heath Readers, Vol. 1 (Classic Reprint) Grades Grades. 2018. (ENG., Illus.). 134p. (J). 26.68 (978-0-267-50402-2(0)) Forgotten Bks.

Heath Social Studies Data Disks. Sharon Sicinski-Skeans. Incl. suppl. ed. Write Direction. (978-0-669-10233-8(4)); Write Direction. (978-0-669-10237-6(7)); Grade 6. (978-0-669-10241-3(5)); Grade 7. (978-0-669-10245-1(8)); (J). (gr. 4-7). suppl. ed. (978-0-669-07560-1(4)) Houghton Mifflin Harcourt School Pubs.

Heathen Prince. M. A. Stewart. 2020. (Balance of Magic Ser.: Vol. 1). (ENG.). 292p. (YA). pap. 10.99 (978-0-578-77191-5(8)) Stewart, Meisha.

Heathen Sacrifices; the Hindoo Girl; Little George (Classic Reprint) Unknown Author. (ENG., Illus.). (J). 2018. 44p. 24.80 (978-0-365-51246-2(X)); 2017. pap. 7.97 (978-0-259-29312-5(1)) Forgotten Bks.

Heather & Peat (Classic Reprint) Alan Duff Stewart. (ENG., Illus.). (J). 2018. 320p. 30.52 (978-0-365-45212-6(2)); 2017. pap. 13.57 (978-0-259-30583-5(9)) Forgotten Bks.

Heather & Snow. George MacDonald. 2017. (ENG., Illus.). (J). pap. 14.95 (978-1-374-88503-5(7)) Capital Communications, Inc.

Heather & Snow (Classic Reprint) George Mac Donald. 2017. (ENG., Illus.). (J). 30.04 (978-0-265-70358-8(1)) Forgotten Bks.

Heather & Snow, Vol. 1 Of 2: A Novel (Classic Reprint) George MacDonald. 2017. (ENG., Illus.). (J). 28.54 (978-0-260-81580-4(2)) Forgotten Bks.

Heather Cassidy & the Magnificent MR Harlow. Mitchell Tierney. 2016. (ENG., Illus.). (YA). pap. (978-0-9945897-8-1(6)) Ouroborus Bk. Services.

Heather (Classic Reprint) John Trevena. 2018. (ENG., Illus.). 506p. (J). 34.35 (978-0-331-54006-2(1)) Forgotten Bks.

Heather Moon (Classic Reprint) C. N. 2017. (ENG., Illus.). (J). 33.22 (978-0-265-19247-4(1)) Forgotten Bks.

Heather's Adventures - I'm Crawling. Kristina Fites. (Heather's Adventures Ser.: Vol. 1). (ENG., Illus.). (J). 2017. 19.99 (978-1-945355-70-7(0)); 2016. pap. 14.99 (978-1-937121-86-0(0)) Rocket Science Productions, LLC.

Heather's Adventures - Standing Tall. Kristina Fites. (Heather's Adventures Ser.: Vol. 2). (ENG., Illus.). (J). 2017. 19.99 (978-1-945355-71-4(9)); 2016. pap. 14.99 (978-1-937121-88-4(7)) Rocket Science Productions, LLC, Inc.

Heather's Mistress (Classic Reprint) Amy Le Feuvre. 2017. (ENG., Illus.). (J). pap. 11.97 (978-0-243-50645-3(7)) Forgotten Bks.

Heather's Mistress (Classic Reprint) Amy Le Feuvre. 2017. (ENG., Illus.). 264p. (J). 29.34 (978-0-331-56302-3(9)) Forgotten Bks.

Heather's Piglets. Harry Oulton. 2017. (Pig Called Heather Ser.: 3). (ENG., Illus.). 240p. (J). (gr. 4-7). pap. 8.99 (978-1-84812-479-0(1)) Bonnier Publishing GBR. Dist: Independent Pubs. Group.

Heating & Cooling (Rookie Read-About Science: Physical Science) (Library Edition) Cody Crane. 2019. (Rookie Read-About Science Ser.). (ENG., Illus.). 32p. (J). (gr. 1-2). lb. bdg. 25.00 (978-0-531-13407-8(5), Children's Pr.) Scholastic Library Publishing.

Heating & Cooling Technician, Vol. 10. Andrew Morkes. 2018. (Careers in the Building Trades: a Growing Demand Ser.). 80p. (J). (gr. 7). lb. bdg. 33.27 (978-1-4222-4116-5(5)) Mason Crest.

Heaven: How to Get There. Lynnette Maynor. Illus. by Adrian Convington. 2016. (ENG.). (J). pap. 11.99 (978-1-4984-9034-4(4)) Salem Author Services.

Heaven & Charing Cross (Classic Reprint) Alice Herbert. 2018. (ENG., Illus.). 314p. (J). 30.37 (978-0-483-77523-7(1)) Forgotten Bks.

Heaven Awaits. Liz Miller. Illus. by Liz Miller. 2018. (ENG., Illus.). 30p. (J). 18.99 (978-0-692-10115-5(2)) Miller, Elizabeth.

Heaven Awaits: I Love My Brother. Pamela Heins. Illus. by Debbie Byrd. 2017. (ENG.). (J). pap. 12.99 (978-1-943529-78-0(7)) Yawn's Bks. & More, Inc.

Heaven for a Hound: A Tribute to All the Owners of Beagles & Hounds. Ken Valko. Illus. by Ken Valko. 2022. (ENG., Illus.). 32p. (J). 24.95 **(978-1-68526-645-5(2))**; pap. 14.95 **(978-1-68526-643-1(6))** Covenant Bks.

Heaven, Home & Happiness (Classic Reprint) Mary Lowe Dickinson. (ENG., Illus.). (J). 2018. 420p. 32.56 (978-0-484-49577-6(1)); 2017. pap. 16.57 (978-0-243-60127-1(1)) Forgotten Bks.

Heaven Is a Wonderful Place. Angela Burrin. Illus. by Gustavo Mazali. 2019. (ENG.). 32p. (J). 14.95 (978-1-59325-358-5(3)) Word Among Us Pr.

Heaven Isn't Me. Darlene P. Campos. 2019. (ENG.). 250p. (YA). (gr. 7-12). pap. 16.99 (978-0-578-59513-9(3)) Vital Narrative Pr.

Heaven Novel Units Student Packet. Novel Units. 2019. (ENG.). (J). pap. 13.99 (978-1-58130-613-2(X), Novel Units, Inc.) Classroom Library Co.

Heaven Novel Units Teacher Guide. Novel Units. 2019. (ENG.). (J). pap. 12.99 (978-1-58130-612-5(1), Novel Units, Inc.) Classroom Library Co.

Heaven Phone. Sydnei Kaplan. 2022. (ENG.). 38p. (J). 18.95 (978-1-63755-059-5(6), Mascot Kids) Amplify Publishing Group.

Heaven Sent Us Heaven. Olori Esho. 2021. (ENG.). 32p. (J). pap. 14.99 (978-1-329-36513-1(5)) Wright Bks.

Heavent You Heard? Geanna Culbertson. 2022. (Heaven't You Heard Ser.: 1). (ENG.). 610p. (YA). (gr. 7). pap. 23.95 (978-1-952782-46-6(5), BQB Publishing) Boutique of Quality Books Publishing Co., Inc.

Heavenly Hikes & Harrowing Adventurous Activities. Jupiter Kids. 2018. (ENG., Illus.). 106p. (J). pap. 12.55 (978-1-68326-831-4(8), Jupiter Kids (Childrens & Kids Fiction)) Speedy Publishing LLC.

Heavenly Made. Michelle Peterson. Illus. by Marisa Weyeneth. 2021. (ENG.). 24p. (J). 24.99 (978-1-6678-0297-8(6)); pap. 14.99 (978-1-6678-1170-3(3)) BookBaby.

Heavenly Place. Sophia Metalinos. 1t. ed. 2016. (ENG., Illus.). (J). pap. 9.99 (978-1-58169-640-0(X), Axiom Pr.) Genesis Communications, Inc.

Heavenly Tenants. William Maxwell. Illus. by Ilonka Karasz. 2017. (ENG.). 64p. pap. 16.95 (978-0-486-81529-9(3)) Dover Pubns., Inc.

Heavenly Twins (Classic Reprint) Sarah Grand. 2017. (ENG., Illus.). 706p. (J). 38.46 (978-1-5282-5963-7(7)) Forgotten Bks.

Heavenly Twins, Vol. 1 of 3 (Classic Reprint) Sarah Grand. 2018. (ENG., Illus.). 320p. (J). 30.50 (978-0-484-76459-9(4)) Forgotten Bks.

Heavenly Twins, Vol. 2 of 3 (Classic Reprint) Sarah Grand. 2018. (ENG., Illus.). 288p. (J). 29.86 (978-0-483-27028-2(8)) Forgotten Bks.

Heavenly Twins, Vol. 3 of 3 (Classic Reprint) Sarah Grand. 2018. (ENG., Illus.). 296p. (J). 30.00 (978-0-428-94552-7(X)) Forgotten Bks.

Heavenly World. Tracey Dean Widelitz. 2022. (ENG.). 26p. (J). pap. 12.95 (978-1-63881-445-0(7)) Newman Springs Publishing, Inc.

Heavens: An Illustrated Handbook of Popular Astronomy (Classic Reprint) Amédée Guillemin. 2018. (ENG., Illus.). 592p. (J). 36.11 (978-0-365-26115-5(7)) Forgotten Bks.

Heavens Above: A Popular Handbook of Astronomy (Classic Reprint) Joseph Anthony Gilet. 2018. (ENG., Illus.). 422p. (J). 32.62 (978-0-483-66936-9(9)) Forgotten Bks.

Heaven's Children: A Fairy Tale. Shawna Bennett. 2021. (ENG.). 254p. (YA). pap. 17.95 (978-1-63860-008-4(2)) Fulton Bks.

Heavens Declare the Glory of God (Classic Reprint) Daniel Brand Marsh. 2017. (ENG., Illus.). (J). 24.41 (978-0-266-92679-5(7)); pap. 7.97 (978-1-5283-1043-7(8)) Forgotten Bks.

Heaven's Devil: How It Began. Craytonia Saunders. 2021. (ENG.). 160p. (YA). pap. 15.95 (978-1-6624-1840-2(X)) Page Publishing Inc.

Heaven's Eyes Monsters. Slong. 2023. (Slong Cinema on Paper Picture Book Serie Ser.). (ENG.). 64p. (J). (gr. k-2). 19.95 **(978-1-4878-1110-5(1))** Royal Collins Publishing Inc. CAN. Dist: Independent Pubs. Group.

Heaven's Gate: A Story of the Forest of Dean (Classic Reprint) Lawrence Severn. 2018. (ENG., Illus.). 374p. (J). 31.61 (978-0-484-30139-8(X)) Forgotten Bks.

Heaven's Life on the Runway. Heaven Hightower. 2020. (ENG.). 52p. (J). pap. 16.00 (978-1-6781-6549-9(2)) Lulu Pr., Inc.

Heaven's Note. Kayla Jarppi. 2018. (ENG., Illus.). 88p. (YA). (gr. 7-12). pap. 9.99 (978-0-9996577-0-6(4)) RMA Publicity LLC dba Sigma's Bookshelf.

Heaven's Royalty, That's Me! Selena Holston Gabriel. 2019. (ENG.). 38p. (J). pap. 13.95 (978-1-9736-6594-6(8), WestBow Pr.) Author Solutions, LLC.

Heavenward Bound. E. T. W. Branscombe. Illus. by Clare Dawson. 2019. (ENG.). 96p. (J). (gr. 2-6). pap. 10.95 (978-1-64051-105-7(9)) St. Augustine Academy Pr.

Heaviest Pipe: A Story of Mystery & Adventure (Classic Reprint) Arthur Willis Patterson. (ENG., Illus.). (J). 2018. 272p. 29.51 (978-0-666-27040-5(6)); 2017. pap. 11.97 (978-1-5276-3004-8(8)) Forgotten Bks.

Heavily Handicapped, Vol. 1 of 2 (Classic Reprint) Genie Holtzmeyer. (ENG., Illus.). (J). 2018. 290p. 29.90 (978-0-332-60701-6(1)); 2016. pap. 13.57 (978-1-333-47202-3(1)) Forgotten Bks.

Heavily Handicapped, Vol. 2 (Classic Reprint) Genie Holtzmeyer. 2018. (ENG., Illus.). 274p. (J). 29.55 (978-0-483-94437-4(8)) Forgotten Bks.

Heavy Bretal Loves Heavy Metal. Alex Earthling. Illus. by Jonathan Bush. 2020. (ENG.). 34p. (J). pap. (978-0-646-82261-7(6)) Flaming Telepath.

Heavy Dose of Allison Tandy. Jeff Bishop. 2022. 368p. (YA). (gr. 9). 18.99 (978-1-9848-1294-0(7), G.P. Putnam's Sons Books for Young Readers) Penguin Young Readers Group.

Heavy Equipment / Equipo Pesado. Xist Publishing. 2018. (Xist Kids Bilingual Spanish English Ser.). (ENG & SPA., Illus.). 28p. (J). (gr. -1-3). pap. 9.99 (978-1-5324-0649-2(5)) Xist Publishing.

Heavy Freight, 1 vol. Sigmund Brouwer. 2017. (Orca Soundings Ser.). (ENG.). 168p. (YA). (gr. 8-12). pap. 9.95 (978-1-4598-1475-2(4)) Orca Bk. Pubs. USA.

Heavy Haulers. Finn Coyle. Illus. by Srimalie Bassani. 2019. (Finn's Fun Trucks Ser.). (ENG.). 32p. (J). (gr. k-2). 6.99 (978-1-4867-1789-7(6), b58a4fe9353c4fc1-baa3c08633e32355) Flowerpot Pr.

Heavy Haulers: A Lift-The-Page Truck Book. Finn Coyle. Illus. by Srimalie Bassani. 2019. (Finn's Fun Trucks Ser.). (ENG.). 14p. (J). (gr. k-2). bds. 8.99 (978-1-4867-1647-0(4), c7f86c1-3bc0-4f5e-8f67-0a7c1f15160b) Flowerpot Pr.

Heavy Laden & Old-Fashioned Folk (Classic Reprint) Ilse Frapan. 2018. (ENG., Illus.). 226p. (J). 28.56 (978-0-483-39041-6(0)) Forgotten Bks.

Heavy Liquid. Paul Pope. 2019. (ENG., Illus.). 264p. pap. 24.99 (978-1-5343-1404-7(0), b8b5bd33-3e9f-4e55-81b7-cc5743eb4539) Image Comics.

Heavy-Machine Operators on the Job. Christy Tortland. 2020. (Exploring Trade Jobs Ser.). (ENG.). 32p. (J). (gr. 3-6). lb. bdg. 35.64 (978-1-5038-3548-1(0), 213382, MOMENTUM) Child's World, Inc, The.

Heavy Machines: Leveled Reader Silver Level 24. Rg Rg. 2018. (PM Ser.). (ENG.). 24p. (J). (gr. 3). pap. 11.00 (978-0-544-89264-4(X)) Rigby Education.

Heavy Odds: A Novel (Classic Reprint) Marcus Andrew Clarke. (ENG., Illus.). (J). 2018. 388p. 31.90 (978-0-483-71724-4(X)); 2017. pap. 16.57 (978-1-332-82194-5(4)) Forgotten Bks.

Heavy or Light?, 1 vol. Adeline Zubek. 2019. (All about Opposites Ser.). (ENG.). 24p. (gr. k-k). pap. 9.15 (978-1-5382-3722-9(9), 19d1-12b6-4512-a6b9-c5b4f6aa23e9) Stevens, Gareth Publishing LLLP.

Heavy Vinyl: Y2K-O! Carly Usdin. Illus. by Nina Vakueva. 2020. (Heavy Vinyl Ser.). (ENG.). 112p. (YA). pap. 14.99 (978-1-68415-495-1(2)) BOOM! Studios.

Heavy Yokes (Classic Reprint) Janet H. Walworth. 2018. (ENG., Illus.). 136p. (J). 26.70 (978-0-483-95665-0(1)) Forgotten Bks.

Heavyweight. MB Mulhall. 2016. (ENG., Illus.). (J). 24.99 (978-1-53533-026-7(2), Harmony Ink Pr.) Dreamspinner Pr.

Hebraic Literature. Intro. by Maurice H. Harris. 2020. (ENG.). 422p. (J). pap. (978-1-908445-25-4(4)) My Mind Bks., Ltd.

Hebrew: A Story of the Time (Classic Reprint) John A. Steuart. 2018. (ENG., Illus.). 494p. (J). 34.09 (978-0-483-20050-0(6)) Forgotten Bks.

Hebrew & Chaldee Vocabulary: Consisting of Every Word in the Old Testament Scriptures, Whether Verb, Noun, PR Particle, the Verbs with Their Conjugations, & the Nouns with Their Genders, to Which Is Added, the Number of Times in Which Each Word Occurs. Robert Young. (ENG., Illus.). (J). 2018. 88p. 25.73 (978-0-331-78948-5(5)); 2017. pap. 9.57 (978-0-282-19657-8(9)) Forgotten Bks.

Hebrew Lexicon (Classic Reprint) W. H. Barker. 2018. (ENG., Illus.). (J). 270p. 29.49 (978-1-396-65907-2(2)); 272p. pap. 11.97 (978-1-391-59946-5(2)) Forgotten Bks.

Hebridean Alphabet. Debi Gliori. 2018. (J). pap. 10.95 (978-1-78027-510-9(2), BC Bks.) Birlinn, Ltd. GBR. Dist: Casemate Pubs. & Bk. Distributors, LLC.

Hecate the Witch. Joan Holub & Suzanne Williams. (Goddess Girls Ser.: 27). (ENG.). 288p. (J). (gr. 3-7). 17.99 (978-1-5344-5743-0(7)); pap. 7.99 (978-1-5344-5742-3(9)) Simon & Schuster Children's Publishing. (Aladdin).

Hechizo Del Bosque. Oscar Luis Rigiroli. 2019. (SPA.). 156p. (J). pap. 12.99 (978-1-393-09890-4(8)) Draft2Digital.

Hechizos. Emily Gravett. 2016. (SPA.). 40p. (J). (gr. -1-3). 15.95 (978-84-16648-08-5(5)) Ediciones Obelisco ESP. Dist: Spanish Pubs., LLC.

Hecho en Formosa: An Origin Story. Lauren Mascari. 2023. (ENG.). 34p. (J). pap. **(978-1-83934-672-9(8))** Olympia Publishers.

Hechos Sorprendentes. Susan Martineau. 2021. (SPA.). 52p. (J). (gr. 2-4). 12.99 (978-958-30-6225-4(1)) Panamericana Editorial COL. Dist: Lectorum Pubns., Inc.

Heckington, Vol. 1 Of 2: A Novel (Classic Reprint) Catherine Gore. (ENG., Illus.). (J). 2018. 616p. 36.62 (978-0-656-83862-2(0)); 2017. pap. 19.57 (978-0-259-39289-7(8)) Forgotten Bks.

Heckington, Vol. 1 Of 3: A Novel (Classic Reprint) Gore. 2018. (ENG., Illus.). (J). 30.37 (978-0-260-11678-9(5)) Forgotten Bks.

Heckington, Vol. 2 Of 3: A Novel (Classic Reprint) Gore. 2018. (ENG., Illus.). (J). 30.66 (978-0-260-69519-2(X)) Forgotten Bks.

Heckington, Vol. 3 Of 3: A Novel (Classic Reprint) Gore. 2018. (ENG., Illus.). (J). 30.62 (978-0-260-92107-9(6)) Forgotten Bks.

Hecla Sandwith (Classic Reprint) Edward Uffington Valentine. 2018. (ENG., Illus.). 444p. (J). 33.07 (978-0-483-48057-5(6)) Forgotten Bks.

Hector: A Boy, a Protest, & the Photograph That Changed Apartheid. Adrienne Wright. 2019. (ENG., Illus.). 48p. (J). 18.99 (978-1-62414-691-6(0), 900197957) Page Street Publishing Co.

Hector: A Story (Classic Reprint) Flora L. Shaw. 2018. (ENG., Illus.). 358p. (J). 31.28 (978-0-483-33913-2(X)) Forgotten Bks.

Hector & the Magic Detector. John Gilmore. 2016. (ENG., Illus.). (J). pap. 7.17 (978-0-9954619-0-1(2)) Panjandrum Pr.

Hector, el Heroe de Troya. Raul Fabian Sevilla. 2018. (SPA.). 120p. (YA). pap. 6.95 (978-607-453-027-8(0)) Selector, S.A. de C.V. MEX. Dist: Spanish Pubs., LLC.

Hector Fox & the Giant Quest. Astrid Sheckels. 2nd rev. ed. 2021. 1. (J). (gr. k-3). 18.95 (978-1-952143-26-7(8), b9fadc87-0e12-4b4b-87ea-b5fb26d45273) Islandport Pr., Inc.

Hector Fox & the Raven's Revenge. Astrid Sheckels. Illus. by Astrid Sheckels. 2022. 2. (ENG., Illus.). 32p. (J). 18.95 (978-1-952143-34-2(9), 855334de-01f6-4e03-9d5e-373945b5f640) Islandport Pr., Inc.

Hector Graeme (Classic Reprint) Evelyn Brentwood. 2018. (ENG., Illus.). (J). 376p. 31.65 (978-0-366-56183-4(9)); 378p. pap. 16.57 (978-0-366-07894-3(1)) Forgotten Bks.

Hector P. Garcia. Christine Juarez. 2016. (Great Hispanic & Latino Americans Ser.). (ENG., Illus.). 24p. (J). (gr. -1-2). lib. bdg. 24.65 (978-1-5157-1891-8(3), 132590, Capstone Pr.) Capstone.

Hector the Destructor & the Birthday Party. Kim Fedyk. Illus. by Bo Books. 2022. (ENG.). 34p. (J). pap. (978-1-7779030-2-2(5)) Gauvin, Jacqueline.

Hector the Destructor & the New Puppy. Kim Fedyk. Illus. by Bo Books. 2023. (ENG.). 34p. (J). pap. **(978-1-7779030-5-3(X))** Gauvin, Jacqueline.

Hector the Destructor Goes Camping. Kim Fedyk. Illus. by Bo Books. 2022. (ENG.). 36p. (J). pap. (978-1-7779030-3-9(3)) Gauvin, Jacqueline.

Hector the Destructor Goes to the Farm. Kim Fedyk. Illus. by Bo Books. 2021. (ENG.). 28p. (J). pap. (978-1-7779030-0-8(9)) Gauvin, Jacqueline.

Hector the Destructor Learns to Skate. Kim Fedyk. Illus. by Bo Books. 2021. (ENG.). 32p. (J). pap. (978-1-7779030-1-5(7)) Gauvin, Jacqueline.

Hector the Dragon. Barbara J. Whyte. 2016. (ENG., Illus.). pap. **(978-1-365-55194-9(6))** Lulu Pr.

Hector the Misunderstood Snake. Kim Smith. Illus. by Marina Saumell. 2021. (ENG.). 48p. (J). (gr. k-2). lib. bdg. (978-0-9864009-3-3(9)) Schmidt, Kimberly K.

Héctor y Sus Electro-Mascotas: Leveled Reader Book 24 Level P 6 Pack. Hmh Hmh. 2021. (SPA.). 32p. (J). pap. 74.40 (978-0-358-08506-5(3)) Houghton Mifflin Harcourt Publishing Co.

Hector's Astonishing Secret. Michael Scholes. 2020. (ENG., Illus.). 36p. (J). (978-1-78645-405-8(X), (978-1-78645-404-1(1)) Beaten Track Publishing.

Hector's Electro-Pet Shop: Leveled Reader Emerald Level 25. Rg Rg. 2019. (PM Ser.). (ENG.). 32p. (J). (gr. 3-4). pap. 11.00 (978-0-544-89273-6(9)) Rigby Education.

Hector's Favorite Place. Jo Rooks. Illus. by Jo Rooks. 2018. (Illus.). 32p. (J). (978-1-4338-2868-3(5), Magination Pr.) American Psychological Assn.

Hector's Hiccups. Jacqueline Jules. Illus. by Kim Smith. 2018. (Sofia Martinez Ser.). (ENG.). 32p. (J). (gr. k-2). lib. bdg. 21.32 (978-1-5158-2335-3(0), 137016, Picture Window Bks.) Capstone.

Hector's Inheritance: Or the Boys of Smith Institute (Classic Reprint) Horatio Alger. 2018. (ENG., Illus.). 340p. (J). 30.91 (978-0-267-26627-2(8)) Forgotten Bks.

Hector's Inheritance: The Boys of Smith Institute. Horatio Alger. 2019. (ENG.). 188p. (YA). (gr. 7-12). pap. (978-93-5329-595-0(5)) Alpha Editions.

Heddy Is Sad. Elise Abram. Illus. by Elise Abram. 2020. (ENG., Illus.). 38p. (J). (gr. k-6). (978-1-988843-40-7(5)) EMSA Publishing.

Hedge-Hedgey-Hedgehogs. Bonnie Bader. 2016. (Penguin Young Readers, Level 2 Ser.). (Illus.). 32p. (J). (gr. 1-2). 4.99 (978-0-448-48974-2(0), Penguin Young Readers) Penguin Young Readers Group.

Hedge Lion. Robyn Wilson-Owen. Illus. by Robyn Wilson-Owen. 2023. (ENG., Illus.). 32p. (J). (gr. -1-3). 18.99 (978-1-7284-9212-4(2), ae266ef1-14f3-43b9-af33-62e9fcd80472) Lerner Publishing Group.

Hedge of Thorns (Classic Reprint) Sherwood. 2016. (ENG., Illus.). (J). pap. 9.57 (978-1-333-86144-5(3)) Forgotten Bks.

Hedge of Thorns (Classic Reprint) Mary Martha Sherwood. 2017. (ENG., Illus.). (J). 25.71 (978-0-266-88542-9(X)) Forgotten Bks.

Hedge over Heels: a Wish Novel. Elise McMullen-Ciotti. 2022. (ENG.). 272p. (J). (gr. 3-7). pap. 7.99 (978-1-338-81046-2(4)) Scholastic, Inc.

Hedged (Classic Reprint) Elizabeth Stuart Phelps. 2018. (ENG., Illus.). 300p. (J). 30.10 (978-0-666-94589-1(6)) Forgotten Bks.

Hedgehog. August Hoeft. (I See Animals Ser.). (ENG.). (J). 2022. 20p. 24.99 **(978-1-5324-3416-7(2))**; 2022. 20p. pap. 12.99 **(978-1-5324-4219-3(X))**; 2020. 12p. pap. 5.99 (978-1-5324-1497-8(8)) Xist Publishing.

Hedgehog. Joyce L. Markovics. 2016. (Weird but Cute Ser.). (ENG., Illus.). 24p. (J). (gr. -1-3). 26.99 (978-1-62724-846-4(3)) Bearport Publishing Co., Inc.

Hedgehog. Jared Siemens. 2017. (Illus.). 24p. (J). (978-1-5105-0569-8(5)) SmartBook Media, Inc.

Hedgehog & Rabbit: the Scary Wind (Junior Library Guild Selection) Pablo Albo. Illus. by GOMEZ. 2017. (ENG.). 32p. (J). (gr. -1-k). 14.95 (978-84-945971-7-6(5)) NubeOcho Ediciones ESP. Dist: Consortium Bk. Sales & Distribution.

Hedgehog & Rabbit: the Stubborn Cloud. Pablo Albo. Illus. by GOMEZ. 2017. (ENG.). 32p. (J). (gr. -1-k). 14.95 (978-84-945971-9-0(1)) NubeOcho Ediciones ESP. Dist: Consortium Bk. Sales & Distribution.

Hedgehog Holidays. Ruth Green. 2017. (ENG., Illus.). 32p. (J). (gr. k-3). 14.95 (978-1-84976-484-1(0), 1306901) Tate Publishing, Ltd. GBR. Dist: Abrams, Inc.

Hedgehog in the Fog: An Autumn Tale. Kellyn Hough. Illus. by Jacob Moffatt. 2020. (ENG.). 30p. (J). (978-0-2288-2307-0(2)); pap. (978-0-2288-2306-3(4)) Tellwell Talent.

Hedgehog Needs a Hug. Jen Betton. Illus. by Jen Betton. 2018. (Illus.). 32p. (J). (gr. -1-3). 17.99 (978-1-5247-3712-2(7), G.P. Putnam's Sons Books for Young Readers) Penguin Young Readers Group.

Hedgehog of Oz. Cory Leonardo. (ENG.). (J). (gr. 3-7). 2022. 416p. pap. 8.99 (978-1-5344-6760-6(2)); 2021. 400p. 17.99 (978-1-5344-6759-0(9)) Simon & Schuster Children's Publishing. (Aladdin).

Hedgehog or Porcupine? Christina Leaf. 2020. (Spotting Differences Ser.). (ENG., Illus.). 24p. (J). (gr. k-3). pap. 7.99 (978-1-68103-823-0(4), 12912); lib. bdg. 26.95 (978-1-64487-199-7(8)) Bellwether Media. (Blastoff! Readers).

Hedgehog Summer Paperback Book. Elena Ulyeva & Clever Publishing. Illus. by Daria Parkhaeva. 2nd ed. 2023. (Clever Storytime Ser.). (ENG.). 32p. (J). (gr. -1-4). pap. 9.99 (978-1-956560-32-9(7)) Clever Media Group.

Hedgehog Tale - S?ni Mese. Timea Ashraf & Patricia Fogarasi. 2020. (ENG.). 38p. (J). pap. 11.60 (978-0-244-21896-6(X)) Lulu Pr., Inc.

Hedgehog Wants Silky Hair. Ha Xuan. 2018. (VIE., Illus.). (J). pap. (978-604-963-531-1(5)) Van hoc.

Hedgehog Who Didn't Want to Prickle, 1 vol. Ester Alsina & Zuriñe Aguirre. 2019. (Heartwarming Stories Ser.). (ENG.). 32p. (J). (gr. -1-3). 19.99 (978-0-7643-5685-8(2), 16308) Schiffer Publishing, Ltd.

Hedgehoggery. Michael Barrie McGeever. Illus. by Supriya Mankad. 2022. (ENG.). 204p. (J). (978-1-80381-075-1(0)); pap. (978-1-80381-208-3(7)) Grosvenor Hse. Publishing Ltd.

Hedgehogs. Emma Huddleston. 2019. (Wild about Animals Ser.). (ENG., Illus.). 32p. (J). (gr. 3-3). pap. 9.95 (978-1-64494-249-9(6), 164494249(6)) Bigfoot Bks. GBR. Dist: North Star Editions.

Hedgehogs. Julie Murray. 2017. (Nocturnal Animals (Abdo Kids Junior) Ser.). (ENG., Illus.). 24p. (J). (gr. -1-2). lib. bdg. 31.36 (978-1-5321-0406-0(5), 26532, Abdo Kids) ABDO Publishing Co.

Hedgehogs. Paula M. Wilson. 2018. (Cute & Unusual Pets Ser.). (ENG., Illus.). 32p. (J). (gr. 3-9). lib. bdg. 28.65 (978-1-5435-3056-8(7), 138629, Capstone Pr.) Capstone.

Hedgehogs: Children's Mammal Book. Bold Kids. 2022. (ENG.). 46p. (J). pap. 15.99 **(978-1-0717-1013-5(3))** FASTLANE LLC.

Hedgehogs & Other Chubby Animals Coloring Book. Kreative Kids. 2016. (ENG., Illus.). (J). pap. 9.20 (978-1-68377-545-4(7)) Whke, Traudl.

Hedgehogs Can't Fly. Tim Leach. 2019. (ENG.). 34p. (J). pap. (978-0-359-73075-9(2)) Lulu Pr., Inc.

Hedgehogs from Outer Space - Paperback Colour. Elizabeth Morley. 2nd ed. 2019. (ENG.). 182p. (J). pap. (978-1-78876-712-5(8)) FeedARead.com.

Hedgehog's Full Moon Party. Richard a Mayers. Illus. by de Montfort Abigail. 2018. (ENG.). 36p. (J). (gr. k-3). pap. (978-0-9573387-6-0(7)) Burton Mayers Bks.

Hedgehog's Home for Fall. Clever Publishing & Elena Ulyeva. Illus. by Daria Parkhaeva. 2023. (Clever Storytime Ser.). (ENG.). 32p. (J). (gr. -1-3). 13.99 (978-1-954738-05-8(6)) Clever Media Group.

Hedgehog's Home for Spring. Elena Ulyeva & Clever Publishing. Illus. by Daria Parkhaeva. 2023. (Clever Storytime Ser.). (ENG.). 32p. (J). (gr. -1-2). 13.99 (978-1-954738-06-5(4)) Clever Media Group.

The check digit for ISBN-10 appears in parentheses after the full ISBN-13

Hedgehog's Home for Summer. Elena Ulyeva et al. 2022. (Clever Storytime Ser.). (ENG.). 32p. (J). (gr. -1-2). 12.99 *(978-1-954738-42-3(0)*, 355047) Clever Media Group.

Hedgehog's Home for Winter. Clever Publishing & Elena Ulyeva. Illus. by Daria Parkhaeva. 2023. (Clever Storytime Ser.). (ENG.). 32p. (J). (gr. -1-3). pap. 9.99 ***(978-1-956560-05-3(X))*** Clever Media Group.

Hedgehog's Home for Winter. Elena Ulyeva & Clever Publishing. Illus. by Daria Parkhaeva. 2021. (Clever Storytime Ser.). (ENG.). 32p. (J). (gr. -1-2). 12.99 *(978-1-951100-82-7(4))* Clever Media Group.

Hedgehugs: Autumn Hide-And-Squeak. Steve Wilson. Illus. by Lucy Tapper. 2017. (Hedgehugs Ser.: 3). (ENG.). 32p. (J). 16.99 *(978-1-250-11248-4(6)*, 900170464, Holt, Henry & Co. Bks. For Young Readers) Holt, Henry & Co.

Hedgerow Diaries. Polly P. Perkins. 2020. (ENG., Illus.). 310p. (YA). (gr. 7-12). pap. *(978-1-78465-630-0(5)*, Vanguard Press) Pegasus Elliot Mackenzie Pubs.

Hedgie's Nantucket Dawn. Bella Weidman. 2019. (ENG.). 38p. (J). 16.95 *(978-1-64307-535-8(7))* Amplify Publishing Group.

Hedgies Rainbow of Lessons. Sheri Schmitz. 2017. (ENG., Illus.). (J). 22.95 *(978-1-64028-371-8(4))*; pap. 12.95 *(978-1-64079-093-3(4))* Christian Faith Publishing.

Hedgy. Christina Spooner. 2019. (ENG., Illus.). 34p. (J). pap. *(978-1-78830-267-8(2))* Olympia Publishers.

Hedy Lamarr. Maria Isabel Sanchez Vegara. Illus. by Maggie Cole. 2023. (Little People, BIG DREAMS Ser.: Vol. 93). (ENG.). 32p. (J). (gr. -1-2). 15.99 ***(978-0-7112-4669-0(6)***, Frances Lincoln Children's Bks.) Quarto Publishing Group UK GBR. Dist: Hachette Bk. Group.

Hedy Lamarr: Reimagining Radio. Megan Borgert-Spaniol. 2017. (STEM Superstar Women Ser.). (ENG., Illus.). 32p. (J). (gr. 3-6). lib. bdg. 32.79 *(978-1-5321-1282-9(3)*, 27606, Checkerboard Library) ABDO Publishing Co.

Hedy Lamarr & Classified Communication. Virginia Loh-Hagan. 2018. (21st Century Junior Library: Women Innovators Ser.). (ENG., Illus.). 24p. (J). (gr. 2-5). lib. bdg. 29.21 *(978-1-5341-2912-2(X)*, 211692) Cherry Lake Publishing.

Hedy Lamarr's Double Life: Hollywood Legend & Brilliant Inventor. Laurie Wallmark. Illus. by Katy Wu. 2019. (People Who Shaped Our World Ser.: 4). 48p. (J). (gr. k). 18.99 *(978-1-4549-2691-7(0))* Sterling Publishing Co., Inc.

Hedy's Journey: The True Story of a Hungarian Girl Fleeing the Holocaust. Michelle Bisson. Illus. by el primo Ramon. 2017. (Encounter: Narrative Nonfiction Picture Bks.). (ENG.). 40p. (J). (gr. 3-7). 15.95 *(978-1-5157-8222-3(0)*, 136168, Capstone Pr.) Capstone.

Hee-Haw Hooray! (Mudpuddle Farm) Michael Morpurgo. 2018. (Mudpuddle Farm Ser.). (ENG.). 160p. (J). 4.99 *(978-0-00-826913-5(0)*, HarperCollins Children's Bks.) HarperCollins Pubs. Ltd. GBR. Dist: HarperCollins Pubs.

Heebie Jeebies. Brent J. Heyen. 2018. (ENG., Illus.). 208p. (YA). pap. 14.99 *(978-1-4808-6918-9(X))* Archway Publishing.

Heel-Fly Time in Texas: A Story of the Civil War Period (Classic Reprint) John Warren Hunter. 2018. (ENG., Illus.). 50p. (J). 24.95 *(978-0-484-44549-8(9))* Forgotten Bks.

Heels, Boots, Sneakers, & Other Shoes Coloring Book. Activibooks For Kids. 2016. (ENG., Illus.). (J). pap. 9.20 *(978-1-68321-260-7(6))* Mimaxion.

Hefty Hulks: Rhinoceros. Felicia Macheske. 2017. (Guess What Ser.). (ENG., Illus.). 24p. (J). (gr. k-2). lib. bdg. 30.64 *(978-1-63472-169-1(1)*, 209248) Cherry Lake Publishing.

Hegemon-King Bids His Lady Farewell. Illus. by Pangbudun'er. 2023. (My Favorite Peking Opera Picture Bks.). (ENG.). 52p. (J). (gr. k-2). 19.95 ***(978-1-4878-1116-7(0))*** Royal Collins Publishing Group Inc. CAN. Dist: Independent Pubs. Group.

Hei Girl! Gratitude Journal for Teens: Positive Affirmations Journal - Daily Diary with Prompts - Mindfulness & Feelings - Daily Log Book - 5 Minute Gratitude Journal for Tween Girls. Adil Daisy. 2021. (ENG.). 102p. (YA). pap. 10.99 *(978-1-716-25004-0(8))* Lulu Pr., Inc.

Heidelberg (Classic Reprint) George Payne Rainsford James. (ENG., Illus.). (J). 2018. 454p. 33.28 *(978-0-365-03173-4(9))*; 2017. pap. 16.57 *(978-0-259-21193-8(1))* Forgotten Bks.

Heidelberg, Vol. 1 Of 3: A Romance (Classic Reprint) George Payne Rainsford James. 2017. (ENG., Illus.). (J). 30.62 *(978-1-5281-7207-3(8))* Forgotten Bks.

Heidelberg, Vol. 2 Of 3: A Romance (Classic Reprint) George Payne Rainsford James. 2017. (ENG., Illus.). (J). 30.58 *(978-1-5281-7063-5(6))* Forgotten Bks.

Heidelberg, Vol. 3 Of 3: A Romance (Classic Reprint) George Payne Rainsford James. 2017. (ENG., Illus.). (J). 30.70 *(978-1-5285-6991-0(1))* Forgotten Bks.

Heidi. Larry W. Jones. 2021. (ENG.). 206p. (J). *(978-1-4834-6462-6(8))* Lulu Pr., Inc.

Heidi. Johanna Spyri. Illus. by Briony May Smith. 2020. (ENG.). 96p. (J). (gr. k-4). 17.99 *(978-1-5362-1422-2(1))* Candlewick Pr.

Heidi. Johanna Spyri. 2017. (ENG., Illus.). (J). pap. 15.95 *(978-1-374-82311-2(2))*; (gr. 3-7). 25.95 *(978-1-374-82312-9(0))* Capital Communications, Inc.

Heidi. Johanna Spyri. Illus. by Alice Carsey. 2019. (ENG.). 204p. (J). (gr. 4-7). pap. 7.99 *(978-1-4209-6135-5(7))* Digireads.com Publishing.

Heidi. Johanna Spyri. 2017. (ENG.). 288p. (J). (gr. 3-7). pap. *(978-93-86348-79-1(9))* Jaico Publishing Hse.

Heidi. Johanna Spyri. 2017. (ENG., Illus.). 372p. 12.99 *(978-1-5098-4292-6(6)*, 900183857, Collector's Library, The) Pan Macmillan GBR. Dist: Macmillan.

Heidi. Johanna Spyri. 2020. (Be Classic Ser.). (Illus.). 272p. (J). (gr. 3-7). pap. 7.99 *(978-0-593-20316-3(X)*, Puffin Books) Penguin Young Readers Group.

Heidi. Johanna Spyri. 2018. (Classics with Ruskin Ser.: Vol. 4). (ENG., Illus.). 256p. (YA). (gr. 7-12). pap. *(978-93-87693-85-2(6))* Speaking Tiger Publishing.

Heidi. Johanna Spyri. Illus. by Jim Tierney. 2023. (Children's Signature Classics Ser.). 328p. (J). (gr. 3-7). 17.99 *(978-1-4549-4825-4(6)*, Union Square Pr.) Sterling Publishing Co., Inc.

Heidi. Johanna Spyri. 2022. (Children's Signature Classics Ser.). 296p. (J). (gr. 3-7). pap. 9.99 *(978-1-4549-4566-6(4)*, Union Square Pr.) Sterling Publishing Co., Inc.

Heidi. Johanna Spyri. 2017. (ENG., Illus.). (J). (gr. 3-7). pap. *(978-0-649-60078-6(9))*; pap. *(978-0-649-00846-9(4))* Trieste Publishing Pty Ltd.

Heidi. Johanna Spyri. 2018. (ENG., Illus.). 184p. (J). 19.99 *(978-1-5154-3799-4(X))* Wilder Pubns., Corp.

Heidi: A Story for Children & Those That Love Children (Classic Reprint) Johanna Spyri. 2017. (ENG., Illus.). (J). 31.67 *(978-1-5285-6254-6(2))* Forgotten Bks.

Heidi (Classic Reprint) Johanna Spyri. (ENG., Illus.). (J). 2018. 330p. 30.70 *(978-0-266-85114-1(2))*; 2017. 31.88 *(978-0-266-40740-9(4))*; 2016. pap. 13.57 *(978-1-334-11709-1(8))*; 2016. pap. 16.57 *(978-1-333-46802-6(4))* Forgotten Bks.

Heidi (Color Edition) (Yesterday's Classics) Johanna Spyri. Illus. by Jessie Willcox Smith. 2022. (ENG.). 360p. (J). pap. 25.95 *(978-1-59915-225-7(8))* Yesterday's Classics.

Heidi (Fully Illustrated in Colour) Johanna Spyri. Tr. by Elisabeth Stork. Illus. by Alice Carsey and Maria Louise Kirk. 2021. (ENG.). 148p. (J). *(978-1-78943-314-2(2))*; pap. *(978-1-78943-281-7(2))* Benediction Classics.

Heidi Heckelbeck & the Big Mix-Up. Wanda Coven. Illus. by Priscilla Burris. 2016. (Heidi Heckelbeck Ser.: 18). (ENG.). 128p. (J). (gr. k-4). pap. 5.99 *(978-1-4814-7169-5(4)*, Little Simon) Little Simon.

Heidi Heckelbeck & the Cookie Contest: #3. Wanda Coven. Illus. by Priscilla Burris. 2020. (Heidi Heckelbeck Ser.). (ENG.). 128p. (J). (gr. k-4). lib. bdg. 31.36 *(978-1-5321-4743-2(0)*, 36733, Chapter Bks.) Spotlight.

Heidi Heckelbeck & the Hair Emergency! Wanda Coven. Illus. by Priscilla Burris. 2020. (Heidi Heckelbeck Ser.: 31). (ENG.). 128p. (J). (gr. k-4). 17.99 *(978-1-5344-8578-5(3))*; pap. 5.99 *(978-1-5344-8577-8(5))* Little Simon. (Little Simon).

Heidi Heckelbeck & the Lost Library Book. Wanda Coven. Illus. by Priscilla Burris. 2021. (Heidi Heckelbeck Ser.: 32). (ENG.). 128p. (J). (gr. k-4). 17.99 *(978-1-5344-8581-5(3))*; pap. 5.99 *(978-1-5344-8580-8(5))* Little Simon. (Little Simon).

Heidi Heckelbeck & the Magic Puppy. Wanda Coven. Illus. by Priscilla Burris. 2017. (Heidi Heckelbeck Ser.: 20). (ENG.). 128p. (J). (gr. k-4). pap. 5.99 *(978-1-4814-9521-9(6)*, Little Simon) Little Simon.

Heidi Heckelbeck & the Magic Puppy. Wanda Coven. ed. 2017. (Heidi Heckelbeck Ser.: 20). lib. bdg. 16.00 *(978-0-606-40205-7(5))* Turtleback.

Heidi Heckelbeck & the Never-Ending Day. Wanda Coven. Illus. by Priscilla Burris. 2017. (Heidi Heckelbeck Ser.: 21). (ENG.). 128p. (J). (gr. k-4). 17.99 *(978-1-4814-9525-7(9))*; pap. 6.99 *(978-1-4814-9524-0(0))* Little Simon. (Little Simon).

Heidi Heckelbeck & the Secret Admirer: #6. Wanda Coven. Illus. by Priscilla Burris. 2020. (Heidi Heckelbeck Ser.). (ENG.). 128p. (J). (gr. k-4). lib. bdg. 31.36 *(978-1-5321-4746-3(5)*, 36736, Chapter Bks.) Spotlight.

Heidi Heckelbeck & the Snoopy Spy. Wanda Coven. Illus. by Priscilla Burris. 2018. (Heidi Heckelbeck Ser.: 23). (ENG.). 128p. (J). (gr. k-4). 17.99 *(978-1-5344-1111-1(9))*; pap. 6.99 *(978-1-5344-1110-4(0))* Little Simon. (Little Simon).

Heidi Heckelbeck & the Snow Day Surprise. Wanda Coven. Illus. by Priscilla Burris. 2021. (Heidi Heckelbeck Ser.: 33). (ENG.). 128p. (J). (gr. -1-4). 17.99 *(978-1-5344-8584-6(8))*; pap. 5.99 *(978-1-5344-8583-9(X))* Little Simon. (Little Simon).

Heidi Heckelbeck & the Wacky Tacky Spirit Week. Wanda Coven. Illus. by Priscilla Burris. 2019. (Heidi Heckelbeck Ser.: 27). (ENG.). 128p. (J). (gr. k-4). 16.99 *(978-1-5344-4636-6(2)*, Little Simon) Little Simon.

Heidi Heckelbeck & the Wild Ride. Wanda Coven. Illus. by Priscilla Burris. 2021. (Heidi Heckelbeck Ser.: 34). (ENG.). 128p. (J). (gr. k-4). 17.99 *(978-1-6659-1129-0(8))*; pap. 5.99 *(978-1-6659-1128-3(X))* Little Simon. (Little Simon).

Heidi Heckelbeck Casts a Spell: #2. Wanda Coven. Illus. by Priscilla Burris. 2020. (Heidi Heckelbeck Ser.). (ENG.). 128p. (J). (gr. k-4). lib. bdg. 31.36 *(978-1-5321-4742-5(2)*, 36732, Chapter Bks.) Spotlight.

Heidi Heckelbeck Collection #3 (Boxed Set) Heidi Heckelbeck & the Christmas Surprise; Heidi Heckelbeck & the Tie-Dyed Bunny; Heidi Heckelbeck Is a Flower Girl; Heidi Heckelbeck Gets the Sniffles. Wanda Coven. Illus. by Priscilla Burris. ed. 2022. (Heidi Heckelbeck Ser.). (ENG.). 512p. (J). (gr. k-4). pap. 23.99 *(978-1-5344-9710-8(2)*, Little Simon) Little Simon.

Heidi Heckelbeck Collection #4 (Boxed Set) Heidi Heckelbeck Is Not a Thief!; Heidi Heckelbeck Says Cheese!; Heidi Heckelbeck Might Be Afraid of the Dark; Heidi Heckelbeck Is the Bestest Babysitter! Wanda Coven. Illus. by Priscilla Burris. ed. 2022. (Heidi Heckelbeck Ser.). (ENG.). 512p. (J). (gr. k-4). pap. 27.99 *(978-1-6659-2726-0(7)*, Little Simon) Little Simon.

Heidi Heckelbeck for Class President. Wanda Coven. Illus. by Priscilla Burris. 2020. (Heidi Heckelbeck Ser.: 30). (ENG.). 128p. (J). (gr. k-4). 17.99 *(978-1-5344-6131-4(0))*; pap. 5.99 *(978-1-5344-6130-7(2))* Little Simon. (Little Simon).

Heidi Heckelbeck Gets Glasses: #5. Wanda Coven. Illus. by Priscilla Burris. 2020. (Heidi Heckelbeck Ser.). (ENG.). 128p. (J). (gr. k-4). lib. bdg. 31.36 *(978-1-5321-4745-6(7)*, 36735, Chapter Bks.) Spotlight.

Heidi Heckelbeck Has a New Best Friend. Wanda Coven. Illus. by Priscilla Burris. 2018. (Heidi Heckelbeck Ser.: 22). (ENG.). 128p. (J). (gr. k-4). 17.99 *(978-1-5344-1108-1(9))*; pap. 6.99 *(978-1-5344-1107-4(0))* Little Simon. (Little Simon).

Heidi Heckelbeck Has a Secret: #1. Wanda Coven. Illus. by Priscilla Burris. 2020. (Heidi Heckelbeck Ser.). (ENG.). 128p. (J). (gr. k-4). lib. bdg. 31.36 *(978-1-5321-4741-8(4)*, 36731, Chapter Bks.) Spotlight.

Heidi Heckelbeck in Disguise: #4. Wanda Coven. Illus. by Priscilla Burris. 2020. (Heidi Heckelbeck Ser.). (ENG.). 128p. (J). (gr. k-4). lib. bdg. 31.36 *(978-1-5321-4744-9(9)*, 36734, Chapter Bks.) Spotlight.

Heidi Heckelbeck Is So Totally Grounded! Wanda Coven. Illus. by Priscilla Burris. 2018. (Heidi Heckelbeck Ser.: 24). (ENG.). 128p. (J). (gr. k-4). 16.99 *(978-1-5344-2645-0(0))*; pap. 5.99 *(978-1-5344-2644-3(2))* Little Simon. (Little Simon).

Heidi Heckelbeck Lends a Helping Hand. Wanda Coven. Illus. by Priscilla Burris. 2019. (Heidi Heckelbeck Ser.: 26). (ENG.). 128p. (J). (gr. k-4). pap. 5.99 *(978-1-5344-4529-1(3)*, Little Simon) Little Simon.

Heidi Heckelbeck Lights! Camera! Awesome! Wanda Coven. Illus. by Priscilla Burris. 2018. (Heidi Heckelbeck Ser.: 25). (ENG.). 128p. (J). (gr. k-4). 16.99 *(978-1-5344-2648-1(5))*; pap. 5.99 *(978-1-5344-2647-4(7))* Little Simon. (Little Simon).

Heidi Heckelbeck Makes a Wish. Wanda Coven. 2016. (Heidi Heckelbeck Ser.: 17). lib. bdg. 16.00 *(978-0-606-38962-4(8))* Turtleback.

Heidi Heckelbeck Makes a Wish: Super Special! Wanda Coven. Illus. by Priscilla Burris. 2016. (Heidi Heckelbeck Ser.: 17). (ENG.). 160p. (J). (gr. k-4). pap. 6.99 *(978-1-4814-6613-4(5)*, Little Simon) Little Simon.

Heidi Heckelbeck Pool Party! Wanda Coven. Illus. by Priscilla Burris. 2020. (Heidi Heckelbeck Ser.: 29). (ENG.). 128p. (J). (gr. k-4). 17.99 *(978-1-5344-6128-4(0))*; pap. 5.99 *(978-1-5344-6127-7(2))* Little Simon. (Little Simon).

Heidi Heckelbeck (Set), 6 vols. Wanda Coven. Illus. by Priscilla Burris. 2020. (Heidi Heckelbeck Ser.). (ENG.). 128p. (J). (gr. k-4). lib. bdg. 188.16 *(978-1-5321-4740-1(6)*, 36730, Chapter Bks.) Spotlight.

Heidi Heckelbeck Sunshine Magic. Wanda Coven. Illus. by Priscilla Burris. 2023. (Heidi Heckelbeck Ser.: 35). (ENG.). 128p. (J). (gr. k-4). 17.99 *(978-1-6659-1132-0(8))*; pap. 6.99 *(978-1-6659-1131-3(X))* Little Simon. (Little Simon).

Heidi Heckelbeck Takes the Cake. Wanda Coven. Illus. by Priscilla Burris. 2020. (Heidi Heckelbeck Ser.: 28). (ENG.). 128p. (J). (gr. k-4). 17.99 *(978-1-5344-6114-7(0))*; pap. 5.99 *(978-1-5344-6113-0(2))* Little Simon. (Little Simon).

Heidi Heckelbeck the Secret's Out! Wanda Coven. Illus. by Priscilla Burris. 2023. (Heidi Heckelbeck Ser.: 36). (ENG.). 128p. (J). (gr. k-4). 17.99 ***(978-1-6659-1135-1(2))***; pap. 6.99 ***(978-1-6659-1134-4(4))*** Little Simon. (Little Simon).

Heidi Heckelbeck Tries Out for the Team. Wanda Coven. Illus. by Priscilla Burris. 2017. (Heidi Heckelbeck Ser.: 19). (ENG.). 128p. (J). (gr. k-4). pap. 6.99 *(978-1-4814-7172-5(4)*, Little Simon) Little Simon.

Heidi Heckelbeck Tries Out for the Team. Wanda Coven. ed. 2017. (Heidi Heckelbeck Ser.: 19). lib. bdg. 16.00 *(978-0-606-39741-4(8))* Turtleback.

Heidi, Her Years of Wandering & Learning: A Story for Children & Those Who Love Children (Classic Reprint) Johanna Spyri. 2017. (ENG., Illus.). (J). 37.74 *(978-1-5280-8999-9(5))* Forgotten Bks.

Heidi: Lessons at Home & Abroad. Johanna Spyri. Tr. by Peter James Bowman from GER. Illus. by Susan Hellard. 2017. (Alma Junior Classics Ser.). (ENG.). 288p. (J). pap. 11.00 *(978-1-84749-665-2(2)*, 367214) Alma Classics GBR. Dist: Bloomsbury Publishing Plc.

Heidi (Weihnachtsedition) Johanna Spyri. 2017. (GER., Illus.). 168p. (J). (gr. 1 — 1). pap. *(978-80-268-5974-1(X))* E-Artnow.

Heidis Lehr- und Wanderjahre. Johanna Spyri. 2017. (GER.). 164p. (J). pap. *(978-3-337-35284-4(7))* Creation Pubs.

Height of Friendship. Adam D. Searle. Illus. by Ian R. Ward. 2023. (ENG.). 32p. (J). 19.99 ***(978-1-9162985-8-3(3))***; pap. 9.99 ***(978-1-9162985-7-6(5))*** Wide Awake Bks.

Height of the Storm: A Mutants & Masterminds Novel. Aaron Rosenberg. 2019. (ENG.). 300p. (YA). pap. 15.99 *(978-1-934547-09-0(3)*, a513cff0-688c-4c71-92e6-26250e195a03) Green Ronin Publishing.

Heights: Chastain Heights. Denarrius Pennell. 2018. (Heights Ser.: Vol. 1). (ENG., Illus.). 278p. (YA). (gr. 7-12). pap. 15.00 *(978-0-692-16632-1(7))* Heights Series, The.

Heights de Eidelberg (Classic Reprint) Helen Hazlett. (ENG., Illus.). (J). 2018. 344p. 31.01 *(978-0-483-94793-1(8))*; 2016. pap. 13.57 *(978-1-333-22847-7(3))* Forgotten Bks.

Heiliger Annasimone. Diakon George. l.t. ed. 2021. (GER.). 28p. (J). pap. *(978-0-6451394-1-9(6))* St Shenouda Pr.

Heimatlos: Two Stories for Children, & for Those Who Love Children (Classic Reprint) Johanna Spyri. 2018. (ENG., Illus.). 246p. (J). 28.97 *(978-0-332-14811-3(4))* Forgotten Bks.

Heimdall. Virginia Loh-Hagan. 2018. (Gods & Goddesses of the Ancient World Ser.). (ENG., Illus.). 32p. (J). (gr. 4-8). lib. bdg. 32.07 *(978-1-5341-2948-1(0)*, 211836, 45th Parallel Press) Cherry Lake Publishing.

Heimliche Herrschaft. Volker Mattheis. 2018. (GER., Illus.). 460p. (J). pap. *(978-3-7407-4762-6(5))* VICOO International Pr.

Heimweh: The Siren, the Loaded Gun, Liebereich, Iupiter Tonans, Sis Thor's Emerald, Guile (Classic Reprint) John Luther Long. (ENG., Illus.). (J). 2018. 392p. 31.92 *(978-0-484-34879-9(5))*; 2017. pap. 16.57 *(978-0-243-25892-5(5))* Forgotten Bks.

Heinrich Heine's Life Told in His Own Words (Classic Reprint) Gustav Karpeles. 2018. (ENG., Illus.). 388p. (J). 31.92 *(978-0-483-00599-0(1))* Forgotten Bks.

Heinrich Heine's Memoirs, Vol. 1 Of 2: From His Works, Letters, & Conversations (Classic Reprint) Heinrich Heine. (ENG., Illus.). (J). 2018. 314p. 30.39 *(978-0-428-97001-7(X))*; 2017. pap. 13.57 *(978-0-243-25012-7(6))* Forgotten Bks.

Heinrich Heine's Memoirs, Vol. 1 Of 2: From His Works, Letters, & Conversations (Classic Reprint) Gustav Karpeles. 2017. (ENG., Illus.). (J). 30.33 *(978-0-266-17723-4(9))* Forgotten Bks.

Heinrich Heine's Memoirs, Vol. 2 Of 2: From His Works, Letters, & Conversations (Classic Reprint) Heinrich Heine. 2018. (ENG., Illus.). 312p. (J). 30.33 *(978-0-483-31620-1(2))* Forgotten Bks.

Heinrick: Henry for Short. Marjorie Perry. 2020. (ENG., Illus.). 24p. (J). pap. 11.95 *(978-1-64670-745-4(1))* Covenant Bks.

Heir. Melissa A. Craven. 2020. (Immortals of Indriell Ser.: Vol. 4). (ENG.). 314p. (YA). 21.99 *(978-1-970052-15-2(5))* United Bks. Publishing.

Heir. Israel Keats. 2018. (Kick! Ser.). (ENG.). 104p. (YA). (gr. 6-12). pap. 7.99 *(978-1-5415-0031-0(8)*, 77235fd9-4dc6-471c-ae90-65c49b54210a); 25.32 *(978-1-5415-0021-1(0)*, 4cf8e1b1-c047-4866-b372-67240732d868) Lerner Publishing Group. (Darby Creek).

Heir. Claudia Klein. 2023. (ENG.). 254p. (YA). 30.00 ***(978-1-0880-9356-6(6))*** Indy Pub.

Heir: A Love Story. V. Sackville-West. 2019. (ENG.). 252p. (J). pap. *(978-1-77323-620-9(2))* Rehak, David.

Heir: A Love Story (Classic Reprint) Vita Sackville-West. 2017. (ENG., Illus.). (J). 29.28 *(978-0-331-38810-7(3))* Forgotten Bks.

Heir: Book 1. Jeremy E. Taylor. 2021. (ENG.). 134p. (YA). pap. 14.49 *(978-1-6628-1774-8(6))* Salem Author Services.

Heir & the Spare. Emily Albright. 2016. (ENG.). 287p. (YA). 17.99 *(978-1-4405-9010-8(9)*, Simon & Schuster Bks. For Young Readers) Simon & Schuster Bks. For Young Readers.

Heir Expectant (Classic Reprint) Ross Neil. (ENG., Illus.). (J). 2018. 610p. 36.48 *(978-1-391-49289-6(7))*; 2018. 612p. pap. 19.57 *(978-1-391-00682-6(8))*; 2017. 27.30 *(978-0-331-52104-7(0))*; 2017. pap. 9.97 *(978-0-331-52084-2(2))* Forgotten Bks.

Heir from New York (Classic Reprint) Robert Smith Jenkins. (ENG., Illus.). (J). 2018. 374p. 31.61 *(978-0-364-00052-6(X))*; 2017. pap. 16.57 *(978-0-243-49311-1(8))* Forgotten Bks.

H

Heir of Athole: A Story (Classic Reprint) Julia McNair Wright. 2018. (ENG., Illus.). 334p. (J). 30.79 *(978-0-428-96531-0(8))* Forgotten Bks.

Heir of Charlton: A Novel (Classic Reprint) May Agnes Fleming. 2018. (ENG., Illus.). 398p. (J). 32.13 *(978-0-484-00184-7(1))* Forgotten Bks.

Heir of Dreams (Classic Reprint) Sallie Margaret O'Malley. 2017. (ENG., Illus.). (J). 27.53 *(978-0-331-76669-1(8))*; pap. 9.97 *(978-0-243-28848-9(4))* Forgotten Bks.

Heir of Hascombe Hall: A Tale of the Days of the Early Tudors (Classic Reprint) Evelyn Everett-Green. 2018. (ENG., Illus.). 466p. (J). 33.53 *(978-0-428-43829-6(6))* Forgotten Bks.

Heir of Locksley. N. B. Dixon. 2016. (Outlaw's Legacy Ser.: Vol. 1). (ENG., Illus.). (YA). pap. *(978-1-78645-080-7(1))* Beaten Track Publishing.

Heir of Magic & Mischance. Rachanee Lumayno. 2023. (Kingdom Legacy Ser.: Vol. 3). (ENG.). 320p. (YA). pap. 15.99 ***(978-1-7361811-7-1(3))*** Miss Lana Pr.

Heir of Redclyffe (Classic Reprint) Charlotte M. Yonge. 2017. (ENG., Illus.). (J). 34.06 *(978-0-265-17723-5(5))* Forgotten Bks.

Heir of Redclyffe, Vol. 1 (Classic Reprint) Charlotte Mary Yonge. (ENG., Illus.). (J). 2017. 30.62 *(978-0-331-81032-5(8))*; 2016. pap. 13.97 *(978-1-334-17095-9(9))* Forgotten Bks.

Heir of Roses. McCombs. 2022. (ENG.). 290p. (YA). 21.00 ***(978-1-0879-9751-3(8))*** Indy Pub.

Heir of Sherburne (Classic Reprint) Amanda M. Douglas. 2018. (ENG., Illus.). 398p. (J). 32.11 *(978-0-483-87471-8(X))* Forgotten Bks.

Heir of the Ages (Classic Reprint) James Payn. 2018. (ENG., Illus.). 370p. (J). 31.53 *(978-0-483-71835-7(1))* Forgotten Bks.

Heir of the Ages, Vol. 1 of 3 (Classic Reprint) James Payn. 2018. (ENG., Illus.). 290p. (J). 29.88 *(978-0-483-94957-7(4))* Forgotten Bks.

Heir of the Ages, Vol. 2 (Classic Reprint) James Payn. 2018. (ENG., Illus.). 292p. (J). 29.92 *(978-0-428-91065-5(3))* Forgotten Bks.

Heir of the Ages, Vol. 3 of 3 (Classic Reprint) James Payn. 2018. (ENG., Illus.). 316p. (J). 30.41 *(978-0-428-95565-6(7))* Forgotten Bks.

Heir of the Moon. Athena Rose. 2022. (ENG.). 108p. (YA). *(978-1-0391-3537-6(4))*; pap. *(978-1-0391-3536-9(6))* FriesenPress.

Heir of Thunder. Karissa Laurel. Ed. by Sue Fairchild. 2016. (Stormbourne Chronicles Ser.: Vol. 1). (ENG., Illus.). (YA). (gr. 7-12). pap. 14.95 *(978-1-62253-155-4(8))* Evolved Publishing.

Heir of Thunder: A Young Adult Steampunk Fantasy. Karissa Laurel. Ed. by Sue Fairchild. 2nd ed. 2019. (Stormbourne Chronicles Ser.: Vol. 1). (ENG.). 236p. (YA). (gr. 7-12). pap. 14.95 *(978-1-62253-228-5(7))* Evolved Publishing.

Heir Presumptive & the Heir Apparent, Vol. 1 of 2 (Classic Reprint) Margaret Oliphant. (ENG., Illus.). (J). 2018. 568p. 35.65 *(978-0-428-98698-8(6))*; 2017. pap. 19.57 *(978-0-259-06217-2(0))* Forgotten Bks.

Heir Presumptive & the Heir Apparent, Vol. 3 of 3 (Classic Reprint) Margaret Oliphant. (ENG., Illus.). (J). 2018. 314p. 30.39 *(978-0-365-21907-1(X))*; 2017. pap. 13.57 *(978-0-259-38357-4(0))* Forgotten Bks.

Heir Presumptive, Vol. 1 Of 3: And the Heir Apparent (Classic Reprint) Margaret O. W. Oliphant. 2018. (ENG., Illus.). 278p. (J). 29.65 *(978-0-483-83365-4(7))* Forgotten Bks.

Heir Rises. Alice Hanov. 2023. (Head, the Heart, & the Heir Ser.: Vol. 3). (ENG.). 410p. (YA). 25.99 ***(978-1-998835-03-4(0))***; pap. 16.99 ***(978-1-998835-02-7(2))*** Gryphon Pr., The.

Heirdom. Valerie Claussen. Illus. by Emily Huth. 2021. (ENG.). 397p. (YA). pap. *(978-1-4834-1215-3(6))* Lulu Pr., Inc.

Heiress & Her Lovers, Vol. 1 Of 3: A Novel (Classic Reprint) Georgiana Chatterton. 2017. (ENG., Illus.). (J). 318p. 30.46 *(978-0-484-08313-3(9))*; pap. 13.57 *(978-0-259-21082-5(X))* Forgotten Bks.

Heiress & Her Lovers, Vol. 2 Of 3: A Novel (Classic Reprint) Georgiana Chatterton. (ENG., Illus.). (J). 2018. 324p. 30.58 *(978-0-428-24816-1(0))*; 2017. pap. 13.57 *(978-0-243-40520-6(0))* Forgotten Bks.

Heiress & Her Lovers, Vol. 3 Of 3: A Novel (Classic Reprint) Georgiana Lady Chatterton. (ENG., Illus.). (J). 2018. 308p. 30.25 *(978-0-666-97169-2(2))*; 2017. pap. 13.57 *(978-1-5276-6776-1(6))* Forgotten Bks.

Heiress Apparently (Daughters of the Dynasty) Diana Ma. 2020. (Daughters of the Dynasty Ser.). (ENG.). 304p. (YA).

(gr. 8-17). 17.99 *(978-1-4197-4996-4(X)*, 1711301, Amulet Bks.) Abrams, Inc.

Heiress of Cronenstein (Classic Reprint) Ida Von Hahn-Hahn. 2017. (ENG., Illus.). (J). 28.60 *(978-0-266-57129-2(8))* Forgotten Bks.

Heiress of Greenhurst, an Autobiography (Classic Reprint) Ann S Stephens. 2018. (ENG., Illus.). (J). 32.89 *(978-0-266-95692-1(0))* Forgotten Bks.

Heiress of Haddon (Classic Reprint) William Elliott Doubleday. 2018. (ENG., Illus.). 204p. (J). 28.10 *(978-0-484-49594-3(1))* Forgotten Bks.

Heiress of Haughton, Vol. 1 Of 3: Or, the Mother's Secret (Classic Reprint) Unknown Author. 2018. (ENG., Illus.). (J). 324p. 30.58 *(978-0-484-67683-0(0))*; 312p. 30.35 *(978-0-267-23982-5(3))* Forgotten Bks.

Heiress of Haughton, Vol. 3 Of 3: Or, the Mother's Secret (Classic Reprint) Unknown Author. 2018. (ENG., Illus.). 322p. (J). 30.54 *(978-0-483-26142-6(4))* Forgotten Bks.

Heiress of Kilorgan: Or Evenings with the Old Geraldines (Classic Reprint) J. Sadlier. (ENG., Illus.). (J). 2018. 428p. 32.72 *(978-0-483-95968-2(5))*; 2016. pap. 16.57 *(978-1-333-42509-8(0))* Forgotten Bks.

Heiress of Wyvern Court. Emilie Searchfield. 2017. (ENG., Illus.). (J). 21.95 *(978-1-374-86862-5(0))*; pap. 10.95 *(978-1-374-86861-8(2))* Capital Communications, Inc.

Heiress, Vol. 1 Of 3: A Novel (Classic Reprint) Ellen Pickering. (ENG., Illus.). (J). 2018. 328p. 30.68 *(978-0-267-31536-9(8))*; 2016. pap. 13.57 *(978-1-333-45330-5(2))* Forgotten Bks.

Heiress, Vol. 2 Of 2: A Novel (Classic Reprint) Ellen Pickering. (ENG., Illus.). (J). 2018. 236p. 28.78 *(978-0-332-18246-9(0))*; 2016. pap. 11.57 *(978-1-333-22726-5(4))* Forgotten Bks.

Heiress, Vol. 2 Of 3: A Novel (Classic Reprint) Ellen Pickering. (ENG., Illus.). (J). 2018. 320p. 30.41 *(978-0-483-98317-5(9))*; 2016. pap. 13.57 *(978-1-333-49226-7(X))* Forgotten Bks.

Heiress, Vol. 3 Of 3: A Novel (Classic Reprint) Ellen Pickering. 2018. (ENG., Illus.). 300p. (J). 30.10 *(978-0-267-16729-6(6))* Forgotten Bks.

Heiresses of Fotheringay: A Tale Founded on Fact (Classic Reprint) Augustin Augustin. 2018. (ENG., Illus.). 520p. (J). 34.62 *(978-0-483-89132-6(0))* Forgotten Bks.

Heirloom. Alexandra Folz. Illus. by Carol Ann Johnson. 2016. (ENG.). (J). (gr. 3-6). 24.95 *(978-0-9982769-1-5(X))*; pap. 15.95 *(978-0-9982769-0-8(1))* Feather Insight Pr.

Heirloom. Thorne Pereira. 2021. (ENG.). 144p. (YA). pap. *(978-1-257-08119-6(5))* Lulu Pr., Inc.

Heirloom, Lost Paragon. Katie Mosher. 2019. (ENG., Illus.). 194p. (YA). pap. *(978-0-2288-1673-7(4))* Tellwell Talent.

Heirs in Exile. J. N. Knapp. 2018. (Wayward Crown Saga Ser.). (ENG., Illus.). 348p. (YA). *(978-1-5255-2287-1(6))*; pap. *(978-1-5255-2288-8(4))* FriesenPress.

Heirs of Bradley House (Classic Reprint) Amanda M. Douglas. 2017. (ENG., Illus.). (J). 33.03 *(978-0-265-19767-7(8))* Forgotten Bks.

Heirs of Eriad. Adam Roach. 2022. (ENG.). 390p. (YA). pap. 16.99 ***(978-1-0879-7787-4(8))*** Indy Pub.

Heirs of St. Kilda a Story of the Southern Past (Classic Reprint) John W. Moore. 2018. (ENG., Illus.). 498p. (J). 34.19 *(978-0-483-61792-6(X))* Forgotten Bks.

Heirs of Tirragyl. Joan Campbell. 2022. (ENG.). 306p. (YA). pap. *(978-1-991222-93-0(9))* African Public Policy & Research Institute, The.

Heirs of Yesterday (Classic Reprint) Emma Wolf. 2018. (ENG., Illus.). 292p. (J). 29.92 *(978-0-267-23984-9(X))* Forgotten Bks.

Heirs to a Cause. Pascale Doxy. Tr. by Garry F. Doxy. 2023. (ENG.). 296p. (YA). pap. 20.00 ***(978-0-578-27798-1(0))*** Doxy, Pascale.

Heist. Lucasfilm Book Group. ed. 2017. (Star Wars Adventures in Wild Space Ser.: 3). (J). lib. bdg. 16.00 *(978-0-606-39961-6(5))* Turtleback.

Heist #3. Cavan Scott. Illus. by Lucy Ruth Cummins & David Buisán. 2019. (Star Wars: Adventures in Wild Space Ser.). (ENG.). 144p. (J). (gr. 3-7). lib. bdg. 31.36 *(978-1-5321-4320-5(6)*, 31850, Chapter Bks.) Spotlight.

Heist Age: Dinosaur Graphic Novel. Doug Paleo. Illus. by Aaron Blecha. 2021. (Dinomighty! Ser.: 2). (ENG.). 224p. (J). (gr. 2-5). 13.99 *(978-0-358-33157-5(9)*, 1780201, Clarion Bks.) HarperCollins Pubs.

Heist at the City Museum. E. L. Jefferson. 2016. (ENG., Illus.). (J). pap. 20.00 *(978-1-4834-5714-7(1))* Lulu Pr., Inc.

Heists. C. M. Johnson. 2017. (Origins: Whodunnit Ser.). (ENG., Illus.). 48p. (J). (gr. 5-8). 27.99 *(978-1-62920-615-8(6)*, 7ef86e54-cec7-4bb8-9b88-b612c046d3cf) Full Tilt Pr. NZL. Dist: Lerner Publishing Group.

Hejsan Hösten - Hello Autumn/Fall: En Tvåspråkig Pysselbok På Svenska Och Engelska: a Fun Activity Book in Swedish & English. Linda Liebrand. 2020. (SWE.). 34p. (J). pap. *(978-1-913382-15-5(X))* Treetop Media Ltd.

Hel. Virginia Loh-Hagan. 2018. (Gods & Goddesses of the Ancient World Ser.). (ENG., Illus.). 32p. (J). (gr. 4-8). lib. bdg. 32.07 *(978-1-5341-2945-0(6)*, 211824, 45th Parallel Press) Cherry Lake Publishing.

Hel vs. Persephone: Fight for the Underworld. Lydia Lukidis. 2023. (Mythology Matchups Ser.). (ENG.). 32p. (J). pap. 7.99 ***(978-1-6690-1637-3(4)***, 248852, Capstone Pr.) Capstone.

Helado de Roca Lunar y Otras Ocurrencias. Lina Maria Perez Gaviria. 2017. (SPA.). 80p. (J). pap. 10.99 *(978-958-30-5319-1(8))* Panamericana Editorial COL. Dist: Lectorum Pubns., Inc.

Helbeck of Bannisdale, Vol. 1 of 2 (Classic Reprint) Humphry Ward. 2018. (ENG., Illus.). 322p. (J). 30.56 *(978-0-666-69765-3(5))* Forgotten Bks.

Helbeck of Bannisdale, Vol. 2 of 2 (Classic Reprint) Humphry Ward. 2018. (ENG., Illus.). 350p. (J). 31.12 *(978-0-483-51560-4(4))* Forgotten Bks.

Helbrederkatten Heka: Norwegian Edition of the Healer Cat. Tuula Pere. Tr. by Lisbeth Dore. Illus. by Klaudia Bezak. 2019. (NOR.). 40p. (J). (gr. k-4). *(978-952-325-008-6(6))*; pap. *(978-952-357-094-8(3))* Wickwick oy.

Held Fast for England: A Tale of the Siege of Gibraltar (1779-83) (Classic Reprint) G. A. Henty. 2017. (ENG., Illus.). 402p. (J). 32.21 *(978-0-484-87570-7(1))* Forgotten Bks.

Held for Orders: Stories of Railroad Life (Classic Reprint) Frank H. Spearman. 2018. (ENG., Illus.). 374p. (J). 31.63 *(978-0-365-17343-4(6))* Forgotten Bks.

Held in Bondage, or Granville de Vigne: A Tale of the Day (Classic Reprint) Ouida. 2016. (ENG., Illus.). (J). pap. 19.57 *(978-1-334-15606-9(9))* Forgotten Bks.

Held in Bondage, or Granville de Vigne: A Tale of the Day (Classic Reprint) Ouida Ouida. (ENG., Illus.). (J). 2018. 518p. 34.60 *(978-0-483-19959-0(1))*; 2018. 902p. 42.50 *(978-0-267-37817-3(3))*; 2017. pap. 16.97 *(978-0-243-90413-6(4))* Forgotten Bks.

Held in Bondage, or Granville de Vigne, Vol. 1 Of 2: A Tale of the Day (Classic Reprint) Ouida Ouida. (ENG., Illus.). (J). 2018. 446p. 33.12 *(978-0-365-30563-7(4))*; 2017. pap. 16.57 *(978-0-259-29303-3(2))* Forgotten Bks.

Held in Bondage, or Granville de Vigne, Vol. 1 Of 3: A Tale of the Day (Classic Reprint) Ouida Ouida. 2017. (ENG., Illus.). (J). 30.68 *(978-1-5283-5389-2(7))* Forgotten Bks.

Held in Bondage, or Granville de Vigne, Vol. 2 Of 3: A Tale of the Day (Classic Reprint) Ouida Ouida. 2017. (ENG., Illus.). (J). 30.58 *(978-1-5285-5417-6(5))* Forgotten Bks.

Held in the Everglades. Henry S. Spalding Sj. 2021. (ENG., Illus.). 184p. (J). pap. 12.95 *(978-1-936639-54-0(8))* St. Augustine Academy Pr.

Held in Thrall (Classic Reprint) Bracebridge Hemyng. 2018. (ENG., Illus.). 154p. (J). 27.09 *(978-0-483-27188-3(8))* Forgotten Bks.

Helda of Lohgard. Duncan Simpson. 2017. (ENG., Illus.). 172p. (J). pap. *(978-0-244-95336-2(8))* Lulu Pr., Inc.

Heldishkeyt Inem Goldenem Land. Yael Rotenberg. Illus. by Tovahleh. 2018. (YID.). 37p. (J). *(978-1-68091-255-5(0))* Kinder Shpiel USA, Inc.

Helen: A Story of Things to Be (Classic Reprint) Lu Wheat. 2018. (ENG., Illus.). 224p. (J). 28.52 *(978-0-483-03146-3(1))* Forgotten Bks.

Helen Adair (Classic Reprint) Louis Becke. (ENG., Illus.). (J). 2018. 302p. 30.13 *(978-0-428-24027-1(5))*; 2018. 288p. 29.84 *(978-0-483-26392-5(3))*; 2017. pap. 13.57 *(978-0-243-28646-1(5))* Forgotten Bks.

Helen Alliston (Classic Reprint) Unknown Author. (ENG., Illus.). (J). 2018. 352p. 31.18 *(978-0-267-68133-4(X))*; 2017. pap. 13.57 *(978-0-259-19811-6(0))* Forgotten Bks.

Helen & Arthur, or Miss. Thusa's Spinning Wheel (Classic Reprint) Caroline Lee Hentz. (ENG., Illus.). (J). 2018. 264p. 29.34 *(978-0-364-08764-0(1))*; 2016. pap. 11.97 *(978-1-333-78953-4(X))* Forgotten Bks.

Helen & Nicky. Wendy Green. 2019. (ENG.). 140p. (J). pap. 13.95 *(978-1-64140-234-7(2))* Christian Faith Publishing.

Helen & the Great Adventure. Nodi Khan. 2018. (ENG., Illus.). 26p. (J). *(978-1-387-52822-6(X))* Lulu Pr., Inc.

Helen Brent, M. D: A Social Study (Classic Reprint) Annie Nathan Meyer. (ENG., Illus.). (J). 2017. 28.02 *(978-0-331-14384-3(4))*; 2016. pap. 10.57 *(978-1-334-58348-3(X))* Forgotten Bks.

Helen Cameron, Vol. 2 Of 3: From Grub to Butterfly (Classic Reprint) Helen Cameron. (ENG., Illus.). (J). 2018. 352p. 31.16 *(978-0-483-67672-5(1))*; 2016. pap. 13.57 *(978-1-334-13520-0(7))* Forgotten Bks.

Helen Cameron, Vol. 3 Of 3: From Grub to Butterfly (Classic Reprint) Helen Cameron. 2018. (ENG., Illus.). 308p. (J). 30.25 *(978-0-484-90291-5(1))* Forgotten Bks.

Helen (Classic Reprint) Arthur Sherburne Hardy. 2017. (ENG., Illus.). (J). 30.58 *(978-0-265-20814-4(9))* Forgotten Bks.

Helen Drake Beals: A Father's Tribute (Classic Reprint) Charles Edward Beals. 2018. (ENG., Illus.). 80p. (J). 25.55 *(978-0-267-27018-7(6))* Forgotten Bks.

Helen Fleetwood (Classic Reprint) Charlotte Elizabeth. (ENG., Illus.). (J). 2018. 340p. 30.91 *(978-0-483-95868-5(9))*; 2017. pap. 13.57 *(978-0-243-91725-9(2))* Forgotten Bks.

Helen Ford (Classic Reprint) Horatio Alger. 2018. (ENG., Illus.). 306p. (J). 30.23 *(978-0-484-83332-5(4))* Forgotten Bks.

Helen Gardner's Wedding-Day; or Colonel Floyd's Wards: A Battle Summer (Classic Reprint) Marion Harland. 2018. (ENG., Illus.). 386p. (J). 31.86 *(978-0-483-76802-4(2))* Forgotten Bks.

Helen Grant at Aldred House (Classic Reprint) Amanda M. Douglas. 2018. (ENG., Illus.). 370p. (J). 31.53 *(978-0-483-58341-2(3))* Forgotten Bks.

Helen Halsey, or the Swamp State of Conelachita: A Tale of the Borders (Classic Reprint) William Gilmore Simms. (ENG., Illus.). (J). 2018. 218p. 28.39 *(978-0-332-83646-1(0))*; 2016. pap. 10.97 *(978-1-333-60888-0(8))* Forgotten Bks.

Helen Hurts. Denise Fuchko & Keri Fuchko. 2021. (ENG.). 32p. (J). *(978-1-0391-1743-3(0))*; pap. *(978-1-0391-1742-6(2))* FriesenPress.

Helen Is Not Hungry. Sargis Saribekyan. Illus. by Gevorg Endza Babakhanyan. 2020. (ENG.). 22p. (J). 23.95 *(978-1-64468-189-3(7))*; pap. 13.95 *(978-1-64468-188-6(9))* Covenant Bks.

Helen Keller. Emma E. Haldy. Illus. by Jeff Bane. 2016. (My Early Library: My Itty-Bitty Bio Ser.). (ENG.). 24p. (J). (gr. k-1). 30.64 *(978-1-63471-020-6(7)*, 208160) Cherry Lake Publishing.

Helen Keller. Kitson Jazynka. ed. 2018. (National Geographic Readers Ser.). (ENG.). 32p. (J). (gr. -1-1). 13.89 *(978-1-64310-342-6(3))* Penworthy Co., LLC, The.

Helen Keller. Maria Isabel Sanchez Vegara. Illus. by Sam Rudd. ed. 2022. (Little People, BIG DREAMS Ser.: 89). (ENG.). 32p. (J). (gr. -1-2). 15.99 ***(978-0-7112-5954-6(2)***, Frances Lincoln Children's Bks.) Quarto Publishing Group UK GBR. Dist: Hachette Bk. Group.

Helen Keller: A Kid's Book about Overcoming Disabilities. Mary Nhin. Illus. by Yuliia Zolotova. 2022. (Mini Movers & Shakers Ser.: Vol. 24). (ENG.). 36p. (J). 19.99 *(978-1-63731-406-7(X))* Grow Grit Pr.

Helen Keller: Educator, Activist & Author. Valerie Bodden. 2016. (Essential Lives Set 10 Ser.). (ENG., Illus.). 112p. (J). (gr. 8-12). lib. bdg. 41.36 *(978-1-68078-299-8(1)*, 21735, Essential Library) ABDO Publishing Co.

Helen Keller Against All Odds. Barbara Spilman Lawson. 2016. (Spring Forward Ser.). (J). (gr. 2). *(978-1-4900-9472-4(5))* Benchmark Education Co.

Helen Keller & Her Miracle Worker - Biography 3rd Grade Children's Biography Books. Baby Professor. 2017. (ENG., Illus.). (J). pap. 9.55 *(978-1-5419-1196-3(2)*, Baby Professor (Education Kids)) Speedy Publishing LLC.

Helen Keller in Scotland: A Personal Record (Classic Reprint) Helen Keller. (ENG., Illus.). (J). 2018. 260p. 29.28 *(978-0-483-72700-7(8))*; 2017. pap. 11.97 *(978-0-243-39539-2(6))* Forgotten Bks.

Helen Keller Newspaper Notices, 1887-1893, Vol. 1 (Classic Reprint) Unknown Author. (ENG., Illus.). (J). 2018. 186p. 27.98 *(978-0-332-88587-2(9))*; 2016. pap. 10.57 *(978-1-334-11827-2(2))* Forgotten Bks.

Helen Keller Newspaper Notices, Vol. 6: 1905 (Classic Reprint) Unknown Author. 2018. (ENG., Illus.). 320p. (J). 30.50 *(978-0-484-70486-1(9))* Forgotten Bks.

Helen Keller: the World at Her Fingertips. Sarah Albee. Illus. by Gustavo Mazali. 2019. (I Can Read Level 2 Ser.). (ENG.). 32p. (J). (gr. -1-3). 16.99 *(978-0-06-243282-7(6))*; pap. 4.99 *(978-0-06-243281-0(8))* HarperCollins Pubs. (HarperCollins).

Helen Keller's Journal, 1936-1937 (Classic Reprint) Helen Keller. 2017. (ENG., Illus.). (J). 30.56 *(978-0-265-70441-7(3))*; pap. 13.57 *(978-0-243-43068-0(X))* Forgotten Bks.

Helen Klassen Story. Helen Boldt Klassen. 2018. (ENG., Illus.). 182p. (YA). pap. 22.95 *(978-1-64416-790-8(5))* Christian Faith Publishing.

Helen la Pequeña Mariquita. Kiyomi Taylor. Tr. by Jessie Holtheuer-Wadsworth. 2021. (SPA.). 26p. (J). 13.00 *(978-1-0878-8384-7(9))* Indy Pub.

Helen Leeson: Or the Belle of New York (Classic Reprint) Unknown Author. (ENG., Illus.). (J). 2018. 370p. 31.55 *(978-0-267-31445-4(0))*; 2016. pap. 13.97 *(978-1-333-44000-8(6))* Forgotten Bks.

Helen Lincoln: A Tale (Classic Reprint) Carrie Capron. 2018. (ENG., Illus.). 316p. (J). 30.41 *(978-0-484-20961-8(2))* Forgotten Bks.

Helen MacGregor. C. Y. Barlow. 2017. (ENG.). 340p. (J). pap. *(978-3-337-01590-9(5))* Creation Pubs.

Helen MacGregor, or Conquest & Sacrifice (Classic Reprint) C. Y. Barlow. 2018. (ENG., Illus.). 340p. (J). 30.91 *(978-0-656-77775-4(3))* Forgotten Bks.

Helen Morton's Trial (Classic Reprint) Alice B. Haven. 2018. (ENG., Illus.). 196p. (J). 27.96 *(978-0-484-63346-8(5))* Forgotten Bks.

Helen Newberry Annual for 1923 (Classic Reprint) Partia Goulder. 2017. (ENG., Illus.). (J). 25.22 *(978-0-266-92145-5(0))*; pap. 9.57 *(978-1-5278-1978-8(7))* Forgotten Bks.

Helen of Four Gates (Classic Reprint) An Ex-Mill-Girl. 2017. (ENG., Illus.). (J). 30.58 *(978-0-265-80722-4(0))* Forgotten Bks.

Helen of the Old House (Classic Reprint) Harold Bell Wright. 2017. (ENG., Illus.). 386p. (J). 31.88 *(978-0-332-97162-9(7))* Forgotten Bks.

Helen of Troy, 1 vol. Ann Poeschel. 2019. (Women of Mythology: Goddesses, Warriors, & Hunters Ser.). (ENG.). 32p. (gr. 2-2). pap. 9.22 *(978-1-5026-5132-7(7)*, b9316d67-6f00-4511-aa18-365581dde565) Cavendish Square Publishing LLC.

Helen of Troy & Rose (Classic Reprint) Phyllis Bottome. 2018. (ENG., Illus.). 282p. (J). 29.73 *(978-0-483-57653-7(0))* Forgotten Bks.

Helen on Her Travels. William Leonard Gage. 2017. (ENG.). 194p. (J). pap. *(978-3-337-21084-7(8))* Creation Pubs.

Helen on Her Travels: What She Saw & What She Did in Europe (Classic Reprint) William Leonard Gage. 2018. (ENG., Illus.). 192p. (J). 27.86 *(978-0-332-97649-5(1))* Forgotten Bks.

Helen Ormesby (Classic Reprint) Belle Moses. 2018. (ENG., Illus.). (J). 332p. 30.74 *(978-1-396-40722-2(7))*; 334p. pap. 13.57 *(978-1-390-90120-7(3))* Forgotten Bks.

Helen Roseveare: The Doctor Who Kept Going No Matter What. Laura Wickham. Illus. by Cecilia Messina. 2023. (ENG.). 24p. (J). *(978-1-78498-746-6(8))* Good Bk. Co., The.

Helen Thayer's Arctic Adventure: A Woman & a Dog Walk to the North Pole. Sally Isaacs. Illus. by Iva Sasheva. 2016. (Encounter: Narrative Nonfiction Picture Bks.). (ENG.). 32p. (J). (gr. 4-5). lib. bdg. 29.32 *(978-1-4914-8044-1(0)*, 130548, Capstone Young Readers) Capstone.

Helen Thayer's Arctic Adventure: A Woman & a Dog Walk to the North Pole. Sally Senzell Isaacs. Illus. by Iva Sasheva. 2017. (Encounter: Narrative Nonfiction Picture Bks.). (ENG.). 32p. (J). (gr. 4-5). pap. 7.95 *(978-1-4914-8045-8(9)*, 130549, Capstone Young Readers) Capstone.

Helen the Little Ladybug. Kiyomi Taylor. Tr. by Lisa Bessette. 2021. (ENG.). 26p. (J). 12.50 *(978-1-0879-4416-6(3))* Indy Pub.

Helen Treveryan, or the Ruling Race (Classic Reprint) Mortimer Durand. 2017. (ENG., Illus.). (J). 35.18 *(978-0-266-72753-8(0))*; pap. 19.57 *(978-1-5276-8758-5(9))* Forgotten Bks.

Helen Treveryan, Vol. 1 Of 3: Or the Ruling Race (Classic Reprint) John Roy. 2018. (ENG., Illus.). 294p. (J). 29.96 *(978-0-332-93869-1(7))* Forgotten Bks.

Helen Treveryan, Vol. 2 Of 3: Or the Ruling Race (Classic Reprint) John Roy. 2018. (ENG., Illus.). 280p. (J). 29.69 *(978-0-483-50880-4(2))* Forgotten Bks.

Helen Treveryan, Vol. 3 Of 3: Or the Ruling Race (Classic Reprint) John Roy. 2018. (ENG., Illus.). 266p. (J). 29.38 *(978-0-483-52379-1(8))* Forgotten Bks.

Helen with the High Hand. Arnold Bennett. 2017. (ENG., Illus.). (J). pap. 13.95 *(978-1-374-94528-9(5))* Capital Communications, Inc.

Helen with the High Hand. Arnold Bennett. 2017. (ENG.). 288p. (J). pap. *(978-3-7446-4698-7(X))* Creation Pubs.

Helen with the High Hand: An Idyllic Diversion (Classic Reprint) Arnold Bennett. 2017. (ENG., Illus.). 320p. (J). 30.50 *(978-1-5283-8316-5(8))* Forgotten Bks.

Helena. Benjamin Broke. 2021. (ENG.). 160p. (J). pap. 9.99 *(978-1-0879-6292-4(7))* Indy Pub.

Helena Ann's Storybook Cans: A Steampunk Story. Helena Ann DeLuca. 2020. (ENG.). 34p. (J). (gr. 2-5). pap. 9.95 *(978-1-7334865-3-8(4))* Dorothy-Frances Bks.

Helena Ann's Storybook Cans: The Adventures of Azimuth Z. Mouse. Helena Ann DeLuca. 2020. (ENG.). 44p. (J). (gr. 2-5). pap. 9.99 *(978-1-7334865-4-5(2))*; 23.99 *(978-1-7334865-2-1(6))* Dorothy-Frances Bks.

Helena Brett's Career (Classic Reprint) Desmond Coke. (ENG., Illus.). (J). 2018. 332p. 30.74 *(978-0-483-75489-8(7))*; 2017. pap. 13.57 *(978-0-243-97328-6(4))* Forgotten Bks.

Helena the Fighter. Madeline Tyler. Illus. by Marianne Constable. 2023. (Level 4/5 - Blue/Green Set Ser.). (ENG.). 32p. (J). (gr. 1-3). lib. bdg. 19.95 Bearport Publishing Co., Inc.

Helena's Path (Classic Reprint) Anthony Hope. (ENG., Illus.). (J). 2018. 252p. 29.09 *(978-0-666-74385-5(1))*; 2018. 266p. 29.40 *(978-0-484-55732-0(7))*; 2017. pap. 11.97 *(978-0-243-27608-0(7))* Forgotten Bks.

Helen's Babies. John Habberton. 2017. (ENG., Illus.). (J). pap. *(978-0-649-38767-0(8))* Trieste Publishing Pty Ltd.

Helen's Babies. John Habberton & Sara Crosby. 2017. (ENG.). 260p. (J). pap. *(978-3-337-36931-6(6))* Creation Pubs.

Helen's Babies: With Some Account of Their Ways, Innocent, Crafty, Angelic, Impish, Witching & Impulsive; Also a Partial Record of Their Actions During Ten Days of Existence. John Habberton. 2017. (ENG., Illus.). (J). pap. *(978-0-649-35716-1(7))* Trieste Publishing Pty Ltd.

Helen's Babies: With Some Account of Their Ways, Innocent, Crafty, Angelic, Impish, Witching & Repulsive; Also, a Partial Record of Their Actions During Ten Days of Their Existence (Classic Reprint) John Habberton. (ENG., Illus.). (J). 2018. 444p. 33.05 *(978-0-267-53715-0(8))*; 2017. pap. 16.57 *(978-0-259-40766-9(6))* Forgotten Bks.

Helen's Babies: With Some Account of Their Ways, Innocent, Droll, Fascinating, Roguish, Mischievous, & Naughty. John Habberton. 2017. (ENG., Illus.). (J). pap. *(978-0-649-60097-7(5))* Trieste Publishing Pty Ltd.

Helen's Babies (Classic Reprint) John Habberton. 2017. (ENG., Illus.). (J). 29.47 *(978-0-331-82161-1(3))* Forgotten Bks.

Helen's Birds, 1 vol. Sara Cassidy. Illus. by Sophie Casson. 2019. (ENG.). 44p. (J). (gr. 1-4). 18.95 *(978-1-77306-038-5(4))* Groundwood Bks. CAN. Dist: Publishers Group West (PGW).

Helens Welt. Helen Yigzaw. 2018. (GER., Illus.). 48p. (J). *(978-3-7469-1262-2(8))*; pap. *(978-3-7469-1261-5(X))* tredition Verlag.

Helga & the White Peacock: A Play in Three Acts for Young People (Classic Reprint) Cornelia Meigs. 2018. (ENG., Illus.). 98p. (J). 25.94 *(978-0-332-95310-6(6))* Forgotten Bks.

Helga's Dowry: A Troll Love Story. Tomie dePaola. 2019. (ENG., Illus.). 32p. (J). (gr. -1-3). pap. 7.99 *(978-0-358-10804-7(7)*, 1748875, Clarion Bks.) HarperCollins Pubs.

Heli the Helicopter. Raúl Hernández. 2021. (ENG., Illus.). 30p. (J). pap. 12.95 *(978-1-63814-159-4(2))* Covenant Bks.

Helianthus: A Novel (Classic Reprint) Ouida Ouida. 2018. (ENG., Illus.). 464p. (J). 33.47 *(978-0-428-26336-2(4))* Forgotten Bks.

Hélianthus Recueillis. Lou-Anne Soirat. 2023. (FRE.). 121p. (YA). pap. ***(978-1-4477-6084-9(0))*** Lulu Pr., Inc.

Helicopter Harry & the Copter Kids. Jon Faust. 2016. (ENG., Illus.). (J). pap. 9.95 *(978-0-692-78184-5(6))* Mother Lode Pr. LLC.

Helicopters. Wendy Strobel Dieker. 2019. (Spot Mighty Machines Ser.). (ENG.). 16p. (J). (gr. -1-2). *(978-1-68151-645-4(X)*, 10777) Amicus.

Helicopters. Lori Dittmer. 2019. (Amazing Rescue Vehicles Ser.). (ENG.). 24p. (J). (gr. 1-3). pap. 8.99 *(978-1-62832-631-4(X)*, 18726, Creative Paperbacks); *(978-1-64026-043-6(9)*, 18725) Creative Co., The.

Helicopters. Wendy Hinote Lanier. 2019. (Let's Fly Ser.). (ENG., Illus.). 32p. (J). (gr. 2-3). 31.35 *(978-1-64185-339-2(5)*, 1641853395, Focus Readers) North Star Editions.

Helicopters. Rebecca Pettiford. 2017. (Mighty Machines in Action Ser.). (ENG., Illus.). 24p. (J). (gr. k-3). lib. bdg. 26.95 *(978-1-62617-632-4(9)*, Blastoff! Readers) Bellwether Media.

Helicopters. Mari Schuh. 2017. (Transportation Ser.). (ENG., Illus.). 24p. (J). (gr. -1-2). lib. bdg. 22.65 *(978-1-5157-7304-7(3)*, 135648, Capstone Pr.) Capstone.

Helicopters: A First Look. Percy Leed. 2023. (Read about Vehicles (Read for a Better World (tm)) Ser.). (ENG., Illus.). 24p. (J). (gr. k-2). pap. 9.99 Lerner Publishing Group.

Helicopters Educational Facts Children's Aviation Book. Bold Kids. 2023. (ENG.). 42p. (J). pap. 14.99 ***(978-1-0717-1646-5(8))*** FASTLANE LLC.

Helicopters in Action. Mari Bolte. 2023. (Military Machines (UpDog Books (tm)) Ser.). (ENG., Illus.). 32p. (J). (gr. 3-5). pap. 10.99. lib. bdg. 30.65 ***(978-1-7284-9170-7(3)***, c1cdcc1e-5bb9-4a1a-9dc5-2ff0909cd93f) Lerner Publishing Group. (Lerner Pubns.).

Helicopters on the Go. Beth Bence Reinke. 2018. (Bumba Books (r) — Machines That Go Ser.). (ENG., Illus.). 24p. (J). (gr. -1-1). 26.65 *(978-1-5124-8254-6(4)*, c945793f-bdff-4078-b14b-1a79e40fb2f2, Lerner Pubns.) Lerner Publishing Group.

Heliogabalus: A Buffoonery in Three Acts. H. L. Mencken. 2017. (ENG., Illus.). (J). pap. *(978-0-649-22074-8(9))* Trieste Publishing Pty Ltd.

Heliogabalus: A Buffoonery in Three Acts (Classic Reprint) H. L. Mencken. (ENG., Illus.). (J). 2017. 27.92 *(978-0-260-78790-3(6))*; 2016. pap. 10.57 *(978-1-334-25464-2(8))* Forgotten Bks.

Helionde, or Adventures in the Sun (Classic Reprint) Sydney Whiting. (ENG., Illus.). (J). 2018. 452p. 33.22 *(978-0-428-24565-8(X))*; 2017. pap. 16.57 *(978-0-243-38044-2(5))* Forgotten Bks.

Heliotrope: A San Francisco Idyl Twenty-Five Years Ago; & Other Sketches (Classic Reprint) Frances Margaret

Milne. 2018. (ENG., Illus.). 126p. (J). 26.50 *(978-0-483-92248-8(X))* Forgotten Bks.

Helium. Jane Gardner. 2018. (Elements of Chemistry Ser.). (ENG.). 48p. (J). lib. bdg. 34.99 *(978-1-5105-3855-9(0))* SmartBook Media, Inc.

Helium. Jane P. Gardner. 2017. (Chemistry of Everyday Elements Ser.: Vol. 10). (ENG., Illus.). 64p. (J). (gr. 7-12). 23.95 *(978-1-4222-3841-7(5))* Mason Crest.

Helium, 1 vol. Donna B. McKinney. 2018. (Exploring the Elements Ser.). (ENG.). 48p. (gr. 6-6). 29.60 *(978-0-7660-9908-1(3),* bf4c352d-c08f-4bcc-a09b-6fc0a8ad3ef5) Enslow Publishing, LLC.

Helix: Brings Allergy Friendly Cupcakes to School. Randal Betz, Jr. & Randal Betz. Illus. by Claudio Icuza. 2020. (Helix Ser.: 4). (ENG.). 36p. (J). pap. 15.99 *(978-1-0983-3688-2(7))* BookBaby.

Helix: Goes to the Hospital. Randal Betz, Jr. et al. Illus. by Claudio Icuza. 2020. (Helix Ser.: 5). (ENG.). 46p. (J). pap. 15.99 *(978-1-0983-3815-2(4))* BookBaby.

Helixs Hidden Characters: Play Hide & Seek. Randal Betz, Jr. & Randal Betz. Illus. by Claudio Icuza. 2020. (Helix's Hidden Characters Ser.: 1). (ENG.). 54p. (J). pap. 15.99 *(978-1-0983-3583-0(X))* BookBaby.

Hell: A Poem (Classic Reprint) Unknown Author. 2018. (ENG., Illus.). 20p. (J). 24.31 *(978-0-267-47722-7(8))* Forgotten Bks.

Hell & Back see Ida y Vuelta al Infierno

Hell & High Water. Tanya Landman. 2017. (ENG.). 320p. (J). (gr. 7). 17.99 *(978-0-7636-8875-2(4))* Candlewick Pr.

Hell Fer Sartain: And Other Stories (Classic Reprint) John Fox, Jr. 2017. (ENG., Illus.). 134p. (J). 26.66 *(978-0-332-42847-5(8))* Forgotten Bks.

Hell-Fire Harrison (Classic Reprint) W. D. Wattles. 2016. (ENG., Illus.). (J). pap. 9.57 *(978-1-333-89200-5(4))* Forgotten Bks.

Hell Followed with Us. Andrew Joseph White. (YA). (gr. 9). 2023. 448p. pap. 12.99 *(978-1-68263-563-6(5))*; 2022. (Illus.). 416p. 18.99 *(978-1-68263-324-3(1))* Peachtree Publishing Co. Inc.

Hell Followed with Us Paperback 6 Copy Pre-Pack. Andrew Joseph White. 2023. (YA). (gr. 9). pap. 77.94 ***(978-1-68263-710-4(7))*** Peachtree Publishing Co. Inc.

Hell in an Uproar, Not German Propaganda (Classic Reprint) Frederick Earnest Bennett. 2018. (ENG., Illus.). 70p. (J). 25.34 *(978-0-483-81239-0(0))* Forgotten Bks.

Hell up to Date: The Reckless Journey of R. Palasco Drant, Newspaper Correspondent, Through the Infernal Regions, As Reported by Himself; with Illustrations (Classic Reprint) Art Young. (ENG., Illus.). (J). 2018. 90p. 25.75 *(978-0-365-47778-5(8))*; 2016. pap. 9.57 *(978-1-333-66895-2(3))* Forgotten Bks.

Hellaween. Moss Lawton. 2023. 208p. (J). (gr. 5-9). 22.99 ***(978-0-593-52429-9(2))***; pap. 13.99 ***(978-0-593-52428-2(4))*** Penguin Young Readers Group. (Razorbill).

Hellfighters. Alexander Gordon Smith. ed. 2017. (Devil's Engine Ser.: 2). (YA). lib. bdg. 22.10 *(978-0-606-40588-1(7))* Turtleback.

Hellfinder. Paula Stokes. 2023. 264p. (YA). (gr. 7). pap. 18.95 ***(978-1-64603-358-4(2),*** Fitzroy Bks.) Regal Hse. Publishing, LLC.

Hello. Aiko Ikegami. Illus. by Aiko Ikegami. 2019. (ENG., Illus.). 34p. (J). (gr. -1-2). 17.99 *(978-1-939547-58-3(X),* 8dee16cf-b026-46cf-a0f6-f0f1831399a) Creston Bks.

Hello. Juliana O'Neill. Illus. by Soraya Bartolomé. 2019. (Reading Stars Ser.). (ENG.). 24p. (J). (gr. -1-2). pap. 9.99 *(978-1-5324-1261-5(4))* Xist Publishing.

Hello! Michelle St Claire. 2022. (ENG.). 50p. (J). pap. 9.50 *(978-1-945891-74-8(2))* May 3rd Bks., Inc.

Hello. Fiona Woodcock. Illus. by Fiona Woodcock. 2019. (ENG., Illus.). 40p. (J). (gr. -1-3). 17.99 *(978-0-06-264456-5(4),* Greenwillow Bks.) HarperCollins Pubs.

Hello! Penelope Dyan. Illus. by Penelope Dyan. l.t. ed. 2022. (ENG.). 34p. (J). pap. 12.60 *(978-1-61477-595-9(8))* Bellissima Publishing, LLC.

Hello! Lined Paper Book with a Colored Baby Dragon Illustrations on Each PageBlush Notes Paper for Writing in with Colored Illustration on Each Page 6 X 9 150 Pages, Perfect for School, Office & Home Thick Paper. Julie Love Witcher. 2021. (ENG.). 152p. (J). pap. 14.50 *(978-1-716-11756-5(9))* Lulu Pr., Inc.

Hello? Hello, Wind What Do You Say? Rev. Erin Adams. 2022. (Hello? Hello, What Do You Say? Ser.: 1). 36p. (J). pap. 16.98 *(978-1-6678-6074-9(7))* BookBaby.

Hello? Is This Mr. Graham Bell? - Biography Books for Kids 9-12 Children's Biography Books. Baby Professor. 2017. (ENG., Illus.). (J). pap. 9.55 *(978-1-5419-1235-9(7),* Baby Professor (Education Kids)) Speedy Publishing LLC.

Hello Aaron! Where Are You? Nellie Emrani. 2016. (ENG., Illus.). (J). *(978-1-4602-8623-4(5))*; pap. *(978-1-4602-8624-1(3))* FriesenPress.

Hello, Airplane! Martha Zschock. 2018. (Hello Ser.). (ENG., Illus.). 16p. (J). bds. 9.99 *(978-1-938700-65-1(1),* Commonwealth Editions) Applewood Bks.

Hello, Alaska! Created by Martha Day Zschock. 2019. (Hello Ser.). (ENG., Illus.). 16p. (J). bds. 9.99 *(978-1-938700-72-9(4),* Commonwealth Editions) Applewood Bks.

Hello & Goodbye, 1 vol. Kenneth Adams. 2021. (Being Polite Ser.). (ENG., Illus.). 24p. (gr. 1-1). pap. 9.25 *(978-1-5383-4582-5(X),* fcb0f9f4-00d8-4d18-8da5-2d52dbcfcb02, PowerKids Pr.) Rosen Publishing Group, Inc., The.

Hello & Welcome. Gregg Dreise. 2021. 32p. (J). 24.99 *(978-1-76089-832-8(5),* Puffin) Penguin Random Hse. AUS. Dist: Independent Pubs. Group.

Hello Animals. Carolyn Scrace. 2021. (ENG.). 12p. (J). bds. 6.99 *(978-1-64124-134-2(9),* 1342) Fox Chapel Publishing Co., Inc.

Hello Animals, How Do You Sleep?, 30 vols. Loes Botman. 2019. (Hello Animals Ser.). (Illus.). 12p. (J). bds. 8.95 *(978-1-78250-551-8(2))* Floris Bks. GBR. Dist: Consortium Bk. Sales & Distribution.

Hello, Aquarium! Created by Martha Day Zschock. 2019. (Hello Ser.). (ENG., Illus.). 16p. (J). bds. 9.99 *(978-1-64194-032-0(8),* Commonwealth Editions) Applewood Bks.

Hello, Arizona! Created by Martha Day Zschock. 2018. (Hello Ser.). (ENG., Illus.). 16p. (J). bds. 9.99 *(978-1-938700-62-0(7),* Commonwealth Editions) Applewood Bks.

Hello, Arnie! An Arnie the Doughnut Story. Laurie Keller. Illus. by Laurie Keller. 2020. (Adventures of Arnie the Doughnut Ser.: 5). (ENG., Illus.). 40p. (J). 18.99 *(978-1-250-10724-4(5),* 900164826, Holt, Henry & Co. Bks. For Young Readers) Holt, Henry & Co.

Hello Autumn! Shelley Rotner. 2019. (Illus.). 32p. (J). (gr. -1-3). pap. 7.99 *(978-0-8234-4433-5(3))* Holiday Hse., Inc.

Hello Baby. Compiled by Kidsbooks. 2023. (ENG.). 12p. (J). bds. 8.99 ***(978-1-63854-280-3(5))*** Kidsbooks, LLC.

Hello, Baby. Little Bee Books. 2023. (Little Languages Ser.). (ENG.). 18p. (J). (— 1). bds. 7.99 *(978-1-4998-1343-2(0))* Little Bee Books Inc.

Hello, Baby Animals: A Durable High-Contrast Black-And-White Board Book for Newborns & Babies. duopress labs. 2016. (High-Contrast Bks.). (Illus.). 20p. (J). (— 1). bds. 7.99 *(978-1-938093-68-5(2),* 809368) Duo Pr. LLC.

Hello Baby Animals! A First Book of Animals & the Sounds That They Make. Luisa Adam. Illus. by Nadia Turner. 2019. (ENG.). 24p. (J). (— 1). bds. 13.99 *(978-0-6484095-5-7(4),* Brolly Bks.) Borghesi & Adam Pubs. Pty Ltd AUS. Dist: Independent Pubs. Group.

Hello Baby Animals! A High-Contrast Book for Babies. Amelia Hepworth. Illus. by Cani Chen. 2021. (Happy Baby Ser.). (ENG.). 10p. (J). (— 1). bds. 6.99 *(978-1-68010-696-1(1))* Tiger Tales.

Hello, Baby Brother! Created by Martha Day Zschock. 2019. (Hello Ser.). (ENG., Illus.). 16p. bds. 9.99 *(978-1-938700-66-8(X),* Commonwealth Editions) Applewood Bks.

Hello, Baby, I'm Your Big Sister! S. G. Lee. 2021. (ENG.). 44p. (J). pap. *(978-1-987977-44-8(0))* LoGreco, Bruno.

Hello, Baby! I'm Your Mom. Eve Bunting. Illus. by Jui Ishida. 2022. (ENG.). 32p. (J). (gr. -1-k). 17.99 *(978-1-5341-1146-2(8),* 205203) Sleeping Bear Pr.

Hello Baby Penguin! Beverly Rose. 2023. (Say Hello! Baby Animals Ser.). (ENG., Illus.). 18p. (J). (gr. -1-k). bds. 9.99 *(978-1-5341-1283-4(9),* 205363) Sleeping Bear Pr.

Hello, Baby Pink B Band. Glen Franklin & Sue Bodman. Illus. by Laura Watson. ed. 2017. (Cambridge Reading Adventures Ser.). (ENG.). 16p. (J). pap. 6.15 *(978-1-108-43961-9(6))* Cambridge Univ. Pr.

Hello, Baby Shark (a Baby Shark Book) Illus. by John John Bajet. 2020. (Baby Shark Ser.). (ENG.). 10p. (J). (gr. -1 — 1). bds. 8.99 *(978-1-338-66527-7(8),* Cartwheel Bks.) Scholastic, Inc.

Hello, Baby Sister! Created by Martha Day Zschock. 2018. (Hello Ser.). (ENG., Illus.). 16p. bds. 9.99 *(978-1-938700-67-5(8),* Commonwealth Editions) Applewood Bks.

Hello Baby Sloth! Beverly Rose. 2023. (Say Hello! Baby Animals Ser.). (ENG., Illus.). 18p. (J). (gr. -1-k). bds. 9.99 *(978-1-5341-1285-8(5),* 205365) Sleeping Bear Pr.

Hello, Bear! Sam Boughton. Illus. by Sam Boughton. 2020. (Animal Facts & Flaps Ser.). (ENG., Illus.). 16p. (J). (-k). bds. 12.99 *(978-1-5362-1540-3(6),* Templar) Candlewick Pr.

Hello, Beautiful You! (a Bright Brown Baby Board Book) Andrea Pinkney. Illus. by Brian Pinkney. 2022. (Bright Brown Baby Ser.). (ENG.). 20p. (J). (— 1). bds. 8.99 *(978-1-338-67241-1(X),* Cartwheel Bks.) Scholastic, Inc.

Hello, Bee: Touch, Feel, & Reveal. Isabel Otter. Illus. by Sophie Ledesma. 2022. (ENG.). 12p. (J). (-k). bds. 9.99 *(978-1-6643-5005-2(5))* Tiger Tales.

Hello Birds, What Do You Say?, 30 vols. Illus. by Loes Botman. 2018. (Hello Animals Ser.). Orig. Title: Klein Vogelboek. 12p. (J). 9.95 *(978-1-78250-488-7(5))* Floris Bks. GBR. Dist: Consortium Bk. Sales & Distribution.

Hello, Biscuit! Hello, Friends! Alyssa Satin Capucilli. Illus. by Pat Schories. 2021. (Biscuit Ser.). (ENG.). 18p. (J). (gr. -1 — 1). bds. 8.99 *(978-0-06-306701-1(3),* HarperFestival) HarperCollins Pubs.

Hello, Body! (Set), 8 vols. Joyce Markovics. 2022. (Hello, Body! Ser.). (ENG., Illus.). 24p. (J). (gr. 4-6). 245.12 *(978-1-6689-1019-1(5),* 220827); pap., pap., pap. 102.29 *(978-1-6689-1040-5(3),* 220985) Cherry Lake Publishing.

Hello Bugs, What Do You Do?, 30 vols. Illus. by Loes Botman. 2017. (Hello Animals Ser.). Orig. Title: Klein Insectenboek. 12p. (J). 9.95 *(978-1-78250-383-5(8))* Floris Bks. GBR. Dist: Consortium Bk. Sales & Distribution.

Hello, Bumblebee Bat. Darrin Lunde. Illus. by Patricia J. Wynne. 2016. (ENG.). 14p. (J). (— 1). bds. 6.95 *(978-1-58089-526-2(3))* Charlesbridge Publishing, Inc.

Hello, California! Martha Zschock. 2019. (Hello Ser.). (ENG., Illus.). 16p. (J). bds. 9.99 *(978-1-64194-043-6(3),* Commonwealth Editions) Applewood Bks.

Hello, Crabby! Told to Jonathan Fenske. ed. 2019. (Acorn Early Readers Ser.). (ENG.). 44p. (YA). (gr. k-1). 14.96 *(978-0-87617-493-7(4))* Penworthy Co., LLC, The.

Hello, Crabby!: an Acorn Book (a Crabby Book #1) Jonathan Fenske. Illus. by Jonathan Fenske. 2019. (Crabby Book Ser.: 1). (ENG., Illus.). 48p. (J). (gr. -1-1). pap. 4.99 *(978-1-338-28150-7(X))* Scholastic, Inc.

Hello, Crow. Candace Savage. Illus. by Chelsea O'Byrne. 2019. 32p. (J). (gr. -1-3). 17.95 *(978-1-77164-444-0(3),* Greystone Kids) Greystone Books Ltd. CAN. Dist: Publishers Group West (PGW).

Hello, Cruel Heart. Maureen Johnson. ed. 2021. (ENG.). 336p. (YA). (gr. 7-12). 17.99 *(978-1-368-05776-9(4),* Disney Press Books) Disney Publishing Worldwide.

Hello, Cutie: Colortivity with Scented Twist-Up Crayons. Editors of Dreamtivity. 2022. (ENG.). 48p. (J). (gr. -1 — 1). pap. 7.99 *(978-1-64588-642-6(5))* Printers Row Publishing Group.

Hello, Dark. Wai Mei Wong. Illus. by Tamara Campeau. 2021. 32p. (J). (gr. k-2). 17.95 *(978-1-77278-221-9(1))* Pajama Pr. CAN. Dist: Ingram Publisher Services.

Hello Darkness: My Doctor Said, Son, You Will Be Blind Tomorrow. Sanford D. Greenberg. 2022. (ENG.). 160p. (YA). pap. 16.00 *(978-1-63758-274-9(9))* Post Hill Pr.

Hello, Desert! Created by Martha Day Zschock. 2020. (Hello Ser.). (ENG., Illus.). 16p. (J). bds. 9.99 *(978-1-938700-87-3(2),* Commonwealth Editions) Applewood Bks.

Hello Design! Isabel Thomas. (Illus.). 48p. (J). 2022. (gr. -1-1). 15.99 *(978-0-241-48888-1(5))*; 2020. 24.99 *(978-0-241-38013-0(8))* Penguin Bks., Ltd. GBR. (Puffin). Dist: Independent Pubs. Group.

Hello Dinosaur! Georgina Wren. 2021. (Shake, Roll & Giggle Books - Square Ser.). (ENG.). 12p. (J). (— 1). bds. 7.99 *(978-1-78958-859-0(6))* Top That! Publishing PLC GBR. Dist: Independent Pubs. Group.

Hello, Dinosaurs! Sam Boughton. Illus. by Sam Boughton. 2019. (Animal Facts & Flaps Ser.). (ENG., Illus.). 16p. (J). (-k). bds. 12.99 *(978-1-5362-0809-2(4),* Templar) Candlewick Pr.

Hello Dinosaurs! Joan Holub. Illus. by Chris Dickason. 2019. (Hello Book Ser.). (ENG.). 26p. (J). (gr. -1 — 1). bds. 8.99 *(978-1-5344-1870-7(9),* Little Simon) Little Simon.

Hello, Dinosaurs! Martha Zschock. 2019. (Hello Ser.). (ENG., Illus.). 16p. (J). bds. 9.99 *(978-1-938700-78-1(3),* Commonwealth Editions) Applewood Bks.

Hello, Dog! Susie Linn. Illus. by Zhanna Ovocheva. 2019. (Touch & Trace Ser.). (ENG.). 10p. (J). 7.99 *(978-1-78700-618-8(2))* Top That! Publishing PLC GBR. Dist: Independent Pubs. Group.

Hello, Door. Alastair Heim. Illus. by Alisa Coburn. 2018. (ENG.). 32p. (J). (gr. -1-3). 16.99 *(978-1-4998-0536-9(5))* Little Bee Books Inc.

Hello, Earth! Poems to Our Planet. Joyce Sidman. Illus. by Miren Asiain Lora. 2020. (ENG.). 68p. (J). *(978-0-8028-5528-2(8),* Eerdmans Bks For Young Readers) Eerdmans, William B. Publishing Co.

Hello, Elephant! Sam Boughton. Illus. by Sam Boughton. 2020. (Animal Facts & Flaps Ser.). (ENG., Illus.). 16p. (J). (-k). bds. 12.99 *(978-1-5362-1021-7(8),* Templar) Candlewick Pr.

Hello, Everglades! (Set), 40 vols. Howie Minsky. 2019. (Hello, Everglades! Ser.). (ENG., Illus.). 16p. (J). (gr. -1-2). pap., pap., pap. 454.40 *(978-1-5341-5705-7(0),* 214090, Cherry Blossom Press) Cherry Lake Publishing.

Hello, Fall! Deborah Diesen. Illus. by Lucy Fleming. 2018. (ENG.). 32p. (J). 17.99 *(978-0-374-30754-7(7),* 900180736, Farrar, Straus & Giroux (BYR)) Farrar, Straus & Giroux.

Hello Farm! Carmen Crowe. Ed. by Cottage Door Press. Illus. by Maria Neradova. 2019. (ENG.). 10p. (J). (gr. -1-k). bds. 16.99 *(978-1-68052-528-1(X),* 1004110) Cottage Door Pr.

Hello Farm. Compiled by Kidsbooks. 2023. (Peekaboo Stories Ser.). (ENG.). 12p. (J). bds. 8.99 ***(978-1-63854-189-9(2))*** Kidsbooks, LLC.

Hello Farm. Nicola Slater. 2020. (ENG., Illus.). 12p. (J). (— 1). bds. 9.99 *(978-0-593-12566-3(5),* Random Hse. Bks. for Young Readers) Random Hse. Children's Bks.

Hello, Farm! Created by Martha Day Zschock. 2018. (Hello Ser.). (ENG., Illus.). 16p. bds. 9.99 *(978-1-938700-70-5(8),* Commonwealth Editions) Applewood Bks.

Hello Farm! A High-Contrast Book for Babies. Amelia Hepworth. Illus. by Cani Chen. 2022. (Happy Baby Ser.). (ENG.). 10p. (J). (— 1). bds. 6.99 *(978-1-6643-5009-0(8))* Tiger Tales.

Hello, Fourth of July! Created by Martha Day Zschock. 2018. (Hello Ser.). (ENG., Illus.). 16p. (J). bds. 9.99 *(978-1-64194-021-4(2),* Commonwealth Editions) Applewood Bks.

Hello, Friend / Hola, Amigo (Bilingual) 123 Andrés. Illus. by Sara Palacios. 2020. (SPA.). 20p. (J). (gr. -1 — 1). bds. 8.99 *(978-1-338-34368-7(8))* Scholastic, Inc.

Hello, Friends! (Blue's Clues & You) Random House. Illus. by Random House. 2020. (ENG., Illus.). 18p. (J). (-k). bds. 8.99 *(978-0-593-17714-3(2),* Random Hse. Bks. for Young Readers) Random Hse. Children's Bks.

Hello, Frog: Touch, Feel, & Reveal. Isabel Otter. Illus. by Sophie Ledesma. 2022. (ENG.). 12p. (J). (-k). bds. 9.99 *(978-1-6643-5006-9(3))* Tiger Tales.

Hello from Around the World Locked Diary. Mudpuppy. Illus. by Lemon Ribbon Studio. 2018. (ENG.). 192p. (J). (gr. -1-7). 10.99 *(978-0-7353-5643-6(2))* Mudpuppy Pr.

Hello from Below! Fantastic Ocean Life for Kids - Children's Oceanography Books. Baby Professor. 2019. (ENG.). 110p. (J). 23.95 *(978-1-5419-6864-6(6),* Baby Professor (Education Kids)) Speedy Publishing LLC.

Hello from Below! Fantastic Ocean Life for Kids Children's Oceanography Books. Baby Professor. 2019. (ENG.). 110p. (J). pap. 13.99 *(978-1-5419-6858-5(1),* Baby Professor (Education Kids)) Speedy Publishing LLC.

Hello (from Here) Chandler Baker & Wesley King. (ENG.). 352p. (YA). (gr. 7). 2022. pap. 11.99 *(978-0-593-32614-5(8))*; 2021. 18.99 *(978-0-593-32612-1(1))* Penguin Young Readers Group. (Dial Bks).

Hello from Inside: Creating a Positive Experience. Z. 2021. (ENG.). 32p. (J). *(978-0-2288-4572-0(6))*; pap. *(978-0-2288-4571-3(8))* Tellwell Talent.

Hello from Nowhere. Raewyn Caisley. Illus. by Karen Blair. 2020. 32p. (J). (gr. k-2). 14.99 *(978-1-76089-773-4(6),* Puffin) Penguin Random Hse. AUS. Dist: Independent Pubs. Group.

Hello from Planet Earth! Dwarf Planets - Space Science for Kids - Children's Astronomy Books. Professor Gusto. 2016. (ENG., Illus.). (J). pap. 10.81 *(978-1-68321-965-1(1))* Mimaxion.

Hello from Planet Earth! Earth Class Planets - Space Science for Kids - Children's Astronomy Books. Professor Gusto. 2016. (ENG., Illus.). (J). pap. 10.81 *(978-1-68321-967-5(8))* Mimaxion.

Hello from Planet Earth! Kepler-16b - Space Science for Kids - Children's Astronomy Books. Professor Gusto. 2016. (ENG., Illus.). (J). pap. 10.81 *(978-1-68321-966-8(X))* Mimaxion.

Hello from Planet Earth! Kuiper Belt - Space Science for Kids - Children's Astronomy Books. Professor Gusto. 2016. (ENG., Illus.). (J). pap. 10.81 *(978-1-68321-964-4(3))* Mimaxion.

Hello from Sammi in Canada. Suzanne Mirviss. 2020. (Sammi the Owl Book Ser.: Vol. 3). (ENG., Illus.). 80p. (J). pap. 17.99 *(978-0-578-73341-8(2))* Mirviss, Suzanne Artist.

Hello, Future Me. Kim Ventrella. 2020. (ENG., 272p. (J). Illus.). (gr. 3-7). 17.99 *(978-1-338-57617-7(8))*; (gr. -1-k). E-Book 6.99 *(978-1-338-63376-4(7),* Scholastic Pr.) Scholastic, Inc.

Hello Garage. Nicola Slater. 2020. (ENG., Illus.). 12p. (J). (— 1). bds. 9.99 *(978-0-593-12563-2(0),* Random Hse. Bks. for Young Readers) Random Hse. Children's Bks.

Hello, Garden! Katherine Pryor. Illus. by Rose Soini. 2021. (ENG.). 24p. (J). bds. 9.99 *(978-0-7643-6109-8(0),* 22633) Schiffer Publishing, Ltd.

Hello, Garden Bugs: A High-Contrast Board Book That Helps Visual Development in Newborns & Babies. duopress labs. Illus. by Julissa Mora. 2017. (High-Contrast Bks.). 20p. (J). (gr. -1 — 1). bds. 7.99 *(978-1-938093-84-5(4),* 809384) Duo Pr. LLC.

Hello, Gardening! Created by Martha Day Zschock. 2020. (Hello Ser.). (ENG., Illus.). 16p. (J). bds. 9.99 *(978-1-938700-98-9(8),* Commonwealth Editions) Applewood Bks.

Hello Gecko! Susan Mason. 2020. (ENG.). 40p. (J). pap. *(978-0-9955707-8-8(7))* Bubble Publishing.

Hello Genius. Michael Dahl. Illus. by Oriol Vidal. 2016. (Hello Genius Ser.). (ENG.). 20p. (J). (gr. -1 — 1). bds., bds., bds. 199.75 *(978-1-4795-8747-6(8),* 24197, Picture Window Bks.) Capstone.

Hello Genius, 4 vols., Set. Michael Dahl. Illus. by Oriol Vidal. Incl. Bunny Eats Lunch. bds. 7.99 *(978-1-4048-5728-5(1),* 102305); Duck Goes Potty. bds. 7.99 *(978-1-4048-5726-1(5),* 102303); Pig Takes a Bath. bds. 7.99 *(978-1-4048-5729-2(X),* 102306); Pony Brushes His Teeth. bds. 7.99 *(978-1-4048-5727-8(3),* 102304); (J). (gr. -1 — 1). 2010. (Hello Genius Ser.). (ENG., Illus.). 20p. 2009. bds., bds., bds. 31.96 *(978-1-4048-6198-5(X),* 158432, Picture Window Bks.) Capstone.

Hello Genius Milestone Box. Michael Dahl. Illus. by Oriol Vidal. 2016. (Hello Genius Ser.). (ENG.). 24p. (J). (gr. 1-2). pap., pap., pap. 11.99 *(978-1-4795-9838-0(0),* 134969, Picture Window Bks.) Capstone.

Hello, Georgia! UNKNOWN BKM. 2022. (Hello Ser.). (ENG., Illus.). 18p. (J). (gr. k-1). bds. 9.99 *(978-1-4671-9885-1(4))* Arcadia Publishing.

Hello Girls. Brittany Cavallaro & Emily Henry. (ENG.). 336p. (YA). (gr. 9). 2020. pap. 10.99 *(978-0-06-280343-6(3))*; 2019. 17.99 *(978-0-06-280342-9(5))* HarperCollins Pubs. (Tegen, Katherine Bks).

Hello God. Moya Simons. Illus. by Lisa Coutts. 2019. (ENG.). 160p. (Orig.). pap. 4.99 *(978-0-7322-8534-0(8),* HarperCollins) HarperCollins Pubs.

Hello Good Buy. Dan Meyer et al. 2020. (ENG.). 36p. (J). pap. 6.44 *(978-1-716-94569-4(0))* Lulu Pr., Inc.

Hello Goodbye Dog. Maria Gianferrari. 2017. (ENG., Illus.). 40p. (J). 18.99 *(978-1-62672-177-7(7),* 900141433) Roaring Brook Pr.

Hello Goodbye Little Island. Leila Boukarim. Illus. by Barbara Moxham. (ENG.). (J). (gr. k-2). 2023. 32p. pap. 9.99 *(978-981-5044-14-0(1))*; 2018. 40p. 14.99 *(978-981-4794-43-5(0))* Marshall Cavendish International (Asia) Private Ltd. SGP. Dist: Independent Pubs. Group.

Hello, Grandma! Martha Zschock. 2019. (Hello Ser.). (ENG., Illus.). 16p. (J). bds. 9.99 *(978-1-938700-76-7(7),* Commonwealth Editions) Applewood Bks.

Hello, Grandpa! Created by Martha Day Zschock. 2020. (Hello Ser.). (ENG., Illus.). 16p. (J). bds. 9.99 *(978-1-938700-77-4(5),* Commonwealth Editions) Applewood Bks.

Hello Happy Faces. John Townsend. Illus. by Carolyn Scrace. 2022. (ENG.). 12p. (J). bds. 6.99 *(978-1-64124-139-7(X),* 1397) Fox Chapel Publishing Co., Inc.

Hello, Harvest Moon. Ralph Fletcher. Illus. by Kate Kiesler. 2017. (ENG.). 32p. (J). (gr. -1-3). pap. 8.99 *(978-1-328-74049-6(8),* 1677015, Clarion Bks.) HarperCollins Pubs.

Hello Head to Toe. John Townsend. Illus. by Carolyn Scrace. 2022. (ENG.). 12p. (J). bds. 6.99 *(978-1-64124-138-0(1),* 1380) Fox Chapel Publishing Co., Inc.

Hello Hedgehog! Georgina Wren. 2021. (Shake, Roll & Giggle Books - Square Ser.). (ENG.). 12p. (J). (— 1). bds. 7.99 *(978-1-78958-860-6(X))* Top That! Publishing PLC GBR. Dist: Independent Pubs. Group.

Hello, Hedgehog. Laura Buller. ed. 2021. (DK Readers Ser.). (ENG., Illus.). 48p. (J). (gr. 2-3). 14.96 *(978-1-64697-728-4(9))* Penworthy Co., LLC, The.

Hello, Hedgehog. Ed. by Cottage Door Press & Parragon Books. Illus. by Giuditta Gaviraghi. ed. 2019. (ENG.). 10p. (J). (gr. -1 — 1). bds. 6.99 *(978-1-68052-534-2(4),* 2000950, Parragon Books) Cottage Door Pr.

Hello Hello. Illus. by Brendan Wenzel. 2020. (Brendan Wenzel Ser.). (ENG.). 40p. (J). (gr. -1-k). bds. 9.99 *(978-1-7972-0265-5(0))* Chronicle Bks. LLC.

Hello Hello (Books for Preschool & Kindergarten, Poetry Books for Kids) Illus. by Brendan Wenzel. 2018. (ENG.). 52p. (J). (gr. -1-k). 17.99 *(978-1-4521-5014-7(1))* Chronicle Bks. LLC.

Hello Hollywood! Michael-Blu. 2017. (ENG., Illus.). (J). pap. 12.95 *(978-1-946469-08-3(4))* Portals Publishing.

Hello Honeybees: Read & Play in the Hive! (Bee Books, Board Books for Babies, Toddler Board Books) Hannah Rogge. Illus. by Emily Dove. 2019. (ENG.). 14p. (J). (gr. -1 — 1). bds. 12.99 *(978-1-4521-6892-0(X))* Chronicle Bks. LLC.

Hello, Horse. Vivian French. Illus. by Catherine Rayner. 2022. (Read & Wonder Ser.). (ENG.). 40p. (J). (gr. k-3). 8.99 *(978-1-5362-2354-5(9))* Candlewick Pr.

Hello, Horse. Vivian French. ed. 2022. (Read & Wonder Ser.). (ENG.). 33p. (J). (gr. k-1). 20.46 ***(978-1-68505-483-0(8))*** Penworthy Co., LLC, The.

Hello House. Nicola Slater. 2020. (ENG., Illus.). 12p. (J). (— 1). bds. 9.99 *(978-0-593-12565-6(7),* Random Hse. Bks. for Young Readers) Random Hse. Children's Bks.

Hello Humpback! Roy Henry Vickers & Robert Budd. Illus. by Roy Henry Vickers. 2017. (First West Coast Bks.: 1). (ENG., Illus.). 20p. (J). bds. *(978-1-55017-799-2(0),* ef6d098e-5d07-4d09-9cc3-97c59672c78c) Harbour Publishing Co., Ltd.

Hello, I Am Squishy Squatch. Grady Hartman. 2020. (ENG.). 26p. (J). 19.99 *(978-1-0878-8687-9(2))* Indy Pub.

H

Hello, I'm Here! Helen Frost. Illus. by Rick Lieder. 2019. (ENG.). 32p. (J). (-k). 17.99 *(978-0-7636-9858-4(X))* Candlewick Pr.

Hello, I'm New. Emily Voss. 2022. (ENG.). 22p. (J). ***(978-1-5289-2762-8(1))*** Austin Macauley Pubs. Ltd.

Hello! I'm Thogo - Our Yarning. Melissa Billy-Rooney. Illus. by Paulo Azevedo Pazciencia. 2022. (ENG.). 30p. (J). pap. ***(978-1-922932-57-0(4))*** Library For All Limited.

Hello, Jimmy! F&gs. Walker. 2021. (ENG.). (J). 17.99 *(978-0-358-26982-3(2)*, HarperCollins) HarperCollins Pubs.

Hello Kitty. Sara Green. 2018. (Brands We Know Ser.). (ENG., Illus.). 24p. (J). (gr. 3-8). lib. bdg. 27.95 *(978-1-62617-774-1(0)*, Pilot Bks.) Bellwether Media.

Hello Kitty & Friends Character Guide. Kristen Tafoya Humphrey & Merrill Hagan. 2023. (ENG., Illus.). 96p. (J). (gr. 3-5). pap. 12.99 ***(978-0-7624-8364-8(4)***, Running Pr. Kids) Running Pr.

Hello Knights! Joan Holub. Illus. by Chris Dickason. 2018. (Hello Book Ser.). (ENG.). 26p. (J). (gr. -1 — 1). bds. 8.99 *(978-1-5344-1868-4(7)*, Little Simon) Little Simon.

Hello Knights! Ninjas! Robots! & Dinosaurs! (Boxed Set) Hello Knights!; Hello Ninjas!; Hello Robots!; Hello Dinosaurs! Joan Holub. Illus. by Chris Dickason. ed. 2019. (Hello Book Ser.). (ENG.). 104p. (J). (— 1). bds. 35.99 *(978-1-5344-4320-4(7)*, Little Simon) Little Simon.

Hello, Lake! Created by Martha Day Zschock. 2018. (Hello Ser.). (ENG., Illus.). 16p. bds. 9.99 *(978-1-938700-69-9(4)*, Commonwealth Editions) Applewood Bks.

Hello, Las Vegas! Created by Martha Day Zschock. 2019. (Hello Ser.). (ENG., Illus.). 16p. (J). bds. 9.99 *(978-1-938700-89-7(9)*, Commonwealth Editions) Applewood Bks.

Hello Lighthouse (Caldecott Medal Winner) Sophie Blackall. 2018. (ENG., Illus.). 48p. (J). (gr. -1-3). 18.99 *(978-0-316-36238-2(7))* Little, Brown Bks. for Young Readers.

Hello, Little Dreamer, 1 vol. Kathie Lee Gifford. Illus. by Anita Schmidt. 2020. (ENG.). 32p. (J). 18.99 *(978-1-4002-0926-2(9)*, Tommy Nelson) Nelson, Thomas Inc.

Hello, Little Dreamer for Little Ones, 1 vol. Kathie Lee Gifford. Illus. by Anita Schmidt. 2020. (ENG.). 26p. (J). bds. 9.99 *(978-1-4002-0927-9(7)*, Tommy Nelson) Nelson, Thomas Inc.

Hello, Little Fish!: a Mirror Book. Lucy Cousins. Illus. by Lucy Cousins. 2021. (Little Fish Ser.). (ENG.). 12p. (J). (— 1). bds. 8.99 *(978-1-5362-2220-3(8))* Candlewick Pr.

Hello, Little Love! A Letter from a Parent to Their Baby in the Nicu. Melissa Kirsch. Illus. by Christa Craycraft. 2021. (ENG.). 26p. (J). 22.95 *(978-1-6642-4433-7(6))*; pap. 13.95 *(978-1-6642-4431-3(X))* Author Solutions, LLC. (WestBow Pr.).

Hello Llama. John Townsend. Illus. by Serena Lombardo. ed. 2021. (Magical Pets Ser.). (ENG.). 12p. (J). (— 1). bds. 7.99 *(978-1-913971-53-3(8)*, Scribblers) Book Hse. GBR. Dist: Sterling Publishing Co., Inc.

Hello, London. Martha Day Zschock. 2023. (Hello Ser.). (ENG., Illus.). 18p. (J). bds. 9.99 *(978-1-4671-9719-9(X))* Arcadia Publishing.

Hello, Los Angeles! Created by Martha Day Zschock. 2018. (Hello Ser.). (ENG., Illus.). 16p. (J). bds. 9.99 *(978-1-938700-60-6(0)*, Commonwealth Editions) Applewood Bks.

Hello, Love! (Board Books for Baby, Baby Books on Love an Friendship) Taro Miura. 2018. (ENG., Illus.). 22p. (J). (gr. -1 — 1). bds. 6.99 *(978-1-4521-7087-9(8))* Chronicle Bks. LLC.

Hello, Mallory (the Baby-Sitters Club #14) Ann M. Martin. 2021. (Baby-Sitters Club Ser.: 14). (ENG.). 160p. (J). (gr. 3-7). pap. 6.99 *(978-1-338-68497-1(3))* Scholastic, Inc.

Hello, Mallory (the Baby-Sitters Club #14) (Library Edition) Ann M. Martin. 2021. (Baby-Sitters Club Ser.). (ENG.). 160p. (J). (gr. 3-7). lib. bdg. 25.99 *(978-1-338-68498-8(1))* Scholastic, Inc.

Hello Me, It's You: The Second Edition. Ed. by Hannah Todd. 2018. (Second Edition Ser.). (ENG., Illus.). 156p. (YA). (gr. 9-12). pap. *(978-0-9935779-2-5(X))* Hello Me, It's You.

Hello, Mister Blue. Daria Peoples. Illus. by Daria Peoples. 2023. (ENG., Illus.). 32p. (J). (gr. -1-3). 19.99 *(978-0-06-320675-5(7)*, Greenwillow Bks.) HarperCollins Pubs.

Hello Mister Cold: Tales from the Hidden Valley. Carles Porta. 2018. (ENG., Illus.). 48p. (J). (-k). 17.95 *(978-1-911171-56-0(9))* Flying Eye Bks. GBR. Dist: Penguin Random Hse. LLC.

Hello Mom. Belinda Grimbeek. Illus. by Belinda Grimbeek. 2021. (ENG.). 44p. (J). 24.99 *(978-1-7347669-5-0(6))*; pap. 12.99 *(978-1-7347669-6-7(4))* Bearhead Bks.

Hello, Mommy!: a Touch-And-Feel Playbook. Ladybird. Illus. by Lemon Ribbon Studio. 2022. (Baby Touch Ser.). (ENG.). 10p. (J). (— 1). bds. 7.99 *(978-0-241-53038-2(5)*, Ladybird) Penguin Bks., Ltd. GBR. Dist: Penguin Random Hse. LLC.

Hello, Monster! Clémentine Beauvais & Clémentine Beauvais. Illus. by Maisie Paradise Shearring. 2018. (ENG.). 28p. (J). (gr. k-3). 14.95 *(978-0-500-65170-4(1)*, 565170) Thames & Hudson.

Hello, Montana! Created by Martha Day Zschock. 2020. (Hello Ser.). (ENG., Illus.). 16p. (J). bds. 9.99 *(978-1-64194-008-5(5)*, Commonwealth Editions) Applewood Bks.

Hello, Moon! A Yoga Moon Salutation for Bedtime. Sarah Jane Hinder. 2020. (Hello, Sun! Ser.). (ENG., Illus.). 32p. (J). 17.99 *(978-1-68364-622-8(3)*, 900228309) Sounds True, Inc.

Hello, Mountain! Created by Martha Day Zschock. 2019. (Hello Ser.). (ENG., Illus.). 16p. (J). bds. 9.99 *(978-1-938700-79-8(1)*, Commonwealth Editions) Applewood Bks.

Hello, Mr. Moon. Lorna Gutierrez. Illus. by Laura Watkins. 2016. (J). *(978-1-4351-6412-3(1))* Barnes & Noble, Inc.

Hello, My Best Friends for Life. J. M Riyaa Josh. 2021. (ENG.). 24p. (J). pap. 11.99 *(978-1-68487-681-5(8))* Notion Pr., Inc.

Hello, My Friend / Bonjour, Mon Amie (English-French) (Disney Fancy Nancy) Carol Stein. Tr. by Camille Roche. Illus. by Disney Storybook Art Team. 2019. (Disney Bilingual Ser.: 15). (ENG.). 16p. (J). (gr. -1-k). bds. 6.99 *(978-1-4998-0794-3(5)*, BuzzPop) Little Bee Books Inc.

Hello, My Name Is Jill. Connie Chittick. 2022. (ENG.). 32p. (J). *(978-0-2288-7167-5(0))*; pap. *(978-0-2288-7166-8(2))* Tellwell Talent.

Hello, My Name Is Octicorn. Kevin Diller & Justin Lowe. Illus. by Binny Talib. 2016. (ENG.). 48p. (J). (gr. -1-3). 17.99 *(978-0-06-238793-6(6)*, Balzer & Bray) HarperCollins Pubs.

Hello, My Name Is Oliver. Paymaneh Ritchie. 2016. (ENG., Illus.). (J). *(978-1-77302-250-5(4))*; pap. *(978-1-77302-251-2(2))* Tellwell Talent.

Hello, My Name Is Poop. Ben Katzner. Illus. by Ian McGinty. 2021. (ENG.). 96p. (J). (gr. 3-7). pap. 9.99 *(978-1-63849-012-8(0)*, Wonderbound) Creative Mind Energy.

Hello, My Name Is Tiger. Jennifer P. Goldfinger. Illus. by Jennifer P. Goldfinger. 2016. (ENG., Illus.). 40p. (J). (gr. -1-3). 17.99 *(978-0-06-239951-9(9)*, HarperCollins) HarperCollins Pubs.

Hello Narwhal! Georgina Wren. 2021. (Shake, Roll & Giggle Books - Square Ser.). (ENG.). 12p. (J). bds. 7.99 *(978-1-78958-858-3(8))* Top That! Publishing PLC GBR. Dist: Independent Pubs. Group.

Hello, Nashville! Created by Martha Day Zschock. 2018. (Hello Ser.). (ENG., Illus.). 16p. (J). bds. 9.99 *(978-1-938700-56-9(2)*, Commonwealth Editions) Applewood Bks.

Hello, National Parks! Martha Zschock. 2020. (Hello Ser.). (ENG., Illus.). 16p. (J). bds. 14.99 *(978-1-64194-161-7(8)*, Commonwealth Editions) Applewood Bks.

Hello Nature: Draw, Collect, Make & Grow. Nina Chakrabarti. 2016. (ENG.). 224p. (J). (gr. 2-6). pap. 18.99 *(978-1-78067-735-4(9)*, King, Laurence Publishing) Orion Publishing Group, Ltd. GBR. Dist: Hachette Bk. Group.

Hello Nature Activity Book: Explore, Draw, Color, & Discover the Great Outdoors: Explore, Draw, Colour & Discover the Great Outdoors. Nina Chakrabarti. 2022. (ENG., Illus.). 80p. (J). (gr. 2-4). pap. 12.99 *(978-1-5102-3032-3(7)*, King, Laurence Publishing) Orion Publishing Group, Ltd. GBR. Dist: Hachette Bk. Group.

Hello Nature Activity Cards: 30 Activities. Illus. by Nina Chakrabarti. 2018. (ENG.). 173p. (J). (gr. 2-6). 13.99 *(978-1-78627-185-3(0)*, King, Laurence Publishing) Orion Publishing Group, Ltd. GBR. Dist: Hachette Bk. Group.

Hello, Neighbor! The Kind & Caring World of Mister Rogers. Matthew Cordell. 2020. (ENG., Illus.). 40p. (J). (gr. -1-3). 18.99 *(978-0-8234-4618-6(2)*, Neal Porter Bks) Holiday Hse., Inc.

Hello, New Friend. Beatrice Majthenyi. 2022. (ENG.). 32p. (J). *(978-0-2288-6497-4(6))*; pap. *(978-0-2288-6499-8(2))* Tellwell Talent.

Hello, New Friend. Beatrice (Majthenyi) Mercuriano. 2019. (ENG., Illus.). 30p. (J). *(978-0-2288-2178-6(9))*; pap. *(978-0-2288-2180-9(0))* Tellwell Talent.

Hello, New Hampshire! Created by Martha Day Zschock. 2018. (Hello Ser.). (ENG., Illus.). 16p. (J). bds. 9.99 *(978-1-938700-59-0(7)*, Commonwealth Editions) Applewood Bks.

Hello, New House. Jane Smith. Illus. by Jane Smith. 2020. (ENG., Illus.). 32p. (J). (gr. -1-3). 16.99 *(978-0-8075-7226-9(8)*, 807572268) Whitman, Albert & Co.

Hello, New Jersey! Created by Martha Day Zschock. 2018. (Hello Ser.). (ENG., Illus.). 16p. (J). bds. 9.99 *(978-1-938700-58-3(9)*, Commonwealth Editions) Applewood Bks.

Hello, New Mexico! Created by Martha Day Zschock. 2018. (Hello Ser.). (ENG., Illus.). 16p. (J). bds. 9.99 *(978-1-938700-75-0(9)*, Commonwealth Editions) Applewood Bks.

Hello, New York! Christopher Franceschelli. Illus. by Géraldine Cosneau. 2018. (Hello, Big City! Ser.). (ENG.). 46p. (J). (gr. -1 — 1). bds. 12.99 *(978-1-4197-2829-7(6)*, 1184410) Abrams, Inc.

Hello, New York City! Martha Zschock. 2018. (Hello Ser.). (ENG., Illus.). 16p. (J). bds. 9.99 *(978-1-938700-57-6(0)*, Commonwealth Editions) Applewood Bks.

Hello, Night Sky! Created by Martha Day Zschock. 2018. (Hello Ser.). (ENG., Illus.). 16p. (J). bds. 9.99 *(978-1-938700-63-7(5)*, Commonwealth Editions) Applewood Bks.

Hello, Ninja. N. D. Wilson. Illus. by Forrest Dickison. 2019. (ENG.). 32p. (J). (gr. -1-3). 14.99 *(978-0-06-287195-4(1)*, HarperCollins) HarperCollins Pubs.

Hello Ninja Coloring Book. Forrest Dickison. 2016. (ENG.). (J). pap. 9.00 *(978-1-944503-81-9(1))* Canon Pr.

Hello, Ninja. Goodbye, Tooth! N. D. Wilson & Forrest Dickison. 2021. (I Can Read Level 1 Ser.). (ENG., Illus.). 32p. (J). (gr. -1-3). 16.99 *(978-0-06-305618-3(6))*; pap. 4.99 *(978-0-06-305617-6(8))* HarperCollins Pubs. (HarperCollins).

Hello, Ninja Goodbye Tooth. N. D. Wilson. ed. 2021. (I Can Read Ser.). (ENG., Illus.). 32p. (J). (gr. 2-3). 16.46 *(978-1-68505-031-3(X))* Penworthy Co., LLC, The.

Hello, Ninja. Hello, Georgie. N. D. Wilson & Forrest Dickison. 2020. (ENG., Illus.). 32p. (J). (gr. -1-3). 14.99 *(978-0-06-287197-8(8)*, HarperCollins) HarperCollins Pubs.

Hello, Ninja. Hello, Stage Fright! N. D. Wilson. Illus. by Forrest Dickison. 2021. (I Can Read Level 2 Ser.). (ENG.). 32p. (J). (gr. -1-3). pap. 5.99 *(978-0-06-305620-6(8)*, HarperCollins) HarperCollins Pubs.

Hello, Ninja. Hello, Stage Fright! N. D. Wilson & Forrest Dickison. 2021. (I Can Read Level 2 Ser.). (ENG., Illus.). 32p. (J). (gr. -1-3). 16.99 *(978-0-06-305621-3(6)*, HarperCollins) HarperCollins Pubs.

Hello, Ninja Heloo Stage Fright. N. D. Wilson. ed. 2021. (I Can Read Ser.). (ENG., Illus.). 32p. (J). (gr. 2-3). 16.46 *(978-1-68505-030-6(1))* Penworthy Co., LLC, The.

Hello Ninjas! Joan Holub. Illus. by Chris Dickason. 2018. (Hello Book Ser.). (ENG.). 26p. (J). (gr. -1 — 1). bds. 8.99 *(978-1-5344-1869-1(5)*, Little Simon) Little Simon.

Hello, North Carolina! UNKNOWN BKM. 2022. (Hello Ser.). (ENG., Illus.). 18p. (J). (gr. k-1). bds. 9.99 *(978-1-4671-9886-8(2))* Arcadia Publishing.

Hello, Ocean! Martha Zschock. 2020. (Hello Ser.). (ENG., Illus.). 16p. (J). bds. 9.99 *(978-1-64194-053-5(0)*, Commonwealth Editions) Applewood Bks.

Hello Ocean (Bilingual) see Hola Mar / Hello Ocean

Hello Oli. Sara-Norine Perrault. Illus. by Tyra Schad. 2022. (ENG.). 36p. (J). ***(978-1-0391-4873-4(5))***; pap. ***(978-1-0391-4872-7(7))*** FriesenPress.

Hello, Orlando! Created by Martha Day Zschock. 2019. (Hello Ser.). (ENG., Illus.). 16p. (J). bds. 9.99 *(978-1-938700-88-0(0)*, Commonwealth Editions) Applewood Bks.

Hello, Paris! Martha Zschock. 2018. (Hello Ser.). (ENG., Illus.). 16p. (J). bds. 9.99 *(978-1-64194-019-1(0)*, Commonwealth Editions) Applewood Bks.

Hello, Pat! Book 3. Carole Crimeen & Suzanne Fletcher. 2023. (Comic Decoders Ser.). (ENG., Illus.). 16p. (J). (gr. -1-k). pap. 7.99 ***(978-1-76127-083-3(4)***, 7aca07bc-c821-4ec1-9c13-2ec5785d228c) Knowledge Bks. & Software AUS. Dist: Lerner Publishing Group.

Hello Piano. Mary Alice Salciccia. 2021. (Hello Ser.: Vol. 2). (ENG.). 86p. (J). pap. 19.99 *(978-1-940247-48-9(9))* Blysster Pr.

Hello! Please! Thank You! Ruby Byrd. Ed. by Cottage Door Press. Illus. by Mei Stoyva. 2018. (ENG.). 16p. (J). (gr. -1-1). bds. 19.99 *(978-1-68052-300-3(7)*, 1002781) Cottage Door Pr.

Hello, Portland! Created by Martha Day Zschock. 2018. (Hello Ser.). (ENG., Illus.). 16p. (J). bds. 9.99 *(978-1-938700-54-5(6)*, Commonwealth Editions) Applewood Bks.

Hello Preschool! Priscilla Burris. Illus. by Priscilla Burris. 2021. (Illus.). 32p. (J). (— 1). bds. 7.99 *(978-0-593-32410-3(2)*, Nancy Paulsen Books) Penguin Young Readers Group.

Hello Pretty Cloud, What Are We Drawing Today? Karla Upadhyay. 2019. (ENG.). 26p. (J). pap. 12.75 *(978-1-64786-868-0(8))* Primedia eLaunch LLC.

Hello Puddle. Anita Sanchez. Illus. by Luisa Uribe. 2022. (ENG.). 40p. (J). (gr. -1-3). 17.99 *(978-0-358-38144-0(4)*, 1786515, Clarion Bks.) HarperCollins Pubs.

Hello, Puerto Rico! Martha Zschock. 2019. (Hello Ser.). (ENG.). 16p. (J). bds. 9.99 *(978-1-64194-051-1(4)*, Commonwealth Editions) Applewood Bks.

Hello Pune. Kashmira Satish Urankar. 2022. (ENG.). 34p. (J). 16.50 ***(978-1-0880-1368-7(6))*** Indy Pub.

Hello Queen a Coloring & Activity Book for Girls. Tacardra B. Rountree. 2023. (ENG.). 58p. (J). pap. 12.99 ***(978-1-0881-3741-3(5))*** Lulu Pr., Inc.

Hello, Rain! Kyo Maclear. Illus. by Chris Turnham. 2021. (ENG.). 44p. (J). (gr. -1-k). 16.99 *(978-1-4521-3819-0(2))* Chronicle Bks. LLC.

Hello, Rainbow: a Peep-Through Book about Colors. IglooBooks. 2019. (ENG.). 10p. (J). (— 1). bds. 8.99 *(978-1-78905-083-7(9))* Igloo Bks. GBR. Dist: Simon & Schuster, Inc.

Hello, Reading! Martha Zschock. 2017. (Hello Ser.). (ENG., Illus.). 16p. bds. 9.99 *(978-1-938700-71-2(6)*, Commonwealth Editions) Applewood Bks.

Hello Robots! Joan Holub. Illus. by Chris Dickason. 2019. (Hello Book Ser.). (ENG.). 26p. (J). (gr. -1 — 1). bds. 8.99 *(978-1-5344-1871-4(7)*, Little Simon) Little Simon.

Hello Ruby: Expedition to the Internet. Linda Liukas. 2018. (Hello Ruby Ser.: 3). (ENG., Illus.). 96p. (J). 19.99 *(978-1-250-19599-9(3)*, 900193995) Feiwel & Friends.

Hello Ruby: Journey Inside the Computer. Linda Liukas. 2017. (Hello Ruby Ser.: 2). (ENG., Illus.). 96p. (J). 18.99 *(978-1-250-06532-2(1)*, 900144682) Feiwel & Friends.

Hello Sacred Creatures. Kim Krans. 2022. (ENG., Illus.). 26p. (J). (gr. -1 — 1). bds. 9.99 *(978-0-7624-7936-8(1)*, Running Pr. Kids) Running Pr.

Hello Sacred Life. Kim Krans. 2022. (ENG., Illus.). 24p. (J). (gr. -1 — 1). bds. 9.99 *(978-0-7624-7934-4(5)*, Running Pr. Kids) Running Pr.

Hello, Santa! Martha Day Zschock. 2022. (Hello Ser.). (ENG., Illus.). 18p. (J). (gr. k-1). bds. 9.99 *(978-1-4671-9713-7(0))* Arcadia Publishing.

Hello School! Priscilla Burris. Illus. by Priscilla Burris. 2018. (Illus.). 32p. (J). (-k). 16.99 *(978-0-399-17202-1(5)*, Nancy Paulsen Books) Penguin Young Readers Group.

Hello Scottish Animals, 40 vols. Kate McLelland. 2020. (Illus.). 24p. (J). 11.95 *(978-1-78250-635-5(7)*, Kelpies) Floris Bks. GBR. Dist: Consortium Bk. Sales & Distribution.

Hello Sea. Carolyn Scrace. 2021. (ENG.). 12p. (J). bds. 6.99 *(978-1-64124-133-5(0)*, 1335) Fox Chapel Publishing Co., Inc.

Hello, Seashore! Martha Zschock. 2018. (Hello Ser.). (ENG., Illus.). 16p. (J). bds. 9.99 *(978-1-938700-53-8(8)*, Commonwealth Editions) Applewood Bks.

Hello Shark! Stephanie Ward. Illus. by Bethany Carr. 2023. (Shake, Roll & Giggle Books - Shaped Ser.). (ENG.). 12p. (J). (gr. -1-k). bds. 8.99 *(978-1-80105-559-8(9))* Top That! Publishing PLC GBR. Dist: Independent Pubs. Group.

Hello, Shenandoah! Martha Day Zschock. 2022. (Hello Ser.). (ENG., Illus.). 18p. (J). (gr. k-1). bds. 9.99 *(978-1-4671-9888-2(9))* Arcadia Publishing.

Hello, Smokies! Martha Zschock. 2017. (Hello Ser.). (ENG., Illus.). (J). bds. 9.99 *(978-1-938700-50-7(3)*, Commonwealth Editions) Applewood Bks.

Hello, Snow! Martha Zschock. 2018. (Hello Ser.). (ENG., Illus.). 16p. (J). bds. 9.99 *(978-1-938700-93-4(7)*, Commonwealth Editions) Applewood Bks.

Hello, South Carolina! Created by Martha Day Zschock. 2021. (Hello Ser.). (ENG.). 16p. (J). bds. 9.99 *(978-1-64194-046-7(8)*, Commonwealth Editions) Applewood Bks.

Hello Spring! Shelley Rotner. (Hello Seasons! Ser.). (Illus.). 32p. (J). (gr. -1-3). 2019. pap. 7.99 *(978-0-8234-3995-9(X))*; 2017. (ENG., 16.95 *(978-0-8234-3752-8(3))* Holiday Hse., Inc.

Hello Spring! Shelley Rotner. 2019. (Hello Seasons! Ser.). (ENG.). 32p. (J). (gr. k-1). 18.79 *(978-1-64310-987-9(1))* Penworthy Co., LLC, The.

Hello, St. Louis! Martha Zschock. 2020. (Hello Ser.). (ENG., Illus.). 16p. (J). bds. 9.99 *(978-1-938700-91-0(0)*, Commonwealth Editions) Applewood Bks.

Hello Strange. Pamela Morrow. 2021. 384p. (YA). (gr. 7). 14.99 *(978-0-14-377385-6(2))* Penguin Group New Zealand, Ltd. NZL. Dist: Independent Pubs. Group.

Hello Summer! Shelley Rotner. 2021. (Hello Seasons! Ser.). (Illus.). 32p. (J). (gr. -1-3). pap. 7.99 *(978-0-8234-4539-4(9))* Holiday Hse., Inc.

Hello Summer: Best Friends with Big Feelings. Jo Lindley. 2023. (Best Friends with Big Feelings Ser.). (ENG., Illus.). 32p. (J). 9.99 ***(978-0-7555-0343-8(0))*** Farshore GBR. Dist: HarperCollins Pubs.

Hello Summer: Dot Marker Activity Book for Kids. Jocky Books. 2021. (ENG.). 132p. (J). pap. 13.99 *(978-1-80232-258-3(2))* Indy Pub.

Hello Summer Postcards. Scholastic. 2019. (ENG.). (J). (gr. k-5). 7.49 *(978-1-338-34515-5(X))* Teacher's Friend Pubns., Inc.

Hello, Sun! A Yoga Sun Salutation to Start Your Day. Sarah Jane Hinder. 2019. (Hello, Sun! Ser.). (ENG., Illus.). 32p. (J). 17.95 *(978-1-68364-283-1(X)*, 900214679) Sounds True, Inc.

Hello, Sunshine. Leila Howland. 2018. (ENG.). 368p. (YA). (gr. 9-17). pap. 9.99 *(978-1-4847-2850-5(5))* Hyperion Bks. for Children.

Hello Swift! IOS App Programming for Kids & Other Beginners. Tanmay Bakshi. 2019. (ENG., Illus.). 400p. pap. 34.99 *(978-1-61729-262-0(1))* Manning Pubns. Co. LLC.

Hello, the Imperial Palace, Eunuch & Palace Maid. Bu Ke Bu Ke. 2018. (CHI.). (J). *(978-988-216-471-0(4))* Crown Publishing Co., Ltd.

Hello, the Imperial Palace, the Emperor & the Queen. Bu Ke Bu Ke. 2018. (CHI.). (J). *(978-988-216-469-7(2))* Crown Publishing Co., Ltd.

Hello, the Imperial Palace, the Prince & Princess. Bu Ke Bu Ke. 2018. (CHI.). (J). *(978-988-216-470-3(6))* Crown Publishing Co., Ltd.

Hello There, Big Brother! Brooke Leigh Howard. Illus. by David Zamudio. 2018. (ENG.). 40p. (J). *(978-1-5255-1954-3(9))*; pap. *(978-1-5255-1955-0(7))* FriesenPress.

Hello There, Big Sister! Brooke Leigh Howard. Illus. by David Zamudio. 2018. (ENG.). 40p. (J). *(978-1-5255-1951-2(4))*; pap. *(978-1-5255-1952-9(2))* FriesenPress.

Hello! This Is Earth! Layton Lavik. 2020. (ENG.). 48p. (J). *(978-1-5255-7344-6(6))*; pap. *(978-1-5255-7345-3(4))* FriesenPress.

Hello, Tiger! Sam Boughton. Illus. by Sam Boughton. 2021. (Animal Facts & Flaps Ser.). (ENG., Illus.). 16p. (J). (-k). bds. 12.99 *(978-1-5362-1715-5(8)*, Templar) Candlewick Pr.

Hello to You, Moon. Sally Morgan. Illus. by Sonny Day & Biddy Maroney. 2019. (ENG.). 24p. (J). (— 1). pap. 15.99 *(978-1-76050-307-9(X))* Little Hare Bks. AUS. Dist: Independent Pubs. Group.

Hello Tomorrow. Liam Crowley. 2022. (ENG.). 234p. (YA). pap. ***(978-1-387-50214-1(X))*** Lulu Pr., Inc.

Hello, Tree. Alastair Heim. Illus. by Alisa Coburn. 2022. (ENG.). 32p. (J). (gr. -1-3). 17.99 *(978-1-4998-1258-9(2))* Little Bee Books Inc.

Hello Unicorn! Georgina Wren. 2021. (Shake, Roll & Giggle Books - Square Ser.). (ENG.). 12p. (J). (— 1). bds. 7.99 *(978-1-78958-857-6(X))* Top That! Publishing PLC GBR. Dist: Independent Pubs. Group.

Hello Unicorn. John Townsend. Illus. by Serena Lombardo. ed. 2022. (Magical Pets Ser.). (ENG.). 12p. (J). (— 1). bds. 7.99 *(978-1-913971-65-6(1)*, Scribblers) Book Hse. GBR. Dist: Sterling Publishing Co., Inc.

Hello, Universe. Erin Entrada Kelly. Illus. by Isabel Roxas. 2018. (ENG.). 320p. (J). (gr. 3-7). 8.99 *(978-0-06-287750-5(X)*, Greenwillow Bks.) HarperCollins Pubs.

Hello, Universe. Erin Entrada Kelly. ed. 2018. lib. bdg. 17.20 *(978-0-606-41021-2(X))* Turtleback.

Hello, Universe: A Newbery Award Winner. Erin Entrada Kelly. Illus. by Isabel Roxas. (ENG.). (J). (gr. 3-7). 2020. 352p. pap. 9.99 *(978-0-06-241416-8(X))*; 2017. 320p. 16.99 *(978-0-06-241415-1(1))* HarperCollins Pubs. (Greenwillow Bks.).

Hello, USA! A Book of Beginner Concepts. Ashley Evanson. Illus. by Ashley Evanson. 2022. (Hello, World Ser.). (Illus.). 54p. (J). (— 1). bds. 15.99 *(978-0-593-52061-1(0)*, Penguin Workshop) Penguin Young Readers Group.

Hello, Utah! Created by Martha Day Zschock. (Hello Ser.). (ENG., Illus.). 16p. (J). 2020. bds. 14.99 *(978-1-64194-162-4(6))*; 2018. bds. 9.99 *(978-1-938700-73-6(2))* Applewood Bks. (Commonwealth Editions).

Hello, Virginia! Created by Martha Day Zschock. 2019. (Hello Ser.). (ENG., Illus.). 16p. (J). bds. 9.99 *(978-1-938700-83-5(X)*, Commonwealth Editions) Applewood Bks.

Hello, Whale! Sam Boughton. Illus. by Sam Boughton. 2020. (Animal Facts & Flaps Ser.). (ENG., Illus.). 16p. (J). (-k). bds. 12.99 *(978-1-5362-1541-0(4)*, Templar) Candlewick Pr.

Hello Wild Animals! A First Book of Animal Facts & Sounds. Luisa Adam. Illus. by Garry Fleming. 2019. (ENG.). 24p. (J). bds. 13.99 *(978-0-6484571-0-7(9)*, Brolly Bks.) Borghesi & Adam Pubs. Pty Ltd AUS. Dist: Independent Pubs. Group.

Hello Winter! Shelley Rotner. 2019. 32p. (J). (gr. -1-3). pap. 7.99 *(978-0-8234-4434-2(1))* Holiday Hse., Inc.

Hello, Wisconsin! Created by Martha Day Zschock. 2021. (Hello Ser.). (ENG., Illus.). 16p. (J). bds. 9.99 *(978-1-64194-011-5(5)*, Commonwealth Editions) Applewood Bks.

Hello, World see Hola, Mundo

Hello World! Kelly Corrigan. Illus. by Stacy Ebert. 2021. (ENG.). 44p. (J). (gr. -1-2). 17.99 *(978-0-593-20606-5(1))* Flamingo Bks.

Hello, World. Aleksandra Szmidt. 2019. (Global Greetings Ser.). (ENG., Illus.). 22p. (J). (gr. k-2). bds. 7.99 *(978-1-4867-1559-6(1)*, eb3a6524-b7fe-4143-9480-a6d12a44303c) Flowerpot Pr.

Hello World! A High-Contrast Book for Babies. Amelia Hepworth. Illus. by Cani Chen. 2022. (Happy Baby Ser.). (ENG.). 10p. (J). (— 1). bds. 6.99 *(978-1-6643-5010-6(1))* Tiger Tales.

Hello, World! Happy County Book 1. Ethan Long. Illus. by Ethan Long. 2020. (Happy County Ser.: 1). (ENG., Illus.).

862

The check digit for ISBN-10 appears in parentheses after the full ISBN-13

48p. (J). 18.99 *(978-1-250-19175-5(0)*, 900192824, Holt, Henry & Co. Bks. For Young Readers) Holt, Henry & Co.

Hello, World! - a Listening Story. Susie Linn. Illus. by Gail Yerrill. 2021. (Padded Board Bks.). (ENG.). 24p. (J). bds. 9.99 *(978-1-80105-024-1(4))* Top That! Publishing PLC GBR. Dist: Independent Pubs. Group.

Hello, World! Arctic Animals. Jill McDonald. 2019. (Hello, World! Ser.). (Illus.). 26p. (J). (— 1). bds. 8.99 *(978-0-525-64757-7(0)*, Doubleday Bks. for Young Readers) Random Hse. Children's Bks.

Hello, World! Baby Animals. Jill McDonald. 2021. (Hello, World! Ser.). (Illus.). 26p. (J). (— 1). bds. 7.99 *(978-0-593-37870-0(9)*, Doubleday Bks. for Young Readers) Random Hse. Children's Bks.

Hello, World! Backyard Bugs. Jill McDonald. 2017. (Hello, World! Ser.). (Illus.). 26p. (J). (— 1). bds. 8.99 *(978-0-553-52105-4(5)*, Doubleday Bks. for Young Readers) Random Hse. Children's Bks.

Hello, World! Birds. Jill McDonald. 2017. (Hello, World! Ser.). (Illus.). 26p. (J). (— 1). bds. 8.99 *(978-0-553-52107-8(1)*, Doubleday Bks. for Young Readers) Random Hse. Children's Bks.

Hello, World! Boxed Set: Solar System; Dinosaurs; Backyard Birds; Bugs, 3 vols. Jill McDonald. 2018. (Hello, World! Ser.). (Illus.). 26p. (J). (— 1). bds. 31.96 *(978-0-525-58132-1(4)*, Doubleday Bks. for Young Readers) Random Hse. Children's Bks.

Hello, World! Cars & Trucks. Jill McDonald. 2021. (Hello, World! Ser.). (ENG., Illus.). 26p. (J). (— 1). bds. 8.99 *(978-0-593-30383-2(0)*, Doubleday Bks. for Young Readers) Random Hse. Children's Bks.

Hello, World! Construction Site. Jill McDonald. 2020. (Hello, World! Ser.). (Illus.). 26p. (J). (— 1). bds. 8.99 *(978-1-9848-9670-4(9)*, Doubleday Bks. for Young Readers) Random Hse. Children's Bks.

Hello, World! Dinosaurs. Jill McDonald. 2018. (Hello, World! Ser.). (Illus.). 26p. (J). (— 1). bds. 8.99 *(978-1-5247-1934-0(X)*, Doubleday Bks. for Young Readers) Random Hse. Children's Bks.

Hello, World! Garden Time. Jill McDonald. 2022. (Hello, World! Ser.). (Illus.). 26p. (J). (— 1). bds. 8.99 *(978-0-593-42821-4(8)*, Doubleday Bks. for Young Readers) Random Hse. Children's Bks.

Hello, World! How Do Apples Grow? Jill McDonald. 2019. (Hello, World! Ser.). (Illus.). 26p. (J). (— 1). bds. 8.99 *(978-0-525-57875-8(7)*, Doubleday Bks. for Young Readers) Random Hse. Children's Bks.

Hello World! I Am Erjok, the Nature's Friendly Kid: On a Journey to Explore the Beauty of Nature. Come Along! Daniel Geu. 2023. 68p. (J). (gr. k-7). pap. 19.50 BookBaby.

Hello World! I'm a Programmer! Sophia Day & Megan Johnson. Illus. by Timothy Zowada. 2021. (Playful Apprentice Ser.: 3). (ENG.). 40p. (J). 6.99 *(978-1-64999-994-8(1)*, 2d4bbbe2-e892-48bd-9618-74cec3abbe5d) MVP Kids Media.

Hello, World! Kids' Guides: Exploring the Solar System. Jill McDonald. 2022. (Hello, World! Ser.). (Illus.). 32p. (J). (gr. -1-2). 12.99 *(978-0-593-48204-9(2))*; (ENG., lib. bdg. 15.99 *(978-0-593-48205-6(0))* Random Hse. Children's Bks. (Doubleday Bks. for Young Readers).

Hello, World! Let's Go Camping. Jill McDonald. 2023. (Hello, World! Ser.). (Illus.). 26p. (J). (— 1). bds. 8.99 *(978-0-593-56902-3(4)*, Doubleday Bks. for Young Readers) Random Hse. Children's Bks.

Hello, World! Moon Landing. Jill McDonald. 2019. (Hello, World! Ser.). 26p. (J). (— 1). bds. 8.99 *(978-0-525-64854-3(2)*, Doubleday Bks. for Young Readers) Random Hse. Children's Bks.

Hello, World! Music. Jill McDonald. 2021. (Hello, World! Ser.). (Illus.). 26p. (J). (— 1). bds. 8.99 *(978-0-593-30385-6(7)*, Doubleday Bks. for Young Readers) Random Hse. Children's Bks.

Hello, World! My Body. Jill McDonald. 2018. (Hello, World! Ser.). (Illus.). 26p. (J). (— 1). bds. 7.99 *(978-1-5247-6636-8(4)*, Doubleday Bks. for Young Readers) Random Hse. Children's Bks.

Hello, World! Ocean Life. Jill McDonald. 2019. (Hello, World! Ser.). (Illus.). 26p. (J). (— 1). bds. 8.99 *(978-0-525-57877-2(3)*, Doubleday Bks. for Young Readers) Random Hse. Children's Bks.

Hello, World! on the Farm. Jill McDonald. 2021. (Hello, World! Ser.). (Illus.). 26p. (J). (— 1). bds. 7.99 *(978-0-593-37872-4(5)*, Doubleday Bks. for Young Readers) Random Hse. Children's Bks.

Hello, World! Pets. Jill McDonald. 2019. (Hello, World! Ser.). (Illus.). 26p. (J). (— 1). bds. 8.99 *(978-0-525-64759-1(7)*, Doubleday Bks. for Young Readers) Random Hse. Children's Bks.

Hello, World! Planes & Other Flying Machines. Jill McDonald. 2022. (Hello, World! Ser.). (Illus.). 26p. (J). (— 1). bds. 7.99 *(978-0-593-42823-8(4)*, Doubleday Bks. for Young Readers) Random Hse. Children's Bks.

Hello, World! Planet Earth. Jill McDonald. 2020. (Hello, World! Ser.). (Illus.). 26p. (J). (— 1). bds. 8.99 *(978-0-593-17499-9(2)*, Doubleday Bks. for Young Readers) Random Hse. Children's Bks.

Hello, World! Rainforest Animals. Jill McDonald. 2020. (Hello, World! Ser.). (Illus.). 26p. (J). (— 1). bds. 8.99 *(978-1-9848-9672-8(5)*, Doubleday Bks. for Young Readers) Random Hse. Children's Bks.

Hello, World! Reptiles. Jill McDonald. 2020. (Hello, World! Ser.). (Illus.). 26p. (J). (— 1). bds. 8.99 *(978-0-593-17497-5(6)*, Doubleday Bks. for Young Readers) Random Hse. Children's Bks.

Hello, World! Rocks & Minerals. Jill McDonald. 2022. (Hello, World! Ser.). (Illus.). 26p. (J). (— 1). bds. 8.99 *(978-0-593-42827-6(7)*, Doubleday Bks. for Young Readers) Random Hse. Children's Bks.

Hello, World! School Day. Jill McDonald. 2023. (Hello, World! Ser.). (Illus.). 26p. (J). (— 1). bds. 8.99 *(978-0-593-56904-7(0)*, Doubleday Bks. for Young Readers) Random Hse. Children's Bks.

Hello, World! Snow. Jill McDonald. 2022. (Hello, World! Ser.). (Illus.). 26p. (J). (— 1). bds. 8.99 *(978-0-593-42825-2(0)*, Doubleday Bks. for Young Readers) Random Hse. Children's Bks.

Hello, World! Solar System. Jill McDonald. 2016. (Hello, World! Ser.). (Illus.). 26p. (J). (— 1). bds. 8.99 *(978-0-553-52103-0(9)*, Doubleday Bks. for Young Readers) Random Hse. Children's Bks.

Hello, World! Weather. Jill McDonald. 2016. (Hello, World! Ser.). (Illus.). 26p. (J). (— 1). bds. 8.99 *(978-0-553-52101-6(2)*, Doubleday Bks. for Young Readers) Random Hse. Children's Bks.

Hello, Wyoming! Created by Martha Day Zschock. 2020. (Hello Ser.). (ENG., Illus.). 16p. (J). bds. 9.99 *(978-1-64194-007-8(7)*, Commonwealth Editions) Applewood Bks.

Hello, Yosemite! Martha Zschock. 2020. (Hello Ser.). (ENG., Illus.). 16p. (J). bds. 9.99 *(978-1-64194-013-9(1)*, Commonwealth Editions) Applewood Bks.

Hello You! Sandra Magsamen. 2020. (All about YOU Encouragement Bks.). (Illus.). 40p. (J). (gr. -1-k). 10.99 *(978-1-7282-1407-8(6))* Sourcebooks, Inc.

Hello You! A High-Contrast Book for Babies. Amelia Hepworth. Illus. by Cani Chen. 2021. (Happy Baby Ser.). (ENG.). 10p. (J). (— 1). bds. 6.99 *(978-1-68010-695-4(3))* Tiger Tales.

Hello, Zapata! Hola! Maria Alma González Pérez. Photos by Maricia Perez Rodriguez. 2016. (ENG & SPA., Illus.). (J). (gr. 2-6). pap. 7.00 *(978-0-9822422-1-6(2))* Del Alma Pubns., LLC.

Hello, Zion! Created by Martha Day Zschock. 2018. (Hello Ser.). (ENG., Illus.). 16p. (J). bds. 9.99 *(978-1-938700-74-3(0)*, Commonwealth Editions) Applewood Bks.

Hello Zoo. Nicola Slater. 2020. (ENG., Illus.). 12p. (J). (— 1). bds. 9.99 *(978-0-593-12564-9(9)*, Random Hse. Bks. for Young Readers) Random Hse. Children's Bks.

Hello, Zoo! Created by Martha Day Zschock. 2019. (Hello Ser.). (ENG., Illus.). 16p. (J). bds. 9.99 *(978-1-938700-68-2(6)*, Commonwealth Editions) Applewood Bks.

HelloFlo: the Guide, Period: The Everything Puberty Book for the Modern Girl. Naama Bloom. 2017. (Illus.). 176p. (J). (gr. 5). pap. 12.99 *(978-0-399-18729-2(4)*, Dutton Books for Young Readers) Penguin Young Readers Group.

Hellraisers. Alexander Gordon Smith. ed. 2016. (Devil's Engine Ser.: 1). (ENG.). 368p. (YA). (gr. 7). 22.10 *(978-0-606-39284-6(X))* Turtleback.

Hell's Cauldron (Classic Reprint) Thomas G. E. Wilkes. 2017. (ENG., Illus.). (J). 29.84 *(978-0-331-05062-2(5))* Forgotten Bks.

Hell's Dust Storm: Can Phoenix Survive This Nightmare? Scott Hayes. 2023. (ENG.). 51p. (YA). pap. **(978-1-312-47547-2(1))** Lulu Pr., Inc.

Hellworld. Tom Leveen. (ENG.). (YA). (gr. 9). 2018. 320p. pap. 11.99 *(978-1-4814-6634-9(8))*; 2017. (Illus.). 304p. 17.99 *(978-1-4814-6633-2(X))* Simon Pulse. (Simon Pulse).

Helm Greycastle, Book One. Henry Barajas. 2021. (ENG., Illus.). 176p. (YA). pap. 19.99 *(978-1-5343-1962-2(X))* Image Comics.

Helmet Holdup. Gerónimo Stilton & Andrea Schaffer. Illus. by Giuseppe Facciotto & Alessandro Costa. 2017. 112p. (J). *(978-1-5379-5611-4(6))* Scholastic, Inc.

Helmet Holdup, 6. Gerónimo Stilton. ed. 2018. (Geronimo Stilton Ser.). (ENG.). 112p. (J). (gr. 2-3). 18.36 *(978-1-64310-223-8(0))* Penworthy Co., LLC, The.

Helmet Holdup (Geronimo Stilton Micekings #6) Geronimo Stilton. 2017. (Geronimo Stilton Micekings Ser.: 6). (ENG., Illus.). 128p. (J). (gr. 2-5). pap. 7.99 *(978-1-338-15921-9(6)*, Scholastic Paperbacks) Scholastic, Inc.

Helmet Man & the Chocolate Cake. George P Vlasis. 2018. (ENG., Illus.). 38p. (J). 23.95 *(978-1-64214-287-7(5))* Page Publishing Inc.

Helmet of Salvation. Theresa Linden. Illus. by Theresa Linden. 2022. (ENG.). 118p. (J). pap. 9.00 *(978-1-7349929-3-9(X))* Silver Fire Publishing.

Helmi, Perhosemme: Finnish Edition of Pearl, Our Butterfly. Tuula Pere. Illus. by Catty Flores. 2019. (Helmi Ser.: Vol. 3). (FIN.). 32p. (J). (gr. k-4). pap. *(978-952-357-071-9(4))* Wickwick oy.

Helmin Elämää: Finnish Edition of Pearl's Life. Tuula Pere. Illus. by Catty Flores. 2019. (Helmi Ser.: Vol. 2). (FIN.). 32p. (J). (gr. k-4). *(978-952-357-066-5(8))*; pap. *(978-952-357-065-8(X))* Wickwick oy.

Helmut's Secret: Book 1 Let the Trilogy Begin! Arielle Fox. 2018. (Shteinmekel Tales Ser.: Vol. 1). (ENG., Illus.). 34p. (J). pap. 9.99 *(978-0-692-18325-0(6))* MissFoxCreations.

Heloise & Abelard, Vol. 1 of 2 (Classic Reprint) George Moore. 2017. (ENG., Illus.). (J). 28.68 *(978-0-265-73653-1(6))* Forgotten Bks.

Heloise & Abelard, Vol. 2 of 2 (Classic Reprint) George Moore. 2017. (ENG., Illus.). (J). 29.26 *(978-0-266-87816-2(4))* Forgotten Bks.

Heloise Helps! Cassie Capadona. Illus. by Simon Nortman. 2018. (ENG.). 44p. (J). pap. 14.95 *(978-1-59594-622-5(5)*, Wingspan Pr.) WingSpan Publishing.

Heloise or the Siege of Rhodes, a Legendary Tale, Vol. 2 of 2 (Classic Reprint) George Monck Berkeley. 2018. (ENG., Illus.). 190p. (J). 27.82 *(978-0-484-21686-9(4))* Forgotten Bks.

Heloise, or the Unrevealed Secret: A Tale (Classic Reprint) Talvi Talvi. 2017. (ENG., Illus.). (J). 29.34 *(978-0-266-58027-0(0))*; pap. 11.97 *(978-0-282-86330-2(3))* Forgotten Bks.

Help America Heal: A Story of Hope for Young People. Peggy A. Rothbaum LLC. (ENG.). 40p. (J). 2022. (Help America Heal: a Story of Hope for Young People Ser.: Vol. 3). 24.00 *(978-0-9883592-5-3(1))*; 2021. 24.00 *(978-0-9883592-1-5(9))* Beloved World LLC.

Help Baby Walrus. Ilia Tversky. 2022. (ENG., Illus.). 56p. (J). pap. **(978-1-83934-269-1(2))** Olympia Publishers.

Help Father Christmas Reach Your Home! Christmas Mazes for Children. Jupiter Kids. 2017. (ENG., Illus.). (J). pap. 9.05 *(978-1-5419-3269-2(2)*, Jupiter Kids (Childrens & Kids Fiction)) Speedy Publishing LLC.

Help Find Frank. Anne Bollman. 2018. (Illus.). 40p. (J). (gr. -1-2). 16.95 *(978-1-4549-2678-8(3))* Sterling Publishing Co., Inc.

Help Find the Black-And-White Pets. Taylor Farley. 2022. (Learning with Pets Ser.). (ENG.). 24p. (J). (gr. k-2). pap. *(978-1-0396-6199-8(8)*, 20387); lib. bdg. *(978-1-0396-6004-5(5)*, 20386) Crabtree Publishing Co.

Help for Dear Dragon see Ayuda para Querido Dragón

Help for Dear Dragon. Margaret Hillert. Illus. by Jack Pullan. 2016. (BeginningtoRead Ser.). (ENG.). 32p. (J). (-2). lib. bdg. 22.60 *(978-1-59953-769-6(9))* Norwood Hse. Pr.

HELP! I Am Being Fostered! A Book Drafted from Personal Experience. Peter Houghton. 2022. (ENG.). 100p. (YA). pap. **(978-1-4710-5672-7(4))** Lulu Pr., Inc.

HELP! I Am Being Fostered! DRAFTED from PERSONAL EXPERIENCE with QR Audio Links. Peter Houghton. 2022. (ENG.). 100p. (YA). pap. **(978-1-4710-1789-6(3))** Lulu Pr., Inc.

HELP! I Am Being Fostered! Jubilation! I Am Being ADOPTED! 2 Books in 1 - Drafted from Personal Experience. Peter Houghton. 2022. (ENG.). 186p. (YA). pap. **(978-1-4710-4836-4(5))** Lulu Pr., Inc.

Help! I Can't Draw! How to Draw Activity Book. Jupiter Kids. 2017. (ENG., Illus.). (YA). pap. 9.20 *(978-1-68326-832-1(6)*, Jupiter Kids (Childrens & Kids Fiction)) Speedy Publishing LLC.

Help! I Was Abducted by Aliens Coloring Book. Bobo's Children Activity Books. 2016. (ENG., Illus.). (J). pap. 9.33 *(978-1-68327-471-1(7))* Sunshine In My Soul Publishing.

Help, I'm Being Bullied! Stephanie S. Johnson. Illus. by Brittani Landry. 2018. (Adventures of Jeremy Jackson, Wisdom Seeker Ser.: Vol. 1). (ENG.). 32p. (J). (gr. k-6). pap. 11.99 *(978-1-940461-77-9(4))* Bayou Publishing.

Help, I'm in Pieces! Connect the Dots & Fill Me In! Creative. 2016. (ENG., Illus.). (J). pap. 10.81 *(978-1-68323-486-9(3))* Twin Flame Productions.

Help! I'm in Treble! a Child's Introduction to Music - Music Book for Beginners Children's Musical Instruction & Study. Baby Professor. 2017. (ENG., Illus.). 64p. (J). pap. 9.55 *(978-1-5419-1769-9(3)*, Baby Professor (Education Kids)) Speedy Publishing LLC.

Help Java Jo Find His Friends in Waukesha. Agatha Tofte. Illus. by Ariya Monet. 2022. (ENG.). 28p. (J). 19.99 **(978-1-64538-725-1(9))**; pap. 14.99 **(978-1-64538-724-4(0))** Orange Hat Publishing.

Help Me! Donna M. Zadunajsky. Ed. by Deborah Bowman Stevens. 2016. (Help Me! Ser.: Vol. 1). (ENG., Illus.). (YA). (gr. 7-12). 14.99 *(978-1-938037-62-7(6))*; pap. 6.99 *(978-1-938037-57-3(X))* Zadunajsky, Donna M.

Help Me Get Ready for School! Learning Activities for Preschoolers to Master - Children's Early Learning Books. Prodigy Wizard. 2016. (ENG., Illus.). (J). pap. 9.25 *(978-1-68323-993-2(8))* Twin Flame Productions.

Help Me Jesus! My Parents Are Getting Divorced! Kim Carlone. 2021. (ENG.). 28p. (J). pap. 12.99 *(978-1-6628-0739-8(2))* Salem Author Services.

Help Me Tell: Finding Your Voice after Trauma. Jasmine Rush. Illus. by Danyelle Tobias. 2022. (Help Me Tell Ser.: 1). 52p. (J). pap. 14.99 *(978-1-6678-4603-3(5))* BookBaby.

Help Me Understand: Set 1, 12 vols. 2018. (Help Me Understand Ser.). (ENG.). 24p. (J). (gr. 3-3). lib. bdg. 151.62 *(978-1-5081-6650-4(1)*, 9491f9c0-8ea6-4d1d-9423-bf6540115cdb, PowerKids Pr.) Rosen Publishing Group, Inc., The.

Help Me Understand: Set 3, 12 vols. 2019. (Help Me Understand Ser.). (ENG.). 24p. (J). (gr. 2-3). lib. bdg. 151.62 *(978-1-7253-1198-5(4)*, b42640d9-72b8-4907-a71b-0d7b08245b1b, PowerKids Pr.) Rosen Publishing Group, Inc., The.

Help Me Understand: Sets 1 - 2. 2018. (Help Me Understand Ser.). (ENG.). (J). pap. 111.00 *(978-1-5383-4696-9(6))*; (gr. 3-3). lib. bdg. 303.24 *(978-1-5383-4683-9(4)*, 6dd72d39-f38c-4bd7-8f70-0c3306006702) Rosen Publishing Group, Inc., The. (PowerKids Pr.).

Help Me Understand: Sets 1 - 3. 2019. (Help Me Understand Ser.). (ENG.). (J). pap. 166.50 *(978-1-7253-1523-5(8))*; (gr. 2-3). lib. bdg. 454.86 *(978-1-7253-1199-2(2)*, d4c1a7e8-f2d9-4545-ae8c-f1c7e1979ea2) Rosen Publishing Group, Inc., The. (PowerKids Pr.).

Help Mr. Hallow Find His Burrow: Halloween Activity Book. Jupiter Kids. 2016. (ENG., Illus.). 76p. (J). pap. 13.75 *(978-1-68305-402-3(4)*, Jupiter Kids (Childrens & Kids Fiction)) Speedy Publishing LLC.

Help! My Aai Wants to Eat Me. Bijal Vachharajani. 2022. (ENG.). 104p. (J). pap. 7.99 *(978-0-14-345342-0(4)*, Puffin) Penguin Bks. India PVT, Ltd IND. Dist: Independent Pubs. Group.

Help! My Computer Is Sick. M. Frances Bryant-Tigner. 2017. (ENG., Illus.). (J). pap. 14.99 *(978-0-692-92100-5(1))* Publify Consulting.

Help! My Feelings Are Too Big! Making Sense of Yourself & the World after a Difficult Start in Life - for Children with Attachment Issues. K. L. Aspden. Illus. by Charlotte Portier-Tock. 2019. 64p. 14.95 *(978-1-78592-556-6(3)*, 696899) Kingsley, Jessica Pubs. GBR. Dist: Hachette UK Distribution.

Help Ringo Tame His Temper. Sarah Beliza Tucker. Illus. by Adam Ihle. 2023. (ENG.). 54p. (J). 19.99 **(978-1-953979-17-9(3))** Ocean Aire Productions, Inc.

Help Save Our Earth. Little Grasshopper Books. 2021. (ENG., Illus.). 18p. (J). (gr. -1-1). bds. 12.98 *(978-1-64558-809-2(2)*, 6123200, Little Grasshopper Bks.) Publications International, Ltd.

Help the Black Rhinoceros. Grace Hansen. 2018. (Little Activists: Endangered Species Ser.). (ENG., Illus.). 24p. (J). (gr. -1-2). lib. bdg. 32.79 *(978-1-5321-8198-6(1)*, 29855, Abdo Kids) ABDO Publishing Co.

Help the Bluefin Tuna. Grace Hansen. 2018. (Little Activists: Endangered Species Ser.). (ENG., Illus.). 24p. (J). (gr. -1-2). lib. bdg. 32.79 *(978-1-5321-8199-3(X)*, 29857, Abdo Kids) ABDO Publishing Co.

Help the Butterflies: Butterflies Are Brave. Lauren Nutter. 2022. (ENG.). 34p. (J). 34.99 **(978-1-6781-8846-7(8))** Lulu Pr., Inc.

Help the Green Turtles. Grace Hansen. 2018. (Little Activists: Endangered Species Ser.). (ENG., Illus.). 24p. (J). (gr. -1-2). lib. bdg. 32.79 *(978-1-5321-8200-6(7)*, 29859, Abdo Kids) ABDO Publishing Co.

Help the Honey Bees. Grace Hansen. 2018. (Little Activists: Endangered Species Ser.). (ENG., Illus.). 24p. (J). (gr. -1-2). lib. bdg. 32.79 *(978-1-5321-8201-3(5)*, 29861, Abdo Kids) ABDO Publishing Co.

Help the Hummingbirds: Hummingbirds Are Heroes. Lauren Nutter. 2022. (ENG.). 34p. (J). 34.99 **(978-1-6781-8838-2(7))** Lulu Pr., Inc.

Help the Orangutans. Grace Hansen. 2018. (Little Activists: Endangered Species Ser.). (ENG., Illus.). 24p. (J). (gr. -1-2). lib. bdg. 32.79 *(978-1-5321-8202-0(3)*, 29863, Abdo Kids) ABDO Publishing Co.

Help the Polar Bears. Grace Hansen. 2018. (Little Activists: Endangered Species Ser.). (ENG., Illus.). 24p. (J). (gr. -1-2). lib. bdg. 32.79 *(978-1-5321-8203-7(1)*, 29865, Abdo Kids) ABDO Publishing Co.

Help! There Is a Brain in My Head. Oren Poliva. 2017. (Brain-Cyclopedia Ser.: Vol. 1). (ENG., Illus.). (J). (gr. 3-6). 20.99 *(978-0-9993687-0-1(2))*; pap. 15.00 *(978-0-692-93318-3(2))* Poliva, Oren.

Help Uncle Sam Get to His Favorite Treats: Mazes for Kids. Jupiter Kids. 2017. (ENG., Illus.). (J). pap. 9.20 *(978-1-5419-3338-5(9)*, Jupiter Kids (Childrens & Kids Fiction)) Speedy Publishing LLC.

Help Wanted, Must Love Books. Janet Sumner Johnson. Illus. by Courtney Dawson. 2020. (ENG.). 32p. (J). (gr. -1-2). 17.95 *(978-1-68446-075-5(1)*, 140527, Capstone Editions) Capstone.

Help! Why Am I Changing? The Growing-Up Guide for Pre-teen Boys & Girls. Susan Akass. 2019. (ENG., Illus.). 144p. (J). pap. 12.95 *(978-1-78249-717-2(X)*, 178249717X, Cico Kidz) Ryland Peters & Small GBR. Dist: WIPRO.

H

Help with Homework: Letters Wipe-Clean Activities to Prepare for School: Includes Wipe-Clean Pen. IglooBooks. Illus. by Katie Abey. 2021. (ENG.). 44p. (J). (gr. k-2). spiral bd. 7.99 *(978-1-83903-711-5(3))* Igloo Bks. GBR. Dist: Simon & Schuster, Inc.

Help with Homework: Math & English Giant Wipe-Clean Learning Activities Book: Includes Wipe-Clean Pen. IglooBooks. Illus. by Katie Abey. 2022. (ENG.). 90p. (J). (gr. k). spiral bd. 12.99 *(978-1-80108-743-8(1))* Igloo Bks. GBR. Dist: Simon & Schuster, Inc.

Help with Homework: My First Shapes Wipe-Clean Activities for Early Learners: For 2+ Year-Olds-Includes Wipe-Clean Pen. IglooBooks. Illus. by Katie Abey. 2021. (Help with Homework Ser.). (ENG.). 20p. (J). (-k). bds., bds. 12.99 *(978-1-80108-782-7(2))* Igloo Bks. GBR. Dist: Simon & Schuster, Inc.

Help with Homework: Numbers Wipe-Clean Activities to Prepare for School: Includes Wipe-Clean Pen. IglooBooks. Illus. by Katie Abey. 2021. (ENG.). 44p. (J). (gr. -1-1). spiral bd. 7.99 *(978-1-83903-712-2(1))* Igloo Bks. GBR. Dist: Simon & Schuster, Inc.

Help with Homework: 3+ ABC: Wipe-Clean Workbook. Igloo Igloo Books. 2019. (ENG.). 44p. (J). (gr. -1-1). pap. 7.99 *(978-1-78810-844-7(2))* Igloo Bks. GBR. Dist: Simon & Schuster, Inc.

Help with Homework: 3+ Early Learning: Includes Letters, Numbers, Counting, Simple Math, & 10 Pages of Reward Stickers. IglooBooks. 2023. (ENG.). 160p. (J). (-k). pap. 9.99 **(978-1-83771-711-8(7))** Igloo Bks. GBR. Dist: Simon & Schuster, Inc.

Help with Homework: Age 5+ Starting School: Includes Reading, Writing, Adding, Subtracting, & 10 Pages of Reward Stickers. IglooBooks. 2023. (Help with Homework Ser.). (ENG.). 160p. (J). (gr. k). pap. 9.99 **(978-1-83771-710-1(9))** Igloo Bks. GBR. Dist: Simon & Schuster, Inc.

Help with Homework Early English: Fun Learning Activities with Wipe-Clean Pen. IglooBooks. 2023. (ENG.). 44p. (J). (gr. k). spiral bd. 8.99 **(978-1-83852-787-7(7))** Igloo Bks. GBR. Dist: Simon & Schuster, Inc.

Help with Homework Early Math: Fun Learning Activities with Wipe-Clean Pen. IglooBooks. 2023. (ENG.). 44p. (J). (gr. k). spiral bd. 8.99 **(978-1-83852-788-4(5))** Igloo Bks. GBR. Dist: Simon & Schuster, Inc.

Help with Homework: Handwriting Wipe-Clean Activities to Prepare for School: Includes Wipe-Clean Pen. IglooBooks. Illus. by Katie Abey. 2021. (ENG.). 44p. (J). (gr. k-2). spiral bd. 7.99 *(978-1-83903-674-3(5))* Igloo Bks. GBR. Dist: Simon & Schuster, Inc.

Help with Homework Letters & Numbers: Giant Wipe-Clean Workbook for 3+ Year-Olds. IglooBooks. Illus. by Katie Abey. (ENG.). (J). (gr. -1). 2023. 92p. spiral bd. 14.99 **(978-1-83771-755-2(9))**; 2022. 90p. spiral bd. 12.99 *(978-1-80108-742-1(3))* Igloo Bks. GBR. Dist: Simon & Schuster, Inc.

Help with Homework: Letters & Numbers Whiteboard Set: Early Learning Box Set for 3+ Year-Olds. IglooBooks. 2022. (ENG.). 16p. (J). (-1). pap. 14.99 *(978-1-80108-756-8(3))* Igloo Bks. GBR. Dist: Simon & Schuster, Inc.

Help with Homework My First 123: Fun Learning Activities with Wipe-Clean Pen. IglooBooks. 2023. (ENG.). 44p. (J). (gr. -1). spiral bd. 8.99 **(978-1-83852-785-3(0))** Igloo Bks. GBR. Dist: Simon & Schuster, Inc.

Help with Homework My First ABC: Fun Learning Activities with Wipe-Clean Pen. IglooBooks. 2023. (ENG.). 44p. (J). (gr. -1). spiral bd. 8.99 **(978-1-83852-786-0(9))** Igloo Bks. GBR. Dist: Simon & Schuster, Inc.

Help with Homework: My First Letters Wipe-Clean Activities for Early Learners: For 2+ Year-Olds-Includes Wipe-Clean Pen. IglooBooks. Illus. by Katie Abey. 2021. (Help with Homework Ser.). (ENG.). 20p. (J). (-k). bds., bds. 12.99 *(978-1-80108-780-3(6))* Igloo Bks. GBR. Dist: Simon & Schuster, Inc.

Help with Homework: Reading Wipe-Clean Activities to Prepare for School: Includes Wipe-Clean Pen. IglooBooks. Illus. by Katie Abey. 2021. (ENG.). 44p. (J). (gr. k-2). spiral bd. 7.99 *(978-1-83903-713-9(X))* Igloo Bks. GBR. Dist: Simon & Schuster, Inc.

Help with Homework: Simple Math Whiteboard Set: Early Learning Box Set for 5+ Year-Olds. IglooBooks. 2022. (ENG.). 16p. (J). (-1). pap. 14.99 *(978-1-80108-757-5(1))* Igloo Bks. GBR. Dist: Simon & Schuster, Inc.

Help! Yellow Band. Gabby Pritchard. Illus. by Jon Stuart, ed. 2017. (Cambridge Reading Adventures Ser.). (ENG.). 16p. pap. 6.15 *(978-1-108-40815-8(X))* Cambridge Univ. Pr.

Help Your Dragon Cope with Trauma: A Cute Children Story to Help Kids Understand & Overcome Traumatic

Events. Steve Herman. 2019. (My Dragon Bks.: Vol. 34). (ENG.). 44p. (J). (gr. k-6). 18.95 *(978-1-950280-23-0(3))*; pap. 12.95 *(978-1-950280-22-3(5))* Digital Golden Solutions LLC.

Help Your Dragon Deal with Jealousy & Envy: A Story about Handling Envy & Jealousy. Steve Herman. 2022. (My Dragon Bks.: Vol. 53). (ENG.). 54p. (J). 20.95 *(978-1-64916-123-9(9))*; pap. 12.95 *(978-1-64916-122-2(0))* Digital Golden Solutions LLC.

Help Your Dragon Overcome Separation Anxiety: A Cute Children's Story to Teach Kids How to Cope with Different Kinds of Separation Anxiety, Loneliness & Loss. Steve Herman. 2020. (My Dragon Bks.: Vol. 35). (ENG.). 44p. (J). (gr. k-3). 18.95 *(978-1-950280-32-2(2))*; pap. 12.95 *(978-1-950280-31-5(4))* Digital Golden Solutions LLC.

Help Your Dragon Resolve Conflict: A Children's Story about Conflict Resolution. Steve Herman. 2023. (My Dragon Bks.: Vol. 63). (ENG.). 52p. (J). 20.95 *(978-1-64916-144-4(1))*; pap. 12.95 *(978-1-64916-143-7(3))* Digital Golden Solutions LLC.

Help Your Friend - Te Ibuobuoki (Te Kiribati) Bevally Iati. Illus. by Rea Diwata Mendoza. 2023. (ENG.). 30p. (J). pap. *(978-1-922795-77-9(1))* Library For All Limited.

Help Yourself Cookbook for Kids: 60 Easy Plant-Based Recipes Kids Can Make to Stay Healthy & Save the Earth. Ruby Roth. 2016. (ENG., Illus.). 144p. (J). pap. 19.99 *(978-1-4494-7187-3(0))* Andrews McMeel Publishing.

Helper. Caitlyn Zhu. Ed. by Ailynn Knox-Collins. Illus. by Ting Chang. 2019. (ENG.). 276p. (J). pap. 16.99 *(978-0-9981849-7-5(7))* Society of Young Inklings.

Helpers: A Rescue Mission. Sunshine Rodgers. 2019. (ENG.). 100p. (J). *(978-1-0878-4782-5(6))*; pap. *(978-1-0878-1649-4(1))* Lulu.com.

Helpers (Classic Reprint) Francis Lynde. 2018. (ENG., Illus.). 432p. (J). 32.81 *(978-0-483-48457-3(1))* Forgotten Bks.

Helpers in Our Community (Set), 16 vols. 2019. (Helpers in Our Community Ser.). (ENG.). 24p. (J). (gr. 1-2). lib. bdg. 202.16 *(978-1-7253-1200-5(X)*, e5676621-a7ba-4fc0-88b0-1d51250138a7, PowerKids Pr.) Rosen Publishing Group, Inc., The.

Helpers in Your Neighborhood. Alexandra Cassel. Illus. by Jason Fruchter. 2019. (Daniel Tiger's Neighborhood Ser.). (ENG.). 32p. (J). (gr. -1-2). pap. 8.99 *(978-1-5344-5208-4(7))*; 12.99 *(978-1-5344-4322-8(3))* Simon Spotlight. (Simon Spotlight).

Helpers in Your Neighborhood. Shira Evans. 2019. (National Geographic Readers Ser.). (ENG.). 23p. (J). (gr. k-1). 14.96 *(978-0-87617-653-5(8))* Penworthy Co., LLC, The.

Helpers in Your Neighborhood. Summary by Alexandra Cassel Schwartz. 2019. (Daniel Tiger 8x8 Bks). (ENG.). 32p. (J). (gr. k-1). 16.96 *(978-0-87617-773-0(9))* Penworthy Co., LLC, The.

Helpful Hackers. Heather C. Hudak. 2018. (It's a Digital World! Ser.). (ENG.). 32p. (J). (gr. 3-6). lib. bdg. 32.79 *(978-1-5321-1534-9(2)*, 28922, Checkerboard Library) ABDO Publishing Co.

Helpful Hannah Hippo. Dino Martins. 2022. (ENG.). (J). pap. 10.00 *(978-1-77635-032-2(4))* Penguin Random House South Africa ZAF. Dist: Casemate Pubs. & Bk. Distributors, LLC.

Helpful Helicopters Touching down Coloring Book. Smarter Activity Books for Kids. 2016. (ENG., Illus.). (J). pap. 9.22 *(978-1-68374-459-7(4))* Examined Solutions PTE. Ltd.

Helpful Heroes: Rescue. Roger Priddy. 2022. (Helpful Heroes Ser.). (ENG., Illus.). 10p. (J). bds. 8.99 *(978-1-68449-199-5(1)*, 900250922) St. Martin's Pr.

Helpful Home Appliances & You a Coloring Book. Activibooks For Kids. 2016. (ENG., Illus.). (J). pap. 6.92 *(978-1-68321-778-7(0))* Mimaxion.

Helpful Honeybees, 1 vol. Alan Walker. 2022. (Backyard Science Ser.). (ENG.). 24p. (J). (gr. k-2). pap. *(978-1-0396-4655-1(7)*, 17164); lib. bdg. *(978-1-0396-4464-9(3)*, 16222) Crabtree Publishing Co. (Crabtree Seedlings).

Helpful Ninja: A Children's Book about Self Care & Self Love. Mary Nhin & Grow Grit Press. Illus. by Jelena Stupar. 2020. (Ninja Life Hacks Ser.: Vol. 5). (ENG.). 34p. (J). 18.99 *(978-1-953399-55-7(X))* Grow Grit Pr.

Helpful, Responsible, Me! Terry Ammons. Illus. by Blueberry Illustrations. 2020. (ENG.). 32p. (J). 17.99 *(978-0-578-78102-0(6))* Ammons, Terry.

Helpfulest Helper. Caitlin Stafford. 2021. (ENG.). 38p. (J). 18.95 *(978-1-7376838-0-3(6))* Anchor Shine Productions.

Helpfulness. Dalton Rains. 2023. (Civic Skills & Values Ser.). (ENG., Illus.). 24p. (J). pap. 8.95 *(978-1-64619-845-0(X))*; lib. bdg. 28.50 *(978-1-64619-816-0(6))* Little Blue Hse.

Helping. Monika Forsberg & Saxton Freymann. 2018. (Illus.). (J). *(978-1-68227-221-3(4))* eeBoo Corp.

Helping a Friend in an Abusive Relationship, 1 vol. Marty Gitlin. 2016. (How Can I Help? Friends Helping Friends Ser.). (ENG., Illus.). 64p. (J). (gr. 6-6). pap. 13.95 *(978-1-4994-6436-8(3)*, 51f7c56f-6c2d-447f-b926-9c6212f4b749) Rosen Publishing Group, Inc., The.

Helping a Friend Who Is Being Bullied, 1 vol. Corona Brezina. 2016. (How Can I Help? Friends Helping Friends Ser.). (ENG.). 64p. (J). (gr. 6-6). pap. 13.95 *(978-1-4994-6452-8(5)*, c272486e-a3d0-4797-bd0b-fd2866aa229c) Rosen Publishing Group, Inc., The.

Helping a Friend Who Is Depressed, 1 vol. Richard Worth. 2016. (How Can I Help? Friends Helping Friends Ser.). (ENG.). 64p. (J). (gr. 6-6). pap. 13.95 *(978-1-4994-6440-5(1)*, db9ab48b-93f3-4727-941b-b9bea9893e7a) Rosen Publishing Group, Inc., The.

Helping a Friend with a Drug Problem, 1 vol. Precious McKenzie. 2016. (How Can I Help? Friends Helping Friends Ser.). (ENG., Illus.). 64p. (J). (gr. 6-6). pap. 13.95 *(978-1-4994-6444-3(4)*, a06ea406-c098-4884-a35d-620319885483) Rosen Publishing Group, Inc., The.

Helping a Friend with an Alcohol Problem, 1 vol. Jennifer Landau. 2016. (How Can I Help? Friends Helping Friends Ser.). (ENG., Illus.). 64p. (J). (gr. 6-6). pap. 13.95 *(978-1-4994-6448-1(7)*, 696c2194-d18f-4ca3-bc24-7205df47f286) Rosen Publishing Group, Inc., The.

Helping a Friend with an Eating Disorder, 1 vol. Sabrina Parys. 2016. (How Can I Help? Friends Helping Friends Ser.). (ENG., Illus.). 64p. (J). (gr. 6-6). 36.13 *(978-1-4994-6435-1(5)*, 6b629194-ca81-4f8e-a76b-55fe241b42c0) Rosen Publishing Group, Inc., The.

Helping a Plant. Katrina Streza. Illus. by Brenda Ponnay. 2023. (Little Readers Ser.: Vol. 30). (ENG.). 20p. (J). 24.99 *(978-1-5324-4437-1(0))*; pap. 12.99 *(978-1-5324-4436-4(2))* Xist Publishing.

Helping Animals. Amanda Turner. 2019. (Careers Making a Difference Ser.). (Illus.). 80p. (J). (gr. 12). lib. bdg. 34.60 *(978-1-4222-4254-4(4))* Mason Crest.

Helping Animals - 6 Pack: Set of 6 Common Core Edition. Katherine Scraper. 2016. (Early Explorers Ser.). (J). (gr. k-1). 39.00 net. *(978-1-5125-8636-7(6))* Benchmark Education Co.

Helping Animals Learn. Anne Montgomery. rev. ed. 2019. (Smithsonian: Informational Text Ser.). (ENG., Illus.). 24p. (J). (gr. 1-2). pap. 8.99 *(978-1-4938-6647-2(8))* Teacher Created Materials, Inc.

Helping at Mealtime. Brienna Rossiter. 2021. (Spreading Kindness Ser.). (ENG., Illus.). 24p. (J). (gr. 1-2). pap. 8.95 *(978-1-64493-720-4(4))*; lib. bdg. 28.50 *(978-1-64493-684-9(4))* North Star Editions. (Focus Readers).

Helping at the Library: Step by Step, 1 vol. Dale Dixon. 2017. (Computer Science for the Real World Ser.). (ENG.). 12p. (gr. 1-2). pap. *(978-1-5383-5144-4(7)*, a32c0f67-52fa-46a5-a274-0883418f07ee, Rosen Classroom) Rosen Publishing Group, Inc., The.

Helping Blue: You're Never Too Small to Make a Big Difference. Danielle Caldwell. Illus. by Lee Caldwell. 2021. 24p. (J). pap. 15.99 *(978-1-0983-9682-4(0))* BookBaby.

Helping Brother Rhinoceros. Monica L. Bond. Illus. by Kayla Harren. 2018. (ENG.). 34p. (J). pap. 12.00 *(978-1-7323234-1-4(0))* Wild Nature Institute.

Helping Children. Amanda Turner. 2019. (Careers Making a Difference Ser.). (Illus.). 80p. (J). (gr. 12). lib. bdg. 34.60 *(978-1-4222-4255-1(2))* Mason Crest.

Helping Children Locked in Rage or Hate: A Guidebook. Margot Sunderland. ed. 2017. (Helping Children with Feelings Ser.). (ENG., Illus.). 192p. (C). pap. 39.95 *(978-0-86388-465-8(2)*, Y330273) Routledge.

Helping Children to Improve Their Gross Motor Skills: The Stepping Stones Curriculum. Rachel White. 2017. (Illus.). 256p. pap. 45.00 *(978-1-78592-279-4(3)*, 696387) Kingsley, Jessica Pubs. GBR. Dist: Hachette UK Distribution.

Helping Children Who Are Anxious or Obsessional: A Guidebook. Margot Sunderland. ed. 2017. (Helping Children with Feelings Ser.). (ENG., Illus.). 72p. (C). pap. 31.95 *(978-0-86388-454-2(7)*, Y329773) Routledge.

Helping Children with Low Self-Esteem: A Guidebook. Margot Sunderland. ed. 2017. (Helping Children with Feelings Ser.). (ENG., Illus.). 96p. (C). pap. 37.95 *(978-0-86388-466-5(0)*, Y329814) Routledge.

Helping Daddy Ray on the Farm. Lauren Kay Patrick. 2017. (ENG.). (J). 14.95 *(978-1-63177-905-3(2))* Amplify Publishing Group.

Helping Daisy Grow. Layla Ford. 2017. (ENG., Illus.). 64p. (J). pap. *(978-1-84897-920-8(7))* Olympia Publishers.

Helping Friends & Family: Taking Care of Others. Alyssa Krekelberg. 2020. (Social & Emotional Learning Ser.). (ENG.). 24p. (J). (gr. -1-2). lib. bdg. 32.79 *(978-1-5038-4449-0(8)*, 214216) Child's World, Inc, The.

Helping Grandfather. Edith Witmer. Illus. by Luanne Reinford & Melissa Horst. 2016. (ENG.). 91p. (J). 4.75 *(978-0-7399-2537-9(7))* Rod & Staff Pubs., Inc.

Helping Hand (Classic Reprint) Unknown Author. (ENG., Illus.). (J). 2018. 190p. 27.82 *(978-0-483-50694-7(X))*; 2017. pap. 10.57 *(978-0-243-32042-4(6))* Forgotten Bks.

Helping Hands Board Book Set Of 6. Illus. by Georgie Birkett & Jess Stockham. 2020. (Social & Emotional Learning Sets Ser.). (ENG.). 144p. (J). pap., pap., pap. *(978-1-78628-530-0(4))* Child's Play International Ltd.

Helping Hands (Classic Reprint) M. A. Donohue. 2018. (ENG., Illus.). 118p. (J). 26.35 *(978-0-483-93445-0(3))* Forgotten Bks.

Helping Hands on Halloween! Leah Bathsheba. 2023. (ENG.). 32p. (J). 18.99 *(978-1-6629-3892-4(6))*; pap. 9.99 *(978-1-6629-3893-1(4))* Gatekeeper Pr.

Helping Hersey (Classic Reprint) Baroness Von Hutten. 2018. (ENG., Illus.). 262p. (J). 29.30 *(978-0-483-73405-0(5))* Forgotten Bks.

Helping Himself. Horatio Alger. 2019. (ENG.). 196p. (YA). (gr. 7-12). pap. *(978-93-5329-596-7(3))* Alpha Editions.

Helping Himself: Or Grant Thornton's Ambition (Classic Reprint) Horatio Alger. 2018. (ENG., Illus.). 286p. (J). 29.82 *(978-0-267-67415-2(5))* Forgotten Bks.

Helping Hospital: A Community Helpers Book. Lindsay Ward. Illus. by Lindsay Ward. 2021. (ENG., Illus.). 40p. (J). (gr. -1-3). 14.99 *(978-0-06-308139-0(3)*, HarperCollins) HarperCollins Pubs.

Helping in Class: Taking Civic Action, 1 vol. Reggie Harper. 2018. (Civics for the Real World Ser.). (ENG.). 8p. (gr. k-1). pap. *(978-1-5383-6382-9(8)*, dcceb264-2649-4727-aa8b-459d731b21cb, Rosen Classroom) Rosen Publishing Group, Inc., The.

Helping in the Community. Victoria Parker. 2022. (I Can Make a Difference Ser.). (ENG.). 32p. (J). pap. 8.99 *(978-1-4846-8951-6(8)*, 258171, Heinemann) Capstone.

Helping in the Kitchen Maze Activity Book. Creative Playbooks. 2016. (ENG., Illus.). (J). pap. 10.81 *(978-1-68323-502-6(9))* Twin Flame Productions.

Helping Injured Animals. Dona Rice & Anne Montgomery. rev. ed. 2019. (Smithsonian: Informational Text Ser.). (ENG., Illus.). 24p. (J). (gr. 1-2). pap. 8.99 *(978-1-4938-6646-5(X))* Teacher Created Materials, Inc.

Helping Is Happiness. Debby Cutts & Deedee O'Malley. 2022. (Adventures of Piper & Penelope Ser.: 2). 50p. (J). 29.95 *(978-1-6678-0839-0(7))* BookBaby.

Helping Mayor Patty. Fran Manushkin. Illus. by Laura Zarrin. 2019. (Katie Woo's Neighborhood Ser.). (ENG.). 32p. (J). (gr. k-2). 21.32 *(978-1-5158-4457-0(9)*, 140569, Picture Window Bks.) Capstone.

Helping Mom & Dad. Rozanne Williams. 2017. (Learn-To-Read Ser.). (ENG., Illus.). (J). pap. 3.49 *(978-1-68310-296-0(7))* Pacific Learning, Inc.

Helping Mommy at the Grocery Store: A Counting Book I Children's Early Learning Books. Prodigy Wizard. 2016. (ENG., Illus.). (J). pap. 9.25 *(978-1-68323-159-2(7))* Twin Flame Productions.

Helping Nature in Need: It's Time to Take Eco Action! Sarah Eason. 2023. (Eco Action Ser.). (ENG., Illus.). 48p. (J). (gr. 5-8). pap. 10.99 *(978-1-915153-65-4(4)*, 935153b6-3e69-41e6-bdfa-55775b837407); lib. bdg. 31.99 *(978-1-914383-81-6(8)*, 8e5bea3c-de88-40e2-8bba-364bdd4a1a51) Cheriton Children's Bks. GBR. Dist: Lerner Publishing Group.

Helping One Another - Te Ibuobuoki I Marenara (Te Kiribati) Beneteti Tion. Illus. by Jovan Carl Segura. 2023. (ENG.). 32p. (J). pap. *(978-1-922876-89-8(5))* Library For All Limited.

Helping Others. Steffi Cavell-Clarke. 2017. (Our Values - Level 2 Ser.). (Illus.). 24p. (J). (gr. 2-3). *(978-0-7787-3703-2(9))* Crabtree Publishing Co.

Helping Others. Steffi Cavell-Clarke. 2017. (Our Values - Level 2 Ser.). (ENG.). 24p. (J). (gr. 2-4). 18.75 *(978-1-5311-8589-3(4))* Perfection Learning Corp.

Helping Others Children's Book. Selena Millman. 2019. (ENG.). 42p. (J). pap. *(978-0-359-80118-3(8))* Lulu Pr., Inc.

Helping Our World Get Well: COVID Vaccines. Beth Bacon. Illus. by Kary Lee. 2021. 40p. (J). 10.95 *(978-1-949467-74-1(0))*; 24.00 *(978-1-949467-73-4(2))* Carolina Wren Pr. (Blair).

Helping Our World Get Well: COVID Vaccines see Ayudemos Al Planeta a Ponerse Bien: Vacunas Contra la COVID

Helping Out (Set), 4 vols. 2019. (Helping Out Ser.). (ENG., Illus.). 16p. (J). (gr. -1-2). pap., pap., pap. 45.43 *(978-1-5341-5285-4(7)*, 213113, Cherry Blossom Press) Cherry Lake Publishing.

Helping Paws. Ginger Gemignani. 2021. (ENG.). 34p. (J). pap. 13.95 *(978-1-64468-514-3(0))* Covenant Bks.

Helping Paws: A Day in the Life of a Service Dog. Rylee Tuggle. Illus. by Anna Fomin & Alexander Fomin. 2021. (ENG.). 40p. (J). 19.99 *(978-1-6629-1018-0(5))*; pap. 14.99 *(978-1-6629-1019-7(3))* Gatekeeper Pr.

Helping People See (Grade 3) Monika Davies. rev. ed. 2018. (Smithsonian: Informational Text Ser.). (ENG., Illus.). 32p. (J). (gr. 3-4). pap. 12.99 *(978-1-4938-6686-1(9))* Teacher Created Materials, Inc.

Helping Seniors. Katharine Larocque. 2019. (Careers Making a Difference Ser.). (Illus.). 80p. (J). (gr. 12). lib. bdg. 34.60 *(978-1-4222-4257-5(9))* Mason Crest.

Helping the Environment (Set Of 6) Nick Rebman. 2021. (Helping the Environment Ser.). (ENG., Illus.). 192p. (J). (gr. 2-3). pap. 59.70 *(978-1-64493-880-5(4))*; lib. bdg. 188.10 *(978-1-64493-834-8(0))* North Star Editions. (Focus Readers).

Helping the Helpless: In Lower New York (Classic Reprint) Lucy Seaman Bainbridge. 2019. (ENG., Illus.). 192p. (J). 27.86 *(978-0-483-76307-4(1))* Forgotten Bks.

Helping the Rich: A Play in Four Acts (Classic Reprint) James Bay. 2018. (ENG., Illus.). 110p. (J). 26.19 *(978-0-483-94619-4(2))* Forgotten Bks.

Helping Those in Need, 1 vol. Jan Mader. 2017. (Active Citizenship Today Ser.). (ENG.). 32p. (gr. 3-3). pap. 11.58 *(978-1-5026-2920-3(8)*, 6ef7145b-5883-4319-9f54-ca3b857c3bc5); lib. bdg. 30.21 *(978-1-5026-2922-7(4)*, 664b3a95-2a08-4dc1-828a-dfbe561717d4) Cavendish Square Publishing LLC.

Helping Those in Poverty. Amanda Turner. 2019. (Careers Making a Difference Ser.). 80p. (J). (gr. 12). lib. bdg. 34.60 *(978-1-4222-4261-2(7))* Mason Crest.

Helping Those with Addictions. Amanda Turner. 2019. (Careers Making a Difference Ser.). (Illus.). 80p. (J). (gr. 12). lib. bdg. 34.60 *(978-1-4222-4258-2(7))* Mason Crest.

Helping Those with Disabilities. Amanda Turner. 2019. (Careers Making a Difference Ser.). (Illus.). 80p. (J). (gr. 12). lib. bdg. 34.60 *(978-1-4222-4259-9(5))* Mason Crest.

Helping Those with Mental Illnesses. Amanda Turner. 2019. (Careers Making a Difference Ser.). (Illus.). 80p. (J). (gr. 12). lib. bdg. 34.60 *(978-1-4222-4260-5(9))* Mason Crest.

Helping to Protect the Environment. Amanda Turner. 2019. (Careers Making a Difference Ser.). (Illus.). 80p. (J). (gr. 12). lib. bdg. 34.60 *(978-1-4222-4256-8(0))* Mason Crest.

Helping Victims. Amanda Turner. 2019. (Careers Making a Difference Ser.). (Illus.). 80p. (J). (gr. 12). lib. bdg. 34.60 *(978-1-4222-4262-9(5))* Mason Crest.

Helping with Chores. Brienna Rossiter. 2021. (Spreading Kindness Ser.). (ENG., Illus.). 24p. (J). (gr. 1-2). pap. 8.95 *(978-1-64493-721-1(2))*; lib. bdg. 28.50 *(978-1-64493-685-6(2))* North Star Editions. (Focus Readers).

Helping Yourself, Helping Others, 14 vols. 2019. (Helping Yourself, Helping Others Ser.). (ENG.). 112p. (YA). (gr. 7-7). lib. bdg. 311.50 *(978-1-5026-4761-0(3)*, 680e2341-c486-4ddb-a289-1e911b2418de) Cavendish Square Publishing LLC.

Helping Yourself, Helping Others (Set) 2019. (Helping Yourself, Helping Others Ser.). (ENG.). 112p. (YA). pap. 139.93 *(978-1-5026-4784-9(2))* Cavendish Square Publishing LLC.

Helps over Hard Places: Stories for Boys (Classic Reprint) Lynde Palmer. 2017. (ENG., Illus.). (J). 28.76 *(978-0-265-72030-1(3))* Forgotten Bks.

Helter Skelters (Classic Reprint) George Daulton. 2018. (ENG., Illus.). 310p. (J). 30.29 *(978-0-483-55484-9(7))* Forgotten Bks.

Helterskelter Hounds: Or Mr. Flopkin's Sporting Memoirs (Classic Reprint) George F. Underhill. 2018. (ENG., Illus.). 146p. (J). 26.91 *(978-0-267-44668-1(3))* Forgotten Bks.

HEMI-Sphere: The Dome. Christine Goodridge. 2021. (ENG.). 180p. (J). pap. *(978-1-64969-774-5(0))* Tablo Publishing.

Hemingway (Classic Reprint) Ernest Hemingway. 2017. (ENG., Illus.). (J). 670p. 37.72 *(978-0-484-17046-8(5))*; pap. 20.57 *(978-0-259-21542-4(2))* Forgotten Bks.

Hemlock: A Tale of the War 1812 (Classic Reprint) Robert Sellar. 2018. (ENG., Illus.). 230p. (J). 28.76 *(978-0-332-09441-0(3))* Forgotten Bks.

Hemlock Jones & the Angel of Death. Justin Carroll. 2019. (Hemlock Jones Chronicles Ser.: Vol. 1). (ENG.). 210p. (J). pap. *(978-1-9161654-0-3(0))* Eldias Pr.

Hemming, the Adventurer (Classic Reprint) Theodore Goodridge Roberts. 2017. (ENG., Illus.). (J). 30.95 *(978-1-5284-8351-3(0))* Forgotten Bks.

Hemorragias Arteriales y Oceanos Desbordados. Jesse Goossens. 2021. (SPA.). 96p. (J). 13.99 *(978-958-30-6282-7(0))* Panamericana Editorial COL. Dist: Lectorum Pubns., Inc.

Hempfield. David Grayson, pseud. 2017. (ENG., Illus.). (J). pap. *(978-0-649-16133-1(5))* Trieste Publishing Pty Ltd.

Hempfield: A Novel (Classic Reprint) David Grayson, pseud. 2017. (ENG., Illus.). (J). 31.47 *(978-0-260-39979-3(5))* Forgotten Bks.

Hen. Cecilia Minden. 2018. (Learn about Animals Ser.). (ENG., Illus.). 16p. (J). (gr. -1-2). pap. 11.36 *(978-1-5341-2397-7(0)*, 210580) Cherry Lake Publishing.

Hen & Eagle - Kuku Na Tai. Ann Nduku. Illus. by Wiehan de Jager. 2023. (SWA.). 28p. (J). pap. *(978-1-922932-07-5(8))* Library For All Limited.

Hen & Eagle - Poule et Aigle. Ann Nduku. Illus. by Wiehan de Jager. 2022. (FRE.). 28p. (J). pap. *(978-1-922932-12-9(4))* Library For All Limited.

Hen in the Den: Short Vowel Sounds. Brian P. Cleary. Illus. by Jason Miskimins. 2022. (Phonics Fun Ser.). (ENG.). 24p. (J). (gr. -1-2). pap. 8.99 *(978-1-7284-4848-0(4)*, e5027f36-6226-48f9-8a0f-10d8f86fcf53); lib. bdg. 27.99 *(978-1-7284-4085-9(8)*, d6f942d8-b5c3-4611-8de6-51378238ebab) Lerner Publishing Group. (Lerner Pubns.).

Hen-Pecked Husband, Vol. 1 Of 3: A Novel (Classic Reprint) Harriet Scott. (ENG., Illus.). (J). 2018. 318p. 30.46 *(978-0-484-78403-0(X))*; 2016. pap. 13.57 *(978-1-334-16996-0(9))* Forgotten Bks.

Hen-Pecked Husband, Vol. 2: A Novel (Classic Reprint) Harriet Scott. 2018. (ENG., Illus.). 366p. (J). 31.45 *(978-0-267-17703-5(8))* Forgotten Bks.

Hen-Pecked Husband, Vol. 3 Of 3: A Novel (Classic Reprint) Harriet Scott. (ENG., Illus.). (J). 2018. 490p. 34.00 *(978-0-332-14517-4(4))*; 2016. pap. 16.57 *(978-1-334-13435-7(9))* Forgotten Bks.

Hen Who Sailed Around the World: A True Story. Guirec Soudée. 2018. (ENG., Illus.). 40p. (J). (gr. -1-3). 17.99 *(978-0-316-44884-0(2))* Little, Brown Bks. for Young Readers.

Henchman (Classic Reprint) Mark Lee Luther. 2018. (ENG., Illus.). 388p. (J). 31.90 *(978-0-483-05482-0(8))* Forgotten Bks.

Henderbell: The Shadow of Saint Nicholas. J. D. Netto. 2019. (Henderbell Ser.: Vol. 1). (ENG., Illus.). 296p. (YA). (gr. 7-12). 21.99 *(978-0-578-55609-3(X))*; pap. 13.99 *(978-0-578-56454-8(8))* Netto, J.D. Design Inc.

Henderbell: The Shadow of Saint Nicholas (Special Christmas Edition) J. D. Netto. 2020. (ENG.). 340p. (YA). (gr. 7-12). 23.99 *(978-0-578-75179-5(8))*; pap. 15.99 *(978-0-578-77111-3(X))* Netto, J.D. Design Inc.

Henderson (Classic Reprint) Rose E. Young. 2017. (ENG., Illus.). (J). 28.02 *(978-1-5285-4955-4(4))* Forgotten Bks.

Hendrix the Rocking Horse: Fables from the Stables Book 2. Gavin Puckett. Illus. by Tor Freeman. 2018. (Fables from the Stables Ser.). (ENG.). 96p. (J). 8.95 *(978-0-571-31540-6(2)*, Faber & Faber Children's Bks.) Faber & Faber, Inc.

Henge. Laurence Tysoe. 2020. (ENG.). 32p. (J). pap. *(978-1-5289-0322-6(6))* Austin Macauley Pubs. Ltd.

Hengwrt Ms. of Chaucer's Canterbury Tales (Classic Reprint) Geoffrey Chaucer. (ENG., Illus.). (J). 2018. 324p. 30.64 *(978-0-267-66494-8(X))*; 2016. pap. 13.57 *(978-1-334-32557-1(X))* Forgotten Bks.

Hengwrt Ms. of Chaucer's Canterbury Tales, Vol. 1 (Classic Reprint) Frederick J. Furnivall. 2017. (ENG., Illus.). (J). 39.96 *(978-0-331-42070-8(8))* Forgotten Bks.

Henley & Brewster Making Friends. Camille Dussich & Penny Weber. 2021. (ENG.). 38p. (J). pap. 12.99 *(978-1-63760-115-0(8))* Primedia eLaunch LLC.

Henley High Poetry Club. Jude Warne. 2017. (Crushing Ser.). (ENG.). 192p. (YA). (gr. 5-12). lib. bdg. 31.42 *(978-1-68076-715-5(1)*, 25378, Epic Escape) EPIC Pr.

Henney Hen & the Zookeeper. Cynthia Noles. Illus. by John E. Hume. 2019. (ENG.). (J). 44p. 24.95 *(978-1-950434-17-6(6))*; 48p. pap. 14.95 *(978-1-950434-16-9(8))* Janneck Bks.

Henny Penny. Collective. 2017. (Earlyreads Ser.). (ENG.). 96p. (J). pap. 14.95 *(978-88-530-1294-4(3)*, Black Cat) Grove/Atlantic, Inc.

Henny Penny. Kathleen Corrigan. 2023. (Decodables - Fables & Folktales Ser.). (ENG.). 24p. (J). (gr. 2-3). 27.93 *(978-1-68450-675-0(1))*; pap. 11.93 *(978-1-68404-916-5(4))* Norwood Hse. Pr.

Henny, Penny, Lenny, Denny, & Mike. Cynthia Rylant. Illus. by Mike Austin. 2017. (ENG.). 40p. (J). (gr. -1-4). 17.99 *(978-1-4814-4523-8(5)*, Beach Lane Bks.) Beach Lane Bks.

Hënödeyësdahgwa'geh Wa'ökï'jö' ögwahsä's. onëh l: 'jögwadögwea: Je' We Were at the School We Were There. We Remember. Hayden Haynes And Associates. 2023. (ENG.). 44p. (J). pap. 21.99 *(978-1-312-44687-8(0))* Lulu Pr., Inc.

Henratty Mortimer: Poppy the Most Beautiful Worm. Henrietta Defreitas. 2021. 32p. (J). 35.58 *(978-1-6678-0725-6(0))* BookBaby.

Henri & Ralph. Anthony Gravina. 2022. (ENG.). 32p. (J). *(978-0-2288-8551-1(5))*; pap. *(978-0-2288-8550-4(7))* Tellwell Talent.

Henri et le Cheval Noir. Janine Tougas. Illus. by Alexis Flower. 2016. (Collection Voyages Ser.). (FRE.). 224p. (J). (gr. 2-6). pap. *(978-1-77222-304-0(2))* Apprentissage Illimite, Inc.

Henri Nestlé: Food Company Creator. Heather C. Hudak. 2017. (Food Dudes Set 3 Ser.). (ENG., Illus.). 32p. (J). (gr. 3-6). lib. bdg. 32.79 *(978-1-5321-1083-2(9)*, 25742, Checkerboard Library) ABDO Publishing Co.

TITLE INDEX

HENRY HUGGINS

Henri, or the Web & Woof of Life (Classic Reprint) William G. Cambridge. 2017. (ENG., Illus.). (J). 32.74 (978-0-265-39780-0(4)) Forgotten Bks.

Henrianna Rights a Wrong. Jeannette White. 2017. (ENG., Illus.). 50p. (J). pap. (978-1-78808-017-0(3)) Independent Publishing Network.

Henrick the Rooster Learns to Be Kind. Shauna Gill. 2018. (ENG., Illus.). 24p. (J). (gr. k-3). pap. (978-1-4866-1527-8(9)) Word Alive Pr.

Henrietta. Harriet Scott. 2017. (ENG.). 284p. (J). pap. (978-3-337-02668-4(0)) Creation Pubs.

Henrietta: A Novel (Classic Reprint) Harriet Scott. (ENG., Illus.). (J). 2018. 282p. 29.71 (978-0-483-29091-4(2)); 2016. pap. 13.57 (978-1-333-35394-0(4)) Forgotten Bks.

Henrietta & the Donor Eggs. S. G. Lee. 2018. (ENG., Illus.). 106p. (J). pap. (978-1-987977-25-7(4)) Lee, S.G.

Henrietta & the Perfect Night. Martine Murray. 2017. (Henrietta Ser.). (ENG., Illus.). 96p. (J). (gr. k-2). 12.99 (978-1-76029-024-5(6)) Allen & Unwin AUS. Dist: Independent Pubs. Group.

Henrietta Hooper Chases a Starfish: A Field Mouse Story. Rolla Donaghy. 2017. (ENG., Illus.). (J). (gr. k-2). 19.95 (978-1-63492-377-4(4)); pap. 11.95 (978-1-63492-064-3(3)) Booklocker.com, Inc.

Henrietta Moves to a New City. Sheresa A. Stubbs. 2021. (ENG.). 28p. (J). pap. (978-1-4602-4231-5(9)) FriesenPress.

Henrietta Owlsworth's Eyesight Plight! Sherry Jones. 2019. (ENG., Illus.). 42p. (J). pap. 10.95 (978-1-951386-01-6(9)) Dorry Pr.

Henrietta Owlsworth's Eyesight Plight! Sherry a Jones. Illus. by Rosaria Vinci. 2019. (ENG.). 42p. (J). 16.95 (978-1-951386-02-3(7)) Dorry Pr.

Henrietta Paints the Sky. Jesse Liszka. Illus. by Laura Catrinella. 2020. (ENG.). 34p. (J). pap. 10.99 (978-1-7333597-1-9(0)) Liszka, Jesse.

Henrietta, the Early Bird Treasury. Syd Hoff. 2016. (ENG.). 144p. (J). (gr. k-5). pap. 14.99 (978-0-486-80025-7(3), 800253) Dover Pubns., Inc.

Henrietta's Wish; or, Domineering. Charlotte Mary Yonge. 2017. (ENG.). 292p. (J). pap. (978-3-337-07955-0(5)) Creation Pubs.

Henrietta's Wish; or Domineering: A Tale (Classic Reprint) Charlotte Mary Yonge. 2018. (ENG., Illus.). 290p. (J). 29.90 (978-0-267-18388-3(7)) Forgotten Bks.

Henriette Meets Mully. Mary Ayetey & Rachel McDonald. 2019. (ENG.). 110p. (J). 26.48 (978-1-4834-9995-6(2)); pap. 9.48 (978-1-4834-9993-2(6)) Lulu Pr., Inc.

Henrik Ibsen: An Enemy of the People the Wild Duck (Classic Reprint) William Archer. 2018. (ENG., Illus.). 478p. (J). 33.78 (978-0-365-47937-6(3)) Forgotten Bks.

Henrisone's Fabeldichtungen: Inaugural-Dissertation (Classic Reprint) Arthur Richard Diebler. 2018. (GER., Illus.). 100p. (J). 25.96 (978-0-483-24525-9(9)) Forgotten Bks.

Henry. John Brookes. Ed. by E. Rachael Hardcastle. Illus. by Natalie Stead. 2020. (ENG.). 24p. (J). (gr. k-4). pap. 6.49 (978-1-9999688-5-4(9), Curious Cat Bks.) Legacy Bound.

Henry. Valerie Vogel. 2021. 36p. (J). pap. 14.99 (978-1-0983-6773-2(1)) BookBaby.

Henry Acton, Vol. 1: And Other Tales (Classic Reprint) Louisa Sarah Sayers. (ENG., Illus.). (J). 2018. 30.21 (978-0-331-97913-8(6)); 2016. pap. 13.57 (978-1-333-72247-0(8)) Forgotten Bks.

Henry & Bea. Jessixa Bagley. 2019. (Illus.). 32p. (J). (gr. -1-3). 18.99 (978-0-8234-4284-3(5), Neal Porter Bks) Holiday Hse., Inc.

Henry & Beezus. Beverly Cleary. Illus. by Jacqueline Rogers. 2021. (Henry Huggins Ser.: 2). (ENG.). 224p. (J). (gr. 3-7). 16.99 (978-0-688-21383-1(9), HarperCollins) HarperCollins Pubs.

Henry & Beezus. Beverly Cleary. Illus. by Louis Darling. 2017. (Henry Huggins Ser.: 2). (ENG.). 176p. (J). (gr. 3-7). 16.99 (978-0-06-265236-2(2), HarperCollins) HarperCollins Pubs.

Henry & Beezus, 4 vols. Beverly Cleary. Illus. by Jacqueline Rogers. 50th anniv. ed. 2021. (Henry Huggins Ser.: 2). (ENG.). 224p. (J). (gr. 3-7). pap. 9.99 (978-0-380-70914-4(7), HarperCollins) HarperCollins Pubs.

Henry & Boo. Megan Brewis. Illus. by Megan Brewis. 2017. (Child's Play Library). (Illus.). 32p. (J). (978-1-84643-999-5(X)); pap. (978-1-84643-998-8(1)) Child's Play International Ltd.

Henry & Elliot. Colin J. Robertson. Illus. by Colin J. Robertson. 2019. (Henry & Elliot Ser.: Vol. 1). (ENG.). 40p. (J). pap. 9.95 (978-1-7322010-5-7(6), Gin & Tonic Pr.) Robertson, Colin.

Henry & Emma's Visit to the Zoological Gardens, in the Regent's Park: Interspersed with a Familiar Description of the Manners & Habits of the Animals Contained Therein; Intended As a Pleasing Companion to Juvenile Visitors of This Delightful Place Of. J. Bishop. (ENG., Illus.). (J). 2017. 24.78 (978-0-331-64873-7(3)); 2016. pap. 7.97 (978-1-334-13149-3(X)) Forgotten Bks.

Henry & Eva & the Famous People Ghosts. Andrea Portes. 2019. (ENG., Illus.). 288p. (J). (gr. 3-7). 16.99 (978-0-06-256004-9(2), HarperCollins) HarperCollins Pubs.

Henry & Friends. Cynthia Harrod-Eagles. 2020. (ENG.). 118p. (J). pap. (978-1-84396-606-7(9)) eBook Versions.

Henry & Harriett: Sniffles & Sneezes. Walker Hanson. Illus. by Avery Laughlin. 2020. (Henry & Harriett Ser.: 1). 36p. (J). pap. 17.00 (978-1-0983-4557-0(6)) BookBaby.

Henry & Hinky: Meet the Little Pirates. Judy Zummo. 2017. (ENG., Illus.). (J). pap. 12.95 (978-1-945990-10-6(4)) High Tide Pubns.

Henry & His Travelling Circus. Liz Burgess. 2022. (ENG.). 102p. (J). pap. (978-1-915045-07-2(X)) 1889 Bks.

Henry & Leo. Pamela Zagarenski. 2016. (ENG., Illus.). 40p. (J). (gr. -1-3). 17.99 (978-0-544-64811-1(0), 1621604, Clarion Bks.) HarperCollins Pubs.

Henry & Mary: A Local Tale, Illustrative of the Peculiar Habits, Customs, & Diversions of the Inhabitants of the West of Cumberland, During the Greater Part of the Eighteenth & Preceding Century (Classic Reprint) William Litt. (ENG., Illus.). (J). 2018. 194p. 27.90 (978-0-331-58706-7(8)); 2017. pap. 10.57 (978-0-259-88752-2(8)) Forgotten Bks.

Henry & Matilda's Adventure in Washington D. C. Justin Williams Pope. Illus. by Melonie Creech Wood. 2020. (ENG.). 22p. (J). pap. 8.99 (978-0-578-81351-6(3)) Pope, Justin.

Henry & Matilda's Christmas on the Farm. Justin W. Pope. Illus. by Melonie C. Wood. 2021. (ENG.). 20p. (J). pap. 8.99 (978-0-578-34039-5(9)) Pope, Justin.

Henry & Mudge the Complete Collection (Boxed Set) Henry & Mudge; Henry & Mudge in Puddle Trouble; Henry & Mudge & the Bedtime Thumps; Henry & Mudge in the Green Time; Henry & Mudge & the Happy Cat; Henry & Mudge Get the Cold Shivers; Henry & Mudge under the Yellow Moon, Etc. Cynthia Rylant. Illus. by Suçie Stevenson. ed. 2018. (Henry & Mudge Ser.). (ENG.). 1120p. (J). (gr. k-2). pap. 119.99 (978-1-5344-2713-6(9), Simon Spotlight) Simon Spotlight.

Henry & Ribsy. Beverly Cleary. Illus. by Jacqueline Rogers. 2021. (Henry Huggins Ser.: 3). (ENG.). 208p. (J). (gr. 3-7). 16.99 (978-0-688-21382-4(0), HarperCollins) HarperCollins Pubs.

Henry & Ribsy. Beverly Cleary. Illus. by Louis Darling. 2017. (Henry Huggins Ser.: 3). (ENG.). 176p. (J). (gr. 3-7). 16.99 (978-0-06-265237-9(0), HarperCollins) HarperCollins Pubs.

Henry & Ribsy. Beverly Cleary. Illus. by Jacqueline Rogers. 50th anniv. ed. 2021. (Henry Huggins Ser.: 3). (ENG.). 208p. (J). (gr. 3-7). pap. 9.99 (978-0-380-70917-5(1), HarperCollins) HarperCollins Pubs.

Henry & Ribsy 3-Book Box Set: Henry Huggins, Henry & Ribsy, Ribsy. Beverly Cleary. 2023. (Henry Huggins Ser.). (ENG.). 656p. (J). (gr. 3-7). pap. 23.97 (978-0-06-236063-2(9), HarperCollins) HarperCollins Pubs.

Henry & the Chalk Dragon: Curriculum Guide. Jennifer Trafton. 2017. (ENG., Illus.). 20p. (J). (gr. 3-6). pap. 15.00 (978-1-7326910-0-1(2)) Rabbit Room Pr.

Henry & the Clubhouse. Beverly Cleary. Illus. by Jacqueline Rogers. 2021. (Henry Huggins Ser.: 5). (ENG.). 224p. (J). (gr. 3-7). 16.99 (978-0-688-21381-7(2)); pap. 7.99 (978-0-380-70915-1(5)) HarperCollins Pubs. (HarperCollins).

Henry & the Clubhouse. Beverly Cleary. Illus. by Louis Darling. 2017. (Henry Huggins Ser.: 5). (ENG.). 176p. (J). (gr. 3-7). 16.99 (978-0-06-265239-3(7), HarperCollins) HarperCollins Pubs.

Henry & the Hiccups. Marie Marcusen. 2021. (ENG.). 36p. (J). pap. 13.00 (978-1-0879-0085-8(9)) Indy Pub.

Henry & the Huckleberries: A Visit with Mr. Thoreau at Walden Pond. Sally Sanford. Illus. by Ilse Plume. 2017. (ENG.). 32p. (J). (gr. -1-3). 17.99 (978-1-63226-076-5(X), Prospecta Pr.) Easton Studio Pr., LLC.

Henry & the Paper Route. Beverly Cleary. Illus. by Jacqueline Rogers. 2021. (Henry Huggins Ser.: 4). (ENG.). 224p. (J). (gr. 3-7). 16.99 (978-0-688-21380-0(4), HarperCollins) HarperCollins Pubs.

Henry & the Paper Route. Beverly Cleary. Illus. by Louis Darling. 2017. (Henry Huggins Ser.: 4). (ENG.). 176p. (J). (gr. 3-7). 16.99 (978-0-06-265238-6(9), HarperCollins) HarperCollins Pubs.

Henry & the Paper Route. Beverly Cleary. Illus. by Jacqueline Rogers. 2021. (Henry Huggins Ser.: 4). (ENG.). 224p. (J). (gr. 3-7). reprint ed. pap. 8.99 (978-0-380-70921-2(X), HarperCollins) HarperCollins Pubs.

Henry & the Super Chillies. Miriam Jans. Illus. by Antonella Canavese. 2018. (Animal Alliance Ser.: Vol. 1). (ENG.). 36p. (J). pap. (978-0-6484063-0-3(X)) Bellybutton Bks.

Henry & the Wonders of the World. Susanna Talanca. Illus. by Tyra Schad. 2022. (ENG.). 24p. (J). (978-1-0391-3009-8(7)); pap. (978-1-0391-3008-1(9)) FriesenPress.

Henry at Home. Megan Maynor. Illus. by Alea Marley. 2021. (ENG.). 40p. (J). (gr. -1-3). 17.99 (978-1-328-91675-4(8), 1702236, Clarion Bks.) HarperCollins Pubs.

Henry at Home F&g. Maynor. 2021. (ENG.). (J). 17.99 (978-1-328-91676-1(6), HarperCollins) HarperCollins Pubs.

Henry Babysits. Robert Quackenbush. Illus. by Robert Quackenbush. 2020. (Henry Duck Ser.). (ENG., Illus.). 48p. (J). (gr. -1-3). 17.99 (978-1-5344-1543-0(2), Aladdin) Simon & Schuster Children's Publishing.

Henry Baker. Nicky Moxey. Illus. by Fiona Moxey. 2019. (ENG.). 198p. (J). pap. (978-1-9997832-6-6(3)) Dodnash Bks.

Henry Bear. Julieann Wallace. Illus. by Claire Wallace. 2022. (ENG.). 52p. (J). (978-0-6451581-1-3(9)) Lilly Pilly Publishing.

Henry Benett & the Hidden Book of Magic: Part 2 - More Magical Secrets. K. J. Howard. Illus. by Molly Howard. 2016. (ENG.). (J). pap. (978-0-9946205-6-9(X)) Lilly Pilly Publishing.

Henry Benett & the Hidden Book of Magic: Part 2 More Magical Secrets. Katie J. Howard. 2020. (ENG.). 142p. (J). pap. 9.99 (978-0-6450112-1-0(5)) AJ Publishing.

Henry Benett & the Hidden Book of Magic: Part 3 the Final Secret. Katie J. Howard. 2020. (ENG.). 178p. (J). pap. 9.99 (978-0-6450112-2-7(3)) AJ Publishing.

Henry Bourland: The Passing of the Cavalier (Classic Reprint) Albert Elmer Hancock. 2018. (ENG., Illus.). 446p. (J). 33.10 (978-0-483-49179-3(9)) Forgotten Bks.

Henry, Breaking the Pattern. P. D. Workman. 2022. (ENG.). (YA). 244p. (978-1-77468-202-9(8)); 274p. pap. (978-1-77468-201-2(X)); 576p. (978-1-77468-203-6(6)) PD Workman.

Henry Breaks the Universe: Toothbrush Trouble. Bud Hasert. Ed. by Alexandra Hasert. 2020. (Henry Breaks the Universe Ser.: Vol. 1). (ENG.). 26p. (J). pap. 9.99 (978-0-578-67978-5(7)) Southampton Publishing.

Henry Builds a Cabin. D. B. Johnson. 2019. (Henry Book Ser.). (ENG., Illus.). 32p. (J). (gr. -1-3). pap. 7.99 (978-0-358-11202-0(8), 1749849, Clarion Bks.) HarperCollins Pubs.

Henry Climbs a Mountain. D. B. Johnson. 2019. (Henry Book Ser.). (ENG., Illus.). 32p. (J). (gr. -1-3). pap. 7.99 (978-0-358-11205-1(2), 1749851, Clarion Bks.) HarperCollins Pubs.

Henry David Thoreau: Author of Civil Disobedience. Heather Moore Niver. 2017. (Spotlight on Civic Courage: Heroes of Conscience Ser.). 48p. (J). (gr. 10-15). 70.50 (978-1-5383-8113-7(3)); (ENG.). (gr. 6-6). pap. 12.75 (978-1-5383-8112-0(5), 7c10f464-f9db-4f25-8dab-18c09483a071) Rosen Publishing Group, Inc., The. (Rosen Young Adult).

Henry David Thoreau: Civil Disobedience, 1 vol. Derek Miller. 2017. (Peaceful Protesters Ser.). (ENG.). 112p. (YA). (gr. 9-9). 44.50 (978-1-5026-3112-1(1), 4b717c79-3772-4863-b139-314149e81f94); pap. 20.99 (978-1-5026-3394-1(9), 76a179c1-ef69-4873-9b81-1b0d2136d836) Cavendish Square Publishing LLC.

Henry David Thoreau: Writer of the Transcendentalist Movement, 1 vol. Andrew Coddington. 2016. (Great American Thinkers Ser.). (ENG.). 128p. (YA). (gr. 9-9). 47.36 (978-1-5026-1928-0(8), c7412a25-5d57-4984-96fe-10de8f021b02) Cavendish Square Publishing LLC.

Henry David Thoreau for Kids: His Life & Ideas, with 21 Activities. Corinne Hosfeld Smith. 2016. (For Kids Ser.: 64). (ENG., Illus.). 128p. (J). (gr. 4). pap. 16.95 (978-1-61373-146-8(9)) Chicago Review Pr., Inc.

Henry de Pomeroy or, the Eve of St. John: A Legend of Cornwall & Devon; Also, the White Rose: a Domestic Talk (Classic Reprint) Bray. (ENG., Illus.). (J). 2018. 378p. 31.71 (978-0-332-47223-2(X)); 2017. pap. 16.57 (978-0-243-87954-0(7)) Forgotten Bks.

Henry de Pomeroy, or the Eve of St. John, Vol. 1 Of 3: A Legend of Cornwall & Devon (Classic Reprint) Anna Eliza (Kempe) Stothard Bray. 2018. (ENG., Illus.). 282p. (J). 29.71 (978-0-483-34726-7(4)) Forgotten Bks.

Henry de Pomeroy, or the Eve of St. John, Vol. 2 Of 3: A Legend of Cornwall & Devon (Classic Reprint) Anna Eliza (Kempe) Stothard Bray. 2018. (ENG., Illus.). 298p. (J). 30.04 (978-0-483-62246-3(X)) Forgotten Bks.

Henry de Pomeroy, or the Eve of St. John, Vol. 3 Of 3: A Legend of Cornwall & Devon (Classic Reprint) Anna Eliza (Kempe) Stothard Bray. 2018. (ENG., Illus.). 302p. (J). 30.15 (978-0-483-92922-7(0)) Forgotten Bks.

Henry Devoren & the Ancient Pearl. Aarav Patel. 2017. (ENG.). 32p. (J). pap. (978-1-387-16790-6(1)) Lulu Pr., Inc.

Henry Dunbar, Vol. 1 Of 3: The Story of an Outcast (Classic Reprint) M. E. Braddon. 2018. (ENG., Illus.). 318p. (J). 30.46 (978-0-484-89537-8(0)) Forgotten Bks.

Henry Dunbar, Vol. 2 Of 3: The Story of an Outcast (Classic Reprint) Mary Elizabeth Braddon. 2018. (ENG., Illus.). 340p. (J). 30.95 (978-0-484-40477-8(6)) Forgotten Bks.

Henry Dunbar, Vol. 3 Of 3: The Story of an Outcast (Classic Reprint) Mary Elizabeth Braddon. (ENG., Illus.). (J). 2018. 286p. 29.80 (978-0-332-83065-0(9)); 2016. pap. 13.57 (978-1-333-46840-8(7)) Forgotten Bks.

Henry el Astronauta. Jonna Amato Ocampo. 2020. (SPA.). 40p. (YA). pap. 14.95 (978-1-64764-927-2(7)) Waldorf Publishing.

Henry Flick the Human Stick Helps Carry the Load. Will Wardlaw. 2022. (ENG.). 32p. (J). pap. 17.95 (978-1-63710-886-4(9)) Fulton Bks.

Henry Ford. Emily James. 2017. (Great Scientists & Inventors Ser.). (ENG., Illus.). 24p. (J). (gr. -1-2). lib. bdg. 27.32 (978-1-5157-3880-0(9), 133783, Capstone Pr.) Capstone.

Henry Ford. Jennifer Strand. 2016. (Incredible Inventors Ser.). (ENG., Illus.). 24p. (J). (gr. -1-2). 49.94 (978-1-68079-398-7(5), 23019, Abdo Zoom-Launch) ABDO Publishing Co.

Henry Ford: A 4D Book. Lisa M. Bolt Simons. 2018. (STEM Scientists & Inventors Ser.). (ENG., Illus.). 24p. (J). (gr. 1-3). lib. bdg. 27.99 (978-1-5435-2771-1(X), 138221, Capstone Pr.) Capstone.

Henry Ford: Assembly Line & Automobile Pioneer, 1 vol. Gerry Boehme. 2019. (Great American Entrepreneurs Ser.). (ENG.). 128p. (gr. 9-9). pap. 22.16 (978-1-5026-4533-3(5), 7b1faaee-ea58-42c4-9b9d-68b76396d37e) Cavendish Square Publishing LLC.

Henry Ford: Automotive Innovator (Rookie Biographies) (Library Edition) Wil Mara. 2017. (Rookie Biographies Ser.). (ENG.). 32p. (J). (gr. 1-2). lib. bdg. 25.00 (978-0-531-23225-5(5), Children's Pr.) Scholastic Library Publishing.

Henry Ford for Kids: His Life & Ideas, with 21 Activities. Ronald A. Reis. 2016. (For Kids Ser.: 61). (ENG., Illus.). 144p. (J). (gr. 4). pap. 16.95 (978-1-61373-090-4(X)) Chicago Review Pr., Inc.

Henry Ford Made Better Cars the Industrial Revolution in America Grade 6 Children's Biographies. Dissected Lives. 2022. (ENG.). 74p. (J). 31.99 (978-1-5419-7352-7(6)); pap. 20.99 (978-1-5419-5490-8(4)) Speedy Publishing LLC. (Dissected Lives (Auto Biographies)).

Henry Gets in Shape. Robert Quackenbush. Illus. by Robert Quackenbush. 2021. (Henry Duck Ser.). (ENG., Illus.). 48p. (J). (gr. -1-3). 17.99 (978-1-5344-1562-1(9), Aladdin) Simon & Schuster Children's Publishing.

Henry Goes to School: A Book about School Community. Meg Gaertner. 2018. (My Day Readers Ser.). (ENG.). 24p. (J). (gr. -1-2). lib. bdg. 32.79 (978-1-5038-2755-4(0), 212579) Child's World, Inc, The.

Henry Goes West. Robert Quackenbush. Illus. by Robert Quackenbush. (Henry Duck Ser.). (ENG., Illus.). 48p. (J). (gr. -1-3). 2022. 8.99 (978-1-5344-1538-6(6)); 2018. 16.99 (978-1-5344-1537-9(8)) Simon & Schuster Children's Publishing. (Aladdin).

Henry Hamster Esquire. Ben Nuttall-Smith. 2018. (ENG., Illus.). 40p. (J). pap. (978-1-988739-07-6(1)) Rutherford Pr.

Henry Has No Manners. Lisa Omeis. Illus. by Kristina Ciaccio. 2020. (ENG.). 24p. (J). pap. 14.99 (978-1-6629-0759-3(1)) Gatekeeper Pr.

Henry Hates Halloween. Samantha Ryan. Illus. by Brittany Wardlow. 2022. (ENG.). 34p. (J). 24.99 (978-1-0879-9566-3(3)) Indy Pub.

Henry Heckelbeck 4 Books In 1! Henry Heckelbeck Gets a Dragon; Henry Heckelbeck Never Cheats; Henry Heckelbeck & the Haunted Hideout; Henry Heckelbeck Spells Trouble. Wanda Coven. Illus. by Priscilla Burris. 2021. (Henry Heckelbeck Ser.). (ENG.). 496p. (J). (gr. k-4). 14.99 (978-1-6659-0707-1(X), Little Simon) Little Simon.

Henry Heckelbeck & the Car Derby, 5. Wanda Coven. ed. 2021. (Henry Heckelbeck Ser.). (ENG., Illus.). 119p. (J). (gr. 2-3). 16.46 (978-1-64697-843-4(9)) Penworthy Co., LLC, The.

Henry Heckelbeck & the Great Frog Escape. Wanda Coven. Illus. by Priscilla Burris. 2022. (Henry Heckelbeck Ser.: 11). (ENG.). 128p. (J). (gr. k-4). 17.99 (978-1-6659-3371-1(2)); pap. 6.99 (978-1-6659-3370-4(4)) Little Simon. (Little Simon).

Henry Heckelbeck & the Haunted Hideout. Wanda Coven. Illus. by Priscilla Burris. 2020. (Henry Heckelbeck Ser.: 3). (ENG.). 128p. (J). (gr. k-4). 17.99 (978-1-5344-6117-8(5)); pap. 6.99 (978-1-5344-6116-1(7)) Little Simon. (Little Simon).

Henry Heckelbeck & the Haunted Hideout, 3. Wanda Coven. ed. 2021. (Henry Heckelbeck Ser.). (ENG., Illus.). 118p. (J). (gr. 2-3). 16.46 (978-1-64697-844-1(7)) Penworthy Co., LLC, The.

Henry Heckelbeck & the High-Dive Dare. Wanda Coven. Illus. by Priscilla Burris. 2023. (Henry Heckelbeck Ser.: 12). (ENG.). 128p. (J). (gr. k-4). 17.99 (978-1-6659-3374-2(7)); pap. 6.99 (978-1-6659-3373-5(9)) Little Simon. (Little Simon).

Henry Heckelbeck & the Race Car Derby. Wanda Coven. Illus. by Priscilla Burris. 2021. (Henry Heckelbeck Ser.: 5). (ENG.). 128p. (J). (gr. -1-4). 17.99 (978-1-5344-8631-7(3)); pap. 5.99 (978-1-5344-8630-0(5)) Little Simon. (Little Simon).

Henry Heckelbeck Breaks a Leg. Wanda Coven. Illus. by Priscilla Burris. 2023. (Henry Heckelbeck Ser.: 13). (ENG.). 128p. (J). (gr. k-4). 17.99 (978-1-6659-3377-3(1)); pap. 6.99 (978-1-6659-3376-6(3)) Little Simon. (Little Simon).

Henry Heckelbeck Builds a Robot. Wanda Coven. Illus. by Priscilla Burris. 2022. (Henry Heckelbeck Ser.: 8). (ENG.). 128p. (J). (gr. k-4). 17.99 (978-1-6659-1138-2(7)); pap. 5.99 (978-1-6659-1137-5(9)) Little Simon. (Little Simon).

Henry Heckelbeck Chills Out. Wanda Coven. Illus. by Priscilla Burris. 2022. (Henry Heckelbeck Ser.: 10). (ENG.). 128p. (J). (gr. k-4). 17.99 (978-1-6659-1144-3(1)); pap. 6.99 (978-1-6659-1143-6(3)) Little Simon. (Little Simon).

Henry Heckelbeck Collection #2 (Boxed Set) Henry Heckelbeck & the Race Car Derby; Henry Heckelbeck Dinosaur Hunter; Henry Heckelbeck Spy vs. Spy; Henry Heckelbeck Builds a Robot. Wanda Coven. Illus. by Priscilla Burris. ed. 2023. (Henry Heckelbeck Ser.). (ENG.). 512p. (J). (gr. k-4). pap. 27.99 (978-1-6659-2727-7(5), Little Simon) Little Simon.

Henry Heckelbeck Collection (Boxed Set) Henry Heckelbeck Gets a Dragon; Henry Heckelbeck Never Cheats; Henry Heckelbeck & the Haunted Hideout; Henry Heckelbeck Spells Trouble. Wanda Coven. Illus. by Priscilla Burris. ed. 2020. (Henry Heckelbeck Ser.). (ENG.). 512p. (J). (gr. -1-4). pap. 23.99 (978-1-5344-6907-5(9), Little Simon) Little Simon.

Henry Heckelbeck Dinosaur Hunter. Wanda Coven. Illus. by Priscilla Burris. 2021. (Henry Heckelbeck Ser.: 6). (ENG.). 128p. (J). (gr. 1-4). 17.99 (978-1-5344-8634-8(8)); pap. 5.99 (978-1-5344-8633-1(X)) Little Simon. (Little Simon).

Henry Heckelbeck Gets a Dragon. Wanda Coven. Illus. by Priscilla Burris. 2019. (Henry Heckelbeck Ser.: 1). (ENG.). 128p. (J). (gr. k-4). 17.99 (978-1-5344-6104-8(3)); pap. 5.99 (978-1-5344-6103-1(5)) Little Simon. (Little Simon).

Henry Heckelbeck Gets a Dragon #1, 1. Wanda Coven. ed. 2020. (Henry Heckelbeck Ser.). (ENG.). 119p. (J). (gr. 2-3). 15.96 (978-1-64697-309-5(7)) Penworthy Co., LLC, The.

Henry Heckelbeck Is Out of This World. Wanda Coven. Illus. by Priscilla Burris. 2022. (Henry Heckelbeck Ser.: 9). (ENG.). 128p. (J). (gr. k-4). 17.99 (978-1-6659-1141-2(7)); pap. 6.99 (978-1-6659-1140-5(9)) Little Simon. (Little Simon).

Henry Heckelbeck Never Cheats. Wanda Coven. Illus. by Priscilla Burris. 2019. (Henry Heckelbeck Ser.: 2). (ENG.). 128p. (J). (gr. k-4). 16.99 (978-1-5344-6107-9(8)); pap. 6.99 (978-1-5344-6106-2(X)) Little Simon. (Little Simon).

Henry Heckelbeck Never Cheats, 2. Wanda Coven. ed. 2020. (Henry Heckelbeck Ser.). (ENG.). 116p. (J). (gr. 2-3). 15.96 (978-1-64697-310-1(0)) Penworthy Co., LLC, The.

Henry Heckelbeck Spells Trouble. Wanda Coven. Illus. by Priscilla Burris. 2020. (Henry Heckelbeck Ser.: 4). (ENG.). 128p. (J). (gr. k-4). 17.99 (978-1-5344-6120-8(5)); pap. 6.99 (978-1-5344-6119-2(1)) Little Simon. (Little Simon).

Henry Heckelbeck Spells Trouble, 4. Wanda Coven. ed. 2021. (Henry Heckelbeck Ser.). (ENG., Illus.). 118p. (J). (gr. 2-3). 16.46 (978-1-64697-845-8(5)) Penworthy Co., LLC, The.

Henry Hollers. Tracilyn George. 2020. (ENG.). 22p. (J). pap. 11.00 (978-1-990153-10-5(0)) Lulu Pr., Inc.

Henry Hollers. Tracilyn George. Illus. by Aria Jones. 2020. (ENG.). 24p. (J). pap. 17.14 (978-1-716-61599-3(2)) Lulu Pr., Inc.

Henry Hollers. Tracilyn George. 2020. (ENG.). 24p. (J). pap. 11.32 (978-1-716-03760-3(3)) Lulu Pr., Inc.

Henry Hooper Leaves the Farm: A Field Mouse Story. Rolla Donaghy. 2017. (ENG., Illus.). (J). (gr. k-2). pap. 11.95 (978-1-63492-447-4(9)) Booklocker.com, Inc.

Henry Hudson. Stephen Krensky. 2023. (Great Explorers Ser.). (ENG.). 32p. (J). (gr. 3-6). pap. (978-1-0398-0073-1(4), 32894); lib. bdg. (978-1-0398-0014-4(9), 32893) Crabtree Publishing Co.

Henry Hudson, 1 vol. Henrietta Toth. 2016. (Spotlight on Explorers & Colonization Ser.). (ENG.). 48p. (J). (gr. 6-6). pap. 12.75 (978-1-5081-7222-2(6), fe67a356-e2f0-424f-8bc7-012247b161a5) Rosen Publishing Group, Inc., The.

Henry Hudson: An Explorer of the Northwest Passage. Amie Hazelton. 2017. (World Explorers Ser.). (ENG., Illus.). 32p. (J). (gr. 3-6). lib. bdg. 27.99 (978-1-5157-4205-0(9), 133972, Capstone Pr.) Capstone.

Henry Hudson & the Murderous Arctic Mutiny. John Micklos Jr. Illus. by Martin Bustamante. 2023. (Deadly Expeditions Ser.). (ENG.). 32p. (J). 36.65 (978-1-6663-9054-4(2), 243685); pap. 7.99 (978-1-6663-9049-0(6), 243680) Capstone. (Capstone Pr.).

Henry Huggins. Beverly Cleary. Illus. by Jacqueline Rogers. 2021. (Henry Huggins Ser.: 1). (ENG.). 208p. (J). (gr. 3-7). 16.99 (978-0-688-21385-5(5), HarperCollins) HarperCollins Pubs.

H

Henry Huggins. Beverly Cleary. Illus. by Louis Darling. 2017. (Henry Huggins Ser.: 1). (ENG.). 160p. (J). (gr. 3-7). 16.99 *(978-0-06-265235-5(4)*, HarperCollins) HarperCollins Pubs.

Henry Huggins. Beverly Cleary. Illus. by Jacqueline Rogers. 50th anniv. ed. 2021. (Henry Huggins Ser.: 1). (ENG.). 208p. (J). (gr. 3-7). pap. 9.99 *(978-0-380-70912-0(0)*, HarperCollins) HarperCollins Pubs.

Henry Huggins Novel Units Teacher Guide. Novel Units. 2019. (ENG.). (J). pap. 12.99 *(978-1-56137-601-8(9)*, Novel Units, Inc.) Classroom Library Co.

Henry Hugglemonster: The Huggleball Game. Bill Scollon & Kent Redeker. Illus. by Premise Entertainment. 2018. (World of Reading Level Pre-1 (Leveled Readers) Ser.). (ENG.). 32p. (J). (gr. -1-2). lib. bdg. 31.36 *(978-1-5321-4179-9(3)*, 28526) Spotlight.

Henry Hugglemonster: Snow Day. Bill Scollon & Colm Tyrrell. Illus. by Premise Entertainment. 2018. (World of Reading Level Pre-1 (Leveled Readers) Ser.). (ENG.). 32p. (J). (gr. -1-2). lib. bdg. 31.36 *(978-1-5321-4180-5(7)*, 31061) Spotlight.

Henry Hunter & the Beast of Snagov: Henry Hunter Series #1. John Matthews. 2016. (Henry Hunter Ser.). (ENG., Illus.). 240p. (J). (gr. 2-7). 15.99 *(978-1-5107-1038-2(8)*, Sky Pony Pr.) Skyhorse Publishing Co., Inc.

Henry Hunter & the Cursed Pirates: Henry Hunter Series #2. John Matthews. 2017. (Henry Hunter Ser.). (ENG., Illus.). 240p. (J). (gr. 2-7). 15.99 *(978-1-5107-1039-9(6)*, Sky Pony Pr.) Skyhorse Publishing Co., Inc.

Henry I Love You All Ways. Marianne Richmond. Illus. by Dubravka Kolanovic. 2023. (I Love You All Ways Ser.). (ENG.). 32p. (J). (gr. -1-3). 8.99 ***(978-1-7282-7369-3(2))*** Sourcebooks, Inc.

Henry in the War: Or the Model Volunteer (Classic Reprint) Oliver Otis Howard. 2018. (ENG., Illus.). 272p. (J). 29.51 *(978-0-267-81970-6(6))* Forgotten Bks.

Henry Irving (Classic Reprint) Mortimer Menpes. 2018. (ENG., Illus.). 86p. (J). 25.67 *(978-0-483-10089-3(7))* Forgotten Bks.

Henry Is Kind: A Story of Mindfulness. Linda Ryden. Illus. by Shearry Malone. (Henry & Friends Mindfulness Ser.: 0). (ENG.). 36p. (J). (gr. k-5). 2023. pap. 9.95 ***(978-0-88448-662-6(1)***, 884662); 2018. 16.95 *(978-0-88448-661-9(3)*, 884661) Tilbury Hse. Pubs.

Henry Is Twenty, Vol. 1: A Further Episodic History of Henry Calverly, 3rd (Classic Reprint) Samuel Merwin. 2018. (ENG., Illus.). 296p. (J). 30.00 *(978-0-428-86554-2(2))* Forgotten Bks.

Henry IV, Part 1. William Shakespeare. 2021. (ENG.). 116p. (YA). pap. 6.99 *(978-1-4209-7583-3(8))* Digireads.com Publishing.

Henry John Heinz: Ketchup Developer. Heather C. Hudak. 2017. (Food Dudes Set 3 Ser.). (ENG., Illus.). 32p. (J). (gr. 3-6). lib. bdg. 32.79 *(978-1-5321-1081-8(2)*, 25738, Checkerboard Library) ABDO Publishing Co.

Henry Johnson & the Harlem Hellfighters. Hjcs Scholars. 2019. (ENG.). 36p. (J). pap. *(978-0-359-68854-8(3))* Lulu Pr., Inc.

Henry Kempton (Classic Reprint) Evelyn Brentwood. (ENG., Illus.). (J). 2018. 336p. 30.83 *(978-1-396-82855-3(9))*; 2018. 338p. pap. 13.57 *(978-1-396-82853-9(2))*; 2018. 352p. 31.16 *(978-0-332-79763-2(5))*; 2017. pap. 13.57 *(978-0-243-52078-7(6))* Forgotten Bks.

Henry Langdon: A Tale (Classic Reprint) Louisa Payson Hopkins. 2017. (ENG., Illus.). (J). 26.87 *(978-1-5279-7077-9(9))* Forgotten Bks.

Henry Lightner & the Birth of the Star-Spangled Banner. Kelly Rees. 2022. (ENG.). 96p. (J). pap. 9.95 *(978-1-948901-75-8(7)*, Joey Bks.) Acclaim Pr., Inc.

Henry Loves Hills. Patrick E. Brennan. Illus. by Daniel G. Butler. 2016. (ENG.). 24p. (J). (gr. k-5). 19.99 *(978-0-578-16978-1(9))* Olive & Ink.

Henry Loves Hills. Patrick E. Brennan. Illus. by Daniel Butler. 2016. (ENG.). 24p. (J). (gr. k-5). pap. 17.99 *(978-0-692-76882-2(3))* Olive & Ink.

Henry Masterton, or the Adventures of a Young Cavalier, Vol. 1 of 2 (Classic Reprint) George Payne Rainsford James. (ENG., Illus.). (J). 2018. 280p. 29.67 *(978-0-483-50079-2(8))*; 2017. pap. 13.57 *(978-0-243-07068-8(3))* Forgotten Bks.

Henry Masterton, or the Adventures of a Young Cavalier, Vol. 2 of 3 (Classic Reprint) George Payne Rainsford James. (ENG., Illus.). (J). 2018. 358p. 31.28 *(978-0-484-75953-3(1))*; 2016. pap. 13.97 *(978-1-333-26228-0(0))* Forgotten Bks.

Henry Masterton, Vol. 1 Of 3: Or the Adventures of a Young Cavalier (Classic Reprint) George Payne Rainsford James. 2018. (ENG., Illus.). 330p. (J). 30.70 *(978-0-332-30751-0(4))* Forgotten Bks.

Henry Morgan: Feared Buccaneer of the New World. Blake Hoena. Illus. by Tate Yotter. 2020. (Pirate Tales Ser.). (ENG.). 24p. (J). (gr. 3-8). pap. 8.99 *(978-1-68103-842-1(0)*, 12931); lib. bdg. 29.95 *(978-1-64487-303-8(6))* Bellwether Media. (Black Sheep).

Henry Morris, or Living for an Object (Classic Reprint) American Sunday School Union. (ENG., Illus.). (J). 2018. 212p. 28.29 *(978-0-364-21695-8(6))*; 2017. pap. 10.97 *(978-0-259-52947-7(8))* Forgotten Bks.

Henry Morton or the Twin Brothers: A Drama in Four Acts (Classic Reprint) G. Bernard. (ENG., Illus.). (J). 2018. 38p. 24.70 *(978-0-483-70737-5(6))*; 2016. pap. 7.97 *(978-1-334-13580-4(0))* Forgotten Bks.

Henry Mozzarella & the Case of the Missing Diamonds. Lorraine Loria. Illus. by Bonnie Spino. 2020. (ENG.). 40p. (J). 20.99 *(978-0-9881889-7-6(X))* Piccolo Tales.

Henry Northcote (Classic Reprint) J. C. Snaith. 2018. (ENG., Illus.). 390p. (J). 31.94 *(978-0-666-47397-4(8))* Forgotten Bks.

Henry of Guise, or the States of Blois (Classic Reprint) George Payne Rainsford James. 2018. (ENG., Illus.). 442p. (J). 33.12 *(978-0-332-54266-9(1))* Forgotten Bks.

Henry of Guise or the States of Blois, Vol. 1 of 3 (Classic Reprint) George Payne Rainsford James. 2018. (ENG., Illus.). 336p. (J). 30.85 *(978-0-483-31153-4(7))* Forgotten Bks.

Henry of Guise or the States of Blois, Vol. 3 of 3 (Classic Reprint) George Payne Rainsford James. 2018. (ENG., Illus.). 386p. (J). 31.88 *(978-0-483-90319-7(1))* Forgotten Bks.

Henry of Navarre, Ohio (Classic Reprint) Holworthy Hall Century Company. 2018. (ENG., Illus.). 204p. (J). 28.10 *(978-0-365-45728-2(0))* Forgotten Bks.

Henry on the North Pole Express. J. D. Green. Illus. by Joanne Partis. 2022. (North Pole Express Bears Ser.). (ENG.). 32p. (J). (gr. -1-3). 7.99 ***(978-1-7282-6942-9(3))*** Sourcebooks, Inc.

Henry on the North Pole Express. J. D. Green. 2019. (North Pole Express Ser.). (ENG.). 32p. (J). (gr. -1-3). 7.99 ***(978-1-7282-0341-6(4))*** Sourcebooks, Inc.

Henry Ossawa Tanner: Landscape Painter & Expatriate, 1 vol. Charlotte Etinde-Crompton & Samuel Willard Crompton. 2019. (Celebrating Black Artists Ser.). (ENG.). 104p. (gr. 7-7). 38.93 *(978-1-9785-0362-5(8)*, 4e0bcabe-039c-471f-8dcc-16bc7a958958) Enslow Publishing, LLC.

Henry Pumpkin Wants to Be a Basketball. Jen Selinsky. Illus. by Jonathan Willis. 2020. (ENG.). 32p. (J). pap. 13.99 *(978-1-952894-16-9(6))* Pen It Pubns.

Henry Santa's Secret Elf. Put Me In The Story & Katherine Sully. Illus. by Julia Seal. 2018. (Santa's Secret Elf Ser.). (ENG.). 32p. (J). (gr. k-3). 5.99 *(978-1-4926-8146-5(6))* Sourcebooks, Inc.

Henry Saves Christmas; a WWII Story. Dorothy Grace. 2022. (ENG.). 28p. (J). 25.95 ***(978-1-68526-097-2(7))*** Covenant Bks.

Henry Smeaton, Vol. 1 Of 3: A Jacobite Story of the Reign of George the First (Classic Reprint) G. P. R. James. 2016. (ENG., Illus.). (J). pap. 13.97 *(978-1-333-56993-8(9))* Forgotten Bks.

Henry Smeaton, Vol. 1 Of 3: A Jacobite Story of the Reign of George the First (Classic Reprint) George Payne Rainsford James. 2018. (ENG., Illus.). 366p. (J). 31.47 *(978-0-332-56696-2(X))* Forgotten Bks.

Henry Smeaton, Vol. 2 Of 3: A Jacobite Story of the Reign of George the First (Classic Reprint) G. P. R. James. 2017. (ENG., Illus.). (J). 31.24 *(978-1-5280-6559-7(X))* Forgotten Bks.

Henry St. John, Gentleman, of Flower of Hundreds, in the County of Prince George, Virginia: A Tale of 1774-75 (Classic Reprint) John Esten Cooke. 2018. (ENG., Illus.). 504p. (J). 33.88 *(978-0-666-81757-0(X))* Forgotten Bks.

Henry T Dalrymple & the Golden Eye of Huni. Christine Cuneo. 2016. (ENG., Illus.). (J). pap. 12.95 *(978-1-925529-65-4(7))* MoshPit Publishing AUS. Dist: Lightning Source Australia Pty Ltd.

Henry the Canada Goose. Jeanne Reinhardt Doob. Illus. by Ari Elsammak. 2019. (ENG.). 66p. (J). 19.95 *(978-0-578-44964-7(1))* Doob, Jeanne Reinhardt.

Henry the Cat: The Life & Times of Birdie Mae Hayes #2. Jeri Anne Agee. Illus. by Bryan Langdo. 2018. (Life & Times of Birdie Mae Hayes Ser.: 2). (ENG.). 104p. (J). (gr. 2-5). pap. 4.99 *(978-1-5107-2456-3(7)*, Sky Pony Pr.) Skyhorse Publishing Co., Inc.

Henry the Cat: The Life & Times of Birdie Mae Hayes #2. Jeri Anne Agee. Illus. by Bryan Langdo. 2018. (Life & Times of Birdie Mae Hayes Ser.: 2). (ENG.). 104p. (J). (gr. 2-5). 13.99 *(978-1-5107-2455-6(9)*, Sky Pony Pr.) Skyhorse Publishing Co., Inc.

Henry the Dog Who Became a Hero. Cathy Fragale. 2023. (ENG.). 38p. (J). 17.95 ***(978-1-63755-395-4(1)***, Mascot Kids) Amplify Publishing Group.

Henry the Hamster's Night at the Library. Nicole A. Jones. 2017. (ENG., Illus.). (J). (gr. k-5). pap. 10.00 *(978-0-9989163-6-1(6))* EnProse Bks.

Henry the Hedgegnome & the Birthday Socks. Richard Heddington. Illus. by Richard Heddington. 2016. (Hedgegnomes Ser.: Vol. 2). (ENG., Illus.). (J). pap. *(978-0-9934827-2-4(4))* Hedsite Pr.

Henry the Hedgegnome & the Forgetful Fairy. Richard Heddington. Illus. by Richard Heddington. 2019. (Hedgegnomes Ser.: Vol. 6). (ENG., Illus.). 32p. (J). pap. *(978-0-9934827-8-6(3))* Hedsite Pr.

Henry the Hedgegnome & the Poo at the Zoo. Richard Heddington. Illus. by Richard Heddington. 2021. (ENG.). 34p. (J). pap. *(978-1-8383772-0-5(4))* Hedsite Pr.

Henry the Hedgegnome the Unfunny Clown. Richard Heddington. Illus. by Richard Heddington. 2017. (Hedgegnomes Ser.: Vol. 4). (ENG., Illus.). (J). pap. *(978-0-9934827-6-2(7))* Hedsite Pr.

Henry the Hedgegnome's Horrendous Holidays. Richard Heddington. Illus. by Richard Heddington. 2020. (Hedgegnomes Ser.: Vol. 7). (ENG.). 32p. (J). pap. *(978-0-9934827-9-3(1))* Hedsite Pr.

Henry the Hedgehog. Caroline Manning. 2021. (ENG.). 24p. (J). pap. *(978-1-83975-526-2(1))* Grosvenor Hse. Publishing Ltd.

Henry the Hippo & the Hairy Situation. Kate Curit. 2020. (ENG.). 42p. (J). 22.99 *(978-1-952011-92-4(2))*; (Illus.). pap. 14.99 *(978-1-952011-93-1(0))* Pen It Pubns.

Henry the Hound Knocks Grandma Down. Cindy Roderick. 2020. (ENG., Illus.). 32p. (J). 23.00 *(978-1-64610-339-3(4)*, RoseDog Bks.) Dorrance Publishing Co., Inc.

Henry the Lonely Donkey. Cathy Bates. 2020. (ENG.). 30p. (J). 23.95 *(978-1-64468-340-8(7))*; pap. 13.95 *(978-1-64468-339-2(3))* Covenant Bks.

Henry the Manatee. Claire Lawrence. 2016. (ENG.). (J). 14.95 *(978-1-63177-913-8(3))* Amplify Publishing Group.

Henry the Naughty Raven Stories. Lesley York. 2020. (ENG.). 78p. (J). pap. *(978-1-78830-503-7(5))* Olympia Publishers.

Henry the Steinway & the Piano Recital. Sally Coveleskie & Peter Goodrich. Illus. by Laura Friedman. 2021. (ENG.). 32p. (J). (gr. 2-4). 17.95 *(978-1-62277-508-8(2))* G I A Pubns., Inc.

Henry the Third: As Told by Norah the Second. Liz Doughty. Illus. by Mary Ciaccio. 2023. 24p. (J). pap. 9.99 ***(978-1-6678-7927-7(8))*** BookBaby.

Henry the Wily Catfish: Jack, Patrick, & Ella's First Adventure. David Cecil. 2022. (ENG.). 38p. (J). 19.95 *(978-1-63755-313-8(7)*, Mascot Kids) Amplify Publishing Group.

Henry Tripp; or, Shaking the Crab-Tree: And Other Stories, for the Young (Classic Reprint) Lovechild. 2018. (ENG., Illus.). 100p. (J). 25.96 *(978-0-267-26155-0(1))* Forgotten Bks.

Henry 'Twas the Night Before Christmas. Illus. by Lisa Alderson. 2019. (Night Before Christmas Ser.). (ENG.). 32p. (J). (gr. -1-3). 7.99 ***(978-1-7282-0234-1(5))*** Sourcebooks, Inc.

Henry V. William Shakespeare. 2021. (ENG.). 112p. (YA). pap. 6.99 *(978-1-4209-7584-0(6))* Digireads.com Publishing.

Henry V. William Shakespeare. 2022. (ENG.). 126p. (YA). pap. 28.60 *(978-1-4583-3093-2(1))* Lulu Pr., Inc.

Henry V: the 30-Minute Shakespeare. William Shakespeare. Ed. by Nick Newlin. 2019. (30-Minute Shakespeare Ser.). 70p. (YA). (gr. 7-13). pap. 9.95 *(978-1-935550-38-9(1))* Nicolo Whimsey Pr.

Henry, Vol. 1 Of 4: In Four Volumes (Classic Reprint) Richard Cumberland. 2018. (ENG., Illus.). 328p. (J). 30.66 *(978-0-484-85609-6(X))* Forgotten Bks.

Henry, Vol. 1 of 4 (Classic Reprint) Richard Cumberland. (ENG., Illus.). (J). 2018. 324p. 30.58 *(978-0-484-14625-8(4))*; 2017. pap. 13.57 *(978-0-243-20905-7(3))* Forgotten Bks.

Henry, Vol. 3 of 4 (Classic Reprint) Richard Cumberland. (ENG., Illus.). (J). 2018. 316p. 30.43 *(978-0-364-49217-8(1))*; 2017. pap. 13.57 *(978-0-259-20440-4(4))* Forgotten Bks.

Henry, Vol. 4 of 4 (Classic Reprint) Richard Cumberland. 2018. (ENG., Illus.). 312p. (J). 30.37 *(978-0-483-00286-9(0))* Forgotten Bks.

Henry Wants More! Linda Ashman. Illus. by Brooke Boynton Hughes. 2020. 32p. (J). (gr. -1-2). pap. 7.99 *(978-0-593-17441-8(0)*, Dragonfly Bks.) Random Hse. Children's Bks.

Henry Works. D. B. Johnson. 2019. (Henry Book Ser.). (ENG., Illus.). 32p. (J). (gr. -1-3). pap. 7.99 *(978-0-358-11207-5(9)*, 1749865, Clarion Bks.) HarperCollins Pubs.

Henry Worthington: Idealist (Classic Reprint) Margaret Sherwood. 2017. (ENG., Illus.). (J). 30.37 *(978-0-266-18004-3(3))* Forgotten Bks.

Henry's Awful Mistake. Robert Quackenbush. Illus. by Robert Quackenbush. (Henry Duck Ser.). (ENG., Illus.). 48p. (J). (gr. -1-3). 2023. 8.99 ***(978-1-5344-1541-6(6))***; 2019. 18.99 *(978-1-5344-1540-9(8))* Simon & Schuster Children's Publishing. (Aladdin).

Henry's Big Kaboom: Henry Knox Claims the Artillery from Fort Ticonderoga, 1775-1776. a Ballad. Mary Ames Mitchell. Illus. by Mary Ames Mitchell. 2017. (ENG., Illus.). (J). 22.99 *(978-0-9991505-0-4(2))*; pap. 12.99 *(978-0-9850530-9-3(7))* Peach Plum Pr.

Henry's Christmas Wish. Put Me In The Story & J. D. Green. Illus. by Julia Seal. 2018. (Christmas Wish Ser.). (ENG.). 32p. (J). (gr. k-3). 6.99 ***(978-1-4926-8331-5(0))*** Sourcebooks, Inc.

Henry's Day at the Farm. Collett Keel. 2019. (ENG.). 30p. (J). pap. 13.95 *(978-1-64424-255-1(9))* Page Publishing Inc.

Henry's Day Out. Kathy Gallegos. 2022. (ENG.). 20p. (J). pap. *(978-1-63829-473-3(9))* Austin Macauley Pubs. Ltd.

Henry's Discovery. Kimberly K. Schmidt. Illus. by Saumell Marina. 2018. (ENG.). 50p. (J). (gr. k-1). 21.95 *(978-0-9864009-2-6(0))* Schmidt, Kimberly K.

Henry's Duckling Days. Robert Quackenbush. Illus. by Robert Quackenbush. 2023. (Henry Duck Ser.). (ENG., Illus.). 40p. (J). (gr. -1-3). 18.99 *(978-1-5344-1552-2(1)*, Aladdin) Simon & Schuster Children's Publishing.

Henry's Great Escape. C. S. Hotel. Illus. by Kurt Hershey. 2022. (ENG.). 32p. (J). ***(978-1-0391-1749-5(X))***; pap. ***(978-1-0391-1748-8(1))*** FriesenPress.

Henry's Hope. Emmalisa Horlacher. 2022. (ENG., Illus.). 44p. (J). 24.95 ***(978-1-63885-941-3(8))***; pap. 14.95 ***(978-1-63885-937-6(X))*** Covenant Bks.

Henry's House ABCs: Tuna to Trees. Pamela Rodreick. 2019. (ENG.). 44p. (J). *(978-1-5255-4946-5(4))*; pap. *(978-1-5255-4947-2(2))* FriesenPress.

Henry's Important Date. Robert Quackenbush. Illus. by Robert Quackenbush. 2020. (Henry Duck Ser.). (ENG., Illus.). 48p. (J). (gr. -1-3). 18.99 *(978-1-5344-1546-1(7)*, Aladdin) Simon & Schuster Children's Publishing.

Henry's Lollipops. Robert Quackenbush. Illus. by Robert Quackenbush. 2022. (Henry Duck Ser.). (ENG., Illus.). 40p. (J). (gr. -1-3). 18.99 *(978-1-5344-1549-2(1)*, Aladdin) Simon & Schuster Children's Publishing.

Henry's Magic Teddy Bear Adventures. Sharon Goddard. 2019. (ENG.). 74p. (J). (gr. 3-5). pap. *(978-1-78955-613-1(9))* Authors OnLine, Ltd.

Henry's New Adventure. Catherine Mary Brown. Illus. by Catherine Mary Brown. 2022. (ENG.). 30p. (J). pap. ***(978-1-80227-668-8(8))*** Publishing Push Ltd.

Henry's Night. Linda Michelin. Illus. by D. B. Johnson. 2019. (Henry Book Ser.). (ENG.). 32p. (J). (gr. -1-3). pap. 7.99 *(978-0-358-11208-2(7)*, 1749867, Clarion Bks.) HarperCollins Pubs.

Henry's Pizzas. Robert Quackenbush. Illus. by Robert Quackenbush. 2022. (Henry Duck Ser.). (ENG., Illus.). 40p. (J). (gr. -1-3). 18.99 *(978-1-5344-1559-1(9)*, Aladdin) Simon & Schuster Children's Publishing.

Henry's School Days. Robert Quackenbush. Illus. by Robert Quackenbush. 2023. (Henry Duck Ser.). (ENG., Illus.). 40p. (J). (gr. -1-3). 18.99 ***(978-1-5344-1556-0(4)***, Aladdin) Simon & Schuster Children's Publishing.

Henry's Search Begins. Amanda Heim. 2018. (ENG., Illus.). 34p. (J). 17.98 *(978-0-692-18311-3(6))* mason, cathy.

Henry's Secrets of Untold Truth. Peewee Hardesty. 2022. (ENG.). 222p. (YA). pap. 15.50 *(978-1-68235-649-4(3))* Strategic Book Publishing & Rights Agency (SBPRA).

Henry's Track & Field Day: The Tortoise & the Hare Remixed. Connie Colwell Miller. Illus. by Victoria Assanelli. 2016. (Aesop's Fables Remixed Ser.). (ENG.). 24p. (J). (gr. 1-4). lib. bdg. 20.95 *(978-1-60753-950-6(0)*, 15610) Amicus.

Henry's World Tour. Robert Quackenbush. Illus. by Robert Quackenbush. 2021. (Henry Duck Ser.). (ENG., Illus.). 48p. (J). (gr. -1-3). 17.99 *(978-1-5344-1565-2(3)*, Aladdin) Simon & Schuster Children's Publishing.

HEN's DREAM: Sequel to the Big Black Feather. Dolores D. Bennett. 2021. (ENG.). 30p. (J). pap. 20.99 *(978-1-6628-2903-1(5))* Salem Author Services.

Hensel & Gretel: Ninja Chicks. Corey Rosen Schwartz & Rebecca J. Gomez. Illus. by Dan Santat. 2016. 40p. (J). (gr. k-3). 18.99 *(978-0-399-17626-5(8)*, G.P. Putnam's Sons Books for Young Readers) Penguin Young Readers Group.

Hephaestus. Teri Temple. 2016. (J). *(978-1-4896-4645-3(0))* Weigl Pubs., Inc.

Hephaestus: God of Fire, Metalwork, & Building. Teri Temple. Illus. by Robert Squier. 2019. (Greek Gods & Goddesses Ser.). (ENG.). 32p. (J). (gr. 3-6). lib. bdg. 35.64 *(978-1-5038-3257-2(0)*, 213026) Child's World, Inc, The.

Hephzibah Guinness: Thee & You; & a Draft on the Bank of Spain (Classic Reprint) S. Weir Mitchell. 2018. (ENG., Illus.). 198p. (J). 28.00 *(978-0-364-89989-2(1))* Forgotten Bks.

Hepplestall's (Classic Reprint) Harold Brighouse. 2018. (ENG., Illus.). 368p. (J). 31.49 *(978-0-483-49670-5(7))* Forgotten Bks.

Hepsey Burke (Classic Reprint) Frank N. Westcott. 2018. (ENG., Illus.). 334p. (J). 30.83 *(978-0-484-60570-0(4))* Forgotten Bks.

Her 192 Scars. Felicia Evreux. 2022. (ENG.). 378p. (YA). pap. 20.30 *(978-1-716-00075-1(0))* Lulu Pr., Inc.

Her Artsy Side: Bullet Journal / Day-Timer. Zoe Palfy. 2021. (ENG.). 164p. (YA). *(978-0-2288-3427-4(9))*; pap. *(978-0-2288-3426-7(0))* Tellwell Talent.

Her Associate Members (Classic Reprint) Pansy Pansy. 2018. (ENG., Illus.). 388p. (J). 31.92 *(978-0-267-20668-1(2))* Forgotten Bks.

Her Benny (Classic Reprint) Unknown Author. 2017. (ENG., Illus.). (J). 30.25 *(978-0-265-68176-3(6))* Forgotten Bks.

Her Besetting Virtue (Classic Reprint) Mary Stuart Boyd. (ENG., Illus.). (J). 2018. 322p. 30.60 *(978-0-332-33233-8(0))*; 2017. pap. 13.57 *(978-0-259-02816-1(9))* Forgotten Bks.

Her Blackened Heart. Isra Sravenheart. Ed. by Lauren Moore. 2018. (ENG., Illus.). 222p. (J). pap. *(978-0-9957095-2-2(1))* Sravenheart, Isra.

Her Blind Folly (Classic Reprint) Henry M. Ross. (ENG., Illus.). (J). 2018. 210p. 28.23 *(978-0-484-78743-7(8))*; 2016. pap. 10.57 *(978-1-334-26269-2(1))* Forgotten Bks.

Her Bright Future (Classic Reprint) Eva Katherine Clapp. 2018. (ENG., Illus.). 312p. (J). 30.33 *(978-0-483-69523-8(8))* Forgotten Bks.

Her Brother's Letters (Classic Reprint) Yard And Company Moffat. 2018. (ENG., Illus.). 250p. (J). 29.07 *(978-0-483-72668-0(0))* Forgotten Bks.

Her Celestial Husband (Classic Reprint) Daniel Woodroffe. 2018. (ENG., Illus.). 234p. (J). 28.74 *(978-0-483-50516-2(1))* Forgotten Bks.

Her Christmas Angel. Laurie Ann Mosher. 2023. (ENG.). 32p. (J). 33.00 ***(978-1-63937-037-5(4))*** Dorrance Publishing Co., Inc.

Her Country (Classic Reprint) Mary Raymond Shipman Andrews. 2018. (ENG., Illus.). 94p. (J). 25.86 *(978-0-666-94275-3(7))* Forgotten Bks.

Her Cross. Geniecia Smith. 2023. (ENG.). 74p. (YA). pap. 13.95 ***(978-1-63985-627-5(7))*** Fulton Bks.

Her Dark Heart. Ed. by Jody Freeman. 2021. (ENG.). 162p. (YA). *(978-0-9957095-9-1(9))* Sravenheart, Isra.

Her Dark Love. Ed. by Jody Freeman. 2021. (ENG.). 182p. (YA). *(978-1-7399549-1-8(2))* Sravenheart, Isra.

Her Dark Matter Necklace. Robert Albo. 2021. (ENG.). 282p. (J). pap. 14.95 *(978-1-0879-0850-2(7))* Indy Pub.

Her Dark Rose. Ed. by Jody Freeman. 2021. (ENG.). 196p. (YA). *(978-1-7399549-0-1(4))* Sravenheart, Isra.

Her Dark Soul. Isra Sravenheart. Ed. by Jody Freeman. 2021. (ENG.). 160p. (YA). *(978-0-9957095-8-4(0))* Sravenheart, Isra.

Her Deaf Ear: A Parlor Farce in One Act (Classic Reprint) Arlo Bates. 2018. (ENG., Illus.). 22p. (J). 24.35 *(978-0-267-45429-7(5))* Forgotten Bks.

Her Dearest Foe. Alexander. 2017. (ENG.). 408p. (J). pap. *(978-3-337-04279-0(1))* Creation Pubs.

Her Dearest Foe: A Novel (Classic Reprint) Alexander. 2018. (ENG., Illus.). 422p. (J). 32.60 *(978-0-484-50208-5(5))* Forgotten Bks.

Her Desperate Victory (Classic Reprint) M. L. Rayne. (ENG., Illus.). (J). 2018. 248p. 29.01 *(978-0-483-30168-9(X))*; 2016. pap. 11.57 *(978-1-333-72226-5(5))* Forgotten Bks.

Her Dignity & Grace, Vol. 1 Of 3: A Tale; by H. C (Classic Reprint) Unknown Author. (ENG., Illus.). (J). 2018. 274p. 29.57 *(978-0-483-15639-5(6))*; 2016. pap. 11.97 *(978-1-333-33326-3(9))* Forgotten Bks.

Her Dignity & Grace, Vol. 2 Of 3: A Tale (Classic Reprint) H. C. 2018. (ENG., Illus.). 280p. (J). 29.69 *(978-0-332-64167-6(8))* Forgotten Bks.

Her Dignity & Grace, Vol. 3 Of 3: A Tale (Classic Reprint) H. C. 2018. (ENG., Illus.). 270p. (J). 29.49 *(978-0-332-63206-3(7))* Forgotten Bks.

Her Elephant Man: A Story of the Sawdust Ring (Classic Reprint) Pearl Doles Bell. (ENG., Illus.). (J). 2018. 308p. 30.27 *(978-0-332-35496-5(2))*; 2017. pap. 13.57 *(978-1-5276-5492-1(3))* Forgotten Bks.

Her Elysium. Emmy Engberts. 2018. (Flowers & Keyboards Ser.: Vol. 1). (ENG., Illus.). 308p. (YA). pap. *(978-90-825832-4-3(0))*; pap. *(978-90-825832-5-0(9))* 5 Times Chaos.

Her Epic Adventure: 25 Daring Women Who Inspire a Life Less Ordinary. Julia De Laurentiis Johnston. Illus. by Salini Perera. 2021. (ENG.). 64p. (J). (gr. 3-7). 17.99 *(978-1-5253-0110-0(1))* Kids Can Pr., Ltd. CAN. Dist: Hachette Bk. Group.

Her Eyes on the Stars: Maria Mitchell, Astronomer. Laurie Wallmark. Illus. by Liz Wong. 2023. (ENG.). 40p. (J). (gr. 3-6). 19.99 *(978-1-954354-13-5(4)*, 403d545c-e130-43ee-a31f-daf6800d9e24) Creston Bks.

Her Face Was Her Fortune, Vol. 1 of 3 (Classic Reprint) F. W. Robinson. 2018. (ENG., Illus.). 338p. (J). 30.89 *(978-0-428-85854-4(6))* Forgotten Bks.

Her Face Was Her Fortune, Vol. 2 of 3 (Classic Reprint) F. W. Robinson. 2018. (ENG., Illus.). 318p. (J). 30.46 *(978-0-428-97366-7(3))* Forgotten Bks.

Her Face Was Her Fortune, Vol. 3 of 3 (Classic Reprint) F. W. Robinson. (ENG., Illus.). (J). 2018. 304p. 30.17 *(978-0-484-27073-1(7))*; 2017. pap. 13.57 *(978-0-243-25150-6(5))* Forgotten Bks.

The check digit for ISBN-10 appears in parentheses after the full ISBN-13

Her Fae Secret. Eliza Prokopovits. 2023. (ENG.). 226p. (YA). pap. 9.99 ***(978-1-0881-2009-5(1))*** Indy Pub.

Her Faithful Knight: A Novel (Classic Reprint) May Crommelin. (ENG., Illus.). (J). 2018. 370p. 31.53 *(978-0-484-67117-0(0))*; 2017. pap. 13.97 *(978-0-259-01764-6(7))* Forgotten Bks.

Her Faithful Knight (Classic Reprint) Gertrude Warden. 2018. (ENG., Illus.). 350p. (J). 31.12 *(978-0-483-65773-1(5))* Forgotten Bks.

Her Fatal Sin (Classic Reprint) M. E. Holmes. 2018. (ENG., Illus.). 196p. (J). 27.94 *(978-0-332-33147-8(4))* Forgotten Bks.

Her Father's Legacy: A Story for Girls (Classic Reprint) Helen Sherman Griffith. 2018. (ENG., Illus.). 368p. (J). 31.49 *(978-0-483-80478-4(9))* Forgotten Bks.

Her Fearless Run: Kathrine Switzer's Historic Boston Marathon. Kim Chaffee. Illus. by Ellen Rooney. 2019. (ENG.). 40p. (J). 17.99 *(978-1-62414-654-1(6)*, 900196525) Page Street Publishing Co.

Her Fiance: Four Stories of College Life (Classic Reprint) Josephine Daskam. (ENG., Illus.). (J). 2018. 172p. 27.44 *(978-0-364-28737-8(3))*; 2017. pap. 9.97 *(978-0-259-20989-8(9))* Forgotten Bks.

Her First Appearance (Classic Reprint) Richard Harding Davis. 2017. (ENG., Illus.). 66p. (J). 25.28 *(978-0-484-09935-6(3))* Forgotten Bks.

Her First Scoop: A Comedy in One Act (Classic Reprint) Lindsey Barbee. 2018. (ENG., Illus.). 32p. (J). 24.56 *(978-0-484-60849-7(5))* Forgotten Bks.

Her Fortune Her Misfortune: A Novel (Classic Reprint) May Elizabeth Baugh. 2017. (ENG., Illus.). (J). pap. 13.57 *(978-0-259-40303-6(2))* Forgotten Bks.

Her Friend Laurence: A Novel (Classic Reprint) Frank Lee Benedict. 2018. (ENG., Illus.). 410p. (J). 32.35 *(978-0-428-97747-4(2))* Forgotten Bks.

Her Good Side. Rebekah Weatherspoon. 2023. 304p. (YA). (gr. 9). 18.99 *(978-0-593-46530-1(X)*, Razorbill) Penguin Young Readers Group.

Her Great Ambition (Classic Reprint) Anne Richardson Earle. (ENG., Illus.). (J). 2018. 322p. 30.54 *(978-0-483-75934-3(1))*; 2017. pap. 13.57 *(978-0-243-32493-4(6))* Forgotten Bks.

Her Great Idea, & Other Stories (Classic Reprint) Lucy Bethia Walford. (ENG., Illus.). (J). 2018. 248p. 29.03 *(978-0-483-59035-9(5))*; 2017. pap. 11.57 *(978-0-243-32989-2(X))* Forgotten Bks.

Her Heart Was True: A Story of the Peninsular War Founded on Fact (Classic Reprint) An Idle Exile. 2018. (ENG., Illus.). 140p. (J). 26.78 *(978-0-332-68775-9(9))* Forgotten Bks.

Her Heart's Gift (Classic Reprint) Oliver Kent. 2017. (ENG., Illus.). (J). 30.87 *(978-0-265-72298-5(5))*; pap. 13.57 *(978-1-5276-8087-6(8))* Forgotten Bks.

Her Honourable Soldier. L. L. Abbott. 2018. (ENG., Illus.). 254p. (J). pap. *(978-1-7750607-3-4(X))* Abbott, L.L.

Her Horseracing Dreams. Mary-Ann Sandercock. 2022. (ENG.). 260p. (YA). pap. ***(978-1-80369-510-5(2))*** Authors OnLine, Ltd.

Her Husband's Country (Classic Reprint) Sybil Spottiswoode. 2017. (ENG., Illus.). (J). 32.60 *(978-0-266-74290-6(4))*; pap. 16.57 *(978-1-5277-0959-1(0))* Forgotten Bks.

Her Husband's Home (Classic Reprint) Evelyn Everett-Green. (ENG., Illus.). (J). 2018. 410p. 32.35 *(978-0-267-40933-4(8))*; 2016. pap. 16.57 *(978-1-334-22293-1(2))* Forgotten Bks.

Her Husband's Purse (Classic Reprint) Helen R. Martin. 2018. (ENG., Illus.). 364p. (J). 31.40 *(978-0-267-23821-7(5))* Forgotten Bks.

Her Husband's Wife, Vol. 6: A Comedy in Three Acts (Classic Reprint) Albert Ellsworth Thomas. 2018. (ENG., Illus.). 148p. (J). 26.95 *(978-0-267-21267-5(4))* Forgotten Bks.

Her Journey's End (Classic Reprint) Frances Cooke. 2018. (ENG., Illus.). 324p. (J). 30.58 *(978-0-428-37097-8(7))* Forgotten Bks.

Her Ladyship (Classic Reprint) Robert McDonald. 2017. (ENG., Illus.). (J). 29.63 *(978-0-265-19867-4(4))* Forgotten Bks.

Her Ladyship (Classic Reprint) Peter G. Thomas. (ENG., Illus.). (J). 2018. 220p. 28.45 *(978-0-364-14970-6(1))*; 2017. pap. 10.97 *(978-0-259-49476-8(3))* Forgotten Bks.

Her Ladyship's Elephant (Classic Reprint) David Dwight Wells. 2018. (ENG., Illus.). 252p. (J). 29.11 *(978-0-656-44792-3(3))* Forgotten Bks.

Her Letter: His Answer Her Last Letter (Classic Reprint) Bret Harte. 2018. (ENG., Illus.). 116p. (J). 26.29 *(978-0-365-02478-1(3))* Forgotten Bks.

Her Life's Dream. Nicole Jalonen. 2019. (ENG.). 48p. (YA). *(978-1-5255-3299-3(5))*; pap. *(978-1-5255-3300-6(2))* FriesenPress.

Her Little World (Classic Reprint) Sarah E. Chester. 2018. (ENG., Illus.). 410p. (J). 32.35 *(978-0-365-30512-5(X))* Forgotten Bks.

Her Lord & Master (Classic Reprint) Martha Morton. 2018. (ENG., Illus.). 498p. (J). 34.19 *(978-0-267-22616-0(0))* Forgotten Bks.

Her Majesty: A Romance of to-Day (Classic Reprint) Elizabeth Knight Tompkins. 2018. (ENG., Illus.). 244p. (J). 28.93 *(978-0-267-17608-3(2))* Forgotten Bks.

Her Majesty the Queen. John Esten Cooke. 2017. (ENG.). (J). 342p. pap. *(978-3-337-04868-6(4))*; 336p. pap. *(978-3-337-00066-0(5))* Creation Pubs.

Her Majesty the Queen: A Novel (Classic Reprint) John Esten Cooke. 2018. (ENG., Illus.). 340p. (J). 30.91 *(978-0-364-10708-9(1))* Forgotten Bks.

Her Majesty's Mails: History of the Post-Office, & Industrial an Industrial Account of Its Present (Classic Reprint) William Lewins. 2018. (ENG., Illus.). 356p. (J). 31.24 *(978-0-365-16620-7(0))* Forgotten Bks.

Her Majesty's Prisons, Vol. 1 Of 2: Their Effects & Defects (Classic Reprint) Unknown Author. 2018. (ENG., Illus.). 318p. (J). 30.46 *(978-0-267-44763-3(9))* Forgotten Bks.

Her Memory (Classic Reprint) Maarten Maartens. 2017. (ENG., Illus.). (J). 30.99 *(978-0-266-18030-2(2))* Forgotten Bks.

Her Mountain Lover (Classic Reprint) Hamlin Garland. 2018. (ENG., Illus.). 326p. (J). 30.62 *(978-0-483-75729-5(2))* Forgotten Bks.

Her Name Is Mia. Connor Hamilton. 2023. 292p. (YA). pap. 15.00 ***(978-1-6678-9190-3(1))*** BookBaby.

Her Name Was Mary Katharine: The Only Woman Whose Name Is on the Declaration of Independence. Ella Schwartz. Illus. by Dow Phumiruk. 2022. (ENG.). 40p. (J). (gr. k-4). 18.99 *(978-0-316-29832-2(8))* Little, Brown Bks. for Young Readers.

Her Navajo Lover (Classic Reprint) William Henry Robinson. 2018. (ENG., Illus.). 26p. (J). 24.43 *(978-0-483-72022-0(4))* Forgotten Bks.

Her Note: Kacy Spencer. Zanaa Rice. 2016. (ENG.). 206p. (J). pap. *(978-1-365-17144-4(2))* Lulu Pr., Inc.

Her Opportunity (Classic Reprint) Henry Clemens Pearson. 2018. (ENG., Illus.). 464p. (J). 33.47 *(978-0-267-23257-4(8))* Forgotten Bks.

Her Own Devices (Classic Reprint) C. G. Compton. 2018. (ENG., Illus.). 210p. (J). 28.25 *(978-0-483-50792-0(X))* Forgotten Bks.

Her Own Money: A Comedy in Three Acts (Classic Reprint) Mark Swan. 2018. (ENG., Illus.). 98p. (J). 25.92 *(978-0-365-38260-7(4))* Forgotten Bks.

Her Own People (Classic Reprint) B. M. Croker. 2018. (ENG., Illus.). 330p. (J). 30.70 *(978-0-364-90136-6(5))* Forgotten Bks.

Her Own Sort & Others (Classic Reprint) Charles Belmont Davis. 2018. (ENG., Illus.). 362p. (J). 31.38 *(978-0-267-19631-9(8))* Forgotten Bks.

Her Own Two Feet: a Rwandan Girl's Brave Fight to Walk (Scholastic Focus) Meredith Davis & Rebeka Uwitonze. 2019. (ENG., Illus.). 208p. (J). (gr. 3-7). 17.99 *(978-1-338-35637-3(2)*, Scholastic Nonfiction) Scholastic, Inc.

Her Own Way: A Play in Four Acts (Classic Reprint) Clyde Fitch. (ENG., Illus.). (J). 2018. 256p. 29.18 *(978-0-267-41835-0(3))*; 2016. pap. 11.57 *(978-1-332-74881-5(3))* Forgotten Bks.

Her Pauper Knight (Classic Reprint) Shirley Brander. (ENG., Illus.). (J). 2018. 258p. 29.22 *(978-0-666-99282-6(7))*; 2017. pap. 11.57 *(978-0-243-48518-5(2))* Forgotten Bks.

Her Place in the World (Classic Reprint) Amanda Minnie Douglas. 2018. (ENG., Illus.). 374p. (J). 31.63 *(978-0-483-76498-9(1))* Forgotten Bks.

Her Playthings, Men. Mabel Esmonde Cahill. 2017. (ENG.). 268p. (J). pap. *(978-3-337-02745-2(8))* Creation Pubs.

Her Playthings, Men: A Novel (Classic Reprint) Mabel Esmonde Cahill. 2018. (ENG., Illus.). 264p. (J). 29.36 *(978-0-483-59032-8(0))* Forgotten Bks.

Her Prairie Knight, and, Rowdy of the Cross I (Classic Reprint) B. M. Bower. 2018. (ENG., Illus.). 318p. (J). 30.46 *(978-0-484-26072-5(3))* Forgotten Bks.

Her Pretty Garden. Alyssa Krekelberg. 2020. (Learning Sight Words Ser.). (ENG.). 24p. (J). (gr. -1-2). lib. bdg. 32.79 *(978-1-5038-3562-7(6)*, 213409) Child's World, Inc, The.

Her Priceless Love, or Bonny Belle (Classic Reprint) Geraldine Fleming. (ENG., Illus.). (J). 2018. 324p. 30.58 *(978-0-365-03243-4(3))*; 2017. pap. 13.57 *(978-0-259-30945-1(1))* Forgotten Bks.

Her Provincial Cousin: A Story of Brittany (Classic Reprint) Edith Elmer Wood. (ENG., Illus.). (J). 2018. 192p. 27.86 *(978-0-483-56666-8(7))*; 2017. pap. 10.57 *(978-0-243-25605-1(1))* Forgotten Bks.

Her Radiant Curse. Elizabeth Lim. 2023. (ENG.). 432p. (YA). (gr. 7). 19.99 ***(978-0-593-30099-2(8))***; lib. bdg. 22.99 ***(978-0-593-30100-5(5))*** Random Hse. Children's Bks. (Knopf Bks. for Young Readers).

Her Radiant Curse 9-Copy Floor Display. Elizabeth Lim. 2023. (YA). (gr. 7). 179.91 ***(978-0-593-78109-8(0)***, Knopf Bks. for Young Readers) Random Hse. Children's Bks.

Her Radiant Curse 9-Copy SIGNED Floor Display. Elizabeth Lim. 2023. (YA). (gr. 7). 179.91 ***(978-0-593-78130-2(9)***, Knopf Bks. for Young Readers) Random Hse. Children's Bks.

Her Rebel Highness (Daughters of the Dynasty) Diana Ma. 2022. (Daughters of the Dynasty Ser.). (ENG.). 304p. (YA). (gr. 8-17). 17.99 *(978-1-4197-4998-8(6)*, 1711401, Amulet Bks.) Abrams, Inc.

Her Red Ball. Gaetano A. Cresci. Illus. by Vajihe Golmazari. 2021. (ENG.). 28p. (J). 29.99 *(978-0-578-31511-9(4))* Booklocker.com, Inc.

Her Right Divine (Classic Reprint) Oliver Kent. (ENG., Illus.). (J). 2018. 346p. 31.05 *(978-0-365-47236-0(0))*; 2017. pap. 13.57 *(978-0-259-20032-1(8))* Forgotten Bks.

Her Right Foot (American History Books for Kids, American History for Kids) Dave Eggers. 2017. (ENG., Illus.). 104p. (J). (gr. k-3). 19.99 *(978-1-4521-6281-2(6))* Chronicle Bks. LLC.

Her Royal Highness. Rachel Hawkins. 2020. (Royals Ser.: 2). 304p. (YA). (gr. 7). pap. 11.99 *(978-1-5247-3828-0(X)*, Penguin Books) Penguin Young Readers Group.

Her Royal Highness: A Romance of the Chancelleries of Europe (Classic Reprint) William Le Queux. 2018. (ENG., Illus.). 338p. (J). 30.87 *(978-0-267-45455-6(4))* Forgotten Bks.

Her Royal Slyness. Roy L. Hinuss. Illus. by Matt Hunt. 2018. 136p. (J). *(978-1-5490-5505-8(4))* ETT Imprint.

Her Royal Slyness, 2. Roy L. Hinuss. ed. 2020. (Prince Not-So Charming Ser.). (ENG.). 136p. (J). (gr. 2-3). 15.96 *(978-1-64697-020-9(9))* Penworthy Co., LLC, The.

Her Royal Slyness. Roy L. Hinuss. ed. 2018. (Prince Not-So Charming Ser.). (J). lib. bdg. 16.00 *(978-0-606-41109-7(7))* Turtleback.

Her Sacrifice: An Entertainment for Churches, Sunday Schools & Societies Connected with the Church (Classic Reprint) Lillie M. Walker. 2018. (ENG., Illus.). 36p. (J). 24.66 *(978-0-267-21424-2(3))* Forgotten Bks.

Her Sailor: A Love Story (Classic Reprint) Marshall Saunders. (ENG., Illus.). (J). 2018. 322p. 30.54 *(978-0-267-59714-7(2))*; 2016. pap. 13.57 *(978-1-334-14631-2(4))* Forgotten Bks.

Her Sailor Love (Classic Reprint) Katharine Sarah Macquoid. (ENG., Illus.). (J). 2018. 464p. 33.49 *(978-0-483-57244-7(6))*; 2016. pap. 16.57 *(978-1-334-56648-6(8))* Forgotten Bks.

Her Senator: A Novel (Classic Reprint) Archibald Clavering Gunter. (ENG., Illus.). (J). 2017. 276p. 29.59 *(978-0-332-83970-7(2))*; 2016. pap. 11.97 *(978-1-333-68526-3(2))* Forgotten Bks.

Her Shining Eyes. Jeanette Morris. 2019. (ENG.). 274p. (J). pap. 16.99 *(978-1-946708-39-7(9))* Bold Vision Bks.

Her Son: A Chronicle of Love (Classic Reprint) Horace Annesley Vachell. 2018. (ENG., Illus.). 350p. (J). 31.14 *(978-0-364-95122-4(2))* Forgotten Bks.

Her Soul & Her Body (Classic Reprint) Louise Closser Hale. 2018. (ENG., Illus.). 296p. (J). 30.00 *(978-0-483-82143-9(8))* Forgotten Bks.

Her Story, Her Strength: 50 God-Empowered Women of the Bible. Sarah Parker Rubio. 2023. (ENG., Illus.). 240p. (J). 17.99 *(978-0-310-14431-1(0))* Zonderkidz.

Her Tragic Fate (Classic Reprint) Henryk Sienkiewicz. 2017. (ENG., Illus.). (J). 28.39 *(978-0-265-22209-6(5))* Forgotten Bks.

Her Two Millions, Vol. 1 of 3 (Classic Reprint) William Westall. (ENG., Illus.). (J). 2018. 266p. 29.40 *(978-0-483-85858-9(7))*; 2016. pap. 11.97 *(978-1-333-44790-8(6))* Forgotten Bks.

Her Two Millions, Vol. 2 of 3 (Classic Reprint) William Westall. (ENG., Illus.). (J). 2018. 264p. 29.34 *(978-0-484-90882-5(0))*; 2016. pap. 11.97 *(978-1-333-65373-6(5))* Forgotten Bks.

Her Two Millions, Vol. 3 of 3 (Classic Reprint) William Westall. 2016. (ENG., Illus.). (J). pap. 11.57 *(978-1-333-26171-9(3))* Forgotten Bks.

Her Vision Quest: An Ascent Aspiring. Tim Haley. 2020. (Her Vision Quest Ser.). (ENG.). 474p. (J). *(978-1-5255-6880-0(9))*; pap. *(978-1-5255-6881-7(7))* FriesenPress.

Her Voice Is Her Tears. Lue Malakia. 2017. (ENG., Illus.). (J). pap. 12.95 *(978-1-68197-995-3(0))* Christian Faith Publishing.

Her Waiting Heart (Classic Reprint) Lou Capsadell. (ENG., Illus.). (J). 2018. 202p. 28.08 *(978-0-483-99137-8(6))*; 2017. pap. 10.57 *(978-1-334-96921-8(3))* Forgotten Bks.

Her Washington Season (Classic Reprint) Jeanie Gould Lincoln. 2018. (ENG., Illus.). 202p. (J). 28.06 *(978-0-483-65574-4(0))* Forgotten Bks.

Her Weekly Allowance (Classic Reprint) Jessie A. Kelley. 2018. (ENG., Illus.). 28p. (J). 24.54 *(978-0-428-50892-0(8))* Forgotten Bks.

Her Week's Amusement (Classic Reprint) Unknown Author. (ENG., Illus.). (J). 2018. 332p. 30.76 *(978-0-666-18566-2(2))*; 2017. pap. 13.57 *(978-0-259-22490-7(1))* Forgotten Bks.

Her Weight in Gold. George Barr McCutcheon. 2017. (ENG., Illus.). (J). pap. *(978-0-649-51980-4(9))* Trieste Publishing Pty Ltd.

Her Weight in Gold: Illus, by H. Devitt Welsh (Classic Reprint) George Barr McCutcheon. 2018. (ENG., Illus.). 86p. (J). 25.67 *(978-0-484-12394-5(7))* Forgotten Bks.

Her Weight in Gold (Classic Reprint) George Barr McCutcheon. (ENG., Illus.). (J). 2018. 134p. 26.68 *(978-0-483-99099-9(X))*; 2017. 26.52 *(978-0-266-39232-3(6))*; 2017. pap. 9.57 *(978-0-243-49697-6(4))* Forgotten Bks.

Her Wilful Way: A Story for Girls (Classic Reprint) Helen Sherman Griffith. (ENG., Illus.). (J). 2018. 390p. 31.96 *(978-0-365-10919-8(3))*; 2017. pap. 16.57 *(978-0-259-35847-3(9))* Forgotten Bks.

Her Word of Honor (Classic Reprint) Edith Macvane. 2018. (ENG., Illus.). 312p. (J). 30.35 *(978-0-483-83420-0(3))* Forgotten Bks.

Hera. Christine Ha. 2021. (Greek Gods & Goddesses Ser.). (ENG., Illus.). 32p. (J). (gr. 2-3). pap. 9.95 *(978-1-63738-051-2(8))*; lib. bdg. 31.35 *(978-1-63738-015-4(1))* North Star Editions. (Apex).

Hera. Virginia Loh-Hagan. 2017. (Gods & Goddesses of the Ancient World Ser.). (ENG., Illus.). 32p. (J). (gr. 4-8). 32.07 *(978-1-63472-137-0(3)*, 209120, 45th Parallel Press) Cherry Lake Publishing.

Hera. Teri Temple. 2016. (J). *(978-1-4896-4647-7(7))* Weigl Pubs., Inc.

Hera: Queen of the Gods, Goddess of Marriage. Teri Temple. Illus. by Robert Squier. 2019. (Greek Gods & Goddesses Ser.). (ENG.). 32p. (J). (gr. 3-6). lib. bdg. 35.64 *(978-1-5038-3259-6(7)*, 213027) Child's World, Inc, The.

Hera: Queen of the Greek Gods. Tammy Gagne. Illus. by Alessandra Fusi. 2019. (Legendary Goddesses Ser.). (ENG.). 32p. (J). (gr. 3-9). pap. 7.95 *(978-1-5435-5916-3(6)*, 139886); lib. bdg. 28.65 *(978-1-5435-5453-3(9)*, 139293) Capstone.

Herakles Book 1. Edouard Cour. 2020. (ENG., Illus.). 160p. 19.99 *(978-1-942367-49-9(X)*, 79ab5910-9509-4655-af21-5485941de658) Magnetic Pr.

Herald, 1917, Vol. 2 (Classic Reprint) Spencerville High School. (ENG., Illus.). (J). 2018. 70p. 25.34 *(978-0-483-88962-0(8))*; 2016. pap. 9.57 *(978-1-334-11851-7(5))* Forgotten Bks.

Herald, 1919, Vol. 1 (Classic Reprint) Spencerville High School. (ENG., Illus.). (J). 2018. 68p. 25.30 *(978-0-484-66932-0(X))*; 2017. pap. 9.57 *(978-0-243-46190-5(9))* Forgotten Bks.

Herald Angels. David Naughton Leavy. 2018. (ENG., Illus.). 82p. (J). pap. *(978-1-78693-906-7(1))* Austin Macauley Pubs. Ltd.

Herald the Angel. Mike Furches & Mary Jane Furches. Illus. by Dave Weiss. 2017. (ENG.). (J). 19.99 *(978-0-9995121-8-0(8))* Mindstir Media.

Herald the Angel. Mike Furches & Furches Mary Jane. Illus. by Dave Weiss. 2017. (ENG.). (J). pap. 12.99 *(978-0-9995121-0-4(2))* Mindstir Media.

Herald Unexpected. Mac Toirneach. 2021. (ENG.). 268p. (YA). pap. 17.49 *(978-1-6628-3171-3(4))* Salem Author Services.

Heraline, or Opposite Proceedings, Vol. 2 of 4 (Classic Reprint) Laetitia Matilda Hawkins. (ENG., Illus.). (J). 2018. 370p. 31.57 *(978-0-332-29604-3(0))*; 2016. pap. 13.97 *(978-1-333-67748-0(0))* Forgotten Bks.

Heraline, Vol. 4 Of 4: Or, Opposite Proceedings (Classic Reprint) Ltitia-Matilda Hawkins. 2018. (ENG., Illus.). 414p. (J). 32.52 *(978-0-484-00921-8(4))* Forgotten Bks.

Herança das Cores. David Revoy. 2021. (POR.). 50p. (YA). pap. 13.96 *(978-1-716-20284-1(1))* Lulu Pr., Inc.

Hera's Phantom Flight. Elizabeth Schaefer & Kevin Hopps. 2017. (World of Reading Level 2 (Leveled Readers) Ser.). (ENG., Illus.). 32p. (J). (gr. k-3). 31.36 *(978-1-5321-4067-9(3)*, 25438) Spotlight.

Hera's Terrible Trap!, 2. Stella Tarakson. ed. 2020. (Hopeless Heroes Ser.). (ENG.). 208p. (J). (gr. 4-5). 17.79 *(978-1-64697-126-8(4))* Penworthy Co., LLC, The.

Herb-Moon. John Oliver Hobbes. 2017. (ENG.). 234p. (J). pap. *(978-3-7447-5293-0(3))* Creation Pubs.

Herb-Moon: A Fantasia. John Oliver Hobbes. 2017. (ENG., Illus.). (J). pap. *(978-0-649-39131-8(4))* Trieste Publishing Pty Ltd.

Herb Moon: A Fantasia. John Oliver Hobbes. 2017. (ENG., Illus.). (J). pap. *(978-0-649-60150-9(5))* Trieste Publishing Pty Ltd.

Herb-Moon: A Fantasia (Classic Reprint) John Oliver Hobbes. 2017. (ENG., Illus.). (J). 30.00 *(978-1-5281-8538-7(2))* Forgotten Bks.

Herb-Moon: A Fantasia; Pp. 1-287. John Oliver Hobbes. 2017. (ENG., Illus.). (J). pap. *(978-0-649-60149-3(1))* Trieste Publishing Pty Ltd.

Herb Worm. Juliet Davies Kelley. Illus. by Angelina Faith Kelley. 2019. (Roma the Tomato Girl Ser.: Vol. 2). (ENG.). 54p. (J). pap. 6.00 *(978-1-393-51187-8(2))* Draft2Digital.

Herbaceous the Boy Made of Cheese. Lizy J. Campbell. 2019. (ENG., Illus.). 68p. (J). pap. 17.99 *(978-1-950454-71-6(1))* Pen It Pubns.

Herbaceous the Boy Made of Cheese: Pirate Adventure: a Graphic Novel. Lizy J. Campbell. 2020. (Herbaceous the Boy Made of Cheese Ser.: Vol. 6). (ENG.). 46p. (YA). pap. 13.99 *(978-1-954004-93-1(1))* Pen It Pubns.

Herbaceous the Boy Made of Cheese: The Love Robots. Lizy J. Campbell. 2020. (Herbaceous the Boy Made of Cheese Ser.: Vol. 3). (ENG., Illus.). 38p. (J). pap. 14.99 *(978-1-952011-73-3(6))* Pen It Pubns.

Herbaceous the Boy Made of Cheese & His Lucky Day: Book 7. Lizy J. Campbell. 2022. (ENG.). 38p. (J). pap. 12.99 *(978-1-63984-187-5(3))* Pen It Pubns.

Herbaceous the Boy Made of Cheese & the Magic Hair Brush. Lizy J. Campbell. 2020. (Herbaceous the Boy Made of Cheese Ser.: Vol. 5). (ENG.). 38p. (J). pap. 13.99 *(978-1-954004-94-8(X))* Pen It Pubns.

Herbaceous the Boy Made of Cheese & the Missing Christmas Brie. Lizy J. Campbell. 2019. (Herbaceous the Boy Made of Cheese Ser.: Vol. 2). (ENG., Illus.). 40p. (J). pap. 14.99 *(978-1-951263-33-1(2))* Pen It Pubns.

Herbaceous the Boy Made of Cheese Meets a New Long Eared Friend. Lizy J. Campbell. 2020. (Herbaceous the Boy Made of Cheese Ser.: Vol. 4). (ENG., Illus.). 32p. (J). pap. 13.99 *(978-1-952011-26-9(4))* Pen It Pubns.

Herbalist's Apprentice & the Immortal Prince. Pepper Turner. 2019. (ENG.). 230p. (YA). pap. 16.95 *(978-1-68456-882-6(X))* Page Publishing Inc.

Herbert Carter's Legacy. Horatio Alger. 2019. (ENG.). 184p. (YA). (gr. 7-12). pap. *(978-93-5329-597-4(1))* Alpha Editions.

Herbert Carter's Legacy: Or, the Inventor's Son. Jr. Horatio Alger. 2017. (ENG., Illus.). (J). 23.95 *(978-1-374-91866-5(0))*; pap. 13.95 *(978-1-374-91865-8(2))* Capital Communications, Inc.

Herbert Chauncey, Vol. 1 Of 3: A Man More Sinned Against Than Sinning (Classic Reprint) Arthur Hallam Elton. 2018. (ENG., Illus.). 346p. (J). 31.03 *(978-0-267-21745-8(5))* Forgotten Bks.

Herbert Chauncey, Vol. 3 Of 3: A Man More Sinned Against Than Sinning (Classic Reprint) Arthur Hallam Elton. 2018. (ENG., Illus.). 318p. (J). 30.46 *(978-0-483-44974-9(1))* Forgotten Bks.

Herbert (Classic Reprint) S. B. C. Samuels. 2018. (ENG., Illus.). 194p. (J). 27.92 *(978-0-483-84393-6(8))* Forgotten Bks.

Herbert Homes & the Picts Book of Spells. James F. Park. 2019. (ENG.). 94p. (J). pap. ***(978-0-244-75135-7(8))*** Lulu Pr., Inc.

Herbert Hoover. BreAnn Rumsch. (United States Presidents Ser.). (ENG., Illus.). (J). 2020. 48p. (gr. 3-6). lib. bdg. 35.64 *(978-1-5321-9356-9(4)*, 34869, Checkerboard Library); 2016. 40p. (gr. 2-5). lib. bdg. 35.64 *(978-1-68078-100-7(6)*, 21817, Big Buddy Bks.) ABDO Publishing Co.

Herbert Hoover: Our 31st President. Gerry Souter & Janet Souter. 2020. (United States Presidents Ser.). (ENG.). 48p. (J). (gr. 3-6). lib. bdg. 41.36 *(978-1-5038-4422-3(6)*, 214199) Child's World, Inc, The.

Herbert the Helpful Spider. Angela K. Bennett. 2018. (ENG., Illus.). 18p. (J). (gr. -1-3). pap. *(978-1-5289-2479-5(7))* Austin Macauley Pubs. Ltd.

Herbert the Helpful Spider. Angela K. Bennett. 2018. (ENG., Illus.). 15p. (J). pap. 13.95 *(978-1-78710-547-8(4)*, 40730a8e-b79f-49bc-99dd-3b5acbb78f1d) Austin Macauley Pubs. Ltd. GBR. Dist: Baker & Taylor Publisher Services (BTPS).

Herbert the Hero. Teresa Jose. 2018. (ENG.). 38p. (J). pap. 18.45 *(978-1-387-65918-0(9))* Lulu Pr., Inc.

Herbert Tracy, or the Trials of Mercantile Life, & the Morality of Trade (Classic Reprint) Unknown Author. 2017. (ENG., Illus.). (J). 182p. 27.67 *(978-0-484-17071-0(6))*; pap. 10.57 *(978-0-259-24545-2(3))* Forgotten Bks.

Herbert Vanlennert (Classic Reprint) Charles Francis Keary. 2017. (ENG., Illus.). (J). 518p. 34.60 *(978-0-332-02981-8(6))*; 520p. pap. 16.97 *(978-0-332-02979-5(4))* Forgotten Bks.

Herbert's First Halloween: (Halloween Children's Books, Early Elementary Story Books, Picture Books about Bravery) Cynthia Rylant. Illus. by Steven Henry. 2017. (ENG.). 36p. (J). (gr. -1 — 1). 15.99 *(978-1-4521-2533-6(3))* Chronicle Bks. LLC.

Herbert's War & Yami & Yama. Chip Colquhoun. Illus. by Ellie Bentley. 2022. (Chip Colquhoun & Korky Paul's Fables & Fairy Tales Ser.: Vol. 16). (ENG.). 58p. (J). pap. ***(978-1-915703-16-3(6))*** Snail Tales.

Herbie the Green Goat. Ajs5. Illus. by Ft3. 2022. (ENG.). 24p. (J). pap. 15.95 ***(978-1-6624-8309-7(0))*** Page Publishing Inc.

Herbie, the Turtle Who Wished He Could Fly. Jacob Biedinger. Illus. by Shannon Bost. 2022. (ENG.). 30p. (J). 25.95 *(978-1-68517-440-8(X))* Christian Faith Publishing.
Herbie's Big Adventure. Jennie Poh. Illus. by Jennie Poh. (ENG., Illus.). 2019. 30p. (gr. -1-2). bds. 7.99 *(978-1-68446-092-2(1),* 141307, Capstone Editions); 2016. (J). (gr. 1-2). 53.32 *(978-1-4795-9840-3(2),* Picture Window Bks.) Capstone.
Herbie's Happy Birthday! Donte Jackson & Athena Phillips. Illus. by Meredith Mills. 2018. (Herbie Vore the Dinosaur Ser.: Vol. 1). (ENG.). 54p. (J). pap. 9.95 *(978-0-578-41493-5(7))* Wicked Stepsister Productions.
Herbie's Happy Birthday! Athena Z. Phillips. Illus. by Meredith E. Mills. 2018. (Herbie Vore the Dinosaur Ser.: Vol. 1). (ENG.). 54p. (J). (gr. k-2). 19.95 *(978-0-692-10358-6(9))* Wicked Stepsister Productions.
Herbie's New Home. Sherrikka Myers & Rodrick Ingraham. 2019. (ENG., Illus.). 34p. (J). (gr. k-6). pap. 14.95 *(978-1-941247-53-2(9))* 3G Publishing, Inc.
Herbie's Yellow Spots. Sylvia Morales Moffett. 2023. (ENG.). 32p. (J). pap. 18.00 ***(978-1-64957-090-1(2))*** Dorrance Publishing Co., Inc.
Herbivores. S. L. Hamilton. 2017. (Xtreme Dinosaurs Ser.). (ENG., Illus.). 32p. (J). (gr. 3-9). lib. bdg. 32.79 *(978-1-5321-1296-6(3),* 27504, Abdo & Daughters) ABDO Publishing Co.
Herbivores. John Willis. 2019. (Illus.). 24p. (J). *(978-1-4896-8021-1(7),* AV2 by Weigl) Weigl Pubs., Inc.
Herbivores & Carnivores Explained, 1 vol. Shirley Duke. 2016. (Distinctions in Nature Ser.). (ENG.). 32p. (gr. 3-3). 30.21 *(978-1-5026-1745-3(5),* 2ab220df-9bb3-4e3d-a5ae-a2bc9e46580e) Cavendish Square Publishing LLC.
Herbs a to Z. The St. Louis Herb Society. Illus. by Morgan Hutcherson. 2018. (ENG.). 100p. (J). pap. 12.00 *(978-0-9884551-5-3(3))* Missouri Botanical Garden Pr.
Herbstsonne. Rosmarie Ziegler-Salzmann. 2016. (GER., Illus.). (J). pap. 6.75 *(978-1-326-84570-4(5))* Lulu Pr., Inc.
Hercules. Eric Braun. 2017. (Gods of Legend Ser.). (ENG.). 32p. (gr. 2-7). 9.95 *(978-1-68072-446-2(0));* (J). (gr. 4-6). pap. 9.99 *(978-1-64466-177-2(2),* 11402); (Illus.). (J). (gr. 4-6). lib. bdg. *(978-1-68072-137-9(2),* 10458) Black Rabbit Bks. (Bolt).
Hercules. Disney Publishing. Illus. by Disney Publishing. 2021. (Disney Classics Ser.). (ENG.). 48p. (J). (gr. 2-6). lib. bdg. 32.79 *(978-1-5321-4800-2(3),* 37011, Graphic Novels) Spotlight.
Hercules: The Story of an Old-Fashioned Fire Engine (Classic Reprint) Hardie Gramatky. (ENG., Illus.). (J). 2018. 74p. 25.42 *(978-0-484-74590-1(5));* 2016. pap. 9.57 *(978-1-334-16371-5(5))* Forgotten Bks.
Hercules & the Nine-Headed Hydra. Tracey West. Illus. by Craig Phillips. 2019. (Heroes in Training Ser.: 16). (ENG.). 112p. (J). (gr. 1-4). 17.99 *(978-1-5344-3292-5(2));* pap. 6.99 *(978-1-5344-3291-8(4))* Simon & Schuster Children's Publishing. (Aladdin).
Hercules & the Nine-Headed Hydra, 16. Tracey West. ed. 2019. (Heroes in Training Ch Bks). (ENG.). 94p. (J). (gr. 2-3). 15.49 *(978-1-64697-107-7(8))* Penworthy Co., LLC, The.
Hercules & the Pooper-Scooper Peril. Blake Hoena. Illus. by Ivica Stevanovic. 2019. (Michael Dahl Presents: Gross Gods Ser.). (ENG.). 64p. (J). (gr. 3-5). pap. 6.95 *(978-1-4965-8458-8(9),* 140983); lib. bdg. 21.99 *(978-1-4965-8357-4(4),* 140646) Capstone. (Stone Arch Bks.).
Hercules Beetle. Grace Hansen. 2021. (Incredible Insects Ser.). (ENG., Illus.). 24p. (J). (gr. -1-2). lib. bdg. 32.79 *(978-1-0982-0738-0(6),* 37895, Abdo Kids); (gr. 1-1). pap. 8.95 *(978-1-64494-558-2(4),* Abdo Kids-Jumbo) ABDO Publishing Co.
Hercules Beetles. Trudy Becker. 2023. (Bugs Ser.). (ENG., Illus.). 24p. (J). (gr. 1-2). pap. 8.95 *(978-1-63739-488-5(8));* lib. bdg. 28.50 *(978-1-63739-451-9(9))* North Star Editions. (Focus Readers).
Hercules Little Golden Book (Disney Classic) Illus. by Peter Emslie & Don Williams. 2022. (Little Golden Book Ser.). (ENG.). 24p. (J). (-k). 5.99 *(978-0-7364-4303-6(7),* Golden/Disney) Random Hse. Children's Bks.
Hercules on the Bayou, 1 vol. Connie Morgan. Illus. by Herb Leonhard. 2016. (ENG.). 32p. (J). (gr. k-3). 16.99 *(978-1-4556-2185-9(4),* Pelican Publishing) Arcadia Publishing.
Herd Came in Third: Diphthongs & R-Controlled Vowels. Brian P. Cleary. Illus. by Jason Miskimins. 2022. (Phonics Fun Ser.). (ENG.). 24p. (J). (gr. -1-2). pap. 8.99 *(978-1-7284-4855-8(7),* 0d39b236-6c2d-4c6c-be73-7352e1df3319); lib. bdg. 27.99 *(978-1-7284-4132-0(3),* 421efb61-f089-400f-bd22-dabc176803bb) Lerner Publishing Group. (Lerner Pubns.).
Herd (Classic Reprint) J. Olive Patricia Ward. (ENG., Illus.). (J). 2018. 222p. 28.48 *(978-0-364-69451-0(3));* 2017. pap. 10.97 *(978-0-243-95295-3(3))* Forgotten Bks.
Herd of Elephants. Amy Kortuem. 2019. (Animal Groups Ser.). (ENG., Illus.). 24p. (J). (gr. -1-2). pap. 6.95 *(978-1-9771-1045-9(2),* 141121); lib. bdg. 27.32 *(978-1-9771-0949-1(7),* 140546) Capstone. (Pebble).
Herd You Loud & Clear. Cam Higgins. Illus. by Ariel Landy. 2020. (Good Dog Ser.: 3). (ENG.). 128p. (J). (gr. k-4). 17.99 *(978-1-5344-7907-4(4));* pap. 6.99 *(978-1-5344-7906-7(6))* Little Simon. (Little Simon).
Herd You Loud & Clear: #3. Cam Higgins. Illus. by Ariel Landy. 2022. (Good Dog Ser.). (ENG.). 128p. (J). (gr. k-4). lib. bdg. 32.79 *(978-1-0982-5204-5(7),* 41283, Chapter Bks.) Spotlight.
Herding Dog, 1 vol. B. Keith Davidson. 2022. (Jobs of a Working Dog Ser.). (ENG.). 32p. (J). (gr. 3-9). pap. *(978-1-0396-4736-7(7),* 17220); lib. bdg. *(978-1-0396-4609-4(3),* 16278) Crabtree Publishing Co. (Crabtree Branches).
Herding Dogs. Nancy Furstinger. 2018. (Canine Athletes Ser.). (ENG., Illus.). 32p. (J). (gr. 3-6). lib. bdg. 32.79 *(978-1-5321-1738-1(8),* 30764, SportsZone) ABDO Publishing Co.
Herding Dogs. Sara Green. 2021. (Dog Groups Ser.). (ENG., Illus.). 32p. (J). (gr. 3-8). lib. bdg. 27.95 *(978-1-64487-441-7(5),* Blastoff! Readers) Bellwether Media.
Herding Dogs. Marie Pearson. 2023. (Dogs at Work Ser.). (ENG., Illus.). 32p. (J). (gr. 2-3). pap. 9.95 *(978-1-63738-449-7(1));* lib. bdg. 31.35 *(978-1-63738-422-0(X))* North Star Editions. (Apex).
Here: I Can Be Mindful. Ally Condie. Illus. by Jaime Kim. 2023. 32p. (J). (gr. -1-3). 18.99 *(978-0-593-32714-2(4),* Viking Books for Young Readers) Penguin Young Readers Group.
Here a Little & There a Little (Classic Reprint) Agnes Simpson. 2018. (ENG., Illus.). 198p. (J). 27.98 *(978-0-332-78426-7(6))* Forgotten Bks.
Here & Now. Julia Denos. Illus. by E. B. Goodale. 2019. (ENG.). 40p. (J). (gr. -1-3). 17.99 *(978-1-328-46564-1(0),* 1713538, Clarion Bks.) HarperCollins Pubs.
Here & Now Padded Board Book. Julia Denos. Illus. by E. B. Goodale. 2021. (ENG.). 30p. (J). (— 1). bds. 9.99 *(978-0-358-45209-6(0),* 1795634, Clarion Bks.) HarperCollins Pubs.
Here & Now Story -To Seven Year Olds: Experimental Stories Written for the Children (Classic Reprint) Lucy Sprague Mitchell. 2018. (ENG., Illus.). 376p. (J). 31.65 *(978-0-666-70046-9(X))* Forgotten Bks.
Here & Queer: A Queer Girl's Guide to Life. Rowan Ellis. Illus. by Jacky Sheridan. 2022. (ENG.). 160p. (YA). (gr. 9-12). pap. ***(978-0-7112-6475-5(9))*** Frances Lincoln Childrens Bks.
Here & There see Por Aquí y Por Allí
Here & There. Tamara Ellis Smith. ed. 2019. (ENG.). 32p. (J). (gr. k-1). 17.59 *(978-1-64310-840-7(9))* Penworthy Co., LLC, The.
Here & There among the Alps. Frederica Plunket. 2017. (ENG., Illus.). (J). pap. *(978-0-649-60156-1(4))* Trieste Publishing Pty Ltd.
Here & There among the Alps (Classic Reprint) Frederica Plunket. (ENG., Illus.). (J). 2018. 206p. 28.17 *(978-0-656-94921-2(X));* 2017. pap. 10.57 *(978-0-282-37950-6(9))* Forgotten Bks.
Here & There (Classic Reprint) Mabel O'Donnell. 2017. (ENG., Illus.). (J). 24.99 *(978-0-265-82372-9(2));* pap. 9.57 *(978-1-5277-8244-0(1))* Forgotten Bks.
Here & There in England: Including a Pilgrimage to Stratford-Upon-Avon (Classic Reprint) John Dick. (ENG., Illus.). (J). 2018. 228p. 28.58 *(978-0-332-34899-5(7));* 2017. pap. 10.97 *(978-0-243-52102-9(2))* Forgotten Bks.
Here & There in the Home Land: England, Scotland & Ireland, As Seen by a Canadian (Classic Reprint) Canniff Haight. (ENG., Illus.). (J). 2018. 622p. 36.73 *(978-0-365-49850-6(5));* 2016. pap. 19.57 *(978-1-334-14950-4(X))* Forgotten Bks.
Here Are (?) see Hay (?)
Here Are Ladies (Classic Reprint) James Stephens. 2017. (ENG., Illus.). (J). 31.55 *(978-1-5284-8552-4(1))* Forgotten Bks.
Here Babies, There Babies in Summer. Nancy Cohen. Illus. by Carmen Mok. 2021. (ENG.). 16p. (J). bds. 8.95 *(978-1-77108-927-2(X),* 5760e56a-6612-4c91-af8d-d24ef5237a01) Nimbus Publishing, Ltd. CAN. Dist: Baker & Taylor Publisher Services (BTPS).
Here Babies, There Babies on the Farm, 1 vol. Nancy Cohen. Illus. by Lori Joy Smith. 2023. (ENG.). 16p. (J). bds. 8.95 *(978-1-77471-139-2(7),* ee00a4b8-b7b5-4702-a483-9304956e9762) Nimbus Publishing, Ltd. CAN. Dist: Baker & Taylor Publisher Services (BTPS).
Here Come the Bears. Alice Goudey. Illus. by Garry MacKenzie. 2022. (ENG.). 96p. (J). 24.99 ***(978-1-948959-98-8(4))*** Purple Hse. Pr.
Here Come the Bears. Alice Goudey. 2021. (ENG.). 96p. (J). pap. 13.99 *(978-1-948959-46-9(1))* Purple Hse. Pr.
Here Come the Croods: Ready-To-Read Level 2. Adapted by Maggie Testa. 2020. (Croods Movie Ser.). (ENG.). 32p. (J). (gr. k-2). 17.99 *(978-1-5344-6686-9(X));* pap. 4.99 *(978-1-5344-6685-2(1))* Simon Spotlight. (Simon Spotlight).
Here Come the Helpers. Leslie Kimmelman. Illus. by Barbara Bakos. 2018. (ENG.). 14p. (J). (gr. -1). bds. 8.99 *(978-1-5344-0599-8(2),* Little Simon) Little Simon.
Here Come the High Notes. Marin Marka. Illus. by Alexandra Tatu. 2022. (ENG.). 38p. (J). pap. 16.95 ***(978-1-0879-7358-6(9))*** Indy Pub.
Here Come the Leprechauns! Kate Henry. 2019. (ENG.). 34p. (J). 23.95 *(978-1-64349-415-9(5))* Christian Faith Publishing.
Here Come the Numbers. Kyle D. Evans. Illus. by Hana Ayoob. 2019. (ENG.). 42p. (J). pap. *(978-0-9954750-7-6(5))* Explaining Science Publishing.
Here Come the Pirates: Captain Bluebottle Series, Book 2. Margaret Germon. 2020. (Captain Bluebottle Ser.). (ENG.). 130p. (J). pap. ***(978-0-473-51889-9(9))*** MargGermon.
Here Come the Trucks. Rozanne Williams. 2017. (Learn-To-Read Ser.). (ENG., Illus.). (J). pap. 3.49 *(978-1-68310-268-7(1))* Pacific Learning, Inc.
Here Comes Christmas! (Blue's Clues & You) Sara Miller. Illus. by Random House. 2022. (ENG.). 24p. (J). (gr. -1-2). 12.99 *(978-0-593-37984-4(5),* Random Hse. Bks. for Young Readers) Random Hse. Children's Bks.
Here Comes Dwight. Naim Mustafa. Illus. by Anil Yap. 2021. (ENG.). 58p. (J). 21.95 ***(978-1-0880-1537-7(9))*** Indy Pub.
Here Comes Fall! Susan Kantor. Illus. by Katya Longhi. 2021. (ENG.). 26p. (J). (-k). bds. 7.99 *(978-1-5344-8293-7(8),* Little Simon) Little Simon.
Here Comes Hank. Christine McCaulley. Illus. by Renee Di Domizio. 2020. (ENG.). 34p. (J). 24.95 *(978-1-6624-1774-0(8));* pap. 14.95 *(978-1-64628-270-8(1))* Page Publishing Inc.
Here Comes Hercules!, 1. Stella Tarakson. ed. 2020. (Hopeless Heroes Ser.). (ENG.). 208p. (J). (gr. 4-5). 17.79 *(978-1-64697-127-5(2))* Penworthy Co., LLC, The.
Here Comes Nug, the Ladybug. Melvina Rice. 2017. (ENG., Illus.). (J). pap. 20.00 *(978-1-365-93603-6(1))* Lulu Pr., Inc.
Here Comes Ocean. Meg Fleming. Illus. by Paola Zakimi. 2020. (ENG.). 40p. (J). (gr. -1-3). 17.99 *(978-1-5344-2883-6(6),* Beach Lane Bks.) Beach Lane Bks.
Here Comes Peter Cottontail! Steve Nelson & Jack Rollins. 2021. (ENG.). 26p. (J). (gr. -1-1). pap. 5.99 *(978-1-5460-1500-0(0))* Worthy Publishing.
Here Comes Peter Cottontail! Steve Nelson & Jack Rollins. Illus. by Lizzie Walkley. 2020. (ENG.). (J). (gr. -1 — 1). 20p. bds. 7.99 *(978-1-5460-1430-0(6));* 16p. bds. 13.99 *(978-1-5460-1431-7(4))* Worthy Publishing. (Worthy Kids/Ideals).
Here Comes Peter Cottontail! Steve Nelson et al. ed. 2022. (ENG.). 24p. (J). (gr. k-1). 15.46 ***(978-1-68505-225-6(8))*** Penworthy Co., LLC, The.
Here Comes Ralphie. Carlie Charp. 2022. 28p. (J). 21.99 *(978-1-6678-3698-0(6))* BookBaby.
Here Comes Santa! Illus. by Penny Johnson. 2016. (J). *(978-1-4351-6387-4(7))* Barnes & Noble, Inc.
Here Comes Santa Cat. Deborah Underwood. ed. 2018. (ENG.). 84p. (J). (gr. -1-1). 19.96 *(978-1-64310-468-3(3))* Penworthy Co., LLC, The.
Here Comes Santa Claus! Cut Outs Activity Book. Jupiter Kids. 2017. (ENG., Illus.). (J). pap. 9.20 *(978-1-68326-833-8(4),* Jupiter Kids (Childrens & Kids Fiction)) Speedy Publishing LLC.
Here Comes Snow. Alyssa Krekelberg. 2020. (Learning Sight Words Ser.). (ENG.). 24p. (J). (gr. -1-2). lib. bdg. 32.79 *(978-1-5038-3561-0(8),* 213413) Child's World, Inc, The.
Here Comes Spring! Susan Kantor. Illus. by Katya Longhi. 2023. (ENG.). 28p. (J). (gr. -1-k). bds., bds. 7.99 *(978-1-6659-1243-3(X),* Little Simon) Little Simon.
Here Comes Teacher Cat. Deborah Underwood. Illus. by Claudia Rueda. 2018. (ENG.). 88p. (J). (-k). 17.99 *(978-0-399-53905-3(0),* Dial Bks) Penguin Young Readers Group.
Here Comes the Bride... but Where Is the Groom? Wedding-Themed Mazes for Kids. Jupiter Kids. 2017. (ENG., Illus.). (J). pap. 9.20 *(978-1-5419-3360-6(5),* Jupiter Kids (Childrens & Kids Fiction)) Speedy Publishing LLC.
Here Comes the Easter Beagle! Charles M. Schulz. Illus. by Robert Pope. 2018. (Peanuts Ser.). (ENG.). 16p. (J). (gr. -1-2). 5.99 *(978-1-5344-1016-9(3),* Simon Spotlight) Simon Spotlight.
Here Comes the Fix-It Force! Adapted by May Nakamura. 2021. (Chico Bon Bon: Monkey with a Tool Belt Ser.). (ENG.). 12p. (J). (gr. -1-k). bds., bds. 7.99 *(978-1-5344-9993-5(8),* Simon Spotlight) Simon Spotlight.
Here Comes the Moon. Phoenix Baldwin. 2022. (DinoToons Ser.: 1). (ENG.). 32p. (J). 29.95 *(978-1-6678-0178-0(3))* BookBaby.
Here Comes the Moon: A Country Collection. Margaret Blair. 2017. (ENG., Illus.). 114p. (J). pap. *(978-1-4602-9864-0(0))* FriesenPress.
Here Comes the Postman (Classic Reprint) Dorothea Park. 2018. (ENG., Illus.). (J). 100p. 25.96 *(978-1-396-60331-0(X));* 102p. pap. 9.57 *(978-1-391-60463-3(6))* Forgotten Bks.
Here Comes the Rain! Can Animals Predict the Weather? Ginjer L. Clarke. 2022. (Penguin Young Readers, Level 4 Ser.). (Illus.). 48p. (J). (gr. 3-4). 15.99 *(978-0-593-38400-8(8));* pap. 5.99 *(978-0-593-38399-5(0))* Penguin Young Readers Group. (Penguin Young Readers).
Here Comes the Shaggedy. R. L. Stine. 2016. (Goosebumps Most Wanted Ser.: 9). (Illus.). 140p. (J). lib. bdg. 17.20 *(978-0-606-38587-9(8))* Turtleback.
Here Comes the Shaggedy (Goosebumps Most Wanted #9), Vol. 9. R. L. Stine. 2016. (Goosebumps Most Wanted Ser.: 9). (ENG., Illus.). 160p. (J). (gr. 3-7). pap. 6.99 *(978-0-545-82547-4(4),* Scholastic Paperbacks) Scholastic, Inc.
Here Comes the Sunshine. Erica Giardini. Illus. by Floyd Ryan S. Yamyamin. 2021. (ENG.). 22p. (J). *(978-0-2288-5672-6(8));* pap. *(978-0-2288-5671-9(X))* Tellwell Talent.
Here Comes the Taxman! British Taxes on American Colonies Grade 7 Children's American History. Universal Politics. 2022. (ENG.). 72p. (J). 31.99 ***(978-1-5419-9692-2(5));*** pap. 19.99 ***(978-1-5419-5554-7(4))*** Speedy Publishing LLC. (Universal Politics (Politics & Social Sciences)).
Here Comes Trouble. Rosie Amazing. Illus. by Alina Ghervase. 2021. (ENG.). 28p. (J). pap. *(978-1-990292-00-2(3))* Annelid Pr.
Here Comes Trouble! (the Cuphead Show!) Random House. 2022. (Screen Comix Ser.). (ENG., Illus.). 80p. (J). (gr. 1-4). pap. 7.99 *(978-0-593-43204-4(5),* Random Hse. Bks. for Young Readers) Random Hse. Children's Bks.
Here, George! Sandra Boynton. Illus. by George Booth. 2018. (ENG.). 32p. (J). (gr. -1-k). bds. 7.99 *(978-1-5344-2964-2(6))* Simon & Schuster, Inc.
Here Goes Nothing. Alexander C. Eberhart. 2021. (ENG.). 222p. (YA). pap. 14.99 *(978-1-0879-6326-6(5))* Indy Pub.
Here I Am!: a Finger Puppet Book: A Guess How Much I Love You Book. Sam McBratney. Illus. by Anita Jeram. 2018. (Guess How Much I Love You Ser.). (ENG.). 16p. (J). (— 1). bds. 13.99 *(978-1-5362-0389-9(0))* Candlewick Pr.
Here I Come... (Ready or Not) Ryan Ball. Illus. by Ryan Ball. 2020. (ENG., Illus.). 76p. (J). pap. *(978-0-9957323-9-1(6))* SRL Publishing Ltd.
Here I Go! A Travel Journal. Katie Clemons. 2020. 144p. (J). (gr. 3-8). pap. 14.99 *(978-1-4926-9362-8(6))* Sourcebooks, Inc.
Here in the Real World. Sara Pennypacker. (ENG.). (J). 2021. 336p. (gr. 3-7). pap. 9.99 *(978-0-06-269896-4(6));* 2020. 320p. (gr. 3-7). 17.99 *(978-0-06-269895-7(8));* 2020. 320p. pap. *(978-0-06-300132-9(2))* HarperCollins Pubs. (Balzer & Bray).
Here Is A (?) see Aquí Hay (?)
Here Is Big Bunny. Steve Henry. 2017. (I Like to Read Ser.). (ENG.). 32p. (J). (gr. -1-3). 4.99 *(978-0-8234-3885-3(6));* 7.99 *(978-0-8234-3774-0(4))* Holiday Hse., Inc.
Here Is My Cat. Rozanne Williams. 2017. (Learn-To-Read Ser.). (ENG., Illus.). (J). pap. 3.49 *(978-1-68310-328-8(9))* Pacific Learning, Inc.
Here Is the World: a Year of Jewish Holidays. Lesléa Newman. Illus. by Susan Gal. 2022. (ENG.). 48p. (J). (gr. k-2). pap. 6.99 *(978-1-4197-6463-9(2),* 1066803, Abrams Bks. for Young Readers) Abrams, Inc.
Here, Kitty! Nicola Jane Swinney & Nicola Jane Swinney. 2019. (ENG., Illus.). 96p. (J). (gr. 3-5). pap. 12.95 *(978-0-2281-0214-4(6),* e58f9422-eb3c-4e69-8fe0-c840d2d30b18) Firefly Bks., Ltd.
Here, Kitty, Kitty! A Cat Breed Primer, 1 vol. Dawn DeVries Sokol. 2017. (ENG., Illus.). 22p. bds. 9.99 *(978-1-4236-4704-1(1))* Gibbs Smith, Publisher.
Here, Kitty, Kitty! Big Cats Coloring Book. Activibooks For Kids. 2016. (ENG., Illus.). (J). pap. 9.20 *(978-1-68321-779-4(9))* Mimaxion.
Here Kitty! Kitty! Fun Facts Cats Book for Kids Children's Cat Books. Pets Unchained. 2017. (ENG., Illus.). 64p. (J). pap. 9.52 *(978-1-5419-1682-1(4))* Speedy Publishing LLC.
Here Lies Daniel Tate. Cristin Terrill. 2017. (ENG., Illus.). 400p. (YA). (gr. 9). 17.99 *(978-1-4814-8076-5(6),* Simon & Schuster Bks. For Young Readers) Simon & Schuster Bks. For Young Readers.
Here on Earth: Chronicles of Pain, Survival, Hope, & Love. Nkem Denchukwu. Ed. by Melissa Shann. 2019. (ENG., Illus.). 106p. (YA). (gr. 7-12). pap. 14.99 *(978-1-7331416-2-8(6))* Eleviv Publishing Group.
Here She Goes & There She Goes: An Ethiopian Farce in Two Scenes (Classic Reprint) George H. Coes. 2016. (ENG., Illus.). (J). pap. 7.97 *(978-1-333-55279-4(3))* Forgotten Bks.
Here So Far Away. Hadley Dyer. 2018. (ENG.). 368p. (YA). (gr. 9). 17.99 *(978-0-06-247317-2(4),* HarperTeen) HarperCollins Pubs.
Here the Whole Time. Vitor Martins. Tr. by Larissa Helena. (ENG.). 288p. (YA). (gr. 9). 2022. pap. 10.99 *(978-1-338-83977-7(2));* 2020. 18.99 *(978-1-338-62082-5(7),* Scholastic Pr.) Scholastic, Inc.
Here There Are Monsters. Amelinda Berube. 2019. (ENG., Illus.). 352p. (YA). (gr. 8-12). pap. 10.99 *(978-1-4926-7101-5(0))* Sourcebooks, Inc.
Here, There, Everywhere. Julia Durango & Tyler Terrones. 2017. (ENG.). 304p. (YA). (gr. 8). 17.99 *(978-0-06-231403-1(3),* HarperTeen) HarperCollins Pubs.
Here to Cheer! A Sticker & Activity Book. Victoria Saxon. 2020. (Care Bears: Unlock the Magic Ser.). (ENG.). 16p. (J). (-k). pap. 7.99 *(978-0-593-09708-3(4),* Penguin Young Readers Licenses) Penguin Young Readers Group.
Here to Help: Bus Driver. Hannah Phillips. (Here to Help Ser.). (ENG., Illus.). 24p. (J). (gr. k-2). 2018. pap. 11.99 *(978-1-4451-3995-1(2));* 2017. 16.99 *(978-1-4451-3993-7(6))* Hachette Children's Group GBR. (Franklin Watts). Dist: Hachette Bk. Group.
Here to Help: Firefighter. Rachel Blount. 2017. (Here to Help Ser.). (ENG.). 24p. (J). (gr. k-2). pap. 9.99 *(978-1-4451-3999-9(5),* Franklin Watts) Hachette Children's Group GBR. Dist: Hachette Bk. Group.
Here to Help: Police Officer. Rachel Blount. 2017. (Here to Help Ser.). (ENG., Illus.). 24p. (J). (gr. k-2). pap. 9.99 *(978-1-4451-3988-3(X),* Franklin Watts) Hachette Children's Group GBR. Dist: Hachette Bk. Group.
Here to Help: Refuse Collector. Rachel Blount. ed. 2020. (Here to Help Ser.). (ENG., Illus.). 24p. (J). (gr. k-2). pap. 10.99 *(978-1-4451-4032-2(2),* Franklin Watts) Hachette Children's Group GBR. Dist: Hachette Bk. Group.
Here to Stay. Sara Farizan. 2018. (ENG.). 272p. (YA). (gr. 8-12). 17.95 *(978-1-61620-700-7(0),* 73700) Algonquin Young Readers.
Here to Stay: A Collection of Jewish Short Stories (Classic Reprint) Solomon Baruch Komaiko. (ENG., Illus.). (J). 2018. 342p. 30.99 *(978-0-484-53650-9(8));* 2017. pap. 13.57 *(978-0-243-38124-1(7))* Forgotten Bks.
Here to There. Megan Cooley Peterson & Erika L. Shores. 2016. (Here to There Ser.). (ENG., Illus.). 24p. (J). (gr. -1-2). 117.28 *(978-1-4914-8448-7(9),* 24092, Capstone Pr.) Capstone.
Here to There. Jennifer Szymanski. ed. 2020. (National Geographic Readers Ser.). (ENG.). 47p. (J). (gr. k-1). 14.96 *(978-1-64697-286-9(4))* Penworthy Co., LLC, The.
Here to There & Back Again. Gail Wilson Kenna. 2020. (ENG., Illus.). 128p. (YA). (gr. 7-12). pap. 15.00 *(978-1-7341602-2-2(5))* Crosshill Creek Pubns., LLC.
Here Today & Gone Tomorrow! Penelope Dyan. Illus. by Penelope Dyan. l.t. ed. 2022. (ENG.). 34p. (J). pap. 12.60 *(978-1-61477-588-1(5))* Bellissima Publishing, LLC.
Here We Are: Feminism for the Real World. Kelly Jensen. 2017. (ENG., Illus.). 240p. (YA). (gr. 9-12). pap. 17.95 *(978-1-61620-586-7(5),* 73586) Algonquin Young Readers.
Here We Are: Notes for Living on Planet Earth. Oliver Jeffers. Illus. by Oliver Jeffers. 2017. (ENG., Illus.). 48p. (J). (gr. -1-2). 19.99 *(978-0-399-16789-8(7),* Philomel Bks.) Penguin Young Readers Group.
Here We Are: Book of Animals. Oliver Jeffers. 2021. (ENG., Illus.). 26p. (J). (-k). bds. 9.99 *(978-0-593-46609-4(8),* Philomel Bks.) Penguin Young Readers Group.
Here We Are: Book of Colors. Oliver Jeffers. Illus. by Oliver Jeffers. 2022. (ENG., Illus.). 26p. (J). (— 1). bds. 9.99 *(978-0-593-52788-7(7),* Philomel Bks.) Penguin Young Readers Group.
Here We Are: Book of Numbers. Oliver Jeffers. 2021. (ENG.). 26p. (J). (-k). bds. 9.99 *(978-0-593-46612-4(8),* Philomel Bks.) Penguin Young Readers Group.
Here We Are: Book of Opposites. Oliver Jeffers. Illus. by Oliver Jeffers. 2022. (ENG., Illus.). 26p. (J). (— 1). bds. 9.99 *(978-0-593-52785-6(2),* Philomel Bks.) Penguin Young Readers Group.
Here We Are Now. Jasmine Warga. 2017. 292p. (YA). *(978-0-06-269404-1(9))* Addison Wesley.
Here We Are Now. Jasmine Warga. 2017. (ENG.). 304p. (YA). (gr. 9). 17.99 *(978-0-06-232470-2(5),* Balzer & Bray) HarperCollins Pubs.
Here We Come!, 1. Tim McCanna. ed. 2023. (Peach & Plum Graphic Nvls Ser.). (ENG.). 95p. (J). (gr. 1-4). 18.96 ***(978-1-68505-734-3(9))*** Penworthy Co., LLC, The.
Here We Come, Construction Fun!, 1 vol. Rhonda Gowler Greene. Illus. by Dean MacAdam. 2018. (ENG.). 24p. (J). bds. 9.99 *(978-0-310-76389-5(4))* Zonderkidz.
Here We Go!, 4 bks., Set, Group 1. Steven Otfinoski. Incl. Behind the Wheel: Cars Then & Now. lib. bdg. 22.79 *(978-0-7614-0403-3(1));* Into the Wind: Sailboats Then & Now. lib. bdg. 22.79 *(978-0-7614-0405-7(8));* Pedaling Along: Bikes Then & Now. lib. bdg. 22.79 *(978-0-7614-0402-6(3));* Taking Off: Planes Then & Now. lib. bdg. 22.79 *(978-0-7614-0407-1(4));* 32p. (J). (gr. 1-12).

868 The check digit for ISBN-10 appears in parentheses after the full ISBN-13

1996. (Illus.). lib. bdg. *(978-0-7614-0401-9(5))* Marshall Cavendish Corp.

Here We Go Digging for Dinosaur Bones. Susan Lendroth. Illus. by Bob Kolar. (J). 2023. 28p. (— 1). bds. 8.99 *(978-1-62354-375-4(4))*; 2020. 32p. (gr. -1-3). lib. bdg. 17.99 *(978-1-62354-104-0(2))* Charlesbridge Publishing, Inc.

Here We Go Looby Loo. Laura Freeman. Illus. by Laura Freeman. 2023. (Classic Children's Songs Ser.). (ENG.). 16p. (J). (gr. -1-2). 29.93 *(978-1-5038-6551-8(7)*, 216450) Child's World, Inc, The.

Here We Go! (Nintendo(r)) Steve Foxe. Illus. by Random House. 2019. (ENG.). 128p. (J). (-k). pap. 7.99 *(978-0-525-64721-8(X)*, Random Hse. Bks. for Young Readers) Random Hse. Children's Bks.

Here We Go Round the Mulberry Bush. Jane Cabrera. (Jane Cabrera's Story Time Ser.). 32p. (J). 2023. (ENG., Illus.). (— 1). pap. 8.99 ***(978-0-8234-5595-9(5))***; 2019. (Illus.). (-k). 18.99 *(978-0-8234-4463-2(5))*; 2019. (gr. -1 — 1). bds. 7.99 *(978-0-8234-4462-5(7))* Holiday Hse., Inc.

Heredera / the Heir, Vol. 2. Kiera Cass. Tr. by María Angulo Fernández. 2017. (Selection Ser.: 4). (SPA.). 320p. (J). (gr. 8-12). pap. 12.95 *(978-84-16240-69-2(8))* Penguin Random House Grupo Editorial ESP. Dist: Penguin Random Hse. LLC.

Heredera en Seda Roja. Madeline Hunter. 2022. (SPA.). 120p. (YA). pap. 17.95 ***(978-607-07-9263-2(7))*** Editorial Planeta, S. A. ESP. Dist: Two Rivers Distribution.

Heredite et Alcoolisme: Resume Analytique et Critique des Etudes Experimentales du Prof. Ch. R. Stockard Sur l'Action Blastophthorique de l'Alcool (Classic Reprint) Ed Bertholet. 2018. (FRE., Illus.). (J). 34p. 24.62 *(978-0-428-30106-4(1))*; 36p. pap. 7.97 *(978-0-484-98828-5(X))* Forgotten Bks.

Heredity. Mason Anders. 2017. (Genetics Ser.). (ENG., Illus.). 32p. (J). (gr. 3-6). lib. bdg. 27.99 *(978-1-5157-7257-6(8)*, 135581, Capstone Pr.) Capstone.

Heredity. Lauren D. Quinn. 2016. (Illus.). 32p. (J). *(978-1-5105-1186-6(5))* SmartBook Media, Inc.

Heredity & Genetics, 12 vols. 2018. (Heredity & Genetics Ser.). (ENG.). 80p. (gr. 8-8). lib. bdg. 225.60 *(978-1-9785-0020-4(3)*, 3b0348c8-8123-4b21-843c-a72853f7fd98) Enslow Publishing, LLC.

Hereford: A Story (Classic Reprint) M. Dunton Sparrow. 2018. (ENG., Illus.). 194p. (J). 27.92 *(978-0-483-60666-1(9))* Forgotten Bks.

Herefordshire Words & Phrases: Colloquial & Archaic, about 1300 in Number, Current in the County (Classic Reprint) Francis T. Havergal. (ENG., Illus.). (J). 2018. 60p. 25.13 *(978-0-428-64401-7(5))*; 2016. pap. 9.57 *(978-1-333-74538-7(9))* Forgotten Bks.

¡Herejes! Los Maravillosos (y Peligrosos) Inicios de la Filosofía Moderna. Steven Nadler. Illus. by Ben Nadler. 2020. (Divulgación Ser.). (SPA.). 184p. (J). (gr. 4-7). pap. 19.95 *(978-607-527-746-2(3))* Editorial Oceano de Mexico MEX. Dist: Independent Pubs. Group.

Here's a New One: A Book of after Dinner Stories (Classic Reprint) Adolph Davidson. (ENG., Illus.). (J). 2018. 104p. 26.04 *(978-0-484-09557-0(9))*; 2016. pap. 9.57 *(978-1-334-12447-1(7))* Forgotten Bks.

Here's How Data Mining & Analysis Work, 1 vol. Jonathan Bard. 2018. (Tech Troubleshooters Ser.). (ENG.). 24p. (gr. 3-3). 25.27 *(978-1-5383-2951-1(4)*, 568ed933-780b-4577-88df-fa55ea23f161, PowerKids Pr.) Rosen Publishing Group, Inc., The.

Here's How to Make Computing Devices Available to Everyone, 1 vol. David Machajewski. 2018. (Tech Troubleshooters Ser.). (ENG.). 24p. (gr. 3-3). 25.27 *(978-1-5383-2963-4(8)*, a5bde960-aa4d-4d55-a948-67686c3e06cd, PowerKids Pr.) Rosen Publishing Group, Inc., The.

Here's the Naughtiest Girl: Book 4. Enid Blyton. 2022. (Naughtiest Girl Ser.). (ENG.). 80p. (J). (gr. 2-4). 10.99 *(978-1-4449-5863-8(1))* Hachette Children's Group GBR. Dist: Hachette Bk. Group.

Here's the Reason God Made Me. Mikal Keefer. Illus. by Paula Becker. 2017. (Best of Li'l Buddies Ser.). (ENG.). 16p. (J). bds. 6.99 *(978-1-4707-4860-9(6))* Group Publishing, Inc.

Here's to the Day! (Classic Reprint) Charles Agnew MacLean. 2017. (ENG., Illus.). (J). 30.41 *(978-0-265-72715-7(4))*; pap. 13.57 *(978-1-5276-8711-0(2))* Forgotten Bks.

Here's to Us. Becky Albertalli & Adam Silvera. (ENG.). 480p. (YA). (gr. 9). 2022. pap. 14.99 *(978-0-06-307164-3(9)*, Balzer & Bray); 2021. 19.99 *(978-0-06-307163-6(0)*, Quill Tree Bks.) HarperCollins Pubs.

Here's to You, Zeb Pike. Johanna Parkhurst. 2016. (ENG., Illus.). (J). 24.99 *(978-1-63533-027-4(0)*, Harmony Ink Pr.) Dreamspinner Pr.

Here's to Your Dreams! A Teatime with Noah Book. Dave Hollis. Illus. by Arief Putra. 2022. (ENG.). 32p. (J). 18.99 *(978-1-4002-3175-1(2)*, Tommy Nelson) Nelson, Thomas Inc.

Heresy of Mehetabel Clark (Classic Reprint) Annie Trumbull Slosson. 2018. (ENG., Illus.). 114p. (J). 26.25 *(978-0-267-26875-7(0))* Forgotten Bks.

Heresy: the Spanish Inquisition, 1 vol. Gerry Boehme. 2016. (Public Persecutions Ser.). (ENG., Illus.). 128p. (YA). (gr. 9-9). 47.36 *(978-1-5026-2329-4(3)*, 449989d7-f68c-4940-9d56-ef10c85eabd5) Cavendish Square Publishing LLC.

Heretic, Vol. 2 Of 3: Or, the German Stranger, an Historical Romance of the Court of Russia in the Fifteenth Century (Classic Reprint) Thomas B. Shaw. 2018. (ENG., Illus.). 264p. (J). 29.36 *(978-0-483-25860-0(1))* Forgotten Bks.

Heretics Anonymous. Katie Henry. (ENG.). (YA). (gr. 8). 2019. 352p. pap. 10.99 *(978-0-06-269888-9(5))*; 2018. 336p. 17.99 *(978-0-06-269887-2(7))* HarperCollins Pubs. (Tegen, Katherine Bks).

Herford Aesop: Fifty Fables in Verse. Oliver Herford. 2017. (ENG., Illus.). 108p. (J). pap. *(978-0-649-75845-6(5))* Trieste Publishing Pty Ltd.

Herford Aesop: Fifty Fables in Verse (Classic Reprint) Oliver Herford. (ENG., Illus.). (J). 2018. 108p. 26.14 *(978-0-267-31878-0(2))*; 2016. pap. 9.57 *(978-1-333-47732-5(5))* Forgotten Bks.

Heri Kujikwaa Mguu. Peter Juma. 2022. (SWA.). 24p. (J). pap. 14.99 ***(978-1-0878-9171-2(X))*** Indy Pub.

Heristal's Wife (Classic Reprint) Cecil Adair. (ENG., Illus.). (J). 2018. 336p. 30.85 *(978-0-483-79233-3(0))*; 2016. pap. 13.57 *(978-1-333-64469-7(8))* Forgotten Bks.

Heritage. Jenna Greene. 2018. (ENG., Illus.). 252p. (J). pap. 14.99 *(978-1-947128-68-2(X))* Champagne Book Group.

Heritage: A Story of Defeat & Victory (Classic Reprint) Burton Egbert Stevenson. (ENG., Illus.). (J). 2018. 334p. 30.79 *(978-0-666-74411-1(4))*; 2017. pap. 13.57 *(978-0-282-32063-8(6))* Forgotten Bks.

Heritage: And Other Stories (Classic Reprint) Viola Brothers Shore. (ENG., Illus.). (J). 2018. 296p. 30.02 *(978-0-267-00523-9(7))*; 2017. pap. 13.57 *(978-0-243-99979-8(8))* Forgotten Bks.

Heritage & Other Stories (Classic Reprint) Guy De Maupassant. 2018. (ENG., Illus.). 258p. (J). 29.22 *(978-0-483-43263-5(6))* Forgotten Bks.

Heritage (Classic Reprint) Vita Sackville-West. 2017. (ENG., Illus.). (J). 30.56 *(978-1-5279-8407-3(9))* Forgotten Bks.

Heritage of Dedlow Marsh. Bret Harte. 2017. (ENG.). 302p. (J). pap. *(978-3-337-08410-3(9))*; pap. *(978-3-337-02297-6(9))* Creation Pubs.

Heritage of Dedlow Marsh: And Other Tales (Classic Reprint) Bret Harte. 2018. (ENG., Illus.). 300p. (J). 30.08 *(978-0-267-21054-1(X))* Forgotten Bks.

Heritage of Dedlow Marsh & Other Tales. Bret Harte. 2016. (ENG.). (J). 218p. pap. *(978-3-7434-0751-0(5))*; 208p. pap. *(978-3-7434-0752-7(3))* Creation Pubs.

Heritage of Dedlow Marsh, & Other Tales, Vol. 1 of 2 (Classic Reprint) Bret Harte. 2018. (ENG., Illus.). 222p. (J). 28.48 *(978-0-267-46325-1(1))* Forgotten Bks.

Heritage of Dedlow Marsh, & Other Tales, Vol. 2 of 2 (Classic Reprint) Bret Harte. 2018. (ENG., Illus.). 210p. (J). 28.23 *(978-0-666-55245-7(2))* Forgotten Bks.

Heritage of Eve (Classic Reprint) H. H. Spettigue. (ENG., Illus.). (J). 2018. 386p. 31.86 *(978-0-428-82269-9(X))*; 2017. pap. 16.57 *(978-1-334-99008-3(5))* Forgotten Bks.

Heritage of Hate (Classic Reprint) Charles Garvice. (ENG., Illus.). (J). 2018. 376p. 31.65 *(978-0-483-75374-7(2))*; 2017. pap. 16.57 *(978-0-243-39484-5(5))* Forgotten Bks.

Heritage of History: Children of the Dawn (Classic Reprint) Evan Davies. (ENG., Illus.). (J). 2018. 124p. 26.45 *(978-0-364-78770-0(8))*; 2017. pap. 9.57 *(978-0-259-48523-0(3))* Forgotten Bks.

Heritage of Peril (Classic Reprint) Arthur W. Marchmont. 2018. (ENG., Illus.). 338p. (J). 30.87 *(978-0-428-56413-1(5))* Forgotten Bks.

Heritage of the Desert. Zane Grey. 2020. (ENG.). (J). 198p. 19.95 *(978-1-63637-071-2(3))*; 196p. pap. 10.95 *(978-1-63637-070-5(5))* Bibliotech Pr.

Heritage of the Desert: A Novel (Classic Reprint) Zane Grey. 2017. (ENG., Illus.). (J). 30.33 *(978-0-265-33101-9(3))* Forgotten Bks.

Heritage of the Hills (Classic Reprint) Arthur P. Hankins. 2017. (ENG., Illus.). (J). 30.39 *(978-0-266-22145-6(9))* Forgotten Bks.

Heritage of the Kurts (Classic Reprint) Bjornstjerne Bjornson. 2017. (ENG., Illus.). (J). 30.87 *(978-0-265-19316-7(8))* Forgotten Bks.

Heritage of the Kurts, Vol. 2 (Classic Reprint) Bjornstjerne Bjornson. 2017. (ENG., Illus.). (J). 29.09 *(978-0-265-21057-4(7))* Forgotten Bks.

Heritage of the Sioux (Classic Reprint) B. M. Bower. (ENG., Illus.). (J). 2018. 340p. 30.91 *(978-0-364-56028-0(2))*; 2018. 326p. 30.62 *(978-0-267-18375-3(5))*; 2017. pap. 13.57 *(978-0-259-47780-8(X))* Forgotten Bks.

Heritage of Unrest (Classic Reprint) Gwendolen Overton. 2017. (ENG., Illus.). (J). 30.99 *(978-1-5283-6361-7(2))* Forgotten Bks.

Herman & Sherman Become Friends. Torrey Hales. 2019. (ENG., Illus.). 30p. (J). pap. 13.95 *(978-1-64471-664-9(X))* Covenant Bks.

Herman Gets a Haircut. Anastacia Rene. 2016. (ENG., Illus.). (J). 20.95 *(978-1-68409-067-9(9))* Page Publishing Inc.

Herman Jiggle, Go to Sleep!, Volume 2. Julia Cook. Illus. by Michael Garland. ed. 2020. (Socially Skilled Kids Ser.: 2). (ENG.). 31p. (J). (gr. -1-5). pap. 10.95 *(978-1-944882-58-7(8))* Boys Town Pr.

Herman Jiggle, Just Be YOU!, Volume 4. Julia Cook. Illus. by Michael Garland. 2023. (Socially Skilled Kids Ser.: 4). (ENG.). 31p. (J). (gr. k-5). pap. 11.95 ***(978-0-938510-89-5(4)***, 55-058) Boys Town Pr.

Herman Jiggle, Say Hello! How to Talk to People When Your Words Get Stuck, Volume 1. Julia Cook. Illus. by Michael Garland. ed. 2020. (Socially Skilled Kids Ser.). (ENG.). 31p. (J). (gr. -1-5). pap. 10.95 *(978-1-944882-51-8(0))* Boys Town Pr.

Herman Melville: Moby Dick. Illus. by Arianna Bellucci. 2023. (ENG.). 120p. (J). pap. 6.95 *(978-1-80263-049-7(X)*, 77cb6be4-c925-4ce8-9a15-74174d173a6d) Sweet Cherry Publishing GBR. Dist: Baker & Taylor Publisher Services (BTPS).

Herman of Unna, Vol. 1 Of 3: A Series of Adventures of the Fifteenth Century, in Which the Proceedings of the Secret Tribunal under the Emperors Winceslaus & Sigismond, Are Delineated (Classic Reprint) Karl Gottlieb Kramer. (ENG., Illus.). (J). 2018. 276p. 29.65 *(978-0-428-40598-4(3))*; 2017. pap. 11.97 *(978-0-243-26117-8(9))* Forgotten Bks.

Herman of Unna, Vol. 3 Of 3: A Series of Adventures of the Fifteenth Century, in Which the Proceedings of the Secret Tribunal under the Emperors Winceslaus & Sigismond, Are Delineated (Classic Reprint) Benedikte Naubert. 2018. (ENG., Illus.). 264p. (J). 29.36 *(978-0-267-54372-4(7))* Forgotten Bks.

Herman, or Young Knighthood, Vol. 1 (Classic Reprint) E. Foxton. 2018. (ENG., Illus.). 420p. (J). 32.58 *(978-0-428-96619-5(5))* Forgotten Bks.

Herman Takes a Walk. Kim M. Huhn. Illus. by Susan y Bloye. 2018. (ENG.). 32p. (J). 22.00 *(978-0-692-07421-3(X))* Sacred Structure Pr.

Herman, the Fourth Little Pig. David Ward. 2022. (ENG.). 38p. (J). pap. 12.99 *(978-1-64446-014-6(9))* Rowe Publishing.

Herman the Hermit Crab: A Reel Dilemma. Cindy W. Hollingsworth. 2017. (ENG., Illus.). (J). (gr. k-3). pap. 13.99 *(978-1-946198-03-7(X))* Paws and Claws Publishing, LLC.

Herman, Vol. 2: Or Young Knighthood (Classic Reprint) E. Foxton. 2018. (ENG., Illus.). 396p. (J). 32.06 *(978-0-483-40236-2(2))* Forgotten Bks.

Hermana. Joana Estrela. 2019. (SPA.). 34p. (YA). (gr. 7). 19.99 *(978-987-4163-06-6(2))* Lectura Colaborativa ARG. Dist: Independent Pubs. Group.

Hermana de la Delantera. Jake Maddox. Illus. by Katie Wood. 2023. (Jake Maddox en Español Ser.). (SPA.). 72p. (J). 25.99 *(978-1-6690-1436-2(3)*, 248259); pap. 6.99 *(978-1-6690-1527-7(0)*, 248260) Capstone. (Stone Arch Bks.).

Hermanita de las niñeras #1: la Bruja de Karen (Karen's Witch) Ann M. Martin. Illus. by Katy Farina. 2020. (Hermanita de Las Niñeras Ser.).Tr. of Baby-Sitters Little Sister #1: Karen's Witch. (SPA.). 144p. (J). (gr. 2-5). pap. 10.99 *(978-1-338-67013-4(1)*, Scholastic en Espanol) Scholastic, Inc.

Hermanita de las niñeras #2: Los Patines de Karen (Karen's Roller Skates) Ann M. Martin. Illus. by Katy Farina. 2020. (Hermanita de Las Niñeras Ser.).Tr. of BSLS GRAPHIX #2: Karen's Roller Skates. (SPA.). 128p. (J). (gr. 2-5). pap. 10.99 *(978-1-338-71556-9(9)*, Scholastic en Espanol) Scholastic, Inc.

Hermanita de las niñeras #3: el Peor día de Karen (Karen's Worst Day) Ann M. Martin. Illus. by Katy Farina. 2021. (Hermanita de Las Niñeras Ser.: 3). (SPA.). 144p. (J). (gr. 2-5). pap. 10.99 *(978-1-338-76753-7(4)*, Scholastic en Espanol) Scholastic, Inc.

Hermanita de las niñeras #4: el Club de Los Gatitos de Karen (Karen's Kittycat Club) Ann M. Martin. Illus. by Katy Farina. 2022. (Hermanita de Las Niñeras Ser.). (SPA.). 144p. (J). (gr. 2-5). pap. 10.99 *(978-1-338-78969-0(4)*, Scholastic en Espanol) Scholastic, Inc.

Hermann & Dorothea: From the German (Classic Reprint) Johann Wolfgang Von Goethe. 2017. (ENG., Illus.). (J). 27.40 *(978-0-266-51894-5(X))*; pap. 9.97 *(978-0-243-17364-8(4))* Forgotten Bks.

Hermano Menor, Hermana Mayor. Mary Lindeen. Illus. by Sylvia Vivanco. 2016. (Early Rising Readers Ser.). (SPA.). 16p. (J). (gr. 1-1). 6.67 *(978-1-4788-3723-7(3))* Newmark Learning LLC.

Hermano Menor, Hermana Mayor - 6 Pack. Mary Lindeen. 2016. (Early Rising Readers Ser.). (SPA.). (J). (gr. 1). 40.00 net. *(978-1-4788-4666-6(9))* Newmark Learning LLC.

Hermanos. Iris de Mouy. 2022. (SPA.). 36p. (J). (gr. k-k). 21.99 ***(978-84-125755-0-7(4))*** Babulinka Libros ESP. Dist: Lectorum Pubns., Inc.

Hermes. Teri Temple. 2016. (J). *(978-1-4896-4649-1(3))* Weigl Pubs., Inc.

Hermes: God of Travels & Trade. Teri Temple. Illus. by Robert Squier. 2019. (Greek Gods & Goddesses Ser.). (ENG.). 32p. (J). (gr. 3-6). lib. bdg. 35.64 *(978-1-5038-3260-2(0)*, 213028) Child's World, Inc, The.

Hermes: Tales of the Trickster. George O'Connor. 2018. (Olympians Ser.: 10). (ENG., Illus.). 80p. (J). 21.99 *(978-1-62672-524-9(1)*, 900160419); pap. 12.99 *(978-1-62672-525-6(X)*, 900160420) Roaring Brook Pr. (First Second Bks.).

Hermes & the Horse with Wings. Tracey West. Illus. by Craig Phillips. 2017. (Heroes in Training Ser.: 13). (ENG.). 112p. (J). (gr. 1-4). pap. 5.99 *(978-1-4814-8831-0(7)*, Simon & Schuster/Paula Wiseman Bks.) Simon & Schuster/Paula Wiseman Bks.

Hermes & the Horse with Wings. Tracey West et al. ed. 2017. (Heroes in Training Ser.: 13). lib. bdg. 16.00 *(978-0-606-39738-4(8))* Turtleback.

Hermes & the Horse with Wings, 13. Tracey West. ed. 2019. (Heroes in Training Ch Bks). (ENG.). 98p. (J). (gr. 2-3). 15.49 *(978-1-64697-108-4(6))* Penworthy Co., LLC, The.

Hermese the Dragon Ambassador. Lea Ruggles. 2021. (ENG.). 110p. (YA). pap. 13.95 *(978-1-63710-110-0(4))* Fulton Bks.

Hermetick Romance, or the Chymical Wedding (Classic Reprint) Christian Rosencreutz. (ENG., Illus.). (J). 2017. 27.90 *(978-0-331-45363-8(0))*; 2016. pap. 10.57 *(978-1-334-17060-7(6))* Forgotten Bks.

Hermie & Me under the Spaghetti Tree. Donna Briceland. Illus. by Nicole Milley. 2019. (ENG.). 30p. (J). (gr. k-2). 19.95 *(978-1-7326830-6-8(9))* Piranhoo eLaunch LLC.

Hermie's Mishap. Helen Mun. 2021. (ENG.). 62p. (J). *(978-0-6489707-2-9(8))* Mun, Helen.

Hermione: And Her Little Group of Serious Thinkers (Classic Reprint) Don Marquis. 2017. (ENG., Illus.). (J). 27.98 *(978-0-266-19611-2(X))* Forgotten Bks.

Hermione Granger: Harry Potter Student Turned Heroine. Kenny Abdo. 2020. (Fierce Females of Fiction Ser.). (ENG., Illus.). 24p. (J). (gr. 2-8). lib. bdg. 31.36 *(978-1-0982-2312-0(8)*, 36261, Abdo Zoom-Fly) ABDO Publishing Co.

Hermione Granger's Unofficial Life Lessons & Words of Wisdom: What Would Hermione (from the Harry Potter Series) Say? Euphemia Noble. 2018. (ENG., Illus.). 112p. (YA). (gr. 7-12). pap. 19.95 *(978-1-61699-280-4(8))* Happy About.

Hermione Granger's Unofficial Life Lessons & Words of Wisdom: What Would Hermione (from the Harry Potter Series) Say? Euphemia Pinkerton Noble. 2018. (ENG., Illus.). 112p. (YA). (gr. 7-12). 24.95 *(978-1-61699-281-1(6))* Happy About.

Hermit, 1 vol. Jan Coates. 2020. (ENG.). 160p. (J). pap. 10.95 *(978-1-77108-830-5(3)*, f6bb1160-bf8b-4882-87de-40f1b97e5bbb) Nimbus Publishing, Ltd. CAN. Dist: Baker & Taylor Publisher Services (BTPS).

Hermit a Story of the Wilderness (Classic Reprint) Charles Clark Munn. 2017. (ENG., Illus.). (J). 32.89 *(978-0-331-90182-5(X))* Forgotten Bks.

Hermit & the Wild Woman: And Other Stories (Classic Reprint) Edith Warton. 2017. (ENG., Illus.). (J). 29.86 *(978-1-5279-8062-4(6))* Forgotten Bks.

Hermit Crab. Katesalin Pagkaihang. 2017. (Our Animal Friends Ser.). (ENG.). 58p. (J). pap. 13.99 *(978-616-445-039-4(X))*; (Illus.). (gr. 1-6). 16.99 *(978-616-445-038-7(1))* Pagkaihang, Katesalin.

Hermit Crab: Leveled Reader Yellow Fiction Level 7 Grade 1. Hmh Hmh. 2019. (Rigby PM Ser.). (ENG.). 16p. (J). (gr. 1). pap. 11.00 *(978-0-358-12165-7(5))* Houghton Mifflin Harcourt Publishing Co.

Hermit Crabs. Ellen Lawrence. 2018. (Day at the Beach: Animal Life on the Shore Ser.). (ENG.). 24p. (J). (gr. -1-3). lib. bdg. 26.99 *(978-1-68402-445-2(5))*; E-Book 41.36 *(978-1-68402-503-9(6))* Bearport Publishing Co., Inc.

Hermit Crabs. Christina Leaf. 2021. (Favorite Pets Ser.). (ENG., Illus.). 24p. (J). (gr. -1-2). lib. bdg. 25.95 *(978-1-64487-364-9(8)*, Blastoff! Readers) Bellwether Media.

Hermit Crab's Shell, 1 vol. Arthur Best. 2018. (Animal Homes Ser.). (ENG.). 24p. (gr. 1-1). 27.36 *(978-1-5026-3658-4(1)*, aefaf515-e2fb-4644-82ca-58d127e923c3) Cavendish Square Publishing LLC.

Hermit Hill. Nancy Deas. Illus. by Mike Deas. 2022. (Sueño Bay Adventures Ser.: 3). (ENG.). 192p. (J). (gr. 1-3). pap. 14.95 *(978-1-4598-3149-0(7)*, 1459831497) Orca Bk. Pubs. USA.

Hermit in London, or Sketches of English Manners (Classic Reprint) Felix M'Donogh. 2017. (ENG., Illus.). (J). pap. 13.57 *(978-0-259-26164-3(5))* Forgotten Bks.

Hermit in London, or Sketches of English Manners, Vol. 1 (Classic Reprint) Felix M'Donogh. (ENG., Illus.). (J). 2018. 244p. 28.95 *(978-0-483-14757-7(5))*; 2017. pap. 11.57 *(978-0-259-20187-8(1))* Forgotten Bks.

Hermit in the Country, or Sketches of English Manners, Vol. 2 (Classic Reprint) Felix M'Donogh. 2018. (ENG., Illus.). 248p. (J). 29.03 *(978-0-483-75129-3(4))* Forgotten Bks.

Hermit in the Country, or Sketches of English Manners, Vol. 4 (Classic Reprint) Felix M'Donogh. 2018. (ENG., Illus.). 276p. (J). 29.59 *(978-0-483-55928-8(8))* Forgotten Bks.

Hermit in the Country, Vol. 1: A Trip to Richmond (Classic Reprint) Unknown Author. 2018. (ENG., Illus.). 294p. (J). 29.98 *(978-0-332-68999-9(9))* Forgotten Bks.

Hermit in the Country, Vol. 3 (Classic Reprint) Unknown Author. 2018. (ENG., Illus.). 242p. (J). 28.91 *(978-0-483-57032-0(X))* Forgotten Bks.

Hermit Island (Classic Reprint) Katharine Lee Bates. 2017. (ENG., Illus.). (J). 348p. 31.09 *(978-0-484-33447-1(6))*; pap. 13.57 *(978-0-282-08017-4(1))* Forgotten Bks.

Hermit of Erving Castle: Erving, Mass (Classic Reprint) Unknown Author. 2018. (ENG., Illus.). 66p. (J). 25.26 *(978-0-484-69564-0(9))* Forgotten Bks.

Hermit of Far End (Classic Reprint) Margaret Pedler. 2017. (ENG., Illus.). (J). 31.14 *(978-0-265-71388-4(9))*; pap. 13.57 *(978-1-5276-6821-8(5))* Forgotten Bks.

Hermit of Lover's Lane (Classic Reprint) Cornelia Minor Arnold. (ENG., Illus.). (J). 2018. 38p. 24.68 *(978-0-484-51292-3(7))*; 2017. pap. 7.97 *(978-0-243-22367-1(6))* Forgotten Bks.

Hermit of Motee Jhurna, or Pearl Spring. C. Vernieux. 2017. (ENG.). 230p. (J). pap. *(978-3-337-07373-2(5))* Creation Pubs.

Hermit of Motee Jhurna, or Pearl Spring: Also Indian Tales & Anecdotes, Moral & Instructive (Classic Reprint) C. Vernieux. (ENG., Illus.). (J). 2018. 232p. 28.68 *(978-0-267-26874-0(2))*; 2016. pap. 11.57 *(978-1-334-11213-3(4))* Forgotten Bks.

Hermit of Motee Jhurna, or Pearl Spring; Also Indian Tales & Anecdotes, Moral & Instructive. C. Vernieux. 2017. (ENG., Illus.). (J). pap. *(978-0-649-22331-2(4))* Trieste Publishing Pty Ltd.

Hermit of Nottingham: A Novel (Classic Reprint) Charles Conrad Abbott. (ENG., Illus.). (J). 2018. 332p. 30.76 *(978-0-365-52429-8(8))*; 2017. pap. 13.57 *(978-0-259-20762-7(4))* Forgotten Bks.

Hermit of the Forest: Or, Wandering Infants; a Rural Tale (Classic Reprint) Unknown Author. 2018. (ENG., Illus.). 32p. (J). 24.58 *(978-0-484-37047-9(2))* Forgotten Bks.

Hermit of the Rock. J. Sadlier. 2016. (ENG., Illus.). (J). pap. *(978-3-7428-2739-5(1))* Creation Pubs.

Hermit of the Rock: A Tale of Cashel (Classic Reprint) J. Sadlier. (ENG., Illus.). (J). 2018. 494p. 34.09 *(978-0-666-14095-1(2))*; 2016. pap. 16.57 *(978-1-333-37879-0(3))* Forgotten Bks.

Hermit of Turkey Hollow: The Story of an Alibi, Being an Exploit of Ephraim Tutt Attorney Counselor at Law (Classic Reprint) Arthur Train. (ENG., Illus.). (J). 2018. 214p. 28.33 *(978-0-483-78041-5(3))*; 2017. pap. 10.97 *(978-0-259-01675-5(6))* Forgotten Bks.

Hermit, or the Unparalled Sufferings & Surprising Adventures of Mr. Philip Quarll, & Englishman: Who Was Lately Discovered by Mr. Dorrington, a Bristol Merchant upon an Uninhabited Island in the South-Sea (Classic Reprint) Peter Longueville. 2018. (ENG., Illus.). 282p. (J). 29.71 *(978-0-483-45198-8(3))* Forgotten Bks.

Hermit, or the Unparalleled Sufferings & Surprising Adventures of Philip Quarll, an Englishman: Who Was Discovered by Mr. Dorrington, a Bristol-Merchant, upon an Uninhabited Island, in the South-Sea, Where He Lived about Fifty Years, Without Any Hum. Peter Longueville. (ENG., Illus.). (J). 2018. 280p. 29.69 *(978-0-484-14315-8(8))*; 2016. pap. 13.57 *(978-1-334-14170-6(3))* Forgotten Bks.

Hermit, Vol. 1 Of 2: A Novel (Classic Reprint) A. Lady Atkins. 2018. (ENG., Illus.). 198p. (J). 27.98 *(978-0-483-81592-6(6))* Forgotten Bks.

Hermit, Vol. 2 Of 2: A Novel (Classic Reprint) Atkins Atkins. 2018. (ENG., Illus.). 188p. (J). 27.77 *(978-0-483-83315-9(0))* Forgotten Bks.

Hermitage of Her Own. Kimberly Cook. 2022. (Adventures at Lily Creek Ser.: Vol. 1). (ENG.). 208p. (J). pap. ***(978-1-987970-51-7(9))*** Full Quiver Publishing.

Hermits & the Wells: A Color Story. Kobi McKenzie. Illus. by Hayleigh Buckler. 2023. (ENG.). 48p. (J). 34.99 ***(978-1-64645-462-4(6))*** Redemption Pr.

Hermit's Wild Friends: Or Eighteen Years in the Woods (Classic Reprint) Mason Augustus Walton. 2018. (ENG.,

H

Illus.). 370p. (J). 31.61 *(978-0-484-71768-7(5))* Forgotten Bks.

Hernando de Soto, 1 vol. Robert Z. Cohen. 2016. (Spotlight on Explorers & Colonization Ser.). (ENG.). 48p. (J). (gr. 6-6). pap. 12.75 *(978-1-5081-7210-9(2)*, 5b649c52-63fc-4d8c-a0be-960b8f0072ca) Rosen Publishing Group, Inc., The.

Hernando de Soto. Kristin Petrie. 2021. (World Explorers Ser.). (ENG., Illus.). 32p. (J). (gr. 3-6). lib. bdg. 32.79 *(978-1-5321-9730-7(6)*, 38586, Checkerboard Library) ABDO Publishing Co.

Hernando de Soto: An Explorer of the Southeast. Amie Hazelton. 2017. (World Explorers Ser.). (ENG., Illus.). 32p. (J). (gr. 3-6). lib. bdg. 27.99 *(978-1-5157-4204-3(0)*, 133971, Capstone Pr.) Capstone.

Hernando de Soto Explores Florida - Exploration of the Americas - US History 3rd Grade - Children's Exploration Books. Baby Professor. 2019. (ENG.). 74p. (J). pap. 14.89 *(978-1-5419-5029-0(1))*; 24.88 *(978-1-5419-7476-0(X))* Speedy Publishing LLC. (Baby Professor (Education Kids)).

Hernani the Jew. A. N. Homer. 2016. (ENG.). 336p. (J). pap. *(978-3-7433-9945-7(8))* Creation Pubs.

Hernani the Jew: A Story of Russian Oppression (Classic Reprint) A. N. Homer. (ENG., Illus.). (J). 2018. 332p. 30.79 *(978-0-484-85241-8(8))*; 2016. pap. 13.57 *(978-1-334-21652-7(5))* Forgotten Bks.

Hero. Michael Grant. (Gone Ser.: 9). (ENG.). (YA). (gr. 9). 2020. 464p. pap. 11.99 *(978-0-06-246791-1(3))*; 2019. 448p. 17.99 *(978-0-06-246790-4(5))* HarperCollins Pubs. (Tegen, Katherine Bks).

Hero. Jennifer Li Shotz. 2016. (Hero Ser.: 1). (ENG.). 224p. (J). (gr. 3-7). 17.99 *(978-0-06-256041-4(7))*; pap. 7.99 *(978-0-06-256039-1(5))* HarperCollins Pubs. (HarperCollins).

Hero. Jennifer Li Shotz. ed. 2016. (Hero Ser.: 1). (J). lib. bdg. 18.40 *(978-0-606-40133-3(4))* Turtleback.

Hero: Rescue Mission. Jennifer Li Shotz. 2017. (Hero Ser.: 3). (ENG.). 192p. (J). (gr. 3-7). pap. 7.99 *(978-0-06-256045-2(X)*, HarperCollins) HarperCollins Pubs.

Hero: Who Was Bullied in School. Raquel Quezada. Illus. by Jason Velazquez. 2021. (ENG.). 18p. (J). pap. 9.99 *(978-1-7369513-6-1(X))* Publify Consulting.

Hero Academy: Leveled Reader Set 1 Ann's Prank. Houghton Mifflin Harcourt. 2018. (Hero Academy Ser.: Vol. 5). (ENG.). 12p. (J). (gr. -1-k). pap. 8.25 *(978-0-358-08766-3(X))* Houghton Mifflin Harcourt Publishing Co.

Hero Academy: Leveled Reader Set 1 Cat Chase. Houghton Mifflin Harcourt. 2018. (Hero Academy Ser.: Vol. 1). (ENG.). 12p. (J). (gr. -1-k). pap. 8.25 *(978-0-358-08762-5(7))* Houghton Mifflin Harcourt Publishing Co.

Hero Academy: Leveled Reader Set 1 It Is a Mess! Houghton Mifflin Harcourt. 2018. (Hero Academy Ser.: Vol. 6). (ENG.). 12p. (J). (gr. -1-k). pap. 8.25 *(978-0-358-08767-0(8))* Houghton Mifflin Harcourt Publishing Co.

Hero Academy: Leveled Reader Set 1 Jin Can Fly. Houghton Mifflin Harcourt. 2018. (Hero Academy Ser.: Vol. 2). (ENG.). 12p. (J). (gr. -1-k). pap. 8.25 *(978-0-358-08763-2(5))* Houghton Mifflin Harcourt Publishing Co.

Hero Academy: Leveled Reader Set 1 Jin's First Day. Houghton Mifflin Harcourt. 2018. (Hero Academy Ser.: Vol. 4). (ENG.). 12p. (J). (gr. -1-k). pap. 8.25 *(978-0-358-08765-6(1))* Houghton Mifflin Harcourt Publishing Co.

Hero Academy: Leveled Reader Set 1 the Lost Cat. Houghton Mifflin Harcourt. 2018. (Hero Academy Ser.: Vol. 3). (ENG.). 12p. (J). (gr. -1-k). pap. 8.25 *(978-0-358-08764-9(3))* Houghton Mifflin Harcourt Publishing Co.

Hero Academy: Leveled Reader Set 10 Level N Night Rescue. Houghton Mifflin Harcourt. 2018. (Hero Academy Ser.: Vol. 55). (ENG.). 24p. (J). (gr. 2-3). pap. 8.25 *(978-0-358-08818-9(6))* Houghton Mifflin Harcourt Publishing Co.

Hero Academy: Leveled Reader Set 10 Level N Super Coldo's Revenge. Houghton Mifflin Harcourt. 2018. (Hero Academy Ser.: Vol. 56). (ENG.). 24p. (J). (gr. 2-3). pap. 8.25 *(978-0-358-08817-2(8))* Houghton Mifflin Harcourt Publishing Co.

Hero Academy: Leveled Reader Set 10 Level N the Champion's Cup. Houghton Mifflin Harcourt. 2018. (Hero Academy Ser.: Vol. 59). (ENG.). 24p. (J). (gr. 2-3). pap. 8.25 *(978-0-358-08816-5(X))* Houghton Mifflin Harcourt Publishing Co.

Hero Academy: Leveled Reader Set 10 Level o False Alarms. Houghton Mifflin Harcourt. 2018. (Hero Academy Ser.: Vol. 57). (ENG.). 24p. (J). (gr. 2-4). pap. 8.25 *(978-0-358-08820-2(8))* Houghton Mifflin Harcourt Publishing Co.

Hero Academy: Leveled Reader Set 10 Level o Silver Shadow Strike Again. Houghton Mifflin Harcourt. 2018. (Hero Academy Ser.: Vol. 58). (ENG.). 24p. (J). (gr. 2-4). pap. 8.25 *(978-0-358-08821-9(6))* Houghton Mifflin Harcourt Publishing Co.

Hero Academy: Leveled Reader Set 10 Level o the Pea-Souper. Houghton Mifflin Harcourt. 2018. (Hero Academy Ser.: Vol. 60). (ENG.). 24p. (J). (gr. 2-4). pap. 8.25 *(978-0-358-08819-6(4))* Houghton Mifflin Harcourt Publishing Co.

Hero Academy: Leveled Reader Set 11 Level o Calling All Villains. Houghton Mifflin Harcourt. 2018. (Hero Academy Ser.: Vol. 62). (ENG.). 32p. (J). (gr. 2-4). pap. 8.25 *(978-0-358-08822-6(4))* Houghton Mifflin Harcourt Publishing Co.

Hero Academy: Leveled Reader Set 11 Level o Demolition Danger. Houghton Mifflin Harcourt. 2018. (Hero Academy Ser.: Vol. 61). (ENG.). 32p. (J). (gr. 2-4). pap. 8.25 *(978-0-358-08823-3(2))* Houghton Mifflin Harcourt Publishing Co.

Hero Academy: Leveled Reader Set 11 Level o Operation Bubble Wrap. Houghton Mifflin Harcourt. 2018. (Hero Academy Ser.: Vol. 65). (ENG.). 32p. (J). (gr. 2-4). pap. 8.25 *(978-0-358-08824-0(0))* Houghton Mifflin Harcourt Publishing Co.

Hero Academy: Leveled Reader Set 11 Level P Blast from the Past. Houghton Mifflin Harcourt. 2018. (Hero Academy Ser.: Vol. 66). (ENG.). 32p. (J). (gr. 3-4). pap. 8.25 *(978-0-358-08825-7(9))* Houghton Mifflin Harcourt Publishing Co.

Hero Academy: Leveled Reader Set 11 Level P the Super Strength Trials. Houghton Mifflin Harcourt. 2018. (Hero Academy Ser.: Vol. 64). (ENG.). 32p. (J). (gr. 3-4). pap. 8.25 *(978-0-358-08827-1(5))* Houghton Mifflin Harcourt Publishing Co.

Hero Academy: Leveled Reader Set 11 Level P the Superpower Games. Houghton Mifflin Harcourt. 2018. (Hero Academy Ser.: Vol. 63). (ENG.). 32p. (J). (gr. 3-4). pap. 8.25 *(978-0-358-08826-4(7))* Houghton Mifflin Harcourt Publishing Co.

Hero Academy: Leveled Reader Set 12 Level P Bunny-Wunny Blockade. Houghton Mifflin Harcourt. 2018. (Hero Academy Ser.: Vol. 69). (ENG.). 32p. (J). (gr. 3-4). pap. 8.25 *(978-0-358-08828-8(3))* Houghton Mifflin Harcourt Publishing Co.

Hero Academy: Leveled Reader Set 12 Level P Doctor Nowhere. Houghton Mifflin Harcourt. 2018. (Hero Academy Ser.: Vol. 71). (ENG.). 32p. (J). (gr. 3-4). pap. 8.25 *(978-0-358-08829-5(1))* Houghton Mifflin Harcourt Publishing Co.

Hero Academy: Leveled Reader Set 12 Level P Operation Tweet. Houghton Mifflin Harcourt. 2018. (Hero Academy Ser.: Vol. 68). (ENG.). 32p. (J). (gr. 3-4). pap. 8.25 *(978-0-358-08830-1(5))* Houghton Mifflin Harcourt Publishing Co.

Hero Academy: Leveled Reader Set 12 Level Q MR Squid's Revenge. Houghton Mifflin Harcourt. 2018. (Hero Academy Ser.: Vol. 67). (ENG.). 32p. (J). (gr. 3-4). pap. 8.25 *(978-0-358-08832-5(1))* Houghton Mifflin Harcourt Publishing Co.

Hero Academy: Leveled Reader Set 12 Level Q Robo-Hop. Houghton Mifflin Harcourt. 2018. (Hero Academy Ser.: Vol. 72). (ENG.). 32p. (J). (gr. 3-4). pap. 8.25 *(978-0-358-08833-2(X))* Houghton Mifflin Harcourt Publishing Co.

Hero Academy: Leveled Reader Set 12 Level Q the Mysterious Miss Tula. Houghton Mifflin Harcourt. 2018. (Hero Academy Ser.: Vol. 70). (ENG.). 32p. (J). (gr. 3-4). pap. 8.25 *(978-0-358-08831-8(3))* Houghton Mifflin Harcourt Publishing Co.

Hero Academy: Leveled Reader Set 13 Level Q a Major Shcok. Houghton Mifflin Harcourt. 2018. (Hero Academy Ser.: Vol. 75). (ENG.). 32p. (J). (gr. 3-4). pap. 8.25 *(978-0-358-08836-3(4))* Houghton Mifflin Harcourt Publishing Co.

Hero Academy: Leveled Reader Set 13 Level Q Catnapped. Houghton Mifflin Harcourt. 2018. (Hero Academy Ser.: Vol. 78). (ENG.). 32p. (J). (gr. 3-4). pap. 8.25 *(978-0-358-08834-9(8))* Houghton Mifflin Harcourt Publishing Co.

Hero Academy: Leveled Reader Set 13 Level Q Race for the Meteorite. Houghton Mifflin Harcourt. 2018. (Hero Academy Ser.: Vol. 77). (ENG.). 32p. (J). (gr. 3-4). pap. 8.25 *(978-0-358-08835-6(6))* Houghton Mifflin Harcourt Publishing Co.

Hero Academy: Leveled Reader Set 13 Level R Code Red. Houghton Mifflin Harcourt. 2018. (Hero Academy Ser.: Vol. 74). (ENG.). 32p. (J). (gr. 3-4). pap. 8.25 *(978-0-358-08838-7(0))* Houghton Mifflin Harcourt Publishing Co.

Hero Academy: Leveled Reader Set 13 Level R the Termite-Nator. Houghton Mifflin Harcourt. 2018. (Hero Academy Ser.: Vol. 73). (ENG.). 32p. (J). (gr. 3-4). pap. 8.25 *(978-0-358-08837-0(2))* Houghton Mifflin Harcourt Publishing Co.

Hero Academy: Leveled Reader Set 13 Level R Villain Academy. Houghton Mifflin Harcourt. 2018. (Hero Academy Ser.: Vol. 76). (ENG.). 32p. (J). (gr. 3-4). pap. 8.25 *(978-0-358-08839-4(9))* Houghton Mifflin Harcourt Publishing Co.

Hero Academy: Leveled Reader Set 2 Ben Helps. Houghton Mifflin Harcourt. 2018. (Hero Academy Ser.: Vol. 11). (ENG.). 12p. (J). (gr. k-1). pap. 8.25 *(978-0-358-08773-1(2))* Houghton Mifflin Harcourt Publishing Co.

Hero Academy: Leveled Reader Set 2 Cat in a Cap. Houghton Mifflin Harcourt. 2018. (Hero Academy Ser.: Vol. 12). (ENG.). 12p. (J). (gr. -1-k). pap. 8.25 *(978-0-358-08768-7(6))* Houghton Mifflin Harcourt Publishing Co.

Hero Academy: Leveled Reader Set 2 Dig In! Houghton Mifflin Harcourt. 2018. (Hero Academy Ser.: Vol. 10). (ENG.). 12p. (J). (gr. -1-k). pap. 8.25 *(978-0-358-08770-0(8))* Houghton Mifflin Harcourt Publishing Co.

Hero Academy: Leveled Reader Set 2 Jin Is Ill. Houghton Mifflin Harcourt. 2018. (Hero Academy Ser.: Vol. 9). (ENG.). 12p. (J). (gr. k-1). pap. 8.25 *(978-0-358-08772-4(4))* Houghton Mifflin Harcourt Publishing Co.

Hero Academy: Leveled Reader Set 2 Max Is Stuck. Houghton Mifflin Harcourt. 2018. (Hero Academy Ser.: Vol. 8). (ENG.). 12p. (J). (gr. k-1). pap. 8.25 *(978-0-358-08771-7(6))* Houghton Mifflin Harcourt Publishing Co.

Hero Academy: Leveled Reader Set 2 Stop, Cat! Houghton Mifflin Harcourt. 2018. (Hero Academy Ser.: Vol. 7). (ENG.). 12p. (J). (gr. -1-k). pap. 8.25 *(978-0-358-08769-4(4))* Houghton Mifflin Harcourt Publishing Co.

Hero Academy: Leveled Reader Set 3 Ann's Mess. Houghton Mifflin Harcourt. 2018. (Hero Academy Ser.: Vol. 16). (ENG.). 16p. (J). (gr. k-1). pap. 8.25 *(978-0-358-08777-9(5))* Houghton Mifflin Harcourt Publishing Co.

Hero Academy: Leveled Reader Set 3 Fix That Bell. Houghton Mifflin Harcourt. 2018. (Hero Academy Ser.: Vol. 17). (ENG.). 16p. (J). (gr. k-1). pap. 8.25 *(978-0-358-08779-3(1))* Houghton Mifflin Harcourt Publishing Co.

Hero Academy: Leveled Reader Set 3 Jin Lifts Off. Houghton Mifflin Harcourt. 2018. (Hero Academy Ser.: Vol. 14). (ENG.). 16p. (J). (gr. k-1). pap. 8.25 *(978-0-358-08774-8(0))* Houghton Mifflin Harcourt Publishing Co.

Hero Academy: Leveled Reader Set 3 Slink's Snack. Houghton Mifflin Harcourt. 2018. (Hero Academy Ser.: Vol. 18). (ENG.). 16p. (J). (gr. k-1). pap. 8.25 *(978-0-358-08778-6(3))* Houghton Mifflin Harcourt Publishing Co.

Hero Academy: Leveled Reader Set 3 the Zipbot. Houghton Mifflin Harcourt. 2018. (Hero Academy Ser.: Vol. 15). (ENG.). 16p. (J). (gr. k-1). pap. 8.25 *(978-0-358-08776-2(7))* Houghton Mifflin Harcourt Publishing Co.

Hero Academy: Leveled Reader Set 3 Who Will Win? Houghton Mifflin Harcourt. 2018. (Hero Academy Ser.: Vol. 13). (ENG.). 16p. (J). (gr. k-1). pap. 8.25 *(978-0-358-08775-5(9))* Houghton Mifflin Harcourt Publishing Co.

Hero Academy: Leveled Reader Set 4 It Is Freezing. Houghton Mifflin Harcourt. 2018. (Hero Academy Ser.: Vol. 20). (ENG.). 16p. (J). (gr. k-1). pap. 8.25 *(978-0-358-08780-9(5))* Houghton Mifflin Harcourt Publishing Co.

Hero Academy: Leveled Reader Set 4 Stuck in the Storm. Houghton Mifflin Harcourt. 2018. (Hero Academy Ser.: Vol. 23). (ENG.). 16p. (J). (gr. k-1). pap. 8.25 *(978-0-358-08784-7(8))* Houghton Mifflin Harcourt Publishing Co.

Hero Academy: Leveled Reader Set 4 the Fizzing Mixture. Houghton Mifflin Harcourt. 2018. (Hero Academy Ser.: Vol. 24). (ENG.). 16p. (J). (gr. k-1). pap. 8.25 *(978-0-358-08785-4(6))* Houghton Mifflin Harcourt Publishing Co.

Hero Academy: Leveled Reader Set 4 Turnip Is Missing. Houghton Mifflin Harcourt. 2018. (Hero Academy Ser.: Vol. 21). (ENG.). 16p. (J). (gr. k-1). pap. 8.25 *(978-0-358-08782-3(1))* Houghton Mifflin Harcourt Publishing Co.

Hero Academy: Leveled Reader Set 4 Win the Cup! Houghton Mifflin Harcourt. 2018. (Hero Academy Ser.: Vol. 19). (ENG.). 16p. (J). (gr. k-1). pap. 8.25 *(978-0-358-08781-6(3))* Houghton Mifflin Harcourt Publishing Co.

Hero Academy: Leveled Reader Set 4 Zoom Food. Houghton Mifflin Harcourt. 2018. (Hero Academy Ser.: Vol. 22). (ENG.). 16p. (J). (gr. k-1). pap. 8.25 *(978-0-358-08783-0(X))* Houghton Mifflin Harcourt Publishing Co.

Hero Academy: Leveled Reader Set 5 Level G Ben's Gift. Houghton Mifflin Harcourt. 2018. (Hero Academy Ser.: Vol. 26). (ENG.). 16p. (J). (gr. 1). pap. 8.25 *(978-0-358-08787-8(2))* Houghton Mifflin Harcourt Publishing Co.

Hero Academy: Leveled Reader Set 5 Level G the Pest. Houghton Mifflin Harcourt. 2018. (Hero Academy Ser.: Vol. 29). (ENG.). 16p. (J). (gr. 1). pap. 8.25 *(978-0-358-08786-1(4))* Houghton Mifflin Harcourt Publishing Co.

Hero Academy: Leveled Reader Set 5 Level G up, up, Down. Houghton Mifflin Harcourt. 2018. (Hero Academy Ser.: Vol. 27). (ENG.). 16p. (J). (gr. 1). pap. 8.25 *(978-0-358-08788-5(0))* Houghton Mifflin Harcourt Publishing Co.

Hero Academy: Leveled Reader Set 5 Level H Baa-Beep! Houghton Mifflin Harcourt. 2018. (Hero Academy Ser.: Vol. 30). (ENG.). 16p. (J). (gr. 1). pap. 8.25 *(978-0-358-08791-5(0))* Houghton Mifflin Harcourt Publishing Co.

Hero Academy: Leveled Reader Set 5 Level H Dig on the Run. Houghton Mifflin Harcourt. 2018. (Hero Academy Ser.: Vol. 28). (ENG.). 16p. (J). (gr. 1). pap. 8.25 *(978-0-358-08790-8(2))* Houghton Mifflin Harcourt Publishing Co.

Hero Academy: Leveled Reader Set 5 Level H Flag Down! Houghton Mifflin Harcourt. 2018. (Hero Academy Ser.: Vol. 25). (ENG.). 16p. (J). (gr. 1). pap. 8.25 *(978-0-358-08789-2(9))* Houghton Mifflin Harcourt Publishing Co.

Hero Academy: Leveled Reader Set 6 Level H Ben to the Rescue. Houghton Mifflin Harcourt. 2018. (Hero Academy Ser.: Vol. 31). (ENG.). 16p. (J). (gr. 1). pap. 8.25 *(978-0-358-08793-9(7))* Houghton Mifflin Harcourt Publishing Co.

Hero Academy: Leveled Reader Set 6 Level H Monster Sprouts. Houghton Mifflin Harcourt. 2018. (Hero Academy Ser.: Vol. 35). (ENG.). 16p. (J). (gr. 1). pap. 8.25 *(978-0-358-08792-2(9))* Houghton Mifflin Harcourt Publishing Co.

Hero Academy: Leveled Reader Set 6 Level H Stuck to the Ice. Houghton Mifflin Harcourt. 2018. (Hero Academy Ser.: Vol. 32). (ENG.). 16p. (J). (gr. 1). pap. 8.25 *(978-0-358-08794-6(5))* Houghton Mifflin Harcourt Publishing Co.

Hero Academy: Leveled Reader Set 6 Level I Attack of the Robot Bunnies. Houghton Mifflin Harcourt. 2018. (Hero Academy Ser.: Vol. 36). (ENG.). 16p. (J). (gr. 1-2). pap. 8.25 *(978-0-358-08797-7(X))* Houghton Mifflin Harcourt Publishing Co.

Hero Academy: Leveled Reader Set 6 Level I the Boostertron. Houghton Mifflin Harcourt. 2018. (Hero Academy Ser.: Vol. 33). (ENG.). 16p. (J). (gr. 1-2). pap. 8.25 *(978-0-358-08795-3(3))* Houghton Mifflin Harcourt Publishing Co.

Hero Academy: Leveled Reader Set 6 Level I the Super Glooper. Houghton Mifflin Harcourt. 2018. (Hero Academy Ser.: Vol. 34). (ENG.). 16p. (J). (gr. 1-2). pap. 8.25 *(978-0-358-08796-0(1))* Houghton Mifflin Harcourt Publishing Co.

Hero Academy: Leveled Reader Set 7 Level J Ice Crystal Robbery. Houghton Mifflin Harcourt. 2018. (Hero Academy Ser.: Vol. 40). (ENG.). 24p. (J). (gr. 1-2). pap. 8.25 *(978-0-358-08800-4(3))* Houghton Mifflin Harcourt Publishing Co.

Hero Academy: Leveled Reader Set 7 Level J Professor Bounce. Houghton Mifflin Harcourt. 2018. (Hero Academy Ser.: Vol. 39). (ENG.). 24p. (J). (gr. 1-2). pap. 8.25 *(978-0-358-08799-1(6))* Houghton Mifflin Harcourt Publishing Co.

Hero Academy: Leveled Reader Set 7 Level J the Nosy Cook. Houghton Mifflin Harcourt. 2018. (Hero Academy Ser.: Vol. 37). (ENG.). 24p. (J). (gr. 1-2). pap. 8.25 *(978-0-358-08798-4(8))* Houghton Mifflin Harcourt Publishing Co.

Hero Academy: Leveled Reader Set 7 Level K Invasion of the Bunny-Wunnies. Houghton Mifflin Harcourt. 2018. (Hero Academy Ser.: Vol. 38). (ENG.). 24p. (J). (gr. 1-2). pap. 8.25 *(978-0-358-08802-8(X))* Houghton Mifflin Harcourt Publishing Co.

Hero Academy: Leveled Reader Set 7 Level K the Protecto. Houghton Mifflin Harcourt. 2018. (Hero Academy Ser.: Vol. 41). (ENG.). 24p. (J). (gr. 1-2). pap. 8.25 *(978-0-358-08801-1(1))* Houghton Mifflin Harcourt Publishing Co.

Hero Academy: Leveled Reader Set 8 Level I Bug Alert! Houghton Mifflin Harcourt. 2018. (Hero Academy Ser.: Vol. 43). (ENG.). 24p. (J). (gr. 1-2). pap. 8.25 *(978-0-358-08805-9(4))* Houghton Mifflin Harcourt Publishing Co.

Hero Academy: Leveled Reader Set 8 Level I Cake Chaos. Houghton Mifflin Harcourt. 2018. (Hero Academy Ser.: Vol. 44). (ENG.). 24p. (J). (gr. 1-2). pap. 8.25 *(978-0-358-08806-6(2))* Houghton Mifflin Harcourt Publishing Co.

Hero Academy: Leveled Reader Set 8 Level I the Exagger-Tron. Houghton Mifflin Harcourt. 2018. (Hero Academy Ser.: Vol. 48). (ENG.). 24p. (J). (gr. 1-2). pap. 8.25 *(978-0-358-08804-2(6))* Houghton Mifflin Harcourt Publishing Co.

Hero Academy: Leveled Reader Set 8 Level M Attack of the Chomping Nibblers. Houghton Mifflin Harcourt. 2018. (Hero Academy Ser.: Vol. 47). (ENG.). 24p. (J). (gr. 2-3). pap. 8.25 *(978-0-358-08809-7(7))* Houghton Mifflin Harcourt Publishing Co.

Hero Academy: Leveled Reader Set 8 Level M Bunny-Wunny Bank Raid. Houghton Mifflin Harcourt. 2018. (Hero Academy Ser.: Vol. 45). (ENG.). 24p. (J). (gr. 2-3). pap. 8.25 *(978-0-358-08808-0(9))* Houghton Mifflin Harcourt Publishing Co.

Hero Academy: Leveled Reader Set 8 Level M Super Coldo. Houghton Mifflin Harcourt. 2018. (Hero Academy Ser.: Vol. 46). (ENG.). 24p. (J). (gr. 2-3). pap. 8.25 *(978-0-358-08807-3(0))* Houghton Mifflin Harcourt Publishing Co.

Hero Academy: Leveled Reader Set 9 Level M Doctor Daze & the Bamboozler. Houghton Mifflin Harcourt. 2018. (Hero Academy Ser.: Vol. 50). (ENG.). 24p. (J). (gr. 2-3). pap. 8.25 *(978-0-358-08812-7(7))* Houghton Mifflin Harcourt Publishing Co.

Hero Academy: Leveled Reader Set 9 Level M Out of Control. Houghton Mifflin Harcourt. 2018. (Hero Academy Ser.: Vol. 49). (ENG.). 24p. (J). (gr. 2-3). pap. 8.25 *(978-0-358-08811-0(9))* Houghton Mifflin Harcourt Publishing Co.

Hero Academy: Leveled Reader Set 9 Level M Power Swap. Houghton Mifflin Harcourt. 2018. (Hero Academy Ser.: Vol. 51). (ENG.). 24p. (J). (gr. 2-3). pap. 8.25 *(978-0-358-08810-3(0))* Houghton Mifflin Harcourt Publishing Co.

Hero Academy: Leveled Reader Set 9 Level N MR Gleam. Houghton Mifflin Harcourt. 2018. (Hero Academy Ser.: Vol. 53). (ENG.). 24p. (J). (gr. 2-3). pap. 8.25 *(978-0-358-08813-4(5))* Houghton Mifflin Harcourt Publishing Co.

Hero Academy: Leveled Reader Set 9 Level N Silver Shadow. Houghton Mifflin Harcourt. 2018. (Hero Academy Ser.: Vol. 54). (ENG.). 24p. (J). (gr. 2-3). pap. 8.25 *(978-0-358-08815-8(1))* Houghton Mifflin Harcourt Publishing Co.

Hero Academy: Leveled Reader Set 9 Level N Stop That Mammoth! Houghton Mifflin Harcourt. 2018. (Hero Academy Ser.: Vol. 52). (ENG.). 24p. (J). (gr. 2-3). pap. 8.25 *(978-0-358-08814-1(3))* Houghton Mifflin Harcourt Publishing Co.

Hero Academy: Parent Pack Grade 1 Volume 1, 3 vols. Houghton Mifflin Harcourt. 2019. (Hero Academy Ser.: Vol. 9). (ENG.). (J). (gr. 1). pap. 24.90 *(978-0-358-17752-4(9))* Houghton Mifflin Harcourt Publishing Co.

Hero Academy: Parent Pack Grade 1 Volume 2, 3 vols. Houghton Mifflin Harcourt. 2019. (Hero Academy Ser.: Vol. 10). (ENG.). (J). (gr. 1). pap. 24.90 *(978-0-358-17753-1(7))* Houghton Mifflin Harcourt Publishing Co.

Hero Academy: Parent Pack Grade 1 Volume 3, 3 vols. Houghton Mifflin Harcourt. 2019. (Hero Academy Ser.: Vol. 11). (ENG.). (J). (gr. 1). pap. 24.90 *(978-0-358-17771-5(5))* Houghton Mifflin Harcourt Publishing Co.

Hero Academy: Parent Pack Grade 1 Volume 4, 3 vols. Houghton Mifflin Harcourt. 2019. (Hero Academy Ser.: Vol. 12). (ENG.). (J). (gr. 1). pap. 24.90 *(978-0-358-17772-2(3))* Houghton Mifflin Harcourt Publishing Co.

Hero Academy: Parent Pack Grade 2 Volume 1, 3 vols. Houghton Mifflin Harcourt. 2019. (Hero Academy Ser.: Vol. 16). (ENG.). (J). (gr. 2). pap. 24.90 *(978-0-358-17776-0(6))* Houghton Mifflin Harcourt Publishing Co.

Hero Academy: Parent Pack Grade 2 Volume 2, 3 vols. Houghton Mifflin Harcourt. 2019. (Hero Academy Ser.: Vol. 17). (ENG.). (J). (gr. 2). pap. 24.90 *(978-0-358-17777-7(4))* Houghton Mifflin Harcourt Publishing Co.

Hero Academy: Parent Pack Grade 2 Volume 3, 3 vols. Houghton Mifflin Harcourt. 2019. (Hero Academy Ser.: Vol. 18). (ENG.). (J). (gr. 2). pap. 24.90 *(978-0-358-17778-4(2))* Houghton Mifflin Harcourt Publishing Co.

Hero Academy: Parent Pack Grade 3 Volume 1, 3 vols. Houghton Mifflin Harcourt. 2019. (Hero Academy Ser.: Vol. 22). (ENG.). (J). (gr. 3). pap. 24.90 *(978-0-358-17782-1(0))* Houghton Mifflin Harcourt Publishing Co.

Hero Academy: Parent Pack Grade 3 Volume 2, 3 vols. Houghton Mifflin Harcourt. 2019. (Hero Academy Ser.: Vol. 23). (ENG.). (J). (gr. 3). pap. 24.90 *(978-0-358-17783-8(9))* Houghton Mifflin Harcourt Publishing Co.

Hero Academy: Parent Pack Grade 3 Volume 3, 3 vols. Houghton Mifflin Harcourt. 2019. (Hero Academy Ser.: Vol. 24). (ENG.). (J). (gr. 3). pap. 24.90 *(978-0-358-17784-5(7))* Houghton Mifflin Harcourt Publishing Co.

Hero Academy: Parent Pack Grade 3 Volume 4, 3 vols. Houghton Mifflin Harcourt. 2019. (Hero Academy Ser.: Vol. 25). (ENG.). (J). (gr. 3). pap. 24.90 *(978-0-358-17785-2(5))* Houghton Mifflin Harcourt Publishing Co.

Hero Academy: Parent Pack Grade 3 Volume 5, 3 vols. Houghton Mifflin Harcourt. 2019. (Hero Academy Ser.: Vol. 26). (ENG.). (J). (gr. 3). pap. 24.90 *(978-0-358-17786-9(3))* Houghton Mifflin Harcourt Publishing Co.

Hero Academy: Parent Pack Grade K, 3 vols. Houghton Mifflin Harcourt. 2019. (Hero Academy Ser.: Vol. 3). (ENG.). (J). (gr. k). pap. 24.90 *(978-0-358-17746-3(4))* Houghton Mifflin Harcourt Publishing Co.

Hero Academy: Parent Pack Grades 1-2 Volume 1, 3 vols. Houghton Mifflin Harcourt. 2019. (Hero Academy Ser.: Vol. 6). (ENG.). (J). (gr. 1-2). pap. 24.90 *(978-0-358-17749-4(9))* Houghton Mifflin Harcourt Publishing Co.

Hero Academy: Parent Pack Grades 1-2 Volume 2, 3 vols. Houghton Mifflin Harcourt. 2019. (Hero Academy Ser.: Vol. 7). (ENG.). (J). (gr. 1-2). pap. 24.90 *(978-0-358-17750-0(2))* Houghton Mifflin Harcourt Publishing Co.

Hero Academy: Parent Pack Grades 1-2 Volume 3, 3 vols. Houghton Mifflin Harcourt. 2019. (Hero Academy Ser.: Vol. 8). (ENG.). (J). (gr. 1-2). pap. 24.90 *(978-0-358-17751-7(0))* Houghton Mifflin Harcourt Publishing Co.

Hero Academy: Parent Pack Grades 2-3 Volume 1, 3 vols. Houghton Mifflin Harcourt. 2019. (Hero Academy Ser.: Vol. 13). (ENG.). (J). (gr. 2-3). pap. 24.90 *(978-0-358-17773-9(1))* Houghton Mifflin Harcourt Publishing Co.

Hero Academy: Parent Pack Grades 2-3 Volume 2. Houghton Mifflin Harcourt. 2019. (Hero Academy Ser.: Vol. 14). (ENG.). (J). (gr. 2-3). pap. 24.90 *(978-0-358-17774-6(X))* Houghton Mifflin Harcourt Publishing Co.

Hero Academy: Parent Pack Grades 2-3 Volume 3, 3 vols. Houghton Mifflin Harcourt. 2019. (Hero Academy Ser.: Vol. 15). (ENG.). (J). (gr. 2-3). pap. 24.90 *(978-0-358-17775-3(8))* Houghton Mifflin Harcourt Publishing Co.

Hero Academy: Parent Pack Grades 3-4 Volume 1, 3 vols. Houghton Mifflin Harcourt. 2019. (Hero Academy Ser.: Vol. 19). (ENG.). (J). (gr. 3-4). pap. 24.90 *(978-0-358-17779-1(0))* Houghton Mifflin Harcourt Publishing Co.

Hero Academy: Parent Pack Grades 3-4 Volume 2, 3 vols. Houghton Mifflin Harcourt. 2019. (Hero Academy Ser.: Vol. 20). (ENG.). (J). (gr. 3-4). pap. 24.90 *(978-0-358-17780-7(4))* Houghton Mifflin Harcourt Publishing Co.

Hero Academy: Parent Pack Grades 3-4 Volume 3, 3 vols. Houghton Mifflin Harcourt. 2019. (Hero Academy Ser.: Vol. 21). (ENG.). (J). (gr. 3-4). pap. 24.90 *(978-0-358-17781-4(2))* Houghton Mifflin Harcourt Publishing Co.

Hero Academy: Parent Pack Grades K-1 Volume 1, 3 vols. Houghton Mifflin Harcourt. 2019. (Hero Academy Ser.: Vol. 4). (ENG.). (J). (gr. k-1). pap. 24.90 *(978-0-358-17747-0(2))* Houghton Mifflin Harcourt Publishing Co.

Hero Academy: Parent Pack Grades K-1 Volume 2, 3 vols. Houghton Mifflin Harcourt. 2019. (Hero Academy Ser.: Vol. 5). (ENG.). (J). (gr. k-1). pap. 24.90 *(978-0-358-17748-7(0))* Houghton Mifflin Harcourt Publishing Co.

Hero Academy: Parent Pack Grades Prek, 3 vols. Houghton Mifflin Harcourt. 2019. (Hero Academy Ser.: Vol. 1). (ENG.). (J). (gr. -1). pap. 24.90 *(978-0-358-17744-9(8))* Houghton Mifflin Harcourt Publishing Co.

Hero Academy: Parent Pack Grades Prek-K, 3 vols. Houghton Mifflin Harcourt. 2019. (Hero Academy Ser.: Vol. 2). (ENG.). (J). (gr. -1-k). pap. 24.90 *(978-0-358-17745-6(6))* Houghton Mifflin Harcourt Publishing Co.

Hero among Them: The Untold Story of a True British Hero. L. L. Abbott. 2018. (ENG.). 170p. (J). pap. *(978-1-989325-00-1(9))* Abbott, L.L.

Hero & the Man (Classic Reprint) L. Curry Morton. 2017. (ENG., Illus.). (J). 33.55 *(978-0-260-91303-6(0))*; pap. 16.57 *(978-1-5280-5660-1(4))* Forgotten Bks.

Hero at the Fall. Alwyn Hamilton. 2019. (Rebel of the Sands Ser.: 3). (ENG.). 480p. (YA). (gr. 7). pap. 10.99 *(978-0-14-751910-8(1)*, Penguin Books) Penguin Young Readers Group.

Hero Behind the Sand Dune. Susan Blanchard. Illus. by MacKenzie Craig. 2021. (ENG.). 28p. (J). 16.99 *(978-1-7376287-7-4(5))* Mindstir Media.

Hero, Bread upon the Waters, Alice Learmont. Dinah Maria Mulock Craik. 2017. (ENG., Illus.). (J). pap. *(978-0-649-18484-2(X))* Trieste Publishing Pty Ltd.

Hero; Bread upon the Waters; Alice Learmont (Classic Reprint) Dinah Maria Mulock Craik. 2018. (ENG., Illus.). 278p. (J). 29.65 *(978-0-666-64276-9(1))* Forgotten Bks.

Hero Cats: Midnight over Stellar City Volume 2. Kyle Puttkammer. 2017. (ENG., Illus.). 96p. (J). pap. 11.99 *(978-1-63229-271-1(8)*, 4493dded-e5d4-45ee-8148-fc86d833955d) Action Lab Entertainment.

Hero Cats of Skyworld a New Realm: Volume 6. Kyle Puttkammer. 2017. (ENG., Illus.). 96p. (J). pap. 11.99 *(978-1-63229-300-8(5)*, 459d84c3-6e05-4294-bc53-5cf485faaa18) Action Lab Entertainment.

Hero Cats of Stellar City Vol. 5: New Visions. Kyle Puttkammer. 2017. (ENG., Illus.). 96p. (J). pap. 11.99 *(978-1-63229-256-8(4)*, 50013e44-eebb-4c1e-9a32-aeed99ad47ef) Action Lab Entertainment.

Hero Cats of Stellar City: Year One Hardcover. Kyle Puttkammer. 2018. (ENG., Illus.). 192p. (J). 19.99 *(978-1-63229-355-8(2)*, fcbf76e5-f1ef-4994-86d1-19a6cc9e3651) Action Lab Entertainment.

Hero Cats: Season Finale Volume 7. Kyle Puttkammer. 2018. (ENG., Illus.). 96p. (J). pap. 11.99 *(978-1-63229-374-9(9)*, a13a15ac-4591-4b80-848f-d770704d4c4c) Action Lab Entertainment.

Hero Challenge! Amy Weingartner. ed. 2016. lib. bdg. 14.75 *(978-0-606-38481-0(2))* Turtleback.

Hero (Classic Reprint) Somerset Maugham. 2017. (ENG., Illus.). (J). 31.30 *(978-0-331-86832-6(6))*; pap. 13.97 *(978-0-259-21194-5(X))* Forgotten Bks.

Hero Dog!, 1. Hilde Lysiak et al. ed. 2019. (Branches Early Ch Bks). (ENG.). 102p. (J). (gr. 2-3). 15.36 *(978-0-87617-981-9(2))* Penworthy Co., LLC, The.

Hero Dog: A Teacup Yorkie Adventure. Linda J. Webster. 2020. (ENG.). 104p. (J). pap. 15.95 *(978-1-64544-965-2(3))* Page Publishing Inc.

Hero Dog - Heart of Courage. Linda J. Webster. 2022. (ENG., Illus.). 74p. (J). pap. 14.95 *(978-1-6624-3403-7(0))* Page Publishing Inc.

Hero Dog!: a Branches Book (Hilde Cracks the Case #1) Hilde Lysiak & Matthew Lysiak. Illus. by Joanne Lew-Vriethoff. 2017. (Hilde Cracks the Case Ser.: 1). (ENG.). 112p. (J). (gr. 1-3). pap. 5.99 *(978-1-338-14155-9(4))* Scholastic, Inc.

Hero Folk of Ancient Britain (Classic Reprint) Sara Eliza Wiltse. 2017. (ENG., Illus.). (J). 140p. 26.78 *(978-0-332-74611-1(9))*; 142p. pap. 9.57 *(978-0-332-52655-3(0))* Forgotten Bks.

Hero for All. Liz Marsham. ed. 2017. (Justice League Classic 8X8 Ser.). (J). lib. bdg. 13.55 *(978-0-606-40076-3(1))* Turtleback.

Hero for WondLa. Tony DiTerlizzi. Illus. by Tony DiTerlizzi. 2023. (Search for WondLa Ser.: 2). (ENG., Illus.). (J). (gr. 5). 464p. 22.99 *(978-1-6659-2859-5(X))*; 480p. pap. 13.99 *(978-1-6659-2860-1(3))* Simon & Schuster Bks. For Young Readers. (Simon & Schuster Bks. For Young Readers).

Hero Harry. Carolyn H Macias. 2018. (ENG., Illus.). 30p. (J). 22.95 *(978-1-64214-411-6(8))*; pap. 12.95 *(978-1-64424-290-2(7))* Page Publishing Inc.

Hero: Hurricane Rescue. Jennifer Li Shotz. 2017. (Hero Ser.: 2). (ENG.). 192p. (J). (gr. 3-7). 12.99 *(978-0-06-279139-9(7))*; pap. 7.99 *(978-0-06-256043-8(3))* HarperCollins Pubs. (HarperCollins).

Hero in Homespun. William E. Barton. 2017. (ENG.). 430p. (J). pap. *(978-3-337-10047-6(3))* Creation Pubs.

Hero in Homespun: A Tale of the Loyal South (Classic Reprint) William E. Barton. 2017. (ENG., Illus.). (J). 32.83 *(978-0-260-60239-8(6))* Forgotten Bks.

Hero Is Overpowered but Overly Cautious, Vol. 3 (manga) Light Tuchihi. 2021. (Hero Is Overpowered but Overly Cautious (manga) Ser.: 3). (ENG., Illus.). 164p. (gr. 8-17). pap. 13.00 *(978-1-9753-2557-2(5)*, Yen Pr.) Yen Pr. LLC.

Hero Law Enforcement Dogs. Jennifer Boothroyd. 2017. (Lightning Bolt Books (r) — Hero Dogs Ser.). (ENG., Illus.). 32p. (J). (gr. 1-3). 29.32 *(978-1-5124-2542-0(7)*, f4620bbc-5d3f-4ca0-93c9-c1baf1947ae5, Lerner Pubns.); pap. 9.99 *(978-1-5124-3108-7(7)*, 56b01e22-3f35-453e-a632-d7b6402dced1); E-Book 4.99 *(978-1-5124-3645-7(3)*, 9781512436457, Lerner Pubns.); E-Book 42.65 *(978-1-5124-2800-1(0)*, Lerner Pubns.); E-Book 42.65 *(978-1-5124-3644-0(5)*, 9781512436440, Lerner Pubns.) Lerner Publishing Group.

Hero Like Me. Jen Reid & Angela Joy. Illus. by Leire Salaberria. ed. 2023. (ENG.). 40p. (J). (gr. k-3). ***(978-0-7112-8631-3(0))*** Frances Lincoln Childrens Bks.

Hero Like No Other (Nintendo(r) & Illumination Present the Super Mario Bros. Movie) Random House. 2023. (Pictureback(R) Ser.). 24p. (J). (gr. -1-2). pap. 5.99 ***(978-0-593-64604-5(5)***, Random Hse. Bks. for Young Readers) Random Hse. Children's Bks.

Hero Like You. Nikki Rogers. Illus. by Nikki Rogers. 2020. (ENG., Illus.). 30p. (J). pap. *(978-0-6487232-3-3(2))* Created To Be.

Hero Military Dogs. Jon M. Fishman. ed. 2017. (Lightning Bolt Books (r) — Hero Dogs Ser.). (ENG., Illus.). 32p. (J). (gr. 1-3). E-Book 4.99 *(978-1-5124-3648-8(8)*, 9781512436488); E-Book 42.65 *(978-1-5124-3647-1(X)*, 9781512436471); E-Book 42.65 *(978-1-5124-2801-8(9))* Lerner Publishing Group. (Lerner Pubns.).

Hero Needs His Sleep. Stuart James McKee. 2019. (ENG., Illus.). 26p. (J). pap. *(978-0-2288-0120-7(6))* Tellwell Talent.

Hero Next Door. Ed. by Olugbemisola Rhuday-Perkovich. 2019. (Illus.). 272p. (J). (gr. 3-7). 16.99 *(978-0-525-64630-3(2)*, Crown Books For Young Readers) Random Hse. Children's Bks.

Hero No One Could See. Waties Alston. 2022. (ENG., Illus.). 24p. (J). pap. 13.95 *(978-1-0980-7863-8(2))* Christian Faith Publishing.

Hero of Compassion: How Lokeshvara Got One Thousand Arms. Harry Einhorn. Illus. by Khoa Le. 2022. 32p. (J). (gr. -1-3). 18.95 *(978-1-61180-978-7(9)*, Bala Kids) Shambhala Pubns., Inc.

Hero of Donegal, Dr. William Smyth (Classic Reprint) Frederick Douglas How. (ENG., Illus.). (J). 2018. 168p. 27.36 *(978-0-483-42034-2(4))*; 2016. pap. 9.97 *(978-1-334-55398-1(X))* Forgotten Bks.

Hero of Hawk's Nest Beach: a Sea Turtle Rescue. Barbara Gervais Ciancimino. 2021. (ENG.). 38p. (J). 14.95 *(978-1-64543-329-3(3))* Amplify Publishing Group.

Hero of Nowadays (Classic Reprint) Mikhail Yurievich Lermontov. 2018. (ENG., Illus.). 290p. (J). 29.88 *(978-0-267-21129-6(5))* Forgotten Bks.

Hero of Pigeon Camp, or How Lucci Made Good (Classic Reprint) Martha James. 2018. (ENG., Illus.). 248p. (J). 29.01 *(978-0-483-55134-3(1))* Forgotten Bks.

Hero of the Afghan Frontier: Dr. Pennel's Life for Boys (Classic Reprint) Alice Maud Pennell. (ENG., Illus.). (J). 2018. 216p. 28.35 *(978-0-267-78158-4(X))*; 2016. pap. 10.97 *(978-1-334-18889-3(0))* Forgotten Bks.

Hero of The [Code]. Jean-Pierre Giguere. 2019. (ENG.). 38p. (J). pap. *(978-0-359-94396-8(9))* Lulu Pr., Inc.

Hero of the Pen (Classic Reprint) E. Werner. 2018. (ENG., Illus.). 588p. (J). 36.02 *(978-0-484-88942-1(7))* Forgotten Bks.

Hero of the Sea: Sir Peter Blake's Mighty Ocean Quests. David Hill. Illus. by Phoebe Morris. 2018. (David Hill Kiwi Legends Ser.). 32p. (J). (gr. k-2). 21.99 *(978-0-14-377165-4(5))* Penguin Group New Zealand, Ltd. NZL. Dist: Independent Pubs. Group.

Hero of Ticonderoga (Classic Reprint) Rowland E. Robinson. (ENG., Illus.). (J). 2018. 194p. 27.92 *(978-0-267-53647-4(X))*; 2016. pap. 10.57 *(978-1-333-30999-2(6))* Forgotten Bks.

Hero on a Bicycle. Shirley Hughes. 2017. (ENG.). 224p. (J). (gr. 5). pap. 8.99 *(978-0-7636-9778-5(8))* Candlewick Pr.

Hero on a Bicycle. Shirley Hughes. ed. 2018. (Penworthy Picks Middle School Ser.). (ENG.). 213p. (J). (gr. 5-7). 17.96 *(978-1-64310-481-2(0))* Penworthy Co., LLC, The.

Hero or Villain? Claims & Counterclaims, 16 vols. 2018. (Hero or Villain? Claims & Counterclaims Ser.). (ENG.). 112p. (gr. 8-8). lib. bdg. 367.44 *(978-1-5026-3902-8(5)*, 81e93e36-3d45-4ab2-bee3-a2a7c8f1cf11) Cavendish Square Publishing LLC.

Hero, Robert Lansing; the Girl, Mary Brewster; the Villain, Jim Hazzard: With an Exceptionally Strong Company (Classic Reprint) William Almon Wolff. 2018. (ENG., Illus.). 330p. (J). 30.72 *(978-0-484-90068-3(4))* Forgotten Bks.

Hero Saves the Day: Hero Coloring Books. Jupiter Kids. 2016. (ENG., Illus.). 106p. (J). pap. 12.55 *(978-1-68305-109-1(2)*, Jupiter Kids (Childrens & Kids Fiction)) Speedy Publishing LLC.

Hero School. Tina Gallo. ed. 2018. (Ready-To-Read Ser.). (ENG.). 32p. (J). (gr. -1-1). 13.89 *(978-1-64310-296-2(6))* Penworthy Co., LLC, The.

Hero School. Adapted by Tina Gallo. 2017. (Illus.). (J). *(978-1-5182-4737-8(7)*, Simon Spotlight) Simon Spotlight.

Hero Service Dogs. Jennifer Boothroyd. 2017. (Lightning Bolt Books (r) — Hero Dogs Ser.). (ENG., Illus.). 32p. (J). (gr. 1-3). 29.32 *(978-1-5124-2541-3(9)*, 1b55b53c-3cea-4e9c-bf9d-5c3cd6deedaa); E-Book 42.65 *(978-1-5124-2802-5(7))*; E-Book 4.99 *(978-1-5124-3651-8(8)*, 9781512436518); E-Book 42.65 *(978-1-5124-3650-1(X)*, 9781512436501) Lerner Publishing Group. (Lerner Pubns.).

Hero Stories from American History (Esprios Classics) Albert F. Blaisdell. 2019. (ENG.). 230p. (J). pap. 19.48 ***(978-0-359-65372-0(3))*** Wright Bks.

Hero Stories from the Old Testament: Retold for Young People (Classic Reprint) Seymour Loveland. (ENG., Illus.). (J). 2018. 350p. 31.12 *(978-0-483-44378-5(6))*; 2016. pap. 13.57 *(978-1-334-26273-9(X))* Forgotten Bks.

Hero-Tales of Ireland (Classic Reprint) Jeremiah Curtin. (ENG., Illus.). (J). 2018. 612p. 36.52 *(978-0-364-97574-9(1))*; 2017. 30.37 *(978-0-331-16000-0(5))* Forgotten Bks.

Hero Tales, Vol. 2: A Family Treasury of True Stories from the Lives of Christian Heroes. Neta Jackson & Dave Jackson. 2021. (ENG.). 192p. (J). pap. 16.99 *(978-0-9982107-9-7(X))* Castle Rock Creative, Inc.

Hero Tales, Vol. 3: A Family Treasury of True Stories from the Lives of Christian Heroes. Neta Jackson & Dave Jackson. 2021. (ENG.). 192p. (J). pap. 16.99 *(978-0-9982107-8-0(1))* Castle Rock Creative, Inc.

Hero Tales, Vol. 4: A Family Treasury of True Stories from the Lives of Christian Heroes. Neta Jackson & Dave Jackson. 2021. (ENG.). 192p. (J). pap. 16.99 *(978-1-7372401-0-5(6))* Castle Rock Creative, Inc.

Hero the Horse That Rescued Me. Camilla Kattell. 2019. (Adventures of Emily Campbell Ser.: Vol. 1). (ENG.). 274p. (YA). (gr. 8-10). pap. 15.00 *(978-0-9966754-6-8(9))* Light Horse Publishing.

Hero Therapy Dogs. Jon M. Fishman. 2017. (Lightning Bolt Books (r) — Hero Dogs Ser.). (ENG., Illus.). 32p. (J). (gr. 1-3). 29.32 *(978-1-5124-2540-6(0)*, f97c290f-4b6e-461d-80d9-93df74d27a62); E-Book 42.65 *(978-1-5124-3653-2(4)*, 9781512436532); E-Book 4.99 *(978-1-5124-3654-9(2)*, 9781512436549); E-Book 42.65 *(978-1-5124-2803-2(5))* Lerner Publishing Group. (Lerner Pubns.).

Hero Two Doors down: Based on the True Story of Friendship Between a Boy & a Baseball Legend. Sharon Robinson. 2017. (ENG.). 208p. (J). (gr. 4-7). pap. 7.99 *(978-0-545-80452-3(3)*, Scholastic Paperbacks) Scholastic, Inc.

Hero Within. Michael Berndt. 2017. (ENG., Illus.). 26p. (J). (gr. 2-5). pap. 9.95 *(978-0-9988266-0-8(X))* Lowell Milken Ctr. for Unsung Heroes.

Hero Within. Sara Lucia Porras. 2021. (ENG.). 64p. (J). pap. 15.00 *(978-1-953507-44-0(1))* Brightlings.

Hero Within Me: Overcoming Disabilities. Raquel Quezada. Illus. by Jason Velazquez. 2020. (ENG.). 20p. (J). (gr. k-5). pap. 9.99 ***(978-1-7347356-3-5(5))*** Publify Consulting.

Herobrine Goes on Vacation. Zack Zombie. 2017. (Herobrine's Wacky Adventures Ser.: Vol. 4). (ENG., Illus.). (J). (gr. 3-6). pap. 9.99 *(978-1-943330-84-3(0)*, Zack Zombie Publishing) Herobrine Publishing.

Herobrine Is Watching: The New Adventures of Adam & Marky Episode I. Stu Cork. 2020. (ENG.). 32p. (J). *(978-1-5255-7483-2(3))*; pap. *(978-1-5255-7484-9(1))* FriesenPress.

Herobrine's Army Battle of the Great Sea Zombies. Lord Herobrine. Illus. by Rizky Nugraha. 2017. (ENG.). (J). pap. 13.00 *(978-1-927558-63-8(8))* Birch Tree Publishing.

Herobrine's Legacy: An Unofficial Minecraft Adventure with Puzzles. Alain T. Puysségur. 2020. (ENG., Illus.). 280p. (J). pap. 14.99 *(978-1-5248-6064-6(6))* Andrews McMeel Publishing.

Herobrine's War. Mark Cheverton. ed. 2017. (Birth of Herobrine Ser.: 3). lib. bdg. 20.85 *(978-0-606-40305-4(1))* Turtleback.

Herobrine's War: The Birth of Herobrine Book Three: a Gameknight999 Adventure: an Unofficial Minecrafter's Adventure. Mark Cheverton. 2017. (Gameknight999 Ser.). 272p. (J). (gr. 3-3). pap. 9.99 *(978-1-5107-0996-6(7)*, Sky Pony Pr.) Skyhorse Publishing Co., Inc.

Heroe: Que Recibe Bullying en la Escuela. Raquel Quezada. Illus. by Jason Velazquez. 2021. (SPA.). 18p. (J). pap. 9.99 *(978-1-7369513-5-4(1))* Publify Consulting.

Héroe de Mí: Venciendo con Discapacidad. Raquel Quezada. Illus. by Jason Velazquez. 2020. (SPA.). 20p. (J). (gr. k-5). pap. 9.99 ***(978-1-7347356-4-2(3))*** Publify Consulting.

Héroe Invisible. Silvia del Francia & Luca Cognolato. 2021. (SPA.). 160p. (YA). (gr. 9-12). 15.99 ***(978-958-30-6345-9(2))*** Panamericana Editorial COL. Dist: Lectorum Pubns., Inc.

Heroes. Jen Calonita. (Royal Academy Rebels Ser.: 3). 336p. (J). (gr. 4-8). 2022. pap. 7.99 *(978-1-7282-6003-7(5))*; 2021. 16.99 *(978-1-4926-5134-5(6))* Sourcebooks, Inc.

Heroes. Liza Dora. Ed. by Michelle Underwood. 2020. (ENG., Illus.). 24p. (J). 14.99 *(978-1-7340576-3-8(7))* Liza Dora Bks.

Heroes. Charles Kingsley & John Tetlow. 2017. (ENG.). 208p. (J). pap. *(978-3-337-09046-3(X))* Creation Pubs.

Heroes: Greek Fairy Tales. Charles Kingsley. 2019. (ENG.). 210p. (J). pap. *(978-0-359-91971-0(5))* Lulu Pr., Inc.

Heroes: Incredible True Stories of Courageous Animals. David Long. Illus. by Kerry Hyndman. 2018. (ENG.). 192p. 22.95 *(978-0-571-34210-5(8)*, Faber & Faber Children's Bks.) Faber & Faber, Inc.

Héroes - Biblias de Rompecabezas. Scandanavia Publishing House. 2018. (SPA.). 14p. (J). *(978-87-7203-040-1(2))* Scandinavia Publishing Hse.

Heroes 1. Tim Quinn. 2022. (ENG., Illus.). 22p. (J). pap. ***(978-1-912587-73-5(4))*** Phoenix Pr. Ltd.

Heroes & Fairies: Tales Every Child Should Know; a Selection of the Best Hero Tales & Fairy Tales of All Times (Classic Reprint) Hamilton Wright Mabie. 2018. (ENG., Illus.). 742p. (J). 39.20 *(978-0-267-23238-3(1))* Forgotten Bks.

Heroes & Greathearts & Their Animal Friends (Classic Reprint) John T. Dale. (ENG., Illus.). (J). 2018. 306p. 30.21 *(978-0-483-55401-6(4))*; 2017. pap. 13.57 *(978-0-243-18437-8(9))* Forgotten Bks.

Heroes & Their Trees. Nicole Morton. 2017. (Dragon Oak Ser.: Vol. 1). (ENG., Illus.). (J). (gr. 2-6). pap. 14.95 *(978-1-941049-56-3(7))* Joshua Tree Publishing.

Heroes & Villains. Ella Patrick. 2019. (World of Reading Ser.). (ENG.). 32p. (J). (gr. k-1). 13.96 *(978-0-87617-904-8(9))* Penworthy Co., LLC, The.

Heroes & Villains. Jon Scieszka & Christopher Healy. ed. 2017. (Guys Read Ser.). (J). lib. bdg. 17.20 *(978-0-606-39637-0(3))* Turtleback.

Heroes & Villains of World Mythology. Contrib. by Clara MacCarald. 2023. (Mythology of the World Ser.). (ENG.). 64p. (J). (gr. 6-12). 43.93 ***(978-1-6782-0496-9(X)***, BrightPoint Pr.) ReferencePoint Pr., Inc.

Heroes & Villains! the How to Draw Comics Activity Book. Creative Playbooks. 2016. (ENG., Illus.). (J). pap. 7.74 *(978-1-68323-503-3(7))* Twin Flame Productions.

Heroes at Work (PAW Patrol) Courtney Carbone. 2018. (ENG.). 18p. (J). (gr. -1-k). bds. 12.99 *(978-1-338-31149-5(2))* Scholastic, Inc.

Heroes by Design. D. a Irsik. 2019. (Heroes by Design Ser.: Vol. 1). (ENG.). 146p. (J). (gr. 4-6). pap. 7.99 *(978-1-7329078-0-5(3))* Mrs.

Heroes Don't Have to Fly: Scooter the Word Bird. Clever Publishing & Shannon Anderson. Illus. by Olga Demidova. 2023. (Clever Storytime Ser.). (ENG.). 32p. (J). (gr. -1-2). 13.99 ***(978-1-954738-27-0(7))*** Clever Media Group.

Héroes en el Cielo: Leveled Reader Book 40 Level K 6 Pack. Hmh Hmh. 2021. (SPA.). 16p. (J). pap. 74.40 *(978-0-358-08351-1(6))* Houghton Mifflin Harcourt Publishing Co.

Héroes Estadounidenses. Dona Herweck Rice. rev. ed. 2019. (Reader's Theater Ser.). (SPA., Illus.). 20p. (J). (gr. k-1). 8.99 *(978-1-64290-105-4(9))* Teacher Created Materials, Inc.

Heroes Everywhere! A Lift-The-Flap Adventure. Adapted by Patty Michaels. 2021. (PJ Masks Ser.). (ENG.). 14p. (J). (gr. -1-2). bds. 12.99 *(978-1-5344-8791-8(3)*, Simon Spotlight) Simon Spotlight.

Heroes Get Boo-Boos Too. Angela Melle. 2023. (ENG.). 38p. (J). 19.95 ***(978-1-63755-527-9(X)***, Mascot Kids) Amplify Publishing Group.

Heroes Help! (DC Shazam!) Featuring Black Adam! Frank Berrios. Illus. by Anthony Conley. 2022. (Little Golden Book Ser.). (ENG.). 24p. (J). (-k). 5.99 *(978-0-593-56576-6(2)*, Golden Bks.) Random Hse. Children's Bks.

Heroes, Horses, & Harvest Moons: A Cornucopia of Best-Loved Poems. Jim Weiss. 2017. (Cornucopia of Best-Loved Poems Ser.: 1). (ENG.). (J). (gr. k-17). 14.95 *(978-1-945841-08-8(7)*, 458408) Well-Trained Mind Pr.

Heroes, Horses, & Harvest Moons Audiobook & Illustrated Reader Bundle (the Jim Weiss Audio Collection) Jim Weiss. 2019. (Jim Weiss Audio Collection: 74). (ENG.). 58p. (J). 36.90 *(978-1-945841-87-3(7)*, 458487) Well-Trained Mind Pr.

Heroes, Horses, & Harvest Moons Illustrated Reader: A Cornucopia of Best-Loved Poems (a Cornucopia of Best-Loved Poems) Ed. by Jim Weiss. 2018. (Cornucopia of Best-Loved Poems Ser.: 3). (ENG., Illus.). 53p. (J). (gr. k-8). pap. 21.95 *(978-1-945841-21-7(4)*, 458421) Well-Trained Mind Pr.

Heroes in History (Classic Reprint) Laurence Binyon. (ENG., Illus.). (J). 2018. 148p. 26.95 *(978-0-267-37160-0(8))*; 2016. pap. 9.57 *(978-1-334-15962-6(9))* Forgotten Bks.

Heroes in the Bible see **Heroes en la Biblia: Quarter 3, Level 2**

Heroes in Training. Karolina Kitala. ed. 2022. (Lego 8x8 Ser.). (ENG.). 24p. (J). (gr. k-1). 16.96 ***(978-1-68505-308-6(4))*** Penworthy Co., LLC, The.

Heroes in Training (LEGO City) Random House. Illus. by Random House. 2022. (Pictureback(R) Ser.). (ENG., Illus.). 24p. (J). (gr. -1-2). 5.99 *(978-0-593-48114-1(3)*, Random Hse. Bks. for Young Readers) Random Hse. Children's Bks.

Heroes Like Us: Two Stories: The Day We Met the Queen; the Great Food Bank Heist. Onjali Q. Raúf. 2022. (ENG.). 176p. (J). (gr. 3-7). 16.99 *(978-0-593-48819-5(9))*; lib. bdg. 19.99 *(978-0-593-48820-1(2))* Random Hse. Children's Bks. (Delacorte Pr.).

Héroes Necesitar Práctica, ¡También! Una Historia de Mike y Su Abuelo. Angela K. Durden. Illus. by Tracy Hohn. 2019. (SPA.). 30p. (J). pap. 10.00 *(978-1-950729-00-5(1)*, Blue Room Bks.) WRITER for HIRE!.

Heroes Next Door: Hornet 24, 1 vol. Thomas Nelson Publishing Staff. 2018. (ENG.). 244p. (YA). pap. 13.99 *(978-1-59554-845-0(9))* Elm Hill.

Heroes Next Door Box Set: The Complete Series. Bree Wolf. 2019. (ENG.). 394p. (YA). (gr. 7-12). pap. *(978-3-96482-054-9(7))* Wolf, Sabrina.

Heroes of 9/11: Then & Now. Jessica Rusick. 2020. (9/11 Terrorist Attacks Ser.). (ENG., Illus.). 48p. (J). (gr. 5-9). lib.

bdg. 34.21 *(978-1-5321-9450-4(1),* 36549, Abdo & Daughters) ABDO Publishing Co.

Heroes of a Pandemic: Those Who Stood up Against COVID-19. Anant Naik. 2020. (ENG., Illus.). 26p. (J). (gr. 3-6). pap. 13.99 *(978-1-0878-5473-1(3))* Indy Pub.

Heroes of Asgard (Black & White Edition) (Yesterday's Classics) A. And E. Keary. 2021. (ENG.). 220p. (J). pap. 11.95 *(978-1-63334-133-3(X))* Yesterday's Classics.

Heroes of Asgard (Color Edition) (Yesterday's Classics) A. And E. Keary. 2021. (ENG.). 220p. (J). pap. 16.95 *(978-1-63334-135-7(6))* Yesterday's Classics.

Heroes of Asgard (Premium Color Edition) (Yesterday's Classics) A. And E. Keary. 2021. (ENG.). 220p. (J). pap. 27.95 *(978-1-63334-134-0(8))* Yesterday's Classics.

Heroes of Babylon/Ruth Flip-Over Book. Victoria Kovacs. Illus. by David Ryley. 2016. (Little Bible Heroes(tm) Ser.). (ENG.). 32p. (J). (gr. k-2). pap. 3.99 *(978-1-4336-4325-5(1),* 005786143, B&H Kids) B&H Publishing Group.

Heroes of Black History. Editors of Time for Kis Magazine. ed. 2019. (Time for Kids Readers Ser.). (ENG.). 192p. (J). (gr. 2-3). 20.49 *(978-1-64310-848-3(4))* Penworthy Co., LLC, The.

Heroes of Black History: Biographies of Four Great Americans. Time for Kids Editors. 2017. (America Handbooks, a Time for Kids Ser.). (ENG.). 192p. (J). (gr. 3-17). pap. 9.99 *(978-1-68330-776-1(3));* (Illus.). 19.99 *(978-1-68330-012-0(2))* Time Inc. Bks. (Time For Kids).

Heroes of Black History: Sets 1 - 2. 2018. (Heroes of Black History Ser.). (ENG.). (J). pap. 138.00 *(978-1-5382-3422-8(X));* (gr. 3-4). lib. bdg. 339.24 *(978-1-5382-3024-4(0),* d0d08867-c23a-4448-8da2-77783bd1795a) Stevens, Gareth Publishing LLLP.

Heroes of Black History: Sets 1 - 3. 2020. (Heroes of Black History Ser.). (ENG.). (J). pap. 207.00 *(978-1-5382-6164-4(2));* (gr. 3-4). lib. bdg. 508.86 *(978-1-5382-5991-7(5),* 51d9fc6a-57f4-4c9d-9f49-842956dee28c) Stevens, Gareth Publishing LLLP.

Heroes of Classroom B. Leslie Downs. 2016. (ENG.). 68p. (J). pap. 8.97 ***(978-0-692-70896-5(0))*** Beachfront Productions.

Heroes of COVID-19. Grace Hansen. 2020. (Coronavirus Ser.). (ENG., Illus.). 24p. (J). (gr. -1-2). lib. bdg. 32.79 *(978-1-0982-0552-2(9),* 36006, Abdo Kids) ABDO Publishing Co.

Heroes of Dunkirk. Lisa L. Owens. (Heroes of World War II (Alternator Books (r)) Ser.). (ENG., Illus.). 32p. (J). (gr. 3-6). 2023. pap. 9.99 *(978-1-7284-7696-4(8),* c1b99a15-523b-4099-ab16-6156de42a502); 2018. 30.65 *(978-1-5415-2703-4(8),* 10bb2fd0-86e1-488e-80ee-24f3b134ae11) Lerner Publishing Group. (Lerner Pubns.).

Heroes of God's Church. Rev Patrick Henry Matimore. Illus. by Carle Michel Boog. 2018. (Madonna Ser.: Vol. 3). (ENG.). 304p. (J). (gr. 4-6). pap. 14.95 *(978-1-64051-073-9(7))* St. Augustine Academy Pr.

Heroes of Gotham City. J. E. Bright. ed. 2018. (Ready-To-Read Ser.). (ENG.). 32p. (J). (gr. -1-1). 9.00 *(978-1-64310-532-1(9))* Penworthy Co., LLC, The.

Heroes of Hanover Heights. J. Rene'e Noble. 2018. (ENG.). 176p. (YA). 30.95 *(978-1-4808-6108-4(1));* pap. 13.99 *(978-1-4808-6109-1(X))* Archway Publishing.

Heroes of Havensong: Dragonboy. Megan Reyes. 2023. (Heroes of Havensong Ser.: 1). (Illus.). 416p. (J). (gr. 3-7). 17.99 *(978-0-593-48237-7(9));* lib. bdg. 20.99 *(978-0-593-48238-4(7))* Random Hse. Children's Bks. (Laybrinth Road).

Heroes of History - Ernest Shackleton: Going South. Janet Benge & Geoff Benge. 2017. (Heroes of History Ser.). (ENG.). 227p. (J). pap. 11.99 *(978-1-62486-093-5(1))* Emerald Bks.

Heroes of History - William Bradford: Plymouth's Rock. Janet Benge & Geoff Benge. 2016. (ENG., Illus.). 200p. (YA). pap. 11.99 *(978-1-62486-092-8(3))* Emerald Bks.

Heroes of History & Myth, 1 vol. William Potter. Illus. by Juan Calle. 2019. (Ultimate Fantasy Art Ser.). (ENG.). 32p. (gr. 3-4). 29.27 *(978-1-7253-0324-9(8),* d266c7a3-482d-458c-b944-6e6643a95b3f); pap. 12.75 *(978-1-7253-0322-5(1),* 2ff8d045-f638-4a0f-9e47-366a6a8881a7) Rosen Publishing Group, Inc., The. (PowerKids Pr.).

Heroes of Olympus, Book Three: the Mark of Athena: the Graphic Novel. Rick Riordan. 2023. (Heroes of Olympus Ser.). (ENG.). 160p. (J). (gr. 3-7). 24.99 ***(978-1-368-08172-6(X));*** pap. 14.99 ***(978-1-368-09237-1(3))*** Disney Publishing Worldwide. (Disney-Hyperion).

Heroes of Olympus Books 1-5 Prepack. Rick Riordan. 2019. (ENG.). (J). (gr. 4-7). pap. *(978-1-338-09355-1(X))* Scholastic Canada, Ltd.

Heroes of Olympus Paperback Boxed Set, the-10th Anniversary Edition. Rick Riordan. 2019. (Heroes of Olympus Ser.). (ENG.). 3088p. (J). (gr. 5-9). 49.95 *(978-1-368-05309-9(2),* Disney-Hyperion) Disney Publishing Worldwide.

Heroes of Olympus, the, Book Five: Blood of Olympus, the-(new Cover) Rick Riordan. 2019. (Heroes of Olympus Ser.: 5). (ENG.). 560p. (J). (gr. 5-9). pap. 9.99 *(978-1-368-05170-5(7),* Disney-Hyperion) Disney Publishing Worldwide.

Heroes of Olympus, the, Book Four: House of Hades, the-(new Cover) Rick Riordan. 2019. (Heroes of Olympus Ser.: 4). (ENG.). 672p. (J). (gr. 5-9). pap. 9.99 *(978-1-368-05171-2(5),* Disney-Hyperion) Disney Publishing Worldwide.

Heroes of Olympus, the, Book One: Lost Hero, the-(new Cover) Rick Riordan. 2019. (Heroes of Olympus Ser.: 1). (ENG.). 592p. (J). (gr. 5-9). pap. 9.99 *(978-1-368-05143-9(X),* Disney-Hyperion) Disney Publishing Worldwide.

Heroes of Olympus, the Book Three: Mark of Athena, the-(new Cover) Rick Riordan. 2019. (Heroes of Olympus Ser.: 3). (ENG.). 624p. (J). (gr. 5-9). pap. 9.99 *(978-1-368-05142-2(1),* Disney-Hyperion) Disney Publishing Worldwide.

Heroes of Olympus, the, Book Two: the Son of Neptune-(new Cover) Rick Riordan. 2019. (Heroes of Olympus Ser.: 2). (ENG.). 560p. (J). (gr. 5-9). pap. 9.99 *(978-1-368-05144-6(8),* Disney-Hyperion) Disney Publishing Worldwide.

Heroes of Peace (Classic Reprint) F. J. Gould. 2018. (ENG., Illus.). 146p. (J). 26.93 *(978-0-267-22585-9(7))* Forgotten Bks.

Heroes of the Bible Coloring Book. Activibooks For Kids. 2016. (ENG., Illus.). (J). pap. 9.20 *(978-1-68321-916-3(3))* Mimaxion.

Heroes of the Bible Treasury, 1 vol. David Miles. 2016. (I Can Read! / Adventure Bible Ser.). (ENG., Illus.). 192p. (J). 11.99 *(978-0-310-75096-3(2))* Zonderkidz.

Heroes of the COVID-19 Pandemic. Barbara Sheen. 2021. (Understanding the COVID-19 Pandemic Ser.). (ENG.). 64p. (YA). (gr. 6-12). 43.93 *(978-1-6782-0036-7(0))* ReferencePoint Pr., Inc.

Heroes of the Galaxy. Ruth Amos. ed. 2018. (DK Readers Ser.). (ENG.). 47p. (J). (gr. -1-1). 13.89 *(978-1-64310-663-2(5))* Penworthy Co., LLC, The.

Heroes of the Galaxy. Ruth Amos. ed. 2018. (Star Wars DK Readers Level 2 Ser.). lib. bdg. 14.75 *(978-0-606-41169-1(0))* Turtleback.

Heroes of the Galaxy. Landry G. Walker. ed. 2018. (Star Wars Graphic Ser.). (ENG.). 80p. (J). (gr. 3-5). 20.96 *(978-1-64310-643-4(0))* Penworthy Co., LLC, The.

Heroes of the Middle Ages. Eva March Tappan. 2019. (ENG., Illus.). 286p. (J). (gr. 3-6). pap. 10.95 *(978-1-68422-358-9(X))* Martino Fine Bks.

Heroes of the Middle Ages: A Biographic History of the Greatest Kings, Artists & Military Generals of Medieval Times. Eva March Tappan. 2019. (ENG., Illus.). 110p. (J). (gr. 3-6). pap. *(978-1-78987-133-3(6))* Pantianos Classics.

Heroes of the Nations (Classic Reprint) Herman Smith Alshouse. 2018. (ENG., Illus.). 176p. (J). 27.55 *(978-0-365-48036-5(3))* Forgotten Bks.

Heroes of the Old Testament: Joseph, Daniel, & Captain Naaman. Stephen Weesner. 2018. (ENG., Illus.). 30p. (J). pap. 12.95 *(978-1-64299-136-9(8))* Christian Faith Publishing.

Heroes of the Water Monster. Brian Young. 2023. (ENG.). 384p. (J). (gr. 3-7). 19.99 *(978-0-06-299043-3(8),* Heartdrum) HarperCollins Pubs.

Heroes of the Women's Suffrage Movement, 12 vols. 2016. (Heroes of the Women's Suffrage Movement Ser.). (ENG.). 128p. (gr. 6-6). lib. bdg. 233.58 *(978-0-7660-7507-8(9),* 1559d9d3-c207-45a2-a632-b3d10cd66cd2) Enslow Publishing, LLC.

Heroes of to-Day (Classic Reprint) Mary R. Parkman. 2018. (ENG., Illus.). 344p. (J). 30.99 *(978-0-483-49237-0(X))* Forgotten Bks.

Heroes of Value - Activity Book. Agnes De Bezenac & Salem De Bezenac. Illus. by Agnes De Bezenac. 2019. (ENG., Illus.). 90p. (J). (gr. 1-4). 13.00 *(978-1-63474-303-7(2));* pap. 8.00 *(978-1-63474-302-0(4))* iCharacter.org.

Heroes of Winterville. Paul McElwee. 2019. (Season Island Adventure Ser.: Vol. 2). (ENG., Illus.). 122p. (J). pap. *(978-1-912948-06-2(0))* Crystal Peake Publisher.

Heroes on the Double! Coloring Book 6-8. Educando Kids. 2019. (ENG.). 42p. (J). pap. 6.99 *(978-1-64521-170-9(3),* Educando Kids) Editorial Imagen.

Heroes on the Job. Jacob Cooper. 2021. (ENG., Illus.). 30p. (J). 26.95 *(978-1-63903-653-0(9))* Christian Faith Publishing.

Heroes Return. Monica Tesler. (Bounders Ser.: 4). (ENG.). (J). (gr. 5-9). 2019. 416p. pap. 8.99 *(978-1-5344-0248-5(9));* 2018. (Illus.). 400p. 17.99 *(978-1-5344-0247-8(0))* Simon & Schuster Children's Publishing. (Aladdin).

Heroes Rise of Guardians: When the Heroes Discovered Their Powers. Gabriella Foster. 2022. (ENG.). 28p. (J). pap. ***(978-1-80227-438-7(3))*** Publishing Push Ltd.

Heroes to the Core. Jeremy Whitley. ed. 2022. (Marvel 8x8 Bks). (ENG.). 21p. (J). (gr. k-1). 15.96 ***(978-1-68505-226-3(6))*** Penworthy Co., LLC, The.

Heroes to the Rescue. Esther Ripley. ed. 2016. (DK Reader Level 2 Ser.). lib. bdg. 13.55 *(978-0-606-38711-8(0))* Turtleback.

Heroes Unite! (Dungeons & Dragons: Honor among Thieves) Nicole Johnson. Illus. by Alan Batson. 2023. (Step into Reading Ser.). (ENG.). 32p. (J). (gr. k-3). pap. 5.99 ***(978-0-593-64790-5(4));*** lib. bdg. 14.99 ***(978-0-593-64791-2(2))*** Random Hse. Children's Bks. (Random Hse. Bks. for Young Readers).

Heroes vs. Villains: Superhero Coloring Book. Jupiter Kids. 2016. (ENG., Illus.). 106p. (J). pap. 12.55 *(978-1-68305-236-4(6),* Jupiter Kids (Childrens & Kids Fiction)) Speedy Publishing LLC.

Heroes vs Villains: The Battle for the City of Zero. Brandon Costa. 2023. (ENG.). 490p. (J). pap. 19.49 ***(978-1-3999-4391-8(X))*** Meirovich, Igal.

Heroes Wear Masks: Elmo's Super Adventure. Sesame Workshop. 2020. (Sesame Street Scribbles Ser.). (Illus.). (J). (gr. -1-k). 48p. 10.99 *(978-1-7282-3659-9(2));* 40p. pap. 7.99 *(978-1-7282-3660-5(6))* Sourcebooks, Inc.

Heroes Who Help Us from Around the World. Liz Gogerly. Illus. by Ryan Wheatcroft. ed. 2022. (ENG.). 48p. (J). (gr. k-2). pap. 17.99 *(978-1-4451-6568-4(6),* Franklin Watts) Hachette Children's Group GBR. Dist: Hachette Bk. Group.

Heroes Who Risked Everything for Freedom: Civil War (Ready-To-Read Level 3) Patricia Lakin. Illus. by Valerio Fabbretti. 2017. (Secrets of American History Ser.). (ENG.). 48p. (J). (gr. 1-3). 16.99 *(978-1-4814-9973-6(4));* pap. 4.99 *(978-1-4814-9972-9(6))* Simon Spotlight. (Simon Spotlight).

Heroes with Chutzpah: 101 True Tales of Jewish Trailblazers, Changemakers & Rebels. Rabbi Deborah Bodin Cohen & Rabbi Kerry Olitzky. 2023. (ENG.). 210p. (J). (gr. 5-8). 35.00 ***(978-1-953829-61-0(9))*** Yehuda, Ben Pr.

Heroic Animals. Matthew K. Manning et al. Illus. by Mark Simmons et al. 2023. (Heroic Animals Ser.). (ENG.). 32p. (J). 133.28 *(978-1-6663-9428-3(9),* 244904); pap., pap., pap. 35.96 *(978-1-6663-9429-0(7),* 244905) Capstone. (Capstone Pr.).

Heroic Comeback. Joe Tougas. 2017. (Real Heroes of Sports Ser.). (ENG., Illus.). 32p. (J). (gr. 3-9). lib. bdg. 26.65 *(978-1-5157-4436-8(1),* 134139, Capstone Pr.) Capstone.

Heroic Epistle to Sir William Chambers, Knight, &C. &C (Classic Reprint) William Mason. 2017. (ENG., Illus.). (J). 24.31 *(978-0-265-58317-3(9))* Forgotten Bks.

Heroic Epistle to Sir William Chambers, Knight, Comptroller General of His Majesty's Works, & Author of a Late Dissertation on Oriental Gardening: Enriched with Explanatory Notes, Chiefly Extracted from That Elaborate Performance (Classic Reprint) William Mason. 2017. (ENG., Illus.). (J). 24.31 *(978-0-331-51869-6(4));* pap. 7.97 *(978-0-331-51848-1(1));* 24.31 *(978-0-265-85289-7(7));* pap. 7.97 *(978-1-5277-8387-4(1));* pap. 7.97 *(978-1-5285-2491-9(8))* Forgotten Bks.

Heroic Heart: An Illustrated Biography of Joe Delaney. Frank Murphy & Charnaie Gordon. Illus. by Anastasia Magloire Williams. 2023. 32p. (J). (gr. 1-7). 18.95 ***(978-1-63727-316-6(9))*** Triumph Bks.

Heroic Legend of Arslan 8. Yoshiki Tanaka. Illus. by Hiromu Arakawa. 2018. (Heroic Legend of Arslan Ser.: 8). 192p. (gr. 8-12). pap. 10.99 *(978-1-63236-484-5(0))* Kodansha America, Inc.

Heroic Slave (an African American Heritage Book) Frederick Douglass. 2018. (ENG., Illus.). 68p. (J). 14.99 *(978-1-5154-3693-5(4))* Wilder Pubns., Corp.

Heroic Stories from the Book of Mormon: A Flashlight Discovery Book. Shauna Gibby. Illus. by Casey Nelson. 2017. (J). 16.99 *(978-1-62972-319-8(3))* Deseret Bk. Co.

Heroic Stubbs: A Comedy of a Man with an Ideal, in Four Acts (Classic Reprint) Henry Arthur Jones. 2018. (ENG., Illus.). 110p. (J). 26.19 *(978-0-666-63025-4(9))* Forgotten Bks.

Heroic Women of the Art World. Eugene H. Pool. 2020. (ENG.). 272p. (J). (gr. 8). 22.95 *(978-1-943431-53-3(1))* Tumblehome Learning.

Heroin: Affecting Lives. Clara MacCarald. 2021. (Affecting Lives: Drugs & Addiction Ser.). (ENG.). 32p. (J). (gr. 4-7). lib. bdg. 35.64 *(978-1-5038-4491-9(9),* 214258, MOMENTUM) Child's World, Inc, The.

Heroin: Devastating Our Communities. Tim George. 2019. (Opioid Education Ser.). (Illus.). 96p. (J). (gr. 12). lib. bdg. 34.60 *(978-1-4222-4380-0(X))* Mason Crest.

Heroin: Killer Drug Epidemic, 1 vol. Nicole Horning. 2016. (Drug Education Library). (ENG.). 104p. (J). (gr. 7-7). lib. bdg. 39.08 *(978-1-5345-6009-3(2),* 00c6c3d1-0c71-461f-83f7-33ef9ec24e90, Lucent Pr.) Greenhaven Publishing LLC.

Heroin & Its Dangers. Susan E. Hamen. 2019. (Drugs & Their Dangers Ser.). (ENG.). 80p. (YA). (gr. 6-12). 41.27 *(978-1-68282-707-9(0),* BrightPoint Pr.) ReferencePoint Pr., Inc.

Heroin & Prescription Opioids. Melissa Abramovitz. 2018. (Drugs in Real Life Ser.). (ENG., Illus.). 112p. (J). (gr. 6-12). lib. bdg. 41.36 *(978-1-5321-1416-8(8),* 28814, Essential Library) ABDO Publishing Co.

Heroin Crisis. John Cashin. 2017. (Opioids & Opiates: the Silent Epidemic* Ser.: Vol. 5). (ENG., Illus.). 64p. (YA). (gr. 7-12). 23.95 *(978-1-4222-3825-7(3))* Mason Crest.

Heroin, Opioid, & Painkiller Abuse, 1 vol. Bethany Bryan. 2018. (Overcoming Addiction Ser.). (ENG.). 64p. (gr. 7-7). 36.13 *(978-1-5081-7943-6(3),* 9331c5d3-dbd6-4787-a216-f13cc9ca31cb) Rosen Publishing Group, Inc., The.

Heroin Risks. Peggy J. Parks. 2020. (Drug Risks Ser.). (ENG.). 80p. (YA). (gr. 6-12). 41.27 *(978-1-68282-905-9(7))* ReferencePoint Pr., Inc.

Heroine. Mindy McGinnis. 2020. (ENG.). 448p. (YA). (gr. 9). pap. 15.99 *(978-0-06-284720-1(1),* Tegen, Katherine Bks) HarperCollins Pubs.

Heroine (Classic Reprint) Eaton Stannard Barrett. 2018. (ENG., Illus.). 324p. (J). 30.54 *(978-0-484-89527-9(3))* Forgotten Bks.

Heroine in Bronze: Or a Portrait of a Girl; a Pastoral of the City (Classic Reprint) James Lane Allen. 2017. (ENG., Illus.). (J). 30.06 *(978-0-331-74593-1(3))* Forgotten Bks.

Heroine Of 1812: A Maryland Romance (Classic Reprint) Amy E. Blanchard. 2018. (ENG., Illus.). 350p. (J). 31.14 *(978-0-428-36305-5(9))* Forgotten Bks.

Heroine Of '49: A Story of the Pacific Coast. M. P. Sawtelle. 2017. (ENG., Illus.). (J). pap. *(978-0-649-39302-2(3))* Trieste Publishing Pty Ltd.

Heroine Of '49: A Story of the Pacific Coast (Classic Reprint) M. P. Sawtelle. (ENG., Illus.). (J). 2018. 278p. 29.63 *(978-0-483-35886-7(X));* 2016. pap. 13.57 *(978-1-333-27294-4(4))* Forgotten Bks.

Heroine of Reality: A Novel (Classic Reprint) Percy Vincent Donovan. (ENG., Illus.). (J). 2018. 328p. 30.66 *(978-0-483-31399-6(8));* 2017. pap. 13.57 *(978-0-243-17791-2(7))* Forgotten Bks.

Heroine of the Revolution. Thrace Talmon. 2017. (ENG.). 370p. (J). pap. *(978-3-337-18510-7(X))* Creation Pubs.

Heroine of the Revolution: Or, Captain Molly, the Brave Woman (Classic Reprint) Thrace Talmon. 2018. (ENG., Illus.). 372p. (J). 31.57 *(978-0-483-28851-5(9))* Forgotten Bks.

Heroine of the Wilderness: The Story of Lincoln's Mother (Classic Reprint) Hezekiah Butterworth. 2018. (ENG., Illus.). 296p. (J). 30.00 *(978-0-483-34532-4(6))* Forgotten Bks.

Heroine, or Adventures of a Fair Romance Reader, Vol. 2 of 3 (Classic Reprint) Eaton Stannard Barrett. 2017. (ENG., Illus.). (J). 29.11 *(978-0-266-72250-2(4));* pap. 11.57 *(978-1-5276-7989-4(6))* Forgotten Bks.

Heroine, or Adventures of a Fair Romance Reader, Vol. 3 of 3 (Classic Reprint) Eaton Stannard Barrett. (ENG., Illus.). (J). 2018. 310p. 30.29 *(978-0-364-18212-3(1));* 2017. pap. 13.57 *(978-0-243-88200-7(9))* Forgotten Bks.

Heroine, or Adventures of Cherubina, Vol. 1 of 3 (Classic Reprint) Eaton Stannard Barrett. (ENG., Illus.). (J). 2018. 716p. 38.66 *(978-0-365-18167-5(6));* 2017. pap. 23.57 *(978-0-259-49771-4(1))* Forgotten Bks.

Heroine, or Adventures of Cherubina, Vol. 2 Of 3: With Considerable Additions & Alterations (Classic Reprint) Eaton Stannard Barrett. (ENG., Illus.). (J). 2018. 268p. 29.42 *(978-0-483-59909-3(3));* 2016. pap. 11.97 *(978-1-334-30196-4(4))* Forgotten Bks.

Heroine Stories. Virginia Loh-Hagan. 2019. (Stone Circle Stories: Culture & Folktales Ser.). (ENG., Illus.). 32p. (J). (gr. 4-8). pap. 14.21 *(978-1-5341-4007-3(7),* 212857); lib. bdg. 32.07 *(978-1-5341-4351-7(3),* 212856) Cherry Lake Publishing. (45th Parallel Press).

Heroine, Vol. 1 Of 3: Or Adventures of Cherubina (Classic Reprint) Eaton Stannard Barrett. 2018. (ENG., Illus.). 236p. (J). 28.78 *(978-0-267-43677-4(7))* Forgotten Bks.

Heroine, Vol. 3 Of 3: Or Adventures of Cherubina (Classic Reprint) Eaton Stannard Barrett. 2017. (ENG., Illus.). 272p. (J). 29.51 *(978-0-484-04239-0(4))* Forgotten Bks.

Heroines & Others (Classic Reprint) John Lucas. 2018. (ENG., Illus.). 450p. (J). 33.22 *(978-0-483-80491-3(6))* Forgotten Bks.

Heroines of Mormondom (Classic Reprint) Joseph F. Smith. 2018. (ENG., Illus.). 100p. (J). 25.96 *(978-0-267-49542-9(0))* Forgotten Bks.

Heroines of Olympus: The Women of Greek Mythology. Ellie Mackin Roberts. 2020. (ENG., Illus.). 208p. 22.95 *(978-1-78739-492-6(1))* Welbeck Publishing Group Ltd. GBR. Dist: Two Rivers Distribution.

Heroines of Service: Mary Lyon, Alice Freeman Palmer, Clara Barton, Frances Willard, Julia Ward Howe, Anna Shaw, Mary Antin, Alice Anna Fletcher, Mary Slessor of Calabar, Madame Curie Jane Addams (Classic Reprint) Mary R. Parkman. 2017. (ENG., Illus.). (J). 30.87 *(978-0-266-20005-5(2))* Forgotten Bks.

Heroines, Rescuers, Rabbis, Spies: Unsung Women of the Holocaust. Sarah Silberstein Swartz. 2022. (ENG., Illus.). 192p. (YA). (gr. 9-12). pap. 19.95 *(978-1-77260-262-3(0))* Second Story Pr. CAN. Dist: Orca Bk. Pubs. USA.

Heroines That Every Child Should Know: Tales for Young People of the World's Heroines of All Ages (Classic Reprint) Hamilton Wright Mabie. (ENG., Illus.). (J). 2018. 300p. 30.10 *(978-0-483-36249-9(2));* 2017. pap. 13.57 *(978-0-243-23527-8(5))* Forgotten Bks.

Heroism Begins with Her: Inspiring Stories of Bold, Brave, & Gutsy Women in the U. S. Military. Winifred Conkling. Illus. by Julia Kuo. 2019. (ENG.). 240p. (J). (gr. 3-7). 18.99 *(978-0-06-284741-6(4),* HarperCollins) HarperCollins Pubs.

Heron & the Fish. Mary Berendes. Illus. by Kathleen Petelinsek. 2022. (Aesop's Fables: Timeless Moral Stories Ser.). (ENG.). 24p. (J). (gr. k-3). 32.79 *(978-1-5038-5863-3(4),* 215729) Child's World, Inc, The.

Heron Nest (Classic Reprint) W. Bert Foster. 2017. (ENG., Illus.). (J). 27.98 *(978-0-266-91811-0(5))* Forgotten Bks.

Heron of Castle Creek: And Other Sketches of Bird Life (Classic Reprint) Alfred Wellesley Rees. 2018. (ENG., Illus.). 238p. (J). 28.89 *(978-0-484-85719-2(3))* Forgotten Bks.

Heron Spelling - Learning to Spell. Heron Books. 2020. (ENG.). 70p. (J). pap. ***(978-0-89739-235-8(3),*** Heron Bks.) Quercus.

Heron Spelling - Level 1 Spelling Book. Heron Books. 2022. (ENG.). 72p. (J). pap. ***(978-0-89739-193-1(4),*** Heron Bks.) Quercus.

Heron Spelling - Level 2 Spelling Book. Heron Books. 2020. (ENG.). 86p. (J). pap. ***(978-0-89739-195-5(0),*** Heron Bks.) Quercus.

Heron Spelling - Level 3 Spelling Book. Heron Books. 2020. (ENG.). 114p. (J). pap. ***(978-0-89739-197-9(7),*** Heron Bks.) Quercus.

Heron Spelling - Level 4 Spelling Book. Heron Books. 2020. (ENG.). 86p. (YA). pap. ***(978-0-89739-215-0(9),*** Heron Bks.) Quercus.

Heron Spelling - Level 5 Spelling Book. Heron Books. 2020. (ENG.). 118p. (YA). pap. ***(978-0-89739-216-7(7),*** Heron Bks.) Quercus.

Heron Spelling - Spell It Right! Heron Books. 2020. (ENG.). 42p. (J). pap. ***(978-0-89739-234-1(5),*** Heron Bks.) Quercus.

Heron Spelling - Understanding Spelling. Heron Books. 2020. (ENG.). 44p. (J). pap. ***(978-0-89739-192-4(6),*** Heron Bks.) Quercus.

Heron Spelling Teacher Manual. Heron Spelling. 2022. (ENG.). 62p. (J). pap. ***(978-0-89739-233-4(7),*** Heron Bks.) Quercus.

Heronclaw Chronicles: The Rise of Masserly. Gavin Wolfe-Winland. 2022. (ENG.). 604p. (YA). pap. 34.99 ***(978-1-6657-3409-7(4))*** Archway Publishing.

Heronford (Classic Reprint) S. R. Keightley. 2018. (ENG., Illus.). 352p. (J). 31.18 *(978-0-483-46843-6(6))* Forgotten Bks.

Herons. Lisa Amstutz. 2022. (Spot Big Birds Ser.). (ENG.). 16p. (J). (gr. -1-2). pap. 9.99 *(978-1-68152-665-2(4),* 22396) Amicus.

Herons. Rachel Grack. 2019. (Animals of the Wetlands Ser.). (ENG., Illus.). 24p. (J). (gr. k-3). lib. bdg. 26.95 *(978-1-62617-988-2(3),* Blastoff! Readers) Bellwether Media.

Heron's Plume (Classic Reprint) Sherwood. 2018. (ENG., Illus.). 96p. (J). 25.88 *(978-0-484-34488-3(9))* Forgotten Bks.

Herons' Tower: A Romance (Classic Reprint) Emily Gerard. (ENG., Illus.). (J). 2018. 382p. 31.78 *(978-0-483-95669-8(4));* 2016. pap. 16.57 *(978-1-334-13294-0(1))* Forgotten Bks.

Heronymus Heron Discovers His Shadow (and a Whole Lot More) Janice Williams & Richard Skaare. 2020. (ENG.). 32p. (J). (gr. k-4). 19.99 *(978-1-950381-99-9(4))* RIVERRUN BOOKSTORE INC.

HeroRat! Magawa, a Lifesaving Rodent. Jodie Parachini. Illus. by Keiron Ward & Jason Dewhirst. 2022. (Animalographies Ser.). (ENG.). 32p. (J). (gr. -1-3). 17.99 *(978-0-8075-0384-3(3),* 807503843) Whitman, Albert & Co.

Héros Avoir Besoin Pratique, Aussi! Un Histoire de Mike et Gran-Père. Angela K. Durden. Illus. by Tracy Hohn. 2019. (FRE.). 30p. (J). pap. 10.00 *(978-1-950729-01-2(X),* Blue Room Bks.) WRITER for HIRE!.

Hero's Greatest Fear Coloring Book. Smarter Activity Books for Kids. 2016. (ENG., Illus.). (J). pap. 9.22 *(978-1-68374-074-2(2))* Examined Solutions PTE. Ltd.

Hero's Heart. Joseph David Hightower. 2018. (ENG., Illus.). 330p. (YA). pap. 19.99 *(978-1-63111-426-7(3))* Books-A-Million, Inc.

Hero's Helmet Saga. Valero S. Andrew. 2019. (Hero's Helmet Saga Ser.: Vol. 1). (ENG., Illus.). 42p. (YA). pap. 30.00 *(978-0-578-52464-1(3))* ASV Productions.

Hero's Helmet Saga (full Version) Created by Andrew Stephan Valero. 2019. (Hero's Helmet Ser.). (ENG., Illus.).

872

The check digit for ISBN-10 appears in parentheses after the full ISBN-13

224p. (J). (gr. 3-6). 45.00 *(978-0-578-62328-3(5))* ASV Productions.

Hero's Journey. D. a Irsik. 2019. (Heroes Ser.: Vol. 2). (ENG., Illus.). 160p. (J). (gr. 4-6). pap. 7.99 *(978-1-7329078-2-9(X))* Mrs.

Hero's Journey Journal for Middle School Kids. Sara Zee. 2022. (ENG.). 100p. (YA). pap. ***(978-1-387-52045-9(8))*** Lulu Pr., Inc.

Hero's Prayer. Sheri Rose Shepherd. 2019. (Adventures with the King: His Mighty Warrior Ser.: 1). (ENG., Illus.). 24p. (J). 11.99 *(978-1-58997-985-7(0),* 20_32464) Focus on the Family Publishing.

Hero's Purpose. D. a Irsik. 2020. (Heroes by Design Ser.: Vol. 3). (ENG.). 164p. (YA). pap. 7.85 *(978-1-7329078-4-3(6))* Mrs.

Hero's Work, Vol. 1 of 3 (Classic Reprint) Duffus Hardy. 2018. (ENG., Illus.). 332p. (J). 30.74 *(978-0-267-22771-6(X))* Forgotten Bks.

Hero's Work, Vol. 2 of 3 (Classic Reprint) Duffus Hardy. 2018. (ENG., Illus.). 304p. (J). 30.17 *(978-0-428-82965-0(1))* Forgotten Bks.

Hero's Work, Vol. 3 of 3 (Classic Reprint) Duffus Hardy. 2018. (ENG., Illus.). 334p. (J). 30.79 *(978-0-267-21384-9(0))* Forgotten Bks.

Herpetology of Japan & Adjacent Territory (Classic Reprint) Leonhard Stejneger. 2018. (ENG., Illus.). (J). 37.69 *(978-0-266-61797-6(2))* Forgotten Bks.

Herr Cannellonis Cirkus: Swedish Edition of Mr. Cannelloni's Circus. Tuula Pere. Tr. by Mai-Le Wahlstrom. 2018. (SWE., Illus.). 144p. (J). (gr. 3-6). *(978-952-357-029-0(3))*; pap. *(978-952-357-023-8(4))* Wickwick oy.

Herr der Diebe see Thief Lord

Herr Paulus, Vol. 1 Of 3: His Rise, His Greatness, & His Fall (Classic Reprint) Walter Besant. 2018. (ENG., Illus.). 314p. (J). 30.39 *(978-0-267-44958-3(5))* Forgotten Bks.

Herra Cannellonin Sirkus: Finnish Edition of Mr. Cannelloni's Circus. Tuula Pere. 2018. (FIN., Illus.). 144p. (J). (gr. 3-6). *(978-952-357-028-3(5))*; pap. *(978-952-357-022-1(6))* Wickwick oy.

Herramientas Espaciales. David Armentrout & Patricia Armentrout. 2022. (Destino: el Espacio (Destination Space) Ser.). (SPA.). 24p. (J). (gr. k-2). pap. *(978-1-0396-4949-1(1),* 19685); lib. bdg. *(978-1-0396-4822-7(3),* 19684) Crabtree Publishing Co.

Herrerasaurus & Other Triassic Dinosaurs. Brown Bear Books. 2018. (Dinosaur Detectives Ser.). (ENG., Illus.). 24p. (J). (gr. 2-4). lib. bdg. *(978-1-78121-405-3(0),* 16467) Brown Bear Bks.

Herriges Horror in Philadelphia: A Full History of the Whole Affair, a Man Kept in a Dark Cage Like a Wild Beast for Twenty Years, As Alleged, in His Own Mother's & Brother's House (Classic Reprint) Unknown Author. 2017. (ENG., Illus.). (J). 24.47 *(978-0-331-69807-7(2))* Forgotten Bks.

Hers or His? Practicing the H Sound, 1 vol. Lee Young. 2016. (Rosen Phonics Readers Ser.). (ENG.). 8p. (J). (gr. -1-2). pap. *(978-1-5081-3265-3(8),* 0095d20e-e7ad-4f5a-8e88-e01d68e799f1, Rosen Classroom) Rosen Publishing Group, Inc., The.

Herself, Himself Myself: A Romance (Classic Reprint) Ruth Sawyer. 2017. (ENG., Illus.). (J). 30.02 *(978-1-5282-6635-2(8))*; pap. 13.57 *(978-1-5276-2997-4(X))* Forgotten Bks.

Herself-Ireland (Classic Reprint) T. P. O'Connor. 2018. (ENG., Illus.). 458p. (J). 33.36 *(978-0-483-95066-5(1))* Forgotten Bks.

Hershel & the Hanukkah Goblins (Gift Edition with Poster) Eric A. Kimmel. Illus. by Trina Schart Hyman. 25th ed. 2022. 32p. (J). (gr. -1-3). 24.99 *(978-0-8234-5255-2(7))* Holiday Hse., Inc.

Hershey Finds a Home. Dorothy Gonzalez. Illus. by Enrique Gonzalez. 2018. (ENG.). 20p. (J). pap. 9.95 *(978-1-64096-130-2(5))* Newman Springs Publishing, Inc.

Hershi Lernt Zikh Farmestn MIT Gefiln. R. Gold & M. H. Marmorshteyn. Illus. by Nehameh Leybler. 2018. (YID.). (J). *(978-1-68091-229-6(1))* Kinder Shpiel USA, Inc.

Herstory: 50 Women & Girls Who Shook up the World. Katherine Halligan. Illus. by Sarah Walsh. 2018. (Stories That Shook up the World Ser.). (ENG.). 112p. (J). (gr. 3). 19.99 *(978-1-5344-3664-0(2),* Simon & Schuster Bks. For Young Readers) Simon & Schuster Bks. For Young Readers.

Herstory: A Hong Kong Mother. Anna Tso. Illus. by Joanne Lo. 2019. (Hong Kong Reader Ser.: Vol. 5). (ENG.). 22p. (J). 19.95 *(978-1-948210-05-8(3))* Alpha Academic Pr.

He's All I Got. Kathryn B. Grayson-Thomas. Ed. by Anelda L. Attaway. Illus. by Daniel Henderson. 2022. (ENG.). 58p. (YA). pap. 19.99 *(978-1-954425-45-3(7))* Jazzy Kitty Pubns.

He's Coming to-Morrow (Classic Reprint) Harriet Stowe. 2018. (ENG., Illus.). 24p. (J). 24.39 *(978-0-332-64084-6(1))* Forgotten Bks.

He's Doing a New Thing. Sherice Shettlewood. 2020. (ENG.). 179p. (J). *(978-1-716-59516-5(9))* Lulu Pr., Inc.

He's Got the Whole World in His Hands. Tiger Tales. Illus. by Hanh Dung Ho. 2020. (ENG.). 16p. (J). (-k). bds. 9.99 *(978-1-68010-587-2(6))* Tiger Tales.

He's Got the Whole World in His Hands. Katherine Walker. Illus. by Jess Moorhouse. 2021. (ENG.). 12p. (J). bds. 6.99 *(978-1-80058-247-7(1))* Make Believe Ideas GBR. Dist: Scholastic, Inc.

He's My Only Vampire, Vol. 10. Aya Shouoto. 2017. (He's My Only Vampire Ser.: 10). (ENG., Illus.). 176p. (gr. 11-17). pap. 13.00 *(978-0-316-39912-8(4),* Yen Pr.) Yen Pr. LLC.

He's My Only Vampire, Vol. 9. Aya Shouoto. 2016. (He's My Only Vampire Ser.: 9). (ENG., Illus.). 160p. (gr. 11-17). pap. 13.00 *(978-0-316-34584-2(9))* Yen Pr. LLC.

He's Not Like Us! Ooli & Tooli When Life Is Unrooly. Ora Pollak. Illus. by Lucia Benito. 2018. (Ooli & Tooli When Life Is Unrooly Ser.: Vol. 2). (ENG.). 38p. (J). (gr. k-2). 21.49 *(978-0-9987126-8-0(X))*; pap. 11.99 *(978-0-9987126-7-3(1))* ooli & tooli llc.

He's Not Special; He's My Friend. Tempestt Aisha. 2019. (Maddy Ser.: Vol. 3). (ENG., Illus.). 32p. (J). (gr. k-4). 22.00 *(978-0-578-51561-8(X))* ImaginAISHAn Media LLC.

He's One of a Kind. Kameila Stephens. 2021. (ENG.). 24p. (J). pap. 12.99 *(978-1-6629-1169-9(6))*; 19.99 *(978-1-6629-1168-2(8))* Gatekeeper Pr.

Heshaam the Generous. Annie Khan. Illus. by I. Cenizal. 2021. (ENG.). 28p. (J). *(978-0-2288-4346-7(4))*; pap. *(978-0-2288-4345-0(6))* Tellwell Talent.

Hesitating. Penelope Dyan. Illus. by Penelope Dyan. l.t. ed. 2022. (ENG.). 34p. (J). pap. 12.60 ***(978-1-61477-624-6(5))*** Bellissima Publishing, LLC.

Hesper: A Novel (Classic Reprint) Hamlin Garland. 2018. (ENG., Illus.). 454p. (J). 33.28 *(978-0-656-11723-9(0))* Forgotten Bks.

Hesperian, 1859, Vol. 2 (Classic Reprint) F. H. Day. (ENG., Illus.). (J). 2018. 646p. 37.22 *(978-0-483-29063-1(7))*; 2016. pap. 19.57 *(978-1-333-34248-7(9))* Forgotten Bks.

Hesperian, 1860, Vol. 4 (Classic Reprint) F. H. Day. 2016. (ENG., Illus.). (J). pap. 19.57 *(978-1-333-47294-8(3))* Forgotten Bks.

Hesperian, 1860, Vol. 4 (Classic Reprint) F. H. Day. 2018. (ENG., Illus.). 642p. (J). 37.16 *(978-0-483-33342-0(5))* Forgotten Bks.

Hesperian, Vol. 1: A Journal of Literature & Art; May 1, 1858 (Classic Reprint) F. H. Day. 2018. (ENG., Illus.). 292p. (J). 29.92 *(978-0-484-58099-1(X))* Forgotten Bks.

Hesperus, Vol. 1 Of 2: Or Forty-Five Dog-Post-Days, a Biography (Classic Reprint) Jean Paul Friedrich Richter. (ENG., Illus.). (J). 2018. 530p. 34.83 *(978-0-483-60631-9(6))*; 2016. pap. 19.57 *(978-1-334-49855-8(5))* Forgotten Bks.

Hester Kirton (Classic Reprint) Unknown Author. 2017. (ENG., Illus.). (J). pap. 13.57 *(978-1-5276-3095-6(1))* Forgotten Bks.

Hester of Pepper Tree Ranch (Classic Reprint) Felicia B. Clark. (ENG., Illus.). (J). 2018. 224p. 28.52 *(978-0-364-00139-4(9))*; 2017. pap. 10.97 *(978-0-243-49713-3(X))* Forgotten Bks.

Hester Stanley at St. Marks (Classic Reprint) Harriet Prescott Spofford. (ENG., Illus.). (J). 2018. 218p. 28.39 *(978-0-483-85153-5(1))*; 2017. pap. 10.97 *(978-0-243-42788-8(3))* Forgotten Bks.

Hester Stanley's Friends (Classic Reprint) Harriet Prescott Spofford. (ENG., Illus.). (J). 2018. 322p. 30.54 *(978-0-483-29329-8(6))*; 2016. pap. 13.57 *(978-1-333-41339-2(4))* Forgotten Bks.

Hester Strong's Life Work: Or, the Mystery Solved (Classic Reprint) S. A. Southworth. 2018. (ENG., Illus.). 460p. (J). 33.32 *(978-0-484-48047-5(2))* Forgotten Bks.

Hester's Mystery: A Comedy in One Act (Classic Reprint) Arthur Wing Pinero. 2018. (ENG., Illus.). 32p. (J). 24.56 *(978-0-428-78204-7(3))* Forgotten Bks.

Hester's Sacrifice, Vol. 1 of 3 (Classic Reprint) Eliza Tabor. (ENG., Illus.). (J). 2018. 336p. 30.83 *(978-0-484-72411-1(8))*; 2016. pap. 13.57 *(978-1-333-44269-9(6))* Forgotten Bks.

Hester's Sacrifice, Vol. 2 of 3 (Classic Reprint) Eliza Tabor. (ENG., Illus.). (J). 2018. 328p. 30.66 *(978-0-483-42058-8(1))*; 2016. pap. 13.57 *(978-1-334-20648-1(1))* Forgotten Bks.

Hester's Sacrifice, Vol. 3 of 3 (Classic Reprint) Eliza Tabor. (ENG., Illus.). (J). 2018. 338p. 30.87 *(978-0-483-91962-4(4))*; 2016. pap. 13.57 *(978-1-333-37902-5(1))* Forgotten Bks.

Het Boek Met Alle Verhalen: De Avonturen Van Kaboutertje Klok. Mechtild Henkelman. Illus. by E. A. J. Boer. 2018. (DUT.). 108p. (J). pap. *(978-90-829370-0-8(X))* Henkelman, Mechtild.

Het Gazin DAT Werd Mishandeld en Geen Gerechtigheid Kreeg Na Het Melden Van Incest: Als Ik Mijn Vader Niet Kan Vertrouwen, Wie Kan Ik Dan Vertrouwen? Mijn Zoon Is Mijn Broer. Paris Myers & Maxi Donsi. 2021. (DUT.). 74p. (J). pap. 25.00 *(978-1-7948-2424-9(3))* Lulu Pr., Inc.

Het Geheim Van de Oude Kist. Martijn Mulder. Illus. by Irene Mulder. 2017. (De Avonturen Van Tommy & Anouk Ser.: Vol. 1). (DUT.). (J). (gr. 3-6). *(978-90-819674-2-6(8))* Stichting Historisch Egmond.

Het Grote Avontuur Van Kasp de Rasp. Mark Dantzler. 2022. (DUT.). 64p. (J). 19.99 *(978-1-64538-426-7(8))* Orange Hat Publishing.

Het Onzichtbare Huis / the Invisible House: Gedichten Poems. Hannie Rouweler. 2021. (ENG.). 98p. (YA). pap. *(978-1-312-45804-8(6))* Lulu Pr., Inc.

Héta. Orianne PLADO COSTANTE. 2023. (FRE.). 85p. (YA). pap. ***(978-1-4477-6133-4(2))*** Lulu Pr., Inc.

Heterogenia Linguistico, Vol. 3. Salt Seno. 2021. (Heterogenia Linguistico Ser.: 3). (ENG., Illus.). 162p. (gr. 8-17). pap. 15.00 *(978-1-9753-2425-4(0),* Yen Pr.) Yen Pr. LLC.

Hetty (Classic Reprint) Henry Kingsley. (ENG., Illus.). (J). 2018. 658p. 37.47 *(978-0-365-38832-6(7))*; 2018. 354p. 31.20 *(978-0-483-44048-7(5))*; 2017. pap. 19.97 *(978-0-259-30411-1(5))* Forgotten Bks.

Hetty Gray; or, Nobody's Bairn. Rosa Mulholland. 2017. (ENG., Illus.). (J). pap. *(978-0-649-60209-4(9))* Trieste Publishing Pty Ltd.

Hetty Honeywort & the Dragon Disaster. Zoe Saunders. 2023. (ENG.). 146p. (J). ***(978-1-9164352-4-7(6))*** Whimsicolour Publishing.

Hetty the Brave Hedgehog. Teresa Marshall. 2017. (ENG., Illus.). (J). (gr. k-5). *(978-1-78719-359-8(4))*; pap. *(978-1-78719-358-1(6))* Authors OnLine, Ltd.

Hetty Wesley (Classic Reprint) A. T. Quiller-Couch. 2018. (ENG., Illus.). 284p. (J). 29.75 *(978-0-483-80642-9(0))* Forgotten Bks.

Heung Bu & Nol Bu: A Folktale in English & Korean. Fb Smit. Illus. by Monserrat Vallejo & Jiale Kuang. 2019. (ENG.). 54p. (J). pap. 12.95 *(978-1-7327679-4-2(7))* Eeyagi Tales.

Heung Bu & Nol Bu: Chinese & English. Fb Smit. Illus. by Monse Vallejo & Kuang Jiale. 2020. (ENG.). 54p. (J). (gr. 1-4). 17.95 *(978-1-7327679-5-9(5))* Eeyagi Tales.

Hever Court, Vol. 1 of 2 (Classic Reprint) R. Arthur Arnold. 2018. (ENG., Illus.). 306p. (J). 30.23 *(978-0-267-25273-2(0))* Forgotten Bks.

Hever Court, Vol. 2 of 2 (Classic Reprint) R. Arthur Arnold. 2018. (ENG., Illus.). 296p. (J). 30.00 *(978-0-483-57183-9(0))* Forgotten Bks.

Hewitt Early Readers: Level I, 5 bks., set. Donna R. Fisher. Illus. by Elizabeth Haidle. Incl. Bk. C. Who Am I? pap. *(978-0-913717-85-1(1))*; Bk. D. Garden Helper. pap. *(978-0-913717-86-8(X))*; Bk. A. Can a Bat Sit? pap. *(978-0-913717-83-7(5))*; Bk. B. Day with the Cubs. pap. *(978-0-913717-84-4(3))*; Bk. E. Visit with Mr. Mantis. pap. *(978-0-913717-87-5(8))*; 12p. (J). (gr. 1). 1995. (Illus.). Set pap. 7.95 *(978-0-913717-88-2(6),* 2125) Hewitt Research Foundation, Inc.

Hewitt Early Readers: Level II, 5 bks., set. Donna R. Fisher. Illus. by Elizabeth Haidle. Incl. Bk. C. Watch What I Can Do! pap. *(978-0-913717-91-2(6))*; Bk. D. Turtle, the Orphan. pap. *(978-0-913717-92-9(4))*; Bk. A. Vixen & Her Pups. pap. *(978-0-913717-89-9(4))*; Bk. B. Lady with a Hump. pap. *(978-0-913717-90-5(8))*; Bk. E. So Deep, So Wide, So High. pap. *(978-0-913717-93-6(2))*; 12p. (J). (gr. 1). 1995. (Illus.). Set pap. 7.95 *(978-0-913717-94-3(0),* 2126) Hewitt Research Foundation, Inc.

Hex Vet: the Flying Surgery. Sam Davies. 2019. (Hex Vet Ser.). (ENG., Illus.). 112p. (J). pap. 9.99 *(978-1-68415-478-4(2))* BOOM! Studios.

Hex Vet: Witches in Training. Sam Davies. 2018. (Hex Vet Ser.). (ENG., Illus.). 80p. (J). pap. 8.99 *(978-1-68415-288-9(7))* BOOM! Studios.

Hex You: Sisters of Salem. P.c. Cast & Kristin Cast. 2023. (Sisters of Salem Ser.: 3). (ENG., Illus.). 304p. (YA). 18.99 *(978-1-250-76569-7(2),* 900232265, Wednesday Bks.) St. Martin's Pr.

Hexaemeral Literature: A Study of the Greek & Latin Commentaries on Genesis (Classic Reprint) Frank Egleston Robbins. 2018. (ENG., Illus.). 114p. (J). 26.25 *(978-0-364-84263-8(6))* Forgotten Bks.

Hexágonos (Hexagons) Teddy Borth. 2016. (¡Formas Divertidas! (Shapes Are Fun!) Ser.). (SPA.). 24p. (J). (gr. -1-2). lib. bdg. 31.36 *(978-1-62402-616-4(8),* 24736, Abdo Kids) ABDO Publishing Co.

Hexapod Stories (Classic Reprint) Edith Marion Patch. 2018. (ENG., Illus.). 192p. (J). 27.88 *(978-0-267-26955-6(2))* Forgotten Bks.

Hexapod Stories (Yesterday's Classics) Edith M. Patch. Illus. by Robert J. Sim. 2018. (ENG.). 156p. (J). (gr. 2-4). pap. 11.95 *(978-1-63334-100-5(3))* Yesterday's Classics.

Hexe Melania und Rauber Puck. Narina Karitzky. 2017. (GER., Illus.). (J). *(978-3-7439-5701-5(9))*; pap. *(978-3-7439-5665-0(9))* tredition Verlag.

Hey! a Colorful Mystery. Kate Read. 2021. (ENG., Illus.). 36p. (J). (-k). 17.99 *(978-1-68263-327-4(6))* Peachtree Publishing Co. Inc.

Hey, Baby! A Baby's Day in Doodles. Andrea Pippins. 2020. 20p. (J). (— 1). bds. 8.99 *(978-1-9848-4951-9(4))* Random Hse. Children's Bks.

Hey, Baby! A Collection of Pictures, Poems, & Stories from Nature's Nursery. Stephanie Warren Drimmer. 2017. (Illus.). 192p. (J). (gr. -1-k). 24.99 *(978-1-4263-2931-9(8),* National Geographic Kids) Disney Publishing Worldwide.

Hey, Baby Girl! Andrea Pinkney. Illus. by Brian Pinkney. 2023. (ENG.). 16p. (J). (— 1). bds. 8.99 ***(978-1-338-67243-5(6),*** Cartwheel Bks.) Scholastic, Inc.

Hey, Batter Batter! Owen M. Lee. Illus. by Irena Rudovska. 2023. (Sports Cheers Ser.). (ENG.). (J). 34p. pap. 12.99 ***(978-1-5324-3222-4(4))***; 32p. (gr. 2-6). pap. 24.99 ***(978-1-5324-3223-1(2))*** Xist Publishing.

Hey, Batter Batter! Baseball Chants & Cheers. Owen M. Lee. Illus. by Irena Rudovska. 2023. (Sports Cheers Ser.). (ENG.). 32p. (J). (gr. 2-6). pap. 12.99 ***(978-1-5324-3221-7(6))*** Xist Publishing.

Hey Batter Batter! a Baseball Coloring Book. Activibooks For Kids. 2016. (ENG., Illus.). (J). pap. 9.20 *(978-1-68321-581-3(8))* Mimaxion.

Hey, Big Brother! Jacqueline Robertson-Yeo. Illus. by Jacqueline Robertson-Yeo. 2022. (ENG., Illus.). 34p. (J). pap. ***(978-1-7398392-7-7(7))*** Robertson-Yeo, Jacqueline.

Hey, Big Sister! Jacqueline Robertson-Yeo. Illus. by Jacqueline Robertson-Yeo. 2023. (ENG.). 34p. (J). pap. ***(978-1-7398392-3-9(4))*** Robertson-Yeo, Jacqueline.

Hey Black Child. Useni Eugene Perkins. Illus. by Bryan Collier. (ENG.). (J). (gr. -1 — 1). 2019. 22p. bds. 7.99 *(978-0-316-36029-6(5))*; 2017. 40p. 18.99 *(978-0-316-36030-2(9))* Little, Brown Bks. for Young Readers.

Hey Black Girl! Monique Young. 2022. (ENG.). 30p. (J). pap. 15.00 ***(978-1-0880-2581-9(1))*** Indy Pub.

Hey, Boy. Benjamin Strouse. Illus. by Jennifer Phelan. 2017. (ENG.). 48p. (J). (gr. -1-3). 15.99 *(978-1-4814-7101-5(5),* McElderry, Margaret K. Bks.) McElderry, Margaret K. Bks.

Hey, Bruce! An Interactive Book. Ryan T. Higgins. 2022. (Mother Bruce Ser.). (Illus.). 48p. (J). (gr. -1-k). 17.99 *(978-1-368-08411-6(7),* Disney-Hyperion) Disney Publishing Worldwide.

Hey Bully God Know's Who You Are. B a R E. 2020. (ENG.). 68p. (J). pap. 11.49 *(978-1-63129-323-8(0))* Salem Author Services.

Hey, Charlie! Donald W. Kruse. Illus. by Donny Crank. 2017. (ENG.). (J). (gr. k-6). pap. 14.95 *(978-0-9981972-1-0(1))* Zaccheus Entertainment Co.

Hey Diddle Didddle (I'll Sing You My Song) Dennis Albertson. 2016. (ENG., Illus.). 32p. (J). pap. *(978-1-365-24829-0(1))* Lulu Pr., Inc.

Hey Diddle Diddle. Melissa Everett. Illus. by Mary Manning. 2017. (ENG.). 24p. (J). (gr. -1-3). *(978-1-4867-1258-8(4))* Flowerpot Children's Pr. Inc.

Hey Diddle Diddle. Illus. by Annie Kubler & Sarah Dellow. 2020. (Baby Rhyme Time Ser.). 12p. (J). bds. *(978-1-78628-408-2(1))* Child's Play International Ltd.

Hey Diddle Diddle. Gary Lund. 2019. (ENG., Illus.). 30p. (J). pap. 7.95 *(978-1-64633-306-6(3))* Primedia eLaunch LLC.

Hey Diddle Diddle. Hazel Quintanilla. 2018. (Hazel Q Nursery Rhymes Ser.). (ENG., Illus.). 14p. (J). (gr. -1-k). bds. 8.99 *(978-1-4867-1564-0(8),* 3089d025-4b28-4200-a32a-095c38c9518c) Flowerpot Pr.

Hey Diddle Diddle. Illus. by Emma Schmid. (Classic Books with Holes 8x8 Ser.). 16p. (J). 2019. (ENG.). pap. *(978-1-78628-214-9(3))*; 2019. bds. *(978-1-78628-219-4(4))*; 2018. (ENG.). *(978-1-78628-235-4(6))*; 2018. (ENG.). *(978-1-78628-231-6(3))*; 2018. pap. *(978-1-78628-178-4(3))* Child's Play International Ltd.

Hey Diddle Diddle: Sing along with Me! Illus. by Yu-Hsuan Huang. 2022. (Sing along with Me! Ser.). (ENG.). 8p. (J). (— 1). bds. 8.99 *(978-1-5362-2762-8(5))* Candlewick Pr.

Hey Diddle Diddle Picture Book: Containing, the Milkmaid; Hey Diddle Diddle, & Baby Bunting; a Frog He Would a-Wooing Go; the Fox Jumps over the Parson's Gate (Classic Reprint) Randolph Caldecott. (ENG., Illus.). (J). 2017. 26.06 *(978-0-265-85227-9(7))*; 2016. pap. 9.57 *(978-1-333-66745-0(0))* Forgotten Bks.

Hey Diddle Diddle Picture Book: Containing the Milkmaid; Hey Diddle Diddle, & Baby Bunting; a Frog He Would a-Wooing Go; the Fox Jumps over the Parson's Gate (Classic Reprint) Randolph Caldecott. (ENG., Illus.). (J). 2018. 100p. 25.98 *(978-0-483-00068-1(X))*; 2016. pap. 9.57 *(978-1-333-87342-4(5))* Forgotten Bks.

Hey, Dog. Tony Johnston. Illus. by Jonathan Nelson. 2019. 32p. (J). (gr. -1-3). lib. bdg. 16.99 *(978-1-58089-877-5(7))* Charlesbridge Publishing, Inc.

Hey Dude. Michael Reed. 2019. (ENG.). 28p. (J). pap. *(978-1-5289-4175-4(6))* Austin Macauley Pubs. Ltd.

Hey Elephant! Where Are You? Mary Kay Worth. 2022. (ENG.). 30p. (J). 19.99 ***(978-1-958920-25-1(8))***; pap. 12.99 ***(978-1-958920-26-8(6))*** Good River Print & Media.

Hey Everybody Its Christmas! Kids Coloring Book 2. Bold Illustrations. 2017. (ENG., Illus.). (J). pap. 8.35 *(978-1-64193-011-6(X),* Bold Illustrations) FASTLANE LLC.

Hey Everybody Its Christmas! Toddler Coloring Book Ages 1-3 Book 1. Bold Illustrations. 2017. (ENG., Illus.). (J). pap. 8.35 *(978-1-64193-010-9(1),* Bold Illustrations) FASTLANE LLC.

Hey Gifted Girl: Education Edition. Kimberly Mack. 2022. (ENG.). 42p. (J). pap. 12.99 ***(978-1-7378960-6-7(0))*** Southampton Publishing.

Hey Girl! Amazing Secrets to Making the Most of Your Teenage Years. Grace U. Anighoro. 2020. (ENG.). 180p. (J). pap. *(978-1-83853-464-6(4))* Independent Publishing Network.

Hey, God! Help! Roxie Cawood Gibson. 2020. (ENG.). 38p. (J). 11.95 *(978-0-578-77850-1(5))* Roxie Gibson Co.

Hey, God! What Is Terrorism? Roxie Cawood Gibson. 2020. (ENG.). 50p. (J). (gr. k-6). 11.95 *(978-0-578-66872-7(6))* Roxie Gibson Co.

Hey Goose! What's Your Excuse? Lisa M. Griffin. ed. 2017. (ENG., Illus.). 31p. (J). (gr. -1-4). pap. 10.95 *(978-1-944882-18-1(9))* Boys Town Pr.

Hey Gorgeous. Juanita Davis. 2023. (ENG.). 122p. (J). pap. 12.00 ***(978-1-312-81524-7(8))*** Lulu Pr., Inc.

Hey, GrandDude! How Do They Clean It Up? Kenneth A. Crawford. 2020. (ENG., Illus.). 52p. (J). pap. 16.95 *(978-1-64670-213-8(1))* Covenant Bks.

Hey GrandDude! Where Does the Water Go? Kenneth A. Crawford. 2020. (ENG., Illus.). 52p. (J). pap. 16.95 *(978-1-64670-175-9(5))* Covenant Bks.

Hey Grandma. Scottie B. Caldwell. 2023. (ENG.). 54p. (J). pap. 14.99 ***(978-1-0882-0947-9(5))*** Indy Pub.

Hey Grandude! Paul McCartney. Illus. by Kathryn Durst. 2019. (ENG.). 32p. (J). (gr. -1-1). 17.99 *(978-0-525-64867-3(4),* Random Hse. Bks. for Young Readers) Random Hse. Children's Bks.

Hey, Hey, Hay! Christy Mihaly. Illus. by Joe Cepeda. 2018. 32p. (J). (gr. -1-3). 17.99 *(978-0-8234-3666-8(7))* Holiday Hse., Inc.

Hey-Ho, to Mars We'll Go! Susan Lendroth. ed. 2019. (ENG.). 34p. (J). (gr. k-1). 18.96 *(978-1-64310-950-3(2))* Penworthy Co., LLC, The.

Hey-Ho, to Mars We'll Go! A Space-Age Version of the Farmer in the Dell. Susan Lendroth. Illus. by Bob Kolar. (J). 2023. 28p. (— 1). bds. 8.99 *(978-1-62354-376-1(2))*; 2019. 40p. (gr. -1-3). pap. 8.99 *(978-1-62354-100-2(X))*; 2018. 40p. (gr. -1-3). 16.99 *(978-1-58089-744-0(4))* Charlesbridge Publishing, Inc.

Hey, I'm a Story! Amy Leask. Illus. by Maria Hurtado. 2018. (ENG.). 42p. (J). pap. *(978-1-927425-21-3(2))* Enable Training and Consulting Inc.

Hey, I'm Talking to You!. . GOD. James M. Dehaven. 2022. (ENG.). 126p. (YA). pap. 10.00 ***(978-1-387-47500-1(2))*** Lulu Pr., Inc.

Hey, It Could Happen! Patrick Bernart. Illus. by Jr Marvin McMillian & Carlos Ocasio. 2019. (ENG.). 116p. (J). (gr. k-4). pap. 23.95 *(978-1-63132-077-4(7))* Advanced Publishing LLC.

Hey, It's Me! Kimberly Moore. 2022. (ENG., Illus.). 30p. (J). pap. 14.95 *(978-1-63874-528-0(5))* Christian Faith Publishing.

Hey! It's Me, Echo. Sharon Blazer. 2018. (ENG., Illus.). 28p. (J). 22.95 *(978-1-64191-430-7(0))* Christian Faith Publishing.

Hey! It's Me! It's Lilly Everlea. Ak Cooper-Elliot. 2023. (ENG.). 106p. (J). pap. ***(978-1-915889-80-5(4))*** Publishing Push Ltd.

Hey, It's Me, Walter. Dianne Kowal Kirtley. 2017. (ENG., Illus.). (J). (gr. k-4). pap. 9.95 *(978-1-947532-07-6(3))* Virtualbookworm.com Publishing, Inc.

Hey, It's My Turn to Hide... Willard & Widget Go Wandering... Laila Savolainen. Illus. by Laila Savolainen. 2017. (ENG., Illus.). (J). (gr. k-2). pap. *(978-0-9925164-6-8(3))* Snottygobble Publishing.

Hey, It's Okay to Be You. Jessie Paege. 2017. (ENG.). 112p. (J). (gr. 4). pap. 12.99 *(978-1-4998-0704-2(X),* BuzzPop) Little Bee Books Inc.

Hey Jude. Star Spider. 2020. (Orca Soundings Ser.). (ENG.). 112p. (YA). (gr. 8-12). pap. 10.95 *(978-1-4598-2635-9(3))* Orca Bk. Pubs. USA.

Hey, Kiddo: a Graphic Novel. Jarrett J. Krosoczka. 2018. (ENG., Illus.). 320p. (YA). (gr. 7-7). 27.99 *(978-0-545-90247-2(9))*; pap. 14.99 *(978-0-545-90248-9(7))* Scholastic, Inc. (Graphix).

Hey, Kiddo! Let's Race to the Exits! Maze Activity Book. Activibooks For Kids. 2016. (ENG., Illus.). (J). pap. 7.55 *(978-1-68321-499-1(4))* Mimaxion.

Hey, Let's Do an Activity! Book for Kids Coloring Book Edition. Activity Book Zone for Kids. 2016. (ENG., Illus.). (J). pap. 9.20 *(978-1-68376-215-7(0))* Sabeels Publishing.

Hey, Let's Do This! Connecting the Dots for Kids. Jupiter Kids. 2018. (ENG., Illus.). 106p. (J). pap. 12.55 *(978-1-68326-835-2(0),* Jupiter Kids (Childrens & Kids Fiction)) Speedy Publishing LLC.

H

Hey, Let's Do This! Dot to Dot for Kids. Jupiter Kids. 2018. (ENG., Illus.). 106p. (J). pap. 12.55 (978-1-68326-836-9(9), Jupiter Kids (Childrens & Kids Fiction)) Speedy Publishing LLC.

Hey Little Ant! see Oye, Hormiguita (Hey, Little Ant Spanish Edition)

Hey Little Flower Girl. Kaitlin Chappell Rogers. Illus. by Lauren Harris. 2020. (ENG.). 34p. (J). 18.00 (978-1-0879-0287-6(8)) Indy Pub.

Hey Little Rockabye: A Lullaby for Pet Adoption. Buffy Sainte-Marie. Illus. by Ben Hodson. 2020. (ENG.). 32p. (J). (gr. -1-2). 16.95 (978-1-77164-482-2(6), Greystone Kids) Greystone Books Ltd. CAN. Dist: Publishers Group West (PGW).

Hey Loser, What's for Lunch? Breaking the Cycle of Bullying by Identifying Bullying & Opening up the Lines of Communication. Michelle Barbieri. 2018. (ENG.). 96p. (J). pap. 13.99 (978-1-945507-83-0(7)) Carpenter's Son Publishing.

Hey Mama, Why Do You Love Me? Diane Orr. 2023. (ENG.). 46p. (J). pap. 16.99 (978-1-63984-276-6(4)) Pen It Pubns.

Hey Mom, I'm Home! Ann Milburn. 2023. (ENG.). 86p. (YA). pap. 13.99 (978-1-6657-4401-0(4)) Archway Publishing.

Hey Owl, Do You Want to Play? Rebecca Purcell. 2021. (Owl & Bird Ser.). (Illus.). 16p. (J). (gr. -1-k). bds. 6.95 (978-1-80036-015-0(0), 5645533c-3506-493b-9f22-03f5ba749458) Starfish Bay Publishing Pty Ltd. AUS. Dist: Baker & Taylor Publisher Services (BTPS).

Hey Owl, Have You Seen My Bear? Rebecca Purcell. 2021. (Owl & Bird Ser.). (Illus.). 16p. (J). (gr. -1-k). bds. 6.95 (978-1-80036-019-8(3), 48fc5758-7e75-4082-9b32-c8090ad47698) Starfish Bay Publishing Pty Ltd. AUS. Dist: Baker & Taylor Publisher Services (BTPS).

Hey Owl, What's in the Box? Rebecca Purcell. 2020. (Owl & Bird Ser.). (Illus.). 16p. (J). (gr. k-1). bds. 5.95 (978-1-80036-003-7(7), 8c478a24-f8e1-4ae9-ac39-3140f4821a58) Starfish Bay Publishing Pty Ltd. AUS. Dist: Baker & Taylor Publisher Services (BTPS).

Hey Phaedra! Do You Know Who You Are? Titania Adams. l.t. ed. 2022. (ENG.). 34p. (J). pap. 18.99 (978-1-0880-5822-0(1)) Indy Pub.

Hey Ralphie, You're Not a Tiger. Erik Kincade. 2019. (ENG.). 38p. (J). 16.95 (978-1-64307-508-2(X)) Amplify Publishing Group.

Hey Ramona, You Have a Friend. It's Me, Angel. Evangelist Cynthia Ousley-Garey. Illus. by Ak_designer1. 2022. (ENG.). 26p. (J). 26.99 (978-1-6628-4578-9(2)); pap. 14.99 (978-1-6628-4577-2(4)) Salem Author Services.

Hey Rick, Draw Me Quick! a Complete-The-Image Drawing Book for Kids. Speedy Kids. 2017. (ENG., Illus.). (J). pap. 9.20 (978-1-5419-3350-7(8)) Speedy Publishing LLC.

Hey. So, I'm a Baby. Mia Borders. Illus. by Nancy Wolfe Kimberly. 2018. 28p. (J). pap. 19.95 (978-1-5439-1989-9(8)) BookBaby.

Hey, That's MY Monster! Amanda Noll. Illus. by Howard McWilliam. 2016. (I Need My Monster Ser.). 32p. (J). (gr. k-2). 17.95 (978-1-936261-37-6(5)) Flashlight Pr.

Hey, That's Not Fair! M. Christine Stephens. 2022. (ENG.). 68p. (J). pap. 12.99 (978-1-952754-26-5(7)) WorkBk. Pr.

Hey There Black Boys & Girls. E'Mari Love. 2017. (ENG., Illus.). 34p. (J). (978-1-365-90476-9(8)) Lulu Pr., Inc.

Hey There Buddy! Labrador Retriever Kids Books Children's Dog Books. Pets Unchained. 2017. (ENG., Illus.). 64p. (J). pap. 9.52 (978-1-5419-1674-6(3)) Speedy Publishing LLC.

Hey There, Earth Dweller! Dive into This World We Call Earth. Marc ter Horst. Tr. by Laura Watkinson. Illus. by Wendy Panders. 2019. (ENG.). 176p. (J). (gr. 3-7). 19.99 (978-1-58270-656-6(5)) Aladdin/Beyond Words.

Hey There, Speedy, Don't Be Greedy: How Speedy the Squirrel Learned to Put Others First. James Noffsinger. 2019. (ENG.). 26p. (J). pap. 15.94 (978-1-0878-0307-4(1)) Indy Pub.

Hey There, Summer! Coloring Activity Book for Kids. Educando Kids. 2019. (ENG.). 42p. (J). pap. 6.99 (978-1-64521-143-3(6), Educando Kids) Editorial Imagen.

Hey There Turkey! Thanksgiving Coloring Books Children's Thanksgiving Books. Speedy Kids. 2017. (ENG., Illus.). (J). pap. 8.45 (978-1-5419-4717-7(7)) Speedy Publishing LLC.

Hey Tree, What Should I Be? Josh Shelton. Illus. by Sam Pullenza. 2018. (ENG.). 86p. (J). pap. (978-1-912551-38-5(1)) Conscious Dreams Publishing.

Hey Tuskegee! Coloring & Activity Book. Robert E. Constant. 2022. (ENG.). 40p. (J). pap. 14.95 (978-1-64543-740-6(X), Mascot Kids) Amplify Publishing Group.

Hey! Wake Up! Sandra Boynton. Illus. by Sandra Boynton. 2023. (Boynton on Board Ser.). (ENG., Illus.). 24p. (J). (gr. -1-k). bds., bds. 7.99 (978-1-6659-2509-9(4)) Simon & Schuster Children's Publishing.

Hey, Wall: A Story of Art & Community. Susan Verde. Illus. by John Parra. 2018. (ENG.). 40p. (J). (gr. -1-3). 18.99 (978-1-4814-5313-4(0), Simon & Schuster/Paula Wiseman Bks.) Simon & Schuster/Paula Wiseman Bks.

Hey, Water! Antoinette Portis. (ENG.). (J). 2023. 36p. (— 1). bds. 8.99 (978-0-8234-5258-3(1)); 2021. 48p. (gr. -1-3). pap. 9.99 (978-0-8234-4735-0(9)); 2019. (Illus.). 48p. (gr. -1-3). 18.99 (978-0-8234-4155-6(5)) Holiday Hse., Inc. (Neal Porter Bks).

Hey, Water! Antoinette Portis. ed. 2022. (ENG.). 40p. (J). (gr. k-1). 22.46 (978-1-68505-301-7(7)) Penworthy Co., LLC, The.

Hey! Who You Callin' Turkey? Amanda Harmon. 2021. (ENG.). 28p. (J). pap. 10.00 (978-0-578-99158-0(6)) Harmon, Amanda.

Hey Willy, See the Pyramids. Maira Kalman. 2017. (Illus.). 48p. (J). (gr. k-3). 18.95 (978-1-68137-168-9(5), NYR Children's Collection) New York Review of Bks., Inc., The.

Hey Winger. Tommy Watkins. Illus. by Kelsie Caudill & Ashton Miller. 2023. (ENG.). 50p. (J). 28.99 (978-1-0881-2170-2(5)); pap. 16.99 (978-1-0880-2142-2(5)) Indy Pub.

Hey You! Kristen Harvey. 2021. (Illus.). 40p. (J). (gr. -1-3). 16.95 (978-1-76036-109-9(7), ed168cf9-c830-442e-9f21-0c59eb524e20) Starfish Bay Publishing Pty Ltd. AUS. Dist: Baker & Taylor Publisher Services (BTPS).

Hey You! An Empowering Celebration of Growing up Black. Dapo Adeola. 2022. (ENG.). 48p. (J). (gr. -1-3). 18.99 (978-0-593-52942-3(1), Nancy Paulsen Books) Penguin Young Readers Group.

Hey! You Aren't the Boss of Me! Bob Fessler. 2021. (ENG.). 48p. (J). pap. 19.99 (978-1-0879-8422-3(X)) Indy Pub.

Hey, You're Not Santa! Ethan T. Berlin. ed. 2021. (ENG., Illus.). 40p. (J). (gr. k-1). 18.46 (978-1-68505-104-4(9)) Penworthy Co., LLC, The.

Hey, You're Not Santa! Ethan T. Berlin. Illus. by Edwardian Taylor. 2021. (ENG.). 40p. (J). (gr. -1-k). pap. 7.99 (978-1-338-65619-0(8), Cartwheel Bks.) Scholastic, Inc.

Hey, You're Not the Easter Bunny! Ethan T. Berlin. Illus. by John Joven. 2022. (ENG.). 40p. (J). (gr. -1-k). pap. 7.99 (978-1-338-82942-6(4), Cartwheel Bks.) Scholastic, Inc.

Heywood Broun: A Biographical Portrait (Classic Reprint) Dale Kramer. (ENG., Illus.). (J). 2018. 346p. 31.03 (978-0-483-65533-7(0)); 2017. pap. 13.57 (978-0-243-28628-7(7)) Forgotten Bks.

Hezbollah. Earle Rice Jr. 2017. lib. bdg. 29.95 (978-1-68020-053-9(4)) Mitchell Lane Pubs.

Hezekiah. Robin Timmons. 2017. (ENG., Illus.). 228p. (YA). pap. 16.95 (978-1-64114-457-5(2)) Christian Faith Publishing.

Hezekiah: The King's Choices. Carine MacKenzie. 2017. (Bible Wise Ser.). (ENG., Illus.). 32p. (J). pap. 4.50 (978-1-78191-973-6(9), c4334559-a5d7-4439-a752-41f45448ac61, CF4Kids) Christian Focus Pubns. GBR. Dist: Baker & Taylor Publisher Services (BTPS).

Hezekiah's Wives (Classic Reprint) Lillie Hamilton French. 2018. (ENG., Illus.). 134p. (J). 26.66 (978-0-483-38446-0(1)) Forgotten Bks.

Hh. Bela Davis. 2016. (Alphabet Ser.). (ENG., Illus.). 24p. (J). (gr. -1-2). lib. bdg. 31.36 (978-1-68080-884-1(2), 23243, Abdo Kids) ABDO Publishing Co.

Hh (Spanish Language) Maria Puchol. 2017. (Abecedario (the Alphabet) Ser.). (SPA.). 24p. (J). (gr. -1-2). lib. bdg. 31.36 (978-1-5321-0307-0(7), 27182, Abdo Kids) ABDO Publishing Co.

Hi ! Taxi. Sakura Sekai. 2018. (CHI.). (J). (978-986-440-253-3(X)) Viking International Co., Ltd.

Hi-Doh Hi-Dee Ha-Ha: A Journey to Where Everything Is & Always Will Be. Tom Calarco. 2017. (ENG., Illus.). (YA). (gr. 7-12). pap. 18.95 (978-1-59095-989-3(2), ExamWise) Total Recall Learning, Inc.

Hi-Five Animals! (a Never Bored Book!) Ross Burach. Illus. by Ross Burach. 2018. (ENG., Illus.). 20p. (J). (gr. -1 — 1). bds. 6.99 (978-1-338-24567-7(8), Scholastic Pr.) Scholastic, Inc.

Hi-Five Series: The Family Reunion Edition. Katrina T. Moore. 2021. (ENG.). 30p. (J). pap. 15.00 (978-1-63760-328-4(2)) Primedia eLaunch LLC.

Hi! Fly Guy. Tedd Arnold. ed. 2018. (Scholastic Readers Ser.). (SPA.). 30p. (J). (gr. -1-1). 13.89 (978-1-64310-300-6(8)) Penworthy Co., LLC, The.

Hi-Ho, Tiny. Cari Meister. ed. 2018. (Penguin Young Readers Ser.). (ENG.). 32p. (J). (gr. -1-1). 9.00 (978-1-64310-298-6(2)) Penworthy Co., LLC, The.

Hi, I Love You. Artney Stewart. Illus. by Rumar Yongco. 2020. (ENG.). 24p. (J). 22.95 (978-1-4808-8923-1(7)); pap. 12.95 (978-1-4808-8922-4(9)) Archway Publishing.

Hi, I'm Little Hump (Paperback) Ruby Joyce. 2017. (ENG., Illus.). 24p. (J). (978-1-365-66458-8(9)) Lulu Pr., Inc.

Hi, I'm Night. Mathieu Cailler. 2020. (ENG.). 26p. (J). pap. (978-1-78830-692-8(9)) Olympia Publishers.

Hi, I'm Noah! Emily Mae. 2022. (ENG.). 26p. (J). 22.95 (978-1-6642-7265-1(8)); pap. 13.95 (978-1-6642-7263-7(1)) Author Solutions, LLC. (WestBow Pr.).

Hi, I'm Norman: The Story of American Illustrator Norman Rockwell. Robert Burleigh. Illus. by Wendell Minor. 2019. (ENG.). 48p. (J). (gr. -1-3). 18.99 (978-1-4424-9670-5(3), Simon & Schuster Bks. For Young Readers) Simon & Schuster Bks. For Young Readers.

Hi. I'm Oliver. Steven F. Wolfe. 2017. (ENG., Illus.). 64p. (J). pap. 15.00 (978-0-9970483-2-2(8)) Huzon Fyrst Pr.

Hi! I'm Pencil! Deanne Hritz. 2021. (ENG.). 40p. (J). pap. 12.95 (978-1-6642-3723-0(2), WestBow Pr.) Author Solutions, LLC.

Hi! I'm Pencil! Deanne Hritz. Illus. by Wendell Washer. 2021. (ENG.). 40p. (J). pap. 16.95 (978-1-6642-2485-8(8), WestBow Pr.) Author Solutions, LLC.

Hi, I'm Socially Awkward. Rebekah Brown. 2023. (ENG.). 238p. (YA). pap. 16.99 (978-1-956380-29-3(9)) Society of Young Inklings.

Hi, I'm Tyler. Matthew Murphy. 2022. (ENG.). 32p. (J). 19.99 (978-1-6629-3165-9(4)) Gatekeeper Pr.

Hi, It's Me! I Have ADHD. Katelyn Mabry. Illus. by J. Charles Friedel. 2020. (ENG.). 28p. (J). (gr. k-3). 19.99 (978-1-948604-37-6(X), Purple Butterfly Pr.) WritePublishSell.

Hi, Jack! Mac Barnett. Illus. by Greg Pizzoli. 2019. (Jack Book Ser.: 1). 80p. (J). (gr. -1-3). 9.99 (978-0-593-11379-0(9), Viking Books for Young Readers) Penguin Young Readers Group.

Hi, Kids! 7-In-1 Stories by Paul Ricchiuti. Paul B. Ricchiuti. 2018. (ENG., Illus.). 154p. (J). pap. 23.95 (978-1-4796-0909-3(9)) TEACH Services, Inc.

Hi-Log, 1921 (Classic Reprint) Mount Vernon High School. 2017. (ENG., Illus.). (J). 26.12 (978-0-260-83618-2(4)); pap. 9.57 (978-1-5283-9332-4(5)) Forgotten Bks.

Hi, Max. Malena Heath Lindber. 2022. (ENG.). 38p. (J). 18.95 (978-1-63755-036-6(7), Mascot Kids) Amplify Publishing Group.

Hi, Mister Squirrel! Harrison Markowsky. Illus. by Harrison Markowsky. 2021. (ENG.). 34p. (J). 23.99 (978-1-0879-6084-5(3)) Indy Pub.

Hi, My Name Is Book. Joan M. Leslie. 2021. (ENG.). 26p. (J). pap. 12.95 (978-1-4796-1166-9(2)) TEACH Services, Inc.

Hi, My Name Is Tiny. Nya Burns. 2021. (ENG., Illus.). 22p. (J). pap. 14.95 (978-1-0980-8615-2(5)) Christian Faith Publishing.

Hi-Po the Hippo (Classic Reprint) Dorothy Thomas. 2018. (ENG., Illus.). 42p. (J). 24.76 (978-0-483-94243-1(X)) Forgotten Bks.

Hi-Sketches 1927: Albemarle High School, Albemarle, N. C (Classic Reprint) Ann Harris. 2018. (ENG., Illus.). (J). 28p. 24.47 (978-1-396-64647-8(7)); 30p. pap. 7.97 (978-1-391-64186-7(8)) Forgotten Bks.

Hiaasen 5-Book Trade Paperback Box Set: Hoot; Flush; Scat; Chomp; Squirm, 5 vols. Carl Hiaasen. 2020. (ENG.). 1632p. (J). (gr. 5). pap., pap., pap. 49.95 (978-0-593-30152-4(8), Ember) Random Hse. Children's Bks.

Hiawatha - Legend of the Onondaga Man Who Ended the Blood Feuds Canadian History for Kids True Canadian Heroes - Indigenous People of Canada Edition. Professor Beaver. 2021. (ENG.). 76p. (J). 24.99 (978-0-2282-3590-3(1)); pap. 14.99 (978-0-2282-3534-7(0)) Speedy Publishing LLC. (Professor Beaver).

Hiawatha the Indian from Longfellow's Song of Hiawatha (Classic Reprint) Ella Booher. (ENG., Illus.). (J). 2018. 242p. 28.91 (978-0-267-39891-1(3)); 2016. pap. 11.57 (978-1-334-12584-3(8)) Forgotten Bks.

Hibernate with Me. Benjamin Scheuer. Illus. by Jemima Williams. 2019. (ENG.). 40p. (J). (gr. -1-3). 17.99 (978-1-5344-3217-8(5), Simon & Schuster Bks. For Young Readers) Simon & Schuster Bks. For Young Readers.

Hibernating Dreamland - Issue #3 - WE MAKE the WORLD MAGAZINE (WMWM) Tracy Randolph et al. 2021. (ENG.). 87p. (J). pap. (978-1-6780-5237-9(X)) Lulu Pr., Inc.

Hibernation. Jaclyn Jaycox. 2020. (Cycles of Nature Ser.). (ENG., Illus.). 24p. (J). (gr. -1-2). pap. 6.95 (978-1-9771-1773-1(2), 142117); lib. bdg. 27.32 (978-1-9771-1280-4(3), 141412) Capstone. (Pebble).

Hibernation, 1 vol. John Lockyer. 2018. (ENG., Illus.). 21p. (J). pap. (978-1-77654-253-6(3), Red Rocket Readers) Flying Start Bks.

Hibernation. Pamela McDowell. 2016. (Illus.). 24p. (J). (978-1-5105-0945-0(3)) SmartBook Media, Inc.

Hibernation Educational Facts Children's Earth Sciences Book. Bold Kids. 2022. (ENG.). 42p. (J). pap. 14.99 (978-1-0717-1647-2(6)) FASTLANE LLC.

Hibernation Hotel. John Kelly. Illus. by Laura Brenlla. 2017. (ENG.). 32p. (J). (978-1-84869-675-4(2)) Tiger Tales.

Hibernian Magazine: July-December, 1864 (Classic Reprint) Charles Joseph Kickham. 2017. (ENG., Illus.). (J). 33.38 (978-0-265-73868-9(7)); pap. 16.57 (978-1-5277-0335-3(5)) Forgotten Bks.

Hibernian Nights Entertainments (Classic Reprint) Sir Samuel Ferguson. 2018. (ENG., Illus.). 294p. (J). 29.98 (978-0-267-21161-6(9)) Forgotten Bks.

Hibiscus. Grace Tyler. 2022. (ENG.). 126p. (YA). pap. 15.95 (978-1-63881-344-6(2)) Newman Springs Publishing, Inc.

Hibou et le Lemming. Roselynn Akulukjuk. Illus. by Amiel Sandland. 2021. (FRE.). 32p. (J). (gr. 1-3). 12.95 (978-1-77227-366-3(X)) Inhabit Media Inc. CAN. Dist: Consortium Bk. Sales & Distribution.

Hiboux Opposés: The Opposite Owls. Mandie Davis. Ed. by Badger Davis. Illus. by Alain Blancbec. 2020. (FRE.). 66p. (J). pap. (978-1-9164839-8-9(4)) Davis, Mandie.

Hic Habitat Felicitas: A Volume of Recollections & Letters (Classic Reprint) Shepherd Knapp. 2018. (ENG., Illus.). 318p. (J). 30.46 (978-0-666-92861-0(4)) Forgotten Bks.

Hiccuburps. Krissy Smith Spencer. 2022. (ENG., Illus.). 24p. (J). 24.95 (978-1-68570-408-7(5)) Christian Faith Publishing.

Hicc'up. Robert Gordon. Illus. by Jasmine Harvey. 2017. (ENG.). 24p. (J). pap. (978-0-646-97925-0(6)) Gordon, Robert.

Hiccupotamus. Steve Smallman. Illus. by Ada Grey. 2021. (Let's Read Together Ser.). (ENG.). 32p. (J). (gr. -1-2). pap. 8.99 (978-1-68010-353-3(9)) Tiger Tales.

Hiccups & Burps with Friends: My 123 Book. A. N. Rozzell. 2022. (ENG.). 42p. (J). pap. (978-1-990609-07-7(4)) Perley, Raymond.

Hiccups & Burps with Friends: Tracing My ABC Letters. A. R. Rozzell. 2022. (ENG.). 54p. (J). pap. (978-1-990609-08-4(2)) Perley, Raymond.

Hiccups: Fun Stories. Miguel Martinez-Joffre. Ed. by Nicole D'Andria et al. 2022. (ENG., Illus.). 52p. (J). pap. 9.99 (978-1-63229-583-5(0), f221c103-6c24-4410-9b17-a876c24214e8) Action Lab Entertainment.

Hiccups Town: A Funny Story for Kids. Gargi Singh. l.t. ed. 2023. (ENG.). 26p. (J). pap. 10.00 (978-1-0881-4020-8(3)) Primedia eLaunch LLC.

Hickory Dickory & Doc That Can't Be the Time! A Colorful Story of Three Mice & Their Clock Making Factory. Bob Wise. Illus. by Sonia Canals. 2022. (Hickory Dickory Doc Storybook Ser.). 32p. (J). (gr. 4-6). 14.99 (978-1-953652-40-9(9)) Imagine & Wonder.

Hickory Dickory & Doc This Isn't My House: A Colorful Story of Three Mice & Their House Painting Business. Bob Wise. Illus. by Sonia Canals. 2022. (Hickory Dickory Doc Storybook Ser.). 40p. (J). (gr. 4-6). 14.99 (978-1-953652-41-6(7)) Imagine & Wonder.

Hickory Dickory & Doc Uncle Able to the Rescue: A Story of Three Mice Trying to Succeed in the Car Repair Business. Bob Wise. Illus. by Sonia Canals. 2022. (Hickory Dickory Doc Storybook Ser.). 40p. (J). (gr. 4-6). 14.99 (978-1-953652-42-3(5)) Imagine & Wonder.

Hickory Dickory Dock. Lucy Bell. Illus. by Marco Furlotti. 2017. (ENG.). 20p. (J). (gr. -1-1). bds. (978-1-4867-1244-1(4)) Flowerpot Children's Pr. Inc.

Hickory Dickory Dock: A Marlow & Sage Mystery. Lee Strauss. 2016. (Nursery Rhyme Mystery Ser.: Vol. 3). (ENG., Illus.). 292p. (J). pap. (978-1-927547-78-6(4)) Strauss, Elle Bks.

Hickory Dickory Dock: Sing along with Me! Illus. by Yu-Hsuan Huang. 2021. (Sing along with Me! Ser.). (ENG.). 8p. (J). (— 1). bds. 8.99 (978-1-5362-2014-8(0)) Candlewick Pr.

Hickory Dickory Dock - a Counting Rhyme. Matthew Dion Goodall. Illus. by Matthew Dion Goodall. 2020. (ENG.). 34p. (J). (gr. k-1). (978-0-473-51801-1(5)) Goodall, Matthew.

Hickory Dickory Duck: A Pull-Tab Action Rhyme! Tiger Tales. Illus. by Valerie Sindelar. 2022. (ENG.). 10p. (J). (-k). bds. 9.99 (978-1-68010-645-9(7)) Tiger Tales.

Hickory Limb (Classic Reprint) Parker Fillmore. 2018. (ENG., Illus.). 72p. (J). 25.38 (978-0-267-26360-8(0)) Forgotten Bks.

Hickory Log, 1921 (Classic Reprint) Hickory High School. 2017. (ENG., Illus.). (J). 25.13 (978-0-265-79280-3(0)); pap. 9.57 (978-1-5278-6001-8(9)) Forgotten Bks.

Hickory Log, 1924 (Classic Reprint) Hickory High School. 2017. (ENG., Illus.). (J). 26.10 (978-0-260-66411-2(1)); pap. 9.57 (978-0-265-00746-4(1)) Forgotten Bks.

Hickory Log, 1925 (Classic Reprint) Sallie Brice Spratt. 2017. (ENG., Illus.). (J). 26.27 (978-0-265-55668-9(6)); pap. 9.57 (978-0-282-80726-9(8)) Forgotten Bks.

Hickory Log, 1926 (Classic Reprint) Claremont High School. 2017. (ENG., Illus.). (J). 26.06 (978-0-260-61651-7(6)); pap. 9.57 (978-0-266-02343-2(6)) Forgotten Bks.

Hickory Log, 1927 (Classic Reprint) Claremont High School. 2017. (ENG., Illus.). (J). 26.10 (978-0-260-53369-2(6)); pap. 9.57 (978-0-265-04995-2(4)) Forgotten Bks.

Hickory Log, 1928 (Classic Reprint) Claremont High School. 2017. (ENG., Illus.). (J). 26.06 (978-0-260-68099-0(0)); pap. 9.57 (978-0-266-00389-2(3)) Forgotten Bks.

Hickory Log, 1931, Vol. 9 (Classic Reprint) Claremont High School. (ENG., Illus.). (J). 2019. 82p. 25.59 (978-0-365-22118-0(X)); 2017. pap. 9.57 (978-0-259-89079-9(0)) Forgotten Bks.

Hickory Log, 1933 (Classic Reprint) Hickory High School. 2017. (ENG., Illus.). (J). 25.61 (978-0-260-69319-8(7)); pap. 9.57 (978-0-266-00095-2(9)) Forgotten Bks.

Hickory Log, 1934, Vol. 12 (Classic Reprint) Hickory High School. 2017. (ENG., Illus.). (J). 25.57 (978-0-266-93636-7(9)); pap. 9.57 (978-1-5283-0865-6(4)) Forgotten Bks.

Hickory Ridge Boy Scouts: Under Canvas, the Hunt for the Cartaret Ghost. Alan Douglas. 2018. (ENG., Illus.). 124p. (YA). (gr. 7-12). pap. (978-93-5329-256-0(5)) Alpha Editions.

Hickory Stick: A Romance of the School in the Cedars (Classic Reprint) Nina Moore Jamieson. (ENG., Illus.). (J). 2018. 350p. 31.12 (978-0-365-12972-1(0)); 2017. pap. 13.57 (978-0-259-19641-9(X)) Forgotten Bks.

Hicks at College: A Comedy in Three Acts (Classic Reprint) Sara Preston. (ENG., Illus.). (J). 2018. 56p. 25.05 (978-0-484-68062-2(5)); 2016. pap. 9.57 (978-1-333-44932-2(1)) Forgotten Bks.

Hicotea: A Nightlights Story. Lorena Alvarez. (ENG., Illus.). 64p. (J). (gr. 3-7). 2021. pap. 10.99 (978-1-910620-59-5(9)); 2019. 18.95 (978-1-910620-34-2(3)) Nobrow Ltd. GBR. Dist: Penguin Random Hse. LLC.

Hidalgo & Home Life at West Lawn (Classic Reprint) R. a McCracken. 2017. (ENG., Illus.). 224p. (J). 28.54 (978-0-266-42772-8(3)) Forgotten Bks.

Hidden. Lea Cherry. 2021. (ENG.). 190p. (YA). pap. (978-0-620-96919-2(9)) African Public Policy & Research Institute, The.

Hidden. Miriam Halahmy. 2018. (ENG.). 224p. (YA). (gr. 7). pap. 9.99 (978-0-8234-4026-9(5)) Holiday Hse., Inc.

Hidden. Sharon Irish. 2021. (Hidden Ser.: Vol. 1). (ENG.). (YA). 238p. (978-0-9926375-3-8(8)); 322p. pap. (978-0-9926375-1-4(1)) Irish, Sharon.

Hidden: A True Story of the Holocaust. Fanya Gottesfeld Heller & Joshua Greene. 2017. 109p. (J). (978-1-338-18946-9(8)) Scholastic, Inc.

Hidden Animal Colors. Jane Park. 2022. (ENG., Illus.). 32p. (J). (gr. k-3). lib. bdg. 29.32 (978-1-7284-4566-3(3), 84969ccb-6157-4d69-a603-2c0c5ff1d598, Millbrook Pr.) Lerner Publishing Group.

Hidden Animals. DK. 2021. (Illus.). 26p. (J). (978-0-241-51835-9(0)) Dorling Kindersley Publishing, Inc.

Hidden Beast. Christopher Pike, pseud. 2016. (Spooksville Ser.: 12). (ENG., Illus.). 112p. (J). (gr. 3-7). 16.99 (978-1-4814-1095-3(4)); pap. 7.99 (978-1-4814-1093-9(8)) Simon & Schuster Children's Publishing. (Aladdin).

Hidden Black History: From Juneteenth to Redlining. Amanda Jackson Green. 2021. (Fight for Black Rights (Alternator Books (r)) Ser.). (ENG., Illus.). 32p. (J). (gr. 3-6). pap. 10.99 (978-1-7284-3028-7(3), 96219805-f9bc-4f56-8a8f-5023a69e78b4); lib. bdg. 30.65 (978-1-7284-2958-8(7), b6be7bdc-33c7-47e1-9558-15f1002b69d6) Lerner Publishing Group. (Lerner Pubns.).

Hidden Blade #2. J. Manoa. 2017. (Werewolf Council Ser.). (ENG.). 208p. (YA). (gr. 5-12). lib. bdg. 32.84 (978-1-68076-499-4(3), 25408, Epic Escape) EPIC Pr.

Hidden Charm. Linda Chapman. Illus. by Lucy Fleming. 2022. (Star Friends Ser.: 8). (ENG.). 160p. (J). (gr. 1-4). pap. 6.99 (978-1-6643-4030-5(0)) Tiger Tales.

Hidden Children (Classic Reprint) Robert W. Chambers. 2018. (ENG., Illus.). 668p. (J). 37.69 (978-0-332-80176-6(4)) Forgotten Bks.

Hidden Children (Classic Reprint) Robert William Chambers. (ENG., Illus.). (J). 2018. 696p. 38.33 (978-0-484-07937-2(9)); 2016. pap. 20.97 (978-1-334-12183-8(4)) Forgotten Bks.

Hidden Cities: Explore Beneath Your Feet & above Your Head. Irene Noguer. Illus. by Laura Fernandez Arguisola. 2022. (ENG.). 40p. (J). (gr. 1-3). 17.95 (978-1-914519-22-2(1)) Welbeck Publishing Group Ltd. GBR. Dist: Two Rivers Distribution.

Hidden City: Wells Worthy & the Map of Peril: Book Two. Sheila Callaham. Ed. by Allison Essen. 2017. (Wells Worthy & the Map of Peril Ser.: Vol. 2). (ENG., Illus.). 142p. (YA). (gr. 7-12). pap. 9.99 (978-1-936934-04-1(3)) Callaham, Sheila.

Hidden City of Alchemy. Melissa H. Coleman. 2020. (ENG.). 204p. (YA). pap. 14.99 (978-1-5043-2101-3(4), Balboa Pr.) Author Solutions, LLC.

Hidden Clues Mysterious Hidden Picture Book. Creative Playbooks. 2016. (ENG., Illus.). (J). pap. 10.81 (978-1-68323-504-0(5)) Twin Flame Productions.

Hidden Cottage. Poppy Green. Illus. by Jennifer A. Bell. 2021. (Adventures of Sophie Mouse Ser.: 18). (ENG.).

874 The check digit for ISBN-10 appears in parentheses after the full ISBN-13

TITLE INDEX HIDDEN PLANET

128p. (J). (gr. k-4). 17.99 *(978-1-5344-8715-4(8))*; pap. 6.99 *(978-1-5344-8714-7(X))* Little Simon. (Little Simon).
Hidden Creature Features. Jane Park. 2023. (ENG., Illus.). 32p. (J). (gr. k-3). lib. bdg. 29.32 *(978-1-7284-4567-0(1),* 59157f6b-301c-4ad6-8e1b-7bbb5003e9b7, Millbrook Pr.) Lerner Publishing Group.
Hidden Creatures. Scholastic. Illus. by Warner Bros Staff. 2018. (ENG.). 64p. (J). (gr. 1-1). pap. 12.99 *(978-1-338-28094-4(5))* Scholastic, Inc.
Hidden Creek (Classic Reprint) Katharine Newlin Burt. 2018. (ENG., Illus.). 340p. (J). 30.91 *(978-0-666-09047-8(5))* Forgotten Bks.
Hidden Critters: Can You Find Them All? Stan Tekiela. 2018. (Wildlife Picture Bks.). (ENG., Illus.). 48p. (J). (gr. -1-3). 14.95 *(978-1-59193-812-5(0),* Adventure Pubns.) AdventureKEEN.
Hidden Crown. Caroline Hood. 2019. (ENG.). 104p. (YA). 23.95 *(978-1-64471-561-1(9))*; pap. 14.95 *(978-1-64471-560-4(0))* Covenant Bks.
Hidden Dangers: Seek & Find 13 of the World's Deadliest Animals (Animal Books for Kids, Nonfiction Book for Kids) Lola M. Schaefer. Illus. by Tymn Armstrong. 2017. (ENG.). 40p. (J). (gr. k-3). 16.99 *(978-1-4521-3429-1(4))* Chronicle Bks. LLC.
Hidden Depths (Classic Reprint) Felicia Skene. (ENG., Illus.). (J). 2018. 354p. 31.22 *(978-0-365-25046-3(5))*; 2017. pap. 13.57 *(978-0-259-55518-6(5))* Forgotten Bks.
Hidden Depths, Vol. 1 (Classic Reprint) Felicia Skene. 2018. (ENG., Illus.). (J). 28.89 *(978-0-260-30953-2(2))* Forgotten Bks.
Hidden Depths, Vol. 2: 'Veritas Est Major Charitas' (Classic Reprint) Felicia Skene. 2018. (ENG., Illus.). 238p. (J). 28.81 *(978-0-483-97520-0(6))* Forgotten Bks.
Hidden Door. M. Marinan. 2019. (Across Time & Space Ser.: Vol. 5). (ENG., Illus.). 278p. (YA). pap. *(978-0-9951196-4-2(3))* Silversmith Publishing.
Hidden Dragon. Melissa Marr. 2023. 176p. (J). (gr. 5). 17.99 *(978-0-525-51855-6(X),* Nancy Paulsen Books) Penguin Young Readers Group.
Hidden Dwarf (Classic Reprint) Leo Edwards. 2018. (ENG., Illus.). (J). 238p. 28.81 *(978-1-396-78707-2(0))*; 240p. pap. 11.57 *(978-1-396-37137-0(0))* Forgotten Bks.
Hidden End of the Line. Tessa Tucker. 2020. (ENG.). 232p. (YA). pap. 17.95 *(978-1-9736-8212-7(5),* WestBow Pr.) Author Solutions, LLC.
Hidden Feelings. Arianne M. Carson. 2020. (ENG.). 32p. (YA). pap. *(978-1-5289-1735-3(9))* Austin Macauley Pubs. Ltd.
Hidden Figures. Margot Lee Shetterly. ed. 2016. (Illus.). 231p. (J). lib. bdg. 18.40 *(978-0-606-39623-3(3))* Turtleback.
Hidden Figures: The True Story of Four Black Women & the Space Race. Margot Lee Shetterly. Illus. by Laura Freeman. 2018. (ENG.). 40p. (J). (gr. -1-3). 18.99 *(978-0-06-274246-9(9),* HarperCollins) HarperCollins Pubs.
Hidden Figures Young Readers' Edition. Margot Lee Shetterly. 2016. (ENG., Illus.). 240p. (J). (gr. 3-7). 16.99 *(978-0-06-266238-5(4))*; pap. 9.99 *(978-0-06-266237-8(6))* HarperCollins Pubs. (HarperCollins).
Hidden Foe (Classic Reprint) George Henty. 2017. (ENG., Illus.). (J). 30.54 *(978-0-331-74951-9(3))*; pap. 13.57 *(978-0-243-09007-5(2))* Forgotten Bks.
Hidden Force: A Story of Modern Java (Classic Reprint) Louis Couperus. 2017. (ENG., Illus.). (J). 30.52 *(978-1-5284-7920-2(3))* Forgotten Bks.
Hidden Fortune an Educational Story (Classic Reprint) Colin McKenzie Pinkerton. 2018. (ENG., Illus.). 268p. (J). 29.44 *(978-0-267-19539-8(7))* Forgotten Bks.
Hidden Friend & the Spirits of the Afternoon see Amigo Oculto y los Espiritus de la Tarde
Hidden Gem. Linda Liu. Illus. by Linda Liu. 2023. (ENG., Illus.). 40p. (J). 18.99 *(978-1-250-83507-9(0),* 900254213, Holt, Henry & Co. Bks. For Young Readers) Holt, Henry & Co.
Hidden Gem. Ja'mecha McKinney. Illus. by Sarah K. Turner. 2021. (ENG.). 24p. (J). 21.95 *(978-1-63765-087-5(6))*; pap. 14.95 *(978-1-63765-089-9(2))* Halo Publishing International.
Hidden Girl: (Secret Seekers #1) Domenic Leslie. 2022. (ENG.). 65p. (J). pap. ***(978-1-387-57505-3(8))*** Lulu Pr., Inc.
Hidden Gold (Classic Reprint) Wilder Anthony. 2018. (ENG., Illus.). 294p. (J). 29.96 *(978-0-483-32383-4(7))* Forgotten Bks.
Hidden Habitats: Earth. Camilla De La Bedoyere. Illus. by Lara Hawthorne. 2022. (Small Worlds Ser.). (ENG.). 18p. (J). (gr. k-3). 18.99 *(978-1-5362-2669-0(6),* Big Picture Press) Candlewick Pr.
Hidden Habitats: Water. Lily Murray. Illus. by Lara Hawthorne. 2021. (Small Worlds Ser.). (ENG.). 18p. (J). (gr. k-3). 17.99 *(978-1-5362-1994-4(0),* Big Picture Press) Candlewick Pr.
Hidden Hand (Classic Reprint) Dorothy Eliza Nevitte Southworth. 2017. (ENG., Illus.). (J). 29.67 *(978-0-265-21475-6(0))* Forgotten Bks.
Hidden Hand (Classic Reprint) E. D. E. N. Southworth. (ENG., Illus.). (J). 2018. 500p. 34.23 *(978-0-483-66861-4(3))*; 2017. pap. 16.97 *(978-0-243-08001-4(8))* Forgotten Bks.
Hidden Hero. Amiel Rivera. 2022. (ENG., Illus.). 30p. (J). pap. 12.95 *(978-1-63860-380-1(4))* Fulton Bks.
Hidden Heroes: Initiation. Luke Girardi. 2020. (ENG.). 322p. (YA). pap. 20.95 *(978-1-64628-537-2(9))* Page Publishing Inc.
Hidden Heroes: The Human Computers of NASA. Duchess Harris & Rebecca Rowell. 2018. (Freedom's Promise Ser.). (ENG.). 48p. (J). (gr. 4-8). lib. bdg. 35.64 *(978-1-5321-1770-1(1),* 30828) ABDO Publishing Co.
Hidden Heroes in Medicine. Dionna L. Mann. 2022. (Who Else in History? (Alternator Books (r)) Ser.). (ENG., Illus.). 32p. (J). (gr. 3-6). pap. 10.99 *(978-1-7284-6401-5(3),* adf0ca1a-be28-4983-ad9a-ea38a92281ae); lib. bdg. 30.65 *(978-1-7284-5841-0(2),* a7bb74da-1df7-4682-b726-ee367d9ce1d4) Lerner Publishing Group. (Lerner Pubns.).
Hidden Heroes in Technology. Carol Kim. 2022. (Who Else in History? (Alternator Books (r)) Ser.). (ENG., Illus.). 32p. (J). (gr. 3-6). pap. 10.99 *(978-1-7284-6403-9(X),* 72ce1440-1ea8-4e30-8aec-3cb2c056f282); lib. bdg. 30.65 *(978-1-7284-5844-1(7),* 9fe3dd32-d2ed-4c9f-a9a8-13840b5e3504) Lerner Publishing Group. (Lerner Pubns.).
Hidden Heroes (Set), 6 vols. 2017. (Hidden Heroes Ser.). (ENG.). 112p. (J). (gr. 6-12). lib. bdg. 248.16 *(978-1-68078-385-8(8),* 23535, Essential Library) ABDO Publishing Co.
Hidden History. 2016. (Hidden History Ser.). 00032p. (J). pap. 63.00 *(978-1-4824-5838-1(1))* Stevens, Gareth Publishing LLLP.
Hidden Hogwarts: Scratch Magic. Scholastic, Inc. Staff. Illus. by Warner Bros. & Carolyn Bull. 2018. (Harry Potter Ser.). (ENG.). 64p. (J). (gr. 2-2). 12.99 *(978-1-338-24610-0(0))* Scholastic, Inc.
Hidden House (Classic Reprint) Ame Lie Rives. 2016. (ENG., Illus.). (J). pap. 9.57 *(978-1-334-14314-4(5))* Forgotten Bks.
Hidden House (Classic Reprint) Amelie Rives. 2018. (ENG., Illus.). 156p. (J). 27.11 *(978-0-484-44630-3(4))* Forgotten Bks.
Hidden Human Computers: The Black Women of NASA. Sue Bradford Edwards & Duchess Harris Jd. 2017. (Hidden Heroes Ser.). (ENG., Illus.). 112p. (J). (gr. 6-12). lib. bdg. 41.36 *(978-1-68078-387-2(4),* 23539, Essential Library) ABDO Publishing Co.
Hidden Hunters! Steve Behling. ed. 2021. (ENG., Illus.). 24p. (J). (gr. k-1). 15.96 *(978-1-64697-720-8(3))* Penworthy Co., LLC, The.
Hidden Hunters! (Jurassic World: Camp Cretaceous) Steve Behling. Illus. by MJ Illustrations. 2021. (Pictureback(R) Ser.). (ENG.). 24p. (J). (gr. -1-2). 5.99 *(978-0-593-30429-7(2),* Random Hse. Bks. for Young Readers) Random Hse. Children's Bks.
Hidden Images & More for Toddlers Activity Book. Creative Playbooks. 2016. (ENG., Illus.). (J). pap. 10.81 *(978-1-68323-505-7(3))* Twin Flame Productions.
Hidden in Canadian Wilds (Classic Reprint) John MacKie. (ENG., Illus.). (J). 2018. 360p. 31.32 *(978-0-483-62230-2(3))*; 2017. pap. 13.97 *(978-0-243-28981-3(2))* Forgotten Bks.
Hidden in History: The Untold Stories of Female Artists, Musicians, & Writers. Myra Faye Turner. 2018. (ENG.). 230p. (YA). pap. 19.95 *(978-1-62023-563-8(3),* 5260e7b3-2355-4b8a-91ee-e4e4a857abcd) Atlantic Publishing Group, Inc.
Hidden in History: The Untold Stories of Female Revolutionaries & Activists. Danielle Lieneman. 2018. (ENG.). 172p. (YA). pap. 19.95 *(978-1-62023-554-6(4),* 5da5dd8a-43ed-460b-a120-b23796d17057) Atlantic Publishing Group, Inc.
Hidden in Hypnotic Lines: Kids Maze Activity Book. Creative Playbooks. 2016. (ENG., Illus.). (J). pap. 10.81 *(978-1-68323-506-4(1))* Twin Flame Productions.
Hidden in Light. Matthew Weigelt. 2021. (Mysterious Matt Barnes Ser.: Vol. 2). (ENG.). 178p. (J). pap. 9.99 *(978-1-64949-220-3(0))* Elk Lake Publishing, Inc.
Hidden in Nature: Search, Find, & Count! Agnese Baruzzi. 2018. (ENG., Illus.). 56p. (J). (gr. k). 14.95 *(978-1-4549-2937-6(5))* Sterling Publishing Co., Inc.
Hidden in Plain Sight! Family Picture Search Activity Book. Jupiter Kids. 2017. (ENG., Illus.). (J). pap. 9.20 *(978-1-68326-837-6(7),* Jupiter Kids (Childrens & Kids Fiction)) Speedy Publishing LLC.
Hidden in the Chest. Winter Morgan. ed. 2017. (Unofficial Minecrafters Academy Ser.: 5). lib. bdg. 18.40 *(978-0-606-40310-8(8))* Turtleback.
Hidden in the Chest: The Unofficial Minecrafters Academy Series, Book Five. Winter Morgan. 2017. (Unofficial Minecrafters Academy Seri Ser.). (ENG.). 112p. (J). (gr. 1-7). pap. 7.99 *(978-1-5107-1817-3(6),* Sky Pony Pr.) Skyhorse Publishing Co., Inc.
Hidden in the Haunted School. Created by Gertrude Chandler Warner. 2016. (Boxcar Children Mysteries Ser.: 144). (ENG., Illus.). 128p. (J). (gr. 2-5). 15.99 *(978-0-8075-0718-6(0),* 807507180, Random Hse. Bks. for Young Readers) Random Hse. Children's Bks.
Hidden in the Jungle: A Search & Find Book. Illus. by Peggy Nille. 2018. (ENG.). 26p. (J). 12.99 *(978-1-4413-2653-9(7),* a8e10753-1eec-46d4-9f64-c8a19eef4b3b) Peter Pauper Pr. Inc.
Hidden in the Shadows. T. K. Legend. 2021. (ENG.). 176p. (YA). pap. 15.95 *(978-1-6624-3259-0(3))* Page Publishing Inc.
Hidden Island. Richard Garcia Morgan. Ed. by Bev. Cooke. 2017. (Tales from Mysterion Ser.: Vol. 1). (ENG., Illus.). 164p. (YA). (gr. 7-12). pap. *(978-1-7750695-0-8(8))* Morgan, Richard Garcia.
Hidden Jungle. Cristina Banfi. Illus. by Lorenzo Sabbatini. 2022. (ENG.). 10p. (J). (gr. k). 16.99 *(978-88-544-1878-3(1))* White Star Publishers ITA. Dist: Sterling Publishing Co., Inc.
Hidden Kingdom, 3. Barry Deutsch et al. 2019. (Wings of Fire Ser.). (ENG.). 217p. (J). (gr. 4-5). 23.96 *(978-0-87617-935-2(9))* Penworthy Co., LLC, The.
Hidden Kingdom: The Nocturnals Book 4. Tracey Hecht. Illus. by Kate Liebman. (Nocturnals Ser.: 4). (ENG.). 208p. (J). (gr. 3-5). 2019. pap. 8.99 *(978-1-944020-13-2(6))*; 2018. 15.99 *(978-1-944020-11-8(X))* Fabled Films LLC. (Fabled Films Pr. LLC).
Hidden Land of Youngsters: A Journey to an Unknown Land. Bebbie Hickman. 2022. (ENG.). 80p. (J). pap. 16.95 *(978-1-63814-557-8(1))* Covenant Bks.
Hidden Land of Youngsters: The Reconnect. Bebbie Hickman. 2022. (ENG., Illus.). 82p. (J). pap. 15.95 ***(978-1-68526-857-2(9))*** Covenant Bks.
Hidden Legacy. Christine Rees. 2016. (ENG., Illus.). (J). pap. *(978-1-77339-117-5(8))* Evernight Publishing.
Hidden Letters of Velta B. Gina Ochsner. 2017. (ENG.). 320p. pap. 14.99 *(978-0-544-70304-9(9),* 1628112, Harper Perennial) HarperCollins Pubs.
Hidden Life of a Toad. Doug Wechsler. Photos by Doug Wechsler. 2017. (Illus.). 48p. (J). (gr. -1-3). lib. bdg. 18.99 *(978-1-58089-738-9(X))* Charlesbridge Publishing, Inc.
Hidden Link: An Awesome Beginning. Coleen McAvoy. Illus. by Veronica Chung. 2018. (ENG.). 60p. (J). *(978-1-5255-3338-9(X))*; pap. *(978-1-5255-3339-6(8))* FriesenPress.
Hidden Link, an Awesome Desire: The Infinite God in Action. Coleen McAvoy. Illus. by Katelyn Sieb & Veronica Chung. 2021. (ENG.). 64p. (J). *(978-1-0391-2934-4(X))*; pap. *(978-1-0391-2933-7(1))* FriesenPress.
Hidden Link, an Awesome Secret: God's Wisdom & Lucifer's Counterfeit in Genesis. Coleen McAvoy. Illus. by Veronica Chung & Katelyn Sieb and the Artists Helpi Team. 2020. (ENG.). 64p. (J). *(978-1-5255-7516-7(3))*; pap. *(978-1-5255-7517-4(1))* FriesenPress.
Hidden Links, or the Schoolfellows, Vol. 1 Of 3: A Tale (Classic Reprint) Charles Francis Liddell. 2017. (ENG., Illus.). (J). 29.51 *(978-0-260-41614-8(2))* Forgotten Bks.
Hidden Links, or the Schoolfellows, Vol. 2 Of 3: A Tale (Classic Reprint) Charles Francis Liddell. 2018. (ENG., Illus.). 276p. (J). 29.59 *(978-0-483-76551-1(1))* Forgotten Bks.
Hidden Links, or the Schoolfellows, Vol. 3 Of 3: A Tale (Classic Reprint) Charles Francis Liddell. (ENG., Illus.). (J). 2018. 280p. 29.67 *(978-0-483-36633-6(1))*; 2016. pap. 13.57 *(978-1-333-36061-0(4))* Forgotten Bks.
Hidden Man: A Novel (Classic Reprint) Charles Felton Pidgin. (ENG., Illus.). (J). 2018. 224p. 28.54 *(978-0-267-00679-3(9))*; 2017. pap. 10.97 *(978-0-259-06216-5(2))* Forgotten Bks.
Hidden Memory of Objects. Danielle Mages Amato. 2017. (ENG.). 336p. (YA). (gr. 8). 17.99 *(978-0-06-244588-9(X),* Balzer & Bray) HarperCollins Pubs.
Hidden Mickey Adventures 1: Peter & the Wolf. Nancy Temple Rodrigue. 2nd ed. 2017. (Hidden Mickey Adventures Ser.: 1). (ENG.). 194p. (gr. 4-17). pap. 14.99 *(978-1-938319-30-3(3),* DOUBLE R Bks.) Rodrigue & Sons Co./Double R Books Publishing.
Hidden Mickeys of Walt Disney World. Kevin Neary. 2016. (Hidden Mickeys Ser.). (Illus.). 40p. pap. 15.99 ***(978-1-4847-2778-2(9))*** Disney Publishing Worldwide.
Hidden Miracles Series: I'm Not Just a Tree, You See! Susan Mellencamp Kimble. 2018. (ENG., Illus.). 28p. (J). pap. 11.99 *(978-1-948390-35-4(3))* Pen It Pubns.
Hidden Mysteries: A Hidden Picture Book. Creative Playbooks. 2016. (ENG., Illus.). (J). pap. 10.81 *(978-1-68323-507-1(X))* Twin Flame Productions.
Hidden Name: A Play for Girls (Classic Reprint) Alice Williams Chaplin. 2017. (ENG., Illus.). (J). 24.91 *(978-0-260-66039-8(6))* Forgotten Bks.
Hidden No More: African American Women in STEM Careers, 1 vol. Caroline Kennon. 2017. (Lucent Library of Black History Ser.). (ENG., Illus.). 104p. (YA). (gr. 7-7). pap. 20.99 *(978-1-5345-6295-0(8),* f6b36775-ace1-430c-ad0e-3da3b5b0d3f9); lib. bdg. 41.03 *(978-1-5345-6243-1(5),* 32f7f915-4af2-498c-a26e-0e689563af1c) Greenhaven Publishing LLC. (Lucent Pr.).
Hidden on the High Wire. Kathy Kacer. 2022. (Holocaust Remembrance Series for Young Readers Ser.: 20). (ENG.). 216p. (J). (gr. 4-7). pap. 13.95 *(978-1-77260-251-7(5))* Second Story Pr. CAN. Dist: Orca Bk. Pubs. USA.
Hidden Oracle. Rick Riordan. l.t. ed. 2016. (Trials of Apollo Ser.: 1). (ENG.). 488p. (J). 25.99 *(978-1-4104-8945-6(0))* Cengage Gale.
Hidden Oracle. Rick Riordan. ed. 2017. (Trials of Apollo Ser.: 1). (J). lib. bdg. 20.85 *(978-0-606-40605-5(0))* Turtleback.
Hidden Oracle, the-Trials of Apollo, Book One. Rick Riordan. 2017. (Trials of Apollo Ser.: 1). (ENG.). 416p. (J). (gr. 5-9). pap. 9.99 *(978-1-4847-4641-7(4),* Disney-Hyperion) Disney Publishing Worldwide.
Hidden Order: Tap into the Wisdom. Liliane Grace. 2nd ed. 2021. (ENG.). 412p. (YA). pap. *(978-0-6485624-4-3(1))* Driess, Stefan Grace-Production.
Hidden Palace Adventure: A Hate-Love Story. Ranjit Lal. 2019. (ENG.). 224p. (YA). (gr. 7-12). pap. *(978-93-88874-75-5(7))* Speaking Tiger Publishing.
Hidden Palms. Harry Bryant. 2018. (Butch Bliss Ser.: Vol. 1). (ENG.). 220p. (YA). pap. 14.99 ***(978-1-63023-126-2(6))*** Firebird Creative.
Hidden People: The Story of a Search for Incan Treasure (Classic Reprint) Leo E. Miller. 2017. (ENG., Illus.). (J). 31.14 *(978-0-266-79822-4(5))* Forgotten Bks.
Hidden Perils: A Novel (Classic Reprint) Mary Cecil Hay. (ENG., Illus.). (J). 2018. 166p. 27.32 *(978-0-364-63118-8(X))*; 2017. pap. 9.97 *(978-0-259-37526-5(8))* Forgotten Bks.
Hidden Picture Activity Book. Kreative Kids. 2016. (ENG., Illus.). (J). pap. 10.81 *(978-1-68377-254-5(7))* Whlke, Traudl.
Hidden Picture Activity Books for Christmas. Jupiter Kids. 2017. (ENG., Illus.). (J). pap. 8.33 *(978-1-5419-3405-4(9),* Jupiter Kids (Childrens & Kids Fiction)) Speedy Publishing LLC.
Hidden Picture Activity Books for Halloween. Jupiter Kids. 2017. (ENG., Illus.). (J). pap. 8.33 *(978-1-5419-3407-8(5),* Jupiter Kids (Childrens & Kids Fiction)) Speedy Publishing LLC.
Hidden Picture Activity Books for Thanksgiving. Jupiter Kids. 2017. (ENG., Illus.). (J). pap. 8.33 *(978-1-5419-3406-1(7),* Jupiter Kids (Childrens & Kids Fiction)) Speedy Publishing LLC.
Hidden Picture Books for 5 & Up. Kreative Kids. 2016. (ENG., Illus.). (J). pap. 10.81 *(978-1-68377-259-0(8))* Whlke, Traudl.
Hidden Picture Books for 6 & Up. Kreative Kids. 2016. (ENG., Illus.). (J). pap. 10.81 *(978-1-68377-261-3(X))* Whlke, Traudl.
Hidden Picture Books for Children. Kreative Kids. 2016. (ENG., Illus.). (J). pap. 10.81 *(978-1-68377-250-7(4))* Whlke, Traudl.
Hidden Picture Books for Children Age 3. Kreative Kids. 2016. (ENG., Illus.). (J). pap. 10.81 *(978-1-68377-258-3(X))* Whlke, Traudl.
Hidden Picture Books for Children Preschool. Kreative Kids. 2016. (ENG., Illus.). (J). pap. 10.81 *(978-1-68377-260-6(1))* Whlke, Traudl.
Hidden Picture Books for Kids Gift Set: Seek & Find Books in Chicago, Boston, New York City, & San Francisco. Erin Guendelsberger. Illus. by Mattia Cerato. 2020. (ENG.). (J). (-5). 59.96 *(978-1-7282-4063-3(8))* Sourcebooks, Inc.
Hidden Picture Books for Preschool. Kreative Kids. 2016. (ENG., Illus.). (J). pap. 10.81 *(978-1-68377-256-9(3))* Whlke, Traudl.
Hidden Picture Books for Toddlers. Kreative Kids. 2016. (ENG., Illus.). (J). pap. 10.81 *(978-1-68377-255-2(5))* Whlke, Traudl.
Hidden Picture Detective: A Stealthy Hidden Picture Book. Creative Playbooks. 2016. (ENG., Illus.). (J). pap. 10.81 *(978-1-68323-508-8(8))* Twin Flame Productions.
Hidden Picture Puzzlers. Mike Artell. 2018. (Dover Kids Activity Bks.). (ENG.). 128p. (J). (gr. 2-5). pap. 10.99 *(978-0-486-82505-2(1),* 825051) Dover Pubns., Inc.
Hidden Picture Puzzles. Kreative Kids. 2016. (ENG., Illus.). (J). pap. 10.81 *(978-1-68377-252-1(0))* Whlke, Traudl.
Hidden Picture Puzzles at the Zoo: 50 Seek-And-Find Puzzles to Solve & Color. Liz Ball. 2019. (ENG., Illus.). 96p. (J). pap. 9.99 *(978-1-64124-037-6(7),* 0376H) Fox Chapel Publishing Co., Inc.
Hidden Picture Puzzles for Toddlers Activity Book. Creative Playbooks. 2016. (ENG., Illus.). (J). pap. 10.81 *(978-1-68323-509-5(6))* Twin Flame Productions.
Hidden Picture Search Books. Kreative Kids. 2016. (ENG., Illus.). (J). pap. 10.81 *(978-1-68377-257-6(1))* Whlke, Traudl.
Hidden Picture Toddler. Kreative Kids. 2016. (ENG., Illus.). (J). pap. 10.81 *(978-1-68377-253-8(9))* Whlke, Traudl.
Hidden Picture Workbook. Kreative Kids. 2016. (ENG., Illus.). (J). pap. 9.43 *(978-1-68377-251-4(2))* Whlke, Traudl.
Hidden Pictures. Carolyn Keene. 2020. (Nancy Drew Diaries: 19). (ENG.). 192p. (J). (gr. 3-7). pap. 6.99 *(978-1-5344-2102-8(5),* Simon & Schuster/Paula Wiseman Bks.) Simon & Schuster/Paula Wiseman Bks.
Hidden Pictures. Julie Orr. 2019. (ENG.). 64p. (J). (gr. k-2). pap., wbk. ed. 4.49 *(978-1-58947-054-5(0),* 32f513be-82f5-4043-b320-56695bcb5352) School Zone Publishing Co.
Hidden Pictures Activity Book for 9 Year Old Boys. Speedy Kids. 2017. (ENG., Illus.). (J). pap. 9.20 *(978-1-5419-0994-6(1))* Speedy Publishing LLC.
Hidden Pictures & Coloring Fun - Activity Book Vol. 1. Activity Book Zone for Kids. 2016. (ENG., Illus.). (J). pap. 9.20 *(978-1-68376-716-9(0))* Sabeels Publishing.
Hidden Pictures & Coloring Fun - Activity Book Vol. 2. Activity Book Zone for Kids. 2016. (ENG., Illus.). (J). pap. 7.55 *(978-1-68376-717-6(9))* Sabeels Publishing.
Hidden Pictures & Coloring Fun - Activity Book Vol. 3. Activity Book Zone for Kids. 2016. (ENG., Illus.). (J). pap. 7.55 *(978-1-68376-718-3(7))* Sabeels Publishing.
Hidden Pictures & Coloring Fun - Activity Book Vol. 4. Activity Book Zone for Kids. 2016. (ENG., Illus.). (J). pap. 7.55 *(978-1-68376-719-0(5))* Sabeels Publishing.
Hidden Pictures & Coloring Fun - Activity Book Vol. 5. Activity Book Zone for Kids. 2016. (ENG., Illus.). (J). pap. 7.55 *(978-1-68376-720-6(9))* Sabeels Publishing.
Hidden Pictures & Scissor Skills Activity Book for Kids. Smarter Activity Books for Kids. 2016. (ENG., Illus.). (J). pap. 8.99 *(978-1-68374-654-6(6))* Examined Solutions PTE. Ltd.
Hidden Pictures, Cut Outs & Scissor Skills Activity Book for Kids. Bobo's Children Activity Books. 2016. (ENG., Illus.). (J). pap. 7.99 *(978-1-68327-423-0(7))* Sunshine In My Soul Publishing.
Hidden Pictures Favorites Clip Strip 12C. Highlights. 2023. (J). (gr. 1-4). pap., pap., pap. 83.88 ***(978-1-63962-205-4(5),*** Highlights) Highlights Pr., c/o Highlights for Children, Inc.
Hidden Pictures for the Active Seekers: Puzzles for Kids. Jupiter Kids. 2017. (ENG., Illus.). (J). pap. 8.33 *(978-1-5419-3319-4(2),* Jupiter Kids (Childrens & Kids Fiction)) Speedy Publishing LLC.
Hidden Pictures Galore (ages 6-Up) Bundle, 4 vols. Highlights. 2020. (J). (gr. 1-4). 39.80 *(978-1-64472-549-8(5),* Highlights) Highlights Pr., c/o Highlights for Children, Inc.
Hidden Pictures My First Lift-The-Flap Christmas Jokes. Created by Highlights. 2023. (Highlights Joke Bks.). 24p. (J). (-k). pap. 6.99 ***(978-1-63962-085-2(0),*** Highlights) Highlights Pr., c/o Highlights for Children, Inc.
Hidden Pictures My First Lift-The-Flap Halloween Jokes. Created by Highlights. 2023. (Highlights Joke Bks.). 24p. (J). (-k). pap. 6.99 ***(978-1-63962-084-5(2),*** Highlights) Highlights Pr., c/o Highlights for Children, Inc.
Hidden Pictures My First Lift-The-Flap Jokes. Created by Highlights. 2021. (Highlights Joke Bks.). (Illus.). 24p. (J). (-k). pap. 6.99 *(978-1-64472-331-9(X),* Highlights) Highlights Pr., c/o Highlights for Children, Inc.
Hidden Pictures Practice Book Prek-Grade K - Ages 4 To 6. Prodigy. 2016. (ENG., Illus.). (J). pap. 9.25 *(978-1-68323-904-8(0))* Twin Flame Productions.
Hidden Pictures Puffy Sticker Playscenes. Created by Highlights. 2019. (Highlights Puffy Sticker Playscenes Ser.). 48p. (J). (-k). pap. 8.99 *(978-1-68437-249-2(6),* Highlights) Highlights Pr., c/o Highlights for Children, Inc.
Hidden Pictures to Find Activity Book for Adults: Where Is It? Activity Book. Jupiter Kids. 2017. (ENG., Illus.). (J). pap. 9.20 *(978-1-68326-838-3(5),* Jupiter Kids (Childrens & Kids Fiction)) Speedy Publishing LLC.
Hidden Pictures to Highlight Assortment Clip Strip. Highlights. 2022. (J). (gr. 1-4). pap., pap. 83.88 *(978-1-63962-113-2(X),* Highlights) Highlights Pr., c/o Highlights for Children, Inc.
Hidden Pictures(r) Two-Player Puzzles. Created by Highlights. 2018. (Highlights Hidden Pictures Two-Player Puzzles Ser.). 144p. (J). (gr. 1-4). pap. 9.99 *(978-1-62979-943-8(2),* Highlights) Highlights Pr., c/o Highlights for Children, Inc.
Hidden Pictures Workbook Prek-Grade 1 - Ages 4 To 7. Prodigy. 2016. (ENG., Illus.). (J). pap. 9.25 *(978-1-68323-083-0(3))* Twin Flame Productions.
Hidden Pieces: A Novel. Paula Stokes. 2018. (ENG.). 448p. (YA). (gr. 8). 17.99 *(978-0-06-267362-6(9),* HarperTeen) HarperCollins Pubs.
Hidden Places. Bobbi L. Graffunder. 2022. (ENG.). 288p. (YA). pap. 21.99 *(978-1-64645-253-8(4))* Redemption Pr.
Hidden Planet: Secrets of the Animal Kingdom, 1 vol. Ben Rothery. 2021. (Rothery's Animal Planet Ser.: 0). (ENG.).

H

96p. (J). (gr. 4-9). 29.95 (978-0-88448-875-0(6), 884875) Tilbury Hse. Pubs.

Hidden Power, a Secret History of the Indian Ring: Its Operations, Intrigues & Machinations (Classic Reprint) T. H. Tibbles. 2018. (ENG., Illus.). 362p. (J). 31.36 (978-0-666-07660-1(X)) Forgotten Bks.

Hidden Powers: Lise Meitner's Call to Science. Jeannine Atkins. (ENG.). 288p. (J). (gr. 5). 2023. pap. 8.99 (978-1-6659-0251-9(5)); 2022. 17.99 (978-1-6659-0250-2(7)) Simon & Schuster Children's Publishing. (Atheneum Bks. for Young Readers).

Hidden Princess: A Modern Romance (Classic Reprint) Frederick Jackson. (ENG., Illus.). (J). 2018. 258p. 29.24 (978-0-483-33462-5(6)); 2016. pap. 11.97 (978-1-334-15833-9(9)) Forgotten Bks.

Hidden Quest! Hidden Picture Activity Book. Activity Attic. 2016. (ENG., Illus.). (J). pap. 10.81 (978-1-68323-510-1(X)) Twin Flame Productions.

Hidden Rainbow: A Springtime Book for Kids. Christie Matheson. Illus. by Christie Matheson. 2020. (ENG., Illus.). 40p. (J). (gr. -1-3). 17.99 (978-0-06-239341-8(3), Greenwillow Bks.) HarperCollins Pubs.

Hidden Riches. Jerry B. Jenkins & Chris Fabry. 2021. (Red Rock Mysteries Ser.: 13). (ENG.). 256p. (J). pap. 6.99 (978-1-4964-4267-3(9), 20_33676, Tyndale Kids) Tyndale Hse. Pubs.

Hidden Road (Classic Reprint) Wadsworth Camp. (ENG., Illus.). (J). 2018. 344p. 30.99 (978-0-483-15332-5(X)); 2017. pap. 13.57 (978-0-259-22269-9(0)) Forgotten Bks.

Hidden Rock Rescue (Secrets of Bearhaven #3) K. E. Rocha. 2016. (Secrets of Bearhaven Ser.: 3). (ENG.). 224p. (J). (gr. 3-7). 14.99 (978-0-545-81305-1(0), Scholastic Pr.) Scholastic, Inc.

Hidden Room. William Durbin & Barbara Durbin. 2022. (ENG.). 254p. (YA). pap. 11.99 (978-0-578-39934-8(2)) William Durbom.

Hidden Room #2. Dori Hillestad Butler. Illus. by Tim Budgen. 2021. (Treasure Troop Ser.: 2). 128p. (J). (gr. 2-5). 6.99 (978-0-593-09485-3(9), Penguin Workshop) Penguin Young Readers Group.

Hidden Room Adventure: The Eighth Two Jays Story. Chris Wright. 2019. (ENG.). 244p. (J). pap. (978-1-912529-40-7(8)) Canford Publishing.

Hidden Secrets. Janelle Concepcion. 2017. (ENG., Illus.). (J). 118p. pap. (978-1-387-02952-5(5)); pap. 9.50 (978-0-244-90724-2(2)) Lulu Pr., Inc.

Hidden Secrets about You: A Short Guide for a Curious Girl to Find Happiness in Daily Life. Nataly Tzertzivadze. 2021. (ENG.). 120p. (YA). pap. 42.95 (978-1-9822-6657-8(0), Balboa Pr.) Author Solutions, LLC.

Hidden Shapes: Find the Squares, Circles & Triangles Activity Book. Activity Book Zone for Kids. 2016. (ENG., Illus.). (J). pap. 7.55 (978-1-68376-216-4(9)) Sabeels Publishing.

Hidden Star. K. Sello Duiker. 2018. (ENG.). 210p. (J). pap. 10.99 (978-1-911115-43-4(X)) Cassava Republic Pr. GBR. Dist: Consortium Bk. Sales & Distribution.

Hidden Systems: Water, Electricity, the Internet, & the Secrets Behind the Systems We Use Every Day (a Graphic Novel) Dan Nott. 2023. (ENG., Illus.). 272p. (YA). (gr. 7). 23.99 (978-0-593-12536-6(3)); pap. 17.99 (978-1-9848-9604-9(0)) Penguin Random Hse. LLC.

Hidden Tale 1 (the Lost Snapshot) Chapter Book: (Step 9) Sound Out Books (systematic Decodable) Help Developing Readers, Including Those with Dyslexia, Learn to Read with Phonics. Pamela Brookes. 2020. (Dog on a Log Chapter Books: Vol. 44). (ENG., Illus.). 92p. (J). 15.99 (978-1-64831-050-8(8)); pap. 6.99 (978-1-949471-82-3(9)) Jojoba Pr. (DOG ON A LOG Bks.).

Hidden Tale 2. the Secret Unfolds Chapter Book: Sound-Out Phonics Books Help Developing Readers, Including Students with Dyslexia, Learn to Read (Step 10 in a Systematic Series of Decodable Books) Pamela Brookes. l.t. ed. 2021. (ENG.). 100p. (J). 15.99 (978-1-64831-085-0(0), DOG ON A LOG Bks.) Jojoba Pr.

Hidden Things (Classic Reprint) J. Wesley Putnam. (ENG., Illus.). (J). 2018. 246p. 28.99 (978-0-332-48299-6(5)); 2017. pap. 11.57 (978-0-259-06149-6(2)) Forgotten Bks.

Hidden Trails (Classic Reprint) William Patterson White. 2018. (ENG., Illus.). 342p. (J). 30.97 (978-0-666-88595-1(8)) Forgotten Bks.

Hidden Treasure. Elly MacKay. 2021. (ENG., Illus.). 32p. (J). (gr. -1-3). 16.99 (978-0-7624-6301-5(5), Running Pr. Kids) Running Pr.

Hidden Treasure: The Story of a Chore Boy, Who Made the Old Farm Pay (Classic Reprint) John Thomas Simpson. 2018. (ENG., Illus.). 340p. (J). 30.93 (978-0-484-77051-4(9)) Forgotten Bks.

Hidden Treasure for Children: Memorizing God's Word for Children & Bible Study Answers. Compiled by Nancy Dunnewin. 2022. (ENG.). 86p. (J). pap. 17.95 (978-1-4796-1535-3(8)) TEACH Services, Inc.

Hidden Treasure! Hidden Picture Activity Book. Jupiter Kids. 2017. (ENG., Illus.). (J). pap. 9.20 (978-1-68326-839-0(3), Jupiter Kids (Childrens & Kids Fiction)) Speedy Publishing LLC.

Hidden Treasure Quest: Knowing God Through Creation Study Guide. Hide and Seek Ministries. 2018. (ENG., Illus.). 82p. (J). pap. 6.99 (978-0-9994901-2-9(5)) Hide & Seek Ministries.

Hidden Treasure Quest: Knowing God Through Jesus. Hide and Seek Ministries. 2019. (Hidden Treasure Quest Ser.: Vol. 2). (ENG.). 168p. (J). pap. 10.99 (978-0-9994901-3-6(3)) Hide & Seek Ministries.

Hidden Treasures: Keepsake Journal & Album for Girls. @ Journals and Notebooks. 2016. (ENG., Illus.). 106p. (J). pap. 12.25 (978-1-68326-441-5(X)) Speedy Publishing LLC.

Hidden Treasures, or Martha's Triumph: A Drama in a Prologue & Four Acts (Classic Reprint) Zella Careo. 2018. (ENG., Illus.). 20p. (J). 24.33 (978-0-483-78287-7(4)) Forgotten Bks.

Hidden Valley. K. a Thomsen. 2018. (ENG., Illus.). 198p. (J). pap. (978-0-9952981-2-5(2)) Agility Freelancing.

Hidden Valley (Classic Reprint) Muriel Hine. (ENG., Illus.). (J). 2018. 396p. 32.06 (978-0-365-33184-1(8)); 2017. pap. 16.57 (978-0-259-37102-1(5)) Forgotten Bks.

Hidden Village. Bonnie Rose Hudson. 2017. (J). (978-1-62856-311-5(7)) BJU Pr.

Hidden Visions: Hidden Picture Activity Book. Activity Attic. 2016. (ENG., Illus.). (J). pap. 10.81 (978-1-68323-511-8(8)) Twin Flame Productions.

Hidden Walkingsticks. Meish Goldish & Brian Victor Brown. 2019. (J). pap. (978-1-64280-748-6(6)) Bearport Publishing Co., Inc.

Hidden Warriors: Ninja Coloring Books. Jupiter Kids. 2016. (ENG., Illus.). 106p. (J). pap. 12.55 (978-1-68305-337-8(0), Jupiter Kids (Childrens & Kids Fiction)) Speedy Publishing LLC.

Hidden Water (Classic Reprint) Dane Coolidge. 2018. (ENG., Illus.). 488p. (J). 33.98 (978-0-656-73439-9(6)) Forgotten Bks.

Hidden Wings & Other Stories. T. S. (Timothy Shay) Arthur. 2017. (ENG.). 264p. (J). pap. (978-3-7447-5019-6(1)) Creation Pubs.

Hidden Wings & Other Stories (Classic Reprint) T. S. Arthur. 2018. (ENG., Illus.). 262p. (J). 29.34 (978-0-484-66953-5(2)) Forgotten Bks.

Hidden Witch: a Graphic Novel (the Witch Boy Trilogy #2) Molly Knox Ostertag. Illus. by Molly Knox Ostertag. 2018. (Witch Boy Ser.). (ENG., Illus.). 208p. (J). (gr. 3-7). 27.99 (978-1-338-25376-4(X)); pap. 12.99 (978-1-338-25375-7(1)) Scholastic, Inc. (Graphix).

Hidden Women: The African-American Mathematicians of NASA Who Helped America Win the Space Race. Rebecca Rissman. 2018. (Encounter: Narrative Nonfiction Stories Ser.). (ENG.). 112p. (J). (gr. 3-7). pap. 9.95 (978-1-5157-9963-4(8), 136958, Capstone Pr.) Capstone.

Hidden World. Til Turner. 2022. (ENG.). 224p. (YA). pap. 16.95 (978-1-6624-6265-8(4)) Page Publishing Inc.

Hidden World: Ocean. Libby Walden. Illus. by Stephanie Fizer Coleman. 2018. (ENG.). 18p. (J). (gr. -1-2). 14.99 (978-1-944530-15-0(0), 360 Degrees) Tiger Tales.

Hidden World of Bacteria: Multiplying Mixed Numbers (Grade 5) Georgia Beth. 2018. (Mathematics in the Real World Ser.). (ENG., Illus.). 32p. (J). (gr. 4-8). pap. 11.99 (978-1-4258-5816-2(3)) Teacher Created Materials, Inc.

Hidden World of Changers Collection (Boxed Set) The Gathering Storm; the Emerald Mask; the Power Within; the Selkie Song. H. K. Varian. ed. 2017. (Hidden World of Changers Ser.). (ENG.). 704p. (J). (gr. 3-7). pap. 27.99 (978-1-5344-0314-7(0), Simon Spotlight) Simon Spotlight.

Hidden World of Edible Insects: Comparing Fractions (Grade 4) Suzanne Molly Bibbo. 2017. (Mathematics in the Real World Ser.). (ENG., Illus.). 32p. (J). (gr. 4-5). pap. 11.99 (978-1-4258-5553-6(9)) Teacher Created Materials, Inc.

Hidden World of Garbage: Multi-Digit Numbers (Grade 4) Katie McKissick. 2017. (Mathematics in the Real World Ser.). (ENG., Illus.). 32p. (J). (gr. 4-5). pap. 11.99 (978-1-4258-5546-8(6)) Teacher Created Materials, Inc.

Hidden World of Gnomes. Lauren Soloy. 2023. (ENG., Illus.). 96p. (J). (gr. -1-2). 19.99 (978-0-7352-7104-3(6), Tundra Bks.) Tundra Bks. CAN. Dist: Penguin Random Hse. LLC.

Hidden World of Hackers: Expressions. Elise Wallace. 2019. (Mathematics in the Real World Ser.). (ENG., Illus.). 32p. (J). (gr. 5-8). pap. 11.99 (978-1-4258-5885-8(6)) Teacher Created Materials, Inc.

Hidden World of Toilets: Volume (Grade 5) Monika Davies. 2018. (Mathematics in the Real World Ser.). (ENG., Illus.). 32p. (J). (gr. 4-8). pap. 11.99 (978-1-4258-5810-0(4)) Teacher Created Materials, Inc.

Hidden World of Urban Farming: Operations with Decimals. Roger Sipe & Alison Marzocchi. 2019. (Mathematics in the Real World Ser.). (ENG., Illus.). 32p. (gr. 5-8). pap. 11.99 (978-1-4258-5878-0(3)) Teacher Created Materials, Inc.

Hidden Worlds. Sandra Ingerman & Katherine Wood. 2018. (ENG., Illus.). 128p. (J). (gr. -1-12). pap. 9.95 (978-1-78535-820-3(0), Moon Bks.) Hunt, John Publishing Ltd. GBR. Dist: National Bk. Network.

Hidden Worlds, 4 vols., Set. Tammy Enz. Incl. Behind the Racks: Exploring the Secrets of a Shopping Mall. lib. bdg. 27.32 (978-1-4296-3386-4(7), 95892); Beyond the Bars: Exploring the Secrets of a Police Station. lib. bdg. 27.32 (978-1-4296-3377-2(8), 95884); (J). (gr. 3-9). (Hidden Worlds Ser.). (ENG.). 32p. 2010. 81.96 (978-1-4296-3777-0(3), 168679, Capstone Pr.) Capstone.

Hidden Years at Nazareth. G. Campbell Morgan. 2017. (ENG., Illus.). (J). pap. (978-1-76057-056-9(7)) Trieste Publishing Pty Ltd.

Hiddenseek. Nate Cernosek. 2021. 208p. (J). (gr. 3-7). 17.99 (978-1-9848-1676-4(4), G.P. Putnam's Sons Books for Young Readers) Penguin Young Readers Group.

Hiddled. Junriel Fortuito. 2022. (ENG.). 116p. (YA). pap. (978-1-4583-8344-0(X)) Lulu Pr., Inc.

Hide! Steve Henry. 2018. (I Like to Read Ser.). (Illus.). 32p. (J). (gr. -1-3). 14.99 (978-0-8234-3773-3(6)) Holiday Hse., Inc.

Hide! Steve Henry. ed. 2019. (I Like to Read Ser.). (ENG.). 30p. (J). (gr. k-1). 17.96 (978-0-87617-954-3(5)) Penworthy Co., LLC, The.

Hide & Don't Seek: And Other Very Scary Stories. Anica Mrose Rissi. (ENG., Illus.). 224p. (J). (gr. 3-7). 2022. pap. 7.99 (978-0-06-302696-4(1)); 2021. 18.99 (978-0-06-302695-7(3)) HarperCollins Pubs. (Quill Tree Bks.).

Hide & Geek. T. P. Jagger. 2023. (Hide & Geek Ser.: 1). 336p. (J). (gr. 3-7). 8.99 (978-0-593-37795-6(8), Yearling) Random Hse. Children's Bks.

Hide-And-Go-Seek for Toddlers Hidden Image Activity Book. Creative Playbooks. 2016. (ENG., Illus.). (J). pap. 10.81 (978-1-68323-512-5(6)) Twin Flame Productions.

Hide & Hunt. Steve Foxe. ed. 2022. (I Can Read Comics Ser.). (ENG.). 32p. (J). (gr. k-1). 15.96 (978-1-68505-451-9(X)) Penworthy Co., LLC, The.

Hide & Peek (Animal Time: Time to Read, Level 1) Lori Haskins Houran. Illus. by Alex Willmore. (Time to Read Ser.). (ENG.). 32p. (J). (gr. k-2). 2020. pap. 3.99 (978-0-8075-7201-6(2), 807572012); 2019. 12.99 (978-0-8075-7208-5(X), 080757208X) Whitman, Albert & Co.

Hide & Seek. Anonymous. 2017. (ENG., Illus.). (J). pap. (978-0-649-29623-1(0)) Trieste Publishing Pty Ltd.

Hide & Seek. Anthony Browne. Illus. by Anthony Browne. 2018. (ENG., Illus.). 32p. (J). (gr. -1-2). 17.99 (978-1-5362-0260-1(6)) Candlewick Pr.

Hide & Seek. Wilkie Collins. 2017. (ENG., Illus.). (J). 29.95 (978-1-374-91610-4(2)); pap. 19.95 (978-1-374-91609-8(9)) Capital Communications, Inc.

Hide & Seek! Jack Debnam. 2019. (ENG.). 28p. (J). (978-1-5289-3079-6(7)); pap. (978-1-5289-3078-9(9)) Austin Macauley Pubs. Ltd.

Hide & Seek. Katie May Green. Illus. by Katie May Green. 2019. (ENG., Illus.). 32p. (J). (gr. k-3). 16.99 (978-0-7636-9606-1(4)) Candlewick Pr.

Hide & Seek. Polly Noakes. Illus. by Polly Noakes. 2019. (Child's Play Library). (Illus.). 32p. (J). (978-1-78628-182-1(1)); pap. (978-1-78628-181-4(3)) Child's Play International Ltd.

Hide & Seek. Katrina Streza. Illus. by Brenda Ponnay. 2023. (Little Readers Ser.: Vol. 31). (ENG.). 20p. (J). 24.99 (978-1-5324-4445-6(1)); pap. 12.99 (978-1-5324-4444-9(3)) Xist Publishing.

Hide & Seek. Hemu Wu. 2021. (ENG., Illus.). 32p. (J). (gr. -1-3). 14.95 (978-1-76036-141-9(0), 310cac3b-abd7-43d3-980a-377b0a82cd97) Starfish Bay Publishing Pty Ltd. AUS. Dist: Baker & Taylor Publisher Services (BTPS).

Hide-And-Seek: A First Book of Position Words. R. D. Ornot. Illus. by Sakshi Mangal. 2019. (ENG.). 3p. (J). (gr. -1-2). 16.99 (978-1-77138-794-1(7)) Kids Can Pr., Ltd. CAN. Dist: Hachette Bk. Group.

Hide & Seek: A Novel (Classic Reprint) Wilkie Collins. (ENG., Illus.). (J). 2018. 664p. 37.59 (978-0-483-08845-0(5)); 2017. pap. 19.97 (978-0-243-39358-9(X)) Forgotten Bks.

Hide & Seek: A Story Guide on Traditional Games. Rebecca Chang. 2021. (ENG.). 32p. (J). pap. (978-1-913891-16-9(X)) Balestier Pr.

Hide & Seek: Leveled Reader Red Fiction Level 5 Grade 1. Hmh Hmh. 2019. (Rigby PM Ser.). (ENG.). 16p. (J). (gr. 1). pap. 11.00 (978-0-358-12139-8(6)) Houghton Mifflin Harcourt Publishing Co.

Hide & Seek: Or the Mystery of Mary Grice (Classic Reprint) Wilkie Collins. 2017. (ENG., Illus.). (J). 31.71 (978-0-260-63463-4(8)) Forgotten Bks.

Hide & Seek: Wild Animal Groups in North America. Caroline Fernandez. Illus. by Erin Mercer. (ENG.). 44p. (J). 2023. pap. (978-1-77205-799-7(1)); 2022. (978-1-77205-743-0(6)) DC Canada International (DDCI) Corp.

Hide & Seek - Te Ikaraaba (Te Kiribati) Kym Simoncini & Mihailo Tatic. 2023. (ENG.). 24p. (J). pap. (978-1-922844-91-0(8)) Library For All Limited.

Hide & Seek ABC. Rosie Greening. Illus. by Dawn Machell. 2020. (ENG.). 44p. (J). (— 1). bds. 12.99 (978-1-78947-589-0(9)) Make Believe Ideas GBR. Dist: Scholastic, Inc.

Hide & Seek! Amazing Hidden Picture Activity Book for Kids. Jupiter Kids. 2017. (ENG., Illus.). (J). pap. 9.20 (978-1-68326-868-0(7), Jupiter Kids (Childrens & Kids Fiction)) Speedy Publishing LLC.

Hide-And-Seek Around the World. Violet Peto. Illus. by Natasha Rimmington. 2021. (ENG.). 96p. (J). pap. 9.99 (978-1-83940-625-6(9), 1735a280-93c0-45d5-9743-b0d856a3b0c6) Arcturus Publishing GBR. Dist: Baker & Taylor Publisher Services (BTPS).

Hide-And-Seek at the Construction Site: A Hidden Pictures(r) Lift-The-Flap Book. Created by Highlights. 2019. (Highlights Lift-The-Flap Bks.). (Illus.). 10p. (J). (-k). bds. 9.99 (978-1-68437-650-6(5), Highlights) Highlights Pr., c/o Highlights for Children, Inc.

Hide & Seek Awesome Dinosaurs: Reveal Hidden Creatures with the Magical Finding Device! IglooBooks. 2021. (ENG.). 10p. (J). (-2). 12.99 (978-1-83903-606-4(0)) Igloo Bks. GBR. Dist: Simon & Schuster, Inc.

Hide-And-Seek, Baby Shark! (a Baby Shark Book) Illus. by John John Bajet. 2019. (Baby Shark Ser.). (ENG.). 12p. (J). (gr. -1 — 1). bds. 8.99 (978-1-338-60500-6(3), Cartwheel Bks.) Scholastic, Inc.

Hide & Seek Chicago. Erin Guendelsberger. Illus. by Mattia Cerato. 2019. (Hide & Seek Regional Activity Bks.). (ENG.). 32p. (J). (gr. k-5). 14.99 (978-1-4926-8420-6(1)) Sourcebooks, Inc.

Hide & Seek City. Agathe Demois & Vincent Godeau. 2020. (ENG., Illus.). 32p. (J). (gr. -1-17). 17.95 (978-1-84976-669-2(X)) Tate Publishing, Ltd. GBR. Dist: Abrams, Inc.

Hide & Seek (Classic Reprint) Unknown Author. (ENG., Illus.). (J). 2018. 44p. 24.80 (978-0-656-15877-5(8)); 2017. pap. 7.97 (978-0-259-90848-7(7)) Forgotten Bks.

Hide-And-Seek Forest Friends: With Magical Flashlight to Reveal Hidden Images. IglooBooks. Illus. by Noemie Gionet Landry. 2021. (ENG.). 10p. (J). (gr. k-2). 12.99 (978-1-83903-778-8(4)) Igloo Bks. GBR. Dist: Simon & Schuster, Inc.

Hide-And-Seek Ghost. Dori H. Butler. ed. 2016. (Haunted Library: 8). lib. bdg. 14.75 (978-0-606-38838-2(9)) Turtleback.

Hide-And-Seek Ghost #8. Dori Hillestad Butler. Illus. by Aurore Damant. 2016. (Haunted Library: 8). 128p. (J). (gr. 1-3). 6.99 (978-0-448-48942-1(2), Grosset & Dunlap) Penguin Young Readers Group.

Hide & Seek Green Band. Lynne Rickards. Illus. by Moni Pérez. ed. 2016. (Cambridge Reading Adventures Ser.). (ENG.). 16p. pap. 7.95 (978-1-107-57599-8(0)) Cambridge Univ. Pr.

Hide-And-Seek Hettie: The Highland Cow Who Can't Hide!, 30 vols. Illus. by Jo Allan. 2018. 24p. (J). 11.95 (978-1-78250-508-2(3), Kelpies) Floris Bks. GBR. Dist: Consortium Bk. Sales & Distribution.

Hide & Seek History: Ancient Egyptians. Jonny Marx. Illus. by Chaaya Prabhat. 2022. (ENG.). 16p. (J). (gr. 3-7). 19.99 (978-1-944530-31-0(2), 360 Degrees) Tiger Tales.

Hide & Seek in the House: A First Lift-The-Flap Book. Lucie Brunellière. Illus. by Lucie Brunellière. 2020. (ENG., Illus.). 14p. (J). (— 1). bds. 9.99 (978-1-5344-7748-3(9), Little Simon) Little Simon.

Hide & Seek in the Jungle, 1 vol. Patricia Harris. 2017. (Jungle Fun Ser.). (ENG.). 24p. (gr. 1-1). pap. 9.25 (978-1-5383-2136-2(X), 1178bf53-b2cd-4e61-9bdc-cf477dbd6858, PowerKids Pr.) Rosen Publishing Group, Inc., The.

Hide & Seek Jack. Deanne M. Temple. 2023. (ENG.). 38p. (J). pap. (978-0-6480013-7-9(7)) BBT Productions.

Hide-And-Seek Ladybugs. Paul Bright. Illus. by Jacob Souva. 2020. (ENG.). (J). 26p. (-k). bds. 9.99 (978-1-68010-606-0(6)); 32p. (gr. -1-2). 17.99 (978-1-68010-206-2(0)) Tiger Tales.

Hide & Seek, Little Chameleon. Anita Bijsterbosch. 2019. (ENG., Illus.). 18p. (J). bds. 12.95 (978-1-60537-454-3(7)) Clavis Publishing.

Hide & Seek Magical Adventure: Reveal Hidden Creatures with the Magical Finding Device! IglooBooks. 2021. (ENG.). 10p. (J). (-2). 12.99 (978-1-83903-607-1(9)) Igloo Bks. GBR. Dist: Simon & Schuster, Inc.

Hide & Seek Masters! a Kids Find the Hidden Object Activity Book. Jupiter Kids. 2017. (ENG., Illus.). (J). pap. 9.20 (978-1-68326-840-6(7), Jupiter Kids (Childrens & Kids Fiction)) Speedy Publishing LLC.

Hide & Seek, Nuts to Eat. Tracy Gold. Illus. by Nancy Leschnikoff. 2023. 40p. (J). (gr. -1-3). 10.99 (978-1-7282-3537-0(5)) Sourcebooks, Inc.

Hide & Seek on the Farm: A First Lift-The-Flap Book. Lucie Brunellière. Illus. by Lucie Brunellière. 2020. (ENG., Illus.). 14p. (J). (— 1). bds. 12.99 (978-1-5344-7749-0(7), Little Simon) Little Simon.

Hide-And-Seek on the Farm: A Hidden Pictures(r) Lift-The-Flap Book. Created by Highlights. 2018. (Highlights Lift-The-Flap Bks.). (Illus.). 10p. (J). (-k). bds. 12.99 (978-1-62979-948-3(3), Highlights) Highlights Pr., c/o Highlights for Children, Inc.

Hide & Seek! Take a Peek! Seek & Find Activity Book. Jupiter Kids. 2017. (ENG., Illus.). (J). pap. 9.20 (978-1-68326-869-7(5), Jupiter Kids (Childrens & Kids Fiction)) Speedy Publishing LLC.

Hide & Seek the Ultimate Master Level Activity Book. Jupiter Kids. 2017. (ENG., Illus.). (J). pap. 9.20 (978-1-68326-867-3(9), Jupiter Kids (Childrens & Kids Fiction)) Speedy Publishing LLC.

Hide-And-Seek Underwater Animals: With Magical Flashlight to Reveal Hidden Images. IglooBooks. Illus. by Betsy Luk. 2021. (ENG.). 10p. (J). (gr. k-2). 12.99 (978-1-83903-779-5(2)) Igloo Bks. GBR. Dist: Simon & Schuster, Inc.

Hide & Seek (Upside-Down Magic #7), 1 vol. Sarah Mlynowski et al. 2021. (Upside-Down Magic Ser.: 7). (ENG.). 192p. (J). (gr. 3-7). pap. 6.99 (978-1-338-22156-5(6)) Scholastic, Inc.

Hide & Seek, Vol. 1 of 2 (Classic Reprint) Wilkie Collins. (ENG., Illus.). (J). 2018. 342p. 30.95 (978-0-483-51919-0(7)); 2016. pap. 13.57 (978-1-334-38863-7(6)) Forgotten Bks.

Hide & Seek, Vol. 2 of 2 (Classic Reprint) Wilkie Collins. (ENG., Illus.). (J). 2018. 326p. 30.62 (978-0-483-97010-6(7)); 2017. pap. 13.57 (978-0-243-93002-9(X)) Forgotten Bks.

Hide-And-Seek with Little Hippo. Géraldine Elschner. Illus. by Anja Klauss. 2021. (First Steps in ART Ser.: 2). (ENG.). 14p. (J). bds. 8.99 (978-0-7643-6111-1(2), 24681) Schiffer Publishing, Ltd.

Hide & Seek with Tsehay. The The Wiggles. 2023. (Wiggles Ser.). (ENG.). 10p. (J). (-k). bds. 13.99 (978-1-922677-71-6(X)) Bonnier Publishing GBR. Dist: Independent Pubs. Group.

Hide & Seeker. Daka Hermon. 2020. (ENG.). 320p. (J). (gr. 3-7). 18.99 (978-1-338-58362-5(X), Scholastic Pr.) Scholastic, Inc.

Hide-And-Sleep: A Flip-Flap Book (Lift the Flap Books, Interactive Board Books, Board Books for Toddlers) Lizi Boyd. 2019. (ENG., Illus.). 20p. (J). (gr. -1 — 1). bds. 12.99 (978-1-4521-7096-1(7)) Chronicle Bks. LLC.

Hide & Squeaks. Leslie Dueck. Illus. by Lucy Bruni. 2017. (ENG.). 74p. (J). (978-1-77302-608-4(9)) Tellwell Talent.

Hide & Weep. Margaret Fristow et al. 2020. (ENG.). 44p. (J). pap. (978-1-716-67839-4(0)) Lulu Pr., Inc.

Hide Away Husky. L. McCue. 2016. (HideAway Pets Bks.). (ENG., Illus.). 32p. (J). (gr. -1-2). 9.95 (978-1-4549-1812-7(8)) Sterling Publishing Co., Inc.

Hide in the Blinds Chapter Book: (Step 6) Sound Out Books (systematic Decodable) Help Developing Readers, Including Those with Dyslexia, Learn to Read with Phonics. Pamela Brookes. 2020. (Dog on a Log Chapter Books: Vol. 28). (ENG., Illus.). 58p. (J). 15.99 (978-1-64831-034-8(6), DOG ON A LOG Bks.) Jojoba Pr.

Hide Me, Kipper. Mick Inkpen. 2016. (Kipper Ser.). (ENG., Illus.). 32p. (J). (gr. -1-k). 7.99 (978-1-4449-2977-5(1)) Hachette Children's Group GBR. Dist: Hachette Bk. Group.

Hide 'n' Sheep. Jennifer Sattler. Illus. by Benson Shum. 2019. (ENG.). 24p. (J). (gr. -1 — 1). bds. 7.99 (978-1-5344-0397-0(3), Little Simon) Little Simon.

Hide or Seek: The Superpower Protection Program. Dan DiDio & Chris Silvestri. 2023. (ENG.). 352p. (J). 21.00 (978-1-63758-701-0(5)) Permuted Press.

Hide Seek Stinky Sweet: a Little Book of Opposites: Board Book. Ruth Austin. 2018. (ENG., Illus.). (gr. -1-k). bds. 12.95 (978-1-946873-08-8(X)) Compendium, Inc., Publishing & Communications.

Hide the Pup-Cakes! Bowser Is Here Again. Judy Ortado. 2022. (ENG.). 30p. (J). pap. 14.99 (978-1-0880-4497-1(2)) Indy Pub.

Hideaway. Pam Smy. 2021. (ENG., Illus.). 248p. (J). (gr. 3-7). 19.95 (978-1-84365-479-7(2), Pavilion Children's Books) Pavilion Bks. GBR. Dist: HarperCollins Pubs.

Hideous. Devon McCormack. 2016. (ENG., Illus.). (J). 24.99 (978-1-63533-028-1(9), Harmony Ink Pr.) Dreamspinner Pr.

Hideous House Exhibit, 1 vol. John Wood. 2020. (Museum of Phobias Ser.). (ENG.). 32p. (J). (gr. 3-4). pap. 11.50 (978-1-5382-6002-9(6), 887e76ca-4e5b-4ccf-b7c8-0560c9de3cfe); lib. bdg. 28.27 (978-1-5382-6004-3(2), 740fe24c-4ae1-46a9-9464-29c4d6ca52d6) Stevens, Gareth Publishing LLLP.

Hideously Delicious Recipes to Disgust & Delight Your Friends. Ali Vega. 2018. *(978-1-5124-4990-7(3))* Lerner Publishing Group.

Hideout. Watt Key. 2018. (ENG.). 336p. (J). pap. 9.99 *(978-1-250-14397-6(7),* 900160565) Square Fish.

Hideout. Susanna Mattiangeli. Illus. by Felicita Sala. 2019. (ENG.). 40p. (J). (gr. -1-3). 16.99 *(978-1-4197-3416-8(4),* 1213501, Abrams Bks. for Young Readers) Abrams, Inc.

Hideout. Dax Varley. Illus. by Jon Proctor. 2016. (Demon Slayer Ser.). (ENG.). 48p. (J). (gr. 3-7). lib. bdg. 34.21 *(978-1-62402-157-2(3),* 21561, Spellbound) Magic Wagon.

Hider, Seeker, Secret Keeper. Elizabeth Kiem. 2017. (Bolshoi Saga Ser.: 2). (Illus.). 288p. (YA). (gr. 9). pap. 10.99 *(978-1-61695-569-4(4),* Soho Teen) Soho Pr., Inc.

Hiders Seekers Finders Keepers: How Animals Adapt in Winter. Jessica Kulekjian. Illus. by Salini Perera. 2022. (ENG.). 32p. (J). (gr. -1-3). 19.99 *(978-1-5253-0485-9(2))* Kids Can Pr., Ltd. CAN. Dist: Hachette Bk. Group.

Hiding. Henry Turner. 2018. (ENG.). 272p. (YA). (gr. 7). 17.99 *(978-0-544-28477-7(1),* 1571305, Clarion Bks.) HarperCollins Pubs.

Hiding: A Story about Finding Quiet in a Busy World. Kate Pugsley. Illus. by Kate Pugsley. 2023. (Illus.). 40p. (J). (-k). 18.99 *(978-0-593-20681-2(9),* Viking Books for Young Readers) Penguin Young Readers Group.

Hiding Amongst the Mountains Coloring Book. Activity Book Zone for Kids. 2016. (ENG., Illus.). (J). pap. 9.20 *(978-1-68376-443-4(9))* Sabeels Publishing.

Hiding & Bluffing to Survive. Parker Holmes. 2022. (Animal Survival Ser.). (ENG., Illus.). 32p. (J). (gr. 2-5). lib. bdg. 34.22 *(978-1-5321-9851-9(5),* 39713, Kids Core) ABDO Publishing Co.

Hiding & Bluffing to Survive. Parker Holmes. 2022. (Animal Survival Ser.). (ENG.). 32p. (J). (gr. 3-3). pap. 9.95 *(978-1-64494-768-5(4))* North Star Editions.

Hiding Dinosaurs. Dan Moynihan. ed. 2018. (I Like to Read Ser.). (ENG.). 28p. (J). (gr. -1-1). 10.00 *(978-1-64310-450-8(0))* Penworthy Co., LLC, The.

Hiding from Lightning. Margo Gates. Illus. by Liam Darcy. 2019. (Let's Look at Weather (Pull Ahead Readers — Fiction) Ser.). (ENG.). 16p. (J). (gr. -1-1). pap. 8.99 *(978-1-5415-7321-5(8),* 401fd6a4-497c-4211-b28c-a46ec1a24f4b, Lerner Pubns.) Lerner Publishing Group.

Hiding from the Nazis, 1 vol. Hallie Murray & Linda Jacobs Altman. 2018. (Tales of Atrocity & Resistance: First-Person Stories of Teens in the Holocaust Ser.). (ENG.). 128p. (gr. 7-7). 40.27 *(978-0-7660-9830-5(3),* c3dfeaf2-034f-49aa-b58e-19ee982d1ab0) Enslow Publishing, LLC.

Hiding in Plain Sight! Hidden Pictures Activity Book. Jupiter Kids. 2017. (ENG., Illus.). (J). pap. 9.20 *(978-1-68326-870-3(9),* Jupiter Kids (Childrens & Kids Fiction)) Speedy Publishing LLC.

Hiding in Sight: Hidden Picture Activity Book. Activity Attic. 2016. (ENG., Illus.). (J). pap. 10.81 *(978-1-68323-513-2(4))* Twin Flame Productions.

Hiding in the Coral: Can You Find the Tiny Fish? Activity Book. Jupiter Kids. 2017. (ENG., Illus.). (J). pap. 9.20 *(978-1-68326-871-0(7),* Jupiter Kids (Childrens & Kids Fiction)) Speedy Publishing LLC.

Hiding in the Coral Coloring Book. Activibooks For Kids. 2016. (ENG., Illus.). (J). pap. 9.20 *(978-1-68321-268-3(1))* Mimaxion.

Hiding Lies. Julie Cross. 2018. (Eleanor Ames Ser.: 2). (ENG.). 300p. (YA). pap. 9.99 *(978-1-63375-816-2(8),* 900180787) Entangled Publishing, LLC.

Hiding Little Nita: The Story of a Young Deaf Jewish Girl Hidden from the Nazis in WW II. Paul B. Paulus & Lynn P. Elwell. Illus. by Jessica Soliz. 2022. 40p. (J). pap. 14.99 *(978-1-6678-4468-8(7))* BookBaby.

Hiding Out! Waiting to Be Found — Hidden Pictures. Activity Attic. 2016. (ENG., Illus.). (J). pap. 10.81 *(978-1-68323-514-9(2))* Twin Flame Productions.

Hiding-Places: A Novel (Classic Reprint) Allen French. 2017. (ENG., Illus.). (J). 31.98 *(978-0-265-54684-0(2))* Forgotten Bks.

Hiding with Colors & Shapes, 1 vol. Melissa Raé Shofner. 2017. (How Animals Adapt to Survive Ser.). (ENG.). 24p. (J). (gr. 3-3). 25.27 *(978-1-5081-6433-3(9),* a6ebfd3d-eb08-4481-96f5-7b0ab2700a92, PowerKids Pr.) Rosen Publishing Group, Inc., The.

Hidrosfera de la Tierra. Richard Worth. 2017. (Vitales Ser.). (SPA.). (YA). (gr. 6-8). pap. *(978-1-5021-6900-6(2))* Benchmark Education Co.

Hidrosfera de la Tierra - 6 Pack: Set of 6 Common Core Edition. Richard Worth. 2017. (Vitales Ser.). (SPA.). (YA). (gr. 6-8). 75.00 *(978-1-5021-7122-1(8))* Benchmark Education Co.

Hielo. Piper Whelan. 2017. (¿qué Da Forma a la Tierra? Ser.). (SPA.). 24p. (J). lib. bdg. 22.99 *(978-1-5105-2375-3(8))* SmartBook Media, Inc.

Hielo: Leveled Reader Book 26 Level J 6 Pack. Hmh Hmh. 2021. (SPA.). 16p. (J). pap. 74.40 *(978-0-358-08338-2(9))* Houghton Mifflin Harcourt Publishing Co.

Hielo Como Fuego. Sara Raasch. 2018. (Snow Like Ashes Ser.). (SPA.). 494p. (YA). (gr. 7). pap. 20.99 *(978-987-609-676-8(1))* Editorial de Nuevo Extremo S.A. ARG. Dist: Independent Pubs. Group.

Hielo de Invierno. Peter van Gestel. 2018. (SPA.). 332p. (YA). 17.99 *(978-958-30-5720-5(7))* Panamericana Editorial COL. Dist: Lectorum Pubns., Inc.

Hiena. Aaron Carr. 2016. (Yo Soy Ser.). (SPA.). 24p. (J). pap. 31.41 *(978-1-4896-4327-8(3))* Weigl Pubs., Inc.

Hiena (Hyena) Grace Hansen. 2018. (Animales Africanos (African Animals) Ser.). (SPA., Illus.). 24p. (J). (gr. -1-2). lib. bdg. 32.79 *(978-1-5321-8030-9(6),* 28275, Abdo Kids) ABDO Publishing Co.

Hier Kommt eine Rotzbolle! ! ! Wer Ist Hier Rotzfrech? Franka H¿hne. 2018. (GER., Illus.). 92p. (J). pap. *(978-0-244-12434-2(5))* Lulu Pr., Inc.

Hier Kommt eine Rotzbolle!!! Mitlesebuch Für Erstleser. Franka Hohne. 2018. (GER., Illus.). 46p. (J). *(978-0-244-39364-9(8))* Lulu Pr., Inc.

Hieroglyphics: Writing in Ancient Times Ancient Egypt for Kids Grade 4 Children's Ancient History. Baby Professor. 2020. (ENG.). 72p. (J). 24.99 *(978-1-5419-8052-5(2));* pap. 14.99 *(978-1-5419-5966-8(3))* Speedy Publishing LLC. (Baby Professor (Education Kids)).

Hieroglyphics of Love: Stories of Sonoratown & Old Mexico (Classic Reprint) Amanda Mathews. 2017. (ENG., Illus.). (J). 26.31 *(978-0-266-21328-4(6))* Forgotten Bks.

Hieroglyphics to Hypertext: A Timeline of the Written Word. Contrib. by World Book, Inc. Staff. 2016. (Illus.). 40p. (J). *(978-0-7166-3546-8(1))* World Bk.-Childcraft International.

Higgins: A Man's Christian (Classic Reprint) Norman Duncan. 2017. (ENG., Illus.). 128p. (J). 26.56 *(978-0-484-09713-0(X))* Forgotten Bks.

Higgins: The Pacificator. Sam Lyatt. 2017. (Higgins Ser.: Vol. 1). (ENG., Illus.). (YA). (gr. 9-12). pap. 14.99 *(978-1-63213-414-1(4))* eLectio Publishing.

Higgledy Piggledy the Hen Who Loved to Dance. Francesca Simon. Illus. by Elisabeth Moseng. 2016. (ENG.). 32p. (J). 17.99 *(978-0-00-813946-9(6),* HarperCollins Children's Bks.) HarperCollins Pubs. Ltd. GBR. Dist: HarperCollins Pubs.

Higglety Pigglety Pop! Maurice Sendak. 2018. (KOR.). (J). (gr. -1-3). 16.95 *(978-89-527-8719-4(6))* Sigongsa Co., Ltd.

Higgs Mechanism Explained, 1 vol. Jaryd Ulbricht. 2018. (Mysteries of Space Ser.). (ENG.). 80p. (gr. 7-7). 38.93 *(978-0-7660-9959-3(8),* 978db4c6-2d49-4b8c-9c15-932503e8edd8) Enslow Publishing, LLC.

High. Mary Sullivan. 2021. (ENG.). 228p. (YA). (gr. 7). pap. 16.95 *(978-1-64603-170-2(9),* Fitzroy Bks.) Regal Hse. Publishing, LLC.

High: Everything You Want to Know about Drugs, Alcohol, & Addiction. David Sheff & Nic Sheff. (ENG., Illus.). 272p. (J). (gr. 5). 2020. pap. 8.99 *(978-0-358-24433-2(1),* 1767842); 2019. 16.99 *(978-0-544-64434-2(4),* 1621300) HarperCollins Pubs. (Clarion Bks.).

High: Soar to New Heights. Jess McGeachin. 2023. (ENG.). 64p. (J). (gr. 2-5). 16.95 *(978-1-80338-046-9(2))* Welbeck Publishing Group Ltd. GBR. Dist: Two Rivers Distribution.

High? Low? Where Did It Go? All about Animal Camouflage. Tish Rabe. Illus. by Aristides Ruiz. 2016. (Cat in the Hat's Learning Library). (ENG.). 48p. (J). (gr. k-3). 9.99 *(978-0-449-81496-3(3),* Random Hse. Bks. for Young Readers) Random Hse. Children's Bks.

High Adventurers (Classic Reprint) Mary Rosetta Parkman. 2018. (ENG., Illus.). 328p. (J). 30.66 *(978-0-483-34545-4(8))* Forgotten Bks.

High Altitude Cruising: Airplane Coloring Book. Smarter Activity Books for Kids. 2016. (ENG., Illus.). (J). pap. 9.22 *(978-1-68374-460-3(8))* Examined Solutions PTE. Ltd.

High & Dry. Eric Walters. Illus. by Sabrina Gendron. 2020. (Orca Echoes Ser.). (ENG.). 96p. (J). (gr. 1-3). pap. 7.95 *(978-1-4598-2310-5(9))* Orca Bk. Pubs. USA.

High & Low. Brienna Rossiter. 2019. (Opposites Ser.). (ENG., Illus.). 16p. (J). (gr. k-1). 25.64 *(978-1-64185-347-7(6),* 1641853476, Focus Readers) North Star Editions.

High & Low: A Sesame Street (r) Guessing Game. Mari Schuh. 2023. (Sesame Street (r) Directional Words Ser.). (ENG., Illus.). 24p. (J). (gr. -1-2). pap. 8.99. lib. bdg. 29.32 ***(978-1-7284-8676-5(9),*** 72c98f3d-38d8-4fbb-9322-7bd1d9014e9a) Lerner Publishing Group. (Lerner Pubns.).

High & Low, or Life's Chances & Changes, Vol. 2 of 3 (Classic Reprint) Henry Coke. (ENG., Illus.). (J). 2018. 318p. 30.46 *(978-0-332-04809-3(8));* 2017. pap. 13.57 *(978-0-243-43188-5(0))* Forgotten Bks.

High & Low, or Life's Chances & Changes, Vol. 3 of 3 (Classic Reprint) Henry Coke. (ENG., Illus.). (J). 2018. 316p. 30.41 *(978-0-267-54929-0(6));* 2016. pap. 13.57 *(978-1-333-53372-4(1))* Forgotten Bks.

High & Low, Vol. 1 Of 3: Or, Life's Chances & Changes (Classic Reprint) Henry Coke. 2018. (ENG., Illus.). 318p. (J). 30.46 *(978-0-428-86843-7(6))* Forgotten Bks.

High Art for Little Folks (Classic Reprint) D. Lothrop and Company. 2018. (ENG., Illus.). (J). 46p. 24.85 *(978-0-366-78357-1(2));* 48p. pap. 7.97 *(978-0-366-78349-6(1))* Forgotten Bks.

High Benton (Classic Reprint) William Heyliger. 2018. (ENG., Illus.). 328p. (J). 30.68 *(978-0-483-61239-6(1))* Forgotten Bks.

High Bradford (Classic Reprint) Mary Rogers Bangs. 2018. (ENG., Illus.). 234p. (J). 28.72 *(978-0-656-12218-9(8))* Forgotten Bks.

High Brown Breach of Promise: A Black & Tan Absurdity (Classic Reprint) Sheldon Parmer. 2018. (ENG., Illus.). 40p. (J). 24.72 *(978-0-483-73403-6(9))* Forgotten Bks.

High Calling (Classic Reprint) Charles Monroe Sheldon. (ENG., Illus.). (J). 2018. 350p. 31.12 *(978-0-484-29831-5(3));* 2016. pap. 13.57 *(978-1-333-69391-6(5))* Forgotten Bks.

High Chair Chemistry. Jill Esbaum & WonderLab Group. 2023. (Big Science for Tiny Tots Ser.). (ENG.). 24p. (J). (— 1). bds. 8.99 *(978-1-5362-2966-0(0),* MIT Kids Press) Candlewick Pr.

High Climber of Dark Water Bay. Caroline Arden. 2018. (ENG.). (J). 230p. 24.99 *(978-1-68336-780-2(4));* 240p. pap. 15.99 *(978-1-68336-779-6(0))* Turner Publishing Co.

High Company: Sketches of Courage & Comradeship (Classic Reprint) Harry Lee. 2017. (ENG., Illus.). (J). 27.94 *(978-0-266-34685-2(5))* Forgotten Bks.

High Contrast Flash Cards (Set Of 4), 5 vols. Illus. by Simon Abbott. 2023. (ENG.). 144p. (J). 14.99 ***(978-1-4413-4006-1(8),*** 12c1d430-8c97-4750-a5cd-8a671ae59a8c) Peter Pauper Pr. Inc.

High Crown Chronicles. Jodi Gallegos. 2020. (ENG.). 306p. (J). pap. 11.95 *(978-1-63422-468-0(X))* Clean Teen Publishing.

High-Demand Careers, 18 vols. 2019. (High-Demand Careers Ser.). (ENG.). 80p. (YA). (gr. 7-7). lib. bdg. 337.23 *(978-1-4994-6773-4(7),* a3bde78a-6949-4f09-9278-d9a94698222c) Rosen Publishing Group, Inc., The.

High Five. Adam Rubin. Illus. by Daniel Salmieri. 2019. 64p. (J). (-k). 19.99 *(978-0-525-42889-3(5),* Dial Bks) Penguin Young Readers Group.

High Five! Jim Benton. ed. 2022. (Catwad Ser.). (ENG.). 128p. (J). (gr. 2-3). 20.46 ***(978-1-68505-192-1(8))*** Penworthy Co., LLC, The.

High Five! a Graphic Novel (Catwad #5) Jim Benton. Illus. by Jim Benton. 2021. (Catwad Ser.: 5). (ENG., Illus.). 128p. (J). (gr. 3-7). pap. 9.99 *(978-1-338-68222-9(9),* Graphix) Scholastic, Inc.

High Five for Glenn Burke. Phil Bildner. 2020. (ENG.). 288p. (J). 17.99 *(978-0-374-31273-2(7),* 900201599, Farrar, Straus & Giroux (BYR)) Farrar, Straus & Giroux.

High Five for Glenn Burke. Phil Bildner. 2021. (ENG.). 304p. (J). pap. 7.99 *(978-1-250-76328-0(2),* 900201600) Square Fish.

HIGH FIVE Making Sense with India Rayne. Janique Tatum. 2020. (ENG.). 24p. (J). *(978-1-716-47499-6(X))* Lulu Pr., Inc.

High Five, Mallory! Laurie Friedman. Illus. by Jennifer Kalis. ed. (Mallory Ser.: 26). (ENG.). 160p. (J). (gr. 2-5). 2016. E-Book 23.99 *(978-1-5124-0898-0(0),* 9781512408980); No. 26. 2017. pap. 6.99 *(978-1-5124-5867-1(8),* e77b2c75-4827-4a72-b6c0-96702204305a) Lerner Publishing Group. (Darby Creek).

High-Five Through Anxiety. Dana M. Shickora. 2021. (ENG.). 50p. (J). pap. 17.95 *(978-1-6657-0777-0(1))* Archway Publishing.

High Five to the Boys: A Celebration of Ace Australian Men. 2018. 224p. (J). (gr. 2-5). 29.99 *(978-0-14-379178-2(8))* Random Hse. Australia AUS. Dist: Independent Pubs. Group.

High Fives & Play Bows: Coloring Book. Activibooks For Kids. 2016. (ENG., Illus.). (J). pap. 9.20 *(978-1-68321-269-0(X))* Mimaxion.

High Fives Coloring Craze: Journaling Collection. Agnes De Bezenac. Illus. by Agnes De Bezenac. 2018. (Pretty Joys Ser.: Vol. 6). (ENG., Illus.). 138p. (J). (gr. 4-6). 13.00 *(978-1-63474-324-2(5))* iCharacter.org.

High Fliers (Be an Expert!) (Library Edition) Erin Kelly. 2020. (Be an Expert! Ser.). (ENG., Illus.). 24p. (J). (gr. -1-k). lib. bdg. 25.00 *(978-0-531-12762-9(1),* Children's Pr.) Scholastic Library Publishing.

High Flyers: 15 Inspiring Women Aviators & Astronauts. Ann McCallum Staats. 2022. (Women of Power Ser.: 6). 224p. (YA). (gr. 7-12). 16.99 *(978-1-64160-589-2(8))* Chicago Review Pr., Inc.

High Flying Fun Hot Air Balloons Coloring Book. Activity Book Zone for Kids. 2016. (ENG., Illus.). (J). pap. 9.20 *(978-1-68376-347-5(5))* Sabeels Publishing.

High Frequency Words Flashcards: Ideal for Home Learning (Collins Easy Learning KS1) Collins Easy Learning. 2018. (ENG.). 52p. 10.95 *(978-0-00-828149-6(1))* HarperCollins Pubs. Ltd. GBR. Dist: Independent Pubs. Group.

High Gear. Theresa Emminizer. 2022. (High Gear Ser.). (ENG.). 32p. (J). pap. 69.18 ***(978-1-9785-3239-7(3))*** Enslow Publishing, LLC.

High-German Doctor, Vol. 1: With Many Additions & Alterations; to Which Is Added, a Large Explanatory Index (Classic Reprint) Philip Horneck. 2017. (ENG., Illus.). (J). 30.91 *(978-0-266-71807-9(8));* pap. 13.57 *(978-1-5276-7454-7(1))* Forgotten Bks.

High-German Doctor, Vol. 2: To Which Is Added, a Large Appendix, with an Explanatory Index (Classic Reprint) Philip Horneck. (ENG., Illus.). (J). 2018. 334p. 30.81 *(978-0-428-49770-5(5));* 2017. pap. 13.57 *(978-0-259-17583-4(8))* Forgotten Bks.

High Girl, or Genius in Oblivion, and, the First of His Family: Two Stories of the Minute (Classic Reprint) Delbert Essex Davenport. (ENG., Illus.). (J). 2018. 260p. 29.28 *(978-0-332-81805-4(5));* 2016. pap. 11.97 *(978-1-333-69355-8(9))* Forgotten Bks.

High Heart (Classic Reprint) Basil King. (ENG., Illus.). (J). 2018. 436p. 32.91 *(978-0-483-52103-2(5));* 2018. 434p. 32.85 *(978-0-484-11543-8(X));* 2017. pap. 16.57 *(978-0-243-27164-1(6))* Forgotten Bks.

High Heels & Lipstick. Jo Ramsey. 2016. (ENG., Illus.). (J). 24.99 *(978-1-63533-029-8(7),* Harmony Ink Pr.) Dreamspinner Pr.

High Heels & Training Wheels. Jerry E. Fenter. 2019. (ENG.). 28p. (J). (gr. -1-3). 22.95 *(978-1-4808-7707-8(7));* pap. 16.95 *(978-1-4808-7705-4(0))* Archway Publishing.

High Hills see Montanas Altas

High Hills (Brambly Hedge) Jill Barklem. Illus. by Jill Barklem. 2018. (Brambly Hedge Ser.). (ENG., Illus.). 32p. (J). 9.99 *(978-0-00-825266-3(1),* HarperCollins Children's Bks.) HarperCollins Pubs. Ltd. GBR. Dist: HarperCollins Pubs.

High in the Andes & Beyond the Valley. James/H. Herrera. Illus. by Ayin Visitacion. 2020. (ENG.). 24p. (J). 22.95 *(978-1-4808-8824-1(9));* pap. 13.95 *(978-1-4808-8823-4(0))* Archway Publishing.

High Interest Bundle (Set), 8 vols. 2021. (ENG.). (J). (gr. 2-6). lib. bdg. 229.43 *(978-1-5038-5880-0(4),* 215778) Child's World, Inc, The.

High Jinks: A Musical Farce (Classic Reprint) Otto Harbach. 2018. (ENG., Illus.). (J). 176p. 27.53 *(978-0-428-54798-1(2));* 178p. pap. 9.97 *(978-0-428-08181-2(9))* Forgotten Bks.

High Jinks: A Musical Farce in Three Acts (Classic Reprint) Leo Dietrichstein. 2018. (ENG., Illus.). 142p. (J). 26.85 *(978-0-656-88260-1(3))* Forgotten Bks.

High Joe, or the Logger's Story (Classic Reprint) Jabez Burritt Smith. (ENG., Illus.). (J). 2018. 29.14 *(978-0-331-97465-2(7));* 2016. pap. 11.57 *(978-1-333-65341-5(7))* Forgotten Bks.

High King & Other Tales. Edith E. Hartnett. 2017. (ENG., Illus.). (J). (gr. 2-4). pap. 22.50 *(978-1-882260-26-3(0),* Pelagia Pr.) Calm Unity Pr.

High Life: And Other Stories (Classic Reprint) Harrison Rhodes. 2017. (ENG., Illus.). (J). 256p. 29.20 *(978-0-332-97313-5(1));* pap. 11.57 *(978-0-259-19043-1(8))* Forgotten Bks.

High Life below Stairs: A Farce of Two Acts; As It Is Performed at the Theatre-Royal in Drury-Lane (Classic Reprint) James Townley. 2018. (ENG., Illus.). 62p. (J). 25.20 *(978-0-267-52598-0(2))* Forgotten Bks.

High Life below Stairs: Das Ist, Die Vornehmthuenden Bedienten, Oder Die Groe Welt in der Bedientenstube, eine Farce (Classic Reprint) James Townley. 2017. (ENG., Illus.). (J). 27.96 *(978-0-260-65251-5(2));* pap. 10.57 *(978-0-265-01154-6(X))* Forgotten Bks.

High Life in New York. Ann Sophia Stephens. 2017. (ENG.). 332p. (J). pap. *(978-3-7446-8740-9(6))* Creation Pubs.

High Life in New York: A Series of Letters to Mr. Zephariah Slick, Justice of the Peace, & Deacon of the Church over to Weathersfield in the State of Connecticut (Classic Reprint) Ann Sophia Stephens. (ENG., Illus.). (J). 2018. 332p. 30.74 *(978-0-267-31764-6(6));* 2016. pap. 13.57 *(978-1-333-47236-8(6))* Forgotten Bks.

High Life in New York City (Classic Reprint) Jonathan Slick. 2017. (ENG., Illus.). (J). 24.99 *(978-0-265-68032-2(8));* pap. 9.57 *(978-1-5276-4969-9(5))* Forgotten Bks.

High Life in New York (Classic Reprint) Jonathan Slick. 2017. (ENG., Illus.). (J). 34.35 *(978-0-331-96183-6(0))* Forgotten Bks.

High Life, Vol. 1 Of 3: A Novel (Classic Reprint) C. D. Burdett. 2018. (ENG., Illus.). 308p. (J). 30.27 *(978-0-332-80114-8(4))* Forgotten Bks.

High-Lights (Classic Reprint) Caroline Leslie Field. (ENG., Illus.). (J). 2018. 326p. 30.62 *(978-0-267-78550-6(X));* 2016. pap. 13.57 *(978-1-334-31928-0(6))* Forgotten Bks.

High Line. Julie Knutson. 2020. (21st Century Skills Library: Changing Spaces Ser.). (ENG., Illus.). 32p. (J). (gr. 4-7). lib. bdg. 32.07 *(978-1-5341-6898-5(2),* 215479) Cherry Lake Publishing.

H

High Mills (Classic Reprint) Katherine Saunders. (ENG., Illus.). (J). 2018. 126p. 26.50 *(978-0-484-75728-7(8));* 2016. pap. 9.57 *(978-1-333-72045-2(9))* Forgotten Bks.

High Mills, Vol. 1 of 3 (Classic Reprint) Katherine Saunders. 2018. (ENG., Illus.). 280p. (J). 29.67 *(978-0-483-56272-1(6))* Forgotten Bks.

High Mills, Vol. 2 (Classic Reprint) Unknown Author. 2018. (ENG., Illus.). 326p. (J). 30.62 *(978-0-332-10476-8(1))* Forgotten Bks.

High Mills, Vol. 3 (Classic Reprint) Unknown Author. 2018. (ENG., Illus.). 290p. (J). 29.90 *(978-0-483-27186-9(1))* Forgotten Bks.

High Noon (Classic Reprint) Alice Brown. 2018. (ENG., Illus.). 322p. (J). 30.56 *(978-0-484-12775-2(6))* Forgotten Bks.

High Note (Girl vs Boy Band 2) The High Note. Harmony Jones. 2017. (ENG.). 240p. (J). 16.99 *(978-1-61963-949-2(1),* 900152779, Bloomsbury USA Childrens) Bloomsbury Publishing USA.

High on a Hill (Classic Reprint) Mabel O'Donnell. (ENG., Illus.). (J). 2018. 56p. 25.05 *(978-0-365-53390-0(4));* 2017. pap. 9.57 *(978-0-259-91510-2(6))* Forgotten Bks.

High on Infinity. L. V. Moore. Ed. by Brett Moore. Illus. by Hannah Greener. 2022. (ENG.). 68p. (YA). pap. ***(978-1-387-41676-9(6))*** Lulu Pr., Inc.

High on the Saddle: An Intergenerational Adventure into the Mountains of Oregon. Bonnie Shumaker. Illus. by Elecia Beebe. 2018. (ENG.). 48p. (J). pap. 12.95 *(978-1-55571-923-4(6),* Grid Pr.) L & R Publishing, LLC.

High Paw, Super Sebastian! Jasmine Cabanaw. Illus. by Lisa McKaskell. 2020. (ENG.). 38p. (J). pap. *(978-1-990087-01-1(9))* Green Bamboo Publishing.

High Places. Greg R. Taylor. 2019. (ENG., Illus.). 262p. (YA). (gr. 8-12). pap. 15.00 *(978-0-578-43728-6(7))* The Journey.

High Plains Heroes: Josiah. Jaydine Rendall. 2017. (ENG., Illus.). (J). (gr. 4-7). pap. 6.95 *(978-1-63525-696-3(8))* Christian Faith Publishing.

High Plains Heroes: Josiah. Jaydine Rendall. Illus. by Shirley Prom. 2018. (High Plains Heroes Ser.: Vol. 1). (ENG.). 140p. (J). (gr. 3-6). pap. 8.95 *(978-0-9993940-2-1(9))* Windwalker Pr.

High Plains Heroes: Laughing Wolf. Jaydine Rendall. 2018. (High Plains Heroes Ser.: Vol. 2). (ENG., Illus.). 104p. (J). (gr. 4-7). pap. 8.95 *(978-1-64028-940-6(2))* Christian Faith Publishing.

High Plains Heroes: Laughing Wolf. Jaydine Rendall. 2nd ed. 2018. (High Plains Heroes Ser.: Vol. 2). (ENG., Illus.). 150p. (J). (gr. 4-6). pap. 8.95 *(978-0-9993940-3-8(7))* Windwalker Pr.

High Priest (Classic Reprint) Timothy Leary. 2018. (ENG., Illus.). (J). 382p. 31.80 *(978-0-366-55762-2(9));* 384p. pap. 16.57 *(978-0-366-06304-8(9))* Forgotten Bks.

High Priestess (Classic Reprint) Robert Grant. 2018. (ENG., Illus.). 546p. (J). 35.16 *(978-0-483-60165-9(9))* Forgotten Bks.

High Priest's Daughter. Katie Cross. 2019. (Network Ser.: Vol. 3). (ENG.). 322p. (YA). pap. 16.99 *(978-1-0878-1110-9(4))* Indy Pub.

High Republic: into the Dark. Claudia Gray. 2021. (ENG., Illus.). 448p. (YA). pap. ***(978-1-76050-811-1(X))*** Disney Publishing Worldwide.

High Risk: U. S. Presidents Who Were Killed in Office Children's Government Books. Universal Politics. 2017. (ENG., Illus.). 64p. (J). pap. 9.52 *(978-1-5419-1711-8(1),* Universal Politics (Politics & Social Sciences)) Speedy Publishing LLC.

High School Ancient History Workbook. Hanael Bianchi. 2021. (ENG.). (YA). (gr. 9-12). pap. 24.95 *(978-1-5051-2187-2(6),* 3522) TAN Bks.

High School Annual, 1918, Vol. 11 (Classic Reprint) Mansfield High School. (ENG., Illus.). (J). 2019. 136p. 26.72 *(978-0-365-22686-4(6));* 2017. pap. 9.57 *(978-0-259-86506-3(0))* Forgotten Bks.

High School Annual, 1921, Vol. 14 (Classic Reprint) Mansfield High School. (ENG., Illus.). (J). 2018. 170p. 27.40 *(978-0-656-34229-7(3));* 2017. pap. 9.97 *(978-0-243-39875-1(1))* Forgotten Bks.

High School Boys: Canoe Club (Classic Reprint) Hirving Hancock. 2017. (ENG., Illus.). 268p. (J). 29.42 *(978-0-332-89604-5(8))* Forgotten Bks.

High School Boys' Fishing Trip: Or, Dick & Co. 's Rivals in the Wilderness. H. Irving Hancock. 2017. (ENG., Illus.). (J). 23.95 *(978-1-374-93026-1(1))* Capital Communications, Inc.

High School Boys in Summer Camp: Or, the Dick Prescott Six Training for the Gridley Eleven. H. Irving Hancock. 2017. (ENG., Illus.) (J). 23.95 *(978-1-374-93028-5(8));* pap. 13.95 *(978-1-374-93027-8(X))* Capital Communications, Inc.

High School Boys' Training Hike: Or Making Themselves Hard As Nails (Classic Reprint) H. Irving Hancock. 2018.

(ENG., Illus.). 268p. (J). 29.42 (978-0-365-01915-2(1)) Forgotten Bks.

High School Captain of the Team: Dick & Co. Leading the Athletic Vanguard. H. Irving Hancock. 2017. (ENG., Illus.). (J). 23.95 (978-1-374-94485-5(8)); pap. 13.95 (978-1-374-94484-8(X)) Capital Communications, Inc.

High School Captain of the Team: Or Dick & Co. Leading the Athletic Vanguard. H. Irving Hancock. 2017. (ENG., Illus.). (J). pap. (978-0-649-60241-4(2)) Trieste Publishing Pty Ltd.

High School Captain of the Team: Or Dick Co. Leading the Athletic Vanguard (Classic Reprint) H. Irving Hancock. (ENG., Illus.). (J). 2018. 262p. 29.30 (978-0-483-71452-6(6)); 2016. pap. 11.97 (978-1-334-47670-9(5)) Forgotten Bks.

High School Chronicles. Chyanne Adams. 2021. (ENG.). 131p. (YA). pap. (978-1-4357-6122-3(7)) Lulu Pr., Inc.

High School Football. Robert Cooper. 2019. (Football in America Ser.). (ENG., Illus.). 32p. (J). (gr. 3-3). pap. 9.95 (978-1-64494-049-5(3), 1644940493) North Star Editions.

High School Football. Robert Cooper. 2019. (Football in America Ser.). (ENG., Illus.). 32p. (J). (gr. 2-5). lib. bdg. 32.79 (978-1-5321-6376-0(2), 32067, DiscoverRoo) Popl.

High School Freshmen: Or, Dick & Co. 's First Year Pranks & Sports. H. Irving Hancock. 2017. (ENG., Illus.). (J). 23.95 (978-1-374-93030-8(X)); pap. 13.95 (978-1-374-93029-2(6)) Capital Communications, Inc.

High School Freshmen: Or, Dick & Co. 's First Year Pranks & Sports. H. Irving Hancock. 2017. (ENG., Illus.). (J). pap. (978-0-649-60244-5(7)) Trieste Publishing Pty Ltd.

High School Freshmen; or, Dick & Co. 's First Year Pranks & Sports. H. Irving Hancock. 2017. (ENG., Illus.). (J). pap. (978-0-649-14431-0(7)) Trieste Publishing Pty Ltd.

High School Freshmen or Dick First Year Pranks & Sports (Classic Reprint) H. Irving Hancock. 2018. (ENG., Illus.). 270p. (J). 29.47 (978-0-332-17292-7(9)) Forgotten Bks.

High School Handbook for Life. Diana Townsend. 2017. (ENG.). 136p. (J). pap. (978-1-387-00675-5(4)) Lulu Pr., Inc.

High School Hero. Nick Boorman. 2018. (ENG., Illus.). 102p. (J). pap. 12.95 (978-1-64424-080-9(7)) Page Publishing Inc.

High School Left End. H. Irving Hancock. 2017. (ENG., Illus.). (J). pap. (978-0-649-23940-5(7)) Trieste Publishing Pty Ltd.

High School Left End: Dick & Co. Grilling on the Football Gridiron. H. Irving Hancock. 2017. (ENG., Illus.). (J). 23.95 (978-1-374-94483-1(1)); pap. 13.95 (978-1-374-94482-4(3)) Capital Communications, Inc.

High School Left End: Or, Dick & Co. Grilling on the Football Gridiron. H. Irving Hancock. 2017. (ENG., Illus.). (J). pap. (978-0-649-20122-8(1)) Trieste Publishing Pty Ltd.

High School Left End: Or Dick Co; Grilling on the Football Gridiron (Classic Reprint) H. Irving Hancock. 2018. (ENG., Illus.). 258p. (J). 29.22 (978-0-428-87005-8(8)) Forgotten Bks.

High School Magazine, Vol. 4: June, 1916 (Classic Reprint) Eileen C. Flanagan. (ENG., Illus.). (J). 2018. 74p. 25.42 (978-0-365-20636-1(9)); 2017. pap. 9.57 (978-0-259-87324-2(1)) Forgotten Bks.

High School Math: Hmh Guide to Success in Math for the ACT Student Edition. Houghton Mifflin Harcourt. 2019. (High School Math Ser.). (ENG.). 194p. (J). (gr. 11). pap. 7.13 (978-1-328-58045-0(8)) Houghton Mifflin Harcourt Publishing Co.

High School Math: Hmh Guide to Success in Math for the SAT Student Edition. Houghton Mifflin Harcourt. 2018. (High School Math Ser.). (ENG.). 332p. (J). (gr. 11). pap. 7.13 (978-1-328-56905-9(5)) Houghton Mifflin Harcourt Publishing Co.

High School Music Reader: For the Use of Mixed & Boys' High Schools (Classic Reprint) Julius Eichberg. 2017. (ENG., Illus.). (J). 30.74 (978-0-331-22292-0(2)) Forgotten Bks.

High School Music Reader for the Use of Mixed & Boys' High Schools (Classic Reprint) Julius Eichberg. (ENG., Illus.). (J). 2017. 31.36 (978-0-266-49161-3(8)); 2016. pap. 13.97 (978-1-334-61273-2(0)) Forgotten Bks.

High School Musical: the Musical: the Series: the Road Trip. Melissa de la Cruz. 2021. (ENG.). 272p. (J). (gr. 3-7). 17.99 (978-1-368-06184-1(2), Disney-Hyperion) Disney Publishing Worldwide.

High School of Commerce, 1914 (Classic Reprint) High School of Commerce Cleveland. (ENG., Illus.). (J). 2018. 156p. 27.11 (978-0-484-04803-3(1)); 2017. pap. 9.57 (978-0-259-95311-1(3)) Forgotten Bks.

High School Pitcher: Dick & Co. on the Gridley Diamond. H. Irving Hancock. 2017. (ENG., Illus.). (J). 23.95 (978-1-374-94481-7(5)) Capital Communications, Inc.

High School Pitcher; or, Dick & Co. on the Gridley Diamond. H. Irving Hancock. 2017. (ENG., Illus.). (J). pap. (978-0-649-10415-4(3)) Trieste Publishing Pty Ltd.

High School Pitcher, or Dick Co; on the Gridley Diamond (Classic Reprint) H. Irving Hancock. 2018. (ENG., Illus.). 220p. (J). 28.43 (978-0-267-28041-4(6)) Forgotten Bks.

High School Planner (Football & Basketball Theme) Tyra Hodge. 2019. (ENG.). 138p. (J). pap. (978-0-359-78704-3(5)) Lulu Pr., Inc.

High School Prize Speaker (Classic Reprint) William Leonard Snow. 2018. (ENG., Illus.). 258p. (J). 29.24 (978-0-483-26226-3(9)) Forgotten Bks.

High School Prodigies Have It Easy Even in Another World!, Vol. 13 (manga), Volume 13. Riku Misora. Tr. by Caleb Cook. ed. 2023. (High School Prodigies Have It Easy Even Ser.). (ENG., Illus.). 178p. (YA). (gr. 13-17). pap. 13.00 (978-1-9753-4810-6(9), Yen Pr.) Yen Pr. LLC.

High School Prose Book: Part I (Classic Reprint) O. J. Stevenson. 2018. (ENG., Illus.). 142p. (J). 26.83 (978-0-484-21038-6(6)) Forgotten Bks.

High School Prose Book, Vol. 2 (Classic Reprint) Orlando John Stevenson. (ENG., Illus.). (J). 2018. 140p. 26.78 (978-0-483-70849-5(6)); 2017. pap. 9.57 (978-1-334-91515-4(6)) Forgotten Bks.

High School Scribblings: A Collection of Youthful Short Stories, & Other Writings (Classic Reprint) Roswell Standish Nothwang. (ENG., Illus.). (J). 2018. 100p. 25.98 (978-0-483-98936-8(3)); 2016. pap. 9.57 (978-1-333-62361-6(5)) Forgotten Bks.

High School Student, Vol. 1: December 18, 1885 (Classic Reprint) J. Harry Fayerweather. (ENG., Illus.). (J). 2018. 34p. 24.62 (978-0-364-95517-8(1)); 2017. pap. 7.97 (978-0-259-83693-3(1)) Forgotten Bks.

High School Teacher Guide (Nt1) Concordia Publishing House. 2016. (ENG.). 64p. (YA). pap. 18.49 (978-0-7586-5123-5(6)) Concordia Publishing Hse.

High School Teacher Guide (Nt2) Concordia Publishing House. 2016. (ENG.). 64p. (YA). pap. 18.49 (978-0-7586-5313-0(1)) Concordia Publishing Hse.

High School Teacher Guide (Nt3) Concordia Publishing House. 2016. (ENG.). 64p. (YA). pap. 18.49 (978-0-7586-5203-4(8)) Concordia Publishing Hse.

High School Teacher Guide (Nt4) Concordia Publishing House. 2016. (ENG.). 64p. (YA). pap. 18.49 (978-0-7586-5374-1(3)) Concordia Publishing Hse.

High School Teacher Guide (Nt5) Concordia Publishing House. 2016. (ENG.). 64p. (YA). pap. 18.49 (978-0-7586-5430-4(8)) Concordia Publishing Hse.

High School Teacher Guide (Ot1) Concordia Publishing House. 2016. (ENG.). 64p. (YA). pap. 18.49 (978-0-7586-5346-8(8)) Concordia Publishing Hse.

High School Teacher Guide (Ot2) Concordia Publishing House. 2016. (ENG.). 64p. (YA). pap. 18.49 (978-0-7586-5092-4(2)) Concordia Publishing Hse.

High School Teacher Guide (Ot3) Concordia Publishing House. 2016. (ENG.). 64p. (YA). pap. 18.49 (978-0-7586-5285-0(2)) Concordia Publishing Hse.

High School Teacher Guide (Ot4) Concordia Publishing House. 2016. (ENG.). 64p. (YA). pap. 18.49 (978-0-7586-5402-1(2)) Concordia Publishing Hse.

High School Us History: Student Edition 2018. Houghton Mifflin Harcourt. 2017. (High School Us History Ser.). (ENG.). 1128p. (J). (gr. 9-12). 90.85 (978-1-328-73927-8(9)) Houghton Mifflin Harcourt Publishing Co.

High School Word Book. Richard Lanning Sandwick. 2017. (ENG., Illus.). (J). pap. (978-0-649-47602-2(6)) Trieste Publishing Pty Ltd.

High School World History: Student Edition 2018. Houghton Mifflin Harcourt. 2017. (High School World History Ser.). (ENG.). 1296p. (J). (gr. 9-12). 88.30 (978-1-328-73928-5(7)) Houghton Mifflin Harcourt Publishing Co.

High Score, 1 vol. Destiny Howell. 2022. (ENG.). 304p. (J). (gr. 3-7). 17.99 (978-1-338-74671-6(5), Scholastic Pr.) Scholastic, Inc.

High Seas Sticker Collection! (Santiago of the Seas) Golden Books. Illus. by Golden Books. 2022. (ENG., Illus.). 32p. (J). (gr. -1-2). pap. 9.99 (978-0-593-48291-9(3), Golden Bks.) Random Hse. Children's Bks.

High Security. Kaitlyn Duling et al. 2020. (High Security Ser.). (ENG.). 32p. (J). (gr. 4-6). 122.60 (978-1-5435-9064-7(0), 29768) Capstone.

High Society: Advice As to Social Campaigning, & Hints on the Management of Dowagers, Dinners, Debutantes, Dances, & the Thousand & One Diversions of Persons of Quality (Classic Reprint) Anne Harriet Fish. 2017. (ENG., Illus.). (J). 76p. 25.48 (978-0-484-34595-8(8)); pap. 9.57 (978-0-259-27763-7(0)) Forgotten Bks.

High Society: Advice As to Social Campaigning, & Hints on the Management of Dowagers, Dinners, Debutantes, Dances, & the Thousand & One Diversions of Persons of Quality (Classic Reprint) Dorothy Parker. 2017. (ENG., Illus.). (J). 25.48 (978-0-331-63801-1(0)); pap. 9.57 (978-0-243-45664-2(6)) Forgotten Bks.

High-Speed Rail. Rui Xia. 2022. (Chinese Modern Engineering Ser.). (ENG.). 50p. (J). (gr. 2-4). 19.95 (978-1-4878-0943-0(3)) Royal Collins Publishing Group Inc. CAN. Dist: Independent Pubs. Group.

High-Speed Trains. Christina Leighton. 2017. (Amazing Trains Ser.). (ENG., Illus.). 24p. (J). (gr. k-3). lib. bdg. 26.95 (978-1-62617-671-3(X), Blastoff! Readers) Bellwether Media.

High-Speed Trains: Leveled Reader Emerald Level 26. Rg Rg. 2019. (PM Ser.). (ENG.). 32p. (J). (gr. 3-4). pap. 11.00 (978-0-544-89284-2(4)) Rigby Education.

High Stakes Assessment Student Edition Grade 6. Hmh Hmh. 2018. (Gomath! Ser.). (ENG.). 80p. (J). (gr. 6). pap. 10.60 (978-1-328-96586-8(4)) Houghton Mifflin Harcourt Publishing Co.

High Stakes Assessment Student Edition Grade 7. Hmh Hmh. 2018. (Gomath! Ser.). (ENG.). 64p. (YA). (gr. 7). pap. 10.60 (978-1-328-96587-5(2)) Houghton Mifflin Harcourt Publishing Co.

High Stakes Assessment Student Edition Grade 8/Pre-Algebra. Hmh Hmh. 2018. (Gomath! Ser.). (ENG.). 64p. (YA). (gr. 8). pap. 10.60 (978-1-328-96588-2(0)) Houghton Mifflin Harcourt Publishing Co.

High Street Dares: The Locket of Doom & the Ghostly Connection. Buffy Andrews. 2016. (ENG., Illus.). (J). pap. (978-1-77127-833-1(1)) MuseItUp Publishing.

High Tea Through the Tunnels of London: Book 2. Taryn Jahme. 2019. (ENG., Illus.). 54p. (J). pap. (978-1-78963-011-4(8), Choir Pr., The) Action Publishing Technology Ltd.

High-Tech & Programming Careers in the Gig Economy. Contrib. by Celia McCarty. 2023. (Careers in the Gig Economy Ser.). (ENG.). 64p. (J). (gr. 6-12). 43.93 (978-1-6782-0526-3(5)) ReferencePoint Pr., Inc.

High-Tech Highways & Super Skyways: The Next 100 Years of Transportation. Nikole Brooks Bethea. Illus. by Giovanni Pota et al. 2016. (Our World: the Next 100 Years Ser.). (ENG.). 32p. (J). (gr. 3-9). lib. bdg. 31.32 (978-1-4914-8266-7(4), 130755, Capstone Pr.) Capstone.

High Tech Science at Home. Christine Elizabeth Eboch. 2020. (High Tech Science at Home Ser.). (ENG., Illus.). 48p. (J). (gr. 3-5). 135.96 (978-1-4966-8188-1(6), 199553, Capstone Pr.) Capstone.

High Tech Science at Home. Christine Elizabeth Eboch et al. 2020. (High Tech Science at Home Ser.). (ENG.). 48p. (J). (gr. 3-5). pap., pap., pap. 35.80 (978-1-4966-8725-8(6), 201346, Capstone Pr.) Capstone.

High Technology (Set), 6 vols. Julie Murray. 2020. (High Technology Ser.). (ENG.). 24p. (J). (gr. k-4). lib. bdg. 188.16 (978-1-0982-2114-0(1), 34475, Abdo Zoom-Dash) ABDO Publishing Co.

High Tide: Dangerous Marine Life Coloring Book. Activibooks For Kids. 2016. (ENG., Illus.). (J). pap. 9.20 (978-1-68321-780-0(2)) Mimaxion.

High Tide in Hawaii, 28. Mary Pope Osborne. 2019. (Magic Tree House Ser.). (ENG.). 73p. (J). (gr. 2-3). 16.96 (978-0-87617-717-4(8)) Penworthy Co., LLC, The.

High Tide, Low Tide: A Shoreline Activity Book. Gloria Snively. Illus. by Karen Gillmore. 2020. (ENG.). 56p. (J). (gr. 1-3). pap. 16.95 (978-1-77203-321-2(9)) Heritage Hse. CAN. Dist: Orca Bk. Pubs. USA.

High Time for Heroes. Mary Pope Osborne. Illus. by Sal Murdocca. 2016. (Magic Tree House (R) Merlin Mission Ser.: 23). 144p. (J). (gr. 2-5). 6.99 (978-0-307-98052-6(9), Random Hse. Bks. for Young Readers) Random Hse. Children's Bks.

High Time for Heroes. Mary Pope Osborne. ed. 2016. (Magic Tree House Merlin Missions Ser.: 23). lib. bdg. 16.00 (978-0-606-38464-3(2)) Turtleback.

High Toby: Being Further Chapters in the Life & Fortunes of Dick Ryder, Otherwise Galloping Dick, Sometime Gentleman of the Road (Classic Reprint) H. B. Marriott Watson. 2018. (ENG., Illus.). 362p. (J). 31.38 (978-0-483-93680-5(4)) Forgotten Bks.

High Top: The Sneaker That Just Can't Stop! Tom Lacey. Illus. by Tom Lacey. 2023. (ENG.). 32p. (J). (gr. -1-2). 18.99 (978-1-6643-0016-3(3)) Tiger Tales.

High Vices. Kelly Hopkins. 2021. (ENG.). 226p. (J). pap. 14.99 (978-1-77155-977-5(2)) Champagne Book Group.

High-Water-Mark. Ferris Jerome. 2017. (ENG.). 402p. (J). pap. (978-3-7446-6213-0(6)) Creation Pubs.

High-Water-Mark: A Novel (Classic Reprint) Ferris Jerome. 2018. (ENG., Illus.). 400p. (J). 32.15 (978-0-428-95605-9(X)) Forgotten Bks.

High Way (Classic Reprint) Caroline Atwater Mason. 2018. (ENG., Illus.). (J). 384p. 31.82 (978-1-397-20900-9(3)); 386p. pap. 16.57 (978-1-397-20871-2(6)) Forgotten Bks.

High-Ways & by-Ways, or Tales of the Roadside: Picked up in the French Provinces by a Walking Gentleman (Classic Reprint) Thomas Colley Grattan. 2017. (ENG., Illus.). (J). 302p. 30.13 (978-0-265-71139-2(8)); 304p. pap. 13.57 (978-1-5276-6429-6(5)) Forgotten Bks.

High-Ways & by-Ways, or Tales of the Roadside: Picked up in the French Provinces (Classic Reprint) Thomas Colley Grattan. 2017. (ENG., Illus.). (J). 41.14 (978-0-265-66588-6(4)); pap. 23.57 (978-1-5276-4002-3(7)) Forgotten Bks.

High-Ways & by-Ways, or Tales of the Roadside, Picked up in the French Provinces, Vol. 1 of 2 (Classic Reprint) Thomas Colley Grattan. 2017. (ENG., Illus.). (J). pap. 11.97 (978-0-243-11903-5(8)) Forgotten Bks.

High-Ways & by-Ways, or Tales of the Roadside, Picked up in the French Provinces, Vol. 1 of 3 (Classic Reprint) Thomas Colley Grattan. 2018. (ENG., Illus.). 340p. (J). 30.93 (978-0-483-81106-5(8)) Forgotten Bks.

High-Ways & by-Ways, or Tales of the Roadside, Picked up in the French Provinces, Vol. 3 of 3 (Classic Reprint) Thomas Colley Grattan. 2017. (ENG., Illus.). (J). 31.20 (978-0-331-02081-6(5)); pap. 13.57 (978-1-5281-9137-1(4)) Forgotten Bks.

High-Ways & by-Ways, or Tales of the Roadside, Vol. 1 Of 2: Picked up in the French Provinces (Classic Reprint) Thomas Colley Grattan. (ENG., Illus.). (J). 2018. 260p. 29.26 (978-0-483-55241-8(0)); 2017. pap. 11.97 (978-0-243-18714-0(9)) Forgotten Bks.

High-Ways & by-Ways, or Tales of the Roadside, Vol. 1 Of 3: Picked up in the French Provinces (Classic Reprint) Henry Colburn. 2017. (ENG., Illus.). (J). 30.17 (978-0-266-61307-7(1)); pap. 13.57 (978-0-282-98957-6(9)) Forgotten Bks.

High-Ways & by-Ways, or Tales of the Roadside, Vol. 2 Of 2: Picked up in the French Provinces (Classic Reprint) Thomas Colley Grattan. (ENG., Illus.). (J). 2018. 274p. (gr. -1-3). 29.55 (978-0-483-45156-8(8)); 2016. pap. 11.97 (978-1-334-12208-8(3)) Forgotten Bks.

High-Ways & by-Ways, Vol. 1 Of 2: Or Tales of the Roadside, Picked up in the French Provinces (Classic Reprint) Thomas Colley Grattan. 2018. (ENG., Illus.). 522p. (J). 34.66 (978-0-483-26372-7(9)) Forgotten Bks.

High-Ways & by-Ways, Vol. 2 Of 3: Or Tales of the Roadside, Picked up in the French Provinces (Classic Reprint) Thomas Colley Grattan. (ENG., Illus.). (J). 2018. 324p. 30.60 (978-0-484-54528-0(0)); 2016. pap. 13.57 (978-1-333-34835-9(5)) Forgotten Bks.

High-Ways & by-Ways, Vol. 3 Of 3: Or, Tales of the Roadside, Picked up in the French Provinces (Classic Reprint) A. Walking Getleman. 2018. (ENG., Illus.). 354p. (J). 31.20 (978-0-483-64818-0(3)) Forgotten Bks.

Highacres (Classic Reprint) Jane D. Abbott. 2019. (ENG., Illus.). 312p. (J). 30.35 (978-0-267-24488-1(6)) Forgotten Bks.

Highbrows: A Modern Novel (Classic Reprint) C.E.M. Joad. 2018. (ENG., Illus.). 256p. (J). 29.18 (978-0-483-45493-4(1)) Forgotten Bks.

Higher & Higher - e Rierake Ma N Rierake (Te Kiribati) Rimeta Sambo. Illus. by Jovan Carl Segura. 2023. (ENG.). 26p. (J). pap. (978-1-922795-78-6(X)) Library For All Limited.

Higher Biology: Preparation & Support for Teacher Assessment. Angela Drummond et al. 2020. (ENG.). 168p. (YA). (gr. 11). pap. 18.95 (978-0-00-836528-8(8), Leckie & Leckie) HarperCollins Pubs. Ltd. GBR. Dist: Independent Pubs. Group.

Higher Business Management: Preparation & Support for SQA Exams. Derek McInally et al. 2020. (ENG.). 224p. (YA). pap. 18.99 (978-0-00-836525-7(3), Leckie & Leckie) HarperCollins Pubs. Ltd. GBR. Dist: Independent Pubs. Group.

Higher Calling. Vincent Especkerman. 2023. (Adventures of Willard Keaseberry Ser.). (ENG.). 176p. (J). (gr. 4-7). pap. 9.99 (978-981-5044-15-7(X)) Marshall Cavendish International (Asia) Private Ltd. SGP. Dist: Independent Pubs. Group.

Higher Calling: Claiming God's Best for Your Life, 1 vol. Dana Isaiah Thomas. 2018. (ENG.). 176p. (YA). 15.99 (978-0-310-76653-7(2)) Zondervan.

Higher Chemistry: Preparation & Support for SQA Exams. Barry McBride et al. 2020. (ENG., Illus.). 224p. (YA). pap. 18.99 (978-0-00-836526-4(1), Leckie & Leckie) HarperCollins Pubs. Ltd. GBR. Dist: Independent Pubs. Group.

Higher Court (Classic Reprint) Mary Stewart Daggett. 2018. (ENG., Illus.). 214p. (J). 28.33 (978-0-483-51284-9(2)) Forgotten Bks.

Higher English: Preparation & Support for SQA Exams. Catherine Travis et al. 2020. (ENG., Illus.). 224p. (YA). pap. 18.99 (978-0-00-836522-6(9), Leckie & Leckie) HarperCollins Pubs. Ltd. GBR. Dist: Independent Pubs. Group.

Higher French: Preparation & Support for SQA Exams. Robert Kirk et al. 2020. (FRE.). 168p. (YA). (gr. 11). pap. 18.95 (978-0-00-837755-7(3), Leckie & Leckie) HarperCollins Pubs. Ltd. GBR. Dist: Independent Pubs. Group.

Higher Geography: Preparation & Support for SQA Exams. Samantha Peck et al. 2020. (ENG.). 192p. pap. 18.95 (978-0-00-836530-1(X), Leckie & Leckie) HarperCollins Pubs. Ltd. GBR. Dist: Independent Pubs. Group.

Higher History: Preparation & Support for SQA Exams. John Kerr et al. 2020. (ENG.). 232p. pap. 18.95 (978-0-00-836531-8(8), Leckie & Leckie) HarperCollins Pubs. Ltd. GBR. Dist: Independent Pubs. Group.

Higher Human Biology: Preparation & Support for SQA Exams. John Di Mambro et al. 2020. (ENG., Illus.). 208p. pap. 18.95 (978-0-00-836529-5(6), Leckie & Leckie) HarperCollins Pubs. Ltd. GBR. Dist: Independent Pubs. Group.

Higher Life. James Baldwin Brown. 2017. (ENG.). 428p. (J). pap. (978-3-7447-7474-1(0)) Creation Pubs.

Higher Life: Its Reality, Experience, & Destiny (Classic Reprint) James Baldwin Brown. 2018. (ENG., Illus.). 472p. (J). 33.65 (978-0-483-15479-7(2)) Forgotten Bks.

Higher Maths: Practise & Learn SQA Exam Topics. Ken Nisbet & Leckie. 2017. (ENG., Illus.). 96p. (YA). (gr. 7). pap. 16.99 (978-0-00-824232-9(1)) HarperCollins Pubs. Ltd. GBR. Dist: Independent Pubs. Group.

Higher Maths: Preparation & Support for SQA Exams. Ken Nisbet & Leckie. 2020. (ENG., Illus.). 224p. (YA). pap. 18.99 (978-0-00-836523-3(7), Leckie & Leckie) HarperCollins Pubs. Ltd. GBR. Dist: Independent Pubs. Group.

Higher Modern Studies: Preparation & Support for SQA Exams. Patrick Carson et al. 2020. (ENG.). 224p. pap. 18.95 (978-0-00-836532-5(6), Leckie & Leckie) HarperCollins Pubs. Ltd. GBR. Dist: Independent Pubs. Group.

Higher Physical Education: Preparation & Support for SQA Exams. Murray Carnie et al. 2020. (ENG.). 224p. (YA). pap. 18.99 (978-0-00-836524-0(5), Leckie & Leckie) HarperCollins Pubs. Ltd. GBR. Dist: Independent Pubs. Group.

Higher Physics: Preparation & Support for SQA Exams. Paul Ferguson et al. 2020. (ENG., Illus.). 224p. (YA). pap. 18.99 (978-0-00-836527-1(X), Leckie & Leckie) HarperCollins Pubs. Ltd. GBR. Dist: Independent Pubs. Group.

Higher, Steeper, Faster: The Daredevils Who Conquered the Skies. Lawrence Goldstone. 2017. (ENG., Illus.). 256p. (J). (gr. 3-7). 18.99 (978-0-316-35023-5(0)) Little, Brown Bks. for Young Readers.

Highest Love Won the Princess. Tim Greathouse. 2019. (ENG.). 38p. (J). pap. 14.95 (978-1-64569-710-7(X)) Christian Faith Publishing.

Highest Mountain of Books in the World. Mara Lethem. Illus. by Rocio Bonilla. 2016. (ENG.). 42p. (J). 16.99 (978-1-4413-1999-9(9), 43b3728d-3c89-4bad-8c37-ede6cde8eca5) Peter Pauper Pr. Inc.

Highest Mountain, Smallest Star: A Visual Compendium of Wonders. Kate Baker. Illus. by Page Tsou. 2018. (ENG.). 80p. (J). (gr. 2-5). 22.00 (978-1-5362-0405-6(6), Big Picture Press) Candlewick Pr.

Highest Mountains in the World - Geology for Children Children's Earth Sciences Books. Baby Professor. 2017. (ENG., Illus.). (J). pap. 8.79 (978-1-5419-4022-2(9), Baby Professor (Education Kids)) Speedy Publishing LLC.

Highest Peak: How Mount Everest Formed, 1 vol. Jenna Tolli. 2019. (Earth's History Through Rocks Ser.). (ENG.). 32p. (gr. 4-5). 27.93 (978-1-7253-0146-7(6), 1af117e4-2b3f-4b91-9365-d14cfcd5c0f8, PowerKids Pr.) Rosen Publishing Group, Inc., The.

Highest Places on the Planet. Karen Soll. 2016. (Extreme Earth Ser.). (ENG., Illus.). 24p. (J). (gr. -1-2). lib. bdg. 27.32 (978-1-4914-8342-8(3), 130812, Capstone Pr.) Capstone.

Highest Tribute: Thurgood Marshall's Life, Leadership, & Legacy. Kekla Magoon. Illus. by Laura Freeman. (ENG.). 40p. (J). (gr. -1-3). 2023. pap. 8.99 (978-0-06-291252-7(6)); 2021. 17.99 (978-0-06-291251-0(8)) HarperCollins Pubs. (Quill Tree Bks.).

Highgrader (Classic Reprint) William MacLeod Raine. 2018. (ENG., Illus.). 340p. (J). 30.87 (978-0-484-89136-3(7)) Forgotten Bks.

Highland Cattle. E. Merwin. 2018. (Even Weirder & Cuter Ser.). (ENG.). 24p. (J). (gr. -1-3). 17.95 (978-1-68402-467-4(6)) Bearport Publishing Co., Inc.

Highland Chronicle (Classic Reprint) S. Bayard Dod. 2018. (ENG., Illus.). 300p. (J). 30.08 (978-0-484-67318-1(1)) Forgotten Bks.

Highland Cottage, a Pleasing Tale for Youth: To Which Is Added, Benevolence, a Fragment (Classic Reprint) Unknown Author. (ENG., Illus.). (J). 2018. 34p. 24.60 (978-0-267-59301-9(5)); 2016. pap. 7.97 (978-1-334-15371-6(X)) Forgotten Bks.

Highland Cousins. William Black. 2017. (ENG.). (J). 276p. pap. (978-3-337-12122-8(5)); 292p. pap. (978-3-337-04122-9(1)); 442p. pap. (978-3-7447-7592-2(5)) Creation Pubs.

Highland Cousins: A Novel (Classic Reprint) William Black. 2018. (ENG., Illus.). 446p. (J). 33.10 (978-0-365-30909-3(5)) Forgotten Bks.

Highland Cousins, Vol. 1 Of 3: A Novel (Classic Reprint) William Black. 2018. (ENG., Illus.). 292p. (J). 29.92 (978-0-483-31070-4(0)) Forgotten Bks.

878

The check digit for ISBN-10 appears in parentheses after the full ISBN-13

TITLE INDEX

HIKING DAY

Highland Cousins, Vol. 2 Of 3: A Novel (Classic Reprint) William Black. 2018. (ENG., Illus.). 274p. (J). 29.55 *(978-0-332-96620-5(8))* Forgotten Bks.

Highland Cousins, Vol. 3 Of 3: A Novel (Classic Reprint) William Black. 2018. (ENG., Illus.). 298p. (J). 30.06 *(978-0-484-20216-9(2))* Forgotten Bks.

Highland Falcon Thief: Adventures on Trains #1. M. G. Leonard & Sam Sedgman. Illus. by Elisa Paganelli. 2021. (Adventures on Trains Ser.: 1). (ENG.). 272p. (J). pap. 7.99 *(978-1-250-79143-6(X)*, 900208105) Square Fish.

Highland Gathering. E. Lennox Peel. 2017. (ENG., Illus.). (J). pap. *(978-0-649-04143-5(7))* Trieste Publishing Pty Ltd.

Highland Hotel. Dorrine Simmering. 2020. (ENG.). 384p. (YA). (gr. 7-12). 23.99 *(978-1-64908-471-2(4))*; pap. 8.99 *(978-1-64908-470-5(6))* PageTurner: Pr. & Media.

Highland Inn, Vol. 1 (Classic Reprint) Unknown Author. (ENG., Illus.). (J). 2018. 350p. 31.12 *(978-0-483-71930-9(7))*; 2017. pap. 13.57 *(978-0-259-02812-3(6))* Forgotten Bks.

Highland Lassies, or the Roua Pass (Classic Reprint) Erick MacKenzie. 2017. (ENG., Illus.). (J). pap. 13.57 *(978-0-259-20165-6(0))* Forgotten Bks.

Highland Legends (Classic Reprint) Thomas Dick Lauder Bart. 2018. (ENG., Illus.). 392p. (J). 31.98 *(978-0-364-08165-5(1))* Forgotten Bks.

Highland Parish (Classic Reprint) Norman MacLeod. 2018. (ENG., Illus.). 330p. (J). 30.70 *(978-0-483-82797-4(5))* Forgotten Bks.

Highland Ponies. Grace Hansen. 2019. (Horses (Abdo Kids Jumbo 2) Ser.). (ENG., Illus.). 24p. (J). (gr. -1-2). lib. bdg. 32.79 *(978-1-5321-8564-9(2)*, 31466, Abdo Kids) ABDO Publishing Co.

Highland Rambles, & Long Legends to Shorten the Way, Vol. 1 (Classic Reprint) Thomas Dick Lauder. 2017. (ENG., Illus.). (J). pap. 16.57 *(978-0-243-07899-8(4))* Forgotten Bks.

Highland Rambles, & Long Legends to Shorten the Way, Vol. 2 (Classic Reprint) Thomas Dick Lauder. (ENG., Illus.). (J). 2018. 394p. 32.02 *(978-0-483-12070-9(7))*; 2016. pap. 16.57 *(978-1-334-14176-8(2))* Forgotten Bks.

Highland Rescue Paperback. Sabine Muir. 2021. (ENG.). 146p. (J). pap. *(978-1-83945-928-3(X))* FeedARead.com.

Highland Sport (Classic Reprint) A. Grimble. 2018. (ENG., Illus.). 318p. (J). 30.46 *(978-0-267-63186-5(3))* Forgotten Bks.

Highland Widow; the Two Drovers; the Surgeon's Daughter, etc (Classic Reprint) Walter Scott. 2018. (ENG., Illus.). 520p. (J). 34.62 *(978-0-365-11349-2(2))* Forgotten Bks.

Highlanders, Vol. 2 Of 3: A Tale (Classic Reprint) Felix M'Donogh. (ENG., Illus.). (J). 2018. 320p. 30.50 *(978-0-483-95164-8(1))*; 2016. pap. 13.57 *(978-1-333-37115-9(2))* Forgotten Bks.

Highlands II. Rebecca F. Sinclair. 2021. (ENG.). 40p. (YA). pap. *(978-1-4716-5966-9(6))* Lulu Pr., Inc.

Highlights Big Fun Workbook Display, 22 vols. Highlights. 2018. (J). (-k). pap., pap., pap. 285.78 *(978-1-68437-349-9(2)*, Highlights) Highlights Pr., c/o Highlights for Children, Inc.

Highlights Book of How: Discover the Science Behind How the World Works. Created by Highlights. 2022. (Highlights Books of Doing Ser.). (Illus.). 340p. (J). (gr. 2). 29.99 *(978-1-64472-849-9(4)*, Highlights) Highlights Pr., c/o Highlights for Children, Inc.

Highlights Book of Things to Do: Discover, Explore, Create, & Do Great Things. Created by Highlights. 2020. (Highlights Books of Doing Ser.). 372p. (J). (gr. 2). 24.99 *(978-1-68437-642-1(4)*, Highlights) Highlights Pr., c/o Highlights for Children, Inc.

Highlights Book of Things to Do Indoors: Discover, Imagine, & Create Great Things Inside. Created by Highlights. 2022. (Highlights Books of Doing Ser.). (Illus.). 160p. (J). (gr. 2). pap. 14.99 *(978-1-64472-943-4(1)*, Highlights) Highlights Pr., c/o Highlights for Children, Inc.

Highlights Book of Things to Do Outdoors: Explore, Unearth, & Build Great Things Outside. Created by Highlights. 2023. (Highlights Books of Doing Ser.). (Illus.). 160p. (J). (gr. 2). pap. 14.99 *(978-1-64472-928-1(8)*, Highlights) Highlights Pr., c/o Highlights for Children, Inc.

Highlights Book of Things to Draw. Created by Highlights. 2021. (Highlights Books of Doing Ser.). (ENG.). 160p. (J). (gr. 2). pap. 14.99 *(978-1-64472-782-9(X)*, Highlights) Highlights Pr., c/o Highlights for Children, Inc.

Highlights Book of Things to Write. Created by Highlights. 2021. (Highlights Books of Doing Ser.). (ENG.). 160p. (J). (gr. 2). pap. 14.99 *(978-1-64472-783-6(8)*, Highlights) Highlights Pr., c/o Highlights for Children, Inc.

Highlights Classic Hidden Pictures 36C Display. Highlights. 2022. (J). (gr. 1-4). pap., pap., pap. 358.20 *(978-1-64472-910-6(5)*, Highlights) Highlights Pr., c/o Highlights for Children, Inc.

Highlights Explore the World Hidden Pictures 36C Display. Highlights. 2023. (J). (gr. 1-4). pap., pap., pap. 358.20 *(978-1-63962-132-3(6)*, Highlights) Highlights Pr., c/o Highlights for Children, Inc.

Highlights Halloween Mixed Clip Strip 12C. Highlights. 2023. (J). (gr. 1-4). pap., pap., pap. 83.88 *(978-1-63962-195-8(4)*, Highlights) Highlights Pr., c/o Highlights for Children, Inc.

Highlights Handwriting Practice Pad Display 24C. Highlights. 2020. (J). (-k). pap., pap., pap. 167.76 *(978-1-64472-543-6(6)*, Highlights) Highlights Pr., c/o Highlights for Children, Inc.

Highlights Haunted Halloween 38C Display. Highlights. 2023. (J). (gr. 1-4). pap., pap., pap. 361.62 *(978-1-63962-136-1(9)*, Highlights) Highlights Pr., c/o Highlights for Children, Inc.

Highlights: Hidden Pictures: Fun on the Farm. Ed. by Editors of Silver Dolphin Books. 2017. (Pencil Toppers Ser.). (ENG., Illus.). 64p. (J). (gr. k-k). pap. 9.99 *(978-1-62686-910-3(3)*, Silver Dolphin Bks.) Printers Row Publishing Group.

Highlights Hidden Pictures Pack, 3 vols. Highlights. 2019. (Highlights Hidden Pictures Ser.). 432p. (J). (gr. 1-4). 29.85 *(978-1-64472-246-6(1)*, Highlights) Highlights Pr., c/o Highlights for Children, Inc.

Highlights: Hidden Pictures: Wild Adventure. Editors of Silver Dolphin Books. 2019. (Pencil Toppers Ser.). (ENG.). 64p. (J). (gr. 1-3). pap. 9.99 *(978-1-68412-759-7(9)*, Silver Dolphin Bks.) Printers Row Publishing Group.

Highlights Joke Books Pack, 4 vols. Highlights. 2019. (Highlights Joke Bks.). (ENG.). 384p. (J). (gr. 1-4). pap., pap., pap. 23.96 *(978-1-64472-250-3(X)*, Highlights) Highlights Pr., c/o Highlights for Children, Inc.

Highlights Kindergarten Learning Workbook Pack, 4 vols. Highlights Learning. 2019. (Highlights Learning Fun Workbooks Ser.). 192p. (J). (gr. k-1). 19.96 *(978-1-64472-110-0(4)*, Highlights) Highlights Pr., c/o Highlights for Children, Inc.

Highlights Kindness Library. Created by Highlights. 2022. (Highlights Books of Kindness Ser.). (J). (-k). bds. 45.00 *(978-1-64472-899-4(0)*, Highlights) Highlights Pr., c/o Highlights for Children, Inc.

Highlights Learn-And-Play 123 Stamper Games. Created by Highlights Learning. 2022. (Highlights Learn-And-Play Ser.). 64p. (J). (-k). pap. 14.99 *(978-1-64472-831-4(1)*, Highlights) Highlights Pr., c/o Highlights for Children, Inc.

Highlights Learn-And-Play ABC Spinner Games. Created by Highlights Learning. 2022. (Highlights Learn-And-Play Ser.). 64p. (J). (-k). pap. 14.99 *(978-1-64472-832-1(X)*, Highlights) Highlights Pr., c/o Highlights for Children, Inc.

Highlights Learn-And-Play Math Stamper Games. Created by Highlights Learning. 2022. (Highlights Learn-And-Play Ser.). 64p. (J). (gr. k-2). pap. 14.99 *(978-1-64472-834-5(6)*, Highlights) Highlights Pr., c/o Highlights for Children, Inc.

Highlights Learn-And-Play Phonics Spinner Games. Created by Highlights Learning. 2022. (Highlights Learn-And-Play Ser.). 64p. (J). (gr. k-2). pap. 14.99 *(978-1-64472-833-8(8)*, Highlights) Highlights Pr., c/o Highlights for Children, Inc.

Highlights Learning Fun 56C DISPLAY. Highlights. 2020. (J). (-k). pap., pap., pap. 279.44 *(978-1-64472-631-0(9)*, Highlights) Highlights Pr., c/o Highlights for Children, Inc.

Highlights My First Sticker Hidden Pictures 36C Display. Highlights. 2023. (J). (-k). pap., pap., pap. 364.68 *(978-1-63962-131-6(8)*, Highlights) Highlights Pr., c/o Highlights for Children, Inc.

Highlights of the Chicago Bears. Marysa Storm. 2019. (Team Stats — Football Edition Ser.). (ENG.). 32p. (J). (gr. 4-6). pap. 9.99 *(978-1-64466-082-9(2)*, 12817); (Illus.). lib. bdg. *(978-1-68072-885-9(7)*, 12816) Black Rabbit Bks. (Bolt).

Highlights of the Dallas Cowboys. Marysa Storm. 2018. (Team Stats — Football Edition Ser.). (ENG.). 32p. (J). (gr. 4-6). pap. 9.99 *(978-1-64466-278-6(7)*, 12365); (Illus.). lib. bdg. *(978-1-68072-431-8(2)*, 12364) Black Rabbit Bks. (Bolt).

Highlights of the Denver Broncos. Marysa Storm. 2018. (Team Stats — Football Edition Ser.). (ENG.). 32p. (J). (gr. 4-6). pap. 9.99 *(978-1-64466-279-3(5)*, 12369); (Illus.). lib. bdg. *(978-1-68072-432-5(0)*, 12368) Black Rabbit Bks. (Bolt).

Highlights of the Green Bay Packers. Marysa Storm. 2018. (Team Stats — Football Edition Ser.). (ENG.). 32p. (J). (gr. 4-6). pap. 9.99 *(978-1-64466-280-9(9)*, 12373); (Illus.). lib. bdg. *(978-1-68072-433-2(9)*, 12372) Black Rabbit Bks. (Bolt).

Highlights of the Indianapolis Colts. Marysa Storm. 2019. (Team Stats — Football Edition Ser.). (ENG., Illus.). 32p. (J). (gr. 4-6). pap. 9.99 *(978-1-64466-083-6(0)*, 12821, Bolt) Black Rabbit Bks.

Highlights of the Kansas City Chiefs. Marysa Storm. 2019. (Team Stats — Football Edition Ser.). (ENG., Illus.). 32p. (J). (gr. 4-6). pap. 9.99 *(978-1-64466-084-3(9)*, 12825, Bolt) Black Rabbit Bks.

Highlights of the Miami Dolphins. Marysa Storm. 2018. (Team Stats — Football Edition Ser.). (ENG.). 32p. (J). (gr. 4-6). pap. 9.99 *(978-1-64466-281-6(7)*, 12377); (Illus.). lib. bdg. *(978-1-68072-434-9(7)*, 12376) Black Rabbit Bks. (Bolt).

Highlights of the Minnesota Vikings. Marysa Storm. 2019. (Team Stats — Football Edition Ser.). (ENG., Illus.). 32p. (J). (gr. 4-6). pap. 9.99 *(978-1-64466-085-0(7)*, 12829, Bolt) Black Rabbit Bks.

Highlights of the New England Patriots. Marysa Storm. 2018. (Team Stats — Football Edition Ser.). (ENG.). 32p. (J). (gr. 4-6). pap. 9.99 *(978-1-64466-282-3(5)*, 12381); (Illus.). lib. bdg. *(978-1-68072-435-6(5)*, 12380) Black Rabbit Bks. (Bolt).

Highlights of the New York Giants. Marysa Storm. 2018. (Team Stats — Football Edition Ser.). (ENG.). 32p. (J). (gr. 4-6). pap. 9.99 *(978-1-64466-283-0(3)*, 12385); lib. bdg. *(978-1-68072-436-3(3)*, 12384) Black Rabbit Bks. (Bolt).

Highlights of the Pittsburgh Steelers. Marysa Storm. 2018. (Team Stats — Football Edition Ser.). (ENG.). 32p. (J). (gr. 4-6). pap. 9.99 *(978-1-64466-284-7(1)*, 12389); (Illus.). lib. bdg. *(978-1-68072-437-0(1)*, 12388) Black Rabbit Bks. (Bolt).

Highlights of the San Francisco 49ers. Marysa Storm. 2018. (Team Stats — Football Edition Ser.). (ENG.). 32p. (J). (gr. 4-6). pap. 9.99 *(978-1-64466-285-4(X)*, 12393); (Illus.). lib. bdg. *(978-1-68072-438-7(X)*, 12392) Black Rabbit Bks. (Bolt).

Highlights of the Seattle Seahawks. Marysa Storm. 2019. (Team Stats — Football Edition Ser.). (ENG., Illus.). 32p. (J). (gr. 4-6). lib. bdg. *(978-1-68072-889-7(X)*, 12832, Bolt) Black Rabbit Bks.

Highlights of the Washington Redskins. Marysa Storm. 2019. (Team Stats — Football Edition Ser.). (ENG., Illus.). 32p. (J). (gr. 4-6). lib. bdg. *(978-1-68072-890-3(3)*, 12836, Bolt) Black Rabbit Bks.

Highlights Preschool Learning Workbook Pack, 4 vols. Highlights Learning. 2019. (Highlights Learning Fun Workbooks Ser.). 192p. (J). (-k). 19.96 *(978-1-64472-109-4(0)*, Highlights) Highlights Pr., c/o Highlights for Children, Inc.

Highlights Puffy Sticker Playscenes 3. 0 40C Display. Highlights. 2022. (J). (-k). pap., pap., pap. 359.60 *(978-1-64472-978-6(4)*, Highlights) Highlights Pr., c/o Highlights for Children, Inc.

Highlights Puzzle Challenge Assortment 24C Display. Highlights. 2022. (J). (gr. 3-7). pap., pap., pap. 275.28 *(978-1-63962-133-0(4)*, Highlights) Highlights Pr., c/o Highlights for Children, Inc.

Highlights Puzzle Reader 3. 0 Display 56C. Highlights. 2022. (J). (gr. -1-2). pap., pap., pap. 279.44 *(978-1-63962-139-2(3)*, Highlights) Highlights Pr., c/o Highlights for Children, Inc.

Highlights Sticker Hidden Pictures Pack, 3 vols. Highlights. 2019. (Highlights Sticker Hidden Pictures Ser.). 288p. (J). (-k). 29.85 *(978-1-64472-247-3(X)*, Highlights) Highlights Pr., c/o Highlights for Children, Inc.

Highlights Winter Holiday Display 3. 0 24C. Highlights. 2022. (J). (gr. -1-3). pap., pap. 287.76 *(978-1-64472-935-9(0)*, Highlights) Highlights Pr., c/o Highlights for Children, Inc.

Highly Effective Teens with MAD Social Skills: Thrive with Friendship, Deal with Peer Pressure, Bullying, Life Challenges & Everything in Between. Wildine Pierre. 2022. (ENG.). 164p. (YA). pap. 12.99 *(978-1-0880-5900-5(7))* Indy Pub.

Highly Illogical Behavior. John Corey Whaley. ed. 2017. lib. bdg. 22.10 *(978-0-606-40099-2(0))* Turtleback.

Highly Productive Teens with MAD Devotional Skills. Wildine Pierre. 2022. (ENG.). 176p. (YA). pap. 14.99 *(978-1-0880-6377-4(2))* Indy Pub.

Highly Suspicious & Unfairly Cute. Talia Hibbert. 2023. (ENG.). 336p. (YA). (gr. 7). 19.99 *(978-0-593-48233-9(6))*; pap. 13.99 *(978-0-593-48235-3(2))* Random Hse. Children's Bks. (Joy Revolution).

Highrise: The Towers in the World & the World in the Towers. Katerina Cizek. 2019. (ENG., Illus.). 80p. (J). (gr. 8-12). 24.95 *(978-0-2281-0215-1(4)*, 4fa79e87-851d-4452-a2d8-3da58f39fe10) Firefly Bks., Ltd.

Highroad: Being the Autobiography of an Ambitious Mother (Classic Reprint) Unknown Author. 2017. (ENG., Illus.). (J). 29.92 *(978-1-5285-7027-5(8))* Forgotten Bks.

Highroads of History, Vol. 1: Tales of the Home-Land (Classic Reprint) Unknown Author. (ENG., Illus.). (J). 2018. 132p. 26.62 *(978-0-484-24322-3(5))*; 2016. pap. 9.57 *(978-1-333-41058-2(1))* Forgotten Bks.

Highroads of History, Vol. 2: Illustrated by the Great Historical Paintings of the Following Artists: Sir J. E. Millais, W. Q. Orchardson, Benjamin West, Sir Noel Paton, Sir John Gilbert, Daniel Maclise, John Pettie, Paul Delaroche, W. F. Yeames, Robert H. Unknown Author. 2017. (ENG., Illus.). (J). 174p. 27.49 *(978-0-332-91627-9(8))*; pap. 9.97 *(978-0-259-86616-9(4))* Forgotten Bks.

Highway: A Matter of Fact Examination of the Greatest Event in History (Classic Reprint) Unknown Author. 2017. (ENG., Illus.). (J). 26.37 *(978-0-265-21949-2(3))* Forgotten Bks.

Highway of Fate (Classic Reprint) Rosa Nouchette Carey. 2017. (ENG., Illus.). (J). 33.14 *(978-0-266-17822-4(7))*; pap. 19.57 *(978-0-259-38183-9(7))* Forgotten Bks.

Highway of Sorrow: At the Close of the Nineteenth Century (Classic Reprint) Hesba Stretton. 2018. (ENG., Illus.). 462p. (J). 33.43 *(978-0-365-50960-8(4))* Forgotten Bks.

Highway Patrol Officers. Miriam Aronin. 2016. (Police: Search & Rescue! Ser.). (ENG., Illus.). 32p. (J). (gr. 2-7). 28.50 *(978-1-943553-14-3(9))* Bearport Publishing Co., Inc.

Highway Pirates. Harold Avery. 2022. (ENG.). 137p. (J). pap. *(978-1-387-69956-8(3))* Lulu Pr., Inc.

Highwayman (Classic Reprint) Guy Rawlence. 2017. (ENG., Illus.). (J). 30.56 *(978-0-331-71097-7(8))*; pap. 13.57 *(978-0-243-90518-8(1))* Forgotten Bks.

Highways. Chris Bowman. 2018. (Everyday Engineering Ser.). (ENG., Illus.). 24p. (J). (gr. k-3). lib. bdg. 26.95 *(978-1-62617-823-6(2)*, Blastoff! Readers) Bellwether Media.

Highways & Byways: In Surrey (Classic Reprint) Eric Parker. 2018. (ENG., Illus.). 474p. (J). 33.67 *(978-0-365-47560-6(2))* Forgotten Bks.

Highways & Byways from the St. Lawrence to Virginia (Classic Reprint) Clifton Johnson. 2018. (ENG., Illus.). 456p. (J). 33.30 *(978-0-484-04525-4(3))* Forgotten Bks.

Highways & Byways in Derbyshire (Classic Reprint) J. B. Firth. 2018. (ENG., Illus.). 526p. (J). 34.77 *(978-0-656-18084-4(6))* Forgotten Bks.

Highways & Byways in Yorkshire (Classic Reprint) Arthur H. Norway. 2018. (ENG., Illus.). 424p. (J). 32.66 *(978-0-484-27976-5(9))* Forgotten Bks.

Highways & Byways in Yorkshire (Classic Reprint) Arthur Hamilton Norway. 2016. (ENG., Illus.). (J). pap. 16.57 *(978-1-334-13874-4(5))* Forgotten Bks.

Highways & Byways of New England: Including the States of Massachusetts, New Hampshire, Rhode Island, Connecticut, Vermont & Maine (Classic Reprint) Clifton Johnson. 2018. (ENG., Illus.). 412p. (J). 32.39 *(978-0-364-85700-7(5))* Forgotten Bks.

Highways & Byways of the Great Lakes (Classic Reprint) Clifton Johnson. 2018. (ENG., Illus.). 476p. (J). 33.73 *(978-0-364-12256-3(0))* Forgotten Bks.

Highways & Byways of the Mississippi Valley (Classic Reprint) Clifton Johnson. 2018. (ENG., Illus.). 440p. (J). 32.97 *(978-0-484-85882-3(3))* Forgotten Bks.

Highways & Byways of the Pacific Coast (Classic Reprint) Clifton Johnson. 2017. (ENG., Illus.). (J). 33.63 *(978-1-5280-5403-4(2))* Forgotten Bks.

Highways & Byways of the Rocky Mountains (Classic Reprint) Clifton Johnson. 2018. (ENG., Illus.). 424p. (J). 32.66 *(978-0-332-57222-2(6))* Forgotten Bks.

Highways & Byways of the South (Classic Reprint) Clifton Johnson. 2017. (ENG., Illus.). 448p. (J). 33.16 *(978-0-484-16469-6(4))* Forgotten Bks.

Highways & Roads, 1 vol. Charlotte Taylor & Arlene Bourgeois Molzahn. 2019. (Exploring Infrastructure Ser.). (ENG.). 48p. (gr. 3-4). 29.60 *(978-1-9785-0335-9(0)*, c7ab3864-7bc7-4103-9055-6873cc7543f3) Enslow Publishing, LLC.

Highwood Kids: Book Number 1. Linda Harriman. 2020. (ENG., Illus.). 218p. (J). pap. *(978-0-2288-1217-3(8))* Tellwell Talent.

Higiene. Gabriela Keselman. 2017. (SPA.). 16p. (J). (gr. -1-2). 8.95 *(978-607-748-047-1(9))* Ediciones Urano S. A. ESP. Dist: Spanish Pubs., LLC.

Hi'iaka & Pana'ewa: A Hawaiian Graphic Legend. Gabrielle Ahuli'i. Illus. by Sarah Demonteverde. 2023. (Discover Graphics: Global Folktales Ser.). (ENG.). 32p. (J). 22.65 *(978-1-4846-7290-7(9)*, 244021); pap. 6.95 *(978-1-4846-7285-3(2)*, 244016) Capstone. (Picture Window Bks.).

Hiiaka Battles the Wind. Gabrielle Ahulii. Illus. by Jing Jing Tsong. 2018. (ENG.). 16p. (J). bds. 7.95 *(978-1-933067-99-5(3))* Beachhouse Publishing, LLC.

Hiiri Raatalina. Kaarina Brooks. 2016. (FIN., Illus.). (J). pap. 9.95 *(978-0-9735152-5-1(2))* Villa Wisteria Pubns.

Hija de Humo y Hueso / Daughter of Smoke & Bone. Laini Taylor. 2023. (Hija de Humo y Hueso Ser.: 1). (SPA.). 472p. (YA). (gr. 7). pap. 16.95 *(978-607-38-2851-2(9)*, Debolsillo) Penguin Random House Grupo Editorial ESP. Dist: Penguin Random Hse. LLC.

Hija de Las Tinieblas. Kiersten White. 2017. 496p. (YA). pap. 17.99 *(978-987-747-272-1(4))* V&R Editoras.

Hija Del Guardián Del Fuego / Firekeeper's Daughter. Angeline Boulley. 2022. (SPA.). 544p. (YA). (gr. 9). pap. 19.95 *(978-607-38-1833-9(5)*, Nube De Tinta) Penguin Random House Grupo Editorial ESP. Dist: Penguin Random Hse. LLC.

Hija Del Rey Pirata. Tricia Levenseller. 2023. (SPA.). 288p. (J). pap. 17.95 *(978-607-39-0003-4(1))* Editorial Planeta, S. A. ESP. Dist: Two Rivers Distribution.

Hija (Little One) Ariel Andres Almada. Illus. by Sonja Wimmer. 2020. (Amor de Familia Ser.). 32p. (J). (gr. k-3). 18.95 *(978-84-16733-71-2(6))* Cuento de Luz SL ESP. Dist: Publishers Group West (PGW).

Hijacked: A Science Fiction Space Opera Adventure (Scion Book 2. 5) Michael J. Allen. 2017. (ENG., Illus.). 164p. (J). pap. 9.99 *(978-1-944357-30-6(0))* Delirious Scribbles Ink Inc.

Hijenk's Geat American Circus (Classic Reprint) Willis N. Bugbee. 2018. (ENG., Illus.). 30p. (J). 24.54 *(978-0-267-50981-2(2))* Forgotten Bks.

Hijinks & Misdemeanors. Apryl Baker. 2021. (ENG.). 332p. (J). pap. 14.99 *(978-1-954194-31-1(5))* Limitless Publishing, LLC.

Hijo Del Traidor (the Traitor's Son - Spanish Edition) El Sendero Del Guardabosques, Libro 1 (Path of the Ranger, Book 1) Pedro Urvi. 2023. (SPA.). 432p. (YA). pap. 17.99 *(978-84-9139-970-4(4)*, HarperCollins) HarperCollins Pubs.

Hijo (Son) Ariel Andrés Almada. Illus. by Sonja Wimmer. 2021. (Amor de Familia Ser.). (SPA.). 32p. (J). (gr. k-3). 16.95 *(978-84-18302-16-9(X))* Cuento de Luz SL ESP. Dist: Publishers Group West (PGW).

Hijos de Sangre y Hueso. Tomi Adeyemi. 2018. (SPA.). (YA). lib. bdg. 36.70 *(978-1-6636-2718-6(5))* Perfection Learning Corp.

Hikayatul Arnabi Budayr. Beatrix Potter. 2016. (Hikayatu Beatrix Potter Ser.: Vol. 1). (ARA., Illus.). (J). pap. *(978-87-998953-0-4(7))* Emerald Portal.

Hike. Evan Jacobs. 2018. (Walden Lane Ser.). (ENG.). 64p. (J). (gr. 4-7). pap. 9.75 *(978-1-68021-372-0(5))* Saddleback Educational Publishing, Inc.

Hike. Pete Oswald. Illus. by Pete Oswald. (ENG.). 40p. (J). (gr. -1-3). 2023. 8.99 *(978-1-5362-1962-3(2))*; 2020. (Illus.). 18.99 *(978-1-5362-0157-4(X))* Candlewick Pr.

Hike: (Nature Book for Kids, Outdoors-Themed Picture Book for Preschoolers & Kindergarteners) Alison Farrell. 2019. (ENG., Illus.). 56p. (J). (gr. -1-k). 17.99 *(978-1-4521-7461-7(X))* Chronicle Bks. LLC.

Hike a Canyon? 2018. (J). *(978-0-7166-2183-6(5))* World Bk., Inc.

Hike a Mountain. K. C. Kelley. 2018. (Amazing Adventures Ser.). (ENG.). 16p. (J). (gr. k-2). 25.65 *(978-1-68151-311-9(0)*, 14883); pap. 7.99 *(978-1-68152-267-8(5)*, 14889) Amicus.

Hike to Home. Jess Rinker. 2022. (ENG.). 304p. (J). 17.99 *(978-1-250-81274-2(7)*, 900248166, Farrar, Straus & Giroux (BYR)) Farrar, Straus & Giroux.

Hike with Dad. Patricia Bird. 2022. (ENG., Illus.). 30p. (J). pap. 14.95 *(978-1-68526-583-0(9))* Covenant Bks.

Hiking. Nessa Black. 2020. (Spot Outdoor Fun Ser.). (ENG.). 16p. (J). (gr. -1-2). lib. bdg. *(978-1-68151-812-1(0)*, 10686) Amicus.

Hiking. Nate Frisch. 2017. (Odysseys in Outdoor Adventures Ser.). (ENG., Illus.). 80p. (J). (gr. 7-10). *(978-1-60818-688-4(1)*, 20326, Creative Education) Creative Co., The.

Hiking. Julia Jaske. 2023. (Let's Have an Adventure Ser.). (ENG., Illus.). 16p. (J). (gr. -1-2). 11.36 *(978-1-6689-1909-5(5)*, 221887, Cherry Blossom Press) Cherry Lake Publishing.

Hiking. Donna B. McKinney. 2019. (Outdoor Adventures Ser.). (ENG.). 48p. (J). (gr. 3-9). lib. bdg. 34.21 *(978-1-5321-9049-0(2)*, 33608, SportsZone) ABDO Publishing Co.

Hiking. Allan Morey. 2016. (Great Outdoors Ser.). (ENG.). 32p. (J). (gr. 2-5). pap. 9.99 *(978-1-68152-079-7(6)*, 15765); lib. bdg. 20.95 *(978-1-60753-800-4(8)*, 15759) Amicus.

Hiking. Contrib. by Lisa Owings. 2023. (Let's Get Outdoors! Ser.). (ENG., Illus.). (J). (gr. k-3). lib. bdg. 26.95 Bellwether Media.

Hiking. Stephanie Turnbull. 2016. (Adventure Sports Ser.). (ENG.). 24p. (J). (gr. 3-6). 28.50 *(978-1-62588-384-1(6)*, 17241) Black Rabbit Bks.

Hiking & Backpacking, Vol. 10. John McKinney. 2016. (Great Outdoors! Ser.). (Illus.). 48p. (J). (gr. 5). 20.95 *(978-1-4222-3569-0(6))* Mason Crest.

Hiking & Biking Beautiful Mountains Coloring Book. Jupiter Kids. 2017. (ENG., Illus.). (J). pap. 9.20 *(978-1-68326-807-9(5)*, Jupiter Kids (Childrens & Kids Fiction)) Speedy Publishing LLC.

Hiking Colorado: A Story & Pictorial Journal of Hiking in the Colorado Rockie. Pam Carothers. 2017. (ENG., Illus.). 78p. (J). (gr. -1-3). pap. 8.50 *(978-0-9893522-5-3(0))* Catronaut Bks.

Hiking Day. Anne Rockwell. Illus. by Lizzy Rockwell. (My First Experience Book Ser.). (ENG.). 32p. (J). (gr. -1-3). 2020. 8.99 *(978-1-4814-2738-8(5))*; 2018. 17.99 *(978-1-4814-2737-1(7))* Simon & Schuster Children's Publishing. (Aladdin).

H

Hiking in Henrys, or Warrensburg to Salt Lake City Via Yellowstone National Park: Being a True & Faithful Account of the Trip Taken by Harry T. Clark, Marion Christopher, Leslie W. Hout, Dr. H. F. Parker & Wallace Crossley, Scribe (Classic Reprint) Wallace Crossley. (ENG., Illus.). (J). 2018. 86p. 25.67 *(978-0-484-54428-3(4))*; 2017. pap. 9.57 *(978-0-259-46213-2(6))* Forgotten Bks.

Hiking Mount Kilimanjaro. Dineo Dowd. Ed. by Bobbie Hinman. Illus. by Milcah Lagumbay. l.t. ed. 2023. (ENG.). 18p. (J). 19.99 ***(978-1-0880-9533-1(X))*** dineo dowd.

Hiking the Grand Mesa: A Clementine the Rescue Dog Story. Kyle Torke & Barbara Torke. 2020. (ENG., Illus.). 46p. (J). (gr. k-2). 26.95 *(978-1-61599-506-6(4))*; pap. 15.95 *(978-1-61599-505-9(6))* Loving Healing Pr., Inc.

Hiking Viking. Laura Gehl. Illus. by Timothy Banks. 2023. (ENG.). 32p. pap. 8.99 *(978-1-68446-793-8(4)*, 252709, Capstone Editions) Capstone.

Hilaire Belloc's Cautionary Verses: Illustrated Album Edition with the Original Pictures (Classic Reprint) Hilaire Belloc. 2017. (ENG., Illus.). (J). 32.46 *(978-1-5279-6141-8(9))*; pap. 16.57 *(978-0-243-26344-8(9))* Forgotten Bks.

Hilalistan. Usman Aman. 2023. (ENG.). 310p. (YA). pap. ***(978-1-312-74664-0(5))*** Lulu Pr., Inc.

Hilario Jocundi: A Mother Goose Fallal (Classic Reprint) Helen McCowen Carpenter. 2017. (ENG., Illus.). (J). 42p. 24.78 *(978-0-332-85699-5(2))*; pap. 7.97 *(978-0-282-40206-8(3))* Forgotten Bks.

Hilarious Counting To 20. Karen L. May. 2022. (ENG.). 48p. (J). ***(978-1-80302-171-3(3))*** FeedARead.com.

Hilarious Giraffe. Jean Johnson. 2018. (ENG., Illus.). 26p. (J). pap. 12.95 *(978-1-64003-487-7(0))* Covenant Bks.

Hilarious Jokes for 10 Year Old Kids: An Awesome LOL Joke Book for Kids Filled with Tons of Tongue Twisters, Rib Ticklers, Side Splitters & Knock Knocks. Hayden Fox. 2020. (ENG.). 76p. (J). pap. *(978-1-989543-99-3(5)*, Fox, Hayden) Gill, Karanvir.

Hilarious Jokes for 11 Year Old Kids. Hayden Fox. l.t. ed. 2020. (ENG.). 80p. (J). pap. *(978-1-989968-34-5(1)*, Fox, Hayden) Gill, Karanvir.

Hilarious Jokes for 6 Year Old Kids. Hayden Fox. l.t. ed. 2020. (ENG.). 80p. (J). pap. *(978-1-989968-02-4(3)*, Fox, Hayden) Gill, Karanvir.

Hilarious Jokes for 7 Year Old Kids: An Awesome LOL Joke Book for Kids Filled with Tons of Tongue Twisters, Rib Ticklers, Side Splitters & Knock Knocks. Hayden Fox. l.t. ed. 2020. (ENG., Illus.). 78p. (J). pap. *(978-1-989968-01-7(5)*, Fox, Hayden) Gill, Karanvir.

Hilarious Jokes for 8 Year Old Kids: An Awesome LOL Joke Book for Kids Filled with Tons of Tongue Twisters, Rib Ticklers, Side Splitters & Knock Knocks. Hayden Fox. l.t. ed. 2020. (ENG.). 78p. (J). pap. *(978-1-989968-03-1(1)*, Fox, Hayden) Gill, Karanvir.

Hilarious Jokes for 9 Year Old Kids. Hayden Fox. l.t. ed. 2020. (ENG., Illus.). 76p. (J). pap. *(978-1-989968-00-0(7)*, Fox, Hayden) Gill, Karanvir.

Hilarious Jokes for Kids: 3 Books Packed with Jokes, Wisecracks, & Riddles, 1 vol. Lisa Regan. 2019. (ENG.). (J). pap. 19.99 *(978-1-78950-959-5(9)*, 21fcb19e-f7d8-4bd8-ba32-951420cf4b23) Arcturus Publishing GBR. Dist: Baker & Taylor Publisher Services (BTPS).

Hilarious Jokes for Minecrafters: Mobs, Zombies, Skeletons, & More. Michele C. Hollow et al. 2016. (Jokes for Minecrafters Ser.). (ENG., Illus.). 176p. (J). (gr. k). pap. 7.99 *(978-1-5107-0632-3(1)*, Sky Pony Pr.) Skyhorse Publishing Co., Inc.

Hilariously Funny Pictures to Color Coloring Book. Activibooks For Kids. 2016. (ENG., Illus.). (J). pap. 9.20 *(978-1-68321-582-0(6))* Mimaxion.

Hilary & the Tadpole. Stella Green. Illus. by Laura Meguerditchian. 2016. (ENG.). (J). pap. *(978-0-9937118-1-7(2))* Green, Stella Mary.

Hilary Knight: Hockey Hero. Shane Frederick. 2020. (Sports Illustrated Kids Stars of Sports Ser.). (ENG., Illus.). 32p. (J). (gr. 3-5). lib. bdg. 31.32 *(978-1-4966-8383-0(8)*, 200255, Capstone Pr.) Capstone.

Hilary on Her Own (Classic Reprint) Mabel Barnes-Grundy. (ENG., Illus.). (J). 2018. 408p. 32.31 *(978-0-332-12575-6(0))*; 2016. pap. 16.57 *(978-1-334-13062-5(0))* Forgotten Bks.

Hilary St. Ives, Vol. 1 Of 2: A Novel (Classic Reprint) William Harrison Ainsworth. 2017. (ENG., Illus.). (J). 35.43 *(978-0-265-68000-1(X))*; pap. 19.57 *(978-1-5276-4866-1(4))* Forgotten Bks.

Hilary St. Ives, Vol. 1 Of 3: A Novel (Classic Reprint) William Harrison Ainsworth. 2018. (ENG., Illus.). 304p. (J). 30.17 *(978-0-483-82652-6(9))* Forgotten Bks.

Hilary St. Ives, Vol. 2 Of 3: A Novel (Classic Reprint) William Harrison Ainsworth. 2018. (ENG., Illus.). 306p. (J). 30.21 *(978-0-267-16543-8(9))* Forgotten Bks.

Hilary St. Ives, Vol. 3 Of 3: A Novel (Classic Reprint) William Harrison Ainsworth. (ENG., Illus.). (J). 2018. 314p. 30.37 *(978-0-483-49642-2(1))*; 2016. pap. 13.57 *(978-1-334-26270-8(5))* Forgotten Bks.

Hilda: A Story of Calcutta. Sara Jeanette Duncan. 2017. (ENG., Illus.). (J). 25.95 *(978-1-374-98465-3(5))* Capital Communications, Inc.

Hilda: A Story of Calcutta (Classic Reprint) Sara Jeanette Duncan. 2017. (ENG., Illus.). (J). 31.05 *(978-1-5279-4765-8(3))* Forgotten Bks.

Hilda & I: A Story of Three Loves (Classic Reprint) Elizabeth Bedell Benjamin. (ENG., Illus.). (J). 2018. 362p. 31.38 *(978-0-483-74990-0(7))*; 2016. pap. 13.97 *(978-1-334-13499-9(5))* Forgotten Bks.

Hilda & Richie. Max West. Illus. by Max West. 2020. (ENG.). 32p. pap. 4.99 *(978-0-9890696-3-2(X))* Different Mousetrap Pr. LLC.

Hilda & the Ghost Ship: Hilda Netflix Tie-In 5. Luke Pearson & Stephen Davies. Illus. by Sapo Lendario. ed. 2020. (Hilda Tie-In Ser.: 5). (ENG.). 200p. (J). (gr. 2-5). pap. 10.99 *(978-1-912497-57-7(3))* Flying Eye Bks. GBR. Dist: Penguin Random Hse. LLC.

Hilda & the Great Parade: Hilda Netflix Tie-In 2. Luke Pearson & Stephen Davies. Illus. by Seaerra Miller. (Hilda Tie-In Ser.: 2). (ENG.). 200p. (J). (gr. 2-5). ed. 2020. pap. 10.99 *(978-1-912497-72-0(7))*; 2nd ed. 2019. 13.95 *(978-1-911171-45-4(3))* Flying Eye Bks. GBR. Dist: Penguin Random Hse. LLC.

Hilda & the Hidden People: Hilda Netflix Tie-In 1. Luke Pearson & Stephen Davies. Illus. by Seaerra Miller. (Hilda Tie-In Ser.: 1). (ENG.). (J). (gr. 2-5). 2019. 216p. pap. 10.99 *(978-1-912497-88-1(3))*; 2018. 179p. 13.95 *(978-1-911171-44-7(5))* Flying Eye Bks. GBR. Dist: Penguin Random Hse. LLC.

Hilda & the Mountain King. Luke Pearson. 2021. (Hildafolk Ser.: 6). (ENG., Illus.). 80p. (J). (gr. 3-7). pap. 10.99 *(978-1-913123-91-8(X))* Flying Eye Bks. GBR. Dist: Penguin Random Hse. LLC.

Hilda & the Mountain King: Hilda Book 6, Bk. 6. Luke Pearson. 2019. (Hildafolk Ser.: 6). (ENG., Illus.). 80p. (J). (gr. 3-7). 19.95 *(978-1-911171-17-1(8))* Flying Eye Bks. GBR. Dist: Penguin Random Hse. LLC.

Hilda & the Nowhere Space: Hilda Netflix Tie-In 3. Luke Pearson & Stephen Davies. Illus. by Seaerra Miller. (Hilda Tie-In Ser.: 3). (ENG.). (J). (gr. 2-5). 2019. 200p. 13.95 *(978-1-911171-50-8(X))*; 2020. 216p. pap. 10.99 *(978-1-912497-59-1(X))* Flying Eye Bks. GBR. Dist: Penguin Random Hse. LLC.

Hilda & the Runaway Baby. Daisy Hirst. Illus. by Daisy Hirst. 2017. (ENG., Illus.). 32p. (J). (-k). 16.99 *(978-0-7636-9490-6(8))* Candlewick Pr.

Hilda & the Stone Forest: Hilda Book 5. Luke Pearson. 2018. (Hildafolk Ser.: 5). (ENG., Illus.). 64p. (J). (gr. 3-7). pap. 10.99 *(978-1-911171-71-3(2))* Flying Eye Bks. GBR. Dist: Penguin Random Hse. LLC.

Hilda & the Time Worm: Hilda Netflix Tie-In 4. Luke Pearson & Stephen Davies. Illus. by Victoria Evans. 2020. (Hilda Tie-In Ser.: 4). (ENG.). 200p. (J). (gr. 2-5). pap. 10.99 *(978-1-912497-85-0(9))* Flying Eye Bks. GBR. Dist: Penguin Random Hse. LLC.

Hilda & the White Woff: Hilda Netflix Tie-In 6. Luke Pearson & Stephen Davies. Illus. by Sapo Lendario. 2020. (Hilda Tie-In Ser.: 6). (ENG.). 200p. (J). (gr. 2-5). pap. 10.99 *(978-1-912497-58-4(1))* Flying Eye Bks. GBR. Dist: Penguin Random Hse. LLC.

Hilda Hedgehog's Best Ever Birthday Party. Joyce Moody. 2016. (ENG., Illus.). (J). pap. 10.95 *(978-1-4808-3791-1(1))* Archway Publishing.

Hilda Lane's Adoptions (Classic Reprint) Alice McAlilly. (ENG., Illus.). (J). 2018. 376p. 31.65 *(978-0-332-49328-2(8))*; 2016. pap. 16.57 *(978-1-333-37170-8(5))* Forgotten Bks.

Hilda Lessways (Classic Reprint) Arnold Bennett. (ENG., Illus.). (J). 2018. 434p. 32.85 *(978-0-484-44838-3(2))*; 2017. 33.36 *(978-0-260-71599-9(9))*; 2017. 35.12 *(978-0-265-73416-2(9))*; 2017. pap. 19.57 *(978-1-5276-9704-1(5))*; 2017. pap. 16.57 *(978-0-243-29905-8(0))* Forgotten Bks.

Hilda Ma Tilda - Where's Finn? A Beautiful Illustrated Story Book for Children. Lisa Rockoff & Arlene Weiner. Illus. by Pradip Chakraborty. 2017. (ENG.). (J). pap. 9.95 *(978-0-9986339-2-3(5))* Scribe Tribe, Inc.

Hilda: Night of the Trolls: Hilda & the Stone Forest / Hilda & the Mountain King. Luke Pearson. 2023. (Hildafolk Ser.). (ENG., Illus.). 96p. (J). (gr. 3-7). 35.00 *(978-1-83874-127-3(5))* Flying Eye Bks. GBR. Dist: Penguin Random Hse. LLC.

Hilda Runs Away. Diane Pike. Illus. by Alan Pike. 2023. (Three Noisy Chickens Ser.: Vol. 3). (ENG.). 30p. (J). pap. ***(978-1-78792-006-4(2))*** Paragon Publishing, Rothersthorpe.

Hilda Strafford: A California Story (Classic Reprint) Beatrice Harraden. 2018. (ENG., Illus.). 252p. (J). 29.14 *(978-0-428-71529-8(X))* Forgotten Bks.

Hilda: the Trolberg Stories: Hilda & the Bird Parade / Hilda & the Black Hound. Luke Pearson. 2022. (Hildafolk Ser.). (ENG., Illus.). 96p. (J). (gr. 3-7). 29.99 *(978-1-83874-083-2(X))* Flying Eye Bks. GBR. Dist: Penguin Random Hse. LLC.

Hilda: the Wilderness Stories: Hilda & the Troll /Hilda & the Midnight Giant. Luke Pearson. 2021. (Hildafolk Ser.). (ENG., Illus.). 96p. (J). (gr. 3-7). 29.99 *(978-1-83874-071-9(6))* Flying Eye Bks. GBR. Dist: Penguin Random Hse. LLC.

Hilda's Book of Beasts & Spirits. Emily Hibbs. Illus. by Jason Chan. (Hilda Tie-In Ser.). (ENG.). 80p. (J). (gr. 2-5). 2023. pap. 16.99 *(978-1-83874-141-9(0))*; 2021. 18.99 *(978-1-912497-56-0(5))* Flying Eye Bks. GBR. Dist: Penguin Random Hse. LLC.

Hilda's New Restaurant. Amani Uduman. Illus. by Anton Syadrov. 2023. (ENG.). 28p. (J). pap. ***(978-1-922991-49-2(X))*** Library For All Limited.

Hilda's Sparrow Scout Badge Guide. Emily Hibbs. 2020. (Hilda Tie-In Ser.). (ENG.). 80p. (J). (gr. 2-5). pap. 12.95 *(978-1-912497-60-7(3))* Flying Eye Bks. GBR. Dist: Penguin Random Hse. LLC.

Hilde Hanniford Hite Is Polite. Ruth Neikirk. 2023. (ENG.). 38p. (J). 18.95 ***(978-1-63755-551-4(2)***, Mascot Kids) Amplify Publishing Group.

Hilde on the Record: Memoir of a Kid Crime Reporter. Hilde Lysiak. (J). (gr. 3-7). 2023. (ENG.). 176p. pap. 16.99 ***(978-1-64160-903-6(6))***; 2022. 192p. 17.99 *(978-1-64160-581-6(2))* Chicago Review Pr., Inc.

Hildebrand, or the Days of Queen Elizabeth, Vol. 1 Of 3: An Historical Romance (Classic Reprint) Unknown Author. 2018. (ENG., Illus.). 340p. (J). 30.83 *(978-0-484-19164-7(0))* Forgotten Bks.

Hildegard of Bingen: Scientist, Composer, Healer, & Saint. Demi. 2019. (Illus.). 40p. (J). (gr. k-3). 17.95 *(978-1-937786-77-9(3)*, Wisdom Tales) World Wisdom, Inc.

Hildegarde's Harvest. Laura E. Richards. 2018. (ENG., Illus.). 156p. (YA). (gr. 7-12). pap. *(978-93-5329-355-0(3))* Alpha Editions.

Hildegarde's Harvest (Classic Reprint) Laura E. Richards. 2018. (ENG., Illus.). 324p. (J). 30.60 *(978-0-484-59577-3(6))* Forgotten Bks.

Hildegarde's Holiday: A Sequel to Queen Hildegarde (Classic Reprint) Laura E. Richards. 2018. (ENG., Illus.). 388p. (J). 31.90 *(978-0-483-89262-0(9))* Forgotten Bks.

Hildegarde's Holiday a Story for Girls. Laura E. Richards. 2018. (ENG., Illus.). 162p. (YA). (gr. 7-12). pap. *(978-93-5297-412-2(3))* Alpha Editions.

Hildegarde's Home. Laura E. Richards. 2018. (ENG., Illus.). 132p. (YA). (gr. 7-12). pap. *(978-93-5329-356-7(1))* Alpha Editions.

Hildegarde's Home (Classic Reprint) Laura E. Richards. 2018. (ENG., Illus.). 318p. (J). 30.46 *(978-0-483-93370-5(8))* Forgotten Bks.

Hildegarde's Neighbors. Laura E. Richards. 2018. (ENG., Illus.). 126p. (YA). (gr. 7-12). pap. *(978-93-5297-413-9(1))* Alpha Editions.

Hildegarde's Neighbors (Classic Reprint) Laura E. Richards. 2018. (ENG., Illus.). 314p. (J). 30.37 *(978-0-484-29072-2(X))* Forgotten Bks.

Hilhili Va Mah Pishuni. Nasim Arab Amiri. Illus. by Baharah Niyavarani. 2017. (PER.). (J). *(978-964-337-899-8(3))* Ketab-e Neyestan.

Hill: A Romance of Friendship. Horace Annesley Vachell. 2017. (ENG., Illus.). (J). pap. 14.95 *(978-1-374-85091-0(8))* Capital Communications, Inc.

Hill: A Romance of Friendship (Classic Reprint) Horace Annesley Vachell. 2017. (ENG., Illus.). (J). 31.67 *(978-0-265-43458-1(0))* Forgotten Bks.

Hill & Valley, or Hours in England & Wales (Classic Reprint) Catherine Sinclair. (ENG., Illus.). (J). 2018. 388p. 31.90 *(978-0-365-50205-0(7))*; 2016. pap. 16.57 *(978-1-334-14347-2(1))* Forgotten Bks.

Hill Called Rue. Kellee Conner. 2021. (ENG.). 24p. (YA). pap. 13.95 *(978-1-6624-3761-8(7))* Page Publishing Inc.

Hill of Adventure (Classic Reprint) Cornelia Meigs. 2018. (ENG., Illus.). (J). 298p. 30.06 *(978-1-391-60042-0(8))*; 300p. pap. 13.57 *(978-1-391-59308-1(1))* Forgotten Bks.

Hill of Dreams (Classic Reprint) Arthur Machen. 2017. (ENG., Illus.). (J). 30.48 *(978-0-265-39383-3(3))* Forgotten Bks.

Hill of Goodbye: The Story of a Solitary White Woman's Life in Central Africa (Classic Reprint) Jessie Monteath Currie. 2018. (ENG., Illus.). 270p. (J). 29.47 *(978-0-483-62074-2(2))* Forgotten Bks.

Hill of Pains. Gilbert Parker. 2017. (ENG., Illus.). (J). pap. *(978-0-649-60252-0(8))* Trieste Publishing Pty Ltd.

Hill of Pains: A Novel (Classic Reprint) Gilbert Parker. 2018. (ENG., Illus.). 164p. (J). 27.30 *(978-0-483-98599-5(6))* Forgotten Bks.

Hill of the Angels. Sue Mayfield. 2016. (ENG., Illus.). 160p. (J). pap. 14.99 *(978-0-281-07641-3(3)*, 1ee2a78d-18ce-4096-bf8b-60d32aade597) SPCK Publishing GBR. Dist: Baker & Taylor Publisher Services (BTPS).

Hill Readers (Classic Reprint) Daniel Harvey Hill. (ENG., Illus.). (J). 2018. 424p. 32.64 *(978-0-483-49851-8(3))*; 2017. pap. 16.57 *(978-0-243-12773-3(1))* Forgotten Bks.

Hill Readers, Vol. 1 (Classic Reprint) Daniel Harvey Hill. (ENG., Illus.). (J). 2018. 152p. 27.03 *(978-0-656-93353-2(4))*; 2017. pap. 9.57 *(978-0-259-54227-8(X))* Forgotten Bks.

Hill Readers, Vol. 2 (Classic Reprint) Daniel Harvey Hill. (ENG., Illus.). (J). 2018. 200p. 28.02 *(978-0-483-51907-7(3))*; 2017. pap. 10.57 *(978-0-243-09755-5(7))* Forgotten Bks.

Hill Readers, Vol. 3 (Classic Reprint) Daniel Harvey Hill. 2017. (ENG., Illus.). (J). 29.01 *(978-0-265-71080-7(4))*; pap. 11.57 *(978-1-5276-6267-4(5))* Forgotten Bks.

Hill Readers, Vol. 4 (Classic Reprint) Daniel Harvey Hill. 2018. (ENG., Illus.). 360p. (J). 31.32 *(978-0-484-39325-6(1))* Forgotten Bks.

Hill Rise (Classic Reprint) W. B. Maxwell. 2017. (ENG., Illus.). (J). 30.70 *(978-0-265-19735-6(X))* Forgotten Bks.

Hill-Side & Border Sketches: With Legends of the Cheviots & the Lammermuir (Classic Reprint) William Hamilton Maxwell. 2018. (ENG., Illus.). 242p. (J). 28.89 *(978-0-332-42979-3(2))* Forgotten Bks.

Hill-Side & Border Sketches, Vol. 1 Of 2: With Legends of the Cheviots & the Lammermuir (Classic Reprint) W. H. Maxwell. 2018. (ENG., Illus.). 352p. (J). 31.16 *(978-0-483-28713-6(X))* Forgotten Bks.

Hill-Side & Border Sketches, Vol. 2 Of 2: With Legends of the Cheviots & the Lammermuir (Classic Reprint) William Hamilton Maxwell. (ENG., Illus.). (J). 2018. 346p. 31.03 *(978-0-484-65053-3(X))*; 2017. pap. 13.57 *(978-0-243-12023-9(0))* Forgotten Bks.

Hill to Quill. Joyce Markovics. 2019. (Read & Rhyme Level 1 Ser.). (ENG., Illus.). 16p. (J). (gr. -1-1). 24.21 *(978-1-64280-544-4(0))* Bearport Publishing Co., Inc.

Hill We Climb: An Inaugural Poem for the Country. Amanda Gorman. 2021. (ENG.). 32p. (gr. 9). 15.99 *(978-0-593-46527-1(X))* Penguin Publishing Group.

Hillary. Jonah Winter. Illus. by Raul ón. 2016. 40p. (J). (gr. -1-3). 17.99 *(978-0-553-53388-0(6)*, Schwartz & Wade Bks.) Random Hse. Children's Bks.

Hillary & the Submarine. Mary Cohen. 2020. (ENG.). 52p. (J). 21.50 *(978-1-6781-0006-3(4))* Lulu Pr., Inc.

Hillary Clinton. Craig E. Blohm. 2016. (ENG.). 80p. (J). 38.60 *(978-1-60152-950-3(3))* ReferencePoint Pr., Inc.

Hillary Clinton, 1 vol. Katie Kawa. 2016. (Superwomen Role Models Ser.). (ENG., Illus.). 32p. (J). (gr. 3-4). 27.93 *(978-1-5081-4806-7(6)*, 398639c2-17e4-4da6-9549-286742a74876, PowerKids Pr.) Rosen Publishing Group, Inc., The.

Hillary Clinton, 1 vol. Joan Stoltman. 2017. (Little Biographies of Big People Ser.). (ENG.). 24p. (J). (gr. 1-2). pap. 9.15 *(978-1-5382-0927-1(6)*, 45d15419-e1ba-485e-aecd-492bac53ea80) Stevens, Gareth Publishing LLLP.

Hillary Clinton, 1 vol. Joan Stoltman. Tr. by Ana Maria Garcia. 2017. (Pequeñas Biografías de Grandes Personajes (Little Biographies of Big People) Ser.). (SPA.). 24p. (J). (gr. 1-2). pap. 9.15 *(978-1-5382-1558-6(6)*, 223ef883-505a-47a7-9806-85242aebbfaf); lib. bdg. 24.27 *(978-1-5382-1531-9(4)*, c288e1b0-b83a-4715-865d-2d96d21028a1) Stevens, Gareth Publishing LLLP.

Hillary Clinton. Jennifer Strand. 2018. (First Ladies (Launch!) Ser.). (ENG., Illus.). 24p. (J). (gr. -1-2). lib. bdg. 31.36 *(978-1-5321-2283-5(7)*, 28333, Abdo Zoom-Launch) ABDO Publishing Co.

Hillary Clinton: American Woman of the World. Cheryl Harness. (Real-Life Story Ser.). (ENG., Illus.). (J). (gr. 3-7). 2017. 208p. pap. 7.99 *(978-1-4814-6058-3(7))*; 2016. 192p. 17.99 *(978-1-4814-6057-6(9))* Simon & Schuster Children's Publishing. (Aladdin).

Hillary Clinton: Biography of a Powerful Woman Children's Biography Books. Dissected Lives. 2017. (ENG., Illus.). 64p. (J). pap. 9.52 *(978-1-5419-1268-7(3)*, Dissected Lives (Auto Biographies)) Speedy Publishing LLC.

Hillary Clinton: Former First Lady & Secretary of State, 1 vol. Anne C. Cunningham & Jeff Burlingame. 2017. (Influential Lives Ser.). (ENG.). 128p. (gr. 7-7). lib. bdg. 40.27 *(978-0-7660-8501-5(5)*, 9a6a81fd-61d7-41a6-8bd2-7d7398738bbc) Enslow Publishing, LLC.

Hillary Clinton: Groundbreaking Politician. Judy Dodge Cummings. 2016. (Essential Lives Set 10 Ser.). (ENG., Illus.). 112p. (J). (gr. 6-12). lib. bdg. 41.36 *(978-1-68078-301-8(7)*, 21739, Essential Library) ABDO Publishing Co.

Hillary Clinton: Historic Politician. Marne Ventura. 2017. (Newsmakers Set 2 Ser.). (ENG., Illus.). 48p. (J). (gr. 4-8). lib. bdg. 35.64 *(978-1-5321-1181-5(9)*, 25938) ABDO Publishing Co.

Hillary Clinton: Politica Americana Extraordinaria (Hillary Clinton: Remarkable American Politician) Dan Kinney. 2018. (Biografías: Personas Que Han Hecho Historia (History Maker Biographies Set 3) Ser.). (SPA.). 24p. (J). (gr. -1-2). lib. bdg. 32.79 *(978-1-5321-8037-8(3)*, 28289, Abdo Kids) ABDO Publishing Co.

Hillary Clinton: Politician & Activist, 1 vol. Portia Summers. 2017. (Junior Biographies Ser.). (ENG.). 24p. (gr. 3-4). lib. bdg. 24.27 *(978-0-7660-8670-8(4)*, 59cfec20-341d-41a9-96cc-64292ade5e0c) Enslow Publishing, LLC.

Hillary Clinton: Remarkable American Politician. Dan Kinney. 2017. (History Maker Biographies (Abdo Kids Jumbo) Ser.). (ENG., Illus.). 24p. (J). (gr. -1-2). lib. bdg. 32.79 *(978-1-5321-0426-8(X)*, 26552, Abdo Kids) ABDO Publishing Co.

Hillary Clinton: Historic Politician. Marne Ventura. 2017. (Newsmakers Set 2 Ser.). (ENG.). 48p. (J). (gr. 4-8). 55.65 *(978-1-68078-966-9(X)*, 26367) ABDO Publishing Co.

Hillary Hallah Untied the Knot: A Rosh Hashanah Treat You Are Bound to Repeat. Cheryl Rosenbloom Levet. 2017. (ENG., Illus.). (J). pap. 16.95 *(978-1-5043-8766-8(X)*, Balboa Pr.) Author Solutions, LLC.

Hillary Rodham Clinton: Some Girls Are Born to Lead. Michelle Markel. Illus. by LeUyen Pham. 2016. (ENG.). 40p. (J). (gr. -1-3). 17.99 *(978-0-06-238122-4(9)*, Balzer & Bray) HarperCollins Pubs.

Hillary the Hippo & the Pink Tutu. C. DeLayne Duffy. Illus. by Michelle Durham. 2020. (ENG.). 28p. (J). 13.99 *(978-1-6629-0223-9(9))*; pap. 10.99 *(978-1-6629-0222-2(0))* Gatekeeper Pr.

Hillary the Hippo Goes to Preschool. C. DeLayne Duffy. Illus. by Michelle Durham. 2021. (ENG.). 48p. (J). 19.99 *(978-1-6629-1337-2(0))*; pap. 14.99 *(978-1-6629-1338-9(9))* Gatekeeper Pr.

Hillbilly. Eric Powell. 2017. (ENG.). 132p. (YA). pap. 17.99 *(978-978-099-837-0(3)*, 9789780998370) Albatross FunnyBks.

Hillbilly Heaven. Lisa Clemons. 2019. (ENG.). 186p. (YA). pap. 16.95 *(978-1-64462-324-4(2))* Page Publishing Inc.

Hillel Builds a House. Shoshana Lepon. Illus. by Ángeles Ruiz. 2020. (ENG.). 32p. (J). (gr. -1-3). 17.99 *(978-1-5415-4402-4(1)*, 8fa8284d-6dbf-42d7-9020-18bb71a86656, Kar-Ben Publishing) Lerner Publishing Group.

Hillel Takes a Bath. Vicki L. Weber. Illus. by John Joven. 2019. (ENG.). 24p. (J). 17.95 *(978-1-68115-546-3(X)*, d5fa3a4c-927b-4a3c-ae4e-3900236c400f, Apples & Honey Pr.) Behrman Hse., Inc.

Hillford-On-Aire, Vol. 1 of 3 (Classic Reprint) Martin Weld. 2018. (ENG., Illus.). 298p. (J). 30.06 *(978-0-483-57180-8(6))* Forgotten Bks.

Hillhouse the Greenman of Gorleston. Cheryl Briard. 2016. (ENG., Illus.). 98p. (J). pap. *(978-1-365-36070-1(9))* Lulu Pr., Inc.

Hillife, 1930, Vol. 5 (Classic Reprint) Chapel Hill High School. 2017. (ENG., Illus.). (J). 24.89 *(978-0-265-84777-0(X))*; pap. 9.57 *(978-1-5284-2575-9(8))* Forgotten Bks.

Hillingdon Hall: Or the Cockney Squire; a Tale of Country Life (Classic Reprint) Robert Smith Surtees. 2018. (ENG., Illus.). 582p. (J). (gr. -1-3). 35.90 *(978-0-484-90027-0(7))* Forgotten Bks.

Hillingdon Hall, or the Cockney Squire, Vol. 3 Of 3: A Tale of Country Life (Classic Reprint) Robert Smith Surtees. (ENG., Illus.). (J). 2018. 318p. 30.46 *(978-0-267-38919-3(1))*; 2016. pap. 13.57 *(978-1-334-14092-1(8))* Forgotten Bks.

Hillingdon Hall, Vol. 1 Of 3: Or the Cockney Squire; a Tale of Country Life (Classic Reprint) Robert Smith Surtees. 2018. (ENG., Illus.). 322p. (J). 30.54 *(978-0-483-68709-7(X))* Forgotten Bks.

Hillingdon Hall, Vol. 2 Of 3: Or the Cockney Squire; a Tale of Country Life (Classic Reprint) Robert Smith Surtees. 2018. (ENG., Illus.). 330p. (J). 30.70 *(978-0-484-19045-9(8))* Forgotten Bks.

Hillman (Classic Reprint) E. Phillips Oppenheim. 2017. (ENG., Illus.). (J). 31.07 *(978-1-5280-7979-2(5))* Forgotten Bks.

Hills. Lisa J. Amstutz. 2020. (Earth's Landforms Ser.). (ENG.). 24p. (J). (gr. k-2). 6.95 *(978-1-9771-2636-8(7)*, 201616); (Illus.). lib. bdg. 27.99 *(978-1-9771-2460-9(7)*, 200471) Capstone. (Pebble).

Hills & the Vale (Classic Reprint) Richard Jefferies. 2018. (ENG., Illus.). 342p. (J). 30.95 *(978-0-483-23275-4(0))* Forgotten Bks.

Hills Kids: Book One. Gareth Vanderhope. 2022. (Hills Kids Ser.). (ENG.). 278p. (J). ***(978-0-6485949-1-8(2))***; ***(978-0-6485949-2-5(0))***; pap. ***(978-0-6485949-0-1(4))*** Vanderhope, Gareth.

Hills o CA'Liny (Classic Reprint) A. W. Spalding. 2018. (ENG., Illus.). 196p. (J). 27.94 *(978-0-483-49891-4(2))* Forgotten Bks.

TITLE INDEX HIP-HOP GROUPS

Hills o' Hampshire (Classic Reprint) Will M. Cressy. (ENG., Illus.). (J). 2018. 290p. 29.90 *(978-0-483-62024-7(6))*; 2017. pap. 13.57 *(978-0-243-28790-1(9))* Forgotten Bks.

Hills of Desire (Classic Reprint) Richard Aumerle Maher. (ENG., Illus.). (J). 2018. 276p. 29.59 *(978-0-364-23537-9(3))*; 2017. pap. 11.97 *(978-0-259-10163-5(X))* Forgotten Bks.

Hills of Estrella Roja. Ashley Robin Franklin. 2023. (ENG., Illus.). 400p. (J). (gr. 9). pap. 21.99 *(978-0-358-56702-8(5))*, Clarion Bks.) HarperCollins Pubs.

Hills of Han: A Romantic Incident (Classic Reprint) Samuel Merwin. 2018. (ENG., Illus.). 390p. (J). 31.92 *(978-0-332-15123-6(9))* Forgotten Bks.

Hills of Hingham (Classic Reprint) Dallas Lore Sharp. 2018. (ENG., Illus.). 246p. (J). 28.97 *(978-0-483-35966-6(1))* Forgotten Bks.

Hills of Refuge (Classic Reprint) Will N. Harben. 2018. (ENG., Illus.). 452p. (J). 33.22 *(978-0-483-44999-2(7))* Forgotten Bks.

Hills of Song. Clinton Scollard. 2016. (ENG., Illus.). (J). pap. *(978-3-7433-0520-5(8))* Creation Pubs.

Hills of the Shatemuc (Classic Reprint) Susan Warner. 2017. (ENG., Illus.). (J). 34.83 *(978-0-265-18961-0(6))* Forgotten Bks.

Hills vs. Mountains: Knowing the Difference - Geology Books for Kids Children's Earth Sciences Books. Baby Professor. 2017. (ENG., Illus.). (J). pap. 8.79 *(978-1-5419-3816-8(X))*, Baby Professor (Education Kids)) Speedy Publishing LLC.

Hillsboro' Farms (Classic Reprint) Sophia Dickinson Cobb. (ENG., Illus.). (J). 2018. 430p. 32.77 *(978-0-483-92157-3(2))*; 2017. pap. 16.57 *(978-0-243-09318-2(7))* Forgotten Bks.

Hillsboro in the War (Classic Reprint) Richard Darwin Ware. 2018. (ENG., Illus.). (J). 92p. 25.79 *(978-0-366-56160-5(X))*; 94p. pap. 9.57 *(978-0-366-10594-6(9))* Forgotten Bks.

Hillsboro People (Classic Reprint) Dorothy Anfield. 2017. (ENG., Illus.). (J). 31.36 *(978-1-5284-8405-3(3))* Forgotten Bks.

Hillside Castle. Sandy Anderson. 2019. (ENG., Illus.). 56p. (YA). (gr. 7-12). pap. 9.95 *(978-1-942190-52-3(2))* Leonine Pubs. LLC.

Hillside Parish (Classic Reprint) S. Bayard Dod. 2018. (ENG., Illus.). 276p. (J). 29.61 *(978-0-267-23979-5(3))* Forgotten Bks.

Hilltop Boys on Lost Island. Cyril Burleigh. 2018. (ENG., Illus.). 128p. (YA). (gr. 7-12). pap. *(978-93-5297-415-3(8))* Alpha Editions.

Hilltop Boys on Lost Island. Cyril Burleigh. 2017. (ENG., Illus.). (J). pap. 12.95 *(978-1-374-85209-9(0))* Capital Communications, Inc.

Hilltop Boys on the River. Cyril Burleigh. 2018. (ENG., Illus.). 122p. (YA). (gr. 7-12). pap. *(978-93-5297-416-0(6))* Alpha Editions.

Hilltop Boys on the River (Classic Reprint) Cyril Burleigh. (ENG., Illus.). (J). 2018. 176p. 27.55 *(978-0-656-25237-4(5))*; 2017. pap. 9.97 *(978-1-5276-0764-4(X))* Forgotten Bks.

Hilltop Echoes, Vol. 1: Commencement Number, June, 1927 (Classic Reprint) Helen Murph. (ENG., Illus.). (J). 2018. 68p. 25.30 *(978-0-365-17058-7(5))*; 2017. pap. 9.57 *(978-0-259-86272-7(X))* Forgotten Bks.

Hilltop Echoes, Vol. 2: Commencement Number; June 1928 (Classic Reprint) Davenport College. 2018. (ENG., Illus.). (J). 62p. 25.18 *(978-0-366-48347-1(1))*; 64p. pap. 9.57 *(978-0-365-72239-7(1))* Forgotten Bks.

Hilltop in Jymbob. Daniel Walsch. 2018. (ENG., Illus.). 46p. (J). pap. *(978-1-78830-032-2(7))* Olympia Publishers.

Hilltop on the Marne: Being Letters Written, June 3 September 8, 1914 (Classic Reprint) Mildred Aldrich. 2017. (ENG., Illus.). (J). 28.23 *(978-0-266-81655-3(X))* Forgotten Bks.

Hilltop Summer (Classic Reprint) Alyn Yates Keith. 2018. (ENG., Illus.). 122p. (J). 26.41 *(978-0-428-29179-2(1))* Forgotten Bks.

Hilly Pilly & the Little White Lie. Wayne Lobdell. 2016. (ENG., Illus.). 32p. (J). pap. *(978-1-365-38508-7(6))* Lulu Pr., Inc.

Hillyars & the Burtons: A Story of Two Families (Classic Reprint) Henry Kingsley. (ENG., Illus.). (J). 2017. 33.36 *(978-0-266-44089-5(4))*; 2016. pap. 16.57 *(978-1-334-15627-4(1))* Forgotten Bks.

Hilma (Classic Reprint) William Tillinghast Eldridge. 2017. (ENG., Illus.). (J). 31.14 *(978-1-5285-6347-5(6))* Forgotten Bks.

Hilo Book 2: Saving the Whole Wide World: (a Graphic Novel) Judd Winick. 2016. (Hilo Ser.: 2). (ENG., Illus.). 208p. (J). (gr. 3-7). 16.99 *(978-0-385-38624-1(9))*;Bk. 2. 13.99 *(978-0-385-38623-4(0))* Penguin Random Hse. LLC.

Hilo Book 3: the Great Big Boom: (a Graphic Novel) Judd Winick. 2017. (Hilo Ser.: 3). (ENG., Illus.). 208p. (J). (gr. 3-7). 13.99 *(978-0-385-38620-3(6))* Penguin Random Hse. LLC.

Hilo Book 4: Waking the Monsters: (a Graphic Novel) Judd Winick. 2018. (Hilo Ser.: 4). (Illus.). 208p. (J). (gr. 3-7). 13.99 *(978-1-5247-1493-2(3))* Penguin Random Hse. LLC.

Hilo Book 6: All the Pieces Fit: (a Graphic Novel) Judd Winick. 2020. (Hilo Ser.: 6). (Illus.). 224p. (J). (gr. 3-7). 13.99 *(978-0-525-64406-4(7))*; (ENG., 16.99 *(978-0-525-64407-1(5))* Penguin Random Hse. LLC.

Hilo Book 7: Gina — -The Girl Who Broke the World: (a Graphic Novel) Judd Winick. 2021. (Hilo Ser.: 7). (Illus.). 224p. (J). (gr. 3-7). 13.99 *(978-0-525-64409-5(1))*; (ENG., lib. bdg. 16.99 *(978-0-525-64410-1(5))* Penguin Random Hse. LLC.

Hilo Invisible. Patrice Karst. Illus. by Joanne Lew-Vriethoff. 2023. (SPA.). 40p. (J). pap. 12.95 ***(978-607-557-733-3(5))*** Editorial Oceano de Mexico MEX. Dist: Independent Pubs. Group.

Hilo Invisible. Patrice Karst & Joanne Lew-Vriethoff. 2019. (Álbumes Ser.). (SPA.). 40p. (J). (gr. k-2). 14.50 *(978-607-527-920-6(2))* Editorial Oceano de Mexico MEX. Dist: Independent Pubs. Group.

Hilo Invisible / the Invisible Thread. Miriam Tirado. 2021. (SPA.). 64p. (J). (gr. k-3). pap. 15.95 *(978-607-38-0095-2(9))*, B De Blook) Penguin Random House Grupo Editorial ESP. Dist: Penguin Random Hse. LLC.

Hilo: Out-Of-This-World Boxed Set: (a Graphic Novel Boxed Set), 3 vols., Set. Judd Winick. 2018. (Hilo Ser.). (ENG., Illus.). 624p. (J). (gr. 3-7). 41.97 *(978-1-9848-4858-1(5))* Penguin Random Hse. LLC.

Hilo: the Great Big Box (Books 1-6) (a Graphic Novel Boxed Set), 6 vols. Judd Winick. 2020. (Hilo Ser.). (ENG.). 1248p. (J). (gr. 3-7). 83.94 *(978-0-593-37535-8(1))* Penguin Random Hse. LLC.

Hilt to Hilt, or Days & Nights on the Banks of the Shenandoah in the Autumn Of 1864: From the Mss; of Colonel Surry of Eagle's Nest (Classic Reprint) John Esten Cooke. (ENG., Illus.). (J). 2018. 284p. 29.75 *(978-0-267-35155-8(0))*; 2016. pap. 13.57 *(978-1-333-75296-5(2))* Forgotten Bks.

Hilton Hall, or a Thorn in the Flesh: A Novel (Classic Reprint) Louise DuBois. (ENG., Illus.). (J). 2018. 308p. 30.25 *(978-0-483-51485-0(3))*; 2016. pap. 13.57 *(978-1-334-25893-0(7))* Forgotten Bks.

Him!? Darbie Andrews. 2017. (ENG., Illus.). (J). pap. 16.99 *(978-0-9980717-7-0(3))* All Things That Matter Pr.

Him from My Past. Kacy Brazil. 2022. (ENG.). 220p. (YA). pap. 18.95 *(978-1-63985-539-1(4))* Fulton Bks.

Himalaya: The Wonders of the Mountains That Touch the Sky. Soledad Romero Mariño. Illus. by Maria Beorlegi. 2022. (ENG.). 48p. (J). (gr. 1-3). 19.95 *(978-1-914519-28-4(0))* Welbeck Publishing Group Ltd. GBR. Dist: Two Rivers Distribution.

Himalayan Cats. Grace Hansen. 2016. (Cats Set 2 Ser.). (ENG., Illus.). 24p. (J). (gr. -1-2). lib. bdg. 32.79 *(978-1-68080-920-6(2))*, 23315, Abdo Kids) ABDO Publishing Co.

Himalayan Kidnap: The First Alex & James Eco-Adventure in Nepal. Jane Wilson-Howarth. 2017. (Alex & James Eco-Adventures in Nepal Ser.: Vol. 1). (ENG., Illus.). (J). (gr. 2-6). pap. 9.99 *(978-1-63233-127-4(6))* Eifrig Publishing.

Himalayan Tales: Sparrow. Rashid Naeem. 2016. (Himalayan Tales Ser.: Vol. 1). (ENG., Illus.). (J). pap. *(978-0-9935235-0-2(1))* Himalayan Tales Pubns.

Himalayas Bottom to Top: Band 18/Pearl. Simon Chapman. 2017. (Collins Big Cat Ser.). (ENG., Illus.). 80p. (J). pap. 9.99 *(978-0-00-820900-1(6))* HarperCollins Pubs. Ltd. GBR. Dist: Independent Pubs. Group.

Himalia Gets a Dog. Patti Renee Rose. 2019. (ENG.). 28p. (J). pap. 10.95 *(978-0-578-48402-0(1))* Rose Consulting.

Himalia's Dream Venture. Patti R. Rose Ed D. 2018. (Children's Financial Literacy Ser.: Vol. 1). (ENG.). 26p. (J). pap. 10.95 *(978-0-578-40200-0(9))* Rose Consulting.

Himari Saiko's Adventures. Aaradhya Gupta. 2021. (ENG.). 24p. (J). pap. 9.99 *(978-1-68487-343-2(6))* Notion Pr., Inc.

Himawari House. Harmony Becker. 2021. (ENG., Illus.). 384p. (YA). 25.99 *(978-1-250-23556-5(1))*, 900210334); pap. 18.99 *(978-1-250-23557-2(X))*, 900210335) Roaring Brook Pr. (First Second Bks.).

Himeji Castle. Grace Hansen. 2021. (Famous Castles Ser.). (ENG., Illus.). 24p. (J). (gr. -1-2). lib. bdg. 32.79 *(978-1-0982-0730-4(0))*, 37865, Abdo Kids) ABDO Publishing Co.

Himno Nacional (National Anthem) Julie Murray. (Símbolos de Los Estados Unidos Ser.) (SPA.). 24p. (J). 2020. (gr. k-k). pap. 8.95 *(978-1-64494-378-6(6))*, 1644943786, Abdo Kids-Junior); 2019. (gr. -1-2). lib. bdg. 31.36 *(978-1-0982-0077-0(2))*, 33028, Abdo Kids) ABDO Publishing Co.

Himself Again: A Novel (Classic Reprint) J. C. Goldsmith. 2018. (ENG., Illus.). 290p. (J). 29.88 *(978-0-483-33910-1(5))* Forgotten Bks.

Himself His Worst Enemy. Alfred P[Axton] Brotherhead. 2017. (ENG.). 380p. (J). pap. *(978-3-7446-6621-3(2))* Creation Pubs.

Himself His Worst Enemy: Or, Philip Duke of Wharton's Career (Classic Reprint) Alfred P. Brotherhead. 2018. (ENG., Illus.). 378p. (J). 31.69 *(978-0-483-93752-9(5))* Forgotten Bks.

Hinalea & Other Hawaiian Reef Fish Coloring Book. Jupiter Kids. 2016. (ENG., Illus.). 106p. (J). pap. 12.55 *(978-1-68326-326-5(X))*, Jupiter Kids (Childrens & Kids Fiction)) Speedy Publishing LLC.

Hina's First Flight. Jordan Dean. 2021. (ENG.). 26p. (J). pap. *(978-1-922621-29-0(3))* Library For All Limited.

Hina's First Flight - Moan Kiban Hina. Jordan Dean. Illus. by Stefan Bogdasarov. 2023. (ENG.). 26p. (J). pap. ***(978-1-922844-48-4(9))*** Library For All Limited.

Hinchbridge Haunted: A Country Story (Classic Reprint) George Cupples. 2018. (ENG., Illus.). (J). 334p. 30.79 *(978-1-391-22498-5(1))*; 336p. pap. 13.57 *(978-1-390-96193-5(1))* Forgotten Bks.

Hind in Richmond Park (Classic Reprint) W. H. Hudson. 2018. (ENG., Illus.). 354p. (J). 31.22 *(978-0-483-43573-5(2))* Forgotten Bks.

Hind Let Loose (Classic Reprint) C. E. Montague. 2018. (ENG., Illus.). 366p. (J). 31.47 *(978-0-483-89541-6(5))* Forgotten Bks.

Hindenburg in Flames: How a Photograph Marked the End of the Airship. Michael Burgan. 2016. (Captured World History Ser.). (ENG., Illus.). 64p. (J). (gr. 5-9). lib. bdg. 35.32 *(978-0-7565-5441-5(1))*; 132576, Compass Point Bks.) Capstone.

Hinderers: A Story of the Present Time (Classic Reprint) Edna Lyall. (ENG., Illus.). (J). 2017. 214p. 28.31 *(978-0-332-90429-0(6))*; 2016. pap. 11.97 *(978-1-334-51935-2(8))* Forgotten Bks.

Hindi Alphabet Book: International Bilingual Edition. Jaspal Cheema. 2022. (ENG.). 94p. (J). pap. ***(978-1-7773510-4-5(9))*** Jaycee Pubns.

Hindi Music Jukebox: Exploring Unforgettable Songs. Manek Premchand. 2018. (ENG., Illus.). 412p. (J). pap. 20.00 *(978-1-64324-759-5(X))* Notion Pr., Inc.

Hindoo Khan: The Story of How an English Soldier Made Good in the Face of an Uphill Fight (Classic Reprint) Max Joseph Pemberton. 2018. (ENG., Illus.). 334p. (J). 30.79 *(978-0-483-84358-5(X))* Forgotten Bks.

Hindoo Life: With Pictures of the Men, Women, & Children of India (Classic Reprint) Edward Webb. (ENG., Illus.). (J). 2018. 80p. 25.57 *(978-0-483-07126-1(9))*; 2016. pap. 9.57 *(978-1-333-52296-4(7))* Forgotten Bks.

Hindoo Tales: Or, the Adventures of Ten Princes; Freely Translated from the Sanscrit of the Dasakumaracharitam (Classic Reprint) P. W. Jacob. 2018. (ENG., Illus.). 394p. (J). 32.02 *(978-0-666-92079-9(6))* Forgotten Bks.

Hindsight: What Would You Risk for Justice? Laurell Lane. 2023. (ENG.). 218p. (YA). pap. 9.99 ***(978-1-0879-2945-3(8))*** Indy Pub.

Hindu Fairy Tales: Retold for Children (Classic Reprint) Florence Griswold. 2018. (ENG., Illus.). 228p. (J). 28.62 *(978-0-331-81330-2(0))* Forgotten Bks.

Hindu Literature. Epiphanius Wilson. 2017. (ENG., Illus.). (J). 29.95 *(978-1-375-00943-0(5))*; pap. 20.95 *(978-1-375-00942-3(7))* Capital Communications, Inc.

Hinduism. Contrib. by Elizabeth Andrews. 2023. (World Religions Ser.). (ENG.). 32p. (J). (gr. 2-5). lib. bdg. 32.79 ***(978-1-0982-4445-3(1)***, 42512, DiscoverRoo) Pop!.

Hinduism. Rita Faelli. 2018. (Religion Studies). (ENG.). 32p. (J). lib. bdg. 22.99 *(978-1-5105-3783-5(X))* SmartBook Media, Inc.

Hinduism. Katie Marsico. 2017. (21st Century Skills Library: Global Citizens: World Religions Ser.). (ENG., Illus.). 32p. (J). (gr. 4-7). lib. bdg. 32.07 *(978-1-63472-157-8(8)*, 209200) Cherry Lake Publishing.

Hinduism, 1 vol. Julia J. Quinlan. 2018. (Let's Find Out! Religion Ser.). (ENG.). 32p. (gr. 2-3). lib. bdg. 26.06 *(978-1-5081-0685-2(1)*, 51e878bc-9a40-49ec-a99d-bae6c4783728) Rosen Publishing Group, Inc., The.

Hinduism. Nalini Rangan. 2017. (Illus.). 64p. (J). *(978-1-4222-3818-9(0))* Mason Crest.

Hinduism. Tristan Elby. ed. 2017. (ENG.). 40p. (J). (gr. 6-9). pap. 13.99 *(978-0-00-822775-3(6))* HarperCollins Pubs. Ltd. GBR. Dist: Independent Pubs. Group.

Hinduism: A Blending of Beliefs Ancient Religions Books Grade 6 Children's Religion Books. One True Faith. 2022. (ENG.). 72p. (J). 31.99 ***(978-1-5419-7366-4(6))***; pap. 19.99 ***(978-1-5419-5470-0(X))*** Speedy Publishing LLC. (One True Faith (Religion & Spirituality)).

Hindupore: A Peep Behind the Indian Unrest; an Anglo-Indian Romance (Classic Reprint) S. M. Mitra. 2017. (ENG., Illus.). (J). 30.64 *(978-0-331-21437-6(7))* Forgotten Bks.

Hinges Bk. 3: Mechanical Men. Meredith McClaren. 2017. (ENG., Illus.). 152p. (YA). pap. 15.99 *(978-1-5343-0039-2(2)*, 29008a54-090e-4dd4-aa77-bc9b2b9f2f30) Image Comics.

Hint in the Peeping Pupil: Solving Mysteries Through Science, Technology, Engineering, Art & Math. Ken Bowser. Illus. by Ken Bowser. 2021. (Jesse Steam Mysteries Ser.). (ENG., Illus.). 64p. (J). (gr. 2-5). pap. 8.99 *(978-1-64371-019-8(2)*, 1a3e39a9-79e2-49c9-823a-9ea0998ceb52); lib. bdg. 26.65 *(978-1-64371-018-1(4)*, e9f48174-0ae5-44b1-9de5-a79e07d315e7) Red Chair Pr.

Hint of Hydra. Kati Bartkowski & Heidi Lang. 2018. 320p. 17.99 *(978-1-5344-2005-2(3)*, Aladdin) Simon & Schuster Children's Publishing.

Hint of Hydra. Heidi Lang & Kati Bartkowski. (Mystic Cooking Chronicles Ser.). (ENG.). (J). (gr. 3-7). 2019. 336p. pap. 8.99 *(978-1-4814-7796-3(X))*; 2018. (Illus.). 320p. 17.99 *(978-1-4814-7795-6(1))* Simon & Schuster Children's Publishing. (Aladdin).

Hint of Magic & Mice: A Fairies Coloring Book. Smarter Activity Books for Kids. 2016. (ENG., Illus.). (J). pap. 9.22 *(978-1-68374-407-8(1))* Examined Solutions PTE. Ltd.

Hints: Or Thoughts Suggested & Facts Elicited by the Christian Brothers New Series of Readers (Classic Reprint) Christian Brother's. 2018. (ENG., Illus.). 322p. (J). 30.54 *(978-0-483-52244-2(9))* Forgotten Bks.

Hints for Camping & Walking. John Mead Gould. 2018. (ENG.). 140p. (J). pap. *(978-3-337-42304-9(3))* Creation Pubs.

Hints for Happy Hours: Or Amusement for All Ages (Classic Reprint) Unknown Author. 2018. (ENG., Illus.). 314p. (J). 30.37 *(978-0-484-20851-2(9))* Forgotten Bks.

Hints of Me: Poems by Josalyn Newell. Josalyn Newell. 2023. (ENG.). 39p. (YA). pap. ***(978-1-312-63455-8(3))*** Lulu Pr., Inc.

Hints on Home Teaching. Edwin A. Abbott. 2017. (ENG., Illus.). (J). pap. *(978-0-649-60275-9(7))* Trieste Publishing Pty Ltd.

Hints on the Principles Which Should Regulate the Form of Ships & Boats: Derived from Original Experiments; with Numerous Illustrations of Models (Classic Reprint) William Bland. (ENG., Illus.). (J). 2019. 84p. 25.63 *(978-0-365-19252-7(X))*; 2017. pap. 9.57 *(978-0-282-20825-7(9))* Forgotten Bks.

Hints to My Countrymen (Classic Reprint) An American. (ENG., Illus.). (J). 2018. 224p. 28.54 *(978-0-483-53935-8(X))*; 2017. pap. 10.97 *(978-0-243-60112-7(3))* Forgotten Bks.

Hints to Pilgrims (Classic Reprint) Charles S. Brooks. 2017. (ENG., Illus.). (J). 27.94 *(978-0-266-22355-9(9))* Forgotten Bks.

Hints to Servants (Classic Reprint) John Jones. 2018. (ENG., Illus.). 124p. (J). 26.47 *(978-0-483-10358-0(6))* Forgotten Bks.

Hints to Speakers & Players (Classic Reprint) Rosina Filippi. (ENG., Illus.). (J). 2017. 29.92 *(978-0-265-78823-3(4))*; 2016. pap. 13.57 *(978-1-334-14930-6(5))* Forgotten Bks.

Hip, Hip ... Beret! Touch-And-Feel Storybook. Melanie Ellsworth. Illus. by Morena Forza. 2021. (ENG.). 32p. (J). (gr. -1-3). 14.99 *(978-0-358-13728-3(4))*, 1754878, Clarion Bks.) HarperCollins Pubs.

Hip, Hip, Hooray! for Annie Mcrae, 1 vol. Brad Wilcox. Illus. by Julie Olson. 2019. (ENG.). 32p. (J). (gr. -1-3). pap. 7.99 *(978-1-4236-5235-9(5))*; (gr. k-3). 16.99 *(978-1-58685-058-6(X))* Gibbs Smith, Publisher.

Hip! Hip! Hooray! Santa! Illus. by Isobel Lundie. ed. 2019. (Booktacular Ser.). (ENG.). 30p. (J). (— 1). 9.95 *(978-1-912904-47-1(0)*, Scribblers) Book Hse. GBR. Dist: Sterling Publishing Co., Inc.

Hip, Hippo, Hooray for Fiona! A Photographic Biography. Jan Sherbin. 2017. (ENG., Illus.). (J). (gr. -1-2). 25.99 *(978-0-692-94935-1(6))* Insights Productions - Innovating Education.

Hip-Hop. Christina Dearmont. 2019. (Evolution & Cultural Influences of Music Ser.). (Illus.). 96p. (J). (gr. 12). lib. bdg. 34.60 *(978-1-4222-4372-5(9))* Mason Crest.

Hip-Hop: The Complete Series, 25 bks., Set. Incl. Ashanti. Rosa Waters. (YA). (gr. 3-7). lib. bdg. 22.95 *(978-1-4222-0111-4(2))*; LL Cool J. Brian Baughan. (YA). (gr. 7-12). lib. bdg. 22.95 *(978-1-4222-0121-3(X))*; Ludacris. Celicia Scott. (YA). (gr. 7-12). lib. bdg. 22.95 *(978-1-4222-0122-0(8))*; Mariah Carey. Celicia Scott. (YA). (gr. 7-12). lib. bdg. 22.95 *(978-1-4222-0114-5(7))*; Mary J. Blige. Terrell Brown. (YA). (gr. 7-12). lib. bdg. 22.95 *(978-1-4222-0113-8(9))*; Missy Elliot. Michelle Lawlor. (YA). (gr. 7-12). lib. bdg. 22.95 *(978-1-4222-0117-6(1))*; Nelly. James Hooper. (YA). (gr. 7-12). lib. bdg. 22.95 *(978-1-4222-0123-7(6))*; Pharrell Williams. Terrell Brown. (YA). (gr. 3-7). lib. bdg. 22.95 *(978-1-4222-0125-1(2))*; Queen Latifah. Gail Snyder. (YA). (gr. 7-12). lib. bdg. 22.95 *(978-1-4222-0126-8(0))*; Reverend Run (Run-D. M. C.) Terrell Brown. (YA). (gr. 7-12). lib. bdg. 22.95 *(978-1-4222-0127-5(9))*; Snoop Dogg. Emma Carlson-Berne. (J). (gr. 7-12). lib. bdg. 22.95 *(978-1-4222-0129-9(5))*; Usher. Raymond Lord. (YA). (gr. 7-12). lib. bdg. 22.95 *(978-1-4222-0131-2(7))*; (Illus.). 64p. 2008. 2007. 573.75 *(978-1-4222-0108-4(2))* Mason Crest.

Hip-Hop 2, 25 vols., Set. Incl. Around the World. Ida Walker. (Illus.). (YA). lib. bdg. 22.95 *(978-1-4222-0293-7(3))*; Busta Rhymes. Toby G. Hamilton. (Illus.). (YA). lib. bdg. 22.95 *(978-1-4222-0284-5(4))*; Christina Aguilera. Mary Jo Lemmens. (YA). lib. bdg. 22.95 *(978-1-4222-0285-2(2))*; Ciara. Jacquelyn Simone. (Illus.). (YA). lib. bdg. 22.95 *(978-1-4222-0286-9(0))*; Cypress Hill. Maryjo Lemmens. (Illus.). (YA). lib. bdg. 22.95 *(978-1-4222-0287-6(9))*; Daddy Yankee. Nat Cotts. (Illus.). (YA). lib. bdg. 22.95 *(978-1-4222-0288-3(7))*; Dmx. Toby G. Hamilton. (Illus.). (YA). lib. bdg. 22.95 *(978-1-4222-0289-0(5))*; Don Omar. Nat Cotts. (Illus.). (YA). lib. bdg. 22.95 *(978-1-4222-0290-6(9))*; Fat Joe. Toby G. Hamilton. (Illus.). (YA). lib. bdg. 22.95 *(978-1-4222-0291-3(7))*; Game. Lindsey Sanna. (Illus.). (YA). lib. bdg. 22.95 *(978-1-4222-0292-0(5))*; Ice Cube. Toby G. Hamilton. (Illus.). (YA). lib. bdg. 22.95 *(978-1-4222-0294-4(1))*; Ivy Queen. Kim Etingoff. (Illus.). (YA). lib. bdg. 22.95 *(978-1-4222-0295-1(X))*; Jennifer Lopez. Maryjo Lemmens & Maryjo Lemmens. (Illus.). (J). lib. bdg. 22.95 *(978-1-4222-0296-8(8))*; Juelz Santana. Janice Rockworth. (Illus.). (YA). lib. bdg. 22.95 *(978-1-4222-0297-5(6))*; Lloyd Banks. E. J. Sanna. (Illus.). (YA). lib. bdg. 22.95 *(978-1-4222-0299-9(2))*; Nas. Janice Rockworth. (Illus.). (YA). lib. bdg. 22.95 *(978-1-4222-0300-2(X))*; Outkast. Jacquelyn Simone. (Illus.). (YA). lib. bdg. 22.95 *(978-1-4222-0301-9(8))*; Pitbull. Nat Cotts. (Illus.). (YA). lib. bdg. 22.95 *(978-1-4222-0302-6(6))*; T. I. Kim Etingoff. (Illus.). (YA). lib. bdg. 22.95 *(978-1-4222-0303-3(4))*; Wu-Tang Clan. Janice Rockworth. (Illus.). (YA). lib. bdg. 22.95 *(978-1-4222-0304-0(2))*; Xzibit. Maryjo Lemmens. (Illus.). (YA). lib. bdg. 22.95 *(978-1-4222-0305-7(0))*; Young Jeezy. Nat Cotts. (Illus.). (YA). lib. bdg. 22.95 *(978-1-4222-0306-4(9))*; Yung Joc. Rosa Waters. (Illus.). (YA). lib. bdg. 22.95 *(978-1-4222-0307-1(7))*; (gr. 7-12). 2009. 64p. 2007. Set lib. bdg. 573.75 *(978-1-4222-0077-3(9))* Mason Crest.

Hip-Hop ABC's. Josie King. Illus. by Nicole Esson Designs. 2020. (ENG.). 58p. (J). ***(978-0-2288-4355-9(3))*** Tellwell Talent.

Hip-Hop ABC's. Josie King & Nicole Esson Designs. 2020. (ENG.). 58p. (J). pap. *(978-0-2288-4354-2(5))* Tellwell Talent.

Hip-Hop Alphabet. Howie Abrams. Illus. by Michael McLeer. 2019. (ENG.). 32p. (J). 14.99 *(978-1-68261-866-0(8))* Permuted Press.

Hip-Hop Alphabet 2. Howie Abrams. Illus. by Michael Kaves McLeer. 2019. (ENG.). 32p. (J). 14.99 *(978-1-68261-845-5(5))* Permuted Press.

Hip Hop Anonymous. Debbie Noble. Illus. by Sheri McInturff. 2016. (ENG.). (J). pap. 11.99 *(978-1-945620-14-0(5))* Hear My Heart Publishing.

Hip-Hop Artists (Set), 6 vols. 2017. (Hip-Hop Artists Ser.). (ENG.). 112p. (J). (gr. 6-12). lib. bdg. 248.16 *(978-1-5321-1324-6(2)*, 27532, Essential Library) ABDO Publishing Co.

Hip-Hop Artists Set 2 (Set), 6 vols. 2019. (Hip-Hop Artists Ser.). (ENG.). 112p. (J). (gr. 6-12). lib. bdg. 248.16 *(978-1-5321-9016-2(6)*, 33352, Essential Library) ABDO Publishing Co.

Hip-Hop Artists Set 3 (Set), 6 vols. 2021. (Hip-Hop Artists Ser.). (ENG.). 112p. (YA). (gr. 6-12). lib. bdg. 248.16 *(978-1-5321-9613-3(X)*, 38410, Essential Library) ABDO Publishing Co.

Hip-Hop Culture. Judy Dodge Cummings. 2017. (Hip-Hop Insider Ser.). (ENG., Illus.). 112p. (J). (gr. 6-12). lib. bdg. 41.36 *(978-1-5321-1027-6(8)*, 25630, Essential Library) ABDO Publishing Co.

Hip-Hop Dance. Trudy Becker. 2023. (Dance Ser.). (ENG., Illus.). 24p. (J). lib. bdg. 28.50 ***(978-1-64619-830-6(1))*** Little Blue Hse.

Hip-Hop Dance. Contrib. by Trudy Becker. 2023. (Dance Ser.). (ENG., Illus.). 24p. (J). pap. 8.95 ***(978-1-64619-859-7(X))*** Little Blue Hse.

Hip-Hop Dance. Audrey Deangelis & Gina Deangelis. 2017. (Hip-Hop Insider Ser.). (ENG., Illus.). 112p. (J). (gr. 6-12). lib. bdg. 41.36 *(978-1-5321-1028-3(6)*, 25632, Essential Library) ABDO Publishing Co.

Hip-Hop Dance. Wendy Hinote Lanier. 2017. (Shall We Dance? Ser.). (ENG., Illus.). 32p. (J). (gr. 2-3). pap. 9.95 *(978-1-63517-339-0(6))*, 1635173396); lib. bdg. 31.35 *(978-1-63517-274-4(8))*, 1635172748) North Star Editions. (Focus Readers).

Hip Hop Froggie & the Blueberry Dragon. Femisha Anderson. l.t. ed. 2021. (ENG.). 36p. (J). 21.95 ***(978-1-0880-1713-5(4))*** Indy Pub.

Hip-Hop Groups. Rebecca Morris. 2017. (Hip-Hop Insider Ser.). (ENG., Illus.). 112p. (J). (gr. 6-12). lib. bdg. 41.36

H

(978-1-5321-1029-0(4), 25634, Essential Library) ABDO Publishing Co.

Hip-Hop Headliners, 16 vols., Set. Incl. Alicia Keys. Mary Molly Shea. 27.93 *(978-1-4339-4784-1(6)*, acb83c56-de2d-4634-b62d-0fc3f5992b68); Beyoncé. Michou Kennon. lib. bdg. 27.93 *(978-1-4339-4788-9(9)*, 3f18dd4f-c807-4912-8fd6-6be85d5b19f8); Black Eyed Peas. Mary Molly Shea. lib. bdg. 27.93 *(978-1-4339-4792-6(7)*, 8ebc06b9-d8d8-4896-8c12-f84cb83b4f34); Jay-Z. Roman P. Nacerous. lib. bdg. 27.93 *(978-1-4339-4796-4(X)*, f9241b4b-b8b9-4502-aa8c-eee30418ad44); Justin Timberlake. Max Q. Maimone. lib. bdg. 27.93 *(978-1-4339-4800-8(1)*, 40d6b74b-e6b2-42d1-9734-52b519879c9c); Mary J. Blige. Sofia Maimone. 27.93 *(978-1-4339-4804-6(4)*, 1391fd88-a999-445e-b3da-c7440c12e297); Queen Latifah. Michou Kennon. lib. bdg. 27.93 *(978-1-4339-4808-4(7)*, 4d494ccf-d9fb-49c7-88a9-dc5103f5049); Usher. Therese M. Shea. 27.93 *(978-1-4339-4812-1(5)*, 0147663d-f70b-4386-b541-04fd20c28edf); (J). (gr. 1-1). (Hip-Hop Headliners Ser.). (ENG., Illus.). 32p. 2011. Set lib. bdg. 223.44 *(978-1-4339-4948-7(2)*, f2631af3-4ad1-403d-a0d3-19f432418d01) Stevens, Gareth Publishing LLLP.

Hip, Hop, Hooray for Brooklynn Bunny! Jill Harold. 2017. (ENG., Illus.). (J). (gr. -1-3). 17.95 *(978-1-942480-06-8(7))* Thinking Ink Pr.

Hip-Hop Insider (Set), 6 vols. 2017. (Hip-Hop Insider Ser.). (ENG.). 112p. (J). (gr. 6-12). lib. bdg. 248.16 *(978-1-5321-1026-9(X)*, 25628, Essential Library) ABDO Publishing Co.

Hip-Hop Lollipop. Susan Montanari. Illus. by Brian Pinkney. 2018. 32p. (J). (gr. -1-2). 17.99 *(978-1-101-93482-1(4)*, Schwartz & Wade Bks.) Random Hse. Children's Bks.

Hip-Hop Music. Marcia Amidon Lusted. 2017. (Hip-Hop Insider Ser.). (ENG., Illus.). 112p. (J). (gr. 6-12). lib. bdg. 41.36 *(978-1-5321-1030-6(8)*, 25636, Essential Library) ABDO Publishing Co.

Hip-Hop-Po-Potamus. Bethany Diaz. 2016. (ENG., Illus.). (J). (gr. k-3). pap. 7.99 *(978-0-692-79593-4(6))* Diaz, Bethany.

Hip-Hop Revolution, 16 vols. 2019. (Hip-Hop Revolution Ser.). (ENG.). 32p. (J). (gr. 5-5). lib. bdg. 215.44 *(978-1-9785-0971-9(5)*, 7529afe9-dcb5-47a9-a06b-d18fb7994032) Enslow Publishing, LLC.

Hip-Hop Road Trip. Margaret Gurevich. Illus. by Claire Almon. 2018. (Academy of Dance Ser.). (ENG.). 72p. (J). (gr. 3-6). lib. bdg. 25.32 *(978-1-4965-6204-3(6)*, 137813, Stone Arch Bks.) Capstone.

Hip-Pocket Papa. Sandra Markle. Illus. by Alan Marks. 2019. 32p. (J). (gr. -1-3). pap. 7.99 *(978-1-57091-709-7(4))* Charlesbridge Publishing, Inc.

Hip the Hippo & Hop the Rabbit's Learning Adventure. Casper Ryder. 2023. 28p. (J). (-k). pap. 12.00 BookBaby.

Hipatia (3ª ed) La gran maestra de Alejandría. Víctor García Tur. 2nd ed. 2021. (Genios de la Ciencia Ser.). (SPA.). 36p. (J). (gr. 4-7). 19.95 *(978-84-17137-40-3(8))* Vegueta Ediciones S. L. ESP. Dist: Independent Pubs. Group.

Hiphops: Baby Bunny Comes Home. Gwendolyn Thomas. 2017. (ENG., Illus.). (J). 16.95 *(978-1-944348-33-5(6))*; pap. 12.95 *(978-1-944348-47-2(6))* PearlStone Publishing, Inc.

Hipo-Crítico. Andre Royal. Illus. by Andre Royal. 2021. (SPA.). 28p. (J). pap. *(978-1-945432-44-6(6))* Aurora Production AG.

Hipopótamo Feliz, Pato Enojado (Happy Hippo, Angry Duck) Sandra Boynton. Illus. by Sandra Boynton. 2021. (SPA., Illus.). 16p. (J). (gr. -1-k). bds., bds. 6.99 *(978-1-5344-8880-9(4))* Simon & Schuster, Inc.

Hipopótamo (Hippopotamus) Grace Hansen. 2018. (Animales Africanos (African Animals) Ser.). (SPA.). 24p. (J). (gr. -1-2). lib. bdg. 32.79 *(978-1-5321-8029-3(2)*, 28273, Abdo Kids) ABDO Publishing Co.

¿Hipopótamo o Rinoceronte? un Libro de Comparaciones y Contrastes. Samantha Collison. Tr. by Alejandra de la Torre & Javier Camacho Miranda from ENG. 2023. (Libro de Comparaciones y Contrastes Ser.).Tr. of Hippo or Rhino?:a Compare & Contrast Book. (SPA.). 32p. (J). (gr. k-3). 11.95 *(978-1-63817-293-2(5))* Arbordale Publishing.

Hipopótamos Bebés. Kate Riggs. 2021. (Principio de Los Ser.). (SPA.). 16p. (J). (gr. -1-k). pap. 7.99 *(978-1-62832-987-2(4)*, 18007, Creative Paperbacks) Creative Co., The.

Hipotético y Su Calculatorio: Leveled Reader Book 12 Level R 6 Pack. Hmh Hmh. 2021. (SPA.). 48p. (J). pap. 74.40 *(978-0-358-08581-2(0))* Houghton Mifflin Harcourt Publishing Co.

Hipotraserote. Sandrine Beau. 2019. (SPA.). 54p. (J). 12.99 *(978-958-30-5797-7(5))* Panamericana Editorial COL. Dist: Lectorum Pubns., Inc.

Hippie Flamingo. Shannon McGinnis & Audrey McDaniel. 2019. (ENG.). 66p. (J). pap. *(978-0-359-92022-8(5))* Lulu Pr., Inc.

Hippie Pirates. Lana Shupe. Illus. by Caroline Clarke. 2023. (Hippie Pirates Ser.: 1). (ENG.). 120p. (J). (gr. 4-7). pap. 15.99 *(978-1-998802-04-3(3))* Running the Goat, Bks. & Broadsides CAN. Dist: Orca Bk. Pubs. USA.

Hippity, Hoppity, Little Bunny. Ed. by Cottage Door Press. 2018. (ENG.). 12p. (J). (gr. -1 — 1). bds. 7.99 *(978-1-68052-477-2(1)*, 2000760) Cottage Door Pr.

Hippo. August Hoeft. (I See Animals Ser.). (ENG.). (J). 2022. 20p. pap. 12.99 *(978-1-5324-4220-9(3))*; 2021. 12p. pap. 5.99 *(978-1-5324-1498-5(6))* Xist Publishing.

Hippo: River Horse. Natalie Lunis. 2016. (Animal Loudmouths Ser.). (ENG., Illus.). 24p. (J). (gr. k-3). pap. 7.99 *(978-1-944998-45-5(4))* Bearport Publishing Co., Inc.

Hippo: The Big 5 & Other Wild Animals. Megan Emmett. 2018. (Big 5 & Other Wild Animals Ser.). (ENG., Illus.). 44p. (J). (gr. k-6). pap. *(978-0-6393-0007-8(3))* Awareness Publishing.

Hippo & Fox Sort Socks: Math Reader 1 Grade K. Hmh Hmh. 2018. (SPA.). 8p. (J). pap. 9.00 *(978-1-328-57676-7(0))* Houghton Mifflin Harcourt Publishing Co.

Hippo & Fox Sort Socks: Math Reader Grade K. Hmh Hmh. 2017. (Math Expressions Ser.). (ENG.). 8p. (J). (gr. k). pap. 4.93 *(978-1-328-77220-6(9))* Houghton Mifflin Harcourt Publishing Co.

Hippo at the End of the Hall. Helen Cooper. Illus. by Helen Cooper. (ENG.). 352p. (J). (gr. 2-4). 2021. pap. 7.99 *(978-1-5362-1906-7(1))*; 2019. (Illus.). 17.99 *(978-1-5362-0448-3(X))* Candlewick Pr.

Hippo Calves. Julie Murray. 2018. (Baby Animals (Abdo Kids Junior) Ser.). (ENG., Illus.). 24p. (J). (gr. -1-2). lib. bdg. 31.36 *(978-1-5321-8165-8(5)*, 29887, Abdo Kids) ABDO Publishing Co.

Hippo Campus: The Interactive Brain Book: Fun Learning for Science Lovers. Helen Borel. 2017. (ENG., Illus.). (J). 23.90 *(978-1-936442-33-1(7))* Fresh Ink Group.

Hippo Campus:: the Interactive Brain Book: Fun Learning for Science Lovers. Helen Borel. 2017. (ENG., Illus.). (J). (gr. 1-6). pap. 15.90 *(978-1-936442-34-8(5))* Fresh Ink Group.

Hippo-Critic: A Tale of Epic Proportions. Andre Royal. Illus. by Andre Royal Jr. 2020. (ENG.). 28p. (J). pap. *(978-1-945432-35-4(7))* Aurora Production AG.

Hippo in Our Yard. Liza Donnelly. 2017. (I Like to Read Ser.). (ENG.). 32p. (J). (gr. -1-3). 7.99 *(978-0-8234-3844-0(9))* Holiday Hse., Inc.

Hippo in the Stable. Mark Trodd. Illus. by Steve Hallam. 2019. (ENG.). 38p. (J). pap. *(978-1-922355-40-9(2))* Tablo Publishing.

Hippo or Rhino?:a Compare & Contrast Book see ¿Hipopótamo o Rinoceronte? un Libro de Comparaciones y Contrastes

Hippo Pottymouth. Ken Lefkowitz. 2016. (ENG.). (J). 14.95 *(978-1-63177-892-6(7))* Amplify Publishing Group.

Hippo Trouble. Sheila Corbishley. 2017. (ENG., Illus.). (J). pap. *(978-1-909985-17-9(1))* Green, Callisto.

Hippo vs. Polar Bear, 1 vol. Janey Levy. 2018. (Bizarre Beast Battles Ser.). (ENG.). 24p. (J). (gr. 2-3). 24.27 *(978-1-5382-1927-0(1)*, cf6ea569-8bf1-41b0-9d2a-77a6de79a296) Stevens, Gareth Publishing LLLP.

Hippo Who Found True Beauty. Nevenka Alempijevic. Illus. by Ella Rousseau. 2023. (ENG.). 38p. (J). pap. *(978-1-922851-27-7(2))* Shawline Publishing Group.

Hippo Who Was Afraid of Water. Elise Asquith. Illus. by Elise Asquith. 2018. (ENG., Illus.). 30p. (J). (gr. k-2). pap. *(978-0-6481402-2-1(9))* Budgie Bks.

Hippocrates. Marcia Lusted. 2017. (Junior Biography From Ancient Civilization Ser.). (gr. 4-6). 29.95 *(978-1-68020-030-0(5))* Mitchell Lane Pubs.

Hippocrocodogapig. Samantha L. Hill. 2020. (ENG.). 34p. (J). pap. *(978-1-8380982-7-8(5))* Blossom Spring Publishing.

Hippodrome (Classic Reprint) Rachel Hayward. 2018. (ENG., Illus.). 304p. (J). 30.19 *(978-0-428-76218-6(2))* Forgotten Bks.

Hippolyte & Golden-Beak: Two Stories. George Bassett. 2016. (ENG., Illus.). (J). pap. *(978-3-7433-2214-1(5))* Creation Pubs.

Hippolyte & Golden-Beak: Two Stories (Classic Reprint) George Bassett. 2017. (ENG., Illus.). (J). 29.38 *(978-0-266-17780-7(8))* Forgotten Bks.

Hippotamister. John Patrick Green. (ENG., Illus.). 96p. (J). 2021. 9.99 *(978-1-250-80192-0(3)*, 900243148); 2016. 18.99 *(978-1-62672-200-2(5)*, 900144759) Roaring Brook Pr. (First Second Bks.).

Hippopotamus. Golriz Golkar. 2022. (Deadliest Animals Ser.). (ENG., Illus.). 32p. (J). (gr. 2-3). pap. 9.95 *(978-1-63738-320-9(7))*; lib. bdg. 31.35 *(978-1-63738-284-4(7))* North Star Editions. (Apex).

Hippopotamus. Grace Hansen. 2017. (African Animals (Abdo Kids Jumbo) Ser.). (ENG., Illus.). 24p. (J). (gr. -1-2). lib. bdg. 32.79 *(978-1-5321-0418-3(9)*, 26544, Abdo Kids) ABDO Publishing Co.

Hippopotamus. Natalie Lunis. 2016. (J). lib. bdg. *(978-1-62724-820-4(X))* Bearport Publishing Co., Inc.

Hippopotamus. Julie Murray. 2020. (Animals with Bite Ser.). (ENG., Illus.). 24p. (J). (gr. k-4). lib. bdg. 31.36 *(978-1-0982-2299-4(7)*, 36235, Abdo Zoom-Dash) ABDO Publishing Co.

Hippopotamus. Colleen Sexton. 2022. (Library of Awesome Animals Set Three Ser.). (ENG.). (J). (gr. 2-5). lib. bdg. 26.99 Bearport Publishing Co., Inc.

Hippopotamus Calves. Susan H. Gray. 2020. (21st Century Basic Skills Library: Level 3: Babies at the Zoo Ser.). (ENG., Illus.). 24p. (J). (gr. k-3). pap. 12.79 *(978-1-5341-6123-8(6)*, 214492); lib. bdg. 30.64 *(978-1-5341-5893-1(6)*, 214491) Cherry Lake Publishing.

Hippopotamus the Astronomus. Charlanne Sarrazin. 2021. (ENG.). 46p. (J). *(978-0-2288-5479-1(2))*; pap. *(978-0-2288-5478-4(4))* Tellwell Talent.

Hippopotamuses. Tammy Gagne. 2017. (Animals of Africa Ser.). (ENG., Illus.). 32p. (J). (gr. 2-3). pap. 9.95 *(978-1-63517-330-7(2)*, 1635173302); lib. bdg. 31.35 *(978-1-63517-265-2(9)*, 1635172659) North Star Editions. (Focus Readers).

Hippopotamuses. Rachel Grack. 2019. (Animals of the Wetlands Ser.). (ENG., Illus.). 24p. (J). (gr. k-3). lib. bdg. 26.95 *(978-1-62617-989-9(1)*, Blastoff! Readers) Bellwether Media.

Hippopotamuses. Kate Riggs. 2016. (Amazing Animals Ser.). (Illus.). 24p. (J). (gr. 3). 28.95 *(978-1-60818-612-9(1)*, Creative Education) Creative Co., The.

Hippopotamuses: A 4D Book. Kathryn Clay. 2018. (Mammals in the Wild Ser.). (ENG., Illus.). 24p. (J). (gr. -1-2). lib. bdg. 24.65 *(978-1-9771-0079-5(1)*, 138285, Pebble) Capstone.

Hippos. Mary Ellen Klukow. 2019. (Spot African Animals Ser.). (ENG.). 16p. (J). (gr. -1-2). lib. bdg. *(978-1-68151-641-7(1)*, 10773) Amicus.

Hippos: Children's Zoology Book with Interesting & Informative Facts. Bold Kids. 2022. (ENG.). 46p. (J). pap. 15.99 *(978-1-0717-1014-2(1))* FASTLANE LLC.

Hippos Go Berserk! The 45th Anniversary Edition. Sandra Boynton. Illus. by Sandra Boynton. 2022. (ENG., Illus.). 40p. (J). (gr. -1). 17.99 *(978-1-6659-2603-4(1))* Simon & Schuster Children's Publishing.

Hippos! I Love! Coloring Book. Activibooks For Kids. 2016. (ENG., Illus.). (J). pap. 9.20 *(978-1-68321-601-8(6))* Mimaxion.

Hippo's Journey to Overcoming His Fear of Water: A Children's Story about Courage & Bravery. Nhala Inyoni. 2023. (ENG.). 32p. (J). pap. *(978-1-910024-24-9(4))* Esanjam.

Hipposausagemus & Friends. Peter Haney. 2018. (ENG., Illus.). 34p. (J). pap. *(978-0-244-69161-5(4))* Lulu Pr., Inc.

Hippy-Hoppy Toad. Peggy Archer. Illus. by Anne Wilsdorf. 2018. 40p. (J). (gr. -1-2). 16.99 *(978-0-399-55576-0(1))*; (ENG.). lib. bdg. 19.99 *(978-0-399-55577-7(X))* Random Hse. Children's Bks. (Schwartz & Wade Bks.).

Hips on the Drag Queen Go Swish, Swish, Swish. Lil Miss Hot Mess. Illus. by Olga de Dios Ruiz. 2020. (ENG.). 40p. (J). (gr. -1-3). 17.99 *(978-0-7624-6765-5(7)*, Running Pr. Kids) Running Pr.

Hipswitch & Huggledug's Holiday Heist. Samuel Martin. Illus. by Alex King. 2021. (ENG.). 74p. (J). pap. 9.50 *(978-1-7947-7441-4(6))* Lulu Pr., Inc.

Hiraeth: The Spirit Within. Juniper Ashe. 2023. (ENG.). 186p. (YA). pap. 14.99 *(978-1-958729-85-4(X))* Mindstir Media.

Hiram. Jr James E. Christy & Kimbera Jones. 2016. (ENG., Illus.). (J). pap. 19.95 *(978-1-4834-5824-3(5))* Lulu Pr., Inc.

Hiram & the Peddlars the Peddlers (Classic Reprint) Willis N. Bugbee. 2018. (ENG., Illus.). 28p. (J). 24.47 *(978-0-267-50985-0(5))* Forgotten Bks.

Hiram Blair (Classic Reprint) Drew Tufts. 2018. (ENG., Illus.). 458p. (J). 33.34 *(978-0-267-47049-5(5))* Forgotten Bks.

Hiram Golf's Religion or the Shoemaker by the Grace of God (Classic Reprint) George Hughes Hepworth. 2017. (ENG., Illus.). (J). 26.87 *(978-0-331-82470-4(1))* Forgotten Bks.

Hiram Jones' Bet: A Farce In One Act (Classic Reprint) May E. Countryman. 2018. (ENG., Illus.). 22p. (J). 24.37 *(978-0-267-27610-3(9))* Forgotten Bks.

Hiram Ulysses Aloysius Higgenbotham's Special Day. Jami Lewis Spray. 2019. (ENG., Illus.). 30p. (J). pap. 12.95 *(978-1-64191-446-8(7))* Christian Faith Publishing.

Hirana's War. Britta Jensen. 2020. (Eloia Born Ser.: Vol. 2). (ENG.). 354p. (YA). (gr. 7-12). 28.00 *(978-1-7328995-5-1(X))*; pap. 16.00 *(978-1-7328995-4-4(1))* Murasaki Pr.

Hired Baby with Other Stories & Social Sketches (Classic Reprint) Marie Corelli. 2018. (ENG., Illus.). 270p. (J). 29.49 *(978-0-483-58401-3(0))* Forgotten Bks.

Hired Furnished. Margaret B. Wright. 2017. (ENG.). 486p. (J). pap. *(978-3-337-12240-9(X))* Creation Pubs.

Hired Furnished: Being Certain Economical Housekeeping Adventures in England (Classic Reprint) Margaret B. Wright. 2017. (ENG., Illus.). (J). 33.88 *(978-0-266-38748-0(9))* Forgotten Bks.

Hired Girl. Laura Amy Schlitz. 2017. (ENG.). 400p. (J). (gr. 5-9). pap. 11.99 *(978-0-7636-9450-0(9))* Candlewick Pr.

Hired Girl. Laura Amy Schlitz. l.t. ed. 2020. (ENG.). pap. 15.99 *(978-1-4328-7417-9(9))* Thorndike Pr.

Hired Girl. Laura Amy Schlitz. ed. 2018. lib. bdg. 22.10 *(978-0-606-40389-4(2))* Turtleback.

Hired Girl's Dream: Novel & Original for Children or Grown-Ups, in One Act (Classic Reprint) Charles Noel Douglas. 2018. (ENG., Illus.). 40p. (J). 24.72 *(978-0-666-13297-0(6))* Forgotten Bks.

Hired Man's Courtship: A Play in Two Scenes (Classic Reprint) A. K. Cripps. (ENG., Illus.). (J). 2018. 20p. 24.33 *(978-0-267-30719-7(5))*; 2016. pap. 7.97 *(978-1-333-33867-1(8))* Forgotten Bks.

Hiro Loves Kite. Lauren Nicolle Taylor. 2019. (Paper Stars Novel Ser.: 2). (ENG.). 300p. (YA). pap. 10.95 *(978-1-63422-326-3(8))* Clean Teen Publishing.

Hirono Chronicles: Meera. Thomas J. H. Boggis. 2020. (ENG.). 258p. (YA). pap. *(978-1-913359-98-0(0))* Markosia Enterprises, Ltd.

Hirono Chronicles: Spirit War. Thomas J. H. Behe. 2021. (ENG.). 266p. (YA). pap. *(978-1-913802-62-2(0))* Markosia Enterprises, Ltd.

Hirono Chronicles: Wolf Warriors. Thomas J. H. Boggis. 2020. (ENG.). 250p. (YA). pap. *(978-1-913802-16-5(7))* Markosia Enterprises, Ltd.

Hiroshima & Nagasaki. Andrew Langley. 2017. (Eyewitness to World War II Ser.). (ENG., Illus.). 112p. (J). (gr. 5-9). lib. bdg. 38.65 *(978-0-7565-5584-9(1)*, 135469, Compass Point Bks.) Capstone.

Hiroshima & Nagasaki: The Atomic Bombings That Shook the World. Michael Burgan. 2019. (Tangled History Ser.). (ENG., Illus.). 112p. (J). (gr. 3-9). pap. 6.95 *(978-1-5435-7556-9(0)*, 141088); lib. bdg. 34.65 *(978-1-5435-7256-8(1)*, 140592) Capstone.

Hiroshima Mon Amour, Level B. Marguerite Duras.Tr. of Hiroshima My Love. (FRE.). (YA). (gr. 7-12). 9.95 *(978-0-88436-998-1(6)*, 40308) EMC/Paradigm Publishing.

Hiroshima My Love see Hiroshima Mon Amour

Hiroshima Novel Units Teacher Guide. Novel Units. 2019. (ENG.). (YA). (gr. 7-12). pap. 12.99 *(978-1-56137-136-5(X)*, BK8279, Novel Units, Inc.) Classroom Library Co.

Hiroshima Stones see Hiroshima Stones: The Shadow Stones of Hiroshima - a Story of Love & War

His. Alysha Miller. 2021. (ENG.). 212p. (YA). pap. 16.49 *(978-1-6628-2242-1(1))* Salem Author Services.

His Angel: A Romance of the Far West (Classic Reprint) Henry Herman. (ENG., Illus.). (J). 2018. 250p. 29.05 *(978-0-364-10842-0(8))*; 2017. pap. 11.57 *(978-0-259-30137-0(X))* Forgotten Bks.

His Brother's Bride. Nancy M. Bell. 2017. (Canadian Historical Brides Ser.: Vol. 2). (ENG.). 282p. (J). pap. *(978-1-77299-497-1(9)*, Canadian Books We Love) Books We Love Publishing Partners.

His Brother's Keeper: Or Christian Stewardship (Classic Reprint) Charles M. Sheldon. 2017. (ENG., Illus.). (J). 30.89 *(978-1-5280-8795-7(X))* Forgotten Bks.

His Brown Horse. Tora Stephenchel. 2021. (Learning Sight Words Ser.). (ENG.). 24p. (J). (gr. -1-2). lib. bdg. 32.79 *(978-1-5038-4501-5(X)*, 214268) Child's World, Inc, The.

His City Girl: A Comedy in One Act (Classic Reprint) Ward MacAuley. 2018. (ENG., Illus.). 40p. (J). 24.72 *(978-0-267-19515-2(X))* Forgotten Bks.

His Courtship (Classic Reprint) Helen R. Martin. 2018. (ENG., Illus.). 340p. (J). 30.91 *(978-0-267-26045-4(8))* Forgotten Bks.

His Cousin Adair, Vol. 1 of 3 (Classic Reprint) Gordon Roy. 2018. (ENG., Illus.). 290p. (J). 29.90 *(978-0-483-75677-9(6))* Forgotten Bks.

His Cousin Adair, Vol. 2 of 3 (Classic Reprint) Gordon Roy. 2018. (ENG., Illus.). 280p. (J). 29.69 *(978-0-483-23215-0(7))* Forgotten Bks.

His Cousin, the Doctor: A Story (Classic Reprint) Minnie Willis Baines. (ENG., Illus.). (J). 2018. 202p. 28.06 *(978-0-332-18247-6(9))*; 2016. pap. 10.57 *(978-1-334-12054-1(4))* Forgotten Bks.

His Cuban Sweetheart: A Novel (Classic Reprint) Richard Henry Savage. 2018. (ENG., Illus.). 262p. (J). 29.30 *(978-0-267-94485-9(3))* Forgotten Bks.

His Dark Materials: Lyra's Oxford, Gift Edition. Philip Pullman. Illus. by Chris Wormell. 2021. (His Dark Materials Ser.). (ENG.). 112p. (J). (gr. 5). 20.99 *(978-0-593-48657-3(9)*, Knopf Bks. for Young Readers) Random Hse. Children's Bks.

His Dark Materials: Once upon a Time in the North. Philip Pullman. Illus. by John Lawrence. 2017. (His Dark Materials Ser.). (ENG.). 144p. (J). (gr. 5). 7.99 *(978-0-399-55544-2(7)*, Yearling) Random Hse. Children's Bks.

His Dark Materials: Serpentine. Philip Pullman. Illus. by Tom Duxbury. 2020. (His Dark Materials Ser.). (ENG.). 80p. (J). (gr. 5). 12.99 *(978-0-593-37768-0(0)*, Knopf Bks. for Young Readers) Random Hse. Children's Bks.

His Dark Materials: the Collectors. Philip Pullman. Illus. by Tom Duxbury. 2022. (His Dark Materials Ser.). (ENG.). 80p. (J). (gr. 5). 14.99 *(978-0-593-37834-2(2)*, Knopf Bks. for Young Readers) Random Hse. Children's Bks.

His Dark Materials: the Golden Compass (HBO Tie-In Edition) Philip Pullman. ed. 2019. (His Dark Materials Ser.: 1). (ENG., Illus.). 432p. (J). (gr. 5). pap. 12.99 *(978-0-593-17855-3(6)*, Knopf Bks. for Young Readers) Random Hse. Children's Bks.

His Dark Materials: the Golden Compass Illustrated Edition. Philip Pullman. Illus. by Chris Wormell. 2021. (His Dark Materials Ser.: 1). (ENG.). 304p. (J). (gr. 5). 37.99 *(978-0-593-37771-0(0)*, Knopf Bks. for Young Readers) Random Hse. Children's Bks.

His Darling Sin (Classic Reprint) M. E. Braddon. 2017. (ENG., Illus.). (J). 31.28 *(978-0-331-59919-0(8))* Forgotten Bks.

His Daughter (Classic Reprint) Gouverneur Morris. 2018. (ENG., Illus.). 336p. (J). 30.87 *(978-0-483-13104-0(0))* Forgotten Bks.

His Daughter First (Classic Reprint) Arthur Sherburne Hardy. 2018. (ENG., Illus.). 360p. (J). 31.32 *(978-0-483-75483-6(8))* Forgotten Bks.

His Dear Unintended (Classic Reprint) John Breckenridge Ellis. (ENG., Illus.). (J). 2018. 314p. 30.39 *(978-0-483-37504-8(7))*; 2016. pap. 13.57 *(978-1-334-13675-7(0))* Forgotten Bks.

His Defense, & Other Stories (Classic Reprint) Harry Stillwell Edwards. 2018. (ENG., Illus.). 230p. (J). 28.66 *(978-0-365-03702-6(8))* Forgotten Bks.

His Dog. Albert Payson Terhune. 2017. (ENG., Illus.). (J). 21.95 *(978-1-374-91492-6(4))*; pap. 10.95 *(978-1-374-91491-9(6))* Capital Communications, Inc.

His Dog. Albert Payson Terhune. 2018. (ENG., Illus.). 66p. (J). *(978-3-7326-2780-6(2))* Klassik Literatur. ein Imprint der Salzwasser Verlag GmbH.

His Dog (Classic Reprint) Albert Payson Terhune. 2018. (ENG., Illus.). (J). 27.88 *(978-0-331-97553-6(X))* Forgotten Bks.

His Excellency: Son Exc; Eugene Rougon (Classic Reprint) Emile. Zola. 2016. (ENG., Illus.). (J). 20.57 *(978-1-334-99736-5(5))* Forgotten Bks.

His Excellency: Son Exc; Eugene Rougon (Classic Reprint) Emile Zola. 2017. (ENG., Illus.). (J). 31.82 *(978-1-5283-4210-0(0))* Forgotten Bks.

His Eye Is on the Sparrow. Stewart Marshall Gulley. l.t. ed. 2016. (ENG., Illus.). (J). pap. 34.95 *(978-1-928561-07-1(1))* Gulley Institute of Creative Learning, Inc.

His Eye Is on the Sparrows. Sharon A. Jones. 2021. (ENG., Illus.). 50p. (J). pap. 15.95 *(978-1-63630-487-8(7))* Covenant Bks.

His Family (Classic Reprint) Ernest Poole. 2017. (ENG., Illus.). (J). 30.76 *(978-0-265-60168-6(1))* Forgotten Bks.

His Father, or a Mother's Legacy (Classic Reprint) Silas K. Hocking. 2018. (ENG., Illus.). 374p. (J). 31.61 *(978-0-484-58250-6(X))* Forgotten Bks.

His Father's Son: A Farce Comedy in One Act (Classic Reprint) Hellen Morrison Howie. (ENG., Illus.). (J). 2018. 28p. 24.47 *(978-0-267-32761-4(7))*; 2016. pap. 7.97 *(978-1-333-53983-2(5))* Forgotten Bks.

His Father's Son: A Novel of New York (Classic Reprint) Brander Matthews. 2018. (ENG., Illus.). 286p. (J). 29.80 *(978-0-365-17056-3(9))* Forgotten Bks.

His Father's Wife (Classic Reprint) J. E. Patterson. 2018. (ENG., Illus.). 408p. (J). 32.31 *(978-0-483-59136-3(X))* Forgotten Bks.

His Favorite Creation. Rachael Goble. 2016. (ENG., Illus.). (J). pap. 12.95 *(978-1-68409-192-8(6))* Page Publishing Inc.

His First & Last Appearance (Classic Reprint) Francis James Finn. 2017. (ENG., Illus.). (J). 28.58 *(978-1-5283-6232-0(2))* Forgotten Bks.

His First Case: A Farce in One Act (Classic Reprint) George Albert Drovin. (ENG., Illus.). (J). 2018. 24p. 24.39 *(978-0-267-39143-1(9))*; 2016. pap. 7.97 *(978-1-334-13766-2(8))* Forgotten Bks.

His First Leave (Classic Reprint) Lizzie Allen Harker. 2017. (ENG., Illus.). 320p. (J). 30.52 *(978-0-332-32402-9(8))* Forgotten Bks.

His First Offence (Classic Reprint) Joseph Storer Clouston. (ENG., Illus.). (J). 2018. 334p. 30.79 *(978-0-364-01333-5(8))*; 2017. pap. 13.57 *(978-0-243-51062-7(4))* Forgotten Bks.

His Fortunate Grace (Classic Reprint) Gertrude Franklin Horn Atherton. 2018. (ENG., Illus.). 226p. (J). 28.56 *(978-0-364-27583-2(9))* Forgotten Bks.

His Fortunate Grace, etc (Classic Reprint) Gertude Atherton. 2018. (ENG., Illus.). 282p. (J). 29.73 *(978-0-484-38527-5(5))* Forgotten Bks.

882

The check digit for ISBN-10 appears in parentheses after the full ISBN-13

His Friend & His Wife: A Novel of the Quaker Hill Colony (Classic Reprint) Cosmo Hamilton. 2018. (ENG., Illus.). 318p. (J). 30.48 *(978-0-483-50933-7(7))* Forgotten Bks.
His Friend's Widow: A Three ACT Play (Classic Reprint) Cora McWhiney Hand. (ENG., Illus.). (J). 2018. 22p. 24.35 *(978-0-484-75924-3(8))*; 2017. pap. 7.97 *(978-0-259-17378-6(9))* Forgotten Bks.
His Frozen Fingertips. Charlotte Bowyer. 2017. (ENG., Illus.). (YA). 25.95 *(978-1-63393-347-7(4))*; pap. 16.95 *(978-1-63393-345-3(8))* Koehler Bks.
His Grace Is Enough: How God Makes It Right When We've Got It Wrong. Melissa B. Kruger. Illus. by Isobel Lundie. 2022. (ENG.). 24p. (J). *(978-1-78498-751-0(4))* Good Bk. Co., The.
His Grace Is Enough Board Book. Melissa B. Kruger. Illus. by Isobel Lundie. 2023. (ENG.). 16p. (J). bds. ***(978-1-78498-863-0(4))*** Good Bk. Co., The.
His Grace of Osmonde: Being the Portions of That Nobleman's Life Omitted in the Relation of His Lady's Story Presented to the World of Fashion under the Title of a Lady of Quality. Frances Burnett. 2017. (ENG., Illus.). (J). 26.95 *(978-1-374-93730-7(4))* Capital Communications, Inc.
His Grace of Osmonde: Being the Portions of That Nobleman's Life Omitted in the Relation of His Lady's Story Presented to the World of Fashion under the Title of a Lady of Quality (Classic Reprint) Frances Burnett. 2017. (ENG., Illus.). (J). 33.88 *(978-1-5279-4941-6(9))* Forgotten Bks.
His Great Adventure (Classic Reprint) Robert Herrick. 2017. (ENG., Illus.). (J). 32.52 *(978-1-5284-6981-4(X))* Forgotten Bks.
His Great Self (Classic Reprint) Marion Harland. 2018. (ENG., Illus.). 364p. (J). 31.40 *(978-0-483-85252-5(X))* Forgotten Bks.
His Hands. Jason O. Bradley. 2021. (ENG.). 30p. (J). pap. 12.99 *(978-1-0878-8711-1(9))* Indy Pub.
His Harvest (Classic Reprint) Pearl Doles Bell. (ENG., Illus.). (J). 2018. 318p. 30.46 *(978-0-484-17608-8(0))*; 2016. pap. 13.57 *(978-1-334-13247-6(X))* Forgotten Bks.
His Heartstopper: A Young Adult Gay Romance Novel. Connor Whiteley. 2023. (ENG.). 256p. (YA). 20.99 ***(978-1-915551-59-7(5))***; pap. 13.99 ***(978-1-915551-58-0(7))*** Draft2Digital.
His Helpmate (Classic Reprint) Frank Barrett. 2018. (ENG., Illus.). 242p. (J). 28.89 *(978-0-484-41664-1(2))* Forgotten Bks.
His Hidden Wings. Alexander Williams. 2018. (ENG.). 162p. (J). pap. *(978-1-912416-39-4(5))* TSL Pubns.
His Hideous Heart: 13 of Edgar Allan Poe's Most Unsettling Tales Reimagined. Ed. by Dahlia Adler. 2021. (ENG.). 480p. (YA). pap. 13.99 *(978-1-250-30279-3(X)*, 900196961) Flatiron Bks.
His Holiness the Dalai Lama in 100 Anecdotes. Arthy Muthanna Nainy & Mamta Nainy. 2022. (Illus.). 112p. (YA). (gr. 7). 9.95 *(978-0-14-345498-4(6)*, Penguin Enterprise) Penguin Bks. India PVT, Ltd IND. Dist: Independent Pubs. Group.
His Honour, & a Lady (Classic Reprint) Everard Cotes. 2018. (ENG., Illus.). 350p. (J). 31.12 *(978-0-483-20654-0(7))* Forgotten Bks.
His Hour (Classic Reprint) Elinor Glyn. 2018. (ENG., Illus.). 324p. (J). 30.58 *(978-0-483-53615-9(6))* Forgotten Bks.
His Inheritance (Classic Reprint) Adeline Trafton. 2018. (ENG., Illus.). 434p. (J). 32.85 *(978-0-483-58666-6(8))* Forgotten Bks.
His Kingdom Girlz: What If Some Don't Believe? Tiffany Moss. 2022. (His Kingdom Girlz Ser.: Vol. 2). (ENG.). 32p. (J). pap. 10.99 ***(978-1-6628-5404-0(8))*** Salem Author Services.
His Last Log (Classic Reprint) Morgan S. Woodward. 2018. (ENG., Illus.). 120p. (J). 26.37 *(978-0-267-23902-3(5))* Forgotten Bks.
His Level Best, & Other Stories (Classic Reprint) Edward Everett Hale. 2018. (ENG., Illus.). 306p. (J). 30.23 *(978-0-666-99887-3(6))* Forgotten Bks.
His Little Mother: And Other Tales & Sketches (Classic Reprint) Dinah Craik. 2018. (ENG., Illus.). 76p. (J). 25.48 *(978-0-365-39389-4(4))* Forgotten Bks.
His Little Mother: And Other Tales & Sketches (Classic Reprint) Dinah Maria Mulock Craik. (ENG., Illus.). (J). 2018. 278p. 29.63 *(978-0-483-53721-7(7))*; 2016. pap. 13.57 *(978-1-334-13721-1(8))* Forgotten Bks.
His Little Royal Highness. Ruth Ogden. 2017. (ENG.). 196p. (J). pap. *(978-3-337-03978-3(2))* Creation Pubs.
His Little Royal Highness. Ruth Ogden. 2017. (ENG., Illus.). (J). pap. *(978-0-649-60290-2(0))* Trieste Publishing Pty Ltd.
His Little Royal Highness (Classic Reprint) Ruth Ogden. 2018. (ENG., Illus.). 196p. (J). 27.94 *(978-0-483-91718-7(4))* Forgotten Bks.
His Little World: The Story of Hunch Badeau (Classic Reprint) Samuel Merwin. (ENG., Illus.). (J). 2018. 214p. 28.33 *(978-0-483-31112-1(X))*; 2016. pap. 10.97 *(978-1-334-48305-9(1))* Forgotten Bks.
His Long Ears. R. D. Patch. 2021. (ENG.). 28p. (J). pap. 13.95 *(978-1-63844-354-4(8))* Christian Faith Publishing.
His Love Story (Classic Reprint) Marie Van Vorst. (ENG., Illus.). (J). 2018. 300p. 30.10 *(978-0-332-33658-9(1))*; 2016. pap. 13.57 *(978-1-334-14440-0(0))* Forgotten Bks.
His Luckiest Year: A Sequel to Lucky Bob. Rev Francis J. Finn. 2017. (ENG., Illus.). (J). (gr. 4-6). pap. 12.95 *(978-1-936639-89-2(0))* St. Augustine Academy Pr.
His Luckiest Year (Classic Reprint) Francis J. Finn. 2017. (ENG., Illus.). (J). 29.26 *(978-0-331-22899-1(8))* Forgotten Bks.
His Maiesties Declaration, Touching His Proceedings in the Late Assemblie & Convention of Parliament (Classic Reprint) James I. King of England. 2017. (ENG., Illus.). (J). 25.32 *(978-0-266-81680-5(0))*; pap. 9.57 *(978-1-5277-8373-7(1))* Forgotten Bks.
His Maiesties Declaration, Touching His Proceedings in the Late Assembly & Convention of Parliament (Classic Reprint) James I. King of England. 2017. (ENG., Illus.). (J). 25.15 *(978-0-331-85051-2(6))* Forgotten Bks.
His Majesty Baby & Some Common People (Classic Reprint) Ian MacLaren. 2018. (ENG., Illus.). 350p. (J). 31.12 *(978-0-483-58701-4(X))* Forgotten Bks.
His Majesty Bunker Bean: A Comedy in Four Acts & Five Scenes (Classic Reprint) Lee Wilson Dodd. 2018. (ENG., Illus.). 110p. (J). 26.17 *(978-0-267-44859-3(7))* Forgotten Bks.
His Majesty, Myself (Classic Reprint) William Mumford Baker. (ENG., Illus.). (J). 2018. 300p. 30.10 *(978-0-364-45706-1(6))*; 2017. pap. 13.57 *(978-0-243-57673-9(0))* Forgotten Bks.
His Majesty the King: Wee Willie Winkie (Classic Reprint) Rudyard Kipling. (ENG., Illus.). (J). 2019. 54p. 25.03 *(978-0-365-05948-6(X))*; 2017. pap. 9.57 *(978-0-259-49254-2(X))* Forgotten Bks.
His Marriage Vow (Classic Reprint) Caroline Fairfield Corbin. (ENG., Illus.). (J). 2018. 332p. 30.74 *(978-0-365-24488-2(0))*; 2017. pap. 13.57 *(978-0-282-98780-0(0))* Forgotten Bks.
His Masterpiece (Classic Reprint) Emile Zola. (ENG., Illus.). (J). 2018. 360p. 31.32 *(978-0-656-77860-7(1))*; 2017. pap. 13.97 *(978-1-5276-3132-8(X))* Forgotten Bks.
His Most Dear Ladye a Story of Mary, Countess of Pembroke, Sister of Sir Philip Sidney (Classic Reprint) Beatrice Marshall. 2017. (ENG., Illus.). (J). 31.14 *(978-0-331-57796-9(8))* Forgotten Bks.
His Mother (Classic Reprint) Harvey Jerrold O'Higgins. (ENG., Illus.). (J). 2018. 28p. 24.47 *(978-0-364-01334-2(6))*; 2017. pap. 7.97 *(978-0-243-51058-0(6))* Forgotten Bks.
His Name Is Coal. Roy Hale & Melanie Hale. Illus. by Mackenzie Wood. 2022. (ENG.). 100p. (J). 21.99 ***(978-1-6628-6528-2(7))***; pap. 12.49 ***(978-1-6628-5944-1(9))*** Salem Author Services.
His Name Is John Son of Elizabeth & Zacharias. Adam E. Oblad. 2021. (ENG., Illus.). 32p. (J). 24.95 *(978-1-63961-330-4(7))*; pap. 13.95 *(978-1-63961-175-1(4))* Christian Faith Publishing.
His Name Is Mud: A Comedy, in Four Acts (Classic Reprint) Edward Grimm. 2018. (ENG., Illus.). 38p. (J). 24.68 *(978-0-483-11420-3(0))* Forgotten Bks.
His Name Is My Daddy. Portia Y. Clare. Illus. by Lisa Alderson. 2023. (ENG.). 34p. (J). 26.99 ***(978-1-6628-7005-7(1))***; pap. 14.99 ***(978-1-6628-7004-0(3))*** Salem Author Services.
His Official Fiancee (Classic Reprint) Berta Ruck. 2017. (ENG., Illus.). (J). 32.31 *(978-0-331-40634-4(9))*; pap. 16.57 *(978-0-243-51590-5(1))* Forgotten Bks.
His One Fault (Classic Reprint) John Townsend Trowbridge. 2018. (ENG., Illus.). 316p. (J). 30.43 *(978-0-267-25843-7(7))* Forgotten Bks.
His One Tune, & a Few Others (Classic Reprint) J. E. Sanford. 2018. (ENG., Illus.). 102p. (J). 26.02 *(978-0-428-91724-1(0))* Forgotten Bks.
His Opportunity (Classic Reprint) Henry Clemens Pearson. 2018. (ENG., Illus.). 444p. (J). 33.07 *(978-0-484-63625-4(1))* Forgotten Bks.
His Own Country (Classic Reprint) Paul Kester. 2017. (ENG., Illus.). (J). 688p. 38.09 *(978-0-484-56721-3(7))*; pap. 20.57 *(978-0-259-52354-3(2))* Forgotten Bks.
His Own Home Town (Classic Reprint) Larry Evans. 2018. (ENG., Illus.). 324p. (J). 30.58 *(978-0-365-08050-3(0))* Forgotten Bks.
His Own Image. Alan Dale. 2017. (ENG.). 314p. (J). pap. *(978-3-337-00228-2(5))* Creation Pubs.
His Own Image: A Novel (Classic Reprint) Alan Dale. 2018. (ENG., Illus.). 312p. (J). 30.33 *(978-0-484-49329-1(9))* Forgotten Bks.
His Own People (Classic Reprint) Booth Tarkington. (ENG., Illus.). (J). 2018. 234p. 28.72 *(978-0-483-38921-2(8))*; 2017. 27.44 *(978-1-5283-8112-3(2))*; 2016. pap. 11.57 *(978-1-334-15299-3(3))* Forgotten Bks.
His Own Simple Gift. Helen Clark Hensley. 2020. (ENG.). 80p. (J). *(978-1-8381691-5-2(6))* Book Hub Publishing, The.
His People (Classic Reprint) R. B. Cunninghame Graham. 2018. (ENG., Illus.). 322p. (J). 30.56 *(978-0-483-59358-9(3))* Forgotten Bks.
His Personal Record: Stories of Railroad Life; Showing the Injustice of the Personal Record or Black List, the Age Limit, & the Abuses of the Hospital & Pension Systems; Illumined & Enlivened by Stories & Sketches Reflecting the Lives of Railroad. William John Pinkerton. (ENG., Illus.). (J). 2018. 308p. 30.25 *(978-0-666-58697-1(7))*; 2017. pap. 13.57 *(978-0-259-54369-5(1))* Forgotten Bks.
His Prison Bars: A Temperance Story (Classic Reprint) Alphonso Alva Hopkins. 2018. (ENG., Illus.). 260p. (J). 29.26 *(978-0-483-31348-4(3))* Forgotten Bks.
His Private Character (Classic Reprint) Albert Ross. (ENG., Illus.). (J). 2018. 31.53 *(978-0-260-28375-7(4))*; 2016. pap. 13.97 *(978-1-333-72277-7(X))* Forgotten Bks.
His Realities & Visions (Classic Reprint) Nehemiah Curnock. 2018. (ENG., Illus.). 252p. (J). 29.09 *(978-0-483-77032-4(9))* Forgotten Bks.
His Rebel Sweetheart (Classic Reprint) Agnes Kelly. (ENG., Illus.). (J). 2018. 174p. 27.51 *(978-0-484-08976-0(5))*; 2017. pap. 9.97 *(978-0-259-27118-5(7))* Forgotten Bks.
His Rise to Power (Classic Reprint) Henry Russell Miller. 2018. (ENG., Illus.). 416p. (J). 32.48 *(978-0-365-10920-4(7))* Forgotten Bks.
His Royal Happiness (Classic Reprint) Sara Jeanette Duncan. (ENG., Illus.). (J). 2018. 388p. 31.90 *(978-0-483-96276-7(7))*; 2016. pap. 16.57 *(978-1-333-40533-5(2))* Forgotten Bks.
His Royal Highness, King Baby: A Terrible True Story. Sally Lloyd-Jones. Illus. by David Roberts. 2017. (ENG.). 48p. (J). (gr. -1-3). 16.99 *(978-0-7636-9793-8(1))* Candlewick Pr.
His Royal Whiskers. Sam Gayton. Illus. by Sydney Hanson. (ENG.). (J). (gr. 3-7). 2018. 336p. pap. 8.99 *(978-1-4814-9091-7(5))*; 2017. 320p. 16.99 *(978-1-4814-9090-0(7))* McElderry, Margaret K. Bks. (McElderry, Margaret K. Bks.).
His Second Campaign (Classic Reprint) Maurice Thompson. (ENG., Illus.). (J). 2018. 354p. 31.20 *(978-0-364-20021-6(9))*; 2017. pap. 13.57 *(978-0-259-18291-7(5))* Forgotten Bks.
His Second Wife (Classic Reprint) Ernest Poole. 2017. (ENG., Illus.). 316p. (J). 30.41 *(978-0-332-34543-7(2))* Forgotten Bks.
His Secret Power. Anna Nassif. 2018. (ENG., Illus.). 44p. (J). (gr. k-3). pap. *(978-0-6483142-0-2(0))* Nassif, Anna.
His Secret Power Part 2: The Taste of Summer. Anna Nassif. 2019. (His Secret Power Ser.: Vol. 2). (ENG., Illus.). 46p. (J). (gr. k-6). pap. *(978-0-6483142-2-6(7))* Nassif, Anna.
His Sombre Rivals, Vol. 13 (Classic Reprint) E. P. Roe. 2018. (ENG., Illus.). 490p. (J). 34.02 *(978-0-428-85127-9(4))* Forgotten Bks.
His Soul Goes Marching on (Classic Reprint) Mary Raymond Shipman Andrews. 2018. (ENG., Illus.). 90p. (J). 25.75 *(978-0-656-87935-9(1))* Forgotten Bks.
His Star. Eliza Douglas. 2023. (ENG.). 108p. (YA). pap. ***(978-0-3695-0839-3(4))*** Evernight Publishing.
His Story see Gran Historia: The Illustrated Gospel from Creation to Resurrection
His Story of Creation Bible Story Coloring Book: Genesis One Illustrated for Kids. The Children's Bible Project. 2023. (Children's Bible Coloring Book Ser.). (ENG.). 32p. (J). pap. 5.99 ***(978-1-0881-3042-1(9))*** Children's Bible Project, The.
His Story Through a Window Told, Su Historia Narrada a Traves de una Ventana: In Pictures & in Rhymes, en Imagenes y en Rimas. Aristeo Arroyo & Pamela Arroyo. Illus. by Basil Barrett. 2018. (MUL.). 68p. (J). 26.95 *(978-1-64003-694-9(6))*; pap. 16.95 *(978-1-64003-693-2(8))* Covenant Bks.
His Uncle John, a Play in Three Acts: With a Prologue (Classic Reprint) Hannah Rea Woodman. 2018. (ENG., Illus.). 44p. (J). 24.80 *(978-0-332-83689-8(4))* Forgotten Bks.
His Uncle's Niece: A Rollicking Farce in Three Acts (Classic Reprint) Raymond W. Sargent. (ENG., Illus.). (J). 2018. 80p. 25.55 *(978-0-267-34468-0(6))*; 2016. pap. 9.57 *(978-1-333-68010-7(4))* Forgotten Bks.
His Vanished Star (Classic Reprint) Mary Noailles Murfree. 2018. (ENG., Illus.). 402p. (J). 32.19 *(978-0-365-15367-2(2))* Forgotten Bks.
His Version of It (Classic Reprint) Paul Leicester Ford. (ENG., Illus.). (J). 2018. 120p. 26.37 *(978-0-365-33746-1(3))*; 2017. pap. 9.57 *(978-0-259-47152-3(6))* Forgotten Bks.
His Way & Her Will: A Novel (Classic Reprint) Frances Aymar Mathews. 2018. (ENG., Illus.). 236p. (J). 28.78 *(978-0-483-58117-3(8))* Forgotten Bks.
His Wife (Classic Reprint) Warren Cheney. 2018. (ENG., Illus.). 418p. (J). 32.52 *(978-0-483-72102-9(6))* Forgotten Bks.
His Word of Honor (Classic Reprint) Charles Gott. 2018. (ENG., Illus.). 58p. (J). 25.07 *(978-0-483-12575-9(X))* Forgotten Bks.
His Worldly Goods (Classic Reprint) Margaretta Tuttle. 2018. (ENG., Illus.). 420p. (J). 32.56 *(978-0-484-63090-0(3))* Forgotten Bks.
His Young Wife. Julie P. Smith. 2017. (ENG.). 460p. (J). pap. *(978-3-337-00130-8(0))* Creation Pubs.
His Young Wife: A Novel (Classic Reprint) Julie P. Smith. 2018. (ENG., Illus.). 460p. (J). 33.38 *(978-0-483-83182-7(4))* Forgotten Bks.
Hisham's Room: Level 8 (Collins Big Cat Arabic Reading Programme) Mahmoud Gaafar. 2019. (Collins Big Cat Ser.). (ENG.). 16p. pap. 5.95 *(978-0-00-827889-2(X))* HarperCollins Pubs. Ltd. GBR. Dist: Independent Pubs. Group.
Hispanic America, 10 vols., Set. Incl. Civil War, 1840s-1890s. Roger E. Hernández & Roger E. Hernández. lib. bdg. 36.93 *(978-0-7614-2939-5(5)*, cc454e86-45da-4258-b12d-fad641b1dcec); Early Explorations, The 1500s. Roger E. Hernández & Roger E. Hernández. lib. bdg. 36.93 *(978-0-7614-2937-1(9)*, b16d1ad5-064e-49b4-aaa7-c60082b1692b); New Republic, 1760-1840s. Steven Otfinoski. lib. bdg. 36.93 *(978-0-7614-2938-8(7)*, 89e70445-11b9-4386-82d9-c0b4f2c580f3); New Spain, 1600-1760s. Roger E. Hernández & Roger E. Hernández. lib. bdg. 36.93 *(978-0-7614-2936-4(0)*, 1d602b32-4ed1-4db3-a48a-67d577fddf03); Texas War of Independence: The 1800s. Richard Worth. lib. bdg. 36.93 *(978-0-7614-2934-0(4)*, 15e26fa2-4c55-418b-9cdd-d43ad323078b); 80p. (gr. 5-5). (Hispanic America Ser.). (ENG.). 2009. Set lib. bdg. 184.65 *(978-0-7614-2933-3(6)*, 53394993-550c-4b18-9448-5f3fc60fee67, Cavendish Square) Cavendish Square Publishing LLC.
Hispanic American Experience. Contrib. by Barbara Sheen. 2023. (Who We Are Ser.). (ENG.). 64p. (J). (gr. 6-12). 43.93 ***(978-1-6782-0470-9(6))*** ReferencePoint Pr., Inc.
Hispanic in America. Jim Gallagher. 2020. (Bias in America Ser.). (ENG.). 80p. (YA). (gr. 6-12). 42.60 *(978-1-68282-893-9(X))* ReferencePoint Pr., Inc.
Hispanic Role Models in Science: Advice for Future Scientists. Paola Mina-Osorio. 2021. (ENG.). 144p. (YA). 24.99 *(978-1-7351728-7-3(1))* Science Education Online LLC.
Hispanic Star: Roberto Clemente. Claudia Romo Edelman. 2023. (ENG.). 112p. (J). pap. 5.99 ***(978-1-250-91124-7(9))*** Roaring Brook Pr.
Hispanic Star: Celia Cruz. Claudia Romo Edelman & William Alexander. Illus. by Alexandra Beguez. 2022. (Hispanic Star Ser.: 2). (ENG.). 128p. (J). 17.99 *(978-1-250-82812-5(0)*, 900252285); pap. 5.99 *(978-1-250-82813-2(9)*, 900252286) Roaring Brook Pr.
Hispanic Star: Ellen Ochoa. Claudia Romo Edelman & Nathalie Alonso. Illus. by Manuel Gutierrez. 2023. (Hispanic Star Ser.). (ENG.). 112p. (J). 17.99 ***(978-1-250-82827-9(9)***, 900252296); pap. 6.99 ***(978-1-250-82828-6(7)***, 900252297) Roaring Brook Pr.
Hispanic Star en Español: Celia Cruz. Claudia Romo Edelman. 2023. (ENG.). 130p. (J). pap. 5.99 ***(978-1-250-91131-5(1))*** Roaring Brook Pr.
Hispanic Star en Español: Roberto Clemente. Claudia Romo Edelman. 2023. (ENG.). 114p. (J). pap. 5.99 ***(978-1-250-91125-4(7))*** Roaring Brook Pr.
Hispanic Star en Espanol: Celia Cruz. Claudia Romo Edelman & William Alexander. Tr. by Lizette Martinez. 2022. (Hispanic Star Ser.: 2). (SPA., Illus.). 128p. (J). pap. 5.99 *(978-1-250-84014-1(7)*, 900255216) Roaring Brook Pr.
Hispanic Star en Espanol: Ellen Ochoa. Claudia Romo Edelman & Nathalie Alonso. Tr. by Nathalie Alonso. 2023. (Hispanic Star Ser.). (SPA., Illus.). 128p. (J). pap. 6.99 ***(978-1-250-84017-2(1)***, 900255220) Roaring Brook Pr.
Hispanic Star en Espanol: Roberto Clemente. Claudia Romo Edelman & Sara E. Echenique. Tr. by Lizette Martinez. 2022. (Hispanic Star Ser.: 1). (SPA., Illus.). 112p. (J). pap. 6.99 *(978-1-250-84013-4(9)*, 900255212) Roaring Brook Pr.
Hispanic Star en Espanol: Selena Gomez. Claudia Romo Edelman & Karla Arenas Valenti. Tr. by Terry Catasus Jennings. 2023. (Hispanic Star Ser.). (SPA., Illus.). 112p. (J). pap. 6.99 *(978-1-250-84018-9(X)*, 900255222) Roaring Brook Pr.
Hispanic Star en Espanol: Sonia Sotomayor. Claudia Romo Edelman & Nathalie Alonso. Illus. by Alexandra Beguez. 2023. (Hispanic Star Ser.). (SPA.). 128p. (J). pap. 6.99 ***(978-1-250-84016-5(3)***, 900255218) Roaring Brook Pr.
Hispanic Star en Espanol: Sylvia Rivera. Claudia Romo Edelman & J. Gia Loving. Tr. by Terry Catasus Jennings. 2023. (Hispanic Star Ser.). (SPA., Illus.). 144p. (J). pap. 6.99 *(978-1-250-84015-8(5)*, 900255217) Roaring Brook Pr.
Hispanic Star: Roberto Clemente. Claudia Romo Edelman & Sara E. Echenique. Illus. by Manuel Gutierrez. 2022. (Hispanic Star Ser.: 1). (ENG.). 112p. (J). 17.99 *(978-1-250-82808-8(2)*, 900252275); pap. 5.99 *(978-1-250-82810-1(4)*, 900252276) Roaring Brook Pr.
Hispanic Star: Selena Gomez. Claudia Romo Edelman & Karla Arenas Valenti. Illus. by Alexandra Beguez. 2023. (Hispanic Star Ser.). (ENG.). 112p. (J). 17.99 *(978-1-250-82830-9(9)*, 900252301); pap. 6.99 *(978-1-250-82831-6(7)*, 900252302) Roaring Brook Pr.
Hispanic Star: Sonia Sotomayor. Claudia Romo Edelman & Nathalie Alonso. Illus. by Alexandra Beguez. 2023. (Hispanic Star Ser.). (ENG.). 112p. (J). 17.99 ***(978-1-250-82822-4(8)***, 900252291); pap. 6.99 ***(978-1-250-82823-1(6)***, 900252292) Roaring Brook Pr.
Hispanic Star: Sylvia Rivera. Claudia Romo Edelman & J. Gia Loving. Illus. by Cheyne Gallarde. 2023. (Hispanic Star Ser.). (ENG.). 128p. (J). 17.99 *(978-1-250-82816-3(3)*, 900252288); pap. 6.99 *(978-1-250-82814-9(7)*, 900252289) Roaring Brook Pr.
Hispanic Stories from the Nineteenth Century see Cuento Hispanoamericano Siglo XIX
Hiss Roar Snap. Christie Hainsby. Illus. by Stephanie Thannhauser. 2021. (ENG.). 12p. (J). bds. 9.99 *(978-1-80058-258-3(7))* Make Believe Ideas GBR. Dist: Scholastic, Inc.
Hiss, Spit & Bite - Deadly Snakes Snakes for Kids Children's Reptile & Amphibian Books. Baby Professor. 2017. (ENG., Illus.). 64p. (J). pap. 9.52 *(978-1-5419-1720-0(0)*, Baby Professor (Education Kids)) Speedy Publishing LLC.
Hissing Cockroaches. Marty Gitlin. 2019. (Crawly Creatures Ser.). (ENG.). 32p. (J). (gr. 4-6). pap. 9.99 *(978-1-64466-021-8(0)*, 12673); (Illus.). lib. bdg. *(978-1-68072-810-1(5)*, 12672) Black Rabbit Bks. (Bolt).
Hissy's Big Day. Sara Miller. ed. 2019. (World of Reading Ser.). (ENG.). 32p. (J). (gr. k-1). 13.96 *(978-0-87617-948-2(0))* Penworthy Co., LLC, The.
Histoire Anecdotique et Pittoresque de la Danse Chez les Peuples Anciens et Modernes: Hébreux, Grecs, Romains, Français, Anglais, Chinois, Allemands, Russes, Sauvages, Grecs Modernes, Italiens, Espagnols, etc (Classic Reprint) François Fertiault. 2018. (FRE., Illus.). 134p. (J). pap. 9.57 *(978-0-656-99308-6(1))* Forgotten Bks.
Histoire de Foulques Fitz-Warin: Publiée d'Après un Manuscrit du Musée Britannique (Classic Reprint) Francisque Michel. 2018. (FRE., Illus.). (J). 144p. 26.87 *(978-1-391-33283-3(0))*; 146p. pap. 9.57 *(978-1-390-16381-0(4))* Forgotten Bks.
Histoire de Guillaume le Maréchal, Comte de Striguil et de Pembroke, Régent D'Angleterre: Poème Français Inconnu, Conservé Dans un Manuscrit de la Bibliothèque de Sir Thomas Phillipps, a Cheltenham (Classic Reprint) Paul Meyer. 2018. (FRE., Illus.). 68p. (J). pap. 9.57 *(978-0-656-71212-0(0))* Forgotten Bks.
Histoire de Guillaume le Marechal, Comte de Striguil et de Pembroke, Regent d'Angleterre de 1216 a 1219, Vol. 1: Poeme Francais Publie Pour la Societe de l'Histoire de France (Classic Reprint) Paul Meyer. 2017. (FRE., Illus.). (J). pap. 16.57 *(978-0-259-56005-0(7))* Forgotten Bks.
Histoire de Guillaume le Maréchal, Comte de Striguil et de Pembroke, Régent d'Angleterre de 1216 à 1219, Vol. 1: Poème Français Publié Pour la Société de l'Histoire de France (Classic Reprint) Paul Meyer. 2018. (FRE., Illus.). 378p. (J). 31.69 *(978-0-484-63921-7(8))* Forgotten Bks.
Histoire de Guillaume le Marechal, Comte de Striguil et de Pembroke, Regent d'Angleterre de 1216 a 1219, Vol. 2: Poeme Francais (Classic Reprint) Paul Meyer. 2017. (FRE., Illus.). (J). pap. 16.57 *(978-0-243-98629-3(7))* Forgotten Bks.
Histoire de Guillaume le Maréchal, Comte de Striguil et de Pembroke, Régent d'Angleterre de 1216 à 1219, Vol. 2: Poème Français (Classic Reprint) Paul Meyer. 2018. (FRE., Illus.). 404p. (J). 32.23 *(978-0-666-57165-6(1))* Forgotten Bks.
Histoire de Guillaume le Maréchal, Comte de Striguil et de Pembroke, Régent d'Angleterre de 1216 a 1219, Vol. 2: Poème Français (Classic Reprint) Paul Meyer. 2018. (FRE., Illus.). (J). 402p. 32.19 *(978-1-391-54955-2(4))*; 404p. pap. 16.57 *(978-1-390-69806-0(8))* Forgotten Bks.
Histoire de Guillaume le Maréchal Comte de Striguil et de Pembroke Régent d'Angleterre de 1216 a 1219, Vol. 2: Poème Français; Publié Pour la Société de l'Histoire de France (Classic Reprint) Paul Meyer. 2018. (FRE., Illus.). 402p. (J). pap. 16.57 *(978-1-391-09229-4(5))* Forgotten Bks.
Histoire de Guillaume le Marechal, Comte de Striguil et de Pembroke, Regent d'Angleterre de 1216 a 1219, Vol. 3: Poeme Francais (Classic Reprint) Paul Meyer. (FRE.,

Illus.). (J). 2018. 454p. 33.26 *(978-0-483-17916-5(7))*; 2017. pap. 16.57 *(978-0-259-03995-2(0))* Forgotten Bks.

Histoire de Kali: le Sauvetage d'un Ourson Blanc Orphelin: (Kali's Story: an Orphaned Polar Bear Rescue in French) Jennifer Keats Curtis. Tr. by Sophie Troff. Illus. by John Gomes. 2019. (FRE.). 32p. (J). (gr. 2-3). 11.95 *(978-1-64351-733-9(3))* Arbordale Publishing.

Histoire de la Critique Litteraire en France (Classic Reprint) Henri Carton. 2017. (FRE., Illus.). (J). pap. 10.57 *(978-1-5276-1895-4(1))* Forgotten Bks.

Histoire de la Critique Littéraire en France (Classic Reprint) Henri Carton. 2018. (FRE., Illus.). 202p. (J). 28.08 *(978-0-666-71836-5(9))* Forgotten Bks.

Histoire de l'Art Pendant la Renaissance: Italie; la Fin de la Renaissance; Michel-Ange, le Correge, les Venitiens (Classic Reprint) Eugene Muntz. 2018. (FRE., Illus.). (J). 48p. 24.89 *(978-0-428-83496-8(5))*; 50p. pap. 9.57 *(978-0-428-18512-1(6))* Forgotten Bks.

Histoire de l'Art Pendant la Renaissance, Vol. 1: Italie, les Primitifs (Classic Reprint) Eugene Muntz. 2018. (FRE., Illus.). (J). 836p. 41.14 *(978-1-391-51776-6(8))*; 838p. pap. 23.57 *(978-1-390-64263-6(1))* Forgotten Bks.

Histoire de l'Art Pendant la Renaissance, Vol. 2: Italie; l'Age d'or (Classic Reprint) Eugene Muntz. 2018. (FRE., Illus.). 976p. (J). 44.03 *(978-0-365-61356-5(8))* Forgotten Bks.

Histoire de l'Art Pendant la Renaissance, Vol. 3: Italie, la Fin de la Renaissance; Michel-Ange, le Corrège, les Vénitiens (Classic Reprint) Eugene Muntz. 2018. (FRE., Illus.). (J). 824p. 40.91 *(978-1-391-79334-4(X))*; 826p. pap. 23.57 *(978-1-390-75737-8(4))* Forgotten Bks.

Histoire de l'Astronomie Ancienne, Depuis Son Origine Jusqu'à l'Établissement de l'École d'Alexandrie (Classic Reprint) Jean Sylvain Bailly. 2018. (FRE., Illus.). 556p. (J). 35.38 *(978-0-364-06905-9(8))* Forgotten Bks.

Histoire de l'Astronomie Ancienne, Vol. 1 (Classic Reprint) Jean-Baptiste Joseph Delambre. 2018. (FRE., Illus.). (J). 634p. 36.99 *(978-0-366-26617-3(9))*; 636p. pap. 19.57 *(978-0-365-86405-9(6))* Forgotten Bks.

Histoire de l'Astronomie Ancienne, Vol. 2 (Classic Reprint) Jean-Baptiste Joseph Delambre. 2018. (FRE., Illus.). 646p. (J). pap. 19.57 *(978-0-364-50112-2(X))* Forgotten Bks.

Histoire de l'Astronomie Moderne, Depuis la Fondation de l'Cole d'Alexandrie, Jusqu' l'Poque de 1730, Vol. 2 (Classic Reprint) Jean Sylvain Bailly. 2018. (FRE., Illus.). 720p. (J). 38.77 *(978-0-656-69552-2(8))* Forgotten Bks.

Histoire de l'Astronomie Moderne Depuis la Fondation de l'École d'Alexandrie, Jusqu'a l'Époque de 1730, Vol. 1 (Classic Reprint) Jean Sylvain Bailly. 2018. (FRE., Illus.). (J). 722p. 38.79 *(978-1-390-08572-3(4))*; 724p. pap. 23.57 *(978-1-390-07610-3(5))* Forgotten Bks.

Histoire de l'Emigration Europeenne, Asiatique et Africaine, Au Xixe Siecle: Ses Causes, Ses Caracteres, Ses Effets (Classic Reprint) Jules Duval. 2017. (FRE., Illus.). (J). 34.58 *(978-0-331-06890-0(7))* Forgotten Bks.

histoire de Monsieur Nywambie. Sandra BONGJOH. 2020. (FRE.). 127p. (YA). pap. ***(978-1-716-43648-2(6))*** Lulu Pr., Inc.

Histoire de Pierre de Montmaur, Professeur Royal en Langue Grecque Dans l'Université de Paris, Vol. 1 (Classic Reprint) Albert Henrik De Sallengre. 2018. (FRE., Illus.). (J). 476p. 33.71 *(978-0-366-83611-6(0))*; 478p. pap. 16.57 *(978-0-366-83608-6(0))* Forgotten Bks.

Histoire de Pierre de Montmaur, Vol. 2: Professeur Royal en Langue Grecque Dans l'Universite de Paris (Classic Reprint) Albert Henrik De Sallengre. 2017. (FRE., Illus.). (J). pap. 13.57 *(978-0-259-59625-7(6))* Forgotten Bks.

Histoire de Pierre de Montmaur, Vol. 2: Professeur Royal en Langue Grecque Dans l'Université de Paris (Classic Reprint) Albert Henrik De Sallengre. 2018. (FRE., Illus.). 324p. (J). 30.58 *(978-0-666-87076-6(4))* Forgotten Bks.

Histoire de Pierre Lapin. Beatrix Potter. Illus. by Beatrix Potter. 2016. (FRE., Illus.). 96p. (J). (gr. -1-2). pap. 12.99 *(978-1-5324-0031-5(4))* Xist Publishing.

Histoire de Pierre Lapin (Classic Reprint) Beatrix Potter. 2017. (FRE., Illus.). (J). 25.73 *(978-0-331-56651-2(6))*; pap. 9.57 *(978-0-282-29088-7(5))* Forgotten Bks.

Histoire de Poulet: La Pépite. William Bak & Bak Nguyen. 2021. (ENG.). 98p. (J). pap. *(978-1-989536-64-3(6))* Nguyen, Ba Khoa.

Histoire des Recherches Sur la Quadrature du Cercle: Avec une Addition Concernant les Problemes de la Duplication du Cube et de la Trisection de l'Angle (Classic Reprint) Jean Etienne Montucla. (FRE., Illus.). (J). 2018. 28.27 *(978-0-331-55568-4(9))*; 2017. 30.79 *(978-0-266-50715-4(8))*; 2017. pap. 13.57 *(978-0-243-86486-7(8))* Forgotten Bks.

Histoire du Soleil. Anne Hunter Logue. 2018. (FRE., Illus.). 32p. (J). pap. 16.95 *(978-1-9822-0277-4(7))*, Balboa Pr.) Author Solutions, LLC.

Histoire d'un Morceau de Charbon (Classic Reprint) Edgard Hement. 2018. (FRE., Illus.). 218p. (J). pap. 10.97 *(978-0-484-99146-9(9))* Forgotten Bks.

Histoire Géologique de la Pluie (Classic Reprint) Stanislas Meunier. 2018. (FRE., Illus.). (J). 336p. 30.83 *(978-1-391-31551-5(0))*; 338p. pap. 13.57 *(978-1-390-42623-6(8))* Forgotten Bks.

Histoire Merveilleuse et Effroyable Arrivee en Normandie En 1470: Dont la Copie Fidele (Classic Reprint) Leon Le Remois. 2018. (FRE., Illus.). 20p. (J). 24.31 *(978-0-428-42689-7(1))*; pap. 7.97 *(978-0-428-42626-2(3))* Forgotten Bks.

Histoire Naturelle des Animaux Sans Vertèbres, Vol. 11: Présentant les Caractères Généraux et Particuliers de Ces Animaux, Leur Distribution, Leurs Classes, Leurs Familles, Leurs Genres, et la Citation des Principales Espèces Qui S'y Rapportent; His. Gérard Paul Deshayes. 2018. (FRE., Illus.). (J). 660p. 37.53 *(978-1-391-76518-1(4))*; 662p. pap. 19.97 *(978-1-390-77553-2(4))* Forgotten Bks.

Histoire Naturelle des Insectes: Species Général des lépidoptères (Classic Reprint) Jean Alphonse Boisduval. 2018. (FRE., Illus.). 148p. (J). 26.95 *(978-0-364-31072-4(3))* Forgotten Bks.

Histoire Naturelle des Insectes, Vol. 1: Apteres (Classic Reprint) Charles Athanase Walckenaer. 2017. (FRE., Illus.). (J). pap. 20.97 *(978-0-282-45294-0(X))* Forgotten Bks.

Histoire Naturelle des Insectes, Vol. 1: Species General des Lepidopteres (Classic Reprint) Jean Alphonse Boisduval. 2017. (FRE., Illus.). (J). pap. 20.97 *(978-0-282-42872-3(0))* Forgotten Bks.

Histoire Naturelle des Insectes, Vol. 2: Genera des Coleopteres, Ou Pose Methodique et Critique de Tous les Genres Proposes Jusqu'ici Dans CET Ordre d'Insectes (Classic Reprint) Théodore Lacordaire. 2017. (FRE., Illus.). (J). pap. 19.57 *(978-0-282-42793-1(7))* Forgotten Bks.

Histoire Naturelle des Insectes, Vol. 3: Species General des Lepidopteres (Classic Reprint) Jean Alphonse Boisduval. (FRE., Illus.). (J). 2018. 436p. 32.89 *(978-0-483-16830-5(0))*; 2016. pap. 16.57 *(978-1-333-22289-5(0))* Forgotten Bks.

Histoire Naturelle des Insectes, Vol. 5: Genera des Coleopteres, Ou Expose Methodique et Critique de Tous les Genres Proposes Jusqu'ici Dans CET Ordre d'Insectes; Premiere Partie, Contenant les Familles des Tenebrionides, Cistelides, Nilionides, P. Théodore Lacordaire. 2017. (FRE., Illus.). (J). pap. 23.57 *(978-0-259-12349-1(8))* Forgotten Bks.

Histoire Naturelle des Insectes, Vol. 6: Genera des Coléoptères, Ou Exposé Méthodique et Critique de Tous les Genres Proposés Jusqu'ici Dans CET Ordre d'Insectes; Contenant la Famille des Curculionides (Classic Reprint) Théodore Lacordaire. 2018. (FRE., Illus.). 638p. (J). 37.08 *(978-0-484-64391-7(6))* Forgotten Bks.

Histoire Naturelle des Insectes, Vol. 6: Species General des Lepidopteres; Noctuelites; Tome II (Classic Reprint) Jean Alphonse Boisduval. 2017. (FRE., Illus.). (J). pap. 16.57 *(978-0-243-90865-3(2))* Forgotten Bks.

Histoire Naturelle des Insectes, Vol. 7: Spécies Général des lépidoptères; Noctuélites, Tome 3 (Classic Reprint) Jean Alphonse Boisduval. 2018. (FRE., Illus.). 450p. (J). 33.20 *(978-0-332-81865-8(9))* Forgotten Bks.

Histoire Naturelle des Insectes, Vol. 8: Genera des Coleopteres, Ou Expose Methodique et Critique de Tous les Genres Proposes Jusqu'ici Dans CET Ordre d'Insectes; Contenant les Familles des Trictenotomides et des Longicornes (Classic Reprint) Théodore Lacordaire. 2017. (FRE., Illus.). (J). pap. 19.57 *(978-0-243-85242-0(8))* Forgotten Bks.

Histoire Naturelle des Insectes, Vol. 8: Species General des Lepidopteres; Deltoides et Pyralites (Classic Reprint) Jean Alphonse Boisduval. 2018. (FRE., Illus.). 426p. (J). 32.68 *(978-0-483-16487-1(9))* Forgotten Bks.

Histoire Naturelle des Insectes, Vol. 9: Species General des Lepidopteres; Uranides et Phalenites, Tome I (Classic Reprint) Jean Alphonse Boisduval. 2018. (FRE., Illus.). 566p. (J). 35.57 *(978-0-483-16597-7(2))* Forgotten Bks.

Histoire Naturelle des Mammifères: Avec l'Indication de Leurs Moeurs, et de Leurs Rapports Avec les Arts, le Commerce et l'Agriculture (Classic Reprint) Paul Gervais. 2018. (FRE., Illus.). (J). 484p. 33.88 *(978-1-396-40588-4(7))*; 486p. pap. 16.57 *(978-1-391-04768-3(0))* Forgotten Bks.

Histoire Naturelle des Oiseaux, Vol. 7 (Classic Reprint) Georges-Louis Leclerc Buffon. 2017. (FRE., Illus.). 738p. (J). pap. 23.57 *(978-0-332-01309-1(X))* Forgotten Bks.

Histoire Naturelle des Oiseaux, Vol. 8 (Classic Reprint) Georges-Louis Leclerc Buffon. 2017. (FRE., Illus.). (J). pap. 19.57 *(978-0-282-76324-4(4))* Forgotten Bks.

Histoire Naturelle des Poissons, Ou Ichthyologie Generale, Vol. 1: Premiere Partie, Elasmobranches, Plagiostomes et Holocephales Ou Chimeres (Classic Reprint) Auguste Henri Andre Dumeril. 2017. (FRE., Illus.). (J). pap. 23.57 *(978-0-282-43017-7(2))* Forgotten Bks.

Histoire Naturelle des Zoophytes: Acalephes (Classic Reprint) René Primevère Lesson. 2017. (FRE., Illus.). (J). pap. 19.57 *(978-0-282-84883-5(5))* Forgotten Bks.

Histoire Naturelle des Zoophytes: Acalèphes (Classic Reprint) René Primevère Lesson. 2018. (FRE., Illus.). 638p. (J). 37.06 *(978-0-666-53059-2(9))* Forgotten Bks.

Histoire Naturelle, Generale et Particuliere, Avec la Description du Cabinet du Roi, Vol. 13 (Classic Reprint) Georges-Louis Leclerc Buffon. 2017. (FRE., Illus.). (J). pap. 19.57 *(978-1-333-17576-4(0))* Forgotten Bks.

Histoire Naturelle, Generale et Particuliere, des Plantes, Vol. 17: Ouvrage Faisant Suite Aux Oeuvres de Leclerc de Buffon, et Partie du Cours Complet d'Histoire Naturelle (Classic Reprint) Georges-Louis Leclerc Buffon. 2017. (FRE., Illus.). (J). pap. 16.57 *(978-0-282-76838-6(6))* Forgotten Bks.

Histoire Naturelle, Generale et Particuliere, des Poissons, Vol. 4: Ouvrage Faisant Suite a l'Histoire Naturelle, Generale et Particuliere (Classic Reprint) Charles Sigisbert Sonnini. 2017. (FRE., Illus.). (J). pap. 16.57 *(978-0-259-10660-9(7))* Forgotten Bks.

Histoire Naturelle, Generale et Particuliere, Vol. 14: Avec la Description du Cabinet du Roi (Classic Reprint) Georges-Louis Leclerc Buffon. 2017. (FRE., Illus.). (J). pap. 16.97 *(978-0-282-40793-3(6))* Forgotten Bks.

Histoire Naturelle, Generale et Particuliere, Vol. 7: Introduction a l'Histoire des Mineraux (Classic Reprint) Georges-Louis Leclerc Buffon. 2017. (FRE., Illus.). (J). 33.36 *(978-0-260-82529-2(8))* Forgotten Bks.

Historia año a año (History Year by Year) De la Prehistoria a la Actualidad. DK. 2022. (DK Children's Year by Year Ser.). (SPA.). 320p. (J). (gr. 4-7). 24.99 *(978-0-7440-5962-5(3))*, DK Children) Dorling Kindersley Publishing, Inc.

Historia de Adopción: El Nacimiento de un Hijo. Elena Laguarda & Paul Piceno. 2017. (SPA.). 52p. (J). pap. 9.95 *(978-607-748-063-1(0))* Ediciones Urano S. A. ESP. Dist: Spanish Pubs., LLC.

Historia de Greta. ¡No Eres Demasido Pequeño para Hacer Cosas Grandes! La Biografía No Oficial de Greta Thunberg. Valentina Camerini. 2020. (SPA.). 144p. (J). pap. 9.95 *(978-607-07-6405-9(6))* Editorial Planeta, S. A. ESP. Dist: Two Rivers Distribution.

Historia de Halloween see Halloween Story: A frightfully delightful tale by a 5-year-old, for other little monsters Everywhere

Historia de la Creacion: Un Relato de la Biblia Chispita. Martina Smith. Illus. by Peter Grosshauser & Ed Temple. 2016. (SPA.). (J). *(978-1-5064-2100-1(8))* 1517 Media.

Historia de la Hoja de Papel / the History of the Sheet of Paper. Odile Limousin. Illus. by Beat Brusch. 2018. (Altea Benjamín Ser.). (SPA.). 32p. (J). (gr. 3-7). pap. 10.99 *(978-1-947783-58-4(0))*, Altea) Penguin Random House Grupo Editorial ESP. Dist: Penguin Random Hse. LLC.

Historia de la Inmigración de EE. UU: Datos (the History of U. S. Immigration: Data) (Spanish Version) (Grade 2) Cathy D'Alessandro. rev. ed. 2018. (Mathematics in the Real World Ser.). (SPA., Illus.). 32p. (J). (gr. 2-3). pap. 10.99 *(978-1-4258-2873-8(6))* Teacher Created Materials, Inc.

Historia de la Mantequilla de Maní (the Story of Peanut Butter) Todo Comienza con Maníes (It Starts with Peanuts) Robin Nelson. 2022. (Paso a Paso (Step by Step) Ser.). (SPA., Illus.). 24p. (J). (gr. -1-2). pap. 8.99 *(978-1-7284-4779-7(8))*, bcdab7cd-e505-4fe7-894a-80bbf884a708); lib. bdg. 26.65 *(978-1-7284-4197-9(8))*, b1d3f5cb-5a56-4300-9348-4d1f2502aade) Lerner Publishing Group. (Ediciones Lerner).

Historia de la Navidad: Un Relato de la Biblia Chispita. Martina Smith. Illus. by Peter Grosshauser & Ed Temple. 2016. (SPA.). (J). *(978-1-5064-2102-5(4))* 1517 Media.

Historia de la Sal (the Story of Salt) Todo Comienza con el Mar (It Starts with the Sea) Lisa Owings. 2022. (Paso a Paso (Step by Step) Ser.). (SPA., Illus.). 24p. (J). (gr. -1-2). pap. 8.99 *(978-1-7284-4781-0(X))*, b1820eab-6c05-4eba-9acb-60e41aa2994f); lib. bdg. 26.65 *(978-1-7284-4198-6(6))*, e25b5211-e8d6-4dee-a81b-29b7841bcbeb) Lerner Publishing Group. (Ediciones Lerner).

Historia de la Sra. Inez. Madeline Wolfe. Illus. by George Franco. 2020. (SPA.). 40p. (J). pap. 16.99 *(978-1-6784-9078-2(4))* Zadok Supply, LLC.

Historia de Madrid para niños. Francisco Huesa Andrade. 2019. (SPA.). 240p. (J). (gr. 6-12). pap. 24.95 *(978-84-17797-46-1(7))* Almuzara, Editorial ESP. Dist: Spanish Pubs., LLC.

Historia de Peter Rabbit. Beatrix Potter. Illus. by Virginia Albert. 2020. (SPA.). 42p. (J). *(978-88-3346-496-1(2))*; pap. *(978-88-3346-494-7(6))* Ali Ribelli Edizioni.

Historia de Ruby Bridges (the Story of Ruby Bridges) Robert Coles. Illus. by George Ford. 2021. (SPA.). 32p. (J). (gr. -1-3). pap. 7.99 *(978-1-338-76749-0(6))*, Scholastic en Espanol) Scholastic, Inc.

Historia de un Crayón (the Story of a Crayon) Todo Comienza con Cera (It Starts with Wax) Robin Nelson. 2022. (Paso a Paso (Step by Step) Ser.). (SPA., Illus.). 24p. (J). (gr. -1-2). pap. 8.99 *(978-1-7284-4783-4(6))*, ec6482c2-34fd-4fa2-bae6-b641b2f3a5e0); lib. bdg. 26.65 *(978-1-7284-4189-4(7))*, 186edc83-5f35-4b15-b567-f5edb22800cf) Lerner Publishing Group. (Ediciones Lerner).

Historia Del Agua una Aventura en Movimiento: Leveled Reader Book 57 Level R 6 Pack. Hmh Hmh. 2021. (SPA.). 32p. (J). pap. 74.40 *(978-0-358-08537-9(3))* Houghton Mifflin Harcourt Publishing Co.

Historia Del Chocolate (the Story of Chocolate) Todo Comienza con Granos de Cacao (It Starts with Cocoa Beans) Robin Nelson. 2022. (Paso a Paso (Step by Step) Ser.). (SPA., Illus.). 24p. (J). (gr. -1-2). pap. 8.99 *(978-1-7284-4787-2(9))*, 7bfab680-8949-4d3b-9b54-3b3bfc06a2ab); lib. bdg. 26.65 *(978-1-7284-4192-4(7))*, fa5777ca-a29e-4ba7-a12d-99b9e34ed10c) Lerner Publishing Group. (Ediciones Lerner).

Historia Del Correo: Datos. Dona Rice. rev. ed. 2019. (Mathematics in the Real World Ser.). (SPA., Illus.). 24p. (J). (gr. 1-2). pap. 9.99 *(978-1-4258-2850-9(7))* Teacher Created Materials, Inc.

Historia Del Helado. Dona Rice. rev. ed. 2019. (Mathematics in the Real World Ser.). (SPA., Illus.). 20p. (J). (gr. k-1). 8.99 *(978-1-4258-2827-1(2))* Teacher Created Materials, Inc.

Historia Del Mundo en 25 Historias / the History of the World in 25 Stories. Javier Alonso Lopez. 2020. (SPA.). 352p. (J). (gr. 3-7). pap. 14.95 *(978-1-64473-306-6(4))*, Montena) Penguin Random House Grupo Editorial ESP. Dist: Penguin Random Hse. LLC.

Historia (Knowledge Encyclopedia History!) El Pasado Como Nunca lo Has Visto Antes. DK. 2020. (DK Knowledge Encyclopedias Ser.). Orig. Title: Knowledge Encyclopedia History!. (SPA.). 208p. (J). (gr. 4-7). 24.99 *(978-1-4654-9690-4(4))*, DK Children) Dorling Kindersley Publishing, Inc.

Historia para Bañar Molarcillos. Marcel Fundora. Illus. by Marcel Fundora. 2020. (SPA.). 22p. (J). pap. ***(978-1-716-92119-3(8))*** Lulu Pr., Inc.

Historia para niños - Los Vikingos. Illus. by Miguel Ángel Saura. 2023. (Historia para Niños Ser.: 2). 104p. (J). (gr. 3-6). pap. 12.95 ***(978-84-18664-25-0(8))*** Editorial el Pirata ESP. Dist: Independent Pubs. Group.

Historia Rodzin Von Farne I Polucha. Gottfried Fahrni. 2021. (POL.). 488p. (YA). pap. *(978-1-312-60655-5(X))* Lulu Pr., Inc.

Historia, Vol. 8: October 1, 1921 (Classic Reprint) W. Campbell. (ENG., Illus.). (J). 2018. 22p. 24.35 *(978-0-267-71994-5(9))*; 2016. pap. 7.97 *(978-1-333-48097-4(0))* Forgotten Bks.

Historias Averiadas. Pedro Ángel Palou. 2023. (SPA.). 72p. (J). pap. 13.95 ***(978-607-07-6578-0(8))*** Editorial Planeta, S. A. ESP. Dist: Two Rivers Distribution.

Historias Bi?blicas para Principiantes de Egermeier=egermeiehistorias Bi?blicas para Principiantes de Egermeier=egermeier's Bible Storybook for Beginners R's Bible Storybook for Beginners: Una Seleccion de Las Historias Mas Populares una Seleccion de Las Historias Mas Populares. Elsie Egermeier. 2016. (SPA.). (J). pap. 5.99 *(978-0-7899-2196-3(0))* Editorial Unilit.

Historias Cortas de Meditación para Niños: Una Colección de Cuentos Cortos con Afirmaciones Positivas para Ayudar a Los niños a Tener una Noche de Sueño Relajante. Angelo Leandro Ventura. 2020. (SPA.). 184p. (J). pap. 19.33 *(978-1-80112-712-7(3))* DM Publishing.

Historias curiosas para palabras misteriosas. Francisco Manuel Nuño del Valle. 2019. (SPA., Illus.). 64p. (J). (gr. 3-7). pap. *(978-84-15943-65-5(2))* Almuzara, Editorial.

Historias de la Biblia / My Bible Story Book. Sophie Piper. Illus. by Dubravka Kolanovic. 2018. (SPA.). 64p. (J). (gr. 2). 7.95 *(978-1-945540-49-3(4))* Penguin Random House Grupo Editorial ESP. Dist: Penguin Random Hse. LLC.

Historias de Miedo para Contar en la Oscuridad. Brett Helquist & Alvin Schwartz. 2021. (SPA.). 440p. (J). (gr. 4-7). pap. 21.00 *(978-607-557-219-2(8))* Editorial Oceano de Mexico MEX. Dist: Independent Pubs. Group.

Historias Del Mar. Alejandra Gámez. (SPA.). 120p. (J). (gr. 4-7). 2022. pap. 12.95 *(978-607-557-152-2(3))*; 2021. pap. 13.50 *(978-607-557-289-5(9))* Editorial Oceano de Mexico MEX. Dist: Independent Pubs. Group.

Historias Deportivas para Niños. Cari Meister et al. Illus. by Geneviève Kote et al. 2023. (Historias Deportivas para Niños Ser.). (SPA.). 32p. (J). 85.28 *(978-1-4846-7356-0(5))*, 248951); pap., pap., pap. 27.96 *(978-1-4846-7357-7(3))*, 248952) Capstone. (Picture Window Bks.).

Historias Fascinantes de Supervivencia: Leveled Reader Book 61 Level S 6 Pack. Hmh Hmh. 2021. (SPA.). 32p. (J). pap. 74.40 *(978-0-358-08541-6(1))* Houghton Mifflin Harcourt Publishing Co.

Historias Favoritos - Biblias de Rompecabezas. Scandanavia Publishing House. 2018. (SPA.). 14p. (J). *(978-87-7203-039-5(9))* Scandinavia Publishing Hse.

Historias Fragmentadas: Leveled Reader Book 36 Level Q 6 Pack. Hmh Hmh. 2021. (SPA.). 32p. (J). pap. 74.40 *(978-0-358-08518-8(7))* Houghton Mifflin Harcourt Publishing Co.

Historias Ilustradas de Aventuras(Illust Adventure Stories) Lesley Sims. 2019. (Illustrated Stories Ser.). (SPA.). 336p. (J). 19.99 *(978-0-7945-4572-7(6))*, Usborne) EDC Publishing.

Historias No Contadas. Leyda Flores. 2020. (SPA.). 96p. (YA). pap. 12.95 *(978-1-64334-476-8(5))* Page Publishing Inc.

Historias o Cuentos de Otros Tiempos con Moralejas de Charles Perrault. Felipe Garrido & Charles Perrault. Illus. by Gabriel Pacheco. 2020. (Clásicos Ilustrados Ser.). (SPA.). 144p. (J). (gr. 2-4). pap. 18.00 *(978-607-8469-83-3(5))* Nostra Ediciones MEX. Dist: Independent Pubs. Group.

Historias Perturbadoras. Basadas en Hechos Reales/ Disturbing Stories. Based on True Events. Luisito Luisito Comunica. 2023. (SPA.). 200p. (YA). (gr. 9). pap. 18.95 ***(978-607-38-2090-5(9))***, Altea) Penguin Random House Grupo Editorial ESP. Dist: Penguin Random Hse. LLC.

Historias y Leyendas Indígenas Americanas. Catherine Chambers. 2019. (Mundo de Mitos Ser.). (SPA., Illus.). 48p. (J). (gr. 5-8). lib. bdg. 33.32 *(978-1-4109-9122-5(9))*, 141281, Raintree) Capstone.

Historic & Lively: What Am I? Joyce Markovics. 2018. (American Place Puzzlers Ser.). (ENG.). 24p. (J). (gr. -1-3). lib. bdg. 26.99 *(978-1-68402-482-7(X))*; E-Book 41.36 *(978-1-68402-540-4(0))* Bearport Publishing Co., Inc.

Historic Boyhoods (Classic Reprint) Rupert S. Holland. 2018. (ENG., Illus.). 314p. (J). 30.39 *(978-0-267-48160-6(8))* Forgotten Bks.

Historic Deserts of Iraq - Geography History Books Children's Asia Books. Baby Professor. 2017. (ENG., Illus.). 64p. (J). pap. 9.52 *(978-1-5419-1631-9(X))*, Baby Professor (Education Kids)) Speedy Publishing LLC.

Historic Facts & Fancies: History & Landmarks Section of California Federated Women's Clubs (Classic Reprint) California Federation Of Women' Section. 2018. (ENG., Illus.). 154p. (J). 27.09 *(978-0-267-67437-4(6))* Forgotten Bks.

Historic Girlhoods, Vol. 1 (Classic Reprint) Rupert S. Holland. 2017. (ENG., Illus.). (J). 27.49 *(978-0-331-22952-3(8))* Forgotten Bks.

Historic Girlhoods, Vol. 2 (Classic Reprint) Rupert Sargent Holland. 2017. (ENG., Illus.). (J). 27.63 *(978-0-265-48101-1(5))*; pap. 10.57 *(978-0-243-07013-8(6))* Forgotten Bks.

Historic Girls: Stories of Girls Who Have Influenced the History of Their Times (Classic Reprint) E. S. Brooks. 2018. (ENG., Illus.). 240p. (J). 28.85 *(978-0-267-49134-6(4))* Forgotten Bks.

Historic Harewood (Classic Reprint) Edwin Fairfax Naulty. 2018. (ENG., Illus.). 34p. (J). 24.58 *(978-0-332-16404-5(7))* Forgotten Bks.

Historic Links: Topographical AIDS to the Reading of History (Classic Reprint) D. L. Maguire. 2018. (ENG., Illus.). 358p. (J). 31.30 *(978-0-267-66144-2(4))* Forgotten Bks.

Historic Monuments. Linden McNeilly. 2017. (State Guides). (ENG.). 48p. (gr. 4-8). 35.64 *(978-1-68342-402-4(6))*, 9781683424024) Rourke Educational Media.

Historic Nevada Waters: Four Rivers, Three Lakes, Past & Present, 1 vol. Hunt Janin & Ursula Carlson. 2019. (ENG., Illus.). 216p. pap. 55.00 *(978-1-4766-7261-8(X))*, f5be9a78-5b76-4226-ab29-5fd869b7827f) McFarland & Co., Inc. Pubs.

Historic Outing. Bill Egbert. 2016. (ENG., Illus.). (J). pap. 14.95 *(978-0-9979779-0-5(6))* Egbert, Bill.

Historic Poems & Ballads (Yesterday's Classics) Rupert S. Holland. 2021. (ENG.). 306p. (J). pap. 15.95 *(978-1-63334-153-1(4))* Yesterday's Classics.

Historic Scenes in Fiction (Classic Reprint) Henry Van Dyke. 2018. (ENG., Illus.). 430p. (J). 32.77 *(978-0-483-70746-7(5))* Forgotten Bks.

Historic Scenes in Fiction (Classic Reprint) Henry Van Dyke. 2016. (ENG., Illus.). (J). pap. 16.57 *(978-1-334-12150-0(8))* Forgotten Bks.

Historic Williamsburg: A Revolutionary City. Joanne Mattern. 2017. (Core Content Social Studies — Let's Celebrate America Ser.). (ENG., Illus.). 32p. (J). (gr. 2-5). pap. 8.99 *(978-1-63440-229-3(4))*, 99e20e4a-31a1-4a48-a7b9-14f319e76fb9) Red Chair Pr.

Historical Account of Peterhead, from the Earliest Period to the Present Time: Comprehending an Account of Its Trade, Shipping, Commerce, & Manufactures, Mineral

884

The check digit for ISBN-10 appears in parentheses after the full ISBN-13

Wells, Baths, &C (Classic Reprint) James Arbuthnot. 2016. (ENG., Illus.). (J). pap. 11.57 *(978-1-333-99568-3(7))*; pap. 11.57 *(978-1-333-32300-4(X))* Forgotten Bks.

Historical Account of the Life & Reign of David, King of Israel, Vol. 1 Of 2: In Four Books; Interspersed with Various Conjectures, Digressions & Disquisitions (Classic Reprint) Patrick Delany. 2017. (ENG., Illus.). (J). 33.22 *(978-0-266-67742-0(8))* Forgotten Bks.

Historical Account of the Origin & Progress of Astronomy (Classic Reprint) John Narrien. 2017. (ENG., Illus.). (J). 35.22 *(978-0-331-90212-9(5))*; pap. 19.57 *(978-0-282-18032-4(X))* Forgotten Bks.

Historical Account of the Plantation in Ulster at the Commencement of the 17th Century see Fall of Irish Chiefs & Clans & the Plantation of Ulster: Including the Names of Irish Catholics, & Protestant Settlers

Historical Acting Charades: Or, Amusements for Winter Evenings (Classic Reprint) Unknown Author. 2018. (ENG., Illus.). 268p. (J). 29.42 *(978-0-267-26099-7(7))* Forgotten Bks.

Historical & Miscellaneous Questions, for the Use of Young People with a Selection of British & General Biography. Richmal Mangnall. 2019. (ENG.). 540p. (J). pap. *(978-93-5370-862-7(1))* Alpha Editions.

Historical & Traditional Tales: In Prose & Verse, Connected with the South of Scotland, Original & Select (Classic Reprint) Unknown Author. 2018. (ENG., Illus.). 454p. (J). 33.26 *(978-0-484-54071-1(8))* Forgotten Bks.

Historical Background & Tradition of the Meo (Classic Reprint) Unknown Author. (ENG., Illus.). (J). 2018. 256p. 29.18 *(978-0-267-59693-5(6))*; 2016. pap. 11.97 *(978-1-334-14691-6(8))* Forgotten Bks.

Historical Biographies (Set), 6 vols. 2022. (Historical Biographies Ser.). (ENG.). 32p. (J). (gr. 2-5). lib. bdg. 196.74 *(978-1-0982-4337-1(4)*, 41249, DiscoverRoo) Pop!.

Historical Collections of the Topsfield Historical Society, 1896, Vol. 2 (Classic Reprint) Topsfield Historical Society. 2017. (ENG., Illus.). (J). pap. 9.57 *(978-0-282-57261-7(9))* Forgotten Bks.

Historical Collections of the Topsfield Historical Society, 1899, Vol. 5 (Classic Reprint) Topsfield Historical Society. 2017. (ENG., Illus.). (J). pap. 19.57 *(978-0-282-39773-9(6))* Forgotten Bks.

Historical Collections of the Topsfield Historical Society, 1906, Vol. 11 (Classic Reprint) Topsfield Historical Society. 2017. (ENG., Illus.). (J). pap. 20.97 *(978-0-282-40753-7(7))* Forgotten Bks.

Historical Collections of the Topsfield Historical Society, 1913, Vol. 18 (Classic Reprint) Topsfield Historical Society. 2018. (ENG., Illus.). (J). 134p. 26.66 *(978-1-391-60531-9(4))*; 136p. pap. 9.57 *(978-1-391-60465-7(2))* Forgotten Bks.

Historical Collections of the Topsfield Historical Society, 1918, Vol. 23 (Classic Reprint) Topsfield Historical Society. 2018. (ENG., Illus.). 158p. (J). 27.18 *(978-0-364-90263-9(9))* Forgotten Bks.

Historical Collections of the Topsfield Historical Society, 1919, Vol. 24 (Classic Reprint) Topsfield Historical Society. (ENG., Illus.). (J). 2018. 158p. 27.16 *(978-0-364-40872-8(3))*; 2017. pap. 9.57 *(978-0-259-87729-5(8))* Forgotten Bks.

Historical Disasters (Set), 6 vols. 2023. (Historical Disasters Ser.). (ENG.). 24p. (J). (gr. k-4). lib. bdg. 188.16 ***(978-1-0982-8120-5(9)***, 42335, Abdo Zoom-Dash) ABDO Publishing Co.

Historical Illustrations of the Prose & Poetical Works of Sir Walter Scott, Bart: In a Series of Twenty-Eight Etchings on Steel, from Paintings by Various Artists (Classic Reprint) Unknown Author. 2017. (ENG., Illus.). (J). 132p. 26.64 *(978-0-484-12358-7(0))*; pap. 9.57 *(978-0-243-48795-0(9))* Forgotten Bks.

Historical Incidents: What Our Women in the War Did & Suffered (Classic Reprint) F. C. Roberts. 2017. (ENG., Illus.). (J). 20p. 24.31 *(978-0-484-06640-2(4))*; pap. 7.97 *(978-0-259-80556-4(4))* Forgotten Bks.

Historical Law-Tracts: The Fourth Edition with Additions & Corrections. Henry Home, Lord Kames. Ed. by James A. Harris. 2019. (Natural Law & Enlightenment Classics Ser.). (ENG., Illus.). 392p. (C). (gr. 12). pap. 14.50 *(978-0-86597-618-4(X))* Liberty Fund, Inc.

Historical Miniatures (Classic Reprint) August Strindberg. 2018. (ENG., Illus.). 380p. (J). 31.73 *(978-0-483-81651-0(5))* Forgotten Bks.

Historical Pageant, Closing the Centennial Celebration, June 6-13, 1914, of the Founding of New Harmony, Indiana, In 1814: Presented by the School Children of the Town Assisted by Their Friends, June 13, 1914, at Early Candle-Light; Book of Words. Charity Dye. (ENG., Illus.). (J). 2018. 60p. 25.15 *(978-0-267-55511-6(3))*; 2016. pap. 9.57 *(978-1-333-63724-8(1))* Forgotten Bks.

Historical Pageant of Winthrop, Maine: Thesis (Classic Reprint) Dorothy Newman Webb. 2017. (ENG., Illus.). (J). 26.14 *(978-0-266-55731-9(7))*; pap. 9.57 *(978-0-282-81118-1(4))* Forgotten Bks.

Historical Perspectives: in Their Own Words: Set 1. Jagger Youssef. 2022. (Historical Perspectives: in Their Own Words Ser.). (ENG.). 32p. (J). pap. 69.60 ***(978-1-64282-487-2(9)***, PowerKids Pr.) Rosen Publishing Group, Inc., The.

Historical Plays for Children (Classic Reprint) Grace E. Bird. 2018. (ENG., Illus.). 318p. (J). 30.46 *(978-0-365-29328-6(8))* Forgotten Bks.

Historical Plays for Children (Classic Reprint) Amice Macdonell. 2018. (ENG., Illus.). (J). 280p. 29.67 *(978-0-364-11765-1(6))*; 250p. 29.07 *(978-0-267-43455-8(3))* Forgotten Bks.

Historical Plays of Colonial Days for Fifth Year Pupils (Classic Reprint) Louise Emery Tucker. 2018. (ENG., Illus.). 166p. (J). 27.34 *(978-0-267-42855-7(3))* Forgotten Bks.

Historical Revisionism, 1 vol. Ed. by Barbara Krasner. 2019. (Current Controversies Ser.). (ENG.). 176p. (gr. 10-12). 48.03 *(978-1-5345-0536-0(9)*, e3e30160-8d72-45c9-85d5-0ed21b7f12aa) Greenhaven Publishing LLC.

Historical Romances of Georg Ebers: A Word, Only a Word (Classic Reprint) Georg Ebers. 2018. (ENG., Illus.). 714p. (J). 38.64 *(978-0-267-65346-1(8))* Forgotten Bks.

Historical Romances of Georg Ebers, Vol. 1 (Classic Reprint) Barbara Blomberg. 2018. (ENG., Illus.). 742p. (J). 39.20 *(978-0-332-20561-8(4))* Forgotten Bks.

Historical Romances of Georg Ebers, Vol. 9: A Thorny Path (per Aspera), Volume One; Translated from the German by Clara Bell (Classic Reprint) Georg Ebers. 2017. (ENG., Illus.). (J). 39.20 *(978-0-265-37997-4(0))* Forgotten Bks.

Historical Romances of Louisa Muhlbach (Classic Reprint) L. Muhlbach. 2017. (ENG., Illus.). (J). 33.96 *(978-1-5280-6963-2(3))* Forgotten Bks.

Historical Romances of William Harrison Ainsworth, Vol. 14 (Classic Reprint) William Harrison Ainsworth. 2018. (ENG., Illus.). 388p. (J). 31.90 *(978-0-484-33414-3(X))* Forgotten Bks.

Historical Romances of William Harrison Ainsworth, Vol. 16 (Classic Reprint) Unknown Author. 2018. (ENG., Illus.). 308p. (J). 30.27 *(978-0-267-44801-2(5))* Forgotten Bks.

Historical Site Bucket List. Emma Huddleston. (Travel Bucket Lists Ser.). (ENG., Illus.). 48p. (J). (gr. 4-5). 2022. pap. 11.95 *(978-1-64494-732-6(3)*, Core Library); 2021. lib. bdg. 35.64 *(978-1-5321-9524-2(9)*, 38566) ABDO Publishing Co.

Historical Sketch of the Provincial Dialects of England: Illustrated by Numerous Examples (Classic Reprint) James Orchard Halliwell. 2018. (ENG., Illus.). 130p. (J). 26.58 *(978-0-267-66932-5(1))* Forgotten Bks.

Historical Sketches. John Henry. Newman. 2017. (ENG.). (J). 480p. pap. *(978-3-337-29361-1(1))*; 484p. pap. *(978-3-337-01219-9(1))* Creation Pubs.

Historical Sketches: Rise & Progress of Universities; Northmen & Normans in England & Ireland; Medieval Oxford; Convocation of Canterbury (Classic Reprint) John Henry Cardinal Newman. 2018. (ENG., Illus.). 434p. (J). 32.87 *(978-0-483-07117-9(X))* Forgotten Bks.

Historical Sketches: The Turks in Their Relation to Europe; Marcus Tullius Cicero; Apollonius of Tyana; Primitive Christianity; Volume I. John Henry Cardinal Newman. 2017. (ENG., Illus.). (J). 28.95 *(978-1-374-91342-4(1))*; pap. 18.95 *(978-1-374-91341-7(3))* Capital Communications, Inc.

Historical Sketches of the Ancient Negro, a Compilation/ Edward E. Carlisle, Josephine E. Carlisle. Edward E. Carlisle. 2017. (ENG., Illus.). 110p. (J). pap. *(978-0-649-75221-8(X))* Trieste Publishing Pty Ltd.

Historical Sources on Colonial Life, 1 vol. Chet'la Sebree & Rebecca Stefoff. 2019. (America's Story Ser.). (ENG.). 144p. (J). (gr. 8-8). pap. 22.16 *(978-1-5026-4077-2(5)*, 08f22958-c18e-4600-b9ea-e5d66cb813b4) Cavendish Square Publishing LLC.

Historical Sources on Immigration to the United States, 1820-1924, 1 vol. Chet'la Sebree & Rebecca Stefoff. 2019. (America's Story Ser.). (ENG.). 144p. (gr. 8-8). pap. 22.16 *(978-1-5026-4080-2(5)*, d94f2737-6e8f-4123-8ffe-995073e8ec4e) Cavendish Square Publishing LLC.

Historical Sources on Reconstruction, 1 vol. Chet'la Sebree & Adriane Ruggiero. 2019. (America's Story Ser.). (ENG.). 144p. (gr. 8-8). pap. 22.16 *(978-1-5026-4083-3(X)*, d47c26db-0def-47df-b80b-1bd51d93cb2d) Cavendish Square Publishing LLC.

Historical Sources on Slavery, 1 vol. Chet'la Sebree & Elizabeth Sirimarco. 2019. (America's Story Ser.). (ENG.). 144p. (gr. 8-8). pap. 22.16 *(978-1-5026-4086-4(4)*, 5ef36569-555b-449e-8a10-32a7d45ab5c4) Cavendish Square Publishing LLC.

Historical Sources on the Civil Rights Movement, 1 vol. Chet'la Sebree & Elizabeth Sirimarco. 2019. (America's Story Ser.). (ENG., Illus.). 144p. (J). (gr. 8-8). pap. 22.16 *(978-1-5026-4089-5(9)*, 34535ecb-5ee4-45c5-acf2-bd67fb582411) Cavendish Square Publishing LLC.

Historical Sources on the Civil War, 1 vol. Chet'la Sebree & Susan Provost Beller. 2019. (America's Story Ser.). (ENG.). 144p. (J). (gr. 8-8). pap. 22.16 *(978-1-5026-4092-5(9)*, cd52cc71-9ec6-4bcd-ba65-fdc0526755ba) Cavendish Square Publishing LLC.

Historical Sources on the Great Depression, 1 vol. Chet'la Sebree & Adriane Ruggiero. 2019. (America's Story Ser.). (ENG.). 144p. (J). (gr. 8-8). pap. 22.16 *(978-1-5026-4095-6(3)*, 00e3f499-0250-4850-b046-4586ce9a507a) Cavendish Square Publishing LLC.

Historical Sources on the New Republic, 1783-1830, 1 vol. Chet'la Sebree. 2019. (America's Story Ser.). (ENG.). 144p. (gr. 8-8). pap. 22.16 *(978-1-5026-5213-3(7)*, e1037242-52c1-44dc-8792-246b6b652f81); lib. bdg. 47.36 *(978-1-5026-5214-0(5)*, f0797024-dab0-4526-98df-8d0518481634) Cavendish Square Publishing LLC.

Historical Sources on the Revolutionary War, 1 vol. Chet'la Sebree. 2019. (America's Story Ser.). (ENG.). 144p. (gr. 8-8). pap. 22.16 *(978-1-5026-5210-2(2)*, 56cd9c69-9cfe-40e3-bbf4-ea1b6997f364); lib. bdg. 47.36 *(978-1-5026-5211-9(0)*, 1f402bd0-7df5-4875-b7cb-39bd6379dbb9) Cavendish Square Publishing LLC.

Historical Sources on Westward Expansion, 1 vol. Chet'la Sebree. 2019. (America's Story Ser.). (ENG.). 144p. (gr. 8-8). pap. 22.16 *(978-1-5026-5216-4(1)*, 70f5ac93-c3cf-4e5f-8cf3-72a6b322efe2); lib. bdg. 47.36 *(978-1-5026-5217-1(X)*, 39dc7542-fb48-46d6-acaf-f591e1e15aa5) Cavendish Square Publishing LLC.

Historical Sources on Women's Rights, 1 vol. Chet'la Sebree & Virginia Schomp. 2019. (America's Story Ser.). (ENG.). 144p. (gr. 8-8). pap. 22.16 *(978-1-5026-4098-7(8)*, 1bafb10e-fa36-4d23-b0f2-a2b36223dac6) Cavendish Square Publishing LLC.

Historical Sources on World War I, 1 vol. Chet'la Sebree. 2019. (America's Story Ser.). (ENG.). 144p. (gr. 8-8). pap. 22.16 *(978-1-5026-5219-5(6)*, dead47d4-4df1-4687-a8b0-d15119679ca1) Cavendish Square Publishing LLC.

Historical Souvenir, & Literary Cabinet: Illustrated with Sixteen Fine Steel Engravings (Classic Reprint) Unknown Author. (ENG., Illus.). (J). 2018. 396p. 32.06 *(978-0-483-49563-0(8))*; 2016. pap. 16.57 *(978-1-334-14232-1(7))* Forgotten Bks.

Historical Tales & Legends: Of the Highlands (Classic Reprint) Alexander MacKenzie. 2017. (ENG., Illus.). (J). 28.50 *(978-0-266-65739-2(7))* Forgotten Bks.

Historical Tales from Shakespeare (Yesterday's Classics) Arthur Quiller-Couch. 2019. (ENG., Illus.). 372p. (YA). (gr. 7-12). pap. 15.95 *(978-1-59915-492-3(7))* Yesterday's Classics.

Historical Tales, Vol. 4: The Romance of Reality (Classic Reprint) Charles Morris. 2018. (ENG., Illus.). 362p. (J). 31.36 *(978-0-365-27342-4(2))* Forgotten Bks.

Historical, Traditionary, & Imaginative Tales of the Borders & of Scotland, Vol. 6: With an Illustrative Glossary of the Scottish Dialect (Classic Reprint) John Mackay Wilson. 2018. (ENG., Illus.). 446p. (J). 33.10 *(978-0-483-49966-9(8))* Forgotten Bks.

Historical Truths of St. Augustine - America's Oldest City - US History 3rd Grade - Children's American History. Baby Professor. 2019. (ENG.). 72p. (J). pap. 14.72 *(978-1-5419-5027-6(5))*; 24.71 *(978-1-5419-7525-5(1))* Speedy Publishing LLC. (Baby Professor (Education Kids)).

Historical Vignettes (Classic Reprint) Bernard Capes. 2018. (ENG., Illus.). 324p. (J). 30.58 *(978-0-364-20075-9(8))* Forgotten Bks.

Historically Black Colleges & Universities. Kelisa Wing. 2022. (21st Century Skills Library: Racial Justice in America: Excellence & Achievement Ser.). (ENG.). 32p. (J). (gr. 5-8). pap. 14.21 *(978-1-6689-0043-7(2)*, 220134); (Illus.). lib. bdg. 32.07 *(978-1-5341-9929-3(2)*, 219990) Cherry Lake Publishing.

Historically Inaccurate. Shay Bravo. 2020. (ENG.). 320p. (YA). pap. 10.99 *(978-1-989365-37-3(X)*, 900236068) Wattpad Bks. CAN. Dist: Macmillan.

Históricamente Inexacto/ Historically Inaccurate. Shay Bravo. 2022. (Wattpad. Clover Ser.). (SPA.). 352p. (YA). (gr. 9). pap. 18.95 *(978-607-38-1574-1(3)*, Montena) Penguin Random House Grupo Editorial ESP. Dist: Penguin Random Hse. LLC.

Historie of the Damnable Life, & Deserved Death of Doctor John Faustus (Classic Reprint) Unknown Author. 2017. (ENG., Illus.). (J). 25.63 *(978-0-266-85275-9(0))*; pap. 9.57 *(978-1-5278-8391-8(4))* Forgotten Bks.

Historiettes et Poesies: Choisies Pour les Enfants (Classic Reprint) Marie Marguerite Robique. 2017. (FRE., Illus.). (J). 26.78 *(978-0-266-40688-4(2))*; pap. 9.57 *(978-0-282-45743-3(7))* Forgotten Bks.

Historische Romane Aus der Zeit der Völkerwanderung (14 Titel in Einem Band) (Band 1/3) Felix Dahn. 2017. (GER., Illus.). 696p. (YA). pap. *(978-80-268-6315-1(1))* E-Artnow.

Historische Romane Aus der Zeit der Völkerwanderung (14 Titel in Einem Band) (Band 2/3) Felix Dahn. 2017. (GER., Illus.). 688p. (YA). pap. *(978-80-268-6366-3(6))* E-Artnow.

Historische Romane Aus der Zeit der Völkerwanderung (14 Titel in Einem Band) (Band 3/3) Felix Dahn. 2017. (GER., Illus.). 712p. (YA). pap. *(978-80-268-5462-3(4))* E-Artnow.

Historopedia: The Story of Ireland from Then until Now. Fatti Burke & John Burke. 2017. (ENG., Illus.). 96p. (J). 46.00 *(978-0-7171-7113-2(2))* Gill Bks. IRL. Dist: Casemate Pubs. & Bk. Distributors, LLC.

Historopedia Activity Book: With Colouring Pages, a Huge Pull-Out Poster & Lots of Things to See. John Burke & Fatti Burke. 2017. (ENG., Illus.). 32p. (J). pap. 17.00 *(978-0-7171-7573-4(1))* Gill Bks. IRL. Dist: Casemate Pubs. & Bk. Distributors, LLC.

History. M. J. York. 2021. (Fascinating Facts Ser.). (ENG.). 24p. (J). (gr. 2-5). lib. bdg. 32.79 *(978-1-5038-4460-5(9)*, 214227) Child's World, Inc, The.

History: A Visual Encyclopedia. DK. 2022. (DK Children's Visual Encyclopedias Ser.). (ENG., Illus.). 240p. (J). (gr. 4-7). 29.99 *(978-0-7440-5372-2(2))*; pap. 19.99 *(978-0-7440-4849-0(4))* Dorling Kindersley Publishing, Inc. (DK Children).

History! The Past As You've Never Seen It Before. DK. 2019. (DK Knowledge Encyclopedias Ser.). (ENG., Illus.). 208p. (J). (gr. 4-7). 24.99 *(978-1-4654-8175-7(3)*, DK Children) Dorling Kindersley Publishing, Inc.

History: Your Guide to the Ancient World. Ed. by Richard Kelly. 2017. (Illus.). 128p. (J). pap. 15.95 *(978-1-78209-763-1(5))* Parkwest Pubns., Inc.

History + Mystery. Meet Chordiya. 2021. (ENG.). 20p. (J). pap. 10.00 *(978-1-68494-910-6(6))* Notion Pr., Inc.

History: a Map Colouring Book: A World of History to Colour. Charlotte Farmer. Illus. by Charlotte Farmer. 2018. (Map Colouring Bks.). (ENG., Illus.). 48p. (J). (gr. 3). pap. 15.99 *(978-1-78055-431-0(1))* O'Mara, Michael Bks., Ltd. GBR. Dist: Independent Pubs. Group.

History & Adventures of the Renowned Princes Valentine & Orson (Classic Reprint) Unknown Author. 2017. (ENG., Illus.). (J). 24.56 *(978-0-266-82719-1(5))*; pap. 7.97 *(978-1-5278-8814-2(2))* Forgotten Bks.

History & Antiquities of Charnwood Forest: With an Appendix on the Geology, Botany & Ornithology of the District (Classic Reprint) Thomas Rossell Potter. 2017. (ENG., Illus.). (J). 30.79 *(978-0-331-65549-0(7))* Forgotten Bks.

History & Folklore of the Cowichan Indians (Classic Reprint) Martha Douglas Harris. 2017. (ENG., Illus.). (J). 25.79 *(978-0-265-62420-3(7))* Forgotten Bks.

History & Government of Australia & the Pacific Realm, 1 vol. Rachael Morlock. 2020. (One World Ser.). (ENG.). 48p. (gr. 5-6). lib. bdg. 31.93 *(978-1-7253-2150-2(5)*, f72095c1-2dcc-4a43-bbb1-ac968527a1e1, PowerKids Pr.) Rosen Publishing Group, Inc., The.

History & Government of Latin America, 1 vol. Shannon H. Harts. 2020. (One World Ser.). (ENG.). 48p. (gr. 5-6). lib. bdg. 31.93 *(978-1-7253-2122-9(X)*, bea075ee-db4f-409b-a39f-f5de9115444d, PowerKids Pr.) Rosen Publishing Group, Inc., The.

History & Government of Russia & the Eurasian Republics, 1 vol. Ryan Wolf. 2020. (One World Ser.). (ENG.). 48p. (gr. 5-6). pap. 12.75 *(978-1-7253-2128-1(9)*, 32411911-0ba5-4536-8591-9e81ffa6e77d, PowerKids Pr.) Rosen Publishing Group, Inc., The.

History & Government of South Asia, 1 vol. Rachael Morlock. 2020. (One World Ser.). (ENG.). 48p. (gr. 5-6). lib. bdg. 31.93 *(978-1-7253-2142-7(4)*, 133f6fd2-9dbc-4a9b-aac7-470f81dc8f9a, PowerKids Pr.) Rosen Publishing Group, Inc., The.

History & Government of Sub-Saharan Africa, 1 vol. J. M. Klein. 2020. (One World Ser.). (ENG.). 48p. (gr. 5-6). lib. bdg. 31.93 *(978-1-7253-2138-0(6)*, 44d6644b-824a-4d89-ae33-dc38524b2c33, PowerKids Pr.) Rosen Publishing Group, Inc., The.

History & Legend, Fact, Fancy & Romance of the Old Mine Road, Kingston, N. Y., to the Mine Holes of Pahaquarry. C. G. Hine. 2017. (ENG., Illus.). (J). pap. *(978-0-649-11740-6(9))* Trieste Publishing Pty Ltd.

History & Legends of the Old Liberty Bell: In Independence Hall, at Philadelphia (Classic Reprint) Wellesley Bradshaw. 2018. (ENG., Illus.). 22p. (J). 24.35 *(978-0-484-78357-6(2))* Forgotten Bks.

History & Mythology for Kids: Explore Timeless Tales, Characters, History, & Legendary Stories from Around the World - Egyptian, Greek, Norse & More: 4 Books. History Brought Alive. 2022. (ENG.). 488p. (J). ***(978-1-914312-87-8(2))***; pap. ***(978-1-914312-43-4(0))*** Thomas W Swain.

H

History & Records of the Elephant Club: Compiled from Authentic Documents Now in Possession of the Zoological Society (Classic Reprint) Knight Russ Ockside. (ENG., Illus.). (J). 2018. 340p. 30.91 *(978-0-484-09202-9(2))*; 2016. pap. 13.57 *(978-1-333-47634-2(5))* Forgotten Bks.

History & Remarkable Life of the Truly Honourable Colonel Jacque, Commonly Called Colonel Jack, Vol. 1 of 2 (Classic Reprint) Daniel Dafoe. (ENG., Illus.). (J). 2017. 310p. 30.29 *(978-0-332-31439-6(1))*; 2016. pap. 13.57 *(978-1-333-27072-8(0))* Forgotten Bks.

History & Rhymes of the Lost Battalion (Classic Reprint) Lee Charles McCollum. 2017. (ENG., Illus.). (J). 25.67 *(978-0-265-20201-2(9))* Forgotten Bks.

History & Travels: Of a Wanderer in Many States & Places of Interest in This Fair Land of Ours (Classic Reprint) Amanda E. Miller Bates. 2018. (ENG., Illus.). 142p. (J). 26.85 *(978-0-428-23036-4(9))* Forgotten Bks.

History Atlas: Heroes, Villains, & Magnificent Maps from Fifteen Extraordinary Civilizations. Thiago de Moraes. 2020. (Blueprint Editions Ser.). (ENG.). 96p. (J). (gr. 2-5). 28.99 *(978-1-4998-1135-3(7))* Little Bee Books Inc.

History Behind the Holidays see Historia de Las Celebraciones: Set Of 6

History Book. Simon Adams. Ed. by Richard Kelly. 2017. (ENG., Illus.). 160p. (J). 22.95 *(978-1-78209-842-3(9))* Miles Kelly Publishing, Ltd. GBR. Dist: Parkwest Pubns., Inc.

History Boys: AQA GCSE 9-1 English Literature Text Guide: Ideal for the 2024 & 2025 Exams. Collins GCSE. 2017. (ENG.). 80p. (YA). (gr. 9-11). pap. 5.99 *(978-0-00-824717-1(X))* HarperCollins Pubs. Ltd. GBR. Dist: Independent Pubs. Group.

History Comics: Rosa Parks & Claudette Colvin: Civil Rights Heroes. Tracey Baptiste. Illus. by Shauna J. Grant. 2023. (History Comics Ser.). (ENG.). 128p. (J). 21.99 *(978-1-250-17421-5(X)*, 900189158); pap. 12.99 *(978-1-250-17422-2(8)*, 900189159) Roaring Brook Pr. (First Second Bks.).

History Comics: the American Bison: The Buffalo's Survival Tale. Andy Hirsch. 2021. (History Comics Ser.). (ENG., Illus.). 128p. (J). pap. 12.99 *(978-1-250-26582-1(7)*, 900222102, First Second Bks.) Roaring Brook Pr.

History Comics: the Challenger Disaster: Tragedy in the Skies. Pranas T. Naujokaitis. 2020. (History Comics Ser.). (ENG., Illus.). 128p. (J). 21.99 *(978-1-250-17429-1(5)*, 900189169); pap. 12.99 *(978-1-250-17430-7(9)*, 900189170) Roaring Brook Pr. (First Second Bks.).

History Comics: the Great Chicago Fire: Rising from the Ashes. Kate Hannigan. Illus. by Alex Graudins. 2020. (History Comics Ser.). (ENG.). 128p. (J). 19.99 *(978-1-250-17425-3(2)*, 900189162); pap. 12.99 *(978-1-250-17426-0(0)*, 900189163) Roaring Brook Pr. (First Second Bks.).

History Comics: the National Parks: Preserving America's Wild Places. Falynn Koch. 2022. (History Comics Ser.). (ENG., Illus.). 128p. (J). 21.99 *(978-1-250-26587-6(8)*, 900222128); pap. 12.99 *(978-1-250-26588-3(6)*, 900222129) Roaring Brook Pr. (First Second Bks.).

History Comics: the Roanoke Colony: America's First Mystery. Chris Schweizer. 2020. (History Comics Ser.). (ENG., Illus.). 128p. (J). 19.99 *(978-1-250-17434-5(1)*, 900189174); pap. 12.99 *(978-1-250-17435-2(X)*, 900189175) Roaring Brook Pr. (First Second Bks.).

History Comics: the Stonewall Riots: Making a Stand for LGBTQ Rights. Archie Bongiovanni. Illus. by A. Andrews. 2022. (History Comics Ser.). (ENG.). 128p. (J). pap. 12.99 *(978-1-250-61835-1(5)*, 900222916, First Second Bks.) Roaring Brook Pr.

History Comics: the Transcontinental Railroad: Crossing the Divide. Andy Hirsch. 2022. (History Comics Ser.). (ENG., Illus.). 128p. (J). 19.99 *(978-1-250-79476-5(5)*, 900239149); pap. 12.99 *(978-1-250-79477-2(3)*, 900239150) Roaring Brook Pr. (First Second Bks.).

History Comics: the Wild Mustang: Horses of the American West. Chris Duffy. Illus. by Falynn Koch. 2021. (History Comics Ser.). (ENG.). 144p. (J). pap. 12.99 *(978-1-250-17428-4(7)*, 900189168, First Second Bks.) Roaring Brook Pr.

History Detective Investigates: London. Claudia Martin. 2016. (History Detective Investigates Ser.). (ENG.). 32p. (J). (gr. 4-6). 16.99 *(978-0-7502-9769-1(7)*, Wayland) Hachette Children's Group GBR. Dist: Hachette Bk. Group.

History Detective Investigates: Monarchs. Simon Adams. 2017. (History Detective Investigates Ser.). (ENG.). 32p. (J). (gr. 4-6). pap. 11.99 *(978-0-7502-9425-6(6)*, Wayland) Hachette Children's Group GBR. Dist: Hachette Bk. Group.

History Detective Investigates: Stone Age to Iron Age. Clare Hibbert. 2017. (History Detective Investigates Ser.). (ENG., Illus.). 32p. (J). (gr. 4-6). pap. 12.99

(978-0-7502-8197-3(9), Wayland) Hachette Children's Group GBR. Dist: Hachette Bk. Group.

History Digs (Set), 10 vols., Set. Incl. America: Three Worlds Meet. M. J. Cosson. lib. bdg. 32.07 *(978-1-61080-193-5(8)*, 201162); America's Colonization & Settlement. Marcia Amidon Lusted. lib. bdg. 32.07 *(978-1-61080-194-2(6)*, 201164); Birth of the United States. Linda Crotta Brennan. lib. bdg. 32.07 *(978-1-61080-197-3(0)*, 201170); Contemporary United States. Kevin Cunningham. lib. bdg. 32.07 *(978-1-61080-195-9(4)*, 201166); Development of U. S. Industry. Mary Meinking. lib. bdg. 32.07 *(978-1-61080-198-0(9)*, 201172); Great Depression & World War II. Sheryl Peterson. lib. bdg. 32.07 *(978-1-61080-199-7(7)*, 201174); Postwar United States. Maggie Combs. lib. bdg. 32.07 *(978-1-61080-196-6(2)*, 201168); United States Enters the 20th Century. DeAnn Herringshaw. lib. bdg. 32.07 *(978-1-61080-200-0(4)*, 201176); US Civil War & Reconstruction. Brian Howell. lib. bdg. 32.07 *(978-1-61080-201-7(2)*, 201178); US Growth & Change in the 19th Century. Brian Howell. lib. bdg. 32.07 *(978-1-61080-202-4(0)*, 201180); (gr. 4-8). (Explorer Library: Language Arts Explorer Ser.). (ENG., Illus.). 32p. 2011. 320.70 *(978-1-61080-243-7(8)*, 201030) Cherry Lake Publishing.

History Encyclopedia: Follow the Development of Human Civilization Around the World. John Farndon et al. 2016. (Illus.). 512p. (J). (gr. -1-12). pap. 14.99 *(978-1-86147-708-8(2)*, Armadillo) Anness Publishing GBR. Dist: National Bk. Network.

History Exposed, 12 vols. 2016. (History Exposed Ser.). (ENG.). 224p. (gr. 9-9). lib. bdg. 340.26 *(978-1-5026-1993-8(8)*, 793055c4-a981-4c52-99b5-6d7113ee4b97, Cavendish Square) Cavendish Square Publishing LLC.

History Facts & Jokes. John Townsend. Illus. by David Antram. 2018. (Totally Gross & Awesome Ser.). (ENG.). 128p. (J). (gr. 2). pap. 6.95 *(978-1-912233-64-9(9)*, Scribo) Book Hse. GBR. Dist: Sterling Publishing Co., Inc.

History for Kids - Rome. Illus. by Miguel Ángel Saura. 2023. (History for Kids Ser.: 1). 112p. (J). (gr. 4-7). pap. 12.95 ***(978-84-18664-24-3(X))*** Editorial el Pirata ESP. Dist: Independent Pubs. Group.

History for Kids - the Vikings. Illus. by Miguel Ángel Saura. 2023. (History for Kids Ser.: 2). (ENG.). 104p. (J). (gr. 4-7). pap. 12.95 ***(978-84-18664-26-7(6))*** Editorial el Pirata ESP. Dist: Independent Pubs. Group.

History for Kids Modern & Ancient History Quiz Book for Kids Children's Questions & Answer Game Books. Dot Edu. 2017. (ENG., Illus.). 64p. (J). pap. 9.55 *(978-1-5419-1696-8(4)*, Dot EDU (Educational & Textbooks)) Speedy Publishing LLC.

History Highlights: A Gareth Stevens Timeline Series, 12 vols., Set. Charlie Samuels. Incl. Timeline of the Classical World. lib. bdg. 34.60 *(978-1-4339-3480-3(9)*, 492d6729-c442-4002-8ad3-7ced85fdc764); Timeline of the Colonial World. lib. bdg. 34.60 *(978-1-4339-3495-7(7)*, a565454c-8146-45ec-a737-7cf8586a5e11); Timeline of the Industrial Revolution. lib. bdg. 34.60 *(978-1-4339-3492-6(2)*, caaee866-03fe-4f69-869d-bb1b2361c0e3); Timeline of the Middle Ages. lib. bdg. 34.60 *(978-1-4339-3483-4(3)*, 4e49a067-3edc-441c-b677-2e50c9a7c80a); Timeline of the Muslim World. lib. bdg. 34.60 *(978-1-4339-3489-6(2)*, 90cfd7c0-9e61-4cb1-ac63-a104c3472c10); Timeline of the Renaissance. lib. bdg. 34.60 *(978-1-4339-3486-5(8)*, c861f173-0cab-4be2-93b4-a3eca2273a5a); (Illus.). (YA). (gr. 6-8)., Gareth Stevens Secondary Library (History Highlights: a Gareth Stevens Timeline Ser.). (ENG.). 48p. 2010. Set lib. bdg. 207.66 *(978-1-4339-3588-6(0)*, b41d2166-3386-43e1-94b7-c716d20e6fa8) Stevens, Gareth Publishing LLLP.

History in Infographics: Mayans. Jon Richards. 2022. (History in Infographics Ser.). (ENG., Illus.). 32p. (J). (gr. 4-6). pap. 13.99 *(978-0-7502-9188-0(5)*, Wayland) Hachette Children's Group GBR. Dist: Hachette Bk. Group.

History Is All You Left Me (Deluxe Edition) Adam Silvera. 2022. (ENG.). 312p. (YA). (gr. 9). pap. 10.99 *(978-1-64129-317-4(9)*, Soho Teen) Soho Pr., Inc.

History Jokes. Joe King. 2023. (Abdo Kids Jokes Ser.). (ENG.). 24p. (J). (gr. -1-2). lib. bdg. 31.36 ***(978-1-0982-6606-6(4)*** , 42113, Abdo Kids) ABDO Publishing Co.

History, Love It & Learn or Hate It & Harm. Betty Lou Rogers. 2017. (ENG., Illus.). (J). pap. 12.95 *(978-0-9985225-9-3(7))* Skookum Bks.

History Maker Biographies. Grace Hansen. (History Maker Biographies Ser.). (ENG.). 24p. (J). 2022. pap., pap., pap. 31.80 *(978-0-7565-7296-9(7)*, 249093); 2021. pap., pap., pap. 47.70 *(978-1-6663-5869-8(X)*, 240408) Capstone. (Capstone Classroom).

History Maker Biographies Classroom Collection. Grace Hansen. (History Maker Biographies Ser.). (ENG.). 24p. (J). 2022. pap., pap., pap. 171.72 *(978-0-7565-7297-6(5)*, 249094); 2021. pap., pap., pap. 286.20 *(978-1-6663-5870-4(3)*, 240409) Capstone. (Capstone Classroom).

History Maker Biographies Set 4 (Set), 6 vols. Grace Hansen. 2019. (History Maker Biographies Ser.). (ENG.). 24p. (J). (gr. -1-2). lib. bdg. 196.74 *(978-1-5321-8898-5(6)*, 32964, Abdo Kids) ABDO Publishing Co.

History Maker Biographies Set 5 (Set), 6 vols. Jessica Rusick et al. 2021. (History Maker Biographies (Abdo Kids Jumbo) Ser.). (ENG.). 24p. (J). (gr. -1-2). lib. bdg. 196.74 *(978-1-0982-0887-5(0)*, 37871, Abdo Kids) ABDO Publishing Co.

History Makers (Group 3), 12 vols. 2017. (History Makers Ser.). (ENG., Illus.). (YA). (gr. 9-9). lib. bdg. 284.16 *(978-1-5026-3299-9(3)*, 78f87943-3d60-4828-8cd2-ce97f69c7a83) Cavendish Square Publishing LLC.

History Makers (Groups 1 - 3), 36 vols. 2017. (History Makers Ser.). (ENG.). (YA). (gr. 9-9). lib. bdg. 852.48 *(978-1-5026-3268-5(3)*, 1f3704a1-458c-4a1c-81c4-f374c402e64d) Cavendish Square Publishing LLC.

History Mashups for Teens: From Lou Gehrig to Derek Jeter. Mg Wilson. 2016. (ENG., Illus.). (J). (gr. 4-6). pap. 9.97 *(978-1-944027-09-4(2))* Networding.

History Mashups for Teens: From Sleeping Beauty to Beyonce. Mg Wilson. 2017. (History Mashups for Teens Ser.). (ENG., Illus.). (J). (gr. 4-6). pap. 9.97 *(978-1-944027-08-7(4))* Networding.

History Mystery Kids 2: Magic in Michigan. Daniel Kenney. 2017. (ENG., Illus.). (J). pap. 7.99 *(978-1-947865-02-0(1))* Trendwood Pr.

History Mystery Kids 3: Midnight in Massachusetts. Daniel Kenney. 2017. (ENG., Illus.). (J). pap. 7.99 *(978-1-947865-03-7(X))* Trendwood Pr.

History Mystery Kids 4: Camping in Colorado. Daniel Kenney. 2018. (ENG., Illus.). 138p. (J). pap. 8.99 *(978-1-947865-13-6(7))* Trendwood Pr.

History of a Banbury Cake: An Entertaining Book for Children (Classic Reprint) Unknown Author. 2017. (ENG., Illus.). (J). 24.35 *(978-0-266-89453-7(4))* Forgotten Bks.

History of a Little Boy Found under a Haycock: Continued from the First Part, Given in the Royal Alphabet, or, Child's Best Instructor (Classic Reprint) R. Johnson. 2018. (ENG., Illus.). 32p. (J). 24.60 *(978-0-332-03298-6(1))* Forgotten Bks.

History of a Little Boy Found under an Haycock: Founded on Facts (Classic Reprint) Unknown Author. (ENG., Illus.). (J). 2018. 20p. 24.31 *(978-0-267-60286-5(3))*; 2016. pap. 7.97 *(978-1-334-13668-9(8))* Forgotten Bks.

History of a Merchant's Widow: And Her Young Family (Classic Reprint) Hofland. 2018. (ENG., Illus.). 182p. (J). 27.65 *(978-0-483-79394-1(9))* Forgotten Bks.

History of a Six Weeks' Tour. Mary Shelley. 2022. (ENG.). 46p. (J). pap. 22.64 ***(978-1-4583-3846-4(0))***; pap. 25.14 ***(978-1-4583-3841-9(X))*** Lulu Pr., Inc.

History of a Slave (Classic Reprint) Harry Hamilton Johnston. 2018. (ENG., Illus.). 280p. (J). 29.69 *(978-0-666-43749-5(1))* Forgotten Bks.

History of a Tame Robin (Classic Reprint) Tame Robin. 2018. (ENG., Illus.). 160p. (J). 27.20 *(978-0-365-14118-1(6))* Forgotten Bks.

History of Alfa Romeos, 1 vol. Seth Kingston. 2018. (Under the Hood Ser.). (ENG.). 32p. (gr. 4-5). 27.93 *(978-1-5383-4336-4(3)*, 37dd0cee-fe6a-4019-9c46-74bbda4f3767, PowerKids Pr.) Rosen Publishing Group, Inc., The.

History of Ambition in 50 Hoaxes, 1 vol. Gale Eaton. Ed. by Phillip Hoose. 2016. (History In 50 Ser.: 0). (ENG., Illus.). 272p. (YA). (gr. 6-12). 24.95 *(978-0-88448-465-3(3)*, 884465) Tilbury Hse. Pubs.

History of an Adopted Child (Classic Reprint) Geraldine Endsor Jewsbury. (ENG., Illus.). (J). 2018. 354p. 31.22 *(978-0-483-54995-1(9))*; 2016. pap. 13.57 *(978-1-334-53339-6(3))* Forgotten Bks.

History of Ann & Her Eleven Sisters: Displaying the Various Adventures They Encountered in Their Travels, &C. &C (Classic Reprint) Unknown Author. (ENG., Illus.). (J). 2018. 112p. 26.21 *(978-0-332-60652-1(X))*; 2016. pap. 9.57 *(978-1-334-16296-1(4))* Forgotten Bks.

History of Ann Lively & Her Bible (Classic Reprint) American Tract Society. (ENG., Illus.). (J). 2018. 20p. 24.33 *(978-0-332-50229-8(5))*; 2016. pap. 7.97 *(978-1-334-16241-1(7))* Forgotten Bks.

History of Arsaces, Prince of Betlis, Vol. 1 of 2 (Classic Reprint) Charles Johnstone. (ENG., Illus.). (J). 2018. 326p. 30.64 *(978-0-656-16499-8(9))*; 2017. pap. 13.57 *(978-0-259-24506-3(2))* Forgotten Bks.

History of Arsaces, Prince of Betlis, Vol. 2 (Classic Reprint) Charles Johnstone. (ENG., Illus.). (J). 2018. 282p. 29.88 *(978-0-365-20302-5(5))*; 2017. pap. 13.57 *(978-0-243-85847-7(7))* Forgotten Bks.

History of Asbury Park & Long Branch: Together with the Traditions of the Indians Settlers of Monmouth Ocean Counties, N. J (Classic Reprint) George C. Martin. 2018. (ENG., Illus.). 24p. (J). 24.39 *(978-0-484-89387-9(4))* Forgotten Bks.

History of Astronomy, 1 vol. Anne Rooney. 2017. (History of Science Ser.). (ENG.). 216p. (YA). (gr. 7-7). 47.80 *(978-1-5081-7703-6(1)*, 1d3a91e2-d344-46a0-8856-0301f41dd04d, Rosen Young Adult) Rosen Publishing Group, Inc., The.

History of Aythan Waring (Classic Reprint) Violet Jacob. 2017. (ENG., Illus.). (J). 31.96 *(978-1-5284-5329-5(8))* Forgotten Bks.

History of Baseball. Kenny Abdo. 2019. (History of Sports Ser.). (ENG., Illus.). 24p. (J). (gr. 2-8). lib. bdg. 31.36 *(978-1-5321-2737-3(5)*, 31681, Abdo Zoom-Fly) ABDO Publishing Co.

History of Baseball Educational Facts Children's Sports Book. Bold Kids. 2023. (ENG.). 42p. (J). pap. 14.99 ***(978-1-0717-1648-9(4))*** FASTLANE LLC.

History of Basketball. Kenny Abdo. 2019. (History of Sports Ser.). (ENG., Illus.). 24p. (J). (gr. 2-8). lib. bdg. 31.36 *(978-1-5321-2738-0(3)*, 31683, Abdo Zoom-Fly) ABDO Publishing Co.

History of Beasts (Classic Reprint) Unknown Author. (ENG., Illus.). (J). 2018. 22p. 24.35 *(978-0-484-78463-4(3))*; 2016. pap. 7.97 *(978-1-334-16907-6(1))* Forgotten Bks.

History of Behar Indigo Factories: Reminiscences of Behar; Tirhoot & Its Inhabitants of the Past; History of Behar Light Horse Volunteers (Classic Reprint) Minden Wilson. 2017. (ENG., Illus.). (J). 31.40 *(978-0-265-90565-4(6))* Forgotten Bks.

History of Behar Indigo Factories; Reminiscences of Behar; Tirhoot & Its Inhabitants of the Past; History of Behar Light Horse Volunteers. Minden Wilson. 2019. (ENG.). 354p. (J). pap. *(978-93-5386-416-3(X))* Alpha Editions.

History of Billy the Kid (Classic Reprint) Charles A. Siringo. 2017. (ENG., Illus.). (J). 26.99 *(978-0-266-22010-7(X))* Forgotten Bks.

History of Birds: With Twelve Coloured Engravings (Classic Reprint) Unknown Author. 2018. (ENG., Illus.). (J). 30p. 24.52 *(978-0-366-21732-8(1))*; 32p. pap. 7.97 *(978-0-365-89011-9(1))* Forgotten Bks.

History of Brazil - History Book 4th Grade Children's Latin American History. Baby Professor. 2017. (ENG., Illus.). (J). pap. 8.79 *(978-1-5419-1338-7(8)*, Baby Professor (Education Kids)) Speedy Publishing LLC.

History of Britain in 12... Assorted Animals. Paul Rockett. 2019. (History of Britain In 12... Ser.). (ENG.). 32p. (J). pap. 11.99 *(978-1-4451-3612-7(0)*, Franklin Watts) Hachette Children's Group GBR. Dist: Hachette Bk. Group.

History of Britain in 12... Bites of Food. Paul Rockett. 2019. (History of Britain In 12... Ser.). (ENG., Illus.). 32p. (J). (gr. 2-4). pap. 11.99 ***(978-1-4451-3609-7(0)***, Franklin Watts) Hachette Children's Group GBR. Dist: Hachette Bk. Group.

History of Britain in 12... Fashion Items. Paul Rockett. 2019. (History of Britain In 12... Ser.). (ENG.). 32p. (J). (gr. 2-4). pap. 11.99 ***(978-1-4451-3615-8(5)***, Franklin Watts) Hachette Children's Group GBR. Dist: Hachette Bk. Group.

History of Britain in 12... Feats of Engineering. Paul Rockett. 2019. (History of Britain In 12... Ser.). (ENG., Illus.). 32p. (J). (gr. 2-4). pap. 11.99 *(978-1-4451-3603-5(1)*, Franklin Watts) Hachette Children's Group GBR. Dist: Hachette Bk. Group.

History of Christianity: Origins & Growth Christianity Books Grade 6 Children's Religion Books. One True Faith. 2021. (ENG.). 72p. (J). 27.99 *(978-1-5419-8443-1(9))*; pap. 16.99 *(978-1-5419-5481-6(5))* Speedy Publishing LLC. (One True Faith (Religion & Spirituality)).

History of Christmas: 2,000 Years of Faith, Fable, & Festivity. Heather Lefebvre. rev. ed. 2019. (ENG., Illus.). 128p. (J). 17.99 *(978-1-5271-0334-4(X)*, 0ceeb1e5-9d8b-433f-827e-1bef2c51732a, CF4Kids) Christian Focus Pubns. GBR. Dist: Baker & Taylor Publisher Services (BTPS).

History of Cinderella: Or, the Little Class Slipper (Classic Reprint) John Cheap. 2017. (ENG., Illus.). (J). 33.45 *(978-0-260-84140-7(4))* Forgotten Bks.

History of Civil Rights Movements in America. Maddie Spalding. 2021. (Understanding the Black Lives Matter Movement Ser.). (ENG.). 80p. (YA). (gr. 6-12). 43.93 *(978-1-6782-0074-9(3)*, BrightPoint Pr.) ReferencePoint Pr., Inc.

History of Clarisa Harlowe, Vol. 4 Of 8: In a Series of Letters (Classic Reprint) Samuel Richardson. (ENG., Illus.). (J). 2018. 422p. 32.60 *(978-0-267-39051-9(3))*; 2016. pap. 16.57 *(978-1-334-13835-5(4))* Forgotten Bks.

History of Clarissa Harlowe, Vol. 3 Of 8: In a Series of Letters (Classic Reprint) Samuel Richardson. 2017. (ENG., Illus.). (J). 32.31 *(978-0-266-68247-9(2))*; pap. 16.57 *(978-1-5276-5660-4(8))* Forgotten Bks.

History of Clarissa Harlowe, Vol. 7 Of 8: In a Series of Letters (Classic Reprint) Samuel Richardson. 2017. (ENG., Illus.). (J). pap. 16.57 *(978-0-259-19559-7(6))* Forgotten Bks.

History of Code Breaking, 1 vol. Nigel Cawthorne. 2017. (History of Science Ser.). (ENG.). 216p. (YA). (gr. 7-7). 47.80 *(978-1-5081-7704-3(X)*, 9de2de1c-dd20-476a-bf4f-f764beab2f3f, Rosen Young Adult) Rosen Publishing Group, Inc., The.

History of Comic Books. David Smith. ed. 2016. (Time for Kids Nonfiction Readers Ser.). (ENG.). (J). (gr. 6). lib. bdg. 20.85 *(978-0-606-39531-1(8))* Turtleback.

History of Comic Books. David Smith. 2nd rev. ed. 2016. (TIME(r): Informational Text Ser.). (ENG., Illus.). 48p. (J). (gr. 5-8). pap. 13.99 *(978-1-4938-3595-9(5))* Teacher Created Materials, Inc.

History of Computers. Chris Oxlade. 2017. (History of Technology Ser.). (ENG., Illus.). 32p. (J). (gr. 2-5). pap. 8.29 *(978-1-4846-4041-8(1)*, 135142, Heinemann) Capstone.

History of Computers, 2 vols. Chris Oxlade. 2017. (History of Technology Ser.). (ENG.). (J). (gr. 2-5). *(978-1-4846-4058-6(6))* Heinemann Educational Bks.

History of Coney Island. I. F. Eaton. 2017. (ENG., Illus.). 60p. (J). pap. *(978-0-649-75482-3(4))* Trieste Publishing Pty Ltd.

History of Coney Island: From Its First Discovery in 4, 11, 44, down to Last Night, in Rhyme; Adapted for All Children under Eight-Five, & Profusely Illustrated (Classic Reprint) I. F. Eaton. 2018. (ENG., Illus.). 52p. (J). 24.99 *(978-0-332-32940-6(2))* Forgotten Bks.

History of Conservation: Preserving Our Planet, 12 vols. 2017. (History of Conservation: Preserving Our Planet Ser.). (ENG.). (J). (gr. 9-9). lib. bdg. 267.00 *(978-1-5026-3227-2(6)*, a0136d23-5ac9-467a-8dde-1771ae5387cb) Cavendish Square Publishing LLC.

History of Corporal Fess Whitaker (Classic Reprint) Fess Whitaker. 2017. (ENG., Illus.). (J). 27.07 *(978-0-260-41797-8(1))* Forgotten Bks.

History of Corvettes, 1 vol. Seth Kingston. 2018. (Under the Hood Ser.). (ENG.). 32p. (gr. 4-5). 27.93 *(978-1-5383-4337-1(1)*, 4e0188be-2045-412e-82e0-abae45c975be, PowerKids Pr.) Rosen Publishing Group, Inc., The.

History of Crime & Punishment (Set), 6 vols. Duchess Harris. 2019. (History of Crime & Punishment Ser.). (ENG.). 112p. (J). (gr. 6-12). lib. bdg. 248.16 *(978-1-5321-1916-3(X)*, 32297, Essential Library) ABDO Publishing Co.

History of Criminal Law. Rebecca Rowell & Duchess Harris. 2019. (History of Crime & Punishment Ser.). (ENG., Illus.). 112p. (J). (gr. 6-12). lib. bdg. 41.36 *(978-1-5321-1919-4(4)*, 32303, Essential Library) ABDO Publishing Co.

History of Cryptography, 1 vol. Susan Meyer. 2016. (Cryptography: Code Making & Code Breaking Ser.). (ENG., Illus.). 64p. (J). (gr. 8-8). 36.13 *(978-1-5081-7304-5(4)*, 8f992757-8fb6-4c04-8564-34609ce6a257) Rosen Publishing Group, Inc., The.

History of David Grieve (Classic Reprint) Humphry Ward. 2017. (ENG., Illus.). (J). 36.21 *(978-1-5279-8926-9(7))* Forgotten Bks.

History of David Grieve, Vol. 1 of 3 (Classic Reprint) Humphry Ward. 2017. (ENG., Illus.). (J). 33.65 *(978-0-265-18352-6(9))* Forgotten Bks.

History of David Grieve, Vol. 2 of 2 (Classic Reprint) Humphry Ward. (ENG., Illus.). (J). 2018. 496p. 34.15 *(978-0-483-37857-5(7))*; 2016. pap. 16.57 *(978-1-334-13036-6(1))* Forgotten Bks.

History of David Grieve, Vol. 2 of 3 (Classic Reprint) Humphry Ward. 2018. (ENG., Illus.). 402p. (J). 32.21 *(978-0-267-16938-2(8))* Forgotten Bks.

History of David Grieve, Vol. 3 of 3 (Classic Reprint) Humphry Ward. 2018. (ENG., Illus.). 414p. (J). 32.44 *(978-0-483-36242-0(5))* Forgotten Bks.

History of Dick Whittington, Lord Mayor of London: With the Adventures of His Cat (Classic Reprint) George Cruikshank. 2017. (ENG., Illus.). (J). 24.33 *(978-0-266-90374-1(6))* Forgotten Bks.

History of Dungeon Rock: Completed Sept. 17th, 1856 (Classic Reprint) Nannette Snow Emerson. (ENG., Illus.). (J). 2018. 80p. 25.57 *(978-0-484-38113-0(X))*; 2017. pap. 9.57 *(978-0-243-06756-5(9))* Forgotten Bks.

History of Elsmere & Rosa, an Episode, Vol. 2 Of 2: The Merry Matter Written by John Mathers; the Grave, by a Solid Gentleman (Classic Reprint) George Colman. (ENG., Illus.). (J). 2018. 340p. 30.93 *(978-0-483-71298-0(1))*; 2017. pap. 13.57 *(978-0-243-38683-3(4))* Forgotten Bks.

History of Elsmere & Rosa, Vol. 1 Of 2: An Episode (Classic Reprint) George Colman. (ENG., Illus.). (J). 2018. 318p. 30.48 *(978-0-364-55496-8(7))*; 2017. pap. 13.57 *(978-0-259-19830-7(7))* Forgotten Bks.

History of Emily Montague (Classic Reprint) Unknown Author. 2017. (ENG., Illus.). (J). 29.18 *(978-0-260-87515-0(5))* Forgotten Bks.

History of Emily Montague, Vol. 2 (Classic Reprint) Frances Brooke. (ENG., Illus.). (J). 2018. 248p. 29.01 *(978-0-483-00523-5(1))*; 2016. pap. 11.57 *(978-1-334-32404-8(2))* Forgotten Bks.

History of Emily Montague, Vol. 3 (Classic Reprint) Frances Brooke. (ENG., Illus.). (J). 2018. 234p. 28.72 *(978-0-267-73541-9(3))*; 2016. pap. 11.57 *(978-1-334-16330-2(8))* Forgotten Bks.

History of Emily Montague, Vol. 4 (Classic Reprint) Frances Brooke. (ENG., Illus.). (J). 2018. 220p. 28.50 *(978-0-332-83174-9(4))*; 2016. pap. 10.97 *(978-1-334-16216-9(6))* Forgotten Bks.

History of England: From Charles II. to James II.; Volume 1; PT. F. David Hume. 2017. (ENG., Illus.). (J). 28.95 *(978-1-374-87826-6(X))*; pap. 18.95 *(978-1-374-87825-9(1))* Capital Communications, Inc.

History of England: In Words of One Syllable (Classic Reprint) Helen W. Pierson. 2017. (ENG., Illus.). (J). 28.50 *(978-0-331-52946-3(7))* Forgotten Bks.

History of England for Catholic Children: From the Earliest Times To 1850. Burns & Lambert. 2019. (ENG., Illus.). 480p. (J). (gr. 4-6). pap. 22.95 *(978-0-9991706-9-4(4))* Hillside Education.

History of England from the Accession of James II; Volume 1. Thomas Babbington Macaulay. 2017. (ENG., Illus.). (J). 31.95 *(978-1-374-93448-1(8))*; pap. 22.95 *(978-1-374-93447-4(X))* Capital Communications, Inc.

History of England from the Norman Conquest to the Death of John 1066-1216; Volume 2. George Burton Adams. 2017. (ENG., Illus.). (J). 29.95 *(978-1-374-88180-8(5))*; pap. 20.95 *(978-1-374-88179-2(1))* Capital Communications, Inc.

History of English Sounds from the Earliest Period: Including an Investigation of Th General Laws of Sound Change, & Full Word Lists; Series D. Miscellaneous. Henry Sweet. 2017. (ENG., Illus.). (J). pap. *(978-1-76057-503-8(8))* Trieste Publishing Pty Ltd.

History of English Sounds from the Earliest Period: Including an Investigation of the General Laws of Sound Change, & Full Word Lists (Classic Reprint) Henry Sweet. 2017. (ENG., Illus.). (J). pap. 16.57 *(978-0-282-50242-3(4))* Forgotten Bks.

History of English Sounds from the Earliest Period: With Full Word-Lists (Classic Reprint) Henry Sweet. 2017. (ENG., Illus.). (J). pap. 16.57 *(978-0-282-44054-1(2))* Forgotten Bks.

History of Esports. Josh Gregory. 2020. (21st Century Skills Library: Esports LIVE Ser.). (ENG., Illus.). 32p. (J). (gr. 4-7). lib. bdg. 32.07 *(978-1-5341-6887-9(7)*, 215435) Cherry Lake Publishing.

History of Euphemia's Little Scholars, Mary & Frances: Founded upon Fact (Classic Reprint) Unknown Author. 2018. (ENG., Illus.). 84p. (J). 25.63 *(978-0-483-99551-2(7))* Forgotten Bks.

History of Everything in 32 Pages. Anna Claybourne. Illus. by Jan Van der Veren. 2020. (ENG.). 32p. (J). (gr. 2-6). 19.99 *(978-1-78627-684-1(4)*, King, Laurence Publishing) Orion Publishing Group, Ltd. GBR. Dist: Hachette Bk. Group.

History of Fanny Thoughtless (Classic Reprint) Unknown Author. (ENG., Illus.). (J). 2018. 20p. 24.31 *(978-0-267-96265-5(7))*; 2016. pap. 7.97 *(978-1-334-16450-7(9))* Forgotten Bks.

History of Farming in America History of the United States Grade 6 Children's American History. Baby Professor. 2021. (ENG.). 72p. (J). 27.99 *(978-1-5419-8431-8(5))*; pap. 16.99 *(978-1-5419-5486-1(6))* Speedy Publishing LLC. (Baby Professor (Education Kids)).

History of Ferrari Activity Book - Ladybird Readers Level 3. Ladybird. 2019. (Ladybird Readers Ser.). (ENG., Illus.). 16p. (J). (gr. -1-2). pap. 5.99 *(978-0-241-36521-2(X))* Penguin Random Hse. AUS. Dist: Independent Pubs. Group.

History of Ferraris, 1 vol. Seth Kingston. 2018. (Under the Hood Ser.). (ENG., Illus.). 32p. (J). (gr. 4-5). 27.93 *(978-1-5383-4338-8(X)*, aed5f640-cb36-494c-9e82-88f7302188e1, PowerKids Pr.) Rosen Publishing Group, Inc., The.

History of Firearms. Colin Holcombe. 2020. (ENG.). 244p. (YA). pap. 42.75 *(978-1-716-62357-8(X))* Lulu Pr., Inc.

History of Food. John Johnson. 2020. (ENG.). 38p. (J). 24.99 *(978-1-947773-69-1(0))* Yawn's Bks. & More, Inc.

History of Food - Children's Agriculture Books. Baby Professor. 2017. (ENG., Illus.). (J). pap. 7.89 *(978-1-5419-0471-2(0)*, Baby Professor (Education Kids)) Speedy Publishing LLC.

History of Football. Kenny Abdo. 2019. (History of Sports Ser.). (ENG., Illus.). 24p. (J). (gr. 2-8). lib. bdg. 31.36 *(978-1-5321-2739-7(1)*, 31685, Abdo Zoom-Fly) ABDO Publishing Co.

History of Formula One. Contrib. by Anthony K. Hewson. 2023. (Focus on Formula One Ser.). (ENG.). 32p. (J). (gr. 3-9). lib. bdg. 32.79 ***(978-1-0982-9077-1(1)***, 41927, SportsZone) ABDO Publishing Co.

History of Four-Footed Beasts & Serpents: Describing at Large Their True & Lively Figure, Their Several Names, Conditions, Kinds, Virtues (Both Natural & Medicinal) Countries of Their Breed, Their Love & Hatred to Mankind, & the Wonderful Wo. Edward Topsel. 2017. (ENG., Illus.). (J). 46.54 *(978-0-331-33179-0(9))*; pap. 28.88 *(978-0-282-36014-6(X))* Forgotten Bks.

History of Frugal: The Wild Bee (Classic Reprint) Frankly Frankly. 2018. (ENG., Illus.). 112p. (J). 26.21 *(978-0-267-28536-5(1))* Forgotten Bks.

History of Gaming. Heather E. Schwartz. 2019. (Video Game Revolution Ser.). (ENG., Illus.). 32p. (J). (gr. 3-9). lib. bdg. 28.65 *(978-1-5435-7156-1(5)*, 140423) Capstone.

History of General Tom Thumb (Classic Reprint) Unknown Author. (ENG., Illus.). (J). 2017. 24.35 *(978-0-260-45309-9(9))*; 2016. pap. 7.97 *(978-1-334-16194-0(1))* Forgotten Bks.

History of George a Green: Pindar of the Town of Wakefield (Classic Reprint) Robert Greene. (ENG., Illus.). (J). 2018. 80p. 25.57 *(978-0-484-50075-3(9))*; 2016. pap. 9.57 *(978-1-333-13152-4(6))* Forgotten Bks.

History of George A. Green, Pindar of the Town of Wakefield: His Birth, Calling, Valour, & Reputation in the Country (Classic Reprint) N. W. (ENG., Illus.). (J). 2018. 94p. 25.86 *(978-0-666-04339-9(6))*; 2016. pap. 9.57 *(978-1-334-19012-4(7))* Forgotten Bks.

History of George Godfrey, Vol. 1 of 3 (Classic Reprint) Thomas Gaspey. 2017. (ENG., Illus.). (J). 31.53 *(978-0-265-21565-4(X))* Forgotten Bks.

History of George Godfrey, Vol. 3 of 3 (Classic Reprint) George Godfrey. 2018. (ENG., Illus.). 318p. (J). 30.46 *(978-0-483-97523-1(0))* Forgotten Bks.

History of Giles Gingerbread, a Little Boy, Who Lived upon Learning (Classic Reprint) Tom Trip. (ENG., Illus.). (J). 2018. 36p. 24.64 *(978-0-267-39654-2(6))*; 2016. pap. 7.97 *(978-1-334-13094-6(9))* Forgotten Bks.

History of God's World. R. Meredith Emery. Illus. by Nikola Belley. 2018. (ENG.). 48p. (J). (gr. k-6). pap. 14.00 *(978-0-9991835-0-2(8))*; 24.00 *(978-0-9991835-2-6(4))* By His Grace Publishing.

History of Golf. Kenny Abdo. 2019. (History of Sports Ser.). (ENG., Illus.). 24p. (J). (gr. 2-8). lib. bdg. 31.36 *(978-1-5321-2740-3(5)*, 31687, Abdo Zoom-Fly) ABDO Publishing Co.

History of Goody Two-Shoes: Embellished with Elegant Engravings (Classic Reprint) Oliver Goldsmith. 2018. (ENG., Illus.). 34p. (J). 24.60 *(978-0-267-69625-3(6))* Forgotten Bks.

History of Gutta-Percha Willie: The Working Genius (Classic Reprint) George MacDonald. 2019. (ENG., Illus.). 266p. (J). 29.38 *(978-0-483-82323-5(6))* Forgotten Bks.

History of Gymnastics. Kenny Abdo. 2019. (History of Sports Ser.). (ENG., Illus.). 24p. (J). (gr. 2-8). lib. bdg. 31.36 *(978-1-5321-2741-0(3)*, 31689, Abdo Zoom-Fly) ABDO Publishing Co.

History of Gymnastics. Blythe Lawrence. 2020. (Gymnastics Zone Ser.). (ENG., Illus.). 32p. (J). (gr. 3-6). lib. bdg. 32.79 *(978-1-5321-9237-1(1)*, 35083, SportsZone) ABDO Publishing Co.

History of Hastings, Indiana (Classic Reprint) Unknown Author. (ENG., Illus.). (J). 2018. 106p. 26.10 *(978-0-267-56567-2(4))*; 2016. pap. 9.57 *(978-1-333-77648-0(9))* Forgotten Bks.

History of Henry & Eliza (Classic Reprint) Unknown Author. 2018. (ENG., Illus.). 68p. (J). 25.30 *(978-0-267-16795-1(4))* Forgotten Bks.

History of Henry, Earl of Moreland, Vol. 2 (Classic Reprint) Henry Brooke. (ENG., Illus.). (J). 2018. 286p. 29.80 *(978-0-267-78429-5(5))*; 2016. pap. 13.57 *(978-1-334-29296-5(5))* Forgotten Bks.

History of Henry Esmond (Classic Reprint) William Makepeace Thackeray. 2017. (ENG., Illus.). (J). 34.31 *(978-0-331-76392-8(3))* Forgotten Bks.

History of Henry Esmond, Esq. William Makepeace Thackeray. 2017. (ENG.). (J). 486p. pap. *(978-3-337-32331-8(6))*; 484p. pap. *(978-3-337-32458-2(4))* Creation Pubs.

History of Henry Esmond, Esq. William Makepeace Thackeray. 2018. (ENG., Illus.). 454p. (J). *(978-3-7326-2824-7(8))* Klassik Literatur. ein Imprint der Salzwasser Verlag GmbH.

History of Henry Esmond, Esq., a Colonel in the Service of Her Majesty Q. Anne, Vol. 2 Of 3: Written by Himself (Classic Reprint) William Makepeace Thackeray. 2018. (ENG., Illus.). 330p. (J). 30.72 *(978-0-484-58377-0(8))* Forgotten Bks.

History of Henry Esmond, Esq., a Colonel in the Service of Her Majesty Queen Anne; the Memoirs of Barry Lyndon, Esq.; Denis Duval (Classic Reprint) William Makepeace Thackeray. 2017. (ENG., Illus.). (J). 41.82 *(978-0-265-67568-7(5))*; pap. 24.16 *(978-1-5276-4566-0(5))* Forgotten Bks.

History of Henry Esmond, Esq., Colonel in the Service of Her Majesty Queen Anne (Classic Reprint) William Makepeace Thackeray. 2018. (ENG., Illus.). (J). 196p. 27.96 *(978-1-396-69898-9(1))*; 198p. pap. 10.57 *(978-1-396-14988-7(0))* Forgotten Bks.

History of Henry Esmond, Esq., Vol. 1: A Colonel in the Service of Her Majesty Queen Anne (Classic Reprint) William Makepeace Thackeray. (ENG., Illus.). (J). 2018. 364p. 31.40 *(978-0-365-20375-9(0))*; 2017. pap. 13.97 *(978-0-259-25261-0(1))* Forgotten Bks.

History of Henry Esmond, Esq., Vol. 1 Of 3: A Colonel in the Service of Her Majesty Q. Anne (Classic Reprint) William Makepeace Thackeray. 2018. (ENG., Illus.). 348p. (J). 31.07 *(978-0-332-50405-6(0))* Forgotten Bks.

History of Henry Esmond, Esq., Vol. 2: A Colonel in the Service of Her Majesty Queen Anne (Classic Reprint) William Makepeace Thackeray. 2018. (ENG., Illus.). 356p. (J). 31.24 *(978-0-332-40334-2(3))* Forgotten Bks.

History of Henry Esmond, Esq., Vol. 2 Of 2: A Colonel in the Service of Her Majesty Queen Anne; Denis Duval (Classic Reprint) William Makepeace Thackeray. (ENG., Illus.). (J). 2017. 33.07 *(978-0-266-49138-5(3))*; 2016. pap. 16.57 *(978-1-334-12669-7(0))* Forgotten Bks.

History of Henry Esmond, Esq., Vol. 3 Of 3: A Colonel in the Service of Her Majesty Q. Anne; Written by Himself (Classic Reprint) William Makepeace Thackeray. 2018. (ENG., Illus.). 334p. (J). 30.79 *(978-0-483-52122-3(1))* Forgotten Bks.

History of Henry Esmond, Esq. (Classic Reprint) William Makepeace Thackeray. 2017. (ENG., Illus.). (J). 34.13 *(978-0-260-97695-6(4))* Forgotten Bks.

History of Henry Milner: A Little Boy, Who Was Not Brought up According to the Fashions of This World (Classic Reprint) Sherwood. 2018. (ENG., Illus.). 584p. (J). 35.94 *(978-0-364-52764-1(1))* Forgotten Bks.

History of Hip-Hop. Dominic Decker. 2023. (ENG.). 38p. (J). pap. 5.50 ***(978-1-312-71327-7(5))*** Lulu Pr., Inc.

History of Hypolitus, Earl of Douglas, with the Secret History of Macbeth, King of Scotland: To Which Is Added, the Art of Love, or the Amours of Count Schlick & a Young Lady of Quality (Classic Reprint) Unknown Author. 2018. (ENG., Illus.). 368p. (J). 31.49 *(978-0-483-28603-0(6))* Forgotten Bks.

History of Ice Cream. Dona Herweck Rice. 2018. (Mathematics in the Real World Ser.). (ENG., Illus.). 20p. (J). (gr. k-1). 8.99 *(978-1-4258-5620-5(9))* Teacher Created Materials, Inc.

History of Illinois: In Words of One Syllable (Classic Reprint) Thomas W. Handford. (ENG., Illus.). (J). 2018. 212p. 28.27 *(978-0-484-91399-7(9))*; 2016. pap. 10.97 *(978-1-333-27546-4(3))* Forgotten Bks.

History of Immigration, 1 vol. Cathleen Small. 2017. (Crossing the Border Ser.). (ENG.). 64p. (J). (gr. 6-7). pap. 16.28 *(978-1-5345-6280-6(X)*, e4b7f4cd-57fe-46e4-8c17-8f4cbfb939d7); lib. bdg. 35.08 *(978-1-5345-6221-9(4)*, ecc0baa3-9af7-418b-aa21-dab10c6f9be4) Greenhaven Publishing LLC. (Lucent Pr.).

History of Inventions & Discoveries: Alphabetically Arranged (Classic Reprint) Francis Sellon White. 2018. (ENG., Illus.). 584p. (J). 35.96 *(978-0-365-34198-7(3))* Forgotten Bks.

History of Jack & His Eleven Brothers: Displaying the Various Adventures They Encountered in Their Travels, &C., &C (Classic Reprint) Unknown Author. (ENG., Illus.). (J). 2018. 112p. 26.21 *(978-0-484-56619-3(9))*; 2016. pap. 9.57 *(978-1-334-16796-6(6))* Forgotten Bks.

History of Jack, & His Eleven Brothers: Relating the Singular Adventures They Encountered in Their Various Travels (Classic Reprint) Unknown Author. (ENG., Illus.). (J). 2018. 36p. 24.64 *(978-0-332-83029-2(2))*; 2017. pap. 7.97 *(978-0-243-25706-5(6))* Forgotten Bks.

History of Jack & the Giants, Vol. 1 (Classic Reprint) Unknown Author. 2019. (ENG., Illus.). 26p. (J). 24.43 *(978-0-267-56489-7(9))* Forgotten Bks.

History of Jack Jingle: For the Instruction & Amusement of Children (Classic Reprint) Unknown Author. 2018. (ENG., Illus.). 20p. (J). 24.33 *(978-0-267-51679-7(7))*; pap. 7.97 *(978-1-332-26374-5(7))* Forgotten Bks.

History of Jason: Translated from the French of Raoul le Fevre (Classic Reprint) William Caxton. 2017. (ENG., Illus.). (J). 28.62 *(978-0-265-48250-6(X))* Forgotten Bks.

History of Jemmy & Jenny Jessamy. Eliza Fowler Haywood. 2019. (ENG.). 244p. (J). pap. *(978-3-337-82130-2(8))* Creation Pubs.

History of Jemmy & Jenny Jessamy, Vol. 1 of 3 (Classic Reprint) Eliza Fowler Haywood. (ENG., Illus.). (J). 2018. 300p. 30.08 *(978-0-484-60526-7(7))*; 2018. 250p. 29.05 *(978-0-483-30839-8(0))*; 2016. pap. 11.57 *(978-1-334-14593-3(8))*; 2016. pap. 13.57 *(978-1-333-74443-4(9))* Forgotten Bks.

History of Jemmy & Jenny Jessamy, Vol. 2 (Classic Reprint) Unknown Author. 2018. (ENG., Illus.). 304p. (J). 30.17 *(978-0-484-32232-4(X))* Forgotten Bks.

History of Jemmy & Jenny Jessamy, Vol. 3 (Classic Reprint) Eliza Fowler Haywood. (ENG., Illus.). (J). 2018. 328p. 30.66 *(978-0-332-48710-6(5))*; 2016. pap. 13.57 *(978-1-333-94825-2(5))* Forgotten Bks.

History of Jenny Hickling: An Authentic Narrative (Classic Reprint) American Tract Society. (ENG., Illus.). (J). 2019. 36p. 24.64 *(978-0-267-56480-4(5))*; 2016. pap. 7.97 *(978-1-333-76375-6(1))* Forgotten Bks.

History of John & the Oak Tree (Classic Reprint) Unknown Author. 2017. (ENG., Illus.). (J). 24.33 *(978-0-266-78898-0(X))*; pap. 7.97 *(978-1-5278-6263-0(1))* Forgotten Bks.

History of John Bull, Vol. 1 (Classic Reprint) John Arbuthnot. 2018. (ENG., Illus.). 202p. (J). 28.06 *(978-0-267-43178-6(3))* Forgotten Bks.

History of John Marten: A Sequel to the Life of Henry Milner (Classic Reprint) Sherwood. (ENG., Illus.). (J). 2018. 364p. 31.40 *(978-0-666-78037-9(4))*; 2017. pap. 13.97 *(978-1-5276-5751-9(5))* Forgotten Bks.

History of Jonah, for Children & Youth: Designed Also As an Aid to Familiar Biblical Exposition in Families, Sunday Schools & Bible Classes (Classic Reprint) Thomas Hopkins Gallaudet. 2017. (ENG., Illus.). (J). pap. 10.57 *(978-1-5276-4517-2(7))* Forgotten Bks.

History of Lady Julia Mandeville, Vol. 1 of 2 (Classic Reprint) Frances Brooke. (ENG., Illus.). (J). 2018. 296p. 30.00 *(978-0-332-90013-1(4))*; 2016. pap. 13.57 *(978-1-334-14345-8(5))* Forgotten Bks.

History of Lady Julia Mandeville, Vol. 27 (Classic Reprint) Frances Brooke. 2018. (ENG., Illus.). 384p. (J). 31.84 *(978-0-267-45087-9(7))* Forgotten Bks.

History of Lamborghinis, 1 vol. Seth Kingston. 2018. (Under the Hood Ser.). (ENG.). 32p. (gr. 4-5). 27.93 *(978-1-5383-4339-5(8)*, 39f516ac-7359-4cd6-964a-23033497b459, PowerKids Pr.) Rosen Publishing Group, Inc., The.

History of Latin America, 1 vol. Susan Nichols. 2017. (Exploring Latin America Ser.). (ENG., Illus.). 48p. (J). (gr. 6-7). pap. 15.05 *(978-1-68048-681-0(0)*, e98a2fbc-3107-479c-82c5-7fc684204190, Britannica Educational Publishing) Rosen Publishing Group, Inc., The.

History of Law Enforcement. Duchess Harris & Rebecca Morris. 2019. (History of Crime & Punishment Ser.). (ENG., Illus.). 112p. (J). (gr. 6-12). lib. bdg. 41.36 *(978-1-5321-1920-0(8)*, 32305, Essential Library) ABDO Publishing Co.

History of Leisure: The British Experience Since 1500, 1 vol. Peter Borsay. 2017. (ENG., Illus.). 328p. (C). pap. 44.95 *(978-0-333-93082-3(7)*, 900264840, Red Globe Pr.) Palgrave Macmillan Ltd. GBR. Dist: Macmillan.

History of Listening to Music: Displaying Data. Dona Herweck Rice. 2019. (Mathematics in the Real World Ser.). (ENG., Illus.). 32p. (gr. 5-8). pap. 11.99 *(978-1-4258-5894-0(5))* Teacher Created Materials, Inc.

History of Little Ann: And Her Brother, Little James (Classic Reprint) Unknown Author. 2018. (ENG., Illus.). (J). 24.80 *(978-0-331-99606-7(5))* Forgotten Bks.

History of Little Charles: And His Friend Frank Wilful (Classic Reprint) Elizabeth Somerville. 2018. (ENG., Illus.). 34p. (J). 24.62 *(978-0-332-06825-1(0))* Forgotten Bks.

History of Little Goody Two-Shoes: Ornamented with Cuts (Classic Reprint) Oliver Goldsmith. 2018. (ENG., Illus.). 80p. (J). 25.55 *(978-0-484-40466-2(0))* Forgotten Bks.

History of Little Goody Two Shoes: Otherwise Called Mrs. Margery Two Shoes (Classic Reprint) Oliver Goldsmith. 2017. (ENG., Illus.). (J). 25.28 *(978-0-265-62063-2(5))* Forgotten Bks.

History of Little Goody Two-Shoes: Otherwise Called, Mrs. Margery Two-Shoes (Classic Reprint) Oliver Goldsmith. (ENG., Illus.). (J). 2017. 25.24 *(978-0-265-70224-6(0))*; 2016. pap. 9.57 *(978-1-333-12599-8(2))* Forgotten Bks.

History of Little Goody Two-Shoes: Otherwise Called Mrs. Margery Two-Shoes; with the Means by Which She Acquired Her Learning & Wisdom, and, in Consequence Thereof, Her Estate (Classic Reprint) Oliver Goldsmith. (ENG., Illus.). (J). 2018. 116p. 26.29 *(978-0-267-57378-3(2))*; 2016. pap. 9.57 *(978-1-334-16498-9(3))* Forgotten Bks.

History of Little Goody Two-Shoes: To Which Is Added, the Rhyming Alphabet, or Tom Thumb's Delight (Classic Reprint) Oliver Goldsmith. 2017. (ENG., Illus.). (J). 24.60 *(978-0-331-79575-2(2))* Forgotten Bks.

History of Little Henry & His Bearer (Classic Reprint) Sherwood. (ENG., Illus.). (J). 2018. 142p. 26.83 *(978-0-483-58727-4(3))*; 2017. pap. 9.57 *(978-0-243-23722-7(7))* Forgotten Bks.

History of Little Jack: A Foundling; Together with the History of William, an Orphan; Embellished with Wood Cuts (Classic Reprint) Unknown Author. 2018. (ENG., Illus.). 132p. (J). 26.62 *(978-0-332-11848-2(7))* Forgotten Bks.

History of Little Jack (Classic Reprint) Unknown Author. 2018. (ENG., Illus.). 20p. (J). 24.33 *(978-0-267-63978-6(3))* Forgotten Bks.

History of Little Jack (Classic Reprint) Thomas Day. (ENG., Illus.). (J). 2018. 120p. 26.39 *(978-0-484-19721-2(5))*; 2016. pap. 9.57 *(978-1-334-16536-8(X))* Forgotten Bks.

History of Little Jack Embellished with Numerous Wood Engravings (Classic Reprint) Thomas Day. 2018. (ENG., Illus.). 76p. (J). 25.46 *(978-0-267-65231-0(3))* Forgotten Bks.

History of Little Jane & Little Charles (Classic Reprint) Unknown Author. 2018. (ENG., Illus.). 22p. (J). 24.37 *(978-0-267-28596-9(5))* Forgotten Bks.

History of Little King Pippin: With an Account of the Melancholy Death of Four Naughty Boys, Who Were Devoured by Wild Beasts; & the Wonderful Delivery of Master Harry Harmless, by a Little White Horse; Ornamented with Cuts (Classic Reprint) F. Houlston. 2018. (ENG., Illus.). 42p. (J). 24.76 *(978-0-332-10191-0(6))* Forgotten Bks.

History of Little King Pippin: With an Account of the Melancholy Death of Four Naughty Boys Who Were Devoured by Wild Beasts; & the Wonderful Delivery of Master Harry Harmless (Classic Reprint) Unknown Author. 2018. (ENG., Illus.). 36p. (J). 24.64 *(978-0-332-12567-1(X))* Forgotten Bks.

History of Louisiana: The American Domination (Classic Reprint) Charles Gayarre. (ENG., Illus.). (J). (gr. -1-3). 2018. 702p. 38.40 *(978-0-484-26587-4(3))*; 2016. pap. 20.97 *(978-1-333-93463-7(7))* Forgotten Bks.

History of Louisiana: The French Domination (Classic Reprint) Charles Gayarre. 2017. (ENG., Illus.). (J). (gr. -1-3). 922p. 42.93 *(978-0-484-15932-6(1))*; pap. 25.03 *(978-0-282-12953-8(7))* Forgotten Bks.

History of Madamoiselle de St. Phale: Giving a Full Account of the Miraculous Conversion of a Noble French Lady & Her Daughter to the Reformed Religion (Classic Reprint) B. Star. 2017. (ENG., Illus.). (J). 28.66 *(978-0-265-71636-6(5))*; pap. 11.57 *(978-1-5276-7192-8(5))* Forgotten Bks.

History of Mail. Dona Herweck Rice. 2018. (Mathematics in the Real World Ser.). (ENG., Illus.). 24p. (J). (gr. 1-2). pap. 9.99 *(978-1-4258-5688-5(8))* Teacher Created Materials, Inc.

History of Margaret Catchpole (Classic Reprint) Richard Cobbold. 2018. (ENG., Illus.). 464p. (J). 33.38 *(978-0-483-40197-6(8))* Forgotten Bks.

History of Margaret Morton, Vol. 1 of 3 (Classic Reprint) Unknown Author. 2019. (ENG., Illus.). 346p. (J). 31.03 *(978-0-267-24486-7(X))* Forgotten Bks.

History of Margaret Morton, Vol. 2 of 3 (Classic Reprint) A. Contemporary. 2018. (ENG., Illus.). 354p. (J). 31.22 *(978-0-483-89010-7(3))* Forgotten Bks.

History of Margaret Morton, Vol. 3 of 3 (Classic Reprint) Unknown Author. 2018. (ENG., Illus.). 398p. (J). 32.11 *(978-0-483-93692-8(8))* Forgotten Bks.

History of Marten: And His Two Little Scholars at a Sunday-School (Classic Reprint) Cameron. 2018. (ENG., Illus.). 130p. (J). 26.58 *(978-0-483-48266-1(8))* Forgotten Bks.

History of Masks Coloring Book. Activity Attic. 2016. (ENG., Illus.). (J). (gr. 3-6). pap. 7.74 *(978-1-68323-933-8(4))* Twin Flame Productions.

History of Massachusetts in the Civil War. William Schouler. 2017. (ENG.). 358p. (YA). (gr. 7-7). pap. *(978-3-337-41119-0(3))* Creation Pubs.

History of Master Billy Friendly, & His Sister Miss. Polly Friendly: To Which Is Added, the Fairy Tale of the Three Little Fishes (Classic Reprint) Unknown Author. 2018. (ENG., Illus.). 48p. (J). 24.91 *(978-0-267-29531-9(6))* Forgotten Bks.

History of Master George Freeland: Or, How to Spend Your Time; Intended for the Amusement & Instruction of Youth (Classic Reprint) William Francis Sullivan. 2018. (ENG., Illus.). 118p. (J). 26.33 *(978-0-267-25834-5(8))* Forgotten Bks.

History of Master Jackey & Miss. Harriot: Who by Their Good Behaviour Became from Tradesmens Children the Richest & Happiest Pair in the County of Salop (Classic Reprint) Unknown Author. 2018. (ENG., Illus.). 30p. (J). 24.54 *(978-0-656-46698-6(7))* Forgotten Bks.

History of Master Playful, & Master Serious: Shewing How the Former Became Rich & Great, by Following the Advice, & Imitating the Good Manners of the Latter (Classic Reprint) Unknown Author. 2018. (ENG., Illus.). 26p. (J). 24.45 *(978-0-332-85386-4(1))* Forgotten Bks.

History of Master Watkins: To Which Is Added, the Tragical Death of an Apple-Pie (Classic Reprint) Unknown Author. 2018. (ENG., Illus.). 20p. (J). 24.33 *(978-0-267-52645-1(8))* Forgotten Bks.

History of Matthew Wald (Classic Reprint) J. G Lockhart. 2018. (ENG., Illus.). 392p. (J). 32.00 *(978-0-332-16937-8(5))* Forgotten Bks.

History of Me. Kareem Bernard. 2019. (ENG.). 16p. (J). *(978-0-359-77819-5(4))* Lulu Pr., Inc.

History of Me. Adrea Theodore. Illus. by Erin Robinson. 2022. 32p. (J). (gr. -1-3). 18.99 *(978-0-8234-4257-7(8)*, Neal Porter Bks) Holiday Hse., Inc.

History of Medicine: Healthcare Around the World & Through the Ages. Brian Ward. 2016. (Illus.). 64p. (J). (gr. 3-7). 12.99 *(978-1-86147-724-8(4)*, Armadillo) Anness Publishing GBR. Dist: National Bk. Network.

History of Michael Kemp: The Happy Farmer's Lad (Classic Reprint) Woodrooffe. 2018. (ENG., Illus.). 286p. (J). 29.80 *(978-0-267-23838-5(X))* Forgotten Bks.

History of Mining. Contrib. by Ryan Gale. 2023. (Mining in America Ser.). (ENG.). 48p. (J). (gr. 4-8). lib. bdg. 35.64 ***(978-1-0982-9093-1(3)***, 41975) ABDO Publishing Co.

History of Mischief. Rebecca Higgie. 2020. 376p. (YA). (gr. 7). 14.95 *(978-1-925816-26-6(5))* Fremantle Pr. AUS. Dist: Independent Pubs. Group.

History of Miss. Betsy Thoughtless: In Four Volumes (Classic Reprint) Haywood. (ENG., Illus.). (J). 2018. 668p. 37.67 *(978-0-332-98760-6(4))*; 2017. pap. 20.57 *(978-0-243-25717-1(1))* Forgotten Bks.

History of Miss. Betsy Thoughtless, Vol. 1 of 2 (Classic Reprint) Eliza Fowler Haywood. (ENG., Illus.). (J). 2018. 384p. 31.82 *(978-0-483-33438-0(3))*; 2016. pap. 16.57 *(978-1-334-16244-2(1))* Forgotten Bks.

History of Miss. Betsy Thoughtless, Vol. 1 Of 4: In Four Volumes (Classic Reprint) Eliza Fowler Haywood. 2017. (ENG., Illus.). (J). 30.15 *(978-0-266-97334-8(5))*; pap. 13.57 *(978-0-243-39750-1(X))* Forgotten Bks.

History of Miss. Betsy Thoughtless, Vol. 1 of 4 (Classic Reprint) Eliza Fowler Haywood. 2017. (ENG., Illus.). (J). 29.98 *(978-0-266-72973-0(8))*; pap. 13.57 *(978-1-5276-9045-5(8))* Forgotten Bks.

History of Miss. Betsy Thoughtless, Vol. 2 (Classic Reprint) Eliza Fowler Haywood. (ENG., Illus.). (J). 2018. 294p. 29.96 *(978-0-428-74517-2(2))*; 2018. 308p. 30.27 *(978-0-483-58697-0(8))*; 2018. 394p. 32.02 *(978-0-267-30185-0(5))*; 2016. pap. 13.57 *(978-1-334-15605-2(0))*; 2016. pap. 16.57 *(978-1-333-12588-2(7))* Forgotten Bks.

History of Miss. Betsy Thoughtless, Vol. 3 (Classic Reprint) Eliza Fowler Haywood. (ENG., Illus.). (J). 2017. 30.06 *(978-0-331-21002-6(9))*; 2017. 296p. 30.00 *(978-0-332-63095-3(1))*; 2017. 298p. pap. 13.57 *(978-0-259-20174-8(X))*; 2016. pap. 13.57 *(978-1-334-39343-3(5))* Forgotten Bks.

History of Miss. Betsy Thoughtless, Vol. 4 (Classic Reprint) Eliza Fowler Haywood. (ENG., Illus.). (J). 2018. 320p. 30.50 *(978-0-483-05560-5(3))*; 2016. pap. 13.57 *(978-1-334-13056-4(6))* Forgotten Bks.

History of Miss. Greville, Vol. 1 of 2 (Classic Reprint) Unknown Author. (ENG., Illus.). (J). 2018. 300p. 30.10 *(978-0-365-29755-0(0))*; 2017. pap. 13.57 *(978-0-259-27594-7(8))* Forgotten Bks.

History of Miss. Greville, Vol. 1 of 3 (Classic Reprint) Susanna Harvey Keir. 2017. (ENG., Illus.). (J). pap. 13.57 *(978-0-259-49820-9(3))* Forgotten Bks.

History of Miss. Greville, Vol. 2 of 2 (Classic Reprint) Susanna Harvey Keir. (ENG., Illus.). (J). 2018. 290p. 29.88 *(978-0-428-85321-1(8))*; 2017. pap. 13.57 *(978-0-243-52572-0(9))* Forgotten Bks.

History of Miss. Greville, Vol. 2 of 3 (Classic Reprint) Susanna Harvey Keir. (ENG., Illus.). (J). 2018. 320p. 30.50 *(978-0-656-49111-7(6))*; 2017. pap. 13.57 *(978-0-259-17617-6(6))* Forgotten Bks.

History of Miss. Greville, Vol. 3 of 3 (Classic Reprint) Susanna Harvey Keir. 2018. (ENG., Illus.). (J). 288p. 29.86 *(978-0-266-73150-4(3))*; 290p. pap. 13.57 *(978-1-5276-9291-6(4))* Forgotten Bks.

History of Missouri: In Words of One Syllable (Classic Reprint) Emily Steinestel MacNamara. 2018. (ENG., Illus.). 188p. (J). 27.77 *(978-0-428-28038-3(2))* Forgotten Bks.

History of Moll Flanders, &C: Who Was Born in Newgate, and, During a Life of Continued Varieties for Threescore Years, Was Twelve Years a Whore, Five Times a Wife, Whereof Once to Her Own Brother, Twelve Years a Thief, Was Eighteen Times in Bridewell, Unknown Author. 2017. (ENG., Illus.). (J). pap. 7.97 *(978-0-259-55568-1(1))* Forgotten Bks.

History of Moll Flanders, &c: Who Was Born in Newgate, and, During a Life of Continued Varieties for Threescore Years, Was Twelve Years a Whore, Five Times a Wife, Whereof Once to Her Own Brother, Twelve Years a Thief, Was Eighteen Times in Bridewell, Unknown Author. 2018. (ENG., Illus.). 28p. (J). 24.47 *(978-0-365-53253-8(3))* Forgotten Bks.

History of Money - Money Book for Children Children's Growing up & Facts of Life Books. Baby Professor. 2017. (ENG., Illus.). (J). pap. 8.79 *(978-1-5419-3832-8(1)*, Baby Professor (Education Kids)) Speedy Publishing LLC.

H

History of Monster Movies. Timothy J. Bradley. ed. 2016. (Time for Kids Nonfiction Readers Ser.). (ENG.). (J). (gr. 5-8). lib. bdg. 20.85 *(978-0-606-39532-8(6))* Turtleback.

History of Monster Movies (Grade 6) Timothy Bradley. 2nd rev. ed. 2016. (TIME(r): Informational Text Ser.). (ENG., Illus.). 48p. (J). (gr. 5-8). pap. 13.99 *(978-1-4938-3596-6(3))* Teacher Created Materials, Inc.

History of More Persons Than One, or Entertaining & Instructive Anecdotes for Youth (Classic Reprint) W. F. Sullivan. 2018. (ENG., Illus.). 118p. (J). 26.33 *(978-0-483-97486-9(2))* Forgotten Bks.

History of Mr. John Decastro & His Brother Bat Commonly Called Old Crab, Vol. 1 of 2 (Classic Reprint) John Mathers. 2018. (ENG., Illus.). 436p. (J). 32.91 *(978-0-428-46053-2(4))* Forgotten Bks.

History of Mr. John Decastro & His Brother Bat, Commonly Called Old Crab, Vol. 1 Of 3: The Merry Matter Written by John Mathers, the Grave by a Solid Gentleman (Classic Reprint) John Mathers. 2017. (ENG., Illus.). (J). 29.84 *(978-0-265-66004-1(1))*; pap. 13.57 *(978-1-5276-3349-0(7))* Forgotten Bks.

History of Mr. John Decastro & His Brother Bat, Commonly Called Old Crab, Vol. 1 of 4 (Classic Reprint) John Mathers. 2017. (ENG., Illus.). (J). 31.07 *(978-0-266-72954-9(1))*; pap. 13.57 *(978-1-5276-9024-0(5))* Forgotten Bks.

History of Mr. John Decastro & His Brother Bat, Commonly Called Old Crab, Vol. 2 of 3 (Classic Reprint) John Mathers. (ENG., Illus.). (J). 2018. 268p. 29.44 *(978-0-483-72985-8(X))*; 2017. pap. 11.97 *(978-0-243-38739-7(3))* Forgotten Bks.

History of Mr. John Decastro & His Brother Bat, Commonly Called Old Crab, Vol. 2 of 4 (Classic Reprint) John Mathers. 2017. (ENG., Illus.). (J). 32.35 *(978-0-266-72033-1(1))*; pap. 16.57 *(978-1-5285-0008-1(3))* Forgotten Bks.

History of Mr. John Decastro & His Brother Bat, Commonly Called Old Crab, Vol. 3 of 3 (Classic Reprint) John Mathers. (ENG., Illus.). (J). 2018. 278p. 29.63 *(978-0-267-39970-3(7))*; 2016. pap. 13.57 *(978-1-334-12563-8(5))* Forgotten Bks.

History of Mr. John Decastro & His Brother Bat, Commonly Called Old Crab, Vol. 3 of 4 (Classic Reprint) John Mathers. (ENG., Illus.). (J). 2018. 370p. 31.53 *(978-0-364-21397-1(3))*; 2017. pap. 13.97 *(978-0-259-31392-2(0))* Forgotten Bks.

History of Mr. John Decastro, Vol. 2 Of 2: And His Brother Bat, Commonly Called Old Crab (Classic Reprint) John Mathers. 2018. (ENG., Illus.). 424p. (J). 32.64 *(978-0-267-19236-6(3))* Forgotten Bks.

History of Mr. Polly (Classic Reprint) H. G. Wells. 2018. (ENG., Illus.). 326p. (J). 30.62 *(978-0-484-39496-3(7))* Forgotten Bks.

History of Mr. Sylvanus Ashfield, Who Was Born in the County of Durham (Classic Reprint) Unknown Author. 2018. (ENG., Illus.). 22p. (J). 24.35 *(978-0-267-52630-7(X))* Forgotten Bks.

History of Music for Children. Mary Richards & David Schweitzer. Illus. by Rose Blake. 2021. (ENG.). 96p. (J). (gr. 2-4). 19.95 *(978-0-500-65247-3(3)*, 565247) Thames & Hudson.

History of Mustangs, 1 vol. Seth Kingston. 2018. (Under the Hood Ser.). (ENG., Illus.). 32p. (J). (gr. 4-5). 27.93 *(978-1-5383-4340-1(1)*, 31cc25ba-fd72-4de8-959c-bed6e36c67b2, PowerKids Pr.) Rosen Publishing Group, Inc., The.

History of My Friends, or Home Life with Animals: Translated from the French (Classic Reprint) Emile Achard. (ENG., Illus.). (J). 2018. 226p. 28.56 *(978-0-365-27538-1(7))*; 2017. pap. 10.97 *(978-0-259-50003-2(8))* Forgotten Bks.

History of My Life: Being a Biographical Outline of the Events of a Long & Busy Life (Classic Reprint) Samuel Young. 2018. (ENG., Illus.). 160p. (J). 27.22 *(978-0-483-12033-4(2))* Forgotten Bks.

History of My Own Times, or the Life & Adventures of William Otter, Sen: Comprising a Series of Events, & Musical Incidents Altogether Original (Classic Reprint) William Otter. 2017. (ENG., Illus.). (J). 31.34 *(978-0-266-27077-5(8))* Forgotten Bks.

History of My Own Times, Vol. 1: Translated from the French (Classic Reprint) William Otter. 2018. (ENG., Illus.). 608p. (J). 36.46 *(978-0-267-53191-2(5))* Forgotten Bks.

History of My Pets (Classic Reprint) Grace Greenwood. 2017. (ENG., Illus.). (J). 26.64 *(978-0-266-18145-3(7))* Forgotten Bks.

History of NASA. Julie Murray. 2021. (Stellar Space Ser.). (ENG., Illus.). 24p. (J). (gr. k-4). lib. bdg. 31.36 *(978-1-0982-2626-8(7)*, 37110, Abdo Zoom-Dash) ABDO Publishing Co.

History of Neuroscience, 1 vol. Anne Rooney. 2017. (History of Science Ser.). (ENG.). 216p. (YA). (gr. 7-7). 47.80 *(978-1-5081-7705-0(8)*, 8b1f17ce-c868-44cd-8954-ce0d0bf73a66, Rosen Young Adult) Rosen Publishing Group, Inc., The.

History of New York: From the Beginning of the World to the End of the Dutch Dynasty (Classic Reprint) Diedrich Knickerbocker, pseud. (ENG., Illus.). (J). 2018. 524p. 34.70 *(978-0-267-54283-3(6))*; 2016. pap. 19.57 *(978-1-333-42356-8(X))* Forgotten Bks.

History of New York: From the Beginning of the World to the End of the Dutch Dynasty, Containing, among Many Surprising & Curious Matters, the Unutterable Ponderings of Walter the Doubter, the Disastrous Projects of William, the Testy, & the Chivalr. Diedrich Knickerbocker, pseud. 2018. (ENG., Illus.). 530p. (J). 34.83 *(978-0-484-43851-3(4))* Forgotten Bks.

History of New-York, from the Beginning of the World to the End of the Dutch Dynasty, Vol. 2 Of 2: Containing among Many Surprising & Curious Matters, the Unutterable Ponderings of Walter the Doubter, the Disastrous Projects of William the Testy. Diedrich Knickerbocker, pseud. 2018. (ENG., Illus.). (J). 252p. 29.09 *(978-1-396-36330-6(0))*; 254p. pap. 11.57 *(978-1-390-97786-8(2))* Forgotten Bks.

History of Number Systems. Gabriel Esmay. rev. ed. 2017. (Mathematics in the Real World Ser.). (ENG., Illus.). 32p. (gr. 3-4). pap. 11.99 *(978-1-4807-5794-3(2))* Teacher Created Materials, Inc.

History of Nursery Rhymes (Classic Reprint) Percy B. Green. (ENG., Illus.). (J). 2017. 236p. 28.76 *(978-0-331-73659-5(4))*; 2016. pap. 11.57 *(978-1-334-57698-0(X))* Forgotten Bks.

History of Oklahoma & Indian Territory: And Homeseekeker's Guide (Classic Reprint) J. L. Puckett. 2017. (ENG., Illus.). (J). 27.01 *(978-0-266-88672-3(8))* Forgotten Bks.

History of Old Abe: The Live War Eagle of the Eighth Regiment Wisconsin Voluteers (Classic Reprint) Joseph O. Barrett. (ENG., Illus.). (J). 2017. 25.44 *(978-0-266-25962-6(6))*; 2016. pap. 9.57 *(978-1-334-12139-5(7))* Forgotten Bks.

History of One Day Out of Seventeen Thousand. Judge Nutting. 2017. (ENG., Illus.). (J). pap. *(978-0-649-32054-7(9))* Trieste Publishing Pty Ltd.

History of One Day Out of Seventeen Thousand (Classic Reprint) Judge Nutting. 2017. (ENG., Illus.). (J). 25.11 *(978-0-331-86462-5(2))* Forgotten Bks.

History of Orthodontics Through Time & Space. Craig Campbell. Illus. by Priscilla Steele. 2021. (ENG.). 64p. (J). pap. 20.00 *(978-1-948509-32-9(6))* Ice Cube Pr., LLC.

History of Our Holidays: Set 2, 12 vols. 2019. (History of Our Holidays Ser.). (ENG.). 24p. (J). (gr. 1-2). lib. bdg. 145.62 *(978-1-5382-4153-0(6)*, fe61de8a-aa17-4df9-84f7-385dc09d7108) Stevens, Gareth Publishing LLLP.

History of Our Holidays: Sets 1 - 2. 2019. (History of Our Holidays Ser.). (ENG.). (J). pap. 109.80 *(978-1-5382-4401-2(2))*; (gr. 1-2). lib. bdg. 291.24 *(978-1-5382-4154-7(4)*, 11f86923-a219-4a71-af86-81e34e9e41bb) Stevens, Gareth Publishing LLLP.

History of PC Gaming. Josh Gregory. 2022. (21st Century Skills Innovation Library: Unofficial Guides). (ENG., Illus.). 32p. (J). (gr. 4-8). pap. 14.21 *(978-1-6689-0081-9(5)*, 220172); lib. bdg. 32.07 *(978-1-5341-9967-5(5)*, 220028) Cherry Lake Publishing.

History of Pendennis: His Fortunes & Misfortunes, His Friends, & His Greatest Enemy (Classic Reprint) William Makepeace Thackeray. (ENG., Illus.). (J). 2017. 43.02 *(978-0-265-39257-7(8))*; 2016. pap. 23.57 *(978-1-333-21648-1(3))* Forgotten Bks.

History of Pendennis: His Fortunes & Misfortunes, His Friends & His Greatest Enemy (Classic Reprint) William Makepeace Thackeray. (ENG., Illus.). (J). 2018. 936p. 43.22 *(978-0-332-79538-6(1))*; 2017. pap. 25.56 *(978-0-243-40371-4(2))* Forgotten Bks.

History of Pendennis, Vol. 1 Of 2: His Fortunes & Misfortunes, His Friends, & His Greatest Enemy (Classic Reprint) William Makepeace Thackeray. 2017. (ENG., Illus.). (J). 32.97 *(978-0-266-48903-0(6))* Forgotten Bks.

History of Pendennis, Vol. 1 Of 3: His Fortunes & Misfortunes, His Friends, & His Greatest Enemy (Classic Reprint) William Makepeace Thackeray. 2017. (ENG., Illus.). (J). 33.34 *(978-0-331-18963-6(1))*; pap. 16.57 *(978-0-260-03699-5(4))*; 32.19 *(978-0-265-18745-6(1))*; pap. 16.57 *(978-0-243-96316-4(5))* Forgotten Bks.

History of Pendennis, Vol. 2: His Fortunes & Misfortunes; His Friends & His Greatest Enemy (Classic Reprint) William Makepeace Thackeray. 2017. (ENG., Illus.). (J). 33.30 *(978-1-5284-8140-3(2))* Forgotten Bks.

History of Pendennis, Vol. 2 Of 2: His Fortunes & Misfortunes, His Friends & His Greatest Enemy (Classic Reprint) William Makepeace Thackeray. 2018. (ENG., Illus.). (J). 380p. 31.73 *(978-0-365-53408-2(0))*; 396p. 32.06 *(978-0-267-82278-2(2))* Forgotten Bks.

History of Pendennis, Vol. 3 Of 3: His Fortunes & Misfortunes, His Friends & His Greatest Enemy (Classic Reprint) William Makepeace Thackeray. (ENG., Illus.). (J). 2018. 424p. 32.66 *(978-0-483-69419-4(3))*; 2016. pap. 16.57 *(978-1-333-26709-4(6))* Forgotten Bks.

History of Pictures for Children. David Hockney. 2018. (KOR.). (J). (gr. 5-9). *(978-89-491-8186-8(X))* Biryongso Publishing Co.

History of Pictures for Children: From Cave Paintings to Computer Drawings. David Hockney & Martin Gayford. 2018. (ENG., Illus.). 128p. (J). (gr. 5-9). 26.99 *(978-1-4197-3211-9(0)*, 1250001, Abrams Bks. for Young Readers) Abrams, Inc.

History of Pirates. Kenny Abdo. (Pirates Ser.). (ENG., Illus.). 24p. (J). (gr. 2-2). 2022. pap. 8.95 *(978-1-64494-700-5(5))*; 2021. lib. bdg. 31.36 *(978-1-0982-2685-5(2)*, 38646) ABDO Publishing Co. (Abdo Zoom-Fly).

History of Planet Earth! Scientific Kid's Encyclopedia of Space - Cosmology for Kids - Children's Cosmology Books. Professor Gusto. 2016. (ENG., Illus.). (J). pap. 10.81 *(978-1-68321-991-0(0))* Mimaxion.

History of Plants in Fifty Fossils. Paul Kenrick. 2020. (ENG., Illus.). 160p. 24.95 *(978-1-58834-671-1(4)*, Smithsonian Bks.) Smithsonian Institution Scholarly Pr.

History of Political Parties, 1 vol. Kathryn Wesgate. 2020. (Look at U. S. Elections Ser.). (ENG.). 32p. (gr. 2-2). pap. 11.50 *(978-1-5382-5946-7(X)*, daf288df-329d-4058-84e9-8b29fff35b9e) Stevens, Gareth Publishing LLLP.

History of Pompey the Little: Or, the Life & Adventures of a Lap-Dog (Classic Reprint) Francis Coventry. 2017. (ENG., Illus.). (J). 29.71 *(978-0-331-90269-3(9))*; pap. 13.57 *(978-0-259-24998-6(X))* Forgotten Bks.

History of Porcelain Dolls Coloring Book. Activity Attic. 2016. (ENG., Illus.). (J). pap. 7.74 *(978-1-68323-940-6(7))* Twin Flame Productions.

History of Presidents' Day, 1 vol. Barbara Linde. 2019. (History of Our Holidays Ser.). (ENG.). 24p. (J). (gr. 1-2). pap. 9.15 *(978-1-5382-3866-0(7)*, dea2952b-388d-429d-8fd4-1f023ef8964a) Stevens, Gareth Publishing LLLP.

History of Psychology. Helen Dwyer. 2018. (Psychology Ser.). (ENG.). 48p. (YA). lib. bdg. 34.99 *(978-1-5105-3753-8(8))* SmartBook Media, Inc.

History of Psychology, 1 vol. Anne Rooney. 2016. (History of the Humanities & Social Sciences Ser.). (ENG., Illus.). 216p. (J). (gr. 8-8). lib. bdg. 47.80 *(978-1-4994-6404-7(5)*, 6c2d5ff5-ff85-441b-88f4-cffc213dfdf8) Rosen Publishing Group, Inc., The.

History of Punishment, Vol. 20. Michael Kerrigan. Ed. by Manny Gomez. 2016. (Crime & Detection Ser.). (Illus.). 96p. (J). (gr. 7). 24.95 *(978-1-4222-3487-7(8))* Mason Crest.

History of Punishment & Imprisonment. Roger Smith. 2017. 80p. (J). *(978-1-4222-3782-3(6))* Mason Crest.

History of Racism in America. Craig E. Blohm. 2022. (ENG., Illus.). 64p. (YA). (gr. 6-12). 43.93 *(978-1-6782-0168-5(5))* ReferencePoint Pr., Inc.

History of Racism in America. Duchess Harris. 2021. (Core Library Guide to Racism in Modern America Ser.). (ENG., Illus.). 48p. (J). (gr. 4-5). pap. 11.95 *(978-1-64494-507-0(X)*, Core Library) ABDO Publishing Co.

History of Racism in America. Duchess Harris Jd & Tammy Gagne. 2020. (Core Library Guide to Racism in Modern America Ser.). (ENG., Illus.). 48p. (J). (gr. 4-8). lib. bdg. 35.64 *(978-1-5321-9464-1(1)*, 36651) ABDO Publishing Co.

History of Railroads in America Train History Book Grade 6 Children's American History. Baby Professor. 2021. (ENG.). 72p. (J). 27.99 *(978-1-5419-8371-7(8))*; pap. 16.99 *(978-1-5419-5488-5(2))* Speedy Publishing LLC. (Baby Professor (Education Kids)).

History of Reynard the Fox (Classic Reprint) William Caxton. (ENG., Illus.). (J). 2017. 26.74 *(978-0-331-50443-9(X))*; 2016. pap. 9.57 *(978-1-334-15662-5(X))* Forgotten Bks.

History of Rinaldo Rinaldini, Captain of Banditti, Vol. 1 of 2 (Classic Reprint) Christian August Vulpius. (ENG., Illus.). (J). 2018. 418p. 32.52 *(978-0-483-55974-5(1))*; 2017. 28.02 *(978-0-266-71650-1(4))*; 2017. pap. 10.57 *(978-1-5276-7204-8(2))*; 2016. pap. 16.57 *(978-1-334-14880-4(5))* Forgotten Bks.

History of Robots. Chris Oxlade. 2017. (History of Technology Ser.). (ENG., Illus.). 32p. (J). (gr. 2-5). lib. bdg. 29.99 *(978-1-4846-4036-4(5)*, 135137, Heinemann) Capstone.

History of Robots, 2 vols. Chris Oxlade. 2017. (History of Technology Ser.). (ENG.). (J). (gr. 2-5). *(978-1-4846-4057-9(8))* Heinemann Educational Bks.

History of Robots & Robotics, 1 vol. Margaux Baum & Jeri Freedman. 2017. (Hands-On Robotics Ser.). (ENG.). 48p. (J). (gr. 5-5). pap. 12.75 *(978-1-4994-3892-5(3)*, 928e0484-e4b1-4f8c-ae52-04a345e323b1) Rosen Publishing Group, Inc., The.

History of Rock: For Big Fans & Little Punks. Rita Nabais. Illus. by Joana Raimundo. 2019. (ENG.). 112p. (J). (gr. 3-6). 19.95 *(978-1-62937-733-9(3))* Triumph Bks.

History of Russia from 1801 to the Present, 1 vol. Ed. by Rosina Beckman. 2018. (Societies & Cultures: Russia Ser.). (ENG.). 128p. (gr. 10-10). pap. 21.60 *(978-1-5383-0387-0(6)*, 62826d91-222f-44e0-8762-67afe11af4ef, Britannica Educational Publishing) Rosen Publishing Group, Inc., The.

History of Sacramento Economy: Oral History Interview with Anthony F. Callonea (Classic Reprint) California State University. 2019. (ENG., Illus.). (J). 30p. 24.52 *(978-1-397-28368-9(8))*; 32p. pap. 7.97 *(978-1-397-28300-9(9))* Forgotten Bks.

History of Sam, the Sportsman, & His Gun: Also, of His Wife Joan; Embellished with Wood-Cuts (Classic Reprint) Unknown Author. 2018. (ENG., Illus.). 20p. (J). 24.31 *(978-0-267-51786-2(6))* Forgotten Bks.

History of Samuel Titmarsh: And the Great Hoggarty Diamond; Men's Wives the Book of Snobs (Classic Reprint) William Makepeace Thackeray. 2018. (ENG., Illus.). 552p. (J). 35.30 *(978-0-364-09277-4(7))* Forgotten Bks.

History of Samuel Titmarsh, & the Great etc Diamond, etc (Classic Reprint) William Makepeace Thackeray. 2018. (ENG., Illus.). 320p. (J). 30.50 *(978-0-483-83925-0(6))* Forgotten Bks.

History of Samuel Titmarsh & the Great Hoggarty Diamond. William Makepeace Thackeray. 2018. (ENG., Illus.). 130p. (J). pap. *(978-3-7326-2853-7(1))* Klassik Literatur. ein Imprint der Salzwasser Verlag GmbH.

History of Samuel Titmarsh & the Great Hoggarty Diamond: Memoirs of Mr. C. J. Yellowplush; & Burlesques (Classic Reprint) William Makepeace Thackeray. 2018. (ENG., Illus.). (J). 742p. 39.22 *(978-1-396-81832-5(4))*; 744p. pap. 23.57 *(978-1-396-81827-1(8))* Forgotten Bks.

History of Samuel Titmarsh & the Great Hoggarty Diamond: The Memoirs of Mr. C. J. Yellowplush (Classic Reprint) William Makepeace Thackeray. 2017. (ENG., Illus.). 424p. (J). 32.64 *(978-0-484-13051-6(X))* Forgotten Bks.

History of Samuel Titmarsh & the Great Hoggarty Diamond (Classic Reprint) William Makepeace Thackeray. 2017. (ENG., Illus.). (J). 29.01 *(978-0-266-95270-1(4))* Forgotten Bks.

History of Samuel Titmarsh & the Great Hoggarty Diamond; the Book of Snobs (Classic Reprint) William Makepeace Thackeray. 2017. (ENG., Illus.). (J). 30.89 *(978-0-265-36564-9(3))* Forgotten Bks.

History of Sandford & Merton. Thomas Day & Thomas Stothard. 2017. (ENG.). (J). 244p. pap. *(978-3-337-20389-4(2))*; 320p. pap. *(978-3-337-13925-4(6))*; 314p. pap. *(978-3-337-13926-1(4))* Creation Pubs.

History of Sandford & Merton. Thomas Day. abr. ed. 2017. (ENG., Illus.). 124p. (J). pap. *(978-3-337-32598-5(X))* Creation Pubs.

History of Sandford & Merton: A Work Intended for the Use of Children (Classic Reprint) Thomas Day. (ENG., Illus.). (J). 2018. 268p. 29.49 *(978-0-267-29295-0(3))*; 2018. 268p. 29.42 *(978-0-267-00375-4(7))*; 2017. pap. 11.97 *(978-0-243-96668-4(7))*; 2016. pap. 11.97 *(978-1-334-13922-2(9))* Forgotten Bks.

History of Sandford & Merton: Abridged from the Original, Embellished with Elegant Plates, for the Amusement & Instruction of Juvenile Minds (Classic Reprint) Thomas Day. abr. ed. 2019. (ENG., Illus.). (J). 120p. 26.39 *(978-1-397-25671-3(0))*; 122p. pap. 9.57 *(978-1-397-25582-2(X))* Forgotten Bks.

History of Sandford & Merton: For the Use of Juvenile Britons (Classic Reprint) Thomas Day. (ENG., Illus.). (J). 2018. 60p. 25.13 *(978-0-267-73936-3(2))*; 2016. pap. 9.57 *(978-1-334-16094-3(5))* Forgotten Bks.

History of Sandford & Merton: Intended for the Use of Children (Classic Reprint) Thomas Day. 2018. (ENG., Illus.). (J). 140p. 26.78 *(978-0-366-49346-3(9))*; 142p. pap. 9.57 *(978-0-365-74471-9(9))*; 550p. 35.24 *(978-0-483-58896-7(2))* Forgotten Bks.

History of Sandford & Merton (Classic Reprint) Thomas Day. 2017. (ENG., Illus.). (J). 31.09 *(978-0-331-77564-8(6))*; pap. 13.57 *(978-0-331-77551-8(4))* Forgotten Bks.

History of Sandford & Merton, Vol. 1 Of 3: A Work Intended for the Use of Children (Classic Reprint) Thomas Day. (ENG., Illus.). (J). 2018. 244p. 28.93 *(978-0-483-04984-0(0))*; 2016. pap. 11.57 *(978-1-334-17016-4(9))* Forgotten Bks.

History of Sandford & Merton, Vol. 2: A Work Intended for the Use of Children (Classic Reprint) Thomas Day. (ENG., Illus.). (J). 2018. 310p. 30.29 *(978-0-267-36315-5(X))*; 2016. pap. 13.57 *(978-1-334-16757-7(5))* Forgotten Bks.

History of Sandford & Merton, Vol. 3: A Work Intended for the Use of Children (Classic Reprint) Thomas Day. (ENG., Illus.). (J). 2018. 318p. 30.41 *(978-0-483-83696-9(6))*; 2016. pap. 13.57 *(978-1-333-11514-2(8))* Forgotten Bks.

History of Sandford & Merton, Vol. 3 Of 3: A Work Intended for the Use of Children (Classic Reprint) Unknown Author. 2018. (ENG., Illus.). 270p. (J). 29.47 *(978-0-267-43519-7(3))* Forgotten Bks.

History of Sandford Merton: Abridged from the Original; for the Amusement & Instruction of Juvenile Minds; Embellished with Elegant Plates (Classic Reprint) Thomas Day. abr. ed. 2018. (ENG., Illus.). 156p. (J). 27.13 *(978-0-483-95137-2(4))* Forgotten Bks.

History of Science: Set 2, 6 vols. 2017. (History of Science Ser.). (ENG.). 216p. (YA). (gr. 7-7). lib. bdg. 143.40 *(978-1-5081-7767-8(8)*, ca968232-82d7-42f5-933f-3e6d2f2ca090, Rosen Young Adult) Rosen Publishing Group, Inc., The.

History of Science in 100 Pictures IR. Abigail Wheatley. 2019. (Picture History* Ser.). (ENG.). 32ppp. (J). 9.99 *(978-0-7945-4473-7(8)*, Usborne) EDC Publishing.

History of Science: Sets 1 - 2, 12 vols. 2017. (History of Science Ser.). (ENG.). (YA). (gr. 7-7). lib. bdg. 286.80 *(978-1-5081-7766-1(X)*, 7a1695c4-b2b7-4060-8fd3-de0cb264eaa2) Rosen Publishing Group, Inc., The.

History of Shelburne, New Hampshire (Classic Reprint) R. P. Peabody. (ENG., Illus.). (J). 2017. 26.68 *(978-0-260-65258-4(X))*; 2016. pap. 9.57 *(978-1-334-33215-9(0))* Forgotten Bks.

History of Simple Simon (Classic Reprint) Unknown Author. 2017. (ENG., Illus.). (J). 24.31 *(978-0-266-27555-8(9))* Forgotten Bks.

History of Sindbad the Sailor: Containing an Account of His Several Surprising Voyages & Miraculous Escapes (Classic Reprint) Unknown Author. (ENG., Illus.). (J). 2018. 112p. 26.23 *(978-0-656-22170-7(4))*; 2016. pap. 9.57 *(978-1-334-16580-1(7))* Forgotten Bks.

History of Sir Charles Grandison (Classic Reprint) Unknown Author. 2018. (ENG., Illus.). 132p. (J). 26.62 *(978-0-483-87807-5(3))* Forgotten Bks.

History of Sir Charles Grandison, in a Series of Letters: In Seven Volumes, Vols. 1-4 (Classic Reprint) Samuel Richardson. (ENG., Illus.). (J). 2018. 680p. 37.94 *(978-0-365-30238-4(4))*; 2017. pap. 20.57 *(978-0-282-31935-9(2))* Forgotten Bks.

History of Sir Richard Calmady, Vol. 1: A Romance (Classic Reprint) Lucas Malet. (ENG., Illus.). (J). 2018. 280p. 29.67 *(978-0-483-13216-0(0))*; 2017. pap. 13.57 *(978-0-259-06079-6(8))* Forgotten Bks.

History of Sir Richard Calmady, Vol. 2: A Romance (Classic Reprint) Lucas Malet. 2018. (ENG., Illus.). (J). 398p. 32.11 *(978-0-332-18374-9(2))*; 400p. pap. 16.57 *(978-0-259-17521-6(8))* Forgotten Bks.

History of Sir Thomas Thumb (Classic Reprint) Charlotte Mary Yonge. (ENG., Illus.). (J). 2018. 160p. 27.20 *(978-0-365-32178-1(8))*; 2017. pap. 9.57 *(978-0-259-29421-4(7))* Forgotten Bks.

History of Soccer. Kenny Abdo. 2019. (History of Sports Ser.). (ENG., Illus.). 24p. (J). (gr. 2-8). lib. bdg. 31.36 *(978-1-5321-2742-7(1)*, 31691, Abdo Zoom-Fly) ABDO Publishing Co.

History of Solomon Serious, & His Dog Pompey (Classic Reprint) Unknown Author. 2018. (ENG., Illus.). 90p. (J). 25.75 *(978-0-484-52551-0(4))* Forgotten Bks.

History of Sports (Set), 6 vols. 2019. (History of Sports Ser.). (ENG.). 24p. (J). (gr. 2-8). lib. bdg. 188.16 *(978-1-5321-2736-6(7)*, 31679, Abdo Zoom-Fly) ABDO Publishing Co.

History of St. Rollox School, Glasgow: Together with Memorabilia of Same, & a Poetical Sketch of the Old School & Its Notabilities (Classic Reprint) Hugh Aitken Dow. 2018. (ENG., Illus.). 202p. (J). 28.06 *(978-0-428-30870-4(8))* Forgotten Bks.

History of Syria, 1 vol. John A. Shoup. 2018. (Greenwood Histories of the Modern Nations Ser.). (ENG., Illus.). 256p. (C). 70.00 *(978-1-4408-5834-5(9)*, 795772, Greenwood) Bloomsbury Publishing USA.

History of Tattoos & Body Modification, 1 vol. Nicholas Faulkner & Diane Bailey. 2018. (Body Arts: the History of Tattooing & Body Modification Ser.). (ENG.). 64p. (gr. 7-7). 36.13 *(978-1-5081-8076-0(8)*, 28037568-96a7-43c8-bb34-7b286092c2c5) Rosen Publishing Group, Inc., The.

History of Telecommunications. Chris Oxlade. 2017. (History of Technology Ser.). (ENG., Illus.). 32p. (J). (gr. 2-5). pap. 8.29 *(978-1-4846-4039-5(X)*, 135140, Heinemann) Capstone.

History of Telecommunications, 2 vols. Chris Oxlade. 2017. (History of Technology Ser.). (ENG.). (J). (gr. 2-5). *(978-1-4846-4056-2(X))* Heinemann Educational Bks.

888 The check digit for ISBN-10 appears in parentheses after the full ISBN-13

History of Telephones: Fractions (Grade 4) Kristy Stark. 2017. (Mathematics in the Real World Ser.). (ENG., Illus.). 32p. (J). (gr. 4-5). pap. 11.99 *(978-1-4258-5556-7(3))* Teacher Created Materials, Inc.

History of Thanksgiving Activity Book. Kreative Kids. 2016. (ENG., Illus.). (J). pap. 10.81 *(978-1-68377-055-8(2))* Whlke, Traudl.

History of the Adventures, Love, & Constancy, of Paul & Virginia (Classic Reprint) Bernardin de Saint-Pierre. 2017. (ENG., Illus.). (J). 130p. 26.58 *(978-0-484-82960-1(2))*; pap. 9.57 *(978-0-259-51248-6(6))* Forgotten Bks.

History of the Adventures of Joseph Andrews & His Friend Mr. Abraham Adams: Written in Imitation of the Manner of Cervantes, Author of Don Quixote (Classic Reprint) Henry Fielding. 2017. (ENG., Illus.). (J). 418p. 32.54 *(978-0-265-73071-3(6))*; 420p. pap. 16.57 *(978-1-5276-9171-1(3))* Forgotten Bks.

History of the Adventures of Joseph Andrews & His Friend Mr. Abraham Adams: Written in Invitation of the Manner of Cervantes (Classic Reprint) Henry Fielding. 2017. (ENG., Illus.). (J). 452p. 33.24 *(978-0-484-14919-8(9))*; pap. 16.57 *(978-0-259-38111-2(X))* Forgotten Bks.

History of the Adventures of Joseph Andrews & His Friend Mr. Abraham Adams, Vol. 1 Of 2: Written in Imitation of the Manner of Cervantes (Classic Reprint) Henry Fielding. 2017. (ENG., Illus.). (J). 28.48 *(978-0-266-19878-9(3))* Forgotten Bks.

History of the Adventures of Joseph Andrews, & His Friend Mr. Abraham Adams, Vol. 2 Of 2: Written in Imitation of the Manner of Cervantes, Author of Don Quixote (Classic Reprint) Henry Fielding. (ENG., Illus.). (J). 2018. 258p. 29.24 *(978-0-484-88167-8(1))*; 2016. pap. 11.97 *(978-1-334-14490-5(7))* Forgotten Bks.

History of the Adventures of Joseph Andrews & His Friend Mr. Abraham Adams, Vol. I. Henry Fielding. 2017. (ENG., Illus.). (J). pap. *(978-0-649-14904-9(1))* Trieste Publishing Pty Ltd.

History of the Adventures of Joseph Andrews & of His Friend Mr. Abraham Adams. Henry Fielding. 2017. (ENG.). 192p. (J). pap. *(978-3-337-33952-4(2))* Creation Pubs.

History of the Adventures of Joseph Andrews, & of His Friend Mr. Abraham Adams: Written in Imitation of the Manner of Cervantes (Classic Reprint) Henry Fielding. 2017. (ENG., Illus.). (J). 27.96 *(978-0-266-20508-1(9))* Forgotten Bks.

History of the American Steam Fire-Engine. William T. King. 2017. (ENG., Illus.). (J). pap. *(978-0-649-02688-3(8))* Trieste Publishing Pty Ltd.

History of the Birds of Europe. Charles Robert Bree. 2017. (ENG.). (J). 332p. pap. *(978-3-337-40764-3(1))*; 376p. pap. *(978-3-337-40765-0(X))*; 374p. pap. *(978-3-337-40766-7(8))*; 348p. pap. *(978-3-337-40768-1(4))* Creation Pubs.

History of the Book of Common Prayer (Classic Reprint) Leighton Pullan. 2018. (ENG., Illus.). 372p. (J). 31.57 *(978-0-483-45144-5(4))* Forgotten Bks.

History of the Boston Massacre, March 5 1770: Consisting of the Narrative of the Town, the Trial of the Soldiers, & a Historical Introduction, Containing Unpublished Documents of John Adams, & Explanatory Notes (Classic Reprint) Frederic Kidder. 2016. (ENG., Illus.). (J). pap. 13.57 *(978-1-332-71246-5(0))* Forgotten Bks.

History of the Boston Massacre, March 5 1770: Consisting of the Narrative of the Town, the Trial of the Soldiers; & a Historical Introduction, Containing Unpublished Documents of John Adams, & Explanatory Notes (Classic Reprint) Frederic Kidder. 2017. (ENG., Illus.). (J). 30.19 *(978-0-265-32851-4(9))* Forgotten Bks.

History of the Bottle: As Originally Published in the New York Organ (Classic Reprint) George Cruikshank. 2017. (ENG., Illus.). (J). 24.68 *(978-0-265-92812-7(5))*; pap. 7.97 *(978-0-243-57141-3(0))* Forgotten Bks.

History of the Caliph Vathek; Also, Rasselas, Prince of Abyssinia (Classic Reprint) William Beckford. 2017. (ENG., Illus.). (J). 32.79 *(978-0-265-71174-3(6))*; pap. 16.57 *(978-1-5276-6494-4(5))* Forgotten Bks.

History of the Catnach Press. Charles Hindley. 2017. (ENG.). 358p. (J). pap. *(978-3-7447-3185-0(5))* Creation Pubs.

History of the Catnach Press: At Berwick-Upon-Tweed, Alnwick & Newcastle-upon-Tyne, in Northumberland, & Seven Dials, London (Classic Reprint) Charles Hindley. 2017. (ENG., Illus.). (J). 31.57 *(978-0-266-36762-8(3))* Forgotten Bks.

History of the Children in the Wood: Embellished with Numerous Colored Engravings (Classic Reprint) Unknown Author. 2018. (ENG., Illus.). 38p. (J). 24.68 *(978-0-267-52652-9(0))* Forgotten Bks.

History of the Children in the Wood (Classic Reprint) Unknown Author. 2018. (ENG., Illus.). 20p. (J). 24.31 *(978-0-656-04664-5(3))* Forgotten Bks.

History of the Chisum War, or Life of Ike Fridge: Stirring Events of Cowboy Life on the Frontier (Classic Reprint) Jodie D. Smith. (ENG., Illus.). (J). 2018. 76p. 25.46 *(978-0-365-44064-2(7))*; 2017. pap. 9.57 *(978-0-282-38562-0(2))* Forgotten Bks.

History of the Class Of 1870: English High School (Classic Reprint) W. Eustis Barker. (ENG., Illus.). (J). 2018. 40p. 24.72 *(978-0-364-65781-2(2))*; 2017. pap. 7.97 *(978-1-5276-0358-5(X))* Forgotten Bks.

History of the Class Of '72: At Princeton (Classic Reprint) Karl Kase. 2018. (ENG., Illus.). 88p. (J). 25.71 *(978-0-483-20040-1(9))* Forgotten Bks.

History of the Class Of '74: Of Princeton College (Classic Reprint) Alexander C. Crawford. 2018. (ENG., Illus.). 106p. (J). 26.10 *(978-0-483-83367-8(3))* Forgotten Bks.

History of the Class of '83 of Princeton College (Classic Reprint) Otto Crouse. (ENG., Illus.). (J). 2018. 132p. 26.62 *(978-0-483-72194-4(8))*; 2016. pap. 9.57 *(978-1-333-30587-1(7))* Forgotten Bks.

History of the Class of '85, of Princeton College. Jonathan Sturges. 2017. (ENG.). 110p. (J). pap. *(978-3-337-17057-8(9))* Creation Pubs.

History of the Class of 85, of Princeton College, Vol. 16 (Classic Reprint) Jonathan Sturges. 2018. (ENG., Illus.). 120p. (J). 26.39 *(978-0-267-18334-0(8))* Forgotten Bks.

History of the Class of Ninety-Five: John Fox Weiss (Classic Reprint) Unknown Author. 2018. (ENG., Illus.). 178p. (J). 27.59 *(978-0-483-69433-0(9))* Forgotten Bks.

History of the Computer: People, Inventions, & Technology That Changed Our World. Rachel Ignotofsky. 2022. (Illus.). 128p. (J). (gr. 5-12). 19.99 *(978-1-9848-5742-2(8)*, Ten Speed Pr.) Potter/Ten Speed/Harmony/Rodale.

History of the Cries of London, Ancient & Modern (Classic Reprint) Charles Hindley. 2017. (ENG., Illus.). (J). 30.87 *(978-0-266-48174-4(4))* Forgotten Bks.

History of the Donner Party: A Tragedy of the Sierra. C. F. McGlashan. 2017. (ENG., Illus.). (J). pap. *(978-0-649-21174-6(X))* Trieste Publishing Pty Ltd.

History of the Donner Party: A Tragedy of the Sierras (Classic Reprint) C. F. McGlashan. 2017. (ENG., Illus.). (J). 30.06 *(978-0-265-25709-8(3))* Forgotten Bks.

History of the Earth & Animated Nature. Oliver Goldsmith. 2017. (ENG.). (J). 304p. pap. *(978-3-337-02557-1(9))*; 396p. pap. *(978-3-337-02558-8(7))* Creation Pubs.

History of the Earth, & Animated Nature, Vol. 1 of 6 (Classic Reprint) Oliver Goldsmith. 2018. (ENG., Illus.). 308p. (J). 30.25 *(978-0-332-51470-3(6))* Forgotten Bks.

History of the Earth & Animated Nature, Vol. 3: Part II (Classic Reprint) Oliver Goldsmith. 2018. (ENG., Illus.). (J). 318p. 30.48 *(978-0-366-54755-5(0))*; 320p. pap. 13.57 *(978-0-365-91730-4(3))* Forgotten Bks.

History of the Earth & Animated Nature, Vol. 3 of 6 (Classic Reprint) Oliver Goldsmith. 2018. (ENG., Illus.). 426p. (J). 32.68 *(978-0-332-47817-3(3))* Forgotten Bks.

History of the Earth, & Animated Nature, Vol. 5 of 6 (Classic Reprint) Oliver Goldsmith. 2018. (ENG., Illus.). 494p. (J). 34.09 *(978-0-332-86858-5(3))* Forgotten Bks.

History of the Earth, & Animated Nature, Vol. 8 of 8 (Classic Reprint) Oliver Goldsmith. 2017. (ENG., Illus.). (J). pap. 16.57 *(978-0-259-43334-7(9))* Forgotten Bks.

History of the Earth & Animated Nature; with Numerous Notes from the Works of the Most Distinguished British & Foreign Naturalists (Volume II) Oliver Goldsmith. 2019. (ENG.). 672p. (J). pap. *(978-93-5370-970-9(9))* Alpha Editions.

History of the Easter Bunny Coloring Book. Creative Playbooks. 2016. (ENG., Illus.). (J). pap. 7.74 *(978-1-68323-071-7(X))*; pap. 7.74 *(978-1-68323-862-1(1))* Twin Flame Productions.

History of the End of the World: Over 75 Tales of Armageddon & Global Extinction from Ancient Beliefs to Prophecies & Scientific Predictions. Tim Rayborn. 2022. (ENG., Illus.). 208p. (YA). 24.95 *(978-1-64643-212-7(6))* Cider Mill Pr. Bk. Pubs., LLC.

History of the Extinct Volcanos of the Basin of Neuwied, on the Lower Rhine (Classic Reprint) Samuel Hibbert. (ENG., Illus.). (J). 2018. 322p. 30.54 *(978-0-483-98119-5(2))*; 2016. pap. 13.57 *(978-1-334-58877-8(5))* Forgotten Bks.

History of the Fairchild Family, or the Child's Manual, Vol. 1: Being a Collection of Stories, Calculated to Show the Importance & Effects of a Religious Education (Classic Reprint) Mary Martha Sherwood. 2018. (ENG., Illus.). 348p. (J). 31.09 *(978-0-483-94107-6(7))* Forgotten Bks.

History of the Famous Preacher Friar Gerund de Campazas, Otherwise Gerund Zotes, Vol. 1 of 2 (Classic Reprint) José Francisco de Isla. (ENG., Illus.). (J). 2018. 576p. 35.78 *(978-0-364-12634-9(5))*; 2017. pap. 19.57 *(978-0-259-17275-8(8))* Forgotten Bks.

History of the Famous Preacher, Friar Gerund de Campazas, Otherwise Gerund Zotes, Vol. 2 of 2 (Classic Reprint) José Francisco de Isla. 2018. (ENG., Illus.). 554p. (J). 35.34 *(978-0-483-34440-2(0))* Forgotten Bks.

History of the Famous Preacher Friar Gerund de Campazas, Vol. 1 Of 2: Otherwise Gerund Zotes (Classic Reprint) José Francisco de Isla. 2017. (ENG., Illus.). (J). 35.78 *(978-0-265-97927-3(7))* Forgotten Bks.

History of the Famous Preacher Friar Gerund de Campazas, Vol. 2 Of 2: Otherwise Gerund Zotes (Classic Reprint) Jose Isla. 2016. (ENG., Illus.). (J). pap. 19.57 *(978-1-334-09175-9(7))* Forgotten Bks.

History of the Famous Preacher Friar Gerund de Campazas, Vol. 2 Of 2: Otherwise Gerund Zotes (Classic Reprint) José Francisco de Isla. 2018. (ENG., Illus.). 544p. (J). 35.14 *(978-0-483-17262-3(6))* Forgotten Bks.

History of the First Moon Landing. Nicole Sipe. 2018. (Mathematics in the Real World Ser.). (ENG., Illus.). 32p. (J). (gr. 4-8). pap. 11.99 *(978-1-4258-5822-3(8))* Teacher Created Materials, Inc.

History of the First White Settlers in Versailles Township, Brown County, Illinois (Classic Reprint) B. N. Bond. 2017. (ENG., Illus.). (J). 24.43 *(978-0-331-75217-5(4))*; pap. 7.97 *(978-0-259-58430-8(4))* Forgotten Bks.

History of the Forty-Third Battery C. F. a, Vol. 1 (Classic Reprint) Hugh R. Kay. (ENG., Illus.). (J). 2018. 52p. 24.99 *(978-0-365-37072-7(X))*; 2017. pap. 9.57 *(978-0-259-49370-9(8))* Forgotten Bks.

History of the Fossil Insects in the Secondary Rocks of England: Accompanied by a Particular Account of the Strata in Which They Occur, & of the Circumstances Connected with Their Preservation (Classic Reprint) Peter Bellinger Brodie. 2017. (ENG., Illus.). (J). 27.65 *(978-0-331-49971-1(1))* Forgotten Bks.

History of the Four Georges; Volume I. Justin McCarthy. 2017. (ENG., Illus.). (J). 26.95 *(978-1-374-98123-2(0))*; pap. 16.95 *(978-1-374-98122-5(2))* Capital Communications, Inc.

History of the Four Georges; Volume II. Justin McCarthy. 2017. (ENG., Illus.). (J). 26.95 *(978-1-374-98125-6(7))*; pap. 16.95 *(978-1-374-98124-9(9))* Capital Communications, Inc.

History of the Fourth of July, 1 vol. Barbara Linde. 2019. (History of Our Holidays Ser.). (ENG.). 24p. (gr. 1-2). pap. 9.15 *(978-1-5382-3870-7(5)*, 2b1c32b4-f793-4719-91d1-6fbaab75c59c) Stevens, Gareth Publishing LLLP.

History of the Grassy Balds in Great Smoky Mountains National Park: Research/Resources Management Report No. 4 (Classic Reprint) Mary Lindsay. (ENG., Illus.). (J). 2017. 29.16 *(978-0-266-96058-4(8))*; 2016. pap. 11.57 *(978-1-334-11623-0(7))* Forgotten Bks.

History of the Hermit of Erving Castle (Classic Reprint) George Warren Barber. (ENG., Illus.). (J). 2018. 70p. 25.34 *(978-0-267-30450-9(1))*; 2016. pap. 9.57 *(978-1-333-28047-5(5))* Forgotten Bks.

History of the House That Jack Built: A Diverting Story (Classic Reprint) Unknown Author. (ENG., Illus.). (J). 2018. 44p. 24.80 *(978-0-484-39971-5(3))*; 2018. 34p. 24.64 *(978-0-332-96147-7(8))*; 2016. pap. 7.97 *(978-1-333-87273-1(9))* Forgotten Bks.

History of the House That Jack Built: To Which Are Added the Tabby Cat's Adventure, & the Lame Pigeon (Classic Reprint) Unknown Author. 2018. (ENG., Illus.). (J). 28p. 24.47 *(978-0-364-19832-2(X))*; 26p. 24.43 *(978-0-267-29519-7(7))* Forgotten Bks.

History of the Humanities & Social Sciences, 6 vols. 2016. (History of the Humanities & Social Sciences Ser.). (ENG.). 208p. (gr. 8-8). 143.40 *(978-1-5081-7166-9(1)*, 5e6ea875-15de-4421-a107-3debb1f43868, Rosen Young Adult) Rosen Publishing Group, Inc., The.

History of the Inca Empire - History of the World Children's History Books. Baby Professor. 2017. (ENG., Illus.). (J). pap. 9.55 *(978-1-5419-1220-5(9)*, Baby Professor (Education Kids)) Speedy Publishing LLC.

History of the Islamic Empire - History Book 11 Year Olds Children's History. Baby Professor. 2017. (ENG., Illus.). (YA). pap. 8.79 *(978-1-5419-1364-6(7)*, Baby Professor (Education Kids)) Speedy Publishing LLC.

History of the Lady Betty Stair: A Novel (Classic Reprint) Molly Elliot Seawell. 2018. (ENG., Illus.). 168p. (J). 27.36 *(978-0-483-19938-5(9))* Forgotten Bks.

History of the Life & Adventures of Mr. Anderson: Containing His Strange Varieties of Fortune in Europe & America (Classic Reprint) Edward Kimber. 2017. (ENG., Illus.). (J). 28.97 *(978-0-266-71480-4(3))*; pap. 11.57 *(978-1-5276-6967-3(X))* Forgotten Bks.

History of the Life & Adventures of Mr. Duncan Campbell: A Gentleman, Who, Tho' Deaf & Dumb, Writes down Any Stranger's Name at First Sight; with Their Future Contingencies of Fortune, Now Living in Exeter Court over-Against the Savoy in the Stran. Daniel Dafoe. (ENG., Illus.). (J). 2018. 356p. 31.24 *(978-0-331-85426-8(0))*; 2016. pap. 13.57 *(978-1-333-11773-3(6))* Forgotten Bks.

History of the Life & Adventures of Mr. Duncan Campbell: Late of Exeter-Court, over-Against the Savoy in the Strand; a Gentleman, Who, When Living, Tho' Deaf & Dumb, Wou'd Write down Any Stranger's Name at First Sight; with the Future Contingencie. Daniel Dafoe. 2018. (ENG., Illus.). 354p. (J). 31.20 *(978-0-483-39365-3(7))* Forgotten Bks.

History of the Life & Adventures of Mr. Duncan Campbell, a Gentleman, Who Tho' Deaf & Dumb, Writes down Any Strangers' Name at First Sight: With Their Future Contingencies of Fortune, Now Living in Exeter-Court over-Against the Savoy in the Strand. Daniel Dafoe. 2017. (ENG., Illus.). (J). pap. 13.57 *(978-1-5285-4127-5(8))* Forgotten Bks.

History of the Life of Amos Owens, the Noted Blockader, of Cherry Mountain, N. C (Classic Reprint) M. L. White. 2017. (ENG., Illus.). (J). 25.18 *(978-1-5280-7607-4(9))* Forgotten Bks.

History of the Life of the Late Mr. Jonathan Wild, & a Journey from This World to the Next, etc (Classic Reprint) Henry Fielding. (ENG., Illus.). (J). 2018. 376p. 31.67 *(978-0-666-52622-9(2))*; 2017. pap. 16.57 *(978-0-259-54550-7(3))* Forgotten Bks.

History of the Life of the Late Mr. Jonathan Wild the Great: A Sketch of the Life of Henry Fielding (Classic Reprint) Henry Fielding. 2017. (ENG., Illus.). (J). 29.90 *(978-0-265-36706-3(9))* Forgotten Bks.

History of the Life of the Late Mr. Jonathan Wild, the Great, and, Articles in the Champion (Classic Reprint) Henry Fielding. (ENG., Illus.). (J). 2018. 520p. 34.62 *(978-0-484-85778-9(9))*; 2016. pap. 16.97 *(978-1-334-51868-3(8))* Forgotten Bks.

History of the Life of the Late Mr. Jonathan Wild the Great (Classic Reprint) Henry Fielding. 2017. (ENG., Illus.). (J). 31.05 *(978-0-265-36285-3(7))* Forgotten Bks.

History of the Life of the Squire Marcos de Obregon, Vol. 1: Inscribed to the Most Illustrious Cardinal Archbishop of Toledo, Don Bernardo de Sandoval & Rojas, the Protector of Virtue & Father of the Poor (Classic Reprint) Vincent Espinel. (ENG., Illus.). (J). 2018. 452p. 33.22 *(978-0-483-79530-3(5))*; 2016. pap. 16.57 *(978-1-334-16026-4(0))* Forgotten Bks.

History of the London Clubs, or, the Citizens' Pastime (Part I) Edward Ward. 2020. (ENG.). 34p. (J). pap. *(978-93-5395-723-0(0))* Alpha Editions.

History of the London Clubs, or the Citizens Pastime, Vol. 1 (Classic Reprint) Edward Ward. 2018. (ENG., Illus.). 36p. (J). 24.66 *(978-0-365-53355-9(6))* Forgotten Bks.

History of the Mayan Empire - History Books for Kids Children's History Books. Baby Professor. 2017. (ENG., Illus.). (J). pap. 9.55 *(978-1-5419-1205-2(5)*, Baby Professor (Education Kids)) Speedy Publishing LLC.

History of the Mighty & Renowned King of Diamonds, the Scolding Queen, & the Laughing Knave: In Which Is Shown the Disadvantages of a Bad Temper (Classic Reprint) Unknown Author. 2018. (ENG., Illus.). 28p. (J). 24.49 *(978-0-365-25188-0(7))* Forgotten Bks.

History of the Motorcycle Coloring Book. Creative Playbooks. 2016. (ENG., Illus.). (J). pap. 7.74 *(978-1-68323-927-7(X))* Twin Flame Productions.

History of the Omnibus Coloring Book. Activibooks. 2016. (ENG., Illus.). (J). pap. 9.20 *(978-1-68321-083-2(2))* Mimaxion.

History of the Perils of the Mighty Ching-Chong the Bld. C. N. Crum. 2018. (ENG., Illus.). 148p. (J). pap. *(978-1-387-50378-0(2))* Lulu Pr., Inc.

History of the Phonetic Alphabet Phoenician Civilization Grade 5 Children's Ancient History. Baby Professor. 2022. (ENG.). 72p. (J). 31.99 ***(978-1-5419-8434-9(X))***; pap. 19.99 ***(978-1-5419-6032-9(7))*** Speedy Publishing LLC. (Baby Professor (Education Kids)).

History of the Proceedings in the Case of Margaret, Commonly Called Peg, Only Lawful Sister to John Bull, Esq. (Classic Reprint) Adam Ferguson. (ENG., Illus.). (J). 2018. 25.79 *(978-0-260-81949-9(2))*; 2018. 192p. 27.86 *(978-0-267-10155-9(4))*; 2017. pap. 10.57 *(978-0-259-47574-3(2))*; 2016. pap. 9.57 *(978-1-334-13814-0(1))* Forgotten Bks.

History of the Remarkable Life of John Sheppard: Containing a Particular Account of His Many Robberies & Escapes (Classic Reprint) Daniel Dafoe. (ENG., Illus.). (J). 2018. 66p. 25.26 *(978-0-483-05502-5(6))*; 2016. pap. 9.57 *(978-1-333-76094-6(9))* Forgotten Bks.

History of the Robins: For the Instruction of Children on Their Treatment of Animals (Classic Reprint) Trimmer. 2017. (ENG., Illus.). (J). 28.72 *(978-0-331-39060-5(4))* Forgotten Bks.

History of the Robins (Classic Reprint) Sarah Trimmer. 2018. (ENG., Illus.). 108p. (J). 26.12 *(978-0-267-79506-2(8))* Forgotten Bks.

History of the Sabbath & First Day of the Week (Classic Reprint) John Nevins Andrews. 2017. (ENG., Illus.). (J). 41.92 *(978-0-331-15749-9(7))*; pap. 24.26 *(978-0-243-28930-1(8))* Forgotten Bks.

History of the Scientific Method, 1 vol. Heather Moore Niver. 2018. (Think Like a Scientist Ser.). (ENG.). 32p. (gr. 3-4). lib. bdg. 26.06 *(978-1-5383-0230-9(6)*, 5ba8d67f-893c-468b-a7e8-b90a081020b4, Britannica Educational Publishing) Rosen Publishing Group, Inc., The.

History of the Totem Pole Coloring Book. Activibooks. 2016. (ENG., Illus.). (J). pap. 9.20 *(978-1-68321-485-4(4))* Mimaxion.

History of the Two-Party System American Political Party System Grade 6 Children's Government Books. Universal Politics. 2022. (ENG.). 72p. (J). 31.99 ***(978-1-5419-8642-8(3))***; pap. 19.99 ***(978-1-5419-5509-7(9))*** Speedy Publishing LLC. (Universal Politics (Politics & Social Sciences)).

History of the United States: People & Places Coloring Book. Bobo's Children Activity Books. 2016. (ENG., Illus.). (J). pap. 9.33 *(978-1-68327-500-8(4))* Sunshine In My Soul Publishing.

History of the Valorous & Witty Knight-Errant, Don Quixote of the Mancha, Vol. 1 of 4 (Classic Reprint) Miguel de Cervantes Saavedra. 2018. (ENG., Illus.). 312p. (J). 30.33 *(978-0-666-49451-1(7))* Forgotten Bks.

History of the Valorous & Witty Knight-Errant, Don Quixote of the Mancha, Vol. 2 (Classic Reprint) Miguel de Cervantes Saavedra. (ENG., Illus.). (J). 2018. 298p. 30.04 *(978-0-656-44209-6(3))*; 2017. pap. 13.57 *(978-0-243-96927-2(9))* Forgotten Bks.

History of the Warfare of Science with Theology in Christendom; Volume 2. Andrew Dickson White. 2017. (ENG., Illus.). (J). 30.95 *(978-1-374-97073-1(5))*; pap. 21.95 *(978-1-374-97072-4(7))* Capital Communications, Inc.

History of the White Mountains. Lucy Crawford. 2017. (ENG.). 212p. (J). pap. *(978-3-337-28840-2(5))* Creation Pubs.

History of the White Mountains. Lucy Crawford & Henry Wheelock Ripley. 2017. (ENG.). 282p. (J). pap. *(978-3-337-31656-3(5))* Creation Pubs.

History of the White Mountains: From the First Settlement of Upper Coos & Pequaket (Classic Reprint) Lucy Crawford. 2017. (ENG., Illus.). (J). 29.84 *(978-0-266-23737-2(1))* Forgotten Bks.

History of the World: 10,000 BCE to 2,000 CE. a Thrilling Journey from the Stone Age to Today's High Tech World. John Farndon. Illus. by Christian Cornia. 2021. (ENG.). 96p. (J). 19.99 *(978-1-913077-74-7(8)*, 456078c1-b8aa-4261-804c-8dcb5ee36ba9, Beetle Bks.) Hungry Tomato Ltd. GBR. Dist: Baker & Taylor Publisher Services (BTPS).

History of the World in 100 Pictures IR. Rob Lloyd Jones. 2019. (Picture History* Ser.). (ENG.). 32ppp. (J). 9.99 *(978-0-7945-4235-1(2)*, Usborne) EDC Publishing.

History of the World in Comics. Jean Baptiste de Panafieu. Illus. by Adrienne Barman. 2020. 80p. (J). (gr. 5). 22.99 *(978-0-8234-4578-3(X))*; pap. 12.99 *(978-0-8234-4583-7(6))* Holiday Hse., Inc.

History of Thomas Frankland (Classic Reprint) American Tract Society. (ENG., Illus.). (J). 2018. 32p. 24.58 *(978-0-267-55915-2(1))*; 2016. pap. 7.97 *(978-1-333-71357-7(6))* Forgotten Bks.

History of Thomas Hickathrift. George Laurence Gomme. 2017. (ENG., Illus.). 68p. (J). pap. *(978-3-337-25138-3(2))* Creation Pubs.

History of Thomas Hickathrift. George Laurence Gomme. 2017. (ENG., Illus.). (J). pap. *(978-0-649-32836-9(1))* Trieste Publishing Pty Ltd.

History of Thomas Hickathrift: Printed from the Earliest Extant Copies, & Edited, with an Introduction (Classic Reprint) George Laurence Gomme. 2018. (ENG., Illus.). 68p. (J). 25.30 *(978-0-483-13381-5(7))* Forgotten Bks.

History of Tom Fool, Vol. 1 (Classic Reprint) Stevens Stevens. 2018. (ENG., Illus.). 262p. (J). 29.32 *(978-0-267-17217-7(6))* Forgotten Bks.

History of Tom Fool, Vol. 2: More Know Tom Fool, Than Tom Fool Knows (Classic Reprint) George Alexander Stevens. (ENG., Illus.). (J). 2018. 270p. 29.47 *(978-0-483-89953-7(4))*; 2016. pap. 11.97 *(978-1-334-24833-7(8))* Forgotten Bks.

History of Tom Jones, a Foundling. Henry Fielding. 2018. (ENG., Illus.). 998p. (J). 26.81 *(978-1-7317-0151-0(9))*; pap. 20.02 *(978-1-7317-0152-7(7))* Simon & Brown.

History of Tom Jones, a Foundling (Classic Reprint) Henry Fielding. 2017. (ENG., Illus.). (J). 31.30 *(978-0-265-72224-4(1))*; pap. 13.97 *(978-1-5276-7947-4(0))* Forgotten Bks.

History of Tom Jones, a Foundling, Vol. 1 (Classic Reprint) Henry Fielding. 2017. (ENG., Illus.). (J). 35.57 *(978-1-5279-8218-5(1))* Forgotten Bks.

History of Tom Jones, a Foundling, Vol. 1 of 6 (Classic Reprint) Henry Fielding. (ENG., Illus.). (J). 2017. 28.43 *(978-0-265-43301-0(0))*; 2016. pap. 10.97 *(978-1-334-16047-9(3))* Forgotten Bks.

H

History of Tom Jones, a Foundling, Vol. 2 of 3 (Classic Reprint) Henry Fielding. 2017. (ENG., Illus.). (J). 32.89 *(978-0-265-44670-6(8))* Forgotten Bks.

History of Tom Jones, a Foundling, Vol. 2 of 6 (Classic Reprint) Henry Fielding. (ENG., Illus.). (J). 2017. 26.91 *(978-0-265-45210-3(4))*; 2016. pap. 9.57 *(978-1-334-14809-5(0))* Forgotten Bks.

History of Tom Jones, a Foundling, Vol. 3 (Classic Reprint) Henry Fielding. (ENG., Illus.). (J). 2018. 294p. 29.96 *(978-1-396-72517-3(2))*; 2018. 296p. pap. 13.57 *(978-1-396-06366-4(8))*; 2016. pap. 13.57 *(978-1-334-15519-2(4))* Forgotten Bks.

History of Tom Jones, a Foundling, Vol. 3 of 4 (Classic Reprint) Henry Fielding. 2017. (ENG., Illus.). (J). 32.33 *(978-0-265-44136-7(6))* Forgotten Bks.

History of Tom Jones, a Foundling, Vol. 4 (Classic Reprint) Henry Fielding. 2017. (ENG., Illus.). (J). 30.37 *(978-0-265-37616-4(5))* Forgotten Bks.

History of Tom Jones, a Foundling, Vol. 5 (Classic Reprint) Henry Fielding. 2017. (ENG., Illus.). (J). 302p. 30.15 *(978-0-332-30331-4(4))*; 304p. pap. 13.57 *(978-0-332-24091-6(6))* Forgotten Bks.

History of Tom Jones, a Foundling, Vol. 6 (Classic Reprint) Henry Fielding. 2017. (ENG., Illus.). (J). 30.21 *(978-0-265-66081-2(5))*; pap. 13.57 *(978-1-5276-3406-0(X))* Forgotten Bks.

History of Tom Jones, a Foundling; Volume 2. Henry Fielding. 2017. (ENG., Illus.). (J). pap. 22.95 *(978-1-374-99380-8(8))* Capital Communications, Inc.

History of Tom Jones, Foundling, Vol. 2 of 3 (Classic Reprint) Henry Fielding. 2016. (ENG., Illus.). (J). pap. 16.57 *(978-1-334-15306-8(X))* Forgotten Bks.

History of Tom Jones, Vol. 1: A Foundling (Classic Reprint) Henry Fielding. 2018. (ENG., Illus.). 640p. (J). 37.10 *(978-0-364-03059-2(3))* Forgotten Bks.

History of Tom Jones, Vol. 2 Of 4: A Foundling (Classic Reprint) Henry Fielding. 2017. (ENG., Illus.). (J). 31.73 *(978-1-5280-8170-2(6))* Forgotten Bks.

History of Tom Jones, Vol. 5 Of 6: A Foundling (Classic Reprint) Henry Fielding. (ENG., Illus.). (J). 2018. 196p. 27.94 *(978-0-267-40718-7(1))*; 2016. pap. 10.57 *(978-1-334-11621-6(0))* Forgotten Bks.

History of Tom Jones, Vol. 6 Of 6: A Foundling (Classic Reprint) Henry Fielding. (ENG., Illus.). (J). 2017. 28.00 *(978-0-266-45612-4(X))*; 2016. pap. 10.57 *(978-1-334-14705-0(1))* Forgotten Bks.

History of Tommy & Harry (Classic Reprint) Unknown Author. 2018. (ENG., Illus.). 36p. (J). 24.64 *(978-0-267-42630-0(5))* Forgotten Bks.

History of Tommy Careless: Or, the Misfortunes of a Week, Embellished with Cuts (Classic Reprint) R. Johnson. 2018. (ENG., Illus.). 32p. (J). 24.58 *(978-0-332-78495-3(9))* Forgotten Bks.

History of Tommy Playlove & Jacky Lovebook: Wherein Is Shewn the Superiority of Virtue over Vice, However Dignified by Birth or Fortune (Classic Reprint) Stephen Jones. (ENG., Illus.). (J). 2018. 54p. 25.01 *(978-0-267-36423-7(7))*; 2016. pap. 9.57 *(978-1-334-16622-8(6))* Forgotten Bks.

History of Tommy Titmouse: A Little Boy Who Became a Great Man by Minding His Learning, Doing As He Was Bid, & Being Good-Natured & Obliging to Every Body (Classic Reprint) Unknown Author. (ENG., Illus.). (J). 2018. 62p. 25.20 *(978-0-484-37500-9(8))*; 2016. pap. 9.57 *(978-1-334-16313-5(8))* Forgotten Bks.

History of Transportation. Chris Oxlade. 2017. (History of Technology Ser.). (ENG., Illus.). 32p. (J). (gr. 2-5). lib. bdg. 29.99 *(978-1-4846-4038-8(1)*, 135139, Heinemann) Capstone.

History of Transportation, 2 vols. Chris Oxlade. 2017. (History of Technology Ser.). (ENG.). (J). (gr. 2-5). *(978-1-4846-4059-3(4))* Heinemann Educational Bks.

History of U. S. Immigration: Data (Grade 2) Cathy D'Alessandro. 2018. (Mathematics in the Real World Ser.). (ENG., Illus.). 32p. (J). (gr. 2-3). pap. 10.99 *(978-1-4258-5756-1(6))* Teacher Created Materials, Inc.

History of Underwear with Professor Chicken. Hannah Holt. Illus. by Korwin Briggs. 2022. (ENG.). 40p. (J). 18.99 *(978-1-250-76649-6(4)*, 900232453) Roaring Brook Pr.

History of Vanillo Gonzales, Surnamed the Merry Batchelor, Vol. 1 of 2 (Classic Reprint) Alain Rene Le Sage. 2018. (ENG., Illus.). 382p. (J). 31.80 *(978-0-267-32421-7(9))* Forgotten Bks.

History of Victorian Innovations: Equivalent Fractions (Grade 3) Saskia Lacey. 2017. (Mathematics in the Real World Ser.). (ENG., Illus.). 32p. (J). (gr. 3-4). pap. 11.99 *(978-1-4807-5803-2(5))* Teacher Created Materials, Inc.

History of Video Games (Grade 6) David Paris. 2nd rev. ed. 2016. (TIME(r): Informational Text Ser.). (ENG., Illus.). 48p. (gr. 5-8). pap. 13.99 *(978-1-4938-3594-2(7))* Teacher Created Materials, Inc.

History of Virginia: In Words of One Syllable (Classic Reprint) Emily Steinestel McNamara. 2018. (ENG., Illus.). 202p. (J). 28.08 *(978-0-332-93384-9(9))* Forgotten Bks.

History of Walton County (Classic Reprint) John Love McKinnon. 2017. (ENG., Illus.). (J). 32.58 *(978-1-5280-6932-8(3))* Forgotten Bks.

History of Warren: A Mountain Hamlet, Located among the White Hills of New Hampshire (Classic Reprint) William Little. (ENG., Illus.). (J). 2017. 36.58 *(978-0-331-93000-9(5))*; 2016. pap. 19.57 *(978-1-334-16547-4(5))* Forgotten Bks.

History of Western Art in Comics Part Two: from the Renaissance to Modern Art. Marion Augustin. Illus. by Bruno Heitz. 2021. 96p. (J). (gr. 5). 22.99 *(978-0-8234-4647-6(6))*; pap. 12.99 *(978-0-8234-4648-3(4))* Holiday Hse., Inc.

History of Whittington & His Cat: Shewing How from a Poor Country Boy, Destitute of Parents or Relations, He Attained Great Riches, & Was Promoted to the High & Honourable Dignity of Lord Mayor of London (Classic Reprint) Unknown Author. 2018. (ENG., Illus.). 36p. (J). 24.64 *(978-0-484-61750-5(8))* Forgotten Bks.

History of Whittington & His Cat: With Copper-Plate Cuts (Classic Reprint) Unknown Author. 2018. (ENG., Illus.). 56p. (J). 25.05 *(978-0-365-14338-3(3))* Forgotten Bks.

History of Whittington & His Cat (Classic Reprint) Unknown Author. (ENG., Illus.). (J). 2018. 30p. 24.52 *(978-0-484-41956-7(0))*; 2016. pap. 7.97 *(978-1-334-16229-9(8))* Forgotten Bks.

History of William Selwyn (Classic Reprint) Elizabeth Sandham. (ENG., Illus.). (J). 2018. 196p. 27.94 *(978-0-483-90771-3(5))*; 2016. pap. 10.57 *(978-1-334-15263-4(2))* Forgotten Bks.

History of Words for Children. Mary Richards. Illus. by Rose Blake. 2022. (ENG.). 96p. (J). (gr. 1-3). 19.95 *(978-0-500-65282-4(1)*, 565282) Thames & Hudson.

History of World Religions: Explore the Great Faiths That Shaped Our Civilization. Simon Adams. 2016. (Illus.). 64p. (J). (gr. -1-11). 12.99 *(978-1-86147-752-1(X)*, Armadillo) Anness Publishing GBR. Dist: National Bk. Network.

History on Horseback the Early Years: 1493 To 1866. Vicki Watson. 2019. (History on Horseback Ser.: Vol. 1). (ENG., Illus.). 206p. (YA). (gr. 7-12). pap. 17.99 *(978-1-7333912-0-7(7))* Sonrise Stable Bks.

History on the High Seas, 12 vols. 2019. (History on the High Seas Ser.). (ENG.). 24p. (J). (gr. 2-3). lib. bdg. 145.62 *(978-1-5382-3925-4(6)*, 8b65acfb-ed4e-4235-96da-e3a265c34f58) Stevens, Gareth Publishing LLLP.

History Quick Reads, 1 vol., No. 8. Alan Childs. Illus. by Gilly Marklew. 2018. (History Quick Reads Ser.). (ENG.). 60p. (J). pap. 9.99 *(978-1-871173-44-4(2))* BookLife Publishing Ltd. GBR. Dist: Independent Pubs. Group.

History Reader for Elementary Schools, 1898, Vol. 3: Arranged with Special Reference to Holidays; March, April (Classic Reprint) Lucy Langdon Williams Wilson. 2018. (ENG., Illus.). (J). 114p. 26.25 *(978-1-396-41417-6(7))*; 116p. pap. 9.57 *(978-1-390-90262-4(5))* Forgotten Bks.

History Reader for Elementary Schools, Vol. 4: Arranged with Special Reference to Holidays; May, June (Classic Reprint) Lucy Langdon Williams Wilson. 2017. (ENG., Illus.). (J). pap. 9.57 *(978-0-259-57116-2(4))* Forgotten Bks.

History Reader for Elementary Schools, Vol. 5: Arranged with Special Reference to Holidays (Classic Reprint) Lucy Langdon Williams Wilson. (ENG., Illus.). (J). 2018. 78p. 25.51 *(978-0-483-91664-7(1))*; 2016. pap. 9.57 *(978-1-334-17003-4(7))* Forgotten Bks.

History Sarah Studevant Leavitt: Copied from Her History by Juanita Leavitt Pulsipher, June, 1919 (Classic Reprint) Sarah Studevant Leavitt. 2017. (ENG., Illus.). (J). 25.69 *(978-0-331-97106-4(2))* Forgotten Bks.

History Showtime: Vikings. Avril Thompson & Liza Phipps. ed. 2017. (History Showtime Ser.). (ENG., Illus.). 32p. (J). (gr. 2-4). pap. 11.99 *(978-1-4451-1487-3(9)*, Franklin Watts) Hachette Children's Group GBR. Dist: Hachette Bk. Group.

History Smashers: Christopher Columbus & the Taino People. Kate Messner & Jose Barreiro. Illus. by Falynn Koch. 2023. (History Smashers Ser.: 8). 224p. (J). (gr. 3-7). 8.99 ***(978-0-593-56426-4(X))***; (ENG.). lib. bdg. 12.99 ***(978-0-593-56427-1(8))*** Random Hse. Children's Bks. (Random Hse. Bks. for Young Readers).

History Smashers: Plagues & Pandemics. Kate Messner. Illus. by Falynn Koch. 2021. (History Smashers Ser.: 6). 240p. (J). (gr. 3-7). 8.99 *(978-0-593-12040-8(X))*; (ENG.). lib. bdg. 12.99 *(978-0-593-12041-5(8))* Random Hse. Children's Bks. (Random Hse. Bks. for Young Readers).

History Smashers: the American Revolution. Kate Messner. Illus. by Justin Greenwood. 2021. (History Smashers Ser.: 5). 224p. (J). (gr. 3-7). 8.99 *(978-0-593-12046-0(9))*; (ENG.). lib. bdg. 12.99 *(978-0-593-12047-7(7))* Random Hse. Children's Bks. (Random Hse. Bks. for Young Readers).

History Smashers: the Titanic. Kate Messner. Illus. by Matt Aytch Taylor. 2021. (History Smashers Ser.: 4). 224p. (J). (gr. 3-7). 8.99 *(978-0-593-12043-9(4))*; (ENG.). lib. bdg. 12.99 *(978-0-593-12044-6(2))* Random Hse. Children's Bks. (Random Hse. Bks. for Young Readers).

History Smashers: the Underground Railroad. Kate Messner & Gwendolyn Hooks. Illus. by Damon Smyth. 2022. (History Smashers Ser.: 7). 224p. (J). (gr. 3-7). 8.99 *(978-0-593-42893-1(5))*; (ENG.). lib. bdg. 12.99 *(978-0-593-42894-8(3))* Random Hse. Children's Bks. (Random Hse. Bks. for Young Readers).

History Speaks: Picture Books Plus Reader's Theater, 12 vols., Set. Incl. Ellen Craft's Escape from Slavery. Cathy Moore. Illus. by Mark Braught. (J). 2010. lib. bdg. 27.93 *(978-0-7613-5875-6(7))*; George Washington & the Story of the U. S. Constitution. Candice Ransom. Illus. by Jeni Reeves. 2011. 27.93 *(978-0-7613-5877-0(3))*; Little Rock Nine Stand up for Their Rights. Eileen Lucas. Illus. by Adam Gustavson. 2011. lib. bdg. 27.93 *(978-0-7613-5874-9(9))*; 48p. (gr. 2-4)., Millbrook Pr. 2011. Set lib. bdg. 335.16 *(978-0-7613-5100-9(0))* Lerner Publishing Group.

History Sphere Rescue. Katy Chalk. 2021. (ENG.). 240p. (YA). pap. *(978-1-914083-15-0(6))* 2QT, Ltd. (Publishing).

History Sphere Restored. Katy Chalk. 2019. (ENG.). 258p. (J). (gr. 3-6). pap. *(978-1-913071-04-2(9))* 2QT, Ltd. (Publishing).

History Starting Points: Alfred the Great & the Anglo Saxons. David Gill. ed. 2021. (History Starting Points Ser.). (ENG., Illus.). 32p. (J). (gr. 4-6). pap. 13.99 *(978-1-4451-6205-8(9)*, Franklin Watts) Hachette Children's Group GBR. Dist: Hachette Bk. Group.

History Stories for Primary Grades (Yesterday's Classics) John W. Wayland. Illus. by Maud and Miska Petersham. 2022. (ENG.). 228p. (J). pap. 12.95 *(978-1-63334-163-0(1))* Yesterday's Classics.

History, Structure, & Reach of the Un. Heather Docalavic. 2018. (United Nations Ser.). (ENG.). 48p. (YA). lib. bdg. 34.99 *(978-1-5105-3969-3(7))* SmartBook Media, Inc.

History Teacher: A Journey of Spiritual Transformation. Fred Phillips. 2018. (ENG., Illus.). 288p. (YA). *(978-1-5255-1330-5(3))*; pap. *(978-1-5255-1331-2(1))* FriesenPress.

History Teacher: Adventure in Estonia: Unearthing Divine Love. Fred Phillips. 2019. (ENG.). 228p. (YA). *(978-1-5255-4135-3(8))*; pap. *(978-1-5255-4136-0(6))* FriesenPress.

History Uncut (Set), 12 vols. 2019. (History Uncut Ser.). (ENG., Illus.). 32p. (J). (gr. 4-8). 384.84 *(978-1-5341-4263-3(0)*, 212465); pap., pap., pap. 170.57 *(978-1-5341-3906-0(0)*, 212466) Cherry Lake Publishing. (45th Parallel Press).

History under Cover, 12 vols. 2022. (History under Cover Ser.). (ENG.). 32p. (J). (gr. 4-5). lib. bdg. 161.58 *(978-1-9785-3196-3(6)*, 4f67121 8-d63d-4c55-a2d0-d8bd2ad91e24) Enslow Publishing, LLC.

History VIPs: Boudicca. Paul Harrison. 2017. (History VIPs Ser.). (ENG., Illus.). 32p. (J). (gr. 4-6). pap. 12.99 *(978-0-7502-9917-6(7)*, Wayland) Hachette Children's Group GBR. Dist: Hachette Bk. Group.

History VIPs: Charles Darwin. Kay Barnham. 2017. (History VIPs Ser.). (ENG.). 32p. (J). (gr. 4-6). pap. 12.99 *(978-0-7502-9916-9(9)*, Wayland) Hachette Children's Group GBR. Dist: Hachette Bk. Group.

History VIPs: Emmeline Pankhurst. Kay Barnham. 2017. (History VIPs Ser.). (ENG., Illus.). 32p. (J). (gr. 4-6). 17.99 *(978-0-7502-8850-7(7)*, Wayland) Hachette Children's Group GBR. Dist: Hachette Bk. Group.

History VIPs: Mary Anning. Kay Barnham. 2017. (History VIPs Ser.). (ENG., Illus.). 32p. (J). (gr. 4-6). pap. 11.99 *(978-0-7502-9914-5(2)*, Wayland) Hachette Children's Group GBR. Dist: Hachette Bk. Group.

Historye of Italye: A Booke Exceding Profitable to Be Red; Because It Intreateth of the Astate of Many & Dyvers Common Weales, How They Have Bene, & Now Be Governed (Classic Reprint) William Thomas. 2017. (ENG., Illus.). (J). 33.34 *(978-0-265-83368-1(X))*; pap. 16.57 *(978-1-5278-7346-9(3))* Forgotten Bks.

History's Ancient & Medieval Secrets. Grace Hansen. 2022. (History's Greatest Mysteries Ser.). (ENG., Illus.). 32p. (J). (gr. 2-5). lib. bdg. 32.79 *(978-1-0982-4226-8(2)*, 40055, DiscoverRoo) Pop!.

History's Archaic Animals: Jurassic Park Coloring Book. Jupiter Kids. 2016. (ENG., Illus.). 106p. (J). pap. 12.55 *(978-1-68305-238-8(2)*, Jupiter Kids (Childrens & Kids Fiction)) Speedy Publishing LLC.

History's Biggest Disasters. Connie Colwell Miller. 2018. (History's Biggest Disasters Ser.). (ENG.). 32p. (J). (gr. 3-9). 117.28 *(978-1-5435-0004-2(8)*, 27501, Capstone Pr.) Capstone.

History's BIGGEST Show-Offs: The Boldest, Bravest & Brainiest People of All Time. Andy Seed. Illus. by Sam Caldwell. 2022. (ENG.). 64p. (J). (gr. 2-4). ***(978-0-7112-7509-6(2))*** White Lion Publishing.

History's Conspiracy Theories. Tammy Gagne. 2019. (Hidden History Ser.). (ENG., Illus.). 32p. (J). (gr. 3-6). 14.25 *(978-1-63235-644-4(9)*, 14058, 12-Story Library) Bookstaves, LLC.

History's Deserted Cities & Places. Tammy Gagne. 2019. (Hidden History Ser.). (ENG.). 32p. (J). (gr. 3-6). lib. bdg. 32.80 *(978-1-63235-594-2(9)*, 14054, 12-Story Library) Bookstaves, LLC.

History's Forgotten Events. Rachel Bailey. 2019. (Hidden History Ser.). (ENG.). 32p. (J). (gr. 3-6). lib. bdg. 32.80 *(978-1-63235-596-6(5)*, 14056, 12-Story Library) Bookstaves, LLC.

History's Forgotten War Stories. Janet Slingerland. 2019. (Hidden History Ser.). (ENG.). 32p. (J). (gr. 3-6). lib. bdg. 32.80 *(978-1-63235-593-5(0)*, 14053, 12-Story Library) Bookstaves, LLC.

History's Greatest Commanders Children's Military & War History Books. Baby Professor. 2017. (ENG., Illus.). (J). pap. 7.89 *(978-1-5419-0200-8(9)*, Baby Professor (Education Kids)) Speedy Publishing LLC.

History's Greatest Military Disasters Children's Military & War History Books. Baby Professor. 2017. (ENG., Illus.). (J). pap. 7.89 *(978-1-5419-0379-1(X)*, Baby Professor (Education Kids)) Speedy Publishing LLC.

History's Greatest Mysteries (Set), 6 vols. 2022. (History's Greatest Mysteries Ser.). (ENG.). 32p. (J). (gr. 2-5). lib. bdg. 196.74 *(978-1-0982-4225-1(4)*, 40053, DiscoverRoo) Pop!.

History's Horror Stories, 12 vols. 2019. (History's Horror Stories Ser.). (ENG.). 48p. (J). (gr. 5-5). lib. bdg. 198.42 *(978-1-5026-4847-1(4)*, e9895ffb-d437-43a4-8aea-1c1c5909f7ce) Cavendish Square Publishing LLC.

History's Horror Stories (Set) 2019. (History's Horror Stories Ser.). (ENG.). 48p. (J). pap. 77.58 *(978-1-5026-4855-6(5))* Cavendish Square Publishing LLC.

History's Hotshots (Set), 6 vols. 2017. (History's Hotshots Ser.). (ENG.). 32p. (J). (gr. 3-6). lib. bdg. 196.74 *(978-1-5321-1270-6(X)*, 27594, Checkerboard Library) ABDO Publishing Co.

History's Infamous Unsolved Crimes. Grace Hansen. 2022. (History's Greatest Mysteries Ser.). (ENG., Illus.). 32p. (J). (gr. 2-5). lib. bdg. 32.79 *(978-1-0982-4227-5(0)*, 40057, DiscoverRoo) Pop!.

History's Lost Treasures. Tammy Gagne. 2019. (Hidden History Ser.). (ENG.). 32p. (J). (gr. 3-6). lib. bdg. 32.80 *(978-1-63235-595-9(7)*, 14055, 12-Story Library) Bookstaves, LLC.

History's Most Baffling Sightings. Grace Hansen. 2022. (History's Greatest Mysteries Ser.). (ENG., Illus.). 32p. (J). (gr. 2-5). lib. bdg. 32.79 *(978-1-0982-4228-2(9)*, 40059, DiscoverRoo) Pop!.

History's Most Murderous Villains, 12 vols. 2016. (History's Most Murderous Villains Ser.). 32p. (ENG.). (gr. 4-5). lib. bdg. 169.62 *(978-1-4824-4607-4(3)*, 03c0a96e-10fe-49b2-9f1a-aaede287cb82); (gr. 5-4). pap. 63.00 *(978-1-4824-5323-2(1))* Stevens, Gareth Publishing LLLP.

History's Mysteries. Megan Cooley Peterson et al. 2022. (History's Mysteries Ser.). (ENG.). 32p. (J). 187.92 *(978-1-6663-1621-6(0)*, 233786, Capstone Pr.) Capstone.

History's Mysteries: Curious Clues, Cold Cases, & Puzzles from the Past. Kitson Jazynka. 2017. (Illus.). 160p. (J). (gr. 3-7). (ENG.). 24.90 *(978-1-4263-2872-5(9))*; pap. 14.99 *(978-1-4263-2871-8(0))* Disney Publishing Worldwide. (National Geographic Kids).

History's Mysteries: Legends & Lore. Anna Claybourne. 2019. (History's Mysteries Ser.). (Illus.). 160p. (J). (gr. 3-7). pap. 14.99 *(978-1-4263-3462-7(1)*, National Geographic Kids) Disney Publishing Worldwide.

History's Mysteries: Freaky Phenomena: Curious Clues, Cold Cases, & Puzzles from the Past. Kitson Jazynka. 2018. (Illus.). 160p. (J). (gr. 3-7). pap. 14.99 *(978-1-4263-3164-0(9))*; (ENG.). lib. bdg. 24.90 *(978-1-4263-3165-7(7))* Disney Publishing Worldwide. (National Geographic Kids).

History's Mysteries: Legends & Lore. Anna Claybourne. 2019. (History's Mysteries Ser.). (ENG., Illus.). 160p. (J). (gr. 3-7). lib. bdg. 24.90 *(978-1-4263-3463-4(X)*, National Geographic Kids) Disney Publishing Worldwide.

History's Oddest Events. Grace Hansen. 2022. (History's Greatest Mysteries Ser.). (ENG., Illus.). 32p. (J). (gr. 2-5). lib. bdg. 32.79 *(978-1-0982-4229-9(7)*, 40061, DiscoverRoo) Pop!.

History's Secret Groups. Tammy Gagne. 2019. (Hidden History Ser.). (ENG.). 32p. (J). (gr. 3-6). lib. bdg. 32.80 *(978-1-63235-597-3(3)*, 14057, 12-Story Library) Bookstaves, LLC.

History's Secrets of the Air & Sea. Grace Hansen. 2022. (History's Greatest Mysteries Ser.). (ENG., Illus.). 32p. (J). (gr. 2-5). lib. bdg. 32.79 *(978-1-0982-4230-5(0)*, 40063, DiscoverRoo) Pop!.

History's Spookiest Paranormal Events. Grace Hansen. 2022. (History's Greatest Mysteries Ser.). (ENG., Illus.). 32p. (J). (gr. 2-5). lib. bdg. 32.79 *(978-1-0982-4231-2(9)*, 40065, DiscoverRoo) Pop!.

History's Yearbook (Set), 8 vols. 2019. (History's Yearbook Ser.). (ENG., Illus.). 32p. (J). (gr. 4-8). 256.56 *(978-1-5341-5261-8(X)*, 213195); pap., pap., pap. 113.71 *(978-1-5341-5305-9(5)*, 213196) Cherry Lake Publishing. (45th Parallel Press).

Hit! Michelle Wanasundera. Illus. by Jovan Carl Segura. 2023. (ENG.). 32p. (J). pap. ***(978-1-922991-37-9(6))*** Library For All Limited.

Hit! Michelle Wanasundera. Illus. by Mariia Stepanova. 2022. (ENG.). 32p. (J). pap. ***(978-1-922895-17-2(2))*** Library For All Limited.

Hit: A Novel (Classic Reprint) Julian Mayfield. (ENG., Illus.). (J). 2018. 216p. 28.35 *(978-0-483-97829-4(9))*; 2017. pap. 10.97 *(978-0-243-44438-0(9))* Forgotten Bks.

Hit! - Amegonga! Michelle Wanasundera. Illus. by Jovan Carl Segura. 2023. (SWA.). 32p. (J). pap. ***(978-1-922932-46-4(9))*** Library For All Limited.

Hit Count. Chris Lynch. ed. 2016. lib. bdg. 20.80 *(978-0-606-37956-4(8))* Turtleback.

Hit the Ball, Joe! Tanner Hoops. Illus. by Donna Mae Bouma. 2019. (ENG.). 64p. (J). 27.95 *(978-1-64559-571-7(4))*; pap. 17.95 *(978-1-64559-569-4(2))* Covenant Bks.

Hit the Ground Running, 1 vol. Alison Hughes. 2017. (ENG.). 216p. (YA). (gr. 8-12). pap. 14.95 *(978-1-4598-1544-5(0))* Orca Bk. Pubs. USA.

Hit the Road (the Selwood Boys, #3) Tony Wilson et al. 2018. (Selwood Boys Ser.: 03). 162p. 5.99 *(978-0-7333-3547-1(0))* ABC Bks. AUS. Dist: HarperCollins Pubs.

Hitch Takes Off: Perseverance. Ken Bowser. Illus. by Ken Bowser. ed. 2016. (Funny Bone Readers (tm) — Truck Pals on the Job Ser.). (ENG., Illus.). 24p. (J). (gr. k-2). E-Book 30.65 *(978-1-63440-073-2(9))* Red Chair Pr.

Hitchhiker. Sue Smith. 2017. (ENG., Illus.). (YA). pap. 19.95 *(978-1-68394-542-0(5))* America Star Bks.

Hitchhikers Guide to Yerba Mate: The Culture, Ceremony & Curiosities of South America's Favorite Tea. Marcia Lewandowski. 2021. (ENG., Illus.). 149p. (gr. 8-17). pap. 14.99 *(978-0-578-70258-2(4))* Monday Creek Publishing.

Hitchin Post & the 6B Ranch Kids. Julie Barker. Illus. by Carolyn Altman. 2020. (Hitchin' Post Ser.: 3). (ENG.). 40p. (J). 24.99 *(978-1-0983-3701-8(8))* BookBaby.

Hither & Nigh. Ellen Potter. 2022. (Hither & Nigh Ser.: 1). (ENG.). 416p. (J). (gr. 3-7). 18.99 *(978-1-6659-1038-5(0)*, McElderry, Margaret K. Bks.) McElderry, Margaret K. Bks.

Hither & Thither: Or Good Times for Papa's Little Daughters (Classic Reprint) Mary D. Brine. 2017. (ENG., Illus.). (J). pap. 11.57 *(978-0-259-10238-0(5))* Forgotten Bks.

Hither & Thither: Or Good Times for Papa's Little Daughters (Classic Reprint) Mary Dow Brine. 2018. (ENG., Illus.). 256p. (J). 29.18 *(978-0-365-23225-4(4))* Forgotten Bks.

Hither & Thither in Germany (Classic Reprint) William Dean Howells. 2018. (ENG., Illus.). 160p. (J). 27.22 *(978-0-267-23362-5(0))* Forgotten Bks.

Hither Thither (Classic Reprint) R. Brooks Popham. 2018. (ENG., Illus.). 318p. (J). 30.46 *(978-0-332-36512-1(3))* Forgotten Bks.

Hitheranyon the Friendly Dragon: And His Monarch Butterfly Friends. Argaille a Di Matteo. Illus. by Yvonne M. Greener. 2019. (ENG.). 52p. (J). pap. 23.95 *(978-1-4624-1281-5(5)*, Inspiring Voices) Author Solutions, LLC.

Hithersea Mere (Classic Reprint) Augusta Noel. 2017. (ENG., Illus.). (J). 30.70 *(978-0-265-17333-6(7))* Forgotten Bks.

Hitherto: A Story of Yesterdays (Classic Reprint) A. D. T. Whitney. 2017. (ENG., Illus.). 488p. (J). 33.96 *(978-0-332-37247-1(2))* Forgotten Bks.

Hitler's Bold Challengers - European History Books Children's European History. Baby Professor. 2017. (ENG., Illus.). 64p. (J). pap. 9.52 *(978-1-5419-1646-3(8)*, Baby Professor (Education Kids)) Speedy Publishing LLC.

Hitler's Last Days: The Death of the Nazi Regime & the World's Most Notorious Dictator. Bill O'Reilly. 2017. (ENG.). 336p. (J). pap. 14.99 *(978-1-250-08859-8(3)*, 900158402) Square Fish.

Hits & Dashes: Or, a Medley of Sketches & Scraps, Touching People & Things (Classic Reprint) Cymon Cymon. 2018. (ENG., Illus.). 154p. (J). 27.07 *(978-0-483-58146-3(1))* Forgotten Bks.

Hits & Myths. Shea Fontana. Illus. by Yancey Labat. 2020. (DC Super Hero Girls Ser.). (ENG.). 128p. (J). (gr. 2-6). lib. bdg. 31.99 *(978-1-5158-7433-1(8)*, 202137, Stone Arch Bks.) Capstone.

Hitting Rock Bottom: New Beginnings for at-Risk Youth. Gary J. Rose. 2017. (ENG., Illus.). (YA). (gr. 9-12). 29.95 *(978-0-9988777-0-9(0))*; (J). pap. 13.99 *(978-0-9988777-1-6(9))* Rose, Gary Publishing.

890 The check digit for ISBN-10 appears in parentheses after the full ISBN-13

Hitting the Crossbar: A Bad Boy & the Tomboy Romance. Nicole Nwosu. 2023. (ENG.). 456p. (YA). pap. 11.99 *(978-1-990778-66-7(6)*, 900289707) Wattpad Bks. CAN. Dist: Macmillan.

Hitting the Dark Trail: Starshine Through Thirty Years of Night (Classic Reprint) Clarence Hawkes. 2017. (ENG., Illus.). (J). 28.43 *(978-0-260-66370-2(0))* Forgotten Bks.

Hitting the Shot: The Most Clutch Moments in Sports. Eric Braun. 2023. (Sports Illustrated Kids Heroes & Heartbreakers Ser.). (ENG.). 32p. (J). 31.32 *(978-1-6690-1108-8(9)*, 248331); pap. 7.99 *(978-1-6690-1103-3(8)*, 248316) Capstone. (Capstone Pr.).

Hittites, Kassites & Mitanni Children's Middle Eastern History Books. Baby Professor. 2017. (ENG., Illus.). (J). pap. 7.89 *(978-1-5419-0233-6(5)*, Baby Professor (Education Kids)) Speedy Publishing LLC.

Hive. Kathleen Groger. 2020. (Rasper Ser.: Vol. 2). (ENG.). 266p. (J). pap. 10.99 *(978-1-945040-09-2(2))* Leaf & Thorn Pr., LLC.

Hive. Barry Lyga & Morgan Baden. 2021. (ENG.). 416p. (YA). (gr. 9-12). pap. 10.99 *(978-1-5253-0440-8(2))* Kids Can Pr., Ltd. CAN. Dist: Hachette Bk. Group.

Hive & the Honey-Bee: With Plain Directions for Obtaining a Considerable Annual Income from This Branch of Rural Economy; to Which Is Added, an Account of the Diseases of Bees, with Their Remedies (Classic Reprint) H. D. Richardson. (ENG., Illus.). (J). 2017. 26.25 *(978-0-331-67527-6(7))*; 2016. pap. 9.57 *(978-1-333-79230-5(1))* Forgotten Bks.

Hive Helpers: Fourth Grade Facilitator's Guide. North Carolina North Carolina State University 4-H. 2019. (ENG., Illus.). 156p. (J). (gr. 4-5). pap. 50.00 *(978-1-4696-6918-2(8)*, 01OSPSPOD) North Carolina 4H.

Hive of Ancient & Modern Literature: A Collection of Essays, Narratives, Allegories, & Instructive Compositions (Classic Reprint) Solomon Hodgson. 2017. (ENG., Illus.). (J). 346p. 31.05 *(978-0-332-70172-1(7))*; 348p. pap. 13.57 *(978-0-332-36369-1(4))* Forgotten Bks.

Hive of the Bee-Hunter: A Repository of Sketches, Including Peculiar American Character (Classic Reprint) Thomas Bangs Thorpe. 2017. (ENG., Illus.). (J). 30.74 *(978-0-260-63431-3(X))* Forgotten Bks.

Hive Queen (Wings of Fire #12), 1 vol. Tui T. Sutherland. (Wings of Fire Ser.: 12). (ENG., 320p. (J). (gr. 3-7). Bk. 12. 2018. Illus.). 16.99 *(978-1-338-21448-2(9))*; Vol. 12. 2020. pap. 8.99 *(978-1-338-21449-9(7))* Scholastic, Inc. (Scholastic Pr.).

Hive to Honey. Julie Knutson. 2019. (21st Century Skills Library: Nature's Makers Ser.). (ENG.). 32p. (J). (gr. 4-7). pap. 14.21 *(978-1-5341-3957-2(5)*, 212657); (Illus.). lib. bdg. 32.07 *(978-1-5341-4301-2(7)*, 212656) Cherry Lake Publishing.

hiver. Mari Schuh. 2019. (Spot les Saisons Ser.). (FRE.). 16p. (J). (gr. -1-2). *(978-1-77092-442-0(6)*, 14537) Amicus.

Hixonian, 1921, Vol. 6 (Classic Reprint) Hicksville High School. (ENG., Illus.). (J). 2018. 172p. 27.46 *(978-0-365-30083-0(7))*; 2017. pap. 9.97 *(978-0-259-88468-2(5))* Forgotten Bks.

Hiya Moriah. Victoria Nelson. Illus. by Boddz. 2019. (ENG.). 44p. (J). (gr. -1-3). pap. 14.95 *(978-1-63393-785-7(2))* Koehler Bks.

Hiya Moriah. Victoria Nelson & Boddz. 2019. (ENG., Illus.). 44p. (J). (gr. k-3). 22.95 *(978-1-63393-787-1(9))* Koehler Bks.

Hizenya Jyubei 2 see Treasure Hunter 1: Eternal Youth

Hiznobyuti. Claude Ponti. Tr. by Alyson Waters. Illus. by Claude Ponti. (Illus.). (J). (gr. k-4). 2023. 46p. pap. 9.95 *(978-1-953861-57-3(1))*; 2018. 35p. 18.00 *(978-0-914671-90-9(1))* Steerforth Pr. (Elsewhere Editions).

Hizzoner the Mayor: A Novel (Classic Reprint) Joel Sayre. (ENG., Illus.). (J). 2018. 296p. 30.00 *(978-0-364-01414-1(8))*; 2017. pap. 13.57 *(978-0-243-51409-0(3))* Forgotten Bks.

Hleo. Rebecca Weller. 2016. (ENG., Illus.). (J). pap. *(978-0-9950316-0-9(6))* Weller, Rebecca.

Hmh Best of the Classics Bb Set for Costco. Ruth Bornstein. 2021. (ENG.). 260p. (J). pap. 9.52 *(978-0-358-62797-5(4)*, Clarion Bks.) HarperCollins Pubs.

Hmh Biology: Science Standards Guide Student Edition. Houghton Mifflin Harcourt. 2017. (Hmh Biology Ser.). (ENG.). 54p. (J). (gr. 9-12). pap. 15.30 *(978-1-328-79274-7(9))* Houghton Mifflin Harcourt Publishing Co.

Hmh Biology: Standards Review & Practice. Houghton Mifflin Harcourt. 2018. (Hmh Biology Ser.). (ENG.). 200p. (J). (gr. 9-12). pap. 15.10 *(978-1-328-95133-5(2))* Houghton Mifflin Harcourt Publishing Co.

Hmh Biology: Standards Workbook Student Edition. Houghton Mifflin Harcourt. 2017. (Hmh Biology Ser.). (ENG.). 56p. (J). (gr. 9-12). pap. 15.30 *(978-1-328-77340-1(X))* Houghton Mifflin Harcourt Publishing Co.

Hmh Biology: Student Edition 2018. Houghton Mifflin Harcourt. 2017. (Hmh Biology Ser.). (ENG.). 896p. (J). (gr. 9-12). 87.80 *(978-1-328-79272-3(2))* Houghton Mifflin Harcourt Publishing Co.

Hmh Biology: Student Edition 2019. Houghton Mifflin Harcourt. 2018. (Hmh Biology Ser.). (ENG.). 1040p. (J). (gr. 9-12). 84.40 *(978-1-328-79284-6(6))* Houghton Mifflin Harcourt Publishing Co.

Hmh FL Social Studies: World History: Ancient Civilizations: Student Edition 2018. Houghton Mifflin Harcourt. 2017. (Hmh FL Social Studies: World History: Ancient Civilizations Ser.). (ENG.). 672p. (J). (gr. 6). 71.70 *(978-0-544-82610-6(8))* Houghton Mifflin Harcourt Publishing Co.

Hmh Florida Science: Statewide Science Assessment Review & Practice Student Edition Grade 8. Houghton Mifflin Harcourt. 2018. (Hmh Florida Science Ser.). (ENG.). 184p. (J). (gr. 8). pap. 7.00 *(978-1-328-84427-9(7))* Houghton Mifflin Harcourt Publishing Co.

Hmh Florida Science: Student Edition Grade 6 2019. Houghton Mifflin Harcourt. 2018. (Hmh Florida Science Ser.). (ENG.). 648p. (J). (gr. 6). pap. 12.90 *(978-1-328-78125-3(9))* Houghton Mifflin Harcourt Publishing Co.

Hmh Florida Science: Student Edition Grade 7 2019. Houghton Mifflin Harcourt. 2018. (Hmh Florida Science Ser.). (ENG.). 640p. (J). (gr. 7). pap. 12.90 *(978-1-328-78126-0(7))* Houghton Mifflin Harcourt Publishing Co.

Hmh Florida Science: Student Edition Grade 8 2019. Houghton Mifflin Harcourt. 2018. (Hmh Florida Science Ser.). (ENG.). 488p. (J). (gr. 8). pap. 12.90 *(978-1-328-78127-7(5))* Houghton Mifflin Harcourt Publishing Co.

Hmh Florida Science: Student Edition Grades 6-8 Earth 2019. Houghton Mifflin Harcourt. 2018. (Hmh Florida Science Ser.). (ENG.). 816p. (J). (gr. 6-8). pap. 18.75 *(978-1-328-78128-4(3))* Houghton Mifflin Harcourt Publishing Co.

Hmh Florida Science: Student Edition Grades 6-8 Life 2019. Houghton Mifflin Harcourt. 2018. (Hmh Florida Science Ser.). (ENG.). 560p. (J). (gr. 6-8). pap. 18.75 *(978-1-328-78131-4(3))* Houghton Mifflin Harcourt Publishing Co.

Hmh Florida Science: Student Edition Grades 6-8 Physical 2019. Houghton Mifflin Harcourt. 2018. (Hmh Florida Science Ser.). (ENG.). 392p. (J). (gr. 6-8). pap. 18.75 *(978-1-328-78132-1(1))* Houghton Mifflin Harcourt Publishing Co.

Hmh Geometry: Istep+ Study Guide Se Grade 10. Houghton Mifflin Harcourt. 2016. (Hmh Geometry Ser.). (ENG.). 448p. (J). (gr. 9-12). pap. 18.70 *(978-0-544-83544-3(1))* Houghton Mifflin Harcourt Publishing Co.

Hmh Geometry: Istep+ Test Prep Se Grade 10. Houghton Mifflin Harcourt. 2016. (Hmh Geometry Ser.). (ENG.). 160p. (J). (gr. 9-12). pap. 6.50 *(978-0-544-83716-4(9))* Houghton Mifflin Harcourt Publishing Co.

HMH InFact: Complete Independent Reading Library Grades K-5. HOUGHTON MIFFLIN HARCOURT. 2019. (HMH InFact Ser.). (ENG.). (gr. k-5). 856.75 *(978-0-358-32234-4(0))* Houghton Mifflin Harcourt Publishing Co.

HMH InFact: Independent Reading Set 1 Grade K Levels A-C. HOUGHTON MIFFLIN HARCOURT. 2019. (HMH InFact Ser.). (ENG.). (gr. k-k). 66.45 *(978-0-358-32221-4(9))* Houghton Mifflin Harcourt Publishing Co.

HMH InFact: Independent Reading Set 10 Grade 4 Levels O-Q. HOUGHTON MIFFLIN HARCOURT. 2019. (HMH InFact Ser.). (ENG.). (gr. 4-4). 66.45 *(978-0-358-32230-6(8))* Houghton Mifflin Harcourt Publishing Co.

HMH InFact: Independent Reading Set 11 Grade 4 Levels Q-S. HOUGHTON MIFFLIN HARCOURT. 2019. (HMH InFact Ser.). (ENG.). (gr. 4-4). 66.45 *(978-0-358-32231-3(6))* Houghton Mifflin Harcourt Publishing Co.

HMH InFact: Independent Reading Set 12 Grade 5 Levels S-U. HOUGHTON MIFFLIN HARCOURT. 2019. (HMH InFact Ser.). (ENG.). (gr. 5-5). 66.45 *(978-0-358-32232-0(4))* Houghton Mifflin Harcourt Publishing Co.

HMH InFact: Independent Reading Set 13 Grade 5 Levels U-W. HOUGHTON MIFFLIN HARCOURT. 2019. (HMH InFact Ser.). (ENG.). (gr. 5-5). 66.45 *(978-0-358-32233-7(2))* Houghton Mifflin Harcourt Publishing Co.

HMH InFact: Independent Reading Set 2 Grade K Levels C-D. HOUGHTON MIFFLIN HARCOURT. 2019. (HMH InFact Ser.). (ENG.). (gr. k-k). 66.45 *(978-0-358-32222-1(7))* Houghton Mifflin Harcourt Publishing Co.

HMH InFact: Independent Reading Set 3 Grade 1 Levels D-F. HOUGHTON MIFFLIN HARCOURT. 2019. (HMH InFact Ser.). (ENG.). (gr. 1-1). 66.45 *(978-0-358-32223-8(5))* Houghton Mifflin Harcourt Publishing Co.

HMH InFact: Independent Reading Set 4 Grade 1 Levels E-I. HOUGHTON MIFFLIN HARCOURT. 2019. (HMH InFact Ser.). (ENG.). (gr. 1-1). 66.45 *(978-0-358-32224-5(3))* Houghton Mifflin Harcourt Publishing Co.

HMH InFact: Independent Reading Set 5 Grade 1 Levels G-J. HOUGHTON MIFFLIN HARCOURT. 2019. (HMH InFact Ser.). (ENG.). (gr. 1-1). 66.45 *(978-0-358-32225-2(1))* Houghton Mifflin Harcourt Publishing Co.

HMH InFact: Independent Reading Set 6 Grade 2 Levels J-M. HOUGHTON MIFFLIN HARCOURT. 2019. (HMH InFact Ser.). (ENG.). (gr. 2-2). 66.45 *(978-0-358-32226-9(X))* Houghton Mifflin Harcourt Publishing Co.

HMH InFact: Independent Reading Set 8 Grade 3 Levels O-R. HOUGHTON MIFFLIN HARCOURT. 2019. (HMH InFact Ser.). (ENG.). (gr. 3-3). 66.45 *(978-0-358-32228-3(6))* Houghton Mifflin Harcourt Publishing Co.

HMH InFact: Independent Reading Set 9 Grade 3 Levels N-P. HOUGHTON MIFFLIN HARCOURT. 2019. (HMH InFact Ser.). (ENG.). (gr. 3-3). 66.45 *(978-0-358-32229-0(4))* Houghton Mifflin Harcourt Publishing Co.

HMH InFact: Leveled Reader Grade 1 Animal Tricks. HOUGHTON MIFFLIN HARCOURT. 2019. (HMH InFact Ser.). (ENG.). 16p. (gr. 1-1). pap. 9.50 *(978-0-358-26187-2(2))* Houghton Mifflin Harcourt Publishing Co.

HMH InFact: Leveled Reader Grade 1 Ants. HOUGHTON MIFFLIN HARCOURT. 2019. (HMH InFact Ser.). (ENG.). 16p. (gr. 1-1). pap. 9.50 *(978-0-358-26224-4(0))* Houghton Mifflin Harcourt Publishing Co.

HMH InFact: Leveled Reader Grade 1 Big Animal Vet. HOUGHTON MIFFLIN HARCOURT. 2019. (HMH InFact Ser.). (ENG.). 12p. (gr. 1-1). pap. 9.50 *(978-0-358-26177-3(5))* Houghton Mifflin Harcourt Publishing Co.

HMH InFact: Leveled Reader Grade 1 Dive! Dive! HOUGHTON MIFFLIN HARCOURT. 2019. (HMH InFact Ser.). (ENG.). 12p. (gr. 1-1). pap. 9.50 *(978-0-358-26182-7(1))* Houghton Mifflin Harcourt Publishing Co.

HMH InFact: Leveled Reader Grade 1 Erik's Viking Adventure. HOUGHTON MIFFLIN HARCOURT. 2019. (HMH InFact Ser.). (ENG.). 16p. (gr. 1-1). pap. 9.50 *(978-0-358-26193-3(7))* Houghton Mifflin Harcourt Publishing Co.

HMH InFact: Leveled Reader Grade 1 Exotic Plant Shop. HOUGHTON MIFFLIN HARCOURT. 2019. (HMH InFact Ser.). (ENG.). 12p. (gr. 1-1). pap. 9.50 *(978-0-358-26179-7(1))* Houghton Mifflin Harcourt Publishing Co.

HMH InFact: Leveled Reader Grade 1 Fantastic Plants & Animals. HOUGHTON MIFFLIN HARCOURT. 2019. (HMH InFact Ser.). (ENG.). 16p. (gr. 1-1). pap. 9.50 *(978-0-358-26189-6(9))* Houghton Mifflin Harcourt Publishing Co.

HMH InFact: Leveled Reader Grade 1 How Can I Help You? HOUGHTON MIFFLIN HARCOURT. 2019. (HMH InFact Ser.). (ENG.). 12p. (gr. 1-1). pap. 9.50 *(978-0-358-26180-3(5))* Houghton Mifflin Harcourt Publishing Co.

HMH InFact: Leveled Reader Grade 1 How We See. HOUGHTON MIFFLIN HARCOURT. 2019. (HMH InFact Ser.). (ENG.). 12p. (gr. 1-1). pap. 9.50 *(978-0-358-26181-0(3))* Houghton Mifflin Harcourt Publishing Co.

HMH InFact: Leveled Reader Grade 1 One Potato, Two Potatoes. HOUGHTON MIFFLIN HARCOURT. 2019. (HMH InFact Ser.). (ENG.). 16p. (gr. 1-1). pap. 9.50 *(978-0-358-26192-6(9))* Houghton Mifflin Harcourt Publishing Co.

HMH InFact: Leveled Reader Grade 1 Robot Zoo. HOUGHTON MIFFLIN HARCOURT. 2019. (HMH InFact Ser.). (ENG.). 16p. (gr. 1-1). pap. 9.50 *(978-0-358-26225-1(9))* Houghton Mifflin Harcourt Publishing Co.

HMH InFact: Leveled Reader Grade 1 Snack Attack. HOUGHTON MIFFLIN HARCOURT. 2019. (HMH InFact Ser.). (ENG.). 12p. (gr. 1-1). pap. 9.50 *(978-0-358-26185-8(6))* Houghton Mifflin Harcourt Publishing Co.

HMH InFact: Leveled Reader Grade 1 Space Dad. HOUGHTON MIFFLIN HARCOURT. 2019. (HMH InFact Ser.). (ENG.). 12p. (gr. 1-1). pap. 9.50 *(978-0-358-26183-4(X))* Houghton Mifflin Harcourt Publishing Co.

HMH InFact: Leveled Reader Grade 1 the Missing Bone. HOUGHTON MIFFLIN HARCOURT. 2019. (HMH InFact Ser.). (ENG.). 16p. (gr. 1-1). pap. 9.50 *(978-0-358-26191-9(0))* Houghton Mifflin Harcourt Publishing Co.

HMH InFact: Leveled Reader Grade 1 the Toy Box. HOUGHTON MIFFLIN HARCOURT. 2019. (HMH InFact Ser.). (ENG.). 12p. (gr. 1-1). pap. 9.50 *(978-0-358-26176-6(7))* Houghton Mifflin Harcourt Publishing Co.

HMH InFact: Leveled Reader Grade 1 Things with Wings. HOUGHTON MIFFLIN HARCOURT. 2019. (HMH InFact Ser.). (ENG.). 12p. (gr. 1-1). pap. 9.50 *(978-0-358-26178-0(3))* Houghton Mifflin Harcourt Publishing Co.

HMH InFact: Leveled Reader Grade 1 Tree Town. HOUGHTON MIFFLIN HARCOURT. 2019. (HMH InFact Ser.). (ENG.). 16p. (gr. 1-1). pap. 9.50 *(978-0-358-26190-2(2))* Houghton Mifflin Harcourt Publishing Co.

HMH InFact: Leveled Reader Grade 1 up in the Air. HOUGHTON MIFFLIN HARCOURT. 2019. (HMH InFact Ser.). (ENG.). 12p. (gr. 1-1). pap. 9.50 *(978-0-358-26184-1(8))* Houghton Mifflin Harcourt Publishing Co.

HMH InFact: Leveled Reader Grade 1 Zoom In! HOUGHTON MIFFLIN HARCOURT. 2019. (HMH InFact Ser.). (ENG.). 16p. (gr. 1-1). pap. 9.50 *(978-0-358-26186-5(4))* Houghton Mifflin Harcourt Publishing Co.

HMH InFact: Leveled Reader Grade 2 Beaks & Feet. HOUGHTON MIFFLIN HARCOURT. 2019. (HMH InFact Ser.). (ENG.). 24p. (gr. 2-2). pap. 9.50 *(978-0-358-26281-7(X))* Houghton Mifflin Harcourt Publishing Co.

HMH InFact: Leveled Reader Grade 2 Edward Lear's Scrapbook. HOUGHTON MIFFLIN HARCOURT. 2019. (HMH InFact Ser.). (ENG.). 16p. (gr. 2-2). pap. 9.50 *(978-0-358-26271-8(2))* Houghton Mifflin Harcourt Publishing Co.

HMH InFact: Leveled Reader Grade 2 Perfect Pets. HOUGHTON MIFFLIN HARCOURT. 2019. (HMH InFact Ser.). (ENG.). 16p. (gr. 2-2). pap. 9.50 *(978-0-358-26226-8(7))* Houghton Mifflin Harcourt Publishing Co.

HMH InFact: Leveled Reader Grade 2 Season Swap. HOUGHTON MIFFLIN HARCOURT. 2019. (HMH InFact Ser.). (ENG.). 24p. (gr. 2-2). pap. 9.50 *(978-0-358-26274-9(7))* Houghton Mifflin Harcourt Publishing Co.

HMH InFact: Leveled Reader Grade 2 the Pizza Patch. HOUGHTON MIFFLIN HARCOURT. 2019. (HMH InFact Ser.). (ENG.). 24p. (gr. 2-2). pap. 9.50 *(978-0-358-26278-7(X))* Houghton Mifflin Harcourt Publishing Co.

HMH InFact: Leveled Reader Grade 2 Way-Out Day Out. HOUGHTON MIFFLIN HARCOURT. 2019. (HMH InFact Ser.). (ENG.). 24p. (gr. 2-2). pap. 9.50 *(978-0-358-26279-4(8))* Houghton Mifflin Harcourt Publishing Co.

HMH InFact: Leveled Reader Grade 2 Zoom Out! HOUGHTON MIFFLIN HARCOURT. 2019. (HMH InFact Ser.). (ENG.). 16p. (gr. 2-2). pap. 9.50 *(978-0-358-26273-2(9))* Houghton Mifflin Harcourt Publishing Co.

HMH InFact: Leveled Reader Grade 3 the Dinosaur Hunters. HOUGHTON MIFFLIN HARCOURT. 2019. (HMH InFact Ser.). (ENG.). 24p. (gr. 3-3). pap. 9.50 *(978-0-358-26293-0(3))* Houghton Mifflin Harcourt Publishing Co.

HMH InFact: Leveled Reader Grade 4 Invasive Species. HOUGHTON MIFFLIN HARCOURT. 2019. (HMH InFact Ser.). (ENG.). 32p. (gr. 4-4). pap. 9.50 *(978-0-358-26307-4(7))* Houghton Mifflin Harcourt Publishing Co.

HMH InFact: Leveled Reader Grade 4 Metal Makers. HOUGHTON MIFFLIN HARCOURT. 2019. (HMH InFact Ser.). (ENG.). 32p. (gr. 4-4). pap. 9.50 *(978-0-358-26305-0(0))* Houghton Mifflin Harcourt Publishing Co.

HMH InFact: Leveled Reader Grade 4 Our Siberian Journey. HOUGHTON MIFFLIN HARCOURT. 2019. (HMH InFact Ser.). (ENG.). 24p. (gr. 4-4). pap. 9.50 *(978-0-358-26297-8(6))* Houghton Mifflin Harcourt Publishing Co.

HMH InFact: Leveled Reader Grade 4 Real Heroes. HOUGHTON MIFFLIN HARCOURT. 2019. (HMH InFact Ser.). (ENG.). 24p. (gr. 4-4). pap. 9.50 *(978-0-358-26301-2(8))* Houghton Mifflin Harcourt Publishing Co.

HMH InFact: Leveled Reader Grade 4 Scratch's Bad Reputations. HOUGHTON MIFFLIN HARCOURT. 2019. (HMH InFact Ser.). (ENG.). 24p. (gr. 4-4). pap. 9.50 *(978-0-358-26299-2(2))* Houghton Mifflin Harcourt Publishing Co.

HMH InFact: Leveled Reader Grade 4 Tasty Travels. HOUGHTON MIFFLIN HARCOURT. 2019. (HMH InFact Ser.). (ENG.). 24p. (gr. 4-4). pap. 9.50 *(978-0-358-26300-5(X))* Houghton Mifflin Harcourt Publishing Co.

HMH InFact: Leveled Reader Grade 5 on Your Bike! HOUGHTON MIFFLIN HARCOURT. 2019. (HMH InFact Ser.). (ENG.). 46p. (gr. 5-5). pap. 9.50 *(978-0-358-26316-6(6))* Houghton Mifflin Harcourt Publishing Co.

HMH InFact: Leveled Reader Grade K Can You See Me? HOUGHTON MIFFLIN HARCOURT. 2019. (HMH InFact Ser.). (ENG.). 12p. (gr. k-k). pap. 9.50 *(978-0-358-26162-9(7))* Houghton Mifflin Harcourt Publishing Co.

HMH InFact: Leveled Reader Grade K Day & Night. HOUGHTON MIFFLIN HARCOURT. 2019. (HMH InFact Ser.). (ENG.). 12p. (gr. k-k). pap. 9.50 *(978-0-358-26163-6(5))* Houghton Mifflin Harcourt Publishing Co.

HMH InFact: Leveled Reader Grade K How Many Babies? HOUGHTON MIFFLIN HARCOURT. 2019. (HMH InFact Ser.). (ENG.). 12p. (gr. k-k). pap. 9.50 *(978-0-358-26165-0(1))* Houghton Mifflin Harcourt Publishing Co.

HMH InFact: Leveled Reader Grade K I Spy a Spiral. HOUGHTON MIFFLIN HARCOURT. 2019. (HMH InFact Ser.). (ENG.). 12p. (gr. k-k). pap. 9.50 *(978-0-358-26166-7(X))* Houghton Mifflin Harcourt Publishing Co.

HMH InFact: Leveled Reader Grade K Legs! HOUGHTON MIFFLIN HARCOURT. 2019. (HMH InFact Ser.). (ENG.). 12p. (gr. k-k). pap. 9.50 *(978-0-358-26168-1(6))* Houghton Mifflin Harcourt Publishing Co.

HMH InFact: Leveled Reader Grade K Lemon. HOUGHTON MIFFLIN HARCOURT. 2019. (HMH InFact Ser.). (ENG.). 12p. (gr. k-k). pap. 9.50 *(978-0-358-26173-5(2))* Houghton Mifflin Harcourt Publishing Co.

HMH InFact: Leveled Reader Grade K Mud, Metal & Logs. HOUGHTON MIFFLIN HARCOURT. 2019. (HMH InFact Ser.). (ENG.). 12p. (gr. k-k). pap. 9.50 *(978-0-358-26169-8(4))* Houghton Mifflin Harcourt Publishing Co.

HMH InFact: Leveled Reader Grade K off to the Beach. HOUGHTON MIFFLIN HARCOURT. 2019. (HMH InFact Ser.). (ENG.). 12p. (gr. k-k). pap. 9.50 *(978-0-358-26175-9(9))* Houghton Mifflin Harcourt Publishing Co.

HMH InFact: Leveled Reader Grade K Pancakes. HOUGHTON MIFFLIN HARCOURT. 2019. (HMH InFact Ser.). (ENG.). 12p. (gr. k-k). pap. 9.50 *(978-0-358-26172-8(4))* Houghton Mifflin Harcourt Publishing Co.

HMH InFact: Leveled Reader Grade K Seasons. HOUGHTON MIFFLIN HARCOURT. 2019. (HMH InFact Ser.). (ENG.). 12p. (gr. k-k). pap. 9.50 *(978-0-358-26164-3(3))* Houghton Mifflin Harcourt Publishing Co.

HMH InFact: Leveled Reader Grade K Sock Monsters. HOUGHTON MIFFLIN HARCOURT. 2019. (HMH InFact Ser.). (ENG.). 12p. (gr. k-k). pap. 9.50 *(978-0-358-26174-2(0))* Houghton Mifflin Harcourt Publishing Co.

HMH InFact: Leveled Reader Grade K Tools & Animals. HOUGHTON MIFFLIN HARCOURT. 2019. (HMH InFact Ser.). (ENG.). 12p. (gr. k-k). pap. 9.50 *(978-0-358-26171-1(6))* Houghton Mifflin Harcourt Publishing Co.

HMH InFact: Leveled Reader Grade K Tractor & Digger. HOUGHTON MIFFLIN HARCOURT. 2019. (HMH InFact Ser.). (ENG.). 12p. (gr. k-k). pap. 9.50 *(978-0-358-26170-4(8))* Houghton Mifflin Harcourt Publishing Co.

HMH InFact: Leveled Reader Grade K under Our Feet. HOUGHTON MIFFLIN HARCOURT. 2019. (HMH InFact Ser.). (ENG.). 12p. (gr. k-k). pap. 9.50 *(978-0-358-26167-4(8))* Houghton Mifflin Harcourt Publishing Co.

Hmh Math Expressions: Sta Companion Workbook (for Hardcover Student Activity Book) Grade 3. Houghton Mifflin Harcourt. 2017. (Hmh Math Expressions Ser.). (ENG.). 412p. (J). (gr. 3). pap. 15.15 *(978-1-328-74492-0(2))* Houghton Mifflin Harcourt Publishing Co.

Hmh Math Expressions: Sta Companion Workbook (for Hardcover Student Activity Book) Grade 4. Houghton Mifflin Harcourt. 2017. (Hmh Math Expressions Ser.). (ENG.). 376p. (J). (gr. 4). pap. 15.15 *(978-1-328-74493-7(0))* Houghton Mifflin Harcourt Publishing Co.

Hmh Math Expressions: Sta Companion Workbook (for Hardcover Student Activity Book) Grade 5. Houghton Mifflin Harcourt. 2017. (Hmh Math Expressions Ser.).

(ENG.). 316p. (J). (gr. 5). pap. 15.15 *(978-1-328-74494-4(9))* Houghton Mifflin Harcourt Publishing Co.

Hmh Math Expressions: Sta Companion Workbook (for Hardcover Student Activity Book) Grade 6. Houghton Mifflin Harcourt. 2017. (Hmh Math Expressions Ser.). (ENG.). 476p. (J). (gr. 6). pap. 15.15 *(978-1-328-74495-1(7))* Houghton Mifflin Harcourt Publishing Co.

Hmh Math Expressions: Sta Student Activity Book, Volume 1 (Hardcover) Grade 3. Houghton Mifflin Harcourt. 2017. (Hmh Math Expressions Ser.). (ENG.). 336p. (J). (gr. 3). 38.55 *(978-1-328-74435-7(3))* Houghton Mifflin Harcourt Publishing Co.

Hmh Math Expressions: Sta Student Activity Book, Volume 1 (Hardcover) Grade 4. Houghton Mifflin Harcourt. 2017. (Hmh Math Expressions Ser.). (ENG.). 328p. (J). (gr. 4). 38.55 *(978-1-328-74486-9(8))* Houghton Mifflin Harcourt Publishing Co.

Hmh Math Expressions: Sta Student Activity Book, Volume 1 (Hardcover) Grade 5. Houghton Mifflin Harcourt. 2017. (Hmh Math Expressions Ser.). (ENG.). 288p. (J). (gr. 5). 38.55 *(978-1-328-74488-3(4))* Houghton Mifflin Harcourt Publishing Co.

Hmh Math Expressions: Sta Student Activity Book, Volume 1 (Hardcover) Grade 6. Houghton Mifflin Harcourt. 2017. (Hmh Math Expressions Ser.). (ENG.). 320p. (J). (gr. 6). 38.55 *(978-1-328-74490-6(6))* Houghton Mifflin Harcourt Publishing Co.

Hmh Math Expressions: Sta Student Activity Book, Volume 2 (Hardcover) Grade 3. Houghton Mifflin Harcourt. 2017. (Hmh Math Expressions Ser.). (ENG.). 304p. (J). (gr. 3). 38.55 *(978-1-328-74436-4(1))* Houghton Mifflin Harcourt Publishing Co.

Hmh Math Expressions: Sta Student Activity Book, Volume 2 (Hardcover) Grade 4. Houghton Mifflin Harcourt. 2017. (Hmh Math Expressions Ser.). (ENG.). 320p. (J). (gr. 4). 38.55 *(978-1-328-74487-6(6))* Houghton Mifflin Harcourt Publishing Co.

Hmh Math Expressions: Sta Student Activity Book, Volume 2 (Hardcover) Grade 5. Houghton Mifflin Harcourt. 2017. (Hmh Math Expressions Ser.). (ENG.). 328p. (J). (gr. 5). 38.55 *(978-1-328-74489-0(2))* Houghton Mifflin Harcourt Publishing Co.

Hmh Math Expressions: Sta Student Activity Book, Volume 2 (Hardcover) Grade 6. Houghton Mifflin Harcourt. 2017. (Hmh Math Expressions Ser.). (ENG.). 480p. (J). (gr. 6). 38.55 *(978-1-328-74491-3(4))* Houghton Mifflin Harcourt Publishing Co.

Hmh Modern Chemistry: Interactive Reader Spanish. Houghton Mifflin Harcourt. 2016. (Hmh Modern Chemistry Ser.). (SPA.). 584p. (J). (gr. 9-12). pap. 29.55 *(978-0-544-84486-5(6))* Houghton Mifflin Harcourt Publishing Co.

Hmh Modern Chemistry: Standards Workbook Student Edition. Houghton Mifflin Harcourt. 2017. (Hmh Modern Chemistry Ser.). (ENG.). 80p. (J). (gr. 9-12). pap. 14.75 *(978-1-328-77387-6(6))* Houghton Mifflin Harcourt Publishing Co.

Hmh Modern Chemistry: Student Edition 2019. Houghton Mifflin Harcourt. 2018. (Hmh Modern Chemistry Ser.). (ENG.). 992p. (J). (gr. 9-12). 82.55 *(978-1-328-79288-4(9))* Houghton Mifflin Harcourt Publishing Co.

Hmh Physics: Standards Workbook Student Edition. Houghton Mifflin Harcourt. 2017. (Hmh Physics Ser.). (ENG.). 88p. (J). (gr. 9-12). pap. 15.20 *(978-1-328-77391-3(4))* Houghton Mifflin Harcourt Publishing Co.

Hmh Science: Statewide Science Assessment Review & Practice Student Edition Grade 6 2019. Houghton Mifflin Harcourt. 2018. (Hmh Science Ser.). (ENG.). 96p. (J). (gr. 6). pap. 7.00 *(978-1-328-90473-7(3))* Houghton Mifflin Harcourt Publishing Co.

Hmh Science: Statewide Science Assessment Review & Practice Student Edition Grade 7 2019. Houghton Mifflin Harcourt. 2018. (Hmh Science Ser.). (ENG.). 128p. (J). (gr. 7). pap. 7.00 *(978-1-328-90476-8(8))* Houghton Mifflin Harcourt Publishing Co.

Hmh Science: Student Edition Grade 1 2019. Houghton Mifflin Harcourt. 2018. (Hmh Science Ser.). (ENG.). 272p. (J). (gr. 1). pap. 12.20 *(978-1-328-86859-6(1))* Houghton Mifflin Harcourt Publishing Co.

Hmh Science: Student Edition Grade 2 2019. Houghton Mifflin Harcourt. 2018. (Hmh Science Ser.). (ENG.). 320p. (J). (gr. 2). pap. 12.20 *(978-1-328-86860-2(5))* Houghton Mifflin Harcourt Publishing Co.

Hmh Science: Student Edition Grade 3 2019. Houghton Mifflin Harcourt. 2018. (Hmh Science Ser.). (ENG.). 296p. (J). (gr. 3). pap. 17.30 *(978-1-328-86861-9(3))* Houghton Mifflin Harcourt Publishing Co.

Hmh Science: Student Edition Grade 4 2019. Houghton Mifflin Harcourt. 2018. (Hmh Science Ser.). (ENG.). 464p. (J). (gr. 4). pap. 17.30 *(978-1-328-86862-6(1))* Houghton Mifflin Harcourt Publishing Co.

Hmh Science: Student Edition Grade 5 2019. Houghton Mifflin Harcourt. 2018. (Hmh Science Ser.). (ENG.). 416p. (J). (gr. 5). pap. 18.60 *(978-1-328-86863-3(X))* Houghton Mifflin Harcourt Publishing Co.

Hmh Science: Student Edition Grade K 2019. Houghton Mifflin Harcourt. 2018. (Hmh Science Ser.). (ENG.). 120p. (J). (gr. k). pap. 9.45 *(978-1-328-86858-9(3))* Houghton Mifflin Harcourt Publishing Co.

Hmh Social Studies American History: Spanish/English Guided Reading Workbook. Houghton Mifflin Harcourt. 2017. (Hmh Social Studies American History Ser.). (ENG.). 816p. (J). (gr. 9-12). pap. 8.55 *(978-0-544-66815-7(4))* Houghton Mifflin Harcourt Publishing Co.

Hmh Social Studies: American History: Reconstruction to the Present: Document Based Investigation Workbook. Houghton Mifflin Harcourt. 2018. (Hmh Social Studies: American History: Reconstruction to The Ser.). (ENG.). 128p. (J). (gr. 11). pap. 7.90 *(978-1-328-82495-0(0))* Houghton Mifflin Harcourt Publishing Co.

Hmh Social Studies American History: Reconstruction to the Present: English/Spanish Guided Reading Workbook. Houghton Mifflin Harcourt. 2017. (Hmh Social Studies American History: Reconstruction to the P Ser.). (ENG.). 612p. (J). (gr. 9-12). pap. 8.80 *(978-0-544-66909-3(6))* Houghton Mifflin Harcourt Publishing Co.

Hmh Social Studies: American History: Reconstruction to the Present: English/Spanish Guided Reading Workbook. Houghton Mifflin Harcourt. 2018. (Hmh Social Studies: American History: Reconstruction to The Ser.). (ENG.). 608p. (J). (gr. 11). pap. 8.55 *(978-1-328-82494-3(2))* Houghton Mifflin Harcourt Publishing Co.

Hmh Social Studies: American History: Reconstruction to the Present: Guided Reading Workbook. Houghton Mifflin Harcourt. 2018. (Hmh Social Studies: American History: Reconstruction to The Ser.). (ENG.). 360p. (J). (gr. 11). pap. 7.90 *(978-1-328-82492-9(6))* Houghton Mifflin Harcourt Publishing Co.

Hmh Social Studies: American History: Reconstruction to the Present: Student Edition 2019. Houghton Mifflin Harcourt. 2018. (Hmh Social Studies: American History: Reconstruction to The Ser.). (ENG.). 1168p. (J). (gr. 11). 83.50 *(978-1-328-82477-6(2))* Houghton Mifflin Harcourt Publishing Co.

Hmh Social Studies: Civics in Practice Integrated: Civics, Econ, & Geography: Constitution Study Guide Grade 7. Houghton Mifflin Harcourt. 2016. (Hmh Social Studies: Civics in Practice Integrated: Civics, E Ser.). (ENG.). 160p. (J). (gr. 7). pap. 20.70 *(978-0-544-87617-0(2))* Houghton Mifflin Harcourt Publishing Co.

Hmh Social Studies: Civics in Practice Integrated: Civics, Econ, & Geography: Guided Reading Student Workbook. Houghton Mifflin Harcourt. 2017. (Hmh Social Studies: Civics in Practice Integrated: Civics, E Ser.). (ENG.). 240p. (J). (gr. 7). pap. 7.70 *(978-0-544-82617-5(5))* Houghton Mifflin Harcourt Publishing Co.

Hmh Social Studies: Civics in Practice Integrated: Civics, Econ, & Geography: Guided Reading Student Workbook English/Spanish. Houghton Mifflin Harcourt. 2017. (Hmh Social Studies: Civics in Practice Integrated: Civics, E Ser.). (ENG.). 440p. (J). (gr. 7). pap. 8.45 *(978-0-544-82618-2(3))* Houghton Mifflin Harcourt Publishing Co.

Hmh Social Studies: Civics in Practice Integrated: Civics, Econ, & Geography: Student Edition 2018. Houghton Mifflin Harcourt. 2017. (Hmh Social Studies: Civics in Practice Integrated: Civics, E Ser.). (ENG.). 824p. (J). (gr. 7). 76.60 *(978-0-544-82615-1(9))* Houghton Mifflin Harcourt Publishing Co.

Hmh Social Studies Modern World History: Spanish/English Guided Reading Workbook. Houghton Mifflin Harcourt. 2017. (Modern World History Ser.). (ENG.). 608p. (gr. 9-12). pap. 15.00 *(978-0-544-66914-7(2))* Houghton Mifflin Harcourt Publishing Co.

Hmh Social Studies United States History: Spanish/English Guided Reading Workbook. Houghton Mifflin Harcourt. 2017. (Hmh Social Studies United States History Ser.). (ENG.). 616p. (J). (gr. 6-8). pap. 8.90 *(978-0-544-66812-6(X))* Houghton Mifflin Harcourt Publishing Co.

Hmh Social Studies United States History: Beginnings To 1877: Spanish/English Guided Reading Workbook. Houghton Mifflin Harcourt. 2017. (Hmh Social Studies United States History: Beginnings To 1877 Ser.). (ENG.). 384p. (J). (gr. 6-8). pap. 9.25 *(978-0-544-66882-9(0))* Houghton Mifflin Harcourt Publishing Co.

Hmh Social Studies: United States History: Beginnings To 1877: Student Edition Grade 8 2018. Houghton Mifflin Harcourt. 2017. (Hmh Social Studies: United States History: Beginnings To 187 Ser.). (ENG.). 768p. (J). (gr. 8). 79.25 *(978-1-328-73959-9(7))* Houghton Mifflin Harcourt Publishing Co.

Hmh Social Studies United States History: Beginnings To 1914: Spanish/English Guided Reading Workbook. Houghton Mifflin Harcourt. 2017. (Hmh Social Studies United States History: Beginnings To 1914 Ser.). (ENG.). 472p. (J). (gr. 6-8). pap. 9.25 *(978-0-544-66887-4(1))* Houghton Mifflin Harcourt Publishing Co.

Hmh Social Studies United States History: Civil War to the Present: Spanish/English Guided Reading Workbook. Houghton Mifflin Harcourt. 2017. (Hmh Social Studies United States History: Civil War to the P Ser.). (ENG.). 340p. (J). (gr. 6-8). pap. 9.25 *(978-0-544-66904-8(5))* Houghton Mifflin Harcourt Publishing Co.

Hmh Social Studies: World Civilizations: Spanish/English Guided Reading Workbook. Houghton Mifflin Harcourt. 2017. (Hmh Social Studies: World Civilizations Ser.). (ENG.). 704p. (J). (gr. 6-8). pap. 9.10 *(978-0-544-66820-1(0))* Houghton Mifflin Harcourt Publishing Co.

Hmh Social Studies: World History: Document Based Investigation Workbook. Houghton Mifflin Harcourt. 2018. (Hmh Social Studies: World History Ser.). (ENG.). 112p. (J). (gr. 10). pap. 7.90 *(978-1-328-81653-5(2))* Houghton Mifflin Harcourt Publishing Co.

Hmh Social Studies: World History: English/Spanish Guided Reading Workbook. Houghton Mifflin Harcourt. 2018. (Hmh Social Studies: World History Ser.). (ENG.). 416p. (J). (gr. 10). pap. 8.55 *(978-1-328-81652-8(4))* Houghton Mifflin Harcourt Publishing Co.

Hmh Social Studies: World History: Guided Reading Workbook. Houghton Mifflin Harcourt. 2018. (Hmh Social Studies: World History Ser.). (ENG.). 264p. (J). (gr. 10). pap. 7.90 *(978-1-328-81207-0(3))* Houghton Mifflin Harcourt Publishing Co.

Hmh Social Studies World History: Spanish/English Guided Reading Workbook. Houghton Mifflin Harcourt. 2017. (Hmh Social Studies World History Ser.). (ENG.). 744p. (J). (gr. 9-12). pap. 8.35 *(978-0-544-66871-3(5))* Houghton Mifflin Harcourt Publishing Co.

Hmh Social Studies: World History: Student Edition 2019. Houghton Mifflin Harcourt. 2018. (Hmh Social Studies: World History Ser.). (ENG.). 968p. (J). (gr. 10). 83.50 *(978-1-328-81200-1(6))* Houghton Mifflin Harcourt Publishing Co.

HMH SS World History: Student Test Prep. HOUGHTON MIFFLIN HARCOURT. 2020. (HMH SS World History Ser.). (ENG.). 96p. (gr. 10-10). pap. 12.10 *(978-0-358-44197-7(8))* Houghton Mifflin Harcourt Publishing Co.

Hmh United States History: Beginnings To 1914: Spanish/English Guided Reading Workbook Grade 8. Houghton Mifflin Harcourt. 2018. (Hmh United States History: Beginnings To 1914 Ser.). (ENG.). 472p. (J). (gr. 8). pap. 8.35 *(978-1-328-81533-0(1))* Houghton Mifflin Harcourt Publishing Co.

Hmh World History Ancient Civilizations: Spanish/English Guided Reading Workbook Grade 6. Houghton Mifflin Harcourt. 2018. (Hmh World History Ancient Civilizations Ser.). (ENG.). 304p. (J). (gr. 6). pap. 8.35 *(978-1-328-81224-7(3))* Houghton Mifflin Harcourt Publishing Co.

Hmh World History Medieval Modern Early Times: Spanish/English Guided Reading Workbook Grade 7. Houghton Mifflin Harcourt. 2018. (Hmh World History Medieval Modern Early Times Ser.). (ENG.). 368p. (J). (gr. 7). pap. 8.35 *(978-1-328-81520-0(X))* Houghton Mifflin Harcourt Publishing Co.

HMS Beagle Voyage & the Galápagos Islands, 1 vol. Theresa Morlock. 2018. (Real-Life Scientific Adventures Ser.). (ENG.). 32p. (gr. 4-5). 29.27 *(978-1-5081-6846-1(6),* 4d01f316-4230-479c-b4cf-5ea0443fc99a, PowerKids Pr.) Rosen Publishing Group, Inc., The.

Ho! for a British Bride: A Novel (Classic Reprint) T. Mullett Ellis. 2018. (ENG., Illus.). 336p. (J). 30.87 *(978-0-484-37966-3(5))* Forgotten Bks.

Ho! for Elf-Land! (Classic Reprint) Alice Kingsbury Cooley. 2018. (ENG., Illus.). 158p. (J). 27.24 *(978-0-484-84979-1(4))* Forgotten Bks.

Ho-Ho Healthy Christmas: How Santa Beat Type 2 Diabetes. Cindy Hurst. 2017. (ENG., Illus.). (J). (gr. 2-6). pap. 11.99 *(978-0-692-92878-3(2))* Sankofa Project Productions.

Ho Ho Ho: Colortivity with Scented Twist Crayons. Editors of Dreamtivity. Illus. by John Jordan. 2022. (ENG.). 48p. (J). (gr. -1 — 1). pap. 7.99 *(978-1-64588-639-6(5))* Printers Row Publishing Group.

Ho, Ho, Ho Easter Is in Its Way?! Gina Brundage. Illus. by Amanda Wood. 2022. (ENG.). 38p. (J). 26.99 *(978-1-6628-3900-9(6));* pap. 14.99 *(978-1-6628-3899-6(9))* Salem Author Services.

Ho Ho Ho, Ha Ha Ha: Holly-Arious Christmas Knock-Knock Jokes. Katy Hall, pseud & Lisa Eisenberg. Illus. by Steve Bjorkman. 2023. (ENG.). 16p. (J). (gr. -1-3). 9.99 ***(978-0-06-321623-5(X),*** HarperFestival) HarperCollins Pubs.

Ho Ho Ho! Its Christmas! Dot to Dot Christmas. Jupiter Kids. 2016. (ENG., Illus.). 76p. (J). pap. 13.75 *(978-1-68305-439-9(3),* Jupiter Kids (Childrens & Kids Fiction)) Speedy Publishing LLC.

Ho! Ho! Ho! Merry Christmas Holiday Fun Coloring Book. Activibooks For Kids. 2016. (ENG., Illus.). (J). pap. 9.20 *(978-1-68321-782-4(9))* Mimaxion.

Ho, Ho, Ho! Merry Mad Libs! Stocking Stuffer Mad Libs. Mad Libs. 2017. (Mad Libs Ser.). 96p. (J). (gr. 3-7). 9.99 *(978-1-5247-8653-3(5),* Mad Libs) Penguin Young Readers Group.

Ho Ho Ho! Tow Truck Joe Lift-The-Flap Board Book. June Sobel. Illus. by Patrick Corrigan. 2023. (ENG.). 14p. (J). (gr. -1 — 1). 10.99 ***(978-0-06-329615-2(2),*** Clarion Bks.) HarperCollins Pubs.

Ho-Ho-Holarious Christmas Jokes. Mary E. Hirsch. 2017. (ENG., Illus.). (J). pap. 5.99 *(978-0-9995908-0-5(4))* Swell Thoughts.

Ho Ho Homework: A Christmas Holiday Book for Kids. Mylisa Larsen. Illus. by Taia Morley. 2019. (ENG.). 32p. (J). (gr. -1-3). 17.99 *(978-0-06-279688-2(7),* HarperCollins) HarperCollins Pubs.

Ho-Ho-Hopeless Santa. Rebecca Gerlings. Illus. by Sarah Jennings. 2016. (ENG.). 32p. (J). 8.99 *(978-1-4711-4600-8(6),* Simon & Schuster Children's) Simon & Schuster, Ltd. GBR. Dist: Simon & Schuster, Inc.

Ho Ho! Jolly Cut Outs for Christmas Activity Book. Jupiter Kids. 2017. (ENG., Illus.). (J). pap. 9.20 *(978-1-68326-872-7(5),* Jupiter Kids (Childrens & Kids Fiction)) Speedy Publishing LLC.

Ho! Ho! No, Santa! Bobbie Brooks. Illus. by Carrie Hennon. 2021. (Squish Squash Squeak - Silicone Bks.). (ENG.). 10p. (J). bds. 9.99 *(978-1-80105-101-9(1))* Top That! Publishing PLC GBR. Dist: Independent Pubs. Group.

Ho Scritto Di Te Di Me. Maria Santangelo. 2021. (ITA.). 80p. (J). 20.16 *(978-1-6781-1212-7(7))* Lulu Pr., Inc.

Ho una Mamma Fantastica: My Mom Is Awesome - Italian Edition. Shelley Admont & Kidkiddos Books. 2nd ed. 2019. (Italian Bedtime Collection). (ITA., Illus.). 34p. (J). (gr. k-4). pap. *(978-1-5259-1775-2(7))* Kidkiddos Bks.

Ho una Mamma Fantastica My Mom Is Awesome: Italian English Bilingual Edition. Shelley Admont & S. a Publishing. 2016. (Italian English Bilingual Collection). (ITA., Illus.). (J). (gr. 1-4). *(978-1-77268-739-2(1));* pap. *(978-1-77268-738-5(3))* Shelley Admont Publishing.

Ho Voglia. Lucy Andryus. 2022. (ITA.). 158p. (YA). pap. 70.18 ***(978-1-4709-4718-7(8))*** Lulu Pr., Inc.

Hoagie & Katie. Rio M. Koviak. 2016. (Hoagie Ser.: Vol. 1). (ENG., Illus.). (J). (gr. k-4). 14.99 *(978-0-9981647-0-0(4));* pap. 8.99 *(978-0-9981647-2-4(0))* Lumadix Pr.

Hoagie & Katie in Space. Rio M. Koviak. (Hoagie & Katie Ser.: Vol. 2). (ENG., Illus.). 80p. (J). (gr. 1-5). 2018. 14.99 *(978-0-9981647-4-8(7));* 2017. pap. 12.99 *(978-0-9981647-5-5(5))* Lumadix Pr.

Hoagie & Katie Take Flight. Rio M. Koviak. 2021. (ENG.). 222p. (J). pap. 20.00 *(978-0-9981647-6-2(3))* Lumadix Pr.

Hoakes Island: A Fiendish Puzzle Adventure. Created by Helen Friel & Ian Friel. 2018. (ENG.). 64p. (J). (gr. 2-6). 17.99 *(978-1-78627-033-7(1),* King, Laurence Publishing) Orion Publishing Group, Ltd. GBR. Dist: Hachette Bk. Group.

Hoax for Hire. Laura Martin. (ENG.). (J). (gr. 3-7). 2020. 336p. pap. 7.99 *(978-0-06-280381-8(6));* 2019. 320p. 16.99 *(978-0-06-280380-1(8))* HarperCollins Pubs. (HarperCollins).

Hobart Town Magazine, 1833, Vol. 1 (Classic Reprint) Unknown Author. (ENG., Illus.). (J). 2018. 350p. 31.12 *(978-0-483-11339-8(5));* 2016. pap. 13.57 *(978-1-334-14005-1(7))* Forgotten Bks.

Hobart Town Magazine, 1834, Vol. 3 (Classic Reprint) Unknown Author. (ENG., Illus.). (J). 2018. 362p. 31.36 *(978-0-365-49176-7(4));* 2017. pap. 13.97 *(978-0-259-49044-9(X))* Forgotten Bks.

Hobart Town Magazine, Vol. 2 (Classic Reprint) Unknown Author. (ENG., Illus.). (J). 2018. 352p. 31.16 *(978-0-483-65768-7(9));* 2017. pap. 13.57 *(978-0-243-93353-2(3))* Forgotten Bks.

Hobbit Novel Units Teacher Guide. Novel Units. 2019. (ENG.). (YA). pap. 12.99 *(978-1-56137-253-9(6),* Novel Units, Inc.) Classroom Library Co.

Hobbledy Gobbledy. Sharlene Yarish. Illus. by Jesiah Yarish. 2021. (ENG.). 24p. (J). *(978-1-0391-0427-3(4));* pap. *(978-1-0391-0426-6(6))* FriesenPress.

Hobbs: The Dragon Who Couldn't Fly. Brandi Fill. 2018. (ENG., Illus.). 42p. (J). pap. 16.00 *(978-1-4834-8655-0(9))* Lulu Pr., Inc.

Hobby & Competition Robots. George Anthony Kulz. 2018. (Robot Innovations Ser.). (ENG., Illus.). 48p. (J). (gr. 4-4). pap. 11.95 *(978-1-64185-275-3(5),* 1641852755, Core Library) ABDO Publishing Co.

Hobby & Competition Robots. George Anthony Kulz. 2018. (Robot Innovations Ser.). (ENG., Illus.). 48p. (J). (gr. 4-8). lib. bdg. 35.64 *(978-1-5321-1467-0(2),* 29126) ABDO Publishing Co.

Hobby of Bird Watching. Sharon Murphy. 2017. (ENG., Illus.). 20p. (J). pap. 12.95 *(978-1-64138-325-7(9))* Page Publishing Inc.

Hobby Robots. Kirsten W. Larson. (Robotics in Our World Ser.). (ENG., Illus.). 32p. (J). (gr. 2-5). 2018. pap. 9.99 *(978-1-68152-173-2(3),* 14804); 2017. 20.95 *(978-1-68151-142-9(8),* 14685) Amicus.

Hobby Time!, 12 vols. 2017. (Hobby Time! Ser.). 32p. (ENG.). (gr. 4-4). 175.62 *(978-1-4994-3400-2(6),* d4e71ef2-beff-4f17-8699-d87b97e0f04a); (gr. 9-9). pap. 70.50 *(978-1-5081-5366-5(3))* Rosen Publishing Group, Inc., The. (PowerKids Pr.).

Hobgoblins Just Wanna Have Fun: Book 8. Baron Specter. Illus. by Robin Boyden. 2018. (Graveyard Diaries). (ENG.). 112p. (J). (gr. 2-5). lib. bdg. 38.50 *(978-1-5321-3179-0(8),* 28453, Calico Chapter Bks.) ABDO Publishing Co.

Hobo & the Frisbee. Daniel England. Ed. by Linh England. Illus. by Benjamin Kong. 2016. (ENG.). (J). pap. *(978-1-4602-8840-5(8))* FriesenPress.

Hobo Stew. Naomi Jackson. 2017. (ENG., Illus.). (YA). (gr. 7-12). pap. 14.99 *(978-1-63073-196-0(X))* Faithful Life Pubs.

Hoboken a Romance of New York, Vol. 1 of 2 (Classic Reprint) Theodore Sedgwick Fay. (ENG., Illus.). (J). 2018. 450p. 33.18 *(978-0-666-16718-7(4));* 2017. pap. 16.57 *(978-0-259-22677-2(7))* Forgotten Bks.

Hoccleve's Works: The Minor Poems in the Philipps Ms. 8151 (Cheltenham) & the Durham Ms. III. 9 (Classic Reprint) Thomas Hoccleve. 2017. (ENG., Illus.). (J). 31.49 *(978-0-260-08138-4(8))* Forgotten Bks.

Hoccleve's Works, Vol. 1: The Minor Poems (Classic Reprint) Thomas Hoccleve. (ENG., Illus.). (J). 2018. 360p. 31.32 *(978-0-364-95161-3(3));* 2018. 362p. pap. 13.97 *(978-0-666-96743-5(1));* 2017. 31.63 *(978-0-331-29629-7(2));* 2017. pap. 16.57 *(978-0-331-12280-0(4))* Forgotten Bks.

Hoccleve's Works, Vol. 1: The Minor Poems in the Phillipps Ms. 8151 (Cheltenham) & the Durham Ms. III. 9 (Classic Reprint) Thomas Hoccleve. 2018. (ENG., Illus.). (J). 358p. 31.30 *(978-0-366-36776-4(5));* 360p. pap. 13.97 *(978-0-365-85348-0(8))* Forgotten Bks.

Hoccleve's Works, Vol. 2: The Minor Poems in the Ashburnham Ms. Addit. 133 (Classic Reprint) Thomas Hoccleve. (ENG., Illus.). (J). 2018. 52p. 24.97 *(978-0-666-73451-8(8));* 2016. pap. 9.57 *(978-1-334-32554-0(5))* Forgotten Bks.

Hockey. Kieran Downs. 2023. (Sports Fun! Ser.). (ENG., Illus.). (J). (gr. -1-2). lib. bdg. 25.95 Bellwether Media.

Hockey. Brendan Flynn. 2022. (Xtreme Moments in Sports Ser.). (ENG., Illus.). 48p. (J). (gr. 3-9). lib. bdg. 34.21 *(978-1-5321-9931-8(7),* 40651, Abdo & Daughters) ABDO Publishing Co.

Hockey. Charly Haley. 2019. (Kids' Sports Ser.). (ENG., Illus.). 24p. (J). (gr. k-3). lib. bdg. 31.36 *(978-1-5321-6549-8(8),* 33200, Pop! Cody Koala) Pop!.

Hockey. Julie Murray. 2017. (Sports How To Ser.). (ENG., Illus.). 24p. (J). (gr. -1-2). lib. bdg. 31.36 *(978-1-5321-0415-2(4),* 26541, Abdo Kids) ABDO Publishing Co.

Hockey. Dennis Pernu. 2020. (In Focus: Sports Ser.). (ENG., Illus.). 32p. (J). (gr. 2-5). lib. bdg. 29.32 *(978-0-7112-4798-7(6),* 7e5b5c14-d505-40b1-8ebc-7fdeab651f6f) QEB Publishing Inc.

Hockey. Nick Rebman. 2018. (Sports Ser.). (ENG., Illus.). 16p. (J). (gr. k-1). pap. 7.95 *(978-1-64185-022-3(1),* 1641850221); lib. bdg. 25.64 *(978-1-63517-920-0(3),* 1635179203) North Star Editions. (Focus Readers).

Hockey. Mari Schuh. (Spot Ser.). (ENG., Illus.). 16p. (J). (gr. -1-1). 2018. pap. 9.99 *(978-1-68152-207-4(1),* 14738); 2017. 17.95 *(978-1-68151-088-0(X),* 14619) Amicus.

Hockey. Jill Sherman. 2019. (Let's Play Sports! Ser.). (ENG., Illus.). 24p. (J). (gr. k-3). lib. bdg. 26.95 *(978-1-64487-001-3(0),* Blastoff! Readers) Bellwether Media.

Hockey, 1 vol. Cathleen Small. 2018. (Mind vs Muscle: the Psychology of Sports Ser.). (ENG.). 48p. (gr. 5-6). pap. 15.05 *(978-1-5382-2539-4(5),* 13c40a08-b69b-461c-8f8c-f67fa15e42fa) Stevens, Gareth Publishing LLLP.

Hockey: A Guide for Players & Fans. Heather Williams. 2019. (Sports Zone Ser.). (ENG., Illus.). 32p. (J). (gr. 3-6). pap. 7.95 *(978-1-5435-7458-6(0),* 140898); lib. bdg. 27.99 *(978-1-5435-7359-6(2),* 140641) Capstone.

Hockey: An Introduction to Being a Good Sport. Aaron Derr. Illus. by Jim Kelly. ed. 2017. (Start Smart (tm) — Sports Ser.). (ENG.). 32p. (J). (gr. k-3). E-Book 39.99 *(978-1-63440-143-2(3))* Red Chair Pr.

Hockey: Grandes Momentos, Records y Datos. Teddy Borth. 2017. (Grandes Deportes Ser.). (SPA.). 24p. (J). (gr. -1-2). pap. 7.95 *(978-1-4966-1186-4(1),* 134975, Capstone Classroom) Capstone.

892 The check digit for ISBN-10 appears in parentheses after the full ISBN-13

Hockey: Grandes Momentos, Récords y Datos (Spanish Version) Teddy Borth. 2016. (Grandes Deportes (Great Sports) Ser.). (SPA., Illus.). 24p. (J). (gr. -1-2). lib. bdg. 32.79 *(978-1-68080-735-6(8)*, 22632, Abdo Kids) ABDO Publishing Co.

Hockey: Then to Wow! Sports Illustrated for Kids Editors. 2017. (Sports Illustrated Kids Then to WOW! Ser.). (ENG., Illus.). 80p. (J). (gr. 1-9). 19.99 *(978-1-68330-011-3(4))* Sports Illustrated For Kids.

Hockey Alphabet Book, 1 vol. Nicky Bird & Peter Duncan. 2016. (IThink Ser.: 3). (ENG., Illus.). 64p. (J). pap. 6.99 *(978-1-897206-06-5(2)*, 4eba4bfb-0ea9-46fd-a77d-82c7e6d65f3d) Folklore Publishing CAN. Dist: Lone Pine Publishing USA.

Hockey Camp Hustle. Jake Maddox. 2020. (Jake Maddox JV Ser.). (ENG.). 96p. (J). (gr. 4-6). pap. 5.95 *(978-1-4965-9915-5(2)*, 201326); lib. bdg. 25.99 *(978-1-4965-9699-4(4)*, 199321) Capstone. (Stone Arch Bks.).

Hockey de Las Pequeñas Estrellas. Buffy Silverman. Tr. by Pablo de la Vega. 2021. (Pequeñas Estrellas (Little Stars) Ser.). (SPA., Illus.). 24p. (J). (gr. k-2). pap. *(978-1-4271-3181-2(3)*, 15145); lib. bdg. *(978-1-4271-3163-8(5)*, 15126) Crabtree Publishing Co.

Hockey Every Day, Every Way. Jayne J. Jones Beehler. Illus. by Cory Jones. 2021. (Drop the Puck Ser.: 3). (ENG.). 64p. (J). (gr. 2-6). 12.99 *(978-1-64123-666-9(3)*, 771296) Whitaker Hse.

Hockey Fun. Tyler Omoth. 2020. (Sports Fun Ser.). (ENG., Illus.). 24p. (J). (gr. k-2). lib. bdg. 29.99 *(978-1-9771-2475-3(5)*, 200487, Pebble) Capstone.

Hockey Girl Loves Drama Boy. Faith Erin Hicks. 2023. (ENG., Illus.). 304p. (YA). 25.99 ***(978-1-250-83873-5(8)***, 900255000); pap. 17.99 ***(978-1-250-83872-8(X)***, 900255001) Roaring Brook Pr. (First Second Bks.).

Hockey: Goalie. Christina Earley. 2023. (Sports Positions Ser.). (ENG.). (J). (gr. 3-6). 24p. lib. bdg. 27.93 ***(978-1-63897-982-1(0)***, 33465); (Illus.). pap. 8.95 Seahorse Publishing.

Hockey Hall of Fame Heroes: Scorers, Goalies & Defensemen. Eric Zweig. Illus. by George Todorovic. 2nd enl. ed. 2021. (Hockey Hall of Fame Kids Ser.). (ENG.). 160p. (J). (gr. 4-7). pap. 16.95 *(978-0-2281-0343-1(6)*, 9eb25f4e-4665-482f-aa10-0fb6c29b14b5) Firefly Bks., Ltd.

Hockey Hero. Elliott Smith. Illus. by Diego Funck. 2020. (Kids' Sports Stories Ser.). (ENG.). 32p. (J). (gr. k-2). pap. 5.95 *(978-1-5158-7286-3(6)*, 201311); lib. bdg. 21.32 *(978-1-5158-7098-2(7)*, 199193) Capstone. (Picture Window Bks.).

Hockey (Hockey) Julie Murray. 2018. (Deportes: Guía Práctica (Sports How To) Ser.). (SPA., Illus.). 24p. (J). (gr. -1-2). lib. bdg. 31.36 *(978-1-5321-8026-2(8)*, 28267, Abdo Kids) ABDO Publishing Co.

Hockey in the Wild. Tumbler Ridge Seconda Grade 7 Art Class. 2017. (ENG.). 34p. (J). pap. *(978-1-988447-32-2(1))* Fictitious Ink Publishing.

Hockey in the Wild. Nicholas Oldland. Illus. by Nicholas Oldland. 2020. (Life in the Wild Ser.). (ENG., Illus.). 32p. (J). (gr. -1-2). 16.99 *(978-1-5253-0241-1(8))* Kids Can Pr., Ltd. CAN. Dist: Hachette Bk. Group.

Hockey Is a Numbers Game: A Fan's Guide to Stats. Shane Frederick. 2018. (Know the Stats Ser.). (ENG., Illus.). 32p. (J). (gr. 3-9). lib. bdg. 28.65 *(978-1-5435-0607-5(0)*, 137391, Capstone Pr.) Capstone.

Hockey Night in Kenya. Danson Mutinda & Eric Walters. Illus. by Claudia Dávila. 2020. (Orca Echoes Ser.). (ENG.). 104p. (J). (gr. 1-3). pap. 7.95 *(978-1-4598-2361-7(3))* Orca Bk. Pubs. USA.

Hockey Records. Chrös McDougall. 2020. (Sports Records Ser.). (ENG., Illus.). 32p. (J). (gr. 2-3). pap. 9.95 *(978-1-64493-438-8(8)*, 1644934388); lib. bdg. 31.35 *(978-1-64493-362-6(4)*, 1644933624) North Star Editions. (Focus Readers).

Hockey Records. Allan Morey & Blake Hoena. 2018. (Incredible Sports Records Ser.). (ENG., Illus.). 32p. (J). (gr. 3-8). pap. 8.99 *(978-1-61891-314-2(X)*, 12109, Blastoff! Discovery) Bellwether Media.

Hockey Records Smashed! Bruce Berglund. 2023. (Sports Illustrated Kids: Record Smashers Ser.). (ENG.). 32p. (J). pap. 7.99 ***(978-1-6690-7159-4(6)***, 252977, Capstone Pr.) Capstone.

Hockey Rink Hunt. Mike Lupica. 2019. (Zach & Zoe Mysteries Ser.: 5). (ENG.). 80p. (J). (gr. 1-4). 6.99 *(978-0-425-28949-5(4)*, Puffin Books); (Illus.). 14.99 *(978-0-425-28948-8(6)*, Philomel Bks.) Penguin Young Readers Group.

Hockey Rink Hunt. Mike Lupica. 2019. (Zach & Zoe Mysteries Ch Bks). (ENG.). 72p. (J). (gr. 2-3). 14.59 *(978-0-87617-644-3(9))* Penworthy Co., LLC, The.

Hockey Rules for Kids: How to Play the Game, 1 vol. Peter Boer. 2020. (IThink Ser.: 10). (ENG., Illus.). 96p. (J). pap. 9.99 *(978-1-897206-21-8(6)*, ac7e7469-53a4-4a51-810a-6607479166e7) Folklore Publishing CAN. Dist: Lone Pine Publishing USA.

Hockey Season Ticket: The Ultimate Fan Guide. Chris Peters. 2018. (Season Ticket Ser.). (ENG., Illus.). 112p. (J). (gr. 3-9). pap. 9.99 *(978-1-63494-037-5(7)*, 1634940377) Pr. Room Editions LLC.

Hockey Skates. Karl Subban. Illus. by Maggie Zeng. 2023. (ENG.). 32p. (J). (gr. -1-2). 19.99 ***(978-1-4434-6723-0(5)***, HarperCollins) HarperCollins Pubs.

Hockey Sports Coloring Fun: Hockey Coloring Books. Jupiter Kids. 2016. (ENG., Illus.). 106p. (J). pap. 12.55 *(978-1-68305-239-5(0)*, Jupiter Kids (Childrens & Kids Fiction)) Speedy Publishing LLC.

Hockey Stats & the Stories Behind Them: What Every Fan Needs to Know. Shane Frederick. 2016. (Sports Stats & Stories Ser.). (ENG., Illus.). 48p. (J). (gr. 4-6). lib. bdg. 32.65 *(978-1-4914-8217-9(6)*, Capstone Pr.) Capstone.

Hockey: Stats, Facts, & Figures, 1 vol. Kate Mikoley. 2017. (Do Math with Sports Stats! Ser.). (ENG.). 32p. (J). (gr. 3-4). pap. 11.50 *(978-1-5382-1137-3(8)*, 20106ba5-c6a0-45ac-96f5-f1f0626d8624); lib. bdg. 28.27 *(978-1-5382-1139-7(4)*, 36ec338f-5d49-4a1b-9f05-e4460de51d90) Stevens, Gareth Publishing LLLP.

Hockey Super Stats. Jeff Savage. 2017. (Pro Sports Stats (Alternator Books (r)) Ser.). (ENG., Illus.). 32p. (J). (gr. 3-6). 29.32 *(978-1-5124-3411-8(6)*, 7e5d68f9-74f1-4cb1-a62b-271be61bffa7, Lerner Pubns.) Lerner Publishing Group.

Hockey Sweater. Roch Carrier. Tr. by Sheila Fischman. Illus. by Sheldon Cohen. 2020. Orig. Title: Le Chandail de Hockey. 40p. (J). (— 1). bds. 8.99 *(978-0-7352-6868-5(1)*, Tundra Bks.) Tundra Bks. CAN. Dist: Penguin Random Hse. LLC.

Hockey Wars. Sam Lawrence & Ben Jackson. 2018. (ENG., Illus.). (J). (gr. 3-6). 140p. 21.99 *(978-1-988656-25-0(7))*; 138p. pap. 10.99 *(978-1-988656-24-3(9))* Indie Publishing Group.

Hockey Wars 10: State Tryouts. Sam Lawrence & Ben Jackson. Illus. by Tanya Zeinalova. 2023. (Hockey Wars Ser.: Vol. 10). (ENG.). 140p. (J). 21.99 ***(978-1-988656-64-9(8))*** Indie Publishing Group.

Hockey Wars 10: State Tryouts. Sam Lawrence & Ben Jackson. 2022. (Hockey Wars Ser.: Vol. 10). (ENG.). 160p. (J). pap. 21.99 ***(978-1-988656-61-8(3))*** Indie Publishing Group.

Hockey Wars 10: State Tryouts. Sam Lawrence & Ben Jackson. Ed. by Mary Metcalfe. 2022. (Hockey Wars Ser.: Vol. 10). (ENG.). 140p. (J). pap. 12.99 ***(978-1-988656-60-1(5))*** Indie Publishing Group.

Hockey Wars 11: State Tournament. Sam Lawrence & Ben Jackson. 2023. (Hockey Wars Ser.: Vol. 11). (ENG.). 150p. (J). 21.99 ***(978-1-988656-68-7(0))***; pap. 12.99 ***(978-1-988656-67-0(2))*** Indie Publishing Group.

Hockey Wars 12: Euro Tournament. Sam Lawrence & Ben Jackson. Illus. by Tanya Zeinalov. 2023. (Hockey Wars Ser.: Vol. 12). (ENG.). 138p. (J). 21.99 ***(978-1-988656-66-3(4))*** Indie Publishing Group.

Hockey Wars 12: Euro Tournament. Sam Lawrence & Ben Jackson. Illus. by Tanya Zeinalova. 2023. (Hockey Wars Ser.: Vol. 12). (ENG.). 138p. (J). pap. 12.99 ***(978-1-988656-65-6(6))*** Indie Publishing Group.

Hockey Wars 13: Great White North. Sam Lawrence & Ben Jackson. 2023. (Hockey Wars Ser.: Vol. 13). (ENG.). 148p. (J). 21.99 ***(978-1-988656-70-0(2))*** Indie Publishing Group.

Hockey Wars 13: Great White North. Sam Lawrence & Ben Jackson. Illus. by Tanya Zeinalova. 2023. (Hockey Wars Ser.: Vol. 13). (ENG.). 148p. (J). pap. 12.99 ***(978-1-988656-69-4(9))*** Indie Publishing Group.

Hockey Wars 2: The New Girl. Sam Lawrence & Ben Jackson. Illus. by Fleming Kyle. 2019. (Hockey Wars Ser.: Vol. 2). (ENG.). 172p. (J). (gr. 3-7). 21.99 *(978-1-988656-28-1(1))* Indie Publishing Group.

Hockey Wars 2: The New Girl. Sam Lawrence & Ben Jackson. Illus. by Kyle Fleming. 2019. (Hockey Wars Ser.: Vol. 2). (ENG.). 172p. (J). (gr. 3-7). pap. 10.99 *(978-1-988656-27-4(3))* Indie Publishing Group.

Hockey Wars 3: The Tournament. Sam Lawrence & Ben Jackson. Illus. by Kyle Fleming. 2019. (Hockey Wars Ser.: Vol. 3). (ENG.). 136p. (J). pap. 10.99 *(978-1-988656-32-8(X))* Indie Publishing Group.

Hockey Wars 3: The Tournament. Sam Lawrence et al. 2019. (Hockey Wars Ser.: Vol. 3). (ENG., Illus.). 136p. (J). 21.99 *(978-1-988656-33-5(8))* Indie Publishing Group.

Hockey Wars 4: Championships. Sam Lawrence & Ben Jackson. Illus. by Danko Herrera. 2019. (Hockey Wars Ser.: Vol. 4). (ENG.). (J). 168p. 21.99 *(978-1-988656-35-9(4))*; 136p. pap. 10.99 *(978-1-988656-34-2(6))* Indie Publishing Group.

Hockey Wars 5: Lacrosse Wars. Sam Lawrence & Ben Jackson. Illus. by Danko Herrera. 2020. (ENG.). 134p. (J). 21.99 *(978-1-988656-37-3(0))*; (Hockey Wars Ser.: Vol. 5). pap. 10.99 *(978-1-988656-36-6(2))* Indie Publishing Group.

Hockey Wars 6. Sam Lawrence & Ben Jackson. 2020. (ENG.). 130p. (J). 21.99 *(978-1-988656-43-4(5))*; pap. 10.99 *(978-1-988656-42-7(7))* Indie Publishing Group.

Hockey Wars 7: Winter Break. Sam Lawrence & Ben Jackson. 2021. (ENG.). 136p. (J). 21.99 *(978-1-988656-45-8(1))*; pap. 10.99 *(978-1-988656-44-1(3))* Indie Publishing Group.

Hockey Wars 8: Spring Break. Sam Lawrence & Ben Jackson. 2021. (ENG.). 162p. (J). 21.99 *(978-1-988656-47-2(8))*; pap. 10.99 *(978-1-988656-46-5(X))* Indie Publishing Group.

Hockey Wars 9: Summer Camp. Sam Lawrence & Ben Jackson. 2022. (Hockey Wars Ser.: Vol. 9). (ENG.). 150p. (J). 21.99 *(978-1-988656-51-9(6))*; pap. 12.99 *(978-1-988656-50-2(8))* Indie Publishing Group.

Hockey: Who Does What?, 1 vol. Ryan Nagelhout. 2017. (Sports: What's Your Position? Ser.). (ENG.). 32p. (J). (gr. 3-4). pap. 11.50 *(978-1-5382-0429-0(0)*, 2fbce556-7140-4418-b8d0-857ec87c8297) Stevens, Gareth Publishing LLLP.

Hockey with Dad. Willie Sellars. Illus. by Kevin Easthope. 2021. (ENG.). 32p. (J). (gr. k-5). 19.95 *(978-1-987915-80-8(1))* Caitlin Pr., Inc. CAN. Dist: Independent Pubs. Group.

Hockey with My Hero: A Jimmy Sprinkles Adventure. Scott Rowsick. Illus. by Amie Hullenbaugh. 2016. (ENG.). (J). pap. 10.99 *(978-0-692-77305-5(3))* Pastime Pubns., LLC.

Hockey Word Search Puzzles. HarperCollins Publishers Ltd. Staff. 2020. (ENG.). 192p. (J). pap. 10.50 *(978-1-4434-6034-7(6)*, HarperCollins) HarperCollins Pubs.

Hockey's Best & Worst: A Guide to the Game's Good, Bad, & Ugly. Sean McCollum. 2018. (Best & Worst of Sports Ser.). (ENG., Illus.). 32p. (J). (gr. 3-9). lib. bdg. 28.65 *(978-1-5435-0611-2(9)*, 137395, Capstone Pr.) Capstone.

Hockey's G. O. A. T. Wayne Gretzky, Sidney Crosby, & More. Jon M. Fishman. 2019. (Sports' Greatest of All Time (Lerner (tm) Sports) Ser.). (ENG., Illus.). 32p. (J). (gr. 2-5). 30.65 *(978-1-5415-5599-0(6)*, fffb1fe1-1ad4-45c0-8125-64dbf5e25004); pap. 9.99 *(978-1-5415-7444-1(3)*, 72b71650-25ff-4264-80db-1b62644337dc) Lerner Publishing Group. (Lerner Pubns.).

Hockey's Greatest Game-Winning Goals & Other Crunch-Time Heroics. Thom Storden. 2020. (Sports Illustrated Kids Crunch Time Ser.). (ENG., Illus.). 48p. (J). (gr. 3-6). pap. 8.95 *(978-1-4966-8740-1(X)*, 201404); lib. bdg. 31.99 *(978-1-4966-8732-6(9)*, 201396) Capstone. (Capstone Pr.).

Hockey's New Wave: The Young Superstars Taking over the Game. Chris Peters. 2019. (Rising Stars Ser.). (ENG., Illus.). 128p. (J). (gr. 3-9). pap. 9.99 *(978-1-63494-053-5(9)*, 1634940539) Pr. Room Editions LLC.

Hockey's Record Breakers. Shane Frederick. 2017. (Record Breakers Ser.). (ENG., Illus.). 32p. (J). (gr. 3-9). lib. bdg. 27.99 *(978-1-5157-3758-2(6)*, 133691, Capstone Pr.) Capstone.

Hockeysinnet: 25 Tips För Att Bli en Dominerande Spelare Genom Bättre Positionering Och Smartare Beslutsfattande. Stig-Arne Kristoffersen. 2022. (SWE.). 68p. pap. ***(978-1-387-51857-9(7))*** Lulu Pr., Inc.

Hocus & Pocus: the Legend of Grimm's Woods: The Comic Book You Can Play. Manuro. Illus. by Gorobei. 2018. (Comic Quests Ser.: 1). 152p. (J). (gr. 3-7). pap. 9.99 *(978-1-68369-057-3(5))* Quirk Bks.

Hocus & Pocus: the Search for the Missing Dwarves: The Comic Book You Can Play. Gorobei. 2019. (Comic Quests Ser.: 3). (Illus.). 152p. (J). (gr. 3-7). pap. 9.99 *(978-1-68369-067-2(2))* Quirk Bks.

Hocus Pocus & the AllNew Sequel. A. W. Jantha. 2018. (ENG., Illus.). 528p. (YA). (gr. 9-12). 12.99 *(978-1-368-02003-9(8)*, Disney-Hyperion) Disney Publishing Worldwide.

Hocus Pocus Diplodocus. Steve Howson. Illus. by Kate Daubney. 2019. (Early Bird Readers — Purple (Early Bird Stories (tm)) Ser.). (ENG.). 32p. (J). (gr. k-3). 30.65 *(978-1-5415-4225-9(8)*, 0c3eb1c5-2540-474c-9de8-9be65ff6cf0f); pap. 9.99 *(978-1-5415-7424-3(9)*, 51e57db0-9bb2-4566-8ddb-1596005c01de) Lerner Publishing Group. (Lerner Pubns.).

Hocus Pocus Spell Book. Eric Geron. 2022. (ENG.). 240p. (J). (gr. 3-7). 14.99 *(978-1-368-07669-2(6)*, Disney Press Books) Disney Publishing Worldwide.

Hocus Pocus: the Illustrated Novelization. A. W. Jantha. 2022. (ENG.). 240p. (YA). (gr. 7-12). 24.99 *(978-1-368-07668-5(8)*, Disney Press Books) Disney Publishing Worldwide.

Hocus Pocus! Tricks for Amateur Magicians: 4D a Magical Augmented Reading Experience. Norm Barnhart. 2018. (Amazing Magic Tricks 4D! Ser.). (ENG., Illus.). 32p. (J). (gr. 2-6). lib. bdg. 33.99 *(978-1-5435-0569-6(4)*, 137373, Capstone Classroom) Capstone.

Hodder Cambridge Primary English Reading Book a Fiction Foundation Stage. Gill Budgell. 2019. (ENG., Illus.). 16p. (gr. k-k). pap. 6.50 *(978-1-5104-5727-0(5))* Hodder Education Group GBR. Dist: Ingram Publisher Services.

Hodder Cambridge Primary English Reading Book a Non-Fiction Foundation Stage. Gill Budgell. 2019. (ENG., Illus.). 16p. (gr. k-k). pap. 6.50 *(978-1-5104-5728-7(3))* Hodder Education Group GBR. Dist: Ingram Publisher Services.

Hodder Cambridge Primary English Reading Book B Fiction Foundation Stage. Gill Budgell. 2019. (ENG.). 16p. (gr. k-k). pap. 6.50 *(978-1-5104-5729-4(1))* Hodder Education Group GBR. Dist: Ingram Publisher Services.

Hodder Cambridge Primary English Reading Book C Fiction Foundation Stage. Gill Budgell. 2019. (ENG., Illus.). 16p. (gr. k-k). pap. 6.50 *(978-1-5104-5730-0(5))* Hodder Education Group GBR. Dist: Ingram Publisher Services.

Hodder Cambridge Primary English Reading Book C Non-Fiction Foundation Stage. Gill Budgell. 2019. (ENG.). 16p. (gr. k-k). pap. 6.50 *(978-1-5104-5734-8(8))* Hodder Education Group GBR. Dist: Ingram Publisher Services.

Hodder Cambridge Primary Maths Story Book B Foundation Stage. Ann Broadbent & Paul Broadbent. 2018. (ENG., Illus.). 16p. (gr. k-k). pap. 6.40 *(978-1-5104-3187-4(X))* Hodder Education Group GBR. Dist: Ingram Publisher Services.

Hodder Cambridge Primary Maths Story Book C Foundation Stage. Ann Broadbent & Paul Broadbent. 2018. (ENG., Illus.). 16p. (gr. k-k). pap. 6.40 *(978-1-5104-3188-1(8))* Hodder Education Group GBR. Dist: Ingram Publisher Services.

Hodder Cambridge Primary Science Story Book C Foundation Stage Dinosaur Adventure, Bk. C. Hyun Jung Owen. 2019. (ENG., Illus.). 16p. (gr. k-k). pap. 6.40 *(978-1-5104-4865-0(9))* Hodder Education Group GBR. Dist: Ingram Publisher Services.

Hodge & His Masters (Classic Reprint) Richard Jefferies. 2018. (ENG., Illus.). 438p. (J). 32.95 *(978-0-484-15049-1(9))* Forgotten Bks.

Hodge & His Masters, Vol. 1 of 2 (Classic Reprint) Richard Jefferies. 2018. (ENG., Illus.). 370p. (J). 31.55 *(978-0-267-44043-6(X))* Forgotten Bks.

Hodge & His Masters, Vol. 2 of 2 (Classic Reprint) Richard Jefferies. 2018. (ENG., Illus.). 326p. (J). 30.62 *(978-0-364-22442-7(8))* Forgotten Bks.

Hodge, His Wife, & His Two Boys (Classic Reprint) Unknown Author. 2018. (ENG., Illus.). 36p. (J). 24.64 *(978-0-656-18526-9(0))* Forgotten Bks.

Hodja y la Sopa. Jeffrey B. Fuerst. Illus. by Bill Greenhead. 2016. (Jump into Genre Ser.). (SPA.). (J). (gr. 2). 5.25 *(978-1-4788-3612-4(1))* Newmark Learning LLC.

Hoffmann's Fairy Tales (Classic Reprint) Ernst Theodor Amadeus Hoffmann. 2018. (ENG., Illus.). 282p. (J). 29.71 *(978-0-332-54945-3(3))* Forgotten Bks.

Hoffmann's Strange Stories (Classic Reprint) Ernst Theodor Amadeus Hoffmann. (ENG., Illus.). (J). 2018. 448p. 33.14 *(978-0-483-59236-0(6))*; 2017. pap. 16.57 *(978-0-243-25459-0(8))* Forgotten Bks.

Hoffman's Chance (Classic Reprint) William Caine. 2018. (ENG., Illus.). (J). 392p. 31.98 *(978-1-396-85005-9(8))*; 394p. pap. 16.57 *(978-1-396-85003-5(1))* Forgotten Bks.

Hog Dog. Audrey Bea. Illus. by Sviatoslav Franko. 2021. (Reading Stars Ser.). (ENG.). 28p. (J). (gr. k-2). 21.99 *(978-1-5324-3199-9(6))*; pap. 12.99 *(978-1-5324-3198-2(8))* Xist Publishing.

Hog in a Hatchback. Jean Williams-Bergen. 2022. (ENG.). 36p. (J). pap. ***(978-1-0391-4979-3(0))***; ***(978-1-0391-4980-9(4))*** FriesenPress.

Hog on a Log. Janee Trasler. ed. 2021. (Acorn Early Readers Ser.). (ENG., Illus.). 44p. (J). (gr. k-1). 15.46 *(978-1-64697-905-9(2))* Penworthy Co., LLC, The.

Hog on a Log: an Acorn Book (a Frog & Dog Book #3) Janee Trasler. Illus. by Janee Trasler. 2020. (Frog & Dog Ser.: 3). (ENG., Illus.). 48p. (J). (gr. -1-1). pap. 4.99 *(978-1-338-54047-5(5))* Scholastic, Inc.

Hogan & Hogan: A Book of Religious Humor. Charles A. McAlpine. 2017. (ENG., Illus.). (J). pap. *(978-0-649-60568-2(3))* Trieste Publishing Pty Ltd.

Hogan & Hogan: A Book of Religious Humor (Classic Reprint) Charles A. McAlpine. 2017. (ENG., Illus.). (J). pap. 13.57 *(978-0-259-60072-5(5))* Forgotten Bks.

Hogan, M. P (Classic Reprint) Unknown Author. 2018. (ENG., Illus.). 496p. (J). 34.15 *(978-0-484-60321-8(3))* Forgotten Bks.

Hogan's Hope: A Deaf Hero's Inspirational Quest for Love & Acceptance. Connie Bombaci. 2020. (ENG., Illus.). 140p. (J). 19.99 *(978-1-935258-69-8(9))* Husky Trail Pr. LLC.

Hogan's Hope: Discovering Fun & Favorite Things. Connie Bombaci. Illus. by Heather Ferrer. 2021. (ENG.). 32p. (J). 17.99 *(978-1-7348133-1-9(8))*; 17.99 *(978-1-7348133-3-3(4))*; pap. 9.99 *(978-1-7348133-0-2(X))*; pap. 9.99 *(978-1-7348133-2-6(6))* Husky Trail Pr. LLC.

Hogan's Hope: Finding a Forever Home of Love & Acceptance. Connie Bombaci. Illus. by Heather Ferrer. 2020. (ENG.). 36p. (J). 17.99 *(978-1-935258-67-4(2))* Husky Trail Pr. LLC.

Hogar. Carson Ellis. Illus. by Carson Ellis. 2020. (SPA., Illus.). 40p. (J). (gr. -1-3). 17.99 *(978-1-5362-1067-5(6))*; 7.99 *(978-1-5362-1068-2(4))* Candlewick Pr.

Hogar. Judy Kentor Schmauss. Illus. by Sun Park. 2016. (Early Rising Readers Ser.). (SPA.). 16p. (J). (gr. 1-1). 6.67 *(978-1-4788-4193-7(1))* Newmark Learning LLC.

Hogar - 6 Pack. Judy Kentor Schmauss. 2016. (Early Rising Readers Ser.). (SPA.). (J). (gr. 1). 40.00 net. *(978-1-4788-4712-0(3))* Newmark Learning LLC.

Hogares para Todos: Leveled Reader Book 25 Level J 6 Pack. Hmh Hmh. 2021. (SPA.). 16p. (J). pap. 74.40 *(978-0-358-08337-5(0))* Houghton Mifflin Harcourt Publishing Co.

Hogarth Illustrated from His Own Manuscripts, Vol. 1: Compiled & Arranged from the Originals (Classic Reprint) John Ireland. 2017. (ENG., Illus.). (J). 460p. 33.40 *(978-0-266-73148-1(1))*; 462p. pap. 16.57 *(978-1-5276-9281-7(7))* Forgotten Bks.

Hogarth, Illustrated from His Own Manuscripts, Vol. 2: Compiled & Arranged from the Originals; Nature (Classic Reprint) John Ireland. 2018. (ENG., Illus.). 486p. (J). 33.92 *(978-0-365-46761-8(8))* Forgotten Bks.

Hogg's Instructor, 1850, Vol. 5 (Classic Reprint) James Hogg. (ENG., Illus.). (J). 2018. 438p. 32.93 *(978-0-364-37526-6(4))*; 2017. pap. 16.57 *(978-0-259-26585-6(3))* Forgotten Bks.

Hogg's Instructor, 1851, Vol. 6: New Series (Classic Reprint) James Hogg. 2017. (ENG., Illus.). (J). 32.89 *(978-0-260-95854-9(9))*; pap. 16.57 *(978-1-5284-6234-1(3))* Forgotten Bks.

Hogg's Instructor, Vol. 3: July December, 1854 (Classic Reprint) James Hogg. 2017. (ENG., Illus.). (J). 536p. 34.95 *(978-0-331-60965-3(7))*; pap. 19.57 *(978-0-243-92453-0(4))* Forgotten Bks.

Hogg's Weekly Instructor, 1848, Vol. 1 (Classic Reprint) James Hogg. (ENG., Illus.). (J). 2018. 438p. 32.93 *(978-0-483-43704-3(2))*; 2017. pap. 16.57 *(978-1-334-94747-6(3))* Forgotten Bks.

Hogg's Weekly Instructor, 1849, Vol. 2 (Classic Reprint) Unknown Author. 2017. (ENG., Illus.). (J). 32.93 *(978-0-266-72846-7(4))*; pap. 16.57 *(978-1-5276-8894-0(1))* Forgotten Bks.

Hoggy Went-A-Courtin' Ethan Long. (I Like to Read Comics Ser.). (Illus.). 40p. (J). (gr. -1-3). 2023. pap. 7.99 *(978-0-8234-5181-4(X))*; 2022. 14.99 *(978-0-8234-5148-7(8))* Holiday Hse., Inc.

Hogwarts Dress-Up! (Harry Potter) Vanessa Moody. 2021. (ENG.). 48p. (J). (gr. 1-3). pap. 10.99 *(978-1-338-76764-3(X))* Scholastic, Inc.

Hogwarts Legacy: the Official Game Guide (Companion Book) Paul Davies & Kate Lewis. 2023. (ENG.). 176p. (J). (gr. 5-7). pap. 14.99 *(978-1-338-76765-0(8))* Scholastic, Inc.

Hogwarts Library: the Illustrated Collection. J. K. Rowling. Illus. by Olivia Lomenech Gill et al. ed. 2020. (ENG.). 480p. (J). (gr. 3-3). 104.97 *(978-1-338-34053-2(0))* Scholastic, Inc.

Hohenzollerns in America: With the Bolsheviks in Berlin & Other Impossibilites (Classic Reprint) Stephen Leacock. 2018. (ENG., Illus.). 270p. (J). 29.49 *(978-0-666-49939-4(X))* Forgotten Bks.

Hoist with Her Own Petard, Vol. 1 of 3 (Classic Reprint) Reginald Lucas. 2018. (ENG., Illus.). 308p. (J). 30.25 *(978-0-267-19641-8(5))* Forgotten Bks.

Hoist with Her Own Petard, Vol. 2 of 3 (Classic Reprint) Reginald Lucas. 2018. (ENG., Illus.). 316p. (J). 30.41 *(978-0-483-34541-6(5))* Forgotten Bks.

Hoist with Her Own Petard, Vol. 3 of 3 (Classic Reprint) Reginald Lucas. 2018. (ENG., Illus.). 316p. (J). 30.41 *(978-0-484-36348-8(4))* Forgotten Bks.

Hoistah: An Indian Girl (Classic Reprint) S. M. Barrett. 2017. (ENG., Illus.). (J). 27.20 *(978-0-331-63331-3(0))* Forgotten Bks.

Hoja de Práctica con Renglones de Kindergarten Básico para niños de 3 a 6 años (líneas Extra Anchas) 100 Páginas de Práctica de Escritura para niños de 3 a 6 años: Este Libro Tiene Papel Adecuado para Escritura con líneas Extra Anchas para niños Que Dese. James Patrick. 2018. (Hoja de Práctica con Renglones de Kindergarten Bás Ser.: Vol. 1). (SPA., Illus.). 108p. (J). (gr. k-1). pap. *(978-1-78970-064-0(7))* Elige Cogniscere.

Hoja de Práctica de Escritura Básica para niños de 4 a 6 años (líneas Extra Anchas) 100 Páginas de Práctica de Escritura para niños de 3 a 6 años: Este Libro Tiene Papel Adecuado para Escritura con líneas Extra Anchas para niños Que Desean Practicar Su E. Bernard Patrick. 2018. (100 Páginas de Práctica de Escritura para

H

niños De Ser.: Vol. 1). (SPA., Illus.). 108p. (J). (gr. k-1). pap. *(978-1-78970-063-3(9))* Elige Cogniscere.

Hojas con Renglones para niños (líneas Anchas) 100 Páginas de Práctica de Escritura para niños de 3 a 6 años: Este Libro Tiene Papel Adecuado para Escritura con líneas Extra Anchas para niños Que Desean Practicar Su Escritura. Bernard Patrick. 2018. (Hojas con Renglones para niños (líneas Anchas) Ser.: Vol. 1). (SPA., Illus.). 108p. (J). (gr. k-1). pap. *(978-1-78970-065-7(5))* Elige Cogniscere.

Hojas de Ejercicios de Práctica de Escritura para Niños: 100 Páginas de Práctica de Escritura para niños de 3 a 6 años: Este Libro Tiene Papel Adecuado para Escritura con líneas Extra Anchas para niños Que Desean Practicar Su Escritura. Bernard Patrick. 2018. (Hojas de Ejercicios de Práctica de Escritura Para Ser.: Vol. 1). (SPA., Illus.). 108p. (J). (gr. k-1). pap. *(978-1-78970-062-6(0))* Elige Cogniscere.

Hojas de Ruta. Jorge Bucay. 2020. (SPA.). 768p. (gr. 7). pap. 29.00 *(978-607-527-812-4(5))* Editorial Oceano de Mexico MEX. Dist: Independent Pubs. Group.

Hojas (Leaves) Grace Hansen. 2016. (Anatomía de una Planta (Plant Anatomy) Ser.). (SPA.). 24p. (J). (gr. -1-2). lib. bdg. 32.79 *(978-1-62402-659-1(1),* 24822, Abdo Kids) ABDO Publishing Co.

Hojas para Escribir y Dibujar: 100 Páginas de Práctica de Escritura para niños de 3 a 6 años: Este Libro Tiene Papel con líneas Extra Anchas Adecuado para Escritura para niños Que Desean Practicar Dibujo y Escritura. Bernard Patrick. 2018. (Hojas para Escribir y Dibujar Ser.: Vol. 1). (SPA., Illus.). 108p. (J). (gr. k-1). pap. *(978-1-78970-067-1(1))* Elige Cogniscere.

Hojas para Escribir y Dibujar para niños (líneas Anchas) 100 Páginas de Práctica de Escritura para niños de 3 a 6 años: Este Libro Tiene Papel con líneas Extra Anchas Adecuado para Escritura para niños Que Desean Practicar Dibujo y Escritura. Bernard Patrick. 2018. (Hojas para Escribir y Dibujar para niños (líneas A Ser.: Vol. 1). (SPA., Illus.). 108p. (J). (gr. k-1). pap. *(978-1-78970-066-4(3))* Elige Cogniscere.

Hojas para Práctica de Escritura para niños de 3 a 5 Años: 100 Páginas de Práctica de Escritura para niños de 3 a 6 años: Este Libro Tiene Papel Adecuado para Escritura con líneas Extra Anchas para niños Que Desean Practicar Su Escritura. Bernard Patrick. 2018. (Hojas para Práctica de Escritura para niños de 3 A Ser.: Vol. 1). (SPA., Illus.). 108p. (J). (gr. k-1). pap. *(978-1-78970-061-9(2))* Elige Cogniscere.

Hokey the Hoquarton Troll. David Mattison. Illus. by Nathanial Jensen. 2021. (ENG.). 36p. (J). *(978-1-7948-7973-7(0));* pap. ***(978-1-387-19144-4(6))*** Lulu Pr., Inc.

¡Hola! Candelario Garcia. Illus. by Mimi Lewis. 2020. (ENG.). 44p. (J). *(978-1-5255-7831-1(6));* pap. *(978-1-5255-7832-8(4))* FriesenPress.

Hola Argentina. Dwight Kealy & Andrew Kealy. 2019. (ENG.). 28p. (J). pap. 14.95 *(978-1-387-47563-6(0))* Lulu Pr., Inc.

¡Hola, Cangrejito! (Hello, Crabby!) Un Libro de la Serie Acorn. Jonathan Fenske. Illus. by Jonathan Fenske. 2019. (Libro de Cangrejito Ser.: 1). (SPA., Illus.). 48p. (J). (gr. -1-1). pap. 4.99 *(978-1-338-35911-4(8),* Scholastic en Espanol) Scholastic, Inc.

Hola, Cuba. Meghan Gottschall. 2020. (Countries of the World Ser.). (ENG., Illus.). 48p. (J). (gr. 4-8). lib. bdg. 39.21 *(978-1-5341-6954-8(7),* 215703) Cherry Lake Publishing.

Hola, Dominican Republic. Meghan Gottschall. 2020. (Countries of the World Ser.). (ENG., Illus.). 48p. (J). (gr. 4-8). lib. bdg. 39.21 *(978-1-5341-6955-5(5),* 215707) Cherry Lake Publishing.

¡Hola, Erizo! 1: ¿Te Gusta Mi Bicicleta? (Do You Like My Bike?) Un Libro de la Serie Acorn. Norm Feuti. Illus. by Norm Feuti. 2019. (¡Hola, Erizo! Ser.). (SPA., Illus.). 48p. (J). (gr. -1-1). pap. 4.99 *(978-1-338-60114-5(8),* Scholastic en Espanol) Scholastic, Inc.

¡Hola, Erizo! 2: ¡Hagamos una Pijamada! (Let's Have a Sleepover!) Un Libro de la Serie Acorn. Norm Feuti. Illus. by Norm Feuti. 2020. (¡Hola, Erizo! Ser.). (SPA., Illus.). 48p. (J). (gr. -1-1). pap. 4.99 *(978-1-338-67004-2(2),* Scholastic en Espanol) Scholastic, Inc.

Hola, Estaciones! Linda Koons. 2016. (Early Rising Readers Ser.). (SPA.). 16p. (J). (gr. 1). 29.00 *(978-1-4788-4224-8(5))* Newmark Learning LLC.

Hola, Mexico. Leah Kaminski. 2019. (Countries of the World Ser.). (ENG., Illus.). 48p. (J). (gr. 4-8). pap. 17.07 *(978-1-5341-5090-4(0),* 213667); lib. bdg. 39.21 *(978-1-5341-4804-8(3),* 213666) Cherry Lake Publishing.

¡Hola, Mi Nuevo Amigo! (Hello, New Friend!) Tr. by Alexis Romay. 2023. (CoComelon Ser.). (SPA.). 24p. (J). (gr. -1-k). pap. 4.99 ***(978-1-6659-3865-5(X),*** Libros Para Ninos) Libros Para Ninos.

¡Hola, Perrito! Ed. by Cottage Door Press & Parragon Books. Illus. by Anna Jones. 2021. (SPA.). 10p. (J). (gr. -1 — 1). bds. 5.99 *(978-1-64638-220-0(X),* 2000970-SLA) Cottage Door Pr.

Hola, Soy la Hurona Luchi: ¿Quieres Saber Quiénes y Cómo Somos Los Hurones Domésticos? Javier Gomez Perez. 2023. (SPA.). 44p. (J). pap. ***(978-1-312-69660-0(5))*** Lulu Pr., Inc.

Hola, Universo. Erin Kelly Entrada. 2020. (SPA.). 256p. (J). (gr. 4-7). pap. 17.50 *(978-607-527-859-9(1))* Editorial Oceano de Mexico MEX. Dist: Independent Pubs. Group.

Hola, Venezuela. Corey Anderson. 2019. (Countries of the World Ser.). (ENG., Illus.). 48p. (J). (gr. 4-8). pap. 17.07 *(978-1-5341-5095-9(1),* 213687); lib. bdg. 39.21 *(978-1-5341-4809-3(4),* 213686) Cherry Lake Publishing.

Hola! Yo Hablo Espanol - Children's Learn Spanish Books. Baby Professor. 2017. (ENG., Illus.). (J). pap. 7.89 *(978-1-68368-058-1(8),* Baby Professor (Education Kids)) Speedy Publishing LLC.

Hola Zuri. Nancy Hahn. 2017. (SPA., Illus.). (J). pap. 14.99 *(978-1-61813-273-4(3))* eBooks2go Inc.

Holcombes. Mary Tucker Magill. 2017. (ENG.). 296p. (J). pap. *(978-3-7447-4959-6(2))* Creation Pubs.

Holcombes: A Story of Virginia Home-Life (Classic Reprint) Mary Tucker Magill. 2018. (ENG., Illus.). 298p. (J). 29.90 *(978-0-332-31994-0(6))* Forgotten Bks.

Hold. Chloe Parker. 2021. (ENG.). 40p. (J). pap. 5.99 *(978-1-68223-230-9(1))* Around the World Publishing LLC.

Hold Back the Tide. Melinda Salisbury. 2021. (ENG.). 336p. (YA). (gr. 7-7). 18.99 *(978-1-338-68130-7(3),* Scholastic Pr.) Scholastic, Inc.

Hold Fast. Jones HIGHET. 2019. (Illus.). 232p. (YA). (gr. 7-12). pap. 20.00 *(978-1-4930-3943-2(1))* Globe Pequot Pr., The.

Hold Fast by Your Sundays (Classic Reprint) Isa Craig Knox. 2018. (ENG., Illus.). (J). 140p. 26.78 *(978-0-483-79381-1(7));* 142p. pap. 9.57 *(978-0-483-79338-5(8))* Forgotten Bks.

Hold Hands. Sara Varon. 2019. (ENG., Illus.). 40p. (J). 17.99 *(978-1-59643-588-9(7),* 900064858, First Second Bks.) Roaring Brook Pr.

Hold Me Closer: The Tiny Cooper Story. David Levithan. ed. 2016. lib. bdg. 22.10 *(978-0-606-38390-5(5))* Turtleback.

Hold Me, Mold Me, Bold Me. Tara Seahorn. 2018. (ENG., Illus.). 30p. (J). 22.95 *(978-1-64300-309-2(7))* Covenant Bks.

Hold My Hand. Michael Barakiva. 2019. (ENG.). 288p. (YA). 17.99 *(978-0-374-30486-7(6),* 900160975, Farrar, Straus & Giroux (BYR)) Farrar, Straus & Giroux.

Hold My Hand: A Father & Son Book. Bernard A. Poulin. Illus. by Dominic Bercier. 2018. (ENG.). 32p. (J). pap. *(978-0-9920538-8-8(9))* Mirror Comics Studios.

Hold My Hand, Friend: You'll Be Okay. Debra Ashford Huff. Illus. by I. Cenizal. 2022. (ENG.). 46p. (J). pap. *(978-0-2288-7422-5(X))* Tellwell Talent.

Hold On. James Maccraige Lawrence. 2017. (ENG., Illus.). 52p. (YA). pap. 12.95 *(978-1-64079-196-1(5))* Christian Faith Publishing.

Hold on Tight. Ginny Vinas. 2023. (ENG.). 26p. (J). ***(978-0-2288-8888-8(3));*** pap. ***(978-0-2288-8887-1(5))*** Tellwell Talent.

Hold on to Your Music: The Inspiring True Story of the Children of Willesden Lane. Mona Golabek & Lee Cohen. Illus. by Sonia Possentini. 2021. (ENG.). 40p. (J). (gr. -1-3). 9.99 *(978-0-316-46308-9(6));* 18.99 *(978-0-316-46313-3(2))* Little, Brown Bks. for Young Readers.

Hold on to Your Pants. Joseph Parsley. 2021. (ENG.). 28p. (J). pap. 6.99 *(978-1-956349-00-9(6),* Gotham) Penguin Publishing Group.

Hold Still. Nina LaCour. 2019. (ENG.). 272p. (YA). (gr. 7). pap. 11.99 *(978-0-525-55608-4(7),* Penguin Books) Penguin Young Readers Group.

Hold That Thought! Bree Galbraith. Illus. by Lynn Scurfield. 2021. (ENG.). 32p. (J). (gr. 3). 18.95 *(978-1-77147-294-4(4))* Owlkids Bks. Inc. CAN. Dist: Publishers Group West (PGW).

Hold the Flag High. Catherine Clinton. ed. 2022. (ENG., Illus.). 32p. (J). (gr. k-1). 20.46 *(978-1-68505-123-5(5))* Penworthy Co., LLC, The.

Hold the Flag High: The True Story of the First Black Medal of Honor Winner. Catherine Clinton. Illus. by Shane W. Evans. 2021. (ENG.). 32p. (J). (gr. k-3). pap. 7.99 *(978-0-06-050430-4(7),* Tegen, Katherine Bks) HarperCollins Pubs.

Hold Them Close: A Love Letter to Black Children. Jamilah Thompkins-Bigelow. Illus. by Patrick Dougher. 2022. (ENG.). 48p. (J). (gr. -1-3). 18.99 *(978-0-06-303617-8(7),* HarperCollins) HarperCollins Pubs.

Hold up the Sky: The Sandman & the Darkest Night Series, 3. John Stuhl. Illus. by Rhonda Harbin. 2020. (Sandman & the Darkest Night Ser.: Vol. 3). (ENG.). 198p. (J). pap. 12.00 *(978-1-7321060-3-1(7))* Stuhl, John.

Hold Your Head Up. Wendy Morris-Jackson. 2021. (ENG.). 30p. (J). pap. 19.99 *(978-0-578-87245-2(5))* Wendy Morris Jackson.

Hold Your Horses! Andrew Denton. 2018. (Animal Tales Ser.: Vol. 1). (ENG., Illus.). 40p. (J). pap. *(978-1-78623-303-5(7))* Grosvenor Hse. Publishing Ltd.

Hold Your Horses! (and Other Peculiar Sayings) Cynthia Amoroso. Illus. by Mernie Gallagher-Cole. 2023. (Understanding Idioms Ser.). (ENG.). 24p. (J). (gr. 2-5). lib. bdg. 32.79 *(978-1-5038-6563-1(0),* 216434, Wonder Books(r)) Child's World, Inc, The.

Hold Your Horses! Animal Encyclopedia - Horses for Kids - Children's Biological Science of Horses Books. Bobo's Little Brainiac Books. 2016. (ENG., Illus.). (J). pap. 7.99 *(978-1-68327-784-2(8))* Sunshine In My Soul Publishing.

Hold Your Horses Mad Libs: World's Greatest Word Game. Lindsay Seim. 2021. (Mad Libs Ser.). 48p. (J). (gr. 3-7). pap. 5.99 *(978-0-593-22619-3(4),* Mad Libs) Penguin Young Readers Group.

Hold Your Hour & Have Another (Classic Reprint) Brendan Behan. 2017. (ENG., Illus.). (J). 27.90 *(978-0-266-36764-2(X));* pap. 10.57 *(978-1-334-89854-9(5))* Forgotten Bks.

Hold Your Temper, Tiger. Carol Roth. Illus. by Rashin Kheiriyeh. 2017. (ENG.). 32p. (J). (gr. -1-3). 17.95 *(978-0-7358-4274-8(4))* North-South Bks., Inc.

Holden Moves to the Lake. Jason K. Macomson. 2018. (ENG., Illus.). 56p. (J). pap. *(978-1-387-52344-3(9))* Lulu Pr., Inc.

Holden with the Cords (Classic Reprint) W. M. L. Jay. 2018. (ENG., Illus.). 532p. (J). 34.87 *(978-0-483-03779-3(6))* Forgotten Bks.

Holdenhurst Hall: A Novel (Classic Reprint) Walter Bloomfield. 2018. (ENG., Illus.). (J). 334p. 30.79 *(978-1-396-43700-7(2));* 336p. pap. 13.57 *(978-1-390-90146-7(7))* Forgotten Bks.

Holden's Magical Blue Marble. Sherry E. Engler. 2018. (ENG., Illus.). 66p. (J). (gr. 3-6). 21.49 *(978-1-7321786-2-5(3));* pap. 16.49 *(978-1-7321786-0-1(7))* Engler, Sherry E.

Holding Back the Tide. Frank J. Deruosi. 2023. (ENG.). 432p. (YA). pap. 24.95 ***(978-1-68513-196-8(4))*** Black Rose Writing.

Holding Court. K. C. Held. 2016. 278p. (YA). *(978-1-4898-7919-6(6))* Entangled Publishing, LLC.

Holding Faith. Jessica Chambers. 2016. (ENG.). 134p. (J). pap. ***(978-1-365-01477-2(0))*** Lulu Pr., Inc.

Holding Her Own: the Exceptional Life of Jackie Ormes. Traci N. Todd. Illus. by Shannon Wright. 2023. (ENG.). 48p. (J). (gr. 2-5). 21.99 *(978-1-338-30590-6(5),* Orchard Bks.) Scholastic, Inc.

Holding Strong. Nicci Wright. 2022. (ENG.). 128p. (YA). pap. ***(978-1-3984-3901-6(0))*** Austin Macauley Pubs. Ltd.

Holding the Father's Hand. Patsy Hobbs Wilson. Illus. by Kendell Wilson. 2019. (ENG.). 34p. (J). 25.95 *(978-1-4808-7074-1(9));* pap. 16.95 *(978-1-4808-7075-8(7))* Archway Publishing.

Holding the Fort: The Fatal Error. Ryan Peek. 2021. (Holding the Fort Ser.: 1). (ENG.). 400p. (YA). 21.99 *(978-1-7357060-0-9(0));* pap. 12.99 *(978-1-7357060-2-3(7))* Pebbyville Pr.

Holding the Line (Classic Reprint) Harold Baldwin. (ENG., Illus.). (J). 2018. 368p. 31.49 *(978-0-484-03224-7(0));* 2017. pap. 13.97 *(978-0-282-52406-7(1))* Forgotten Bks.

Holding the Line (Classic Reprint) Sergeant Harold Baldwin. 2018. (ENG., Illus.). 354p. (J). 31.22 *(978-0-267-52127-2(8))* Forgotten Bks.

Holding up the Universe. Jennifer Niven. l.t. ed. 2018. (ENG.). 646p. (YA). 22.99 *(978-1-4328-5132-3(2))* Cengage Gale.

Holding up the Universe. Jennifer Niven. (ENG.). (YA). (gr. 9). 2018. 416p. pap. 10.99 *(978-0-385-75595-5(3),* Ember); 2016. 400p. 17.99 *(978-0-385-75592-4(9),* Knopf Bks. for Young Readers) Random Hse. Children's Bks.

Hole. Kerry Brown. Illus. by Lucia Masciullo. 2020. 32p. 17.99 *(978-0-7333-3523-5(3))* ABC Bks. AUS. Dist: HarperCollins Pubs.

Hole. Lisa Hong Burke. 2020. (ENG., Illus.). 48p. (J). 22.80 *(978-1-0878-6017-6(2))* Indy Pub.

Hole Book: Original Edition Of 1908. Peter Newell. Illus. by Peter Newell. 2016. (ENG., Illus.). (J). (gr. 2-6). pap. *(978-3-95940-232-3(5))* Henkea.

Hole Book: The Original Edition Of 1908. Peter Newell. Illus. by Peter Newell. 2016. (ENG., Illus.). (J). (gr. 2-6). pap. *(978-3-95940-231-6(7))* Henkea.

Hole Book (Classic Reprint) Peter Newell. (ENG., Illus.). (J). 2017. 25.09 *(978-0-331-76451-2(2));* 2017. 24.85 *(978-0-266-74289-0(0));* 2017. pap. 7.97 *(978-1-5277-0938-6(8));* 2016. pap. 9.57 *(978-1-333-49913-6(2))* Forgotten Bks.

Hole Damned World. Charles Soule. 2018. (ENG., Illus.). 136p. (YA). pap. 16.99 *(978-1-5343-0752-0(4),* f98d2945-b52b-4314-8e30-4895ea6c197b) Image Comics.

Hole in the Couch. Bonnie Linder. 2021. (Hole in the Couch Ser.: 1). (ENG.). 30p. (J). 23.00 *(978-1-0983-3629-5(1))* BookBaby.

Hole in the Dome. Steve Brezenoff. Illus. by Juan Calle Velez. 2019. (Michael Dahl Presents: Screams in Space 4D Ser.). (ENG.). 112p. (J). (gr. 3-5). lib. bdg. 27.32 *(978-1-4965-7903-4(8),* 139613, Stone Arch Bks.) Capstone.

Hole-In-the-Fence Friends. Sally M. Thompson. 2021. (ENG.). 36p. (J). pap. 16.95 *(978-1-61493-796-8(6))* Peppertree Pr., The.

Hole in the Hill. John Belchamber. 2018. (ENG.). 60p. (J). pap. ***(978-0-244-40190-0(X))*** Lulu Pr., Inc.

Hole in the Middle. Kendra Fortmeyer. 2019. (ENG.). 360p. (YA). (gr. 9). pap. 10.99 *(978-1-64129-033-3(1),* Soho Teen) Soho Pr., Inc.

Hole in the Middle. Coco Simon. 2019. (Donut Dreams Ser.: 1). (ENG.). 160p. (J). (gr. 3-7). 17.99 *(978-1-5344-6026-3(8));* pap. 6.99 *(978-1-5344-6025-6(X))* Simon Spotlight. (Simon Spotlight).

Hole in the Wall. Tevin Hansen. Illus. by Shaun Cochran. 2017. 300p. (J). 14.99 *(978-1-941429-54-9(8))* Handersen Publishing.

Hole in the Wall. Monka Jean. 2023. (ENG.). 374p. (YA). pap. ***(978-1-80016-437-6(8),*** Vanguard Press) Pegasus Elliot Mackenzie Pubs.

Hole in the Wall. Hans Wilhelm. 2019. (I Like to Read Ser.). (Illus.). 32p. (J). (gr. -1-3). pap. 7.99 *(978-0-8234-4522-6(4))* Holiday Hse., Inc.

Hole in the Wall: The Secrets of the Canyon. Tami S. Hritzay. 2023. (Hole in the Wall Ser.: 3). 98p. (J). pap. 9.99 ***(978-1-6678-7540-8(X))*** BookBaby.

Hole in the Wall (Classic Reprint) Arthur. Morrison. (ENG., Illus.). (J). 2018. 364p. 31.40 *(978-0-332-39637-8(1));* 2017. 35.24 *(978-0-331-64620-7(X));* 2017. pap. 19.57 *(978-0-259-18924-4(3))* Forgotten Bks.

Hole in the Zoo. Mick Inkpen & Chloe Inkpen. 2019. (ENG., Illus.). 32p. (J). (gr. -1 — 1). pap. 9.99 *(978-1-4449-3171-6(7))* Hachette Children's Group GBR. Dist: Hachette Bk. Group.

Hole Nine Yards. Stacia Deutsch. Illus. by Robin Boyden. 2017. (Mysterious Makers of Shaker Street Ser.). (ENG.). 112p. (J). (gr. 2-4). pap. 6.95 *(978-1-4965-4683-8(0),* 135213); lib. bdg. 22.65 *(978-1-4965-4679-1(2),* 135204) Capstone. (Stone Arch Bks.).

Hole Story. Paul Bright. Illus. by Bruce Ingman. 2017. (Andersen Press Picture Bks.). (ENG.). 32p. (gr. -1-3). 35.99 *(978-1-5124-3972-4(X))* Lerner Publishing Group.

Hole Story. Kelly Canby. 2018. (Illus.). 32p. (J). (gr. -1-k). 14.99 *(978-1-925591-12-5(3))* Fremantle Pr. AUS. Dist: Independent Pubs. Group.

Hole Story. Lori Croy. Illus. by Katelynn Hoefelman. 2021. (ENG.). 26p. (J). 25.00 *(978-1-0983-4858-8(3));* pap. 14.00 *(978-1-0983-5962-1(3))* BookBaby.

Hole Story of the Doughnut. Pat Miller. Illus. by Vincent X. Kirsch. 2016. (ENG.). 40p. (J). (gr. 1-4). 18.99 *(978-0-544-31961-5(3),* 1582246, Clarion Bks.) HarperCollins Pubs.

Holes. Louis Sachar. l.t. ed. 2017. (ENG.). 289p. 24.95 *(978-1-4328-4186-7(6))* Cengage Gale.

Holes. Louis Sachar. 2018. (ENG., Illus.). 272p. (J). 21.99 *(978-0-374-31264-0(8),* 900201609, Farrar, Straus & Giroux (BYR)) Farrar, Straus & Giroux.

Holes in the Sky. Patricia Polacco. Illus. by Patricia Polacco. 2018. (Illus.). 48p. (J). (gr. 1-4). 19.99 *(978-1-5247-3948-5(0),* G.P. Putnam's Sons Books for Young Readers) Penguin Young Readers Group.

Holes Novel Units Student Packet. Novel Units. 2019. (ENG.). (J). pap. 13.99 *(978-1-58130-615-6(6),* Novel Units, Inc.) Classroom Library Co.

Holes Novel Units Teacher Guide. Novel Units. 2019. (ENG.). (YA). pap. 12.99 *(978-1-58130-614-9(8),* Novel Units, Inc.) Classroom Library Co.

Holi. Rachel Grack. 2018. (Celebrating Holidays Ser.). (ENG., Illus.). 24p. (J). (gr. k-3). lib. bdg. 26.95 *(978-1-62617-787-1(2),* Blastoff! Readers) Bellwether Media.

Holi. Michelle Lee. 2016. (World's Greatest Celebrations Ser.). (ENG., Illus.). 32p. (gr. 3-8). 27.99 *(978-1-62920-572-4(9))* Scobre Pr. Corp.

Holi. Betsy Rathburn. 2023. (Happy Holidays! Ser.). (ENG., Illus.). (J). (gr. -1-2). pap. 7.99 Bellwether Media.

Holi. Contrib. by Betsy Rathburn. 2023. (Happy Holidays! Ser.). (ENG., Illus.). (J). (gr. -1-2). lib. bdg. 25.95 Bellwether Media.

Holi 50 Activity Book: Holi Dance Choreographies, Storytime, Crafts, Recipes, Puzzles, Word Games, Coloring & More! Ajanta Chakraborty & Vivek Kumar. 2020. (Maya & Neel's India Adventure Ser.: Vol. 14). (ENG., Illus.). 76p. (J). (gr. k-2). pap. 9.99 *(978-1-945792-54-0(X))* Bollywood Groove.

Holi Colors, 1 vol. Rina Singh. 2018. (ENG., Illus.). 24p. (J). (gr. -1 — 1). bds. 9.95 *(978-1-4598-1849-1(0))* Orca Bk. Pubs. USA.

Holi Festival of Color. Grace Hansen. 2022. (World Festivals Ser.). (ENG.). 24p. (J). (gr. -1-2). lib. bdg. 32.79 *(978-1-0982-6177-1(1),* 40971, Abdo Kids) ABDO Publishing Co.

Holiday!, 1 vol. Natalie Nelson. 2020. (ENG., Illus.). 32p. (J). (gr. -1-2). 18.95 *(978-1-77306-200-6(X))* Groundwood Bks. CAN. Dist: Publishers Group West (PGW).

Holiday Adventure ... This Ain't No OZ. Jane McLaughlin. Illus. by Samantha Senni. 2021. (ENG.). 38p. (J). 23.99 ***(978-1-0879-1477-0(9))*** Indy Pub.

Holiday Assortment Clip Strip. Highlights. 2022. (J). (gr. 1-4). pap., pap. 83.88 *(978-1-63962-017-3(6),* Highlights) Highlights Pr., c/o Highlights for Children, Inc.

Holiday at the Zoo. Bobbicat. 2018. (ENG., Illus.). (J). (gr. k-3). 19.99 *(978-1-63363-257-8(1))* White Bird Pubns.

Holiday Baking Party, 12 vols. 2017. (Holiday Baking Party Ser.). (ENG.). 32p. (J). (gr. 3-4). lib. bdg. 169.62 *(978-1-5382-1414-5(8),* 83a7a723-1966-42d4-b97f-0c91472488c9) Stevens, Gareth Publishing LLLP.

Holiday Balloon. J. W. Mikula. 2019. (ENG.). 42p. (J). 26.95 *(978-1-64569-442-7(9));* pap. 16.95 *(978-1-64569-440-3(2))* Christian Faith Publishing.

Holiday Blues: A Sweet Holiday Romance. Sara Breaker. 2021. (ENG.). 208p. (YA). pap. ***(978-0-473-59861-7(2))*** Zeta Indie Pub.

Holiday Boys: A Creation of Teachable Lessons for Children. M. S. Onicka J. Daniel. 2017. (ENG., Illus.). (J). pap. 9.99 *(978-0-692-90518-0(9))* Daniel, Onicka J.

Holiday Boys: Big Brother's Little Problem. M. S. Onicka J. Daniel & Alesha R. Brown. Ed. by Alesha R. Brown. 2018. (ENG.). 46p. (J). pap. 12.99 *(978-0-578-40429-5(X))* Daniel, Onicka J.

Holiday Boys & the Tall Man: A Creation of Teachable Lessons for Children. Onicka J. Daniel. Illus. by Muje Creations. 2017. (ENG.). (J). pap. 12.99 *(978-0-692-95713-4(8))* Daniel, Onicka J.

Holiday Boys Make a New Friend. Onicka J. Daniel. Illus. by Muje Creations Agency. 2018. (ENG.). 62p. (J). pap. 13.99 *(978-0-692-08712-1(5))* Daniel, Onicka J.

Holiday Cards: 25 Clever Cards to Color + Envelopes Included. Clever Publishing. Illus. by Olga Utchenko. 2018. (Clever Cards to Color Ser.). (ENG.). 54p. (J). (gr. -1-1). 10.99 *(978-1-948418-28-7(2))* Clever Media Group.

Holiday Celebration Sticker Book: 1000 Clever Stickers. Clever Publishing. Illus. by Margarita Kukhtina. 2019. (Clever Stickers Ser.). (ENG.). 96p. (J). (gr. -1-3). pap. 9.99 *(978-1-949998-06-1(1))* Clever Media Group.

Holiday Day. Belinda Blizzard. 2022. (ENG.). 36p. (J). pap. 14.95 *(978-1-63814-183-9(5))* Covenant Bks.

Holiday Entertainment, or the Good Child's Fairing: Containing the Plays & Sports of Charles & Billy Welldon, & Other Little Boys & Girls Who Went with Them to the Fair (Classic Reprint) Thomas Bewick. 2018. (ENG., Illus.). 38p. (J). 24.64 *(978-0-332-95843-9(4))* Forgotten Bks.

Holiday Entertainment, or the Good Child's Fairing: Containing the Plays & Sports of Charles & Billy Welldon, & Other Little Boys & Girls Who Went with Them to the Fair; with the Fancies of the Old Man That Lived under the Hill (Classic Reprint) Unknown Author. (ENG., Illus.). (J). 2018. 32p. 24.58 *(978-0-267-57751-4(6));* 2016. pap. 7.97 *(978-1-334-16136-0(4))* Forgotten Bks.

Holiday Entertainments: Together with Ninety-Nine Other Choice Readings & Recitations (Classic Reprint) Unknown Author. (ENG., Illus.). (J). 2018. 150p. 27.01 *(978-0-656-34363-8(X));* 2017. pap. 9.57 *(978-0-243-40869-6(2))* Forgotten Bks.

Holiday Facts & Fancies: Full yet Simple Explanations of the American Holidays (Classic Reprint) Clara Janetta Denton. 2018. (ENG., Illus.). 142p. (J). 26.83 *(978-0-656-97152-7(5))* Forgotten Bks.

Holiday for Ari Ant. Sylvia Rouss. Illus. by Katherine Janus Kahn. 2016. (ENG.). 24p. (J). pap. 9.95 *(978-1-68115-507-4(9),* ba2f5450-de4f-4717-befc-c9c4ed3658bb) Behrman Hse., Inc.

Holiday for Ari Ant. Sylvia Rouss. 2016. (Illus.). 24p. (J). pap. *(978-965-229-664-1(3))* Gefen Bks.

Holiday Fun, 10 vols., Set. Abbie Mercer. Incl. Happy Halloween. lib. bdg. 26.27 *(978-1-4042-3806-0(9),* c384c9b7-a2ee-43e7-9dab-8612504fa73f); Happy New Year. lib. bdg. 26.27 *(978-1-4042-3808-4(5),* a1afa796-119a-4fe6-86bb-4f6b2c83c583); Happy St. Patrick's Day. lib. bdg. 26.27 *(978-1-4042-3811-4(5),* a780f823-a3be-483d-9010-beb5e7c4cbd5); Happy Thanksgiving. lib. bdg. 26.27 *(978-1-4042-3807-7(7),* 9fad18ff-fc35-4cbe-b673-447c1100d876); Happy Valentine's Day. lib. bdg. 26.27 *(978-1-4042-3809-1(3),* f8bbd793-e32a-4545-8337-de69f15a0bea); (Illus.). 24p. (J). (gr. 2-3). 2007. (Holiday Fun Ser.: Vol. 4). (ENG.). 2007. 131.35 *(978-1-4042-3874-9(3),* d5dcaa09-d52d-41da-b080-c104894b1db8) Rosen Publishing Group, Inc., The.

894

The check digit for ISBN-10 appears in parentheses after the full ISBN-13

TITLE INDEX HOLLY & PIZEN

Holiday Game Night. Sahir Husain & Dana McCall. 2021. (ENG.). 36p. (J). pap. 9.99 *(978-1-7372458-1-0(7))* Legacy of Negasi.

Holiday Gift. William Anthony. Illus. by Maia Batumashvili. 2023. (Level 4/5 - Blue/Green Set Ser.). (ENG.). 32p. (J). (gr. 1-3). lib. bdg. 19.95 Bearport Publishing Co., Inc.

Holiday Gifts. Anastasia Suen. 2017. (Craft It! Ser.). (ENG.). 24p. (gr. 2-4). pap. 9.95 *(978-1-68342-885-5(4),* 9781683428855) Rourke Educational Media.

Holiday Ha Ha Ha! Simon & Schuster UK. 2018. (ENG.). 320p. (J). pap. 7.99 *(978-1-4711-4622-0(7),* Simon & Schuster Children's) Simon & Schuster, Ltd. GBR. Dist: Simon & Schuster, Inc.

Holiday Handbooks: How to Carry Your Halloween Candy. Steffon Thomas. Illus. by Barb Dragony. 2020. (Holiday Handbooks Ser.: 1). (ENG.). 28p. (J). pap. 10.99 *(978-1-0983-4243-2(7))* BookBaby.

Holiday Handbooks: How to Decorate Your Christmas Tree. Steffon Thomas. Illus. by Barb Dragony. 2021. (ENG.). 28p. (J). pap. 10.99 *(978-1-6678-0143-8(0))* BookBaby.

Holiday Helpers! (PAW Patrol) Random House. Illus. by Random House. 2016. (Pictureback(R) Ser.). (ENG., Illus.). 24p. (J). (gr. -1-2). pap. 5.99 *(978-0-399-55874-0(8),* Random Hse. Bks. for Young Readers) Random Hse. Children's Bks.

Holiday Hill (Yesterday's Classics) Edith M. Patch. Illus. by Wilfrid S. Bronson. 2020. (ENG.). 104p. (J). pap. 11.95 *(978-1-63334-049-7(X))* Yesterday's Classics.

Holiday Histories Set, 16 vols. 2019. (Holiday Histories Ser.). (ENG.). 24p. (J). (gr. 1-2). lib. bdg. 202.16 *(978-1-7253-0174-0(1),* 9ba49c60-ba46-4b39-8d5e-323ecd9dad42, PowerKids Pr.) Rosen Publishing Group, Inc., The.

Holiday Hours Improved (Classic Reprint) American Sunday School Union. (ENG., Illus.). (J). 2018. 236p. 28.76 *(978-0-483-55207-4(0));* 2017. pap. 11.57 *(978-0-243-18396-8(8))* Forgotten Bks.

Holiday House. Catherine Sinclair. 2017. (ENG.). 392p. (J). pap. *(978-3-337-29099-3(X))* Creation Pubs.

Holiday House: A Series of Tales; Dedicated to Lady Diana Boyle (Classic Reprint) Catherine Sinclair. 2017. (ENG., Illus.). (J). 29.26 *(978-1-5279-8519-3(9))* Forgotten Bks.

Holiday Hurry: A Tabbed Board Book. Matt Mitter. Illus. by Jannie Ho. 2020. (Little Engine That Could Ser.). 16p. (J). (— 1). bds. 7.99 *(978-0-593-09645-1(2),* Grosset & Dunlap) Penguin Young Readers Group.

Holiday Husband (Classic Reprint) Dolf Wyllarde. (ENG., Illus.). (J). 2018. 314p. 30.37 *(978-0-483-40323-9(7));* 2017. pap. 13.57 *(978-0-243-52146-3(4))* Forgotten Bks.

Holiday in Bed: And Other Sketches (Classic Reprint) James Matthew Barrie. 2017. (ENG., Illus.). (J). 27.53 *(978-1-5283-8184-0(X))* Forgotten Bks.

Holiday in Gaol (Classic Reprint) Frederic Martyn. 2017. (ENG., Illus.). (J). 29.94 *(978-0-266-19937-3(2))* Forgotten Bks.

Holiday in Iceland (Classic Reprint) N. L. Van Gruisen. 2018. (ENG., Illus.). 112p. (J). 26.23 *(978-0-428-98282-9(4))* Forgotten Bks.

Holiday in the Happy Valley: With Pen & Pencil (Classic Reprint) T. R. Swinburne. 2017. (ENG., Illus.). (J). 412p. 32.39 *(978-0-484-14093-5(0));* pap. 16.57 *(978-0-282-17479-8(6))* Forgotten Bks.

Holiday Journal Notebook. Taraji Taraji Art. 2022. (ENG.). 102p. (YA). pap. *(978-1-387-45043-5(3))* Lulu Pr., Inc.

Holiday Letters from Athens, Cairo, & Weimar (Classic Reprint) Matilda Betham -Edwards. 2018. (ENG., Illus.). 258p. (J). 29.22 *(978-0-267-44471-7(0))* Forgotten Bks.

Holiday Makers, 12 vols. 2022. (Holiday Makers Ser.). (ENG.). 32p. (J). (gr. 3-4). lib. bdg. 167.58 *(978-1-5383-8744-3(1),* 21d415db-9750-441a-917e-2a301f5a4901, PowerKids Pr.) Rosen Publishing Group, Inc., The.

Holiday Meadow (Yesterday's Classics) Edith M. Patch. Illus. by Wilfrid S. Bronson. 2020. (ENG.). 112p. (J). pap. 11.95 *(978-1-63334-048-0(1))* Yesterday's Classics.

Holiday Memories a Keepsake Journal for Grandparents & Their Grandchildren. Meaningful Moments. 2018. (ENG., Illus.). 154p. (J). *(978-0-359-20323-9(X))* Lulu Pr., Inc.

Holiday Mindful Memory Keeper: The First Five Years - Kids Edition. Tamara Hackett. Illus. by Tamara Hackett. 2019. (Mindful Memory Keeper Ser.: Vol. 1). (ENG.). 28p. (J). pap. *(978-1-7753443-3-9(9))* Sweet Clover Studios.

Holiday Mischief with Stitch. Disney Books. 2020. (ENG.). 24p. (J). (gr. 1-3). 9.99 *(978-1-368-06544-3(9),* Disney Press Books) Disney Publishing Worldwide.

Holiday on Ice. Rebecca Freking. 2018. (ENG.). 32p. (J). pap. *(978-0-359-21530-0(0))* Lulu Pr., Inc.

Holiday on the Road: An Artist's Wanderings in Kent, Sussex, & Surrey (Classic Reprint) James John Hissey. 2017. (ENG., Illus.). (J). 33.22 *(978-0-331-70608-6(3))* Forgotten Bks.

Holiday Papers (Classic Reprint) Harry Jones. 2017. (ENG., Illus.). 452p. (J). 33.24 *(978-1-5282-8787-6(8))* Forgotten Bks.

Holiday Plays for Home, School & Settlement (Classic Reprint) Virginia Olcott. 2017. (ENG., Illus.). 216p. (J). 28.37 *(978-0-332-85903-3(7))* Forgotten Bks.

Holiday Pond (Yesterday's Classics) Edith M. Patch. 2020. (ENG., Illus.). 116p. (J). (gr. 3-5). pap. 11.95 *(978-1-63334-050-3(3))* Yesterday's Classics.

Holiday Rambles in Ordinary Places (Classic Reprint) Richard Holt Hutton. (ENG., Illus.). (J). 2018. 342p. 30.95 *(978-0-364-07086-4(2));* 2017. pap. 13.57 *(978-0-259-29955-4(3))* Forgotten Bks.

Holiday Rambles, or Peeps into the Book of Nature (Classic Reprint) Elizabeth Grant. (ENG., Illus.). (J). 2018. 210p. 28.23 *(978-0-267-30729-6(2));* 2016. pap. 10.57 *(978-1-333-34048-3(6))* Forgotten Bks.

Holiday Recollections. Barbara A. Pierce. 2022. (ENG.). 24p. (J). 13.99 *(978-1-955136-72-3(6));* pap. 8.99 *(978-1-955136-71-6(8))* New Leaf Media, LLC.

Holiday Reward: Or Tales to Instruct & Amuse Good Children, During the Christmas & Midsummer Vacations (Classic Reprint) Ventum. 2018. (ENG., Illus.). 186p. (J). 27.73 *(978-0-484-30523-5(9))* Forgotten Bks.

Holiday Science: 10 Fun Chemistry & Food Science Projects Bring Science Home, 1 vol. Contrib. by Scientific American. 2022. (Bring Science Home Ser.). (ENG.). 64p. (J). (gr. 5-6). pap. 14.55 *(978-1-68416-981-8(X),* 73b53a73-d050-48d6-98ee-ee2cf377b2oe) Rosen Publishing Group, Inc., The.

Holiday Season: 989 Things to Find. Clever Publishing. Illus. by Margarita Kukhtina. 2018. (Look & Find Ser.). (ENG.). 24p. (J). (gr. -1-1). 9.99 *(978-1-948418-31-7(2))* Clever Media Group.

Holiday Shore (Yesterday's Classics) Edith M. Patch & Carroll Lane Fenton. 2020. (ENG., Illus.). 124p. (J). pap. 11.95 *(978-1-63334-051-0(1))* Yesterday's Classics.

Holiday Star. Kathy Nordgren. 2022. (ENG.). 26p. (J). pap. 14.99 *(978-1-0880-6277-7(6))* Indy Pub.

Holiday Sticker Celebration! (Nickelodeon) Golden Books. Illus. by Golden Books. 2021. (ENG., Illus.). 32p. (J). (gr. -1-2). pap. 9.99 *(978-0-593-38047-5(9),* Golden Bks.) Random Hse. Children's Bks.

Holiday Stories: With Many Pictures (Classic Reprint) Samuel Raynor. (ENG., Illus.). (J). 2018. 112p. 26.21 *(978-0-484-51417-0(2));* 2017. pap. 9.57 *(978-0-243-31226-9(1))* Forgotten Bks.

Holiday Stories for Young People. Margaret Elizabeth Sangster. 2017. (ENG., Illus.). (J). 24.95 *(978-1-374-93782-6(7));* pap. 14.95 *(978-1-374-93781-9(9))* Capital Communications, Inc.

Holiday Story. Barbara Poor. Illus. by Elizabeth Eichelberger. 2021. (ENG.). 40p. (J). pap. *(978-1-7948-3865-9(1))* Lulu Pr., Inc.

Holiday Story. Barbara Poor & Elizabeth Eichelberger. 2019. (ENG., Illus.). 40p. (J). pap. 20.00 *(978-0-359-20839-5(8))* Lulu Pr., Inc.

Holiday Switch. Tif Marcelo. 2021. (Underlined Paperbacks Ser.). 272p. (YA). (gr. 7). pap. 9.99 *(978-0-593-37955-4(1),* Underlined) Random Hse. Children's Bks.

Holiday Symbols. Terri Haelle. 2018. (Discovery Days Ser.). (ENG., Illus.). 16p. (gr. -1-2). lib. bdg. 28.50 *(978-1-64156-180-8(7),* 9781641561808) Rourke Educational Media.

Holiday Tales. Florence Wilford. 2019. (ENG., Illus.). 78p. (YA). pap. *(978-93-5329-497-5(5))* Alpha Editions.

Holiday Tales: Christmas in the Adirondacks (Classic Reprint) W. H. H. Murray. 2018. (ENG., Illus.). 116p. (J). 26.29 *(978-0-483-62174-9(9))* Forgotten Bks.

Holiday Tales (Classic Reprint) Unknown Author. 2018. (ENG., Illus.). 220p. (J). 28.45 *(978-0-484-26166-1(5))* Forgotten Bks.

Holiday Tales (Classic Reprint) A. Friend to Youth. 2018. (ENG., Illus.). 56p. (J). 25.05 *(978-0-428-92663-2(0))* Forgotten Bks.

Holiday Tasks: Being Essays Written in Vacation Time (Classic Reprint) James Payn. (ENG., Illus.). (J). 2018. 276p. 29.59 *(978-0-483-15045-4(2));* 2016. pap. 11.97 *(978-1-334-65437-4(9))* Forgotten Bks.

Holiday Time Santa Claus Coloring Book. Activibooks For Kids. 2016. (ENG., Illus.). (J). pap. 9.20 *(978-1-68321-486-1(2))* Mimaxion.

Holiday Trip to Canada (Classic Reprint) Mary J. Sansom. (ENG., Illus.). (J). 2018. 134p. 26.66 *(978-0-267-57945-7(4));* 2016. pap. 9.57 *(978-1-334-16043-1(0))* Forgotten Bks.

Holiday Trips, in Extempore Doggerel (Classic Reprint) William Symonds. (ENG., Illus.). (J). 2018. 198p. 27.98 *(978-0-428-53748-7(0));* 2017. pap. 10.57 *(978-0-259-82644-6(8))* Forgotten Bks.

Holiday Visitor. Trista Shaye. 2020. (Big the Barn Cat Ser.: Vol. 2). (ENG.). 168p. (J). 19.00 *(978-1-0879-2428-1(6))* Indy Pub.

Holiday Waters. Ginna Moran. 2018. (Call of the Ocean Ser.: Vol. 5). (ENG., Illus.). 172p. (YA). pap. 7.99 *(978-1-942073-78-9(X))* Sunny Palms Pr.

Holidays. Nathan Boughton Warren. 2017. (ENG.). 284p. (J). pap. *(978-3-337-28948-5(7))* Creation Pubs.

Holidays: A Book of Gay Stories (Classic Reprint) Henri Duvernois. 2018. (ENG., Illus.). 268p. (J). 29.42 *(978-0-483-51774-5(7))* Forgotten Bks.

Holidays: Christmas, Easter, & Whitsuntide; Their Social Festivities (Classic Reprint) Nathan Boughton Warren. 2017. (ENG., Illus.). (J). 29.98 *(978-0-331-70489-1(7))* Forgotten Bks.

Holidays Abroad, or Europe from the West, Vol. 1 (Classic Reprint) Caroline Matilda Kirkland. (ENG., Illus.). (J). 2018. 310p. 30.29 *(978-0-483-33600-1(9));* 2017. pap. 13.57 *(978-0-259-19416-3(6))* Forgotten Bks.

Holidays Abroad, Vol. 2: Or Europe from the West (Classic Reprint) Caroline Matilda Kirkland. (ENG., Illus.). (J). 2018. 340p. 30.91 *(978-0-483-37737-0(6));* 2016. pap. 13.57 *(978-1-334-13353-4(0))* Forgotten Bks.

Holidays among the Mountains: Or Scenes & Stories of Wales (Classic Reprint) M. Betham Edwards. 2018. (ENG., Illus.). 176p. (J). 27.57 *(978-0-484-28488-2(6))* Forgotten Bks.

Holidays & How to Use Them (Classic Reprint) Charles David Musgrove. 2018. (ENG., Illus.). 212p. (J). 28.27 *(978-0-483-55450-4(2))* Forgotten Bks.

Holidays Are Better with Friends (Friends Picture Book) (Media Tie-In) Micol Ostow. Illus. by Keiron Ward. ed. 2022. (ENG.). 40p. (J). (gr. 1-3). 17.99 *(978-1-338-84043-8(6))* Scholastic, Inc.

Holidays Around the World. Wil Mara. 2020. (Customs Around the World Ser.). (ENG.). 32p. (J). (gr. 1-3). pap. 7.95 *(978-1-9771-2669-6(3),* 201703); (Illus.). lib. bdg. 29.32 *(978-1-9771-2369-5(4),* 200379) Capstone. (Pebble).

Holidays Around the World, 1 vol. Jeff Sferazza. 2018. (Adventures in Culture Ser.). (ENG.). 24p. (gr. 1-2). 24.27 *(978-1-5382-1867-9(4),* 869edfe9-b318-4d56-86b9-b99b235793ae) Stevens, Gareth Publishing LLLP.

Holidays Around the World - Celebrate Thanksgiving. Deborah Heiligman. 2017. (Holidays Around the World Ser.). (Illus.). 32p. (J). (gr. 1-3). pap. 7.99 *(978-1-4263-2847-3(8),* National Geographic Kids) Disney Publishing Worldwide.

Holidays Around the World: Celebrate Passover: With Matzah, Maror, & Memories. Deborah Heiligman. 2017. (Holidays Around the World Ser.). (Illus.). 32p. (J). (gr. 1-3). pap. 7.99 *(978-1-4263-2745-2(5),* National Geographic Kids) Disney Publishing Worldwide.

Holidays Around the World: Celebrate Rosh Hashanah & Yom Kippur: With Honey, Prayers, & the Shofar. Deborah Heiligman. 2016. (Holidays Around the World Ser.). 32p. (J). (gr. 3-7). pap. 7.99 *(978-1-4263-2628-8(9),* National Geographic Kids) Disney Publishing Worldwide.

Holidays Around the World: Celebrate Valentine's Day: With Love, Cards, & Candy. Carolyn Otto. 2016. (Holidays Around the World Ser.). 32p. (J). (gr. 3-7). pap. 7.99 *(978-1-4263-2747-6(1),* National Geographic Kids) Disney Publishing Worldwide.

Holidays at Brighton; or Sea-Side Amusements (Classic Reprint) Unknown Author. 2018. (ENG., Illus.). 164p. (J). 27.28 *(978-0-267-25545-0(4))* Forgotten Bks.

Holidays at Grannie & Dod's. Sherlett Hope-King. 2018. (ENG., Illus.). 20p. (J). (gr. k-6). 21.95 *(978-1-61244-705-6(8));* pap. 14.95 *(978-1-61244-670-7(1))* Halo Publishing International.

Holidays at Home. Margaret Vandegrift. 2017. (ENG.). 308p. (J). pap. *(978-3-337-28988-1(6))* Creation Pubs.

Holidays at Home: For Boys & Girls (Classic Reprint) Margaret Vandegrift. (ENG., Illus.). (J). 2018. 304p. 30.17 *(978-0-483-92183-2(1));* 2017. pap. 13.57 *(978-0-243-32101-8(5))* Forgotten Bks.

Holidays at Home & Abroad (Classic Reprint) Alfred George. (ENG., Illus.). (J). 2018. 226p. 28.58 *(978-0-484-63523-3(9));* 2016. pap. 10.97 *(978-1-334-13228-5(3))* Forgotten Bks.

Holidays at Roselands: A Sequel to Elsie Dinsmore (Classic Reprint) Martha Farquharson. 2018. (ENG., Illus.). 358p. (J). 31.28 *(978-0-267-25132-2(7))* Forgotten Bks.

Holidays at Sunnycroft & a Year at Coverley (Classic Reprint) Annie S. Swan. 2018. (ENG., Illus.). 118p. (J). 26.33 *(978-0-483-84753-8(4))* Forgotten Bks.

Holidays for Kids Christmas & Thanksgiving Quiz Book for Kids Children's Questions & Answer Game Books. Dot Edu. 2017. (ENG., Illus.). 64p. (J). pap. 9.55 *(978-1-5419-1697-5(2),* Dot EDU (Educational & Textbooks)) Speedy Publishing LLC.

Holidays in Rhythm & Rhyme. Emma Bernay & Emma Carlson Berne. Illus. by Geraldine Rodriguez et al. 2018. (Holidays in Rhythm & Rhyme Ser.). (ENG.). 24p. (J). 407.88 *(978-1-5158-4625-3(3),* 29694) Cantata Learning.

Holidays in Tents (Classic Reprint) William Macbride Childs. 2018. (ENG., Illus.). 254p. (J). 30.13 *(978-0-332-14880-9(7))* Forgotten Bks.

Holidays in Trees: Harvest Festival. Cammy Marble. 2022. (ENG.). 28p. (J). 24.99 *(978-1-63988-426-1(2));* pap. 14.99 *(978-1-63988-430-8(0))* Primedia eLaunch LLC.

Holidays (Set), 8 vols. 2018. (Holidays (Cody Koala) Ser.). (ENG.). 24p. (J). (gr. k-3). lib. bdg. 250.88 *(978-1-5321-6194-0(8),* 30171, Pop! Cody Koala) Pop!.

Holidays Set 2 (Set), 6 vols. Julie Murray. 2018. (Holidays (Abdo Kids Junior) Ser.). (ENG.). 24p. (J). (gr. -1-2). lib. bdg. 188.16 *(978-1-5321-8169-6(8),* 29811, Abdo Kids) ABDO Publishing Co.

Holidays (Set Of 8) 2019. (Holidays Ser.). (ENG.). 192p. (J). (gr. 1-1). pap. 71.60 *(978-1-64185-565-5(7),* 1641855657) North Star Editions.

Holidays Together: Celebrate! Holidays. Sophia Day & Megan Johnson. Illus. by Stephanie Strouse. 2020. (Celebrate! Ser.: 27). 32p. (J). bds. 4.99 *(978-1-64516-972-7(3),* 8f03fc28-3fb2-4b8e-b5e1-d3a42241f6bd) MVP Kids Media.

Holidays with a Tail: A Tale of Winter Celebrations. Kelly Bouldin Darmofal. 2021. (ENG.). 34p. (J). 27.95 *(978-1-61599-616-2(8));* pap. 16.95 *(978-1-61599-615-5(X))* Loving Healing Pr., Inc.

Holidays with Grandmother - Likizo Na Bibi. Violet Otieno. Illus. by Catherine Groenewald. 2023. (SWA.). 48p. (J). pap. *(978-1-922876-38-6(0))* Library For All Limited.

Holidays with Grandmother - Vacances Avec Grand-Mère. Violet Otieno. Illus. by Catherine Groenewald. 2022. (FRE.). 48p. (J). pap. *(978-1-922849-79-3(0))* Library For All Limited.

Holidays with Max & Kate, 1 vol. Mick Manning. 2018. (Let's Read with Max & Kate Ser.). (ENG.). 24p. (gr. 1-2). 25.27 *(978-1-5383-4045-5(3),* 20969269-0d52-4aa2-9292-adefe0e4878b); pap. 9.25 *(978-1-5383-4046-2(1),* 97b6a92b-4748-4cd2-bca0-852d6368ba34) Rosen Publishing Group, Inc., The. (PowerKids Pr.).

Holiness, Oh What a Place to Be! Jennifer Aboderin. 2022. (ENG., Illus.). 28p. (J). pap. 14.95 *(978-1-63844-524-1(9))* Christian Faith Publishing.

Holland (Classic Reprint) Nico Jungman. 2018. (ENG., Illus.). 512p. (J). 34.46 *(978-0-364-01003-7(7))* Forgotten Bks.

Holland of Today (Classic Reprint) George Wharton Edwards. 2018. (ENG., Illus.). 446p. (J). 33.10 *(978-0-267-81788-7(6))* Forgotten Bks.

Holland Sketches (Classic Reprint) Edward Penfield. (ENG., Illus.). (J). 2018. 134p. 26.68 *(978-0-267-78343-4(4));* 2016. pap. 9.57 *(978-1-334-27617-0(X))* Forgotten Bks.

Holland-Tide: Or Munster Popular Tales (Classic Reprint) Gerald Griffin. 2018. (ENG., Illus.). 386p. (J). 31.86 *(978-0-484-28256-7(5))* Forgotten Bks.

Holland-Tide; the Aylmers of Bally-Aylmer; the Hand & Word; the Barber of Bantry (Classic Reprint) Gerald Griffin. (ENG., Illus.). (J). 2018. 452p. 33.24 *(978-0-483-33332-1(8));* 2016. pap. 16.57 *(978-1-333-46428-8(2))* Forgotten Bks.

Hollands (Classic Reprint) Virginia F. Townsend. (ENG., Illus.). (J). 2018. 416p. 32.48 *(978-0-267-30751-7(9));* 2016. pap. 16.57 *(978-1-333-34260-9(8))* Forgotten Bks.

Hollenlarm an Halloween. Loreley Amiti. Illus. by Simone Stanghini. 2017. (GER.). (J). pap. *(978-0-9956761-3-8(5))* Littwitz Pr.

Holler for a Dollar. Jeremy a Frazier. 2016. (ENG., Illus.). (J). (gr. k-6). 16.99 *(978-0-692-78756-4(9))* Frazier, Jeremy A.

Holler House. Mark Kurtis, Jr. 2021. (ENG.). 102p. (YA). pap. 7.99 *(978-1-393-98913-4(6))* Draft2Digital.

Holler of the Fireflies. David Barclay Moore. 368p. (J). (gr. 5). 2023. 8.99 *(978-1-5247-0131-4(9),* Yearling); 2022. 17.99 *(978-1-5247-0128-4(9),* Knopf Bks. for Young Readers); 2022. (ENG.). lib. bdg. 20.99 *(978-1-5247-0129-1(7),* Knopf Bks. for Young Readers) Random Hse. Children's Bks.

Hollers Bunch Goes to Lunch. Bev Beck. 2019. (ENG., Illus.). 24p. (J). (gr. k-2). E-Book 12.99 *(978-1-59095-377-8(0),* ExamWise) Total Recall Learning, Inc.

Hollow. Rhonda Parrish. 2020. (ENG.). 184p. (YA). pap. *(978-1-989407-14-1(5))* Tyche Bks., Ltd.

Hollow. Amanda Sinatra. 2020. (ENG.). 232p. (YA). pap. *(978-0-9935898-6-7(3))* Notebook Publishing.

Hollow. Shannon Watters & Branden Boyer-White. Illus. by Berenice Nelle. 2022. (ENG.). 176p. (YA). 24.99 *(978-1-68415-851-5(6));* pap. 19.99 *(978-1-68415-852-2(4))* BOOM! Studios.

Hollow Chest. Brita Sandstrom. (ENG.). 352p. (J). (gr. 3-7). 2022. pap. 7.99 *(978-0-06-287075-9(0));* 2021. (Illus.). 16.99 *(978-0-06-287074-2(2))* HarperCollins Pubs. (Waldon Pond Pr.).

Hollow City: the Graphic Novel: The Second Novel of Miss Peregrine's Peculiar Children. Ransom Riggs. 2016. (Miss Peregrine's Peculiar Children: the Graphic Novel Ser.: 2). (ENG., Illus.). 272p. (YA). (gr. 8-17). 20.00 *(978-0-316-30679-9(7))* Yen Pr. LLC.

H

Hollow Cove Dreams. Leigh Allen. 2019. (Hollow Cove High Ser.: Vol. 1). (ENG.). 154p. (YA). (gr. 7-12). pap. 9.99 *(978-1-64533-122-3(9))* Kingston Publishing Co.

Hollow Cove Promises. Leigh Allen. 2019. (Hollow Cove High Ser.: Vol. 2). (ENG.). 116p. (YA). pap. 7.99 *(978-1-64533-855-0(X))* Kingston Publishing Co.

Hollow Crown. Jeff Wheeler. 2017. (Kingfountain Ser.: 4). (ENG., Illus.). 302p. pap. 14.95 *(978-1-5039-4396-4(8),* 9781503943964, 47North) Amazon Publishing.

Hollow Dolls. MarcyKate Connolly. (Hollow Dolls Ser.: 1). (ENG.). 272p. (J). (gr. 3-7). 2021. pap. 7.99 *(978-1-7282-4393-1(9));* 2020. 16.99 *(978-1-4926-8819-8(3))* Sourcebooks, Inc.

Hollow Fields (Color Edition) Vol. 3. Madeleine Rosca. 2019. (Hollow Fields Ser.: 3). (Illus.). 180p. (J). (gr. 2-5). pap. 12.99 *(978-1-62692-964-7(5),* 900195731) Seven Seas Entertainment, LLC.

Hollow Fires. Samira Ahmed. (ENG.). (YA). (gr. 7-17). 2023. 432p. pap. 11.99 *(978-0-316-28274-1(X));* 2022. (Illus.). 416p. 18.99 *(978-0-316-28264-2(2))* Little, Brown Bks. for Young Readers.

Hollow Girl. Hillary Monahan. 2017. ix, 261p. (YA). *(978-1-5247-0188-8(2),* Delacorte Pr.) Random Hse. Children's Bks.

Hollow Heart. Marie Rutkoski. 2021. (Forgotten Gods Ser.: 2). (ENG.). 304p. (YA). 18.99 *(978-0-374-31384-5(9),* 900222002, Farrar, Straus & Giroux (BYR)) Farrar, Straus & Giroux.

Hollow Inside. Brooke Lauren Davis. (ENG.). (YA). 2022. 384p. pap. 11.99 *(978-1-5476-0621-4(5),* 900234576); 2021. 352p. 17.99 *(978-1-5476-0611-5(8),* 900234536) Bloomsbury Publishing USA. (Bloomsbury Young Adult).

Hollow of Her Hand (Classic Reprint) George Barr McCutcheon. 2017. (ENG., Illus.). (J). 33.07 *(978-0-266-18960-2(1))* Forgotten Bks.

Hollow Promises. Stevie Claxton. 2022. (ENG.). 244p. (YA). pap. 13.99 *(978-1-0880-1512-4(3))* Indy Pub.

Hollow Queen. Sherry D. Ficklin. 2022. (Stolen Empire Ser.: Vol. 5). (ENG.). 224p. (J). pap. 8.95 *(978-1-63422-503-8(1))* Clean Teen Publishing.

Hollow Tree & Deep Woods Book. Albert B. Paine. Illus. by J. M. Condé. 2020. (ENG.). 160p. (J). pap. 9.99 *(978-1-63384-617-3(2))* Wilder Pubns., Corp.

Hollow Tree & Deep Woods Book: Being a New Edition in One Volume of the Hollow Tree & in the Deep Woods with Several New Stories & Pictures Added (Classic Reprint) Albert Bigelow Paine. 2017. (ENG., Illus.). (J). 29.55 *(978-0-265-36045-3(5))* Forgotten Bks.

Hollow Tree Children. Patrick Walliams. 2018. (ENG., Illus.). 314p. (J). pap. *(978-1-912145-14-0(6))* Acorn Independent Pr.

Hollow Tree Nights & Days, Being a Continuation of the Stories about, the Hollow Tree & Deep Woods People (Classic Reprint) Albert Bigelow Paine. 2018. (ENG., Illus.). 298p. (J). 30.04 *(978-0-483-81847-7(X))* Forgotten Bks.

Hollow Tree Snowed-In Book: Being a Continuation of the Stories about the Hollow Tree & Deep Woods People. Albert Bigelow Paine. 2018. (ENG., Illus.). 162p. (YA). (gr. 7-12). pap. *(978-93-5329-328-4(6))* Alpha Editions.

Hollow Tree Snowed-In Book: Being a Continuation of the Stories about, the Hollow Tree & Deep Woods People (Classic Reprint) Albert Bigelow Paine. 2018. (ENG., Illus.). 288p. (J). 29.86 *(978-0-332-95326-7(2))* Forgotten Bks.

Hollow under the Tree, 1 vol. Cary Fagan. 2018. (ENG.). 128p. (J). (gr. 3-6). 14.95 *(978-1-55498-999-7(X))* Groundwood Bks. CAN. Dist: Publishers Group West (PGW).

Hollow Wishes. Juliet Vane. 2018. (ENG.). 162p. (YA). pap. 9.99 *(978-1-393-54731-0(1))* Draft2Digital.

Holloway Girls. Susan Bishop Crispell. 2022. (ENG.). 384p. (YA). (gr. 8-12). pap. 10.99 *(978-1-7282-4714-4(4))* Sourcebooks, Inc.

Hollowmell: Or, a Schoolgirl's Mission. E. R. Burden. 2017. (ENG., Illus.). (J). 21.95 *(978-1-374-86414-6(5))* Capital Communications, Inc.

Hollowpox: the Hunt for Morrigan Crow. Jessica Townsend. (Nevermoor Ser.: 3). (ENG., Illus.). (J). (gr. 3-7). 2021. 576p. pap. 8.99 *(978-0-316-50896-4(9));* 2020. 560p. 17.99 *(978-0-316-50895-7(0))* Little, Brown Bks. for Young Readers.

Holly & Mistletoe (Classic Reprint) Mary Abbot Rand. 2018. (ENG., Illus.). 210p. (J). 28.23 *(978-0-484-19628-4(6))* Forgotten Bks.

Holly & Pizen: And Other Stories. Ruth McEnery Stuart. 2017. (ENG., Illus.). (J). pap. *(978-0-649-60576-7(4))* Trieste Publishing Pty Ltd.

Holly & Pizen: And Other Stories (Classic Reprint) Ruth McEnery Stuart. 2018. (ENG., Illus.). 232p. (J). 28.72 *(978-0-484-60660-8(3))* Forgotten Bks.

Holly & the Pittie Party. Julian Frischherz. Illus. by Leesh Li. 2023. (ENG.). 32p. (J). 19.99 ***(978-1-63163-704-9(5),*** Jolly Fish Pr.) North Star Editions.

Holly & the Rock. Sandy Dickson. 2019. (ENG., Illus.). 26p. (J). pap. 12.95 *(978-1-4796-1003-7(8))* TEACH Services, Inc.

Holly & the Secret Seeds. Marsha Jackson. Illus. by Sheena Whatcott. 2022. (ENG.). 36p. (J). pap. 11.99 *(978-1-956357-31-8(9));* 16.99 *(978-1-956357-11-0(4))* Lawley Enterprises.

Holly Celebrates Earth Day. Kimberly Kendall-Drucker. 2022. (ENG.). 36p. (J). 20.00 ***(978-0-578-36393-6(3));*** pap. 13.00 ***(978-0-578-37952-4(X))*** Just Write Pubns.

Holly Celebrates MLK Day. Kimberly Kendall-Drucker. 2021. (Holly Celebrates Ser.). (ENG.). 32p. (J). 16.99 ***(978-0-578-33458-5(5))*** Just Write Pubns.

Holly Celebrates Valentine's Day. Kimberly Kendall-Drucker. Illus. by Kiara Nayab. 2022. (ENG.). 32p. (J). 17.01 ***(978-0-578-35455-2(1))*** Just Write Pubns.

Holly Celebrates Valentine's Day. Kimberly Kendall-Drucker. Illus. by Kiara Naybab. 2022. (ENG.). 32p. (J). pap. 13.00 ***(978-0-578-35456-9(X))*** Just Write Pubns.

Holly Clan Adventures. Adele Good. 2018. (ENG., Illus.). 94p. (J). pap. 9.99 *(978-1-64376-105-3(6))* PageTurner: Pr. & Media.

Holly-Day After. Danielle Marietta. 2021. (ENG.). 32p. (J). 18.99 *(978-1-7357218-0-4(8))* Danielle Marietta.

Holly Farb & the Princess of the Galaxy. Gareth Wronski. (ENG.). 320p. (J). (gr. 3-7). 2018. pap. 7.99 *(978-1-4814-7178-7(3));* 2017. (Illus.). 16.99 *(978-1-4814-7177-0(5))* Simon & Schuster Children's Publishing. (Aladdin).

Holly Has a Hiccup. Shoshonna Shoap. 2023. (ENG.). 44p. (J). 25.00 ***(978-1-0881-1505-3(5));*** pap. 15.00 ***(978-1-0880-3010-3(6))*** Indy Pub.

Holly Hermit Crab's New Friends. Ann Graves. 2020. (ENG.). 26p. (J). pap. *(978-1-5289-8625-0(3))* Austin Macauley Pubs. Ltd.

Holly Horror #1. Michelle Jabès Corpora. 2023. (Holly Horror Ser.: 1). 320p. (YA). (gr. 7). 18.99 ***(978-0-593-38621-7(3),*** Penguin Workshop) Penguin Young Readers Group.

Holly, Jolly Harmony. D. Jakobs & Merriwether Williams. 2017. (My Little Pony Leveled Readers Ser.). (ENG.). 32p. (J). (gr. -1-3). lib. bdg. 31.36 *(978-1-5321-4092-1(4),* 26965 Spotlight.

Holly Jolly Helpers! (Corn & Peg) Random House. Illus. by Erik Doescher. 2022. (ENG.). 22p. (J). (— 1). bds. 7.99 *(978-0-593-17735-8(5),* Random Hse. Bks. for Young Readers) Random Hse. Children's Bks.

Holly, Jolly Holiday Fun Christmas Coloring Book. Smarter Activity Books for Kids. 2016. (ENG., Illus.). (J). pap. 9.22 *(978-1-68374-461-0(6))* Examined Solutions PTE. Ltd.

Holly, Jolly Holidays! a Christmas Activity Book. Jupiter Kids. 2017. (ENG., Illus.). (J). pap. 9.20 *(978-1-68326-873-4(3),* Jupiter Kids (Childrens & Kids Fiction)) Speedy Publishing LLC.

Holly Jolly Santa Songs. Holly Berry-Byrd. Ed. by Cottage Door Press. Illus. by Hollie Mengert. 2020. (ENG.). 10p. (J). (gr. -1-2). bds. 17.99 *(978-1-68052-984-5(6),* 1006110) Cottage Door Pr.

Holly the Dove. Rey Guerra. 2018. (ENG., Illus.). 30p. (J). pap. 12.95 *(978-1-64140-736-6(0))* Christian Faith Publishing.

Holly the Hippopotamus. Anna Award. 2017. (ENG., Illus.). 12p. (J). bds. 5.00 *(978-1-84135-071-4(0))* Award Pubns. Ltd. GBR. Dist: Parkwest Pubns., Inc.

Holly the Super Babe. James F. Park. 2019. (ENG.). 76p. (J). pap. ***(978-0-244-80624-8(1))*** Lulu Pr., Inc.

Holly Tree, and, the Seven Poor Travellers (Classic Reprint) Charles Dickens. 2017. (ENG., Illus.). (J). 27.28 *(978-0-265-44567-9(1));* pap. 9.97 *(978-0-243-25655-6(8))* Forgotten Bks.

Holly Tree (Classic Reprint) Charles Dickens. 2017. (ENG., Illus.). (J). 26.14 *(978-1-5282-8124-9(1))* Forgotten Bks.

Holly Tree Inn: Play in One Act (Classic Reprint) Aimee Daniell Beringer. 2017. (ENG., Illus.). (J). 24.72 *(978-0-260-26404-6(0));* pap. 7.97 *(978-0-243-09385-4(3))* Forgotten Bks.

Holly Tree the Seven Poor Travellers (Classic Reprint) Charles Dickens. (ENG., Illus.). (J). 2018. 172p. 27.46 *(978-0-483-57365-9(5));* 2017. pap. 9.97 *(978-1-4510-1290-3(X))* Forgotten Bks.

Hollybush Hall, or Open House in an Open Country (Classic Reprint) Georgina Bowers. (ENG., Illus.). (J). 2018. 124p. 26.47 *(978-0-656-08345-9(X));* 2016. pap. 9.57 *(978-1-334-17200-7(5))* Forgotten Bks.

Holly's Bicycle Club. Doris McKinney. 2019. (ENG.). 38p. (J). pap. 15.00 *(978-0-359-64832-0(0))* Lulu Pr., Inc.

Holly's Hollyhocks. Marsha Jackson. Illus. by Sheena Whatcott. 2021. (ENG.). 36p. (J). pap. 10.99 *(978-1-952209-56-7(0));* 16.99 *(978-1-952209-30-7(7))* Lawley Enterprises.

Holly's Hollyhocks Around the World. Marsha Jackson. Illus. by Sheena Whatcott. 2023. (ENG.). 36p. (J). pap. 10.99 ***(978-1-958302-61-3(9));*** 16.99 ***(978-1-958302-59-0(7))*** Lawley Enterprises.

Holly's Opera House Songster: Containing a Choice Selection of Sentimental, Comic, & Ethiopian Songs (Classic Reprint) Hooley's Minstrels. 2018. (ENG., Illus.). 98p. (J). 25.92 *(978-0-332-06921-0(4))* Forgotten Bks.

Holly's Prize. Frank English. 2020. (ENG., Illus.). 76p. (J). (gr. 2-4). pap. *(978-1-913071-53-0(7))* Andrews UK Ltd.

Hollywood. Alexis Burling. 2019. (Iconic America Ser.). (ENG., Illus.). 48p. (J). (gr. 4-8). lib. bdg. 35.64 *(978-1-5321-9090-2(5),* 33690) ABDO Publishing Co.

Hollywood, 1939, Vol. 28 (Classic Reprint) Ralph Daigh. (ENG., Illus.). (J). 2018. 838p. 41.20 *(978-0-364-10235-0(7));* 2017. pap. 23.57 *(978-0-243-88588-6(1))* Forgotten Bks.

Hollywood, 1941, Vol. 30 (Classic Reprint) Joan Votsis. (ENG., Illus.). (J). 2018. 878p. 42.01 *(978-0-364-02708-0(8));* 2017. pap. 24.35 *(978-0-243-58204-4(8))* Forgotten Bks.

Hollywood, 1942, Vol. 31 (Classic Reprint) Joan Votsis. 2018. (ENG., Illus.). (J). 888p. 42.21 *(978-0-366-56673-0(3));* 890p. pap. 24.55 *(978-0-366-31996-1(5))* Forgotten Bks.

Hollywood #2. Samantha M. Clark. 2021. (American Horse Tales Ser.: 2). 160p. (J). (gr. 3-7). 7.99 *(978-0-593-22527-1(9),* Penguin Workshop) Penguin Young Readers Group.

Hollywood Action Heroes. Jen Donatelli & Jen Jones. 2016. (Hollywood Action Heroes Ser.). (ENG.). 32p. (J). (gr. 3-9). 122.60 *(978-1-5157-1307-4(5),* 24833, Capstone Pr.) Capstone.

Hollywood Filmograph, Vol. 13: January 14, 1933 (Classic Reprint) Harry Burns. (ENG., Illus.). (J). 2018. 482p. 33.86 *(978-0-666-36599-6(7));* 2017. pap. 16.57 *(978-0-259-93484-4(4))* Forgotten Bks.

Hollywood Filmograph, Vol. 14: January 13, 1934 (Classic Reprint) Unknown Author. 2017. (ENG., Illus.). (J). 362p. 31.36 *(978-0-484-85562-4(X));* pap. 13.97 *(978-0-259-92950-5(6))* Forgotten Bks.

Hollywood Holdup. Jerry B. Jenkins & Chris Fabry. 2020. (Red Rock Mysteries Ser.: 12). (ENG.). 224p. (J). pap. 7.99 *(978-1-4964-4263-5(6),* 20_33672, Tyndale Kids) Tyndale Hse. Pubs.

Hollywood May-Ham. Steve Foxe. ed. 2023. (Spider-Ham Graphix Chapters Ser.). (ENG.). 67p. (J). (gr. 2-5). 21.46 ***(978-1-68505-768-8(3))*** Penworthy Co., LLC, The.

Hollywood Monsters (Set), 6 vols. 2018. (Hollywood Monsters Ser.). (ENG.). 24p. (J). (gr. 2-8). lib. bdg. 188.16 *(978-1-5321-2315-3(9),* 28397, Abdo Zoom-Fly) ABDO Publishing Co.

Hollywood Monsters Set 2 (Set), 6 vols. 2019. (Hollywood Monsters Ser.). (ENG.). 24p. (J). (gr. 2-8). lib. bdg. 188.16 *(978-1-5321-2743-4(X),* 31693, Abdo Zoom-Fly) ABDO Publishing Co.

Hollywood Shorts: Compiled from Incidents in the Everyday Life of Men & Women Who Entertain in Pictures (Classic Reprint) Charles Ray. (ENG., Illus.). (J). 2018. 188p. 27.79 *(978-0-656-34654-7(X));* 2017. pap. 10.57 *(978-0-243-43013-0(2))* Forgotten Bks.

Hollywood Trash Vol. 1 GN, Vol. 1. Stephen Sonneveld. Illus. by Pablo Verdugo. 2021. (ENG.). 120p. pap. 14.99 *(978-1-952303-08-1(7),* Mad Cave Studios) Mad Cave Studios.

Hollywood Trivia: What You Never Knew about Celebrity Life, Fame, & Fortune. Elizabeth Weitzman. 2018. (Not Your Ordinary Trivia Ser.). (ENG., Illus.). 32p. (J). (gr. 3-9). lib. bdg. 28.65 *(978-1-5435-2528-1(8),* 138025, Capstone Pr.) Capstone.

Hollywood, Vol. 25: January, 1936 (Classic Reprint) Ted Magee. (ENG., Illus.). (J). 2018. 736p. 39.08 *(978-0-364-18883-5(9));* 2017. pap. 23.57 *(978-0-259-77540-9(1))* Forgotten Bks.

Hollywood, Vol. 26: January, 1938 (Classic Reprint) W. H. Fawcett. (ENG., Illus.). (J). 2018. 808p. 40.69 *(978-0-267-28890-8(5));* 2017. pap. 23.57 *(978-0-243-48509-3(3))* Forgotten Bks.

Hollywood, Vol. 26: January-December, 1937 (Classic Reprint) Ted Magee. (ENG., Illus.). (J). 2018. 946p. 43.43 *(978-0-365-49668-5(X));* 2017. pap. 25.77 *(978-0-259-00783-8(8))* Forgotten Bks.

Hollywood, Vol. 29: January, 1940 (Classic Reprint) Llewellyn Miller. 2017. (ENG., Illus.). (J). 820p. 40.83 *(978-0-484-43120-0(X));* pap. 23.57 *(978-0-243-94118-6(8))* Forgotten Bks.

Hollywood, Vol. 32: January 1943 (Classic Reprint) Joan Votsis. 2018. (ENG., Illus.). (J). 228p. 28.60 *(978-1-396-76728-9(2));* 230p. pap. 10.97 *(978-1-396-00988-4(4))* Forgotten Bks.

Hollywood vs. the Galaxy (Alien Superstar #3) Henry Winkler & Lin Oliver. Illus. by Ethan Nicolle. 2021. (Alien Superstar Ser.). (ENG.). 296p. (YA). (gr. 3-7). 14.99 *(978-1-4197-4684-0(7),* 1261001, Amulet Bks.) Abrams, Inc.

Holman Hunt (Classic Reprint) Mary E. Coleridge. 2018. (ENG., Illus.). 96p. (J). 25.88 *(978-0-267-17382-2(2))* Forgotten Bks.

Holmby House: A Tale of Old Northamptonshire (Classic Reprint) George John Whyte -Melville. 2018. (ENG., Illus.). 522p. (J). 34.68 *(978-0-666-91362-3(5))* Forgotten Bks.

Holmby House a Tale of Old Northamptonshire, Vol. 1 of 2 (Classic Reprint) G. J. Whyte Melville. 2018. (ENG., Illus.). 344p. (J). 30.93 *(978-0-483-77798-9(6))* Forgotten Bks.

Holmby House a Tale of Old Northamptonshire, Vol. 2 of 2 (Classic Reprint) G. J. Whyte Melville. 2018. (ENG., Illus.). 360p. (J). 31.32 *(978-0-483-31014-8(X))* Forgotten Bks.

Holme Lee's Fairy Tales (Classic Reprint) Holme Lee. (ENG., Illus.). (J). 2018. 562p. 35.51 *(978-0-483-35985-7(8));* 2016. pap. 19.57 *(978-1-334-14600-8(4))* Forgotten Bks.

Holmes' First Reader (Classic Reprint) George Frederick Holmes. (ENG., Illus.). (J). 2018. 138p. 26.74 *(978-0-365-45304-8(8));* 2017. pap. 9.57 *(978-0-259-58624-1(2))* Forgotten Bks.

Holmes' Second Reader. George F. Holmes. 2017. (ENG., Illus.). (J). pap. *(978-0-649-49469-9(5))* Trieste Publishing Pty Ltd.

Holmes' Second Reader (Classic Reprint) George Frederick Holmes. (ENG., Illus.). (J). 2018. 150p. 27.01 *(978-0-666-89729-9(8));* 2017. pap. 9.57 *(978-0-259-54419-7(1))* Forgotten Bks.

Holmes' Third Reader (Classic Reprint) George Frederick Holmes. 2017. (ENG., Illus.). (J). 28.31 *(978-0-266-68174-8(3));* pap. 10.97 *(978-1-5276-5618-5(7))* Forgotten Bks.

Holocaust. Clara MacCarald. 2022. (World War II Ser.). (ENG., Illus.). 48p. (J). (gr. 5-6). pap. 11.95 *(978-1-63739-334-5(2));* lib. bdg. 34.21 *(978-1-63739-282-9(6))* North Star Editions. (Focus Readers).

Holocaust: Racism & Genocide in World War II. Carla Mooney. Illus. by Tom Casteel. 2017. (Inquire & Investigate Ser.). (ENG.). 128p. (J). (gr. 6-10). 22.95 *(978-1-61930-506-9(2),* 26977af6-d951-41fc-a9f0-9decce214ae3) Nomad Pr.

Holocaust Lady. Ruth Minsky Sender. 2020. (ENG.). 192p. (YA). (gr. 7). pap. 10.99 *(978-1-5344-8305-7(5),* Simon Pulse) Simon Pulse.

Holodomor: The Ukrainian Famine-Genocide, 1 vol. Philip Wolny. 2017. (Bearing Witness: Genocide & Ethnic Cleansing Ser.). (ENG.). 64p. (J). (gr. 6-6). 36.13 *(978-1-5081-7732-6(5),* 65a42909-1453-465e-8d51-639d86346ffe, Rosen Young Adult) Rosen Publishing Group, Inc., The.

Holodomor: The Ukrainian Famine-Genocide, 1 vol. Contrib. by Philip Wolny. 2017. (Bearing Witness: Genocide & Ethnic Cleansing Ser.). (ENG.). 64p. (J). (gr. 6-6). pap. 13.95 *(978-1-5081-7867-5(4),* 3c6afff7-cbb9-4133-b1d8-02fe030a5897, Rosen Young Adult) Rosen Publishing Group, Inc., The.

Hologram Room. Heddrick McBride. Ed. by Michelle Bodden-White. Illus. by Andrea Marina Fietta. 2021. (ENG.). 68p. (J). pap. 15.00 *(978-1-7361082-4-6(7))* McBride Collection of Stories LLC.

Holt Environmental Science. Arms. 4th l.t. ed. 2019. (Holt Environmental Science Ser.). (ENG.). 688p. (gr. 9-9). 131.10 *(978-0-03-066174-7(9))* Houghton Mifflin Harcourt Publishing Co.

Holt Mcdougal Literature: Adapted Interactive Reader American Literature. Holt McDougal. 2018. (Holt Mcdougal Literature Ser.). (ENG.). 416p. (YA). (gr. 11). pap. 26.40 *(978-0-547-28040-0(8))* Holt McDougal.

Holt Mcdougal Literature: Adapted Interactive Reader Grade 10. Holt McDougal. 2018. (Holt Mcdougal Literature Ser.). (ENG.). 432p. (YA). (gr. 10). pap. 26.40 *(978-0-547-28046-2(7))* Holt McDougal.

Holt Mcdougal Modern Chemistry: Science Standards Guide Student Edition. Houghton Mifflin Harcourt. 2017. (Holt Mcdougal Modern Chemistry Ser.). (ENG.). 80p. (J). (gr. 9-12). pap. 14.75 *(978-1-328-79278-5(1))* Houghton Mifflin Harcourt Publishing Co.

Holt Mcdougal Modern Chemistry: Student Edition 2018. Houghton Mifflin Harcourt. 2017. (Holt Mcdougal Modern Chemistry Ser.). (ENG.). 976p. (J). (gr. 9-12). 83.40 *(978-1-328-79276-1(5))* Houghton Mifflin Harcourt Publishing Co.

Holt Mcdougal Physics: Science Standards Guide Student Edition. Houghton Mifflin Harcourt. 2017. (Holt Mcdougal Physics Ser.). (ENG.). 64p. (J). (gr. 9-12). pap. 15.20 *(978-1-328-79282-2(X))* Houghton Mifflin Harcourt Publishing Co.

Holt Mcdougal Physics: Student Edition 2018. Houghton Mifflin Harcourt. 2017. (Holt Mcdougal Physics Ser.). (ENG.). 976p. (J). (gr. 9-12). 85.65 *(978-1-328-79280-8(3))* Houghton Mifflin Harcourt Publishing Co.

Holt Mcdougal Physics: Student Edition 2019. Houghton Mifflin Harcourt. 2018. (Holt Mcdougal Physics Ser.). (ENG.). 992p. (J). (gr. 9-12). 83.95 *(978-1-328-79292-1(7))* Houghton Mifflin Harcourt Publishing Co.

Holton-Curry Readers: The Fourth Reader (Classic Reprint) Martha Adelaide Holton. (ENG., Illus.). (J). 2018. 250p. 29.05 *(978-0-365-14083-2(X));* 2017. pap. 11.57 *(978-0-259-55182-9(1))* Forgotten Bks.

Holton-Curry Readers: The Sixth Reader (Classic Reprint) Martha Adelaide Holton. 2017. (ENG., Illus.). (J). 30.66 *(978-0-265-73084-3(8));* pap. 13.57 *(978-1-5276-9194-0(2))* Forgotten Bks.

Holton Primer (Classic Reprint) Martha Adelaide Holton. (ENG., Illus.). (J). 2018. 114p. 26.27 *(978-0-428-72600-3(3));* 2017. pap. 9.57 *(978-0-259-53205-7(3))* Forgotten Bks.

Holy Bible, Vol. 3: Containing the Old & New Testaments, with the Apocryphal Books, in the Earliest English Versions Made from the Latin Vulgate (Classic Reprint) John Wycliffe. 2018. (ENG., Illus.). (J). 902p. 42.52 *(978-0-267-07888-4(8));* 904p. pap. 24.86 *(978-0-483-29589-6(2))* Forgotten Bks.

Holy City: Jerusalem II (Classic Reprint) Selma Lagerlöf. 2017. (ENG., Illus.). (J). 31.24 *(978-0-266-74198-5(3))* Forgotten Bks.

Holy Cream Puff. Nicolas Ardanaz. Illus. by Irvin Walkes. 2018. (ENG.). 144p. (YA). *(978-1-5255-1785-3(6));* pap. *(978-1-5255-1786-0(4))* FriesenPress.

Holy Crush A-Moly! Thalia Kalkipsakis. 2019. (Girl vs the World Ser.). (ENG., Illus.). 144p. (J). (gr. 5-9). pap. 9.99 *(978-1-76050-251-5(0))* Hardie Grant Children?s Publishing AUS. Dist: Independent Pubs. Group.

Holy Days: Children's Introduction to Hanukkah: Coloring Books Kids Bundle, 2 vols. Speedy Publishing Books. 2019. (ENG.). 172p. (J). pap. 19.99 *(978-1-5419-7190-5(6))* Speedy Publishing LLC.

Holy-Days & Holidays; or, Memories of the Calendar for Young Folks. J. R. S. Clifford. 2017. (ENG., Illus.). (J). pap. *(978-0-649-60582-8(9))* Trieste Publishing Pty Ltd.

Holy Estate: A Study in Morals (Classic Reprint) W. H. Wilkins. 2018. (ENG., Illus.). (J). 240p. 28.87 *(978-0-483-63467-1(0));* 242p. 28.91 *(978-0-483-89116-6(9))* Forgotten Bks.

Holy Ghost Is Like a Blanket (Boy Version) 2018. (ENG., Illus.). (J). (gr. -1-2). 14.99 *(978-1-4621-2244-8(2))* Cedar Fort, Inc./CFI Distribution.

Holy Ghost Is My Friend. Catherine Christensen. 2017. (ENG., Illus.). (J). (gr. -1-2). 14.99 *(978-1-4621-2083-3(0))* Cedar Fort, Inc./CFI Distribution.

Holy Ghost Is My Friend: A Choose-The-Light Book. Catherine Christensen. Illus. by Rebecca Sorge. 2020. (ENG.). 32p. (J). pap. 12.99 *(978-1-4621-3992-7(2))* Cedar Fort, Inc./CFI Distribution.

Holy Harry Is Saved: Book 1. E. Ashley Goolsby. 2021. (ENG.). 40p. (J). pap. 14.95 *(978-1-64468-262-3(1))* Covenant Bks.

Holy Island (Classic Reprint) E. Somerville. (ENG., Illus.). (J). 2018. 28p. 24.47 *(978-0-267-53847-8(2));* 2016. pap. 7.97 *(978-1-333-34929-5(7))* Forgotten Bks.

Holy Land Adventure: An Adventure Puzzle Book. Chris Wright. 2019. (ENG.). 166p. (J). pap. *(978-1-912529-34-6(3))* Canford Publishing.

Holy Living & Dying: With Prayers: Containing the Complete Duty of a Christian (Classic Reprint) Jeremy Taylor. 2017. (ENG., Illus.). (J). 35.18 *(978-1-5285-6714-5(5))* Forgotten Bks.

Holy Mass for Tiny Ones. Heather Hamtil. 2018. (ENG., Illus.). 34p. (J). pap. *(978-0-359-15778-5(5))* Lulu Pr., Inc.

Holy Mass for Tiny Ones - Color Version. Heather Hamtil. 2018. (ENG., Illus.). 34p. (J). pap. *(978-0-359-18283-1(6))* Lulu Pr., Inc.

Holy Moly Easter Story. Rebecca Glaser. Illus. by Bill Ferenc & Emma Trihart. 2016. (Holy Moly Bible Storybooks Ser.). 32p. (J). (gr. k-3). 12.99 *(978-1-5064-0256-7(9),* Sparkhouse Family) 1517 Media.

Holy Moon. Deanna Stinson. 2023. (ENG.). 58p. (J). pap. ***(978-1-329-04462-3(2))*** Lulu Pr., Inc.

Holy Mountain: A Satire on Tendencies (Classic Reprint) Stephen Reynolds. (ENG., Illus.). (J). 2018. 340p. 30.91 *(978-0-483-62901-1(4));* 2017. pap. 13.57 *(978-0-243-30162-1(6))* Forgotten Bks.

Holy Mysteries! 12 Investigations into Extraordinary Cases. Sophie de Mullenheim. 2021. (ENG.). 80p. (J). (gr. 2-4). 18.99 *(978-1-62164-480-4(4))* Ignatius Pr.

Holy Night & Little Star: A Story for Christmas. Mitali Perkins. Illus. by Khoa Le. 2023. 40p. (J). (gr. -1-2). 15.99 ***(978-0-593-57804-9(X),*** WaterBrook Pr.) Crown Publishing Group, The.

Holy Orders: The Tragedy of a Quiet Life (Classic Reprint) Marie Corelli. (ENG., Illus.). (J). 2018. 572p. 35.69 *(978-0-484-40931-5(X));* 2018. 516p. 34.56 *(978-0-483-69066-0(X));* 2016. pap. 16.97 *(978-1-334-11656-8(3))* Forgotten Bks.

Holy Quran. Mysa Elsheikh. 2020. (ENG.). 438p. (YA). pap. *(978-0-9566719-5-0(0))* Musk Standard.

Holy Roman Empire, 1 vol. Ed. by Carolyn DeCarlo. 2017. (Empires in the Middle Ages Ser.). (ENG., Illus.). 48p. (J). (gr. 6-7). 28.41 *(978-1-68048-782-4(5),* 0783d839-f89a-4412-af34-62e8049755cd) Rosen Publishing Group, Inc., The.

Holy Romans: A Young Irishman's Story (Classic Reprint) Aodh De Blacam. 2018. (ENG., Illus.). 320p. (J). 30.52 *(978-0-483-12454-7(0))* Forgotten Bks.

Holy Rose: Etc (Classic Reprint) Walter Besant. 2018. (ENG., Illus.). 356p. (J). 31.24 *(978-0-666-53175-9(7))* Forgotten Bks.

Holy See: A Kid's Guide to Exploring the Vatican City - Geography Book Grade 6 Children's Geography & Culture Books. Baby Professor. 2017. (ENG., Illus.). 64p. (J). pap. 9.52 *(978-1-5419-1491-9(0),* Baby Professor (Education Kids)) Speedy Publishing LLC.

Holy Snake! Wild & Colorful Reptile Coloring Book. Activibooks For Kids. 2016. (ENG., Illus.). (J). pap. 9.20 *(978-1-68321-887-6(6))* Mimaxion.

Holy Spirit & Me. Jessica Doggett. Illus. by Whitney Whitt. 2020. (ENG.). 46p. (J). 20.00 *(978-1-7355464-0-7(2))* Garden Publishing Co., The.

Holy Spirit Is My Friend. Tina Goetz. Illus. by Angela Pinkham. 2022. (ENG.). 30p. (J). *(978-1-4866-2175-0(9));* pap. *(978-1-4866-2173-6(2))* Word Alive Pr.

Holy Spirit Lives Inside of You & Me. Sharon Nisbett. 2020. (ENG.). 32p. (J). *(978-1-716-58855-6(3))* Lulu Pr., Inc.

Holy Spirit, Me Too! Stephanie L. Tucci. 2021. (ENG.). 84p. (J). pap. 13.99 *(978-1-6628-3128-7(5))* Salem Author Services.

Holy Spirit Runners. Demetre Balaktsis. Illus. by Kenn White. 2023. (Couch Potato Buddies Ser.). (ENG.). 34p. (J). pap. ***(978-1-4866-1866-8(9))*** Word Alive Pr.

Holy Tree (Classic Reprint) Gerald O'Donovan. (ENG., Illus.). (J). 2017. 30.48 *(978-0-260-52878-0(1));* 2016. pap. 13.57 *(978-1-334-14967-2(4))* Forgotten Bks.

Holy War, Made by King Shaddai upon Diabolus, for the Regaining of the Metropolis of the World: Or the Losing & Taking Again of the Town of Mansoul (Classic Reprint) John Bunyan. 2016. (ENG., Illus.). (J). pap. 13.97 *(978-1-334-14035-8(9))* Forgotten Bks.

Holy Week: An Emotions Primer. Danielle Hitchen. 2019. (Baby Believer Ser.). (ENG., Illus.). 20p. (J). (— 1). bds. 12.99 *(978-0-7369-7696-1(5),* 6976961) Harvest Hse. Pubs.

Holy Words Happy Hearts: Gifts of the Spirit. Leigh Ann Campbell. 2022. (ENG.). 36p. (J). 19.95 *(978-1-63860-924-7(1));* pap. 12.95 *(978-1-63860-922-3(5))* Fulton Bks.

Holyday Tales (Classic Reprint) Unknown Author. 2018. (ENG., Illus.). 138p. (J). 26.74 *(978-0-365-15030-5(4))* Forgotten Bks.

Holyland: Exclusive Authorized Translation of Hilligenlei (Classic Reprint) Gustav Frenssen. 2017. (ENG., Illus.). (J). 31.86 *(978-1-5280-8662-2(7))* Forgotten Bks.

Hom. Jeanne Willis. Illus. by Paddy Donnelly. 2022. (ENG.). 32p. (J). (gr. -1-3). 17.99 *(978-1-7284-4971-5(5),* c21ad8f2-6a47-4dd1-a557-341ef0373c4b) Lerner Publishing Group.

HOMBRE BALA. Irene Sacido Martin. 2018. (SPA.). (J). *(978-84-944172-3-8(1))* Editorial Libre Albedrio.

Hombre de Los Gatos. Yuko Shimizu et al. 2022. (SPA.). 40p. (J). (gr. k-2). pap. 11.95 *(978-607-557-157-7(4))* Editorial Oceano de Mexico MEX. Dist: Independent Pubs. Group.

¡Hombre Mosca Contra el Matamoscas! (Fly Guy vs. the Flyswatter!) Tedd Arnold. Illus. by Tedd Arnold. 2017. (Hombre Mosca Ser.: 10). (SPA., Illus.). 32p. (J). (gr. -1-3). pap. 4.99 *(978-0-545-64613-0(8),* Scholastic en Espanol) Scholastic, Inc.

Hombre Mosca Presenta/ Fly Man Presents: Dinosaurios/ Dinosaurs. Tedd Arnold. ed. 2016. (Fly Guy Presents Ser.). (ENG & SPA.). 32p. (J). (gr. k-2). 13.55 *(978-0-606-39158-0(4))* Turtleback.

Hombre Mosca Presenta: Murciélagos (Fly Guy Presents: Bats) Tedd Arnold. Illus. by Tedd Arnold. 2022. (Hombre Mosca Presenta Ser.). (SPA.). 32p. (J). (gr. k-2). pap. 4.99 *(978-1-338-84915-8(8),* Scholastic en Espanol) Scholastic, Inc.

Hombre Mosca Presenta: Perros (Fly Guy Presents: Dogs) Tedd Arnold. Illus. by Tedd Arnold. 2023. (Hombre Mosca Presenta Ser.).Tr. of Dogs. (SPA.). 32p. (J). (gr. k-2). pap. 4.99 *(978-1-338-89676-3(8),* Scholastic en Espanol) Scholastic, Inc.

Hombre Mosca y Chica Mosca: Cacería Entre Amigos (Fly Guy & Fly Girl: Friendly Frenzy) Tedd Arnold. Illus. by Tedd Arnold. 2022. (SPA.). 32p. (J). (gr. -1-3). pap. 4.99

(978-1-338-79820-3(0), Scholastic en Espanol) Scholastic, Inc.

Hombre Mosca y Chica Mosca: Terror Nocturno (Fly Guy & Fly Girl: Night Fright) Tedd Arnold. Illus. by Tedd Arnold. 2021. (SPA.). 32p. (J). (gr. -1-3). pap. 4.99 (978-1-338-76750-6(X), Scholastic en Espanol) Scholastic, Inc.

Hombre Mosca y Frankenmosca. Tedd Arnold. ed. 2018. (Scholastic Readers Ser.). (SPA.). 30p. (J). (gr. -1-1). 13.89 (978-1-64310-337-2(7)) Penworthy Co., LLC, The.

Hombre Mosca y Los Extraterrestrezz (Fly Guy & the Alienzz) Tedd Arnold. 2018. (Hombre Mosca Ser.). (SPA.). 32p. (J). (gr. -1-1). pap. 4.99 (978-1-338-32969-8(3), Scholastic en Espanol) Scholastic, Inc.

Hombre Perro: Atrapa 22. Dav Pilkey. Illus. by Dav Pilkey. 2020. (Hombre Perro Ser.: 8). (SPA.). 240p. (J). (gr. 2-2). 12.99 (978-1-338-60131-2(8), Scholastic en Espanol) Scholastic, Inc.

Hombre Perro: Churre y Castigo (Dog Man: Grime & Punishment) Dav Pilkey. Illus. by Dav Pilkey. 2021. (Hombre Perro Ser.). (SPA.). 240p. (J). (gr. 2-2). 12.99 (978-1-338-60133-6(4), Scholastic en Espanol) Scholastic, Inc.

Hombre Perro: Cumbres Maternales (Dog Man: Mothering Heights) Dav Pilkey. Illus. by Dav Pilkey. 2022. (Hombre Perro Ser.). (SPA.). 224p. (J). (gr. 2). 12.99 (978-1-338-76756-8(9), Scholastic en Espanol) Scholastic, Inc.

Hombre Perro (Dog Man) Dav Pilkey. Illus. by Dav Pilkey. 2017. (Hombre Perro Ser.: 1). (SPA., Illus.). 240p. (J). (gr. 2-2). 9.99 (978-1-338-11416-4(6), Scholastic en Espanol) Scholastic, Inc.

Hombre Perro: Historia de Dos Gatitos (Dog Man: a Tale of Two Kitties) Dav Pilkey. Illus. by Dav Pilkey. 2018. (Hombre Perro Ser.: 3). Orig. Title: Dog Man: a Tale of Two Kitties. (SPA., Illus.). 256p. (J). (gr. 2-2). 9.99 (978-1-338-27770-8(7), Scholastic en Espanol) Scholastic, Inc.

Hombre Perro: la Pelea de la Selva (Dog Man: Brawl of the Wild) Dav Pilkey. Illus. by Dav Pilkey. 2019. (Hombre Perro Ser.: 6). (SPA., Illus.). 224p. (J). (gr. 2-2). 12.99 (978-1-338-60129-9(6), Scholastic en Espanol) Scholastic, Inc.

Hombre Perro: Por Quién Rueda la Pelota (Dog Man: for Whom the Ball Rolls) Dav Pilkey. Illus. by Dav Pilkey. 2020. (Hombre Perro Ser.: 7). (SPA., Illus.). 240p. (J). (gr. 2). 12.99 (978-1-338-60130-5(X), Scholastic en Espanol) Scholastic, Inc.

Hombre Perro Se Desata (Dog Man Unleashed) Dav Pilkey. Illus. by Dav Pilkey. 2017. (Hombre Perro Ser.: 2). (SPA., Illus.). 224p. (J). (gr. 2-2). 9.99 (978-1-338-23348-3(3), Scholastic en Espanol) Scholastic, Inc.

Hombre Perro y Supergatito (Dog Man & Cat Kid) Dav Pilkey. Illus. by Dav Pilkey. 2019. (Hombre Perro Ser.: 4). Orig. Title: Dog Man #4. (SPA., Illus.). 256p. (J). (gr. 2-5). 9.99 (978-1-338-33131-8(0), Scholastic en Espanol) Scholastic, Inc.

Hombrecitos. Louise M. Alcott. 2019. (SPA.). 80p. (J). pap. (978-970-643-453-1(4)) Selector, S.A. de C.V.

Hombres Lobo y Estados de la Materia. Janet Slingerland. Illus. by Angel Mosquito. 2019. (Ciencias Monstruosas Ser.). (SPA.). 32p. (J). (gr. 3-9). lib. bdg. 31.32 (978-1-5435-8263-5(X), 141273) Capstone.

Home. Lien En Lin. 2022. (ENG.). 40p. (J). pap. 8.95 (978-1-4788-7543-7(7)) Newmark Learning LLC.

Home. Kayla Rawles. 2019. (ENG.). 314p. (J). pap. **(978-0-359-53791-4(X))** Lulu Pr., Inc.

Home: A Novel (Classic Reprint) George Agnew Chamberlain. 2017. (ENG., Illus.). (J). 31.05 (978-1-5279-4683-5(5)) Forgotten Bks.

Home: A Novel, Vol. 1 of 5 (Classic Reprint) Margaret Cullen. 2018. (ENG., Illus.). 340p. (J). 30.91 (978-0-483-69657-0(9)) Forgotten Bks.

Home: A Novel, Vol. 5 of 5 (Classic Reprint) Margaret Cullen. 2016. (ENG., Illus.). (J). pap. 13.97 (978-1-334-23680-8(1)) Forgotten Bks.

Home: A Story of New England Life (Classic Reprint) Catharine Maria Sedgwick. (ENG., Illus.). (J). 2018. 196p. 27.94 (978-0-483-75825-4(6)); 2016. pap. 10.57 (978-1-334-45429-5(9)) Forgotten Bks.

Home: A West Coast Inspired Book. Jimena Perez. Illus. by Avery Chan & Alexis Chan. 2021. (ENG.). 28p. (J). (978-1-5255-9959-0(3)); pap. (978-1-5255-9958-3(5)) FriesenPress.

Home: Casa. Sandra Elaine Scott. Illus. by Jasmine Mills. 2018. (ENG.). 52p. (J). (gr. k-2). 22.00 (978-0-9969049-2-6(1)) Vision Your Dreams.

Home: Its Joys & Its Sorrows: a Domestic Tale (Classic Reprint) Uncle Author. 2018. (ENG., Illus.). 100p. (J). 25.96 (978-0-483-73628-3(7)) Forgotten Bks.

Home - Volume 1. Michaud Brothers. 2021. (ENG., Illus.). 106p. (YA). pap. 16.99 (978-1-988247-50-2(0)) Chapterhouse Comics CAN. Dist: Diamond Comic Distributors, Inc.

Home - Volume 2. Michaud Brothers. 2021. (ENG., Illus.). 106p. (YA). pap. 16.99 (978-1-988247-55-7(1)) Chapterhouse Comics CAN. Dist: Diamond Comic Distributors, Inc.

Home = Heart. Jobeth Stiles - Caskey. 2021. (ENG.). 62p. (J). pap. 30.99 (978-1-6628-0317-8(6)) Salem Author Services.

Home Acres: A Drama in Three Acts (Classic Reprint) Arthur Lewis Tubbs. (ENG., Illus.). (J). 2018. 80p. 25.55 (978-0-483-89745-8(0)); 2016. pap. 9.57 (978-1-333-25200-7(5)) Forgotten Bks.

Home Affections Pourtrayed by the Poets: Selected & Edited (Classic Reprint) Charles MacKay. (ENG., Illus.). (J). 2018. 412p. 32.39 (978-0-365-41154-3(X)); 2017. pap. 16.57 (978-0-243-38792-2(X)) Forgotten Bks.

Home Afloat, or the Boy Trappers of the Hackensack (Classic Reprint) Thomas Townsend. (ENG., Illus.). (J). 2017. 290p. 29.90 (978-0-332-68927-2(1)); 2016. pap. 13.57 (978-1-334-15705-9(7)) Forgotten Bks.

Home Again. George MacDonald. 2017. (ENG., Illus.). (J). pap. 13.95 (978-1-374-90785-0(5)) Capital Communications, Inc.

Home Again. Kallie George. ed. 2018. (Heartwood Hotel Ser.: 4). (J). lib. bdg. 16.00 (978-0-606-40973-5(4)) Turtleback.

Home Again (Classic Reprint) George Mac Donald. 2018. (ENG., Illus.). 322p. (J). 30.56 (978-0-428-99352-8(4)) Forgotten Bks.

Home Again with Me (Classic Reprint) James Whitcomb Riley. (ENG., Illus.). (J). 2018. 92p. 25.79 (978-0-656-20139-6(8)); 2018. 90p. 25.75 (978-0-656-66733-8(8)); 2016. pap. 9.57 (978-1-333-70669-2(3)); 2016. pap. 9.57 (978-1-333-29234-8(1)) Forgotten Bks.

Home Alone. Barbara Nascimbeni. 2021. (ENG., Illus.). 48p. (J). (gr. -1-1). 14.95 (978-0-500-65261-9(9), 565261) Thames & Hudson.

Home Amusements (Classic Reprint) M. E. W. Sherwood. (ENG., Illus.). (J). 2018. 166p. 27.32 (978-0-267-34406-2(6)); 2016. pap. 9.97 (978-1-333-67620-9(4)) Forgotten Bks.

Home & Away. Candice Montgomery. 2018. (ENG.). 384p. (J). 17.99 (978-1-62414-595-7(7), 900194981) Page Street Publishing Co.

Home & Country Readers, Vol. 1 (Classic Reprint) Mary A. Laselle. 2017. (ENG., Illus.). (J). 30.17 (978-1-5285-8401-2(5)) Forgotten Bks.

Home & Country Readers, Vol. 2 (Classic Reprint) Mary Augusta Laselle. 2017. (ENG., Illus.). (J). 30.50 (978-1-5282-8407-3(0)); pap. 13.57 (978-0-243-15525-5(5)) Forgotten Bks.

Home & Country Readers, Vol. 3 (Classic Reprint) Mary Augusta Laselle. 2018. (ENG., Illus.). 384p. (J). 31.84 (978-0-483-84206-9(0)) Forgotten Bks.

Home & Country Readers, Vol. 4 (Classic Reprint) Mary A. Laselle. 2018. (ENG., Illus.). 408p. (J). 32.33 (978-0-267-23771-5(5)) Forgotten Bks.

Home & Dry. Sarah Smith. Illus. by Sarah Smith. 2017. (Child's Play Library). (Illus.). 32p. (J). pap. (978-1-84643-756-4(3)) Child's Play International Ltd.

Home & Its Pleasures: Simple Stories for Young People (Classic Reprint) Harriet Myrtle. 2018. (ENG., Illus.). 128p. (J). 26.56 (978-0-483-49827-3(0)) Forgotten Bks.

Home & the Homeless, Vol. 2 Of 3: A Novel (Classic Reprint) Cecilia Mary Caddell. (ENG., Illus.). (J). 2018. 344p. 30.99 (978-0-483-29579-7(5)); 2016. pap. 13.57 (978-1-333-43452-6(9)) Forgotten Bks.

Home & the World (Classic Reprint) Unknown Author. 2017. (ENG., Illus.). (J). 32.44 (978-1-5283-6905-3(X)) Forgotten Bks.

Home & the World (Classic Reprint) Rabindranath Tagore. 2017. (ENG., Illus.). (J). 30.19 (978-0-265-61584-3(4)) Forgotten Bks.

Home Angel (Classic Reprint) L. B. Urbino. (ENG., Illus.). (J). 2018. 246p. 28.99 (978-0-428-97920-1(3)); 2017. pap. 11.57 (978-0-243-40248-9(1)) Forgotten Bks.

Home Annual: A Token for 1855 (Classic Reprint) J. T. Heabley. 2018. (ENG., Illus.). 364p. (J). 31.40 (978-0-483-21093-6(5)) Forgotten Bks.

Home at Greylock (Classic Reprint) Elizabeth Prentiss. (ENG., Illus.). (J). 2018. 348p. 31.09 (978-0-666-58061-0(8)); 2017. pap. 13.57 (978-0-259-20421-3(8)) Forgotten Bks.

Home at Heatherbrae: A Tale (Classic Reprint) Cornish Cornish. 2018. (ENG., Illus.). 388p. (J). 31.90 (978-0-428-84490-5(1)) Forgotten Bks.

Home at Last see Al Fin en Casa

Home at Last. Judy Katschke. Illus. by Serena Geddes. 2018. (Marguerite Henry's Misty Inn Ser.: 8). (ENG.). 144p. (J). (gr. 2-5). 17.99 (978-1-4814-6995-1(9)); pap. 6.99 (978-1-4814-6994-4(0)) Simon & Schuster Children's Publishing. (Aladdin).

Home at Last. Vera B. Williams. Illus. by Vera B. Williams & Chris Raschka. 2016. (ENG.). 40p. (J). (gr. -1-3). 17.99 (978-0-06-134973-7(9), Greenwillow Bks.) HarperCollins Pubs.

Home at the Haven: A Tale (Classic Reprint) Edward Whymper. 2018. (ENG., Illus.). 56p. (J). 25.05 (978-0-267-19732-3(2)) Forgotten Bks.

Home Authors-Pennsylvania (Classic Reprint) William R. Straughn. (ENG., Illus.). (J). 2018. 202p. 28.06 (978-0-484-74989-3(7)); 2016. pap. 10.57 (978-1-334-12554-6(6)) Forgotten Bks.

Home Away from Home. Cynthia Lord. 2023. (ENG.). 224p. (J). (gr. 3-7). 17.99 (978-1-338-72611-4(0), Scholastic Pr.) Scholastic, Inc.

Home Away from Home: True Stories of Wild Animal Sanctuaries. Nicholas Read. 2021. (ENG., Illus.). 128p. (YA). (gr. 4-7). pap. 19.95 (978-1-77203-219-2(0)) Heritage Hse. CAN. Dist: Orca Bk. Pubs. USA.

Home Ballads & Metrical Versions (Classic Reprint) Joseph Henry Dubbs. 2017. (ENG., Illus.). 144p. (J). 26.87 (978-0-484-63326-0(0)) Forgotten Bks.

Home Ballads (Classic Reprint) Bayard Taylor. (ENG., Illus.). (J). 2018. 62p. 25.20 (978-0-364-72190-2(1)); 2016. pap. 9.57 (978-1-333-52603-0(2)) Forgotten Bks.

Home Base: A Mother-Daughter Story. Nikki Tate. Illus. by Katie Kath. 32p. (J). (gr. -1-3). 2023. pap. 8.99 (978-0-8234-5115-9(1)); 2020. 18.99 (978-0-8234-3663-7(2)) Holiday Hse., Inc.

Home Book of Verse, American & English, 1580-1912, Vol. 1: With an Appendix Containing a Few Well-Known Poems in Other Languages; Poems of Youth & Age (Classic Reprint) Burton Egbert Stevenson. 2017. (ENG., Illus.). (J). pap. 16.57 (978-0-259-36704-8(4)) Forgotten Bks.

Home Book of Verse, American & English, 1580-1912, Vol. 5: With an Appendix Containing a Few Well-Known Poems in Other Languages; Familiar Verse, & Poems Humorous & Satiric (Classic Reprint) Burton Egbert Stevenson. 2017. (ENG., Illus.). (J). 33.92 (978-0-265-73941-9(1)) Forgotten Bks.

Home Book of Verse, American & English, 1580-1912, Vol. 8: With an Appendix Containing a Few Well-Known Poems in Other Languages; Poems of Sorrow, Death & Immortality (Classic Reprint) Burton Egbert Stevenson. 2016. (ENG., Illus.). (J). pap. 19.57 (978-1-334-37690-0(5)) Forgotten Bks.

Home Boy: #6. Gary Fabbri. Illus. by Alan Brown. 2022. (Back of the Net Ser.). (ENG.). 112p. (J). (gr. 4-9). lib. bdg. 38.50 (978-1-0982-3339-6(5), 41191, Claw) ABDO Publishing Co.

Home by Another Way: A Christmas Story. Barbara Brown Taylor. Illus. by Melanie Cataldo. 2018. (ENG.). 40p. (J). (gr. 2-4). 18.00 (978-1-947888-00-5(5), Flyaway Bks.) Westminster John Knox Pr.

Home Care Series: Boiling Foods. Heron Books. 2021. (ENG.). 44p. (J). pap. **(978-0-89739-261-7(2)**, Heron Bks.) Quercus.

Home Circle (Classic Reprint) Ann S. Paschall. (ENG., Illus.). (J). 2018. 210p. 28.23 (978-0-483-97647-4(4)); 2017. pap. 10.57 (978-0-243-26321-9(X)) Forgotten Bks.

Home Comforts, or Economy Illustrated, by Familiar Scenes of Every-Day Life (Classic Reprint) Lillie Savery. 2019. (ENG., Illus.). (J). 280p. 29.67 (978-1-397-28048-0(4)); 282p. pap. 13.57 (978-1-397-28034-3(4)) Forgotten Bks.

Home Coming (Classic Reprint) Constance Holme. 2018. (ENG., Illus.). 340p. (J). 30.91 (978-0-428-93406-4(4)) Forgotten Bks.

Home Court. Jake Maddox. 2020. (Jake Maddox JV Ser.). (ENG.). 96p. (J). (gr. 4-8). pap. 5.95 (978-1-4965-9916-2(0), 201327); lib. bdg. 25.99 (978-1-4965-9700-7(1), 199322) Capstone. (Stone Arch Bks.).

Home Exorcist: Curse Breaking for the Home. Percy Johnson. 2018. (ENG., Illus.). 54p. (J). pap. 8.99 (978-1-64376-071-1(8)) PageTurner: Pr. & Media.

Home Field Advantage. Dahlia Adler. 2022. (ENG., Illus.). 304p. (YA). 19.99 (978-1-250-76584-0(6), 900232354, Wednesday Bks.) St. Martin's Pr.

Home Fires in France (Classic Reprint) Dorothy Canfield. 2017. (ENG., Illus.). (J). 30.50 (978-0-266-18063-0(9)) Forgotten Bks.

Home Folks: A Geography for Beginners (Classic Reprint) Joseph Russell Smith. (ENG., Illus.). (J). 2018. 272p. 29.51 (978-0-656-40668-5(2)); 2017. pap. 11.97 (978-0-259-49524-6(7)) Forgotten Bks.

Home Folks, Vol. 1: A Series of Stories by Old Settlers of Fulton Country, Indiana (Classic Reprint) Marguerite Lillian Miller. 2016. (ENG., Illus.). (J). pap. 13.57 (978-1-334-11923-1(6)) Forgotten Bks.

Home for a Penguin, Home for a Whale. Brenda Williams. Illus. by Annalisa Beghelli. 2019. (ENG.). 32p. (J). (gr. -1-3). 16.99 (978-1-78285-743-3(5)) Barefoot Bks., Inc.

Home for Betty. Jenna Beyer. 2018. (Woodfall Friends Ser.: Vol. 4). (ENG., Illus.). 24p. (J). (gr. k-6). 12.00 (978-0-692-19882-7(2)) Teacup Pr.

Home for Bridget. Glenn P. Clinger III. 2017. (ENG., Illus.). 36p. (J). pap. (978-1-387-26910-5(0)) Lulu Pr., Inc.

Home for Callie. B.A.S.Smith. 2019. (ENG.). 24p. (J). pap. 12.45 (978-1-9736-6984-5(6), WestBow Pr.) Author Solutions, LLC.

Home for Goddesses & Dogs. Leslie Connor. (ENG.). (J). (gr. 5). 2022. 416p. pap. 7.99 (978-0-06-279679-0(8)); 2020. 400p. 16.99 (978-0-06-279678-3(X)) HarperCollins Pubs. (Tegen, Katherine Bks).

Home for Hare & Mouse. Rosalinda Kightley. 2018. (ENG.). 22p. (J). (gr. -1-1). 12.95 (978-1-910716-65-6(0)) Boxer Bks., Ltd. GBR. Dist: Sterling Publishing Co., Inc.

Home for Harley. Debbie Tremel. Illus. by Mauro Lirussi. 2019. (ENG.). 26p. (J). pap. 15.00 (978-1-0878-4672-9(2)) Indy Pub.

Home for Harriet. Joan Byrd. Illus. by Joan Byrd. 2021. (ENG.). 54p. (J). pap. 14.95 (978-1-63066-514-2(2)) Indigo Sea Pr., LLC.

Home for Henry. Janice Schofield Eaton. Illus. by Chuying Li. 2023. (ENG.). 36p. (J). pap. **(978-0-473-65570-9(5))** Eaton, Janice.

Home for Henry. Janice Schofield Eaton. Illus. by Chuying Li. 2023. (ENG.). 36p. (J). **(978-0-473-65571-6(3))** Eaton, Janice.

Home for Little Teddy: Leveled Reader Red Fiction Level 5 Grade 1. Hmh Hmh. 2019. (Rigby PM Ser.). (ENG.). 16p. (J). (gr. 1). pap. 11.00 (978-0-358-12135-0(3)) Houghton Mifflin Harcourt Publishing Co.

Home for Luna. Stef Gemmill. Illus. by Mel Armstrong. 2020. (ENG.). 32p. (J). (gr. -1-1). 17.99 (978-1-912858-82-8(7), eddb9ea2-6ddb-4697-b896-1d1cabcc5634) New Frontier Publishing AUS. Dist: Lerner Publishing Group.

Home for Me. Jessica Jaye. 2020. (ENG., Illus.). 50p. (J). pap. (978-1-9163373-2-9(5)) SRL Publishing Ltd.

Home for Rani. N. Sharkey. 2021. (ENG., Illus.). 28p. (J). 23.95 (978-1-64952-233-7(9)); pap. 13.95 (978-1-64952-231-3(2)) Fulton Bks.

Home for Sally. Stenetta Anthony. 2018. (ENG., Illus.). 30p. (J). pap. 12.95 (978-1-64003-726-7(8)) Covenant Bks.

Home for the Holidays: A Little Book about the Different Holidays That Bring Us Together. Sesame Workshop & Craig Manning. 2021. (Sesame Street Scribbles Ser.). (ENG., Illus.). 40p. (J). (gr. k-3). 10.99 (978-1-7282-4024-4(7)) Sourcebooks, Inc.

Home for the Homeless (Classic Reprint) M. E. Miller. 2018. (ENG., Illus.). 66p. (J). 25.26 (978-0-428-66222-6(6)) Forgotten Bks.

Home for the Winter. Linda Lembke. Illus. by Ann Schafer. 2018. (ENG.). 44p. (J). 19.99 (978-0-578-41781-3(2)) Concordis Publishing.

Home for Tiny Turtle: Leveled Reader Orange Level 15. Rg Rg. 2016. (PM Ser.). (ENG.). 16p. (J). (gr. 1-2). pap. 11.00 (978-0-544-89153-1(8)) Rigby Education.

Home for Us, 1 vol. Sharon Jennings. Illus. by Eva Campbell. 2022. (ENG.). 32p. (J). (gr. 1-4). 19.95 (978-0-88995-575-2(1), 4381af00-8a9e-4198-ab1a-298d65a26cdd) Red Deer Pr. CAN. Dist: Firefly Bks., Ltd.

Home from School Mad Libs: World's Greatest Word Game. Kim Ostrow. 2021. (Mad Libs Ser.). 48p. (J). (gr. 3-7). pap. 5.99 (978-0-593-22620-9(8), Mad Libs) Penguin Young Readers Group.

Home from Sea (Classic Reprint) George S. Wasson. 2019. (ENG., Illus.). 362p. (J). 31.36 (978-0-267-24600-7(5)) Forgotten Bks.

Home Front Girl: A Diary of Love, Literature, & Growing up in Wartime America. Joan Wehlen Morrison. Ed. by Susan Signe Morrison. 2018. (ENG., Illus.). 272p. (YA). (gr. 7). pap. 12.99 (978-0-912777-86-3(9)) Chicago Review Pr., Inc.

Home Fronts. Tom Durwood. 2021. (Illustrated Colonials Ser.: Vol. 2). (ENG.). 138p. (YA). pap. 16.99 (978-1-952520-17-4(7)) Empire Studies Pr.

Home Games. Benjamin Markovits. 2020. (ENG.). 336p. (J). (gr. 3-7). 16.99 (978-0-06-274230-8(2), HarperCollins) HarperCollins Pubs.

Home Geography for Primary Grades with Written & Oral Exercises. C. C. Long et al. 2017. (ENG., Illus.). (J). pap. 9.95 (978-1-944435-03-5(4)) Blue Sky Daisies.

Home Girl. Alex Wheatle. 2019. (ENG.). (YA). 244p. 38.95 (978-1-61775-795-2(0), Black Sheep); 288p. pap. 14.95 (978-1-61775-753-2(5)) Akashic Bks.

Home Harmonies (Classic Reprint) Mark M. Pomeroy. 2018. (ENG., Illus.). 288p. (J). 29.84 (978-0-365-20920-1(1)) Forgotten Bks.

Home-Help in Canada (Classic Reprint) Ella C. Sykes. 2018. (ENG., Illus.). 324p. (J). 30.60 (978-0-267-48345-7(7)) Forgotten Bks.

Home Help in Music Study: Learning to Use Ears, Eyes, & Fingers; Containing Many Suggestions Helpful to Mothers in the Home & to Teachers & Kindergarten Instructors (Classic Reprint) Harriette Brower. (ENG., Illus.). (J). 2018. 232p. 28.70 (978-0-428-61091-3(9)); 2017. pap. 11.57 (978-0-243-39641-2(4)) Forgotten Bks.

Home Home. Lisa Allen-Agostini. (ENG.). 160p. (YA). (gr. 9). 2021. pap. 9.99 (978-1-9848-9361-1(0), Ember); 2020. 17.99 (978-1-9848-9358-1(0), Delacorte Pr.); 2020. lib. bdg. 20.99 (978-1-9848-9359-8(9), Delacorte Pr.) Random Hse. Children's Bks.

Home Ice Rivals. Jake Maddox. Illus. by Roberta Papalia. 2020. (Jake Maddox Graphic Novels Ser.). (ENG.). 72p. (J). (gr. 3-6). pap. 6.95 (978-1-4965-9921-6(7), 201332); lib. bdg. 26.65 (978-1-4965-9710-6(9), 199332) Capstone. (Stone Arch Bks.).

Home in America: A Volga German Story. Eunice Boeve. 2017. (ENG., Illus.). (YA). (gr. 7-12). pap. 14.95 (978-1-939054-81-4(8)) Rowe Publishing.

Home in Stead. Cindy L. Clark. 2022. (ENG.). 84p. (J). **(978-1-0391-3337-2(1))**; pap. **(978-1-0391-3336-5(3))** FriesenPress.

Home in the Barn. Margaret Wise Brown. Illus. by Jerry Pinkney. 2018. (ENG.). 32p. (J). (gr. -1-3). 19.99 (978-0-06-623787-9(4), HarperCollins) HarperCollins Pubs.

Home in the Big Backyard. Karla Harney Thompson. Illus. by Catherine Logsdon. 2016. (ENG.). (J). 20.99 (978-1-4984-9386-4(6)); pap. 9.99 (978-1-4984-9385-7(8)) Salem Author Services.

Home in the Church: Living an Embodied Catholic Faith. Jessica Ptomey. 2020. (ENG.). 170p. pap. 14.95 (978-1-64279-708-4(1)) Morgan James Publishing.

Home in the Rain. Bob Graham. Illus. by Bob Graham. 2017. (ENG., Illus.). 32p. (J). (gr. -1-2). 16.99 (978-0-7636-9269-8(7)) Candlewick Pr.

Home in the Sea: Or, the Adventures of Philip Brusque (Classic Reprint) Peter Parley, pseud. (ENG., Illus.). (J). 2018. 170p. 27.42 (978-0-267-71407-0(6)); 2017. pap. 9.97 (978-0-282-99046-6(1)) Forgotten Bks.

Home in the Snow. Peter Bently. Illus. by Charles Fuge. 2022. (ENG.). 32p. (J). (gr. -1-k). pap. 10.99 (978-1-4449-4037-4(6)) Hachette Children's Group GBR. Dist: Hachette Bk. Group.

Home in the Valley (Classic Reprint) Emilie F. Carlen. (ENG., Illus.). (J). 2018. 202p. 28.08 (978-0-483-70331-5(1)); 2017. pap. 10.57 (978-0-243-40047-8(0)) Forgotten Bks.

Home in the Woods. Eliza Wheeler. Illus. by Eliza Wheeler. 2019. (Illus.). 40p. (J). (gr. k-3). 18.99 (978-0-399-16290-9(9), Nancy Paulsen Books) Penguin Young Readers Group.

Home in the Woods: Oliver Johnson's Reminiscences of Early Marion County (Classic Reprint) Oliver Johnson. (ENG., Illus.). (J). 2018. 106p. 26.08 (978-0-331-65188-1(2)); 2017. pap. 9.57 (978-0-282-35145-8(0)) Forgotten Bks.

Home in the Woods for Laddie & Piper. Mary Louise Simmons. 2021. (ENG.). 24p. (J). 20.00 (978-1-6671-9500-1(X)) Wright Bks.

Home Influence. Grace Aguilar. 2017. (ENG.). 412p. (J). pap. (978-3-337-34335-4(X)); pap. (978-3-337-07384-8(0)) Creation Pubs.

Home Influence: A Tale for Mothers & Daughters (Classic Reprint) Grace Aguilar. 2018. (ENG., Illus.). 408p. (J). 32.33 (978-0-428-34780-2(0)) Forgotten Bks.

Home Influence, Vol. 1 Of 2: A Tale for Mothers & Daughters (Classic Reprint) Grace Aguilar. (ENG., Illus.). (J). 2018. 31.16 (978-0-260-56284-5(X)); 2016. pap. 13.57 (978-1-334-23147-6(8)) Forgotten Bks.

Home Influence, Vol. 2 Of 2: A Tale for Mothers & Daughters (Classic Reprint) Grace Aguilar. 2018. (ENG., Illus.). 298p. (J). 30.04 (978-0-483-77259-5(3)) Forgotten Bks.

Home Is... Hannah Barnaby. Illus. by Frann Preston-Gannon. 2021. (ENG.). 32p. (J). (gr. -1-3). 17.99 (978-1-5344-2176-9(9), Beach Lane Bks.) Beach Lane Bks.

Home Is. Clever Publishing. Illus. by Katya Longhi. 2021. (Clever Family Stories Ser.). (ENG.). 20p. (J). (gr. -1 — 1). bds. 8.99 (978-1-951100-00-1(X)) Clever Media Group.

Home Is a Window. Stephanie Ledyard. Illus. by Chris Sasaki. 2019. 40p. (J). (gr. -1-3). 18.99 (978-0-8234-4156-3(3), Neal Porter Bks) Holiday Hse., Inc.

Home Is at School & School Is at Home. Natashia Wilson-Jordan. 2019. (ENG.). 54p. (J). pap. 19.60 (978-0-578-22011-6(3)) Wilson-Jordan, Natashia.

Home Is in Between. Mitali Perkins. Illus. by Lavanya Naidu. 2021. (ENG.). 40p. (J). 19.99 (978-0-374-30367-9(3), 900157190, Farrar, Straus & Giroux (BYR)) Farrar, Straus & Giroux.

Home Is Not a Country. Safia Elhillo. (ENG.). 224p. (YA). (gr. 7). 2022. pap. 10.99 (978-0-593-17708-2(8)); 2021. 17.99 (978-0-593-17705-1(3)) Random Hse. Children's Bks. (Make Me a World).

Home Is Where My Heart Lives. Heidi Howarth. Illus. by Daniel Howarth. 2018. (ENG.). 36p. (J). 10.95 (978-0-8091-6787-6(5)) Paulist Pr.

Home Is Where the Heart Is. Emma Dodd. Illus. by Emma Dodd. 2021. (Emma Dodd's Love You Bks.). (ENG.). 24p.

For book reviews, descriptive annotations, tables of contents, cover images, author biographies & additional information, updated daily, subscribe to www.booksinprint.com 897

(J). (-k). 14.99 *(978-1-5362-1712-4(3)*, Templar) Candlewick Pr.

Home Is Where the Heart Is. Cam Higgins. Illus. by Ariel Landy. 2020. (Good Dog Ser.: 1). (ENG.). 128p. (J). (gr. k-4). 17.99 *(978-1-5344-7901-2(5))*; pap. 5.99 *(978-1-5344-7900-5(7))* Little Simon. (Little Simon).

Home Is Where the Heart Is. Jonny Lambert. Illus. by Jonny Lambert. 2022. (ENG.). 32p. (J). (gr. -1-2). 17.99 *(978-1-68010-269-7(9))* Tiger Tales.

Home Is Where the Heart Is: #1. Cam Higgins. Illus. by Ariel Landy. 2022. (Good Dog Ser.). (ENG.). 128p. (J). (gr. k-4). lib. bdg. 32.79 *(978-1-0982-5202-1(0)*, 41281, Chapter Bks.) Spotlight.

Home Kindergarten Manual: A Handbook of the Education & Character-Training of Little Children for Parents & Teachers (Classic Reprint) University Society. 2018. (ENG., Illus.). 514p. (J). 34.50 *(978-0-484-75931-1(0))* Forgotten Bks.

Home Ledger, Vol. 1: November, 1873 (Classic Reprint) Unknown Author. 2018. (ENG., Illus.). 24p. (J). 24.39 *(978-0-483-33133-4(3))* Forgotten Bks.

Home Letters (Classic Reprint) Joseph Allison. 2018. (ENG., Illus.). (J). 496p. 34.15 *(978-0-366-56522-1(2))*; 498p. pap. 16.57 *(978-0-366-20894-4(2))* Forgotten Bks.

Home Letters (Classic Reprint) Gertrude Cozad. 2017. (ENG., Illus.). 26p. (J). 24.45 *(978-0-484-16098-8(2))* Forgotten Bks.

Home Life: A Journal (Classic Reprint) Elizabeth Missing Sewell. 2017. (ENG., Illus.). (J). 412p. 32.39 *(978-0-484-65072-4(6))*; pap. 16.57 *(978-0-259-20945-4(7))* Forgotten Bks.

Home Life: Or a Peep Across the Threshold (Classic Reprint) Caroline A. Soule. 2018. (ENG., Illus.). 262p. (J). 29.32 *(978-0-365-37052-9(5))* Forgotten Bks.

Home Life, Around the World (Classic Reprint) George A. Mirick. 2018. (ENG., Illus.). 174p. (J). 27.51 *(978-0-267-14855-4(0))* Forgotten Bks.

Home Life Around the World, with Illustrations by Burton Holmes. George A. Mirick. 2017. (ENG., Illus.). (J). pap. *(978-0-649-48961-9(6))* Trieste Publishing Pty Ltd.

Home Life in Bird-Land (Classic Reprint) Oliver Gregory Pike. 2017. (ENG., Illus.). (J). 32.81 *(978-0-266-75706-1(5))*; pap. 16.57 *(978-1-5277-3022-9(0))* Forgotten Bks.

Home Life in Colonial Days. Alice Morse Earle. 2017. (ENG., Illus.). (J). 25.95 *(978-1-374-87076-5(5))* Capital Communications, Inc.

Home Life in Germany (Classic Reprint) Alfred Sidgwick. 2017. (ENG., Illus.). (J). 32.39 *(978-1-5279-4803-7(X))* Forgotten Bks.

Home Life in Italy: Letters from the Apennines (Classic Reprint) Lina Duff Gordon. 2018. (ENG., Illus.). 508p. (J). 34.37 *(978-0-267-21254-5(2))* Forgotten Bks.

Home Life in Russia, Vol. 2 Of 2: By a Russian Noble (Classic Reprint) Unknown Author. 2018. (ENG., Illus.). 320p. (J). 30.50 *(978-0-483-02590-5(9))* Forgotten Bks.

Home Life Made Beautiful: In Story, Song, Sketch & Picture (Classic Reprint) Margaret Elizabeth Sangster. 2017. (ENG., Illus.). (J). 33.22 *(978-0-266-73823-7(0))*; pap. 16.57 *(978-1-5277-0206-6(5))* Forgotten Bks.

Home-Life of a Golden Eagle (Classic Reprint) H. B. MacPherson. 2017. (ENG., Illus.). (J). 24.95 *(978-0-260-39096-7(8))* Forgotten Bks.

Home-Life of the Lancashire Factory Folk During the Cotton Famine (Classic Reprint) Edwin Waugh. (ENG., Illus.). (J). 2018. 294p. 29.92 *(978-0-332-29111-6(1))*; 2016. pap. 13.57 *(978-1-334-15790-5(1))* Forgotten Bks.

Home-Life of the Spoonbill: The Stork & Some Herons (Classic Reprint) Bentley Beetham. 2017. (ENG., Illus.). (J). 25.57 *(978-0-260-64370-4(X))* Forgotten Bks.

Home Life on an Ostrich Farm. Annie Martin. 2017. (ENG.). 312p. (J). pap. *(978-3-337-05903-3(1))* Creation Pubs.

Home Life on an Ostrich Farm (Classic Reprint) Annie Martin. abr. ed. 2018. (ENG., Illus.). 320p. (J). 30.50 *(978-0-656-41413-0(8))* Forgotten Bks.

Home Light of the Prairies: A Play in Three Acts & Six Scenes (Classic Reprint) Gilbert Guest. 2018. (ENG., Illus.). 86p. (J). 25.67 *(978-0-483-08159-8(0))* Forgotten Bks.

Home Lights & Shadows (Classic Reprint) T. S. Arthur. 2018. (ENG., Illus.). 392p. (J). 32.00 *(978-0-484-19695-6(2))* Forgotten Bks.

Home Made Jingles (Classic Reprint) Grace Sorenson. 2018. (ENG., Illus.). 192p. (J). 27.88 *(978-0-483-89530-0(X))* Forgotten Bks.

Home Magazine, Vol. 1: From October, 1852, to June, 1853 (Classic Reprint) Timothy Shay Arthur. (ENG., Illus.). (J). 2018. 720p. 38.75 *(978-0-483-96990-2(7))*; 2017. pap. 23.57 *(978-0-243-92701-2(0))* Forgotten Bks.

Home Magazine, Vol. 2: From July to December, 1853 (Classic Reprint) Timothy Shay Arthur. (ENG., Illus.). (J). 2018. 1018p. 44.89 *(978-0-428-73751-1(X))*; 2017. pap. 27.23 *(978-0-243-27126-9(3))* Forgotten Bks.

Home Magazine, Vol. 7: From January to June, 1856 (Classic Reprint) T. S. Arthur. 2017. (ENG., Illus.). (J). 40.27 *(978-0-266-72761-3(1))*; pap. 23.57 *(978-1-5276-8778-3(3))* Forgotten Bks.

Home-Maker, Vol. 1: An Illustrated Monthly Magazine; October, 1888 to March, 1889 (Classic Reprint) Marion Harland. (ENG., Illus.). (J). 2018. 498p. 34.17 *(978-0-267-00301-3(3))*; 2017. pap. 16.57 *(978-0-243-95087-4(X))* Forgotten Bks.

Home-Maker, Vol. 2: April September, 1889 (Classic Reprint) Jane Cunningham Croly. (ENG., Illus.). (J). 2018. 526p. 34.75 *(978-0-483-65232-3(6))*; 2016. pap. 19.57 *(978-1-333-22844-6(9))* Forgotten Bks.

Home-Maker, Vol. 3 (Classic Reprint) Jane Cunningham Croly. (ENG., Illus.). (J). 2018. 546p. 35.16 *(978-0-483-15118-5(1))*; 2017. pap. 19.57 *(978-0-243-12405-3(8))* Forgotten Bks.

Home-Maker, Vol. 4: An Illustrated Monthly Magazine; April to September, 1890 (Classic Reprint) Marion Harland. (ENG., Illus.). (J). 2018. 524p. 34.70 *(978-0-483-04151-6(3))*; 2017. pap. 19.57 *(978-0-243-96534-2(6))* Forgotten Bks.

Home-Makers: A Play of the Pilgrims in Three Acts (Classic Reprint) Maude B. Vosburgh. 2018. (ENG., Illus.). 70p. (J). 25.36 *(978-0-484-54297-5(4))* Forgotten Bks.

Home Memories, or Echoes of a Mother's Voice (Classic Reprint) Carey Brock. (ENG., Illus.). (J). 2018. 338p. 30.87 *(978-0-267-00691-5(8))*; 2017. pap. 13.57 *(978-0-259-06236-3(7))* Forgotten Bks.

Home Mission (Classic Reprint) Timothy Shay Arthur. 2018. (ENG., Illus.). 214p. (J). 28.33 *(978-0-483-61857-2(8))* Forgotten Bks.

Home Movie Scenario Book: With Twenty New Plots for the Amateur Producer (Classic Reprint) Morrie Ryskind. 2017. (ENG., Illus.). (J). 27.49 *(978-0-266-62120-1(1))* Forgotten Bks.

Home Named Walter. Chelsea Lin Wallace. Illus. by Ginnie Hsu. 2022. (ENG.). 32p. (J). 18.99 *(978-1-250-31641-7(3)*, 900199788) Feiwel & Friends.

Home Nook (Classic Reprint) Amanda M. Douglas. (ENG., Illus.). (J). 2018. 390p. 31.94 *(978-0-267-37818-0(1))*; 2016. pap. 16.57 *(978-1-334-15599-4(2))* Forgotten Bks.

Home Occupations: For Little Children (Classic Reprint) Katherine Beebe. 2018. (ENG., Illus.). 152p. (J). 27.03 *(978-0-364-16813-4(7))* Forgotten Bks.

Home of a Naturalist (Classic Reprint) Biot Edmondston. 2018. (ENG., Illus.). 426p. (J). 32.68 *(978-0-484-12923-7(6))* Forgotten Bks.

Home of the Bible: A Woman's Vision of the Master's Land (Classic Reprint) Marion Harland. (ENG., Illus.). (J). 2018. 442p. 33.03 *(978-0-365-44492-3(8))*; 2016. pap. 16.57 *(978-1-334-13404-3(9))* Forgotten Bks.

Home of the Dragon. Lillie Rebek. 2017. (ENG.). 226p. (J). pap. *(978-3-337-26768-1(8))* Creation Pubs.

Home of the Dragon: A Tonquinese Idyll, Told in Seven Chapters (Classic Reprint) Lillie Rebek. (ENG., Illus.). (J). 2018. 228p. 28.62 *(978-0-332-14442-9(9))*; 2016. pap. 10.97 *(978-1-334-18737-7(1))* Forgotten Bks.

Home of the Echoes (Classic Reprint) Frank Boreham. (ENG., Illus.). (J). 2018. 212p. 28.27 *(978-0-666-00447-5(1))*; 2016. pap. 10.57 *(978-1-333-22854-5(6))* Forgotten Bks.

Home of the Eddas (Classic Reprint) Charles George Warnford Lock. (ENG., Illus.). (J). 2018. 362p. 31.36 *(978-0-484-09093-3(3))*; 2016. pap. 13.97 *(978-1-334-12999-5(1))* Forgotten Bks.

Home of the Seven Devils: A Romance (Classic Reprint) Horace W.C. Newte. 2017. (ENG., Illus.). (J). 32.48 *(978-1-5281-6846-5(1))* Forgotten Bks.

Home of Unfortunates - Clay. Archita Ravikumar & Tanvi Ambekar. 2021. (Home of Unfortunates Ser.). (ENG.). 214p. (J). pap. 8.99 *(978-1-7372658-0-1(X))* ArchiTanvi.

Home on the Ranch (Dino Ranch) Shannon Penney. 2022. (ENG.). 32p. (J). (gr. -1-3). pap. 5.99 *(978-1-338-85054-3(7))* Scholastic, Inc.

Home on the Range. Greg Ehrbar. Illus. by Manuela Razzi. 2021. (Disney Classics Ser.). (ENG.). 48p. (J). (gr. 2-6). lib. bdg. 32.79 *(978-1-5321-4801-9(1)*, 37012, Graphic Novels) Spotlight.

Home, or Family Cares & Family Joys (Classic Reprint) Frederika Bremer. 2018. (ENG., Illus.). 294p. (J). 29.96 *(978-0-483-28485-2(8))* Forgotten Bks.

Home, or Family Cares & Family Joys (Classic Reprint) Fredrika. Bremer. 2018. (ENG., Illus.). (J). 140p. 26.78 *(978-1-396-37544-6(9))*; 142p. pap. 9.57 *(978-1-390-90045-3(2))* Forgotten Bks.

Home, or Life in Sweden: And Strife & Peace (Classic Reprint) Fredrika. Bremer. 2017. (ENG., Illus.). (J). 35.36 *(978-0-266-68352-0(5))*; pap. 19.57 *(978-1-5276-5772-4(8))* Forgotten Bks.

Home, or the Iron Rule, Vol. 1 Of 3: A Domestic Story (Classic Reprint) Sarah Stickney Ellis. 2018. (ENG., Illus.). 318p. (J). 30.46 *(978-0-484-09355-2(X))* Forgotten Bks.

Home Pictures (Classic Reprint) Mary Andrews Denison. (ENG., Illus.). (J). 2018. 428p. 32.64 *(978-0-332-37141-2(7))*; 2016. pap. 16.57 *(978-1-333-52428-9(5))* Forgotten Bks.

Home Plays: A Collection of New, Simple, & Effective Plays for Boys & Girls (Classic Reprint) Cecil H. Bullivant. (ENG., Illus.). (J). 2017. 32.48 *(978-0-331-51875-7(9))*; 2016. pap. 16.57 *(978-1-334-15454-6(6))* Forgotten Bks.

Home Poems (Classic Reprint) Howard Collett. 2018. (ENG., Illus.). 52p. (J). 24.97 *(978-0-483-61873-2(X))* Forgotten Bks.

Home Rule of Eliza (Classic Reprint) Frederick W. Becker. (ENG., Illus.). (J). 2018. 312p. 30.35 *(978-0-365-44993-5(8))*; 2017. pap. 13.57 *(978-0-259-86045-7(X))* Forgotten Bks.

Home Run. Tim Green. 2016. (Baseball Great Ser.: 4). (ENG.). 352p. (J). (gr. 3-7). 16.99 *(978-0-06-231711-7(3)*, HarperCollins) HarperCollins Pubs.

Home Run. Joanne Meier & Cecilia Minden. Illus. by Bob Ostrom. 2022. (Bear Essential Readers Ser.). (ENG.). 32p. (J). (gr. -1-2). lib. bdg. 35.64 *(978-1-5038-5935-7(5)*, 215833, First Steps) Child's World, Inc, The.

Home Run. Christine Platt. Illus. by Anuki López. 2021. (Ana & Andrew Set 3 Ser.). (ENG.). 32p. (J). (gr. 2-2). pap. 9.95 *(978-1-64494-522-3(3)*, Calico Kid) ABDO Publishing Co.

Home Run. Christine Platt. Illus. by Anuki López. 2020. (Ana & Andrew Ser.). (ENG.). 24p. (J). (gr. -1-3). lib. bdg. 32.79 *(978-1-5321-3968-0(3)*, 36493, Calico Chapter Bks) Magic Wagon.

Home Run! Fun Baseball Coloring Book. Activibooks For Kids. 2016. (ENG., Illus.). (J). pap. 9.20 *(978-1-68321-893-7(0))* Mimaxion.

Home Run Mad Libs: World's Greatest Word Game. Mickie Matheis. 2023. (Mad Libs Ser.). 48p. (J). (gr. 3-7). pap. 5.99 *(978-0-593-52320-9(2)*, Mad Libs) Penguin Young Readers Group.

Home Run, Touchdown, Basket, Goal! Sports Poems for Little Athletes. Leo Landry. Illus. by Leo Landry. 2019. (ENG., Illus.). 32p. (J). 17.99 *(978-1-62779-349-0(6)*, 900147060, Holt, Henry & Co. Bks. For Young Readers) Holt, Henry & Co.

Home Safe Home. Jake Maddox. 2018. (Jake Maddox JV Ser.). (ENG., Illus.). 96p. (J). (gr. 4-6). lib. bdg. 26.65 *(978-1-4965-5931-9(2)*, 137133, Stone Arch Bks.) Capstone.

Home Scenes During the Rebellion (Classic Reprint) Eiggam Strebor. (ENG., Illus.). (J). 2018. 226p. 28.56 *(978-0-483-97546-0(X))*; 2016. pap. 10.97 *(978-1-334-17199-4(8))* Forgotten Bks.

Home-Scenes of the New Testament: Or, Christ in the Family (Classic Reprint) Theophilus Stork. 2018. (ENG., Illus.). 300p. (J). (gr. -1-3). 30.08 *(978-0-483-46176-5(8))* Forgotten Bks.

Home Sketches & Foreign Recollections, Vol. 1 of 3 (Classic Reprint) Georgiana Chatterton. 2017. (ENG., Illus.). (J). 30.56 *(978-0-266-21431-1(2))* Forgotten Bks.

Home Sketches & Foreign Recollections, Vol. 1 of 3 (Classic Reprint) Lady Chatterton. 2017. (ENG., Illus.). (J). pap. 13.57 *(978-0-243-98800-6(1))* Forgotten Bks.

Home Sketches & Foreign Recollections, Vol. 2 of 3 (Classic Reprint) Georgiana Chatterton. 2018. (ENG., Illus.). 322p. (J). 30.54 *(978-0-483-54714-8(X))* Forgotten Bks.

Home Sketches & Foreign Recollections, Vol. 3 of 3 (Classic Reprint) Georgiana Chatterton. 2017. (ENG., Illus.). (J). 31.03 *(978-0-266-18183-5(X))* Forgotten Bks.

Home Songs for Little Darlings (Classic Reprint) Thomas Perry Burnham. 2018. (ENG., Illus.). 208p. (J). 28.19 *(978-0-483-95691-9(0))* Forgotten Bks.

Home Spun Yarns (Classic Reprint) Mary Abbot Rand. 2018. (ENG., Illus.). 210p. (J). 28.23 *(978-0-483-79740-6(5))* Forgotten Bks.

Home Stories, for Boys & Girls (Classic Reprint) American Tract Society. (ENG., Illus.). (J). 2018. 146p. 26.93 *(978-0-483-60032-4(6))*; 2017. pap. 9.57 *(978-0-243-33053-9(7))* Forgotten Bks.

Home Story Book (Classic Reprint) Unknown Author. 2018. (ENG., Illus.). 128p. (J). 26.54 *(978-0-656-37558-5(2))* Forgotten Bks.

Home Sunshine: Or, Family Life (Classic Reprint) Catherine D. Bell. 2018. (ENG., Illus.). 392p. (J). 32.00 *(978-0-483-66190-5(2))* Forgotten Bks.

Home Sweet Gnome. Sandra George Allen. 2022. (ENG., Illus.). 148p. (J). pap. 22.95 *(978-1-68517-018-9(8))* Christian Faith Publishing.

Home, Sweet Home. J. H. Riddell. 2017. (ENG.). 336p. (J). pap. *(978-3-337-04370-4(4))* Creation Pubs.

Home Sweet Home. Courtney Anne Ries. Illus. by Courtney Anne Ries. 2022. (ENG.). 50p. (J). 29.99 ***(978-1-0880-6985-1(1))***; pap. 24.99 ***(978-1-0879-9941-8(3))*** Indy Pub.

Home, Sweet Home: A Novel (Classic Reprint) J. H. Riddell. 2018. (ENG., Illus.). 426p. (J). 32.68 *(978-0-267-17769-1(0))* Forgotten Bks.

Home, Sweet Home (Classic Reprint) Chas W. Seymour. 2018. (ENG., Illus.). 74p. (J). 25.42 *(978-0-483-92663-9(9))* Forgotten Bks.

Home Sweet Home Colouring Book 2. Nneka Edwards. 2019. (ENG., Illus.). 68p. (J). pap. *(978-976-8278-49-4(8))* Edwards, Nneka.

Home, Sweet Home, Vol. 1 Of 3: A Novel (Classic Reprint) J. H. Riddell. 2018. (ENG., Illus.). 318p. (J). 30.46 *(978-0-484-21906-8(5))* Forgotten Bks.

Home Sweet Motel. Chris Grabenstein. ed. 2018. (Welcome to Wonderland Ser.: 1). lib. bdg. 18.40 *(978-0-606-40937-7(8))* Turtleback.

Home Sweet Neighborhood: Transforming Cities One Block at a Time, 1 vol. Michelle Mulder. 2019. (Orca Footprints Ser.: 15). (ENG., Illus.). 48p. (J). (gr. 4-7). 19.95 *(978-1-4598-1691-6(9))* Orca Bk. Pubs. USA.

Home Team Collection: The Only Game; the Extra Yard; Point Guard; Team Players. Mike Lupica. ed. 2018. (Home Team Ser.). (ENG.). 1200p. (J). (gr. 3-7). 68.99 *(978-1-5344-2805-8(4)*, Simon & Schuster Bks. For Young Readers) Simon & Schuster Bks. For Young Readers.

Home Team Paperback Collection (Boxed Set) The Only Game; the Extra Yard; Point Guard; Team Players. Mike Lupica. ed. 2019. (Home Team Ser.). (ENG.). 1264p. (J). (gr. 3-7). pap. 31.99 *(978-1-5344-3744-9(4)*, Simon & Schuster Bks. For Young Readers) Simon & Schuster Bks. For Young Readers.

Home That Builds Civility. Anne Lingelbach. Illus. by Mollie Ginther. 2020. (ENG.). 20p. (J). pap. 10.00 *(978-1-64538-200-3(1))* Orange Hat Publishing.

Home That Was Built by Hens (Classic Reprint) Eugene W. Harrington. 2018. (ENG., Illus.). 80p. (J). 25.57 *(978-0-267-27110-8(7))* Forgotten Bks.

Home the Homeless, Vol. 1 Of 3: A Novel, by Cecilia Mary Caddell, in Three Volumes (Classic Reprint) Cecilia Mary Caddell. 2017. (ENG., Illus.). (J). 31.34 *(978-0-260-28852-3(7))* Forgotten Bks.

Home Ties a Rural Play in Four Acts (Classic Reprint) Arthur Lewis Tubbs. 2018. (ENG., Illus.). 82p. (J). 25.59 *(978-0-428-67861-6(0))* Forgotten Bks.

Home Time (Book Two) Beyond the Weaving. Campbell Whyte. 2020. (Home Time Ser.). (Illus.). 220p. (YA). (gr. 8-12). 29.99 *(978-1-60309-464-1(4))* Top Shelf Productions.

Home to Him's Muvver (Classic Reprint) Margaret Prescott Montague. 2018. (ENG., Illus.). 26p. (J). 24.45 *(978-0-428-38330-5(0))* Forgotten Bks.

Home Topics: A Book of Practical Papers on House & Home Matters; with Suggestions As to the Care & Education of Children, Home Decoration & Amusements, Window Gardening, Practical Floriculture, the Treatment of the Sick, Vacations, etc., Etc. Susan Anna Brown. (ENG., Illus.). (J). 2018. 622p. 36.73 *(978-0-484-22155-9(8))*; 2016. pap. 19.57 *(978-1-334-32850-3(1))* Forgotten Bks.

Home Truth: Being Memoirs of the Love & State-Intrigues of the Court of H from the Marriage of the Princess of Z to the Tragical Death of Count K -K (Classic Reprint) Unknown Author. 2018. (ENG., Illus.). 126p. (J). 26.52 *(978-0-484-50848-3(2))* Forgotten Bks.

Home Truths, 1 vol. Jill MacLean. 2016. (ENG.). 224p. (YA). (gr. 8-12). 14.95 *(978-1-897151-96-9(9)*, Dancing Cat Bks.) Cormorant Bks. Inc. CAN. Dist: Orca Bk. Pubs. USA.

Home Tweet Home. Della Bartzen. Ed. by 4 Paws Games and Publishing. Illus. by Lizy J. Campbell. 2019. (ENG.). 48p. (J). pap. *(978-1-988345-98-7(7))* Caswell, Vickianne.

Home under the Stars. Andy Chou Musser. 2021. (Illus.). 40p. (J). (gr. -1-3). 18.99 *(978-1-63217-327-0(1)*, Little Bigfoot) Sasquatch Bks.

Home Vineyard: Sketches of Mission Work (Classic Reprint) Caroline E. Kelly Davis. 2018. (ENG., Illus.). 202p. (J). 28.08 *(978-0-484-14480-3(4))* Forgotten Bks.

Home, Vol. 2 Of 2: Or, Family Cares & Family Joys (Classic Reprint) Frederika Bremer. (ENG., Illus.). (J). 2018. 312p. 30.35 *(978-0-483-23310-2(2))*; 2017. pap. 13.57 *(978-0-259-01956-5(9))* Forgotten Bks.

Home, Vol. 2 Of 5: A Novel (Classic Reprint) Margaret Cullen. (ENG., Illus.). (J). 2019. 318p. 30.46 *(978-0-267-61862-0(X))*; 2016. pap. 13.57 *(978-1-334-19059-9(3))* Forgotten Bks.

Home, Vol. 3: A Fireside Monthly Companion & Guide for the Wife, the Mother, & the Daughter (Classic Reprint) H. e. g. Arey. (ENG., Illus.). (J). 2018. 578p. 35.82 *(978-0-483-26435-9(0))*; 2017. pap. 19.57 *(978-0-243-99151-8(7))* Forgotten Bks.

Home, Vol. 3 Of 5: A Novel (Classic Reprint) Margaret Cullen. (ENG., Illus.). (J). 2018. 288p. 29.84 *(978-1-396-72646-0(2))*; 2018. 290p. pap. 13.57 *(978-1-396-05520-1(7))*; 2018. 296p. 30.00 *(978-0-483-81284-0(6))*; 2016. pap. 13.57 *(978-1-334-15757-8(X))* Forgotten Bks.

Home, Vol. 5 Of 5: A Novel (Classic Reprint) Margaret Cullen. (ENG., Illus.). (J). 2018. 370p. 31.53 *(978-0-364-52820-4(6))*; 2017. pap. 13.97 *(978-0-259-29258-6(3))* Forgotten Bks.

Home, Volume 1. Julio Anta. 2021. (ENG., Illus.). 160p. (YA). pap. 16.99 *(978-1-5343-1997-4(2))* Image Comics.

Home Wind. Terri Martin. 2023. (ENG.). 210p. (J). 34.95 ***(978-1-61599-760-2(1)***, Modern Software Pr.) Loving Healing Pr., Inc.

Homebound. John David Anderson. (Icarus Chronicles Ser.: 2). (ENG.). 400p. (J). (gr. 3-7). 2023. pap. 9.99 *(978-0-06-298601-6(5))*; 2022. 16.99 *(978-0-06-298600-9(7))* HarperCollins Pubs. (Waldon Pond Pr.).

Homebuilders (Classic Reprint) Karl Edwin Harriman. 2018. (ENG., Illus.). 330p. (J). 30.72 *(978-0-484-54201-2(X))* Forgotten Bks.

Homeburg Memories (Classic Reprint) George Fitch. 2018. (ENG., Illus.). 332p. (J). 30.76 *(978-0-483-95308-6(3))* Forgotten Bks.

Homecoming. Alex Morgan. (Kicks Ser.). (ENG.). (J). (gr. 3-7). 2021. 128p. pap. 7.99 *(978-1-5344-2807-2(0))*; 2020. 112p. 17.99 *(978-1-5344-2806-5(2))* Simon & Schuster Bks. For Young Readers. (Simon & Schuster Bks. For Young Readers).

Homecoming. Stacie Ramey. 2016. (ENG.). 320p. (YA). (gr. 7-12). pap. 12.99 *(978-1-4926-3588-8(X)*, 9781492635888) Sourcebooks, Inc.

Homecoming: Shafer's Tale of Lost & Found. Theresa D. Tillinger & Patti Bowman Freeman. Illus. by Jason S. Brock. 2018. (Homecoming Ser.: Vol. 1). (ENG.). 48p. (J). (gr. 1-4). 20.00 *(978-0-692-93617-7(3))* Tillinger, Theresa D.

Homecoming Tales: 15 Inspiring Stories from Old Friends Senior Dog Sanctuary, 1 vol. Old Friends Senior Dog Sanctuary. 2020. (ENG., Illus.). 208p. (J). pap. 15.99 *(978-1-4002-2292-6(3)*, Tommy Nelson) Nelson, Thomas Inc.

Homegoing: A Children's Book about Grief. Chelsea C. McLin. 2021. (ENG.). 34p. (J). 17.99 *(978-0-578-91003-1(9))* Jubilee LLC.

Homegrown. Jeffrey Burton. Illus. by Andrés Landazábal. 2023. (ENG.). 22p. (J). (gr. -1-k). bds., bds. 7.99 ***(978-1-6659-4271-3(1)***, Little Simon) Little Simon.

HOMEGROWN Centered Around Real Food: A Children's Nutrition Curriculum. Liz Haselmayer. 2022. (ENG.). 102p. (J). pap. 48.99 *(978-1-6628-4646-5(0))* Salem Author Services.

HOMEGROWN Centered Around Real Food: Early Elementary Intro to Real Food Activity Book. Liz Haselmayer. 2022. (ENG.). 104p. (J). pap. 51.99 *(978-1-6628-4660-1(6))* Salem Author Services.

Homegrown Portals: Hand Drawn Spiral Coloring Book. Gina Mauro. 2021. (ENG.). 74p. (J). pap. *(978-1-716-17235-9(7))* Lulu Pr., Inc.

Homegrown Vegetables & Herbs Funny Pun Coloring Book: Vegetable Coloring Pages, Gardening Coloring Book, Backyard, Carrot, Okie Dokie, Kale. Illus. by Paperland Online Store. 2023. (ENG.). 64p. (J). pap. 19.98 ***(978-1-312-45398-2(2))*** Lulu Pr., Inc.

Homeland: A Present-Day Love Story (Classic Reprint) Margaret Hill McCarter. (ENG., Illus.). (J). 2018. 448p. 33.14 *(978-0-365-51236-3(2))*; 2017. pap. 16.57 *(978-0-259-26102-5(5))* Forgotten Bks.

Homeland Attack: Captain Justo Saga Log 1. 3. Stephen Miller. 2017. (Captain Justo Saga Ser.: Vol. 13). (ENG., Illus.). (J). (gr. 4-6). pap. 12.00 *(978-1-62314-471-5(X))* ePub Bud.

Homeland Security. Michael Kerrigan. 2017. (Illus.). 80p. (J). *(978-1-4222-3767-0(2))* Mason Crest.

Homeland Security. Wil Mara. 2016. (21st Century Skills Library: a Citizen's Guide Ser.). (ENG., Illus.). 32p. (J). (gr. 4-7). 32.07 *(978-1-63471-068-8(1)*, 208351) Cherry Lake Publishing.

Homeless: An Increasing Population, 1 vol. Ed. by he New York Times. 2019. (In the Headlines Ser.). (ENG.). 224p. (gr. 9-9). 54.93 *(978-1-64282-312-7(0)*, 10ac7f7d-be51-4fe5-b877-5ee1c8547789, New York Times Educational Publishing) Rosen Publishing Group, Inc., The.

Homeless: An Increasing Population, 1 vol. Ed. by The New York Times Editorial Staff. 2019. (In the Headlines Ser.). (ENG.). 224p. (gr. 9-9). pap. 24.47 *(978-1-64282-311-0(2)*, 03ba53fa-89f1-4f2a-9869-e8255aa78935, New York Times Educational Publishing) Rosen Publishing Group, Inc., The.

Homeless: Youth Living on the Streets. Gail Snyder. 2021. (ENG.). 64p. (YA). (gr. 6-12). 43.93 *(978-1-6782-0170-8(7))* ReferencePoint Pr., Inc.

Homeless Bird Novel Units Student Packet. Novel Units. 2019. (ENG.). (J). pap. 13.99 *(978-1-58130-836-5(1)*, Novel Units, Inc.) Classroom Library Co.

Homeless Bird Novel Units Teacher Guide. Novel Units. 2019. (ENG.). (J). pap. 12.99 *(978-1-58130-835-8(3)*, Novel Units, Inc.) Classroom Library Co.

898

The check digit for ISBN-10 appears in parentheses after the full ISBN-13

Homeless Foal. Tina Nolan. Illus. by Anna Chernyshova. 2017. (Animal Rescue Center Ser.). (ENG.). 112p. (J). (gr. 1-4). pap. 4.99 *(978-1-58925-498-5(8))* Tiger Tales.

Homeless Not Helpless. Kurt Kurman. 2020. (ENG.). 92p. (YA). pap. 13.95 *(978-1-6624-0726-0(2))* Page Publishing Inc.

Homeless to Hopkins: The Children's Version. Doctor Christopher Smith. 2023. (ENG.). 44p. (J). 22.95 ***(978-1-960142-96-2(8))***; pap. 14.95 ***(978-1-960142-95-5(X))*** Mindstir Media.

Homeless Youth. Cherese Cartlidge. 2016. (ENG., Illus.). 80p. (J). (gr. 5-12). *(978-1-60152-978-7(3))* ReferencePoint Pr., Inc.

Homelessness & Families, Vol. 12. H. W. Poole. 2016. (Families Today Ser.). (Illus.). 48p. (J). (gr. 5). 20.95 *(978-1-4222-3616-1(1))* Mason Crest.

Homelessness & Street Crime, 1 vol. Ed. by Pete Schauer. 2017. (Current Controversies Ser.). (ENG.). 240p. (gr. 10-12). 48.03 *(978-1-5345-0095-2(2)*, ef351861-3727-4e0f-a73a-0132ddf193c1); pap. 33.00 *(978-1-5345-0093-8(6)*, 413c0c3c-8620-43ef-8a85-67b31f576b67) Greenhaven Publishing LLC.

Homelessness in America: A Reference Handbook, 1 vol. Michele Wakin. 2022. (Contemporary World Issues Ser.). (ENG., Illus.). 400p. (C). 65.00 *(978-1-4408-7485-7(9)*, 796981) ABC-CLIO, LLC.

Homely Child: Or, Handsome Is That Handsome Does (Classic Reprint) Daniel P. Kidder. 2018. (ENG., Illus.). 84p. (J). 25.65 *(978-0-483-42280-3(0))* Forgotten Bks.

Homemade Jams Songbook. The Show & Tell Singers. 2022. (ENG.). 110p. (J). pap. 29.99 ***(978-1-0881-1416-2(4))*** Indy Pub.

Homemade Love. bell hooks. 2017. (ENG., Illus.). 28p. (J). (gr. -1 — 1). bds. 7.99 *(978-1-4847-9935-2(6)*, Jump at the Sun) Disney Publishing Worldwide.

Homemade Robots: 10 Simple Bots to Build with Stuff Around the House. Randy Sarafan. 2021. (ENG., Illus.). 200p. (J). (gr. 7-9). pap. 17.99 *(978-1-7185-0023-5(8))* No Starch Pr., Inc.

Homer: A Constant Companion: Book One. Pamela Colerick. 2022. (ENG., Illus.). 30p. (J). pap. 10.95 *(978-1-63961-314-4(5))* Christian Faith Publishing.

Homer & Your Highness. Marilyn Freifeld et al. 2020. (ENG., Illus.). 30p. (J). 24.00 *(978-1-64426-787-5(X)*, RoseDog Bks.) Dorrance Publishing Co., Inc.

Homer on the Case. Henry Cole. 176p. (J). (gr. 3-7). 2022. pap. 8.99 *(978-1-68263-378-6(0))*; 2021. (Illus.). 16.99 *(978-1-68263-254-3(7))*; 2021. (ENG.). E-Book *(978-1-68263-357-1(8))* Peachtree Publishing Co. Inc.

Homeric Hymns. Andrew Lang. 2020. (ENG.). (J). 142p. 17.95 *(978-1-64799-620-8(1))*; 140p. pap. 9.95 *(978-1-64799-619-2(8))* Bibliotech Pr.

Homeric Scenes: Hector's Farewell, & the Wrath of Achilles. John Jay Chapman. 2017. (ENG., Illus.). (J). pap. *(978-0-649-40170-3(0))* Trieste Publishing Pty Ltd.

Homeric Scenes: Hector's Farewell & the Wrath of Achilles (Classic Reprint) John Jay Chapman. 2018. (ENG., Illus.). 80p. (J). 25.55 *(978-0-332-91454-1(2))* Forgotten Bks.

Homerooms & Hall Passes. Tom O'Donnell. (ENG.). (J). (gr. 3-7). 2020. 368p. pap. 7.99 *(978-0-06-287215-9(X))*; 2019. (Illus.). 352p. 16.99 *(978-0-06-287214-2(1))* HarperCollins Pubs. (Balzer & Bray).

Homerooms & Hall Passes: Heroes Level Up. Tom O'Donnell. (ENG.). 416p. (J). (gr. 3-7). 2021. pap. 7.99 *(978-0-06-287218-0(4))*; 2020. (Illus.). 16.99 *(978-0-06-287217-3(6))* HarperCollins Pubs. (Balzer & Bray).

Homers & Hot Dogs: Behind the Scenes of Game Day Baseball. Martin Driscoll. 2023. (Sports Illustrated Kids: Game Day! Ser.). (ENG.). 32p. (J). 31.32 *(978-1-6690-0321-2(3)*, 245288); pap. 7.99 *(978-1-6690-4033-0(X)*, 245273) Capstone. (Capstone Pr.).

Homer's Iliad: A Burlesque Translation (Classic Reprint) Thomas Bridges Francis Grose. (ENG., Illus.). (J). 2018. 494p. 34.11 *(978-0-484-22261-7(9))*; 2017. pap. 16.57 *(978-0-259-19758-4(0))* Forgotten Bks.

Homer's Iliad - Ancient Greece Books for Teens Children's Ancient History. Baby Professor. 2017. (ENG., Illus.). (J). pap. 8.79 *(978-1-5419-1122-2(9)*, Baby Professor (Education Kids)) Speedy Publishing LLC.

Homer's Odyssey. Robin Lister. 2022. (ENG.). 176p. (J). pap. 12.99 *(978-0-7534-7870-7(6)*, 900277883, Kingfisher) Roaring Brook Pr.

Homer's the Odyssey: A Poetic Primer. B. B. Gallagher. Illus. by Carles Arbat. 2021. (Poetic Primers Ser.). (ENG.). 56p. (J). (gr. 3-7). 24.95 *(978-1-7370796-0-6(7)*, GT9606) Good & True Media.

Homerun!! Coloring & Activity Book Baseball. Jupiter Kids. 2018. (ENG., Illus.). 106p. (J). pap. 12.55 *(978-1-5419-3474-0(1)*, Jupiter Kids (Childrens & Kids Fiction)) Speedy Publishing LLC.

Homes. Joanna Brundle. 2019. (Around the World Ser.). (ENG.). 24p. (J). (gr. 2). lib. bdg. 22.99 *(978-1-5105-4389-8(9))* SmartBook Media, Inc.

Homes. Hector Dexet. 2020. (Read & Play Ser.). (ENG., Illus.). 34p. (J). (gr. -1-k). bds. 12.99 *(978-1-78627-616-2(X)*, King, Laurence Publishing) Orion Publishing Group, Ltd. GBR. Dist: Hachette Bk. Group.

Homes. Illus. by Donald Grant. 2023. (My First Discovery Paperbacks Ser.). (ENG.). 32p. (J). (gr. k-2). pap. 9.99 *(978-1-85103-759-9(4))* Moonlight Publishing, Ltd. GBR. Dist: Independent Pubs. Group.

Homes: A Look at Then & Now. Percy Leed. 2023. (Read about the Past (Read for a Better World (tm)) Ser.). (ENG., Illus.). 24p. (J). (gr. k-2). pap. 9.99 Lerner Publishing Group.

Homes: From Then to Now. Carol Lawrence. Illus. by Poppy Kang. 2021. (Imagine This! Ser.). (ENG.). 32p. (J). (gr. -1-3). 17.99 *(978-0-8075-3365-9(3)*, 807533653) Whitman, Albert & Co.

Homes & Haunts of Edward Fitzgerald (Classic Reprint) Mary Eleanor FitzGerald Kerrich. (ENG., Illus.). (J). 2018. 22p. 24.37 *(978-0-267-59585-3(9))*; 2016. pap. 7.97 *(978-1-334-14879-8(1))* Forgotten Bks.

Homes Around the World. Meg Gaertner. 2020. (Around the World Ser.). (ENG., Illus.). 24p. (J). (gr. k-1). pap. 8.95 *(978-1-64619-219-9(2)*, 1646192192); lib. bdg. 28.50 *(978-1-64619-185-7(4)*, 1646191854) Little Blue Hse. (Little Blue Readers).

Homes Around the World. Wil Mara. 2020. (Customs Around the World Ser.). (ENG.). 32p. (J). (gr. 1-3). pap. 7.95 *(978-1-9771-2673-3(1)*, 201707); (Illus.). lib. bdg. 29.32 *(978-1-9771-2373-2(2)*, 200383) Capstone. (Pebble).

Homes Around the World, 1 vol. Eleanor O'Connell. 2016. (Adventures in Culture Ser.). (ENG., Illus.). 24p. (J). (gr. 1-2). pap. 9.15 *(978-1-4824-5586-1(2)*, 1d3ec96e-fdb0-4a72-8c74-356a7d1204b2) Stevens, Gareth Publishing LLLP.

Homes Around the World (Around the World) Lisa M. Herrington. 2021. (Around the World Ser.). (ENG., Illus.). 32p. (J). (gr. k-2). pap. 7.99 *(978-1-338-76865-7(4)*, Children's Pr.) Scholastic Library Publishing.

Homes Around the World (Around the World) (Library Edition) Lisa M. Herrington. 2021. (Around the World Ser.). (ENG., Illus.). 32p. (J). (gr. k-2). lib. bdg. 28.00 *(978-1-338-76864-0(6)*, Children's Pr.) Scholastic Library Publishing.

Homes for Everyone: Leveled Reader Turquoise Level 17. Rg Rg. 2016. (PM Ser.). (ENG.). 16p. (J). (gr. 2). pap. 11.00 *(978-0-544-89175-3(9))* Rigby Education.

Homes in Many Cultures. Heather Adamson. rev. ed. 2016. (Life Around the World Ser.). (ENG.). 24p. (J). (gr. -1-2). pap. 7.29 *(978-1-5157-4238-8(5)*, 133997, Capstone Pr.) Capstone.

Homes in Schafhausen: Stories from the Seven Petitions of the Lord's Prayer (Classic Reprint) Nikolaus Fries. (ENG., Illus.). (J). 2018. 188p. 27.79 *(978-0-332-32534-7(2))*; 2016. pap. 10.57 *(978-1-334-32284-6(8))* Forgotten Bks.

Homes in the Wild: Where Baby Animals & Their Parents Live. Lita Judge. Illus. by Lita Judge. 2019. (In the Wild Ser.). (ENG., Illus.). 48p. (J). 19.99 *(978-1-62672-724-3(4)*, 900171760) Roaring Brook Pr.

Homes Like Mine. Marie-Therese Miller. 2020. (Many Ways Ser.). (ENG., Illus.). 24p. (J). (gr. k-3). pap. 8.99 *(978-1-7284-1370-9(2)*, 38ddef18-2445-49f7-8d0c-2d9420ecdb4c); lib. bdg. 27.99 *(978-1-5415-9804-1(0)*, 92d81fd3-282a-495d-b38a-62aeba279a12) Lerner Publishing Group. (Lerner Pubns.).

Homes of Animals. Sebastian Smith. 2022. (My First Animal Bks.). (ENG.). 24p. (J). (gr. k-2). pap. *(978-1-0396-6218-6(8)*, 20789); lib. bdg. *(978-1-0396-6023-6(1)*, 20788) Crabtree Publishing Co.

Homes of Living Things see Seres Vivos de mi Jardín

Homes of the World's Babies: Illustrated with Paper Cuttings in Silhouette (Classic Reprint) Elizabeth Ellis Scantlebury. (ENG., Illus.). (J). 2018. 64p. 25.22 *(978-0-267-53570-5(8))*; 2016. pap. 9.57 *(978-1-333-29407-6(7))* Forgotten Bks.

Homes Past & Present. Kerry Dinmont. 2018. (Bumba Books (r) — Past & Present Ser.). (ENG., Illus.). 24p. (J). (gr. -1-1). pap. 8.99 *(978-1-5415-2688-4(0)*, bd16bbf0-c7b3-4cf1-8d45-12ba54dcb2b6); lib. bdg. 26.65 *(978-1-5415-0334-2(1)*, f79cbd6b-b3a9-499d-bf06-89828fc5b4b9, Lerner Pubns.) Lerner Publishing Group.

Homes We Build: A World of Houses & Habitats. Anne Jonas. 2020. (ENG., Illus.). 64p. (J). (gr. 3-7). 19.99 *(978-1-78627-648-3(8)*, King, Laurence Publishing) Orion Publishing Group, Ltd. GBR. Dist: Hachette Bk. Group.

Homeschool Activity Log: Red Dragon 2022/2023. Semir Karabin-Kuss. 2022. (ENG.). 112p. (J). pap. ***(978-1-4716-0929-9(4))*** Lulu Pr., Inc.

Homeschool Adventures of Harry & Hannah. Trinity Hart. Illus. by Charles Hart, Sr. 2020. (ENG.). 42p. (J). 24.95 *(978-1-64468-584-6(1))* Covenant Bks.

Homeschool Package Grade 1 2015. Hmh Hmh. 2016. (Go Math! Ser.). (ENG.). (J). (gr. 1). pap. 214.85 *(978-0-544-87501-2(X))* Houghton Mifflin Harcourt Publishing Co.

Homeschool Package Grade 2 2015. Hmh Hmh. 2016. (Go Math! Ser.). (ENG.). (J). (gr. 2). pap. 214.85 *(978-0-544-87502-9(8))* Houghton Mifflin Harcourt Publishing Co.

Homeschool Package Grade K 2015. Hmh Hmh. 2016. (Go Math! Ser.). (ENG.). (J). (gr. k). pap. 214.85 *(978-0-544-87500-5(1))* Houghton Mifflin Harcourt Publishing Co.

Homeschool with Confidence: A Goal-Setting Guide for Teens. Suki Wessling. 2017. (ENG., Illus.). (YA). (gr. 7-12). pap. 14.99 *(978-0-9661452-9-8(1))* Chatoyant.

Homesick! Sheila Sweeny Higginson. ed. 2021. (World of Reading Ser.). (ENG., Illus.). 32p. (J). (gr. k-1). 15.96 *(978-1-68505-075-7(1))* Penworthy Co., LLC, The.

Homesick Club, 502 vols. Libby Martinez. Illus. by Rebecca Gibbon. 2020. 32p. (J). (gr. -1-2). 17.95 *(978-1-77306-164-1(X))* Groundwood Bks. CAN. Dist: Publishers Group West (PGW).

Homesick Kitten. Holly Webb. Illus. by Sophy Williams. 2023. (Pet Rescue Adventures Ser.). (ENG.). 128p. (J). (gr. 1-4). pap. 5.99 *(978-1-6643-4042-8(4))* Tiger Tales.

Homesick Medicine. Lisa Leavitt Robbins. 2022. (ENG.). 58p. (J). 33.95 ***(978-1-6657-2617-7(2))***; pap. 23.95 ***(978-1-6657-2616-0(4))*** Archway Publishing.

Homespun: A Story of Some New England Folk (Classic Reprint) Lottie Blair Parker. 2018. (ENG., Illus.). 402p. (J). 32.19 *(978-0-484-88130-2(2))* Forgotten Bks.

Homespun & Gold (Classic Reprint) Alice Brown. 2018. (ENG., Illus.). 308p. (J). 30.27 *(978-0-483-23214-3(9))* Forgotten Bks.

Homespun, or Five & Twenty Years Ago (Classic Reprint) Thomas Lackland. 2017. (ENG., Illus.). (J). 31.07 *(978-0-265-21917-1(5))* Forgotten Bks.

Homespun Tales: Rose o' the River the Old Peabody Pew & Susanna & Sue (Classic Reprint) Kate Douglas Wiggin. 2018. (ENG., Illus.). 378p. (J). 31.71 *(978-0-483-40858-6(1))* Forgotten Bks.

Homespun Yarns (Classic Reprint) A. D. T. Whitney. 2017. (ENG., Illus.). (J). 32.52 *(978-0-260-37838-5(0))* Forgotten Bks.

Homespun Yarns While the Kettle & the Cricket Sing (Classic Reprint) T. A. Fitzgerald. 2017. (ENG., Illus.). (J). 29.26 *(978-0-266-36799-4(2))* Forgotten Bks.

Homestead: A New Life on Mars. A. L. Collins. Illus. by Tomislav Tikulin. 2017. (Redworld Ser.). (ENG.). 128p. (J). (gr. 3-8). lib. bdg. 25.99 *(978-1-4965-4819-1(1)*, 135341, Stone Arch Bks.) Capstone.

Homestead: The Dakota Series, Book 1. Linda Byler. 2017. (Dakota Ser.: 1). (ENG.). 368p. pap. 14.99 *(978-1-68099-213-7(9)*, Good Bks.) Skyhorse Publishing Co., Inc.

Homestead a to Z. Katie Porterfield. 2018. (ENG.). 38p. (J). 18.95 *(978-1-64307-101-5(7))* Amplify Publishing Group.

Homestead Act: $10 for Acres of Land Western American History Grade 6 Children's Government Books. Universal Politics. 2022. (ENG.). 72p. (J). 31.99 ***(978-1-5419-8630-5(X))***; pap. 19.99 ***(978-1-5419-5487-8(4))*** Speedy Publishing LLC. (Universal Politics (Politics & Social Sciences)).

Homestead ACT & Westward Expansion: Settling the Western Frontier, 1 vol. Irene Harris. 2016. (Spotlight on American History Ser.). (ENG., Illus.). 24p. (gr. 4-6). 27.93 *(978-1-5081-4943-9(7)*, 571ee341-dae6-43a8-8ad2-8a526a36b53f, PowerKids Pr.) Rosen Publishing Group, Inc., The.

Homestead (Classic Reprint) Zephine Humphrey. (ENG., Illus.). (J). 2018. 278p. 29.65 *(978-0-483-79304-0(3))*; 2017. pap. 13.57 *(978-0-243-41267-9(3))* Forgotten Bks.

Homestead Friends: Beatrice's Big Predicament! Sheli Levi. Illus. by Ros Webb. 2019. (Homestead Friends Ser.: Vol. 5). (ENG.). 34p. (J). pap. 12.99 *(978-1-7330477-0-8(0))* Living Tree Pr.

Homestead Friends: Leaping Leah's Big Trip to Town! Sheli Levi. Illus. by Ros Webb. 2019. (Homestead Friends Ser.: Vol. 4). (ENG.). 32p. (J). pap. 12.99 *(978-1-7320355-9-1(8))* Living Tree Pr.

Homestead Highways (Classic Reprint) Herbert Milton Sylvester. 2018. (ENG., Illus.). 316p. (J). 30.43 *(978-0-484-89344-2(0))* Forgotten Bks.

Homestead on the Hillside (Classic Reprint) Mary J. Holmes. 2018. (ENG., Illus.). 294p. (J). 29.98 *(978-0-267-46849-2(0))* Forgotten Bks.

Homestead Ranch (Classic Reprint) Elizabeth G. Young. 2018. (ENG., Illus.). 306p. (J). 30.21 *(978-0-484-07409-4(1))* Forgotten Bks.

Homestead Sanctuary. K. L. Beasley. 2020. (ENG.). 190p. (YA). pap. 16.95 *(978-1-64654-924-5(4))* Fulton Bks.

Homesteader: A Novel (Classic Reprint) Oscar Micheaux. 2018. (ENG., Illus.). 546p. (J). 35.18 *(978-0-483-42055-7(7))* Forgotten Bks.

Homesteaders: A Novel of the Canadian West (Classic Reprint) Robert J. C. Stead. 2018. (ENG., Illus.). 368p. (J). 31.51 *(978-0-267-15638-2(3))* Forgotten Bks.

Homesteaders (Classic Reprint) Kate D. Boyles. 2017. (ENG., Illus.). (J). 31.20 *(978-1-5285-8128-8(8))* Forgotten Bks.

Homesteader's Daughter: A Story of the Times (Founded on Fact) (Classic Reprint) Jennes Bryansen. 2017. (ENG., Illus.). (J). 162p. 27.24 *(978-0-484-48608-8(X))*; pap. 9.97 *(978-0-282-00744-7(X))* Forgotten Bks.

Homesteader's Portfolio (Classic Reprint) Alice Day Pratt. 2018. (ENG., Illus.). 206p. (J). 28.17 *(978-0-267-28621-8(X))* Forgotten Bks.

Homesteading: Two Prairie Seasons (Classic Reprint) Edward West. 2017. (ENG., Illus.). (J). 31.45 *(978-0-265-30565-2(9))* Forgotten Bks.

Homesteading & Settling the Frontier, 1 vol. Alison Morretta. 2017. (Primary Sources of Westward Expansion Ser.). (ENG., Illus.). 64p. (gr. 6-6). 35.93 *(978-1-5026-2641-7(1)*, 22112011-f2e5-4bce-b0ee-f7e1b45b5bc3) Cavendish Square Publishing LLC.

Hometown. Joseph Crawford. 2016. (ENG.). 108p. (YA). pap. *(978-1-365-64931-8(8))* Lulu Pr., Inc.

Hometown Fire Department. Buffy Silverman. 2021. (In My Community Ser.). (ENG., Illus.). 24p. (J). (gr. -1-1). pap. *(978-1-4271-2964-2(9)*, 11175); lib. bdg. *(978-1-4271-2954-3(1)*, 11164) Crabtree Publishing Co.

Hometown Police. Alan Walker. 2021. (In My Community Ser.). (ENG., Illus.). 24p. (J). (gr. -1-1). pap. *(978-1-4271-2965-9(7)*, 11176); lib. bdg. *(978-1-4271-2955-0(X)*, 11165) Crabtree Publishing Co.

Homeward Bound, or the Chase: A Tale of the Sea (Classic Reprint) James Fenimore Cooper. (ENG., Illus.). (J). 2018. 834p. 41.12 *(978-0-483-95788-6(7))*; 2017. pap. 23.57 *(978-0-243-46075-5(9))* Forgotten Bks.

Homework. Anika Fajardo. 2018. (Illus.). 48p. (J). *(978-1-4896-9595-6(8)*, AV2 by Weigl) Weigl Pubs., Inc.

Homework & Remembering Consumable Collection Grade 1. Hmh Hmh. 2018. (SPA.). (J). (gr. 4). pap. 8.60 *(978-1-328-53093-6(0))* Houghton Mifflin Harcourt Publishing Co.

Homework & Remembering Consumable Collection Grade 2. Hmh Hmh. 2018. (SPA.). (J). (gr. 4). pap. 8.60 *(978-1-328-53083-7(3))* Houghton Mifflin Harcourt Publishing Co.

Homework & Remembering Consumable Collection Grade 3. Hmh Hmh. 2018. (SPA.). (J). (gr. 4). pap. 8.60 *(978-1-328-53084-4(1))* Houghton Mifflin Harcourt Publishing Co.

Homework & Remembering Consumable Collection Grade 4. Hmh Hmh. 2018. (SPA.). (J). (gr. 4). pap. 8.60 *(978-1-328-53085-1(X))* Houghton Mifflin Harcourt Publishing Co.

Homework & Remembering Consumable Collection Grade 5. Hmh Hmh. 2018. (SPA.). (J). (gr. 4). pap. 8.60 *(978-1-328-53086-8(8))* Houghton Mifflin Harcourt Publishing Co.

Homework & Remembering Consumable Collection Grade 6. Hmh Hmh. 2018. (SPA.). (J). (gr. 4). pap. 8.60 *(978-1-328-53087-5(6))* Houghton Mifflin Harcourt Publishing Co.

Homework & Remembering Consumable Collection Grade K. Hmh Hmh. 2018. (SPA.). (J). (gr. 4). pap. 8.60 *(978-1-328-53092-9(2))* Houghton Mifflin Harcourt Publishing Co.

Homework & Remembering Consumable Volume 1 Grade 1. Hmh Hmh. 2018. (SPA.). 120p. (J). pap. 7.33 *(978-1-328-52030-2(7))* Houghton Mifflin Harcourt Publishing Co.

Homework & Remembering Consumable Volume 1 Grade 2. Hmh Hmh. 2018. (SPA.). 96p. (J). pap. 7.33 *(978-1-328-52032-6(3))* Houghton Mifflin Harcourt Publishing Co.

Homework & Remembering Consumable Volume 1 Grade 3. Hmh Hmh. 2018. (SPA.). 200p. (J). pap. 7.33 *(978-1-328-52034-0(X))* Houghton Mifflin Harcourt Publishing Co.

Homework & Remembering Consumable Volume 1 Grade 4. Hmh Hmh. 2018. (SPA.). 128p. (J). pap. 7.33 *(978-1-328-52036-4(6))* Houghton Mifflin Harcourt Publishing Co.

Homework & Remembering Consumable Volume 1 Grade 5. Hmh Hmh. 2018. (SPA.). 112p. (J). pap. 7.33 *(978-1-328-52038-8(2))* Houghton Mifflin Harcourt Publishing Co.

Homework & Remembering Consumable Volume 1 Grade 6. Hmh Hmh. 2018. (SPA.). 104p. (J). pap. 7.33 *(978-1-328-52040-1(4))* Houghton Mifflin Harcourt Publishing Co.

Homework & Remembering Consumable Volume 1 Grade K. Hmh Hmh. 2018. (SPA.). 72p. (J). pap. 7.33 *(978-1-328-51988-7(0))* Houghton Mifflin Harcourt Publishing Co.

Homework & Remembering Consumable Volume 2 Grade 1. Hmh Hmh. 2018. (SPA.). 88p. (J). pap. 7.33 *(978-1-328-52031-9(5))* Houghton Mifflin Harcourt Publishing Co.

Homework & Remembering Consumable Volume 2 Grade 2. Hmh Hmh. 2018. (SPA.). 112p. (J). pap. 7.33 *(978-1-328-52033-3(1))* Houghton Mifflin Harcourt Publishing Co.

Homework & Remembering Consumable Volume 2 Grade 3. Hmh Hmh. 2018. (SPA.). 104p. (J). pap. 7.33 *(978-1-328-52035-7(8))* Houghton Mifflin Harcourt Publishing Co.

Homework & Remembering Consumable Volume 2 Grade 4. Hmh Hmh. 2018. (SPA.). 104p. (J). pap. 7.33 *(978-1-328-52037-1(4))* Houghton Mifflin Harcourt Publishing Co.

Homework & Remembering Consumable Volume 2 Grade 5. Hmh Hmh. 2018. (SPA.). 120p. (J). pap. 7.33 *(978-1-328-52039-5(0))* Houghton Mifflin Harcourt Publishing Co.

Homework & Remembering Consumable Volume 2 Grade 6. Hmh Hmh. 2018. (SPA.). 152p. (J). pap. 7.33 *(978-1-328-52041-8(2))* Houghton Mifflin Harcourt Publishing Co.

Homework & Remembering Consumable Volume 2 Grade K. Hmh Hmh. 2018. (SPA.). 56p. (J). pap. 7.33 *(978-1-328-52019-7(6))* Houghton Mifflin Harcourt Publishing Co.

Homework Help, 1 vol. Nancy Anderson. 2016. (Rosen REAL Readers: Social Studies Nonfiction / Fiction: Myself, My Community, My World Ser.). (ENG.). 8p. (gr. k-1). pap. 5.46 *(978-1-5081-2500-6(7)*, 2b0b9a21-3041-4f63-9353-694d30092918, Rosen Classroom) Rosen Publishing Group, Inc., The.

Homework (Hook Books) Lavanya Karthik. 2021. (ENG.). 40p. (J). (gr. k-3). pap. 7.99 *(978-0-14-345228-7(2))* Penguin Bks. India PVT, Ltd IND. Dist: Independent Pubs. Group.

Homework Strike. Greg Pincus. 2017. (ENG., Illus.). 272p. (J). (gr. 3-7). 16.99 *(978-0-439-91301-0(2))* Scholastic, Inc.

Homework, Yes or No. Reese Everett. 2016. (Seeing Both Sides Ser.). (ENG.). 32p. (gr. 3-6). 32.79 *(978-1-68191-380-3(1)*, 9781681913803) Rourke Educational Media.

Homewrecker. DeAnna Cameron. 2021. (ENG.). 392p. (YA). 17.99 *(978-1-989365-47-2(7)*, 900233859) Wattpad Bks. CAN. Dist: Macmillan.

Homing Pigeons: Navigation All-Stars. Katie Lajiness. 2018. (Awesome Animal Powers Ser.). (ENG., Illus.). 32p. (J). (gr. 2-5). lib. bdg. 34.21 *(978-1-5321-1499-1(0)*, 28852, Big Buddy Bks.) ABDO Publishing Co.

Homing with the Bird: The History of a Lifetime of Personal Experience with the Birds (Classic Reprint) Gene Stratton-Porter. 2017. (ENG., Illus.). (J). 32.19 *(978-0-266-23200-1(0))* Forgotten Bks.

Hommage Au Bison: Une légende des Cris des Plaines. Judith Silverthorne. Tr. by Martine Noel-Maw. Illus. by Mike Keepness. 2016. (FRE.). 50p. (J). pap. *(978-2-924237-14-4(9))* Les Editions de la nouvelle plume.

Homme à la Barbe HirsuteThe One with the Scraggly Beard. Elizabeth Withey. Tr. by Rachel Martinez from ENG. Illus. by Lynn Scurfield. 2020. Orig. Title: The One with the Scraggly Beard. (FRE.). 32p. (J). (gr. -1-k). 19.95 *(978-1-4598-2478-2(4))* Orca Bk. Pubs. USA.

Homme et le Renard: French-Arabic Edition. Idries Shah. Illus. by Sally Mallam. 2018. (Hoopoe Teaching-Stories Ser.). (FRE.). 40p. (J). (gr. k-2). pap. 9.99 *(978-1-949358-47-6(X)*, Hoopoe Bks.) I S H K.

Hommes et Bêtes: Physiologies Anthropozoologiques Mais Amusantes (Classic Reprint) Jean Hyacinthe Adonis Galoppe. 2018. (FRE., Illus.). (J). 336p. 30.85 *(978-0-366-17343-3(X))*; 338p. pap. 13.57 *(978-0-366-17320-4(0))* Forgotten Bks.

Homo Sapiens, Vol. 1 Of 3: A Novel in Three Parts (Classic Reprint) Stanislaw Przybyszewski. 2017. (ENG., Illus.). (J). 32.25 *(978-0-265-77402-1(0))* Forgotten Bks.

Homo Sum. Georg Ebers & Clara Bell. 2017. (ENG.). 310p. (J). pap. *(978-3-337-03125-1(0))* Creation Pubs.

Homo Sum: A Novel (Classic Reprint) Georg Ebers. 2017. (ENG., Illus.). (J). 34.79 *(978-1-5282-6895-0(4))* Forgotten Bks.

Homo Sum, Vol. 2 Of 2: A Novel (Classic Reprint) Georg Ebers. (ENG., Illus.). (J). 2018. 262p. 29.30 *(978-0-666-17505-2(5))*; 2017. pap. 11.97 *(978-1-5276-3833-4(2))* Forgotten Bks.

Homoselle (Classic Reprint) Mary Spear Nicholas Tieran. 2017. (ENG., Illus.). (J). 31.82 *(978-1-5281-7750-4(9))* Forgotten Bks.

H

Hon: Job Larson (Classic Reprint) Polly O. Drew. 2018. (ENG., Illus.). 70p. (J). 25.34 *(978-0-483-84906-8(5))* Forgotten Bks.

Honble Mrs. Vereker, Vol. 1: A Novel (Classic Reprint) Unknown Author. (ENG., Illus.). (J). 2019. 322p. 30.54 *(978-0-365-12682-9(9))*; 2017. pap. 13.57 *(978-0-259-10053-9(6))* Forgotten Bks.

Honda. Julie Murray. 2018. (Motorcycles Ser.). (ENG., Illus.). 24p. (J). (gr. k-4). lib. bdg. 31.36 *(978-1-5321-2304-7(3)*, 28375, Abdo Zoom-Dash) ABDO Publishing Co.

Honda Dirt Bikes. R. L. Van. 2019. (Dirt Bike Crazy Ser.). (ENG., Illus.). 32p. (J). (gr. 3-3). pap. 9.95 *(978-1-64494-151-5(1)*, 1644941511) Bigfoot Bks. GBR. Dist: North Star Editions.

Honda Ridgeline. Larry Mack. 2018. (Tough Trucks Ser.). (ENG., Illus.). 24p. (J). (gr. 3-7). lib. bdg. 26.95 *(978-1-62617-893-9(3)*, Torque Bks.) Bellwether Media.

Honda the Samurai: A Story of Modern Japan (Classic Reprint) William Elliot Griffis. (ENG., Illus.). (J). 2018. 410p. 32.37 *(978-0-267-78700-5(6))*; 2016. pap. 16.57 *(978-1-334-34142-7(7))* Forgotten Bks.

Honda Trucks, 1 vol. Seth Lynch. 2018. (Tough Trucks Ser.). (ENG.). 32p. (gr. 1-2). 28.27 *(978-1-5382-3037-4(2)*, 151911f7-f143-484d-a184-55fe19dd5b50) Stevens, Gareth Publishing LLLP.

Honduras. Golriz Golkar. 2021. (Country Profiles Ser.). (ENG., Illus.). 32p. (J). (gr. 3-8). lib. bdg. 27.95 *(978-1-64487-448-6(2)*, Blastoff! Readers) Bellwether Media.

Honduras. Lauren Wehner et al. 2018. (J). pap. *(978-1-5026-4101-4(1))* Musa Publishing.

Honduras. Shira Zwiren. 2016. (Countries We Come From Ser.). (ENG.). 32p. (J). (gr. -1-3). 28.50 *(978-1-944102-70-8(1))* Bearport Publishing Co., Inc.

Honest Abe Lincoln: President Abraham Lincoln & Reconstruction 1865-1877 Grade 5 Social Studies Children's American History. Baby Professor. 2022. (ENG.). 72p. (J). 31.99 ***(978-1-5419-8663-3(6))***; pap. 19.99 ***(978-1-5419-8173-7(1))*** Speedy Publishing LLC. (Baby Professor (Education Kids)).

Honest John Vane: A Story (Classic Reprint) J. W. De Forest. 2018. (ENG., Illus.). 264p. (J). 29.36 *(978-0-332-15824-2(1))* Forgotten Bks.

Honest June. Tina Wells. Illus. by Brittney Bond. 2021. (Honest June Ser.: 1). 288p. (J). (gr. 3-7). 13.99 *(978-0-593-37829-8(6))*; (ENG.). lib. bdg. 16.99 *(978-0-593-37830-4(X))* Random Hse. Children's Bks. (Random Hse. Bks. for Young Readers).

Honest June: Secrets & Spies. Tina Wells. Illus. by Brittney Bond. 2023. (Honest June Ser.: 3). 256p. (J). (gr. 3-7). 13.99 *(978-0-593-37894-6(6)*, Random Hse. Bks. for Young Readers) Random Hse. Children's Bks.

Honest June: the Show Must Go On. Tina Wells. Illus. by Brittney Bond. 2022. (Honest June Ser.: 2). (ENG.). 288p. (J). (gr. 3-7). 13.99 *(978-0-593-37927-1(6)*, Random Hse. Bks. for Young Readers) Random Hse. Children's Bks.

Honest Shoemaker: A Domestic Play for Little Folks in Four Scenes; Adapted from Grim's Fairy Tale, the Shoemaker & the Elves (Classic Reprint) Rea Woodman. (ENG., Illus.). (J). 2018. 20p. 24.31 *(978-0-267-60485-2(8))*; 2016. pap. 7.97 *(978-1-334-13339-8(5))* Forgotten Bks.

Honest Woodcutter. Emma Bernay & Emma Carlson Berne. Illus. by Ben Whitehouse. 2019. (Classic Fables in Rhythm & Rhyme Ser.). (ENG.). 24p. (J). (gr. -1-2). lib. bdg. 33.99 *(978-1-68410-334-8(7)*, 140254) Cantata Learning.

Honestamente, ¡Caperucita Roja Era Muy Vanidosa! El Cuento de Caperucita Roja Contado Por el Lobo. Trisha Sue Speed Shaskan. Illus. by Gerald Claude Guerlais. (Otro Lado Del Cuento Ser.).Tr. of Honestly, Red Riding Hood Was Rotten!. (SPA.). (J). (gr. -1-3). 2020. pap. 6.95 *(978-1-5158-6087-7(6)*, 142364); 2019. lib. bdg. 27.99 *(978-1-5158-4651-2(2)*, 141252) Capstone. (Picture Window Bks.).

Honestly Elliott. Gillian McDunn. (ENG.). 288p. (J). 2023. pap. 8.99 *(978-1-5476-1132-4(4)*, 900279290); 2022. (Illus.). 16.99 *(978-1-5476-0625-2(8)*, 900235037) Bloomsbury Publishing USA. (Bloomsbury Children's Bks.).

Honestly Hayden - Hayden Loves to Learn. Michelle Lovett Crumby. 2017. (ENG., Illus.). (J). pap. 16.95 *(978-1-5127-6598-4(8)*, WestBow Pr.) Author Solutions, LLC.

Honestly Hayden - Hayden's Bouquet of Blessings: Hold on Stay Strong. Michelle Lovett Crumby. 2016. (ENG., Illus.). (J). pap. 23.95 *(978-1-5127-5403-2(X)*, WestBow Pr.) Author Solutions, LLC.

Honestly, Our Music Stole the Show! The Story of the Bremen Town Musicians As Told by the Donkey. Jessica Gunderson. Illus. by Cristian Bernardini. 2018. (Other Side of the Story Ser.). (ENG.). 24p. (J). pap. 41.70 *(978-1-5158-2329-2(6)*, 27519); (gr. -1-3). lib. bdg. 27.99 *(978-1-5158-2296-7(6)*, 137005) Capstone. (Picture Window Bks.).

Honestly, Red Riding Hood Was Rotten! see Honestamente, ¡Caperucita Roja Era Muy Vanidosa!: El Cuento de Caperucita Roja Contado Por el Lobo

Honesty. Cynthia Amoroso. 2022. (Learning Core Values Ser.). (ENG.). 24p. (J). (gr. -1-2). lib. bdg. 32.79 *(978-1-5038-5849-7(9)*, 215715, Wonder Books(r)) Child's World, Inc, The.

Honesty. Dalton Rains. 2023. (Civic Skills & Values Ser.). (ENG., Illus.). 24p. (J). lib. bdg. 28.50 ***(978-1-64619-817-7(4))*** Little Blue Hse.

Honesty. Contrib. by Dalton Rains. 2023. (Civic Skills & Values Ser.). (ENG., Illus.). 24p. (J). pap. 8.95 ***(978-1-64619-846-7(8))*** Little Blue Hse.

Honesty - Games & Activities: Games & Activities to Help Build Moral Character. Agnes De Bezenac & Salem De Bezenac. Illus. by Agnes De Bezenac. 2017. (Cut Out & Play Ser.: Vol. 13). (ENG., Illus.). (J). (gr. k-2). pap. 6.45 *(978-1-62387-630-2(3)*, Kidible) iCharacter.org.

Honesty in Government & Society, 1 vol. Jeanne Marie Ford. 2017. (Civic Values Ser.). (ENG.). 32p. (gr. 3-3). pap. 11.58 *(978-1-5026-3189-3(X)*, 82c14e94-3070-4f3f-808d-3c01665b701e) Cavendish Square Publishing LLC.

Honesty Is a Superpower. Mahtab Narsimhan. 2023. (Real-Life Superpowers Ser.). (ENG.). 24p. (J). pap. 6.99 ***(978-0-7565-7444-4(7)***, 256105, Pebble) Capstone.

Honesty Is an Important Value in Our Family, 1 vol. Jill Andersen. 2016. (Rosen REAL Readers: Social Studies Nonfiction / Fiction: Myself, My Community, My World Ser.). (ENG.). 12p. (gr. k-1). pap. 6.33 *(978-1-5081-2326-2(8)*, 97cc82f4-ff66-4392-9c31-95f775240acf, Rosen Classroom) Rosen Publishing Group, Inc., The.

Honesty Is My Superpower: A Kid's Book about Telling the Truth & Overcoming Lying. Alicia Ortego. 2022. (My Superpower Bks.: Vol. 6). (ENG.). 40p. (J). 15.99 *(978-1-7359741-8-7(8))* Slickcolors INC.

Honesty Is the Best Policy, Vol. 1 Of 2: A Novel (Classic Reprint) Augustus Peel. 2018. (ENG., Illus.). 286p. (J). 29.80 *(978-0-267-09651-0(8))* Forgotten Bks.

Honesty Is the Best Policy, Vol. 2 Of 2: A Novel (Classic Reprint) Augustus Peel. 2018. (ENG., Illus.). 286p. (J). 29.80 *(978-0-484-45083-6(2))* Forgotten Bks.

Honesty the Best Policy (Classic Reprint) Ottawa Holiness Movement. (ENG., Illus.). (J). 2018. 74p. 25.42 *(978-0-666-62022-4(9))*; 2017. pap. 9.57 *(978-0-259-87775-2(1))* Forgotten Bks.

Honesty's Garden (Classic Reprint) Paul Creswick. 2018. (ENG., Illus.). 366p. (J). 31.45 *(978-0-267-25917-5(4))* Forgotten Bks.

Honey. Frank English. 2019. (ENG., Illus.). 80p. (J). (gr. 2-3). pap. *(978-1-913071-00-4(6))* Andrews UK Ltd.

Honey. David Ezra Stein. Illus. by David Ezra Stein. (ENG., Illus.). (J). (— 1). 2020. 34p. bds. 7.99 *(978-0-593-10820-8(5))*; 2018. 32p. 16.99 *(978-1-5247-3786-3(0))* Penguin Young Readers Group. (Nancy Paulsen Books).

Honey & Leon Take the High Road. Alan Cumming. Illus. by Grant Shaffer. 2019. 48p. (J). (gr. -1-2). 17.99 *(978-0-399-55800-9(4)*, Random Hse. Bks. for Young Readers) Random Hse. Children's Bks.

Honey & Lily. R. L. Rahamim. 2021. (ENG.). 46p. (J). pap. 15.00 *(978-1-7948-1427-1(2))* Lulu Pr., Inc.

Honey & Mahogany. Heather R. Phillips. Illus. by Theresa Thompson-Cisco. 2021. (ENG.). 48p. (J). pap. 16.49 *(978-1-6628-2871-3(3))* Salem Author Services.

Honey & the Beautiful Bunny Contest. Kandis Coleman. 2020. (ENG.). 30p. (J). pap. 9.50 *(978-0-578-44859-6(9))* Coleman, Kandis.

Honey & the Bee. Laura Brigger. Illus. by Lingtang Pandu. 2020. (ENG.). 32p. (J). 14.95 *(978-0-9963482-4-9(7))* Galway Pr.

Honey & Toto: the Story of a Cheetah Family 1 Pathfinders. Jonathan and Angela Scott. ed. 2017. (Cambridge Reading Adventures Ser.). (ENG., Illus.). 24p. pap. 8.60 *(978-1-108-43615-1(3))* Cambridge Univ. Pr.

Honey Ants Yum. Margaret James. Illus. by Wendy Paterson. 2021. (ENG.). 40p. (J). pap. *(978-1-922591-26-5(2))* Library For All Limited.

Honey Badger: Children's Mammal Book. Bold Kids. 2022. (ENG.). 46p. (J). pap. 15.99 ***(978-1-0717-1015-9(X))*** FASTLANE LLC.

Honey Badger, Honey Badger, No No No! Jessica Aldridge. 2016. (ENG., Illus.). 30p. (J). *(978-1-365-61636-5(3))* Lulu Pr., Inc.

Honey Badgers. Julie Murray. 2022. (Interesting Animals Ser.). (ENG.). 24p. (J). (gr. -1-2). lib. bdg. 31.36 *(978-1-0982-6415-4(0)*, 40929, Abdo Kids) ABDO Publishing Co.

Honey Bear. Dixie Willson. 2017. (ENG., Illus.). (J). pap. 19.49 *(978-1-387-01861-1(2))*; pap. 10.49 *(978-1-387-03081-1(7))* Lulu Pr., Inc.

Honey Bee: A Novel (Classic Reprint) Samuel Merwin. (ENG., Illus.). (J). 2018. 484p. 33.88 *(978-0-483-52248-0(1))*; 2016. pap. 16.57 *(978-1-333-70415-5(1))* Forgotten Bks.

Honey Bee & the Apple Tree: A Rosh Hashanah Story. Joseph Meszler. Illus. by Krisart. 2021. (ENG.). 30p. (J). 16.95 *(978-1-63516-003-1(0))*; pap. 11.95 *(978-1-63516-004-8(9))* Prospective Pr.

Honey Bee (Classic Reprint) Unknown Author. 2017. (ENG., Illus.). (J). 26.17 *(978-0-265-21445-9(9))* Forgotten Bks.

Honey-Bee (Classic Reprint) Anatole France. 2018. (ENG., Illus.). 214p. (J). 28.31 *(978-0-267-54386-1(7))* Forgotten Bks.

Honey Bee Meadow. Phil Carrigan. 2018. (ENG., Illus.). 78p. (J). pap. *(978-1-78710-711-3(6))* Austin Macauley Pubs. Ltd.

Honey Bee (Young Zoologist) A First Field Guide to the World's Favorite Pollinating Insect. Priyadarshini Chakrabarti Basu & Neon Squid. Illus. by Astrid Weguelin. 2023. (Young Zoologist Ser.). (ENG.). 32p. (J). 15.99 *(978-1-68449-282-4(3)*, 900279644) St. Martin's Pr.

Honey Bees: Children's Bug Book. Bold Kids. 2022. (ENG.). 46p. (J). pap. 11.99 ***(978-1-0717-1016-6(8))*** FASTLANE LLC.

Honey Bees: Discover Pictures & Facts about Honeybees for Kids! Bold Kids. 2021. (ENG.). 34p. (J). pap. 11.99 *(978-1-0717-0812-5(0))* FASTLANE LLC.

Honey Blossoms for Little Bees (Classic Reprint) Unknown Author. 2018. (ENG., Illus.). 248p. (J). 29.01 *(978-0-666-46880-2(X))* Forgotten Bks.

Honey Butter. Millie Florence. 2017. (ENG., Illus.). 164p. (J). (gr. 4-6). pap. 9.99 *(978-0-692-92784-7(0))* Greever, Millie.

Honey (Classic Reprint) Helen Mathers. (ENG., Illus.). (J). 2018. 338p. 30.87 *(978-0-484-30395-8(3))*; 2017. pap. 13.57 *(978-1-5276-7708-1(7))* Forgotten Bks.

Honey et Ketchup. Jonathan Bécotte. Illus. by Sabrina Gendron. 2021. (FRE.). 64p. (J). (gr. 4-8). pap. 17.95 *(978-2-7644-4291-3(2))* Quebec Amerique CAN. Dist: Orca Bk. Pubs. USA.

Honey for Baby Bear: Leveled Reader Blue Fiction Level 9 Grade 1. Hmh Hmh. 2019. (Rigby PM Ser.). (ENG.). 16p. (J). (gr. 1). pap. 11.00 *(978-0-358-12027-8(6))* Houghton Mifflin Harcourt Publishing Co.

Honey for Sale. Pamela Dell. 2016. (Spring Forward Ser.). (J). (gr. 1). *(978-1-4900-2230-7(9))* Benchmark Education Co.

Honey for You, Honey for Me: A First Book of Nursery Rhymes. Michael Rosen. Illus. by Chris Riddell. 2021. (ENG.). 80p. (J). (gr. -1-2). 19.99 *(978-1-5362-1273-0(3))* Candlewick Pr.

Honey Girl & Bella: a Hero's Journey. Linda Sickles & Robert Sickles. 2020. 24p. (J). pap. 15.00 *(978-1-0983-1557-3(X))* BookBaby.

Honey Girl: the Hawaiian Monk Seal. Jeanne Walker Harvey. Illus. by Shennen Bersani. 2017. (ENG.). 32p. (J). (gr. k-3). 17.95 *(978-1-62855-921-7(7))*; pap. 9.95 *(978-1-62855-922-4(5))* Arbordale Publishing.

Honey Honey Honey. Oyindamola Jones. Illus. by Lethabo Huma. 2021. (ENG.). 38p. (J). 12.73 *(978-0-578-92439-7(0))* Jones, Oyindamola.

Honey Honey Honey. Oyindamola Jones. Illus. by Lethabo Huma. 2021. (ENG.). 38p. (J). pap. 10.00 *(978-0-578-90657-7(0))* Jones, Oyindamola.

Honey, I Love. Eloise Greenfield. Illus. by Jan Spivey Gilchrist. 2016. (ENG.). 32p. (J). (gr. -1-3). pap. 7.99 *(978-0-06-009125-5(8)*, HarperCollins) HarperCollins Pubs.

Honey, I'm Yours: Adventures in Beekeeping. Carolyn O'Neal. 2018. (ENG., Illus.). 32p. (J). pap. 10.00 *(978-0-9966878-6-7(6))* O'Neal, Carolyn.

Honey in a Sticky Spot. Julie (Blunk) Lennox. 2016. (ENG., Illus.). (J). pap. 12.95 *(978-1-68409-631-2(6))* Page Publishing Inc.

Honey in the Honey Ants. Margaret James. Illus. by Wendy Paterson. 2021. (ENG.). 30p. (J). pap. *(978-1-922591-64-7(5))* Library For All Limited.

Honey-Money Stories (Classic Reprint) Orvice Sisson. 2018. (ENG., Illus.). 70p. (J). 25.36 *(978-0-332-41372-3(1))* Forgotten Bks.

Honey-Moon, Vol. 1 Of 2: By the Countess of Blessington, & Other Tales (Classic Reprint) Marguerite Blessington. 2018. (ENG., Illus.). 202p. (J). 28.06 *(978-0-483-55477-1(4))* Forgotten Bks.

Honey-Moon, Vol. 1 of 2 (Classic Reprint) Marguerite Blessington. 2017. (ENG., Illus.). (J). 32.27 *(978-0-266-72298-4(9))*; pap. 16.57 *(978-1-5276-8088-3(6))* Forgotten Bks.

Honey-Moon, Vol. 2 Of 2: And Other Tales (Classic Reprint) Marguerite Gardiner. 2017. (ENG., Illus.). (J). 28.35 *(978-0-265-67934-0(6))*; pap. 10.97 *(978-1-5276-4850-0(8))* Forgotten Bks.

Honey Pie. Cari Meister. ed. 2018. (Beat Bugs 8x8 Bks). (ENG.). 22p. (J). (gr. -1-1). 12.89 *(978-1-64310-588-8(4))* Penworthy Co., LLC, The.

Honey the Bee Changes Her Name: Book #4 in the Series: Tickle the Hummingbird & His Garden Friends. Grandma Lynn Helwig. 2020. (ENG., Illus.). 24p. (J). pap. 12.95 *(978-1-9736-9083-2(7)*, WestBow Pr.) Author Solutions, LLC.

Honey, the Dog Who Saved Abe Lincoln. Shari Swanson. Illus. by Chuck Groenink. (ENG.). 40p. (J). (gr. -1-3). 2021. pap. 8.99 *(978-0-06-269901-5(6))*; 2020. 18.99 *(978-0-06-269900-8(8))* HarperCollins Pubs. (Tegen, Katherine Bks).

Honey the Fuzzy Puppy. Jan Taylor Lippitt. 2022. (ENG., Illus.). 28p. (J). 24.95 *(978-1-68570-267-0(8))*; pap. 14.95 *(978-1-68570-265-6(1))* Christian Faith Publishing.

Honey, the Golden Nectar of Heaven. Shona N. Conyers-Balderrama. 2018. (ENG., Illus.). 38p. (J). pap. *(978-0-359-19716-3(7))* Lulu Pr., Inc.

Honeybee. Kirsten Hall. Illus. by Isabelle Arsenault. 2023. (Classic Board Bks.). (ENG.). 44p. (J). (gr. -1-k). bds., bds. 8.99 *(978-1-6659-0484-1(4)*, Little Simon) Little Simon.

Honeybee. Kirsten Hall. Illus. by Isabelle Arsenault. 2018. (ENG.). 48p. (J). (gr. -1-3). 18.99 *(978-1-4814-6997-5(5))* Simon & Schuster Children's Publishing.

Honeybee. Grace Jones. 2019. (Life Cycles Ser.). (ENG.). 24p. (J). (gr. k-2). pap. 6.99 *(978-1-78637-648-0(2))* BookLife Publishing Ltd. GBR. Dist: Independent Pubs. Group.

Honeybee: The Busy Life of Apis Mellifera. Candace Fleming. Illus. by Eric Rohmann. (ENG.). 40p. (J). (gr. 1-4). 2023. pap. 9.99 *(978-0-8234-5116-6(X))*; 2020. 18.99 *(978-0-8234-4285-0(3))* Holiday Hse., Inc. (Neal Porter Bks).

Honeybee Poetry: The Beeginning. Melissa Ann Tanksley. 2019. (ENG.). 50p. (J). pap. 11.95 *(978-1-64569-134-1(9))* Christian Faith Publishing.

Honeybee That Learned to Dance: A Children's Nature Picture Book, a Fun Honeybee Story That Kids Will Love; Sharon Clark. Illus. by Roberto Gonzalez. 2016. (Educational Science (Insect) Ser.: Vol. 1). (ENG.). (J). (gr. 1-5). pap. *(978-0-9938003-9-9(4))* Clark, Sharon.

Honeybee That Learned to Dance: A Children's Nature Picture Book, a Fun Honeybee Story That Kids Will Love. Sharon Clark. 2nd ed. 2016. (Educational Science (Insect) Ser.: Vol. 1). (ENG., Illus.). (J). (gr. k-4). *(978-0-9952303-0-9(7))* Clark, Sharon.

Honeybees. Lisa J. Amstutz. 2017. (Little Critters Ser.). (ENG., Illus.). 24p. (J). (gr. -1-2). lib. bdg. 22.65 *(978-1-5157-7823-3(1)*, 135974, Capstone Pr.) Capstone.

Honeybees. Christina Leaf. 2017. (Insects up Close Ser.). (ENG., Illus.). 24p. (J). (gr. k-3). lib. bdg. 26.95 *(978-1-62617-666-9(3)*, Blastoff! Readers) Bellwether Media.

Honeybees & Frenemies. Kristi Wientge. (ENG.). (J). (gr. 3-7). 2020. 272p. pap. 7.99 *(978-1-5344-3816-3(5))*; 2019. 256p. 16.99 *(978-1-5344-3815-6(7))* Simon & Schuster Bks. For Young Readers. (Simon & Schuster Bks. For Young Readers).

Honeybees Work Together: Working As a Team, 1 vol. Reggie Harper. 2017. (Computer Science for the Real World Ser.). (ENG.). 12p. (gr. 1-2). pap. *(978-1-5383-5156-7(0)*, c6ef6aa3-0792-402c-a3a7-f604a10b46ba, Rosen Classroom) Rosen Publishing Group, Inc., The.

Honeycake: A Circle of Trust. Medea Kalantar. 2020. (Honeycake Ser.: Vol. 4). (ENG.). 38p. (J). (gr. k-1). *(978-1-7771633-1-0(5))*; pap. *(978-1-7771633-2-7(3))* Kalantar, Medea.

Honeycake: A Family of Spices. Medea Kalantar. 2020. (Honeycake Ser.: Vol. 1). (ENG.). 24p. (J). (gr. k-1). *(978-1-7771633-5-8(8))*; pap. *(978-1-7771633-4-1(X))* Kalantar, Medea.

Honeycake: A Family of Spices. Medea Kalantar. 2019. (Honeycake Ser.: Vol. 1). (ENG., Illus.). 24p. (J). *(978-0-2288-1052-0(3))*; pap. *(978-0-2288-1053-7(1))* Tellwell Talent.

Honeycake: A Helping Hand. Medea Kalantar. 2022. (Honeycake Ser.: Vol. 6). (ENG.). 34p. (J). ***(978-1-7772897-8-2(5))***; pap. ***(978-1-7772897-6-8(9))*** Kalantar, Medea.

Honeycake: Counting All My Blessings. Medea Kalantar. 2020. (Honeycake Ser.: Vol. 5). (ENG.). 38p. (J). (gr. k-1). *(978-1-7772897-4-4(2))*; pap. *(978-1-7772897-3-7(4))* Kalantar, Medea.

Honeycake: Help I Swallowed a Butterfly. Medea Kalantar. 2020. (Honeycake Ser.: Vol. 2). (ENG.). 32p. (J). (gr. k-1). *(978-1-7771633-8-9(2))*; pap. *(978-1-7771633-7-2(4))* Kalantar, Medea.

Honeycake: Help I Swallowed a Butterfly. Medea Kalantar. 2019. (Honeycake Ser.: Vol. 2). (ENG., Illus.). 32p. (J). *(978-0-2288-1208-1(9))*; pap. *(978-0-2288-1207-4(0))* Tellwell Talent.

Honeycake: Special Magical Powers. Medea Kalantar. 2020. (Honeycake Ser.: Vol. 3). (ENG.). 36p. (J). (gr. k-1). *(978-1-7772897-1-3(8))*; pap. *(978-1-7772897-0-6(X))* Kalantar, Medea.

Honeycake: Special Magical Powers. Medea Kalantar. 2019. (ENG., Illus.). 36p. (J). *(978-0-2288-2247-9(5))*; pap. *(978-0-2288-2246-2(7))* Tellwell Talent.

Honeycomb (Classic Reprint) Dorothy M. Richardson. 2018. (ENG., Illus.). 282p. (J). 29.71 *(978-0-483-30825-1(0))* Forgotten Bks.

Honeyguide Birds & Ratels. Kevin Cunningham. 2016. (21st Century Junior Library: Better Together Ser.). (ENG., Illus.). 24p. (J). (gr. 2-5). 29.21 *(978-1-63471-086-2(X)*, 208423) Cherry Lake Publishing.

Honeyguide's Revenge - Kisasi Cha Ndege Asali. Zulu Folktale. Illus. by Wiehan de Jager. 2023. (SWA.). 30p. (J). pap. ***(978-1-922876-50-8(X))*** Library For All Limited.

Honeyguide's Revenge - la Vengeance du Guide-Miel. Zulu Folktale. Illus. by Wiehan de Jager. 2022. (FRE.). 30p. (J). pap. ***(978-1-922849-90-8(1))*** Library For All Limited.

Honeyman & the Hunter. Neil Grant. 2020. (ENG., Illus.). 288p. (YA). (gr. 9). pap. 14.99 *(978-1-76063-187-1(6)*, A&U Children's) Allen & Unwin AUS. Dist: Independent Pubs. Group.

Honeymoon Experiment (Classic Reprint) Margaret Chase. 2018. (ENG., Illus.). 172p. (J). 27.44 *(978-0-483-61172-6(7))* Forgotten Bks.

Honeymooning in Russia (Classic Reprint) Ruth Kedzie Wood. 2018. (ENG., Illus.). 444p. (J). 33.05 *(978-0-484-84998-2(0))* Forgotten Bks.

Honeypetal the Sheep. V. Christian. 2019. (ENG.). 24p. (J). 16.99 *(978-0-9600881-6-4(4))* Mindstir Media.

Honeys, 1 vol. Ryan La Sala. (ENG.). (YA). (gr. 9). 2023. 368p. pap. 10.99 *(978-1-338-74533-7(6))*; 2022. (Illus.). 352p. 18.99 *(978-1-338-74531-3(X))* Scholastic, Inc. (PUSH).

Honey's Lost Shoe. Shar'Bral Jones. 2022. (ENG.). 38p. (J). 16.95 *(978-1-64543-589-1(X))* Amplify Publishing Group.

Honey's Thankful List. Cornell Burton Jr. 2019. (ENG.). 26p. (J). pap. 13.65 *(978-0-578-45589-1(7))* Dominion Publishing.

Honeysmoke: A Story of Finding Your Color. Monique Fields. Illus. by Yesenia Moises. 2019. (ENG.). 32p. (J). 18.99 *(978-1-250-11582-9(5)*, 900171765) Imprint IND. Dist: Macmillan.

Honeysuckers. Mandy Rowley. 2018. (ENG., Illus.). 78p. (J). pap. *(978-1-911596-87-5(X))* Spiderwize.

Hong Kong, 1 vol. Falaq Kagda et al. 2017. (Cultures of the World (Third Edition)(r) Ser.). (ENG.). 144p. (gr. 5-5). lib. bdg. 48.79 *(978-1-5026-3239-5(X)*, eb6a800f-46c2-4011-926c-f75f74df2c27) Cavendish Square Publishing LLC.

Honig's Owl-Tower: A German Tale (Classic Reprint) Grater Grater. 2018. (ENG., Illus.). 24p. (J). 24.41 *(978-0-483-15471-1(7))* Forgotten Bks.

Honk! A Tale of Praise. Elizabeth Michel. 2021. (ENG.). 34p. (J). pap. *(978-1-4866-2178-1(3))* Word Alive Pr.

Honk & Horace: Or Trimming the Tropics (Classic Reprint) Emmet Forrest Harte. 2017. (ENG., Illus.). (J). 29.92 *(978-0-265-65993-9(0))*; pap. 13.57 *(978-1-5276-3323-0(3))* Forgotten Bks.

Honk, Honk!! Shorty Mccabe at the Wheel (Classic Reprint) Sewell Ford. (ENG., Illus.). (J). 2018. 44p. 24.82 *(978-0-364-74265-5(8))*; 2017. pap. 7.97 *(978-0-259-52610-0(X))* Forgotten Bks.

Honk, Honk, Vroom, Vroom: Sounds from the City. Jennifer Shand. Illus. by Barbara Vagnozzi. 2020. (Turn Without Tearing What's That Sound? Ser.). (ENG.). 32p. (J). (gr. -1-1). 7.99 *(978-1-4867-1657-9(1)*, 37e25a2d-6584-4b17-b9ae-beec41c4b1d4) Flowerpot Pr.

Honk! Splat! Vroom! Barry Gott. Illus. by Barry Gott. 2018. (ENG., Illus.). 32p. (J). (gr. -1-k). lib. bdg. 17.99 *(978-1-5124-4140-6(6)*, ebdc41f3-e48d-40e3-8fac-8e165507d02d, Carolrhoda Bks.) Lerner Publishing Group.

Honky & Hugo & the Great Big Pig Heist. Margaret M. Griffin. Illus. by Helen Joy. 2021. (ENG.). 168p. (J). pap. *(978-1-914225-83-3(X))* Orla Kelly Self Publishing Services.

Honolulu. Jacqueline S. Cotton. 2020. (J). *(978-1-7911-1598-2(5)*, AV2 by Weigl) Weigl Pubs., Inc.

Honor. Stephen Greenleaf Bulfinch. 2017. (ENG.). 246p. (J). pap. *(978-3-7447-1360-3(1))* Creation Pubs.

Honor: Or, the Slave-Dealer's Daughter (Classic Reprint) Stephen Greenleaf Bulfinch. 2018. (ENG., Illus.). 242p. (J). 28.91 *(978-0-483-93274-6(4))* Forgotten Bks.

Honor among Thieves. Rachel Caine, pseud. 2018. (Honors Ser.: 1). (ENG., Illus.). 480p. (YA). (gr. 8). 17.99 *(978-0-06-257099-4(4)*, Tegen, Katherine Bks) HarperCollins Pubs.

Honor among Thieves. Rachel Caine, pseud & Ann Aguirre. 2019. (Honors Ser.: 1). (ENG.). 496p. (YA). (gr. 8). pap. 9.99 *(978-0-06-257100-7(1)*, Tegen, Katherine Bks) HarperCollins Pubs.

Honor among Thieves (Classic Reprint) Gabrielle Festing. 2018. (ENG., Illus.). 332p. (J). 30.74 *(978-0-484-27704-4(9))* Forgotten Bks.

Honor & Mercy, Bk. 3. Clark Rich Burbidge. 2018. (StarPassage Ser.: 3). (ENG.). 320p. (YA). 15.99

900 The check digit for ISBN-10 appears in parentheses after the full ISBN-13

(978-1-63269-478-2(6), 1225f4f1-4d3c-4110-b1b2-39c2eb1cf1df) Deep River Bks.

Honor Bound. Rachel Caine, pseud & Ann Aguirre. (Honors Ser.: 2). (ENG.). (YA). (gr. 8). 2020. 496p. pap. 12.99 *(978-0-06-257103-8(6))*; 2019. (Illus.). 480p. 17.99 *(978-0-06-257102-1(8))* HarperCollins Pubs. (Tegen, Katherine Bks).

Honor Carmichael, Vol. 1 Of 2: A Study (Classic Reprint) Henrietta A. Duff. 2018. (ENG., Illus.). 310p. (J). 30.31 *(978-0-484-28197-3(6))* Forgotten Bks.

Honor Girl: A Graphic Memoir. Maggie Thrash. Illus. by Maggie Thrash. 2017. (ENG., Illus.). 272p. (YA). (gr. 9). pap. 14.99 *(978-0-7636-8755-7(3))* Candlewick Pr.

Honor Girl: A Graphic Memoir. Maggie Thrash. ed. 2017. (Honor Girl Ser.: 1). lib. bdg. 26.95 *(978-0-606-39843-5(0))* Turtleback.

Honor Lost. Rachel Caine, pseud & Ann Aguirre. 2020. (Honors Ser.: 3). (ENG.). 448p. (YA). (gr. 8). 18.99 *(978-0-06-257105-2(2)*, Tegen, Katherine Bks) HarperCollins Pubs.

Honor of a Lee (Classic Reprint) Libbie Miller Travers. 2018. (ENG., Illus.). 386p. (J). 31.88 *(978-0-483-76995-3(9))* Forgotten Bks.

Honor of His House (Classic Reprint) Andrew Soutar. 2018. (ENG., Illus.). 340p. (J). 30.91 *(978-0-483-26859-3(3))* Forgotten Bks.

Honor of Savelli: A Romance of Rome & Florence (Classic Reprint) S. Levett-Yeats. 2018. (ENG., Illus.). 326p. (J). 30.62 *(978-0-484-27904-8(1))* Forgotten Bks.

Honor of the Big Snows (Classic Reprint) James Oliver Curwood. 2017. (ENG., Illus.). (J). 30.62 *(978-0-331-22317-0(1))*; pap. 13.57 *(978-0-259-48035-8(5))* Forgotten Bks.

Honor of the Braxtons: A Novel (Classic Reprint) J. William Fosdick. 2018. (ENG., Illus.). 410p. (J). 32.35 *(978-0-483-51505-5(1))* Forgotten Bks.

Honor of Thieves: A Novel (Classic Reprint) Charles John Cutcliffe Hyne. (ENG., Illus.). (J). 2018. 304p. 30.19 *(978-0-484-76053-9(X))*; 2017. pap. 13.57 *(978-0-259-24480-6(5))* Forgotten Bks.

Honor o'Hara, Vol. 1 Of 2: A Novel (Classic Reprint) Anna Maria Porter. 2017. (ENG., Illus.). (J). 344p. 30.99 *(978-0-332-53573-9(8))*; pap. 13.57 *(978-0-259-29311-8(3))* Forgotten Bks.

Honor o'Hara, Vol. 1 Of 3: A Novel (Classic Reprint) A. M. Porter. 2018. (ENG., Illus.). 410p. (J). 32.35 *(978-0-483-19692-6(4))* Forgotten Bks.

Honor Ormthwaite: A Novel (Classic Reprint) Sarah Tytler. 2017. (ENG., Illus.). (J). 264p. 29.34 *(978-0-484-33897-4(8))*; pap. 11.97 *(978-0-259-20930-0(9))* Forgotten Bks.

Honor Star Manual see Manual de Estrellas se Honor-Alumna: Alumna

Honor Student at Magic High School, Vol. 11. Tsutomu Sato. 2021. (Honor Student at Magic High School Ser.: 11). (ENG., Illus.). 146p. (gr. 8-17). pap., pap. 13.00 *(978-1-9753-2526-8(5)*, Yen Pr.) Yen Pr. LLC.

Honorable Club. Lynde Palmer. 2017. (ENG.). 280p. (J). pap. *(978-3-337-08245-1(9))* Creation Pubs.

Honorable Club: And Other Tales (Classic Reprint) Lynde Palmer. 2018. (ENG., Illus.). 282p. (J). 29.75 *(978-0-484-36863-6(X))* Forgotten Bks.

Honorable Crimson Tree & Other Tales of China: A Book for Boys & Girls (Classic Reprint) Anita B. Ferris. (ENG., Illus.). (J). 2018. 140p. 26.78 *(978-0-267-40919-8(2))*; 2016. pap. 9.57 *(978-1-334-21721-0(1))* Forgotten Bks.

Honorable Fartmaster Mcfigglebutts. Casey Williams & Jenny Watkins. 2020. (ENG.). 44p. (J). pap. 6.99 *(978-1-64970-763-5(0))* Waldorf Publishing.

Honorable Japanese Fan (Classic Reprint) Margaret T. Applegarth. (ENG., Illus.). (J). 2018. 188p. 27.79 *(978-0-267-00220-7(3))*; 2017. pap. 10.57 *(978-0-243-54123-2(6))* Forgotten Bks.

Honorable Little Miss. Love (o Al Chan) (Classic Reprint) Elizabeth Geist Newbold. 2018. (ENG., Illus.). 184p. (J). 27.69 *(978-0-483-98434-9(5))* Forgotten Bks.

Honorable Miss. Ferrard (Classic Reprint) May Laffan. (ENG., Illus.). (J). 2018. 334p. 30.81 *(978-0-483-00415-3(4))*; 2016. pap. 13.57 *(978-1-333-79031-8(7))* Forgotten Bks.

Honorable Miss. Moonlight (Classic Reprint) Onoto Watanna. 2018. (ENG., Illus.). 188p. (J). 27.79 *(978-0-483-96029-9(2))* Forgotten Bks.

Honorable Mrs. Ling's Conversion (Classic Reprint) Jean H. Brown. 2017. (ENG., Illus.). (J). 24.70 *(978-0-331-69046-0(2))* Forgotten Bks.

Honorable Percival (Classic Reprint) Alice Hegan Rice. (ENG., Illus.). (J). 2018. 304p. 30.17 *(978-0-483-61120-7(4))*; 2017. 29.88 *(978-0-265-50850-3(9))*; 2017. pap. 13.57 *(978-0-243-28283-8(4))*; 2016. pap. 13.57 *(978-1-334-21660-2(6))* Forgotten Bks.

Honorable Peter Stirling & What People Thought of Him. Paul Leicester Ford. 2017. (ENG., Illus.). (J). 29.95 *(978-1-374-95801-2(8))* Capital Communications, Inc.

Honorable Peter Stirling & What People Thought of Him (Classic Reprint) Paul Leicester Ford. 2018. (ENG., Illus.). 436p. (J). 32.89 *(978-0-267-21223-1(2))* Forgotten Bks.

Honorable Samurai Coloring Book. Bobo's Children Activity Books. 2016. (ENG., Illus.). (J). pap. 9.33 *(978-1-68327-591-6(8))* Sunshine In My Soul Publishing.

Honorable Surrender (Classic Reprint) Mary Adams. 2018. (ENG., Illus.). 330p. (J). 30.70 *(978-0-483-49788-7(6))* Forgotten Bks.

Honorable Warrior's Training Coloring Book. Activibooks For Kids. 2016. (ENG., Illus.). (J). pap. 9.20 *(978-1-68321-323-9(8))* Mimaxion.

Honore de Balzac in Twenty-Five Volumes, Vol. 1 Of 25: At the Sign of the Cat & Racket; the Sceaux Ball; the Purse; the Vendetta; Madame Firmiani; a Daughter of Eve; Letters of Two Brides (Classic Reprint) Honore de Balzac. 2017. (ENG., Illus.). (J). 37.55 *(978-0-260-93769-8(X))* Forgotten Bks.

Honore de Balzac in Twenty-Five Volumes, Vol. 17 Of 25: A Most Mysterious Case; an Episode under the Terror; the Seamy Side of History; Z. Marcas (Classic Reprint) Honore de Balzac. 2018. (ENG., Illus.). 538p. (J). 34.99 *(978-0-267-38191-3(3))* Forgotten Bks.

Honore de Balzac in Twenty-Five Volumes, Vol. 2 Of 25: The First Complete Translation into English; a Study of Woman, Another Study of Woman, la Grande Breteche, Peace in the House, the Imaginary Mistress, Albert Savarus, a Woman of Thirty, a Forsaken La. Honore de Balzac. 2017. (ENG., Illus.). (J). 37.67 *(978-0-331-83126-9(0))* Forgotten Bks.

Honore de Balzac in Twenty-Five Volumes, Vol. 6 Of 25: The First Complete Translation into English; Pierrette; the ABBE Birotteau; a Bachelor's Establishment; with Illustrations from Drawings on the Wood by Famous French Artists (Classic Reprint) Honore de Balzac. (ENG., Illus.). (J). 2017. 35.28 *(978-0-265-40568-0(8))*; 2016. pap. 19.57 *(978-1-333-43594-3(0))* Forgotten Bks.

Honore de Balzac, Vol. 16 Of 25: Provincial Parisians (Classic Reprint) Honore de Balzac. 2018. (ENG., Illus.). 476p. (J). 33.73 *(978-0-483-57995-8(5))* Forgotten Bks.

Honore de Balzac, Vol. 2 (Classic Reprint) George Saintsbury. 2018. (ENG., Illus.). 520p. (J). 34.62 *(978-0-332-97814-7(1))* Forgotten Bks.

Honore de Balzac, Vol. 4 Of 25: Beatrix; the Atheist's Mass; Honorine; Colonel Chabert; the Commission in Lunacy; Pierre Grassou (Classic Reprint) Honore de Balzac. 2017. (ENG., Illus.). (J). 37.18 *(978-0-266-38108-2(1))* Forgotten Bks.

Honore de Balzac, Vol. 8 Of 25: The First Complete Translation into English; Parisians in the Country; Gaudissart the Great; the Muse of the Department; the Lily of the Valley (Classic Reprint) Honore de Balzac. 2016. (ENG., Illus.). (J). pap. 19.57 *(978-1-333-77029-7(4))* Forgotten Bks.

Honoring Different Cultures: Understanding Citizenship, 1 vol. Vanessa Flores. 2018. (Civics for the Real World Ser.). (ENG.). 12p. (gr. 1-2). pap. *(978-1-5383-6457-4(3)*, d4373498-b482-4302-b283-37d136f47198, Rosen Classroom) Rosen Publishing Group, Inc., The.

Honoring Heroes. Christine Platt. Illus. by Anuki López. 2021. (Ana & Andrew Set 3 Ser.). (ENG.). 32p. (J). (gr. 2-2). pap. 9.95 *(978-1-64494-521-6(5)*, Calico Kid) ABDO Publishing Co.

Honoring Heroes. Christine Platt. Illus. by Anuki López. 2020. (Ana & Andrew Ser.). (ENG.). 24p. (J). (gr. -1-3). lib. bdg. 32.79 *(978-1-5321-3967-3(5)*, 36491, Calico Chapter Bks) Magic Wagon.

Honoring My Boundaries. Terence Houston. Ed. by Tierra Destiny Reid. Illus. by Laura Acosta. 2018. (Chronicles of Christian Grace Ser.: Vol. 1). (ENG.). 26p. (J). pap. 14.95 *(978-1-947574-28-1(0))* TDR Brands Publishing.

Honor's Price. Sever Bronny. 2018. (Fury of a Rising Dragon Ser.: Vol. 2). (ENG., Illus.). 634p. (J). pap. *(978-1-7751729-3-2(7))* Bronny, Sever.

Honour of the Army, & Other Stories (Classic Reprint) Emile Zola. 2017. (ENG., Illus.). (J). 30.54 *(978-1-5283-8401-8(6))* Forgotten Bks.

Honour of the Clintons (Classic Reprint) Archibald Marshall. 2018. (ENG., Illus.). 384p. (J). 31.84 *(978-0-428-29719-0(6))* Forgotten Bks.

Honour of the House (Classic Reprint) Hugh Fraser. 2018. (ENG., Illus.). 426p. (J). 32.68 *(978-0-483-22965-5(2))* Forgotten Bks.

Honour Our Parents Weekend: The Adventures of Wise Owl. Adam Forest. 2022. (ENG.). 28p. (J). *(978-0-2288-6136-2(5))*; pap. *(978-0-2288-6135-5(7))* Tellwell Talent.

Honour Without Renown (Classic Reprint) Innes-Browne. 2018. (ENG., Illus.). 378p. (J). 31.69 *(978-0-267-18505-4(7))* Forgotten Bks.

Honourable Adelaide Drummond: Retrospect & Memoir (Classic Reprint) Basil Champneys. 2018. (ENG., Illus.). 374p. (J). 31.73 *(978-0-332-80259-6(0))* Forgotten Bks.

Honourable Gentleman: And Others (Classic Reprint) Achmed Abdullah. 2018. (ENG., Illus.). 284p. (J). 29.77 *(978-0-267-49250-3(2))* Forgotten Bks.

Honourable Mr. Tawnish (Classic Reprint) Jeffery Farnol. 2017. (ENG., Illus.). (J). 27.73 *(978-0-331-81569-6(9))* Forgotten Bks.

Honourable Mrs. Garry (Classic Reprint) Henry De La Pasture. 2018. (ENG., Illus.). 426p. (J). 32.68 *(978-0-483-18496-1(9))* Forgotten Bks.

Honourable Peggy (Classic Reprint) G. B. Lancaster. (ENG., Illus.). (J). 2018. 460p. 33.38 *(978-0-483-65331-3(4))*; 2017. pap. 16.57 *(978-0-243-28753-6(4))* Forgotten Bks.

Honour's Worth or the Cost of a Vow. Meta Orred. 2017. (ENG.). (J). 336p. pap. *(978-3-337-04789-4(0))*; 350p. pap. *(978-3-337-04790-0(4))* Creation Pubs.

Honour's Worth, or the Cost of a Vow, Vol. 1 Of 2: A Novel (Classic Reprint) Meta Orred. (ENG., Illus.). (J). 2018. 336p. 30.85 *(978-0-483-61879-4(9))*; 2016. pap. 13.57 *(978-1-333-21938-3(5))* Forgotten Bks.

Honour's Worth, or the Cost of a Vow, Vol. 2 Of 2: A Novel (Classic Reprint) Meta Orred. 2018. (ENG., Illus.). 344p. (J). 31.03 *(978-0-428-27858-8(2))* Forgotten Bks.

Honrando a Los Heroes (Honoring Heroes) Christine Platt. Illus. by Anuki López. 2022. (Ana & Andrew Ser.). (SPA.). 32p. (J). (gr. -1-3). lib. bdg. 32.79 *(978-1-0982-3482-9(0)*, 39833, Calico Chapter Bks) Magic Wagon.

Honto, the Red Man's Daughter (Classic Reprint) F. H. Shrock. 2018. (ENG., Illus.). 30p. (J). 24.52 *(978-0-483-71766-4(5))* Forgotten Bks.

Honu & Moa. Edna C. Moran. Illus. by Edna C. Moran. 2018. (ENG., Illus.). 32p. (J). 12.95 *(978-1-933067-95-7(0))* Beachhouse Publishing, LLC.

Honu the Hawaiian Sea Turtle Coloring Book. Smarter Activity Books. 2016. (ENG., Illus.). (J). pap. 9.22 *(978-1-68374-463-4(2))* Examined Solutions PTE. Ltd.

Hoo, Who's There? A Knock-Knock Joke in Rhythm & Rhyme, 2 vols. Blake Hoena. Illus. by Klaus Bipper. 2016. (Jokes & Jingles Ser.). (ENG.). (J). (gr. k-3). 53.32 *(978-1-5158-1295-1(2))* Cantata Learning.

Hood. Jenny Elder Moke. 2021. 24p. (YA). (gr. 7-12). pap. 9.99 *(978-1-368-05231-3(2)*, Disney-Hyperion) Disney Publishing Worldwide.

Hood in Scotland: Reminiscences of Thomas Hood, Poet & Humorist (Classic Reprint) Unknown Author. 2018. (ENG., Illus.). 184p. (J). 27.69 *(978-0-332-90456-6(3))* Forgotten Bks.

Hood in the Woods Vol 2: Preachers, Pirates & Witches. Johnny Ashley. 2021. (ENG.). 140p. (YA). pap. *(978-1-312-15965-5(0))* Lulu Pr., Inc.

Hood Story of Penny Graham. Derrica Landrum. 2019. (ENG.). 10p. (J). *(978-0-359-71755-2(1))* Lulu Pr., Inc.

Hoodie Girl. Yuen Wright. 2021. (ENG.). 352p. (YA). pap. 10.99 *(978-1-989365-57-1(4)*, 900233863) Wattpad Bks. CAN. Dist: Macmillan.

Hoodie Inside Out. M E. 2019. (ENG.). 44p. (YA). (gr. 7-12). pap. *(978-1-78222-711-3(3))* Paragon Publishing, Rothersthorpe.

Hoodnapped: Book 3. Jenna Lynn. Illus. by Abigail Dela Cruz. 2018. (Robyn Hood Ser.). (ENG.). 48p. (J). (gr. 3-7). lib. bdg. 34.21 *(978-1-5321-3378-7(2)*, 31179, Spellbound) Magic Wagon.

Hoodoo. Ronald L. Smith. 2017. (ENG.). 224p. (J). (gr. 5-7). pap. 7.99 *(978-0-544-93561-7(6)*, 1658342, Clarion Bks.) HarperCollins Pubs.

Hoodoo. Ronald L. Smith. ed. 2017. (ENG.). (J). (gr. 5-7). lib. bdg. 18.40 *(978-0-606-39820-6(1))* Turtleback.

Hood's Comic Annual For 1877: With Twenty-Five Pages of Pictures Engraved by the Brothers Dalziel (Classic Reprint) Henry Sampson. 2018. (ENG., Illus.). 438p. (J). 32.99 *(978-0-484-29974-9(3))* Forgotten Bks.

Hood's Magazine & Comic Miscellany, Vol. 2: July to December, 1844 (Classic Reprint) Thomas Hood. (ENG., Illus.). (J). 2018. 634p. 36.97 *(978-0-483-18111-3(0))*; 2017. pap. 19.57 *(978-1-334-91167-5(3))* Forgotten Bks.

Hood's Own: Or Laughter from Year to Year, Being Former Runnings of His Comic Vein, with an Infusion of New Blood for General Circulation (Classic Reprint) Thomas Hood. 2017. (ENG., Illus.). (J). 36.02 *(978-1-5282-7767-9(8))* Forgotten Bks.

Hood's Own: Selected Papers (Classic Reprint) Thomas Hood. 2017. (ENG., Illus.). (J). 29.01 *(978-0-265-38257-8(2))* Forgotten Bks.

Hood's Own; or, Laughter from Year to Year. Being a Further Collection of His Wit & Humour (Second Series) Thomas Hood. 2019. (ENG.). 580p. (J). pap. *(978-93-5395-362-1(6))* Alpha Editions.

Hood's Own, or Laughter from Year to Year, Vol. 2: Being a Further Collection of His Wit & Humour, with a Preface by His Son (Classic Reprint) Thomas Hood. (ENG., Illus.). (J). 2018. 582p. 35.92 *(978-0-483-29952-8(9))*; 2016. pap. 19.57 *(978-1-333-57451-2(7))* Forgotten Bks.

Hood's Whimsicalities: In Prose & Verse (Classic Reprint) Thomas Hood. (ENG., Illus.). (J). 2017. 488p. 33.96 *(978-0-484-51478-1(4))*; 2016. pap. 16.57 *(978-1-333-66623-1(3))* Forgotten Bks.

Hoodwinked. Katrina Cope. 2021. (Thor's Dragon Rider Ser.: Vol. 4). (ENG., Illus.). 220p. (YA). pap. *(978-0-6450874-0-6(8))* Cosy Burrow Bks.

Hoof & Claw (Classic Reprint) Charles G. D. Roberts. 2018. (ENG., Illus.). 322p. (J). 30.54 *(978-0-484-57402-0(7))* Forgotten Bks.

Hoof Beats from Virginia Other Lands (Classic Reprint) Philip Hichborn. 2018. (ENG., Illus.). 190p. (J). 27.84 *(978-0-267-43832-7(X))* Forgotten Bks.

Hoof on the Roof. Cath Jones. Illus. by Gisela Bohórquez. 2022. (Early Bird Readers — Green (Early Bird Stories (tm)) Ser.). (ENG.). 32p. (J). (gr. k-3). pap. 9.99 *(978-1-7284-4835-0(2)*, 21b6bdd8-2600-4561-bcc6-22860240052c); lib. bdg. 30.65 *(978-1-7284-3847-4(0)*, cc4bdb5e-4f6d-4e09-8266-ba2bf92ebb11) Lerner Publishing Group. (Lerner Pubns.).

Hoofmarks of the Faun (Classic Reprint) Arthur Ransome. 2017. (ENG., Illus.). (J). 27.49 *(978-0-331-40408-1(7))* Forgotten Bks.

Hoofprints on the Moon. Patricia Duncan. 2018. (ENG., Illus.). 146p. (YA). (gr. 7-11). pap. 10.95 *(978-1-62787-667-4(7))* Wheatmark, Inc.

Hook: Its Application to Others & to Ourselves; a Handbook for Mental Mechanics (Classic Reprint) Lewis Jesse Bridgman. 2017. (ENG., Illus.). (J). 25.98 *(978-0-265-60931-6(3))*; pap. 9.57 *(978-0-282-99282-8(0))* Forgotten Bks.

Hook-Nosed Einiosaurus. Dreaming Tortoise. Illus. by Dreaming Tortoise. 2017. (When Dinosaurs Ruled the Earth Ser.). (ENG., Illus.). 32p. (J). (gr. k-3). lib. bdg. 27.99 *(978-1-925235-21-0(1)*, 19d79905-2670-4c1a-9fcb-b407a9b5809b, Big and SMALL) ChoiceMaker Pty. Ltd., The AUS. Dist: Lerner Publishing Group.

Hooked on Books. Margaret Chiu Greanias. Illus. by Kristyna Litten. 2023. 32p. (J). (gr. -1-3). 18.99 *(978-1-68263-367-0(5))* Peachtree Publishing Co. Inc.

Hooked on Netball. B. Hellard & L. Gibbs. 2016. (Netball Gems Ser.: 1). (Illus.). 144p. (J). (gr. 4-7). 10.99 *(978-0-85798-763-1(1))* Random Hse. Australia AUS. Dist: Independent Pubs. Group.

Hookman. Virginia Loh-Hagan. 2017. (Urban Legends: Don't Read Alone! Ser.). (ENG., Illus.). 32p. (J). (gr. 4-8). lib. bdg. 32.07 *(978-1-63472-900-0(5)*, 210026, 45th Parallel Press) Cherry Lake Publishing.

Hook's Daughter: The Untold Tale of a Pirate Princess. R. V. Bowman. 2018. (Pirate Princess Chronicles Ser.: Vol. 1). (ENG., Illus.). 204p. (J). (gr. 4-6). pap. 9.99 *(978-0-578-41245-0(4))* Bowman, Rosanne.

Hooks of Steel, Vol. 1 of 3 (Classic Reprint) Helen Prothero-Lewis. 2018. (ENG., Illus.). 244p. (J). 28.93 *(978-0-483-94063-5(1))* Forgotten Bks.

Hooks of Steel, Vol. 2 of 3 (Classic Reprint) Helen Prothero-Lewis. 2018. (ENG., Illus.). 246p. (J). 28.97 *(978-0-483-93534-1(4))* Forgotten Bks.

Hooks of Steel, Vol. 3 (Classic Reprint) Helen Prothero-Lewis. 2018. (ENG., Illus.). 242p. (J). 28.89 *(978-0-484-38810-8(X))* Forgotten Bks.

Hook's Revenge, Book 2: the Pirate Code. Heidi Schulz. Illus. by John Hendrix. ed. 2016. (Hook's Revenge Ser.: 2). (ENG.). (J). (gr. 3-7). lib. bdg. 18.40 *(978-0-606-39169-6(X))* Turtleback.

Hooky. Míriam Bonastre Tur. Illus. by Míriam Bonastre Tur. 2021. (Hooky Ser.: 1). (ENG., Illus.). 384p. (J). (gr. 3-7). 24.99 *(978-0-358-46830-1(2)*, 1798378); Vol. 1. pap. 15.99 *(978-0-358-46829-5(9)*, 1798377) HarperCollins Pubs. (Clarion Bks.).

Hooky (Tomo 2) Míriam Bonastre. 2023. (SPA.). 368p. (J). pap. 19.95 ***(978-607-39-0002-7(3))*** Editorial Planeta, S. A. ESP. Dist: Two Rivers Distribution.

Hooky Volume 2. Míriam Bonastre Tur. Illus. by Míriam Bonastre Tur. 2022. (Hooky Ser.: 2). (ENG., Illus.). 368p. (J). (gr. 3-7). 24.99 *(978-0-358-69310-9(1))*; pap. 14.99 *(978-0-358-69309-3(8))* HarperCollins Pubs. (Clarion Bks.).

Hooky Volume 3. Míriam Bonastre Tur. Illus. by Míriam Bonastre Tur. 2023. (Hooky Ser.: 3). (ENG., Illus.). 400p. (J). (gr. 3-7). 24.99 ***(978-0-358-69358-1(6)***, Clarion Bks.) HarperCollins Pubs.

Hooky Volume 3. Míriam Bonastre Tur. 2023. (Hooky Ser.: 3). (ENG., Illus.). 400p. (J). (gr. 3-7). pap. 15.99 ***(978-0-358-69357-4(8)***, Clarion Bks.) HarperCollins Pubs.

Hoolie & the Hooligans, Book 1: The Alien That Ate My Socks. Brandon Dorman. Illus. by Brandon Dorman. 2016. (Hoolie & the Hooligans Ser.: 1). (ENG., Illus.). 224p. (J). (gr. 2-7). 13.99 *(978-1-62972-222-1(7)*, 5155661, Shadow Mountain) Shadow Mountain Publishing.

Ho'onani: Hula Warrior. Heather Gale. Illus. by Mika Song. 2019. (ENG.). 40p. (J). (gr. -1-3). 17.99 *(978-0-7352-6449-6(X)*, Tundra Bks.) Tundra Bks. CAN. Dist: Penguin Random Hse. LLC.

H

Hoonose Happiness. Greg Arnold. 2020. (ENG., Illus.). 30p. (J). pap. 13.95 *(978-1-64559-715-5(6))* Covenant Bks.

Hooooo's There? Lined Paper Book with a Colored Owl Illustrations on Each PageWide Lined Paper for Writing in with Colored Illustration on Each Page 6 X 9 150 Pages, Perfect for School, Office & Home Thick Paper. Julie Love Witcher. 2021. (ENG.). 152p. (J). pap. 11.00 *(978-1-716-09967-0(6))* Lulu Pr., Inc.

Hoooo's There? Lined Paper Book with Colored Owl Illustrations on Each Page Wide Ruled Paper for Writing in with Colored Illustration on Each Page 6 X 9 150 Pages, Perfect for School, Office & Home Thick Paper. Julie Love Witcher. 2021. (ENG.). 152p. (J). pap. 11.50 *(978-1-716-09959-5(5))* Lulu Pr., Inc.

Hoop & the Harm. Jawara Pedican. 2023. (ENG.). 272p. (YA). (gr. 8-12). 27.99 ***(978-1-4594-1722-9(4)***, bff2a3e2-3f16-4946-af65-8bed5412b36e); pap. 14.99 ***(978-1-4594-1715-1(1)***, 5666345e-95f1-4542-a2ed-0a453e8ebe70) James Lorimer & Co. Ltd., Pubs. CAN. Dist: Lerner Publishing Group.

Hoop Dance Heroes! (Spirit Rangers) Karissa Valencia. Illus. by Madelyn Goodnight. 2023. (Little Golden Book Ser.). 24p. (J). (-k). 5.99 *(978-0-593-64720-2(3)*, Golden Bks.) Random Hse. Children's Bks.

Hoop Dancer Determination. Jake Maddox. Illus. by Jesus Aburto. 2022. (Jake Maddox Sports Stories Ser.). (ENG.). 72p. (J). 25.99 *(978-1-6663-4493-6(1)*, 238337); pap. 5.95 *(978-1-6663-5343-3(4)*, 238332) Capstone. (Stone Arch Bks.).

Hoop Dancers. (Early Intervention Levels Ser.). 31.86 *(978-0-7362-0660-0(4))* CENGAGE Learning.

Hoop Dancer's Teachings see Enseignements du Danseur de Cerceaux

Hoop Dreams: A Coloring Book. Bobo's Children Activity Books. 2016. (ENG., Illus.). (J). pap. 9.33 *(978-1-68327-472-8(5))* Sunshine In My Soul Publishing.

Hoop Fanatics: (Dropping Some Unknown Knowledge on You) E. D. Shorts (Big-E). 2021. (ENG., Illus.). 136p. (YA). pap. 17.95 *(978-1-64801-768-1(1))* Newman Springs Publishing, Inc.

Hoop Kings 2: New Royalty. Charles R. Smith Jr. 2021. (Sports Royalty Ser.). (ENG.). 40p. (J). (gr. 3-7). 14.99 *(978-1-5362-1035-4(8))* Candlewick Pr.

Hoop Pole, 1915 (Classic Reprint) Mount Vernon High School. (ENG., Illus.). (J). 2018. 108p. 26.14 *(978-0-267-23306-9(X))*; 2016. pap. 9.57 *(978-1-334-11575-2(3))* Forgotten Bks.

Hoop Pole, 1917 (Classic Reprint) Mount Vernon Indiana Senior Hig School. 2018. (ENG., Illus.). 118p. (J). 26.35 *(978-0-365-45082-5(0))* Forgotten Bks.

Hoop Pole, 1918 (Classic Reprint) Mount Vernon High School. (ENG., Illus.). (J). 2018. 112p. 26.23 *(978-0-666-34049-8(8))*; 2016. pap. 9.57 *(978-1-333-63042-3(5))* Forgotten Bks.

Hoop Pole, 1919, Vol. 8: Published by the Senior Class of the Mt. Vernon High School (Classic Reprint) Thomas E. Boyce. (ENG., Illus.). (J). 2018. 126p. 26.50 *(978-0-666-76571-0(5))*; 2017. pap. 9.57 *(978-0-259-99013-0(2))* Forgotten Bks.

Hoop Pole, 1920 (Classic Reprint) Mount Vernon High School. (ENG., Illus.). (J). 2018. 122p. 26.41 *(978-0-332-85164-8(8))*; 2017. pap. 9.57 *(978-0-259-98877-9(4))* Forgotten Bks.

Hooper. Geoff Herbach. (ENG.). (YA). (gr. 8). 2019. 352p. pap. 11.99 *(978-0-06-245312-9(2))*; 2018. 336p. 17.99 *(978-0-06-245311-2(4))* HarperCollins Pubs. (Tegen, Katherine Bks).

Hooper Finds a Family: A Hurricane Katrina Dog's Survival Tale. Jane Paley. 2018. (ENG.). 144p. (J). (gr. 3-7). pap. 6.99 *(978-0-06-201105-3(7)*, HarperCollins) HarperCollins Pubs.

Hoopers. Johnny Boateng. 2022. (Lorimer Sports Stories Ser.). (ENG.). 128p. (J). (gr. 4-8). pap. 9.95 *(978-1-4594-1635-2(X)*, 92bc46d7-6537-4575-8500-2850ec9dfdbd) James Lorimer & Co. Ltd., Pubs. CAN. Dist: Lerner Publishing Group.

Hoopla with Reindeer: 2-In-1 Story & Built in Game. IglooBooks. Illus. by Anna Jones. 2020. (ENG.). 10p. (J). (gr. -1-1). 9.99 *(978-1-80022-771-2(X))* Igloo Bks. GBR. Dist: Simon & Schuster, Inc.

Hoopla with Unicorn: 2-In-1 Story & Built in Game. IglooBooks. Illus. by Vanessa Matte. 2020. (ENG.). 10p. (J). (gr. -1-1). 9.99 *(978-1-80022-770-5(1))* Igloo Bks. GBR. Dist: Simon & Schuster, Inc.

Hoopoe Says Oop! Animals of Israel. Jamie Kiffel-Alcheh. Illus. by Ivana Kuman. 2019. (ENG.). 12p. (J). (gr. -1 — 1). bds. 5.99 *(978-1-5415-0049-5(0)*, 0715077e-df5d-44b8-b9eb-42d0f4777f59, Kar-Ben Publishing) Lerner Publishing Group.

Hoopole, 1914 (Classic Reprint) Mount Vernon High School. (ENG., Illus.). (J). 2018. 120p. 26.39

(978-0-483-51455-3(1)); 2016. pap. 9.57 *(978-1-333-59037-6(7))* Forgotten Bks.

Hoops! a Basketball Coloring Book. Jupiter Kids. 2017. (ENG., Illus.). (J). pap. 9.20 *(978-1-68326-808-6(3)*, Jupiter Kids (Childrens & Kids Fiction)) Speedy Publishing LLC.

Hoops: a Graphic Novel. Matt Tavares. Illus. by Matt Tavares. 2023. (ENG.). 224p. (J). (gr. 3-7). 22.99 *(978-1-5362-0136-9(7))*; pap. 12.99 *(978-1-5362-3195-3(9))* Candlewick Pr.

Hoops & Hopes. Jake Maddox & Jake Maddox. 2021. (Jake Maddox JV Girls Ser.). (ENG.). 96p. (J). 25.99 *(978-1-6639-1103-2(7)*, 212814); pap. 5.95 *(978-1-6639-2037-9(0)*, 212796) Capstone. (Stone Arch Bks.).

Hoops Collection: Elle of the Ball; Full-Court Press; Out of Bounds; Digging Deep; Swish. Elena Delle Donne. ed. 2020. (Hoops Ser.). (ENG.). 784p. (J). (gr. 3-7). 85.99 *(978-1-5344-6784-2(X)*, Simon & Schuster Bks. For Young Readers) Simon & Schuster Bks. For Young Readers.

Hoops Paperback Collection (Boxed Set) Elle of the Ball; Full-Court Press; Out of Bounds; Digging Deep; Swish. Elena Delle Donne. ed. 2021. (Hoops Ser.). (ENG.). 848p. (J). (gr. 3-7). pap. 39.99 *(978-1-5344-8975-2(4)*, Simon & Schuster Bks. For Young Readers) Simon & Schuster Bks. For Young Readers.

Hoops PB 5-Copy Prepack with L-card. Matt Tavares. 2023. (J). (gr. 3-7). pap. 64.95 ***(978-1-5362-3395-7(1))*** Candlewick Pr.

Hoopsmiths: J. R. & Chris Learn Teamwork. Chris Smith & J. R. Smith. 2018. (ENG.). 38p. (J). 16.95 *(978-1-68401-997-7(4))* Amplify Publishing Group.

Hoopster. Alex Hooper. Illus. by Robert Carpenter. 2022. (ENG.). 42p. (J). pap. 14.99 ***(978-1-0880-7725-2(0))*** Indy Pub.

Hoorade Day!, 1 vol. Nancy Raines Day. Illus. by Cornelius Van Wright. 2018. (ENG.). 32p. (J). *(978-1-59572-807-4(4))* Star Bright Bks., Inc.

Hooray for Anna Hibiscus! Atinuke. Illus. by Lauren Tobia. 2023. (Anna Hibiscus Ser.). (ENG.). 112p. (J). (gr. 1-4). 16.99 *(978-1-5362-2520-4(7))*; pap. 7.99 *(978-1-5362-2525-9(8))* Candlewick Pr.

Hooray for Babies! Susan Meyers. Illus. by Sue Cornelison. 2019. (ENG.). 32p. (J). (— 1). 14.99 *(978-1-328-52847-6(2)*, 1722054, Clarion Bks.) HarperCollins Pubs.

Hooray for Birds! Lucy Cousins. Illus. by Lucy Cousins. (ENG., Illus.). (J). (— 1). 2018. 34p. bds. 8.99 *(978-1-5362-0156-7(1))*; 2017. 40p. 17.99 *(978-0-7636-9265-0(4))* Candlewick Pr.

Hooray for Books! Brian Won. 2017. (ENG., Illus.). 40p. (J). (gr. -1-3). 16.99 *(978-0-544-74802-6(6)*, 1633258, Clarion Bks.) HarperCollins Pubs.

Hooray for Chefs! Kurt Waldendorf. 2016. (Bumba Books (r) — Hooray for Community Helpers! Ser.). (ENG., Illus.). 24p. (J). (gr. -1-1). 26.65 *(978-1-5124-1439-4(5)*, f115eef4-c70d-41dd-ade4-b56f16c8febd, Lerner Pubns.) Lerner Publishing Group.

Hooray for Construction Workers! Kurt Waldendorf. 2016. (Bumba Books (r) — Hooray for Community Helpers! Ser.). (ENG., Illus.). 24p. (J). (gr. -1-1). 26.65 *(978-1-5124-1441-7(7)*, 3dde1865-8e45-4e50-b7c4-3b7638bee866, Lerner Pubns.) Lerner Publishing Group.

Hooray for Differences!, 1. Random House. ed. 2022. (Everyday Lessons Ser.). (ENG.). 24p. (J). (gr. k-1). 16.96 ***(978-1-68505-345-1(9))*** Penworthy Co., LLC, The.

Hooray for DNA! How a Bear & a Bug Are a Lot Like Us. Pauline Thompson. Illus. by Greg Pizzoli. 2023. 40p. (J). (gr. -1-3). 18.99 *(978-0-593-42704-0(1))*; (ENG.). lib. bdg. 21.99 *(978-0-593-42705-7(X))* Random Hse. Children's Bks. (Knopf Bks. for Young Readers).

Hooray for Doctors! Tessa Kenan. 2017. (Bumba Books (r) — Hooray for Community Helpers! Ser.). (ENG., Illus.). 24p. (J). (gr. -1-1). 26.65 *(978-1-5124-3350-0(0)*, 231e4c3e-e3db-4040-80ab-e6763aae106d, Lerner Pubns.); pap. 8.99 *(978-1-5124-5550-2(4)*, 82dda8c0-7290-42d6-8499-c76bec0dbb60) Lerner Publishing Group.

Hooray for Easter! Cindy Jin. Illus. by Emily Emerson. 2021. (ENG.). 14p. (J). (gr. -1-k). bds. 7.99 *(978-1-5344-8238-8(5)*, Little Simon) Little Simon.

Hooray for Fall! Kazuo Iwamura. 2023. (ENG.). 32p. (J). (gr. -1-2). 19.95 ***(978-0-7358-4543-5(3))*** North-South Bks., Inc.

Hooray for Farmers! Kurt Waldendorf. 2016. (Bumba Books (r) — Hooray for Community Helpers! Ser.). (ENG., Illus.). 24p. (J). (gr. -1-1). 26.65 *(978-1-5124-1443-1(3)*, b2a304b7-ae78-4359-9352-5d423167e321, Lerner Pubns.) Lerner Publishing Group.

Hooray for Firefighters! Tessa Kenan. 2017. (Bumba Books (r) — Hooray for Community Helpers! Ser.). (ENG., Illus.). 24p. (J). (gr. -1-1). lib. bdg. 26.65 *(978-1-5124-3349-4(7)*, b4bba28f-eceb-4008-926d-152d6ccbd10a, Lerner Pubns.) Lerner Publishing Group.

Hooray for Friends! Delphine Finnegan. ed. 2020. (Step into Reading Ser.). (ENG.). 24p. (J). (gr. 2-3). 14.96 *(978-1-64697-164-0(7))* Penworthy Co., LLC, The.

Hooray for Friends! (Top Wing) Delphine Finnegan. Illus. by Dave Aikins. 2019. (Step into Reading Ser.). (ENG.). 24p. (J). (gr. -1-1). 5.99 *(978-0-593-12208-2(9)*, Random Hse. Bks. for Young Readers) Random Hse. Children's Bks.

Hooray for Garbage Collectors! Tessa Kenan. 2017. (Bumba Books (r) — Hooray for Community Helpers! Ser.). (ENG., Illus.). 24p. (J). (gr. -1-1). 26.65 *(978-1-5124-3352-4(7)*, 8b4c1b06-6f3d-4f3f-a440-8e4e49b1bf83, Lerner Pubns.); pap. 8.99 *(978-1-5124-5552-6(0)*, c48648f1-0864-4d6d-93e7-650da47aa682) Lerner Publishing Group.

Hooray for Halloween. 2016. (Curious George Ser.). (ENG., Illus.). 24p. (J). (gr. -1-3). 9.99 *(978-0-544-69956-4(4)*, 1627726, Clarion Bks.) HarperCollins Pubs.

Hooray for Halloween Curious George. H. A. Rey. ed. 2020. (Curious George 8x8 Bks). (ENG., Illus.). 24p. (J). (gr. k-1). 15.36 *(978-1-64697-398-9(4))* Penworthy Co., LLC, The.

Hooray for Halloween, Curious George (with Stickers) 2020. (Curious George Ser.). (ENG., Illus.). 24p. (J). (gr. -1-3). pap. 5.99 *(978-0-358-21177-8(8)*, 1764301, Clarion Bks.) HarperCollins Pubs.

Hooray for Hat! Board Book. Brian Won. Illus. by Brian Won. 2016. (ENG., Illus.). 32p. (J). (— 1). bds. 7.99 *(978-0-544-78988-3(1)*, 1639277, Clarion Bks.) HarperCollins Pubs.

Hooray for Helpers! First Responders & More Heroes in Action. Mike Austin. 2020. (ENG., Illus.). 40p. (J). (gr. -1-2). 17.99 *(978-1-5247-6562-0(7))*; lib. bdg. 20.99 *(978-1-5247-6563-7(5))* Random Hse. Children's Bks. (Random Hse. Bks. for Young Readers).

Hooray for Hexagons: A Colouring Book All about Shapes. Steve Richards. Illus. by Steve Richards & Lauren Farnsworth. 2018. (ENG.). 64p. (J). (gr. 3-7). pap. 9.99 *(978-1-78055-495-2(8))* O'Mara, Michael Bks., Ltd. GBR. Dist: Independent Pubs. Group.

Hooray for Hockey Day! Jayne J. Jones Beehler. Illus. by Cory Jones. 2021. (Drop the Puck Ser.: 2). (ENG.). 64p. (J). (gr. 2-6). 12.99 *(978-1-64123-665-2(5)*, 771295) Whitaker Hse.

Hooray for Librarians! Tessa Kenan. 2017. (Bumba Books (r) — Hooray for Community Helpers! Ser.). (ENG., Illus.). 24p. (J). (gr. -1-1). pap. 8.99 *(978-1-5124-5553-3(9)*, 14a36803-53e4-4b5c-986c-89fc6e123074); lib. bdg. 26.65 *(978-1-5124-3353-1(5)*, 5e97c1ef-5821-4a14-811d-8cfc1e5e82be, Lerner Pubns.) Lerner Publishing Group.

Hooray for Little Fingers! Illus. by Tristan Mory. 2020. (ENG.). 16p. (J). (gr. -1 — 1). bds. 14.99 *(978-2-408-01612-8(6))* Editions Tourbillon FRA. Dist: Hachette Bk. Group.

Hooray for Mail Carriers! Tessa Kenan. 2017. (Bumba Books (r) — Hooray for Community Helpers! Ser.). (ENG., Illus.). 24p. (J). (gr. -1-1). pap. 8.99 *(978-1-5124-5554-0(7)*, 13c0278b-a139-4fae-b338-3f49bb61f49b); lib. bdg. 26.65 *(978-1-5124-3354-8(3)*, c478f5bd-69d7-4d91-9a6c-9367ec14c583, Lerner Pubns.) Lerner Publishing Group.

Hooray for Mom! Drawing My Favorite Moments with Mom. Cedar Fort. 2017. (ENG.). (J). 14.99 *(978-1-4621-1990-5(5))* Cedar Fort, Inc./CFI Distribution.

Hooray for Nurses! Elle Parkes. 2016. (Bumba Books (r) — Hooray for Community Helpers! Ser.). (ENG., Illus.). 24p. (J). (gr. -1-1). lib. bdg. 26.65 *(978-1-5124-1444-8(1)*, 9b046fa2-a419-4678-8522-56ab4ab4892b, Lerner Pubns.) Lerner Publishing Group.

Hooray for Pandas! Coloring Book. Kathy Voerg. 2021. (Dover Animal Coloring Bks.). (ENG.). 48p. (J). (gr. k-3). pap. 4.99 *(978-0-486-84581-4(8)*, 845818) Dover Pubns., Inc.

Hooray for Pilots! Elle Parkes. 2016. (Bumba Books (r) — Hooray for Community Helpers! Ser.). (ENG., Illus.). 24p. (J). (gr. -1-1). lib. bdg. 26.65 *(978-1-5124-1442-4(5)*, 91c078c9-bcc6-4c6c-90be-caba4e70eeef, Lerner Pubns.) Lerner Publishing Group.

Hooray for Police Officers! Elle Parkes. 2016. (Bumba Books (r) — Hooray for Community Helpers! Ser.). (ENG., Illus.). 24p. (J). (gr. -1-1). lib. bdg. 26.65 *(978-1-5124-1440-0(9)*, f537231e-806b-4175-ba65-6d109e30715b, Lerner Pubns.) Lerner Publishing Group.

Hooray for Shoppywood! Judy Katschke. 2017. (Illus.). 62p. (J). *(978-1-5182-4211-3(1))* Scholastic, Inc.

Hooray for Snow! (Peppa Pig) Courtney Carbone. Illus. by Zoe Waring. 2021. (Little Golden Book Ser.). (ENG.). 24p. (J). (-k). 5.99 *(978-0-593-38053-6(3)*, Golden Bks.) Random Hse. Children's Bks.

Hooray for Snowy Days! Susan Kantor. Illus. by Katya Longhi. 2021. (ENG.). 26p. (J). (gr. -1-k). bds., bds. 7.99 *(978-1-5344-8295-1(4)*, Little Simon) Little Simon.

Hooray for Spring! Kazuo Iwamura. 2023. (ENG., Illus.). 32p. (J). (gr. -1-1). 18.95 *(978-0-7358-4521-3(2))* North-South Bks., Inc.

Hooray for Summer! Kazuo Iwamura. 2023. (ENG., Illus.). 32p. (J). (gr. -1-2). 19.95 ***(978-0-7358-4538-1(7))*** North-South Bks., Inc.

Hooray for Sunny Days! Susan Kantor. Illus. by Katya Longhi. 2022. (ENG.). 26p. (J). (gr. -1-k). bds. 7.99 *(978-1-6659-1241-9(3)*, Little Simon) Little Simon.

Hooray for Teachers! Elle Parkes. 2016. (Bumba Books (r) — Hooray for Community Helpers! Ser.). (ENG., Illus.). 24p. (J). (gr. -1-1). 26.65 *(978-1-5124-1437-0(9)*, 28879ca3-58f1-4a8a-8886-3c30b347cd8a, Lerner Pubns.) Lerner Publishing Group.

Hooray for the USA! Activity Book. Becky J. Radtke. 2016. (Dover Little Activity Bks.). (ENG.). 64p. (J). (gr. -1-3). pap. 1.99 *(978-0-486-80780-5(0)*, 807800) Dover Pubns., Inc.

Hooray for Today! Brian Won. 2016. (ENG., Illus.). 40p. (J). (gr. -1-3). 16.99 *(978-0-544-74803-3(4)*, 1633259, Clarion Bks.) HarperCollins Pubs.

Hooray for Trucks! Susan Hughes. Illus. by Suharu Ogawa. 2022. (ENG.). 24p. (J). (gr. 2). 18.95 *(978-1-77147-467-2(X))* Owlkids Bks. Inc. CAN. Dist: Publishers Group West (PGW).

Hooray for Unicorns! Coloring Book. Kathy Voerg. 2020. (Dover Fantasy Coloring Bks.). (ENG.). 48p. (J). (gr. k). 4.99 *(978-0-486-84245-5(2)*, 842452) Dover Pubns., Inc.

Hooray for Veterinarians! Kurt Waldendorf. 2016. (Bumba Books (r) — Hooray for Community Helpers! Ser.). (ENG., Illus.). 24p. (J). (gr. -1-1). 26.65 *(978-1-5124-1438-7(7)*, 1619444c-a943-40e2-a662-6e11f3d9ad8f, Lerner Pubns.) Lerner Publishing Group.

Hooray for Water! Susan Markowitz Meredith. 2016. (Spring Forward Ser.). (J). (gr. 2). *(978-1-4900-2250-5(3))* Benchmark Education Co.

Hooray for Women! Marcia Williams. Illus. by Marcia Williams. 2019. (ENG., Illus.). 48p. (J). (gr. 3-7). 17.99 *(978-1-5362-0111-6(1))* Candlewick Pr.

Hooray for You! Marianne Richmond. 2019. (Illus.). 40p. (J). (gr. -1-2). 9.99 *(978-1-4926-7516-7(4)*, Sourcebooks Jabberwocky) Sourcebooks, Inc.

Hooray! Hooray! Today's the Last Day! Kelly Connors. Illus. by Brenda Kennedy. 2021. (ENG.). 26p. (J). pap. ***(978-1-989346-40-2(5))*** Stilwell, Dawn Elaine.

Hooray, It's Friday! Weekend Dot to Dots Books for Kids 4-6. Educando Kids. 2019. (ENG.). 42p. (J). pap. 8.55 *(978-1-64521-680-3(2)*, Educando Kids) Editorial Imagen.

Hooray! It's Potty Time. Latoya M. Smith. Illus. by Tone Rone. (ENG.). 34p. (J). 2020. pap. 12.99 *(978-1-7357565-1-6(2))*; 2nd ed. 2021. pap. 8.99 *(978-1-7357565-2-3(0))* Always Devoted LLC.

Hooray! It's Your Birthday! Brick Puffinton. Ed. by Cottage Door Press. Illus. by Clémentine Derodit. 2020. (ENG.). 12p. (J). (gr. -1 — 1). bds. 7.99 *(978-1-68052-944-9(7)*, 1005870) Cottage Door Pr.

Hooray! My Butt Left the Bench, 10. Henry Winkler et al. ed. 2019. (Here's Hank Ser.). (ENG.). 122p. (J). (gr. 2-3). 16.96 *(978-0-87617-556-9(6))* Penworthy Co., LLC, The.

Hooray! My Butt Left the Bench! #10. Henry Winkler & Lin Oliver. Illus. by Scott Garrett. 2017. (Here's Hank Ser.: 10). 128p. (J). (gr. 1-3). 6.99 *(978-1-101-99586-0(6)*, Penguin Workshop) Penguin Young Readers Group.

Hoo's in the Nest? Baby Owls Coloring Book. Jupiter Kids. 2016. (ENG., Illus.). 106p. (J). pap. 12.55 *(978-1-68326-327-2(8)*, Jupiter Kids (Childrens & Kids Fiction)) Speedy Publishing LLC.

Hoosier, 1923, Vol. 2 (Classic Reprint) Union High School. (ENG., Illus.). (J). 2019. 132p. 26.64 *(978-0-365-21371-0(3))*; 2017. pap. 9.57 *(978-0-259-99027-7(2))* Forgotten Bks.

Hoosier Book: Containing Poems in Dialect (Classic Reprint) James Whitcomb Riley. (ENG., Illus.). (J). 2018. 612p. 36.54 *(978-0-483-96827-1(7))*; 2017. 36.95 *(978-0-265-52090-1(8))*; 2017. pap. 19.57 *(978-0-243-50978-2(2))* Forgotten Bks.

Hoosier Chronicle (Classic Reprint) Meredith Nicholson. 2018. (ENG., Illus.). 636p. (J). 37.03 *(978-0-666-31158-0(7))* Forgotten Bks.

Hoosier Holiday (Classic Reprint) Theodore Dreiser. 2017. (ENG., Illus.). (J). 35.80 *(978-0-266-18077-7(9))* Forgotten Bks.

Hoosier Mosaics (Classic Reprint) Maurice Thompson. 2017. (ENG., Illus.). (J). 28.02 *(978-1-5282-6579-9(3))* Forgotten Bks.

Hoosier School-Boy. Edward Eggleston. 2017. (ENG., Illus.). (J). 22.95 *(978-1-374-98615-2(1))*; pap. 12.95 *(978-1-374-98614-5(3))* Capital Communications, Inc.

Hoosier School-Boy (Classic Reprint) Edward Eggleston. 2017. (ENG., Illus.). (J). 27.86 *(978-0-265-20901-1(3))* Forgotten Bks.

Hoosier Schoolmaster. Edward Eggleston. 2017. (ENG.). 232p. (J). pap. *(978-3-337-04346-9(1))* Creation Pubs.

Hoosier Schoolmaster: A Novel (Classic Reprint) Edward Eggleston. 2017. (ENG., Illus.). (J). 29.77 *(978-1-5280-8729-2(1))* Forgotten Bks.

Hoosier Schoolmaster: A Story of Backwoods Life in Indiana. Edward Eggleston. 2017. (ENG., Illus.). (J). 23.95 *(978-1-374-96135-7(3))*; pap. 13.95 *(978-1-374-96134-0(5))* Capital Communications, Inc.

Hoosier Volunteer (Classic Reprint) Kate Boyles. 2017. (ENG., Illus.). (J). 32.35 *(978-0-266-72242-7(3))*; pap. 16.57 *(978-1-5276-7983-2(7))* Forgotten Bks.

Hoot & Peep. Lita Judge. 2016. (Hoot & Peep Ser.). (ENG., Illus.). 40p. (J). (-k). 17.99 *(978-0-525-42837-4(2)*, Dial Bks) Penguin Young Readers Group.

Hoot: la Odisea de Los Búhos / Hoot. Carl Hiaasen. 2021. (SPA.). 304p. (J). (gr. 5-9). pap. 13.95 *(978-1-64473-293-9(9)*, Alfaguara) Penguin Random House Grupo Editorial ESP. Dist: Penguin Random Hse. LLC.

Hoot! Meow! Roar! Let's Listen to Animals Around the World! Ed. by Parragon Books. Illus. by Bao Luu. 2019. (ENG.). 10p. (J). (gr. -1-2). bds. 14.99 *(978-1-68052-682-0(0)*, 2002840, Parragon Books) Cottage Door Pr.

Hoot, Moo, Coo: The Sound of OO. Kara L. Laughlin. 2020. (Vowel Blends Ser.). (ENG.). 24p. (J). (gr. -1-2). lib. bdg. 32.79 *(978-1-5038-3537-5(5)*, 213437) Child's World, Inc, The.

Hoot Novel Units Student Packet. Novel Units. 2019. (ENG.). (J). pap. 13.99 *(978-1-58130-811-2(6)*, Novel Units, Inc.) Classroom Library Co.

Hoot Novel Units Teacher Guide. Novel Units. 2019. (ENG.). (J). pap. 12.99 *(978-1-58130-810-5(8)*, Novel Units, Inc.) Classroom Library Co.

Hoot, Owl! (1 Hardcover/1 CD) Shelby Alinsky. 2017. (National Geographic Kids Ser.). (ENG.). (J). 29.95 *(978-1-4301-2653-9(1))* Live Oak Media.

Hoot, Owl! (1 Paperback/1 CD) Shelby Alinsky. 2017. (National Geographic Kids Ser.). (ENG.). (J). pap. 19.95 *(978-1-4301-2652-2(3))* Live Oak Media.

Hoot, Owl! (4 Paperbacks/1 CD), 4 vols. Shelby Alinsky. 2017. (National Geographic Kids Ser.). (ENG.). (J). pap. 31.95 *(978-1-4301-2654-6(X))* Live Oak Media.

Hoot Owls & the Truth about Secrets. Schmidke Bros. 2020. (ENG.). 28p. (J). pap. 13.95 *(978-1-64801-126-9(8))* Newman Springs Publishing, Inc.

Hoot (Talk to the Animals) Board Book. Alison Lester. 2017. (Talk to the Animals Ser.). (Illus.). 16p. bds. 6.99 *(978-0-7333-3043-8(6))* ABC Bks. AUS. Dist: HarperCollins Pubs.

Hoot the Owl & the Vegetable Rainbow. Jon Stiansen. 2016. (ENG., Illus.). (J). pap. 12.95 *(978-0-9968393-0-3(5))* Healthoot, Inc.

Hootie the Doll Face Persian Cat. Deborah McAlister. Illus. by Kal Greasley. 2020. 36p. (J). 27.99 *(978-1-0983-1404-0(2))* BookBaby.

Hooting in a Tree: Birds of Flight Coloring Book. Smarter Activity Books for Kids. 2016. (ENG., Illus.). (J). pap. 9.22 *(978-1-68374-464-1(0))* Examined Solutions PTE. Ltd.

Hooty Pooty the Owl: A Funny Rhyming Halloween Story Picture Book for Kids & Adults about a Farting Owl, Early Reader. Humor Heals Us. 2021. (Farting Adventures Ser.: Vol. 32). (ENG.). 36p. (J). 19.99 ***(978-1-63731-532-3(5))*** Grow Grit Pr.

Hooty, the Owl, & Friends. Laura Laurent. 2020. (ENG.). 36p. (J). pap. *(978-1-5289-1540-3(2))*; pap. *(978-1-5289-1541-0(0))* Austin Macauley Pubs. Ltd.

Hoover Dam. Lori Dittmer. 2019. (Landmarks of America Ser.). (ENG.). 24p. (J). (gr. 1-4). *(978-1-64026-126-6(5)*, 18973, Creative Education); pap. 8.99 *(978-1-62832-689-5(1)*, 18974, Creative Paperbacks) Creative Co., The.

Hoover Dam. Meish Goldish. 2016. (American Places: from Vision to Reality Ser.). (ENG., Illus.). 32p. (J). (gr. 2-7). 28.50 *(978-1-944102-45-6(0))* Bearport Publishing Co., Inc.

Hooverizing Internationale: A Play in One Act (Classic Reprint) Rebecca P. Abrahamson. 2018. (ENG., Illus.). 28p. (J). 24.52 *(978-0-484-58459-3(6))* Forgotten Bks.

Hooverville. Kayla Joy. 2021. (ENG.). (YA). 256p. 21.99 *(978-1-0879-2256-0(9))*; 290p. pap. 13.99 *(978-1-0879-2243-0(7))* Indy Pub.

Hooves: A Donkey Tale. Roxanne Kaufman. 2019. (ENG., Illus.). 22p. (J). 22.95 *(978-1-64670-228-2(X))*; pap. 12.95 *(978-1-64471-338-9(1))* Covenant Bks.

Hooves or Hands? Rosie Haine. 2022. (ENG., Illus.). 32p. (J). (gr. -1-1). 16.99 *(978-1-84976-758-3(0))* Tate Publishing, Ltd. GBR. Dist: Abrams, Inc.

Hoovies. Russcus. 2019. (ENG.). 46p. (J). *(978-1-5289-0468-1(0))*; pap. *(978-1-5289-0467-4(2))* Austin Macauley Pubs. Ltd.

Hop. Jaye Garnett. Ed. by Cottage Door Press. Illus. by Kathrin Fehrl. 2019. (Peek-A-Flap Ser.). (ENG.). 12p. (J). (gr. -1-1). bds. 9.99 *(978-1-68052-779-7(7)*, 1005020) Cottage Door Pr.

Hop. Jorey Hurley. Illus. by Jorey Hurley. 2019. (Classic Board Bks.). (ENG., Illus.). 34p. (J). (gr. -1 — 1). bds. 7.99 *(978-1-5344-2988-8(3)*, Little Simon) Little Simon.

Hop. Jorey Hurley. Illus. by Jorey Hurley. 2016. (ENG., Illus.). 40p. (J). (gr. -1-2). 17.99 *(978-1-4814-3272-6(9)*, Simon & Schuster/Paula Wiseman Bks.) Simon & Schuster/Paula Wiseman Bks.

Hop Aboard! Baby's First Vehicles. Elliot Kruszynski. Illus. by Elliot Kruszynski. 2021. (ENG.). 18p. (J). (— 1). bds. 8.99 *(978-1-5362-1778-0(6))* Candlewick Pr.

Hop & Skip & Go on Your Merry Way: Mazes for Kids Age 5-7. Jupiter Kids. 2017. (ENG., Illus.). (J). pap. 9.20 *(978-1-5419-3366-8(4)*, Jupiter Kids (Childrens & Kids Fiction)) Speedy Publishing LLC.

Hop at Swimming Class. Esther van den Berg. 2022. (ENG., Illus.). 32p. (J). 18.95 *(978-1-60537-734-6(1))* Clavis Publishing.

Hop, Bunny! (1 Hardcover/1 CD) Susan B. Neuman. 2017. (National Geographic Kids Ser.). (ENG.). (J). 29.95 *(978-1-4301-2645-4(0))* Live Oak Media.

Hop, Bunny! (1 Paperback/1 CD) Susan B. Neuman. 2017. (National Geographic Kids Ser.). (ENG.). (J). pap. 19.95 *(978-1-4301-2644-7(2))* Live Oak Media.

Hop, Bunny! (4 Paperbacks/1 CD), 4 vols. Susan B. Neuman. 2017. (National Geographic Kids Ser.). (ENG.). (J). pap. 31.95 *(978-1-4301-2646-1(9))* Live Oak Media.

Hop Frog. Molly Coxe. 2018. (Bright Owl Bks.). (Illus.). 40p. (J). (gr. -1-2). pap. 6.99 *(978-1-57565-982-4(4)*, 39069031-9f08-49ff-8db6-4d6dcf3e4d5d); lib. bdg. 17.99 *(978-1-57565-981-7(6)*, 501d1e26-ef1e-4b5a-a34c-7eff8c6b62b4) Astra Publishing Hse. (Kane Press).

Hop-Heads: Personal Experiences among the Users of Dope in the San Francisco Underworld (Classic Reprint) Fred V. Williams. (ENG., Illus.). (J). 2018. 254p. 29.16 *(978-0-666-52290-0(1))*; 2017. pap. 11.57 *(978-0-259-48938-2(7))* Forgotten Bks.

Hop, Hop! Slide-And-Seek. Isabel Otter. Illus. by Sophie Ledesma. 2022. (ENG.). 12p. (J). (-k). bds. 8.99 *(978-1-6643-5007-6(1))* Tiger Tales.

Hop! Hop! Hop! Daniel Roberts. Illus. by Daniel Roberts. (ENG.). 36p. (J). 2021. pap. *(978-1-6780-5552-3(2))*; 2020. *(978-1-6780-5551-6(4))* Lulu Pr., Inc.

Hop! Hop!/¡Salto! ¡Salto! Leslie Patricelli. Illus. by Leslie Patricelli. ed. 2018. (Leslie Patricelli Board Bks.). (Illus.). 26p. (J). (— 1). bds. 7.99 *(978-0-7636-9525-5(4))* Candlewick Pr.

Hop Inside the Most Exotic Cars, Vol. 5. Norm Geddis. 2018. (World of Automobiles Ser.). (Illus.). 80p. (J). (gr. 7). lib. bdg. 33.27 *(978-1-4222-4090-8(8))* Mason Crest.

Hop into Easter: A Coloring Book for Kids with Fun & Festive Designs. David Sechovicz. 2023. (ENG.). 104p. (J). pap. ***(978-1-4478-1510-5(6))*** Lulu Pr., Inc.

Hop Little Bunnies. Martha Mumford. 2020. (Bunny Adventures Ser.). (ENG., Illus.). 24p. (J). bds. 7.99 *(978-1-5476-0569-9(3)*, 900232465); 17.99 *(978-1-5476-0268-1(6)*, 900209360) Bloomsbury Publishing USA. (Bloomsbury Children's Bks.).

Hop on Aboard the Valentine Express. Jennifer Mary Croy. 2018. (ENG., Illus.). 20p. (J). *(978-1-387-55551-2(0))* Lulu Pr., Inc.

Hop on Pop. Seuss. ed. 2019. (Dr. Seuss Beginner Bks.). (ENG.). 64p. (J). (gr. k-1). 17.49 *(978-0-87617-608-5(2))* Penworthy Co., LLC, The.

Hop on the Pirate History Boat. Liam O'Donnell. 2017. (Pirates! Ser.). (ENG., Illus.). 32p. (J). (gr. 3-5). lib. bdg. 32.65 *(978-1-4109-8703-7(5)*, 135774, Raintree) Capstone.

Hop on the Water Cycle. Nadia Higgins. Illus. by Sara Infante. 2017. (Water All Around Us Ser.). (ENG.). 24p. (J). (gr. 1-3). 33.99 *(978-1-68410-035-4(6)*, 31530) Cantata Learning.

Hop, Skip, & Jump. Renola Dower. 2020. (ENG.). 36p. (J). 23.95 *(978-1-64468-417-7(9))*; pap. 13.95 *(978-1-64468-416-0(0))* Covenant Bks.

Hop, Stop or Go! Venita Ramanna. 2021. (Adventures of Little Bunny Ser.). (ENG.). 28p. (J). *(978-1-5255-9019-1(7))*; pap. *(978-1-5255-9018-4(9))* FriesenPress.

Hop, Throw, & Play: Build Your Skills Every Day! Rebecca Sjonger. 2016. (ENG., Illus.). 24p. (J). *(978-0-7787-2349-3(6))* Crabtree Publishing Co.

Hop, Vroom, Skitter. Debi Novotny. Illus. by Jess Rose. 2023. (ENG.). 28p. (J). pap. 9.99 ***(978-1-958302-29-3(5))***; 16.99 ***(978-1-958302-27-9(9))*** Lawley Enterprises.

Hopalong Cassidy (Classic Reprint) Clarence E. Mulford. (ENG., Illus.). (J). 2017. 32.23 *(978-0-331-82566-4(X))*; 2016. pap. 16.57 *(978-1-334-14149-2(5))* Forgotten Bks.

Hopalong-Freud: And Other Modern Literary Characters (Classic Reprint) Ira Wallach. 2017. (ENG., Illus.). (J). 26.70 *(978-0-331-76128-3(9))*; pap. 9.57 *(978-0-243-27700-1(8))* Forgotten Bks.

Hope. Kealy Connor Lonning. 2020. (ENG., Illus.). 40p. (J). 18.99 *(978-1-7359945-0-5(2))* Connor Lonning, Kealy.

Hope. Brock Eastman. 2019. 509p. (J). pap. *(978-1-59638-249-7(X))* P & R Publishing.

Hope. Brenda Guins. Illus. by Stacy MacDonald. 2018. (ENG.). 20p. (J). 21.95 (978-1-64191-999-9(X)); pap. 11.95 (978-1-64114-670-8(2)) Christian Faith Publishing.

Hope. Julie Murray. (Character Education Set 2 Ser.). (ENG., Illus.). 24p. (J). 2020. (gr. k-k). pap. 8.95 (978-1-64494-276-5(3), 1644942763, Abdo Kids-Junior); 2019. (gr. -1-2). lib. bdg. 31.36 (978-1-5321-8868-8(4), 32904, Abdo Kids) ABDO Publishing Co.

Hope. Kelly Paxman. 2022. (ENG., Illus.). 30p. (J). pap. **(978-1-83875-464-8(4)**, Nightingale Books) Pegasus Elliot Mackenzie Pubs.

Hope. Peter Vik. 2016. (ENG., Illus.). (YA). (gr. 7-12). pap. 9.99 (978-0-9898304-2-3(X)) Ettelloc Publishing.

Hope! Penelope Dyan. Illus. by Dyan. l.t. ed. 2023. (ENG.). 34p. (J). pap. 12.60 **(978-1-61477-642-0(3))** Bellissima Publishing, LLC.

Hope: A Book to Help Children Build Resilience & Assist Those Recovering from and/or Living in Family Violence Situations. Illus. by Vivian Mineker. 2021. (ENG.). 42p. (J). pap. (978-1-76116-028-8(1)) UpLoad Publishing Pty, Ltd.

Hope: A Book to Help Children Build Resilience & Assist Those Recovering from and/or Living in Family Violence Situations. Jayneen Sanders. Illus. by Vivian Mineker. 2021. (ENG.). 42p. (J). (978-1-76116-029-5(X)) UpLoad Publishing Pty, Ltd.

Hope: A Story of Chequered Life (Classic Reprint) Alfred Whaley Cole. 2018. (ENG., Illus.). 294p. (J). 29.96 (978-0-484-88977-3(X)) Forgotten Bks.

Hope & Change. Queen Masby & Princess Cora. 2022. (ENG.). 24p. (J). (978-0-2288-7264-1(2)); pap. (978-0-2288-7263-4(4)) Tellwell Talent.

Hope & Fortune. Marissa Bañez. 2023. (ENG.). 46p. (J). 22.95 **(978-1-68513-117-3(4))** Black Rose Writing.

Hope & Freckles: Learning to Live in a New Land. Bill Kiley. 2023. (ENG.). 38p. (J). 19.95 **(978-1-63755-536-1(9)**, Mascot Kids) Amplify Publishing Group.

Hope & Other Punch Lines. Julie Buxbaum. 2019. (ENG.). 320p. (YA). (gr. 7). 18.99 (978-1-5247-6677-1(1), Delacorte Pr.) Random Hse. Children's Bks.

Hope & River. Emily Taravella. 2018. (ENG., Illus.). 32p. (gr. -1-7). pap. 15.00 (978-1-62288-223-6(7), P585964) Austin, Stephen F. State Univ. Pr.

Hope & Rosie Have a Baby: The Gift of Family. Iréné Celcer. Illus. by Horacio Gatto. 2018. (J). pap. (978-1-938313-22-6(4)) Graphite Pr.

Hope at the End of the Road. D. L. Grinnell. 2022. (ENG.). 338p. (YA). pap. 19.99 (978-1-6628-4098-2(5)) Salem Author Services.

Hope Benham: A Story for Girls (Classic Reprint) Nora Perry. (ENG., Illus.). (J). 2018. 350p. 31.12 (978-0-332-39735-1(1)); 2016. pap. 13.57 (978-1-334-22969-5(4)) Forgotten Bks.

Hope Campbell, or Know Thyself (Classic Reprint) Catherine Douglas Bell. 2017. (ENG., Illus.). (J). 376p. 31.67 (978-0-332-09405-2(7)); pap. 16.57 (978-0-259-45237-9(8)) Forgotten Bks.

Hope Chest (Classic Reprint) Mark Lee Luther. (ENG., Illus.). (J). 2018. 352p. 31.40 (978-0-483-32546-3(5)); 2018. 344p. 30.99 (978-0-483-98540-7(6)); 2017. pap. 13.57 (978-0-243-42165-7(6)); 2017. pap. 13.57 (978-0-243-51137-2(X)) Forgotten Bks.

Hope (Classic Reprint) R. B. Cunninghame Graham. 2018. (ENG., Illus.). 262p. (J). 29.30 (978-0-483-57322-2(1)) Forgotten Bks.

Hope Diamond, Cursed Objects, & Unexplained Artifacts, 1 vol. Joel Newsome. 2017. (Paranormal Investigations Ser.). (ENG.). 64p. (gr. 6-6). lib. bdg. 35.93 (978-1-5026-2851-0(1), f1ed9046-9529-4874-bd96-b34036956f35) Cavendish Square Publishing LLC.

Hope Everything Comes Out Okay! A Coloring Book for the John. C. J. Nye. 2022. (ENG.). 52p. (J). pap. **(978-1-387-86334-1(7))** Lulu Pr., Inc.

Hope Farm Notes (Classic Reprint) Herbert W. Collingwood. 2018. (ENG., Illus.). 244p. (J). 28.93 (978-0-483-36241-3(7)) Forgotten Bks.

Hope for Allis. Patricia Linson. 2018. (Allister of Turtle Mountain Ser.: Vol. 2). (ENG., Illus.). 224p. (J). (gr. 4-6). pap. (978-1-4866-1636-7(4)) Word Alive Pr.

Hope for Each Day: 365 Devotions for Kids, 1 vol. Billy Graham. 2017. (ENG.). 400p. (J). 16.99 (978-0-7180-8617-6(1), Tommy Nelson) Nelson, Thomas Inc.

Hope for Mae. Caitlin Collins. 2017. (ENG., Illus.). 36p. (J). pap. (978-1-387-54804-0(2)) Lulu Pr., Inc.

Hope for Ryan White. Dano Moreno. Illus. by Hannah Abbo. 2023. (ENG.). 32p. (J). (gr. -1-3). 18.99 (978-0-8075-3354-3(8), 0807533548) Whitman, Albert & Co.

Hope for the Best. Vanessa Lafleur. 2020. (Hope for the Best Ser.). 412p. (YA). (gr. 7). pap. 16.95 (978-1-945448-61-4(X), BQB Publishing) Boutique of Quality Books Publishing Co., Inc.

Hope for Today: Itty Bitty Activity Book (Pk Of 6) Created by Warner Press. 2023. (Ittybitty Activity Bks.). (ENG.). 48p. (J). pap. 15.54 **(978-1-68434-466-6(2))** Warner Pr., Inc.

Hope-Frog-Ly: Fun with Words, Valuable Lessons. Jacqui Shepherd. 2018. (Farm-Tastic Ser.). (ENG., Illus.). 42p. (J). (gr. k-6). pap. (978-1-77008-973-0(X)) Awareness Publishing.

Hope Girl. Wendy Dunham. 2016. (ENG.). 144p. (J). (gr. 2-6). pap. 8.99 (978-0-7369-6495-1(9), 6964951) Harvest Hse. Pubs.

Hope Has a Baby: The Gift of Family. Iréné Celcer. Illus. by Horacio Gatto. 2018. (J). pap. (978-1-938313-20-2(8)) Graphite Pr.

Hope Hathaway: A Story of Western Ranch Life (Classic Reprint) Frances Parker. 2018. (ENG., Illus.). 414p. (J). 32.44 (978-0-483-90326-5(4)) Forgotten Bks.

Hope in the Holler. Lisa Lewis Tyre. 2019. 240p. (J). (gr. 5). 8.99 (978-0-399-54632-7(4), Puffin Books) Penguin Young Readers Group.

Hope in the Holler. Lisa Lewis Tyre. ed. 2020. (Penworthy Picks YA Fiction Ser.). (ENG.). 212p. (J). (gr. 4-5). 20.96 (978-1-64697-195-4(7)) Penworthy Co., LLC, The.

Hope in the Mail: Reflections on Writing & Life. Wendelin Van Draanen. (ENG.). 304p. (YA). (gr. 7). 2021. pap. 9.99 (978-1-9848-9469-4(2), Ember); 2020. 17.99 (978-1-9848-9466-3(8), Knopf Bks. for Young Readers); 2020. lib. bdg. 20.99 (978-1-9848-9467-0(6), Knopf Bks. for Young Readers) Random Hse. Children's Bks.

Hope in the Valley. Mitali Perkins. 2023. (ENG.). 304p. (J). 17.99 (978-0-374-38851-5(2), 900238945, Farrar, Straus & Giroux (BYR)) Farrar, Straus & Giroux.

Hope Is a Hop. Katrina Moore. Illus. by Melissa Iwai. 2023. 40p. (J). (gr. -1-2). 18.99 (978-0-593-32385-4(8), Dial Bks) Penguin Young Readers Group.

Hope Is a Rainbow. Danielle McLean. Illus. by Vicki Gausden. 2023. (ENG.). 12p. (J). (-k). bds. 9.99 (978-1-6643-5062-5(4)) Tiger Tales.

Hope Is an Arrow: The Story of Lebanese-American Poet Khalil Gibran. Cory McCarthy. Illus. by Ekua Holmes. 2022. (ENG.). 40p. (J). (gr. 1-4). 18.99 (978-1-5362-0032-4(8)) Candlewick Pr.

Hope Is on the Way. Luis Velazquez. Illus. by Jason Velazquez. 2020. (ENG.). 22p. (J). pap. 12.99 (978-1-7359627-0-2(8)) Publify Consulting.

Hope Is Our Only Wing. Rutendo Tavengerwei. 2021. (ENG., Illus.). 216p. (YA). (gr. 9). pap. 10.99 (978-1-64129-136-1(2), Soho Teen) Soho Pr., Inc.

Hope Leslie, or Early Times in the Massachusetts, Vol. 1 of 2 (Classic Reprint) Catharine Maria Sedgwick. (ENG., Illus.). (J). 2017. 34.83 (978-0-260-19714-6(9)); 2017. 29.36 (978-0-331-86978-1(0)); 2017. pap. 11.97 (978-0-259-19563-4(4)); 2016. pap. 19.57 (978-1-333-54708-0(0)) Forgotten Bks.

Hope Leslie, or Early Times in the Massachusetts, Vol. 2 of 2 (Classic Reprint) Catharine Maria Sedgwick. (ENG., Illus.). (J). 2017. 29.63 (978-0-266-39575-1(9)); 2016. pap. 13.57 (978-1-334-15799-8(5)) Forgotten Bks.

Hope Leslie, or, Early Times in the Massachusetts, Vol. I. Catharine Maria Sedgwick. 2017. (ENG., Illus.). (J). pap. (978-0-649-60677-1(9)) Trieste Publishing Pty Ltd.

Hope Loring (Classic Reprint) Lilian Bell. (ENG., Illus.). (J). 2018. 360p. 31.32 (978-0-484-20205-3(7)); 2016. pap. 13.97 (978-1-333-48236-7(1)) Forgotten Bks.

Hope Made Certain. Miranda Mitchell. 2021. (ENG.). 178p. (YA). pap. 16.95 (978-1-63844-193-9(6)) Christian Faith Publishing.

Hope Meredith, Vol. 1 of 3 (Classic Reprint) Eliza Tabor. 2018. (ENG., Illus.). (J). 318p. 30.46 (978-0-366-51121-1(1)); 320p. pap. 13.57 (978-0-365-83053-5(4)) Forgotten Bks.

Hope Meredith, Vol. 2 of 3 (Classic Reprint) Eliza Tabor. (ENG., Illus.). (J). 2018. 320p. 30.52 (978-0-483-24017-9(6)); 2017. pap. 13.57 (978-1-333-34812-0(6)) Forgotten Bks.

Hope Meredith, Vol. 3 of 3 (Classic Reprint) Eliza Tabor. (ENG., Illus.). (J). 2018. 328p. 30.66 (978-0-483-99417-1(0)); 2017. pap. 13.57 (978-0-243-45455-6(4)) Forgotten Bks.

Hope Mills: Or Between Friend & Sweetheart (Classic Reprint) Amanda Minnie Douglas. 2018. (ENG., Illus.). 388p. (J). 31.90 (978-0-332-20395-9(6)) Forgotten Bks.

Hope Nation: YA Authors Share Personal Moments of Inspiration. Angie Thomas et al. Ed. by Rose Brock. 2019. 288p. (YA). (gr. 7). pap. 10.99 (978-1-5247-4185-3(X), Penguin Books) Penguin Young Readers Group.

Hope of the House (Classic Reprint) Agnes Castle. 2018. (ENG., Illus.). 388p. (J). 31.90 (978-0-484-50483-6(5)) Forgotten Bks.

Hope on or the House That Jack Built (Classic Reprint) Unknown Author. 2018. (ENG., Illus.). 150p. (J). 26.99 (978-0-484-45600-5(8)) Forgotten Bks.

Hope Packs for a Trip: A Book about Sorting. Charly Haley. 2018. (My Day Readers Ser.). (ENG.). 24p. (J). (gr. -1-2). lib. bdg. 32.79 (978-1-5038-2488-1(8), 212356) Child's World, Inc, The.

Hope Raisers: How a Group of Young Kenyans Fought to Transform Their Slum & Inspire a Community. Nihar Suthar. 2022. (Illus.). 184p. (J). (gr. 8-17). 28.00 (978-1-5381-6873-8(1)) Rowman & Littlefield Publishers, Inc.

Hope Rises. Ryan Souter. Illus. by Je Corbett. 2022. (ENG.). 366p. (YA). (978-1-0391-1974-1(3)); pap. (978-1-0391-1973-4(5)) FriesenPress.

Hope Springs. Jaime Berry. 2022. (ENG.). 352p. (J). (gr. 3-7). pap. 7.99 (978-0-316-54059-9(5)) Little, Brown Bks. for Young Readers.

Hope Star. Eric Brutnall. 2020. (ENG.). 28p. (J). pap. (978-1-78878-768-0(4)) Austin Macauley Pubs. Ltd.

Hope, the Hermit: A Novel (Classic Reprint) Edna Lyall. 2017. (ENG., Illus.). (J). 33.05 (978-1-5284-5155-0(4)) Forgotten Bks.

Hope the Pink Balloon! Missé M. Kendall. 2022. (ENG., Illus.). 32p. (J). 29.95 **(978-1-68517-855-0(3))**; pap. 17.95 **(978-1-0980-9420-1(4))** Christian Faith Publishing.

Hope the Rainbow Fairy. Rosie Greening. Illus. by Lara Ede. 2020. (ENG.). 32p. (J). (— 1). pap. 4.99 (978-1-80058-040-4(1)); pap. 4.99 (978-1-80058-002-2(9)) Make Believe Ideas GBR. Dist: Scholastic, Inc.

Hope the Rainbow Fairy. Holly Lansley. 2020. (ENG.). 32p. (J). pap. 6.99 (978-1-80058-000-8(2)) Make Believe Ideas GBR. Dist: Scholastic, Inc.

Hope Trueblood (Classic Reprint) Patience Worth. 2017. (ENG., Illus.). (J). 31.78 (978-1-5280-7132-1(8)) Forgotten Bks.

Hope Wins: A Collection of Inspiring Stories for Young Readers. Tom Angleberger et al. Ed. by Rose Brock. 208p. (J). (gr. 3-7). 2023. 11.99 **(978-0-593-46395-6(1))**; 2022. 17.99 (978-0-593-46393-2(5)) Penguin Young Readers Group. (Philomel Bks.).

Hopeful Heart. Edwidge B. Roumer. 2020. (ENG.). 48p. (J). 25.95 (978-1-64584-055-8(7)); pap. 15.95 (978-1-64584-053-4(0)) Page Publishing Inc.

Hopeful Heart: Louisa May Alcott Before Little Women. Deborah Noyes. 2020. (Illus.). 304p. (J). (gr. 3-7). 18.99 (978-0-525-64623-5(X), Schwartz & Wade Bks.) Random Hse. Children's Bks.

Hopeful Henry: Linda Mason's. Linda C. Mason. Ed. by Nona Mason. Illus. by Jessica Mulles. 2017. (Spirit of Truth Storybook Ser.: Vol. 8). (ENG.). 40p. (J). pap. 9.75 (978-1-5356-0886-2(2)) Lulu Pr., Inc.

Hopeful Hippo. Sandra Wilson. 2019. (Emotional Animal Alphabet Ser.: Vol. 8). (ENG.). 48p. (J). pap. (978-1-988215-63-1(3)) words ... along the path.

Hopeful Ninja: A Children's Book about Cultivating Hope in Our Everyday Lives. Mary Nhin. Illus. by Jelena Stupar. 2020. (Ninja Life Hacks Ser.: Vol. 32). (ENG.). 40p. (J). 18.99 (978-1-953399-37-3(1)) Grow Grit Pr.

Hopeful Prince. Page Jackson & Laura Peisner. Illus. by Laura Peisner. 2017. (Illus.). (J). (gr. k-3). pap. 9.95 (978-0-9969878-1-3(9)) Nearaway Far Pubns.

Hopefully the Scarecrow. Michelle Houts. Illus. by Sara Palacios. 2023. 40p. (J). (gr. -1-3). 18.99 **(978-0-593-20690-4(8))** Flamingo Bks.

Hopefully You'll Get to See. T. R. Elkins. Illus. by Nadiia Kolpak. 2019. (ENG.). 30p. (J). pap. 9.99 (978-0-692-09913-1(1)) Hopefully You'll Get to See.

HopeGrows Elementary. Tammy Allen. 2021. (ENG.). 36p. (J). pap. 14.95 (978-1-63630-785-5(X)) Covenant Bks.

Hopeless. Danyka Burrill. 2022. (ENG.). 322p. (YA). pap. 12.99 **(978-1-0878-8538-4(8))** Indy Pub.

Hopeless Case (Classic Reprint) Edgar Fawcett. (ENG., Illus.). (J). 2018. 282p. 29.73 (978-0-483-93204-3(3)); 2016. pap. 13.57 (978-1-334-31641-8(4)) Forgotten Bks.

Hopeless Heroes: Apollo's Mystic Message. Stella Tarakson. Illus. by Nick Roberts. ed. 2019. (Hopeless Heroes Ser.: 5). (ENG.). 208p. (J). (gr. 2-6). 6.99 (978-1-78226-554-2(6), 7f3ed788-f0a4-4a87-a9e4-e7c0954a7a99) Sweet Cherry Publishing GBR. Dist: Baker & Taylor Publisher Services (BTPS).

Hopeless Heroes: Arachne's Golden Gloves. Stella Tarakson. Illus. by Nick Roberts. ed. 2019. (Hopeless Heroes Ser.: 3). (ENG.). 208p. (J). (gr. 2-6). 6.99 (978-1-78226-552-8(X), f21d41fe-f102-439e-b693-eff6904f5598) Sweet Cherry Publishing GBR. Dist: Baker & Taylor Publisher Services (BTPS).

Hopeless Heroes: Circe's Beastly Feast. Stella Tarakson. Illus. by Nick Roberts. ed. 2020. (Hopeless Heroes Ser.: 7). (ENG.). 208p. (J). 6.99 (978-1-78226-641-9(0), b841f32e-16b0-44bf-8d89-0394b5a4d76b) Sweet Cherry Publishing GBR. Dist: Baker & Taylor Publisher Services (BTPS).

Hopeless Heroes: Hades' Pet Hellhound. Stella Tarakson. Illus. by Nick Roberts. 2020. (Hopeless Heroes Ser.: 9). (ENG.). 208p. (J). 6.99 (978-1-78226-643-3(7), 30bdede2-3ed6-43e7-92ca-12dbff5520f0) Sweet Cherry Publishing GBR. Dist: Baker & Taylor Publisher Services (BTPS).

Hopeless Heroes: Hera's Horrible Trap. Stella Tarakson. Illus. by Nick Roberts. ed. 2019. (Hopeless Heroes Ser.). (ENG.). 208p. (J). (gr. 2-6). 6.99 (978-1-78226-551-1(1), b69b7906-97a7-4b43-8177-f4bc58d17af4) Sweet Cherry Publishing GBR. Dist: Baker & Taylor Publisher Services (BTPS).

Hopeless Heroes: Here Comes Hercules! Stella Tarakson. Illus. by Nick Roberts. ed. 2019. (Hopeless Heroes Ser.: 1). (ENG.). 208p. (J). (gr. 2-6). 6.99 (978-1-78226-550-4(3), ae76115a-99c6-4c64-a52f-e0e66055cfe1) Sweet Cherry Publishing GBR. Dist: Baker & Taylor Publisher Services (BTPS).

Hopeless Heroes: Jason's Wild Winds! Stella Tarakson. Illus. by Nick Roberts. ed. 2020. (Hopeless Heroes Ser.: 6). (ENG.). 208p. (J). pap. 6.99 (978-1-78226-640-2(2), 3eb4fe7a-1d7f-4e04-be5b-029123562bff) Sweet Cherry Publishing GBR. Dist: Baker & Taylor Publisher Services (BTPS).

Hopeless Heroes: Odysseus' Trojan Trick. Stella Tarakson. Illus. by Nick Roberts. ed. 2020. (Hopeless Heroes Ser.: 8). (ENG.). 208p. (J). 6.99 (978-1-78226-642-6(9), 0bc95e33-caf3-437b-a857-fe153edfca8a) Sweet Cherry Publishing GBR. Dist: Baker & Taylor Publisher Services (BTPS).

Hopeless Heroes: Problems with Pythagoras. Stella Tarakson. Illus. by Nick Roberts. ed. 2019. (Hopeless Heroes Ser.: 4). (ENG.). 208p. (J). (gr. 2-6). 6.99 (978-1-78226-553-5(8), 2c2a0c94-1676-482d-9053-95b8a8956463) Sweet Cherry Publishing GBR. Dist: Baker & Taylor Publisher Services (BTPS).

Hopeless Heroes: Time's up, Tim! Stella Tarakson. Illus. by Nick Roberts. 2020. (Hopeless Heroes Ser.: 10). (ENG.). 208p. (J). 6.99 (978-1-78226-644-0(5), c2f22170-59fb-4a7a-a9b5-65f33084b510) Sweet Cherry Publishing GBR. Dist: Baker & Taylor Publisher Services (BTPS).

Hopeless in Hope. Wanda John-Kehewin. 2023. (ENG.). 216p. (YA). (gr. 8-12). pap. **(978-1-77492-083-1(2)**, HighWater Pr.) Portage & Main Pr.

Hopeless Romantic. Hritik Goyal. 2021. (ENG.). 246p. (YA). pap. 12.99 (978-1-68487-996-0(5)) Notion Pr., Inc.

Hopepunk. Preston Norton. 2022. (ENG., Illus.). 416p. (YA). (gr. 9-17). 17.99 (978-1-368-05785-1(3), Jimmy Patterson) Little Brown & Co.

Hopes & Fears: Or Scenes from the Life of a Spinster (Classic Reprint) Charlotte M. Yonge. 2018. (ENG., Illus.). 668p. (J). 37.67 (978-0-267-46942-0(X)) Forgotten Bks.

Hopes & Fears, Vol. 1 Of 2: Or, Scenes from the Life of a Spinster (Classic Reprint) Charlotte Mary Yonge. 2018. (ENG., Illus.). 472p. (J). 33.63 (978-0-483-44610-6(6)) Forgotten Bks.

Hopes & Fears, Vol. 2 Of 2: Or, Scenes from the Life of a Spinster (Classic Reprint) Charlotte Mary Yonge. 2018. (ENG., Illus.). 420p. (J). 32.58 (978-0-483-91459-9(2)) Forgotten Bks.

Hope's Garden Song. Johanna Cannelongo. Illus. by Sara Jo Floyd. 2023. (ENG.). 42p. (J). 19.99 **(978-1-6629-1892-6(5))** Gatekeeper Pr.

Hope's Melody. Jeanna Kunce. Illus. by Craig Kunce. 2016. (ENG.). (J). (gr. k-3). pap. 14.00 (978-1-944734-08-4(2)) Windhill Bks. LLC.

Hope's Messenger (Classic Reprint) Gabrielle E. Jackson. (ENG., Illus.). (J). 2018. 324p. 30.58 (978-0-483-01229-5(7)); 2016. pap. 13.57 (978-1-333-48033-2(4)) Forgotten Bks.

Hope's Path to Glory: The Story of a Family's Journey on the Overland Trail. Jerdine Nolen. 2023. (ENG., Illus.). 240p. (J). (gr. 3-7). 17.99 (978-1-6659-2471-9(3), Simon & Schuster/Paula Wiseman Bks.) Simon & Schuster/Paula Wiseman Bks.

Hope's Reign. S. A. Fenech. 2020. (Memory's Wake Ser.: Vol. 2). (ENG.). 358p. (YA). (gr. 7-12). (978-0-6487080-7-0(1)) Fairies & Fantasy Pty. Ltd.

Hope's Story: A Tale of Coronavirus. Terri Edwards et al. 2020. (ENG.). 32p. (J). pap. 14.95 (978-1-716-76805-7(5)) Lulu Pr., Inc.

Hophop's Alphabet Tree. Erika M. Szabo. 2021. (ENG.). 40p. (J). pap. 15.95 **(978-1-0879-9812-1(3))** Indy Pub.

Hopi. Valerie Bodden. (First Peoples Ser.). (ENG.). (J). 2020. 24p. (gr. 1-3). bds. 10.99 (978-1-62832-788-5(X), 18202, Creative Paperbacks); 2018. 48p. (gr. 4-7). (978-1-60818-965-6(1), 19901, Creative Education) Creative Co., The.

Hopi. Liz Sonneborn. 2023. (Native American Nations Ser.). (ENG., Illus.). (J). (gr. 3-8). lib. bdg. 27.95 Bellwether Media.

Hopi. Jim Whiting. 2020. (First Peoples Ser.). (ENG., Illus.). 24p. (J). (gr. 1-4). (978-1-64026-225-6(3), 18201, Creative Education) Creative Co., The.

Hopi the Cliff-Dweller (Classic Reprint) Martha Jewett. 2017. (ENG., Illus.). (J). 25.51 (978-0-265-83596-8(8)) Forgotten Bks.

Hoping for a Home after el Salvador, 1 vol. Linda Barghoorn. 2019. (Leaving My Homeland: after the Journey Ser.). (ENG., Illus.). 32p. (J). (gr. 4-4). pap. (978-0-7787-6500-4(8), f4ef5ce5-8ce9-401b-ba1d-444328dcf4a7); lib. bdg. (978-0-7787-6494-6(X), b5f2cc13-5c31-4395-8305-396c5ce0459d) Crabtree Publishing Co.

Hoping for a Home after Myanmar. Ellen Rodger. 2018. (Leaving My Homeland: after the Journey Ser.). (Illus.). 32p. (J). (gr. 4-4). (978-0-7787-4974-5(6)) Crabtree Publishing Co.

Hoping for a Home after Nigeria, 1 vol. Heather C. Hudak. 2019. (Leaving My Homeland: after the Journey Ser.). (ENG., Illus.). 32p. (J). (gr. 4-4). pap. (978-0-7787-6502-8(4), 289deecd-ae47-424d-961e-d0d40467ced1); lib. bdg. (978-0-7787-6496-0(6), 2e7d411b-dda2-4747-b81d-b0dc7b0b6833) Crabtree Publishing Co.

Hôpitaux et les Asiles Psychiatriques Hantés (Haunted Hospitals & Asylums) Thomas Kingsley Troupe. Tr. by Annie Evearts. 2021. (Lieux Hantés! (the Haunted!) Ser.). (FRE.). (J). (gr. 3-9). pap. **(978-1-0396-0370-7(X)**, 13074, Crabtree Branches) Crabtree Publishing Co.

Hopkin's Pond & Other Sketches. Robert T. Morris. 2017. (ENG.). 240p. (J). pap. (978-3-337-09563-5(1)) Creation Pubs.

Hopkins's Pond & Other Sketches. Robert T. Morris. 2017. (ENG., Illus.). (J). pap. (978-0-649-60685-6(X)); pap. (978-0-649-60684-9(1)) Trieste Publishing Pty Ltd.

Hopkins's Pond & Other Sketches (Classic Reprint) Robert T. Morris. 2018. (ENG., Illus.). 242p. (J). 28.91 (978-0-365-15098-5(3)) Forgotten Bks.

Hopper Needs Clean Water. Luisette Kraal. 2022. (ENG.). 48p. (J). 15.99 (978-1-0880-3474-3(8)) Kraal, Luisette.

Hoppers. J. S. Frankel. 2022. (ENG.). 224p. (J). pap. (978-1-4874-3312-3(3)) eXtasy Bks.

Hoppers & the Poppers. Lena Dodley. 2019. (ENG.). 46p. (J). pap. (978-1-5289-3921-8(2)) Austin Macauley Pubs. Ltd.

Hopper's Destiny. Lisa Fiedler. Illus. by Vivienne To. 2016. (Mouseheart Ser.: 2). (ENG.). 368p. (J). (gr. 3-7). pap. 8.99 (978-1-4814-2090-7(9), McElderry, Margaret K. Bks.) McElderry, Margaret K. Bks.

Hoppily Ever After. Punky Kaye. 2021. (ENG., Illus.). 26p. (J). pap. 13.95 (978-1-6624-3823-3(0)) Page Publishing Inc.

Hopping Frog & the Flipping Waterlily. Molly Sevaru. Illus. by Summer Manzano. 2018. (ENG.). 18p. (J). pap. (978-9980-89-988-0(3)) Library For All Limited.

Hoppity! Cheep! Quack! Easter. John Townsend. Illus. by Amanda Enright. ed. 2020. (Booktacular Ser.). (ENG.). 30p. (J). (— 1). 9.95 (978-1-912904-96-9(9), Scribblers) Book Hse. GBR. Dist: Sterling Publishing Co., Inc.

Hoppy Easter, Blue! (Blue's Clues & You) Random House. Illus. by Steph Lew. 2021. (ENG.). 22p. (J). (— 1). bds. 7.99 (978-0-593-30224-8(9), Random Hse. Bks. for Young Readers) Random Hse. Children's Bks.

Hoppy Easter Bunny. The Sports Player. 2023. (ENG.). 60p. (J). pap. **(978-1-387-24000-5(5))** Lulu Pr., Inc.

Hoppy Floppy's Carrot Hunt. Educational Insights. Illus. by Lucia Gaggiotti. 2020. (ENG.). 12p. (J). (— 1). bds. 9.99 (978-1-5362-1231-0(8), Candlewick Entertainment) Candlewick Pr.

Hoppy Go Lucky. Jess Keating. ed. 2021. (Bunbun & BonBon Ser.). (ENG., Illus.). 61p. (J). (gr. 2-3). 17.96 (978-1-64697-651-5(7)) Penworthy Co., LLC, The.

Hoppy Go Lucky: a Graphix Chapters Book (Bunbun & Bonbon #2) Jess Keating. Illus. by Jess Keating. 2021. (Bunbun & Bonbon Ser.: 2). (ENG., Illus.). 64p. (J). (gr. 1-3). 22.99 (978-1-338-64686-3(9)); pap. 7.99 (978-1-338-64685-6(0)) Scholastic, Inc. (Graphix).

Hop's Case of Being Different. Noah Bella Michaelis. Illus. by Angie Savoy. 2018. (Adventure on. Explore More. Discover You Ser.: 1). (ENG.). 36p. (J). pap. 11.99 (978-1-7325254-0-5(4)) Live Like Noah Foundation.

Hopscotch. Marie Louise Gay. 2023. (Illus.). 40p. (J). (gr. -1-1). 19.99 **(978-1-77306-843-5(1))** Groundwood Bks. CAN. Dist: Publishers Group West (PGW).

¡Hora de Baloncesto! (Basketball Time!) Brendan Flynn. 2017. (Bumba Books (r) en Español — ¡Hora de Deportes! (Sports Time!) Ser.). (SPA., Illus.). 24p. (J). (gr. -1-1). 26.65 (978-1-5124-2871-1(X), a4d440a7-a421-4379-ac95-29a8f3338d6e); E-Book 39.99 (978-1-5124-2982-4(1)); E-Book 39.99 (978-1-5124-3518-4(X), 9781512435184); E-Book 4.99 (978-1-5124-3519-1(8), 9781512435191) Lerner Publishing Group. (Ediciones Lerner).

¡Hora de Béisbol! (Baseball Time!) Brendan Flynn. 2017. (Bumba Books (r) en Español — ¡Hora de Deportes!

(Sports Time!) Ser.). (SPA., Illus.). 24p. (J). (gr. -1-1). 26.65 (978-1-5124-2870-4(1), 730c9fc8-985f-4c7b-a522-fa9e325c4f21); E-Book 39.99 (978-1-5124-3521-4(X), 9781512435214); E-Book 39.99 (978-1-5124-2980-0(5)); E-Book 4.99 (978-1-5124-3522-1(8), 9781512435221) Lerner Publishing Group. (Ediciones Lerner).

¡Hora de Comer, Conejito! (Time to Eat, Bunny!) Brenda Ponnay. Illus. by Brenda Ponnay. 2017. (Xist Kids Spanish Bks.). (SPA., Illus.). 32p. (J). (gr. -1-1). pap. 9.99 (978-1-5324-0367-5(4)) Xist Publishing.

Hora de Dormir, Batman. Michael Dahl. Illus. by Ethen Beavers. 2023. (Superhéroes de DC Ser.). (SPA.). 32p. 17.99 (978-1-68446-668-9(7), 248063, Capstone Editions) Capstone.

¡Hora de Dormir, Conejito! Brenda Ponnay. Illus. by Brenda Ponnay. 2018. (Xist Kids Spanish Bks.). (SPA., Illus.). 32p. (J). (gr. -1-3). pap. 9.99 (978-1-5324-0695-9(9)) Xist Publishing.

¡Hora de Fútbol Americano! (Football Time!) Brendan Flynn. 2017. (Bumba Books (r) en Español — ¡Hora de Deportes! (Sports Time!) Ser.). (SPA., Illus.). 24p. (J). (gr. -1-1). 26.65 (978-1-5124-2872-8(8), 229b555a-2b96-48dc-b835-10c0b185d0dd); E-Book 39.99 (978-1-5124-2984-8(8)); E-Book 39.99 (978-1-5124-3524-5(4), 9781512435245); E-Book 4.99 (978-1-5124-3525-2(2), 9781512435252) Lerner Publishing Group. (Ediciones Lerner).

¡Hora de Fútbol! (Soccer Time!) Brendan Flynn. ed. 2017. (Bumba Books (r) en Español — ¡Hora de Deportes! (Sports Time!) Ser.). (SPA., Illus.). 24p. (J). (gr. -1-1). E-Book 39.99 (978-1-5124-3527-6(9), 9781512435276); E-Book 4.99 (978-1-5124-3528-3(7), 9781512435283); E-Book 39.99 (978-1-5124-2988-6(0)) Lerner Publishing Group. (Ediciones Lerner).

¡Hora de Gimnasia! (Gymnastics Time!) Brendan Flynn. 2017. (Bumba Books (r) en Español — ¡Hora de Deportes! (Sports Time!) Ser.). (SPA., Illus.). 24p. (J). (gr. -1-1). 26.65 (978-1-5124-2873-5(6), 76d18383-be3d-4e3f-b1bf-72bf25080448); E-Book 4.99 (978-1-5124-3531-3(7), 9781512435313); E-Book 39.99 (978-1-5124-2986-2(4)); E-Book 39.99 (978-1-5124-3530-6(9), 9781512435306) Lerner Publishing Group. (Ediciones Lerner).

Hora de la Verdad: Defensas Animales. Jennifer L. Kroll. 2019. (SPA.). (J). pap. (978-1-4938-9052-1(2)) Teacher Created Materials, Inc.

Hora de la Verdad: Grupos de Animales. Heather E. Schwartz. rev. ed. 2018. (TIME for KIDS(r): Informational Text Ser.). (SPA., Illus.). 16p. (J). (gr. 1-2). 8.99 (978-1-4258-2691-8(1)) Teacher Created Materials, Inc.

Hora de Levantarse. Katrina Streza & Ariana Vargas. Illus. by Brenda Ponnay. 2023. (Little Lectores Ser.: Vol. 18). (SPA.). 22p. (J). 24.99 **(978-1-5324-3482-2(0))**; pap. 12.99 **(978-1-5324-3290-3(9))** Xist Publishing.

Hora de Mikellino. Nuestra Primera Noche. El Trollino El Trollino. 2023. (SPA.). 208p. (J). pap. 16.95 **(978-607-07-9254-0(8))** Editorial Planeta, S. A. ESP. Dist: Two Rivers Distribution.

¡Hora de Natación! (Swimming Time!) Brendan Flynn. 2017. (Bumba Books (r) en Español — ¡Hora de Deportes! (Sports Time!) Ser.). (SPA., Illus.). 24p. (J). (gr. -1-1). 26.65 (978-1-5124-2875-9(2), f981954c-3b92-4d45-bbcb-bb5b80883de4); E-Book 4.99 (978-1-5124-3534-4(1), 9781512435344); E-Book 39.99 (978-1-5124-2990-9(2)); E-Book 39.99 (978-1-5124-3533-7(3), 9781512435337) Lerner Publishing Group. (Ediciones Lerner).

Hora de Pijamas, Lambie. Carrie Turley. Tr. by Jaden Turley. Illus. by Summer Parico. 2022. (SPA.). 36p. (J). pap. 10.99 (978-1-958302-00-2(7)) Lawley Enterprises.

Hora de Soñar. Timothy Knapman. 2017. (SPA.). 40p. (J). (gr. k-1). 21.99 (978-84-945735-4-5(3)) Ekaré.

¡Hora Del Fútbol! (Soccer Time! Spanish Edition) Terry Pierce. 2021. (LEYENDO a PASOS (Step into Reading) Ser.). Orig. Title: Soccer Time. (Illus.). 32p. (J). (gr. -1-1). pap. 5.99 (978-0-593-17776-1(2)); (SPA., lib. bdg. 14.99 (978-0-593-37294-4(8)) Random Hse. Children's Bks. (Random Hse. Bks. for Young Readers).

Horace. Roberta Butler. Illus. by Patrick Hankley. 2019. (ENG.). 24p. (J). 24.95 (978-1-0980-1957-0(1)) Christian Faith Publishing.

Horace & Boris. Ryan P. Groening. Illus. by Andrea Gibson. 2022. (ENG.). 44p. (J). **(978-1-0391-6541-0(9))**; pap. **(978-1-0391-6540-3(0))** FriesenPress.

Horace & Bunwinkle. P. J. Gardner. Illus. by David Mottram. (Horace & Bunwinkle Ser.: 1). (ENG.). (J). (gr. 3-7). 2021. 224p. pap. 7.99 (978-0-06-294655-3(2)); 2020. 208p. 16.99 (978-0-06-294654-6(4)) HarperCollins Pubs. (Balzer & Bray).

Horace & Bunwinkle, 1. P. J. Gardner. ed. 2023. (Horace & Bunwinkle Ser.). (ENG.). 198p. (J). (gr. 3-7). 20.96 **(978-1-68505-789-3(6))** Penworthy Co., LLC, The.

Horace & Bunwinkle: the Case of the Fishy Faire, Book 3. P. J. Gardner. Illus. by David Mottram. 2022. (Horace & Bunwinkle Ser.: 3). (ENG.). 192p. (J). (gr. 3-7). 16.99 (978-0-06-294660-7(9), Balzer & Bray) HarperCollins Pubs.

Horace & Bunwinkle: the Case of the Rascally Raccoon. P. J. Gardner. Illus. by David Mottram. (Horace & Bunwinkle Ser.: 2). (ENG.). (J). (gr. 3-7). 2022. 224p. pap. 7.99 (978-0-06-294658-4(7)); 2021. 208p. 16.99 (978-0-06-294657-7(9)) HarperCollins Pubs. (Balzer & Bray).

Horace & Giselle. J. L. Novinsky. Illus. by Denis Proulx. 2018. (ENG.). 52p. (J). pap. 15.95 (978-1-64416-867-7(7)) Christian Faith Publishing.

Horace Blake (Classic Reprint) Wilfrid Ward. 2018. (ENG., Illus.). 442p. (J). 33.01 (978-0-483-26856-2(9)) Forgotten Bks.

Horace Chase. Constance Fenimore Woolson. 2016. (ENG., Illus.). (J). pap. (978-3-7433-3438-0(0)) Creation Pubs.

Horace Chase: A Novel (Classic Reprint) Constance Fenimore Woolson. 2017. (ENG., Illus.). 432p. (J). 32.81 (978-0-260-16359-2(7)) Forgotten Bks.

Horace Fox in the City. Jacqui Hazell. 2020. (Horace Fox Ser.: Vol. 1). (ENG.). 176p. (J). pap. (978-0-9957268-4-0(1)) Nowness Bks.

Horace Grantham, or the Neglected Son, Vol. 1 of 3 (Classic Reprint) Charles Horrocks. (ENG., Illus.). (J). 2018. 330p. 30.72 (978-0-332-80367-8(8)); 2016. pap. 13.57 (978-1-334-13471-5(5)) Forgotten Bks.

Horace Grantham, or the Neglected Son, Vol. 3 of 3 (Classic Reprint) Charles Horrocks. (ENG., Illus.). (J). 2018. 346p. 31.05 (978-0-267-33308-0(0)); 2016. pap. 13.57 (978-1-333-24260-2(3)) Forgotten Bks.

Horace Grantham, Vol. 2 Of 3: Or, the Neglected Son (Classic Reprint) Charles Horrocks. 2018. (ENG., Illus.). 316p. (J). 30.43 (978-0-483-90883-3(5)) Forgotten Bks.

Horace Mann Readers: First Reader. Walter L. Hervey. 2017. (ENG., Illus.). (J). pap. (978-0-649-46160-8(6)) Trieste Publishing Pty Ltd.

Horace Mann Readers: Introductory Second Reader (Classic Reprint) Walter L. Hervey. 2017. (ENG., Illus.). (J). 210p. 28.25 (978-0-484-07794-1(5)); pap. 10.97 (978-0-259-52569-1(3)) Forgotten Bks.

Horace Mann Readers: Introductory Third Reader (Classic Reprint) Walter Lowrie Hervey. (ENG., Illus.). (J). 2018. 292p. 29.92 (978-0-428-23589-5(1)); 2017. pap. 13.57 (978-0-243-23058-7(3)) Forgotten Bks.

Horace Mann Readers: Practice Primer (Classic Reprint) Walter L. Hervey. (ENG., Illus.). (J). 2017. 140p. 26.78 (978-0-484-90666-1(6)); 2016. pap. 9.57 (978-1-333-76797-6(8)) Forgotten Bks.

Horace Mann Readers; Practice Primer. Melvin Hix. 2017. (ENG., Illus.). (J). pap. (978-0-649-51722-0(9)) Trieste Publishing Pty Ltd.

Horace Pippin: Painter & Decorated Soldier, 1 vol. Charlotte Etinde-Crompton & Samuel Willard Crompton. 2019. (Celebrating Black Artists Ser.). (ENG.). 104p. (gr. 7-7). 38.93 (978-1-9785-0360-1(1), f4497f18-7ea9-485e-9743-077c011da8ee) Enslow Publishing, LLC.

Horace: Secret of Scarab Beetle. William Meyer. 2016. (Horace J. Edwards & the Time Keepers Ser.). (ENG., Illus.). 230p. (J). (gr. 4-6). pap. 9.99 (978-1-58536-939-3(X), 204089); 16.99 (978-1-58536-938-6(1), 204031) Sleeping Bear Pr.

Horace Selwyn: Or the Boy That Would Be His Own Master (Classic Reprint) Unknown Author. 2018. (ENG., Illus.). 28p. (J). 24.47 (978-0-484-48192-2(4)) Forgotten Bks.

Horace the Fribox. Jayne Bull. 2018. (ENG., Illus.). 32p. (J). (gr. k-6). 17.99 (978-1-78955-319-2(9)); pap. 11.99 (978-1-78955-318-5(0)) New Generation Publishing GBR. Dist: Independent Pubs. Group.

Horace the Impatient Rain-Drop. Terry Parsons. 2016. (ENG., Illus.). 34p. (J). pap. (978-1-326-86408-8(4)) Lulu Pr., Inc.

Horace the Mole & Friends. Philip E. Prescott, III. 2022. (ENG., Illus.). 180p. (J). pap. 24.95 (978-1-63874-975-2(2)) Christian Faith Publishing.

Horace the Seal. A. L. S. Scott. 2016. (ENG., Illus.). (J). pap. 27.99 (978-1-4834-5281-4(6)) Lulu Pr., Inc.

Horace Vernon, or Life in the West, Vol. 1 of 3 (Classic Reprint) Horace Vernon. 2019. (ENG., Illus.). 322p. (J). 30.56 (978-0-483-98688-6(7)) Forgotten Bks.

Horace Vernon, Vol. 2 Of 3: Or, Life in the West (Classic Reprint) Unknown Author. 2018. (ENG., Illus.). 348p. (J). 31.07 (978-0-267-24484-3(3)) Forgotten Bks.

Horace Visits a Roman Town (Age 7-11 Years) Horace Helps with English. Adele Seviour & Sally Jones. 2018. (Horace Helps with English Ser.). (ENG., Illus.). 47p. (J). (gr. 2-5). pap. (978-1-907733-20-8(5)) Guinea Pig Education.

Horace Visits a Roman Villa (Age 7-11 Years) Horace Helps Learn English. Seviour Adele et al. 2018. (Horace Helps Learn English Ser.: Vol. 1). (ENG., Illus.). 52p. (J). (gr. 3-6). pap. (978-1-907733-18-5(3)) Guinea Pig Education.

Horace Visits the Roman Army (Age 7-11 Years) Horace Helps with English. Adele Seviour & Sally Jones. 2018. (Horace Helps with English Ser.: Vol. 3). (ENG., Illus.). 48p. (J). (gr. 2-5). pap. (978-1-907733-19-2(1)) Guinea Pig Education.

Horacio: A Tale of Brazil (Classic Reprint) R. W. Fenn. 2018. (ENG., Illus.). 320p. (J). 30.52 (978-0-483-51119-4(6)) Forgotten Bks.

Horae Juveniles (Classic Reprint) Unknown Author. (ENG., Illus.). (J). 2018. 106p. 26.08 (978-0-483-68734-9(0)); 2016. pap. 9.57 (978-1-334-13618-4(1)) Forgotten Bks.

Horae Momenta Cravenae: Or the Craven Dialect, Exemplified in Two Dialogues, Between Farmer Giles & His Neighbour Bridget (Classic Reprint) William Carr. 2017. (ENG., Illus.). (J). 26.74 (978-0-265-83349-0(3)); pap. 9.57 (978-1-5284-2791-3(2)) Forgotten Bks.

Horae Momenta Cravenae, or the Craven Dialect, Exemplified in Two Dialogues, Between Farmer Giles & His Neighbour Bridget: To Which Is Annexed a Copious Glossary (Classic Reprint) William Carr. (ENG., Illus.). (J). 2017. 26.70 (978-0-331-76279-2(X)); 2016. pap. 9.57 (978-1-334-12227-9(X)) Forgotten Bks.

Horae Subsecivae (Classic Reprint) John Brown. (ENG., Illus.). (J). 2018. 500p. 34.23 (978-0-483-67327-4(7)); 2017. pap. 16.57 (978-0-243-26935-8(8)); 2017. pap. 19.57 (978-0-243-52179-1(0)); 2016. pap. 16.97 (978-1-334-12271-2(7)) Forgotten Bks.

Horae Subsecivae, Vol. 3 of 3 (Classic Reprint) John Brown. 2017. (ENG., Illus.). (J). 33.82 (978-1-5285-8592-7(5)) Forgotten Bks.

Horatio Howard Brenton, Vol. 1 Of 3: A Naval Novel (Classic Reprint) Edward Belcher. 2017. (ENG., Illus.). (J). 29.92 (978-0-331-11935-0(8)) Forgotten Bks.

Horatio Howard Brenton, Vol. 3 Of 3: A Naval Novel (Classic Reprint) Edward Belcher. 2018. (ENG., Illus.). 316p. (J). 30.41 (978-0-267-16782-1(2)) Forgotten Bks.

Horda. Ann Aguirre. 2018. (SPA.). 524p. (YA). (gr. 7). pap. 12.50 (978-607-527-277-1(1)) Editorial Oceano de Mexico MEX. Dist: Independent Pubs. Group.

Hore Di Recreatione Di M. Lodouico Guicciardini Patritio Fiorentino (Classic Reprint) Lodovico Guicciardini. 2018. (ITA., Illus.). (J). 296p. 30.00 (978-0-365-60607-9(3)); 298p. pap. 13.57 (978-0-365-60593-5(X)) Forgotten Bks.

Horimiya, Vol. 15. HERO. Tr. by Taylor Engel. 2021. (Horimiya Ser.: 15). (ENG., Illus.). 194p. (gr. 8-17). pap., pap. 13.00 (978-1-9753-2472-8(2), Yen Pr.) Yen Pr. LLC.

Horizon: An Original Drama of Contemporaneous Society & of American Frontier Perils, in Five Acts & Seven Tableaux (Classic Reprint) Augustin Daly. 2018. (ENG., Illus.). (J). 70p. 25.36 (978-1-396-31547-3(0)); 72p. pap. 9.57 (978-1-390-90211-2(0)) Forgotten Bks.

Horizon Book 4: Apex Predator. Matthew Anderson. 2018. 208p. (J). (978-1-76066-254-7(2)) Scholastic, Inc.

Horizon, Vol. 1. JH. 2023. (Horizon Ser.). (ENG.). 376p. (gr. 11-17). pap. 20.00 Ize Pr.

Horizon Volume 1. Brandon Thomas. 2017. (ENG., Illus.). 136p. (YA). pap. 9.99 (978-1-5343-0047-7(3), ed1e26a4-3148-4580-bc57-fb64c7be6eb0) Image Comics.

Horla y Otros Cuentos. Guy De Maupassant. 2017. (SPA., Illus.). 110p. (J). pap. (978-9978-18-446-2(5)) Radmandi Editorial, Compania Ltd.

Hormiga Petronila. Liliana Cinetto. 2018. (SPA.). (J). pap. 11.99 (978-607-746-033-6(8)) Progreso, Editorial, S. A. MEX. Dist: Lectorum Pubns., Inc.

Hormiga y la Paloma: Leveled Reader Book 5 Level I 6 Pack. Hmh Hmh. 2021. (SPA.). 16p. (J). pap. 74.40 (978-0-358-08311-5(7)) Houghton Mifflin Harcourt Publishing Co.

Hormigas: Leveled Reader Book 62 Level I 6 Pack. Hmh Hmh. 2021. (SPA.). 16p. (J). pap. 74.40 (978-0-358-08279-8(X)) Houghton Mifflin Harcourt Publishing Co.

Hormigas Sorprendentes. Miranda Kelly. 2022. (Ciencias Del Patio Trasero (Backyard Science) Ser.). (SPA.). 24p. (J). (gr. k-2). pap. (978-1-0396-4938-5(6), 19594); lib. bdg. (978-1-0396-4811-1(8), 19593) Crabtree Publishing Co.

Hormiguita y el Pájaro Blanco: Leveled Reader Book 40 Level F 6 Pack. Hmh Hmh. 2021. (SPA.). 16p. (J). pap. 74.40 (978-0-358-08259-0(5)) Houghton Mifflin Harcourt Publishing Co.

Horn et Rimenhild: Recueil de Ce Qui Reste des Poëmes Relatifs À Leurs Aventures Composés en François, en Anglois et en Écossois Dans les Treizième, Quatorzième, Quinzième et Seizième Siècles; Publié d'Après les Manuscrits de Londres, de Cambr. Francisque Michel. 2018. (FRE., Illus.). (J). 534p. 34.93 (978-1-391-47374-1(4)); 536p. pap. 19.57 (978-1-390-48778-7(4)) Forgotten Bks.

Horn et Rimenhild: Recueil de Ce Qui Reste des Poemes Relatifs a Leurs Aventures Composes en Francois, en Anglois et en Ecossois, Dans les Treizieme, Quatorzieme, Quinzieme et Seizieme Siecles; Publie d'Apres les Manuscrits de Londres, de Cambridge. Francisque Michel. 2017. (FRE., Illus.). (J). pap. 19.57 (978-0-259-03709-5(5)) Forgotten Bks.

Horn et Rimenhild: Recueil de Ce Qui Reste des Poëmes Relatifs a Leurs Aventures Composés en François, en Anglois et en Écossois, Dans les Treizième, Quatorzième, Quinzième et Seizième Siècles; Publié d'Après les Manuscrits de Londres, de Cambridge. Francisque Michel. 2018. (FRE., Illus.). 540p. (J). 35.03 (978-0-332-91923-2(4)) Forgotten Bks.

Horn-Horn. A. D. T. McLellan. 2017. ('Horn-Horn' Ser.: Vol. 1). (ENG., Illus.). (YA). (gr. 9-12). pap. (978-0-6480014-1-6(5)) Tommy Lellan.

Horn-Horn, Cracked. A. D. T. McLellan. 2nd ed. 2019. ('Horn-Horn' Ser.: Vol. 2). (ENG.). 392p. (YA). (gr. 7-12). pap. (978-0-6480014-2-3(3)) Tommy Lellan.

Horn-Horn Series (Books 1-3) A. D. T. McLellan. 2023. (Horn-Horn Ser.). (ENG.). 954p. (YA). **(978-0-6480014-5-4(8))** Tommy Lellan.

Horn Player's Practice Journal. E. P. Evans. 2021. (ENG.). 161p. (J). pap. (978-1-257-17208-5(5)) Lulu Pr., Inc.

Horned Animals. Cari Meister. Ed. by Jenny Fretland VanVoorst. 2016. (Back off! Animal Defenses). (Illus.). 24p. (J). (gr. 2-5). lib. bdg. (978-1-62031-310-7(3), Pogo) Jump! Inc.

Horned Cat (Classic Reprint) James MacLaren Cobban. (ENG., Illus.). (J). 2018. 254p. 29.14 (978-0-483-52489-7(1)); 2017. pap. 11.57 (978-0-243-10910-4(5)) Forgotten Bks.

Horned Dinos. Contrib. by Josh Anderson. 2023. (Dino Discovery Ser.). (ENG.). 24p. (J). (gr. k-3). lib. bdg. 32.79 (978-1-5038-6525-9(8), 216422, Wonder Books(r)) Child's World, Inc, The.

Horned Dinosaurs see Dinosaurios Cornudos

Horned Dinosaurs: Ranking Their Speed, Strength, & Smarts. Mark Weakland. 2019. (Dinosaurs by Design Ser.). (ENG.). 32p. (J). (gr. 4-6). pap. 9.99 (978-1-64466-029-4(6), 12705); (Illus.). lib. bdg. (978-1-68072-824-8(5), 12704) Black Rabbit Bks. (Bolt).

Horned Lizard. Dawn Bluemel Oldfield. 2017. (Weirder & Cuter Ser.). (ENG., Illus.). 24p. (J). (gr. -1-3). 17.95 (978-1-68402-260-1(6)) Bearport Publishing Co., Inc.

Horne's Pennsylvania German Manual: How Pennsylvania German Is Spoken & Written, for Pronouncing, Speaking & Writing English (Classic Reprint) Abraham Reeser Horne. (ENG., Illus.). (J). 2018. 378p. 31.69 (978-0-267-11054-4(5)); 2017. pap. 16.57 (978-0-282-38736-5(6)) Forgotten Bks.

Horne's Pennsylvania German Manual, Vol. 4: How Pennsylvania German Is Spoken & Written for Pronouncing, Speaking & Writing English (Classic Reprint) A. R. Horne. 2017. (ENG., Illus.). (J). 31.65 (978-0-260-84115-5(3)) Forgotten Bks.

Hornet vs. Wasp. Jerry Pallotta. ed. 2020. (Who Would Win Ser.). (ENG., Illus.). 32p. (J). (gr. 2-3). 14.36 (978-1-64697-526-6(X)) Penworthy Co., LLC, The.

Hornet vs. Wasp. Jerry Pallotta. Illus. by Rob Bolster. 2023. (Who Would Win? Ser.). (ENG.). 32p. (J). (gr. 1-4). lib. bdg. 32.79 **(978-1-0982-5251-9(9)**, 42618) Spotlight.

Hornet vs. Wasp (Who Would Win?) Jerry Pallotta. Illus. by Rob Bolster. 2020. (Who Would Win? Ser.: 10). (ENG.). 32p. (J). (gr. 1-4). pap. 4.99 (978-0-545-45190-1(6)) Scholastic, Inc.

Hornet's Nest: A Story of Love & War (Classic Reprint) Edward Payson Roe. 2018. (ENG., Illus.). 196p. (J). 27.94 (978-0-267-18965-6(6)) Forgotten Bks.

Hornet's Nest (Classic Reprint) Wilson Woodrow. 2017. (ENG., Illus.). (J). 30.66 (978-0-265-60114-3(2)) Forgotten Bks.

Horns. Katrine Crow. 2019. (Whose Is It? Ser.). (ENG.). (J). (gr. -1-1). 32p. 6.99 (978-1-4867-1793-4(4), f3364e5a-7229-4176-b0f7-8cf3c4a88fd0); 20p. bds. 7.99 (978-1-4867-1660-9(1), aa6bad05-5bb4-4cc1-8230-b6207fcd5e26) Flowerpot Pr.

Horns, 1 vol. Amy Culliford. 2022. (What Animal Has These Parts? Ser.). (ENG., Illus.). 16p. (J). (gr. -1-1). pap. (978-1-0396-4632-2(8), 17350); lib. bdg. (978-1-0396-4441-0(4), 16344) Crabtree Publishing Co. (Crabtree Roots).

Horns to Hooves: A Unicorn Coloring Book. Bobo's Children Activity Books. 2016. (ENG., Illus.). (J). pap. 9.33 (978-1-68327-473-5(3)) Sunshine In My Soul Publishing.

Hornwell Honeypicker the Flying Pig. Michael Heffler. Illus. by Lorraine Dey. 2021. (Adventures of Hornwell Honeypicker the Flying Pig Ser.: 1). (ENG.). 66p. (J). pap. 22.00 (978-1-0983-6593-6(3)) BookBaby.

Horny Hands & Hampered Elbows: The Worker's Mind in Western Europe (Classic Reprint) Whiting Williams. 2019. (ENG., Illus.). 324p. (J). 30.60 (978-0-267-18437-8(9)) Forgotten Bks.

Horoscope: A Romance of the Reign of Francois II (Classic Reprint) Alexandre Dumas. 2017. (ENG., Illus.). (J). 670p. 37.72 (978-0-484-38803-0(7)); pap. 20.57 (978-0-259-20507-4(9)) Forgotten Bks.

Horoscope & Bloddtype. Sina Yu. 2018. (VIE.). (J). pap. (978-604-56-4953-4(2)) Woman's Publishing Hse.

Horrendous Hair Care, 1 vol. Anita Croy. 2018. (Bizarre History of Beauty Ser.). (ENG.). 48p. (gr. 5-6). lib. bdg. 33.60 (978-1-5382-2688-9(X), bea3391b-407e-4ed8-97dd-aeb440be154a) Stevens, Gareth Publishing LLLP.

Horrible Bag of Terrible Things #1. Rob Renzetti. 2023. (Horrible Ser.: 1). 224p. (J). (gr. 3-7). 17.99 **(978-0-593-51952-3(3)**, Penguin Workshop) Penguin Young Readers Group.

Horrible Bear! Ame Dyckman. Illus. by Zachariah OHora. 2016. (ENG.). 40p. (J). (gr. -1-3). 18.99 (978-0-316-28283-3(9)) Little, Brown Bks. for Young Readers.

Horrible Harry & the Wedding Spies. Suzy Kline. ed. 2016. (Horrible Harry Ser.: 32). lib. bdg. 14.75 (978-0-606-38389-9(1)) Turtleback.

Horrible Harry Says Goodbye. Suzy Kline. Illus. by Amy Wummer. 2019. (Horrible Harry Ser.: 37). 80p. (J). (gr. 2-5). 4.99 (978-0-451-47964-8(5), Puffin Books) Penguin Young Readers Group.

Horrible Hex. Blake Hoena. Illus. by Dave Bardin. 2018. (Monster Heroes Ser.). (ENG.). 32p. (J). (gr. k-2). lib. bdg. 21.32 (978-1-4965-6413-9(8), 138260, Stone Arch Bks.) Capstone.

Horrible Sanity: Novel in Verse. Adela Lechuga. 2021. (ENG.). 111p. (J). pap. (978-1-300-82483-1(2)) Lulu Pr., Inc.

Horribly Awful Dad Jokes. 2022. (ENG.). 144p. (J). 9.99 **(978-1-4413-4012-2(2)**, 591a1778-750e-40ce-b550-0989ae25ede9) Peter Pauper Pr. Inc.

Horribly Hungry Gingerbread Boy: A San Francisco Story. Elisa Kleven. 2016. (ENG., Illus.). 40p. (J). 17.00 (978-1-59714-352-3(9)) Heyday.

Horrid. Katrina Leno. (ENG.). 336p. (YA). (gr. 9-17). 2021. pap. 10.99 (978-0-316-53719-3(5)); 2020. 17.99 (978-0-316-53724-7(1)) Little, Brown Bks. for Young Readers.

Horrid Harry & the Kangaroo Ghost see Pablo Diablo Y la Cangura Fantasma

Horrid Harry & the Lice see Pablo Diablo Y Los Piojos

Horrid Harry & the Stink Bomb see Pablo Diablo Y la Bomba Fetida

Horrid Henry Annual 2020. Francesca Simon. Illus. by Tony Ross. 2019. (Horrid Henry Ser.). (ENG.). 64p. (J). (gr. 2-4). 10.99 (978-1-5101-0654-3(5), Orion Children's Bks.) Hachette Children's Group GBR. Dist: Hachette Bk. Group.

Horrid Henry: Horrid Henry's Gold Medal Games: Colouring, Puzzles & Activities. Francesca Simon. ed. 2017. (Horrid Henry Ser.). (ENG., Illus.). 24p. (J). (gr. 1-3). pap. 8.99 (978-1-5101-0127-2(6), Orion Children's Bks.) Hachette Children's Group GBR. Dist: Hachette Bk. Group.

Horrifying Halloween Haunts & Hexes Halloween Coloring Book. Activibooks For Kids. 2016. (ENG., Illus.). (J). pap. 9.20 (978-1-68321-783-1(7)) Mimaxion.

Horrifyingly Haunted Hack-A-Ween. Meredith Rusu. ed. 2020. (Epic Tales of Captain Underpants Ser.). (ENG., Illus.). 63p. (J). (gr. 2-3). 15.49 (978-1-64697-416-0(6)) Penworthy Co., LLC, The.

Horrifyingly Haunted Hack-A-Ween (the Epic Tales of Captain Underpants TV: Young Graphic Novel) Adapted by Meredith Rusu. 2020. (ENG., Illus.). 64p. (J). (gr. 1-3). pap. 5.99 (978-1-338-63021-3(0)) Scholastic, Inc.

Horror at Happy Landings. R. L. Stine. ed. 2021. (Just Beyond Ser.). (ENG., Illus.). 139p. (J). (gr. 4-5). 20.19 (978-1-64697-659-1(2)) Penworthy Co., LLC, The.

Horror Comes to Town Coloring Book: An Adult Horror Coloring Book Featuring over 30 Pages of Giant Super Jumbo Large Designs Freak of Horror of a Night of Terror Scenes to Color for Fun & Boredom. Beatrice Harrison. 2020. (ENG.). 34p. (YA). pap. 7.86 (978-1-716-54893-2(4)) Lulu Pr., Inc.

Horror Creatures Coloring Book: An Adult Horror Coloring Book Featuring over 30 Pages of Giant Super Jumbo Large Designs of Evil Horror Creatures to Color for Fun & Boredom. Beatrice Harrison. 2020. (ENG.). 34p. (YA). pap. 7.86 (978-1-716-54793-5(8)) Lulu Pr., Inc.

Horror Hotel. Victoria Fulton & Faith McClaren. 2022. 256p. (YA). (gr. 7). pap. 11.99 (978-0-593-48348-0(0), Underlined) Random Hse. Children's Bks.

Horror Lullubies. Reyna Young. 2016. (ENG., Illus.). (J). pap. 8.98 (978-0-9979276-5-8(8)) Black Bed Sheet Bks.

Horror of the Bubonic Plague. Claire Throp. 2017. (Deadly History Ser.). (ENG., Illus.). 48p. (J). (gr. 3-6). lib. bdg. 35.99 (978-1-4846-4167-5(1), 136217, Heinemann) Capstone.

Horror of the Holocaust. Claire Throp. 2017. (Deadly History Ser.). (ENG., Illus.). 48p. (J). (gr. 3-6). lib. bdg. 35.99 (978-1-4846-4166-8(3), 136216, Heinemann) Capstone.

Horror of World War I. Nancy Dickmann. 2017. (Deadly History Ser.). (ENG., Illus.). 48p. (J). (gr. 3-6). lib. bdg. 35.99 (978-1-4846-4168-2(X), 136218, Heinemann) Capstone.

904 The check digit for ISBN-10 appears in parentheses after the full ISBN-13

TITLE INDEX HORSES & PONIES

Horror of World War II. Nancy Dickmann. 2017. (Deadly History Ser.). (ENG., Illus.). 48p. (J). (gr. 3-6). lib. bdg. 35.99 (978-1-4846-4165-1(5), 136215, Heinemann) Capstone.

Horror on the High Seas. Sequoia Kids Media Sequoia Kids Media. 2022. (Super Spooky Stories for Kids Ser.). (ENG.). 24p. (J). (gr. -1-2). pap. 9.50 (978-1-64996-760-2(8), 17142, Sequoia Kids Media) Sequoia Children's Bks.

Horror Stories (Set), 6 vols. 2023. (Horror Stories Ser.). (ENG.). 32p. (J). (gr. 3-8). lib. bdg. 196.74 (978-1-0982-3599-4(1), 42587, Graphic Planet - Fiction) Magic Wagon.

Horrores de Hawkins (Stranger Things) Una Colección de Relatos Escalofriantes. Matthew J. Gilbert. 2023. (SPA.). 176p. (J). (gr. 4-7). pap. 13.95 (978-607-557-620-6(7)) Editorial Oceano de Mexico MEX. Dist: Independent Pubs. Group.

Horrors of Auschwitz, 1 vol. Jennifer Lombardo & David Robson. 2016. (World History Ser.). (ENG.). 104p. (YA). (gr. 7-7). 41.53 (978-1-5345-6054-3(8), 9060cc72-3515-4ea6-a50a-71ab4a51a5cc, Lucent Pr.) Greenhaven Publishing LLC.

Horrors of Southern Prisons During the War of the Rebellion, from 1861 to 1865 (Classic Reprint) William Henry Lightcap. 2017. (ENG., Illus.). (J). 25.90 (978-0-265-58505-4(8)) Forgotten Bks.

Horse. William Day. 2017. (ENG.). 480p. (J). pap. (978-3-7446-6679-4(4)) Creation Pubs.

Horse. August Hoeft. (I See Animals Ser.). (ENG.). (J). 2022. 20p. pap. 12.99 (978-1-5324-4221-6(1)); 2021. 12p. pap. 5.99 (978-1-5324-1499-2(4)) Xist Publishing.

Horse. Elaine Walker. Ed. by Parragon Books. Photos by Anett Somogyvari. 2022. (ENG.). 224p. 16.99 (978-1-64638-226-2(9), 2003970, Parragon Books) Cottage Door Pr.

Horse: How to Breed & Rear Him (Classic Reprint) William Day. 2017. (ENG., Illus.). (J). 33.86 (978-0-260-13968-9(8)) Forgotten Bks.

Horse Activity Book for Girls Ages 4-8: A Fun Coloring & Activity Workbook for Kids with Word Searches, Dot-To-Dots, Mazes, Learning, Coloring, Puzzles & More! Happy Harper. l.t. ed. 2020. (ENG., Illus.). 98p. (J). pap. (978-1-989968-37-6(6), Happy Harper) Gill, Karanvir.

Horse Activity Book for Kids Ages 4-8: A Fun Coloring & Activity Workbook for Boys & Girls with Word Searches, Dot-To-Dots, Mazes, Learning, Coloring, Puzzles & More! Happy Harper. l.t. ed. 2020. (ENG.). 74p. (J). pap. (978-1-989968-38-3(4), Happy Harper) Gill, Karanvir.

Horse Activity Book for Kids Ages 4-8: The Ultimate Horses Workbook Game Gift for Coloring, Learning, Spot the Difference, Mazes, Puzzles, Word Search & More! Happy Harper. 2020. (ENG.). 72p. (J). pap. (978-1-989543-82-5(0), Happy Harper) Gill, Karanvir.

Horse Activity Book for Kids! Discover This Unique Collection of Activity. Bold Illustrations. 2018. (ENG., Illus.). 98p. (J). (gr. k-6). pap. 11.99 (978-1-64193-886-0(2), Bold Illustrations) FASTLANE LLC.

Horse & Buggy on Ice. Ethan Long. (I Like to Read Ser.). 32p. (J). (gr. -1-3). 2023. (Illus.). pap. 7.99 (978-0-8234-5596-6(3)); 2022. 15.99 (978-0-8234-4768-8(5)) Holiday Hse., Inc.

Horse & Buggy Paint It Out! Ethan Long. 2020. (I Like to Read Ser.). 32p. (J). (gr. -1-3). pap. 7.99 (978-0-8234-4248-5(9)) Holiday Hse., Inc.

Horse & Buggy Plant a Seed! Ethan Long. (I Like to Read Ser.). (Illus.). 32p. (J). (gr. -1-3). 2022. pap. 7.99 (978-0-8234-4861-6(4)); 2020. 15.99 (978-0-8234-4498-4(8)) Holiday Hse., Inc.

Horse & His Boy. C. S. Lewis. Tr. by Nanor Mikayelian. 2018. (ARM., Illus.). 210p. (J). (gr. 3-7). pap. 15.00 (978-1-946290-04-5(1)) Roslin Pr.

Horse & Pony Stories. Miles Kelly. Ed. by Richard Kelly. 2017. (Illus.). 512p. (J). pap. 23.95 (978-1-78617-077-4(9)) Miles Kelly Publishing, Ltd. GBR. Dist: Parkwest Pubns., Inc.

Horse Behavior. Marie Pearson. 2023. (Animal Behavior Ser.). (ENG.). 32p. (J). (gr. 2-5). lib. bdg. 34.21 (978-1-0982-9103-7(4), 42005, Kids Core) ABDO Publishing Co.

Horse Book (Side by Side) (Library Edition) Amanda Miller & Janice Behrens. 2019. (Side by Side Ser.). (ENG.). 24p. (J). (gr. k-k). lib. bdg. 26.00 (978-0-531-13108-4(4), Children's Pr.) Scholastic Library Publishing.

Horse Breeds. David Denniston et al. 2022. (Horse Breeds Ser.). (ENG.). 32p. (J). pap., pap., pap. 39.75 (978-1-6690-2093-6(2), 251501, Capstone Pr.) Capstone.

Horse Breeds Classroom Collection. David Denniston et al. 2022. (Horse Breeds Ser.). (ENG.). 32p. (J). pap., pap., pap. 214.65 (978-1-6690-2094-3(0), 251502, Capstone Pr.) Capstone.

Horse Called Baltimore: Trilogy of Horrse Fiction. Tom Leftwich. 2023. (ENG.). 237p. (J). pap. (978-1-365-86863-4(X)) Lulu Pr., Inc.

Horse Called Courage (Adventure), 1 vol. Anne Schraff. 2017. (Pageturners Ser.). (ENG.). 76p. (YA). (gr. 9-12). 10.75 (978-1-68021-378-2(4)) Saddleback Educational Publishing, Inc.

Horse Called Starfire: Level 3. Betty D. Boegehold. Illus. by Neil Waldman. 2020. (Bank Street Ready-To-Read Ser.). (ENG.). 50p. (J). 17.95 (978-1-876967-05-5(6)); pap. 11.95 (978-1-876965-95-2(9)) ibooks, Inc.

Horse Care, Riding & Training for Kids Age 6 to 11 - a Kids Guide to Horse Riding, Equestrian Training, Care, Safety, Grooming, Breeds, Horse Ownership, Groundwork & Horsemanship for Girls & Boys. Heney. 2023. (ENG.). 98p. (J). (978-1-915542-58-8(8)) Irish Natural Horsemanship.

Horse Care, Riding & Training for Kids Age 6 to 11 - a Kids Guide to Horse Riding, Equestrian Training, Care, Safety, Grooming, Breeds, Horse Ownership, Groundwork & Horsemanship for Girls & Boys. Elaine Heney. 2022. (Unicorn Picture Story Books for Girls & Boys Ser.: Vol. 1). (ENG.). 98p. (J). pap. (978-0-9552653-3-4(9)) Irish Natural Horsemanship.

Horse Coloring Book. Troy Small. 2023. (ENG.). 88p. (J). pap. 13.87 (978-1-312-42583-5(0)) Lulu Pr., Inc.

Horse Coloring Book: For Kids Ages 9-12. Young Dreamers Press. Illus. by Andrea Mendez. 2021. (ENG.). 70p. (J). pap. (978-1-990136-17-7(6)) EnemyOne.

Horse Coloring Book Bundle: Includes a Horses Colo, 2 vols. Speedy Publishing LLC Staff. 2016. (ENG., Illus.). 100p. (J). pap. 15.99 (978-1-68326-057-8(0)) Speedy Publishing LLC.

Horse Coloring Book for Adults: Amazing Coloring Book for Adults Relaxing. Elli Steele. 2021. (ENG.). 104p. (YA). pap. 10.15 (978-1-716-16630-3(6)) Lulu Pr., Inc.

Horse Coloring Pages for Kids (28 Easy Horse Coloring Page Images) This Book Has Pictures of Cute Horses & Images of Horses for Lots of Fun Horse Coloring in. This Book Comes with 6 Printable Bonus PDF Coloring Books for Kids. James Manning. 2020. (ENG.). 60p. (J). pap. (978-1-80027-524-9(2)) CBT Bks.

Horse Colouring Book. Elaine M. Phillips. 2016. (ENG., Illus.). (J). pap. (978-1-988097-08-4(8)) CISS Registration.

Horse Comes to Hanaeleh: Lou Dillon's Story. Elizabeth Zarkos. Illus. by Kids Art. 2021. (ENG.). 24p. (J). 29.40 (978-1-365-59821-0(7)) Lulu Pr., Inc.

Horse Diaries #14: Calvino. Whitney Sanderson. Illus. by Ruth Sanderson. 2017. (Horse Diaries: 12). 160p. (J). (gr. 3-7). pap. 7.99 (978-1-101-93779-2(3), Random Hse. Bks. for Young Readers) Random Hse. Children's Bks.

Horse Diaries #15: Lily. Whitney Sanderson. Illus. by Ruth Sanderson. 2018. (Horse Diaries: 15). 160p. (J). (gr. 3-7). pap. 7.99 (978-1-5247-6654-2(2), Random Hse. Bks. for Young Readers) Random Hse. Children's Bks.

Horse Diaries #16: Penny, Vol. 16. Whitney Sanderson. Illus. by Ruth Sanderson. 2019. (Horse Diaries: 16). 160p. (J). (gr. 3-7). pap. 7.99 (978-0-525-64478-1(4), Random Hse. Bks. for Young Readers) Random Hse. Children's Bks.

Horse Encyclopedia Ethan Pembroke. 2020. (Animal Encyclopedias Ser.). (ENG., Illus.). 192p. (J). (gr. 4-8). lib. bdg. 49.93 (978-1-5321-9301-9(7), 34787, Early Encyclopedias) ABDO Publishing Co.

Horse Fair (Classic Reprint) James Baldwin. 2018. (ENG., Illus.). 426p. (J). 32.68 (978-0-267-46323-7(5)) Forgotten Bks.

Horse Gentler in Training. Dandi Daley Mackall. 2018. (Winnie: the Early Years Ser.: 1). (ENG., Illus.). 112p. (J). pap. 5.99 (978-1-4964-3280-3(0), 20_31611, Tyndale Kids) Tyndale Hse. Pubs.

Horse Girl. Carrie Seim. (Illus.). 240p. (J). (gr. 3-7). 2022. pap. 8.99 (978-0-593-09549-2(9)); 2021. 17.99 (978-0-593-09548-5(0)) Penguin Young Readers Group. (Penguin Workshop).

Horse Goes to the Store: Johnny Bob Adventures. Glenda Buckmier. 2017. (ENG., Illus.). (J). 22.95 (978-1-4808-4577-0(9)); pap. 16.95 (978-1-4808-4576-3(0)) Archway Publishing.

Horse Halloween. Sarah Keyes & Hannah Keyes. 2018. (ENG., Illus.). 44p. (J). pap. (978-0-359-17019-7(6)) Lulu Pr., Inc.

Horse in All His Varieties & Uses: His Breeding, Rearing, & Management, Whether in Labour or Rest; with Rules, Occasionally Interspersed, for His Preservation from Disease (Classic Reprint) John Lawrence. (ENG., Illus.). (J). 2018. 140p. 26.89 (978-0-483-09719-3(5)); 2016. pap. 9.57 (978-1-333-76656-6(4)) Forgotten Bks.

Horse in Socks. Lisa Lapka. 2017. (ENG., Illus.). (J). (gr. k-2). pap. 9.95 (978-1-947491-87-8(3)) Yorkshire Publishing Group.

Horse in the House. Erica Silverman. ed. 2019. (Green Light Readers Ser.). (ENG.). 32p. (J). (gr. k-1). 13.89 (978-0-87617-291-9(5)) Penworthy Co., LLC, The.

Horse into the Forest. Deborah Brooks Langford. 2018. (ENG., Illus.). 62p. (J). pap. (978-1-387-52558-4(1)) Lulu Pr., Inc.

Horse-Leech's Daughters (Classic Reprint) Margaret Doyle Jackson. (ENG., Illus.). (J). 2018. 340p. 30.91 (978-0-483-71222-5(1)); 2016. pap. 13.57 (978-1-334-20652-8(X)) Forgotten Bks.

Horse Life. the Farm, Stables & Ranch Coloring Book. Activibooks For Kids. 2016. (ENG., Illus.). (J). pap. 9.20 (978-1-68321-583-7(4)) Mimaxion.

Horse-Mad 8-12 Year Old Kids' Coloring Book - Book Three: Fun Illustrations of Horses & Riders. Mdacing. 2023. (ENG.). 70p. (J). pap. (978-1-7394017-2-6(7)) OTO Publishing Ltd.

Horse Mad Summer. Kathy Helidoniotis. 2018. (Horse Mad Ser.: 02). 224p. 6.99 (978-0-7322-8421-3(X), HarperCollins) HarperCollins Pubs.

Horse Mazes Book for Kids! a Unique Collection of Activity Pages. Bold Illustrations. 2018. (ENG., Illus.). 62p. (J). (gr. k-6). pap. 11.99 (978-1-64193-877-8(3), Bold Illustrations) FASTLANE LLC.

Horse Meets Dog. Elliott Kalan. Illus. by Tim Miller. 2018. (ENG.). 40p. (J). (gr. -1-3). 17.99 (978-0-06-279110-8(9), Balzer & Bray) HarperCollins Pubs.

Horse Named Boon. Lindamarie Ketter. 2021. (ENG.). 26p. (J). pap. 9.95 (978-1-63901-771-3(2)) Primedia eLaunch LLC.

Horse Named Cow. Meagan L. Nusz. 2017. (ENG., Illus.). (J). 25.95 (978-1-4808-5396-6(8)); pap. 16.95 (978-1-4808-5398-0(4)) Archway Publishing.

Horse Named Jack. Linda Vander Heyden. Illus. by Petra Brown. (ENG.). (J). (gr. -1-2). 2021. 16p. bds. 9.99 (978-1-5341-1155-4(7), 205166); 2018. 32p. 16.99 (978-1-58536-395-7(2), 204411) Sleeping Bear Pr.

Horse Named Scruffy. Annette Bowles. 2022. (ENG., Illus.). 74p. (J). pap. 19.95 (978-1-63903-092-7(1)) Christian Faith Publishing.

Horse Named Sky. Rosanne Parry. Illus. by Kirbi Fagan. 2023. (Voice of the Wilderness Novel Ser.). (ENG.). 272p. (J). (gr. 3-7). 18.99 (978-0-06-299595-7(2), Greenwillow Bks.) HarperCollins Pubs.

Horse Named Steve. Kelly Collier. Illus. by Kelly Collier. 2017. (Steve the Horse Ser.). (ENG., Illus.). 32p. (J). (gr. -1-3). 16.95 (978-1-77138-736-1(X)) Kids Can Pr., Ltd. CAN. Dist: Hachette Bk. Group.

Horse Named Tuni. Anne M. Arceneaux. 2022. 24p. (J). pap. 20.00 (978-1-6678-3790-1(7)) BookBaby.

Horse of America in His Derivation, History & Development (Classic Reprint) John Hankins Wallace. 2017. (ENG., Illus.). (J). 36.85 (978-1-5280-8442-0(X)) Forgotten Bks.

Horse of Many Colors Coloring Book. Activibooks For Kids. 2016. (ENG., Illus.). (J). pap. 9.20 (978-1-68321-584-4(2)) Mimaxion.

Horse of the River: A Camp Canyon Falls Adventure. Sari Cooper. 2019. (ENG., Illus.). 176p. (J). pap. (978-1-55017-877-7(6), 18796128-afbf-4804-b0b6-15dc52dd3f3d) Harbour Publishing Co., Ltd.

Horse or Zebra (Wild World: Pets & Wild Animals) Brenna Maloney. 2023. (Wild World Ser.). (ENG.). 32p. (J). (gr. k-2). 25.00 (978-1-338-89983-2(X)); pap. 6.99 (978-1-338-89984-9(8)) Scholastic Library Publishing. (Children's Pr.).

Horse-Owner's Guide: Containing Valuable Information on the Management & Cure of Diseases Incident to Horses (Classic Reprint) Thomas Smith. 2017. (ENG., Illus.). (J). pap. 9.97 (978-0-282-77561-2(7)) Forgotten Bks.

Horse-Owner's Guide: Containing Valuable Information on the Management & Cure of Diseases Incident to Horses (Classic Reprint) Thomas Smith. 2019. (ENG., Illus.). 172p. (J). 27.44 (978-0-365-12685-0(3)) Forgotten Bks.

Horse Play! 25 Crafts, Party Ideas & Activities for Horse-Crazy Kids. Deanna F. Cook & Katie Craig. 2016. (ENG., Illus.). 68p. (J). (gr. 3-7). spiral bd., act. bk. ed. 12.95 (978-1-61212-759-0(2), 622759) Storey Publishing, LLC.

Horse Power, 12 vols. 2022. (Horse Power Ser.). (ENG.). 24p. (J). (gr. 2-2). lib. bdg. 157.38 (978-1-5345-4238-9(8), 5443e219-a98f-49ac-b8bb-7902f2e2327d, KidHaven Publishing) Greenhaven Publishing LLC.

Horse Power. Kirsty Holmes. 2022. (Horse Power Ser.). (ENG.). 24p. (J). pap. 52.50 (978-1-5345-4260-0(4), KidHaven Publishing) Greenhaven Publishing LLC.

Horse Puzzles. Created by Highlights. 2017. (Highlights Hidden Pictures Ser.). (ENG.). 144p. (J). (gr. 1-4). pap. 9.95 (978-1-62979-841-7(X), Highlights) Highlights Pr., c/o Highlights for Children, Inc.

Horse Queen. Lavay Byrd. 2020. (ENG.). 370p. (YA). pap. 15.99 (978-1-393-58124-6(2)) Draft2Digital.

Horse Rider Journal [Kids Edition]: Guided Horse Journal for Kids with Prompts to Ease Writing - Includes Sections on Chores, Competitions, Horse Health & Pictures to Learn about Horse Riding (I. E. Horse Anatomy, Tack) - Suitable Horse Journal for Girls & Boys Ages 9 To 12. Learn-Work Guides. 2017. (ENG., Illus.). 438p. (J). (gr. 3-6). pap. (978-1-77380-023-3(X)) Mindful Word, The.

Horse Riding Instructor. Lisa Harkrader. 2019. (Jobs with Animals Ser.). (ENG., Illus.). 32p. (J). (gr. 4-6). pap. 7.95 (978-1-5435-6050-3(4), 140095); lib. bdg. 28.65 (978-1-5435-5788-6(0), 139743) Capstone.

Horse-Shoe Robinson: A Tale of the Tory Ascendency (Classic Reprint) John P. Kennedy. 2017. (ENG., Illus.). (J). 36.48 (978-0-331-14133-7(7)) Forgotten Bks.

Horse Shoe Robinson (Classic Reprint) John Pendleton Kennedy. 2017. (ENG., Illus.). (J). 30.08 (978-0-331-42167-5(4)); pap. 13.57 (978-0-259-48416-5(4)) Forgotten Bks.

Horse Shoe Robinson, Vol. 1 Of 2: A Tale of the Tory Ascendency (Classic Reprint) John Pendleton Kennedy. 2017. (ENG., Illus.). (J). 324p. 30.60 (978-0-484-73930-6(1)); pap. 13.57 (978-0-259-30842-3(0)) Forgotten Bks.

Horse Show Switch. Cari Meister. Illus. by Alex Patrick. 2021. (Kids' Sports Stories Ser.). (ENG.). 32p. (J). 21.32 (978-1-6639-0950-3(4), 212685); pap. 5.95 (978-1-6639-2128-4(8), 212655) Capstone. (Picture Window Bks.).

Horse-Stealers & Other Stories. Anton Chekov. 2017. (ENG., Illus.). (J). 24.95 (978-1-374-95025-2(4)); pap. 14.95 (978-1-374-95024-5(6)) Capital Communications, Inc.

Horse-Stealers & Other Stories: From the Russian by Constance Garnett (Classic Reprint) Anton Chekov. 2018. (ENG., Illus.). 638p. (J). 37.06 (978-0-483-77098-0(1)) Forgotten Bks.

Horse-Stealers & Other Stories (Classic Reprint) Anton Chekov. (ENG., Illus.). (J). 2018. 316p. 30.43 (978-0-483-65032-9(3)); 2016. pap. 13.57 (978-1-333-26276-1(0)) Forgotten Bks.

Horse-Stealers & Other Stories (World Classics, Unabridged) Anton Chekov. 2017. (ENG., Illus.). (J). pap. (978-93-86101-56-3(4)) Alpha Editions.

Horse Stories (Classic Reprint) Thomas W. Knox. (ENG., Illus.). (J). 2018. 218p. 28.39 (978-0-666-16283-0(2)); 2017. pap. 10.97 (978-0-259-44014-7(0)) Forgotten Bks.

Horse Tails. Peggy Lee Tremper. 2016. (ENG., Illus.). 54p. (J). pap. (978-1-365-22660-1(3)) Lulu Pr., Inc.

Horse Tale of Friendship: Great Plains Magic Series. Tammy Osheim. 2017. (ENG., Illus.). 38p. (J). pap. 12.95 (978-0-9987565-0-9(4)) Spatterdash Pr.

Horse Tales. Connie Squiers. 2017. (ENG., Illus.). 276p. (YA). pap. 17.95 (978-1-64028-957-4(7)) Christian Faith Publishing.

Horse Tales: Teddy & Just'n Come to an Understanding. Patricia Daly-Lipe. 2018. (ENG., Illus.). 30p. (YA). (gr. 7-10). pap. 12.99 (978-0-9981719-3-7(X)) Rockit Pr.

Horse That Jumped. Thomas Docherty. 2021. (ENG., Illus.). 32p. (J). pap. 6.99 (978-1-4052-9902-2(9)) Farshore GBR. Dist: HarperCollins Pubs.

Horse That Jumped. Thomas Docherty. ed. 2022. (ENG.). 25p. (J). (gr. k-1). 19.46 (978-1-68505-471-7(4)) Penworthy Co., LLC, The.

Horse Thief: A Drama in Five Acts (Classic Reprint) Albert Carr. 2018. (ENG., Illus.). 110p. (J). 26.17 (978-0-484-36620-5(3)) Forgotten Bks.

Horse Thieves: A Comedy in One Act (Classic Reprint) Hermann Hagedorn. 2018. (ENG., Illus.). 54p. (J). 25.01 (978-0-267-28046-9(7)) Forgotten Bks.

Horse Trace & Color Pages for Kids (28 Horse Trace & Coloring Page Images) This Book Has Pictures of Horses & Images of Horses for Lots of Fun Horse Tracing. This Book Comes with 6 Printable Bonus PDF Coloring Books for Kids. James Manning. 2020. (ENG., Illus.). 60p. (J). pap. (978-1-80027-525-6(0)) CBT Bks.

Horse Trainer's & Sportsman's Guide. Digby Collins. 2017. (ENG.). 304p. (J). pap. (978-3-7446-7877-3(6)) Creation Pubs.

Horse Trouble. Kristin Varner. 2021. (ENG., Illus.). 288p. (J). pap. 12.99 (978-1-250-22588-7(4), 900208654, First Second Bks.) Roaring Brook Pr.

Horse Who Said Yay. Wyborn Senna. 2016. (ENG.). 26p. (J). pap. 9.99 (978-0-9903726-3-9(4)) Radford, Marsha.

Horseback Riding. Nessa Black. 2020. (Spot Outdoor Fun Ser.). (ENG.). 16p. (J). (gr. -1-1). pap. 7.99 (978-1-68152-541-9(0), 10740) Amicus.

Horseback Riding, Vol. 10. Diane Bailey. 2016. (Great Outdoors! Ser.: Vol. 10). (ENG., Illus.). 48p. (J). (gr. 5-8). 20.95 (978-1-4222-3570-6(X)) Mason Crest.

Horsecars & Cobblestones (Classic Reprint) Sophie Ruskay. 2017. (ENG., Illus.). (J). 28.89 (978-0-331-81688-4(1)); pap. 11.57 (978-0-243-28233-3(8)) Forgotten Bks.

Horseman's Manual: Being a Treatise on Soundness, the Law of Warranty, & Generally on the Laws Relating to Horses (Classic Reprint) Robert Smith Surtees. 2017. (ENG., Illus.). (J). 26.95 (978-1-5281-8887-6(X)) Forgotten Bks.

Horsemen of the Plains: A Story of the Great Cheyenne War (Classic Reprint) Joseph A. Altsheler. (ENG., Illus.). (J). 2018. 402p. 32.19 (978-0-666-45753-0(0)); 2017. pap. 16.57 (978-0-259-44141-0(4)) Forgotten Bks.

Horseowner & Stableman's Companion. George Armatage. 2016. (ENG., Illus.). (J). pap. (978-3-7428-3366-2(9)) Creation Pubs.

Horsepower. Matt Doeden. 2018. (Horsepower Ser.). (ENG.). 32p. (J). (gr. 3-9). 234.56 (978-1-5435-2493-2(1), 28081, Capstone Pr.) Capstone.

Horses. Quinn M. Arnold. (Grow with Me Ser.). (ENG.). (J). 2020. 32p. (gr. 3-6). (978-1-64026-232-4(6), 18229, Creative Education); 2020. 32p. (gr. 3-6). pap. 12.00 (978-1-62832-795-3(2), 18230, Creative Paperbacks); 2017. (Illus.). 24p. (gr. -1-k). pap. 8.99 (978-1-62832-394-8(9), 20132, Creative Paperbacks); 2017. (Illus.). 24p. (gr. -1-k). (978-1-60818-786-7(1), 20134, Creative Education) Creative Co., The.

Horses. Amy Culliford. 2021. (Farm Animal Friends Ser.). (ENG., Illus.). 16p. (J). (gr. -1-1). pap. (978-1-4271-3248-2(8), 10707) Crabtree Publishing Co.

Horses. Christina Leighton. 2018. (Animals on the Farm Ser.). (ENG., Illus.). 24p. (J). (gr. k-3). lib. bdg. 26.95 (978-1-62617-724-6(4), Blastoff! Readers) Bellwether Media.

Horses. Kerri Mazzarella. 2023. (Who Lives in a Barn? Ser.). (ENG.). (J). (gr. k-2). 24p. lib. bdg. 27.93 (978-1-63897-965-4(0), 33589); (Illus.). pap. 8.95 Seahorse Publishing.

Horses. Nick Rebman. 2018. (Animals Ser.). (ENG., Illus.). 16p. (J). (gr. k-1). pap. 7.95 (978-1-63517-951-4(3), 1635179513); lib. bdg. 25.64 (978-1-63517-850-0(9), 1635178509) North Star Editions. (Focus Readers).

Horses. Jared Siemens. 2018. pap. (978-1-4896-9533-8(8), AV2 by Weigl) Weigl Pubs., Inc.

Horses. Marne Ventura. 2022. (Early Animal Encyclopedias Ser.). (ENG., Illus.). 128p. (J). (gr. -1-4). lib. bdg. 47.07 (978-1-0982-9043-6(7), 40893, Early Encyclopedias) ABDO Publishing Co.

Horses. Korynn Freels. ed. 2020. (Ripley Readers Ser.). (ENG.). 31p. (J). (gr. 2-3). 14.96 (978-1-64697-317-0(8)) Penworthy Co., LLC, The.

Horses: Animals That Make a Difference! (Engaging Readers, Level 1) Ashley Lee. Ed. by Alexis Roumanis. 2021. (Animals That Make a Difference! Ser.: Vol. 5). (ENG., Illus.). 32p. (J). (978-1-77437-697-3(0)); pap. (978-1-77437-698-0(9)) AD Classic.

Horses: Revised Edition. Seymour Simon. 2017. (ENG., Illus.). 32p. (J). (gr. 1-5). pap. 8.99 (978-0-06-446256-3(0)); 17.99 (978-0-06-237439-4(7)) HarperCollins Pubs. (HarperCollins).

Horses: Wild & Tame. Iris Volant. Illus. by Jarom Vogel. 2017. (ENG.). 48p. (J). (gr. k-4). 19.95 (978-1-911171-89-8(5)) Flying Eye Bks. GBR. Dist: Penguin Random Hse. LLC.

Horses / Caballos: Bilingual (English / Spanish) (Inglés / Español) Animals That Make a Difference! (Engaging Readers, Level 1) Ashley Lee. Ed. by Alexis Roumanis. l.t. ed. 2021. (Animals That Make a Difference! Bilingual (English / Spanish) (Inglés / Español) Ser.: Vol. 5). (ENG., Illus.). 32p. (J). (978-1-77476-394-0(X)); pap. (978-1-77476-393-3(1)) AD Classic.

Horses / les Chevaux: Bilingual (English / French) (Anglais / Français) Animals That Make a Difference! (Engaging Readers, Level 1) Ashley Lee. Ed. by Alexis Roumanis. l.t. ed. 2021. (Animals That Make a Difference! Bilingual (English / French) (Anglais / Français) Ser.: Vol. 5). (ENG., Illus.). 32p. (J). (978-1-77476-412-1(1)); pap. (978-1-77476-411-4(3)) AD Classic.

Horses (a Day in the Life) What Do Wild Horses Like Mustangs & Ponies Get up to All Day? Carly Anne York & Neon Squid. Illus. by Chaaya Prabhat. 2022. (Day in the Life Ser.). (ENG.). 48p. (J). 16.99 (978-1-68449-250-3(5), 900258812, Neon Squid) St. Martin's Pr.

Horses & Foals. Annabelle Lynch. 2017. (Animals & Their Babies Ser.). (Illus.). 24p. (gr. k-3). 28.50 (978-1-62588-417-6(6), Smart Apple Media) Black Rabbit Bks.

Horses & Horseshoes Coloring & Activity Book. Creative Playbooks. 2016. (ENG., Illus.). (J). pap. 7.74 (978-1-68323-515-6(0)) Twin Flame Productions.

Horses & Me: Animals & Me. Sarah Harvey. l.t. ed. 2022. (ENG., Illus.). 32p. (J). (978-1-77476-692-7(2)); pap. (978-1-77476-693-4(0)) AD Classic.

Horses & Ponies. DK. 2021. (ENG., Illus.). 192p. (J). (gr. 4-7). 19.99 (978-0-7440-2755-6(1), DK Children) Dorling Kindersley Publishing, Inc.

Horses & Ponies, 1 vol. Dawn Titmus. 2018. (Cool Pets for Kids Ser.). (ENG.). 32p. (J). (gr. 3-3). 27.93 (978-1-5383-3797-4(5), 9c1ed5cc-33d8-4ac3-b50f-e3ea900249b5, PowerKids Pr.) Rosen Publishing Group, Inc., The.

Horses & Ponies. Miles Kelly. Ed. by Richard Kelly. 2nd ed. 2017. 480p. (J). pap. 9.95 (978-1-78617-013-2(2)) Miles Kelly Publishing, Ltd. GBR. Dist: Parkwest Pubns., Inc.

H

For book reviews, descriptive annotations, tables of contents, cover images, author biographies & additional information, updated daily, subscribe to **www.booksinprint.com**

Horses & Ponies Activity Book. Sam Loman. Illus. by Sam Loman. 2019. (ENG., Illus.). 96p. (J). pap. 9.99 *(978-1-78950-021-9(4),* 567e0d1b-53d0-40ed-8b3f-6538b832ecd9) Arcturus Publishing GBR. Dist: Baker & Taylor Publisher Services (BTPS).

Horses & Ponies Activity Book: Introduction to Horses & Horseback Riding. Susan Difelice. 2018. (ENG., Illus.). 40p. (J). (gr. 1-6). pap. 12.99 *(978-1-7323871-0-2(9))* Allpony.

Horses & Ponies Drawing & Activity Book: Learn to Draw 17 Different Breeds. Walter Foster Jr. Creative Team. 2018. (Drawing & Activity Ser.). (ENG.). 64p. (J). (gr. 1-3). spiral bd. 12.95 *(978-1-63322-664-7(6),* 305671, Walter Foster Jr) Quarto Publishing Group USA.

Horses & Unicorns Unite Coloring Books Unicorn. Educando Kids. 2019. (ENG.). 42p. (J). pap. 6.99 *(978-1-64521-078-8(2),* Educando Kids) Editorial Imagen.

Horse's Best Friend. Dandi Daley Mackall. 2018. (Winnie: the Early Years Ser.: 2). (ENG., Illus.). 112p. (J). pap. 6.99 *(978-1-4964-3284-1(3),* 20_31613, Tyndale Kids) Tyndale Hse. Pubs.

Horses, Birds & Bees. Penelope Dyan. 2022. (ENG.). 96p. (YA). pap. 9.50 ***(978-1-61477-607-9(5))*** Bellissima Publishing, LLC.

Horses Coloring Book for Children (6x9 Coloring Book / Activity Book) Sheba Blake. 2020. (ENG.). 28p. (J). pap. 9.99 *(978-1-222-28893-3(1))* Indy Pub.

Horses Coloring Book for Children (8. 5x8. 5 Coloring Book / Activity Book) Sheba Blake. 2021. (ENG.). 28p. (J). pap. 12.99 *(978-1-222-29217-6(3))* Indy Pub.

Horses Coloring Book for Children (8x10 Coloring Book / Activity Book) Sheba Blake. 2020. (ENG.). 28p. (J). pap. 14.99 *(978-1-222-28894-0(X))* Indy Pub.

Horses Coloring Book for Kids Ages 4-8: A Fun & Beautiful Horse + Pony Coloring Activity Book for Kids & Preschoolers. Happy Harper. 2020. (ENG., Illus.). 96p. (J). pap. *(978-1-989968-26-0(0),* Happy Harper) Gill, Karanvir.

Horses Coloring Book for Kids Ages 8-12: The Ultimate Horse & Pony Activity Gift Book for Boys & Girls with 40+ Designs. Happy Harper. l.t. ed. 2020. (ENG., Illus.). 96p. (J). pap. *(978-1-989968-27-7(9),* Happy Harper) Gill, Karanvir.

Horses Colouring Book for Kids Ages 4-8: The Ultimate Cute & Fun Horse & Pony Colouring Book for Girls & Boys. Happy Harper. 2020. (ENG., Illus.). 96p. (J). pap. *(978-1-989543-68-9(5),* Happy Harper) Gill, Karanvir.

Horses Didn't Come Home. Pamela Rushby. 2016. 256p. 6.99 *(978-0-7322-9354-3(5),* HarperCollins) HarperCollins Pubs.

Horses for Sale: A Miranda & Starlight Story. Janet Muirhead Hill. 2016. (ENG., Illus.). 192p. (YA). pap. 12.00 *(978-1-937849-32-0(5))* Raven Publishing Inc. of Montana.

Horses from Cold Climates Coloring Book. Activibooks For Kids. 2016. (ENG., Illus.). (J). pap. 9.20 *(978-1-68321-585-1(0))* Mimaxion.

Horses from Head to Tail, 1 vol. Emmett Martin. 2020. (Animals from Head to Tail Ser.). (ENG.). 24p. (gr. k-2). pap. 9.15 *(978-1-5382-5534-6(0),* 6b2f2bed-1592-4cee-8e43-9bb44879f3fa) Stevens, Gareth Publishing LLLP.

Horses from the Far East & Beyond Coloring Book. Activibooks For Kids. 2016. (ENG., Illus.). (J). pap. 9.20 *(978-1-68321-586-8(9))* Mimaxion.

Horse's Haiku. Michael J. Rosen. Illus. by Stan Fellows. 2018. 48p. (J). (gr. 1-4). 17.99 *(978-0-7636-8916-2(5))* Candlewick Pr.

Horses in the Attic. Shirley Brayne. Illus. by Martha LaBadie. 2021. (ENG.). 20p. (J). *(978-1-0391-0130-2(5));* pap. *(978-1-0391-0129-6(1))* FriesenPress.

Horses in the Wild: A How to Draw Activity Book. Jupiter Kids. 2017. (ENG., Illus.). (J). pap. 9.20 *(978-1-68326-874-1(1),* Jupiter Kids (Childrens & Kids Fiction)) Speedy Publishing LLC.

Horses in Training 1907: Embracing All Horses Engaged in Stakes on American Courses, Including All Two-Year-Olds, Registered with the Jockey Club (Classic Reprint) Unknown Author. (ENG., Illus.). (J). 2018. 308p. 30.25 *(978-0-656-33410-0(X));* 2017. pap. 13.57 *(978-0-243-07314-6(3))* Forgotten Bks.

Horses in Training 1908: Embracing All Horses Engaged in Stakes on American Courses, Including All Two-Year-Olds Registered with the Jockey Club (Classic Reprint) H. a Buck. (ENG., Illus.). (J). 2019. 258p. 29.22 *(978-0-364-30980-3(6));* 2016. pap. 11.57 *(978-1-334-12796-0(4))* Forgotten Bks.

Horses Neigh. Rebecca Glaser. 2016. (Amicus Ink Board Bks.). (ENG., Illus.). 14p. (J). (gr. -1-k). bds. 7.99 *(978-1-68152-126-8(1),* 15816) Amicus.

Horses Nine: Stories of Harness & Saddle (Classic Reprint) Sewell Ford. 2018. (ENG., Illus.). 300p. (J). 30.08 *(978-0-666-60772-0(9))* Forgotten Bks.

Horses of Griffin Farm. Penelope Dyan. 2022. (ENG.). 104p. (YA). pap. 9.50 *(978-1-61477-598-0(2))* Bellissima Publishing, LLC.

Horses of Presidents. Grace Hansen. (Pets of Presidents Ser.). (ENG., Illus.). 24p. (J). 2022. (gr. k-k). pap. 8.95 *(978-1-64494-692-3(0),* Abdo Kids-Junior); 2021. (gr. -1-2). lib. bdg. 31.36 *(978-1-0982-0927-8(3),* 38286, Abdo Kids) ABDO Publishing Co.

Horses of the Plains Indians Coloring Book. Activibooks For Kids. 2016. (ENG., Illus.). (J). pap. 9.20 *(978-1-68321-914-9(7))* Mimaxion.

Horses of the Sea. Patricia Gleichauf. 2017. (ENG., Illus.). 30p. (J). 19.95 *(978-1-64082-753-0(6));* pap. 11.95 *(978-1-64082-751-6(X))* Page Publishing Inc.

Horses on Patrol. Wiley Blevins. 2018. (Animals That Help Us (LOOK! Books (tm)) Ser.). (ENG., Illus.). 24p. (J). (gr. -1-3). pap. 8.99 *(978-1-63440-367-2(3),* 7748af56-5bae-456b-94ca-73401cb1f4a0) Red Chair Pr.

Horses, Saddles & Bridles. William Harding Carter. 2017. (ENG.). 376p. (J). pap. *(978-3-7446-6237-6(3))* Creation Pubs.

Horses Set 2 (Set), 6 vols. 2019. (Horses (Abdo Kids Jumbo 2) Ser.). (ENG.). 24p. (J). (gr. -1-2). lib. bdg. 196.74 *(978-1-5321-8562-5(6),* 31462, Abdo Kids) ABDO Publishing Co.

Horse's Tale. Mark Twain, pseud. 2022. (ENG.). 38p. (J). pap. ***(978-1-387-90968-1(1))*** Lulu Pr., Inc.

Horse's Tale (Classic Reprint) Mark Twain, pseud. 2017. (ENG., Illus.). (J). 27.51 *(978-1-5283-7078-3(3))* Forgotten Bks.

Horses, the Mane Attraction: An Equine Lover's Big Book of Information for Ultra Curious Kids - Children's Biological Science of Horses Books. Bobo's Little Brainiac Books. 2016. (ENG., Illus.). (J). pap. 7.99 *(978-1-68327-785-9(6))* Sunshine In My Soul Publishing.

Horses to the Rescue. Devin Ann Wooster. ed. 2016. (Barbie Step into Reading Level 2 Ser.). (ENG., Illus.). 24p. (J). (gr. -1-1). 14.75 *(978-0-606-39352-2(8))* Turtleback.

Horsetail Hollow: #3: Fearlessly Philippe (Disney: Horsetail Hollow, Book 3) Kiki Thorpe. Illus. by Laura Catrinella. 2022. (Horsetail Hollow Ser.: 3). (ENG.). 128p. (J). (gr. 1-3). 14.99 *(978-1-368-07226-7(7),* Disney-Hyperion) Disney Publishing Worldwide.

Horsetail Hollow: Amazingly Angus. Kiki Thorpe. Illus. by Laura Catrinella. 2022. (Horsetail Hollow Ser.: 2). (ENG.). 112p. (J). (gr. 1-3). 14.99 *(978-1-368-07225-0(9));* pap. 6.99 *(978-1-368-07228-1(3))* Disney Publishing Worldwide. (Disney-Hyperion).

Horsetail Hollow: Fearlessly Philippe-Horsetail Hollow, Book 3. Kiki Thorpe. Illus. by Laura Catrinella. 2022. (Horsetail Hollow Ser.: 3). (ENG.). 128p. (J). (gr. 1-3). pap. 6.99 *(978-1-368-07229-8(1),* Disney-Hyperion) Disney Publishing Worldwide.

Horsetail Hollow: Magically Maximus-Horsetail Hollow, Book 1. Kiki Thorpe. 2022. (Horsetail Hollow Ser.: 1). (ENG.). 128p. (J). (gr. 1-3). 14.99 *(978-1-368-07213-7(5),* Disney-Hyperion) Disney Publishing Worldwide.

Horsetail Hollow: Magically Maximus-Horsetail Hollow, Book 1. Kiki Thorpe. Illus. by Laura Catrinella. 2022. (Horsetail Hollow Ser.: 1). (ENG.). 128p. (J). (gr. 1-3). pap. 6.99 *(978-1-368-07227-4(5),* Disney-Hyperion) Disney Publishing Worldwide.

Horsetail Hollow: Stupendously Samson (Disney: Horsetail Hollow, Book 4) Kiki Thorpe. Illus. by Laura Catrinella. 2023. (Horsetail Hollow Ser.). (ENG.). 128p. (J). (gr. 1-3). 14.99 *(978-1-368-09422-1(8));* pap. 6.99 *(978-1-368-09424-5(4))* Disney Publishing Worldwide. (Disney-Hyperion).

Horsey, Horsey. Melissa Everett. Illus. by Ivana Forgo. 2017. (ENG.). 24p. (J). (gr. -1-2). *(978-1-4867-1263-2(0))* Flowerpot Children's Pr. Inc.

Horsies & Cows. Milissa Nelson. 2021. (ENG.). 28p. (J). pap. 9.99 *(978-0-578-86986-5(1))* Birch Bark Pr.

Horsing Around, 12 vols., Set. Incl. Famous Horses. Barbara M. Linde. lib. bdg. 25.27 *(978-1-4339-4623-3(8),* 711c5d6e-e372-4b0b-881d-118c8cc6f944); Horses in History. Barbara M. Linde. lib. bdg. 25.27 *(978-1-4339-4627-1(0),* 0bcb47a4-b696-4d6e-bdfd-283ae6f32170); Miniature Horses. Barbara M. Linde. lib. bdg. 25.27 *(978-1-4339-4631-8(9),* 611ff7fe-e53a-427a-b357-299976a86c6a); Racing Horses. Therese M. Shea. lib. bdg. 25.27 *(978-1-4339-4635-6(1),* c6d5ca67-9b6c-463b-a8ab-5fa3af526298); Show Horses. Laura Loria. lib. bdg. 25.27 *(978-1-4339-4639-4(4),* c60f321f-aa2a-48e4-988c-930815a4c0a8); Working Horses. Jeanne Nagle. lib. bdg. 25.27 *(978-1-4339-4643-1(2),* 0b11833e-c1d1-47d8-8db0-c6bb5fc53648); (J). (gr. 2-3). (Horsing Around Ser.). (ENG., Illus.). 24p. 2011. Set lib. bdg. 151.62 *(978-1-4339-4949-4(0),* 66eadedd-e5b7-4c82-8118-7b9559bc930e, Gareth Stevens Learning Library) Stevens, Gareth Publishing LLLP.

Horsing Around: Journal & Activity Book. Lexi Rees. 2021. (ENG.). 184p. (J). pap. ***(978-1-913799-07-6(7))*** Outset Publishing Ltd.

Horsing Around the Farm: Little Pony Coloring Books. Jupiter Kids. 2016. (ENG., Illus.). 106p. (J). pap. 12.55 *(978-1-68305-241-8(2),* Jupiter Kids (Childrens & Kids Fiction)) Speedy Publishing LLC.

Hortense & the Magic Beans. Bobbicat. 2018. (ENG., Illus.). (J). (gr. k-3). 19.99 *(978-1-63363-261-5(X))* White Bird Pubns.

Hortense & the Shadow. Natalia O'Hara. 2017. (ENG., Illus.). 32p. (J). (gr. -1-3). 17.99 *(978-0-316-44079-0(5))* Little, Brown Bks. for Young Readers.

Hortis the Tortoise. Lori E. Rowell. 2018. (ENG., Illus.). 30p. (J). pap. 6.99 *(978-1-948817-01-1(2))* INFORMA INC.

Horton Cuida un Nido (Horton Hatches the Egg Spanish Edition) Seuss. 2019. (Classic Seuss Ser.). (SPA.). 64p. (J). 16.99 *(978-1-9848-3143-9(7));* lib. bdg. 19.99 *(978-0-593-12294-5(1))* Random Hse. Children's Bks. (Random Hse. Bks. for Young Readers).

Horton Escucha a Quién! (Horton Hears a Who! Spanish Edition) Seuss. 2019. (Classic Seuss Ser.). (SPA.). 72p. (J). (gr. k-4). 16.99 *(978-1-9848-3134-7(8));* lib. bdg. 19.99 *(978-1-9848-4827-7(5))* Random Hse. Children's Bks. (Random Hse. Bks. for Young Readers).

Horton Hears a Who: Read Together Edition. Seuss. 2020. (Read Together, Be Together Ser.). (ENG.). 72p. (J). (gr. k-4). 9.99 *(978-0-593-30341-2(5),* Random Hse. Bks. for Young Readers) Random Hse. Children's Bks.

Hortons, or American Life at Home (Classic Reprint) Davis B. Casseday. (ENG., Illus.). (J). 2017. 31.53 *(978-0-266-41019-5(7));* 2016. pap. 13.97 *(978-1-333-52257-5(6))* Forgotten Bks.

Hortus Inclusus: Also in Montibus Sanctis-Coeli Enarrant, Notes on Various Pictures, Praeterita, Outlines of Scenes & Thoughts, Perhaps Worthy of Memory, in My Past Life (Classic Reprint) John Ruskin. (ENG., Illus.). (J). 2018. 836p. 41.16 *(978-0-428-83349-7(7));* 2016. pap. 23.57 *(978-1-334-51173-8(X))* Forgotten Bks.

Hortus Inclusus: In Montibus Sanctis; Coeli Enarrant Notes on Various Pictures (Classic Reprint) John Ruskin. 2018. (ENG., Illus.). 380p. (J). 31.75 *(978-0-332-67980-8(2))* Forgotten Bks.

Hortus Inclusus: Messages from the Wood to the Garden, Sent in Happy Days to the Sister Ladies of the Thwaite, Coniston. John Ruskin. 2017. (ENG., Illus.). (J). 22.95 *(978-1-374-93944-8(7));* pap. 12.95 *(978-1-374-93943-1(9))* Capital Communications, Inc.

Hortus Inclusus: Messages from the Wood to the Garden, Sent in Happy Days to the Sister Ladies of the Thwaite, Coniston (Classic Reprint) John Ruskin. 2018. (ENG., Illus.). 186p. (J). 27.75 *(978-0-483-81986-3(7))* Forgotten Bks.

Horus. Alyssa Krekelberg. 2022. (Egyptian Mythology Ser.). (ENG., Illus.). 32p. (J). (gr. 2-5). lib. bdg. 34.22 *(978-1-5321-9867-0(1),* 39727, Kids Core) ABDO Publishing Co.

Horus. Contrib. by Alyssa Krekelberg. 2022. (Egyptian Mythology Ser.). (ENG., Illus.). 32p. (J). (gr. 3-3). pap. 9.95 *(978-1-64494-775-3(7))* North Star Editions.

Horus. Virginia Loh-Hagan. 2019. (Gods & Goddesses of the Ancient World Ser.). (ENG., Illus.). 32p. (J). (gr. 4-8). pap. 14.21 *(978-1-5341-5057-7(9),* 213535); lib. bdg. 32.07 *(978-1-5341-4771-3(3),* 213534) Cherry Lake Publishing. (45th Parallel Press).

Horus, the Misunderstood Buzzard & Friends: Horus Has a Problem. Mary Deborah Bowden. 2020. (ENG., Illus.). 32p. (J). 20.99 *(978-1-952011-37-5(X))* Pen It Pubns.

Horus, the Misunderstood Buzzard & Friends: Moonbeam Is Different: Book 3. Mary Deborah Bowden. Illus. by Andrew Robertson. 2022. (ENG.). 42p. (J). pap. 11.79 *(978-1-63984-227-8(6))* Pen It Pubns.

Horus, the Misunderstood Buzzard & Friends: Snickers Has a Toothache. Mary Deborah Bowden. 2021. (Horus the Misunderstood Buzzard Ser.: Vol. 2). (ENG.). 36p. (J). 21.99 *(978-1-954868-17-5(0));* pap. 12.99 *(978-1-952894-04-6(2))* Pen It Pubns.

Horus, the Misunderstood Buzzard Horus Has a Problem: Horus Has a Problem. Deborah Bowden. 2018. (ENG.). 32p. (J). pap. 12.99 *(978-1-948390-95-8(7))* Pen It Pubns.

Hoshizora No Jeiku. Shomei Yo. 2016. (JPN.). (J). *(978-4-86392-254-9(X))* J-Research Pr.

Hoshizora No Jeiku (Mini Size) Shomei Yo. 2016. (JPN.). (J). *(978-4-86392-257-0(4))* J-Research Pr.

Hospital. Amy McDonald & Amy McDonald. 2022. (Community Places Ser.). (ENG., Illus.). 24p. (J). (gr. -1-2). pap. 7.99 *(978-1-64834-657-6(X),* 21369, Blastoff! Readers) Bellwether Media.

Hospital. Aaron Carr. 2017. (Los Lugares de Mi Comunidad Ser.). (SPA.). 24p. (J). lib. bdg. 22.99 *(978-1-5105-2390-6(1))* SmartBook Media, Inc.

Hospital. Jennifer Colby. 2016. (21st Century Junior Library: Explore a Workplace Ser.). (ENG., Illus.). 24p. (J). (gr. 2-5). 29.21 *(978-1-63471-074-9(6),* 208375) Cherry Lake Publishing.

Hospital. Julie Murray. 2016. (My Community: Places Ser.). (ENG., Illus.). 24p. (J). (gr. -1-2). lib. bdg. 31.36 *(978-1-68080-536-9(3),* 21352, Abdo Kids) ABDO Publishing Co.

Hospital: The Inside Story. Christle Nwora & Neon Squid. Illus. by Ginnie Hsu. 2022. (Inside Story Ser.). (ENG.). 64p. (J). 16.99 *(978-1-68449-204-6(1),* 900250361, Neon Squid) St. Martin's Pr.

Hospital Bedtime Story. Jessica Ehret. 2020. (ENG., Illus.). 24p. (J). (gr. k-4). pap. 13.50 *(978-1-61244-832-9(1))* Halo Publishing International.

Hospital Book. Lisa Brown. 2023. (Illus.). 40p. (J). (gr. -1-3). 18.99 *(978-0-8234-4665-0(4),* Neal Porter Bks) Holiday Hse., Inc.

Hospital Days: Printed for Private Use (Classic Reprint) Unknown Author. 2018. (ENG., Illus.). 198p. (J). 27.98 *(978-0-483-11735-8(8))* Forgotten Bks.

Hospital Heroes (Classic Reprint) Elizabeth Walker Black. 2017. (ENG., Illus.). (J). 29.18 *(978-0-266-19657-0(8))* Forgotten Bks.

Hospital High: Based on a True Story. Mimi Thebo. 2017. (ENG., Illus.). 304p. (YA). (gr. 8-17). pap. 12.95 *(978-1-78535-187-7(7),* Lodestone Bks.) Hunt, John Publishing Ltd. GBR. Dist: National Bk. Network.

Hospital in My City, 1 vol. Nancy Anderson. 2016. (Rosen REAL Readers: Social Studies Nonfiction / Fiction: Myself, My Community, My World Ser.). (ENG.). 8p. (gr. k-1). pap. 5.46 *(978-1-5081-2263-0(6),* b88a29d3-45e0-42a7-b587-d03b62e1a24b, Rosen Classroom) Rosen Publishing Group, Inc., The.

Hospital Pencillings. Elvira J. Powers. 2017. (ENG.). 224p. (J). pap. *(978-3-337-18356-1(5))* Creation Pubs.

Hospital Pencillings: Being a Diary While in Jefferson General Hospital, Jeffersonville, Ind:, & Others at Nashville, Tennessee, As Matron & Visitor (Classic Reprint) Elvira J. Powers. 2017. (ENG., Illus.). (J). 28.50 *(978-0-331-68834-4(4))* Forgotten Bks.

Hospital Scenes after the Battle of Gettysburg, July, 1863 (Classic Reprint) Patriot Daughters of Lancaster. 2017. (ENG., Illus.). (J). 24.70 *(978-0-266-56490-4(9))* Forgotten Bks.

Hospital Sick. Carol Christian. 2016. (ENG., Illus.). (J). pap. 13.95 *(978-1-5127-6892-3(8),* WestBow Pr.) Author Solutions, LLC.

Hospital Sketches. Louisa Alcott. 2020. (ENG.). (J). 124p. 16.95 *(978-1-64799-507-2(8));* 122p. pap. 8.95 *(978-1-64799-506-5(X))* Bibliotech Pr.

Hospital Sketches: And Camp & Fireside Stories (Classic Reprint) Louisa Alcott. 2018. (ENG., Illus.). 398p. (J). 32.13 *(978-0-364-12545-8(4))* Forgotten Bks.

Hospital Sketches (Classic Reprint) Louisa Alcott. 2017. (ENG., Illus.). (J). 26.12 *(978-0-331-62150-1(9))* Forgotten Bks.

Hospitality & Human Services, Vol. 10. Daniel Lewis. 2018. (Careers in Demand for High School Graduates Ser.). 112p. (J). (gr. 7). lib. bdg. 34.60 *(978-1-4222-4138-7(6))* Mason Crest.

Hospitality & Tourism. Diane Lindsey Reeves. 2017. (Bright Futures Press: World of Work Ser.). (ENG., Illus.). 32p. (J). (gr. 4-7). lib. bdg. 32.07 *(978-1-5341-0175-3(6),* 210170) Cherry Lake Publishing.

Hospitality (Classic Reprint) Sherley Hunter. 2018. (ENG., Illus.). 26p. (J). 24.43 *(978-0-484-45321-9(1))* Forgotten Bks.

Hospitals. Emma Bassier. 2019. (Places in My Community Ser.). (ENG., Illus.). 24p. (J). (gr. k-3). lib. bdg. 31.36 *(978-1-5321-6348-7(7),* 32011, Pop! Cody Koala) Pop!.

Host & Hostess. Marzieh A. Ali. Illus. by Maxine Lee-Mackie. 2023. (Nadia & Nadir Ser.). (ENG.). 32p. (J). (gr. -1-3). lib. bdg. 32.79 ***(978-1-0982-3786-8(2),*** 42557, Calico Chapter Bks) Magic Wagon.

Host of Children (Classic Reprint) James Whitcomb Riley. 2018. (ENG., Illus.). 188p. (J). 27.79 *(978-0-484-89849-2(3))* Forgotten Bks.

Hostage. Cheryl Headford. 2016. (ENG., Illus.). (YA). 29.99 *(978-1-63533-030-4(0),* Harmony Ink Pr.) Dreamspinner Pr.

Hostage. Willo Davis Roberts. 2016. (ENG., Illus.). 176p. (J). (gr. 3-7). pap. 7.99 *(978-1-4814-5788-0(8),* Aladdin) Simon & Schuster Children's Publishing.

Hostage. Willo Davis Roberts. 2016. (ENG., Illus.). 176p. (J). (gr. 3-7). 17.99 *(978-1-4814-5789-7(6),* Simon & Schuster/Paula Wiseman Bks.) Simon & Schuster/Paula Wiseman Bks.

Hostage on the Nighthawk: Introducing William Penn. Dave Jackson & Neta Jackson. 2016. (ENG., Illus.). (J). pap. 7.99 *(978-1-939445-34-6(5))* Castle Rock Creative, Inc.

Hostage Run, 1 vol. Andrew Klavan. 2016. (MindWar Trilogy Ser.: 2). (ENG.). 352p. (YA). pap. 12.99 *(978-1-4016-8897-4(7))* Nelson, Thomas Inc.

Hostage Takers. Philip Steele. 2016. (Behind the News Ser.). (Illus.). 48p. (J). (gr. 6-9). *(978-0-7787-2587-9(1))* Crabtree Publishing Co.

Hostages to Fortune: A Novel (Classic Reprint) M. E. Braddon. (ENG., Illus.). (J). 2018. 176p. 27.53 *(978-0-484-26325-2(0));* 2016. pap. 9.97 *(978-1-333-78019-7(2))* Forgotten Bks.

Hostages to Fortune, Vol. 2 Of 3: A Novel (Classic Reprint) M. E. Braddon. (ENG., Illus.). (J). 2018. 290p. 29.88 *(978-0-484-67644-1(X));* 2016. pap. 13.57 *(978-1-333-35708-5(7))* Forgotten Bks.

Hostages to Fortune, Vol. 3 Of 3: A Novel (Classic Reprint) M. E. Braddon. 2018. (ENG., Illus.). 300p. (J). 30.10 *(978-0-483-10754-0(9))* Forgotten Bks.

Hostess Diary: Jan 1934-Dec 1934 (Classic Reprint) Wayside Inn. 2017. (ENG., Illus.). (J). 26.35 *(978-0-266-86872-9(X));* pap. 9.57 *(978-1-5282-2231-0(8))* Forgotten Bks.

Hostess Diary: Jan. 1936-Dec. 1936 (Classic Reprint) Wayside Inn. 2017. (ENG., Illus.). (J). 28.45 *(978-0-260-88207-3(0));* pap. 10.97 *(978-1-5282-4107-6(X))* Forgotten Bks.

Hostess Diary: Jan. 1940-Dec. 1940 (Classic Reprint) Wayside Inn. 2017. (ENG., Illus.). (J). 30.52 *(978-0-265-57656-4(3));* pap. 13.57 *(978-1-5281-0007-6(7))* Forgotten Bks.

Hostess Diary: Jan 1941-Dec. 1941 (Classic Reprint) Wayside Inn. 2017. (ENG., Illus.). (J). 30.85 *(978-0-266-60456-3(0));* pap. 13.57 *(978-1-5276-2850-2(7))* Forgotten Bks.

Hostess Diary: Jan 1942-Dec. 1942 (Classic Reprint) Wayside Inn. 2017. (ENG., Illus.). (J). 31.09 *(978-0-265-73962-4(4));* pap. 13.57 *(978-1-5277-0565-4(X))* Forgotten Bks.

Hostetter's Illustrated United States Almanac 1873: For Merchants, Mechanics, Miners, Farmers, Planters, & General Family Use; Carefully Calculated for Such Meridians & Latitudes As Are Best Suited for an Universal Calendar for the United States. Hostetter And Smith. (ENG., Illus.). (J). 2018. 42p. 24.78 *(978-0-365-15480-8(6));* 2017. pap. 7.97 *(978-0-259-49340-2(6))* Forgotten Bks.

Hostetter's Illustrated United States Almanac 1878: For Merchants, Mechanics, Miners, Farmers, Planters, & General Family Use (Classic Reprint) Hostetter And Smith. 2017. (ENG., Illus.). (J). 24.76 *(978-0-266-59682-0(7));* pap. 7.97 *(978-0-282-91081-5(6))* Forgotten Bks.

Hostile Habitats: Biology at Its Most Extreme! Kelly Roberts. 2023. (Life on the Edge Ser.). (ENG., Illus.). 48p. (J). (gr. 5-8). pap. 10.99 ***(978-1-915761-41-5(7),*** d5757e15-bea9-43f7-b171-a7d8cd439a9d); lib. bdg. 31.99 ***(978-1-915153-81-4(6),*** feb21016-91fa-47a4-af3e-cc7f96837bfc) Cheriton Children's Bks. GBR. Dist: Lerner Publishing Group.

Hosts of the Air. Joseph A. Altsheler. 2019. (ENG., Illus.). 240p. (J). pap. *(978-93-5329-513-4(0))* Alpha Editions.

Hosts of the Air: The Story of a Quest in the Great War (Classic Reprint) Joseph A. Altsheler. 2018. (ENG., Illus.). 346p. (J). 31.05 *(978-0-428-91402-8(0))* Forgotten Bks.

Hosts of the Lord (Classic Reprint) Flora Annie Steel. 2017. (ENG., Illus.). (J). 31.28 *(978-1-5285-8769-3(3))* Forgotten Bks.

Hot Air. Donovan Bixley. Illus. by Donovan Bixley. 2017. (Flying Furballs Ser.: 2). (Illus.). 112p. (J). (gr. 2-4). pap. 8.99 *(978-1-927262-54-2(2))* Upstart Pr. NZL. Dist: Independent Pubs. Group.

Hot Air Balloon Race. Rachel Bach. 2016. (Let's Race Ser.). (ENG.). 16p. (J). (gr. -1-1). pap. 7.99 *(978-1-68152-133-6(4),* 15499); lib. bdg. 17.95 *(978-1-60753-914-8(4),* 15491) Amicus.

Hot Air Balloons Spot the Difference Activity Book. Jupiter Kids. 2017. (ENG., Illus.). (J). pap. 9.20 *(978-1-68326-875-8(X),* Jupiter Kids (Childrens & Kids Fiction)) Speedy Publishing LLC.

Hot & Bothered Air Balloon: A Story about Feeling Stressed. Juliette Ttofa. 2017. (Nurturing Emotional Resilience Storybooks Ser.). (ENG., Illus.). 20p. pap. 15.95 *(978-1-138-30902-9(8),* Y367717) Routledge.

Hot & Cold, 1 vol. Steffi Cavell-Clarke. 2017. (First Science Ser.). (ENG.). 24p. (J). (gr. 1-1). pap. 9.25 *(978-1-5345-2391-3(X),* e3315c1a-af3c-4e5f-9959-9161ce304d5e); lib. bdg. 26.23 *(978-1-5345-2390-6(1),* 4300cb78-d7d1-4615-9642-131a47b047a6) Greenhaven Publishing LLC.

Hot & Cold. Emilie DuFresne. 2019. (Opposites Ser.). (ENG.). 24p. (J). (gr. -1-k). lib. bdg. 22.99 *(978-1-5105-4635-6(9))* SmartBook Media, Inc.

Hot & Cold, 1 vol. Tom Hughes. 2016. (All about Opposites Ser.). (ENG., Illus.). 24p. (gr. k-1). pap. 10.35 *(978-0-7660-8110-9(9),* f9ea8fee-b411-4ba9-88d3-6190c39ea949) Enslow Publishing, LLC.

906 The check digit for ISBN-10 appears in parentheses after the full ISBN-13

Hot & Cold. Kelsey Jopp. 2019. (Opposites Ser.). (ENG., Illus.). 16p. (J). (gr. k-1). 25.64 *(978-1-64185-348-4(4),* 1641853484, Focus Readers) North Star Editions.

Hot & Cold. Mary Lindeen. 2017. (Beginning-To-Read Ser.). (ENG.). 32p. (J). (gr. k-2). pap. 13.26 *(978-1-68404-102-2(3));* (Illus.). 22.60 *(978-1-59953-883-9(0))* Norwood Hse. Pr.

Hot & Cold. Cecilia Minden. 2016. (21st Century Basic Skills Library: Animal Opposites Ser.). (ENG., Illus.). 24p. (J). (gr. k-3). 26.35 *(978-1-63470-473-1(8),* 207623) Cherry Lake Publishing.

Hot & Cold. Julie Murray. 2018. (Opposites Ser.). (ENG., Illus.). 24p. (J). (gr. -1-2). lib. bdg. 31.36 *(978-1-5321-8180-1(9),* 29833, Abdo Kids) ABDO Publishing Co.

Hot & Cold, Cold & Hot Heat Transference Energy Book for Kids Grade 3 Children's Physics Books. Baby Professor. 2021. (ENG.). 72p. (J). pap. 16.99 *(978-1-5419-5902-6(7),* Baby Professor (Education Kids)) Speedy Publishing LLC.

Hot Ashes: All New & Original (Classic Reprint) Ezra Kendall. (ENG., Illus.). (J). 2018. 104p. 26.06 *(978-0-365-15039-8(8));* 2017. pap. 9.57 *(978-0-282-29712-1(X))* Forgotten Bks.

Hot British Boyfriend. Kristy Boyce. 2021. (ENG.). 336p. (YA). (gr. 8). pap. 11.99 *(978-0-06-302591-2(4),* HarperTeen) HarperCollins Pubs.

Hot Bulb Oil Engines & Suitable Vessels (Classic Reprint) Walter Pollock. 2017. (ENG., Illus.). (J). 33.73 *(978-0-331-58671-8(1))* Forgotten Bks.

Hot Coal Walking, Hooping, & Other Mystifying Circus Science. Alicia Z. Klepeis. 2017. (Circus Science Ser.). (ENG., Illus.). 32p. (J). (gr. 3-9). lib. bdg. 28.65 *(978-1-5157-7281-1(0),* 135632, Capstone Pr.) Capstone.

Hot Cold Summer: Choose Your Own Ever After. Nova Weetman. 2016. (ENG.). 256p. (J). pap. 5.99 *(978-1-61067-354-9(9))* Kane Miller.

Hot Corn: Life Scenes in New York Illustrated; Including the Story of Little Katy, Madalina, the Rag-Picker's Daughter, Wild Maggie, &c (Classic Reprint) Solon Robinson. 2018. (ENG., Illus.). 430p. (J). 32.79 *(978-0-267-14550-8(0))* Forgotten Bks.

Hot Cross Bunny. Carys Bexington. Illus. by Mark A. Chambers. 2023. (ENG.). 32p. (J). (gr. -1-k). ***(978-0-7112-8302-2(8))*** White Lion Publishing.

Hot Day. Alison Hawes. Illus. by Maxine Lee. ed. 2016. (Cambridge Reading Adventures Ser.). (ENG.). 16p. pap. 7.95 *(978-1-316-60069-6(6))* Cambridge Univ. Pr.

Hot Day on Abbott Avenue. Karen English. Illus. by Javaka Steptoe. 2019. (ENG.). 32p. (J). (gr. -1-3). pap. 7.99 *(978-1-328-50006-9(3),* 1718045, Clarion Bks.) HarperCollins Pubs.

Hot Days, Cold Days, 1 vol. Wayan James. 2016. (Rosen REAL Readers: STEM & STEAM Collection). (ENG.). 12p. (gr. k-1). pap. 6.33 *(978-1-5081-2419-1(1),* 777a82b9-4a46-4db2-a293-123a097bd8aa, Rosen Classroom) Rosen Publishing Group, Inc., The.

Hot Dog: (Winner of the 2023 Caldecott Medal) Doug Salati. 2022. (ENG.). 40p. (J). (gr. -1-3). 18.99 *(978-0-593-30843-1(3));* 20.99 *(978-0-593-30844-8(1))* Random Hse. Children's Bks. (Knopf Bks. for Young Readers).

Hot Dog Christmas. Lannie Zimmer. 2017. (ENG.). (J). 14.95 *(978-1-63177-914-5(1))* Amplify Publishing Group.

Hot Dog, Cold Dog. Frann Preston-Gannon. 2023. (ENG.). 20p. (J). bds. 14.99 ***(978-1-64823-054-7(7))*** POW! Kids Bks.

Hot Dog Girl. Jennifer Dugan. (gr. 7). 2020. 336p. (YA). pap. 11.99 *(978-0-525-51627-9(1),* Penguin Books); 2019. 320p. (J). 17.99 *(978-0-525-51625-5(5),* G.P. Putnam's Sons Books for Young Readers) Penguin Young Readers Group.

Hot Dogs for Every Meal. Theresa James. 2021. (ENG.). 28p. (J). pap. 13.95 *(978-1-61244-989-0(1))* Halo Publishing International.

Hot Dogs: the Long Story. Julie Knutson. 2021. (21st Century Skills Library: the Dish on the Dish: a History of Your Favorite Foods Ser.). (ENG.). 32p. (J). (gr. 4-7). pap. 14.21 *(978-1-5341-8870-9(3),* 219191); (Illus.). lib. bdg. 32.07 *(978-1-5341-8730-6(8),* 219190) Cherry Lake Publishing.

Hot Dutch Daydream. Kristy Boyce. 2023. (ENG.). 304p. (YA). (gr. 8). pap. 15.99 *(978-0-06-316030-9(7),* HarperTeen) HarperCollins Pubs.

Hot Hot Pancakes! Illus. by Nishiuchi Toshio. 2020. 32p. (J). (gr. -1). 17.95 *(978-2-89802-161-9(X),* CrackBoom! Bks.) Chouette Publishing CAN. Dist: Publishers Group West (PGW).

Hot Hurry of Mercurial Fleeting. Steve Loe. 2016. (YA). pap. 9.99 *(978-0-88092-303-3(2))* Royal Fireworks Publishing Co.

Hot on the Trail in Ancient Egypt. Linda Bailey. Illus. by Bill Slavin. 2018. (Time Travel Guides). (ENG.). 56p. (J). (gr. 3-7). pap. 11.99 *(978-1-77138-985-3(0))* Kids Can Pr., Ltd. CAN. Dist: Hachette Bk. Group.

Hot on the Trail! Kids Fun Adventure Maze Activity Book. Jupiter Kids. 2017. (ENG., Illus.). (J). pap. 9.20 *(978-1-68326-876-5(8),* Jupiter Kids (Childrens & Kids Fiction)) Speedy Publishing LLC.

Hot on the Trail! Super Hidden Picture Activity Book for Kids. Jupiter Kids. 2017. (ENG.). 104p. (J). pap. 9.20 *(978-1-68326-903-8(9),* Jupiter Kids (Childrens & Kids Fiction)) Speedy Publishing LLC.

Hot Plowshares. Albion Winegar Tourgee. 2016. (ENG., Illus.). (J). pap. *(978-3-7433-0590-8(9))* Creation Pubs.

Hot Plowshares: A Novel (Classic Reprint) Albion Winegar Tourgee. 2017. (ENG., Illus.). (J). 37.03 *(978-1-5282-6811-0(3))* Forgotten Bks.

Hot Pot: Or, Miscellaneous Papers (Classic Reprint) Francis Francis. 2018. (ENG., Illus.). 328p. (J). 30.66 *(978-0-484-52252-6(3))* Forgotten Bks.

Hot Pot Night! Vincent Chen. Illus. by Vincent Chen. 2020. (Illus.). 40p. (J). (gr. -1-2). 16.99 *(978-1-62354-120-0(4))* Charlesbridge Publishing, Inc.

Hot Potato! David Descoteaux. 2019. (Economics & Finance for Kids Ser.: Vol. 5). (ENG.). 36p. (J). pap. *(978-2-9818003-0-5(2))* Descôteaux, David.

Hot Pterodactyl Boyfriend. Alan Cumyn. 2016. (ENG., Illus.). 416p. (YA). (gr. 9). 17.99 *(978-1-4814-3980-0(4),* Atheneum/Caitlyn Dlouhy Books) Simon & Schuster Children's Publishing.

Hot Pursuit! (DC Super Friends) Steve Foxe. Illus. by Random House. 2023. (Pictureback(R) Ser.). (ENG.). 16p. (J). (gr. -1-2). pap. 5.99 *(978-1-5247-1715-5(0),* Random Hse. Bks. for Young Readers) Random Hse. Children's Bks.

Hot Rockin' Hundred - Guitar Chord Songbook - Paperback Edition: 100 Classic Songs! Compiled by Jez Quayle. 2023. (ENG.). 212p. (J). pap. 25.00 ***(978-1-4476-7540-2(1))*** Lulu Pr., Inc.

Hot Rocks, 1 vol. Charmaine Robertson. 2016. (Rosen REAL Readers: STEM & STEAM Collection). (ENG.). 8p. (gr. k-1). pap. 5.46 *(978-1-5081-2625-6(9),* 09959cb3-dd82-4986-a6a0-64fdf2d40d50, Rosen Classroom) Rosen Publishing Group, Inc., The.

Hot Rod for God. Sally Mather. 2018. (ENG., Illus.). 44p. (J). 24.95 *(978-1-64191-286-0(3));* pap. 14.95 *(978-1-64191-230-3(8))* Christian Faith Publishing.

Hot Rod Hamster Meets His Match! Cynthia Lord. ed. 2018. (Scholastic Readers Ser.). (ENG.). 32p. (J). (gr. -1-1). 9.00 *(978-1-64310-326-6(1))* Penworthy Co., LLC, The.

Hot Rod Hamster Meets His Match! Cynthia Lord. Illus. by Derek Anderson & Greg Paprocki. 2016. (J). *(978-1-5182-0993-2(9),* Scholastic Pr.) Scholastic, Inc.

Hot Rod Todd to the Rescue. Adrian Czarnecki. 2020. (ENG.). 38p. (J). pap. 14.95 *(978-1-7948-8335-2(5))* Lulu Pr., Inc.

Hot Rods. Thomas K. Adamson. 2018. (Full Throttle Ser.). (ENG., Illus.). 24p. (J). (gr. 3-7). lib. bdg. 26.95 *(978-1-62617-872-4(0),* Epic Bks.) Bellwether Media.

Hot Rods. Wendy Hinote Lanier. 2017. (Let's Roll Ser.). (ENG., Illus.). 32p. (J). (gr. 2-3). pap. 9.95 *(978-1-63517-105-1(9),* 1635171059); lib. bdg. 31.35 *(978-1-63517-049-8(4),* 1635170494) North Star Editions. (Focus Readers).

Hot Rods. Martha London. 2019. (Start Your Engines! Ser.). (ENG., Illus.). 32p. (J). (gr. 3-3). pap. 9.95 *(978-1-64494-213-0(5),* 1644942135) Bigfoot Bks. GBR. Dist: North Star Editions.

Hot Shot. Matt Christopher. 2018. (Matt Christopher: the #1 Sports Series for Kids Ser.). (ENG.). 128p. (J). (gr. 3-7). lib. bdg. 31.36 *(978-1-5321-4267-3(6),* 31077, Chapter Bks.) Spotlight.

Hot Shot Hockey. Jake Maddox & Jake Maddox. Illus. by Eduardo Garcia. 2023. (Jake Maddox Graphic Novels Ser.). (ENG.). 72p. (J). 27.99 *(978-1-6663-4134-8(7),* 237702); pap. 7.99 *(978-1-6663-4135-5(5),* 237684) Capstone. (Stone Arch Bks.).

Hot Shots, 6 bks. Rob Kirkpatrick. Incl. Dale Earnhardt, Jr. NASCAR Road Racer. (Illus.). 24p. (J). (gr. 1). 2000. lib. bdg. 17.25 *(978-0-8239-5545-9(1),* PKDAEA, PowerKids Pr.); (Illus.). Set lib. bdg. 96.00 *(978-0-8239-7001-8(9),* PKPOHS, PowerKids Pr.) Rosen Publishing Group, Inc., The.

Hot Springs, Past & Present (Classic Reprint) Sally Royce Weir. 2018. (ENG., Illus.). 30p. (J). 24.54 *(978-0-267-19326-4(2))* Forgotten Bks.

Hot Streaks (Set), 8 vols. 2019. (Hot Streaks Ser.). (ENG.). (J). (gr. 3-6). lib. bdg. 285.12 *(978-1-5038-4003-4(4),* 213615, MOMENTUM) Child's World, Inc, The.

Hot Stuff by Famous Funny Men: Comprising Wit, Humor, Pathos, Ridicule, Repartee, Satires, Dialects, Bulls, Blunders & Paradox, Temperance Anecdotes, Irish, Dutch & Negro Wit, Political Wit, Scholastic, Clerical, Lawyers' & Doctors' Wit & Humor, E. Melville De Lancey Landon. 2017. (ENG., Illus.). (J). 562p. 35.51 *(978-0-332-31662-8(9));* pap. 19.57 *(978-0-259-37423-7(7))* Forgotten Bks.

Hot Summer Days, Melting Away with This Activity Book. Jupiter Kids. 2018. (ENG., Illus.). 106p. (J). pap. 12.55 *(978-1-68326-904-5(7),* Jupiter Kids (Childrens & Kids Fiction)) Speedy Publishing LLC.

Hot Sun. Cassie Bell. 2016. (Spring Forward Ser.). (J). (gr. k). *(978-1-4900-3734-9(9))* Benchmark Education Co.

Hot Tea & Laughter. Alexandria Cunningham. 2021. (ENG.). 102p. (YA). pap. 10.00 *(978-0-578-77769-6(X))* Inspiring Honey Publishing.

Hot to Cold: The Planets & Their Places Coloring Book. Creative Playbooks. 2016. (ENG., Illus.). (J). pap. 7.74 *(978-1-68323-766-2(8))* Twin Flame Productions.

Hot Toddy. Alice Baskous. 2018. (ENG., Illus.). 282p. (J). *(978-1-5255-1253-7(6));* pap. *(978-1-5255-1254-4(4))* FriesenPress.

Hot Topics (Fall 2018 Bundle) 2018. (Hot Topics Ser.). (ENG.). (YA). pap. 251.88 *(978-1-5345-6477-0(2),* Lucent Pr.) Greenhaven Publishing LLC.

Hot Topics (Fall 2019) annot. ed. 2019. (Hot Topics Ser.). (ENG.). 104p. (YA). pap. 119.94 *(978-1-5345-6805-1(0),* Lucent Pr.) Greenhaven Publishing LLC.

Hot Topics (Fall 2019 Bundle) 2019. (Hot Topics Ser.). (ENG.). (YA). pap. 503.76 *(978-1-5345-6804-4(2),* Lucent Pr.) Greenhaven Publishing LLC.

Hot Topics: Set 1, 12 vols. 2016. (Hot Topics Ser.). (ENG.). (J). (gr. 7-7). lib. bdg. 246.18 *(978-1-5345-6065-9(3),* d0287ac3-5d7d-4f5d-819e-571d53547ef8, Lucent Pr.) Greenhaven Publishing LLC.

Hot Topics: Set 3, 12 vols. annot. ed. 2017. (Hot Topics Ser.). (ENG.). 104p. (YA). (gr. 7-7). lib. bdg. 246.18 *(978-1-5345-6255-4(9),* deeb6280-a6ee-49c2-acfc-3cc075e8fb4c) Greenhaven Publishing LLC.

Hot Topics: Set 4, 12 vols. annot. ed. 2018. (Hot Topics Ser.). (ENG.). 104p. (YA). (gr. 7-7). lib. bdg. 246.18 *(978-1-5345-6456-5(X),* 21cc7689-fa22-427c-87fb-2c9ed81a56a7) Greenhaven Publishing LLC.

Hot Topics: Set 6, 12 vols. annot. ed. 2019. (Hot Topics Ser.). (ENG.). 104p. (YA). (gr. 7-7). lib. bdg. 246.18 *(978-1-5345-6702-3(X),* 8ed8c3e4-39c1-490b-9933-18ca88520501, Lucent Pr.) Greenhaven Publishing LLC.

Hot Topics: Set 7, 8 vols. annot. ed. 2019. (Hot Topics Ser.). (ENG.). 104p. (YA). (gr. 7-7). lib. bdg. 164.12 *(978-1-5345-6857-0(3),* 80fdd797-e228-41f6-8d02-9748c49cb634, Lucent Pr.) Greenhaven Publishing LLC.

Hot Topics: Sets 1 - 3, 36 vols. 2017. (Hot Topics Ser.). (ENG.). (YA). (gr. 7-7). lib. bdg. 738.54 *(978-1-5345-6313-1(X),* 3d64821a-efbe-4915-be60-9659b6e53330, Lucent Pr.) Greenhaven Publishing LLC.

Hot Topics: Sets 1 - 4, 48 vols. 2018. (Hot Topics Ser.). (ENG.). (YA). (gr. 7-7). lib. bdg. 984.72 *(978-1-5345-6449-7(7),* 142ed6e5-f426-4e76-9ee4-437853d777fd, Lucent Pr.) Greenhaven Publishing LLC.

Hot Topics: Sets 1 - 5, 60 vols. 2018. (Hot Topics Ser.). (ENG.). (YA). (gr. 7-7). lib. bdg. 1230.90 *(978-1-5345-6602-6(3),* 55a64181-c0c0-4e42-8a4d-40e05fd41e34, Lucent Pr.) Greenhaven Publishing LLC.

Hot Topics: Sets 1 - 6, 72 vols. 2019. (Hot Topics Ser.). (ENG.). (YA). (gr. 7-7). lib. bdg. 1477.08 *(978-1-5345-6703-0(8),* a953c895-0fd5-4f84-bc2f-d7b1a9ab254a, Lucent Pr.) Greenhaven Publishing LLC.

Hot Topics: Sets 1 - 7, 80 vols. 2019. (Hot Topics Ser.). (ENG.). (YA). (gr. 7-7). lib. bdg. 1641.20 *(978-1-5345-6858-7(1),* 26eb9ea9-717e-41d2-9f05-2768cb2cc0fe, Lucent Pr.) Greenhaven Publishing LLC.

Hot Topics (Spring 2020 Bundle) 2019. (Hot Topics Ser.). (ENG.). (YA). pap. 587.72 *(978-1-5345-6937-9(5),* Lucent Pr.) Greenhaven Publishing LLC.

Hot Water. Joan Butler-Joyce. 2020. (Leah Weinberg Ser.: Vol. 1). (ENG.). 198p. (J). pap. *(978-1-909423-35-0(1))* Bks. to Treasure.

Hot Wheels. Grace Hansen. 2022. (Toy Mania! Ser.). (ENG., Illus.). 24p. (J). (gr. -1-2). lib. bdg. 32.79 *(978-1-0982-6427-7(4),* 40953, Abdo Kids) ABDO Publishing Co.

Hot Wheels City: Dino Damage! Car Racing Storybook with 45 Stickers for Kids Ages 3 to 5 Years. Ross R. Shuman & Mattel. 2023. (Hot Wheels Ser.). (ENG.). 24p. (J). (gr. -1-k). 5.99 *(978-1-4998-1380-7(5),* BuzzPop) Little Bee Books Inc.

Hot Wheels City: Pizza Party Peril! Car Racing Storybook with 45 Stickers for Kids Ages 3 to 5 Years. Ross R. Shuman & Mattel. 2023. (Hot Wheels Ser.). (ENG.). 24p. (J). (gr. -1-k). 5.99 *(978-1-4998-1453-8(4),* BuzzPop) Little Bee Books Inc.

Hot Wheels Developer: Elliot Handler. Jessie Alkire. 2018. (Toy Trailblazers Ser.). (ENG., Illus.). 32p. (J). (gr. 3-6). lib. bdg. 32.79 *(978-1-5321-1708-4(6),* 30704, Checkerboard Library) ABDO Publishing Co.

Hot Wheels: I Am a Monster Truck: A Board Book with Wheels. Mattel. 2022. (Hot Wheels Ser.). (ENG.). 12p. (J). (gr. -1-k). bds., bds. 11.99 *(978-1-4998-1352-4(X),* BuzzPop) Little Bee Books Inc.

Hot Wheels: the Big Race Seek & Find: 100% Officially Licensed by Mattel, over 200 Stickers, Perfect for Car Rides for Kids Ages 4 to 8 Years Old. Mattel. 2022. (Hot Wheels Ser.: 1). (ENG.). 32p. (J). (gr. -1-3). pap. 8.99 *(978-1-4998-1311-1(2),* BuzzPop) Little Bee Books Inc.

Hot Wheels Track Builder. Ella Schwartz. ed. 2022. (ENG.). 47p. (J). (gr. 2-3). 21.99 ***(978-1-68505-415-1(3))*** Penworthy Co., LLC, The.

Hot Wheels: Unleash the Speed! Panorama Sticker Book. Adapted by Delaney Foerster. 2023. (Panorama Sticker Storybook Ser.). (ENG.). 24p. (J). (gr. 1-3). pap. 8.99 ***(978-0-7944-5105-9(5),*** Studio Fun International) Printers Row Publishing Group.

Hotaka: Through My Eyes - Natural Disaster Zones. John Heffernan. Ed. by Lyn White. 2017. (Through My Eyes Ser.). (ENG.). 224p. (J). (gr. 6-9). pap. 15.99 *(978-1-76011-376-6(X))* Allen & Unwin AUS. Dist: Independent Pubs. Group.

Hotch-Potch Kedgeree (Classic Reprint) Allan Arthur. 2018. (ENG., Illus.). 158p. (J). 27.16 *(978-0-483-43754-8(9))* Forgotten Bks.

Hotdog! #1. Anh Do. Illus. by Dan McGuiness. 2020. (Hotdog! Ser.: 1). (ENG.). 128p. (J). (gr. 2-4). pap. 5.99 *(978-1-338-58720-3(X))* Scholastic, Inc.

Hotdog the Hippo: Hotdog's Messy Room. Sheila Strange. 2018. (ENG., Illus.). 30p. (J). 22.95 *(978-1-64300-243-9(0));* pap. 12.95 *(978-1-64003-722-9(5))* Covenant Bks.

Hotdogger: An Aldo Zelnick Comic Novel. Karla Oceanak. Illus. by Kendra Spanjer. 2016. (Aldo Zelnick Comic Novel Ser.: 8). (ENG.). 160p. (J). (gr. 1-8). pap. 8.95 *(978-1-934649-72-5(4))* Bailiwick Pr.

Hotel Alec. Jasper Romo. 2023. (SPA.). 496p. (YA). pap. ***(978-1-312-62058-2(7))*** Lulu Pr., Inc.

Hotel Between. Sean Easley. 2018. (ENG., Illus.). 352p. (J). (gr. 4-7). 19.99 *(978-1-5344-1697-0(8),* Simon & Schuster Bks. For Young Readers) Simon & Schuster Bks. For Young Readers.

Hotel Bruce-Mother Bruce Series, Book 2. Ryan T. Higgins. 2016. (Mother Bruce Ser.: 2). 12p. (J). (-k). 18.99 ***(978-1-4847-4362-1(8),*** Disney-Hyperion) Disney Publishing Worldwide.

Hotel D'Angleterre: And Other Stories (Classic Reprint) Lanoe Falconer. 2018. (ENG., Illus.). 194p. (J). 27.90 *(978-0-483-58399-3(5))* Forgotten Bks.

Hotel Dare. Terry Blas. Illus. by Claudia Aguirre. 2019. (ENG.). 144p. (J). (gr. 5-8). pap. 9.99 *(978-1-68415-205-6(4))* BOOM! Studios.

Hotel Encantado / Case Closed #3: Haunting at the Hotel. Lauren Magaziner. 2022. (Resuelve el Misterio Ser.: 3). (SPA.). 544p. (J). (gr. 4-7). pap. 16.95 *(978-607-38-0868-2(2))* Penguin Random House Grupo Editorial ESP. Dist: Penguin Random Hse. LLC.

Hotel Fantastic. Thomas Gibault. Illus. by Thomas Gibault. 2018. (ENG., Illus.). 32p. (J). (gr. -1-2). 16.99 *(978-1-77138-992-1(3))* Kids Can Pr., Ltd. CAN. Dist: Hachette Bk. Group.

Hotel for Bugs. Suzy Senior. Illus. by Leire Martin. 2022. (ENG.). 32p. (J). (gr. -1-2). 17.99 *(978-1-68010-270-3(2))* Tiger Tales.

Hotel for the Lost. Suzanne Young. 2016. (ENG., Illus.). 304p. (YA). (gr. 9). pap. 10.99 *(978-1-4814-2301-4(0),* Simon Pulse) Simon Pulse.

Hotel Hero. Brimoral Stories. 2022. (ENG.). (J). (gr. k-4). 32p. 18.99 ***(978-1-953581-42-6(0));*** 26p. 23.99 *(978-1-953581-09-9(9))* BriMoral Stories.

Hotel Hero. Brimoral Stories. Illus. by Brimoral Stories. 2019. (ENG., Illus.). 30p. (J). (gr. k-4). 15.99 *(978-1-7332425-2-3(X))* BriMoral Stories.

Hotel Magnifique. Emily J. Taylor. (ENG., Illus.). 400p. (YA). (gr. 7). 2023. pap. 12.99 *(978-0-593-40453-9(X));* 2022. 18.99 *(978-0-593-40451-5(3))* Penguin Young Readers Group. (Razorbill).

Hotel Ocupado. Fernando Carpena. 2021. (SPA.). 352p. (J). 22.99 *(978-84-121529-4-4(8))* Ediciones DiQueSi ESP. Dist: Lectorum Pubns., Inc.

Hotel Oscar Mike Echo: A Novel. Linda MacKillop. 2023. (ENG.). 224p. (J). (gr. 3-7). pap. 14.99 *(978-1-0877-7098-7(X),* 005838657, B&H Kids) B&H Publishing Group.

Hotel Pennsylvania: Este Es el Comienzo de la Pandilla Dreamatcher, a Medida Que Se Juntan, Se Emprenden en Aventuras y Aprenden a Hacer Sus Sueños Realidad. M. G. Pappas. 2018. (Los Atrapasueños Ser.: Vol. 1). (SPA.). 112p. (YA). (gr. 7-11). pap. 10.98 *(978-1-7321546-3-6(5))* OceanPubns.

Hotel Pennsylvania: This Is the Beginning of the Dreamcatcher Gang As They Get Together, Go on Adventures & Learn How to Make Their Dreams Come True (the Dreamcatchers Book 1) M. G. Pappas. 2018. (Dreamcatchers Ser.: Vol. 1). (ENG., Illus.). 120p. (YA). (gr. 7-11). pap. 10.98 *(978-1-7321546-0-5(0))* OceanPubns.

H

Hotel REM. Zack Keller. Illus. by Gabriele Bagnoli. 2023. 88p. (J). (gr. 3-7). 14.99 *(978-1-5067-3488-0(X),* Dark Horse Books) Dark Horse Comics.

Hotel Transylvania 3 Look & Find. Riley Beck. ed. 2018. (Look & Find Ser.). (ENG.). (J). (gr. k-1). 22.36 *(978-1-64310-269-6(9))* Penworthy Co., LLC, The.

Hotel Transylvania Graphic Novel Vol. 2: My Little Monster-Sitter. Stefan Petrucha. Illus. by Zazo. (Hotel Transylvania Ser.: 2). (ENG.). 64p. (J). 2019. pap. 7.99 *(978-1-62991-854-9(7),* 900185409); 2018. 12.99 *(978-1-62991-855-6(5),* 900185408) Mad Cave Studios. (Papercutz).

Hotel Transylvania Transformania Movie Novelization. Adapted by Patty Michaels. 2021. (Hotel Transylvania 4 Ser.). (ENG.). 144p. (J). (gr. 3-7). pap. 6.99 *(978-1-5344-9680-4(7),* Simon Spotlight) Simon Spotlight.

Hôtels Hantés (Haunted Hotels) Thomas Kingsley Troupe. Tr. by Annie Evearts. 2021. (Lieux Hantés! (the Haunted!) Ser.). (FRE.). (J). (gr. 3-9). pap. ***(978-1-0396-0371-4(8),*** 13075, Crabtree Branches) Crabtree Publishing Co.

Hotheads: An Inside Out Story. Sheila Higginson. Illus. by Disney Storybook Disney Storybook Artists. 2018. (Disney Learning Everyday Stories Ser.). (ENG.). 32p. (J). (gr. k-3). lib. bdg. 31.99 *(978-1-5415-3250-2(3),* Lerner Pubns.) Lerner Publishing Group.

Hothouse Earth: The Climate Crisis & the Importance of Carbon Neutrality. Stephanie Sammartino McPherson. 2021. (ENG., Illus.). 136p. (YA). (gr. 6-12). lib. bdg. 37.32 *(978-1-5415-7917-0(8),* 675dab28-8947-481d-9c67-38f1c69fd580, Twenty-First Century Bks.) Lerner Publishing Group.

Hotshot Crews on the Scene. Jody Jensen Shaffer. 2022. (First Responders on the Scene Ser.). (ENG.). 24p. (J). (gr. 3-6). lib. bdg. 32.79 *(978-1-5038-5587-8(2),* 215467, MOMENTUM) Child's World, Inc, The.

Hotspur: A Tale of the Old Dutch Manor (Classic Reprint) Mansfield T. Walworth. (ENG., Illus.). (J). 2018. 322p. 30.56 *(978-0-267-84702-0(5));* 2017. pap. 13.57 *(978-0-259-24999-3(8))* Forgotten Bks.

Hottest Habitats. Ashley Gish. 2023. (Animal Extremes Ser.). (ENG., Illus.). 32p. (J). pap. 9.95 ***(978-1-63738-584-5(6));*** lib. bdg. 31.35 ***(978-1-63738-530-2(7))*** North Star Editions. (Apex).

Hottest Places on the Planet. Karen Soll. 2016. (Extreme Earth Ser.). (ENG., Illus.). 24p. (J). (gr. -1-2). lib. bdg. 27.32 *(978-1-4914-8341-1(5),* 130811, Capstone Pr.) Capstone.

Hottest Town. Afroditi Kollias & Theo Kokkalis. Illus. by Christina Miesen. 2022. (ENG.). 36p. (J). pap. ***(978-1-922850-91-1(8))*** Shawline Publishing Group.

Houdini: The Handcuff King. Jason Lutes. Illus. by Nick Bertozzi. 2019. (Center for Cartoon Studies Presents Ser.). (ENG.). 96p. (J). (gr. 5-9). pap. 12.99 *(978-1-368-04288-8(0))* Little, Brown Bks. for Young Readers.

Houdini & Me. Dan Gutman. (ENG., Illus.). 224p. (J). (gr. 3-7). 2022. pap. 8.99 *(978-0-8234-5256-9(5));* 2021. 16.99 *(978-0-8234-4515-8(1))* Holiday Hse., Inc.

Houdini & Me. Dan Gutman. ed. 2023. (ENG.). 212p. (J). (gr. 3-7). 20.96 ***(978-1-68505-741-1(1))*** Penworthy Co., LLC, The.

Houdini the Rabbit: In 'Cause Mommas Don't Lie. Nora Sommers. 2020. (ENG., Illus.). 30p. (J). pap. 13.95 *(978-1-64559-096-5(8))* Covenant Bks.

Houdini Weenie: El Perro Del Misterio. Mike Jansen & Tom Tiburcio. 2019. (SPA., Illus.). 38p. (J). (gr. k-4). 17.99 *(978-0-578-49333-6(0))* Jansen, Michael.

Houdini Weenie: Le Chien du Mystere. Mike Jansen. Illus. by Tom Tiburcio. 2019. (ENG.). 38p. (J). (gr. k-3). 17.99 *(978-0-578-41166-8(0))* Jansen, Michael.

Houdini's Big Adventures: Finding a Forever Home. Rain Williams & Joyce Pirnat. 2018. (ENG., Illus.). 30p. (J). pap. 12.95 *(978-1-64298-188-9(5))* Page Publishing Inc.

Houghton Mifflin Harcourt: Foundations to Algebra Review & Practice Workbook 2018. Houghton Mifflin Harcourt. 2016. (Houghton Mifflin Harcourt Ser.). (ENG.). 192p. (J). (gr. 9-12). pap. 15.70 *(978-0-544-94377-3(5))* Houghton Mifflin Harcourt Publishing Co.

Houghton Mifflin Harcourt: Intermediate Algebra Review & Practice Workbook 2018. Houghton Mifflin Harcourt. 2016. (Houghton Mifflin Harcourt Ser.). (ENG.). 208p. (J). (gr. 9-12). pap. 15.70 *(978-0-544-94376-6(7))* Houghton Mifflin Harcourt Publishing Co.

Houghton Mifflin Harcourt Biology: Student Edition 2017. Houghton Mifflin Harcourt. 2016. (Houghton Mifflin Harcourt Biology Ser.). (ENG.). 1152p. (J). (gr. 9-12). 94.50 *(978-0-544-76503-0(6))* Houghton Mifflin Harcourt Publishing Co.

Houghton Mifflin Harcourt Biology: Student Next Generation Science Guide. Holt McDougal. 2016. (Houghton Mifflin Harcourt Biology Ser.). (ENG.). 64p. (J). (gr. 9-12). pap. 5.45 *(978-0-544-77609-8(7))* Holt McDougal.

Houghton Mifflin Harcourt Collections: Student Edition Grade 10 2017. Houghton Mifflin Harcourt. 2016. (Houghton Mifflin Harcourt Collections). (ENG.). 536p. (J). (gr. 10). 65.75 *(978-0-544-50331-1(7))* Houghton Mifflin Harcourt Publishing Co.

Houghton Mifflin Harcourt Collections: Student Edition Grade 11 2017. Houghton Mifflin Harcourt. 2016. (Houghton Mifflin Harcourt Collections). (ENG.). 776p. (J). (gr. 11). 65.75 *(978-0-544-50332-8(5))* Houghton Mifflin Harcourt Publishing Co.

Houghton Mifflin Harcourt Collections: Student Edition Grade 12 2017. Houghton Mifflin Harcourt. 2016. (Houghton Mifflin Harcourt Collections). (ENG.). 680p. (J). (gr. 12). 65.75 *(978-0-544-50333-5(3))* Houghton Mifflin Harcourt Publishing Co.

Houghton Mifflin Harcourt Collections: Student Edition Grade 6 2017. Houghton Mifflin Harcourt. 2016. (Houghton Mifflin Harcourt Collections). (ENG.). 552p. (J). (gr. 6). 62.95 *(978-0-544-50326-7(0))* Houghton Mifflin Harcourt Publishing Co.

Houghton Mifflin Harcourt Collections: Student Edition Grade 7 2017. Houghton Mifflin Harcourt. 2016. (Houghton Mifflin Harcourt Collections). (ENG.). 520p. (J). (gr. 7). 62.95 *(978-0-544-50328-1(7))* Houghton Mifflin Harcourt Publishing Co.

Houghton Mifflin Harcourt Collections: Student Edition Grade 8 2017. Houghton Mifflin Harcourt. 2016. (Houghton Mifflin Harcourt Collections). (ENG.). 616p. (J). (gr. 8). 62.95 *(978-0-544-50329-8(5))* Houghton Mifflin Harcourt Publishing Co.

Houghton Mifflin Harcourt Collections: Student Edition Grade 9 2017. Houghton Mifflin Harcourt. 2016. (Houghton Mifflin Harcourt Collections). (ENG.). 600p. (J). (gr. 9). 65.75 *(978-0-544-50330-4(9))* Houghton Mifflin Harcourt Publishing Co.

Houghton Mifflin Harcourt Escalate English: Student Activity Book Grade 4. Houghton Mifflin Harcourt. 2016. (Houghton Mifflin Harcourt Escalate English Ser.). (ENG.). 320p. (J). (gr. 4). pap. 13.50 *(978-0-544-57895-1(3))* Houghton Mifflin Harcourt Publishing Co.

Houghton Mifflin Harcourt Escalate English: Student Edition Grade 4 2017. Houghton Mifflin Harcourt. 2016. (Houghton Mifflin Harcourt Escalate English Ser.). (ENG.). 368p. (J). (gr. 4). 51.80 *(978-0-544-57845-6(7))* Houghton Mifflin Harcourt Publishing Co.

Houghton Mifflin Harcourt Escalate English: Student Edition Grade 5 2017. Houghton Mifflin Harcourt. 2016. (Houghton Mifflin Harcourt Escalate English Ser.). (ENG.). 384p. (J). (gr. 5). 51.80 *(978-0-544-57846-3(5))* Houghton Mifflin Harcourt Publishing Co.

Houghton Mifflin Harcourt Escalate English: Student Edition Grade 6 2017. Houghton Mifflin Harcourt. 2016. (Houghton Mifflin Harcourt Escalate English Ser.). (ENG.). 368p. (J). (gr. 6). 51.80 *(978-0-544-57847-0(3))* Houghton Mifflin Harcourt Publishing Co.

Houghton Mifflin Harcourt Escalate English: Student Edition Grade 7 2017. Houghton Mifflin Harcourt. 2016. (Houghton Mifflin Harcourt Escalate English Ser.). (ENG.). 384p. (J). (gr. 7). 51.80 *(978-0-544-57848-7(1))* Houghton Mifflin Harcourt Publishing Co.

Houghton Mifflin Harcourt Escalate English: Student Edition Grade 8 2017. Houghton Mifflin Harcourt. 2016. (Houghton Mifflin Harcourt Escalate English Ser.). (ENG.). 384p. (J). (gr. 8). 51.80 *(978-0-544-57849-4(X))* Houghton Mifflin Harcourt Publishing Co.

Houghton Mifflin Harcourt Physics: Student Edition 2017. Houghton Mifflin Harcourt. 2016. (Houghton Mifflin Harcourt Physics Ser.). (ENG.). 944p. (J). (gr. 9-12). 102.45 *(978-0-544-76509-2(5))* Houghton Mifflin Harcourt Publishing Co.

Houghton Mifflin Harcourt Physics: Student Next Generation Science Guide. Holt McDougal. 2016. (Houghton Mifflin Harcourt Physics Ser.). (ENG.). 40p. (J). (gr. 9-12). pap. 5.50 *(978-0-544-77610-4(0))* Holt McDougal.

Houghton Mifflin Harcourt Texas History: Student Edition 2016. Holt McDougal. 2016. (Houghton Mifflin Harcourt Texas History Ser.). (ENG.). 848p. (J). (gr. 7). 58.75 *(978-0-544-32030-7(1))* Holt McDougal.

Houghton Mifflin Mathmatics: Student Edition, Level 1 Volume2 2005. Houghton Mifflin Company. 2018. (Houghton Mifflin Mathmatics Ser.). (ENG.). 180p. (J). (gr. 1). pap. 11.95 *(978-0-618-33960-0(4))* Houghton Mifflin Harcourt Publishing Co.

Houghton Mifflin Mathmatics: Student Edition, Level 1 Volume4 2005. Houghton Mifflin Company. 2018. (Houghton Mifflin Mathmatics Ser.). (ENG.). 168p. (J). (gr. 1). pap. 11.95 *(978-0-618-33962-4(0))* Houghton Mifflin Harcourt Publishing Co.

Houghton Mifflin Mathmatics: Student Edition, Level 2 Volume1 2005. Houghton Mifflin Company. 2018. (Houghton Mifflin Mathmatics Ser.). (ENG.). 348p. (J). (gr. 2). pap. 19.80 *(978-0-618-33969-3(8))* Houghton Mifflin Harcourt Publishing Co.

Houghton Mifflin Mathmatics: Student Edition, Level 2 Volume2 2005. Houghton Mifflin Company. 2018. (Houghton Mifflin Mathmatics Ser.). (ENG.). 348p. (J). (gr. 2). pap. 19.80 *(978-0-618-33970-9(1))* Houghton Mifflin Harcourt Publishing Co.

Hound & Horn: Or, the Life & Recollections of George Carter, the Great Huntsman (Classic Reprint) I. H. G. 2018. (ENG., Illus.). 122p. (J). 26.41 *(978-0-267-11954-7(2))* Forgotten Bks.

Hound from the North (Classic Reprint) Ridgwell Cullum. 2018. (ENG., Illus.). 370p. (J). 31.53 *(978-0-484-21262-5(1))* Forgotten Bks.

Hound from the Pound. Jessica Swaim. Illus. by Jill McElmurry. 2022. (ENG.). 32p. (J). (gr. -1-3). 17.99 *(978-0-358-62220-8(4),* Clarion Bks.) HarperCollins Pubs.

Hound of Ireland: And Other Stories (Classic Reprint) Donn Byrne. (ENG., Illus.). (J). 2018. 260p. 29.26 *(978-0-483-70868-6(2));* 2017. pap. 11.97 *(978-0-243-28969-1(3))* Forgotten Bks.

Hound of the Baskervilles. A.C. Doyle. 2022. (ENG.). 134p. (J). pap. 28.84 *(978-1-4583-3140-3(7))* Lulu Pr., Inc.

Hound of the Baskervilles. Arthur Conan Doyle. 2019. (ENG.). 166p. (J). (gr. 4-6). pap. 10.95 *(978-1-61895-510-4(1))* Bibliotech Pr.

Hound of the Baskervilles. Arthur Conan Doyle. 2019. (ENG.). 152p. (J). (gr. 4-6). pap. *(978-80-273-3309-7(1))* E-Artnow.

Hound of the Baskervilles. Arthur Conan Doyle. 2020. (ENG.). 174p. (J). (gr. 4-6). pap. *(978-1-77426-056-2(5))* East India Publishing Co.

Hound of the Baskervilles, 1 vol. Ed. by Arthur Conan Doyle. Illus. by Anthony Williams. 2019. (Graphic Novel Classics Ser.). (ENG.). 32p. (J). (gr. 4-4). 27.93 *(978-1-7253-0634-9(4),* 40cb92d6-cfe2-41af-8dda-20e877ac477b); pap. 11.00 *(978-1-7253-0633-2(6),* e5cf2ddd-8925-48ba-919d-d3c3f8814a40) Rosen Publishing Group, Inc., The. (PowerKids Pr.).

Hound of the Baskervilles Novel Units Student Packet. Novel Units. 2019. (ENG.). (YA). pap. 13.99 *(978-1-58130-856-3(6),* Novel Units, Inc.) Classroom Library Co.

Hound of the Baskervilles Novel Units Teacher Guide. Novel Units. 2019. (ENG.). (YA). pap. 12.99 *(978-1-58130-855-6(8),* Novel Units, Inc.) Classroom Library Co.

Hound the Detective. Kimberly Andrews. 2020. (Illus.). 32p. (J). (gr. -1 — 1). 17.99 *(978-0-14-377465-5(4))* Penguin Group New Zealand, Ltd. NZL. Dist: Independent Pubs. Group.

Hound Won't Go. Lisa Rogers. Illus. by Meg Ishihara. 2020. (ENG.). 32p. (J). (gr. -1-3). 16.99 *(978-0-8075-3408-3(0),* 807534080) Whitman, Albert & Co.

Hounds. Sara Green. 2021. (Dog Groups Ser.). (ENG.). 32p. (J). (gr. 3-8). lib. bdg. 27.95 *(978-1-64487-442-4(3),* Blastoff! Readers) Bellwether Media.

Hounds Abound: A Molly & Grainne Story (Book 5) Gail E. Notestine. Ed. by Tracie Martin. 2023. (Molly & Grainne Ser.: Vol. 5). (ENG.). 186p. (J). 18.99 ***(978-1-0880-2351-8(7));*** pap. 9.99 ***(978-1-0880-2345-7(2))*** Primedia eLaunch LLC.

Hounds of Banba (Classic Reprint) Daniel Corkery. (ENG., Illus.). (J). 2019. 224p. 28.52 *(978-0-483-53394-3(7));* 2016. pap. 10.97 *(978-1-333-58340-8(0))* Forgotten Bks.

Hounds of Paradise: Going Home. Jd. 2019. (ENG.). 118p. (J). 26.95 *(978-1-4834-9606-1(2));* pap. 12.95 *(978-1-4834-9607-8(4))* Lulu Pr., Inc.

Houndsley & Catina. James Howe. Illus. by Marie Louise Gay. 2022. (Houndsley & Catina Ser.). (ENG.). 40p. (J). (gr. k-4). lib. bdg. 31.36 *(978-1-0982-5130-7(X),* 40077, Chapter Bks.) Spotlight.

Houndsley & Catina & Cousin Wagster. James Howe. Illus. by Marie Louise Gay. 2020. (Candlewick Sparks Ser.). (ENG.). 48p. (J). (gr. k-3). pap. 5.99 *(978-1-5362-1599-1(6))* Candlewick Pr.

Houndsley & Catina & Cousin Wagster. James Howe. Illus. by Marie-Louise Gay. 2018. (Houndsley & Catina Ser.: 5). (ENG.). 48p. (J). (gr. k-3). 15.99 *(978-0-7636-4709-4(8))* Candlewick Pr.

Houndsley & Catina & Cousin Wagster. James Howe. Illus. by Marie Louise Gay. 2022. (Houndsley & Catina Ser.). (ENG.). 48p. (J). (gr. k-4). lib. bdg. 31.36 *(978-1-0982-5131-4(8),* 40078, Chapter Bks.) Spotlight.

Houndsley & Catina & the Birthday Surprise. James Howe. Illus. by Marie Louise Gay. 2022. (Houndsley & Catina Ser.). (ENG.). 48p. (J). (gr. k-4). lib. bdg. 31.36 *(978-1-0982-5132-1(6),* 40079, Chapter Bks.) Spotlight.

Houndsley & Catina & the Quiet Time. James Howe. Illus. by Marie Louise Gay. 2022. (Houndsley & Catina Ser.). (ENG.). 48p. (J). (gr. k-4). lib. bdg. 31.36 *(978-1-0982-5133-8(4),* 40080, Chapter Bks.) Spotlight.

Houndsley & Catina at the Library. James Howe. Illus. by Marie-Louise Gay. 2022. (Candlewick Sparks Ser.). (ENG.). 48p. (J). (gr. k-3). pap. 5.99 *(978-1-5362-2359-0(X))* Candlewick Pr.

Houndsley & Catina at the Library. James Howe. Illus. by Marie Louise Gay. 2020. (Houndsley & Catina Ser.). (ENG.). 48p. (J). (gr. k-3). 15.99 *(978-0-7636-9662-7(5))* Candlewick Pr.

Houndsley & Catina at the Library. James Howe. Illus. by Marie Louise Gay. 2022. (Houndsley & Catina Ser.). (ENG.). 48p. (J). (gr. k-4). lib. bdg. 31.36 *(978-1-0982-5134-5(2),* 40081, Chapter Bks.) Spotlight.

Houndsley & Catina Plink & Plunk. James Howe. Illus. by Marie Louise Gay. 2022. (Houndsley & Catina Ser.). (ENG.). 48p. (J). (gr. k-4). lib. bdg. 31.36 *(978-1-0982-5135-2(0),* 40082, Chapter Bks.) Spotlight.

Houndsley & Catina (Set), 6 vols. 2022. (Houndsley & Catina Ser.). (ENG.). 40p. (J). (gr. k-4). lib. bdg. 188.16 *(978-1-0982-5129-1(6),* 40076, Chapter Bks.) Spotlight.

Houndsley & Catina Through the Seasons. James Howe. Illus. by Marie Louise Gay. 2018. (Houndsley & Catina Ser.: 7). (ENG.). 184p. (J). (gr. k-3). pap. 9.99 *(978-1-5362-0326-4(2))* Candlewick Pr.

Hour & the Man: An Historical Romance (Classic Reprint) Harriet Martineau. 2018. (ENG., Illus.). 406p. (J). 32.27 *(978-0-483-72765-6(2))* Forgotten Bks.

Hour & the Man, Vol. 1 Of 2: A Historical Romance (Classic Reprint) Harriet Martineau. 2018. (ENG., Illus.). 228p. (J). 28.60 *(978-0-483-48881-6(X))* Forgotten Bks.

Hour & the Man, Vol. 1 Of 3: A Historical Romance (Classic Reprint) Harriet Martineau. (ENG., Illus.). (J). 2018. 322p. 30.54 *(978-0-332-02186-7(6));* 2016. pap. 13.57 *(978-1-334-11782-4(9))* Forgotten Bks.

Hour & the Man, Vol. 2 Of 3: A Historical Romance (Classic Reprint) Harriet Martineau. 2018. (ENG., Illus.). 310p. (J). 30.29 *(978-0-483-13487-4(2))* Forgotten Bks.

Hour (Classic Reprint) Bernard De Voto. 2017. (ENG., Illus.). (J). 25.88 *(978-0-331-51471-1(0));* pap. 9.57 *(978-0-259-50679-9(6))* Forgotten Bks.

Hour Glass (Classic Reprint) W. B. Yeats. 2018. (ENG., Illus.). 38p. (J). 24.70 *(978-0-483-87720-7(4))* Forgotten Bks.

Hour-Glass, Vol. 2: And Other Plays, Being of Plays for an Irish Theatre (Classic Reprint) W. B. Yeats. 2018. (ENG., Illus.). 92p. (J). 25.79 *(978-0-365-23027-4(8))* Forgotten Bks.

Hour of Conflict (Classic Reprint) Hamilton Gibbs. 2017. (ENG., Illus.). (J). 298p. 30.04 *(978-0-484-51992-2(1));* pap. 13.57 *(978-1-5276-5854-7(6))* Forgotten Bks.

Hour of Magic (Geronimo Stilton & the Kingdom of Fantasy #8) Geronimo Stilton. 2016. (Geronimo Stilton & the Kingdom of Fantasy Ser.: 8). (ENG., Illus.). 320p. (J). (gr. 2-5). 16.99 *(978-0-545-82336-4(6))* Scholastic, Inc.

Hour of Need: The Daring Escape of the Danish Jews During World War II: a Graphic Novel. Ralph Shayne. Illus. by Tatiana Goldberg. 2023. (ENG.). 176p. (J). (gr. 3-7). 24.99 ***(978-1-4998-1358-6(9));*** pap. 14.99 ***(978-1-4998-1357-9(0))*** Bonnier Publishing USA. (Yellow Jacket).

Hour of the Bees. Lindsay Eagar. 368p. (J). (gr. 5-9). 2017. (ENG.). pap. 9.99 *(978-0-7636-9120-2(8));* 2016. 16.99 *(978-0-7636-7922-4(4))* Candlewick Pr.

Hour of the Doomed Dog. Sam Hay. 2016. (Undead Pets Ser.: 8). lib. bdg. 16.00 *(978-0-606-38839-9(7))* Turtleback.

Hour of the Olympics, 16. Mary Pope Osborne. 2019. (Magic Tree House Ser.). (ENG.). 70p. (J). (gr. 2-3). 16.96 *(978-0-87617-705-1(4))* Penworthy Co., LLC, The.

Hours in My Garden: And Other Nature-Sketches (Classic Reprint) Alexander H. Japp. 2018. (ENG., Illus.). 380p. (J). 31.73 *(978-0-484-47524-2(X))* Forgotten Bks.

Hours of Entertainment Kids Activity Book. Activity Book Zone for Kids. 2016. (ENG., Illus.). (J). pap. 7.55 *(978-1-68376-217-1(7))* Sabeels Publishing.

Hours of Fun! a Super Activity Book for Kids. Activity Book Zone for Kids. 2016. (ENG., Illus.). (J). pap. 7.55 *(978-1-68376-218-8(5))* Sabeels Publishing.

Hours of Fun for Kids! a Super Matching Game Book. Jupiter Kids. 2017. (ENG., Illus.). (J). pap. 9.20 *(978-1-68326-905-2(5),* Jupiter Kids (Childrens & Kids Fiction)) Speedy Publishing LLC.

Hours of Fun Using This Drawing Activity Book. Jupiter Kids. 2017. (ENG., Illus.). (YA). pap. 9.20 *(978-1-68326-906-9(3),* Jupiter Kids (Childrens & Kids Fiction)) Speedy Publishing LLC.

Hours of Fun with Mazes Activity Book for Kids. Creative Playbooks. 2016. (ENG., Illus.). (J). pap. 10.81 *(978-1-68323-516-3(9))* Twin Flame Productions.

Hours of Fun with This Spot the Difference Activity Book. Jupiter Kids. 2017. (ENG., Illus.). (J). pap. 9.20 *(978-1-68326-907-6(1),* Jupiter Kids (Childrens & Kids Fiction)) Speedy Publishing LLC.

Hours of Packed Fun Kids Activity Book. Activity Book Zone for Kids. 2016. (ENG., Illus.). (J). pap. 7.55 *(978-1-68376-219-5(3))* Sabeels Publishing.

Hour's Promise (Classic Reprint) Annie Eliot. 2017. (ENG., Illus.). (J). 282p. 29.71 *(978-0-484-47775-8(7));* pap. 13.57 *(978-0-259-39199-9(9))* Forgotten Bks.

Hours Spent in Prison, by Gorky, Andreyeff & Korolenko (Classic Reprint) Marya Galinska. 2018. (ENG., Illus.). 164p. (J). 27.28 *(978-0-483-52020-2(9))* Forgotten Bks.

Hous of Fame: In Three Books (Classic Reprint) Geoffrey Chaucer. (ENG., Illus.). (J). 2018. 148p. 26.95 *(978-0-332-90077-3(0));* 2016. pap. 9.57 *(978-1-334-15199-6(7))* Forgotten Bks.

House. Jalen Cole. 2022. (ENG.). 242p. (YA). pap. 18.95 *(978-1-6624-6723-3(0))* Page Publishing Inc.

House. Raelyn Drake. 2018. (Mason Falls Mysteries Ser.). (ENG.). 104p. (YA). (gr. 6-12). pap. 7.99 *(978-1-5415-0117-1(9),* ecf14180-5c91-4f54-af67-cf9919eff52e); lib. bdg. 25.32 *(978-1-5415-0113-3(6),* c1b63664-3e5c-420a-8032-5981f16c5cce) Lerner Publishing Group. (Darby Creek).

House. Kevin Henkes. Illus. by Kevin Henkes. 2021. (ENG., Illus.). 32p. (J). (gr. -1-3). 18.99 *(978-0-06-309260-0(3));* lib. bdg. 19.89 *(978-0-06-309261-7(1))* HarperCollins Pubs. (Greenwillow Bks.).

House. Katrina Streza. Illus. by Brenda Ponnay. 2023. (Little Readers Ser.: Vol. 8). (ENG.). 20p. (J). 24.99 ***(978-1-5324-3493-8(6));*** pap. 12.99 ***(978-1-5324-3148-7(1))*** Xist Publishing.

House: An Episode in the Lives of Reuben Baker, Astronomer, & of His Wife Alice (Classic Reprint) Eugene Field. 2017. (ENG., Illus.). (J). 29.59 *(978-1-5283-5360-1(9))* Forgotten Bks.

House Across the Street. Sandy Andrews. 2018. (ENG., Illus.). 250p. (YA). (gr. 10-12). pap. 11.95 *(978-1-937912-36-9(1))* Cordon Pubns.

House Across the Way (Classic Reprint) Lee Owen Snook. 2018. (ENG., Illus.). 44p. (J). 24.82 *(978-0-267-16703-6(2))* Forgotten Bks.

House Arrest (Young Adult Fiction, Books for Teens) K. A. Holt. 2016. (ENG.). 312p. (J). (gr. 5-17). pap. 7.99 *(978-1-4521-5648-4(4))* Chronicle Bks. LLC.

House At 758. Kathryn Berla. 2017. (ENG.). 250p. (YA). (gr. 7). pap. 9.99 *(978-1-944995-24-9(2))* Amberjack Publishing Co.

House at Crague, or Her Own Way (Classic Reprint) Mary B. Sleight. 2017. (ENG., Illus.). (J). 31.45 *(978-0-332-02094-5(0));* pap. 13.97 *(978-0-243-97605-8(4))* Forgotten Bks.

House at Pooh Corner: Classic Gift Edition. A. A. Milne. Illus. by Ernest H. Shepard. 2018. (Winnie-The-Pooh Ser.). (ENG.). 192p. (J). (gr. 3-7). 17.00 *(978-0-525-55554-4(4),* Dutton Books for Young Readers) Penguin Young Readers Group.

House at the 100th Floor below Ground. Toshio Iwai. 2018. (CHI.). (J). *(978-7-5304-9703-6(0))* Beijing Science & Technology Publishing Hse.

House at the Bottom of the Garden. Kay Williams. Illus. by Danna Victoria. 2017. (ENG.). 37p. (J). (gr. 3-5). pap. *(978-1-9997416-2-4(5))* Cambria Bks.

House at the Bottom of the Garden. Kay Williams. Illus. by Danna Victoria. 2nd ed. 2019. (ENG.). 36p. (J). pap. 7.91 *(978-1-913165-08-6(6))* TinydragonBks.

House at the Edge of the World. Donald Brown. 2021. (ENG.). 198p. (J). pap. *(978-1-80031-300-2(4))* Authors OnLine, Ltd.

House at the End of the Road. Kari Rust. 2019. (ENG., Illus.). 40p. (J). (gr. k-5). 16.95 *(978-1-77147-335-4(5))* Owlkids Bks. Inc. CAN. Dist: Publishers Group West (PGW).

House Atreides #1. Brian Herbert & Kevin J. Anderson. Illus. by Dev Pramanik & Alex Guimarães. 2021. (Dune Ser.). (ENG.). 24p. (YA). (gr. 8-12). lib. bdg. 31.36 *(978-1-0982-5115-4(6),* 39366, Graphic Novels) Spotlight.

House Atreides #2. Brian Herbert & Kevin J. Anderson. Illus. by Dev Pramanik & Alex Guimarães. 2021. (Dune Ser.). (ENG.). 24p. (YA). (gr. 8-12). lib. bdg. 31.36 *(978-1-0982-5116-1(4),* 39367, Graphic Novels) Spotlight.

House Atreides #3. Brian Herbert & Kevin J. Anderson. Illus. by Dev Pramanik & Alex Guimarães. 2021. (Dune Ser.). (ENG.). 24p. (YA). (gr. 8-12). lib. bdg. 31.36 *(978-1-0982-5117-8(2),* 39368, Graphic Novels) Spotlight.

House Atreides #4. Brian Herbert & Kevin J. Anderson. Illus. by Dev Pramanik & Alex Guimarães. 2021. (Dune Ser.). (ENG.). 24p. (YA). (gr. 8-12). lib. bdg. 31.36 *(978-1-0982-5118-5(0),* 39369, Graphic Novels) Spotlight.

House Beautiful (Classic Reprint) William C. Gannett. 2017. (ENG., Illus.). 60p. (J). 25.13 *(978-1-5283-5968-9(2))* Forgotten Bks.

House Behind the Cedars (Classic Reprint) Charles W. Chesnutt. 2017. (ENG., Illus.). (J). 30.13 *(978-0-265-17031-1(1))* Forgotten Bks.

House Behind the Poplars. J. R. Beckwith. 2017. (ENG.). 408p. (J). pap. *(978-3-7447-2355-8(0))* Creation Pubs.

House Behind the Poplars: A Novel (Classic Reprint) J. R. Beckwith. 2018. (ENG., Illus.). 412p. (J). 32.39 *(978-0-332-97276-3(3))* Forgotten Bks.

House Between the Trees: A Novel (Classic Reprint) J. Russell Lane. (ENG., Illus.). (J). 2018. 384p. 31.82 *(978-0-332-15972-0(8));* 2016. pap. 16.57 *(978-1-334-45343-4(8))* Forgotten Bks.

House Board Book. Kevin Henkes. Illus. by Kevin Henkes. 2023. (ENG., Illus.). 36p. (J). (gr. -1 — 1). bds. 10.99 ***(978-0-06-311132-5(2),*** Greenwillow Bks.) HarperCollins Pubs.

House-Boat on the Styx. John Kendrick Bangs. 2017. (ENG.). 236p. (J). pap. *(978-3-337-41366-8(8))* Creation Pubs.

House-Boat on the Styx: Being Some an of the Divers the Associated Shades (Classic Reprint) John Kendrick Bangs. 2017. (ENG., Illus.). (J). 29.03 *(978-0-260-26656-9(6))* Forgotten Bks.

House by the Churchyard (Classic Reprint) J. Sheridan Le Fanu. 2018. (ENG., Illus.). 474p. (J). 33.69 *(978-0-365-50701-7(6))* Forgotten Bks.

House by the Lake: the True Story of a House, Its History, & the Four Families Who Made It Home. Thomas Harding. Illus. by Britta Teckentrup. 2020. (ENG.). 48p. (J). (gr. 2-5). 17.99 *(978-1-5362-1274-7(1))* Candlewick Pr.

House by the Medlar-Tree (Classic Reprint) Mary A. Craig. 2018. (ENG., Illus.). 316p. (J). 30.41 *(978-0-483-75076-0(X))* Forgotten Bks.

House by the River, 1 vol. William Miller. 2016. (ENG., Illus.). 32p. (J). (gr. k-3). pap. 10.95 *(978-1-62014-305-6(4),* leelowbooks) Lee & Low Bks., Inc.

House by the River (Classic Reprint) A. P. Herbert. 2017. (ENG., Illus.). (J). 30.04 *(978-1-5282-7986-4(7))* Forgotten Bks.

House by the Side of the Road. Jean Bremer. 2023. (ENG.). 248p. pap. 20.99 ***(978-1-6657-4611-3(4))*** Archway Publishing.

House (Classic Reprint) Henry Bordeaux. 2018. (ENG., Illus.). 414p. (J). 32.50 *(978-0-484-04269-7(6))* Forgotten Bks.

House (Classic Reprint) Katharine Tynan. (ENG., Illus.). (J). 2018. 280p. 29.67 *(978-0-483-69020-2(1));* 2016. pap. 13.57 *(978-1-334-16834-5(2))* Forgotten Bks.

House Coloring Book for Kids! Discover a Variety of Unique Coloring Pages for Children. Bold Illustrations. 2022. (ENG.). 82p. (J). pap. 14.99 *(978-1-0717-0677-0(2),* Bold Illustrations) FASTLANE LLC.

House Divided. Joy E. Fetters. 2017. (ENG., Illus.). (J). pap. 10.50 *(978-1-5080-7258-4(2))* Pronoun, Inc.

House Finds a Home. Katy Duffield. Illus. by Jen Corace. 2022. 40p. (J). (gr. -1-2). 17.99 *(978-0-593-20460-3(3),* Viking Books for Young Readers) Penguin Young Readers Group.

House Fit for Dreams. Ginny Miller. 2022. (Illus.). 24p. (J). 25.50 *(978-1-6678-6253-8(7))* BookBaby.

House for Every Bird. Megan Maynor. Illus. by Kaylani Juanita. 2021. 32p. (J). (-k). 17.99 *(978-1-9848-9648-3(2));* (ENG.). lib. bdg. 20.99 *(978-1-9848-9649-0(0))* Random Hse. Children's Bks. (Knopf Bks. for Young Readers).

House for Everyone: A Story to Help Children Learn about Gender Identity & Gender Expression. Jo Hirst. Illus. by Naomi Bardoff. 2018. 32p. (J). pap. 18.95 *(978-1-78592-448-4(6),* 696700) Kingsley, Jessica Pubs. GBR. Dist: Hachette UK Distribution.

House for Little Red. Margaret Hillert. Illus. by Chi Chung. 2016. (BeginningtoRead Ser.). (ENG.). 32p. (J). (gr. -1-2). 22.60 *(978-1-59953-798-6(2))* Norwood Hse. Pr.

House for Little Red. Margaret Hillert. Illus. by Chi Chung. 2016. (Beginning-To-Read Ser.). (ENG.). 32p. (J). (gr. k-2). pap. 13.26 *(978-1-60357-939-1(7))* Norwood Hse. Pr.

House for Mouse. Gabby Dawnay. Illus. by Alex Barrow. 2018. (ENG.). 32p. (J). (gr. -1-2). 16.95 *(978-0-500-65137-7(X),* 565137) Thames & Hudson.

House for Mouse. Jody Jensen Shaffer. ed. 2022. (Highlights Puzzle Readers Ser.). (ENG.). 23p. (J). (gr. k-1). 16.46 ***(978-1-68505-387-1(4))*** Penworthy Co., LLC, The.

House for Mouse-A Super-Soft, Peep-Through Felt Book about Shapes. IglooBooks. 2021. (ENG.). 10p. (J). (— 1). bds. 10.99 *(978-1-83903-660-6(5))* Igloo Bks. GBR. Dist: Simon & Schuster, Inc.

House Full of Stuff. Illus. by Emily Rand. 2020. (ENG.). 32p. (J). (gr. -1-17). 16.99 *(978-1-84976-662-3(2))* Tate Publishing, Ltd. GBR. Dist: Abrams, Inc.

House Gives Shelter. Kylie Burns. 2018. (Be an Engineer! Designing to Solve Problems Ser.). (Illus.). 24p. (J). (gr. 3-3). *(978-0-7787-5160-1(0))* Crabtree Publishing Co.

House Guest. Eleanor Nilsson. 2019. (ENG.). 168p. (YA). (gr. 7-12). pap. *(978-1-925883-20-6(5))* Ligature.

House (How It's Built) Becky Herrick. Illus. by Richard Watson. 2022. (How It's Built Ser.). (ENG.). 32p. (J). (gr. k-2). 26.00 *(978-1-338-79955-2(X))*; pap. 7.99 *(978-1-338-79956-9(8))* Scholastic Library Publishing. (Children's Pr.).

House-Hunter in Europe (Classic Reprint) William Henry Bishop. 2018. (ENG., Illus.). 382p. (J). 31.78 *(978-0-365-26566-5(7))* Forgotten Bks.

House Hunting: Leveled Reader Green Fiction Level 12 Grade 1-2. Hmh Hmh. 2019. (Rigby PM Ser.). (ENG.). 16p. (J). (gr. 1-2). pap. 11.00 *(978-0-358-12051-3(9))* Houghton Mifflin Harcourt Publishing Co.

House in Demetrius Road (Classic Reprint) J. D. Beresford. 2018. (ENG., Illus.). 328p. (J). 30.68 *(978-0-267-23149-2(0))* Forgotten Bks.

House in Dormer Forest (Classic Reprint) Mary Webb. 2017. (ENG., Illus.). (J). 29.92 *(978-0-331-72991-7(1))*; pap. 13.57 *(978-0-259-02165-0(2))* Forgotten Bks.

House in Poplar Wood: (Fantasy Middle Grade Novel, Mystery Book for Middle School Kids) K. E. Ormsbee. 2018. (ENG., Illus.). 344p. (J). (gr. 3-7). 16.99 *(978-1-4521-4986-8(0))* Chronicle Bks. LLC.

House in St. Martin's Street: Being Chronicles of the Burney Family (Classic Reprint) Constance Hill. 2018. (ENG., Illus.). 422p. (J). 32.60 *(978-0-267-20798-5(0))* Forgotten Bks.

House in the Mist (Classic Reprint) Anna Katharine Green. 2017. (ENG., Illus.). (J). 27.22 *(978-0-266-87624-3(2))* Forgotten Bks.

House in the Sky. Steve Jenkins. Illus. by Robbin Gourley. 32p. (J). (gr. -1-2). 2020. (ENG.). pap. 7.99 *(978-1-62354-273-3(1))*; 2018. lib. bdg. 16.99 *(978-1-58089-780-8(0))* Charlesbridge Publishing, Inc.

House in the Tree. Bianca Pitzorno. Tr. by Stephen Parkin. Illus. by Quentin Blake. 2017. (ENG.). 192p. (J). pap. 10.99 *(978-1-84688-410-8(1)*, 351541) Alma Bks. GBR. Dist: Bloomsbury Publishing Plc.

House in the Tree: Leveled Reader Blue Fiction Level 10 Grade 1. Hmh Hmh. 2019. (Rigby PM Ser.). (ENG.). 16p. (J). (gr. 1). pap. 11.00 *(978-0-358-05046-9(4))* Houghton Mifflin Harcourt Publishing Co.

House in the Water: A Book of Animal Stories (Classic Reprint) Charles George Douglas Roberts. 2018. (ENG., Illus.). 320p. (J). 30.50 *(978-0-666-43102-8(7))* Forgotten Bks.

House in the Woods. Inga Moore. Illus. by Inga Moore. 2021. (ENG.). 48p. (J). (gr. -1-2). 8.99 *(978-1-5362-1739-1(5))* Candlewick Pr.

House in the Woods (Classic Reprint) Arthur Henry. 2017. (ENG., Illus.). (J). 31.42 *(978-0-266-16152-3(9))* Forgotten Bks.

House in Town: A Sequel to Opportunities; (Classic Reprint) Unknown Author. 2018. (ENG., Illus.). 442p. (J). 33.01 *(978-0-267-25269-5(2))* Forgotten Bks.

House Is Built for Eeyore. A. A. Milne. 2019. (ENG., Illus.). 48p. (J). 9.99 ***(978-1-4052-8662-6(8))*** Farshore GBR. Dist: HarperCollins Pubs.

House Made Out of Shells. Tom Margenau. Illus. by Jason Fowler. 2022. (ENG.). 30p. (J). pap. 15.95 *(978-1-61493-802-6(4))* Peppertree Pr., The.

House-Mates (Classic Reprint) J. D. Beresford. 2018. (ENG., Illus.). 326p. (J). 30.64 *(978-0-483-32152-6(4))* Forgotten Bks.

House Mouse. Michael Hall. 2021. (ENG., Illus.). 40p. (J). (gr. -1-3). 17.99 *(978-0-06-286619-6(2)*, Greenwillow Bks.) HarperCollins Pubs.

House near the Pond, 1 vol. Nancy Anderson. 2016. (Rosen REAL Readers: STEM & STEAM Collection). (ENG.). 8p. (gr. k-1). pap. 5.46 *(978-1-5081-2595-2(3)*, 42f3becc-64b0-4c9e-b242-2f2c89dfb632, Rosen Classroom) Rosen Publishing Group, Inc., The.

House Next Door, 1 vol. Claudine Crangle. 2021. (Illus.). 44p. (J). (gr. -1-1). 19.99 *(978-1-77306-368-3(5))* Groundwood Bks. CAN. Dist: Publishers Group West (PGW).

House Next Door. Joel Sutherland. 2020. (Haunted Ser.: 2). (ENG.). 208p. (J). (gr. 3-7). pap. 7.99 *(978-1-7282-2588-3(4))* Sourcebooks, Inc.

House of a Merchant Prince. William Henry Bishop. 2017. (ENG.). (J). 430p. pap. *(978-3-337-04333-9(X))*; 442p. pap. *(978-3-7446-4922-3(9))* Creation Pubs.

House of a Merchant Prince: A Novel of New York (Classic Reprint) William Henry Bishop. 2018. (ENG., Illus.). 442p. (J). 33.01 *(978-0-483-40298-0(2))* Forgotten Bks.

House of a Million Rooms, 1 vol. Wil Mara. 2019. (Twisted Ser.). (ENG.). 120p. (YA). (gr. 2-3). 25.80 *(978-1-5383-8358-2(6)*, 5083e5cf-62f0-412b-8cdd-776e498e4430); pap. 16.35 *(978-1-5383-8363-6(2)*, 748365f9-2182-4ca8-88d8-237fbde39c22) Enslow Publishing, LLC.

House of a Thousand Candles (Classic Reprint) Meredith Nicholson. 2018. (ENG., Illus.). 430p. (J). 32.77 *(978-0-332-13892-3(5))* Forgotten Bks.

House of a Thousand Cobwebs, & Nine Other Fables. H. A. Stebbins. 2017. (ENG., Illus.). (J). pap. *(978-0-649-47921-8(X))* Trieste Publishing Pty Ltd.

House of a Thousand Cobwebs & Nine Other Fables (Classic Reprint) H. A. Stebbins. 2019. (ENG., Illus.). 164p. (J). 27.28 *(978-0-365-15858-5(5))* Forgotten Bks.

House of Adventure (Classic Reprint) Deeping. (ENG., Illus.). (J). 2018. 348p. 31.20 *(978-0-484-79517-3(1))*; 2016. pap. 13.57 *(978-1-333-56563-3(1))* Forgotten Bks.

House of Arden. E. Nesbit. 2022. 256p. (J). (gr. 4-7). pap. 12.99 *(978-1-68137-699-8(7)*, NYRB Kids) New York Review of Bks., Inc., The.

House of Armour (Classic Reprint) Marshall Saunders. (ENG., Illus.). (J). 2018. 548p. 35.22 *(978-0-483-99665-6(3))*; 2016. pap. 19.57 *(978-1-334-15122-4(9))* Forgotten Bks.

House of Ash. Hope Cook. 2017. (ENG., Illus.). 320p. (gr. 8-17). 17.99 *(978-1-4197-2369-8(3)*, 1165101, Amulet Bks.) Abrams, Inc.

House of Ash & Bone. Joel A. Sutherland. 2023. 336p. (YA). (gr. 7). 17.99 ***(978-1-77488-096-8(2)***, Tundra Bks.) Tundra Bks. CAN. Dist: Penguin Random Hse. LLC.

House of Ashes. Margaret Blythe. 2021. (ENG.). 112p. (YA). pap. 10.95 *(978-1-952269-90-5(3))* Strategic Book Publishing & Rights Agency (SBPRA).

House of Baltazar (Classic Reprint) William J. Locke. 2017. (ENG., Illus.). (J). 30.33 *(978-1-5283-8339-4(7))* Forgotten Bks.

House of Blocks. Cecilia Minden & Joanne Meier. Illus. by Bob Ostrom. 2022. (Bear Essential Readers Ser.). (ENG.). 32p. (J). (gr. -1-2). lib. bdg. 35.64 *(978-1-5038-5919-7(3)*, 215817, First Steps) Child's World, Inc, The.

House of Bondage: Or Charlotte Brooks & Other Slaves, Original (Classic Reprint) Rev Bishop Willard Albert Hallalieu. 2017. (ENG., Illus.). (J). pap. 10.57 *(978-0-243-86239-9(3))* Forgotten Bks.

House of Bondage (Classic Reprint) Reginald Wright Kauffman. 2017. (ENG., Illus.). (J). 34.04 *(978-0-265-83986-7(6))* Forgotten Bks.

House of Bondage, or Charlotte Brooks & Other Slaves: Original & Life-Like, As They Appeared in Their Old Plantation & City Slave Life; Together with Pen-Pictures of the Peculiar Institution, with Sights & Insights into Their New Relations As. Octavia Victoria Rogers Albert. 2017. (ENG., Illus.). (J). 27.63 *(978-0-266-22302-3(8))* Forgotten Bks.

House of Broken Dreams: A Memory (Classic Reprint) Kathleen Watson. 2018. (ENG., Illus.). 232p. (J). 28.70 *(978-0-483-81317-5(6))* Forgotten Bks.

House of Cards: A Record (Classic Reprint) John Heigh. 2017. (ENG., Illus.). (J). 31.86 *(978-0-266-54184-4(4))*; pap. 16.57 *(978-0-282-75566-9(7))* Forgotten Bks.

House of Cards (Classic Reprint) Alice S. Wolf. (ENG., Illus.). (J). 2018. 288p. 29.84 *(978-0-483-79232-6(2))*; 2016. pap. 13.57 *(978-1-333-38756-3(3))* Forgotten Bks.

House of Cariboo & Other Tales from Arcadia (Classic Reprint) Alfred Paul Gardiner. (ENG., Illus.). (J). 2018. 228p. 28.60 *(978-0-267-96754-4(3))*; 2017. pap. 10.97 *(978-0-243-08295-7(9))* Forgotten Bks.

House of Chance (Classic Reprint) Gertie De S. Wentworth-James. 2018. (ENG., Illus.). 312p. (J). 30.35 *(978-0-483-40775-6(5))* Forgotten Bks.

House of Children. Joyce Cary. 2017. (ENG., Illus.). (J). pap. 13.99 *(978-1-910670-15-6(4))* Thistle Publishing.

House of Children: A Novel (Classic Reprint) Joyce Cary. 2017. (ENG., Illus.). (J). pap. 13.57 *(978-0-243-38854-7(3))* Forgotten Bks.

House of Cobwebs: And Other Stories (Classic Reprint) George Gissing. 2017. (ENG., Illus.). (J). 31.28 *(978-1-5281-8395-6(9))* Forgotten Bks.

House of Conrad (Classic Reprint) Elias Tobenkin. 2017. (ENG., Illus.). (J). 31.92 *(978-1-5284-8394-0(4))* Forgotten Bks.

House of Courage (Classic Reprint) Victor Rickard. 2018. (ENG., Illus.). (J). 420p. 32.58 *(978-0-366-49631-0(X))*; 422p. pap. 16.57 *(978-0-366-09344-1(4))* Forgotten Bks.

House of Defence (Classic Reprint) E. F. Benson. 2017. (ENG., Illus.). (J). 30.91 *(978-0-266-18841-4(9))* Forgotten Bks.

House of Defence, Vol. 1 of 2 (Classic Reprint) Edward Frederick Benson. (ENG., Illus.). (J). 2018. 304p. 30.17 *(978-0-332-33501-8(1))*; 2016. pap. 13.57 *(978-1-334-12602-4(X))* Forgotten Bks.

House of Defence, Vol. 2 of 2 (Classic Reprint) Edward Frederick Benson. (ENG., Illus.). (J). 2018. 272p. 29.51 *(978-0-267-00561-1(X))*; 2017. pap. 11.97 *(978-0-259-00578-0(9))* Forgotten Bks.

House of Dies Drear Novel Units Teacher Guide. Novel Units. 2019. (ENG.). (J). pap. 12.99 *(978-1-56137-516-5(0)*, NU5168, Novel Units, Inc.) Classroom Library Co.

House of Dolls. David J. Cooper. 2019. (ENG.). 102p. (YA). pap. 6.99 *(978-1-393-97073-6(7))* Draft2Digital.

House of Dragons. Jessica Cluess. 2020. (House of Dragons Ser.: 1). (Illus.). 448p. (YA). (gr. 7). 19.99 *(978-0-525-64815-4(1))*; (ENG., lib. bdg. 21.99 *(978-0-525-64816-1(X))* Random Hse. Children's Bks. (Random Hse. Bks. for Young Readers).

House of Dreams: the Life of L. M. Montgomery. Liz Rosenberg. Illus. by Julie Morstad. 2020. (ENG.). 352p. (J). (gr. 5-9). pap. 9.99 *(978-1-5362-1314-0(4))* Candlewick Pr.

House of Eclipses. Casey L. Bond. 2021. (ENG.). 378p. (YA). 24.99 *(978-1-0879-6008-1(8))* Casey L. Bond.

House of el Book One: the Shadow Threat. Claudia Gray. Illus. by Eric Zawadzki. 2021. 208p. (YA). (gr. 7). pap. 16.99 *(978-1-4012-9112-9(0))* DC Comics.

House of el Book Three: the Treacherous Hope. Claudia Gray. Illus. by Eric Zawadzki. 2023. 208p. (YA). (gr. 8-12). pap. 16.99 *(978-1-4012-9609-4(2))* DC Comics.

House of el Book Two: the Enemy Delusion. Claudia Gray. Illus. by Eric Zawadzki. 2022. 208p. (YA). (gr. 8-12). pap. 16.99 *(978-1-4012-9608-7(4))* DC Comics.

House of Exile (Classic Reprint) Nora Waln. 2017. (ENG., Illus.). (J). 31.12 *(978-0-331-55859-3(9))*; pap. 13.57 *(978-0-282-58586-0(9))* Forgotten Bks.

House of Fear (Classic Reprint) Wadsworth Camp. (ENG., Illus.). (J). 2018. 378p. 31.71 *(978-0-483-62929-5(4))*; 2017. pap. 13.97 *(978-0-243-30297-0(5))* Forgotten Bks.

House of Four Seasons. Roger Duvoisin. 2017. (Illus.). 40p. (J). (gr. -1-1). 18.95 *(978-1-68137-098-9(0)*, NYR Children's Collection) New York Review of Bks., Inc., The.

House of Fulfilment (Classic Reprint) George Madden Martin. (ENG., Illus.). (J). 2018. 392p. 31.98 *(978-0-428-80126-7(9))*; 2016. pap. 16.57 *(978-1-334-22773-8(X))* Forgotten Bks.

House of Furies. Madeleine Roux. Illus. by Iris Compiet. 2018. (House of Furies Ser.: 1). (ENG.). 432p. (YA). (gr. 9). pap. 10.99 *(978-0-06-249859-5(2)*, HarperTeen) HarperCollins Pubs.

House of Glass: A Drama in Four Acts (Classic Reprint) Max Marcin. 2018. (ENG., Illus.). 134p. (J). 26.66 *(978-0-267-52095-4(6))* Forgotten Bks.

House of Glass Hearts. Leila Siddiqui. 2021. (ENG.). 228p. (YA). (gr. 9-12). 22.99 *(978-1-949528-78-7(2))*; pap. 13.99 *(978-1-949528-77-0(4))* Yali Publishing LLC. (Yali Bks.).

House of Gods: Volume 1. Thien-Long Phan. Illus. by Himawari. 2021. (ENG.). 51p. (YA). pap. *(978-1-105-46179-8(3))* Lulu Pr., Inc.

House of Grass & Sky. Mary Lyn Ray. Illus. by E. B. Goodale. 2021. (ENG.). 32p. (J). (gr. -1-3). 17.99 *(978-1-5362-0097-3(2))* Candlewick Pr.

House of Halliwell: A Novel (Classic Reprint) Henry Wood. 2017. (ENG., Illus.). 470p. (J). 33.59 *(978-0-484-21076-8(9))* Forgotten Bks.

House of Halliwell, Vol. 1 Of 3: A Novel (Classic Reprint) Henry Wood. (ENG., Illus.). (J). 2018. 342p. 30.95 *(978-0-483-85301-0(1))*; 2016. pap. 13.57 *(978-1-334-20797-6(6))* Forgotten Bks.

House of Halliwell, Vol. 2 Of 3: A Novel (Classic Reprint) Henry Wood. 2018. (ENG., Illus.). 314p. (J). 30.37 *(978-0-332-38582-2(5))* Forgotten Bks.

House of Happiness (Classic Reprint) Kate Langley Bosher. (ENG., Illus.). (J). 2018. 314p. 30.39 *(978-0-483-72586-7(2))*; 2017. pap. 13.57 *(978-0-243-40192-5(2))* Forgotten Bks.

House of Happy Spirits: A Children's Book Inspired by Friedensreich Hundertwasser. Géraldine Elschner. Illus. by Lucie Vandevelde. 2020. (Children's Books Inspired by Famous Artworks Ser.). (ENG.). 32p. (J). (gr. -1-3). 14.95 *(978-3-7913-7454-3(0))* Prestel Verlag GmbH & Co KG. DEU. Dist: Penguin Random Hse. LLC.

House of Hawley (Classic Reprint) Elmore Elliott Peake. (ENG., Illus.). (J). 2018. 354p. 31.20 *(978-0-365-33059-2(0))*; 2017. pap. 13.57 *(978-0-259-26782-9(1))* Forgotten Bks.

House of Hidden Treasure: A Novel (Classic Reprint) Maxwell Gray. 2017. (ENG., Illus.). (J). 32.23 *(978-0-331-55082-5(2))* Forgotten Bks.

House of Hollow. Krystal Sutherland. (ENG.). (YA). (gr. 7). 2022. 336p. pap. 10.99 *(978-0-593-11036-2(6))*; 2021. 304p. 18.99 *(978-0-593-11034-8(X))* Penguin Young Readers Group. (G.P. Putnam's Sons Books for Young Readers).

House of Hope Africa. Natalie McNee. 2019. (ENG., Illus.). 36p. (J). (gr. 2-6). *(978-0-6482113-8-9(X))* Dynamo Pubs.

House of Hope Africa Colouring Book. Natalie McNee. 2019. (ENG., Illus.). 34p. (J). (gr. 1-6). pap. *(978-0-9954495-9-6(7))* Dynamo Pubs.

House of Hope (Classic Reprint) Lynne Reid Banks. (ENG., Illus.). (J). 2018. 292p. 29.92 *(978-0-483-67770-8(1))*; 2017. pap. 13.57 *(978-0-243-23314-4(0))* Forgotten Bks.

House of Horror Coloring Book: An Adult Horror Coloring Book Featuring over 30 Pages of Giant Super Jumbo Large Designs of Terrifying & Creepy House of Horror Scenes of Evil to Color for Fun & Boredom. Beatrice Harrison. 2020. (ENG.). 34p. (YA). pap. 7.86 *(978-1-716-54802-4(0))* Lulu Pr., Inc.

House of Horrors. Marnie Atwell. 2018. (Halloween Madness Ser.: Vol. 2). (ENG.). 110p. (YA). (gr. 7-12). pap. *(978-0-6483158-3-4(5))* Molloy, Marnie.

House of Horrors Dyslexic Edition. Marnie Atwell. 2020. (ENG.). 144p. (YA). pap. *(978-0-6450281-4-0(2))* Molloy, Marnie.

House of Intrigue (Classic Reprint) Arthur Stringer. (ENG., Illus.). (J). 2018. 382p. 31.78 *(978-0-483-62455-9(1))*; 2017. pap. 16.57 *(978-0-243-29433-6(6))* Forgotten Bks.

House of Iron Men (Classic Reprint) Jack Steele. (ENG., Illus.). (J). 2018. 368p. 31.51 *(978-0-483-11228-5(3))*; 2018. 352p. 31.16 *(978-0-484-56757-2(8))*; 2017. pap. 13.97 *(978-1-334-92943-4(2))* Forgotten Bks.

House of Islam (Classic Reprint) Marmaduke Pickthall. 2017. (ENG., Illus.). (J). 31.69 *(978-0-331-59473-7(0))* Forgotten Bks.

House of Joy: A Story of Stage-Life in Holland (Classic Reprint) Jo Van Ammers-Kuller. 2018. (ENG., Illus.). 288p. (J). 29.84 *(978-0-483-49173-1(X))* Forgotten Bks.

House of Landell, or Follow & Find (Classic Reprint) Gertrude Capen Whitney. (ENG., Illus.). (J). 2018. 468p. 33.55 *(978-0-332-03597-0(2))*; 2016. pap. 16.57 *(978-1-333-46090-7(2))* Forgotten Bks.

House of Legions. Shan R K. 2019. (ENG.). 382p. (YA). pap. 16.99 *(978-1-393-54052-6(X))* Draft2Digital.

House of Lies. Margaret Blythe. 2019. (ENG.). 176p. (YA). (gr. 7-12). pap. 12.99 *(978-1-62516-151-2(4))* Strategic Book Publishing & Rights Agency (SBPRA).

House of Lisronan (Classic Reprint) Miriam Alexander. 2018. (ENG., Illus.). 316p. (J). 30.41 *(978-0-483-72399-3(1))* Forgotten Bks.

House of Little Sisters. Eva WongNava. 2022. 240p. 15.95 *(978-981-4882-27-9(5))* Penguin Random House SEA Pte. Ltd. SGP. Dist: Independent Pubs. Group.

House of Lost & Found, 20 vols. Martin Widmark. Illus. by Emilia Dziubak. 2018. Orig. Title: Huset Som Vaknade. 40p. (J). 17.95 *(978-1-78250-542-6(3))* Floris Bks. GBR. Dist: Consortium Bk. Sales & Distribution.

House of Love. Adriana Trigiani. Illus. by Amy June Bates. 2021. (ENG.). 40p. (J). (gr. -1-2). 17.99 *(978-0-593-20331-6(3)*, Viking Books for Young Readers) Penguin Young Readers Group.

House of Love (Classic Reprint) Elizabeth Cheney. 2017. (ENG., Illus.). (J). 30.54 *(978-0-331-47610-1(X))* Forgotten Bks.

House of Lynch (Classic Reprint) Leonard Merrick. 2017. (ENG., Illus.). 322p. (J). 30.54 *(978-0-484-60209-9(8))* Forgotten Bks.

House of Lys, Vol. 1 Of 2: One Book of Its History, a Tale (Classic Reprint) W. G. Hamley. 2018. (ENG., Illus.). 290p. (J). 29.88 *(978-0-483-46069-0(9))* Forgotten Bks.

House of Lys, Vol. 2 Of 2: One Book of Its History; a Tale (Classic Reprint) W. G. Hamley. (ENG., Illus.). (J). 2018. 316p. 30.41 *(978-0-484-61775-8(3))*; 2017. pap. 13.57 *(978-0-243-08393-0(9))* Forgotten Bks.

House of Madame M. Clotilde Perrin. Illus. by Clotilde Perrin. 2020. (ENG., Illus.). 10p. (J). (gr. k-3). 21.99 *(978-1-77657-274-8(2)*, 7c95350b-fc7e-4c81-8f13-25209e0d2734) Gecko Pr. NZL. Dist: Lerner Publishing Group.

House of Marionne 6-Copy Pre-pack W/ L-card. J. Elle. 2023. (YA). (gr. 9). 119.94 ***(978-0-525-48981-8(9)***, Razorbill) Penguin Young Readers Group.

House of Martha (Classic Reprint) Frank R. Stockton. 2018. (ENG., Illus.). 372p. (J). 31.57 *(978-0-267-52638-3(5))* Forgotten Bks.

House of Mirth. Edith Warton. 2020. (ENG.). 244p. (J). 19.95 *(978-1-64799-734-2(8))* Bibliotech Pr.

House of Mirth (Classic Reprint) Edith Warton. 2018. (ENG., Illus.). 566p. (J). 35.59 *(978-0-483-22081-2(7))* Forgotten Bks.

House of Mohun (Classic Reprint) George Gibbs. (ENG., Illus.). (J). 2018. 374p. 31.63 *(978-0-484-49772-5(3))*; 2017. pap. 16.57 *(978-0-259-25417-1(7))* Forgotten Bks.

House of Months & Years. Emma Trevayne. 2017. (ENG., Illus.). 288p. (J). (gr. 3-7). 16.99 *(978-1-4814-6255-6(5)*, Simon & Schuster Bks. For Young Readers) Simon & Schuster Bks. For Young Readers.

House of Mystery: An Episode in the Career of Rosalie le Grange, Clairvoyant (Classic Reprint) Will Irwin. 2017. (ENG., Illus.). (J). 29.59 *(978-0-266-53611-6(5))* Forgotten Bks.

House of One Thousand Eyes. Michelle Barker. 2018. (ENG., Illus.). 354p. (YA). (gr. 9). 18.95 *(978-1-77321-071-1(8))* Annick Pr., Ltd. CAN. Dist: Publishers Group West (PGW).

House of Pan: A Romance (Classic Reprint) Anna Robeson Brown. (ENG., Illus.). (J). 2018. 210p. 28.25 *(978-0-332-81350-9(9))*; 2017. pap. 10.97 *(978-0-243-06389-5(X))* Forgotten Bks.

House of Play: Verses-Rhymes-Stories for Young Folks (Classic Reprint) Sara Tawney Lefferts. 2018. (ENG., Illus.). 92p. (J). 25.84 *(978-0-428-67836-4(X))* Forgotten Bks.

House of Pride & Other Tales of Hawaii. Jack. London. 2017. (ENG., Illus.). (J). pap. *(978-0-649-60765-5(1))* Trieste Publishing Pty Ltd.

House of Pride, & Other Tales of Hawaii (Classic Reprint) Jack. London. 2018. (ENG., Illus.). 248p. (J). 29.01 *(978-0-666-83986-2(7))* Forgotten Bks.

House of Prophecy. Glen Richard Dahlgren. 2022. (ENG.). 386p. (YA). 29.99 ***(978-1-0880-6656-0(9))*** Indy Pub.

House of Rage & Sorrow: Book Two in the Celestial Trilogy. Sangu Mandanna. 2019. (Celestial Trilogy Ser.). 264p. (YA). (gr. 6-12). 17.99 *(978-1-5107-3379-4(5)*, Sky Pony Pr.) Skyhorse Publishing Co., Inc.

House of Refuge. James Alan Anderson. 2022. (Threefold Cord Ser.). (ENG.). 342p. (J). *(978-1-0391-3363-1(0))*; pap. *(978-1-0391-3362-4(2))* FriesenPress.

House of Representatives. Simon Rose. 2016. (Illus.). 32p. (J). *(978-1-5105-2245-9(X))* SmartBook Media, Inc.

House of Representatives. Justine Rubinstein. 2019. (Know Your Government Ser.). 96p. (J). (gr. 12). lib. bdg. 34.60 *(978-1-4222-4234-6(X))* Mason Crest.

House of Representatives. Mari Schuh. 2020. (Our Government Ser.). (ENG., Illus.). 24p. (J). (gr. k-3). pap. 7.99 *(978-1-68103-826-1(9)*, 12915); lib. bdg. 26.95 *(978-1-64487-202-4(1))* Bellwether Media. (Blastoff! Readers).

House of Representatives Today. Seth H. Pulditor. 2016. (Illus.). 64p. (J). *(978-1-61900-089-6(X))* Eldorado Ink.

House of Riddles (Classic Reprint) Dorothea Gerard. (ENG., Illus.). (J). 2018. 356p. 31.24 *(978-0-332-02075-4(4))*; 2017. pap. 13.97 *(978-0-243-93911-4(6))* Forgotten Bks.

House of Rimmon a Story of the Black Country of South Staffordshire (Classic Reprint) Coulson Kernahan. 2018. (ENG., Illus.). 392p. (J). 32.04 *(978-0-483-35233-9(0))* Forgotten Bks.

House of Rimmon (Classic Reprint) Mary Stanbery Watts. 2017. (ENG., Illus.). (J). pap. 16.57 *(978-1-5276-3937-9(1))* Forgotten Bks.

House of Robots: Robot Revolution. James Patterson. Illus. by Juliana Neufeld. 2017. (House of Robots Ser.: 3). (ENG.). 336p. (J). (gr. 3-7). 13.99 *(978-0-316-34958-1(5)*, Jimmy Patterson) Little Brown & Co.

House of Romance: Certain Stories, Including la Bella & Others (Classic Reprint) Agnes Castle Egerton Castle. 2018. (ENG., Illus.). 338p. (J). 30.87 *(978-0-484-05279-5(9))* Forgotten Bks.

House of Roots & Ruin. Erin A. Craig. 2023. (Sisters of the Salt Ser.). 544p. (YA). (gr. 7). 19.99 *(978-0-593-48254-4(9))*; (ENG.). 22.99 *(978-0-593-48255-1(7))* Random Hse. Children's Bks. (Delacorte Pr.).

House of Roots & Ruin Signed 9-Copy Floor Display. Erin A. Craig. 2023. (YA). (gr. 7). 179.91 ***(978-0-593-78019-0(1)***, Delacorte Pr.) Random Hse. Children's Bks.

House of Salt & Sorrows. Erin A. Craig. (Sisters of the Salt Ser.). 416p. (YA). (gr. 7). 2020. pap. 12.99 *(978-1-9848-3195-8(X)*, Ember); 2019. 19.99 *(978-1-9848-3192-7(5)*, Delacorte Pr.); 2019. (ENG.). 21.99 *(978-1-9848-3193-4(3)*, Delacorte Pr.) Random Hse. Children's Bks.

House of Secrets: Clash of the Worlds. Chris Columbus et al. (House of Secrets Ser.: 3). (ENG.). 528p. (J). (gr. 3-7). 2017. pap. 7.99 *(978-0-06-219254-7(X))*; 2016. (Illus.). 17.99 *(978-0-06-219251-6(5))* HarperCollins Pubs. (Balzer & Bray).

House of Serendipity. Lucy Ivison. Illus. by Lucy Truman. 2021. (House of Serendipity Ser.: 1). (ENG.). 224p. (J). (gr. 3-7). 16.99 *(978-0-593-20472-6(7)*, Razorbill) Penguin Young Readers Group.

House of Silence (Classic Reprint) Gordon Holmes. 2018. (ENG., Illus.). 314p. (J). 30.37 *(978-0-483-39061-4(5))* Forgotten Bks.

House of Souls (Classic Reprint) Arthur Machen. (ENG., Illus.). (J). 2018. 532p. 34.89 *(978-0-332-02991-7(3))*; 2017. 29.96 *(978-0-265-38117-5(7))* Forgotten Bks.

House of the Black Ring (Classic Reprint) Fred Lewis Pattee. (ENG., Illus.). (J). 2018. 338p. 30.87 *(978-0-267-20951-4(7))*; 2017. pap. 13.57 *(978-1-5276-3005-5(6))* Forgotten Bks.

House of the Dawn (Classic Reprint) Marah Ellis Ryan. 2018. (ENG., Illus.). 428p. (J). 32.74 *(978-0-483-52798-0(X))* Forgotten Bks.

House of the Fighting-Cocks (Classic Reprint) Henry Baerlein. 2018. (ENG., Illus.). 308p. (J). 30.25 *(978-0-483-32100-7(1))* Forgotten Bks.

House of the Heart, & Other Plays for Children (Classic Reprint) Constance D'Arcy MacKay. 2018. (ENG., Illus.). 240p. (J). 28.85 *(978-0-267-84385-5(2))* Forgotten Bks.

House of the Lost on the Cape. Sachiko Kashiwaba. Tr. by Avery Fischer Udagawa. Illus. by Yukiko Saito. 2023. 224p. (J). 18.00 *(978-1-63206-337-3(9))* Restless Bks.

H

House of the Misty Star: A Romance of Youth & Hope & Love in Old Japan (Classic Reprint) Frances Little. 2018. (ENG., Illus.). (J). 284p. 29.75 *(978-0-366-56290-9(8))*; 286p. pap. 13.57 *(978-0-366-10991-3(X))* Forgotten Bks.

House of the Scorpion. Nancy Farmer. 2022. (House of the Scorpion Ser.). (ENG.). 432p. (YA). (gr. 7). pap. 12.99 *(978-1-6659-1858-9(6)*, Atheneum Bks. for Young Readers) Simon & Schuster Children's Publishing.

House of the Scorpion Duology: The House of the Scorpion; the Lord of Opium. Nancy Farmer. ed. 2022. (House of the Scorpion Ser.). (ENG.). 832p. (YA). (gr. 7). 43.99 *(978-1-6659-2086-5(6)*, Atheneum Bks. for Young Readers) Simon & Schuster Children's Publishing.

House of the Scorpion Paperback Duology (Boxed Set) The House of the Scorpion; the Lord of Opium. Nancy Farmer. ed. 2022. (House of the Scorpion Ser.). (ENG.). 880p. (YA). (gr. 7). pap. 25.99 *(978-1-6659-1786-5(5)*, Atheneum Bks. for Young Readers) Simon & Schuster Children's Publishing.

House of the Secret (Classic Reprint) Katharine Tynan. (ENG., Illus.). (J). 2018. 338p. 30.87 *(978-0-484-02931-5(2))*; 2017. pap. 13.57 *(978-1-334-90635-0(1))* Forgotten Bks.

House of the Seven Gabblers (Classic Reprint) Nina Larrey Duryea. (ENG., Illus.). (J). 2018. 290p. 29.88 *(978-0-483-57683-4(2))*; 2017. pap. 13.57 *(978-0-243-21498-3(7))* Forgotten Bks.

House of the Seven Gables Novel Units Student Packet. Novel Units. 2019. (ENG.). (YA). pap., stu. ed. 13.99 *(978-1-58130-899-0(X)*, Novel Units, Inc.) Classroom Library Co.

House of the Seven Gables Novel Units Teacher Guide. Novel Units. 2019. (ENG.). (YA). pap. 12.99 *(978-1-58130-898-3(1)*, Novel Units, Inc.) Classroom Library Co.

House of the Seven Hawthorne: And Snow Image & Other Twice-Told Tales (Classic Reprint) Nathanial Hawthorne. 2017. (ENG., Illus.). 644p. (J). 37.20 *(978-0-484-50114-9(3))* Forgotten Bks.

House of the Sphinx: A Novel (Classic Reprint) Henry Ridgely Evans. 2018. (ENG., Illus.). 222p. (J). 28.50 *(978-0-365-52963-7(X))* Forgotten Bks.

House of the Weeping Woman (Classic Reprint) Coningsby William Dawson. (ENG., Illus.). (J). 2018. 372p. 31.59 *(978-1-396-84186-6(5))*; 2018. 374p. pap. 13.97 *(978-1-396-84171-2(7))*; 2018. 378p. 31.71 *(978-0-483-62339-2(3))*; 2017. pap. 13.97 *(978-0-243-30568-1(0))* Forgotten Bks.

House of the Wizard (Classic Reprint) M. Imlay Taylor. 2018. (ENG., Illus.). 354p. (J). 31.20 *(978-0-365-09682-5(2))* Forgotten Bks.

House of Torchy (Classic Reprint) Sewell Ford. (ENG., Illus.). (J). 2018. 352p. 31.16 *(978-0-267-60774-7(1))*; 2016. pap. 13.57 *(978-1-334-12819-6(7))* Forgotten Bks.

House of Torment: A Tale of the Remarkable Adventures of Mr. John Commendone, Gentleman to King Philip II of Spain at the English Court (Classic Reprint) Cyril Arthur Edward Ranger Gull. 2018. (ENG., Illus.). 332p. (J). 30.74 *(978-0-484-56020-7(4))* Forgotten Bks.

House of Troy: La Casa de la Troya (Classic Reprint) Alejandro Pérez Lugin. 2018. (ENG., Illus.). (J). 29.92 *(978-0-331-31112-9(7))* Forgotten Bks.

House of Unfulfilled Desire (Classic Reprint) Harlan P. Rowe. (ENG., Illus.). (J). 2018. 94p. 25.84 *(978-0-364-52789-4(7))*; 2017. pap. 9.57 *(978-0-259-30436-4(0))* Forgotten Bks.

House of War (Classic Reprint) Marmaduke Pickthall. (ENG., Illus.). (J). 2017. 30.41 *(978-0-331-79061-0(0))*; 2016. pap. 13.57 *(978-1-333-34462-7(7))* Forgotten Bks.

House of Whispers (Classic Reprint) William Le Queux. 2017. (ENG., Illus.). (J). 30.70 *(978-0-331-98746-1(5))*; pap. 13.57 *(978-0-259-44510-4(X))* Forgotten Bks.

House of White Shadows: A Novel (Classic Reprint) B. I. Farjeon. 2018. (ENG., Illus.). 386p. (J). 31.61 *(978-0-332-95877-4(9))* Forgotten Bks.

House of Windows (Classic Reprint) Isabel Ecclestone MacKay. (ENG., Illus.). (J). 2018. 358p. 31.30 *(978-0-364-00093-9(7))*; 2018. 348p. 31.09 *(978-0-483-99372-3(7))*; 2017. pap. 13.97 *(978-0-243-49791-1(1))* Forgotten Bks.

House of Wings see Casa de las Alas

House of Wisdom: Level 11. Subhi Zora. 2019. (Collins Big Cat Arabic Ser.). (ENG.). 24p. (J). (gr. 3-6). pap. 7.99 *(978-0-00-830499-7(8))* HarperCollins Pubs. Ltd. GBR. Dist: Independent Pubs. Group.

House of Wolves. Casey L Bond. 2021. (ENG.). 458p. (YA). 24.99 *(978-1-0879-1453-4(1))* Casey L. Bond.

House of X/powers of X. Jonathan Hickman. Illus. by Pepe Larraz & R. B. Silva. 2020. (Powers of X Ser.: 1). 448p. (gr. 8-17). pap. 44.99 *(978-1-302-91571-1(1)*, Marvel Universe) Marvel Worldwide, Inc.

House on Boulcott Street. P. L. Rockell. Illus. by Isaac Du Toit. 2021. (ENG.). 26p. (J). ***(978-0-473-60538-4(4))*** Quirky Quail Pr.

House on Cemetery Hill. Barry Forbes. 2019. (Mystery Searchers Family Book Ser.: Vol. 4). (ENG.). 130p. (J). pap. 7.95 *(978-1-7341172-7-1(3))* St. Leo Pr.

House on Charles Street (Classic Reprint) Anna Robeson Brown Burr. 2018. (ENG., Illus.). 290p. (J). 29.90 *(978-0-666-59331-3(0))* Forgotten Bks.

House on East 88th Street. Bernard Waber. 2022. (Lyle the Crocodile Ser.). (ENG., Illus.). 48p. (J). (gr. -1-3). pap. 7.99 *(978-0-395-19970-1(0)*, 497493); tchr. ed. 19.99 *(978-0-395-18157-7(7)*, 597493) HarperCollins Pubs. (Clarion Bks.).

House on Fifth Street: The Girl in the Statue. J. W. Crawford. 2023. (ENG.). 170p. (J). pap. ***(978-1-7782363-1-0(6))*** FauphTalk Fiction.

House on Hawthorn Road. Megan Wynne. 2019. (ENG.). 304p. pap. 12.99 *(978-1-78849-090-0(8))* O'Brien Pr., Ltd., The IRL. Dist: Casemate Pubs. & Bk. Distributors, LLC.

House on Hoarder Hill. Mikki Lish & Kelly Ngai. 2021. (ENG.). 336p. (J). (gr. 3-7). pap. 7.99 *(978-1-338-66517-8(0)*, Chicken Hse., The) Scholastic, Inc.

House on Mango Street Novel Units Teacher Guide. Novel Units. 2019. (ENG.). (YA). pap. 12.99 *(978-1-56137-483-0(0)*, NU4830, Novel Units, Inc.) Classroom Library Co.

House on Peril Street. Vanessa Michel Perry & Ryan Hunter Perry. l.t. ed. 2022. (ENG.). 72p. (J). pap. 8.99 ***(978-1-0880-2107-1(7))*** Indy Pub.

House on Stilts: A Novel (Classic Reprint) R. H. Hazard. 2018. (ENG., Illus.). 364p. (J). 31.40 *(978-0-332-83465-8(4))* Forgotten Bks.

House on Sunrise Lagoon: Marina in the Middle. Nicole Melleby. 2023. (House on Sunrise Lagoon Ser.: 2). (ENG.). 224p. (J). (gr. 3-7). pap. 7.99 *(978-1-5235-2380-1(8))*;Volume 2. 16.99 *(978-1-64375-311-9(8))* Algonquin Young Readers.

House on Sunrise Lagoon: Sam Makes a Splash. Nicole Melleby. 2023. (House on Sunrise Lagoon Ser.: 1). (ENG.). 224p. (J). (gr. 3-7). pap. 7.99 *(978-1-5235-2377-1(8))*;Volume 1. 16.99 *(978-1-64375-310-2(X))* Algonquin Young Readers.

House on the Beach; the Gentleman of Fifty; the Sentimentalists (Classic Reprint) George Meredith. (ENG., Illus.). (J). 2018. 214p. 28.33 *(978-0-365-11537-3(1))*; 2016. pap. 10.97 *(978-1-333-23760-8(X))* Forgotten Bks.

House on the Borderland: Gothic Horror Novel. William Hope Hodgson. 2019. (ENG.). 92p. (J). pap. *(978-80-273-3352-3(0))* E-Artnow.

House on the Brink. John Gordon. 2022. (ENG.). 162p. (J). 29.99 ***(978-1-954321-67-0(8))***; pap. 16.99 ***(978-1-954321-81-6(3))*** Valancourt Bks.

House on the Cliff #2, Bk. 2. Franklin W. Dixon. 2016. (Hardy Boys Ser.: 2). (Illus.). 192p. (J). (gr. 3-7). 10.99 *(978-0-448-48953-7(8)*, Grosset & Dunlap) Penguin Young Readers Group.

House on the Hill: Or, Stories for Charlie & Alice by Their Mother (Classic Reprint) Unknown Author. 2018. (ENG., Illus.). 94p. (J). 25.84 *(978-0-267-47620-6(5))* Forgotten Bks.

House on the Hudson (Classic Reprint) Frances Powell. 2017. (ENG., Illus.). (J). 32.64 *(978-1-5280-6895-6(5))* Forgotten Bks.

House on the Marsh: A Romance (Classic Reprint) Florence Warden. 2017. (ENG., Illus.). (J). 29.07 *(978-0-265-67663-9(0))*; pap. 11.57 *(978-1-5276-4746-6(3))* Forgotten Bks.

House on the Moor (Classic Reprint) Margaret Oliphant. 2017. (ENG., Illus.). (J). 32.35 *(978-0-260-22203-9(8))* Forgotten Bks.

House on the Moor (Classic Reprint) Margaret O. W. Oliphant. 2016. (ENG., Illus.). (J). pap. 16.57 *(978-1-334-25214-3(9))* Forgotten Bks.

House on the Moor, Vol. 1 of 3 (Classic Reprint) Unknown Author. 2018. (ENG., Illus.). 346p. (J). 31.03 *(978-0-267-23383-0(3))* Forgotten Bks.

House on the Moor, Vol. 2 of 3 (Classic Reprint) Margaret Maitland. 2018. (ENG., Illus.). 346p. (J). 31.03 *(978-0-332-99692-9(1))* Forgotten Bks.

House on the Moor, Vol. 3 of 3 (Classic Reprint) Unknown Author. 2018. (ENG., Illus.). 306p. (J). 30.21 *(978-0-483-99727-1(7))* Forgotten Bks.

House on the Rock (Classic Reprint) Henry S. Mackarness. (ENG., Illus.). (J). 2018. 168p. 27.36 *(978-0-484-80018-1(3))*; 2017. pap. 9.97 *(978-0-243-95929-7(X))* Forgotten Bks.

House on the Sands (Classic Reprint) Charles Marriott. 2018. (ENG., Illus.). 330p. (J). 30.72 *(978-0-364-00959-8(4))* Forgotten Bks.

House on the Scar (Classic Reprint) Bertha Thomas. (ENG., Illus.). (J). 2018. 294p. 29.96 *(978-0-365-31796-8(9))*; 2017. pap. 13.57 *(978-1-5276-5794-6(9))* Forgotten Bks.

House on Vesper Sands. Paraic O'Donnell. Illus. by Brian Biggs. 2022. (ENG.). 56p. pap. 16.95 *(978-1-951142-98-8(5)*, 951198) Tin Hse. Bks., LLC.

House over the Way (Classic Reprint) Alfred Wilson-Barrett. 2018. (ENG., Illus.). 334p. (J). 30.79 *(978-0-484-89696-2(2))* Forgotten Bks.

House Party. Ed. by justin a. reynolds. 2023. 384p. (YA). (gr. 7). 18.99 *(978-0-593-48815-7(6)*, Joy Revolution) Random Hse. Children's Bks.

House Party: An Account of Stories Told at a Gathering of Famous American Authors (Classic Reprint) Charles George Douglas Roberts. 2018. (ENG., Illus.). 438p. (J). 32.93 *(978-0-483-02223-2(3))* Forgotten Bks.

House Party (Classic Reprint) Ouida Ouida. 2018. (ENG., Illus.). 356p. (J). 31.24 *(978-0-483-95347-5(4))* Forgotten Bks.

House-Party; Don Gesualdo; & a Rainy June (Classic Reprint) Maria Louise Rame. 2017. (ENG., Illus.). (J). 31.92 *(978-0-266-70960-2(5))*; pap. 16.57 *(978-1-5276-6057-1(5))* Forgotten Bks.

House-Room (Classic Reprint) Ida Wild. 2017. (ENG., Illus.). (J). 30.68 *(978-0-331-75371-4(5))* Forgotten Bks.

House' Round the Corner (Classic Reprint) Gordon Holmes. 2018. (ENG., Illus.). 324p. (J). 30.58 *(978-0-483-53820-7(5))* Forgotten Bks.

House Scraps (Classic Reprint) G. Duckworth Atkin. (ENG., Illus.). (J). 2018. 208p. 28.19 *(978-0-332-50835-1(8))*; 2016. pap. 10.57 *(978-1-333-56157-4(1))* Forgotten Bks.

House Sitters, 1 vol. Kelly Rogers. Illus. by Betsy Peterschmidt. 2016. (Rm. 201 Ser.). (ENG.). 48p. (J). (gr. 3-7). lib. bdg. 34.21 *(978-1-62402-168-8(9)*, 21583, Spellbound) Magic Wagon.

House Swap. Yvette Clark. 2023. (ENG.). 304p. (J). (gr. 3-7). 19.99 *(978-0-06-303453-2(0)*, HarperCollins) HarperCollins Pubs.

House That Died: La Maison Morte (Classic Reprint) Henry Bordeaux. 2017. (ENG., Illus.). (J). 29.44 *(978-0-265-19003-6(7))* Forgotten Bks.

House That Flew to the Seaside. Rosemary Munro. 2016. (ENG., Illus.). 32p. (J). pap. *(978-1-78222-442-6(4))* Paragon Publishing, Rothersthorpe.

House That Friendship Built. IglooBooks. Illus. by Leire Martín. 2022. (ENG.). 24p. (J). (-k). 9.99 *(978-1-80368-888-6(2))* Igloo Bks. GBR. Dist: Simon & Schuster, Inc.

House That Jack Built: A Diverting Story for Children of All Ages, to Which Is Added Some Account of Jack Jingle; Shewing by Which Means He Acquired His Learning, & in Consequence Thereof Got Rich & Built Himself a House (Classic Reprint) Unknown Author. 2018. (ENG., Illus.). 30p. (J). 24.54 *(978-0-267-87158-2(9))* Forgotten Bks.

House That Jack Built: A Picture Book in Two Languages. Antonio Frasconi. 2017. (ENG., Illus.). 32p. 14.95 *(978-0-486-81646-3(X)*, 81646X) Dover Pubns., Inc.

House That Jack Built: An Entertaining Story, for Children (Classic Reprint) Unknown Author. 2018. (ENG., Illus.). 20p. (J). 24.33 *(978-0-484-67938-1(4))* Forgotten Bks.

House That Jack Built, a Game of Forfeits: To Which Is Added, the Entertaining Fable of the Magpie (Classic Reprint) Unknown Author. 2018. (ENG., Illus.). 28p. (J). 24.47 *(978-0-656-04708-6(9))* Forgotten Bks.

House That Jack Built (Classic Reprint) Unknown Author. 2018. (ENG., Illus.). 20p. (J). 24.31 *(978-0-365-52562-2(6))* Forgotten Bks.

House That My Dad Built for Me. Dana R. Delamy. Ed. by Wilfred Andrew Delamy. Illus. by Comfort Kunnuji. 2023. (ENG.). 28p. (J). ***(978-1-0391-6296-9(7))***; pap. ***(978-1-0391-6295-2(9))*** FriesenPress.

House That Once Was. Julie Fogliano. Illus. by Lane Smith. 2018. (ENG.). 48p. (J). 18.99 *(978-1-62672-314-6(1)*, 900151167) Roaring Brook Pr.

House That Ruth Built. Kelly Bennett. Illus. by Susanna Covelli. 2023. (ENG.). 32p. (J). (gr. -1-3). 17.99 *(978-1-64170-754-1(2)*, 550754) Familius LLC.

House That Wasn't There. Elana K. Arnold. (ENG.). (J). (gr. 3-7). 2022. 304p. pap. 7.99 *(978-0-06-293707-0(3))*; 2021. 288p. 16.99 *(978-0-06-293706-3(5))* HarperCollins Pubs. (Waldon Pond Pr.).

House That Went Splat. Steph Williams. 2022. (ENG., Illus.). 24p. (J). *(978-1-78498-756-5(5))* Good Bk. Co., The.

House That Whispers. Lin Thompson. 2023. (ENG.). 336p. (J). (gr. 3-7). 16.99 *(978-0-316-27711-2(8))* Little, Brown Bks. for Young Readers.

House That Wouldn't Fall Down. Hollie Rankin. 2019. (ENG., Illus.). 15p. pap. 13.95 *(978-1-138-36048-8(1)*, K396238) Routledge.

House That Zack Built. Alison Murray. Illus. by Alison Murray. 2016. (ENG., Illus.). 32p. (J). (-k). 16.99 *(978-0-7636-7844-9(9))* Candlewick Pr.

House the Blind-Man Built, Illustrated: A Synopsis of a Blind-Man's Methods of Building a House, Showing Courage & Patience Seldom Found in Human Beings (Classic Reprint) William Vahrenkamp. 2017. (ENG., Illus.). (J). 26.23 *(978-0-331-48840-1(X))*; pap. 9.57 *(978-0-260-86453-6(6))* Forgotten Bks.

House the Children Built: A Health Play for Children (Classic Reprint) Eleanor Glendower Griffith. 2018. (ENG., Illus.). 20p. (J). 24.31 *(978-0-267-30958-0(9))*; pap. 7.97 *(978-1-333-37820-2(3))* Forgotten Bks.

House Unsettled. Trynne Delaney. 2022. 360p. (YA). (gr. 9). 19.95 *(978-1-77321-695-9(3))* Annick Pr., Ltd. CAN. Dist: Publishers Group West (PGW).

House We Live in, or the Making of the Body: A Book for Home Reading, Intended to Assist Mothers in Teaching Their Children How to Care for Their Bodies, & the Evil Effects of Narcotics & Stimulants (Classic Reprint) Vesta J. Farnsworth. (ENG., Illus.). (J). 2018. 220p. 28.43 *(978-0-483-54721-6(2))*; 2017. pap. 10.97 *(978-0-243-17458-4(6))* Forgotten Bks.

House with a Bad Name (Classic Reprint) Perley Poore Sheehan. 2017. (ENG., Illus.). (J). 31.90 *(978-0-260-81120-2(3))* Forgotten Bks.

House with Chicken Legs. Sophie Anderson. (ENG.). 272p. (J). (gr. 3-7). 2020. pap. 7.99 *(978-1-338-20997-6(3))*; 2018. 16.99 *(978-1-338-20996-9(5)*, Scholastic Pr.) Scholastic, Inc.

House with Hollow Walls. Leah Basso. 2022. (ENG.). 261p. (YA). pap. ***(978-1-387-69279-8(8))*** Lulu Pr., Inc.

House with Sixty Closets. Frank Samuel Child & J. Randolph Brown. 2016. (ENG.). 214p. (YA). (gr. 7-12). pap. *(978-3-7433-9518-3(5))* Creation Pubs.

House with Sixty Closets: A Christmas Story for Young Folks & Old Children. Frank Samuel Child. 2019. (ENG., Illus.). 94p. (YA). (gr. 7-12). pap. *(978-93-5329-452-6(5))* Alpha Editions.

House with Sixty Closets: A Christmas Story for Young Folks & Old Children (Classic Reprint) Frank Samuel Child. (ENG., Illus.). (J). 2018. 226p. 28.52 *(978-0-484-88221-7(X))*; 2016. pap. 10.97 *(978-1-333-54763-9(3))* Forgotten Bks.

House with Spectacles (Classic Reprint) Leora Bettison Robinson. 2018. (ENG., Illus.). 250p. (J). 29.05 *(978-0-484-35130-0(3))* Forgotten Bks.

House with the Green Shutters (Classic Reprint) George Douglas Brown. 2017. (ENG., Illus.). (J). 31.07 *(978-1-5283-5973-3(9))* Forgotten Bks.

House with the Mezzanine: And Other Stories (Classic Reprint) Anton Tchekoff. 2017. (ENG., Illus.). (J). 29.24 *(978-0-265-68406-1(4))*; pap. 11.97 *(978-1-5276-5897-4(X))* Forgotten Bks.

House with the Silver Door (Classic Reprint) Eva March Tappan. 2017. (ENG., Illus.). (J). 28.17 *(978-0-331-13286-1(9))*; pap. 10.57 *(978-0-266-00049-5(5))* Forgotten Bks.

House Without a Key (Classic Reprint) Earl Derr Biggers. 2017. (ENG., Illus.). (J). 30.66 *(978-0-331-90482-6(9))*; pap. 13.57 *(978-0-243-44535-6(0))* Forgotten Bks.

House Without Windows. Barbara Newhall Follett. Illus. by Jackie Morris. 2021. 240p. (J). (gr. 4-6). pap. 9.99 *(978-0-241-98607-3(9))* Penguin Bks., Ltd. GBR. Dist: Independent Pubs. Group.

House Without Windows. Barbara Newhall Follett. 2023. (ENG.). 180p. (J). (gr. k-3). pap. ***(978-1-927077-45-0(1))*** Soul Care Publishing.

Houseboat Book: The Log of a Cruise from Chicago to New Orleans (Classic Reprint) William F. Waugh. 2017. (ENG., Illus.). (J). 28.66 *(978-0-266-87404-1(5))* Forgotten Bks.

Houseboat Days in China (Classic Reprint) J. O. P. Bland. 2017. (ENG., Illus.). (J). 30.06 *(978-0-266-80701-8(1))* Forgotten Bks.

Houseboating on a Colonial Waterway (Classic Reprint) Frank Hutchins. 2017. (ENG., Illus.). (J). 32.58 *(978-0-331-93262-1(8))* Forgotten Bks.

Housecat Trouble: Lost & Found: (a Graphic Novel) Mason Dickerson. 2023. (Housecat Trouble Ser.: 2). (Illus.). 192p. (J). (gr. 2-5). 13.99 *(978-0-593-17348-0(1))*; (ENG., lib. bdg. 16.99 *(978-0-593-17349-7(X))* Penguin Random Hse. LLC.

Household Angel in Disguise (Classic Reprint) Madeline Leslie. 2018. (ENG., Illus.). 452p. (J). 33.22 *(978-0-267-41356-0(4))* Forgotten Bks.

Household Book of English Poetry (Classic Reprint) Richard Chenevix Trench. (ENG., Illus.). (J). 2018. 466p. 33.51 *(978-0-364-38410-7(7))*; 2017. pap. 16.57 *(978-1-5276-6218-6(7))* Forgotten Bks.

Household Friends for Every Season (Classic Reprint) James Thomas Fields. 2017. (ENG., Illus.). (J). 32.19 *(978-1-5279-8212-3(2))* Forgotten Bks.

Household of Bouverie, or the Elixir of Gold (Classic Reprint) Catherine Ann Warfield. (ENG., Illus.). (J). 2017. 40.48 *(978-0-331-59712-7(8))*; 2016. pap. 23.57 *(978-1-333-47797-4(X))* Forgotten Bks.

Household of Bouverie, or the Elixir of Gold, Vol. 1 Of 2: A Romance (Classic Reprint) Catherine Ann Ware Warfield. 2018. (ENG., Illus.). (J). 380p. 31.73 *(978-0-366-55438-6(7))*; 382p. pap. 16.57 *(978-0-365-96671-5(1))* Forgotten Bks.

Household of Mcneil (Classic Reprint) Amelia E. Barr. 2018. (ENG., Illus.). 332p. (J). 30.74 *(978-0-483-77206-9(2))* Forgotten Bks.

Household of Peter: A Novel (Classic Reprint) Rosa Nouchette Carey. (ENG., Illus.). (J). 2018. 458p. 33.36 *(978-0-666-47683-8(7))*; 2017. pap. 16.57 *(978-0-243-32494-1(4))* Forgotten Bks.

Household of Peter (Classic Reprint) Rosa Nouchette Carey. (ENG., Illus.). (J). 2018. 476p. 33.73 *(978-0-364-01759-3(7))*; 2017. pap. 16.57 *(978-0-243-51737-4(8))* Forgotten Bks.

Household of Sir Thomas More (Classic Reprint) Anne Manning. (ENG., Illus.). (J). 2018. 176p. 27.53 *(978-0-483-36627-5(7))*; 2016. pap. 9.97 *(978-1-333-35745-0(1))* Forgotten Bks.

Household of Sir Thos; More (Classic Reprint) Anne Manning. 2017. (ENG., Illus.). (J). 31.09 *(978-0-266-36651-5(1))* Forgotten Bks.

Household of Sir Thos. More (Classic Reprint) Anne Manning. (ENG., Illus.). (J). 2017. 29.49 *(978-0-265-47457-0(4))*; 2016. pap. 13.57 *(978-1-334-13970-3(9))* Forgotten Bks.

Household Puzzles (Classic Reprint) Pansy Pansy. (ENG., Illus.). (J). 2018. 382p. 31.78 *(978-0-332-34561-1(0))*; 2016. pap. 16.57 *(978-1-334-20717-4(8))* Forgotten Bks.

Household Robots. S. L. Hamilton. 2018. (Xtreme Robots Ser.). (ENG., Illus.). 32p. (J). (gr. 3-9). lib. bdg. 32.79 *(978-1-5321-1824-1(4)*, 30566, Abdo & Daughters) ABDO Publishing Co.

Household Stories: From the Collection of the Bros, Grimm, Translated from the German (Classic Reprint) Lucy Crane. 2018. (ENG., Illus.). 338p. (J). 30.66 *(978-0-332-45860-1(1))* Forgotten Bks.

Household Stories (Classic Reprint) Brothers Grimm. 2017. (ENG., Illus.). (J). pap. 19.57 *(978-0-243-31385-3(3))* Forgotten Bks.

Household Stories (Classic Reprint) Grimm Brothers. 2018. (ENG., Illus.). 592p. (J). 36.11 *(978-0-666-41183-9(2))* Forgotten Bks.

Household Stories from the Collection of the Brothers Grimm. Tr. by Lucy Crane. Illus. by Walter Crane. 2021. (ENG.). 302p. (J). 24.95 *(978-1-4341-0470-0(2)*, Waking Lion Press) The Editorium, LLC.

Household Stories from the Land of Hofer, or Popular Myths of Tirol: Including the Rose-Garden of King Lareyn (Classic Reprint) Rachel Harriette Busk. (ENG., Illus.). (J). 2018. 468p. 33.55 *(978-0-332-51296-9(7))*; 2017. pap. 16.57 *(978-0-243-14874-5(7))* Forgotten Bks.

Household Story of the American Conflict: Forward with the Flag. Mary S. Robinson. 2017. (ENG., Illus.). (J). pap. *(978-0-649-12318-6(2))* Trieste Publishing Pty Ltd.

Household Story of the American Conflict: The Brother Soldiers (Classic Reprint) Mary S. Robinson. 2018. (ENG., Illus.). 216p. (J). 28.37 *(978-0-483-55577-8(0))* Forgotten Bks.

Household Story of the American Conflict. the Brothers Soldiers. Mary S. Robinson. 2017. (ENG., Illus.). (J). pap. *(978-0-649-28292-0(2))* Trieste Publishing Pty Ltd.

Household Words, 1851, Vol. 3: A Weekly Journal; from the 29th of March to the 20th of September; Being No. 53 to No. 78 (Classic Reprint) Charles Dickens. (ENG., Illus.). (J). 2018. 628p. 36.85 *(978-0-364-11171-0(2))*; 2017. pap. 19.57 *(978-0-259-55061-7(2))* Forgotten Bks.

Household Words, 1852, Vol. 5: A Weekly Journal (Classic Reprint) Charles Dickens. 2017. (ENG., Illus.). (J). 36.77 *(978-0-331-89368-7(1))*; pap. 19.57 *(978-0-243-27562-5(5))* Forgotten Bks.

Household Words, 1853, Vol. 6: A Weekly Journal; Being from No. 130 to No. 153, & Also Including the Extra Number & a Half for Christmas (Classic Reprint) Charles Dickens. (ENG., Illus.). (J). 2018. 584p. 35.94 *(978-0-428-84683-1(1))*; 2017. pap. 19.57 *(978-0-243-90118-0(6))* Forgotten Bks.

Household Words, 1853, Vol. 6: A Weekly Journal; Being from No. 130 to No. 153; & Also Including the Extra Number & a Half for Christmas (Classic Reprint) Charles Dickens. 2018. (ENG., Illus.). (J). 616p. 36.60 *(978-0-366-55891-9(9))*; 618p. pap. 19.57 *(978-0-366-05268-4(3))* Forgotten Bks.

Household Words, 1853, Vol. 7: A Weekly Journal; Being from No. 154 to No. 179 (Classic Reprint) Charles Dickens. (ENG., Illus.). (J). 2018. 622p. 36.73 *(978-0-484-37914-4(3))*; 2017. pap. 19.57 *(978-0-282-24706-5(8))* Forgotten Bks.

Household Words, 1853, Vol. 8: A Weekly Journal (Classic Reprint) Charles Dickens. (ENG., Illus.). (J). 2018. 618p. 36.64 *(978-0-484-46505-2(8))*; 2017. pap. 19.57 *(978-1-334-92879-6(7))* Forgotten Bks.

Household Words, 1854, Vol. 8: A Weekly Journal (Classic Reprint) Charles Dickens. (ENG., Illus.). (J). 2018. 616p.

The check digit for ISBN-10 appears in parentheses after the full ISBN-13

36.62 *(978-0-267-82318-5(5))*; 2018. 618p. 36.64 *(978-0-484-61242-5(5))*; 2016. pap. 19.57 *(978-1-334-16661-7(7))*; 2016. pap. 19.57 *(978-1-334-17378-3(8))* Forgotten Bks.

Household Words, 1855, Vol. 10: A Weekly Journal (Classic Reprint) Charles Dickens. (ENG., Illus.). (J). 2018. 632p. 36.93 *(978-0-267-11529-7(6))*; 2017. pap. 19.57 *(978-0-243-60238-4(3))* Forgotten Bks.

Household Words, 1855, Vol. 10: A Weekly Journal; from the 19th of August to the 27th of January; Being from No. 230 to No. 253, & Also Including the Extra Number & a Half for Christmas (Classic Reprint) Charles Dickens. (ENG., Illus.). (J). 2018. 612p. 36.52 *(978-0-666-16996-9(9))*; 2017. pap. 19.57 *(978-0-243-56401-9(5))* Forgotten Bks.

Household Words, 1859, Vol. 18: A Weekly Journal (Classic Reprint) Charles Dickens. (ENG., Illus.). (J). 2018. 614p. 36.58 *(978-0-267-39777-8(1))*; 2016. pap. 19.57 *(978-1-334-12725-0(5))* Forgotten Bks.

Household Words, Vol. 11: A Weekly Journal; February 3, 1855 (Classic Reprint) Charles Dickens. (ENG., Illus.). (J). 2018. 618p. 36.64 *(978-0-365-12207-4(6))*; 2017. pap. 19.57 *(978-0-259-18676-2(7))* Forgotten Bks.

Household Words, Vol. 11: A Weekly Journal; from the 3rd of February to the 28th of July, Being from No. 254 to No. 279 (Classic Reprint) Charles Dickens. 2017. (ENG., Illus.). (J). 36.85 *(978-0-260-49238-8(8))*; pap. 19.57 *(978-1-5282-1958-7(9))* Forgotten Bks.

Household Words, Vol. 12: A Weekly Journal; from August 4, 1855, to January 12, 1856 (Classic Reprint) Charles Dickens. (ENG., Illus.). (J). 2018. 620p. 36.56 *(978-0-484-36487-4(1))*; 2017. pap. 19.57 *(978-0-243-52117-3(0))* Forgotten Bks.

Household Words, Vol. 14: A Weekly Journal; from July 19, 1856, to December, 1856; Being from No. 330 to No. 353, & Also Including the Extra Number & a Half for Christmas (Classic Reprint) Charles Dickens. (ENG., Illus.). (J). 2018. 604p. 36.37 *(978-0-428-94922-8(3))*; 2017. pap. 19.57 *(978-0-243-93522-2(6))* Forgotten Bks.

Household Words, Vol. 14: A Weekly Journal, from July 19, 1856, to December 27, 1856 (Classic Reprint) Charles Dickens. 2017. (ENG., Illus.). (J). 36.60 *(978-1-5280-6023-3(7))* Forgotten Bks.

Household Words, Vol. 15: A Weekly Journal; from January 3, 1857, to June 27, 1857; Being from No. 354 to No. 379 (Classic Reprint) Charles Dickens. (ENG., Illus.). (J). 2018. 598p. 36.23 *(978-0-483-88759-6(5))*; 2017. pap. 19.57 *(978-0-243-91323-7(0))* Forgotten Bks.

Household Words, Vol. 16: A Weekly Journal; from July 4, 1857, to December 12, 1857 (Classic Reprint) Charles Dickens. (ENG., Illus.). (J). 2018. 622p. 36.73 *(978-0-484-73873-6(9))*; 2017. 36.56 *(978-0-265-73587-9(4))*; 2017. pap. 19.57 *(978-1-5276-9962-5(5))*; 2016. pap. 19.57 *(978-1-334-13809-6(5))* Forgotten Bks.

Household Words, Vol. 17: A Weekly Journal; from December 19, 1857, to June 12, 1858 (Classic Reprint) Charles Dickens. 2017. (ENG., Illus.). (J). 36.21 *(978-0-331-03103-4(5))*; pap. 19.57 *(978-0-260-31253-2(3))* Forgotten Bks.

Household Words, Vol. 19: A Weekly Journal; from December 4, 1858, to May 23, 1859 (Classic Reprint) Charles Dickens. (ENG., Illus.). (J). 2018. 624p. 36.77 *(978-0-428-98461-8(4))*; 2016. pap. 19.57 *(978-1-334-16277-0(8))* Forgotten Bks.

Household Words, Vol. 2: A Weekly Journal, from the 28th of September to the 22nd of March, Being from No. 27 to No. 52 (Classic Reprint) Charles Dickens. 2018. (ENG., Illus.). 628p. (J). 36.85 *(978-0-484-18653-7(1))* Forgotten Bks.

Household Words, Vol. 3: A Weekly Journal; from March 29, 1851, to September 20, 1851; Being from No. 53 to No. 78 (Classic Reprint) Charles Dickens. 2017. (ENG., Illus.). (J). 626p. 36.83 *(978-0-260-06496-7(3))*; 628p. pap. 19.57 *(978-1-5278-9202-6(6))* Forgotten Bks.

Household Words, Vol. 7: August, 1853 (Classic Reprint) Charles Dickens. 2017. (ENG., Illus.). (J). pap. 9.57 *(978-0-243-38101-2(8))* Forgotten Bks.

Household Words, Vol. 8: A Weekly Journal; from January 19, 1856, to July 12, 1856 (Classic Reprint) Charles Dickens. (ENG., Illus.). (J). 2018. 620p. 36.68 *(978-0-666-59779-3(0))*; 2017. pap. 19.57 *(978-0-243-06959-0(6))* Forgotten Bks.

Houseplant Coloring Book! a Variety of Coloring Pages. Bold Illustrations. 2022. (ENG.). 82p. (J). pap. 14.99 *(978-1-0717-0678-7(0)*, Bold Illustrations) FASTLANE LLC.

Houses & Homes. Cambridge Reading Adventures. Red Band. Lynne Rickards. ed. 2016. (Cambridge Reading Adventures Ser.). (ENG., Illus.). 16p. pap. 7.95 *(978-1-107-54949-4(3))* Cambridge Univ. Pr.

Houses Around the World. Anne Giulieri. 2016. (Engage Literacy Orange - Extension A Ser.). (ENG.). 16p. (J). pap. 6.99 *(978-1-5157-3278-5(9)*, 133280); pap. 36.94 *(978-1-5157-5056-7(6)*, 26051) Capstone. (Capstone Pr.).

Houses Floating Home. Illus. by Einar Turkowski. 2016. (ENG.). 32p. (J). (gr. -1-3). 16.95 *(978-1-59270-183-4(3))* Enchanted Lion Bks., LLC.

Houses for the Three Pigs. Marco Fuentes. 2016. (Spring Forward Ser.). (J). (gr. k). *(978-1-4900-3730-1(6))* Benchmark Education Co.

Houses of Glass. Wallace Lloyd. 2017. (ENG.). 404p. (J). pap. *(978-3-337-34685-0(5))*; pap. *(978-3-337-07251-3(8))* Creation Pubs.

Houses of Glass: A Philosophical Roma (Classic Reprint) Wallace Lloyd. 2018. (ENG., Illus.). 402p. (J). 32.19 *(978-0-267-17748-6(8))* Forgotten Bks.

Houses of Glass: Stories of Paris (Classic Reprint) E. F. Folsom. 2018. (ENG., Illus.). 310p. (J). 30.31 *(978-0-483-13363-1(9))* Forgotten Bks.

Houses of Lorian Hollow: The Soundtrack to Your Scream. Sarah Seado. 2019. (Houses of Lorian Hollow Ser.). (ENG., Illus.). 652p. (YA). (gr. 8-12). pap. 24.95 *(978-1-0878-5400-7(8))* Indy Pub.

Housing Of 300. Katrina D. Henderson. 2022. (ENG.). 46p. (J). pap. 10.99 *(978-1-63984-163-9(6))* Pen It Pubns.

Housing, Race, & the Law. Duchess Harris & Deirdre R. J. Head. 2019. (Race & American Law Ser.). (ENG., Illus.). 112p. (J). (gr. 6-12). lib. bdg. 41.36 *(978-1-5321-9027-8(1)*, 33374, Essential Library) ABDO Publishing Co.

Houston. Sam Moussavi. 2016. (Texas Fridays Ser.). (ENG.). 208p. (YA). (gr. 6-12). 32.84 *(978-1-68076-494-9(2)*, 24677, Epic Escape) EPIC Pr.

Houston. Lyn A. Sirota. 2017. (Illus.). 24p. (J). *(978-1-4896-7297-1(4)*, AV2 by Weigl) Weigl Pubs., Inc.

Houston Astros. Contrib. by Anthony K. Hewson. 2022. (Inside MLB Ser.). (ENG., Illus.). 48p. (J). (gr. 3-6). lib. bdg. 34.21 *(978-1-0982-9018-4(6)*, 40793, SportsZone) ABDO Publishing Co.

Houston Astros. Caroline Wesley. 2018. (MLB's Greatest Teams Ser.). (ENG., Illus.). 32p. (J). (gr. 2-5). lib. bdg. 34.21 *(978-1-5321-1808-1(2)*, 30662, Big Buddy Bks.) ABDO Publishing Co.

Houston Astros. Jim Whiting. (Creative Sports: Major League Baseball Ser.). (ENG.). 32p. (J). 2021. (gr. 4-7). *(978-1-64026-304-8(7)*, 17774, Creative Education); 2020. (gr. 3-5). pap. 9.99 *(978-1-62832-836-3(3)*, 17775, Creative Paperbacks) Creative Co., The.

Houston Astros 101. Brad M. Epstein. 2016. (ENG.). (J). (gr. 3-7). bds. 12.95 *(978-1-60730-252-0(7))* Michaelson Entertainment.

Houston Astros All-Time Greats. Brendan Flynn. 2021. (MLB All-Time Greats Ser.). (ENG., Illus.). 24p. (J). (gr. 3-3). pap. 8.95 *(978-1-63494-309-3(0))*; lib. bdg. 28.50 *(978-1-63494-291-1(4))* Pr. Room Editions LLC.

Houston Dynamo. Anthony K. Hewson. 2021. (Inside MLS Ser.). (ENG., Illus.). 48p. (J). (gr. 3-6). lib. bdg. 34.21 *(978-1-5321-9257-9(6)*, 35123, SportsZone) ABDO Publishing Co.

Houston Dynamo. Anthony K. Hewson. 2021. (Inside MLS Ser.). (ENG., Illus.). 48p. (J). (gr. 4-4). pap. 11.95 *(978-1-64494-565-0(7)*, SportsZone) ABDO Publishing Co.

Houston Dynamo. Mark Stewart. 2017. (First Touch Soccer Ser.). (ENG., Illus.). 24p. (J). (gr. k-3). 23.93 *(978-1-59953-863-1(6))* Norwood Hse. Pr.

Houston, Is There a Problem? Teen Astronauts #1. Eric Walters. 2021. (Teen Astronauts Ser.: 1). (ENG.). 256p. (J). (gr. 4-7). pap. 10.95 *(978-1-4598-2873-5(9))* Orca Bk. Pubs. USA.

Houston Rockets. Michael E. Goodman. 2018. (NBA Champions Ser.). (ENG.). 24p. (J). (gr. 1-4). pap. 8.99 *(978-1-62832-575-1(5)*, 19822, Creative Paperbacks); lib. bdg. *(978-1-64026-020-7(X)*, 19804, Creative Education) Creative Co., The.

Houston Rockets. Will Graves. 2022. (Inside the NBA (2023) Ser.). (ENG., Illus.). 48p. (J). (gr. 3-6). lib. bdg. 34.22 *(978-1-5321-9828-1(0)*, 39761, SportsZone) ABDO Publishing Co.

Houston Rockets. K. C. Kelley. 2019. (Insider's Guide to Pro Basketball Ser.). (ENG.). 32p. (J). (gr. 1-4). lib. bdg. 35.64 *(978-1-5038-2466-9(7)*, 212278) Child's World, Inc, The.

Houston Rockets. Jim Whiting. 2017. (NBA: a History of Hoops Ser.). (ENG., Illus.). 48p. (J). (gr. 4-7). *(978-1-60818-845-1(0)*, 20240, Creative Education); 2nd ed. pap. 12.00 *(978-1-62832-448-8(1)*, 20241, Creative Paperbacks) Creative Co., The.

Houston Rockets All-Time Greats. Brendan Flynn. 2020. (NBA All-Time Greats Ser.). (ENG., Illus.). 24p. (J). (gr. 3-3). pap. 8.95 *(978-1-63494-167-9(5)*, 1634941675); lib. bdg. 28.50 *(978-1-63494-154-9(3)*, 1634941543) Pr. Room Editions LLC.

Houston Texans. Kenny Abdo. 2021. (NFL Teams Ser.). (ENG., Illus.). 32p. (J). (gr. 2-8). lib. bdg. 32.79 *(978-1-0982-2463-9(9)*, 37160, Abdo Zoom-Fly) ABDO Publishing Co.

Houston Texans. Josh Anderson. 2022. (Professional Football Teams Ser.). (ENG.). 32p. (J). (gr. 2-5). lib. bdg. 35.64 *(978-1-5038-5777-3(8)*, 215751, Stride) Child's World, Inc, The.

Houston Texans. Steven M. Karras. 2018. (Illus.). 24p. (J). *(978-1-4896-5513-4(1)*, AV2 by Weigl) Weigl Pubs., Inc.

Houston Texans. Katie Lajiness. 2016. (NFL's Greatest Teams Set 3 Ser.). (ENG., Illus.). 32p. (J). (gr. 2-5). 51.35 *(978-1-68079-894-4(4)*, 23971); lib. bdg. 34.21 *(978-1-68078-534-0(6)*, 23631) ABDO Publishing Co. (Big Buddy Bks.).

Houston Texans. Contrib. by Joanne Mattern. 2023. (NFL Team Profiles Ser.). (ENG., Illus.). (J). (gr. 3-7). lib. bdg. 26.95 Bellwether Media.

Houston Texans, 1 vol. J. T. Norman. 2016. (NFL up Close Ser.). (ENG., Illus.). 32p. (J). (gr. 3-9). lib. bdg. 32.79 *(978-1-68078-218-9(5)*, 22037, SportsZone) ABDO Publishing Co.

Houston Texans. Todd Ryan. 2019. (Inside the NFL Ser.). (ENG.). 48p. (J). (gr. 3-6). lib. bdg. 34.21 *(978-1-5321-1848-7(1)*, 32565, SportsZone) ABDO Publishing Co.

Houston Texans. Jim Whiting. rev. ed. 2019. (NFL Today Ser.). (ENG.). 48p. (J). (gr. 4-7). pap. 12.00 *(978-1-62832-705-2(7)*, 19034, Creative Paperbacks) Creative Co., The.

Houston Texans All-Time Greats. Ted Coleman. 2022. (NFL All-Time Greats Set 2 Ser.). (ENG., Illus.). 24p. (J). (gr. 3-3). pap. 8.95 *(978-1-63494-443-4(7))*; lib. bdg. 28.50 *(978-1-63494-426-7(7))* Pr. Room Editions LLC.

Houston Texans Story. Thomas K. Adamson. 2016. (NFL Teams Ser.). (ENG., Illus.). 32p. (J). (gr. 3-7). lib. bdg. 26.95 *(978-1-62617-367-5(2)*, Torque Bks.) Bellwether Media.

Houston, We Have a Klutz! Nicholas O. Time. 2016. (In Due Time Ser.: 4). (ENG., Illus.). 160p. (J). (gr. 3-7). 17.99 *(978-1-4814-7237-1(2)*, Simon Spotlight) Simon Spotlight.

Houston, We've Had a Problem: The Story of the Apollo 13 Disaster. Rebecca Rissman. 2018. (Tangled History Ser.). (ENG.). 112p. (J). (gr. 3-9). pap. 6.95 *(978-1-5157-7964-3(5)*, 136044); lib. bdg. 32.65 *(978-1-5157-7940-7(8)*, 136036) Capstone. (Capstone Pr.).

Houston's Hurricane Harvey Floods. Kevin Blake. 2018. (Code Red Ser.). (ENG., Illus.). 32p. (J). (gr. 2-7). lib. bdg. 18.95 *(978-1-68402-661-6(X))* Bearport Publishing Co., Inc.

Hove up by the Tide (Classic Reprint) Gertrude Gould Pickard. 2017. (ENG., Illus.). (J). 24.99 *(978-0-266-57347-0(9))*; pap. 9.57 *(978-0-282-85021-0(X))* Forgotten Bks.

Hover & Soar. Stanley Richard Taylor. 2017. (ENG., Illus.). 42p. (J). (gr. 5-6). pap. *(978-0-9918098-3-7(1))* Taylor, Stanley R.

Hovercrafts & Humvees: Engineering Goes to War. Terry Burrows. 2017. (STEM on the Battlefield Ser.). (ENG., Illus.). 48p. (J). (gr. 4-6). 31.99 *(978-1-5124-3929-8(0)*, 0f902c5c-a4ce-415c-aaad-d99cfb90675f, Lerner Pubns.) Lerner Publishing Group.

How? The Most Awesome Question & Answer Book about Nature, Animals, People, Places — And You! Catherine Ripley. Illus. by Scot Ritchie. 2019. (ENG.). 192p. (J). (gr. -1-4). pap. 17.95 *(978-1-77147-384-2(3))* Owlkids Bks. Inc. CAN. Dist: Publishers Group West (PGW).

How 3D Printing Will Impact Society. Cecilia Pinto McCarthy. 2018. (Technology's Impact Ser.). (ENG.). 80p. (YA). (gr. 6-12). 39.93 *(978-1-68282-499-3(3))* ReferencePoint Pr., Inc.

How a Camera Works: Leveled Reader Card Book 3 Level T. Hmh Hmh. 2019. (ENG.). (J). pap. 14.13 *(978-0-358-16176-9(2))* Houghton Mifflin Harcourt Publishing Co.

How a Camera Works: Leveled Reader Card Book 3 Level T 6 Pack. Hmh Hmh. 2021. (J). (ENG.). pap. 69.33 *(978-0-358-18830-8(X))*; (SPA.). pap. 74.40 *(978-0-358-27283-0(1))* Houghton Mifflin Harcourt Publishing Co.

How a City Works. D. J. Ward. Illus. by Violet Lemay. 2018. (Let's-Read-And-Find-Out Science 2 Ser.). (ENG.). 40p. (J). (gr. -1-3). 17.99 *(978-0-06-247031-7(0))*; pap. 6.99 *(978-0-06-247030-0(2))* HarperCollins Pubs. (HarperCollins).

How a Dam Is Built, 1 vol. Elizabeth Krajnik. 2020. (Engineering Our World Ser.). (ENG.). 24p. (gr. 2-3). pap. 9.15 *(978-1-5382-4698-6(8)*, 2aa84dc5-4503-4f6b-8a26-8a1409c0e4f1) Stevens, Gareth Publishing LLLP.

How a Dear Little Couple Went Abroad. Mary Dow Brine. 2019. (ENG., Illus.). 48p. (YA). pap. *(978-93-5329-498-4(3))* Alpha Editions.

How a Dear Little Couple Went Abroad (Classic Reprint) Mary Dow Brine. 2018. (ENG., Illus.). 50p. (J). 24.95 *(978-0-484-80714-2(5))* Forgotten Bks.

How a Dogsled Brought Christmas to Pikatan. Rocky Val-Hayden. 2021. (ENG.). 26p. (J). 25.00 *(978-1-0879-9215-0(X))* Fuess, Rachel.

How a Garden Grows, 1 vol. Miranda Kelly. 2022. (Backyard Science Ser.). (ENG.). 24p. (J). (gr. k-2). pap. *(978-1-0396-4657-5(3)*, 17165); lib. bdg. *(978-1-0396-4466-3(X)*, 16223) Crabtree Publishing Co. (Crabtree Seedlings).

How a House Is Built, 1 vol. Theresa Emminizer. 2020. (Engineering Our World Ser.). (ENG.). 24p. (gr. 2-3). pap. 9.15 *(978-1-5382-4703-7(8)*, 61f2b1b3-4214-4644-b290-e2271da90bc2) Stevens, Gareth Publishing LLLP.

How a House Is Built (New & Updated) Gail Gibbons. 2020. 32p. (J). (gr. -1-3). 18.99 *(978-0-8234-4694-0(8))* Holiday Hse., Inc.

How a King Plays: 64 Chess Tips from a Kid Champion. Oliver Boydell. 2021. (Illus.). 96p. (J). (gr. 5-7). 9.99 *(978-0-593-45126-7(0)*, Random Hse. Bks. for Young Readers) Random Hse. Children's Bks.

How a Lady, Having Lost a Sufficient Income from Government Bonds: By Misplaced Confidence, Reduced to a Little Homestead Whose Entire Income Is but $40; 00 per Annum (Classic Reprint) Sarah Elizabeth Harper Monmouth. 2018. (ENG., Illus.). 48p. (J). 24.89 *(978-0-483-59378-7(8))* Forgotten Bks.

How a Library Works. Amanda StJohn. Illus. by Bob Ostrom. 2023. (Learning Library Skills Ser.). (ENG.). 24p. (J). (gr. k-3). lib. bdg. 32.79 *(978-1-5038-6537-2(1)*, 216416, Wonder Books(r)) Child's World, Inc, The.

How a Little Girl Went to Africa (Classic Reprint) Leona Mildred Bicknell. 2018. (ENG., Illus.). 224p. (J). 28.52 *(978-0-267-15946-8(3))* Forgotten Bks.

How a Little Rabbit Named Hare Became a Super Rabbit. Paul R Tobias Jr. 2018. (ENG., Illus.). 32p. (J). 22.95 *(978-1-64138-753-8(X))* Page Publishing Inc.

How a Little Spider Saved a King. Peter Carlin. 2018. (ENG., Illus.). 58p. (J). pap. 15.95 *(978-1-64191-125-2(5))* Christian Faith Publishing.

How a Log Cabin Is Built - Engineering Books for Kids Children's Engineering Books. Baby Professor. 2017. (ENG., Illus.). 64p. (J). pap. 9.52 *(978-1-5419-1497-1(X)*, Baby Professor (Education Kids)) Speedy Publishing LLC.

How a Princess Survives Hair Day. Danielle Gordon. Illus. by Quratulain Iqbal. 2019. (ENG.). 32p. (J). pap. 12.50 *(978-0-692-19672-4(2))* Afro Princess Publishing Co.

How a Realist Hero Rebuilt the Kingdom (Light Novel) Vol. 1. Dojyomaru. 2018. (How a Realist Hero Rebuilt the Kingdom (Light Novel) Ser.: 1). (Illus.). 250p. pap. 13.99 *(978-1-62692-907-4(6)*, 900195555, Airship) Seven Seas Entertainment, LLC.

How a Realist Hero Rebuilt the Kingdom (Light Novel) Vol. 2. Dojyomaru. 2019. (How a Realist Hero Rebuilt the Kingdom (Light Novel) Ser.: 2). (Illus.). 250p. pap. 13.99 *(978-1-62692-981-4(5)*, 900197853, Airship) Seven Seas Entertainment, LLC.

How a Roller Coaster Is Built, 1 vol. Kate Mikoley. 2020. (Engineering Our World Ser.). (ENG.). 24p. (gr. 2-3). pap. 9.15 *(978-1-5382-4707-5(0)*, 4fc8d95a-d50d-4c00-8f09-6bb4f44d035a) Stevens, Gareth Publishing LLLP.

How a Satellite Is Built, 1 vol. Jonathan Bard & Mariel Bard. 2020. (Engineering Our World Ser.). (ENG.). 24p. (gr. 2-3). pap. 9.15 *(978-1-5382-4711-2(9)*, 3455804c-0a93-4e86-804e-849a4fd7c3f4) Stevens, Gareth Publishing LLLP.

How a Seed Grows see Como Crece una Semilla: How a Seed Grows (Spanish Edition)

How a Spider Saved Christmas. Sargis Saribekyan. 2019. (ENG., Illus.). 28p. (J). 22.95 *(978-1-64670-598-6(X))*; pap. 12.95 *(978-1-64670-597-9(1))* Covenant Bks.

How a Submarine Is Built, 1 vol. Tanya Dellaccio. 2020. (Engineering Our World Ser.). (ENG.). 24p. (gr. 2-3). pap. 9.15 *(978-1-5382-4715-0(1)*, 26a9ea62-b88f-44e3-b85d-6ff8226100e6) Stevens, Gareth Publishing LLLP.

How a Willow Tree Walks. Evan Westbrook. 2020. (ENG.). 30p. (J). 23.95 *(978-1-64654-136-2(7))*; pap. 13.95 *(978-1-64654-134-8(0))* Fulton Bks.

How about a Dinosaur? Victoria Shearham. 2017. (ENG., Illus.). (J). pap. *(978-0-9880665-2-6(1))* Join In Pr.

How about a Dinosaur? Victoria Shearham. 2021. (ENG.). 26p. (J). pap. *(978-1-7753121-1-6(9))* LoGreco, Bruno.

How Abraham Lincoln Fought the Civil War, 1 vol. Laura Helweg. 2017. (Presidents at War Ser.). (ENG.). 128p. (gr. 8-8). lib. bdg. 38.93 *(978-0-7660-8525-1(2)*, 32e10f4d-cea7-4f45-af17-c9cffae4f869) Enslow Publishing, LLC.

How Adversity Propelled Me to Change. Chauncey D. Taylor. 2022. (ENG.). 102p. (J). pap. 14.95 *(978-1-6624-6914-5(4))* Page Publishing Inc.

How Aircraft Carriers Work. Candice Ransom. 2019. (Lightning Bolt Books (r) — Military Machines Ser.). (ENG., Illus.). 24p. (J). (gr. 1-3). 29.32 *(978-1-5415-5567-9(8)*, 2708f60a-27d5-470a-8e99-24e13d809445); pap. 9.99 *(978-1-5415-7454-0(0)*, c33dc6fa-325a-48bf-9d55-f9b21b80b59a) Lerner Publishing Group. (Lerner Pubns.).

How Airplanes Get from Here ... to There! Ready-To-Read Level 3. Jordan D. Brown. Illus. by Mark Borgions. 2016. (Science of Fun Stuff Ser.). (ENG.). 48p. (J). (gr. 1-3). pap. 4.99 *(978-1-4814-6164-1(8)*, Simon Spotlight) Simon Spotlight.

How Airplanes Get from Here... to There! Jordan Brown. Illus. by Mark Borgions. 2016. 48p. (J). *(978-1-5182-1871-2(7)*, Simon Spotlight) Simon Spotlight.

How Alabama Became a State: Third of a Series of Children's Plays in Commemoration of the Close of a Century of Statehood (Classic Reprint) Marie Bankhead Owen. 2018. (ENG., Illus.). 30p. (J). 24.54 *(978-0-267-20731-2(X))* Forgotten Bks.

How Alice's Bad Day Turned Good. Annette McCullough. Ed. by Kim McIntyre. Illus. by Liam McCullough. 2018. (ENG.). 52p. (J). *(978-1-5255-3446-1(7))*; pap. *(978-1-5255-3447-8(5))* FriesenPress.

How America Became America: Wars at Home (1812/1820) Michelle Quinby. 2018. (J). *(978-1-5105-3596-1(9))* SmartBook Media, Inc.

How America Works (Set), 12 vols. (How America Works). (ENG.). (J). (gr. 3-6). 2020. lib. bdg. 393.48 *(978-1-5038-5271-6(7)*, 215116); 2016. lib. bdg. 229.53 *(978-1-5038-3166-7(3)*, 212944) Child's World, Inc, The.

How Amusement Parks Work see Cómo Funcionan los Parques de Diversiones

How an e-Book Works. Amanda StJohn. Illus. by Bob Ostrom. 2023. (Learning Library Skills Ser.). (ENG.). 24p. (J). (gr. k-3). lib. bdg. 32.79 *(978-1-5038-6538-9(X)*, 216417, Wonder Books(r)) Child's World, Inc, The.

How & the Why. Cynthia Hand. (ENG.). (YA). (gr. 8). 2021. 480p. pap. 10.99 *(978-0-06-269317-4(4))*; 2019. 464p. 17.99 *(978-0-06-269316-7(6))* HarperCollins Pubs. (HarperTeen).

How Andrew Won (Classic Reprint) Andrew M. Bruner. (ENG., Illus.). (J). 2018. 110p. 26.17 *(978-0-267-41096-5(4))*; 2016. pap. 9.57 *(978-1-334-26325-5(6))* Forgotten Bks.

How Animals Adapt to Survive, 12 vols. 2017. (How Animals Adapt to Survive Ser.). (ENG.). 24p. (J). (gr. 3-3). lib. bdg. 151.62 *(978-1-5081-6437-1(1)*, 612bb189-adc9-4956-9f5e-86327bff4e83, PowerKids Pr.) Rosen Publishing Group, Inc., The.

How Animals Communicate: Leveled Reader Ruby Level 27. Rg Rg. 2019. (PM Ser.). (ENG.). 32p. (J). (gr. 4). pap. 11.00 *(978-0-544-89296-5(8))* Rigby Education.

How Animals Feel, 1 vol. Joanne Mattern. 2018. (Science of Senses Ser.). (ENG.). 32p. (gr. 3-3). pap. 11.58 *(978-1-5026-4196-0(8)*, 45b756da-a825-4674-a75a-644ad1c52f1e) Cavendish Square Publishing LLC.

How Animals Hear, 1 vol. Joanne Mattern. 2018. (Science of Senses Ser.). (ENG.). 32p. (gr. 3-3). pap. 11.58 *(978-1-5026-4200-4(X)*, d04acf24-f999-418b-9adb-4ab11824cce2) Cavendish Square Publishing LLC.

How Animals See, 1 vol. Joanne Mattern. 2018. (Science of Senses Ser.). (ENG.). 32p. (gr. 3-3). pap. 11.58 *(978-1-5026-4204-2(2)*, 6afbf8aa-971c-4d17-9cba-fc6cb6e42c4f) Cavendish Square Publishing LLC.

How Animals Smell, 1 vol. Alicia Z. Klepeis. 2018. (Science of Senses Ser.). (ENG.). 32p. (gr. 3-3). pap. 11.58 *(978-1-5026-4208-0(5)*, 9b13e895-4f4e-4687-b708-6791b75408df) Cavendish Square Publishing LLC.

How Animals Talk: And Other Pleasant Studies of Birds & Beasts (Classic Reprint) William J. Long. (ENG., Illus.). (J). 2017. 30.79 *(978-0-266-17122-5(2))*; 2016. pap. 13.57 *(978-1-333-58268-5(4))* Forgotten Bks.

How Animals Taste, 1 vol. Laura L. Sullivan. 2018. (Science of Senses Ser.). (ENG.). 32p. (gr. 3-3). pap. 11.58 *(978-1-5026-4212-7(3)*, 3201cdc9-3fed-4ccf-bcf1-864b2606fb00) Cavendish Square Publishing LLC.

How Annie Made It to the Stage, 1 vol. Jeri Freedman. 2018. (Getting to Broadway Ser.). (ENG.). 96p. (YA). (gr. 8-8). 45.93 *(978-1-5026-3499-3(6)*, a06b78a8-9e87-4ab6-9ad1-910756026b5d) Cavendish Square Publishing LLC.

How Ant Saved Dove. Kholeka Mabeta & Judith Baker. Illus. by Wiehan de Jager. 2022. (ENG.). 38p. (J). pap. ***(978-1-922910-98-1(8))*** Library For All Limited.

How Ant Saved Dove - Siafu Amwokoa Njiwa. Kholeka Mabeta & Judith Baker. Illus. by Wiehan de Jager. 2023. (SWA.). 36p. (J). pap. ***(978-1-922910-41-7(4))*** Library For All Limited.

How Antibiotics Changed the World. Toney Allman. 2018. (How Science Changed the World Ser.). (ENG.). 80p. (YA). (gr. 6-12). 39.93 *(978-1-68282-405-4(5))* ReferencePoint Pr., Inc.

How Are Canyons Formed?, 1 vol. B. J. Best. 2017. (Nature's Formations Ser.). (ENG.). 24p. (gr. 1-1). pap. 9.22

H

(978-1-5026-2888-6(0), d408695d-41d9-4d5b-aac9-5d25c81a2ccc); lib. bdg. 25.93 (978-1-5026-2886-2(4), 17890736-fd3f-416c-97cc-ff87a2c68458) Cavendish Square Publishing LLC.

How Are Caves Formed? B. J. Best. 2017. (Nature's Formations Ser.). 24p. (J). (gr. 1-1). pap. 49.32 (978-1-5026-2533-5(4)) Cavendish Square Publishing LLC.

How Are Control Groups Used in Experiments? Scientific Method Book for Kids Grade 5 Children's Science Experiment Books. Baby Professor. 2022. (ENG.). 72p. (J). 31.99 **(978-1-5419-8656-5(3))**; pap. 19.99 **(978-1-5419-8112-6(X))** Speedy Publishing LLC. (Baby Professor (Education Kids)).

How Are Islands Formed?, 1 vol. B. J. Best. 2017. (Nature's Formations Ser.). (ENG., Illus.). 24p. (gr. 1-1). pap. 9.22 (978-1-5026-2537-3(7), 10ef79df-52e1-40e3-8158-a918699e541a) Cavendish Square Publishing LLC.

How Are Lakes Formed?, 1 vol. B. J. Best. 2017. (Nature's Formations Ser.). (ENG., Illus.). 24p. (gr. 1-1). pap. 9.22 (978-1-5026-2549-6(0), 1ba25d5b-59b4-449a-938a-aaddf40bc8ba) Cavendish Square Publishing LLC.

How Are Lasers Used Today? Light & Optics for Grade 5 Children's Physics Books. Tech Tron. 2021. (ENG.). 72p. (J). 27.99 (978-1-5419-8074-7(3)); pap. 16.99 (978-1-5419-5383-3(5)) Speedy Publishing LLC.

How Are Laws Made? Kevin Winn. 2023. (21st Century Junior Library: We the People: U. S. Government at Work Ser.). (ENG., Illus.). 24p. (J). (gr. 2-5). lib. bdg. 30.64 (978-1-6689-1939-2(7), 221917) Cherry Lake Publishing.

How Are Laws Made? Contrib. by Kevin Winn. 2023. (21st Century Junior Library: We the People: U. S. Government at Work Ser.). (ENG., Illus.). 24p. (J). (gr. 2-5). pap. 12.79 (978-1-6689-2041-1(7), 222019) Cherry Lake Publishing.

How Are Laws Made? How Democratic Laws Are Made & the Role of Congress Grade 5 Social Studies Children's Government Books. Baby Professor. 2022. (ENG.). 72p. (J). 31.99 **(978-1-5419-8888-0(4))**; pap. 19.99 **(978-1-5419-8184-3(7))** Speedy Publishing LLC. (Baby Professor (Education Kids)).

How Are Mountains Formed?, 1 vol. B. J. Best. 2017. (Nature's Formations Ser.). (ENG., Illus.). 24p. (gr. 1-1). pap. 9.22 (978-1-5026-2545-8(8), a6b07534-def5-4557-a599-5833cfeec36a) Cavendish Square Publishing LLC.

How Are Mountains Made? Mountains of the World for Kids Grade 5 Children's Earth Sciences Books. Baby Professor. 2020. (ENG.). 76p. (J). 24.99 (978-1-5419-8026-6(3)); pap. 14.99 (978-1-5419-5394-9(0)) Speedy Publishing LLC. (Baby Professor (Education Kids)).

How Are Movies Made? Technology Book for Kids Children's Computers & Technology Books. Baby Professor. 2017. (ENG., Illus.). (J). pap. 8.79 (978-1-5419-1093-5(1), Baby Professor (Education Kids)) Speedy Publishing LLC.

How Are Mummies Made? Archaeology Kids Books Grade 4 Children's Ancient History. Baby Professor. 2021. (ENG.). 74p. (J). 27.99 (978-1-5419-8085-3(9)); pap. 16.99 (978-1-5419-5356-7(8)) Speedy Publishing LLC. (Baby Professor (Education Kids)).

How Are Mummies Made? Archaeology Quick Guide Children's Archaeology Books. Baby Professor. 2017. (ENG., Illus.). 64p. (J). pap. 9.52 (978-1-5419-1642-5(5), Baby Professor (Education Kids)) Speedy Publishing LLC.

How Are Muscles Work see **Musculo, Organo de la Fuerza**

How Are Planets Named? - Planets in the Solar System - Science Grade 4 - Children's Astronomy & Space Books. Baby Professor. 2019. (ENG.). 84p. (J). pap. 15.75 (978-1-5419-4929-4(3)); 25.74 (978-1-5419-7519-4(7)) Speedy Publishing LLC. (Baby Professor (Education Kids)).

How Are Presidents Chosen? the Presidential System of Government the America Government & Politics Grade 6 Children's Government Books. Universal Politics. 2022. (ENG.). 72p. (J). 31.99 **(978-1-5419-8619-0(9))**; pap. 19.99 **(978-1-5419-6104-3(8))** Speedy Publishing LLC. (Universal Politics (Politics & Social Sciences)).

How Are Rivers Formed?, 1 vol. B. J. Best. 2017. (Nature's Formations Ser.). (ENG., Illus.). 24p. (gr. 1-1). pap. 9.22 (978-1-5026-2541-0(5), 60bd7761-db3c-4529-aa67-7cec8dbe8090) Cavendish Square Publishing LLC.

How Are Rocks Formed? If... Then, 1 vol. Amanda Vink. 2017. (Computer Kids: Powered by Computational Thinking Ser.). (ENG.). 24p. (J). (gr. 4-5). 25.27 (978-1-5383-2400-4(8), ba0df7cc-062e-4ed7-9dff-c6cf11ac8860, PowerKids Pr.); pap. (978-1-5383-5302-8(4), aba1af58-4abb-4dc0-90cd-ae32a4d48a28, Rosen Classroom) Rosen Publishing Group, Inc., The.

How Are Shadows & Reflections Made? Mari Schuh. 2019. (Let's Look at Light Ser.). (ENG., Illus.). 24p. (J). (gr. -1-2). pap. 6.95 (978-1-9771-1041-1(X), 141117, Pebble) Capstone.

How Are Supercars Made? Technology Book for Kids 4th Grade Children's How Things Work Books. Baby Professor. 2017. (ENG., Illus.). 64p. (J). pap. 9.55 (978-1-5419-1765-1(0), Baby Professor (Education Kids)) Speedy Publishing LLC.

How Are Taxes Used? Understanding Citizenship, 1 vol. Gillian Clifton. 2018. (Civics for the Real World Ser.). (ENG.). 16p. (gr. 2-3). pap. (978-1-5383-6545-8(6), 84862e4b-bc45-4a16-8c68-70d368cc6573, Rosen Classroom) Rosen Publishing Group, Inc., The.

How Are They Feeling? Speechmark. ed. 2017. (Colorcards Ser.). (ENG.). 30p. (C). 62.95 (978-0-86388-884-7(4), Y330216) Routledge.

How Are They Made?, 12 vols., Set. Wendy Blaxland. Incl. Knives & Forks. lib. bdg. 21.27 (978-0-7614-3805-2(X), 846fcbe0-3b94-4c8f-877b-013ae40ec621); Paper. lib. bdg. 21.27 (978-0-7614-3806-9(8), 81fcc268-4d2b-47c1-825a-c7bbdc65e4e5); Pencils. lib. bdg. 21.27 (978-0-7614-3807-6(6), 99891504-99f3-4677-9886-cd40671dde6d); Plates & Mugs. lib. bdg. 21.27 (978-0-7614-3809-0(2), fe26eb45-3422-48ed-a72d-9123447563b1); Sneakers. lib. bdg. 21.27 (978-0-7614-3810-6(6), 4865c803-4127-4111-82e3-e488b914e616); T-Shirts. (Illus.). lib. bdg. 21.27 (978-0-7614-3812-0(2), c452146b-43b0-4a87-8f90-e2753faf8caa); 32p. (gr. 4-4). (How Are They Made? Ser.). (ENG.). 2009. Set lib. bdg. 127.62 (978-0-7614-3803-8(3), aebb5950-1ca4-4787-878c-9554bcaf93ae, Cavendish Square) Cavendish Square Publishing LLC.

How Are Video Games Made & Sold?, 1 vol. Kristin Thiel. 2019. (Where Do Goods Come From? Ser.). (ENG.). 32p. (gr. 3-3). pap. 11.58 (978-1-5026-5040-5(1), de9be1e1-0de2-405b-9212-2b63a6f04735) Cavendish Square Publishing LLC.

How Are You? Created by Édouard Manceau. 2023. (ENG.). 34p. (J). (gr. -1 — 1). bds. 12.99 Éditions Tourbillon FRA. Dist: Hachette Bk. Group.

How Are You? / ¿Cómo Estás? Angela Dominguez. ed. 2018. (ENG., Illus.). 32p. (J). 18.99 (978-1-250-12686-3(X), 900175268, Holt, Henry & Co. Bks. For Young Readers) Holt, Henry & Co.

How Are You? / ¿Cómo Estás? (Spanish Bilingual) Angela Dominguez. ed. 2022. (ENG., Illus.). 24p. (J). bds. 9.99 (978-1-250-78203-8(1), 900236507, Holt, Henry & Co. Bks. For Young Readers) Holt, Henry & Co.

How Are You, Bella Butter Boo? Ashley Wenzel Gulden & Clara Wenzel. 2020. (ENG.). 26p. (J). 14.99 (978-1-0879-0628-7(8)) Indy Pub.

How Are You Feeling? Naming Your Emotions with Sesame Street (r). Marie-Therese Miller. 2023. (ENG., Illus.). 32p. (J). (gr. -1-2). pap. 9.99 (978-1-7284-8612-3(2), ee25e565-abf2-421a-b38b-297ea696e472); lib. bdg. 29.32 (978-1-7284-7575-2(9), b22fecdf-53c6-47f8-b403-6b385fb3ac45) Lerner Publishing Group. (Lerner Pubns.).

How Are You Feeling Board Book. Mudpuppy. Illus. by The Indigo Bunting & Erin Jang. 2021. (ENG.). 22p. (J). (gr. -1-k). 12.99 (978-0-7353-6781-4(7)) Mudpuppy Pr.

How Are You Feeling Now? (Classic Reprint) Edwin L. Sabin. 2018. (ENG., Illus.). 116p. (J). 26.31 (978-0-267-28047-6(5)) Forgotten Bks.

How Are You Feeling Today? What Color Are You at Today? Sabat Beatto. 2019. (ENG.). 48p. (J). pap. 10.69 (978-1-7337532-2-7(2)) Beatto, Sabat.

How Artificial Intelligence Will Impact Society. Christa C. Hogan. 2018. (Technology's Impact Ser.). (ENG.). 80p. (YA). (gr. 6-12). 39.93 (978-1-68282-491-7(8)) ReferencePoint Pr., Inc.

How Artists See Animals: Mammal Fish Bird Reptile. Colleen Carroll. 2nd ed. 2019. (ENG., Illus.). 48p. (J). 13.95 (978-0-7892-1348-8(6), 791348, Abbeville Kids) Abbeville Pr., Inc.

How Artists See Families: Mother Father Sister Brother. Colleen Carroll. 2nd ed. 2019. (ENG., Illus.). 48p. (J). 13.95 (978-0-7892-1349-5(4), 791349, Abbeville Kids) Abbeville Pr., Inc.

How Artists See Full Set: 12-Volume Collection, 12 vols., Set. Colleen Carroll. Incl. How Artists See - Feelings: Joy, Sadness, Fear, Love. 48p. (gr. k-6). 2001. 12.95 (978-0-7892-0616-9(1), 790616); How Artists See - Heroes: Myth, History, War, Everyday. 48p. (gr. k-6). 2003. 12.95 (978-0-7892-0773-9(7), 790773); How Artists See - People: Boy, Girl, Man, Woman. 12p. (gr. k-6). 1996. 12.95 (978-0-7892-0477-6(0), 790477); How Artists See - The Elements: Earth Air Fire Water. 48p. (gr. k-6). 1999. 12.95 (978-0-7892-0476-9(2), 790476); How Artists See - The Weather: Sun, Wind, Snow, Rain. 48p. (gr. k-6). 1996. 12.95 (978-0-7892-0478-3(9), 790478); How Artists See America: East South Midwest West. 48p. (gr. k-6). 2002. 12.95 (978-0-7892-0772-2(9), 790772); How Artists See: Animals: Mammal Fish Bird Reptile. 48p. (gr. k-6). 1999. pap. 12.95 (978-0-7892-0475-2(4), 790475); How Artists See Artists: Painter, Actor, Dancer, Musician. 48p. (gr. k-6). 2001. 12.95 (978-0-7892-0618-3(8), 790618); How Artists See Cities: Streets Buildings Shops Transportation. 48p. (gr. k-6). 1999. 12.95 (978-0-7892-0187-4(9), 790187); How Artists See: Families: Mother Father Sister Brother. 48p. (gr. 3-5). 1999. 12.95 (978-0-7892-0671-8(4), 790671); How Artists See Play: Sports Games Toys Imagination. 48p. (gr. k-6). 1999. 12.95 (978-0-7892-0393-9(6), 790393); How Artists See: Work: Farm, Factory, Home, Office. 48p. (gr. k-6). 1996. 12.95 (978-0-7892-0672-5(2), 790672); (Illus.). (J). (How Artist See Ser.: 14). (ENG.). 576p. 2008. Set tchr. ed. 165.00 (978-0-7892-0991-7(6), 790991, Abbeville Kids) Abbeville Pr., Inc.

How Babies Are Born: The Story of Birth for Children. Bruce E. Hodges. 2023. 64p. (J). (gr. -1-7). pap. 15.99 BookBaby.

How Babies Are Made. Heron Books. 2022. (ENG.). 40p. (J). pap. **(978-0-89739-212-9(4)**, Heron Bks.) Quercus.

How Barack Obama Fought the War on Terrorism, 1 vol. John A. Torres. 2017. (Presidents at War Ser.). (ENG.). 128p. (gr. 8-8). lib. bdg. 38.93 (978-0-7660-8535-0(X), 6808ab9c-609c-4f7e-b33b-789b6476f7fb) Enslow Publishing, LLC.

How Barkey Saved Christmas. John Righter. Illus. by Kate Righter. 2022. (ENG.). 26p. (J). **(978-1-387-83233-0(6))** Lulu Pr., Inc.

How Batteries Work. Victoria G. Christensen. 2016. (Connect with Electricity Ser.). (ENG., Illus.). 40p. (J). (gr. 4-6). 30.65 (978-1-5124-0781-5(X), f9749099-519b-497b-b631-bb5b2a125679); E-Book 46.65 (978-1-5124-1006-8(3)) Lerner Publishing Group. (Lerner Pubns.).

How Bears Grow Up, 1 vol. Heather Moore Niver. 2018. (Animals Growing Up Ser.). (ENG.). 24p. (gr. 1-2). 24.27 (978-0-7660-9635-6(1), 9d010578-a83f-4c13-8dc6-7adf3bc21ca4) Enslow Publishing, LLC.

How Beau the Cat Learned Chinese. Lily Summer. 2017. (Learn Languages with Beau the Traveling Cat Ser.). (ENG., Illus.). (J). (gr. k-4). pap. 15.95 (978-1-58790-394-6(6)) Regent Pr.

How Beau the Cat Learned French / Comment Beau le Chat a Appris le Francais: A Bilingual Book. Lily Summer. 2016. (ENG., Illus.). (J). (gr. k-3). pap. 15.95 (978-1-58790-393-9(8)) Regent Pr.

How Beauty Was Saved: And Other Memories of the Sixties (Classic Reprint) James Madison Washington. 2018. (ENG., Illus.). 76p. (J). 25.48 (978-0-483-68331-0(0)) Forgotten Bks.

How Benji Got His Name: Five Benji Stories. Jan Jongstra. 2020. (ENG.). 40p. (J). (978-0-2288-3153-2(9)); pap. (978-0-2288-3152-5(0)) Tellwell Talent.

How Beth Won the Camp Fire Honor: A Comedy-Drama in Two Acts (Classic Reprint) Lindsey Barbee. 2018. (ENG., Illus.). 48p. (J). 24.97 (978-0-484-79105-2(2)) Forgotten Bks.

How Bi-Yi-Yig Is God? Bev LaVigne. 2017. (ENG., Illus.). (J). 14.97 (978-0-9991698-1-0(5)) Move Mountains Publishing.

How Bi-Yi-yig Is God? Bev LaVigne. 2017. (ENG.). 44p. (J). pap. 9.97 (978-0-9991698-0-3(7)) Move Mountains Publishing.

How Big Is a Bear? Lisa Regan. Illus. by Sarah Wade. 2023. (Slide & Seek - Multi-Stage Pull Tab Bks.). (ENG.). 10p. (J). (— 1). bds. 12.99 **(978-1-80105-552-9(1))** Top That! Publishing PLC GBR. Dist: Independent Pubs. Group.

How Big Is Allah? Emma Apple. 2020. (Children's First Questions Ser.: Vol. 1). (ENG.). 56p. (J). pap. (978-0-9951323-0-6(5)); 3rd ed. (978-0-9951323-1-3(3)) Little Moon Bks.

How Big Is an Elephant? Rossana Bossù. 2018. (ENG., Illus.). 24p. (J). (gr. -1-k). 18.95 (978-1-55451-998-9(5)) Annick Pr., Ltd. CAN. Dist: Publishers Group West (PGW).

How Big Is an Elephant? Rossana Bossù. 2018. (ENG., Illus.). 24p. (J). (gr. -1-k). 9.95 (978-1-55451-997-2(7)) Annick Pr., Ltd. CAN. Dist: Publishers Group West (PGW).

How Big Is Baby Now? Maryann Cocca-Leffler. 2020. 16p. (J). (gr. -1-k). bds. 10.99 (978-1-4926-9145-7(3)) Sourcebooks, Inc.

How BIG Is God? Kelly McIntosh. 2021. (ENG., Illus.). 22p. (J). bds. 12.99 (978-1-64352-880-9(7), Shiloh Kidz) Barbour Publishing, Inc.

How Big Is It? A Book about Adjectives. Cari Meister. Illus. by Holli Conger. 2016. (Say What?: Parts of Speech Ser.). (ENG.). 16p. (J). (gr. k-2). lib. bdg. 17.95 (978-1-60753-930-8(6), 15555) Amicus.

How Big Is Love? Emma Dodd. Illus. by Emma Dodd. 2020. (Emma Dodd's Love You Bks.). (ENG., Illus.). 24p. (J). (-k). 14.99 (978-1-5362-1544-1(9), Templar) Candlewick Pr.

How Big Is Love? (padded Board Book) Amy Parker. Illus. by Breezy Brookshire. 2016. (Faith, Hope, Love Ser.). (ENG.). 24p. (J). (gr. -1-k). bds. 9.99 (978-1-4336-9042-6(X), 005778804, B&H Kids) B&H Publishing Group.

How Big Is the Universe?, 1 vol. Matt Jankowski. 2018. (Space Mysteries Ser.). (ENG.). 32p. (gr. 2-3). 29.27 (978-1-5382-1947-8(6), 55097357-5fae-40e8-8804-4fb717e63206) Stevens, Gareth Publishing LLLP.

How Big Is the Universe? Astronomy Book for 6 Year Olds Children's Astronomy Books. Baby Professor. 2017. (ENG., Illus.). (J). pap. 8.79 (978-1-5419-1356-1(6), Baby Professor (Education Kids)) Speedy Publishing LLC.

How Big Is Your Dinosaur? a Size & Shape Book for Kids. Bobo's Little Brainiac Books. 2016. (ENG., Illus.). (J). pap. 7.99 (978-1-68327-852-8(6)) Sunshine In My Soul Publishing.

How Big Is Your Paw? Forest Animals: Go Paw-To-paw with Life-sized Animal Cutouts, Big & Small! Kristin J. Russo & Kristin J. Russo. 2022. (ENG., Illus.). 16p. (J). (gr. -1-3). bds. 12.99 (978-0-7603-7229-6(2), 344002) becker&mayer! books.

How Big Is Zagnodd? Sandra Boynton. Illus. by Sandra Boynton. 2020. (ENG., Illus.). 16p. (J). (gr. -1-k). bds. 7.99 (978-1-5344-8256-2(3)) Simon & Schuster, Inc.

How Bills Become Laws Children's Modern History. Baby Professor. 2017. (ENG., Illus.). (J). pap. 7.89 (978-1-5419-0266-4(1), Baby Professor (Education Kids)) Speedy Publishing LLC.

How Billy Bunny Made Everyone Smile. Darlene Francis. 2020. (ENG., Illus.). 26p. (J). 22.95 (978-1-64559-465-9(3)); pap. 12.95 (978-1-64559-464-2(5)) Covenant Bks.

How Birds Fly. Emma Huddleston. 2020. (Science of Animal Movement Ser.). (ENG., Illus.). 32p. (J). (gr. 2-5). lib. bdg. 34.21 (978-1-5321-9292-0(4), 35047, Kids Core) ABDO Publishing Co.

How Birds Fly. Emma Huddleston. 2021. (Science of Animal Movement Ser.). (ENG., Illus.). 32p. (J). (gr. 2-3). pap. 9.95 (978-1-64494-431-8(6)) North Star Editions.

How Blake Saved Fairy Land. Pauline Hagen Angman. Illus. by Rachael Whitehead. 2020. (ENG.). 44p. (J). (978-1-5255-6168-9(5)); pap. (978-1-5255-6169-6(3)) FriesenPress.

How Bluetooth Works, 1 vol. Avery Elizabeth Hurt. 2018. (Everyday STEM Ser.). (ENG.). 32p. (J). (gr. 3-3). 30.21 (978-1-5026-3736-9(7), c859d081-9da8-47d6-93a1-c9d2ba6eae94) Cavendish Square Publishing LLC.

How Bonnie Got Her Bark Back. Anthony Howard, II. Illus. by Amara (Naybab). 2021. (ENG.). 24p. (J). (978-0-2288-6666-4(9)); pap. (978-0-2288-6665-7(0)) Tellwell Talent.

HOW Book of Science: For Young Readers Aged 6-10 to Discover HOW Science Works in Daily Life. Shiva S. Mohanty. 2023. (ENG.). 24p. (J). pap. 12.99 **(978-1-0881-6659-8(8))** Indy Pub.

How Buffalo Lost Her Coat: A Children's Tale from Nepal. Belinda DuPont. 2020. (ENG.). 44p. (J). pap. 8.99 (978-1-952309-77-9(8)) INFORMA INC.

How Bugs Jump. Emma Huddleston. 2020. (Science of Animal Movement Ser.). (ENG., Illus.). 32p. (J). (gr. 2-5). lib. bdg. 34.21 (978-1-5321-9293-7(2), 35049, Kids Core) ABDO Publishing Co.

How Bugs Jump. Emma Huddleston. 2021. (Science of Animal Movement Ser.). (ENG., Illus.). 32p. (J). (gr. 2-3). pap. 9.95 (978-1-64494-432-5(4)) North Star Editions.

How Butterflies Got Colored Wings. Lawrence I. Berkove. Illus. by Malka Michaela Barshishat. 2017. (J). pap. (978-1-5011-4872-9(9)) Abowdownbrook Pr.

How Can a Child, Like You, Protect the Big Earth? Conservation Biology Grade 4 - Children's Environment Books. Baby Professor. (ENG.). 82p. (J). 2020. pap. 15.57 (978-1-5419-5349-9(5)); 2019. 25.56 (978-1-5419-7570-5(7)) Speedy Publishing LLC. (Baby Professor (Education Kids)).

How Can Gun Violence Be Stopped? Carla Mooney. 2020. (Issues Today Ser.). (ENG.). 80p. (YA). (gr. 6-12). 41.27 (978-1-68282-877-9(8)) ReferencePoint Pr., Inc.

How Can I Be a Leader? Taking Civic Action, 1 vol. Melissa Raé Shofner. 2018. (Civics for the Real World Ser.). (ENG.). 8p. (gr. k-1). pap. (978-1-5383-6388-1(7), 0f37475f-0320-4fa9-ba89-8c1f9a3a5198, Rosen Classroom) Rosen Publishing Group, Inc., The.

How Can I Be an Ally? Fatima D. El-Mekki & Kelisa Wing. 2021. (21st Century Skills Library: Racial Justice in America Ser.). (ENG., Illus.). 32p. (J). (gr. 5-8). lib. bdg. 32.07 (978-1-5341-8025-3(7), 218380) Cherry Lake Publishing.

How Can I Be Friends with God? - Children's Christian Prayer Books. Baby Professor. 2017. (ENG., Illus.). (J). pap. 7.89 (978-1-5419-0245-9(9), Baby Professor (Education Kids)) Speedy Publishing LLC.

How Can I Be Sure What's Right & Wrong? Contrib. by Chris Morphew. 2023. (ENG., Illus.). 96p. (J). **(978-1-78498-871-5(5))** Good Bk. Co., The.

How Can I Feel Closer to God? Contrib. by Chris Morphew. 2023. (ENG., Illus.). 96p. (YA). (978-1-78498-835-7(9)) Good Bk. Co., The.

How Can I Help? Christine Hood. 2017. (Learn-To-Read Ser.). (ENG., Illus.). (J). (gr. -1-2). pap. 3.49 (978-1-68310-241-0(X)) Pacific Learning, Inc.

How Can I Help? Friends Helping Friends, 12 vols. 2016. (How Can I Help? Friends Helping Friends Ser.). (ENG.). 00064p. (J). (gr. 6-6). 216.78 (978-1-5081-7352-6(4), 121d8c03-2917-4f49-a4d1-67a4efde3f43, Rosen Young Adult) Rosen Publishing Group, Inc., The.

How Can I Help During COVID-19? Emily Dolbear. 2020. (Pandemics & COVID-19 Ser.). (ENG.). 24p. (J). (gr. 2-5). lib. bdg. 32.79 (978-1-5038-5277-8(6), 215192) Child's World, Inc, The.

How Can I Help During COVID-19? (Set), 6 vols. 2020. (Pandemics & COVID-19 Ser.). (ENG.). (J). (gr. 2-5). lib. bdg. 196.74 (978-1-5038-5337-9(3), 215197) Child's World, Inc, The.

How Can I Help Roly the Hedgehog? Frances Rodgers & Ben Grisdale. 2020. (ENG., Illus.). 36p. (J). pap. (978-1-8380019-0-2(5)) UK Bk. Publishing.

How Can I Help Rory the Garden Bird? Frances Rodgers & Ben Grisdale. 2020. (How Can I Help Ser.: Vol. 3). (ENG., Illus.). 36p. (J). pap. (978-1-8380019-2-6(1)) UK Bk. Publishing.

How Can I Help Rosy the Bumblebee? Frances Rodgers & Ben Grisdale. 2020. (How Can I Help Ser.: Vol. 2). (ENG., Illus.). 34p. (J). pap. (978-1-8380019-1-9(3)) UK Bk. Publishing.

How Can I Help Roxy the Butterfly? Frances Rodgers & Ben Grisdale. 2020. (ENG., Illus.). 34p. (J). pap. (978-1-8380019-3-3(X)) UK Bk. Publishing.

How Can I Help the World? Inspiring Stories & Practical Ideas to Help You Join in with Saving Our Planet. Jenny Alexander. Illus. by Scott Garrett. 2019. (ENG.). 134p. (J). pap. (978-1-910300-27-5(6)) Five Lanes Pr.

How Can I Make New Friends? Book Set Of 4. Richard O'Neill et al. Illus. by Petronela Dostalova et al. 2020. (Social & Emotional Learning Sets Ser.). (ENG.). 144p. (J). (978-1-78628-540-9(1)) Child's Play International Ltd.

How Can I Pray? Steph Williams. 2022. (ENG., Illus.). 24p. (J). (978-1-78498-757-2(3)) Good Bk. Co., The.

How Can I Remember All That? Simple Stuff to Improve Your Working Memory. Tracy Packiam Packiam Alloway. Illus. by David O'Connell. 2019. 64p. 17.95 (978-1-78592-633-4(0), 697019) Kingsley, Jessica Pubs. GBR. Dist: Hachette UK Distribution.

How Can I Show Respect? Civic Virtues, 1 vol. Miriam Phillips. 2018. (Civics for the Real World Ser.). (ENG.). 8p. (gr. k-1). pap. (978-1-5383-6329-4(1), a4ab0b2a-a0b3-4a50-96d3-03dc48ed907c, Rosen Classroom) Rosen Publishing Group, Inc., The.

How Can I Talk to God? - Children's Christian Prayer Books. Baby Professor. 2017. (ENG., Illus.). (J). pap. 7.89 (978-1-5419-0385-2(4), Baby Professor (Education Kids)) Speedy Publishing LLC.

How Can My Community Improve? Taking Civic Action, 1 vol. Mitchell Allen. 2018. (Civics for the Real World Ser.). (ENG.). 16p. (gr. 2-3). pap. (978-1-5383-6575-5(8), 536c73f8-0c8f-4b0f-8bef-66fa6e47a36f, Rosen Classroom) Rosen Publishing Group, Inc., The.

How Can My Eyes See? Sight & the Eye - Biology 1st Grade Children's Biology Books. Baby Professor. 2017. (ENG., Illus.). (J). pap. 8.79 (978-1-5419-1145-1(8), Baby Professor (Education Kids)) Speedy Publishing LLC.

How Can People Help Communities? Martha E. H. Rustad. 2020. (Community Questions Ser.). (ENG.). 24p. (J). (gr. k-2). pap. 6.95 (978-1-9771-2610-8(3), 201216); (Illus.). lib. bdg. 27.99 (978-1-9771-2270-4(1), 199307) Capstone. (Pebble).

How Can We Reduce Agricultural Pollution? L. E. Carmichael. 2016. (Searchlight Books (tm) — What Can We Do about Pollution? Ser.). (ENG., Illus.). 40p. (J). (gr. 3-5). lib. bdg. 30.65 (978-1-4677-9514-2(3), c26d0447-7a3c-4e07-ac36-362010f6bcaf, Lerner Pubns.) Lerner Publishing Group.

How Can We Reduce Fossil Fuel Pollution? Andrea Wang. 2016. (Searchlight Books (tm) — What Can We Do about Pollution? Ser.). (ENG., Illus.). 40p. (J). (gr. 3-5). 30.65 (978-1-4677-9513-5(5), 40131c44-29ad-4418-b79f-9752c73fb36b, Lerner Pubns.) Lerner Publishing Group.

How Can We Reduce Manufacturing Pollution? Douglas Hustad. 2016. (Searchlight Books (tm) — What Can We Do about Pollution? Ser.). (ENG., Illus.). 40p. (J). (gr. 3-5). 30.65 (978-1-4677-9518-0(6), adce80d6-7d6f-4168-8fa2-f709ff6fc26b, Lerner Pubns.) Lerner Publishing Group.

How Can We Reduce Nuclear Pollution? Samantha S. Bell. 2016. (Searchlight Books (tm) — What Can We Do about Pollution? Ser.). (ENG., Illus.). 40p. (J). (gr. 3-5). lib. bdg. 30.65 (978-1-4677-9516-6(X),

912

The check digit for ISBN-10 appears in parentheses after the full ISBN-13

808d71a5-1a98-40ab-85e3-0895d4366c93, Lerner Pubns.) Lerner Publishing Group.

How Can We Reduce Transportation Pollution? L. J. Amstutz. 2016. (Searchlight Books (tm) — What Can We Do about Pollution? Ser.). (ENG., Illus.). 40p. (J). (gr. 3-5). lib. bdg. 30.65 *(978-1-4677-9515-9(1),* a9e296ec-7845-4c32-9898-06a21242d0eb, Lerner Pubns.) Lerner Publishing Group.

How Can White Light Be Opaque, Transparent or Translucent? Light Science for Kids Grade 5 Children's Physics Books. Baby Professor. 2022. (ENG.). 72p. (J). 31.99 ***(978-1-5419-8657-2(1))***; pap. 19.99 ***(978-1-5419-8116-4(2))*** Speedy Publishing LLC. (Baby Professor (Education Kids)).

How Canada Was Found (Classic Reprint) D. J. Dickie. 2017. (ENG., Illus.). (J). 152p. 27.05 *(978-0-484-09906-6(X))*; pap. 9.57 *(978-0-282-58435-1(8))* Forgotten Bks.

How Cats & Dogs Became Friends. Alicia Clinger. 2019. (ENG.). 24p. (J). pap. 12.60 *(978-1-950543-60-1(9))* Legaia Bks. USA.

How Cats Made It to the Stage, 1 vol. Peg Robinson. 2018. (Getting to Broadway Ser.). (ENG.). 96p. (YA). (gr. 8-8). 45.93 *(978-1-5026-3502-0(X),* 773c6cce-78da-47aa-8064-ad6e2b62cbb0) Cavendish Square Publishing LLC.

How Cheetah Got His Tears. Avril Van der Merwe. Illus. by Heidi-Kate Greeff. 2017. (ENG.). 16p. pap. 7.00 *(978-1-4859-0034-4(4))* Penguin Random House South Africa ZAF. Dist: Casemate Pubs. & Bk. Distributors, LLC.

How Chile Came to New Mexico = Como Llego el Chile a Nuevo Mexico. Rudolfo A. Anaya. Tr. by Garcia Nasario. Illus. by Otero Nicolas. 2018. (ENG.). 48p. (J). (gr. 1-3). pap. 17.95 *(978-1-943681-26-6(0))* Nuevo Bks.

How Chimpanzees Grow Up. Linda Bozzo. 2019. (Animals Growing Up Ser.). (ENG.). 24p. (gr. 1-2). 56.10 *(978-1-9785-1226-9(0))* Enslow Publishing, LLC.

How Chinese Immigrants Made America Home, 1 vol. Georgina W. S. Lu. 2018. (Coming to America: the History of Immigration to the United States Ser.). (ENG.). 80p. (gr. 6-6). 38.80 *(978-1-5081-8117-0(9),* e63fbb1f-2e3a-405b-a836-dc2bf25d9ace, Rosen Reference) Rosen Publishing Group, Inc., The.

How Chocolate Is Made Turquoise Band. Claire Llewellyn. ed. 2016. (Cambridge Reading Adventures Ser.). (ENG., Illus.). 24p. pap. 8.80 *(978-1-107-57616-2(4))* Cambridge Univ. Pr.

How Circuits Work. James Roland. ed. 2016. (Connect with Electricity Ser.). (ENG., Illus.). 40p. (J). (gr. 4-6). E-Book 46.65 *(978-1-5124-1007-5(1),* Lerner Pubns.) Lerner Publishing Group.

How Climate Change Works. Martha London. (Climate Change Ser.). (ENG., Illus.). 48p. (J). (gr. 4-5). 2021. pap. 11.95 *(978-1-64494-427-1(8),* Core Library); 2020. lib. bdg. 35.64 *(978-1-5321-9274-6(6),* 34937) ABDO Publishing Co.

How Coal Is Formed, 1 vol. Blair Belton. 2016. (From the Earth: How Resources Are Made Ser.). (ENG., Illus.). 32p. (J). (gr. 3-4). pap. 11.50 *(978-1-4824-4703-3(7),* 83ebaedc-e793-4e0d-a9b3-d1892e7d8ed9) Stevens, Gareth Publishing LLLP.

How Coding Works. George Anthony Kulz. 2019. (Coding Ser.). (ENG., Illus.). 32p. (J). (gr. 3-5). 31.35 *(978-1-64185-328-6(X),* 164185328X, Focus Readers) North Star Editions.

How Coding Works. Ben Hubbard. 2017. (Our Digital Planet Ser.). (ENG., Illus.). 24p. (J). (gr. k-2). lib. bdg. 25.99 *(978-1-4846-3599-5(X),* 133903, Heinemann) Capstone.

How Coding Works, 2 vols. Ben Hubbard. 2017. (Our Digital Planet Ser.). (ENG.). (J). (gr. k-2). *(978-1-4846-4135-4(3))* Heinemann Educational Bks.

How Coding Works. George Anthony Kulz. 2019. (Coding Ser.). (ENG.). 32p. (J). lib. bdg. 22.99 *(978-1-5105-4669-1(3))* SmartBook Media, Inc.

How Colors Make Us Feel: Goethe's Theory. Kelli Keriotis. 2018. (ENG., Illus.). 32p. (J). pap. *(978-1-387-71597-8(6))* Lulu Pr., Inc.

How Computers Work. Ben Hubbard. 2017. (Our Digital Planet Ser.). (ENG., Illus.). 24p. (J). (gr. k-2). lib. bdg. 25.99 *(978-1-4846-3598-8(1),* 133902, Heinemann) Capstone.

How Computers Work, 2 vols. Ben Hubbard. 2017. (Our Digital Planet Ser.). (ENG.). (J). (gr. k-2). *(978-1-4846-4136-1(1))* Heinemann Educational Bks.

How Computers Work, 1 vol. Peg Robinson. 2018. (Everyday STEM Ser.). (ENG.). 32p. (J). (gr. 3-3). pap. 11.58 *(978-1-5026-4001-7(5),* 1a956f15-6552-41d8-a4a8-2c34714e888e) Cavendish Square Publishing LLC.

How Conductors Work. Victoria G. Christensen. 2016. (Connect with Electricity Ser.). (ENG., Illus.). 40p. (J). (gr. 4-6). 30.65 *(978-1-5124-0782-2(8),* 03febce1-5833-4b47-ab23-cc9056435ef4); E-Book 46.65 *(978-1-5124-1008-2(X))* Lerner Publishing Group. (Lerner Pubns.).

How Cookie Found a Home. Jamie Cooke. Illus. by William Bonanno. 2021. (ENG.). 44p. (J). 29.99 *(978-1-0983-5054-3(5))* BookBaby.

How Could a Bear Sleep Here? Julie Gonzalez. Illus. by Stephanie Laberis. 2018. 32p. (J). (gr. -1-3). 17.99 *(978-0-8234-3679-8(9))* Holiday Hse., Inc.

How Could You, Jean? (Classic Reprint) Eleanor Hoyt Brainerd. (ENG., Illus.). (J). 2018. 370p. 31.53 *(978-0-484-08059-0(8))*; 2018. 366p. 31.45 *(978-0-428-22951-1(4))*; 2017. pap. 13.97 *(978-0-259-09805-8(1))* Forgotten Bks.

How Critters Climb. Emma Huddleston. 2020. (Science of Animal Movement Ser.). (ENG., Illus.). 32p. (J). (gr. 2-5). lib. bdg. 34.21 *(978-1-5321-9294-4(0),* 35051, Kids Core) ABDO Publishing Co.

How Critters Climb. Emma Huddleston. 2021. (Science of Animal Movement Ser.). (ENG., Illus.). 32p. (J). (gr. 2-3). pap. 9.95 *(978-1-64494-433-2(2))* North Star Editions.

How Cynthia Went a-Maying a Romance of Long Ago, Wherein the Siege of Wardour Castle Is Truly Chronicled (Classic Reprint) Christopher Hare. 2017. (ENG., Illus.). (J). 29.65 *(978-0-331-69387-4(9))*; pap. 13.57 *(978-0-243-88356-1(0))* Forgotten Bks.

How Dachshunds Came to Be (Second Edition Hard Cover) A Tall Tale about a Short Long Dog (Tall Tales # 1) Kizzie Elizabeth Jones. 2nd ed. 2020. (Tall Tales Ser.: Vol. 1). (ENG.). 52p. (J). 21.99 *(978-1-947543-07-2(5))* Tall Tales.

How Dachshunds Came to Be (Second Edition Soft Cover) A Tall Tale about a Short Long Dog. Kizzie Elizabeth Jones. 2nd ed. 2020. (Tall Tales Ser.: Vol. 1). (ENG.). 52p. (J). pap. 12.99 *(978-1-947543-08-9(3))* Tall Tales.

How Daddy Mouse Lost His Tail. Deborah Carter. Illus. by Steve Carter. 2019. (ENG.). 24p. (J). pap. 7.49 *(978-0-473-47224-5(4))* Carter, Deborah.

How Dagny Got Her Pearls. Jeff McLaughlin & Maureen. 2020. (ENG., Illus.). 36p. (J). 19.95 *(978-1-6624-0438-2(7))* Page Publishing Inc.

How Danny Found His Brave. Kerry Orchard. Illus. by Roberto Gonzalez. 2017. (ENG.). 34p. (J). (gr. k-3). *(978-1-7750357-2-5(7))*; pap. *(978-1-7750357-3-2(5))* Burroughs Manor Pr.

How Dare the Sun Rise: Memoirs of a War Child. Sandra Uwiringiyimana & Abigail Pesta. (ENG., Illus.). 304p. (YA). (gr. 8). 2018. pap. 11.99 *(978-0-06-247015-7(9))*; 2017. 19.99 *(978-0-06-247014-0(0))* HarperCollins Pubs. (Tegen, Katherine Bks).

How Dare the Sun Rise: Memoirs of a War Child. Sandra Uwiringiyimana & Abigail Pesta. ed. 2018. (YA). lib. bdg. 20.85 *(978-0-606-41387-9(1))* Turtleback.

How Deacon Tubman & Parson Whitney Kept New Year's & Other Stories (Classic Reprint) W. H. H. Murray. 2017. (ENG., Illus.). (J). 28.02 *(978-1-5284-8613-2(7))* Forgotten Bks.

How Deep in the Ocean? Ocean Animal Habitats. Monika Davies. Illus. by Romina Marti. 2018. (Animals Measure Up Ser.). (ENG.). 24p. (J). (gr. 1-4). pap. 9.99 *(978-1-68152-304-0(3),* 15018); lib. bdg. *(978-1-68151-384-3(6),* 15012) Amicus.

How Deep Is the Ocean? Kathleen Weidner Zoehfeld. Illus. by Eric Puybaret. 2016. (Let's-Read-And-Find-Out Science 2 Ser.). (ENG.). 40p. (J). (gr. -1-3). pap. 6.99 *(978-0-06-232819-9(0),* HarperCollins) HarperCollins Pubs.

How Did Barnum Brown Discover the World's Most Famous Dinosaur? Dinosaur Book Grade 2 Children's Dinosaur Books. Baby Professor. 2017. (ENG., Illus.). (J). pap. 9.55 *(978-1-5419-1565-7(8),* Baby Professor (Education Kids)) Speedy Publishing LLC.

How Did Bill Gates Get His First Million? Biography of Famous People Children's Biography Books. Baby Professor. 2017. (ENG., Illus.). (J). pap. 8.79 *(978-1-5419-3996-7(4),* Baby Professor (Education Kids)) Speedy Publishing LLC.

How Did Death Valley Get Its Name? And Other FAQs about Geography, 1 vol. Ryan Nagelhout. 2016. (Q & a: Life's Mysteries Solved! Ser.). (ENG., Illus.). 32p. (J). (gr. 3-4). pap. 11.50 *(978-1-4824-4733-0(9),* 9fe3a927-ceb7-4da8-9c1d-a0ab3f7dcf0d) Stevens, Gareth Publishing LLLP.

How Did God Make the World, Sun, Moon, & Stars? Phyllis Duke. 2023. (ENG.). 26p. (J). 17.99 ***(978-1-960075-39-0(X))*** Authorunit.

How Did Humans Go Extinct? Johnny Marciano. Illus. by Paul Hoppe. 2021. 32p. (J). 16.95 *(978-1-61775-927-7(9),* Black Sheep) Akashic Bks.

How Did I Get Here? Philip Bunting. 2018. (CHI.). (J). (gr. -1-3). *(978-957-08-5245-5(3))* Linking Publishing Co., Ltd.

How Did I Get Here? Anja Wright. 2021. (ENG.). 124p. (J). pap. 14.95 *(978-1-6624-1034-5(4))* Page Publishing Inc.

How Did I Get Here? Your Story from the Big Bang to Your Birthday. Philip Bunting. 2019. (ENG., Illus.). 40p. (J). (gr. -1-3). 17.99 *(978-0-316-42344-1(0))* Little, Brown Bks. for Young Readers.

How Did Robots Land on Mars? Clara MacCarald. 2018. (How'd They Do That? Ser.). (ENG., Illus.). 32p. (J). (gr. 4-6). lib. bdg. 28.65 *(978-1-5435-4136-6(4),* 139090, Capstone Pr.) Capstone.

How Did Romans Count To 100? Introducing Roman Numerals. Lucy D. Hayes. Illus. by Srimalie Bassani. (ENG.). (J). (gr. 1-3). 2022. 32p. 6.99 *(978-1-4867-2558-8(9),* a64bd7b3-9688-4dfa-b380-282ec2b8ca09); 2021. 36p. 9.99 *(978-1-4867-2106-1(0),* 506f0f41-ce81-4553-9b90-44c2d11c5bae) Flowerpot Pr.

How Did Rome Rise & Fall?, 1 vol. Anita Croy. 2017. (Mysteries in History: Solving the Mysteries of the Past Ser.). (ENG.). 48p. (gr. 5-5). lib. bdg. 33.07 *(978-1-5026-2806-0(6),* 75554743-aaaa-4c9b-9dc3-1974c060e8db) Cavendish Square Publishing LLC.

How Did Siddhartha Gautama Become Known As Buddha? Buddhism Philosophy Grade 6 Children's Religion Books. One True Faith. 2021. (ENG.). 72p. (J). 27.99 *(978-1-5419-8352-6(1))*; pap. 16.99 *(978-1-5419-5471-7(8))* Speedy Publishing LLC. (One True Faith (Religion & Spirituality)).

How Did That Get to My House? (Set), 8 vols. Incl. How Did That Get to My House? Electricity. Nancy Robinson Masters. lib. bdg. 29.21 *(978-1-60279-474-0(X),* 200245); How Did That Get to My House? Internet. Gary T. Chmielewski. lib. bdg. 29.21 *(978-1-60279-477-1(4),* 200250); How Did That Get to My House? Mail. Gaetano Capici. lib. bdg. 29.21 *(978-1-60279-478-8(2),* 200249); How Did That Get to My House? Music. Ellen Labrecque. lib. bdg. 29.21 *(978-1-60279-481-8(2),* 200246); How Did That Get to My House? Natural Gas. Nancy Robinson Masters. lib. bdg. 29.21 *(978-1-60279-479-5(0),* 200248); How Did That Get to My House? Telephone. Nancy Robinson Masters. lib. bdg. 29.21 *(978-1-60279-480-1(4),* 200251); How Did That Get to My House? Television. Gary T. Chmielewski. lib. bdg. 29.21 *(978-1-60279-476-4(6),* 200247); How Did That Get to My House? Water. Nancy Robinson Masters. lib. bdg. 29.21 *(978-1-60279-475-7(8),* 200252); (gr. 2-5). (Community Connections: How Did That Get to My House? Ser.). (ENG.). 24p. 2009. 233.68 *(978-1-60279-583-9(5),* 200239) Cherry Lake Publishing.

How Did That Get to My Table? (Set), 8 vols., Set. Incl. How Did That Get to My Table? Cereal. Pam Rosenberg. lib. bdg. 29.21 *(978-1-60279-466-5(9),* 200261); How Did That Get to My Table? Ice Cream. Pam Rosenberg. lib. bdg. 29.21 *(978-1-60279-467-2(7),* 200263); How Did That Get to My Table? Ketchup. Emily J. Dolbear. lib. bdg. 29.21 *(978-1-60279-471-9(5),* 200264); How Did That Get to My Table? Orange Juice. Pam Rosenberg. lib. bdg. 29.21 *(978-1-60279-468-9(5),* 200265); How Did That Get to My Table? Pasta. Emily J. Dolbear. (Illus.). lib. bdg. 29.21 *(978-1-60279-470-2(7),* 200266); How Did That Get to My Table? Peanut Butter. Pam Rosenberg. lib. bdg. 29.21 *(978-1-60279-469-6(3),* 200267); How Did That Get to My Table? Pumpkin Pie. Emily J. Dolbear. lib. bdg. 29.21 *(978-1-60279-472-6(3),* 200268); How Did That Get to My Table? Salad. Emily J. Dolbear. lib. bdg. 29.21 *(978-1-60279-473-3(1),* 200262); (gr. 2-5). (Community Connections: How Did That Get to My Table? Ser.). (ENG.). 24p. 2009. 233.68 *(978-1-60279-582-2(7),* 200241) Cherry Lake Publishing.

How Did That Mouse Get in Our House. Ed. by Amanda Robinson & Clay Anderson. Illus. by Harry Aveira. 2020. (ENG.). 46p. (J). pap. 10.99 *(978-1-7349858-0-1(1))* Southampton Publishing.

How Did the Ancient African Empires Get Their Goods? History Books Grade 3 Children's History Books. Baby Professor. 2017. (ENG., Illus.). 64p. (J). pap. 9.52 *(978-1-5419-1223-6(3),* Baby Professor (Education Kids)) Speedy Publishing LLC.

How Did the Ancient Carthage Rule? Ancient History Books for Kids Grade 4 Children's Ancient History. Baby Professor. 2017. (ENG., Illus.). (J). pap. 8.79 *(978-1-5419-1403-2(1),* Baby Professor (Education Kids)) Speedy Publishing LLC.

How Did the Battles of Gettysburg & Vicksburg Change the War? the American Civil War Grade 5 Children's Military Books. Baby Professor. 2022. (ENG.). 72p. (J). 31.99 ***(978-1-5419-8678-7(4))***; pap. 19.99 ***(978-1-5419-6070-1(X))*** Speedy Publishing LLC. (Baby Professor (Education Kids)).

How Did the Creature Cross the Road? Joanne Mattern. 2022. (Wildlife Rescue Ser.). (ENG., Illus.). 28p. (J). (gr. 1-3). pap. 6.99 *(978-1-64371-195-9(4),* 1669e424-b728-4a7c-ac7f-bea2e5bf0aab); lib. bdg. 25.32 *(978-1-64371-191-1(1),* 273839ac-b747-4380-830a-e25ca2884cc6) Red Chair Pr.

How Did the Dred Scott Decision Lead to the American Civil War? Race, Law & American Society Grade 5 Children's American History. Baby Professor. 2022. (ENG.). 72p. (J). 31.99 ***(978-1-5419-8629-9(6))***; pap. 19.99 ***(978-1-5419-6060-2(2))*** Speedy Publishing LLC. (Baby Professor (Education Kids)).

How Did the Feudal System of the Zhou Dynasty Work? Story of Civilization Grade 5 Children's Government Books. Universal Politics. 2022. (ENG.). 72p. (J). 31.99 ***(978-1-5419-8450-9(1))***; pap. 19.99 ***(978-1-5419-5416-8(5))*** Speedy Publishing LLC. (Universal Politics (Politics & Social Sciences)).

How Did the Liberty Bell Get Its Crack? And Other FAQs about History, 1 vol. Michael Rajczak. 2016. (Q & a: Life's Mysteries Solved! Ser.). (ENG., Illus.). 32p. (J). (gr. 3-4). pap. 11.50 *(978-1-4824-4737-8(1),* 6cf5c9e8-c551-4ad2-9f4e-78dd011f1a8a) Stevens, Gareth Publishing LLLP.

How Did the US Gain Alaska? Overseas Expansion US History Grade 6 Children's American History. Baby Professor. 2021. (ENG.). 72p. (J). 27.99 *(978-1-5419-8362-5(9))*; pap. 16.99 *(978-1-5419-5496-0(3))* Speedy Publishing LLC. (Baby Professor (Education Kids)).

How Did the US Government Come to Be? Creation of the US Government Grade 7 Children's Government Books. Universal Politics. 2022. (ENG.). 72p. (J). 31.99 ***(978-1-5419-9695-3(X))***; pap. 19.99 ***(978-1-5419-5559-2(5))*** Speedy Publishing LLC. (Universal Politics (Politics & Social Sciences)).

How Did Theodore Roosevelt Become President? Roosevelt Biography Grade 6 Children's Biographies. Dissected Lives. 2021. (ENG.). 72p. (J). 27.99 *(978-1-5419-8341-0(6))*; pap. 16.99 *(978-1-5419-5494-6(7))* Speedy Publishing LLC. (Dissected Lives (Auto Biographies)).

How Did They Build That? (Set), 12 vols., Set. Incl. How Did They Build That? Airport. Matt Mullins. 2009. lib. bdg. 29.21 *(978-1-60279-486-3(3),* 200253); How Did They Build That? Bridge. Vicky Franchino. 2009. lib. bdg. 29.21 *(978-1-60279-483-2(9),* 200254); How Did They Build That? Dam. Matt Mullins. 2009. lib. bdg. 29.21 *(978-1-60279-488-7(X),* 200255); How Did They Build That? House. Nancy Robinson Masters. (Illus.). 2011. lib. bdg. 29.21 *(978-1-60279-982-0(2),* 200954); How Did They Build That? Lighthouse. Tamra B. Orr. (Illus.). 2011. lib. bdg. 29.21 *(978-1-61080-114-0(8),* 201122); How Did They Build That? Road. Sharon Nittinger. 2009. lib. bdg. 29.21 *(978-1-60279-482-5(0),* 200256); How Did They Build That? School. Matt Mullins. 2009. lib. bdg. 29.21 *(978-1-60279-487-0(1),* 200257); How Did They Build That? Skyscraper. Vicky Franchino. 2009. lib. bdg. 29.21 *(978-1-60279-485-6(5),* 200258); How Did They Build That? Stadium. Matt Mullins. 2009. lib. bdg. 29.21 *(978-1-60279-489-4(8),* 200259); How Did They Build That? Tunnel. Vicky Franchino. 2009. lib. bdg. 29.21 *(978-1-60279-484-9(7),* 200260); How Did They Build That? Water Park. Nancy Robinson Masters. (Illus.). 2011. lib. bdg. 29.21 *(978-1-60279-983-7(0),* 200956); How Did They Build That? Zoo. Tamra B. Orr. (Illus.). 2011. lib. bdg. 29.21 *(978-1-61080-113-3(X),* 201120); (gr. 2-5). (Community Connections: How Did They Build That? Ser.). (ENG., Illus.). 24p. 2011. 350.52 *(978-1-61080-151-5(2),* 201020) Cherry Lake Publishing.

How Did We Get Here? Exploring the Ancestry of Eastside Residents. Anita Storey. Illus. by Nathalie Ortega. 2022. (Eastside Extra Ser.). (ENG.). 96p. (J). (gr. 3-4). pap. 8.99 *(978-1-63163-643-1(X))*; lib. bdg. 27.13 *(978-1-63163-642-4(1))* North Star Editions. (Jolly Fish Pr.).

How Did We Get Here? an Evolutionary Coloring Book. Creative Playbooks. 2016. (ENG., Illus.). (J). pap. 7.74 *(978-1-68323-677-1(7))* Twin Flame Productions.

How Did Women & Children Live During the Civil War? Us History 5th Grade Children's American History. Baby Professor. 2017. (ENG., Illus.). (J). pap. 8.79 *(978-1-5419-1336-3(1),* Baby Professor (Education Kids)) Speedy Publishing LLC.

How Did You Get So Brave? Johnny Shaheed Miller. 2022. (ENG.). 32p. (J). 30.66 ***(978-1-387-43337-7(7))*** Lulu Pr., Inc.

How Did You Miss That? A Story Teaching Self-Monitoring, Volume 7. Bryan Smith. Illus. by Lisa M. Griffin. ed. 2019. (Executive FUNction Ser.: 7). (ENG.). 31p. (J). (gr. k-5). pap. 11.95 *(978-1-944882-45-7(6))* Boys Town Pr.

How Did Your Chinese Ancestors Live? Ancient China Life, Myth & Art Children's Ancient History. Baby Professor. 2017. (ENG., Illus.). (J). pap. 8.79 *(978-1-5419-1125-3(3),* Baby Professor (Education Kids)) Speedy Publishing LLC.

How Dinosaurs Lived. Camilla de la Bedoyere. 2020. (In Focus: Dinosaurs Ser.). (ENG., Illus.). 32p. (J). (gr. 2-5). lib. bdg. 29.32 *(978-0-7112-4811-3(7),* fe57f142-d7b7-43fe-b4c7-a3168eae9ab7) QEB Publishing Inc.

How Do AIDS & Politics Connect? Jacquelyn Simone. 2016. (ENG., Illus.). (J). pap. 24.99 *(978-1-62524-396-6(0),* Village Earth Pr.) Harding Hse. Publishing Sebice Inc.

How Do AIDS & Poverty Connect? Rae Simons. 2016. (ENG., Illus.). (J). pap. 24.99 *(978-1-62524-397-3(9),* Village Earth Pr.) Harding Hse. Publishing Sebice Inc.

How Do AIDS & Science Connect? Nat Cotts. 2016. (ENG., Illus.). (YA). (gr. 8-12). pap. 24.99 *(978-1-62524-398-0(7),* Village Earth Pr.) Harding Hse. Publishing Sebice Inc.

How Do AIDS & Society Connect? Sheila Nelson. 2016. (ENG., Illus.). (J). pap. 24.99 *(978-1-62524-399-7(5),* Village Earth Pr.) Harding Hse. Publishing Sebice Inc.

How Do Airplanes Stay Up? Debbie Vilardi. 2019. (Science Questions Ser.). (ENG., Illus.). 24p. (J). (gr. 1-1). pap. 8.95 *(978-1-64185-584-6(3),* 1641855843) North Star Editions.

How Do Airplanes Stay Up? Debbie Vilardi. 2018. (Science Questions Ser.). (ENG., Illus.). 24p. (J). (gr. k-3). lib. bdg. 31.36 *(978-1-5321-6213-8(8),* 30209, Pop! Cody Koala) Pop!.

How Do Airplanes Work? Paul R. Ohmann. Illus. by Glen Mullaly. 2022. (Explaining How Things Work Ser.). (ENG.). 32p. (J). (gr. 3-6). 35.64 *(978-1-5038-5589-2(9),* 215451) Child's World, Inc, The.

How Do Animals Give Us Food? Linda Staniford. 2016. (From Farm to Fork: Where Does My Food Come From? Ser.). (ENG., Illus.). 24p. (J). (gr. k-2). lib. bdg. 26.65 *(978-1-4846-3350-2(4),* 131965, Heinemann) Capstone.

How Do Animals Give Us Food?, 2 vols. Linda Staniford. 2019. (From Farm to Fork: Where Does My Food Come From? Ser.). (ENG.). (J). (gr. k-2). *(978-1-4846-4921-3(4))* Heinemann Educational Bks.

How Do Animals Help the Forest Grow? Animal Books for Kids 9-12 Children's Animal Books. Baby Professor, 2017. (ENG., Illus.). (J). pap. 9.55 *(978-1-5419-1432-2(5),* Baby Professor (Education Kids)) Speedy Publishing LLC.

How Do Animals Move? A. D. Ariel. 2016. (Spring Forward Ser.). (J). (gr. 1). *(978-1-4900-2238-3(4))* Benchmark Education Co.

How Do Animals See? Marie Kotasova Adamkova. Illus. by Tomas Kopecky. 2022. 36p. (J). 14.95 *(978-80-00-06356-0(5))* Albatros, Nakladatelstvi pro deti mladez, a.s. CZE. Dist: Consortium Bk. Sales & Distribution.

How Do Ants Survive a Flood? A Book about Bugs. Chason McKay. Illus. by Srimalie Bassani. 2022. (How Do Ser.). (ENG.). 32p. (J). 9.99 *(978-1-4867-2276-1(8),* cfccaed2-cd59-4595-88f6-26ad0e262eb7); 6.99 *(978-1-4867-2562-5(7),* f8edbcbb-6d85-49ce-9898-f4a4b50104c8) Flowerpot Pr.

How Do Aqueducts Work?, 1 vol. Greg Roza. 2016. (STEM Waterworks Ser.). (ENG., Illus.). 32p. (J). (gr. 5-5). pap. 12.75 *(978-1-4994-1991-7(0),* 95c8bfa7-9d5f-45a0-b47b-31322e98acd7, PowerKids Pr.) Rosen Publishing Group, Inc., The.

How Do Artists Tell Stories? Robin Johnson. 2019. (Full STEAM Ahead! - Arts in Action Ser.). (Illus.). 24p. (J). (gr. 1-1). *(978-0-7787-6211-9(4))*; pap. *(978-0-7787-6270-6(X))* Crabtree Publishing Co.

How Do Astronauts Wee in Space? Chris Mitchell. 2016. (ENG., Illus.). 192p. (J). (gr. 4-7). pap. 8.99 *(978-1-78418-653-1(8))* Blake, John Publishing, Ltd. GBR. Dist: Independent Pubs. Group.

How Do Bionic Limbs Work? Meg Marquardt. 2018. (How'd They Do That? Ser.). (ENG., Illus.). 32p. (J). (gr. 4-6). lib. bdg. 28.65 *(978-1-5435-4137-3(2),* 139091, Capstone Pr.) Capstone.

How Do Birds Fly? an Introduction to Flight - Science Book Age 7 Children's Science & Nature Books. Baby Professor. 2017. (ENG., Illus.). 64p. (J). pap. 9.52 *(978-1-5419-1273-1(X),* Baby Professor (Education Kids)) Speedy Publishing LLC.

How Do Birds Sing a Duet? A Book about Bird Behavior. Clayton Grider. Illus. by Srimalie Bassani. 2023. (ENG.). (J). (gr. 2-5). 36p. 9.99 *(978-1-4867-2564-9(3),* 1995b25b-03cf-448d-a892-352e083160af); 32p. pap. 6.99 *(978-1-4867-2584-7(8),* 0d8aa95e-f3e2-46bf-ac00-48cf93b5747f) Flowerpot Pr.

How Do Black Holes Work? Amazing & Intriguing Scientific Facts. Bold Kids. 2022. (ENG.). 42p. (J). pap. 14.99 ***(978-1-0717-1866-7(5))*** FASTLANE LLC.

How Do Boys Look? Boy Coloring Books. Jupiter Kids. 2016. (ENG., Illus.). 106p. (J). pap. 12.55 *(978-1-68305-242-5(0),* Jupiter Kids (Childrens & Kids Fiction)) Speedy Publishing LLC.

How Do Bridges Not Fall Down? A Book about Architecture & Engineering. Jennifer Shand. Illus. by Srimalie Bassani. (How Do? Ser.). (ENG.). 32p. (J). (gr. 2-5). 2019. 6.99 *(978-1-4867-1469-8(2),* 267af541-7d96-40f8-8633-6db6c35bb4ed); 2018. 9.99 *(978-1-4867-1485-8(4),* d357faff-4d52-4542-9a06-597387e134d1) Flowerpot Pr.

How Do Bunnies Take Baths? Diane Muldrow. Illus. by David Walker. 2021. (Little Golden Book Ser.). 24p. (J). (-k). 5.99 *(978-0-593-12777-3(3),* Golden Bks.) Random Hse. Children's Bks.

H

How Do Canals Work?, 1 vol. Christine Honders. 2016. (STEM Waterworks Ser.). (ENG.). 32p. (J). (gr. 5-5). pap. 12.75 *(978-1-4994-1995-5(3),* e63422c8-4045-4ce1-b55f-e2d33abc89c7, PowerKids Pr.) Rosen Publishing Group, Inc., The.

How Do Cars Drive Themselves? Marcia Amidon Lusted. 2018. (How'd They Do That? Ser.). (ENG., Illus.). 32p. (J). (gr. 4-6). lib. bdg. 28.65 *(978-1-5435-4140-3(2),* 139094, Capstone Pr.) Capstone.

How Do Cats Purr? Nancy Furstinger. 2018. (Crazy Animal Facts Ser.). (ENG., Illus.). 32p. (J). (gr. 4-6). lib. bdg. 28.65 *(978-1-5435-4120-5(8),* 139074, Capstone Pr.) Capstone.

How Do Cell Phones Work? Nadia Higgins. Illus. by Glen Mullaly. 2022. (Explaining How Things Work Ser.). (ENG.). 32p. (J). (gr. 3-6). 35.64 *(978-1-5038-5591-5(0),* 215453) Child's World, Inc, The.

How Do Cell Phones Work? Technology Book for Kids Children's How Things Work Books. Baby Professor. 2017. (ENG., Illus.). 64p. (J). pap. 9.55 *(978-1-5419-1775-0(8),* Baby Professor (Education Kids)) Speedy Publishing LLC.

How Do Chameleons Change Color? Alonso Garcia. 2017. (How Life Science Works). (Illus.). 24p. (J). (gr. 7-8). 49.50 *(978-1-5081-5631-4(X),* PowerKids Pr.) Rosen Publishing Group, Inc., The.

How Do Clouds Form? Lynn Peppas. 2020. (All about Clouds Ser.). (ENG.). 24p. (J). lib. bdg. 22.99 *(978-1-5105-5558-7(7))* SmartBook Media, Inc.

How Do Computers Follow Instructions? A Book about Programming. J. T. Liso. Illus. by Srimalie Bassani. 2019. (How Do? Ser.). (ENG.). 32p. (J). (gr. 1-3). 9.99 *(978-1-4867-1652-4(0),* 28e786b9-6359-4771-b5c7-9dccf866e7d5); 6.99 *(978-1-4867-1791-0(8),* be4f5abd-8bfc-426b-bb3a-01a78b371899) Flowerpot Pr.

How Do Countries Make Money? Basic Economics in One Lesson Grade 6 Economics. Baby Professor. 2022. (ENG.). 72p. (J). 31.99 ***(978-1-5419-8652-7(0))***; pap. 19.99 ***(978-1-5419-5514-1(5))*** Speedy Publishing LLC. (Baby Professor (Education Kids)).

How Do Creatures Get Their Features? Robin Kramer & Abi Davis. 2021. (ENG., Illus.). 34p. (J). pap. *(978-1-80049-819-8(5))* Independent Publishing Network.

How Do Dams Work?, 1 vol. Ryan Nagelhout. 2016. (STEM Waterworks Ser.). (ENG.). 32p. (J). (gr. 5-5). pap. 12.75 *(978-1-4994-1999-3(6),* 2540f4b4-af9c-40e4-8a46-b99492a50815, PowerKids Pr.) Rosen Publishing Group, Inc., The.

How Do Dinosaurs Choose Their Pets? Jane Yolen. Illus. by Mark Teague. 2016. (ENG.). 40p. (J). (gr. -1-k). 18.99 *(978-1-338-03278-9(X),* Blue Sky Pr., The) Scholastic, Inc.

How Do Dinosaurs Go to School? Jane Yolen. 2019. (CHI.). (J). (gr. -1-1). pap. *(978-986-440-146-8(7))* Viking International Co., Ltd.

How Do Dinosaurs Go to School. Jane Yolen. 2018. (My Arabic Library). (ARA.). 32p. (J). (gr. -1-1). pap. 7.99 *(978-1-338-26785-3(X))* Scholastic, Inc.

How Do Dinosaurs Go to Sleep? Jane Yolen. Illus. by Mark Teague. 2016. (ENG.). 12p. (J). (— 1). bds. 7.99 *(978-0-545-94120-4(2),* Blue Sky Pr., The) Scholastic, Inc.

How Do Dinosaurs Learn to Be Kind? Jane Yolen. Illus. by Mark Teague. 2023. (ENG.). 48p. (J). (gr. -1-k). 18.99 *(978-1-338-82720-0(0),* Scholastic Pr.) Scholastic, Inc.

How Do Dinosaurs Learn to Read? Jane Yolen. Illus. by Mark Teague. 2018. (ENG.). 40p. (J). (gr. -1-k). 18.99 *(978-1-338-23301-8(7),* Blue Sky Pr., The) Scholastic, Inc.

How Do Dinosaurs Say Good Night? (Board Book) Jane Yolen. Illus. by Mark Teague. 2020. (ENG.). 34p. (J). (gr. -1 — 1). bds. 7.99 *(978-0-545-15351-5(4),* Blue Sky Pr., The) Scholastic, Inc.

How Do Dinosaurs Say Goodbye? Jane Yolen. Illus. by Mark Teague. 2021. (ENG.). 40p. (J). (gr. -1-k). 17.99 *(978-1-338-36335-7(2),* Scholastic Pr.) Scholastic, Inc.

How Do Dinosaurs Stay Friends? Jane Yolen. Illus. by Mark Teague. 2016. (ENG.). 40p. (J). (gr. -1-k). 18.99 *(978-0-545-82934-2(8),* Blue Sky Pr., The) Scholastic, Inc.

How Do Dolphins Sleep? Nancy Furstinger. 2018. (Crazy Animal Facts Ser.). (ENG., Illus.). 32p. (J). (gr. 4-6). lib. bdg. 28.65 *(978-1-5435-4118-2(6),* 139072, Capstone Pr.) Capstone.

How Do Dolphins Talk? Biology Textbook K2 Children's Biology Books. Baby Professor. 2017. (ENG., Illus.). (J). pap. 9.25 *(978-1-5419-0520-7(2),* Baby Professor (Education Kids)) Speedy Publishing LLC.

How Do Drones Work? Technology Book for Kids Children's How Things Work Books. Baby Professor. 2017. (ENG., Illus.). 64p. (J). pap. 9.52 *(978-1-5419-1514-5(3),* Baby Professor (Education Kids)) Speedy Publishing LLC.

How Do Electric Motors Work? Physics Books for Kids Children's Physics Books. Baby Professor. 2017. (ENG., Illus.). (J). pap. 9.55 *(978-1-5419-1200-7(4),* Baby Professor (Education Kids)) Speedy Publishing LLC.

How Do Engineers Reuse Rockets? Arnold Ringstad. 2018. (How'd They Do That? Ser.). (ENG., Illus.). 32p. (J). (gr. 4-6). lib. bdg. 28.65 *(978-1-5435-4135-9(6),* 139089, Capstone Pr.) Capstone.

How Do Fairies Have Fun In The. Mitchell WALSH. 2018. (Illus.). 32p. (J). (gr. -1-2). 17.95 *(978-1-60893-993-0(6))* Down East Bks.

How Do Fairies Have Fun in the Sun? Liza Gardner Walsh. Illus. by Hazel Mitchell. 2019. 22p. (J). (gr. -1 — 1). 8.95 *(978-1-60893-661-8(9))* Down East Bks.

How Do Fire Trucks Work? Buffy Silverman. 2016. (Lightning Bolt Books (r) — How Vehicles Work Ser.). (ENG., Illus.). 32p. (J). (gr. 1-3). lib. bdg. 29.32 *(978-1-4677-9504-3(6),* 6099ae8e-dec1-4c75-9111-50f971ff0b6e, Lerner Pubns.) Lerner Publishing Group.

How Do Fish Breathe? Elizabeth Andrews. 2021. (Science Questions Ser.). (ENG.). 24p. (J). (gr. k-3). lib. bdg. 31.36 *(978-1-0982-4107-0(X),* 38820, Pop! Cody Koala) Pop!.

How Do Formula One Race Cars Work? Buffy Silverman. 2016. (Lightning Bolt Books (r) — How Vehicles Work Ser.). (ENG., Illus.). 32p. (J). (gr. 1-3). lib. bdg. 29.32 *(978-1-4677-9503-6(8),* 07a5e537-8dea-404b-bee7-677cb948c000, Lerner Pubns.) Lerner Publishing Group.

How Do Fossils Form? the Earth's History in Rocks Children's Earth Sciences Books. Baby Professor. 2017. (ENG., Illus.). (J). pap. 8.79 *(978-1-5419-4017-8(2),* Baby Professor (Education Kids)) Speedy Publishing LLC.

How Do Fruits Smell? Sense & Sensation Books for Kids. Baby Professor. 2017. (ENG., Illus.). (J). pap. 7.89 *(978-1-5419-0183-4(5),* Baby Professor (Education Kids)) Speedy Publishing LLC.

How Do Giraffes Take Naps? Diane Muldrow. Illus. by David M. Walker. 2016. (Little Golden Book Ser.). 24p. (J). (gr. -1-k). 5.99 *(978-0-553-51333-2(8),* Golden Bks.) Random Hse. Children's Bks.

How Do Governments Resolve Civil & International Conflicts? Politics Books for Kids Grade 5 Children's Government Books. Universal Politics. 2022. (ENG.). 72p. (J). 31.99 ***(978-1-5419-8628-2(8))***; pap. 19.99 ***(978-1-5419-6086-2(6))*** Speedy Publishing LLC. (Universal Politics (Politics & Social Sciences)).

How Do Humans Breathe? Science Book Age 8 Children's Biology Books. Baby Professor. 2017. (ENG., Illus.). (YA). pap. 8.79 *(978-1-5419-1063-8(X),* Baby Professor (Education Kids)) Speedy Publishing LLC.

How Do Hybrid Cars Work? Jennifer Swanson. Illus. by Glen Mullaly. 2022. (Explaining How Things Work Ser.). (ENG.). 32p. (J). (gr. 3-6). 35.64 *(978-1-5038-5593-9(7),* 215455) Child's World, Inc, The.

How Do I Feel? Rozanne Williams. 2017. (Learn-To-Read Ser.). (ENG., Illus.). (J). pap. 3.49 *(978-1-68310-272-4(X))* Pacific Learning, Inc.

How Do I Feel? A Dictionary of Emotions. Rebekah Lipp. Illus. by Craig Phillips. 2023. (ENG.). 142p. (J). pap. ***(978-1-9911797-8-4(2))*** Wildling Books Ltd.

How Do I Feel? A Little Guide to My Emotions. DK. 2020. (First Emotions Ser.). (ENG., Illus.). 16p. (J). (-k). bds. 6.99 *(978-0-7440-2144-8(8),* DK Children) Dorling Kindersley Publishing, Inc.

How Do I Feel Today? Sorting Emotions Coloring for Beginners. Educando Kids. 2019. (ENG.). 42p. (J). pap. 6.99 *(978-1-64521-124-2(X),* Educando Kids) Editorial Imagen.

How Do I Get to the Next Level? Strategies for the True Players Diary 8. 5 X 11. Planners & Notebooks Inspira Journals. 2019. (ENG.). 200p. (J). pap. 12.55 *(978-1-64521-318-5(8),* Inspira) Editorial Imagen.

How Do I Give a Great Speech? Louise Spilsbury & Sarah Eason. 2022. (Help! Study Hacks Ser.). (ENG., Illus.). 32p. (J). (gr. 4-9). pap. 9.99 *(978-1-915153-12-8(3),* 64d915d4-0a37-4d63-9b3f-9059c53cce09); lib. bdg. 29.32 *(978-1-914383-12-0(5),* a92d027a-f4a4-4fd7-9b78-0284dafed60e) Cheriton Children's Bks. GBR. Dist: Lerner Publishing Group.

How Do I Go to Heaven (When I Die)? Becky Starr Glisson. 2021. (ENG., Illus.). 20p. (J). pap. 12.95 *(978-1-0980-6073-2(3))* Christian Faith Publishing.

How Do I Know God Loves Me? Melanie Richardson Dundy. 2019. (ENG., Illus.). 74p. (J). (gr. 2-6). pap. 12.95 *(978-0-578-59982-3(1))* M D C T Publishing.

How Do I Know God Loves Me? Mary Koeberl Rechenberg. Illus. by Barbie Buchheit. 2018. (ENG.). 48p. (J). (gr. k-6). pap. 10.95 *(978-1-7328384-0-6(2))* Farmer Valley Publishing.

How Do I Listen Well? Robyn Hardyman & Helen Cox Cannons. 2022. (Help! Study Hacks Ser.). (ENG., Illus.). 32p. (J). (gr. 4-9). pap. 9.99 *(978-1-915153-13-5(1),* 316a836b-db3a-42e7-bd81-3aaf4b9e8c49); lib. bdg. 29.32 *(978-1-914383-14-4(1),* ddbe648e-1d0a-41dc-aefa-f7a7c713d18c) Cheriton Children's Bks. GBR. Dist: Lerner Publishing Group.

How Do I Love Thee? Jennifer Adams. Illus. by Christopher Silas Neal. 2018. (ENG.). 32p. (J). (gr. -1-3). 17.99 *(978-0-06-239444-6(4),* Balzer & Bray) HarperCollins Pubs.

How Do I Make a Kite?, 1 vol. Clara Coleman. 2018. (Rainy-Day Crafts Ser.). (ENG.). 24p. (J). (gr. 1-1). 25.27 *(978-1-5081-6826-3(1),* 92944231-8f8b-4678-8889-02dc9b98580f); pap. 9.25 *(978-1-5081-6828-7(8),* f5c18195-de12-4dca-836b-c54c21db0682) Rosen Publishing Group, Inc., The. (PowerKids Pr.).

How Do I Make a Sock Puppet?, 1 vol. Andrew Law. 2018. (Rainy-Day Crafts Ser.). (ENG.). 24p. (J). (gr. 1-1). 25.27 *(978-1-5081-6830-0(X),* 993d9894-8145-413f-9e29-3cb584d4b9f1); pap. 9.25 *(978-1-5081-6832-4(6),* 17900ecd-c04b-4542-be79-19713c3de63d) Rosen Publishing Group, Inc., The. (PowerKids Pr.).

How Do I Make Origami?, 1 vol. Elton Jones. 2018. (Rainy-Day Crafts Ser.). (ENG.). 24p. (J). (gr. 1-1). 25.27 *(978-1-5081-6834-8(2),* 1dcddf6d-987e-4649-8442-a9e2da058eb5); pap. 9.25 *(978-1-5081-6836-2(9),* 16f259fc-3cbf-4d1d-a0f1-a704c8ff82cc) Rosen Publishing Group, Inc., The. (PowerKids Pr.).

How Do I Manage My Social Media? Ruth Bennett & Sarah Eason. 2022. (Help! Study Hacks Ser.). (ENG., Illus.). 32p. (J). (gr. 4-9). pap. 9.99 *(978-1-915153-14-2(X),* 08f005eb-7aa2-4871-b68e-861ee729c8b9); lib. bdg. 29.32 *(978-1-914383-17-5(6),* 229c29c7-2c6a-4476-83c2-cc5253ca6ecd) Cheriton Children's Bks. GBR. Dist: Lerner Publishing Group.

How Do I Plan Well? Angela Royston & Helen Cox Cannons. 2022. (Help! Study Hacks Ser.). (ENG., Illus.). 32p. (J). (gr. 4-9). pap. 9.99 *(978-1-915153-15-9(8),* 78fc5d66-db03-4dff-a4ac-f8fb24ce853f); lib. bdg. 29.32 *(978-1-914383-13-7(3),* 85650f41-e0db-4235-a9eb-c5fc81c755e9) Cheriton Children's Bks. GBR. Dist: Lerner Publishing Group.

How Do I Remember All That? A Story to Improve Working Memory, Volume 10. Bryan Smith. Illus. by Lisa M. Griffin. ed. 2021. (Executive FUNction Ser.). (ENG.). 31p. (J). (gr. k-6). pap. 11.95 *(978-1-944882-72-3(3),* 56-023) Boys Town Pr.

How Do I Research Well? Louise Spilsbury & Sarah Eason. 2022. (Help! Study Hacks Ser.). (ENG., Illus.). 32p. (J). (gr. 4-9). pap. 9.99 *(978-1-915153-16-6(6),* f942cca1-f673-4ab8-861a-69b64d26552b); lib. bdg. 29.32 *(978-1-914383-16-8(8),* 22b5c112-c0be-49b1-a1e8-18a1f4b33f6b) Cheriton Children's Bks. GBR. Dist: Lerner Publishing Group.

How Do I Write Well? Louise Spilsbury & Sarah Eason. 2022. (Help! Study Hacks Ser.). (ENG., Illus.). 32p. (J). (gr. 4-9). pap. 9.99 *(978-1-915153-17-3(4),* c89182f6-1bff-43aa-aafc-0f03b6f99b24); lib. bdg. 29.32 *(978-1-914383-15-1(X),* 49566437-46e9-4d49-82a2-738377ce4562) Cheriton Children's Bks. GBR. Dist: Lerner Publishing Group.

How Do Industrial Chemicals Affect Your Health? Zachary Chastain. 2016. (ENG., Illus.). (J). pap. 24.99 *(978-1-62524-425-3(8),* Village Earth Pr.) Harding Hse. Publishing Sebice Inc.

How Do Irrigation Systems Work?, 1 vol. Charles Hofer. 2016. (STEM Waterworks Ser.). (ENG., Illus.). 32p. (J). (gr. 5-5). pap. 12.75 *(978-1-4994-2007-4(2),* c68aa25c-7843-40f0-8deb-14a4d24b4aaf, PowerKids Pr.) Rosen Publishing Group, Inc., The.

How Do Kids Make Money? A Book for Young Entrepreneurs. Kate Hayes. Illus. by Srimalie Bassani. 2022. (ENG.). (J). 36p. 9.99 *(978-1-4867-2416-1(7),* a9204132-9462-4bc7-b698-f72a10217497); 32p. 6.99 *(978-1-4867-2563-2(5),* 61bb07f9-15e0-4049-be69-7bdc4ece018e) Flowerpot Pr.

How Do Ladybugs Get Their Spots. Elizabeth Adams-Burchell. 2021. (ENG.). 28p. (J). pap. 13.95 *(978-1-64468-634-8(1))* Covenant Bks.

How Do Lasers Work? Ryan Jacobson. Illus. by Glen Mullaly. 2022. (Explaining How Things Work Ser.). (ENG.). 32p. (J). (gr. 3-6). 35.64 *(978-1-5038-5595-3(3),* 215457) Child's World, Inc, The.

How Do Meerkats Order Pizza? Wild Facts about Animals & the Scientists Who Study Them. Brooke Barker. Illus. by Brooke Barker. 2022. (ENG., Illus.). 200p. (J). (gr. 3-7). 19.99 *(978-1-6659-0160-4(8),* Simon & Schuster Bks. For Young Readers) Simon & Schuster Bks. For Young Readers.

How Do Mermaids Poo? Melissa Di Donato Roos. 2021. (ENG.). 38p. (J). *(978-1-64268-210-6(1))* novum pocket Verlag in der novum publishing GmbH.

How Do Molecules Stay Together? Madeline J. Hayes. Illus. by Srimalie Bassani. 2019. (How Do? Ser.). (ENG.). 32p. (J). (gr. 1-3). 6.99 *(978-1-4867-1790-3(X),* 28d73cb7-a827-4bde-a905-86523f02c104) Flowerpot Pr.

How Do Molecules Stay Together? A Book about Chemistry. Madeline J. Hayes. Illus. by Srimalie Bassani. 2019. (How Do? Ser.). (ENG.). 32p. (J). (gr. 1-3). 9.99 *(978-1-4867-1651-7(2),* 6159bc7b-71be-49fa-ab02-5b29aaadf33a) Flowerpot Pr.

How Do Monster Trucks Work? Buffy Silverman. 2016. (Lightning Bolt Books (r) — How Vehicles Work Ser.). (ENG., Illus.). 32p. (J). (gr. 1-3). lib. bdg. 29.32 *(978-1-4677-9499-2(6),* 9c2690b4-39c6-452c-9568-0c46d17338c7, Lerner Pubns.) Lerner Publishing Group.

How Do Non-Seed Plants Reproduce? a Lesson on Spores Life Cycle Books Grade 5 Children's Biology Books. Baby Professor. 2021. (ENG.). 72p. (J). 27.99 *(978-1-5419-8400-4(5))*; pap. 16.99 *(978-1-5419-6016-9(5))* Speedy Publishing LLC. (Baby Professor (Education Kids)).

How Do Objects Move?, 1 vol. Laura L. Sullivan. 2018. (How Does It Move? Forces & Motion Ser.). (ENG.). 32p. (gr. 3-3). 30.21 *(978-1-5026-3764-2(2),* f19a2166-d3df-4698-9b8e-f55ca1b2e5eb) Cavendish Square Publishing LLC.

How Do Objects Move? Force & Motion Energy, Force & Motion Grade 3 Children's Physics Books. Baby Professor. 2021. (ENG.). 72p. (J). 27.99 *(978-1-5419-7300-8(3))*; pap. 16.99 *(978-1-5419-5907-1(8))* Speedy Publishing LLC. (Baby Professor (Education Kids)).

How Do Penguins Stay Warm? Nancy Furstinger. 2018. (Crazy Animal Facts Ser.). (ENG., Illus.). 32p. (J). (gr. 4-6). lib. bdg. 28.65 *(978-1-5435-4119-9(4),* 139073, Capstone Pr.) Capstone.

How Do People Live in Ice & Snow? - Children's Books about Alaska Grade 3 - Children's Geography & Cultures Books. Baby Professor. 2019. (ENG.). 76p. (J). pap. 15.06 *(978-1-5419-5301-7(0))*; 25.05 *(978-1-5419-7497-5(2))* Speedy Publishing LLC. (Baby Professor (Education Kids)).

How Do People Use Energy? Power & the Environment Grade 4 Children's Physics Books. Baby Professor. 2020. (ENG.). 86p. (J). 25.99 *(978-1-5419-8033-4(6))*; pap. 15.99 *(978-1-5419-5945-3(0))* Speedy Publishing LLC. (Baby Professor (Education Kids)).

How Do People Vote?, 1 vol. Kristen Rajczak Nelson. 2018. (Why Voting Matters Ser.). (ENG.). 24p. (gr. 2-2). 25.27 *(978-1-5383-3007-4(5),* 444681e8-e229-4172-834f-94923efee3c6, PowerKids Pr.) Rosen Publishing Group, Inc., The.

How Do Pets Sound? Sense & Sensation Books for Kids. Baby Professor. 2017. (ENG., Illus.). (J). pap. 7.89 *(978-1-5419-0285-5(8),* Baby Professor (Education Kids)) Speedy Publishing LLC.

How Do Planes Fly? How Airplanes Work - Children's Aviation Books. Professor Gusto. 2016. (ENG., Illus.). (J). pap. 10.81 *(978-1-68321-972-9(4))* Mimaxion.

How Do Planets Move?, 1 vol. Jan Mader. 2018. (How Does It Move? Forces & Motion Ser.). (ENG.). 32p. (gr. 3-3). 30.21 *(978-1-5026-3767-3(7),* 75620337-0d92-4d79-8e5c-22fd9d7cb0ba) Cavendish Square Publishing LLC.

How Do Planets Move? What Will Happen?, 1 vol. Sonja Reyes. 2017. (Computer Science for the Real World Ser.). (ENG.). 16p. (gr. 2-3). pap. *(978-1-5383-5234-2(6),* 7d3dd3b8-f52c-45cf-858a-da71edb69505, Rosen Classroom) Rosen Publishing Group, Inc., The.

How Do Plants Grow? Botany Book for Kids Children's Botany Books. Baby Professor. 2017. (ENG., Illus.). 64p. (J). pap. 9.52 *(978-1-5419-1489-6(9),* Baby Professor (Education Kids)) Speedy Publishing LLC.

How Do Predators Find Their Prey? Biology for Kids Children's Biology Books. Baby Professor. 2017. (ENG., Illus.). (J). pap. 9.25 *(978-1-5419-0521-4(0),* Baby Professor (Education Kids)) Speedy Publishing LLC.

How Do Puppies Get Their Colors? Elizabeth Andrews. 2021. (Science Questions Ser.). (ENG.). 24p. (J). (gr. k-3). lib. bdg. 31.36 *(978-1-0982-4108-7(8),* 38822, Pop! Cody Koala) Pop!.

How Do Pushes & Pulls Affect Motion? Lisa M. Bolt Simons. 2022. (Science Inquiry Ser.). (ENG.). 32p. (J). 31.32 *(978-1-6639-7032-9(7),* 223167); pap. 7.95 *(978-1-6663-2491-4(4),* 223149) Capstone. (Pebble).

How Do Race Cars Work? Car Book for Kids Children's Transportation Books. Baby Professor. 2017. (ENG., Illus.). 64p. (J). pap. 9.52 *(978-1-5419-1516-9(X),* Baby Professor (Education Kids)) Speedy Publishing LLC.

How Do Reservoirs Work?, 1 vol. Therese Shea. 2016. (STEM Waterworks Ser.). (ENG., Illus.). 32p. (J). (gr. 5-5). pap. 12.75 *(978-1-4994-2011-1(0),* cbe301ee-9803-4edc-a3b1-7b209a52e5ee, PowerKids Pr.) Rosen Publishing Group, Inc., The.

How Do Robots Defuse Bombs? Yvette LaPierre. 2018. (How'd They Do That? Ser.). (ENG., Illus.). 32p. (J). (gr. 4-6). lib. bdg. 28.65 *(978-1-5435-4139-7(9),* 139093, Capstone Pr.) Capstone.

How Do Satellites Stay in Space? A Book about How Satellites Work. Jessica Taylor. Illus. by Srimalie Bassani. 2022. (How Do Ser.). (ENG.). 32p. (J). 9.99 *(978-1-4867-2277-8(6),* 98001e5e-3142-4b62-b2a0-8d9b06554d9a); 6.99 *(978-1-4867-2561-8(9),* 02e83fef-f0a5-4a25-aa15-b1a77d5b800f) Flowerpot Pr.

How Do Scientists Ask Questions? A Book about the Scientific Method. Madeline J. Hayes. Illus. by Srimalie Bassani. 2023. (ENG.). 32p. (J). (gr. 2-5). 6.99 ***(978-1-4867-2893-0(6),*** da9aea69-079d-4ac5-9021-c758bd64b90b); 9.99 ***(978-1-4867-2774-2(3),*** e84a382f-a1c1-45e0-9ea1-f785e156c311) Flowerpot Pr.

How Do Scientists Discover New Planets? Astronomy Book 2nd Grade Children's Astronomy & Space Books. Baby Professor. 2017. (ENG., Illus.). (J). pap. 9.55 *(978-1-5419-1564-0(X),* Baby Professor (Education Kids)) Speedy Publishing LLC.

How Do Scientists Split the Atom? Children's Physics of Energy. Baby Professor. 2017. (ENG., Illus.). (J). pap. 7.89 *(978-1-5419-0359-3(5),* Baby Professor (Education Kids)) Speedy Publishing LLC.

How Do Seesaws Go up & Down? A Book about Simple Machines. Jennifer Shand. Illus. by Srimalie Bassani. (How Do? Ser.). (ENG.). 32p. (J). (gr. 1-3). 2019. 6.99 *(978-1-4867-1468-1(4),* 41f9ac99-66d2-4931-a61e-f8fd0ace3b48); 2018. 9.99 *(978-1-4867-1486-5(2),* e9526d1e-8a78-424e-9b99-fde854ad6cb5) Flowerpot Pr.

How Do Sewers Work?, 1 vol. Greg Roza. 2016. (STEM Waterworks Ser.). (ENG.). 32p. (J). (gr. 5-5). pap. 12.75 *(978-1-4994-2003-6(X),* f2054283-5648-4f69-9e25-8ac5ba720812, PowerKids Pr.) Rosen Publishing Group, Inc., The.

How Do Sloths Poop? Nancy Furstinger. 2018. (Crazy Animal Facts Ser.). (ENG., Illus.). 32p. (J). (gr. 4-6). lib. bdg. 28.65 *(978-1-5435-4117-5(8),* 139071, Capstone Pr.) Capstone.

How Do Smart Homes Work? Agnieszka Biskup. 2020. (High Tech Science at Home Ser.). (ENG.). 48p. (J). (gr. 3-5). pap. 8.95 *(978-1-4966-8714-2(0),* 201285); (Illus.). lib. bdg. 31.99 *(978-1-4966-8072-3(3),* 198945) Capstone. (Capstone Pr.).

How Do Smartphones Affect Health? Tammy Gagne. 2020. (Smartphones & Society Ser.). (ENG.). 80p. (YA). (gr. 6-12). 41.27 *(978-1-68282-943-1(X))* ReferencePoint Pr., Inc.

How Do Smartphones Affect Social Interaction? Donna B. McKinney. 2020. (Smartphones & Society Ser.). (ENG.). 80p. (YA). (gr. 6-12). 41.27 *(978-1-68282-945-5(6))* ReferencePoint Pr., Inc.

How Do Snakes Poop? Malta Cunningham. 2018. (Crazy Animal Facts Ser.). (ENG., Illus.). 32p. (J). (gr. 4-6). lib. bdg. 28.65 *(978-1-5435-4115-1(1),* 139069, Capstone Pr.) Capstone.

How Do Spiders Hear? Nancy Furstinger. 2018. (Crazy Animal Facts Ser.). (ENG., Illus.). 32p. (J). (gr. 4-6). lib. bdg. 28.65 *(978-1-5435-4116-8(X),* 139070, Capstone Pr.) Capstone.

How Do Submarines Work? Jennifer Swanson. Illus. by Glen Mullaly. 2022. (Explaining How Things Work Ser.). (ENG.). 32p. (J). (gr. 3-6). 35.64 *(978-1-5038-5597-7(X),* 215459) Child's World, Inc, The.

How Do Telescopes, Binoculars, & Microscopes Work? Ryan Jacobson. Illus. by Glen Mullaly. 2022. (Explaining How Things Work Ser.). (ENG.). 32p. (J). (gr. 3-6). 35.64 *(978-1-5038-5590-8(2),* 215452) Child's World, Inc, The.

How Do the Three Branches of Government Work Together? Kevin Winn. 2023. (21st Century Junior Library: We the People: U. S. Government at Work Ser.). (ENG., Illus.). 24p. (J). (gr. 2-5). lib. bdg. 30.64 *(978-1-6689-1941-5(9),* 221919) Cherry Lake Publishing.

How Do the Three Branches of Government Work Together? Contrib. by Kevin Winn. 2023. (21st Century Junior Library: We the People: U. S. Government at Work Ser.). (ENG., Illus.). 24p. (J). (gr. 2-5). pap. 12.79 *(978-1-6689-2043-5(3),* 222021) Cherry Lake Publishing.

How Do Thermometers Work?, 1 vol. Kate Mikoley. 2020. (Tell Me How It Works). (ENG.). 24p. (J). (gr. 2-3). pap. 9.25 *(978-1-7253-1825-0(3),* 03321f41-f028-4433-97ee-9ffb0bafce87, PowerKids Pr.) Rosen Publishing Group, Inc., The.

How Do They Build It? Coloring Book. Activibooks For Kids. 2016. (ENG., Illus.). (J). pap. 9.20 *(978-1-68321-933-0(3))* Mimaxion.

How Do They Do It? Coins Edition - Money Learning for Kids Children's Growing up & Facts of Life Books. Baby Professor. 2017. (ENG., Illus.). (J). pap. 8.79 *(978-1-5419-3833-5(X),* Baby Professor (Education Kids)) Speedy Publishing LLC.

How Do They Do It? Paper Bills Edition - Money Learning for Kids Children's Growing up & Facts of Life Books. Baby Professor. 2017. (ENG., Illus.). (J). pap. 8.79

914
The check digit for ISBN-10 appears in parentheses after the full ISBN-13

(978-1-5419-3834-2(8), Baby Professor (Education Kids)) Speedy Publishing LLC.

How Do They Do It? the Fast Food Edition - Food Book for Kids Children's How Things Work Books. Baby Professor. 2017. (ENG., Illus.). 64p. (J). pap. 9.52 (978-1-5419-1486-5(4), Baby Professor (Education Kids)) Speedy Publishing LLC.

How Do They Help? (Set), 26 vols. 2018. (Community Connections: How Do They Help? Ser.). (ENG., Illus.). 24p. (J). (gr. 2-5). 759.46 (978-1-5341-0700-7(2), 210523); pap., pap., pap. 332.43 (978-1-5341-0799-1(1), 210524) Cherry Lake Publishing.

How Do Trains Work? Buffy Silverman. 2016. (Lightning Bolt Books (r) — How Vehicles Work Ser.). (ENG., Illus.). 32p. (J). (gr. 1-3). 29.32 (978-1-4677-9500-5(3), b5c1530e-6ca4-4843-ad21-6c5c2f1fbc29, Lerner Pubns.) Lerner Publishing Group.

How Do Virtual Assistants Work? Christine Elizabeth Eboch. 2020. (High Tech Science at Home Ser.). (ENG.). 48p. (J). (gr. 3-5). pap. 8.95 (978-1-4966-8712-8(4), 201283); (Illus.). lib. bdg. 33.99 (978-1-4966-8069-3(3), 198942) Capstone. (Capstone Pr.).

How Do Volcanoes Explode? Showing Events & Processes, 1 vol. Seth Matthas. 2017. (Computer Kids: Powered by Computational Thinking Ser.). (ENG.). 24p. (J). (gr. 3-4). 25.27 (978-1-5383-2402-8(4), da12dc40-fd72-4f48-9b45-e2ab9b449044, PowerKids Pr.); pap. (978-1-5081-3790-0(0), cf1ccef6-386e-4ebe-941a-3d8c3127c76e, Rosen Classroom) Rosen Publishing Group, Inc., The.

How Do Waves Behave? How Are They Measured? Physics Lessons for Kids Children's Physics Books. Baby Professor. 2017. (ENG., Illus.). (YA). pap. 8.79 (978-1-5419-1140-6(7), Baby Professor (Education Kids)) Speedy Publishing LLC.

How Do Waves Move?, 1 vol. Avery Elizabeth Hurt. 2018. (How Does It Move? Forces & Motion Ser.). (ENG.). 32p. (gr. 3-3). 30.21 (978-1-5026-3771-0(5), 74c01042-a3bd-41d1-8837-2764d13a5a74) Cavendish Square Publishing LLC.

How Do We Classify Materials? Yvonne Pearson. 2022. (Science Inquiry Ser.). (ENG.). 32p. (J). 31.32 (978-1-6639-7057-2(2), 222848); pap. 7.95 (978-1-6663-2483-9(3), 222842) Capstone. (Pebble).

How Do We Communicate? Contrib. by Libby Romero. 2023. (DK Super Readers Ser.). (ENG., Illus.). 32p. (J). (gr. 3-5). pap. 4.99 (978-0-7440-7324-9(3), DK Children) Dorling Kindersley Publishing, Inc.

How Do We Get to the Moon? Robert Rosen. Illus. by Brett Curzon. 2017. (My Adventures Ser.). (ENG.). 24p. (gr. -1-2). pap. 9.95 (978-1-68342-785-8(8), 9781683427858) Rourke Educational Media.

How Do We Know Christianity Is Really True? Chris Morphew. Illus. by Emma Randall. 2021. (Big Questions Ser.). (ENG.). 96p. (J). (978-1-78498-614-8(3)) Good Bk. Co., The.

How Do We Live Together? (Set), 8 vols. Incl. How Do We Live Together? Coyotes. Katie Marsico. lib. bdg. 29.21 (978-1-60279-621-8(1), 200325); How Do We Live Together? Deer. Lucia Raatma. lib. bdg. 29.21 (978-1-60279-618-8(1), 200326); How Do We Live Together? Hawks. Katie Marsico. lib. bdg. 29.21 (978-1-60279-624-9(6), 200327); How Do We Live Together? Mountain Lions. Lucia Raatma. lib. bdg. 29.21 (978-1-60279-625-6(4), 200328); How Do We Live Together? Rabbits. Katie Marsico. lib. bdg. 29.21 (978-1-60279-622-5(X), 200329); How Do We Live Together? Raccoons. Lucia Raatma. lib. bdg. 29.21 (978-1-60279-619-5(X), 200330); How Do We Live Together? Snakes. Lucia Raatma. lib. bdg. 29.21 (978-1-60279-620-1(3), 200331); How Do We Live Together? Turtles. Katie Marsico. lib. bdg. 29.21 (978-1-60279-623-2(8), 200332); (gr. 2-5). (Community Connections: How Do We Live Together? Ser.). (ENG., Illus.). 24p. 2010. 233.68 (978-1-60279-617-1(3), 200357) Cherry Lake Publishing.

How Do We Stop Climate Change? Mind Mappers: Making Difficult Subjects Easy to Understand. Tom Jackson. Illus. by Dragan Kordic. 2021. (Mind Mappers Ser.). (ENG.). 72p. (J). 19.99 (978-1-68188-559-9(X), Earth Aware Editions) Insight Editions.

How Do We Use Light? Emily Raij. 2022. (Science Inquiry Ser.). (ENG.). 32p. (J). 31.32 (978-1-6639-7064-0(5), 223169); pap. 7.95 (978-1-6663-2507-2(4), 223151) Capstone. (Pebble).

How Do We Use Light? Daniel Nunn. rev. ed. 2023. (Light All Around Us Ser.). (ENG.). 24p. (J). pap. 7.99 (978-1-4846-9151-9(2), 261471, Heinemann) Capstone.

How Do Wildlife Crossings Save Animals? Clara MacCarald. 2018. (How'd They Do That? Ser.). (ENG., Illus.). 32p. (J). (gr. 4-6). lib. bdg. 28.65 (978-1-5435-4138-0(0), 139092, Capstone Pr.) Capstone.

How Do Wind Turbines Work? Ryan Jacobson. Illus. by Glen Mullaly. 2022. (Explaining How Things Work Ser.). (ENG.). 32p. (J). (gr. 3-6). 35.64 (978-1-5038-5598-4(8), 215460) Child's World, Inc, The.

How Do Wind Turbines Work?, 1 vol. Kate Mikoley. 2020. (Tell Me How It Works). (ENG.). 24p. (J). (gr. 2-3). pap. 9.25 (978-1-7253-1829-8(6), a4a72f08-eab5-49dc-bee8-f25d0a3b80f3, PowerKids Pr.) Rosen Publishing Group, Inc., The.

How Do You... BOO? Laurie Friedman. Illus. by Mariano Epelbaum. 2022. (Scare Squad Ser.). (ENG.). 32p. (J). (gr. -1-3). pap. (978-1-0396-6283-4(8), 21917); lib. bdg. (978-1-0396-6088-5(6), 21916) Crabtree Publishing Co. (Crabtree Blossoms).

How Do You Dance? Thyra Heder. (ENG., Illus.). (J). (gr. -1-2). 2021. 32p. bds. 8.99 (978-1-4197-5182-0(4), 1165810, Abrams Appleseed); 2019. 40p. 16.99 (978-1-4197-3418-2(0), 1165801, Abrams Bks. for Young Readers) Abrams, Inc.

How Do You Do? Larissa Theule. Illus. by Gianna Marino. 2019. (ENG.). 40p. (J). 17.99 (978-1-61963-807-5(X), 900149147, Bloomsbury Children's Bks.) Bloomsbury Publishing USA.

How Do You Feel? Irma Canut Gasperin. 2019. (ENG., Illus.). 26p. (J). (978-0-2288-1678-2(5)); pap. (978-0-2288-1677-5(7)) Tellwell Talent.

How Do You Feel? Lizzy Rockwell. (Illus.). (J). (— 1). 2021. 26p. bds. 7.99 (978-0-8234-4854-8(1)); 2021. 32p. pap. 7.99 (978-0-8234-4847-0(9)); 2019. 32p. 18.99 (978-0-8234-4051-1(6)) Holiday Hse., Inc.

How Do You Find a Bug on a Branch? Sebastian Smith. 2021. (I Read-N-Rhyme Ser.). (ENG., Illus.). 28p. (J). (gr. -1-3). pap. (978-1-4271-2932-1(0), 11019); lib. bdg. (978-1-4271-2921-5(5), 11007) Crabtree Publishing Co.

How Do You Gain Time When You Fly West? And Other FAQs about Time & Travel, 1 vol. Kristen Rajczak Nelson. 2016. (Q & a: Life's Mysteries Solved! Ser.). (ENG.). 32p. (J). (gr. 3-4). pap. 11.50 (978-1-4824-4752-1(5), 18714e9f-a182-43c2-9e01-b78b38d9288d) Stevens, Gareth Publishing LLLP.

How Do You Go to Sleep? Kate McMullan. Illus. by Sydney Hanson. 2023. 26p. (J). (gr. -1-2). bds. 8.99 (978-0-593-56843-9(5), Knopf Bks. for Young Readers) Random Hse. Children's Bks.

How Do You Live? Genzaburo Yoshino. Tr. by Bruno Navasky. (ENG.). 288p. (J). (gr. 5-9). 2023. pap. 9.99 (978-1-64375-307-2(X)); 2021. (Illus.). 17.95 (978-1-61620-977-3(1), 73977) Algonquin Young Readers.

How Do You Make a Baby? Anna Fiske. Illus. by Anna Fiske. 2020. (ENG., Illus.). 80p. (J). (gr. 4-7). 18.99 (978-1-77657-285-4(8), 0d7c753e-acaa-46b9-b642-b719a997c4c0) Gecko Pr. NZL. Dist: Lerner Publishing Group.

How Do You Measure a Slice of Pizza? A Book about Geometry. Madeline J. Hayes & Lucy D. Hayes. Illus. by Srimalie Bassani. (ENG.). 32p. (J). (gr. 1-4). 2022. 6.99 (978-1-4867-2560-1(0), ceab2cac-45d2-4eca-a747-81dc84068a44); 2020. 9.99 (978-1-4867-1850-4(7), 24033123-7393-4090-ab36-4262972cfc38) Flowerpot Pr.

How Do You Measure Energy? Energy Book for Kids Grade 3 Children's Physics Books. Baby Professor. 2021. (ENG.). 72p. (J). 27.99 (978-1-5419-7297-1(X)); pap. 16.99 (978-1-5419-5901-9(9)) Speedy Publishing LLC. (Baby Professor (Education Kids)).

How Do You Measure Heat? Changes in Matter & Energy Grade 4 Children's Physics Books. Baby Professor. 2020. (ENG.). 74p. (J). 24.99 (978-1-5419-8036-5(0)); pap. 14.99 (978-1-5419-5940-8(X)) Speedy Publishing LLC. (Baby Professor (Education Kids)).

How Do You Measure Matter? Changes in Matter & Energy Grade 4 Children's Physics Books. Baby Professor. 2020. (ENG.). 72p. (J). 24.99 (978-1-5419-8035-8(2)); pap. 14.99 (978-1-5419-5941-5(8)) Speedy Publishing LLC. (Baby Professor (Education Kids)).

How Do You Play? The Adventures of Ollie & Romeo. Nicole DeStefano. l.t. ed. 2020. (ENG.). 34p. (J). pap. 15.99 (978-1-0878-9820-9(X)) Indy Pub.

How Do You Read Charts & Graphs?, 1 vol. Laura Loria. 2018. (Let's Find Out! Social Studies Skills Ser.). (ENG., Illus.). 32p. (J). (gr. 2-3). lib. bdg. 26.06 (978-1-5081-0700-2(9), cd96aa73-0c9d-4799-a706-73ffbd7b5801, Britannica Educational Publishing) Rosen Publishing Group, Inc., The.

How Do You Read Maps?, 1 vol. Philip Wolny. 2018. (Let's Find Out! Social Studies Skills Ser.). (ENG.). 32p. (gr. 2-3). lib. bdg. 26.06 (978-1-5081-0701-9(7), 8a0f10c4-9d85-4f86-98dd-028d7a17c207, Britannica Educational Publishing) Rosen Publishing Group, Inc., The.

How Do You Say? / ¿Cómo Se Dice? (Spanish Bilingual) Angela Dominguez. Illus. by Angela Dominguez. ed. 2016. (SPA., Illus.). 32p. (J). 19.99 (978-1-62779-496-1(4), 900152614, Holt, Henry & Co. Bks. For Young Readers) Holt, Henry & Co.

How Do You Say? / Como Se Dice? (Spanish Bilingual) Angela Dominguez. Illus. by Angela Dominguez. ed. 2022. (SPA., Illus.). 24p. (J). bds. 9.99 (978-1-250-78200-7(7), 900236505, Holt, Henry & Co. Bks. For Young Readers) Holt, Henry & Co.

How Do You Say Good Night?, 1 vol. Illus. by Catalina Echeverri. 2018. (ENG.). 20p. (J). bds. 8.99 (978-1-4002-0911-8(0), Tommy Nelson) Nelson, Thomas Inc.

How Do You Say Good Night? Cindy Jin. Illus. by Shirley Ng-Benitez. 2019. (ENG.). 26p. (J). (gr. -1 — 1). bds. 7.99 (978-1-5344-3159-1(4), Little Simon) Little Simon.

How Do You Say I Love You? Hannah Eliot. Illus. by Shirley Ng-Benitez. 2017. (ENG.). 26p. (J). (gr. -1 — 1). bds. 8.99 (978-1-5344-0012-2(5), Little Simon) Little Simon.

How Do You Say I Love You, Dewey Dew? Leslie Staub. Illus. by Jeff Mack. 2017. (ENG.). 32p. (J). (gr. -1-3). 17.95 (978-1-62979-497-6(X), Astra Young Readers) Astra Publishing Hse.

How Do You Sleep? Olivia Cosneau & Bernard Duisit. 2018. (Flip Flap Pop-Up Ser.: 0). (ENG., Illus.). 14p. (J). (gr. -1-2). 14.95 (978-0-500-65144-5(2), 565144) Thames & Hudson.

How Do You Spell Unfair?: MacNolia Cox & the National Spelling Bee. Carole Boston Weatherford. Illus. by Frank Morrison. 2023. (ENG.). 40p. (J). (gr. 2-5). 18.99 (978-1-5362-1554-0(6)) Candlewick Pr.

How Do You Stop a Moving Train? A Physics Book about Forces. Lucy D. Hayes & Madeline J. Hayes. Illus. by Srimalie Bassani. (ENG.). 32p. (J). (gr. 1-4). 2022. 6.99 (978-1-4867-2559-5(7), 1eb360be-a113-41d9-be6b-5c600c26a545); 2021. 9.99 (978-1-4867-1862-7(0), b5e43e15-1fb4-4f9f-a2cf-c70fd40a5053) Flowerpot Pr.

How Do You Take a Bath? Kate McMullan. Illus. by Sydney Hanson. (J). (gr. -1-2). 2023. 26p. bds. 8.99 (978-0-593-56842-2(7)); 2018. (ENG.). 32p. 17.99 (978-1-5247-6517-0(1)) Random Hse. Children's Bks. (Knopf Bks. for Young Readers).

How Do You Unicorn? Design Your Own Fantasy World Activity Book. Creative Playbooks. 2016. (ENG., Illus.). (J). pap. 10.81 (978-1-68323-517-0(7)) Twin Flame Productions.

How Do Your Muscles Move? Questions about Bones, Skin, Hair, & More. John Farndon. Illus. by Alan Rowe. 2023. (Inquisitive Kid's Guide to the Human Body Ser.). (ENG.). 24p. (J). (gr. 2-4). lib. bdg. 29.32 (978-1-915461-07-0(3), feeea5be-fc28-4df3-94aa-18b77be079a0, Hungry Tomato (r)) Lerner Publishing Group.

How Does 3D Printing Work?, 1 vol. Ian Chow-Miller. 2017. (Project Learning with 3D Printing Ser.). (ENG.). 128p. (YA). (gr. 9-9). 47.36 (978-1-5026-3156-5(3), 38666daf-a524-4085-b424-cab2913538ba); pap. 22.16 (978-1-5026-3425-2(2), 9312bd51-389d-43f9-8b8f-f862fa7fb166) Cavendish Square Publishing LLC.

How Does a Body Heal? Elizabeth Andrews. 2021. (Science Questions Ser.). (ENG.). 24p. (J). (gr. k-3). lib. bdg. 31.36 (978-1-0982-4109-4(6), 38824, Pop! Cody Koala) Pop!.

How Does a Bone Become a Fossil? Melissa Stewart. rev. ed. 2016. (How Does It Happen Ser.). (ENG.). 32p. (J). (gr. 3-5). pap. 8.29 (978-1-4109-8529-3(6), 134114, Raintree) Capstone.

How Does a Butterfly Grow? DK. 2019. (Life Cycle Board Bks.). (ENG., Illus.). 18p. (J). (-k). bds. 13.99 (978-1-4654-7867-2(1), DK Children) Dorling Kindersley Publishing, Inc.

How Does a Caterpillar Change? Life Cycles with the Very Hungry Caterpillar. Eric Carle. Illus. by Eric Carle. 2022. (World of Eric Carle Ser.). (Illus.). 10p. (J). (— 1). bds. 4.99 (978-0-593-38560-9(8)) Penguin Young Readers Group.

How Does a Laser Work? Modern Uses of Light Grade 5 Children's Physics Books. Baby Professor. 2022. (ENG.). 72p. (J). 31.99 (978-1-5419-8464-6(1)); pap. 19.99 (978-1-5419-6006-0(8)) Speedy Publishing LLC. (Baby Professor (Education Kids)).

HOW Does a Roller Coaster Stay on the Track? Sequoia Kids Media Sequoia Kids Media. 2021. (Active Minds Kids Ask Ser.). (ENG.). 24p. (J). (gr. 1-3). pap. 9.50 (978-1-64996-701-5(2), 17057, Sequoia Kids Media) Sequoia Children's Bks.

How Does a Seed Sprout? Life Cycles with the Very Hungry Caterpillar. Eric Carle. Illus. by Eric Carle. 2022. (World of Eric Carle Ser.). (Illus.). 10p. (J). (— 1). bds. 4.99 (978-0-593-38626-2(4)) Penguin Young Readers Group.

How Does a Star Die? Astronomy Book for Kids Children's Astronomy Books. Baby Professor. 2017. (ENG., Illus.). (J). pap. 8.79 (978-1-5419-1355-4(8), Baby Professor (Education Kids)) Speedy Publishing LLC.

How Does a Tadpole Grow? Life Cycles with the Very Hungry Caterpillar. Eric Carle. Illus. by Eric Carle. 2022. (World of Eric Carle Ser.). (Illus.). 10p. (J). (— 1). bds. 4.99 (978-0-593-38625-5(6)) Penguin Young Readers Group.

How Does a Thermometer Work?, 1 vol. John O'Mara. 2020. (Everyday Mysteries Ser.). (ENG.). 24p. (J). (gr. 1-2). pap. 9.15 (978-1-5382-5663-3(0), b79f45ef-abbc-4e32-84ac-23c2ed1373c3) Stevens, Gareth Publishing LLLP.

How Does a Volcano Become an Island? Linda Tagliaferro. rev. ed. 2016. (How Does It Happen Ser.). (ENG.). 32p. (J). (gr. 3-5). pap. 8.29 (978-1-4109-8530-9(X), 134115, Raintree) Capstone.

How Does a Waterfall Become Electricity? Robert Snedden. rev. ed. 2016. (How Does It Happen Ser.). (ENG.). 32p. (J). (gr. 3-5). pap. 8.29 (978-1-4109-8527-9(X), 134112, Raintree) Capstone.

How Does a Witch Find a Cat? Katie Petrinec. Illus. by Qbn Studios. 2021. (ENG.). 26p. (J). pap. 7.99 (978-0-9985664-4-3(6)) Meomya.

How Does Air Pollution Affect Your Health? Emily Sanna. 2016. (ENG., Illus.). (J). pap. 24.99 (978-1-62524-423-9(1), Village Earth Pr.) Harding Hse. Publishing Sebice Inc.

How Does Allah Look? Emma Apple. 2020. (Children's First Questions Ser.: Vol. 2). (ENG.). 40p. (J). pap. (978-0-9951323-2-0(1)); 2nd ed. (978-0-9951323-3-7(X)) Little Moon Bks.

How Does an Egg Hatch? Life Cycles with the Very Hungry Caterpillar. Eric Carle. Illus. by Eric Carle. 2022. (World of Eric Carle Ser.). (Illus.). 10p. (J). (— 1). bds. 4.99 (978-0-593-38561-6(6)) Penguin Young Readers Group.

How Does an Electrical Switch Work? Leveled Reader Card Book 20 Level W. Hmh Hmh. 2019. (ENG.). (J). pap. 14.13 (978-0-358-16192-9(4)) Houghton Mifflin Harcourt Publishing Co.

How Does an Electrical Switch Work? Leveled Reader Card Book 20 Level W 6 Pack. Hmh Hmh. 2021. (J). (ENG.). pap. 69.33 (978-0-358-18931-2(4)); (SPA.). pap. 74.40 (978-0-358-27328-8(5)) Houghton Mifflin Harcourt Publishing Co.

How Does an Octopus Sleep? Discover the Ways Your Favorite Animals Sleep. Octavio Pintos. Illus. by Martín Iannuzzi. 2022. (ENG.). 48p. (J). (gr. 1-3). 16.95 (978-1-914519-26-0(4)) Welbeck Publishing Group Ltd. GBR. Dist: Two Rivers Distribution.

How Does Astronomy Work? Facts Inside This Children's Science Book. Bold Kids. 2022. (ENG.). 42p. (J). pap. 14.99 (978-1-0717-1741-7(3)) FASTLANE LLC.

How Does Echolocation Work? Science Book 4th Grade Children's Science & Nature Books. Baby Professor. 2017. (ENG., Illus.). 64p. (J). pap. 9.52 (978-1-5419-1604-3(2), Baby Professor (Education Kids)) Speedy Publishing LLC.

How Does Electricity Work?, 1 vol. Phil Corso. 2020. (Tell Me How It Works). (ENG.). 24p. (J). (gr. 2-3). lib. bdg. 25.27 (978-1-7253-1835-9(0), cc9cf907-9766-4b52-a2c7-32c18bad2292, PowerKids Pr.) Rosen Publishing Group, Inc., The.

How Does Electricity Work? Jennifer Swanson. Illus. by Glen Mullaly. 2022. (Explaining How Things Work Ser.). (ENG.). 32p. (J). (gr. 3-6). 35.64 (978-1-5038-5592-2(9), 215454) Child's World, Inc, The.

How Does Fake News Threaten Society? John Allen. 2020. (Issues Today Ser.). (ENG.). 80p. (YA). (gr. 6-12). 41.27 (978-1-68282-879-3(4)) ReferencePoint Pr., Inc.

How Does Heat Move?, 1 vol. Alicia Z. Klepeis. 2018. (How Does It Move? Forces & Motion Ser.). (ENG.). 32p. (gr. 3-3). 30.21 (978-1-5026-3775-8(8), 002a92a7-7180-4326-b1c3-29375f2aeb52) Cavendish Square Publishing LLC.

How Does Heat Work Scientifically? Amazing & Intriguing Facts Children's Science Book. Bold Kids. 2022. (ENG.). 42p. (J). pap. 14.99 (978-1-0717-1876-6(2)) FASTLANE LLC.

How Does It Breathe?, 6 Packs. (gr. k-1). 23.00 (978-0-7635-9036-9(3)) Rigby Education.

How Does It Feel? see **¿Como Se Siente Al Tocarlo?**

How Does It Feel to Be Old? Reprinted from the Monthly Review by Permission: With Much Additional Matter (Classic Reprint) E. Marston. 2018. (ENG., Illus.). 68p. (J). 25.32 (978-0-364-23209-5(9)) Forgotten Bks.

How Does It Fly? (Set), 8 vols., Set. Incl. How Does It Fly? Blimp. Sharon Nittinger. lib. bdg. 29.21 (978-1-61080-071-6(0), 201068); How Does It Fly? Bomber Plane. Matt Mullins. lib. bdg. 29.21 (978-1-61080-067-9(2), 201060); How Does It Fly? Fighter Plane. Matt Mullins. lib. bdg. 29.21 (978-1-61080-066-2(4), 201058); How Does It Fly? Glider. Nancy Robinson Masters. lib. bdg. 29.21 (978-1-61080-072-3(9), 201070); How Does It Fly? Helicopter. Matt Mullins. lib. bdg. 29.21 (978-1-61080-065-5(6), 201056); How Does It Fly? Hot Air Balloon. Nancy Robinson Masters. lib. bdg. 29.21 (978-1-61080-068-6(0), 201062); How Does It Fly? Jet Plane. Matt Mullins. lib. bdg. 29.21 (978-1-61080-069-3(9), 201064); How Does It Fly? Propeller Plane. Nancy Robinson Masters. lib. bdg. 29.21 (978-1-61080-070-9(2), 201066); (gr. 2-5). (Community Connections: How Does It Fly? Ser.). (ENG., Illus.). 24p. 2011. 233.68 (978-1-61080-146-1(6), 201002) Cherry Lake Publishing.

How Does It Get Any Better Than This? Jeannette Aragones. 2019. (ENG., Illus.). 36p. (J). 24.00 (978-1-64610-316-4(5)) Dorrance Publishing Co., Inc.

How Does It Move? Forces & Motion, 12 vols. 2018. (How Does It Move? Forces & Motion Ser.). (ENG.). 32p. (gr. 3-3). lib. bdg. 181.26 (978-1-5026-3827-4(4), d26dd17e-f555-4207-a89c-d715b0d9f0cd) Cavendish Square Publishing LLC.

How Does It Protect Itself? Animal Defenses. Hyeon-Gyeong Oh. Illus. by Cheol-Min Choi. 2017. (Science Storybooks Ser.). (ENG.). 32p. (J). (gr. k-4). lib. bdg. 27.99 (978-1-925235-16-6(5), 426f2989-f835-4b9e-978c-d27f2805eacc, Big and SMALL) ChoiceMaker Pty. Ltd., The AUS. Dist: Lerner Publishing Group.

How Does Light Move?, 1 vol. Jan Mader. 2018. (How Does It Move? Forces & Motion Ser.). (ENG.). 32p. (gr. 3-3). 30.21 (978-1-5026-3779-6(0), 99f686a1-0295-4473-b47c-739b44cb55cc) Cavendish Square Publishing LLC.

How Does My Home Work? Chris Butterworth. Illus. by Lucia Gaggiotti. (Exploring the Everyday Ser.). (ENG.). 32p. (J). (gr. k-3). 2020. 7.99 (978-1-5362-1594-6(5)); 2017. 14.99 (978-0-7636-9594-1(7)) Candlewick Pr.

How Does Plumbing Work? Elizabeth Andrews. 2021. (Science Questions Ser.). (ENG., Illus.). 24p. (J). (gr. k-3). lib. bdg. 31.36 (978-1-0982-4110-0(X), 38826, Pop! Cody Koala) Pop!.

How Does Santa Go down the Chimney? Mac Barnett. Illus. by Jon Klassen. 2023. (ENG.). 32p. (J). (gr. -1-3). 18.99 (978-1-5362-2376-7(X)) Candlewick Pr.

How Does She Do It? Amy Lippert. 2017. (ENG., Illus.). (J). 20.95 (978-1-63568-598-5(2)) Page Publishing Inc.

How Does Soap Clean Your Hands? The Science Behind Healthy Habits. Madeline J. Hayes. Illus. by Srimalie Bassani. 2020. (How Do Ser.). (ENG.). 32p. (J). (gr. 1-3). 6.99 (978-1-4867-2074-3(9), ce4622fc-97e0-4dfb-858c-e272873108a3); 9.99 (978-1-4867-2073-6(0), 1bc5302d-6213-406b-a8a3-6351e814f559) Flowerpot Pr.

How Does Solar Energy Work? Jennifer Swanson. Illus. by Glen Mullaly. 2022. (Explaining How Things Work Ser.). (ENG.). 32p. (J). (gr. 3-6). 35.64 (978-1-5038-5596-0(1), 215458) Child's World, Inc, The.

How Does Sound Move?, 1 vol. Laura L. Sullivan. 2018. (How Does It Move? Forces & Motion Ser.). (ENG.). 32p. (gr. 3-3). 30.21 (978-1-5026-3783-3(9), 8cf4f809-2594-41d6-b539-e1866eb7f71b) Cavendish Square Publishing LLC.

How Does Streaming Work? Christine Elizabeth Eboch. 2020. (High Tech Science at Home Ser.). (ENG.). 48p. (J). (gr. 3-5). pap. 8.95 (978-1-4966-8711-1(6), 201282); (Illus.). lib. bdg. 33.99 (978-1-4966-8068-6(5), 198941) Capstone. (Capstone Pr.).

How Does the Energy Industry Affect Your Health? Z. B. Hill. 2016. (ENG., Illus.). (J). pap. 24.99 (978-1-62524-427-7(4), Village Earth Pr.) Harding Hse. Publishing Sebice Inc.

How Does the Environment Affect You? Rae Simons. 2016. (ENG., Illus.). (J). pap. 24.99 (978-1-62524-429-1(0), Village Earth Pr.) Harding Hse. Publishing Sebice Inc.

How Does the Food Chain Work? - Science Book for Kids 9-12 Children's Science & Nature Books. Baby Professor. 2017. (ENG., Illus.). (J). pap. 9.55 (978-1-5419-1425-4(2), Baby Professor (Education Kids)) Speedy Publishing LLC.

How Does the Internet Work? Jennifer Swanson. Illus. by Glen Mullaly. 2022. (Explaining How Things Work Ser.). (ENG.). 32p. (J). (gr. 3-6). 35.64 (978-1-5038-5594-6(5), 215456) Child's World, Inc, The.

How Does the Process of Science Work? a Children's 6th Grade Science Book. Bold Kids. 2022. (ENG.). 42p. (J). pap. 14.99 (978-1-0717-1819-3(3)) FASTLANE LLC.

How Does the U. S. Government Work? 3 Branches of Government State Government Grade 4 Children's Government Books. Baby Professor. 2020. (ENG.). 74p. (J). 24.99 (978-1-5419-7933-8(8)); pap. 14.99 (978-1-5419-5988-0(4)) Speedy Publishing LLC. (Baby Professor (Education Kids)).

How Does the Us Government Work? Government for Kids Children's Government Books. Universal Politics. 2017. (ENG., Illus.). 64p. (J). pap. 9.52 (978-1-5419-1710-1(3), Universal Politics (Politics & Social Sciences)) Speedy Publishing LLC.

How Does Voting Work?, 1 vol. Kathryn Wesgate. 2020. (Look at U. S. Elections Ser.). (ENG.). 32p. (J). (gr. 2-2). pap. 11.50 (978-1-5382-5958-0(3), d1b4cfd7-19a0-4825-aee1-e4c5b681ab60) Stevens, Gareth Publishing LLLP.

How Does Water Move Around? A Book about the Water Cycle. Madeline J. Hayes. Illus. by Srimalie Bassani. 2023. (ENG.). (J). (gr. 2-5). 32p. 6.99 *(978-1-4867-2635-6(6),* e9a5514b-a8f6-431f-ad42-57528049613c); 36p. 9.99 *(978-1-4867-2565-6(1),* e5e254c2-fbbc-4bfc-a8d8-d208040829e3) Flowerpot Pr.

How Does Water Pollution Affect Your Health? Cordelia Strange. 2016. (ENG., Illus.). (J). pap. 24.99 *(978-1-62524-428-4(2),* Village Earth Pr.) Harding Hse. Publishing Sebice Inc.

How Does Wi-Fi Work? Mark Weakland. 2020. (High Tech Science at Home Ser.). (ENG.). 48p. (J). (gr. 3-5). pap. 8.95 *(978-1-4966-8713-5(2),* 201284); (Illus.). lib. bdg. 31.99 *(978-1-4966-8071-6(5),* 198944) Capstone. (Capstone Pr.).

How Does Your Brain Work? Questions about the Nervous System, Senses, Sleep, & More. John Farndon. Illus. by Alan Rowe. 2023. (Inquisitive Kid's Guide to the Human Body Ser.). (ENG.). 24p. (J). (gr. 2-4). lib. bdg. 29.32 *(978-1-915461-06-3(5),* b805cfbc-0984-4bee-be41-5230bda566bd, Hungry Tomato (r)) Lerner Publishing Group.

How Does Your Garden Grow? Elizabeth Bird. 2020. (ENG.). 32p. (J). pap. *(978-1-5255-4559-7(0)); (978-1-5255-4558-0(2))* FriesenPress.

How Does Your Garden Grow. Therese Guldan. Illus. by Kelly Nora Thielbar. 2022. (ENG.). 8p. (J). bds. 11.95 *(978-1-63755-196-7(7),* Mascot Kids) Amplify Publishing Group.

How Does Your Garden Grow: God's Master Plan. Lynn C. Skinner. 2019. (ENG.). 32p. (J). (gr. k-6). pap. 11.99 *(978-1-7336531-0-7(4))* Skinner, Lynn C.

How Does Your Garden Grow? a Fancy Flower Coloring Book. Activibooks For Kids. 2016. (ENG., Illus.). (J). pap. 9.20 *(978-1-68321-784-8(5))* Mimaxion.

How Does Your Garden Grow Mr. Mcdoogle? Marie Whitton. 2019. (ENG., Illus.). 30p. (J). 22.00 *(978-0-578-47777-0(7))* Whitton Bks., LLC.

How Dog Got His Key: From the Dog Has a Key Series. Debbie Green & Joey Green. 2016. (ENG., Illus.). (J). pap. *(978-1-4602-8953-2(6))* FriesenPress.

How Dog Got Its Name. Alta Allen. Illus. by Sarah K. Turner. 2022. (ENG.). 24p. (J). pap. 13.95 *(978-1-63765-225-1(9))* Halo Publishing International.

How Dolphins Play a Major Role in Sea Living Children's Fish & Marine Life. Baby Professor. 2017. (ENG., Illus.). (J). pap. 7.89 *(978-1-5419-0267-1(X),* Baby Professor (Education Kids)) Speedy Publishing LLC.

How Doth the Simple Spelling Bee (Classic Reprint) Owen Wister. 2017. (ENG., Illus.). (J). 26.43 *(978-0-260-20588-9(5))* Forgotten Bks.

How Drones Will Impact Society. John Hakala. 2018. (Technology's Impact Ser.). (ENG.). 80p. (YA). (gr. 6-12). 39.93 *(978-1-68282-493-1(4))* ReferencePoint Pr., Inc.

How Drones Work. Anna Leigh. 2019. (Lightning Bolt Books (r) — Military Machines Ser.). (ENG., Illus.). 24p. (J). (gr. 1-3). 29.32 *(978-1-5415-5741-3(7),* ecc82310-fd53-465b-9686-51fe272fda07); pap. 9.99 *(978-1-5415-7455-7(9),* d8009dd0-37fd-43a8-8b52-5c6364c47192) Lerner Publishing Group. (Lerner Pubns.).

How Ducks Grow Up, 1 vol. Linda Bozzo. 2019. (Animals Growing Up Ser.). (ENG.). 24p. (J). (gr. 1-2). 24.27 *(978-1-9785-0720-3(8),* 33f74bd5-d54e-41ae-a406-e23450c9d413) Enslow Publishing, LLC.

How Eagles Grow Up, 1 vol. Heather Moore Niver. 2018. (Animals Growing Up Ser.). (ENG.). 24p. (J). (gr. 1-2). 24.27 *(978-0-7660-9639-4(4),* a1dc8137-8fbd-4d94-b873-bef54ffbc889) Enslow Publishing, LLC.

How Earthquakes Shape the Earth. Megan Cuthbert. 2017. (World Languages Ser.). (ENG.). 24p. (J). lib. bdg. 35.70 *(978-1-4896-6626-0(5),* AV2 by Weigl) Weigl Pubs., Inc.

How Earth's Landscape Affects the Weather, 1 vol. Elizabeth Krajnik. 2018. (Spotlight on Weather & Natural Disasters Ser.). (ENG.). 24p. (gr. 4-6). 27.93 *(978-1-5081-6901-7(2),* 8a0a703e-0f3c-4a21-917d-173fb50e10f8, PowerKids Pr.) Rosen Publishing Group, Inc., The.

How Easy Company Became a Band of Brothers. Chris Langlois. Illus. by Anneke Helleman. 2018. (ENG.). 62p. (YA). (gr. 8-12). pap. 20.00 *(978-0-692-06979-0(8))* Doc Roe Publishing.

How Economics Works, 6 bks., Set. Incl. Banking. Barbara Allman. (gr. 4-6). lib. bdg. 25.26 *(978-0-8225-2148-8(2));* Budgeting. Sandy Donovan. (gr. 4-6). lib. bdg. 25.26 *(978-0-8225-2665-0(4));* Earning Money. Patricia J. Murphy. (J). (gr. 3-7). lib. bdg. 25.26 *(978-0-8225-2149-5(0));* Economics. Laura Anne Gilman. (J). (gr. 3-7). lib. bdg. 25.26 *(978-0-8225-2662-9(X));* Saving Money. Philip Heckman. (gr. 4-6). lib. bdg. 25.26 *(978-0-8225-2664-3(6));* Stock Market. Donna Jo Fuller. (gr. 3-5). lib. bdg. 25.26 *(978-0-8225-2635-3(2));* (Illus.). 48p. 2005. Set lib. bdg. 151.56 *(978-0-8225-0034-6(5),* Lerner Pubns.) Lerner Publishing Group.

How Ecosystems Thrive: A Discussion of Life Within Ecosystems Life Science Biology 4th Grade Children's Biology Books. Baby Professor. 2020. (ENG.). 72p. (J). 24.99 *(978-1-5419-8061-7(1));* pap. 14.99 *(978-1-5419-7815-7(3))* Speedy Publishing LLC. (Baby Professor (Education Kids)).

How Eileen Was Saved. Eileen Mohr. 2022. (ENG.). 28p. (J). pap. *(978-1-913946-87-6(8))* Crossbridge Bks.

How Elections Work. Jeanne Marie Ford. 2016. (How America Works). (ENG.). 24p. (J). (gr. 3-6). 32.79 *(978-1-5038-0902-4(1),* 210659) Child's World, Inc, The.

How Electricity Changed the World, 1 vol. Bethany Bryan. 2018. (Inventions That Changed the World Ser.). (ENG.). 64p. (J). (gr. 5-5). pap. 16.28 *(978-1-5026-4104-5(6),* a357ea00-9502-4859-b96e-f7a3b0c768c4) Cavendish Square Publishing LLC.

How Electricity Changed the World. Stuart A. Kallen. 2018. (How Science Changed the World Ser.). (ENG.). 80p. (YA). (gr. 6-12). 39.93 *(978-1-68282-409-2(8))* ReferencePoint Pr., Inc.

How Electricity Gets from Power Plants to Homes. Megan Cooley Peterson. 2016. (Here to There Ser.). (ENG., Illus.). 24p. (J). (gr. -1-2). lib. bdg. 27.32 *(978-1-4914-8434-0(9),* 130864, Capstone Pr.) Capstone.

How Electricity Is Transformed to Energy! Science for Kids - Children's Energy Books. Baby Iq Builder Books. 2016. (ENG., Illus.). (J). pap. 8.99 *(978-1-68374-709-3(7))* Examined Solutions PTE. Ltd.

How Elephants Grow Up, 1 vol. Heather Moore Niver. 2018. (Animals Growing Up Ser.). (ENG.). 24p. (J). (gr. 1-2). 24.27 *(978-0-7660-9643-1(2),* 9053eb99-38ee-4c41-a1a9-df3a809fb3d4) Enslow Publishing, LLC.

How Emily & Eli Created a Business. Elsie Guerrero. Illus. by Jerome Vernell. 2019. (ENG.). 30p. (J). (gr. k-6). 19.99 *(978-1-7327573-6-3(4))* Elsie Publishing Co.

How Emily Saved the Bridge: The Story of Emily Warren Roebling & the Building of the Brooklyn Bridge, 1 vol. Frieda Wishinsky. Illus. by Natalie Nelson. 2019. (ENG.). 32p. (J). (gr. 2-5). 19.99 *(978-1-77306-104-7(6))* Groundwood Bks. CAN. Dist: Publishers Group West (PGW).

How Engineering Affects Our Everyday Lives. Reagan Miller. 2020. (What Engineers Do Ser.). (ENG.). 24p. (J). lib. bdg. 22.99 *(978-1-5105-5420-7(3))* SmartBook Media, Inc.

How Engineers Build Models. Reagan Miller. 2020. (What Engineers Do Ser.). (ENG.). 24p. (J). lib. bdg. 22.99 *(978-1-5105-5417-7(3))* SmartBook Media, Inc.

How Engineers Find Solutions. Robin Johnson. 2020. (What Engineers Do Ser.). (ENG.). 24p. (J). lib. bdg. 22.99 *(978-1-5105-5411-5(4))* SmartBook Media, Inc.

How Engineers Solve Problems. Robin Johnson. 2019. (Full STEAM Ahead! - Engineering Everywhere Ser.). (Illus.). 24p. (J). (gr. 1-1). *(978-0-7787-6206-5(8));* (ENG., pap. *(978-0-7787-6251-5(3))* Crabtree Publishing Co.

How Engineers Solve Problems. Reagan Miller. 2020. (What Engineers Do Ser.). (ENG.). 24p. (J). lib. bdg. 22.99 *(978-1-5105-5414-6(9))* SmartBook Media, Inc.

How Ethel Hollister Became a Campfire Girl. Irene Elliott Benson. 2018. (ENG., Illus.). 102p. (YA). (gr. 7-12). pap. *(978-93-5297-309-5(7))* Alpha Editions.

How Eva Roberts Gained Her Education (Classic Reprint) Unknown Author. 2018. (ENG., Illus.). 262p. (J). 29.30 *(978-0-267-25268-8(4))* Forgotten Bks.

How Everything Works: From Brain Cells to Black Holes. DK. 2022. (ENG., Illus.). 320p. (J). (gr. 5-9). 34.99 *(978-0-7440-6016-4(8),* DK Children) Dorling Kindersley Publishing, Inc.

How Facebook Changed the World, 1 vol. Kaitlin Scirri. 2018. (Inventions That Changed the World Ser.). (ENG.). 64p. (gr. 5-5). pap. 16.28 *(978-1-5026-4107-6(0),* 970668d9-173e-4893-bba4-f0b04d94c456) Cavendish Square Publishing LLC.

How Far Can You Go? People & Places: Connect the Dot Books. Jupiter Kids. 2016. (ENG., Illus.). 76p. (J). pap. 13.75 *(978-1-68305-440-5(7),* Jupiter Kids (Childrens & Kids Fiction)) Speedy Publishing LLC.

How Far Can You Go on a Space Adventure? Astronomy Coloring Activity Books for Kids Bundle, 2 vols. Speedy Publishing Books. 2019. (ENG.). 212p. (J). pap. 19.99 *(978-1-5419-7269-8(4))* Speedy Publishing LLC.

How Far Do You Love Me?, 1 vol. Lulu Delacre. Illus. by Lulu Delacre. 2021. (ENG.). 32p. (J). (gr. -1-3). pap. 10.95 *(978-1-64379-519-5(8),* leelowbooks) Lee & Low Bks., Inc.

How Far Home? Animal Migrations. Monika Davies. Illus. by Romina Martí. 2018. (Animals Measure Up Ser.). (ENG.). 24p. (J). (gr. 1-4). pap. 9.99 *(978-1-68152-305-7(1),* 15019); lib. bdg. *(978-1-68151-385-0(4),* 15013) Amicus.

How Far Is Faith? (padded Board Book) Amy Parker. Illus. by Breezy Brookshire. 2016. (Faith, Hope, Love Ser.). (ENG.). 24p. (J). (gr. -1-k). bds. 9.99 *(978-1-4336-9040-2(3),* 005778802, B&H Kids) B&H Publishing Group.

How Far the Lord Has Brought Me. David Arhen. 2018. (ENG.). 20p. (YA). pap. 10.95 *(978-1-64416-092-3(7))* Christian Faith Publishing.

How Far Underground? Burrowing Animals. Monika Davies. Illus. by Romina Martí. 2018. (Animals Measure Up Ser.). (ENG.). 24p. (J). (gr. 1-4). pap. 8.99 *(978-1-68152-306-4(X),* 15020); lib. bdg. *(978-1-68151-386-7(2),* 15014) Amicus.

How Far We Go & How Fast, 1 vol. Nora Decter. 2018. (ENG.). 264p. (YA). (gr. 8-12). pap. 14.95 *(978-1-4598-1688-6(9))* Orca Bk. Pubs. USA.

How Far You'll Go. Tim McCanna. 2023. (ENG.). 40p. (J). (gr. 1-3). 17.99 *(978-1-368-07775-0(7),* Disney Press Books) Disney Publishing Worldwide.

How Farmer Jones Was Won: A Suffrage Play in Six Acts (Classic Reprint) Ingram L. Armstrong. (ENG., Illus.). (J). 2018. 20p. 24.33 *(978-0-483-84342-4(3));* 2016. pap. 7.97 *(978-1-333-39652-7(X))* Forgotten Bks.

How Fast Is It? A Book about Adverbs. Cari Meister. Illus. by Holli Conger. 2016. (Say What?: Parts of Speech Ser.). (ENG.). 16p. (J). (gr. k-2). lib. bdg. 17.95 *(978-1-60753-931-5(4),* 15556) Amicus.

How Fast Is the Flash? Vicky Armstrong. ed. 2022. (DK Readers Ser.). (ENG.). 48p. (J). (gr. 2-3). 15.96 ***(978-1-68505-174-7(X))*** Penworthy Co., LLC, The.

How Fast Is the Speed of Light? Children's Physics of Energy. Baby Professor. 2017. (ENG., Illus.). (J). pap. 7.89 *(978-1-5419-0246-6(7),* Baby Professor (Education Kids)) Speedy Publishing LLC.

How Feather Frog Feels. Katie Rogers & Mark Higgins-Smith. 2020. (ENG.). 28p. (J). pap. *(978-1-5289-3313-1(3))* Austin Macauley Pubs. Ltd.

How Fighter Jets Work. Candice Ransom. 2019. (Lightning Bolt Books (r) — Military Machines Ser.). (ENG., Illus.). 24p. (J). (gr. 1-3). 29.32 *(978-1-5415-5569-3(4),* 93536892-12b2-4d6e-a51a-c1c2ee1df662); pap. 9.99 *(978-1-5415-7456-4(7),* 69fb15fd-2aac-4f73-9d7e-17a6d72689eb) Lerner Publishing Group. (Lerner Pubns.).

How First Responders & ER Doctors Save Lives & Educate. Ashley Nicole. 2019. (Opioid Education Ser.). (Illus.). 96p. (J). (gr. 12). lib. bdg. 34.60 *(978-1-4222-4384-8(2))* Mason Crest.

How Fish Swim. Emma Huddleston. 2020. (Science of Animal Movement Ser.). (ENG., Illus.). 32p. (J). (gr. 2-5). lib. bdg. 34.21 *(978-1-5321-9295-1(9),* 35053, Kids Core) ABDO Publishing Co.

How Fish Swim. Emma Huddleston. 2021. (Science of Animal Movement Ser.). (ENG., Illus.). 32p. (J). (gr. 2-3). pap. 9.95 *(978-1-64494-434-9(0))* North Star Editions.

How Flynn the Loh'li Conquered His Fears. A. R. Morris. Illus. by Rachel Sharp. 2019. (Flynn the Loh'li Ser.: Vol. 1). (ENG.). 26p. (J). (gr. k-6). 16.95 *(978-0-578-46224-0(9))* Morris, Amber.

How Food Gets from Farms to Store Shelves. Erika L. Shores. 2016. (Here to There Ser.). (ENG., Illus.). 24p. (J). (gr. -1-2). lib. bdg. 27.32 *(978-1-4914-8428-9(4),* 130857, Capstone Pr.) Capstone.

How Food Grows. Emily Bone. 2017. (Big Picture Books* Ser.). (ENG.). 32p. 14.99 *(978-0-7945-4032-6(5),* Usborne) EDC Publishing.

How Food Travels in the Body - Digestive System - Biology Books for Kids Children's Biology Books. Baby Professor. 2017. (ENG., Illus.). (J). pap. 9.55 *(978-1-5419-3887-8(9),* Baby Professor (Education Kids)) Speedy Publishing LLC.

How Foods Grow (Set), 8 vols. Emma Bassier et al. 2021. (How Foods Grow Ser.). (ENG.). 24p. (J). (gr. k-3). lib. bdg. 250.88 *(978-1-5321-6976-2(0),* 38029, Pop! Cody Koala) Pop!.

How Fortnite Was Made. Josh Gregory. 2020. (21st Century Skills Innovation Library: Unofficial Guides Junior Ser.). (ENG., Illus.). 24p. (J). (gr. 2-5). lib. bdg. 30.64 *(978-1-5341-6961-6(X),* 215731) Cherry Lake Publishing.

How Foxes Grow Up, 1 vol. Linda Bozzo. 2019. (Animals Growing Up Ser.). (ENG.). 24p. (J). (gr. 1-2). pap. 10.35 *(978-1-9785-1229-0(5),* 162c3a14-1f56-4d1b-8d53-2563f8e18460) Enslow Publishing, LLC.

How Franklin D. Roosevelt Fought World War II, 1 vol. Earle Rice, Jr. 2017. (Presidents at War Ser.). (ENG.). 128p. (gr. 8-8). lib. bdg. 38.93 *(978-0-7660-8527-5(9),* 90068e3a-c02b-490c-960b-c2d1bf00735c) Enslow Publishing, LLC.

How Fruits & Vegetables Grow, 5 vols., Set. Mari Schuh. Incl. Blueberries Grow on a Bush. (ENG.). 24p. (J). (gr. -1-2). 2010. lib. bdg. 24.65 *(978-1-4296-5282-7(9),* 113701, Pebble); (How Fruits & Vegetables Grow Ser.). (ENG.). 24p. 2010. 67.95 *(978-1-4296-5283-4(7),* 170507, Pebble) Capstone.

How Funny Are You? Sequoia Kids Media Sequoia Kids Media. 2021. (Super Funny Jokes for Kids Ser.). (ENG.). 24p. (J). (gr. 1-3). pap. 9.50 ***(978-1-64996-712-1(8),*** 17075, Sequoia Kids Media) Sequoia Children's Bks.

How Funny Are You? All about Joke Making, Pranks, & More! Sequoia Kids Media. 2022. (Super Funny Jokes for Kids Ser.). (ENG.). 24p. (J). (gr. 1-3). lib. bdg. 27.29 *(978-1-64996-196-9(0),* 4944, Sequoia Kids Media) Phoenix International Publications, Inc.

How Garbage Gets from Trash Cans to Landfills. Erika L. Shores. 2016. (Here to There Ser.). (ENG., Illus.). 24p. (J). (gr. -1-2). lib. bdg. 27.32 *(978-1-4914-8433-3(0),* 130862, Capstone Pr.) Capstone.

How Gems Are Formed, 1 vol. Jill Keppeler. 2016. (From the Earth: How Resources Are Made Ser.). (ENG., Illus.). 32p. (J). (gr. 3-4). pap. 11.50 *(978-1-4824-4709-5(6),* ea6d1e4d-41db-4685-bdfe-9a1e507c78e2) Stevens, Gareth Publishing LLLP.

How Genetic Research Changed the World. Carla Mooney. 2018. (How Science Changed the World Ser.). (ENG.). 80p. (YA). (gr. 6-12). 39.93 *(978-1-68282-411-5(X))* ReferencePoint Pr., Inc.

How Geologists Read the Geologic Time Scale Geologic Time Scale Books Grade 5 Children's Earth Sciences Books. Baby Professor. 2021. (ENG.). 74p. (J). 27.99 *(978-1-5419-8399-1(8));* pap. 16.99 *(978-1-5419-6028-2(9))* Speedy Publishing LLC. (Baby Professor (Education Kids)).

How George W. Bush Fought the Wars in Iraq & Afghanistan, 1 vol. Don Rauf. 2017. (Presidents at War Ser.). (ENG.). 128p. (gr. 8-8). lib. bdg. 38.93 *(978-0-7660-8533-6(3),* 40b4d225-2e43-482d-85bb-1eca9904a760) Enslow Publishing, LLC.

How George Washington Fought the Revolutionary War, 1 vol. Jeanne Nagle. 2017. (Presidents at War Ser.). (ENG.). 128p. (gr. 8-8). lib. bdg. 38.93 *(978-0-7660-8523-7(6),* 525f9128-4e87-4008-8471-cda23af7b720) Enslow Publishing, LLC.

How Giraffes Found Their Hearts. Kathleen Macferran. Illus. by Kenneth Schrag. (Giraffe Tales Ser.). (ENG.). (J). 2020. 52p. 20.00 *(978-0-9911747-4-4(7));* 2nd ed. 2022. 50p. 20.00 ***(978-1-7357891-8-7(6))*** Artisan Bookworks.

How Giraffes Got Their Ears. Kathleen Macferran. Illus. by Kenneth Schrag. (Giraffe Tales Ser.). (ENG.). (J). 2020. 42p. 20.00 *(978-0-9911747-5-1(5));* 2nd ed. 2022. 40p. 20.00 ***(978-1-7357891-9-4(4))*** Artisan Bookworks.

How Giraffes Grow Up, 1 vol. Linda Bozzo. 2019. (Animals Growing Up Ser.). (ENG.). 24p. (J). (gr. 1-2). 24.27 *(978-1-9785-0721-0(6),* 22e1cfa6-4970-4a04-9a4c-099447339bd9) Enslow Publishing, LLC.

How Girls Can Help Their Country (Classic Reprint) Agnes Baden-Powell. 2017. (ENG., Illus.). (J). 27.59 *(978-0-266-58766-8(6))* Forgotten Bks.

How Gobbly Gobbler & Friends Worked Together to Make a Delicious Dinner. Kathleen Whitham. 2021. (ENG., Illus.). 30p. (J). pap. 13.95 ***(978-1-63710-997-7(0))*** Fulton Bks.

How God Grows a Courageous Girl: A Devotional. Carey Scott. 2019. (Courageous Girls Ser.). (ENG.). 192p. (J). pap. 5.99 *(978-1-64352-157-2(8),* Shiloh Kidz) Barbour Publishing, Inc.

How God Made a Mommy. Jaime Bonura. 2019. (ENG., Illus.). 30p. (J). (gr. k-4). pap. 15.95 *(978-1-64492-074-9(3))* Christian Faith Publishing.

How God Speaks to You. Mary Soliel. 2020. (ENG.). 38p. (J). pap. 12.00 *(978-1-7362311-4-2(6))* Twelve Twelve Productions, LLC.

How Goldfish Find Their Way: Stories for Little Angels. Steven Uwajeh. 2022. (ENG.). (J). 26p. pap. 8.99 ***(978-1-6629-2365-4(1));*** 28p. 17.99 ***(978-1-6629-2364-7(3))*** Gatekeeper Pr.

How Grace Became Amazing. Sandy Reckert-Reusing. Illus. by Cynthia Ramirez Herrick. 2017. (ENG.). (J). 15.95 *(978-1-63505-574-0(1))* Salem Author Services.

How Gracie See's Christmas. April Wilbanks. 2019. (ENG., Illus.). 28p. (J). 24.95 *(978-1-64559-311-9(8))* Covenant Bks.

How Grandfather Tree Forgot His Stories. Lorenza Farina. 2021. (ENG.). 32p. (J). 17.95 *(978-0-8091-6796-8(4))* Paulist Pr.

How Grandpa Duffer Fluffer Broke the Grabbit Rabbit Habit. Polly Craig. Illus. by Judy Cutchins. 2021. (ENG.). 34p. (J). 14.99 *(978-0-9848613-8-5(6))* PollyCraig.

How Grandpa Tata Caught a Ginormous Fish Without a Hook. Dhan Reddy. 2018. (ENG., Illus.). 54p. (J). pap. 9.99 *(978-1-948346-74-0(5))* INFORMA INC.

How Granny Told the Bible Stories (Classic Reprint) Eleanor Herr Boyd. (ENG., Illus.). (J). 2018. 182p. 27.67 *(978-0-332-96722-6(0));* 2017. pap. 10.57 *(978-0-243-28725-3(9))* Forgotten Bks.

How Great Is Our God: 100 Indescribable Devotions about God & Science, 1 vol. Louie Giglio. Illus. by Nicola Anderson. 2019. (Indescribable Kids Ser.). (ENG.). 208p. (J). 17.99 *(978-1-4002-1552-2(8),* Tommy Nelson) Nelson, Thomas Inc.

How Greek Immigrants Made America Home, 1 vol. Cyree Jarelle Johnson. 2018. (Coming to America: the History of Immigration to the United States Ser.). (ENG.). 80p. (gr. 6-6). 38.80 *(978-1-5081-8120-0(9),* 2a4b9041-1e81-471b-bb79-08e7690af017, Rosen Reference) Rosen Publishing Group, Inc., The.

How Green Was My Valley. Richard Llewellyn. 2022. (ENG.). 306p. (J). (gr. 4-8). pap. 24.99 ***(978-0-7953-0024-0(7))*** RosettaBooks.

How Grizzly Found Gratitude. Dennis Mathew. 2021. (ENG.). 42p. (J). pap. 13.99 *(978-1-63988-068-3(2));* 19.99 *(978-1-63752-776-4(4))* Primedia eLaunch LLC.

How Hamilton Made It to the Stage, 1 vol. Gerry Boehme. 2018. (Getting to Broadway Ser.). (ENG.). 96p. (YA). (gr. 8-8). 45.93 *(978-1-5026-3505-1(4),* 200bd79e-6352-40b6-9b3e-5c7d8b5ce807) Cavendish Square Publishing LLC.

How Hand Washing Can Save the World a Children's Disease Book (Learning about Diseases) Baby Professor. 2017. (ENG., Illus.). (J). pap. 7.89 *(978-1-5419-0302-9(1),* Baby Professor (Education Kids)) Speedy Publishing LLC.

How Harry Riddles Got Nearly Almost Famous (Shoutykid, Book 3) Simon Mayle. 2018. (Shoutykid Ser.: 3). (ENG.). 400p. (J). 6.99 *(978-0-00-825116-1(9),* HarperCollins Children's Bks.) HarperCollins Pubs. Ltd. GBR. Dist: HarperCollins Pubs.

How Harry Riddles Made a Mega-Amazing Zombie Movie (Shoutykid, Book 1) Simon Mayle. 2017. (Shoutykid Ser.: 1). (ENG.). 400p. (J). 5.99 *(978-0-00-819257-0(X),* HarperCollins Children's Bks.) HarperCollins Pubs. Ltd. GBR. Dist: HarperCollins Pubs.

How Harry Riddles Made a Mega Amount of Money (Shoutykid, Book 5) Simon Mayle. 2018. (Shoutykid Ser.: 5). (ENG.). 304p. (J). 6.99 *(978-0-00-826918-0(1),* HarperCollins Children's Bks.) HarperCollins Pubs. Ltd. GBR. Dist: HarperCollins Pubs.

How Harry Riddles Mega-Massively Broke the School (Shoutykid, Book 2) Simon Mayle. 2017. (Shoutykid Ser.: 2). (ENG.). 400p. (J). 5.99 *(978-0-00-820421-1(7),* HarperCollins Children's Bks.) HarperCollins Pubs. Ltd. GBR. Dist: HarperCollins Pubs.

How Harry Riddles Totally Went Wild (Shoutykid, Book 4) Simon Mayle. 2018. (Shoutykid Ser.: 4). (ENG.). 272p. (J). 6.99 *(978-0-00-825117-8(7),* HarperCollins Children's Bks.) HarperCollins Pubs. Ltd. GBR. Dist: HarperCollins Pubs.

How Hartman Won: A Story of Old Ontario (Classic Reprint) Eric Bohn. 2018. (ENG., Illus.). 278p. (J). 29.65 *(978-0-267-19583-1(4))* Forgotten Bks.

How Has COVID-19 Changed Our World? Kara L. Laughlin. 2020. (Pandemics & COVID-19 Ser.). (ENG.). 24p. (J). (gr. 2-5). lib. bdg. 32.79 *(978-1-5038-5317-1(9),* 215195) Child's World, Inc, The.

How Has the #MeToo Movement Changed Society? Brynn Reinkens. 2020. (Issues Today Ser.). (ENG.). 80p. (YA). (gr. 6-12). 41.27 *(978-1-68282-889-2(1))* ReferencePoint Pr., Inc.

How He Does It: Sam. T Jack, Twenty Years a King in the Realm of Burlesque (Classic Reprint) M. J. O'Neill. 2017. (ENG., Illus.). (J). pap. 13.97 *(978-0-282-81712-1(3))* Forgotten Bks.

How He Does It: Sam. T Jack, Twenty Years a King in the Realm of Burlesque (Classic Reprint) S. J. O'Neill. 2017. (ENG., Illus.). (J). 31.24 *(978-0-266-55888-0(7))* Forgotten Bks.

How He Won Her: A Sequel to Fair Play (Classic Reprint) E. D. E. N. Southworth. (ENG., Illus.). (J). 2017. 34.17 *(978-0-331-89204-8(9));* 2016. pap. 16.57 *(978-1-333-34551-8(8))* Forgotten Bks.

How Heavy? How Much? Math Reader 6 Grade 3. Hmh Hmh. 2018. (SPA.). 8p. (J). pap. 9.00 *(978-1-328-57701-6(5))* Houghton Mifflin Harcourt Publishing Co.

How Heavy? How Much? Math Reader Grade 3. Hmh Hmh. 2017. (Math Expressions Ser.). (ENG.). 8p. (J). (gr. 3). pap. 3.53 *(978-1-328-77199-5(7))* Houghton Mifflin Harcourt Publishing Co.

How Henry Von Eichenfels Came to the Knowledge of God (Classic Reprint) Christoph Von Schmid. 2018. (ENG., Illus.). (J). 92p. 25.79 *(978-1-391-60043-7(6));* 94p. pap. 9.57 *(978-1-391-59309-8(X))* Forgotten Bks.

How High How Far. Michael Verrett. 2019. (ENG., Illus.). 34p. (J). pap. 15.95 *(978-0-359-12738-2(X))* Lulu Pr., Inc.

How High in the Rainforest? Rainforest Animal Habitats. Monika Davies. Illus. by Romina Martí. 2018. (Animals Measure Up Ser.). (ENG.). 24p. (J). (gr. 1-4). pap. 9.99 *(978-1-68152-307-1(8),* 15021); lib. bdg. *(978-1-68151-387-4(0),* 15015); pap. *(978-1-68152-767-3(7),* 15022) Amicus.

How High in the Sky? Flying Animals. Monika Davies. Illus. by Romina Martí. 2018. (Animals Measure Up Ser.).

916 The check digit for ISBN-10 appears in parentheses after the full ISBN-13

(ENG.). 24p. (J). (gr. 1-4). pap. 8.99 *(978-1-68152-308-8(6),* 15023); lib. bdg. *(978-1-68151-388-1(9),* 15016) Amicus.

How High Is Heaven. Linsey Davis. Illus. by Lucy Fleming. 2022. (ENG.). 32p. (J). 18.99 *(978-0-310-77006-0(8))* Zonderkidz.

How High Is Hope? (padded Board Book) Amy Parker. Illus. by Breezy Brookshire. 2016. (Faith, Hope, Love Ser.). (ENG.). 24p. (J). (gr. -1-k). bds. 9.99 *(978-1-4336-9041-9(1),* 005778803, B&H Kids) B&H Publishing Group.

How High the Larks Fly. Christine Hamer-Hodges. 2020. (ENG.). 222p. (YA). pap. 17.95 *(978-1-6624-0629-4(0))* Page Publishing Inc.

How High the Moon. Karyn Parsons. (ENG.). 320p. (J). (gr. 3-7). 2020. pap. 7.99 *(978-0-316-48401-5(6));* 2019. 16.99 *(978-0-316-48400-8(8))* Little, Brown Bks. for Young Readers.

How High up the Mountain? Mountain Animal Habitats. Monika Davies. Illus. by Romina Martí. 2018. (Animals Measure Up Ser.). (ENG.). 24p. (J). (gr. 1-4). pap. 8.99 *(978-1-68152-309-5(4),* 15024); lib. bdg. *(978-1-68151-389-8(7),* 15017) Amicus.

How Hindsight Met Provincialatis (Classic Reprint) Louise Clarkson Whitelock. (ENG., Illus.). (J). 2018. 300p. 30.10 *(978-0-484-34070-0(0));* 2017. pap. 13.57 *(978-0-243-40290-8(2))* Forgotten Bks.

How Hippos Grow Up. Linda Bozzo. 2019. (Animals Growing Up Ser.). (ENG.). 24p. (gr. 1-2). 56.10 *(978-1-9785-1234-4(1))* Enslow Publishing, LLC.

How Hollyhocks Came to New Mexico. Rudolfo Anaya. Tr. by Nasario Garcia. Illus. by Nicolas Otero. 2018. (ENG.). 48p. (J). (gr. 1-3). pap. 17.95 *(978-1-943681-22-8(8))* Nuevo Bks.

How Hot Is Mercury? - Space Science Books Grade 4 - Children's Astronomy & Space Books. Baby Professor. 2019. (ENG.). 74p. (J). pap. 14.89 *(978-1-5419-5333-8(9));* 24.88 *(978-1-5419-7558-3(8))* Speedy Publishing LLC. (Baby Professor (Education Kids)).

How I Am Feeling: English Edition. Inhabit Education Books. Illus. by Amiel Sandland. ed. 2021. (Nunavummi Reading Ser.). (ENG.). 8p. (J). (gr. 1-1). pap. 7.95 *(978-1-77450-254-9(2))* Inhabit Education Bks. Inc. CAN. Dist: Consortium Bk. Sales & Distribution.

How I Became a Preacher. Omer T. Gillett. 2017. (ENG.). 456p. (J). pap. *(978-3-337-02998-2(1))* Creation Pubs.

How I Became a Preacher: A Sequel to How I Became a Sailor (Classic Reprint) Omer T. Gillett. (ENG., Illus.). (J). 2018. 462p. 33.45 *(978-0-267-78821-7(5));* 2016. pap. 16.57 *(978-1-334-39293-1(5))* Forgotten Bks.

How I Became a Spy: A Mystery of WWII London. Deborah Hopkinson. 272p. (J). (gr. 3-7). 2021. (Illus.). 8.99 *(978-0-399-55709-5(1),* Yearling); 2019. 16.99 *(978-0-399-55706-4(7),* Knopf Bks. for Young Readers) Random Hse. Children's Bks.

How I Became a Super Hero! Stories of Kings, Queens, Heroes, & Me! Chrys Kozak & Ewoud Verduijn. 2017. (ENG., Illus.). (J). pap. 18.99 *(978-0-9974834-2-0(3))* Legacy Tree, LLC.

How I Became Relentless. Larissa Derungs. 2018. (ENG., Illus.). 122p. (YA). pap. 12.49 *(978-1-5456-3156-0(5))* Salem Author Services.

How I Became Santa Clause. Chris Kringle. 2020. 80p. (J). 40.00 *(978-1-0983-4587-7(8));* pap. 19.99 *(978-1-0983-4588-4(6))* BookBaby.

How I Became the Sheriff. Christopher Mason. Ed. by Lucas Lou Mason & Jeffery Mason. 2020. (ENG.). 48p. (J). pap. 21.99 *(978-1-716-31733-0(9))* Lulu Pr., Inc.

How I Changed the World. Wangari Maathai. 2018. (J). *(978-0-7166-2283-3(1))* World Bk., Inc.

How I Did It. Linda Ragsdale. Illus. by Anoosha Syed. 2017. (Peace Dragon Tales Ser.). (ENG.). 32p. (J). (gr. -1-3). 16.99 *(978-1-4867-1211-3(8),* 1524dea0-3a86-4d1e-ab74-7b0ce09d1158) Flowerpot Pr.

How I Did It! Illus. by Anoosha Syed. 2023. (ENG.). 32p. (J). (gr. 1-3). pap. 8.99 ***(978-1-6672-0441-3(6),*** Silver Dolphin Bks.) Printers Row Publishing Group.

How I Discovered My Power: A Story of Affirmation for Children & Families. Alisha L. Love. Illus. by Vineet Siddhartha. 2020. (ENG.). 40p. (J). pap. 13.99 *(978-1-952011-63-4(9))* Pen It Pubns.

How I Escaped (Classic Reprint) W. H. Parkins. 2018. (ENG., Illus.). 194p. (J). 27.90 *(978-0-483-78997-5(6))* Forgotten Bks.

How I Feel (Set Of 8) Connor Stratton. 2021. (How I Feel Ser.). (ENG.). 192p. (J). (gr. k-1). pap. 71.60 *(978-1-64619-310-3(5));* lib. bdg. 228.00 *(978-1-64619-292-2(3))* Little Blue Hse. (Little Blue Readers).

How I Filmed the War: A Record of the Extraordinary Experiences of the Man Who Filmed the Great Somme Battles, etc (Classic Reprint) Geoffrey H. Malins. 2017. (ENG., Illus.). (J). 31.75 *(978-0-265-19517-8(9))* Forgotten Bks.

How I Found Hope. Barrett Magistro. 2016. (ENG., Illus.). (J). pap. 19.99 *(978-1-4834-6263-9(3))* Lulu Pr., Inc.

How I Found My Brother (Classic Reprint) Elbert Hubbard. 2017. (ENG., Illus.). (J). 24.49 *(978-0-331-65453-0(9))* Forgotten Bks.

How I Got BIG: A Preemie's Journey Through the NICU. Maddison Bailey & Kim. 2021. (ENG.). 50p. (J). pap. 15.95 *(978-1-63985-022-8(8))* Fulton Bks.

How I Got My Education. John Rhodes Speck. 2017. (ENG.). 152p. (J). pap. *(978-3-337-27078-0(6))* Creation Pubs.

How I Got My Education: With a Few Remarks on I'm Slightly in Love As I Pass on (Classic Reprint) John Rhodes Speck. (ENG., Illus.). (J). 2018. 150p. 26.99 *(978-0-428-84106-5(6));* 2016. pap. 9.57 *(978-1-334-15346-4(9))* Forgotten Bks.

How I Grew Sunflower in My Yard. D. Bhandari. 2020. (ENG.). 24p. (J). 19.95 *(978-1-64654-918-4(X))* Fulton Bks.

How I Grew Sunflower in My Yard. Damayanti Bhandari. 2020. (ENG.). 24p. (J). pap. 13.95 *(978-1-64654-058-7(1))* Fulton Bks.

How I Helped... Moses Save God's People: A Story about a Little Tree with a Big Impact. Mina Soliman. Illus. by Cynthia Zeilenga. 2023. (How I Helped... Ser.). (ENG.). 28p. (J). pap. 9.99 ***(978-1-7367153-8-3(0))*** BCZ Pubs. LLC.

How I Know That the Dead Return. William T. Stead. 2017. (ENG., Illus.). (J). pap. *(978-0-649-33348-6(9))* Trieste Publishing Pty Ltd.

How I Know That the Dead Return (Classic Reprint) William T. Stead. 2017. (ENG., Illus.). (J). 25.13 *(978-0-331-90223-5(0))* Forgotten Bks.

How I Learned Kindness from a Unicorn: A Cute & Fun Story to Teach Kids the Power of Kindness. Steve Herman. 2020. (My Unicorn Bks.: Vol. 6). (ENG.). 44p. (J). (gr. k-6). 18.95 *(978-1-950280-30-8(6));* pap. 12.95 *(978-1-950280-29-2(2))* Digital Golden Solutions LLC.

How I Learned to Fall Out of Trees. Vincent Kirsch. 2019. (ENG., Illus.). 40p. (J). (gr. -1-3). 16.99 *(978-1-4197-3413-7(X),* 1255501, Abrams Bks. for Young Readers) Abrams, Inc.

How I Lost My Ear (Grandpa Gristle's Bedtime Tales) Adam Beck. Illus. by Simon Farrow. 2018. (ENG.). 382p. (J). (gr. 3-6). pap. *(978-4-908629-03-7(X))* Bilingual Adventures.

How I Loved You. Samantha Best. 2022. (ENG.). 60p. (YA). ***(978-1-0391-4888-8(3));*** pap. ***(978-1-0391-4887-1(5))*** FriesenPress.

How I Met My Monster. Amanda Noll. Illus. by Howard McWilliam. 2019. (I Need My Monster Ser.). 32p. (J). (gr. k-2). 17.95 *(978-1-947277-09-0(X))* Flashlight Pr.

How I Met My Monster. Amanda Noll. 2022. (I Need My Monster Ser.). 32p. (J). (gr. -1-4). pap. 7.99 *(978-1-947277-78-6(2))* Flashlight Pr.

How I Play Golf by Me! Michael Mattheis et al. 2021. (ENG.). 22p. (J). pap. 14.99 *(978-1-6628-3124-9(2))* Salem Author Services.

How I Pranked My Principal! Megan Crosley. Illus. by Shahida Davis. 2020. 30p. (J). pap. 11.99 *(978-1-0983-4203-6(8))* BookBaby.

How I Resist: Activism & Hope for a New Generation. Maureen Johnson. 2018. (ENG., Illus.). 224p. (YA). pap. 21.99 *(978-1-250-16836-8(8),* 900187684, Wednesday Bks.) St. Martin's Pr.

How I Resist: Activism & Hope for a New Generation. Maureen Johnson & Maureen Johnson. ed. 2018. (YA). lib. bdg. 31.80 *(978-0-606-41112-7(7))* Turtleback.

How I Shot My Bears, or Two Years Tent Life in Kullu & Lahoul (Classic Reprint) R. H. Tyacke. 2018. (ENG., Illus.). 342p. (J). 30.95 *(978-0-666-59361-0(2))* Forgotten Bks.

How I Spent My Million: A Christmas Story (Classic Reprint) John Edgar Park. (ENG., Illus.). (J). 2018. 66p. 25.28 *(978-0-365-40025-7(4));* 2017. pap. 9.57 *(978-0-259-26095-0(9))* Forgotten Bks.

How I Spent My Sixtieth Birthday (Classic Reprint) Carmen Sylva. 2017. (ENG., Illus.). (J). 24.39 *(978-0-331-94550-8(9));* pap. 7.97 *(978-0-243-31524-6(4))* Forgotten Bks.

How I Spent My Weekend: 1st Step Learning Center. Angela L. Lindley-Younger. 2019. (ENG.). 40p. (J). 22.99 *(978-1-5456-6807-8(8));* pap. 12.49 *(978-1-5456-6806-1(X))* Salem Author Services.

How I Survived: Four Nights on the Ice. Serapio Ittusardjuat. Illus. by Matthew K. Hoddy. 2020. (ENG.). 48p. (YA). (gr. 8-12). 18.95 *(978-1-77227-272-7(8))* Inhabit Media Inc. CAN. Dist: Consortium Bk. Sales & Distribution.

How I Taught My Dog to Count: Children's Early Learning Books. Bobo's Little Brainiac Books. 2016. (ENG., Illus.). (J). pap. 7.99 *(978-1-68327-862-7(3))* Sunshine In My Soul Publishing.

How I Trained My Dog in Ten Days. Created by Inc. Peter Pauper Press. 2020. (ENG., Illus.). 32p. (J). 16.99 *(978-1-4413-3264-6(2),* 49b2c0d2-2368-40ce-bdde-bb91e211eb1a) Peter Pauper Pr. Inc.

How I Twice Eloped: An Indiana Idyll (Classic Reprint) Abraham Lincoln. (ENG., Illus.). (J). 2017. 25.84 *(978-0-266-50984-4(3));* 2016. pap. 9.57 *(978-1-334-26324-8(8))* Forgotten Bks.

How I Wipe My Poop. Deyani Deydreaming. 2019. (ENG.). 34p. (J). pap. 19.00 *(978-0-359-58975-3(8))* Lulu Pr., Inc.

How I Worked My Way Around the World (Classic Reprint) Harry Steele Morrison. (ENG., Illus.). (J). 2018. 414p. 32.44 *(978-0-483-58837-0(7));* 2016. pap. 16.57 *(978-1-333-42633-0(X))* Forgotten Bks.

How Indian Immigrants Made America Home, 1 vol. Paramjot Kaur. 2018. (Coming to America: the History of Immigration to the United States Ser.). (ENG.). 80p. (gr. 6-6). 38.80 *(978-1-5081-8123-1(3),* 45b581e6-de24-4fb5-b8d4-596949e597cd, Rosen Reference) Rosen Publishing Group, Inc., The.

How Invasive Species Take Over, 1 vol. Janey Levy. 2019. (Top Secret Life of Plants Ser.). (ENG.). 24p. (gr. 2-3). pap. 9.15 *(978-1-5382-3375-7(4),* a7fabffd-b7c2-4644-9083-8e943771783c) Stevens, Gareth Publishing LLLP.

How Irish Immigrants Made America Home, 1 vol. Sean Heather K. McGraw. 2018. (Coming to America: the History of Immigration to the United States Ser.). (ENG.). 80p. (gr. 6-6). 38.80 *(978-1-5081-8126-2(8),* e2452145-1bcf-4ebf-bc5e-9d79f3c5f00c) Rosen Publishing Group, Inc., The.

How Iron Ore Forms, 1 vol. Caroline Kennon. 2016. (From the Earth: How Resources Are Made Ser.). (ENG., Illus.). 32p. (J). (gr. 3-4). pap. 11.50 *(978-1-4824-4713-2(4),* ca95266d-ee40-47e8-be53-b0d2b5c534b4) Stevens, Gareth Publishing LLLP.

How Is a Bandage Like a Worm? Medicine Imitating Nature. Walt Brody. 2021. (Lightning Bolt Books (r) — Imitating Nature Ser.). (ENG., Illus.). 24p. (J). (gr. 1-3). pap. 9.99 *(978-1-7284-2356-2(2),* 426d7446-91c3-4038-aa39-16673f79be0c, Lerner Pubns.) Lerner Publishing Group.

How Is a Book Made? see ¿Cómo Se Hace un Libro?

How Is a Book Made? Grace Hansen. 2017. (How Is It Made? Ser.). (ENG., Illus.). 24p. (J). (gr. -1-2). lib. bdg. 32.79 *(978-1-5321-0042-0(6),* 25160, Abdo Kids) ABDO Publishing Co.

How Is a Building Like a Termite Mound? Structures Imitating Nature. Walt Brody. 2021. (Lightning Bolt Books (r) — Imitating Nature Ser.). (ENG., Illus.). 24p. (J). (gr. 1-3). pap. 9.99 *(978-1-7284-2357-9(0),* b6529506-9e5f-41ef-9459-e8b75953cee6, Lerner Pubns.) Lerner Publishing Group.

How Is a Crayon Made? see ¿Cómo Se Hace un Lápiz de Color?

How Is a Crayon Made? Grace Hansen. 2017. (How Is It Made? Ser.). (ENG.). 24p. (J). (gr. -1-2). lib. bdg. 32.79 *(978-1-5321-0043-7(4),* 25162, Abdo Kids) ABDO Publishing Co.

How Is a Firework Made? Grace Hansen. 2018. (How Is It Made? Ser.). (ENG., Illus.). 24p. (J). (gr. -1-2). lib. bdg. 32.79 *(978-1-5321-8191-7(4),* 29897, Abdo Kids) ABDO Publishing Co.

How Is a Pencil Made? Grace Hansen. 2018. (How Is It Made? Ser.). (ENG., Illus.). 24p. (J). (gr. -1-2). lib. bdg. 32.79 *(978-1-5321-8192-4(2),* 29899, Abdo Kids) ABDO Publishing Co.

How Is a Ship Like a Shark? Vehicles Imitating Nature. Walt Brody. 2021. (Lightning Bolt Books (r) — Imitating Nature Ser.). (ENG., Illus.). 24p. (J). (gr. 1-3). pap. 9.99 *(978-1-7284-2358-6(9),* 38c0c095-4ff0-4698-a23a-6988f1e935f2, Lerner Pubns.) Lerner Publishing Group.

How Is a Sweater Made? see ¿cómo Se Hace un Suéter?

How Is a Sweater Made? Grace Hansen. 2017. (How Is It Made? Ser.). (ENG., Illus.). 24p. (J). (gr. -1-2). lib. bdg. 32.79 *(978-1-5321-0044-4(2),* 25164, Abdo Kids) ABDO Publishing Co.

How Is a Turbine Like a Whale Fin? Machines Imitating Nature. Walt Brody. 2021. (Lightning Bolt Books (r) — Imitating Nature Ser.). (ENG., Illus.). 24p. (J). (gr. 1-3). pap. 9.99 *(978-1-7284-2359-3(7),* 2992223f-943f-4049-8eb8-53d57857d3ce, Lerner Pubns.) Lerner Publishing Group.

How Is a Vector Used in Physics? Physics 8th Grade Children's Physics Books. Baby Professor. 2017. (ENG., Illus.). (YA). pap. 8.79 *(978-1-5419-1133-8(4),* Baby Professor (Education Kids)) Speedy Publishing LLC.

How Is Cameroon? a Children's Learning Book about Countries. Bold Kids. 2022. (ENG.). 42p. (J). pap. 14.99 ***(978-1-0717-1928-2(9))*** FASTLANE LLC.

How Is Chocolate Made? see ¿cómo Se Hace el Chocolate?

How Is Chocolate Made? Grace Hansen. 2017. (How Is It Made? Ser.). (ENG., Illus.). 24p. (J). (gr. -1-2). lib. bdg. 32.79 *(978-1-5321-0045-1(0),* 25166, Abdo Kids) ABDO Publishing Co.

How Is Cotton Candy Made? Grace Hansen. 2018. (How Is It Made? Ser.). (ENG., Illus.). 24p. (J). (gr. -1-2). lib. bdg. 32.79 *(978-1-5321-8193-1(0),* 29901, Abdo Kids) ABDO Publishing Co.

How Is Honey Made? Grace Hansen. 2018. (How Is It Made? Ser.). (ENG., Illus.). 24p. (J). (gr. -1-2). lib. bdg. 32.79 *(978-1-5321-8194-8(9),* 29903, Abdo Kids) ABDO Publishing Co.

How Is Ice Cream Made? see ¿cómo Se Hace el Helado?

How Is Ice Cream Made? Grace Hansen. 2017. (How Is It Made? Ser.). (ENG., Illus.). 24p. (J). (gr. -1-2). lib. bdg. 32.79 *(978-1-5321-0046-8(9),* 25168, Abdo Kids) ABDO Publishing Co.

How Is It Firework Made?, 6 vols., Set. Grace Hansen. 2018. (How Is It Made? Ser.). (ENG.). 24p. (J). (gr. -1-2). lib. bdg. 196.74 *(978-1-5321-8190-0(6),* 29895, Abdo Kids) ABDO Publishing Co.

How Is It Made? see ¿Cómo Se Hace?

How Is Maple Syrup Made? Grace Hansen. 2018. (How Is It Made? Ser.). (ENG., Illus.). 24p. (J). (gr. -1-2). lib. bdg. 32.79 *(978-1-5321-8195-5(7),* 29905, Abdo Kids) ABDO Publishing Co.

How Is Mercury Used Today? Chemistry Book for Kids 9-12 Children's Chemistry Books. Baby Professor. 2017. (ENG., Illus.). (YA). pap. 8.79 *(978-1-5419-1371-4(X),* Baby Professor (Education Kids)) Speedy Publishing LLC.

How Is Mickey Feeling? / ¿Cómo Se Siente Mickey? (English-Spanish) (Disney Mickey Mouse) R. J. Cregg. Tr. by Elvira Ortiz. Illus. by Disney Storybook Art Team. 2018. (Disney Bilingual Ser.: 7). (ENG.). 16p. (J). (gr. -1-k). bds. 6.99 *(978-1-4998-0789-9(9))* Little Bee Books Inc.

How Is Peanut Butter Made? Grace Hansen. 2017. (How Is It Made? Ser.). (ENG., Illus.). 24p. (J). (gr. -1-2). lib. bdg. 32.79 *(978-1-5321-0047-5(7),* 25170, Abdo Kids) ABDO Publishing Co.

How Is Root Beer Made? Grace Hansen. 2018. (How Is It Made? Ser.). (ENG., Illus.). 24p. (J). (gr. -1-2). lib. bdg. 32.79 *(978-1-5321-8196-2(5),* 29907, Abdo Kids) ABDO Publishing Co.

How Is Sound Made? Emily Raij. 2022. (Science Inquiry Ser.). (ENG.). 32p. (J). 31.32 *(978-1-6639-7061-9(0),* 223168); pap. 7.95 *(978-1-6663-2499-0(X),* 223150) Capstone. (Pebble).

How It All Began. Carly & Charly. 2021. (ENG., Illus.). 30p. (J). pap. 13.95 *(978-1-63860-343-6(X))* Fulton Bks.

How It All Began! the Creation & Expansion of British Colonies in America North American Colonization 3rd Grade Children's American History. Baby Professor. 2021. (ENG.). 72p. (J). 27.99 *(978-1-5419-8358-8(0));* pap. 16.99 *(978-1-5419-7851-5(X))* Speedy Publishing LLC. (Baby Professor (Education Kids)).

How It All Blew Up. Arvin Ahmadi. 2021. (ENG.). 304p. (YA). (gr. 9). pap. 10.99 *(978-0-593-20289-0(9),* Viking Books for Young Readers) Penguin Young Readers Group.

How It All Came Round (Classic Reprint) L. T. Meade. (ENG., Illus.). (J). 2018. 268p. 29.44 *(978-0-483-97786-0(1));* 2016. pap. 11.97 *(978-1-334-13356-5(5))* Forgotten Bks.

How It Came about Stories (Classic Reprint) Frank Bird Linderman. (ENG., Illus.). (J). 2018. 250p. 29.07 *(978-0-267-37725-1(8));* 2016. pap. 11.57 *(978-1-334-15699-1(9))* Forgotten Bks.

How It Ends. Catherine Lo. 2017. (ENG.). 304p. (YA). (gr. 9). pap. 9.99 *(978-0-544-93720-8(1),* 1658697, Clarion Bks.) HarperCollins Pubs.

How It Feels to Be a Boat. James Kwan. 2017. (ENG., Illus.). 40p. (J). (gr. -1-3). 16.99 *(978-0-544-71533-2(0),* 1629538, Clarion Bks.) HarperCollins Pubs.

How It Feels to Be a Boat F&g. 2017. (ENG.). (J). 16.99 *(978-0-358-19319-7(2),* HarperCollins) HarperCollins Pubs.

How It Feels to Be the Husband of a Suffragette (Classic Reprint) Unknown Author. (ENG., Illus.). (J). 2018. 66p. 25.28 *(978-0-331-65711-1(2));* 2017. pap. 9.57 *(978-0-259-19884-0(6))* Forgotten Bks.

How It Feels to Float. Helena Fox. (ENG.). (YA). (gr. 9). 2020. 400p. pap. 11.99 *(978-0-525-55436-3(X),* Penguin Books); 2019. 384p. 18.99 *(978-0-525-55429-5(7),* Dial Bks) Penguin Young Readers Group.

How It Feels to Fly. Kathryn Holmes. 2016. (ENG.). 368p. (YA). (gr. 8). 17.99 *(978-0-06-238734-9(0),* HarperTeen) HarperCollins Pubs.

How It Flies, or the Conquest of the Air: The Story of Man's Endeavors to Fly & of the Inventions by Which He Has Succeeded (Classic Reprint) Richard Ferris. (ENG., Illus.). (J). 2017. 33.69 *(978-0-265-70787-6(0));* 2016. pap. 16.57 *(978-1-333-51968-1(0))* Forgotten Bks.

How It Happened: Being a Story in Three Books & Several Manners (Classic Reprint) Josephine Winfield Brake. (ENG., Illus.). (J). 2017. 29.26 *(978-0-266-40813-0(3));* 2016. pap. 11.97 *(978-1-333-48471-2(2))* Forgotten Bks.

How It Happened & Other Poems (Classic Reprint) Edwin H. Underhill. 2017. (ENG., Illus.). (J). 25.73 *(978-0-260-22625-9(4))* Forgotten Bks.

How It Happened (Classic Reprint) Kate Langley Bosher. 2018. (ENG., Illus.). 186p. (J). 27.73 *(978-0-483-86150-3(2))* Forgotten Bks.

How It Happened! Gum: The Cool Stories & Facts Behind Every Chew. Paige Towler. 2023. (How It Happened Ser.). 192p. (J). (gr. 3-7). 18.99 *(978-1-4549-4498-0(6),* Union Square Pr.) Sterling Publishing Co., Inc.

How It Happened! Gum: The Cool Stories & Facts Behind Every Chew. Contrib. by Paige Towler. 2023. (How It Happened Ser.). 192p. (J). (gr. 3-7). pap. 12.99 *(978-1-4549-4513-0(3),* Union Square Pr.) Sterling Publishing Co., Inc.

How It Happened! Sneakers: The Cool Stories & Facts Behind Every Pair. Stephanie Warren Drimmer. 2023. (How It Happened Ser.). 192p. (J). (gr. 3-7). 18.99 *(978-1-4549-4496-6(X),* Union Square Pr.) Sterling Publishing Co., Inc.

How It Happened! Sneakers: The Cool Stories & Facts Behind Every Pair. Contrib. by Stephanie Warren Drimmer. 2023. (How It Happened Ser.). 192p. (J). (gr. 3-7). pap. 12.99 *(978-1-4549-4512-3(5),* Union Square Pr.) Sterling Publishing Co., Inc.

How It Happens. Jean Alicia Elster. 2021. (Great Lakes Books Ser.). (ENG.). 208p. (YA). pap. 18.99 *(978-0-8143-4869-7(6),* P693730) Wayne State Univ. Pr.

How It Is Made. (How It Is Made Ser.). (ENG.). 24p. (J). 2017. 295.92 *(978-1-5026-2395-9(1));* 2016. (gr. 1-1). lib. bdg. 155.58 *(978-1-5026-2394-2(3),* a6285c25-7b7d-47a5-94d4-b35027802bf7) Cavendish Square Publishing LLC.

How It Looks (Classic Reprint) Stanley Waterloo. (ENG., Illus.). (J). 2018. 122p. 26.43 *(978-0-267-96695-0(4));* 2017. pap. 9.57 *(978-0-243-08618-4(0))* Forgotten Bks.

How It Was: Four Years among the Rebels. Irby Morgan. 2017. (ENG., Illus.). (J). pap. *(978-0-649-60801-0(1))* Trieste Publishing Pty Ltd.

How It Was: Four Years among the Rebels (Classic Reprint) Irby Morgan. 2017. (ENG., Illus.). (J). 28.39 *(978-0-266-28976-0(2))* Forgotten Bks.

How It Was Done in Harmony: A Story of Adult Class Work (Classic Reprint) John T. Faris. 2018. (ENG., Illus.). 136p. (J). 26.70 *(978-0-267-17272-6(9))* Forgotten Bks.

How It Works, 8 vols. 2017. (How It Works). (ENG.). 256p. (J). (gr. 3-5). pap. 79.60 *(978-1-63517-306-2(X),* 163517306X); lib. bdg. 250.80 *(978-1-63517-241-6(1),* 1635172411) North Star Editions. (Focus Readers).

How It Works, 10 vols., Set. Steve Parker. Incl. Aircraft. lib. bdg. 19.95 *(978-1-4222-1791-7(4));* Cars Trucks & Bikes. (Illus.). lib. bdg. 19.95 *(978-1-4222-1792-4(2),* 1317905); Emergency Vehicles. (Illus.). lib. bdg. 19.95 *(978-1-4222-1793-1(0),* 1317906); Energy & Power. lib. bdg. 19.95 *(978-1-4222-1794-8(9));* Gadgets. lib. bdg. 19.95 *(978-1-4222-1795-5(7));* Giant Machines. lib. bdg. 19.95 *(978-1-4222-1796-2(5));* Military Machines. lib. bdg. 19.95 *(978-1-4222-1797-9(3));* Ships & Submarines. lib. bdg. 19.95 *(978-1-4222-1798-6(1));* Space Exploration. lib. bdg. 19.95 *(978-1-4222-1799-3(X));* Speed Machines. Illus. by Alex Pang. lib. bdg. 19.95 *(978-1-4222-1800-6(7),* 1317938); (J). (gr. 3-18). 40p. 2010. Set lib. bdg. 199.50 *(978-1-4222-1790-0(6))* Mason Crest.

How It Works: Digger. Molly Littleboy. Illus. by David Semple. 2023. (How It Works). (ENG.). 12p. (J). (-k). bds. 9.99 ***(978-1-6643-5077-9(2))*** Tiger Tales.

How It Works: Dinosaur. Amelia Hepworth. Illus. by David Semple. 2022. (How It Works). (ENG.). 12p. (J). (-k). bds. 9.99 *(978-1-6643-5022-9(5))* Tiger Tales.

How It Works: Human Body. Amelia Hepworth. Illus. by David Semple. 2021. (How It Works). (ENG.). 12p. (J). (-k). bds. 9.99 *(978-1-68010-697-8(X))* Tiger Tales.

How It Works: Rocket. Amelia Hepworth. Illus. by David Semple. 2021. (How It Works). (ENG.). 10p. (J). (-k). bds. 9.99 *(978-1-68010-652-7(X))* Tiger Tales.

How It Works: Tractor. Amelia Hepworth. Illus. by David Semple. 2021. (How It Works). (ENG.). 10p. (J). (-k). bds. 9.99 *(978-1-68010-651-0(1))* Tiger Tales.

How Italian Immigrants Made America Home, 1 vol. Laura La Bella. 2018. (Coming to America: the History of Immigration to the United States Ser.). (ENG.). 80p. (gr. 6-6). 38.80 *(978-1-5081-8129-3(2),* 94167a54-d865-4db2-8433-f52f3143eee9) Rosen Publishing Group, Inc., The.

How Its Done (Set Of 6) Compiled by North Star North Star Editions. 2020. (How It's Done Ser.). (ENG.). 192p. (J). (gr. 2-3). pap. 59.70 *(978-1-64493-112-7(5),* 1644931125); lib. bdg. 188.10 *(978-1-64493-033-5(1),* 1644930331) North Star Editions. (Focus Readers).

How It's Made: Hanukkah Menorah. Allison Ofanansky. Illus. by Eliyahu Alpern. 2018. (ENG.). 32p. (J). 16.95 *(978-1-68115-534-0(6),* 5f7e9377-7a9d-4824-8dbb-5dd0241ef80a, Apples & Honey Pr.) Behrman Hse., Inc.

H

How It's Made: Matzah. Allison Ofanansky. Illus. by Eliyahu Alpern. 2017. (ENG.). 32p. (J). 16.95 *(978-1-68115-524-1(9),* 20b33461-4596-4a96-8157-1de337bc17f3) Behrman Hse., Inc.

How It's Made: Torah Scroll. Allison Ofanansky. Illus. by Eliyahu Alpern. 2016. (ENG.). 32p. (J). 16.95 *(978-1-68115-516-6(8),* 6bea73b8-6776-4423-9e9f-28af7e417c9c) Behrman Hse., Inc.

How Jack Got Flat. Susan Donohue Colby. 2018. (ENG., Illus.). 40p. (J). 25.99 *(978-1-5456-3986-3(8))*; pap. 15.49 *(978-1-5456-3490-5(4))* Salem Author Services. (Mill City Press, Inc).

How Janice Day Won. Helen Beecher Long. 2018. (ENG., Illus.). 214p. (YA). (gr. 7-12). pap. *(978-93-5297-422-1(0))* Alpha Editions.

How Janice Day Won. Helen Beecher Long. 2017. (ENG., Illus.). (J). 24.95 *(978-1-374-97921-5(X))* Capital Communications, Inc.

How Janice Day Won (Classic Reprint) Helen Beecher Long. 2017. (ENG., Illus.). (J). pap. 13.57 *(978-0-259-41956-3(7))* Forgotten Bks.

How Jelly Roll Morton Invented Jazz. Jonah Winter. Illus. by Keith Mallett. 2023. (ENG.). 32p. (J). 8.99 *(978-1-250-86520-5(4),* 900277898) Square Fish.

How Jesus Cares: 31 Devotions about Christ & His Love for You. Sinclair B. Ferguson. 2022. (ENG.). 104p. (J). 12.99 *(978-1-5271-0859-2(7),* 68b08265-2edd-4ce3-948a-dbf10413353c, CF4Kids) Christian Focus Pubns. GBR. Dist: Baker & Taylor Publisher Services (BTPS).

How Jesus Loves: 31 Devotions about Christ, the Cross & You. Sinclair B. Ferguson. 2022. (ENG.). 104p. (J). 12.99 *(978-1-5271-0858-5(9),* 31c1838c-2f5f-42fb-b72f-5ba12b52d89e, CF4Kids) Christian Focus Pubns. GBR. Dist: Baker & Taylor Publisher Services (BTPS).

How Jim Made Good (Classic Reprint) Charles S. Bird. 2018. (ENG., Illus.). 56p. (J). 25.05 *(978-0-267-18111-7(6))* Forgotten Bks.

How John Norton the Trapper, Kept His Christmas (Classic Reprint) W. H. H. Murray. 2017. (ENG., Illus.). 130p. (J). 26.60 *(978-0-484-32970-5(7))* Forgotten Bks.

How Journalists Work. Duchess Harris & Laura Lane. 2018. (News Literacy Ser.). (ENG., Illus.). 48p. (J). (gr. 4-4). pap. 11.95 *(978-1-64185-270-8(4),* 1641852704, Core Library) ABDO Publishing Co.

How Journalists Work. Laura Lane & Duchess Harris. 2017. (News Literacy Ser.). (ENG., Illus.). 48p. (J). (gr. 4-8). lib. bdg. 35.64 *(978-1-5321-1389-5(7),* 27687) ABDO Publishing Co.

How Joy Was Found: A Fantasy (Classic Reprint) Isobel Wylie Hutchison. 2017. (ENG., Illus.). (J). 26.58 *(978-0-265-75336-1(8))* Forgotten Bks.

How Justices of the Peace Ruled England. Michael Ward. 2016. (ENG.). 199p. (J). pap. 14.95 *(978-1-78612-864-5(0),* 296f990c-6db2-4da5-914a-5c0b475c4c59) Austin Macauley Pubs. Ltd. GBR. Dist: Baker & Taylor Publisher Services (BTPS).

How Kangaroos Grow Up, 1 vol. Heather Moore Niver. 2018. (Animals Growing Up Ser.). (ENG.). 24p. (gr. 1-2). 24.27 *(978-0-7660-9647-9(5),* 536dd635-2344-4d4a-8eab-0d0ee98a450e) Enslow Publishing, LLC.

How Kib Learned His ABCs. Joann Kain. (ENG.). 32p. (J). 2019. 23.95 *(978-1-64628-080-3(6))*; 2018. (Illus.). pap. 12.95 *(978-1-64298-008-0(0))* Page Publishing Inc.

How Kids Celebrate Christmas Around the World. Pavla Hanackova & Karolina Medkova. Illus. by Maria Neradova. 2021. (Kids Around the World Ser.). 32p. (J). 15.95 *(978-80-00-06131-3(7))* Albatros, Nakladatelstvi pro deti mladez, a.s. CZE. Dist: Consortium Bk. Sales & Distribution.

How Kids Celebrate Holidays Around the World. Pavla Hanackova & Helena Harastova. Illus. by Michaela Bergmannova. 2021. (Kids Around the World Ser.). 36p. (J). 15.95 *(978-80-00-06130-6(9))* Albatros, Nakladatelstvi pro deti mladez, a.s. CZE. Dist: Consortium Bk. Sales & Distribution.

How Kids Have Fun! Coloring Book. Kreative Kids. 2016. (ENG., Illus.). (J). (gr. k-6). pap. 9.20 *(978-1-68377-479-2(5))* Whlke, Traudl.

How Kids Live Around the World. Pavla Hanackova & Helena Harastova. Illus. by Michaela Bergmannova. 2021. (Kids Around the World Ser.). 36p. (J). 15.95 *(978-80-00-06129-0(5))* Albatros, Nakladatelstvi pro deti mladez, a.s. CZE. Dist: Consortium Bk. Sales & Distribution.

How Kind! Mary Murphy. Illus. by Mary Murphy. 2022. (ENG.). 18p. (J). (— 1). bds. 9.99 *(978-1-5362-2409-2(X))* Candlewick Pr.

How Laws Are Passed. Justine Rubinstein. 2019. (Know Your Government Ser.). (Illus.). 96p. (J). (gr. 12). lib. bdg. 34.60 *(978-1-4222-4235-3(8))* Mason Crest.

How LEDs Work. James Roland. 2016. (Connect with Electricity Ser.). (ENG., Illus.). 40p. (J). (gr. 4-6). 30.65 *(978-1-5124-0780-8(1),* eceef61e-673e-4590-9d3b-fd15d36e1ec5); E-Book 46.65 *(978-1-5124-1009-9(8))* Lerner Publishing Group. (Lerner Pubns.).

How Leslie Loved (Classic Reprint) Anne Warner. 2017. (ENG., Illus.). (J). 30.39 *(978-1-5279-7979-6(2))* Forgotten Bks.

How Life Science Works, 12 vols. 2017. (How Life Science Works). 24p. (ENG.). (gr. 3-3). 151.62 *(978-1-5081-5582-9(8),* b08166eb-4933-41b8-9194-45a8647e955f); (gr. 7-8). pap. 49.50 *(978-1-5081-5583-6(6))* Rosen Publishing Group, Inc., The. (PowerKids Pr.).

How Like a Woman (Classic Reprint) Florence Marryat. (ENG., Illus.). (J). 2018. 30.62 *(978-0-260-72950-7(7))*; 2016. pap. 13.57 *(978-1-334-44861-4(2))* Forgotten Bks.

How Lions Grow Up, 1 vol. Lisa Idzikowski. 2018. (Animals Growing Up Ser.). (ENG.). 24p. (gr. 1-2). 24.27 *(978-0-7660-9651-6(3),* 1f731381-a52d-496d-b802-1b0a788a164c) Enslow Publishing, LLC.

How Little Cedric Became a Knight (Classic Reprint) Elizabeth Harrison. 2018. (ENG., Illus.). 38p. (J). 24.68 *(978-0-267-26148-2(9))* Forgotten Bks.

How Little Coyote Found His Secret Strength: A Story about How to Get Through Hard Times. Anne Westcott & C. C. Alicia Hu. Illus. by Ching-Pang Kuo. 2017. (Hidden Strengths Therapeutic Children's Bks.). 32p. (C). pap. 17.95 *(978-1-78592-771-3(X),* 696597) Kingsley, Jessica Pubs. GBR. Dist: Hachette UK Distribution.

How Living Things Help Each Other: Leveled Reader Book 6 Level I 6 Pack. Hmh Hmh. 2021. (SPA.). 16p. (J). pap. 74.40 *(978-0-358-08116-6(5))* Houghton Mifflin Harcourt Publishing Co.

How Long Did You Wait? Adventure of Life on the Farm with Missy & Mike. Melissa Gromley. 2023. (ENG.). 26p. (J). 33.00 ***(978-1-63937-140-2(0))*** Dorrance Publishing Co., Inc.

How Long Do Stars Last? Emily Hudd. 2019. (How Long Does It Take? Ser.). (ENG., Illus.). 32p. (J). (gr. 3-6). pap. 7.95 *(978-1-5435-7541-5(2),* 141073); lib. bdg. 29.99 *(978-1-5435-7296-4(0),* 140613) Capstone.

How Long Does a Redwood Tree Live? Emily Hudd. 2019. (How Long Does It Take? Ser.). (ENG., Illus.). 32p. (J). (gr. 3-6). pap. 7.95 *(978-1-5435-7540-8(4),* 141072); lib. bdg. 27.99 *(978-1-5435-7295-7(2),* 140612) Capstone.

How Long Does It Take? Emily Hudd. 2019. (How Long Does It Take? Ser.). (ENG.). 32p. (J). (gr. 3-6). 179.94 *(978-1-5435-7303-9(7),* 29340); pap., pap., pap. 47.70 *(978-1-5435-8116-4(1),* 29487) Capstone.

How Long Does It Take - Six Weeks to Fall in Love (Contemporary Romance) Boxed Set. Third Cousins. 2017. (ENG., Illus.). (YA). pap. 14.99 *(978-1-68305-860-1(7))* Speedy Publishing LLC.

How Long Does It Take - Week Five (Contemporary Romance) Third Cousins. 2017. (ENG., Illus.). (YA). pap. 7.99 *(978-1-68305-858-8(5))* Speedy Publishing LLC.

How Long Does It Take - Week Four (Contemporary Romance) Third Cousins. 2017. (ENG., Illus.). (YA). pap. 7.99 *(978-1-68305-857-1(7))* Speedy Publishing LLC.

How Long Does It Take - Week One (Contemporary Romance) Third Cousins. 2017. (ENG., Illus.). (YA). pap. 7.99 *(978-1-68305-854-0(2))* Speedy Publishing LLC.

How Long Does It Take - Week Six (Contemporary Romance) Third Cousins. 2017. (ENG., Illus.). (YA). pap. 7.99 *(978-1-68305-859-5(3))* Speedy Publishing LLC.

How Long Does It Take - Week Three (Contemporary Romance) Third Cousins. 2017. (ENG., Illus.). (YA). pap. 7.99 *(978-1-68305-856-4(9))* Speedy Publishing LLC.

How Long Does It Take - Week Two (Contemporary Romance) Third Cousins. 2017. (ENG., Illus.). (YA). pap. 7.99 *(978-1-68305-855-7(0))* Speedy Publishing LLC.

How Long Does It Take for Trash to Decompose? Emily Hudd. 2019. (How Long Does It Take? Ser.). (ENG., Illus.). 32p. (J). (gr. 3-6). pap. 7.95 *(978-1-5435-7542-2(0),* 141074); lib. bdg. 29.99 *(978-1-5435-7291-9(X),* 140608) Capstone.

How Long Does It Take to Make a Diamond? Emily Hudd. 2019. (How Long Does It Take? Ser.). (ENG., Illus.). 32p. (J). (gr. 3-6). 29.99 *(978-1-5435-7293-3(6),* 140610) Capstone.

How Long Does It Take to Make a Fossil? Emily Hudd. 2019. (How Long Does It Take? Ser.). (ENG., Illus.). 32p. (J). (gr. 3-6). pap. 7.95 *(978-1-5435-7539-2(0),* 141071) Capstone.

How Long Is Forever? Kelly Carey. Illus. by Qing Zhuang. 2020. 32p. (J). (gr. -1-2). lib. bdg. 16.99 *(978-1-58089-578-1(6))* Charlesbridge Publishing, Inc.

How Long Is the Water Cycle? Emily Hudd. 2019. (How Long Does It Take? Ser.). (ENG., Illus.). 32p. (J). (gr. 3-6). pap. 7.95 *(978-1-5435-7543-9(9),* 141075); lib. bdg. 27.99 *(978-1-5435-7294-0(4),* 140611) Capstone.

How Loud Is a Lion? Lisa Regan. Illus. by Sarah Wade. 2023. (Slide & Seek - Multi-Stage Pull Tab Bks.). (ENG.). 10p. (J). (— 1). bds. 12.99 ***(978-1-80105-540-6(8))*** Top That! Publishing PLC GBR. Dist: Independent Pubs. Group.

How Luna Became a Fairy. Achtland Noel. 2019. (ENG.). 32p. (J). pap. 25.00 ***(978-0-359-60487-6(0))*** Wright Bks.

How Lyndon B. Johnson Fought the Vietnam War, 1 vol. Jason Porterfield. 2017. (Presidents at War Ser.). (ENG.). 128p. (gr. 8-8). lib. bdg. 38.93 *(978-0-7660-8531-2(7),* d7431810-368e-46b2-bba1-293a64dd0532) Enslow Publishing, LLC.

How Machines Changed Cultures: Industrial Revolution for Kids - History for Kids Timelines of History for Kids 6th Grade Social Studies. Baby Professor. 2017. (ENG., Illus.). 64p. (J). pap. 9.55 *(978-1-5419-1787-3(1),* Baby Professor (Education Kids)) Speedy Publishing LLC.

How Mamas Love Their Babies. Juniper Fitzgerald. Illus. by Elise Peterson. 2018. (ENG.). 48p. (J). (gr. -1-3). 16.95 *(978-1-936932-00-9(8))* Feminist Pr. at The City Univ. of New York.

How Mammals Run. Emma Huddleston. 2020. (Science of Animal Movement Ser.). (ENG., Illus.). 32p. (J). (gr. 2-5). lib. bdg. 34.21 *(978-1-5321-9296-8(7),* 35055, Kids Core) ABDO Publishing Co.

How Mammals Run. Emma Huddleston. 2021. (Science of Animal Movement Ser.). (ENG., Illus.). 32p. (J). (gr. 2-3). pap. 9.95 *(978-1-64494-435-6(9))* North Star Editions.

How Many? Christopher Danielson. 2019. (Illus.). 40p. (J). (gr. -1-3). 15.99 *(978-1-58089-943-7(9))*; pap. 7.99 *(978-1-58089-945-1(5))* Charlesbridge Publishing, Inc.

How Many? Rozanne Williams. 2017. (Learn-To-Read Ser.). (ENG., Illus.). (J). pap. 3.49 *(978-1-68310-189-5(8))* Pacific Learning, Inc.

How Many? Christopher Danielson. ed. 2020. (Talking Math Ser.). (ENG.). 39p. (J). (gr. k-1). 18.96 *(978-0-87617-280-3(X))* Penworthy Co., LLC, The.

How Many? A Counting Book. Christopher Danielson. 2018. (Illus.). 36p. (J). *(978-1-62531-217-4(2))* Stenhouse Pubs.

How Many? Bilingual Inuktitut & English Edition. Inhabit Education Books. 2021. (Nunavummi Reading Ser.). (ENG., Illus.). (J). pap. ***(978-1-77450-030-9(2))*** Inhabit Education Bks. Inc. CAN. Dist: Consortium Bk. Sales & Distribution.

How Many? a Counting Book. Christopher Danielson. 2018. (ENG., Illus.). 36p. (gr. -1-5). 20.00 *(978-1-62531-182-5(6))* Stenhouse Pubs.

How Many? Counting To 5 see ¿Cuántos? Contando Hasta el 5

How Many? Counting To 5. Miranda Kelly. 2021. (Early Learning Concepts Ser.). (ENG., Illus.). 24p. (J). (gr. -1-1). pap. *(978-1-4271-2851-5(0),* 10642); lib. bdg. *(978-1-4271-2843-0(X),* 10633) Crabtree Publishing Co.

How Many? Cuantos Hay? A Counting Book: Spanish/English Bilingual Edition (We Both Read - Level Pk-K) D. J. Panec. Illus. by Katherine Blackmore. 2016. (We Both Read - Level Pk -K Ser.). (ENG & SPA.). 41p. (J). pap. 5.99 *(978-1-60115-074-5(1))* Treasure Bay, Inc.

How Many? (We Both Read - Level Pk-K) A Counting Book. D. J. Panec. Illus. by Katherine Blackmore. 2016. (We Both Read - Level Pk -K Ser.). (ENG.). 41p. (J). 9.95 *(978-1-60115-291-6(4))* Treasure Bay, Inc.

How Many Animals Were on the Ark? Understanding the Animal Kinds. Craig Craig Froman. 2016. (ENG.). 64p. (J). (gr. 4-6). 15.99 *(978-0-89051-935-6(8),* Master Books) New Leaf Publishing Group.

How Many Beads? Nicola Edwards. Illus. by Thomas Elliott. 2021. (My World Ser.). (ENG.). 12p. (J). (-k). bds. 16.99 *(978-1-68010-682-4(1))* Tiger Tales.

How Many Can You Find? Counting Puzzles for Kids - Activity Book Grade 2. Speedy Kids. 2018. (ENG., Illus.). 106p. (J). pap. 12.55 *(978-1-5419-3566-2(7))* Speedy Publishing LLC.

How Many Can You Make? Connect the Dots Activity Book. Jupiter Kids. 2017. (ENG., Illus.). (J). pap. 9.20 *(978-1-68326-908-3(X),* Jupiter Kids (Childrens & Kids Fiction)) Speedy Publishing LLC.

How Many Cells Are in Your Body? Questions about Cells & Systems, 1 vol. Thomas Canavan. 2016. (Human Body FAQ Ser.). (ENG., Illus.). 32p. (J). (gr. 3-3). pap. 11.00 *(978-1-4994-3165-0(1),* cb328a1e-ae80-4b8b-a7c3-256a82259dd1, PowerKids Pr.) Rosen Publishing Group, Inc., The.

How Many Cells Can Organisms Have? Single & Multicellular Organisms Grade 5 Children's Biology Books. Baby Professor. 2021. (ENG.). 72p. (J). 27.99 *(978-1-5419-8393-9(9))*; pap. 16.99 *(978-1-5419-6009-1(2))* Speedy Publishing LLC. (Baby Professor (Education Kids)).

How Many Cookies Can You Eat? a Counting Book. Bobo's Little Brainiac Books. 2016. (ENG., Illus.). (J). pap. 7.99 *(978-1-68327-863-4(1))* Sunshine In My Soul Publishing.

How Many Differences Can You See? Spot the Difference Activity Book. Jupiter Kids. 2017. (ENG., Illus.). (J). pap. 9.20 *(978-1-68326-909-0(8),* Jupiter Kids (Childrens & Kids Fiction)) Speedy Publishing LLC.

How Many Do I Have? Counting Coloring Book. Creative Playbooks. 2016. (ENG., Illus.). (J). pap. 7.74 *(978-1-68323-767-9(6))* Twin Flame Productions.

How Many Do I Love You? a Valentine Counting Book. Cheri Love-Byrd. Ed. by Cottage Door Press. Illus. by Mei Stoyva. 2017. (ENG.). 13p. (J). (gr. -1-k). bds. 7.99 *(978-1-68052-274-7(4),* 1002590) Cottage Door Pr.

How Many Do You See? Counting Games: Colorful Pages/Mind Stimulating Visual Games for Kids/Learn Counting Fun & Friendly Animals Characters/50+ Pages/Correct Answers on Verso/8. 5'x 8. 5' Inch Perfect Size. Kyla Byrd. 2021. (ENG.). 110p. (J). *(978-1-4709-0660-3(0))*; pap. *(978-1-4717-0647-9(8))* Lulu.com.

How Many Dolphins in a Pod?: Counting by 10's (Nature Numbers) (Library Edition) Ruth Musgrave. 2022. (Nature Numbers Ser.). (ENG., Illus.). 32p. (J). (gr. k-2). 25.00 *(978-1-338-76524-3(8))*; pap. 7.99 *(978-1-338-76525-0(6))* Scholastic Library Publishing. (Children's Pr.).

How Many Ducks? Howie Minsky. 2019. (Hello, Everglades! Ser.). (ENG.). 16p. (J). (gr. -1-2). pap. 11.36 *(978-1-5341-5730-9(1),* 214165, Cherry Blossom Press) Cherry Lake Publishing.

How Many Ducks Could Fit in a Bus? Creative Ways to Look at Volume. Clara Cella. 2020. (Silly Measurements Ser.). (ENG., Illus.). 32p. (J). (gr. -1-2). pap. 8.95 *(978-1-9771-2011-3(3),* 142301); lib. bdg. 31.32 *(978-1-9771-1324-5(9),* 141455) Capstone. (Pebble).

How Many Fingers, How Many Toes? Counting to Ten One by One Counting Book - Baby & Toddler Counting Books. Baby Professor. 2017. (ENG., Illus.). (J). pap. 7.89 *(978-1-68326-675-4(7),* Baby Professor (Education Kids)) Speedy Publishing LLC.

How Many Flamingos Tall Is a Giraffe? Creative Ways to Look at Height. Clara Cella. 2020. (Silly Measurements Ser.). (ENG., Illus.). 32p. (J). (gr. -1-2). pap. 8.95 *(978-1-9771-2009-0(1),* 142299); lib. bdg. 31.32 *(978-1-9771-1322-1(2),* 141453) Capstone. (Pebble).

How Many Grandmas Does It Take To... Marcia Jacobs & Elyse Feldberg. Illus. by Craig Cartwright. 2020. (ENG.). 24p. (J). *(978-1-5255-8538-8(X))*; pap. *(978-1-5255-8539-5(8))* FriesenPress.

How Many Guinea Pigs Can Fit on a Plane? Answers to Your Most Clever Math Questions. Laura Overdeck. 2017. (ENG., Illus.). 144p. (J). pap. 12.99 *(978-1-250-12368-8(2),* 900174278) Feiwel & Friends.

How Many Hairs on a Grizzly Bear? And Other Big Questions about Numbers. Tracey Turner. Illus. by Jen Khatun. 2021. (How Many Ser.). (ENG.). 48p. (J). 16.99 *(978-0-7534-7726-7(2),* 900237440, Kingfisher) Roaring Brook Pr.

How Many Kisses? Delphine Chedru. 2018. (Illus.). 32p. (J). (gr. -1-k). 12.95 *(978-0-500-65145-2(0),* 565145) Thames & Hudson.

How Many Kisses Do You Want Tonight? Varsha Bajaj. Illus. by Ivan Bates. ed. 2022. (ENG.). 20p. (J). (gr. -1 — 1). bds. 7.99 *(978-0-316-45992-1(5))* Little, Brown Bks. for Young Readers.

How Many Kittens Could Ride a Shark? Creative Ways to Look at Length. Clara Cella. 2020. (Silly Measurements Ser.). (ENG., Illus.). 32p. (J). (gr. -1-2). pap. 8.95 *(978-1-9771-2010-6(5),* 142300); lib. bdg. 31.32 *(978-1-9771-1323-8(0),* 141454) Capstone. (Pebble).

How Many Little Hoots? Jojo Sunshine. 2023. 26p. (J). (-2). 25.00 BookBaby.

How Many Llamas Does a Car Weigh? Creative Ways to Look at Weight. Clara Cella. 2020. (Silly Measurements Ser.). (ENG., Illus.). 32p. (J). (gr. -1-2). pap. 8.95 *(978-1-9771-2012-0(1),* 142302); lib. bdg. 31.32 *(978-1-9771-1325-2(7),* 141456) Capstone. (Pebble).

How Many Marys Have We Here? (Classic Reprint) Lindsey Barbee. (ENG., Illus.). (J). 2018. 50p. 24.93 *(978-0-484-57389-4(6))*; 2017. pap. 9.57 *(978-0-243-08211-7(8))* Forgotten Bks.

How Many Mice? / Combien de Souris ? Babl Children's Books in French & English. Michael Garland. l.t. ed. 2018. (FRE., Illus.). 34p. (J). 14.99 *(978-1-68304-276-1(X))* Babl Books, Incorporated.

How Many Mice? / Tagalog Edition: Babl Children's Books in Tagalog & English. Michael Garland. l.t. ed. 2016. (ENG., Illus.). (J). 14.99 *(978-1-68304-196-2(8))* Babl Books, Incorporated.

How Many Mice Make an Elephant? And Other Big Questions about Size & Distance. Tracey Turner. Illus. by Aaron Cushley. (How Many Ser.). (ENG.). 48p. (J). 2022. pap. 10.99 *(978-0-7534-7717-5(3),* 900237407); 2020. 16.99 *(978-0-7534-7565-2(0),* 900219366) Roaring Brook Pr. (Kingfisher).

How Many Muscles Make Your Smile? Questions about Muscles & Movement, 1 vol. Thomas Canavan. 2016. (Human Body FAQ Ser.). (ENG.). 32p. (J). (gr. 3-3). pap. 11.00 *(978-1-4994-3166-7(X),* 89a8508a-a01a-454d-9e8d-5d93d3b3b2d0, PowerKids Pr.) Rosen Publishing Group, Inc., The.

How Many Names Do I Have? Rosanne Peters. 2020. (ENG., Illus.). 22p. (J). pap. 12.95 *(978-1-64468-642-3(2))* Covenant Bks.

How Many Peas in a Pod? a Counting Book. Bobo's Little Brainiac Books. 2016. (ENG., Illus.). (J). pap. 7.99 *(978-1-68327-864-1(X))* Sunshine In My Soul Publishing.

How Many Penguins?: Counting Animals (Nature Numbers) (Library Edition) Jill Esbaum. 2022. (Nature Numbers Ser.). (ENG., Illus.). 32p. (J). (gr. k-2). 25.00 *(978-1-338-76518-2(3))*; pap. 7.99 *(978-1-338-76519-9(1))* Scholastic Library Publishing. (Children's Pr.).

How Many Pennies Can You Find? a Counting Book. Bobo's Little Brainiac Books. 2016. (ENG., Illus.). (J). pap. 7.99 *(978-1-68327-865-8(8))* Sunshine In My Soul Publishing.

How Many Quacks till Christmas? Mark Sperring. Illus. by Ed Eaves. 2017. (ENG.). 32p. (J). *(978-1-4088-7107-2(6),* 293160, Bloomsbury Children's Bks.) Bloomsbury Publishing Plc.

How Many Sleeps? Jim Letty. 2022. (ENG.). 38p. (J). 18.95 *(978-1-63755-334-3(X),* Mascot Kids) Amplify Publishing Group.

How Many Sleeps 'Til Christmas? A Countdown to the Most Special Day of the Year. Joff Brown. Illus. by Gabriele Tafuni. 2021. (How Many Sleeps 'Til Ser.: 2). (ENG.). 24p. (J). (gr. -1-k). bds. 8.95 *(978-1-83935-093-1(8),* Mortimer Children's Bks.) Welbeck Publishing Group Ltd. GBR. Dist: Two Rivers Distribution.

How Many Sleeps 'Til Halloween? A Countdown to the Spookiest Night of the Year. Laura Knowles. Illus. by Gabriele Tafuni. 2021. (How Many Sleeps 'Til Ser.: 1). (ENG.). 24p. (J). (gr. -1-k). bds. 8.95 *(978-1-83935-079-5(2),* Mortimer Children's Bks.) Welbeck Publishing Group Ltd. GBR. Dist: Two Rivers Distribution.

How Many Squirrels Are in the World? Ben Gundersheimer (Mister G). Illus. by Marcos Almada Rivero. 2023. 32p. (J). (gr. -1-2). 18.99 *(978-0-593-11016-4(1),* Nancy Paulsen Books) Penguin Young Readers Group.

How Many Stomachs Do I Have? Capstone Classroom & Tony Stead. 2017. (What's the Point? Reading & Writing Expository Text Ser.). (ENG., Illus.). 24p. (J). (gr. 3-3). pap. 6.95 *(978-1-4966-0744-7(9),* 132379, Capstone Classroom) Capstone.

How Many Trees? Barroux. 2018. (ENG., Illus.). 32p. (J). (gr. -1-k). pap. 7.99 *(978-1-4052-8055-6(7))* Farshore GBR. Dist: HarperCollins Pubs.

How Many Types of Trees Do You Know? Coloring Book. Activibooks For Kids. 2016. (ENG., Illus.). (J). pap. 9.20 *(978-1-68321-490-8(0))* Mimaxion.

How Marjory Helped (Classic Reprint) M. Caroll. 2018. (ENG., Illus.). 332p. (J). 30.74 *(978-0-483-75241-2(X))* Forgotten Bks.

How Maui Fished Up the North Island. Donovan Bixley. 2018. (Illus.). 24p. (J). (gr. k-2). pap. 15.99 *(978-1-988516-18-9(8))* Upstart Pr. NZL. Dist: Independent Pubs. Group.

How Maya Got Fierce. Sona Charaipotra. 2022. (ENG.). 288p. (YA). 18.99 *(978-1-250-76213-9(8),* 900230487) Feiwel & Friends.

How M'Dougall Topped the Score: And Other Verses & Sketches (Classic Reprint) Thomas Edward Spencer. (ENG., Illus.). (J). 2018. 308p. 30.27 *(978-0-365-37342-1(7))*; 2016. pap. 13.57 *(978-1-333-57354-6(5))* Forgotten Bks.

How Merlin the Moggie Got His Majick. Jayne Stennett. 2019. (ENG., Illus.). 62p. (J). pap. *(978-1-913179-12-0(5))* UK Bk. Publishing.

How Messy! Clare Helen Welsh. Illus. by Olivier Tallec. 2022. (Dot & Duck Ser.). (ENG.). 32p. (J). (gr. -1-k). ***(978-0-7112-6970-5(X),*** Happy Yak) Quarto Publishing Group UK.

How Mexican Immigrants Made America Home, 1 vol. Ash Imery-Garcia. 2018. (Coming to America: the History of Immigration to the United States Ser.). (ENG., Illus.). 80p. (gr. 6-6). 38.80 *(978-1-5081-8132-3(2),* c9dcf589-ac41-4b34-b47d-9465179c9906, Rosen Reference) Rosen Publishing Group, Inc., The.

How Military Helicopters Work. Walt Brody. 2019. (Lightning Bolt Books (r) — Military Machines Ser.). (ENG., Illus.). 24p. (J). (gr. 1-3). 29.32 *(978-1-5415-5740-6(9),* 738f2f1e-a3a8-4701-8f91-324d276c96af); pap. 9.99 *(978-1-5415-7457-1(5),* 5af9b522-6edc-4f0f-abe1-9ecbb292e6df) Lerner Publishing Group. (Lerner Pubns.).

How Minecraft Was Made. Josh Gregory. 2018. (21st Century Skills Innovation Library: Unofficial Guides Junior

Ser.). (ENG., Illus.). 24p. (J). (gr. 2-4). lib. bdg. 30.64 *(978-1-5341-2988-7(X)*, 211996) Cherry Lake Publishing.

How Money Is Made. Mari Schuh. 2018. (Money & Me Ser.). (ENG., Illus.). 24p. (gr. -1-2). lib. bdg. 28.50 *(978-1-64156-400-7(8)*, 9781641564007) Rourke Educational Media.

How Monsters Wish to Feel: A Story about Emotional Resilience. Juliette Ttofa. 2017. (Nurturing Emotional Resilience Storybooks Ser.). (ENG., Illus.). 28p. pap. 15.95 *(978-1-909301-84-9(1)*, Y328998) Routledge.

How Monsters Wish to Feel & Other Picture Books: Seven Storybooks Set. Juliette Ttofa. 2018. (Nurturing Emotional Resilience Storybooks Ser.). (ENG.). 138p. pap. 70.95 *(978-1-138-55647-8(5)*, Y380599) Routledge.

How Moon Fuentez Fell in Love with the Universe. Raquel Vasquez Gilliland. 2022. (ENG.). 448p. (YA). (gr. 9). pap. 12.99 *(978-1-5344-4867-4(5)*, Simon & Schuster Bks. For Young Readers) Simon & Schuster Bks. For Young Readers.

How Mr. Rabbit Lost His Tail. Albert Bigelow Paine. 2018. (ENG., Illus.). 54p. (YA). (gr. 7-12). pap. *(978-93-5329-323-9(5))* Alpha Editions.

How Mr. Rabbit Lost His Tail: Hollow Tree Stories (Classic Reprint) Albert Bigelow Paine. 2018. (ENG., Illus.). 30p. (J). 24.52 *(978-0-267-51001-6(2))* Forgotten Bks.

How Mrs. Claus Saved Christmas. Jerald Pritt. 2021. (ENG., Illus.). 30p. (J). 21.95 *(978-1-63860-542-3(4))* Fulton Bks.

How Much Do I Love You? Tyson Kidd. 2019. (ENG., Illus.). 32p. (J). (gr. -1-5). 15.99 *(978-1-4621-3569-1(2)*, Sweetwater Bks.) Cedar Fort, Inc./CFI Distribution.

How Much Do I Love You? (Pb) Tyson Kidd. Illus. by Wes Wheeler. 2021. (ENG.). 32p. (J). pap. 12.99 *(978-1-4621-4021-3(1)*, Sweetwater Bks.) Cedar Fort, Inc./CFI Distribution.

How Much Do You Love Me? Michael A. Lee. 2021. (ENG.). 24p. (J). pap. *(978-1-77838-003-7(4)*, Agora Cosmopolitan, The) Agora Publishing Consortium.

How Much Does a Cloud Weigh? Questions & Answers That Will Blow Your Mind. William Potter & Helen Otway. Illus. by Luke Seguin-Magee. 2022. (ENG.). 128p. (J). pap. 6.99 *(978-1-3988-2003-6(2)*, 937c8374-e09a-4e2d-ac76-203c64a1ba94) Arcturus Publishing GBR. Dist: Baker & Taylor Publisher Services (BTPS).

How Much Does God Love You? Michelle Medlock Adams. Illus. by Paige Keiser. 2019. (ENG.). 22p. (J). (gr. -1-1). bds. 6.99 *(978-0-8249-1689-3(1)*, Worthy Kids/Ideals) Worthy Publishing.

How Much God Loves You. Sara Dean Alford. 2017. (ENG., Illus.). (J). 22.99 *(978-1-5456-1058-9(4))*; (gr. -1-k). pap. 12.49 *(978-1-5456-1057-2(6))* Salem Author Services.

How Much I Found Out He Cares (2019) Charnice Hale. 2019. (ENG.). 106p. (J). pap. *(978-0-359-61094-5(3))* Lulu Pr., Inc.

How Much Is a Little Boy Worth? Rachael Denhollander & Jacob Denhollander. Illus. by Marcin Piwowarski. 2022. (ENG.). 32p. (J). 14.99 *(978-1-4964-5483-6(9)*, 20_35720, Tyndale Kids) Tyndale Hse. Pubs.

How Much Is a Little Girl Worth? Rachael Denhollander. Illus. by Morgan Huff. 2019. (ENG.). 32p. (J). 14.99 *(978-1-4964-4168-3(0)*, 20_33524, Tyndale Kids) Tyndale Hse. Pubs.

How Much Rain Will Fall Today? Using Weather Instruments Scientific Instruments Grade 5 Children's Weather Books. Baby Professor. 2021. (ENG.). 72p. (J). 27.99 *(978-1-5419-8408-0(0))*; pap. 16.99 *(978-1-5419-6021-3(1))* Speedy Publishing LLC. (Baby Professor (Education Kids)).

How Much Space Is in Space? the Universe Explained for Second Graders Children's Books on Astronomy. Baby Professor. 2022. (ENG.). 72p. (J). 31.99 ***(978-1-5419-9711-0(5))***; pap. 19.99 ***(978-1-5419-8737-1(3))*** Speedy Publishing LLC. (Baby Professor (Education Kids)).

How Much Wood Could a Woodchuck Chuck? Cecilia Smith. Illus. by Irena Rudovska. 2022. (Stem Twisters Ser.). (ENG.). (J). 26p. pap. 12.99 ***(978-1-5324-3244-6(5))***; 24p. 24.99 ***(978-1-5324-3245-3(3))*** Xist Publishing.

How Much Wood Could a Woodchuck Chuck? A Math Tongue Twister. Cecilia Smith. Illus. by Irena Rudovska. 2022. (STEM Twisters Ser.). (ENG.). 24p. (J). (gr. k-4). pap. 12.99 ***(978-1-5324-3243-9(7))*** Xist Publishing.

How Music Came to the World: A Mexican Graphic Folktale. Jarred Luján. Illus. by Román Díaz. 2023. (Discover Graphics: Global Folktales Ser.). (ENG.). 32p. (J). 22.65 *(978-1-4846-7232-7(1)*, 244055); pap. 6.95 *(978-1-4846-7300-3(X)*, 244030) Capstone. (Picture Window Bks.).

How Nanotechnology Will Impact Society. John Hakala. 2018. (Technology's Impact Ser.). (ENG.). 80p. (YA). (gr. 6-12). 39.93 *(978-1-68282-495-5(0))* ReferencePoint Pr., Inc.

How Natural Gas Is Formed, 1 vol. Ryan Nagelhout. 2016. (From the Earth: How Resources Are Made Ser.). (ENG.). 32p. (J). (gr. 3-4). pap. 11.50 *(978-1-4824-4716-3(9)*, 11d9c737-2db7-4fbb-9a99-bb27aa09caec) Stevens, Gareth Publishing LLLP.

How Noah Learned about Courage. Christopher Kendrick. 2019. (ENG., Illus.). 34p. (J). pap. 13.95 *(978-1-64559-093-4(3))*; 20.95 *(978-1-64300-698-7(3))* Covenant Bks.

How Noble Are Noble Gases? Chemistry Book for Kids 6th Grade Children's Chemistry Books. Baby Professor. 2017. (ENG., Illus.). (YA). pap. 8.79 *(978-1-5419-1368-4(X)*, Baby Professor (Education Kids)) Speedy Publishing LLC.

How Not to Ask a Boy to Prom. S. J. Goslee. 2020. (ENG.). 240p. (YA). pap. 11.99 *(978-1-250-23377-6(1)*, 900156139) Square Fish.

How Not to Be a Vampire Slayer. Katy Birchall. 2023. (ENG.). 272p. (J). (gr. 3-7). pap. 8.99 ***(978-1-338-89309-0(2))*** Scholastic, Inc.

How Not to Date a Pop Star. Jada Trainor. 2023. (ENG.). 288p. (YA). pap. 11.99 *(978-1-990259-86-9(3)*, 900282870) Wattpad Bks. CAN. Dist: Macmillan.

How Not to Disappear. Clare Furniss. 2017. (ENG., Illus.). 448p. (YA). (gr. 7). 17.99 *(978-1-4814-2102-7(6)*, McElderry, Margaret K. Bks.) McElderry, Margaret K. Bks.

How Not to Fall in Love. Jacqueline Firkins. 2021. (ENG., Illus.). 336p. (YA). (gr. 9). 17.99 *(978-0-358-46714-4(4)*, 1798124, Clarion Bks.) HarperCollins Pubs.

How Not to Get Eaten: More Than 75 Incredible Animal Defenses. Josette Reeves. Illus. by Asia Orlando. 2022. (ENG.). 80p. (J). (gr. 2-4). 16.99 *(978-0-7440-5650-1(0)*, DK Children) Dorling Kindersley Publishing, Inc.

How Not to Get Wet in the Rain: 21 Tales for Tricky Times. Sunanda Kulkarni. 2023. (ENG.). 152p. (J). (gr. 3-7). pap. 9.99 ***(978-0-14-345589-9(3)***, Puffin) Penguin Bks. India PVT, Ltd IND. Dist: Independent Pubs. Group.

How Not to Summon a Demon Lord. Yukiya Murasaki. Tr. by Garrison Denim. Illus. by Takahiro Tsurusaki. 2019. (How NOT to Summon a Demon Lord (light Novel) Ser.). (ENG.). 2. 278p. pap. 14.99 *(978-1-7183-5201-8(8))*; Vol. 4. 236p. pap. 14.99 *(978-1-7183-5203-2(4))* J-Novel Club.

How NOT to Summon a Demon Lord: Volume 1. Yukiya Murasaki. Tr. by Garrison Denim. Illus. by Takahiro Tsurusaki. 2019. (How NOT to Summon a Demon Lord (light Novel) Ser.). (ENG.). 280p. pap. 14.99 *(978-1-7183-5200-1(X))* J-Novel Club.

How NOT to Summon a Demon Lord: Volume 3. Yukiya Murasaki. Tr. by Garrison Denim. Illus. by Takahiro Tsurusaki. 2019. (How NOT to Summon a Demon Lord (light Novel) Ser.). (ENG.). 268p. pap. 14.99 *(978-1-7183-5202-5(6))* J-Novel Club.

How NOT to Summon a Demon Lord: Volume 5. Yukiya Murasaki. Tr. by ZackZeal. Illus. by Takahiro Tsurusaki. 2019. (How NOT to Summon a Demon Lord (light Novel) Ser.). (ENG.). 250p. pap. 14.99 *(978-1-7183-5204-9(2))* J-Novel Club.

How NOT to Summon a Demon Lord: Volume 6. Yukiya Murasaki. Tr. by ZackZeal. Illus. by Takahiro Tsurusaki. 2019. (How NOT to Summon a Demon Lord (light Novel) Ser.). (ENG.). 250p. pap. 14.99 *(978-1-7183-5205-6(0))* J-Novel Club.

How Not to Time Travel. Templeton Moss. 2018. (ENG., Illus.). 102p. (J). pap. 7.00 *(978-1-387-90506-5(6))* Lulu Pr., Inc.

How Now Equality Cow? Ryan Gaudreau. 2020. (ENG.). 24p. (J). 19.99 *(978-1-7356910-5-3(4))* Mindstir Media.

How Now, Ms. Brown Cow? A Beyond the Blue Barn Book. Peter Fowkes. 2017. (Beyond the Blue Barn Ser.). (ENG., Illus.). (J). 19.99 *(978-0-692-84810-4(X))* Blue Barn, Inc.

How Oil Is Formed, 1 vol. Kristen Rajczak Nelson. 2016. (From the Earth: How Resources Are Made Ser.). (ENG.). 32p. (J). (gr. 3-4). pap. 11.50 *(978-1-4824-4721-7(5)*, 223ac55f-3d16-4d15-b13e-abf6458128f0) Stevens, Gareth Publishing LLLP.

How Old Am I? 100 Faces from Around the World. Julie Pugeat. 2021. (ENG., Illus.). 216p. (gr. -1-3). 19.95 *(978-1-83866-158-8(1))* Phaidon Pr., Inc.

How Old Is a Whale? Animal Life Spans from the Mayfly to the Immortal Jellyfish. Lily Murray. Illus. by Jesse Hodgson. 2023. (ENG.). 64p. (J). (gr. 1-4). 21.99 *(978-1-5362-2975-2(X)*, Big Picture Press) Candlewick Pr.

How Old Is Mr. Tortoise? Dev Petty. Illus. by Ruth Chan. 2022. (ENG.). 40p. (J). (gr. -1-3). 17.99 *(978-1-4197-4670-3(7)*, 1701301, Abrams Bks. for Young Readers) Abrams, Inc.

How Olly Met His New Family: Children & Their Pets. Silviya Rankova. 2020. (ENG.). 28p. (J). pap. *(978-1-64268-182-6(2))* novum pocket Verlag in der novum publishing GmbH.

How Oscar Indigo Broke the Universe (and Put It Back Together Again) David Teague. 2017. (ENG.). 256p. (J). (gr. 3-7). 16.99 *(978-0-06-237749-4(3)*, HarperCollins) HarperCollins Pubs.

How Our Choices Impact Earth (Set), 12 vols. 2018. (How Our Choices Impact Earth Ser.). (ENG.). 64p. (gr. 6-6). lib. bdg. 216.78 *(978-1-5081-8260-3(4)*, 8af5ac6b-9234-4b7a-a6c8-3d3e0c82fbee, Rosen Reference) Rosen Publishing Group, Inc., The.

How Our Family Prays Each Day: A Read-Aloud Story for Catholic Families. Gregory K. Popcak. Illus. by Jacob Flores-Popcak. 2022. (ENG.). 32p. (J). 16.95 *(978-1-64680-169-5(5))* Ave Maria Pr.

How Our Government Works, 12 vols., Set. David J. Jakubiak. Incl. What Does a Congressional Representative Do? lib. bdg. 26.27 *(978-1-4358-9362-7(X)*, ae02193a-85fc-4981-97d2-b8fe04442f25); What Does a Governor Do? lib. bdg. 26.27 *(978-1-4358-9358-0(1)*, 99261648-5866-45a8-bd50-116464955214); What Does a Mayor Do? lib. bdg. 26.27 *(978-1-4358-9359-7(X)*, ea92488c-442d-4fdf-bc36-818103f8549a); What Does a Senator Do? lib. bdg. 26.27 *(978-1-4358-9360-3(3)*, 72d2509e-ccb7-41e4-aee2-aeabeb327ae7); What Does a Supreme Court Justice Do? lib. bdg. 26.27 *(978-1-4358-9361-0(1)*, 0b1487b1-e8ca-474e-a67b-59e45e307f29); What Does the President Do? lib. bdg. 26.27 *(978-1-4358-9357-3(3)*, 2da102a5-9dda-4280-99bb-0230c16564fe); (J). (gr. 3-3). (How Our Government Works). (ENG., Illus.). 24p. 2010. Set lib. bdg. 157.62 *(978-1-4358-9405-1(7)*, 63b041c6-3aef-4a63-96da-0365b2ceebb3, PowerKids Pr.) Rosen Publishing Group, Inc., The.

How Our Grandfathers Lived (Classic Reprint) Albert Bushnell Hart. 2018. (ENG., Illus.). 400p. (J). 32.19 *(978-0-332-84762-7(4))* Forgotten Bks.

How Our Skin Sparkles: A Growth Mindset Children's Book for Global Citizens about Acceptance. Aditi Wardhan Singh. 2020. (ENG.). 36p. (J). (gr. k-3). (Empowerment Ser.: Vol. 1). pap. 11.99 *(978-1-7335649-2-2(6))*; (Illus.). 18.99 *(978-1-7335649-3-9(4))* Raising World Children LLC.

How Our Space Program Uses Ion Propulsion Children's Physics of Energy. Baby Professor. 2017. (ENG., Illus.). (J). pap. 7.89 *(978-1-5419-0286-2(6)*, Baby Professor (Education Kids)) Speedy Publishing LLC.

How Pandas Grow Up, 1 vol. Lisa Idzikowski. 2018. (Animals Growing Up Ser.). (ENG.). 24p. (gr. 1-2). 24.27 *(978-0-7660-9655-4(6)*, bb05dac6-994e-49ce-9089-e19001c59cb5) Enslow Publishing, LLC.

How Paris Amuses Itself (Classic Reprint) F. Berkeley Smith. 2017. (ENG., Illus.). 378p. (J). 31.71 *(978-0-332-57523-0(3))* Forgotten Bks.

How Penelope Learned There Really Is a Santa Claus. Pauli Rose Libsohn. 2022. (ENG., Illus.). 76p. (J). 24.95 *(978-1-6624-1904-1(X))* Page Publishing Inc.

How Penguins Grow Up, 1 vol. Lisa Idzikowski. 2018. (Animals Growing Up Ser.). (ENG.). 24p. (gr. 1-2). 24.27 *(978-0-7660-9659-2(9)*, bd265edd-b74e-4731-8ed0-2cf966a9e781) Enslow Publishing, LLC.

How People Get Around: The Coloring Book. Activibooks For Kids. 2016. (ENG., Illus.). (J). pap. 9.20 *(978-1-68321-785-5(3))* Mimaxion.

How Plants & Trees Work: A Hands-On Guide to the Natural World. Christiane Dorion. Illus. by Beverley Young. 2017. (Explore the Earth Ser.). (ENG.). 18p. (J). (gr. 2-5). 19.99 *(978-0-7636-9298-8(0)*, Templar) Candlewick Pr.

How Plants Communicate, 1 vol. Sarah Machajewski. 2018. (Let's Find Out! Plants Ser.). (ENG.). 32p. (gr. 2-3). lib. bdg. 26.06 *(978-1-5383-0185-2(7)*, 890637fd-8389-4d23-9e75-fd6c11dd9667, Britannica Educational Publishing) Rosen Publishing Group, Inc., The.

How Plants Grow, 1 vol. Cathleen Small. 2018. (Let's Find Out! Plants Ser.). (ENG.). 32p. (gr. 2-3). lib. bdg. 26.06 *(978-1-5383-0189-0(X)*, 2a47c799-66fb-4884-96d3-3bdad2c827af, Britannica Educational Publishing) Rosen Publishing Group, Inc., The.

How Plants Make Food - a Kangaa ni Karekea Kanaia Taian Aroka (Te Kiribati) Tekaribwa Boota. Illus. by John Maynard Balinggao. 2023. (ENG.). 34p. (J). pap. ***(978-1-922895-57-8(1))*** Library For All Limited.

How Plants Protect Themselves, 1 vol. Sarah Machajewski. 2019. (Top Secret Life of Plants Ser.). (ENG.). 24p. (gr. 2-3). pap. 9.15 *(978-1-5382-3379-5(7)*, 695e94ab-82d1-43ef-8875-0539d0282cda) Stevens, Gareth Publishing LLLP.

How Plants Reproduce, 1 vol. Judy Silverstein Gray. 2018. (Let's Find Out! Plants Ser.). (ENG.). 32p. (gr. 2-3). lib. bdg. 26.06 *(978-1-5383-0193-7(8)*, 20ba2732-5b4a-4baf-a351-85f9695c4515, Britannica Educational Publishing) Rosen Publishing Group, Inc., The.

How Plants Spread Seeds, 1 vol. Janey Levy. 2019. (Top Secret Life of Plants Ser.). (ENG.). 24p. (gr. 2-3). pap. 9.15 *(978-1-5382-3383-2(5)*, b2073707-89ef-4982-9429-a61c5a98311c) Stevens, Gareth Publishing LLLP.

How Plants Survive Wildfires, 1 vol. Kate Mikoley. 2019. (Top Secret Life of Plants Ser.). (ENG.). 24p. (gr. 2-3). pap. 9.15 *(978-1-5382-3387-0(8)*, 4cc221da-4915-4f03-a772-b41484ec0bb3) Stevens, Gareth Publishing LLLP.

How Plants Will Save the World. Mari Bolte. 2022. (STEM to the Rescue Ser.). (ENG., Illus.). 32p. (J). (gr. 5-8). lib. bdg. 27.99 *(978-1-62920-945-6(7)*, 9882e77c-1233-4ead-b821-1106eda7e528) Full Tilt Pr. NZL. Dist: Lerner Publishing Group.

How Pokémon GO Was Made. Josh Gregory. 2021. (21st Century Skills Innovation Library: Unofficial Guides Junior Ser.). (ENG., Illus.). 24p. (J). (gr. 2-5). lib. bdg. 30.64 *(978-1-5341-8334-6(5)*, 218488) Cherry Lake Publishing.

How Poop Can Save the World: And Other Cool Fuels to Help Save Our Planet. John Townsend. Illus. by Steve Brown. 2022. (ENG.). 128p. (J). (gr. 3-7). pap. 7.95 *(978-1-78312-852-5(6))* Welbeck Publishing Group Ltd. GBR. Dist: Two Rivers Distribution.

How Popcorn the Bear Found His Name! Debbie Howard. Illus. by Gail Yerrill. 2016. (ENG.). 31p. (J). pap. *(978-0-9575804-9-7(5))* Bright Star Characters.

How Popo Got His Name. Tina Reich. Illus. by Diandra Hwan. 2019. (ENG.). 34p. (J). pap. 9.99 *(978-1-7343186-0-9(0))* Reich, Tina.

How Porcupine Got Quills. Retold by Lori Mortensen. 2016. (Spring Forward Ser.). (J). (gr. 2). *(978-1-4900-9465-6(2))* Benchmark Education Co.

How Precious Metals Form, 1 vol. Julia McDonnell. 2016. (From the Earth: How Resources Are Made Ser.). (ENG., Illus.). 32p. (J). (gr. 3-4). pap. 11.50 *(978-1-4824-4727-9(4)*, 19178746-c5de-4e77-9270-e3045d306209) Stevens, Gareth Publishing LLLP.

How Private Geo; W. Peck Put down the Rebellion: Or the Funny Experiences of a Raw Recruit (Classic Reprint) George W. Peck. 2018. (ENG., Illus.). 354p. (J). 31.20 *(978-0-365-24364-9(7))* Forgotten Bks.

How Private George W. Peck Put down the Rebellion or, the Funny Experiences of a Raw Recruit - 1887. George W. Peck. 2018. (ENG., Illus.). 236p. (YA). (gr. 7-12). pap. *(978-93-5297-523-5(5))* Alpha Editions.

How Puerto Ricans Made the US Mainland Home, 1 vol. Lourdes Dávila. 2018. (Coming to America: the History of Immigration to the United States Ser.). (ENG.). 80p. (gr. 6-6). 38.80 *(978-1-5081-8135-4(7)*, e32362a9-f271-4eaf-96ce-c1cc56402619); pap. 16.88 *(978-1-5081-8136-1(5)*, 8686813d-d482-4b3b-b30c-811e601cf537) Rosen Publishing Group, Inc., The. (Rosen Central).

How Pumpkin Became a Pie. Karen Riggle. 2019. (ENG.). 30p. (J). 23.95 *(978-1-0980-1320-2(4))*; pap. 13.95 *(978-1-0980-1318-9(2))* Christian Faith Publishing.

How Puppies Make Me Feel. Susan Park. 2023. (ENG.). 34p. (J). pap. 17.00 ***(978-1-0881-7017-5(X))*** Indy Pub.

How Rabbit & Chipmunk Kept Bear from Stealing the Picnic Basket. Jim Chansler & Lyle Lee Jenkins. 2023. (Wordless Books for Young Authors Ser.: Vol. 3). (ENG.). 26p. (J). pap. 9.99 ***(978-1-956457-75-9(5))*** LtoJ Pr.

How Raven Got His Crooked Nose: An Alaskan Dena'ina Fable. Illus. by Mindy Dwyer. 2020. (ENG.). 32p. (J). (gr. k-3). pap. 12.99 *(978-1-5132-6439-4(7)*, Alaska Northwest Bks.) West Margin Pr.

How Reid Erman Became Reader Man. Terrence N. Siqueira. Illus. by Romi Caron. 2022. (ENG.). 20p. (J). *(978-1-0391-4155-1(2))*; pap. *(978-1-0391-4154-4(4))* FriesenPress.

How Reindeer Learn How to Fly. S. Swan. Illus. by S. Swan. 2019. (ENG., Illus.). 32p. (J). 16.99 *(978-1-7342991-1-3(8))*; pap. 9.99 *(978-1-7342991-0-6(X))* S. Swan.

How Rent Made It to the Stage, 1 vol. George Capaccio. 2018. (Getting to Broadway Ser.). (ENG.). 96p. (YA). (gr. 8-8). 45.93 *(978-1-5026-3511-2(9)*, 1ce0e879-6c76-441b-a2cb-5f872d058384) Cavendish Square Publishing LLC.

How Rio Shook the Bridge. Philip Olorunshua Akinyemi. Illus. by Traci Allison. 2020. (Rio the Tortoise Ser.: Vol. 1). (ENG.). 30p. (J). (gr. k-6). 14.99 *(978-1-7342603-1-1(9))* Akinyemi, Philip.

How Rio Shook the Bridge. Philip Olorunshua Akinyemi. Illus. by Traci Allison. 2020. (Rio the Tortoise Ser.: Vol. 1). (ENG.). 30p. (J). pap. 9.99 ***(978-1-7342603-0-4(0))*** Akinyemi, Philip.

How Rita Bear Got Her Name. Shirley N. Reyes. 2021. (ENG.). 22p. (J). *(978-0-2288-5826-3(7))*; pap. *(978-0-2288-4875-2(X))* Tellwell Talent.

How Roblox Was Made. Josh Gregory. 2020. (21st Century Skills Innovation Library: Unofficial Guides Junior Ser.). (ENG., Illus.). 24p. (J). (gr. 2-5). lib. bdg. 30.64 *(978-1-5341-6972-2(5)*, 215775) Cherry Lake Publishing.

How Robotics Is Changing the World. Kathryn Hulick. 2018. (How Science Changed the World Ser.). (ENG.). 80p. (YA). (gr. 6-12). 39.93 *(978-1-68282-417-7(9))* ReferencePoint Pr., Inc.

How Robots Work, 1 vol. Ian Chow-Miller. 2018. (Everyday STEM Ser.). (ENG.). 32p. (J). (gr. 3-3). 30.21 *(978-1-5026-3744-4(8)*, ea117dc6-31cb-4bc4-932c-d45467887e0b) Cavendish Square Publishing LLC.

H

How Rocko's Escape Turned to an Adventure. Tanna Reese. 2017. (ENG., Illus.). 74p. (J). pap. 14.95 *(978-1-64114-770-5(9))* Christian Faith Publishing.

How Rules & Laws Change Society, 1 vol. Joshua Turner. 2018. (Civic Virtue: Let's Work Together Ser.). (ENG.). 24p. (gr. 3-3). 25.27 *(978-1-5081-6675-7(7)*, 2cf1cd33-43e8-455e-bdd0-f4ba09cd7d6f, PowerKids Pr.) Rosen Publishing Group, Inc., The.

How Ryan Created a Great Day. K. Erfani. 2021. (ENG.). 30p. (J). pap. 11.00 ***(978-0-9967007-6-4(5))*** ILCP.

How Sabattis Got His Christmas Dinner (Classic Reprint) George McAleer. (ENG., Illus.). (J). 2018. 22p. 24.35 *(978-0-483-49315-5(5))*; 2017. pap. 7.97 *(978-0-259-93121-8(7))* Forgotten Bks.

How Samantha Smart Became a Revolutionary, 1 vol. Dawn Green. 2017. (ENG., Illus.). 312p. (YA). (gr. 7-12). pap. 14.95 *(978-0-88995-549-3(2)*, 9eae66db-7171-41b4-8037-a8d8299f2f8c) Red Deer Pr. CAN. Dist: Firefly Bks., Ltd.

How Santa Changed. Karl Steam. 2016. (ENG., Illus.). (J). pap. 9.50 *(978-1-63578-002-4(0))* Libro Studio LLC.

How Santa Gets All the Chimneys. Helen Jo. 2018. (ENG., Illus.). 46p. (J). 16.99 ***(978-1-7329969-3-9(8))***; pap. 13.99 ***(978-1-7329969-0-8(3))*** Smore Bks.

How Santa Gets down the Chimney & Other Unexplained Mysteries. Alexa Asagi Andres. 2017. (ENG., Illus.). (J). pap. 9.99 *(978-1-943529-91-9(4))* Yawn's Bks. & More, Inc.

How Santa Saved Christmas from Halloween. Tylor Chacon. 2017. (ENG., Illus.). (J). pap. 19.99 *(978-1-365-76965-8(8))* Lulu Pr., Inc.

How Santa's Reindeer Were Named. John R. Wenzler. 2022. (ENG.). 34p. (J). ***(978-1-6781-2905-7(4))***; pap. ***(978-1-6781-3316-0(7))*** Lulu Pr., Inc.

How Satellites Are Used for Remote Sensing - First Space Encyclopedia Grade 4 - Children's Astronomy & Space Books. Baby Professor. (ENG.). 76p. (J). 2020. pap. 15.06 *(978-1-5419-5342-0(8))*; 2019. 25.05 *(978-1-5419-7566-8(9))* Speedy Publishing LLC. (Baby Professor (Education Kids)).

How Seahorses Grow Up. Linda Bozzo. 2019. (Animals Growing Up Ser.). (ENG.). 24p. (gr. 1-2). 56.10 *(978-1-9785-1238-2(4))* Enslow Publishing, LLC.

How Seals Grow Up, 1 vol. Linda Bozzo. 2019. (Animals Growing Up Ser.). (ENG.). 24p. (gr. 1-2). 24.27 *(978-1-9785-0722-7(4)*, 0056bcb0-24b4-43b6-a43e-d84ac1e75d8f) Enslow Publishing, LLC.

How Self-Driving Cars Will Impact Society. Jessica Mosloski. 2018. (Technology's Impact Ser.). (ENG.). 80p. (J). (gr. 6-12). 39.93 *(978-1-68282-497-9(7))* ReferencePoint Pr., Inc.

How Self-Driving Cars Work, 1 vol. Ian Chow-Miller. 2018. (Everyday STEM Ser.). (ENG.). 32p. (J). (gr. 3-3). 30.21 *(978-1-5026-3748-2(0)*, 73013609-926a-4ae4-b27b-d912d724722f) Cavendish Square Publishing LLC.

How Sensors Work. Victoria G. Christensen. 2016. (Connect with Electricity Ser.). (ENG., Illus.). 40p. (J). (gr. 4-6). 30.65 *(978-1-5124-0779-2(8)*, ee7cb9c9-f55e-45ac-b3be-1ed42d55707a); E-Book 46.65 *(978-1-5124-1010-5(1))* Lerner Publishing Group. (Lerner Pubns.).

How Shakespeare's Skull Was Stolen & Found (Classic Reprint) A. Warwickshire Man. 2017. (ENG., Illus.). (J). 24.93 *(978-1-5279-6493-8(0))* Forgotten Bks.

How She Died, How I Lived. Mary Crockett. 2019. (ENG.). 416p. (YA). (gr. 9-17). pap. 10.99 *(978-0-316-52382-0(8))* Little, Brown Bks. for Young Readers.

How Should America Deal with Undocumented Immigrants? James Roland. 2020. (Issues Today Ser.). (ENG.). 80p. (J). (gr. 6-12). 41.27 *(978-1-68282-881-6(6))* ReferencePoint Pr., Inc.

How Should Extremist Content Be Regulated on Social Media? Marcia S. Gresko. 2020. (Issues Today Ser.). (ENG.). 80p. (YA). (gr. 6-12). 41.27 *(978-1-68282-883-0(2))* ReferencePoint Pr., Inc.

How Should Society Respond to the Refugee Crisis? Stephanie Lundquist-Arora. 2020. (Issues Today Ser.). (ENG.). 80p. (YA). (gr. 6-12). 41.27 *(978-1-68282-885-4(9))* ReferencePoint Pr., Inc.

How Slaves Built America. Duchess Harris & Tom Streissguth. 2019. (Slavery in America Ser.). (ENG., Illus.). 112p. (J). (gr. 6-12). lib. bdg. 41.36 *(978-1-5321-1924-8(0)*, 32313, Essential Library) ABDO Publishing Co.

How Sloths Grow Up, 1 vol. Linda Bozzo. 2019. (Animals Growing Up Ser.). (ENG.). 24p. (gr. 1-2). pap. 10.35 *(978-1-9785-1241-2(4)*,

75cac777-782e-4e52-94c8-45c94fe86763) Enslow Publishing, LLC.

How Slow Is a Sloth?: Measure the Rainforest (Nature Numbers) (Library Edition) Jill Esbaum. 2022. (Nature Numbers Ser.). (ENG., Illus.). 32p. (J). (gr. k-2). 25.00 *(978-1-338-76521-2(3))*; pap. 7.99 *(978-1-338-76522-9(1))* Scholastic Library Publishing. (Children's Pr.).

How Small Is Mercury? Astronomy Book for Beginners Children's Astronomy Books. Baby Professor. 2017. (ENG., Illus.). (J). pap. 8.79 *(978-1-5419-1352-3(3)*, Baby Professor (Education Kids)) Speedy Publishing LLC.

How Smartphones Work, 1 vol. Alicia Z. Klepeis. 2018. (Everyday STEM Ser.). (ENG.). 32p. (J). (gr. 3-3). 30.21 *(978-1-5026-3752-9(9)*, b9d8f6d6-0765-47e0-9e32-a3afc862d7b8) Cavendish Square Publishing LLC.

How Snakes Grow Up, 1 vol. Linda Bozzo. 2019. (Animals Growing Up Ser.). (ENG.). 24p. (gr. 1-2). pap. 10.35 *(978-1-9785-1245-0(7)*, b69d2f08-d08c-4695-8a9c-daac7c327d7b) Enslow Publishing, LLC.

How Snakes Slither. Emma Huddleston. 2020. (Science of Animal Movement Ser.). (ENG., Illus.). 32p. (J). (gr. 2-5). lib. bdg. 34.21 *(978-1-5321-9297-5(5)*, 35057, Kids Core) ABDO Publishing Co.

How Snakes Slither. Emma Huddleston. 2021. (Science of Animal Movement Ser.). (ENG., Illus.). 32p. (J). (gr. 2-3). pap. 9.95 *(978-1-64494-436-3(7))* North Star Editions.

How Sorrow Was Changed into Sympathy: Words of Cheer for Mothers, Bereft of Little Children (Classic Reprint) Prentiss. (ENG., Illus.). (J). 2018. 212p. 28.29 *(978-0-365-48303-8(6))*; 2017. pap. 10.97 *(978-0-243-15021-2(0))* Forgotten Bks.

How Sound Changes. Robin Johnson. 2020. (Waves: Light & Sound Ser.). (ENG.). 24p. (J). lib. bdg. 22.99 *(978-1-5105-5399-6(1))* SmartBook Media, Inc.

How Sprinkle the Pig Escaped the River of Tears: A Story about Finding Comfort after a Loss. Anne Westcott & C. C. Alicia Hu. Illus. by Ching-Pang Kuo. 2017. (Hidden Strengths Therapeutic Children's Bks.). 40p. (C). pap. 17.95 *(978-1-78592-769-0(8)*, 696564) Kingsley, Jessica Pubs. GBR. Dist: Hachette UK Distribution.

How Squirrels Got Their Tails. Lindsay Todeschini McCormack. 2021. (ENG.). 20p. (J). *(978-1-5255-9269-0(6))*; pap. *(978-1-5255-9268-3(8))* FriesenPress.

How Stem Built Empires: Set, 14 vols. 2019. (How STEM Built Empires Ser.). (ENG.). 80p. (YA). (gr. 7-7). lib. bdg. 262.29 *(978-1-7253-4176-0(X)*, 076f2242-0726-4ed3-9808-82a02da10993) Rosen Publishing Group, Inc., The.

How STEM Built the Aztec Empire, 1 vol. Amie Jane Leavitt. 2019. (How STEM Built Empires Ser.). (ENG.). 80p. (gr. 7-7). pap. 16.30 *(978-1-7253-4134-0(4)*, 4018fd21-706c-4ecc-975f-0a94efc7e4c3) Rosen Publishing Group, Inc., The.

How STEM Built the Chinese Dynasties, 1 vol. Michael Hessel-Mial. 2019. (How STEM Built Empires Ser.). (ENG.). 80p. (gr. 7-7). pap. 16.30 *(978-1-7253-4137-1(9)*, 52c40482-3afd-4b12-b46b-eb95ffaa821) Rosen Publishing Group, Inc., The.

How STEM Built the Egyptian Empire, 1 vol. Xina M. Uhl. 2019. (How STEM Built Empires Ser.). (ENG.). 80p. (gr. 7-7). 37.47 *(978-1-7253-4141-8(7)*, 8f9cd357-1a9a-4d31-9171-af497ab0eba5); pap. 16.30 *(978-1-7253-4140-1(9)*, d8df29d1-6ad5-4d56-99bf-aab8267f6bd4) Rosen Publishing Group, Inc., The. (Rosen Young Adult).

How STEM Built the Greek Empire, 1 vol. Donna Bowen McKinney. 2019. (How STEM Built Empires Ser.). (ENG.). 80p. (gr. 7-7). pap. 16.30 *(978-1-7253-4143-2(3)*, 4b7c4e01-adb4-4aa2-9f8e-2ada50a64347) Rosen Publishing Group, Inc., The.

How STEM Built the Incan Empire, 1 vol. Michael Hessel-Mial. 2019. (How STEM Built Empires Ser.). (ENG.). 80p. (gr. 7-7). pap. 16.30 *(978-1-7253-4146-3(8)*, 8e00ab78-4c0f-4950-9a94-e3ae4af76b2e) Rosen Publishing Group, Inc., The.

How STEM Built the Mayan Empire, 1 vol. Amie Jane Leavitt. 2019. (How STEM Built Empires Ser.). (ENG.). 80p. (gr. 7-7). pap. 16.30 *(978-1-7253-4149-4(2)*, ccee7b83-7ab1-4a52-8605-764ba3b58500) Rosen Publishing Group, Inc., The.

How STEM Built the Roman Empire, 1 vol. Xina M. Uhl. 2019. (How STEM Built Empires Ser.). (ENG.). 80p. (gr. 7-7). pap. 16.30 *(978-1-7253-4152-4(2)*, aea2ce53-1be1-444e-b122-08dbb30985d4) Rosen Publishing Group, Inc., The.

How Steven the Bear Invented S'mores. Scott Hall. Illus. by Madison Brake. 2022. (Steven the Bear Ser.). (ENG.). 32p. (J). (gr. -1-3). 24.95 *(978-1-63195-502-0(0))*; pap. 9.95 *(978-1-63195-501-3(2))* Morgan James Publishing.

How Still How Happy: Fall Leaves Fall. Ellis Bell & Ngj Schlieve. 2017. (It's a Classic, Baby Ser.). (ENG., Illus.). 38p. (J). 16.95 *(978-1-947032-14-9(3))*; pap. 11.95 *(978-1-947032-10-1(0))* Pemberley Publishing.

How Stories Came to People. Ghanaian Folktale. Illus. by Wiehan de Jager. 2022. (ENG.). 32p. (J). pap. ***(978-1-922918-06-2(7))*** Library For All Limited.

How Stories Came to People - Jinsi Hadithi Zilikuja Kwa Watu. Illus. by Wiehan de Jager. 2023. (SWA.). 32p. (J). pap. ***(978-1-922876-39-3(9))*** Library For All Limited.

How Streaming Works, 1 vol. Peg Robinson. 2018. (Everyday STEM Ser.). (ENG.). 32p. (J). (gr. 3-3). 30.21 *(978-1-5026-3756-7(1)*, f2701ea2-00d5-49ff-8cb2-029953227421) Cavendish Square Publishing LLC.

How Submarines Work. Walt Brody. 2019. (Lightning Bolt Books (r) — Military Machines Ser.). (ENG., Illus.). 24p. (J). (gr. 1-3). 29.32 *(978-1-5415-5568-6(6)*, 3110d309-1fb0-4ebd-ac78-9e5055989ea1); pap. 9.99 *(978-1-5415-7458-8(3)*, 9e2e135a-b9c6-454c-8a1e-14da4bfb2f30) Lerner Publishing Group. (Lerner Pubns.).

How Sunny the Skunk Found His Smell. Antalaya Israel. Illus. by Joy Thomas Anderson. 2018. (ENG.). 26p. (J). pap. 9.95 *(978-0-9987161-9-0(7))* Tre H Publishing a division of Tre H Productions, LLC.

How Super Cool Tech Works. DK. 2020. (ENG., Illus.). 192p. (J). (gr. 4-7). pap. 19.99 *(978-0-7440-2029-8(8)*, DK Children) Dorling Kindersley Publishing, Inc.

How Sweet the Sound: The Story of Amazing Grace. Carole Boston Weatherford. Illus. by Frank Morrison. 2018. (ENG.). 48p. (J). (gr. -1-3). 17.99 *(978-1-4814-7206-7(2))* Simon & Schuster Children's Publishing.

How Tall Will I Be? Shanequa Waison-Rattray. 2022. (ENG.). 36p. (J). pap. 14.99 ***(978-0-578-98551-0(9))*** SRattray.

How Tall Will I Be? Coloring & Activity Book. Shanequa Waison-Rattray. 2022. (ENG.). 32p. (J). pap. 12.00 ***(978-0-578-29374-5(9))*** SRattray.

How Talula Turned Her Day Around. Kathy Brodsky. Illus. by Sarah Zeogas. 2021. (ENG.). 36p. (J). pap. 9.99 *(978-0-9977922-8-7(0))* Helpingwords.

How Talula Turned Her Day Around: Activity/Coloring Book. Kathy Brodsky. Illus. by Sarah Zeogas. 2021. (ENG.). 36p. (J). pap. 4.99 *(978-0-9828529-8-9(3))* Helpingwords.

How Talula Turned Her Day Around: Bundle W/Coloring Book. Kathy Brodsky. Illus. by Sarah Zeogas. 2021. (ENG.). 36p. (J). pap. 13.99 *(978-0-9828529-5-8(9))* Helpingwords.

How Tanks Work. Walt Brody. 2019. (Lightning Bolt Books (r) — Military Machines Ser.). (ENG., Illus.). 24p. (J). (gr. 1-3). 29.32 *(978-1-5415-5566-2(X)*, e0c1dba1-d645-42cc-a3b0-b2dd20bb6bdf); pap. 9.99 *(978-1-5415-7459-5(1)*, ea040484-e0fe-4b5a-bd05-bc3abc4cdf26) Lerner Publishing Group. (Lerner Pubns.).

How Teachers Swear Coloring Book for Young Adults & Teens (6x9 Coloring Book / Activity Book) Sheba Blake. 2020. (ENG., Illus.). 54p. (YA). pap. 9.99 *(978-1-222-28528-4(2))* Indy Pub.

How Teachers Swear Coloring Book for Young Adults & Teens (8. 5x8. 5 Coloring Book / Activity Book) Sheba Blake. 2020. (ENG.). 54p. (YA). pap. 12.99 *(978-1-222-28787-5(0))* Indy Pub.

How Teachers Swear Coloring Book for Young Adults & Teens (8x10 Coloring Book / Activity Book) Sheba Blake. 2020. (ENG., Illus.). 54p. (YA). pap. 14.99 *(978-1-222-28529-1(0))* Indy Pub.

How Thankful Should We Be: Comments on Natal (Classic Reprint) E. Neumann Thomas. 2018. (ENG., Illus.). 36p. (J). 24.64 *(978-0-267-28049-0(1))* Forgotten Bks.

How the Amazing Mylo Rescued His Grandpa. Mark C. Hogan. Illus. by Penny Weber. 2021. (Magic Mylo Ser.: 1). 32p. (J). pap. 11.99 *(978-1-63901-908-3(1))* BookBaby.

How the Automobile Changed the World. Craig E. Blohm. 2018. (How Science Changed the World Ser.). (ENG.). 80p. (YA). (gr. 6-12). 39.93 *(978-1-68282-407-8(1))* ReferencePoint Pr., Inc.

How the Bay Was Saved. Steve Gray. 2022. (ENG.). 38p. (J). 16.95 *(978-1-63755-050-2(2))* Amplify Publishing Group.

How the Bear Lost His Tail & Other Animal Stories of the Forest. John Townsend. Illus. by Martina Peluso. ed. 2022. (Animal Stories for Bedtime Ser.). (ENG.). 96p. (J). (gr. k). 14.99 *(978-1-913971-59-5(7)*, Scribblers) Book Hse. GBR. Dist: Sterling Publishing Co., Inc.

How the Big Bad Wolf Got His Commeuppance. Lisa Wilke Pope. Illus. by Arthur Geisert. ed. 2021. (Clayton County Trilogy Ser.). 40p. (J). (gr. 1-4). 17.95 *(978-1-59270-314-2(3))* Enchanted Lion Bks., LLC.

How the Bird Got His Song. Darla Martin. 2021. (ENG., Illus.). 32p. (J). pap. 14.95 *(978-1-63874-429-0(7))* Christian Faith Publishing.

How the Birds Became Friends. Noa Baum. Illus. by Zev Labinger. 2021. (ENG.). 32p. (J). (gr. -1-3). 17.99 *(978-1-64170-561-5(2)*, 550561) Familius LLC.

How the Birds Got Their Colours: Tales from the Australian Dreamtime: Band 13/Topaz (Collins Big Cat) Helen Chapman. 2017. (Collins Big Cat Ser.). (ENG.). 32p. (J). (gr. 2-3). pap. 10.99 *(978-0-00-817934-2(4))* HarperCollins Pubs. Ltd. GBR. Dist: Independent Pubs. Group.

How the Blue-Tongued Skink Got His Blue Tongue. Mary Langer Thompson. Illus. by Samantha Kickingbird. 2016. (ENG.). (J). pap. 12.99 *(978-0-9978612-0-4(7))* Mindstir Media.

How the Bomb Changed Everything. Emma Huddleston. 2021. (Atomic Bomb Perspectives Ser.). (ENG., Illus.). 48p. (J). (gr. 4-8). lib. bdg. 35.64 *(978-1-5321-9267-8(3)*, 34923) ABDO Publishing Co.

How the Butterfly Got Her Colours. Jade A. Blayk. 2021. (ENG.). 84p. (J). *(978-1-0391-0910-0(1))*; pap. *(978-1-0391-0909-4(8))* FriesenPress.

How the Candy Cane Got Its Stripes: A Christmas Tale. Kevin Brougher. Illus. by Lisa M. Santa Cruz. 2020. (ENG.). 46p. (J). pap. 12.95 *(978-1-7361381-8-2(9))* Missing Piece Pr.

How the Cassowary Got Its Helmet. Trevor Fourmile. 2023. (ENG.). 34p. (J). pap. 10.99 ***(978-1-959082-65-1(5))*** Bk.Trail Agency.

How the Cloud Works, 1 vol. Jeanne Marie Ford. 2018. (Everyday STEM Ser.). (ENG.). 32p. (J). (gr. 3-3). 30.21 *(978-1-5026-3740-6(5)*, 92b55465-656a-4f5b-a8f6-98ff0917b01e) Cavendish Square Publishing LLC.

How the Club Was Formed (Classic Reprint) O. W. Gleason. 2018. (ENG., Illus.). 36p. (J). 24.66 *(978-0-483-06885-8(3))* Forgotten Bks.

How the Continents Move. Jan Leyssens. Illus. by Joachim Sneyers. 2020. (Marvelous but True Ser.: 2). (ENG.). 32p. (J). (gr. 1-5). 16.95 *(978-1-60537-580-9(2))* Clavis Publishing.

How the Cookie Crumbled: The True (and Not-So-True) Stories of the Invention of the Chocolate Chip Cookie. Gilbert Ford. Illus. by Gilbert Ford. 2017. (ENG., Illus.). 40p. (J). (gr. -1-3). 18.99 *(978-1-4814-5067-6(0))* Simon & Schuster Children's Publishing.

How the Coreys Went West: Fifty Years in Crossing the Continent (Classic Reprint) Permelia Corey Thomson. 2017. (ENG., Illus.). (J). 26.52 *(978-0-265-46787-9(X))* Forgotten Bks.

How the Coreys Went West: Fifty Years in Crossing the Continent (Classic Reprint) Permelin Corey Thomson. 2016. (ENG., Illus.). (J). pap. 9.57 *(978-1-333-36774-9(0))* Forgotten Bks.

How the Crayons Saved Christmas. Monica Sweeney. Illus. by Wendy Leach. 2020. (How the Crayons Saved Ser.: 3). 32p. (J). (-1). 16.99 *(978-1-5107-6194-0(2)*, Sky Pony Pr.) Skyhorse Publishing Co., Inc.

How the Crayons Saved the Earth. Monica Sweeney. 2023. (How the Crayons Saved Ser.: 5). 32p. (J). (gr. -1-1). 19.99 *(978-1-5107-7293-9(6)*, Sky Pony Pr.) Skyhorse Publishing Co., Inc.

How the Crayons Saved the Rainbow. Monica Sweeney. Illus. by Feronia Parker-Thomas. 2016. (How the Crayons Saved Ser.: 1). 32p. (J). (gr. -1-k). 16.99 *(978-1-5107-0583-8(X)*, Sky Pony Pr.) Skyhorse Publishing Co., Inc.

How the Crayons Saved the School. Monica Sweeney. Illus. by Wendy Leach. 2021. (How the Crayons Saved Ser.: 4). 32p. (J). (-1). 16.99 *(978-1-5107-6709-6(6)*, Sky Pony Pr.) Skyhorse Publishing Co., Inc.

How the Crayons Saved the Unicorn. Monica Sweeney. Illus. by Feronia Parker-Thomas. 2019. (How the Crayons Saved Ser.: 2). 32p. (J). (-1). 16.99 *(978-1-5107-4819-4(9)*, Sky Pony Pr.) Skyhorse Publishing Co., Inc.

How the Dormacks Evolved Longer Backs. The Child Cognition Lab & Deb Kelemen. 2018. (Evolving Minds Ser.). (ENG., Illus.). 28p. (J). (gr. 2-4). 17.95 *(978-1-943431-27-4(2))* Tumblehome Learning.

How the Earth Became Round. Mason March. Illus. by Marc March. 2019. (ENG.). 46p. (J). (gr. k-4). 17.99 *(978-0-578-52163-3(6))* AHRWEILER, ERIC.

How the Elephant Got Her Trunk. Rudyard Kipling et al. 2017. (ENG.). 32p. (J). (gr. k-4). *(978-1-4867-1272-4(X))* Flowerpot Children's Pr. Inc.

How the Ends Met (Classic Reprint) Susan Anna Brown. 2018. (ENG., Illus.). 68p. (J). 25.30 *(978-0-484-85483-2(6))* Forgotten Bks.

How the Executive Branch Works. Maddie Spalding. 2016. (How America Works). (ENG.). 24p. (J). (gr. 3-6). 32.79 *(978-1-5038-0903-1(X)*, 210660) Child's World, Inc, The.

How the Faeries Dance. Sherry A. Fraser. Illus. by Julia Vasileva. 2021. (ENG.). 60p. (J). *(978-1-0391-1965-9(4))*; pap. *(978-1-0391-1964-2(6))* FriesenPress.

How the Fairy Violet Lost & Won Her Wings. Marianne L. B. Ker. 2019. (ENG.). 22p. (YA). (gr. 7-12). pap. *(978-93-5329-499-1(1))* Alpha Editions.

How the Finch Got His Colors. Annemarie Riley Guertin. Illus. by Helena Perez Garcia. 2018. (ENG.). 32p. (J). (gr. k-3). 16.99 *(978-1-945547-77-5(4)*, 554777) Familius LLC.

How the Garden Grew (Classic Reprint) Maud Maryon. (ENG., Illus.). (J). 2017. 262p. 29.32 *(978-0-332-33547-6(X))*; 2016. pap. 11.97 *(978-1-333-53883-5(9))* Forgotten Bks.

How the Government Works. Jeanne Marie Ford. 2016. (How America Works). (ENG.). 24p. (J). (gr. 3-6). 32.79 *(978-1-5038-0904-8(8)*, 210661) Child's World, Inc, The.

How the Grinch Stole Christmas! Full Color Jacketed Edition. Seuss. 2021. (Classic Seuss Ser.). (ENG., Illus.). 64p. (J). (gr. k-4). 19.99 *(978-0-593-43438-3(2))*; lib. bdg. 22.99 *(978-0-593-43439-0(0))* Random Hse. Children's Bks. (Random Hse. Bks. for Young Readers).

How the Grinch Stole Christmas! Grow Your Heart Edition: Grow Your Heart 3-D Cover Edition. Seuss. 2017. (Classic Seuss Ser.). (ENG., Illus.). 64p. (J). (gr. k-4). 19.99 *(978-1-5247-1461-1(5)*, Random Hse. Bks. for Young Readers) Random Hse. Children's Bks.

How the Heck Does That Work?! (Set), 8 vols. Virginia Loh-Hagan. 2021. (How the Heck Does That Work?! Ser.). (ENG., Illus.). 32p. (J). (gr. 4-8). 256.56 *(978-1-5341-9288-1(3)*, 218922); pap., pap., pap. 113.71 *(978-1-5341-9306-2(5)*, 218923) Cherry Lake Publishing. (45th Parallel Press).

How the Horse Ate the Apple. Charles Arthur Blount. 2021. (Poems for Dad Ser.: 1). 30p. (J). 29.95 *(978-1-0983-7662-8(5))* BookBaby.

How the Human Body Works: Leveled Reader Card Book 10 Level U. Hmh Hmh. 2019. (ENG.). (J). pap. 14.13 *(978-0-358-16186-8(X))* Houghton Mifflin Harcourt Publishing Co.

How the Human Body Works: Leveled Reader Card Book 10 Level U 6 Pack. Hmh Hmh. 2021. (J). (ENG.). pap. 69.33 *(978-0-358-18837-7(7))*; (SPA.). pap. 74.40 *(978-0-358-27317-2(X))* Houghton Mifflin Harcourt Publishing Co.

How the Internet Changed the World, 1 vol. Kaitlyn Duling. 2018. (Inventions That Changed the World Ser.). (ENG.). 64p. (J). (gr. 5-5). pap. 16.28 *(978-1-5026-4110-6(0)*, ee3dedfb-dd9c-4df5-a1e2-9e8d8541a86b) Cavendish Square Publishing LLC.

How the Internet Is Changing the World. Bradley Steffens. 2018. (How Science Changed the World Ser.). (ENG.). 80p. (YA). (gr. 6-12). 39.93 *(978-1-68282-415-3(2))* ReferencePoint Pr., Inc.

How the Internet Will Save the World. Mari Bolte. 2022. (STEM to the Rescue Ser.). (ENG., Illus.). 32p. (J). (gr. 5-8). lib. bdg. 27.99 *(978-1-62920-946-3(5)*, 0ec055d9-30df-46d3-9eab-66a7e5c8ae17) Full Tilt Pr. NZL. Dist: Lerner Publishing Group.

How the Jack-O-Lantern Got Its Name. Henry Cerda. 2018. (ENG.). 38p. (J). 14.95 *(978-1-68401-991-5(5))* Amplify Publishing Group.

How the Judicial Branch Works. Naomi J. Krueger. 2016. (How America Works). (ENG.). 24p. (J). (gr. 3-6). 32.79 *(978-1-5038-0905-5(6)*, 210662) Child's World, Inc, The.

How the King of Elfhame Learned to Hate Stories. Holly Black. Illus. by Rovina Cai. 2020. (Folk of the Air Ser.). (ENG.). 192p. (YA). (gr. 9-17). 17.99 *(978-0-316-54088-9(9))* Little, Brown Bks. for Young Readers.

How the Ladies Earned Their Dollar or Mrs. Toplost's Scheme (Classic Reprint) Orissa W. Gleason. (ENG., Illus.). (J). 2018. 40p. 24.72 *(978-0-666-72754-1(6))*; 2017. pap. 7.97 *(978-0-282-30528-4(9))* Forgotten Bks.

How the Ladybug Got Her Spots: A Pourquoi Story. Melissa Webb. 2019. (ENG., Illus.). 30p. (J). 22.95 *(978-1-64471-268-9(7))*; pap. 12.95 *(978-1-64471-267-2(9))* Covenant Bks.

How the Land of Sorrow Became the Land of Joy. Swaady Martin. Illus. by Emmanuel Nyakwada. 2020. (ENG.). 90p. (J). pap. *(978-0-620-78421-4(0))* Martin, Swaady.

How the Legislative Branch Works. Maddie Spalding. 2016. (How America Works). (ENG.). 24p. (J). (gr. 3-6). 32.79 *(978-1-5038-0906-2(4)*, 210663) Child's World, Inc, The.

How the Leopard Got His Claws. Chinua Achebe. Illus. by Mary GrandPré. 2019. (ENG.). 40p. (J). (gr. 2-5). 8.99 *(978-1-5362-0949-5(X))* Candlewick Pr.

How the Leopard Got His Spots. Rosie Dickins. 2018. (Picture Bks.). (ENG.). 24p. (J). 9.99 *(978-0-7945-4201-6(8)*, Usborne) EDC Publishing.

How the Leopard Got His Spots. Rudyard Kipling et al. 2017. (ENG.). 32p. (J). (gr. k-4). *(978-1-4867-1273-1(8))* Flowerpot Children's Pr. Inc.

How the Light Came to Kitamaat (Classic Reprint) Elizabeth Emsley Long. 2017. (ENG., Illus.). (J). 24.52 *(978-0-266-56239-9(6))*; pap. 7.97 *(978-0-282-82420-4(0))* Forgotten Bks.

How the Lion King Made It to the Stage, 1 vol. Nancy Capaccio. 2018. (Getting to Broadway Ser.). (ENG.). 96p. (YA). (gr. 8-8). 45.93 *(978-1-5026-3508-2(9)*, 63f04ba5-bcd8-43d0-aa08-a429554efa50) Cavendish Square Publishing LLC.

How the Little Star Made It Home. Hana Ramnanan. l.t. ed. 2020. (ENG.). 18p. (J). pap. 12.99 *(978-1-970079-90-6(8))* Opportune Independent Publishing Co.

How the Magic Began the Star. Amariah Dixon. 2016. (ENG., Illus.). (J). pap. 17.95 *(978-1-942766-21-6(1))* Vabella Publishing.

How the Mango Got Its Magic. Sudha Murty. 2022. (ENG.). 44p. (J). 9.99 *(978-0-14-344707-8(6)*, Puffin) Penguin Bks. India PVT, Ltd IND. Dist: Independent Pubs. Group.

How the Mastiffs Went to Iceland. Anthony Trollope. 2017. (ENG., Illus.). 90p. (J). pap. *(978-3-337-31636-5(0))* Creation Pubs.

How the Mastiffs Went to Iceland (Classic Reprint) Trollope. 2016. (ENG., Illus.). (J). pap. 9.57 *(978-1-333-63075-1(1))* Forgotten Bks.

How the Mastiffs Went to Iceland (Classic Reprint) Anthony Trollope. 2017. (ENG., Illus.). (J). 25.84 *(978-0-265-82328-6(5))* Forgotten Bks.

How the Mockingbird Found His Tune. Grandma Salad. Illus. by Sallie McNamara-Gordon. 2017. (ENG.). 38p. (J). pap. 11.99 *(978-1-945620-35-5(8))* Hear My Heart Publishing.

How the Nuclear Arms Race Brought an End to the Cold War - History Book for Kids Children's War & History Books. Baby Professor. 2017. (ENG., Illus.). 64p. (J). pap. 9.52 *(978-1-5419-1253-3(5)*, Baby Professor (Education Kids)) Speedy Publishing LLC.

How the Oceans Came to Be. Arvis Boughman. Illus. by Alfreda Beartrack-Algeo. 2022. (ENG.). 40p. (J). (gr. -1-k). 14.95 *(978-1-939053-44-2(7)*, 7th Generation) BPC.

How the Onion Got Its Layers. Sudha Murty. 2020. (ENG.). 44p. (J). (gr. k-2). 8.99 *(978-0-14-344705-4(X)*, Puffin) Penguin Bks. India PVT, Ltd IND. Dist: Independent Pubs. Group.

How the Poor Live, and, Horrible London (Classic Reprint) George R. Sims. 2017. (ENG., Illus.). (J). 27.32 *(978-0-266-55690-9(6))*; pap. 9.97 *(978-0-282-80745-0(4))* Forgotten Bks.

How the President Is Elected. Justine Rubinstein. 2019. (Know Your Government Ser.). (Illus.). 96p. (J). (gr. 12). lib. bdg. 34.60 *(978-1-4222-4236-0(6))* Mason Crest.

How the Printing Press Changed the World, 1 vol. Avery Elizabeth Hurt. 2018. (Inventions That Changed the World Ser.). (ENG.). 64p. (gr. 5-5). pap. 16.28 *(978-1-5026-4113-7(5)*, d38ff5c5-251e-4aee-adad-e73515618ee2) Cavendish Square Publishing LLC.

How the Queen Found the Perfect Cup of Tea. Kate Hosford. Illus. by Gabi Swiatkowska. 2017. (ENG.). 40p. (J). (gr. k-3). 18.99 *(978-1-4677-3904-7(9)*, 7c02bedb-b44a-40c9-aa37-01918276516a); E-Book 29.32 *(978-1-4677-9563-0(1))*; E-Book 29.32 *(978-1-5124-3272-5(5)*, 9781512432725); E-Book 9.99 *(978-1-5124-3273-2(3)*, 9781512432732) Lerner Publishing Group. (Carolrhoda Bks.).

How the Rabbit Became the Easter Bunny. Bob Bohlken. Illus. by Ann Hogue. 2016. (ENG.). 32p. (J). pap. 10.95 *(978-0-930643-36-2(4)*, Snaptail Pr.) Images Unlimited Publishing.

How the Sea Became Salty. Sudha Murty. 2021. (ENG.). 40p. (J). 6.99 *(978-0-14-345140-2(5)*, Puffin) Penguin Bks. India PVT, Ltd IND. Dist: Independent Pubs. Group.

How the Sea Came to Be: (and All the Creatures in It) Jennifer Berne. Illus. by Amanda Hall. 2023. (ENG.). 56p. (J). *(978-0-8028-5478-0(8)*, Eerdmans Bks For Young Readers) Eerdmans, William B. Publishing Co.

How the Second Grade Got $8,205. 50 to Visit the Statue of Liberty. Nathan Zimelman. Illus. by Bill Slavin. 2017. (ENG.). 32p. (J). (gr. -1-3). pap. 7.99 *(978-0-8075-3435-9(8)*, 807534358) Whitman, Albert & Co.

How the Seven Wonders of the Ancient World Were Built. Ludmila Henkova. Illus. by Tomas Svoboda. 2021. 56p. (J). 17.95 *(978-80-00-06134-4(1))* Albatros, Nakladatelstvi pro deti mladez, a.s. CZE. Dist: Consortium Bk. Sales & Distribution.

How the Sheep Helped Win the War. Joyce Covey & Farron Smith. 2016. (ENG., Illus.). (J). (gr. -1-3). 14.95 *(978-1-63177-889-6(7))* Amplify Publishing Group.

How the Squid Got Two Long Arms, 1 vol. Henry Herz. Illus. by Luke Graber. 2018. (ENG.). 32p. (J). (gr. -1-3). 16.99 *(978-1-4556-2388-4(1)*, Pelican Publishing) Arcadia Publishing.

How the Stars Came to Be: Deluxe Edition. Poonam Mistry. 2022. (ENG., Illus.). 32p. (J). (gr. k-2). 21.99 *(978-1-84976-788-0(2))* Tate Publishing, Ltd. GBR. Dist: Abrams, Inc.

How the Steam Engine Changed the World, 1 vol. Jordan Johnson. 2018. (Inventions That Changed the World Ser.). (ENG.). 64p. (gr. 5-5). pap. 16.28 *(978-1-5026-4116-8(X)*,

920

The check digit for ISBN-10 appears in parentheses after the full ISBN-13

64ac1cb2-1e20-4b61-af4f-8524e51135ed) Cavendish Square Publishing LLC.

How the Sun Fell in Love. Dani Joy. 2021. (ENG., Illus.). 30p. (YA). pap. 14.95 *(978-1-6624-6476-8(2))* Page Publishing Inc.

How the Sun Will Save the World. Mari Bolte. 2022. (STEM to the Rescue Ser.). (ENG., Illus.). 32p. (J). (gr. 5-8). lib. bdg. 27.99 *(978-1-62920-948-7(1)*, 784f3c39-442d-413e-bcea-85dc656f6298) Full Tilt Pr. NZL. Dist: Lerner Publishing Group.

How the Tiger Got His Stripes. Charles Epting. 2018. (ENG.). (J). 14.95 *(978-1-68401-448-4(4))* Amplify Publishing Group.

How the Tooth Fairy Saved Christmas. Wendy G. Holley. 2020. (ENG.). 60p. (J). 19.99 *(978-1-7359093-0-1(0))* Holley, Wendy.

How the Twins Grew up / Cómo Crecieron Los Gemelos (Bilingual Ed) Milutin Djurickovic. 2020. (ENG.). 92p. (J). pap. 13.99 *(978-1-949299-15-1(5))* Jade Publishing.

How the U. S. Government Works: ... & How It All Comes Together to Make a Nation. Syl Sobel. 3rd rev. ed. 2019. (ENG.). 48p. (J). (gr. 3-5). pap. 9.99 *(978-1-4380-1163-9(6))* Sourcebooks, Inc.

How the Us Became One of the World's Superpowers - History Facts Books Children's American History. Baby Professor. 2017. (ENG., Illus.). 64p. (J). pap. 9.52 *(978-1-5419-1245-8(4)*, Baby Professor (Education Kids)) Speedy Publishing LLC.

How the Whale Got His Throat. 2017. (Picture Bks.). (ENG.). (J). 9.99 *(978-0-7945-3869-9(X)*, Usborne) EDC Publishing.

How the Wind Found a Home. Drew Perry. Illus. by Marilyn Craggs. 2022. (ENG.). 28p. (J). pap. *(978-1-0391-2105-8(5))*; *(978-1-0391-2106-5(3))* FriesenPress.

How the Wooly Worm Tried to Stop Spring. Shirley Kennedy. 2018. (ENG., Illus.). 32p. (J). pap. 14.95 *(978-1-64349-288-9(8))* Christian Faith Publishing.

How the World Works: Know It All, from How the Sun Shines to How the Pyramids Were Built. Clive Gifford. 2022. (ENG.). 160p. (J). 21.99 *(978-0-7534-7818-9(8)*, 900251817, Kingfisher) Roaring Brook Pr.

How the World Worships (Set), 6 vols. 2022. (How the World Worships Ser.). (ENG., Illus.). 32p. (J). (gr. 4-8). 192.42 *(978-1-5341-9856-2(3)*, 219945); pap., pap., pap. 85.26 *(978-1-5341-9998-9(5)*, 220061) Cherry Lake Publishing. (45th Parallel Press).

How the Zebra Got His Stripes. Mauritz Mostert. Ed. by Cari Mostert. Illus. by Mauritz Mostert. 2018. (ENG., Illus.). 44p. (YA). (gr. 8-12). pap. *(978-0-620-80172-0(7))* Mostert, Mauritz.

How They Choked: Failures, Flops, & Flaws of the Awfully Famous. Georgia Bragg. Illus. by Kevin O'Malley. 2016. (ENG.). 208p. (J). pap. 12.99 *(978-1-68119-216-1(0)*, 900164097, Bloomsbury USA Childrens) Bloomsbury Publishing USA.

How They Loved Him, Vol. 1 Of 3: A Novel (Classic Reprint) Florence Marryat. 2018. (ENG., Illus.). 324p. (J). 30.58 *(978-0-267-15761-7(4))* Forgotten Bks.

How They Loved Him, Vol. 2 Of 3: A Novel (Classic Reprint) Florence Marryat. 2018. (ENG., Illus.). 328p. (J). 30.66 *(978-0-267-15642-9(1))* Forgotten Bks.

How They Made Things Work: in the Age of Industry. Richard Platt. Illus. by David Lawrence. 2022. (How They Made Things Work Ser.). (ENG.). 32p. (J). (gr. 4-6). pap. 13.99 *(978-1-4451-6431-1(0)*, Franklin Watts) Hachette Children's Group GBR. Dist: Hachette Bk. Group.

How They Made Things Work: Romans. Richard Platt. Illus. by David Lawrence. 2021. (How They Made Things Work Ser.). (ENG.). 32p. (J). (gr. 4-6). pap. 13.99 *(978-1-4451-6433-5(7)*, Franklin Watts) Hachette Children's Group GBR. Dist: Hachette Bk. Group.

How Things Are Made. Oldrich Ruzicka. Illus. by Alexandra Hetmerová. 2016. (ENG.). 36p. (J). (gr. 1-5). 16.95 *(978-1-4549-2085-4(8))* Sterling Publishing Co., Inc.

How Things Came to Be: Inuit Stories of Creation, 1 vol. Rachel Qitsualik-Tinsley & Sean Qitsualik-Tinsley. Illus. by Emily Fiegenschuh & Patricia Ann Lewis-MacDougall. 2019. (ENG.). 80p. (J). (gr. 1-3). pap. 14.95 *(978-1-77227-259-8(0))* Inhabit Media Inc. CAN. Dist: Consortium Bk. Sales & Distribution.

How Things Grow. William Anthony. 2022. (How Things Grow Ser.). (ENG.). 24p. (J). pap. 35.00 ***(978-1-64282-486-5(0)***, PowerKids Pr.) Rosen Publishing Group, Inc., The.

How Things Work: Discover Secrets & Science Behind Bounce Houses, Hovercraft, Robotics, & Everything in Between. T. J. Resler. 2016. (Illus.). 208p. (J). (gr. 3-7). 19.99 *(978-1-4263-2555-7(X)*, National Geographic Kids) Disney Publishing Worldwide.

How Things Work: Learning Coloring Book. Activibooks For Kids. 2016. (ENG., Illus.). (J). pap. 9.20 *(978-1-68321-786-2(1))* Mimaxion.

How Things Work: The Inside Out of Cellphones, TV, Drones, Race Cars & More! - Machinery & Tools. Tech Tron. 2019. (ENG.). 122p. (J). pap. 14.95 *(978-1-5419-6835-6(2))* Speedy Publishing LLC.

How Things Work: The Inside Out of Cellphones, TV, Drones, Race Cars & More! Machinery & Tools. Tech Tron. 2019. (ENG.). 122p. (J). 24.95 *(978-1-5419-6845-5(X))* Speedy Publishing LLC.

How Things Work: Inside Out: Discover Secrets & Science Behind Trick Candles, 3D Printers, Penguin Propulsions, & Everything in Between. T. J. Resler. 2017. (ENG., Illus.). 208p. (J). (gr. 3-7). 29.90 *(978-1-4263-2878-7(8)*, National Geographic Kids) Disney Publishing Worldwide.

How Things Work Inside Out: Discover Secrets & Science Behind Trick Candles, 3D Printers, Penguin Propulsions, & Everything in Between. T. J. Resler. 2017. (Illus.). 208p. (J). (gr. 3-7). 19.99 *(978-1-4263-2877-0(X)*, National Geographic Kids) Disney Publishing Worldwide.

How Things Work: Then & Now. T. J. Resler. 2018. (Illus.). 208p. (J). (gr. 3-7). 19.99 *(978-1-4263-3166-4(5))*; (ENG., lib. bdg. 29.90 *(978-1-4263-3167-1(3))* Disney Publishing Worldwide. (National Geographic Kids).

How This Book Got Red. Margaret Chiu Greanias. Illus. by Melissa Iwai. 2023. (ENG.). 40p. (J). (gr. -1-3). 18.99 ***(978-1-7282-6565-0(7)***, Sourcebooks Jabberwocky) Sourcebooks, Inc.

How Tia Got Her Sparkle Back: A Story for Both Kids & Adults about the Coronavirus and, in General, Help to Find Their Sparkle Again. Laura Booth Swanson. Illus. by Zoe Laverne. 2021. (ENG.). 30p. (J). pap. 10.95 *(978-0-578-84249-3(1))* Laura Booth Swanson.

How Tía Guadalupe Beat Diabetes. Joshua Lawrence Patel Deutsch. Illus. by Afzal Khan. 2020. (ENG.). 36p. (J). pap. 12.75 *(978-1-0879-0994-3(5))* Indy Pub.

How Tickles Saved Pickles: A True Story. Maddie Johnson. Photos by Maddie Johnson. 2018. (ENG., Illus.). 40p. (J). (gr. -1-3). 17.99 *(978-1-5344-3662-6(6)*, McElderry, Margaret K. Bks.) McElderry, Margaret K. Bks.

How Tiger Woods Became a Millionaire - Sports Games for Kids Children's Sports & Outdoors Books. Baby Professor. 2017. (ENG., Illus.). (J). pap. 8.79 *(978-1-5419-3838-0(0)*, Baby Professor (Education Kids)) Speedy Publishing LLC.

How Tigers Grow Up, 1 vol. Linda Bozzo. 2019. (Animals Growing Up Ser.). (ENG.). 24p. (gr. 1-2). pap. 10.35 *(978-1-9785-1249-8(X)*, 55d8e2f2-d0f0-45a4-9e94-3089f32e2378) Enslow Publishing, LLC.

How Tinsel Came to Be. Rico Lamoureux. 2021. (ENG.). 24p. (J). pap. 9.99 *(978-1-63972-826-8(0))* Primedia eLaunch LLC.

How to Accept No. Michael Gordon. 2021. (ENG.). 40p. (J). 14.99 *(978-1-7344674-8-2(7))* Kids Bk. Pr.

How to Ace the National Geographic Bee, Official Study Guide, Fifth Edition. National Geographic Kids. 5th rev. ed. 2017. (Illus.). 176p. (J). (gr. 3-7). pap. 13.99 *(978-1-4263-3080-3(4)*, National Geographic Kids) Disney Publishing Worldwide.

How to Act Around Doggies You Do Not Know Coloring Book. Activibooks For Kids. 2016. (ENG., Illus.). (J). pap. 9.20 *(978-1-68321-497-7(8))* Mimaxion.

How to (Almost) Ruin Your Summer. Taryn Souders. 2016. 240p. (J). (gr. 3-7). pap. 8.99 *(978-1-4926-3774-5(2)*, 9781492637745) Sourcebooks, Inc.

How to Apologize. David LaRochelle. Illus. by Mike Wohnoutka. 2021. (ENG.). 32p. (J). (gr. -1-2). 17.99 *(978-1-5362-0944-0(9))* Candlewick Pr.

How to Attract the Birds (Classic Reprint) Neltje Blanchan. 2017. (ENG., Illus.). (J). 28.72 *(978-0-266-23230-8(2))* Forgotten Bks.

How to Babysit a Grandma. Jean Reagan. 2018. (CHI.). (gr. -1). *(978-986-440-244-1(7))* Viking International Co., Ltd.

How to Babysit a Grandma & a Grandpa Boxed Set, 2 vols. Jean Reagan. 2016. (How to Ser.). (ENG.). 32p. (J). (gr. k-3). 33.98 *(978-1-5247-1435-2(6)*, Knopf Bks. for Young Readers) Random Hse. Children's Bks.

How to Babysit a Grandma & Grandpa Board Book Boxed Set, 2 vols. Jean Reagan. Illus. by Lee Wildish. 2021. (How to Ser.). (ENG.). 52p. (J). (— 1). bds. 17.99 *(978-0-593-37783-3(4)*, Knopf Bks. for Young Readers) Random Hse. Children's Bks.

How to Babysit a Grandpa. Ramona Van Meter Benson. Illus. by A. Halionka. 2022. (ENG.). 32p. (J). 25.99 *(978-1-6678-2732-2(4))* BookBaby.

How to Babysit Your Grown-Up - Activities to Do Together. Jean Reagan & Janay Brown-Wood. Illus. by Lee Wildish. 2023. (How to Ser.). 96p. (J). (gr. -1-3). 18.99 *(978-0-593-47923-0(8)*, Knopf Bks. for Young Readers) Random Hse. Children's Bks.

How to Babysit Your Grown-Up: Activities to Do Together. Jean Reagan & Janay Brown-Wood. Illus. by Lee Wildish. 2023. (How to Ser.). (ENG.). 96p. (J). (gr. -1-3). lib. bdg. 21.99 *(978-0-593-56890-3(7)*, Knopf Bks. for Young Readers) Random Hse. Children's Bks.

How to Bake an Apple Pie. Jean Reagan. Illus. by Lee Wildish. 2022. (Step into Reading Ser.). 32p. (J). (gr. -1-1). pap. 5.99 *(978-0-593-47917-9(3))*; (ENG.). lib. bdg. 14.99 *(978-0-593-47918-6(1))* Random Hse. Children's Bks. (Random Hse. Bks. for Young Readers).

How to Bathe Your Little Dino. Jane Clarke. Illus. by Georgie Birkett. 2017. 16p. (J). bds. 8.99 *(978-1-61067-495-9(2))* Kane Miller.

How to Be. Munro Leaf. 2018. (VIE.). (J). pap. *(978-604-2-11180-5(9))* Kim Dong Publishing Hse.

How to Be a Best Friend. Corey Kachigan. Illus. by Caitlin B. Alexander. l.t. ed. 2023. (ENG.). 28p. (J). pap. 12.00 ***(978-1-0881-2460-4(7))*** Indy Pub.

How to Be a Big Kid. DK. 2018. (ENG., Illus.). 48p. (J). (-k). 12.99 *(978-1-4654-6858-1(7)*, DK Children) Dorling Kindersley Publishing, Inc.

How to Be a Bigger Bunny: An Easter & Springtime Book for Kids. Florence Minor. Illus. by Wendell Minor. 2017. (ENG.). 32p. (J). (gr. -1-3). 14.99 *(978-0-06-235255-2(5)*, Tegen, Katherine Bks) HarperCollins Pubs.

How to Be a Champion: Freerunning Champion. James Nixon. 2016. (How to Be a Champion Ser.). (ENG.). 32p. (J). (gr. 4-6). 17.99 ***(978-1-4451-3626-4(0)***, Franklin Watts) Hachette Children's Group GBR. Dist: Hachette Bk. Group.

How to Be a Coder: Learn to Think Like a Coder with Fun Activities, Then Code in Scratch 3. 0 Online. Kiki Prottsman. 2019. (Careers for Kids Ser.). (ENG., Illus.). 144p. (J). (gr. 2-4). 19.99 *(978-1-4654-7881-8(7)*, DK Children) Dorling Kindersley Publishing, Inc.

How to Be a Detective (No. 1 Boy Detective) Barbara Mitchelhill. Illus. by Tony Ross. 2018. (No. 1 Boy Detective Ser.). (ENG.). 64p. (J). (gr. 2-4). pap. 9.99 *(978-1-78344-664-3(1))* Andersen Pr. GBR. Dist: Independent Pubs. Group.

How to Be a Disability Advocate & Ally. Nicole Evans & Tiernan Bertrand-Essington. 2022. (21st Century Junior Library: Understanding Disability Ser.). (ENG., Illus.). 24p. (J). (gr. 2-5). pap. 12.79 *(978-1-6689-1074-0(8)*, 221019); lib. bdg. 30.64 *(978-1-6689-0914-0(6)*, 220881) Cherry Lake Publishing.

How to Be a Fashion Designer. Lesley Ware. Illus. by Tiki Tiki Papier. 2018. (Careers for Kids Ser.). (ENG.). 96p. (J). (gr. 2-4). pap. 16.99 *(978-1-4654-6761-4(0)*, DK Children) Dorling Kindersley Publishing, Inc.

How to Be a Fashion Designer. Lesley Ware. 2018. (VIE.). (J). (gr. 2-4). pap. *(978-604-2-10701-3(1))* Kim Dong Publishing Hse.

How to Be a Genius: Your Brilliant Brain & How to Train It. DK. 2022. (DK Train Your Brain Ser.). (ENG., Illus.). 192p. (J). (gr. 4-7). 19.99 *(978-0-7440-5038-7(3)*, DK Children) Dorling Kindersley Publishing, Inc.

How to Be a Girl in the World. Caela Carter. 2021. (ENG.). 320p. (J). (gr. 3-7). pap. 7.99 *(978-0-06-267271-1(1)*, Quill Tree Bks.) HarperCollins Pubs.

How to Be a Global Citizen: Be Informed. Get Involved. DK. 2021. (Illus.). 160p. (J). *(978-0-241-47132-6(X))* Dorling Kindersley Publishing, Inc.

How to Be a Good Citizen: A Question & Answer Book about Citizenship. Emily James. 2017. (Character Matters Ser.). (ENG., Illus.). 32p. (J). (gr. -1-2). lib. bdg. 27.99 *(978-1-5157-7195-1(4)*, 135552, Capstone Pr.) Capstone.

How to Be a Good Kid in a Rotten Apple World. Carole Marsh Longmeyer. 2018. (Bluffon Bks.). (ENG.). 160p. (J). lib. bdg. 24.99 *(978-0-635-13260-4(5))*; pap. 7.99 *(978-0-635-13259-8(1))* Bluffton Bks.

How to Be a Good President: Lessons from Kids. Children of America. 2017. (ENG., Illus.). (J). pap. 12.50 *(978-1-942545-85-9(1))* Wyatt-MacKenzie Publishing.

How to Be a Great Elephant. Jackie Eldridge. Illus. by Beth Parker. 2022. (ENG.). 48p. (J). *(978-1-0391-2508-7(5))*; pap. *(978-1-0391-2507-0(7))* FriesenPress.

How to Be a Happy Hooman: A Dog's Way of Life. Lara Rian. 2022. (ENG., Illus.). 58p. (J). pap. 18.95 ***(978-1-63903-420-8(X))*** Christian Faith Publishing.

How to Be a Hero. Cat Weldon. Illus. by Katie Kear. 2023. (How to Be a Hero Ser.). (ENG.). 256p. (J). 8.99 ***(978-1-5290-4503-1(7)***, 900292769, Macmillan Children's Bks.) Pan Macmillan GBR. Dist: Macmillan.

How to Be a Hero: Responsibility with the Incredibles. Jennifer Boothroyd. 2019. (Disney Great Character Guides). (ENG., Illus.). 32p. (J). (gr. 1-4). pap. 8.99 *(978-1-5415-4602-8(4))*; lib. bdg. 27.99 *(978-1-5415-3900-6(1))* Lerner Publishing Group. (Lerner Pubns.).

How to Be a Knight (LEGO) Matt Huntley. Illus. by Josh Lewis. 2022. (Little Golden Book Ser.). (ENG.). 24p. (J). (-k). 5.99 *(978-0-593-38182-3(3)*, Golden Bks.) Random Hse. Children's Bks.

How to Be a Land Monster (Disney/Pixar Luca) RH Disney. Illus. by RH Disney. 2021. (Pictureback(R) Ser.). (ENG., Illus.). 24p. (J). (gr. 1-3). 5.99 *(978-0-7364-4199-5(9)*, RH/Disney) Random Hse. Children's Bks.

How to Be a Lion. Ed Vere. 2018. (ENG., Illus.). 32p. (J). (gr. -1-2). 18.99 *(978-0-525-57805-5(6)*, Doubleday Bks. for Young Readers) Random Hse. Children's Bks.

How to Be a Math Genius: Your Brilliant Brain & How to Train It. DK. 2022. (DK Train Your Brain Ser.). (ENG., Illus.). 128p. (J). (gr. 4-7). 19.99 *(978-0-7440-5025-7(1)*, DK Children) Dorling Kindersley Publishing, Inc.

How to Be a Ninja. Rosie Peet. ed. 2021. (DK Readers Ser.). (ENG., Illus.). 48p. (J). (gr. 2-3). 14.96 *(978-1-64697-729-1(7))* Penworthy Co., LLC, The.

How to Be a Perfect Date Coloring Book. Bobo's Adult Activity Books. 2016. (ENG., Illus.). (J). pap. 9.33 *(978-1-68327-474-2(1))* Sunshine In My Soul Publishing.

How to Be a Person: 65 Hugely Useful, Super-Important Skills to Learn Before You're Grown Up. Catherine Newman. 2020. (ENG., Illus.). 160p. (J). (gr. 5-9). pap. 16.99 *(978-1-63586-182-2(9)*, 626182) Storey Publishing, LLC.

HOW to BE a PERSON 5CC COUNTER-PPK. Catherine Newman. 2022. (ENG.). pap. 84.95 *(978-1-63586-299-7(X))* Storey Publishing, LLC.

How to Be a Pirate. Isaac Fitzgerald. Illus. by Brigette Barrager. 2020. (ENG.). 40p. (J). 17.99 *(978-1-68119-778-4(2)*, 900186166, Bloomsbury Children's Bks.) Bloomsbury Publishing USA.

How to Be a Pirate (LEGO) Nicole Johnson. Illus. by Josh Lewis. 2022. (Little Golden Book Ser.). (ENG.). 24p. (J). (-k). 5.99 *(978-0-593-38180-9(7)*, Golden Bks.) Random Hse. Children's Bks.

How to Be a Race Car: Respect with Lightning Mcqueen. Mari Schuh. 2019. (Disney Great Character Guides). (ENG., Illus.). 32p. (J). (gr. 1-4). pap. 8.99 *(978-1-5415-4600-4(8))*; lib. bdg. 27.99 *(978-1-5415-3903-7(6))* Lerner Publishing Group. (Lerner Pubns.).

How to Be a Real Ballerina. Davina Bell. Illus. by Jenny Løvlie. 2020. (ENG.). 32p. (J). 22.99 *(978-1-76050-491-5(2))* Little Hare Bks. AUS. Dist: Independent Pubs. Group.

How to Be a Real Man. Scott Stuart. 2022. (ENG., Illus.). 24p. (J). (gr. -1-2). 14.99 *(978-1-76050-784-8(9))* Hardie Grant Bks. AUS. Dist: Hachette Bk. Group.

How to Be a Scientist. Steve Mould. 2017. (Careers for Kids Ser.). (ENG., Illus.). 144p. (J). (gr. 2-4). 19.99 *(978-1-4654-6121-6(3)*, DK Children) Dorling Kindersley Publishing, Inc.

How to Be a Snow Queen: Leadership with Elsa. Mari C. Schuh. 2019. (Disney Great Character Guides). (ENG., Illus.). 32p. (J). (gr. 1-4). 27.99 *(978-1-5415-3899-3(4)*, Lerner Pubns.) Lerner Publishing Group.

How to Be a Space Ranger (Disney/Pixar Lightyear) RH Disney. Illus. by RH Disney. 2022. (Pictureback(R) Ser.). (ENG., Illus.). 24p. (J). (gr. -1-2). 5.99 *(978-0-7364-4293-0(6)*, RH/Disney) Random Hse. Children's Bks.

How to Be a Supervillain. Michael Fry. 2018. (How to Be a Supervillain Ser.: 1). (ENG., Illus.). 336p. (J). pap. 8.99 *(978-0-316-31870-9(1)*, Jimmy Patterson) Little Brown & Co.

How to Be a Supervillain: Bad Guys Finish First. Michael Fry. 2019. (How to Be a Supervillain Ser.: 3). (ENG., Illus.). 352p. (J). (gr. 2-7). 13.99 *(978-0-316-42019-8(0)*, Jimmy Patterson) Little Brown & Co.

How to Be a Supervillain: Born to Be Good. Michael Fry. 2018. (How to Be a Supervillain Ser.: 2). (ENG., Illus.). 352p. (J). (gr. 3-9). 13.99 *(978-0-316-31915-7(5)*, Jimmy Patterson) Little Brown & Co.

How to Be a T. Rex. Ryan North. Illus. by Mike Lowery. 2018. (ENG.). 32p. (J). (gr. -1-3). 17.99 *(978-0-399-18624-0(7)*, Dial Bks) Penguin Young Readers Group.

How to Be a Unicorn (LEGO) Matt Huntley. Illus. by Josh Lewis. 2023. (Little Golden Book Ser.). (ENG.). 24p. (J). (-k). 5.99 *(978-0-593-43192-4(8)*, Golden Bks.) Random Hse. Children's Bks.

How to Be a Vampire in One Easy Lesson: What's Worse Than Stevie Brickwald, the Bully Stevie Brickwald, the Vampire! Mel Gilden. Illus. by John Pierard. 2021. (Fifth Grade Monster Ser.: Vol. 10). (ENG.). 98p. (J). pap. 11.95 *(978-1-59687-787-0(1))* ibooks, Inc.

How to Be a Virus Warrior. The Parent-Child Dino Research Team. Illus. by Loyal Kids. 2020. (ENG.). 32p. (J). (gr. -1-1). pap. 7.99 *(978-1-913639-25-9(8)*, a5280223-5668-4a64-b3cb-6644e35650a8) Little Steps Bks AUS. Dist: Lerner Publishing Group.

How to Be a Virus Warrior (Hindi Edition) 2022. (ENG.). 28p. (J). pap. 15.95 *(978-1-4878-0903-4(4))* Royal Collins Publishing Group Inc. CAN. Dist: Independent Pubs. Group.

How to Be a (Young) Antiracist. Ibram X. Kendi & Nic Stone. 2023. 208p. (YA). (gr. 7). (ENG.). pap. 14.99 ***(978-0-593-46161-7(4))***; (Illus.). 19.99 *(978-0-593-46160-0(6))* Penguin Young Readers Group. (Kokila).

How to Be a Zootopia Police Officer: Grit with Judy Hopps. Jennifer Boothroyd. 2019. (Disney Great Character Guides). (ENG., Illus.). 32p. (J). (gr. 1-4). 27.99 *(978-1-5415-3898-6(6)*, Lerner Pubns.) Lerner Publishing Group.

How to Be an Art Rebel. Ben Street. Illus. by Jay Daniel Wright. 2021. (ENG.). 80p. (J). (gr. 2-5). 17.95 *(978-0-500-65164-3(7)*, 565164) Thames & Hudson.

How to Be an Artist. DK. 2021. (Careers for Kids Ser.). (ENG., Illus.). 144p. (J). (gr. 2-4). 19.99 *(978-0-7440-3325-0(X)*, DK Children) Dorling Kindersley Publishing, Inc.

How to Be an Elephant. Katherine Roy. 2017. (ENG., Illus.). 48p. (J). 19.99 *(978-1-62672-178-4(5)*, 900142360, Macaulay, David Studio) Roaring Brook Pr.

How to Be an Engineer. Carol Vorderman. 2018. (Careers for Kids Ser.). (ENG., Illus.). 144p. (J). (gr. 2-4). 19.99 *(978-1-4654-7027-0(1)*, DK Children) Dorling Kindersley Publishing, Inc.

How to Be an Explorer. Tiger Cox. 2022. (ENG., Illus.). 128p. (J). 24.99 *(978-1-78708-117-8(6))* Button Bks. GBR. Dist: Publishers Group West (PGW).

How to Be Blessed: Jesus Is the Light That Shines in a Dark World. Nicholas Mirissis. 2018. (ENG.). 30p. (YA). pap. 10.95 *(978-1-64458-139-1(6))* Christian Faith Publishing.

How to Be Brave. Daisy May Johnson. 2021. (ENG.). 288p. (J). 16.99 *(978-1-250-79608-0(3)*, 900239505, Holt, Henry & Co. Bks. For Young Readers) Holt, Henry & Co.

How to Be Cheeri. Taekwon Lee & Jeffrey Nodelman. Illus. by Ethen Beavers. 2019. (Team Taekwondo Ser.: 3). 108p. (J). (gr. 1-4). pap. 9.99 *(978-1-62336-948-4(7)*, 9781623369484, Rodale Kids) Random Hse. Children's Bks.

How to Be Confident in Kindergarten: A Book for Your Backpack. David J. Steinberg. Illus. by Ruth Hammond. 2023. 32p. (J). (-k). 8.99 *(978-0-593-38715-3(5))*; pap. 5.99 *(978-0-593-65979-3(1))* Penguin Young Readers Group. (Grosset & Dunlap).

How to Be Cooler Than Cool. Sean Taylor. Illus. by Jean Jullien. 2021. (ENG.). 32p. (J). (gr. -1-2). 17.99 *(978-1-5362-1529-8(5))* Candlewick Pr.

How to Be Earth Friendly, 12 vols., Set. Incl. Earth-Friendly Buildings. Miriam Coleman. lib. bdg. 28.93 *(978-1-4488-2588-2(1)*, ae845462-d74e-4eab-a7d0-d95b12624317); Earth-Friendly Energy. Gillian Gosman. lib. bdg. 28.93 *(978-1-4488-2587-5(3)*, 19bb172b-ac83-4c7a-9b70-1f02375fe079); Earth-Friendly Food. Gillian Gosman. lib. bdg. 28.93 *(978-1-4488-2589-9(X)*, 146f5ac0-f30a-4a6a-8d87-2b63c46621e3); Earth-Friendly Living. Miriam Coleman. lib. bdg. 28.93 *(978-1-4488-2592-9(X)*, c6626120-cc82-4ac3-be80-996b8ea1d288); Earth-Friendly Shopping. Gillian Gosman. lib. bdg. 28.93 *(978-1-4488-2591-2(1)*, d858ba7b-b337-4783-a67c-50c31138b877); Earth-Friendly Transportation. Miriam Coleman. lib. bdg. 28.93 *(978-1-4488-2590-5(3)*, 65b5a30c-3a70-4bfe-829a-25a6b2f95d03); (YA). (gr. 3-4). (How to Be Earth Friendly Ser.). (ENG., Illus.). 32p. 2011. Set lib. bdg. 173.58 *(978-1-4488-2794-7(9)*, 7f80838e-83e4-475c-8f6c-fe9b3448f25b, PowerKids Pr.) Rosen Publishing Group, Inc., The.

How to Be Famous. Michal Shalev. Illus. by Michal Shalev. ed. 2016. (ENG., Illus.). 32p. (J). (gr. -1-1). E-Book 9.99 *(978-1-77657-045-4(6)*, 9781776570454); E-Book 26.65 *(978-1-77657-047-8(2))*; E-Book 26.65 *(978-1-77657-057-7(X)*, 9781776570577) Gecko Pr. NZL. Dist: Lerner Publishing Group.

How to Be Famous in Six Seconds. Rudy Mancuso. 2016. (YA). pap. *(978-1-5011-2767-0(5)*, Keywords Press) Atria Bks.

How to Be Good at English Language Arts: The Simplest-Ever Visual Guide. DK. 2022. (DK How to Be Good At Ser.). (ENG.). 320p. (J). (gr. 2-6). pap. 24.99 *(978-0-7440-4847-6(8)*, DK Children) Dorling Kindersley Publishing, Inc.

How to Be Good at Math: Your Brilliant Brain & How to Train It. DK. 2016. (DK How to Be Good At Ser.). (ENG., Illus.). 320p. (J). (gr. 2-5). pap. 19.99 *(978-1-4654-3575-0(1)*, DK Children) Dorling Kindersley Publishing, Inc.

How to Be Good at Math Workbook Grades 2-3. DK. 2021. (DK How to Be Good At Ser.). (ENG.). 176p. (J). (gr. 2-4). pap. 12.99 *(978-0-7440-2886-7(8)*, DK Children) Dorling Kindersley Publishing, Inc.

How to Be Good at Math Workbook, Grades 4-6: The Simplest-Ever Visual Workbook. DK. 2021. (DK How to Be Good At Ser.). (ENG.). 176p. (J). (gr. 4-7). pap. 12.99

(978-0-7440-3893-4(6), DK Children) Dorling Kindersley Publishing, Inc.

How to Be Good at Science, Technology, & Engineering. DK. 2018. (DK How to Be Good At Ser.). (ENG., Illus.). 320p. (J). (gr. 4-7). pap. 19.99 *(978-1-4654-7359-2(9),* DK Children) Dorling Kindersley Publishing, Inc.

How to Be Good at Science, Technology & Engineering Workbook, Grades 2-5. DK. 2021. (DK How to Be Good At Ser.). (ENG.). 176p. (J). (gr. 2-4). pap. 12.99 *(978-0-7440-2887-4(6),* DK Children) Dorling Kindersley Publishing, Inc.

How to Be Happy Though Civil: Book on Manners (Classic Reprint) E. J. Hardy. 2018. (ENG., Illus.). 320p. (J). 30.52 *(978-0-483-54076-7(5))* Forgotten Bks.

How to Be Happy Though Married (Classic Reprint) Clarence Bruce Struthers. 2018. (ENG., Illus.). 126p. (J). 26.52 *(978-0-267-52535-5(4))* Forgotten Bks.

How to Be Human: a Bear's Guide. Sophia Kolinas. Illus. by Aparna Varma. 2023. (ENG.). 32p. (J). (gr. 1). 18.95 *(978-1-77147-494-8(7))* Owlkids Bks. Inc. CAN. Dist: Publishers Group West (PGW).

How to Be Kind in Kindergarten: A Book for Your Backpack. D. J. Steinberg. Illus. by Ruth Hammond. 2021. 32p. (J). (-k). 8.99 *(978-0-593-22694-0(1));* pap. 5.99 *(978-0-593-22672-8(0))* Penguin Young Readers Group. (Grosset & Dunlap).

How to Be King of Pride Rock: Confidence with Simba. Mari Schuh. 2019. (Disney Great Character Guides). (ENG., Illus.). 32p. (J). (gr. 1-4). pap. 8.99 *(978-1-5415-4604-2(0),* Lerner Pubns.) Lerner Publishing Group.

How to Be King of Pride Rock: Leadership with Simba. Mari C. Schuh. 2019. (Disney Great Character Guides). (ENG., Illus.). 32p. (J). (gr. 1-4). 27.99 *(978-1-5415-3904-4(4),* Lerner Pubns.) Lerner Publishing Group.

How to Be on the Moon. Viviane Schwarz. Illus. by Viviane Schwarz. 2019. (ENG., Illus.). 32p. (J). (-k). 16.99 *(978-1-5362-0545-9(1))* Candlewick Pr.

How to Be Respectful: A Question & Answer Book about Respect. Emily James. (Character Matters Ser.). (ENG., (J). 2017. Illus.). 32p. (J). (gr. -1-2). lib. bdg. 27.99 *(978-1-5157-7200-2(4),* 135557); 2020. 44p. E-Book 53.32 *(978-1-4966-5627-8(X),* 192105) Capstone. (Capstone Pr.).

How to Be Responsible: A Question & Answer Book about Responsibility. Emily James. 2017. (Character Matters Ser.). (ENG., Illus.). 32p. (J). (gr. -1-2). lib. bdg. 27.99 *(978-1-5157-7201-9(2),* 135558, Capstone Pr.) Capstone.

How to Be the Best Third Wheel. Loridee De Villa. 2022. (ENG.). 336p. (YA). pap. 10.99 *(978-1-7772900-8-5(2),* 900256521) Wattpad Bks. CAN. Dist: Macmillan.

How to Be Tolerant: A Question & Answer Book about Tolerance. Emily James. 2017. (Character Matters Ser.). (ENG., Illus.). 32p. (J). (gr. -1-2). lib. bdg. 27.99 *(978-1-5157-7202-6(0),* 135559, Capstone Pr.) Capstone.

How to Be Wired for Career Success. Evelyn Roberts. 2017. (Careers & Success Ser.: Vol. 1). (ENG., Illus.). (YA). pap. 11.99 *(978-0-692-84805-0(3))* Transcontinental Education Inc.

How to Be Your Dog's Best Friend. Elena Bulay. 2023. (ENG., Illus.). 96p. (J). (gr. 4-7). 21.95 ***(978-0-500-65329-6(1),*** 565329) Thames & Hudson.

How to Beat Minecraft: Extended Edition: Independent & Unofficial. Eddie Robson & Kevin Pettman. 2023. (ENG.). 224p. (J). (gr. 1-3). pap. 14.95 ***(978-1-83935-235-5(3),*** Mortimer Children's Bks.) Welbeck Publishing Group Ltd. GBR. Dist: Two Rivers Distribution.

How to Beat Minecraft (Independent & Unofficial) Everything You Need to Go from Noob to Pro! Kevin Pettman. 2021. (ENG.). 192p. (J). (gr. 3-7). pap. 14.95 *(978-1-83935-066-5(0),* Mortimer Children's Bks.) Welbeck Publishing Group Ltd. GBR. Dist: Two Rivers Distribution.

How to Become a Knight - Ancient History of Europe Children's Ancient History. Baby Professor. 2017. (ENG., Illus.). (J). pap. 8.79 *(978-1-5419-1312-7(4),* Baby Professor (Education Kids)) Speedy Publishing LLC.

How to Become a Pirate Hunter. Marty Reeder. 2017. (ENG.). 200p. (YA). pap. 14.99 *(978-1-4621-1980-6(8),* Sweetwater Bks.) Cedar Fort, Inc./CFI Distribution.

How to Become a Planet. Nicole Melleby. 2022. (ENG., Illus.). 288p. (J). (gr. 4-7). pap. 7.95 *(978-1-64375-261-7(8),* 74261) Algonquin Young Readers.

How to Become a Star. Christoph-Maria Liegener. 2018. (ENG.). 114p. (J). *(978-3-7469-7751-5(7));* pap. *(978-3-7469-7750-8(9))* tredition Verlag.

How to Become a Us Citizen - Us Government Textbook Children's Government Books. Baby Professor. 2017. (ENG., Illus.). (J). pap. 8.79 *(978-1-5419-1301-1(9),* Baby Professor (Education Kids)) Speedy Publishing LLC.

How to Become a Veterinarian: What They Do, How to Train, Daily Life As Vet, Is It Really the Right Career for You? Susanna Lee. 2019. (ENG.). 122p. (J). (gr. k-6). *(978-1-913357-22-1(8));* (Illus.). (gr. 2-5). pap. *(978-1-913357-21-4(X))* Devela Publishing.

How to Become an Accidental Activist. Elizabeth MacLeod & Frieda Wishinsky. Illus. by Jenn Playford. 2021. (Accidental Ser.: 2). (ENG.). 128p. (J). (gr. 4-7). 26.95 *(978-1-4598-2611-3(6))* Orca Bk. Pubs. USA.

How to Become an Accidental Entrepreneur. Elizabeth MacLeod & Frieda Wishinsky. Illus. by Jenn Playford. 2022. (Accidental Ser.: 3). (ENG.). 104p. (J). (gr. 4-7). 24.95 *(978-1-4598-2833-9(X))* Orca Bk. Pubs. USA.

How to Become an Accidental Genius, 1 vol. Elizabeth MacLeod & Frieda Wishinsky. Illus. by Jenn Playford. 2019. (Accidental Ser.: 1). (ENG.). 128p. (J). (gr. 4-7). 24.95 *(978-1-4598-1676-3(5))* Orca Bk. Pubs. USA.

How to Bee, 1 vol. Bren MacDibble. 2020. (ENG., Illus.). 224p. (J). (gr. 4-7). pap. 12.95 *(978-1-77306-418-5(5))* Groundwood Bks. CAN. Dist: Publishers Group West (PGW).

How to Befriend Dolphins Coloring Book. Activity Book Zone for Kids. 2016. (ENG., Illus.). (J). pap. 9.20 *(978-1-68376-444-1(7))* Sabeels Publishing.

How to Better Your Art Activity Book. Jupiter Kids. 2017. (ENG., Illus.). (YA). pap. 9.20 *(978-1-68326-910-6(1),* Jupiter Kids (Childrens & Kids Fiction)) Speedy Publishing LLC.

How to Breathe Underwater. Vicky Skinner. 2019. (ENG.). 352p. (YA). pap. 10.99 *(978-1-250-30924-2(7),* 900198436) Square Fish.

How to Brush Your Teeth - Aron Te Burati (Te Kiribati) Katenati Kaareti. Illus. by John Robert Azuelo. 2023. (ENG.). 32p. (J). pap. ***(978-1-922849-96-0(0))*** Library For All Limited.

How to Brush Your Teeth with Snappy Crocodile. Jane Clarke. Illus. by Georgie Birkett. 2017. 16p. (J). bds. 8.99 *(978-1-61067-494-2(4))* Kane Miller.

How to Build a Beautiful Wardrobe on a Budget Children's Fashion Books. Baby Professor. 2017. (ENG., Illus.). (YA). pap. 7.89 *(978-1-5419-0371-5(4),* Baby Professor (Education Kids)) Speedy Publishing LLC.

How to Build a Dragon Fort. Erica David. ed. 2016. (Simon & Schuster Ready-To-Read Level 2 Ser.). lib. bdg. 13.55 *(978-0-606-38244-1(5))* Turtleback.

How to Build a Fizzy Rocket see Cómo Hacer un Cohete Efervescente

How to Build a Fizzy Rocket: A 4D Book. Lori Shores. rev. ed. 2018. (Hands-On Science Fun Ser.). (ENG., Illus.). 24p. (J). (gr. -1-2). lib. bdg. 29.32 *(978-1-5435-0943-4(6),* 137650, Capstone Pr.) Capstone.

How to Build a Haunted House. Frank Tupta. Illus. by Kyle Beckett. 2020. (ENG.). 40p. (J). (gr. -1-2). 17.99 *(978-1-5420-0543-2(4),* 9781542005432, Two Lions) Amazon Publishing.

How to Build a House: Band 16/Sapphire (Collins Big Cat) Isabel Thomas. 2016. (Collins Big Cat Ser.). (ENG.). 56p. (J). (gr. 4-5). pap. 12.99 *(978-0-00-816394-5(4))* HarperCollins Pubs. Ltd. GBR. Dist: Independent Pubs. Group.

How to Build a Hug: Temple Grandin & Her Amazing Squeeze Machine. Amy Guglielmo & Jacqueline Tourville. Illus. by Giselle Potter. 2018. (ENG.). 48p. (J). (gr. -1-3). 18.99 *(978-1-5344-1097-8(X))* Simon & Schuster Children's Publishing.

How to Build a Leprechaun Trap. Larissa Juliano. ed. 2018. (How to Build a Trap Ser.). (ENG.). 86p. (J). (gr. k-1). 20.96 *(978-1-64310-279-5(6))* Penworthy Co., LLC, The.

How to Build a Leprechaun Trap. Larissa Juliano. 2018. 96p. (J). (gr. k-5). pap. 10.99 *(978-1-4926-6388-1(3))* Sourcebooks, Inc.

How to Build a Museum: Smithsonian's National Museum of African American History & Culture. Tonya Bolden. 2016. (Smithsonian Ser.). (Illus.). 64p. (J). (gr. 5-7). 17.99 *(978-0-451-47637-1(9),* Viking Books for Young Readers) Penguin Young Readers Group.

How to Build a Tornado in a Bottle: A 4D Book. Lori Shores. rev. ed. 2018. (Hands-On Science Fun Ser.). (ENG., Illus.). 24p. (J). (gr. -1-2). lib. bdg. 29.32 *(978-1-5435-0944-1(4),* 137651, Capstone Pr.) Capstone.

How to Build Aircraft. Rita Storey. 2017. (Technology in Motion Ser.). (Illus.). 32p. (J). (gr. 5-5). *(978-0-7787-3384-3(X))* Crabtree Publishing Co.

How to Build an Insect. Roberta Gibson. Illus. by Anne Lambelet. 2021. (ENG.). 32p. (J). (gr. k-3). 19.99 *(978-1-5415-7811-1(2),* 6a90b1ac-b7ec-41d1-aa35-4a1b237c5572, Millbrook Pr.) Lerner Publishing Group.

How to Build an Orchestra. Mary Auld. Illus. by Elisa Paganelli. 2020. (ENG.). 48p. (J). 18.95 *(978-1-62371-871-8(6),* Crocodile Bks.) Interlink Publishing Group, Inc.

How to Build Cars. Rita Storey. 2017. (Technology in Motion Ser.). (Illus.). 32p. (J). (gr. 5-5). *(978-0-7787-3393-5(9))* Crabtree Publishing Co.

How to Build Lego(r) Animals. Contrib. by Hannah Dolan & Jessica Farrell. 2023. (How to Build LEGO Ser.). (ENG.). 96p. (J). (gr. 2-4). 14.99 ***(978-0-7440-8371-2(0),*** DK Children) Dorling Kindersley Publishing, Inc.

How to Build LEGO Cars: Go on a Journey to Become a Better Builder. Nate Dias & Hannah Dolan. 2021. (How to Build LEGO Ser.). (ENG., Illus.). 96p. (J). (gr. 2-4). 14.99 *(978-0-7440-3968-9(1),* DK Children) Dorling Kindersley Publishing, Inc.

How to Build LEGO Dinosaurs. Jessica Farrell et al. 2022. (How to Build LEGO Ser.). (ENG.). 96p. (J). (gr. 2-4). 14.99 *(978-0-7440-6095-9(8),* DK Children) Dorling Kindersley Publishing, Inc.

How to Build LEGO Houses: Go on a Journey to Become a Better Builder. Jessica Farrell et al. 2021. (How to Build LEGO Ser.). (ENG., Illus.). 96p. (J). (gr. 2-4). 14.99 *(978-0-7440-3967-2(3),* DK Children) Dorling Kindersley Publishing, Inc.

How to Build Robots. Louise Derrington. 2017. (Technology in Motion Ser.). (Illus.). 32p. (J). (gr. 5-5). *(978-0-7787-3394-2(7))* Crabtree Publishing Co.

How to Build Snow People Coloring Book. Activity Book Zone for Kids. 2016. (ENG., Illus.). (J). pap. 9.20 *(978-1-68376-348-2(3))* Sabeels Publishing.

How to Buy a Castle. Scott Ennis. 2019. (ENG.). 66p. (J). pap. 14.99 *(978-1-7343125-0-8(5))* Ennis, Scott.

How to Capture a Monster. Annie Frome. Illus. by Matthew Eaton. 2020. (Backpack Ser.: 1). (ENG.). 24p. (J). pap. 11.11 *(978-0-692-19582-6(3))* BookBaby.

How to Capture an Invisible Cat. Paul Tobin. ed. 2017. (Genius Factor Ser.: 1). (J). lib. bdg. 18.40 *(978-0-606-39596-0(2))* Turtleback.

How to Capture the Mythical Unicorn: A Drawing Activity Book. Jupiter Kids. 2017. (ENG., Illus.). (J). pap. 9.20 *(978-1-68326-911-3(X),* Jupiter Kids (Childrens & Kids Fiction)) Speedy Publishing LLC.

How to Catch a Bear Who Loves to Read. Andrew Katz & Juliana Léveillé-Trudel. Illus. by Joseph Sherman. 2018. (ENG.). 32p. (J). (gr. -1). 15.95 *(978-2-924786-47-5(9),* CrackBoom! Bks.) Chouette Publishing CAN. Dist: Publishers Group West (PGW).

How to Catch a Class Pet. Alice Walstead. Illus. by Andy Elkerton. 2022. (How to Catch Ser.). (ENG.). 40p. (J). (gr. -1-3). 10.99 *(978-1-7282-6393-9(X))* Sourcebooks, Inc.

How to Catch a Daddysaurus. Alice Walstead. Illus. by Andy Elkerton. 2023. (How to Catch Ser.). (ENG.). 40p. (J). (gr. k-5). 10.99 *(978-1-7282-6618-3(1))* Sourcebooks, Inc.

How to Catch a Dino Thief. Will Dare. Illus. by Mariano Epelbaum. 2017. (Dino Riders Ser.: 4). (ENG.). 128p. (J). (gr. 2-5). pap. 7.99 *(978-1-4926-3623-6(1),* Sourcebooks Jabberwocky) Sourcebooks, Inc.

How to Catch a Dinosaur. Adam Wallace. 2020. (ENG., Illus.). 34p. (J). (gr. -1-5). 7.99 *(978-1-7282-3492-2(1))* Sourcebooks, Inc.

How to Catch a Dinosaur. Adam Wallace. Illus. by Andy Elkerton. 2019. (How to Catch Ser.: 0). (ENG.). 40p. (J). (gr. k-5). 10.99 *(978-1-4926-8052-9(4))* Sourcebooks, Inc.

How to Catch a Dragon. Adam Wallace. Illus. by Andy Elkerton. 2019. (How to Catch Ser.: 0). 40p. (J). (gr. k-5). 10.99 *(978-1-4926-9369-7(3))* Sourcebooks, Inc.

How to Catch a Garden Fairy: A Mythical Adventure Through Nature. Alice Walstead. Illus. by Andy Elkerton. 2023. (How to Catch Ser.). (ENG.). 40p. (J). (gr. k-5). 10.99 *(978-1-7282-6320-5(4))* Sourcebooks, Inc.

How to Catch a Gingerbread Man. Adam Wallace. Illus. by Andy Elkerton. 2021. (How to Catch Ser.). (ENG.). 40p. (J). (gr. k-3). 10.99 *(978-1-7282-0935-7(8))* Sourcebooks, Inc.

How to Catch a Leprechaun. Adam Wallace. Illus. by Andy Elkerton. 2016. (How to Catch Ser.). (ENG.). 32p. (J). (gr. k-6). 10.99 *(978-1-4926-3291-7(0),* 9781492632917) Sourcebooks, Inc.

How to Catch a Loveosaurus. Alice Walstead. Illus. by Andy Elkerton. 2022. (How to Catch Ser.). 40p. (J). (gr. -1-3). 10.99 *(978-1-7282-6878-1(8))* Sourcebooks, Inc.

How to Catch a Mermaid. Adam Wallace. Illus. by Andy Elkerton. 2018. (How to Catch Ser.: 0). (ENG.). 40p. (J). (gr. k-5). 10.99 *(978-1-4926-6247-1(X))* Sourcebooks, Inc.

How to Catch a Mermaid & Unicorn Activity Book for Kids: Who Can You Catch First? (Featuring Hidden Pictures, How-To-draw Activities, Coloring, Dot-to-dots & More!) Sourcebooks. 2021. (How to Catch Ser.). (ENG.). 32p. (J). (gr. k-3). pap. 7.99 *(978-1-7282-4667-3(9))* Sourcebooks, Inc.

How to Catch a Monster. Adam Wallace & Adam Wallace. Illus. by Andy Elkerton. 2017. (How to Catch Ser.: 0). (ENG.). 40p. (J). (gr. k-3). 10.99 *(978-1-4926-4894-9(9))* Sourcebooks, Inc.

How to Catch a Polar Bear. Stacy DeKeyser. 2023. (Washington Park Stories Ser.). (ENG.). 272p. (J). (gr. 3-7). 17.99 ***(978-1-6659-2561-7(2),*** McElderry, Margaret K. Bks.) McElderry, Margaret K. Bks.

How to Catch a Reindeer. Alice Walstead. Illus. by Andy Elkerton. 2022. (How to Catch Ser.). 40p. (J). (gr. k-3). 10.99 *(978-1-7282-7613-7(6))* Sourcebooks, Inc.

How to Catch a Snowman. Adam Wallace. Illus. by Andy Elkerton. 2018. (How to Catch Ser.). (ENG.). 40p. (J). (gr. k-5). 17.99 *(978-1-4926-8055-0(9))* Sourcebooks, Inc.

How to Catch a Turkey. Adam Wallace. Illus. by Andy Elkerton. 2018. (How to Catch Ser.: 0). 40p. (J). (gr. k-6). 10.99 *(978-1-4926-6435-2(9))* Sourcebooks, Inc.

How to Catch a Unicorn. Adam Wallace. Illus. by Andy Elkerton. 2019. (How to Catch Ser.: 0). (ENG.). 40p. (J). (gr. k-6). 10.99 *(978-1-4926-6973-9(3))* Sourcebooks, Inc.

How to Catch a Unicorn: Short Funny Stories for Children & Toddlers to Help Them Relax & Fall Asleep! Unicorn Fantasy Tales to Dream about All Night! Opal Chapman. 2020. (ENG.). 186p. (J). pap. 16.99 *(978-1-953732-72-9(0))* Jason, Michael.

How to Catch a Witch. Alice Walstead. Illus. by Megan Joyce. 2022. (How to Catch Ser.). 40p. (J). (gr. k-5). 10.99 *(978-1-7282-1035-3(6))* Sourcebooks, Inc.

How to Catch a Yeti. Adam Wallace. Illus. by Andy Elkerton. 2020. (How to Catch Ser.). (ENG.). 40p. (J). (gr. k-5). 10.99 *(978-1-7282-1674-4(5))* Sourcebooks, Inc.

How to Catch an Elf. Adam Wallace. Illus. by Andy Elkerton. (J). 2020. *(978-1-7282-2274-5(5));* 2016. (ENG.). 32p. 10.99 *(978-1-4926-4631-0(8),* 9781492646310) Sourcebooks, Inc.

How to Catch Fireflies. Jermaine Edwards. 2021. (ENG.). 26p. (J). pap. *(978-1-4866-2017-3(5))* Word Alive Pr.

How to Catch Santa. Jean Reagan & Lee Wildish. 2020. (How to Ser.). (ENG.). 32p. (J). (gr. -1-3). pap. 7.99 *(978-0-593-30190-6(0),* Dragonfly Bks.) Random Hse. Children's Bks.

How to Catch Santa. Jean Reagan. ed. 2020. (How to Pic Bks). (ENG., Illus.). 25p. (J). (gr. k-1). 19.96 *(978-1-64697-508-2(1))* Penworthy Co., LLC, The.

How to Catch Santa Claus. Alice Walstead. Illus. by Andy Elkerton. 2023. (How to Catch Ser.). (ENG.). 40p. (J). (gr. k-5). 12.99 ***(978-1-7282-7427-0(3))*** Sourcebooks, Inc.

How to Catch the Easter Bunny. Adam Wallace. Illus. by Andy Elkerton. 2017. (How to Catch Ser.: 3). (ENG.). 40p. (J). (gr. k-6). 10.99 *(978-1-4926-3817-9(X),* 9781492638179) Sourcebooks, Inc.

How to Catch the Tooth Fairy. Adam Wallace & Adam Wallace. Illus. by Andy Elkerton. 2016. (How to Catch Ser.: 0). (ENG.). 32p. (J). (gr. k-6). 10.99 *(978-1-4926-3733-2(5),* 9781492637332) Sourcebooks, Inc.

How to Celebrate Christmas! Holiday Traditions, Rituals, & Rules in a Delightful Story. P. K. Hallinan. 2019. (ENG.). 24p. (J). (gr. 1-4). 12.99 *(978-1-5107-4543-8(2),* Sky Pony Pr.) Skyhorse Publishing Co., Inc.

How to Celebrate Easter! Holiday Traditions, Rituals, & Rules in a Delightful Story. P. K. Hallinan. 2020. 24p. (J). (gr. 1-4). 12.99 *(978-1-5107-4545-2(9),* Sky Pony Pr.) Skyhorse Publishing Co., Inc.

How to Celebrate Halloween! Holiday Traditions, Rituals, & Rules in a Delightful Story. P. K. Hallinan. 2019. (ENG.). 24p. (J). (gr. 1-4). 12.99 *(978-1-5107-4544-5(0),* Sky Pony Pr.) Skyhorse Publishing Co., Inc.

How to Celebrate Thanksgiving! Holiday Traditions, Rituals, & Rules in a Delightful Story. P. K. Hallinan. 2019. (ENG.). 24p. (J). (gr. 1-4). 12.99 *(978-1-5107-4541-4(6),* Sky Pony Pr.) Skyhorse Publishing Co., Inc.

How to Celebrate Valentine's Day! Holiday Traditions, Rituals, & Rules in a Delightful Story. P. K. Hallinan. 2020. 24p. (J). (gr. 1-4). 12.99 *(978-1-5107-4542-1(4),* Sky Pony Pr.) Skyhorse Publishing Co., Inc.

How to Change Everything: The Young Human's Guide to Protecting the Planet & Each Other. Naomi Klein. (ENG.). 336p. (J). (gr. 5). 2022. pap. 8.99 *(978-1-5344-7453-6(6));* 2021. (Illus.). 18.99 *(978-1-5344-7452-9(8))* Simon & Schuster Children's Publishing. (Atheneum Bks. for Young Readers).

How to Change the World. Rashmi Sirdeshpande. 2021. (Illus.). 32p. (J). pap. 14.99 *(978-0-241-41034-9(7),* Puffin) Penguin Bks., Ltd. GBR. Dist: Independent Pubs. Group.

How to Change Your Mind Volume 1. Debra R. Thomas. 2022. (ENG.). 62p. (YA). 19.99 ***(978-1-0880-3093-6(9))*** Indy Pub.

How to Charm a Llama. Rosie Greening. Illus. by Stuart Lynch. 2019. (ENG.). 12p. (J). (gr. -1 — 1). bds. 10.99 *(978-1-78843-427-0(7))* Make Believe Ideas GBR. Dist: Scholastic, Inc.

How to Check Out a Book. Amanda StJohn. Illus. by Bob Ostrom. 2023. (Learning Library Skills Ser.). (ENG.). 24p. (J). (gr. k-3). lib. bdg. 32.79 *(978-1-5038-6535-8(5),* 216414, Wonder Books(r)) Child's World, Inc, The.

How to Choose Foods Your Body Will Use. Rebecca Sjonger. 2016. (ENG.). 24p. (J). *(978-0-7787-2350-9(X))* Crabtree Publishing Co.

How to Choose Your Perfect Business Career. Cathleen Small. 2023. (STEM Career Choices Ser.). (ENG., Illus.). 64p. (YA). (gr. 7-12). lib. bdg. 34.65 *(978-1-914383-85-4(0),* e4614aee-5de3-4617-8778-ffcbe4140296) Cheriton Children's Bks. GBR. Dist: Lerner Publishing Group.

How to Choose Your Perfect Computer Science Career. Cathleen Small. 2023. (STEM Career Choices Ser.). (ENG., Illus.). 64p. (YA). (gr. 7-12). lib. bdg. 34.65 *(978-1-914383-83-0(4),* 0f687055-8483-4b12-9ca7-70ed28d74bfc) Cheriton Children's Bks. GBR. Dist: Lerner Publishing Group.

How to Choose Your Perfect Engineering Career. Cathleen Small. 2023. (STEM Career Choices Ser.). (ENG., Illus.). 64p. (YA). (gr. 7-12). lib. bdg. 34.65 *(978-1-914383-82-3(6),* 9004dbb9-a0e8-4554-bfc9-40b59d936179) Cheriton Children's Bks. GBR. Dist: Lerner Publishing Group.

How to Choose Your Perfect Healthcare Career. Cathleen Small. 2023. (STEM Career Choices Ser.). (ENG., Illus.). 64p. (YA). (gr. 7-12). lib. bdg. 34.65 *(978-1-914383-87-8(7),* 7a5d79a7-2ba0-4c2e-920f-d7813de92fa2) Cheriton Children's Bks. GBR. Dist: Lerner Publishing Group.

How to Choose Your Perfect Math Career. Cathleen Small. 2023. (STEM Career Choices Ser.). (ENG., Illus.). 64p. (YA). (gr. 7-12). lib. bdg. 34.65 *(978-1-914383-86-1(9),* b34726e6-6ec0-40c4-a323-590f513c785b) Cheriton Children's Bks. GBR. Dist: Lerner Publishing Group.

How to Choose Your Perfect Science Career. Cathleen Small. 2023. (STEM Career Choices Ser.). (ENG., Illus.). 64p. (YA). (gr. 7-12). lib. bdg. 34.65 *(978-1-914383-84-7(2),* 1adaa6d5-5f08-4b1a-a8b2-daab1bb2d4c1) Cheriton Children's Bks. GBR. Dist: Lerner Publishing Group.

How to Code: A Step-By-Step Guide to Computer Coding. Max Wainewright. 2016. (ENG., Illus.). 128p. (J). (gr. 1-6). 14.95 *(978-1-4549-2177-6(3))* Sterling Publishing Co., Inc.

How to Code a Rollercoaster. Josh Funk. Illus. by Sara Palacios. 2019. 44p. (J). (gr. -1-3). 18.99 *(978-0-425-29203-7(7),* Viking Books for Young Readers) Penguin Young Readers Group.

How to Code a Sandcastle. Josh Funk. Illus. by Sara Palacios. 2018. 44p. (J). (gr. -1-3). 18.99 *(978-0-425-29198-6(7),* Viking Books for Young Readers) Penguin Young Readers Group.

How to Convince Your Parents to Get You a Dog: A Step by Step Guide to Getting Your First Dog. Autumn Rose. Illus. by Sheng Mei. 2021. (ENG.). 30p. (J). *(978-0-2288-4006-0(6));* pap. *(978-0-2288-4005-3(8))* Tellwell Talent.

How to Convince Your Parents You Can..., 20 vols., Set. Incl. Care for a Kitten. Stephanie Bearce. (J). 2009. 25.70 *(978-1-58415-803-5(4));* Care for a Pet Bunny. Susan Sales Harkins & William H. Harkins. (Illus.). (J). 2008. lib. bdg. 25.70 *(978-1-58415-659-8(7));* Care for a Pet Chameleon. Jim Whiting. (Illus.). (YA). 2007. lib. bdg. 25.70 *(978-1-58415-605-5(8));* Care for a Pet Chimpanzee. Amie Jane Leavitt. (Illus.). (J). 2007. lib. bdg. 25.70 *(978-1-58415-607-9(4));* Care for a Pet Chinchilla. Amie Jane Leavitt. (Illus.). (J). 2009. lib. bdg. 25.70 *(978-1-58415-799-1(2));* Care for a Pet Ferret. Tamra Orr. (Illus.). (YA). 2008. lib. bdg. 25.70 *(978-1-58415-660-4(0));* Care for a Pet Guinea Pig. Stephanie Bearce. (J). 2009. 25.70 *(978-1-58415-797-7(6));* Care for a Pet Hamster. Carol Parenzan Smalley. (J). 2009. 25.70 *(978-1-58415-804-2(2));* Care for a Pet Hedgehog. Tammy Gagne. (J). 2009. 25.70 *(978-1-58415-798-4(4));* Care for a Pet Horse. Claire O'Neal. (Illus.). (YA). 2008. lib. bdg. 25.70 *(978-1-58415-662-8(7));* Care for a Pet Mouse. Amie Jane Leavitt. (Illus.). (J). 2007. lib. bdg. 25.70 *(978-1-58415-606-2(6));* Care for a Pet Parrot. Ameila LaRoche. (Illus.). (J). 2009. lib. bdg. 25.70 *(978-1-58415-795-3(X));* Care for a Pet Snake. Jim Whiting. (Illus.). (YA). 2007. lib. bdg. 25.70 *(978-1-58415-604-8(X));* Care for a Pet Sugar Glider. Amie Jane Leavitt. (Illus.). (J). 2009. lib. bdg. 25.70 *(978-1-58415-800-4(X));* Care for a Pet Tarantula. Amie Jane Leavitt. (Illus.). (J). 2007. lib. bdg. 25.70 *(978-1-58415-603-1(1));* Care for a Potbellied Pig. Tamra Orr. (Illus.). (YA). 2008. lib. bdg. 25.70 *(978-1-58415-661-1(9));* Care for a Puppy. Michelle Medlock Adams. (J). 2009. 25.70 *(978-1-58415-802-8(6));* Care for a Racing Pigeon. Tammy Gagne. (J). 2009. 25.70 *(978-1-58415-801-1(8));* Care for a Wild Chincoteague Pony. Mary Boone. (Illus.). (YA). 2008. lib. bdg. 25.70 *(978-1-58415-663-5(5));* Care for a Wolfdog. Tammy Gagne. (J). 2009. 25.70 *(978-1-58415-796-0(8));* 32p. (gr. 1-4). 2010. Set lib. bdg. 514.00 *(978-1-58415-805-9(0))* Mitchell Lane Pubs.

How to Cook a Princess. Ana Martinez Castillo. Illus. by Laura Liz. 2018. (ENG.). 56p. (J). 16.95 *(978-84-946926-4-2(X))* NubeOcho Ediciones ESP. Dist: Consortium Bk. Sales & Distribution.

How to Cook Husbands (Classic Reprint) Elizabeth Strong Worthington. 2017. (ENG., Illus.). (J). 27.90 *(978-1-5284-9034-4(7))* Forgotten Bks.

How to Count to ONE: (and Don't Even THINK about Bigger Numbers!) Caspar Salmon. Illus. by Matt Hunt. 2023. (ENG.). 32p. (J). (gr. -1-k). 17.99 Nosy Crow Inc.

How to Create Digital Portfolios for Collaborative Projects, 1 vol. Amie Jane Leavitt. 2017. (Project Learning Using Digital Portfolios Ser.). (ENG.). 64p. (gr. 7-7). 36.13

922 The check digit for ISBN-10 appears in parentheses after the full ISBN-13

(978-1-5081-7524-7(1), c9ada486-9f6d-490a-8e71-6d4a0dc18d37, Rosen Young Adult) Rosen Publishing Group, Inc., The.

How to Create Digital Portfolios for Problem Solving & Innovation, 1 vol. Ellina Litmanovich. 2017. (Project Learning Using Digital Portfolios Ser.). (ENG., Illus.). 64p. (J). (gr. 7-7). 36.13 (978-1-5081-7526-1(8), c71e8625-03b5-4512-8fec-19535a2bdda4, Rosen Young Adult) Rosen Publishing Group, Inc., The.

How to Create Digital Portfolios to Apply for College & Jobs, 1 vol. Natalie Chomet. 2017. (Project Learning Using Digital Portfolios Ser.). (ENG., Illus.). 64p. (J). (gr. 7-7). 36.13 (978-1-5081-7528-5(4), 551433d6-9346-4d1b-a815-90a046423871, Rosen Young Adult) Rosen Publishing Group, Inc., The.

How to Create Digital Portfolios to Develop Communication Skills, 1 vol. Sherri Mabry-Gordon. 2017. (Project Learning Using Digital Portfolios Ser.). (ENG., Illus.). 64p. (J). (gr. 7-7). 36.13 (978-1-5081-7530-8(6), a2b52aa8-0cd4-4b6a-845f-0ab6ed8104f7, Rosen Young Adult) Rosen Publishing Group, Inc., The.

How to Create Digital Portfolios to Show What You Know, 1 vol. Angela Timmons-Hanselka. 2017. (Project Learning Using Digital Portfolios Ser.). (ENG.). 64p. (J). (gr. 7-7). 36.13 (978-1-5081-7532-2(2), 848cf8af-2a68-4d88-ad19-c146020a82d0, Rosen Young Adult) Rosen Publishing Group, Inc., The.

How to Create Digital Portfolios to Showcase Your Achievements & Interests, 1 vol. Anita Louise Mccormick. 2017. (Project Learning Using Digital Portfolios Ser.). (ENG.). 64p. (J). (gr. 7-7). 36.13 (978-1-5081-7534-6(9), 06f825bf-1165-4248-9ad3-da45f7e406d1, Rosen Young Adult) Rosen Publishing Group, Inc., The.

How to Create Fantasy Art: Pro Tips & Step-By-Step Drawing Techniques. William Potter. Illus. by Juan Calle. 2018. (ENG.). 160p. (J). pap. 12.99 (978-1-78888-314-6(4), e985cc08-dfd0-4bd3-ae3a-0a9ae8cad4ed) Arcturus Publishing GBR. Dist: Baker & Taylor Publisher Services (BTPS).

How to Date a Superhero (and Not Die Trying) Cristina Fernandez. 2022. (ENG.). 416p. (YA). (gr. 8). 18.99 (978-0-06-311430-2(5), Tegen, Katherine Bks) HarperCollins Pubs.

How to Deal: Tarot for Everyday Life. Sami Main. Illus. by Marisa de la Pena. 2018. (ENG.). 240p. (YA). (gr. 8). pap. 15.99 (978-0-06-266217-0(1), HarperCollins) HarperCollins Pubs.

How to Deal with a Bully. Vicky Bureau. 2023. (Improving Your Social Skills Ser.). (ENG.). 32p. (J). (gr. 3-9). lib. bdg. **(978-1-0396-6046-5(0)**, 32997); (Illus.). pap. **(978-1-0396-6241-4(2)**, 32998) Crabtree Publishing Co.

How to Decorate a Cypress Tree. Angelle Terrell. Illus. by Camille Broussard. 2021. (ENG.). 32p. (J). (gr. k-3). 17.99 (978-1-4556-2622-9(8), Pelican Publishing) Arcadia Publishing.

How to Defeat Bully Brain: A Story about OCD. Ella Kim. Illus. by Andi Andriansyah. 2023. (How to Defeat Bully Brain Ser.: Vol. 1). (ENG.). 46p. (J). pap. 10.99 **(978-1-6629-4115-3(3))** Gatekeeper Pr.

How to Design the World's Best Bike: In 10 Simple Steps. Paul Mason. 2019. (How to Design the World's Best Ser.). (ENG., Illus.). 32p. (J). (gr. 4-6). pap. 12.99 (978-0-7502-9196-5(6), Wayland) Hachette Children's Group GBR. Dist: Hachette Bk. Group.

How to Design the World's Best: Robot: In 10 Simple Steps. Paul Mason. 2018. (How to Design the World's Best Ser.). (ENG., Illus.). 32p. (J). (gr. 4-6). pap. 12.99 (978-0-7502-9946-6(0), Wayland) Hachette Children's Group GBR. Dist: Hachette Bk. Group.

How to Design the World's Best Roller Coaster: In 10 Simple Steps. Paul Mason. 2019. (How to Design the World's Best Ser.). (ENG., Illus.). 32p. (J). (gr. 4-7). pap. 12.99 (978-0-7502-9192-7(3), Wayland) Hachette Children's Group GBR. Dist: Hachette Bk. Group.

How to Design the World's Best Skatepark: In 10 Simple Steps. Paul Mason. 2019. (How to Design the World's Best Ser.). (ENG., Illus.). 32p. (J). (gr. 4-7). pap. 12.99 (978-0-7502-9191-0(5), Wayland) Hachette Children's Group GBR. Dist: Hachette Bk. Group.

How to Design the World's Best: Skatepark: In 10 Simple Steps. Paul Mason. 2018. (How to Design the World's Best Ser.). (ENG.). 32p. (J). (gr. 4-6). 16.99 (978-0-7502-9998-5(3), Wayland) Hachette Children's Group GBR. Dist: Hachette Bk. Group.

How to Design the World's Best Space Station: In 10 Simple Steps. Paul Mason. 2019. (How to Design the World's Best Ser.). (ENG., Illus.). 32p. (J). (gr. 4-6). pap. 12.99 (978-0-7502-9190-3(7), Wayland) Hachette Children's Group GBR. Dist: Hachette Bk. Group.

How to Design the World's Best Sports Stadium: In 10 Simple Steps. Paul Mason. 2019. (How to Design the World's Best Ser.). (ENG.). 32p. (J). (gr. 4-6). pap. 12.99 (978-0-7502-9200-9(8), Wayland) Hachette Children's Group GBR. Dist: Hachette Bk. Group.

How to Design the World's Best: Sports Stadium: In 10 Simple Steps. Paul Mason. 2018. (How to Design the World's Best Ser.). (ENG.). 32p. (J). (gr. 4-6). 16.99 (978-0-7502-9953-4(3), Wayland) Hachette Children's Group GBR. Dist: Hachette Bk. Group.

How to Design Your Own Clothes Children's Fashion Books. Baby Professor. 2017. (ENG., Illus.). (YA). pap. 7.89 (978-1-5419-0321-0(8), Baby Professor (Education Kids)) Speedy Publishing LLC.

How to Destroy Distance Learning: 15 Proven Strategies to Limit Growth & Decrease Purpose. Melanie Barrett. 2020. (How to Hate High School Ser.: Vol. 2). (ENG.). 58p. (YA). pap. (978-1-7774140-2-3(4)) Marmalade Bks.

How to Develop Your Child's see Como Desarrollar la Inteligencia de Sus Hijos

How to Disappear. Sharon Huss Roat. (ENG.). (YA). (gr. 8). 2019. 400p. pap. 9.99 (978-0-06-229176-9(9)); 2017. 384p. 17.99 (978-0-06-229175-2(0)) HarperCollins Pubs. (HarperTeen).

How to Disappear. Ann Redisch Stampler. 2016. (ENG., Illus.). 416p. (YA). (gr. 9). 18.99 (978-1-4814-4393-7(3), Simon Pulse) Simon Pulse.

How to Disappear Completely. Ali Standish. (ENG.). (J). (gr. 3-7). 2021. 400p. pap. 9.99 (978-0-06-289329-1(7)); 2020. (Illus.). 384p. 16.99 (978-0-06-289328-4(9)) HarperCollins Pubs. (HarperCollins).

How to Do a Science Experiment. Jean Reagan. Illus. by Lee Wildish. 2022. (Step into Reading Ser.). 32p. (J). (gr. -1-1). pap. 4.99 (978-0-593-47914-8(9)); (ENG.). lib. bdg. 14.99 (978-0-593-47915-5(7)) Random Hse. Children's Bks. (Random Hse. Bks. for Young Readers).

How to Do Hard Things: Actual Real Life Advice on Friends, Love, Career, Wellbeing, Mindset, & More. Veronica Dearly. 2022. (ENG., Illus.). 144p. 16.99 (978-0-7440-5702-7(7), DK) Dorling Kindersley Publishing, Inc.

How to Do Homework Without Throwing Up. Trevor Romain. Illus. by Steve Mark. 2017. (Laugh & Learn(r) Ser.). (ENG.). 80p. (J). (gr. 3-8). pap. 10.99 (978-1-63198-066-4(1), 80664) Free Spirit Publishing Inc.

How to Do It. Edward Everett Hale. 2017. (ENG., Illus.). (J). 22.95 (978-1-374-93822-9(X)); pap. 12.95 (978-1-374-93821-2(1)) Capital Communications, Inc.

How to Do It. Edward Everett Hale. 2017. (ENG., Illus.). (J). pap. (978-0-649-25658-7(1)) Trieste Publishing Pty Ltd.

How to Do It (Classic Reprint) Edward Everett Hale. 2018. (ENG., Illus.). 284p. (J). 29.77 (978-0-364-10622-8(0)) Forgotten Bks.

How to Do It Now Because It's Not Going Away: An Expert Guide to Getting Stuff Done. Leslie Josel. 2020. (ENG., Illus.). 152p. (YA). (gr. 8-12). pap. 14.99 (978-1-5415-8161-6(X), 62fafe70-c5a9-4d9e-a161-9ae819e882eb); lib. bdg. 37.32 (978-1-5415-8157-9(1), ae3c83a7-b4aa-465c-b13e-17f606de9092) Lerner Publishing Group. (Zest Bks.).

How to Do Simple Experiments a Kid's Practice Guide to Understanding the Scientific Method Grade 4 Children's Science Education Books. Baby Professor. 2020. (ENG.). 72p. (J). 24.99 (978-1-5419-8054-9(9)); pap. 14.99 (978-1-5419-5939-2(6)) Speedy Publishing LLC. (Baby Professor (Education Kids)).

How to Draw. DK. 2017. (ENG., Illus.). 96p. (J). (gr. 2-4). 15.99 (978-1-4654-5685-4(6), DK Children) Dorling Kindersley Publishing, Inc.

How to Draw. Clare Johnson. 2018. (VIE.). (J). pap. (978-604-2-09992-9(2)) Kim Dong Publishing Hse.

How to Draw: Easy Techniques & Step-By-Step Drawings for Kids. Aaria Baid. 2019. (Drawing for Kids Ages 9 To 12 Ser.). (ENG., Illus.). 172p. (J). pap. 13.99 (978-1-64152-181-9(3), Rockridge Pr.) Callisto Media Inc.

How to Draw: Includes Wipe-Clean Pen. Roger Priddy. 2016. (Early Learning Fun Ser.). (ENG.). 48p. (J). spiral bd. 12.99 (978-0-312-51962-9(1), 900153500) St. Martin's Pr.

How to Draw: Lessons for Learners. Bobo's Children Activity Books. 2016. (ENG., Illus.). (J). pap. 9.33 (978-1-68327-311-0(7)) Sunshine In My Soul Publishing.

How to Draw 101 Animals. Imagine That & Barry Green. Illus. by Dan Green. 2022. (How to Draw 101 Ser.). (ENG.). 48p. (J). (gr. k-2). spiral bd. 7.95 (978-1-80105-594-9(7)) Top That! Publishing PLC GBR. Dist: Independent Pubs. Group.

How to Draw 101 Animals. Nat Lambert. Illus. by Barry Green & Dan Green. 2022. (How to Draw 101 Ser.). (ENG.). 48p. (J). (gr. k-2). 24.95 (978-1-80105-475-1(4)) Top That! Publishing PLC GBR. Dist: Independent Pubs. Group.

How to Draw 101 Animals Book 2. Nat Lambert. 2020. (How to Draw 101 Ser.). (ENG.). 56p. (J). pap. 5.99 (978-1-78958-813-2(8)) Top That! Publishing PLC GBR. Dist: Independent Pubs. Group.

How to Draw 101 Baby Animals. Nat Lambert & Imagine That. Illus. by Barry Green. 2017. (How to Draw 101 Ser.). (ENG.). 48p. (J). (gr. k). pap. 4.99 (978-1-78700-180-0(6)) Top That! Publishing PLC GBR. Dist: Independent Pubs. Group.

How to Draw 101 Christmas. Barry Green. 2018. (How to Draw 101 Ser.). (ENG., Illus.). 48p. (J). (gr. k). pap. 5.99 (978-1-78700-604-1(2)) Top That! Publishing PLC GBR. Dist: Independent Pubs. Group.

How to Draw 101 Cute Characters. Nat Lambert. 2020. (How to Draw 101 Ser.). (ENG.). 56p. (J). pap. 4.99 (978-1-78958-792-0(1)) Top That! Publishing PLC GBR. Dist: Independent Pubs. Group.

How to Draw 101 Cute Stuff. Ginger Green. 2023. (ENG.). 108p. (J). pap. **(978-1-312-66021-2(X))** Lulu Pr., Inc.

How to Draw 101 Cute Stuff for Kids: How to Draw 101 Cute Stuff Is the Perfect Book for Kids! Follow the Step-By-step Instructions to Learn How to 101 Cute Stuff. Bulent Kusev. 2023. (ENG.). 109p. (J). pap. **(978-1-4477-9154-6(1))** Lulu Pr., Inc.

How to Draw 101 Dinosaurs. Barry Green. Illus. by Barry Green. 2022. (How to Draw 101 Ser.). (ENG.). 48p. (J). (gr. k-2). spiral bd. 7.95 (978-1-80105-495-9(9)) Top That! Publishing PLC GBR. Dist: Independent Pubs. Group.

How to Draw 101 Dinosaurs. Nat Lambert. Illus. by Barry Green. 2017. (How to Draw 101 Ser.). (ENG.). 48p. (J). (gr. k). pap. 4.99 (978-1-78700-181-7(4)) Top That! Publishing PLC GBR. Dist: Independent Pubs. Group.

How to Draw 101 Football. Barry Green. Illus. by Dan Green. 2023. (How to Draw 101 Ser.). (ENG.). 48p. (J). (gr. k-2). pap. 5.99 **(978-1-80105-668-7(4))** Top That! Publishing PLC GBR. Dist: Independent Pubs. Group.

How to Draw 101 Halloween. Nat Lambert. Illus. by Barry Green & Dan Green. 2021. (How to Draw 101 Ser.). (ENG.). 48p. (J). (gr. k-7). pap. 5.99 (978-1-78958-836-1(7), 9781789588361) Top That! Publishing PLC GBR. Dist: Independent Pubs. Group.

How to Draw 101 Horses & Unicorns. Imagine That. Illus. by Barry Green. 2022. (How to Draw 101 Ser.). (ENG.). 48p. (J). (gr. k-2). spiral bd. 7.95 (978-1-80105-596-3(3)) Top That! Publishing PLC GBR. Dist: Independent Pubs. Group.

How to Draw 101 Horses & Unicorns. Nat Lambert. 2019. (How to Draw 101 Ser.). (ENG.). 48p. (J). (gr. k). pap. 4.99 (978-1-78958-189-8(3)) Top That! Publishing PLC GBR. Dist: Independent Pubs. Group.

How to Draw 101 Monsters. Imagine That & Barry Green. Illus. by Dan Green. 2022. (How to Draw 101 Ser.). (ENG.). 48p. (J). (gr. k-2). spiral bd. 7.95 (978-1-80105-595-6(5)) Top That! Publishing PLC GBR. Dist: Independent Pubs. Group.

How to Draw 25 Animals Step-By-Step - Learn How to Draw Cute Animals with Simple Shapes with Easy Drawing Tutorial for Kids 4-8. Marta March. 2022. (ENG.). 66p. (J). pap. 14.99 **(978-1-0879-6936-7(0))** Indy Pub.

How to Draw 25 Wild Animals for Beginners: Learn How to Draw Cute Animals Step-By-Step with Simple Shapes (How to Draw Books for Kids) Marta March. 2023. (ENG.). 66p. (J). pap. 9.99 **(978-1-0881-0777-5(X))** Indy Pub.

How to Draw! a Beginner's Activity Book. Bobo's Children Activity Books. 2016. (ENG., Illus.). (J). pap. 9.33 (978-1-68327-310-3(9)) Sunshine In My Soul Publishing.

How to Draw a Bunny & Other Cute Creatures with Simple Shapes in 5 Steps. Lulu Mayo. 2021. (Drawing with Simple Shapes Ser.). (ENG.). 64p. (J). pap. 12.99 (978-1-5248-6501-6(X)) Andrews McMeel Publishing.

How to Draw a Castle (Using Grids) - Grid Drawing for Kids: This Book Will Show You How to Draw a Castle, Using a Step by Step Approach. Learn How to Draw a Castle Easily. Includes Practice for Castle Gates, Medieval Castles, & Castle Towers. James Manning. 2020. (ENG.). 86p. (J). pap. (978-1-80027-463-1(7)) CBT Bks.

How to Draw a Clown Using Grids for Beginners - Grid Drawing for Kids. Nicola Ridgeway & James Manning. 2020. (ENG.). 86p. (J). pap. (978-1-80027-217-0(0)) CBT Bks.

How to Draw a Fairy Using Grids for Beginners - Grid Drawing for Kids: This Book Teaches Kids How to Draw Using Grids. This Book Contains 40 Illustrations & 40 Grids to Practice With. Nicola Ridgeway & James Manning. 2020. (How to Draw a Fairy Ser.: Vol. 2). (ENG., Illus.). 86p. (J). pap. (978-1-80027-158-6(1)) CBT Bks.

How to Draw a Fashion Model Using Grids for Beginners (Grid Drawing for Kids) Use Grids & Learn How to Draw Fashion Girls & Fashion Model Figures, with Realistic Fashion Dresses Step by Step. Nicola Ridgeway. 2020. (ENG.). 86p. (J). pap. (978-1-80027-452-5(1)) CBT Bks.

How to Draw! a Guide to Animals from Around the World Activity Book. Jupiter Kids. 2017. (ENG., Illus.). (YA). pap. 9.20 (978-1-68326-977-9(2), Jupiter Kids (Childrens & Kids Fiction)) Speedy Publishing LLC.

How to Draw a Horse (Using Grids) This Book Will Help You Learn How to Draw a Horse, a Horse Jumping, a Horse Galloping & Generally How to Draw Horse Cartoons. James Manning. 2020. (ENG.). 62p. (J). pap. (978-1-80027-526-3(9)) CBT Bks.

How to Draw a House (Grid Drawing for Beginners) This Book Teaches Kids How to Draw Using Grids. This Book Contains 40 Illustrations & 40 Grids to Practice With. Nicola Ridgeway & James Manning. 2020. (How to Draw a House Ser.: Vol. 2). (ENG., Illus.). 86p. (J). (gr. k-4). pap. (978-1-80027-123-4(9)) CBT Bks.

How to Draw a Mermaid & Other Cute Creatures with Simple Shapes in 5 Steps. Lulu Mayo. 2020. (Drawing with Simple Shapes Ser.). (ENG.). 64p. (J). pap. 12.99 (978-1-5248-5381-5(X)) Andrews McMeel Publishing.

How to Draw a Ninja for Kids: Step by Step Guide. Tony R. Smith. 2020. (ENG.). 104p. (J). pap. 18.99 **(978-1-952524-15-8(6))** Smith Show Media Group.

How to Draw a Pirate Using Grids for Beginners - Grid Drawing for Kids. Nicola Ridgeway & James Manning. 2020. (ENG.). 86p. (J). pap. (978-1-80027-220-0(0)) CBT Bks.

How to Draw a Princess & a Prince (This Book Will Show You How to Draw a Good Princess & How to Draw a Handsome Prince) James Manning. 2020. (ENG.). 90p. (J). pap. 9.99 (978-1-393-49096-8(4)) Draft2Digital.

How to Draw a Princess & a Prince (This Book Will Show You How to Draw a Good Princess & How to Draw a Handsome Prince) This Book Will Show You How to Draw 40 Princesses & Princes Very Easily Step by Step. James Manning. 2020. (ENG.). 90p. (J). (978-1-80027-593-5(5)); pap. (978-1-80027-592-8(7)) CBT Bks.

How to Draw a Princess & a Prince Using Grids for Beginners (Grid Drawing for Kids) This Book Teaches Kids How to Draw Using Grids. This Book Contains 40 Illustrations & 40 Grids to Practice With. Nicola Ridgeway & James Manning. 2020. (Grid Drawing for Kids Ser.: Vol. 87). (ENG., Illus.). 86p. (J). pap. (978-1-80027-154-8(9)) CBT Bks.

How to Draw a Reindeer & Other Christmas Creatures with Simple Shapes in 5 Ste. Lulu Mayo. 2020. (Drawing with Simple Shapes Ser.). (ENG., Illus.). 64p. (J). pap. 12.99 (978-1-5248-6121-6(9)) Andrews McMeel Publishing.

How to Draw. a Step by Step Drawing Book for Kids: A Fun & Easy Step by Step Drawing Book(Activity Book) Hector England. 2021. (ENG., Illus.). 58p. (J). pap. 11.00 (978-1-716-29216-3(6)) Lulu Pr., Inc.

How to Draw a Unicorn & Other Cute Animals with Simple Shapes in 5 Steps. Lulu Mayo. 2018. (Drawing with Simple Shapes Ser.: 1). (ENG., Illus.). 64p. (J). pap. 12.99 (978-1-4494-9487-2(0)) Andrews McMeel Publishing.

How to Draw a Wizard (Using Grids) This Book Will Show You How to Draw Different Wizards Easily, Using a Step by Step Approach. Use Grids & Learn How to Draw Many Different Types of Wizards Easily. James Manning. 2020. (ENG.). 80p. (J). pap. (978-1-80027-529-4(3)) CBT Bks.

How to Draw a Woman - Exotic Women Volume 1 (This How to Draw a Women Book Contains Instructions on How to Draw 14 Different Women) James Manning. 2020. (ENG.). 82p. (J). pap. 9.99 (978-1-393-57582-5(X)) Draft2Digital.

How to Draw a Woman - Exotic Women Volume 1 (This How to Draw a Women Book Contains Instructions on How to Draw 14 Different Women) This Book Shows How to Draw a Woman's Face, How to Draw a Woman's Body, & How to Draw 14 Women in Simple Steps. James Manning. 2020. (ENG.). 82p. (J). (978-1-80027-572-0(2)); pap. (978-1-80027-571-3(4)) CBT Bks.

How to Draw a Zombie (38 Zombies to Learn to Draw Using Grids) This Book Will Help You Learn How to Draw Different Zombies, Zombie Bodies, Zombie Girls, & Other Zombie Parts. James Manning. 2020. (ENG.). 82p. (YA). pap. (978-1-80027-523-2(4)) CBT Bks.

How to Draw Absolutely Anything: With Step-By-Step Guide & Refillable Sketch Pad. IglooBooks. Illus. by Neil Clark. 2021. (ENG.). 64p. (J). (gr. k-2). pap. 15.99 (978-1-83903-780-1(6)) Igloo Bks. GBR. Dist: Simon & Schuster, Inc.

How to Draw Activity Book for Kids Activity Book. Jupiter Kids. 2017. (ENG., Illus.). (YA). pap. 9.20 (978-1-68326-912-0(8), Jupiter Kids (Childrens & Kids Fiction)) Speedy Publishing LLC.

How to Draw Activity Book for Kids Activity Book. Jupiter Kids. 2016. (ENG., Illus.). 108p. (J). pap. 12.55 (978-1-68326-140-7(2), Jupiter Kids (Childrens & Kids Fiction)) Speedy Publishing LLC.

How to Draw Adorable: Joyful Lessons for Making Cute Art. Carlianne Tipsey. 2022. (Illus.). 160p. (J). (gr. 7-9). pap. 17.95 (978-1-954854-47-5(1)) Girl Friday Bks.

How to Draw Adorable Bees: A Step-By-Step Drawing & Activity Book for Kids to Learn to Draw Adorable Bees. Welove Coloringbooks. 2021. (ENG., Illus.). 108p. (J). pap. 11.49 (978-1-716-22117-0(X)) Lulu Pr., Inc.

How to Draw Adorable Dogs: A Step-By-Step Drawing & Activity Book for Kids to Learn to Draw Adorable Dogs. Welove Coloringbooks. 2020. (ENG.). 108p. (J). pap. 11.49 (978-1-716-30086-8(X)) Lulu Pr., Inc.

How to Draw Adorable Ducks: A Step-By-Step Drawing & Activity Book for Kids to Learn to Draw Adorable Ducks. Welove Coloringbooks. 2020. (ENG.). 108p. (J). pap. 10.49 (978-1-716-28004-7(4)) Lulu Pr., Inc.

How to Draw Adorable Ponies Activity Book. Jupiter Kids. 2017. (ENG., Illus.). (J). pap. 9.20 (978-1-68326-939-7(X), Jupiter Kids (Childrens & Kids Fiction)) Speedy Publishing LLC.

How to Draw Adventures (Pokémon) Maria S. Barbo. Illus. by Ron Zalme. 2022. (ENG.). 96p. (J). (gr. 2-5). pap. 12.99 (978-1-338-84604-1(3)) Scholastic, Inc.

How to Draw Aliens - Volume 2 (This Book Includes Advice on How to Draw Cartoon Aliens & General Instructions on How to Draw Aliens) James Manning. 2020. (ENG.). 90p. (J). pap. 9.99 (978-1-393-29217-3(8)) Draft2Digital.

How to Draw Aliens - Volume 2 (This Book Includes Advice on How to Draw Cartoon Aliens & General Instructions on How to Draw Aliens) This How to Draw Aliens Book Offers Step by Step Suggestions on How to Draw Cute Aliens As Well As How to Draw Aliens T. James Manning. 2020. (ENG.). 90p. (J). (978-1-80027-585-0(4)); pap. (978-1-80027-584-3(6)) CBT Bks.

How to Draw Aliens, Robots & Spaceships! Activity Book. Creative Playbooks. 2016. (ENG., Illus.). (J). pap. 7.74 (978-1-68323-518-7(5)) Twin Flame Productions.

How to Draw Aliens (This Book Includes Advice on How to Draw Cartoon Aliens & General Instructions on How to Draw Aliens) James Manning. 2020. (ENG.). 88p. (J). pap. 9.99 (978-1-393-89486-5(0)) Draft2Digital.

How to Draw Aliens (This Book Includes Advice on How to Draw Cartoon Aliens & General Instructions on How to Draw Aliens) This How to Draw Aliens Book Offers Step by Step Suggestions on How to Draw Cute Aliens As Well As How to Draw Aliens That Look Mo. James Manning. 2020. (ENG.). 88p. (J). (978-1-80027-583-6(8)) CBT Bks.

How to Draw Aliens (This Book Incudes Advice on How to Draw Cartoon Aliens & General Instructions on How to Draw Aliens) This How to Draw Aliens Book Offers Step by Step Suggestions on How to Draw Cute Aliens As Well As How to Draw Aliens That Look Mor. James Manning. 2020. (ENG.). 88p. (J). pap. (978-1-80027-582-9(X)) CBT Bks.

How to Draw Aliens (Using Grids) - Grid Drawing for Kids: This Book Will Show You How to Draw Alien, Using Step by Step Approach. Including How to Draw Alien Body, Alien Cartoon, Alien Eyes, Alien Hands. How to Draw Disgusting Alien & How to Draw Alien. James Manning. 2020. (ENG.). 86p. (J). pap. (978-1-80027-429-7(7)) West Suffolk CBT Service Ltd., The.

How to Draw Almost Everything for Kids. Naoko Sakamoto & Kamo. 2018. (Almost Everything Ser.). (ENG., Illus.). 96p. (J). (gr. k-4). pap. 15.99 (978-1-63159-499-1(0), 303416, Quarry Bks.) Quarto Publishing Group USA.

How to Draw Amazing Birds: From Songbirds to Birds of Prey. Paul Calver & Toby Reynolds. Illus. by Fiona Gowen. 2017. (How to Draw Ser.). (ENG.). 32p. (J). (gr. 2-6). pap. 4.99 (978-1-4380-1053-3(2)) Sourcebooks, Inc.

How to Draw Ancient Greek Stuff Real Easy: Easy Step by Step Drawing Guide. Shoo Rayner. Illus. by Shoo Rayner. 2018. (Draw Stuff Real Easy Ser.: Vol. 1). (ENG., Illus.). (J). (gr. 3-6). 54p. (978-1-908944-39-9(0)); 52p. pap. (978-1-908944-38-2(2)) Rayner, Shoo.

How to Draw & Color Set: With 6 Colored Pencils & Sketching Pencil. IglooBooks. 2023. (ENG.). 32p. (J). (gr. -1). pap. 14.99 **(978-1-83771-540-4(8))** Igloo Bks. GBR. Dist: Simon & Schuster, Inc.

How to Draw Angels (This How to Draw Angels Book Show How to Draw Angels Wings, How to Draw Girl Angels & How to Draw Male Angels) James Manning. 2020. (ENG.). 84p. (J). pap. 9.99 (978-1-393-64081-3(8)) Draft2Digital.

How to Draw Angels (This How to Draw Angels Book Show How to Draw Angels Wings, How to Draw Girl Angels & How to Draw Male Angels) Includes Advice on How to Draw 38 Different Types of Angels Easily. James Manning. 2020. (ENG.). 84p. (J). pap. (978-1-80027-575-1(7)) CBT Bks.

How to Draw Animal Friends: Step-By-step Instructions for 20 Amazing Animals. Peter Mueller & Walter Foster Jr. Creative Team. 2018. (Learn to Draw Ser.). (ENG., Illus.). 32p. (J). (gr. 1-3). pap. 5.99 (978-1-63322-750-7(2), 324045, Walter Foster Jr) Quarto Publishing Group USA.

How to Draw Animals. Deeasy Books. 2020. (ENG.). 100p. (J). pap. 9.00 **(978-1-716-28209-6(8))** Indy Pub.

How to Draw Animals. Anna O'Annabelle. 2020. (ENG.). 106p. (J). pap. 9.99 *(978-1-716-32480-2(7))* Lulu Pr., Inc.

How to Draw Animals. Only1million. 2020. (ENG.). 130p. (J). pap. 12.46 *(978-1-715-42572-2(3))* Google.

How to Draw Animals: A Step-By-Step Drawing & Activity Book for Kids to Learn to Draw Animals. Welove Coloringbooks. 2021. (ENG., Illus.). 108p. (J). pap. 11.49 *(978-1-716-21579-7(X))* Lulu Pr., Inc.

How to Draw Animals: Animal Coloring Book for Kids - Draw & Color for Children Book Ages 3-5 - Colouring Animals for Kids. Lena Bidden. l.t. ed. 2021. (ENG.). 30p. (J). pap. 9.99 *(978-1-900631-06-8(7))* Lulu Pr., Inc.

How to Draw Animals: Learn in 5 Easy Steps — Includes Dogs, Cats, Birds, Lions, Tigers, Bears, & Many More! 2022. 160p. (J). (gr. 1-1). pap. 12.99 *(978-1-63158-706-1(4)*, Racehorse Publishing) Skyhorse Publishing Co., Inc.

How to Draw Animals: Learn to Draw with Grids for Kids. H R Wallace Publishing. 2019. (ENG.). 110p. (J). pap. 6.99 *(978-1-5091-0258-7(2))* H.R. Wallace Publishing.

How to Draw Animals: With Step-By-Step Guide & Refillable Sketch Pad. IglooBooks. 2023. (ENG.). 64p. (J). (gr. k). pap. 15.99 *(978-1-80108-786-5(5))* Igloo Bks. GBR. Dist: Simon & Schuster, Inc.

How to Draw Animals for Kids. Cristie Dozaz. 2020. (ENG.). 102p. (J). pap. 14.99 *(978-1-716-38779-1(5))* Lulu Pr., Inc.

How to Draw Animals for Kids. Elizabeth James. 2016. (ENG., Illus.). (J). pap. 9.99 *(978-1-78595-245-6(5))* Kyle Craig Publishing.

How to Draw Animals for Kids. Penciol Press. 2021. (ENG.). 70p. (J). pap. 9.00 *(978-1-716-45129-4(9))* Lulu Pr., Inc.

How to Draw Animals for Kids: A Fun & Simple Step-By-Step Drawing & Activity Book for Kids to Learn to Draw & Color - How to Draw Book for Children. Lena Bidden. 2020. (ENG.). 102p. (J). pap. 10.00 *(978-1-716-27927-0(5))* Lulu Pr., Inc.

How to Draw Animals for Kids: How to Draw Animals, Contains 50 Page Unique Animals Designs Large 8. 5x11. Almi Angels. 2020. (ENG.). 106p. (J). pap. 9.79 *(978-1-716-30472-9(5))* Lulu Pr., Inc.

How to Draw Animals for Kids: Learn How to Draw Cute Animals - Easy Step by Step Guide. Esel Press. (ENG.). 200p. (J). 2021. 21.75 *(978-1-716-19912-7(3))*; 2020. pap. 14.75 *(978-1-716-40826-7(1))* Lulu Pr., Inc.

How to Draw Animals for Kids: Learn to Draw Step by Step,50 Amazing Animals Made to Encourage Drawing for Kids (Activity Book) Hector England. 2021. (ENG., Illus.). 104p. (J). pap. 12.00 *(978-1-716-29215-6(8))* Lulu Pr., Inc.

How to Draw Animals Taking Selfies Using Grids for Beginners: Grid Drawing for Kids. Nicola Ridgeway & James Manning. 2020. (ENG.). 86p. (J). pap. *(978-1-80027-422-8(X))* CBT Bks.

How to Draw Anime: The Essential Step-By-Step Beginner's Guide to Drawing Anime Includes Manga & Chibi Perfect for All Ages! (How to Draw Anime, Chibi & Manga for Beginners): the Essential Step-by-Step Beginner's Guide to Drawing Anime Includes Manga & Chibi Perfect For. Created by Matsuda Publishing. 2021. (ENG.). 108p. (J). pap. 14.99 ***(978-1-0879-8254-0(5))*** Indy Pub.

How to Draw Anime Including Anime Anatomy, Anime Eyes, Anime Hair & Anime Kids - Volume 1 - (Step by Step Instructions on How to Draw 20 Anime) James Manning. 2020. (ENG.). 80p. (J). pap. 9.99 *(978-1-5401-1096-1(6))* Draft2Digital.

How to Draw Anime Including Anime Anatomy, Anime Eyes, Anime Hair & Anime Kids - Volume 1 - (Step by Step Instructions on How to Draw 20 Anime) This Book Has over 300 Detailed Illustrations That Demonstrate How to Draw Anime Step by Step. James Manning. 2020. (ENG.). 80p. (J). *(978-1-80027-552-2(8))*; pap. *(978-1-80027-551-5(X))* CBT Bks.

How to Draw Anime Including Anime Anatomy, Anime Eyes, Anime Hair & Anime Kids - Volume 2. James Manning. 2020. (ENG.). 118p. (J). pap. 10.99 *(978-1-393-76086-3(4))* Draft2Digital.

How to Draw Anime Including Anime Anatomy, Anime Eyes, Anime Hair & Anime Kids - Volume 2: Step by Step Instructions on How to Draw 20 Anime. James Manning. 2020. (ENG.). 118p. (J). *(978-1-80027-558-4(7))*; pap. *(978-1-80027-557-7(9))* CBT Bks.

How to Draw Baby Animals: A Step-By-Step Drawing & Activity Book for Kids to Learn to Draw Adorable Animals. Welove Coloringbooks. 2020. (ENG.). 108p. (J). pap. 10.49 *(978-1-716-32888-6(8))* Lulu Pr., Inc.

How to Draw Barnyard Animals & Farm Friends! Activity Book. Creative Playbooks. 2016. (ENG., Illus.). (J). pap. 7.74 *(978-1-68323-519-4(3))* Twin Flame Productions.

How to Draw Birds (This Book Shows How to Draw Different Birds Quickly) James Manning. 2020. (ENG.). 86p. (J). pap. 9.99 *(978-1-393-80365-2(2))* Draft2Digital.

How to Draw Birds (This Book Shows How to Draw Different Birds Quickly) This Book Will Show You How to Draw Birds Step by Step & Includes Different Birds Flying. James Manning. 2020. (ENG.). 86p. (J). *(978-1-80027-643-7(5))*; pap. *(978-1-80027-642-0(7))* CBT Bks.

How to Draw Birds (Using Grid) - Grid Drawing for Kids: This Book Will Show You How to Draw Different Birds, Using Step by Step Approach. Including How to Draw Cartoon Birds, How to Draw Birds Fling Jungle Birds & Several Other Simple Birds. Manning. 2020. (ENG.). 86p. (J). pap. *(978-1-80027-434-1(3))* West Suffolk CBT Service Ltd., The.

How to Draw Blossoming Blooms & Fragrant Flowers! Activity Book. Creative Playbooks. 2016. (ENG., Illus.). (J). pap. 7.74 *(978-1-68323-520-0(7))* Twin Flame Productions.

How to Draw Book of Mormon Characters. Jeff Harvey. 2019. (ENG., Illus.). 64p. (YA). (gr. 2-5). pap. 12.99 *(978-1-4621-2343-8(0))* Cedar Fort, Inc./CFI Distribution.

How to Draw Books. 101 Ways to Draw Animals. Simple Step-By-Step Instructions for Intermediate Artists. Focus on Lines, Shapes & Forms to Improve Fine Motor Control. Jupiter Kids. 2017. (ENG., Illus.). 200p. (J). pap. 12.26 *(978-1-5419-4797-9(5)*, Jupiter Kids (Childrens & Kids Fiction)) Speedy Publishing LLC.

How to Draw Brave Hippos: A Step-By-Step Drawing & Activity Book for Kids to Learn to Draw Brave Hippos. Welove Coloringbooks. 2021. (ENG., Illus.). 108p. (J). pap. 10.49 *(978-1-716-26944-8(X))* Lulu Pr., Inc.

How to Draw Brave Horses: A Step-By-Step Drawing & Activity Book for Kids to Learn to Draw Brave Horses. Welove Coloringbooks. 2020. (ENG., Illus.). 108p. (J). pap. 10.49 *(978-1-716-28634-6(4))* Lulu Pr., Inc.

How to Draw Brave Lions: A Step-By-Step Drawing & Activity Book for Kids to Learn to Draw Brave Lions. Welove Coloringbooks. 2021. (ENG.). 108p. (J). pap. 11.49 *(978-1-716-20971-0(4))* Lulu Pr., Inc.

How to Draw Brave Tigers: A Step-By-Step Drawing & Activity Book for Kids to Learn to Draw Brave Tigers. Welove Coloringbooks. 2021. (ENG.). 108p. (J). pap. 11.49 *(978-1-716-20655-9(3))* Lulu Pr., Inc.

How to Draw Butterflies for Kids: A Step-By-Step Drawing Book for Kids with Amazing Butterfly Designs Grid Pages for Drawing Eye-Catching Butterflies. Soul McColorings. 2021. (ENG.). 76p. (J). pap. 11.99 *(978-0-674-96803-5(4))* Google.

How to Draw Butterflies (Using Grids) - Grid Drawing for Kids: This Book Will Show You How to Draw Butterflies Easy, Using a Step by Step Approach. Includes Grids to Show How to Draw Butterflies Easy & How to Draw a Butterfly Car. James Manning. 2020. (ENG.). 86p. (J). pap. *(978-1-80027-466-2(1))* CBT Bks.

How to Draw Butterfly: A Step-By-Step Drawing & Activity Book for Kids to Learn to Draw Unicorn. Elli Steele. 2021. (ENG.). 44p. (J). pap. 8.15 *(978-1-008-98974-0(6))* Lulu Pr., Inc.

How to Draw Cars: A Step-By-Step Drawing & Activity Book for Kids to Learn to Draw Nice Cars. Welove Coloringbooks. 2020. (ENG.). 108p. (J). pap. 9.99 *(978-1-716-34626-2(6))* Lulu Pr., Inc.

How to Draw Cars (This How to Draw Cars Book Contains Advice on How to Draw 29 Cars Step by Step) James Manning. 2020. (ENG.). 90p. (J). pap. 9.99 *(978-1-393-04849-7(8))* Draft2Digital.

How to Draw Cars (This How to Draw Cars Book Contains Advice on How to Draw 29 Cars Step by Step) This Book Includes Step by Step Approaches on How to Draw Supercars, Trucks, & Tractors, As Well As Advice on How to Draw Realistic Cars & Cartoon Cars. James Manning. 2020. (ENG.). 90p. (J). pap. *(978-1-80027-588-1(9))* CBT Bks.

How to Draw Cars (This How to Draw Cars Book Contains Advice on How to Draw 29 Cars Step by Step) This Book Includes Step by Step Approaches on How to Draw Supercars, Trucks, & Tractors, As Well As Advice on How to Draw Realistic Cars & Cartoon Cars. James Manning. 2020. (ENG.). 90p. (J). *(978-1-80027-589-8(7))* CBT Bks.

How to Draw Cars (Using Grid) - Grid Drawing for Kids: This Book Will Show You How to Draw Cars Step by Step. Includes How to Draw Supercars, How to Draw 4x4 Cars, How to Draw Vintage Cars & Many More Cartoon Cars. James Manning. 2020. (ENG.). 86p. (J). pap. *(978-1-80027-423-5(8))* CBT Bks.

How to Draw Cartoon Characters: A Beginner's Activity Book. Jupiter Kids. 2017. (ENG., Illus.). (YA). pap. 9.20 *(978-1-68326-940-3(3)*, Jupiter Kids (Childrens & Kids Fiction)) Speedy Publishing LLC.

How to Draw Cartoon Farm Animals (This Book on How to Draw Farm Animals Will Show You How to Draw 40 Farm Animals Step by Step) James Manning. 2020. (ENG.). 88p. (J). pap. 9.99 *(978-1-393-79589-6(7))* Draft2Digital.

How to Draw Cartoon Farm Animals (This Book on How to Draw Farm Animals Will Show You How to Draw 40 Farm Animals Step by Step) This How to Draw Farm Animals Book Contains Lots of Advice on How to Draw 40 Different Farm Animals Easily. James Manning. 2020. (ENG.). 88p. (J). *(978-1-80027-637-6(0))*; pap. *(978-1-80027-636-9(2))* CBT Bks.

How to Draw Castles (This How to Draw Castles Book Includes Opportunities to Practice Drawing Castle Turrets, Castle Gates & Many Different Types of Castle) This Book Includes Advice on How to Draw 38 Different Castles Step by Step. James Manning. 2020. (ENG.). 84p. (J). *(978-1-80027-591-1(9))*; pap. *(978-1-80027-590-4(0))* CBT Bks.

How to Draw Cats & Kittens: Step-By-step Instructions for 20 Different Kitties. Diana Fisher. 2018. (Learn to Draw Ser.). (ENG., Illus.). 32p. (J). (gr. 1-3). pap. 5.99 *(978-1-63322-744-6(8)*, 323718, Walter Foster Jr) Quarto Publishing Group USA.

How to Draw Cats (This How to Draw Cats Book Shows How to Draw Easy Cats, Cats Lying down, & Other Cute Cats for Kids) James Manning. 2020. (ENG.). 88p. (J). pap. 9.99 *(978-1-393-41847-4(3))* Draft2Digital.

How to Draw Cats (This How to Draw Cats Book Shows How to Draw Easy Cats, Cats Lying down, & Other Cute Cats for Kids) This Book Offers Advice on How to Draw 40 Different Cats Step by Step. James Manning. 2020. (ENG.). 88p. (J). *(978-1-80027-599-7(4))*; pap. *(978-1-80027-598-0(6))* CBT Bks.

How to Draw Cats (Using Grid) - Grid Drawing for Kids: This Book Will Show You How to Draw a Cat, Using a Step by Step Approach. Learn How to Draw a Cartoon Cat, Jumping Cat, Cat Face, a Cat Outline & Several More Cats. James Manning. 2020. (ENG.). 86p. (J). pap. *(978-1-80027-432-7(7))* CBT Bks.

How to Draw Chinese Dragons (This How to Draw Chinese Dragons Book Shows How to Draw Good Chinese Dragons in an Easy Way) James Manning. 2020. (ENG.). 114p. (J). pap. 10.99 *(978-1-393-48434-9(4))* Draft2Digital.

How to Draw Chinese Dragons (This How to Draw Chinese Dragons Book Shows How to Draw Good Chinese Dragons in an Easy Way) This Book Offers Advice on How to Draw 16 Chinese Dragons Step by Step. James Manning. 2020. (ENG.). 114p. (J). *(978-1-80027-601-7(X))*; pap. *(978-1-80027-600-0(1))* CBT Bks.

How to Draw Christmas: Easy Step-By-Step Guide How to Draw for Kids. Thomas Media. 2020. (ENG.). 46p. (J). pap. *(978-1-913366-28-5(6))* Thomas Media.

How to Draw Christmas Stuff Including Christmas Elves & Many More Christmas Items. James Manning. 2020. (ENG.). 86p. (J). pap. 9.99 *(978-1-393-59258-7(9))* Draft2Digital.

How to Draw Christmas Stuff Including Christmas Elves & Many More Christmas Items: This Book Includes Advice on How to Draw 27 Christmas Things Including Elves, Rudolf, Santa Plus Lots More. James Manning. 2020. (ENG.). 86p. (J). *(978-1-80027-595-9(1))*; pap. *(978-1-80027-594-2(3))* CBT Bks.

How to Draw Clowns (This How to Draw Clowns Book Shows How to Draw 40 Clowns Easily & Simply) James Manning. 2020. (ENG.). 130p. (J). pap. 11.99 *(978-1-393-37825-9(0))* Draft2Digital.

How to Draw Clowns (This How to Draw Clowns Book Shows How to Draw 40 Clowns Easily & Simply) This Book Includes Advice on How to Draw a Clowns Face, How to Draw a Basic Clown, & How to Draw 40 Clowns Step by Step. James Manning. 2020. (ENG.). 130p. (J). *(978-1-80027-574-4(9))*; pap. *(978-1-80027-573-7(0))* CBT Bks.

How to Draw Collection - Activity Book. Activity Book Zone for Kids. 2016. (ENG., Illus.). (J). pap. 9.20 *(978-1-68376-199-0(5))* Sabeels Publishing.

How to Draw Comic Book Heroes & Heroines Activity Book. Creative Playbooks. 2016. (ENG., Illus.). (J). pap. 7.74 *(978-1-68323-522-4(3))* Twin Flame Productions.

How to Draw Comic Superheroes Using Grids for Beginners (Grid Drawing for Kids) This Book Teaches Kids How to Draw Using Grids. This Book Contains 40 Illustrations & 40 Grids to Practice With. Nicola Ridgeway & James Manning. 2020. (How to Draw Ser.: Vol. 35). (ENG., Illus.). 86p. (J). (gr. 1-4). pap. *(978-1-80027-119-7(0))* CBT Bks.

How to Draw Continuous Lines for Kids: Step by Step Techniques. Tony R. Smith. 2020. (ENG.). 70p. (J). pap. 18.99 ***(978-1-952524-16-5(4))*** Smith Show Media Group.

How to Draw Cool Deers: A Step-By-Step Drawing & Activity Book for Kids to Learn to Draw Cool Deers. Welove Coloringbooks. 2020. (ENG.). 108p. (J). pap. 10.49 *(978-1-716-28238-6(1))* Lulu Pr., Inc.

How to Draw Cool Kangaroos: A Step-By-Step Drawing & Activity Book for Kids to Learn to Draw Cool Kangaroos. Welove Coloringbooks. 2020. (ENG.). 108p. (J). pap. 10.49 *(978-1-716-27992-8(5))* Lulu Pr., Inc.

How to Draw Cool Ships & Boats: From Sailboats to Ocean Liners. Paul Calver & Toby Reynolds. Illus. by Fiona Gowen. 2018. (How to Draw Ser.). (ENG.). 32p. (J). (gr. 2-6). pap. 4.99 *(978-1-4380-1056-4(7))* Sourcebooks, Inc.

How to Draw Cool Stuff - a Guide for Kids. Educando Kids. 2019. (ENG.). 42p. (J). pap. 8.55 *(978-1-64521-629-2(2)*, Educando Kids) Editorial Imagen.

How to Draw Cool Stuff for Kids: A Step-By-Step Drawing Book with Cool Stuff Designs Learn How to Draw a Wide Variety of Interesting Things Using Grid Copy Method. Soul McColorings. 2021. (ENG.). 76p. (J). pap. 11.99 *(978-0-490-68591-8(9))* Google.

How to Draw Copy the Picture for Kids: Activity Book for Kids to Learn to Draw Cute Stuff. Esel Press. 2020. (ENG.). (J). 62p. pap. 8.75 *(978-1-716-39028-9(1))*; (Illus.). 64p. 17.65 *(978-1-716-19895-3(X))* Lulu Pr., Inc.

How to Draw Crazy Monkeys: A Step-By-Step Drawing & Activity Book for Kids to Learn to Draw Crazy Monkeys. Welove Coloringbooks. 2020. (ENG., Illus.). 108p. (J). pap. 10.49 *(978-1-716-28743-5(X))* Lulu Pr., Inc.

How to Draw Cupcakes Coloring Book: A Step-By-Step Grid Copy Drawing & Sketchbook with a Kawaii Dessert Theme for Kids to Learn to Draw Cute. Elli Steele. 2021. (ENG.). 60p. (J). pap. 8.75 *(978-1-008-98765-4(4))* Lulu Pr., Inc.

How to Draw Cute Animals. Angela Nguyen. 2018. (Draw Cute Ser.: 2). (ENG., Illus.). 128p. (J). (gr. 1). pap. 12.99 *(978-1-4549-3101-0(9))* Sterling Publishing Co., Inc.

How to Draw Cute Animals: Amazing Workbook - Learn to Draw Diferents Animals - Connect the Dots, Step-By-Step Drawing & Coloring. Adil Daisy. 2020. (ENG.). 52p. (J). pap. 9.99 *(978-1-716-31900-6(5))* Lulu Pr., Inc.

How to Draw Cute Animals: Children's Draw Book Full of Happy, Smiling, Beautiful Animals for Anyone Who Loves Animals. Esel Press. 2020. (ENG.). 104p. (J). 19.65 *(978-1-716-19585-3(3))* Lulu Pr., Inc.

How to Draw Cute Animals: Learn How to Draw Cute Animals. Esel Press. 2020. (ENG.). 104p. (J). pap. 9.65 *(978-1-716-29923-0(3))* Lulu Pr., Inc.

How to Draw Cute Animals: Unleash Your Inner Creative & Learn How to Draw Cute Animals! Bulent Kusev. 2022. (ENG.). 60p. (J). pap. ***(978-1-4709-4623-4(8))*** Lulu Pr., Inc.

How to Draw Cute Animals for Kids: A Step-By-Step Drawing Book for Kids with Pretty Animal Designs Grid Pages for Drawing Cute Animals. Soul McColorings. 2021. (ENG.). 80p. (J). pap. 11.99 *(978-1-319-50344-4(6))* Google.

How to Draw Cute Beasts. Angela Nguyen. 2020. (Draw Cute Ser.: 4). (ENG., Illus.). 128p. (J). (gr. 1). pap. 12.99 *(978-1-4549-4122-4(7))* Sterling Publishing Co., Inc.

How to Draw Cute Cats: A Step-By-Step Drawing & Activity Book for Kids to Learn to Draw Cute Cats. Welove Coloringbooks. 2020. (ENG.). 108p. (J). pap. 11.49 *(978-1-716-28981-1(5))* Lulu Pr., Inc.

How to Draw Cute Desserts (This How to Draw Desserts Book Includes Suggestions on How to Draw Cupcakes, Cakes, Realistic Desserts & Many Other Yummy Desserts) James Manning. 2020. (ENG.). 86p. (J). pap. 9.99 *(978-1-393-92864-5(1))* Draft2Digital.

How to Draw Cute Desserts (This How to Draw Desserts Book Includes Suggestions on How to Draw Cupcakes, Cakes, Realistic Desserts & Many Other Yummy Desserts) This Book Includes Suggestions on How to Draw 40 Different Desserts, Cupcakes & Cake Pieces. James Manning. 2020. (ENG.). 86p. (J). *(978-1-80027-627-7(3))*; pap. *(978-1-80027-626-0(5))* CBT Bks.

How to Draw Cute Dinosaurs: A Step-By-Step Drawing & Activity Book for Kids to Learn to Draw Cute Dinosaurs. Welove Coloringbooks. 2020. (ENG., Illus.). 108p. (J). pap. 10.49 *(978-1-716-28221-8(7))* Lulu Pr., Inc.

How to Draw Cute Elephants: A Step-By-Step Drawing & Activity Book for Kids to Learn to Draw Cute Elephants. Welove Coloringbooks. 2020. (ENG.). 108p. (J). pap. 10.49 *(978-1-716-27383-4(8))* Lulu Pr., Inc.

How to Draw Cute Food. Angela Nguyen. 2019. (Draw Cute Ser.: 3). (ENG.). 128p. (J). (gr. 1). pap. 12.99 *(978-1-4549-3756-2(4))* Sterling Publishing Co., Inc.

How to Draw Cute Ladybugs: A Step-By-Step Drawing & Activity Book for Kids to Learn to Draw Cute Ladybugs. Welove Coloringbooks. 2021. (ENG., Illus.). 108p. (J). pap. 11.49 *(978-1-716-22088-3(2))* Lulu Pr., Inc.

How to Draw Cute Leopards: A Step-By-Step Drawing & Activity Book for Kids to Learn to Draw Cute Leopards. Welove Coloringbooks. 2021. (ENG.). 108p. (J). pap. 11.49 *(978-1-716-20112-7(8))* Lulu Pr., Inc.

How to Draw Cute Monsters: Learn How to Draw Monsters for Kids with Step by Step Guide (How to Draw Book for Kids) Happy Bookshelf. 2022. (ENG.). 62p. (J). pap. 12.50 *(978-1-4717-0570-0(6))* Lulu Pr., Inc.

How to Draw Cute Stuff. Catherine V. Holmes. 2023. (ENG.). 94p. (J). pap. 10.99 ***(978-1-956769-45-6(5))*** Library Tales Publishing, Inc.

How to Draw Cute Stuff: Draw Anything & Everything in the Curest Style Ever. Angela Nguyen. 2017. (Draw Cute Ser.: 1). (ENG., Illus.). 128p. (J). (gr. 1). pap. 12.99 *(978-1-4549-2564-4(7))* Sterling Publishing Co., Inc.

How to Draw Cute Stuff: Around the World. Angela Nguyen. 2021. (Draw Cute Ser.: 5). (ENG., Illus.). 128p. (J). (gr. 1). pap. 12.99 *(978-1-4549-4371-6(8))* Sterling Publishing Co., Inc.

How to Draw Cute Woodland Friends. Angela Nguyen. 2023. (Draw Cute Ser.). (ENG.). 128p. (J). (gr. 1). pap. 12.99 ***(978-1-4549-5052-3(8)**, Union Square Pr.)* Sterling Publishing Co., Inc.

How to Draw Dark Fantasy Art, 1 vol. Steve Beaumont. 2017. (Creating Fantasy Art Ser.). (ENG., Illus.). 48p. (J). (gr. 7-7). 33.47 *(978-1-4994-6669-0(2)*, 2c270ec2-35c7-4b36-9ba8-56ec6ee78029, Rosen Young Adult) Rosen Publishing Group, Inc., The.

How to Draw Deadly Dragons Activity Book. Jupiter Kids. 2017. (ENG., Illus.). (YA). pap. 9.20 *(978-1-68326-941-0(1)*, Jupiter Kids (Childrens & Kids Fiction)) Speedy Publishing LLC.

How to Draw Delicious Sweets: A Step-By-Step Drawing Book for Kids with Cakes, Ice-cream, Candies, Cupcakes & Sweets Designs Grid Pages for Drawing Delicious Sweets. Soul McColorings. 2021. (ENG.). 76p. (J). pap. 11.99 *(978-1-209-80916-8(8))* Google.

How to Draw Deluxe Edition (Pokémon) Maria S. Barbo & Tracey West. Illus. by Ron Zalme. 2018. (ENG.). 144p. (J). (gr. 2-5). pap. 11.99 *(978-1-338-28381-5(2))* Scholastic, Inc.

How to Draw Desserts (Using Grids) This Book Will Show You How to Draw Different Desserts Easy, Using a Step by Step Approach. Use Grids & Learn How to Draw a Desert, a Cake, & Different Desserts Easy. James Manning. 2020. (ENG.). 82p. (J). pap. *(978-1-80027-521-8(8))* CBT Bks.

How to Draw Dinosaurs: How to Draw Dinosaur Book for Kids Ages 4-8 Fun, Color Hand Illustrators Learn for Preschool & Kindergarten. Ananda Store. 2021. (ENG.). 36p. (J). pap. *(978-1-008-96190-6(6))* Lulu.com.

How to Draw Dinosaurs: Step-By-Step Guide How to Draw. Thomas Media. 2018. (How to Draw Ser.). (ENG., Illus.). 46p. (J). pap. *(978-1-906144-85-2(0))* Thomas Media.

How to Draw Dinosaurs: Step-By-step Instructions for 20 Prehistoric Creatures. Illus. by Jeff Shelly. 2018. (Learn to Draw Ser.). (ENG.). 32p. (J). (gr. 1-3). pap. 5.99 *(978-1-63322-758-3(8)*, 324088, Walter Foster Jr) Quarto Publishing Group USA.

How to Draw Dinosaurs for Kids: Step by Step Techniques. Tony R. Smith. 2020. (ENG.). 52p. (J). pap. 18.99 ***(978-1-952524-14-1(8))*** Smith Show Media Group.

How to Draw Dinosaurs for Kids 4-8: Learn How to Draw 50 Favorite, Cute & Ferocious Dinosaurs Step-By-Step for Children Ages 4-8 (T-Rex, Triceratops, Pteranodon & Much More!) Adrian Laurent. 2022. (How to Draw for Kids Step-By-Step Ser.). (ENG.). 108p. (J). pap. ***(978-1-9911640-1-8(7))*** Bradem Press.

How to Draw Dinosaurs for Kids (Step by Step Instructions on How to Draw 38 Dinosaurs) James Manning. 2020. (ENG.). 80p. (J). pap. 9.99 *(978-1-393-96838-2(4))* Draft2Digital.

How to Draw Dinosaurs for Kids (Step by Step Instructions on How to Draw 38 Dinosaurs) This Book Has over 300 Detailed Illustrations That Demonstrate How to Draw Dinosaurs Step by Step. James Manning. 2020. (ENG.). 80p. (J). *(978-1-80027-547-8(1))*; pap. *(978-1-80027-538-6(2))* CBT Bks.

How to Draw Dinosaurs Using Grids for Beginners (Grid Drawing for Kids) Nicola Ridgeway & James Manning. 2020. (ENG.). 86p. (J). pap. *(978-1-80027-110-4(7))* CBT Bks.

How to Draw Dogs (a How to Draw Dogs Book Kids Will Love) James Manning. 2020. (ENG.). 80p. (J). pap. 9.99 *(978-1-393-30294-0(7))* Draft2Digital.

How to Draw Dogs (a How to Draw Dogs Book Kids Will Love) This Book Has over 300 Detailed Illustrations That Demonstrate How to Easily Draw Dogs Step by Step. James Manning. 2020. (ENG.). 80p. (J). *(978-1-80027-548-5(X))* CBT Bks.

How to Draw Dogs (a How to Draw Dogs Book Kids Will Love) This Book Has over 300 Detailed Illustrations That Demonstrate How to Easily Draw Dogs Step by Step. James Manning. 2020. (ENG.). 80p. (J). pap. *(978-1-80027-539-3(0))* West Suffolk CBT Service Ltd., The.

How to Draw Dogs & Puppies: Step-By-step Instructions for 20 Different Breeds. Diana Fisher. 2018. (Learn to Draw Ser.). (ENG., Illus.). 32p. (J). (gr. 1-3). pap. 5.99 *(978-1-63322-746-0(4)*, 324043, Walter Foster Jr) Quarto Publishing Group USA.

924

The check digit for ISBN-10 appears in parentheses after the full ISBN-13

How to Draw Dragonflies, Butterflies & More Insects! Activity Book. Creative Playbooks. 2016. (ENG., Illus.). (J). pap. 7.74 *(978-1-68323-523-1(1))*; pap. 7.74 *(978-1-68323-852-2(4))* Twin Flame Productions.

How to Draw Dragons for Kids - Volume 1 - (Step by Step Instructions on How to Draw 20 Dragons) This Book Has over 300 Detailed Illustrations That Demonstrate How to Draw Dragons Step by Step. James Manning. 2020. (ENG.). 82p. (J). pap. *(978-1-80027-540-9(4))* CBT Bks.

How to Draw Dragons for Kids 4-8: Learn to Draw 50 Cute, Funny & Fearsome Dragons Step-By-Step for Children. Adrian Laurent. 2022. (ENG.). 106p. (J). pap. ***(978-0-473-61700-4(5))*** Bradem Press.

How to Draw Dragons Step by Step - Volume 1 - (Step by Step Instructions on How to Draw Dragons) James Manning. 2020. (ENG.). 82p. (J). pap. *(978-1-393-29969-1(5))* CBT Bks.

How to Draw Dragons Step by Step - Volume 2 - (Step by Step Instructions on How to Draw Dragons) James Manning. 2020. (ENG.). 86p. (J). pap. 9.99 *(978-1-393-46973-5(6))* Draft2Digital.

How to Draw Dragons Step by Step - Volume 2 - (Step by Step Instructions on How to Draw Dragons) This Book Has over 300 Detailed Illustrations That Demonstrate How to Draw Dragons Step by Step. James Manning. 2020. (ENG.). 86p. (J). *(978-1-80027-545-4(5))*; pap. *(978-1-80027-541-6(2))* CBT Bks.

How to Draw Dragons, Trolls, & Other Dangerous Monsters. A. J. Sautter. Illus. by Tom McGrath et al. 2016. (Drawing Fantasy Creatures Ser.). (ENG.). 32p. (J). (gr. 3-9). lib. bdg. 28.65 *(978-1-4914-8023-6(8))*, 130511, Capstone Pr.) Capstone.

How to Draw Dragons (Using Grids) - Grid Drawing for Kids: This Book Will Show You How to Draw Dragons Very Easy Using a Step by Step Approach. with Grids to Help You Learn How to Draw Dragon Images & How to Draw a Dragon Very Easy. James Manning. 2020. (ENG.). 86p. (J). pap. *(978-1-80027-464-8(5))* CBT Bks.

How to Draw! Drawing Lessons - Drawing for Kids - Children's Craft & Hobby Books. Professor Gusto. 2016. (ENG., Illus.). (J). pap. 10.81 *(978-1-68321-995-8(3))* Mimaxion.

How to Draw Dynamic Poses for Japanese Anime Characters Activity Book. Jupiter Kids. 2017. (ENG., Illus.). (YA). pap. 9.20 *(978-1-68326-942-7(X))*, Jupiter Kids (Childrens & Kids Fiction)) Speedy Publishing LLC.

How to Draw Elves, Dwarves, & Other Magical Folk. A. J. Sautter. Illus. by Stefano Azzalin et al. 2016. (Drawing Fantasy Creatures Ser.). (ENG.). 32p. (J). (gr. 3-9). lib. bdg. 28.65 *(978-1-4914-8027-4(0))*, 130519, Capstone Pr.) Capstone.

How to Draw Elves (This How to Draw Elves Book Contains Instructions on How to Draw 28 Different Elves) James Manning. 2020. (ENG.). 88p. (J). pap. 9.99 *(978-1-393-02469-9(6))* Draft2Digital.

How to Draw Elves (This How to Draw Elves Book Contains Instructions on How to Draw 28 Different Elves) This How to Draw Elves Book Contains Advice on How to Draw Elf Hats, Elf Clothes, Elf Presents & Elf Faces Step by Step Easily & Quickly. James Manning. 2020. (ENG.). 88p. (J). *(978-1-80027-587-4(0))*; pap. *(978-1-80027-586-7(2))* CBT Bks.

How to Draw Endangered Animals: A Step-By-Step Drawing & Activity Book for Kids to Learn to Draw Endangered Animals. Welove Coloringbooks. 2021. (ENG.). 108p. (J). pap. 10.99 *(978-1-716-25495-6(7))* Lulu Pr., Inc.

How to Draw Epic Fantasy Art, 1 vol. Steve Beaumont. 2017. (Creating Fantasy Art Ser.). (ENG.). 48p. (gr. 7-7). 33.47 *(978-1-4994-6670-6(6))*, f37544ab-16ca-4967-81fc-b3a9fb201ce3, Rosen Young Adult) Rosen Publishing Group, Inc., The.

How to Draw Everything. Peter Gray. 2016. (ENG., Illus.). 256p. (J). pap. 16.95 *(978-1-78428-209-7(X))*, d3add680-0e47-479e-a3d7-cda0b9df874e) Arcturus Publishing GBR. Dist: Baker & Taylor Publisher Services (BTPS).

How to Draw Exotic Flowers - Tropical Flowers - Volume 1 (This Book on How to Draw Flowers Includes Easy to Draw Flowers Through to Hard to Draw Flowers) James Manning. 2020. (ENG.). 88p. (J). pap. 9.99 *(978-1-393-12214-2(0))* Draft2Digital.

How to Draw Exotic Flowers - Tropical Flowers - Volume 1 (This Book on How to Draw Flowers Includes Easy to Draw Flowers Through to Hard to Draw Flowers) This How to Draw Flowers Book Contains Advice on How to Draw 21 Tropical Flowers Quickly Step by Ste. James Manning. 2020. (ENG.). 88p. (J). *(978-1-80027-639-0(7))*; pap. *(978-1-80027-638-3(9))* CBT Bks.

How to Draw Exotic Flowers - Volume 2 (This Book on How to Draw Flowers Includes Easy to Draw Flowers Through to Hard to Draw Flowers) James Manning. 2020. (ENG.). 90p. (J). pap. 9.99 *(978-1-393-23690-0(1))* Draft2Digital.

How to Draw Exotic Flowers - Volume 2 (This Book on How to Draw Flowers Includes Easy to Draw Flowers Through to Hard to Draw Flowers) This How to Draw Flowers Book Contains Advice on How to Draw 20 Flowers Quickly Step by Step. James Manning. 2020. (ENG.). 90p. (J). pap. *(978-1-80027-640-6(0))* CBT Bks.

How to Draw Exotic Flowers - Volume 2 (This Book on How to Draw Flowers Includes Easy to Draw Flowers Through to Hard to Draw Flowers) This How to Draw Flowers Book Contains Advice on How to Draw 20 Flowers Quickly Step by Step. James Manning. 2020. (ENG.). 90p. (J). *(978-1-80027-641-3(9))* CBT Bks.

How to Draw Faces (Using Grids) - Grid Drawing for Kids: This Book Will Show You How to Draw Faces Using Grid, with a Step by Step Approach. Including How to Draw Cartoon Faces, Comic Book Style & Several More Faces for Kids. James Manning. 2020. (ENG.). 86p. (J). pap. *(978-1-80027-465-5(3))* CBT Bks.

How to Draw Fairies (This How to Draw Fairies Book Contains Instructions on How to Draw 40 Fairy Images) James Manning. 2020. (ENG.). 92p. (J). pap. 9.99 *(978-1-393-84763-2(3))* Draft2Digital.

How to Draw Fairies (This How to Draw Fairies Book Contains Instructions on How to Draw 40 Fairy Images) Includes Advice on How to Draw a Fairy Body, Fairy Wings & Advice on How to Draw Fairies for Kids Easily & Quickly. James Manning. 2020. (ENG.). 92p. (J). *(978-1-80027-556-0(0))*; pap. *(978-1-80027-555-3(2))* CBT Bks.

How to Draw Fairytale Kingdoms: Step-By-Step Guide How to Draw. Thomas Media. 2018. (How to Draw Ser.). (ENG., Illus.). 46p. (J). pap. *(978-1-906144-83-8(4))* Thomas Media.

How to Draw Farm Animals: A Step-By-Step Drawing & Activity Book for Kids to Learn to Draw Farm Animals. Welove Coloringbooks. 2021. (ENG.). 108p. (J). pap. 10.49 *(978-1-716-25731-5(X))* Lulu Pr., Inc.

How to Draw Farm Animals: Step-By-Step Guide How to Draw. Thomas Media. 2018. (How to Draw Ser.). (ENG., Illus.). 46p. (J). pap. *(978-1-906144-87-6(7))* Thomas Media.

How to Draw Fashion Models Volume 1 (This How to Draw Fashion Models Book Is Suitable for Beginners & Shows How to Draw Fashion Models Easily) James Manning. 2020. (ENG.). 90p. (J). pap. 9.99 *(978-1-393-48174-4(4))* Draft2Digital.

How to Draw Fashion Models Volume 1 (This How to Draw Fashion Models Book Is Suitable for Beginners & Shows How to Draw Fashion Models Easily) This Book on How to Draw Fashion Models Includes Step by Step Instructions on How to Draw 19 Different Fashio. James Manning. 2020. (ENG.). 90p. (J). *(978-1-80027-633-8(8))*; pap. *(978-1-80027-632-1(X))* CBT Bks.

How to Draw Fashion Models Volume 2 (This How to Draw Fashion Models Book Is Suitable for Beginners & Shows How to Draw Fashion Models Easily) James Manning. 2020. (ENG.). 92p. (J). pap. 9.99 *(978-1-393-53210-1(1))* Draft2Digital.

How to Draw Fashion Models Volume 2 (This How to Draw Fashion Models Book Is Suitable for Beginners & Shows How to Draw Fashion Models Easily) This Book on How to Draw Fashion Models Includes Step by Step Instructions on How to Draw 20 Different Fashio. James Manning. 2020. (ENG.). 92p. (J). *(978-1-80027-635-2(4))*; pap. *(978-1-80027-634-5(6))* CBT Bks.

How to Draw Fast Cars & Cool Rides! Activity Book. Creative Playbooks. 2016. (ENG., Illus.). (J). pap. 7.74 *(978-1-68323-524-8(X))* Twin Flame Productions.

How to Draw Feathers, Fur & Scales for Cartoon Animals! Activity Book. Creative Playbooks. 2016. (ENG., Illus.). (J). pap. 7.74 *(978-1-68323-525-5(8))* Twin Flame Productions.

How to Draw Ferocious Dinosaurs & Other Prehistoric Creatures: Packed with over 80 Amazing Dinosaurs. Paul Calver & Toby Reynolds. Illus. by Fiona Gowen. 2016. (How to Draw Ser.). (ENG.). 32p. (J). (gr. 2-6). pap. 5.99 *(978-1-4380-0852-3(X))* Sourcebooks, Inc.

How to Draw Fish (Using Grid) - Grid Drawing for Kids: This Book Will Show You How to Draw a Cute Very Easy Fish, Using a Step by Step Approach. Includes How to Draw Fish Cartoon & How to Draw Fish Easy. James Manning. 2020. (ENG.). 86p. (J). pap. *(978-1-80027-436-5(X))* CBT Bks.

How to Draw Five Nights at Freddy's: an AFK Book. Scott Cawthon. 2022. (ENG.). 96p. (YA). (gr. 7-7). pap. 12.99 *(978-1-338-80472-0(3))* Scholastic, Inc.

How to Draw Flowers (Using Grid) - Grid Drawing for Kids: This Book Will Show You How to Draw Flowers Easy, Using Step by Step Approach. How to Draw Flowers Step by Step for Kids Using Grids. James Manning. 2020. (ENG.). 86p. (J). pap. *(978-1-80027-433-4(5))* CBT Bks.

How to Draw Fluffy Hamsters: A Step-By-Step Drawing & Activity Book for Kids to Learn to Draw Fluffy Hamsters. Welove Coloringbooks. 2021. (ENG.). 108p. (J). pap. 10.49 *(978-1-716-25825-1(1))* Lulu Pr., Inc.

How to Draw Fluffy Rabbits: A Step-By-Step Drawing & Activity Book for Kids to Learn to Draw Fluffy Rabbits. Welove Coloringbooks. 2021. (ENG.). 108p. (J). pap. 10.49 *(978-1-716-25737-7(9))* Lulu Pr., Inc.

How to Draw for Children & Young Adult: Manga Art. Earl R. Phelps. 2023. (ENG.). 66p. (J). pap. 13.99 ***(978-1-887627-21-4(9))*** Phelps Publishing.

How to Draw for Children & Young Adult: Manga Art 3. Earl R. Phelps. 2023. (ENG.). 66p. (YA). pap. 13.99 ***(978-1-887627-24-5(3))*** Phelps Publishing.

How to Draw for Children & Young Adults: Animals. Earl R. Phelps. 2018. (ENG., Illus.). 66p. (YA). (gr. 7-12). pap. 13.95 *(978-1-887627-11-5(1))* Phelps Publishing.

How to Draw for Children & Young Adults: Manga Art 2: Manga Art 2. Earl R. Phelps. 2023. (ENG.). 66p. (YA). pap. 13.99 ***(978-1-887627-22-1(7))*** Phelps Publishing.

How to Draw for Children & Young Adults: Supercharacters. Earl R. Phelps. 2018. (ENG., Illus.). 66p. (YA). (gr. 7-12). pap. 13.95 *(978-1-887627-10-8(3))* Phelps Publishing.

How to Draw for Kids: A Fun & Easy Step by Step Drawing Book! Elizabeth James. 2016. (ENG., Illus.). (J). pap. *(978-1-78595-244-9(7))* Kyle Craig Publishing.

How to Draw for Kids Ages 4-8: Learn to Draw 100 Things Step-By-Step (Unicorns, Mermaids, Animals, Monster Trucks) Adrian Laurent. 2022. (ENG.). 106p. (J). pap. ***(978-0-473-59296-7(7))*** Bradem Press.

How to Draw for Kids Learn to Draw Fruits & Vegetables: Easy & Fun! How to Draw Books for Beginners (Step-By-Step Drawing Books) Esel Press. 2020. (ENG.). 52p. (J). pap. 9.95 *(978-1-716-34364-3(X))* Lulu Pr., Inc.

How to Draw for Kids Learn to Draw Fruits & Vegetables: (Step-By-Step Drawing Books) Hardcover. Esel Press. 2020. (ENG.). 52p. (J). 19.95 *(978-1-716-19921-9(2))* Lulu Pr., Inc.

How to Draw for Kids. More Than 100 Pages of How to Draw Animals with Step-By-Step Instructions. Creative Exercises for Little Hands with Big Imaginations (Drawing Books Age 8-12) Speedy Kids. 2017. (ENG., Illus.). 200p. (J). pap. 12.26 *(978-1-5419-4776-4(2))* Speedy Publishing LLC.

How to Draw for Minecrafters: A Step by Step Easy Guide. Dewifier. 2020. (ENG.). 90p. (J). pap. 10.99 *(978-1-716-37414-2(6))* Lulu Pr., Inc.

How to Draw Friendly Foxes: A Step-By-Step Drawing & Activity Book for Kids to Learn to Draw Friendly Foxes. Welove Coloringbooks. 2021. (ENG., Illus.). 108p. (J). pap. 10.49 *(978-1-716-27099-4(5))* Lulu Pr., Inc.

How to Draw from a to Z - Kids Activity Book. Creative Playbooks. 2016. (ENG., Illus.). (J). pap. 7.74 *(978-1-68323-526-2(6))* Twin Flame Productions.

How to Draw Fun & Fanciful Fairies! Activity Book. Creative Playbooks. 2016. (ENG., Illus.). (J). pap. 7.74 *(978-1-68323-527-9(4))* Twin Flame Productions.

How to Draw Funky, Fashionable Outfits for Girls! Activity Book. Creative Playbooks. 2016. (ENG., Illus.). (J). pap. 7.74 *(978-1-68323-528-6(2))* Twin Flame Productions.

How to Draw Funny Cows: A Step-By-Step Drawing & Activity Book for Kids to Learn to Draw Funny Cows. Welove Coloringbooks. 2020. (ENG.). 108p. (J). pap. 10.49 *(978-1-716-28252-2(7))* Lulu Pr., Inc.

How to Draw Funny Faces for Kids: Step by Step Techniques. Tony R. Smith. 2020. (ENG.). 120p. (J). pap. 18.99 ***(978-1-952524-12-7(1))*** Smith Show Media Group.

How to Draw Funny Giraffes: A Step-By-Step Drawing & Activity Book for Kids to Learn to Draw Funny Giraffes. Welove Coloringbooks. 2021. (ENG., Illus.). 108p. (J). pap. 10.49 *(978-1-716-27083-3(9))* Lulu Pr., Inc.

How to Draw Funny Insects: A Step-By-Step Drawing & Activity Book for Kids to Learn to Draw Funny Insects. Welove Coloringbooks. 2021. (ENG.). 108p. (J). pap. 10.99 *(978-1-716-25432-1(9))* Lulu Pr., Inc.

How to Draw Funny Pets: A Step-By-Step Drawing & Activity Book for Kids to Learn to Draw Funny Pets. Welove Coloringbooks. 2020. (ENG.). 108p. (J). pap. 11.49 *(978-1-716-30071-4(1))* Lulu Pr., Inc.

How to Draw Gothic Fantasy Art, 1 vol. Steve Beaumont. 2017. (Creating Fantasy Art Ser.). (ENG.). 48p. (gr. 7-7). 33.47 *(978-1-4994-6671-3(4))*, 24eca704-5412-40e4-b935-43ba0677eb97, Rosen Young Adult) Rosen Publishing Group, Inc., The.

How to Draw Graffiti Art Pack (This How to Draw Graffiti Loose Leaf Art Pack Contains Examples of Graffiti Letters, Graffiti Names & Graffiti Drawings) James Manning. 2020. (ENG.). 96p. (J). pap. *(978-1-80027-596-6(X))* CBT Bks.

How to Draw Graffiti Art (This How to Draw Graffiti Book Contains Examples of Graffiti Letters, Graffiti Names & Graffiti Drawings) James Manning. 2020. (ENG.). 96p. (J). *(978-1-80027-597-3(8))* CBT Bks.

How to Draw Graffiti Art (This How to Draw Graffiti Book Contains Examples of Graffiti Letters, Graffiti Names & Graffiti Drawings) James Manning. 2020. (ENG.). 96p. (J). pap. 10.99 *(978-1-393-15596-6(0))* Draft2Digital.

How to Draw Griffins, Unicorns, & Other Mythical Beasts. A. J. Sautter. Illus. by Colin Howard et al. 2016. (Drawing Fantasy Creatures Ser.). (ENG.). 32p. (J). (gr. 3-9). lib. bdg. 28.65 *(978-1-4914-8025-0(4))*, 130518, Capstone Pr.) Capstone.

How to Draw Halloween Images (This Book Demonstrates How to Draw Halloween Images Including Halloween Monsters, Halloween Bats & All Things Halloween) James Manning. 2020. (ENG.). 92p. (J). pap. 9.95 *(978-1-386-27424-7(0))* Draft2Digital.

How to Draw Halloween Images (This Book Demonstrates How to Draw Halloween Images Including Halloween Monsters, Halloween Bats & All Things Halloween) Learn to Draw 40 Halloween Drawings Including Halloween Monsters, Halloween Zombies, Halloween Pumpki. James Manning. 2020. (ENG.). 92p. (J). *(978-1-80027-568-3(4))*; pap. *(978-1-80027-567-6(6))* CBT Bks.

How to Draw Halloween Stuff Real Easy. Shoo Rayner. 2021. (ENG.). 50p. (J). pap. *(978-1-908944-43-6(9))* Rayner, Shoo.

How to Draw Horses & Ponies: Step-By-step Instructions for 20 Different Breeds. Walter Foster Jr. Creative Team. Illus. by Russell Farrell. 2018. (Learn to Draw Ser.). (ENG.). 32p. (J). (gr. 1-3). pap. 5.99 *(978-1-63322-748-4(0))*, 324044, Walter Foster Jr) Quarto Publishing Group USA.

How to Draw in Less Than 10 Minutes a Day Activity Book. Jupiter Kids. 2017. (ENG., Illus.). (YA). pap. 9.20 *(978-1-68326-944-1(6))*, Jupiter Kids (Childrens & Kids Fiction)) Speedy Publishing LLC.

How to Draw in the Dinosaur Age Activity Book. Jupiter Kids. 2017. (ENG., Illus.). (YA). pap. 9.20 *(978-1-68326-945-8(4))*, Jupiter Kids (Childrens & Kids Fiction)) Speedy Publishing LLC.

How to Draw Incredible Sharks & Other Ocean Giants: Packed with over 80 Creatures of the Sea. Paul Calver & Toby Reynolds. Illus. by Fiona Gowen. 2016. (How to Draw Ser.). (ENG.). 32p. (J). (gr. 2-6). pap. 6.99 *(978-1-4380-0853-0(8))* Sourcebooks, Inc.

How to Draw Jungle Animals: A Step-By-Step Drawing & Activity Book for Kids to Learn to Draw Jungle Animals. Welove Coloringbooks. 2021. (ENG., Illus.). 108p. (J). pap. 11.49 *(978-1-716-21719-7(9))* Lulu Pr., Inc.

How to Draw Kids Like Me! Activity Book. Creative Playbooks. 2016. (ENG., Illus.). (J). pap. 7.74 *(978-1-68323-529-3(0))* Twin Flame Productions.

How to Draw Koalas Step by Step (This How to Draw Koalas Book Shows How to Draw 39 Different Koalas Easily) James Manning. 2020. (ENG.). 86p. (J). pap. 9.99 *(978-1-393-99091-8(6))* Draft2Digital.

How to Draw Koalas Step by Step (This How to Draw Koalas Book Shows How to Draw 39 Different Koalas Easily) This Book on How to Draw Koalas Will Be Useful If You Want to Learn How to Draw Koala Faces, Koala Pictures or Anything to Do with Koalas. James Manning. 2020. (ENG.). 86p. (J). *(978-1-80027-631-4(1))*; pap. *(978-1-80027-630-7(3))* CBT Bks.

How to Draw Koalas (Using Grids) How to Draw Koalas (Using Grids): This Book Will Show You How to Draw Koalas Easy, Using a Step by Step Approach. Use Grids & Learn How Draw Koalas, & How to Draw Koala Cartoons. James Manning. 2020. (ENG.). 72p. (J). pap. *(978-1-80027-518-8(8))* CBT Bks.

How to Draw Learn to Draw Flowers for Kids: How to Draw Beginners Kids Learn to Draw Book for Kids Drawing Flowers Book. Esel Press. (ENG.). (J). 2021. 80p. 21.95 *(978-1-716-19904-2(2))*; 2020. 78p. pap. 9.97 *(978-1-716-38417-2(6))* Lulu Pr., Inc.

How to Draw Little Birds: A Step-By-Step Drawing & Activity Book for Kids to Learn to Draw Little Birds. Welove Coloringbooks. 2020. (ENG., Illus.). 108p. (J). pap. 10.49 *(978-1-716-28648-3(4))* Lulu Pr., Inc.

How to Draw Little Fishes: A Step-By-Step Drawing & Activity Book for Kids to Learn to Draw Little Fishes. Welove Coloringbooks. 2021. (ENG., Illus.). 108p. (J). pap. 10.49 *(978-1-716-27116-8(9))* Lulu Pr., Inc.

How to Draw London Attractions (This How to Draw London Attractions Book Will Be Very Useful If You Would Like to Learn How to Draw London Bridge, London Monuments or Any Major London Attractions) James Manning. 2020. (ENG.). 90p. (J). pap. 9.99 *(978-1-393-42738-4(3))* Draft2Digital.

How to Draw London Attractions (This How to Draw London Attractions Book Will Be Very Useful If You Would Like to Learn How to Draw London Bridge, London Monuments or Any Major London Attractions) This Book Offers a Step by Step Approach in Drawing Londo. James Manning. 2020. (ENG.). 90p. (J). *(978-1-80027-645-1(1))*; pap. *(978-1-80027-644-4(3))* CBT Bks.

How to Draw Magical Unicorn for Kids of All Ages. Billy Kent. 2020. (ENG.). 80p. (J). pap. 10.99 *(978-1-716-34801-3(3))* Lulu Pr., Inc.

How to Draw Military Machines: Step-By-step Instructions for 18 High-powered Vehicles. Illus. by Tom LaPadula. 2018. (Learn to Draw Ser.). (ENG.). 32p. (J). (gr. 1-3). pap. 5.99 *(978-1-63322-754-5(5))*, 324086, Walter Foster Jr) Quarto Publishing Group USA.

How to Draw Monkeys (This Book Will Show You How to Draw 20 Different Cartoon Monkeys Step by Step) James Manning. 2020. (ENG.). 94p. (J). pap. 9.99 *(978-1-393-35428-4(9))* Draft2Digital.

How to Draw Monkeys (This Book Will Show You How to Draw 20 Different Cartoon Monkeys Step by Step) This How to Draw Monkeys Book Will Help You If You Would Like to Learn to Draw Monkey Faces, Funny Monkeys or Just Monkeys Easily Step by Step. James Manning. 2020. (ENG.). 94p. (J). *(978-1-80027-649-9(4))*; pap. *(978-1-80027-648-2(6))* CBT Bks.

How to Draw Monsters: A Step-By-Step Drawing - Activity Book for Kids to Learn to Draw Pretty Stuff. Bucur House. 2021. (ENG.). 50p. (J). pap. *(978-1-4452-5133-2(7))* Lulu Pr., Inc.

How to Draw Monsters: Beginner Drawing Made Easy - Learn to Draw Activity Book for Kids, Toddlers & Preschoolers Vol 2. Angels Forever. 2021. (ENG.). 46p. (J). pap. *(978-1-4357-6624-2(5))* Lulu.com.

How to Draw Monsters: Beginner Drawing Made Easy Learn to Draw Activity Book for Kids, Toddlers & Preschoolers Vol 1. Angels Forever. 2021. (ENG.). 46p. (J). pap. *(978-1-6781-1577-7(0))* Lulu.com.

How to Draw Monsters & Other Scary Stuff. Paul Gamble. Illus. by Paul Gamble. 2020. (ENG., Illus.). 128p. (J). pap. 12.99 *(978-1-78950-957-1(2))*, 1d2626cd-d77f-4b59-81a9-c996f442e69a) Arcturus Publishing GBR. Dist: Baker & Taylor Publisher Services (BTPS).

How to Draw Monsters for Toddlers: A Step-By-Step Drawing & Activity Book for Toddlers to Learn to Draw Cute Monsters. Bucur BUCUR HOUSE. 2021. (ENG.). 58p. (J). pap. ***(978-1-4452-5122-6(1))*** Lulu Pr., Inc.

How to Draw Mountains, Forests & Country Landscapes! Activity Book. Creative Playbooks. 2016. (ENG., Illus.). (J). pap. 7.74 *(978-1-68323-530-9(4))* Twin Flame Productions.

How to Draw Nativity: Step-By-Step with Steve Smallman. Steve Smallman. ed. 2019. (How to Draw Ser.). (ENG., Illus.). 32p. (J). (gr. 2-4). spiral bd. 13.99 *(978-1-78128-345-5(1))*, eea74b46-c358-4259-9d71-772b08a19155, Candle Bks.) Lion Hudson PLC GBR. Dist: Baker & Taylor Publisher Services (BTPS).

How to Draw Nearly Everything Random Theme Drawing Book. Educando Kids. 2019. (ENG.). 42p. (J). pap. 8.55 *(978-1-64521-622-3(5))*, Educando Kids) Editorial Imagen.

How to Draw Orcs, Goblins, & Other Wicked Creatures. A. J. Sautter. Illus. by Stefano Azzalin et al. 2016. (Drawing Fantasy Creatures Ser.). (ENG.). 32p. (J). (gr. 3-9). lib. bdg. 28.65 *(978-1-4914-8024-3(6))*, 130517, Capstone Pr.) Capstone.

How to Draw People for Kids: Step by Step Techniques. Tony R. Smith. 2020. (ENG.). 122p. (J). pap. 18.99 ***(978-1-952524-17-2(2))*** Smith Show Media Group.

How to Draw People for Kids 4-8: Learn to Draw 101 Fun People with Simple Step by Step Drawings for Children. Adrian Laurent. 2022. (How to Draw for Kids Step-By-Step Ser.). (ENG.). 106p. (J). pap. ***(978-1-9911660-1-2(X))*** Bradem Press.

How to Draw Pets & People Activity Book. Jupiter Kids. 2017. (ENG., Illus.). (YA). pap. 9.20 *(978-1-68326-946-5(2))*, Jupiter Kids (Childrens & Kids Fiction)) Speedy Publishing LLC.

How to Draw Pirates (This How to Draw Pirates Book Will Show You How to Draw 40 Pirate Cartoons Step by Step) James Manning. 2020. (ENG.). 98p. (J). pap. 9.99 *(978-1-393-06712-2(3))* Draft2Digital.

How to Draw Pirates (This How to Draw Pirates Book Will Show You How to Draw 40 Pirate Cartoons Step by Step) This Book Will Show You How to Draw Male Pirates, Girl Pirates, Cute Pirates & Lots of Other Pirate Characters. James Manning. 2020. (ENG.). 98p. (J). *(978-1-80027-647-5(8))*; pap. *(978-1-80027-646-8(X))* CBT Bks.

How to Draw Planes (This How to Draw Planes Book Contains Tips on How to Draw 40 Different Airplanes) James Manning. 2020. (ENG.). 90p. (J). pap. 9.99 *(978-1-393-49016-6(6))* Draft2Digital.

How to Draw Planes (This How to Draw Planes Book Contains Tips on How to Draw 40 Different Airplanes) Includes Instructions on How to Draw a Jet Plane, a

H

Realistic Plane, & Vintage Planes. James Manning. 2020. (ENG.). 90p. (J). *(978-1-80027-581-2(1))*; pap. *(978-1-80027-580-5(3))* CBT Bks.

How to Draw Planes (Using Grids) - Grid Drawing for Kids: This Book Will Show You How to Draw an Airplane Easy Way, Using a Step by Step Approach. Includes Practise on How to Draw an Airplane Nose, a Jet Plane & Plane Wings. James Manning. 2020. (ENG.). 86p. (J). pap. *(978-1-80027-426-6(2))* West Suffolk CBT Service Ltd., The.

How to Draw Polar Animals: Easy Step-By-Step Guide How to Draw for Kids. Thomas Media. 2019. (How to Draw Ser.). (ENG., Illus.). 46p. (J). pap. *(978-1-906144-82-1(6))* Thomas Media.

How to Draw Prehistoric Dinosaurs! Color Book. Creative Playbooks. 2016. (ENG., Illus.). (J). pap. 7.74 *(978-1-68323-531-6(2))* Twin Flame Productions.

How to Draw Pretty Bears: A Step-By-Step Drawing & Activity Book for Kids to Learn to Draw Pretty Bears. Welove Coloringbooks. 2020. (ENG.). 108p. (J). pap. 11.49 *(978-1-716-28984-2(X))* Lulu Pr., Inc.

How to Draw Pretty Much Anything Activity Book. Jupiter Kids. 2017. (ENG., Illus.). (YA). pap. 9.20 *(978-1-68326-948-9(9))*, Jupiter Kids (Childrens & Kids Fiction)) Speedy Publishing LLC.

How to Draw Robots (Instructions on How to Draw 38 Robots Including Cool 3D Robots) James Manning. 2020. (ENG.). 96p. (J). pap. 9.99 *(978-1-393-01346-4(5))* Draft2Digital.

How to Draw Robots (Instructions on How to Draw 38 Robots Including Cool 3D Robots) An Easy Step by Step Approach with over 300 Illustrations. James Manning. 2020. (ENG.). 96p. (J). *(978-1-80027-550-8(1))*; pap. *(978-1-80027-549-2(8))* CBT Bks.

How to Draw Robots (Using Grids) - Grid Drawing for Kids: This Book Will Show You How to Draw a Robot, Using a Step by Step Approach. Use Grids & Learn How to Draw Robot Images & How to Draw a Robot Easy. James Manning. 2020. (ENG.). 86p. (J). pap. *(978-1-80027-428-0(9))* CBT Bks.

How to Draw Samurai Book (Includes How to Draw Samurai Easy, Samurai Rangers, Samurai Swords, Samurai Girls & How to Draw Samurai Manga) James Manning. 2020. (ENG.). 98p. (J). pap. 10.95 *(978-1-393-95111-7(2))* Draft2Digital.

How to Draw Samurai Book (Includes How to Draw Samurai Easy, Samurai Rangers, Samurai Swords, Samurai Girls & How to Draw Samurai Manga) Tips on How to Draw 38 Samurai Quickly & Easily. James Manning. 2020. (ENG.). 98p. (J). *(978-1-80027-562-1(5))*; pap. *(978-1-80027-561-4(7))* CBT Bks.

How to Draw Scary Monsters & Other Mythical Creatures. Paul Calver & Toby Reynolds. Illus. by Fiona Gowen. 2017. (How to Draw Ser.). (ENG.). 32p. (J). (gr. 2-6). pap. 6.99 *(978-1-4380-1055-7(9))* Sourcebooks, Inc.

How to Draw Scary Stuff. Ida Frost. 2022. (ENG.). 92p. (YA). pap. 14.99 ***(978-1-0880-5406-2(4))*** Indy Pub.

How to Draw Sea Animals: Step-By-Step Guide How to Draw. Thomas Media. 2018. (How to Draw Ser.). (ENG., Illus.). 46p. (J). pap. *(978-1-906144-84-5(2))* Thomas Media.

How to Draw Sea Creatures: Step-by-step Instructions for 20 Ocean Animals. Walter Foster Jr. Creative Team. Illus. by Russell Farrell. 2018. (Learn to Draw Ser.). (ENG.). 32p. (J). (gr. 1-3). pap. 5.99 *(978-1-63322-756-9(1)*, 324087, Walter Foster Jr) Quarto Publishing Group USA.

How to Draw Sharks & Other Sea Giants: A Step-By-Step Drawing Book for Kids with Sharks & Other Sea Giants Designs Grid Pages for Drawing Amazing Sharks & Other Enormous Maritime Friends. Soul McColorings. 2021. (ENG.). 76p. (J). pap. 11.99 *(978-1-76345-307-4(3))* Google.

How to Draw Super Awesome Super Heroes! Activity Book. Creative Playbooks. 2016. (ENG., Illus.). (J). pap. 7.74 *(978-1-68323-532-3(0))* Twin Flame Productions.

How to Draw Superheroes: Easy Step-By-Step Guide How to Draw for Kids. Thomas Media. 2018. (How to Draw Ser.). (ENG., Illus.). 46p. (J). pap. *(978-1-906144-86-9(9))* Thomas Media.

How to Draw Superheros (This Book Includes Superhero Girls, Information on How to Draw Superheros Step by Step & How to Draw a Superhero In 3D) James Manning. 2020. (ENG.). 106p. (J). pap. 10.95 *(978-1-393-38257-7(6))* Draft2Digital.

How to Draw Superheros (This Book Includes Superhero Girls, Information on How to Draw Superheros Step by Step & How to Draw a Superhero In 3D) This Superhero Drawing Book Has 40 Superheros to Learn to Draw & Is Suitable for Kids Aged 9-12. James Manning. 2020. (ENG.). 106p. (J). *(978-1-80027-564-5(1))*; pap. *(978-1-80027-563-8(3))* CBT Bks.

How to Draw the Creepiest, Crawliest, Scariest Monsters! Activity Book. Bobo's Children Activity Books. 2016. (ENG., Illus.). (J). pap. 9.33 *(978-1-68327-303-5(6))* Sunshine In My Soul Publishing.

How to Draw the Cutest Stuff — Deluxe Edition! Draw Anything & Everything in the Cutest Style Ever! Angela Nguyen. 2022. (Draw Cute Ser.: 7). (ENG.). 160p. (J). (gr. 1). pap. 19.99 *(978-1-4549-4656-4(3)*, Union Square Pr.) Sterling Publishing Co., Inc.

How to Draw the Head for Kids: Ears, Nose, Eyes & the Chin Step by Step Techniques 160 Pages. Tony R. Smith. 2020. (ENG.). 166p. (J). pap. 25.00 ***(978-1-952524-13-4(X))*** Smith Show Media Group.

How to Draw the Monsters in Your Closet! Activity Book. Bobo's Children Activity Books. 2016. (ENG., Illus.). (J). pap. 9.33 *(978-1-68327-304-2(4))* Sunshine In My Soul Publishing.

How to Draw the People You Meet & Faces You See! Activity Book. Bobo's Children Activity Books. 2016. (ENG., Illus.). (J). pap. 9.33 *(978-1-68327-305-9(2))* Sunshine In My Soul Publishing.

How to Draw Trains (This Book Includes Advice on How to Draw 3D Trains, How to Draw Model Trains, & How to Draw Train Cars) James Manning. 2020. (ENG.). 88p. (J). pap. 9.99 *(978-1-393-18029-6(9))* Draft2Digital.

How to Draw Trains (This Book Includes Advice on How to Draw 3D Trains, How to Draw Model Trains, & How to Draw Train Cars) This How to Draw Trains Book Explains How You Can Draw 40 Different Trains from Scratch. James Manning. 2020. (ENG.). 88p. (J). pap. *(978-1-80027-569-0(2))* CBT Bks.

How to Draw Trains (This Book Includes Advice on How to Draw 3D Trains, How to Draw Model Trains, & How to Draw Train Cars); This How to Draw Trains Book Explains How You Can Draw 40 Different Trains from Scratch. James Manning. 2020. (ENG.). 88p. (J). *(978-1-80027-570-6(6))* CBT Bks.

How to Draw Trains (Using Grids) - Grid Drawing for Kids: This Book Will Show You How to Draw Train Easy, Using a Step by Step Approach. Including Goods Train, Metro Train, Bullet Train, Cartoon Train & Several Other Trains to Draw. James Manning. 2020. (ENG.). 86p. (J). pap. *(978-1-80027-427-3(0))* CBT Bks.

How to Draw Trucks Books for Kids (a How to Draw Trucks Book for Kids with Advice on How to Draw 39 Different Types of Trucks) James Manning. 2020. (ENG.). 86p. (J). pap. 9.99 *(978-1-393-22486-0(5))* Draft2Digital.

How to Draw Trucks Books for Kids (a How to Draw Trucks Book for Kids with Advice on How to Draw 39 Different Types of Trucks) This How to Draw Book Uses a Step by Step Approach to Show Kids How to Draw Cement Trucks, Garbage Trucks, Lorries & Many Oth. James Manning. 2020. (ENG.). 86p. (J). pap. *(978-1-80027-565-2(X))* CBT Bks.

How to Draw Trucks Books for Kids (a How to Draw Trucks Book for Kids with Advice on How to Draw 39 Different Types of Trucks) This How to Draw Book Uses a Step by Step Approach to Show Kids How to Draw Cement Trucks, Garbage Trucks, Lorries & Many Othe. James Manning. 2020. (ENG.). 86p. (J). *(978-1-80027-566-9(8))* CBT Bks.

How to Draw Underwater Sea Creatures! Activity Book. Bobo's Children Activity Books. 2016. (ENG., Illus.). (J). pap. 9.33 *(978-1-68327-306-6(0))* Sunshine In My Soul Publishing.

How to Draw Unicorns. Addison Greer. 2021. (ENG.). 110p. (J). pap. 10.95 *(978-1-716-18257-0(3))* Lulu Pr., Inc.

How to Draw Unicorns. Tony Reed. 2021. (ENG.). 110p. (J). pap. 7.19 *(978-1-716-07256-7(5))* Lulu Pr., Inc.

How to Draw Unicorns. Matt Rios. 2021. (ENG.). 110p. (J). pap. 8.99 *(978-1-716-21171-3(9))* Lulu Pr., Inc.

How to Draw Unicorns. Adele West. 2021. (ENG.). 110p. (J). pap. *(978-1-292-74396-7(4))* Pearson Business.

How to Draw Unicorns: A Step-By-Step Drawing - Activity Book for Kids to Learn to Draw Pretty Stuff. Bucur House. 2021. (ENG.). 86p. (J). pap. *(978-1-4452-5107-3(8))* Lulu Pr., Inc.

How to Draw Unicorns: A Step-By-Step Drawing Activity Book for Kids to Learn How to Draw Unicorns Using the Grid Copy Method - Bonus Amazing Unicorn Coloring Pages. - Great Gift for Kids - Perfect for Girls & Boys. Molly Osborne. 2020. (ENG., Illus.). 104p. (J). pap. 9.22 *(978-1-716-37093-9(0))* Lulu Pr., Inc.

How to Draw Unicorns: A Step-By-Step Drawing & Activity Book for Kids Age 4-8 - Unicorn Book for Girls - How to Draw & Color Unicorn Book. Lena Bidden. 2020. (ENG.). 62p. (J). pap. 8.00 *(978-1-716-27678-1(0))* Lulu Pr., Inc.

How to Draw Unicorns: A Step-By-Step Drawing & Activity Book for Kids to Learn to Draw Cute Unicorns. Jessa Joy. 2021. (ENG.). 36p. (J). pap. *(978-0-493-26516-2(3))* Carousel Bks.

How to Draw Unicorns: A Step-By-Step Drawing & Activity Book for Kids to Learn to Draw Unicorn. Elli Steele. 2021. (ENG.). 64p. (J). pap. 8.55 *(978-1-008-99007-4(8))* Lulu Pr., Inc.

How to Draw Unicorns: Step-By-Step Drawing Book for Kids Ages 4-8 22 Magical Unicorns Learn to Draw Unicorns for Kids. Penciol Press. 2021. (ENG.). 50p. (J). pap. 8.00 *(978-1-716-17133-8(4))* Lulu Pr., Inc.

How to Draw Unicorns Coloring Book: How to Draw Cute Unicorns Step by Step - Unicorn Coloring Book for Children - How to Draw & Color Book. Mary Wayne. l.t. ed. 2021. (ENG.). 42p. (J). pap. 12.99 *(978-0-427-72838-1(X))* Lulu Pr., Inc.

How to Draw Unicorns, Dragons, & Mythical Creatures! Activity Book. Bobo's Children Activity Books. 2016. (ENG., Illus.). (J). pap. 9.33 *(978-1-68327-307-3(9))* Sunshine In My Soul Publishing.

How to Draw Unicorns for Kids. Cristie Publishing. 2020. (ENG.). 62p. (J). pap. 7.99 *(978-1-716-32153-5(0))* Lulu Pr., Inc.

How to Draw Unicorns for Kids: Activity Book for Kids to Learn to Draw Cute Unicorns. Esel Press. (ENG.). (J). 2021. 102p. 19.95 *(978-1-716-19900-4(X))*; 2020. 44p. pap. 6.75 *(978-1-716-29642-0(0))*; 2020. 100p. pap. 9.75 *(978-1-716-39026-5(5))* Lulu Pr., Inc.

How to Draw Unicorns for Kids: How to Draw Unicorns, Contains over 30 Page Unique Unicorn Designs Large 8. 5x11. Elma Angels. 2020. (ENG.). 66p. (J). pap. 8.39 *(978-1-716-30495-8(4))* Lulu Pr., Inc.

How to Draw Unicorns for Kids Hardcover: Activity Book for Kids to Learn to Draw Cute Unicorns. Esel Press. 2020. (ENG.). 44p. (J). 16.95 *(978-1-716-17288-5(8))* Lulu Pr., Inc.

How to Draw Unicorns (Using Grids) Grid Drawing for Kids: This Book Will Show You How to Draw Easy Unicorns, Using a Step by Step Approach. Including How to Draw Unicorn Animals, a Unicorn Jumping, a Unicorn Dabbing & Several More Unicorn Things. James Manning. 2020. (ENG.). 86p. (J). pap. *(978-1-80027-495-2(5))* CBT Bks.

How to Draw Vehicles for Boys. Educando Kids. 2019. (ENG.). 42p. (J). pap. 8.55 *(978-1-64521-626-1(8)*, Educando Kids) Editorial Imagen.

How to Draw Volume 1 - Kids Activity Book. Bobo's Children Activity Books. 2016. (ENG., Illus.). (J). pap. 9.33 *(978-1-68327-308-0(7))* Sunshine In My Soul Publishing.

How to Draw Weird Fantasy Art, 1 vol. Steve Beaumont. 2017. (Creating Fantasy Art Ser.). (ENG.). 48p. (gr. 7-7). 33.47 *(978-1-5081-7594-0(2)*, 0b1aae3a-9dd0-471b-966f-1792c93bdfe3, Rosen Young Adult) Rosen Publishing Group, Inc., The.

How to Draw Werewolves, Zombies, & Ghosts! Activity Book. Bobo's Children Activity Books. 2016. (ENG., Illus.). (J). pap. 9.33 *(978-1-68327-309-7(5))* Sunshine In My Soul Publishing.

How to Draw Wild Animals: A Step-By-Step Drawing & Activity Book for Kids to Learn to Draw Wild Animals. Welove Coloringbooks. 2021. (ENG.). 108p. (J). pap. 11.49 *(978-1-716-19930-1(1))* Lulu Pr., Inc.

How to Draw Wild Animals a Guide for Children. Educando Kids. 2019. (ENG.). 42p. (J). pap. 8.55 *(978-1-64521-628-5(4)*, Educando Kids) Editorial Imagen.

How to Draw with Bearific(R) STEP by STEP ONLY PLANTS. Katelyn Lonas. 2021. (Bearific(r) How to Draw Ser.). (ENG.). 64p. (J). pap. 12.99 ***(978-1-955013-08-6(X))*** EW Trading Inc.

How to Draw with Bearific(R) STEP by STEP SUMMER THEME. Katelyn Lonas. 2021. (Bearific(r How to Draw Ser.). (ENG.). 62p. (J). pap. 12.99 ***(978-1-955013-48-2(9))*** EW Trading Inc.

How to Draw Wizards (This Book Will Show You How to Draw a Wizards Staff, a Wizards Hat, Wizard Robes & 19 Different Wizards) James Manning. 2020. (ENG.). 80p. (J). pap. 9.99 *(978-1-393-13523-4(4))* Draft2Digital.

How to Draw Wizards (This Book Will Show You How to Draw a Wizards Staff, a Wizards Hat, Wizard Robes & 19 Different Wizards) This Book Shows How to Draw 19 Different Types of Wizard Easily & Quickly. James Manning. 2020. (ENG.). 80p. (J). *(978-1-80027-579-9(X))*; pap. *(978-1-80027-578-2(1))* CBT Bks.

How to Draw Wolves (This Book Shows You How to Draw 32 Different Wolves Step by Step & Is a Suitable How to Draw Wolves Book for Beginners) This Book Will Show You How to Draw a Range of Wolves in Different Positions. James Manning. 2020. (ENG.). 74p. (J). *(978-1-80027-629-1(X))* CBT Bks.

How to Draw Your Dragon Activity Book. Jupiter Kids. 2017. (ENG., Illus.). (YA). pap. 9.20 *(978-1-68326-976-2(4)*, Jupiter Kids (Childrens & Kids Fiction)) Speedy Publishing LLC.

How to Draw Zentangle Art. 2017. (How to Draw Zentangle Art Ser.). 32p. (gr. 3-3). pap. 63.00 *(978-1-5382-0832-8(6))*; (ENG.). lib. bdg. 169.62 *(978-1-5382-0613-3(7)*, b27d2591-d484-4c90-98a8-872c61704630) Stevens, Gareth Publishing LLLP.

How to Draw Zentangle(r) Art: Set 2, 8 vols. 2019. (How to Draw Zentangle(r) Art Ser.). (ENG.). 32p. (J). (gr. 3-3). lib. bdg. 113.08 *(978-1-5382-4209-4(5)*, cd13f249-f84d-4464-9910-5b039d5fd463) Stevens, Gareth Publishing LLLP.

How to Draw Zentangle(r) Art: Sets 1 - 2, 20 vols. 2019. (How to Draw Zentangle(r) Art Ser.). (ENG.). (J). (gr. 3-3). lib. bdg. 282.70 *(978-1-5382-4210-0(9)*, c0a3f48b-f25b-4d9f-adf6-8e7483d90c3a) Stevens, Gareth Publishing LLLP.

How to Draw Zentangle(r) Art: Sets 1 - 2. 2019. (How to Draw Zentangle(r) Art Ser.). (ENG.). (J). pap. 115.00 *(978-1-5382-4351-0(2))* Stevens, Gareth Publishing LLLP.

How to Draw Zombies (Including How to Draw Zombie Characters & How to Draw Cartoon Zombies) James Manning. 2020. (ENG.). 74p. (J). pap. 9.99 *(978-1-393-79865-1(9))* Draft2Digital.

How to Draw Zombies (Including How to Draw Zombie Characters & How to Draw Cartoon Zombies) A How to Draw Book with Detailed Instructions on How to Draw Cute & Cool Zombies Very Easily Step by Step. James Manning. 2020. (ENG.). 74p. (J). pap. *(978-1-80027-553-9(6))* CBT Bks.

How to Draw Zombies (Including How to Draw Zombie Characters & How to Draw Cartoon Zombies) - Volume 2. James Manning. 2020. (ENG.). 68p. (J). pap. *(978-1-80027-559-1(5))* CBT Bks.

How to Draw Zombies (Including How to Draw Zombie Characters & How to Draw Cartoon Zombies) - Volume 2. James Manning. 2020. (ENG.). 68p. (J). pap. 8.99 *(978-1-393-12096-4(2))* Draft2Digital.

How to Draw Zombies (Including How to Draw Zombie Characters & How to Draw Cartoon Zombies) - Volume 2: A How to Draw Book with Detailed Instructions on How to Draw Cute & Cool Zombies Very Easily Step by Step. James Manning. 2020. (ENG.). 68p. (J). *(978-1-80027-560-7(9))* CBT Bks.

How to Draw Zoo Animals. Thomas Media. 2019. (ENG., Illus.). 46p. (J). pap. *(978-1-906144-88-3(5))* Thomas Media.

How to Draw Zoo Animals: Step-by-step Instructions for 20 Wild Creatures. Diana Fisher. 2018. (Learn to Draw Ser.). (ENG., Illus.). 32p. (J). (gr. 1-3). pap. 5.99 *(978-1-63322-752-1(9)*, 324085, Walter Foster Jr) Quarto Publishing Group USA.

How to Draw Zoo Animals (a Book on How to Draw Animals Kids Will Love) James Manning. 2020. (ENG.). 76p. (J). pap. *(978-1-80027-542-3(0))* CBT Bks.

How to Draw Zoo Animals (a Book on How to Draw Animals Kids Will Love) James Manning. 2020. (ENG.). 76p. (J). pap. 9.99 *(978-1-393-04422-2(0))* Draft2Digital.

How to Draw Zoo Animals (a Book on How to Draw Animals Kids Will Love) This Book Has over 300 Detailed Illustrations That Demonstrate How to Easily Draw 36 Zoo Animals Step by Step. James Manning. 2020. (ENG.). 76p. (J). *(978-1-80027-546-1(3))* CBT Bks.

How to Draw Zoo Animals Step by Step Guide for Kids. Educando Kids. 2019. (ENG.). 42p. (J). pap. 8.55 *(978-1-64521-620-9(9)*, Educando Kids) Editorial Imagen.

How to Dress a Dinosaur. Robin Currie. Illus. by Alycia Pace. 2022. (ENG.). 16p. (J). (gr. -1 — 1). bds. 8.99 *(978-1-64170-643-8(0)*, 550643) Familius LLC.

How to Dress Dancers: Costuming Techniques for Dance. Mary Kent Harrison. 3rd ed. 2022. (ENG., Illus.). 144p. (gr. 9-12). reprint ed. pap. 16.95 *(978-0-916622-73-2(8))* Princeton Bk. Co. Pubs.

How to Eat a Rainbow / Lam Sao de an Cau Vong: Babl Children's Books in Vietnamese & English. Delia Berlin. l.t. ed. 2017. (ENG., Illus.). (J). 14.99 *(978-1-68304-203-7(4))* Babl Books, Incorporated.

How to Eat a Rainbow / Paano Kumain Ng Isang Bahaghari: Babl Children's Books in Tagalog & English. Delia Berlin. l.t. ed. 2017. (ENG., Illus.). (J). 14.99 *(978-1-68304-254-9(9))* Babl Books, Incorporated.

How to Eat an Airplane. Peter Pearson. Illus. by Mircea Catusanu. 2016. (ENG.). 40p. (J). (gr. -1-3). 17.99 *(978-0-06-232062-9(9)*, HarperCollins) HarperCollins Pubs.

How to Eat Fried Worms Novel Units Student Packet. Novel Units. 2019. (ENG.). (J). pap. 13.99 *(978-1-56137-715-2(5)*, Novel Units, Inc.) Classroom Library Co.

How to Eat Fried Worms (Scholastic Gold) Thomas Rockwell. Illus. by Emily Arnold McCully. 2019. (ENG.). 144p. (J). (gr. 3-7). pap. 6.99 *(978-1-338-56589-8(3))* Scholastic, Inc.

How to Eat Pizza. Jon Burgerman. 2018. (Illus.). 32p. (J). pap. *(978-0-19-274959-9(8))* Oxford Univ. Pr., Inc.

How to Eat Pizza. Jon Burgerman. 2018. (ENG., Illus.). 32p. (J). (-k). 17.99 *(978-0-7352-2885-6(X)*, Dial Bks) Penguin Young Readers Group.

How to Enjoy the Countryside (Classic Reprint) Marcus Woodward. 2018. (ENG., Illus.). 194p. (J). 27.90 *(978-0-428-43737-4(0))* Forgotten Bks.

How to Excavate a Heart. Jake Maia Arlow. 2022. (ENG.). 384p. (YA). (gr. 9). 18.99 *(978-0-06-307872-7(4)*, HarperTeen) HarperCollins Pubs.

How to Experience Death for Beginners. Jessica Branton. 2019. (How to Experience Death Ser.: Vol. 1). (ENG., Illus.). 330p. (YA). (gr. 7-12). pap. 15.95 *(978-0-692-03537-5(0))* Charlie's Port.

How to Explain Christmas to Chickens. John Spiers. Illus. by John Spiers. 2020. (ENG.). 64p. (J). pap. 12.00 *(978-1-0879-2187-7(2))* Indy Pub.

How to Fall Asleep: A Bedtime Story. Stephen Raburn & Anika Raburn. Illus. by El Fantasma de Heredia. 2023. (ENG.). 24p. (J). pap. 13.99 ***(978-1-0881-0445-3(2))*** Indy Pub.

How to Feed Backyard Birds: A Step-By-Step Guide for Kids. Chris Earley. 2022. (ENG., Illus.). 48p. (J). (gr. 3-7). 19.95 *(978-0-2281-0401-8(7)*, 1be50aa2-15aa-4e83-bb0b-9603583e7a33); pap. 9.95 *(978-0-2281-0376-9(2)*, 90f39d63-cf9e-4d21-bbe8-72e1b8738410) Firefly Bks., Ltd.

How to Feed Your Cheeky Monkey. Jane Clarke. Illus. by Georgie Birkett. 2017. 16p. (J). bds. 8.99 *(978-1-61067-497-3(9))* Kane Miller.

How to Fight a Dragon's Fury. Cressida Cowell. ed. 2016. (How to Train Your Dragon Ser.: 12). (J). lib. bdg. 18.40 *(978-0-606-39195-5(9))* Turtleback.

How to Fight Racism Young Reader's Edition: A Guide to Standing up for Racial Justice, 1 vol. Jemar Tisby. 2022. (ENG.). 240p. (J). 17.99 *(978-0-310-75104-5(7))* Zonderkidz.

How to Find a Bird. Jennifer Ward. Illus. by Diana Sudyka. 2020. (ENG.). 48p. (J). (gr. -1-3). 17.99 *(978-1-4814-6705-6(0)*, Beach Lane Bks.) Beach Lane Bks.

How to Find a Book. Amanda StJohn. Illus. by Bob Ostrom. 2023. (Learning Library Skills Ser.). (ENG.). 24p. (J). (gr. k-3). lib. bdg. 32.79 *(978-1-5038-6533-4(9)*, 216412, Wonder Books(r)) Child's World, Inc, The.

How to Find a Fox. Kate Gardner. Photos by Ossi Saarinen. 2021. (ENG., Illus.). 48p. (J). (gr. -1-3). 17.99 *(978-0-7624-7135-5(2)*, Running Pr. Kids) Running Pr.

How to Find a Fox. Nilah Magruder. 2016. (ENG., Illus.). 40p. (J). 18.99 *(978-1-250-08656-3(6)*, 900157541) Feiwel & Friends.

How to Find a Missing Girl. Victoria Wlosok. 2023. (ENG.). 400p. (YA). (gr. 9-17). 18.99 ***(978-0-316-51150-6(1))*** Little, Brown Bks. for Young Readers.

How to Find a Unicorn: With Nature Guide & Treasure Box. IglooBooks. Illus. by Amelia Herbertson. 2020. (ENG.). 72p. (J). (gr. k-2). 14.99 *(978-1-83903-243-1(X))* Igloo Bks. GBR. Dist: Simon & Schuster, Inc.

How to Find an Elephant. Kate Banks. Illus. by Boris Kulikov. 2017. (ENG.). 32p. (J). 18.99 *(978-0-374-33508-3(7)*, 900147769, Farrar, Straus & Giroux (BYR)) Farrar, Straus & Giroux.

How to Find Information Online. Amanda StJohn. Illus. by Bob Ostrom. 2023. (Learning Library Skills Ser.). (ENG.). 24p. (J). (gr. k-3). lib. bdg. 32.79 *(978-1-5038-6536-5(3)*, 216415, Wonder Books(r)) Child's World, Inc, The.

How to Find the Tooth Fairy. Jean Reagan. Illus. by Lee Wildish. 2022. (Step into Reading Ser.). 32p. (J). (gr. -1-1). pap. 4.99 *(978-0-593-47911-7(4))*; (ENG.). lib. bdg. 14.99 *(978-0-593-47912-4(2))* Random Hse. Children's Bks. (Random Hse. Bks. for Young Readers).

How to Find What You're Not Looking For. Veera Hiranandani. (ENG.). 384p. (J). (gr. 3-7). 2022. 9.99 *(978-0-525-55505-6(6))*; 2021. 17.99 *(978-0-525-55503-2(X))* Penguin Young Readers Group. (Kokila).

How to Get a Daddy to Sleep, 1 vol. Amy Parker. Illus. by Natalia Moore. 2020. (ENG.). 32p. (J). 14.99 *(978-1-4002-1462-4(9)*, Tommy Nelson) Nelson, Thomas Inc.

How to Get a Dog: And Keep It. Jo Kim. 2018. (ENG.). 160p. (J). pap. ***(978-0-244-67160-0(5))*** Lulu Pr., Inc.

How to Get a Mommy to Sleep, 1 vol. Amy Parker. Illus. by Natalia Moore. 2020. (ENG.). 32p. (J). 14.99 *(978-1-4002-1461-7(0)*, Tommy Nelson) Nelson, Thomas Inc.

How to Get along with Snakes. Matt Naus. Illus. by Sakshi Mangal. 2018. (ENG.). 28p. (J). *(978-0-2288-0015-6(3))*; pap. *(978-0-2288-0014-9(5))* Tellwell Talent.

How to Get an Autistic Child to Kiss You. Milly Ng. 2022. (ENG.). 34p. (J). pap. 9.99 *(978-1-958176-06-1(0))* WorkBk. Pr.

How to Get an Elephant over a Fence. Michael Longo. 2022. (ENG., Illus.). 30p. (J). 22.95 *(978-1-63860-806-6(7))* Fulton Bks.

How to Get Away with Myrtle (Myrtle Hardcastle Mystery 2), Volume 2. Elizabeth C. Bunce. 2021. (Myrtle Hardcastle Mystery Ser.: 2). (ENG.). 368p. (J). (gr. 5-13). pap. 8.95 *(978-1-64375-188-7(3)*, 74188) Algonquin Young Readers.

How to Get on the Naughty List. Nic Rock. Illus. by Helen Wu. 2016. (ENG.). (J). pap. *(978-976-8205-47-6(4))* Author-Pubs. (miscellaneous).

How to Get to Heaven. Wilmer Rowland. 2016. (Illus.). (J). *(978-0-7577-5074-8(5))* Word Aflame Pr.

How to Get What You Want & Make Your Parents Proud Too. Jonah Matthews. 2021. (ENG.). 34p. (J). 19.99 *(978-1-6629-0916-0(0))* Gatekeeper Pr.

How to Get Your Octopus to School. Becky Scharnhorst. Illus. by Jaclyn Sinquett. 2023. 32p. (J). (gr. -1-3). 18.99 *(978-0-593-20522-8(7))* Flamingo Bks.

How to Get Your Teacher Ready. Jean Reagan. Illus. by Lee Wildish. 2017. (How to Ser.). (ENG.). 32p. (J). (gr. -1-3). 18.99 *(978-0-553-53825-0(X),* Knopf Bks. for Young Readers) Random Hse. Children's Bks.

How to Get Your Teacher Ready. Jean Reagan & Lee Wildish. 2021. (How to Ser.). (ENG., Illus.). 32p. (J). (gr. -1-3). pap. 8.99 *(978-0-593-30193-7(5),* Dragonfly Bks.) Random Hse. Children's Bks.

How to Get Your Teacher Ready. Jean Reagan. ed. 2021. (How to Pic Bks). (ENG., Illus.). 28p. (J). (gr. k-1). 20.46 *(978-1-64697-896-0(X))* Penworthy Co., LLC, The.

How to Give Your Cat a Bath: In Five Easy Steps. Nicola Winstanley. Illus. by John Martz. 2023. (How to Cat Bks.). 36p. (J). (gr. -1-2). pap. 8.99 ***(978-1-77488-363-1(5),*** Tundra Bks.) PRH Canada Young Readers CAN. Dist: Penguin Random Hse. LLC.

How to Give Your Cat a Bath: In Five Easy Steps. Nicola Winstanley. Illus. by John Martz. 2019. (How to Cat Bks.). 40p. (J). (gr. -1-2). 17.99 *(978-0-7352-6354-3(X),* Tundra Bks.) Tundra Bks. CAN. Dist: Penguin Random Hse. LLC.

How to Go Anywhere (and Not Get Lost) A Guide to Navigation for Young Adventurers. Hans Aschim. 2021. (ENG., Illus.). 224p. (J). (gr. 4-7). pap. 14.95 *(978-1-5235-0634-7(2),* 100634) Workman Publishing Co., Inc.

How to Go Hiking. Jean Reagan. Illus. by Lee Wildish. 2023. (Step into Reading Ser.). 32p. (J). (gr. -1-1). pap. 5.99 *(978-0-593-64477-5(8));* (ENG.). lib. bdg. 14.99 *(978-0-593-64478-2(6))* Random Hse. Children's Bks. (Random Hse. Bks. for Young Readers).

How to Greet a Grandma. Donna Amey Bhatt. Illus. by Aura Lewis. 2021. (ENG.). 32p. (J). (gr. k-3). ***(978-0-7112-6108-2(3),*** Wide Eyed Editions) Quarto Publishing Group UK.

How to Grow a Dinosaur. Jill Esbaum. Illus. by Mike Boldt. 2018. 40p. (J). (-k). 17.99 *(978-0-399-53910-7(7),* Dial Bks) Penguin Young Readers Group.

How to Grow an Apple Pie. Beth Charles. Illus. by Katie Rewse. 2020. (ENG.). 32p. (J). (gr. -1-3). 16.99 *(978-0-8075-0401-7(7),* 807504017) Whitman, Albert & Co.

How to Grow Happiness. Kelly DiPucchio. Illus. by Matt Kaufenberg. 2018. 32p. (J). (gr. -1-1). 17.99 *(978-1-63565-140-9(9),* 9781635651409, Rodale Kids) Random Hse. Children's Bks.

How to Hate High School: 25 Proven Strategies to Limit Success & Decrease Happiness. Melanie Barrett. 2020. (How to Hate High School Ser.). (ENG.). 64p. (YA). pap. *(978-1-7774140-0-9(8))* Marmalade Bks.

How to Have a Bible Makeover. Catherine MacKenzie. 2017. (ENG., Illus.). 128p. (J). pap. 8.99 *(978-1-78191-784-8(1),* d5d99ce9-c269-4862-9bf9-01066cb9db59, CF4Kids) Christian Focus Pubns. GBR. Dist: Baker & Taylor Publisher Services (BTPS).

How to Have a Birthday. Mary Lyn Ray. Illus. by Cindy Derby. 2021. (ENG.). 32p. (J). (gr. -1-3). 17.99 *(978-1-5362-0741-5(1))* Candlewick Pr.

How to Have Bird Neighbors (Classic Reprint) S. Louise Patteson. 2018. (ENG., Illus.). 146p. (J). 26.93 *(978-0-267-69415-0(6))* Forgotten Bks.

How to Have Friends. Maryann Macdonald. Illus. by Cyndi Wojciechowski. 2022. (ENG.). 32p. (J). (gr. -1-3). 17.99 *(978-0-8075-3361-1(0),* 807533610) Whitman, Albert & Co.

How to Have Fun at Every Wedding As a Guest: Wedding Bingo Activity Book. Jupiter Kids. 2017. (ENG., Illus.). (J). pap. 9.20 *(978-1-68326-978-6(0),* Jupiter Kids (Childrens & Kids Fiction)) Speedy Publishing LLC.

How to Heal a Broken Wing. Bob Graham. Illus. by Bob Graham. 2017. (ENG., Illus.). 40p. (J). (gr. -1-2). 8.99 *(978-0-7636-9841-6(5))* Candlewick Pr.

How to Heal a Gryphon. Meg Cannistra. 2022. (Giada the Healer Novel Ser.: 1). (ENG.). 304p. (J). 16.99 *(978-1-335-42687-1(6))* Harlequin Enterprises ULC CAN. Dist: HarperCollins Pubs.

How to Hear the Universe: Gaby González & the Search for Einstein's Ripples in Space-Time. Patricia Valdez. Illus. by Sara Palacios. 2022. 40p. (J). (gr. -1-3). 17.99 *(978-1-9848-9459-5(5));* (ENG.). lib. bdg. 20.99 *(978-1-9848-9460-1(9))* Random Hse. Children's Bks. (Knopf Bks. for Young Readers).

How to Help: A Guide to Giving Back, 8 vols., Set. Incl. Celebrities Giving Back: A Guide to Giving Back. Kayleen Reusser. lib. bdg. 29.95 *(978-1-58415-922-3(7));* Volunteering in School: A Guide to Giving Back. Claire O'Neal. lib. bdg. 29.95 *(978-1-58415-920-9(0));* Ways to Help after a Natural Disaster: A Guide to Giving Back. Laya Saul. lib. bdg. 29.95 *(978-1-58415-917-9(0));* Ways to Help Children with Disabilities: A Guide to Giving Back. Karen Bush Gibson. lib. bdg. 29.95 *(978-1-58415-916-2(2));* Ways to Help Chronically Ill Children: A Guide to Giving Back. Tammy Gagne. lib. bdg. 29.95 *(978-1-58415-919-3(7));* Ways to Help Disadvantaged Youth: A Guide to Giving Back. Laya Saul. lib. bdg. 29.95 *(978-1-58415-918-6(9));* Ways to Help in Your Community: A Guide to Giving Back. Claire O'Neal. lib. bdg. 29.95 *(978-1-58415-921-6(9));* Ways to Help the Elderly: A Guide to Giving Back. Tamra Orr. lib. bdg. 29.95 *(978-1-58415-915-5(4));* (Illus.). 48p. (J). (gr. 4-8). 2010. 2010. Set lib. bdg. 239.60 *(978-1-58415-923-0(5))* Mitchell Lane Pubs.

How to Help a Cupid. Sue Fliess. Illus. by Simona Sanfilippo. 2022. (Magical Creatures & Crafts Ser.: 6). (ENG.). 32p. (J). (gr. -1-k). 19.99 *(978-1-5107-6176-6(4),* Sky Pony Pr.) Skyhorse Publishing Co., Inc.

How to Help a Pumpkin Grow. Ashley Wolff. Illus. by Ashley Wolff. 2021. (ENG., Illus.). 40p. (J). (gr. -1-3). 18.99 *(978-1-4814-1934-5(X),* Beach Lane Bks.) Beach Lane Bks.

How to Hide a Ghost: A Lift-The-Flap Book. MacKenzie Haley. Illus. by MacKenzie Haley. 2021. (ENG., Illus.). 14p. (J). (gr. -1-k). bds. 8.99 *(978-1-5344-8763-5(8),* Little Simon) Little Simon.

How to Hide a Lion. Toyota Kazuhiko. 2018. (VIE.). (J). *(978-604-55-2756-6(9))* Nha xuat ban Ha Noi.

How to High Tea with a Hyena (and Not Get Eaten) A Polite Predators Book. Rachel Poliquin. Illus. by Kathryn Durst. (Polite Predators Ser.: 2). (J). (gr. 1-4). 2023. 80p. pap. 8.99 *(978-1-77488-166-8(7));* 2022. 84p. 12.99 *(978-0-7352-6660-5(3))* Tundra Bks. CAN. (Tundra Bks.). Dist: Penguin Random Hse. LLC.

How to Hog-Tie a T-Rex. Will Dare. Illus. by Mariano Epelbaum. 2017. (Dino Riders Ser.: 3). (ENG.). 128p. (J). (gr. 2-5). pap. 6.99 *(978-1-4926-3626-7(6),* Sourcebooks Jabberwocky) Sourcebooks, Inc.

How to Host a Sleepover. Jean Reagan. Illus. by Lee Wildish. 2022. (Step into Reading Ser.). 32p. (J). (gr. -1-1). pap. 5.99 *(978-0-593-47920-9(3));* (ENG.). lib. bdg. 14.99 *(978-0-593-47921-6(1))* Random Hse. Children's Bks. (Random Hse. Bks. for Young Readers).

How to Hug a Pufferfish. Ellie Peterson. Illus. by Ellie Peterson. 2022. (ENG., Illus.). 40p. (J). 18.99 *(978-1-250-79699-8(7),* 900239913) Roaring Brook Pr.

How to Hug with Hugless Douglas. David Melling. 2016. (Hugless Douglas Ser.). (ENG., Illus.). 14p. (J). (gr. -1-k). 9.99 *(978-1-4449-2408-4(7))* Hachette Children's Group GBR. Dist: Hachette Bk. Group.

How to Hypnotise a Droid, Volume 1. Joshie Lefers. 2017. (Hectic Electric Ser.: 1). (ENG.). 128p. (J). (gr. k-2). pap. 11.99 *(978-1-76012-800-5(7))* Hardie Grant Children?s Publishing AUS. Dist: Independent Pubs. Group.

How to Identify Core Civic Virtues, 1 vol. Joshua Turner. 2018. (Civic Virtue: Let's Work Together Ser.). (ENG.). 24p. (gr. 3-3). 25.27 *(978-1-5081-6679-5(X),* 0f0adba9-2e4f-4dea-abf0-24b994aed622, PowerKids Pr.) Rosen Publishing Group, Inc., The.

How to Identify Patterns of Change: Uses of Tables & Graphs Scientific Method for Kids Grade 3 Children's Science Education Books. Baby Professor. 2021. (ENG.). 72p. (J). 27.99 *(978-1-5419-8089-1(1));* pap. 16.99 *(978-1-5419-5890-6(X))* Speedy Publishing LLC. (Baby Professor (Education Kids)).

How to Improve Your Drawing Kid's Activity Guide. Jupiter Kids. 2017. (ENG., Illus.). (YA). pap. 9.20 *(978-1-68326-979-3(9),* Jupiter Kids (Childrens & Kids Fiction)) Speedy Publishing LLC.

How to Keep Little Boys Busy Color by Number for Boys Age 7. Educando Kids. 2019. (ENG.). 42p. (J). pap. 8.55 *(978-1-64521-679-7(9),* Educando Kids) Editorial Imagen.

How to Keep the Body Healthy Children's Science Books Grade 5 Children's Health Books. Baby Professor. 2021. (ENG.). 72p. (J). 27.99 *(978-1-5419-8435-6(8));* pap. 16.99 *(978-1-5419-6030-5(0))* Speedy Publishing LLC. (Baby Professor (Education Kids)).

How to Keep Your Princess Busy: Activity Book for Girls Bundle, 2 vols. Speedy Publishing Books. 2019. (ENG.). 212p. (J). pap. 19.99 *(978-1-5419-7244-5(9))* Speedy Publishing LLC.

How to Knit a Monster. Annemarie van Haeringen. Illus. by Annemarie van Haeringen. 2018. (ENG., Illus.). 32p. (J). (gr. -1-3). 17.99 *(978-1-328-84210-7(X),* 1691968, Clarion Bks.) HarperCollins Pubs.

How to Know the Starry Heavens: An Invitation to the Study of Suns & Worlds (Classic Reprint) Edward Irving. 2018. (ENG., Illus.). 458p. (J). 33.36 *(978-0-365-38228-7(0))* Forgotten Bks.

How to Like Yourself: A Teen's Guide to Quieting Your Inner Critic & Building Lasting Self-Esteem. Cheryl M. Bradshaw. 2016. (Instant Help Solutions Ser.). (ENG.). 216p. (YA). (gr. 6-12). pap. 23.95 *(978-1-62625-348-3(X),* 33483) New Harbinger Pubns.

How to Live at the Front: Tips for American Soldiers (Classic Reprint) Hector MacQuarrie. 2018. (ENG., Illus.). 296p. (J). 30.02 *(978-0-364-16413-6(1))* Forgotten Bks.

How to Live Like a Caribbean Pirate. John Farndon. Illus. by Tatio Viana. 2016. (How to Live Like ... Ser.). (ENG.). 32p. (J). (gr. 3-6). 27.99 *(978-1-5124-0631-3(7),* d8e6f336-30b3-42e7-a66a-805955e96d23, Hungry Tomato (r)) Lerner Publishing Group.

How to Live Like a Samurai Warrior. John Farndon. Illus. by Amerigo Pinelli. 2016. (How to Live Like ... Ser.). (ENG.). 32p. (J). (gr. 3-6). 27.99 *(978-1-5124-0630-6(9),* 39e90686-ac94-477a-bc2a-91d5ac0e3a1c, Hungry Tomato (r)) Lerner Publishing Group.

How to Live Like a Viking Scandinavian History Book Grade 3 Children's Geography & Cultures Books. Baby Professor. 2020. (ENG.). 72p. (J). 24.99 *(978-1-5419-7492-0(1));* pap. 14.99 *(978-1-5419-5296-6(0))* Speedy Publishing LLC. (Baby Professor (Education Kids)).

How to Live Like an Aztec Priest. John Farndon. Illus. by Giuliano Aloisi. 2016. (How to Live Like ... Ser.). (ENG.). 32p. (J). (gr. 3-6). 27.99 *(978-1-5124-0628-3(7),* 7a13829c-7fa3-4de8-a87d-b40e6a047b90, Hungry Tomato (r)) Lerner Publishing Group.

How to Live Like an Egyptian Mummy Maker. John Farndon. Illus. by Maurizio Campidelli. 2016. (How to Live Like ... Ser.). (ENG.). 32p. (J). (gr. 3-6). 27.99 *(978-1-5124-0629-0(5),* 867fcaa2-0f83-423c-987c-06a8048eb1c1, Hungry Tomato (r)) Lerner Publishing Group.

How to Live on 24 Hours a Day. Arnold Bennett. 2019. (ENG.). (J). 68p. 16.95 *(978-1-61895-664-4(7));* 66p. pap. 7.95 *(978-1-61895-663-7(9))* Bibliotech Pr.

How to Live Without You. Sarah Everett. 2022. (ENG., Illus.). 400p. (YA). (gr. 9). 18.99 *(978-0-358-25622-9(4),* 1770607, HarperTeen) HarperCollins Pubs.

How to Lose a Lemur. Frann Preston-Gannon. 2016. (ENG., Illus.). 30p. (J). (gr. -1 — 1). bds. 6.95 *(978-1-4549-2095-3(5))* Sterling Publishing Co., Inc.

How to Love Your Bully. Casey Beil. 2016. (ENG., Illus.). 24p. (J). *(978-1-365-27137-3(4))* Lulu Pr., Inc.

How to Make a Better World: For Brilliant Kids Who Want to Make a Difference. Keilly Swift. 2020. (Illus.). 96p. *(978-0-241-41220-6(X))* Dorling Kindersley Publishing, Inc.

How to Make a Better World: For Every Kid Who Wants to Make a Difference. Keilly Swift. 2020. (ENG., Illus.). 96p. (J). (gr. 2-4). 16.99 *(978-1-4654-9087-2(6),* DK Children) Dorling Kindersley Publishing, Inc.

How to Make a Bird. Meg McKinlay. Illus. by Matt Ottley. 2021. (ENG.). 32p. (J). (gr. -1-3). 18.99 *(978-1-5362-1526-7(0))* Candlewick Pr.

How to Make a Book: Homeschool Edition. Shannon L. Mokry. 2022. (ENG.). 44p. (J). 21.95 *(978-1-951521-86-8(2));* pap. 14.95 *(978-1-951521-99-8(4))* Sillygeese Publishing, LLC.

How to Make a Box Guitar: A 4D Book. Barbara Alpert. 2019. (Hands-On Science Fun Ser.). (ENG., Illus.). 24p. (J). (gr. -1-2). lib. bdg. 29.32 *(978-1-9771-0225-6(5),* 139238, Capstone Pr.) Capstone.

How to Make a Friend. Stephen W. Martin. Illus. by Olivia Aserr. 2021. (ENG.). 32p. (J). (gr. -1-3). 17.99 *(978-1-328-63184-8(2),* 1735114, Clarion Bks.) HarperCollins Pubs.

How to Make a Friend F&g. Martin. 2021. (ENG.). (J). 17.99 *(978-0-358-43986-8(8),* HarperCollins) HarperCollins Pubs.

How to Make a Liquid Rainbow: A 4D Book. Lori Shores. rev. ed. 2018. (Hands-On Science Fun Ser.). (ENG., Illus.). 24p. (J). (gr. -1-2). pap. 6.95 *(978-1-5435-0952-6(5),* 137659); lib. bdg. 29.32 *(978-1-5435-0946-5(0),* 137653) Capstone. (Capstone Pr.).

How to Make a Monster. Stuart Wilson. 2022. (Prometheus High Ser.). 288p. (J). (gr. 6). 17.99 *(978-1-76104-225-6(4),* Puffin) Penguin Random Hse. AUS. Dist: Independent Pubs. Group.

How to Make a Monster's Birthday Cake: A Second Serving of Poppin' Poetry. Daniela Arnold. Illus. by James Little. 2018. (J). *(978-1-942945-64-2(7))* Night Heron Media.

How to Make a Mountain: In Just 9 Simple Steps & Only 100 Million Years! Amy Huntington. Illus. by Nancy Lemon. 2022. (ENG.). 68p. (J). (gr. k-3). 18.99 *(978-1-4521-7588-1(8))* Chronicle Bks. LLC.

How to Make a Mudpie. Rozanne Williams. 2017. (Learn-To-Read Ser.). (ENG., Illus.). (J). pap. 3.49 *(978-1-68310-195-6(2))* Pacific Learning, Inc.

How to Make a Mystery Smell Balloon see Cómo Hacer un Globo con Olor Misterioso

How to Make a Mystery Smell Balloon: A 4D Book. Lori Shores. rev. ed. 2018. (Hands-On Science Fun Ser.). (ENG., Illus.). 24p. (J). (gr. -1-2). pap. 6.95 *(978-1-5435-0951-9(7),* 137658); lib. bdg. 29.32 *(978-1-5435-0945-8(2),* 137652) Capstone. (Capstone Pr.).

How to Make a PBJ. Seth Pargin. 2020. (ENG.). 28p. (J). *(978-1-716-48043-0(4))* Lulu Pr., Inc.

How to Make a Peanut Butter Sandwich in 17 Easy Steps. Bambi Edlund. 2023. (ENG., Illus.). 32p. (J). (gr. 1). 18.95 ***(978-1-77147-516-7(1))*** Owlkids Bks. Inc. CAN. Dist: Publishers Group West (PGW).

How to Make a Piñata. Anastasia Suen. 2018. (Step-By-Step Projects Ser.). (ENG., Illus.). 24p. (gr. k-2). lib. bdg. 28.50 *(978-1-64156-430-4(X),* 9781641564304) Rourke Educational Media.

How to Make a Pom-Pom Flyer: A 4D Book. Barbara Alpert. 2019. (Hands-On Science Fun Ser.). (ENG., Illus.). 24p. (J). (gr. -1-2). lib. bdg. 29.32 *(978-1-9771-0224-9(7),* 139237, Capstone Pr.) Capstone.

How to Make a Racing Car: Leveled Reader Orange Level 16. Rg Rg. 2016. (PM Ser.). (ENG.). 16p. (J). (gr. 1-2). pap. 11.00 *(978-0-544-89160-9(0))* Rigby Education.

How to Make a Rainbow: A Crayola (r) Color Story. Laura Purdie Salas. 2018. (ENG., Illus.). 32p. (J). (gr. -1-3). 26.65 *(978-1-5124-3992-2(4),* 3638208d-d6e2-4230-8316-aa5af7ef4888); pap. 7.99 *(978-1-5415-2172-8(2),* f3cf7140-0a8c-4de4-aea5-b4820007666d) Lerner Publishing Group. (Millbrook Pr.).

How to Make a Shark Smile: How a Positive Mindset Spreads Happiness. Shawn Achor & Amy Blankson. Illus. by Claudia Ranucci. 2020. (ENG.). 40p. (J). (gr. -1-3). 17.99 *(978-1-4926-9472-4(X),* Little Pickle Pr.) Sourcebooks, Inc.

How to Make a Terrarium. Jeff Barger. 2018. (Step-By-Step Projects Ser.). (ENG., Illus.). 24p. (gr. k-2). lib. bdg. 28.50 *(978-1-64156-428-1(8),* 9781641564281) Rourke Educational Media.

How to Make a Wind Speed Meter: A 4D Book. Barbara Alpert. 2019. (Hands-On Science Fun Ser.). (ENG., Illus.). 24p. (J). (gr. -1-2). lib. bdg. 29.32 *(978-1-9771-0227-0(1),* 139240, Capstone Pr.) Capstone.

How to Make a Wish. Ashley Herring Blake. (ENG.). (YA). (gr. 9). 2018. 352p. pap. 11.99 *(978-1-328-86932-6(6),* 1696697); 2017. 336p. 17.99 *(978-0-544-81519-3(X),* 1642371) HarperCollins Pubs. (Clarion Bks.).

How to Make a Wish. Ashley Herring Blake. ed. 2018. lib. bdg. 20.85 *(978-0-606-40996-4(3))* Turtleback.

How to Make an Ant Farm. Anastasia Suen. 2018. (Step-By-Step Projects Ser.). (ENG., Illus.). 24p. (gr. k-2). lib. bdg. 28.50 *(978-1-64156-429-8(6),* 9781641564298) Rourke Educational Media.

How to Make an Avocado Fly. Mikayla White. Illus. by Mikayla White. 2022. (ENG.). 38p. (J). 22.99 ***(978-1-0880-4826-9(9))*** Indy Pub.

How to Make an Egyptian Mummy. Ruth Owen. 2016. (It's a Fact: Real Life Reads Ser.). (ENG.). 32p. (J). (gr. 2-7). 8.95 *(978-1-911341-03-1(0))* Bearport Publishing Co., Inc.

How to Make & Draw a Map Activity Book. Jupiter Kids. 2017. (ENG., Illus.). (YA). pap. 9.20 *(978-1-68326-980-9(2),* Jupiter Kids (Childrens & Kids Fiction)) Speedy Publishing LLC.

How to Make Awesome Comics. Neill Cameron. 2017. (ENG.). 64p. (J). (gr. 2-5). pap. 8.99 *(978-1-338-13273-1(3))* Scholastic, Inc.

How to Make Bubbles: A 4D Book. Erika L. Shores. rev. ed. 2018. (Hands-On Science Fun Ser.). (ENG., Illus.). 24p. (J). (gr. -1-2). lib. bdg. 29.32 *(978-1-5435-0947-2(9),* 137654, Capstone Pr.) Capstone.

How to Make Decisions As a Group, 1 vol. Joshua Turner. 2018. (Civic Virtue: Let's Work Together Ser.). (ENG.). 24p. (gr. 3-3). 25.27 *(978-1-5081-6683-2(8),* fdcb68eb-7d6f-487c-815e-a32239a22313, PowerKids Pr.) Rosen Publishing Group, Inc., The.

How to Make Friends & Stay Friends (and Other Helpful Hints), 1 vol. Sarah Radford. 2019. (ENG.). 72p. (J). pap. 9.99 *(978-1-4003-2475-0(0))* Elm Hill.

How to Make Friends with a Ghost. Rebecca Green. (ENG.). 40p. (J). (gr. -1-3). 2022. pap. 8.99 *(978-1-77488-040-1(7));* 2017. (Illus.). 17.99 *(978-1-101-91901-9(9))* Tundra Bks. CAN. (Tundra Bks.). Dist: Penguin Random Hse. LLC.

How to Make Friends with the Dark. Kathleen Glasgow. (ENG.). (YA). (gr. 9). 2020. 448p. pap. 12.99 *(978-1-101-93478-4(6),* Ember); 2019. 432p. 18.99 *(978-1-101-93475-3(1),* Delacorte Pr.); 2019. 432p. lib. bdg. 21.99 *(978-1-101-93477-7(8),* Delacorte Pr.) Random Hse. Children's Bks.

How to Make Friends with the Sea. Tanya Guerrero. 2020. (ENG.). 368p. (J). 16.99 *(978-0-374-31199-5(4),* 900197455, Farrar, Straus & Giroux (BYR)) Farrar, Straus & Giroux.

How to Make Friends with the Sea. Tanya Guerrero. 2021. (ENG.). 384p. (J). pap. 8.99 *(978-1-250-76327-3(4),* 900197456) Square Fish.

How to Make Ice Cream in a Bag: A 4D Book. Barbara Alpert. 2019. (Hands-On Science Fun Ser.). (ENG., Illus.). 24p. (J). (gr. -1-2). lib. bdg. 29.32 *(978-1-9771-0226-3(3),* 139239, Capstone Pr.) Capstone.

H

How to Make Out. Brianna R. Shrum. (ENG.). (gr. 6-12). 2018. 296p. (YA). pap. 9.99 *(978-1-5107-3204-9(7));* 2016. 284p. (J). 16.99 *(978-1-5107-0167-0(2))* Skyhorse Publishing Co., Inc. (Sky Pony Pr.).

How to Make Slime: A 4D Book. Lori Shores. rev. ed. 2018. (Hands-On Science Fun Ser.). (ENG., Illus.). 24p. (J). (gr. -1-2). lib. bdg. 29.32 *(978-1-5435-0942-7(8),* 137649, Capstone Pr.) Capstone.

How to Make Slime the Fun Way! Book for Kids:25 DIY Slime Recipes with Pictures. Natalie Fleming. 2018. (ENG., Illus.). 66p. (J). (gr. 1-6). pap. 16.87 *(978-1-64370-151-6(7))* Primedia eLaunch LLC.

How to Manage Your Money. Heron Books. 2023. (ENG.). 72p. (YA). pap. ***(978-0-89739-335-5(X),*** Heron Bks.) Quercus.

How to Measure Everything. DK. 2018. (ENG.). 20p. (J). (gr. k-2). bds. 14.99 *(978-1-4654-7030-0(1),* DK Children) Dorling Kindersley Publishing, Inc.

How to Measure Light Light As Energy Encyclopedia Kids Books Science Grade 5 Children's Physics Books. Baby Professor. 2021. (ENG.). 72p. (J). 27.99 *(978-1-5419-8388-5(2));* pap. 16.99 *(978-1-5419-4938-6(2))* Speedy Publishing LLC. (Baby Professor (Education Kids)).

How to Measure the Physical Properties of Matter Matter Physical Science Grade 3 Children's Science Education Books. Baby Professor. 2021. (ENG.). 72p. (J). 27.99 *(978-1-5419-8090-7(5));* pap. 16.99 *(978-1-5419-5894-4(2))* Speedy Publishing LLC. (Baby Professor (Education Kids)).

How to Mend a Kea. Janet Hunt. 2017. (ENG., Illus.). 64p. pap. 20.00 *(978-0-9941407-1-5(1))* Massey University Press NZL. Dist: Independent Pubs. Group.

How to Money: Your Ultimate Visual Guide to the Basics of Finance. Jean Chatzky & Kathryn Tuggle. Illus. by Nina Cosford. 2022. (ENG.). 256p. (YA). pap. 19.99 *(978-1-250-79169-6(3),* 900238503) Roaring Brook Pr.

How to Motivate Children: Dream, Plan, & Achieve! Ellie Gaber. 2022. (ENG.). 50p. (J). pap. 14.95 ***(978-1-63961-914-6(3))*** Christian Faith Publishing.

How to Not Fucking Kill Yourself. Daniel Burton. 2020. (ENG.). 36p. (YA). pap. 7.99 *(978-1-716-82554-5(7))* Lulu Pr., Inc.

How to Outsmart a Mad Scientist. Eric Braun. 2019. (How to Outsmart ... Ser.). (ENG., Illus.). 24p. (J). (gr. 2-4). pap. 8.99 *(978-1-64466-058-4(X),* 12949); (gr. 4-6). 29.95 *(978-1-68072-921-4(7),* 12948) Black Rabbit Bks. (Hi Jinx).

How to Outsmart a Martian. Eric Braun. 2019. (How to Outsmart ... Ser.). (ENG.). 24p. (J). (gr. 2-4). pap. 8.99 *(978-1-64466-059-1(8),* 12953); (Illus.). (gr. 4-6). lib. bdg. *(978-1-68072-922-1(5),* 12952) Black Rabbit Bks. (Hi Jinx).

How to Outsmart a Ninja. Eric Braun. 2019. (How to Outsmart ... Ser.). (ENG.). 24p. (J). (gr. 2-4). pap. 8.99 *(978-1-64466-061-4(X),* 12961); (Illus.). (gr. 4-6). lib. bdg. *(978-1-68072-923-8(3),* 12960) Black Rabbit Bks. (Hi Jinx).

How to Outsmart a Vampire. Eric Braun. 2019. (How to Outsmart ... Ser.). (ENG., Illus.). 24p. (J). (gr. 2-4). pap. 8.99 *(978-1-64466-062-1(8),* 12965); (gr. 4-6). lib. bdg. *(978-1-68072-924-5(1),* 12964) Black Rabbit Bks. (Hi Jinx).

How to Outsmart a Werewolf. Eric Braun. 2019. (How to Outsmart ... Ser.). (ENG., Illus.). 24p. (J). (gr. 2-4). pap. 8.99 *(978-1-64466-063-8(6),* 12969); (gr. 4-6). lib. bdg. *(978-1-68072-925-2(X),* 12968) Black Rabbit Bks. (Hi Jinx).

How to Outsmart an Evil Villain. Eric Braun. 2019. (How to Outsmart ... Ser.). (ENG., Illus.). 24p. (J). (gr. 2-4). pap. 8.99 *(978-1-64466-060-7(1),* 12957); (gr. 4-6). lib. bdg. *(978-1-68072-926-9(8),* 12956) Black Rabbit Bks. (Hi Jinx).

How to Pack for the End of the World. Michelle Falkoff. (ENG.). 320p. (YA). (gr. 9). 2022. pap. 10.99 *(978-0-06-268027-3(7));* 2020. 17.99 *(978-0-06-268026-6(9))* HarperCollins Pubs. (HarperTeen).

How to Party Like a Snail. Naseem Hrab. Illus. by Kelly Collier. 2022. (ENG.). 40p. (J). (gr. 1). 18.95 *(978-1-77147-417-7(3))* Owlkids Bks. Inc. CAN. Dist: Publishers Group West (PGW).

How to Peel Crawfish Like a Cajun. Cora Lancon. 2023. (ENG.). 26p. (J). pap. 8.99 ***(978-1-0880-9728-1(6))*** Indy Pub.

How to Pick Friends. Ha Xuan. 2018. (VIE., Illus.). (J). pap. *(978-604-963-530-4(7))* Van hoc.

How to Play Baseball: A Manual for Boys (Classic Reprint) John J. McGraw. 2017. (ENG., Illus.). (J). 27.92 *(978-1-5280-5991-6(3))* Forgotten Bks.

How to Play Baseball for Kids: Special Edition. Tony R. Smith. 2020. (ENG.). 102p. (J). pap. 19.99 ***(978-1-952524-26-4(1))*** Smith Show Media Group.

How to Poop Everyday: A Book for Children Who Are Scared to Poop. a Cute Story on How to Make Potty Training Fun & Easy. Steve Herman. 2017. (ENG., Illus.).

(J). pap. 14.95 *(978-1-948040-01-3(8)*, DG Bks. Publishing) Digital Golden Solutions LLC.

How to Potty Train Johnny: A Ridiculous How-To Story Based on How We Trained Our Son to Go Pee-pee & Poo-poo in the Potty in 2 Weeks. The Great Obo Q. 2021. (ENG.). 40p. (J). pap. *(978-1-312-23433-8(4))*; *(978-0-557-94545-0(3))* Lulu Pr., Inc.

How to Potty Train Your Porcupine. Tom Toro. 2020. (ENG., Illus.). 40p. (J). (gr. -1-3). 17.99 *(978-0-316-49539-4(5))* Little, Brown Bks. for Young Readers.

How to Pray: a Guide for Young Explorers. Pete Greig. 2022. (ENG.). 256p. (J). pap. 19.99 *(978-1-64158-544-6(7)*, 20_42654) NavPress Publishing Group.

How to Prepare for Kindergarten. Gabriella S. Rajguru. 2022. (ENG.). 28p. (J). 19.95 ***(978-1-0880-6707-9(7))*** Indy Pub.

How to Produce Extracted Honey (Classic Reprint) George W. Phillips. 2018. (ENG., Illus.). 38p. (J). 24.72 *(978-0-484-27180-6(6))* Forgotten Bks.

How to Promenade with a Python. Rachel Poliquin. ed. 2022. (Polite Predators Book Ser.). (ENG.). 74p. (J). (gr. 2-3). 21.46 ***(978-1-68505-497-7(8))*** Penworthy Co., LLC, The.

How to Promenade with a Python (and Not Get Eaten) Rachel Poliquin. Illus. by Kathryn Durst. 2022. (Polite Predators Ser.: 1). 80p. (J). (gr. 1-4). pap. 8.99 *(978-0-7352-7174-6(7)*, Tundra Bks.) Tundra Bks. CAN. Dist: Penguin Random Hse. LLC.

How to Promenade with a Python (and Not Get Eaten) A Polite Predators Book. Rachel Poliquin. Illus. by Kathryn Durst. 2021. (Polite Predators Ser.: 1). 84p. (J). (gr. 1-4). 12.99 *(978-0-7352-6658-2(1)*, Tundra Bks.) Tundra Bks. CAN. Dist: Penguin Random Hse. LLC.

How to Promote the Common Good, 1 vol. Joshua Turner. 2018. (Civic Virtue: Let's Work Together Ser.). (ENG.). 24p. (J). (gr. 3-3). 25.27 *(978-1-5081-6686-3(2)*, bc9a5c61-104f-42bb-be26-44ea63a683a2, PowerKids Pr.) Rosen Publishing Group, Inc., The.

How to Properly Dispose of Planet Earth. Paul Noth. 2019. (ENG., Illus.). 192p. (J). 13.99 *(978-1-68119-659-6(X)*, 900179851, Bloomsbury Children's Bks.) Bloomsbury Publishing USA.

How to Protect Coral Reefs Coloring Book. Activity Attic Books. 2016. (ENG., Illus.). (J). pap. 7.74 *(978-1-68323-276-6(3))* Twin Flame Productions.

How to Protect Endangered Animals - Animal Book Age 10 Children's Animal Books. Baby Professor. 2017. (ENG., Illus.). (J). pap. 8.79 *(978-1-5419-1345-5(0)*, Baby Professor (Education Kids)) Speedy Publishing LLC.

How to Put an Octopus to Bed: (Going to Bed Book, Read-Aloud Bedtime Book for Kids) Sherri Duskey Rinker. Illus. by Viviane Schwarz. 2020. (ENG.). 40p. (J). (gr. -1-k). 17.99 *(978-1-4521-4010-0(3))* Chronicle Bks. LLC.

How to Put on a Class Play: Leveled Reader Gold Level 21. Rg Rg. 2016. (PM Ser.). (ENG.). 24p. (J). (gr. 2-3). pap. 11.00 *(978-0-544-89236-1(4))* Rigby Education.

How to Put Your Parents to Bed. Mylisa Larsen. Illus. by Babette Cole. 2016. (ENG.). 32p. (J). (gr. -1-3). 17.99 *(978-0-06-232064-3(5)*, HarperCollins) HarperCollins Pubs.

How to Raise a Boring Girlfriend, Vol. 4. Fumiaki Maruto. 2016. (How to Raise a Boring Girlfriend Ser.: 4). (ENG., Illus.). 176p. (gr. 11-17). pap. 13.00 *(978-0-316-31085-7(9))* Yen Pr. LLC.

How to Raise a Boring Girlfriend, Vol. 5. Fumiaki Maruto. 2017. (How to Raise a Boring Girlfriend Ser.: 5). (ENG., Illus.). 176p. (gr. 11-17). pap. 13.00 *(978-0-316-31647-7(4))* Yen Pr. LLC.

How to Raise a Happy Cat: So They Love You (more Than Anyone Else) Sophie Collins. 2023. (ENG., Illus.). 128p. 18.99 *(978-0-7112-8179-0(3)*, 1168431) Ivy Pr., The GBR. Dist: Hachette UK Distribution.

How to Raise a Happy Dog: So They Love You (more Than Anyone Else) Sophie Collins. 2023. (ENG., Illus.). 128p. (J). 18.99 *(978-0-7112-8176-9(9)*, 422400) Ivy Pr., The GBR. Dist: Hachette UK Distribution.

How to Raise a Mom. Jean Reagan. Illus. by Lee Wildish. 2017. (How to Ser.). (ENG.). 32p. (J). (gr. -1-3). 17.99 *(978-0-553-53829-8(2)*, Knopf Bks. for Young Readers) Random Hse. Children's Bks.

How to Raise a Mom. Jean Reagan & Lee Wildish. (How to Ser.). (ENG.). (J). 2021. 32p. (gr. -1-3). pap. 7.99 *(978-0-593-30191-3(9)*, Dragonfly Bks.); 2019. (Illus.). 26p. (— 1). bds. 8.99 *(978-1-9848-4960-1(3)*, Knopf Bks. for Young Readers) Random Hse. Children's Bks.

How to Raise a Mom. Jean Reagan. ed. 2021. (How to Pic Bks). (ENG., Illus.). 25p. (J). (gr. k-1). 19.96 *(978-1-64697-736-9(X))* Penworthy Co., LLC, The.

How to Raise a Mom & Surprise a Dad Board Book Boxed Set, 2 vols. Jean Reagan. Illus. by Lee Wildish. 2023. (How to Ser.). (ENG.). 52p. (J). (— 1). bds. 17.99 *(978-0-593-56888-0(5)*, Knopf Bks. for Young Readers) Random Hse. Children's Bks.

How to Raise a Rhino. Deb Aronson. 2023. (ENG.). 142p. (J). pap. 13.95 ***(978-1-960373-04-5(8))*** Bedazzled Ink Publishing Co.

How to Raise Kids So Others Like Them. Gay Farnworth. 2021. (ENG.). 38p. (J). 20.95 *(978-1-64654-808-8(6))* Fulton Bks.

How to Raise Respectful Parents: Better Communication for Teen & Parent Relationships. Laura Lyles Reagan. 2016. (ENG., Illus.). (YA). pap. 13.99 *(978-1-945181-02-3(8))* Moonshine Cove Publishing LLC.

How to Reach the Moon: Padded Board Book. IglooBooks. 2021. (ENG.). 24p. (J). bds. 8.99 *(978-1-80022-733-0(7))* Igloo Bks. GBR. Dist: Simon & Schuster, Inc.

How to Read a Book. Kwame Alexander. Illus. by Melissa Sweet. 2019. (ENG.). 32p. (J). (gr. -1-3). 18.99 *(978-0-06-230781-1(9)*, HarperCollins) HarperCollins Pubs.

How to Read a Map. Kerri Mazzarella. 2022. (Learning Map Skills Ser.). (ENG.). 24p. (J). (gr. -1-1). pap. *(978-1-0396-6174-5(2)*, 20321); lib. bdg. *(978-1-0396-5979-7(9)*, 20320) Crabtree Publishing Co. (Crabtree Roots).

How to Read a Map. Lisa M. Bolt Simons. 2018. (Understanding the Basics Ser.). (ENG.). 24p. (J). (gr. 1-4). lib. bdg. 32.79 *(978-1-5038-2328-0(8)*, 212203) Child's World, Inc, The.

How to Read a Recipe. Anitra Budd. 2018. (Understanding the Basics Ser.). (ENG.). 24p. (J). (gr. 1-4). lib. bdg. 32.79 *(978-1-5038-2330-3(X)*, 212205) Child's World, Inc, The.

How to Read Calendars & Clocks. Kate Conley. 2018. (Understanding the Basics Ser.). (ENG.). 24p. (J). (gr. 1-4). lib. bdg. 32.79 *(978-1-5038-2335-8(0)*, 212210) Child's World, Inc, The.

How to Read Comics the Marvel Way. Christopher Hastings & Marvel Various. Illus. by Marvel Various & Scott Koblish. 2022. 176p. (J). (gr. 5-9). pap. 13.99 *(978-1-302-92475-1(3)*, Outreach/New Reader) Marvel Worldwide, Inc.

How to Read Measurements. Catherine Ipcizade. 2018. (Understanding the Basics Ser.). (ENG.). 24p. (J). (gr. 1-4). lib. bdg. 32.79 *(978-1-5038-2332-7(6)*, 212207) Child's World, Inc, The.

How to Read Nutrition Labels. Kate Conley. 2018. (Understanding the Basics Ser.). (ENG.). 24p. (J). (gr. 1-4). lib. bdg. 32.79 *(978-1-5038-2333-4(4)*, 212208) Child's World, Inc, The.

How to Read Scratch Computer Code. George Anthony Kulz. 2018. (Understanding the Basics Ser.). (ENG.). 24p. (J). (gr. 1-4). lib. bdg. 32.79 *(978-1-5038-2334-1(2)*, 212209) Child's World, Inc, The.

How to Read the Periodic Table of Elements Chemistry for Beginners Grade 5 Children's Science & Nature Books. Baby Professor. 2021. (ENG.). 72p. (J). 27.99 *(978-1-5419-8463-9(3))*; pap. 16.99 *(978-1-5419-5410-6(6))* Speedy Publishing LLC. (Baby Professor (Education Kids)).

How to Read to a Grandma or Grandpa. Jean Reagan. Illus. by Lee Wildish. 2020. (How to Ser.). 32p. (J). (gr. -1-3). 17.99 *(978-1-5247-0193-2(9))*; (ENG.). lib. bdg. 20.99 *(978-1-5247-0194-9(7))* Random Hse. Children's Bks. (Knopf Bks. for Young Readers).

How to Read Weather Maps Basic Meteorology Grade 5 Children's Weather Books. Baby Professor. 2021. (ENG.). 72p. (J). 27.99 *(978-1-5419-8409-7(9))*; pap. 16.99 *(978-1-5419-6022-0(X))* Speedy Publishing LLC. (Baby Professor (Education Kids)).

How to Remember Everything: Tips & Tricks to Become a Memory Master! Jacob Sager Weinstein & Odd Dot. Illus. by Barbara Malley. 2020. (ENG.). 144p. (J). pap. 12.99 *(978-1-250-23526-8(X)*, 900210264, Odd Dot) St. Martin's Pr.

How to Restore Suzuki 2-Stroke Triples GT350, GT550 & GT750 1971 To 1978: YOUR Step-By-step Colour Illustrated Guide to Complete Restoration. Ricky Burns. 2016. (Enthusiast's Restoration Manual Ser.). (ENG., Illus.). 176p. pap. 59.95 *(978-1-84584-820-0(9))* Veloce Publishing Ltd. GBR. Dist: National Bk. Network.

How to Ride a Dragonfly. Kitty Donohoe. Illus. by Anne Wilsdorf. 2023. 40p. (J). (gr. -1-3). 18.99 *(978-0-593-17564-4(6))*; (ENG.). lib. bdg. 21.99 *(978-0-593-17565-1(4))* Random Hse. Children's Bks. (Schwartz & Wade Bks.).

How to Ride a Unicorn: A Magical Tale of Trust & Friendship. Monica Sweeney. 2022. 32p. (J). (gr. -1-2). 16.99 *(978-1-5107-7253-3(7)*, Sky Pony Pr.) Skyhorse Publishing Co., Inc.

How to Rob a Bank. Tom Mitchell. 2019. (ENG.). 288p. (J). 6.99 *(978-0-00-835186-1(4)*, HarperCollins Children's Bks.) HarperCollins Pubs. Ltd. GBR. Dist: HarperCollins Pubs.

How to Rock a Snow Day. Jean Reagan. Illus. by Lee Wildish. 2023. (Step into Reading Ser.). 32p. (J). (gr. -1-1). pap. 5.99 ***(978-0-593-64480-5(8))***; (ENG.). lib. bdg. 14.99 ***(978-0-593-64481-2(6))*** Random Hse. Children's Bks. (Random Hse. Bks. for Young Readers).

How to Rock His World When You Are Over 50. Elizabeth Leathers & Patrica Kopas. 2016. (ENG.). 208p. (J). pap. 11.95 *(978-1-78612-832-4(2)*, 41abeb12-593a-4b55-88f4-0c0dc898ad18) Austin Macauley Pubs. Ltd. GBR. Dist: Baker & Taylor Publisher Services (BTPS).

How to Rope a Giganotosaurus. Will Dare. Illus. by Mariano Epelbaum. 2017. (Dino Riders Ser.: 2). (ENG.). 144p. (J). (gr. 2-5). pap. 7.99 *(978-1-4926-3620-5(7)*, 9781492636205, Sourcebooks Jabberwocky) Sourcebooks, Inc.

How to Rope a Giganotosaurus. Will Dare. ed. 2017. (Dino Riders Ser.: 2). lib. bdg. 16.00 *(978-0-606-40352-8(3))* Turtleback.

How to Run an Automobile: A Concise, Practical Treatise Written in Simple Language, Explaining the Functions of Modern Gasoline Automobile Parts with Complete Instructions for Driving & Care (Classic Reprint) Victor Wilfred Page. 2018. (ENG., Illus.). (J). 216p. 28.35 *(978-1-396-78936-6(7))*; 218p. pap. 10.97 *(978-1-396-37976-5(2))* Forgotten Bks.

How to Sabotage Studying: 15 Proven Strategies to Limit Learning & Decrease Grades. Melanie Barrett. 2021. (How to Hate High School Ser.: Vol. 3). (ENG.). 62p. (YA). pap. *(978-1-7774140-3-0(2))* Marmalade Bks.

How to Save a Planet. Lydia Hessel-Robinson. 2023. (ENG.). 176p. (J). pap. 12.43 ***(978-1-312-51823-0(5))*** Lulu Pr., Inc.

How to Save a Queendom. Jessica Lawson. 2021. (ENG.). 368p. (J). (gr. 3-7). 17.99 *(978-1-5344-1434-1(7)*, Simon & Schuster Bks. For Young Readers) Simon & Schuster Bks. For Young Readers.

How to Save a Superhero. Ruth Freeman. 2023. 272p. (J). (gr. 3-7). pap. 9.99 *(978-0-8234-5334-4(0))* Holiday Hse., Inc.

How to Save a Superhero. Caryl Hart. Illus. by Ed Eaves. 2018. (ENG.). 32p. (J). (gr. -1). 7.99 *(978-1-4711-4478-3(X)*, Simon & Schuster Children's) Simon & Schuster, Ltd. GBR. Dist: Simon & Schuster, Inc.

How to Save the Whole Stinkin' Planet: A Garbological Adventure. Lee Constable. Illus. by James Hart, III. 2019. 256p. (J). (gr. 2-4). 18.99 *(978-1-76089-026-1(X)*, Puffin) Penguin Random Hse. AUS. Dist: Independent Pubs. Group.

How to Say Goodbye. Erika Ruiz. 2019. (ENG.). 29p. (J). *(978-1-008-96917-9(6))* Lulu Pr., Inc.

How to Scare a Ghost. Jean Reagan. Illus. by Lee Wildish. (How to Ser.). (ENG.). (J). 2019. 26p. (— 1). bds. 8.99 *(978-1-9848-4868-0(2))*; 2018. 32p. (gr. -1-3). 17.99 *(978-1-5247-0190-1(4))*; 2018. 32p. (gr. -1-3). lib. bdg. 20.99 *(978-1-5247-0191-8(2))* Random Hse. Children's Bks. (Knopf Bks. for Young Readers).

How to Scare a Ghost. Jean Reagan & Lee Wildish. 2020. (How to Ser.). (ENG., Illus.). 32p. (J). (gr. -1-3). pap. 7.99 *(978-0-593-30189-0(7)*, Dragonfly Bks.) Random Hse. Children's Bks.

How to Scare a Ghost. Jean Reagan. ed. 2020. (How to Pic Bks). (ENG., Illus.). 25p. (J). (gr. k-1). 19.96 *(978-1-64697-406-1(9))* Penworthy Co., LLC, The.

How to Scare a Stegosaurus. Will Dare. Illus. by Mariano Epelbaum. 2018. (Dino Riders Ser.: 6). (ENG.). 128p. (J). (gr. 2-5). pap. 7.99 *(978-1-4926-6812-1(5)*, Sourcebooks Jabberwocky) Sourcebooks, Inc.

How to Sell Your Family to the Aliens. Paul Noth. 2018. (ENG., Illus.). 224p. (J). 13.99 *(978-1-68119-657-2(3)*, 900179850, Bloomsbury USA Childrens) Bloomsbury Publishing USA.

How to Shake a Buckeye Tree. Dayna LeMieux. 2019. (ENG.). 30p. (J). pap. 12.95 *(978-1-64515-034-3(8))* Christian Faith Publishing.

How to Shit Around the World, 2nd Edition. Jane Wilson-Howarth. 2nd ed. 2020. 208p. (YA). (gr. 11). pap. 16.99 *(978-1-60952-192-9(7))* Travelers' Tales/Solas House, Inc.

How to Sleep Tight Through the Night: Bedtime Tricks (That Really Work!) for Kids. Tzivia Gover & Lesléa Newman. Illus. by Vivian Mineker. 2022. (ENG.). 64p. (J). (gr. k-4). 14.95 *(978-1-63586-424-3(0)*, 626424) Storey Publishing, LLC.

How to Sneak Your Monster into School. Christopher Francis. 2017. (ENG., Illus.). 34p. (J). pap. *(978-1-387-48014-2(6))* Lulu Pr., Inc.

How to Solve a Problem: The Rise (and Falls) of a Rock-Climbing Champion. Ashima Shiraishi. Illus. by Yao Xiao. 2020. 40p. (J). (gr. -1-3). 18.99 *(978-1-5247-7327-4(1))*; (ENG.). lib. bdg. 20.99 *(978-1-5247-7328-1(X))* Random Hse. Children's Bks. (Make Me a World).

How to Solve the Rubik's Cube. Rubik's. 2018. (ENG., Illus.). 64p. (gr. 2). pap. 7.99 *(978-1-4052-9135-4(4))* Farshore GBR. Dist: HarperCollins Pubs.

How to Spacewalk: Step-By-Step with Shuttle Astronauts. Kathryn Sullivan & Michael J. Rosen. Illus. by Michael J. Rosen. 2023. (ENG.). 48p. (J). (gr. 2-4). 19.99 *(978-1-5362-2621-8(1)*, MIT Kids Press) Candlewick Pr.

How to Speak Dolphin. Ginny Rorby. 2017. (ENG.). 272p. (J). (gr. 3-7). pap. 8.99 *(978-0-545-67607-6(X)*, Scholastic Pr.) Scholastic, Inc.

How to Speak French for Kids a Children's Learn French Books. Baby Professor. 2017. (ENG., Illus.). (J). pap. 7.89 *(978-1-5419-0201-5(7)*, Baby Professor (Education Kids)) Speedy Publishing LLC.

How to Speak in Spanglish. Mónica Mancillas. Illus. by Olivia de Castro. 2023. 48p. (J). (gr. -1-3). 18.99 ***(978-0-593-52180-9(3)***, Penguin Workshop) Penguin Young Readers Group.

How to Spend a Week Happily (Classic Reprint) Burbury. (ENG., Illus.). (J). 2018. 148p. 26.97 *(978-0-428-22208-6(0))*; 2017. pap. 9.57 *(978-1-5276-1742-1(4))* Forgotten Bks.

How to Spook a Ghost. Sue Fliess. Illus. by Simona Sanfilippo. 2023. (Magical Creatures & Crafts Ser.: 8). 32p. (J). (gr. -1-k). 19.99 ***(978-1-5107-7408-7(4)***, Sky Pony Pr.) Skyhorse Publishing Co., Inc.

How to Spot a Best Friend. Bea Birdsong. Illus. by Lucy Fleming. 2021. 40p. (J). (gr. -1-2). 18.99 *(978-0-593-17927-7(7))*; (ENG.). lib. bdg. 20.99 *(978-0-593-38209-7(9))* Random Hse. Children's Bks. (Rodale Kids).

How to Spot a Dinosaur. Suzy Senior. Illus. by Dan Taylor. 2023. (ENG.). 32p. (J). (gr. -1-k). 14.99 *(978-1-6672-0240-2(5)*, Silver Dolphin Bks.) Printers Row Publishing Group.

How to Spot a Mom. Donna Amey Bhatt. Illus. by Aura Lewis. 2021. (ENG.). 32p. (J). (gr. k-3). ***(978-0-7112-6104-4(0)***, Wide Eyed Editions) Quarto Publishing Group UK.

How to Spot a Sasquatch. J. Torres. Illus. by Aurélie Grand. 2022. (ENG.). 64p. (J). (gr. 1-5). pap. 9.95 *(978-1-77147-527-3(7))* Owlkids Bks. Inc. CAN. Dist: Publishers Group West (PGW).

How to Spot a Witch. Roald Dahl. Illus. by Carmi Grau. 2020. (ENG.). 32p. (J). (gr. 3-7). 9.99 *(978-0-593-09711-3(4)*, Grosset & Dunlap) Penguin Young Readers Group.

How to Spot an Artist see Comment Repérer un Artiste

How to Spot an Artist: This Might Get Messy. Danielle Krysa. 2020. (ENG., Illus.). 40p. (J). (gr. -1-3). 16.95 *(978-3-7913-7440-6(0))* Prestel Verlag GmbH & Co KG. DEU. Dist: Penguin Random Hse. LLC.

How to Spy on a Shark. Lori Haskins Houran. Illus. by Francisca Marquez. 2019. (ENG.). 24p. (J). (-3). pap. 7.99 *(978-0-8075-3406-9(4)*, 807534064) Whitman, Albert & Co.

How to SQUID: Better Choices, Fewer Regrets. Zasm And Mel Ganus & Philip Zimbardo. Tr. by Alejandra Levy. 2022. (ENG.). 46p. (J). pap. 20.00 ***(978-1-0880-2787-5(3))*** Indy Pub.

How to Stage a Catastrophe. Rebecca Donnelly. 2017. (ENG., Illus.). 256p. (J). (gr. 4-7). 12.95 *(978-1-62370-807-8(9)*, 133357, Capstone Young Readers) Capstone.

How to Start First Grade. Catherine A. Hapka et al. ed. 2020. (Step into Reading Ser.). (ENG., Illus.). 32p. (J). (gr. 2-3). 14.96 *(978-1-64697-356-9(9))* Penworthy Co., LLC, The.

How to Start Kindergarten: A Book for Kindergarteners. Catherine A. Hapka et al. Illus. by Debbie Palen. 2018. (Step into Reading Ser.). 32p. (J). (gr. -1-1). pap. 5.99 *(978-1-5247-1551-9(4)*, Random Hse. Bks. for Young Readers) Random Hse. Children's Bks.

How to Start Your Own Personal Look Book Children's Fashion Books. Baby Professor. 2017. (ENG., Illus.). (YA). pap. 7.89 *(978-1-5419-0386-9(2)*, Baby Professor (Education Kids)) Speedy Publishing LLC.

How to Stay Happy: Wellbeing Workbook for Kids. Helen Jaeger. Illus. by Andy Passchier. 2021. (ENG.). 48p. (J). (-4). pap. 9.99 *(978-1-83903-668-2(0))* Igloo Bks. GBR. Dist: Simon & Schuster, Inc.

How to Stay Healthy: Wellbeing Workbook for Kids. Helen Jaeger. Illus. by Andy Passchier. 2021. (ENG.). 48p. (J). (-4). pap. 9.99 *(978-1-83903-669-9(9))* Igloo Bks. GBR. Dist: Simon & Schuster, Inc.

How to Stay Invisible. Maggie C. Rudd. 2023. (ENG.). 240p. (J). 17.99 *(978-0-374-39033-4(9)*, 900258477, Farrar, Straus & Giroux (BYR)) Farrar, Straus & Giroux.

How to Stop Your Grownup from Making Bad Decisions. Judy Balan. 2016. (Nina the Philosopher Ser.). 180p. (J). 6.99 *(978-93-5136-997-4(8)*, Harper) HarperCollins Pubs.

How to Study. Amos R. Wells. 2017. (ENG., Illus.). (J). pap. *(978-0-649-48490-4(8))* Trieste Publishing Pty Ltd.

How to Study & What to Study. Richard L. Sandwick. 2017. (ENG., Illus.). (J). pap. *(978-0-649-46721-1(3))* Trieste Publishing Pty Ltd.

How to Study & What to Study (Classic Reprint) Richard L. Sandwick. 2018. (ENG., Illus.). 182p. (J). 27.65 *(978-0-656-83386-3(6))* Forgotten Bks.

How to Study Birds: A Practical Guide for Amateur Bird-Lovers & Camera-Hunters (Classic Reprint) Herbert Keightley Job. 2018. (ENG., Illus.). 350p. (J). 31.14 *(978-0-484-64170-8(0))* Forgotten Bks.

How to Subtract Numbers: An Activity Book for Boys. Jupiter Kids. 2017. (ENG., Illus.). (J). pap. 9.05 *(978-1-5419-4065-9(2)*, Jupiter Kids (Childrens & Kids Fiction)) Speedy Publishing LLC.

How to Succeed in Witchcraft. Aislinn Brophy. (ENG.). 416p. (YA). (gr. 7). 2023. pap. 12.99 ***(978-0-593-35454-4(0))***; 2022. 18.99 *(978-0-593-35452-0(4))* Penguin Young Readers Group. (G.P. Putnam's Sons Books for Young Readers).

How to Surprise a Dad. Jean Reagan. ed. 2021. (How to Pic Bks). (ENG., Illus.). 26p. (J). (gr. k-1). 19.96 *(978-1-64697-737-6(8))* Penworthy Co., LLC, The.

How to Surprise a Dad: A Book for Dads & Kids. Jean Reagan. Illus. by Lee Wildish. 2019. (How to Ser.). (ENG.). 26p. (J). (— 1). bds. 8.99 *(978-1-9848-4959-5(X)*, Knopf Bks. for Young Readers) Random Hse. Children's Bks.

How to Surprise a Dad: A Book for Dads & Kids. Jean Reagan & Lee Wildish. 2021. (How to Ser.). (ENG., Illus.). 32p. (J). (gr. -1-3). pap. 7.99 *(978-0-593-30192-0(7)*, Dragonfly Bks.) Random Hse. Children's Bks.

How to Survive a Blizzard. Kenny Abdo. 2018. (How to Survive Ser.). (ENG., Illus.). 24p. (J). (gr. 2-8). lib. bdg. 31.36 *(978-1-5321-2323-8(X)*, 28413, Abdo Zoom-Fly) ABDO Publishing Co.

How to Survive a Fire. Kenny Abdo. 2018. (How to Survive Ser.). (ENG., Illus.). 24p. (J). (gr. 2-8). lib. bdg. 31.36 *(978-1-5321-2324-5(8)*, 28415, Abdo Zoom-Fly) ABDO Publishing Co.

How to Survive a Flood. Kenny Abdo. 2018. (How to Survive Ser.). (ENG., Illus.). 24p. (J). (gr. 2-8). lib. bdg. 31.36 *(978-1-5321-2325-2(6)*, 28417, Abdo Zoom-Fly) ABDO Publishing Co.

How to Survive a Hurricane. Kenny Abdo. 2018. (How to Survive Ser.). (ENG., Illus.). 24p. (J). (gr. 2-8). lib. bdg. 31.36 *(978-1-5321-2326-9(4)*, 28419, Abdo Zoom-Fly) ABDO Publishing Co.

How to Survive a Tornado. Kenny Abdo. 2018. (How to Survive Ser.). (ENG., Illus.). 24p. (J). (gr. 2-8). lib. bdg. 31.36 *(978-1-5321-2327-6(2)*, 28421, Abdo Zoom-Fly) ABDO Publishing Co.

How to Survive a Zombie Apocalypse. Jack Rossiter. 2021. (ENG., Illus.). 120p. (J). *(978-1-83975-582-8(2))* Grosvenor Hse. Publishing Ltd.

How to Survive a Zombie Invasion: Mazes for Kids. Speedy Kids. 2017. (ENG., Illus.). (J). pap. 9.20 *(978-1-5419-3323-1(0))* Speedy Publishing LLC.

How to Survive As a Firefly. 2017. (How to Survive Ser.). (Illus.). 36p. (J). (gr. k-5). 16.99 *(978-1-943147-32-8(9)*, 499aa322-108d-4ef5-9012-a82e434ac1b8) Innovation Pr., The.

How to Survive in a Stranger Things World (Stranger Things) Matthew J. Gilbert. Illus. by Random House. 2018. (ENG.). 96p. (YA). (gr. 7). 13.99 *(978-1-9848-5195-6(0)*, Random Hse. Bks. for Young Readers) Random Hse. Children's Bks.

How to Survive in the Age of Dinosaurs: A Handy Guide to Dodging Deadly Predators, Riding Out Mega-Monsoons, & Escaping Other Perils of the Prehistoric. Stephanie Warren Drimmer. 2023. (ENG., Illus.). 96p. (J). (gr. 3-7). lib. bdg. 19.90 *(978-1-4263-7369-5(4)*, National Geographic Kids) Disney Publishing Worldwide.

How to Survive in the Age of the Dinosaurs. Stephanie Warren Drimmer & National Geographic Kids. 2023. 96p. (J). (gr. 3-7). pap. 9.99 *(978-1-4263-7282-7(5)*, National Geographic Kids) Disney Publishing Worldwide.

How to Survive Middle School. Anastasia L. Douglas. 2019. (ENG.). 36p. (J). (gr. 3-6). pap. 14.95 *(978-1-0980-1406-3(5))* Christian Faith Publishing.

How to Survive Middle School. Kaitlyn Swineford. 2017. (ENG.). 24p. (J). ***(978-1-387-06487-8(8))*** Lulu Pr., Inc.

How to Survive Middle School: English: A Do-It-Yourself Study Guide. Nina Ciatto. Ed. by Dan Tucker. Illus. by Carpenter Carpenter Collective. 2022. (HOW to SURVIVE MIDDLE SCHOOL Bks.). 528p. (J). (gr. 5-9). pap. 16.99 *(978-0-525-57142-1(6)*, Random Hse. Bks. for Young Readers) Random Hse. Children's Bks.

How to Survive Middle School: Math: A Do-It-Yourself Study Guide. Concetta Ortiz & Matt Fazio. Ed. by Dan Tucker. Illus. by Carpenter Carpenter Collective. 2022. (HOW to SURVIVE MIDDLE SCHOOL Bks.). 544p. (J). (gr. 5-9). pap. 16.99 *(978-0-525-57141-4(8)*, Random Hse. Bks. for Young Readers) Random Hse. Children's Bks.

How to Survive Middle School: Science: A Do-It-Yourself Study Guide. Rachel Ross & Maria Ter-Mikaelian. Ed. by Dan Tucker. Illus. by Carpenter Carpenter Collective. 2022. (HOW to SURVIVE MIDDLE SCHOOL Bks.). 528p. (J). (gr. 5-9). pap. 16.99 *(978-0-525-57143-8(4)*, Random Hse. Bks. for Young Readers) Random Hse. Children's Bks.

How to Survive Middle School: U. S. History: A Do-It-Yourself Study Guide. Rebecca Ascher-Walsh & Annie Scavelli. Ed. by Dan Tucker. Illus. by Carpenter Carpenter Collective. 2022. (HOW to SURVIVE MIDDLE

928

The check digit for ISBN-10 appears in parentheses after the full ISBN-13

SCHOOL Bks.). 496p. (J). (gr. 5-9). pap. 16.99 *(978-0-525-57144-5(2),* Random Hse. Bks. for Young Readers) Random Hse. Children's Bks.

How to Survive Middle School: World History: A Do-It-Yourself Study Guide. Elizabeth M. Fee. Ed. by Dan Tucker. Illus. by Carpenter Carpenter Collective. 2022. (HOW to SURVIVE MIDDLE SCHOOL Bks.). 480p. (J). (gr. 5-9). pap. 16.99 *(978-0-525-57145-2(0),* Random Hse. Bks. for Young Readers) Random Hse. Children's Bks.

How to Survive on a Desert Island: Operation Robinson!, 1 vol. Denis Tribaudeau. Illus. by Karine Maincent. 2019. (ENG.). 64p. (gr. 3-6). pap. 14.99 *(978-0-7643-5706-0(9),* 16272) Schiffer Publishing, Ltd.

How to Survive School: A Practical Guide for Teenagers, Parents & Teachers. Michael Andrew Warwick & Catherine E. Oliver. 2016. (ENG., Illus.). 142p. (YA). (gr. 8-12). pap. *(978-0-9956532-0-7(8))* Florence May Publishing.

How to Survive (Set), 6 vols. 2018. (How to Survive Ser.). (ENG.). 24p. (J). (gr. 2-8). lib. bdg. 188.16 *(978-1-5321-2322-1(1),* 28411, Abdo Zoom-Fly) ABDO Publishing Co.

How to Survive the Wild. Kenny Abdo. 2018. (How to Survive Ser.). (ENG., Illus.). 24p. (J). (gr. 2-8). lib. bdg. 31.36 *(978-1-5321-2328-3(0),* 28423, Abdo Zoom-Fly) ABDO Publishing Co.

How to Survive Your Magical Family. Clare Rhoden. 2022. (ENG.). 210p. (YA). pap. ***(978-1-922311-43-6(X))*** Odyssey Bks.

How to Survive Your Murder. Danielle Valentine. (YA). (gr. 7). 2023. 320p. pap. 11.99 ***(978-0-593-61958-2(7));*** 2022. 304p. 17.99 *(978-0-593-35201-4(7))* Penguin Young Readers Group. (Razorbill).

How to Swallow a Pig: Step-By-Step Advice from the Animal Kingdom. Steve Jenkins & Robin Page. Illus. by Steve Jenkins. 2023. (ENG., Illus.). 32p. (J). (gr. -1-3). pap. 11.99 *(978-0-06-328668-9(8),* Clarion Bks.) HarperCollins Pubs.

How to Take Care of an Alien the Hard Way. Carys Wolpert. 2017. (ENG., Illus.). 34p. (J). pap. *(978-1-387-33698-2(3))* Lulu Pr., Inc.

How to Take Care of Your Dinosaur. JASON COCKCROFT. Illus. by JASON COCKCROFT. 2019. (ENG., Illus.). 32p. (J). (-k). 15.99 *(978-1-5362-0568-8(0))* Candlewick Pr.

How to Take Care of Your Pet Dinosaur, 12 vols. 2018. (How to Take Care of Your Pet Dinosaur Ser.). (ENG.). 24p. (J). (gr. 2-2). lib. bdg. 157.62 *(978-1-5081-9768-3(7),* 8e368bc2-df2c-44aa-907a-8bb30922442a, Windmill Bks.) Rosen Publishing Group, Inc., The.

How to Take Informed Action, 1 vol. Joshua Turner. 2018. (Civic Virtue: Let's Work Together Ser.). (ENG.). 24p. (gr. 3-3). 25.27 *(978-1-5081-6690-0(0),* 88c4f836-3c58-46eb-8987-c86a7a7e578e, PowerKids Pr.) Rosen Publishing Group, Inc., The.

How to Take the ACHE Out of Mistakes. Kimberly Feltes Taylor & Eric Braun. Illus. by Steve Mark. 2019. (Laugh & Learn(r) Ser.). (ENG.). 128p. (J). (gr. 2-6). pap. 10.99 *(978-1-63198-308-5(3),* 83085) Free Spirit Publishing Inc.

How to Talk Like a Bear. Charlie Grandy. Illus. by Alex G. Griffiths. 2023. 32p. (J). (gr. -1-2). 18.99 *(978-0-593-35066-9(9))* Flamingo Bks.

How to Talk Monster. Lynn Plourde. Illus. by Mike Lowery. 2021. 32p. (J). (gr. -1-2). 17.99 *(978-0-525-51580-7(1),* G.P. Putnam's Sons Books for Young Readers) Penguin Young Readers Group.

How to Talk So People Will Listen: And Sound Confident (Even When You're Not) Lizzie Waterworth. 2023. (ENG.). 176p. (J). (gr. 4-7). 14.99 ***(978-0-7440-8312-5(5),*** DK Children) Dorling Kindersley Publishing, Inc.

How to Talk to a Tiger ... & Other Animals: How Critters Communicate in the Wild. Jason Bittel. Illus. by Kelsey Buzzell. 2021. (ENG.). 64p. (J). (gr. 3-7). 24.99 *(978-1-4197-5211-7(1),* 1719001) Magic Cat GBR. Dist: Abrams, Inc.

How to Talk to Your Computer. Seymour Simon. Illus. by Mike Lowery. 2019. (Let's-Read-And-Find-Out Science 2 Ser.). (ENG.). 40p. (J). (gr. -1-3). 17.99 *(978-0-06-249087-2(7));* pap. 7.99 *(978-0-06-249086-5(9))* HarperCollins Pubs. (HarperCollins).

How to Tame a Human Tornado. Paul Tobin. 2018. (ENG., Illus.). 368p. (J). 16.99 *(978-1-61963-899-0(1),* 900151199, Bloomsbury USA Childrens) Bloomsbury Publishing USA.

How to Tame a Triceratops. Will Dare. Illus. by Mariano Epelbaum. 2017. (Dino Riders Ser.: 1). (ENG.). 128p. (J). (gr. 2-5). pap. 6.99 *(978-1-4926-3617-5(7),* 9781492636175, Sourcebooks Jabberwocky) Sourcebooks, Inc.

How to Tame a Triceratops. Will Dare. ed. 2017. (Dino Riders Ser.: 1). lib. bdg. 16.00 *(978-0-606-40351-1(5))* Turtleback.

How to Tame Dragons & Hush Hyenas. Kerry Orchard. Illus. by Roberto Gonzalez. 2017. (ENG.). 34p. (J). (gr. k-4). *(978-1-7750357-0-1(0));* pap. *(978-1-7750357-1-8(9))* Burroughs Manor Pr.

How to Tame My Busy Brain. Kristy High. 2021. (ENG.). 26p. (J). 19.99 *(978-1-0879-9870-1(0));* pap. 12.99 *(978-0-578-91514-2(6))* Kristy High.

How to Teach a Frog to Sing, the Adventures of Reggie the Rocket Frog. Daisy M. Brown. Illus. by Gil Balbuena, Jr. 2021. (ENG.). 36p. (J). pap. 11.99 *(978-1-63821-081-8(0))* Primedia eLaunch LLC.

How to Teach about Aquatic Life: Fishes, Shellfish, Reptiles & Their Life-History (Classic Reprint) Frank Owen Payne. 2018. (ENG., Illus.). 68p. (J). 25.30 *(978-0-483-67698-5(5))* Forgotten Bks.

How to Teach Art to Children. Evan-Moor Educational Publishers. 2019. (Art Resources Ser.). (ENG.). 160p. (J). (gr. 1-6). pap., tchr. ed. 21.99 *(978-1-62938-875-5(0))* Evan-Moor Educational Pubs.

How to Teach Beginners to Read: Thought Method (Classic Reprint) E. M. Quigley. 2018. (ENG., Illus.). 52p. (J). 24.99 *(978-0-267-28054-4(8))* Forgotten Bks.

How to Teach Manners in the School-Room (Classic Reprint) Julia M. Dewey. (ENG., Illus.). (J). 2018. 108p. 26.12 *(978-0-365-14513-4(0));* 2017. pap. 9.57 *(978-0-259-19899-4(4))* Forgotten Bks.

How to Teach Religion: Principles & Methods. George Herbert Betts. 2017. (ENG., Illus.). (J). pap. *(978-0-649-38632-1(9))* Trieste Publishing Pty Ltd.

How to Teach Religion: Principles & Methods (Classic Reprint) George Herbert Betts. 2018. (ENG., Illus.). 228p. (J). 28.60 *(978-0-428-97349-0(3))* Forgotten Bks.

How to Teach Your Cat a Trick: In Five Easy Steps. Nicola Winstanley. Illus. by Zoe Si. 2022. (How to Cat Bks.). 52p. (J). (gr. -1-2). 17.99 *(978-0-7352-7061-9(9),* Tundra Bks.) Tundra Bks. CAN. Dist: Penguin Random Hse. LLC.

How to Teach Your Little One Numbers. Counting Books for Kids - Baby & Toddler Counting Books. Baby Professor. 2017. (ENG., Illus.). (J). pap. 7.89 *(978-1-68326-677-8(3),* Baby Professor (Education Kids)) Speedy Publishing LLC.

How to Tell Stories to Children - & Some Stories to Tell. Sara Cone Bryant. 2016. (ENG., Illus.). (J). pap. 12.84 *(978-1-365-59146-4(8))* Lulu Pr., Inc.

How to Tell Stories to Children & Some Stories to Tell. Sara Cone Bryant. 2017. (ENG., Illus.). (J). 23.95 *(978-1-374-95449-6(7))* Capital Communications, Inc.

How to Tell Stories to Children & Some Stories to Tell. Sara Cone Bryant. 2017. (ENG., Illus.). (J). pap. *(978-1-4733-3603-2(1))* Freeman Pr.

How to Tell Stories to Children (Classic Reprint) Sara Cone Bryant. 2017. (ENG., Illus.). (J). 29.84 *(978-0-260-42183-8(9))* Forgotten Bks.

How to Tell the Birds from the Flowers: A Manual of Flornithology for Beginners (Classic Reprint) Robert Williams Wood. (ENG., Illus.). (J). 2017. 24.68 *(978-0-265-53333-8(3));* 2017. 36p. 24.64 *(978-0-484-79285-1(7));* 2017. 24.64 *(978-0-266-75310-0(8));* 2017. pap. 7.97 *(978-1-5277-2540-9(5));* 2016. pap. 7.97 *(978-1-334-13551-4(7));* 2016. pap. 7.97 *(978-1-333-51028-2(4))* Forgotten Bks.

How to Tell the Birds from the Flowers. a Manual of Flornithology for Beginners. Robert Williams Wood. 2017. (ENG., Illus.). (J). pap. *(978-0-649-23285-7(2))* Trieste Publishing Pty Ltd.

How to Tell the Birds from the Flowers, & Other Wood-Cuts: A Revised Manual of Flornithology for Beginners (Classic Reprint) Robert Williams Wood. (ENG., Illus.). (J). 2018. 58p. 25.11 *(978-0-365-49186-5(5));* 2018. 60p. pap. 9.57 *(978-0-365-71968-7(4));* 2018. 58p. 25.20 *(978-0-484-12998-5(8));* 2016. pap. 9.57 *(978-1-334-13569-9(X))* Forgotten Bks.

How to Tell the Birds from the Flowers & Other Wood-Cuts: A Revised Manual of Flornithology for Beginners (Classic Reprint) Robert Williams Wood. 2018. (ENG., Illus.). (J). 58p. 25.11 *(978-0-366-28658-4(7));* 60p. pap. 9.57 *(978-0-365-72845-0(4))* Forgotten Bks.

How to... Tell Time. Lake Press. Ed. by Cottage Door Press. Illus. by Shahar Kober. 2018. (ENG.). 10p. (J). (gr. -1-2). bds. 14.99 *(978-1-68052-319-5(8),* 1002950) Cottage Door Pr.

How to Think Like Frank Lloyd Wright: Insights, Inspiration, & Activities for Future Architects. Catherine Teegarden. Ed. by The Frank Lloyd Wright Foundation. 2021. (ENG., Illus.). 144p. (gr. 5). pap. 17.99 *(978-1-941367-47-6(X))* Downtown Bookworks.

How to Tie Knots. Larry W. Jones. 2022. (ENG.). 58p. (J). ***(978-1-387-73541-9(1))*** Lulu Pr., Inc.

How to... Tie Your Shoes. Lake Press & Cottage Door Press. Illus. by Shahar Kober. 2018. (ENG.). 10p. (J). (gr. -1-2). bds. 14.99 *(978-1-68052-318-8(X),* 1002940) Cottage Door Pr.

How to Track a Dragon. Erica David. ed. 2016. (Simon & Schuster Ready-To-Read Level 2 Ser.). lib. bdg. 13.55 *(978-0-606-38992-1(X))* Turtleback.

How to Track a Pterodactyl. Will Dare. Illus. by Mariano Epelbaum. 2018. (Dino Riders Ser.: 5). (ENG.). 128p. (J). (gr. 2-5). pap. 7.99 *(978-1-4926-6809-1(5),* Sourcebooks Jabberwocky) Sourcebooks, Inc.

How to Track an Easter Bunny. Sue Fliess. Illus. by Simona Sanfilippo. 2019. (Magical Creatures & Crafts Ser.: 2). (ENG.). 32p. (J). (gr. -1-k). 16.99 *(978-1-5107-4429-5(0),* Sky Pony Pr.) Skyhorse Publishing Co., Inc.

How to Train in Archery: Being a Complete Study of the York Round. Maurice Thompson. 2017. (ENG., Illus.). (J). pap. *(978-0-649-02069-0(3))* Trieste Publishing Pty Ltd.

How to Train in Archery: Being a Complete Study of the York Round, Comprising an Exhaustive Manual of Long-Range Bow Shooting for the Use of Those Archers Who Wish to Become Contestants at the Grand National Association Meetings (Classic Reprint) Maurice Thompson. 2017. (ENG., Illus.). (J). 25.51 *(978-0-266-22901-8(8))* Forgotten Bks.

How to Train My Puppy! Puppy Care Book for Kids Children's Dog Books. Pets Unchained. 2017. (ENG., Illus.). 64p. (J). pap. 9.52 *(978-1-5419-1678-4(6))* Speedy Publishing LLC.

How to Train Your Dad. Gary Paulsen. 2021. (ENG.). 192p. (J). 17.99 *(978-0-374-31417-0(9),* 900225843, Farrar, Straus & Giroux (BYR)) Farrar, Straus & Giroux.

How to Train Your Dragon. Cressida Cowell. 2019. (CHI.). (J). (gr. 3-7). pap. *(978-957-10-8445-9(X))* Sharp Point Publishing Co., Ltd.

How to Train Your Dragon: How to Fight a Dragon's Fury. Cressida Cowell. 2016. (How to Train Your Dragon Ser.: 12). (ENG., Illus.). 496p. (J). (gr. 3-7). pap. 8.99 *(978-0-316-36516-1(5))* Little, Brown Bks. for Young Readers.

How to Train Your Dragon: the Complete Series: Paperback Gift Set. Cressida Cowell. 2017. (How to Train Your Dragon Ser.). (ENG.). 3328p. (J). (gr. 3-7). pap. 108.00 *(978-0-316-34700-6(0))* Little, Brown Bks. for Young Readers.

How to Train Your Pokémon: A Guide to Keeping Your Pokémon Happy & Healthy. Lawrence Neves. 2021. (ENG., Illus.). 64p. (J). (gr. k-4). 9.99 *(978-0-7440-4278-8(X),* DK Children) Dorling Kindersley Publishing, Inc.

How to Train Your Superhero. R. J. Jackson. Illus. by Korey Scott. 2020. (YA). pap. 12.95 *(978-0-578-68084-2(X))* SmileInOut.

How to Trap a Leprechaun. Sue Fliess. Illus. by Emma Randall. 2017. (Magical Creatures & Crafts Ser.: 1). 32p. (J). (gr. -1-k). 16.99 *(978-1-5107-0670-5(4),* Sky Pony Pr.) Skyhorse Publishing Co., Inc.

How to Treat a Book. Amanda StJohn. Illus. by Bob Ostrom. 2023. (Learning Library Skills Ser.). (ENG.). 24p. (J). (gr. k-3). lib. bdg. 32.79 *(978-1-5038-6534-1(7),* 216413, Wonder Books(r)) Child's World, Inc, The.

How to Treat Magical Beasts: Mine & Master's Medical Journal Vol. 1, Vol. 1. Kaziya. 2018. (How to Treat Magical Beasts: Mine & Master's Medical Journal Ser.: 1). (ENG.). 180p. pap. 12.99 *(978-1-62692-890-9(8),* 900194085) Seven Seas Entertainment, LLC.

How to Trick the Tooth Fairy. Erin Danielle Russell. Illus. by Jennifer Hansen Rolli. 2018. (ENG.). 40p. (J). (gr. -1-3). 17.99 *(978-1-4814-6732-2(8),* Aladdin) Simon & Schuster Children's Publishing.

How to Tuck in Your Sleepy Lion. Jane Clarke. Illus. by Georgie Birkett. 2017. 16p. (J). bds. 8.99 *(978-1-61067-496-6(0))* Kane Miller.

How to Turn $100 Into $1,000,000: Earn! Invest! Save! James Mckenna & Jeannine Glista. 2016. lib. bdg. 24.45 *(978-0-606-37953-3(3))* Turtleback.

How to Turn $100 Into $1,000,000: Earn! Invest! Save! James McKenna et al. 2016. (ENG., Illus.). 144p. (J). (gr. 5-9). pap. 12.95 *(978-0-7611-8080-7(X),* 18080) Workman Publishing Co., Inc.

How to Two. David Soman. 2019. (Illus.). 40p. (J). (-k). 17.99 *(978-0-525-42784-1(8),* Dial Bks) Penguin Young Readers Group.

How to Use a Compass for Kids. Graham Rick Grey. 2023. (ENG.). 74p. (J). pap. 17.99 ***(978-1-960020-22-2(6))*** Services, Atom LLC.

How to Use Geographic Tools - the World in Spatial Terms - Social Studies Grade 3 - Children's Geography & Cultures Books. Baby Professor. 2019. (ENG.). 72p. (J). pap. 14.72 *(978-1-5419-4972-0(2));* 24.71 *(978-1-5419-7461-6(1))* Speedy Publishing LLC. (Baby Professor (Education Kids)).

How to Use Ladybird Readers. Ladybird. 2016. (Ladybird Readers Ser.). (ENG.). 16p. (J). pap. 5.99 *(978-0-241-26230-6(5))* Penguin Bks., Ltd. GBR. Dist: Independent Pubs. Group.

How to Use the Microscope. John Phin. 2017. (ENG.). 266p. (J). pap. *(978-3-7446-9227-4(2))* Creation Pubs.

How to Vanquish a Virus: The Weird World of Viruses... Explained! Paul Ian Cross. Illus. by Steve Brown. 2021. (ENG.). 128p. (J). (gr. 4-9). 9.95 *(978-1-78312-731-3(7))* Welbeck Publishing Group Ltd. GBR. Dist: Two Rivers Distribution.

How to Walk a Dump Truck. Peter Pearson. Illus. by Mircea Catusanu. 2019. (ENG.). 40p. (J). (gr. -1-3). 17.99 *(978-0-06-232063-6(7),* HarperCollins) HarperCollins Pubs.

How to Walk an Ant. Cindy Derby. Illus. by Cindy Derby. 2019. (ENG., Illus.). 40p. (J). 17.99 *(978-1-250-16262-5(9),* 900186339) Roaring Brook Pr.

How to Welcome a New Baby. Jean Reagan. Illus. by Lee Wildish. 2022. (How to Ser.). 32p. (J). (gr. -1-3). 18.99 *(978-0-593-43060-6(3));* (ENG.). lib. bdg. 21.99 *(978-0-593-43061-3(1))* Random Hse. Children's Bks. (Knopf Bks. for Young Readers).

How to Win a Breakup: A Novel. Farah Heron. 2023. (ENG.). 350p. (YA). 28.99 *(978-1-5420-3608-5(9),* 9781542036085); pap. 16.99 *(978-1-5420-3609-2(7),* 9781542036092) Amazon Publishing. (Skyscape).

How to Win at Chess: From First Moves to Checkmate. Daniel King. 2023. (ENG.). 64p. (J). 12.99 *(978-0-7534-7828-8(5),* 900254772, Kingfisher) Roaring Brook Pr.

How to Win the Lottery. Christopher Townsend. 2021. (ENG.). 37p. (J). *(978-1-304-54394-3(3))* Lulu Pr., Inc.

How to Win the Science Fair When You're Dead. Paul Noth. 2019. (ENG., Illus.). 192p. (J). 13.99 *(978-1-68119-661-9(1),* 900179847, Bloomsbury Children's Bks.) Bloomsbury Publishing USA.

How to Write a Great Story. Kelly Gaffney. 2016. (Engage Literacy Purple - Extension A Ser.). (ENG.). 16p. (J). pap. 7.99 *(978-1-5157-3315-7(7),* 133317); pap. 36.94 *(978-1-5157-3340-9(8),* 25327) Capstone. (Capstone Pr.).

How to Write a Novel, Grades 6-8: Workbook. L. M. Lilly. 2021. (Writing As a Second Career Ser.: Vol. 6). (ENG.). 82p. (J). pap. 5.99 *(978-1-950061-20-4(5))* Spiny Woman LLC.

How to Write a Poem. Kwame Alexander & Deanna Nikaido. Illus. by Melissa Sweet. 2023. (ENG.). 32p. (J). (gr. -1-3). 18.99 *(978-0-06-306090-6(6),* Quill Tree Bks.) HarperCollins Pubs.

How to Write A+ Reports. Olive Patrick. 2019. (J). pap. *(978-1-9785-1401-0(8))* Enslow Publishing, LLC.

How to Write a Story: (Read-Aloud Book, Learn to Read & Write) Kate Messner. Illus. by Mark Siegel. 2020. (ENG.). 36p. (J). (gr. k-3). 17.99 *(978-1-4521-5666-8(2))* Chronicle Bks. LLC.

How to Write Clearly. Edwin A. Abbott. 2017. (ENG., Illus.). (J). pap. *(978-0-649-41972-2(3))* Trieste Publishing Pty Ltd.

How to Write Great Letters. Rita Santos. 2019. (J). pap. *(978-1-9785-1395-2(X))* Enslow Publishing, LLC.

How to Write Perfect Paragraphs. Amanda J. Harrington. 2018. (ENG., Illus.). 148p. (J). pap. *(978-0-244-41491-7(2))* Lulu Pr., Inc.

How to Write Perfect Paragraphs Large Print. Amanda J. Harrington. l.t. ed. 2019. (ENG.). 102p. (J). pap. 12.88 *(978-0-244-22815-6(9))* Lulu Pr., Inc.

How to Write Simple Storytelling. Amanda J. Harrington. 2018. (ENG., Illus.). 144p. (J). pap. *(978-0-244-11496-1(X))* Lulu Pr., Inc.

How to Write Simple Storytelling Large Print. Amanda J. Harrington. l.t. ed. 2019. (ENG.). 102p. (J). pap. 12.69 *(978-0-244-52837-9(3))* Lulu Pr., Inc.

How to Write Super Sentences. Amanda J. Harrington. 2018. (ENG., Illus.). 136p. (J). pap. *(978-0-244-11493-0(5))* Lulu Pr., Inc.

How to Write Super Sentences Large Print. Amanda J. Harrington. l.t. ed. 2019. (ENG.). 102p. (J). pap. 13.04 *(978-0-244-52791-4(1))* Lulu Pr., Inc.

How to Write What You Want to Say ... in the Primary Years: A Guide for Primary Students Who Know What They Want to Say but Can't Find the Words. Catherine a Black & Patricia Hipwell. 2016. (ENG., Illus.). (J). (gr. 2-6). pap. *(978-0-925046-48-9(6))* Boolarong Pr.

How Toothy Is a T. Rex? Lisa Regan. Illus. by Sarah Wade. 2023. (Slide & Seek - Multi-Stage Pull Tab Bks.). (ENG.). 10p. (J). (— 1). bds. 12.99 ***(978-1-80105-541-3(6))*** Top That! Publishing PLC GBR. Dist: Independent Pubs. Group.

How Transistors Work. James Roland. 2016. (Connect with Electricity Ser.). (ENG., Illus.). 40p. (J). (gr. 4-6). lib. bdg. 30.65 *(978-1-5124-0783-9(6),* 6346ba13-18e7-4c33-b79c-80349ee39cde); E-Book 46.65 *(978-1-5124-1011-2(X))* Lerner Publishing Group. (Lerner Pubns.).

How Turtles Grow Up, 1 vol. Linda Bozzo. 2019. (Animals Growing Up Ser.). (ENG.). 24p. (J). (gr. 1-2). 24.27 *(978-1-9785-0723-4(2),* 8d1eda05-efeb-47d8-84f8-b59733f7efc8) Enslow Publishing, LLC.

How 'Twas: Short Stories & Small Travels (Classic Reprint) Stephen Reynolds. 2018. (ENG., Illus.). 402p. (J). 32.21 *(978-0-267-10306-5(9))* Forgotten Bks.

How Twitter Changed the World, 1 vol. Kaitlyn Duling. 2018. (Inventions That Changed the World Ser.). (ENG.). 64p. (gr. 5-5). pap. 16.28 *(978-1-5026-4119-9(4),* 7da95926-4762-4234-bfa9-6ebabc62ba88) Cavendish Square Publishing LLC.

How Two Girls Tried Farming: Originally Published in the Atlantic Monthly for February, 1875; Here Given with Amplifications & Additions (Classic Reprint) Dorothea Alice Shepherd. (ENG., Illus.). (J). 2018. 164p. 27.28 *(978-0-484-91724-7(2));* 2016. pap. 9.97 *(978-1-333-33740-7(X))* Forgotten Bks.

How Tyson Came Home: A Story of England & America (Classic Reprint) William H. Rideing. 2018. (ENG., Illus.). 322p. (J). 30.54 *(978-0-483-40516-5(7))* Forgotten Bks.

How Vaccines Changed the World. Don Nardo. 2018. (How Science Changed the World Ser.). (ENG.). 80p. (YA). (gr. 6-12). 39.93 *(978-1-68282-413-9(6))* ReferencePoint Pr., Inc.

How Vietnamese Immigrants Made America Home, 1 vol. Sabine Cherenfant. 2018. (Coming to America: the History of Immigration to the United States Ser.). (ENG.). 80p. (gr. 6-6). 38.80 *(978-1-5081-8138-5(1),* 4adae765-75b5-4f62-9976-3fb3d914a9e7) Rosen Publishing Group, Inc., The.

How Virtual Reality Will Impact Society. Cecilia Pinto McCarthy. 2018. (Technology's Impact Ser.). (ENG.). 80p. (YA). (gr. 6-12). 39.93 *(978-1-68282-501-3(9))* ReferencePoint Pr., Inc.

How Wales Beat the Mighty All Blacks: The Most Famous Win in Welsh Rugby History. James Stafford. Illus. by Carys Feehan. 2021. (ENG.). 48.0p. (J). 11.99 *(978-1-80099-034-0(0))* Y Lolfa GBR. Dist: Casemate Pubs. & Bk. Distributors, LLC.

How War Changed Rondo. Tr. by Oksana Lushchevska. 2021. (Illus.). 40p. (J). (gr. 2-5). 17.95 *(978-1-59270-367-8(4))* Enchanted Lion Bks., LLC.

How Was That Built? The Stories Behind Awesome Structures. Roma Agrawal. Illus. by Katie Hickey. 2022. (ENG.). 80p. (J). 23.99 *(978-1-5476-0929-1(X),* 900253385, Bloomsbury Children's Bks.) Bloomsbury Publishing USA.

How Was... the Solar System Created? Deandean. 2021. (ENG.). 39p. (J). pap. *(978-1-4717-1817-5(4))* Lulu Pr., Inc.

How Water Gets from Treatment Plants to Toilet Bowls. Megan Cooley Peterson. 2016. (Here to There Ser.). (ENG., Illus.). 24p. (J). (gr. -1-2). lib. bdg. 27.32 *(978-1-4914-8435-7(7),* 130867, Capstone Pr.) Capstone.

How Water Shapes the Earth. Jared Siemens. 2017. (World Languages Ser.). (ENG.). 24p. (J). (gr. -1-1). lib. bdg. 35.70 *(978-1-4896-6632-1(X),* AV2 by Weigl) Weigl Pubs., Inc.

How Water Shapes the Earth. Blaine Wiseman. 2018. (Earth's Precious Water Ser.). (ENG.). 24p. (J). lib. bdg. 22.99 *(978-1-5105-3885-6(2))* SmartBook Media, Inc.

How Water Will Save the World. Mari Bolte. 2022. (STEM to the Rescue Ser.). (ENG., Illus.). 32p. (J). (gr. 5-8). lib. bdg. 27.99 *(978-1-62920-947-0(3),* 4467d453-0df6-473a-abcd-50ca5f601fc9) Full Tilt Pr. NZL. Dist: Lerner Publishing Group.

How We Became Wicked. Alexander Yates. 2019. (ENG., Illus.). 368p. (YA). (gr. 9). 19.99 *(978-1-4814-1984-0(6),* Atheneum Bks. for Young Readers) Simon & Schuster Children's Publishing.

How We Came to Be. Pascha Adamo. 2018. (Cece & Roxy Ser.). (ENG.). 14p. (J). bds. 9.95 *(978-1-64307-047-6(9))* Amplify Publishing Group.

How We Communicate, 1 vol. John Lockyer. 2018. (ENG., Illus.). 21p. (J). pap. *(978-1-77654-254-3(1),* Red Rocket Readers) Flying Start Bks.

How We Did Them in Seventeen Days: To Wit: Belgium, the Rhine, Switzerland,& France, Described & Illustrated by One of Ourselves; Aided, Assisted, Encouraged, & Abetted by the Other (Classic Reprint) Unknown Author. 2018. (ENG., Illus.). 88p. (J). 25.71 *(978-0-267-68956-9(X))* Forgotten Bks.

How We Fall Apart. Katie Zhao. (ENG.). (YA). 2022. 320p. pap. 10.99 *(978-1-5476-0998-7(2),* 900256116); 2021. 352p. 17.99 *(978-1-5476-0397-8(6),* 900219496) Bloomsbury Publishing USA. (Bloomsbury Young Adult).

How We Get from Place to Place Coloring Book. Jupiter Kids. 2016. (ENG., Illus.). 106p. (J). pap. 12.55 *(978-1-68326-328-9(6),* Jupiter Kids (Childrens & Kids Fiction)) Speedy Publishing LLC.

How We Got to the Moon: The People, Technology, & Daring Feats of Science Behind Humanity's Greatest Adventure. John Rocco. 2020. (Illus.). 264p. (J). (gr. 5). 29.99 *(978-0-525-64741-6(4),* Crown Books For Young Readers) Random Hse. Children's Bks.

How We Hear Music - Lessons for Children & Sounds for Kids - Children's Acoustics & Sound Books. Baby Professor. 2017. (ENG., Illus.). (J). pap. 7.89 *(978-1-68326-857-4(1),* Baby Professor (Education Kids)) Speedy Publishing LLC.

How We Know What We Know. Shruthi Rao. 2021. (ENG., Illus.). 208p. (J). (gr. 4-7). pap. 9.99 *(978-0-14-344973-7(7),*

H

Puffin) Penguin Bks. India PVT, Ltd IND. Dist: Independent Pubs. Group.

How We Lived in Ancient Times: Meet Everyday Children Throughout History. Ben Hubbard. Illus. by Christiane Engel. 2020. (How We Lived... Ser.: 1). (ENG.). 64p. (J). (-7). 19.95 *(978-1-78312-597-5(7))* Welbeck Publishing Group Ltd. GBR. Dist: Two Rivers Distribution.

How We Love Our Hair. J. Ayoola. 2020. (ENG.). 50p. (J). 25.99 ***(978-1-9163364-4-5(2))***; pap. 18.99 ***(978-1-9163364-3-8(4))*** Aawat LLC dba Epoch Publishing.

How We Made Rhodesia (Classic Reprint) Arthur Glyn Leonard. 2017. (ENG., Illus.). (J). 31.30 *(978-0-266-18633-5(5))* Forgotten Bks.

How We Raised Our Baby (Classic Reprint) Jerome Walker. (ENG., Illus.). (J). 2018. 216p. 28.35 *(978-0-483-69004-2(X))*; 2017. pap. 10.97 *(978-0-243-40788-0(2))* Forgotten Bks.

How We Ricochet. Faith Gardner. 2022. (ENG.). 336p. (YA). (gr. 8). 17.99 *(978-0-06-302235-5(4)*, HarperTeen) HarperCollins Pubs.

How We Roll. Natasha Friend. 2019. (ENG.). 272p. (YA). pap. 10.99 *(978-1-250-30881-8(X)*, 900164411) Square Fish.

How We Say I Love You. Nicole Chen. Illus. by Lenny Wen. 2022. 32p. (J). (gr. -1-2). 18.99 *(978-0-593-42839-9(0))*; (ENG.). lib. bdg. 21.99 *(978-0-593-42840-5(4))* Random Hse. Children's Bks. (Knopf Bks. for Young Readers).

How We Spent the Autumn, or Wanderings in Brittany (Classic Reprint) Madeline Anne Wallace-Dunlop. 2018. (ENG., Illus.). (J). 368p. 31.49 *(978-1-391-01565-1(7))*; 370p. pap. 13.97 *(978-1-390-89722-7(2))* Forgotten Bks.

How We Start Our Day. Daniel Bowman. 2016. (ENG., Illus.). (J). pap. 10.50 *(978-1-365-47585-6(9))* Lulu Pr., Inc.

How We Went Birds'-Nesting: Field, Wood & Meadow Rambles. Amanda B. Harris. 2017. (ENG., Illus.). (J). pap. *(978-0-649-35140-4(1))* Trieste Publishing Pty Ltd.

How We Went Birds'-Nesting: Field, Wood & Meadow Rambles (Classic Reprint) Amanda B. Harris. 2018. (ENG., Illus.). 72p. (J). 25.40 *(978-0-365-27797-2(5))* Forgotten Bks.

How Whales Grow Up, 1 vol. Lisa Idzikowski. 2018. (Animals Growing Up Ser.). (ENG.). 24p. (gr. 1-2). 24.27 *(978-0-7660-9663-9(7)*, a617ff87-07f8-4f72-bfd6-0e5f28f191b9) Enslow Publishing, LLC.

How Wi-Fi Works, 1 vol. A. S. Gintzler. 2018. (Everyday STEM Ser.). (ENG.). 32p. (J). (gr. 3-3). 30.21 *(978-1-5026-3760-4(X)*, d692a2b6-df7b-4ca3-8d6f-8c77fe29c6aa) Cavendish Square Publishing LLC.

How Wicked Made It to the Stage, 1 vol. Jeri Freedman. 2018. (Getting to Broadway Ser.). (ENG.). 96p. (YA). (gr. 8-8). lib. bdg. 45.93 *(978-1-5026-3514-3(3)*, 9e6d7045-7aa0-46f3-ab39-febb5b79c3c3) Cavendish Square Publishing LLC.

How Wide Is a Whale? Lisa Regan. Illus. by Sarah Wade. 2023. (Slide & Seek - Multi-Stage Pull Tab Bks.). (ENG.). 10p. (J). (— 1). bds. 12.99 ***(978-1-80105-542-0(4))*** Top That! Publishing PLC GBR. Dist: Independent Pubs. Group.

How Will Gordon the Groundhog Celebrate ? Coloring Book. Creative. 2016. (ENG., Illus.). (J). pap. 7.74 *(978-1-68323-768-6(4))* Twin Flame Productions.

How Will I Change the World? Dahlia Desouza. 2021. (ENG.). 32p. (J). pap. *(978-1-927865-60-6(3))* WTL International.

How Will It End?, Vol. 1 of 3 (Classic Reprint) Agnes Strickland. 2018. (ENG., Illus.). 290p. (J). 29.90 *(978-0-267-46040-3(6))* Forgotten Bks.

How Will It End?, Vol. 2 of 3 (Classic Reprint) Agnes Strickland. 2018. (ENG., Illus.). 304p. (J). 30.19 *(978-0-484-60286-0(1))* Forgotten Bks.

How Will It End?, Vol. 3 of 3 (Classic Reprint) Agnes Strickland. 2018. (ENG., Illus.). 300p. (J). 30.08 *(978-0-483-23481-9(8))* Forgotten Bks.

How Will It Look? Color Your Own Comic Strips Coloring Book. Activity Book Zone. 2016. (ENG., Illus.). (J). pap. 9.20 *(978-1-68376-349-9(1))* Sabeels Publishing.

How Will People Travel to Mars?, 1 vol. Emily Mahoney. 2018. (Space Mysteries Ser.). (ENG.). 32p. (gr. 2-3). 29.27 *(978-1-5382-1951-5(4)*, ed057ffc-398c-4986-abc7-31accd2388bf) Stevens, Gareth Publishing LLLP.

How Will Santa Know? A Father's Poem Retold By. Dawn Jung. 2019. (ENG., Illus.). 34p. (J). 23.95 *(978-1-64300-334-4(8))*; pap. 13.95 *(978-1-64300-333-7(X))* Covenant Bks.

How William Got His Wings. Tracey N. Adams. Illus. by Gaurav Bhatnagar. 2023. (ENG.). 48p. (J). pap. 17.99 ***(978-1-959667-19-3(X))*** Pa-Pro-Vi Publishing.

How Winston Came Home for Christmas. Alex T. Smith. 2022. (Alex T. Smith Advent Bks.: 2). (ENG.). 176p. (J). (gr. 1-3). 17.99 *(978-1-6672-0099-6(2)*, Silver Dolphin Bks.) Printers Row Publishing Group.

How Winston Delivered Christmas. Alex T. Smith. 2019. (Alex T. Smith Advent Bks.: 1). (ENG.). 176p. (J). (gr. 1-3). 17.99 *(978-1-68412-983-6(4)*, Silver Dolphin Bks.) Printers Row Publishing Group.

How Wiseli Was Provided For' Johanna Spyri. 2018. (VIE.). (J). pap. *(978-604-957-485-6(5))* Van hoc.

How Witches Get Their Broomsticks. John McIntyre. 2021. (ENG.). 40p. (J). ***(978-1-914078-95-8(0))***; pap. ***(978-1-914078-51-4(9))*** Publishing Push Ltd.

How Wolves Grow Up. Linda Bozzo. 2019. (Animals Growing Up Ser.). (ENG.). 24p. (gr. 1-2). 56.10 *(978-1-9785-0835-4(2))* Enslow Publishing, LLC.

How Women Won the Vote: Alice Paul, Lucy Burns, & Their Big Idea. Susan Campbell Bartoletti. Illus. by Ziyue Chen. (ENG.). 80p. (J). (gr. 3-7). 2022. pap. 9.99 *(978-0-06-284131-5(9))*; 2020. 18.99 *(978-0-06-284130-8(0))* HarperCollins Pubs. (HarperCollins).

How Woodrow Wilson Fought World War I, 1 vol. Samuel Willard Crompton. 2017. (Presidents at War Ser.). (ENG.). 128p. (gr. 8-8). lib. bdg. 38.93 *(978-0-7660-8529-9(5)*, 64acc819-1e5c-4ab3-bc93-b627f6f32da0) Enslow Publishing, LLC.

How Would You Survive As a Bee? David Stewart. Illus. by David Antram. 2021. (How Would You Survive? Ser.). (ENG.). 32p. (J). (gr. 3). pap. 7.99 *(978-0-531-13189-3(0)*, Watts, Franklin) Scholastic Library Publishing.

How Would You Survive As a Bee? (Library Edition) David Stewart. Illus. by David Antram. 2021. (How Would You Survive? Ser.). (ENG.). 32p. (J). (gr. 3-3). lib. bdg. 29.00 *(978-0-531-13176-3(9)*, Watts, Franklin) Scholastic Library Publishing.

How Would You Survive As a Lion? (Library Edition) David Stewart. Illus. by David Antram. 2021. (How Would You Survive? Ser.). (ENG.). 32p. (J). (gr. 3). 29.00 *(978-0-531-13179-4(3)*, Watts, Franklin) Scholastic Library Publishing.

How Would You Survive As a Polar Bear? David Stewart. Illus. by Amerigo Pinelli. 2021. (How Would You Survive? Ser.). (ENG.). 32p. (J). (gr. 3). pap. 7.99 *(978-0-531-13190-9(4)*, Watts, Franklin) Scholastic Library Publishing.

How Would You Survive As a Polar Bear? (Library Edition) David Stewart. Illus. by Amerigo Pinelli. 2021. (How Would You Survive? Ser.). (ENG.). 32p. (J). (gr. 3). 29.00 *(978-0-531-13177-0(7)*, Watts, Franklin) Scholastic Library Publishing.

How Would You Survive As a Whale? David Stewart. Illus. by David Antram. 2021. (How Would You Survive? Ser.). (ENG.). 32p. (J). (gr. 3). pap. 7.99 *(978-0-531-13191-6(2)*, Watts, Franklin) Scholastic Library Publishing.

How Would You Survive As a Whale? (Library Edition) David Stewart. Illus. by David Antram. 2021. (How Would You Survive? Ser.). (ENG.). 32p. (J). (gr. 3). 29.00 *(978-0-531-13178-7(5)*, Watts, Franklin) Scholastic Library Publishing.

How Wwi Changed Modern Warfare - History War Books Children's Military Books. Baby Professor. 2017. (ENG., Illus.). (J). pap. 9.55 *(978-1-5419-1448-3(1)*, Baby Professor (Education Kids)) Speedy Publishing LLC.

How You Can Participate in School: Taking Civic Action, 1 vol. Melissa Raé Shofner. 2018. (Civics for the Real World Ser.). (ENG.). 12p. (gr. 1-2). pap. *(978-1-5383-6493-2(X)*, f84fc4dc-7fb3-43b6-80c2-7e02b1c9a705, Rosen Classroom) Rosen Publishing Group, Inc., The.

How You Can Save Water (Learn about: Water) Dionna L. Mann. 2022. (Learn About Ser.). (ENG., Illus.). 32p. (J). (gr. k-2). 25.00 *(978-1-338-83708-7(7))*; pap. 6.99 *(978-1-338-83709-4(5))* Scholastic Library Publishing. (Children's Pr.).

How You Grow Wings. Rimma Onoseta. 2022. (ENG.). 336p. (YA). (gr. 9-12). 18.99 *(978-1-64375-191-7(3)*, 74191) Algonquin Young Readers.

How You Ruined My Life. Jeff Strand. 2018. 320p. (YA). (gr. 6-12). pap. 11.99 *(978-1-4926-6202-0(X))* Sourcebooks, Inc.

How Your Body Works: The Ultimate Visual Guide for Children. Penny Worms. 2020. (ENG.). 128p. (J). pap. 12.99 *(978-1-83940-419-1(1)*, a18a2d38-def7-486c-95ed-85bb376e425a) Arcturus Publishing GBR. Dist: Baker & Taylor Publisher Services (BTPS).

How Your Body Works! Anatomy & Physiology. Baby Professor. 2017. (ENG., Illus.). (J). pap. 7.89 *(978-1-5419-0184-1(3)*, Baby Professor (Education Kids)) Speedy Publishing LLC.

How Zach Came to College (Classic Reprint) J. G. Clinkscales. 2017. (ENG., Illus.). (J). 26.29 *(978-0-331-08782-6(0))* Forgotten Bks.

How Zoe Zebra Lost Her Stripes. Susie Sparkes. Illus. by Brian Tew. 2022. (ENG.). 26p. (J). pap. *(978-1-913460-49-5(5))* Cloister Hse. Pr., The.

Howard & His Teacher, the Sister's Influence & Other Stories. Madeline Leslie. 2017. (ENG., Illus.). (J). pap. *(978-0-649-29477-0(7))* Trieste Publishing Pty Ltd.

Howard & His Teacher, the Sister's Influence, & Other Stories (Classic Reprint) Madeline Leslie. (ENG., Illus.). (J). 2018. 256p. 29.26 *(978-0-484-66969-6(9))*; 2016. pap. 11.57 *(978-1-334-15503-1(8))* Forgotten Bks.

Howard Chase, Red Hill, Kansas (Classic Reprint) Charles M. Sheldon. 2018. (ENG., Illus.). 292p. (J). 29.94 *(978-0-483-79541-9(0))* Forgotten Bks.

Howard Pinckney: A Novel (Classic Reprint) Frederick W. Thomas. (ENG., Illus.). (J). 2018. 162p. 27.26 *(978-0-267-15721-1(5))*; 2016. pap. 9.97 *(978-1-333-99549-2(0))* Forgotten Bks.

Howard Pyle's Book of Pirates. Howard Pyle. 2017. (ENG., Illus.). (J). 24.95 *(978-1-374-93384-2(8))*; pap. 14.95 *(978-1-374-93383-5(X))* Capital Communications, Inc.

Howard the Average Gecko. Wendy Meddour. Illus. by Carmen Saldaña. 2022. (ENG.). 32p. (J). (gr. -1-3). 17.99 *(978-1-68263-434-9(5))* Peachtree Publishing Co. Inc.

Howard Wallace, P. I. Casey Lyall. 2017. (Howard Wallace, P. I. Ser.). (ENG.). 288p. (J). (gr. 3-7). pap. 6.95 *(978-1-4549-2604-7(X))* Sterling Publishing Co., Inc.

Howards End (Classic Reprint) E. M. Forster. 2017. (ENG., Illus.). 352p. (J). 31.16 *(978-0-265-70189-8(9))* Forgotten Bks.

Howard's Sore Toe. Diane Paul. Illus. by Romi Caron. 2021. (ENG.). 28p. (J). *(978-1-0391-2271-0(X))*; pap. *(978-1-0391-2270-3(1))* FriesenPress.

How'd They Do That?, 10 vols., Set. Incl. Ancient Egypt. Tamra Orr. lib. bdg. 33.95 *(978-1-58415-821-9(2))*; Ancient Greece. Russell Roberts. lib. bdg. 33.95 *(978-1-58415-819-6(0))*; Ancient Mesopotamia. Elizabeth Scholl. lib. bdg. 33.95 *(978-1-58415-818-9(2))*; Ancient Rome. Pete DiPrimio. 33.95 *(978-1-58415-820-2(4))*; Aztec Empire. William Noble. lib. bdg. 33.95 *(978-1-58415-824-0(7))*; Colonial America. Patrice Sherman. lib. bdg. 33.95 *(978-1-58415-817-2(4))*; Elizabethan England. Russell Roberts. lib. bdg. 33.95 *(978-1-58415-823-3(9))*; Mayan Civilization. Elizabeth J. Scholl. lib. bdg. 33.95 *(978-1-58415-822-6(0))*; Persian Empire. Khadija Ejaz. lib. bdg. 33.95 *(978-1-58415-825-7(5))*; Pre-Columbian America. Marylou Morano Kjelle. lib. bdg. 33.95 *(978-1-58415-826-4(3))*; (Illus.). 64p. (J). (gr. 4-8). 2009. 2009. Set lib. bdg. 339.50 *(978-1-58415-827-1(1))* Mitchell Lane Pubs.

How'd You Get So Brave? Johnny Miller. 2022. (ENG.). 32p. (J). pap. 14.99 ***(978-1-0880-1910-8(2))*** Indy Pub.

How'd You Get So Brave? Johnny Shaheed Miller. 2022. (ENG.). 30p. (J). ***(978-1-387-42883-0(7))*** Lulu Pr., Inc.

How'd You Get So Brave? Johnny Miller. l.t. ed. 2022. (ENG.). 32p. (J). pap. 14.99 ***(978-1-0879-3171-5(1))*** Indy Pub.

Howdie & Other Tales (Classic Reprint) John Galt. 2018. (ENG., Illus.). (J). 312p. 30.35 *(978-1-390-90446-8(6))*; 314p. pap. 13.57 *(978-1-390-76177-1(0))* Forgotten Bks.

Howdy All & Other Care-Free Rhymes (Classic Reprint) William Herschell. (ENG., Illus.). (J). 2018. 166p. 27.32 *(978-0-267-31097-5(8))*; 2016. pap. 9.97 *(978-1-333-39450-9(0))* Forgotten Bks.

Howe-Ite, 1942 (Classic Reprint) Howe High School. 2017. (ENG., Illus.). (J). 25.28 *(978-0-331-36067-7(5))*; pap. 9.57 *(978-0-260-96044-3(6))* Forgotten Bks.

Howe Readers: A First Reader (Classic Reprint) Will David Howe. (ENG., Illus.). (J). 2018. 128p. 26.54 *(978-0-656-25976-2(0))*; 2016. pap. 9.57 *(978-1-334-12864-6(2))* Forgotten Bks.

Howe Readers: A Second Reader (Classic Reprint) Will David Howe. (ENG., Illus.). (J). 2018. 180p. 27.61 *(978-0-484-36542-0(8))*; 2017. pap. 9.97 *(978-0-243-87304-3(2))* Forgotten Bks.

Howe Readers by Grades: Book Seven (Classic Reprint) Will David Howe. 2017. (ENG., Illus.). (J). 30.48 *(978-0-331-05715-7(8))*; pap. 13.57 *(978-0-260-28519-5(6))* Forgotten Bks.

Howe Readers by Grades, Vol. 6 (Classic Reprint) Will David Howe. (ENG., Illus.). (J). 2017. pap. 13.57 *(978-0-259-06030-7(5))*; 2018. 310p. 30.31 *(978-0-483-32080-2(3))* Forgotten Bks.

Howe Readers by Grades, Vol. 8 (Classic Reprint) Will D. Howe. 2017. (ENG., Illus.). (J). 30.52 *(978-1-5279-8894-1(5))*; pap. 13.57 *(978-1-5280-8893-0(X))* Forgotten Bks.

Howell First Reader (Classic Reprint) Logan Douglass Howell. (ENG., Illus.). (J). 2018. 170p. 27.42 *(978-0-267-93800-1(4))*; 2016. pap. 9.97 *(978-1-334-14441-7(9))* Forgotten Bks.

Howell Primer. Logan Douglass Howell. 2017. (ENG., Illus.). (J). pap. *(978-0-649-60789-1(9))* Trieste Publishing Pty Ltd.

Howell Primer (Classic Reprint) Logan Douglass Howell. 2018. (ENG., Illus.). (J). 130p. 26.60 *(978-1-396-40200-5(4))*; 132p. pap. 9.57 *(978-1-390-91283-8(3))* Forgotten Bks.

Howells Story Book (Classic Reprint) William Dean Howells. (ENG., Illus.). (J). 2018. 190p. 27.84 *(978-0-332-08301-8(2))*; 2016. pap. 10.57 *(978-1-334-53242-9(7))* Forgotten Bks.

Howe's 100 Comic Songs: Including All of the Popular Standard Comic Songs, As Sung by Lingard, Morris Bros. , Buckley's, Christy's, Sam Collins', & by All of the Popular Minstrel Troupes; Words & Music (Classic Reprint) Elias Howe. (ENG., Illus.). (J). 2018. 46p. 24.85 *(978-0-332-96929-9(0))*; 2017. pap. 7.97 *(978-0-243-41507-6(9))* Forgotten Bks.

Howie Finds a New Home. S. K. Maars. 2019. (ENG.). 36p. (J). *(978-1-5255-5210-6(4))*; pap. *(978-1-5255-5211-3(2))* FriesenPress.

Howie the Plowie. Beezy. 2018. (ENG., Illus.). 18p. (J). pap. 11.95 *(978-1-64214-066-8(X))* Page Publishing Inc.

Howie Tootalot in Yellowstone: The Legend of Lake ISA. Lou Jenkins. 2016. (ENG., Illus.). (J). pap. 9.49 *(978-1-945378-01-0(8))* Jack Walker Pr.

Howie Wash Your Paws! Courtney Chen. 2021. (ENG.). 38p. (J). pap. 12.99 *(978-0-578-96285-6(3))* KURIKURI INC.

Howl. Shaun David Hutchinson. 2022. (ENG.). 432p. (YA). (gr. 9). 19.99 *(978-1-5344-7092-7(1)*, Simon & Schuster Bks. For Young Readers) Simon & Schuster Bks. For Young Readers.

Howl. Kat Patrick. Illus. by Evie Barrow. 2020. (ENG.). 32p. (J). (gr. -1-3). 16.99 *(978-1-950354-45-0(8))* Scribe Pubns. AUS. Dist: Consortium Bk. Sales & Distribution.

Howl: A New Look at the Big Bad Wolf. Ted Rechlin. 2018. (ENG.). 96p. (J). (gr. 3-6). 19.95 *(978-1-59152-246-1(3)*, Sweetgrass Bks.) Farcountry Pr.

Howl at the Moon. Jessica Young. ed. 2017. (Haggis & Tank Unleashed — Branches Ser.: 3). lib. bdg. 14.75 *(978-0-606-40190-6(3))* Turtleback.

Howl at the Moon: a Branches Book (Haggis & Tank Unleashed #3) Jessica Young. Illus. by James Burks. 2017. (Haggis & Tank Unleashed Ser.: 3). (ENG.). 80p. (J). (gr. k-2). pap. 5.99 *(978-1-338-04525-3(3))* Scholastic, Inc.

Howl for Halloween! (PAW Patrol) Golden Books. Illus. by Nate Lovett. 2016. (Big Golden Book Ser.). (ENG.). 32p. (J). (gr. -1-2). 9.99 *(978-0-399-55873-3(X)*, Golden Bks.) Random Hse. Children's Bks.

Howl of the Wind Dragon, 20. Tracey West. ed. 2022. (Branches Early Ch Bks). (ENG.). 89p. (J). (gr. 2-3). 15.96 ***(978-1-68505-259-1(2))*** Penworthy Co., LLC, The.

Howl of the Wind Dragon: a Branches Book (Dragon Masters #20) Tracey West. Illus. by Graham Howells. 2021. (Dragon Masters Ser.: 20). (ENG.). 96p. (J). (gr. 1-3). pap. 5.99 *(978-1-338-63551-5(4))* Scholastic, Inc.

Howl of the Wind Dragon: a Branches Book (Dragon Masters #20) (Library Edition) Tracey West. Illus. by Graham Howells. 2021. (Dragon Masters Ser.: 20). (ENG.). 96p. (J). (gr. 1-3). lib. bdg. 24.99 *(978-1-338-63552-2(2))* Scholastic, Inc.

Howler, 1905, Vol. 3 (Classic Reprint) Wake Forest College. (ENG., Illus.). (J). 2018. 270p. 29.47 *(978-0-483-96700-7(9))*; 2016. pap. 11.97 *(978-1-334-17202-1(1))* Forgotten Bks.

Howler, 1906, Vol. 4 (Classic Reprint) Wake Forest College. (ENG., Illus.). (J). 2018. 158p. 27.18 *(978-0-332-77967-6(X))*; 2016. pap. 9.57 *(978-1-334-16981-6(0))* Forgotten Bks.

Howler, 1907, Vol. 5 (Classic Reprint) Wake Forest College. (ENG., Illus.). (J). 2018. 178p. 27.61 *(978-0-483-64120-4(0))*; 2016. pap. 9.97 *(978-1-333-75157-9(5))* Forgotten Bks.

Howler Monkeys. Karen Latchana Kenney. 2020. (Animals of the Rain Forest Ser.). (ENG., Illus.). 24p. (J). (gr. k-3). lib. bdg. 26.95 *(978-1-64487-224-6(2)*, Blastoff! Readers) Bellwether Media.

Howling #4. Heather Knox. 2018. (Vampire Wars Ser.). (ENG.). 190p. (YA). (gr. 5-12). 32.84 *(978-1-68076-907-4(3)*, 28612, Epic Escape) EPIC Pr.

Howling Book. Steve Brezenoff. Illus. by Janio Garcia. 2022. (Library of Doom Graphic Novels Ser.). (ENG.). 32p. (J). 25.32 *(978-1-6663-4622-0(5)*, 237847); pap. 5.95 *(978-1-6663-4624-4(1)*, 237829) Capstone. (Stone Arch Bks.).

Howling in Griffin Forest. Penelope Dyan. 2022. (ENG.). 96p. (YA). pap. 9.50 ***(978-1-61477-617-8(2))*** Bellissima Publishing, LLC.

Howling with Huskies: And Other Ways to Feel Good! Linda Chamberlain. 2022. (ENG.). 40p. (J). ***(978-0-2288-7258-0(8))***; pap. ***(978-0-2288-7257-3(X))*** Tellwell Talent.

Howling Wolf & His Trick-Pony (Classic Reprint) Lizzie W. Champney. 2018. (ENG., Illus.). 262p. (J). 29.30 *(978-0-332-87758-7(2))* Forgotten Bks.

Howls of a Dingo: Australian Bush Rhymes (Classic Reprint) Aimsfeld Aimsfeld. (ENG., Illus.). (J). 2018. 52p. 24.99 *(978-0-666-10087-0(X))*; 2017. pap. 9.57 *(978-0-259-81835-9(6))* Forgotten Bks.

Howlsville: The Beginning. Susan Owens. 2016. (ENG.). 94p. (J). pap. ***(978-1-329-86981-3(8))*** Lulu Pr., Inc.

How's My Apple Tree Doing? Cory Berendzen. Illus. by Nina Mkhoiani. 2023. 32p. (J). (gr. k-7). pap. 14.95 BookBaby.

How's the Water, Girls? The Adventures of Strawberry. James Alan Avery. 2018. (ENG., Illus.). 50p. (J). (gr. k-4). pap. 14.95 *(978-1-64003-436-5(6))* Covenant Bks.

How's the Weather? Rozanne Williams. 2017. (Learn-To-Read Ser.). (ENG., Illus.). (J). pap. 3.49 *(978-1-68310-170-3(7))* Pacific Learning, Inc.

How's the Weather Today? My Feelings Forecast. Ashleigh Stewart et al. 2017. (ENG., Illus.). (J). pap. *(978-0-9953090-3-6(5))* LittleLighthouse Publishing.

How's Your Second ACT? Arthur Hopkins. 2017. (ENG., Illus.). (J). pap. *(978-0-649-33027-0(7))* Trieste Publishing Pty Ltd.

How's Your Second ACT? (Classic Reprint) Arthur Hopkins. 2018. (ENG., Illus.). 68p. (J). 25.32 *(978-0-428-46240-6(5))* Forgotten Bks.

Hoxey & Orthodoxy (Classic Reprint) W. C. M. Steckel. 2017. (ENG., Illus.). (J). 24.95 *(978-0-260-23942-6(9))* Forgotten Bks.

Hoy. Antonio Malpica. 2020. (SPA.). 136p. (J). (gr. 5-8). pap. 14.99 *(978-607-9452-11-7(1))* Vicens-Vives, Editorial, S.A. ESP. Dist: Lectorum Pubns., Inc.

¡Hoy Es el 4 de Julio! Leveled Reader Book 35 Level F 6 Pack. Hmh Hmh. 2021. (SPA.). 16p. (J). pap. 74.40 *(978-0-358-08254-5(4))* Houghton Mifflin Harcourt Publishing Co.

Hoy No Juegas. Pilar Serrano. Illus. by Canizales. 2019. (SPA.). 40p. (J). 15.95 *(978-84-17123-45-1(8))* NubeOcho Ediciones ESP. Dist: Consortium Bk. Sales & Distribution.

¡Hoy No Me Voy a Levantar! (I Am Not Going to Get up Today! Spanish Edition) Seuss. Illus. by James Stevenson. 2021. (Beginner Books(R) Ser.). (SPA.). 48p. (J). (gr. -1-2). 9.99 *(978-1-9848-3109-5(7))*; lib. bdg. 12.99 *(978-0-593-12659-2(9))* Random Hse. Children's Bks. (Random Hse. Bks. for Young Readers).

Hoy Voy a Tener un Buen día / I Am Going to Have a Great Day Today!. Positive Phrases for Young & Old. Anna Morató. 2020. (SPA.). 56p. (J). (gr. -1-3). pap. 15.95 *(978-607-31-8779-4(3)*, Alfaguara) Penguin Random House Grupo Editorial ESP. Dist: Penguin Random Hse. LLC.

Hoyden a Novel, Vol. 1 of 3 (Classic Reprint) Hungerford. 2018. (ENG., Illus.). 270p. (J). 29.47 *(978-0-267-16085-3(2))* Forgotten Bks.

Hoyden, Vol. 2 Of 3: A Novel (Classic Reprint) Hungerford. 2018. (ENG., Illus.). 260p. (J). 29.26 *(978-0-483-98469-1(8))* Forgotten Bks.

Hoyden, Vol. 3 Of 3: A Novel (Classic Reprint) Duchess Duchess. 2018. (ENG., Illus.). 278p. (J). 29.63 *(978-0-483-95041-2(6))* Forgotten Bks.

Hoyos. Louis Sachar. 2016. (SPA.). 272p. (gr. 5-12). pap. 13.99 *(978-84-675-8934-4(5))* SM Ediciones ESP. Dist: Lectorum Pubns., Inc.

Hpi: Fortean Investigations. Paul Roberts. 2021. (ENG.). 51p. (J). pap. *(978-1-68474-817-4(8))* Lulu Pr., Inc.

Hpi: Ignotum Est Quaeritis. Paul Dale Roberts. 2020. (ENG.). 50p. (J). pap. *(978-1-716-29748-9(6))* Lulu Pr., Inc.

Hpi: Moon Goddess Case Files. Paul Dale Roberts. 2020. (ENG.). 38p. (J). pap. *(978-1-716-77607-6(4))* Lulu Pr., Inc.

Hpi: Paranormal First Responders. Paul Dale Roberts. 2020. (ENG.). 54p. (J). pap. *(978-1-716-58082-6(X))* Lulu Pr., Inc.

HPI: Scary Times. Paul Dale Roberts. 2021. (ENG.). 52p. (J). pap. ***(978-1-7948-4680-7(8))*** Lulu Pr., Inc.

Hpi: The Way We Live. Paul Dale Roberts. 2021. (ENG.). 50p. (YA). pap. *(978-1-300-62487-5(6))* Lulu Pr., Inc.

HPI - Everything Paranormal. Paul Roberts. 2021. (ENG.). 51p. (J). ***(978-1-329-05095-2(9))*** Lulu Pr., Inc.

HSMTMTS: High School Musical: the Encore Edition Junior Novelization Bindup. Disney Books. 2019. 48p. (J). (gr. 5-9). pap. 7.99 *(978-1-368-05910-7(4)*, Disney Press Books) Disney Publishing Worldwide.

HSMTMTS: in the Spotlight: Nini & Ricky's Stories. Disney Books & Carin Davis. 2020. 48p. (J). (gr. 3-7). pap. 6.99 *(978-1-368-06422-4(1)*, Disney Press Books) Disney Publishing Worldwide.

HSMTMTS: Miss Jenn's High School Musical Script. Disney Books. 2020. (ENG., Illus.). 176p. (J). (gr. 3-7). 12.99 *(978-1-368-06123-0(0)*, Disney Press Books) Disney Publishing Worldwide.

HSMTMTS: Novelization, Season 1. Disney Books. 2020. (ENG., Illus.). 192p. (J). (gr. 5-9). pap. 6.99 *(978-1-368-06122-3(2)*, Disney Press Books) Disney Publishing Worldwide.

Hu Wan & the Sleeping Dragon. Judy Young. Illus. by Jordi Solano. 2017. (ENG.). 32p. (J). (gr. 1-4). 16.99 *(978-1-58536-977-5(2)*, 204324) Sleeping Bear Pr.

Huangdi: Yellow Emperor. Jean Kuo Lee. 2022. (Chinese Mythology Ser.). (ENG., Illus.). 32p. (J). (gr. 2-5). lib. bdg. 34.21 *(978-1-5321-9995-0(3)*, 40859, Kids Core) ABDO Publishing Co.

930

The check digit for ISBN-10 appears in parentheses after the full ISBN-13

TITLE INDEX — HUGH WYNNE, FREE QUAKER

Hubble Bubba the Ballerina. 'Sugs' Slim Williams. Ed. by Makayla Jewel & Niece Pinkney. Illus. by Arthur Perkins. 2022. (ENG.). 41p. (J). pap. (978-1-387-63363-0(5)) Lulu Pr., Inc.

Hubble Deep Field: How a Photo Revolutionized Our Understanding of the Universe. Don Nardo. 2017. (Captured Science History Ser.). (ENG., Illus.). 64p. (J). (gr. 5-9). lib. bdg. 35.32 (978-0-7565-5643-3(0), 136083, Compass Point Bks.) Capstone.

Hubble Space Telescope. Allan Morey. 2017. (Space Tech Ser.). (ENG., Illus.). 24p. (J). (gr. 3-7). lib. bdg. 26.95 (978-1-62617-700-0(7), Epic Bks.) Bellwether Media.

Hubble Space Telescope: Our Eye on the Universe. Terence Dickinson & Tracy C. Read. 2019. (ENG., Illus.). 80p. (J). (gr. 5-10). 24.95 (978-0-2281-0233-5(2), 4c44c237-2ab0-41ed-814f-9d6eb47f5173); pap. 9.95 (978-0-2281-0217-5(0), c192b0c6-30c1-4009-a36e-8ffbeeead8cb) Firefly Bks., Ltd.

Hubble Space Telescope: Photographing the Universe. John Hamilton. 2017. (Xtreme Spacecraft Ser.). (ENG., Illus.). 32p. (J). (gr. 3-8). lib. bdg. 32.79 (978-1-5321-1(0-2(X), 25800, Abdo & Daughters) ABDO Publishing Co.

Hubble Space Telescope Launch. 1 vol. Kate Mickley. 2018. (History Just Before You Were Born Ser.). (ENG.). 32p. (gr. 4-5). 28.27 (978-1-5382-3027-9(5), 61d2c1e-7557-4122-b243-298a4000d806) Stevens, Gareth Publishing LLP.

Hubert Ellis: A Story of King Richard's Days the Second (Classic Reprint) Francis Davenant. 2018. (ENG., Illus.). 450p. (J). 33.18 (978-0-483-04022-3(4)) Forgotten Bks.

Hubert Frederick's Prosperity: A Story (Classic Reprint) Newton Crosland. (ENG., Illus.). (J). 2018. 508p. 34.37 (978-0-483-54802-1(3)); 2017. pap. 16.97 (978-0-243-90075-7(0)) Forgotten Bks.

Hubert Has a Fine Day. Kevin Lea. 2020. (ENG., Illus.). 32p. (J). (978-1-5255-9209-6(2)); pap. (978-1-5255-9208-9(4)) FreezerPress.

Hubert to the Rescue. L. E. Kocot. Illus. by Javier Duarte. 2019. (ENG.). 70p. (J). pap. 11.00 (978-1-68111-339-5(2)) Wasteland Pr.

Hubble Cool: Super Spy. Mike Thaler. Illus. by Jared D. Lee. 2016. 64p. (J). (978-0-545-85076-6(2)) Scholastic, Inc.

Hubble Cool: Super Spy. Mike Thaler. Illus. by Jared Lee. 2019. (Black Lagoon Adventures Ser.). (ENG.). 64p. (J). (gr. 2-6). lib. bdg. 31.36 (978-1-5321-4417-2(2), 33822, Chapter Bks.) Spotlight.

Hubble Cool: Superhero. Mike Thaler. Illus. by Jared Lee. 2019. (Black Lagoon Adventures Ser.). (ENG.). 64p. (J). (gr. 2-6). lib. bdg. 31.36 (978-1-5321-4418-9(0), 33823, Chapter Bks.) Spotlight.

Hubble Cool: Vampire Hunter. Mike Thaler. Illus. by Jared Lee. 2019. (Black Lagoon Adventures Ser.). (ENG.). 64p. (J). (gr. 2-6). lib. bdg. 31.36 (978-1-5321-4419-6(9), 33824, Chapter Bks.) Spotlight.

Huck & Finn, Bookstore Cats. Kevin Coolidge. Illus. by Stephanie Webb. 2019. (ENG.). 32p. (J). (gr. 1-3). 8.99 (978-1-46033-995-2(9)) From My Shelf Bks. & Gifts.

Huck the Bull Rider Deacon K. Sammons. 2018. (ENG., Illus.). 36p. (J). 22.99 (978-1-5456-5529-0(4)); pap. 12.49 (978-1-5456-5528-3(6)) Salem Author Services.

Huck the Horrid Angel. Grueme Press. Illus. by Rod Allen. 2022. (ENG.). 24p. (J). (978-1-68563-503-3(1)) Tablo Publishing.

Huck the Roof Dog. H. & G. Lindenmuth. 2023. (ENG.). 36p. (J). pap. 12.99 (978-1-6829-3387-5(8)); 19.99 (978-1-6629-3386-8(0)) Gatekeeper Pr.

Huckleberries Face Their Fears. J. R. Huckasby. 2020. (Huckleberries Ser.). (ENG.). 196p. (J). (978-1-5255-8799-3(4)); pap. (978-1-5255-8800-6(1)) FreezerPress.

Huckleberries Gathered from New England Hills. Rose Terry Cooke. 2017. (ENG.). 356p. (J). pap. (978-3-7446-6533-9(X)); pap. (978-3-7446-7170-5(4)) Creation Pubs.

Huckleberries Gathered from New England Hills (Classic Reprint) Rose Terry Cooke. 2017. (ENG., Illus.). (J). 31.22 (978-0-266-54046-8(4)) Forgotten Bks.

Huckleberry Finn. Mark Twain. [retold]. 2019. (SPA.). 80p. (J). (gr. 3-7). pap. (978-970-643-503-3(4)) Selector, S.A. de C.V.

Huckleberry Finn & Other Stories. 2017. (Illustrated Stories Ser.). (ENG.). (J). 19.99 (978-0-7945-3936-8(X), Usborne) EDC Publishing.

Huckleberry Helper. Jean Forbes. Illus. by Patricia & Robin DeWitt. 2022. (ENG.). 28p. (J). pap. (978-1-0391-2867-5(X)); (978-1-0391-2868-2(8)) FreezerPress.

Hud a Lledfrith Milllie. Hilary Hawkes. Illus. by Andrea Petrlik. 2021. (WEL.). 36p. (J). (978-1-910257-42-5(7)) Strawberry Jam Bks.

Huda F Are You? Huda Fahmy. Illus. by Huda Fahmy. 2021. (Illus.). 192p. (YA). (gr. 7). 22.99 (978-0-593-32430-1(7)); pap. 16.99 (978-0-593-32431-8(5)) Penguin Young Readers Group. (Dial Bks).

Huda's Hijab. Maryam Yousaf. 2018. (ENG., Illus.). 46p. (J). pap. (978-0-9934078-1-1(0)) Muslima Today Publishing.

Huddle up! Cuddle Up! Scribbly Hogapods. Illus. by Michael Bodo. 2020. 40p. (J). (gr. 1-2). 17.99 (978-0-593-11562-6(7), Viking Books for Young Readers) Penguin Young Readers Group.

Hudsonian English Comparative Scale (Classic Reprint) Earl Hudson. 2019. (ENG., Illus.). 68p. (J). 25.30 (978-0-365-30696-6(X)) Forgotten Bks.

Hudi & Tuc. Andrew Viner, III. 2021. (ENG.). 22p. (J). 18.00 (978-1-97010-9-41-2(6)); pap. 10.00 (978-1-97010-9-45-4(5)) Nimble. (AmewPr., Inc.).

Hudibras, Vol. 1: Poeme Ecrit Dans le Tems des Troubles d'Angleterre et Traduit en Vers Francois Avec des Remarques et des Figures (Classic Reprint) Samuel Butler. 2017. (FRE., Illus.). (J). 378p. 31.69 (978-0-260-49774-6(1)); 368p. pap. 16.57 (978-0-266-06113-7(3)) Forgotten Bks.

Hudibras, Vol. 3: Poeme (Classic Reprint) Samuel Butler. (FRE., Illus.). (J). 2018. 376p. 31.67 (978-0-666-64070-4(9)); 2017. pap. 13.97 (978-0-243-02773-8(7)) Forgotten Bks.

Hudibras, Vol. 3: Poème Écrit Dans le Tems de Troubles d'Angleterre (Classic Reprint) Samuel Butler. 2018. (FRE., Illus.). (J). 374p. 31.61 (978-1-391-51114-6(X)); 376p. pap. 13.97 (978-1-390-63733-5(6)) Forgotten Bks.

Hudson & Rodney: Go to New York. Christina Potter. 2019. (Hudson & Rodney Ser.: Vol. 1). (ENG., Illus.). 40p. (J). 18.99 (978-1-7324914-8-9(8)) Dog Hair Pr.

Hudson & the Sea Monster. Sherri C. Southers et al. 2020. (ENG.). 42p. (J). pap. 17.99 (978-1-68471-421-6(4)) Lulu Pr., Inc.

Hudson Bay. R. M. Ballantyne. 2017. (ENG., Illus.). (J). 25.95 (978-1-374-85046-0(2)); pap. 15.95 (978-1-374-85045-3(4)) Capital Communications, Inc.

Hudson Houdini Escapologist Extraordinaire. Kelly Wilson. 2022. (ENG.). 48p. (J). (978-1-3984-4022-7(1)); pap. 4.99 (978-1-3984-4021-0(3)) Austin Macauley Pubs. Ltd.

Hudson I Love You All Ways. Marianne Richmond. Illus. by Dubravka Kolanovic. 2023. (I Love You All Ways Ser.). (ENG.). 32p. (J). (gr. 1-3). 8.99 (978-1-7282-7370-9(6)) Sourcebooks, Inc.

Hudson River School: American Landscape Artists. Vol. 8. Bert D. Yaeger. 2018. (American Artists Ser.). bks. (J). (gr. 7). 33.27 (978-1-4222-4157-8(2)) Mason Crest.

Hudson the Labradoodle Therapy Dog. Angel L. Eason. (ENG.). 30p. (J). 23.95 (978-1-64619(22-6(4)); pap. 13.95 (978-1-64619(21-2)-9(0)) Covenant Bks.

Hudson's Beach Adventure. Angel L. Dane. 2023. (ENG.). 32p. (J). 24.95 (978-1-68526-068-2(0)); pap. 13.95 (978-1-63526-066-8(7)) Covenant Bks.

Hue de Rotelande's Ipomedon: Ein Französischer Abenteuerroman des 12. Jahrhunderts (Classic Reprint) as Kolbing. 2018. (FRE., Illus.). (J). 202p. 28.06 (978-1-396-55881-8(0)); 204p. pap. 10.57 (978-1-391-55707-3(3)) Forgotten Bks.

Hue of You. Jade Richardson. 2019. (ENG.). 38p. (J). 14.95 (978-1-64601-931-1(1)) Amplify Publishing Group.

Huela Humana. Richard Worth. 2017. (Vitales Ser.). (SPA.). (YA). (gr. 6-8). pap. (978-1-5021-6906-8(1)) Benchmark Education Co.

Huela Humana - 6 Pack: Set of 6 Common Core Edition. Richard Worth. 2017. (Vitales Ser.). (SPA.). (YA). (gr. 6-8). 75.00 (978-1-5021-7128-3(7)) Benchmark Education Co.

Huellas. Lydia Leticia Rosas. 2019. (SPA.). 152p. (J). pap. (978-84-17964-59-7(2)) Wanceulen Editorial.

Huellas: Leveled Reader Book 49, Level C. Frank Hrmn. 2021. (SPA.). 16p. (J). pap. 14.40 (978-0-358-08178-4(5)) Houghton Mifflin Harcourt Publishing Co.

Huellas en el Camino: Poesia. Vilma Olivares Huerta. 2022. (SPA.). 58p. (C). pap. (978-1-4583-7435-6(1)) Lulu Pr., Inc.

Huerto Del Abuelo. Stella Fry. Illus. by Sheila Moxley. 2020. (SPA.). 40p. (J). (gr. 1-2). pap. 3.98 (978-1-54683-603-3(0)) Barefoot Bks., Inc.

Hues & Harmony: How the Rainbow Butterfly Got Her Colors. Marissa Bañez. 2023. (ENG.). 60p. (J). 22.95 (978-1-68513-327-4(8)) Black Rose Writing.

Hueso Ilíaco. Miranda Wise. Illus. by Anastassia Benzel. 2020. (ENG.). 36p. (J). 17.99 (978-1-952881-00-8(5)); pap. 10.99 (978-1-952881-01-5(3)) Kunziz, Heather. (Heirspin Pr.)

Huevos. Pedro Garcia Ortiz. 2016. (Early Rising Readers Ser.). (SPA.). 16p. (J). (gr. 1). 6.57 (978-1-4788-4220-6(1)) Newmark Learning LLC.

Huevo - 6 Pack. Pedro Craddock. (Early Rising Readers Ser.). (SPA.). (J). (gr. 1). 40.00 net. (978-1-4788-4719-9(0)) Newmark Learning LLC.

Huevo Muy Bueno / the Good Egg. Jory John. Ed. by Omar Peres. Illus. by Pete Oswald. 2023. (SPA.). 40p. (J). (gr. -1-3). 17.95 (978-1-64473-800-9(7)) Penguin Random Hse. Books Grupo Editorial ESP, Dist.: Penguin Random Hse. LLC.

Huevo Se Convierte en un Pollo. Nick Rebman. 2017. (Ciclos de Vida Ser.). (SPA.). 16p. (J). (gr. 1-2). pap. 7.95 (978-1-68202-121-2(6), 16949) RiverStream Publishing.

Huevos de Animales: Leveled Reader Book 31 Level B 6 Pack. Hmh Hmh. 2021. (SPA.). 16p. (J). pap. 74.40 (978-0-358-68159-3(9)) Houghton Mifflin Harcourt Publishing Co.

Huevos Verdes con Jamón (Green Eggs & Ham Spanish Edition) Seuss. 2019. (Beginner Books(R) Ser.). (SPA., Illus.). 72p. (J). (gr. 1-2). 9.99 (978-0-525-70723-9(9), Random Hse. Bks. for Young Readers) Random Hse. Children's Bks.

Huey the Lost Canadian Goose: Adventures on the Trent River. Debce MacDonald Taylor. 2018. (ENG., Illus.). 20p. (J). (978-1-5255-3053-1(4)); pap. (978-1-5255-3054-8(2)) FreezerPress.

Huff & Puff: A Tiny Human's Guide to Mindful Breathing. Victoria Rerrtral. Illus. by Eunjung June Kim. 2022. (ENG.). 24p. (J). bds. 9.99 (978-0-7643-6333-7(6), 25865) Schiffer Publishing, Ltd.

Huff McSnogrid & Pirate Grace & the Mermaid Medicine. Phil Colquhoun & Janina Vigurs. Illus. by Korky Paul. 2021. (Chlo Colquhoun & Korky Paul's Fairies & Fairy Tales Ser.). (ENG.). 58p. (J). pap. (978-1-63973234-7(1)) Snail Tales.

Huff, Puff & Cotton Wool. Evelyn Kerrigan. Illus. by Iain Cook. 2021. (ENG.). 36p. (J). pap. (978-1-83975-812-6(0)) Grosvenor Hse. Publishing Ltd.

Huffalots. Foe Coy. Illus. by Eve Coy. 2020. (ENG., Illus.). 32p. (J). (gr. 1-3). 19.99 (978-1-7284-1579-6(9), 2f17bf25c-c35b-4940-9462-ede821f15b68) Leerner Publishing Group.

Huffy & Puffy. Mirelle Soriece. 2019. (ENG.). 52p. (J). pap. (978-1-63066-416-0(0)) Austin Macauley Pubs., Inc.

Hug? Charlotte Chau. Illus. by Charlotte Chau. 2020. (ENG., Illus.). 32p. (J). (gr. 1-2). 16.99 (978-1-5253-0206-0(X)) Kids Can Pr., Ltd. CAN. Distr: Hachette Bk. Group.

Hug. Eoin McLaughlin. Illus. by Polly Dunbar. 2019. (Hedgehog & Friends Ser.). (ENG.). 56p. (J). 15.95 (978-0-571-34675-6(0), Faber & Faber Children's Bks.) Faber & Faber, Inc.

Hug: Mini Gift Edition. Eoin McLaughlin. Illus. by Polly Dunbar. 2021. (Hedgehog & Friends Ser.). (ENG.). 56p. (J). 8.95 (978-0-571-33026-7(7)) Faber & Faber, Inc.

Hug a Bug! Bye Storie. 2017. (ENG., Illus.). (J). pap. 13.99 (978-0-9963244-4-1(5)) Showpuppy.

Hug a Bug. Joanne Wood. Illus. by Caitlyn McPherson. 2022. (ENG.). 26p. (J). pap. (978-1-922827-94-4(0)) Library All Limited.

Hug a Bug: How YOU Can Help Protect Insects. Bonnie Worth. Illus. by Aristides Ruiz. 2022. (Dr. Seuss's the Lorax Bks.). (ENG.). 48p. (J). (gr. k-4). 9.99 (978-0-593-48721-1(4)); lib. bdg. 12.99 (978-0-593-48722-8(2)) Random Hse. Children's Bks. (Random Hse. Bks. for Young Readers).

Hug a Tree, Geronimo, 69. Gerónimo Stilton. 2019. (Geronimo Stilton Ser.). (ENG., Illus.). 108p. (J). (gr. 2-3). 18.36 (978-1-64310-995-4(2)) Penworthy Co., LLC, The.

Hug a Tree, Snoopy! Charles M. Schulz. Illus. by Robert Pope. 2022. (Peanuts Ser.). (ENG.). 24p. (J). (gr. -1-4). 4.99 (978-1-5344-9293-6(3), Simon Spotlight) Simon Spotlight.

Hug a Tree, Snoopy! Tina Gallo. ed. 2022. (Peanuts Bks.). (ENG.). 24p. (J). (gr. k-1). 15.96 (978-1-68505-513-4(3)) Penworthy Co., LLC, The.

Hug Day! (DreamWorks Trolls) Mary Man-Kong. Illus. by Fabio Laguna. 2018. (ENG.). 16p. (J). (gr. 1-). bds. 7.99 (978-1-9849-4399-3(3), Random Hse. Bks. for Young Readers) Random Hse. Children's Bks.

Hug for Grandma. Cynthia MacGregor. Illus. by Karla Zenko. 2017. (ENG.). 34p. (J). (gr. k-5). pap. 9.99 (978-1-68160-512-8(0)) Crimson Cloak Publishing.

Hug for Harriet. Glen S. Gulies. Illus. by Raymond J. Murray. 2017. (ENG.). (J). (978-1-5255-0880-6(0)).

Hug for You. David King. 2022. (ENG.). 32p. 24.95 (978-1-64685-885-5(2), Sandybrook) Penguin Bks., GBR. Dist: Independent Pubs. Group.

Hug for You! With Soft Arms for Real HUGS! Samantha Fields. Illus. by Dawn Machell. 2022. (ENG.). 10p. (J). bds. 9.99 (978-1-6645-5053-9(7)) Tiger Tales.

Hug Is for Holding Me. Lisa Wheeler. Illus. by Lisk Feng. 2018. (ENG.). 24p. (J). (gr. k-1-4). 16.99 (978-0-8118-7833-5(3), Chronicle Bks.) Chronicle Publishing LLC.

Hug It Out! Lincoln Peirce. 2019. (Big Nate Ser.). (ENG.). 173p. (J). (gr. 4-5). 21.96 (978-0-87617-638-3(3), Penworthy Co., LLC, The.

Hug Machine. Scott Campbell. Illus. by Scott Campbell. 2017. (ENG., Illus.). 36p. (J). (gr. -1-). bds. 8.99 (978-1-5344-0062-7(5), Little Simon) Little Simon.

Hug Me. Simona Ciraolo. 2019. (ENG.). 24p. (J). (gr. 1-). 9.99 (978-1-3852-5471-7(5)) Igloo Bks. GBR. Dist: Simon & Schuster, Inc.

Hug Me: A Fluffy, Snuggly Storybook! IglooBks. Illus. by Zhanna Ovocheva. 2022. (ENG.). 24p. (J). (gr. 1-2). 14.99 (978-1-8010-674-5(5)) Igloo Bks. GBR. Dist: Simon & Schuster, Inc.

Hug Me! Padded Board Book. IglooBks. 2023. (ENG.). 24p. (J). bds. 9.99 (978-1-83771-634-0(X)) Igloo Bks. GBR. Dist: Simon & Schuster, Inc.

Hug Me! (English, French, Mandarin Chinese) Ana Burgess. 2021. (ENG.). 24p. (J). (k-4). 2022. bds. 9.99 (978-1-80366-352-2(0)); 2021. bdg. 9.99 (978-1-80366-352-2(0)); 2021. bdg. 9.99 (978-1-80366-352-2(0)); 2021. bdg.

Hug Me Little Bear: Finger Puppet Book! (Baby's First Books). Animal Books for Toddlers. Interactive Books for Toddlers) Chronicle Chronicle Books. 2019. (Hug Me) Hug Me Little Animals Ser.). (ENG., Illus.). 10p. (J). (gr. -1-). 1.99 (978-1-5297-1671-8(7)) Chronicle Bks. LLC.

Hug Me Little Bunny: Finger Puppet Book! (Finger Puppet Books, Baby Board Books, Sensory Books, Bunny Books, Books for Babies, Touch & Feel Books) Chronicle Books. 2019. (Hug Me Little Animals Ser.). (ENG., Illus.). 10p. (J). (gr. -1-). bds. 8.99 (978-1-4521-7527-8(7)) Chronicle Bks. LLC.

Hug Me Little Puppy: Finger Puppet Book! Chronicle Books. 2021. (Hug Me Little Animals Ser.). (ENG., Illus.). 10p. (J). (gr. -1-). 9.99 (978-1-7972-0570-6(7)) Chronicle Bks. LLC.

Hug Me Tightly: A Story about a Heart That Hurts. Animal Friends Us. 2022. (ENG.). 36p. (J). 19.99 (978-1-63731-322-0(5)) Grow Girl Pr.

Hug Versus Cuddle: A Heartwarming Rhyming Story about Getting Along. Mark Pallis. Illus. by James Cottell. 2023. (ENG.). 36p. (J). pap. (978-0-91385-89-0(7)) Neu Westend Pr.

Hugasaurus. Cindy Porvoo. 2016. (ENG., Illus.). 28p. (J). pap. 13.31 (978-1-329-61978-9(3)) Lulu Pr., Inc.

Huge. Rachel Bright. Illus. by Chris Chatterton. 2022. (978-1-338-62600-5(2), Orchard Bks.) Scholastic, Inc.

Huge & Horriful! an Exciting Dinosaur Coloring Book. Activity Book Zone for Kids. 2016. (ENG.). (J). pap. (978-1-68327-443-6(5)) Activity Book Zone.

Huge & Wonderful Easter Bunny Coloring Book. Activibooks for Kids. 2016. (ENG.). (J). pap. (978-1-63832-371-4(9)) Activibooks.

Huge Dinos. Josh Anderson. 2023. (Dino Discovery Ser.). (ENG.). 24p. (J). (gr. k-1). lib. bdg. 32.79 (978-1-63508-616-2(6)), 18423, Wonder (Books/Child's) World, Inc., The.

Huge Hoof Horror! #4. Mike Allegra. Illus. by Kiersten Eagan. 2023. (Kimmie Turtle Ser.). (ENG.). 112p. (J). (gr. 2-5). lib. bdg. 26.30 (978-0-7660-5180-3(7), 58716, Callo Chapter Bks.) ABDO Publishing Co.

Huge: Understanding & Embracing Why Families Change. Adriene Rattler. 2022. (ENG., Illus.). 44p. (J). 16.99 (978-1-7643-3226-8(8), 24817) Schiffer Publishing, Ltd.

Huge Polar Bears. 1 vol. Stephanie Carrington. 2017. (Great Big Animals Ser.). (ENG.). 24p. (J). (gr. k-1). pap. 9.15 (978-0-5368-0043-3(4), acb23-d64f8b06cc19(b)); lib. bdg. 25.27 (978-1-5382-0029-6(5))

Huge Trucks to Go 6-In-Fast-Fold World! Scramble Activity Book 8 Year Old. Speach Kids. 2018. (ENG., Illus.). 106p. (J). pap. 12.55 (978-1-5419-3724-6(4)) Speedy Publishing LLC.

Huge Tiger! A Heptrum Tiger Tale to Help Children Conquer Their Fear. Adorence Egidson. 2023. (ENG.). 28p. (J). pap. (978-0-2288-9278-8(3)) Tellwell Talent.

Hugely-Wuggly Spider. Ethan T. Berlin. Illus. by Karl Newsom Edwards. 2018. (ENG.). 40p. (J). 18.00 (978-0-374-30316-8(8), 9001741319, Farrar, Straus & Giroux Group (BYR)) Farrar, Straus & Giroux.

Huggle Buggle Love. Diane Charnetskee. Illus. by Gillin Funt. (ENG.). (gr. 1-4). 2018. 36p. 24.95 (978-1-64569-444-8(9)); 2017. 32p. (J). pap. 15.99 (978-0-9987044-1-6(5)) Diane Charnetskee.

Huggle Bears Coloring Fun: Bear Coloring. Gerónimo Jupiter, Kids. 2016. Illus.). 106p. (J). pap. 12.55 (978-1-5419-3743-7(5)) Speedy Publishing LLC.

Huggle Bear, Valencia. 2022. (ENG.). 42p. (J). 16.00 (978-0-578-9197-1(1)) Satin Publishing LLC.

Huggy Kissy. Leslie Patricelli. 2021. (ENG., Illus.). 16p. (J). (gr. -1-2). bds. 6.99 (978-0-7636-7977-1(3)) Candlewick Pr.

Huggy Kissy / Abrazos y Besitos. Leslie Patricelli. 2018. (ENG., Illus.). 16p. (J). bds. 6.99 (978-0-7636-9847-5(3)) Candlewick Pr.

Huggy Lucky! Rachel Fernside. Illus. by Scarlet Vandersteen. 2022. (ENG.). 18p. (J). (gr. 1-). 10.00 (978-0-6454-6538-5(1)) Tiny Steps Publishing.

Hugh the Hippo Goes Hug-Free. Tami Good. Illus. by Doña Bumgarner. 2018. (ENG.). 34p. (J). 14.95 (978-1-64343-169-3(8), (Fee Wee Beasties Ser. 2)) (978-1-64343-167-9(6)) Mascot Bks.

Hugh Ashton Collected Fiction Vol. 3. Hugh Ashton. 2019. (J). (gr. 1-4). bds. 9.99 (978-1-912605-30-6(8)) j-views Publishing.

Hugh Builds a Church (ENG.). pap. 13.95 (978-1-63217-093-4(1)) Christian Faith Publishing.

Hugh Can Do. 2021. (ENG.). 28p. (J). 14.95 (978-1-952722-33-5(6)) In Writing Publishing.

Hugh Armstrong Robinson: The Story of Flying Lucky. 1 vol. (1). pap. (978-1-64769-651-5(6)).

Hug in a Snowstorm. 2020. (ENG.). 14.00. (978-0-2-6). 19.95 (978-0-6494-1774-8(7)) Affirm Pr.

Hugh Chipman's Romance. 2019. (ENG.). 301p. (J). pap. (978-0-368-97208-6(1)) Creative Media Partners, LLC.

Hugh Christman's Romance. Miriam A. Nott. 2 of 3 (Classic Reprint) Patricia ed. 2018. (ENG., Illus.). (J). 217p. (978-0-428-04693-1(5), (978-0-365-77016-8(3)) Forgotten Bks.

Hugh Fisher, or Home Principles Carried Out (Classic Reprint) 2017. (ENG.). Illus.). (J). 222p. 28.56 (978-0-483-11645-3(6)); pap. 15.17 (978-0-243-51776-3(3)) Forgotten Bks.

Hugolina Coloring Fun. Illus. by Diane Marsland. 2016. (ENG., Illus.). 106p. (J). pap. 12.55. 16.25

Hugging to Music: A Story from Life (Classic Reprint) H. S. Smith. 2018. (ENG., Illus.). 260p. (J). 26.61 (978-0-484-42565-7(6)) Forgotten Bks.

Hugs the Hippo. Allison McCloud. Illus. by Nick Demopsey. (J). pap. (978-09935579-1-0(4)) Elizabeth Crerar.

Hugs. Created by Denham E. Germa. 2016. (ENG., Illus.). Huggie Nicole Slomerson. Illus. by Arita Naimasueva. 2022. (ENG.). 36p. (J). 14.99 (978-1-73489-318-3(1)) Prycap's Copy.

Huggle Wuggle Bedtime. Illus. by Siobhan Harrison. 2023. (ENG.). 12p. (J). (gr. prek-5) Bds. Boasting) 16517. 9.99 (978-1-80131-482-8(6)).

Hug. (Pucker Up). Rachel Isadore. (ENG.). Illus.). 28p. (J). (gr. 1-). 26p. (J). (gr. 1-). 8.99 (978-1-5362-1(7)) Candlewick Pr.

Hugh & Aloysia's y Besitos. Patricia Patricelli. 2018. (ENG.). Patricia ed. 2016. (Leslie Patricelli Board Bks.). (ENG.). 16p. (J). bds. 6.99 (978-0-7636-9244-2(2)) Candlewick Pr.

Hugh the Hippo Camps Out in My Head. Beverley Reichman. Illus. by Mark Jackson. 2023. 54p. (J). pap. 14.99 **(978-1-6678-6857-8(8))** BookBaby.

Hugh Worthington: A Novel (Classic Reprint) Mary Jane Holmes. 2018. (ENG., Illus.). 380p. (J). 31.73 (978-0-666-82558-2(0)) Forgotten Bks.

Hugh Wynne: Free Quaker Sometime Brevet Lieutenant-Colonel on the Staff of His Excellency General Washington (Classic Reprint) S. Weir Mitchell. 2017. (ENG., Illus.). 600p. (J). 36.29 (978-0-484-51999-1(9)) Forgotten Bks.

Hugh Wynne, Free Quaker: Sometime Brevet Lieutenant-Colonel on the Staff of His Excellency General Washington (Classic Reprint) Silas Weir Mitchell. (ENG., Illus.). (J). 2018. 598p. 36.25

For book reviews, descriptive annotations, tables of contents, cover images, author biographies & additional information, updated daily, subscribe to www.booksinprint.com

(978-0-365-12272-2(6)); 2017. pap. 19.57 *(978-0-259-37367-4(2))* Forgotten Bks.

Hugh Wynne Free Quaker, Vol. 1: Sometime Brevet Lieutenant-Colonel on the Staff of His Excellency General Washington (Classic Reprint) S. Weir Mitchell. 2018. (ENG., Illus.). 316p. (J). 30.41 *(978-0-267-22215-5(7))* Forgotten Bks.

Hugh Wynne Free Quaker, Vol. 2: Sometime Brevet Lieutenant-Colonel on the Staff of Excellency General Washington (Classic Reprint) S. Weir Mitchell. 2018. (ENG., Illus.). 270p. (J). 29.47 *(978-0-484-24309-4(8))* Forgotten Bks.

Hughes Annual, 1923 (Classic Reprint) Hughes High School Cincinnati. (ENG., Illus.). (J). 2018. 274p. 29.57 *(978-0-656-34459-8(8))*; 2017. pap. 13.57 *(978-0-243-49737-9(7))* Forgotten Bks.

Hugless Douglas & the Nature Walk. David Melling. 2022. (Hugless Douglas Ser.). (ENG., Illus.). 32p. (J). (gr. -1-k). pap. 10.99 *(978-1-4449-2871-6(6))* Hachette Children's Group GBR. Dist: Hachette Bk. Group.

Hugless Douglas Goes Camping. David Melling. 2022. (Hugless Douglas Ser.). (ENG., Illus.). 32p. (J). (gr. -1-k). pap. 10.99 *(978-1-4449-0301-0(2))* Hachette Children's Group GBR. Dist: Hachette Bk. Group.

Hugo. Atinuke. Illus. by Birgitta Sif. 2021. (ENG.). 40p. (J). (gr. -1-2). 17.99 *(978-1-5362-1275-4(X))* Candlewick Pr.

Hugo: A Fantasia on Modern Themes. Arnold Bennett. 2017. (ENG., Illus.). (J). 24.95 *(978-1-374-96537-9(5))*; pap. 14.95 *(978-1-374-96536-2(7))* Capital Communications, Inc.

Hugo: A Fantasia on Modern Themes (Classic Reprint) Arnold Bennett. 2017. (ENG., Illus.). (J). 30.76 *(978-1-5279-6437-2(X))* Forgotten Bks.

Hugo & Daddy's Christmas Adventures. Ric Hart. Illus. by Jacqueline Tee. 2021. (ENG.). 36p. (J). pap. *(978-1-83975-739-6(6))* Grosvenor Hse. Publishing Ltd.

Hugo & Daddy's Night-Time Adventures. Ric Hart. Illus. by Jacqueline Tee. 2020. (ENG.). 28p. (J). pap. *(978-1-83975-201-8(7))* Grosvenor Hse. Publishing Ltd.

Hugo & Daddy's School Adventures. Ric Hart. Illus. by Jacqueline Tee. 2022. (ENG.). 36p. (J). pap. ***(978-1-80381-160-4(9))*** Grosvenor Hse. Publishing Ltd.

Hugo & Daddy's Superhero Adventures. Ric Hart. Illus. by Jacqueline Tee. 2021. (ENG.). 32p. (J). pap. *(978-1-83975-631-3(4))* Grosvenor Hse. Publishing Ltd.

Hugo & Daddy's Thailand Adventures. Ric Hart. Illus. by Jacqueline Tee. 2021. (ENG.). 32p. (J). pap. *(978-1-83975-480-7(X))* Grosvenor Hse. Publishing Ltd.

Hugo & Grandmar: How One Grandma Learns to Accept the Help of a Very Special Friend. Brett Hay & Lorraine Hay. Illus. by Carol Kemp. 2022. (ENG.). 24p. (J). *(978-1-0391-0277-4(8))*; pap. *(978-1-0391-0276-7(X))* FriesenPress.

Hugo & the Bear. Warren Miner-Williams. Illus. by Melina Backo. 2021. (ENG.). 26p. (J). pap. *(978-1-9911561-1-2(1))* HookMedia Co. Ltd.

Hugo & the Impossible Thing. Renée Felice Smith & Chris Gabriel. Illus. by Sydney Hanson. 2021. (ENG.). 40p. (J). (gr. -1-2). 18.99 *(978-0-593-20463-4(8))* Flamingo Bks.

Hugo & the Little Z's. Kishan Nundloll. 2020. (ENG.). 26p. (J). pap. *(978-1-78830-681-2(3))* Olympia Publishers.

Hugo & the Rainbow. Lopez Martin Lola. 2016. (ENG., Illus.). (J). pap. *(978-2-37596-006-6(8))* Editions Educamundis.

Hugo Does Not Need to Read. Jodi Roelands. 2022. (ENG.). 32p. (J). ***(978-1-0391-2886-6(6))***; pap. ***(978-1-0391-2885-9(8))*** FriesenPress.

Hugo e o Arco Da Vella. Lola Lopez Martin. Ed. by Educamundis. Tr. by Zaida Vila Carneiro. 2016. (GLG.). 36p. (J). pap. *(978-2-37596-014-1(9))* Editions Educamundis.

Hugo, el Búho: Leveled Reader Book 81 Level e 6 Pack. Hmh Hmh. 2020. (SPA.). 16p. (J). pap. 74.40 *(978-0-358-08207-1(2))* Houghton Mifflin Harcourt Publishing Co.

Hugo et l'Arc-En-Ciel - Ugo I Raduga: Hugo et l'Arc-En-Ciel - Ugo I Raduga: Livre Pour Enfants Bilingue Francais-Russe. Lola Lopez Martin. Ed. by Educamundis. Tr. by Marie Meistermann Borrego. 2016. (FRE., Illus.). 38p. (J). pap. *(978-2-37596-047-9(5))* Editions Educamundis.

Hugo Learns about Finland. Tracilyn George. 2021. (ENG.). 22p. (J). pap. 11.00 *(978-1-77475-314-9(6))* Lulu Pr., Inc.

Hugo Learns to Fish. Dorothy Cox. Illus. by Holly Jackson. 2022. (ENG.). 30p. (J). pap. *(978-1-7398866-7-7(4))* Blossom Spring Publishing.

Hugo Makes a Change. Scott Emmons. Illus. by Mauro Gatti. 2017. (ENG.). 32p. (J). (gr. -1-k). 13.99 *(978-1-911171-21-8(6))* Flying Eye Bks. GBR. Dist: Penguin Random Hse. LLC.

Hugo No Puede Dormir. Davide Cali. Illus. by Anna Aparicio CatalA. 2021. 40p. (J). 15.95 *(978-84-18133-05-3(8))* NubeOcho Ediciones ESP. Dist: Consortium Bk. Sales & Distribution.

Hugo Sprouts & the Strange Case of the Beans. John Loren. 2021. (ENG., Illus.). 48p. (J). (gr. -1-3). 17.99 *(978-0-06-294116-9(X)*, HarperCollins) HarperCollins Pubs.

Hugo the Horse Can Help! Getting Involved, 1 vol. Mindy Huffman. 2019. (Social & Emotional Learning for the Real World Ser.). (ENG.). 8p. (gr. k-1). pap. *(978-1-7253-5422-7(5)*, 0e74832f-3240-49e9-bcb3-5ddfc907e23c, Rosen Classroom) Rosen Publishing Group, Inc., The.

Hugo the Wicked Eye. Sev Ozan. 2023. (Illus.). 40p. (J). (gr. k-3). 18.95 *(978-1-76036-177-8(1)*, 167cddd5-5bef-4536-9ad5-a0dc58184ad1) Starfish Bay Publishing Pty Ltd. AUS. Dist: Baker & Taylor Publisher Services (BTPS).

Hugo und der Regenbogen. Lola Lopez Martin. Ed. by Educamundis. Tr. by Stefan Schreckenberg. 2016. (GER., Illus.). 36p. (J). pap. *(978-2-37596-008-0(4))* Editions Educamundis.

Hugo und der Regenbogen - Hugo et L'Arc-En-Ciel: Hugo und der Regenbogen Hugo et l'Arc-En-Ciel: Kinderbuch Zweisprachig Deutsch-Franzosisch. Lola Lopez Martin. Ed. by Educamundis. Tr. by Stefan Schreckenberg. 2016. (GER., Illus.). 38p. (J). pap. *(978-2-37596-043-1(2))* Editions Educamundis.

Hugs & Kisses. Judi Abbot. Illus. by Judi Abbot. 2016. (ENG., Illus.). 20p. (J). (gr. -1 — 1). bds. 7.99 *(978-1-4814-9168-6(7)*, Little Simon) Little Simon.

Hugs & Kisses & Such. Dana Meldrum. Illus. by Matty Meldrum. 2021. (ENG.). (J). 9.95 *(978-1-59152-290-4(0)*, Sweetgrass Bks.) Farcountry Pr.

Hugs & Kisses for the Grouchy Ladybug. Eric Carle. Illus. by Eric Carle. 2018. (ENG., Illus.). 32p. (J). (gr. -1-3). 9.99 *(978-0-06-283568-0(8)*, HarperCollins) HarperCollins Pubs.

Hugs & Sprinkles: The Cupcake Club. Sheryl Berk & Carrie Berk. 2017. (Cupcake Club Ser.: 11). (Illus.). 128p. (J). (gr. 3-7). pap. 7.99 *(978-1-4926-3745-5(9)*, 9781492637455) Sourcebooks, Inc.

Hugs Can Heal a Lonely Heart! Penelope Dyan. Illus. by Dyan. l.t. ed. 2022. (ENG.). 34p. (J). pap. 12.60 *(978-1-61477-576-8(1))* Bellissima Publishing, LLC.

Hugs: Tuck Each Baby. Created by Melissa & Doug. 2019. (ENG.). (J). bds. 6.99 *(978-1-950013-36-4(7))* Melissa & Doug, LLC.

Hugsky. Mark Osborne. 2018. (ENG., Illus.). 12p. (J). *(978-0-244-11824-2(8))* Lulu Pr., Inc.

Huguenot Family (Classic Reprint) Sarah Tytler. 2018. (ENG., Illus.). 412p. (J). 32.39 *(978-0-483-56521-0(0))* Forgotten Bks.

Huguenot Family, Vol. 1 of 3 (Classic Reprint) Sarah Tytler. (ENG., Illus.). (J). 2018. 334p. 30.79 *(978-0-483-19116-7(7))*; 2016. pap. 13.57 *(978-1-333-63546-6(X))* Forgotten Bks.

Huguenot Family, Vol. 2 of 3 (Classic Reprint) Sarah Tytler. 2018. (ENG., Illus.). 342p. (J). 30.95 *(978-0-483-62603-4(1))* Forgotten Bks.

Huguenot Family, Vol. 3 of 3 (Classic Reprint) Sarah Tytler. 2018. (ENG., Illus.). 374p. (J). 31.61 *(978-0-483-39288-5(X))* Forgotten Bks.

Huguenot Lovers: A Tale of the Old Dominion (Classic Reprint) Collinson Pierrepont Edwards Burgwyn. 2017. (ENG., Illus.). (J). 28.66 *(978-0-265-72551-1(8))*; pap. 11.57 *(978-1-5276-8508-6(X))* Forgotten Bks.

Huicholes, gli Sciamani Del Peyote: Storia, Rituali e Psichedelia Sacra. Richard Maxwell. 2023. (ITA.). 36p. (J). pap. ***(978-1-4477-0894-0(6))*** Lulu Pr., Inc.

Huida de Egipto: Moisés y Las Diez Plagas. Pip Reid. 2020. (Defensores de la Fe Ser.: Vol. 1). (SPA.). 44p. (J). pap. *(978-1-7772168-8-7(5))* Bible Pathway Adventures.

Hula for the Home Front. Kirby Larson. 2017. 176p. (J). *(978-1-5182-5295-2(8)*, American Girl) American Girl Publishing, Inc.

Hula-Hoopin' Queen, 1 vol. Thelma Lynne Godin. Illus. by Vanessa Brantley-Newton. 2017. (ENG.). 40p. (J). (gr. 1-5). 12.95 *(978-1-62014-579-1(0)*, leelowbooks) Lee & Low Bks., Inc.

Hula Hoops. Jenny Fretland VanVoorst. 2016. (Early Physics Fun). (Illus.). 24p. (J). (gr. 2-5). lib. bdg. *(978-1-62031-316-9(2)*, Pogo) Jump! Inc.

Huldra. Geoff Hill. 2017. (Gunnhild Lashtongue Ser.: Vol. 3). (ENG., Illus.). (YA). pap. *(978-1-912192-08-3(X))* Mirador Publishing.

Huldy's Whistle (Classic Reprint) Anne Archbold Miller. (ENG., Illus.). (J). 2018. 286p. 29.82 *(978-0-365-18773-8(9))*; 2017. pap. 13.57 *(978-0-259-20729-0(2))* Forgotten Bks.

Hullmetal Girls. Emily Skrutskie. 2018. 320p. (YA). (gr. 9). 17.99 *(978-1-5247-7019-8(1)*, Delacorte Pr.) Random Hse. Children's Bks.

Hulse House, Vol. 1: A Novel (Classic Reprint) T. H. Lister. 2018. (ENG., Illus.). 296p. (J). 30.02 *(978-0-483-78998-2(4))* Forgotten Bks.

Hulse House, Vol. 2 Of 2: A Novel (Classic Reprint) T. H. Lister. 2018. (ENG., Illus.). 284p. (J). 29.75 *(978-0-267-15256-8(6))* Forgotten Bks.

Hum & Swish. Matt Myers. (Illus.). 40p. (J). (gr. -1-3). 2022. pap. 8.99 *(978-0-8234-5179-1(8))*; 2019. 18.99 *(978-0-8234-4286-7(1))* Holiday Hse., Inc. (Neal Porter Bks).

Human. Ajay Joseph. 2017. (ENG., Illus.). (J). pap. 13.48 *(978-1-365-91010-4(5))* Lulu Pr., Inc.

Human: Book One, a Young Teen Novel, Written by Author. Author. 2022. (ENG.). 84p. (YA). pap. 12.49 *(978-1-6628-3458-5(6))* Salem Author Services.

Human Affairs (Classic Reprint) Vincent O'Sullivan. 2018. (ENG., Illus.). 284p. (J). 29.75 *(978-0-483-51313-6(X))* Forgotten Bks.

Human-AI Interaction: How We Work with Artificial Intelligence. Readyai. 2021. (Ai+me Ser.: Vol. 4). (ENG.). 44p. (J). 19.99 *(978-1-0878-9633-5(9))* Indy Pub.

Human Anatomy: The Physiology Coloring Book. Jupiter Kids. 2016. (ENG., Illus.). 106p. (J). pap. 12.55 *(978-1-68305-338-5(9)*, Jupiter Kids (Childrens & Kids Fiction)) Speedy Publishing LLC.

Human Anatomy Edition: Physiology Coloring Books. Jupiter Kids. 2016. (ENG., Illus.). 106p. (J). pap. 12.55 *(978-1-68305-339-2(7)*, Jupiter Kids (Childrens & Kids Fiction)) Speedy Publishing LLC.

Human Anatomy Made Easy - Children's Science & Nature. Baby Professor. 2017. (ENG., Illus.). (YA). pap. 7.89 *(978-1-5419-0287-9(4)*, Baby Professor (Education Kids)) Speedy Publishing LLC.

Human & Animal Brains Coloring Book. Activibooks For Kids. 2016. (ENG., Illus.). (J). pap. 9.20 *(978-1-68321-781-7(0))* Mimaxion.

Human Behind the Hero: Set 1, 12 vols. 2019. (Human Behind the Hero Ser.). (ENG.). 32p. (J). (gr. 1-2). lib. bdg. 169.62 *(978-1-5382-4906-2(5)*, 2edd5f82-2358-46b0-b86f-67540e6b80ed) Stevens, Gareth Publishing LLLP.

Human Behind the Hero: Set 2. Kristen Rajczak Nelson. 2022. (Human Behind the Hero Ser.). (ENG.). 32p. (J). pap. 69.00 ***(978-1-5382-8446-9(4))*** Stevens, Gareth Publishing LLLP.

Human Behind the Hero: Sets 1 - 2. 2022. (Human Behind the Hero Ser.). (ENG.). (J). pap. 138.00 ***(978-1-5382-8448-3(0))*** Stevens, Gareth Publishing LLLP.

Human Beings vs; Things (Classic Reprint) Asenath Carver Coolidge. (ENG., Illus.). (J). 2018. 240p. 28.87 *(978-0-483-40552-3(3))*; 2016. pap. 11.57 *(978-1-333-55625-9(X))* Forgotten Bks.

Human Bits (Classic Reprint) Hildegarde Hume Hamilton. 2018. (ENG., Illus.). 154p. (J). 27.09 *(978-0-483-94290-5(1))* Forgotten Bks.

Human Body! see Cuerpo Humano (Knowledge Encyclopedia Human Body!)

Human Body see Cuerpo Humano: Shine-A-light

Human Body. Valentina Bonaguro. Tr. by Denise Muir. 2018. (Lens Bks.). (ENG., Illus.). 32p. (J). (gr. 2-17). 18.99 *(978-0-7624-9224-4(4)*, Running Pr. Kids) Running Pr.

Human Body. Carron Brown. Illus. by Rachel Saunders. 2016. (ENG.). 36p. (J). 12.99 *(978-1-61067-465-2(0))* Kane Miller.

Human Body. Harriet Brundle. 2019. (Infographics Ser.). (ENG.). 32p. (J). (gr. 2-6). pap. 9.99 *(978-1-78637-633-6(4))* BookLife Publishing Ltd. GBR. Dist: Independent Pubs. Group.

Human Body. Steffi Cavell-Clarke. 2019. (Extreme Facts Ser.). (ENG.). 24p. (J). (gr. k-6). pap. 7.99 *(978-1-78637-815-6(9))* BookLife Publishing Ltd. GBR. Dist: Independent Pubs. Group.

Human Body, 1 vol. Clare Hibbert. 2018. (Science Explorers Ser.). (ENG.). 32p. (gr. 3-3). lib. bdg. 26.93 *(978-1-9785-0644-2(9)*, a62a944d-b97b-4f17-bbec-568b4cf96c3a, Enslow Publishing) Enslow Publishing, LLC.

Human Body. Ed. by Kidsbooks. 2019. (That's Facts-Inating Ser.). (ENG.). 256p. (J). pap. 9.99 *(978-1-62885-698-9(X))* Kidsbooks, LLC.

Human Body. Henry Newell Martin. 2017. (ENG.). 404p. (J). pap. *(978-3-7446-6212-3(8))*; pap. *(978-3-7446-7034-0(1))* Creation Pubs.

Human Body. Henry Newell Martin & Hetty Cary Martin. 2017. (ENG.). 288p. (J). pap. *(978-3-337-37156-2(6))* Creation Pubs.

Human Body. Susan Mayes. Illus. by Amanda Shufflebotham. 2022. (Scratch, Discover & Learn Ser.). (ENG.). 56p. (J). 14.99 *(978-1-80105-134-7(8))* Top That! Publishing PLC GBR. Dist: Independent Pubs. Group.

Human Body. Kathryn Senior. 2016. (Wise Up Ser.). 32p. (gr. 2-6). 31.35 *(978-1-62588-340-7(4)*, Smart Apple Media) Black Rabbit Bks.

Human Body. Emily Sohn. 2019. (IScience Ser.). (ENG., Illus.). 32p. (J). (gr. 3-4). pap. 13.26 *(978-1-68404-379-8(4))* Norwood Hse. Pr.

Human Body. Contrib. by Richard Walker. 2023. (DK Eyewitness Ser.). (ENG.). 72p. (J). (gr. 3-7). pap. 9.99 *(978-0-7440-7991-3(8)*, DK Children) Dorling Kindersley Publishing, Inc.

Human Body. Contrib. by World Book, Inc. Staff. 2019. (Illus.). 96p. (J). *(978-0-7166-3728-8(6))* World Bk., Inc.

Human Body. M. J. York. 2021. (Fascinating Facts Ser.). (ENG.). 24p. (J). (gr. 2-5). lib. bdg. 32.79 *(978-1-5038-4467-4(6)*, 214234) Child's World, Inc, The.

Human Body: Brain & Nervous System. Wonder House Books. 2020. (Knowledge Encyclopedia for Children Ser.). (ENG.). 32p. (J). (gr. 7-10). pap. 5.99 ***(978-93-89931-25-9(8))*** Prakash Bk. Depot IND. Dist: Independent Pubs. Group.

Human Body: Get under the Skin with Science Activities for Kids. Kathleen M. Reilly. Illus. by Alexis Cornell. 2019. (Build It Yourself Ser.). (ENG.). 128p. (J). (gr. 4-6). 22.95 *(978-1-61930-798-8(7)*, 552e8004-ac72-4238-9728-1e85298ccb06); pap. 17.95 *(978-1-61930-801-5(0)*, e2eae405-0002-4972-b9db-764b30640e75) Nomad Pr.

Human Body: Heart & Circulatory System. Wonder House Books. 2020. (Knowledge Encyclopedia for Children Ser.). (ENG.). 32p. (J). (gr. 7-10). pap. 5.99 ***(978-93-89931-20-4(7))*** Prakash Bk. Depot IND. Dist: Independent Pubs. Group.

Human Body: Immune System & Common Diseases. Wonder House Books. 2020. (Knowledge Encyclopedia for Children Ser.). (ENG.). 32p. (J). (gr. 7-10). pap. 5.99 ***(978-93-89931-23-5(1))*** Prakash Bk. Depot IND. Dist: Independent Pubs. Group.

Human Body: Lift-The-Flap Fact Book. IglooBooks. Illus. by Bonnie Pang. 2021. (ENG.). 26p. (J). (-k). bds. 9.99 *(978-1-83903-653-8(2))* Igloo Bks. GBR. Dist: Simon & Schuster, Inc.

Human Body: Set, 16 vols. 2019. (Boom Science Ser.). (ENG.). 32p. (J). (gr. 3-4). lib. bdg. 223.44 *(978-1-7253-0410-9(4)*, 2e924193-d36c-4799-a33b-e37348fa5f59, PowerKids Pr.) Rosen Publishing Group, Inc., The.

Human Body: Skeletal & Muscular System. Wonder House Books. 2020. (Knowledge Encyclopedia for Children Ser.). (ENG.). 32p. (J). (gr. 7-10). pap. 5.99 ***(978-93-89931-24-2(X))*** Prakash Bk. Depot IND. Dist: Independent Pubs. Group.

Human Body: The Facts Book for Future Doctors - Biology Books for Kids Children's Biology Books. Baby Professor. 2017. (ENG., Illus.). (J). pap. 8.79 *(978-1-5419-1417-9(1)*, Baby Professor (Education Kids)) Speedy Publishing LLC.

Human Body: The Facts Book for Future Doctors - Biology Books for Kids Revised Edition - Children's Biology Books. Baby Professor. 2019. (ENG.). 52p. (J). 19.99 *(978-1-5419-6840-0(9))*; pap. 10.99 *(978-1-5419-6826-4(3))* Speedy Publishing LLC. (Baby Professor (Education Kids)).

Human Body - Organs & Organ Systems Books - Science Kids Grade 7 - Children's Biology Books. Baby Professor. 2020. (ENG.). 76p. (J). 25.05 *(978-1-5419-7600-9(2))*; pap. 15.06 *(978-1-5419-4960-7(9))* Speedy Publishing LLC. (Baby Professor (Education Kids)).

Human Body - Read It Yourself with Ladybird Level 4. Ladybird. 2016. (Read It Yourself with Ladybird Ser.). (ENG., Illus.). 48p. (J). 5.99 *(978-0-241-23768-7(8))* Penguin Bks., Ltd. GBR. Dist: Independent Pubs. Group.

Human Body Activity Book: Over 50 Fun Puzzles, Games, & More! Illus. by Simon Abbott. 2021. (ENG.). 64p. (J). pap. 5.99 *(978-1-4413-3698-9(2)*, b368341f-8dac-46e1-b5c9-37d0bb2d5387) Peter Pauper Pr. Inc.

Human Body, Animal Bodies: Muscles & Movement. Izzi Howell. 2021. (Human Body, Animal Bodies Ser.). (ENG., Illus.). 24p. (J). (gr. 1-3). pap. 13.99 *(978-1-5263-0681-4(6)*, Wayland) Hachette Children's Group GBR. Dist: Hachette Bk. Group.

Human Body, Animal Bodies: Senses. Izzi Howell. 2021. (Human Body, Animal Bodies Ser.). (ENG.). 24p. (J). (gr. 1-3). pap. 13.99 ***(978-1-5263-0683-8(2)***, Wayland) Hachette Children's Group GBR. Dist: Hachette Bk. Group.

Human Body at a Glance. Illus. by Giulia De Amicis. 2019. (ENG.). 72p. (J). (gr. 3). 16.95 *(978-88-544-1528-7(6))* White Star Publishers ITA. Dist: Sterling Publishing Co., Inc.

Human Body Book Introduction to the Circulatory System Children's Anatomy & Physiology Edition. Baby Professor. 2016. (ENG., Illus.). 42p. (J). pap. 11.65 *(978-1-68305-636-2(1)*, Baby Professor (Education Kids)) Speedy Publishing LLC.

Human Body Book Introduction to the Muscular System Children's Anatomy & Physiology Edition. Baby Professor. 2016. (ENG., Illus.). 42p. (J). pap. 11.65 *(978-1-68305-640-9(X)*, Baby Professor (Education Kids)) Speedy Publishing LLC.

Human Body Book Introduction to the Nervous System Children's Anatomy & Physiology Edition. Baby Professor. 2016. (ENG., Illus.). 42p. (J). pap. 11.65 *(978-1-68305-639-3(6)*, Baby Professor (Education Kids)) Speedy Publishing LLC.

Human Body Book Introduction to the Respiratory System Children's Anatomy & Physiology Edition. Baby Professor. 2016. (ENG., Illus.). 42p. (J). pap. 11.65 *(978-1-68305-637-9(X)*, Baby Professor (Education Kids)) Speedy Publishing LLC.

Human Body Book Introduction to the Vascular System Children's Anatomy & Physiology Edition. Baby Professor. 2016. (ENG., Illus.). 42p. (J). pap. 11.65 *(978-1-68305-638-6(8)*, Baby Professor (Education Kids)) Speedy Publishing LLC.

Human Body (Collins Children's Poster) Collins Kids. Illus. by Steve Evans. 2018. (ENG.). 1p. (J). (-4). 9.99 *(978-0-00-830481-2(5))* HarperCollins Pubs. Ltd. GBR. Dist: Independent Pubs. Group.

Human Body Coloring Book for Children - Create Your Own Doodle Cover (8x10 Hardcover Personalized Coloring Book / Activity Book) Sheba Blake. 2021. (ENG.). 46p. (J). 24.99 ***(978-1-222-34313-7(4))*** Indy Pub.

Human Body Coloring Book for Kids! Discover These Fun & Enjoyable Coloring Pages! Bold Illustrations. 2022. (ENG.). 82p. (J). pap. 15.99 ***(978-1-0717-0635-0(7)***, Bold Illustrations) FASTLANE LLC.

Human Body Encyclopedia. Linda Cernak. 2022. (Science Encyclopedias Ser.). (ENG.). 192p. (J). (gr. 3-9). lib. bdg. 49.93 *(978-1-5321-9875-5(2)*, 39529, Early Encyclopedias) ABDO Publishing Co.

Human Body Factory: A Guide to Your Insides. Dan Green. Illus. by Edmond Davis. 2021. (ENG.). 56p. (J). 16.99 *(978-0-7534-7675-8(4)*, 900233869, Kingfisher) Roaring Brook Pr.

Human Body Facts or Fibs. Kristin J. Russo. 2018. (Facts or Fibs? Ser.). (ENG., Illus.). 32p. (J). (gr. 3-9). pap. 7.95 *(978-1-5435-0207-7(5)*, 137129); lib. bdg. 28.65 *(978-1-5435-0203-9(2)*, 137125) Capstone. (Capstone Pr.).

Human Body F&g. . . . Thomas. 2021. (ENG.). (J). 19.99 *(978-0-358-44712-2(7)*, HarperCollins) HarperCollins Pubs.

Human Body FAQ, 12 vols. 2016. (Human Body FAQ Ser.). (ENG.). 00032p. (J). (gr. 3-3). 167.58 *(978-1-5081-5342-9(6)*, 2b3c5a9e-90af-4452-a8bb-a602608cbd1e, PowerKids Pr.) Rosen Publishing Group, Inc., The.

Human Body Helpers: Sets 1 - 2. 2020. (Human Body Helpers Ser.). (ENG.). (J). pap. 92.50 *(978-1-5345-3625-8(6))*; (gr. 2-3). lib. bdg. 262.30 *(978-1-5345-3603-6(5)*, 29eb8e0d-4ffd-432b-a40c-aa4e98808ca0) Greenhaven Publishing LLC. (KidHaven Publishing).

Human Body Its Health a Text-Book for Schools, Having Special Reference to the Effects of Stimulants & Narcotics, on the Human System (Classic Reprint) William Thayer Smith. 2018. (ENG., Illus.). 206p. (J). 28.17 *(978-0-332-93363-4(6))* Forgotten Bks.

Human Body Learning Lab: Take an Inside Tour of How Your Anatomy Works. Betty Choi. 2022. (ENG., Illus.). 144p. (J). (gr. 3-7). pap. 18.99 *(978-1-63586-479-3(8)*, 626479) Storey Publishing, LLC.

Human Body-Read It Yourself with Ladybird, Level 4. Ladybird. 2016. (Read It Yourself with Ladybird Ser.). (ENG., Illus.). 48p. (J). pap. 9.99 *(978-0-241-23767-0(X))* Penguin Bks., Ltd. GBR. Dist: Independent Pubs. Group.

Human Body Systems. Christina Earley. 2022. (Life Science Ser.). (ENG.). 24p. (J). (gr. 3-6). lib. bdg. 27.93 *(978-1-63897-488-8(8)*, 20506) Seahorse Publishing.

Human Body Systems. Contrib. by Christina Earley. 2022. (Life Science Ser.). (ENG.). 24p. (J). (gr. 3-6). pap. 8.95 *(978-1-63897-603-5(1)*, 20507) Seahorse Publishing.

Human Body Systems. Lisa K. Schnell. 2018. (Human Machine Ser.). (ENG., Illus.). 32p. (gr. 3-6). lib. bdg. 32.79 *(978-1-64156-433-5(4)*, 9781641564335) Rourke Educational Media.

Human Bone Anatomy Coloring Book. Creative Playbooks. 2016. (ENG., Illus.). (J). pap. 7.74 *(978-1-68323-928-4(8))* Twin Flame Productions.

Human Boy Again (Classic Reprint) Eden Phillpotts. 2018. (ENG., Illus.). 338p. (J). 30.87 *(978-0-365-19016-5(0))* Forgotten Bks.

Human Boy & the War (Classic Reprint) Eden Phillpotts. 2018. (ENG., Illus.). 308p. (J). 30.27 *(978-0-332-78247-8(6))* Forgotten Bks.

Human Boy (Classic Reprint) Eden Phillpotts. 2018. (ENG., Illus.). 314p. (J). 30.37 *(978-0-484-57866-0(9))* Forgotten Bks.

Human Brain - Biology for Kids Children's Biology Books. Baby Professor. 2017. (ENG., Illus.). (J). pap. 9.55 *(978-1-5419-3885-4(2)*, Baby Professor (Education Kids)) Speedy Publishing LLC.

Human Brain & Head Coloring Book. Creative Playbooks. 2016. (ENG., Illus.). (J). pap. 7.74 *(978-1-68323-929-1(6))* Twin Flame Productions.

Human Circulatory System, 1 vol. Cassie M. Lawton. 2020. (Inside Guide: Human Body Systems Ser.). (ENG.). 32p. (gr. 4-5). pap. 11.58 *(978-1-5026-5717-6(1)*,

932

The check digit for ISBN-10 appears in parentheses after the full ISBN-13

350e51cc-1e24-44d7-90d6-f66b6aecf3ea) Cavendish Square Publishing LLC.

Human Cloning, 1 vol. Kristi Lew. 2018. (Sci-Fi or STEM? Ser.). (ENG.). 64p. (J). (gr. 7-7). 36.13 *(978-1-5081-8034-0(2),* d99872d7-e45e-4b9b-9e81-5737b1fb7012) Rosen Publishing Group, Inc., The.

Human Cobweb: A Romance of Old Peking (Classic Reprint) B. L. Putnam Weale. 2018. (ENG., Illus.). 480p. (J). 33.82 *(978-0-428-79549-8(8))* Forgotten Bks.

Human Comedy, Vol. 3 Of 3: Being the Best Novels from the Comedie Humaine of Honore de Balzac (Classic Reprint) Julius Chambers. 2018. (ENG., Illus.). 378p. (J). 31.69 *(978-0-483-81813-2(5))* Forgotten Bks.

Human Computer: Mary Jackson, Engineer. Andi Diehn. Illus. by Katie Mazeika. 2019. (Picture Book Biography Ser.). 32p. (J). (gr. k-3). 16.95 *(978-1-61930-774-2(X),* 90aedae1-907f-4572-b0fc-86f0886902e6); pap. 9.95 *(978-1-61930-777-3(4),* 873517f3-67a5-4784-a444-68bac8f33a4e) Nomad Pr.

Human Desire (Classic Reprint) Violet Irwin. (ENG., Illus.). (J). 2018. 442p. 33.03 *(978-0-483-28928-4(0));* 2016. pap. 16.57 *(978-1-333-26143-6(8))* Forgotten Bks.

Human Digestive System, 1 vol. Cassie M. Lawton. 2020. (Inside Guide: Human Body Systems Ser.). (ENG.). 32p. (gr. 4-5). pap. 11.58 *(978-1-5026-5721-3(X),* 200f8015-d7d5-47a6-ab54-80c6d2193869) Cavendish Square Publishing LLC.

Human Dilemma of the Young. Betty Lou Rogers. 2017. (ENG., Illus.). (J). pap. 10.95 *(978-0-9983078-6-2(6))* Skookum Bks.

Human Document. William Hurrell Mallock. 2017. (ENG.). 298p. (J). pap. *(978-3-337-00170-4(X))* Creation Pubs.

Human Document: A Novel (Classic Reprint) William Hurrell Mallock. 2017. (ENG., Illus.). (J). 32.00 *(978-0-266-15944-5(3));* pap. 16.57 *(978-0-243-93498-0(X))* Forgotten Bks.

Human Document, Vol. 1 Of 3: A Novel (Classic Reprint) W. H. Mallock. 2017. (ENG., Illus.). (J). 29.82 *(978-0-331-88576-7(X))* Forgotten Bks.

Human Document, Vol. 2 Of 3: A Novel (Classic Reprint) W. H. Mallock. 2017. (ENG., Illus.). (J). 30.10 *(978-1-5283-5482-0(6))* Forgotten Bks.

Human Document, Vol. 3 Of 3: A Novel (Classic Reprint) W. H. Mallock. 2018. (ENG., Illus.). 312p. (J). 30.35 *(978-0-267-62957-2(5))* Forgotten Bks.

Human Drift (Classic Reprint) Jack. London. 2018. (ENG., Illus.). 204p. (J). 28.12 *(978-0-365-21289-8(X))* Forgotten Bks.

Human Environmental Impact: How We Affect Earth. Ava Sawyer. 2017. (Humans & Our Planet Ser.). (ENG.). 32p. (J). pap. 47.70 *(978-1-5157-7384-9(1),* 26742); (Illus.). (gr. 3-6). lib. bdg. 27.99 *(978-1-5157-7196-8(2),* 135553) Capstone. (Capstone Pr.).

Human Evolution, 1 vol. Rusty Huddle. 2016. (Study of Science Ser.). (ENG., Illus.). 136p. (J). (gr. 8-8). 37.82 *(978-1-5081-0429-2(8),* f6f1c1bc-6fb6-4d24-8d99-fb8dcdf10da0) Rosen Publishing Group, Inc., The.

Human Face Divine: And Other Tales (Classic Reprint) Margaret Gatty. 2018. (ENG., Illus.). (J). 194p. 27.92 *(978-1-397-22983-0(7));* 196p. pap. 10.57 *(978-1-397-22951-9(9))* Forgotten Bks.

Human for Kingsley. Gabriel Evans. 2023. (ENG.). 32p. (J). 17.99 *(978-1-76050-691-9(5))* Little Hare Bks. AUS. Dist: Independent Pubs. Group.

Human Genome. Jim Whiting. 2019. (Turning Points Ser.). (ENG.). 48p. (J). (gr. 3-6). *(978-1-64026-174-7(5),* 19156, Creative Education); pap. 14.00 *(978-1-62832-737-3(5),* 19153, Creative Paperbacks) Creative Co., The.

Human Genome: Mapping the Blueprint of Human Life. Carla Mooney. Illus. by Tom Casteel. 2020. (Inquire & Investigate Ser.). 128p. (YA). (gr. 7-9). (ENG.). 22.95 *(978-1-61930-904-3(1),* ddbf67b9-92d0-4fae-891f-af577eba3c39); pap. 17.95 *(978-1-61930-907-4(6),* c8a8f847-3ab3-4910-be1e-afb690cd852c) Nomad Pr.

Human Genome: Odysseys in Recent Events: the Human Genome. Jim Whiting. 2023. (Odysseys in Recent Events Ser.). (ENG., Illus.). 80p. (J). (gr. 6-10). pap. 15.99 *(978-1-68277-268-3(3),* 23612, Creative Paperbacks) Creative Co., The.

Human Genome Project, 1 vol. Janey Levy. 2018. (History Just Before You Were Born Ser.). (ENG.). 32p. (gr. 4-5). 28.27 *(978-1-5382-3028-2(3),* 8254158f-41ec-41fd-b629-af4b828f610f) Stevens, Gareth Publishing LLLP.

Human Hearts. Mary Beesley. 2022. (ENG.). 348p. (YA). 25.99 *(978-1-955060-06-6(1))* Monster Ivy Publishing.

Human Impact on Ecosystems Pollution & Environment Books Science Grade 8 Children's Environment Books. Baby Professor. 2021. (ENG.). 72p. (J). 27.99 *(978-1-5419-8071-6(9));* pap. 16.99 *(978-1-5419-4962-1(5))* Speedy Publishing LLC. (Baby Professor (Education Kids)).

Human Interest. Violet Hunt. 2017. (ENG.). 288p. (J). pap. *(978-3-337-36264-5(8))* Creation Pubs.

Human Interest: A Study in Incompatibilities (Classic Reprint) Violet Hunt. 2018. (ENG., Illus.). 286p. (J). 29.75 *(978-0-484-27765-5(0))* Forgotten Bks.

Human Interest Library, Vol. 1: Visualized Knowledge (Classic Reprint) Samuel Fallows. (ENG., Illus.). (J). 2018. 806p. 40.54 *(978-0-483-33257-7(7));* 2016. pap. 23.57 *(978-1-333-70508-4(5))* Forgotten Bks.

Human Kaboom. Adam Rubin. 2023. (ENG., Illus.). 416p. (J). (gr. 3-7). 18.99 *(978-0-593-46239-3(4),* G.P. Putnam's Sons Books for Young Readers) Penguin Young Readers Group.

Human-Kind: The New Ark. Duane Stockwell. 2021. (ENG.). 432p. (YA). pap. 28.99 *(978-1-6657-1619-2(3))* Archway Publishing.

Human Kind: Courage. Zanni Louise. 2020. (Human Kind Ser.). (ENG.). 32p. (J). 19.99 *(978-1-922385-28-4(X))* Bonnier Publishing GBR. Dist: Independent Pubs. Group.

Human Kind: Honesty. Zanni Louise. Illus. by Missy Turner. 2020. (Human Kind Ser.). (ENG.). 32p. (J). 19.99 *(978-1-925970-79-1(5))* Bonnier Publishing GBR. Dist: Independent Pubs. Group.

Human Kind: Patience. Zanni Louise. 2022. (Human Kind Ser.). (ENG., Illus.). 32p. (J). (gr. -1-3). 19.99 *(978-1-922677-54-9(X))* Bonnier Publishing GBR. Dist: Independent Pubs. Group.

Human Kind: Persistence. Zanni Louise. Illus. by Missy Turner. 2020. (Human Kind Ser.). (ENG.). 32p. (J). 19.99 *(978-1-925970-80-7(9))* Bonnier Publishing GBR. Dist: Independent Pubs. Group.

Human Kind: Resilience. Zanni Louise. Illus. by Missy Turner. 2021. (Human Kind Ser.). (ENG.). 32p. (J). 19.99 *(978-1-922514-01-1(2))* Bonnier Publishing GBR. Dist: Independent Pubs. Group.

Human Kindness: True Stories of Compassion & Generosity That Changed the World. John Francis. Illus. by Josy Bloggs. 2022. (ENG.). 64p. (J). (gr. 3-7). 19.99 *(978-1-912920-32-7(8))* What on Earth Books.

Human-Like Robots. Lola Schaefer. 2020. (Lightning Bolt Books (r) — Robotics Ser.). (ENG., Illus.). 24p. (J). (gr. 1-3). pap. 9.99 *(978-1-7284-1359-4(1),* f123c422-1955-4303-a5fa-9e7bd80c5725); lib. bdg. 29.32 *(978-1-5415-9695-5(1),* 50cf5cfb-6943-4412-99d9-2cd1e01c07f0) Lerner Publishing Group. (Lerner Pubns.).

Human-Made World. Jon Richards & Ed Simkins. 2016. (Mapographica Ser.). (ENG., Illus.). 32p. (J). (gr. 3-6). *(978-0-7787-2657-9(6))* Crabtree Publishing Co.

Human Microbiome: The Germs That Keep You Healthy. Rebecca E. Hirsch. 2016. (ENG., Illus.). 112p. (YA). (gr. 6-12). 34.65 *(978-1-4677-8568-6(7),* d9bd6f34-f380-488f-8035-02d32ea9980f); E-Book 51.99 *(978-1-5124-1140-9(X))* Lerner Publishing Group. (Twenty-First Century Bks.).

Human Migration, 1 vol. Ed. by Barbara Krasner. 2019. (Opposing Viewpoints Ser.). (ENG.). 200p. (gr. 10-12). pap. 34.80 *(978-1-5345-0598-8(9),* 8e749bf2-f41f-48f5-aa28-2df975360f13) Greenhaven Publishing LLC.

Human Migration: Investigate the Global Journey of Humankind. Judy Dodge Cummings. Illus. by Tom Casteel. 2016. (Inquire & Investigate Ser.). (ENG.). 128p. (J). (gr. 6-10). 22.95 *(978-1-61930-371-3(X),* 379eaf0c-59bc-4474-965a-c79a6a775664) Nomad Pr.

Human Missions to Outer Space (a True Book: Space Exploration) Laurie Calkhoven. 2022. (True Book (Relaunch) Ser.). (ENG.). 48p. (J). (gr. 3-5). pap. 7.99 *(978-1-338-82592-3(5),* Children's Pr.) Scholastic Library Publishing.

Human Movement: How the Body Walks, Runs, Jumps, & Kicks. Carla Mooney. Illus. by Samuel Carbaugh. 2017. (Inquire & Investigate Ser.). (ENG.). 128p. (J). (gr. 6-10). 22.95 *(978-1-61930-481-9(3),* 19f9f90f-d1b6-4204-86a4-e7b8bc398401) Nomad Pr.

Human Note (Classic Reprint) St. Lawrence Chandler. 2018. (ENG., Illus.). 220p. (J). 28.45 *(978-0-483-89768-7(X))* Forgotten Bks.

Human Odds & Ends. George Gissing. 2017. (ENG.). 318p. (J). pap. *(978-3-337-36715-2(1))* Creation Pubs.

Human Odds & Ends: Stories & Sketches (Classic Reprint) George Gissing. 2017. (ENG., Illus.). (J). 30.41 *(978-0-331-81427-9(7))* Forgotten Bks.

Human Physiology. John Thornton. 2017. (ENG.). 472p. (J). pap. *(978-3-337-36537-0(X))* Creation Pubs.

Human Physiology: A Text-Book for High Schools & Colleges (Classic Reprint) Percy Goldthwait Stiles. 2017. (ENG., Illus.). 444p. (J). 33.05 *(978-0-332-95992-4(9))* Forgotten Bks.

Human Psychology. E. Janes. 2017. (ENG.). 310p. (J). pap. *(978-3-337-37036-7(5))* Creation Pubs.

Human Relations Series of Films (Classic Reprint) Progressive Education Association. 2017. (ENG., Illus.). (J). 25.81 *(978-0-331-85684-2(0))* Forgotten Bks.

Human Rights, 1 vol. Tim Cooke. 2017. (What's the Big Idea? a History of the Ideas That Shape Our World Ser.). (ENG.). 48p. (gr. 6-6). lib. bdg. 33.07 *(978-1-5026-2824-4(4),* 8cce0610-ad53-4c31-a5fe-e502c293264e) Cavendish Square Publishing LLC.

Human Rights & Liberty. Charlie Ogden. 2017. (Our Values - Level 3 Ser.). (Illus.). 32p. (J). (gr. 5-6). *(978-0-7787-3267-9(3))* Crabtree Publishing Co.

Human Rights & Protecting Individuals. Roger Smith. 2018. (United Nations Ser.). (ENG.). 48p. (J). lib. bdg. 34.99 *(978-1-5105-3961-7(1))* SmartBook Media, Inc.

Human Rights for All. Jilly Hunt. 2017. (Beyond the Headlines! Ser.). (ENG., Illus.). 48p. (J). (gr. 4-8). lib. bdg. 35.99 *(978-1-4846-4141-5(8),* 136195, Heinemann) Capstone.

Human Rights for All, 2 vols. Jilly Hunt. 2018. (Beyond the Headlines! Ser.). (ENG.). (J). (gr. 4-6). *(978-1-4846-4234-4(1))* Heinemann Educational Bks.

Human Rights in Focus: Genocide. Bradley Steffens. 2017. (Human Rights in Focus Ser.). (ENG.). 80p. (YA). (gr. 5-12). *(978-1-68282-225-8(7))* ReferencePoint Pr., Inc.

Human Rights in Focus: Human Trafficking. Leanne Currie-McGhee. 2017. (Human Rights in Focus Ser.). (ENG.). 80p. (YA). (gr. 5-12). *(978-1-68282-227-2(3))* ReferencePoint Pr., Inc.

Human Rights in Focus: Illegal Immigrants. David M. Haugen. 2017. (ENG.). 80p. (J). (gr. 5-12). *(978-1-68282-229-6(X))* ReferencePoint Pr., Inc.

Human Rights in Focus: Refugees. Michael V. Uschan. 2017. (ENG., Illus.). 80p. (J). (gr. 5-12). *(978-1-68282-233-3(8))* ReferencePoint Pr., Inc.

Human Rights in Focus: The LGBT Community. Damon Karson. 2017. (Human Rights in Focus Ser.). (ENG.). 80p. (YA). (gr. 5-12). *(978-1-68282-231-9(1))* ReferencePoint Pr., Inc.

Human Rights in Focus: Torture. Bradley Steffens. 2017. (Human Rights in Focus Ser.). (ENG.). 80p. (YA). (gr. 5-12). *(978-1-68282-235-7(4))* ReferencePoint Pr., Inc.

Human Rights Journalism. Diane Dakers. 2018. (Investigative Journalism That Inspired Change Ser.). 48p. (J). (gr. 6-6). pap. *(978-0-7787-5364-3(6))* Crabtree Publishing Co.

Human Service. Diane Lindsey Reeves. 2017. (Bright Futures Press: World of Work Ser.). (ENG., Illus.). 32p. (J). (gr. 4-7). lib. bdg. 32.07 *(978-1-5341-0176-0(4),* 210174) Cherry Lake Publishing.

Human Skulls from Gazelle Peninsula (Classic Reprint) George Grant MacCurdy. (ENG., Illus.). (J). 2017. 27.30 *(978-0-266-45337-6(6));* 2016. pap. 9.57 *(978-1-333-80377-3(X))* Forgotten Bks.

Human Spaceflight, 1 vol. Adam Furgang. 2017. (From Earth to the Stars Ser.). (ENG.). 48p. (gr. 6-7). pap. 15.05 *(978-1-68048-669-8(1),* 0dee7fa1-36a8-4491-ace1-54cb3d373420, Britannica Educational Publishing) Rosen Publishing Group, Inc., The.

Human Spirit see Summer Cottage

Human Suffering: Old Testament Volume 29: Job. Arlene S. Piepgrass & Bible Visuals International. 2019. (Visualized Bible Ser.: Vol. 2029). (ENG.). 32p. (J). pap. 15.00 *(978-1-64104-033-4(5))* Bible Visuals International, Inc.

Human Sunshine Emoji. Vannessa Colvin. l.t. ed. 2020. (ENG.). 26p. (J). pap. 15.00 *(978-1-0879-0575-4(3))* Indy Pub.

Human Touch: A Tale of the Great Southwest (Classic Reprint) Edith M. Nicholl. (ENG., Illus.). (J). 2018. 424p. 32.66 *(978-0-332-31877-6(X));* 2016. pap. 16.57 *(978-1-333-33469-7(9))* Forgotten Bks.

Human Touch: With Fantasy & Poems (Classic Reprint) Leonard Allen Compton-Rickett. (ENG., Illus.). (J). 2018. 244p. 28.93 *(978-0-267-33103-1(7));* 2016. pap. 11.57 *(978-1-333-56998-3(X))* Forgotten Bks.

Human Touch (Classic Reprint) Sapper C. McNeile. 2018. (ENG., Illus.). 314p. (J). 30.39 *(978-0-656-78489-9(X))* Forgotten Bks.

Human Town. Alan Durant. Illus. by Anna Doherty. 2022. (ENG.). 32p. (J). 16.99 *(978-1-910328-84-2(7))* Tiny Owl Publishing Ltd. GBR. Dist: Consortium Bk. Sales & Distribution.

Human Trafficking, 1 vol. Lita Sorensen. 2019. (Global Viewpoints Ser.). (ENG.). 176p. (gr. 10-12). pap. 32.70 *(978-1-5345-0649-7(7),* 9e7e6006-4960-4a2f-9ce5-04ffe56c17ba) Greenhaven Publishing LLC.

Human Trinity (Classic Reprint) Ronald MacDonald. 2018. (ENG., Illus.). 374p. (J). 31.61 *(978-0-483-65770-0(0))* Forgotten Bks.

Human under My Bed & King for the Day. Mignonne Gunasekara. Illus. by Irene Renon. 2023. (Level 11 - Lime Set Ser.). (ENG.). 48p. (J). (gr. 2-4). lib. bdg. 19.95 Bearport Publishing Co., Inc.

Human Wisps: Six One-Act Plays (Classic Reprint) Anna Wolfrom. 2017. (ENG., Illus.). (J). 26.66 *(978-0-265-20005-6(9))* Forgotten Bks.

Humane Advocate, Vol. 2: April 1907 (Classic Reprint) Illinois Humane Society. (ENG., Illus.). (J). 2018. 20p. 24.31 *(978-0-267-72227-3(3));* 2017. pap. 7.97 *(978-0-282-66522-7(6))* Forgotten Bks.

Humane Homes, 1 vol. Catherine Robertson. 2019. (Ethical Living Ser.). (ENG.). 64p. (gr. 6-6). 36.13 *(978-1-5081-8055-5(5),* 3cb772d0-1b84-4f94-b04e-48541267450f) Rosen Publishing Group, Inc., The.

Humane Society. Katie Marsico. 2016. (Community Connections: How Do They Help? Ser.). (ENG., Illus.). 24p. (J). (gr. 2-5). 29.21 *(978-1-63471-050-3(9),* 208280) Cherry Lake Publishing.

Humanitarian Relief & Lending a Hand. Roger Smith. 2018. (United Nations Ser.). (ENG.). 48p. (J). lib. bdg. 34.99 *(978-1-5105-3963-1(8))* SmartBook Media, Inc.

Humanity: The Illustrated Geography of Our World. Susan Martineau. Illus. by Vicky Barker. 2019. (Geographics Geography for Kids Ser.). (ENG.). 24p. (J). (gr. 1-5). pap. 6.99 *(978-1-63158-488-6(X),* Racehorse Publishing) Skyhorse Publishing Co., Inc.

Humanity & the Mysterious Knight (Classic Reprint) Mack Stauffer. 2017. (ENG., Illus.). 306p. (J). 30.23 *(978-0-484-51141-4(6))* Forgotten Bks.

Humanity's Hope. Pembroke Sinclair. 2017. (ENG., Illus.). (J). pap. 10.99 *(978-1-945263-16-3(4))* Stitched Smile Pubns.

Humanizacion un Asunto Etico: Los Fundamentos de la Humanización. Ramon Orlando Mendez. 2022. (SPA.). 211p. (J). pap. *(978-1-387-35011-7(0))* Lulu Pr., Inc.

Humanoid Robots. S. L. Hamilton. 2018. (Xtreme Robots Ser.). (ENG., Illus.). 32p. (J). (gr. 3-9). lib. bdg. 32.79 *(978-1-5321-1825-8(2),* 30568, Abdo & Daughters) ABDO Publishing Co.

Humanoid Robots. Mary Lindeen. 2017. (Cutting-Edge Robotics (Alternator Books (r)) Ser.). (ENG., Illus.). 32p. (J). (gr. 3-6). 29.32 *(978-1-5124-4012-6(4),* 814780a3-cb3b-4325-b8ec-b30164061bb4, Lerner Pubns.) Lerner Publishing Group.

Humans: An Evolutionary History, 8 vols., Set. Rebecca Stefoff. Incl. First Humans. lib. bdg. 39.79 *(978-0-7614-4184-7(0),* 630a9d6a-1075-4af4-8567-608fde6dda44); Ice Age Neanderthals. 39.79 *(978-0-7614-4186-1(7),* e7c6c4b3-817c-4401-ad57-27aca695d037); Modern Humans. lib. bdg. 39.79 *(978-0-7614-4187-8(5),* 27eda6d5-ec6d-43ca-8cb0-10fcdb21ea31); Origins. lib. bdg. 39.79 *(978-0-7614-4183-0(2),* 542e066a-1278-460c-b8d4-0507f0ed63b0); 112p. (YA). (gr. 7-7). (Humans: an Evolutionary History Ser.). (ENG.). 2010. Set lib. bdg. 159.16 *(978-0-7614-4181-6(6),* 7cadb6b8-82ef-4390-a167-4c068d1026ee, Cavendish Square) Cavendish Square Publishing LLC.

Humans & Animals: What We Have in Common. Pavla Hanackova. Illus. by Dasha Lebesheva. 2022. 36p. (J). 16.95 *(978-80-00-06357-7(3))* Albatros, Nakladatelstvi pro deti mladez, a.s. CZE. Dist: Consortium Bk. Sales & Distribution.

Humans & Earth's Atmosphere: What's in the Air? Ava Sawyer. 2017. (Humans & Our Planet Ser.). (ENG.). 32p. (J). pap. 47.70 *(978-1-5157-7382-5(5),* 26741); (Illus.). (gr. 3-6). lib. bdg. 27.99 *(978-1-5157-7199-9(7),* 135556) Capstone. (Capstone Pr.).

Humans & Other Life on Earth: Sharing the Planet. Ava Sawyer. 2017. (Humans & Our Planet Ser.). (ENG.). 32p. (J). pap. 47.70 *(978-1-5157-7383-2(3),* 26743); (Illus.). (gr. 3-6). lib. bdg. 27.99 *(978-1-5157-7197-5(0),* 135554) Capstone. (Capstone Pr.).

Humans & Our Planet. Ava Sawyer. 2017. (Humans & Our Planet Ser.). (ENG., Illus.). 32p. (J). (gr. 3-6). 119.96 *(978-1-5157-7252-1(7),* 26699, Capstone Pr.) Capstone.

Humans & the Hydrosphere: Protecting Earth's Water Sources. Ava Sawyer. 2017. (Humans & Our Planet Ser.). (ENG., Illus.). 32p. (J). (gr. 3-6). lib. bdg. 27.99 *(978-1-5157-7198-2(9),* 135555, Capstone Pr.) Capstone.

Humans, Animals & Plant Life! Chemistry for Kids Series - Children's Analytic Chemistry Books. Baby Professor. 2017. (ENG., Illus.). (J). pap. 7.89 *(978-1-68305-741-3(4),* Baby Professor (Education Kids)) Speedy Publishing LLC.

Humans to Mars. John Hamilton. 2018. (Mission to Mars Ser.). (ENG., Illus.). 48p. (J). (gr. 5-9). lib. bdg. 34.21 *(978-1-5321-1592-9(X),* 28760, Abdo & Daughters) ABDO Publishing Co.

HUMANS Volume 3: The Rebellion of Those Who Have the Mark. Alexandra L Yates. 2021. (ENG.). 302p. (YA). pap. 19.89 *(978-1-7947-8015-6(7))* Lulu Pr., Inc.

Humans vs. Artificial Intelligence. Clara MacCarald. 2020. (Artificial Intelligence Ser.). (ENG., Illus.). 48p. (J). (gr. 5-6). pap. 11.95 *(978-1-64493-154-7(0),* 1644931540); lib. bdg. 34.21 *(978-1-64493-075-5(7),* 1644930757) North Star Editions. (Focus Readers).

Humble & Kind: A Children's Picture Book. Lori McKenna. Illus. by Katherine Blackmore. 2021. (LyricPop Ser.). (ENG.). 32p. (J). 16.95 *(978-1-61775-852-2(3))* Akashic Bks.

H

Humble Bumble Buzz & Tea. Joseph Paris. 2017. (ENG.). 32p. (J). pap. *(978-1-387-35851-9(0))* Lulu Pr., Inc.

Humble Enterprise (Classic Reprint) Ada Cambridge. 2018. (ENG., Illus.). 260p. (J). 29.26 *(978-0-365-03145-1(3))* Forgotten Bks.

Humble Lover, Vol. 1 of 1 (Classic Reprint) M. Betham-Edwards. 2018. (ENG., Illus.). 314p. (J). 30.37 *(978-0-483-87611-8(9))* Forgotten Bks.

Humble Math - 100 Days of Decimals, Percents & Fractions: Advanced Practice Problems (Answer Key Included) - Converting Numbers - Adding, Subtracting, Multiplying & Dividing Decimals Percentages & Fractions - Reducing Fractions - Math Drills. Humble Math. 2020. (ENG.). 108p. (J). (gr. 3-5). pap. 8.99 *(978-1-63578-318-6(6))* Libro Studio LLC.

Humble Math - 100 Days of Long Division: Ages 10-13: Dividing Large Numbers with Answer Key - with & Without Remainders - Reproducible Pages - Long Division Problems - Practice Workbook - Advanced Drill Exercises. Humble Math. 2019. (ENG.). 106p. (J). pap. 5.98 *(978-1-63578-307-0(0))* Libro Studio LLC.

Humble Math - 100 Days of Money, Fractions, & Telling the Time: Workbook (with Answer Key): Ages 6-11 - Count Money (Counting United States Coins & Bills), Learn Fractions, Tell Time - Grades K-4 - Reproducible Practice Pages. Humble Math. 2020. (ENG.). 108p. (J). (gr. 3-5). pap. 8.99 *(978-1-63578-325-4(9))* Libro Studio LLC.

Humble Math - 100 Days of Multi-Digit Multiplication: Ages 10-13: Multiplying Large Numbers with Answer Key - Reproducible Pages - Multiply Big Long Problems - 2 & 3 Digit Workbook (KS2) Humble Math. 2020. (ENG.). 106p. (J). (gr. 3-5). pap. 8.99 *(978-1-63578-306-3(2))* Libro Studio LLC.

Humble Math - 100 Days of Place Value, Rounding & Estimation. Humble Math. 2021. (ENG.). 110p. (J). (gr. 3-5). pap. 8.99 *(978-1-63578-331-5(3))* Libro Studio LLC.

Humble Math - 100 Days of Telling the Time - Practice Reading Clocks: Ages 7-9, Reproducible Math Drills with Answers: Clocks, Hours, Quarter Hours, Five Minutes, Minutes, Word Problems. Humble Math. 2020. (ENG., Illus.). 112p. (J). (gr. 2-4). pap. 8.99 *(978-1-63578-305-6(4))* Libro Studio LLC.

Humble Math - 100 Days of Timed Tests: Addition & Subtraction: Ages 5-8, Math Drills, Digits 0-20, Reproducible Practice Problems. Humble Math. 2019. (ENG., Illus.). 108p. (J). (gr. k-2). pap. 7.99 *(978-1-63578-300-1(3))* Libro Studio LLC.

Humble Math - 100 Days of Timed Tests: Division: Ages 8-10, Math Drills, Digits 0-12, Reproducible Practice Problems, Grades 3-5, KS1. Humble Math. 2020. (ENG.). 108p. (J). (gr. 3-5). pap. 8.99 *(978-1-63578-304-9(6))* Libro Studio LLC.

Humble Math - 100 Days of Timed Tests: Multiplication: Ages 8-10, Math Drills, Digits 0-12, Reproducible Practice Problems. Humble Math. 2020. (ENG.). 108p. (J). (gr. 2-4). pap. 8.99 *(978-1-63578-301-8(1))* Libro Studio LLC.

Humble Math - Area, Perimeter, Volume, & Surface Area. Humble Math. 2020. (ENG.). 106p. (J). pap. 8.99 *(978-1-63578-330-8(5))* Libro Studio LLC.

Humble Math - Double Digit Addition & Subtraction: 100 Days of Practice Problems: Ages 6-9, Reproducible Math Drills, Word Problems, KS1, Grades 1-3, Add & Subtract Large Numbers. Humble Math. 2020. (ENG.). 108p. (J). pap. 8.99 *(978-1-63578-303-2(8))* Libro Studio LLC.

Humble Ninja: A Children's Book about Developing Humility. Mary Nhin & Grow Grit Press. Illus. by Jelena Stupar. 2021. (Ninja Life Hacks Ser.: Vol. 40). (ENG.). 34p. (J). 19.99 *(978-1-63731-080-9(3))* Grow Grit Pr.

Humble Romance, & Other Stories (Classic Reprint) Mary E. Wilkins. 2018. (ENG., Illus.). 448p. (J). 33.16 *(978-0-365-34895-5(3))* Forgotten Bks.

Humble Seed. Linda Appleby. Illus. by Zoe Saunders. 2019. (ENG.). 34p. (J). (gr. k-2). 14.99 *(978-0-9600253-9-8(1));* pap. 7.99 *(978-0-9600253-4-3(0))* Seeds of Imagination.

Humble Spirit: Creative Writing for Christian Teens. Cheryl Pryor. 2018. (ENG., Illus.). 128p. (J). pap. 11.99 *(978-1-886541-41-2(8))* Arlington & Amelia.

Humble Stone. David Paulus. Illus. by Linda Wuest. 2020. (Col312 Project Ser.: 1). (ENG.). 50p. (J). 13.21 *(978-1-946425-74-4(5),* Barnsley Ink) Write Way Publishing Co. LLC.

Humbleton. Jayna Duckenfield. 2018. (ENG.). 66p. (J). pap. 8.99 *(978-1-946425-28-7(1))* Write Way Publishing Co. LLC.

Humbo the Hippo & Little-Boy-Bumbo (Classic Reprint) Erick Berry. 2018. (ENG., Illus.). 44p. (J). 24.82 *(978-0-267-28431-3(4))* Forgotten Bks.

Humbug Vet & Medic Shop Chapter Book: (Step 8) Sound Out Books (systematic Decodable) Help Developing Readers, Including Those with Dyslexia, Learn to Read with Phonics. Pamela Brookes. 2020. (Dog on a Log Chapter Books: Vol. 39). (ENG., Illus.). 70p. (J). (gr. 1-6). 15.99 *(978-1-64831-045-4(1)*, DOG ON A LOG Bks.) Jojoba Pr.

Humbug Witch see Humbug Witch: Spanish

Humbugs & Canterbury Folks (Classic Reprint) Joseph Davis Hall. 2017. (ENG., Illus.). (J). 31.69 *(978-0-266-72357-8(8))*; pap. 16.57 *(978-1-5276-8198-9(X))* Forgotten Bks.

Humiliations of Pipi Mcgee. Beth Vrabel. 2019. (ENG., Illus.). 384p. (J). (gr. 5-7). 16.99 *(978-0-7624-9339-5(9)*, Running Pr. Kids) Running Pr.

Humility Rules: Saint Benedict's Twelve-Step Guide to Genuine Self-Esteem. J. Augustine Wetta. 2017. (ENG., Illus.). 188p. (YA). pap. 17.95 *(978-1-62164-149-0(X))* Ignatius Pr.

Hummie's Great Adventure. Susan B. Meny. Illus. by Susan B. Meny. 2023. (ENG.). 40p. (J). pap. 12.95 *(978-1-63066-563-0(0))* Indigo Sea Pr., LLC.

Humming Bird (Classic Reprint) Owen Johnson. (ENG., Illus.). (J). 2018. 104p. 26.04 *(978-0-484-72093-9(7))*; 2017. pap. 9.57 *(978-0-259-58267-0(0))* Forgotten Bks.

Humming Bubble. Barbara Swift Guidotti. Illus. by Barbara Swift Guidotti. 2018. (ENG., Illus.). 32p. (J). 14.99 *(978-0-9997045-4-7(0))* Sagaponack Bks.

Humming Bubble. Barbara Swift Guidotti. 2018. (Wallaboos Ser.: Vol. 12). (ENG., Illus.). 32p. (J). pap. 9.99 *(978-0-9997045-3-0(2))* Sagaponack Bks.

Humming Grizzly Bear Cubs. Amelia Lionheart. 2021. (Jeacs Ser.: Vol. 5). (ENG.). 212p. (YA). pap. *(978-0-9937493-8-4(0))* PageMaster Publication Services, Inc.

Humming Top, or Debit & Credit in the Next World (Classic Reprint) Theobald Gross. 2018. (ENG., Illus.). 46p. (J). 24.85 *(978-0-365-28353-9(3))* Forgotten Bks.

Hummingbird. Nicola Davies. Illus. by Jane Ray. 2019. (ENG.). 32p. (J). (gr. k-3). 18.99 *(978-1-5362-0538-1(9))* Candlewick Pr.

Hummingbird. Jacob Devlin. 2018. (Order of the Bell Ser.: Vol. 3). (ENG., Illus.). 332p. (YA). (gr. 7-12). pap. 13.95 *(978-1-945519-14-7(2))* Blaze Publishing, LLC.

Hummingbird. Jacob Devlin. 2018. (Order of the Bell Ser.: Vol. 3). (ENG.). 334p. (YA). (gr. 7-12). pap. 9.99 *(978-1-7324984-4-0(X))* Devlin, Jacob.

Hummingbird Lily: A Fast Flapping Foray. Deborah Ades. 2022. (ENG., Illus.). 32p. (J). (gr. 4-6). 14.99 *(978-1-63761-023-7(8))* Imagine & Wonder.

Hummingbird Path. Tara Raymundo. 2019. (ENG.). 120p. (YA). pap. 12.95 *(978-1-64096-804-2(0))* Newman Springs Publishing, Inc.

Hummingbird Sings & Dances: Latin American Lullabies & Nursery Rhymes. Mariana Ruiz Johnson. Illus. by Mariana Ruiz Johnson. 2018. (SPA & ENG., Illus.). 64p. (J). (gr. k-1). 16.95 *(978-2-924774-20-5(9))* La Montagne Secrete CAN. Dist: Independent Pubs. Group.

Hummingbird Story. Lori Josifek. 2020. (ENG.). 30p. (J). pap. 16.95 *(978-1-6642-1096-7(2)*, WestBow Pr.) Author Solutions, LLC.

Hummingbird Story. Lori Josifek. 2019. (ENG.). 30p. (J). 24.95 *(978-1-64584-187-6(1))*; pap. 13.95 *(978-1-64462-354-1(4))* Page Publishing Inc.

Hummingbirds. Lisa J. Amstutz. 2016. (Backyard Birds Ser.). (ENG., Illus.). 24p. (J). (gr. -1-2). lib. bdg. 27.32 *(978-1-4914-8513-2(2)*, 131096, Capstone Pr.) Capstone.

Hummingbirds. Quinn M. Arnold. (Seedlings Ser.). (ENG., Illus.). 24p. (J). 2017. (gr. k-2). pap. 10.99 *(978-1-62832-333-7(7)*, 20721, Creative Paperbacks); 2016. (gr. -1-k). *(978-1-60818-737-9(3)*, 20723, Creative Education) Creative Co., The.

Hummingbirds. Martha London. 2019. (Pollinators Ser.). (ENG., Illus.). 32p. (J). (gr. 2-5). lib. bdg. 32.79 *(978-1-5321-6597-9(8)*, 33296, DiscoverRoo) Pop!.

Hummingbirds. Julie Murray. 2019. (Animal Kingdom Ser.). (ENG.). 32p. (J). (gr. 2-5). lib. bdg. 34.21 *(978-1-5321-1637-7(3)*, 32385, Big Buddy Bks.) ABDO Publishing Co.

Hummingbirds. Leo Statts. 2017. (Awesome Birds Ser.). (ENG., Illus.). 24p. (J). (gr. -1-2). lib. bdg. 31.36 *(978-1-5321-2059-6(1)*, 26742, Abdo Zoom-Launch) ABDO Publishing Co.

Hummingbirds Coloring Book for Kids! a Variety of Unique Hummingbird Coloring Pages for Children. Bold Illustrations. 2022. (ENG.). 82p. (J). pap. 14.99 *(978-1-0717-0691-6(8)*, Bold Illustrations) FASTLANE LLC.

Hummingbird's Life. John Himmelman. Illus. by John Himmelman. l.t. ed. 2022. (ENG.). 34p. (J). pap. 14.95 *(978-1-956381-15-3(5))* Mazo Pubs.

Hummingbird's Tale: Henry's Great Race. K. K. Wallace. Illus. by Richard Sauer. 2017. (ENG.). 58p. (J). pap. *(978-1-945432-20-0(9))*; *(978-1-945432-19-4(5))* Aurora Production AG.

Humongous Fungus. DK. 2021. (Underground & All Around Ser.). (ENG., Illus.). 64p. (J). (gr. 2-4). 16.99 *(978-0-7440-3333-5(0)*, DK Children) Dorling Kindersley Publishing, Inc.

Humongous Herbivores! the Plant Eating Dinosaur Activity Book. Bobo's Children Activity Books. 2016. (ENG., Illus.). (J). pap. 7.99 *(978-1-68327-312-7(5))* Sunshine In My Soul Publishing.

Humor in Animals: A Series of Studies, Pen & Pencil (Classic Reprint) W. H. Beard. (ENG., Illus.). (J). 2018. 118p. 26.33 *(978-0-267-61713-5(5))*; 2016. pap. 9.57 *(978-1-334-11559-2(1))* Forgotten Bks.

Humoresque: A Laugh on Life with a Tear Behind It (Classic Reprint) Fannie Hurst. (ENG., Illus.). (J). 2018. 54p. 25.03 *(978-0-365-03195-6(X))*; 2018. 346p. 31.03 *(978-0-365-40677-8(5))*; 2017. pap. 9.57 *(978-0-259-20084-0(0))* Forgotten Bks.

Humorist: A Companion for the Christmas Fireside (Classic Reprint) William Henry Harrison. (ENG., Illus.). (J). 2018. 300p. 30.08 *(978-0-365-25467-6(3))*; 2017. pap. 13.57 *(978-0-259-10108-6(7))* Forgotten Bks.

Humorous Adventures of Spindle Sticks & Ballast Bum: Book 1. Bruce D. R. Grant. 2017. (ENG., Illus.). 30p. (J). pap. 19.91 *(978-1-5437-4438-5(9))* Partridge Pub.

Humorous Adventures of Spindle Sticks & Ballast Bum: Book 1: Sorty 1: Typical Brothers; Story 2: a Trip in the Car. Bruce D. Grant. 2018. (ENG., Illus.). 32p. (J). 17.99 *(978-1-949338-47-8(9))* INFORMA INC.

Humorous Adventures of Spindle Sticks & Ballast Bum: Book 2. Bruce D. R. Grant. 2017. (ENG.). 30p. (J). pap. 19.91 *(978-1-5437-4437-8(0))* Partridge Pub.

Humorous Adventures of Spindle Sticks & Ballast Bum: Book 3. Bruce D. Grant. 2018. (ENG.). 30p. (J). pap. 19.91 *(978-1-5437-4454-5(0))* Partridge Pub.

Humorous Adventures of Spindle Sticks & Ballast Bum - Book 1: Story 1: Typical Brothers; Story 2: a Trip in the Car. Bruce D. Grant. 2018. (ENG., Illus.). 32p. (J). pap. 8.99 *(978-1-949338-46-1(0))* INFORMA INC.

Humorous Art: Pictorial Notes on the Social Aspects of Life in the Royal Navy (Classic Reprint) Unknown Author. 2018. (ENG., Illus.). 100p. (J). 25.96 *(978-0-332-86639-0(4))* Forgotten Bks.

Humorous Chap-Books of Scotland. John Fraser. 2016. (ENG.). 170p. (J). pap. *(978-3-7433-4183-8(2))* Creation Pubs.

Humorous Chap-Books of Scotland, Vol. 2 (Classic Reprint) John Fraser. (ENG., Illus.). (J). 2018. 146p. 26.93 *(978-0-267-59952-3(8))*; 2016. pap. 9.57 *(978-1-334-14282-6(3))* Forgotten Bks.

Humorous Dialogues: Designed for School Exhibitions, Literary Entertainments, & Amateur Theatricals (Classic Reprint) H. Elliott McBride. (ENG., Illus.). (J). 2018. 198p. 27.98 *(978-0-364-46801-2(7))*; 2017. pap. 10.57 *(978-0-259-81024-7(X))* Forgotten Bks.

Humorous Ghost Stories (Classic Reprint) Dorothy Scarborough. (ENG., Illus.). (J). 2018. 456p. 33.30 *(978-0-364-56625-1(6))*; 2016. pap. 16.57 *(978-1-333-18212-0(0))* Forgotten Bks.

Humorous Hits & How to Hold an Audience. Grenville Kleiser. 2019. (ENG.). 352p. (J). pap. *(978-1-5287-1350-4(8))* Freeman Pr.

Humorous Hits & How to Hold an Audience: A Collection of Short Selections, Stories & Sketches for All Occasions (Classic Reprint) Grenville Kleiser. 2017. (ENG., Illus.). (J). 31.24 *(978-0-266-73263-1(1))* Forgotten Bks.

Humorous Homespun Dialogues: Original Comic Dialogues for Older Ones (Classic Reprint) Willis N. Bugbee. (ENG., Illus.). (J). 2018. 138p. 26.74 *(978-0-666-98440-1(9))*; 2017. pap. 9.57 *(978-0-243-46290-2(5))* Forgotten Bks.

Humorous Incidents of the Civil War (Classic Reprint) A. C. McLeary. (ENG., Illus.). (J). 2018. 20p. 24.33 *(978-0-666-03685-8(3))*; 2017. pap. 7.97 *(978-0-282-47925-1(2))* Forgotten Bks.

Humorous Masterpieces from American Literature (Classic Reprint) Edward Tuckerman Mason. 2017. (ENG., Illus.). (J). 30.66 *(978-0-265-38405-3(2))*; 30.15 *(978-0-265-38183-0(5))*; 30.08 *(978-1-5284-6397-3(8))* Forgotten Bks.

Humorous Monologues (Classic Reprint) Doris Kenyon. (ENG., Illus.). (J). 2018. 70p. 25.36 *(978-0-428-68272-9(3))*; 2017. pap. 9.57 *(978-0-259-18319-8(9))* Forgotten Bks.

Humorous Poems. Nicky Ismail. 2018. (ENG., Illus.). 156p. (J). pap. *(978-3-7103-3506-8(X))* united p.c. Verlag.

Humorous Poems (Classic Reprint) Thomas Hood. 2018. (ENG., Illus.). 268p. (J). 29.42 *(978-0-365-45133-4(9))* Forgotten Bks.

Humorous Sketches & Addresses (Classic Reprint) J. Q. Smith. 2018. (ENG., Illus.). 164p. (J). 27.28 *(978-0-267-52321-4(1))* Forgotten Bks.

Humorous Speaker: A Book of Humorous Selections for Reading & Speaking (Classic Reprint) Paul M. Pearson. 2018. (ENG., Illus.). 378p. (J). 31.71 *(978-0-484-77139-9(6))* Forgotten Bks.

Humorous Speaker: Being a Choice Collection of Amusing Pieces, Both in Prose & Verse, Original & Selected; Consisting of Dialogues, Soliloquies, Parodies, &C (Classic Reprint) Oliver Oldham. (ENG., Illus.). (J). 2018. 398p. 32.11 *(978-0-267-39905-5(7))*; 2016. pap. 16.57 *(978-1-334-12535-5(X))* Forgotten Bks.

Humorous Stories (Classic Reprint) John Brougham. 2018. (ENG., Illus.). 316p. (J). 30.41 *(978-0-365-43204-3(0))* Forgotten Bks.

Humorous Tales of Bennington-On-the-Hill: Collected & Written for Her Sons & Daughters by One Who Was Born near the Site of the Old Continental Store House (Classic Reprint) Richard Seymour Bayhan. (ENG., Illus.). (J). 2018. 90p. 25.75 *(978-0-267-13710-7(9))*; 2016. pap. 9.57 *(978-1-333-35126-7(7))* Forgotten Bks.

Humorous Verses (Classic Reprint) Henry Lawson. (ENG., Illus.). (J). 2018. 170p. 27.42 *(978-0-656-06362-8(9))*; 2016. pap. 9.97 *(978-1-333-47163-7(7))* Forgotten Bks.

Humors of Falconbridge: A Collection of Humorous & Every Day Scenes (Classic Reprint) Jonathan F. Kelley. (ENG., Illus.). (J). 2018. 466p. 33.53 *(978-0-483-78521-2(0))*; 2016. pap. 16.57 *(978-1-334-32847-3(1))* Forgotten Bks.

Humors of the Railroad Kings: Authentic & Original Anecdotes of Prominent Railroad Men (Classic Reprint) William Bucham. 2017. (ENG., Illus.). (J). 24.68 *(978-0-331-90537-3(X))*; pap. 7.97 *(978-0-259-75482-4(X))* Forgotten Bks.

Humour & Pathos: Or, Essays, Sketches, & Tales (Classic Reprint) G. R. Wythen Baxter. (ENG., Illus.). (J). 2018. 282p. 29.71 *(978-0-484-25201-0(1))*; 2017. pap. 13.57 *(978-0-243-22302-2(1))* Forgotten Bks.

Humour & Pathos of Anglo-Indian Life: Extracts from His Brother's Note-Book (Classic Reprint) Ticklemore Ticklemore. 2018. (ENG., Illus.). 290p. (J). 29.88 *(978-0-483-55897-7(4))* Forgotten Bks.

Humour & Pathos, or Essays, Sketches, & Tales (Classic Reprint) G. R. Wythen Baxter. (ENG., Illus.). (J). 2018. 276p. 29.59 *(978-0-267-00665-6(9))*; 2017. pap. 11.97 *(978-0-259-06100-7(X))* Forgotten Bks.

Humour of America: Selected, with an Introduction & Index of American Humorists (Classic Reprint) C. E. Brock. 2017. (ENG., Illus.). (J). 34.15 *(978-1-5280-8809-1(3))* Forgotten Bks.

Humour of France (Classic Reprint) Elizabeth Lee. (ENG., Illus.). (J). 2018. 504p. 34.29 *(978-0-365-26697-6(3))*; 2017. pap. 16.97 *(978-0-259-18313-6(X))* Forgotten Bks.

Humour of Germany (Classic Reprint) Hans Muller-Casenov. 2018. (ENG., Illus.). 472p. (J). 33.63 *(978-0-428-93692-1(X))* Forgotten Bks.

Humour of Holland (Classic Reprint) A. Werner. 2017. (ENG., Illus.). (J). 33.03 *(978-0-266-18959-6(8))* Forgotten Bks.

Humour of Ireland: Selected, with Introduction, Biographical Index & Notes (Classic Reprint) D. J. O'Donoghue. 2018. (ENG., Illus.). 458p. (J). 33.34 *(978-0-267-43862-4(1))* Forgotten Bks.

Humour of Italy (Classic Reprint) Alice Werner. 2018. (ENG., Illus.). 396p. (J). 32.06 *(978-0-483-44905-3(9))* Forgotten Bks.

Humour of Russia (Classic Reprint) E. L. Voynich. 2018. (ENG., Illus.). 384p. (J). 31.84 *(978-0-267-24850-6(4))* Forgotten Bks.

Humour of Spain (Classic Reprint) Susette M. Taylor. 2018. (ENG., Illus.). 404p. (J). 32.23 *(978-0-483-78340-9(4))* Forgotten Bks.

Humour of the North (Classic Reprint) Lawrence J. Burpee. 2018. (ENG., Illus.). 116p. (J). 26.31 *(978-0-656-14037-4(2))* Forgotten Bks.

Humour, Wit,& Satire of the Seventeenth Century (Classic Reprint) John Ashton. 2017. (ENG., Illus.). (J). 33.38 *(978-1-5283-6877-3(0))* Forgotten Bks.

Humours of a Fair, or a Description of the Early Amusements in Life: In Which You May See All the Fun of the Fair, & at Home Be As Happy As If You Were There (Classic Reprint) Unknown Author. 2018. (ENG., Illus.). 48p. (J). 24.91 *(978-0-267-52629-1(6))* Forgotten Bks.

Humours of a Fair, or Description of the Early Amusements in Life: Embellished with Cuts (Classic Reprint) Unknown Author. 2018. (ENG., Illus.). 34p. (J). 24.62 *(978-0-267-70454-5(2))* Forgotten Bks.

Humours of Donegal (Classic Reprint) James MacManus. (ENG., Illus.). (J). 2017. 27.28 *(978-0-260-28281-1(2))*; 2016. pap. 9.97 *(978-1-334-14023-5(5))* Forgotten Bks.

Humours of Eutopia, Vol. 2 Of 2: A Tale of Colonial Times (Classic Reprint) Ezekiel Sanford. 2017. (ENG., Illus.). (J). 28.72 *(978-0-265-71225-2(4))*; pap. 11.57 *(978-1-5276-6574-3(7))* Forgotten Bks.

Humours of Irish Life (Classic Reprint) Charles L. Graves. 2018. (ENG., Illus.). 404p. (J). 32.25 *(978-0-484-28098-3(8))* Forgotten Bks.

Humours of Shanwalla (Classic Reprint) Patrick Archer. 2018. (ENG., Illus.). 182p. (J). 27.65 *(978-0-365-22598-0(3))* Forgotten Bks.

Humours of the Country (Classic Reprint) Unknown Author. 2018. (ENG., Illus.). 300p. (J). 30.08 *(978-0-483-52272-5(4))* Forgotten Bks.

Humpback Whale. Emily O'Keefe. 2016. (Back from near Extinction Ser.). (ENG., Illus.). 48p. (J). (gr. 4-8). lib. bdg. 35.64 *(978-1-68078-469-5(2)*, 23875) ABDO Publishing Co.

Humpback Whale Migration. Alexis Burling. 2018. (Natural Phenomena Ser.). (ENG., Illus.). 32p. (J). (gr. 3-5). pap. 9.95 *(978-1-64185-010-0(8)*, 1641850108); lib. bdg. 31.35 *(978-1-63517-908-8(4)*, 1635179084) North Star Editions. (Focus Readers).

Humpback Whale Migration. Susan H. Gray. 2020. (21st Century Junior Library: Marvelous Migrations Ser.). (ENG., Illus.). 24p. (J). (gr. 2-5). lib. bdg. 30.64 *(978-1-5341-6859-6(1)*, 215323) Cherry Lake Publishing.

Humpback Whale Migration. Grace Hansen. 2017. (Animal Migration Ser.). (ENG., Illus.). 24p. (J). (gr. -1-2). lib. bdg. 32.79 *(978-1-5321-0028-4(0)*, 25136, Abdo Kids) ABDO Publishing Co.

Humpback Whale Migration. Kari Schuetz. 2018. (Animals on the Move Ser.). (ENG., Illus.). 24p. (J). (gr. k-3). lib. bdg. 26.95 *(978-1-62617-816-8(X)*, Blastoff! Readers) Bellwether Media.

Humpback Whale (Young Zoologist) A First Field Guide to the Singing Giant of the Ocean. Asha de Vos & Neon Squid. Illus. by Jialei Sun. 2022. (Young Zoologist Ser.). (ENG.). 32p. (J). 15.99 *(978-1-68449-220-6(3)*, 900254717) St. Martin's Pr.

Humpback Whales, 1 vol. B. J. Best. 2016. (Migrating Animals Ser.). (ENG., Illus.). 24p. (J). (gr. 1-1). pap. 9.81 *(978-1-5026-2110-8(X)*, d0eab785-284e-4776-8f46-57ff0a34439c); lib. bdg. 27.36 *(978-1-5026-2112-2(6)*, 2fb69ea2-818b-4d93-845a-c194456fe86e) Cavendish Square Publishing LLC.

Humpback Whales. Christina Leaf. 2016. (Ocean Life up Close Ser.). (ENG., Illus.). 24p. (J). (gr. k-3). 26.95 *(978-1-62617-417-7(2))*; pap. 7.99 *(978-1-61891-265-7(8)*, 12055) Bellwether Media. (Blastoff! Readers).

Humpback Whales. Julie Murray. 2019. (Animal Kingdom Ser.). (ENG.). 32p. (J). (gr. 2-5). lib. bdg. 34.21 *(978-1-5321-1638-4(1)*, 32387, Big Buddy Bks.) ABDO Publishing Co.

Humpback Whales. Heather DiLorenzo Williams & Warren Rylands. 2019. (Illus.). 24p. (J). *(978-1-4896-8159-1(0)*, AV2 by Weigl) Weigl Pubs., Inc.

Humpback Whales: A Journey to Warm Waters. L. E. Carmichael. 2016. (Illus.). 32p. (J). *(978-1-4896-4519-7(5))* Weigl Pubs., Inc.

Humpback Whales: Super Singers. Katie Lajiness. 2018. (Awesome Animal Powers Ser.). (ENG., Illus.). 32p. (J). (gr. 2-5). lib. bdg. 34.21 *(978-1-5321-1500-4(8)*, 28854, Big Buddy Bks.) ABDO Publishing Co.

Humphrey, the Baby Humpback Whale: A Whale of a Tale. Nancy Pidutti. 2017. (ENG., Illus.). (J). pap. 16.95 *(978-1-9736-0350-4(0)*, WestBow Pr.) Author Solutions, LLC.

Humphrey the Lazy Hummingbird. Matt Pelicano. Illus. by Anggi Rois. 2020. (ENG.). 38p. (J). pap. 15.95 *(978-0-578-78502-8(1))* April Fool Publishing.

Humphrey the Vegetarian Vampire. Bryce Ng. 2023. (ENG.). 30p. (J). pap. *(978-1-83875-550-8(0)*, Nightingale Books) Pegasus Elliot Mackenzie Pubs.

Humphrey's Big Birthday Bash. Betty G. Birney. Illus. by Priscilla Burris. 2018. (Humphrey's Tiny Tales Ser.: 8). (ENG.). 96p. (J). (gr. k-3). 5.99 *(978-1-5247-3721-4(6)*, Puffin Books) Penguin Young Readers Group.

Humphrey's Long Journey Away from the Sea, Book One. Rocky Leplin. 2020. (ENG.). 218p. (YA). pap. 16.00 *(978-1-716-78869-7(2))* Lulu Pr., Inc.

Humphrey's Long Journey Away from the Sea, Book One: Tales of Endangered Lives: a Rhymed Verse Novel. Rocky Leplin. 2021. (ENG.). 217p. (YA). pap. *(978-1-716-28576-9(3))* Lulu Pr., Inc.

Humphrey's Long Journey Away from the Sea, Book Two: The Endangering Species. Rocky Leplin. 2020. (ENG.). 220p. (YA). pap. *(978-1-716-41222-6(6))* Lulu Pr., Inc.

Humphrey's Mixed-Up Magic Trick. Betty G. Birney. Illus. by Priscilla Burris. 2016. (Humphrey's Tiny Tales Ser.: 5). (ENG.). 96p. (J). (gr. k-3). 6.99 *(978-0-14-751461-5(4)*, Puffin Books) Penguin Young Readers Group.

Humphrey's Pet Show Panic. Betty G. Birney. Illus. by Priscilla Burris. 2018. (Humphrey's Tiny Tales Ser.: 7). (ENG.). 96p. (J). (gr. k-3). 6.99 *(978-1-5247-3718-4(6)*, Puffin Books) Penguin Young Readers Group.

Humphrey's Pet Show Panic. Betty G. Birney. ed. 2018. (Humphrey's Tiny Tales Ser.: 7). lib. bdg. 14.75 *(978-0-606-40887-5(8))* Turtleback.

Humphrey's School Fair Surprise. Betty G. Birney. 2016. (Humphrey's Tiny Tales Ser.: 04). lib. bdg. 14.75 *(978-0-606-38423-0(5))* Turtleback.

Humphrey's Treasure Hunt Trouble. Betty G. Birney. Illus. by Priscilla Burris. 2017. (Humphrey's Tiny Tales Ser.: 6). (ENG.). 96p. (J). (gr. k-3). 6.99 *(978-0-14-751462-2(2)*, Puffin Books) Penguin Young Readers Group.

Humphries Touch (Classic Reprint) Frederick Watson. 2018. (ENG., Illus.). 324p. (J). 30.58 *(978-0-483-74795-1(5))* Forgotten Bks.

Humpty Dumpty. Kathleen Petelinsek. Illus. by Kathleen Petelinsek. 2022. (Classic Mother Goose Rhymes Ser.). (ENG.). 16p. (J). (gr. -1-2). 29.93 *(978-1-5038-5716-2(6)*, 215614) Child's World, Inc, The.

Humpty Dumpty. Hazel Quintanilla. 2019. (Hazel Q Nursery Rhymes Ser.). (ENG.). 14p. (J). (gr. -1-k). bds. 8.99 *(978-1-4867-1669-2(5)*, ee7a45e1-e2cb-4e16-b2a9-ec91ca75a3ac) Flowerpot Pr.

Humpty Dumpty Cracks & All. Susan Beth Furst. 2016. (ENG., Illus.). (J). pap. 13.95 *(978-1-5127-5639-5(3)*, WestBow Pr.) Author Solutions, LLC.

Humpty-Dumpty William & Co: A Popular History of Time's Greates War (Classic Reprint) George Magruder Battey Jr. 2017. (ENG., Illus.). (J). 26.87 *(978-0-331-48584-4(2))*; pap. 9.57 *(978-0-260-85782-8(3))* Forgotten Bks.

Humpty Dumpty's Little Son (Classic Reprint) Helen Reid Cross. (ENG., Illus.). (J). 2018. 102p. 26.00 *(978-0-267-35105-3(4))*; 2016. pap. 9.57 *(978-1-333-74489-2(7))* Forgotten Bks.

Humpy Dumpy, or the Corner Grocery (Classic Reprint) J. Jay Dana. (ENG., Illus.). (J). 2018. 322p. 30.54 *(978-0-483-55731-4(5))*; 2016. pap. 13.57 *(978-1-333-22495-0(8))* Forgotten Bks.

Humvees: A 4D Book. Matt Scheff. 2018. (Mighty Military Machines Ser.). (ENG., Illus.). 24p. (J). (gr. -1-2). lib. bdg. 24.65 *(978-1-9771-0109-9(7)*, 138300, Pebble) Capstone.

Huna?: Ukpik Learns to Sew. Susan Aglukark. Illus. by Amiel Sandland & Rebecca Brook. 2022. (Huna Ser.: 2). 36p. (J). (gr. 3-3). 17.95 *(978-1-77227-433-2(X))* Inhabit Media Inc. CAN. Dist: Consortium Bk. Sales & Distribution.

Huna?: What Is This? Susan Aglukark. Illus. by Danny Christopher & Amiel Sandland. 2019. (Huna Ser.: 1). (ENG.). 36p. (J). (gr. 3-3). 16.95 *(978-1-77227-226-0(4))* Inhabit Media Inc. CAN. Dist: Consortium Bk. Sales & Distribution.

Hunchback of Notre Dame. Victor Hugo. Tr. by Isabel F. Hapgood. 2021. (ENG.). 398p. (J). (gr. 3-7). pap. 13.99 *(978-1-4209-7526-0(9))* Digireads.com Publishing.

Hunchback of Notre Dame. Victor Hugo. Tr. by Isabel F. Hapgood. 2018. (ENG., Illus.). 582p. (J). (gr. 2-4). 37.14 *(978-1-7317-0580-8(8))*; pap. 25.06 *(978-1-7317-0581-5(6))* Simon & Brown.

Hunchback of Notre Dame. Victor Hugo. Tr. by Isabel Hapgood. 2018. (ENG., Illus.). 582p. (J). (gr. 2-4). 19.64 *(978-1-7317-0201-2(9))*; pap. 12.85 *(978-1-7317-0202-9(7))* Simon & Brown.

Hunchback of Notre Dame. Victor Hugo. 2018. (ENG., Illus.). 582p. (J). (gr. 2-4). 19.99 *(978-1-61382-536-5(6))*; pap. 12.85 *(978-1-61382-537-2(4))* Simon & Brown.

Hunchback of Notre Dame. Jeanette Steiner. Illus. by Brian Mon et al. 2020. (Disney Classics Ser.). (ENG.). 48p. (J). (gr. 2-6). lib. bdg. 32.79 *(978-1-5321-4537-7(3)*, 35184, Graphic Novels) Spotlight.

Hunchback of Notre-Dame (Classic Reprint) Victor Hugo. 2017. (ENG., Illus.). (J). 34.06 *(978-1-5285-6062-7(0))* Forgotten Bks.

Hunchback of Notre Dame Novel Units Student Packet. Novel Units. 2019. (ENG.). (YA). pap. 13.99 *(978-1-58130-858-7(2)*, Novel Units, Inc.) Classroom Library Co.

Hunchback of Notre Dame Novel Units Teacher Guide. Novel Units. 2019. (ENG.). (YA). pap. 12.99 *(978-1-58130-857-0(4)*, Novel Units, Inc.) Classroom Library Co.

Hunchback of Westminster (Classic Reprint) William Le Queux. 2018. (ENG., Illus.). 354p. (J). 31.20 *(978-0-364-07268-4(7))* Forgotten Bks.

Hundebaby Zieht Ein. Annett Ledong. 2020. (GER.). 94p. (J). pap. *(978-0-244-86120-9(X))* Lulu Pr., Inc.

Hundertwasser: Complete Graphic Work 1951-1976. Contrib. by Walter Koschatzky & Wieland Schmied. 2020. (ENG & GER., Illus.). 144p. (J). 24.95 *(978-3-7913-8705-5(7))* Prestel Verlag GmbH & Co KG. DEU. Dist: Penguin Random Hse. LLC.

Hundred & Other Stories: With Illustrations (Classic Reprint) Gertrude Hall. 2018. (ENG., Illus.). 278p. (J). 29.63 *(978-0-483-52736-2(X))* Forgotten Bks.

Hundred & Seventy Chinese Poems. Tr. by Arthur Waley. 2020. (ENG.). 184p. (J). pap. *(978-93-5397-248-6(5))* Alpha Editions.

TITLE INDEX

HUNTED

Hundred Best Animals (Classic Reprint) Lilian Gask. 2018. (ENG., Illus.). 330p. (J). 30.70 *(978-0-267-62214-6(7))* Forgotten Bks.

Hundred Billion Trillion Stars. Seth Fishman. Illus. by Isabel Greenberg. (ENG.). 40p. (J). (gr. -1-3). 2020. pap. 9.99 *(978-0-06-298178-3(1))*; 2017. 17.99 *(978-0-06-245578-9(8))* HarperCollins Pubs. (Greenwillow Bks.).

Hundred Chart. Scholastic. 2019. (ENG.). (J). (gr. k-5). 3.49 *(978-1-338-34514-8(1))* Teacher's Friend Pubns., Inc.

Hundred Choices Department Store. Ginger Park. 2022. (ENG.). 98p. (J). (gr. 4-7). pap. 14.95 *(978-1-64603-212-9(8)*, Fitzroy Bks.) Regal Hse. Publishing, LLC.

Hundred Days by Your Side. Jandira Kapapelo. 2022. (ENG.). 120p. (YA). pap. ***(978-1-80227-887-3(7))*** Publishing Push Ltd.

Hundred Days (Classic Reprint) Max Pemberton. (ENG., Illus.). (J). 2018. 382p. 31.78 *(978-0-483-61357-7(6))*; 2017. pap. 16.57 *(978-0-243-28748-2(8))* Forgotten Bks.

Hundred Dialogues, New & Original: Designed for Reading & Exhibition in Schools, Academies, & Private Circles (Classic Reprint) William Bentley Fowle. (ENG., Illus.). (J). 2018. 316p. 30.41 *(978-0-483-04007-6(X))*; 2016. pap. 13.57 *(978-1-334-11960-6(0))* Forgotten Bks.

Hundred Dresses Novel Units Teacher Guide. Novel Units. 2019. (ENG.). (J). pap. 12.99 *(978-1-56137-180-8(7)*, Novel Units, Inc.) Classroom Library Co.

Hundred Fables of la Fontaine (Classic Reprint) La Fontaine. 2018. (ENG., Illus.). 210p. (J). 28.41 *(978-0-332-88801-9(0))* Forgotten Bks.

Hundred Feet Tall. Benjamin Scheuer. Illus. by Jemima Williams. 2020. (ENG.). 40p. (J). (gr. -1-3). 17.99 *(978-1-5344-3219-2(1)*, Simon & Schuster Bks. For Young Readers) Simon & Schuster Bks. For Young Readers.

Hundred Kisses Before Bedtime. Mack van Gageldonk. 2018. (Chick Ser.: 1). (ENG., Illus.). 64p. (J). 11.95 *(978-1-60537-424-6(5))* Clavis Publishing.

Hundred Lies of Lizzie Lovett. Chelsea Sedoti. 2017. 416p. (YA). (gr. 9-12). 10.99 *(978-1-4926-5275-5(X))* Sourcebooks, Inc.

Hundred Lies of Lizzie Lovett. Chelsea Sedoti. 2017. (ENG.). 400p. (YA). (gr. 8-12). 17.99 *(978-1-4926-3608-3(8)*, 9781492636083) Sourcebooks, Inc.

Hundred Mery Talys: From the Only Perfect Copy Known (Classic Reprint) Herman Oesterley. 2017. (ENG., Illus.). (J). 27.79 *(978-0-266-23081-6(4))* Forgotten Bks.

Hundred Penny Box Novel Units Teacher Guide. Novel Units. 2019. (ENG.). (J). pap. 12.99 *(978-1-56137-386-4(9)*, Novel Units, Inc.) Classroom Library Co.

Hundred Percent. Karen Romano Young. 2016. (ENG., Illus.). 256p. (J). (gr. 3-7). 16.99 *(978-1-4521-3890-9(7))* Chronicle Bks. LLC.

Hundred Pounds: A Novelette, to Which Is Added, Bailed up with a Whitewash Brush (Classic Reprint) James Brunton Stephens. (ENG., Illus.). (J). 2018. 212p. 28.27 *(978-0-484-35500-1(7))*; 2017. pap. 10.97 *(978-0-243-92496-7(8))* Forgotten Bks.

Hundred Thousand Welcomes. Mary Lee Donovan. Illus. by Lian Cho. 2021. (ENG.). 40p. (J). (gr. -1-3). 18.99 *(978-0-06-287772-7(0)*, Greenwillow Bks.) HarperCollins Pubs.

Hundred Vicious Turns (the Broken Tower Book 1), Bk 1. Lee Paige O'Brien. 2023. (Broken Tower Ser.). (ENG.). 384p. (YA). (gr. 7-17). 19.99 ***(978-1-4197-6515-5(9)***, 1793201, Amulet Bks.) Abrams, Inc.

Hundred-Year Barn. Patricia MacLachlan. Illus. by Kenard Pak. 2019. (ENG.). 48p. (J). (gr. -1-3). 18.99 *(978-0-06-268773-9(5)*, Tegen, Katherine Bks) HarperCollins Pubs.

Hundred-Year Mystery. Created by Gertrude Chandler Warner. 2019. (Boxcar Children Mysteries Ser.: 150). (ENG., Illus.). 128p. (J). (gr. 2-5). 12.99 *(978-0-8075-0748-3(2)*, 807507482); pap. 6.99 *(978-0-8075-0749-0(0)*, 807507490) Random Hse. Children's Bks. (Random Hse. Bks. for Young Readers).

Hundred Years in the Highlands (Classic Reprint) Osgood Hanbury MacKenzie. (ENG., Illus.). (J). 2017. 30.46 *(978-0-331-86279-9(4))*; 2016. pap. 13.57 *(978-1-333-15177-5(2))* Forgotten Bks.

Hundred Years of Happiness. Thanhhà Lai. Illus. by Nguyen Quang & Kim Lien. 2022. (ENG.). 32p. (J). (gr. -1-3). 17.99 *(978-0-06-302692-6(9)*, HarperCollins) HarperCollins Pubs.

Hundredth Acre (Classic Reprint) John Camden. 2019. (ENG., Illus.). 324p. (J). 30.60 *(978-0-365-22410-5(3))* Forgotten Bks.

Hundredth Chance (Classic Reprint) Ethel M. Dell. 2018. (ENG., Illus.). 448p. (J). 33.14 *(978-0-483-13328-0(0))* Forgotten Bks.

Hundredth Man (Classic Reprint) Frank R. Stockton. 2017. (ENG., Illus.). (J). 32.93 *(978-1-5284-8341-4(3))* Forgotten Bks.

Hundredth of a Second: Math Reader 8 Grade 5. Hmh Hmh. 2018. (SPA.). 12p. (J). pap. 9.00 *(978-1-328-57718-4(X))* Houghton Mifflin Harcourt Publishing Co.

Hundredth of a Second: Math Reader Grade 5. Hmh Hmh. 2017. (Math Expressions Ser.). (ENG.). 12p. (J). (gr. 5). pap. 3.07 *(978-1-328-77212-1(8))* Houghton Mifflin Harcourt Publishing Co.

Hundredth Queen. Emily R. King. 2017. (Hundredth Queen Ser.: 1). (YA). (ENG.). 300p. (gr. 10-13). pap. 9.99 *(978-1-5039-4365-0(8)*, 9781503943650, Skyscape); *(978-1-5039-9865-0(7))* Amazon Publishing.

Hungarian Brothers (Classic Reprint) Anna Maria Porter. (ENG., Illus.). (J). 2018. 284p. 29.77 *(978-0-483-59548-4(9))*; 2017. pap. 13.57 *(978-0-243-25347-0(8))* Forgotten Bks.

Hungarian Brothers, Vol. 1 of 3 (Classic Reprint) Anna Maria Porter. 2018. (ENG., Illus.). 252p. (J). 29.09 *(978-0-483-89843-1(0))* Forgotten Bks.

Hungarian Brothers, Vol. 2 of 2 (Classic Reprint) Anna Maria Porter. (ENG., Illus.). (J). 2018. 274p. 29.55 *(978-0-666-61347-9(8))*; 2017. pap. 11.97 *(978-0-259-38099-3(7))* Forgotten Bks.

Hungarian Brothers, Vol. 2 of 3 (Classic Reprint) Anna Maria Porter. (ENG., Illus.). (J). 2018. 278p. 29.63 *(978-0-364-04319-6(9))*; 2017. pap. 13.57 *(978-0-259-19472-9(7))* Forgotten Bks.

Hungarian Brothers, Vol. 2 of 3 (Classic Reprint) Miss Anna Maria Porter. 2018. (ENG., Illus.). 280p. (J). 29.67 *(978-0-332-47527-1(1))* Forgotten Bks.

Hungarian Brothers, Vol. 3 of 3 (Classic Reprint) Miss Anna Maria Porter. 2018. (ENG., Illus.). 286p. (J). 29.80 *(978-0-483-82363-1(5))* Forgotten Bks.

Hungarian Castle, Vol. 3 of 3 (Classic Reprint) Miss Pardoe. 2018. (ENG., Illus.). 348p. (J). 31.09 *(978-0-483-34112-8(6))* Forgotten Bks.

Hungarian-English Dictionary, Vol. 2: Magyar-Angol Szotar (Classic Reprint) Bizonfy Ferencz. 2017. (ENG., Illus.). (J). 33.96 *(978-0-331-70178-4(2))*; pap. 16.57 *(978-0-259-54180-6(X))* Forgotten Bks.

Hungarian Exiles (Classic Reprint) Benjamin Cowell. (ENG., Illus.). (J). 2018. 244p. 28.95 *(978-0-483-45470-5(2))*; 2016. pap. 11.57 *(978-1-334-12408-2(6))* Forgotten Bks.

Hungarian Nabob (Classic Reprint) Mor Jokai. 2017. (ENG., Illus.). (J). 31.34 *(978-0-266-19688-4(8))* Forgotten Bks.

Hungarian Sketches in Peace & War, Vol. 1: From the Hungarian of Moritz Jokal (Classic Reprint) Mor Jokai. (ENG., Illus.). (J). 2018. 344p. 30.99 *(978-0-483-40213-3(3))*; 2017. pap. 13.57 *(978-0-243-12410-7(4))* Forgotten Bks.

Hungarian Tales, Vol. 2 of 3 (Classic Reprint) Catherine Grace Frances Gore. (ENG., Illus.). (J). 2018. 358p. 31.28 *(978-0-267-56390-6(6))*; 2016. pap. 13.97 *(978-1-333-75373-3(X))* Forgotten Bks.

Hungary. Joanne Mattern. 2019. (Exploring World Cultures Ser.). (ENG.). 32p. (gr. 3-3). 66.96 *(978-1-5026-4727-6(3))*; pap. 12.16 *(978-1-5026-4726-9(5)*, a138834d-ed0c-4015-b357-5fbcbf66ba87) Cavendish Square Publishing LLC.

Hunger. Knut Hamsun. 2017. (ENG., Illus.). (J). 23.95 *(978-1-374-94101-4(8))*; pap. 13.95 *(978-1-374-94100-7(X))* Capital Communications, Inc.

Hunger: A Tale of Courage. Donna Jo Napoli. (ENG., Illus.). 272p. (J). (gr. 3-7). 2019. pap. 8.99 *(978-1-4814-7750-5(1))*; 2018. 19.99 *(978-1-4814-7749-9(8))* Simon & Schuster/Paula Wiseman Bks. (Simon & Schuster/Paula Wiseman Bks.).

Hunger: Translated from the Norwegian (Classic Reprint) George Egerton. 2017. (ENG., Illus.). (J). 30.91 *(978-0-331-33210-0(8))* Forgotten Bks.

Hunger (Classic Reprint) James Esse. 2018. (ENG., Illus.). 36p. (J). 24.64 *(978-0-267-47993-1(X))* Forgotten Bks.

Hunger Games 4-Book Hardcover Box Set (the Hunger Games, Catching Fire, Mockingjay, the Ballad of Songbirds & Snakes), 1 vol. Suzanne Collins. 2020. (Hunger Games Ser.). (ENG.). 1712p. (YA). (gr. 7-7). 84.96 *(978-1-338-68653-1(4)*, Scholastic Pr.) Scholastic, Inc.

Hunger Games 4-Book Paperback Box Set (the Hunger Games, Catching Fire, Mockingjay, the Ballad of Songbirds & Snakes), 1 vol. Suzanne Collins. 2023. (Hunger Games Ser.). (ENG.). 2720p. (YA). (gr. 7). pap., pap., pap. 61.96 ***(978-1-339-04265-7(7))*** Scholastic, Inc.

Hunger Games (Hunger Games, Book One) (Unabridged Edition), 9 vols., Vol. 1. Suzanne Collins. unabr. ed. 2018. (Hunger Games Ser.: 1). (ENG.). 2p. (YA). (gr. 7). audio compact disk 44.99 *(978-1-338-33492-0(1))* Scholastic, Inc.

Hunger in the Forest Fuuuurrrrr N'Bum: In English & Portuguese. Rosaalda Brandao. Illus. by Udari Gunawardhana. 2019. (ENG.). 48p. (J). *(978-1-78623-535-0(8))*; pap. *(978-1-78623-534-3(X))* Grosvenor Hse. Publishing Ltd.

Hunger Winter: A World War II Novel. Rob Currie. 2020. (ENG., Illus.). 272p. (J). pap. 10.99 *(978-1-4964-4035-8(8)*, 20_33185) Tyndale Hse. Pubs.

Hungriest Girl. Spencer Jacobson & Madison Holm. 2019. (ENG.). 40p. (J). pap. *(978-1-7947-4079-2(1))* Lulu Pr., Inc.

Hungry Ants Go Marching. Shannon McGinnis & Audrey McDaniel. 2019. (ENG.). 12p. (J). *(978-0-359-91832-4(8))* Lulu Pr., Inc.

Hungry Babies. Fearne Cotton. Illus. by Sheena Dempsey. 2020. (ENG.). 32p. (J). (-k). pap. 14.99 *(978-1-78344-758-9(3))* Andersen Pr. GBR. Dist: Independent Pubs. Group.

Hungry Bunny. Claudia Rueda. 2018. (Bunny Interactive Picture Bks.). (ENG., Illus.). 64p. (J). (gr. -1-k). 15.99 *(978-1-4521-6255-3(7))* Chronicle Bks. LLC.

Hungry City Fox. Gemma Mallorey. Illus. by Merve Terzi. 2016. (ENG.). (J). pap. *(978-0-9933603-4-3(3))* Bower Maze.

Hungry Farm: Pop-Up Faces & Dangly Snacks! Carly Madden. Illus. by Natalie Marshall. 2022. (Feeding Time Ser.). (ENG.). 12p. (J). (gr. -1-k). bds. ***(978-0-7112-7495-2(9))*** White Lion Publishing.

Hungry Farmer. Michelle Wagner Nechaev. 2017. (Learn-To-Read Ser.). (ENG., Illus.). (J). pap. 3.49 *(978-1-68310-283-0(5))* Pacific Learning, Inc.

Hungry for Pancakes: The Adventures of Mr. Peanuts. Roland Jelinek & Coral Jelinek. Illus. by Kerianne N. Jelinek. 2022. (ENG.). 32p. (J). pap. 9.99 ***(978-1-68489-490-1(5))*** Primedia eLaunch LLC.

Hungry for Science: Poems to Crunch On, 1 vol. Kari-Lynn Winters & Lori Sherritt-Fleming. Illus. by Peggy Collins. 2018. (ENG.). 32p. (J). (gr. k-3). 18.95 *(978-1-55455-396-9(2)*, 50a381d4-f6e4-47a0-ad42-a243e4fd7137) Fitzhenry & Whiteside, Ltd. CAN. Dist: Firefly Bks., Ltd.

Hungry for the Arts: Poems to Chomp On, 1 vol. Kari-Lynn Winters & Lori Sherritt Fleming. Illus. by Peggy Collins. 2022. (ENG.). 32p. (J). (gr. k-3). 19.95 *(978-1-55455-466-9(7)*, dba48052-7a9c-4e54-a6b2-2b21961fef0d) Fitzhenry & Whiteside, Ltd. CAN. Dist: Firefly Bks., Ltd.

Hungry for Worms. Robert Rosen. Illus. by Brett Curzon. 2017. (Seasons Around Me Ser.). (ENG.). 24p. (gr. -1-2). pap. 9.95 *(978-1-68342-776-6(9)*, 9781683427766) Rourke Educational Media.

Hungry Forties: Life under the Bread Tax (Classic Reprint) Cobden Unwin. 2018. (ENG., Illus.). 288p. (J). 29.86 *(978-0-484-82248-0(9))* Forgotten Bks.

Hungry Ghost. Victoria Ying. 2023. (ENG., Illus.). 208p. (YA). 24.99 *(978-1-250-76699-1(0)*, 900232621); pap. 17.99 *(978-1-250-76700-4(8)*, 900232622) Roaring Brook Pr. (First Second Bks.).

Hungry Ghosts. Miguel Flores. 2021. 336p. (J). (gr. 3-7). 17.99 *(978-0-451-47978-5(5)*, Viking Books for Young Readers) Penguin Young Readers Group.

Hungry Goat. Alan Mills. Illus. by Abner Graboff. 2019. 52p. 20.00 *(978-1-85124-503-1(0))* Bodleian Library GBR. Dist: Chicago Distribution Ctr.

Hungry Hap. Cynthia Guill. Illus. by Jocelyn Sandor Urban. 2021. (ENG.). 82p. (J). 24.95 *(978-1-5136-7695-1(4))* Elite Online Publishing.

Hungry Heart: A Novel (Classic Reprint) David Graham Philips. 2018. (ENG., Illus.). 518p. (J). 34.58 *(978-0-428-33049-1(5))* Forgotten Bks.

Hungry Hearts: 13 Tales of Food & Love. Elsie Chapman et al. Ed. by Elsie Chapman & Caroline Tung Richmond. (ENG.). 368p. (YA). (gr. 7). 2020. pap. 12.99 *(978-1-5344-2186-8(6))*; 2019. (Illus.). 19.99 *(978-1-5344-2185-1(8))* Simon Pulse. (Simon Pulse).

Hungry Hearts (Classic Reprint) Anzia Yezierska. 2017. (ENG., Illus.). (J). 30.25 *(978-0-266-28876-3(6))* Forgotten Bks.

Hungry Homeless Dog. Bill Simonson. Illus. by Bill Simonson. 2016. (ENG., Illus.). (J). 19.99 *(978-0-9977466-8-6(8))* Mindstir Media.

Hungry Horse. Jane Wolfe. Illus. by Tors Benham. 2016. 8p. (J). (gr. -1-12). bds. 6.99 *(978-1-84322-721-2(5)*, Armadillo) Anness Publishing GBR. Dist: National Bk. Network.

Hungry Hudson Has a Choice. Leslie Mitchell Assini. Illus. by Andy Yura. 2021. (ENG.). 34p. (J). pap. 10.99 *(978-0-578-85094-8(X))* LJM Communications.

Hungry Hummingbird. Jean Sederberg & Nancy. 2022. (ENG., Illus.). 40p. (J). 29.95 *(978-1-6624-7762-1(7))*; pap. 17.95 *(978-1-6624-7760-7(0))* Page Publishing Inc.

Hungry Isle. Emily Rodda. 2017. 170p. (J). lib. bdg. *(978-1-61067-638-0(6))* Kane Miller.

Hungry Isle: Star of Deltora. Emily Rodda. 2017. 176p. (J). pap. 5.99 *(978-1-61067-528-4(2))* Kane Miller.

Hungry Jim: (Children's Emotion Books, Animal Books for Kids, Funny Children Books) Laurel Snyder. 2019. (ENG., Illus.). 56p. (J). (gr. -1-k). 17.99 *(978-1-4521-4987-5(9))* Chronicle Bks. LLC.

Hungry Jungle: Pop-Up Faces & Dangly Snacks! Carly Madden. Illus. by Natalie Marshall. 2022. (Feeding Time Ser.). (ENG.). 12p. (J). (gr. -1-k). bds. ***(978-0-7112-7497-6(5))*** White Lion Publishing.

Hungry Kitten: Leveled Reader Yellow Fiction Level 6 Grade 1. Hmh Hmh. 2019. (Rigby PM Ser.). (ENG.). 16p. (J). (gr. 1). pap. 11.00 *(978-0-358-12155-8(8))* Houghton Mifflin Harcourt Publishing Co.

Hungry Kitten's Tale. Elizabeth Fust. Illus. by Mary MacArthur. (ENG.). 28p. (J). 2022. 22.99 ***(978-1-63522-017-9(3))***; 2021. pap. 9.99 *(978-1-63522-204-3(4))* Rivershore Bks.

Hungry Kitten's Tale. Elizabeth Fust. 2019. (ENG.). 28p. (J). pap. 9.99 *(978-1-63522-047-6(5))* Rivershore Bks.

Hungry Kitten's Tale Coloring Book. Elizabeth Fust. Illus. by Mary MacArthur. 2nd ed. 2022. (ENG.). 28p. (J). pap. 9.99 *(978-1-63522-032-2(7))* Rivershore Bks.

Hungry Lion, or a Dwindling Assortment of Animals. Lucy Ruth Cummins. Illus. by Lucy Ruth Cummins. 2016. (ENG., Illus.). 40p. (J). (gr. -1-3). 18.99 *(978-1-4814-4889-5(7))* Simon & Schuster Children's Publishing.

Hungry Little Black Kites. Christopher Zacharia Lameck. 2022. (ENG.). 24p. (J). ***(978-1-4710-4379-6(7))*** Lulu Pr., Inc.

Hungry Little Gator. Alexis Braud. 2019. (ENG., Illus.). 24p. (J). (gr. k-3). 16.99 *(978-1-4556-2684-7(8)*, Pelican Publishing) Arcadia Publishing.

Hungry Little Spiders. Tiana Youssef Thomas. 2019. (ENG., Illus.). 68p. (J). *(978-1-9162194-7-2(0))* Tiny Angel Pr. Ltd.

Hungry Pets. Carly Madden. Illus. by Natalie Marshall. 2021. (Feeding Time Ser.). (ENG.). 12p. (gr. -1). bds. ***(978-0-7112-6721-3(9))*** White Lion Publishing.

Hungry Place. Jessie Haas. 2020. (ENG.). 190p. (J). (gr. 3-7). 17.99 *(978-1-68437-794-7(3)*, Astra Young Readers) Astra Publishing Hse.

Hungry Polar Bear. Wesley English. Illus. by Adam Scheibe. 2018. (ENG.). 22p. (J). (gr. k-3). 17.95 *(978-0-9795389-1-9(2))* Tripping Light Pr.

Hungry Shark / el Tiburón Hambriento. Tamia Sheldon. Illus. by Tamia Sheldon. 2018. (Xist Kids Bilingual Spanish English Ser.). (ENG & SPA., Illus.). 26p. (J). (gr. -1-3). pap. 9.99 *(978-1-5324-0683-6(5))* Xist Publishing.

Hungry Snowman. Doretha Oliver. Illus. by Amaraafrican. 2022. (ENG.). 32p. (J). pap. 20.99 *(978-1-6628-4831-5(5))* Salem Author Services.

Hungry Stones: And Other Stories (Classic Reprint) Rabindranath Tagore. 2018. (ENG., Illus.). 288p. (J). 29.86 *(978-0-332-94948-2(6))* Forgotten Bks.

Hungry Tiger & Clever Rabbit: A Tale from Korea, 1 vol. Lucretia Samson. Illus. by Adrian Bijloo. 2016. (ENG.). 24p. (J). pap. 9.95 *(978-1-927244-58-6(7))* Clean Slate Pr. Ltd. NZL. Dist: Flying Start Bks.

Hungry Tiger & Clever Rabbit (Big Book Edition) A Tale from Korea. Lucretia Samson. Illus. by Adrian Bijloo. 2016. 24p. (J). pap. *(978-1-927244-68-5(4))* Flying Start Bks.

Hungry Toaster & His Friends Coloring Book. Activibooks For Kids. 2016. (ENG., Illus.). (J). pap. 9.20 *(978-1-68321-829-6(9))* Mimaxion.

Hungry Wind Blows: The JB Trade. Shemett Griffiths. Ed. by C. Orville McLeish. Illus. by Dmitry Fedorov. 2020. (ENG.). 50p. (J). 16.28 *(978-1-0879-1036-9(6))*; pap. 12.75 *(978-1-0879-0926-4(0))* Indy Pub.

Hungry Wolf, 1 vol. Ester Llorens & Jordi Palet. 2019. (Creative Tales Ser.). (ENG.). 72p. (J). (gr. -1-3). pap. 24.99 *(978-0-7643-5688-9(7)*, 16305) Schiffer Publishing, Ltd.

Hungry Wolf: A Tale from Mexico. Lari Don. Illus. by Melanie Williamson. 2019. (Stories from Around the World Ser.). (ENG.). 48p. (J). (gr. 1-5). pap. 6.99 ***(978-1-78285-836-2(9))*** Barefoot Bks., Inc.

Hunkabunkajunk. Linda LaFond. 2022. (ENG.). 24p. (J). *(978-0-2288-3085-6(0))*; pap. *(978-0-2288-3084-9(2))* Tellwell Talent.

Hunker's P. O: A Farce in One Act (Classic Reprint) Clara J. H. Hurd. (ENG., Illus.). (J). 2018. 48p. 24.89 *(978-0-267-30506-3(0))*; 2016. pap. 9.57 *(978-1-333-29719-0(X))* Forgotten Bks.

Hunkins (Classic Reprint) Samuel G. Blythe. 2018. (ENG., Illus.). 362p. (J). 31.38 *(978-0-484-61908-0(X))* Forgotten Bks.

Hunt. Sofia Foskaris & Stefania Foskaris. 2023. (ENG.). 430p. (J). pap. 14.00 ***(978-1-6629-2473-6(9))*** Gatekeeper Pr.

Hunt. Frost Kay. 2020. (Twisted Kingdoms Ser.: Vol. 1). (ENG.). 362p. (YA). 24.99 *(978-1-63684-179-3(1))* Anderson, Frost.

Hunt, 0 vols. Chuck Wendig. 2016. (Atlanta Burns Ser.: 2). (ENG.). 329p. (YA). (gr. 9-13). pap. 9.99 *(978-1-5039-5339-0(4)*, 9781503953390, Skyscape) Amazon Publishing.

Hunt Ball Mystery (Classic Reprint) Sir William Magnay. 2018. (ENG., Illus.). (J). 304p. 30.17 *(978-0-366-06929-3(2))*; 306p. pap. 13.57 *(978-0-366-06928-6(4))* Forgotten Bks.

Hunt for an Escape: Child's Maze Activity Book. Activity Book Zone for Kids. 2016. (ENG., Illus.). (J). pap. 7.55 *(978-1-68376-200-3(2))* Sabeels Publishing.

Hunt for Bull Murphy. Greg Wickham. 2020. (ENG.). 104p. (J). pap. *(978-1-5289-0669-2(1))* Austin Macauley Pubs. Ltd.

Hunt for Easter Eggs - Easter Coloring Books for Kids Children's Easter Books. Speedy Kids. 2017. (ENG., Illus.). (J). pap. 8.45 *(978-1-5419-4733-7(9))* Speedy Publishing LLC.

Hunt for Eden's Star. D. J. Williams. 2023. (Beacon Hill Ser.: 1). (ENG.). 480p. (YA). 29.99 *(978-1-4964-6265-7(3)*, 20_36943); pap. 15.99 *(978-1-4964-6266-4(1)*, 20_36944) Tyndale Hse. Pubs. (Wander).

Hunt for Elemental. K. R. Brown. 2021. (ENG.). 252p. (YA). 35.95 *(978-1-4582-2289-3(6))*; pap. 17.99 *(978-1-4582-2290-9(X))* Author Solutions, LLC. (Abbott Pr.).

Hunt for Elusive Big Ocean Fish Coloring Book. Activity Attic. 2016. (ENG., Illus.). (J). pap. 7.74 *(978-1-68323-930-7(X))* Twin Flame Productions.

Hunt for Happiness (Classic Reprint) Anita Vivanti Chartres. (ENG., Illus.). (J). 2018. 130p. 26.58 *(978-0-364-15352-9(0))*; 2017. pap. 9.57 *(978-0-259-30651-1(7))* Forgotten Bks.

Hunt for Osama Bin Laden. Valerie Bodden. 2019. (Turning Points Ser.). (ENG.). 48p. (J). (gr. 3-6). *(978-1-64026-175-4(3)*, 19160, Creative Education); pap. 14.00 *(978-1-62832-738-0(3)*, 19157, Creative Paperbacks) Creative Co., The.

Hunt for Star-Lord: a Graphix Book (Marvel's Rocket & Groot) Amanda Deibert. Illus. by Cam Kendell. 2023. (ENG.). 80p. (J). (gr. 1-3). pap. 8.99 ***(978-1-338-89033-4(6)***, Graphix) Scholastic, Inc.

Hunt for the Colosseum Ghost (Geronimo Stilton Special Edition) Geronimo Stilton. 2018. (Geronimo Stilton Special Edition Ser.). (ENG., Illus.). 208p. (J). (gr. 2-5). 14.99 *(978-1-338-21522-9(1)*, Scholastic Paperbacks) Scholastic, Inc.

Hunt for the Dragon King. Harrison McArthur. 2022. (Hunt for the Dragon King Ser.: Vol. 1). (ENG.). 148p. (YA). ***(978-0-2288-2371-1(4))***; pap. ***(978-0-2288-2372-8(2))*** Tellwell Talent.

Hunt for the Hollower. Callie C. Miller. 2023. (Quest of Great Importance Ser.). (ENG.). 400p. (J). (gr. 3-7). 18.99 ***(978-1-6659-1810-7(1)***, Aladdin) Simon & Schuster Children's Publishing.

Hunt for the Mad Wolf's Daughter. Diane Magras. 2020. (ENG.). 288p. (J). (gr. 4-7). 7.99 *(978-0-7352-2931-0(7)*, Puffin Books) Penguin Young Readers Group.

Hunt for the Missing Spy. Penny Warner. ed. 2016. (Code Busters Club Ser.: 5). (ENG.). 168p. (J). (gr. 3-6). E-Book 26.65 *(978-1-5124-0305-3(9)*, Darby Creek) Lerner Publishing Group.

Hunt for the Octo-Shark: A 4D Book. Michael Anthony Steele. Illus. by Pauline Reeves. 2018. (Nearly Fearless Monkey Pirates Ser.). (ENG.). 48p. (J). (gr. k-2). lib. bdg. 23.99 *(978-1-5158-2680-4(5)*, 137835, Picture Window Bks.) Capstone.

Hunt for the Tomato Killer. Amy Hansen. 2022. (ENG.). 40p. (J). pap. 7.95 ***(978-1-949290-91-2(3))*** Bedazzled Ink Publishing Co.

Hunt for the Wild Moink. Bruce Waymire. Illus. by Karen Waymire. 2022. (ENG.). 34p. (J). 20.00 *(978-1-7373105-2-5(X))* sunflower.

Hunt of the Halfling. Elena Kathleen Moriarty. 2021. (Crimson Tales Ser.). (ENG.). 246p. (YA). pap. *(978-0-6488517-0-7(2))* Elena Kathleen Moriarty.

Hunt of the Halfling. Elena Kathleen Moriarty. 2021. (Crimson Tales Ser.: Vol. 1). (ENG.). 246p. (YA). pap. ***(978-0-6488517-4-5(5))*** arima publishing.

Hunt of the Unicorn. Chris Humphreys. 2020. (ENG.). 286p. (YA). pap. *(978-1-9994616-9-0(X))* LoGreco, Bruno.

Hunt-Room Stories & Yachting Yarns (Classic Reprint) Unknown Author. 2018. (ENG., Illus.). 350p. (J). 31.07 *(978-0-484-32969-9(3))* Forgotten Bks.

Hunt the Dragon Within: The Journals of Ravier, Volume II. J. R. Vaineo. Ed. by M. Gray. 2020. (Journals of Ravier Ser.: Vol. 2). (ENG., Illus.). 470p. (YA). (gr. 9-12). 26.99 *(978-1-7340315-7-7(3))* JRV Bks., LLC.

Hunt the Dragon Within - Special Edition: The Journals of Ravier, Volume II. J. R. Vaineo. Ed. by M. Gray. 2nd ed. 2020. (Journals of Ravier Ser.: Vol. 2). (ENG.). 532p. (YA). 32.99 *(978-1-7340315-9-1(X))* JRV Bks., LLC.

Hunt the Slipper: A Novel (Classic Reprint) Oliver Madox Hueffer. (ENG., Illus.). (J). 2018. 286p. 29.80 *(978-0-483-84808-5(5))*; 2017. pap. 13.57 *(978-0-243-13388-8(X))* Forgotten Bks.

Hunt with Newton: What Are the Secrets of the Universe? Andrew Briggs et al. Illus. by Brett Hudson. ed. 2018. (Curious Science Quest Ser.). (ENG.). 112p. (J). (gr. 4-7). pap. 9.99 *(978-0-7459-7753-9(7)*, ee1a0055-339f-430c-9580-68819015c4f1, Lion Children's) Lion Hudson PLC GBR. Dist: Baker & Taylor Publisher Services (BTPS).

Hunted. Pip Coomes. 2019. (Phoenix Ser.: Vol. 1). (ENG.). 386p. (YA). (gr. 9-12). pap. *(978-0-6484583-0-2(X))* In the Clouds Publishing.

H

Hunted. Jo Ho. 2019. (Chase Ryder Ser.: Vol. 3). (ENG.). 450p. (YA). pap. *(978-1-9164890-7-3(9))* Ho, Jo.

Hunted. Shade Owens. 2022. (Immortal Ones Ser.: Vol. 3). (ENG.). 358p. (YA). pap. 13.99 ***(978-1-990271-93-9(6))*** Red Raven Publishing.

Hunted. Meagan Spooner. 2019. (ENG.). 400p. (YA). (gr. 8). pap. 10.99 *(978-0-06-242229-3(4))*; 2017. (ENG.). 384p. (YA). (gr. 8). 17.99 *(978-0-06-242228-6(6))*; 2017. 384p. (J). *(978-0-06-267735-8(7))* HarperCollins Pubs. (HarperTeen).

Hunted. S. Young. 2021. (War of the Covens Ser.: Vol. 1). (ENG.). 350p. (YA). pap. *(978-1-8383017-7-4(1))* Young, Samantha.

Hunted: A Werewolf Mystery. B. S. Gibbs. 2017. (ENG., Illus.). (J). pap. 7.99 *(978-0-9969509-6-1(6))* Gibbs Publishing.

Hunted: The Union Saga Part Two. Mathias Invictus. 2020. (Union Saga Ser.). (ENG.). 510p. (YA). pap. 18.99 *(978-1-7347835-4-4(0))* Luminade Publishing.

Hunted & Harried. Robert Michael Ballantyne. 2019. (ENG.). 130p. (J). pap. *(978-93-5329-702-2(8))* Alpha Editions.

Hunted by Predators Hacks. Virginia Loh-Hagan. 2019. (Could You Survive? Ser.). (ENG., Illus.). 32p. (J). (gr. 4-8). pap. 14.21 *(978-1-5341-5072-0(2)*, 213595); lib. bdg. 32.07 *(978-1-5341-4786-7(1)*, 213594) Cherry Lake Publishing. (45th Parallel Press).

Hunted by the Sky. Tanaz Bhathena. 2020. (Wrath of Ambar Ser.: 1). (ENG.). 384p. (YA). 18.99 *(978-0-374-31309-8(1)*, 900209755, Farrar, Straus & Giroux (BYR)) Farrar, Straus & Giroux.

Hunted by the Sky. Tanaz Bhathena. 2021. (Wrath of Ambar Ser.: 1). (ENG.). 400p. (YA). pap. 10.99 *(978-1-250-79203-7(7)*, 900209756) Square Fish.

Hunted Down. Joe Hartwell. 2021. (ENG.). 198p. (YA). pap. 8.99 *(978-1-954753-87-7(X))* WorkBk. Pr.

Hunted Down: A Mystery Solved (Classic Reprint) Max Hillary. 2017. (ENG., Illus.). (J). 27.24 *(978-0-265-68340-8(8))*; pap. 9.97 *(978-1-5276-5738-0(8))* Forgotten Bks.

Hunted Down: Or Five Days in the Fog; a Thrilling Narrative of the Escape of Young Granice from a Drunken, from an Infuriated Mob (Classic Reprint) Harry Granice. 2018. (ENG., Illus.). 26p. (J). 24.43 *(978-0-332-91005-5(9))* Forgotten Bks.

Hunted of the Haunted. Allison Ince. 2020. (Takeaways: They Come for Everyone Ser.: Vol. 3). (ENG.). 110p. (YA). pap. 13.95 *(978-1-0980-5105-1(X))* Christian Faith Publishing.

Hunter. Sarai Henderson. 2016. (ENG., Illus.). (J). pap. *(978-1-77233-960-4(1))* Evernight Publishing.

Hunter. Jan Wahl. Illus. by Tim Jessell. 2018. (ENG.). 32p. (J). (gr. 1-4). 18.99 *(978-1-56846-297-4(2)*, 19706, Creative Editions) Creative Co., The.

Hunter. Mercedes Lackey. ed. 2016. (Hunter Ser.: 1). (YA). lib. bdg. 20.85 *(978-0-606-38309-7(3))* Turtleback.

Hunter & His Dog. Sassafras De Bruyn. 2020. (ENG.). 40p. (J). *(978-0-8028-5534-3(2)*, Eerdmans Bks For Young Readers) Eerdmans, William B. Publishing Co.

Hunter & His Dog: El Cazador y Su Perro. Brian Wildsmith. 2022. (SPA.). 32p. (J). pap. *(978-1-59572-951-4(8))* Star Bright Bks., Inc.

Hunter & Hunted: Animal Survival. 2017. (Hunter & Hunted: Animal Survival Ser.). 24p. (gr. 7-8). pap. 49.50 *(978-1-5081-5586-7(0)*, PowerKids Pr.) Rosen Publishing Group, Inc., The.

Hunter & Little Joey. Robert Lailheugue. 2018. (ENG.). 126p. (J). pap. 19.95 *(978-1-64416-786-1(7))* Christian Faith Publishing.

Hunter & the Horns (Classic Reprint) W. H. Canaway. (ENG., Illus.). (J). 2018. 162p. 27.26 *(978-0-483-61122-1(0))*; 2017. pap. 9.57 *(978-0-243-28286-9(9))* Forgotten Bks.

Hunter Cats of Connorloa (Classic Reprint) Helen Jackson. 2018. (ENG., Illus.). 106p. (J). 26.08 *(978-0-484-86143-4(3))* Forgotten Bks.

Hunter (Classic Reprint) Watson Dyke. 2018. (ENG., Illus.). 406p. (J). 32.27 *(978-0-332-89349-5(9))* Forgotten Bks.

Hunter Learns about Bucharest. Tracilyn George. 2021. (ENG.). 22p. (J). pap. 11.00 *(978-1-77475-316-3(2))* Lulu Pr., Inc.

Hunter Maiden: Feminist Folktales from Around the World. Ethel Johnston Phelps. Illus. by Suki Boynton. 2017. (Feminist Folktales Ser.: 4). (ENG.). 176p. (J). (gr. 2-7). 14.95 *(978-1-55861-434-5(6))* Feminist Pr. at The City Univ. of New York.

Hunter Makes a Choice. Mike Hennessey & Rachel McNair. Illus. by Jessica Jerome and Brandon Mitchell. 2022. (ENG.). 28p. (J). *(978-1-0391-4450-7(0))*; pap. *(978-1-0391-4449-1(7))* FriesenPress.

Hunter Makes a Choice - Mi'gmaq Translation. Mike Hennessey & Rachel McNair. Illus. by Brandon Mitchell. 2023. (ENG.). 32p. (J). ***(978-1-0391-7488-7(4))***; pap. ***(978-1-0391-7487-0(6))*** FriesenPress.

Hunter Makes a Choice - Wolastoqey Translation. Mike Hennessey & Rachel McNair. Illus. by Brandon Mitchell. 2022. (ENG.). 32p. (J). ***(978-1-0391-5831-3(5))***; pap. ***(978-1-0391-5830-6(7))*** FriesenPress.

Hunter Moon: A Grazi Kelly Novel 2. C. D. Gorri. 2020. (ENG.). 258p. (YA). pap. 14.99 *(978-1-393-20687-3(5))* Draft2Digital.

Hunter (Mystery), 1 vol. Anne Schraff. 2017. (Pageturners Ser.). (ENG.). 76p. (YA). (gr. 9-12). 10.75 *(978-1-68021-389-8(X))* Saddleback Educational Publishing, Inc.

Hunter-Naturalist: Romance of Sporting; or, Wild Scenes & Wild Hunters (Classic Reprint) C. W. Webber. 2018. (ENG., Illus.). 612p. (J). 36.52 *(978-0-666-75216-1(8))* Forgotten Bks.

Hunter of Destiny. Bria Lexor. 2020. (Vampire Society Saga Ser.: Vol. 1). (ENG.). 128p. (YA). pap. 10.99 ***(978-1-393-66313-3(3))*** Draft2Digital.

Hunter on the North Pole Express. J. D. Green. Illus. by Joanne Partis. 2022. (North Pole Express Bears Ser.). (ENG.). 32p. (J). (gr. -1-3). 7.99 ***(978-1-7282-6943-6(1))*** Sourcebooks, Inc.

Hunter on the North Pole Express. J. D. Green. 2019. (North Pole Express Ser.). (ENG.). 32p. (J). (gr. -1-3). 7.99 ***(978-1-7282-0342-3(2))*** Sourcebooks, Inc.

Hunter Trials: The Higher You're Born, the Farther You Fall. Mary Flint. 2nd ed. 2022. (Red Star Book One Ser.: Vol. 1). (ENG.). 338p. (YA). pap. 19.95 *(978-1-63747-098-5(3))* Publication Consultants.

Hunter 'Twas the Night Before Christmas. Illus. by Lisa Alderson. 2019. (Night Before Christmas Ser.). (ENG.). 32p. (J). (gr. -1-3). 7.99 ***(978-1-7282-0235-8(3))*** Sourcebooks, Inc.

Hunters. A. M. Burns. 2016. (ENG., Illus.). (J). 24.99 *(978-1-63533-031-1(9)*, Harmony Ink Pr.) Dreamspinner Pr.

Hunter's Adventures Series 2. Crystal Wilson. 2023. (ENG.). 40p. (J). pap. 8.50 ***(978-1-387-41469-7(0))*** Lulu Pr., Inc.

Hunter's Christmas Wish. Put Me In The Story & J. D. Green. Illus. by Julia Seal. 2018. (Christmas Wish Ser.). (ENG.). 32p. (J). (gr. k-3). 6.99 ***(978-1-4926-8524-1(0))*** Sourcebooks, Inc.

Hunter's Hockey Challenge. Mary Beth Bozanin. 2020. (ENG.). 28p. (J). pap. *(978-1-4866-1954-2(1))* Word Alive Pr.

Hunter's Moon. M.J. O'Shea. 3rd ed. 2016. (ENG., Illus.). (J). 27.99 *(978-1-63533-032-8(7)*, Harmony Ink Pr.) Dreamspinner Pr.

Hunters of the Lost City. Kali Wallace. 2022. (Illus.). 304p. (J). (gr. 5). 16.99 *(978-1-68369-289-8(6))* Quirk Bks.

Hunters of the Sea 3 Explorers. Tony Bradman. Illus. by Giorgio Bacchin. ed. 2017. (Cambridge Reading Adventures Ser.). (ENG.). 40p. pap. 9.80 *(978-1-108-40099-2(X))* Cambridge Univ. Pr.

Hunters of the Wild: Explore the Remarkable World of Nature's Most Lethal Predators. Michael Bright et al. 2018. (ENG., Illus.). 512p. (J). (gr. -1-12). pap. 12.99 *(978-1-84477-487-6(2)*, Armadillo) Anness Publishing GBR. Dist: National Bk. Network.

Hunter's Pyjamas. Tori Telfer & Rhonda Telfer. Illus. by Holli Conger. 2020. (ENG.). 32p. (J). pap. *(978-1-922331-46-5(5))* Library For All Limited.

Hunter's Special Squawk. Judith Lam Tang. 2019. (ENG., Illus.). 46p. (J). *(978-0-2288-0753-7(0))*; pap. *(978-0-2288-0752-0(2))* Tellwell Talent.

Hunter's Super Night. Laurel Ellen. Illus. by Skye Laurice. 2019. (ENG.). 48p. (J). pap. *(978-1-5255-5001-0(2))* FriesenPress.

Hunter's Tail Vol. 1: A Dog's Guide to Teaching Children Lessons of Love. Pavarini Andy. 2017. (ENG., Illus.). (J). 14.99 *(978-0-692-95801-8(0))* Anderson, Christine F. Publishing & Media.

Hunter's Walk. Nabeel Ismeer. 2021. 304p. 16.95 *(978-981-4914-07-9(X))* Penguin Random House SEA Pte. Ltd. SGP. Dist: Independent Pubs. Group.

Hunting. Alan Walker. 2022. (Exciting & Safe Outdoor Fun Ser.). (ENG.). 24p. (J). (gr. k-2). pap. *(978-1-0396-6203-2(X)*, 19856); lib. bdg. *(978-1-0396-6008-3(8)*, 19855) Crabtree Publishing Co.

Hunting, Vol. 10. Beth Landis Hester. 2016. (Great Outdoors! Ser.: Vol. 10). (ENG., Illus.). 48p. (J). (gr. 5-8). 20.95 *(978-1-4222-3571-3(8))* Mason Crest.

Hunting: Pursuing Wild Game! Set, 10 vols. Incl. Big Game Hunting. Judy Monroe Peterson. lib. bdg. 37.13 *(978-1-4488-1240-0(2)*, e2e089b2-f271-445b-859d-5a10aca811ad); Small Game Hunting. Judy Monroe Peterson. lib. bdg. 37.13 *(978-1-4488-1242-4(9)*, 0911b183-b8ee-4e75-8d1d-d211b12310c6); Turkey Hunting. Kate Canino. lib. bdg. 37.13 *(978-1-4488-1244-8(5)*, 8048d783-6bce-4538-bb03-ec2ab2c91b84); Varmint Hunting. Judy Monroe Peterson. lib. bdg. 37.13 *(978-1-4488-1245-5(3)*, 0bfd5578-0935-4e2c-acf4-d35639e5ff3a); Water Fowl. Philip Wolny. lib. bdg. 37.13 *(978-1-4488-1243-1(7)*, d64a9f6f-5ae9-4e2c-a3e5-c5f1249f0d57); Wing Shooting. Jennifer Bringle. lib. bdg. 37.13 *(978-1-4488-1241-7(0)*, 4af10038-0f01-426d-8520-f6160cbb6e41); (YA). (gr. 5-5). 2011. (Hunting: Pursuing Wild Game! Ser.). (ENG., Illus.). 64p. 2010. Set lib. bdg. 185.65 *(978-1-4488-1389-6(1)*, a4fb04ed-8352-4dde-b372-90e143b7f607, Rosen Reference) Rosen Publishing Group, Inc., The.

Hunting a Hacker: Using Science to Crack Cybercrime. Sarah Eason. 2023. (Crime Science Ser.). (ENG., Illus.). 48p. (J). (gr. 5-8). lib. bdg. 31.99 ***(978-1-915153-87-6(5)***, 8e1c398c-aefd-4105-9bde-664ca494ca5b) Cheriton Children's Bks. GBR. Dist: Lerner Publishing Group.

Hunting a Hacker: Using Science to Crack Cybercrime. Contrib. by Sarah Eason. 2023. (Crime Science Ser.). (ENG., Illus.). 48p. (J). (gr. 5-8). pap. 10.99 ***(978-1-915761-47-7(6)***, 30245ff2-df09-4629-bfe6-7d82d682dabd) Cheriton Children's Bks. GBR. Dist: Lerner Publishing Group.

Hunting Adventures in the Northern Wilds, or a Tramp in the Chateaugay Woods, over Hills, Lakes, & Forest Streams (Classic Reprint) S. H. Hammond. 2017. (ENG., Illus.). (J). 31.12 *(978-0-266-17742-5(5))* Forgotten Bks.

Hunting Adventures with My Daddy. Ben Brookhart. 2021. (ENG.). 46p. (J). 19.99 *(978-1-956543-02-5(3)*, Bamsley Ink) Write Way Publishing Co. LLC.

Hunting Aherre. Margaret James. 2021. (ENG.). 32p. (J). pap. *(978-1-922591-79-1(3))* Library For All Limited.

Hunting & Fishing: A Kid's Guide, 12 vols. 2016. (Hunting & Fishing: a Kid's Guide Ser.). (ENG.). 00032p. (J). (gr. 3-3). 167.58 *(978-1-4994-2648-9(8)*, b3d4bd26-0fba-47bb-95be-0cfb6715c552, PowerKids Pr.) Rosen Publishing Group, Inc., The.

Hunting & Gun Ownership, 1 vol. Ed. by he New York Times. 2019. (In the Headlines Ser.). (ENG.). 224p. (gr. 9-9). 54.93 *(978-1-64282-306-6(6)*, f71420e5-ca73-46f3-8b1e-913dbcea1263, New York Times Educational Publishing) Rosen Publishing Group, Inc., The.

Hunting & Gun Ownership, 1 vol. Ed. by The New York Times Editorial Staff. 2019. (In the Headlines Ser.). (ENG.). 224p. (gr. 9-9). pap. 24.47 *(978-1-64282-305-9(8)*, b15bc9f1-e9fe-4443-9019-25662aacfee0, New York Times Educational Publishing) Rosen Publishing Group, Inc., The.

Hunting & Shooting: A Vintage Classic. Bellmore H. Browne. Ed. by Daniel Beard. 2017. (ENG., Illus.). 112p. (J). pap. 8.95 *(978-0-486-81327-1(4)*, 813274) Dover Pubns., Inc.

Hunting & Trapping on the Upper Magalloway River & Parmachenee Lake: First Winter in the Wilderness (Classic Reprint) Fred C. Barker. (ENG., Illus.). (J). 2017. 29.05 *(978-1-5282-8314-4(7))*; 2016. pap. 11.57 *(978-1-334-14265-9(3))* Forgotten Bks.

Hunting by Stars (a Marrow Thieves Novel) Cherie Dimaline. 2021. (Marrow Thieves Ser.). (ENG.). 400p. (YA). (gr. 7-17). 18.99 *(978-1-4197-5347-3(9)*, 1727601, Amulet Bks.) Abrams, Inc.

Hunting Charlie Wilson: (Revised & Updated) Jan-Andrew Henderson. 2nd ed. 2020. (Galhadrian Trilogy Ser.: Vol. 2). (ENG.). 212p. (YA). pap. *(978-1-64826-885-4(4))* Black Hart Entertainment.

Hunting (Color Edition) (Yesterday's Classics) Edith M. Patch & Harrison E. Howe. Illus. by Eleanor Osborn Eadie. 2022. (ENG.). 174p. (J). pap. 16.95 ***(978-1-63334-185-2(2))*** Yesterday's Classics.

Hunting Dogs: Describes in a Practical Manner the Training, Handling, Treatment, Breeds, etc;, Best Adapted for Night Hunting As Well As Gun Dogs for Daylight Sport (Classic Reprint) Oliver Hartley. 2017. (ENG., Illus.). (J). 29.24 *(978-0-331-58347-2(X))* Forgotten Bks.

Hunting Dogs on the Job. Allan Morey. 2017. (Helping Dogs Ser.). (ENG.). 24p. (J). (gr. 2-5). lib. bdg. 32.79 *(978-1-5038-1612-1(5)*, 211171) Child's World, Inc, The.

Hunting Encyclopedia. Contrib. by Kate Conley. 2023. (Outdoor Encyclopedias Ser.). (ENG.). 192p. (J). (gr. 3-9). lib. bdg. 49.93 ***(978-1-0982-9134-1(4)***, 42098, Early Encyclopedias) ABDO Publishing Co.

Hunting Extinct Animals in the Patagonian Pampas: Eight Amherst Expedition 1911 (Classic Reprint) Frederic Brewster Loomis. 2018. (ENG., Illus.). 188p. (J). 27.79 *(978-0-666-63659-1(1))* Forgotten Bks.

Hunting for a Big Perentie. Margaret James. 2021. (ENG.). 18p. (J). pap. *(978-1-922591-70-8(X))* Library For All Limited.

Hunting for a Nap. Little Gr. 2018. (ENG., Illus.). 30p. (J). 22.95 *(978-1-64258-893-4(8))*; pap. 12.95 *(978-1-64258-891-0(1))* Christian Faith Publishing.

Hunting for Gold, or Adventures in Klondyke (Classic Reprint) Hume Nisbet. (ENG., Illus.). (J). 2018. 328p. 30.66 *(978-0-483-31344-6(0))*; 2017. pap. 13.57 *(978-0-243-13481-6(9))* Forgotten Bks.

Hunting for Hidden Gold #5. Franklin W. Dixon. 2017. (Hardy Boys Ser.: 5). 192p. (J). (gr. 3-7). 8.99 *(978-0-515-15907-3(7)*, Grosset & Dunlap) Penguin Young Readers Group.

Hunting for the Hidden! Hidden Picture Activity Book. Bobo's Adult Activity Books. 2016. (ENG., Illus.). (J). pap. 7.99 *(978-1-68327-313-4(3))* Sunshine In My Soul Publishing.

Hunting for Witchetty Grubs. Margaret James & Marjorie Nyunga Williams. 2021. (ENG.). 32p. (J). pap. *(978-1-922591-67-8(X))* Library For All Limited.

Hunting House. Elizabeth Catanese. Illus. by Benedetta Capriotti. 2021. (Mt. Olympus Theme Park Ser.). (ENG.). 48p. (J). (gr. 3-7). lib. bdg. 34.21 *(978-1-0982-3037-1(X)*, 37691, Spellbound) Magic Wagon.

Hunting Ilia. Margaret James. 2021. (ENG.). 30p. (J). pap. *(978-1-922591-80-7(7))* Library For All Limited.

Hunting in the Golden Days (Classic Reprint) Hubert Garle. 2018. (ENG., Illus.). 124p. (J). 26.50 *(978-0-332-43628-9(4))* Forgotten Bks.

Hunting in the Jungle with Gun & Guide after Large Game. Louis Jacolliot & Warren Franklin Kellogg. 2017. (ENG.). (J). 344p. pap. *(978-3-337-04579-1(0))*; 348p. pap. *(978-3-337-01976-1(5))* Creation Pubs.

Hunting in the Jungle with Gun & Guide after Large Game: Adapted from les Animaux Sauvages (Classic Reprint) Louis Jacolliot. 2018. (ENG., Illus.). 352p. (J). 31.16 *(978-0-267-30655-8(5))* Forgotten Bks.

Hunting November. Adriana Mather. (ENG.). 432p. (YA). (gr. 7). 2021. pap. 11.99 *(978-0-525-57915-1(X)*, Ember); 2020. lib. bdg. 20.99 *(978-0-525-57913-7(3)*, Knopf Bks. for Young Readers) Random Hse. Children's Bks.

Hunting of the Snark: An Agony, in Eight Fits (Classic Reprint) Lewis Carroll, pseud. 2017. (ENG., Illus.). (J). 26.06 *(978-0-260-40116-8(1))* Forgotten Bks.

Hunting of the Snark & Other Poems & Verses: And Other Poems (Classic Reprint) Lewis Carroll, pseud. 2017. (ENG., Illus.). (J). 31.07 *(978-1-5281-7722-1(3))* Forgotten Bks.

Hunting of the Snark or the Professor's Dream: In a Prologue & Five Acts (Classic Reprint) Marshall P. W. Locke. 2018. (ENG., Illus.). 116p. (J). 26.29 *(978-0-332-99686-8(7))* Forgotten Bks.

Hunting Prince Dracula. Kerri Maniscalco. (Stalking Jack the Ripper Ser.: 2). (ENG., Illus.). (YA). (gr. 10-17). 2018. 480p. pap. 12.99 *(978-0-316-55167-0(8))*; 2017. 448p. 19.99 *(978-0-316-55166-3(X))* Little Brown & Co. (Jimmy Patterson).

Hunting Season: a Coloring Book for Little Hunters: A Coloring Book for Little Hunters. Mary Ann Severs. 2023. (ENG.). 70p. (J). pap. ***(978-1-312-30824-4(9))*** Lulu Pr., Inc.

Hunting, Shooting & Fishing: A Sporting Miscellany, with Anecdotic Chapters about Horses & Dogs (Classic Reprint) Unknown Author. 2018. (ENG., Illus.). 336p. (J). 30.83 *(978-0-365-34100-0(2))* Forgotten Bks.

Hunting Songs & Poems (Classic Reprint) John Chaworth Musters. 2017. (ENG., Illus.). (J). 28.06 *(978-0-265-75110-7(1))* Forgotten Bks.

Hunting Songs (Classic Reprint) R. E. Egerton Warburton. 2018. (ENG., Illus.). 288p. (J). 29.84 *(978-0-365-33743-0(9))* Forgotten Bks.

Hunting Spirit Animals. Pamela Hicks. 2019. (ENG., Illus.). 234p. (YA). (gr. 7-12). pap. 18.95 *(978-1-68433-241-0(9))* Black Rose Writing.

Hunting the Corrigan's Blood. Holly Lisle. 2019. (Cadence Drake Novel Ser.: Vol. 1). (ENG.). 410p. (J). pap. 14.99 *(978-1-62456-068-2(7))* OneMoreWord Bks.

Hunting the Cyber Trail: Be a Computer Forensic Scientist. Alix Wood. 2017. (Crime Solvers Ser.). 48p. (gr. 6-6). pap. 84.30 *(978-1-5382-0619-5(6))* Stevens, Gareth Publishing LLLP.

Hunting to Survive. Clara MacCarald. 2022. (Animal Survival Ser.). (ENG., Illus.). 32p. (J). (gr. 2-5). lib. bdg. 34.22 *(978-1-5321-9852-6(3)*, 39715, Kids Core) ABDO Publishing Co.

Hunting to Survive. Clara MacCarald. 2022. (Animal Survival Ser.). (ENG., Illus.). 32p. (J). (gr. 3-3). pap. 9.95 *(978-1-64494-769-2(2))* North Star Editions.

Hunting Vampires, 1 vol. Steve White & Mark McKenzie-Ray. 2016. (Monster Hunting Ser.). (ENG., Illus.). 88p. (YA). (gr. 8-8). 38.80 *(978-1-4994-6530-3(0)*, 1de1961a-4b8b-4127-8b3f-8aae17380ec4, Rosen Young Adult) Rosen Publishing Group, Inc., The.

Hunting We Will Go! Adventurous Hidden Picture Book. Bobo's Adult Activity Books. 2016. (ENG., Illus.). (J). pap. 7.99 *(978-1-68327-314-1(1))* Sunshine In My Soul Publishing.

Hunting Werewolves, 1 vol. Graeme Davis. 2016. (Monster Hunting Ser.). (ENG., Illus.). 88p. (YA). (gr. 8-8). 38.80 *(978-1-4994-6534-1(3)*, 870804f9-bb35-4e55-a4ac-98b9463e38b2, Rosen Young Adult) Rosen Publishing Group, Inc., The.

Hunting Without a Gun: And Other Papers (Classic Reprint) Rowland F. Robinson. 2018. (ENG., Illus.). 402p. (J). 32.19 *(978-0-267-41957-9(0))* Forgotten Bks.

Hunting Zombies, 1 vol. Joseph A. McCullough. 2016. (Monster Hunting Ser.). (ENG., Illus.). 88p. (YA). (gr. 8-8). 38.80 *(978-1-4994-6532-7(7)*, 33c5501f-7dc6-4f98-8be2-3c99a780db7f, Rosen Young Adult) Rosen Publishing Group, Inc., The.

Huntingdons, or Glimpses of Inner Life (Classic Reprint) Maria Louise Hayward. (ENG., Illus.). (J). 2018. 316p. 30.41 *(978-0-484-88865-3(X))*; 2017. pap. 13.57 *(978-0-243-44652-0(7))* Forgotten Bks.

Huntington Beach State Park: Visitor's Guide (Classic Reprint) Ray Sigmon. 2018. (ENG., Illus.). 34p. (J). 24.60 *(978-0-332-80543-6(3))* Forgotten Bks.

Huntingtower (Classic Reprint) John Buchan. 2018. (ENG., Illus.). 292p. (J). 29.94 *(978-0-332-90190-9(4))* Forgotten Bks.

Hunts with Jorrocks: From Handley Cross (Classic Reprint) Robert Surtees. 2018. (ENG., Illus.). 324p. (J). 30.60 *(978-0-267-70423-1(2))* Forgotten Bks.

Huon Belle a Novel (Classic Reprint) Charlotte I. Dick. 2018. (ENG., Illus.). 254p. (J). 29.16 *(978-0-483-36002-0(3))* Forgotten Bks.

Huon le Roi, le Vair Palefroi: Avec Deux Versions de la Male Honte (Classic Reprint) Huon Le Roi de Cambrai. 2017. (FRE., Illus.). (J). 88p. 25.71 *(978-0-484-03856-0(7))*; pap. 9.57 *(978-0-282-05440-3(5))* Forgotten Bks.

Hupa Texts (Classic Reprint) Pliny Earle Goddard. (ENG., Illus.). (J). 2018. 302p. 30.13 *(978-0-666-98480-7(8))*; 2016. pap. 13.57 *(978-1-333-59724-5(X))* Forgotten Bks.

Huracán: Mi Historia de Resiliencia. Salvador Gómez-ón. 2023. (I, Witness Ser.: 0). (ENG.). 128p. (J). (gr. 4-7). pap. 7.95 *(978-1-324-05270-8(8)*, 345270, Norton Young Readers) Norton, W. W. & Co., Inc.

¡Huracanes! Gail Gibbons. 2022. (SPA., Illus.). 32p. (J). (gr. -1-3). pap. 8.99 *(978-0-8234-5213-2(1))* Holiday Hse., Inc.

Hurdy-Gurdy (Classic Reprint) Laura E. Richards. (ENG., Illus.). (J). 2018. 124p. 26.45 *(978-0-332-49550-7(7))*; 2016. pap. 9.57 *(978-1-334-28543-1(8))* Forgotten Bks.

Hurjat Hampaat: Finnish Edition of Terrific Teeth. Tuula Pere. Ed. by Susan Korman. Illus. by Catty Flores. 2019. (Little Fears Ser.: Vol. 1). (FIN.). 32p. (J). (gr. k-2). *(978-952-357-295-9(4))* Wickwick oy.

Hurjat Hampaat: Finnish Edition of Terrific Teeth. Tuula Pere. Illus. by Catty Flores. 2019. (Little Fears Ser.: Vol. 1). (FIN.). 32p. (J). (gr. k-2). pap. *(978-952-357-296-6(2))* Wickwick oy.

Hurlbut's Story of the Bible (Yesterday's Classics) Jesse Lyman Hurlbut. 2023. (ENG.). 660p. (J). pap. 22.95 ***(978-1-63334-204-0(2))*** Yesterday's Classics.

Hurley the Hippo. Shannon Warto. 2017. (ENG.). 36p. (J). pap. *(978-1-365-96896-9(0))* Lulu Pr., Inc.

Huron. Christine Webster. 2018. (Canadian Aboriginal Art & Culture Ser.). (ENG.). 32p. (J). lib. bdg. 22.99 *(978-1-5105-3989-1(1))* SmartBook Media, Inc.

Hurón Llamado Phil. William Reimer. Tr. by Carolina Bosenberg. Illus. by James Moore. 2018. (SPA.). 46p. (J). pap. ***(978-0-9942950-6-4(5))*** Reimer, William.

¡Hurra a Los Hermanos Mayores! Yay for Big Brothers! in Spanish, 1 vol. Janet Halfmann. Tr. by Alejandra de la Torre from ENG. Illus. by Shennen Bersani. 2021. (SPA.). 32p. (J). *(978-1-63817-081-5(9))* Arbordale Publishing.

¡Hurra, Pececito! Lucy Cousins. Illus. by Lucy Cousins. 2019. (Little Fish Ser.). (SPA., Illus.). 34p. (J). (— 1). bds. 8.99 *(978-1-5362-0904-4(X))* Candlewick Pr.

Hurra, Susanita Ya Tiene Dientes! Dimiter Inkiow. 2018. (SPA.). 88p. (gr. 3-4). pap. 11.99 *(978-958-04-1146-8(8)*, 10266242) Norma S.A. COL. Dist: Lectorum Pubns., Inc.

Hurrah for New England! or the Virginia Boy's Vacation (Classic Reprint) Louisa C. Tuthill. 2018. (ENG., Illus.). 124p. (J). 26.45 *(978-0-484-35525-4(2))* Forgotten Bks.

Hurrah for the Holidays: Or the Pleasures & Pains of Freedom (Classic Reprint) Abraham Stein. 2018. (ENG., Illus.). 242p. (J). 28.83 *(978-0-484-30919-6(6))* Forgotten Bks.

Hurricane! Elizabeth Raum. 2016. (Natural Disasters Ser.). (ENG., Illus.). 32p. (J). (gr. 2-5). lib. bdg. 20.95 *(978-1-60753-991-9(8)*, 15789) Amicus.

Hurricane. Matt Woods. 2017. (Text Connections Guided Close Reading Ser.). (J). (gr. 1). *(978-1-4900-1809-6(3))* Benchmark Education Co.

Hurricane & the Menace of the Fishchomper. Alexander Turcanu. 2018. (ENG., Illus.). 52p. (J). pap. *(978-1-9164120-1-9(7))* Picassic.

Hurricane & Tornado. DK. 2021. (Illus.). 72p. (J). *(978-0-241-38148-9(7))* Dorling Kindersley Publishing, Inc.

Hurricane & Tornado. Jack Challoner. ed. 2022. (DK Eyewitness Ser.). (ENG.). 72p. (J). (gr. 4-5). 22.46 ***(978-1-68505-242-3(8))*** Penworthy Co., LLC, The.

Hurricane & Tornado. DK. rev. ed. 2021. (DK Eyewitness Ser.). (ENG., Illus.). 72p. (J). (gr. 3-7). 16.99 *(978-0-7440-2895-9(7))*; pap. 9.99 *(978-0-7440-3964-1(9))* Dorling Kindersley Publishing, Inc. (DK Children).

Hurricane Child (Scholastic Gold) Kacen Callender. (ENG.). (J). (gr. 3-7). 2019. 240p. pap. 8.99 *(978-1-338-12931-1(7))*;

2018. 224p. 17.99 *(978-1-338-12930-4(9))* Scholastic, Inc. (Scholastic Pr.).

Hurricane Christmas Trees. Mary-Chandler Touhey Storrs. 2019. (ENG.). 46p. (J). pap. 15.95 *(978-1-64569-025-2(3))* Christian Faith Publishing.

Hurricane Dog: A Tale of Betrayal, Redemption & Change. Sunny Weber. 2019. (ENG.). 240p. (J). pap. 15.00 *(978-0-9966612-6-3(3))* Pups & Purrs Pr.

Hurricane Girls. Kimberly Willis Holt. 2023. (ENG.). 288p. (J). (gr. 4-9). 16.99 ***(978-0-316-32609-4(7))*** Little, Brown Bks. for Young Readers.

Hurricane Harvey. Cliff Waterford. 2017. (Special Reports Set 3 Ser.). (ENG., Illus.). 112p. (J). (gr. 6-12). lib. bdg. 41.36 *(978-1-5321-1400-7(1),* 28111, Essential Library) ABDO Publishing Co.

Hurricane Harvey: Disaster in Texas & Beyond. Rebecca Felix. 2018. (ENG., Illus.). 32p. (J). (gr. 3-6). 27.99 *(978-1-5415-2888-8(3),* bfee6b3a-17e1-4db5-ad02-543e4274f1e9, Millbrook Pr.) Lerner Publishing Group.

Hurricane Helpers. Marzieh A. Ali. Illus. by Lala Stellune. 2022. (Nadia & Nadir Ser.). (ENG.). 32p. (J). (gr. 2-2). pap. 9.95 *(978-1-64494-821-7(4),* Calico Kid) ABDO Publishing Co.

Hurricane Helpers. Marzieh A. Ali. Illus. by Lala Stellune. 2022. (Nadia & Nadir Ser.). (ENG.). 32p. (J). (gr. -1-3). lib. bdg. 32.79 *(978-1-0982-3307-5(7),* 39849, Calico Chapter Bks) Magic Wagon.

Hurricane Heroes in Texas, 30. Mary Pope Osborne. 2019. (Magic Tree House Ser.). (ENG.). 112p. (J). (gr. 2-3). 18.96 *(978-0-87617-727-3(5))* Penworthy Co., LLC, The.

Hurricane Heroes in Texas. Mary Pope Osborne. Illus. by A. G. Ford. (Magic Tree House (R) Ser.: 30). (J). (gr. 1-4). 2020. 128p. 6.99 *(978-1-5247-1315-7(5));* 2018. 112p. 13.99 *(978-1-5247-1312-6(0))* Random Hse. Children's Bks. (Random Hse. Bks. for Young Readers).

Hurricane Hits the Coast, 1 vol. Louise Spilsbury & Richard Spilsbury. 2017. (Earth under Attack! Ser.). (ENG.). 48p. (J). (gr. 5-5). pap. 15.05 *(978-1-5382-1307-0(9),* 5b1b4df5-727b-4125-95ea-d0b0e64d846e) Stevens, Gareth Publishing LLLP.

Hurricane Hits the Coast, 1 vol. Louise Spilsbury & Richard Spilsbury. 2017. (Earth under Attack! Ser.). (ENG.). 48p. (J). (gr. 5-5). lib. bdg. 33.60 *(978-1-5382-1309-4(5),* 268692c4-b87e-4d87-a3c6-2304e3562036) Stevens, Gareth Publishing LLLP.

Hurricane Irma. Edward Willett. 2017. (Special Reports Set 3 Ser.). (ENG., Illus.). 112p. (J). (gr. 6-12). lib. bdg. 41.36 *(978-1-5321-1401-4(X),* 28112, Essential Library) ABDO Publishing Co.

Hurricane Katrina, 1 vol. Fletcher C. Finch. 2018. (History Just Before You Were Born Ser.). (ENG.). 32p. (J). (gr. 4-5). 28.27 *(978-1-5382-3029-9(1),* 0c1f284c-cf5e-49a6-831e-fb296a3bb589) Stevens, Gareth Publishing LLLP.

Hurricane Katrina. Sue Gagliardi. 2019. (21st Century Disasters Ser.). (ENG., Illus.). 32p. (J). (gr. 2-3). pap. 9.95 *(978-1-64185-809-0(5),* 1641858095); lib. bdg. 31.35 *(978-1-64185-740-6(4),* 1641857404) North Star Editions. (Focus Readers).

Hurricane Katrina & America's Response. Tamra B. Orr. 2017. (Perspectives Library: Modern Perspectives Ser.). (ENG., Illus.). 32p. (J). (gr. 4-7). lib. bdg. 32.07 *(978-1-63472-859-1(9),* 209862) Cherry Lake Publishing.

Hurricane Katrina & the Flooding of New Orleans: A Cause-And-Effect Investigation. Mary K. Pratt. ed. 2016. (Cause-And-Effect Disasters Ser.). (ENG., Illus.). 40p. (J). (gr. 4-6). E-Book 46.65 *(978-1-5124-1128-7(0),* Lerner Pubns.) Lerner Publishing Group.

Hurricane Katrina Rescue (Ranger in Time #8) Kate Messner. Illus. by Kelley McMorris. 2018. (Ranger in Time Ser.: 8). (ENG.). 160p. (J). (gr. 2-5). pap. 5.99 *(978-1-338-13395-0(9),* Scholastic Pr.) Scholastic, Inc.

Hurricane on Fripp Island: A Big Daddy Adventure. Mary Jacobs. 2019. (ENG.). 38p. (J). 14.95 *(978-1-64307-328-6(1))* Amplify Publishing Group.

Hurricane Rescue. Jennifer Li Shotz. ed. 2017. (Hero Ser.: 2). (J). lib. bdg. 18.40 *(978-0-606-40134-0(2))* Turtleback.

Hurricane Summer: A Novel. Asha Ashanti Bromfield. (ENG.). 400p. (YA). 2023. pap. 13.00 ***(978-1-250-84346-3(4),*** 900256229); 2021. (Illus.). 18.99 *(978-1-250-62223-5(9),* 900223567) St. Martin's Pr. (Wednesday Bks.).

Hurricane Warning!, 1 vol. Ed. by Joanne Randolph. 2017. (Weather Report). (ENG.). 32p. (gr. 3-3). pap. 11.52 *(978-0-7660-9013-2(2),* 2d70b0f6-02c7-4188-acce-4810c324a59a) Enslow Publishing, LLC.

Hurricanes. Tracy Vonder Brink. 2022. (Natural Disasters Where I Live Ser.). (ENG.). 24p. (J). (gr. 3-6). pap. 8.95 *(978-1-63897-593-9(0),* 21411); lib. bdg. 27.93 *(978-1-63897-478-9(0),* 21410) Seahorse Publishing.

Hurricanes. Golriz Golkar. 2022. (Wild Earth Science Ser.). (ENG.). 32p. (J). 31.32 *(978-1-6639-7700-7(3),* 226203); pap. 7.95 *(978-1-6663-2531-7(7),* 226197) Capstone. (Pebble).

Hurricanes, 1 vol. Kristi Lew. 2018. (Nature's Mysteries Ser.). (ENG.). 32p. (gr. 2-3). pap. 13.90 *(978-1-5081-0650-0(9),* 35b43dfc-7643-4172-a88f-8a1d53ed96aa, Britannica Educational Publishing) Rosen Publishing Group, Inc., The.

Hurricanes. Martha London. 2019. (Extreme Weather Ser.). (ENG., Illus.). 32p. (J). (gr. 2-5). lib. bdg. 32.79 *(978-1-5321-6394-4(0),* 32103, DiscoverRoo) Pop!.

Hurricanes. Julie Murray. 2017. (Wild Weather Ser.). (ENG., Illus.). 24p. (J). (gr. k-4). lib. bdg. 31.36 *(978-1-5321-2088-6(5),* 26771, Abdo Zoom-Dash) ABDO Publishing Co.

Hurricanes. Betsy Rathburn. 2019. (Natural Disasters Ser.). (ENG., Illus.). 24p. (J). (gr. k-3). lib. bdg. 26.95 *(978-1-64487-026-6(6),* Blastoff! Readers) Bellwether Media.

Hurricanes. Andrea Rivera. 2017. (Natural Disasters (Launch!) Ser.). (ENG., Illus.). 24p. (J). (gr. -1-2). lib. bdg. 31.36 *(978-1-5321-2038-1(9),* 25326, Abdo Zoom-Launch) ABDO Publishing Co.

Hurricanes. Brienna Rossiter. 2022. (Severe Weather Ser.). (ENG., Illus.). 32p. (J). (gr. 2-3). pap. 9.95 *(978-1-63738-340-7(1));* lib. bdg. 31.35 *(978-1-63738-304-9(5))* North Star Editions. (Apex).

Hurricanes. Mari Schuh. rev. ed. 2016. (Earth in Action Ser.). (ENG.). 24p. (J). (gr. -1-2). pap. 6.95 *(978-1-5157-6209-6(2),* 135054, Capstone Pr.) Capstone.

Hurricanes & Secrets. Carol E. Doxey. 2021. (ENG.). 110p. (J). pap. 9.95 *(978-1-942766-82-7(3))* Vabella Publishing.

Hurricanes & Tornadoes, 1 vol. Joanna Brundle. 2017. (Transforming Earth's Geography Ser.). (ENG.). 32p. (J). (gr. 4-5). pap. 11.50 *(978-1-5345-2416-3(9),* ea98c44b-f812-4be8-aa04-8145b0ae67d3); lib. bdg. 28.88 *(978-1-5345-2414-9(2),* f569318c-0674-4378-b00c-3dfd41acef1b) Greenhaven Publishing LLC.

Hurricanes Harvey, Irma, Maria, & Nate. Julia Sillett. 2018. (Disaster Alert! Ser.). (Illus.). 48p. (J). (gr. 5-5). *(978-0-7787-5175-5(9))* Crabtree Publishing Co.

Hurricanes! (New & Updated Edition) Gail Gibbons. 2019. (Illus.). 32p. (J). (gr. -1-3). 18.99 *(978-0-8234-4157-0(1));* pap. 8.99 *(978-0-8234-4179-2(2))* Holiday Hse., Inc.

Hurricanes of Weakerville. Chris Rylander. 2022. (ENG.). 432p. (J). (gr. 3-7). 16.99 *(978-0-06-232750-5(X),* Walden Pond Pr.) HarperCollins Pubs.

Hurricanes, Typhoons, & Other Tropical Cyclones. World Book. 2023. (Library of Natural Disasters Ser.). (ENG.). 58p. (J). pap. ***(978-0-7166-9481-6(6))*** World Bk.-Childcraft International.

Hurricanes, Typhoons, & Other Tropical Cyclones. Contrib. by World Book, Inc. Staff. 3rd ed. 2018. (J). *(978-0-7166-9935-4(4))* World Bk., Inc.

Hurrish: A Study (Classic Reprint) Emily. Lawless. 2017. (ENG., Illus.). (J). 30.79 *(978-0-265-71193-4(2))* Forgotten Bks.

Hurrish, Vol. 1 Of 2: A Study (Classic Reprint) Emily. Lawless. 2019. (ENG., Illus.). 280p. (J). 29.67 *(978-0-365-28581-6(1))* Forgotten Bks.

Hurrish, Vol. 2 Of 2: A Study (Classic Reprint) Hon. Emily Lawless. 2018. (ENG., Illus.). 340p. (J). 30.91 *(978-0-365-21166-2(4))* Forgotten Bks.

Hurry, Hurry, Hurry: A Comedy in Three Acts (Classic Reprint) Le Roy Arnold. 2018. (ENG., Illus.). 68p. (J). 25.30 *(978-0-483-88889-0(3))* Forgotten Bks.

Hurry Murry. Yi Lin Tan. 2023. (ENG.). 32p. (J). (gr. k-2). 17.99 ***(978-981-5044-36-2(2))*** Marshall Cavendish International (Asia) Private Ltd. SGP. Dist: Independent Pubs. Group.

Hurry, Santa! Tomie dePaola. Illus. by Tomie dePaola. 2020. (ENG., Illus.). 14p. (J). (gr. -1-k). bds. 7.99 *(978-1-5344-6405-6(0),* Little Simon) Little Simon.

Hurry Up! A Book about Slowing Down. Kate Dopirak. Illus. by Christopher Silas Neal. 2020. (ENG.). 40p. (J). (gr. -1-3). 18.99 *(978-1-5344-2497-5(0),* Beach Lane Bks.) Beach Lane Bks.

Hurry-Up Exit from Egypt. Gary Bower. Illus. by Barbara Chotiner. 2017. (Faith That God Built Book Ser.). (ENG.). 32p. (J). 14.99 *(978-1-4964-1745-9(3),* 20_28620, Tyndale Kids) Tyndale Hse. Pubs.

Hurry up, Gus! Derek L. Polen. 2018. (ENG., Illus.). 30p. (J). (gr. k-2). 14.99 *(978-1-7335651-2-7(4))* Goal Line Group LLC.

Hurry up, Umingmak! Bilingual Inuktitut & English Edition. Rachel Rupke. Illus. by Ali Hinch. 2021. (Arvaaq Bks.). (ENG.). 44p. (J). pap. 14.95 *(978-1-77450-262-4(3))* Inhabit Education Bks. Inc. CAN. Dist: Consortium Bk. Sales & Distribution.

Hurt to Healing: Child Witnesses of Domestic Violence & Their Invisible Injuries. Althea T. Simpson. 2022. (ENG.). 68p. (J). *(978-1-0391-0562-1(9));* pap. *(978-1-0391-0561-4(0))* FriesenPress.

Hurtsy the Harrowed Hedgehog: A Future Selves Series. Cindy Graves. 2018. (ENG., Illus.). 26p. (J). pap. 8.99 *(978-1-64376-103-9(X))* PageTurner: Pr. & Media.

Husband & Wife Forever in Love Coloring Book. Bobo's Adult Activity Books. 2016. (ENG., Illus.). (J). pap. 9.33 *(978-1-68327-036-2(3))* Sunshine In My Soul Publishing.

Husband-Hunter, Vol. 1 Of 2: Or das Schiksal (Classic Reprint) Daunt Daunt. 2018. (ENG., Illus.). 304p. (J). 28.10 *(978-0-332-93238-5(9))* Forgotten Bks.

Husband of Importance (Classic Reprint) Rita Rita. 2018. (ENG., Illus.). 194p. (J). 27.92 *(978-0-483-80031-1(7))* Forgotten Bks.

Husband Out of This World: Lab Soreno (Book 2) Deovandski Skibinski. 2023. (Husband Out of This World Ser.). 222p. (YA). (gr. 7). pap. 39.39 BookBaby.

Husband Outwitted by His Wife (Classic Reprint) Kate Plake. (ENG., Illus.). (J). 2018. 166p. 27.34 *(978-0-483-42027-4(1));* 2016. pap. 9.97 *(978-1-334-19141-1(7))* Forgotten Bks.

Husband Test (Classic Reprint) Mary Carolyn Davies. 2018. (ENG., Illus.). 262p. (J). 29.32 *(978-0-332-12721-7(4))* Forgotten Bks.

Husband vs. Wife (Classic Reprint) Henry Clapp. 2018. (ENG., Illus.). (J). 50p. 24.93 *(978-0-366-18089-9(4));* 52p. pap. 9.57 *(978-0-365-81517-4(9))* Forgotten Bks.

Husband's: Story a Novel (Classic Reprint) David Graham Phillips. 2018. (ENG., Illus.). 484p. (J). 33.90 *(978-0-666-81092-2(3))* Forgotten Bks.

Husbands & Homes (Classic Reprint) Marion Harland. (ENG., Illus.). (J). 2018. 416p. 32.48 *(978-0-332-99415-4(5));* 2017. pap. 16.57 *(978-0-243-98077-2(9))* Forgotten Bks.

Husbands of Edith (Classic Reprint) George Barr McCutcheon. 2018. (ENG., Illus.). 142p. (J). 26.85 *(978-0-267-20292-8(X))* Forgotten Bks.

Hush. Skye Melki-Wegner. 2017. (ENG.). 386p. (J). (gr. 6-6). 16.99 *(978-1-5107-1248-5(8),* Sky Pony Pr.) Skyhorse Publishing Co., Inc.

Hush. Lori Michael. 2016. (ENG., Illus.). (J). pap. 13.95 *(978-1-5127-6360-7(8),* WestBow Pr.) Author Solutions, LLC.

Hush: A Novel. Dylan Farrow. 2022. (Hush Ser.: 1). (ENG.). 400p. (YA). pap. 10.99 *(978-1-250-23592-3(8),* 900209409, Wednesday Bks.) St. Martin's Pr.

Hush: A Story for You & Your Child. Veronica Lake & Marilyn Hubler. 2016. (ENG., Illus.). (J). 17.95 *(978-0-692-80171-0(5))* Impressions By Veronica.

Hush: Or the Hydrophone Service (Classic Reprint) Herbert Wrigley Wilson. 2018. (ENG., Illus.). 240p. (J). 28.85 *(978-0-483-23210-5(6))* Forgotten Bks.

Hush a Bye, Baby. Alyssa Satin Capucilli. Illus. by Shahrzad Maydani. 2017. (New Books for Newborns Ser.). (ENG.). 16p. (J). (— 1). bds. 8.99 *(978-1-5344-0139-6(3),* Little Simon) Little Simon.

Hush-A-Bye Bunny. Illus. by Holly Surplice. 2017. (ENG.). 16p. (J). (-k). bds. 8.99 *(978-0-7636-9459-3(2))* Candlewick Pr.

Hush-A-Bye Night: Goodnight Lake Superior. Thelma Lynne Godin. Illus. by Katie Eberts. 2023. (ENG.). 32p. (J). (gr. k-3). 18.99 *(978-1-5341-1174-5(3),* 205369) Sleeping Bear Pr.

Hush Hush, Forest. Mary Casanova. Illus. by Nick Wroblewski. 2018. (ENG.). 40p. (J). (gr. -1). 16.95 *(978-0-8166-9425-9(7))* Univ. of Minnesota Pr.

Hush, Its Christmas! Karen Christine Angermayer. 2017. (GER., Illus.). (J). *(978-3-946287-73-5(5));* pap. *(978-3-946287-74-2(3))* Sorriso Verlag Gmbh.

Hush Little Baby. Mother Goose. Illus. by Marce Gomez. 2020. (ENG.). 32p. (J). (gr. k-1). 12.99 *(978-1-5324-1564-7(8));* pap. 12.99 *(978-1-5324-1540-1(0))* Xist Publishing.

Hush, Little Baby. Flowerpot Press. 2021. (ENG.). 16p. (J). bds. 7.99 *(978-1-4964-4741-8(7),* 20_34504, Tyndale Kids) Tyndale Hse. Pubs.

Hush Little Baby (Super Simple Board Books) Created by Scholastic. 2023. (ENG., Illus.). 16p. (J). (— 1). bds. 8.99 *(978-1-338-84717-8(1))* Scholastic, Inc.

Hush, Little Baby, with Blanket. Flowerpot Press. 2021. (ENG.). 16p. (J). 29.99 *(978-1-4964-4742-5(5),* 20_34501, Tyndale Kids) Tyndale Hse. Pubs.

Hush, Little Bunny. David Ezra Stein. Illus. by David Ezra Stein. 2019. (ENG., Illus.). 40p. (J). (gr. -1-3). 17.99 *(978-0-06-284522-1(5),* Balzer & Bray) HarperCollins Pubs.

Hush, Little Bunny Board Book. David Ezra Stein. Illus. by David Ezra Stein. 2022. (ENG., Illus.). 34p. (J). (gr. -1-3). bds. 7.99 *(978-0-06-284523-8(3),* Balzer & Bray) HarperCollins Pubs.

Hush, Little Hero. Annie Bailey. Illus. by Dawn Lo. 2022. (ENG.). 20p. (J). (— 1). bds. 7.99 *(978-1-6659-2142-8(0),* Little Simon) Little Simon.

Hush, Little Rocket. Mo O'Hara. Illus. by Alexandra Cook. 2023. (ENG.). 32p. (J). 17.99 *(978-1-250-82806-4(6),* 900252250) Feiwel & Friends.

Hush, Little Trucker. Kim Norman. Illus. by Toshiki Nakamura. 2022. (ENG.). 32p. (J). (gr. -1-1). 16.99 *(978-1-4197-4644-4(8),* 1699901, Abrams Appleseed) Abrams, Inc.

Hush Money: A Comic Drama, in Two Acts (Classic Reprint) George Dance. 2018. (ENG., Illus.). 30p. (J). 24.54 *(978-0-267-29578-4(2))* Forgotten Bks.

Hush, Mouse. Becky Benishek. Illus. by Alicia Young. 2018. (ENG.). 24p. (J). (gr. k-6). 17.99 *(978-1-387-83056-5(2))* Lulu Pr., Inc.

Hush Now, Banshee! A Not-So-Quiet Counting Book. Kyle Sullivan. Illus. by Derek Sullivan. 2018. (Hazy Dell Press Monster Ser.). 30p. (J). (gr. k-1). bds. 13.95 *(978-0-9965787-5-2(7))* Hazy Dell Pr.

Hush, Puppy: Charlie's Rules #3. Sigmund Brouwer. Illus. by Sabrina Gendron. 2022. (Orca Echoes Ser.). (ENG.). 96p. (J). (gr. 1-3). pap. 7.95 *(978-1-4598-2590-1(X))* Orca Bk. Pubs. USA.

Hush That Hullabaloo! Donna Merritt. 2017. (ENG., Illus.). (J). (gr. 1-6). pap. 15.99 *(978-1-365-51624-5(5))* Lulu Pr., Inc.

Hush That Hullabaloo! Donna Merritt. Illus. by Chris Demarest. 2017. (ENG.). 38p. (J). (gr. 1-6). pap. 15.99 *(978-1-64372-217-7(4))* Lulu Pr., Inc.

Hush That Hullabaloo! Donna Marie Merritt. 2017. (ENG., Illus.). (J). (gr. 1-6). 19.99 *(978-1-365-51622-1(9))* Lulu Pr., Inc.

Hush That Hullabaloo! Donna Marie Merritt. Illus. by Chris Demarest. 2017. (ENG.). 38p. (J). (gr. 1-6). 19.99 *(978-1-64372-011-1(2))* MacLaren-Cochrane Publishing.

Hush That Hullabaloo! Dyslexic Edition: Dyslexic Font. Donna Merritt. Illus. by Chris Demarest. 2017. (ENG.). 38p. (J). (gr. 1-6). 19.99 *(978-1-64372-218-4(2));* pap. 15.99 *(978-1-64372-219-1(0))* Lulu Pr., Inc.

Hush That Hullabaloo! Dyslexic Font. Donna Marie Merritt. 2017. (ENG., Illus.). (J). (gr. 1-6). 19.99 *(978-1-365-51625-2(3))* Lulu Pr., Inc.

Hush up & Hibernate. Sandra Markle. Illus. by Howard McWilliam. (Hush Up Ser.: 1). (ENG.). (J). 2021. 32p. 8.95 *(978-1-943978-52-6(2),* f5ad035b-c526-48c9-9de8-e129b9758142); 2018. 36p. (gr. -1-3). 16.95 *(978-1-943978-36-6(0),* bac8d6b0-77a2-451e-a490-1b3215b291e7) WunderMill, Inc. (Persnickety Pr.).

Hush up & Hibernate! Sandra Markle. ed. 2022. (Hush Up Ser.). (ENG.). 34p. (J). (gr. k-1). 20.96 ***(978-1-68505-166-2(9))*** Penworthy Co., LLC, The.

Hush up & Migrate, 1 vol. Sandra Markle. Illus. by Howard McWilliam. (Hush Up Ser.: 2). (ENG.). 36p. (J). 2021. 8.95 *(978-1-943978-53-3(0),* af9dd33b-db21-472e-b94d-ee651f42cd95); 2020. 16.95 *(978-1-943978-42-7(5),* 13ad77f6-f2dd-45dc-8fa0-cc855f0a6ad6) WunderMill, Inc. (Persnickety Pr.).

Hush up & Migrate! Sandra Markle. ed. 2022. (Hush Up Ser.). (ENG.). 34p. (J). (gr. k-1). 21.46 ***(978-1-68505-167-9(7))*** Penworthy Co., LLC, The.

Hushed: A New Adult Clean Contemporary. Joanne MacGregor. 2017. (ENG., Illus.). 340p. (J). pap. *(978-0-6399317-8-4(2))* ALZuluBelle.

Huskies, Mastiffs, & Other Working Dogs. Tammy Gagne. 2016. (Dog Encyclopedias Ser.). (ENG., Illus.). 32p. (J). (gr. 3-9). lib. bdg. 28.65 *(978-1-5157-0303-7(7),* 131941, Capstone Pr.) Capstone.

Husks: Colonel Floyd's Wards (Classic Reprint) Marion Harland. 2018. (ENG., Illus.). 526p. (J). 34.79 *(978-0-484-70386-4(2))* Forgotten Bks.

Husky Math Meet the Pack. Joan E. Hayward. 2020. (ENG., Illus.). 62p. (J). pap. 16.95 *(978-1-64801-145-0(4))* Newman Springs Publishing, Inc.

Husna & the Eid Party: An Eid Story. Fawzia Gilani-Williams. 2020. (ENG., Illus.). 32p. (J). 8.95 *(978-0-86037-742-9(3))* Islamic Foundation, Ltd. GBR. Dist: Consortium Bk. Sales & Distribution.

Husqvarna Dirt Bikes. R. L. Van. 2019. (Dirt Bike Crazy Ser.). (ENG., Illus.). 32p. (J). (gr. 3-3). pap. 9.95 *(978-1-64494-152-2(X),* 164494152X) Bigfoot Bks. GBR. Dist: North Star Editions.

Hustle & Hart: A Southern Jersey Shores YA Novella. Alexis Woods. 2019. (ENG.). 104p. (J). pap. *(978-1-78645-390-7(8))* Beaten Track Publishing.

Hustle Like a Boss, Live Like a Queen - Motivational/Inspirational Quote Journal (A5) 100 Lined Pages. Scribbles Notebooks. 2022. (ENG.). 100p. (YA). pap. ***(978-1-68474-270-7(6))*** Lulu Pr., Inc.

Hut: A Comedy in Three Acts (Classic Reprint) Fannie Barnett Linsky. 2018. (ENG., Illus.). 64p. (J). 25.22 *(978-0-483-63004-8(7))* Forgotten Bks.

Hut & the Castle, Vol. 1 Of 4: A Romance (Classic Reprint) Catherine Cuthbertson. 2018. (ENG., Illus.). 352p. (J). 31.18 *(978-0-267-20116-7(8))* Forgotten Bks.

Hut & the Castle, Vol. 2 Of 4: A Romance (Classic Reprint) Catherine Cuthbertson. 2018. (ENG., Illus.). 312p. (J). 30.33 *(978-0-483-78205-1(X))* Forgotten Bks.

Hut & the Castle, Vol. 4 Of 4: A Romance (Classic Reprint) Catherine Cuthbertson. 2018. (ENG., Illus.). 398p. (J). 32.11 *(978-0-484-53956-2(6))* Forgotten Bks.

Hutchings, 1857, Vol. 1: Illustrated California Magazine (Classic Reprint) James Mason Hutchings. 2018. (ENG., Illus.). 588p. (J). 36.02 *(978-0-484-14817-7(6))* Forgotten Bks.

Hutchings', 1860, Vol. 4: Illustrated California Magazine (Classic Reprint) Unknown Author. 2018. (ENG., Illus.). 600p. (J). 36.27 *(978-0-428-93069-1(7))* Forgotten Bks.

Hutchings' California Magazine, Vol. 4: July, 1859 (Classic Reprint) Unknown Author. (ENG., Illus.). (J). 2018. 442p. 33.01 *(978-0-364-59238-0(9));* 2017. pap. 16.57 *(978-1-334-92604-4(2))* Forgotten Bks.

Hutchings' Illustrated California Magazine, Vol. 1: July, 1856, to June, 1857 (Classic Reprint) James Mason Hutchings. 2017. (ENG., Illus.). (J). pap. 19.57 *(978-1-334-90023-5(X))* Forgotten Bks.

Hutchings' Illustrated California Magazine, Vol. 2: July, 1857, to June, 1858 (Classic Reprint) James Mason Hutchings. 2017. (ENG., Illus.). (J). 36.00 *(978-0-331-02645-0(7));* pap. 19.57 *(978-1-5285-9173-7(9))* Forgotten Bks.

Hutching's Illustrated California Magazine, Vol. 3: July, 1858, to June, 1859 (Classic Reprint) Unknown Author. (ENG., Illus.). (J). 2018. 592p. 36.11 *(978-0-483-04208-7(0));* 2016. pap. 19.57 *(978-1-333-65615-7(7))* Forgotten Bks.

Hutchings' Illustrated California Magazine, Vol. 5: July, 1860, to June, 1861 (Classic Reprint) Hutchings and Rosenfield. (ENG., Illus.). (J). 2018. 588p. 36.02 *(978-0-483-53321-9(1));* 2016. pap. 19.57 *(978-1-333-70833-7(5))* Forgotten Bks.

Hutchings', Vol. 2: Illustrated California Magazine; July, 1857, to June, 1858 (Classic Reprint) Unknown Author. 2018. (ENG., Illus.). 590p. (J). 36.07 *(978-0-428-99884-4(4))* Forgotten Bks.

Hutchinson's Original Recitations, Speeches, & Dialogues: Comprises Forty-Nine New Selections, in Prose & Verse: Serious, Comic, & Pathetic; Together with a Variety of Very Laughable Numbers in French, German, Irish, Negro & Yankee Dialects, Expre. Rodolphe Hutchinson. (ENG., Illus.). (J). 2018. 160p. 27.22 *(978-0-483-94681-1(8));* 2017. pap. 9.57 *(978-0-243-51026-9(8))* Forgotten Bks.

Huxley the Aquarius, One Dog's Lemons to Lemonade Story. Chuck Schwartz. 2020. (ENG.). 48p. (J). pap. 16.99 *(978-1-63649-047-2(6))* Primedia eLaunch LLC.

Huzzah!! A Cry for Independence. Martha Simpson. 2021. (ENG.). 138p. (YA). 20.99 *(978-1-63837-565-4(8));* pap. 13.99 *(978-1-63837-566-1(6))* Palmetto Publishing.

HVAC-Heating, Ventilating, & Air Conditioning: Workbook. S. Don Swenson. 3rd ed. 20.00 *(978-0-8269-0679-3(6))* American Technical Pubs., Inc.

Hvorfor de kongelige Ikke har krone på Hodet see Why Kings & Queens Don't Wear Crowns

Hyacinth & the Destiny Stones. Jacob Sager Weinstein. 2018. 316p. (J). pap. *(978-0-399-55322-6(3))* Random Hse., Inc.

Hyacinth & the Secrets Beneath. Jacob Sager Weinstein. ed. 2018. (Hyacinth Ser.: 1). lib. bdg. 18.40 *(978-0-606-40938-4(6))* Turtleback.

Hyacinth & the Stone Thief. Jacob Sager Weinstein & Jacob Sager Weinstein. 2018. (Hyacinth Ser.: 2). (ENG.). 320p. (J). (gr. 3-7). 16.99 *(978-0-399-55321-9(5),* Random Hse. Bks. for Young Readers) Random Hse. Children's Bks.

Hyacinth (Classic Reprint) George A. Birmingham. (ENG., Illus.). (J). 2017. 30.91 *(978-0-266-47437-1(3));* 2016. pap. 13.57 *(978-1-334-13961-1(X))* Forgotten Bks.

Hyacinth from Limbo: And Other Stories (Classic Reprint) Jean Rogers Smith. (ENG., Illus.). (J). 2018. 66p. 25.28 *(978-0-332-99225-9(X));* 2017. pap. 9.57 *(978-0-243-45666-6(2))* Forgotten Bks.

Hyacinth Halvey: A Comedy (Classic Reprint) Augusta Gregory. 2017. (ENG., Illus.). (J). 25.07 *(978-0-260-21987-9(8))* Forgotten Bks.

Hyacinth O'Gara: Honor Delany, Irish Priests & English Landlords (Classic Reprint) George Brittaine. 2018. (ENG., Illus.). 356p. (J). 31.28 *(978-0-267-28001-8(7))* Forgotten Bks.

Hybrid Academy: Year One. L. C. Mortimer. 2019. (Hybrid Academy Ser.: Vol. 1). (ENG.). 170p. (YA). pap. 9.99 ***(978-1-393-52366-6(8))*** Draft2Digital.

Hybrid Classroom Pack W/New York Test Prep 2volse Grade 1 with 1 Year Digital 2015. Hmh Hmh. 2016. (Go Math Spanish Ser.). (SPA.). (J). (gr. 1). pap. 991.27 *(978-0-544-90280-0(7))* Houghton Mifflin Harcourt Publishing Co.

Hybrid Classroom Pack W/New York Test Prep 2volse Grade 2 with 1 Year Digital 2015. Hmh Hmh. 2016. (Go Math Spanish Ser.). (SPA.). (J). (gr. 2). pap. 991.27 *(978-0-544-90281-7(5))* Houghton Mifflin Harcourt Publishing Co.

H

Hybrid Classroom Pack W/New York Test Prep 2volse Grade 3 with 1 Year Digital 2015. Hmh Hmh. 2016. (Go Math Spanish Ser.). (SPA.). (J). (gr. 3). pap. 991.27 *(978-0-544-90282-4(3))* Houghton Mifflin Harcourt Publishing Co.

Hybrid Classroom Pack W/New York Test Prep 2volse Grade 4 with 1 Year Digital 2015. Hmh Hmh. 2016. (Go Math Spanish Ser.). (SPA.). (J). (gr. 4). pap. 991.27 *(978-0-544-90283-1(1))* Houghton Mifflin Harcourt Publishing Co.

Hybrid Classroom Pack W/New York Test Prep 2volse Grade 5 with 1 Year Digital 2015. Hmh Hmh. 2016. (Go Math Spanish Ser.). (SPA.). (J). (gr. 5). pap. 991.27 *(978-0-544-90284-8(X))* Houghton Mifflin Harcourt Publishing Co.

Hybrid Classroom Pack W/New York Test Prep 2volse Grade 6 with 1 Year Digital 2015. Hmh Hmh. 2016. (Go Math Spanish Ser.). (SPA.). (J). (gr. 6). pap. 991.27 *(978-0-544-90285-5(8))* Houghton Mifflin Harcourt Publishing Co.

Hybrid Classroom Pack W/New York Test Prep 2volse Grade K with 1 Year Digital 2015. Hmh Hmh. 2016. (Go Math Spanish Ser.). (SPA.). (J). (gr. k). pap. 991.27 *(978-0-544-90279-4(3))* Houghton Mifflin Harcourt Publishing Co.

Hybrid Classroom Package 1 Year Print/8 Year Digital 2019. Hmh Hmh. 2018. (Modern World History Ser.). (ENG.). (YA). (gr. 10). pap. 10779.60 *(978-1-328-83819-3(6))* Houghton Mifflin Harcourt Publishing Co.

Hybrid Classroom Package 8 Year Print/8 Year Digital 2019. Hmh Hmh. 2018. (American History: Reconstruction to the Present Ser.). (ENG.). (YA). (gr. 11). pap. 10780.07 *(978-1-328-83800-1(5))* Houghton Mifflin Harcourt Publishing Co.

Hybrid Classroom Package Grade 1 with 1 Year Digital 2017. Hmh Hmh. 2016. (Sciencefusion Ser.). (ENG.). (J). (gr. 1). pap. 845.60 *(978-0-544-83240-4(X))* Houghton Mifflin Harcourt Publishing Co.

Hybrid Classroom Package Grade 2 with 1 Year Digital 2017. Hmh Hmh. 2016. (Sciencefusion Ser.). (ENG.). (J). (gr. 2). pap. 845.60 *(978-0-544-83241-1(8))* Houghton Mifflin Harcourt Publishing Co.

Hybrid Classroom Package Grade 3 with 1 Year Digital 2017. Hmh Hmh. 2016. (Sciencefusion Ser.). (ENG.). (J). (gr. 3). pap. 1069.73 *(978-0-544-83242-8(6))* Houghton Mifflin Harcourt Publishing Co.

Hybrid Classroom Package Grade 4 with 1 Year Digital 2017. Hmh Hmh. 2016. (Sciencefusion Ser.). (ENG.). (J). (gr. 4). pap. 1069.73 *(978-0-544-83243-5(4))* Houghton Mifflin Harcourt Publishing Co.

Hybrid Classroom Package Grade 5 with 1 Year Digital 2017. Hmh Hmh. 2016. (Sciencefusion Ser.). (ENG.). (J). (gr. 5). pap. 1156.33 *(978-0-544-83244-2(2))* Houghton Mifflin Harcourt Publishing Co.

Hybrid Classroom Package Grade K with 1 Year Digital 2017. Hmh Hmh. 2016. (Sciencefusion Ser.). (ENG.). (J). (gr. k). pap. 900.80 *(978-0-544-83239-8(6))* Houghton Mifflin Harcourt Publishing Co.

Hybrid Classroom Package Grades 6-8 with 1 Year Digital 2017: Module H: Matter & Energy. Hmh Hmh. 2016. (Sciencefusion Ser.). (ENG.). (J). (gr. 6-8). pap. 2342.13 *(978-0-544-84897-9(7))* Houghton Mifflin Harcourt Publishing Co.

Hybrid Classroom Package Hstp Multi-Vol. Student Edition Grade 1 with 1 Year Digital 2015. Hmh Hmh. 2017. (Gomath! Spanish Ser.). (SPA.). (J). (gr. 1). pap. 1176.67 *(978-0-544-69688-4(3))* Houghton Mifflin Harcourt Publishing Co.

Hybrid Classroom Package Hstp Multi-Vol. Student Edition Grade 2 with 1 Year Digital 2015. Hmh Hmh. 2017. (Gomath! Spanish Ser.). (SPA.). (J). (gr. 2). pap. 1176.67 *(978-0-544-69689-1(1))* Houghton Mifflin Harcourt Publishing Co.

Hybrid Classroom Package Hstp Multi-Vol. Student Edition Grade 3 with 1 Year Digital 2015. Hmh Hmh. 2017. (Gomath! Spanish Ser.). (SPA.). (J). (gr. 3). pap. 1176.67 *(978-0-544-69690-7(5))* Houghton Mifflin Harcourt Publishing Co.

Hybrid Classroom Package Hstp Multi-Vol. Student Edition Grade 4 with 1 Year Digital 2015. Hmh Hmh. 2017. (Gomath! Spanish Ser.). (SPA.). (J). (gr. 4). pap. 1176.67 *(978-0-544-69691-4(3))* Houghton Mifflin Harcourt Publishing Co.

Hybrid Classroom Package Hstp Multi-Vol. Student Edition Grade 5 with 1 Year Digital 2015. Hmh Hmh. 2017. (Gomath! Spanish Ser.). (SPA.). (J). (gr. 5). pap. 1176.67 *(978-0-544-69692-1(1))* Houghton Mifflin Harcourt Publishing Co.

Hybrid Classroom Package Hstp Multi-Vol. Student Edition Grade 6 with 1 Year Digital 2015. Hmh Hmh. 2017. (Gomath! Spanish Ser.). (SPA.). (J). (gr. 6). pap. 1176.67 *(978-0-544-69693-8(X))* Houghton Mifflin Harcourt Publishing Co.

Hybrid Classroom Package Hstp Multi-Vol. Student Edition Grade K with 1 Year Digital 2015. Hmh Hmh. 2017. (Gomath! Spanish Ser.). (SPA.). (J). (gr. k). pap. 1176.67 *(978-0-544-69687-7(5))* Houghton Mifflin Harcourt Publishing Co.

Hybrid Classroom Package Hstp2-Volume Student Edition Grade 1 with 1 Year Digital 2015. Hmh Hmh. 2017. (Gomath! Spanish Ser.). (SPA.). (J). (gr. 1). pap. 1093.13 *(978-0-544-69737-9(5))* Houghton Mifflin Harcourt Publishing Co.

Hybrid Classroom Package Hstp2-Volume Student Edition Grade 2 with 1 Year Digital 2015. Hmh Hmh. 2017. (Gomath! Spanish Ser.). (SPA.). (J). (gr. 2). pap. 1093.13 *(978-0-544-69738-6(3))* Houghton Mifflin Harcourt Publishing Co.

Hybrid Classroom Package Hstp2-Volume Student Edition Grade 3 with 1 Year Digital 2015. Hmh Hmh. 2017. (Gomath! Spanish Ser.). (SPA.). (J). (gr. 3). pap. 1093.13 *(978-0-544-69739-3(1))* Houghton Mifflin Harcourt Publishing Co.

Hybrid Classroom Package Hstp2-Volume Student Edition Grade 4 with 1 Year Digital 2015. Hmh Hmh. 2017. (Gomath! Spanish Ser.). (SPA.). (J). (gr. 4). pap. 1093.13 *(978-0-544-69740-9(5))* Houghton Mifflin Harcourt Publishing Co.

Hybrid Classroom Package Hstp2-Volume Student Edition Grade 5 with 1 Year Digital 2015. Hmh Hmh. 2017. (Gomath! Spanish Ser.). (SPA.). (J). (gr. 5). pap. 1093.13 *(978-0-544-69741-6(3))* Houghton Mifflin Harcourt Publishing Co.

Hybrid Classroom Package Hstp2-Volume Student Edition Grade 6 with 1 Year Digital 2015. Hmh Hmh. 2017. (Gomath! Spanish Ser.). (SPA.). (J). (gr. 6). pap. 1093.13 *(978-0-544-69742-3(1))* Houghton Mifflin Harcourt Publishing Co.

Hybrid Classroom Package Hstp2-Volume Student Edition Grade K with 1 Year Digital 2015. Hmh Hmh. 2017. (Gomath! Spanish Ser.). (SPA.). (J). (gr. k). pap. 1093.13 *(978-0-544-69736-2(7))* Houghton Mifflin Harcourt Publishing Co.

Hybrid Classroom Package Mod a Grades 6-8 with 1 Year Digital 2017: Module a: Cells & Heredity. Hmh Hmh. 2016. (Sciencefusion Ser.). (ENG.). (J). (gr. 6-8). pap. 2342.13 *(978-0-544-84890-0(X))* Houghton Mifflin Harcourt Publishing Co.

Hybrid Classroom Package Mod B Grades 6-8 with 1 Year Digital 2017: Module B: the Diversity of Living Things. Hmh Hmh. 2016. (Sciencefusion Ser.). (ENG.). (J). (gr. 6-8). pap. 2342.13 *(978-0-544-84891-7(8))* Houghton Mifflin Harcourt Publishing Co.

Hybrid Classroom Package Mod C Grades 6-8 with 1 Year Digital 2017: Module C: the Human Body. Hmh Hmh. 2016. (Sciencefusion Ser.). (ENG.). (J). (gr. 6-8). pap. 2342.13 *(978-0-544-84892-4(6))* Houghton Mifflin Harcourt Publishing Co.

Hybrid Classroom Package Mod d Grades 6-8 with 1 Year Digital 2017: Module d: Ecology & the Environment. Hmh Hmh. 2016. (Sciencefusion Ser.). (ENG.). (J). (gr. 6-8). pap. 2342.13 *(978-0-544-84893-1(4))* Houghton Mifflin Harcourt Publishing Co.

Hybrid Classroom Package Mod e Grades 6-8 with 1 Year Digital 2017: Module e: the Dynamic Earth. Hmh Hmh. 2016. (Sciencefusion Ser.). (ENG.). (J). (gr. 6-8). pap. 2342.13 *(978-0-544-84894-8(2))* Houghton Mifflin Harcourt Publishing Co.

Hybrid Classroom Package Mod F Grades 6-8 with 1 Year Digital 2017: Module F: Earth's Water & Atmosphere. Hmh Hmh. 2016. (Sciencefusion Ser.). (ENG.). (J). (gr. 6-8). pap. 2342.13 *(978-0-544-84895-5(0))* Houghton Mifflin Harcourt Publishing Co.

Hybrid Classroom Package Mod G Grades 6-8 with 1 Year Digital 2017: Module G: Space Science. Hmh Hmh. 2016. (Sciencefusion Ser.). (ENG.). (J). (gr. 6-8). pap. 2342.13 *(978-0-544-84896-2(9))* Houghton Mifflin Harcourt Publishing Co.

Hybrid Classroom Package Mod I Grades 6-8 with 1 Year Digital 2017: Module I: Motion, Forces, & Energy. Hmh Hmh. 2016. (Sciencefusion Ser.). (ENG.). (J). (gr. 6-8). pap. 2342.13 *(978-0-544-84898-6(5))* Houghton Mifflin Harcourt Publishing Co.

Hybrid Classroom Package Mod J Grades 6-8 with 1 Year Digital 2017: Module J: Sound & Light. Hmh Hmh. 2016. (Sciencefusion Ser.). (ENG.). (J). (gr. 6-8). pap. 2342.13 *(978-0-544-84899-3(3))* Houghton Mifflin Harcourt Publishing Co.

Hybrid Classroom Package Mod K Grades 6-8 with 1 Year Digital 2017: Module K: Introduction to Science & Technology. Hmh Hmh. 2016. (Sciencefusion Ser.). (ENG.). (J). (gr. 6-8). pap. 2342.13 *(978-0-544-84900-6(0))* Houghton Mifflin Harcourt Publishing Co.

Hybrid Classroom Package (Quantity 15) Grade 4 with 1 Year Digital 2017. Hmh Hmh. 2016. (Houghton Mifflin Harcourt Escalate English Ser.). (ENG.). (J). (gr. 4). pap. 1429.96 *(978-0-544-97292-6(9))* Houghton Mifflin Harcourt Publishing Co.

Hybrid Classroom Package (Quantity 15) Grade 4 with 2 Year Digital 2017. Hmh Hmh. 2020. (Houghton Mifflin Harcourt Escalate English Ser.). (ENG.). (J). (gr. 4). pap. 1472.69 *(978-0-358-55060-0(2))* Houghton Mifflin Harcourt Publishing Co.

Hybrid Classroom Package (Quantity 15) Grade 5 with 1 Year Digital 2017. Hmh Hmh. 2016. (Houghton Mifflin Harcourt Escalate English Ser.). (ENG.). (J). (gr. 5). pap. 1429.96 *(978-0-544-97290-2(2))* Houghton Mifflin Harcourt Publishing Co.

Hybrid Classroom Package (Quantity 15) Grade 6 with 1 Year Digital 2017. Hmh Hmh. 2016. (Houghton Mifflin Harcourt Escalate English Ser.). (ENG.). (J). (gr. 6). pap. 1429.96 *(978-0-544-97291-9(0))* Houghton Mifflin Harcourt Publishing Co.

Hybrid Classroom Package (Quantity 15) Grade 7 with 1 Year Digital 2017. Hmh Hmh. 2016. (Houghton Mifflin Harcourt Escalate English Ser.). (ENG.). (YA). (gr. 7). pap. 1429.96 *(978-0-544-97288-9(0))* Houghton Mifflin Harcourt Publishing Co.

Hybrid Classroom Package (Quantity 15) Grade 7 with 2 Year Digital 2017. Hmh Hmh. 2020. (Houghton Mifflin Harcourt Escalate English Ser.). (ENG.). (YA). (gr. 7). pap. 1472.69 *(978-0-358-55066-2(1))* Houghton Mifflin Harcourt Publishing Co.

Hybrid Classroom Package (Quantity 15) Grade 8 with 1 Year Digital 2017. Hmh Hmh. 2016. (Houghton Mifflin Harcourt Escalate English Ser.). (ENG.). (YA). (gr. 8). pap. 1429.96 *(978-0-544-97289-6(9))* Houghton Mifflin Harcourt Publishing Co.

Hybrid Classroom Package (Quantity 15) Grade 8 with 2 Year Digital 2017. Hmh Hmh. 2020. (Houghton Mifflin Harcourt Escalate English Ser.). (ENG.). (YA). (gr. 8). pap. 1472.69 *(978-0-358-55068-6(8))* Houghton Mifflin Harcourt Publishing Co.

Hybrid Classroom Package with 1 Year Digital 2018. Hmh Hmh. 2017. (Modern World History Ser.). (ENG.). (J). (gr. 9-12). pap. 10716.87 *(978-0-544-95278-2(2))* Houghton Mifflin Harcourt Publishing Co.

Hybrid Classroom Package with Test Prep 2-Volume Student Edition Grade 1 with 1 Year Digital 2015. Hmh Hmh. 2016. (Gomath! Spanish Ser.). (SPA.). (J). (gr. 1). pap. 1070.93 *(978-0-544-92892-3(X))* Houghton Mifflin Harcourt Publishing Co.

Hybrid Classroom Package with Test Prep 2-Volume Student Edition Grade 2 with 1 Year Digital 2015. Hmh Hmh. 2016. (Gomath! Spanish Ser.). (SPA.). (J). (gr. 2). pap. 1070.93 *(978-0-544-92893-0(8))* Houghton Mifflin Harcourt Publishing Co.

Hybrid Classroom Package with Test Prep 2-Volume Student Edition Grade 3 with 1 Year Digital 2015. Hmh Hmh. 2016. (Gomath! Spanish Ser.). (SPA.). (J). (gr. 3). pap. 1070.93 *(978-0-544-92894-7(6))* Houghton Mifflin Harcourt Publishing Co.

Hybrid Classroom Package with Test Prep 2-Volume Student Edition Grade 4 with 1 Year Digital 2015. Hmh Hmh. 2016. (Gomath! Spanish Ser.). (SPA.). (J). (gr. 4). pap. 1070.93 *(978-0-544-92895-4(4))* Houghton Mifflin Harcourt Publishing Co.

Hybrid Classroom Package with Test Prep 2-Volume Student Edition Grade 5 with 1 Year Digital 2015. Hmh Hmh. 2016. (Gomath! Spanish Ser.). (SPA.). (J). (gr. 5). pap. 1070.93 *(978-0-544-92896-1(2))* Houghton Mifflin Harcourt Publishing Co.

Hybrid Classroom Package with Test Prep 2-Volume Student Edition Grade 6 with 1 Year Digital 2015. Hmh Hmh. 2016. (Gomath! Spanish Ser.). (SPA.). (J). (gr. 6). pap. 1070.93 *(978-0-544-92897-8(0))* Houghton Mifflin Harcourt Publishing Co.

Hybrid Classroom Package with Test Prep 2-Volume Student Edition Grade K with 1 Year Digital 2015. Hmh Hmh. 2016. (Gomath! Spanish Ser.). (SPA.). (J). (gr. k). pap. 1070.93 *(978-0-544-92891-6(1))* Houghton Mifflin Harcourt Publishing Co.

Hybrid Classroom Package with Test Prep Multi-Volume Student Edition Grade 1 with 1 Year Digital 2015. Hmh Hmh. 2016. (Gomath! Spanish Ser.). (SPA.). (J). (gr. 1). pap. 1165.67 *(978-0-544-92913-5(6))* Houghton Mifflin Harcourt Publishing Co.

Hybrid Classroom Package with Test Prep Multi-Volume Student Edition Grade 2 with 1 Year Digital 2015. Hmh Hmh. 2016. (Gomath! Spanish Ser.). (SPA.). (J). (gr. 2). pap. 1165.67 *(978-0-544-92914-2(4))* Houghton Mifflin Harcourt Publishing Co.

Hybrid Classroom Package with Test Prep Multi-Volume Student Edition Grade 3 with 1 Year Digital 2015. Hmh Hmh. 2016. (Gomath! Spanish Ser.). (SPA.). (J). (gr. 3). pap. 1165.67 *(978-0-544-92915-9(2))* Houghton Mifflin Harcourt Publishing Co.

Hybrid Classroom Package with Test Prep Multi-Volume Student Edition Grade 4 with 1 Year Digital 2015. Hmh Hmh. 2016. (Gomath! Spanish Ser.). (SPA.). (J). (gr. 4). pap. 1165.67 *(978-0-544-92916-6(0))* Houghton Mifflin Harcourt Publishing Co.

Hybrid Classroom Package with Test Prep Multi-Volume Student Edition Grade 5 with 1 Year Digital 2015. Hmh Hmh. 2017. (Gomath! Spanish Ser.). (SPA.). (J). (gr. 5). pap. 1165.67 *(978-0-544-92917-3(9))* Houghton Mifflin Harcourt Publishing Co.

Hybrid Classroom Package with Test Prep Multi-Volume Student Edition Grade 6 with 1 Year Digital 2015. Hmh Hmh. 2017. (Gomath! Spanish Ser.). (SPA.). (J). (gr. 6). pap. 1165.67 *(978-0-544-92918-0(7))* Houghton Mifflin Harcourt Publishing Co.

Hybrid Classroom Package with Test Prep Multi-Volume Student Edition Grade K with 1 Year Digital 2015. Hmh Hmh. 2016. (Gomath! Spanish Ser.). (SPA.). (J). (gr. k). pap. 1165.67 *(978-0-544-92912-8(8))* Houghton Mifflin Harcourt Publishing Co.

Hybrid Classroom Package W/New York Test Prep Multi-Vol. Se Grade 1 with 1 Year Digital 2015. Hmh Hmh. 2016. (Go Math Spanish Ser.). (SPA.). (J). (gr. 1). pap. 1079.00 *(978-0-544-90252-7(1))* Houghton Mifflin Harcourt Publishing Co.

Hybrid Classroom Package W/New York Test Prep Multi-Vol. Se Grade 2 with 1 Year Digital 2015. Hmh Hmh. 2016. (Go Math Spanish Ser.). (SPA.). (J). (gr. 2). pap. 1079.00 *(978-0-544-90253-4(X))* Houghton Mifflin Harcourt Publishing Co.

Hybrid Classroom Package W/New York Test Prep Multi-Vol. Se Grade 3 with 1 Year Digital 2015. Hmh Hmh. 2016. (Go Math Spanish Ser.). (SPA.). (J). (gr. 3). pap. 1079.00 *(978-0-544-90254-1(8))* Houghton Mifflin Harcourt Publishing Co.

Hybrid Classroom Package W/New York Test Prep Multi-Vol. Se Grade 4 with 1 Year Digital 2015. Hmh Hmh. 2016. (Go Math Spanish Ser.). (SPA.). (J). (gr. 4). pap. 1079.00 *(978-0-544-90255-8(6))* Houghton Mifflin Harcourt Publishing Co.

Hybrid Classroom Package W/New York Test Prep Multi-Vol. Se Grade 5 with 1 Year Digital 2015. Hmh Hmh. 2016. (Go Math Spanish Ser.). (SPA.). (J). (gr. 5). pap. 1079.00 *(978-0-544-90256-5(4))* Houghton Mifflin Harcourt Publishing Co.

Hybrid Classroom Package W/New York Test Prep Multi-Vol. Se Grade 6 with 1 Year Digital 2015. Hmh Hmh. 2016. (Go Math Spanish Ser.). (SPA.). (J). (gr. 6). pap. 1079.00 *(978-0-544-90257-2(2))* Houghton Mifflin Harcourt Publishing Co.

Hybrid Classroom Package W/New York Test Prep Multi-Vol. Se Grade K with 1 Year Digital 2015. Hmh Hmh. 2016. (Go Math Spanish Ser.). (SPA.). (J). (gr. k). pap. 1079.00 *(978-0-544-90251-0(3))* Houghton Mifflin Harcourt Publishing Co.

Hybrid Classroom Resource Package Grade 6 with 1 Year Digital 2018. Hmh Hmh. 2017. (Science Dimensions Ser.). (ENG.). (J). (gr. 6). pap. 7371.93 *(978-1-328-91599-3(9))*; pap. 7744.93 *(978-1-328-98866-9(X))* Houghton Mifflin Harcourt Publishing Co.

Hybrid Classroom Resource Package Grade 7 with 1 Year Digital 2018. Hmh Hmh. 2017. (Science Dimensions Ser.). (ENG.). (YA). (gr. 7). pap. 7371.93 *(978-1-328-91600-6(6))*; pap. 7744.93 *(978-1-328-98867-6(8))* Houghton Mifflin Harcourt Publishing Co.

Hybrid Classroom Resource Package Grade 8 with 1 Year Digital 2018. Hmh Hmh. 2017. (Science Dimensions Ser.). (ENG.). (YA). (gr. 8). pap. 7371.93 *(978-1-328-91601-3(4))*; pap. 7744.93 *(978-1-328-98868-3(6))* Houghton Mifflin Harcourt Publishing Co.

Hybrid Classroom Resource Package (Quantity 15) Grade 4 with 1 Year Digital 2017. Hmh Hmh. 2016. (Escalate English Ser.). (ENG.). (J). (gr. 4). pap. 1964.40 *(978-0-544-72369-6(4))* Houghton Mifflin Harcourt Publishing Co.

Hybrid Classroom Resource Package (Quantity 15) Grade 5 with 1 Year Digital 2017. Hmh Hmh. 2016. (Escalate English Ser.). (ENG.). (J). (gr. 5). pap. 1964.40 *(978-0-544-72370-2(8))* Houghton Mifflin Harcourt Publishing Co.

Hybrid Classroom Resource Package (Quantity 15) Grade 6 with 1 Year Digital 2017. Hmh Hmh. 2016. (Escalate English Ser.). (ENG.). (J). (gr. 6). pap. 1964.40 *(978-0-544-72371-9(6))* Houghton Mifflin Harcourt Publishing Co.

Hybrid Classroom Resource Package (Quantity 15) Grade 7 with 1 Year Digital 2017. Hmh Hmh. 2016. (Escalate English Ser.). (ENG.). (YA). (gr. 7). pap. 1964.40 *(978-0-544-72372-6(4))* Houghton Mifflin Harcourt Publishing Co.

Hybrid Classroom Resource Package (Quantity 15) Grade 8 with 1 Year Digital 2017. Hmh Hmh. 2016. (Escalate English Ser.). (ENG.). (YA). (gr. 8). pap. 1964.40 *(978-0-544-72373-3(2))* Houghton Mifflin Harcourt Publishing Co.

Hybrid Classroom Resource Package Test Prep 2-Volume Se Grade 1 with 1 Year Digital 2015. Hmh Hmh. 2016. (Go Math! Ser.). (ENG.). (J). (gr. 1). pap. 1334.80 *(978-0-544-88623-0(2))* Houghton Mifflin Harcourt Publishing Co.

Hybrid Classroom Resource Package Test Prep 2-Volume Se Grade 2 with 1 Year Digital 2015. Hmh Hmh. 2016. (Go Math! Ser.). (ENG.). (J). (gr. 2). pap. 1334.80 *(978-0-544-88624-7(0))* Houghton Mifflin Harcourt Publishing Co.

Hybrid Classroom Resource Package Test Prep 2-Volume Se Grade 3 with 1 Year Digital 2015. Hmh Hmh. 2016. (Go Math! Ser.). (ENG.). (J). (gr. 3). pap. 1334.80 *(978-0-544-88625-4(9))* Houghton Mifflin Harcourt Publishing Co.

Hybrid Classroom Resource Package Test Prep 2-Volume Se Grade 4 with 1 Year Digital 2015. Hmh Hmh. 2016. (Go Math! Ser.). (ENG.). (J). (gr. 4). pap. 1334.80 *(978-0-544-88626-1(7))* Houghton Mifflin Harcourt Publishing Co.

Hybrid Classroom Resource Package Test Prep 2-Volume Se Grade 5 with 1 Year Digital 2015. Hmh Hmh. 2016. (Go Math! Ser.). (ENG.). (J). (gr. 5). pap. 1334.80 *(978-0-544-88627-8(5))* Houghton Mifflin Harcourt Publishing Co.

Hybrid Classroom Resource Package Test Prep 2-Volume Se Grade 6 with 1 Year Digital 2015. Hmh Hmh. 2016. (Go Math! Ser.). (ENG.). (J). (gr. 6). pap. 1334.80 *(978-0-544-88628-5(3))* Houghton Mifflin Harcourt Publishing Co.

Hybrid Classroom Resource Package Test Prep 2-Volume Se Grade K with 1 Year Digital 2015. Hmh Hmh. 2016. (Go Math! Ser.). (ENG.). (J). (gr. k). pap. 1334.80 *(978-0-544-88622-3(4))* Houghton Mifflin Harcourt Publishing Co.

Hybrid Classroom Resource Package Test Prep Multi-Volume Se Grade 1 with 1 Year Digital 2015. Hmh Hmh. 2016. (Go Math! Ser.). (ENG.). (J). (gr. 1). pap. 1470.73 *(978-0-544-88539-4(2))* Houghton Mifflin Harcourt Publishing Co.

Hybrid Classroom Resource Package Test Prep Multi-Volume Se Grade 2 with 1 Year Digital 2015. Hmh Hmh. 2016. (Go Math! Ser.). (ENG.). (J). (gr. 2). pap. 1470.73 *(978-0-544-88540-0(6))* Houghton Mifflin Harcourt Publishing Co.

Hybrid Classroom Resource Package Test Prep Multi-Volume Se Grade 3 with 1 Year Digital 2015. Hmh Hmh. 2016. (Go Math! Ser.). (ENG.). (J). (gr. 3). pap. 1470.73 *(978-0-544-88541-7(4))* Houghton Mifflin Harcourt Publishing Co.

Hybrid Classroom Resource Package Test Prep Multi-Volume Se Grade 4 with 1 Year Digital 2015. Hmh Hmh. 2016. (Go Math! Ser.). (ENG.). (J). (gr. 4). pap. 1470.73 *(978-0-544-88542-4(2))* Houghton Mifflin Harcourt Publishing Co.

Hybrid Classroom Resource Package Test Prep Multi-Volume Se Grade 5 with 1 Year Digital 2015. Hmh Hmh. 2016. (Go Math! Ser.). (ENG.). (J). (gr. 5). pap. 1470.73 *(978-0-544-88543-1(0))* Houghton Mifflin Harcourt Publishing Co.

Hybrid Classroom Resource Package Test Prep Multi-Volume Se Grade 6 with 1 Year Digital 2015. Hmh Hmh. 2016. (Go Math! Ser.). (ENG.). (J). (gr. 6). pap. 1470.73 *(978-0-544-88544-8(9))* Houghton Mifflin Harcourt Publishing Co.

Hybrid Classroom Resource Package Test Prep Multi-Volume Se Grade K with 1 Year Digital 2015. Hmh Hmh. 2016. (Go Math! Ser.). (ENG.). (J). (gr. k). pap. 1470.73 *(978-0-544-88538-7(4))* Houghton Mifflin Harcourt Publishing Co.

Hybrid Classroom Resource Package W/Highstakes Test Prep Multi-Volume Se Grade 1 with 1 Year Digital 2015. Hmh Hmh. 2016. (Go Math! Ser.). (ENG.). (J). (gr. 1). pap. 1588.93 *(978-0-544-92372-0(3))* Houghton Mifflin Harcourt Publishing Co.

Hybrid Classroom Resource Package W/Highstakes Test Prep Multi-Volume Se Grade 2 with 1 Year Digital 2015. Hmh Hmh. 2016. (Go Math! Ser.). (ENG.). (J). (gr. 2). pap. 1588.93 *(978-0-544-92373-7(1))* Houghton Mifflin Harcourt Publishing Co.

Hybrid Classroom Resource Package W/Highstakes Test Prep Multi-Volume Se Grade 3 with 1 Year Digital 2015. Hmh Hmh. 2016. (Go Math! Ser.). (ENG.). (J). (gr. 3). pap. 1588.93 *(978-0-544-92374-4(X))* Houghton Mifflin Harcourt Publishing Co.

Hybrid Classroom Resource Package W/Highstakes Test Prep Multi-Volume Se Grade 4 with 1 Year Digital 2015. Hmh Hmh. 2016. (Go Math! Ser.). (ENG.). (J). (gr. 4). pap. 1588.93 *(978-0-544-92375-1(8))* Houghton Mifflin Harcourt Publishing Co.

Hybrid Classroom Resource Package W/Highstakes Test Prep Multi-Volume Se Grade 5 with 1 Year Digital 2015. Hmh Hmh. 2016. (Go Math! Ser.). (ENG.). (J). (gr. 5). pap.

938

The check digit for ISBN-10 appears in parentheses after the full ISBN-13

1588.93 *(978-0-544-92376-8(6))* Houghton Mifflin Harcourt Publishing Co.

Hybrid Classroom Resource Package W/Highstakes Test Prep Multi-Volume Se Grade 6 with 1 Year Digital 2015. Hmh Hmh. 2016. (Go Math! Ser.). (ENG.). (J). (gr. 6). pap. 1588.93 *(978-0-544-92377-5(4))* Houghton Mifflin Harcourt Publishing Co.

Hybrid Classroom Resource Package W/Highstakes Test Prep Multi-Volume Se Grade K with 1 Year Digital 2015. Hmh Hmh. 2016. (Go Math! Ser.). (ENG.). (J). (gr. k). pap. 1588.93 *(978-0-544-92371-3(5))* Houghton Mifflin Harcourt Publishing Co.

Hybrid Consumable Student Resource Package Grade 1 with 1 Year Digital 2018. Hmh Hmh. 2018. (SPA.). (J). pap. 60.93 *(978-1-328-56411-5(8))* Houghton Mifflin Harcourt Publishing Co.

Hybrid Consumable Student Resource Package Grade 2 with 1 Year Digital 2018. Hmh Hmh. 2018. (SPA.). (J). pap. 60.93 *(978-1-328-56412-2(6))* Houghton Mifflin Harcourt Publishing Co.

Hybrid Consumable Student Resource Package Grade 3 with 1 Year Digital 2018. Hmh Hmh. 2018. (SPA.). (J). pap. 60.93 *(978-1-328-56413-9(4))* Houghton Mifflin Harcourt Publishing Co.

Hybrid Consumable Student Resource Package Grade 4 with 1 Year Digital 2018. Hmh Hmh. 2018. (SPA.). (J). pap. 60.93 *(978-1-328-56414-6(2))* Houghton Mifflin Harcourt Publishing Co.

Hybrid Consumable Student Resource Package Grade 5 with 1 Year Digital 2018. Hmh Hmh. 2018. (SPA.). (J). pap. 60.93 *(978-1-328-56415-3(0))* Houghton Mifflin Harcourt Publishing Co.

Hybrid Consumable Student Resource Package Grade 6 with 1 Year Digital 2018. Hmh Hmh. 2018. (SPA.). (J). pap. 60.93 *(978-1-328-56416-0(9))* Houghton Mifflin Harcourt Publishing Co.

Hybrid Consumable Student Resource Package Grade K with 1 Year Digital 2018. Hmh Hmh. 2018. (SPA.). (J). pap. 60.93 *(978-1-328-56410-8(X))* Houghton Mifflin Harcourt Publishing Co.

Hybrid Cure: A YA Post-Apocalyptic Sci-Fi Novel. Jackie E. McCarthy. 2023. (Kaseath Chronicles Ser.: Vol. 1). (ENG.). (YA). 334p. ***(978-0-6486942-8-1(3))***; 366p. pap. ***(978-0-6486942-7-4(5))*** McCarthy, Jackie.

Hybrid Empire. Amanda N. Newman. 2019. (ENG.). 288p. (J). pap. 16.95 *(978-0-359-74478-7(8))* Lulu Pr., Inc.

Hybrid Plus Classroom Resource Package Grade 4 with 1 Year Digital 2017. Hmh Hmh. 2016. (Journeys (Sta) Ser.). (ENG.). (J). (gr. 4). pap. 3183.73 *(978-0-544-98109-6(X))*; pap. 3183.73 *(978-0-544-74160-7(9))* Houghton Mifflin Harcourt Publishing Co.

Hybrid Plus Classroom Resource Package Grade 4 with 2 Year Digital 2017. Hmh Hmh. 2017. (Journeys Ser.). (ENG.). (J). (gr. 4). pap. 3280.13 *(978-1-328-96220-1(2))* Houghton Mifflin Harcourt Publishing Co.

Hybrid Plus Classroom Resource Package Grade 5 with 1 Year Digital 2017. Hmh Hmh. 2016. (Journeys (Sta) Ser.). (ENG.). (J). (gr. 5). pap. 3183.73 *(978-0-544-98110-2(3))*; pap. 3183.73 *(978-0-544-74161-4(7))* Houghton Mifflin Harcourt Publishing Co.

Hybrid Plus Classroom Resource Package Grade 5 with 2 Year Digital 2017. Hmh Hmh. 2017. (Journeys Ser.). (ENG.). (J). (gr. 5). pap. 3280.13 *(978-1-328-96221-8(0))* Houghton Mifflin Harcourt Publishing Co.

Hybrid Plus Classroom Resource Package Grade 6 with 1 Year Digital 2017. Hmh Hmh. 2016. (Journeys (Sta) Ser.). (ENG.). (J). (gr. 6). pap. 3183.73 *(978-0-544-98111-9(1))*; pap. 3183.73 *(978-0-544-84845-0(4))* Houghton Mifflin Harcourt Publishing Co.

Hybrid Plus Classroom Resource Package Grade 6 with 2 Year Digital 2017. Hmh Hmh. 2017. (Journeys Ser.). (ENG.). (J). (gr. 6). pap. 3280.13 *(978-1-328-96222-5(9))* Houghton Mifflin Harcourt Publishing Co.

Hybrid Plus Student Resource Package Grade 1 with 1 Year Digital 2017. Hmh Hmh. 2016. (Journeys (Sta) Ser.). (ENG.). (J). (gr. 1). pap. 231.80 *(978-1-328-68577-3(2))* Houghton Mifflin Harcourt Publishing Co.

Hybrid Plus Student Resource Package Grade 1 with 2 Year Digital 2017. Hmh Hmh. 2017. (Journeys Ser.). (ENG.). (J). (gr. 1). pap. 244.33 *(978-1-328-96224-9(5))* Houghton Mifflin Harcourt Publishing Co.

Hybrid Plus Student Resource Package Grade 1 with 3 Year Digital 2017. Hmh Hmh. (Journeys (Sta) Ser.). (ENG.). (J). (gr. 1). 2017. pap. 257.07 *(978-0-544-98148-5(0))*; 2016. pap. 257.07 *(978-0-544-74187-4(0))* Houghton Mifflin Harcourt Publishing Co.

Hybrid Plus Student Resource Package Grade 1 with 4 Year Digital 2017. Hmh Hmh. 2017. (Journeys Ser.). (ENG.). (J). (gr. 1). pap. 269.67 *(978-1-328-85012-6(9))* Houghton Mifflin Harcourt Publishing Co.

Hybrid Plus Student Resource Package Grade 2 with 1 Year Digital 2017. Hmh Hmh. 2016. (Journeys (Sta) Ser.). (ENG.). (J). (gr. 2). pap. 138.07 *(978-1-328-68578-0(0))*; pap. 138.07 *(978-0-544-74194-2(3))* Houghton Mifflin Harcourt Publishing Co.

Hybrid Plus Student Resource Package Grade 2 with 2 Year Digital 2017. Hmh Hmh. 2017. (Journeys Ser.). (ENG.). (J). (gr. 2). pap. 143.87 *(978-1-328-96225-6(3))* Houghton Mifflin Harcourt Publishing Co.

Hybrid Plus Student Resource Package Grade 2 with 3 Year Digital 2017. Hmh Hmh. (Journeys (Sta) Ser.). (ENG.). (J). (gr. 2). 2017. pap. 149.73 *(978-0-544-98149-2(9))*; 2016. pap. 149.73 *(978-0-544-74188-1(9))* Houghton Mifflin Harcourt Publishing Co.

Hybrid Plus Student Resource Package Grade 2 with 4 Year Digital 2017. Hmh Hmh. 2017. (Journeys Ser.). (ENG.). (J). (gr. 2). pap. 155.67 *(978-1-328-85013-3(7))* Houghton Mifflin Harcourt Publishing Co.

Hybrid Plus Student Resource Package Grade 3 with 1 Year Digital 2017. Hmh Hmh. 2016. (Journeys (Sta) Ser.). (ENG.). (J). (gr. 3). pap. 141.47 *(978-1-328-68579-7(9))* Houghton Mifflin Harcourt Publishing Co.

Hybrid Plus Student Resource Package Grade 3 with 2 Year Digital 2017. Hmh Hmh. 2017. (Journeys Ser.). (ENG.). (J). (gr. 3). pap. 149.20 *(978-1-328-96226-3(1))* Houghton Mifflin Harcourt Publishing Co.

Hybrid Plus Student Resource Package Grade 3 with 3 Year Digital 2017. Hmh Hmh. (Journeys (Sta) Ser.). (ENG.). (J). (gr. 3). 2017. pap. 156.87 *(978-0-544-98150-8(2))*; 2016. pap. 156.87 *(978-0-544-74189-8(7))* Houghton Mifflin Harcourt Publishing Co.

Hybrid Plus Student Resource Package Grade 3 with 4 Year Digital 2017. Hmh Hmh. 2017. (Journeys Ser.). (ENG.). (J). (gr. 3). pap. 164.67 *(978-1-328-85014-0(5))* Houghton Mifflin Harcourt Publishing Co.

Hybrid Plus Student Resource Package Grade 4 with 1 Year Digital 2017. Hmh Hmh. 2016. (Journeys (Sta) Ser.). (ENG.). (J). (gr. 4). pap. 101.53 *(978-1-328-68580-3(2))*; pap. 101.53 *(978-0-544-74196-6(X))* Houghton Mifflin Harcourt Publishing Co.

Hybrid Plus Student Resource Package Grade 4 with 2 Year Digital 2017. Hmh Hmh. 2017. (Journeys Ser.). (ENG.). (J). (gr. 4). pap. 104.87 *(978-1-328-96228-7(8))* Houghton Mifflin Harcourt Publishing Co.

Hybrid Plus Student Resource Package Grade 4 with 3 Year Digital 2017. Hmh Hmh. (Journeys (Sta) Ser.). (ENG.). (J). (gr. 4). 2017. pap. 108.20 *(978-0-544-98151-5(0))*; 2016. pap. 108.20 *(978-0-544-74190-4(0))* Houghton Mifflin Harcourt Publishing Co.

Hybrid Plus Student Resource Package Grade 4 with 4 Year Digital 2017. Hmh Hmh. 2017. (Journeys Ser.). (ENG.). (J). (gr. 4). pap. 111.47 *(978-1-328-85015-7(3))* Houghton Mifflin Harcourt Publishing Co.

Hybrid Plus Student Resource Package Grade 5 with 1 Year Digital 2017. Hmh Hmh. 2016. (Journeys (Sta) Ser.). (ENG.). (J). (gr. 5). pap. 101.53 *(978-1-328-68581-0(0))*; pap. 101.53 *(978-0-544-74197-3(8))* Houghton Mifflin Harcourt Publishing Co.

Hybrid Plus Student Resource Package Grade 5 with 2 Year Digital 2017. Hmh Hmh. 2017. (Journeys Ser.). (ENG.). (J). (gr. 5). pap. 104.87 *(978-1-328-96230-0(X))* Houghton Mifflin Harcourt Publishing Co.

Hybrid Plus Student Resource Package Grade 5 with 3 Year Digital 2017. Hmh Hmh. (Journeys (Sta) Ser.). (ENG.). (J). (gr. 5). 2017. pap. 108.20 *(978-0-544-98152-2(9))*; 2016. pap. 108.20 *(978-0-544-74191-1(9))* Houghton Mifflin Harcourt Publishing Co.

Hybrid Plus Student Resource Package Grade 5 with 4 Year Digital 2017. Hmh Hmh. 2017. (Journeys Ser.). (ENG.). (J). (gr. 5). pap. 111.47 *(978-1-328-85016-4(1))* Houghton Mifflin Harcourt Publishing Co.

Hybrid Plus Student Resource Package Grade 6 with 1 Year Digital 2017. Hmh Hmh. 2016. (Journeys (Sta) Ser.). (ENG.). (J). (gr. 6). pap. 101.53 *(978-1-328-68582-7(9))*; pap. 101.53 *(978-0-544-84851-1(9))* Houghton Mifflin Harcourt Publishing Co.

Hybrid Plus Student Resource Package Grade 6 with 2 Year Digital 2017. Hmh Hmh. 2017. (Journeys Ser.). (ENG.). (J). (gr. 6). pap. 104.87 *(978-1-328-96231-7(8))* Houghton Mifflin Harcourt Publishing Co.

Hybrid Plus Student Resource Package Grade 6 with 3 Year Digital 2017. Hmh Hmh. (Journeys (Sta) Ser.). (ENG.). (J). (gr. 6). 2017. pap. 108.20 *(978-0-544-98153-9(7))*; 2016. pap. 108.20 *(978-0-544-84850-4(0))* Houghton Mifflin Harcourt Publishing Co.

Hybrid Plus Student Resource Package Grade 6 with 4 Year Digital 2017. Hmh Hmh. 2017. (Journeys Ser.). (ENG.). (J). (gr. 6). pap. 111.47 *(978-1-328-85017-1(X))* Houghton Mifflin Harcourt Publishing Co.

Hybrid Plus Student Resource Package Grade K with 1 Year Digital 2017. Hmh Hmh. 2016. (Journeys (Sta) Ser.). (ENG.). (J). (gr. k). pap. 194.20 *(978-0-544-87201-1(0))*; pap. 194.20 *(978-0-544-74192-8(7))* Houghton Mifflin Harcourt Publishing Co.

Hybrid Plus Student Resource Package Grade K with 2 Year Digital 2017. Hmh Hmh. 2017. (Journeys Ser.). (ENG.). (J). (gr. k). pap. 204.00 *(978-1-328-96223-2(7))* Houghton Mifflin Harcourt Publishing Co.

Hybrid Plus Student Resource Package Grade K with 3 Year Digital 2017. Hmh Hmh. (Journeys (Sta) Ser.). (ENG.). (J). (gr. k). 2017. pap. 213.67 *(978-0-544-98147-8(2))*; 2016. pap. 213.67 *(978-0-544-74186-7(2))* Houghton Mifflin Harcourt Publishing Co.

Hybrid Plus Student Resource Package Grade K with 4 Year Digital 2017. Hmh Hmh. 2017. (Journeys Ser.). (ENG.). (J). (gr. k). pap. 223.40 *(978-1-328-85018-8(8))* Houghton Mifflin Harcourt Publishing Co.

Hybrid Replacement Classroom Package W/Hstp Multi-Vol. Student Edition Grade 1 with 1 Year Digital 2015. Hmh Hmh. 2016. (Gomath! Spanish Ser.). (SPA.). (J). (gr. 1). pap. 921.53 *(978-0-544-95433-5(5))* Houghton Mifflin Harcourt Publishing Co.

Hybrid Replacement Classroom Package W/Hstp Multi-Vol. Student Edition Grade 2 with 1 Year Digital 2015. Hmh Hmh. 2016. (Gomath! Spanish Ser.). (SPA.). (J). (gr. 2). pap. 921.53 *(978-0-544-95434-2(3))* Houghton Mifflin Harcourt Publishing Co.

Hybrid Replacement Classroom Package W/Hstp Multi-Vol. Student Edition Grade 3 with 1 Year Digital 2015. Hmh Hmh. 2016. (Gomath! Spanish Ser.). (SPA.). (J). (gr. 3). pap. 921.53 *(978-0-544-95435-9(1))* Houghton Mifflin Harcourt Publishing Co.

Hybrid Replacement Classroom Package W/Hstp Multi-Vol. Student Edition Grade 4 with 1 Year Digital 2015. Hmh Hmh. 2016. (Gomath! Spanish Ser.). (SPA.). (J). (gr. 4). pap. 921.53 *(978-0-544-95436-6(X))* Houghton Mifflin Harcourt Publishing Co.

Hybrid Replacement Classroom Package W/Hstp Multi-Vol. Student Edition Grade 5 with 1 Year Digital 2015. Hmh Hmh. 2016. (Gomath! Spanish Ser.). (SPA.). (J). (gr. 5). pap. 921.53 *(978-0-544-95437-3(8))* Houghton Mifflin Harcourt Publishing Co.

Hybrid Replacement Classroom Package W/Hstp Multi-Vol. Student Edition Grade 6 with 1 Year Digital 2015. Hmh Hmh. 2016. (Gomath! Spanish Ser.). (SPA.). (J). (gr. 6). pap. 921.53 *(978-0-544-95438-0(6))* Houghton Mifflin Harcourt Publishing Co.

Hybrid Replacement Classroom Package W/Hstp Multi-Vol. Student Edition Grade K with 1 Year Digital 2015. Hmh Hmh. 2016. (Gomath! Spanish Ser.). (SPA.). (J). (gr. k). pap. 921.53 *(978-0-544-95432-8(7))* Houghton Mifflin Harcourt Publishing Co.

Hybrid Replacement Classroom Package W/Hstp2-Volume Student Edition Grade 1 with 1 Year Digital 2015. Hmh Hmh. 2016. (Gomath! Spanish Ser.). (SPA.). (J). (gr. 1). pap. 838.73 *(978-0-544-95416-8(5))* Houghton Mifflin Harcourt Publishing Co.

Hybrid Replacement Classroom Package W/Hstp2-Volume Student Edition Grade 2 with 1 Year Digital 2015. Hmh Hmh. 2016. (Gomath! Spanish Ser.). (SPA.). (J). (gr. 2). pap. 838.73 *(978-0-544-95417-5(3))* Houghton Mifflin Harcourt Publishing Co.

Hybrid Replacement Classroom Package W/Hstp2-Volume Student Edition Grade 3 with 1 Year Digital 2015. Hmh Hmh. 2016. (Gomath! Spanish Ser.). (SPA.). (J). (gr. 3). pap. 838.73 *(978-0-544-95418-2(1))* Houghton Mifflin Harcourt Publishing Co.

Hybrid Replacement Classroom Package W/Hstp2-Volume Student Edition Grade 4 with 1 Year Digital 2015. Hmh Hmh. 2016. (Gomath! Spanish Ser.). (SPA.). (J). (gr. 4). pap. 838.73 *(978-0-544-95419-9(X))* Houghton Mifflin Harcourt Publishing Co.

Hybrid Replacement Classroom Package W/Hstp2-Volume Student Edition Grade 5 with 1 Year Digital 2015. Hmh Hmh. 2016. (Gomath! Spanish Ser.). (SPA.). (J). (gr. 5). pap. 838.73 *(978-0-544-95421-2(1))* Houghton Mifflin Harcourt Publishing Co.

Hybrid Replacement Classroom Package W/Hstp2-Volume Student Edition Grade 6 with 1 Year Digital 2015. Hmh Hmh. 2016. (Gomath! Spanish Ser.). (SPA.). (J). (gr. 6). pap. 838.73 *(978-0-544-95431-1(9))* Houghton Mifflin Harcourt Publishing Co.

Hybrid Replacement Classroom Package W/Hstp2-Volume Student Edition Grade K with 1 Year Digital 2015. Hmh Hmh. 2016. (Gomath! Spanish Ser.). (SPA.). (J). (gr. k). pap. 838.73 *(978-0-544-95415-1(7))* Houghton Mifflin Harcourt Publishing Co.

Hybrid Replacement Classroom Package W/NY Tp Multi-Vol. Student Edition Grade 1 with 1 Year Digital 2015. Hmh Hmh. 2016. (Gomath! Spanish Ser.). (SPA.). (J). (gr. 1). pap. 852.87 *(978-0-544-95770-1(9))* Houghton Mifflin Harcourt Publishing Co.

Hybrid Replacement Classroom Package W/NY Tp Multi-Vol. Student Edition Grade 2 with 1 Year Digital 2015. Hmh Hmh. 2016. (Gomath! Spanish Ser.). (SPA.). (J). (gr. 2). pap. 852.87 *(978-0-544-95771-8(7))* Houghton Mifflin Harcourt Publishing Co.

Hybrid Replacement Classroom Package W/NY Tp Multi-Vol. Student Edition Grade 3 with 1 Year Digital 2015. Hmh Hmh. 2016. (Gomath! Spanish Ser.). (SPA.). (J). (gr. 3). pap. 852.87 *(978-0-544-95772-5(5))* Houghton Mifflin Harcourt Publishing Co.

Hybrid Replacement Classroom Package W/NY Tp Multi-Vol. Student Edition Grade 4 with 1 Year Digital 2015. Hmh Hmh. 2016. (Gomath! Spanish Ser.). (SPA.). (J). (gr. 4). pap. 852.87 *(978-0-544-95773-2(3))* Houghton Mifflin Harcourt Publishing Co.

Hybrid Replacement Classroom Package W/NY Tp Multi-Vol. Student Edition Grade 5 with 1 Year Digital 2015. Hmh Hmh. 2016. (Gomath! Spanish Ser.). (SPA.). (J). (gr. 5). pap. 852.87 *(978-0-544-95774-9(1))* Houghton Mifflin Harcourt Publishing Co.

Hybrid Replacement Classroom Package W/NY Tp Multi-Vol. Student Edition Grade 6 with 1 Year Digital 2015. Hmh Hmh. 2016. (Gomath! Spanish Ser.). (SPA.). (J). (gr. 6). pap. 852.87 *(978-0-544-95775-6(X))* Houghton Mifflin Harcourt Publishing Co.

Hybrid Replacement Classroom Package W/NY Tp Multi-Vol. Student Edition Grade K with 1 Year Digital 2015. Hmh Hmh. 2016. (Gomath! Spanish Ser.). (SPA.). (J). (gr. k). pap. 852.87 *(978-0-544-95769-5(5))* Houghton Mifflin Harcourt Publishing Co.

Hybrid Replacement Classroom Package W/NY Tp2-Volume Student Edition Grade 1 with 1 Year Digital 2015. Hmh Hmh. 2016. (Gomath! Spanish Ser.). (SPA.). (J). (gr. 1). pap. 776.33 *(978-0-544-95763-3(6))* Houghton Mifflin Harcourt Publishing Co.

Hybrid Replacement Classroom Package W/NY Tp2-Volume Student Edition Grade 2 with 1 Year Digital 2015. Hmh Hmh. 2016. (Gomath! Spanish Ser.). (SPA.). (J). (gr. 2). pap. 776.33 *(978-0-544-95764-0(4))* Houghton Mifflin Harcourt Publishing Co.

Hybrid Replacement Classroom Package W/NY Tp2-Volume Student Edition Grade 3 with 1 Year Digital 2015. Hmh Hmh. 2016. (Gomath! Spanish Ser.). (SPA.). (J). (gr. 3). pap. 776.33 *(978-0-544-95765-7(2))* Houghton Mifflin Harcourt Publishing Co.

Hybrid Replacement Classroom Package W/NY Tp2-Volume Student Edition Grade 4 with 1 Year Digital 2015. Hmh Hmh. 2016. (Gomath! Spanish Ser.). (SPA.). (J). (gr. 4). pap. 776.33 *(978-0-544-95766-4(0))* Houghton Mifflin Harcourt Publishing Co.

Hybrid Replacement Classroom Package W/NY Tp2-Volume Student Edition Grade 5 with 1 Year Digital 2015. Hmh Hmh. 2016. (Gomath! Spanish Ser.). (SPA.). (J). (gr. 5). pap. 776.33 *(978-0-544-95767-1(9))* Houghton Mifflin Harcourt Publishing Co.

Hybrid Replacement Classroom Package W/NY Tp2-Volume Student Edition Grade 6 with 1 Year Digital 2015. Hmh Hmh. 2016. (Gomath! Spanish Ser.). (SPA.). (J). (gr. 6). pap. 776.33 *(978-0-544-95768-8(7))* Houghton Mifflin Harcourt Publishing Co.

Hybrid Replacement Classroom Package W/NY Tp2-Volume Student Edition Grade K with 1 Year Digital 2015. Hmh Hmh. 2016. (Gomath! Spanish Ser.). (SPA.). (J). (gr. k). pap. 776.33 *(978-0-544-95762-6(8))* Houghton Mifflin Harcourt Publishing Co.

Hybrid Replacement Classroom Resource Package Test Prep 2-Volume Se Grade 1 with 1 Year Digital 2015. Hmh Hmh. 2016. (Go Math! Ser.). (ENG.). (J). (gr. 1). pap. 1081.47 *(978-0-544-92002-6(3))* Houghton Mifflin Harcourt Publishing Co.

Hybrid Replacement Classroom Resource Package Test Prep 2-Volume Se Grade 2 with 1 Year Digital 2015. Hmh Hmh. 2016. (Go Math! Ser.). (ENG.). (J). (gr. 2). pap. 1081.47 *(978-0-544-92003-3(1))* Houghton Mifflin Harcourt Publishing Co.

Hybrid Replacement Classroom Resource Package Test Prep 2-Volume Se Grade 3 with 1 Year Digital 2015. Hmh Hmh. 2016. (Go Math! Ser.). (ENG.). (J). (gr. 3). pap. 1081.47 *(978-0-544-92004-0(X))* Houghton Mifflin Harcourt Publishing Co.

Hybrid Replacement Classroom Resource Package Test Prep 2-Volume Se Grade 4 with 1 Year Digital 2015. Hmh Hmh. 2016. (Go Math! Ser.). (ENG.). (J). (gr. 4). pap. 1081.47 *(978-0-544-92005-7(8))* Houghton Mifflin Harcourt Publishing Co.

Hybrid Replacement Classroom Resource Package Test Prep 2-Volume Se Grade 5 with 1 Year Digital 2015. Hmh Hmh. 2016. (Go Math! Ser.). (ENG.). (J). (gr. 5). pap. 1081.47 *(978-0-544-92006-4(6))* Houghton Mifflin Harcourt Publishing Co.

Hybrid Replacement Classroom Resource Package Test Prep 2-Volume Se Grade 6 with 1 Year Digital 2015. Hmh Hmh. 2016. (Go Math! Ser.). (ENG.). (J). (gr. 6). pap. 1081.47 *(978-0-544-92008-8(2))* Houghton Mifflin Harcourt Publishing Co.

Hybrid Replacement Classroom Resource Package Test Prep 2-Volume Se Grade K with 1 Year Digital 2015. Hmh Hmh. 2016. (Go Math! Ser.). (ENG.). (J). (gr. k). pap. 1081.47 *(978-0-544-92001-9(5))* Houghton Mifflin Harcourt Publishing Co.

Hybrid Replacement Classroom Resource Package Test Prep Multi-Volume Se Grade 1 with 1 Year Digital 2015. Hmh Hmh. 2016. (Go Math! Ser.). (ENG.). (J). (gr. 1). pap. 1200.93 *(978-0-544-92286-0(7))* Houghton Mifflin Harcourt Publishing Co.

Hybrid Replacement Classroom Resource Package Test Prep Multi-Volume Se Grade 2 with 1 Year Digital 2015. Hmh Hmh. 2016. (Go Math! Ser.). (ENG.). (J). (gr. 2). pap. 1200.93 *(978-0-544-92287-7(5))* Houghton Mifflin Harcourt Publishing Co.

Hybrid Replacement Classroom Resource Package Test Prep Multi-Volume Se Grade 3 with 1 Year Digital 2015. Hmh Hmh. 2016. (Go Math! Ser.). (ENG.). (J). (gr. 3). pap. 1200.93 *(978-0-544-92288-4(3))* Houghton Mifflin Harcourt Publishing Co.

Hybrid Replacement Classroom Resource Package Test Prep Multi-Volume Se Grade 4 with 1 Year Digital 2015. Hmh Hmh. 2016. (Go Math! Ser.). (ENG.). (J). (gr. 4). pap. 1200.93 *(978-0-544-92543-4(2))* Houghton Mifflin Harcourt Publishing Co.

Hybrid Replacement Classroom Resource Package Test Prep Multi-Volume Se Grade 5 with 1 Year Digital 2015. Hmh Hmh. 2016. (Go Math! Ser.). (ENG.). (J). (gr. 5). pap. 1200.93 *(978-0-544-92544-1(0))* Houghton Mifflin Harcourt Publishing Co.

Hybrid Replacement Classroom Resource Package Test Prep Multi-Volume Se Grade 6 with 1 Year Digital 2015. Hmh Hmh. 2016. (Go Math! Ser.). (ENG.). (J). (gr. 6). pap. 1200.93 *(978-0-544-92545-8(9))* Houghton Mifflin Harcourt Publishing Co.

Hybrid Replacement Classroom Resource Package Test Prep Multi-Volume Se Grade K with 1 Year Digital 2015. Hmh Hmh. 2016. (Go Math! Ser.). (ENG.). (J). (gr. k). pap. 1200.93 *(978-0-544-92285-3(9))* Houghton Mifflin Harcourt Publishing Co.

Hybrid Replacement Student Resource Package Grade 1 with 1 Year Digital 2017. Hmh Hmh. 2018. (J). (ENG.). pap. 38.67 *(978-1-328-55831-2(2))*; (SPA.). pap. 41.07 *(978-1-328-56111-4(9))* Houghton Mifflin Harcourt Publishing Co.

Hybrid Replacement Student Resource Package Grade 2 with 1 Year Digital 2017. Hmh Hmh. 2018. (J). (ENG.). pap. 38.67 *(978-1-328-55832-9(0))*; (SPA.). pap. 41.07 *(978-1-328-56119-0(4))* Houghton Mifflin Harcourt Publishing Co.

Hybrid Replacement Student Resource Package Grade 3 with 1 Year Digital 2017. Hmh Hmh. 2018. (J). (ENG.). pap. 38.67 *(978-1-328-55833-6(9))*; (SPA.). pap. 41.07 *(978-1-328-56120-6(8))* Houghton Mifflin Harcourt Publishing Co.

Hybrid Replacement Student Resource Package Grade 4 with 1 Year Digital 2017. Hmh Hmh. 2018. (J). (ENG.). pap. 38.67 *(978-1-328-55834-3(7))*; (SPA.). pap. 41.07 *(978-1-328-56121-3(6))* Houghton Mifflin Harcourt Publishing Co.

Hybrid Replacement Student Resource Package Grade 5 with 1 Year Digital 2017. Hmh Hmh. 2018. (J). (ENG.). pap. 38.67 *(978-1-328-55835-0(5))*; (SPA.). pap. 41.07 *(978-1-328-56123-7(2))* Houghton Mifflin Harcourt Publishing Co.

Hybrid Replacement Student Resource Package Grade 6 with 1 Year Digital 2017. Hmh Hmh. 2018. (J). (SPA.). pap. 41.07 *(978-1-328-56124-4(0))*; (ENG.). pap. 38.67 *(978-1-328-55836-7(3))* Houghton Mifflin Harcourt Publishing Co.

Hybrid Replacement Student Resource Package Grade K with 1 Year Digital 2017. Hmh Hmh. 2018. (J). (ENG.). pap. 38.67 *(978-1-328-55830-5(4))*; (SPA.). pap. 41.07 *(978-1-328-56110-7(0))* Houghton Mifflin Harcourt Publishing Co.

Hybrid Replacement Student Resource Package Multi-Vol. Student Edition Grade 1 with 1 Year Digital 2015. Hmh Hmh. 2016. (Gomath! Spanish Ser.). (SPA.). (J). (gr. 1). pap. 47.00 *(978-0-544-95700-8(8))* Houghton Mifflin Harcourt Publishing Co.

Hybrid Replacement Student Resource Package Multi-Vol. Student Edition Grade 2 with 1 Year Digital 2015. Hmh Hmh. 2016. (Gomath! Spanish Ser.). (SPA.). (J). (gr. 2). pap. 47.00 *(978-0-544-95701-5(6))* Houghton Mifflin Harcourt Publishing Co.

Hybrid Replacement Student Resource Package Multi-Vol. Student Edition Grade 3 with 1 Year Digital 2015. Hmh Hmh. 2016. (Gomath! Spanish Ser.). (SPA.). (J). (gr. 3). pap. 47.00 *(978-0-544-95702-2(4))* Houghton Mifflin Harcourt Publishing Co.

Hybrid Replacement Student Resource Package Multi-Vol. Student Edition Grade 4 with 1 Year Digital

H

2015. Hmh Hmh. 2016. (Gomath! Spanish Ser.). (SPA.). (J). (gr. 4). pap. 47.00 *(978-0-544-95703-9(2))* Houghton Mifflin Harcourt Publishing Co.

Hybrid Replacement Student Resource Package Multi-Vol. Student Edition Grade 5 with 1 Year Digital 2015. Hmh Hmh. 2016. (Gomath! Spanish Ser.). (SPA.). (J). (gr. 5). pap. 47.00 *(978-0-544-95704-6(0))* Houghton Mifflin Harcourt Publishing Co.

Hybrid Replacement Student Resource Package Multi-Vol. Student Edition Grade 6 with 1 Year Digital 2015. Hmh Hmh. 2016. (Gomath! Spanish Ser.). (SPA.). (J). (gr. 6). pap. 47.00 *(978-0-544-95705-3(9))* Houghton Mifflin Harcourt Publishing Co.

Hybrid Replacement Student Resource Package Multi-Vol. Student Edition Grade K with 1 Year Digital 2015. Hmh Hmh. 2016. (Gomath! Spanish Ser.). (SPA.). (J). (gr. k). pap. 47.00 *(978-0-544-95699-5(0))* Houghton Mifflin Harcourt Publishing Co.

Hybrid Replacement Student Resource Package2-Volume Student Edition Grade 1 with 1 Year Digital 2015. Hmh Hmh. 2016. (Gomath! Spanish Ser.). (SPA.). (J). (gr. 1). pap. 41.47 *(978-0-544-95693-3(1))* Houghton Mifflin Harcourt Publishing Co.

Hybrid Replacement Student Resource Package2-Volume Student Edition Grade 2 with 1 Year Digital 2015. Hmh Hmh. 2016. (Gomath! Spanish Ser.). (SPA.). (J). (gr. 2). pap. 41.47 *(978-0-544-95694-0(X))* Houghton Mifflin Harcourt Publishing Co.

Hybrid Replacement Student Resource Package2-Volume Student Edition Grade 3 with 1 Year Digital 2015. Hmh Hmh. 2016. (Gomath! Spanish Ser.). (SPA.). (J). (gr. 3). pap. 41.47 *(978-0-544-95695-7(8))* Houghton Mifflin Harcourt Publishing Co.

Hybrid Replacement Student Resource Package2-Volume Student Edition Grade 4 with 1 Year Digital 2015. Hmh Hmh. 2016. (Gomath! Spanish Ser.). (SPA.). (J). (gr. 4). pap. 41.47 *(978-0-544-95696-4(6))* Houghton Mifflin Harcourt Publishing Co.

Hybrid Replacement Student Resource Package2-Volume Student Edition Grade 5 with 1 Year Digital 2015. Hmh Hmh. 2016. (Gomath! Spanish Ser.). (SPA.). (J). (gr. 5). pap. 41.47 *(978-0-544-95697-1(4))* Houghton Mifflin Harcourt Publishing Co.

Hybrid Replacement Student Resource Package2-Volume Student Edition Grade 6 with 1 Year Digital 2015. Hmh Hmh. 2016. (Gomath! Spanish Ser.). (SPA.). (J). (gr. 6). pap. 41.47 *(978-0-544-95698-8(2))* Houghton Mifflin Harcourt Publishing Co.

Hybrid Replacement Student Resource Package2-Volume Student Edition Grade K with 1 Year Digital 2015. Hmh Hmh. 2016. (Gomath! Spanish Ser.). (SPA.). (J). (gr. k). pap. 41.47 *(978-0-544-95692-6(3))* Houghton Mifflin Harcourt Publishing Co.

Hybrid Student Resource Package 1 Year Digital 2018. Hmh Hmh. 2018. (Psychology Ser.). (ENG.). (J). (gr. 9-12). 126.73 *(978-1-328-60652-5(X))*; pap. 147.53 *(978-1-328-61259-5(7))* Houghton Mifflin Harcourt Publishing Co.

Hybrid Student Resource Package 1 Year Digital 2019. Hmh Hmh. 2018. (Social Studies Global Geography Ser.). (ENG.). (J). (gr. 9-12). 140.40 *(978-1-328-60663-1(5))* Houghton Mifflin Harcourt Publishing Co.

Hybrid Student Resource Package 2-Volume Grade 3 with 1 Year Digital 2016. Hmh Hmh. 2020. (ENG.). (J). pap. 45.13 *(978-0-358-49284-9(X))* Houghton Mifflin Harcourt Publishing Co.

Hybrid Student Resource Package 2-Volume Grade K with 1 Year Digital 2016. Hmh Hmh. 2020. (ENG.). (J). pap. 45.13 *(978-0-358-49280-1(7))* Houghton Mifflin Harcourt Publishing Co.

Hybrid Student Resource Package 8 Year Print/8 Year Digital. Hmh Hmh. 2018. (Modern World History Ser.). (ENG.). (YA). (gr. 10). pap. 134.60 *(978-1-328-83820-9(X))*; (gr. 11). pap. 134.60 *(978-1-328-83801-8(3))* Houghton Mifflin Harcourt Publishing Co.

Hybrid Student Resource Package Accelerated 7 with 1 Year Digital 2018. Hmd Hmd. 2020. (ENG.). (YA). pap. 53.60 *(978-0-358-49782-0(5))* Holt McDougal.

Hybrid Student Resource Package Accelerated 7 with 1 Year Digital 2018. Hmh Hmh. 2017. (Go Math! Ser.). (ENG.). (YA). (gr. 7). pap. 53.60 *(978-1-328-90120-0(3))* Houghton Mifflin Harcourt Publishing Co.

Hybrid Student Resource Package Advanced 1 with 1 Year Digital 2018. Hmh Hmh. 2017. (Go Math! Ser.). (ENG.). (J). (gr. 6). pap. 53.60 *(978-1-328-90121-7(1))* Houghton Mifflin Harcourt Publishing Co.

Hybrid Student Resource Package Advanced 2 with 1 Year Digital 2018. Hmh Hmh. 2017. (Go Math! Ser.). (ENG.). (YA). (gr. 7). pap. 53.60 *(978-1-328-90122-4(X))* Houghton Mifflin Harcourt Publishing Co.

Hybrid Student Resource Package Enhanced Grade 6 with 1 Year Digital. Hmh Hmh. 2016. (Go Math! (Sta) Ser.). (ENG.). (J). (gr. 6). pap. 50.07 *(978-0-544-82208-5(0))* Houghton Mifflin Harcourt Publishing Co.

Hybrid Student Resource Package Enhanced Grade 7 with 1 Year Digital. Hmh Hmh. 2016. (Go Math! (Sta) Ser.). (ENG.). (YA). (gr. 7). pap. 50.07 *(978-0-544-82209-2(9))* Houghton Mifflin Harcourt Publishing Co.

Hybrid Student Resource Package Enhanced Grade 8 with 1 Year Digital. Hmh Hmh. 2016. (Go Math! (Sta) Ser.). (ENG.). (YA). (gr. 8). pap. 50.07 *(978-0-544-82210-8(2))* Houghton Mifflin Harcourt Publishing Co.

Hybrid Student Resource Package Grade 1 1 Year Print/1 Year Digital 2020. Hmh Hmh. 2019. (ENG.). (J). pap. 20.53 *(978-0-358-26879-6(6))* Houghton Mifflin Harcourt Publishing Co.

Hybrid Student Resource Package Grade 1 with 1 Year Digital 2017. Hmh Hmh. 2020. (ENG.). (J). pap. 20.80 *(978-0-358-48851-4(6))* Houghton Mifflin Harcourt Publishing Co.

Hybrid Student Resource Package Grade 1 with 1 Year Digital 2018. Hmh Hmh. (SPA.). (J). (gr. 1). 2018. pap. 20.73 *(978-1-328-72130-3(2))*; 2017. pap. 44.67 *(978-1-328-45578-9(5))* Houghton Mifflin Harcourt Publishing Co.

Hybrid Student Resource Package Grade 1 with 1 Year Digital 2019. Hmh Hmh. 2018. (Science Spanish Ser.). (J). (gr. 1). (SPA.). pap. 23.47 *(978-1-328-53120-9(1))*; (ENG.). pap. 21.93 *(978-1-328-88262-2(4))* Houghton Mifflin Harcourt Publishing Co.

Hybrid Student Resource Package Grade 10 with 1 Year Digital 2017. Hmh Hmh. (Collections (Sta) Ser.). (ENG.). (YA). (gr. 10). 2017. pap. 130.73 *(978-0-544-99409-6(4))*; 2016. pap. 130.73 *(978-0-544-71895-1(X))* Houghton Mifflin Harcourt Publishing Co.

Hybrid Student Resource Package Grade 11 with 1 Year Digital 2017. Hmh Hmh. (Collections (Sta) Ser.). (ENG.). (YA). (gr. 11). 2017. pap. 130.73 *(978-0-544-99410-2(8))*; 2016. pap. 130.73 *(978-0-544-71896-8(8))* Houghton Mifflin Harcourt Publishing Co.

Hybrid Student Resource Package Grade 2 1 Year Print/1 Year Digital 2020. Hmh Hmh. 2019. (ENG.). (J). pap. 20.53 *(978-0-358-26886-4(9))* Houghton Mifflin Harcourt Publishing Co.

Hybrid Student Resource Package Grade 2 with 1 Year Digital 2017. Hmh Hmh. 2020. (ENG.). (J). pap. 20.80 *(978-0-358-48855-2(9))* Houghton Mifflin Harcourt Publishing Co.

Hybrid Student Resource Package Grade 2 with 1 Year Digital 2018. Hmh Hmh. (SPA.). (J). 2018. (gr. 1). pap. 20.73 *(978-1-328-72131-0(0))*; 2017. (gr. 2). pap. 44.67 *(978-1-328-45579-6(3))* Houghton Mifflin Harcourt Publishing Co.

Hybrid Student Resource Package Grade 2 with 1 Year Digital 2019. Hmh Hmh. 2018. (Science Spanish Ser.). (J). (gr. 2). (SPA.). pap. 23.47 *(978-1-328-53121-6(X))*; (ENG.). pap. 21.93 *(978-1-328-88263-9(2))* Houghton Mifflin Harcourt Publishing Co.

Hybrid Student Resource Package Grade 3 1 Year Print/1 Year Digital 2020. Hmh Hmh. 2019. (ENG.). (J). pap. 23.67 *(978-0-358-26887-1(7))* Houghton Mifflin Harcourt Publishing Co.

Hybrid Student Resource Package Grade 3 with 1 Year Digital 2017. Hmh Hmh. 2020. (ENG.). (J). pap. 29.73 *(978-0-358-48859-0(1))* Houghton Mifflin Harcourt Publishing Co.

Hybrid Student Resource Package Grade 3 with 1 Year Digital 2018. Hmh Hmh. (J). 2018. (SPA.). (gr. 1). pap. 31.00 *(978-1-328-72132-7(9))*; 2017. (SPA.). (gr. 3). pap. 44.67 *(978-1-328-45580-2(7))*; 2017. (ENG.). (gr. 3). pap. 14.93 *(978-1-328-83688-5(6))* Houghton Mifflin Harcourt Publishing Co.

Hybrid Student Resource Package Grade 3 with 1 Year Digital 2019. Hmh Hmh. 2018. (Science Spanish Ser.). (J). (gr. 3). (SPA.). pap. 32.47 *(978-1-328-53122-3(8))*; (ENG.). pap. 30.33 *(978-1-328-88264-6(0))* Houghton Mifflin Harcourt Publishing Co.

Hybrid Student Resource Package Grade 4 1 Year Print/1 Year Digital 2020. Hmh Hmh. 2019. (ENG.). (J). pap. 23.67 *(978-0-358-26888-8(5))* Houghton Mifflin Harcourt Publishing Co.

Hybrid Student Resource Package Grade 4 with 1 Year Digital 2017. Hmh Hmh. (ENG.). (J). 2020. (gr. 8). pap. 29.73 *(978-0-358-48863-7(X))*; 2016. (gr. 4). pap. 77.71 *(978-0-544-97302-2(X))* Houghton Mifflin Harcourt Publishing Co.

Hybrid Student Resource Package Grade 4 with 1 Year Digital 2018. Hmh Hmh. (SPA.). (J). 2018. (gr. 1). pap. 31.00 *(978-1-328-72133-4(7))*; 2017. (gr. 4). pap. 44.67 *(978-1-328-45581-9(5))* Houghton Mifflin Harcourt Publishing Co.

Hybrid Student Resource Package Grade 4 with 1 Year Digital 2019. Hmh Hmh. 2018. (Science Spanish Ser.). (J). (gr. 4). (SPA.). pap. 35.80 *(978-1-328-53123-0(6))*; (ENG.). pap. 33.47 *(978-1-328-88265-3(9))* Houghton Mifflin Harcourt Publishing Co.

Hybrid Student Resource Package Grade 4 with 2 Year Digital 2017. Hmh Hmh. 2020. (Houghton Mifflin Harcourt Escalate English Ser.). (ENG.). (J). (gr. 4). pap. 79.20 *(978-0-358-55070-9(X))* Houghton Mifflin Harcourt Publishing Co.

Hybrid Student Resource Package Grade 5 1 Year Print/1 Year Digital 2020. Hmh Hmh. 2019. (ENG.). (J). pap. 26.33 *(978-0-358-26891-8(5))* Houghton Mifflin Harcourt Publishing Co.

Hybrid Student Resource Package Grade 5 with 1 Year Digital 2017. Hmh Hmh. (ENG.). (J). 2020. (gr. 8). pap. 33.53 *(978-0-358-48867-5(2))*; 2016. (gr. 5). pap. 77.71 *(978-0-544-97298-8(8))* Houghton Mifflin Harcourt Publishing Co.

Hybrid Student Resource Package Grade 5 with 1 Year Digital 2018. Hmh Hmh. (SPA.). (J). 2018. (gr. 1). pap. 34.13 *(978-1-328-72134-1(5))*; 2017. (gr. 5). pap. 44.67 *(978-1-328-45582-6(3))* Houghton Mifflin Harcourt Publishing Co.

Hybrid Student Resource Package Grade 5 with 1 Year Digital 2019. Hmh Hmh. 2018. (Science Spanish Ser.). (J). (gr. 5). (SPA.). pap. 37.87 *(978-1-328-53141-4(4))*; (ENG.). pap. 35.40 *(978-1-328-88266-0(7))* Houghton Mifflin Harcourt Publishing Co.

Hybrid Student Resource Package Grade 5 with 2 Year Digital 2017. Hmh Hmh. 2020. (Houghton Mifflin Harcourt Escalate English Ser.). (ENG.). (J). (gr. 5). pap. 79.20 *(978-0-358-55072-3(6))* Houghton Mifflin Harcourt Publishing Co.

Hybrid Student Resource Package Grade 6 1 Year Print/1 Year Digital 2020. Hmh Hmh. 2019. (ENG.). (J). pap. 82.80 *(978-0-358-26898-7(2))* Houghton Mifflin Harcourt Publishing Co.

Hybrid Student Resource Package Grade 6, Elementary 1 Year Print/1 Year Digital 2020. Hmh Hmh. 2019. (ENG.). (J). pap. 29.73 *(978-0-358-26916-8(4))* Houghton Mifflin Harcourt Publishing Co.

Hybrid Student Resource Package Grade 6 with 1 Year Digital 2017. Hmh Hmh. (Collections (Sta) Ser.). (ENG.). (J). (gr. 6). 2017. pap. 123.73 *(978-0-544-99405-8(1))*; 2016. pap. 77.71 *(978-0-544-97299-5(6))*; 2016. pap. 123.73 *(978-0-544-71891-3(7))* Houghton Mifflin Harcourt Publishing Co.

Hybrid Student Resource Package Grade 6 with 1 Year Digital 2018. Hmd Hmd. 2020. (ENG.). (J). pap. 50.53 *(978-0-358-49767-7(1))* Holt McDougal.

Hybrid Student Resource Package Grade 6 with 1 Year Digital 2018. Hmh Hmh. (United States History: Civil War to the Present Ser.). (ENG.). (J). (gr. 6). 2018. pap. 135.53 *(978-1-328-60374-6(1))*; 2017. pap. 94.73 *(978-1-328-91608-2(1))*; 2017. pap. 99.60 *(978-1-328-98875-1(9))*; 2017. pap. 157.60 *(978-1-328-90246-7(3))* Houghton Mifflin Harcourt Publishing Co.

Hybrid Student Resource Package Grade 6 with 1 Year Digital 2019. Hmh Hmh. 2018. (Science Ser.). (J). (gr. 6). (ENG.). pap. 98.80 *(978-1-328-49468-9(3))*; (SPA.). pap. 55.87 *(978-1-328-53290-9(9))* Houghton Mifflin Harcourt Publishing Co.

Hybrid Student Resource Package Grade 6 with 2 Year Digital 2017. Hmh Hmh. 2020. (Houghton Mifflin Harcourt Escalate English Ser.). (ENG.). (J). (gr. 6). pap. 79.20 *(978-0-358-55074-7(2))* Houghton Mifflin Harcourt Publishing Co.

Hybrid Student Resource Package Grade 7 1 Year Print/1 Year Digital 2020. Hmh Hmh. 2019. (ENG.). (YA). pap. 82.80 *(978-0-358-26899-4(0))* Houghton Mifflin Harcourt Publishing Co.

Hybrid Student Resource Package Grade 7 Print/1 Year Digital 2019. Hmh Hmh. 2019. (World Geography Ser.). (ENG.). (YA). (gr. 7). pap. 142.27 *(978-0-358-21472-4(6))* Houghton Mifflin Harcourt Publishing Co.

Hybrid Student Resource Package Grade 7 with 1 Year Digital 2017. Hmh Hmh. (Collections (Sta) Ser.). (ENG.). (YA). (gr. 7). 2017. pap. 123.73 *(978-0-544-99406-5(X))*; 2016. pap. 77.71 *(978-0-544-97300-8(3))*; 2016. pap. 123.73 *(978-0-544-71892-0(5))* Houghton Mifflin Harcourt Publishing Co.

Hybrid Student Resource Package Grade 7 with 1 Year Digital 2018. Hmd Hmd. 2020. (ENG.). (YA). pap. 50.53 *(978-0-358-49772-1(8))* Holt McDougal.

Hybrid Student Resource Package Grade 7 with 1 Year Digital 2018. Hmh Hmh. (World History: World Civilizations Ser.). (ENG.). (gr. 7). 2018. (J). pap. 136.60 *(978-1-328-60347-0(4))*; 2017. (YA). pap. 94.73 *(978-1-328-91609-9(X))*; 2017. (YA). pap. 99.60 *(978-1-328-98876-8(7))*; 2017. (YA). pap. 157.60 *(978-1-328-90247-4(1))* Houghton Mifflin Harcourt Publishing Co.

Hybrid Student Resource Package Grade 7 with 1 Year Digital 2019. Hmh Hmh. 2018. (Science Ser.). (J). (gr. 7). (ENG.). pap. 98.80 *(978-1-328-49469-6(1))*; (SPA.). pap. 55.87 *(978-1-328-53291-6(7))* Houghton Mifflin Harcourt Publishing Co.

Hybrid Student Resource Package Grade 7 with 2 Year Digital 2017. Hmh Hmh. 2020. (Houghton Mifflin Harcourt Escalate English Ser.). (ENG.). (YA). (gr. 7). pap. 79.20 *(978-0-358-55076-1(9))* Houghton Mifflin Harcourt Publishing Co.

Hybrid Student Resource Package Grade 8 1 Year Print/1 Year Digital 2020. Hmh Hmh. 2019. (ENG.). (YA). pap. 82.80 *(978-0-358-26900-7(8))* Houghton Mifflin Harcourt Publishing Co.

Hybrid Student Resource Package Grade 8 with 1 Year Digital 2017. Hmh Hmh. (Collections (Sta) Ser.). (ENG.). (YA). (gr. 8). 2017. pap. 123.73 *(978-0-544-99407-2(8))*; 2016. pap. 77.71 *(978-0-544-97301-5(1))*; 2016. pap. 123.73 *(978-0-544-71893-7(3))* Houghton Mifflin Harcourt Publishing Co.

Hybrid Student Resource Package Grade 8 with 1 Year Digital 2018. Hmd Hmd. 2020. (ENG.). (YA). pap. 50.53 *(978-0-358-49777-6(9))* Holt McDougal.

Hybrid Student Resource Package Grade 8 with 1 Year Digital 2018. Hmh Hmh. 2017. (Science Dimensions Ser.). (ENG.). (YA). (gr. 8). pap. 94.73 *(978-1-328-91610-5(3))*; pap. 99.60 *(978-1-328-98877-5(5))*; pap. 157.60 *(978-1-328-90248-1(X))* Houghton Mifflin Harcourt Publishing Co.

Hybrid Student Resource Package Grade 8 with 1 Year Digital 2019. Hmh Hmh. 2018. (Science Ser.). (J). (gr. 8). (ENG.). pap. 98.80 *(978-1-328-49470-2(5))*; (SPA.). pap. 55.87 *(978-1-328-53292-3(5))* Houghton Mifflin Harcourt Publishing Co.

Hybrid Student Resource Package Grade 8 with 2 Year Digital 2017. Hmh Hmh. 2020. (Houghton Mifflin Harcourt Escalate English Ser.). (ENG.). (YA). (gr. 8). pap. 79.20 *(978-0-358-55078-5(5))* Houghton Mifflin Harcourt Publishing Co.

Hybrid Student Resource Package Grade 9 with 1 Year Digital 2017. Hmh Hmh. (Collections (Sta) Ser.). (ENG.). (YA). (gr. 9). 2017. pap. 130.73 *(978-0-544-99408-9(6))*; 2016. pap. 130.73 *(978-0-544-71894-4(1))* Houghton Mifflin Harcourt Publishing Co.

Hybrid Student Resource Package Grade K 1 Year Print/1 Year Digital 2020. Hmh Hmh. 2019. (ENG.). (J). pap. 17.93 *(978-0-358-26878-9(8))* Houghton Mifflin Harcourt Publishing Co.

Hybrid Student Resource Package Grade K with 1 Year Digital 2017. Hmh Hmh. 2020. (ENG.). (J). pap. 17.13 *(978-0-358-48847-7(8))* Houghton Mifflin Harcourt Publishing Co.

Hybrid Student Resource Package Grade K with 1 Year Digital 2018. Hmh Hmh. (SPA.). (J). 2018. (gr. 1). pap. 23.73 *(978-1-328-72129-7(9))*; 2017. (gr. k). pap. 44.67 *(978-1-328-45511-6(4))* Houghton Mifflin Harcourt Publishing Co.

Hybrid Student Resource Package Grade K with 1 Year Digital 2019. Hmh Hmh. 2018. (Science Spanish Ser.). (J). (gr. k). (SPA.). pap. 18.13 *(978-1-328-53119-3(8))*; (ENG.). pap. 16.87 *(978-1-328-88261-5(6))* Houghton Mifflin Harcourt Publishing Co.

Hybrid Student Resource Package Grades 6-8 with 1 Year Digital. Hmh Hmh. 2017. (United States History: Beginnings To 1877 Ser.). (ENG.). (J). (gr. 6-8). pap. 121.53 *(978-0-544-94663-7(4))* Houghton Mifflin Harcourt Publishing Co.

Hybrid Student Resource Package Grades 6-8 with 1 Year Digital 2019: Earth. Hmh Hmh. 2018. (Science Ser.). (SPA.). (J). (gr. 6-8). pap. 55.87 *(978-1-328-53313-5(1))* Houghton Mifflin Harcourt Publishing Co.

Hybrid Student Resource Package Module a Grades 6-8 with 1 Year Digital 2018: Engineering & Science. Hmh Hmh. (J). 2018. (SPA.). (gr. 7). pap. 34.53 *(978-1-328-72507-3(3))*; 2017. (ENG.). (gr. 6-8). pap. 32.27 *(978-1-328-72363-5(1))* Houghton Mifflin Harcourt Publishing Co.

Hybrid Student Resource Package Module B Grades 6-8 with 1 Year Digital 2018: Cells & Heredity. Hmh Hmh. (J). 2018. (SPA.). (gr. 7). pap. 34.53 *(978-1-328-72508-0(1))*; 2017. (ENG.). (gr. 6-8). pap. 32.27 *(978-1-328-72364-2(X))* Houghton Mifflin Harcourt Publishing Co.

Hybrid Student Resource Package Module C Grades 6-8 with 1 Year Digital 2018: Ecology & the Environment. Hmh Hmh. (J). 2018. (SPA.). (gr. 7). pap. 34.53 *(978-1-328-72509-7(X))*; 2017. (ENG.). (gr. 6-8). pap. 32.27 *(978-1-328-72365-9(8))* Houghton Mifflin Harcourt Publishing Co.

Hybrid Student Resource Package Module d Grades 6-8 with 1 Year Digital 2018: The Diversity of Living Things. Hmh Hmh. (J). 2018. (SPA.). (gr. 7). pap. 34.53 *(978-1-328-72510-3(3))*; 2017. (ENG.). (gr. 6-8). pap. 32.27 *(978-1-328-72366-6(6))* Houghton Mifflin Harcourt Publishing Co.

Hybrid Student Resource Package Module e Grades 6-8 with 1 Year Digital: The Dynamic Earth. Hmh Hmh. 2016. (Sciencefusion Ser.). (ENG.). (J). (gr. 6-8). pap. 29.93 *(978-0-544-83382-1(1))* Houghton Mifflin Harcourt Publishing Co.

Hybrid Student Resource Package Module e Grades 6-8 with 1 Year Digital 2018: Earth's Water & Atmosphere. Hmh Hmh. (J). 2018. (SPA.). (gr. 7). pap. 34.53 *(978-1-328-72511-0(1))*; 2017. (ENG.). (gr. 6-8). pap. 32.27 *(978-1-328-72367-3(4))* Houghton Mifflin Harcourt Publishing Co.

Hybrid Student Resource Package Module F Grades 6-8 with 1 Year Digital: Earth's Water & Atmosphere. Hmh Hmh. 2016. (Sciencefusion Ser.). (ENG.). (J). (gr. 6-8). pap. 29.93 *(978-0-544-83383-8(X))* Houghton Mifflin Harcourt Publishing Co.

Hybrid Student Resource Package Module F Grades 6-8 with 1 Year Digital 2018: Geologic Processes & History. Hmh Hmh. (J). 2018. (SPA.). (gr. 7). pap. 34.53 *(978-1-328-72512-7(X))*; 2017. (ENG.). (gr. 6-8). pap. 32.27 *(978-1-328-72368-0(2))* Houghton Mifflin Harcourt Publishing Co.

Hybrid Student Resource Package Module G Grades 6-8 with 1 Year Digital 2018: Earth & Human Activity. Hmh Hmh. (J). 2018. (SPA.). (gr. 7). pap. 34.53 *(978-1-328-72513-4(8))*; 2017. (ENG.). (gr. 6-8). pap. 32.27 *(978-1-328-72369-7(0))* Houghton Mifflin Harcourt Publishing Co.

Hybrid Student Resource Package Module H Grades 6-8 with 1 Year Digital: Matter & Energy. Hmh Hmh. 2016. (Sciencefusion Ser.). (ENG.). (J). (gr. 6-8). pap. 29.93 *(978-0-544-83385-2(6))* Houghton Mifflin Harcourt Publishing Co.

Hybrid Student Resource Package Module H Grades 6-8 with 1 Year Digital 2018: Space Science. Hmh Hmh. (J). 2018. (SPA.). (gr. 7). pap. 34.53 *(978-1-328-72514-1(6))*; 2017. (ENG.). (gr. 6-8). pap. 32.27 *(978-1-328-72370-3(4))* Houghton Mifflin Harcourt Publishing Co.

Hybrid Student Resource Package Module I Grades 6-8 with 1 Year Digital: Motion, Forces, & Energy. Hmh Hmh. 2016. (Sciencefusion Ser.). (ENG.). (J). (gr. 6-8). pap. 29.93 *(978-0-544-83386-9(4))* Houghton Mifflin Harcourt Publishing Co.

Hybrid Student Resource Package Module I Grades 6-8 with 1 Year Digital 2018: Energy & Energy Transfer. Hmh Hmh. (J). 2018. (SPA.). (gr. 7). pap. 34.53 *(978-1-328-72515-8(4))*; 2017. (ENG.). (gr. 6-8). pap. 32.27 *(978-1-328-72371-0(2))* Houghton Mifflin Harcourt Publishing Co.

Hybrid Student Resource Package Module J Grades 6-8 with 1 Year Digital 2018: Chemistry. Hmh Hmh. (J). 2018. (SPA.). (gr. 7). pap. 34.53 *(978-1-328-72516-5(2))*; 2017. (ENG.). (gr. 6-8). pap. 32.27 *(978-1-328-72372-7(0))* Houghton Mifflin Harcourt Publishing Co.

Hybrid Student Resource Package Module K Grades 6-8 with 1 Year Digital 2018: Forces & Motion. Hmh Hmh. (J). 2018. (SPA.). (gr. 7). pap. 34.53 *(978-1-328-72517-2(0))*; 2017. (ENG.). (gr. 6-8). pap. 32.27 *(978-1-328-72373-4(9))* Houghton Mifflin Harcourt Publishing Co.

Hybrid Student Resource Package Module l Grades 6-8 with 1 Year Digital 2018: Waves & Their Applications. Hmh Hmh. (J). 2018. (SPA.). (gr. 7). pap. 34.53 *(978-1-328-72518-9(9))*; 2017. (ENG.). (gr. 6-8). pap. 32.27 *(978-1-328-72374-1(7))* Houghton Mifflin Harcourt Publishing Co.

Hybrid Student Resource Package Multi-Volume Grade 1 1 Year Print/1 Year Digital 2020. Hmh Hmh. 2019. (ENG.). (J). pap. 24.40 *(978-0-358-26918-2(0))* Houghton Mifflin Harcourt Publishing Co.

Hybrid Student Resource Package Multi-Volume Grade 2 1 Year Print/1 Year Digital 2020. Hmh Hmh. 2019. (ENG.). (J). pap. 24.40 *(978-0-358-26919-9(9))* Houghton Mifflin Harcourt Publishing Co.

Hybrid Student Resource Package Multi-Volume Grade 3 1 Year Print/1 Year Digital 2020. Hmh Hmh. 2019. (ENG.). (J). pap. 27.53 *(978-0-358-26920-5(2))* Houghton Mifflin Harcourt Publishing Co.

Hybrid Student Resource Package Multi-Volume Grade 4 1 Year Print/1 Year Digital 2020. Hmh Hmh. 2019. (ENG.). (J). pap. 27.53 *(978-0-358-26921-2(0))* Houghton Mifflin Harcourt Publishing Co.

Hybrid Student Resource Package Multi-Volume Grade 5 1 Year Print/1 Year Digital 2020. Hmh Hmh. 2019. (ENG.). (J). pap. 30.20 *(978-0-358-26922-9(9))* Houghton Mifflin Harcourt Publishing Co.

Hybrid Student Resource Package Multi-Volume Grade 6 1 Year Print/1 Year Digital 2020. Hmh Hmh. 2019. (ENG.). (J). pap. 90.40 *(978-0-358-26923-6(7))* Houghton Mifflin Harcourt Publishing Co.

Hybrid Student Resource Package Multi-Volume Grade 6 1 Year Print/1 Year Digital 2020: Elementary. Hmh Hmh. 2019. (ENG.). (J). pap. 33.60 *(978-0-358-26926-7(1))* Houghton Mifflin Harcourt Publishing Co.

940 The check digit for ISBN-10 appears in parentheses after the full ISBN-13

Hybrid Student Resource Package Multi-Volume Grade 7 1 Year Print/1 Year Digital 2020. Hmh Hmh. 2019. (ENG.). (YA). pap. 90.40 (978-0-358-26924-3(5)) Houghton Mifflin Harcourt Publishing Co.

Hybrid Student Resource Package Multi-Volume Grade 8 1 Year Print/1 Year Digital 2020. Hmh Hmh. 2019. (ENG.). (YA). pap. 90.40 (978-0-358-26925-0(3)) Houghton Mifflin Harcourt Publishing Co.

Hybrid Student Resource Package Multi-Volume Grade K 1 Year Print/1 Year Digital 2020. Hmh Hmh. 2019. (ENG.). (J). pap. 21.80 (978-0-358-26917-5(2)) Houghton Mifflin Harcourt Publishing Co.

Hybrid Student Resource Package Spanish with 6 Year Digital 2018. Hmh Hmh. 2018. (Science Dimensions Biology Ser.). (SPA.). (J). (gr. 9-12). pap. 164.40 (978-1-328-56698-0(6)) Houghton Mifflin Harcourt Publishing Co.

Hybrid Student Resource Package with 1 Year Digital. Hmh Hmh. (Modern World History Ser.). (ENG.). 2020. (YA). (gr. 10). pap. 143.27 (978-0-358-32397-6(5)); 2020. (J). (gr. 6). pap. 116.47 (978-0-358-32328-0(2)); 2020. (YA). (gr. 7). pap. 116.47 (978-0-358-32304-4(5)); 2020. (YA). (gr. 8). pap. 137.00 (978-0-358-32351-8(7)); 2020. (YA). (gr. 9-12). pap. 128.13 (978-0-358-31434-9(8)); 2020. (YA). (gr. 9-12). pap. 128.13 (978-0-358-31459-2(3)); 2020. (YA). (gr. 9-12). pap. 137.40 (978-0-358-31913-9(7)); 2018. (YA). (gr. 9-12). pap. 151.20 (978-1-328-83040-1(3)); 2018. (YA). (gr. 9-12). pap. 150.07 (978-1-328-83016-6(0)); 2018. (YA). (gr. 9-12). pap. 152.13 (978-1-328-82824-8(7)); 2018. (YA). (gr. 9-12). pap. 127.80 (978-1-328-98822-5(8)); 2017. (J). (gr. 7). pap. 129.73 (978-0-544-93804-5(6)); 2017. (J). (gr. 9-12). 142.60 (978-0-544-94949-2(8)); 2017. (YA). (gr. 9-12). pap. 164.60 (978-1-328-78547-3(5)); 2017. (YA). (gr. 9-12). pap. 156.47 (978-1-328-78574-9(2)); 2017. (YA). (gr. 9-12). pap. 157.47 (978-1-328-78601-2(3)); 2017. (YA). (gr. 9-12). pap. 160.27 (978-1-328-80001-5(6)); 2017. (YA). (gr. 9-12). pap. 153.67 (978-1-328-80019-0(9)); 2017. (YA). (gr. 9-12). pap. 156.33 (978-1-328-80037-4(7)); 2016. (YA). (gr. 9-12). pap. 152.40 (978-0-544-84688-3(5)) Houghton Mifflin Harcourt Publishing Co.

Hybrid Student Resource Package with 1 Year Digital 2018. Hmh Hmh. (ENG.). 2020. (YA). (gr. 9-12). pap. 146.20 (978-0-358-49920-6(8)); 2020. (YA). (gr. 9-12). pap. 146.20 (978-0-358-49932-9(1)); 2020. (YA). (gr. 9-12). pap. 146.20 (978-0-358-49948-0(8)); 2019. (YA). (gr. 9-12). pap. 139.67 (978-0-358-28217-4(9)); 2018. (J). (gr. 10). 143.80 (978-1-328-60600-6(7)); 2018. (J). (gr. 9-12). 125.33 (978-1-328-60631-0(7)); 2018. (J). (gr. 9-12). 141.27 (978-1-328-60641-9(4)); 2018. (J). (gr. 9-12). 126.73 (978-1-328-61251-9(1)); 2017. (J). (gr. 6-8). pap. 49.73 (978-1-328-90217-7(X)); 2017. (J). (gr. 6-8). pap. 49.73 (978-1-328-90219-1(6)); 2017. (J). (gr. 9-12). 138.73 (978-0-544-95279-9(0)) Houghton Mifflin Harcourt Publishing Co.

Hybrid Student Resource Package with 1 Year Digital 2019: Life. Hmh Hmh. 2018. (Science Ser.). (SPA.). (J). (gr. 6-8). pap. 55.87 (978-1-328-53314-2(X)) Houghton Mifflin Harcourt Publishing Co.

Hybrid Student Resource Package with 1 Year Digital 2019: Physical. Hmh Hmh. 2018. (Science Ser.). (SPA.). (J). (gr. 6-8). pap. 55.87 (978-1-328-53315-9(8)) Houghton Mifflin Harcourt Publishing Co.

Hybrid Student Resource Package with 1 Year Digital 2020. Hmh Hmh. 2019. (Science Dimensions Physics Ser.). (ENG.). (J). (gr. 9-12). pap. 49.53 (978-1-328-51396-0(3)); pap., E-Book 48.93 (978-1-328-51394-6(7)) Houghton Mifflin Harcourt Publishing Co.

Hybrid Student Resource Package with 2 Year Digital 2018. Hmh Hmh. 2020. (ENG.). (YA). (gr. 9-12). pap. 150.07 (978-0-358-49921-3(6)); pap. 150.07 (978-0-358-49933-6(X)); pap. 150.07 (978-0-358-49949-7(6)) Houghton Mifflin Harcourt Publishing Co.

Hybrid Student Resource Package with 4 Year Digital. Hmh Hmh. 2019. (Science Dimensions Biology Ser.). (ENG.). (J). (gr. 9-12). pap. 137.73 (978-1-328-46060-8(6)) Houghton Mifflin Harcourt Publishing Co.

Hybrid Student Resource Package with 5 Year Digital. Hmh Hmh. 2018. (Science Dimensions Biology Ser.). (ENG.). (YA). (gr. 9-12). pap. 138.73 (978-1-328-98818-8(X)) Houghton Mifflin Harcourt Publishing Co.

Hybrid Student Resource Package with 6 Year Digital: Beginnings to a New Century. Hmh Hmh. 2017. (American History Ser.). (ENG.). (YA). (gr. 9-12). pap. 152.20 (978-1-328-96557-8(0)) Houghton Mifflin Harcourt Publishing Co.

Hybrid Student Resource Package with 6 Year Digital 2018. Hmh Hmh. 2018. (Science Dimensions Biology Ser.). (ENG.). (J). (gr. 9-12). pap. 153.60 (978-1-328-56009-4(0)); pap. 159.53 (978-1-328-56762-8(1)) Houghton Mifflin Harcourt Publishing Co.

Hyde Marston, Vol. 1 Of 3: Or, a Sportsman's Life (Classic Reprint) Craven Craven. 2018. (ENG., Illus.). 302p. (J). 30.15 (978-0-483-25768-9(0)) Forgotten Bks.

Hyde Marston, Vol. 2 Of 3: Or, a Sportsman's Life (Classic Reprint) Craven Craven. 2018. (ENG., Illus.). 302p. (J). 30.15 (978-0-483-13296-2(9)) Forgotten Bks.

Hyde Marston, Vol. 3 Of 3: Or, a Sportsman's Life (Classic Reprint) Craven Craven. 2018. (ENG., Illus.). 290p. (J). 29.90 (978-0-428-89602-7(2)) Forgotten Bks.

Hyde Nugent, Vol. 1 Of 3: A Tale of Fashionable Life (Classic Reprint) Hyde Nugent. 2018. (ENG., Illus.). 338p. (J). 30.87 (978-0-483-20422-5(6)) Forgotten Bks.

Hyde Nugent, Vol. 2 Of 3: A Tale of Fashionable Life (Classic Reprint) Unknown Author. (ENG., Illus.). (J). 2017. 304p. 30.17 (978-0-484-50741-7(9)); 2016. pap. 13.57 (978-1-334-59209-6(8)) Forgotten Bks.

Hyde Nugent, Vol. 3 Of 3: A Tale of Fashionable Life (Classic Reprint) Unknown Author. (ENG., Illus.). (J). 2018. 300p. 30.13 (978-0-484-39788-9(5)); 2018. 306p. 30.21 (978-0-483-99568-0(1)); 2017. pap. 13.57 (978-1-334-97301-7(6)) Forgotten Bks.

Hyde Park: Select Narratives, Annual Events, etc;, During Twenty Years' Police Service in Hyde Park (Classic Reprint) Edward Owen. (ENG., Illus.). (J). 2018. 82p. 25.59 (978-0-267-89100-9(8)); 2016. pap. 9.57 (978-1-333-52345-9(9)) Forgotten Bks.

Hyde's Children. Arthur Slade. 2016. (ENG., Illus.). (J). pap. (978-0-9880139-5-7(9)) Slade, Arthur.

Hydesville: The Story of the Rochester Knockings, Which Proclaimed the Advent of Modern Spiritualism (Classic Reprint) Thomas Olman Todd. 2017. (ENG., Illus.). (J). 25.26 (978-0-260-84099-8(8)) Forgotten Bks.

Hydesville in History (Classic Reprint) Mary E. Cadwallader. 2017. (ENG., Illus.). (J). 70p. 25.36 (978-0-332-09354-3(9)); pap. 9.57 (978-0-259-43321-7(7)) Forgotten Bks.

Hydra. Virginia Loh-Hagan. 2016. (Magic, Myth, & Mystery Ser.). (ENG., Illus.). 32p. (J). (gr. 4-8). 32.07 (978-1-63471-114-2(9), 208567, 45th Parallel Press) Cherry Lake Publishing.

Hydrant-Hydra, 4. Troy Cummings. ed. 2020. (Branches Early Ch Bks). (ENG., Illus.). 90p. (J). (gr. 2-3). 15.36 (978-1-64697-470-2(0)) Penworthy Co., LLC, The.

Hydrant-Hydra: a Branches Book (the Binder of Doom #4) Troy Cummings. Illus. by Troy Cummings. 2020. (Binder of Doom Ser.: 4). (ENG., Illus.). 96p. (J). (gr. 1-3). pap. 5.99 (978-1-338-31476-2(9)) Scholastic, Inc.

Hydrant-Hydra: a Branches Book (the Binder of Doom #4) (Library Edition) Troy Cummings. Illus. by Troy Cummings. 2020. (Binder of Doom Ser.: 4). (ENG., Illus.). 96p. (J). (gr. 1-3). lib. bdg. 24.99 (978-1-338-31477-9(7)) Scholastic, Inc.

Hydra's Venomous Blood. Stephanie Loureiro. Illus. by Jared Sams. 2021. (Secret Society of Monster Hunters Ser.). (ENG.). 32p. (J). (gr. 5-8). pap. 14.21 (978-1-5341-8926-3(2), 219415); lib. bdg. 32.07 (978-1-5341-8786-3(3), 219414) Cherry Lake Publishing. (Torch Graphic Press).

Hydraulics for Kids. James Koehntopp. 2019. (J). 27.99 (978-0-578-61820-3(6)) Koehntopp, James.

Hydro. A. C. Waltower. 2016. (ENG., Illus.). (J). pap. 14.99 (978-0-9905422-3-0(8)) Waltower Publishing.

Hydro Phobia: Bernie of Belleterre Book 2. Carol Peterson. 2020. (ENG.). 192p. (J). pap. 7.99 (978-1-951587-02-4(2)) Honor Bound Bks.

Hydroelectric Energy. Terry Catasús Jennings. 2016. (Alternative Energy Ser.). (ENG., Illus.). 48p. (J). (gr. 4-8). lib. bdg. 35.64 (978-1-68078-455-8(2), 23847) ABDO Publishing Co.

Hydroelectric Power. Contrib. by Laura Perdew. 2023. (Power of Energy Ser.). (ENG.). 32p. (J). (gr. 2-5). lib. bdg. 35.64 (978-1-5038-6497-9(9), 216394, Stride) Child's World, Inc, The.

Hydroelectricity, 1 vol. Elizabeth Lachner. 2018. (Exploring Energy Technology Ser.). (ENG.). 48p. (gr. 6-6). pap. 15.05 (978-1-5081-0618-0(5), dad045eb-aeea-4e08-976a-16a463afc2c1, Britannica Educational Publishing) Rosen Publishing Group, Inc., The.

Hydroelectricity: Harnessing the Power of Water, 1 vol. Jonathan Bard. 2017. (Powered up! a STEM Approach to Energy Sources Ser.). (ENG.). 24p. (J). (gr. 3-3). 25.27 (978-1-5081-6427-2(4), 8e24cb72-ffb1-41c7-9b85-0276e95929e7, PowerKids Pr.) Rosen Publishing Group, Inc., The.

Hydrogen. Kathryn Hulick. 2017. (Chemistry of Everyday Elements Ser.: Vol. 10). (ENG., Illus.). 64p. (J). (gr. 7-12). 23.95 (978-1-4222-3842-4(3)) Mason Crest.

Hydrogen. Kathryn Hulick. 2018. (Elements of Chemistry Ser.). (ENG.). 48p. (J). lib. bdg. 34.99 (978-1-5105-3857-3(7)) SmartBook Media, Inc.

Hydrogen, 1 vol. Clara MacCarald. 2018. (Exploring the Elements Ser.). (ENG.). 48p. (gr. 6-6). 29.60 (978-0-7660-9911-1(3), 280429f5-139e-4b12-9001-795ac4aa45b6) Enslow Publishing, LLC.

Hydrogen Fuel Cells. Meg Marquardt. 2016. (Alternative Energy Ser.). (ENG., Illus.). 48p. (J). (gr. 4-8). lib. bdg. 35.64 (978-1-68078-456-5(0), 23849) ABDO Publishing Co.

Hydrographic Surveying. Methods, Tables & Forms of Notes. Samuel Hill Lea. 2017. (ENG., Illus.). (J). pap. (978-0-649-54163-8(4)) Trieste Publishing Pty Ltd.

Hydrologic Cycle Explained Water Cycle Books for Kids Grade 5 Children's Science Education Books. Baby Professor. 2021. (ENG.). 72p. (J). 27.99 (978-1-5419-8401-1(3)); pap. 16.99 (978-1-5419-6018-3(1)) Speedy Publishing LLC. (Baby Professor (Education Kids)).

Hydroplanes. Jodie Mangor. 2017. (Passion Mécanique Ser.). (FRE., Illus.). 32p. (J). (gr. 4-6). (978-1-77092-415-4(9), 10609, Bolt) Black Rabbit Bks.

Hydroponic Hijinks. Rie Neal. Illus. by Talitha Shipman. 2022. (Astrid the Astronaut Ser.: 3). (ENG.). 96p. (J). (gr. 1-4). 17.99 (978-1-5344-8154-1(0)); pap. 6.99 (978-1-5344-8153-4(2)) Simon & Schuster Children's Publishing. (Aladdin).

Hydropower, 1 vol. Colin Grady. 2016. (Saving the Planet Through Green Energy Ser.). (ENG., Illus.). 24p. (gr. 3-3). pap. 10.35 (978-0-7660-8284-7(9), 7d2aeac8-82d3-4230-8e07-415ec3f89ceb) Enslow Publishing, LLC.

Hydropower a Variety of Facts Children's Science Book. Bold Kids. 2023. (ENG.). 42p. (J). pap. 14.99 (978-1-0717-1896-4(7)) FASTLANE LLC.

Hyena. Grace Hansen. 2017. (African Animals (Abdo Kids Jumbo) Ser.). (ENG., Illus.). 24p. (J). (gr. -1-2). lib. bdg. 32.79 (978-1-5321-0419-0(7), 26545, Abdo Kids) ABDO Publishing Co.

Hyena & Raven. Ann Nduku. Illus. by Wiehan de Jager. 2022. (ENG.). 28p. (J). pap. (978-1-922910-72-1(4)) Library For All Limited.

Hyena & Raven - Fisi Na Kunguru. Ann Nduku. Illus. by Wiehan de Jager. 2023. (SWA.). 30p. (J). pap. (978-1-922910-11-0(2)) Library For All Limited.

Hyena & the Fox: A Somali Graphic Folktale. Mariam Mohamed. Illus. by Le Nhat Vu. 2023. (Discover Graphics: Global Folktales Ser.). (ENG.). 32p. (J). 22.65 (978-1-4846-7266-2(6), 244052); pap. 6.95 (978-1-4846-7261-7(5), 244027) Capstone. (Picture Window Bks.).

Hyena & the Monster. J. H. Low. 2016. (ENG., Illus.). 32p. (J). 14.99 (978-981-4721-69-1(7)) Marshall Cavendish International (Asia) Private Ltd. SGP. Dist: Independent Pubs. Group.

Hyena Ballerina IR. Russell Punter. 2018. (Phonics Readers Ser.). (ENG.). 24p. (J). pap. 6.99 (978-0-7945-4040-1(6), Usborne) EDC Publishing.

Hyena Scientist. Sy Montgomery. 2023. (Scientists in the Field Ser.). (ENG., Illus.). 80p. (J). (gr. 3-7). pap. 14.99 (978-0-06-329086-0(3), Clarion Bks.) HarperCollins Pubs.

Hyena Scientist. Sy Montgomery & Nic Bishop. 2018. (Scientists in the Field Ser.). (ENG., Illus.). 80p. (J). (gr. 5-7). 18.99 (978-0-544-63511-1(6), 1620215, Clarion Bks.) HarperCollins Pubs.

Hyena vs. Honey Badger. Jerry Pallotta. ed. 2020. (Who Would Win Ser.). (ENG., Illus.). 32p. (J). (gr. 2-3). 14.36 (978-1-64697-527-3(8)) Penworthy Co., LLC, The.

Hyena vs. Honey Badger. Jerry Pallotta. Illus. by Rob Bolster. 2023. (Who Would Win? Ser.). (ENG.). 32p. (J). (gr. 1-4). lib. bdg. 32.79 (978-1-0982-5252-6(7), 42620) Spotlight.

Hyenas. Kaitlyn Duling. 2019. (Animals of the Grasslands Ser.). (ENG., Illus.). 24p. (J). (gr. k-3). lib. bdg. 26.95 (978-1-64487-058-7(4), Blastoff! Readers) Bellwether Media.

Hyenas. Melissa Gish. 2018. (Living Wild Ser.). (ENG.). 48p. (J). (gr. 5-8). pap. 12.00 (978-1-62832-563-8(1), 19776, Creative Paperbacks); (gr. 4-7). (978-1-60818-958-8(9), 19768, Creative Education) Creative Co., The.

Hyenas: Built for the Hunt. Tammy Gagne. 2016. (Predator Profiles Ser.). (ENG., Illus.). 24p. (J). (gr. 1-3). lib. bdg. 27.99 (978-1-4914-8259-9(1), 130747, Capstone Pr.) Capstone.

Hyenas Eat Bones!, 1 vol. Roberto Betances. 2017. (Nature's Grossest Ser.). (ENG.). 24p. (J). (gr. 1-2). pap. 9.15 (978-1-5382-0945-5(4), ef2d53a4-49a4-4f59-9437-3b41c1101927) Stevens, Gareth Publishing LLLP.

Hygiene. Meg Gaertner. 2022. (Taking Care of Myself Ser.). (ENG., Illus.). 24p. (J). (gr. k-1). pap. 8.95 (978-1-64619-520-6(5)); lib. bdg. 28.50 (978-1-64619-493-3(4)) Little Blue Hse. (Little Blue Readers).

Hygiene Is Important. Yuan Tong Lan. 2018. (VIE., Illus.). (J). pap. (978-604-963-533-5(1)) Van hoc.

Hygienic Physiology. Joel Dorman Steele. 2017. (ENG.). (J). 288p. pap. (978-3-7447-3743-2(8)); 420p. pap. (978-3-7446-7007-4(4)); 426p. pap. (978-3-7446-7036-4(8)) Creation Pubs.

Hygienic Physiology: With Special Reference to the Use of Alcoholic Drinks & Narcotics, Adapted from the Fourteen Weeks in Human Physiology (Classic Reprint) Joel Dorman Steele. 2017. (ENG., Illus.). (J). 32.50 (978-1-5285-8081-6(8)) Forgotten Bks.

Hygienic Physiology: With Special Reference to the Use of Alcoholic Drinks & Narcotics (Classic Reprint) Joel Dorman Steele. 2017. (ENG., Illus.). 284p. (J). 29.75 (978-0-332-92305-5(3)) Forgotten Bks.

Hymen's Praeludia, or Love's Master-Piece, Vol. 1: Being That So-Much-Admir'd Romance, Intitled, Cleopatra; in Twelve Parts (Classic Reprint) Robert Loveday. (ENG., Illus.). (J). 2018. 368p. 31.49 (978-0-332-16297-3(4)); 2017. pap. 13.97 (978-0-259-22507-2(X)) Forgotten Bks.

Hymen's Praeludia, or Love's Master-Piece, Vol. 6: Being That So-Much-Admir'd Romance, Intitled, Cleopatra; in Twelve Parts (Classic Reprint) Gaultier De Coste La Calprenede. 2017. (ENG., Illus.). (J). 32.85 (978-0-265-67191-7(4)); pap. 16.57 (978-1-5276-4241-6(0)) Forgotten Bks.

Hymen's Praeludia, or Love's Master-Piece, Vol. 7: In Twelve Parts, Being That So-Much-Admir'd Romance, Intitled, Cleopatra (Classic Reprint) Gautier De Costes De La Calprenede. 2017. (ENG., Illus.). (J). 32.83 (978-0-260-26919-5(0)); pap. 16.57 (978-1-5283-0917-2(0)) Forgotten Bks.

Hymen's Praeludia, or Love's Master-Piece, Vol. 8: Being That So-Much-Admir'd Romance, Intitled, Cleopatra; in Twelve Parts (Classic Reprint) Gaultier De Coste. (ENG., Illus.). (J). 2018. 470p. 33.59 (978-0-428-78792-9(4)); 2017. pap. 16.57 (978-1-334-92792-8(8)) Forgotten Bks.

Hymns for Little Children. Cecil Frances Alexander. 2017. (ENG., Illus.). (J). pap. (978-1-76057-130-6(X)) Trieste Publishing Pty Ltd.

Hymns of the Marshes. Sidney Lanier. 2017. (ENG., Illus.). 104p. (J). pap. (978-0-649-74390-2(3)) Trieste Publishing Pty Ltd.

Hypatia or New Foes with an Old Face (Classic Reprint) Charles Kingsley. 2017. (ENG., Illus.). (J). 37.36 (978-1-5284-8661-3(7)) Forgotten Bks.

Hypatia, Vol. 1: Or, New Foes with an Old Face (Classic Reprint) Charles Kingsley. 2018. (ENG., Illus.). 274p. (J). 29.55 (978-0-365-34449-0(4)) Forgotten Bks.

Hype Brands (Set), 6 vols. 2022. (Hype Brands Ser.). (ENG.). 24p. (J). (gr. 2-8). lib. bdg. 188.16 (978-1-0982-2852-1(9), 39983, Abdo Zoom-Fly) ABDO Publishing Co.

Hyperaesthesia: A Novel (Classic Reprint) Mary Cruger. 2018. (ENG., Illus.). 400p. (J). 32.15 (978-0-428-61148-4(6)) Forgotten Bks.

Hyperion & the Great Balls of Fire Graphic Novel. Illus. by Glass House Glass House Graphics. 2023. (Heroes in Training Graphic Novel Ser.: 4). (ENG.). 144p. (J). (gr. 3-7). 19.99 (978-1-5344-8124-4(9)); pap. 10.99 (978-1-5344-8123-7(0)) Simon & Schuster Children's Publishing. (Aladdin).

Hypertheans. Tim Eichholtz. 2017. (ENG., Illus.). (YA). pap. 15.95 (978-1-68409-141-6(1)) Page Publishing Inc.

Hyphen of Ward-Belmont: December, 1913 (Classic Reprint) Ethel Griffin. (ENG., Illus.). (J). 2018. 292p. 29.92 (978-0-483-94514-2(5)); 2017. pap. 11.97 (978-0-243-47395-3(8)) Forgotten Bks.

Hyphen, Vol. 1 (Classic Reprint) Lida C. Schem. 2018. (ENG., Illus.). 548p. (J). 35.20 (978-0-364-99240-1(9)) Forgotten Bks.

Hyphenated: Or the Life Story of S. M. Swenson (Classic Reprint) August Anderson. 2017. (ENG., Illus.). (J). 30.21 (978-0-266-46876-9(4)); pap. 13.57 (978-0-243-07907-0(9)) Forgotten Bks.

Hypnododos. Institut Somna. 2016. (FRE., Illus.). 32p. (J). pap. (978-1-365-04461-8(0)) Lulu Pr., Inc.

Hypnosis Harry. Catherine Bailey. Illus. by Sarita Rich. 2016. 40p. (J). (gr. -1-k). 16.99 (978-1-63450-171-2(3), Sky Pony Pr.) Skyhorse Publishing Co., Inc.

Hypnotic Experiment of Dr. Reeves: And Other Stories (Classic Reprint) Charlotte Rosalys Jones. 2018. (ENG., Illus.). 102p. (J). 26.00 (978-0-483-14257-2(3)) Forgotten Bks.

Hypnotic Tales: And Other Tales (Classic Reprint) James L. Ford. 2018. (ENG., Illus.). 232p. (J). 28.68 (978-0-483-92871-8(2)) Forgotten Bks.

Hypnotist. Laurence Anholt. 2016. 352p. (YA). (gr. 7). 13.99 (978-0-552-57345-0(0)) Transworld Publishers Ltd. GBR. Dist: Independent Pubs. Group.

Hypnotist's Daughter. Brittany Raschdorf. 2017. (ENG., Illus.). (YA). (gr. 7-12). 26.95 (978-1-63393-403-0(9)); pap. 17.95 (978-1-63393-401-6(2)) Koehler Bks.

Hypnotized? or the Experiment of Sir Hugh Galbraith: A Romance (Classic Reprint) Julian Durham. 2017. (ENG., Illus.). (J). 29.82 (978-0-331-93317-8(9)) Forgotten Bks.

Hypnotized? or, the Experiment of Sir Hugh Galbraith. a Romance. Julian Durham. 2017. (ENG., Illus.). (J). pap. (978-0-649-18228-2(6)) Trieste Publishing Pty Ltd.

Hypnotized Cat - a Flight into Fancy. Shaw Courtney. 2017. (ENG., Illus.). (J). 19.99 (978-1-945355-68-4(9)) Rocket Science Productions, LLC.

Hypnotized Cat - a Flight into Fancy. Courtney Shaw. 2017. (ENG., Illus.). (J). pap. 14.99 (978-1-945355-67-7(0)) Rocket Science Productions, LLC.

Hypocrite (Classic Reprint) Cyril Arthur Edward Ranger Gull. 2018. (ENG., Illus.). 186p. (J). 27.73 (978-0-332-84622-4(9)) Forgotten Bks.

Hypocrite, or Sketches of American Society, from a Residence of Forty Years (Classic Reprint) Aesop Aesop. (ENG., Illus.). (J). 2018. 120p. 26.39 (978-0-267-00237-5(8)); 2017. pap. 9.57 (978-0-243-93477-5(7)) Forgotten Bks.

Hypocritical Romance. Caroline Ticknor. 2017. (ENG.). 256p. (J). pap. (978-3-7446-9246-5(9)) Creation Pubs.

Hypocritical Romance: And Other Stories (Classic Reprint) Caroline Ticknor. 2018. (ENG., Illus.). 260p. (J). 29.26 (978-0-365-27142-0(X)) Forgotten Bks.

Hypolympia or the Gods in the Island: An Ironic Fantasy (Classic Reprint) Edmund Goose. 2018. (ENG., Illus.). 230p. (J). 28.64 (978-0-656-39628-3(8)) Forgotten Bks.

Hypothèses Actuelles Sur la Constitution de la Matière: Thèse Présentée Au Concours Pour l'Agrégation (Section des Sciences Accessoires) (Classic Reprint) Maurice Hanriot. 2018. (FRE., Illus.). (J). 140p. 26.80 (978-1-396-63108-5(9)); 142p. pap. 9.57 (978-1-391-40650-3(8)) Forgotten Bks.

Hypoxia #4. Brian Crawford. 2018. (Vertical World Ser.). (ENG.). 191p. (YA). (gr. 5-12). 32.84 (978-1-68076-914-2(6), 28626, Epic Escape) EPIC Pr.

Hyrax in the Mogogos. Doug Cochran. 2020. (ENG.). 36p. (J). pap. 17.99 (978-1-4808-8813-5(3)) Archway Publishing.

Hyssop: A Novel (Classic Reprint) Michael T. H. Sadler. (ENG., Illus.). (J). 2018. 322p. 30.54 (978-0-483-98215-4(6)); 2016. pap. 13.57 (978-1-333-38569-9(2)) Forgotten Bks.

Hysterical History, 1 vol. Chuck Whelon. 2018. (Joking Around Ser.). (ENG.). 32p. (J). (gr. 2-3). 28.93 (978-1-5081-9563-4(3), bd84ce67-2ee8-40ef-b4ab-49aa8ff7cafd, Windmill Bks.) Rosen Publishing Group, Inc., The.

Hysterical Jokes for Minecrafters: Blocks, Boxes, Blasts, & Blow-Outs. Brian Boone. 2017. (Jokes for Minecrafters Ser.). (ENG., Illus.). 176p. (J). (gr. k). pap. 7.99 (978-1-5107-1882-1(6), Sky Pony Pr.) Skyhorse Publishing Co., Inc.

I

I? Contrib. by Mary Elizabeth Salzmann. 2023. (Long Vowels Ser.). (ENG.). 24p. (J). (gr. -1-2). lib. bdg. 31.36 (978-1-0982-8263-9(9), 42239, Abdo Zoom-Launch) ABDO Publishing Co.

I. Xist Publishing. 2019. (Discover the Alphabet Ser.). (ENG.). 20p. (J). (gr. -1-1). pap. 24.99 (978-1-5324-1361-2(0)) Xist Publishing.

I. Xist Publishing & Xist Publishing. 2019. (Discover the Alphabet Ser.). (ENG.). 22p. (J). (gr. -1-1). 22.99 (978-1-5324-1307-0(6)) Xist Publishing.

I: Being the Autobiography of My Own Life, Together with Other Stuff & Pomes (Classic Reprint) Frank Weber Benton. 2018. (ENG., Illus.). 66p. (J). 25.26 (978-0-364-40116-3(8)) Forgotten Bks.

I: In Which a Woman Tells the Truth about Herself (Classic Reprint) Unknown Author. (ENG., Illus.). (J). 2017. 31.59 (978-0-331-34902-3(7)); 2016. pap. 13.97 (978-1-334-12562-1(7)) Forgotten Bks.

I: The Passions, Struggles, & World of the IGeneration. Created by Jaccara Queen & Libby Huff. 2019. (ENG.). 94p. (YA). 31.75 (978-0-578-50730-9(7)) Force of Nature LLC.

I 25 Misteri Del Rosario Illustrati: Con l'enunciazione Del Mistero e le Principali Preghiere Inerenti il Rosario in Italiano, Latino e Womeze. Michele Guglielmino. 2022. (ITA.). 122p. (J). pap. (978-1-4717-0682-0(6)) Lulu Pr., Inc.

I Adopted Grandma. Sargis Saribekyan. 2022. (ENG., Illus.). 32p. (YA). 22.95 (978-1-68526-814-5(5)); pap. 13.95 (978-1-68526-812-1(9)) Covenant Bks.

I Affirm Me: The ABCs of Inspiration for Black Kids. Nyasha Williams. Illus. by Sóf'ya Glushkó. 2021. (ENG.). 56p. (J). (gr. -1-3). 17.99 (978-0-7624-7560-5(9), Running Pr. Kids) Running Pr.

I Agree! Tatsuya Miyanishi. 2018. (CHI.). (J). (978-986-211-839-9(3)) Hsaio Lu Publishing Co., Ltd.

I Ain't Gonna Paint No More! Board Book. Karen Beaumont. Illus. by David Catrow. 2019. (ENG.). 30p. (J).

(— 1). bds. 7.99 (978-0-358-00415-8(2), 1736741, Clarion Bks.) HarperCollins Pubs.

I, Alone, Remember (Classic Reprint) Lucile Carr Marshall. (ENG., Illus.). (J). 2018. 118p. 26.33 (978-0-365-30651-1(7)); 2017. pap. 9.57 (978-0-259-51768-9(2)) Forgotten Bks.

I Already Love You. Willa Perlman. Illus. by Sally Walker. 2022. (ENG.). 20p. (J). (— 1). bds., bds. 7.99 (978-1-6659-2644-7(9), Little Simon) Little Simon.

I Always Wondered about That: 101 Questions & Answers about Science & Other Stuff. Larry Scheckel. 2017. (ENG.). 220p. (YA). (gr. 7). 17.95 (978-1-943431-29-8(9)) Tumblehome Learning.

I Am. Rebecca Cherrington. 2018. (ENG.). 32p. (J). pap. (978-0-244-73627-9(8)) Lulu Pr., Inc.

I Am. Jonathan Cramer. 2021. (ENG.). 22p. (J). 18.00 (978-1-0879-6959-6(X)) Indy Pub.

I Am. Cory a Graves. Illus. by Raman Bhardwaj. 2021. (ENG.). 36p. (J). pap. 12.00 (978-1-7948-3913-7(5)) Lulu Pr., Inc.

I Am. Erin Greer. 2021. (ENG.). 20p. (J). pap. 13.99 (978-1-68515-131-7(0)) Palmetto Publishing.

I Am. Janine Loweth. 2021. (ENG.). 32p. (J). pap. 11.95 (978-1-7362195-0-8(2)) I AM Children Bks.

I Am. Janine M. Loweth. 2019. (ENG., Illus.). 28p. (J). (gr. k-6). pap. 11.95 (978-0-9991739-2-3(8)) Prefinity Publishing, LLC.

I Am! A Book of Reminders. Juana Medina. Illus. by Juana Medina. 2022. (I WILL! Book Ser.). (ENG., Illus.). 40p. (J). (gr. -1 — 1). 14.99 (978-0-358-62125-6(9), 1815886, Versify) HarperCollins Pubs.

I Am: A Celebration of Mindfulness. Katie Wilson. 2021. (Celebration of Mindfulness Ser.). (ENG.). 20p. (J). (gr. -1-2). bds. 8.99 (978-1-4867-2205-1(9), 316c65c8-61d7-4882-9dc2-a2783cd82282) Flowerpot Pr.

I Am: An Interactive Journal for Internal Growth. Tracy Blom. 2019. (ENG., Illus.). 20p. (J). pap. 9.99 (978-1-7336349-1-5(6)) Blom Pubns.

I Am: Bible Stories, Devotions, & Prayers about the Names of God, 1 vol. Diane Stortz. 2016. (ENG., Illus.). 224p. (J). 19.99 (978-0-529-12066-3(6), Tommy Nelson) Nelson, Thomas Inc.

I Am: Black Girl Magic. Trijah Smith. Illus. by Antonia Flechsig. 2021. (ENG.). 48p. (J). 24.00 (978-1-0879-1215-8(6)) Indy Pub.

I Am: Chinese Translation with English. Kaitlin Marie Sherrill. Illus. by Matthew John Sherrill. 2022. (CHI.). 38p. (J). pap. (978-1-4583-4981-1(0)) Lulu Pr., Inc.

I Am! Fun & Interesting Facts about Girls. Michelliah McCraney. 2019. (ENG.). 44p. (J). pap. 11.99 (978-0-9981013-5-4(4)) Empyrion Publishing.

I Am: My Affirmation Coloring Book. Sylva Nnaekpe. 2020. (ENG., Illus.). 34p. (J). (gr. k-4). pap. 9.99 (978-1-951792-86-2(6)) SILSNORRA LLC.

I Am: Positive Affirmations for Kids, 1 vol. Judi Abbot. 2019. (ENG., Illus.). 20p. (J). bds. 8.99 (978-0-310-76828-9(4)) Zonderkidz.

I Am: Positive Affirmations for Little Ones. Sara Routledge. 2023. (ENG.). 36p. (J). pap. 12.99 (978-1-957547-77-0(4)) Indy Pub.

I Am... Precious Affirmations. Chantel Riley. Illus. by Janice Barber. 2021. (ENG.). 24p. (J). (978-0-2288-5960-4(3)); pap. (978-0-2288-5959-8(X)) Tellwell Talent.

I Am: The Abc's of Affirmations. Dominique Pompey. 2018. (ENG., Illus.). 64p. (J). pap. 25.10 (978-0-359-01987-8(0)) Lulu Pr., Inc.

I Am... The ABCs of Empowering Affirmations for Kids. Kim Lucier. 2022. (ENG.). 58p. (J). (978-0-2288-5521-7(7)); pap. (978-0-2288-5520-0(9)) Tellwell Talent.

I Am: The Mystery of the Real Presence of Christ in the Eucharist for Children. Helena Signore. 2017. (ENG., Illus.). (J). pap. 16.95 (978-1-5127-6131-3(1), WestBow Pr.) Author Solutions, LLC.

I Am: The Names of God for Little Ones, 1 vol. Diane Stortz. Illus. by Diane Le Feyer. 2018. (ENG.). 24p. (J). bds. 9.99 (978-1-4003-1079-1(2), Tommy Nelson) Nelson, Thomas Inc.

I Am: Words of Encouragement & Inspiration Alphabet Coloring Book: Children Coloring & Activity Book for Ages 3-7. Renee J. Bey. 2019. (ENG., Illus.). 34p. (J). (gr. k-2). pap. 6.99 (978-0-9986895-2-4(1)) Unspoken Knowledge Publishing, LLC.

I Am ...: Self-Discovery. Kayla Miller. 2023. (ENG.). 38p. (J). 18.95 (978-1-63755-636-8(5), Mascot Kids) Amplify Publishing Group.

I Am...: a Journal for Extraordinary Kids. Brad Meltzer. Illus. by Chris Eliopoulos. 2019. (Ordinary People Change the World Ser.). 40p. (J). (gr. k-4). 14.99 (978-0-525-55700-3(9), Clarkson Potter) Potter/Ten Speed/Harmony/Rodale.

I Am ... an ABC Book. Sari Hausler. Illus. by Courtney Eghigian. 2022. 50p. (J). pap. 14.99 (978-1-6678-5772-5(X)) BookBaby.

I Am 1. Mumsy Tate. 2019. (ENG., Illus.). 26p. (J). pap. 13.95 (978-1-68456-801-7(3)) Page Publishing Inc.

I Am! 10 Truths to Help Girls Know Who They Are. Michelliah McCraney. 2017. (ENG., Illus.). (J). pap. 11.99 (978-0-9981013-1-6(1)) Empyrion Publishing.

I Am! 2: Truths to Help Girls Know Who They Are: Educating, Equipping & Empowering Girls. Michelliah McCraney. 2020. (I Am! Ser.: Vol. 2). (ENG.). 60p. (J). pap. 12.99 (978-1-0879-2793-0(5)) Indy Pub.

I Am a Baby. Kathryn Madeline Allen. Photos by Rebecca Gizicki. (ENG., Illus.). (J). (gr. -1 — 1). 2018. 22p. bds. 8.99 (978-0-8075-3624-7(5), 0807536245); 2016. 24p. 15.99 (978-0-8075-3622-3(9), 807536229) Whitman, Albert & Co.

I Am a Baby. Bob Shea. Illus. by Bob Shea. 2022. (ENG.). 40p. (J). (-k). 17.99 (978-1-5362-1832-9(4)) Candlewick Pr.

I Am a Beaver. Paul Covello. 2020. (ENG.). 10p. (J). bds. 7.99 (978-1-4434-6044-6(3), HarperCollins) HarperCollins Pubs.

I Am a Beetle. Dylan Jones. 2016. (ENG., Illus.). (YA). pap. 16.95 (978-1-68348-864-4(4)) Page Publishing Inc.

I Am a Big Fish. John Fred Takuna. Illus. by Meg Skinner. 2019. (ENG.). 22p. (J). pap. (978-9980-89-918-7(2)) Library For All Limited.

I am a Big Sister see Soy una Hermana Mayor: I'm a Big Sister (Spanish Edition)

I Am a Big Sister Now: A Warm Children's Picture Book about Sibling's Emotions & Feelings (Jealousy, Anger, Children Emotional Management Illustration Book) Jennifer L. Trace. 2021. (ENG.). 40p. (J). 16.99 (978-1-956397-38-3(8)) Kids Activity Publishing.

I Am a Bird. Hope Lim. Illus. by Hyewon Yum. 2021. (ENG.). 32p. (J). (gr. -1-2). 16.99 (978-1-5362-0891-7(4)) Candlewick Pr.

I Am a Bird. Dana Walrath. Illus. by Jaime Kim. 2018. (ENG.). 40p. (J). (gr. -1-3). 17.99 (978-1-4814-8002-4(2)) Simon & Schuster Children's Publishing.

I Am a Boy of Color. Deanna Singh. Illus. by Ammar Nsorma. 2016. (ENG.). (J). (gr. k-6). 19.99 (978-1-943331-21-5(9)) Orange Hat Publishing.

I Am a Brasilian Princess: My Adoption Story. Louise Anlyan Harris. 2021. (ENG.). 28p. (J). pap. (978-1-78324-163-7(2)) Wordzworth Publishing.

I Am a Bunny/Soy un Conejito. Ole Risom. Illus. by Richard Scarry. ed. 2020. 26p. (J). (— 1). bds. 7.99 (978-0-399-55290-8(1), Golden Bks.) Random Hse. Children's Bks.

I Am a Can Do Person! Cecilia D. Porter. 2020. (ENG.). 40p. (J). 16.99 (978-1-0879-3222-4(X)) Indy Pub.

I Am a Cat. Galia Bernstein. (ENG., Illus.). (J). (gr. -1 — 1). 2022. 24p. bds. 8.99 (978-1-4197-5960-4(4), 1189710, Abrams Appleseed); 2018. 32p. 16.95 (978-1-4197-2643-9(9), 1189701) Abrams, Inc.

I Am a Chef: Read It Yourself with Ladybird Level 3. Ladybird. 2019. (Read It Yourself with Ladybird Ser.). 48p. (J). (gr. k-2). 5.99 (978-0-241-36111-5(7)) Penguin Random Hse. AUS. Dist: Independent Pubs. Group.

I Am a Child. Aissatou M. Bah. 2022. (ENG., Illus.). 30p. (J). pap. 16.95 (978-1-63985-928-3(4)) Fulton Bks.

I Am a Child. Illus. by Elaheh Mottahedeh Bos. 2019. (Tender Years Ser.). (ENG.). 12p. (J). (— 1). bds. 6.95 (978-1-61851-136-2(X)) Baha'i Publishing.

I Am a Citizen! US Citizenship & the Roles, Rights & Responsibilities of Citizens Grade 5 Social Studies Children's Government Books. Baby Professor. 2022. (ENG.). 72p. (J). 31.99 (978-1-5419-8893-4(0)); pap. 19.99 (978-1-5419-8187-4(1)) Speedy Publishing LLC. (Baby Professor (Education Kids)).

I Am a Citizen of the United States. Nancy Anderson. 2016. (Rosen Real Readers: Social Studies Nonfiction / Fiction: Fam Ser.). (ENG.). 12p. (J). (gr. -1-2). 17.15 (978-1-5311-8657-9(2)) Perfection Learning Corp.

I Am a Citizen of the United States, 1 vol. Nancy Anderson. 2016. (Rosen REAL Readers: Social Studies Nonfiction / Fiction: Myself, My Community, My World Ser.). (ENG.). 12p. (gr. k-1). pap. 6.33 (978-1-5081-2323-1(3), b2c7de0a-2e30-4ac0-a832-8abb0dc926a8, Rosen Classroom) Rosen Publishing Group, Inc., The.

I Am a Clone Trooper (Star Wars) Golden Books. Illus. by Shane Clester. 2021. (Little Golden Book Ser.). (ENG.). 24p. (J). (-k). 5.99 (978-0-7364-4189-6(1), Golden Bks.) Random Hse. Children's Bks.

I Am a Cricketer - Read It Yourself with Ladybird Level 1. Ladybird Books Staff. 2018. (Read It Yourself with Ladybird Ser.). 32p. (J). (gr. -1-1). 4.99 (978-0-241-31252-0(3)) Penguin Bks., Ltd. GBR. Dist: Independent Pubs. Group.

I Am a Digital Addict, Now What?, 1 vol. Barbara Gottfried Hollander. 2016. (Teen Life 411 Ser.). (ENG., Illus.). 112p. (J). (gr. 7-7). 38.80 (978-1-5081-7200-0(5), af8650dd-e6dd-483e-bb59-05abfcba45bb) Rosen Publishing Group, Inc., The.

I Am a Digital Citizen: Understanding Citizenship, 1 vol. Simone Braxton. 2018. (Civics for the Real World Ser.). (ENG.). 16p. (gr. 2-3). pap. (978-1-5383-6548-9(0), dba4c240-315a-423f-83c4-5aff329a6e82, Rosen Classroom) Rosen Publishing Group, Inc., The.

I Am a Doctor Too. Daphney Maurisseau Carter. 2017. (I Am a Doctor Ser.: Vol. 2). (ENG., Illus.). (J). (gr. k-4). pap. 10.00 (978-1-945532-19-1(X)) Opportune Independent Publishing Co.

I Am a Dolphin. Lori C. Froeb. ed. 2022. (Discovery All-Star Readers Ser.). (ENG.). 32p. (J). (gr. k-1). 15.96 (978-1-68505-274-4(6)) Penworthy Co., LLC, The.

I Am a Dragon! A Squabble & a Quibble. Sabina Hahn. Illus. by Sabina Hahn. 2023. (ENG., Illus.). 32p. (J). (gr. -1-3). 19.99 (978-0-06-325399-5(2), HarperCollins) HarperCollins Pubs.

I Am a Dreamer! Cecilia D. Porter. 2020. (ENG.). 30p. (J). 14.99 (978-1-0879-2756-5(0)) Indy Pub.

I Am a Droid (Star Wars) Golden Books. Illus. by Chris Kennett. 2016. (Little Golden Book Ser.). (ENG.). 24p. (J). (-k). 5.99 (978-0-7364-3489-8(5), Golden Bks.) Random Hse. Children's Bks.

I Am a Feeling Body: Body Awareness & Mindfulness for Children. Douglas MacAuley. 2019. (ENG.). 56p. (J). (gr. 3-7). 24.95 (978-1-9822-3547-5(0), Balboa Pr.) Author Solutions, LLC.

I Am a Feminist: Claiming the F-Word in Turbulent Times, 1 vol. Monique Polak. 2019. (Orca Issues Ser.: 1). (ENG., Illus.). 176p. (YA). (gr. 8-12). pap. 19.95 (978-1-4598-1892-7(X)) Orca Bk. Pubs. USA.

I Am a Flower - Boni Ngai Te Uee (Te Kiribati) Melinda Lem. Illus. by Jhunny Moralde. 2023. (ENG.). 28p. (J). pap. (978-1-922844-10-1(1)) Library For All Limited.

I Am a Footballer - Read It Yourself with Ladybird Level 2. Ladybird Books Staff. 2018. (Read It Yourself with Ladybird Ser.). 32p. (J). (gr. -1-1). 4.99 (978-0-241-31253-7(1)) Penguin Bks., Ltd. GBR. Dist: Independent Pubs. Group.

I Am a Free Man: Civil Rights for Kids Political Science American Government Book Social Studies Grade 5 Children's Government Books. Universal Politics. 2021. (ENG.). 72p. (J). 27.99 (978-1-5419-8107-2(3)); pap. 16.99 (978-1-5419-4994-2(3)) Speedy Publishing LLC. (Universal Politics (Politics & Social Sciences)).

I Am a Girl. Shaunice Dedner. 2017. (ENG., Illus.). (J). pap. 12.95 (978-1-63575-821-4(1)) Christian Faith Publishing.

I Am a Girl of Color. Deanna Singh. 2017. (ENG., Illus.). (J). (gr. -1-3). 19.99 (978-0-692-91914-9(7)) Orange Hat Publishing.

I Am a Good Citizen. Jenny Fretland VanVoorst. 2019. (Character Education Ser.). (ENG., Illus.). 24p. (J). (gr. k-3). pap. 7.99 (978-1-61891-496-5(0), 12146, Blastoff! Readers) Bellwether Media.

I Am a Good Friend! Kelly Greenawalt. ed. 2022. (Acorn Early Readers Ser.). (ENG.). 44p. (J). (gr. k-1). 15.46 (978-1-68505-268-3(1)) Penworthy Co., LLC, The.

I Am a Good Friend!: an Acorn Book (Princess Truly #4) Kelly Greenawalt. Illus. by Amariah Rauscher. 2021. (Princess Truly Ser.: 4). (ENG.). 48p. (J). (gr. -1-1). pap. 4.99 (978-1-338-67679-2(2)) Scholastic, Inc.

I Am a Good Friend!: an Acorn Book (Princess Truly #4) (Library Edition) Kelly Greenawalt. Illus. by Amariah Rauscher. 2021. (Princess Truly Ser.: 4). (ENG.). 48p. (J). (gr. -1-1). lib. bdg. 23.99 (978-1-338-67680-8(6)) Scholastic, Inc.

I Am a GREAT Friend! Lauren Stohler. Illus. by Lauren Stohler. 2023. (ENG., Illus.). 48p. (J). (gr. -1-3). 18.99 (978-1-6659-1833-6(0), Atheneum Bks. for Young Readers) Simon & Schuster Children's Publishing.

I Am a Great Kid. Cecilia D. Porter. 2020. (ENG.). 38p. (J). 16.99 (978-1-0879-3221-7(1)) Indy Pub.

I Am a Great Work in Progress: Learning to Ride a Unicycle. Kredenna Beverly. 2022. (ENG.). 38p. (J). 18.95 (978-1-63755-026-7(X), Mascot Kids) Amplify Publishing Group.

I Am a Gun Safety Activist! Coloring Book. Casey Chapman Ross. Illus. by Dylan Wickstrom. 2020. (ENG.). 58p. (J). pap. 9.99 (978-1-7340503-2-5(2)) CCR Pr.

I Am a Gun Safety Activist! (Pocket Size) Coloring Book. Casey Chapman Ross. Illus. by Dylan Wickstrom. 2020. (ENG.). 58p. (J). pap. 7.99 (978-1-7340503-8-7(1)) CCR Pr.

I Am a Hairdresser! Discover the Magic of Hair. Lindsay O'Neil. 2021. (ENG.). 20p. (J). (978-0-2288-5030-4(4)); pap. (978-0-2288-5029-8(0)) Tellwell Talent.

I Am a Hero. Christopher Nicholas. Illus. by Eren Blanquet Unten. 2017. (J). (978-1-5379-5736-4(8), Golden Bks.) Random Hse. Children's Bks.

I Am a Hero (Star Wars) Golden Books. Illus. by Golden Books. 2017. (Little Golden Book Ser.). (ENG., Illus.). 24p. (J). (-k). 4.99 (978-0-7364-3587-1(5), Golden Bks.) Random Hse. Children's Bks.

I Am a Jedi (Star Wars) Golden Books. Illus. by Ron Cohee. 2016. (Little Golden Book Ser.). (ENG.). 24p. (J). (-k). 5.99 (978-0-7364-3487-4(9), Golden Bks.) Random Hse. Children's Bks.

I Am a Kindness Hero. Jennifer Adams. Illus. by Carme Lemniscates. 2021. (I Am a Warrior Goddess Ser.). (ENG.). 32p. (J). 17.99 (978-1-68364-472-9(7), 900220975) Sounds True, Inc.

I Am a King. Erika Fergerson Carroll. Illus. by Leena Shariq. 2020. (ENG.). 28p. (J). 18.00 (978-1-7361404-0-6(X)) ELF Productions.

I Am a Kitten. Ole Risom. Illus. by Olivia Chin Mueller. 2018. (Golden Sturdy Book Ser.). 26p. (J). (-k). bds. 7.99 (978-1-5247-6729-7(8), Golden Bks.) Random Hse. Children's Bks.

I Am a Kitty. Cherie Goetzinger. Illus. by Jason Goetzinger. 2019. (Taryn Amelia Ser.). (ENG.). 32p. (J). (978-1-5255-3524-6(2)); pap. (978-1-5255-3525-3(0)) FriesenPress.

I Am a Leader: Taking Civic Action, 1 vol. Melissa Raé Shofner. 2018. (Civics for the Real World Ser.). (ENG.). 8p. (gr. k-1). pap. (978-1-5383-6385-0(2), cfc61338-9983-43ca-8c87-2808e84ae26a, Rosen Classroom) Rosen Publishing Group, Inc., The.

I am a Lobster. Jared Siemens. 2016. (Illus.). 24p. (J). (978-1-4896-5381-9(3)) Weigl Pubs., Inc.

I Am a Marble! Planet Master & JF Garrard. 2021. (Marble Crew Ser.: Vol. 1). (ENG.). 28p. (J). pap. (978-1-988416-36-6(1)) Dark Helix P.

I AM a Masterpiece. Norbert Ubalde Elnar. Illus. by Rhea Kristine Ubalde Elnar. 2020. (ENG.). 36p. (J). 19.99 (978-1-948581-89-9(2)) Lincross Publishing.

I Am a Masterpiece. Yes, That's Me! Camesha Dunbar. 2021. (ENG.). 40p. (J). 17.00 (978-1-7371588-2-0(5)); pap. 9.99 (978-1-7371588-0-6(9)) Dunbar, Camesha.

I Am a Meadow Mermaid. Kallie George. Illus. by Elly MacKay. 2023. 32p. (J). (gr. -1-2). 17.99 (978-0-7352-7137-1(2), Tundra Bks.) Tundra Bks. CAN. Dist: Penguin Random Hse. LLC.

I Am a Mouse. Ole Risom. Illus. by J. P. Miller. 2018. (Golden Sturdy Book Ser.). 26p. (J). (gr. -1 — 1). bds. 7.99 (978-0-375-87491-8(7), Golden Bks.) Random Hse. Children's Bks.

I Am a Nut. Lauren Reichenbach. Illus. by Helena McDowie. 2022. (ENG.). 32p. (J). 13.99 (978-1-0879-5037-2(6)) Indy Pub.

I Am a Part of All Nature. Lucille Giffone. Illus. by Giuliana Kelley. 2018. (ENG.). 28p. (J). 21.95 (978-1-64003-567-6(2)); pap. 12.95 (978-1-64003-511-9(7)) Covenant Bks.

I Am a Peaceful Goldfish. Shoshana Chaim. Illus. by Lori Joy Smith. 2021. 48p. (J). (gr. -1-1). 17.95 (978-1-77164-637-6(3), Greystone Kids) Greystone Books Ltd. CAN. Dist: Publishers Group West (PGW).

I Am a Penguin. Lori C. Froeb. ed. 2022. (Discovery All-Star Readers Ser.). (ENG.). 32p. (J). (gr. k-1). 15.96 (978-1-68505-275-1(4)) Penworthy Co., LLC, The.

I Am a Pet Fish - Bon Te Ika Ngai Ae I Maninaki (Te Kiribati) Bruce Sagata. Illus. by Jhunny Moralde. 2023. (ENG.). 20p. (J). pap. (978-1-922844-76-7(4)) Library For All Limited.

I Am a Pilot: Read It Yourself with Ladybird Level 4. Ladybird. 2019. (Read It Yourself with Ladybird Ser.). 48p. (J). (gr. k-2). 5.99 (978-0-241-36112-2(5)) Penguin Random Hse. AUS. Dist: Independent Pubs. Group.

I Am a Pilot (Star Wars) Golden Books. Illus. by Alan Batson. 2016. (Little Golden Book Ser.). (ENG.). 24p. (J). (-k). 5.99 (978-0-7364-3621-2(9), Golden Bks.) Random Hse. Children's Bks.

I Am a Pink Pig. Calee M. Lee. 2016. (Reading Stars Ser.). (ENG., Illus.). 24p. (J). (gr. k-3). pap. 9.99 (978-1-5324-0077-3(2)) Xist Publishing.

I Am a Pink Pig / Soy un Cerdito Rosa. Calee M. Lee. 2017. (Xist Kids Bilingual Spanish English Ser.). (ENG & SPA.). 24p. (J). (gr. -1-3). pap. 9.99 (978-1-5324-0339-2(9)) Xist Publishing.

I Am a Polar Bear. Paul Covello. 2020. (ENG.). (J). (gr. -1-k). bds. 7.99 (978-1-4434-6274-7(8)); 20p. bds. 9.99 (978-1-4434-5809-2(0)) HarperCollins Pubs. (HarperCollins).

I Am a Powerful Person. Patricia Ann Gazy. 2022. (ENG.). 26p. (J). 16.99 (978-1-6629-0728-9(1)) Gatekeeper Pr.

I Am a President Too: An Inspirational Book for Children of Color to Dream Big. Shanley Simpson. 2022. (ENG.). 26p. (J). pap. 9.99 (978-1-63616-105-1(7)) Opportune Independent Publishing Co.

I Am a Princess. Courtney Carbone. Illus. by Heather Martinez. 2016. (J). (978-1-5182-1626-8(9), Golden Bks.) Random Hse. Children's Bks.

I Am a Princess (Star Wars) Courtney Carbone. Illus. by Heather Martinez. 2016. (Little Golden Book Ser.). (ENG.). 24p. (J). (-k). 5.99 (978-0-7364-3605-2(7), Golden Bks.) Random Hse. Children's Bks.

I Am a Promise. Shelly Ann Fraser Pryce. Illus. by Rachel Moss. 2020. (ENG.). 24p. (J). 15.95 (978-1-61775-764-8(0)) Akashic Bks.

I Am a Proud Indian: Coloring Book Indian. Jupiter Kids. 2016. (ENG., Illus.). 106p. (J). pap. 12.55 (978-1-68305-244-9(7), Jupiter Kids (Childrens & Kids Fiction)) Speedy Publishing LLC.

I Am a Queen Journal. Barbara Everett. Illus. by Jamesha Brazemore. 2020. (ENG.). 100p. (J). pap. (978-1-716-46470-6(6)) Lulu Pr., Inc.

I AM a QUEEN Sista to Sista. Erika Fergerson Carroll. Illus. by Leena Shariq. 2022. (ENG.). 32p. (J). 25.00 (978-1-7361404-6-8(9)) ELF Productions.

I AM a Queen the Helmet of Salvation. Erika Fergerson Carroll. Illus. by Sameer Kassar. 2021. (ENG.). 56p. (J). 20.00 (978-1-7361404-2-0(6)) ELF Productions.

I Am a Refugee. Tishya Kumar. 2019. (ENG., Illus.). 18p. (J). pap. (978-1-78132-866-8(8)) SilverWood Bks.

I Am a Remarkable. Marvelous. Exquisite Me! - Coloring Book. Beth Costanzo. 2022. (ENG.). 28p. (J). pap. 9.99 (978-1-0879-3391-7(9)) Adventures of Scuba Jack Pubs., The.

I Am a Respectful Online, 14 vols. 2019. (I Am a Good Digital Citizen Ser.). (ENG.). 24p. (J). (gr. 2-2). lib. bdg. 176.89 (978-1-7253-0176-4(8), 3cda1ee4-6fef-45c3-b6a9-aa0622fda319, PowerKids Pr.) Rosen Publishing Group, Inc., The.

I Am a Scarecrow: I Was Made Just for You... Keera Leona Evelynne Wakil. 2020. (ENG.). 20p. (J). (978-0-2288-3646-9(8)); pap. (978-0-2288-3645-2(X)) Tellwell Talent.

I Am a Sea Monster. Andiene Lopresti & Jim Lopresti. Illus. by Jim Lopresti. 2021. (ENG.). 25p. (J). (978-1-008-93688-1(X)) Lulu Pr., Inc.

I Am a Secret Service Agent: My Life Spent Protecting the President. Dan Emmett & Charles Maynard. 2018. (ENG., Illus.). 224p. (YA). pap. 17.99 (978-1-250-18180-0(1), 900190380, St. Martin's Griffin) St. Martin's Pr.

I Am a Sensible Gibbon. Will Mabbitt. Illus. by Claudia Boldt. 2022. (ENG.). 32p. (J). (gr. -1-k). 10.99 (978-1-4449-5083-0(5)) Hachette Children's Group GBR. Dist: Hachette Bk. Group.

I Am a Shark. Lori C. Froeb. ed. 2022. (Discovery All-Star Readers Ser.). (ENG.). 32p. (J). (gr. 2-3). 15.96 (978-1-68505-276-8(2)) Penworthy Co., LLC, The.

I Am a Sidewalk. Matt MacGregor. (ENG., Illus.). 50p. (J). 2019. 14.99 (978-1-949746-58-7(5)); 2018. pap. 8.99 (978-1-949746-36-5(4)) Lettra Pr. LLC.

I Am a Sith (Star Wars) Golden Books. Illus. by Chris Kennett. 2016. (Little Golden Book Ser.). (ENG.). 24p. (J). (-k). 5.99 (978-0-7364-3607-6(3), Golden Bks.) Random Hse. Children's Bks.

I Am a Soccer Ball - Ngai Te Booro ni Butibooro (Te Kiribati) Melinda Lem. Illus. by Meg Skinner. 2023. (ENG.). 30p. (J). pap. (978-1-922844-46-0(2)) Library For All Limited.

I Am a STAR. Tattiana Kifile. 2021. (ENG.). 42p. (J). (gr. k-6). pap. (978-1-716-06107-3(5)) Lulu Pr., Inc.

I Am a Star! Jessica Pippin. Illus. by Juan Bautista Juan. 2023. (ENG.). 16p. (J). (gr. -1-1). pap. 33.00 (978-1-4788-0516-8(1), b32de0ac-679f-4e9a-bdbf-51c257093f2e) Newmark Learning LLC.

I Am a Story. Dan Yaccarino. Illus. by Dan Yaccarino. 2016. (ENG., Illus.). 40p. (J). (gr. -1-3). 17.99 (978-0-06-241106-8(3), HarperCollins) HarperCollins Pubs.

I Am a Super Girl! Kelly Greenawalt. ed. 2019. (Acorn Early Readers Ser.). (ENG.). 44p. (J). (gr. k-1). 14.96 (978-1-64697-089-6(6)) Penworthy Co., LLC, The.

I Am a Super Girl!: an Acorn Book (Princess Truly #1) Kelly Greenawalt. Illus. by Amariah Rauscher. 2019. (Princess Truly Ser.: 1). (ENG.). 48p. (J). (gr. -1-1). pap. 4.99 (978-1-338-33998-7(2)) Scholastic, Inc.

I Am a Super Girl!: an Acorn Book (Princess Truly #1) (Library Edition) Kelly Greenawalt. Illus. by Amariah Rauscher. 2019. (Princess Truly Ser.: 1). (ENG.). 48p. (J). (gr. -1-1). 23.99 (978-1-338-33999-4(0)) Scholastic, Inc.

I Am a Super Girl!: an Acorn Book (Princess Truly #1) (Summer Reading) Kelly Greenawalt. Illus. by Amariah Rauscher. 2022. (Princess Truly Ser.). (ENG.). 48p. (J). (gr. -1-1). pap. 2.99 (978-1-338-84590-7(X)) Scholastic, Inc.

I Am a Superhero. Jeannette Paxia. Illus. by Barbara Alvarado. 2020. (ENG.). 30p. (J). pap. 13.95 (978-1-9822-5752-1(0), Balboa Pr.) Author Solutions, LLC.

I Am a Superhero: A Service Dog's Story. Phyllis Hoppes. 2020. (ENG.). 28p. (J). 23.95 (978-1-64628-301-9(5)) Page Publishing Inc.

I Am a Survivor. Kristina Ritorto. 2018. (ENG., Illus.). 40p. (J). (978-0-359-16252-9(5)) Lulu Pr., Inc.

I Am a Teen Caregiver. Now What?, 1 vol. Avery Elizabeth Hurt. 2016. (Teen Life 411 Ser.). (ENG., Illus.). 112p. (J). (gr. 7-7). 38.80 (978-1-5081-7204-8(8), 8dd26442-78b8-4214-b38e-eb70a43859a9, Rosen Young Adult) Rosen Publishing Group, Inc., The.

I Am a Thief! Abigail Rayner. Illus. by Molly Ruttan. 2019. (ENG.). 40p. (J). (gr. -1-2). 17.95 (978-0-7358-4289-2(2)) North-South Bks., Inc.

I Am a Tiger. Karl Newson. Illus. by Ross Collins. 2019. (ENG.). 32p. (J). (gr. -1-k). 17.99 (978-1-338-34989-4(9), Scholastic Pr.) Scholastic, Inc.

TITLE INDEX

I AM ENOUGH

I Am a Tractor. Ace Landers. Illus. by Tom LaPadula. 2019. (ENG.). 8p. (J). (gr. -1 — 1). bds. 5.99 *(978-1-338-33360-2(7),* Cartwheel Bks.) Scholastic, Inc.

I Am a Tree: O' If I Could Talk, This Is What I Would Say: the Salvation Story As Told by Trees. Sanders Wofford Anderson. 2021. (ENG., Illus.). 32p. (J). pap. 14.95 *(978-1-0980-9676-2(2))* Christian Faith Publishing.

I Am a Tyrannosaurus. Tatsuya Miyanishi. (Tyrannosaurus Ser.). (ENG.). 40p. (J). 2019. pap. 12.99 *(978-1-940842-37-0(9));* 2018. 17.99 *(978-1-940842-24-0(7))* Museyon.

I Am a Warrior Goddess. Jennifer Adams. 2018. (I Am a Warrior Goddess Ser.: 1). (ENG., Illus.). 32p. (J). 17.95 *(978-1-68364-005-9(5),* 900220842) Sounds True, Inc.

I Am a Werewolf! Who Are You?, 1 vol. Mitchell Allen. 2019. (Social & Emotional Learning for the Real World Ser.). (ENG.). 12p. (gr. 1-2). pap. *(978-1-7253-5536-1(1),* a7b82d34-70c1-4c82-bd4d-4f8c6328a4eb, Rosen Classroom) Rosen Publishing Group, Inc., The.

I Am a Wolf. Kelly Leigh Miller. Illus. by Kelly Leigh Miller. 2019. (Illus.). 32p. (J). (gr. -1-3). 17.99 *(978-0-525-55329-8(0),* Dial Bks) Penguin Young Readers Group.

I Am a Women's Rights Activist! Coloring Book. Casey Chapman Ross. Illus. by Dylan Wickstrom & Rachel Pennington. 2020. (ENG.). 62p. (J). pap. 9.99 *(978-1-7340503-4-9(9))* CCR Pr.

I Am a Wookiee (Star Wars) Golden Books. Illus. by Golden Books. 2018. (Little Golden Book Ser.). (ENG., Illus.). 24p. (J). (-k). 5.99 *(978-0-7364-3796-7(7),* Golden Bks.) Random Hse. Children's Bks.

I Am a Zamboni Machine. Illus. by Paola Migliari. 2018. (ENG.). 10p. (J). (gr. -1-k). bds. 5.99 *(978-1-338-27773-9(1),* Cartwheel Bks.) Scholastic, Inc.

I Am Aang (Avatar: the Last Airbender) Mei Nakamura. Illus. by Bao Luu. 2023. (Little Golden Book Ser.). (ENG.). 24p. (J). (-k). 5.99 *(978-0-593-38132-8(7),* Golden Bks.) Random Hse. Children's Bks.

I Am. Abandoned. Blaire Laclare Koop. 2021. (ENG.). 426p. (J). pap. *(978-1-7777705-2-5(1))* Gauvin, Jacques.

I Am Able to Shine. Korey Watari. Illus. by Mike Wu. 2022. (ENG.). 40p. (J). (gr. -1-2). 17.99 *(978-1-5420-3153-0(2),* 9781542031530, Two Lions) Amazon Publishing.

I Am Abraham Lincoln see Soy Abraham Lincoln

I Am Ace: Advice on Living Your Best Asexual Life. Cody Daigle-Orians. 2023. 192p. (J). 18.95 *(978-1-83997-262-1(9),* 853538) Kingsley, Jessica Pubs. GBR. Dist: Hachette UK Distribution.

I Am Actually a Penguin. Sean Taylor. Illus. by Kasia Matyjaszek. 2018. (ENG.). 32p. (J). (-k). 16.99 *(978-1-5362-0278-6(9),* Templar) Candlewick Pr.

I Am Adopted, but What Does That Mean? Nicole Gossett. 2020. (ENG., Illus.). 22p. (J). pap. 12.95 *(978-1-64468-443-6(8))* Covenant Bks.

I Am!: Affirmations for Resilience. Bela Barbosa. Illus. by Edel Rodriguez. 2020. 28p. (J). (— 1). bds. 9.99 *(978-0-593-22279-9(2))* Penguin Young Readers Group.

I Am Affirming That: Journal. Nadean Barton. 2021. (ENG.). 102p. (J). pap. 29.99 *(978-1-716-05677-2(2))* Lulu Pr., Inc.

I Am Afraid There Is a God! Founded on Fact (Classic Reprint) Lucius Manlius Sargent. (ENG., Illus.). (J). 2018. 52p. 24.97 *(978-0-267-32963-2(6));* 2016. pap. 9.57 *(978-1-333-56692-0(1))* Forgotten Bks.

I Am Ajooni: Yes, That's Me! Tina Johal. Illus. by Pia Reyes. 2021. (ENG.). 24p. (J). *(978-1-5255-9908-8(9));* pap. *(978-1-5255-9907-1(0))* FriesenPress.

I Am Alert Online. Rachael Morlock. 2019. (I Am a Good Digital Citizen Ser.). (ENG.). 24p. (gr. 2-2). 49.50 *(978-1-5383-4949-6(3),* PowerKids Pr.) Rosen Publishing Group, Inc., The.

I Am Alex! It's Not Fair! Vicki Joseph. 2020. (ENG.). 208p. (J). pap. 10.95 *(978-1-6629-0066-2(X))* Gatekeeper Pr.

I Am Alexander Hamilton. Nancy Parent. 2020. (Xavier Riddle & the Secret Museum Ser.). (Illus.). 32p. (J). (gr. 1-2). pap. 4.99 *(978-0-593-09635-2(5),* Penguin Young Readers) Penguin Young Readers Group.

I Am Alexei. Carmen Rampogna. Illus. by Karin Huggens. 2020. (ENG.). 24p. (J). pap. 13.95 *(978-1-0980-2646-2(2))* Christian Faith Publishing.

I Am Alfonso Jones, 1 vol. Tony Medina. Illus. by John Jennings & Stacey Robinson. 2017. (I Am Alfonso Jones Ser.: 1). (ENG.). 176p. (YA). (gr. 6-12). pap. 18.95 *(978-1-62014-263-9(5),* leelowtu, Tu Bks.) Lee & Low Bks., Inc.

I Am Alive. Merril Seidl. 2023. 38p. (J). (-3). 24.00 BookBaby.

I Am Allosaurus. Tim Bradley. 2020. (ENG., Illus.). 32p. (J). (gr. -1-1). 17.95 *(978-1-64351-749-0(X))* Arbordale Publishing.

I Am Allosaurus. Timothy J. Bradley. ed. 2020. (ENG.). 32p. (J). (gr. k-1). 19.96 *(978-0-87617-946-8(4))* Penworthy Co., LLC, The.

I Am Amazing! Alissa Holder & Zulekha Holder-Young. Illus. by Nneka Myers. 2022. 32p. (J). (gr. -1-2). 17.99 *(978-0-593-32732-6(2))* Flamingo Bks.

I Am Amazing. Nicola Riley. 2017. (ENG., Illus.). (J). pap. 15.95 *(978-1-5043-8056-0(8),* Balboa Pr.) Author Solutions, LLC.

I Am America Set 2 (Set Of 2) Illus. by Eric Freeberg. 2019. (I Am America Set 2 Ser.). (ENG.). 320p. (J). (gr. 3-4). pap. 17.98 *(978-1-63163-368-3(6),* 1631633686); lib. bdg. 57.00 *(978-1-63163-367-6(8),* 1631633678) North Star Editions. (Jolly Fish Pr.).

I Am America Set 3 (Set Of 2) Illus. by Eric Freeberg. 2021. (I Am America Set 3 Ser.). (ENG.). 320p. (J). (gr. 3-4). pap. 17.98 *(978-1-63163-484-0(4),* 1631634844); lib. bdg. 57.00 *(978-1-63163-483-3(6),* 1631634836) North Star Editions. (Jolly Fish Pr.).

I Am America Set 4 (Set Of 2) Illus. by Eric Freeberg. 2021. (I Am America Set 4 Ser.). (ENG.). 320p. (J). (gr. 3-4). pap. 17.98 *(978-1-63163-531-1(X));* lib. bdg. 57.00 *(978-1-63163-530-4(1))* North Star Editions. (Jolly Fish Pr.).

I Am America Set 5 (Set Of 2) 2023. (I Am America Set 5 Ser.). (ENG.). (J). (gr. 3-4). pap. 17.98 *(978-1-63163-682-0(0));* lib. bdg. 57.00 *(978-1-63163-681-3(2))* North Star Editions. (Jolly Fish Pr.).

I Am America (Set Of 2) Illus. by Eric Freeberg. 2019. (I Am America Ser.). (ENG.). 640p. (J). (gr. 3-4). pap. 17.98 *(978-1-63163-268-6(X),* 163163268X); lib. bdg. 57.00 *(978-1-63163-267-9(1),* 1631632671) North Star Editions. (Jolly Fish Pr.).

I Am an Activist! Coloring Book. Casey Chapman Ross. Illus. by Zoe Kerns. 2019. (ENG.). 44p. (J). (gr. k-5). 9.99 *(978-1-7340503-0-1(6))* CCR Pr.

I Am an Airplane. Ace Landers. Illus. by Tom LaPadula. 2019. (ENG.). 8p. (J). (gr. -1 — 1). bds. 5.99 *(978-1-338-33487-6(5),* Cartwheel Bks.) Scholastic, Inc.

I Am an Amazon Warrior. William Moulton Marston. Illus. by Lee Ferguson. 2017. 31p. (J). *(978-1-5182-4342-4(8))* Harper & Row Ltd.

I Am an American. I. M. Redeemed. 2016. (ENG., Illus.). (J). 21.95 *(978-1-63575-052-2(0));* pap. 12.95 *(978-1-68197-580-1(7))* Christian Faith Publishing.

I Am an Artist. Marta Altés. Illus. by Marta Altés. 2023. (ENG.). 32p. (J). 18.99 *(978-1-0350-2307-3(5),* 900292766, Macmillan Children's Bks.) Pan Macmillan GBR. Dist: Macmillan.

I Am an Eagle! No More Scratching with Chickens. Dwayne L. Taylor. 2017. (ENG., Illus.). (J). 25.95 *(978-1-4808-4997-6(9));* pap. 16.95 *(978-1-4808-4995-2(2))* Archway Publishing.

I Am an English-Language Learner: The Real & Unique Stories of Immigrant Children in America. Melissa Campesi & Kate DuBois. 2019. (ENG.). 34p. (J). pap. 15.60 *(978-1-68470-823-9(0))* Lulu Pr., Inc.

I Am Ann I Love My Brother Stan. Ronnie MacKay Leesui. Illus. by Lucas MacKay. 2023. (ENG.). 28p. (J). *(978-1-0391-7820-5(0));* pap. *(978-1-0391-7819-9(7))* FriesenPress.

I Am Anna (Disney Frozen) Christy Webster. Illus. by Alan Batson. 2020. (Little Golden Book Ser.). (ENG.). 24p. (J). (-k). 4.99 *(978-0-7364-4018-9(6),* Golden/Disney) Random Hse. Children's Bks.

I Am Anne Frank. Brad Meltzer. Illus. by Christopher Eliopoulos. 2020. (Ordinary People Change the World Ser.). 40p. (J). (gr. k-4). 16.99 *(978-0-525-55594-0(3),* Dial Bks) Penguin Young Readers Group.

I Am Ariel (Disney Princess) Andrea Posner-Sanchez. Illus. by Alan Batson. 2018. (Little Golden Book Ser.). (ENG.). 24p. (J). (-k). 5.99 *(978-0-7364-3852-0(1),* Golden/Disney) Random Hse. Children's Bks.

I Am Ava, Seeker in the Snow. Catherine Stier. Illus. by Francesca Rosa. 2020. (Dog's Day Ser.: 2). (ENG.). 96p. (J). (gr. 1-5). pap. 5.99 *(978-0-8075-1670-6(8),* 0807516708); 12.99 *(978-0-8075-1664-5(3),* 807516643) Whitman, Albert & Co.

I Am Awesome. Patricia Brioux. Illus. by Floyd Yamyamin. 2021. (ENG.). 18p. (J). *(978-0-2288-4022-0(8));* pap. *(978-0-2288-4021-3(X))* Tellwell Talent.

I Am Babuka. Alan Bruni. 2017. (ENG., Illus.). (J). 21.95 *(978-1-64079-836-6(6))* Christian Faith Publishing.

I Am Batman. Brad Meltzer. Illus. by Christopher Eliopoulos. 2022. (Stories Change the World Ser.). 40p. (J). (gr. k-4). 16.99 *(978-0-593-53146-4(9),* Dial Bks) Penguin Young Readers Group.

I Am Batman. Delphine Finnegan. Illus. by Andie Tong. ed. 2016. (Batman Classic I Can Read Level 2 Ser.). (ENG.). 32p. (J). (gr. -1-3). 13.55 *(978-0-606-39268-6(8))* Turtleback.

I Am Be-YOU-Tiful, Strong & Confident! Coloring Book of Affirmations to Promote Self Confidence. Sanya Whittaker Gragg. 2021. (ENG.). 84p. (J). pap. 7.99 *(978-1-7365353-4-9(X))* Stories of Grandma.

I Am Bear. Ben Bailey Smith. Illus. by Sav Akyuz. 2016. (ENG.). 40p. (J). (-k). 15.99 *(978-0-7636-7743-5(4),* Candlewick Entertainment) Candlewick Pr.

I Am Beautiful. Jhala Angelique. Ed. by Angela Kelly. 2020. (ENG.). 26p. (J). pap. 12.50 *(978-1-7338202-1-9(3))* Angelique, Jhala.

I Am Beautiful: A Book of Affirmations for Little Girls That Will Change the World. Providence Life Design. 2020. (ENG.). 28p. (J). pap. 14.99 *(978-1-64999-427-1(3))* Primedia eLaunch LLC.

I AM Beautiful And... Keiva Coreen & Sophia Ditchfield. 2019. (ENG., Illus.). 66p. (J). (gr. 4-6). pap. 16.97 *(978-1-7335596-0-7(4))* Keiva DA.

I Am Beautiful... & I Know It. Sophie Lazarou & Angie MacKie. Illus. by Lara MacKie. 2021. (ENG.). 48p. (J). *(978-1-0391-1486-9(5));* pap. *(978-1-0391-1485-2(7))* FriesenPress.

I Am Beautiful Because. Daniel Kenney. 2019. (ENG.). 40p. (J). pap. 10.99 *(978-1-947865-22-8(6))* Trendwood Pr.

I Am Beautiful Ol' Me! Hailey Garcia. Illus. by Yamina Y. 2022. (ENG.). 20p. (J). pap. 10.00 *(978-1-0878-6592-8(1))* Indy Pub.

I Am Bella, Star of the Show. Catherine Stier. Illus. by Francesca Rosa. (Dog's Day Ser.: 4). (ENG.). 96p. (J). (gr. 1-5). 2021. pap. 5.99 *(978-0-8075-1680-5(5),* 807516805); 2020. 12.99 *(978-0-8075-1673-7(2),* 807516732) Whitman, Albert & Co.

I Am Belle (Disney Beauty & the Beast) Andrea Posner-Sanchez. Illus. by Alan Batson. 2017. (Little Golden Book Ser.). (ENG.). 24p. (J). (-k). 5.99 *(978-0-7364-3905-3(6),* Golden/Disney) Random Hse. Children's Bks.

I Am Benjamin Franklin. Brad Meltzer. Illus. by Christopher Eliopoulos. 2020. (Ordinary People Change the World Ser.). 40p. (J). (gr. k-4). 16.99 *(978-0-525-55591-9(9),* Dial Bks) Penguin Young Readers Group.

I Am BIG. Itah Sadu. Illus. by Marley Berot. 2023. (ENG.). 32p. (J). (gr. 1-3). 21.95 *(978-1-77260-312-5(0))* Second Story Pr. CAN. Dist: Orca Bk. Pubs. USA.

I Am Big & the Map. Rod Barkman & Gemma McMullen. Illus. by Danielle and Rintoul Webster-Jones. 2023. (Level 1 - Pink Set Ser.). (ENG.). 32p. (J). (gr. k-1). lib. bdg. 19.95 Bearport Publishing Co., Inc.

I Am Big Tonight. I Don't Need the Light! Constance Santego. 2020. (ENG.). 22p. (J). pap. *(978-1-990062-01-8(6))* Maximillian Enterprises Inc.

I Am Billie Jean King. Brad Meltzer. Illus. by Christopher Eliopoulos. 2019. (Ordinary People Change the World Ser.). 40p. (J). (gr. k-4). 16.99 *(978-0-7352-2874-0(4),* Dial Bks) Penguin Young Readers Group.

I Am Birch, 1 vol. Scott Kelley. 2018. (ENG.). 32p. (J). 17.95 *(978-1-944762-39-1(6),* 46670d58-7193-4bac-8da3-245201f84c45) Islandport Pr., Inc.

I Am Black & Smart. Cecilia D. Porter. 2020. (ENG., Illus.). 32p. (YA). 15.99 *(978-1-0879-3555-3(5))* Indy Pub.

I Am Black History from A-Z. Keisha Jenkins. 2022. (ENG., Illus.). 34p. (J). pap. 14.99 *(978-0-578-99222-8(1))* World Is Mine Publishing LLC.

I Am Blessed! Cecilia D. Porter. 2020. (ENG., Illus.). 38p. (J). 14.99 *(978-1-0879-3529-4(6))* Indy Pub.

I Am Blessed to Have You. Belinda Vickers Givens. 2018. (ENG., Illus.). 26p. (J). 22.95 *(978-1-64299-730-9(7));* pap. 12.95 *(978-1-64299-728-6(5))* Christian Faith Publishing.

I Am Bodel. Desiri Okobia. 2018. (ENG., Illus.). 96p. (YA). pap. 11.49 *(978-1-5456-4373-0(3))* Salem Author Services.

I AM Bodel. Desiri Okobia. 2018. (ENG.). 96p. (YA). pap. *(978-1-9160929-0-7(X))* DOV Publishing.

I Am Born to Be a Unicorn Coloring Book: Jumbo Sized Colouring Book for Children. Wonder House Books. 2022. (Giant Book Ser.). (ENG.). 32p. (J). (gr. -1-2). pap. 5.99 *(978-93-90183-58-6(8))* Prakash Bk. Depot IND. Dist: Independent Pubs. Group.

I Am Brave see Yo Soy Valiente

I Am Brave! Kelly Greenawalt. ed. 2022. (Acorn Early Readers Ser.). (ENG.). 44p. (J). (gr. k-1). 14.96 *(978-1-68505-269-0(X))* Penworthy Co., LLC, The.

I Am Brave: A Little Book about Martin Luther King, Jr. Brad Meltzer. Illus. by Christopher Eliopoulos. 2019. (Ordinary People Change the World Ser.). 14p. (J). (-k). bds. 7.99 *(978-1-9848-1424-1(9),* Dial Bks) Penguin Young Readers Group.

I Am Brave: A Positive Power Story. Suzy Capozzi. Illus. by Eren Unten. 32p. (J). (gr. -1-1). 2022. (Step into Reading Ser.). pap. 5.99 *(978-0-593-43415-4(3),* Random Hse. Bks. for Young Readers); 2022. (Step into Reading Ser.). (ENG.). lib. bdg. 14.99 *(978-0-593-43414-7(5),* Random Hse. Bks. for Young Readers); 2018. (Rodale Kids Curious Readers/Level 2 Ser.: 4). pap. 4.99 *(978-1-62336-954-5(1),* 9781623369545, Rodale Kids) Random Hse. Children's Bks.

I Am Brave: Devotions, Questions, & Quizzes for Brave Girls, 1 vol. Thomas Nelson. 2019. (Brave Girls Ser.). (ENG., Illus.). 208p. (J). 16.99 *(978-1-4002-1192-0(1),* Tommy Nelson) Nelson, Thomas Inc.

I Am Brave!: an Acorn Book (Princess Truly #5) Kelly Greenawalt. Illus. by Amariah Rauscher. 2022. (Princess Truly Ser.: 5). (ENG.). 48p. (J). (gr. -1-1). pap. 4.99 *(978-1-338-67689-1(X))* Scholastic, Inc.

I Am Brave!: an Acorn Book (Princess Truly #5) (Library Edition) Kelly Greenawalt. Illus. by Amariah Rauscher. 2022. (Princess Truly Ser.: 5). (ENG.). 48p. (J). (gr. -1-1). lib. bdg. 23.99 *(978-1-338-67690-7(3))* Scholastic, Inc.

I Am Brave... & I Know It: Building CLARITY & PERSISTENCE in TEENS. Sophie Lazarou & Chynna Ho-Young Cadogan. Illus. by Susan E. Shand. 2022. (ENG.). 96p. (J). *(978-1-0391-5756-9(4));* pap. *(978-1-0391-5755-2(6))* FriesenPress.

I Am Brave Online, 1 vol. Rachael Morlock. 2019. (I Am a Good Digital Citizen Ser.). (ENG.). 24p. (gr. 2-2). pap. 9.25 *(978-1-5383-4952-6(3),* 890de07b-1f9d-4a56-b244-34f0a3e5dedc, PowerKids Pr.) Rosen Publishing Group, Inc., The.

I Am Braver Than... Vienna Randall. 2018. (ENG., Illus.). 18p. (J). pap. *(978-1-911596-82-0(9))* Spiderwize.

I Am Brilliant... & I Know It: Helping the Early Reader Embrace Their Greatness. Sophie Lazarou & Suzanne Scotland. Illus. by Roxanne Geddes. 2022. (ENG.). 84p. (J). *(978-1-0391-5768-2(8));* pap. *(978-1-0391-5767-5(X))* FriesenPress.

I Am Brown, 1 vol. Ashok Banker. Illus. by Sandhya Prabhat. 2020. (ENG.). 40p. (J). (gr. k-2). 17.99 *(978-1-911373-94-0(3),* 0f8108e1-0fc5-460c-b7c5-ea17b3a3f3be) Lantana Publishing GBR. Dist: Lerner Publishing Group.

I Am Brown. LaToya Lewis. Illus. by Ayan Saha. 2020. (ENG.). 42p. (J). pap. 14.99 *(978-1-7332980-5-6(3))* Ballard Publishing Group, LLC.

I Am Captain Kirk (Star Trek) Frank Berrios. Illus. by Ethen Beavers. 2019. (Little Golden Book Ser.). 24p. (J). (-k). 4.99 *(978-1-9848-2973-3(4),* Golden Bks.) Random Hse. Children's Bks.

I Am Captain Snowball! Dennis R. Shealy. ed. 2019. (Step into Reading Ser.). (ENG.). 23p. (J). (gr. k-1). 14.96 *(978-0-87617-304-6(0))* Penworthy Co., LLC, The.

I Am Caring: A Little Book about Jane Goodall. Brad Meltzer. Illus. by Christopher Eliopoulos. 2019. (Ordinary People Change the World Ser.). 14p. (J). (-k). bds. 7.99 *(978-1-9848-1425-8(7),* Dial Bks) Penguin Young Readers Group.

I Am Cat! Peter Bently. Illus. by Chris Chatterton. 2023. (ENG.). 32p. (J). (gr. k-2). 18.99 *(978-0-593-52086-4(6),* Penguin Workshop) Penguin Young Readers Group.

I Am Caticorn, I Am Great. Bianca Montgomery. 2021. (ENG.). 82p. (J). pap. 9.99 *(978-1-716-17399-8(X))* Lulu Pr., Inc.

I Am Charmed: Book of Shadows. Eight Winds Books. 2018. (ENG., Illus.). 108p. (J). pap. 8.99 *(978-0-359-27926-5(0))* Lulu Pr., Inc.

I Am Cheerful: Cut & Glue Activity Book. Agnes De Bezenac. 2017. (Tiny Thoughts Ser.: Vol. 9). (ENG., Illus.). (J). (gr. k-2). pap. 4.00 *(978-1-63474-110-1(2),* Kidible) iCharacter.org.

I Am Chris. R. Kent. 2021. (ENG.). (YA). (gr. 10-17). pap. 13.95 *(978-1-63555-904-0(9))* Bold Strokes Bks.

I Am Cindy-Lou Who. Tish Rabe. 2018. (Dr. Seuss's I Am Board Bks.). (ENG., Illus.). 26p. (J). (— 1). bds. 8.99 *(978-1-5247-1803-9(3),* Random Hse. Bks. for Young Readers) Random Hse. Children's Bks.

I Am Cleopatra. Brooke Vitale. 2020. (Xavier Riddle & the Secret Museum Ser.). (Illus.). 32p. (J). (gr. 1-2). pap. 4.99 *(978-0-593-09633-8(9),* Penguin Young Readers) Penguin Young Readers Group.

I Am Coco: The Life of Coco Chanel. Isabel Pin. 2022. (ENG., Illus.). 96p. (J). (gr. 1-4). 17.95 *(978-3-7913-7508-3(3))* Prestel Verlag GmbH & Co KG. DEU. Dist: Penguin Random Hse. LLC.

I AM Coloring & Activity Book. Caroline Reme. 2021. (ENG.). 62p. (J). pap. 10.00 *(978-1-0880-0799-0(6));* pap. 6.99 *(978-1-0878-7340-4(1))* Indy Pub.

I Am Coming Home: Story of a Young Girl Designing Activities to Pass Time & Then Party with Her Mother. Ellie Archer. 2022. (ENG.). 26p. (J). 9.99 *(978-1-0880-2881-0(0))* Indy Pub.

I Am Confidence the ABC's of Friendship. Michelle Limes. 2021. (ENG.). 28p. (J). pap. 14.99 *(978-1-7375310-2-9(X))* MTE Publishing.

I Am Confident Coloring Book. Cristie Publishing. 2020. (ENG.). 80p. (J). pap. 9.50 *(978-1-716-31484-1(4))* Lulu Pr., Inc.

I Am Confident Coloring Book (Do What You Love) 36 Coloring Pages to Boost Confidence in Girls. James Manning. 2019. (I Am Confident Coloring Book Ser.: Vol. 1). (ENG., Illus.). 74p. (J). pap. *(978-1-83856-475-9(6));* pap. *(978-1-83856-476-6(4))* Coloring Pages.

I Am Confident Coloring Book for Girls: A Fun, Positive & Beautifu Coloring Book for Raising Confident & Worry Free Girls, Ages 4-8 (Activity Book for Girls) Hector England. 2020. (ENG.). 114p. (J). pap. 12.00 *(978-1-716-31541-1(7))* Lulu Pr., Inc.

I Am Confident Colouring Book for Girls: Coloring Book for Girls with Positive Affirmations - Cute Cat Mermaid & Unicorn Pages to Color - Coloring Book for Children. Lena Bidden. l.t. ed. 2021. (ENG.). 40p. (J). pap. 9.99 *(978-1-716-23284-8(8))* Lulu Pr., Inc.

I Am Confident in God & Fearless: Psalm 27. Tayo Oshaye. Ed. by Mary Kole. Illus. by Yana Popova. 2019. (Kids' Mini Psalm Book Ser.: Vol. 2). (ENG.). 30p. (J). (gr. 1-3). *(978-1-9993736-2-7(6))* Tayo Oshaye.

I Am Confucius. Gabriella DeGennaro. 2021. (Xavier Riddle & the Secret Museum Ser.). (Illus.). 24p. (J). (-k). pap. 5.99 *(978-0-593-22437-3(X),* Penguin Young Readers Licenses) Penguin Young Readers Group.

I am Created by God - Mov: By Evolution see Mnie Stworzye Bog - Ciebie Euolucya

I Am Curious: A Little Book about Albert Einstein. Brad Meltzer. Illus. by Christopher Eliopoulos. 2020. (Ordinary People Change the World Ser.). 14p. (J). (-k). bds. 7.99 *(978-0-593-11007-2(2),* Dial Bks) Penguin Young Readers Group.

I Am Curious: an Acorn Book (Princess Truly #7) Kelly Greenawalt. Illus. by Amariah Rauscher. 2023. (Princess Truly Ser.). (ENG.). 48p. (J). (gr. -1-1). 23.99 *(978-1-338-81886-4(4));* pap. 4.99 *(978-1-338-81885-7(6))* Scholastic, Inc.

I Am Darn Tough, 1 vol. Licia Morelli. Illus. by Maine Diaz. 2020. (ENG.). 32p. (J). (gr. 2-6). 17.95 *(978-0-88448-780-7(6),* 884780) Tilbury Hse. Pubs.

I Am DdAea. Etta B. Harbin. Illus. by Blueberry Illustrations. 2020. (ENG.). 30p. (J). 19.99 *(978-0-578-78893-7(4))* Harbin, Etta.

I Am Defiance: a Novel of WWII. Jenni L. Walsh. 2021. (ENG.). 320p. (J). (gr. 3-7). 17.99 *(978-1-338-63076-3(8),* Scholastic Pr.) Scholastic, Inc.

I Am Devotional: 100 Devotions about the Names of God, 1 vol. Diane Stortz. 2017. (ENG., Illus.). 224p. (J). 16.99 *(978-0-7180-9673-1(8),* Tommy Nelson) Nelson, Thomas Inc.

I Am Different. Crystel Patterson. Illus. by Briana Young. 2021. (Inspired to Be... Ser.). (ENG.). 38p. (J). 17.99 *(978-1-0878-7557-6(9));* pap. 13.99 *(978-1-0878-5891-3(7))* Indy Pub.

I Am Different (and That's Okay!) Oliver's Story. Emily Sargent. 2021. (ENG., Illus.). 18p. (J). pap. 10.95 *(978-1-0980-8680-0(5))* Christian Faith Publishing.

I Am Divinely Designed: An Interactive Exploration into a Child's Divine Worth & Destiny! Margo Williams. Illus. by Millie Bicknelle. 2019. (ENG.). 66p. (J). (gr. k-6). 25.00 *(978-0-578-62203-3(3))* Margo Williams.

I Am Dj Boy. D. J. Colleen Shannon. Illus. by Jamie Sale. 2023. (ENG.). 28p. (J). 22.95. pap. 13.95 Author Solutions, LLC.

I Am Doctor Strange. R. R. Busse. ed. 2018. (Passport to Reading Ser.). (ENG.). 32p. (J). (gr. -1-1). 11.00 *(978-1-64310-726-4(7))* Penworthy Co., LLC, The.

I Am Dog! Peter Bently. Illus. by Chris Chatterton. 2023. (ENG.). 32p. (J). (-k). 18.99 *(978-0-593-52087-1(4),* Penguin Workshop) Penguin Young Readers Group.

I Am Dolly Parton. Brad Meltzer. Illus. by Christopher Eliopoulos. 2022. (Ordinary People Change the World Ser.). 40p. (J). (gr. k-4). 15.99 *(978-0-593-40592-5(7),* Dial Bks) Penguin Young Readers Group.

I Am Drums. Mike Grosso. (ENG.). 256p. (J). (gr. 5-7). 2019. pap. 7.99 *(978-1-328-90013-5(4),* 1700043); 2016. 17.99 *(978-0-544-70710-8(9),* 1628642) HarperCollins Pubs. (Clarion Bks.).

I Am Dumbo (Disney Classic) Apple Jordan. Illus. by Alan Batson. 2019. (Little Golden Book Ser.). (ENG.). 24p. (J). (-k). 4.99 *(978-0-7364-3933-6(1),* Golden/Disney) Random Hse. Children's Bks.

I Am Earth's Keeper. Lisa M. Hendey. Illus. by Giuliano Ferri. 2023. (ENG.). 32p. (J). (gr. -1-3). 17.99 *(978-1-64060-781-1(1))* Paraclete Pr., Inc.

I Am Elsa (Disney Frozen) Christy Webster. Illus. by Alan Batson. 2020. (Little Golden Book Ser.). (ENG.). 24p. (J). (-k). 4.99 *(978-0-7364-4016-5(X),* Golden/Disney) Random Hse. Children's Bks.

I Am Emily. Dineo Dowd. Ed. by Bobbie Hinman. Illus. by Milcah Lagumbay. l.t. ed. 2022. (ENG.). 38p. (J). 21.99 *(978-1-0880-3759-1(3))* dineo dowd.

I Am Emily Hedge. Emma G. Flowers. 2020. (ENG.). 238p. (YA). pap. *(978-1-83853-516-2(0))* Independent Publishing Network.

I Am Enough. Grace Byers. Illus. by Keturah A. Bobo. 2018. (ENG.). 32p. (J). (gr. -1-3). 18.99 *(978-0-06-266712-0(2),* Balzer & Bray) HarperCollins Pubs.

I Am Enough. Jasmine Poole. 2021. (ENG.). 32p. (YA). pap. *(978-1-312-18384-1(5))* Lulu Pr., Inc.

I Am Enough: Who Do You Think You Are? Adrianna Bradley. Illus. by Cameron Wilson. 2021. (ENG.). 26p. (J). pap. 14.95 *(978-1-0980-8521-6(3))* Christian Faith Publishing.

I Am! Every Girl Needs to Know Who She Is. Michelliah McCraney. 2017. (ENG., Illus.). (J). pap. 12.99 (978-0-9981013-0-9(3)) Empyrion Publishing.

I Am Every Good Thing. Derrick Barnes. Illus. by Gordon C. James. 2020. (ENG.). 32p. (J). (gr. -1-2). 18.99 (978-0-525-51877-8(0), Nancy Paulsen Books) Penguin Young Readers Group.

I Am Everything: A Book of Affirmations for Young Minds. Nayirah Rai-Nee. l.t. ed. 2022. (ENG.). 34p. (J). 22.99 (978-1-0880-4064-5(0)) Indy Pub.

I Am Exceptional. Elaine Bender. Illus. by Ty Schafrath. 2018. (ENG.). 34p. (J). 20.99 (978-1-5456-4601-4(5)); pap. 10.49 (978-1-5456-4600-7(7)) Salem Author Services.

I Am Fair, 1 vol. Charlotte Taylor. 2020. (We've Got Character! Ser.). (ENG.). 24p. (J). (gr. 1-2). pap. 9.15 (978-1-5382-5635-0(5), b4d51702-2499-4ec5-913c-b6138d15a101) Stevens, Gareth Publishing LLLP.

I Am Famous. Tara Luebbe & Becky Cattie. Illus. by Joanne Lew-Vriethoff. (ENG.). 32p. (J). (gr. -1-3). 2021. pap. 7.99 (978-0-8075-3453-3(6), 807534536); 2018. 16.99 (978-0-8075-3440-3(4), 807534404) Whitman, Albert & Co.

I Am Farmer: Growing an Environmental Movement in Cameroon. Baptiste Paul & Miranda Paul. Illus. by Elizabeth Zunon. 2019. (ENG.). 32p. (J). (gr. 2-5). 19.99 (978-1-5124-4914-3(8), 8ab8fda8-b329-44e6-b026-47a1851e9859, Millbrook Pr.) Lerner Publishing Group.

I Am Fartacus. Mark Maciejewski. 2017. (Max Ser.). (ENG., Illus.). 336p. (J). (gr. 4-8). pap. 8.99 (978-1-4814-6419-2(1), Simon & Schuster/Paula Wiseman Bks.) Simon & Schuster/Paula Wiseman Bks.

I Am Fartacus. Mark Maciejewski. ed. 2017. lib. bdg. 18.40 (978-0-606-40158-6(X)) Turtleback.

I Am Fearfully & Wonderfully Made. Angelete Lavern Lakes. 2018. (ENG., Illus.). 26p. (J). pap. 10.00 (978-1-948708-00-5(0)) HATCHBACK Publishing.

I Am Fearfully & Wonderfully Made! Cecilia D. Porter. 2020. (ENG.). 32p. (J). 14.99 (978-1-0879-2313-0(1)) Indy Pub.

I Am Fearless, Selfless & Destine for Greatness: Self-Confidence Workbook. Reea Rodney. 2017. (ENG., Illus.). 24p. (J). pap. 12.99 (978-0-9975059-6-2(6)) Dara Publishing LLC.

I AM (for Boys) Janine M. Loweth. 2019. (ENG., Illus.). 28p. (J). (gr. k-6). pap. 11.95 (978-0-9991739-7-8(9)) Prefinity Publishing, LLC.

I Am Frida Kahlo. Brad Meltzer. Illus. by Christopher Eliopoulos. 2021. (Ordinary People Change the World Ser.). 40p. (J). (gr. k-4). 16.99 (978-0-525-55598-8(6), Dial Bks) Penguin Young Readers Group.

I Am Fridiux. Yo Soy Fridiux: a Bilingual Book about Frida Kahlo: Libros Bilingües para Niños. Amparin & Univision. ed. 2020.Tr. of Libro Bilingue Sobre Frida Kahlo. 20p. (J). (-k). bds. 9.95 (978-1-64473-159-8(2), Altea) Penguin Random House Grupo Editorial ESP. Dist: Penguin Random Hse. LLC.

I Am from Veracruz. Claritza Rausch Peralta. 2023. (ENG.). 48p. (J). pap. 12.99 (978-1-0881-5499-1(9)) Indy Pub.

I Am from Veracruz: Bilingual Activity Book for Kids. Claritza Rausch Peralta & Liam D. Montiel. 2023. (ENG.). 72p. (J). pap. 15.00 (978-1-0881-5040-5(3)) Indy Pub.

I Am Full Truth, I Am Half Truth, I Am All Lie. Ayesha Marfani. Illus. by Aisha Aamir. 2018. (ENG.). 64p. (J). (gr. 1-5). pap. 12.99 (978-1-68160-629-3(1)) Crimson Cloak Publishing.

I Am Fungie the Dolphin. Brenda Scott Royce. ed. 2022. (Discovery All-Star Readers Ser.). (ENG.). 32p. (J). (gr. 2-3). 15.96 (978-1-68505-277-5(0)) Penworthy Co., LLC, The.

I Am Gandhi. Brad Meltzer & Christopher Eliopoulos. (Ordinary People Change the World Ser.). (Illus.). 40p. (J). (gr. k-4). 2023. pap. 9.99 (978-0-593-61921-6(8), Rocky Pond Bks.); 2017. 16.99 (978-0-7352-2870-2(1), Dial Bks) Penguin Young Readers Group.

I Am Gandhi: A Graphic Biography of a Hero. Brad Meltzer. Illus. by David Mack et al. 2018. (Ordinary People Change the World Ser.). 64p. (J). (gr. 5-9). pap. 8.99 (978-0-525-55269-7(3), Dial Bks) Penguin Young Readers Group.

I Am Generous. Kirsten Chang. 2020. (Character Education Ser.). (ENG., Illus.). 24p. (J). (gr. k-3). pap. 7.99 (978-1-61891-791-1(9), 12576, Blastoff! Readers) Bellwether Media.

I Am George Washington see Soy George Washington

I Am George Washington. Brad Meltzer. Illus. by Christopher Eliopoulos. 2016. (Ordinary People Change the World Ser.). 40p. (J). (gr. k-4). 15.99 (978-0-525-42848-0(8), Dial Bks) Penguin Young Readers Group.

I Am George Washington Carver. Brooke Vitale. 2020. (Xavier Riddle & the Secret Museum Ser.). 24p. (J). (-k). pap. 5.99 (978-0-593-22215-7(6), Penguin Young Readers Licenses) Penguin Young Readers Group.

I Am Getting My First Shoes Coloring Book. Creative. 2016. (ENG., Illus.). (J). pap. 7.74 (978-1-68323-848-5(6)) Twin Flame Productions.

I Am Girl, Positive & Courageous: Amazing Coloring Book for Girls, Fun over 55 Fabulous Designs, Page Large 8. 5 X 11. Elma Angels. 2020. (ENG.). 114p. (J). pap. 10.79 (978-1-716-30988-5(3)) Lulu Pr., Inc.

I Am Glad: The Sound of GL. Alice K. Flanagan. 2017. (Consonant Blends Ser.). (ENG.). 24p. (J). (gr. -1-2). lib. bdg. 32.79 (978-1-5038-1940-5(X), 211537) Child's World, Inc, The.

I Am Glad I Was There! The March on Washington. Juanita Gordon. 2020. (ENG., Illus.). 34p. (J). pap. 14.95 (978-1-64531-392-2(1)) Newman Springs Publishing, Inc.

I Am God's Child. Osiris Daniel. Illus. by Niaz Ahmad. 2021. (ENG.). 40p. (J). 19.99 (978-1-6629-1462-1(8)) Gatekeeper Pr.

I Am God's Child I Am Special. Judith Tamasang Jogwuia. Illus. by Mukah Ispahani. 2022. (ENG.). 62p. (J). (978-0-2288-8699-0(6)); pap. (978-0-2288-8698-3(8)) Tellwell Talent.

I Am God's Storyteller. Lisa M. Hendey. Illus. by Eric Carlson. 2019. (ENG.). 32p. (J). (gr. -1). 17.99 (978-1-64060-162-8(7)) Paraclete Pr., Inc.

I Am Going Far! Cleona J. Israel. Illus. by Fuad S. Hasan. 2021. (ENG.). 46p. (J). pap. (978-1-9999338-2-1(6)) Mystery Author-Entrepreneur C. J. Pohl, The.

I Am Going Far! I Am Going Far! C. J. Israel & Fuad Sy Hasan. 3rd ed. 2021. (I Am Going Far Ser.: Vol. 1). (ENG.). 46p. (J). (978-1-9999338-6-9(9)) Mystery Author-Entrepreneur C. J. Pohl, The.

I Am Going Far: I Am Going Far with Miles PR. Cleona Pohl. Illus. by Fuad Sy Hassan. 2019. (Series 1 of I Am Going Far Ser.). (ENG.). 46p. (J). (gr. k-2). (978-1-9999338-7-6(7)) Mystery Author-Entrepreneur C. J. Pohl, The.

I Am Going Far: I Am Going Far with Miles PR. Illus. by Fuad Sy Hassan. 7th ed. 2019. (Series 1 of I Am Going Far Ser.). (ENG.). 46p. (J). (gr. k-2). pap. (978-1-9999338-1-4(8)) Mystery Author-Entrepreneur C. J. Pohl, The.

I Am Going Far! - Activity Book. C. J. Israel. Illus. by Fuad Hasan. 2021. (ENG.). 52p. (J). pap. (978-1-9999338-4-5(2)) Mystery Author-Entrepreneur C. J. Pohl, The.

I Am Going to Be a Ucf Knight! Lori Levoy. 2017. (ENG.). (J). 14.95 (978-1-62086-834-8(2)) Amplify Publishing Group.

I Am Going to Bed. Liesbet Slegers. 2017. (ENG., Illus.). 32p. (J). 12.95 (978-1-60537-346-1(X)) Clavis ROM. Dist: Publishers Group West (PGW).

I Am Golden. Eva Chen. Illus. by Sophie Diao. 2022. (ENG.). 40p. (J). 18.99 (978-1-250-84205-3(0), 900255913) Feiwel & Friends.

I Am Good Enough. T. Maurice Abney. 2022. (ENG.). 30p. (J). 24.99 (978-0-578-26121-8(9)) Branch & Brooks Publishing & Consulting Solutions LLC.

I Am Good with Me: A Compilation of Inspirational Messages & Positive Affirmations for Children. Kishma Anthony. Illus. by Hayford Kesse. 2021. (ENG.). 28p. (J). 18.95 (978-1-6653-0205-0(4), Lanier Pr.) BookLogix.

I Am Goose! Dorothia Rohner. Illus. by Vanya Nastanlieva. 2020. (ENG.). 32p. (J). (gr. -1-3). 17.99 (978-1-328-84159-9(6), 1691734, Clarion Bks.) HarperCollins Pubs.

I Am Grateful! Cecilia D. Porter. 2020. (ENG.). 28p. (J). 14.99 (978-1-0879-2107-5(4)) Indy Pub.

I Am Greatness. Dollyah Deering. 2021. (ENG.). 30p. (J). pap. 11.99 (978-1-0879-8689-0(3)) Indy Pub.

I Am Groot. Chris Hastings. ed. 2017. (J). lib. bdg. 30.60 (978-0-606-41010-6(4)) Turtleback.

I Am Hapa. Crystal Smith. Photos by Michael Satoshi Garcia. 2016. (Illus.). (J). (978-0-9973947-0-2(6)) East West Discovery Pr.

I Am Hapa! Crystal Smith & Michael Satoshi Garcia. 2016. (CHI, SPA & ENG., Illus.). (J). (978-0-9913454-6-5(0)) East West Discovery Pr.

I Am Happy - Je Suis Heureuse - Soy Feliz: (Special Edition) Alberto Agraso & Mony Dojeiji. Illus. by Alberto Agraso. 2018. (ENG., Illus.). 70p. (J). pap. (978-1-927803-20-2(9)) Walking for Peace Publishing.

I Am Harriet Tubman. Marilyn Easton. 2021. (Xavier Riddle & the Secret Museum Ser.). (Illus.). 24p. (J). (-k). pap. 5.99 (978-0-593-22581-3(3), Penguin Young Readers Licenses) Penguin Young Readers Group.

I Am Harriet Tubman. Brad Meltzer. Illus. by Christopher Eliopoulos. (Ordinary People Change the World Ser.). 40p. (J). (gr. k-4). 2023. pap. 9.99 (978-0-593-61917-9(X), Rocky Pond Bks.); 2018. 16.99 (978-0-7352-2871-9(X), Dial Bks) Penguin Young Readers Group.

I Am Harry Houdini. Brooke Vitale. 2020. (Xavier Riddle & the Secret Museum Ser.). 24p. (J). (-k). pap. 5.99 (978-0-593-09638-3(X), Penguin Young Readers Licenses) Penguin Young Readers Group.

I Am Hatzegopteryx, 1 vol. Tim Bradley. 2021. (I Am Prehistoric Ser.). (ENG., Illus.). 32p. (J). (gr. -1-1). pap. 10.95 (978-1-64351-821-3(6), 4f77f2eb-9a31-4bd5-b043-5070fd18ac5d) Arbordale Publishing.

I Am Having Twins Colouring Book. Elaine M. Phillips. 2017. (ENG., Illus.). (J). pap. (978-1-988097-13-8(4)) CISS Registration.

I Am Helpful. Suzy Capozzi. Illus. by Eren Unten. 2018. (Rodale Kids Curious Readers/Level 2 Ser.: 6). 32p. (J). (gr. -1-1). pap. 4.99 (978-1-62336-960-6(6), 9781623369606, Rodale Kids) Random Hse. Children's Bks.

I Am Helpful. Jenny Fretland VanVoorst & Jenny Fretland VanVoorst. 2019. (Character Education Ser.). (ENG., Illus.). 24p. (J). (gr. k-3). pap. 7.99 (978-1-61891-497-2(9), 12147, Blastoff! Readers) Bellwether Media.

I Am Helpful: A Positive Power Story. Suzy Capozzi. Illus. by Eren Unten. 2022. (Step into Reading Ser.). 32p. (J). (gr. -1-1). pap. 5.99 (978-0-593-56493-6(6)); (ENG.). lib. bdg. 14.99 (978-0-593-56494-3(4)) Random Hse. Children's Bks. (Random Hse. Bks. for Young Readers).

I Am Her: The Abc's of Black Women in History. Kalisa Sampson. 2019. (ENG.). 34p. (J). pap. (978-0-359-36913-3(8)) Lulu Pr., Inc.

I Am Here: My Mindful Morning. Lizelle Marpa Tucci. Illus. by Mangal Sakshi. 2019. (ENG.). 38p. (J). (978-0-2288-1394-1(8)); pap. (978-0-2288-1393-4(X)) Tellwell Talent.

I Am Hermes! Mischief-Making Messenger of the Gods. Mordicai Gerstein. (ENG.). 72p. (J). (gr. 3-7). 2020. pap. 9.99 (978-0-8234-4674-2(3)); 2019. (Illus.). 18.99 (978-0-8234-3942-3(9)) Holiday Hse., Inc.

I Am Homeless, Now What?, 1 vol. Marcia Amidon Lüsted. 2016. (Teen Life 411 Ser.). (ENG., Illus.). 112p. (J). (gr. 7-7). 38.80 (978-1-5081-7187-4(4), 7909440d-c792-4c29-ba10-37c30556db34) Rosen Publishing Group, Inc., The.

I Am Honest. Jenn Fretland VanVoorst. 2019. (Character Education Ser.). (ENG., Illus.). 24p. (J). (gr. k-3). lib. bdg. 26.95 (978-1-62617-927-1(1), Blastoff! Readers) Bellwether Media.

I Am Honest. Jenny Fretland VanVoorst & Jenny Fretland VanVoorst. 2019. (Character Education Ser.). (ENG., Illus.). 24p. (J). (gr. k-3). pap. 7.99 (978-1-61891-498-9(7), 12148, Blastoff! Readers) Bellwether Media.

I Am Honest: Cut & Glue Activity Book. Agnes De Bezenac & Salem De Bezenac. Illus. by Agnes De Bezenac. 2018. (Tiny Thoughts Cut & Glue Ser.: Vol. 13). (ENG., Illus.). 32p. (J). (gr. k-2). pap. 4.90 (978-1-63474-116-3(1), Kidible) iCharacter.org.

I Am Horton. Cynthia Schumerth. 2020. (Dr. Seuss's I Am Board Bks.). (ENG., Illus.). 26p. (J). (— 1). bds. 7.99 (978-0-593-17675-7(8), Random Hse. Bks. for Young Readers) Random Hse. Children's Bks.

I Am Human: A Book of Empathy. Susan Verde. (I Am Bks.). (ENG., Illus.). (J). (gr. -1 — 1). 2020. 22p. bds. 8.99 (978-1-4197-4673-4(1), 1277610, Abrams Appleseed); 2018. 32p. 14.99 (978-1-4197-3165-5(3), 1218601) Abrams, Inc.

I Am Humble. Kirsten Chang. 2020. (Character Education Ser.). (ENG., Illus.). 24p. (J). (gr. k-3). pap. 7.99 (978-1-61891-792-8(7), 12577, Blastoff! Readers) Bellwether Media.

I Am Hungry. Michael Rosen. Illus. by Robert Starling. 2023. (I Am Ser.). (ENG.). 32p. (J). (gr. -1-2). 14.99 (978-1-5362-2510-5(X)) Candlewick Pr.

I Am, I Can: 365 Affirmations. Wynne Kinder M.Ed. ed. 2020. (DK Mindfulness for Kids Ser.). (ENG., Illus.). 72p. (J). (gr. 2-3). 26.96 (978-1-64697-434-4(4)) Penworthy Co., LLC, The.

I Am, I Can: 365 Affirmations for Kids. DK & Wynne Kinder. 2020. (Mindfulness for Kids Ser.). (ENG.). 72p. (J). (gr. 2-4). pap. 16.99 (978-1-4654-9244-9(5), DK Children) Dorling Kindersley Publishing, Inc.

I Am, I Can: 365 Inspiring Affirmations with Motivational Stories & Creative Activities. Wynne Kinder. 2021. (Mindfulness for Kids Ser.). (ENG.). 40p. (J). (gr. 2-4). 12.99 (978-0-7440-2764-8(0), DK Children) Dorling Kindersley Publishing, Inc.

I Am... I Can... I Can Be My Own Hero. Tony Avitia. 2018. (I Am... I Can... Ser.: Vol. 1). (ENG., Illus.). 36p. (J). (gr. k-1). 22.99 (978-0-9996978-8-7(9)); pap. 19.95 (978-0-9996978-2-5(X)) Amuzed Art.

I Am, I Can, I Will. Brittany Johnson & Ujala Shahid. 2021. (ENG.). 56p. (J). 21.99 (978-1-0879-9694-3(5)) Primedia eLaunch LLC.

I Am I. M. Pei. Brad Meltzer. Illus. by Christopher Eliopoulos. 2022. (Ordinary People Change the World Ser.). 40p. (J). (gr. k-4). 15.99 (978-0-525-55601-5(X), Dial Bks) Penguin Young Readers Group.

I Am in Charge of My Life! Cecilia D. Porter. 2020. (ENG.). 30p. (YA). 14.99 (978-1-0879-2973-6(3)) Indy Pub.

I Am in Foster Care. Keri Collinsworth. 2023. (ENG., Illus.). 20p. (J). pap. 13.95 (978-1-68526-878-7(1)) Covenant Bks.

I Am in Love Coloring Book. Activity Book Zone. 2016. (ENG., Illus.). (J). pap. 9.20 (978-1-68376-350-5(5)) Sabeels Publishing.

I Am in Love with My Body! Cecilia D. Porter. 2020. (ENG.). 24p. (YA). 13.99 (978-1-0879-0383-5(1)) Indy Pub.

I Am Izza & Chuck Is on a Quest. Kirsty Holmes & Robin Twiddy. Illus. by Lynne Feng & Amy Li. 2023. (Level 3 - Yellow Set Ser.). (ENG.). 32p. (J). (gr. k-2). lib. bdg. 19.95 Bearport Publishing Co., Inc.

I Am Jacob. Maria Lindstrom. 2019. (ENG., Illus.). 34p. (J). (978-1-78848-558-6(0)); pap. (978-1-78848-557-9(2)) Austin Macauley Pubs. Ltd.

I Am Jamaica. Ann-Marie Zoë Coore. Illus. by Brian Clarke. 2022. 62p. (J). 34.26 (978-1-6678-5943-9(9)) BookBaby.

I Am Jane Goodall. Brad Meltzer. Illus. by Christopher Eliopoulos. 2016. (Ordinary People Change the World Ser.). 32p. (J). (gr. k-4). 16.99 (978-0-525-42849-7(6), Dial Bks) Penguin Young Readers Group.

I Am Jax, Protector of the Ranch. Catherine Stier. Illus. by Francesca Rosa. 2020. (Dog's Day Ser.: 1). (ENG.). 96p. (J). (gr. 1-5). pap. 5.99 (978-0-8075-1671-3(6), 0807516716); 12.99 (978-0-8075-1663-8(5), 807516635) Whitman, Albert & Co.

I Am Jellyfish. Ruth Paul. 2018. (Illus.). 32p. (J). (gr. -1-k). 15.99 (978-0-14-377115-9(9)) Penguin Group New Zealand, Ltd. NZL. Dist: Independent Pubs. Group.

I Am Jim Henson. Brad Meltzer. Illus. by Christopher Eliopoulos. 2017. (Ordinary People Change the World Ser.). 40p. (J). (gr. k-4). 15.99 (978-0-525-42850-3(X), Dial Bks) Penguin Young Readers Group.

I Am John Lewis. Brad Meltzer. Illus. by Christopher Eliopoulos. 2023. (Ordinary People Change the World Ser.). 40p. (J). (gr. k-4). 16.99 (978-0-593-40594-9(3), Rocky Pond Bks.) Penguin Young Readers Group.

I Am Josephine: (and I Am a Living Thing) Jan Thornhill. Illus. by Jacqui Lee. 2019. (ENG.). 32p. (J). (gr. k-2). pap. 9.95 (978-1-77147-353-8(3)) Owlkids Bks. Inc. CAN. Dist: Publishers Group West (PGW).

I Am Just a Baby. Anna Svetchnikov. 2020. (ENG.). 48p. (J). 37.22 (978-1-716-40759-8(1)); 35.97 (978-1-716-43034-3(8)) Lulu Pr., Inc.

I Am Just Right. David McPhail. (J). 2020. (Illus.). 22p. (— 1). bds. 7.99 (978-0-8234-4683-4(2)); 2020. 32p. (gr. -1-3). pap. 7.99 (978-0-8234-4575-2(5)); 2019. (Illus.). 32p. (-k). 15.99 (978-0-8234-4106-8(7)) Holiday Hse., Inc.

I Am Just Right. David McPhail. ed. 2020. (I Like to Read Ser.). (ENG., Illus.). 25p. (J). (gr. k-1). 17.96 (978-1-64697-442-9(5)) Penworthy Co., LLC, The.

I Am Kavi. Thushanthi Ponweera. 2023. 272p. (J). (gr. 3-7). 18.99 (978-0-8234-5365-8(0)) Holiday Hse., Inc.

I Am Keeping It Real. Cecilia D. Porter. 2020. (ENG., Illus.). 26p. (YA). 14.99 (978-1-0879-3556-0(3)) Indy Pub.

I Am Kind. Jenny Fretland VanVoorst & Jenny Fretland VanVoorst. 2019. (Character Education Ser.). (ENG., Illus.). 24p. (J). (gr. k-3). pap. 7.99 (978-1-61891-499-6(5), 12149, Blastoff! Readers) Bellwether Media.

I Am Kind: A Little Book about Abraham Lincoln. Brad Meltzer. Illus. by Christopher Eliopoulos. 2019. (Ordinary People Change the World Ser.). 14p. (J). (-k). bds. 7.99 (978-0-525-55295-6(2), Dial Bks) Penguin Young Readers Group.

I Am Kind: A Positive Power Story. Suzy Capozzi. Illus. by Eren Unten. 2022. (Step into Reading Ser.). 32p. (J). (gr. -1-1). pap. 5.99 (978-0-593-43417-8(X)); (ENG.). lib. bdg. 14.99 (978-0-593-43418-5(8)) Random Hse. Children's Bks. (Random Hse. Bks. for Young Readers).

I Am Kind: A Positive Power Story. Suzy Capozzi. Illus. by Eren Unten & Eren Unten. 2017. (Rodale Kids Curious Readers/Level 2 Ser.: 2). 32p. (J). (gr. -1-1). pap. 4.99 (978-1-62336-878-4(2), 9781623368784, Rodale Kids) Random Hse. Children's Bks.

I Am Kind, Confident & Brave: A Coloring Book for Boys. Bright Start Boys. 2019. (ENG., Illus.). 110p. (J). (gr. k-6). pap. (978-1-913357-17-7(1)) Devela Publishing.

I Am Kind to Myself. Eileen Spinelli. Illus. by Ekaterina Trukhan. 2023. (Highlights Books of Kindness Ser.). 26p. (J). (-k). 14.99 (978-1-63962-072-2(9), Highlights) Highlights Pr., c/o Highlights for Children, Inc.

I Am King. Sherica Johnson. 2021. (ENG.). 22p. (J). (978-0-2288-5260-5(9)); pap. (978-0-2288-5261-2(7)) Tellwell Talent.

I Am Left-Handed! What I Love about Being a Lefty. Dagmar Geisler & Stephanie Gerharz. Tr. by Andy Jones Berasaluce. Illus. by Dagmar Geisler. 2023. (Safe Child, Happy Parent Ser.). (Illus.). 36p. (J). (gr. -1-1). 17.99 (978-1-5107-7097-3(6), Sky Pony Pr.) Skyhorse Publishing Co., Inc.

I Am Leonardo Da Vinci. Brad Meltzer. Illus. by Christopher Eliopoulos. 2020. (Ordinary People Change the World Ser.). 40p. (J). (gr. k-4). 16.99 (978-0-525-55588-9(9), Dial Bks) Penguin Young Readers Group.

I Am Life. Elisabeth Helland Larsen. 2018. (KOR.). (J). (978-89-5663-582-8(X)) Marubeol Publishing Co.

I Am Life. Illus. by Marine Schneider. 2017. (ENG.). 48p. (J). (gr. -1-3). 19.95 (978-3-89955-793-0(X)) Die Gestalten Verlag DEU. Dist: Ingram Publisher Services.

I Am Lily, Hear Me Roar. Monica L. Seibert. 2018. (ENG., Illus.). 64p. (YA). pap. 11.95 (978-1-64300-299-6(6)) Covenant Bks.

I Am Little. Bela Davis. 2022. (Spot the Sight Words Ser.). (ENG., Illus.). 24p. (J). (gr. -1-2). lib. bdg. 31.36 (978-1-0982-6160-3(7), 39485, Abdo Kids) ABDO Publishing Co.

I Am Little Fish! a Finger Puppet Book. Lucy Cousins. Illus. by Lucy Cousins. 2018. (Little Fish Ser.). (ENG., Illus.). 16p. (J). (— 1). bds. 12.99 (978-1-5362-0023-2(9)) Candlewick Pr.

I Am Living in My Truth. Cecilia D. Porter. 2020. (ENG.). 28p. (YA). 14.99 (978-1-0879-2972-9(5)) Indy Pub.

I Am Lola. Lori Bakewell. 2021. (ENG.). 52p. (J). 20.00 (978-0-578-95877-4(5)) Amster, Valerie.

I Am Love: A Book of Compassion. Susan Verde. Illus. by Peter H. Reynolds. (I Am Bks.). (ENG.). (J). (gr. -1 — 1). 2021. 22p. bds., bds. 8.99 (978-1-4197-4237-8(X), 1277610, Abrams Appleseed); 2019. 32p. 14.99 (978-1-4197-3726-8(0), 1277601) Abrams, Inc.

I Am Loved. Nikki Giovanni. Illus. by Ashley Bryan. 2018. (ENG.). 32p. (J). (gr. -1-3). 18.99 (978-1-5344-0492-2(9), Atheneum/Caitlyn Dlouhy Books) Simon & Schuster Children's Publishing.

I Am Loved. Kevin Qamaniq-Mason & Mary Qamaniq-Mason. Illus. by Hwei Lim. 2021. (ENG.). 30p. (J). (gr. 1-3). 10.95 (978-1-77227-281-9(7)) Inhabit Media Inc. CAN. Dist: Consortium Bk. Sales & Distribution.

I Am Loved. Nadine Turner Jordan. 2019. (ENG.). 28p. (J). 23.99 (978-1-68456-379-1(8)); pap. 13.95 (978-1-68456-376-0(3)) Page Publishing Inc.

I Am Loved: The Gift. Hope Murphy. 2021. (ENG.). 38p. (J). 15.95 (978-1-64543-285-2(8)) Amplify Publishing Group.

I Am Loved Right Where I Am. Jason Galvez. 2019. (ENG.). 32p. (J). pap. (978-0-359-37575-2(8)) Lulu Pr., Inc.

I Am Loving & Loveable Affirming Bullet (dot) Journal: Affirmation, African American Women Inspired Self Care Bullet Journal. Kismetj J. 2022. (ENG.). 200p. (YA). pap. (978-1-6781-3420-4(1)) Lulu Pr., Inc.

I Am Lupe. Sela Atiola. Illus. by Luna Stella D. 2021. (ENG.). 32p. (J). pap. (978-0-646-83516-7(5)) Atiola, Sela.

I Am Made of Coal! Leigh Ann Ray. 2016. (ENG., Illus.). 26p. pap. 13.95 (978-1-4808-3818-5(7)) Archway Publishing.

I Am Magic: a Inspirational Coloring Book. Stephanie P. Williams. 2022. (ENG.). 51p. (J). pap. (978-1-387-66117-6(5)) Lulu Pr., Inc.

I Am Malala: The Girl Who Stood up for Education & Was Shot by the Taliban. Malala Yousafzai. ed. 2016. (J). lib. bdg. 22.10 (978-0-606-37164-3(8)) Turtleback.

I Am Malala: The Girl Who Stood up for Education & Was Shot by the Taliban. Malala Yousafzai & Patricia McCormick. l.t. ed. 2017. (ENG., Illus.). 302p. 22.99 (978-1-4104-9916-5(2)) Cengage Gale.

I Am Malala PB 9c Solid Floor Display: How One Girl Stood up for Education & Changed the World (Young Readers Edition) Malala Yousafzai. 2016. (ENG.). 256p. (J). (gr. 5-17). 98.91 (978-0-316-30398-9(4)) Little, Brown Bks. for Young Readers.

I Am Malala Yousafzai. Brad Meltzer. Illus. by Christopher Eliopoulos. 2022. (Ordinary People Change the World Ser.). 40p. (J). (gr. k-4). 15.99 (978-0-593-40588-8(9), Dial Bks) Penguin Young Readers Group.

I Am Male I Am Female. Karen Hill. 2019. (ENG.). 40p. (J). pap. 9.99 (978-0-9905447-9-1(6)) Hom, Jonathan.

I Am Mama's Favorite. Adeola Oyekola. 2020. (ENG.). 26p. (J). pap. 11.99 (978-1-7353671-0-1(9)) OlaBks. International.

I Am Margaret Moore: A Novel. Hannah Capin. 2022. (ENG., Illus.). 320p. (YA). 18.99 (978-1-250-23957-0(5), 900211184, Wednesday Bks.) St. Martin's Pr.

I Am Margaret the Play. Corinna Turner. 2020. (ENG.). 138p. (YA). pap. (978-1-910806-84-5(6)) Zephyr Publishing.

I Am Margaret the Play: Director's Edition. Corinna Turner. 2017. (ENG.). 138p. (YA). pap. (978-1-910806-54-8(4)) Zephyr Publishing.

I AM Mari-Posa, the Young Monarch. Chelle Allen. Illus. by Sue Allen. 2021. (I Am Ser.: Vol. 1). (ENG.). 26p. (J). pap. 13.95 (978-1-63874-444-3(0)) Christian Faith Publishing.

I Am Marie Curie. Brad Meltzer. Illus. by Christopher Eliopoulos. 2019. (Ordinary People Change the World Ser.). 40p. (J). (gr. k-4). 16.99 (978-0-525-55585-8(4), Dial Bks) Penguin Young Readers Group.

I Am Martin Luther King, Jr. Brad Meltzer. Illus. by Christopher Eliopoulos. 2016. (Ordinary People Change the World Ser.). 32p. (J). (gr. k-4). 15.99 (978-0-525-42852-7(6), Dial Bks) Penguin Young Readers Group.

I Am Mary Anning. Brooke Vitale. 2021. (Xavier Riddle & the Secret Museum Ser.). (Illus.). 32p. (J). (gr. 1-2). pap. 4.99

944 The check digit for ISBN-10 appears in parentheses after the full ISBN-13

TITLE INDEX

I AM SO CURIOUS

(978-0-593-22218-8(0), Penguin Young Readers) Penguin Young Readers Group.

I Am Mary Shelley. Marilyn Easton. 2021. (Xavier Riddle & the Secret Museum Ser.). (Illus.). 32p. (J). (gr. 1-2). 15.99 *(978-0-593-38260-8(9))*; pap. 4.99 *(978-0-593-22580-6(5))* Penguin Young Readers Group. (Penguin Young Readers).

I Am Max. Astrid Holm. 2018. (Dr. Seuss's I Am Board Bks.). (ENG., Illus.). 26p. (J). (— 1). bds. 8.99 *(978-1-5247-1801-5(7)*, Random Hse. Bks. for Young Readers) Random Hse. Children's Bks.

I Am Me. Jennifer Francis. Illus. by Patrycja Fabicka. 2020. (ENG.). 32p. (J). 16.99 *(978-0-692-87978-8(1))* Francis, Jennifer.

I Am Me. Sue Hampton. 2017. (ENG., Illus.). (J). pap. *(978-1-911070-85-6(1))* TSL Pubns.

I Am Me. Sue Hampton et al. 2017. (ENG., Illus.). 34p. (J). pap. *(978-1-912416-01-1(8))* TSL Pubns.

I Am Me. Dior Haughton & Jade Calder. 2021. (ENG.). 44p. (J). pap. *(978-1-9169010-7-0(7))* Calder, Jade.

I Am Me! Leetress M Burris. 2019. (ENG.). 28p. (J). pap. 10.99 *(978-1-64298-795-9(6))* Page Publishing Inc.

I Am Me. Alexis Pascascio. Ed. by Alethea Pascascio. 2017. (Lesson Ser.: Vol. 1). (ENG., Illus.). (J). (gr. 1-6). pap. 11.95 *(978-0-9778377-4-8(2))* Queen Pubns.

I Am Me. Silvana Philippoussis. 2017. (ENG., Illus.). 40p. (J). pap. *(978-0-646-97924-3(8))* Philippoussis, Silvana.

I Am Me. Stacy Price. 2021. (ENG., Illus.). 22p. (J). 23.95 *(978-1-63860-553-9(X))*; pap. 13.95 *(978-1-63710-944-1(X))* Fulton Bks.

I Am Me. Shenna Walker. 2018. (ENG.). 34p. (J). pap. ***(978-1-387-54798-2(4))*** Lulu Pr., Inc.

I Am Me! Sunshine Wallace & Karrie Wallace. 2023. (ENG.). 74p. (J). pap. 19.99 ***(978-1-0881-3578-5(1))*** Indy Pub.

I Am Me: A Book of Authenticity. Susan Verde. Illus. by Peter H. Reynolds. 2022. (I Am Bks.). (ENG.). 32p. (J). (gr. -1-3). 15.99 *(978-1-4197-4648-2(0)*, 1700101) Abrams, Inc.

I Am... Me: A Book of Positive Affirmations for Children. Marisa Ugalde. 2021. (ENG., Illus.). 34p. (J). 24.95 *(978-1-63961-260-4(2))*; pap. 14.95 *(978-1-0980-7949-9(3))* Christian Faith Publishing.

I Am Me! A Child's Self-Care Coloring Book. Maretta Johnson. 2021. (ENG.). 33p. (J). pap. *(978-1-6671-6458-8(9))* Lulu Pr., Inc.

I Am Me 2. Sue Hampton & People Not Borders. 2019. (ENG.). 34p. (J). pap. *(978-1-912416-80-6(8))* TSL Pubns.

I Am Me. & I Like What I See. Kelly Curry. Illus. by Shaina Manuel. 2022. 24p. (J). pap. 14.99 *(978-1-6678-6296-5(0))* BookBaby.

I Am Me. & I Like What I See. Kelly Curry. Illus. by Shaina Manuel. 2020. (ENG.). 32p. (J). 16.99 *(978-1-948829-87-8(8))*; pap. 12.99 *(978-1-948829-85-4(1))* Relentless Publishing Hse.

I Am Me & You Are You. Stacie Sullivan-Simon. 2017. (ENG., Illus.). (J). (gr. k-6). pap. 13.95 *(978-1-61244-556-4(X))* Halo Publishing International.

I Am Me. I Am One. Ablavi L. de Souza-Hughton. 2023. (ENG.). 32p. (J). pap. ***(978-1-77831-043-0(5))*** WTL International.

I Am Me! I Love Me! Simple Mantras for Lil' Chakras. Roberta Neumann. 2021. (ENG.). 44p. (J). 19.99 ***(978-1-0879-9416-1(0))***; pap. 11.99 ***(978-0-578-99170-2(5))*** Lil' Chakras.

I Am Mighty: an Acorn Book (Princess Truly #6) Kelly Greenawalt. Illus. by Amariah Rauscher. 2022. (Princess Truly Ser.). (ENG.). 48p. (J). (gr. -1-1). 23.99 *(978-1-338-81883-3(X))*; pap. 4.99 *(978-1-338-81882-6(1))* Scholastic, Inc.

I Am More Than a Color! Power on Purpose. Amber Shanel Brown-Caple. 2022. (ENG.). 40p. (J). pap. 12.99 ***(978-1-0878-9065-4(9))*** Indy Pub.

I Am More Than You Can See. Kevin Patton. 2022. 30p. (J). 26.00 *(978-1-6678-6157-9(3))* BookBaby.

I Am Mozart, Too: The Lost Genius of Maria Anna Mozart. Audrey Ades. Illus. by Adelina Lirius. 2022. (ENG.). 40p. (J). 18.99 *(978-0-374-31476-7(4)*, 900237036, Farrar, Straus & Giroux (BYR)) Farrar, Straus & Giroux.

I Am Mr. Spock (Star Trek) Elizabeth Schaefer. Illus. by Ethen Beavers. 2019. (Little Golden Book Ser.). 24p. (J). (-k). 4.99 *(978-1-9848-2975-7(0)*, Golden Bks.) Random Hse. Children's Bks.

I Am Muhammad Ali. Brad Meltzer. Illus. by Christopher Eliopoulos. 2022. (Ordinary People Change the World Ser.). 40p. (J). (gr. k-4). 15.99 *(978-0-593-40585-7(4)*, Dial Bks) Penguin Young Readers Group.

I Am Mulan (Disney Princess) Courtney Carbone. Illus. by Alan Batson. 2020. (Little Golden Book Ser.). (ENG.). 24p. (J). (-k). 5.99 *(978-0-7364-4044-8(5)*, Golden/Disney) Random Hse. Children's Bks.

I Am My Ancestors. 2022. (ENG.). (J). 16.99 *(978-1-4621-4317-7(2))* Cedar Fort, Inc./CFI Distribution.

I Am My Hair. Kinyel Friday. Ed. by Diane Ferguson. Illus. by Robert Roberson. 2020. (ENG.). 34p. (J). (gr. k-2). pap. 7.99 *(978-1-7340945-4-1(0))* KinYori Bks. LLC.

I Am Neil Armstrong. Brad Meltzer. 2020. (ENG.). (J). (gr. k-3). pap. 5.95 *(978-1-338-56253-8(3)*, Dial Bks) Penguin Young Readers Group.

I Am Neil Armstrong. Brad Meltzer. Illus. by Christopher Eliopoulos. 2018. (Ordinary People Change the World Ser.). 40p. (J). (gr. k-4). 15.99 *(978-0-7352-2872-6(8)*, Dial Bks) Penguin Young Readers Group.

I Am Never Bored: the Best Ever Craft & Activity Book for Kids: 100 Great Ideas for Kids to Do When There Is Nothing to Do. Sarah Devos. Illus. by Emma Thyssen. 2018. (ENG.). 144p. (J). (gr. k-4). pap. 15.99 *(978-1-63159-468-7(0)*, 301938, Quarry Bks.) Quarto Publishing Group USA.

I Am Nick - Arau Bon Nick (Te Kiribati) Lara Cain Gray. Illus. by Yuliia Dubnevich. 2023. (ENG.). 20p. (J). pap. ***(978-1-922835-82-6(X))*** Library For All Limited.

I Am No Longer Afraid. Fregenia Moore-Robinson. 2021. (ENG., Illus.). 26p. (J). pap. 12.95 *(978-1-63885-400-5(9))* Covenant Bks.

I Am Not. Sarah Monares. Illus. by Aubree Monares. 2021. (ENG.). 48p. (J). 22.99 ***(978-1-7341098-4-9(X))*** Monares Collective LLC.

I Am Not! Cecilia D. Porter. 2020. (ENG., Illus.). 58p. (J). 18.99 *(978-1-0879-3648-2(9))* Indy Pub.

I Am Not a Camel: Animals in the Desert. Mari Bolte. 2023. (What Animal Am I? Ser.). (ENG.). 32p. (J). pap. 8.99 ***(978-0-7565-7366-9(1)***, 254938, Pebble) Capstone.

I Am Not a Cereal Box. Dynamo Limited. ed. 2019. (I Am Not A... Activity Bks.). (ENG.). 48p. (J). (gr. 2-4). 20.49 *(978-1-64310-782-0(8))* Penworthy Co., LLC, The.

I Am Not a Chair. Ross Burach. 2017. (ENG., Illus.). 40p. (J). (gr. -1-3). 17.99 *(978-0-06-236016-8(7)*, HarperCollins) HarperCollins Pubs.

I Am Not a Chicken: Animals on the Farm. Mari Bolte. 2023. (What Animal Am I? Ser.). (ENG.). 32p. (J). pap. 8.99 ***(978-0-7565-7372-0(6)***, 254953, Pebble) Capstone.

I Am Not a Dog: Pet Animals. Mari Bolte. 2023. (What Animal Am I? Ser.). (ENG.). 32p. (J). pap. 8.99 ***(978-0-7565-7378-2(5)***, 254952, Pebble) Capstone.

I Am Not a Fish! Peter Raymundo. Illus. by Peter Raymundo. 2019. (Illus.). 32p. (J). (-k). 18.99 *(978-0-525-55459-2(9)*, Dial Bks) Penguin Young Readers Group.

I Am Not a Foot. Robert Sky Allen Ph D. 2019. (ENG., Illus.). 30p. (J). 22.95 *(978-1-64300-266-8(X))* Covenant Bks.

I Am Not a Hippopotamus, I Am a Little Girl. Dee Harris. Illus. by Lisa Bohart. 2020. (ENG.). 24p. (J). 22.95 *(978-1-61493-708-1(7))* Peppertree Pr., The.

I Am Not a Label! Cecilia D. Porter. 2020. (ENG.). 30p. (J). 14.99 *(978-1-0879-2757-2(9))* Indy Pub.

I Am Not a Label: 34 Disabled Artists, Thinkers, Athletes & Activists from Past & Present. Cerrie Burnell. Illus. by Lauren Mark Baldo. ed. 2020. (ENG.). 64p. (J). (gr. 1-7). 23.99 ***(978-0-7112-4745-1(5)***, Wide Eyed Editions) Quarto Publishing Group UK GBR. Dist: Hachette Bk. Group.

I Am Not a Number see Gaawin Gindaaswin Ndaawsii / I Am Not a Number

I Am Not a Number, 1 vol. Jenny Kay Dupuis & Kathy Kacer. Illus. by Gillian Newland. 2016. (ENG.). 32p. (J). (gr. 3-6). 19.95 *(978-1-927583-94-4(2))* Second Story Pr. CAN. Dist: Orca Bk. Pubs. USA.

I Am Not a Penguin: a Pangolin's Lament. Liz Wong. 2021. (Illus.). 40p. (J). (gr. -1-2). 17.99 *(978-0-593-12740-7(4))*; lib. bdg. 20.99 *(978-0-593-12741-4(2))* Random Hse. Children's Bks. (Knopf Bks. for Young Readers).

I Am Not a Princess!, 1 vol. Bethany Burt. Illus. by Brenda McCallum. 2016. (ENG.). 40p. (J). 16.99 *(978-0-7643-5212-6(1)*, 7563) Schiffer Publishing, Ltd.

I Am Not a Robot. Ashleigh Scott. 2021. (ENG., Illus.). 28p. (J). pap. 13.95 *(978-1-63692-621-6(5))* Newman Springs Publishing, Inc.

I Am Not a Snow Leopard: Animals in the Mountains. Mari Bolte. 2023. (What Animal Am I? Ser.). (ENG.). 32p. (J). pap. 8.99 ***(978-0-7565-7384-3(X)***, 254951, Pebble) Capstone.

I Am Not a Tin Can! Barroux. Illus. by Barroux. 2022. (ENG., Illus.). 32p. (J). (gr. -1-2). 18.99 *(978-1-5253-0554-2(9))* Kids Can Pr., Ltd. CAN. Dist: Hachette Bk. Group.

I Am Not a Toilet Paper Roll. Dynamo Limited. ed. 2019. (I Am Not A... Activity Bks.). (ENG.). 48p. (J). (gr. 2-4). 20.49 *(978-1-64310-783-7(6))* Penworthy Co., LLC, The.

I Am Not a Troublemaker. Tolu' A. Akinyemi. Illus. by Ishika Sharma. 2021. (ENG.). 28p. (J). pap. *(978-1-913636-15-9(1))* Roaring Lion Newcastle.

I Am Not a Worm: I Am Easton, a Child of the King. Vicki Roach. Illus. by Ricardo Ramirez Gallo. 2023. (ENG.). 24p. (J). 14.99 ***(978-1-63337-722-6(9))***; pap. 12.99 ***(978-1-63337-723-3(7))*** Columbus Pr. (Proving Pr.).

I Am Not Afraid! Level 2. Kenny Mann. Illus. by Richard Leonard & Alfredo Aicala. 2020. (ENG.). 34p. (J). pap. 9.95 *(978-1-899694-76-1(5))* ibooks, Inc.

I Am Not Afraid: Psalm 23 for Bedtime. Sandy Eisenberg Sasso. Illus. by Marta Dorado. 2023. 32p. (J). 17.99 *(978-1-5064-8551-5(0)*, Beaming Books) 1517 Media.

I Am Not Afraid to Fail. Daniel Kenney. 2018. (Persistence Project Ser.: Vol. 3). (ENG., Illus.). 42p. (J). pap. 10.99 *(978-1-947865-20-4(X))* Trendwood Pr.

I Am Not Alone. Francisco X. Stork. 2023. (ENG.). 320p. (YA). (gr. 7). 19.99 *(978-1-338-73626-7(4)*, Scholastic Pr.) Scholastic, Inc.

I Am Not Alone: A Coloring Book for Howie & the Light. Latoya Dawkins. 2021. (ENG.). 22p. (J). pap. 5.99 *(978-1-7363401-2-5(X))* Dawkins, Latoya.

I Am Not an Egg Carton. Dynamo Limited. ed. 2019. (I Am Not A... Activity Bks.). (ENG.). 48p. (J). (gr. 2-4). 20.49 *(978-1-64310-784-4(4))* Penworthy Co., LLC, The.

I Am Not an Octopus. Eoin McLaughlin. Illus. by Marc Boutavant. 2023. (ENG.). 32p. (J). (gr. -1-2). 18.99 *(978-1-5362-2505-1(3))* Candlewick Pr.

I Am Not an Old Sock. Dynamo Limited. ed. 2019. (I Am Not A... Activity Bks.). (ENG.). 48p. (J). (gr. 2-4). 20.49 *(978-1-64310-785-1(2))* Penworthy Co., LLC, The.

I Am Not Being Lazy, I Just Don't Understand. Gina Paul. Illus. by D. G. 2020. (ENG.). 38p. (J). pap. 13.95 *(978-1-7344789-0-7(X))* Gina.

I Am Not Contagious. Angela K. Pearson. 2021. (ENG.). 40p. (J). pap. 14.99 *(978-1-0879-5035-8(X))* Indy Pub.

I Am Not Just Pretty; I Am ______ Too. Danielle Marie. 2020. (ENG., Illus.). 50p. (J). pap. 15.00 ***(978-1-937400-97-2(2))*** Manifold Grace Publishing Hse.

I Am Not Naughty - I Really Really Mean It! Basirat Razaq-Shuaib. Illus. by Lekan Salami. 2021. (ENG.). 34p. (J). pap. *(978-1-80049-252-3(9))* Independent Publishing Network.

I Am Not Scared. Anna Kang. Illus. by Christopher Weyant. 2017. (You Are Not Small Ser.: 3). (ENG.). 32p. (J). (gr. -1-2). 17.99 *(978-1-5039-3745-1(3)*, 9781503937451, Two Lions) Amazon Publishing.

I Am Not Sick: A Book about Feeling Better. Frank Tupta. Illus. by Lindsay Ward. 2021. (ENG.). 42p. (J). pap. 12.99 *(978-1-7343569-1-5(X))* Primedia eLaunch LLC.

I Am Not Starfire. Mariko Tamaki. Illus. by Yoshi Yoshitani. 2021. 184p. (YA). (gr. 8-12). pap. 16.99 *(978-1-77950-126-4(9))* DC Comics.

I Am Not Too Small. Jade Calder. 2021. (ENG.). 50p. (J). pap. *(978-1-9169010-5-6(0))* Calder, Jade.

I Am NOT Trash. Meredith Pope. Illus. by Santhya Shenbagam Radhakrishnan. 2021. (ENG.). 36p. (J). pap. 12.00 *(978-0-578-88450-9(X))* PeekaBoo Publishing Collective LLC.

I Am Not Your Perfect Mexican Daughter. Erika L. Sánchez. 2019. (ENG.). lib. bdg. 22.80 *(978-1-6636-2193-1(4))* Perfection Learning Corp.

I Am Not Your Perfect Mexican Daughter. Erika L. Sánchez. (ENG.). (YA). (gr. 9). 2019. 368p. pap. 12.99 *(978-1-5247-0051-5(7)*, Ember); 2017. 352p. 19.99 *(978-1-5247-0048-5(7)*, Knopf Bks. for Young Readers) Random Hse. Children's Bks.

I Am Number Four: the Lost Files: Zero Hour. Pittacus Lore. 2016. (Lorien Legacies: the Lost Files Ser.). (ENG.). 416p. (YA). (gr. 9). pap. 11.99 *(978-0-06-238771-4(5)*, HarperCollins) HarperCollins Pubs.

I Am Odd, I Am New. Benjamin Giroux. Illus. by Roz Maclean. 2021. (ENG.). 32p. (J). (gr. -1-3). 16.99 *(978-0-7643-6241-5(0)*, 24831) Schiffer Publishing, Ltd.

I Am Olaf (Disney Frozen) Christy Webster. Illus. by Alan Batson. 2020. (Little Golden Book Ser.). (ENG.). 24p. (J). (-k). 5.99 *(978-0-7364-4128-5(X)*, Golden/Disney) Random Hse. Children's Bks.

I Am One: A Book of Action. Susan Verde. Illus. by Peter H. Reynolds. (I Am Bks.). (ENG.). (J). (gr. -1 — 1). 2022. 22p. bds., bds. 8.99 *(978-1-4197-4239-2(6)*, 1263410, Abrams Appleseed); 2020. 32p. 14.99 *(978-1-4197-4238-5(8)*, 1263401, Abrams Bks. for Young Readers) Abrams, Inc.

I Am One with the Universe. Kyra Kalweit & Dayán Mantecón Roldán. 2022. (ENG.). 30p. (J). *(978-0-2288-5623-8(X))*; pap. *(978-0-2288-5624-5(8))* Tellwell Talent.

I Am Oprah Winfrey. Brad Meltzer. Illus. by Christopher Eliopoulos. 2021. (Ordinary People Change the World Ser.). 40p. (J). (gr. k-4). 15.99 *(978-0-593-40582-6(X)*, Dial Bks) Penguin Young Readers Group.

I Am Otter Board Book. Sam Garton. 2016. (ENG., Illus.). 34p. (J). (gr. -1 — 1). bds. 7.99 *(978-0-06-240908-9(5)*, Balzer & Bray) HarperCollins Pubs.

I Am Peace: A Book of Mindfulness. Susan Verde. Illus. by Peter H. Reynolds. 2019. (I Am Bks.). (ENG.). 22p. (J). (gr. -1 — 1). bds. 8.99 *(978-1-4197-3152-5(1)*, 1192910, Abrams Appleseed) Abrams, Inc.

I Am Peace: A Book of Mindfulness. Susan Verde. 2017. (I Am Bks.). (ENG., Illus.). 32p. (J). (gr. -1-3). 14.95 *(978-1-4197-2701-6(X)*, 1192901, Abrams Bks. for Young Readers) Abrams, Inc.

I Am Perfectly Designed. Karamo Brown & Jason "Rachel" Brown. Illus. by Anoosha Syed. 2019. (ENG.). 40p. (J). 18.99 *(978-1-250-23221-2(X)*, 900209767, Holt, Henry & Co. Bks. For Young Readers) Holt, Henry & Co.

I Am PNG: Tikai Lives in Rabaul - Ngai Bon Kaain PNG Tikai Maii Rabaul (Te Kiribati): Tikai Lives in Rabaul - Patricia Paraide. Illus. by Fandhi Wijanarko. 2023. (ENG.). 22p. (J). pap. ***(978-1-922844-49-1(7))*** Library For All Limited.

I Am Polar Bear. J. Patrick Lewis. Illus. by Miriam Nerlove. 2019. (ENG.). 32p. (J). (gr. 1-3). 18.99 *(978-1-56846-332-2(4)*, 18897, Creative Editions) Creative Co., The.

I AM Powerful: An Affirmation Journal for Black Girls. Doris Blizzard. 2020. (ENG.). 158p. (J). 25.00 *(978-1-0879-2376-5(X))* Indy Pub.

I Am Powerful, I Am Amazing, I Am a King. Anthony D. Brice & Kristy High. Illus. by D. G. 2020. (ENG.). 38p. (J). pap. 14.99 *(978-1-7336419-3-7(9))* Impower Group, The.

I Am Pretty Great: A Dragon Coloring Book about Self-Esteem, Self-Confidence & Positive Affirmations. (My Dragon Coloring Book) Steve Herman. 2021. (ENG.). 40p. (J). 18.95 *(978-1-64916-094-2(1))*; pap. 12.95 *(978-1-64916-093-5(3))* Digital Golden Solutions LLC.

I Am Princess Katlyn: The Pretty Princess with down Syndrome. Ann Aubitz & Katlyn Aubitz. 2019. (ENG.). 34p. (J). pap. 12.95 *(978-0-9909039-7-0(X))* FuzionPrint.

I Am Proud! Lourdes Ornelas. 2019. (ENG.). 24p. (J). 22.95 *(978-1-4808-7637-8(2))*; pap. 12.45 *(978-1-4808-7636-1(4))* Archway Publishing.

I Am Proud - Our Yarning. Jbus. Illus. by Kara Matters. 2023. (ENG.). 36p. (J). pap. ***(978-1-923063-00-6(6))*** Library For All Limited.

I Am Proud of Myself! Cecilia D. Porter. 2020. (ENG., Illus.). 30p. (J). 14.99 *(978-1-0879-3530-0(X))* Indy Pub.

I Am Proud to Be Brown! Cecilia D. Porter. 2020. (ENG.). 30p. (J). 14.99 *(978-1-0879-2076-4(0))* Indy Pub.

I Am Proud to Be Jewish: Jewish Coloring Book. Jupiter Kids. 2016. (ENG., Illus.). 106p. (J). pap. 12.55 *(978-1-68305-245-6(5)*, Jupiter Kids (Childrens & Kids Fiction)) Speedy Publishing LLC.

I Am Proud to Be Muslim: Islamic Coloring Book. Jupiter Kids. 2016. (ENG., Illus.). 106p. (J). pap. 12.55 *(978-1-68305-246-3(3)*, Jupiter Kids (Childrens & Kids Fiction)) Speedy Publishing LLC.

I Am Queen. Sherica Johnson. 2021. (ENG.). 22p. (J). *(978-0-2288-6607-7(3))*; pap. *(978-0-2288-6606-0(5))* Tellwell Talent.

I Am Quintessential. Davia A. Morris. 2022. 48p. (J). 32.95 *(978-1-6678-5367-3(8))* BookBaby.

I Am Ready for School! Stephen Krensky. Illus. by Sara Gillingham. 2023. (Empowerment Ser.). (ENG.). 12p. (J). (gr. -1 — 1). bds., bds. 8.99 *(978-1-4197-6168-3(4)*, 1773910, Abrams Appleseed) Abrams, Inc.

I Am Remarkable: A Journey of Self-Discovery. Ruth Nielson. 2022. (ENG.). 48p. (J). *(978-1-5255-7056-8(0))*; pap. *(978-1-5255-7057-5(9))* FriesenPress.

I Am Resourceful. Kirsten Chang. 2020. (Character Education Ser.). (ENG., Illus.). 24p. (J). (gr. k-3). pap. 7.99 *(978-1-61891-793-5(5)*, 12578, Blastoff! Readers) Bellwether Media.

I Am Respectful. Jenny Fretland VanVoorst. 2019. (Character Education Ser.). (ENG., Illus.). 24p. (J). (gr. k-3). pap. 7.99 *(978-1-61891-500-9(2)*, 12150, Blastoff! Readers) Bellwether Media.

I Am Responsible. Jenny Fretland VanVoorst. 2019. (Character Education Ser.). (ENG., Illus.). 24p. (J). (gr. k-3). pap. 7.99 *(978-1-61891-501-6(0)*, 12151, Blastoff! Readers) Bellwether Media.

I Am Rich. Kim Pouncey. 2022. (ENG., Illus.). 28p. (J). 25.95 ***(978-1-6624-8555-8(7))*** Page Publishing Inc.

I Am Rooted! Growing Biblical Roots in Kids Through Devotional & Gratitude Journaling. Amanda Lee. 2020. (ENG.). 202p. (J). pap. *(978-0-9877647-0-6(5))* Gauvin, Jacques.

I Am Rosa Parks. Rosa Parks & Jim Haskins. Illus. by Wil Clay. 2021. (Step into Reading Ser.). 48p. (J). (gr. 3-4). pap. 5.99 *(978-0-593-43272-3(X))*; (ENG.). lib. bdg. 14.99 *(978-0-593-43273-0(8))* Random Hse. Children's Bks. (Random Hse. Bks. for Young Readers).

I Am Royalty. Katiana Lubin-Tarin. Illus. by Taiye Okoh. 2022. (ENG.). 28p. (J). pap. 14.99 *(978-1-6628-4178-1(7))* Salem Author Services.

I Am Ruby Bridges. Ruby Bridges. Illus. by Nikkolas Smith. 2022. (ENG.). 48p. (J). (gr. -1-3). 18.99 *(978-1-338-75388-2(6)*, Orchard Bks.) Scholastic, Inc.

I Am Sacagawea. Brad Meltzer. Illus. by Christopher Eliopoulos. (Ordinary People Change the World Ser.). 40p. (J). (gr. k-4). 2023. pap. 9.99 *(978-0-593-61918-6(8)*, Rocky Pond Bks.); 2017. 15.99 *(978-0-525-42853-4(4)*, Dial Bks) Penguin Young Readers Group.

I Am Safe. Randa Canter. Illus. by Spencer Liriano Navarro. 2021. (ENG.). 32p. (J). 16.99 *(978-1-952209-45-1(5))*; pap. 10.99 *(978-1-952209-47-5(1))* Lawley Enterprises.

I Am Safe & I Am Loved. Marita Veronica. 2017. (ENG., Illus.). (J). pap. 15.95 *(978-1-5043-7560-3(2)*, Balboa Pr.) Author Solutions, LLC.

I Am Sam-I-Am. Tish Rabe. Illus. by Tom Brannon. 2019. (Dr. Seuss's I Am Board Bks.). (ENG.). 26p. (J). (— 1). bds. 7.99 *(978-0-525-57958-8(3)*, Random Hse. Bks. for Young Readers) Random Hse. Children's Bks.

I Am Sammy, Trusted Guide. Catherine Stier. Illus. by Francesca Rosa. (Dog's Day Ser.: 3). (ENG.). 96p. (J). (gr. 1-5). 2021. pap. 5.99 *(978-0-8075-1679-9(1)*, 807516791); 2020. 12.99 *(978-0-8075-1672-0(4)*, 807516724) Whitman, Albert & Co.

I Am Santa's Secret Elf. Put Me In The Story & Katherine Sully. Illus. by Julia Seal. 2018. (Santa's Secret Elf Ser.). (ENG.). 32p. (J). (gr. k-3). 5.99 *(978-1-4926-8182-3(2))*; 5.99 *(978-1-4926-8181-6(4))* Sourcebooks, Inc.

I Am Sasha. Anita Selzer. 2019. 336p. (YA). (gr. 7). 14.99 *(978-0-14-378574-3(5))* Penguin Random Hse. AUS. Dist: Independent Pubs. Group.

I Am... Short Stories. Ed. by Marvin Sparks & Casey Paul. Illus. by Jane D'Offay. 2020. (ENG.). 50p. (J). pap. *(978-0-9935264-6-6(2))* Elisha, Casey.

I Am Siam: An Angel in a Fur Suit. Peggy Helm. 2020. (ENG., Illus.). 50p. (J). (gr. k-4). pap. 12.99 *(978-1-64088-731-2(8))* Trilogy Christian Publishing, Inc.

I Am Simba (Disney the Lion King) John Sazaklis. Illus. by Alan Batson. 2019. (Little Golden Book Ser.). (ENG.). 24p. (J). (-k). 4.99 *(978-0-7364-3970-1(6)*, Golden/Disney) Random Hse. Children's Bks.

I Am Simon. Anne-Marie T. Klobe. Ed. by Paul Weisser. Illus. by Mauro Lirussi. 2022. (ENG.). 36p. (J). pap. 12.99 ***(978-1-7378808-1-3(4))*** Walking The Way.

I Am Simon: The Untold Story of Simon of Cyrene. Anne-Marie Klobe. Ed. by Paul Weisser. Illus. by Mauro Lirussi. 2022. (ENG.). 36p. (J). 18.99 ***(978-1-7378808-0-6(6))*** Walking The Way.

I Am Sky - Ngai Bon Karawa (Te Kiribati) Samantha Kusari. Illus. by Rosendo Pabalinas. 2023. (ENG.). 22p. (J). pap. ***(978-1-922849-54-0(5))*** Library For All Limited.

I Am Skye, Finder of the Lost. Catherine Stier. Illus. by Francesca Rosa. 2021. (Dog's Day Ser.: 5). (ENG.). 96p. (J). (gr. 1-5). pap. 5.99 *(978-0-8075-1687-4(2)*, 807516872); 12.99 *(978-0-8075-1677-5(5)*, 807516775) Whitman, Albert & Co.

I Am Slappy's Evil Twin. R. L. Stine. 2017. 129p. (J). *(978-1-5379-5609-1(4))* Scholastic, Inc.

I Am Slappy's Evil Twin (Goosebumps SlappyWorld #3) R. L. Stine. 2017. (Goosebumps SlappyWorld Ser.: 3). (ENG.). 160p. (J). (gr. 3-7). pap. 7.99 *(978-1-338-06839-9(3)*, Scholastic Paperbacks) Scholastic, Inc.

I Am Sleepless: Sim 299 (Book 1) Johan Twiss. 2019. (I Am Sleepless Ser.: Vol. 1). (ENG., Illus.). 294p. (J). (gr. 3-6). 19.99 *(978-1-0878-0580-1(X))* Twiss Publishing.

I Am Sleepless: The Huntress (Book 2) Johan Twiss. 2020. (I Am Sleepless Ser.: Vol. 2). (ENG., Illus.). 370p. (J). (gr. 3-6). 19.99 *(978-1-0878-6126-5(8))* Twiss Publishing.

I Am Sleepless: Traitors (Book 3) Johan Twiss. 2020. (I Am Sleepless Ser.: Vol. 3). (ENG., Illus.). 404p. (J). (gr. 3-6). 29.99 *(978-1-0878-6220-0(5))* Twiss Publishing.

I Am Small. Qin Leng. Illus. by Qin Leng. 2018. (ENG., Illus.). 40p. (J). (gr. -1-2). 16.99 *(978-1-5253-0115-5(2))* Kids Can Pr., Ltd. CAN. Dist: Hachette Bk. Group.

I Am Smart. Suzy Capozzi. Illus. by Eren Unten. 2018. (Rodale Kids Curious Readers/Level 2 Ser.: 5). 32p. (J). (gr. -1-1). pap. 4.99 *(978-1-62336-957-6(6)*, 9781623369576, Rodale Kids) Random Hse. Children's Bks.

I Am Smart: A Positive Power Story. Suzy Capozzi. Illus. by Eren Unten. 2022. (Step into Reading Ser.). 32p. (J). (gr. -1-1). pap. 5.99 *(978-0-593-56490-5(1))*; (ENG.). lib. bdg. 14.99 *(978-0-593-56491-2(X))* Random Hse. Children's Bks. (Random Hse. Bks. for Young Readers).

I Am Smart, after All! Greta Alves-Malcolm. Illus. by Mario Scott. 2018. (ENG.). 32p. (J). pap. *(978-976-96154-0-3(4))* Alves-Malcolm, Greta.

I Am Smart, I Am Blessed, I Can Do Anything! Alissa Holder & Zulekha Holder-Young. Illus. by Nneka Myers. 2020. 32p. (J). (gr. -1-2). 17.99 *(978-0-593-20660-7(6))* Flamingo Bks.

I Am Smoke, 1 vol. Henry Herz. Illus. by Mercè López. 2021. (ENG.). 32p. (J). (gr. 1-5). 18.95 *(978-0-88448-788-3(1)*, 884788) Tilbury Hse. Pubs.

I Am So 4! Look at Everything I Can Do! Sandrina Kurtz & John Kurtz. 2020. (ENG.). 32p. (J). (-k). 12.99 *(978-1-5107-4511-7(4)*, Sky Pony Pr.) Skyhorse Publishing Co., Inc.

I Am So 5! Look at Everything I Can Do! Sandrina Kurtz & John Kurtz. 2020. (ENG.). 32p. (J). (-k). 12.99 *(978-1-5107-4512-4(2)*, Sky Pony Pr.) Skyhorse Publishing Co., Inc.

I Am So Bored! Illus. by Henrike Wilson. 2016. (ENG.). 32p. (J). (gr. -1-k). 16.99 *(978-1-5107-0676-7(3)*, Sky Pony Pr.) Skyhorse Publishing Co., Inc.

I Am So Clever. Mario Ramos. Illus. by Mario Ramos. 2019. (ENG., Illus.). 48p. (J). (gr. k-2). 17.99 *(978-1-77657-248-9(3)*, 7adf32d6-48a7-4e35-994f-d3e6bca3b7ce) Gecko Pr. NZL. Dist: Lerner Publishing Group.

I Am So Curious: About My Ears. Debby Mitchell & Marnie Forestieri. 2018. (ENG.). 36p. (J). pap. 13.80 *(978-1-4834-8553-9(6))* Lulu Pr., Inc.

I Am So Curious: About My Eyes. Debby Mitchell & Marnie Forestieri. 2018. (ENG.). 36p. (J). pap. 13.80 (978-1-4834-8552-2(8)) Lulu Pr., Inc.

I Am So Lost. John Wood. Illus. by Steph Burkett. 2023. (Level 5 - Green Set Ser.). (ENG.). 32p. (J). (gr. 1-3). lib. bdg. 19.95 Bearport Publishing Co., Inc.

I Am Somebody Special. Jenny Foor. 2017. (ENG., Illus.). (J). pap. 9.99 (978-1-946854-64-3(6)) MainSpringBks.

I Am Sonia Sotomayor see Soy Sonia Sotomayor

I Am Sonia Sotomayor. Brad Meltzer. Illus. by Christopher Eliopoulos. 2018. (Ordinary People Change the World Ser.). 40p. (J). (gr. k-4). 15.99 (978-0-7352-2873-3(6), Dial Bks) Penguin Young Readers Group.

I Am Special. Stefanie Haidenschuster. Illus. by David Anderson. 2023. (ENG.). 36p. (J). (978-1-0391-3890-2(X)); pap. (978-1-0391-3889-6(6)) FriesenPress.

I Am Special. Kimberly Jordano. 2017. (Learn-To-Read Ser.). (ENG., Illus.). (J). (gr. -1-2). pap. 3.49 (978-1-68310-247-2(9)) Pacific Learning, Inc.

I Am Special. Pandora Lox. 2022. (ENG.). 34p. (J). pap. (978-1-365-40049-0(2)) Lulu Pr., Inc.

I Am Special to God, I've Got DNA. Essie Golokuma. 2019. (ENG.). 24p. (J). (978-1-5255-3866-7(7)); pap. (978-1-5255-3867-4(5)) FriesenPress.

I Am Still Alive. Kate Alice Marshall. 2019. 352p. (YA). (gr. 7). pap. 11.99 (978-0-425-29100-9(6), Penguin Books) Penguin Young Readers Group.

I Am Strong: A Little Book about Rosa Parks. Brad Meltzer. Illus. by Christopher Eliopoulos. 2020. (Ordinary People Change the World Ser.). 14p. (J). (-k). bds. 7.99 (978-0-593-11010-2(2), Dial Bks) Penguin Young Readers Group.

I Am Strong: A Positive Power Story. Suzy Capozzi. Illus. by Eren Unten. 32p. (J). (gr. -1-1). 2022. (Step into Reading Ser.). pap. 5.99 (978-0-593-48180-6(1), Random Hse. Bks. for Young Readers); 2022. (Step into Reading Ser.). lib. bdg. 14.99 (978-0-593-48181-3(X), Random Hse. Bks. for Young Readers); 2018. (Rodale Kids Curious Readers/Level 2 Ser.: 3). pap. 4.99 (978-1-62336-951-4(7), 9781623369514, Rodale Kids) Random Hse. Children's Bks.

I Am Strong! & Pet Rock. Alison Donald. Illus. by Camilla Frescura. 2022. (Early Bird Readers — Red (Early Bird Stories (tm)) Ser.). (ENG.). 32p. (J). (gr. -1-2). pap. 9.99 (978-1-7284-6313-1(0), b9119f99-2400-4452-8414-4dc1e550a25b); lib. bdg. 30.65 (978-1-7284-5884-7(6), 7d2900cc-bef7-414c-aa78-484274a4d286) Lerner Publishing Group. (Lerner Pubns.).

I Am Strong, Beautiful & So Confident: The Best Motivational & Inspirational Coloring Book for Girls, Stress Coloring Books for Adults, Adult Coloring Book for Women. H. Elliott. 2021. (ENG.). 102p. (J). pap. 8.99 (978-1-716-21487-5(4)) Lulu Pr., Inc.

I Am Strong Because. Daniel Kenney. 2020. (Because I Love Ser.: Vol. 2). (ENG.). 40p. (J). pap. 10.99 (978-1-947865-32-7(3)) Trendwood Pr.

I Am Strong Online, 1 vol. Rachael Morlock. 2019. (I Am a Good Digital Citizen Ser.). (ENG.). 24p. (gr. 2-2). pap. 9.25 (978-1-5383-4972-4(8), 89aad28a-4f00-48c2-ad31-94fd5ab9903c, PowerKids Pr.) Rosen Publishing Group, Inc., The.

I Am Strong, Smart & Kind: A Coloring Book for Girls. Great_girls Press. 2019. (ENG., Illus.). 110p. (J). (gr. k-6). pap. (978-1-913357-18-4(X)) Devela Publishing.

I Am Strong, Smart, Confident & Brave: An Affirmations Coloring Book for Boys. MyTPrint Books. 2021. (ENG.). 62p. (J). pap. 9.94 (978-1-4717-7460-7(0)) Lulu Pr., Inc.

I Am Strong, Smart, Confident & Brave: An Affirmations Coloring Book for Girls. MyTPrint Books. 2021. (ENG.). 60p. (J). pap. 9.94 (978-1-4717-8287-9(5)) Lulu Pr., Inc.

I Am Stuck. Julia Mills. Illus. by Julia Mills. 2023. (ENG., Illus.). 48p. (J). (gr. -1-3). 19.99 (978-0-358-69533-2(3), Clarion Bks.) HarperCollins Pubs.

I Am Sunday! Renée Prewitt. 2021. (ENG.). 90p. (J). 17.99 (978-1-0880-1414-1(3)); pap. 13.99 (978-1-0880-1404-2(6)) Indy Pub.

I Am Superman. Brad Meltzer. Illus. by Christopher Eliopoulos. 2022. (Stories Change the World Ser.). 40p. (J). (gr. k-4). 16.99 (978-0-593-53143-3(4), Dial Bks) Penguin Young Readers Group.

I Am Tama, Lucky Cat: A Japanese Legend, 1 vol. Wendy Henrichs. Illus. by Yoshiko Jaeggi. 2016. 32p. (J). (gr. k-4). pap. 8.99 (978-1-56145-916-2(X)) Peachtree Publishing Co. Inc.

I Am Teddy 24/7. Jack Barratt. 2022. (ENG.). 30p. (J). (978-1-80369-565-5(X)); pap. (978-1-80369-564-8(1)) Authors OnLine, Ltd.

I Am Temple Grandin. Brad Meltzer. Illus. by Christopher Eliopoulos. 2023. (Ordinary People Change the World Ser.). 40p. (J). (gr. k-4). 16.99 (978-0-593-40597-0(8), Rocky Pond Bks.) Penguin Young Readers Group.

I Am Thankful. Sonali Fry. Illus. by Alessia Girasole. 2021. (Little Golden Book Ser.). 24p. (J). (-k). 5.99 (978-0-593-42882-5(X), Golden Bks.) Random Hse. Children's Bks.

I Am Thankful. Lou Treleaven. Illus. by Jennifer Bartlett. 2023. (Heartfelt - Die-Cut Heart Board Book Ser.). (ENG.). 8p. (J). (gr. -1-k). bds. 12.99 (978-1-80105-570-3(X)) Top That! Publishing PLC GBR. Dist: Independent Pubs. Group.

I Am Thankful: A Positive Power Story. Suzy Capozzi. Illus. by Eren Unten. 2022. (Step into Reading Ser.). 32p. (J). (gr. -1-1). pap. 5.99 (978-0-593-48431-9(2)); (ENG.). lib. bdg. 14.99 (978-0-593-48432-6(0)) Random Hse. Children's Bks. (Random Hse. Bks. for Young Readers).

I Am Thankful: A Positive Power Story. Suzy Capozzi. Illus. by Eren Unten. 2017. (Rodale Kids Curious Readers/Level 2 Ser.: 1). 32p. (J). (gr. -1-1). pap. 4.99 (978-1-62336-876-0(6), 9781623368760, Rodale Kids) Random Hse. Children's Bks.

I Am Thankful: Thanksgiving Book for Kids. Shelley Admont & Kidkiddos Books. l.t. ed. 2023. (ENG., Illus.). 32p. (J). (978-1-5259-7639-1(7)); pap. (978-1-5259-7638-4(9)) Kidkiddos Bks.

I Am Thankful (Chinese Book for Children) Shelley Admont & Kidkiddos Books. l.t. ed. 2023. (Chinese Bedtime Collection). (CHI., Illus.). 32p. (J). (978-1-5259-7711-4(3)); pap. (978-1-5259-7710-7(5)) Kidkiddos Bks.

I Am Thankful (Croatian Book for Children) Shelley Admont & Kidkiddos Books. l.t. ed. 2023. (Croatian Bedtime Collection). (HRV., Illus.). 32p. (J). (978-1-5259-7744-2(X)); pap. (978-1-5259-7743-5(1)) Kidkiddos Bks.

I Am Thankful (Croatian English Bilingual Children's Book) Shelley Admont & Kidkiddos Books. l.t. ed. 2023. (Croatian English Bilingual Collection). (HRV., Illus.). 32p. (J). (978-1-5259-7747-3(4)); pap. (978-1-5259-7746-6(6)) Kidkiddos Bks.

I Am Thankful (English Arabic Bilingual Children's Book) Shelley Admont & Kidkiddos Books. l.t. ed. 2023. (English Arabic Bilingual Collection). (ARA., Illus.). 32p. (J). (978-1-5259-7696-4(6)); pap. (978-1-5259-7695-7(8)) Kidkiddos Bks.

I Am Thankful (English Bengali Bilingual Children's Book) Shelley Admont & Kidkiddos Books. l.t. ed. 2023. (English Bengali Bilingual Collection). (BEN., Illus.). 32p. (J). (978-1-5259-7750-3(4)); pap. (978-1-5259-7749-7(0)) Kidkiddos Bks.

I Am Thankful (English Bulgarian Bilingual Children's Book) Shelley Admont & Kidkiddos Books. l.t. ed. 2023. (English Bulgarian Bilingual Collection). (BUL., Illus.). 32p. (J). (978-1-5259-7813-5(6)); pap. (978-1-5259-7812-8(8)) Kidkiddos Bks.

I Am Thankful (English Chinese Bilingual Children's Book) Shelley Admont & Kidkiddos Books. l.t. ed. 2023. (English Chinese Bilingual Collection). (CHI., Illus.). 32p. (J). (978-1-5259-7705-3(9)); pap. (978-1-5259-7704-6(0)) Kidkiddos Bks.

I Am Thankful (English Croatian Bilingual Children's Book) Shelley Admont & Kidkiddos Books. l.t. ed. 2023. (English Croatian Bilingual Collection). (HRV., Illus.). 32p. (J). (978-1-5259-7741-1(5)); pap. (978-1-5259-7740-4(7)) Kidkiddos Bks.

I Am Thankful (English French Bilingual Children's Book) Shelley Admont & Kidkiddos Books. l.t. ed. 2023. (English French Bilingual Collection). (FRM., Illus.). 32p. (J). (978-1-5259-7678-0(8)); pap. (978-1-5259-7677-3(X)) Kidkiddos Bks.

I Am Thankful (English Hebrew Bilingual Children's Book) Shelley Admont & Kidkiddos Books. l.t. ed. 2023. (English Hebrew Bilingual Collection). (HEB., Illus.). 32p. (J). (978-1-5259-8037-4(8)); pap. (978-1-5259-8036-7(X)) Kidkiddos Bks.

I Am Thankful (English Hindi Bilingual Children's Book) Shelley Admont & Kidkiddos Books. l.t. ed. 2023. (English Hindi Bilingual Collection). (HIN., Illus.). 32p. (J). (978-1-5259-7714-5(8)); pap. (978-1-5259-7713-8(X)) Kidkiddos Bks.

I Am Thankful (English Italian Bilingual Children's Book) Shelley Admont & Kidkiddos Books. l.t. ed. 2023. (English Italian Bilingual Collection). (ITA., Illus.). 32p. (J). (978-1-5259-7669-8(9)); pap. (978-1-5259-7668-1(0)) Kidkiddos Bks.

I Am Thankful (English Korean Bilingual Children's Book) Shelley Admont & Kidkiddos Books. l.t. ed. 2023. (English Korean Bilingual Collection). (KOR., Illus.). 32p. (J). (978-1-5259-7723-7(7)); pap. (978-1-5259-7722-0(9)) Kidkiddos Bks.

I Am Thankful (English Malay Bilingual Children's Book) Shelley Admont & Kidkiddos Books. l.t. ed. 2023. (English Malay Bilingual Collection). (MAY., Illus.). 32p. (J). (978-1-5259-7777-0(6)); pap. (978-1-5259-7776-3(8)) Kidkiddos Bks.

I Am Thankful (English Russian Bilingual Children's Book) Shelley Admont & Kidkiddos Books. l.t. ed. 2023. (English Russian Bilingual Collection). (RUS., Illus.). 32p. (J). (978-1-5259-7642-1(7)); pap. (978-1-5259-7641-4(9)) Kidkiddos Bks.

I Am Thankful (English Spanish Bilingual Children's Book) Shelley Admont & Kidkiddos Books. l.t. ed. 2023. (English Spanish Bilingual Collection). (SPA., Illus.). 32p. (J). (978-1-5259-7660-5(5)); pap. (978-1-5259-7659-9(1)) Kidkiddos Bks.

I Am Thankful (English Turkish Bilingual Children's Book) Shelley Admont & Kidkiddos Books. l.t. ed. 2023. (English Turkish Bilingual Collection). (TUR., Illus.). 32p. (J). (978-1-5259-7732-9(6)); pap. (978-1-5259-7731-2(8)) Kidkiddos Bks.

I Am Thankful (English Ukrainian Bilingual Children's Book) Shelley Admont & Kidkiddos Books. l.t. ed. 2023. (English Ukrainian Bilingual Collection). (UKR., Illus.). 32p. (J). (978-1-5259-7651-3(6)); pap. (978-1-5259-7650-6(8)) Kidkiddos Bks.

I Am Thankful (French Book for Children) Shelley Admont & Kidkiddos Books. l.t. ed. 2023. (French Bedtime Collection). (FRE., Illus.). 32p. (J). (978-1-5259-7681-0(8)); pap. (978-1-5259-7680-3(X)) Kidkiddos Bks.

I Am Thankful (French English Bilingual Children's Book) Shelley Admont & Kidkiddos Books. l.t. ed. 2023. (French English Bilingual Collection). (FRE., Illus.). 32p. (J). (978-1-5259-7684-1(2)); pap. (978-1-5259-7683-4(4)) Kidkiddos Bks.

I Am Thankful (German Book for Children) Shelley Admont & Kidkiddos Books. l.t. ed. 2023. (German Bedtime Collection). (GER., Illus.). 32p. (J). (978-1-5259-7690-2(7)); pap. (978-1-5259-7689-6(3)) Kidkiddos Bks.

I Am Thankful God Gave Us. James Anderson. 2017. (ENG., Illus.). (J). pap. 11.95 (978-1-64079-177-0(9)) Christian Faith Publishing.

I Am Thankful (Hindi Book for Kids) Shelley Admont & Kidkiddos Books. l.t. ed. 2023. (Hindi Bedtime Collection). (HIN., Illus.). 32p. (J). (978-1-5259-7720-6(2)); pap. (978-1-5259-7719-0(9)) Kidkiddos Bks.

I Am Thankful (Hindi English Bilingual Children's Book) Shelley Admont & Kidkiddos Books. l.t. ed. 2023. (Hindi English Bilingual Collection). (HIN., Illus.). 32p. (J). (978-1-5259-7717-6(2)); pap. (978-1-5259-7716-9(4)) Kidkiddos Bks.

I Am Thankful (Italian Book for Children) Shelley Admont & Kidkiddos Books. l.t. ed. 2023. (Italian Bedtime Collection). (ITA., Illus.). 32p. (J). (978-1-5259-7675-9(3)); pap. (978-1-5259-7674-2(5)) Kidkiddos Bks.

I Am Thankful (Italian English Bilingual Children's Book) Shelley Admont & Kidkiddos Books. l.t. ed. 2023. (Italian English Bilingual Collection). (ITA., Illus.). 32p. (J). (978-1-5259-7672-8(9)); pap. (978-1-5259-7671-1(0)) Kidkiddos Bks.

I Am Thankful (Korean Book for Children) Shelley Admont & Kidkiddos Books. l.t. ed. 2023. (Korean Bedtime Collection). (KOR., Illus.). 32p. (J). (978-1-5259-7729-9(6)); pap. (978-1-5259-7728-2(8)) Kidkiddos Bks.

I Am Thankful (Korean English Bilingual Children's Book) Shelley Admont & Kidkiddos Books. l.t. ed. 2023. (Korean English Bilingual Collection). (KOR., Illus.). 32p. (J). (978-1-5259-7726-8(1)); pap. (978-1-5259-7725-1(3)) Kidkiddos Bks.

I Am Thankful (Malay Book for Children) Shelley Admont & Kidkiddos Books. l.t. ed. 2023. (Malay Bedtime Collection). (MAY., Illus.). 32p. (J). (978-1-5259-7783-1(0)); pap. (978-1-5259-7782-4(2)) Kidkiddos Bks.

I Am Thankful (Malay English Bilingual Children's Book) Shelley Admont & Kidkiddos Books. l.t. ed. 2023. (Malay English Bilingual Collection). (MAY., Illus.). 32p. (J). (978-1-5259-7780-0(6)); pap. (978-1-5259-7779-4(2)) Kidkiddos Bks.

I Am Thankful (Russian Book for Children) Shelley Admont & Kidkiddos Books. l.t. ed. 2023. (Russian Bedtime Collection). (RUS., Illus.). 32p. (J). (978-1-5259-7648-3(6)); pap. (978-1-5259-7647-6(8)) Kidkiddos Bks.

I Am Thankful (Russian English Bilingual Children's Book) Shelley Admont & Kidkiddos Books. l.t. ed. 2023. (Russian English Bilingual Collection). (RUS., Illus.). 32p. (J). (978-1-5259-7645-2(1)); pap. (978-1-5259-7644-5(3)) Kidkiddos Bks.

I Am Thankful (Spanish Book for Children) Shelley Admont & Kidkiddos Books. l.t. ed. 2023. (Spanish Bedtime Collection). (SPA., Illus.). 32p. (J). (978-1-5259-7666-7(4)); pap. (978-1-5259-7665-0(6)) Kidkiddos Bks.

I Am Thankful (Spanish English Bilingual Children's Book) Shelley Admont & Kidkiddos Books. l.t. ed. 2023. (Spanish English Bilingual Collection). (SPA., Illus.). 32p. (J). (978-1-5259-7663-6(X)); pap. (978-1-5259-7662-9(1)) Kidkiddos Bks.

I Am Thankful (Turkish Book for Children) Shelley Admont & Kidkiddos Books. l.t. ed. 2023. (Turkish Bedtime Collection). (TUR., Illus.). 32p. (J). (978-1-5259-7735-0(0)); pap. (978-1-5259-7734-3(2)) Kidkiddos Bks.

I Am Thankful (Turkish English Bilingual Children's Book) Shelley Admont & Kidkiddos Books. l.t. ed. 2023. (Turkish English Bilingual Collection). (TUR., Illus.). 32p. (J). (978-1-5259-7738-1(5)); pap. (978-1-5259-7737-4(7)) Kidkiddos Bks.

I Am Thankful (Ukrainian Book for Kids) Shelley Admont & Kidkiddos Books. l.t. ed. 2023. (Ukrainian Bedtime Collection). (UKR., Illus.). 32p. (J). (978-1-5259-7657-5(5)); pap. (978-1-5259-7656-8(7)) Kidkiddos Bks.

I Am Thankful (Ukrainian English Bilingual Children's Book) Shelley Admont & Kidkiddos Books. l.t. ed. 2023. (Ukrainian English Bilingual Collection). (UKR., Illus.). 32p. (J). (978-1-5259-7654-4(0)); pap. (978-1-5259-7653-7(2)) Kidkiddos Bks.

I Am That Kid. Natasha D'Anna. 2020. (Twindollicious Ser.). (ENG.). 26p. (J). (gr. k-2). 17.99 (978-0-578-75401-7(0)) TwinDollicious Llc.

I Am the ABC's. Amanda Doman. 2020. (ENG.). 58p. (J). (gr. k-3). pap. 19.99 (978-1-716-84786-8(9)) Lulu Pr., Inc.

I Am the Apple of God's Eye! Word Confessions for Teens & Young Adults. Marilyn Price. 2023. (ENG.). 76p. (YA). pap. 9.99 (978-1-938021-54-1(1)) HonorNet.

I Am the Author of My Story! Cecilia D. Porter. 2020. (ENG.). 26p. (J). 14.99 (978-1-0879-1967-6(3)) Indy Pub.

I Am the Beast (Disney Beauty & the Beast) Andrea Posner-Sanchez. Illus. by Alan Batson. 2017. (Little Golden Book Ser.). (ENG.). 24p. (J). (-k). 4.99 (978-0-7364-3907-7(2), Golden/Disney) Random Hse. Children's Bks.

I Am the Boss of My Body. Michelle L. Nelson. 2019. (ENG.). 24p. (J). (978-1-5255-3443-0(2)); pap. (978-1-5255-3444-7(0)) FriesenPress.

I Am the Boss of This Chair. Carolyn Crimi. Illus. by Marisa Morea. 2018. 32p. (J). (gr. -1-2). 16.95 (978-1-4549-2322-0(9)) Sterling Publishing Co., Inc.

I Am the Bright & Morning Star. Adam E. Oblad. 2022. (ENG., Illus.). 36p. (J). 25.95 (978-1-68517-594-8(5)); pap. 15.95 (978-1-68517-592-4(9)) Christian Faith Publishing.

I Am the Cat in the Hat. Random House. 2023. (Dr. Seuss's I Am Board Bks.). (ENG., Illus.). 26p. (J). (— 1). bds. 8.99 (978-0-593-42687-6(8), Random Hse. Bks. for Young Readers) Random Hse. Children's Bks.

I Am the Cheese Novel Units Student Packet. Novel Units. 2019. (ENG.). (J). pap. 13.99 (978-1-58130-581-4(8), NU5818SP, Novel Units, Inc.) Classroom Library Co.

I Am the Desert. Anthony Fredericks. 2017. (ENG., Illus.). (J). pap. 7.99 (978-1-940322-28-5(6), Rio Chico Bks.) RIO NUEVO PUBLISHERS.

I Am the Genie (Disney Aladdin) John Sazaklis. Illus. by Alan Batson. 2019. (Little Golden Book Ser.). (ENG.). 24p. (J). (-k). 4.99 (978-0-7364-3866-7(1), Golden/Disney) Random Hse. Children's Bks.

I Am the Girl Who Texted Aliens. Phoenix Farmar. 2020. (ENG.). 60p. (J). pap. 15.00 (978-1-953507-07-5(7)) Brightlings.

I Am the Hero in My Story. Alexander Blank Books. 2021. (ENG.). 146p. (J). pap. 10.45 (978-1-716-16022-6(7)) Lulu Pr., Inc.

I Am the Jungle: A Yoga Adventure. Melissa Hurt. Illus. by Katy Tanis. 2020. (ENG.). 32p. (J). 17.99 (978-1-68364-382-1(8), 900220040) Sounds True, Inc.

I AM the KING! Christopher Edmondson. 2019. (ENG.). 50p. (J). pap. (978-1-78848-719-1(2)) Austin Macauley Pubs. Ltd.

I Am the Lorax. Courtney Carbone. Illus. by Tom Brannon. 2020. (Dr. Seuss's I Am Board Bks.). (ENG.). 26p. (J). (— 1). bds. 7.99 (978-0-593-11914-3(2), Random Hse. Bks. for Young Readers) Random Hse. Children's Bks.

I Am the Midnight Robber. Daniel J. O'Brien. Illus. by Daniel J. O'Brien. 2021. (ENG.). (J). 48p. 24.99 (978-0-692-98462-8(3)); 46p. pap. 14.99 (978-1-7359041-2-2(0)) Basement Monster Productions, The.

I Am the Mountain Mouse. Gianna Marino. 2016. (Illus.). 40p. (J). (-k). bds. 16.99 (978-0-451-46955-7(0), Viking Books for Young Readers) Penguin Young Readers Group.

I Am the One - Ngai Boni Ngai (Te Kiribati) Pauline Griffiths. Illus. by Stefan Milosavljevic. 2023. (ENG.). 36p. (J). pap. (978-1-922835-60-4(9)) Library For All Limited.

I Am the Salt of the Earth. Lashondra McMillian. 2017. (ENG., Illus.). (J). pap. 12.49 (978-1-5456-0169-3(0)) Salem Author Services.

I Am the Shark. Joan Holub. Illus. by Laurie Keller. 2021. 48p. (J). (gr. -1-3). 18.99 (978-0-525-64528-3(4), Crown Books For Young Readers) Random Hse. Children's Bks.

I Am the Storm. Tash McAdam. 2018. (ENG., Illus.). 238p. (YA). pap. 14.99 (978-1-949909-72-2(7)) NineStar Pr.

I Am the Storm. Jane Yolen & Heidi E. Y. Stemple. Illus. by Kristen Howdeshell & Kevin Howdeshell. 2020. 32p. (J). (-k). 18.99 (978-0-593-22275-1(X)) Penguin Young Readers Group.

I Am the Subway. Kim Hyo-eun. Tr. by Deborah Smith. 2021. (ENG.). 52p. (J). (gr. -1-2). 18.99 (978-1-950354-65-8(2)) Scribe Pubns. AUS. Dist: Consortium Bk. Sales & Distribution.

I Am the Thorn. Phyllis Roberts. Illus. by Amari Lange. 2023. (ENG.). 38p. (YA). pap. 9.99 (978-1-953839-32-9(0)) WorkBk. Pr.

I Am the Universe. Vasanti Unka. 2021. (Illus.). 32p. (J). (gr. k-2). 18.99 (978-0-14-377344-3(5)) Penguin Group New Zealand, Ltd. NZL. Dist: Independent Pubs. Group.

I Am the Walrus. Neal Shusterman & Eric Elfman. 2023. (N. O. A. H Files Ser.: 1). (ENG.). 400p. (J). (gr. 5-9). 17.99 (978-0-7595-5524-2(9)) Little, Brown Bks. for Young Readers.

I Am Their Summer Baby. Cynthia Jasmine Mora. 2022. (ENG.). 28p. (J). pap. (978-0-2288-7083-8(6)) Tellwell Talent.

I Am Theodore Roosevelt. Brooke Vitale. 2020. (Xavier Riddle & the Secret Museum Ser.). 24p. (J). (-k). pap. 5.99 (978-0-593-09636-9(3), Penguin Young Readers Licenses) Penguin Young Readers Group.

I Am Today. Matt Forrest Esenwine. Illus. by Patricia Pessoa. 2022. (ENG.). 36p. (J). 18.99 (978-1-57687-994-8(1)) POW! Kids Bks.

I Am Tolerant. Kirsten Chang. 2020. (Character Education Ser.). (ENG., Illus.). 24p. (J). (gr. k-3). pap. 7.99 (978-1-61891-794-2(3), 12579, Blastoff! Readers) Bellwether Media.

I Am Touchable. Fregenia Moore-Robinson. 2020. (ENG., Illus.). 20p. (J). pap. 11.95 (978-1-64559-723-0(7)) Covenant Bks.

I Am Tucker, Detection Expert. Catherine Stier. Illus. by Francesca Rosa. 2021. (Dog's Day Ser.: 6). (ENG.). 96p. (J). (gr. 1-5). pap. 5.99 (978-0-8075-1688-1(0), 807516880); 12.99 (978-0-8075-1678-2(3), 807516783) Whitman, Albert & Co.

I Am Underdog. Anne Schraff. 2021. (Red Rhino Ser.). (ENG., Illus.). 72p. (J). (gr. 4-7). pap. 9.95 (978-1-68021-897-8(2)) Saddleback Educational Publishing, Inc.

I Am Unique. Elsie Guerrero. 2017. (ENG., Illus.). (J). (gr. 3-6). pap. 9.99 (978-1-946977-03-8(9)) Yorkshire Publishing Group.

I Am Unique 7 Days a Week. Andrea Hubert-Villatoro. 2022. (ENG.). 34p. (J). pap. 12.99 (978-1-304-54676-0(4)) Lulu Pr., Inc.

I Am Unique, I Am Me! Maddison Lister. Illus. by Kim Griffin. 2022. (ENG.). 32p. (J). pap. (978-1-922751-98-0(7)) Shawline Publishing Group.

I Am Uniquely Made & Exceptionally Awesome: Self-Esteem Workbook. Reea Rodney. Illus. by Alexandra Gold. 2017. (ENG.). 26p. (J). pap. 12.99 (978-0-9975059-7-9(4)) Dara Publishing LLC.

I Am Unlimited! Lester S. Axson. Illus. by Zeeinsha. 2023. (ENG.). 28p. (J). pap. 14.99 (978-1-0881-3306-4(1)) Indy Pub.

I Am Unstoppable: A Little Book about Amelia Earhart. Brad Meltzer. Illus. by Christopher Eliopoulos. 2019. (Ordinary People Change the World Ser.). 14p. (J). (-k). bds. 7.99 (978-0-525-55293-2(6), Dial Bks) Penguin Young Readers Group.

I Am Unstoppable: An Affirmations Journal for Black Boys. Doris Blizzard. 2020. (ENG.). 158p. (J). 25.00 (978-1-0879-2375-8(1)) Indy Pub.

I Am Violet. Tania Duprey Stehlik. Illus. by Vanja Vuleta Jovanovic. 2020. (ENG.). 18p. (J). (gr. -1 — 1). bds. 10.95 (978-1-77260-131-2(4)) Second Story Pr. CAN. Dist: Orca Bk. Pubs. USA.

I Am Walt Disney. Brad Meltzer. Illus. by Christopher Eliopoulos. 2019. (Ordinary People Change the World Ser.). 40p. (J). (gr. k-4). 16.99 (978-0-7352-2875-7(2), Dial Bks) Penguin Young Readers Group.

I Am Water, 1 vol. Meg Specksgoor. 2019. (YA Verse Ser.). (ENG.). 200p. (J). (gr. 3-4). 25.80 (978-1-5383-8280-6(6), fba4b439-4f3e-4572-8065-dc167744ef36); pap. 16.35 (978-1-5383-8279-0(2), a7f289fb-e29b-4ebd-9ef2-0282c4b39bcd) Enslow Publishing, LLC. (West 44 Bks.).

I Am What I Eat: Classifying Organisms Based on the Food They Eat Book of Science for Kids 3rd Grade Children's Biology Books. Baby Professor. 2021. (ENG.). 72p. (J). 27.99 (978-1-5419-8336-6(X)); pap. 16.99 (978-1-5419-7894-2(3)) Speedy Publishing LLC. (Baby Professor (Education Kids)).

I Am Who God Says I Am. Ann-Marie Zoë Coore. Illus. by Richard Anthony Kentish. 2022. 60p. (J). 33.89 (978-1-6678-5945-3(5)) BookBaby.

I Am Who I Am. Tania Heise. 2020. (ENG.). 30p. (J). pap. 13.95 (978-1-64701-471-1(9)) Page Publishing Inc.

I Am Who I Am. Kimberly M. Nesmith. Illus. by Cameron Wilson. 2020. (ENG.). 28p. (J). 17.99 (978-1-7333696-1-9(9)) Ms. Education Publishing, LLC.

I Am Who I Am! Cecilia D. Porter. 2020. (ENG.). 32p. (YA). 14.99 (978-1-0879-2308-6(5)) Indy Pub.

I Am Who I See I Am. Adriana Clark- Rambert. 2018. (ENG., Illus.). 124p. (J). 29.95 (978-1-64258-806-4(7)) Christian Faith Publishing.

I Am William. Misty Green. 2021. (ENG.). 255p. (YA). pap. (978-1-300-51357-5(8)) Lulu Pr., Inc.

TITLE INDEX

I CAN COPE!

I Am with You All Ways. Marian S. Taylor. 2016. (ENG., Illus.). 28p. pap. 12.45 *(978-1-5043-6046-3(X)*, Balboa Pr.) Author Solutions, LLC.

I Am Woman! Women Fight for Their Rights & Suffrage in the US Grade 6 Social Studies Children's Government Books. Baby Professor. 2022. (ENG.). 72p. (J). 31.99 ***(978-1-5419-9451-5(5))***; pap. 19.99 ***(978-1-5419-8305-2(X))*** Speedy Publishing LLC. (Baby Professor (Education Kids)).

I Am Wonder Woman. Brad Meltzer. 2023. (Stories Change the World Ser.). 40p. (J). (gr. k-4). 16.99 ***(978-0-593-53149-5(3)***, Rocky Pond Bks.) Penguin Young Readers Group.

I Am Worth More Than You Can Imagine. Monique Young. 2022. (ENG.). 32p. (J). pap. 15.00 *(978-1-0879-5350-2(2))* young, monique.

I Am You: A Book about Ubuntu. Refiloe Moahloli. Illus. by Zinelda McDonald. 2022. 32p. 17.99 ***(978-1-5420-3566-8(X))*** Amazon Publishing.

I Am Young And... Oluwakemi Adetoro. 2017. (ENG., Illus.). 78p. (YA). (gr. 7-12). pap. *(978-0-9956853-0-7(4))* Rinnahville.

I Am Young Black & Inspired. Olajawon Bullock. 2022. (ENG.). 28p. (J). *(978-1-387-82341-3(8))* Lulu Pr., Inc.

I Am Your Angel. Erica Giardini. Illus. by Floyd Ryan S. Yamyamin. 2021. (ENG.). 24p. (J). pap. *(978-0-2288-4048-0(1))* Tellwell Talent.

I Am Your Pet, 4 bks. Matthew Rayner. Incl. Cat. lib. bdg. 28.67 *(978-0-8368-4102-2(6)*, fd6457df-0cd2-4595-819b-9a7246033922); Dog. lib. bdg. 28.67 *(978-0-8368-4103-9(4)*, 378dbf9a-383e-4710-8531-47366a54cefc); Hamster. lib. bdg. 28.67 *(978-0-8368-4104-6(2)*, 37c756b9-f51e-4337-97ea-f0d80bfffc82); Rabbit. lib. bdg. 28.67 *(978-0-8368-4105-3(0)*, cdf60275-a42d-44e6-be6a-275b66efedb4); 32p. (gr. 2-4)., Gareth Stevens Learning Library (Illus.). 2004. Set lib. bdg. 93.32 *(978-0-8368-4101-5(8))*; Set lib. bdg. 47.86 *(978-0-8368-8384-8(5))* Stevens, Gareth Publishing LLLP.

I Am Yours (Milano Softone) Prayers for God's Girl. Wynter Pitts. 2019. (ENG.). 176p. (J). (gr. 2-6). im. lthr. 12.99 *(978-0-7369-7626-8(4)*, 6976268) Harvest Hse. Pubs.

I Am/Mirror Mirror. D. F. Arnold & Sharalle Arnold. Illus. by Dan Sills. 2021. (ENG.). 58p. (J). 23.95 ***(978-1-953710-37-6(9))*** Bookstand Publishing.

I & You & Don't Forget Who, 20th Anniversary Edition: What Is a Pronoun? Brian P. Cleary. Illus. by Brian Gable. 20th rev. ed. 2021. (Words Are CATegorical (r) (20th Anniversary Editions) Ser.). (ENG.). 32p. (J). (gr. 2-5). 29.32 *(978-1-7284-2842-0(4)*, 82c32026-0333-428e-9d0d-ab2a66b36796); pap. 7.99 *(978-1-7284-3171-0(9)*, 9a31848e-f779-4064-a0e3-1ea52badc95b) Lerner Publishing Group. (Lerner Pubns.).

I Answer When Blood Calls. Garland B. Johnson. 2020. (ENG.). 168p. (YA). pap. 15.95 *(978-1-68456-799-7(8))* Page Publishing Inc.

I Ate Sunshine for Breakfast. Michael Holland. Illus. by Phillip Giordano. 2020. (ENG.). 128p. (J). (gr. 2-4). 19.95 *(978-1-912497-74-4(3))* Flying Eye Bks. GBR. Dist: Penguin Random Hse. LLC.

I Believe: Christian Leadership Lessons Through the Eyes of a Child. C. C. Fields. 2022. (ENG., Illus.). 26p. (J). pap. 15.95 ***(978-1-68526-935-7(4))*** Covenant Bks.

I Believe I Can. Grace Byers. Illus. by Keturah A. Bobo. 2020. (ENG.). 32p. (J). (gr. -1-3). 18.99 *(978-0-06-266713-7(0)*, Balzer & Bray) HarperCollins Pubs.

I Believe in a Thing Called Love. Maurene Goo. 2018. (ENG.). 352p. (YA). pap. 9.99 *(978-1-250-15841-3(9)*, 900158635) Square Fish.

I Believe in Bunnycorns. Danielle McLean. Illus. by Prisca Le Tandé. import ed. 2020. (Llamacorn & Friends Ser.). (ENG.). 18p. (J). (— 1). bds. 9.99 *(978-0-593-12643-1(2)*, Random Hse. Bks. for Young Readers) Random Hse. Children's Bks.

I Believe in Me. Emma Dodd. Illus. by Emma Dodd. 2022. (Emma Dodd's Love You Bks.). (ENG.). 24p. (J). (-k). 15.99 *(978-1-5362-2390-3(5)*, Templar) Candlewick Pr.

I Believe in Me: A Kids Activity Journal for Finding My Superpowers, Being Brave, & Dreaming Big. Marianne Richmond. 2022. 144p. (J). (gr. 2-5). pap. 14.99 *(978-1-7282-5318-3(7))* Sourcebooks, Inc.

I Believe in Me: Do You Believe in You? Christina Christian Cewe. Illus. by Ros Webb. 2022. 36p. (J). pap. 16.21 *(978-1-6678-6669-7(9))* BookBaby.

I Believe in You. Tatsuya Miyanishi. 2021. (Tyrannosaurus Ser.). (ENG., Illus.). 40p. (J). (gr. k-2). 17.99 *(978-1-940842-50-9(6))* Museyon.

I Believe in You. Sabrina Moyle. Illus. by Eunice Moyle. 2020. (Hello!Lucky Ser.). (ENG.). 32p. (J). (gr. -1-3). 12.95 *(978-1-5235-0748-1(9)*, 100748) Workman Publishing Co., Inc.

I Believe in You. Marianne Richmond. 2020. (Marianne Richmond Ser.). (Illus.). 40p. (J). (gr. -1-2). 9.99 *(978-1-7282-1366-8(5)*, Sourcebooks Jabberwocky) Sourcebooks, Inc.

I Belong: A Book about Being Part of a Family & a Group. Cheri J. Meiners. Illus. by Penny Weber. 2018. (Learning about Me & You Ser.). (ENG.). 26p. (J). (— 1). bds. 9.99 *(978-1-63198-214-9(1)*, 82149) Free Spirit Publishing Inc.

I, Benjamin Holbeck, or How I Fared at the Siege of Plymouth: A Story of the Civil War (Classic Reprint) M. A. Paull. (ENG., Illus.). (J). 2017. 29.30 *(978-0-331-54930-0(1))*; 2016. pap. 11.57 *(978-1-333-57157-3(7))* Forgotten Bks.

I Bet a Dragon Could. David Radman. Illus. by Doug Shuler. 2022. (ENG.). 34p. (J). pap. 14.95 *(978-1-68433-937-2(5))* Black Rose Writing.

I Bet Earth Is Never Thirsty! - Water Systems & the Water Cycle - Earth & Space Science Grade 3 - Children's Earth Sciences Books. Baby Professor. 2019. (ENG.). 72p. (J). pap. 14.72 *(978-1-5419-5285-0(5))*; 24.71 *(978-1-5419-7485-2(9))* Speedy Publishing LLC. (Baby Professor (Education Kids)).

I Bet I Can Win at the Olympics! Sports Coloring Book 8 Year Old. Educando Kids. 2019. (ENG.). 42p. (J). pap. 6.99 *(978-1-64521-152-5(5)*, Educando Kids) Editorial Imagen.

I Bite the Bad Guys: A Tale of the Korean Tiger. Maryjo P Glover et al. 2019. (ENG.). 40p. (J). 17.95 *(978-1-64307-255-5(2))* Amplify Publishing Group.

I Built a Cabin, 1 vol. Sara Jewell. Illus. by Charlotte Manning. 2023. (ENG.). 40p. (J). (gr. 1-3). 13.99 ***(978-1-927917-97-8(2))*** Running the Goat, Bks. & Broadsides CAN. Dist: Orca Bk. Pubs. USA.

I Burn. Allison O'Donnell. 2018. (ENG., Illus.). 152p. (YA). pap. 14.49 *(978-1-5456-1606-2(X))* Salem Author Services.

I Call My Grandma Gigi. Carole Aldred. Illus. by Trisha de Souza. 2021. (ENG.). 32p. (J). *(978-0-2288-6086-0(5))*; pap. *(978-0-2288-6085-3(7))* Tellwell Talent.

I Calm Down: A Book about Working Through Strong Emotions. Cheri J. Meiners. Illus. by Penny Weber. 2020. (Learning about Me & You Ser.). (ENG.). 26p. (J). (gr. -1-k). bds. 9.99 *(978-1-63198-455-6(1)*, 84556) Free Spirit Publishing Inc.

I Calm down / Yo Me Calmo: A Book about Working Through Strong Emotions / un Libro Sobre Como Manejar Las Emociones Fuertes. Cheri J. Meiners. Illus. by Penny Weber. 2022. (Learning about Me & You Ser.). (ENG.). 26p. (J). (— 1). bds. 9.99 *(978-1-63198-671-0(6)*, 86710) Free Spirit Publishing Inc.

I Calm My Body Down. Danielle Paden. Illus. by Amber Leigh Luecke. 2022. (ENG.). 46p. (J). pap. 16.95 ***(978-1-0880-3812-3(3))*** Indy Pub.

I Campaigned for Ice Cream: A Boy's Quest for Ice Cream Trucks. Suzanne Jacobs Lipshaw. 2019. (ENG., Illus.). 34p. (J). (gr. k-3). 17.95 *(978-1-7339945-0-7(5))*; pap. 8.99 *(978-0-9894814-3-4(3))* Warren Publishing, Inc.

I Can. Amanda Cartwright. Illus. by Edo Fuijkschot. 2017. (ENG.). 18p. (J). (gr. k-1). pap. *(978-0-9935596-2-4(X))* Cartwright, Amanda.

I Can. Jennifer Miller-Joseph. Illus. by Saif Brockington. 2019. (ENG.). 38p. (J). (gr. 1-5). 14.99 *(978-1-947928-61-9(9))*; (gr. 2-5). pap. 12.99 *(978-1-947928-60-2(0))* VMH Publishing.

I Can. Kathryn O'Brien. Illus. by Gillian Flint. 2016. (Sit for a Bit Ser.). (ENG.). 40p. (J). 14.99 *(978-1-4964-1117-4(X)*, 4612792) Tyndale Hse. Pubs.

I Can: Kingdom Readers for Beginners. Ana Salinas. 2020. (ENG., Illus.). 26p. (J). pap. 3.99 *(978-1-0878-7957-4(4))* Indy Pub.

I Can - I Kona (Te Kiribati) Kym Simoncini. Illus. by Stefan Bogdasarov. 2023. (ENG.). 24p. (J). pap. ***(978-1-922844-90-3(X))*** Library For All Limited.

I CAN Activity & Coloring Book. Monica Hill. 2019. (ENG., Illus.). 34p. (J). (gr. k-3). pap. 14.99 *(978-0-578-49149-3(4))* Penway Publishing LLC.

I Can Ask for Help. Autism Learners. 2019. (ENG.). 12p. (J). pap. 14.99 *(978-0-359-87720-1(6))* Lulu Pr., Inc.

I Can Be: A Kids Early Career Book. Mary Smith. Illus. by Leena Shariq. 2022. (ENG.). 34p. (J). 18.99 ***(978-1-0880-7384-1(0))*** Indy Pub.

I Can Be a Baseball Player, 1 vol. Nancy Greenwood. 2020. (I Can Be Anything! Ser.). (ENG.). 24p. (J). (gr. k-k). pap. 9.15 *(978-1-5382-5558-2(8)*, 544bf308-813f-4108-91d1-77a2c0ba21a5) Stevens, Gareth Publishing LLLP.

I Can Be a Builder - I Kona N Riki Bwa Te Tia Kateitei (Te Kiribati) Kr Clarry. Illus. by Romulo Reyes, III. 2023. (UKR.). 26p. (J). pap. ***(978-1-922918-77-2(6))*** Library For All Limited.

I Can Be a Bus Driver - I Kona N Riki Bwa Te Turaaiwa N Te Bwati (Te Kiribati) Kr Clarry. Illus. by Rosendo Pabalinas. 2023. (ENG.). 26p. (J). pap. ***(978-1-922918-53-6(9))*** Library For All Limited.

I Can Be a Chef, 1 vol. Miller Slenzak. 2018. (I Can Be Anything! Ser.). (ENG.). 24p. (gr. k-k). 24.27 *(978-1-5382-1753-5(8)*, 71db7121-de95-43fb-b264-ef5a4ff62340) Stevens, Gareth Publishing LLLP.

I Can Be a Dentist, 1 vol. Nancy Greenwood. 2020. (I Can Be Anything! Ser.). (ENG.). 24p. (J). (gr. k-k). pap. 9.15 *(978-1-5382-5546-9(4)*, ec3cd076-03ec-4005-a271-546b4bf8ed16) Stevens, Gareth Publishing LLLP.

I Can Be a Doctor, 1 vol. Audrey Charles. 2017. (I Can Be Anything! Ser.). (ENG.). 24p. (gr. k-k). pap. 9.15 *(978-1-4824-6317-0(2)*, 725e5c0c-4bd5-4bab-9510-5b2c94415840) Stevens, Gareth Publishing LLLP.

I Can Be a Doctor: With Play Pieces. IglooBooks. Illus. by Alice Potter. 2020. (ENG.). 10p. (J). (-k). bds. 14.99 *(978-1-83852-388-6(X))* Igloo Bks. GBR. Dist: Simon & Schuster, Inc.

I Can Be a Doctor - I Kona N Riki Bwa Te Taokita (Te Kiribati) Kr Clarry. Illus. by John Robert Azuelo. 2023. (ENG.). 26p. (J). pap. ***(978-1-922918-75-8(X))*** Library For All Limited.

I Can Be a Doctor Too! Azjaah Rogers. Illus. by William Blaylock. 2022. (ENG.). 28p. (J). pap. 13.99 *(978-1-0880-1926-9(9))* Indy Pub.

I Can Be a Farm Vet. Apple Jordan. 2016. (Barbie Step into Reading Level 2 Ser.). lib. bdg. 14.75 *(978-0-606-38473-5(1))* Turtleback.

I Can Be a Farm Vet (Barbie) Apple Jordan. Illus. by Kellee Riley. 2016. (Step into Reading Ser.). (ENG.). 24p. (J). (gr. -1-1). 5.99 *(978-1-101-93245-2(7)*, Random Hse. Bks. for Young Readers) Random Hse. Children's Bks.

I Can Be a Firefighter, 1 vol. Audrey Charles. 2017. (I Can Be Anything! Ser.). (ENG.). 24p. (gr. k-k). pap. 9.15 *(978-1-4824-6321-7(0)*, 5bb5688e-19f7-4e6e-8a48-95cd296a306b) Stevens, Gareth Publishing LLLP.

I Can Be a Librarian, 1 vol. Anthony Ardely. 2018. (I Can Be Anything! Ser.). (ENG.). 24p. (J). (gr. k-k). pap. 9.15 *(978-1-5382-1762-7(7)*, 43f0898c-2ac7-4259-a500-428508b5dc37); lib. bdg. 24.27 *(978-1-5382-1760-3(0)*, a1543c70-01cc-4740-96f6-6c5f08aef03f) Stevens, Gareth Publishing LLLP.

I Can Be a Math Magician. Anna Claybourne. 2019. (Dover Science for Kids Ser.). (ENG.). 64p. (J). (gr. 3-6). pap. 9.99 *(978-0-486-83922-6(2)*, 839222) Dover Pubns., Inc.

I Can Be a Nurse, 1 vol. Nancy Greenwood. 2020. (I Can Be Anything! Ser.). (ENG.). 24p. (gr. k-k). pap. 9.15 *(978-1-5382-5550-6(2)*, 149e1c9d-49fe-48bc-9a96-f8af66091b94) Stevens, Gareth Publishing LLLP.

I Can Be a Nurse - I Kona N Riki Bwa Te Neeti (Te Kiribati) Kr Clarry. Illus. by Romulo Reyes, III. 2023. (ENG.). 26p. (J). pap. ***(978-1-922918-54-3(7))*** Library For All Limited.

I Can Be a Pilot, 1 vol. Miller Slenzak. 2018. (I Can Be Anything! Ser.). (ENG.). 24p. (gr. k-k). 24.27 *(978-1-5382-1764-1(3)*, 5fc5352a-d821-4054-85dc-b5c19cb0bc0a) Stevens, Gareth Publishing LLLP.

I Can Be a Police Officer, 1 vol. Audrey Charles. 2017. (I Can Be Anything! Ser.). (ENG.). 24p. (gr. k-k). pap. 9.15 *(978-1-4824-6325-5(3)*, ec1274e8-c704-42bd-bbcc-0274de04a816) Stevens, Gareth Publishing LLLP.

I Can Be a Rocket Scientist. Anna Claybourne. 2019. (Dover Science for Kids Ser.). (ENG.). 64p. (J). (gr. 3-6). pap. 9.99 *(978-0-486-83923-3(0)*, 839230) Dover Pubns., Inc.

I Can Be a Science Detective. Claudia Martin. 2019. (Dover Science for Kids Ser.). (ENG.). 64p. (J). (gr. 3-6). pap. 9.99 *(978-0-486-83921-9(4)*, 839214) Dover Pubns., Inc.

I Can Be a Scientist, 1 vol. Michou Franco. 2017. (I Can Be Anything! Ser.). (ENG.). 24p. (gr. k-k). pap. 9.15 *(978-1-4824-6329-3(6)*, d7e30da4-aca8-427f-af6c-2ff3bb697cde) Stevens, Gareth Publishing LLLP.

I Can Be a Shopkeeper - I Kona N Riki Bwa Te Tia Boobwai (Te Kiribati) Kr Clarry. Illus. by Robert John Azuelo. 2023. (ENG.). 26p. (J). pap. ***(978-1-922918-55-0(5))*** Library For All Limited.

I Can Be a Soccer Player, 1 vol. Miller Slenzak. 2018. (I Can Be Anything! Ser.). (ENG.). 24p. (gr. k-k). 24.27 *(978-1-5382-1768-9(6)*, 1312fb1e-5f56-4f52-b3ce-7e579f9658a7) Stevens, Gareth Publishing LLLP.

I Can Be a Teacher, 1 vol. Michou Franco. 2017. (I Can Be Anything! Ser.). (ENG.). 24p. (gr. k-k). pap. 9.15 *(978-1-4824-6333-0(4)*, 0014868a-dc83-44ea-935e-1a115cac0f62) Stevens, Gareth Publishing LLLP.

I Can Be a Veterinarian, 1 vol. Anthony Ardely. 2018. (I Can Be Anything! Ser.). (ENG.). 24p. (gr. k-k). 24.27 *(978-1-5382-1772-6(4)*, e29782f0-c6ee-4858-b80d-853afb70f155) Stevens, Gareth Publishing LLLP.

I Can Be a Writer, 1 vol. Michou Franco. 2017. (I Can Be Anything! Ser.). (ENG.). 24p. (gr. k-k). pap. 9.15 *(978-1-4824-6337-8(7)*, 00bcda9c-10d6-4ab1-92b8-55ccd0915392) Stevens, Gareth Publishing LLLP.

I Can Be a Writer Children's Creative Journal. Reflections Notebooks & Journals. 2016. (ENG., Illus.). (J). pap. 9.33 *(978-1-68327-145-1(9))* Sunshine In My Soul Publishing.

I Can Be All Three. Salima Alikhan. Illus. by Noor Sofi. 2023. (ENG.). 40p. (J). (gr. -1-3). 18.99 ***(978-1-6659-0184-0(5)***, Simon & Schuster Bks. For Young Readers) Simon & Schuster Bks. For Young Readers.

I Can Be an Actor, 1 vol. Anthony Ardely. 2018. (I Can Be Anything! Ser.). (ENG.). 24p. (gr. k-k). 24.27 *(978-1-5382-1776-4(7)*, 073d7899-b5d0-4c08-b170-6d5a5d352907) Stevens, Gareth Publishing LLLP.

I Can Be an Artist, 1 vol. Nancy Greenwood. 2020. (I Can Be Anything! Ser.). (ENG.). 24p. (gr. k-k). pap. 9.15 *(978-1-5382-5562-9(6)*, 6bef9fdf-dbad-4b00-9063-dbf776c4345a) Stevens, Gareth Publishing LLLP.

I Can Be an Awesome Inventor. Anna Claybourne. 2019. (Dover Science for Kids Ser.). (ENG.). 64p. (J). (gr. 3-6). pap. 9.99 *(978-0-486-83924-0(9)*, 839249) Dover Pubns., Inc.

I Can Be Anything see Puedo Hacer Cualquier Cosa

I Can Be Anything! 2017. (I Can Be Anything! Ser.). 24p. (gr. k-k). pap. 48.90 *(978-1-5382-0241-8(7))*; (ENG.). lib. bdg. 145.62 *(978-1-5382-0240-1(9)*, 483c8ba2-92d7-45a4-b152-d1b8b9cffe8d) Stevens, Gareth Publishing LLLP.

I Can Be Anything! Jerry Spinelli. 2020. (ENG., Illus.). 20p. (J). (gr. -1 — 1). bds. 7.99 *(978-0-316-49453-3(4))* Little, Brown Bks. for Young Readers.

I Can Be Anything! Don't Tell Me I Can't. Diane Dillon. Illus. by Diane Dillon. 2018. (ENG., Illus.). 32p. (J). (gr. -1-3). 18.99 *(978-1-338-16690-3(5)*, Blue Sky Pr., The) Scholastic, Inc.

I Can Be Anything I Want To: Inspirational Careers Coloring Book for Girls (Large Size) Gogirl Press. 2019. (ENG., Illus.). 64p. (J). (gr. k-6). pap. *(978-1-913357-04-7(X))* Devela Publishing.

I Can Be Anything I Want to Be - a Coloring Book for Kids: Inspirational Careers Coloring Book for Kids Ages 4-8 (Large Size) Power of Gratitude. 2021. (ENG.). 50p. (J). pap. 6.99 *(978-1-0879-8317-2(7))* Indy Pub.

I Can Be Anything I Want to Be - a Coloring Book for Kids: Inspirational Careers Coloring Book for Kids Ages 4-8 (Large Size) Power of Gratitude. 2021. (ENG.). 47p. (J). pap. *(978-1-4467-7260-7(8))* Lulu Pr., Inc.

I Can Be Anything! (Peppa Pig) Annie Auerbach. Illus. by EOne. 2018. (ENG.). 16p. (J). (gr. -1-k). bds. 7.99 *(978-1-338-22883-0(8))* Scholastic, Inc.

I Can Be Anything!: Set 2, 12 vols. 2018. (I Can Be Anything! Ser.). (ENG.). 24p. (gr. k-k). lib. bdg. 145.62 *(978-1-5382-1844-0(5)*, e71fe808-42ba-4cda-833d-a9c2813b4d0c) Stevens, Gareth Publishing LLLP.

I Can Be Anything!: Sets 1 - 2. 2018. (I Can Be Anything! Ser.). (ENG.). (J). pap. 109.80 *(978-1-5382-2823-4(8))*; lib. bdg. 291.24 *(978-1-5382-2206-5(X)*, 58e2032d-f5a9-47be-8e4f-00087d75cdab) Stevens, Gareth Publishing LLLP.

I Can Be Anything!: Sets 1 - 3. 2020. (I Can Be Anything! Ser.). (ENG.). (J). pap. 164.70 *(978-1-5382-6160-6(X))*; lib. bdg. 436.86 *(978-1-5382-5989-4(3)*, 11afcba2-d26d-42a1-ad58-0f654ff22ad9) Stevens, Gareth Publishing LLLP.

I Can Be Brave: A Child's Guide to Boosting Self-Confidence. Poppy O'Neill. 2021. (Child's Guide to Social & Emotional Learning Ser.: 4). (ENG.). 144p. (J). (gr. 2-6). pap. 9.99 *(978-1-5107-6408-8(9)*, Sky Pony Pr.) Skyhorse Publishing Co., Inc.

I Can Be Brave: Overcoming Fear, Finding Confidence, & Asserting Yourself. Holde Kreul. Illus. by Dagmar Geisler. 2020. (Safe Child, Happy Parent Ser.). 36p. (J). (gr. -1-1). 16.99 *(978-1-5107-4661-9(7)*, Sky Pony Pr.) Skyhorse Publishing Co., Inc.

I Can Be Creative Like Leonardo Da Vinci, Volume 1. Familius. Illus. by Susanna Covelli. 2021. (Finger Puppet Heroes Ser.: 1). (ENG.). 12p. (J). (gr. -1 — 1). bds. 8.99 *(978-1-64170-560-8(4)*, 550560) Familius LLC.

I Can Be Good at Journaling, Too! Guided Journal for Children. Planners & Notebooks Inspira Journals. 2019. (ENG.). 200p. (J). pap. 12.55 *(978-1-64521-258-4(0)*, Inspira) Editorial Imagen.

I Can Be Happy Too: A Book about Attitudes. Susan A. Howard. 2019. (ENG., Illus.). 32p. (J). pap. 10.95 *(978-1-68192-537-0(0))* Our Sunday Visitor, Publishing Div.

I Can Be Kind. Jessica Pippin. Illus. by Marc Monés. 2023. (ENG.). 16p. (J). (gr. -1-1). pap. 33.00 *(978-1-4788-0504-5(8)*, c22c2734-3493-4cf5-ab01-62fff8a3dea3) Newmark Learning LLC.

I Can Be Kind: - a Brave Little Goldfish Helps a Grumpy Piranha Be Kind, Caring, & Generous - for Beginning Readers & Kids Age 3-8 - Rainbow Gal. l.t. ed. 2021. (ENG.). 48p. (J). pap. *(978-1-989767-00-9(1))* Fat Cat Publishing.

I Can Be... Me!, 1 vol. Lesléa Newman. Illus. by Maya Christina Gonzalez. 2023. (ENG.). 32p. (J). (gr. -1-2). 19.95 *(978-1-64379-205-7(9)*, leelowbooks) Lee & Low Bks., Inc.

I Can Be Patient. Campbell Books. Illus. by Marie Paruit. 2023. (Little Big Feelings Ser.). (ENG.). 10p. (J). bds. 9.99 ***(978-1-0350-1626-6(5)***, 900292757, Campbell Bks.) Pan Macmillan GBR. Dist: Macmillan.

I Can Be Whatever I Want: There Is No Limit in What I Can Be, It's All up to Me... La'koya Brown. 2022. (ENG.). 40p. (J). ***(978-0-2288-8069-1(6))***; pap. ***(978-0-2288-8068-4(8))*** Tellwell Talent.

I Can Be Your Friend. Pamela Kennedy. Illus. by Lisa Reed. 2022. (VeggieTales Ser.). (ENG.). 20p. (J). (gr. -1 — 1). bds. 7.99 *(978-1-5460-0214-7(6)*, Worthy Kids/Ideals) Worthy Publishing.

I Can Become a Powerful Navigator of School Success! An Interactive Handbook for Students in Grades Two to Eight. Todd Feltman. 2020. (ENG.). 164p. (J). pap. *(978-1-64268-172-7(5))* novum pocket Verlag in der novum publishing GmbH.

I Can Bee What I Want to Be. Monica Parker. 2022. (ENG.). 36p. (J). pap. 15.95 ***(978-1-68498-566-1(8))*** Newman Springs Publishing, Inc.

I Can Believe in Myself. Jack Canfield & Miriam Laundry. Illus. by Eva Morales. 2021. (ENG.). 32p. (J). (gr. 1-5). 15.95 *(978-0-7573-2388-1(X))* Health Communications, Inc.

I Can Brush My Teeth. Esther Burgueño. 2021. (Bit by Bit I Learn More & I Grow Big Ser.). (ENG.). 10p. (J). (— 1). bds. 7.99 *(978-84-17210-59-5(8))* Editorial el Pirata ESP. Dist: Independent Pubs. Group.

I Can Brush My Teeth. Sophia Day & Celestte Dills. Illus. by Timothy Zowada. 2022. (I Can Be an MVP Ser.: 3). (ENG.). 32p. (J). 4.99 *(978-1-63795-931-2(1)*, 5a72c682-0544-4feb-a429-af9609f0261d) MVP Kids Media.

I Can Brush My Teeth. Autism Learners. 2019. (ENG.). 20p. (J). pap. 14.99 *(978-0-359-87730-0(3))* Lulu Pr., Inc.

I Can Build Confidence. Elisabeth Zöller. Illus. by Dagmar Geisler. 2019. (Safe Child, Happy Parent Ser.). 32p. (J). (gr. -1-1). 16.99 *(978-1-5107-4651-0(X)*, Sky Pony Pr.) Skyhorse Publishing Co., Inc.

I Can Build It. Kelly Greenawalt. ed. 2020. (Acorn Early Readers Ser.). (ENG., Illus.). 44p. (J). (gr. k-1). 14.96 *(978-1-64697-468-9(9))* Penworthy Co., LLC, The.

I Can Calm My Mind. Lynn McLaughlin & Amber Raymond. Illus. by Allysa Batin. 2023. (ENG.). 50p. (J). pap. ***(978-1-7388582-2-4(7))*** Steering Through It.

I Can Cape. Brynn Daves. 2022. (ENG., Illus.). 32p. (J). pap. 15.95 ***(978-1-64654-086-0(7))*** Fulton Bks.

I Can Care for Nature. Mary Boone. 2019. (Helping the Environment Ser.). (ENG., Illus.). 24p. (J). (gr. -1-2). lib. bdg. 27.32 *(978-1-9771-0311-6(1)*, 139312, Capstone Pr.) Capstone.

I Can Carry My Handbag: With Play Pieces. IglooBooks. 2021. (ENG.). 10p. (J). (— 1). bds. 14.99 *(978-1-83903-666-8(4))* Igloo Bks. GBR. Dist: Simon & Schuster, Inc.

I Can Change Matter. Francis Spencer. 2021. (My First Science Bks.). (ENG., Illus.). 24p. (J). (gr. k-2). pap. *(978-1-4271-3034-1(5)*, 11572); lib. bdg. *(978-1-4271-3023-5(X)*, 11555) Crabtree Publishing Co.

I Can Check My Senses (the Power of Thought) Lynn McLaughlin & Amber Raymond. Illus. by Allysa Batin. 2023. (ENG.). 46p. (J). pap. ***(978-1-7780741-6-5(2))*** Steering Through It.

I Can Choose to Be Happy. Emelia Beanie Schmidt & Anne Nancy Shriver. 2021. (ENG.). 38p. (J). pap. 17.77 *(978-0-934101-03-5(5))* Taylor, Sally & Friends.

I Can Clean Up. Meg Gaertner. 2022. (I Can Do It! Ser.). (ENG., Illus.). 24p. (J). (gr. -1-1). pap. 8.95 *(978-1-64619-604-3(X))*; lib. bdg. 28.50 *(978-1-64619-577-0(9))* Little Blue Hse. (Little Blue Readers).

I Can Code: And-Or. Vicky Fang. Illus. by Jade Orlando. 2020. (I Can Code Ser.). (ENG.). 22p. (J). (gr. -1-k). bds. 9.99 *(978-1-7282-0959-3(5))* Sourcebooks, Inc.

I Can Code: If/Then. Vicky Fang. Illus. by Jade Orlando. 2020. (I Can Code Ser.). (ENG.). 22p. (J). (gr. -1-k). bds. 9.99 *(978-1-7282-0957-9(9))* Sourcebooks, Inc.

I Can Control My Anger. Dagmar Geisler. 2019. (Safe Child, Happy Parent Ser.). (ENG., Illus.). 32p. (J). (gr. -1-1). 16.99 *(978-1-5107-4653-4(6)*, Sky Pony Pr.) Skyhorse Publishing Co., Inc.

I Can Cope! Caitie McAneney. 2022. (I Can Cope! Ser.). (ENG.). 24p. (J). pap. 55.50 ***(978-1-64282-480-3(1)***, PowerKids Pr.) Rosen Publishing Group, Inc., The.

I Can Count see Contar y Estampar

I Can Count: Slide the Beads, Learn to Count! Lauren Crisp. Illus. by Thomas Elliott. 2023. (I Can Learn Ser.). (ENG.). 12p. (J). (-k). bds. 12.99 *(978-1-68010-686-2(4))* Tiger Tales.

I Can Count a Baker's Dozen. Author Jeffrey Anderson & Illustrator Onalee Anderson. 2019. (ENG.). 40p. (J). pap. 24.99 *(978-0-359-32953-3(5))* Lulu Pr., Inc.

I Can Count from 1 To 10. Robyn Cain. Illus. by Jay-R Pagud. 2021. (ENG.). 28p. (J). pap. *(978-1-922621-19-1(6))* Library For All Limited.

I Can Count from 1 to 10 - I Kona ni Wareka 1 Nakon 10 (Te Kiribati) Robyn Cain. Illus. by Jay-R Pagud. 2023. (ENG.). 28p. (J). pap. ***(978-1-922844-05-7(5))*** Library For All Limited.

I Can Count To 10. Make Believe Ideas. Illus. by Clare Fennell. 2019. (ENG.). 14p. (J). (— 1). bds. 12.99 *(978-1-78843-650-2(4))* Make Believe Ideas GBR. Dist: Scholastic, Inc.

I Can Count To 100. Christie Hainsby. Illus. by Clare Fennell. 2019. (ENG.). 14p. (J). (gr. -1-7). bds. 9.99 *(978-1-78843-652-6(0))* Make Believe Ideas GBR. Dist: Scholastic, Inc.

I Can Count to 30 on Two Hands. Nickitias Catalaya. 2021. (ENG.). 28p. (J). pap. 13.95 *(978-1-63630-985-9(2))* Covenant Bks.

I Can Count to Christmas! An Interactive Number Learning Story. B&H Kids Editorial Staff. 2021. (ENG., Illus.). 20p. (J). (-k). bds. 7.99 *(978-1-0877-5280-8(9)*, 005834488, B&H Kids) B&H Publishing Group.

I Can Count to Five. Rozanne Williams. 2017. (Learn-To-Read Ser.). (ENG., Illus.). (J). pap. 3.49 *(978-1-68310-331-8(9))* Pacific Learning, Inc.

I Can Count to One Hundred! Can You? a Counting Book. Baby Iq Builder Books. 2016. (ENG., Illus.). (J). pap. 8.99 *(978-1-68374-769-7(0))* Examined Solutions PTE. Ltd.

I Can Create Stories. Claire Miller. 2018. (ENG., Illus.). 54p. (J). pap. *(978-0-9956458-2-0(5))* Campsie Hills Bks.

I Can Create Stories: (story Edition) Claire Miller. 2019. (ENG., Illus.). 46p. (J). pap. *(978-0-9956458-4-4(1))* Campsie Hills Bks.

I Can Cut & Stick see Recortar y Pegar

I Can Do All. Brandon McCoy. 2021. (ENG., Illus.). 32p. (J). pap. 14.95 *(978-1-6624-1697-2(0))* Page Publishing Inc.

I Can Do All Things. Tiffiney Rogers-McDaniel. 2021. (Mrs. Christian's Daycare Ser.). (ENG.). 34p. (J). pap. 14.99 *(978-1-7354173-1-8(9))* Tiffiney R. McDaniel.

I Can Do Anything! Michelle F. Dallago. Illus. by Geoffrey Grisso. 2023. (ENG.). 36p. (J). ***(978-0-2288-8850-5(6))***; pap. ***(978-0-2288-8862-8(X))*** Tellwell Talent.

I Can Do Anything. Katie Leimkuehler. 2022. (ENG.). 20p. (J). 24.00 ***(978-0-578-38126-8(5))*** Katieleimkuehler.com.

I Can Do Anything. Sabira Miah. 2018. (ENG., Illus.). 36p. (J). pap. *(978-1-912547-22-7(8))* DVG Star Publishing.

I Can Do Anything! Natalie Shaw. 2016. (Illus.). (J). *(978-1-5182-0411-1(2))* Simon & Schuster Children's Publishing.

I Can Do Anything! Jeff White. Illus. by Gary LaCoste. 2017. (Best of Buddies Ser.). (ENG.). 32p. (J). 12.99 *(978-1-4707-4851-7(7))* Group Publishing, Inc.

I Can Do Anything! Natalie Shaw. ed. 2016. (Olivia 8x8 Ser.). lib. bdg. 13.55 *(978-0-606-38242-7(9))* Turtleback.

I Can Do Belly Breathing. Lara Cain Gray. Illus. by Oluwasegun Olaiya. 2023. (ENG.). 28p. (J). pap. ***(978-1-922991-21-8(X))*** Library For All Limited.

I Can Do Belly Breathing. Lara Cain Gray. 2022. (ENG.). 28p. (J). pap. ***(978-1-922876-93-5(3))*** Library For All Limited.

I Can Do Belly Breathing - Ninaweza Kupumua Kwa Tumbo. Lara Cain Gray. Illus. by Oluwasegun Olaiya. 2023. (SWA.). 28p. (J). pap. ***(978-1-922951-03-8(X))*** Library For All Limited.

I Can Do Everything. Jasmin Sood. Illus. by Leesa Ervin. 2023. (ENG.). 18p. (J). ***(978-1-77180-654-1(0))***; pap. ***(978-1-77180-655-8(9))*** Iguana Bks.

I Can Do Hard Things: Mindful Affirmations for Kids. Gabi Garcia. Illus. by Charity Russell. 2018. (ENG.). 36p. (J). 19.99 *(978-1-949633-00-9(4))*; pap. 12.95 *(978-0-9989580-8-8(5))* Skinned Knee Publishing.

I Can Do, I Can Do Without, I Can Do Better Journal of an ADHD Kid. Planners & Notebooks Inspira Journals. 2019. (ENG.). 200p. (J). pap. 12.55 *(978-1-64521-221-8(1)*, Inspira) Editorial Imagen.

I Can Do It! Karen Barber. Illus. by M. Isaeni. 2022. (ENG.). 20p. (J). 15.00 ***(978-1-0880-2737-0(7))*** Indy Pub.

I Can Do It: An Adaptation of Jack & the Beanstalk. So Million. Illus. by Tong Tong Tong. 2019. (ENG.). 36p. (J). pap. 25.01 *(978-1-5437-5411-7(2))* Partridge Pub.

I Can Do It: Matty & Mommy's Little Noise. Mickie Kraatz. 2019. (ENG.). 38p. (J). 14.95 *(978-1-68401-369-2(0))* Amplify Publishing Group.

I Can Do It: Mazes for Preschoolers Activity Book. Jupiter Kids. 2017. (ENG., Illus.). (J). pap. 9.20 *(978-1-68326-981-6(0)*, Jupiter Kids (Childrens & Kids Fiction)) Speedy Publishing LLC.

I Can Do It! I Can Do It! I Can Say My Alphabet Sounds. Edwina Bailey. 2019. (ENG., Illus.). 40p. (J). pap. 14.95 *(978-1-949483-11-6(8))* Strategic Book Publishing & Rights Agency (SBPRA).

I Can Do It! (Set Of 6) Meg Gaertner. 2022. (I Can Do It! Ser.). (ENG., Illus.). (J). (gr. -1-1). pap. 53.70 *(978-1-64619-603-6(1))*; lib. bdg. 171.00 *(978-1-64619-576-3(0))* Little Blue Hse. (Little Blue Readers).

I Can Do It, Too! Terence Houston. Ed. by Tierra Destiny Reid. Illus. by Laura Acosta. 2018. (Chronicles of Christian Grace Ser.: Vol. 1). (ENG.). 26p. (J). pap. 14.95 *(978-1-947574-26-7(4))* TDR Brands Publishing.

I Can Do It Too! - an Engineering + Affirmations Coloring Book. Jada Nicole. 2022. (ENG.). 84p. (J). pap. 7.99 ***(978-1-0880-4326-4(7))*** Indy Pub.

I Can Do It. Yes I Can! Curtis Shaw Blassingame. 2022. (ENG., Illus.). 30p. (J). 19.95 ***(978-1-6624-7472-9(5))*** Page Publishing Inc.

I Can Do Magic: Magical Plants & Animals. Mack van Gageldonk. Illus. by Mack van Gageldonk. 2021. (Wow! Ser.: 1). (ENG., Illus.). 64p. (J). 18.95 *(978-1-60537-635-6(3))* Clavis Publishing.

I Can Do Math, 6 vols. Rozanne Lanczak Williams. Incl. Adding. lib. bdg. 24.67 *(978-0-8368-4108-4(5)*, 6eba23fa-e38a-4fb2-8804-18798a265270); Crayola Counting. lib. bdg. 24.67 *(978-0-8368-4109-1(3)*, 0974a32c-a255-4f82-8f85-8ce30a10b2a4); Subtracting. lib. bdg. 24.67 *(978-0-8368-4113-8(1)*, 0d3c0599-51f6-4e00-b571-95ea4466ae4f); (gr. k-2). (I Can Do Math Ser.). (ENG., Illus.). 24p. 2004. Set lib. bdg. 74.01 *(978-0-8368-4107-7(7)*, 8515ccc1-73ec-4392-9805-9c53e97d90e6, Gareth Stevens Learning Library) Stevens, Gareth Publishing LLLP.

I Can Do That! 100 Ways to Become Independent. Contrib. by Dk. 2023. (ENG.). 176p. (J). (gr. -1-1). 19.99 ***(978-0-7440-8571-6(3)***, DK Children) Dorling Kindersley Publishing, Inc.

I Can Do That! Sticker Hero: An at-Home Play-to-Learn Sticker Workbook with 506 Stickers (I CAN DO THAT! STICKER BOOK #3) Gakken early Gakken early childhood experts. 2022. (I Can Do That! Ser.). (ENG.). 64p. (J). (gr. -1). 9.99 *(978-4-05-621153-5(1))* Gakken Plus Co., Ltd. JPN. Dist: Simon & Schuster, Inc.

I Can Do That! Sticker Superstar: An at-Home Play-to-Learn Sticker Workbook with 500 Stickers! (I CAN DO THAT! STICKER BOOK #2) Gakken early childhood experts. 2021. (I Can Do That! Ser.). (ENG.). 64p. (J). (gr. -1-k). 9.99 *(978-4-05-621051-4(9))* Gakken Plus Co., Ltd. JPN. Dist: Simon & Schuster, Inc.

I Can Do That! Stickers: An at-Home Super Simple (and Smart!) Sticker Activities Workbook. Gakken early Gakken early childhood experts. 2018. (I Can Do That! Ser.). (ENG.). 64p. (J). (gr. -1-k). 9.99 *(978-4-05-621049-1(7))* Gakken Plus Co., Ltd. JPN. Dist: Simon & Schuster, Inc.

I Can Do This. Jocelyn a Drozda. 2023. (ENG.). 66p. (J). pap. ***(978-1-988001-74-6(9))*** Ahelia Publishing, Inc.

I Can Dot It! Extreme Dot-To-Dot Books. Jupiter Kids. 2016. (ENG., Illus.). 76p. (J). pap. 13.75 *(978-1-68305-441-2(5)*, Jupiter Kids (Childrens & Kids Fiction)) Speedy Publishing LLC.

I Can Draw All by Myself Drawing Activity Book. Jupiter Kids. 2017. (ENG., Illus.). (YA). pap. 9.20 *(978-1-68326-982-3(9)*, Jupiter Kids (Childrens & Kids Fiction)) Speedy Publishing LLC.

I Can Draw Cars & Trucks, 1 vol. Toby Reynolds. Illus. by Grace Sanford. 2018. (I Can Draw Ser.). (ENG.). 32p. (gr. 1-1). 30.27 *(978-1-5081-9728-7(8)*, d2cf4ed7-92d0-43c1-9ac6-8010df09e1c4); pap. 12.75 *(978-1-5383-9012-2(4)*, 093098ba-f322-4504-8d0e-176aa275892e) Rosen Publishing Group, Inc., The. (Windmill Bks.).

I Can Draw Disney: Cute Cats & Kittens: Draw Figaro, Marie, Simba, & Other Disney Cats!, Volume 2. Disney Storybook Artists. 2021. (Licensed I Can Draw Ser.: 2). (ENG.). 32p. (J). (gr. 1-3). pap. 7.99 *(978-1-60058-975-1(8)*, Walter Foster Jr) Quarto Publishing Group USA.

I Can Draw Disney: Magical Characters: Draw Mushu, Tinker Bell, Chip, & Other Cute Disney Characters!, Volume 1. Disney Storybook Artists. 2021. (Licensed I Can Draw Ser.: 1). (ENG.). 32p. (J). (gr. 1-3). pap. 7.99 *(978-1-60058-976-8(6)*, Walter Foster Jr) Quarto Publishing Group USA.

I Can Draw! Farm Fun. Dover Dover Publications. 2020. (Dover How to Draw Ser.). (ENG.). 32p. (J). (gr. k). pap. 4.99 *(978-0-486-84322-3(X)*, 84322X) Dover Pubns., Inc.

I Can Draw Goblins, 1 vol. Jane Yates. 2017. (I Can Draw!: Mythical Creatures Ser.). (ENG.). 32p. (J). (gr. 3-4). 29.27 *(978-1-5383-2250-5(1)*, f5a7f10c-112f-4004-80ce-aab1f85b7b40); pap. 12.75 *(978-1-5383-2346-5(X)*, 5c5a6829-9401-426e-be78-db0787da4d3a) Rosen Publishing Group, Inc., The. (PowerKids Pr.).

I Can Draw Goblins: Set, 12 vols. 2017. (I Can Draw!: Mythical Creatures Ser.). (ENG.). (J). (gr. 3-4). lib. bdg. 175.62 *(978-1-5081-6258-2(1)*, ef241df5-3dae-44c8-b0e5-bb2d122774e4, PowerKids Pr.) Rosen Publishing Group, Inc., The.

I Can Draw! How to Draw Activity Book. Jupiter Kids. 2017. (ENG., Illus.). (YA). pap. 9.20 *(978-1-68326-984-7(5)*, Jupiter Kids (Childrens & Kids Fiction)) Speedy Publishing LLC.

I Can Draw Kawaii Animals. Illus. by Calver Paul & Ksenya Savva. 2023. (I Can Draw Kawaii Ser.). (ENG.). (J). (gr. 2-8). pap. 7.99 *(978-1-4380-8995-9(3))* Sourcebooks, Inc.

I Can Draw Kawaii People. Illus. by Calver Paul & Ksenya Savva. 2023. (I Can Draw Kawaii Ser.). (ENG.). (J). (gr. 2-8). pap. 7.99 *(978-1-4380-8996-6(1))* Sourcebooks, Inc.

I Can Draw Mermaids, 1 vol. Jane Yates. 2017. (I Can Draw!: Mythical Creatures Ser.). (ENG., Illus.). 32p. (J). (gr. 3-4). 29.27 *(978-1-5383-2252-9(8)*, 6c01b221-1b7f-4454-ba9b-c264570058fd, PowerKids Pr.) Rosen Publishing Group, Inc., The.

I Can Draw Mermaids, 1 vol. Contrib. by Jane Yates. 2017. (I Can Draw!: Mythical Creatures Ser.). (ENG., Illus.). 32p. (J). (gr. 3-4). pap. 12.75 *(978-1-5383-2348-9(6)*, b3f51c33-17fb-45ff-b659-8fddb6b385c7, PowerKids Pr.) Rosen Publishing Group, Inc., The.

I Can Draw People see Pintar Personajes

I Can Draw People, 1 vol. Toby Reynolds. Illus. by Grace Sanford. 2018. (I Can Draw Ser.). (ENG.). 32p. (gr. 1-1). 30.27 *(978-1-5081-9729-4(6)*, 0f4f9ee5-188f-4956-9889-5b4acae2d881); pap. 12.75 *(978-1-5383-9015-3(9)*, eac2d125-89e3-48fe-9078-2a96152f365c) Rosen Publishing Group, Inc., The. (Windmill Bks.).

I Can Draw Pets, 1 vol. Toby Reynolds. Illus. by Grace Sanford. 2018. (I Can Draw Ser.). (ENG.). 32p. (gr. 1-1). (J). 30.27 *(978-1-5081-9730-0(X)*, 12dfeafa-3c96-4d78-8db9-befbcca92217); pap. 12.75 *(978-1-5383-9018-4(3)*, 46c0cf76-2cc1-4195-a34a-a723527c1ec0) Rosen Publishing Group, Inc., The. (Windmill Bks.).

I Can Draw Pictures by Myself Activity Book. Jupiter Kids. 2017. (ENG., Illus.). (YA). pap. 9.20 *(978-1-68326-983-0(7)*, Jupiter Kids (Childrens & Kids Fiction)) Speedy Publishing LLC.

I Can Draw Sea Monsters, 1 vol. Jane Yates. 2017. (I Can Draw!: Mythical Creatures Ser.). (ENG.). 32p. (J). (gr. 3-4). 29.27 *(978-1-5383-2254-3(4)*, 0a15ade7-b2a9-45fb-9c45-4932d7f08c49); pap. 12.75 *(978-1-5383-2350-2(8)*, c1b1d864-d139-423a-9f78-6290d11eb095) Rosen Publishing Group, Inc., The. (PowerKids Pr.).

I Can Draw Shapes. Laura Dicht. 2022. (ENG.). 28p. (J). pap. ***(978-1-922827-57-9(6))*** Library For All Limited.

I Can Draw! Silly Sea Life. Dover Dover Publications. 2020. (Dover How to Draw Ser.). (ENG.). 32p. (J). (gr. k). pap. 4.99 *(978-0-486-84257-8(6)*, 842576) Dover Pubns., Inc.

I Can Draw! Things That Go. Dover Dover Publications. 2020. (Dover How to Draw Ser.). (ENG.). 32p. (J). (gr. k). pap. 4.99 *(978-0-486-84323-0(8)*, 843238) Dover Pubns., Inc.

I Can Draw Unicorns, 1 vol. Jane Yates. 2017. (I Can Draw!: Mythical Creatures Ser.). (ENG.). 32p. (J). (gr. 3-4). 29.27 *(978-1-5383-2256-7(0)*, 3c022afb-d4c2-4ce6-85f0-49c3962c73d5, PowerKids Pr.) Rosen Publishing Group, Inc., The.

I Can Draw Unicorns, 1 vol. Contrib. by Jane Yates. 2017. (I Can Draw!: Mythical Creatures Ser.). (ENG.). 32p. (J). (gr. 3-4). pap. 12.75 *(978-1-5383-2352-6(4)*, 4da76fc4-138c-4126-be3a-bc5d3c5106f2, PowerKids Pr.) Rosen Publishing Group, Inc., The.

I Can Draw Vampires, 1 vol. Jane Yates. 2017. (I Can Draw!: Mythical Creatures Ser.). (ENG.). 32p. (J). (gr. 3-4). 29.27 *(978-1-5383-2258-1(7)*, a25d56e2-2459-4e2b-872b-a1faa5e2b853, PowerKids Pr.) Rosen Publishing Group, Inc., The.

I Can Draw Vampires, 1 vol. Contrib. by Jane Yates. 2017. (I Can Draw!: Mythical Creatures Ser.). (ENG.). 32p. (J). (gr. 3-4). pap. 12.75 *(978-1-5383-2354-0(0)*, 53a83228-a67e-428b-a02f-2431053763c0, PowerKids Pr.) Rosen Publishing Group, Inc., The.

I Can Draw Wild Animals, 1 vol. Toby Reynolds. Illus. by Grace Sanford. 2018. (I Can Draw Ser.). (ENG.). 32p. (gr. 1-1). 30.27 *(978-1-5081-9731-7(8)*, 48f155c4-68c1-4b2a-9341-9c689e9b0496); pap. 12.75 *(978-1-5383-9021-4(3)*, 9830b745-e3b0-4731-b626-c30ae0393ba1) Rosen Publishing Group, Inc., The. (Windmill Bks.).

I Can Draw Witches, 1 vol. Jane Yates. 2017. (I Can Draw!: Mythical Creatures Ser.). (ENG.). 32p. (J). (gr. 3-4). 29.27 *(978-1-5383-2260-4(9)*, 8e8a9451-66d9-49a0-a28c-2a0515017257, PowerKids Pr.) Rosen Publishing Group, Inc., The.

I Can Draw Witches, 1 vol. Contrib. by Jane Yates. 2017. (I Can Draw!: Mythical Creatures Ser.). (ENG.). 32p. (J). (gr. 3-4). pap. 12.75 *(978-1-5383-2356-4(7)*, 572e8c5d-2d47-473c-ae56-a4d20a9fabb9, PowerKids Pr.) Rosen Publishing Group, Inc., The.

I Can Dream: (Baby Board Book, Book for Learning, Toddler Book. Illus. by Betsy Snyder. 2018. (I Can Ser.). (ENG.). 14p. (J). (gr. -1 — 1). bds. 8.99 *(978-1-4521-6214-0(X))* Chronicle Bks. LLC.

I Can Dream Big Dreams:: a Coloring Book for Future Leaders. Renee H. Drumgo. 2018. (ENG., Illus.). 24p. (J). pap. 8.45 *(978-0-578-41614-4(X))* Royal Hues Designs.

I Can Drive! Lori Bortncik. 2017. (ENG., Illus.). (J). 20.99 *(978-0-9989979-0-2(0))* Flying Turtle Publishing.

I Can Eat a Rainbow. Olena Rose. 2021. (ENG.). 30p. (J). 18.99 *(978-1-0879-7340-1(6))* Rose Publishing.

I Can Eat with Chopsticks: A Tale of the Chopstick Brothers & How They Became a Pair - a Story in English & Chinese. Xin Lin. ed. 2018. (Illus.). 42p. (gr. k-4). 16.95 *(978-1-60220-452-2(7))* SCPG Publishing Corp.

I Can Exercise! a Fitness Journal for Kids. @ Journals and Notebooks. 2016. (ENG., Illus.). 106p. (J). pap. 12.25 *(978-1-68326-452-1(5))* Speedy Publishing LLC.

I Can Explore: (Baby Board Book, Book for Learning, Toddler Book. Illus. by Betsy Snyder. 2018. (I Can Ser.). (ENG.). 14p. (J). (gr. -1 — 1). bds. 8.99 *(978-1-4521-6213-3(1))* Chronicle Bks. LLC.

I Can Feel Better: a Tapping Story: Emotional Freedom Technique (EFT): Effective Step by Step Mind & Body Relaxation for Kids, Teens & Adults. Christy Lynn Anana. 2021. pap. 15.00 *(978-1-957400-00-6(5))* Anana Pr.

I Can Feel It in My Heart. Mary Bell. 2023. (ENG.). 32p. (J). 16.99 ***(978-1-4621-4435-8(7))*** Cedar Fort, Inc./CFI Distribution.

I Can Find It! Christmas. Ed. by Little Grasshopper Books. 2020. (I Can Find It! Ser.). (ENG.). 16p. (J). (gr. -1-1). bds. 15.98 *(978-1-64558-807-8(6)*, 6119000, Little Grasshopper Bks.) Publications International, Ltd.

I Can Find It! Noah's Ark & Other Bible Stories. Ed. by Little Grasshopper Books. 2020. (I Can Find It! Ser.). (ENG.). 16p. (J). bds. 15.98 *(978-1-64030-959-3(4)*, 6111600) Publications International, Ltd.

I Can Find It! Things That Go. Ed. by Little Grasshopper Books. 2020. (I Can Find It! Ser.). (ENG.). 16p. (J). (gr. -1-1). bds. 15.98 *(978-1-64030-981-4(0)*, 6114700) Publications International, Ltd.

I Can Find It! Unicorn Candy Explosion. Ed. by Publications International Ltd. Staff. 2020. (I Can Find It! Ser.). (ENG.). 16p. (J). (gr. -1-1). bds. 15.98 *(978-1-64030-960-9(8)*, 6111700) Publications International, Ltd.

I Can Fix It! Robert Munsch. Illus. by Michael Martchenko. 2022. (ENG.). 32p. (J). (gr. -1-3). 19.99 *(978-1-4431-9211-8(2))*; pap. 7.99 *(978-1-4431-9212-5(0))* Scholastic Canada, Ltd. CAN. Dist: Publishers Group West (PGW).

I Can Fix It: With Play Pieces. IglooBooks. Illus. by Alice Potter. 2020. (ENG.). 10p. (J). (-k). bds. 14.99 *(978-1-83852-389-3(8))* Igloo Bks. GBR. Dist: Simon & Schuster, Inc.

I Can Fix That. Lance Butler. 2017. (ENG., Illus.). (J). (gr. -1-3). pap. 12.95 *(978-1-64028-167-7(3))* Christian Faith Publishing.

I Can Fly. Fifi Kuo. 2018. (ENG., Illus.). 32p. (J). (gr. -1-3). 17.99 *(978-1-4998-0741-7(4))* Little Bee Books Inc.

I Can Fly in the Sky: A Story of Friends, Flight & Kites - Told in English & Chinese. Lin Xin. 2019. (ENG., Illus.). 42p. (gr. -1-3). 16.95 *(978-1-60220-456-0(X))* SCPG Publishing Corp.

I Can Fly Really High. Tonya L. Blockton. 2022. (ENG.). 22p. (J). pap. 7.99 *(978-1-6629-2472-9(0))* Gatekeeper Pr.

I Can Follow the Rules. Molly Smith. Illus. by Julia Patton. 2023. (ENG.). 16p. (J). (gr. -1-1). pap. 5.25 *(978-1-4788-0473-4(4)*, 57267597-e058-4bcb-878c-e9263e0eb302); pap. 33.00 *(978-1-4788-0510-6(2)*, 398378bb-6247-4ac5-a915-1517167e220b) Newmark Learning LLC.

I Can Get It & Hop In! Jenny Jinks. Illus. by Louise Forshaw. 2020. (Early Bird Readers — Pink (Early Bird Stories (tm)) Ser.). (ENG.). 32p. (J). (gr. -1-2). pap. 9.99 *(978-1-5415-8726-7(X)*, 62ccce06-24be-4a6b-ac3c-21785e63f27b, Lerner Pubns.) Lerner Publishing Group.

I Can Ground Myself (the Power of Thought) Lynn McLaughlin & Amber Raymond. Illus. by Allysa Batin. 2023. (ENG.). 50p. (J). pap. ***(978-1-7388582-3-1(5))*** Steering Through It.

I Can Grow a Flower. DK. 2018. (Life Cycle Board Bks.). (ENG., Illus.). 18p. (J). (-k). bds. 12.99 *(978-1-4654-6570-2(7)*, DK Children) Dorling Kindersley Publishing, Inc.

I Can Handle Change: A Child's Guide to Facing New Challenges. Contrib. by Poppy O'Neill & Amanda Ashman-Wymbs. 2023. (Child's Guide to Social & Emotional Learning Ser.: 8). (ENG.). 144p. (J). (gr. 2-6). pap. 9.99 ***(978-1-5107-7588-6(9)***, Sky Pony Pr.) Skyhorse Publishing Co., Inc.

I Can Handle It. Laurie Wright. 2016. (ENG., Illus.). (J). (gr. -1-3). pap. *(978-0-9952472-0-8(X))* Wright, Laurie.

I Can Have a Party: Easy Decorations, Food & Games, Shown Step by Step. Thomasina Smith. 2016. (Illus.). 48p. (J). (gr. -1-12). 7.99 *(978-1-86147-495-7(4)*, Armadillo) Anness Publishing GBR. Dist: National Bk. Network.

I Can Hear. Noah Park. 2018. (Chewie's Senses Ser.: Vol. 2). (ENG., Illus.). 46p. (J). 17.00 *(978-1-64237-185-7(8))* Gatekeeper Pr.

I Can Hear, See, Taste, Smell & Feel! Senses Book for Kids Children's Biology Books. Baby Professor. 2017. (ENG., Illus.). (J). pap. 9.55 *(978-1-5419-3884-7(4)*, Baby Professor (Education Kids)) Speedy Publishing LLC.

I Can Hear the Dog Bark. Adela Ames. 2022. (ENG., Illus.). 30p. (J). pap. 11.95 ***(978-1-63985-656-5(0))*** Fulton Bks.

I Can Help: A Book about Helping Others. Jennifer Hilton & Kristen McCurry. Illus. by Natasha Rimmington. 2017. (Frolic First Faith Ser.). 22p. (J). 6.99 *(978-1-5064-1784-4(1)*, Sparkhouse Family) 1517 Media.

I Can Help Pink a Band. Lynne Rickards. ed. 2017. (Cambridge Reading Adventures Ser.). (ENG., Illus.). 16p. pap. 7.95 *(978-1-108-40566-9(5))* Cambridge Univ. Pr.

I Can, I Can! Mill Faye. 2017. (ENG., Illus.). 12p. (J). *(978-1-365-73732-9(2))* Lulu Pr., Inc.

I Can Learn. Bernadine Feagins. 2016. (ENG.). 86p. (J). pap. 29.20 *(978-1-365-08013-5(7))* Lulu Pr., Inc.

I Can Learn My Body Parts Coloring Book. Activity Book Zone for Kids. 2016. (ENG., Illus.). (J). pap. 9.20 *(978-1-68376-446-5(3))* Sabeels Publishing.

I Can Learn My Letters! a Maze Activity Book. Bobo's Children Activity Books. 2016. (ENG., Illus.). (J). pap. 7.99 *(978-1-68327-315-8(X))* Sunshine In My Soul Publishing.

I Can Learn My Numbers! a Maze Activity Book. Bobo's Children Activity Books. 2016. (ENG., Illus.). (J). pap. 7.99 *(978-1-68327-316-5(8))* Sunshine In My Soul Publishing.

I Can Learn Social Skills! Poems about Getting along, Being a Good Friend, & Growing Up. Benjamin Farrey-Latz. 2018. (ENG., Illus.). 64p. (J). (gr. k-4). pap. 11.99 *(978-1-63198-280-4(X)*, 82804) Free Spirit Publishing Inc.

I Can Listen: Civic Virtues, 1 vol. Seth Matthas. 2018. (Civics for the Real World Ser.). (ENG.). 8p. (gr. k-1). pap. *(978-1-5383-6337-9(2)*, 1a75a818-9841-4b32-936f-bb76d690d1ab, Rosen Classroom) Rosen Publishing Group, Inc., The.

I Can Love Like Jesus. Heidi Poelman. Illus. by Chase Jensen. 2021. (ENG.). 32p. (J). pap. 12.99 *(978-1-4621-3922-4(1))* Cedar Fort, Inc./CFI Distribution.

I Can Love Like Jesus. Heidi Poelman. 2017. (ENG., Illus.). (J). (gr. -1-2). 14.99 *(978-1-4621-1940-0(9))* Cedar Fort, Inc./CFI Distribution.

I Can Make a Difference! Jessica Pegis. 2016. (Citizenship in Action Ser.). (ENG., Illus.). 24p. (J). (gr. 1-3). *(978-0-7787-2599-2(5))*; pap. *(978-0-7787-2605-0(3))* Crabtree Publishing Co.

I Can Make a Plan. Ellen Garcia. Illus. by Juan Bautista Juan. 2023. (ENG.). 16p. (J). (gr. -1-1). pap. 5.25 *(978-1-4788-0478-9(5)*, 378ce7f8-7c9b-4c37-bc30-3f14ad79dd60); pap. 33.00 *(978-1-4788-0515-1(3)*, d986474e-f2d7-4ca5-b63d-bec770e5ee61) Newmark Learning LLC.

I Can Make Exciting Electronics (Rookie Star: Makerspace Projects) (Library Edition) Kristina A. Holzweiss & Amy Barth. 2017. (Rookie Star Ser.). (ENG., Illus.). 32p. (J). (gr. 2-3). lib. bdg. 25.00 *(978-0-531-23411-2(8)*, Children's Pr.) Scholastic Library Publishing.

I Can Make Marvelous Movers (Rookie Star: Makerspace Projects) (Library Edition) Kristina A. Holzweiss & Amy Barth. 2017. (Rookie Star Ser.). (ENG., Illus.). 32p. (J). (gr. 2-3). lib. bdg. 25.00 *(978-0-531-23413-6(4)*, Children's Pr.) Scholastic Library Publishing.

I Can Make New Friends: A Child's Guide to Effective Social Skills. Poppy O'Neill. 2023. (Child's Guide to Social & Emotional Learning Ser.: 9). (ENG.). 144p. (J). (gr. k-4). pap. 9.99 ***(978-1-5107-7589-3(7)***, Sky Pony Pr.) Skyhorse Publishing Co., Inc.

I Can Make Remarkable Robots (Rookie Star: Makerspace Projects) Kristina A. Holzweiss & Amy Barth. 2017. (Rookie Star Ser.). (ENG., Illus.). 32p. (J). (gr. 2-3). pap. 5.95 *(978-0-531-23879-0(2)*, Children's Pr.) Scholastic Library Publishing.

I Can Make Remarkable Robots (Rookie Star: Makerspace Projects) (Library Edition) Kristina A. Holzweiss & Amy Barth. 2017. (Rookie Star Ser.). (ENG., Illus.). 32p. (J). (gr.

2-3). lib. bdg. 25.00 *(978-0-531-23410-5(X)*, Children's Pr.) Scholastic Library Publishing.

I Can Make Slippery Slime (Rookie Star: Makerspace Projects) (Library Edition) Cody Crane. 2018. (Rookie Star Ser.). (ENG., Illus.). 32p. (J). (gr. 2-3). lib. bdg. 25.00 *(978-0-531-13849-6(6)*, Children's Pr.) Scholastic Library Publishing.

I Can Make the Right Choice. Tiffany N. Travillion. 2022. (ENG.). 24p. (J). pap. 11.99 *(978-1-68235-626-5(4))* Strategic Book Publishing & Rights Agency (SBPRA).

I Can Make This Promise. Christine Day. (ENG.). (J). (gr. 3-7). 2020. 288p. pap. 9.99 *(978-0-06-287200-5(1))*; 2019. (Illus.). 272p. 18.99 *(978-0-06-287199-2(4))* HarperCollins Pubs. (Heartdrum).

I Can Measure It: Practicing the Zh Sound, 1 vol. Dylan Karsten. 2016. (Rosen Phonics Readers Ser.). (ENG.). 12p. (J). (gr. -1-2). pap. *(978-1-5081-3599-9(1)*, e0040e6c-7534-4d45-a01f-da7617e4f252, Rosen Classroom) Rosen Publishing Group, Inc., The.

I Can Name 100 Trees & More Coloring Books 8-12. Educando Kids. 2019. (ENG.). 42p. (J). pap. 6.99 *(978-1-64521-198-3(3)*, Educando Kids) Editorial Imagen.

I Can Only Be an Apple Tree. Paula Merlo. 2018. (ENG., Illus.). 32p. (J). pap. 12.99 *(978-1-7326291-9-6(6))* Mindstir Media.

I Can Only Draw Worms. Will Mabbitt. 2019. (ENG., Illus.). 32p. (J). (-k). 15.99 *(978-1-5247-8822-3(8)*, Penguin Workshop) Penguin Young Readers Group.

I Can Only Imagine: A Friendship with Jesus Now & Forever, 1 vol. Bart Millard. Illus. by Sumiti Collina. 2018. (ENG.). 32p. (J). 16.99 *(978-1-4003-2133-9(6)*, Tommy Nelson) Nelson, Thomas Inc.

I Can Only Imagine for Little Ones: A Friendship with Jesus Now & Forever, 1 vol. Bart Millard. Illus. by Sumiti Collina. 2018. (ENG.). 24p. (J). bds. 9.99 *(978-1-4003-2201-5(4)*, Tommy Nelson) Nelson, Thomas Inc.

I Can Paint: Practicing the AI Sound, 1 vol. Jamal Brown. 2016. (Rosen Phonics Readers Ser.). (ENG.). 8p. (J). (gr. -1-2). pap. *(978-1-5081-3184-7(8)*, f1274c1c-c889-480a-9d4a-d2077b879bb6, Rosen Classroom) Rosen Publishing Group, Inc., The.

I Can Pat & Mom Sat, Dad Sat. Madeline Tyler. Illus. by Brandon Mattless. 2023. (Level 1 - Pink Set Ser.). (ENG.). 32p. (J). (gr. k-1). lib. bdg. 19.95 Bearport Publishing Co., Inc.

I Can Pick up Litter. Mari Schuh. 2019. (Helping the Environment Ser.). (ENG., Illus.). 24p. (J). (gr. -1-2). lib. bdg. 27.32 *(978-1-9771-0309-3(X)*, 139305, Capstone Pr.) Capstone.

I Can Play with Anything! Susann Hoffmann. Illus. by Susann Hoffmann. 2021. (ENG., Illus.). 24p. (J). (— 1). bds. 14.99 *(978-1-76050-758-9(X))* Hardie Grant Children?s Publishing AUS. Dist: Independent Pubs. Group.

I Can Praise God. Naomi Joy Krueger. Illus. by Anna Jones. 2017. (Frolic First Faith Ser.). 22p. (J). 6.99 *(978-1-5064-2190-2(3)*, Sparkhouse Family) 1517 Media.

I Can Pray: My Little Prayer Journal. Jessica Davis. 2022. (ENG.). 90p. (J). pap. *(978-1-387-79266-5(0))* Lulu Pr., Inc.

I Can Pray Too! a Kid's Book of Prayers. Doris D. Harris. 2018. (ENG.). 30p. (J). pap. 10.00 *(978-1-7327674-6-1(7))* Vision to Fruition Publishing Hse., The.

I Can Read. Bela Davis. 2022. (Spot the Sight Words Ser.). (ENG.). 24p. (J). (gr. -1-2). lib. bdg. 31.36 *(978-1-0982-6161-0(5)*, 39487, Abdo Kids) ABDO Publishing Co.

I Can Read. Annette Kerr. Illus. by Annette Kerr. 2020. (I Can Read Ser.: Vol. 1). (ENG., Illus.). 20p. (J). *(978-0-6484092-6-7(0))* AskArt.

I Can Read. Rozanne Williams. 2017. (Learn-To-Read Ser.). (ENG., Illus.). (J). pap. 3.49 *(978-1-68310-196-3(0))* Pacific Learning, Inc.

I Can Read Fearless Girls #1: Roberta Bondar: I Can Read Level 1. Sarah Howden. Illus. by Nick Craine. 2019. (ENG.). 32p. (J). (gr. -1-2). pap. 4.99 *(978-1-4434-5981-5(X)*, Collins) HarperCollins Pubs.

I Can Read Fearless Girls #2: Misty Copeland: I Can Read Level 1. Sarah Howden. Illus. by Nick Craine. 2019. (ENG.). 32p. (J). (gr. -1-2). pap. 4.99 *(978-1-4434-5982-2(8)*, Collins) HarperCollins Pubs.

I Can Read Fearless Girls #3: Viola Desmond: I Can Read Level 1. Sarah Howden. Illus. by Nick Craine. 2019. (ENG.). 32p. (J). (gr. -1-2). pap. 4.99 *(978-1-4434-5983-9(6)*, Collins) HarperCollins Pubs.

I Can Read Fearless Girls #4: Lucy Maud Montgomery: I Can Read Level 1. Sarah Howden. Illus. by Nick Craine. 2019. (ENG.). 32p. (J). (gr. -1-2). pap. 4.99 *(978-1-4434-5984-6(4)*, Collins) HarperCollins Pubs.

I Can Read Fearless Girls #5: Michelle Obama: I Can Read Level 1. Sarah Howden. Illus. by Nick Craine. 2019. (ENG.). 32p. (J). (gr. -1-2). pap. 4.99 *(978-1-4434-5985-3(2)*, Collins) HarperCollins Pubs.

I Can Read Fearless Girls #6: Ruth Graves Wakefield: I Can Read Level 1. Sarah Howden. Illus. by Nick Craine. 2019. (ENG.). 32p. (J). (gr. -1-2). pap. 4.99 *(978-1-4434-5986-0(0)*, Collins) HarperCollins Pubs.

I Can Read Hockey Stories: Books #1 to #6 Bind-Up: Hayley's Journey; Hockey at Home; the Best First Game; the Golden Goal; the Masked Man; What's in a Number. Meg Braithwaite & Sarah Howden. Illus. by Nick Craine. 2023. (I Can Read Level 2 Ser.). (ENG.). 192p. (J). 19.99 *(978-1-4434-7193-0(3)*, Collins) HarperCollins Canada, Ltd. CAN. Dist: HarperCollins Pubs.

I Can Read Hockey Stories: Hayley's Journey. Sarah Howden. Illus. by Nick Craine. 2018. (I Can Read Comics Level 2 Ser.). (ENG.). 32p. (J). (gr. -1-3). pap. 4.99 *(978-1-4434-5733-0(7)*, Collins) HarperCollins Canada, Ltd. CAN. Dist: HarperCollins Pubs.

I Can Read Hockey Stories: Hockey at Home. Meg Braithwaite. Illus. by Nick Craine. 2018. (I Can Read Comics Level 2 Ser.). (ENG.). 32p. (J). (gr. -1-3). pap. 4.99 *(978-1-4434-5734-7(5)*, Collins) HarperCollins Canada, Ltd. CAN. Dist: HarperCollins Pubs.

I Can Read Hockey Stories: the Best First Game. Meg Braithwaite. Illus. by Nick Craine. 2018. (I Can Read Comics Level 2 Ser.). (ENG.). 32p. (J). (gr. -1-3). pap. 4.99 *(978-1-4434-5730-9(2)*, Collins) HarperCollins Canada, Ltd. CAN. Dist: HarperCollins Pubs.

I Can Read Hockey Stories: the Golden Goal. Meg Braithwaite. Illus. by Nick Craine. 2018. (I Can Read Comics Level 2 Ser.). (ENG.). 32p. (J). (gr. -1-3). pap. 4.99 *(978-1-4434-5732-3(9)*, Collins) HarperCollins Canada, Ltd. CAN. Dist: HarperCollins Pubs.

I Can Read Hockey Stories: the Masked Man. Meg Braithwaite. Illus. by Nick Craine. 2018. (I Can Read Comics Level 2 Ser.). (ENG.). 32p. (J). (gr. -1-3). pap. 4.99 *(978-1-4434-5729-3(9)*, Collins) HarperCollins Canada, Ltd. CAN. Dist: HarperCollins Pubs.

I Can Read Hockey Stories: What's in a Number. Meg Braithwaite. Illus. by Nick Craine. 2018. (I Can Read Comics Level 2 Ser.). (ENG.). 32p. (J). (gr. -1-3). pap. 4.99 *(978-1-4434-5731-6(0)*, Collins) HarperCollins Canada, Ltd. CAN. Dist: HarperCollins Pubs.

I Can Read Mandarin: Colours & Numbers. Jennifer Wong. Illus. by Joyce Ng. 2020. (I Can Read Mandarin Ser.: Vol. 1). (ENG.). 44p. (J). pap. *(978-0-2288-3849-4(5))* Tellwell Talent.

I Can Read Mandarin: Fruits & Vegetables. Jen Wong. Illus. by Joyce Ng. 2022. (ENG.). 42p. (J). pap. *(978-0-2288-7598-7(6))* Tellwell Talent.

I Can Read My Illustrated Bible, 1 vol. Illus. by Peter Francis. 2020. (I Can Read! Ser.). (ENG.). 208p. (J). 16.99 *(978-0-310-76679-7(6))* Zonderkidz.

I Can Read My Watch! - Telling Time Activity Book: Children's Money & Saving Reference. Left Brain Kids. 2016. (ENG., Illus.). (J). pap. 7.51 *(978-1-68376-588-2(5))* Sabeels Publishing.

I Can Read Now! Easy Sight Words for Developing Young Readers. David Fernstedt. Illus. by Michael Menard. 2018. (ENG.). 104p. (J). (gr. -1-2). pap. 14.99 *(978-1-63158-360-5(3)*, Racehorse Publishing) Skyhorse Publishing Co., Inc.

I Can Read Pete the Cat: Too Cool for School. Kimberly Dean. 2017. (ENG.). pap. *(978-0-545-86457-2(7))* Scholastic Canada, Ltd.

I Can Read the Clock a Telling Time Book for Kids. Pfiffikus. 2016. (ENG., Illus.). (J). pap. 10.81 *(978-1-68377-661-1(5))* Whlke, Traudl.

I Can Reduce Waste. Martha E. H. Rustad. 2019. (Helping the Environment Ser.). (ENG., Illus.). 24p. (J). (gr. -1-2). lib. bdg. 27.32 *(978-1-9771-0312-3(X)*, 139313, Capstone Pr.) Capstone.

I Can Ride! (Bob Books Stories: Scholastic Reader, Level 1) Lynn Maslen Kertell. Illus. by Sue Hendra. 2022. (Scholastic Reader, Level 1 Ser.). (ENG.). 32p. (J). (gr. -1-1). 22.99 *(978-1-338-81419-4(2))*; pap. 4.99 *(978-1-338-81418-7(4))* Scholastic, Inc.

I Can Ride My Bike. Meg Gaertner. 2022. (I Can Do It! Ser.). (ENG., Illus.). 24p. (J). (gr. -1-1). pap. 8.95 *(978-1-64619-605-0(8))*; lib. bdg. 28.50 *(978-1-64619-578-7(7))* Little Blue Hse. (Little Blue Readers).

I Can Run. Photos by Murray Head. 2017. (I Like to Read Ser.). (ENG., Illus.). 16p. (J). (gr. -1-3). 7.99 *(978-0-8234-3846-4(5))* Holiday Hse., Inc.

I Can Run. Murray Head. ed. 2020. (I Like to Read Ser.). (ENG., Illus.). 25p. (J). (gr. k-1). 17.96 *(978-1-64697-443-6(3))* Penworthy Co., LLC, The.

I Can Save the World: A Story for Little Eco Heroes. IglooBooks. Illus. by Mike Henson. 2022. (ENG.). 24p. (J). (-k). bds. 8.99 *(978-1-80108-714-8(8))* Igloo Bks. GBR. Dist: Simon & Schuster, Inc.

I Can Say Sorry. Campbell Books. Illus. by Marie Paruit. 2023. (Little Big Feelings Ser.). (ENG.). 10p. (J). bds. 9.99 *(978-1-0350-1625-9(7)*, 900292695, Campbell Bks.) Pan Macmillan GBR. Dist: Macmillan.

I Can See. Rozanne Williams. 2017. (Learn-To-Read Ser.). (ENG., Illus.). (J). pap. 3.49 *(978-1-68310-267-0(3))* Pacific Learning, Inc.

I Can See - I Kona N Noori (Te Kiribati) Elton Pitatogae. Illus. by Clarice Masajo. 2022. (MIS.). 30p. (J). pap. *(978-1-922918-13-0(X))* Library For All Limited.

I Can See a Cuscus. Bruce Sagata & Jomar Estrada. 2018. (ENG.). 18p. (J). pap. *(978-9980-89-989-7(1))* Library For All Limited.

I Can See Peace. Julie D. Penshorn. Illus. by Jeanine-Jonee Keith. 2018. (ENG.). 34p. (J). (gr. k-3). 19.95 *(978-0-9988691-3-1(9))*; pap. 11.95 *(978-0-9988691-4-8(7))* Growing Communities for Peace.

I Can See Planets & Stars from My Room! How the Telescope Works - Physics Book 4th Grade Children's Physics Books. Baby Professor. 2017. (ENG., Illus.). (YA). pap. 8.79 *(978-1-5419-1143-7(1)*, Baby Professor (Education Kids)) Speedy Publishing LLC.

I Can See (Set), 4 vols. 2019. (I Can See Ser.). (ENG., Illus.). 16p. (J). (gr. -1-2). pap., pap., pap. 45.43 *(978-1-5341-3894-0(3)*, 212419, Cherry Blossom Press) Cherry Lake Publishing.

I Can See You. Rosemarie Avrana Meyok. Illus. by Michelle Simpson. 2022. 28p. (J). (gr. -1 — 1). bds. 13.95 *(978-1-77227-420-2(8))* Inhabit Media Inc. CAN. Dist: Consortium Bk. Sales & Distribution.

I Can See You from the Stars. Patricia Cook. 2020. (ENG.). 22p. (J). *(978-0-2288-2962-1(3))*; pap. *(978-0-2288-2961-4(5))* Tellwell Talent.

I Can Sew: Bilingual Inuktitut & English Edition. Inhabit Education Books. 2021. (Nunavummi Reading Ser.). (ENG., Illus.). (J). pap. *(978-1-77450-004-0(3))* Inhabit Education Bks. Inc. CAN. Dist: Consortium Bk. Sales & Distribution.

I Can Smile with My Eyes. Kathleen Carbonari. 2021. 28p. (J). pap. 8.99 *(978-1-0983-7279-8(4))* BookBaby.

I Can Stand up to Bullies: Finding Your Voice When Others Pick on You. Dagmar Geisler. Tr. by Andy Jones Berasaluce. 2021. (Safe Child, Happy Parent Ser.). (Illus.). 36p. (J). (gr. -1-1). 16.99 *(978-1-5107-6436-1(4)*, Sky Pony Pr.) Skyhorse Publishing Co., Inc.

I Can Start a Band!, 1 vol. Ruth Owen. 2017. (Kids Can Do It! Ser.). (ENG.). 32p. (gr. 3-3). 30.27 *(978-1-4994-8347-5(3)*, 2488a601-74ef-402d-a139-b94b3a54a15b, Windmill Bks.) Rosen Publishing Group, Inc., The.

I Can Stay Calm. Claire Daniel. Illus. by Julia Patton. 2023. (ENG.). 16p. (J). (gr. -1-1). pap. 5.25 *(978-1-4788-0474-1(2)*, 602995e7-8cf9-425b-be40-f7f7ca1f1fd1); pap. 33.00 *(978-1-4788-0511-3(0)*, d084f6b9-b2f2-4b7d-a8fd-d1212bd51fe3) Newmark Learning LLC.

I Can Stop Germs. Meg Gaertner. 2022. (I Can Do It! Ser.). (ENG., Illus.). 24p. (J). (gr. -1-1). pap. 8.95 *(978-1-64619-606-7(6))*; lib. bdg. 28.50 *(978-1-64619-579-4(5))* Little Blue Hse. (Little Blue Readers).

I Can Swim. Meg Gaertner. 2022. (I Can Do It! Ser.). (ENG., Illus.). 24p. (J). (gr. -1-1). pap. 8.95 *(978-1-64619-607-4(4))*; lib. bdg. 28.50 *(978-1-64619-580-0(9))* Little Blue Hse. (Little Blue Readers).

I Can Take Time to Think. Sophia Day & Celestte Dills. Illus. by Timothy Zowada. 2020. (I Can Be an MVP Ser.: 1). 32p. (J). pap. 4.99 *(978-1-64786-264-0(7)*, 268823e4-b15f-4dcb-8eb3-d7a04a28c60f) MVP Kids Media.

I Can Talk with My Hands. Rozanne Williams. 2017. (Learn-To-Read Ser.). (ENG., Illus.). (J). pap. 3.49 *(978-1-68310-300-4(9))* Pacific Learning, Inc.

I Can Tell the Time. Kate Thomson. Illus. by Carrie Hennon. 2022. (ENG.). 16p. (J). (gr. k-2). spiral bd. 10.99 *(978-1-80105-472-0(X))* Top That! Publishing PLC GBR. Dist: Independent Pubs. Group.

I Can Tell Time. Meg Gaertner. 2022. (I Can Do It! Ser.). (ENG., Illus.). 24p. (J). (gr. -1-1). pap. 8.95 *(978-1-64619-608-1(2))*; lib. bdg. 28.50 *(978-1-64619-581-7(7))* Little Blue Hse. (Little Blue Readers).

I Can Throw a Tantrum Too! Angelina Carriera. Illus. by Roundhouse Creative. 2016. (ENG.). (J). pap. *(978-0-9944325-2-0(6))* Ralston, Angelina.

I Can Tie My Own Shoelaces. Oakley Graham. Illus. by Carrie Hennon. 2022. (ENG.). 16p. (J). (gr. k-2). spiral bd. 10.99 *(978-1-80105-473-7(8))* Top That! Publishing PLC GBR. Dist: Independent Pubs. Group.

I Can Tie My Own Shoes. 2016. (Illus.). 13p. (J). *(978-1-4351-6291-4(9))* Barnes & Noble, Inc.

I Can Tie My Shoes. Meg Gaertner. 2022. (I Can Do It! Ser.). (ENG., Illus.). 24p. (J). (gr. -1-1). pap. 8.95 *(978-1-64619-609-8(0))*; lib. bdg. 28.50 *(978-1-64619-582-4(5))* Little Blue Hse. (Little Blue Readers).

I Can Use the Bathroom. Autism Learners. 2019. (ENG.). 12p. (J). pap. 14.99 *(978-0-359-87701-0(X))* Lulu Pr., Inc.

I Can Wash My Face. Autism Learners. 2019. (ENG.). 16p. (J). pap. 14.99 *(978-0-359-87711-9(7))* Lulu Pr., Inc.

I Can Wash My Hands. Sophia Day & Celestte Dills. Illus. by Timothy Zowada. 2021. (I Can Be an MVP Ser.: 2). (ENG.). 32p. (J). 4.99 *(978-1-64999-986-3(0)*, 318b2287-90de-490e-8d14-d2f0bb727c54) MVP Kids Media.

I Can Wash My Hands. Autism Learners. 2019. (ENG.). 16p. (J). pap. 14.99 *(978-0-359-87588-7(2))* Lulu Pr., Inc.

I Can Wash Up! Helping Kids Develop Healthy Habits. Meg Walters. 2020. 32p. (J). (gr. -1-1). 9.99 *(978-1-5107-6281-7(7)*, Sky Pony Pr.) Skyhorse Publishing Co., Inc.

I Can Wear Anything! Susann Hoffmann. Illus. by Susann Hoffmann. 2021. (ENG., Illus.). 24p. (J). bds. 14.99 *(978-1-76050-757-2(1))* Hardie Grant Children?s Publishing AUS. Dist: Independent Pubs. Group.

I Can Write. Rozanne Williams. 2017. (Learn-To-Read Ser.). (ENG., Illus.). (J). pap. 3.49 *(978-1-68310-197-0(9))* Pacific Learning, Inc.

I Can Write Better! Counting & Connect the Dots Toddler Activity Books Bundle, 2 vols. Speedy Publishing Books. 2019. (ENG.). 212p. (J). pap. 19.99 *(978-1-5419-7271-1(6))* Speedy Publishing LLC.

I Can Write My ABC's Coloring & Activity Book. Chastity Freeman. 2023. (ENG.). 200p. (J). pap. *(978-1-312-60180-2(9))* Lulu Pr., Inc.

I Cannot Draw a Horse. Charise Mericle Harper. 2022. (Illus.). 48p. (J). (gr. -1-3). 17.99 *(978-1-4549-4594-9(X)*, Union Square Pr.) Sterling Publishing Co., Inc.

I Cannot Reach You, Vol. 2, Volume 2. Mika. Tr. by Jan Cash. 2021. (I Cannot Reach You Ser.: 2). (ENG., Illus.). 180p. (YA). (gr. 8-17). pap. 13.00 *(978-1-9753-1949-6(4)*, Yen Pr.) Yen Pr. LLC.

I Cannot See It. Shinsuke Yoshitake. 2018. (ENG.). (J). *(978-4-7520-0842-2(4))* Alice-Kan.

I Can't. Charita Carthen. Ed. by O. R. Johnson. Illus. by Garin Adi S. 2020. (ENG.). 33p. (J). pap. *(978-1-716-41660-6(4))* Lulu Pr., Inc.

I Can't. C. M. Healy. 2018. (ENG., Illus.). 36p. (J). (gr. 2-6). 16.99 *(978-1-948577-16-8(X))* Mercury West Publishing.

I Can't Afford It (Classic Reprint) J.R. Peters. (ENG., Illus.). (J). 2018. 50p. 24.93 *(978-0-428-62036-3(1))*; 2017. pap. 9.57 *(978-0-243-50922-5(7))* Forgotten Bks.

I Can't Believe It! 2. DK. 2018. (ENG., Illus.). 352p. (J). (gr. 4-7). pap. 12.99 *(978-1-4654-7281-6(9)*, DK Children) Dorling Kindersley Publishing, Inc.

I Can't Breathe Because of Covid-19. Jayva Greenwood. Illus. by Kai Ellis-Artuvkai. 2021. (ENG.). 24p. (J). pap. 22.99 *(978-0-578-91748-1(3))* Hudson-Greenwood, Amonyca.

I Can't, but I Can. Erin E. Gray. Illus. by Nataly Frolova. 2021. (ENG.). 30p. (J). 22.60 *(978-1-7363366-1-8(4))* Gray, Erin.

I Can't Clean My Room. Jessica Williams. Illus. by Jessica Williams. 2021. (ENG.). 34p. (J). *(978-1-7777393-1-7(4))*; pap. *(978-1-7777393-0-0(6))* All Write Here Publishing.

I Can't Do What? Strange Laws & Rules from Around the World. Heather Camlot. Illus. by Mike Deas. 2022. (ENG.). 112p. (J). (gr. 5-9). pap. 14.95 *(978-0-88995-618-6(9)*, 528cdbb3-2773-4d5d-a2e6-e98d718fc25f) Red Deer Pr. CAN. Dist: Firefly Bks., Ltd.

I Can't Draw. Stephen W. Martin. Illus. by Brian Biggs. 2022. (ENG.). 48p. (J). (gr. -1-3). 18.99 *(978-1-5344-9341-4(7)*, McElderry, Margaret K. Bks.) McElderry, Margaret K. Bks.

I Can't Draw a Straight Line! How to Draw Activity Book. Jupiter Kids. 2017. (ENG., Illus.). (YA). pap. 9.20 *(978-1-68305-719-2(8)*, Jupiter Kids (Childrens & Kids Fiction)) Speedy Publishing LLC.

I Can't Have That, I Have Allergies. Katie Kinsella. Illus. by Vicky Kuhn. 2022. (ENG.). 32p. (J). *(978-1-915680-58-7(1))*; pap. *(978-1-913615-92-5(8))* Trigger Publishing.

I Can't Help a Big Bear! A Basic First Aid Tale by Nanny Blu. Nanny Blu. Illus. by Angela Gooliaff. 2022. (ENG.). 64p. (J). *(978-1-5255-8995-9(4))*; pap. *(978-1-5255-8994-2(6))* FriesenPress.

I Can't Live Without... a Book on Necessities Grade 2 Children's Growing up & Facts of Life Books. Baby Professor. 2022. (ENG.). 74p. (J). 31.99 *(978-1-5419-9693-9(3))*; pap. 20.99 *(978-1-5419-8741-8(1))* Speedy Publishing LLC. (Baby Professor (Education Kids)).

I Can't Put It down! a Super Fun Activity Book for Kids. Activity Book Zone for Kids. 2016. (ENG., Illus.). (J). pap. 7.55 *(978-1-68376-221-8(5))* Sabeels Publishing.

I Can't Remember. Cindy Gunderson. 2020. (ENG.). 296p. (YA). pap. 14.99 *(978-1-7333932-5-6(0))* Button Pr.

I Can't! Said Annie Ant. Annamarie DeBonis. Illus. by Sophia Carliss. 2023. 24p. (J). pap. 12.00 *(978-1-6678-8101-0(9))* BookBaby.

I Can't Say. Emma Eneh. Illus. by Rena Saiya. 2018. (I Can't Say Ser.: Vol. 1). (ENG.). 62p. (J). pap. 7.99 *(978-1-7327094-0-9(8))* AnnEmma.

I Can't Sit Still. Kimberly Carlstrom. Illus. by Carolyn Marks. 2018. (ENG.). 32p. (J). pap. 10.95 *(978-1-948282-35-2(6))* Yorkshire Publishing Group.

I Can't Sleep. Kimberlee Graves. 2017. (Learn-To-Read Ser.). (ENG., Illus.). (J). (gr. -1-3). pap. 3.49 *(978-1-68310-185-7(5))* Pacific Learning, Inc.

I Can't Sleep! Owen Hart. Illus. by Caroline Pedler. 2017. (ENG.). 32p. (J). (gr. -1-2). 16.99 *(978-1-68010-066-2(1))* Tiger Tales.

I Can't Sleep, Can You? Betty H. Elara. 2023. (ENG.). 48p. (YA). pap. 10.99 *(978-1-0879-9898-5(0))* Lulu Pr., Inc.

I Can't Wait till You Know. Trey Little. 2022. (ENG.). 38p. (J). 16.95 *(978-1-64543-952-3(6))* Amplify Publishing Group.

I Care about Animals. Liz Lennon. Illus. by Michael Buxton. 2021. (I Care About Ser.). (ENG.). 32p. (J). (gr. 1-4). pap. *(978-1-4271-2895-9(2)*, 10978); lib. bdg. *(978-1-4271-2889-8(8)*, 10971) Crabtree Publishing Co. (Crabtree Classics).

I Care about My Body. Liz Lennon. Illus. by Michael Buxton. 2021. (I Care About Ser.). (ENG.). 32p. (J). (gr. 1-4). pap. *(978-1-4271-2896-6(0)*, 10979); lib. bdg. *(978-1-4271-2890-4(1)*, 10972) Crabtree Publishing Co. (Crabtree Classics).

I Care about My Family. Liz Lennon. Illus. by Michael Buxton. 2021. (I Care About Ser.). (ENG.). 32p. (J). (gr. 1-4). pap. *(978-1-4271-2897-3(9)*, 10980); lib. bdg. *(978-1-4271-2891-1(X)*, 10973) Crabtree Publishing Co. (Crabtree Classics).

I Care about My Friends. Liz Lennon. Illus. by Michael Buxton. 2021. (I Care About Ser.). (ENG.). 32p. (J). (gr. 1-4). pap. *(978-1-4271-2898-0(7)*, 10981); lib. bdg. *(978-1-4271-2892-8(8)*, 10974) Crabtree Publishing Co. (Crabtree Classics).

I Care about My Growing Brain. Liz Lennon. Illus. by Michael Buxton. 2021. (I Care About Ser.). (ENG.). 32p. (J). (gr. 1-4). pap. *(978-1-4271-2899-7(5)*, 10982); lib. bdg. *(978-1-4271-2893-5(6)*, 10975) Crabtree Publishing Co. (Crabtree Classics).

I Care about My Planet. Liz Lennon. Illus. by Michael Buxton. 2021. (I Care About Ser.). (ENG.). 32p. (J). (gr. 1-4). pap. *(978-1-4271-2900-0(2)*, 10983); lib. bdg. *(978-1-4271-2894-2(4)*, 10976) Crabtree Publishing Co. (Crabtree Classics).

I Care for My Community. Katie Peters. 2022. (I Care (Pull Ahead Readers People Smarts — Nonfiction) Ser.). (ENG., Illus.). 16p. (J). (gr. -1-1). pap. 8.99 *(978-1-7284-6303-2(3)*, 0a7e493a-5286-4c3c-978f-91cf33a1c5eb, Lerner Pubns.) Lerner Publishing Group.

I Care for My Friend. Katie Peters. 2022. (I Care (Pull Ahead Readers People Smarts — Nonfiction) Ser.). (ENG., Illus.). 16p. (J). (gr. -1-1). pap. 8.99 *(978-1-7284-6304-9(1)*, da4498ca-69a5-41a4-9261-197eec80efe0, Lerner Pubns.) Lerner Publishing Group.

I Care for My Pet. Katie Peters. 2022. (I Care (Pull Ahead Readers People Smarts — Nonfiction) Ser.). (ENG., Illus.). 16p. (J). (gr. -1-1). pap. 8.99 *(978-1-7284-6305-6(X)*, c5126bd3-36ae-456f-8fbd-747121a9e66d, Lerner Pubns.) Lerner Publishing Group.

I Care for My Sibling. Katie Peters. 2022. (I Care (Pull Ahead Readers People Smarts — Nonfiction) Ser.). (ENG., Illus.). 16p. (J). (gr. -1-1). pap. 8.99 *(978-1-7284-6306-3(8)*, 2c3a347c-250c-4b05-a48b-f494ae70a543, Lerner Pubns.) Lerner Publishing Group.

I Care for My Teeth. Martha E. H. Rustad. 2017. (Healthy Me Ser.). (ENG., Illus.). 24p. (J). (gr. -1-2). lib. bdg. 22.65 *(978-1-5157-3985-2(6)*, 133884, Pebble) Capstone.

I Care for Myself. Katie Peters. 2022. (I Care (Pull Ahead Readers People Smarts — Nonfiction) Ser.). (ENG., Illus.). 16p. (J). (gr. -1-1). pap. 8.99 *(978-1-7284-6307-0(6)*, a5c59e9c-2291-4565-b8f0-3662e02995d7, Lerner Pubns.) Lerner Publishing Group.

I Care for Nature. Katie Peters. 2022. (I Care (Pull Ahead Readers People Smarts — Nonfiction) Ser.). (ENG., Illus.). 16p. (J). (gr. -1-1). pap. 8.99 *(978-1-7284-6308-7(4)*, a0d53751-b500-4d6f-b61d-9623148f7daf, Lerner Pubns.) Lerner Publishing Group.

I Caught a Rainbow. Danielle Chaperon. Illus. by Nathalie Dion. 2022. (ENG.). 44p. (J). (gr. -1-3). 18.99 *(978-1-990252-13-6(3))* Milky Way Picture Bks. CAN. Dist: Abrams, Inc.

I Choose Acceptance: A Rhyming Picture Book about Accepting All People Despite Differences. Elizabeth Estrada. 2022. (Teacher & Therapist Toolbox: I Choose Ser.: Vol. 12). (ENG.). 40p. (J). 19.99 *(978-1-63731-425-8(6))* Grow Grit Pr.

I Choose (Classic Reprint) Gertrude Capen Whitney. 2017. (ENG., Illus.). (J). pap. 9.57 *(978-1-5276-7275-8(1))* Forgotten Bks.

I Choose Empathy: A Colorful, Rhyming Picture Book about Kindness, Compassion, & Empathy. Elizabeth Estrada. 2021. (ENG.). 34p. (J). 19.99 *(978-1-63731-270-4(9))* Grow Grit Pr.

I Choose Kindness: A Colorful, Picture Book about Kindness, Compassion, & Empathy. Elizabeth Estrada.

I

2021. (Teacher & Therapist Toolbox: I Choose Ser.: Vol. 3). (ENG.). 38p. (J). 19.99 *(978-1-63731-206-3(7))* Grow Grit Pr.

I Choose Me: 30 Days of Self Love. Nik Austin. 2022. (ENG.). 80p. (YA). pap. 10.95 *(978-1-4583-4462-5(2))* Lulu Pr., Inc.

I Choose to Be a Helper: A Colorful, Picture Book about Being Thoughtful & Helpful. Elizabeth Estrada. 2021. (Teacher & Therapist Toolbox: I Choose Ser.: Vol. 7). (ENG.). 36p. (J). 19.99 *(978-1-63731-210-0(5))* Grow Grit Pr.

I Choose to Be Happy: A Colorful, Picture Book about Happiness, Optimism, & Positivity. Elizabeth Estrada. 2021. (Teacher & Therapist Toolbox: I Choose Ser.: Vol. 5). (ENG.). 38p. (J). 19.99 *(978-1-63731-207-0(5))* Grow Grit Pr.

I Choose to Be Me: A Rhyming Picture Book about Believing in Yourself & Developing Confidence in Your Own Skin. Elizabeth Estrada. 2022. (Teacher & Therapist Toolbox: I Choose Ser.: Vol. 16). (ENG.). 34p. (J). 19.99 ***(978-1-63731-604-7(6))*** Grow Grit Pr.

I Choose to Be Respectful: A Colorful, Rhyming Picture Book about Respect. Elizabeth Estrada. 2021. (ENG.). 34p. (J). 19.99 *(978-1-63731-269-8(5))* Grow Grit Pr.

I Choose to Be Thankful: A Rhyming Picture Book about Gratitude. Elizabeth Estrada. 2022. (Teacher & Therapist Toolbox: I Choose Ser.: Vol. 15). (ENG.). 34p. (J). 19.99 ***(978-1-63731-601-6(1))*** Grow Grit Pr.

I Choose to Calm My Anger: A Colorful, Picture Book about Anger Management & Managing Difficult Feelings & Emotions. Elizabeth Estrada. 2021. (Teacher & Therapist Toolbox: I Choose Ser.: Vol. 1). (ENG., Illus.). 36p. (J). 19.99 *(978-1-63731-204-9(0))* Grow Grit Pr.

I Choose to Calm My Anxiety: A Colorful, Picture Book about Soothing Strategies for Anxious Children. Elizabeth Estrada. 2021. (Teacher & Therapist Toolbox: I Choose Ser.: Vol. 4). (ENG.). 40p. (J). 19.99 *(978-1-63731-205-6(9))* Grow Grit Pr.

I Choose to Make Good Decisions: A Rhyming Picture Book about Making Good Decisions. Elizabeth Estrada. 2022. (Teacher & Therapist Toolbox: I Choose Ser.: Vol. 13). (ENG.). 36p. (J). 19.99 *(978-1-63731-433-3(7))* Grow Grit Pr.

I Choose to Reduce, Reuse, & Recycle: A Colorful, Picture Book about Saving Our Earth. Elizabeth Estrada. 2021. (Teacher & Therapist Toolbox: I Choose Ser.: Vol. 8). (ENG.). 40p. (J). 19.99 *(978-1-63731-203-2(2))* Grow Grit Pr.

I Choose to Say No: A Rhyming Picture Book about Personal Body Safety, Consent, Safe & Unsafe Touch, Private Parts, & Respectful Relationships. Elizabeth Estrada. 2021. (ENG.). 40p. (J). 19.99 *(978-1-63731-291-9(1))* Grow Grit Pr.

I Choose to Speak Up: A Colorful Picture Book about Bullying, Discrimination, or Harassment. Elizabeth Estrada. 2021. (Teacher & Therapist Toolbox: I Choose Ser.: Vol. 6). (ENG.). 38p. (J). 19.99 *(978-1-63731-208-7(3))* Grow Grit Pr.

I Choose to Try Again: A Colorful, Picture Book about Perseverance & Diligence. Elizabeth Estrada. 2021. (Teacher & Therapist Toolbox: I Choose Ser.: Vol. 2). (ENG.). 36p. (J). 19.99 *(978-1-63731-209-4(1))* Grow Grit Pr.

I Choose to Work Hard: A Rhyming Picture Book about Working Hard. Elizabeth Estrada. 2022. (Teacher & Therapist Toolbox: I Choose Ser.: Vol. 14). (ENG.). 34p. (J). 19.99 ***(978-1-63731-534-7(1))*** Grow Grit Pr.

I Choose Yellow. Emily Casey & Alyssa King. Illus. by Evie German. 2019. (ENG.). 30p. (J). (gr. k-4). 22.99 *(978-0-578-61681-0(5))* Alyssa King.

I Choose You, Nemo Blue. Tajanée Richardson. 2022. (ENG.). 28p. (J). pap. 14.99 *(978-1-6629-1877-3(1))*; 19.99 *(978-1-6629-1876-6(3))* Gatekeeper Pr.

I Chose You. Tonja Oliver. 2021. (ENG.). 30p. (J). 24.95 *(978-1-64191-422-2(X))* Christian Faith Publishing.

I, Citizen of Eternity: A Diary of Hopeful Days (Classic Reprint) Gertrude Sanborn. 2018. (ENG., Illus.). 124p. (J). 26.47 *(978-0-484-62167-0(X))* Forgotten Bks.

I Close My Eyes. Jennifer Ma & Thomas Nielsen. Illus. by Fariza Dzatalin Nurtsani. 2021. (ENG.). 28p. (J). pap. *(978-1-922750-11-2(5))* Library For All Limited.

I Close My Eyes - Our Yarning. Sonia Sharpe. Illus. by Meg Turner. 2023. (ENG.). 26p. (J). pap. ***(978-1-922991-06-5(6))*** Library For All Limited.

I Color Myself Different. Colin Kaepernick. Illus. by Eric Wilkerson. 2022. (ENG.). 40p. (J). (gr. -1-3). 18.99 *(978-1-338-78962-1(7))* Scholastic, Inc.

I Conquered (Classic Reprint) Harold Titus. (ENG., Illus.). (J). 2018. 304p. 30.17 *(978-0-483-51421-8(7))*; 2016. pap. 13.57 *(978-1-333-36766-4(X))* Forgotten Bks.

I Cook Rice for the First Time - Au Moan Katoroaiti (Te Kiribati) Tamariti Itintekai. Illus. by Rea Diwata Mendoza. 2023. (ENG.). 30p. (J). pap. ***(978-1-922876-74-4(7))*** Library For All Limited.

I, Cosmo. Carlie Sorosiak. (ENG.). (J). (gr. 3-7). 2021. 304p. pap. 7.99 *(978-1-5362-1908-1(8))*; 2019. 192p. 16.99 *(978-1-5362-0769-9(1))* Candlewick Pr.

I Could Bee a Delivery Person! Amy Culliford. Illus. by John Joseph. 2022. (What Can I Bee? Ser.). (ENG.). 16p. (J). (gr. -1-3). pap. *(978-1-0396-6266-7(8)*, 22067); lib. bdg. *(978-1-0396-6071-7(1)*, 22066) Crabtree Publishing Co.

I Could Do That! Construction Jobs. Dixie McGuffey. 2022. (ENG., Illus.). 28p. (J). pap. 13.95 *(978-1-63903-140-5(5))* Christian Faith Publishing.

I Could Do That! Factory Jobs. Dixie McGuffey. 2022. (ENG., Illus.). 28p. (J). pap. 12.95 *(978-1-63903-138-2(3))* Christian Faith Publishing.

I Could Eat You Up. Jesse Levison. 2021. (ENG., Illus.). 24p. (J). bds. 12.99 *(978-1-57687-965-8(8))* POW! Kids Bks.

I Could Not Do Otherwise: The Remarkable Life of Dr. Mary Edwards Walker. Sara Latta. 2022. (ENG., Illus.). 208p. (YA). (gr. 8-12). pap. 16.99 *(978-1-7284-1392-1(3)*, 46d8f0e6-da05-4617-bd10-9af775efdfac); lib. bdg. 39.99 *(978-1-7284-1391-4(5)*, 0c17cbe7-ada8-459c-b8bd-e88fc2e72e6a) Lerner Publishing Group. (Zest Bks.).

I Couldn't Find the Morning Time. Kelan O'Brien. 2019. (ENG., Illus.). 42p. (J). pap. 16.95 *(978-1-64096-609-3(9))* Newman Springs Publishing, Inc.

I Couldn't Love You More. Jason Ingram & Matt Hammitt. Illus. by Polona Lovsin. 2021. (ENG.). 30p. (J). bds. 7.99 *(978-1-4964-5111-8(2)*, 20_35134) Tyndale Hse. Pubs.

I Count Vehicles. Scholastic, Inc. Staff. 2018. (My Arabic Library). (ARA.). 16p. (J). pap. 4.99 *(978-1-338-26793-8(0))* Scholastic, Inc.

I Crawl Through It. A. S. King. ed. 2016. (YA). lib. bdg. 22.10 *(978-0-606-38333-2(6))* Turtleback.

I Cried... but I NEVER GAVE Up. D. M. Cummings. 2023. (ENG.). 98p. (YA). pap. 10.95 ***(978-0-9773854-3-0(4))*** Twim Publishing (The World Is Mine).

I Crown Thee King: A Romance (Classic Reprint) Max Pemberton. (ENG., Illus.). (J). 2018. 354p. 31.20 *(978-0-666-75785-2(2))*; 2017. pap. 13.57 *(978-0-259-36692-8(7))* Forgotten Bks.

I. D. B. in South Africa (Classic Reprint) Louise Vescelius-Sheldon. 2018. (ENG., Illus.). 210p. (J). 28.23 *(978-0-483-98724-1(7))* Forgotten Bks.

I Dance, Do You See? Paris Starks. Ed. by Iris M. Williams. 2016. (ENG., Illus.). (J). pap. 10.95 *(978-1-942022-61-9(1))* Butterfly Typeface, The.

I Danced the World Round about in Seven Days. Crystal S. Smith. I.t. ed. 2021. (ENG.). 28p. (J). pap. *(978-0-578-74108-6(3))* Smith, Crystal.

I Danced with a Rainbow Named Joe. Sylvia Thornton. 2021. (ENG.). 30p. (J). pap. 12.99 *(978-1-954529-10-6(4))* PlayPen Publishing.

I Dare You. Jeff Ross. 2021. (Orca Soundings Ser.). (ENG.). 128p. (YA). (gr. 8-12). pap. 10.95 *(978-1-4598-2801-8(1))* Orca Bk. Pubs. USA.

I Dare You. Reece Wykes. 2017. (ENG., Illus.). 32p. (J). (-k). 23.99 *(978-1-78344-537-0(8))* Andersen Pr. GBR. Dist: Independent Pubs. Group.

I Dare You to Break Curfew. Eva Muñoz. 2019. (Inshari Chronicles Ser.: 1). (ENG.). 238p. (YA). pap. 14.99 *(978-1-64405-003-3(X)*, Harmony Ink Pr.) Dreamspinner Pr.

I Dare You to Love Me. Becca Fox. 2017. (ENG., Illus.). 282p. (YA). pap. *(978-3-947234-43-1(0))* Inkitt GmbH.

I Deserve More! Anna Svetchnikov. 2020. (ENG.). 82p. (J). *(978-1-716-44521-7(3))* Lulu Pr., Inc.

I Did. Did I? Bhaumik Mohanty. 2021. (ENG.). 166p. (YA). pap. 12.00 *(978-1-64560-167-8(6))* Black Eagle Bks.

I Did It! Michael Emberley. 2022. (I Like to Read Comics Ser.). (Illus.). 40p. (J). (gr. -1-3). 14.99 *(978-0-8234-4651-3(4))* Holiday Hse., Inc.

I Did It Mathematics 1 Primary. Sudha Mahesh. 3rd ed. 2016. (ENG.). (J). pap. 5.55 *(978-0-521-18501-1(7))* Cambridge Univ. Pr.

I Did It Mathematics 2 Primary. Sudha Mahesh. 3rd ed. 2016. (I Did It' Mathematics Ser.). (ENG.). (J). pap. 5.55 *(978-0-521-18518-9(1))* Cambridge Univ. Pr.

I Did It Myself! I Can Get Dressed, Brush My Teeth, Put on My Shoes, & More: Montessori Life Skills. Saniyyah Khalilallah. 2023. (I Did It! the Montessori Way Ser.). (ENG., Illus.). 32p. (J). (gr. -1-k). 16.99 *(978-1-63586-551-6(4)*, 626551) Storey Publishing, LLC.

I Did NOT Choose This Adventure. Catherine L. Haws. Illus. by Emily Harpley Steadman. 2021. (ENG.). 129p. (J). pap. *(978-1-6671-8619-1(1))* Lulu Pr., Inc.

I Did Not Get First Place. Dewey Rivera. 2019. (ENG.). 18p. (J). pap. 12.95 *(978-1-64515-658-1(3))* Christian Faith Publishing.

I Did Not Give That Spider Superhuman Intelligence! Richard Roberts. 2017. (ENG., Illus.). (YA). (gr. 8-12). pap. 16.99 *(978-1-62007-253-0(X))* Curiosity Quills Pr.

I Didn't Do It! Michael Foreman. Illus. by Michael Foreman. 2020. (ENG., Illus.). 32p. (J). (gr. -1-3). 17.99 *(978-1-5415-9629-0(3)*, 35516c4f-d6ba-40c6-a6cb-eecaf9cd1bc4) Lerner Publishing Group.

I Didn't Do It. Deborah Singleton. 2022. (ENG., Illus.). 32p. (J). 24.95 *(978-1-63961-441-7(9))* Christian Faith Publishing.

I Didn't Go to Church Today. Angela Lane. 2021. (ENG., Illus.). 28p. (J). pap. 14.95 *(978-1-0980-7371-8(1))* Christian Faith Publishing.

I Didn't Hear: Or Alice Leonard (Classic Reprint) Frederick Field. 2018. (ENG., Illus.). 230p. (J). 28.66 *(978-0-267-28916-5(2))* Forgotten Bks.

I Didn't Put Honey in the Soap Dispenser. Patrick Ryan. I.t. ed. 2020. (ENG.). 196p. (YA). pap. 11.95 *(978-1-938237-29-4(3)*, Flat Sole Studio) Skywater Publishing Co.

I Dig. Joe Cepeda. (I Like to Read Ser.). 32p. (J). (gr. -1-3). 2020. pap. 7.99 *(978-0-8234-3974-4(7))*; 2019. (Illus.). 15.99 *(978-0-8234-3975-1(5))* Holiday Hse., Inc.

I Dig. Joe Cepeda. ed. 2020. (I Like to Read Ser.). (ENG., Illus.). 29p. (J). (gr. k-1). 17.96 *(978-1-64697-444-3(1))* Penworthy Co., LLC, The.

I Dig Bathtime. Brooke Jorden. Illus. by Ekaterina Ladatko. 2018. (ENG.). 16p. (J). (gr. -1-k). bds. 8.99 *(978-1-64170-030-6(0)*, 550030) Familius LLC.

I Dig Dinosaurs! Katy Duffield. 2018. (Let's Find Out Ser.). (ENG., Illus.). 16p. (gr. -1-2). lib. bdg. 28.50 *(978-1-64156-192-1(0)*, 9781641561921) Rourke Educational Media.

I Dig This Book! Barbe Awalt. 2018. (NAV & ENG., Illus.). 29p. (J). *(978-1-943681-20-4(1)*, Rio Grande Bks.) LPD Pr.

I Dig You! (a Let's Sing Board Book) Sandra Magsamen. Illus. by Sandra Magsamen. 2022. (ENG.). 8p. (J). (— 1). 9.99 *(978-1-338-81616-7(0)*, Cartwheel Bks.) Scholastic, Inc.

I Disagree! Civic Virtues, 1 vol. Leigh McClure. 2018. (Civics for the Real World Ser.). (ENG.). 12p. (gr. 1-2). pap. *(978-1-5383-6403-1(4)*, e91d7ea6-685a-455b-b4b0-b28a02644143, Rosen Classroom) Rosen Publishing Group, Inc., The.

I Dissent: Ruth Bader Ginsburg Makes Her Mark. Debbie Levy. Illus. by Elizabeth Baddeley. 2016. (ENG.). 40p. (J). (gr. -1-3). 18.99 *(978-1-4814-6559-5(7)*, Simon & Schuster Bks. For Young Readers) Simon & Schuster Bks. For Young Readers.

I Do It. Andrew Daddo. Illus. by Jonathan Bentley. 2017. 32p. pap. 6.99 *(978-0-7333-2851-0(2))* ABC Bks. AUS. Dist: HarperCollins Pubs.

I Do Not Like Al's Hat. Erin McGill. Illus. by Erin McGill. 2017. (ENG., Illus.). 32p. (J). (gr. -1-3). 17.99 *(978-0-06-245576-5(1)*, Greenwillow Bks.) HarperCollins Pubs.

I Do Not Like Books Anymore! Daisy Hirst. Illus. by Daisy Hirst. 2018. (ENG., Illus.). 40p. (J). (gr. -1-2). 17.99 *(978-1-5362-0334-9(3))* Candlewick Pr.

I Do Not Like Stories. Andrew Larsen. Illus. by Carey Sookocheff. 2020. (ENG.). 32p. (J). (gr. -1-3). 17.95 *(978-1-77147-378-1(9))* Owlkids Bks. Inc. CAN. Dist: Publishers Group West (PGW).

I Do Not Like the Rotten Egg Scent in Yellowstone National Park. Penelope Kaye & Robert Sauber. 2023. (ENG.). 38p. (J). 19.95 *(978-1-63755-347-3(1)*, Mascot Kids) Amplify Publishing Group.

I Do Not Like Yolanda. Zoey Abbott. 2021. (ENG.). 44p. (J). (gr. -1-2). 18.99 *(978-0-7352-6651-3(4)*, Tundra Bks.) Tundra Bks. CAN. Dist: Penguin Random Hse. LLC.

I Do Not Trust You: A Novel. Laura J. Burns & Melinda Metz. 2018. (ENG.). 320p. (YA). pap. 23.99 ***(978-1-250-85302-8(8)**, 900258969, Wednesday Bks.)* St. Martin's Pr.

I Don't Belong Here. Lynsey Ramsay. Illus. by Aileen Falconer. 2022. (ENG.). 32p. (J). pap. ***(978-1-83975-962-8(3))*** Grosvenor Hse. Publishing Ltd.

I Don't Belong in Here! Odd One Out Activity Book for Little Boys. Jupiter Kids. 2017. (ENG., Illus.). (J). pap. 8.33 *(978-1-5419-3371-2(0)*, Jupiter Kids (Childrens & Kids Fiction)) Speedy Publishing LLC.

I Don't Care. Julie Fogliano. Illus. by Molly Idle & Juana Martinez-Neal. 2022. 40p. (J). (-k). 18.99 *(978-0-8234-4345-1(0)*, Neal Porter Bks) Holiday Hse., Inc.

I Don't Care You're Still a Bear. Timothy Mangum, Jr. Illus. by Mike Motz. 2021. (ENG.). 40p. (J). 19.99 *(978-1-0879-6787-5(2))* Indy Pub.

I Don't Draw, I Color! Adam Lehrhaupt. Illus. by Felicita Sala. 2017. (ENG.). 32p. (J). (gr. -1-3). 17.99 *(978-1-4814-6275-4(X)*, Simon & Schuster/Paula Wiseman Bks.) Simon & Schuster/Paula Wiseman Bks.

I Don't Feel Like It. Mary Woolford. (ENG.). 2020. 43p. pap. *(978-1-716-58355-1(1))*; 2017. 24p. (J). pap. 10.60 *(978-1-387-13393-2(4))*; 2016. (Illus.). (J). pap. 20.20 *(978-1-329-49722-1(8))* Lulu Pr., Inc.

I Don't Have a Cat. Contessa Hileman. Illus. by Carolyn Conahan. 2022. (I Don't Have Ser.). 32p. (J). (gr. -1-1). 14.99 *(978-1-63217-243-3(7)*, Little Bigfoot) Sasquatch Bks.

I Don't Have a Dog. Contessa Hileman. Illus. by Carolyn Conahan. 2022. (I Don't Have Ser.). 32p. (J). (gr. -1-1). 14.99 *(978-1-63217-221-1(6)*, Little Bigfoot) Sasquatch Bks.

I Don't Have a Favorite Color. Amy Culliford. 2022. (Imagine That! Adventures Ser.). (ENG.). 24p. (J). (gr. -1-2). pap. 8.50 *(978-1-63897-614-1(7)*, 20038); lib. bdg. 27.33 *(978-1-63897-499-4(3)*, 20037) Seahorse Publishing.

I Don't Have to Change at All Baby & Toddler Size & Shape. Baby Professor. 2017. (ENG., Illus.). (J). pap. 7.89 *(978-1-5419-0202-2(5)*, Baby Professor (Education Kids)) Speedy Publishing LLC.

I Don't Have to Choose. Ellie Klipp. 2016. (ENG., Illus.). (J). pap. 13.95 *(978-1-5127-6597-7(X)*, WestBow Pr.) Author Solutions, LLC.

I Don't Know How the Story Ends. J. B. Cheaney. ed. 2016. (ENG.). 320p. (J). (gr. 4-7). 18.40 *(978-0-606-39304-1(8))* Turtleback.

I Don't Know What to Call My Cat. Simon Philip. Illus. by Ella Bailey. 2017. (ENG.). 32p. (J). (gr. -1-3). 16.99 *(978-0-544-97143-1(4)*, 1662675, Clarion Bks.) HarperCollins Pubs.

I Don't Like Me, I Love Me: A Story about Self-Esteem & Self-Love. Cynthia Bowers-Martin. 2020. (ENG.). 52p. (J). 18.99 *(978-1-953453-00-6(7))* High Self-Esteem Group.

I Don't Like Rain! Sarah Dillard. Illus. by Sarah Dillard. 2020. (ENG., Illus.). 40p. (J). (gr. -1-3). 17.99 *(978-1-5344-0678-0(6)*, Aladdin) Simon & Schuster Children's Publishing.

I (Don't) Like Snakes. Nicola Davies. Illus. by Luciano Lozano. 2018. (Read & Wonder Ser.). (ENG.). 32p. (J). (gr. k-4). 7.99 *(978-1-5362-0323-3(8))* Candlewick Pr.

I Don't Sing Songs Like They Used To. Carlee Landis. 2020. (ENG.). 45p. (YA). pap. *(978-1-716-37684-9(X))* Lulu Pr., Inc.

I Don't Think Grandma Knows Me Anymore. Rick Potvin. 2023. (ENG.). 30p. (J). pap. ***(978-1-83934-772-6(4))*** Olympia Publishers.

I Don't Want This Periodt!!!!! Patricia Hunter. 2022. (ENG.). 22p. (YA). pap. 14.99 *(978-1-953526-34-2(9))* TaylorMade Publishing, LLC.

I Don't Want to Be A... Markus Baker & Mark Baker. 2019. (ENG., Illus.). 42p. (J). pap. *(978-1-9161450-0-9(0))* R-and-Q.com.

I Don't Want to Be a Frog. Dev Petty. ed. 2021. (I Don't Want to Be a Frog Ser.). (ENG., Illus.). 25p. (J). (gr. k-1). 19.96 *(978-1-64697-643-0(6))* Penworthy Co., LLC, The.

I Don't Want to Be a Frog. Dev Petty. Illus. by Mike Boldt. 2018. (J). (ENG.). 32p. (gr. -1-2). pap. 8.99 *(978-1-9848-5208-3(6)*, Dragonfly Bks.); 26p. (— 1). bds. 8.99 *(978-0-525-57950-2(8)*, Doubleday Bks. for Young Readers) Random Hse. Children's Bks.

I Don't Want to Be a Princess ! A Coloring Book for Brave & Beautiful Girls. Evelyn Lush. 2019. (ENG.). 34p. (J). pap. ***(978-1-908567-60-4(0))*** Hope Bks., Ltd.

I Don't Want to Be Big. Dev Petty. Illus. by Mike Boldt. 32p. (J). (gr. -1-2). 2022. pap. 8.99 *(978-0-593-64361-7(5)*, Dragonfly Bks.); 2016. 16.99 *(978-1-101-93920-8(6)*, Doubleday Bks. for Young Readers) Random Hse. Children's Bks.

I Don't Want to Be Crazy. Samantha Schutz. 2019. (ENG.). 288p. (J). (gr. 7-7). pap. 9.99 *(978-1-338-33749-5(1))* Scholastic, Inc.

I Don't Want to Be Nice! A Book about Showing Kindness. Sue Graves. Illus. by Emanuela Carletti & Desideria Guicciardini. 2017. (Our Emotions & Behavior Ser.). (ENG.). 28p. (J). (gr. -1-3). 15.99 *(978-1-63198-132-6(3)*, 81326) Free Spirit Publishing Inc.

I Don't Want to Be Quiet! Laura Ellen Anderson. 2020. (ENG., Illus.). 32p. (J). (gr. -1-2). 17.99 *(978-0-593-11728-6(X)*, Philomel Bks.) Penguin Young Readers Group.

I Don't Want to Bully Anymore: A Young Person's Guide for the Bully & the Bullied. June Rousso. Illus. by Maima Adaputri. 2019. (ENG.). 36p. (J). (gr. k-6). pap. 14.95 *(978-1-937985-52-3(0))* Stress Free Kids.

I Don't Want to (but I Will) Jocelyn a Drozda. 2020. (ENG.). 54p. (J). pap. *(978-1-988001-52-4(8))* Ahelia Publishing, Inc.

I Don't Want to Go to Bed. Sylvia A. Greenlee. 2020. (ENG., Illus.). 32p. (J). pap. 14.95 *(978-1-64801-033-0(4))* Newman Springs Publishing, Inc.

I Don't Want to Go to School. Lula Bell. Illus. by Brian Fitzgerald. 2021. (ENG.). 32p. (J). (gr. -1-2). 17.99 *(978-1-68010-248-2(6))* Tiger Tales.

I Don't Want to Go to School. Abosede Oderinde. Illus. by Marvin. 2021. (ENG.). 28p. (J). *(978-0-2288-4432-7(0))*; pap. *(978-0-2288-4431-0(2))* Tellwell Talent.

I Don't Want to Go to Sleep! Christopher Francis. 2018. (ENG., Illus.). 50p. (J). pap. 12.36 *(978-1-387-82638-4(7))* Lulu Pr., Inc.

I Don't Want to Go to Sleep. Dev Petty. Illus. by Mike Boldt. 32p. (J). (gr. -1-2). 2023. pap. 8.99 *(978-0-593-64379-2(8)*, Dragonfly Bks.); 2018. 18.99 *(978-1-5247-6896-6(0)*, Doubleday Bks. for Young Readers) Random Hse. Children's Bks.

I Don't Want to Go to the Big School on the Hill: Mister C Book Series Second Edition. Ing Ledlie. Illus. by Ing Ledlie. 2nd ed. 2020. (Mister C Book Ser.: 1). (ENG.). 32p. (J). pap. *(978-0-646-83078-0(3))* Ledlie, Ing.

I Don't Want to Read This Book. Max Greenfield. Illus. by Mike Lowery. 2021. (ENG.). 40p. (J). (gr. -1-3). 17.99 *(978-0-593-32606-0(7)*, G.P. Putnam's Sons Books for Young Readers) Penguin Young Readers Group.

I Don't Want to Take My Medicine! Jennifer Groff. 2022. (ENG.). 26p. (J). pap. 6.99 *(978-1-956349-89-4(8)*, Gotham) Penguin Publishing Group.

I Don't Want to Wait! A Book about Being Patient. Sue Graves. Illus. by Emanuela Carletti & Desideria Guicciardini. 2019. (Our Emotions & Behavior Ser.). (ENG.). 28p. (J). (gr. -1-2). 15.99 *(978-1-63198-413-6(6)*, 84136) Free Spirit Publishing Inc.

I Don't Want to Wash My Hands! Tony Ross. Illus. by Tony Ross. 2020. (ENG., Illus.). 32p. (J). (-k). pap. 8.99 *(978-0-593-32482-0(X)*, G.P. Putnam's Sons Books for Young Readers) Penguin Young Readers Group.

I Don't Want Two Brothers. Angela Jones-Pringle & Lisa M. Pringle. 2020. (ENG.). 34p. (J). pap. *(978-1-716-50853-0(3))* Lulu Pr., Inc.

I Dream. N. G. Kraiem. 2021. 28p. (J). pap. 10.99 *(978-1-0983-6794-7(4))* BookBaby.

I Dream Big: Journal for Kids. Jasmine Fitzhugh. 2022. 50p. (J). pap. 12.99 *(978-1-6678-6593-5(5))* BookBaby.

I Dream in Dari. Amber Rizaei. 2021. (ENG.). 24p. (J). 16.98 ***(978-1-0879-8872-6(1))*** Indy Pub.

I Dream of a Journey. Akiko Miyakoshi. Illus. by Akiko Miyakoshi. 2020. (ENG., Illus.). 32p. (J). (gr. -1-3). 16.99 *(978-1-5253-0478-1(X))* Kids Can Pr., Ltd. CAN. Dist: Hachette Bk. Group.

I Dream of Popo. Livia Blackburne. Illus. by Julia Kuo. 2021. (ENG.). 40p. (J). 18.99 *(978-1-250-24931-9(7)*, 900214962) Roaring Brook Pr.

I Dream, You Dream, Let Us Dream! L. Jackson. 2022. (Dream Ser.: Vol. 1). (ENG.). 34p. (J). *(978-0-2288-5143-1(2))*; pap. *(978-0-2288-5142-4(4))* Tellwell Talent.

I Dreamed about a Hippopotamus in a Lipstick Factory. Anne Braun. Illus. by Sandy Vazan. 2016. (ENG.). (J). pap. *(978-1-4602-9267-9(7))* FriesenPress.

I Dreamed You / Te Soñe: A Suteki Creative Spanish & English Bilingual Book. Justine Avery. 2021. (SPA., Illus.). 36p. (J). 18.95 *(978-1-63882-087-1(2))* Suteki Creative.

I Dreamed You / Te Soñe: A Suteki Creative Spanish & English Bilingual Book. Justine Avery. Illus. by Ema Tepic. 2021. (SPA.). 36p. (J). pap. 8.95 *(978-1-63882-086-4(4))* Suteki Creative.

I Dreamt I Was a Waffle. Jeff Whitcher. 2017. (ENG., Illus.). 104p. (J). *(978-1-365-73997-2(X))* Lulu Pr., Inc.

I Dress Myself. Esther Burgueño. 2022. (Bit by Bit I Learn More & I Grow Big Ser.). (ENG.). 10p. (J). (— 1). bds. 7.99 *(978-84-17210-62-5(8))* Editorial el Pirata ESP. Dist: Independent Pubs. Group.

I Dug a Hole to China. Diane Harding. 2018. (ENG., Illus.). 80p. (YA). (gr. 7-12). pap. *(978-1-912021-84-0(6)*, Nightingale Books) Pegasus Elliot Mackenzie Pubs.

I Eat Apples in Fall. Mary Lindeen. 2016. (First Step Nonfiction — Observing Fall Ser.). (ENG., Illus.). 24p. (J). (gr. k-2). 23.99 *(978-1-5124-0793-8(3)*, 2d266f33-7d8d-40cc-b144-545f872a32b2, Lerner Pubns.) Lerner Publishing Group.

I Eat Everything! That's Good for Me. Little Grasshopper Books et al. Illus. by Jean Claude. 2022. (Early Learning Ser.). (ENG.). 16p. (J). (-k). bds. 15.98 *(978-1-63938-135-7(X)*, 6128800, Little Grasshopper Bks.) Publications International, Ltd.

I Eat Poop: A Dung Beetle Story. Mark Pett. Illus. by Mark Pett. 2021. (ENG., Illus.). 48p. (J). 18.99 *(978-1-250-78563-3(4)*, 900237186) Roaring Brook Pr.

I Eat Well. Martha E. H. Rustad. 2017. (Healthy Me Ser.). (ENG., Illus.). 24p. (J). (gr. -1-2). lib. bdg. 22.65 *(978-1-5157-3983-8(X)*, 133882, Pebble) Capstone.

I Eat What? Roger Jamison & Peyton Jamison. 2022. (ENG.). 36p. (J). pap. 15.95 *(978-1-64628-043-8(1))* Page Publishing Inc.

I Enjoy. Ursula Nafula. Illus. by Wiehan de Jager. 2022. (ENG.). 30p. (J). pap. ***(978-1-922910-94-3(5))*** Library For All Limited.

I Enjoy - Ninafurahi. Ursula Nafula. Illus. by Wiehan de Jager. 2023. (SWA.). 30p. (J). pap. ***(978-1-922910-37-0(6))*** Library For All Limited.

I Failed to Read Her Heart. Sushant Sunita Verma. 2017. (ENG., Illus.). (J). pap. *(978-93-86407-38-2(8))* Gupta, Shalini.

TITLE INDEX

I HATE WATER

I Fasten a Bracelet (Classic Reprint) David Potter. 2018. (ENG., Illus.). 284p. (J). 29.71 *(978-0-332-20675-2(0))* Forgotten Bks.

I Feed Her to the Beast & the Beast Is Me. Jamison Shea. 2023. (ENG.). 352p. (YA). 19.99 ***(978-1-250-90956-5(2)***, 900292407, Holt, Henry & Co. Bks. For Young Readers) Holt, Henry & Co.

I Feel. Craig Aldred. Illus. by Craig Aldred. 2022. (ENG.). 20p. (J). pap. ***(978-1-922827-97-5(5))*** Library For All Limited.

I Feel... D. J. Corchin. 2020. (I Feel... Ser.). (Illus.). 56p. (J). (gr. -1-3). 14.99 *(978-1-7282-1946-2(9))* Sourcebooks, Inc.

I Feel: A Book about Recognizing & Understanding Emotions. Cheri J. Meiners. Illus. by Penny Weber. 2018. (Learning about Me & You Ser.). (ENG.). 26p. (J). (— 1). bds. 9.99 *(978-1-63198-217-0(6)*, 82170) Free Spirit Publishing Inc.

I Feel! A Book of Emotions. Juana Medina. 2022. (I WILL! Book Ser.). (ENG., Illus.). 40p. (J). (gr. -1 — 1). 15.99 *(978-0-358-62124-9(0)*, Versify) HarperCollins Pubs.

I Feel a Celebration Coming! a Holiday-Themed Drawing Book. Jupiter Kids. 2017. (ENG., Illus.). (J). pap. 9.20 *(978-1-5419-3304-0(4)*, Jupiter Kids (Childrens & Kids Fiction)) Speedy Publishing LLC.

I Feel Afraid. Connor Stratton. 2021. (How I Feel Ser.). (ENG., Illus.). 24p. (J). (gr. k-1). pap. 8.95 *(978-1-64619-311-0(3))*; lib. bdg. 28.50 *(978-1-64619-293-9(1))* Little Blue Hse. (Little Blue Readers).

I Feel Angry. Nick Ackland et al. 2019. (My First Emotions Ser.). (ENG.). 10p. (J). (gr. -1 — 1). bds. 6.99 *(978-1-948418-68-3(1))* Clever Media Group.

I Feel Angry. Connor Stratton. 2021. (How I Feel Ser.). (ENG., Illus.). 24p. (J). (gr. k-1). pap. 8.95 *(978-1-64619-312-7(1))*; lib. bdg. 28.50 *(978-1-64619-294-6(X))* Little Blue Hse. (Little Blue Readers).

I Feel Angry: Why Do I Feel Angry Today? DK. 2020. (First Emotions Ser.). (ENG., Illus.). 16p. (J). (-k). bds. 6.99 *(978-1-4654-9809-0(5)*, DK Children) Dorling Kindersley Publishing, Inc.

I Feel... Anxious. D. J. Corchin. 2021. (I Feel... Ser.). 56p. (J). (gr. -1-3). 14.99 *(978-1-7282-3543-1(X))* Sourcebooks, Inc.

I Feel... Awesome. D. J. Corchin. 2020. (I Feel... Ser.). (Illus.). 56p. (J). (gr. -1-3). 14.99 *(978-1-7282-1973-8(6))* Sourcebooks, Inc.

I Feel Better Now. Hiba Melhem Stancofski. Illus. by Timothy Bada. 2021. (ENG.). 44p. (J). pap. 14.95 *(978-0-578-79761-8(5))* Stancofski, Hiba.

I Feel Better Now: How to Feel Okay on a Difficult Day. Wendy Down. Illus. by Charan Surdhar. 2023. (ENG.). 36p. (J). pap. ***(978-1-990336-27-0(2))*** Rusnak, Alanna.

I Feel Blue. Margaret Salter. Illus. by Margaret Salter. 2023. (What Color Are My Feelings? Ser.). (ENG.). 32p. (J). (gr. k-2). pap. ***(978-1-0398-0690-0(2)***, 33546); lib. bdg. ***(978-1-0398-0664-1(3)***, 33545) Crabtree Publishing Co.

I Feel Bored. Connor Stratton. 2021. (How I Feel Ser.). (ENG., Illus.). 24p. (J). (gr. k-1). pap. 8.95 *(978-1-64619-313-4(X))*; lib. bdg. 28.50 *(978-1-64619-295-3(8))* Little Blue Hse. (Little Blue Readers).

I Feel Brave. DK. 2021. (Illus.). 18p. (J). bds. *(978-0-241-50235-8(7))* Dorling Kindersley Publishing, Inc.

I Feel Brave. DK. 2021. (First Emotions Ser.). (ENG., Illus.). 16p. (J). (-k). bds. 6.99 *(978-0-7440-3801-9(4)*, DK Children) Dorling Kindersley Publishing, Inc.

I Feel... Different. D. J. Corchin. 2020. (I Feel... Ser.). (Illus.). 56p. (J). (gr. -1-3). 14.99 *(978-1-7282-1970-7(1))* Sourcebooks, Inc.

I Feel Excited. Connor Stratton. 2021. (How I Feel Ser.). (ENG., Illus.). 24p. (J). (gr. k-1). pap. 8.95 *(978-1-64619-314-1(8))*; lib. bdg. 28.50 *(978-1-64619-296-0(6))* Little Blue Hse. (Little Blue Readers).

I Feel Fall Weather. Mari Schuh. 2016. (First Step Nonfiction — Observing Fall Ser.). (ENG., Illus.). 24p. (J). (gr. k-2). 23.99 *(978-1-5124-0797-6(6)*, 8fb0eb1f-79e9-4770-a953-bd2d0a2c359d, Lerner Pubns.) Lerner Publishing Group.

I Feel Green. Margaret Salter. Illus. by Margaret Salter. 2023. (What Color Are My Feelings? Ser.). (ENG.). 32p. (J). (gr. k-2). pap. ***(978-1-0398-0691-7(0)***, 33550); lib. bdg. ***(978-1-0398-0665-8(1)***, 33549) Crabtree Publishing Co.

I Feel Happy. Nick Ackland et al. 2019. (My First Emotions Ser.). (ENG.). 10p. (J). (gr. -1 — 1). bds. 6.99 *(978-1-948418-66-9(5))* Clever Media Group.

I Feel Happy. Connor Stratton. 2021. (How I Feel Ser.). (ENG., Illus.). 24p. (J). (gr. k-1). pap. 8.95 *(978-1-64619-315-8(6))*; lib. bdg. 28.50 *(978-1-64619-297-7(4))* Little Blue Hse. (Little Blue Readers).

I Feel Happy: Why Do I Feel Happy Today? DK. 2020. (First Emotions Ser.). (ENG., Illus.). 16p. (J). (-k). bds. 6.99 *(978-1-4654-9805-2(2)*, DK Children) Dorling Kindersley Publishing, Inc.

I Feel Kind: Why Do I Feel Kind Today? DK. 2021. (First Emotions Ser.). (ENG., Illus.). 16p. (J). (-k). bds. 6.99 *(978-0-7440-3945-0(2)*, DK Children) Dorling Kindersley Publishing, Inc.

I Feel Lonely. DK. 2021. (First Emotions Ser.). (Illus.). (J). (-k). (ENG.). 16p. bds. 6.99 *(978-0-7440-3802-6(2)*, DK Children); 18p. bds. *(978-0-241-50236-5(5))* Dorling Kindersley Publishing, Inc.

I Feel Lonely. Connor Stratton. 2021. (How I Feel Ser.). (ENG., Illus.). 24p. (J). (gr. k-1). pap. 8.95 *(978-1-64619-316-5(4))*; lib. bdg. 28.50 *(978-1-64619-298-4(2))* Little Blue Hse. (Little Blue Readers).

I Feel Loved. Nick Ackland et al. 2019. (My First Emotions Ser.). (ENG.). 10p. (J). (gr. -1 — 1). bds. 6.99 *(978-1-948418-97-3(5)*, 331936) Clever Media Group.

I Feel... Meh. D. J. Corchin. 2020. (I Feel... Ser.). 56p. (J). (gr. -1-3). 14.99 *(978-1-7282-1955-4(8))* Sourcebooks, Inc.

I Feel Purple. Margaret Salter. Illus. by Margaret Salter. 2023. (What Color Are My Feelings? Ser.). (ENG.). 32p. (J). (gr. k-2). pap. ***(978-1-0398-0692-4(9)***, 33554); lib. bdg. ***(978-1-0398-0666-5(X)***, 33553) Crabtree Publishing Co.

I Feel Red. Margaret Salter. Illus. by Margaret Salter. 2023. (What Color Are My Feelings? Ser.). (ENG.). 32p. (J). (gr. k-2). pap. ***(978-1-0398-0693-1(7)***, 33558); lib. bdg. ***(978-1-0398-0667-2(8)***, 33557) Crabtree Publishing Co.

I Feel Sad. Nick Ackland et al. 2019. (My First Emotions Ser.). (ENG.). 10p. (J). (gr. -1 — 1). bds. 6.99 *(978-1-948418-67-6(3))* Clever Media Group.

I Feel Sad. Connor Stratton. 2021. (How I Feel Ser.). (ENG., Illus.). 24p. (J). (gr. k-1). pap. 8.95 *(978-1-64619-317-2(2))*; lib. bdg. 28.50 *(978-1-64619-299-1(0))* Little Blue Hse. (Little Blue Readers).

I Feel Sad: Why Do I Feel Sad Today? DK. 2020. (First Emotions Ser.). (ENG., Illus.). 16p. (J). (-k). bds. 6.99 *(978-1-4654-9825-0(7)*, DK Children) Dorling Kindersley Publishing, Inc.

I Feel Scared: Why Do I Feel Scared Today? DK. 2021. (First Emotions Ser.). (ENG., Illus.). 16p. (J). (-k). bds. 6.99 *(978-0-7440-3946-7(0)*, DK Children) Dorling Kindersley Publishing, Inc.

I Feel... Sick. D. J. Corchin. 2020. (I Feel... Ser.). (Illus.). 56p. (J). (gr. -1-3). 14.99 *(978-1-7282-1952-3(3))* Sourcebooks, Inc.

I Feel Teal. Lauren Rille. Illus. by Aimée Sicuro. 2018. (ENG.). 40p. (J). (gr. -1-3). 18.99 *(978-1-4814-5846-7(9)*, Beach Lane Bks.) Beach Lane Bks.

I Feel That Way, Too! Maria Ivashkina. 2022. (ENG.). 40p. (J). pap. 8.95 *(978-1-4788-7567-3(4))* Newmark Learning LLC.

I Feel That Way, Too! Komorebi, Sobremesa, Gezellig. Maria Ivashkina. 2022. (ENG.). 40p. (J). 17.95 *(978-1-4788-7568-0(2))* Newmark Learning LLC.

I Feel the World. Zanni Louise. Illus. by Nina Gould. 2023. (ENG.). 32p. (J). (gr. -1-4). 17.99 *(978-1-922677-29-7(9))* Bonnier Publishing GBR. Dist: Independent Pubs. Group.

I Feel... Too! D. J. Corchin. 2020. (I Feel... Ser.). (Illus.). 56p. (J). (gr. -1-3). 14.99 *(978-1-7282-1967-7(1))* Sourcebooks, Inc.

I Feel Worried. Connor Stratton. 2021. (How I Feel Ser.). (ENG., Illus.). 24p. (J). (gr. k-1). pap. 8.95 *(978-1-64619-318-9(0))*; lib. bdg. 28.50 *(978-1-64619-300-4(8))* Little Blue Hse. (Little Blue Readers).

I Feel Worried! Tips for Kids on Overcoming Anxiety. Nadine Briggs & Donna Shea. 2016. (ENG., Illus.). (J). pap. 18.95 *(978-0-9972808-1-4(6)*, Social Success Central, LLC) How to Make & Keep Friends, LLC.

I Feel You. Kinyel Friday. Illus. by Robert Roberson. 2022. (ENG.). 26p. (J). pap. 11.99 *(978-1-7340945-5-8(9))* KinYori Bks. LLC.

I Fell Asleep in a Suitcase. Beverly Hanes. Ed. by Joe Wells. Illus. by Jacob Dunaway. 2022. (ENG.). 24p. (J). pap. 12.00 ***(978-1-952955-36-5(X))*** Kaio Pubns., Inc.

I Fell in a Puddle! Alan Stanley. 2021. (ENG.). 24p. (J). 30.99 *(978-1-6628-3598-8(1))*; pap. 20.99 *(978-1-6628-3597-1(3))* Salem Author Services.

I Felt a Funeral, in My Brain. Will Walton. (ENG.). 304p. (YA). (gr. 7). 2020. pap. 10.99 *(978-1-338-60830-4(4))*; 2018. 17.99 *(978-0-545-70956-9(3))* Scholastic, Inc. (PUSH).

I Fenomeni Elettro-Magnetici a Due Leggi Ridotti con la Loro Cagione Tolta Dall'opinione Symmeriana (Classic Reprint) Liberato Baccelli. 2018. (ITA., Illus.). (J). 92p. 25.79 *(978-0-483-35257-5(8))*; 94p. pap. 9.57 *(978-0-483-34243-9(2))* Forgotten Bks.

I Fight & Conquer Every Single Day! Penelope Dyan. Illus. by Dyan. l.t. ed. 2021. (ENG.). 34p. (J). pap. 12.60 *(978-1-61477-565-2(6))* Bellissima Publishing, LLC.

I Find Signs: Looking at Data, 1 vol. Naomi Wells. 2017. (Computer Science for the Real World Ser.). (ENG.). 8p. (gr. k-1). pap. *(978-1-5383-5012-6(2)*, 4c988d0e-c90a-4b20-a0f9-f5379557e450, Rosen Classroom) Rosen Publishing Group, Inc., The.

I Follow the Rules, 1 vol. Charlotte Taylor. 2020. (We've Got Character! Ser.). (ENG.). 24p. (J). (gr. 1-2). pap. 9.15 *(978-1-5382-5643-5(6)*, bd4c3dad-2b7e-448c-b765-9b75be7dd371) Stevens, Gareth Publishing LLLP.

I Forgive Alex: A Simple Story about Understanding. KERASCOET et al. 2022. (Illus.). 40p. (J). (gr. -1-3). 17.99 *(978-0-593-38150-2(5))*; (ENG., lib. bdg. 20.99 *(978-0-593-38151-9(3))* Random Hse. Children's Bks.

I Forgot; or, Will Leonard. Frederick Field. 2017. (ENG., Illus.). (J). pap. *(978-0-649-10074-3(3))* Trieste Publishing Pty Ltd.

I Forgot, or Will Leonard (Classic Reprint) Frederick Field. (ENG., Illus.). (J). 2018. 218p. 28.41 *(978-0-483-91978-5(0))*; 2016. pap. 10.97 *(978-1-334-15038-8(9))* Forgotten Bks.

I Found a Kitty! Troy Cummings. (Illus.). 40p. (J). (gr. -1-2). 2022. pap. 8.99 *(978-0-593-38007-9(X)*, Dragonfly Bks.); 2020. 17.99 *(978-1-9848-3186-6(0)*, Random Hse. Bks. for Young Readers) Random Hse. Children's Bks.

I Found a Little Alien. John Thorn. 2021. (ENG.). 24p. (J). 19.99 *(978-1-954868-12-0(5))* Pen It Pubns.

I Found a Lucky Penny. D. D. Megee. 2021. (ENG., Illus.). 26p. (J). pap. 13.95 *(978-1-64952-775-2(6))* Fulton Bks.

I Found a Wallet. Nancy Dearborn. Illus. by Abira Das. 2021. (ENG.). 38p. (J). pap. 14.99 *(978-1-954868-67-0(7))* Pen It Pubns.

I Found Hope in a Cherry Tree, 1 vol. Jean E. Pendziwol. Illus. by Nathalie Dion. 2020. (ENG.). 32p. (J). (gr. -1-2). 18.95 *(978-1-77306-220-4(4))* Groundwood Bks. CAN. Dist: Publishers Group West (PGW).

I Found It! Easy Hidden Pictures Activity Book. Jupiter Kids. 2017. (ENG., Illus.). (J). pap. 9.20 *(978-1-68305-720-8(1)*, Jupiter Kids (Childrens & Kids Fiction)) Speedy Publishing LLC.

I Found It! Seek & Find Activity Book. Bobo's Children Activity Books. 2016. (ENG., Illus.). (J). pap. 7.99 *(978-1-68327-317-2(6))* Sunshine In My Soul Publishing.

I Found It! Spot the Difference Book for Kids. Baby Professor. 2017. (ENG., Illus.). (J). pap. 13.00 *(978-1-5419-1032-4(X)*, Baby Professor (Education Kids)) Speedy Publishing LLC.

I Found My Dreidel. Joel Samuel Abelson. Illus. by Constantina Kalimeris. 2016. (ENG.). (J). pap. 12.95 *(978-0-9830421-4-3(4))* Abelson Pr.

I Found Some Ancient Hieroglyphs: Jolly Rhymes from Around the World. J. R. Lamar. Illus. by J. R. Lamar. 2019. (ENG., Illus.). 60p. (J). (gr. 2-6). 19.99 *(978-1-7336364-3-8(9))*; pap. 11.99 *(978-1-7336364-5-2(5))* Jollyrhymes.

I Found U: An Indiana University Lift-The-Flap Book, 1. Angie Klink. l.t. ed. 2017. (ENG., Illus.). 20p. (gr. 17). 14.95 *(978-0-9762636-1-6(0)*, 978-0-9762636-1-6) Mascots for Kids.

I Funny: School of Laughs. James Patterson & Chris Grabenstein. Illus. by Jomike Tejido. 2017. 299p. (J). *(978-0-316-50853-7(5))* Little Brown & Co.

I Gave the World a You. Melissa D. Mangiapanella. Illus. by Bilal Ihsan. 2022. (ENG.). 32p. (J). 20.00 ***(978-1-68564-116-0(4))*** Primedia eLaunch LLC.

I Gcás Cneisií Cit: Irish Edition of the Healer Cat. Tuula Pere. Tr. by Marina Stanler. Illus. by Klaudia Bezak. 2019. (GLE.). 40p. (J). (gr. k-4). *(978-952-357-145-7(1))*; pap. *(978-952-357-146-4(X))* Wickwick oy.

I Gemelli Ricchi. Daniele Moskal. 2018. (ITA., Illus.). 18p. (J). *(978-0-244-69810-2(4))* Lulu Pr., Inc.

I Gemelli Viaggiatori. Daniele Luciano Moskal. 2019. (ITA.). 52p. (J). pap. *(978-0-244-81759-6(6))* Lulu Pr., Inc.

I Get It from My Mother! Capstone Classroom & Tony Stead. 2017. (What's the Point? Reading & Writing Expository Text Ser.). (ENG., Illus.). 24p. (J). (gr. 3-3). pap. 6.95 *(978-1-4966-0743-0(0)*, 132378, Capstone Classroom) Capstone.

I Get It! Times Tables: The Workbook: with Tonnes of Examples & More Times Table Tricks. Larissa Bjornson. 2021. (ENG.). 60p. (J). *(978-1-0391-1057-1(6))*; pap. *(978-1-0391-1056-4(8))* FriesenPress.

I Get It! Times Tables: You Can Get It! Larissa Bjornson. 2020. (ENG.). 40p. (J). pap. *(978-1-5255-7724-6(7))*; *(978-1-5255-7723-9(9))* FriesenPress.

I Get to Love You: a Boy & His Dog. Mary Clare Griffin. 2022. (ENG.). 38p. (J). 18.95 *(978-1-63755-140-0(1)*, Mascot Kids) Amplify Publishing Group.

I Give You My Heart. Pimm van Hest. Illus. by Sassafras de Bruyn. 2017. (ENG.). 56p. (J). (gr. 1-1). 32.95 *(978-1-60537-356-0(7))* Clavis Publishing.

I Give You the Moon. Allison B. Arney. 2021. (ENG., Illus.). 30p. (J). 25.95 *(978-1-0980-9054-8(3))* Christian Faith Publishing.

I Give You the Olive Tree. The Sisters Spurlock. 2017. (ENG., Illus.). (J). pap. 13.95 *(978-1-63575-614-2(6))* Christian Faith Publishing.

I Give You the World. Stacey McCleary. Illus. by Carmen Saldana. 2018. (ENG.). 32p. (J). (gr. -1-2). 16.99 *(978-1-68010-082-2(3))* Tiger Tales.

I Go a-Fishing (Classic Reprint) W. C. Prime. 2017. (ENG., Illus.). (J). 31.51 *(978-0-331-20866-5(0))* Forgotten Bks.

I Go by Sea, I Go by Land. P. L. Travers. 2016. (Vmc Ser.). (ENG., Illus.). 208p. (J). (gr. 4-17). 11.99 *(978-0-349-00574-4(5)*, Virago Press) Little, Brown Book Group Ltd. GBR. Dist: Hachette Bk. Group.

I Go High. Jeanne Hager Burth. 2022. (ENG.). 42p. (J). pap. *(978-1-83875-470-9(9)*, Nightingale Books) Pegasus Elliot Mackenzie Pubs.

I Go Quiet. David Ouimet. 2020. (ENG., Illus.). 48p. (J). (gr. 1-4). 18.95 *(978-1-324-00443-1(6)*, 340443, Norton Young Readers) Norton, W. W. & Co., Inc.

I Go to Eretz Yisroel. Rikki Benenfeld. Illus. by Rikki Benenfeld. 2017. (Toddler Experience Ser.). (ENG., Illus.). 28p. (J). 11.95 *(978-1-929628-92-6(7))* Hachai Publishing.

I Go to Mass. Edd Heather Nicole Hamtil. 2017. (ENG., Illus.). 34p. (J). pap. *(978-1-387-39432-6(0))* Lulu Pr., Inc.

I Go to the Ocean & Talk to Myself. Lynn Alison Trombetta. Illus. by Lynn Alison Trombetta. 2018. (ENG., Illus.). 32p. (J). pap. 13.95 *(978-0-9744878-3-0(X))* Larksong Productions, Earthsong, Inc.

I Got a Boo Boo on My Toe: Poems about Visiting the Pediatrician. Michael S. Wolff. 2019. (ENG.). 42p. (J). pap. 15.99 *(978-1-7326485-1-7(4))* Teitelbaum, Robert Publishings.

I Got a Chicken for My Birthday. Laura Gehl. Illus. by Sarah Horne. 2018. (ENG.). 32p. (J). (gr. -1-2). 17.99 *(978-1-5124-3130-8(3)*, e48d4e61-e2c4-45ee-bf86-25f0344344aa, Carolrhoda Bks.) Lerner Publishing Group.

I Got a Cut! What Happens Next? Science for Kids - Body Chemistry Edition - Children's Clinical Chemistry Books. Pfiffikus. 2016. (ENG., Illus.). (J). pap. 10.81 *(978-1-68377-616-1(X))* Whike, Traudl.

I Got a Pet! (Set Of 10) Brienna Rossiter. 2022. (I Got a Pet! Ser.). (ENG., Illus.). 10p. (J). (gr. k-1). pap. 89.50 *(978-1-64619-610-4(4))*; lib. bdg. 285.00 *(978-1-64619-583-1(3))* Little Blue Hse. (Little Blue Readers).

I Got a Pink Cast: A True Story of a Young Girl's Injury & Recovery. olukemi akinrinola. ed. 2017. (ENG.). 26p. (gr. -1-7). pap. 10.94 *(978-0-9994012-0-0(3)*, LightHse. Pr.) LightHse. Bks., The.

I Got It! David Wiesner. Illus. by David Wiesner. 2018. (ENG., Illus.). 32p. (J). (gr. -1-3). 17.99 *(978-0-544-30902-9(2)*, 1581567, Clarion Bks.) HarperCollins Pubs.

I Got It from My Mama! Gregor Mendel Explains Heredity - Science Book Age 9 Children's Biology Books. Baby Professor. 2017. (ENG., Illus.). (J). pap. 8.79 *(978-1-5419-1061-4(3)*, Baby Professor (Education Kids)) Speedy Publishing LLC.

I Got My Money in My Piggy Bank - Money Book - Math Workbook for Kindergarten Children's Money & Saving Reference. Baby Professor. 2017. (ENG., Illus.). (J). pap. 9.55 *(978-1-5419-2789-6(3)*, Baby Professor (Education Kids)) Speedy Publishing LLC.

I Got Next. Daria Peoples-Riley. Illus. by Daria Peoples-Riley. 2019. (ENG., Illus.). 40p. (J). (gr. -1-3). 17.99 *(978-0-06-265777-0(1)*, Greenwillow Bks.) HarperCollins Pubs.

I Got Spankings in Detention Coloring Book. Activity Book Zone. 2016. (ENG., Illus.). (J). pap. 9.20 *(978-1-68376-351-2(3))* Sabeels Publishing.

I Got the Brains! Anatomy Coloring Book Brain. Jupiter Kids. 2016. (ENG., Illus.). 106p. (J). pap. 12.55 *(978-1-68305-248-7(X)*, Jupiter Kids (Childrens & Kids Fiction)) Speedy Publishing LLC.

I Got the Christmas Spirit. Connie Schofield-Morrison. Illus. by Frank Morrison. 2018. (J). *(978-1-68119-529-2(1))* Bloomsbury Pr.

I Got the Christmas Spirit. Connie Schofield-Morrison. Illus. by Frank Morrison. 2018. (ENG.). 32p. (J). 17.99 *(978-1-68119-528-5(3)*, 900176377, Bloomsbury Children's Bks.) Bloomsbury Publishing USA.

I Got the Flu! Explaining the Common Cold & Flu to Kids - Keep Them Safe! - Children's Disease Books. Prodigy Wizard. 2016. (ENG., Illus.). (J). pap. 9.25 *(978-1-68323-991-8(1))* Twin Flame Productions.

I Got the Flu! What Is Influenza? - Biology Book for Kids Children's Diseases Books. Baby Professor. 2017. (ENG., Illus.). (J). pap. 8.79 *(978-1-5419-1068-3(0)*, Baby Professor (Education Kids)) Speedy Publishing LLC.

I Got the Music in Me Sing & Play Musical Instruments Coloring Book 9 Year Old. Educando Kids. 2019. (ENG.). 42p. (J). pap. 6.99 *(978-1-64521-184-6(3)*, Educando Kids) Editorial Imagen.

I Got the Power! Art for the Brave Coloring Book of Superhero. Educando Kids. 2019. (ENG.). 42p. (J). pap. 6.99 *(978-1-64521-023-8(5)*, Educando Kids) Editorial Imagen.

I Got the School Spirit. Connie Schofield-Morrison. Illus. by Frank Morrison. 2020. (ENG.). 32p. (J). 17.99 *(978-1-5476-0261-2(9)*, 900208429, Bloomsbury Children's Bks.) Bloomsbury Publishing USA.

I Got This: To Gold & Beyond. Laurie Hernandez. (ENG., Illus.). 240p. (J). (gr. 3-7). 2018. pap. 8.99 *(978-0-06-267732-7(2))*; 2017. 17.99 *(978-0-06-267731-0(4)*, HarperCollins) HarperCollins Pubs.

I Got This: New & Expanded Edition: To Gold & Beyond. Laurie Hernandez. 2020. (ENG.). 272p. (J). (gr. 3-7). pap. 8.99 *(978-0-06-295733-7(3)*, HarperCollins) HarperCollins Pubs.

I Got You. Angie Wren. 2022. (ENG.). 46p. (J). 20.99 *(978-1-63988-281-6(2))* Primedia eLaunch LLC.

I Got You a Present! Mike Erskine-Kellie & Susan McLennan. Illus. by Cale Atkinson. 2020. (ENG.). 32p. (J). (gr. -1-2). 16.99 *(978-1-5253-0009-7(1))* Kids Can Pr., Ltd. CAN. Dist: Hachette Bk. Group.

I Got You Babe. Paul Coccia. 2023. (Orca Currents Ser.). (ENG.). 120p. (J). (gr. 4-7). pap. 10.95 *(978-1-4598-3470-5(4))* Orca Bk. Pubs. USA.

I Grew with You. Sarah Molitor. Illus. by Anastasia Sivura. 2021. (ENG.). 32p. (J). (— 1). 16.95 *(978-1-7370796-2-0(3)*, GT9620) Good & True Media.

I Grew You in My Heart. Jo-Lynn Pearson. 2018. (ENG., Illus.). 24p. (J). *(978-1-5255-2033-4(4))*; pap. *(978-1-5255-2034-1(2))* FriesenPress.

I Grow: A Book about Physical, Social, & Emotional Growth. Cheri J. Meiners. Illus. by Penny Weber. 2023. (Learning about Me & You Ser.). (ENG.). 26p. (J). (gr. -1 — 1). bds. 9.99 *(978-1-63198-701-4(1)*, 87014) Free Spirit Publishing Inc.

I Grow a Garden: Practicing the Hard G Sound, 1 vol. Fabio Schiavone. 2016. (Rosen Phonics Readers Ser.). (ENG.). 8p. (J). (gr. -1-2). pap. *(978-1-5081-3268-4(2)*, 3330d40c-238e-4ec8-b0a5-41c98bc25dd9, Rosen Classroom) Rosen Publishing Group, Inc., The.

I Grow My Own Food. Lord Akil. 2018. (ENG., Illus.). 52p. (J). pap. *(978-1-387-58147-4(3))* Lulu Pr., Inc.

I Guess I Live Here Now. Claire Ahn. 2022. (ENG.). 416p. (YA). (gr. 7). 18.99 *(978-0-593-40319-8(3)*, Viking Books for Young Readers) Penguin Young Readers Group.

I Had a Dream about You... Laraye Borden. 2016. (ENG., Illus.). (J). pap. 9.99 *(978-1-4984-9238-6(X))* Salem Author Services.

I Had a Right to Remain Silent: Can You Hear Me Now? Sylvia Cooper. 2021. (ENG.). 210p. (YA). pap. 17.95 *(978-1-6624-3365-8(4))* Page Publishing Inc.

I Had a Sister. Joanne Parker. Illus. by Sarah Posey. 2019. (Hardcover Ser.). (ENG.). 32p. (J). 14.95 *(978-1-7326049-6-4(7))*; pap. 9.95 *(978-1-7326049-3-3(2))* Wyatt Hse. Publishing.

I Had Ten Hats. David McPhail. 2022. (I Like to Read Ser.). (Illus.). 32p. (J). (gr. -1-3). pap. 7.99 *(978-0-8234-5176-0(3))* Holiday Hse., Inc.

I Hate Books. Rosiland Blanks. 2021. (ENG.). 48p. (J). 22.95 *(978-1-0879-4848-5(7))* Indy Pub.

I Hate Borsch! Yevgenia Nayberg. 2022. (ENG.). 56p. (J). *(978-0-8028-5580-0(6)*, Eerdmans Bks For Young Readers) Eerdmans, William B. Publishing Co.

I Hate Bouillabaisse! D. J. Vandor. Illus. by Stefanie St Denis. 2023. (ENG.). 40p. (J). ***(978-0-2288-7722-6(9))***; pap. ***(978-0-2288-7721-9(0))*** Tellwell Talent.

I Hate Everyone. Naomi Danis. Illus. by Cinta Arribas. 2018. (ENG.). 32p. (J). (gr. -1-1). 17.99 *(978-1-57687-874-3(0)*, powerHouse Bks.) powerHse. Bks.

I Hate Everyone but You: A Novel about Best Friends. Gaby Dunn & Allison Raskin. 2019. (ENG.). 368p. (YA). pap. 10.99 *(978-1-250-12933-8(8)*, 900176057, Wednesday Bks.) St. Martin's Pr.

I Hate My Cats (a Love Story) (Cat Book for Kids, Picture Book about Pets) Davide Cali. Illus. by Anna Pirolli. 2018. (ENG.). 44p. (J). (gr. k-3). 15.99 *(978-1-4521-6595-0(5))* Chronicle Bks. LLC.

I Hate My Curly Hair. Divya Anand. 2020. (ENG.). 40p. (J). (gr. -1-1). pap. 8.99 *(978-0-14-344769-6(6)*, Puffin) Penguin Bks. India PVT, Ltd IND. Dist: Independent Pubs. Group.

I Hate My Stepsister! (a Love Story) Sara Swan Miller. Illus. by Abby Liscum. 2021. (ENG.). 38p. (J). 17.99 *(978-1-6629-0776-0(1))*; pap. 7.99 *(978-1-6629-0777-7(X))* Gatekeeper Pr.

I Hate My Teacher: 5th Grade Friends & Foes. Laura Simpson. 2019. (ENG.). 172p. (J). pap. 9.75 *(978-0-578-55454-9(2))* Susso.

I Hate Oatmeal. Jan Lis. 2020. (ENG.). 46p. (J). pap. 10.99 *(978-1-64949-051-3(8))* Elk Lake Publishing, Inc.

I Hate Reading: How to Read When You'd Rather Not. Beth Bacon. Illus. by Beth Bacon. 2020. (ENG., Illus.). 112p. (J). (gr. 1-5). 12.99 *(978-0-06-296252-2(3)*, HarperCollins) HarperCollins Pubs.

I Hate Rules. Dani Seligman. Ed. by Marilyn Lazar. 2022. (ENG.). 24p. (J). ***(978-0-2288-7668-7(0))***; pap. ***(978-0-2288-7667-0(2))*** Tellwell Talent.

I Hate Water. Joe Gnojek. 2020. (ENG., Illus.). 36p. (J). pap. 13.95 *(978-1-64531-610-7(6))* Newman Springs Publishing, Inc.

I Hate You Mom: A Story of Unconditional Love. Yumi Hopfner. 2018. (ENG., Illus.). 38p. (J). pap. *(978-0-2288-0368-3(3))* Tellwell Talent.

I Have a Balloon. Ariel Bernstein. Illus. by Scott Magoon. 2017. (ENG.). 40p. (J). (gr. -1-3). 19.99 *(978-1-4814-7250-0(X)*, Simon & Schuster/Paula Wiseman Bks.) Simon & Schuster/Paula Wiseman Bks.

I Have a Concussion, Now What?, 1 vol. Judy Monroe Peterson. 2016. (Teen Life 411 Ser.). (ENG., Illus.). 112p. (J). (gr. 7-7). 38.80 *(978-1-5081-7196-6(3)*, 27e0a961-e1a5-42e1-abb7-038b470f8f8e) Rosen Publishing Group, Inc., The.

I Have a Family, Just Like You! Coloring 7 Year Old Girls & Boys. Educando Kids. 2019. (ENG.). 42p. (J). pap. 6.99 *(978-1-64521-144-0(4)*, Educando Kids) Editorial Imagen.

I Have a Friend. Marcela Torres. 2020. (ENG.). 50p. (J). pap. *(978-1-83853-682-4(5))* Independent Publishing Network.

I Have a Learning Disability & That's Okay. Kacy Chambers. Ed. by Carolyn Johnson. l.t. ed. 2022. (ENG.). 34p. (J). pap. 9.99 *(978-1-7359497-5-8(2))* Great Bks. Publishing Co.

I Have a Little Seedling. Cari Meister. Illus. by Jenni Desmond. 2018. (New Books for Newborns Ser.). (ENG.). 16p. (J). (— 1). bds. 8.99 *(978-1-5344-1002-2(3)*, Little Simon) Little Simon.

I Have a New Baby Brother. Kimberlee Graves. 2017. (Learn-To-Read Ser.). (ENG., Illus.). (J). (gr. k-1). pap. 3.49 *(978-1-68310-286-1(X))* Pacific Learning, Inc.

I Have a Question. Andrew Arnold. Illus. by Andrew Arnold. 2023. (ENG., Illus.). 40p. (J). 18.99 *(978-1-250-83824-7(X)*, 900254795) Roaring Brook Pr.

I Have a Question about Divorce: A Book for Children with Autism Spectrum Disorder or Other Special Needs. Arlen Grad Gaines & Meredith Englander Polsky. (I Have a Question Ser.). (Illus.). 40p. (J). 2022. 15.95 *(978-1-83997-755-8(8)*, 904436); 2018. 15.95 *(978-1-78592-787-4(6)*, 696655) Kingsley, Jessica Pubs. GBR. Dist: Hachette UK Distribution.

I Have a Secret. Andrew Steps Barnett. Illus. by Andrea Fietta. 2020. (ENG.). 54p. (J). pap. 10.95 *(978-1-945714-43-6(3))* Grateful Steps.

I Have a Secret: a First Counting Book. Carl Memling. Illus. by Joseph Giordano. 2019. (Little Golden Book Ser.). 24p. (J). (-k). 4.99 *(978-1-5247-7338-0(7)*, Golden Bks.) Random Hse. Children's Bks.

I Have a Superpower. Stephen Curry. Illus. by Geneva Bowers. 2022. (ENG.). 40p. (J). (gr. -1-2). 18.99 *(978-0-593-38604-0(3)*, Penguin Workshop) Penguin Young Readers Group.

I Have a Voice: Understanding Citizenship, 1 vol. Gillian Clifton. 2018. (Civics for the Real World Ser.). (ENG.). 12p. (gr. 1-2). pap. *(978-1-5383-6466-6(2)*, 532986ab-a13e-4e82-84d5-6d10993aa179, Rosen Classroom) Rosen Publishing Group, Inc., The.

I Have a Voice Too! Christine Swain White. 2020. (ENG.). 108p. (J). pap. 10.99 ***(978-0-9998133-3-1(1))*** NuVision Designs.

I Have a Zoo: A Story of Animals All Around Me, Told in English & Chinese. Illus. by Liang Peilong. 2019. 42p. (gr. -1-3). 16.95 *(978-1-60220-457-7(8))* SCPG Publishing Corp.

I Have an Idea! Hervé Tullet. 2019. (Herve Tullet Ser.). (ENG., Illus.). 88p. (gr. k-17). 17.99 *(978-1-4521-7858-5(5))* Chronicle Bks. LLC.

I Have an Imagination Not ADHD. Andrea Parrish. Illus. by Tulip Studio. 2022. (ENG.). 32p. (J). pap. 11.99 ***(978-1-0880-3133-9(1))*** Indy Pub.

I Have Another Brother: Practicing the Voiced TH Sound, 1 vol. Juliette Johnson. 2016. (Rosen Phonics Readers Ser.). (ENG., Illus.). 12p. (J). (gr. -1-2). pap. *(978-1-5081-3557-9(6)*, 5bd176f0-e5a1-42fb-bd1b-c84b32421d8a, Rosen Classroom) Rosen Publishing Group, Inc., The.

I Have Autism. Debra Soloman. 2018. (ENG., Illus.). 34p. (J). pap. 15.00 *(978-0-578-20706-3(0))* Soloman, Debra.

I Have Autism & That's Okay. Kacy Chambers. Ed. by Carolyn Johnson. l.t. ed. 2022. (ENG.). 34p. (J). pap. 9.99 *(978-1-7359497-4-1(4))* Great Bks. Publishing Co.

I Have Autism, but I Want to Play Too. Lisa Pate. 2021. (ENG., Illus.). 32p. (J). 24.95 *(978-1-63961-348-9(X))*; pap. 14.95 *(978-1-63874-658-4(3))* Christian Faith Publishing.

I Have Been Shamed on the Internet, Now What?, 1 vol. Tamra Orr. 2016. (Teen Life 411 Ser.). (ENG., Illus.). 112p. (J). (gr. 7-7). 38.80 *(978-1-5081-7202-4(1)*, 1406310a-0ced-44f4-b9cb-47d279ee62e7) Rosen Publishing Group, Inc., The.

I Have Bees in My Brain: A Child's View of Inattentiveness. Trish Hammond. 2017. (ENG., Illus.). 32p. (J). pap. *(978-1-5255-1034-2(7))* FriesenPress.

I Have Choices (the Power of Thought) Lynn McLaughlin & Amber Raymond. Illus. by Allysa Batin. 2022. (Power of Thought Ser.). (ENG.). 36p. (J). pap. ***(978-1-7780741-3-4(8))*** Steering Through It.

I Have Chores: Taking Civic Action, 1 vol. Sonja Reyes. 2018. (Civics for the Real World Ser.). (ENG.). 8p. (gr. k-1). pap. *(978-1-5383-6391-1(7)*, 05140562-4af3-4072-9724-cf43e4c6f3fb, Rosen Classroom) Rosen Publishing Group, Inc., The.

I Have Courage: Cut & Glue Activity Book. Agnes De Bezenac & Salem De Bezenac. Illus. by Agnes De Bezenac. 2018. (Tiny Thoughts Cut & Glue Ser.: Vol. 14). (ENG., Illus.). 32p. (J). (gr. k-2). pap. 4.50 *(978-1-63474-115-6(3)*, Kidible) iCharacter.org.

I Have down Syndrome. Lisa Land Hodge. 2016. (ENG., Illus.). (J). pap. 12.95 *(978-1-63525-390-0(X))* Christian Faith Publishing.

I Have Faith I Have Works. Elizabeth Mozell. 2018. (ENG., Illus.). 58p. (J). pap. 13.95 *(978-1-64299-278-6(X))* Christian Faith Publishing.

I Have Geckos on My Glasses: A Child's Struggle with Honesty. Trish Hammond. 2018. (ENG., Illus.). 24p. (J). *(978-1-5255-1879-9(8))*; pap. *(978-1-5255-1880-5(1))* FriesenPress.

I Have Lost My Way. Gayle Forman. (ENG.). (YA). (gr. 9). 2019. 304p. pap. 10.99 *(978-0-425-29078-1(6)*, Penguin Books); 2018. 272p. 18.99 *(978-0-425-29077-4(8)*, Viking Books for Young Readers) Penguin Young Readers Group.

I Have Lost My Way. Gayle Forman. 2018. (ENG.). 272p. (YA). (gr. 9). pap. *(978-0-451-48074-3(0))* Topaz.

I Have Music. Dona Herweck Rice. 2018. (See Me Read! Everyday Words Ser.). (ENG., Illus.). 12p. (J). (gr. -1-k). 6.99 *(978-1-4938-9822-0(1))* Teacher Created Materials, Inc.

I Have My Baby, My Baby Has Me. Josh Mortensen. Illus. by Carol Gisler. 2018. (ENG.). 30p. (J). pap. 12.99 *(978-1-7321012-0-3(5))* Magpie Children's Bks.

I Have No Secrets. Penny Joelson. 2019. (ENG.). 304p. (YA). (gr. 8-12). 16.99 *(978-1-4926-9336-9(7))* Sourcebooks, Inc.

I Have Non-Verbal Learning Disability & That's Okay. Kacy Chambers. Ed. by Carolyn Johnson. l.t. ed. 2022. (ENG.). 34p. (J). pap. 9.99 *(978-1-7359497-3-4(6))* Great Bks. Publishing Co.

I Have Only Myself to Blame (Classic Reprint) Elizabeth Bibesco. 2018. (ENG., Illus.). 180p. (J). 27.61 *(978-0-332-68902-9(6))* Forgotten Bks.

I Have Questions, Lots & Lots of Questions: A True Story of Christmas. David Lane. Illus. by Caleb McBee. 2022. (ENG.). 68p. (J). 24.95 ***(978-1-7342675-9-4(3))*** Bear's Place Publishing.

I Have Something to Tell You — For Young Adults: A Memoir. Chasten Buttigieg. 2023. (ENG., Illus.). 224p. (YA). (gr. 7). 18.99 *(978-1-6659-0437-7(2)*, Atheneum Bks. for Young Readers) Simon & Schuster Children's Publishing.

I Have Squirrels in My Belly. Trish Hammond. 2017. (ENG., Illus.). (J). pap. *(978-1-4602-9881-7(0))* FriesenPress.

I Have the Right. Reza Dalvand. 2023. (ENG.). 36p. (J). (gr. -1-3). 18.95 *(978-1-957363-44-8(4))* Scribe Pubns. AUS. Dist: Consortium Bk. Sales & Distribution.

I Have the Right To: A High School Survivor's Story of Sexual Assault, Justice, & Hope. Chessy Prout & Jenn Abelson. 2018. (ENG., Illus.). 416p. pap. *(978-1-5344-2571-2(3))*; (YA). (gr. 9). 18.99 *(978-1-5344-1443-3(6))* McElderry, Margaret K. Bks. (McElderry, Margaret K. Bks.).

I Have the Right to Culture, 1 vol. Alain Serres. Tr. by Shelley Tanaka. Illus. by Aurélia Fronty. 2021. (I Have the Right Ser.: 3). (ENG.). 48p. (J). (gr. k-1). 19.99 *(978-1-77306-490-1(8))* Groundwood Bks. CAN. Dist: Publishers Group West (PGW).

I Have the Right to Save My Planet, 1 vol. Alain Serres. Tr. by Shelley Tanaka. Illus. by Aurélia Fronty. 2021. (I Have the Right Ser.: 2). (ENG.). 48p. (J). (gr. k-2). 19.95 *(978-1-77306-487-1(8))* Groundwood Bks. CAN. Dist: Publishers Group West (PGW).

I Have to Go! Robert Munsch. Illus. by Michael Martchenko. 2019. (Classic Munsch Ser.). 24p. (J). 19.95 *(978-1-77321-107-7(2))*; (ENG.). pap. 7.95 *(978-1-77321-106-0(4))* Annick Pr., Ltd. CAN. Dist: Publishers Group West (PGW).

I Have to Go! Early Reader. Robert Munsch. Illus. by Michael Martchenko. 2022. (Munsch Early Readers Ser.). 40p. (J). (gr. k-3). 16.99 *(978-1-77321-651-5(1))* Annick Pr., Ltd. CAN. Dist: Publishers Group West (PGW).

I Have to Go! Early Reader: (Munsch Early Reader) Robert Munsch. Illus. by Michael Martchenko. adapted ed. 2022. (Munsch Early Readers Ser.). 40p. (J). (gr. k-3). pap. 4.99 *(978-1-77321-641-6(4))* Annick Pr., Ltd. CAN. Dist: Publishers Group West (PGW).

I Have Toys. Rozanne Williams. 2017. (Learn-To-Read Ser.). (ENG., Illus.). (J). pap. 3.49 *(978-1-68310-330-1(0))* Pacific Learning, Inc.

I Have Worry Monsters in My Tummy. Erica Wilson. 2022. (ENG.). 30p. (J). pap. 12.99 *(978-1-63988-453-7(X))* Primedia eLaunch LLC.

I Hear a MOO! PI Kids. Illus. by Pamela Seatter. 2021. (Sing along Storybooks Ser.). (ENG.). 12p. (J). (gr. k-2). lib. bdg. 12.99 *(978-1-64996-022-1(0)*, 4766, Sequoia Publishing & Media LLC) Phoenix International Publications, Inc.

I Hear a MOO! P. I. Kids PI Kids. Illus. by Pam Seatter. 2021. (Sing along Storybooks Ser.). (ENG.). 12p. (J). (gr. -1-3). pap. 6.50 ***(978-1-64996-649-0(0)***, 17039, Sequoia Kids Media) Sequoia Children's Bks.

I Hear a Pickle: And Smell, See, Touch, & Taste It, Too! Rachel Isadora. Illus. by Rachel Isadora. (Illus.). (J). (— 1). 2017. 30p. bds. 8.99 *(978-1-5247-3958-4(8))*; 2016. 32p. 17.99 *(978-0-399-16049-3(3))* Penguin Young Readers Group. (Nancy Paulsen Books).

I Hear Reindeers on the Rooftop! Coloring Book Christmas. Speedy Kids. 2017. (ENG., Illus.). (J). pap. 9.20 *(978-1-5419-0998-4(4))* Speedy Publishing LLC.

I Hear Rhymes & Chimes: Music Coloring Books. Jupiter Kids. 2016. (ENG., Illus.). 106p. (J). pap. 12.55 *(978-1-68305-249-4(8)*, Jupiter Kids (Childrens & Kids Fiction)) Speedy Publishing LLC.

I Hear Sound **see J'entends des Sons**

I Hear Sound. Francis Spencer. 2021. (My First Science Bks.). (ENG., Illus.). 24p. (J). (gr. k-2). pap. *(978-1-4271-3035-8(3)*, 11573); lib. bdg. *(978-1-4271-3024-2(8)*, 11556) Crabtree Publishing Co.

I Hear with My Ears: Practicing the EER Sound, 1 vol. Novak Popovic. 2016. (Rosen Phonics Readers Ser.). (ENG.). 12p. (J). (gr. -1-2). pap. *(978-1-5081-3584-5(3)*, 9c4c6c9e-dbb6-47d0-ba23-fd5e91aa92f4, Rosen Classroom) Rosen Publishing Group, Inc., The.

I Hear You, Ocean. Kallie George. Illus. by Carmen Mok. 2022. (Sounds of Nature Ser.). 36p. (J). (gr. -1-2). 17.95 *(978-1-77164-739-7(6)*, Greystone Kids) Greystone Books Ltd. CAN. Dist: Publishers Group West (PGW).

I Heard a Noise: (... in Our Backyard) Tamey McIntosh. Illus. by Robert Elsmore. 2018. (ENG.). 28p. (J). *(978-1-5255-2781-4(9))*; pap. *(978-1-5255-2782-1(7))* FriesenPress.

I Heard a Sound. David J. Ward. Illus. by Eric Comstock. 40p. (J). (gr. 1-4). 2022. pap. 8.99 *(978-0-8234-5122-7(4))*; 2020. 18.99 *(978-0-8234-3704-7(3))* Holiday Hse., Inc.

I Heard Grandma. Sharon Diggs. 2020. (ENG.). 30p. (J). pap. 13.95 *(978-1-64701-333-2(X))* Page Publishing Inc.

I Heard That! Josh DiGugno. 2017. (Text Connections Guided Close Reading Ser.). (J). (gr. 1). *(978-1-4900-1829-4(8))* Benchmark Education Co.

I Heard the Owl Call My Name Novel Units Teacher Guide. Novel Units. 2019. (ENG.). (YA). pap. 12.99 *(978-1-56137-142-6(4)*, Novel Units, Inc.) Classroom Library Co.

I Heard Two Hippopotami. Russel Hirst. Illus. by Airen Hall. 2021. (ENG.). 20p. (J). *(978-1-5255-9500-4(8))*; pap. *(978-1-5255-9499-1(0))* FriesenPress.

I Heart Architecture with Frank Lloyd Wright. Mudpuppy. 2017. (ENG.). 64p. (J). (gr. 1-5). pap. 12.99 *(978-0-7353-5217-9(8))* Mudpuppy Pr.

I Heart Art. Sheena Raja. 2017. (ENG.). (J). 14.95 *(978-1-68401-116-2(7))* Amplify Publishing Group.

I Heart Bees. Lizzie Preston & Charlotte Pepper. 2021. (I Heart Pocket Colouring Ser.: 21). (ENG.). 128p. (J). (gr. 2-4). pap. 9.99 *(978-1-78055-764-9(7)*, Buster Bks.) O'Mara, Michael Bks., Ltd. GBR. Dist: Independent Pubs. Group.

I Heart Butterflies. Felicity French et al. 2020. (I Heart Pocket Colouring Ser.). (ENG.). 128p. (J). (gr. 2-4). pap. 9.99 *(978-1-78055-677-2(2)*, Buster Bks.) O'Mara, Michael Bks., Ltd. GBR. Dist: Independent Pubs. Group.

I Heart Cute Unicorns. Lizzie Preston et al. 2020. (I Heart Ser.: 6). (ENG.). 128p. (J). (gr. 1-3). pap. 12.95 *(978-1-4549-4127-9(8))* Sterling Publishing Co., Inc.

I Heart Drawing. Beth Gunnell. Illus. by Beth Gunnell. 2017. (I Heart Pocket Colouring Ser.). (ENG., Illus.). 128p. (J). (gr. 2). pap. 8.99 *(978-1-78055-414-3(1))* O'Mara, Michael Bks., Ltd. GBR. Dist: Independent Pubs. Group.

I Heart Easter. Illus. by Jessie Eckel. 2019. (I Heart Pocket Colouring Ser.). (ENG.). 128p. (J). (gr. 1-5). pap. 8.99 *(978-1-78055-577-5(6))* O'Mara, Michael Bks., Ltd. GBR. Dist: Independent Pubs. Group.

I Heart Flamingos. Felicity French & Lizzie Preston. 2021. (I Heart Ser.: 7). (ENG.). 128p. (J). (gr. 1-3). pap. 12.95 *(978-1-4549-4128-6(6))* Sterling Publishing Co., Inc.

I Heart Gratitude, Vol. II: The Power of I Am. Michelle Lee-King. 2017. (Vol Ser.: Vol. 2). (ENG., Illus.). (J). (gr. k-5). pap. 11.99 *(978-0-692-92746-5(8))* Harper Girl Pr.

I Heart Gratitude, Vol. III: Did You Know? (Fun Facts) Michelle Lee-King & Mya Harper King. 2018. (ENG., Illus.). 76p. (J). (gr. k-5). pap. 11.99 *(978-0-692-07731-3(6))* Harper Girl Pr.

I Heart It! Frankie Jones. 2018. (I Heart It! Ser.). (ENG.). 96p. (J). (gr. 4-7). 12.99 *(978-1-78370-608-2(2))* Studio Pr.

I Heart Kawaii. Harry Thornton & Emily Hunter-Higgins. 2020. (I Heart Ser.: 10). (ENG.). 128p. (J). (gr. 1-3). pap. 12.95 *(978-1-4549-4290-0(8))* Sterling Publishing Co., Inc.

I Heart Koalas. Lizzie Preston & Sarah Wade. 2021. (I Heart Pocket Colouring Ser.: 20). (ENG.). 128p. (J). (gr. 1). pap. 9.99 *(978-1-78055-725-0(6)*, Buster Bks.) O'Mara, Michael Bks., Ltd. GBR. Dist: Independent Pubs. Group.

I Heart Lists. Buster Books. 2017. (I Heart Pocket Colouring Ser.). (ENG.). 128p. (J). (gr. 2). pap. 8.99 *(978-1-78055-450-1(8))* O'Mara, Michael Bks., Ltd. GBR. Dist: Independent Pubs. Group.

I Heart Mermaids. Lizzie Preston. 2018. (I Heart Ser.: 3). (ENG., Illus.). 128p. (J). (gr. 1-3). pap. 9.95 *(978-1-4549-3167-6(1))* Sterling Publishing Co., Inc.

I Heart Monet Activity Book. Mudpuppy. 2017. (ENG.). 64p. (J). (gr. 1-5). pap. 12.99 *(978-0-7353-5219-3(4))* Mudpuppy Pr.

I Heart Museums Activity Book. Mudpuppy. 2017. (ENG.). 64p. (J). (gr. 1-5). pap. 12.99 *(978-0-7353-5218-6(6))* Mudpuppy Pr.

I Heart Pets: The Ella Diaries. Meredith Costain. Illus. by Danielle McDonald. 2017. 144p. (J). pap. 5.99 *(978-1-61067-522-2(3))* Kane Miller.

I Heart Pluto. Chris Ferrie & Helen Maynard-Casely. Illus. by Lizzy Doyle. 2020. 18p. (J). (gr. -1-k). bds. 10.99 *(978-1-7282-0524-3(7))* Sourcebooks, Inc.

I Heart Rainbows. Sarah Wade & Lizzie Preston. 2021. (I Heart Ser.). (ENG.). 128p. (J). (gr. 1). pap. 12.95 *(978-1-4549-4376-1(9))* Sterling Publishing Co., Inc.

I Heart Rats. Celee Brant. 2023. (ENG.). 24p. (J). pap. ***(978-0-2288-8721-8(6))***; (Skillz 4 Kidz Ser.: Vol. 1). ***(978-0-2288-8722-5(4))*** Tellwell Talent.

I Heart You. Meg Fleming. Illus. by Sarah Jane Wright. 2016. (ENG.). 40p. (J). (gr. -1-3). 17.99 *(978-1-4424-8895-3(6)*, Beach Lane Bks.) Beach Lane Bks.

I Heart You. Meg Fleming. Illus. by Sarah Jane Wright. 2019. (Classic Board Bks.). (ENG.). 36p. (J). (gr. -1-3). bds. 8.99 *(978-1-5344-5130-8(7)*, Little Simon) Little Simon.

I Help: A Book about Empathy & Kindness. Cheri J. Meiners. Illus. by Penny Weber. 2019. (Learning about Me & You Ser.). (ENG.). 26p. (J). (— 1). bds. 9.99 *(978-1-63198-453-2(5)*, 84532) Free Spirit Publishing Inc.

I Help at Grandpa's House, 1 vol. Beatrice Mortmain. Illus. by Aurora Aguilera. 2017. (Ways I Help Ser.). (ENG.). 24p. (J). (gr. 1-1). pap. 9.25 *(978-1-5081-5677-2(8)*, cd8f6c2b-f4e1-4dff-beab-5ff7686e0238, PowerKids Pr.) Rosen Publishing Group, Inc., The.

I Help at Home! I Can Clean My Room, Fold Laundry, Set the Table, & More: Montessori Life Skills. Saniyyah Khalilallah. 2023. (ENG., Illus.). 32p. (J). (gr. -1-k). 16.99 *(978-1-63586-523-3(9)*, 626523) Storey Publishing, LLC.

I Help at the Store, 1 vol. Sadie Woods. Illus. by Aurora Aguilera. 2017. (Ways I Help Ser.). (ENG.). 24p. (J). (gr. 1-1). pap. 9.25 *(978-1-5081-5678-9(6)*, 0ebb0784-b51a-45fa-af00-2d9f1a0d16f6, PowerKids Pr.) Rosen Publishing Group, Inc., The.

I Help in the Garden, 1 vol. Elise Collier. 2017. (Ways I Help Ser.). (ENG.). 24p. (gr. 1-1). 25.27 *(978-1-5081-5738-0(3)*, 3e4e6d87-b391-45da-99ce-2c31fc692d15, PowerKids Pr.) Rosen Publishing Group, Inc., The.

I Help in the Kitchen, 1 vol. Cassandra Richards. Illus. by Aurora Aguilera. 2017. (Ways I Help Ser.). (ENG.). 24p. (J). (gr. 1-1). 25.27 *(978-1-5081-5739-7(1)*, be4f55a5-0838-4434-bf14-12d3d5737e26, PowerKids Pr.) Rosen Publishing Group, Inc., The.

I Hope. Monique Gray Smith. Illus. by Gabrielle Grimard. 2022. (ENG.). 32p. (J). (gr. -1-k). 21.95 *(978-1-4598-2593-2(4)*, 1459825934) Orca Bk. Pubs. USA.

I Hope / Nipakosêyimon. Monique Gray Smith. Tr. by Dolores Greyeyes Sand from ENG. Illus. by Gabrielle Grimard. ed. 2022. (ENG & CRE.). 32p. (J). (gr. -1-k). 21.95 *(978-1-4598-3325-8(2))* Orca Bk. Pubs. USA.

I Hope You Get This Message. Farah Naz Rishi. (ENG.). (YA). (gr. 8). 2021. 448p. pap. 10.99 *(978-0-06-274146-2(2))*; 2019. 432p. 17.99 *(978-0-06-274145-5(4))* HarperCollins Pubs. (Quill Tree Bks.).

I Hope You Will. A. Sarah Dosanjh. Illus. by Jupiters Muse. 2023. (ENG.). 30p. (J). ***(978-0-2288-8216-9(8))***; pap. ***(978-0-2288-8215-2(X))*** Tellwell Talent.

I Hope You Will Know. Jaren Ahlmann. Illus. by Pete Olczyk. 2023. (ENG.). 32p. (J). 17.95 *(978-1-951412-98-2(2))* Collective Bk. Studio, The.

I Hope You're Listening. Tom Ryan. 2021. (ENG.). 368p. (YA). (gr. 8-12). pap. 9.99 *(978-0-8075-3513-4(3)*, 807535133, AW Teen) Whitman, Albert & Co.

I Hug. David McPhail. 2017. (I Like to Read Ser.). (ENG.). 32p. (J). (gr. -1-3). 7.99 *(978-0-8234-3847-1(3))* Holiday Hse., Inc.

I Hug. David McPhail. ed. 2020. (I Like to Read Ser.). (ENG.). 25p. (J). (gr. k-1). 17.96 *(978-1-64697-275-3(9))* Penworthy Co., LLC, The.

I Hug You & You. David McPhail. 2018. (ENG., Illus.). 28p. (J). (— 1). bds. 7.99 *(978-0-8234-3994-2(1))* Holiday Hse., Inc.

I, Humanity. Jeffrey Bennett. 2016. (ENG., Illus.). 32p. (J). (gr. 2-4). 15.00 *(978-1-937548-52-0(X))* Big Kid Science.

I Hung Jesus. Carmine Lombardo. 2022. (ENG.). 46p. (YA). 46.14 *(978-1-4357-9170-1(3))* Lulu Pr., Inc.

I Hung Jesus: The Story of Jesus' Death As Told by the Tree That Became the Implement of His Death. Carmine Lombardo. 2022. (ENG.). 46p. (J). 46.14 *(978-1-4357-9284-5(X))* Lulu Pr., Inc.

I Hunt a Big Kangaroo. Margaret James. Illus. by Marjorie Nyunga Williams. 2021. (ENG.). 34p. (J). pap. *(978-1-922591-66-1(1))* Library For All Limited.

I Improve My Community: Taking Civic Action, 1 vol. Rosie McKee. 2018. (Civics for the Real World Ser.). (ENG.). 16p. (gr. 2-3). pap. *(978-1-5383-6572-4(3)*, c6562401-aed6-41c6-ad2d-0cc1b0985cae, Rosen Classroom) Rosen Publishing Group, Inc., The.

"I" in Integrity, Volume 3. Julia Cook. Illus. by Kyle Merriman. ed. 2020. (Leader I'll Be! Ser.). (ENG.). 31p. (J). (gr. k-6). pap. 10.95 *(978-1-944882-62-4(6))* Boys Town Pr.

I in the Garret (Classic Reprint) Elizabeth Robins Pennell. 2018. (ENG., Illus.). 186p. (J). 27.73 *(978-0-483-58264-4(6))* Forgotten Bks.

I Inspire Me! Latara Coleman. 2023. (ENG.). 30p. (J). 15.00 ***(978-1-955316-95-8(3))*** Keen Vision Publishing, LLC.

I Is for Ice Cream. Meg Gaertner. 2021. (Alphabet Fun Ser.). (ENG., Illus.). 24p. (J). (gr. k-1). pap. 8.95 *(978-1-64619-400-1(4))*; lib. bdg. 28.50 *(978-1-64619-373-8(3))* Little Blue Hse. (Little Blue Readers).

I Is for Immigrants. Selina Alko. Illus. by Selina Alko. 2021. (ENG., Illus.). 40p. (J). 18.99 *(978-1-250-23786-6(6)*, 900210827, Holt, Henry & Co. Bks. For Young Readers) Holt, Henry & Co.

I Is for Isabella: Now I Know My ABCs & 123s Coloring & Activity Book with Writing & Spelling Exercises (Age 2-6) 128 Pages. Crawford House Learning Books. 2020. (ENG.). 130p. (J). pap. *(978-1-989828-92-2(2))* Crawford Hse.

I Is for Isla: Now I Know My ABCs & 123s Coloring & Activity Book with Writing & Spelling Exercises (Age 2-6) 128 Pages. Crawford House Learning Books. 2020. (ENG.). 130p. (J). pap. *(978-1-989828-35-9(3))* Crawford Hse.

I, Ixodes, the Mighty Tick: My True Story. Barbara G. Cox. Illus. by Rob Rice. 2017. (ENG.). (J). pap. 9.99 *(978-0-9973745-4-4(3))* Windhorse Bks.

I Just Ate My Friend. Heidi McKinnon. Illus. by Heidi McKinnon. (ENG., Illus.). 40p. (J). (gr. -1-3). 2019. 8.99 *(978-1-5344-6668-5(1))*; 2018. 17.99 *(978-1-5344-1032-9(5))* Simon & Schuster Bks. For Young Readers. (Simon & Schuster Bks. For Young Readers).

I Just Can't Sleep. Kathleen Perillo. 2022. (ENG., Illus.). 42p. (J). pap. 15.95 *(978-1-63860-089-3(9))* Fulton Bks.

I Just Gotta Climb Something. Michael Pasa. 2022. (ENG., Illus.). 22p. (J). pap. 13.95 *(978-1-0980-8836-1(0))* Christian Faith Publishing.

I Just Keep Wondering: 121 Questions & Answers about Science & Other Stuff. Larry Scheckel. 2019. (I Always Wondered Ser.). (ENG., Illus.). 240p. (YA). (gr. 6). 18.95 *(978-1-943431-44-1(2))* Tumblehome Learning.

I Just Like You. Suzanne Bloom. 2018. (Illus.). 32p. (J). (gr. -1-2). 16.95 *(978-1-62979-878-3(9)*, Astra Young Readers) Astra Publishing Hse.

I Just Put a Spell on You. Daniss Press. 2020. (ENG.). 52p. (J). pap. *(978-1-716-55305-9(9))* Lulu Pr., Inc.

I Just See You. Lyn Wells Clark. Illus. by Lorena Mary Hart. 2022. (ENG.). 20p. (J). 19.99 ***(978-0-9994409-7-1(7))*** Blue-Eyed Star Creations, LLC.

I Just Want to Be Super! Andrew Katz. Illus. by Tony Luzano. ed. 2020. 32p. (J). (gr. -1). 17.95 *(978-2-89802-193-0(8)*, CrackBoom! Bks.) Chouette Publishing CAN. Dist: Publishers Group West (PGW).

I Just Want to Flip. Jelp Shinholster. 2021. (ENG.). 34p. (J). 15.99 *(978-1-63944-550-9(1))*; pap. 10.99 *(978-1-63944-548-6(X))* Primedia eLaunch LLC.

I Just Want to Play! Nikkita Bailes. 2022. (ENG.). 32p. (J). pap. 18.00 ***(978-1-64610-216-7(9))*** Dorrance Publishing Co., Inc.

I Just Want to Say Good Night. Rachel Isadora. Illus. by Rachel Isadora. (Illus.). 32p. (J). (— 1). 2022. bds. 7.99 *(978-0-593-46203-4(3))*; 2017. 18.99 *(978-0-399-17384-4(6))* Penguin Young Readers Group. (Nancy Paulsen Books).

I Just Wanted to Say. William Hall. 2018. (ENG., Illus.). 126p. (YA). (gr. 7-12). 22.00 *(978-1-4809-4150-2(6))* Dorrance Publishing Co., Inc.

I Keep You in My Heart. John Iles. 2017. (ENG., Illus.). (J). *(978-1-4602-2129-7(X))*; pap. *(978-1-4602-2130-3(3))* FriesenPress.

I Kekahi la me Makana **see Day with Makana**

I Kick & I Fly. Ruchira Gupta. 2023. (ENG.). 352p. (YA). (gr. 7). 18.99 *(978-1-338-82509-1(7)*, Scholastic Pr.) Scholastic, Inc.

I Kissed a Bully & Saved My Life. Chris Mabrey. 2016. (ENG., Illus.). (J). pap. 9.99 *(978-0-9979042-0-8(8))* Mabrey, Chris.

952

The check digit for ISBN-10 appears in parentheses after the full ISBN-13

I Kissed Alice. Anna Birch. Illus. by Victoria Ying. 2020. (ENG.). 304p. (YA). 18.99 (978-1-250-21985-5(X), 900207497) Imprint IND. Dist: Macmillan.

I Kissed Alice. Anna Birch. Illus. by Victoria Ying. 2021. (ENG.). 304p. (YA). pap. 9.99 (978-1-250-79206-8(1), 900207498) Square Fish.

I Kissed Shara Wheeler: A Novel. Casey McQuiston. 2022. (YA). (978-1-250-86854-1(8)); (978-1-250-86238-9(8)); (ENG., Illus.). 368p. 19.99 (978-1-250-24445-1(5), 900211765) St. Martin's Pr. (Wednesday Bks.).

I Kissed the Baby! Mary Murphy. Illus. by Mary Murphy. 2022. (ENG.). 16p. (J). (— 1). bds. 8.99 (978-1-5362-2410-8(3)) Candlewick Pr.

I Knew Him. Abigail de Niverville. 2019. (ENG.). 290p. (YA). pap. 15.99 (978-1-950412-59-4(8)) NineStar Pr.

I Knew You Could Do It! Nancy Tillman. (ENG., Illus.). (J). 2022. 34p. bds. 8.99 (978-1-250-81280-3(1), 900248175); 2019. 32p. 17.99 (978-1-250-11377-1(6), 900171050) Feiwel & Friends.

I Knew You Were Trouble: A Jessie Jefferson Novel. Paige Toon. 2016. (Jessie Jefferson Novels Ser.: 2). (ENG.). 336p. (J). pap. 9.99 (978-1-4711-1880-7(0), Simon & Schuster Children's) Simon & Schuster, Ltd. GBR. Dist: Simon & Schuster, Inc.

I Knew You Would, I Knew You Could. Hannah Manning. 2021. (ENG., Illus.). 32p. (J). pap. 14.95 (978-1-0980-2961-6(5)) Christian Faith Publishing.

I Know about Telling Time, 1 vol. Richard Little. 2018. (What I Know Ser.). (ENG.). 24p. (gr. k-k). 24.27 (978-1-5382-1726-9(0), e83de44e-d535-4c8e-9a03-caae0231708b) Stevens, Gareth Publishing LLLP.

I Know an Angel. Diane C. Givens. 2020. (ENG.). 34p. (J). 18.95 (978-1-7328014-4-8(4)); pap. 10.95 (978-1-7328014-5-5(2)) Givens, Diane C. .

I Know an Old Lady. Illus. by Edward Miller. 2021. (ENG.). 18p. (J). bds. 6.99 (978-1-64124-078-9(4), 0789K) Fox Chapel Publishing Co., Inc.

I Know an Old Lady Who Swallowed a Fly. Illus. by Nadine Bernard Westcott. ed. 2020. (ENG.). 22p. (J). (gr. -1 — 1). bds. 7.99 (978-0-316-53733-9(0)) Little, Brown Bks. for Young Readers.

I Know Colors, 1 vol. Mary Rose Osburn. 2016. (What I Know Ser.). (ENG., Illus.). 24p. (J). (gr. k-k). pap. 9.15 (978-1-4824-5445-1(9), dba3fbf0-4a82-4f10-84fb-314796b5fbf5) Stevens, Gareth Publishing LLLP.

I Know Cool Things God Can Do. Joe. Illus. by Pierce Horvath. 2022. (ENG.). 26p. (J). pap. 20.99 (978-1-6628-3405-9(5)) Salem Author Services.

I Know Day & Night, 1 vol. Rosie Banks. 2018. (What I Know Ser.). (ENG.). 24p. (J). (gr. k-k). 24.27 (978-1-5382-1730-6(9), ad014099-0b7d-4fe2-949a-522d95184baf) Stevens, Gareth Publishing LLLP.

I Know Directions. Rosie Banks. 2022. (I Know Directions Ser.). (ENG.). 24p. (J). pap. 54.90 **(978-1-5382-8454-4(5))** Stevens, Gareth Publishing LLLP.

I Know Flat & Solid Shapes, 1 vol. Richard Little. 2018. (What I Know Ser.). (ENG.). 24p. (gr. k-k). 24.27 (978-1-5382-1734-4(1), f69eb507-3dff-4b6d-8688-8c35eb048651) Stevens, Gareth Publishing LLLP.

I Know Fruits & Vegetables, 1 vol. Colin Matthews. 2017. (What I Know Ser.). (ENG.). 24p. (J). (gr. k-k). pap. 9.15 (978-1-4824-6293-7(1), 06103a6a-cd76-4b12-bc69-f59977e86454) Stevens, Gareth Publishing LLLP.

I Know God Is Real. C. Cherie Hardy. Illus. by Aaron Davis. 2017. (ENG.). (J). pap. 10.95 (978-1-946753-23-6(8)) Avant-garde Bks.

I Know Halves & Wholes, 1 vol. Richard Little. 2018. (What I Know Ser.). (ENG.). 24p. (gr. k-k). 24.27 (978-1-5382-1738-2(4), 9403776d-7608-4061-9314-11102c1ec140) Stevens, Gareth Publishing LLLP.

I Know Him. Matthew Smeltzer. Illus. by Nancy Letts. 2018. (ENG.). 18p. (J). (gr. k-6). pap. 10.00 (978-1-61286-336-8(1)) Avid Readers Publishing Group.

I Know How I Feel: Celebrate! Feelings. Sophia Day & Megan Johnson. Illus. by Stephanie Strouse. 2020. (Celebrate! Ser.: 25). 32p. (J). bds. 4.99 (978-1-64516-970-3(7), 479ebd0b-c5c2-49b3-8fb7-4355dcb080e3) MVP Kids Media.

I Know I Am. Mandy Reilly. Illus. by Amy Kleinhans. 2022. (ENG.). 40p. (J). pap. 11.99 (978-1-64538-365-9(2)) Orange Hat Publishing.

I Know I Can. Roland Taylor. Illus. by Jasmine Smith. 2020. (ENG.). 26p. (J). pap. 9.99 (978-0-578-81655-5(5)) Southampton Publishing.

I Know I Can Do It!/I Wish I Could Do It! Clever Publishing & Anastasiya Galkina. Illus. by Ekaterina Ladatko. 2023. (2-In-1 Stories Ser.). (ENG.). 32p. (J). (gr. -1-2). 13.99 **(978-1-956560-25-1(4))** Clever Media Group.

I Know Its Christmas: Santa Coloring Book. Jupiter Kids. 2016. (ENG., Illus.). 106p. (J). pap. 12.55 (978-1-68305-251-7(X), Jupiter Kids (Childrens & Kids Fiction)) Speedy Publishing LLC.

I Know Just What I Want to Be. Jenee Leger. 2021. (ENG.). 30p. (J). 23.95 (978-1-64952-346-4(7)) Fulton Bks.

I Know My ABCs 24 Book Carry Case O/P. I. Kids P. 2017. (ENG., Illus.). 240p. (J). pap. (978-1-5037-2728-1(9), fbe39463-b546-4447-bafa-f8f5766ee387) Phoenix International Publications, Inc.

I Know My Animals, Do You? Connect the Dots Awesome Animals. Educando Kids. 2019. (ENG.). 42p. (J). pap. 8.55 (978-1-64521-683-4(7), Educando Kids) Editorial Imagen.

I Know My Body. Do You? Anatomy for Kids Coloring Books Educational. Educando Kids. 2019. (ENG.). 42p. (J). pap. 6.99 (978-1-64521-072-6(3), Educando Kids) Editorial Imagen.

I Know My Words! a Positional Words Activity Book. Bobo's Children Activity Books. 2016. (ENG., Illus.). (J). pap. 7.99 (978-1-68327-390-5(7)) Sunshine In My Soul Publishing.

I Know Numbers, 1 vol. Jon Welzen. 2016. (What I Know Ser.). (ENG., Illus.). 24p. (J). (gr. k-k). pap. 9.15 (978-1-4824-5464-2(5), fd3cb5a2-3793-4c8f-a7e8-87413bff5b65) Stevens, Gareth Publishing LLLP.

I Know Numbers! (Counting Books for Kids, Children's Number Books) Taro Gomi. 2017. (ENG., Illus.). 40p. (J). (gr. -1-k). 15.99 (978-1-4521-5918-8(1)) Chronicle Bks. LLC.

I Know Opposites, 1 vol. Colin Matthews. 2017. (What I Know Ser.). (ENG.). 24p. (J). (gr. k-k). pap. 9.15 (978-1-4824-6297-5(4), 09cbf31c-c732-4a67-a983-60faa9f4c802) Stevens, Gareth Publishing LLLP.

I Know Opposites, 8 vols., Set. Gini Holland. Incl. Alive & Not Alive. lib. bdg. 21.67 (978-0-8368-8293-3(8), c21adca9-87f4-4870-8dfe-3912dbf78aa2); Hot & Cold. lib. bdg. 21.67 (978-0-8368-8294-0(6), 79ca3edb-a8dc-4b48-ac23-8acb4fc55dde); Light & Heavy. lib. bdg. 21.67 (978-0-8368-8295-7(4), dc8e6bda-1299-4499-af24-7e18bbd09502); Soft & Hard. lib. bdg. 21.67 (978-0-8368-8296-4(2), 09da00ae-05fe-483b-b859-eec519b91511); (gr. k-2). (I Know Opposites Ser.). (ENG.). 16p. 2007. Set lib. bdg. 86.01 (978-0-8368-8292-6(X), 6ec48cea-46b0-40f4-ae3d-727797f9dd36, Weekly Reader Leveled Readers) Stevens, Gareth Publishing LLLP.

I Know Opposites/Conceptos Contrarios, 8 vols., Set. Gini Holland. Incl. Alive & Not Alive / Vivo y No Vivo. (Illus.). lib. bdg. 21.67 (978-0-8368-8303-9(9), 1def279f-722c-4e9a-bc9a-0e458e5edf24); Hot & Cold / Caliente y Frío. lib. bdg. 21.67 (978-0-8368-8304-6(7), d0357d1d-e518-4359-a91c-aa0ee1f5ed73); Light & Heavy / Ligero y Pesado. lib. bdg. 21.67 (978-0-8368-8305-3(5), eacf24b2-3f0e-4bbb-a1dc-8b5bf5e2685f); Soft & Hard / Blando y Duro. (Illus.). lib. bdg. 21.67 (978-0-8368-8306-0(3), 98c53770-3d41-4ba4-a91f-32be6484c785); (gr. k-2)., Weekly Reader Leveled Readers (I Know Opposites / Conceptos Contrarios Ser.). (ENG & SPA.). 16p. 2007. Set lib. bdg. 86.01 (978-0-8368-8302-2(0), 2b62e4e4-bb55-42bd-a5f1-41771aa05e91) Stevens, Gareth Publishing LLLP.

I Know People Around Town, 1 vol. Colin Matthews. 2017. (What I Know Ser.). 24p. (J). (gr. k-k). (ENG.). pap. 9.15 (978-1-4824-6301-9(6), 8e1cf09a-936c-49e8-baca-e1597c80a84b); pap. 48.90 (978-1-4824-6302-6(4)) Stevens, Gareth Publishing LLLP.

I Know Places Around Town, 1 vol. Trisha James. 2017. (What I Know Ser.). (ENG.). 24p. (gr. k-k). pap. 9.15 (978-1-4824-6305-7(9), 4a0586dc-ca63-460d-ae01-614289bbb805) Stevens, Gareth Publishing LLLP.

I Know Position Words, 1 vol. Rosie Banks. 2018. (What I Know Ser.). (ENG.). 24p. (J). (gr. k-k). 24.27 (978-1-5382-1742-9(2), 302fbe07-4268-49a2-8b26-9eb76acf30bb) Stevens, Gareth Publishing LLLP.

I Know Shapes, 1 vol. Jon Welzen. 2016. (What I Know Ser.). (ENG., Illus.). 24p. (J). (gr. k-k). pap. 9.15 (978-1-4824-5478-9(5), b619b4a7-3d18-4a02-b0c2-c7cf7caeac76) Stevens, Gareth Publishing LLLP.

I Know Size Words, 1 vol. Rosie Banks. 2018. (What I Know Ser.). (ENG.). 24p. (gr. k-k). 24.27 (978-1-5382-1746-7(5), 4be27a1a-cfe6-46ff-b7e2-ae9971a8cb3d) Stevens, Gareth Publishing LLLP.

I Know Something You Don't Know. Heather Sidwell. 2023. (ENG.). 27p. (J). **(978-1-312-60459-9(X))** Lulu Pr., Inc.

I Know That I'm Different. Jamie R. Nalley. 2017. (ENG., Illus.). (J). (gr. -1-3). pap. 12.95 (978-1-63575-417-9(8)) Christian Faith Publishing.

I Know That Man (Classic Reprint) Harry Varley. 2018. (ENG., Illus.). 30p. (J). 24.52 (978-0-267-28779-6(8)) Forgotten Bks.

I Know the Days of the Week, 1 vol. Mary Rose Osburn. 2016. (What I Know Ser.). (ENG.). 24p. (J). (gr. k-k). pap. 9.15 (978-1-4824-5453-6(X), 4f679515-4b3f-4218-968c-ee92b03f8d7a) Stevens, Gareth Publishing LLLP.

I Know the Seasons, 1 vol. Jon Welzen. 2016. (What I Know Ser.). (ENG., Illus.). 24p. (J). (gr. k-k). pap. 9.15 (978-1-4824-5473-4(4), 361118bb-6997-461d-b15a-48ed02821f4b) Stevens, Gareth Publishing LLLP.

I Know the Weather, 1 vol. Trisha James. 2017. (What I Know Ser.). (ENG.). 24p. (J). (gr. k-k). pap. 9.15 (978-1-4824-6313-2(X), 8c351dc9-1320-4690-87b0-2ac0c881a5f7) Stevens, Gareth Publishing LLLP.

I Know Things That Go, 1 vol. Trisha James. 2017. (What I Know Ser.). (ENG.). 24p. (J). (gr. k-k). pap. 9.15 (978-1-4824-6309-5(1), c2580a63-e184-4ac8-b41b-65f77a4ae94c) Stevens, Gareth Publishing LLLP.

I Know Things That Go: Lift-The-flap Book. Clever Publishing. Illus. by Valeriya Danilova. 2018. (Clever Questions Ser.). (ENG.). 16p. (J). (gr. -1-1). bds. 9.99 (978-1-948418-36-2(3)) Clever Media Group.

I Know What You Did Last Summer. Lois Duncan-Arquette. ed. 2020. (ENG.). 240p. (YA). (gr. 7-17). pap. 10.99 (978-0-316-42535-3(4)) Little, Brown Bks. for Young Readers.

I Know What You Did Last Summer Novel Units Teacher Guide. Novel Units. 2019. (ENG.). (YA). pap. 12.99 (978-1-56137-229-4(3), Novel Units, Inc.) Classroom Library Co.

I Know Where There's a Penny. Jason Robie. 2018. (ENG.). 38p. (J). 14.95 (978-1-68401-628-0(2)) Amplify Publishing Group.

I Know Who I Am. Darius E. James & Ebony D. James. 2022. (ENG.). 32p. (J). pap. 14.97 **(978-1-7364039-1-4(5))** Ebony D. James.

I Know Who I Am. Latrice Payen. 2021. (ENG.). 42p. (J). 40.11 (978-1-7947-6522-1(0)) Lulu Pr., Inc.

I Know Who I Am! - Michayla Learns Just How Special She Was Created to Be. Shawna Jenkins. 2018. (ENG., Illus.). 42p. (J). pap. (978-1-387-26744-6(2)) Lulu Pr., Inc.

I Know Who I Am & Where I Am Going: Practical Lifestyle Guide for Kids & Teenagers. Lindie Taylor. 2021. (ENG.). 112p. (YA). pap. 27.95 (978-1-4796-1478-3(5)) TEACH Services, Inc.

I Know Why the Caged Bird Sings Novel Units Student Packet. Novel Units. 2019. (ENG.). (YA). pap. 13.99 (978-1-56137-634-6(5), NU6345SP, Novel Units, Inc.) Classroom Library Co.

I Know You Remember. Jennifer Donaldson. 2020. 336p. (YA). (gr. 9). pap. 10.99 (978-1-59514-855-1(8), Razorbill) Penguin Young Readers Group.

I Know Your Secret (a SECRETS & LIES NOVEL) Daphne Benedis-Grab. 2021. (ENG.). 240p. (J). (gr. 3-7). pap. 8.99 (978-1-338-74633-4(2), Scholastic Pr.) Scholastic, Inc.

I Know You're Here. Krista Betcher. 2018. (ENG., Illus.). 72p. (J). 19.95 (978-1-59298-634-7(X)) Beaver's Pond Pr., Inc.

I Know You're Lying (a SECRETS & LIES NOVEL) Daphne Benedis-Grab. 2022. (ENG.). 240p. (J). (gr. 3-7). pap. 7.99 (978-1-338-79398-7(5)) Scholastic, Inc.

I Learn about How Laws Are Made: Understanding Government, 1 vol. Marisa Pace. 2018. (Civics for the Real World Ser.). (ENG.). 16p. (gr. 2-3). pap. (978-1-5081-3943-0(1), 90eacd68-6eaf-40c2-8d64-76a54c340aad, Rosen Classroom) Rosen Publishing Group, Inc., The.

I Learn Differently: Teaching Children to Embrace the Way That They Learn. Lakisha M. Buckley. Illus. by Elena Yalcin. 2021. (ENG.). 32p. (J). pap. 9.99 (978-1-7365288-3-9(1)) Buckley, Lakisha.

I Learn from My Aunt, 1 vol. Joseph Stanley. 2017. (Things I Learn Ser.). (ENG.). 24p. (J). (gr. 1-1). 25.27 (978-1-5081-6378-7(2), 0c38d2de-ace8-4e13-8b24-4a953fb841ff, PowerKids Pr.) Rosen Publishing Group, Inc., The.

I Learn from My Brother & Sister, 1 vol. Amy B. Rogers. 2016. (Things I Learn Ser.). (ENG., Illus.). 24p. (J). (gr. 1-1). pap. 9.25 (978-1-4994-2339-6(X), df3effe1-f8ba-4e62-a700-283efe3f17a7, PowerKids Pr.) Rosen Publishing Group, Inc., The.

I Learn from My Cousins, 1 vol. Amy B. Rogers. 2017. (Things I Learn Ser.). (ENG.). 24p. (J). (gr. 1-1). 25.27 (978-1-5081-6377-0(4), 90d71387-5500-477c-8573-dc5d7d89937e, PowerKids Pr.) Rosen Publishing Group, Inc., The.

I Learn from My Dad, 1 vol. Joseph Stanley & Joyce Jeffries. 2016. (Things I Learn Ser.). (ENG., Illus.). 24p. (J). (gr. 1-1). pap. 9.25 (978-1-4994-2342-6(X), 085611a9-464d-4dfc-ba36-85c534707173, PowerKids Pr.) Rosen Publishing Group, Inc., The.

I Learn from My Friends, 1 vol. Mary Austen. 2016. (Things I Learn Ser.). (ENG., Illus.). 24p. (J). (gr. 1-1). pap. 9.25 (978-1-4994-2345-7(4), 6c30e58b-75ef-4f24-a179-c098d3a47b18, PowerKids Pr.) Rosen Publishing Group, Inc., The.

I Learn from My Grandma, 1 vol. Lorraine Harrison. 2016. (Things I Learn Ser.). (ENG., Illus.). 24p. (J). (gr. 1-1). pap. 9.25 (978-1-4994-2367-9(5), c56690d1-9674-4707-965d-0025b40e7242, PowerKids Pr.) Rosen Publishing Group, Inc., The.

I Learn from My Grandpa, 1 vol. Lorraine Harrison. 2017. (Things I Learn Ser.). (ENG.). 24p. (J). (gr. 1-1). 25.27 (978-1-5081-6376-3(6), 3254e0d5-d688-45a0-b9cf-b7e52be4e36f, PowerKids Pr.) Rosen Publishing Group, Inc., The.

I Learn from My Mom, 1 vol. Joyce Jeffries. 2016. (Things I Learn Ser.). (ENG., Illus.). 24p. (J). (gr. 1-1). pap. 9.25 (978-1-4994-2371-6(3), 59129858-e04c-4450-8154-377efad71bd5, PowerKids Pr.) Rosen Publishing Group, Inc., The.

I Learn from My Teacher, 1 vol. Robert M. Hamilton. 2016. (Things I Learn Ser.). (ENG., Illus.). 24p. (gr. 1-1). pap. 9.25 (978-1-4994-2375-4(6), 3a0da6fb-e27f-4f6d-9c58-b96d6296a161, PowerKids Pr.) Rosen Publishing Group, Inc., The.

I Learn from My Uncle, 1 vol. Mary Austen. 2017. (Things I Learn Ser.). (ENG.). 24p. (J). (gr. 1-1). 25.27 (978-1-5081-6375-6(8), 40db1747-9798-42bd-8e51-468bad17ed25, PowerKids Pr.) Rosen Publishing Group, Inc., The.

I Learn the Numbers! I Can Tell Time! Counting & Telling Time for Kids - Baby & Toddler Time Books. Baby Professor. 2017. (ENG., Illus.). (J). pap. 7.89 (978-1-68326-853-6(9), Baby Professor (Education Kids)) Speedy Publishing LLC.

I Like! Cecilia Smith. 2018. (Reading Stars Ser.). (ENG.). 28p. (J). (gr. k-3). pap. 9.99 (978-1-5324-0926-4(5)) Xist Publishing.

I Like Airedale Terriers!, 1 vol. Linda Bozzo. 2017. (Discover Dogs with the American Canine Association Ser.). (ENG.). 24p. (gr. 1-2). pap. 10.35 (978-0-7660-9119-1(8), 7fef1df2-eabf-4c40-b18c-a520516da1d7) Enslow Publishing, LLC.

I Like Akitas!, 1 vol. Linda Bozzo. 2017. (Discover Dogs with the American Canine Association Ser.). (ENG.). 24p. (gr. 1-2). pap. 10.35 (978-0-7660-9123-8(6), e57fdd9c-95fb-4770-9010-495d8263e945) Enslow Publishing, LLC.

I Like Animals!, 6 vols. Julie Murray. 2016. (I Like Animals! Ser.). (ENG.). 24p. (J). (gr. -1-2). lib. bdg. 188.16 (978-1-68080-527-7(4), 21334, Abdo Kids) ABDO Publishing Co.

I Like Animals ... What Jobs Are There? (That's a Job?) Steve Martin. Illus. by Roberto Blefari. 2020. (That's a Job? Ser.). (ENG.). 48p. (J). 16.99 (978-1-78240-897-0(5), 324274, Ivy Kids) Ivy Group, The GBR. Dist: Hachette UK Distribution.

I Like Art: Baroque. Margaux Stanitsas. 2018. (I Like Art Ser.). (ENG.). 32p. (J). (gr. 1-3). pap. 9.99 (978-1-5324-0517-4(0)) Xist Publishing.

I Like Art: Expressionism. Margaux Stanitsas. 2018. (I Like Art Ser.). (ENG.). 32p. (J). (gr. 1-3). pap. 9.99 (978-1-5324-0519-8(7)) Xist Publishing.

I Like Art: Impressionism. Margaux Stanitsas. 2018. (I Like Art Ser.). (ENG.). 32p. (J). (gr. 1-3). pap. 9.99 (978-1-5324-0521-1(9)) Xist Publishing.

I Like Art: Neoclassical. Margaux Stanitsas. 2018. (I Like Art Ser.). (ENG.). 32p. (J). (gr. 1-3). pap. 9.99 (978-1-5324-0523-5(5)) Xist Publishing.

I Like Art: Realism. Margaux Stanitsas. 2018. (I Like Art Ser.). (ENG.). 32p. (J). (gr. 1-3). pap. 9.99 (978-1-5324-0525-9(1)) Xist Publishing.

I Like Art: Renaissance. Margaux Stanitsas. 2018. (I Like Art Ser.). (ENG.). 32p. (J). (gr. 1-3). pap. 9.99 (978-1-5324-0527-3(8)) Xist Publishing.

I Like Art: Rococo. Margaux Stanitsas. 2018. (I Like Art Ser.). (ENG.). 32p. (J). (gr. 1-3). pap. 9.99 (978-1-5324-0529-7(4)) Xist Publishing.

I Like Art: Romanticism. Margaux Stanitsas. 2018. (I Like Art Ser.). (ENG.). 32p. (J). (gr. 1-3). pap. 9.99 (978-1-5324-0531-0(6)) Xist Publishing.

I Like Australian Shepherds!, 1 vol. Linda Bozzo. 2017. (Discover Dogs with the American Canine Association Ser.). (ENG.). 24p. (gr. 1-2). lib. bdg. 24.27 (978-0-7660-8634-0(8), 3df80ca6-600a-4a06-874d-ee7d9cba47dd) Enslow Publishing, LLC.

I Like Basset Hounds!, 1 vol. Linda Bozzo. 2017. (Discover Dogs with the American Canine Association Ser.). (ENG.). 24p. (gr. 1-2). pap. 10.35 (978-0-7660-9127-6(9), 1f8377ba-1f79-484e-9240-1cdeedfa7480) Enslow Publishing, LLC.

I Like Bees, I Don't Like Honey! Sam Bishop. Illus. by Fiona Lumbers. 2018. (ENG.). 32p. (J). pap. 8.95 (978-0-571-33419-3(9), Faber & Faber Children's Bks.) Faber & Faber, Inc.

I Like Being Me: Poems about Kindness, Friendship, & Making Good Choices. Judy Lalli. rev. ed. 2016. (ENG., Illus.). 64p. (J). (gr. -1-2). pap. 11.99 (978-1-63198-092-3(0)) Free Spirit Publishing Inc.

I Like Being on the K T-E-a-m. Sam And Rita Burke. 2022. (ENG.). 104p. (J). pap. **(978-0-9809963-8-8(4))** Burke's Publishing.

I Like Bernese Mountain Dogs!, 1 vol. Linda Bozzo. 2017. (Discover Dogs with the American Canine Association Ser.). (ENG.). 24p. (gr. 1-2). lib. bdg. 24.27 (978-0-7660-8636-4(4), 7a5be7b2-cc11-457e-a930-b3fb8267f191) Enslow Publishing, LLC.

I Like Border Collies!, 1 vol. Linda Bozzo. 2018. (Discover Dogs with the American Canine Association Ser.). (ENG.). 24p. (J). (gr. 1-2). 24.27 (978-1-9785-0189-8(7), 15548a64-6e24-4456-97c7-8f7b61c0f170) Enslow Publishing, LLC.

I Like Boxers!, 1 vol. Linda Bozzo. 2017. (Discover Dogs with the American Canine Association Ser.). (ENG.). 24p. (gr. 1-2). lib. bdg. 24.27 (978-0-7660-8638-8(0), b58cfa26-02b7-4f8d-ac4e-70e2f5d72068) Enslow Publishing, LLC.

I Like Cocker Spaniels!, 1 vol. Linda Bozzo. 2017. (Discover Dogs with the American Canine Association Ser.). (ENG.). 24p. (gr. 1-2). pap. 10.35 (978-0-7660-9131-3(7), ccba9024-fe91-46c0-9807-1ed596b80e6a) Enslow Publishing, LLC.

I Like Colors. Rozanne Williams. 2017. (Learn-To-Read Ser.). (ENG., Illus.). (J). pap. 3.49 (978-1-68310-321-9(1)) Pacific Learning, Inc.

I Like Corgis!, 1 vol. Linda Bozzo. 2018. (Discover Dogs with the American Canine Association Ser.). (ENG.). 24p. (gr. 1-2). 24.27 (978-0-7660-9675-2(0), b37b18ec-caad-4e8e-bc55-9aebafb87c77) Enslow Publishing, LLC.

I Like Dachshunds!, 1 vol. Linda Bozzo. 2016. (Discover Dogs with the American Canine Association Ser.). (ENG., Illus.). 24p. (gr. 1-2). pap. 10.35 (978-0-7660-8161-1(3), cc3cd042-556c-4eeb-9e81-990de9aff67e); lib. bdg. 24.27 (978-0-7660-8163-5(X), 0a939359-1368-45a6-bc3b-4c890e82a773) Enslow Publishing, LLC.

I Like Dalmatians!, 1 vol. Linda Bozzo. 2016. (Discover Dogs with the American Canine Association Ser.). (ENG.). 24p. (gr. 1-2). pap. 10.35 (978-0-7660-8153-6(2), 7fdc0b2f-bde3-4fbe-90bb-1dd241e18ae5) Enslow Publishing, LLC.

I Like Dancing - I Taatangira Te Mwaiee (Te Kiribati) Catherine Kereku. Illus. by Jessica Palmer. 2022. (MIS.). 32p. (J). pap. **(978-1-922918-15-4(6))** Library For All Limited.

I Like Feeling Small. Jearim Woodall. Illus. by Skyler Langendoen. 2022. (ENG.). 26p. (J). pap. (978-1-4866-2193-4(7)) Word Alive Pr.

I Like Flowers - I Taatangirii Uee (Te Kiribati) Robyn Cain. Illus. by Eiler Brennan Pitt. 2023. (ENG.). 28p. (J). pap. **(978-1-922849-39-7(1))** Library For All Limited.

I Like French Bulldogs!, 1 vol. Linda Bozzo. 2016. (Discover Dogs with the American Canine Association Ser.). (ENG., Illus.). 24p. (gr. 1-2). pap. 10.35 (978-0-7660-8132-1(X), 55e1b17e-c0ad-48cd-a817-4b85a1258c47) Enslow Publishing, LLC.

I Like Fruit - Ha'u Gosta Ai-Fuan. Mayra Walsh. Illus. by John Robert Azuelo. 2021. (TET.). 24p. (J). pap. (978-1-922591-07-4(6)) Library For All Limited.

I Like Fruits & Vegetables. Donald Peacock. 2022. 30p. (J). pap. 20.00 (978-1-6678-4652-1(3)) BookBaby.

I Like Greyhounds!, 1 vol. Linda Bozzo. 2017. (Discover Dogs with the American Canine Association Ser.). (ENG.). 24p. (gr. 1-2). lib. bdg. 24.27 (978-0-7660-8640-1(2), a05cd24f-fb92-4847-af23-4d2c1aea9b35) Enslow Publishing, LLC.

I Like Hiking! Jessica Schneebaum. 2023. (ENG.). 26p. (J). pap. **(978-1-83875-502-7(0)**, Nightingale Books) Pegasus Elliot Mackenzie Pubs.

I Like, I Don't Like. Anna Baccelliere. Illus. by Ale + Ale. 2017. (ENG.). 28p. (J). 16.00 (978-0-8028-5480-3(X), Eerdmans Bks For Young Readers) Eerdmans, William B. Publishing Co.

I Like Irish Wolfhounds!, 1 vol. Linda Bozzo. 2017. (Discover Dogs with the American Canine Association Ser.). (ENG.). 24p. (gr. 1-2). lib. bdg. 24.27 (978-0-7660-8642-5(9),

6d8abc18-9725-4ea9-b460-074f247c9a5b) Enslow Publishing, LLC.

I Like It When ... /me Gusta Cuando ... Raising Readers Ed. Mary Murphy. 2021. (ENG.). 22p. (J). bds. 3.20 *(978-0-358-69996-5(7)*, Clarion Bks.) HarperCollins Pubs.

I Like Jack Russell Terriers!, 1 vol. Linda Bozzo. 2017. (Discover Dogs with the American Canine Association Ser.). (ENG.). 24p. (gr. 1-2). lib. bdg. 24.27 *(978-0-7660-8644-9(5)*, 1348978b-2764-4886-8b41-7a9411c9864f) Enslow Publishing, LLC.

I Like Labradoodles!, 1 vol. Linda Bozzo. 2016. (Discover Dogs with the American Canine Association Ser.). (ENG.). 24p. (gr. 1-2). pap. 10.35 *(978-0-7660-8169-7(9)*, 91dc7891-01c4-4a07-abd6-ec84acbecc3a) Enslow Publishing, LLC.

I Like Malamutes!, 1 vol. Linda Bozzo. 2018. (Discover Dogs with the American Canine Association Ser.). (ENG.). 24p. (gr. 1-2). 24.27 *(978-0-7660-9667-7(X)*, f3887bfc-9c4a-49ff-ac1f-a25c5438c2b0) Enslow Publishing, LLC.

I Like Me. Marion Teal. Illus. by Korin Patten. 2021. (ENG.). 24p. (J). 14.99 *(978-1-6629-1734-9(1))*; pap. 8.99 *(978-1-6629-1735-6(X))* Gatekeeper Pr.

I Like Me & I Love Me: A Self-Love & Like Book of Affirmations for Children. Abby Zaitley. Illus. by Begum Manav. 2019. (ENG.). 34p. (J). pap. *(978-1-9992673-0-8(3))* One Door Pr.

I Like Me Better. Robby Weber. 2023. (ENG.). 352p. (YA). 19.99 *(978-1-335-45364-8(4))* Harlequin Enterprises ULC CAN. Dist: HarperCollins Pubs.

I Like My Bike. A. G. AG Ferrari. 2019. (I Like to Read Ser.). (Illus.). 32p. (J). (gr. -1-3). pap. 7.99 *(978-0-8234-4098-6(2))*; 15.99 *(978-0-8234-4097-9(4))* Holiday Hse., Inc.

I Like My Bike. Antongionata Ferrari. ed. 2020. (I Like to Read Ser.). (ENG.). 25p. (J). (gr. k-1). 17.96 *(978-1-64697-276-0(7))* Penworthy Co., LLC, The.

I Like My Car. Michael Robertson. ed. 2019. (I Like to Read Ser.). (ENG.). 25p. (J). (gr. k-1). 17.96 *(978-0-87617-955-0(3))* Penworthy Co., LLC, The.

I Like My Name. Adapted by Natalie Shaw. 2022. (CoComelon Ser.). (ENG.). 16p. (J). (gr. -1-k). pap. 6.99 *(978-1-6659-1396-6(7)*, Simon Spotlight) Simon Spotlight.

I Like Myself! Board Book. Karen Beaumont. Illus. by David Catrow. 2016. (ENG.). 32p. (J). (gr. -1 — 1). bds. 9.99 *(978-0-544-64101-3(9)*, 1620821, Clarion Bks.) HarperCollins Pubs.

I Like Myself! Padded Board Book. Karen Beaumont. Illus. by David Catrow. 2021. (ENG.). 32p. (J). (— 1). bds. 9.99 *(978-0-358-54629-0(X)*, 1807439, Clarion Bks.) HarperCollins Pubs.

I Like Myself Set Of 4. Alborozo et al. Tr. by Yanitzia Canetti. Illus. by Katie Brosnan et al. 2022. (Social & Emotional Learning Sets Ser.). (ENG.). 144p. (J). pap., pap., pap. *(978-1-78628-725-0(0))* Child's Play International Ltd.

I Like Myself!/¡Me Gusta Cómo Soy! Board Book: Bilingual English-Spanish. Karen Beaumont. Illus. by David Catrow. 2018. (ENG.). 32p. (J). (— 1). bds. 6.99 *(978-1-328-80904-9(8)*, 1688493, Clarion Bks.) HarperCollins Pubs.

I Like Newfoundlands!, 1 vol. Linda Bozzo. 2017. (Discover Dogs with the American Canine Association Ser.). (ENG.). 24p. (gr. 1-2). pap. 10.35 *(978-0-7660-9135-1(X)*, c07c7d34-f39f-44e8-ad5d-f404e9bf97c8) Enslow Publishing, LLC.

I Like Norwich Terriers!, 1 vol. Linda Bozzo. 2018. (Discover Dogs with the American Canine Association Ser.). (ENG.). 24p. (gr. 1-2). 24.27 *(978-0-7660-9671-4(8)*, 6b27e5c8-beaa-431e-bcc5-4ac9510de1a0) Enslow Publishing, LLC.

I Like Pit Bulls!, 1 vol. Linda Bozzo. 2016. (Discover Dogs with the American Canine Association Ser.). (ENG.). 24p. (gr. 1-2). pap. 10.35 *(978-0-7660-8157-4(5)*, 8287d72c-1bc5-4be2-ae88-1b933f7a6cb3) Enslow Publishing, LLC.

I Like Pomeranians!, 1 vol. Linda Bozzo. 2018. (Discover Dogs with the American Canine Association Ser.). (ENG.). 24p. (J). (gr. 1-2). 24.27 *(978-1-9785-0190-4(0)*, dda6850b-2b76-4a93-9939-72311dd1a31b) Enslow Publishing, LLC.

I Like Portuguese Water Dogs!, 1 vol. Linda Bozzo. 2017. (Discover Dogs with the American Canine Association Ser.). (ENG.). 24p. (gr. 1-2). pap. 10.35 *(978-0-7660-9115-3(5)*, 0edf4242-7a30-4d44-a19c-3a5787d00dc1) Enslow Publishing, LLC.

I Like Rottweilers!, 1 vol. Linda Bozzo. 2018. (Discover Dogs with the American Canine Association Ser.). (ENG.). 24p. (J). (gr. 1-2). lib. bdg. 24.27 *(978-1-9785-0191-1(9)*, 25ac4387-0310-49ab-93ea-2aab5ddc7273) Enslow Publishing, LLC.

I Like Saint Bernards!, 1 vol. Linda Bozzo. 2018. (Discover Dogs with the American Canine Association Ser.). (ENG.). 24p. (J). (gr. 1-2). lib. bdg. 24.27 *(978-1-9785-0192-8(7)*, 46501fec-0862-4bcb-af46-8bd389e0d7ae) Enslow Publishing, LLC.

I Like Schnauzers!, 1 vol. Linda Bozzo. 2018. (Discover Dogs with the American Canine Association Ser.). (ENG.). 24p. (J). (gr. 1-2). 24.27 *(978-1-9785-0193-5(5)*, 83e7514d-99f9-4b5b-bcc0-af76a3059acb) Enslow Publishing, LLC.

I Like School! Ready-To-Read Ready-to-Go! Adapted by Maggie Testa. 2023. (CoComelon Ser.). (ENG.). 32p. (J). (gr. -1-k). 17.99 ***(978-1-6659-3140-3(X))***; pap. 4.99 ***(978-1-6659-3139-7(6))*** Simon Spotlight. (Simon Spotlight).

I Like Shetland Sheepdogs!, 1 vol. Linda Bozzo. 2018. (Discover Dogs with the American Canine Association Ser.). (ENG.). 24p. (gr. 1-2). 24.27 *(978-0-7660-9679-0(3)*, 0e67d291-938e-4526-8c3a-02f4eaa67150) Enslow Publishing, LLC.

I Like Shiba Inus!, 1 vol. Linda Bozzo. 2018. (Discover Dogs with the American Canine Association Ser.). (ENG.). 24p. (J). (gr. 1-2). 24.27 *(978-1-9785-0194-2(3)*, 4d2272fe-536b-4f45-a9b4-4b83460038b1) Enslow Publishing, LLC.

I Like Shih Tzu!, 1 vol. Linda Bozzo. 2018. (Discover Dogs with the American Canine Association Ser.). (ENG.). 24p. (gr. 1-2). 24.27 *(978-0-7660-9683-7(1)*, 90ded255-3fd2-4818-8f27-d736f1769cf3) Enslow Publishing, LLC.

I Like Sports. Donald Peacock. 2022. 26p. (J). pap. 20.00 *(978-1-6678-3616-4(1))* BookBaby.

I Like Sunflowers. Almandyne. 2018. (ENG., Illus.). 370p. (J). pap. 15.99 *(978-1-64249-095-4(4))* Notion Pr., Inc.

I Like the Farm. Shelley Rotner. ed. 2020. (I Like to Read Ser.). (ENG., Illus.). 25p. (J). (gr. k-1). 17.96 *(978-1-64697-445-0(X))* Penworthy Co., LLC, The.

I Like the Rain. Sarah Nelson. Illus. by Rachel Oldfield. 2021. (I Like the Weather Ser.). (ENG.). 24p. (J). (gr. -1-2). 9.99 *(978-1-64686-098-2(5))* Barefoot Bks., Inc.

I Like the Snow. Sarah Nelson. Illus. by Rachel Oldfield. (I Like the Weather Ser.). (ENG.). (J). 2021. 24p. (gr. -1-2). 9.99 *(978-1-64686-096-8(9))*; 2020. pap. *(978-1-64686-097-5(7))* Barefoot Bks., Inc.

I Like the Sun. Sarah Nelson. Illus. by Rachel Oldfield. (I Like the Weather Ser.). (ENG.). (J). 2021. 24p. (gr. -1-2). 9.99 *(978-1-64686-100-2(0))*; 2020. pap. *(978-1-64686-101-9(9))* Barefoot Bks., Inc.

I Like the Wind. Sarah Nelson. Illus. by Rachel Oldfield. (I Like the Weather Ser.). (ENG.). (J). 2021. 24p. (gr. -1-2). 9.99 *(978-1-64686-094-4(2))*; 2020. pap. *(978-1-64686-095-1(0))* Barefoot Bks., Inc.

I Like Things. Margaret Hillert. Illus. by Jeff Hopkins. 2016. (BeginningtoRead Ser.). (ENG.). 32p. (J). (gr. 1-2). 22.60 *(978-1-59953-817-4(2))* Norwood Hse. Pr.

I Like This, You Like That. Linda Ashman. Illus. by Eve Coy. 2022. (ENG.). 32p. (J). (gr. -1-k). 16.99 *(978-1-4197-5089-2(5)*, 1717201, Abrams Appleseed) Abrams, Inc.

I Like to - I Taatangiria N (Te Kiribati) Library for All. Illus. by Mila Aydingoz. 2022. (MIS.). 26p. (J). pap. ***(978-1-922918-33-8(4))*** Library For All Limited.

I Like to Be Helpful. Campbell Books. Illus. by Marie Paruit. 2023. (Little Big Feelings Ser.). (ENG.). 10p. (J). bds. 9.99 ***(978-1-0350-1627-3(3)***, 900292760, Campbell Bks.) Pan Macmillan GBR. Dist: Macmillan.

I Like to Be Kind. Campbell Books. Illus. by Marie Paruit. 2023. (Little Big Feelings Ser.). (ENG.). 10p. (J). bds. 9.99 ***(978-1-0350-1624-2(9)***, 900292693, Campbell Bks.) Pan Macmillan GBR. Dist: Macmillan.

I Like to Be with My Family. Rachel Kalban. Illus. by Jason Fruchter. 2016. (Daniel Tiger's Neighborhood Ser.). (ENG.). 26p. (J). (gr. -1-k). bds. 8.99 *(978-1-4814-6100-9(1)*, Simon Spotlight) Simon Spotlight.

I Like to Listen. Brian Moses. Illus. by Sharon Davey. 2022. (Let's Communicate Ser.). (ENG.). 32p. (J). (gr. k-2). pap. *(978-1-0396-4778-7(2)*, 17117); lib. bdg. *(978-1-0396-4762-6(6)*, 16204) Crabtree Publishing Co. (Crabtree Classics).

I Like to Play - I Kan Tatakaakaro (Te Kiribati) Rebecca McDonald & Michael McDonald. Illus. by Graham Evans. 2023. (ENG.). 40p. (J). pap. ***(978-1-922844-37-8(3))*** Library For All Limited.

I Like to Put My Food in My Welly. Jason Korsner. Illus. by Max Low. 2019. (ENG.). 36p. (— 1). pap. 13.95 ***(978-1-913134-00-6(8))*** Graffeg Limited GBR. Dist: Independent Pubs. Group.

I Like to Read. Liza Charlesworth. Illus. by Ana Bermejo. 2017. 16p. (J). *(978-1-338-18030-5(4))* Scholastic, Inc.

I Like to Read. Brian Moses. Illus. by Sharon Davey. 2022. (Let's Communicate Ser.). (ENG.). 32p. (J). (gr. k-2). pap. *(978-1-0396-4779-4(0)*, 17118); lib. bdg. *(978-1-0396-4763-3(4)*, 16205) Crabtree Publishing Co. (Crabtree Classics).

I Like to Read - J'aime Lire. Letta Machoga. Illus. by Wiehan de Jager. 2022. (FRE.). 24p. (J). pap. ***(978-1-922849-80-9(4))*** Library For All Limited.

I Like to Read - Napenda Kusoma. Letta Machoga. Illus. by Wiehan de Jager. 2023. (SWA.). 24p. (J). pap. ***(978-1-922876-40-9(2))*** Library For All Limited.

I Like to Read 15C Prepack. 2023. (J). (gr. -1-3). pap., pap., pap. 107.85 ***(978-0-8234-5870-7(9))*** Holiday Hse., Inc.

I Like to Say Yes. Vicki Mayfield Camacho. 2017. (ENG., Illus.). 30p. (J). pap. 16.95 *(978-1-4808-5042-2(X))* Archway Publishing.

I Like to Share! Stephen Krensky. Illus. by Sara Gillingham. 2021. (Empowerment Ser.). (ENG.). 12p. (J). (gr. -1 — 1). bds. 7.99 *(978-1-4197-4858-5(0)*, 1708010, Abrams Appleseed) Abrams, Inc.

I Like to Talk. Brian Moses. Illus. by Sharon Davey. 2022. (Let's Communicate Ser.). (ENG.). 32p. (J). (gr. k-2). pap. *(978-1-0396-4780-0(4)*, 17119); lib. bdg. *(978-1-0396-4764-0(2)*, 16206) Crabtree Publishing Co. (Crabtree Classics).

I Like to Talk with God. C S Marietta. (ENG., Illus.). 26p. (J). 2018. 19.95 *(978-1-948282-46-8(1))*; 2017. pap. 9.95 *(978-1-947825-15-4(1))* Yorkshire Publishing Group.

I Like to Write. Brian Moses. Illus. by Sharon Davey. 2022. (Let's Communicate Ser.). (ENG.). 32p. (J). (gr. k-2). pap. *(978-1-0396-4781-7(2)*, 17120); lib. bdg. *(978-1-0396-4765-7(0)*, 16207) Crabtree Publishing Co. (Crabtree Classics).

I Like Trains. Daisy Hirst. Illus. by Daisy Hirst. 2021. (ENG., Illus.). 32p. (J). (-k). 15.99 *(978-1-5362-1276-1(8))* Candlewick Pr.

I Like Weimaraners!, 1 vol. Linda Bozzo. 2018. (Discover Dogs with the American Canine Association Ser.). (ENG.). 24p. (gr. 1-2). 24.27 *(978-0-7660-9687-5(4)*, 1d573277-29b8-4370-8737-2ed64b3307c6) Enslow Publishing, LLC.

I Like What I Look Likebaby & Toddler Size & Shape. Baby Iq Builder Books. 2016. (ENG., Illus.). 30p. (J). pap. 8.99 *(978-1-68374-772-7(0))* Examined Solutions PTE. Ltd.

I Like Who I Am, 1 vol. Tara White. Illus. by Lee Claremont. ed. 2016. (ENG.). 40p. (J). (gr. 1-3). pap. 12.95 *(978-1-894778-63-3(4))* Theytus Bks., Ltd. CAN. Dist: Orca Bk. Pubs. USA.

I Like Yorkshire Terriers!, 1 vol. Linda Bozzo. 2016. (Discover Dogs with the American Canine Association Ser.). (ENG., Illus.). 24p. (gr. 1-2). pap. 10.35 *(978-0-7660-8165-9(6)*, 3b14f8b3-8d30-4490-855c-c5bb9bce09c4) Enslow Publishing, LLC.

I Like You. Hannah Eliot. Illus. by Sejung Kim. 2023. (ENG.). 14p. (J). (gr. -1). bds. 8.99 *(978-1-6659-2187-9(0)*, Little Simon) Little Simon.

I Like You Just the Way You Are. Susan Brooks Meny. Illus. by Susan Brooks Meny. 2023. (ENG.). 28p. (J). pap. 12.95 ***(978-1-63066-560-9(6))*** Indigo Sea Pr., LLC.

I Like You More Than Ice Cream. Brick Puffinton. Ed. by Cottage Door Press. Illus. by Kathryn Selbert. 2020. (ENG.). 12p. (J). (gr. -1 — 1). bds. 7.99 *(978-1-68052-807-7(6)*, 1005200) Cottage Door Pr.

I Like Your Buttons! / Em Thich Nhung Chiec Cuc Ao Cua Co! Babl Children's Books in Vietnamese & English. Sarah Lamstein. l.t. ed. 2017. (ENG., Illus.). (J). 14.99 *(978-1-68304-222-8(0))* Babl Books, Incorporated.

I Like Your Buttons! / Gusto Ko Ang Iyong MGA Butones! Babl Children's Books in Tagalog & English. Sarah Lamstein. l.t. ed. 2017. (ENG., Illus.). (J). 14.99 *(978-1-68304-271-6(9))* Babl Books, Incorporated.

I Liked You Much Better When You Were Outside. Stefani Milan & Matt Williams. 2017. (ENG., Illus.). (J). pap. 9.99 *(978-0-9991251-7-5(6))* Starseed Universe Pr.

I Listen: A Book about Hearing, Understanding, & Connecting. Cheri J. Meiners. Illus. by Penny Weber. 2019. (Learning about Me & You Ser.). (ENG.). 26p. (J). (gr. -1 — 1). bds. 9.99 *(978-1-63198-380-1(6)*, 83801) Free Spirit Publishing Inc.

I Listen When You Speak. Susan McCune. 2016. (Rosen Real Readers: Social Studies Nonfiction / Fiction: Fam Ser.). (ENG.). 8p. (J). (gr. 1-2). 16.30 *(978-1-5311-7664-8(X))* Perfection Learning Corp.

I Live in a Doghouse. Beverly Stowe McClure. 2016. (ENG., Illus.). (J). pap. *(978-1-77127-869-0(2))* MuseItUp Publishing.

I Live in a Tree Trunk. Meg Fleming. Illus. by Brandon James Scott. 2023. (ENG.). 40p. (J). (gr. -1-3). 19.99 *(978-0-06-320521-5(1)*, HarperCollins) HarperCollins Pubs.

I Live on a Farm, 8 vols. 2017. (I Live on a Farm Ser.). (ENG., Illus.). (J). (gr. 1-1). lib. bdg. 101.08 *(978-1-5081-6316-9(2)*, 2fd8d9e0-3b4d-4e78-a709-89ce37dd399c, PowerKids Pr.) Rosen Publishing Group, Inc., The.

I Loathe You. David Slonim. 2019. (ENG.). 22p. (J). (gr. k-1). 17.96 *(978-0-87617-672-6(4))* Penworthy Co., LLC, The.

I Look Up. Margo Gates. Illus. by Lisa Hunt. 2021. (My Community (Pull Ahead Readers — Fiction) Ser.). (ENG.). 16p. (J). (gr. -1-1). 27.99 *(978-1-5415-9017-5(1)*, aced6078-433d-4f7e-b059-926efa2fff98, Lerner Pubns.) Lerner Publishing Group.

I Look up to... Michelle Obama. Anna Membrino. Illus. by Fatti Burke. 2018. 22p. (J). (— 1). bds. 7.99 *(978-0-525-57954-0(0)*, Random Hse. Bks. for Young Readers) Random Hse. Children's Bks.

I Look up to... Ruth Bader Ginsburg. Anna Membrino. Illus. by Fatti Burke. 2018. 22p. (J). (— 1). bds. 7.99 *(978-0-525-57952-6(4)*, Random Hse. Bks. for Young Readers) Random Hse. Children's Bks.

I Look up to... Serena Williams. Anna Membrino. Illus. by Fatti Burke. 2019. 22p. (J). (— 1). bds. 7.99 *(978-0-525-64442-2(3)*, Random Hse. Bks. for Young Readers) Random Hse. Children's Bks.

I Looked to the Moon. Heidi Jo Thweatt. Illus. by Dayna Elefant. 2020. (ENG.). 48p. (J). pap. 14.99 *(978-1-0983-1020-2(9))* BookBaby.

I Lost My Bff: A Book about Jealousy & Rejection Within Friendships, Volume 3. Jennifer Licate. Illus. by Suzanne Beaky. ed. 2021. (Navigating Friendships Ser.: 3). (ENG.). 40p. (J). (gr. 4-8). pap. 12.95 *(978-1-944882-67-9(7)*, 69-005) Boys Town Pr.

I Lost My Bff! Teacher & Counselor Activity Guide, Volume 3. Jennifer Licate. Illus. by Suzanne Beaky. unabr. ed. 2021. (Navigating Friendships Ser.: 3). (ENG.). 47p. (J). (gr. 4-8). pap. 19.95 *(978-1-944882-68-6(5))* Boys Town Pr.

I Lost My Boss: As Told by Tuxie. Gene Tylicki & Jo a Tylicki. 2018. (ENG., Illus.). 28p. (J). pap. 11.95 *(978-1-64258-731-9(1))* Christian Faith Publishing.

I Lost My Brave: The Big Bully Birthday. Sir Rhymesalot. 2022. 32p. (J). (gr. 4-6). 9.99 *(978-1-953652-51-5(4))* Imagine & Wonder.

I Lost My Cuddle. Iryna Mardle. 2020. (ENG.). 24p. (J). pap. *(978-1-5289-2043-8(0))* Austin Macauley Pubs. Ltd.

I Lost My Talk, 1 vol. Rita Joe. Illus. by Pauline Young. 2021. (ENG.). 32p. (J). 10.95 *(978-1-77471-005-0(6)*, ac049abc-43ea-42cc-b4c1-d6307098277d) Nimbus Publishing, Ltd. CAN. Dist: Baker & Taylor Publisher Services (BTPS).

I Lost My Tired: Don't Turn on the Lights. Sir Rhymesalot. 2022. 32p. (J). (gr. 4-6). 14.99 *(978-1-953652-29-4(8))* Imagine & Wonder.

I Lost My Tooth!-An Unlimited Squirrels Book. Mo Willems. 2018. (Unlimited Squirrels Ser.: 1). (ENG.). 96p. (J). (gr. -1-3). 12.99 *(978-1-368-02457-0(2)*, Hyperion Books for Children) Disney Publishing Worldwide.

I Lost Someone I Love: Explaining the Mystery of Death to the Youngest among Us. Rosemary Godin-Keith. Illus. by Patuo'kn Illustration and Design & Kassidy Bernard Kaylyn Bernard. 2021. (ENG.). 30p. (J). *(978-0-2288-4171-5(2))*; pap. *(978-0-2288-4170-8(4))* Tellwell Talent.

I Lost That Teeny Weeny Thing! Hidden Picture Search Book. Jupiter Kids. 2018. (ENG., Illus.). 64p. (J). pap. 12.55 *(978-1-5419-3625-6(6)*, Jupiter Kids (Childrens & Kids Fiction)) Speedy Publishing LLC.

I Love Africa. Carole Ayres. 2018. (ENG., Illus.). 36p. (J). 34.99 *(978-1-5456-2286-5(8))*; pap. 24.99 *(978-1-5456-2287-2(6))* Salem Author Services.

I Love All of Me (Wonderful Me) Lorie Ann Grover. Illus. by Carolina Búzio. 2019. (ENG.). 24p. (J). (gr. -1 — 1). bds. 9.99 *(978-1-338-28623-6(4)*, Cartwheel Bks.) Scholastic, Inc.

I Love & Like You! Theresa James. 2017. (ENG., Illus.). (J). pap. 13.95 *(978-1-5043-8308-0(7)*, Balboa Pr.) Author Solutions, LLC.

I Love Art. Sara Pasagic. 2020. (ENG., Illus.). 104p. (J). pap. *(978-1-78222-743-4(1))* Paragon Publishing, Rothersthorpe.

I Love Autumn: Fall Children's Book. Shelley Admont & Kidkiddos Books. 2019. (I Love To... Ser.). (ENG., Illus.). 34p. (J). (gr. k-2). *(978-1-5259-1858-2(3))*; pap. *(978-1-5259-1857-5(5))* Kidkiddos Bks.

I Love Autumn (Afrikaans Children's Book) Shelley Admont. l.t. ed. 2021. (AFR.). 34p. (J). *(978-1-5259-5905-9(0))*; pap. *(978-1-5259-5904-2(2))* Kidkiddos Bks.

I Love Autumn (Afrikaans English Bilingual Children's Book) Shelley Admont. l.t. ed. 2022. (Afrikaans English Bilingual Collection). (AFR.). 34p. (J). *(978-1-5259-5908-0(5))*; pap. *(978-1-5259-5907-3(7))* Kidkiddos Bks.

I Love Autumn (Albanian Children's Book) Shelley Admont & Kidkiddos Books. l.t. ed. 2021. (Albanian Bedtime Collection). (ALB.). 34p. (J). *(978-1-5259-5498-6(9))*; pap. *(978-1-5259-5497-9(0))* Kidkiddos Bks.

I Love Autumn (Albanian English Bilingual Book for Kids) Shelley Admont & Kidkiddos Books. l.t. ed. 2021. (Albanian English Bilingual Collection). (ALB.). 34p. (J). *(978-1-5259-5501-3(2))*; pap. *(978-1-5259-5500-6(4))* Kidkiddos Bks.

I Love Autumn (Bengali Book for Kids) Shelley Admont. l.t. ed. 2022. (Bengali Bedtime Collection). (BEN.). 34p. (J). ***(978-1-5259-6607-1(3))***; pap. ***(978-1-5259-6606-4(5))*** Kidkiddos Bks.

I Love Autumn (Bengali English Bilingual Book for Kids) Shelley Admont. l.t. ed. 2022. (Bengali English Bilingual Collection). (BEN.). 34p. (J). ***(978-1-5259-6610-1(3))***; pap. ***(978-1-5259-6609-5(X))*** Kidkiddos Bks.

I Love Autumn (Brazilian Portuguese Children's Books) Portuguese Edition - Brazil. Shelley Admont & Kidkiddos Books. 2020. (Portuguese Bedtime Collection). (POR., Illus.). 34p. (J). (gr. k-2). *(978-1-5259-2622-8(5))*; pap. *(978-1-5259-2621-1(7))* Kidkiddos Bks.

I Love Autumn (Brazilian Portuguese Russian Bilingual Book) Shelley Admont & Kidkiddos Books. 2020. (Portuguese Russian Bilingual Collection). (POR., Illus.). 34p. (J). (gr. k-2). *(978-1-5259-2613-6(6))*; pap. *(978-1-5259-2612-9(8))* Kidkiddos Bks.

I Love Autumn (Bulgarian Book for Kids) Shelley Admont & Kidkiddos Books. l.t. ed. 2020. (Bulgarian Bedtime Collection). (BUL.). 34p. (J). *(978-1-5259-2750-8(7))*; pap. *(978-1-5259-2749-2(3))* Kidkiddos Bks.

I Love Autumn (Bulgarian English Bilingual Book for Kids) Shelley Admont & Kidkiddos Books. l.t. ed. 2020. (BUL.). 34p. (J). *(978-1-5259-2753-9(1))*; pap. *(978-1-5259-2752-2(3))* Kidkiddos Bks.

I Love Autumn (Chinese English Bilingual Children's Book - Mandarin Simplified) Shelley Admont & Kidkiddos Books. l.t. ed. 2020. (Chinese English Bilingual Collection). (CHI.). 34p. (J). *(978-1-5259-2744-7(2))*; pap. *(978-1-5259-2743-0(4))* Kidkiddos Bks.

I Love Autumn (Croatian Children's Book) Shelley Admont & Kidkiddos Books. l.t. ed. 2021. (Croatian Bedtime Collection). (HRV.). 34p. (J). *(978-1-5259-5051-3(7))*; pap. *(978-1-5259-5050-6(9))* Kidkiddos Bks.

I Love Autumn (Croatian English Bilingual Book for Kids) Shelley Admont & Kidkiddos Books. l.t. ed. 2021. (Croatian English Bilingual Collection). (HRV.). 34p. (J). *(978-1-5259-5054-4(1))*; pap. *(978-1-5259-5053-7(3))* Kidkiddos Bks.

I Love Autumn (Czech Children's Book) Shelley Admont & Kidkiddos Books. l.t. ed. 2021. (Czech Bedtime Collection). (CZE.). 34p. (J). *(978-1-5259-5269-2(2))*; pap. *(978-1-5259-5268-5(4))* Kidkiddos Bks.

I Love Autumn (Czech English Bilingual Book for Kids) Shelley Admont & Kidkiddos Books. l.t. ed. 2021. (Czech English Bilingual Collection). (CZE.). 34p. (J). *(978-1-5259-5272-2(2))*; pap. *(978-1-5259-5271-5(4))* Kidkiddos Bks.

I Love Autumn (Danish Children's Book) Shelley Admont & Kidkiddos Books. 2020. (Danish Bedtime Collection). (DAN., Illus.). 34p. (J). *(978-1-5259-2771-3(X))*; pap. *(978-1-5259-2770-6(1))* Kidkiddos Bks.

I Love Autumn (Danish English Bilingual Children's Book) Shelley Admont & Kidkiddos Books. l.t. ed. 2020. (Danish English Bilingual Collection). (DAN.). 34p. (J). *(978-1-5259-2774-4(4))*; pap. *(978-1-5259-2773-7(6))* Kidkiddos Bks.

I Love Autumn (Dutch Book for Kids) Shelley Admont & Kidkiddos Books. 2020. (Dutch Bedtime Collection). (DUT., Illus.). 34p. (J). (gr. k-2). *(978-1-5259-2595-5(4))*; pap. *(978-1-5259-2594-8(6))* Kidkiddos Bks.

I Love Autumn (Dutch English Bilingual Book for Children) Shelley Admont & Kidkiddos Books. 2020. (Dutch English Bilingual Collection). (DUT., Illus.). 34p. (J). (gr. k-2). *(978-1-5259-2598-6(9))*; pap. *(978-1-5259-2597-9(0))* Kidkiddos Bks.

I Love Autumn (English Afrikaans Bilingual Book for Kids) Shelley Admont. l.t. ed. 2021. (AFR.). 34p. (J). pap. *(978-1-5259-5901-1(8))* Kidkiddos Bks.

I Love Autumn (English Afrikaans Bilingual Book for Kids) Shelley Admont & Kidkiddos Books. l.t. ed. 2021. (AFR.). 34p. (J). *(978-1-5259-5902-8(6))* Kidkiddos Bks.

I Love Autumn (English Albanian Bilingual Book for Kids) Shelley Admont & Kidkiddos Books. l.t. ed. 2021. (English Albanian Bilingual Collection). (ALB.). 34p. (J). (gr. k-2). *(978-1-5259-5495-5(4))*; pap. *(978-1-5259-5494-8(6))* Kidkiddos Bks.

I Love Autumn (English Arabic Bilingual Book for Kids) Shelley Admont & Kidkiddos Books. l.t. ed. 2020. (English Arabic Bilingual Collection). (ARA.). 34p. (J). (gr. k-2). *(978-1-5259-3431-5(7))*; pap. *(978-1-5259-3430-8(9))* Kidkiddos Bks.

I Love Autumn (English Bengali Bilingual Children's Book) Shelley Admont. l.t. ed. 2022. (English Bengali Bilingual Collection). (BEN.). 34p. (J). *(978-1-5259-6604-0(9))*; pap. *(978-1-5259-6603-3(0))* Kidkiddos Bks.

I Love Autumn (English Bulgarian Bilingual Book for Children) Shelley Admont. l.t. ed. 2020. (English Bulgarian Bilingual Collection). (BUL.). 34p. (J). (gr. k-2). pap. *(978-1-5259-2746-1(9))* Kidkiddos Bks.

I Love Autumn (English Bulgarian Bilingual Book for Children) Shelley Admont & Kidkiddos Books. l.t. ed. 2020. (English Bulgarian Bilingual Collection). (BUL.). 34p. (J). (gr. k-2). *(978-1-5259-2747-8(7))* Kidkiddos Bks.

954 The check digit for ISBN-10 appears in parentheses after the full ISBN-13

I Love Autumn (English Chinese Bilingual Book for Kids - Mandarin Simplified) Shelley Admont & Kidkiddos Books. 2020. (English Chinese Bilingual Collection). (CHI., Illus.). 34p. (J). (gr. k-2). *(978-1-5259-2738-6(8))*; pap. *(978-1-5259-2737-9(X))* Kidkiddos Bks.

I Love Autumn (English Croatian Bilingual Book for Kids) Shelley Admont & Kidkiddos Books. l.t. ed. 2021. (English Croatian Bilingual Collection). (HRV.). 34p. (J). (gr. k-2). *(978-1-5259-5048-3(7))* Kidkiddos Bks.

I Love Autumn (English Czech Bilingual Book for Kids) Shelley Admont & Kidkiddos Books. l.t. ed. 2021. (English Czech Bilingual Collection). (CZE.). 34p. (J). (gr. k-2). *(978-1-5259-5266-1(8))*; pap. *(978-1-5259-5265-4(X))* Kidkiddos Bks.

I Love Autumn (English Danish Bilingual Book for Kids) Shelley Admont & Kidkiddos Books. 2020. (English Danish Bilingual Collection). (DAN., Illus.). 34p. (J). (gr. k-2). *(978-1-5259-2768-3(X))*; pap. *(978-1-5259-2767-6(1))* Kidkiddos Bks.

I Love Autumn (English Dutch Bilingual Book) Shelley Admont & Kidkiddos Books. 2020. (English Dutch Bilingual Collection). (DUT., Illus.). 34p. (J). (gr. k-2). *(978-1-5259-2592-4(X))*; pap. *(978-1-5259-2591-7(1))* Kidkiddos Bks.

I Love Autumn (English Farsi Bilingual Book for Kids) Shelley Admont & Kidkiddos Books. l.t. ed. 2020. (English Farsi Bilingual Collection). (PER.). 34p. (J). (gr. k-2). *(978-1-5259-2960-1(7))*; pap. *(978-1-5259-2959-5(3))* Kidkiddos Bks.

I Love Autumn (English Greek Bilingual Book for Children) Shelley Admont & Kidkiddos Books. l.t. ed. 2020. (English Greek Bilingual Collection). (GRE.). 34p. (J). (gr. k-2). *(978-1-5259-2915-1(1))*; pap. *(978-1-5259-2914-4(3))* Kidkiddos Bks.

I Love Autumn (English Hebrew Bilingual Book for Kids) Shelley Admont & Kidkiddos Books. 2020. (English Hebrew Bilingual Collection). (HEB., Illus.). 34p. (J). (gr. k-2). *(978-1-5259-2583-2(0))*; pap. *(978-1-5259-2582-5(2))* Kidkiddos Bks.

I Love Autumn (English Hindi Bilingual Children's Book) Shelley Admont & Kidkiddos Books. l.t. ed. 2020. (English Hindi Bilingual Collection). (HIN.). 34p. (J). (gr. k-2). *(978-1-5259-2888-8(0))*; pap. *(978-1-5259-2887-1(2))* Kidkiddos Bks.

I Love Autumn (English Hungarian Bilingual Book for Children) Shelley Admont & Kidkiddos Books. l.t. ed. 2020. (English Hungarian Bilingual Collection). (HUN.). 34p. (J). (gr. k-2). *(978-1-5259-3050-8(8))*; pap. *(978-1-5259-3049-2(4))* Kidkiddos Bks.

I Love Autumn (English Irish Bilingual Book for Kids) Shelley Admont. l.t. ed. 2022. (English Irish Bilingual Collection). (GLE.). 34p. (J). *(978-1-5259-6559-3(X))*; pap. *(978-1-5259-6558-6(1))* Kidkiddos Bks.

I Love Autumn (English Italian Bilingual Book for Kids) Shelley Admont & Kidkiddos Books. l.t. ed. 2020. (English Italian Bilingual Collection). (ITA.). 34p. (J). (gr. k-2). *(978-1-5259-2843-7(0))*; pap. *(978-1-5259-2842-0(2))* Kidkiddos Bks.

I Love Autumn (English Japanese Bilingual Book for Kids) Shelley Admont & Kidkiddos Books. l.t. ed. 2020. (English Japanese Bilingual Collection). (JPN.). 34p. (J). (gr. k-2). *(978-1-5259-2825-3(2))*; pap. *(978-1-5259-2824-6(4))* Kidkiddos Bks.

I Love Autumn (English Korean Bilingual Book for Kids) Shelley Admont & Kidkiddos Books. l.t. ed. 2020. (English Korean Bilingual Collection). (KOR.). 34p. (J). (gr. k-2). *(978-1-5259-3196-3(2))*; pap. *(978-1-5259-3195-6(4))* Kidkiddos Bks.

I Love Autumn (English Macedonian Bilingual Children's Book) Shelley Admont. l.t. ed. 2022. (English Macedonian Bilingual Collection). (MAC.). 34p. (J). ***(978-1-5259-6964-5(1))***; pap. ***(978-1-5259-6963-8(3))*** Kidkiddos Bks.

I Love Autumn (English Malay Bilingual Book for Children) Shelley Admont & Kidkiddos Books. l.t. ed. 2020. (English Malay Bilingual Collection). (MAY.). 34p. (J). (gr. k-2). *(978-1-5259-2933-5(X))*; pap. *(978-1-5259-2932-8(1))* Kidkiddos Bks.

I Love Autumn (English Polish Bilingual Book for Children) Shelley Admont & Kidkiddos Books. l.t. ed. 2020. (English Polish Bilingual Collection). (POL.). 34p. (J). (gr. k-2). *(978-1-5259-2813-0(9))*; pap. *(978-1-5259-2812-3(0))* Kidkiddos Bks.

I Love Autumn (English Portuguese Bilingual Book for Kids) Brazilian Portuguese. Shelley Admont & Kidkiddos Books. 2020. (English Portuguese Bilingual Collection). (POR., Illus.). 34p. (J). (gr. k-2). *(978-1-5259-2619-8(5))*; pap. *(978-1-5259-2618-1(7))* Kidkiddos Bks.

I Love Autumn (English Portuguese Bilingual Book for Kids - Portugal) Portuguese - Portugal. Shelley Admont & Kidkiddos Books. l.t. ed. 2020. (English Portuguese Bilingual Collection- Portugal Ser.). (POR.). 34p. (J). (gr. k-2). *(978-1-5259-2852-9(X))*; pap. *(978-1-5259-2851-2(1))* Kidkiddos Bks.

I Love Autumn (English Punjabi Bilingual Book for Kids) Punjabi Gurmukhi India. Shelley Admont & Kidkiddos Books. l.t. ed. 2020. (English Punjabi Bilingual Collection - India Ser.). (PAN.). 34p. (J). (gr. k-2). *(978-1-5259-3501-5(1))*; pap. *(978-1-5259-3500-8(3))* Kidkiddos Bks.

I Love Autumn (English Romanian Bilingual Book for Children) Shelley Admont & Kidkiddos Books. 2020. (English Romanian Bilingual Collection). (RUM., Illus.). 34p. (J). (gr. k-2). *(978-1-5259-2795-9(7))*; pap. *(978-1-5259-2794-2(9))* Kidkiddos Bks.

I Love Autumn (English Russian Bilingual Book) Shelley Admont & Kidkiddos Books. 2019. (English Russian Bilingual Collection). (RUS., Illus.). 34p. (J). (gr. k-2). *(978-1-5259-1922-0(9))*; pap. *(978-1-5259-1921-3(0))* Kidkiddos Bks.

I Love Autumn (English Serbian Bilingual Book for Kids - Latin Alphabet) Shelley Admont & Kidkiddos Books. 2020. (English Serbian Bilingual Collection - Latin Ser.). (SRP.). 34p. (J). (gr. k-2). *(978-1-5259-2987-8(9))*; pap. *(978-1-5259-2986-1(0))* Kidkiddos Bks.

I Love Autumn (English Swedish Bilingual Book) Shelley Admont & Kidkiddos Books. 2020. (English Swedish Bilingual Collection). (SWE., Illus.). 34p. (J). (gr. k-2). *(978-1-5259-1986-2(5))*; pap. *(978-1-5259-1985-5(7))* Kidkiddos Bks.

I Love Autumn (English Tagalog Bilingual Book for Kids) Shelley Admont & Kidkiddos Books. 2020. (English Tagalog Bilingual Collection). (TGL., Illus.). 34p. (J). (gr. k-2). *(978-1-5259-2716-4(7))*; pap. *(978-1-5259-2715-7(9))* Kidkiddos Bks.

I Love Autumn (English Thai Bilingual Book for Kids) Shelley Admont & Kidkiddos Books. l.t. ed. 2021. (THA.). 34p. (J). *(978-1-5259-5893-9(3))*; pap. *(978-1-5259-5892-2(5))* Kidkiddos Bks.

I Love Autumn (English Turkish Bilingual Book for Kids) Shelley Admont & Kidkiddos Book. l.t. ed. 2020. (English Turkish Bilingual Collection). (TUR.). 34p. (J). (gr. k-2). pap. *(978-1-5259-2923-6(2))* Kidkiddos Bks.

I Love Autumn (English Turkish Bilingual Book for Kids) Shelley Admont & Kidkiddos Books. l.t. ed. 2020. (English Turkish Bilingual Collection). (TUR.). 34p. (J). (gr. k-2). *(978-1-5259-2924-3(0))* Kidkiddos Bks.

I Love Autumn (English Ukrainian Bilingual Book for Kids) Shelley Admont & Kidkiddos Books. l.t. ed. 2020. (English Ukrainian Bilingual Collection). (UKR.). 34p. (J). (gr. k-2). *(978-1-5259-3313-4(2))*; pap. *(978-1-5259-3312-7(4))* Kidkiddos Bks.

I Love Autumn (English Urdu Bilingual Book for Kids) Shelley Admont & Kidkiddos Books. 2020. (English Urdu Bilingual Collection). (URD., Illus.). 34p. (J). (gr. k-2). *(978-1-5259-2695-2(0))*; pap. *(978-1-5259-2694-5(2))* Kidkiddos Bks.

I Love Autumn (English Vietnamese Bilingual Book for Children) Shelley Admont & Kidkiddos Books. 2020. (English Vietnamese Bilingual Collection). (VIE., Illus.). 34p. (J). (gr. k-2). *(978-1-5259-2804-8(X))*; pap. *(978-1-5259-2803-1(1))* Kidkiddos Bks.

I Love Autumn (English Welsh Bilingual Book for Kids) Shelley Admont & Kidkiddos Books. l.t. ed. 2021. (WEL.). 34p. (J). *(978-1-5259-5875-5(5))*; pap. *(978-1-5259-5874-8(7))* Kidkiddos Bks.

I Love Autumn (Greek Edition - Children's Book) Shelley Admont & Kidkiddos Books. l.t. ed. 2020. (Greek Bedtime Collection). (GRE.). 34p. (J). *(978-1-5259-2918-2(6))*; pap. *(978-1-5259-2917-5(8))* Kidkiddos Bks.

I Love Autumn (Greek English Bilingual Book for Kids) Shelley Admont & Kidkiddos Books. l.t. ed. 2020. (Greek English Bilingual Collection). (GRE.). 34p. (J). *(978-1-5259-2921-2(6))*; pap. *(978-1-5259-2920-5(8))* Kidkiddos Bks.

I Love Autumn (Hebrew Children's Book) Shelley Admont & Kidkiddos Books. l.t. ed. 2020. (Hebrew Bedtime Collection). (HEB., Illus.). 36p. (J). *(978-1-5259-2586-3(5))*; pap. *(978-1-5259-2585-6(7))* Kidkiddos Bks.

I Love Autumn (Hebrew English Bilingual Children's Book) Shelley Admont & Kidkiddos Books. l.t. ed. 2020. (Hebrew English Bilingual Collection). (HEB., Illus.). 36p. (J). *(978-1-5259-2589-4(X))*; pap. *(978-1-5259-2588-7(1))* Kidkiddos Bks.

I Love Autumn (Hindi Book for Kids) Shelley Admont & Kidkiddos Books. l.t. ed. 2020. (Hindi Bedtime Collection). (HIN.). 34p. (J). *(978-1-5259-2891-8(0))*; pap. *(978-1-5259-2890-1(2))* Kidkiddos Bks.

I Love Autumn (Hindi English Bilingual Book for Kids) Shelley Admont & Kidkiddos Books. l.t. ed. 2020. (Hindi English Bilingual Collection). (HIN.). 34p. (J). *(978-1-5259-2894-9(5))*; pap. *(978-1-5259-2893-2(7))* Kidkiddos Bks.

I Love Autumn (Hungarian Book for Kids) Shelley Admont & Kidkiddos Books. l.t. ed. 2020. (Hungarian Bedtime Collection). (HUN.). 34p. (J). *(978-1-5259-3053-9(2))*; pap. *(978-1-5259-3052-2(4))* Kidkiddos Bks.

I Love Autumn (Hungarian English Bilingual Book for Kids) Shelley Admont & Kidkiddos Books. l.t. ed. 2020. (Hungarian English Bilingual Collection). (HUN.). 34p. (J). *(978-1-5259-3056-0(7))*; pap. *(978-1-5259-3055-3(9))* Kidkiddos Bks.

I Love Autumn (Irish Children's Book) Shelley Admont. l.t. ed. 2022. (Irish Bedtime Collection). (GLE.). 34p. (J). ***(978-1-5259-6562-3(X))***; pap. ***(978-1-5259-6561-6(1))*** Kidkiddos Bks.

I Love Autumn (Irish English Bilingual Children's Book) Shelley Admont. l.t. ed. 2022. (Irish English Bilingual Collection). (GLE.). 34p. (J). ***(978-1-5259-6565-4(4))***; pap. ***(978-1-5259-6564-7(6))*** Kidkiddos Bks.

I Love Autumn (Italian Edition) Shelley Admont & Kidkiddos Books. l.t. ed. 2020. (Italian Bedtime Collection). (ITA.). 34p. (J). *(978-1-5259-2846-8(5))*; pap. *(978-1-5259-2845-1(7))* Kidkiddos Bks.

I Love Autumn (Italian English Bilingual Children's Book) Shelley Admont & Kidkiddos Books. l.t. ed. 2020. (Italian English Bilingual Collection). (ITA.). 34p. (J). *(978-1-5259-2849-9(X))*; pap. *(978-1-5259-2848-2(1))* Kidkiddos Bks.

I Love Autumn J'adore L'automne: English French Bilingual Book. Shelley Admont & Kidkiddos Books. 2019. (English French Bilingual Collection). (FRE., Illus.). 34p. (J). (gr. k-2). *(978-1-5259-1874-2(5))*; pap. *(978-1-5259-1873-5(7))* Kidkiddos Bks.

I Love Autumn (Japanese Children's Book) Shelley Admont & Kidkiddos Books. l.t. ed. 2020. (JPN.). 34p. (J). *(978-1-5259-2828-4(7))*; pap. *(978-1-5259-2827-7(9))* Kidkiddos Bks.

I Love Autumn (Japanese English Bilingual Children's Book) Shelley Admont & Kidkiddos Books. l.t. ed. 2020. (Japanese English Bilingual Collection). (JPN.). 34p. (J). *(978-1-5259-2831-4(7))*; pap. *(978-1-5259-2830-7(9))* Kidkiddos Bks.

I Love Autumn (Korean Children's Book) Shelley Admont & Kidkiddos Books. l.t. ed. 2020. (KOR.). 34p. (J). *(978-1-5259-3367-7(1))*; pap. *(978-1-5259-3198-7(9))* Kidkiddos Bks.

I Love Autumn (Korean English Bilingual Children's Book) Shelley Admont & Kidkiddos Books. l.t. ed. 2020. (Korean English Bilingual Collection). (KOR.). 34p. (J). *(978-1-5259-3202-1(0))*; pap. *(978-1-5259-3201-4(2))* Kidkiddos Bks.

I Love Autumn (Macedonian Book for Kids) Shelley Admont. l.t. ed. 2022. (Macedonian Bedtime Collection). (MAC.). 34p. (J). ***(978-1-5259-6967-6(6))***; pap. ***(978-1-5259-6966-9(8))*** Kidkiddos Bks.

I Love Autumn (Macedonian English Bilingual Book for Kids) Shelley Admont. l.t. ed. 2022. (Macedonian English Bilingual Collection). (MAC.). 34p. (J). ***(978-1-5259-6970-6(6))***; pap. ***(978-1-5259-6969-0(2))*** Kidkiddos Bks.

I Love Autumn (Malay Book for Kids) Shelley Admont & Kidkiddos Books. l.t. ed. 2020. (Malay Bedtime Collection). (MAY.). 34p. (J). *(978-1-5259-2936-6(4))*; pap. *(978-1-5259-2935-9(6))* Kidkiddos Bks.

I Love Autumn (Malay English Bilingual Book for Kids) Shelley Admont & Kidkiddos Books. 2020. (Malay English Bilingual Collection). (MAY.). 34p. (J). pap. *(978-1-5259-2938-0(0))*; *(978-1-5259-2939-7(9))* Kidkiddos Bks.

I Love Autumn (Mandarin Children's Book - Chinese Simplified) Shelley Admont & Kidkiddos Books. 2020. (Chinese Bedtime Collection). (CHI., Illus.). 34p. (J). *(978-1-5259-2741-6(8))*; pap. *(978-1-5259-2740-9(X))* Kidkiddos Bks.

I Love Autumn (Polish Book for Kids) Shelley Admont & Kidkiddos Books. l.t. ed. 2020. (Polish Bedtime Collection). (POL.). 34p. (J). *(978-1-5259-2816-1(3))*; pap. *(978-1-5259-2815-4(5))* Kidkiddos Bks.

I Love Autumn (Polish English Bilingual Book for Kids) Shelley Admont & Kidkiddos Books. l.t. ed. 2020. (Polish English Bilingual Collection). (POL.). 34p. (J). *(978-1-5259-2819-2(8))*; pap. *(978-1-5259-2818-5(X))* Kidkiddos Bks.

I Love Autumn (Portuguese Children's Book - Portugal) Portuguese - Portugal. Shelley Admont. l.t. ed. 2020. (Portuguese Bedtime Collection - Portugal Ser.). (POR.). 34p. (J). (gr. k-2). pap. *(978-1-5259-2854-3(6))* Kidkiddos Bks.

I Love Autumn (Portuguese Children's Book - Portugal) Portuguese - Portugal. Shelley Admont & Kidkiddos Books. l.t. ed. 2020. (Portuguese Bedtime Collection - Portugal Ser.). (POR.). 34p. (J). (gr. k-2). *(978-1-5259-2855-0(4))* Kidkiddos Bks.

I Love Autumn (Portuguese English Bilingual Book for Kids) Brazilian Portuguese. Shelley Admont & Kidkiddos Books. 2020. (Portuguese English Bilingual Collection). (POR., Illus.). 34p. (J). (gr. k-2). *(978-1-5259-2625-9(X))*; pap. *(978-1-5259-2624-2(1))* Kidkiddos Bks.

I Love Autumn (Portuguese English Bilingual Book for Kids - Portugal) Portuguese Portugal. Shelley Admont & Kidkiddos Books. l.t. ed. 2020. (Portuguese English Bilingual Collection - Portugal Ser.). (POR.). 34p. (J). (gr. k-2). pap. *(978-1-5259-2857-4(0))* Kidkiddos Bks.

I Love Autumn (Portuguese English Bilingual Children's Book - Portugal) Portuguese Portugal. Shelley Admont & Kidkiddos Books. l.t. ed. 2020. (Portuguese English Bilingual Collection - Portugal Ser.). (POR.). 34p. (J). (gr. k-2). *(978-1-5259-2858-1(9))* Kidkiddos Bks.

I Love Autumn (Punjabi Children's Book -Gurmukhi India) Punjabi Gurmukhi India. Shelley Admont & Kidkiddos Books. l.t. ed. 2020. (Punjabi Bedtime Collection - India Ser.). (PAN.). 34p. (J). *(978-1-5259-3504-6(6))*; pap. *(978-1-5259-3503-9(8))* Kidkiddos Bks.

I Love Autumn (Punjabi English Bilingual Children's Book) Punjabi Gurmukhi India. Shelley Admont & Kidkiddos Books. l.t. ed. 2020. (Punjabi English Bilingual Collection - India Ser.). (PAN.). 34p. (J). *(978-1-5259-3507-7(0))*; pap. *(978-1-5259-3506-0(2))* Kidkiddos Bks.

I Love Autumn (Romanian Children's Book) Shelley Admont & Kidkiddos Books. 2020. (Romanian Bedtime Collection). (RUM., Illus.). 34p. (J). *(978-1-5259-2798-0(1))*; pap. *(978-1-5259-2797-3(3))* Kidkiddos Bks.

I Love Autumn (Romanian English Bilingual Book for Kids) Shelley Admont & Kidkiddos Books. l.t. ed. 2020. (Romanian English Bilingual Collection). (RUM.). 34p. (J). *(978-1-5259-2801-7(5))*; pap. *(978-1-5259-2800-0(7))* Kidkiddos Bks.

I Love Autumn (Russian Edition) Shelley Admont & Kidkiddos Books. 2019. (Russian Bedtime Collection). (RUS., Illus.). 34p. (J). (gr. k-2). *(978-1-5259-1924-4(5))*; pap. *(978-1-5259-1923-7(7))* Kidkiddos Bks.

I Love Autumn (Russian English Bilingual Book) Shelley Admont & Kidkiddos Books. 2020. (Russian English Bilingual Collection). (RUS., Illus.). 34p. (J). (gr. k-2). *(978-1-5259-2016-5(2))*; pap. *(978-1-5259-2015-8(4))* Kidkiddos Bks.

I Love Autumn (Serbian Book for Children - Latin Alphabet) Shelley Admont & Kidkiddos Books. l.t. ed. 2020. (Serbian Bedtime Collection - Latin Ser.). (SRP.). 34p. (J). *(978-1-5259-2990-8(9))*; pap. *(978-1-5259-2989-2(5))* Kidkiddos Bks.

I Love Autumn (Serbian English Bilingual Children's Book - Latin Alphabet) Shelley Admont & Kidkiddos Books. l.t. ed. 2020. (SRP.). 34p. (J). *(978-1-5259-2993-9(3))*; pap. *(978-1-5259-2992-2(5))* Kidkiddos Bks.

I Love Autumn (Swedish Edition) Shelley Admont & Kidkiddos Books. 2020. (Swedish Bedtime Collection). (SWE., Illus.). 34p. (J). (gr. k-2). *(978-1-5259-1989-3(X))*; pap. *(978-1-5259-1988-6(1))* Kidkiddos Bks.

I Love Autumn (Swedish English Bilingual Book for Children) Shelley Admont & Kidkiddos Books. 2020. (Swedish English Bilingual Collection). (SWE., Illus.). 34p. (J). (gr. k-2). *(978-1-5259-2571-9(7))*; pap. *(978-1-5259-2570-2(9))* Kidkiddos Bks.

I Love Autumn (Tagalog Book for Children) Shelley Admont & Kidkiddos Books. 2020. (Tagalog Bedtime Collection). (TGL., Illus.). 34p. (J). (gr. k-2). *(978-1-5259-2719-5(1))*; pap. *(978-1-5259-2718-8(3))* Kidkiddos Bks.

I Love Autumn (Tagalog English Bilingual Children's Book) Shelley Admont & Kidkiddos Books. l.t. ed. 2020. (Tagalog English Bilingual Collection). (TGL.). 34p. (J). (gr. k-2). *(978-1-5259-2722-5(1))*; pap. *(978-1-5259-2721-8(3))* Kidkiddos Bks.

I Love Autumn (Thai Children's Book) Shelley Admont & Kidkiddos Books. l.t. ed. 2021. (Thai Bedtime Collection). (THA.). 34p. (J). *(978-1-5259-5896-0(8))*; pap. *(978-1-5259-5895-3(X))* Kidkiddos Bks.

I Love Autumn (Thai English Bilingual Children's Book) Shelley Admont & Kidkiddos Books. l.t. ed. 2022. (Thai English Bilingual Collection). (THA.). 34p. (J). *(978-1-5259-5899-1(2))*; pap. *(978-1-5259-5898-4(4))* Kidkiddos Bks.

I Love Autumn (Turkish Children's Book) Shelley Admont & Kidkiddos Books. l.t. ed. 2020. (TUR.). 34p. (J). *(978-1-5259-2927-4(5))*; pap. *(978-1-5259-2926-7(7))* Kidkiddos Bks.

I Love Autumn (Turkish English Bilingual Book for Kids) Shelley Admont & Kidkiddos Books. l.t. ed. 2020. (Turkish English Bilingual Collection). (TUR.). 34p. (J). pap. *(978-1-5259-2929-8(1))* Kidkiddos Bks.

I Love Autumn (Turkish English Bilingual Book for Kids) Turkish. Shelley Admont & Kidkiddos Books. l.t. ed. 2020. (English Farsi Bilingual Collection). (TUR.). 34p. (J). *(978-1-5259-2930-4(5))* Kidkiddos Bks.

I Love Autumn (Ukrainian Children's Book) Shelley Admont & Kidkiddos Books. l.t. ed. 2020. (Ukrainian Bedtime Collection). (UKR.). 34p. (J). *(978-1-5259-3316-5(7))*; pap. *(978-1-5259-3315-8(9))* Kidkiddos Bks.

I Love Autumn (Ukrainian English Bilingual Children's Book) Shelley Admont & Kidkiddos Books. l.t. ed. 2020. (Ukrainian English Bilingual Collection). (UKR.). 34p. (J). *(978-1-5259-3319-6(1))*; (Illus.). pap. *(978-1-5259-3318-9(3))* Kidkiddos Bks.

I Love Autumn (Vietnamese Book for Kids) Shelley Admont & Kidkiddos Books. 2020. (Vietnamese Bedtime Collection). (VIE., Illus.). 34p. (J). *(978-1-5259-2807-9(4))*; pap. *(978-1-5259-2806-2(6))* Kidkiddos Bks.

I Love Autumn (Vietnamese English Bilingual Book for Kids) Shelley Admont & Kidkiddos Books. l.t. ed. 2020. (Vietnamese English Bilingual Collection). (VIE.). 34p. (J). *(978-1-5259-2810-9(4))*; pap. *(978-1-5259-2809-3(0))* Kidkiddos Bks.

I Love Autumn (Welsh Children's Book) Shelley Admont & Kidkiddos Books. l.t. ed. 2021. (WEL.). 34p. (J). *(978-1-5259-5878-6(X))*; pap. *(978-1-5259-5877-9(1))* Kidkiddos Bks.

I Love Autumn (Welsh English Bilingual Children's Book) Shelley Admont & Kidkiddos Books. l.t. ed. 2022. (Welsh English Bilingual Collection). (WEL.). 34p. (J). *(978-1-5259-5881-6(X))*; pap. *(978-1-5259-5880-9(1))* Kidkiddos Bks.

I Love Bananas - Ha'u Hadomi Hudi. Mayra Walsh. Illus. by Mila Aydingoz. 2021. (TET.). 28p. (J). pap. *(978-1-922621-41-2(2))* Library For All Limited.

I Love Basketball (FSTK ONLY) Trace Taylor. 2017. (1g Fstk Ser.). (ENG.). 12p. (J). pap. 8.00 *(978-1-63437-635-8(8))* American Reading Co.

I Love Being Curious! Margaret A. Braunack. 2019. (ENG.). 28p. (J). 22.95 *(978-1-4808-7137-3(0))*; pap. 16.95 *(978-1-4808-7138-0(9))* Archway Publishing.

I Love Being Happy! Margaret A. Braunack. 2017. (ENG., Illus.). (J). 22.95 *(978-1-4808-4773-6(9))*; pap. 16.95 *(978-1-4808-4772-9(0))* Archway Publishing.

I Love Being Me! Margaret A. Braunack. 2018. (ENG.). 24p. (J). 22.95 *(978-1-4808-5716-2(5))*; pap. 12.45 *(978-1-4808-5718-6(1))* Archway Publishing.

I Love Being Me! Mechal Renee Roe. 2020. (Step into Reading Ser.). (ENG., Illus.). 32p. (J). (gr. -1-1). pap. 4.99 *(978-1-9848-9560-8(5)*, Random Hse. Bks. for Young Readers) Random Hse. Children's Bks.

I Love Being Me! Fiona E. Vander Wilp. 2022. (Adventures of Dakota Ser.: Vol. 1). (ENG.). 26p. (J). pap. ***(978-1-77244-265-6(8))*** Rock's Mills Pr.

I Love Being Me: A Child's Guide to Embracing Individuality. Poppy O'Neill. 2021. (Child's Guide to Social & Emotional Learning Ser.: 3). (ENG.). 144p. (J). (gr. 2-6). pap. 9.99 *(978-1-5107-6409-5(7)*, Sky Pony Pr.) Skyhorse Publishing Co., Inc.

I Love Being Tall: A Story of the Unconditional Love That Connects Us Forever. Bruce A. Gottleber Soll. Illus. by Amy Wummer. 2022. 24p. (J). pap. 9.95 *(978-1-6678-1202-1(5))* BookBaby.

I Love Books! Sam Garton. ed. 2019. (I Can Read Ser.). (ENG.). 32p. (J). (gr. k-1). 14.96 *(978-0-87617-538-5(8))* Penworthy Co., LLC, The.

I Love Buildings! Wisconsin. Paul Wellington. 2017. (ENG., Illus.). 32p. (J). pap. *(978-1-387-20537-0(4))* Lulu Pr., Inc.

I Love Cake! Kimberling Galeti Kennedy. 2019. (ENG., Illus.). 24p. (J). pap. 12.99 *(978-1-952011-99-3(X))* Pen It Pubns.

I Love Cake! Frances Gilbert. ed. 2021. (Step into Reading Ser.). (ENG., Illus.). 32p. (J). (gr. k-1). 14.96 *(978-1-64697-700-0(9))* Penworthy Co., LLC, The.

I Love Cake! Starring Rabbit, Porcupine, & Moose. Tammi Sauer. Illus. by Angie Rozelaar. 2016. (ENG.). 40p. (J). (gr. -1-3). 17.99 *(978-0-06-227894-4(0)*, HarperCollins) HarperCollins Pubs.

I Love Camping! Kathy Krechting. 2020. (ENG.). 24p. (J). 22.95 *(978-1-6657-0043-6(2))*; pap. 12.95 *(978-1-6657-0042-9(4))* Archway Publishing.

I Love Candy. Cynthia A. Hunter. 2022. (ENG.). 52p. (J). 27.00 *(978-1-63867-817-5(0)*, RoseDog Bks.) Dorrance Publishing Co., Inc.

I Love Caticorns & Other Magical Mashups Coloring Book. Sarah Wade. 2019. (ENG.). 64p. (J). (gr. 1-3). pap. 9.95 *(978-1-4549-3850-7(1))* Sterling Publishing Co., Inc.

I Love Cats! Sue Stainton. Illus. by Bob Staake. 2017. (ENG.). 32p. (J). (gr. -1-3). 17.99 *(978-0-06-243882-9(4)*, Tegen, Katherine Bks) HarperCollins Pubs.

I Love Cats & Kittens. David Alderton. 2020. (I Love Ser.). (ENG., Illus.). 32p. (J). (gr. -1-1). lib. bdg. 29.32 *(978-0-7112-4813-7(3)*, f76252a7-4104-4548-bf9b-475b47d71748) QEB Publishing Inc.

I Love Chocolate! Stickers. Ellen Scott. 2021. (Dover Little Activity Books Stickers Ser.). (ENG.). 4p. (J). (gr. k). pap. 1.99 *(978-0-486-84757-3(8)*, 847578) Dover Pubns., Inc.

I Love Christmas Activity Book, 1 vol. Make Believe Ideas. 2016. (ENG.). 48p. (J). (gr. -1-7). bds. 8.99 *(978-1-78598-446-4(2))* Make Believe Ideas GBR. Dist: Scholastic, Inc.

I Love Christmas Coloring: Activity Set with Stackable Snowman Crayons. IglooBooks. Illus. by Camilla Galindo. 2023. (ENG.). 32p. (J). (-k). pap. 14.99

(978-1-83771-547-3(5)) Igloo Bks. GBR. Dist: Simon & Schuster, Inc.

I Love Clocks! - Telling Time Games for Kids: Children's Money & Saving Reference. Baby Professor. 2016. (ENG., Illus.). 40p. (J). pap. 11.65 *(978-1-68326-413-2(4),* Baby Professor (Education Kids)) Speedy Publishing LLC.

I Love Crafts, 12 vols. 2016. (I Love Crafts Ser.). 32p. (gr. 3-3). (ENG.). 175.62 *(978-1-5081-5037-4(0),* 1ab22c1e-ad47-4028-b113-18d7334bac3b); pap. 70.50 *(978-1-4994-2448-5(5))* Rosen Publishing Group, Inc., The. (PowerKids Pr.).

I Love Cute Animals Coloring Pages with Mazes. Activibooks For Kids. 2016. (ENG., Illus.). (J). pap. 9.20 *(978-1-68321-165-5(0))* Mimaxion.

I Love Dad. C. Géraldine. 2022. (ENG.). 28p. (J). pap. 9.99 ***(978-1-957477-01-5(6))*** Triddias.

I Love Dad. Joanna Walsh. Illus. by Judi Abbot. 2019. (Classic Board Bks.). (ENG.). 28p. (J). (gr. -1 — 1). bds. 7.99 *(978-1-5344-3901-6(3),* Little Simon) Little Simon.

I Love Dad. Joanna Walsh & Judi Abbot. 2016. (ENG., Illus.). 32p. (J). (gr. -1-3). 17.99 *(978-1-4814-6266-2(0),* Simon & Schuster/Paula Wiseman Bks.) Simon & Schuster/Paula Wiseman Bks.

I Love Dad with the Very Hungry Caterpillar. Eric Carle. Illus. by Eric Carle. 2018. (World of Eric Carle Ser.). (ENG., Illus.). 32p. (J). (-k). 9.99 *(978-1-5247-8589-5(X))* Penguin Young Readers Group.

I Love Daddy. Laura Gates Galvin. Illus. by Helen Graper. 2018. (Heart-Shaped Board Ser.). (ENG.). 12p. (J). bds. 7.99 *(978-1-62885-450-3(2))* Kidsbooks, LLC.

I Love Daddy Every Day. Isabel Otter. Illus. by Alicia Más. import ed. 2020. (Every Day Together Book Ser.). (ENG.). 32p. (J). (gr. -1-2). 10.99 *(978-0-593-12305-8(0),* Rodale Kids) Random Hse. Children's Bks.

I Love Dandelions. August E. Allen. Illus. by August E. Allen. 2022. (ENG.). 34p. (J). 24.00 ***(978-1-954819-52-8(8))*** Briley & Baxter Publications.

I Love Dogs. Tessa Kenan. 2016. (Bumba Books (r) — Pets Are the Best Ser.). (ENG., Illus.). 24p. (J). (gr. -1-1). 26.65 *(978-1-5124-1414-1(X),* 31f1597e-a5b4-4b14-9c1d-1221a1169dc8, Lerner Pubns.) Lerner Publishing Group.

I Love Dogs & Cats! Noelle Dahlen. 2019. (Dover Kids Activity Books: Animals Ser.). (ENG.). 96p. (J). (gr. 1-3). pap. 7.99 *(978-0-486-83320-0(8),* 833208) Dover Pubns., Inc.

I Love Dogs & Puppies. Nicola Jane Swinney. 2020. (I Love Ser.). (ENG., Illus.). 32p. (J). (gr. -1-1). lib. bdg. 29.32 *(978-0-7112-4812-0(5),* e0213c40-1ad9-4a48-a9f4-e21431e4ceeb) QEB Publishing Inc.

I Love Dots! Simple Dot to Dot Book for Kids. Speedy Kids. 2017. (ENG., Illus.). (J). pap. 9.20 *(978-1-5419-0950-2(X))* Speedy Publishing LLC.

I Love Engineering: Explore with Sliders, Lift-The-flaps, a Wheel, & More! Allison Wortche. Illus. by Steve Mack. 2020. (ENG.). 14p. (J). (— 1). bds. 8.99 *(978-0-358-17004-4(4),* 1758713, Clarion Bks.) HarperCollins Pubs.

I Love Exploring. Michal Yair. 2023. (ENG.). 38p. (J). pap. ***(978-1-312-53194-9(0))*** Lulu Pr., Inc.

I Love Fall. Lizzie Scott. Illus. by Stephanie Fizer Coleman. 2021. (I Love the Seasons Ser.). (ENG.). 32p. (J). (gr. 1-4). pap. *(978-1-4271-2911-6(8),* 10996); lib. bdg. *(978-1-4271-2907-9(X),* 10991) Crabtree Publishing Co. (Crabtree Classics).

I Love Farm Animals (a Let's Play! Board Book) Sandra Magsamen. Illus. by Sandra Magsamen. 2023. (Let's Play! Ser.). (ENG.). 10p. (J). (gr. -1-k). 12.99 *(978-1-338-83573-1(4),* Cartwheel Bks.) Scholastic, Inc.

I Love Fishing: A Coloring Book. Gwen Gates. 2022. (ENG.). 66p. (J). pap. ***(978-1-4583-1990-6(3))*** Lulu Pr., Inc.

I Love Genetics: Explore with Sliders, Lift-The-flaps, a Wheel, & More! Allison Wortche. Illus. by Steve Mack. 2020. (ENG.). 14p. (J). (— 1). bds. 8.99 *(978-0-358-16901-7(1),* 1758439, Clarion Bks.) HarperCollins Pubs.

I Love God. Elias Zapple. Illus. by Crisanto Etorma. 2020. (I Love Bedtime Stories Ser.: Vol. 3). (ENG.). 36p. (J). pap. *(978-1-912704-39-2(0))* Heads or Tales Pr.

I Love Goldfish. Harold Rober. 2016. (Bumba Books (r) — Pets Are the Best Ser.). (ENG., Illus.). 24p. (J). (gr. -1-1). lib. bdg. 26.65 *(978-1-5124-1415-8(8),* 235ccac8-7266-410e-834c-f49c6e472688, Lerner Pubns.) Lerner Publishing Group.

I Love Grandad. C. Géraldine. 2021. (ENG.). 24p. (J). pap. 15.99 *(978-0-9984231-9-7(X))* Triddias.

I Love Grandma. Laura Gates Galvin. Illus. by Helen Graper. 2018. (Heart-Shaped Board Ser.). (ENG.). 12p. (J). bds. 7.99 *(978-1-62885-571-5(1))* Kidsbooks, LLC.

I Love Grandma with the Very Hungry Caterpillar. Eric Carle. Illus. by Eric Carle. 2023. (ENG.). 32p. (J). (-k). 9.99 *(978-0-593-52315-5(6))* Penguin Young Readers Group.

I Love Grandpa. Illus. by Helen Graper. 2023. (Heart Shaped Board Bks.). (ENG.). 12p. (J). bds. 8.99 ***(978-1-63854-215-5(5))*** Kidsbooks, LLC.

I Love Grandpa (Spanish) Illus. by Helen Graper. 2023. (Heart Shaped Board Bks.). (SPA.). 12p. (J). bds. 8.99 ***(978-1-63854-221-6(X))*** Kidsbooks, LLC.

I Love Grandpa with the Very Hungry Caterpillar. Eric Carle. Illus. by Eric Carle. 2023. (ENG.). 32p. (J). (-k). 9.99 *(978-0-593-52316-2(4))* Penguin Young Readers Group.

I Love Granny, & She Loves Me - Ninampenda Nyanya Yangu Na Ananipenda. Michelle Wanasundera. Illus. by Anton Syadrov. 2023. (SWA.). 28p. (J). pap. ***(978-1-922951-01-4(3))*** Library For All Limited.

I Love Guinea Pigs. Harold Rober. 2016. (Bumba Books (r) — Pets Are the Best Ser.). (ENG., Illus.). 24p. (J). (gr. -1-1). lib. bdg. 26.65 *(978-1-5124-1416-5(6),* 280e5cf3-51db-491c-b527-4e0377fc81ff, Lerner Pubns.) Lerner Publishing Group.

I Love Gymnastics Goalbook (black/stripes Cover #1) WAG Junior. Created by Dream Co Publishing. 2019. (Gymnastics Goalbooks Ser.: Vol. 1). (ENG., Illus.). 100p. (J). (gr. k-6). pap. *(978-0-9951238-6-1(1))* Dream Be Publishing.

I Love Gymnastics Goalbook Journal (purple/stripes Cover #4) WAG Junior. Created by Dream Co Publishing. 2019. (Gymnastics Goalbooks Ser.: Vol. 4). (ENG., Illus.). 100p. (J). (gr. k-6). pap. ***(978-0-9951238-9-2(6))*** Dream Be Publishing.

I Love Gymnastics Goalbook (white/splotches Cover #2) WAG Junior. Created by Dream Co Publishing. 2019. (Gymnastics Goalbooks Ser.: Vol. 2). (ENG., Illus.). 100p. (J). (gr. k-6). pap. *(978-0-473-48202-2(9))* Dream Be Publishing.

I Love Hamsters. Harold Rober. 2016. (Bumba Books (r) — Pets Are the Best Ser.). (ENG., Illus.). 24p. (J). (gr. -1-1). lib. bdg. 26.65 *(978-1-5124-1417-2(4),* 78d11486-121b-47a5-a23c-08be68e6cf9f, Lerner Pubns.) Lerner Publishing Group.

I Love Hearts. Make Believe Ideas. Illus. by Make Believe Ideas. 2020. (ENG., Illus.). 48p. (J). pap. 6.99 *(978-1-78947-419-0(1))* Make Believe Ideas GBR. Dist: Scholastic, Inc.

I Love Hermit Crabs. Harold Rober. 2016. (Bumba Books (r) — Pets Are the Best Ser.). (ENG., Illus.). 24p. (J). (gr. -1-1). lib. bdg. 26.65 *(978-1-5124-1418-9(2),* 15a1b6c1-c491-48e6-8a4d-1b3bf0733a58, Lerner Pubns.) Lerner Publishing Group.

I Love Horses & Ponies. Nicola Jane Swinney. 2020. (I Love Ser.). (ENG., Illus.). 32p. (J). (gr. -1-1). lib. bdg. 29.32 *(978-0-7112-4814-4(1),* cdc4170b-b210-4ffa-9420-24b34d8bf8d1) QEB Publishing Inc.

I Love Hugs & Kisses (heart-Felt Books) Sandra Magsamen. Illus. by Sandra Magsamen. 2016. (Heart-Felt Bks.). (ENG.). 10p. (J). (gr. -1-k). 7.99 *(978-0-545-92796-3(X),* Cartwheel Bks.) Scholastic, Inc.

I Love Ice Cream - Coloring Fun for All Ages: 8. 5x11, 50 Designs to Color, Kawaii Ice Cream with Heart Shaped Mandalas. Korey's World. 2023. (ENG.). 100p. (YA). pap. ***(978-1-4478-3907-1(2))*** Lulu Pr., Inc.

I Love Ice Hockey. Trace Taylor. 2016. (1G Sports Ser.). (ENG.). 12p. (J). pap. 9.60 *(978-1-63437-588-7(2))* American Reading Co.

I Love Insects. Lizzy Rockwell. 2022. (I Like to Read Ser.). (Illus.). 32p. (J). (gr. -1-3). pap. 7.99 *(978-0-8234-5177-7(1))* Holiday Hse., Inc.

I Love Jesus! How about You? Michelle Lores. 2020. (ENG.). 139p. (J). pap. *(978-1-716-66566-0(3))* Lulu Pr., Inc.

I Love Keeping Safe from Germs & Viruses. Elias Zapple. Illus. by Eunice Vergara. 2020. (I Love Bedtime Stories Ser.: Vol. 6). (ENG.). 28p. (J). pap. *(978-1-912704-77-4(3))* Heads or Tales Pr.

I Love King Dad! Random House. ed. 2018. (Step into Reading Ser.). (ENG.). 23p. (J). (gr. -1-k). 13.89 *(978-1-64310-241-2(9))* Penworthy Co., LLC, The.

I Love King Dad! (Nella the Princess Knight) Random House. Illus. by Nneka Myers. 2017. (Step into Reading Ser.). (ENG.). 24p. (J). (gr. -1-1). pap. 4.99 *(978-1-5247-6889-8(8),* Random Hse. Bks. for Young Readers) Random Hse. Children's Bks.

I Love Kittens, I Love Cats. Christy L. Schwan. Illus. by Allison Wray. 2020. (ENG.). 34p. (J). pap. 11.95 ***(978-0-578-71766-1(2))*** SwanCygnet Unlimited.

I Love Learning: The Alphabet. Avant-Garde Books. l.t. ed. 2017. (ENG., Illus.). (J). pap. 14.95 *(978-1-946753-14-4(9))* Avant-garde Bks.

I Love Lemonade. Mark Sommerset. Illus. by Rowan Sommerset. 2016. (ENG.). 32p. (J). (gr. k-3). 14.00 *(978-0-7636-8067-1(2))* Candlewick Pr.

I Love Lipstick! Rose Marie Boutcher. 2018. (ENG., Illus.). 30p. (J). pap. *(978-0-2288-0158-0(3))* Tellwell Talent.

I Love Math: By Roselyn Rodriguez. Roselyn Rodriguez. Ed. by Jenn Morris. 2022. (ENG.). 50p. ***(978-1-387-70229-9(7))*** Lulu Pr., Inc.

I Love Math: Notebook for Math & Science. Tamara Kudelic. 2023. (ENG.). 100p. (J). pap. ***(978-1-4477-4395-8(4))*** Lulu Pr., Inc.

I Love Math Series, 12 bks. Incl. Alice in Numberland: Fantasy Math. Time-Life Books Editors. Ed. by Sara Mark et al. 1993. 16.95 *(978-0-8094-9978-6(9));* Case of the Missing Zebra Stripes: Zoo Math. Time-Life Books Editors. Ed. by Patricia Daniels et al. 1992. 16.95 *(978-0-8094-9954-0(1));* From Head to Toe: Body Math. Time-Life Books Editors. Ed. by Patricia Daniels & Jean B. Crawford. 1992. 16.95 *(978-0-8094-9966-3(5));* How Do Octopi Eat Pizza Pie? Pizza Math. Time-Life Books Editors. Ed. by Patricia Daniels et al. 1992. 16.95 *(978-0-8094-9950-2(9));* Mystery Mansion: House Math. Ed. by Sara Mark. 1993. 16.95 *(978-0-8094-9986-1(X));* Pterodactyl Tunnel: Amusement Park Math. Ed. by Jean B. Crawford. 1993. 16.95 *(978-0-8094-9990-8(8));* Search for the Mystery Planet: Space Math. Time-Life Books Editors. Ed. by Jean B. Crawford. 1993. 16.95 *(978-0-8094-9982-3(7));* (Illus.). 64p. (J). (gr. 1-4). 172.89 *(978-0-8094-9991-5(6))* Time-Life, Inc.

I Love Matzah. Freidele Galya Soban Biniashvili. Illus. by Angelika Scudamore. 2020. (ENG.). 12p. (J). (gr. -1 — 1). bds. 6.99 *(978-1-5415-5727-7(1),* a7835eeb-2098-456a-9610-5e8ac84aa51c, Kar-Ben Publishing) Lerner Publishing Group.

I Love Mazes! Kids Activity Book. Bobo's Children Activity Books. 2016. (ENG., Illus.). (J). pap. 7.99 *(978-1-68327-318-9(4))* Sunshine In My Soul Publishing.

I Love Me! Keith A. Fairclough. Illus. by Kim Sponaugle. 2023. (ENG.). 26p. (J). 22.99 ***(978-1-7351506-4-2(9))*** Perry Publishing.

I Love Me! Keith Fairclough & Kim Sponaugle. 2023. (ENG.). 26p. (J). pap. 9.99 ***(978-1-7351506-3-5(0))*** Perry Publishing.

I Love Me! LaRonda Gardner Middlemiss. Illus. by Beth Hughes. 2020. 32p. (J). (gr. -1-k). 18.99 *(978-1-5064-5554-9(9),* Beaming Books) 1517 Media.

I Love Me. Sally Morgan & Ambelin Kwaymullina. 2019. (ENG., Illus.). 24p. (J). bds. 8.99 *(978-1-5248-5116-3(7))* Andrews McMeel Publishing.

I Love Me: A Love for Every Girl. Yonette Belinda. 2017. (ENG., Illus.). (J). pap. 12.95 *(978-1-64079-543-3(X))* Christian Faith Publishing.

I Love Me: I Love All of Me. Lennora Sellers. 2022. (ENG.). 32p. (J). pap. ***(978-1-387-57912-9(6))*** Lulu Pr., Inc.

I Love Me: Positive Notes for Young Girls. Erika N. Jennings. 2019. (ENG.). 32p. (J). (gr. 3-6). pap. 8.99 ***(978-1-7337697-1-6(4))*** Girl-Confident Brand.

I Love Mom. C. Géraldine. 2022. (ENG.). 30p. (J). pap. 9.99 ***(978-1-957477-00-8(8))*** Triddias.

I Love Mom. Joanna Walsh. Illus. by Judi Abbot. 2019. (Classic Board Bks.). (ENG.). 28p. (J). (gr. -1 — 1). bds. 7.99 *(978-1-5344-3900-9(5),* Little Simon) Little Simon.

I Love Mom with the Very Hungry Caterpillar. Illus. by Eric Carle. 2017. (World of Eric Carle Ser.). (ENG.). 32p. (J). (-k). 9.99 *(978-0-451-53346-3(1))* Penguin Young Readers Group.

I Love Mommy. Laura Gates Galvin. Illus. by Helen Graper. 2018. (Heart-Shaped Board Ser.). (ENG.). 12p. (J). bds. 7.99 *(978-1-62885-449-7(9))* Kidsbooks, LLC.

I Love Monster Trucks Coloring Book: For Kids Ages 3 Years Old & Up. Beatrice Harrison. 2020. (ENG.). 34p. (J). pap. 7.25 *(978-1-6781-5350-2(8))* Lulu Pr., Inc.

I Love Music: My First Sound Book. Marion Billet. Illus. by Marion Billet. 2016. (ENG., Illus.). 16p. (J). (gr. -1 — 1). 9.99 *(978-1-338-03261-1(5),* Cartwheel Bks.) Scholastic, Inc.

I Love My Baby. Sebastien Braun. 2022. (ENG.). 24p. (J). (— 1). bds. 7.99 *(978-1-910716-98-4(7))* Boxer Bks., Ltd. GBR. Dist: Sterling Publishing Co., Inc.

I Love My Bear. Debra Toymil. 2019. (ENG., Illus.). 24p. (J). pap. 12.99 *(978-1-951263-16-4(2))* Pen It Pubns.

I Love My Beautiful Hair. Elissa Wentt. Illus. by Elissa Wentt. 2022. (ENG.). 20p. (J). (— 1). bds. 8.99 *(978-1-338-76315-7(6),* Cartwheel Bks.) Scholastic, Inc.

I Love My Beautiful Hair / Amo Mi Hermoso Pelo (Bilingual) (Bilingual Edition) Elissa Wentt. Illus. by Elissa Wentt. ed. 2022. (SPA.). 20p. (J). (— 1). bds. 8.99 *(978-1-338-83074-3(0),* Scholastic en Espanol) Scholastic, Inc.

I Love My Big Brother. Elias Zapple. Illus. by Crisanto Etorma. 2020. (I Love Bedtime Stories Ser.: Vol. 2). (ENG.). 32p. (J). pap. *(978-1-912704-40-8(4))* Heads or Tales Pr.

I Love My Books!, 1 vol. Nathalie Butler. 2017. (Learning with Stories Ser.). (ENG.). 24p. (gr. 1-1). pap. 9.25 *(978-1-5081-6245-2(X),* 0733ad89-ff7b-4dd8-ac7c-1487beef79c8, PowerKids Pr.) Rosen Publishing Group, Inc., The.

I Love My Cape. Prince M. Rogers. 2021. (ENG.). 28p. (J). pap. 15.00 *(978-1-63877-828-8(0))* Primedia eLaunch LLC.

I Love My City. France Desmarais & Richard Adam. Tr. by Nicholas Aumais. Illus. by Yves Dumont. 2023. 56p. (J). (gr. 4-7). 21.95 *(978-1-77278-273-8(4));* 14.95 *(978-1-77278-283-7(1))* Pajama Pr. CAN. Dist: Publishers Group West (PGW).

I Love My Colorful Nails. Alicia Acosta & Luis Amavisca. Illus. by Gusti. 2019. (ENG.). 36p. (J). 15.95 *(978-84-17123-59-8(8))* NubeOcho Ediciones ESP. Dist: Consortium Bk. Sales & Distribution.

I Love My Dad. Jennifer Liberts. ed. 2018. (Step into Reading - Level 1 Ser.). lib. bdg. 14.75 *(978-0-606-40958-2(0))* Turtleback.

I Love My Dad. Shelley Admont & Kidkiddos Books. 2nd ed. 2019. (I Love To... Ser.). (ENG., Illus.). 34p. (J). (gr. k-2). pap. *(978-1-5259-1813-1(3))* Kidkiddos Bks.

I Love My Dad: Chinese English Bilingual Edition. Shelley Admont & S. a Publishing. 2016. (Chinese English Bilingual Collection). (CHI., Illus.). (J). (gr. k-3). *(978-1-77268-736-1(7));* pap. *(978-1-77268-735-4(9))* Shelley Admont Publishing.

I Love My Dad: Danish Edition. Shelley Admont & S. a Publishing. 2016. (Danish Bedtime Collection). (DAN., Illus.). (J). (gr. k-3). *(978-1-77268-978-5(5));* pap. *(978-1-77268-977-8(7))* Shelley Admont Publishing.

I Love My Dad: Danish English Bilingual Edition. Shelley Admont. 2016. (Danish English Bilingual Collection). (DAN., Illus.). (J). (gr. k-3). *(978-1-5259-0146-1(X));* pap. *(978-1-5259-0145-4(1))* Kidkiddos Bks.

I Love My Dad: Danish English Bilingual Edition. Shelley Admont & Kidkiddos Books. 2nd ed. 2019. (Danish English Bilingual Collection). (DAN., Illus.). 34p. (J). (gr. k-3). pap. *(978-1-5259-1663-2(7))* Kidkiddos Bks.

I Love My Dad: Dutch English Bilingual Edition. Shelley Admont. 2017. (Dutch English Bilingual Collection). (DUT., Illus.). (J). (gr. k-3). *(978-1-5259-0231-4(8));* pap. *(978-1-5259-0230-7(X))* Kidkiddos Bks.

I Love My Dad: English Chinese Bilingual Books. Shelley Admont & Kidkiddos Books. 2nd ed. 2019. (English Chinese Bilingual Collection). (CHI., Illus.). 34p. (J). (gr. k-3). pap. *(978-1-5259-1289-4(5))* Kidkiddos Bks.

I Love My Dad: English Danish Bilingual Book. Shelley Admont & Kidkiddos Books. 2nd ed. 2019. (English Danish Bilingual Collection). (DAN., Illus.). 34p. (J). (gr. k-3). pap. *(978-1-5259-1849-0(4))* Kidkiddos Bks.

I Love My Dad: English Danish Bilingual Edition. Shelley Admont & S. a Publishing. 2016. (English Danish Bilingual Collection). (DAN., Illus.). (J). (gr. k-3). *(978-1-77268-976-1(9));* pap. *(978-1-77268-975-4(0))* Shelley Admont Publishing.

I Love My Dad: English Farsi Persian Bilingual Book. Shelley Admont & Kidkiddos Books. 2nd ed. 2019. (English Farsi Bilingual Collection). (PER., Illus.). 34p. (J). (gr. k-3). pap. *(978-1-5259-1370-9(0))* Kidkiddos Bks.

I Love My Dad: English Hindi Bilingual Edition. Shelley Admont & S. a Publishing. 2016. (English Hindi Bilingual Collection). (HIN., Illus.). (J). (gr. k-3). *(978-1-77268-916-7(5));* pap. *(978-1-77268-915-0(7))* Shelley Admont Publishing.

I Love My Dad: English Hungarian Bilingual Edition. Shelley Admont & S. a Publishing. 2016. (English Hungarian Bilingual Collection). (HUN., Illus.). (J). (gr. k-3). *(978-1-77268-937-2(8));* pap. *(978-1-77268-936-5(X))* Shelley Admont Publishing.

I Love My Dad: English Polish Bilingual Children's Book. Shelley Admont. 2017. (English Polish Bilingual Collection). (POL., Illus.). (J). (gr. k-3). *(978-1-5259-0407-3(8));* pap. *(978-1-5259-0406-6(X))* Kidkiddos Bks.

I Love My Dad: English Romanian Bilingual Edition. Shelley Admont. 2016. (English Romanian Bilingual Collection). (RUM., Illus.). (J). (gr. k-3). *(978-1-5259-0087-7(0));* pap. *(978-1-5259-0086-0(2))* Kidkiddos Bks.

I Love My Dad: English Romanian Bilingual Edition. Shelley Admont & Kidkiddos Books. 2nd ed. 2019. (English Romanian Bilingual Collection). (RUM.). 34p. (J). (gr. k-3). pap. *(978-1-5259-1371-6(9))* Kidkiddos Bks.

I Love My Dad: English Russian Bilingual Book. Shelley Admont & Kidkiddos Books. 2nd ed. 2019. (English Russian Bilingual Collection). (RUS.). 34p. (J). (gr. k-3). pap. *(978-1-5259-1281-8(X))* Kidkiddos Bks.

I Love My Dad: English Serbian Bilingual Book. Shelley Admont & Kidkiddos Books. 2nd ed. 2019. (English Serbian Bilingual Collection). (SRP., Illus.). 34p. (J). (gr. k-3). pap. *(978-1-5259-1320-4(4))* Kidkiddos Bks.

I Love My Dad: English Serbian Bilingual Edition. Shelley Admont. 2016. (English Serbian Bilingual Collection). (SRP., Illus.). (J). (gr. k-3). *(978-1-5259-0208-6(3));* pap. *(978-1-5259-0207-9(5))* Kidkiddos Bks.

I Love My Dad: English Serbian Cyrillic. Shelley Admont & Kidkiddos Books. 2018. (English Serbian Cyrillic Collection). (SRP., Illus.). (J). (gr. k-3). *(978-1-5259-1017-3(5));* pap. *(978-1-5259-1016-6(7))* Kidkiddos Bks.

I Love My Dad: English Swedish Bilingual Edition. Shelley Admont. 2016. (English Swedish Bilingual Collection). (SWE., Illus.). (J). (gr. k-3). *(978-1-5259-0165-2(6));* pap. *(978-1-5259-0164-5(8))* Kidkiddos Bks.

I Love My Dad: English Ukrainian Bilingual Edition. Shelley Admont. 2016. (English Ukrainian Bilingual Collection). (UKR., Illus.). (J). (gr. k-3). *(978-1-5259-0117-1(6));* pap. *(978-1-5259-0116-4(8))* Kidkiddos Bks.

I Love My Dad: English Vietnamese. Shelley Admont & Kidkiddos Books. 2nd ed. 2019. (English Vietnamese Bilingual Collection). (VIE.). 34p. (J). (gr. k-3). pap. *(978-1-5259-1248-1(8))* Kidkiddos Bks.

I Love My Dad: English Vietnamese Bilingual Edition. Shelley Admont & S. a Publishing. 2016. (English Vietnamese Bilingual Collection). (VIE., Illus.). (J). (gr. k-3). *(978-1-77268-981-5(5));* pap. *(978-1-77268-980-8(7))* Shelley Admont Publishing.

I Love My Dad: Greek English Bilingual Edition. Shelley Admont & S. a Publishing. 2016. (Greek English Bilingual Collection). (GRE., Illus.). (J). (gr. k-3). *(978-1-5259-0060-0(9));* pap. *(978-1-5259-0059-4(5))* Shelley Admont Publishing.

I Love My Dad: Hindi Edition. Shelley Admont & S. a Publishing. 2016. (Hindi Bedtime Collection). (HIN., Illus.). (J). (gr. k-3). *(978-1-77268-918-1(1));* pap. *(978-1-77268-917-4(3))* Shelley Admont Publishing.

I Love My Dad: Hungarian Edition. Shelley Admont & S. a Publishing. 2016. (Hungarian Bedtime Collection). (HUN., Illus.). (J). (gr. k-3). *(978-1-77268-939-6(4));* pap. *(978-1-77268-938-9(6))* Shelley Admont Publishing.

I Love My Dad: Japanese English Bilingual Edition. Shelley Admont & S. a Publishing. 2016. (Japanese English Bilingual Collection). (JPN., Illus.). (J). (gr. k-3). *(978-1-5259-0042-6(0));* pap. *(978-1-5259-0041-9(2))* Shelley Admont Publishing.

I Love My Dad: Mandarin Chinese Language Children's Book. Shelley Admont & Kidkiddos Books. 2nd ed. 2019. (Chinese Bedtime Collection). (CHI.). 34p. (J). (gr. k-3). pap. *(978-1-5259-1290-0(9))* Kidkiddos Bks.

I Love My Dad: Polish Language Children's Book. Shelley Admont. 2017. (Polish Bedtime Collection). (POL., Illus.). (J). (gr. k-3). *(978-1-5259-0409-7(4));* pap. *(978-1-5259-0408-0(6))* Kidkiddos Bks.

I Love My Dad: Portuguese Language Children's Book. Shelley Admont. 2017. (Portuguese Bedtime Collection). (POR., Illus.). (J). (gr. k-3). pap. *(978-1-5259-0420-2(5))* Kidkiddos Bks.

I Love My Dad: Romanian Edition. Shelley Admont. 2016. (Romanian Bedtime Collection). (RUM., Illus.). (J). (gr. k-3). *(978-1-5259-0089-1(7));* pap. *(978-1-5259-0088-4(9))* Kidkiddos Bks.

I Love My Dad: Russian English Bilingual Book. Shelley Admont & Kidkiddos Books. 2nd ed. 2019. (Russian English Bilingual Collection). (RUS., Illus.). 34p. (J). (gr. k-3). pap. *(978-1-5259-1766-0(8))* Kidkiddos Bks.

I Love My Dad: Serbian Edition. Shelley Admont. 2016. (Serbian Bedtime Collection). (SRP., Illus.). (J). (gr. k-3). *(978-1-5259-0210-9(5));* pap. *(978-1-5259-0209-3(1))* Kidkiddos Bks.

I Love My Dad: Serbian Language Cyrillic. Shelley Admont & Kidkiddos Books. 2018. (Serbian Bedtime Collection Cyrillic Ser.). (SRP., Illus.). 34p. (J). (gr. k-3). *(978-1-5259-1019-7(1));* pap. *(978-1-5259-1018-0(3))* Kidkiddos Bks.

I Love My Dad: Swedish Edition. Shelley Admont. 2016. (Swedish Bedtime Collection). (SWE., Illus.). (J). (gr. k-3). *(978-1-5259-0168-3(0));* pap. *(978-1-5259-0167-6(2))* Kidkiddos Bks.

I Love My Dad: Ukrainian Edition. Shelley Admont. 2016. (Ukrainian Bedtime Collection). (UKR., Illus.). (J). (gr. k-3). *(978-1-5259-0119-5(2));* pap. *(978-1-5259-0118-8(4))* Kidkiddos Bks.

I Love My Dad: Ukrainian English Bilingual Edition. Shelley Admont. 2017. (Ukrainian English Bilingual Collection). (UKR., Illus.). (J). (gr. k-3). *(978-1-5259-0264-2(4));* pap. *(978-1-5259-0263-5(6))* Kidkiddos Bks.

I Love My Dad: Vietnamese Edition. Shelley Admont & S. a Publishing. 2016. (Vietnamese Bedtime Collection). (VIE., Illus.). (J). (gr. k-3). *(978-1-77268-983-9(1));* pap. *(978-1-77268-982-2(3))* Shelley Admont Publishing.

I Love My Dad: Vietnamese English Bilingual Edition. Shelley Admont. 2017. (Vietnamese English Bilingual Collection). (VIE., Illus.). (J). (gr. k-3). *(978-1-5259-0320-5(9));* pap. *(978-1-5259-0319-9(5))* Kidkiddos Bks.

I Love My Dad - Ik Hou Van Mijn Vader: English Dutch Bilingual Edition. Shelley Admont & S. a Publishing. 2016. (English Dutch Bilingual Collection). (DUT., Illus.). (J). (gr. k-3). pap. *(978-1-5259-0020-4(X))* Shelley Admont Publishing.

I Love My Dad - Japanese Edition. Shelley Admont & Kidkiddos Books. 2nd ed. 2019. (Japanese Bedtime

Collection). (JPN., Illus.). 34p. (J). (gr. k-3). pap. *(978-1-5259-1589-5(4))* Kidkiddos Bks.

I Love My Dad - Portuguese (Brazilian) Edition. Shelley Admont & Kidkiddos Books. 2nd ed. 2019. (Portuguese Bedtime Collection). (POR., Illus.). 34p. (J). (gr. k-3). pap. *(978-1-5259-1629-8(7))* Kidkiddos Bks.

I Love My Dad (Afrikaans Children's Book) Shelley Admont & Kidkiddos Books. 2021. (AFR.). 34p. (J). pap. *(978-1-5259-5949-3(2)); (978-1-5259-5950-9(6))* Kidkiddos Bks.

I Love My Dad (Afrikaans English Bilingual Book for Kids) Shelley Admont & Kidkiddos Books. l.t. ed. 2022. (Afrikaans English Bilingual Collection). (AFR.). 34p. (J). *(978-1-5259-5953-0(0))*; pap. *(978-1-5259-5952-3(2))* Kidkiddos Bks.

I Love My Dad (Albanian Children's Book) Shelley Admont & Kidkiddos Books. l.t. ed. 2020. (Albanian Bedtime Collection). (ALB.). 34p. (J). (gr. k-3). *(978-1-5259-4724-7(9))*; pap. *(978-1-5259-4723-0(0))* Kidkiddos Bks.

I Love My Dad (Albanian English Bilingual Book for Kids) Shelley Admont & Kidkiddos Books. l.t. ed. 2021. (Albanian English Bilingual Collection). (ALB.). 34p. (J). (gr. k-3). *(978-1-5259-4727-8(3))*; pap. *(978-1-5259-4726-1(5))* Kidkiddos Bks.

I Love My Dad (Bengali Book for Kids) Shelley Admont & Kidkiddos Books. l.t. ed. 2022. (Bengali Bedtime Collection). (BEN.). 34p. (J). *(978-1-5259-6148-9(9))*; pap. *(978-1-5259-6147-2(0))* Kidkiddos Bks.

I Love My Dad (Bengali English Bilingual Book for Kids) Shelley Admont & Kidkiddos Books. l.t. ed. 2022. (Bengali English Bilingual Collection). (BEN.). 34p. (J). *(978-1-5259-6151-9(9))*; pap. *(978-1-5259-6150-2(0))* Kidkiddos Bks.

I Love My Dad (Bilingual Farsi Kids Books) English Farsi Persian Children's Books. Shelley Admont & S. a Publishing. 2018. (English Farsi Bilingual Collection). (PER., Illus.). 34p. (J). (gr. k-3). *(978-1-5259-0854-5(5))*; pap. *(978-1-5259-0853-8(7))* Kidkiddos Bks.

I Love My Dad (Bilingual Hebrew Kids Books) English Hebrew Children's Books. Shelley Admont & S. a Publishing. 2018. (English Hebrew Bilingual Collection). (HEB., Illus.). 34p. (J). (gr. k-3). *(978-1-5259-0763-0(8))*; pap. *(978-1-5259-0762-3(X))* Kidkiddos Bks.

I Love My Dad (Bulgarian Edition) Shelley Admont & Kidkiddos Books. 2020. (Bulgarian Bedtime Collection). (BUL., Illus.). 34p. (J). (gr. k-3). *(978-1-5259-2359-3(5))*; pap. *(978-1-5259-2358-6(7))* Kidkiddos Bks.

I Love My Dad (Bulgarian English Bilingual Book) Shelley Admont & Kidkiddos Books. 2020. (Bulgarian English Bilingual Collection). (BUL., Illus.). 34p. (J). (gr. k-3). *(978-1-5259-2362-3(5))*; pap. *(978-1-5259-2361-6(7))* Kidkiddos Bks.

I Love My Dad (Chinese English Bilingual Book for Kids - Mandarin) Shelley Admont & Kidkiddos Books. 2nd l.t. ed. 2020. (Chinese English Bilingual Collection). (CHI.). 34p. (J). (gr. k-3). pap. *(978-1-5259-3480-3(5))* Kidkiddos Bks.

I Love My Dad (Croatian Children's Book) Shelley Admont & Kidkiddos Books. l.t. ed. 2020. (Croatian Bedtime Collection). (HRV.). 34p. (J). (gr. k-3). *(978-1-5259-4432-1(0))*; pap. *(978-1-5259-4431-4(2))* Kidkiddos Bks.

I Love My Dad (Croatian English Bilingual Children's Book) Shelley Admont & Kidkiddos Books. l.t. ed. 2020. (Croatian English Bilingual Collection). (HRV.). 34p. (J). (gr. k-3). *(978-1-5259-4435-2(5))*; pap. *(978-1-5259-4434-5(7))* Kidkiddos Bks.

I Love My Dad (Czech Children's Book) Shelley Admont & Kidkiddos Books. l.t. ed. 2020. (Czech Bedtime Collection). (CZE.). 34p. (J). (gr. k-3). *(978-1-5259-4277-8(8))*; pap. *(978-1-5259-4276-1(X))* Kidkiddos Bks.

I Love My Dad (Czech English Bilingual Children's Book) Shelley Admont & Kidkiddos Books. l.t. ed. 2020. (Czech English Bilingual Collection). (CZE.). 34p. (J). (gr. k-3). *(978-1-5259-4280-8(8))*; pap. *(978-1-5259-4279-2(4))* Kidkiddos Bks.

I Love My Dad (Czech Ukrainian Bilingual Book for Kids) Shelley Admont & Kidkiddos Books. l.t. ed. 2022. (Czech Ukrainian Bilingual Collection). (UKR.). 34p. (J). pap. *(978-1-5259-6471-8(2))* Kidkiddos Bks.

I Love My Dad (Disney Princess) Jennifer Liberts. Illus. by Francesco Legramandi & Gabriella Matta. 2017. (Step into Reading Ser.). (ENG.). 24p. (J). (gr. -1-1). pap. 4.99 *(978-0-7364-3755-4(X)*, RH/Disney) Random Hse. Children's Bks.

I Love My Dad (Dutch English Bilingual Book) Shelley Admont & Kidkiddos Books. 2nd ed. 2019. (Dutch English Bilingual Collection). (DUT., Illus.). 34p. (J). (gr. k-3). pap. *(978-1-5259-1632-8(7))* Kidkiddos Bks.

I Love My Dad (English Afrikaans Bilingual Children's Book) Shelley Admont & Kidkiddos Books. l.t. ed. 2021. (AFR.). 34p. (J). *(978-1-5259-5947-9(6))*; pap. *(978-1-5259-5946-2(8))* Kidkiddos Bks.

I Love My Dad (English Albanian Bilingual Book for Kids) Shelley Admont & Kidkiddos Books. l.t. ed. (English Albanian Bilingual Collection). (ALB.). 34p. (J). (gr. k-3). 2021. pap. *(978-1-5259-4720-9(6))*; 2020. *(978-1-5259-4721-6(4))* Kidkiddos Bks.

I Love My Dad (English Arabic) Arabic Bilingual Children's Book. Shelley Admont. 2017. (English Arabic Bilingual Collection). (ARA., Illus.). (J). (gr. k-3). *(978-1-5259-0486-8(8))*; pap. *(978-1-5259-0485-1(X))* Kidkiddos Bks.

I Love My Dad (English Arabic Bilingual Book) Arabic Bilingual Children's Book. Shelley Admont & Kidkiddos Books. 2nd ed. 2019. (English Arabic Bilingual Collection). (ARA., Illus.). 34p. (J). (gr. k-3). *(978-1-5259-1170-5(8))*; pap. *(978-1-5259-1169-9(4))* Kidkiddos Bks.

I Love My Dad (English Bengali Bilingual Children's Book) Shelley Admont & Kidkiddos Books. l.t. ed. 2022. (English Bengali Bilingual Collection). (BEN.). 34p. (J). *(978-1-5259-6145-8(4))*; pap. *(978-1-5259-6144-1(6))* Kidkiddos Bks.

I Love My Dad (English Bulgarian Bilingual Book) Shelley Admont & Kidkiddos Books. 2020. (English Bulgarian Bilingual Collection). (BUL., Illus.). 34p. (J). (gr. k-3). *(978-1-5259-2356-2(0))*; pap. *(978-1-5259-2355-5(2))* Kidkiddos Bks.

I Love My Dad (English Croatian Bilingual Book for Kids) Shelley Admont & Kidkiddos Books. l.t. ed. 2020. (English Croatian Bilingual Collection). (HRV.). 34p. (J). (gr. k-3). *(978-1-5259-4429-1(0))*; pap. *(978-1-5259-4428-4(2))* Kidkiddos Bks.

I Love My Dad (English Czech Bilingual Book for Kids) Shelley Admont & Kidkiddos Books. l.t. ed. 2020. (English Czech Bilingual Collection). (CZE.). 34p. (J). (gr. k-3). *(978-1-5259-4274-7(3))*; pap. *(978-1-5259-4273-0(5))* Kidkiddos Bks.

I Love My Dad (English Dutch Bilingual Book for Kids) Shelley Admont & Kidkiddos Books. 2nd l.t. ed. 2020. (English Dutch Bilingual Collection). (DUT.). 34p. (J). (gr. k-3). pap. *(978-1-5259-3477-3(5))* Kidkiddos Bks.

I Love My Dad (English Greek Bilingual Book) Shelley Admont & Kidkiddos Books. 2nd ed. 2019. (English Greek Bilingual Collection). (GRE., Illus.). 34p. (J). (gr. k-3). pap. *(978-1-5259-1485-0(5))* Kidkiddos Bks.

I Love My Dad (English Hebrew Bilingual Book) Shelley Admont & Kidkiddos Books. 2nd ed. 2019. (English Hebrew Bilingual Collection). (HEB., Illus.). 34p. (J). (gr. k-3). pap. *(978-1-5259-1689-2(0))* Kidkiddos Bks.

I Love My Dad (English Hindi Bilingual Book for Kids) Shelley Admont & Kidkiddos Books. 2nd l.t. ed. 2020. (English Hindi Bilingual Collection). (HIN.). 34p. (J). (gr. k-3). pap. *(978-1-5259-3105-5(9))* Kidkiddos Bks.

I Love My Dad (English Irish Bilingual Book for Kids) Shelley Admont & Kidkiddos Books. l.t. ed. 2021. (GLE.). 34p. (J). *(978-1-5259-5938-7(7))*; pap. *(978-1-5259-5937-0(9))* Kidkiddos Bks.

I Love My Dad (English Japanese Bilingual Book) Shelley Admont & Kidkiddos Books. 2nd ed. 2019. (English Japanese Bilingual Collection). (JPN., Illus.). 34p. (J). (gr. k-3). pap. *(978-1-5259-1695-3(5))* Kidkiddos Bks.

I Love My Dad (English Korean Bilingual Book) Shelley Admont & Kidkiddos Books. 2nd ed. 2019. (English Korean Bilingual Collection). (KOR., Illus.). 34p. (J). (gr. k-3). pap. *(978-1-5259-1749-3(8))* Kidkiddos Bks.

I Love My Dad (English Macedonian Bilingual Book for Kids) Shelley Admont & Kidkiddos Books. l.t. ed. 2021. (MAC.). 34p. (J). *(978-1-5259-6028-4(8))*; pap. *(978-1-5259-6027-7(X))* Kidkiddos Bks.

I Love My Dad (English Malay Bilingual Book for Kids) Shelley Admont & Kidkiddos Books. l.t. ed. 2020. (English Malay Bilingual Collection). (MAY.). 34p. (J). (gr. k-3). *(978-1-5259-3214-4(4))*; pap. *(978-1-5259-3213-7(6))* Kidkiddos Bks.

I Love My Dad (English Maori Bilingual Book for Kids) Shelley Admont & Kidkiddos Books. l.t. ed. 2021. (English Maori Bilingual Collection). (MAO & ENG., Illus.). 34p. (J). *(978-1-5259-5695-9(7))*; pap. *(978-1-5259-5694-2(9))* Kidkiddos Bks.

I Love My Dad (English Polish Bilingual Book) Shelley Admont & Kidkiddos Books. 2nd ed. 2020. (English Polish Bilingual Collection). (POL., Illus.). 34p. (J). (gr. k-3). pap. *(978-1-5259-2086-8(3))* Kidkiddos Bks.

I Love My Dad (English Punjabi Bilingual Book) Shelley Admont & Kidkiddos Books. 2020. (English Punjabi Bilingual Collection). (PAN., Illus.). 34p. (J). (gr. k-3). *(978-1-5259-2514-6(8))*; pap. *(978-1-5259-2513-9(X))* Kidkiddos Bks.

I Love My Dad (English Swedish Bilingual Book) Shelley Admont & Kidkiddos Books. 2nd ed. 2019. (English Swedish Bilingual Collection). (SWE., Illus.). 34p. (J). (gr. k-3). pap. *(978-1-5259-1727-1(7))* Kidkiddos Bks.

I Love My Dad (English Thai Bilingual Book for Kids) Shelley Admont & Kidkiddos Books. l.t. ed. 2021. (English Thai Bilingual Collection). (THA.). 34p. (J). *(978-1-5259-5704-8(X))*; pap. *(978-1-5259-5703-1(1))* Kidkiddos Bks.

I Love My Dad (English Turkish Bilingual Book) Shelley Admont & Kidkiddos Books. 2020. (English Turkish Bilingual Collection). (TUR., Illus.). 34p. (J). (gr. k-3). *(978-1-5259-2408-8(7))*; pap. *(978-1-5259-2407-1(9))* Kidkiddos Bks.

I Love My Dad (English Ukrainian Bilingual Book for Kids) Shelley Admont & Kidkiddos Books. 2nd l.t. ed. 2020. (UKR.). 34p. (J). (gr. k-3). pap. *(978-1-5259-3523-7(2))* Kidkiddos Bks.

I Love My Dad (English Urdu Bilingual Book for Kids) Shelley Admont & Kidkiddos Books. l.t. ed. 2020. (English Urdu Bilingual Collection). (URD.). 34p. (J). (gr. k-3). *(978-1-5259-2756-0(6))*; pap. *(978-1-5259-2755-3(8))* Kidkiddos Bks.

I Love My Dad (English Welsh Bilingual Children's Book) Shelley Admont & Kidkiddos Books. l.t. ed. 2022. (English Welsh Bilingual Collection). (WEL.). 34p. (J). *(978-1-5259-6109-0(8))*; pap. *(978-1-5259-6108-3(X))* Kidkiddos Bks.

I Love My Dad Eu Amo Meu Papai: English Portuguese Bilingual Children's Book. Shelley Admont. 2017. (English Portuguese Bilingual Collection). (POR., Illus.). (J). (gr. k-3). *(978-1-5259-0418-9(3))* Kidkiddos Bks.

I Love My Dad Eu Amo o Meu Pai: English Portuguese - Portugal Bilingual Book. Shelley Admont & Kidkiddos Books. 2019. (English Portuguese Portugal Bilingual Collection). (POR., Illus.). 34p. (J). (gr. k-3). *(978-1-5259-1480-5(4))*; pap. *(978-1-5259-1479-9(0))* Kidkiddos Bks.

I Love My Dad (Greek Book for Kids) Shelley Admont & Kidkiddos Books. 2nd l.t. ed. 2020. (Greek Bedtime Collection). (GRE.). 34p. (J). (gr. k-3). pap. *(978-1-5259-3524-4(0))* Kidkiddos Bks.

I Love My Dad (Greek English Bilingual Book) Shelley Admont & Kidkiddos Books. 2nd ed. 2019. (Greek English Bilingual Collection). (GRE., Illus.). 34p. (J). (gr. k-3). pap. *(978-1-5259-1569-7(X))* Kidkiddos Bks.

I Love My Dad (Hindi Edition) Shelley Admont & Kidkiddos Books. 2nd ed. 2019. (Hindi Bedtime Collection). (HIN., Illus.). 34p. (J). (gr. k-3). pap. *(978-1-5259-1659-5(9))* Kidkiddos Bks.

I Love My Dad (Hindi English Bilingual Book for Kids) Shelley Admont & Kidkiddos Books. l.t. ed. 2021. (Hindi English Bilingual Collection). (HIN.). 34p. (J). (gr. k-3). *(978-1-5259-5188-6(2))*; pap. *(978-1-5259-5187-9(4))* Kidkiddos Bks.

I Love My Dad (Hungarian English Bilingual Book for Kids) Shelley Admont & Kidkiddos Books. l.t. ed. 2020. (Hungarian English Bilingual Collection). (HUN., Illus.). 34p. (J). (gr. k-3). *(978-1-5259-4001-9(5))*; pap. *(978-1-5259-4000-2(7))* Kidkiddos Bks.

I Love My Dad (Irish Children's Book) Shelley Admont & Kidkiddos Books. l.t. ed. 2021. (GLE.). 34p. (J). *(978-1-5259-5941-7(7))*; pap. *(978-1-5259-5940-0(9))* Kidkiddos Bks.

I Love My Dad (Irish English Bilingual Children's Book) Shelley Admont & Kidkiddos Books. l.t. ed. 2022. (Irish English Bilingual Collection). (GLE.). 34p. (J). *(978-1-5259-5944-8(1))*; pap. *(978-1-5259-5943-1(3))* Kidkiddos Bks.

I Love My Dad J'aime Mon Papa: English French Bilingual Book for Kids. Shelley Admont & Kidkiddos Books. 2nd ed. 2019. (English French Bilingual Collection). (FRE., Illus.). 34p. (J). (gr. k-3). pap. *(978-1-5259-1164-4(3))* Kidkiddos Bks.

I Love My Dad J'Aime Mon Papa (Bilingual French Kids Book) English French Children's Book. Shelley Admont & S. a Publishing. 2016. (English French Bilingual Collection). (FRE., Illus.). 34p. (J). (gr. k-3). *(978-1-5259-0711-1(5))* Kidkiddos Bks.

I Love My Dad (Japanese English Bilingual Book for Kids) Shelley Admont & Kidkiddos Books. 2nd l.t. ed. 2020. (Japanese English Bilingual Collection). (JPN.). 34p. (J). (gr. k-3). pap. *(978-1-5259-3475-9(9))* Kidkiddos Bks.

I Love My Dad (Japanese Kids Book) Bilingual Japanese Book for Children. Shelley Admont & S. a Publishing. 2018. (English Japanese Bilingual Collection). (JPN., Illus.). 34p. (J). (gr. k-3). *(978-1-5259-0661-9(5))* Kidkiddos Bks.

I Love My Dad (Korean Children's Book) Shelley Admont & Kidkiddos Books. 2nd l.t. ed. 2020. (Korean Bedtime Collection). (KOR.). 34p. (J). (gr. k-3). pap. *(978-1-5259-3599-2(2))* Kidkiddos Bks.

I Love My Dad (Korean English Bilingual Children's Book) Shelley Admont & Kidkiddos Books. 2nd l.t. ed. 2020. (Korean English Bilingual Collection). (KOR.). 34p. (J). (gr. k-3). *(978-1-5259-3521-3(6))*; pap. *(978-1-5259-3520-6(8))* Kidkiddos Bks.

I Love My Dad (Macedonian Children's Book) Shelley Admont & Kidkiddos Books. l.t. ed. 2021. (Macedonian Bedtime Collection). (MAC.). 34p. (J). *(978-1-5259-6031-4(8))*; pap. *(978-1-5259-6030-7(X))* Kidkiddos Bks.

I Love My Dad (Macedonian English Bilingual Children's Book) Shelley Admont & Kidkiddos Books. l.t. ed. 2022. (Macedonian English Bilingual Collection). (MAC.). 34p. (J). *(978-1-5259-6034-5(2))*; pap. *(978-1-5259-6033-8(4))* Kidkiddos Bks.

I Love My Dad Mahal Ko Ang Tatay Ko: English Tagalog. Shelley Admont & Kidkiddos Books. 2nd ed. 2019. (English Tagalog Bilingual Collcetion Ser.). (TGL.). 34p. (J). (gr. k-3). pap. *(978-1-5259-1250-4(X))* Kidkiddos Bks.

I Love My Dad (Malay Book for Children) Shelley Admont & Kidkiddos Books. l.t. ed. 2020. (Malay Bedtime Collection). (MAY.). 34p. (J). (gr. k-3). *(978-1-5259-3217-5(9))*; pap. *(978-1-5259-3216-8(0))* Kidkiddos Bks.

I Love My Dad (Malay English Bilingual Children's Book) Shelley Admont & Kidkiddos Books. l.t. ed. 2020. (Malay English Bilingual Collection). (MAY.). 34p. (J). (gr. k-3). *(978-1-5259-3220-5(9))*; pap. *(978-1-5259-3219-9(5))* Kidkiddos Bks.

I Love My Dad (Maori English Bilingual Children's Book) Shelley Admont & Kidkiddos Books. l.t. ed. 2022. (Maori English Bilingual Collection). (MAO.). 34p. (J). *(978-1-5259-5701-7(5))*; pap. *(978-1-5259-5700-0(7))* Kidkiddos Bks.

I Love My Dad (Maori Language Children's Book) Shelley Admont & Kidkiddos Books. l.t. ed. 2021. (Maori Bedtime Collection). (MAO., Illus.). 34p. (J). *(978-1-5259-5698-0(1))*; pap. *(978-1-5259-5697-3(3))* Kidkiddos Bks.

I Love My Dad (Polish English Bilingual Book for Kids) Shelley Admont & Kidkiddos Books. l.t. ed. 2020. (Polish English Bilingual Collection). (POL., Illus.). 34p. (J). (gr. k-3). *(978-1-5259-4245-7(X))*; pap. *(978-1-5259-4244-0(1))* Kidkiddos Bks.

I Love My Dad (Portuguese English Bilingual Book for Kids - Portugal) Shelley Admont & Kidkiddos Books. l.t. ed. 2021. (Portuguese English Bilingual Collection - Portugal Ser.). (POR., Illus.). 34p. (J). (gr. k-3). *(978-1-5259-4534-2(3))*; pap. *(978-1-5259-4533-5(5))* Kidkiddos Bks.

I Love My Dad (Portuguese English Bilingual Children's Book - Brazilian) Shelley Admont & Kidkiddos Books. l.t. ed. 2020. (Portuguese English Bilingual Collection - Brazil Ser.). (POR., Illus.). 34p. (J). (gr. k-3). *(978-1-5259-4131-3(3))*; pap. *(978-1-5259-4130-6(5))* Kidkiddos Bks.

I Love My Dad (Punjabi Edition) Shelley Admont & Kidkiddos Books. 2020. (Punjabi Bedtime Collection). (PAN., Illus.). 34p. (J). (gr. k-3). *(978-1-5259-2517-7(2))*; pap. *(978-1-5259-2516-0(4))* Kidkiddos Bks.

I Love My Dad (Punjabi English Bilingual Book for Kids) Punjabi India. Shelley Admont & Kidkiddos Books. 2020. (Punjabi English Bilingual Collection). (PAN., Illus.). 34p. (J). (gr. k-3). *(978-1-5259-2520-7(2))*; pap. *(978-1-5259-2519-1(9))* Kidkiddos Bks.

I Love My Dad Quiero a Mi Papá: English Spanish Bilingual Book. Shelley Admont & Kidkiddos Books. 2nd ed. 2019. (English Spanish Bilingual Collection). (SPA.). 34p. (J). (gr. k-3). pap. *(978-1-5259-1323-5(9))* Kidkiddos Bks.

I Love My Dad (Romanian English Bilingual Book) Shelley Admont & Kidkiddos Books. 2019. (Romanian English Bilingual Collection). (RUM., Illus.). 34p. (J). (gr. k-3). *(978-1-5259-1562-8(2))*; pap. *(978-1-5259-1561-1(4))* Kidkiddos Bks.

I Love My Dad (Russian Children's Book) Shelley Admont & Kidkiddos Books. 2nd l.t. ed. 2020. (Russian Bedtime Collection). (RUS.). 34p. (J). (gr. k-3). pap. *(978-1-5259-3519-0(4))* Kidkiddos Bks.

I Love My Dad (Serbian English Bilingual - Latin Alphabet) Serbian English Bilingual Book. Shelley Admont & Kidkiddos Books. 2019. (Serbian English Bilingual Collection). (SRP., Illus.). 34p. (J). (gr. k-3). *(978-1-5259-1360-0(3))*; pap. *(978-1-5259-1359-4(X))* Kidkiddos Bks.

I Love My Dad Szeretem Az Apukamat: English Hungarian Bilingual Book. Shelley Admont & Kidkiddos Books. 2nd ed. 2019. (English Hungarian Bilingual Collection). (HUN., Illus.). 34p. (J). (gr. k-3). pap. *(978-1-5259-1801-8(X))* Kidkiddos Bks.

I Love My Dad (Thai Children's Book) Shelley Admont & Kidkiddos Books. l.t. ed. 2021. (Thai Bedtime Collection). (THA.). 34p. (J). *(978-1-5259-5707-9(4))*; pap. *(978-1-5259-5706-2(6))* Kidkiddos Bks.

I Love My Dad (Thai English Bilingual Children's Book) Shelley Admont & Kidkiddos Books. l.t. ed. 2022. (Thai English Bilingual Collection). (THA.). 34p. (J). *(978-1-5259-5710-9(4))*; pap. *(978-1-5259-5709-3(0))* Kidkiddos Bks.

I Love My Dad (Turkish Edition) Shelley Admont & Kidkiddos Books. 2020. (Turkish Bedtime Collection). (TUR., Illus.). 34p. (J). (gr. k-3). *(978-1-5259-2411-8(7))*; pap. *(978-1-5259-2410-1(9))* Kidkiddos Bks.

I Love My Dad (Turkish English Bilingual Book) Shelley Admont & Kidkiddos Books. 2020. (Turkish English Bilingual Collection). (TUR., Illus.). 34p. (J). (gr. k-3). *(978-1-5259-2414-9(1))*; pap. *(978-1-5259-2413-2(3))* Kidkiddos Bks.

I Love My Dad (Vietnamese Book for Kids) Shelley Admont & Kidkiddos Books. 2nd l.t. ed. 2020. (Vietnamese Bedtime Collection). (VIE.). 34p. (J). (gr. k-3). pap. *(978-1-5259-3467-4(8))* Kidkiddos Bks.

I Love My Dad (Vietnamese English Bilingual Book for Kids) Shelley Admont & Kidkiddos Books. 2nd l.t. ed. 2020. (Vietnamese English Bilingual Collection). (VIE.). 34p. (J). (gr. k-3). pap. *(978-1-5259-3526-8(7))* Kidkiddos Bks.

I Love My Dad (Welsh Book for Kids) Shelley Admont & Kidkiddos Books. l.t. ed. 2022. (Welsh Bedtime Collection). (WEL.). 34p. (J). *(978-1-5259-6112-0(8))*; pap. *(978-1-5259-6111-3(X))* Kidkiddos Bks.

I Love My Dad (Welsh English Bilingual Book for Kids) Shelley Admont & Kidkiddos Books. l.t. ed. 2022. (Welsh English Bilingual Collection). (WEL.). 34p. (J). *(978-1-5259-6115-1(2))*; pap. *(978-1-5259-6114-4(4))* Kidkiddos Bks.

I Love My Daddy. Robyn Gale. Illus. by Bethany Carr. 2021. (Peep-Through Bks.). (ENG.). 12p. (J). (gr. -1-1). bds. 9.99 *(978-1-78958-664-0(X))* Top That! Publishing PLC GBR. Dist: Independent Pubs. Group.

I Love My Daddy. Elias Zapple. Illus. by Xenia Basova. 2020. (I Love Bedtime Stories Ser.: Vol. 4). (ENG.). 32p. (J). pap. *(978-1-912704-47-7(1))* Heads or Tales Pr.

I Love My Daddy Board Book. Sebastien Braun. Illus. by Sebastien Braun. 2017. (ENG., Illus.). 12p. (J). (gr. -1 — 1). bds. 8.99 *(978-0-06-256425-2(0)*, Tegen, Katherine Bks) HarperCollins Pubs.

I Love My Dad/Eu Amo Meu Papai: English Portuguese Bilingual Children's Book. Shelley Admont. 2017. (English Portuguese Bilingual Collection). (POR., Illus.). (J). (gr. k-3). *(978-1-5259-0417-2(5))* Kidkiddos Bks.

I Love My Dinosaur. DK. 2020. (I Love My Ser.). (ENG.). 12p. (J). (-k). bds. 12.99 *(978-1-4654-9971-4(7)*, DK Children) Dorling Kindersley Publishing, Inc.

I Love My Doggie! Dog Care for Children Made Easy Children's Dog Books. Pets Unchained. ed. 2019. (ENG., Illus.). 240p. (J). (gr. k-12). E-Book 4.99 *(978-1-5419-1676-0(X)*, Baby Professor (Education Kids)) Speedy Publishing LLC.

I Love My Dragon. Jodi Moore. Illus. by Howard McWilliam. 2019. (When a Dragon Moves In Ser.). (ENG.). 24p. (J). bds. 7.99 *(978-1-947277-30-4(8))* Flashlight Pr.

I Love My Family. Rozanne Williams. 2017. (Learn-To-Read Ser.). (ENG., Illus.). (J). pap. 3.49 *(978-1-68310-332-5(7))* Pacific Learning, Inc.

I Love My Family / Amo a Mi Familia (English-Spanish) (Disney Elena of Avalor) Stevie Stack. Tr. by Elvira Ortiz. Illus. by Disney Storybook Art Team. 2018. (Disney Bilingual Ser.: 9). (ENG.). 16p. (J). (gr. -1-k). bds. 6.99 *(978-1-4998-0791-2(0)*, BuzzPop) Little Bee Books Inc.

I Love My Farm: A Pop-Up Book about Animals on the Farm. DK. 2023. (I Love My Ser.). (ENG.). 12p. (J). (-k). bds. 12.99 *(978-0-7440-6995-2(5)*, DK Children) Dorling Kindersley Publishing, Inc.

I Love My Friends. a Book for Kids Only. Bogdan Papandopol. 2019. (ENG.). 20p. (J). *(978-0-359-98036-9(8))* Lulu Pr., Inc.

I Love My Future HBCU: Teaching Children about Historically Black Colleges & Universites. Nathalie Nelson Parker. 2020. (ENG.). 30p. (J). pap. 11.99 *(978-1-7358233-7-9(6))* Civitas Consulting Group.

I Love My Glam-Ma! Samantha Berger. Illus. by Sujean Rim. 2019. (ENG.). 40p. (J). (gr. -1-k). 18.99 *(978-1-338-15183-1(5)*, Orchard Bks.) Scholastic, Inc.

I Love My Grandma. Giles Andreae. Illus. by Emma Dodd. 2016. (ENG.). 32p. (J). (gr. -1-3). 16.99 *(978-1-4847-3407-0(6))* Disney Pr.

I Love My Grandma. Giles Andreae. Illus. by Emma Dodd. 2018. (ENG.). 24p. (J). (gr. -1 — 1). bds. 7.99 *(978-1-4847-3409-4(2))* Hyperion Bks. for Children.

I Love My Grandma. Robyn Gale. Illus. by Bethany Carr. 2021. (Peep-Through Bks.). (ENG.). 12p. (J). (gr. -1-1). bds. 9.99 *(978-1-78958-666-4(6))* Top That! Publishing PLC GBR. Dist: Independent Pubs. Group.

I Love My Grandma. Frances Gilbert. ed. 2020. (Step into Reading Ser.). (ENG., Illus.). 30p. (J). (gr. k-1). 14.96 *(978-1-64697-454-2(9))* Penworthy Co., LLC, The.

I Love My Grandpa (Bilingual Chinese with Pinyin & English - Simplified Chinese Version) A Dual Language Children's Book. Katrina Liu. Illus. by Rosalia Destarisa. 2019. (ENG & CHI.). 34p. (J). (gr. k-1). 15.99 *(978-1-7339671-0-5(9))* Lychee Pr.

I Love My Grandpa (Bilingual Chinese with Pinyin & English - Traditional Chinese Version) A Dual Language Children's Book. Katrina Liu. Illus. by Rosalia Destarisa. 2019. (ENG & CHI.). 34p. (J). (gr. k). 15.99 *(978-1-7339671-4-3(1)*, Lychee Pr.) Lychee Pr.

I Love My Grandparents. The The Wiggles. 2023. (Wiggles Ser.). (ENG.). 32p. (J). (gr. -1-4). 17.99

(978-1-922857-02-6(5)) Bonnier Publishing GBR. Dist: Independent Pubs. Group.

I Love My Granny & She Loves Me. Michelle Wanasundera. Illus. by John Robert Azuelo. 2023. (ENG.). 28p. (J). pap. *(978-1-922991-43-0(0))* Library For All Limited.

I Love My Granny & She Loves Me. Michelle Wanasundera. Illus. by Sofiia Nykyforuk. 2022. (ENG.). 28p. (J). pap. *(978-1-922895-39-4(3))* Library For All Limited.

I Love My Hair. Afriyie Turner. 2017. (ENG.). 54p. (J). pap. *(978-1-365-93580-0(9))* Lulu Pr., Inc.

I Love My Haircut! Natasha Anastasia Tarpley. Illus. by E. B. Lewis. ed. 2020. (ENG.). 22p. (J). (gr. -1 — 1). bds. 7.99 *(978-0-316-45994-5(1))* Little, Brown Bks. for Young Readers.

I Love My Home. Sebastien Braun. (ENG.). (J). 2022. 24p. (— 1). bds. 7.99 *(978-1-914912-04-7(7))*; 2021. 32p. (gr. -1-1). 17.95 *(978-1-912757-20-6(9))* Boxer Bks., Ltd. GBR. Dist: Sterling Publishing Co., Inc.

I Love My Humans: As Told by Poppy the Pink Poodle. James Robert Jay. Ed. by Linda Ewington. 2020. (ENG., Illus.). 34p. (J). *(978-0-2288-1755-0(2))*; pap. *(978-0-2288-1756-7(0))* Tellwell Talent.

I Love My Humans: Poppy Tails. James Robert Jay. Ed. by Linda Ewington. 2019. (ENG.). 32p. (J). pap. 12.60 *(978-1-950543-76-2(5))* Legaia Bks. USA.

I Love My Humans: Poppy the Pink Poodle. James Robert Jay. Ed. by Linda Ewington. 2020. (ENG.). 30p. (J). pap. 12.60 *(978-1-950543-99-1(4))* Legaia Bks. USA.

I Love My Humans: Where Is Madison? Linda Jay Ewington. Illus. by James Robert Jay. 2020. (ENG.). 34p. (J). pap. 12.60 *(978-1-951932-40-4(4))* Legaia Bks. USA.

I Love My Kitten: A Pop-Up Book about the Lives of Cute Kittens. DK. 2022. (I Love My Ser.). (ENG.). 12p. (J). (-k). bds. 12.99 *(978-0-7440-5010-3(3)*, DK Children) Dorling Kindersley Publishing, Inc.

I Love My Llamacorn. Danielle McLean. Illus. by Prisca Le Tandé. 2019. (Llamacorn & Friends Ser.). (ENG.). 18p. (J). (— 1). bds. 9.99 *(978-0-593-12206-8(2)*, Random Hse. Bks. for Young Readers) Random Hse. Children's Bks.

I Love My Mama. Elias Zapple. Illus. by Aguilar Ero. 2020. (I Love... Ser.: Vol. 1). (ENG.). 32p. (J). (gr. k). pap. *(978-1-912704-34-7(X))* Heads or Tales Pr.

I Love My Mamas. Elias Zapple. Illus. by Crisanto Etorma. 2020. (I Love Bedtime Stories Ser.: Vol. 5). (ENG.). 32p. (J). (gr. k). pap. *(978-1-912704-57-6(9))* Heads or Tales Pr.

I Love My Mini Pig Notebook: Blank Lined 100 Pages Size 6 X 9 In. Zadie Rourke. 2022. (ENG.). 102p. (J). pap. 9.99 *(978-1-4583-5393-1(1))* Lulu Pr., Inc.

I Love My Mom. Shelley Admont & Kidkiddos Books. 2nd ed. 2019. (I Love To... Ser.). (ENG., Illus.). 32p. (J). (gr. k-2). pap. *(978-1-5259-1772-1(2))* Kidkiddos Bks.

I Love My Mom: English Arabic Bilingual Book. Shelley Admont & Kidkiddos Books. 2nd ed. 2019. (English Arabic Bilingual Collection). (ARA., Illus.). 32p. (J). (gr. k-3). *(978-1-5259-1416-4(2))*; pap. *(978-1-5259-1415-7(4))* Kidkiddos Bks.

I Love My Mom: English Arabic Bilingual Children's Book. Shelley Admont. 2017. (English Arabic Bilingual Collection). (ARA & ENG., Illus.). (J). (gr. k-3). *(978-1-5259-0460-8(4))*; pap. *(978-1-5259-0459-2(0))* Kidkiddos Bks.

I Love My Mom: English Farsi - Persian. Shelley Admont & Kidkiddos Books. (English Farsi Bilingual Collection). (PER., Illus.). 32p. (J). (gr. k-3). 2018. *(978-1-5259-0968-9(1))*; 2018. pap. *(978-1-5259-0967-2(3))*; 2nd ed. 2019. pap. *(978-1-5259-1161-3(9))* Kidkiddos Bks.

I Love My Mom: English Greek Bilingual Book. Shelley Admont & Kidkiddos Books. 2nd ed. 2019. (English Greek Bilingual Collection). (GRE.). 32p. (J). (gr. k-3). pap. *(978-1-5259-1232-0(1))* Kidkiddos Bks.

I Love My Mom: English Hebrew. Shelley Admont & S. a Publishing. 2018. (English Hebrew Bilingual Collection). (HEB., Illus.). 32p. (J). (gr. k-3). pap. *(978-1-5259-0838-5(3))* Kidkiddos Bks.

I Love My Mom: English Hebrew Bilingual Book. Shelley Admont & Kidkiddos Books. 2nd ed. 2019. (English Hebrew Bilingual Collection). (HEB., Illus.). 32p. (J). (gr. k-3). pap. *(978-1-5259-1282-5(8))* Kidkiddos Bks.

I Love My Mom: English Hungarian Bilingual Edition. Shelley Admont & S. a Publishing. 2016. (English Hungarian Bilingual Collection). (HUN., Illus.). (J). (gr. k-3). *(978-1-77268-791-0(X))*; pap. *(978-1-77268-790-3(1))* Shelley Admont Publishing.

I Love My Mom: English Japanese Bilingual Edition. Shelley Admont & S. a Publishing. 2016. (English Japanese Bilingual Collection). (JPN., Illus.). (J). (gr. k-3). *(978-1-77268-823-8(1))*; pap. *(978-1-77268-822-1(3))* Shelley Admont Publishing.

I Love My Mom: English Polish Bilingual Book. Shelley Admont & Kidkiddos Books. 2nd ed. 2019. (English Polish Bilingual Collection). (POL., Illus.). 32p. (J). (gr. k-3). pap. *(978-1-5259-1292-4(5))* Kidkiddos Bks.

I Love My Mom: English Polish Bilingual Children's Book. Shelley Admont. 2017. (English Polish Bilingual Collection). (POL., Illus.). (J). (gr. k-3). *(978-1-5259-0368-7(3))*; pap. *(978-1-5259-0367-0(5))* Kidkiddos Bks.

I Love My Mom: English Portuguese Book for Kids. Shelley Admont. 2017. (English Portuguese Bilingual Collection). (POR., Illus.). (J). (gr. k-3). *(978-1-5259-0391-5(8))* Kidkiddos Bks.

I Love My Mom: English Romanian Bilingual Edition. Shelley Admont & S. a Publishing. 2016. (English Romanian Bilingual Collection). (RUM., Illus.). (J). (gr. k-3). *(978-1-77268-768-2(5))*; pap. *(978-1-77268-767-5(7))* Shelley Admont Publishing.

I Love My Mom: English Serbian Bilingual Edition. Shelley Admont. 2016. (English Serbian Bilingual Collection). (SRP., Illus.). (J). (gr. k-3). *(978-1-5259-0127-0(3))*; pap. *(978-1-5259-0126-3(5))* Kidkiddos Bks.

I Love My Mom: English Serbian Cyrillic. Shelley Admont & Kidkiddos Books. 2018. (English Serbian Cyrillic Collection). (SRP., Illus.). 32p. (J). (gr. k-3). *(978-1-5259-1012-8(4))*; pap. *(978-1-5259-1011-1(6))* Kidkiddos Bks.

I Love My Mom: English Swedish Bilingual Edition. Shelley Admont. 2016. (English Swedish Bilingual Collection). (SWE., Illus.). (J). (gr. k-3). *(978-1-5259-0105-8(2))*; pap. *(978-1-5259-0104-1(4))* Kidkiddos Bks.

I Love My Mom: English Vietnamese Bilingual Collection. Shelley Admont. 2017. (English Vietnamese Bilingual Collection). (VIE., Illus.). (J). (gr. k-3). pap. *(978-1-5259-0339-7(X))* Kidkiddos Bks.

I Love My Mom: English Vietnamese Bilingual Edition. Shelley Admont & S. a Publishing. 2016. (English Vietnamese Bilingual Collection). (VIE., Illus.). (J). (gr. k-3). *(978-1-77268-840-5(1))*; pap. *(978-1-77268-839-9(8))* Shelley Admont Publishing.

I Love My Mom: French English Bilingual Children's Book. Shelley Admont. 2017. (French English Bilingual Collection). (FRE., Illus.). (J). (gr. k-3). pap. *(978-1-5259-0332-8(2))* Kidkiddos Bks.

I Love My Mom: Greek English Bilingual Edition. Shelley Admont & S. a Publishing. 2016. (Greek English Bilingual Collection). (GRE., Illus.). (J). (gr. k-3). *(978-1-77268-947-1(5))*; pap. *(978-1-77268-946-4(7))* Shelley Admont Publishing.

I Love My Mom: Hungarian Edition. Shelley Admont & S. a Publishing. 2016. (Hungarian Bedtime Collection). (HUN., Illus.). (J). (gr. k-3). *(978-1-77268-793-4(6))*; pap. *(978-1-77268-792-7(8))* Shelley Admont Publishing.

I Love My Mom: Japanese Edition. Shelley Admont & S. a Publishing. 2016. (Japanese Bedtime Collection). (JPN., Illus.). (J). (gr. k-3). *(978-1-77268-826-9(6))*; pap. *(978-1-77268-825-2(8))* Shelley Admont Publishing.

I Love My Mom: Japanese English Bilingual Edition. Shelley Admont. 2016. (Japanese English Bilingual Collection). (JPN., Illus.). (J). (gr. k-3). *(978-1-5259-0189-8(3))*; pap. *(978-1-5259-0188-1(5))* Kidkiddos Bks.

I Love My Mom: Polish Book for Kids. Shelley Admont. 2017. (Polish Bedtime Collection). (POL., Illus.). (J). (gr. k-3). pap. *(978-1-5259-0369-4(1))* Kidkiddos Bks.

I Love My Mom: Polish Children's Book. Shelley Admont. 2017. (Polish Bedtime Collection). (POL., Illus.). (J). (gr. k-3). *(978-1-5259-0370-0(5))* Kidkiddos Bks.

I Love My Mom: Portuguese Book for Kids. Shelley Admont. 2017. (Portuguese Bedtime Collection). (POR., Illus.). (J). (gr. k-3). pap. *(978-1-5259-0393-9(4))* Kidkiddos Bks.

I Love My Mom: Portuguese Children's Book. Shelley Admont. 2017. (Portuguese Bedtime Collection). (POR., Illus.). (J). (gr. k-3). *(978-1-5259-0394-6(2))* Kidkiddos Bks.

I Love My Mom: Romanian Edition. Shelley Admont & S. a Publishing. 2016. (Romanian Bedtime Collection). (RUM., Illus.). (J). (gr. k-3). *(978-1-77268-770-5(7))*; pap. *(978-1-77268-769-9(3))* Shelley Admont Publishing.

I Love My Mom: Romanian English Bilingual Edition. Shelley Admont. 2016. (Romanian English Bilingual Collection). (RUM., Illus.). (J). (gr. k-3). *(978-1-5259-0157-7(5))* Kidkiddos Bks.

I Love My Mom: Serbian Edition. Shelley Admont. 2016. (Serbian Bedtime Collection). (SRP., Illus.). (J). (gr. k-3). *(978-1-5259-0129-4(X))*; pap. *(978-1-5259-0128-7(1))* Kidkiddos Bks.

I Love My Mom: Serbian Language Cyrillic. Shelley Admont & Kidkiddos Books. 2018. (Serbian Bedtime Collection Cyrillic Ser.). (SRP., Illus.). 32p. (J). (gr. k-3). *(978-1-5259-1014-2(0))*; pap. *(978-1-5259-1013-5(2))* Kidkiddos Bks.

I Love My Mom: Swedish Edition. Shelley Admont. 2016. (Swedish Bedtime Collection). (SWE., Illus.). (J). (gr. k-3). *(978-1-5259-0108-9(7))*; pap. *(978-1-5259-0107-2(9))* Kidkiddos Bks.

I Love My Mom: Swedish English Bilingual Edition. Shelley Admont. 2017. (Swedish English Bilingual Collection). (SWE., Illus.). (J). (gr. k-3). *(978-1-5259-0249-9(0))*; pap. *(978-1-5259-0248-2(2))* Kidkiddos Bks.

I Love My Mom: Vietnamese Edition. Shelley Admont & S. a Publishing. 2016. (Vietnamese Bedtime Collection). (VIE., Illus.). (J). (gr. k-3). *(978-1-77268-842-9(8))*; pap. *(978-1-77268-841-2(X))* Shelley Admont Publishing.

I Love My Mom: Vietnamese English Bilingual Book. Shelley Admont & Kidkiddos Books. 2nd ed. 2019. (Vietnamese English Bilingual Collection). (VIE., Illus.). 32p. (J). (gr. k-3). pap. *(978-1-5259-1284-9(4))* Kidkiddos Bks.

I Love My Mom: Vietnamese English Bilingual Edition. Shelley Admont & S. a Publishing. 2016. (Vietnamese English Bilingual Collection). (VIE., Illus.). (J). (gr. k-3). *(978-1-5259-0063-1(3))*; pap. *(978-1-5259-0062-4(5))* Shelley Admont Publishing.

I Love My Mom - Hungarian Edition. Shelley Admont & Kidkiddos Books. 2nd ed. 2019. (Hungarian Bedtime Collection). (HUN., Illus.). 32p. (J). (gr. k-3). pap. *(978-1-5259-1607-6(6))* Kidkiddos Bks.

I Love My Mom - Korean Edition. Shelley Admont & Kidkiddos Books. 2nd ed. 2020. (Korean Bedtime Collection). (KOR., Illus.). 32p. (J). (gr. k-3). pap. *(978-1-5259-2340-1(4))* Kidkiddos Bks.

I Love My Mom - Russian Edition. Shelley Admont & Kidkiddos Books. 2nd ed. 2019. (Russian Bedtime Collection). (RUS., Illus.). 32p. (J). (gr. k-3). pap. *(978-1-5259-1789-9(7))* Kidkiddos Bks.

I Love My Mom (Afrikaans Children's Book) Shelley Admont & Kidkiddos Books. 2021. (Afrikaans Bedtime Collection). (AFR.). 32p. (J). *(978-1-5259-5725-3(2))*; pap. *(978-1-5259-5724-6(4))* Kidkiddos Bks.

I Love My Mom (Afrikaans English Bilingual Children's Book) Shelley Admont & Kidkiddos Books. l.t. ed. 2022. (Afrikaans English Bilingual Collection). (AFR.). 32p. (J). *(978-1-5259-5728-4(7))*; pap. *(978-1-5259-5727-7(9))* Kidkiddos Bks.

I Love My Mom (Albanian Children's Book) Shelley Admont & Kidkiddos Books. l.t. ed. 2021. (Albanian Bedtime Collection). (ALB.). 32p. (J). (gr. k-3). *(978-1-5259-4625-7(0))*; pap. *(978-1-5259-4624-0(2))* Kidkiddos Bks.

I Love My Mom (Albanian English Bilingual Children's Book) Shelley Admont & Kidkiddos Books. l.t. ed. 2021. (Albanian English Bilingual Collection). (ALB.). 32p. (J). (gr. k-3). *(978-1-5259-4628-8(5))*; pap. *(978-1-5259-4627-1(7))* Kidkiddos Bks.

I Love My Mom Amo a Mi Mamá: English Spanish Bilingual Edition. Shelley Admont & S. a Publishing. 2018. (English Spanish Bilingual Collection). (SPA., Illus.). 32p. (J). (gr. k-3). *(978-1-5259-0776-0(X))* Kidkiddos Bks.

I Love My Mom (Bengali Children's Book) Shelley Admont & Kidkiddos Books. l.t. ed. 2021. (Bengali Bedtime Collection). (BEN.). 32p. (J). *(978-1-5259-6004-8(0))*; pap. *(978-1-5259-6003-1(2))* Kidkiddos Bks.

I Love My Mom (Bengali English Bilingual Children's Book) Shelley Admont & Kidkiddos Books. l.t. ed. 2022. (Bengali English Bilingual Collection). (BEN.). 32p. (J). *(978-1-5259-6007-9(5))*; pap. *(978-1-5259-6006-2(7))* Kidkiddos Bks.

I Love My Mom (Bulgarian Edition) Shelley Admont & Kidkiddos Books. 2020. (Bilingual Bedtime Collection). (BUL., Illus.). 32p. (J). (gr. k-3). *(978-1-5259-2204-6(1))*; pap. *(978-1-5259-2203-9(3))* Kidkiddos Bks.

I Love My Mom (Bulgarian English Bilingual Book) Shelley Admont & Kidkiddos Books. 2020. (Bulgarian English Bilingual Collection). (BUL., Illus.). 32p. (J). (gr. k-3). *(978-1-5259-2207-7(6))*; pap. *(978-1-5259-2206-0(8))* Kidkiddos Bks.

I Love My Mom (Chinese Edition) Shelley Admont & Kidkiddos Books. 2nd ed. 2019. (Chinese Bedtime Collection). (CHI., Illus.). 32p. (J). (gr. k-3). pap. *(978-1-5259-1902-2(4))* Kidkiddos Bks.

I Love My Mom (Chinese English Bilingual Book) Shelley Admont & Kidkiddos Books. 2nd ed. 2019. (Chinese English Bilingual Collection). (CHI., Illus.). 32p. (J). (gr. k-3). pap. *(978-1-5259-1648-9(3))* Kidkiddos Bks.

I Love My Mom (Croatian Children's Book) Shelley Admont & Kidkiddos Books. l.t. ed. 2020. (Croatian Bedtime Collection). (HRV.). 32p. (J). (gr. k-3). *(978-1-5259-4331-7(6))*; pap. *(978-1-5259-4330-0(8))* Kidkiddos Bks.

I Love My Mom (Croatian English Bilingual Children's Book) Shelley Admont & Kidkiddos Books. l.t. ed. 2020. (Croatian English Bilingual Collection). (HRV.). 32p. (J). (gr. k-3). *(978-1-5259-4334-8(0))*; pap. *(978-1-5259-4333-1(2))* Kidkiddos Bks.

I Love My Mom (Czech Children's Book) Shelley Admont & Kidkiddos Books. l.t. ed. 2021. (Czech Bedtime Collection). (CZE.). 32p. (J). (gr. k-3). *(978-1-5259-4661-5(7))*; pap. *(978-1-5259-4660-8(9))* Kidkiddos Bks.

I Love My Mom (Czech English Bilingual Book for Kids) Shelley Admont & Kidkiddos Books. l.t. ed. 2021. (Czech English Bilingual Collection). (CZE.). 32p. (J). (gr. k-3). *(978-1-5259-4664-6(1))*; pap. *(978-1-5259-4663-9(3))* Kidkiddos Bks.

I Love My Mom (Czech Ukrainian Bilingual Book for Kids) Shelley Admont & Kidkiddos Books. l.t. ed. 2022. (Czech Ukrainian Bilingual Collection). (UKR.). 32p. (J). pap. *(978-1-5259-6465-7(8))* Kidkiddos Bks.

I Love My Mom (English Afrikaans Bilingual Book for Kids) Shelley Admont & Kidkiddos Books. l.t. ed. 2021. (English Afrikaans Bilingual Collection). (AFR.). 32p. (J). *(978-1-5259-5722-2(8))*; pap. *(978-1-5259-5721-5(X))* Kidkiddos Bks.

I Love My Mom (English Albanian Bilingual Book for Kids) Shelley Admont & Kidkiddos Books. l.t. ed. 2021. (English Albanian Bilingual Collection). (ALB.). 32p. (J). (gr. k-3). *(978-1-5259-4622-6(6))*; pap. *(978-1-5259-4621-9(8))* Kidkiddos Bks.

I Love My Mom (English Bengali Bilingual Book for Kids) Shelley Admont & Kidkiddos Books. l.t. ed. 2021. (BEN.). 32p. (J). *(978-1-5259-6001-7(6))*; pap. *(978-1-5259-6000-0(8))* Kidkiddos Bks.

I Love My Mom (English Bulgarian Bilingual Book) Shelley Admont & Kidkiddos Books. 2020. (English Bulgarian Bilingual Collection). (BUL., Illus.). 32p. (J). (gr. k-3). *(978-1-5259-2201-5(7))*; pap. *(978-1-5259-2200-8(9))* Kidkiddos Bks.

I Love My Mom (English Chinese Mandarin Bilingual Book) Shelley Admont & Kidkiddos Books. 2nd ed. 2019. (English Chinese Bilingual Collection). (CHI., Illus.). 32p. (J). (gr. k-3). pap. *(978-1-5259-1706-6(4))* Kidkiddos Bks.

I Love My Mom (English Croatian Bilingual Book for Kids) Shelley Admont & Kidkiddos Books. l.t. ed. 2020. (English Croatian Bilingual Collection). (HRV.). 32p. (J). (gr. k-3). *(978-1-5259-4328-7(6))*; pap. *(978-1-5259-4327-0(8))* Kidkiddos Bks.

I Love My Mom (English Czech Bilingual Book for Kids) Shelley Admont & Kidkiddos Books. l.t. ed. 2021. (English Czech Bilingual Collection). (CZE.). 32p. (J). (gr. k-3). *(978-1-5259-4658-5(7))*; pap. *(978-1-5259-4657-8(9))* Kidkiddos Bks.

I Love My Mom (English Hebrew Children's Book) Hebrew Book for Kids. Shelley Admont & S. a Publishing. 2018. (English Hebrew Bilingual Collection). (HEB., Illus.). 32p. (J). (gr. k-3). pap. *(978-1-5259-0839-2(1))* Kidkiddos Bks.

I Love My Mom (English Hindi Bilingual Book) Shelley Admont & Kidkiddos Books. 2nd ed. 2019. (English Hindi Bilingual Collection). (HIN., Illus.). 32p. (J). (gr. k-3). pap. *(978-1-5259-1845-2(1))* Kidkiddos Bks.

I Love My Mom (English Hindi Children's Book) Hindi Book for Kids. Shelley Admont & S. a Publishing. 2018. (English Hindi Bilingual Collection). (HIN., Illus.). 32p. (J). (gr. k-3). *(978-1-5259-0780-7(8))*; pap. *(978-1-5259-0779-1(4))* Kidkiddos Bks.

I Love My Mom (English Hungarian Bilingual Book) Shelley Admont & Kidkiddos Books. 2nd ed. 2019. (English Hungarian Bilingual Collection). (HUN.). 32p. (J). (gr. k-3). pap. *(978-1-5259-1521-5(5))* Kidkiddos Bks.

I Love My Mom (English Irish Bilingual Book for Kids) Shelley Admont & Kidkiddos Books. l.t. ed. 2021. (GLE.). 32p. (J). *(978-1-5259-6019-2(9))*; pap. *(978-1-5259-6018-5(0))* Kidkiddos Bks.

I Love My Mom (English Japanese Bilingual Book) Shelley Admont & Kidkiddos Books. 2nd ed. 2019. (English Japanese Bilingual Collection). (JPN., Illus.). 32p. (J). (gr. k-3). pap. *(978-1-5259-1609-0(2))* Kidkiddos Bks.

I Love My Mom (English Korean Bilingual Book) Shelley Admont & Kidkiddos Books. 2nd ed. 2019. (English Korean Bilingual Collection). (KOR., Illus.). 32p. (J). (gr. k-3). pap. *(978-1-5259-1840-7(0))* Kidkiddos Bks.

I Love My Mom (English Macedonian Bilingual Book for Kids) Shelley Admont & Kidkiddos Books. l.t. ed. 2021. (English Macedonian Bilingual Collection). (MAC.). 32p. (J). *(978-1-5259-6037-6(7))*; pap. *(978-1-5259-6036-9(9))* Kidkiddos Bks.

I Love My Mom (English Malay Bilingual Book) Shelley Admont & Kidkiddos Books. 2020. (English Malay Bilingual Collection). (MAY., Illus.). 32p. (J). (gr. k-3). *(978-1-5259-2228-2(9))*; pap. *(978-1-5259-2227-5(0))* Kidkiddos Bks.

I Love My Mom (English Portuguese - Portugal) English Portuguese Bilingual Book. Shelley Admont & Kidkiddos Books. 2019. (English Portuguese Portugal Bilingual Collection). (POR., Illus.). 32p. (J). (gr. k-3). *(978-1-5259-1381-5(6))*; pap. *(978-1-5259-1380-8(8))* Kidkiddos Bks.

I Love My Mom (English Portuguese- Brazil) English Portuguese Bilingual Book. Shelley Admont & Kidkiddos Books. 2nd ed. 2019. (English Portuguese Bilingual Collection). (POR., Illus.). 32p. (J). (gr. k-3). *(978-1-5259-1729-5(3))*; pap. *(978-1-5259-1728-8(5))* Kidkiddos Bks.

I Love My Mom (English Punjabi Bilingual Book -Gurmukhi) Shelley Admont & Kidkiddos Books. 2020. (English Punjabi Bilingual Collection - Gurmukhi Ser.). (PAN., Illus.). 32p. (J). (gr. k-3). *(978-1-5259-2165-0(7))*; pap. *(978-1-5259-2164-3(9))* Kidkiddos Bks.

I Love My Mom (English Romanian Bilingual Book) Shelley Admont & Kidkiddos Books. 2nd ed. 2019. (English Romanian Bilingual Collection). (RUM., Illus.). 32p. (J). (gr. k-3). *(978-1-5259-1175-0(9))*; pap. *(978-1-5259-1174-3(0))* Kidkiddos Bks.

I Love My Mom (English Russian Bilingual Book) Shelley Admont & Kidkiddos Books. 2nd ed. 2019. (English Russian Bilingual Collection). (RUS., Illus.). 32p. (J). (gr. k-3). pap. *(978-1-5259-1508-6(8))* Kidkiddos Bks.

I Love My Mom (English Serbian Bilingual Book - Cyrillic) Shelley Admont & Kidkiddos Books. 2nd ed. 2019. (English Serbian Cyrillic Collection). (SRP., Illus.). 32p. (J). (gr. k-3). pap. *(978-1-5259-1804-9(4))* Kidkiddos Bks.

I Love My Mom (English Serbian Bilingual Children's Book -Latin Alphabet) Shelley Admont & Kidkiddos Books. 2nd l.t. ed. 2020. (English Serbian Bilingual Collection - Latin Ser.). (SRP.). 32p. (J). (gr. k-3). pap. *(978-1-5259-3525-1(9))* Kidkiddos Bks.

I Love My Mom (English Swedish Bilingual Book) Shelley Admont & Kidkiddos Books. 2nd ed. 2019. (English Swedish Bilingual Collection). (SWE., Illus.). 32p. (J). (gr. k-3). pap. *(978-1-5259-1892-6(3))* Kidkiddos Bks.

I Love My Mom (English Tagalog Bilingual Book) Shelley Admont & Kidkiddos Books. 2nd ed. 2019. (English Tagalog Bedtime Collection). (TGL., Illus.). 32p. (J). (gr. k-3). pap. *(978-1-5259-1586-4(X))* Kidkiddos Bks.

I Love My Mom (English Thai Bilingual Book for Kids) Shelley Admont & Kidkiddos Books. l.t. ed. 2021. (English Thai Bilingual Collection). (THA.). 32p. (J). *(978-1-5259-6064-2(4))*; pap. *(978-1-5259-6063-5(6))* Kidkiddos Bks.

I Love My Mom (English Turkish Bilingual Book) Shelley Admont & Kidkiddos Books. 2020. (English Turkish Bilingual Collection). (TUR., Illus.). 32p. (J). (gr. k-3). *(978-1-5259-2138-4(X))*; pap. *(978-1-5259-2137-7(1))* Kidkiddos Bks.

I Love My Mom (English Ukrainian Bilingual Book) Shelley Admont & Kidkiddos Books. 2nd ed. 2019. (English Ukrainian Bilingual Collection). (UKR., Illus.). 32p. (J). (gr. k-3). pap. *(978-1-5259-1620-5(3))* Kidkiddos Bks.

I Love My Mom (English Urdu Bilingual Book) Shelley Admont & Kidkiddos Books. 2020. (English Urdu Bilingual Collection). (URD., Illus.). 32p. (J). (gr. k-3). *(978-1-5259-2192-6(4))*; pap. *(978-1-5259-2191-9(6))* Kidkiddos Bks.

I Love My Mom (English Vietnamese Bilingual Book) Shelley Admont & Kidkiddos Books. 2nd ed. 2019. (English Vietnamese Bilingual Collection). (VIE., Illus.). 32p. (J). (gr. k-3). pap. *(978-1-5259-1602-1(5))* Kidkiddos Bks.

I Love My Mom (English Welsh Bilingual Book for Kids) Shelley Admont & Kidkiddos Books. l.t. ed. 2022. (English Welsh Bilingual Collection). (WEL.). 32p. (J). *(978-1-5259-6100-7(4))*; pap. *(978-1-5259-6099-4(7))* Kidkiddos Bks.

I Love My Mom (Greek English Bilingual Book) Shelley Admont & Kidkiddos Books. 2nd ed. 2020. (Greek English Bilingual Collection). (GRE., Illus.). 32p. (J). (gr. k-3). pap. *(978-1-5259-2365-4(X))* Kidkiddos Bks.

I Love My Mom (Greek Language Children's Book) Shelley Admont & Kidkiddos Books. 2nd l.t. ed. 2020. (Greek Bedtime Collection). (GRE.). 32p. (J). (gr. k-3). pap. *(978-1-5259-3106-2(7))* Kidkiddos Bks.

I Love My Mom (Hindi English Bilingual Book) Shelley Admont & Kidkiddos Books. 2019. (Hindi English Bilingual Collection). (HIN., Illus.). 32p. (J). (gr. k-3). *(978-1-5259-1576-5(2))*; pap. *(978-1-5259-1575-8(4))* Kidkiddos Bks.

I Love My Mom (Hindi Language Book for Kids) Hindi Children's Book. Shelley Admont & S. a Publishing. 2018. (Hindi Bedtime Collection). (HIN., Illus.). 32p. (J). (gr. k-3). *(978-1-5259-0782-1(4))*; pap. *(978-1-5259-0781-4(6))* Kidkiddos Bks.

I Love My Mom (Hungarian English Bilingual Book for Kids) Shelley Admont & Kidkiddos Books. l.t. ed. 2020. (Hungarian English Bilingual Collection). (HUN.). 32p. (J). (gr. k-3). *(978-1-5259-4134-4(8))*; pap. *(978-1-5259-4133-7(X))* Kidkiddos Bks.

I Love My Mom Ik Hou Van Mijn Moeder: English Dutch Bilingual Book. Shelley Admont & Kidkiddos Books. 2nd ed. 2019. (English Dutch Bilingual Collection). (DUT., Illus.). 32p. (J). (gr. k-3). pap. *(978-1-5259-1591-8(6))* Kidkiddos Bks.

I Love My Mom Ik Hou Van Mijn Moeder: English Dutch Bilingual Edition. Shelley Admont & S. a Publishing. 2016. (English Dutch Bilingual Collection). (DUT., Illus.). (J). (gr. k-3). *(978-1-77268-762-0(6))*; pap. *(978-1-77268-761-3(8))* Shelley Admont Publishing.

I Love My Mom (Irish Book for Kids) Shelley Admont & Kidkiddos Books. 2021. (Irish Bedtime Collection). (GLE.). 32p. (J). *(978-1-5259-6022-2(9))*; pap. *(978-1-5259-6021-5(0))* Kidkiddos Bks.

958 The check digit for ISBN-10 appears in parentheses after the full ISBN-13

I Love My Mom (Irish English Bilingual Children's Book) Shelley Admont & Kidkiddos Books. l.t. ed. 2022. (Irish English Bilingual Collection). (GLE.). 32p. (J). *(978-1-5259-6025-3(3))*; pap. *(978-1-5259-6024-6(5))* Kidkiddos Bks.

I Love My Mom J'aime Ma Maman: English French Bilingual Book. Shelley Admont & Kidkiddos Books. 2nd ed. 2019. (English French Bilingual Collection). (FRE., Illus.). 32p. (J). (gr. k-3). pap. *(978-1-5259-1319-8(0))* Kidkiddos Bks.

I Love My Mom (Japanese Book for Kids) Shelley Admont & Kidkiddos Books. 2nd l.t. ed. 2020. (Japanese Bedtime Collection). (JPN.). 32p. (J). (gr. k-3). pap. *(978-1-5259-3600-5(X))* Kidkiddos Bks.

I Love My Mom (Japanese English Bilingual Book for Kids) Shelley Admont & Kidkiddos Books. 2nd l.t. ed. 2020. (Japanese English Bilingual Collection). (JPN.). 32p. (J). (gr. k-3). pap. *(978-1-5259-3366-0(3))* Kidkiddos Bks.

I Love My Mom Jeg Elsker Min Mor: English Danish Bilingual Book. Shelley Admont & Kidkiddos Books. 2nd ed. 2019. (English Danish Bilingual Collection). (DAN., Illus.). 32p. (J). (gr. k-3). *(978-1-5259-1763-9(3))*; pap. *(978-1-5259-1762-2(5))* Kidkiddos Bks.

I Love My Mom Jeg Elsker Min Mor: English Danish Bilingual Edition. Shelley Admont & S. a Publishing. 2016. (English Danish Bilingual Collection). (DAN., Illus.). (J). (gr. k-3). *(978-1-77268-773-6(1))*; pap. *(978-1-77268-772-9(3))* Shelley Admont Publishing.

I Love My Mom (Korean English Bilingual Book for Kids) Shelley Admont & Kidkiddos Books. 2nd l.t. ed. 2020. (Korean English Bilingual Collection). (KOR.). 32p. (J). (gr. k-3). pap. *(978-1-5259-3478-0(3))* Kidkiddos Bks.

I Love My Mom (Korean English Children's Book) Bilingual Korean Book for Kids. Shelley Admont & S. a Publishing. 2018. (Korean English Bilingual Collection). (KOR., Illus.). 32p. (J). (gr. k-3). *(978-1-5259-0679-4(8))* Kidkiddos Bks.

I Love My Mom (Macedonian Children's Book) Shelley Admont & Kidkiddos Books. l.t. ed. 2022. (Macedonian Bedtime Collection). (MAC.). 32p. (J). *(978-1-5259-6040-6(7))*; pap. *(978-1-5259-6039-0(3))* Kidkiddos Bks.

I Love My Mom (Macedonian English Bilingual Children's Book) Shelley Admont & Kidkiddos Books. l.t. ed. 2022. (Macedonian English Bilingual Collection). (MAC.). 32p. (J). *(978-1-5259-6043-7(1))*; pap. *(978-1-5259-6042-0(3))* Kidkiddos Bks.

I Love My Mom (Malay Edition - Bahasa Melayu) Shelley Admont & Kidkiddos Books. 2020. (Malay Bedtime Collection). (MAY., Illus.). 32p. (J). (gr. k-3). *(978-1-5259-2231-2(9))*; pap. *(978-1-5259-2230-5(0))* Kidkiddos Bks.

I Love My Mom (Malay English Bilingual Book) Shelley Admont & Kidkiddos Books. 2020. (Malay English Bilingual Collection). (MAY., Illus.). 32p. (J). (gr. k-3). *(978-1-5259-2234-3(3))*; pap. *(978-1-5259-2233-6(5))* Kidkiddos Bks.

I Love My Mom (Polish English Bilingual Book for Kids) Shelley Admont & Kidkiddos Books. l.t. ed. 2020. (Polish English Bilingual Collection). (POL., Illus.). 32p. (J). (gr. k-3). *(978-1-5259-4063-7(5))*; pap. *(978-1-5259-4062-0(7))* Kidkiddos Bks.

I Love My Mom (Portuguese English Bilingual Book for Kids - Portugal) Shelley Admont & Kidkiddos Books. l.t. ed. 2020. (Portuguese English Bilingual Collection - Portugal Ser.). (POR., Illus.). 32p. (J). (gr. k-3). *(978-1-5259-4396-6(0))* Kidkiddos Bks.

I Love My Mom (Portuguese English Bilingual Book for Kids- Brazil) Brazilian Portuguese. Shelley Admont & Kidkiddos Books. l.t. ed. 2020. (Portuguese English Bilingual Collection - Brazil Ser.). (POR., Illus.). 32p. (J). (gr. k-3). *(978-1-5259-4004-0(X))*; pap. *(978-1-5259-4003-3(1))* Kidkiddos Bks.

I Love My Mom (Portuguese English Bilingual Book for Kids- Portugal) Shelley Admont & Kidkiddos Books. l.t. ed. 2020. (Portuguese English Bilingual Collection - Portugal Ser.). (POR., Illus.). 32p. (J). (gr. k-3). pap. *(978-1-5259-4395-9(2))* Kidkiddos Bks.

I Love My Mom (Punjabi Edition-Gurmukhi) Shelley Admont & Kidkiddos Books. 2020. (Punjabi Bilingual-Gurmukhi Ser.). (PAN., Illus.). 32p. (J). (gr. k-3). *(978-1-5259-2168-1(1))*; pap. *(978-1-5259-2167-4(3))* Kidkiddos Bks.

I Love My Mom (Punjabi English Bilingual Book -India) Shelley Admont & Kidkiddos Books. 2020. (Punjabi English Bilingual Collection - Gurmukhi Ser.). (PAN., Illus.). 32p. (J). (gr. k-3). *(978-1-5259-2171-1(1))*; pap. *(978-1-5259-2170-4(3))* Kidkiddos Bks.

I Love My Mom (Romanian Book for Kids) Romanian Edition. Shelley Admont & Kidkiddos Books. 2nd l.t. ed. 2020. (Romanian Bedtime Collection). (RUM.). 32p. (J). (gr. k-3). pap. *(978-1-5259-3460-5(0))* Kidkiddos Bks.

I Love My Mom (Romanian English Bilingual Book) Shelley Admont & Kidkiddos Books. 2019. (Romanian English Bilingual Collection). (RUM., Illus.). 32p. (J). (gr. k-3). 2nd ed. pap. *(978-1-5259-0306-9(3))*; 3rd ed. pap. *(978-1-5259-1824-7(9))* Kidkiddos Bks.

I Love My Mom (Russian English Bilingual Edition) Shelley Admont & Kidkiddos Books. 2nd ed. 2019. (Russian English Bilingual Collection). (RUS., Illus.). 32p. (J). (gr. k-3). pap. *(978-1-5259-1998-5(9))* Kidkiddos Bks.

I Love My Mom (Swedish English Bilingual Book) Shelley Admont & Kidkiddos Books. 2nd ed. 2020. (Swedish English Bilingual Collection). (SWE., Illus.). 32p. (J). (gr. k-3). pap. *(978-1-5259-2284-8(X))* Kidkiddos Bks.

I Love My Mom (Thai Children's Book) Shelley Admont & Kidkiddos Books. l.t. ed. 2022. (Thai Bedtime Collection). (THA.). 32p. (J). *(978-1-5259-6067-3(9))*; pap. *(978-1-5259-6066-6(0))* Kidkiddos Bks.

I Love My Mom (Thai English Bilingual Children's Book for Kids) Shelley Admont & Kidkiddos Books. l.t. ed. 2022. (Thai English Bilingual Collection). (THA.). 32p. (J). *(978-1-5259-6070-3(9))*; pap. *(978-1-5259-6069-7(5))* Kidkiddos Bks.

I Love My Mom Ti Voglio Bene, Mamma: English Italian Bilingual Book. Shelley Admont & Kidkiddos Books. 2nd ed. 2019. (English Italian Bilingual Collection). (ITA., Illus.). 32p. (J). (gr. k-3). pap. *(978-1-5259-1597-0(5))* Kidkiddos Bks.

I Love My Mom (Turkish Edition) Annemi Seviyorum. Shelley Admont & Kidkiddos Books. 2020. (Turkish Bedtime Collection). (TUR., Illus.). 32p. (J). (gr. k-3). *(978-1-5259-2141-4(X))*; pap. *(978-1-5259-2140-7(1))* Kidkiddos Bks.

I Love My Mom (Turkish English Bilingual Book) Shelley Admont & Kidkiddos Books. 2020. (Turkish English Bilingual Collection). (TUR., Illus.). 32p. (J). (gr. k-3). *(978-1-5259-2144-5(4))*; pap. *(978-1-5259-2143-8(6))* Kidkiddos Bks.

I Love My Mom (Ukrainian Book for Kids) Shelley Admont & Kidkiddos Books. 2nd l.t. ed. 2020. (Ukrainian Bedtime Collection). (UKR.). 32p. (J). (gr. k-3). pap. *(978-1-5259-4083-5(X))* Kidkiddos Bks.

I Love My Mom (Ukrainian English Bilingual Book for Kids) Shelley Admont & Kidkiddos Books. 2nd l.t. ed. 2020. (Ukrainian English Bilingual Collection). (UKR.). 32p. (J). (gr. k-3). *(978-1-5259-3607-4(7))*; pap. *(978-1-5259-3606-7(9))* Kidkiddos Bks.

I Love My Mom (Vietnamese Baby Book, Bilingual Vietnamese English Books) Vietmanese for Kids. Shelley Admont & S. a Publishing. 2018. (Vietnamese English Bilingual Collection). (VIE., Illus.). 32p. (J). (gr. k-3). *(978-1-5259-0666-4(6))* Kidkiddos Bks.

I Love My Mom (Vietnamese Book for Kids) Shelley Admont & Kidkiddos Books. 2nd l.t. ed. 2020. (Vietnamese Bedtime Collection). (VIE.). 32p. (J). (gr. k-3). pap. *(978-1-5259-3824-5(X))* Kidkiddos Bks.

I Love My Mom (Welsh Children's Book) Shelley Admont & Kidkiddos Books. l.t. ed. 2022. (Welsh Bedtime Collection). (WEL.). 32p. (J). *(978-1-5259-6103-8(9))*; pap. *(978-1-5259-6102-1(0))* Kidkiddos Bks.

I Love My Mom (Welsh English Bilingual Children's Book) Shelley Admont & Kidkiddos Books. l.t. ed. 2022. (Welsh English Bilingual Collection). (WEL.). 32p. (J). *(978-1-5259-6106-9(3))*; pap. *(978-1-5259-6105-2(5))* Kidkiddos Bks.

I Love My Mom/Eu Amo Minha Mamae. Shelley Admont. 2017. (English Portuguese Bilingual Collection). (ENG & POR., Illus.). (J). (gr. k-3). *(978-1-5259-0390-8(X))* Kidkiddos Bks.

I Love My Mommy: A Story Full of Cuddly, Snuggly Fun. Melanie Joyce. Illus. by Fhiona Galloway. 2016. (ENG.). 16p. (J). bds. 7.95 *(978-1-78557-586-0(4))* Igloo Bks. GBR. Dist: Simon & Schuster, Inc.

I Love My Mommy Board Book. Sebastien Braun. Illus. by Sebastien Braun. 2017. (ENG., Illus.). 26p. (J). (gr. -1 — 1). bds. 8.99 *(978-0-06-256424-5(2)*, Tegen, Katherine Bks) HarperCollins Pubs.

I Love My Mother Because ... The Bella Bee Story Tales. Maisha Jackson. 2017. (ENG., Illus.). (J). 22.95 *(978-1-4808-4987-7(1))*; pap. 13.95 *(978-1-4808-4986-0(3))* Archway Publishing.

I Love My Motter: My Motter Loves Me. Contrib. by Erica Pellerin. 2017. (Love Each Otter Ser.: Vol. 1). (ENG., Illus.). (J). pap. *(978-0-9952206-0-7(3))* Momo and Sammy Clothing and Goods.

I Love My Mum Because. Petra James. Illus. by Alissa Dinallo. 2019. (ENG.). 32p. (J). (gr. -1-k). 11.99 *(978-1-76078-438-6(9))* Pan Macmillan Australia Pty, Ltd. AUS. Dist: Independent Pubs. Group.

I Love My Name! Mosheh Alexander Ellison. 2022. (ENG.). 20p. (J). pap. 5.99 ***(978-1-0880-5956-2(2))*** Indy Pub.

I Love My Name. Linda Ahdieh Grant. Illus. by Anna Myers. 2020. (ENG.). 40p. (J). (gr. k-2). 12.95 *(978-1-61851-156-0(4))* Baha'i Publishing.

I Love My Paper. Emma G. Haley. 2019. (ENG., Illus.). 38p. (J). (gr. -1-3). 14.95 *(978-1-68401-209-1(0))* Amplify Publishing Group.

I Love My Pet! Mad Libs Junior: World's Greatest Word Game. Molly Reisner. 2018. (Mad Libs Junior Ser.). 48p. (J). (gr. k-2). pap. 6.99 *(978-1-5247-8508-6(3)*, Mad Libs) Penguin Young Readers Group.

I Love My Pup, Leo. E. Catic. 2021. (ENG.). 24p. (J). *(978-1-0391-1381-7(8))*; pap. *(978-1-0391-1380-0(X))* FriesenPress.

I Love My Puppy! Puppy Care for Kids Children's Dog Books. Pets Unchained. 2017. (ENG., Illus.). 64p. (J). pap. 9.52 *(978-1-5419-1677-7(8))* Speedy Publishing LLC.

I Love My Purse. Belle Demont. Illus. by Sonja Wimmer. (ENG.). (J). (gr. k-2). 2020. 32p. 9.95 *(978-1-55451-953-8(5))*; 2017. 34p. 18.95 *(978-1-55451-954-5(3))* Annick Pr., Ltd. CAN. Dist: Publishers Group West (PGW).

I Love My Red Wagon: Amo Mi Vagón Rojo. Angel Arredondo. 2019. (ENG., Illus.). 36p. (J). (gr. k-4). pap. 14.95 *(978-1-61244-724-7(4))* Halo Publishing International.

I Love My Teacher. Giles Andreae. 2021. (ENG., Illus.). 24p. (J). (gr. -1-k). bds. 7.99 *(978-1-368-05308-2(4)*, Disney-Hyperion) Disney Publishing Worldwide.

I Love My Teacher! Illus. by Jason Fruchter. 2022. (Daniel Tiger's Neighborhood Ser.). (ENG.). 12p. (J). (-k). bds. 8.99 *(978-1-6659-0425-4(9)*, Simon Spotlight) Simon Spotlight.

I Love My Teacher! todd Parr. 2022. (ENG., Illus.). 32p. (J). (gr. -1-1). 8.99 *(978-0-316-54126-8(5))* Little, Brown Bks. for Young Readers.

I Love My Teacher! Frances Gilbert. ed. 2022. (Step into Reading Ser.). (ENG.). 32p. (J). (gr. k-1). 16.46 ***(978-1-68505-351-2(3))*** Penworthy Co., LLC, The.

I Love My Teacher! todd Parr. ed. 2022. (Todd Parr Bks). (ENG.). 32p. (J). (gr. k-1). 21.46 ***(978-1-68505-441-0(2))*** Penworthy Co., LLC, The.

I Love My Tutu! Concept by Frances Gilbert. 2019. (Step into Reading Ser.). (ENG.). 32p. (J). (gr. k-1). 14.96 *(978-0-87617-766-2(6))* Penworthy Co., LLC, The.

I Love My Tutu! Frances Gilbert. Illus. by Eren Unten. 2019. (Step into Reading Ser.). (ENG.). 32p. (J). (gr. -1-1). pap. 5.99 *(978-0-525-64753-9(8)*, Random Hse. Bks. for Young Readers) Random Hse. Children's Bks.

I Love My Tutu Too! (a Never Bored Book!) Ross Burach. Illus. by Ross Burach. 2020. (ENG., Illus.). 30p. (J). (gr. -1 — 1). bds. 7.99 *(978-1-338-50427-9(4)*, Scholastic Pr.) Scholastic, Inc.

I Love My Village. Nathalie Aigil. Illus. by John Robert Azuelo. 2021. (ENG.). 24p. (J). pap. *(978-1-922621-54-2(4))* Library For All Limited.

I Love Myself: A Children's Self Love Journal. Briana Hampton. 2021. (ENG.). 68p. (J). 24.95 *(978-1-955148-01-6(5))* A2Z Bks. Publishing.

I Love Myself: Quiérete! Adriana P. Angulo. 2022. (ENG.). 40p. (J). pap. 10.00 ***(978-1-0878-0385-2(3))*** Indy Pub.

I Love Myself Daily Affirmations for Kids. Rich Spirit Children's Books. 2023. (ENG.). 32p. (J). pap. 13.99 ***(978-1-0881-9337-2(4))*** MyBrothersKeeper.

I Love Nanny. C. Géraldine. 2021. (ENG.). 24p. (J). pap. 15.99 *(978-0-9984231-6-6(5))* Triddias.

I Love New England: An ABC Adventure. Sandra Magsamen. 2016. (ABC Adventure Ser.). (ENG., Illus.). 40p. (J). (gr. -1-5). 12.99 *(978-1-4926-2841-5(7)*, Hometown World) Sourcebooks, Inc.

I Love Old MacDonald's Farm. Sandra Magsamen. Illus. by Sandra Magsamen. 2018. (ENG., Illus.). 12p. (J). (gr. -1 — 1). bds. 6.99 *(978-1-338-32398-6(9)*, Cartwheel Bks.) Scholastic, Inc.

I Love Outside. Amy Gelsthorpe. Illus. by Janet King. 2018. (ENG.). 30p. (J). (gr. k-6). 17.99 *(978-1-365-86131-4(7))*; pap. 13.99 *(978-1-365-86134-5(1))* Lulu Pr., Inc.

I Love Outside Dyslexic Font. Amy Gelsthorpe. Illus. by Janet King. 2018. (ENG.). 30p. (J). (gr. k-6). 21.99 *(978-1-365-86132-1(5))*; pap. 15.99 *(978-1-365-86135-2(X))* Lulu Pr., Inc.

I Love Overalls. K. Michelle Edge. Illus. by K. Michelle Edge. 2021. (ENG.). 34p. (J). pap. 9.99 *(978-1-63848-912-2(2))* Primedia eLaunch LLC.

I Love Pandy Paws: a Valentine Sticker Storybook (Gabby's Dollhouse) (Media Tie-In), 1 vol. Scholastic. ed. 2022.Tr. of (Gabby's Dollhouse) (Media Tie-In). (ENG.). 16p. (J). (gr. -1-k). pap. 6.99 *(978-1-338-85678-1(2))* Scholastic, Inc.

I Love Pennsylvania: An ABC Adventure. Sandra Magsamen. 2016. (ABC Adventure Ser.). (ENG., Illus.). 40p. (J). (gr. -1-5). 12.99 *(978-1-4926-2839-2(5)*, Hometown World) Sourcebooks, Inc.

I Love Piano: The FG Method. Florencia Gimenez. 2018. (I Love Piano, the FG Method Ser.). (ENG., Illus.). 62p. (J). (gr. k-6). pap. 12.99 *(978-0-692-18100-3(8))* Florencia Gimenez-Levit.

I Love Pink! Frances Gilbert. ed. 2018. (Step into Reading Ser.). (ENG.). 32p. (J). (gr. -1-1). 13.89 *(978-1-64310-539-0(6))* Penworthy Co., LLC, The.

I Love Pink! Frances Gilbert. Illus. by Eren Unten. 2017. (Step into Reading Ser.). 32p. (J). (gr. -1-1). 5.99 *(978-1-101-93737-2(8)*, Random Hse. Bks. for Young Readers) Random Hse. Children's Bks.

I Love Plants! Coloring Books for Girls. Bold Illustrations. 2017. (ENG., Illus.). (J). pap. 8.35 *(978-1-64193-035-2(7)*, Bold Illustrations) FASTLANE LLC.

I Love Pugicorns & Other Amazing Mashups: A Colouring Book. Sarah Wade. 2023. (ENG.). 64p. (J). (gr. 1-5). pap. 9.99 *(978-1-78055-810-3(4)*, Buster Bks.) O'Mara, Michael Bks., Ltd. GBR. Dist: Independent Pubs. Group.

I Love Puppies, I Love Dogs. Christy L. Schwan. Illus. by Allison Wray. 2020. (ENG.). 34p. (J). pap. 11.95 ***(978-0-578-71768-5(9))*** SwanCygnet Unlimited.

I Love Purple: A Fun, Colourful Picture Book for Baby & Preschool Children. Paul Wootton. 2021. (ENG.). 30p. (J). pap. *(978-0-6450827-2-2(4))* Wootton, Paul.

I Love Reading Stickers. Yu-Mei Han. 2017. (Dover Little Activity Books Stickers Ser.). (ENG., Illus.). 4p. (J). (gr. -1-3). pap. 2.50 *(978-0-486-43418-6(4)*, 434184) Dover Pubns., Inc.

I Love School! Tracey Corderoy. Illus. by Tim Warnes. 2020. (ENG.). 32p. (J). (gr. -1-2). 17.99 *(978-1-68010-230-7(3))* Tiger Tales.

I Love School! Marie Janelle. 2019. (ENG., Illus.). 32p. (J). (gr. -1-k). 22.95 *(978-1-64515-109-8(3))*; pap. 12.95 *(978-1-64299-595-4(9))* Christian Faith Publishing.

I Love Science: A Journal for Self-Discovery & Big Ideas. Rachel Ignotofsky. 2017. (Women in Science Ser.). (Illus.). 192p. 14.99 *(978-1-60774-980-6(7)*, Ten Speed Pr.) Potter/Ten Speed/Harmony/Rodale.

I Love Science: Explore with Sliders, Lift-The-flaps, a Wheel, & More! Allison Wortche. Illus. by Steve Mack. 2019. (ENG.). 14p. (J). (— 1). bds. 8.99 *(978-1-328-52937-4(1)*, 1722032, Clarion Bks.) HarperCollins Pubs.

I Love Seeds. Julie Smithwick. Illus. by Marie Fritz Perry. 2018. (ENG.). 32p. (J). pap. *(978-1-988071-83-1(6))* Hasmark Services Publishing.

I Love Snow: I Can Read 5-Book Box Set: Celebrate the Season by Snuggling up with 5 Snowy I Can Read Stories! James Dean et al. Illus. by James Dean et al. 2019. (I Can Read Ser.). (ENG.). 160p. (J). (gr. -1-3). pap. 19.99 *(978-0-06-289114-3(6)*, HarperCollins) HarperCollins Pubs.

I Love Snowflakes. A. B. Shyama. 2021. (ENG.). 40p. (J). *(978-1-0391-1483-8(0))*; pap. *(978-1-0391-1482-1(2))* FriesenPress.

I Love Space: Explore with Sliders, Lift-The-flaps, a Wheel, & More! Allison Wortche. Illus. by Steve Mack. 2019. (ENG.). 14p. (J). (— 1). bds. 8.99 *(978-1-328-52936-7(3)*, 1722031, Clarion Bks.) HarperCollins Pubs.

I Love Sports: Toddler Coloring Book 1-3. Bold Illustrations. 2017. (ENG., Illus.). (J). pap. 8.35 *(978-1-64193-029-1(2)*, Bold Illustrations) FASTLANE LLC.

I Love Spring. Lizzie Scott. Illus. by Stephanie Fizer Coleman. 2021. (I Love the Seasons Ser.). (ENG.). 32p. (J). (gr. 1-4). pap. *(978-1-4271-2912-3(6)*, 10997); lib. bdg. *(978-1-4271-2908-6(8)*, 10992) Crabtree Publishing Co. (Crabtree Classics).

I Love Storms. Sara Beldoch. 2022. (ENG.). 8p. (J). bds. 12.95 *(978-1-63755-215-5(7)*, Mascot Kids) Amplify Publishing Group.

I Love Summer. Lizzie Scott. Illus. by Stephanie Fizer Coleman. 2021. (I Love the Seasons Ser.). (ENG.). 32p. (J). (gr. 1-4). pap. *(978-1-4271-2913-0(4)*, 10998); lib. bdg. *(978-1-4271-2909-3(6)*, 10993) Crabtree Publishing Co. (Crabtree Classics).

I Love Summer: Coloring Book. Gwen Gates. 2022. (ENG.). 36p. (J). pap. 7.00 *(978-1-4583-0258-8(X))* Lulu Pr., Inc.

I Love the Beach - Storybook with Worksheets & Crafts! Beth Costanzo. 2023. (ENG.). 30p. (J). pap. 11.99 ***(978-1-0880-2221-4(9))*** Adventures of Scuba Jack Pubs., The.

I Love the Child. Ronda Miller. Ed. by Curtis Becker. Illus. by Katie Wiggins. 2019. (ENG.). 44p. (J). (gr. k-6). 19.99 *(978-0-578-61304-8(2))* Becker, Curtis Bks.

I Love the Child (Soft Cover) Ronda Miller. Ed. by Curtis Becker. 2021. (ENG.). 44p. (J). pap. 12.00 *(978-0-578-99049-1(0))* Becker, Curtis Bks.

I Love the Earth. todd Parr. 2018. (ENG., Illus.). 20p. (J). (gr. -1 — 1). bds. 7.99 *(978-0-316-48021-5(5))* Little, Brown Bks. for Young Readers.

I Love the Flower Girl. Christopher Scott McCrae Beaten. 2020. (ENG.). 298p. (YA). pap. 17.00 *(978-1-64883-002-0(1)*, ExamWise) Total Recall Learning, Inc.

I Love the Holidays! Dot to Dot Adult. Jupiter Kids. 2016. (ENG., Illus.). 76p. (J). pap. 13.75 *(978-1-68305-442-9(3)*, Jupiter Kids (Childrens & Kids Fiction)) Speedy Publishing LLC.

I Love the USA. Elias Zapple. Illus. by Xenia Basova. 2020. (I Love Bedtime Stories Ser.: Vol. 7). (ENG.). 34p. (J). pap. *(978-1-912704-85-9(4))* Heads or Tales Pr.

I Love the Way You Giggle. Jennifer Sharp. Illus. by Naomi Greaves. 2018. (ENG.). 22p. (J). *(978-0-6482957-9-2(6))* Karen Mc Dermott.

I Love the World: A Celebration of Land, Sea, Flora, Fauna & People Around the Globe. Tania McCartney. 2021. (ENG.). 88p. (J). (gr. 1-5). 19.99 *(978-1-74117-739-8(1))* Hardie Grant Bks. AUS. Dist: Hachette Bk. Group.

I Love to... Bedtime Collection: 3 Books Inside. Shelley Admont & Kidkiddos Books. l.t. ed. 2021. (English Russian Bilingual Collection). (RUS.). 104p. (J). *(978-1-5259-5319-4(2))*; pap. *(978-1-5259-5318-7(4))* Kidkiddos Bks.

I Love to... Bedtime Collection: Holiday Edition. Shelley Admont & Kidkiddos Books. 2019. (Holiday Edition Ser.). (ENG., Illus.). 104p. (J). (gr. k-2). *(978-1-5259-1977-0(6))*; pap. *(978-1-5259-1976-3(8))* Kidkiddos Bks.

I Love to Brush My Teeth: Children's Bedtime Story. Shelley Admont & Kidkiddos Books. 2nd ed. 2019. (I Love To... Ser.). (ENG., Illus.). 36p. (J). (gr. k-2). pap. *(978-1-5259-1512-3(6))* Kidkiddos Bks.

I Love to Brush My Teeth: Danish Edition. Shelley Admont & S. a Publishing. 2016. (Danish Bedtime Collection). (DAN., Illus.). (J). (gr. k-3). *(978-1-5259-0079-2(X))*; pap. *(978-1-5259-0078-5(1))* Shelley Admont Publishing.

I Love to Brush My Teeth: English Arabic Book for Kids - Bilingual. Shelley Admont. 2017. (English Arabic Bilingual Collection). (ARA., Illus.). (J). (gr. k-3). *(978-1-5259-0471-4(X))*; pap. *(978-1-5259-0470-7(1))* Kidkiddos Bks.

I Love to Brush My Teeth: English Danish Bilingual Edition. Shelley Admont & S. a Publishing. 2016. (English Danish Bilingual Collection). (DAN., Illus.). (J). (gr. k-3). *(978-1-5259-0076-1(5))*; pap. *(978-1-5259-0075-4(7))* Shelley Admont Publishing.

I Love to Brush My Teeth: English Farsi Persian. Shelley Admont & Kidkiddos Books. (English Farsi Bilingual Collection). (PER., Illus.). 36p. (J). (gr. k-3). 2019. *(978-1-5259-1037-1(X))*; 2018. pap. *(978-1-5259-1036-4(1))*; 2nd ed. 2019. pap. *(978-1-5259-1160-6(0))* Kidkiddos Bks.

I Love to Brush My Teeth: English Hebrew. Shelley Admont & S. a Publishing. 2018. (English Hebrew Bilingual Collection). (HEB., Illus.). 36p. (J). (gr. k-3). *(978-1-5259-0935-1(5))*; pap. *(978-1-5259-0934-4(7))* Kidkiddos Bks.

I Love to Brush My Teeth: English Hindi Bilingual. Shelley Admont & S. a Publishing. 2018. (English Hindi Bilingual Collection). (HIN., Illus.). 36p. (J). (gr. k-3). pap. *(978-1-5259-0889-7(8))* Kidkiddos Bks.

I Love to Brush My Teeth: English Hungarian Bilingual Edition. Shelley Admont & S. a Publishing. 2016. (English Hungarian Bilingual Collection). (HUN., Illus.). (J). (gr. k-3). *(978-1-5259-0016-7(1))*; pap. *(978-1-5259-0015-0(3))* Shelley Admont Publishing.

I Love to Brush My Teeth: English Portuguese Bilingual Children's Book. Shelley Admont. 2017. (English Portuguese Bilingual Collection). (POR., Illus.). (J). (gr. k-3). *(978-1-5259-0357-1(8))*; pap. *(978-1-5259-0356-4(X))* Kidkiddos Bks.

I Love to Brush My Teeth: English Swedish Bilingual Edition. Shelley Admont. 2017. (English Swedish Bilingual Collection). (SWE., Illus.). (J). (gr. k-3). *(978-1-5259-0276-5(8))*; pap. *(978-1-5259-0275-8(X))* Kidkiddos Bks.

I Love to Brush My Teeth: English Vietnamese Bilingual Edition. Shelley Admont & S. a Publishing. 2016. (English Vietnamese Bilingual Collection). (VIE., Illus.). (J). (gr. k-3). *(978-1-5259-0006-8(4))*; pap. *(978-1-5259-0005-1(6))* Shelley Admont Publishing.

I Love to Brush My Teeth: Greek English Bilingual Edition. Shelley Admont. 2017. (Greek English Bilingual Collection). (GRE., Illus.). (J). (gr. k-3). *(978-1-5259-0213-0(X))*; pap. *(978-1-5259-0212-3(1))* Kidkiddos Bks.

I Love to Brush My Teeth: Hungarian Edition. Shelley Admont & S. a Publishing. 2016. (Hungarian Bedtime Collection). (HUN., Illus.). (J). (gr. k-3). *(978-1-5259-0018-1(8))*; pap. *(978-1-5259-0017-4(X))* Shelley Admont Publishing.

I Love to Brush My Teeth: Hungarian English Bilingual Book. Shelley Admont & Kidkiddos Books. 2019. (Hungarian English Bilingual Collection). (HUN., Illus.). 36p. (J). (gr. k-3). *(978-1-5259-1425-6(1))*; pap. *(978-1-5259-1424-9(3))* Kidkiddos Bks.

I Love to Brush My Teeth: Japanese English. Shelley Admont & Kidkiddos Books. 2019. (Japanese English Bilingual Collection). (JPN., Illus.). 36p. (J). (gr. k-3). *(978-1-5259-1077-7(9))*; pap. *(978-1-5259-1075-3(2))* Kidkiddos Bks.

I Love to Brush My Teeth: Portuguese English. Shelley Admont & Kidkiddos Books. 2019. (Portuguese English Bilingual Collection). (POR.). 36p. (J). (gr. k-3).

(978-1-5259-1070-8(1)); pap. *(978-1-5259-1069-2(8))* Kidkiddos Bks.

I Love to Brush My Teeth: Portuguese Language Children's Book. Shelley Admont. 2017. (Portuguese Bedtime Collection). (POR., Illus.). (J). (gr. k-3). *(978-1-5259-0359-5(4))*; pap. *(978-1-5259-0358-8(6))* Kidkiddos Bks.

I Love to Brush My Teeth: Swedish Edition. Shelley Admont. 2017. (Swedish Bedtime Collection). (SWE., Illus.). (J). (gr. k-3). *(978-1-5259-0279-6(2))*; pap. *(978-1-5259-0278-9(4))* Kidkiddos Bks.

I Love to Brush My Teeth: Vietnamese Edition. Shelley Admont & S. a Publishing. 2016. (Vietnamese Bedtime Collection). (VIE., Illus.). (J). (gr. k-3). *(978-1-5259-0008-2(0))*; pap. *(978-1-5259-0007-5(2))* Shelley Admont Publishing.

I Love to Brush My Teeth: Vietnamese English Bilingual Edition. Shelley Admont. 2016. (Vietnamese English Bilingual Collection). (VIE., Illus.). (J). (gr. k-3). *(978-1-5259-0171-3(0))*; pap. *(978-1-5259-0170-6(2))* Kidkiddos Bks.

I Love to Brush My Teeth - Me Encanta Lavarme Los Dientes: English Spanish Bilingual Book. Shelley Admont & Kidkiddos Books. 2nd ed. 2019. (English Spanish Bilingual Collection). (SPA., Illus.). 36p. (J). (gr. k-3). pap. *(978-1-5259-1215-3(1))* Kidkiddos Bks.

I Love to Brush My Teeth (Afrikaans Children's Book) Shelley Admont & Kidkiddos Books. l.t. ed. 2021. (AFR., Illus.). 36p. (J). *(978-1-5259-5914-1(X))*; pap. *(978-1-5259-5913-4(1))* Kidkiddos Bks.

I Love to Brush My Teeth (Afrikaans English Bilingual Children's Book) Shelley Admont & Kidkiddos Books. l.t. ed. 2022. (Afrikaans English Bilingual Collection). (AFR., Illus.). 36p. (J). *(978-1-5259-5917-2(4))*; pap. *(978-1-5259-5916-5(6))* Kidkiddos Bks.

I Love to Brush My Teeth (Albanian Book for Kids) Shelley Admont & Kidkiddos Books. l.t. ed. 2021. (Albanian Bedtime Collection). (ALB., Illus.). 36p. (J). (gr. k-3). *(978-1-5259-4808-4(3))*; pap. *(978-1-5259-4807-7(5))* Kidkiddos Bks.

I Love to Brush My Teeth (Albanian English Bilingual Children's Book) Shelley Admont & Kidkiddos Books. l.t. ed. 2021. (Albanian English Bilingual Collection). (ALB., Illus.). 36p. (J). (gr. k-3). *(978-1-5259-4811-4(3))*; pap. *(978-1-5259-4810-7(5))* Kidkiddos Bks.

I Love to Brush My Teeth Amo Lavarmi I Denti: English Italian Bilingual Book. Shelley Admont & Kidkiddos Books. 2nd ed. 2019. (English Italian Bilingual Collection). (ITA., Illus.). 36p. (J). (gr. k-3). pap. *(978-1-5259-1752-3(8))* Kidkiddos Bks.

I Love to Brush My Teeth (Bengali Book for Kids) Shelley Admont & Kidkiddos Books. 2021. (BEN., Illus.). 36p. (J). *(978-1-5259-5869-4(0))*; pap. *(978-1-5259-5868-7(2))* Kidkiddos Bks.

I Love to Brush My Teeth (Bengali English Bilingual Book for Kids) Shelley Admont & Kidkiddos Books. l.t. ed. 2022. (Bengali English Bilingual Collection). (BEN., Illus.). 36p. (J). *(978-1-5259-5872-4(0))*; pap. *(978-1-5259-5871-7(2))* Kidkiddos Bks.

I Love to Brush My Teeth (Bulgarian Book) Shelley Admont & Kidkiddos Books. 2020. (Bulgarian Bedtime Collection). (BUL., Illus.). 36p. (J). (gr. k-3). *(978-1-5259-2092-9(8))*; pap. *(978-1-5259-2091-2(X))* Kidkiddos Bks.

I Love to Brush My Teeth (Bulgarian English Bilingual Book) Shelley Admont & Kidkiddos Books. 2020. (Bulgarian English Bilingual Collection). (BUL., Illus.). 36p. (J). (gr. k-3). *(978-1-5259-2095-0(2))*; pap. *(978-1-5259-2094-3(4))* Kidkiddos Bks.

I Love to Brush My Teeth (Chinese English Bilingual Edition) Mandarin Chinese Simplified. Shelley Admont & Kidkiddos Books. 2nd ed. 2020. (Chinese English Bilingual Collection). (CHI., Illus.). 36p. (J). (gr. k-3). pap. *(978-1-5259-2368-5(4))* Kidkiddos Bks.

I Love to Brush My Teeth (Croatian Book for Kids) Shelley Admont & Kidkiddos Books. l.t. ed. 2021. (Croatian Bedtime Collection). (HRV., Illus.). 36p. (J). (gr. k-3). *(978-1-5259-4580-9(7))*; pap. *(978-1-5259-4579-3(3))* Kidkiddos Bks.

I Love to Brush My Teeth (Croatian English Bilingual Book for Kids) Shelley Admont & Kidkiddos Books. l.t. ed. 2021. (Croatian English Bilingual Collection). (HRV., Illus.). 36p. (J). (gr. k-3). *(978-1-5259-4583-0(1))*; pap. *(978-1-5259-4582-3(3))* Kidkiddos Bks.

I Love to Brush My Teeth (Czech Book for Kids) Shelley Admont & Kidkiddos Books. l.t. ed. 2020. (Czech Bedtime Collection). (CZE., Illus.). 36p. (J). (gr. k-3). *(978-1-5259-4224-2(7))*; pap. *(978-1-5259-4223-5(9))* Kidkiddos Bks.

I Love to Brush My Teeth (Czech English Bilingual Book for Kids) Shelley Admont & Kidkiddos Books. l.t. ed. 2020. (Czech English Bilingual Collection). (CZE., Illus.). 36p. (J). (gr. k-3). *(978-1-5259-4227-3(1))*; pap. *(978-1-5259-4226-6(3))* Kidkiddos Bks.

I Love to Brush My Teeth (Czech Ukrainian Bilingual Book for Kids) Shelley Admont & Kidkiddos Books. l.t. ed. 2022. (Czech Ukrainian Bilingual Collection). (UKR., Illus.). 36p. (J). pap. *(978-1-5259-6447-3(X))* Kidkiddos Bks.

I Love to Brush My Teeth (Danish English Bilingual Bilingual Book for Kids) Shelley Admont & Kidkiddos Books. l.t. ed. 2021. (Danish English Bilingual Collection). (DAN.). 36p. (J). (gr. k-3). *(978-1-5259-5104-6(1))*; pap. *(978-1-5259-5103-9(3))* Shelley Admont Publishing.

I Love to Brush My Teeth (Dutch English Bilingual Book for Kids) Dutch English Bilingual Edition. Shelley Admont & Kidkiddos Books. 2nd l.t. ed. 2021. (Dutch English Bilingual Collection). (DUT., Illus.). 36p. (J). (gr. k-3). pap. *(978-1-5259-4831-2(8))* Kidkiddos Bks.

I Love to Brush My Teeth (English Afrikaans Bilingual Book for Kids) Shelley Admont. l.t. ed. 2021. (AFR., Illus.). 36p. (J). *(978-1-5259-5911-0(5))* Kidkiddos Bks.

I Love to Brush My Teeth (English Afrikaans Bilingual Book for Kids) Shelley Admont & Kidkiddos Books. l.t. ed. 2021. (AFR., Illus.). 36p. (J). pap. *(978-1-5259-5910-3(7))* Kidkiddos Bks.

I Love to Brush My Teeth (English Albanian Bilingual Children's Book) Shelley Admont & Kidkiddos Books. l.t. ed. 2021. (English Albanian Bilingual Collection). (ALB., Illus.). 36p. (J). (gr. k-3). *(978-1-5259-4805-3(9))*; pap. *(978-1-5259-4804-6(0))* Kidkiddos Bks.

I Love to Brush My Teeth (English Arabic Bilingual Book) Kidkiddos Books & Shelley Admont. 2nd ed. 2019. (English Arabic Bilingual Collection). (ARA., Illus.). 36p. (J). (gr. k-3). pap. *(978-1-5259-1627-4(0))* Kidkiddos Bks.

I Love to Brush My Teeth (English Bengali Bilingual Children's Book) Shelley Admont & Kidkiddos Books. l.t. ed. 2021. (BEN., Illus.). 36p. (J). *(978-1-5259-5866-3(6))*; pap. *(978-1-5259-5865-6(8))* Kidkiddos Bks.

I Love to Brush My Teeth (English Bulgarian Bilingual Book) Shelley Admont & Kidkiddos Books. 2020. (English Bulgarian Bilingual Collection). (BUL., Illus.). 36p. (J). (gr. k-3). *(978-1-5259-2089-9(8))*; pap. *(978-1-5259-2088-2(X))* Kidkiddos Bks.

I Love to Brush My Teeth (English Croatian Bilingual Children's Book) Shelley Admont & Kidkiddos Books. l.t. ed. 2021. (English Croatian Bilingual Collection). (HRV., Illus.). 36p. (J). (gr. k-3). *(978-1-5259-4577-9(7))*; pap. *(978-1-5259-4576-2(9))* Kidkiddos Bks.

I Love to Brush My Teeth (English Czech Bilingual Children's Book) Shelley Admont & Kidkiddos Books. l.t. ed. 2020. (English Czech Bilingual Collection). (CZE., Illus.). 36p. (J). (gr. k-3). *(978-1-5259-4221-1(2))*; pap. *(978-1-5259-4220-4(4))* Kidkiddos Bks.

I Love to Brush My Teeth (English Danish Bilingual Bilingual Book for Kids) Shelley Admont & Kidkiddos Books. 2nd l.t. ed. 2020. (English Danish Bilingual Collection). (DAN.). 36p. (J). (gr. k-3). pap. *(978-1-5259-3981-5(5))* Shelley Admont Publishing.

I Love to Brush My Teeth (English Greek Bilingual Book for Kids) Shelley Admont & Kidkiddos Books. 2nd l.t. ed. 2020. (English Greek Bilingual Collection). (GRE., Illus.). 36p. (J). (gr. k-3). pap. *(978-1-5259-4076-7(7))* Kidkiddos Bks.

I Love to Brush My Teeth (English Hebrew Bilingual Book) Shelley Admont & Kidkiddos Books. 2nd ed. 2019. (English Hebrew Bilingual Collection). (HEB., Illus.). 36p. (J). (gr. k-3). pap. *(978-1-5259-1636-6(X))* Kidkiddos Bks.

I Love to Brush My Teeth (English Hindi Bilingual Book) Shelley Admont & Kidkiddos Books. 2nd ed. 2019. (English Hindi Bilingual Collection). (HIN., Illus.). 36p. (J). (gr. k-3). pap. *(978-1-5259-1588-8(6))* Kidkiddos Bks.

I Love to Brush My Teeth (English Hindi Children's Book) Bilingual Hindi Book for Kids. Shelley Admont & S. a Publishing. 2018. (English Hindi Bilingual Collection). (HIN., Illus.). 36p. (J). (gr. k-3). *(978-1-5259-0890-3(1))* Kidkiddos Bks.

I Love to Brush My Teeth (English Hungarian Bilingual Book for Kids) Shelley Admont & Kidkiddos Books. 2nd l.t. ed. 2020. (English Hungarian Bilingual Collection). (HUN.). 36p. (J). (gr. k-3). pap. *(978-1-5259-4080-4(5))* Kidkiddos Bks.

I Love to Brush My Teeth (English Irish Bilingual Book for Kids) Shelley Admont & Kidkiddos Books. l.t. ed. 2021. (GLE., Illus.). 36p. (J). *(978-1-5259-5821-2(6))*; pap. *(978-1-5259-5820-5(8))* Kidkiddos Bks.

I Love to Brush My Teeth (English Japanese Bilingual Book) Shelley Admont & Kidkiddos Books. 2nd ed. (English Japanese Bilingual Collection). (JPN., Illus.). 36p. (J). (gr. k-3). 2020. *(978-1-5259-2300-5(5))*; 2019. pap. *(978-1-5259-1786-8(2))* Kidkiddos Bks.

I Love to Brush My Teeth (English Japanese Children's Book) Bilingual Japanese Book for Kids. Shelley Admont & S. a Publishing. 2017. (English Japanese Bilingual Collection). (JPN., Illus.). (J). (gr. k-3). *(978-1-5259-0538-4(4))*; pap. *(978-1-5259-0537-7(6))* Kidkiddos Bks.

I Love to Brush My Teeth (English Korean Bilingual Book) Shelley Admont & Kidkiddos Books. 2nd ed. 2020. (English Korean Bilingual Collection). (KOR., Illus.). 36p. (J). (gr. k-3). pap. *(978-1-5259-2342-5(0))* Kidkiddos Bks.

I Love to Brush My Teeth (English Macedonian Bilingual Book for Kids) Shelley Admont & Kidkiddos Books. l.t. ed. 2022. (English Macedonian Bilingual Collection). (MAC., Illus.). 36p. (J). *(978-1-5259-6163-2(2))*; pap. *(978-1-5259-6162-5(4))* Kidkiddos Bks.

I Love to Brush My Teeth (English Malay Bilingual Book for Kids) Shelley Admont & Kidkiddos Books. 2020. (English Malay Bilingual Collection). (MAY., Illus.). 36p. (J). (gr. k-3). *(978-1-5259-2704-1(3))*; pap. *(978-1-5259-2703-4(5))* Kidkiddos Bks.

I Love to Brush My Teeth (English Mandarin Chinese Bilingual Book) Shelley Admont & Kidkiddos Books. 2nd ed. 2019. (English Chinese Bilingual Collection). (CHI., Illus.). 36p. (J). (gr. k-3). pap. *(978-1-5259-1675-5(0))* Kidkiddos Bks.

I Love to Brush My Teeth (English Polish Bilingual Book for Kids) Shelley Admont & Kidkiddos Books. 2nd l.t. ed. 2020. (English Polish Bilingual Collection). (POL., Illus.). 36p. (J). (gr. k-3). pap. *(978-1-5259-4386-7(3))* Kidkiddos Bks.

I Love to Brush My Teeth (English Polish Children's Book) Bilingual Polish Book for Kids. Shelley Admont. 2017. (English Polish Bilingual Collection). (POL., Illus.). (J). (gr. k-3). *(978-1-5259-0476-9(0))*; pap. *(978-1-5259-0475-2(2))* Kidkiddos Bks.

I Love to Brush My Teeth (English Portuguese Bilingual Book - Portugal) Shelley Admont & Kidkiddos Books. 2020. (English Portuguese Bilingual Collection - Portugal Ser.). (POR., Illus.). 36p. (J). (gr. k-3). *(978-1-5259-2147-6(9))*; pap. *(978-1-5259-2146-9(0))* Kidkiddos Bks.

I Love to Brush My Teeth (English Punjabi Bilingual Book - India) Shelley Admont & Kidkiddos Books. 2020. (English Punjabi Bilingual Collection - Gurmukhi Ser.). (PAN., Illus.). 36p. (J). (gr. k-3). *(978-1-5259-2377-7(3))*; pap. *(978-1-5259-2376-0(5))* Kidkiddos Bks.

I Love to Brush My Teeth (English Romanian Bilingual Book) Shelley Admont & Kidkiddos Books. 2nd ed. 2019. (English Romanian Bilingual Collection). (RUM., Illus.). 36p. (J). (gr. k-3). pap. *(978-1-5259-1713-4(7))* Kidkiddos Bks.

I Love to Brush My Teeth (English Romanian Children's Book) Bilingual Romanian Book for Kids. Shelley Admont & S. a Publishing. 2017. (English Romanian Bilingual Collection). (RUM., Illus.). (J). (gr. k-3). *(978-1-5259-0544-5(9))*; pap. *(978-1-5259-0543-8(0))* Kidkiddos Bks.

I Love to Brush My Teeth (English Russian Bilingual Book) Shelley Admont & Kidkiddos Books. 2nd ed. 2019. (English Russian Bilingual Collection). (RUS., Illus.). 36p. (J). (gr. k-3). pap. *(978-1-5259-1606-9(8))* Kidkiddos Bks.

I Love to Brush My Teeth (English Serbian Bilingual Book -Cyrillic) Shelley Admont & Kidkiddos Books. 2020. (English Serbian Bilingual Collection - Cyrillic Ser.). (SRP., Illus.). 36p. (J). (gr. k-3). *(978-1-5259-2426-2(5))*; pap. *(978-1-5259-2425-5(7))* Kidkiddos Bks.

I Love to Brush My Teeth (English Serbian Bilingual Book -Latin Alphabet) Shelley Admont & Kidkiddos Books. 2nd ed. 2019. (English Serbian Bilingual Collection). (SRP., Illus.). 36p. (J). (gr. k-3). pap. *(978-1-5259-1671-7(8))* Kidkiddos Bks.

I Love to Brush My Teeth (English Serbian Children's Book) Bilingual Serbian Book for Kids. Shelley Admont & S. a Publishing. 2017. (English Serbian Bilingual Collection). (SRP., Illus.). 36p. (J). (gr. k-3). *(978-1-5259-0608-4(9))*; pap. *(978-1-5259-0607-7(0))* Kidkiddos Bks.

I Love to Brush My Teeth (English Swedish Bilingual Book for Kids) Shelley Admont & Kidkiddos Books. 2nd l.t. ed. 2020. (English Swedish Bilingual Collection). (SWE.). 36p. (J). (gr. k-3). pap. *(978-1-5259-3338-7(8))* Kidkiddos Bks.

I Love to Brush My Teeth (English Thai Bilingual Children's Book) Shelley Admont & Kidkiddos Books. l.t. ed. 2021. (English Thai Bilingual Collection). (THA., Illus.). 38p. (J). *(978-1-5259-5767-3(8))*; pap. *(978-1-5259-5766-6(X))* Kidkiddos Bks.

I Love to Brush My Teeth (English Turkish Bilingual Book) Shelley Admont & Kidkiddos Books. 2020. (English Turkish Bilingual Collection). (TUR., Illus.). 36p. (J). (gr. k-3). *(978-1-5259-2098-1(7))*; pap. *(978-1-5259-2097-4(9))* Kidkiddos Bks.

I Love to Brush My Teeth (English Ukrainian Bilingual Book for Kids) Shelley Admont & Kidkiddos Books. 2nd l.t. ed. 2020. (English Ukrainian Bilingual Collection). (UKR.). 36p. (J). (gr. k-3). pap. *(978-1-5259-3989-1(0))* Kidkiddos Bks.

I Love to Brush My Teeth (English Urdu Bilingual Book) Shelley Admont & Kidkiddos Books. 2020. (English Urdu Bilingual Collection). (URD., Illus.). 36p. (J). (gr. k-3). *(978-1-5259-2330-2(7))*; pap. *(978-1-5259-2329-6(3))* Kidkiddos Bks.

I Love to Brush My Teeth (English Vietnamese Bilingual Book) Shelley Admont & Kidkiddos Books. 2nd ed. 2019. (English Vietnamese Bilingual Collection). (VIE.). 36p. (J). (gr. k-3). pap. *(978-1-5259-1604-5(1))* Kidkiddos Bks.

I Love to Brush My Teeth (English Welsh Bilingual Book for Kids) Shelley Admont & Kidkiddos Books. l.t. ed. 2022. (English Welsh Bilingual Collection). (WEL., Illus.). 36p. (J). *(978-1-5259-6289-9(2))*; pap. *(978-1-5259-6288-2(4))* Kidkiddos Bks.

I Love to Brush My Teeth (French English Bilingual Book for Kids) Shelley Admont & Kidkiddos Books. 3rd l.t. ed. 2020. (French English Bilingual Collection). (FRE.). 36p. (J). pap. *(978-1-5259-3472-8(4))* Kidkiddos Bks.

I Love to Brush My Teeth (German English Bilingual Book for Children) Shelley Admont & Kidkiddos Books. 2nd l.t. ed. 2020. (German English Bilingual Collection). (GER., Illus.). 36p. (J). (gr. k-3). pap. *(978-1-5259-3344-8(2))* Kidkiddos Bks.

I Love to Brush My Teeth (Greek English Bilingual Children's Book) Shelley Admont & Kidkiddos Books. 2nd l.t. ed. 2020. (Greek English Bilingual Collection). (GRE., Illus.). 36p. (J). (gr. k-3). pap. *(978-1-5259-3839-9(8))* Kidkiddos Bks.

I Love to Brush My Teeth Gustong-Gusto Ko Magsipilyo: English Tagalog Bilingual Book. Shelley Admont & Kidkiddos Books. 2nd ed. 2019. (English Tagalog Bilingual Collection). (TGL., Illus.). 36p. (J). (gr. k-3). pap. *(978-1-5259-1891-9(5))* Kidkiddos Bks.

I Love to Brush My Teeth (Hindi Children's Book) Hindi Book for Kids. Shelley Admont & S. a Publishing. 2018. (Hindi Bedtime Collection). (HIN., Illus.). 36p. (J). (gr. k-3). *(978-1-5259-0893-4(6))*; pap. *(978-1-5259-0892-7(8))* Kidkiddos Bks.

I Love to Brush My Teeth (Hindi English Bilingual Book for Kids) Shelley Admont & Kidkiddos Books. l.t. ed. 2021. (Hindi English Bilingual Collection). (HIN., Illus.). 36p. (J). (gr. k-3). *(978-1-5259-5075-9(4))*; pap. *(978-1-5259-5074-2(6))* Kidkiddos Bks.

I Love to Brush My Teeth Ik Hou Ervan Mijn Tanden Te Poetsen: English Dutch Bilingual Book. Shelley Admont & Kidkiddos Books. 2nd ed. 2019. (English Dutch Bilingual Collection). (DUT., Illus.). 36p. (J). (gr. k-3). pap. *(978-1-5259-1768-4(4))* Kidkiddos Bks.

I Love to Brush My Teeth (Irish Children's Book) Shelley Admont & Kidkiddos Books. l.t. ed. 2021. (GLE., Illus.). 36p. (J). *(978-1-5259-5824-3(0))*; pap. *(978-1-5259-5823-6(2))* Kidkiddos Bks.

I Love to Brush My Teeth (Irish English Bilingual Children's Book) Shelley Admont & Kidkiddos Books. l.t. ed. 2022. (Irish English Bilingual Collection). (GLE., Illus.). 36p. (J). *(978-1-5259-5827-4(5))*; pap. *(978-1-5259-5826-7(7))* Kidkiddos Bks.

I Love to Brush My Teeth J'adore Me Brosser les Dents: Bilingual Book English French. Shelley Admont & Kidkiddos Books. 2nd ed. 2019. (English French Bilingual Collection). (FRE., Illus.). 36p. (J). (gr. k-3). pap. *(978-1-5259-1162-0(7))* Kidkiddos Bks.

I Love to Brush My Teeth (Japanese Children's Book) Japanese Book for Kids. Shelley Admont & S. a Publishing. 2017. (Japanese Bedtime Collection). (JPN., Illus.). (J). (gr. k-3). *(978-1-5259-0541-4(4))*; pap. *(978-1-5259-0540-7(6))* Kidkiddos Bks.

I Love to Brush My Teeth (Japanese Edition) Japanese Book for Kids. Shelley Admont & Kidkiddos Books. 2nd ed. 2020. (Japanese Bedtime Collection). (JPN., Illus.). 36p. (J). (gr. k-3). pap. *(978-1-5259-2297-8(1))* Kidkiddos Bks.

I Love to Brush My Teeth (Korean English Bilingual Book) Shelley Admont & Kidkiddos Books. 2nd ed. 2019. (Korean English Bilingual Collection). (KOR., Illus.). 36p. (J). (gr. k-3). pap. *(978-1-5259-1785-1(4))* Kidkiddos Bks.

I Love to Brush My Teeth (Macedonian Children's Book) Shelley Admont & Kidkiddos Books. l.t. ed. 2022. (Macedonian Bedtime Collection). (MAC., Illus.). 36p. (J). *(978-1-5259-6166-3(7))*; pap. *(978-1-5259-6165-6(9))* Kidkiddos Bks.

I Love to Brush My Teeth (Macedonian English Bilingual Children's Book) Shelley Admont & Kidkiddos Books. l.t. ed. 2022. (Macedonian English Bilingual Collection). (MAC., Illus.). 36p. (J). *(978-1-5259-6169-4(1))*; pap. *(978-1-5259-6168-7(3))* Kidkiddos Bks.

I Love to Brush My Teeth (Malay Children's Book) Shelley Admont & Kidkiddos Books. 2020. (Malay Bedtime Collection). (MAY., Illus.). 36p. (J). (gr. k-3). *(978-1-5259-2707-2(8))*; pap. *(978-1-5259-2706-5(X))* Kidkiddos Bks.

I Love to Brush My Teeth (Malay English Bilingual Children's Book) Shelley Admont & Kidkiddos Books. l.t. ed. 2020. (Malay English Bilingual Collection). (MAY.). 36p. (J). (gr. k-3). *(978-1-5259-2710-2(8))*; pap. *(978-1-5259-2709-6(4))* Kidkiddos Bks.

I Love to Brush My Teeth (Mandarin Bilingual Book) English Chinese Children's Book. Shelley Admont & S. a Publishing. 2018. (English Chinese Bilingual Collection). (CHI., Illus.). 36p. (J). (gr. k-3). *(978-1-5259-0789-0(1))* Kidkiddos Bks.

I Love to Brush My Teeth (Polish Edition) Polish Children's Book. Shelley Admont & Kidkiddos Books. 2nd ed. 2020. (Polish Bedtime Collection). (POL., Illus.). 36p. (J). (gr. k-3). *(978-1-5259-2282-4(3))*; pap. *(978-1-5259-1904-6(0))* Kidkiddos Bks.

I Love to Brush My Teeth (Polish English Bilingual Book) Shelley Admont & Kidkiddos Books. 2019. (Polish English Bilingual Collection). (POL., Illus.). 36p. (J). (gr. k-3). *(978-1-5259-1565-9(7))*; pap. *(978-1-5259-1564-2(9))* Kidkiddos Bks.

I Love to Brush My Teeth (Polish Language) Polish Children's Book. Shelley Admont. 2017. (Polish Bedtime Collection). (POL., Illus.). (J). (gr. k-3). *(978-1-5259-0478-3(7))*; pap. *(978-1-5259-0477-6(9))* Kidkiddos Bks.

I Love to Brush My Teeth (Portuguese Edition - Portugal) Shelley Admont & Kidkiddos Books. 2020. (Portuguese Bedtime Collection - Portugal Ser.). (POR., Illus.). 36p. (J). (gr. k-3). *(978-1-5259-2150-6(9))*; pap. *(978-1-5259-2149-0(5))* Kidkiddos Bks.

I Love to Brush My Teeth (Portuguese English Bilingual Book - Portugal) Shelley Admont & Kidkiddos Books. 2020. (Portuguese English Bilingual Collection - Portugal Ser.). (POR., Illus.). 36p. (J). (gr. k-3). *(978-1-5259-2153-7(3))*; pap. *(978-1-5259-2152-0(5))* Kidkiddos Bks.

I Love to Brush My Teeth (Portuguese English Bilingual Children's Book - Brazil) Brazilian Portuguese. Shelley Admont & Kidkiddos Books. 2nd l.t. ed. 2020. (Portuguese English Bilingual Collection- Brazilian Ser.). (POR.). 36p. (J). (gr. k-3). pap. *(978-1-5259-3471-1(6))* Kidkiddos Bks.

I Love to Brush My Teeth (Portuguese Russian Bilingual Book for Kids) Brazilian Portuguese. Shelley Admont & Kidkiddos Books. 2020. (Portuguese Russian Bilingual Collection). (POR., Illus.). 36p. (J). (gr. k-3). *(978-1-5259-2607-5(1))*; pap. *(978-1-5259-2606-8(3))* Kidkiddos Bks.

I Love to Brush My Teeth (Punjabi Book - India) Shelley Admont & Kidkiddos Books. 2020. (Punjabi Bedtime Collection- Gurmukhi Ser.). (PAN., Illus.). 36p. (J). (gr. k-3). pap. *(978-1-5259-2379-1(X))* Kidkiddos Bks.

I Love to Brush My Teeth (Punjabi Edition - India) Shelley Admont & Kidkiddos Books. 2020. (Punjabi Bedtime Collection- Gurmukhi Ser.). (PAN., Illus.). 36p. (J). (gr. k-3). *(978-1-5259-2380-7(3))* Kidkiddos Bks.

I Love to Brush My Teeth (Punjabi English Bilingual Book - Gurmukhi) Punjabi (India) Shelley Admont & Kidkiddos Books. 2020. (Punjabi English Bilingual Collection - Gurmukhi Ser.). (PAN., Illus.). 36p. (J). (gr. k-3). *(978-1-5259-2383-8(8))*; pap. *(978-1-5259-2382-1(X))* Kidkiddos Bks.

I Love to Brush My Teeth (Romanian Children's Book) Romanian Book for Kids. Shelley Admont & S. a Publishing. 2017. (Romanian Bedtime Collection). (RUM., Illus.). (J). (gr. k-3). *(978-1-5259-0546-9(5))*; pap. *(978-1-5259-0545-2(7))* Kidkiddos Bks.

I Love to Brush My Teeth (Romanian English Bilingual Book for Kids) Shelley Admont & Kidkiddos Books. l.t. ed. 2021. (Romanian English Bilingual Collection). (RUM., Illus.). 36p. (J). (gr. k-3). *(978-1-5259-4964-7(0))*; pap. *(978-1-5259-4963-0(2))* Kidkiddos Bks.

I Love to Brush My Teeth (Russian English Bilingual Book) Shelley Admont & Kidkiddos Books. 2nd ed. 2019. (Russian English Bilingual Collection). (RUS., Illus.). 36p. (J). (gr. k-3). pap. *(978-1-5259-1451-5(0))* Kidkiddos Bks.

I Love to Brush My Teeth (Serbian Edition-Cyrillic) Shelley Admont & Kidkiddos Books. 2020. (Serbian Bedtime Collection - Cyrillic Ser.). (SRP., Illus.). 36p. (J). (gr. k-3). *(978-1-5259-2429-3(X))*; pap. *(978-1-5259-2428-6(1))* Kidkiddos Bks.

I Love to Brush My Teeth (Serbian English Bilingual Book -Cyrillic) Shelley Admont & Kidkiddos Books. 2020. (Serbian English Bilingual Collection - Cyrillic Ser.). (SRP., Illus.). 36p. (J). (gr. k-3). *(978-1-5259-2432-3(X))*; pap. *(978-1-5259-2431-6(1))* Kidkiddos Bks.

I Love to Brush My Teeth (Serbian English Bilingual Children's Book -Latin Alphabet) Shelley Admont & Kidkiddos Books. l.t. ed. 2021. (Serbian English Bilingual Collection - Latin Ser.). (SRP., Illus.). 36p. (J). (gr. k-3). *(978-1-5259-5003-2(7))*; pap. *(978-1-5259-5002-5(9))* Kidkiddos Bks.

I Love to Brush My Teeth (Swedish English Bilingual Book) Shelley Admont & Kidkiddos Books. 2019. (Swedish English Bilingual Collection). (SWE., Illus.). 36p. (J). (gr. k-3). *(978-1-5259-1491-1(X))*; pap. *(978-1-5259-1490-4(1))* Kidkiddos Bks.

I Love to Brush My Teeth (Thai Book for Kids) Shelley Admont & Kidkiddos Books. l.t. ed. 2021. (THA., Illus.). 36p. (J). *(978-1-5259-5770-3(8))*; pap. *(978-1-5259-5769-7(4))* Kidkiddos Bks.

I Love to Brush My Teeth (Thai English Bilingual Book for Kids) Shelley Admont & Kidkiddos Books. l.t. ed. 2022.

(Thai English Bilingual Collection). (THA., Illus.). 36p. (J). *(978-1-5259-5773-4(2))*; pap. *(978-1-5259-5772-7(4))* Kidkiddos Bks.

I Love to Brush My Teeth (Turkish Edition) Shelley Admont & Kidkiddos Books. 2020. (Turkish Bedtime Collection). (TUR., Illus.). 36p. (J). (gr. k-3). *(978-1-5259-2101-8(0))*; pap. *(978-1-5259-2100-1(2))* Kidkiddos Bks.

I Love to Brush My Teeth (Turkish English Bilingual Book) Shelley Admont & Kidkiddos Books. 2020. (Turkish English Bilingual Collection). (TUR., Illus.). 36p. (J). (gr. k-3). *(978-1-5259-2104-9(5))*; pap. *(978-1-5259-2103-2(7))* Kidkiddos Bks.

I Love to Brush My Teeth (Ukrainian Edition) Shelley Admont & Kidkiddos Books. 2nd ed. 2019. (Ukrainian Bedtime Collection). (UKR., Illus.). 36p. (J). (gr. k-3). pap. *(978-1-5259-1798-1(6))* Kidkiddos Bks.

I Love to Brush My Teeth (Ukrainian English Bilingual Book for Kids) Shelley Admont & Kidkiddos Books. 2nd l.t. ed. 2021. (Ukrainian English Bilingual Collection). (UKR.). 36p. (J). (gr. k-3). pap. *(978-1-5259-4833-6(4))* Kidkiddos Bks.

I Love to Brush My Teeth (Vietnamese Book for Kids) Vietnamese Edition. Shelley Admont & Kidkiddos Books. 2nd ed. 2020. (Vietnamese Bedtime Collection). (VIE.). 36p. (J). (gr. k-3). pap. *(978-1-5259-3180-2(6))* Kidkiddos Bks.

I Love to Brush My Teeth (Vietnamese English Bilingual Children's Book) Shelley Admont & Kidkiddos Books. l.t. ed. 2020. (Vietnamese English Bilingual Collection). (VIE.). 36p. (J). (gr. k-3). pap. *(978-1-5259-3982-2(3))* Kidkiddos Bks.

I Love to Brush My Teeth (Welsh Children's Book) Shelley Admont & Kidkiddos Books. l.t. ed. 2022. (Welsh Bedtime Collection). (WEL., Illus.). 36p. (J). *(978-1-5259-6292-9(2))*; pap. *(978-1-5259-6291-2(4))* Kidkiddos Bks.

I Love to Brush My Teeth (Welsh English Bilingual Children's Book) Shelley Admont & Kidkiddos Books. l.t. ed. 2022. (Welsh English Bilingual Collection). (WEL., Illus.). 36p. (J). *(978-1-5259-6295-0(7))*; pap. *(978-1-5259-6294-3(9))* Kidkiddos Bks.

I Love to Color! a Bushy Tailed Animal Coloring Book. Activibooks For Kids. 2016. (ENG., Illus.). (J). pap. 9.20 *(978-1-68321-787-9(X))* Mimaxion.

I Love to Draw Pictures! a Connect the Dots Activity Book. Bobo's Children Activity Books. 2016. (ENG., Illus.). (J). pap. 7.99 *(978-1-68327-319-6(2))* Sunshine In My Soul Publishing.

I Love to Eat Fruits & Vegetables. Shelley Admont & Kidkiddos Books. 2nd ed. 2019. (I Love To... Ser.). (ENG., Illus.). 32p. (J). (gr. k-2). pap. *(978-1-5259-1163-7(5))* Kidkiddos Bks.

I Love to Eat Fruits & Vegetables: English Farsi - Persian. Shelley Admont & Kidkiddos Books. 2019. (English Farsi Bilingual Collection). (PER., Illus.). 32p. (J). (gr. k-3). *(978-1-5259-1009-8(4))*; pap. *(978-1-5259-1008-1(6))* Kidkiddos Bks.

I Love to Eat Fruits & Vegetables: English Greek Bilingual Book. Shelley Admont & Kidkiddos Books. 2nd ed. 2019. (English Greek Bilingual Collection). (GRE., Illus.). 32p. (J). (gr. k-3). pap. *(978-1-5259-1324-2(7))* Kidkiddos Bks.

I Love to Eat Fruits & Vegetables: English Hebrew. Shelley Admont & S. a Publishing. 2018. (English Hebrew Bilingual Collection). (HEB., Illus.). 32p. (J). (gr. k-3). pap. *(978-1-5259-0866-8(9))* Kidkiddos Bks.

I Love to Eat Fruits & Vegetables: English Hindi Bilingual Edition. Shelley Admont & Kidkiddos Books. 2019. (English Hindi Bilingual Collection). (HIN.). 32p. (J). (gr. k-3). pap. *(978-1-5259-1369-3(7))* Kidkiddos Bks.

I Love to Eat Fruits & Vegetables: English Hindi Bilingual Edition. Shelley Admont & S. a Publishing. 2016. (English Hindi Bilingual Collection). (HIN., Illus.). (J). (gr. k-3). *(978-1-5259-0001-3(3))*; pap. *(978-1-5259-0000-6(5))* Shelley Admont Publishing.

I Love to Eat Fruits & Vegetables: English Hungarian Bilingual Book. Shelley Admont & Kidkiddos Books. 2nd ed. 2019. (English Hungarian Bilingual Collection). (HUN., Illus.). 32p. (J). (gr. k-3). pap. *(978-1-5259-1842-1(7))* Kidkiddos Bks.

I Love to Eat Fruits & Vegetables: English Hungarian Bilingual Edition. Shelley Admont & S. a Publishing. 2016. (English Hungarian Bilingual Collection). (HUN., Illus.). (J). (gr. k-3). *(978-1-5259-0027-3(7))*; pap. *(978-1-5259-0026-6(9))* Shelley Admont Publishing.

I Love to Eat Fruits & Vegetables: English Korean Bilingual Book for Kids. Shelley Admont & Kidkiddos Books. 2nd ed. 2019. (English Korean Bilingual Collection). (KOR., Illus.). 32p. (J). (gr. k-3). pap. *(978-1-5259-1168-2(6))* Kidkiddos Bks.

I Love to Eat Fruits & Vegetables: English Polish Bilingual Book. Shelley Admont & Kidkiddos Books. 2nd ed. 2019. (English Polish Bilingual Collection). (POL., Illus.). 32p. (J). (gr. k-3). pap. *(978-1-5259-1349-5(2))* Kidkiddos Bks.

I Love to Eat Fruits & Vegetables: English Polish Bilingual Children's Book. Shelley Admont. 2017. (English Polish Bilingual Collection). (POL., Illus.). (J). (gr. k-3). *(978-1-5259-0363-2(2))*; pap. *(978-1-5259-0362-5(4))* Kidkiddos Bks.

I Love to Eat Fruits & Vegetables: English Portuguese Bilingual Children's Book. Shelley Admont. 2017. (English Portuguese Bilingual Collection). (POR., Illus.). (J). (gr. k-3). *(978-1-5259-0379-3(9))*; pap. *(978-1-5259-0378-6(0))* Kidkiddos Bks.

I Love to Eat Fruits & Vegetables: English Romanian Bilingual Edition. Shelley Admont. 2016. (English Romanian Bilingual Collection). (RUM., Illus.). (J). (gr. k-3). *(978-1-5259-0122-5(2))*; pap. *(978-1-5259-0121-8(4))* Kidkiddos Bks.

I Love to Eat Fruits & Vegetables: English Serbian Cyrillic. Shelley Admont & Kidkiddos Books. 2018. (English Serbian Cyrillic Collection). (SRP., Illus.). 32p. (J). (gr. k-3). *(978-1-5259-1027-2(2))*; pap. *(978-1-5259-1026-5(4))* Kidkiddos Bks.

I Love to Eat Fruits & Vegetables: English Swedish Bilingual Edition. Shelley Admont. 2017. (English Swedish Bilingual Collection). (SWE., Illus.). (J). (gr. k-3). *(978-1-5259-0292-5(X))*; pap. *(978-1-5259-0291-8(1))* Kidkiddos Bks.

I Love to Eat Fruits & Vegetables: English Vietnamese Bilingual Edition. Shelley Admont. 2016. (English Vietnamese Bilingual Collection). (VIE., Illus.). (J). (gr. k-3). *(978-1-5259-0100-3(1))*; pap. *(978-1-5259-0099-0(4))* Kidkiddos Bks.

I Love to Eat Fruits & Vegetables: Greek English Bilingual Edition. Shelley Admont. 2017. (Greek English Bilingual Collection). (GRE., Illus.). (J). (gr. k-3). *(978-1-5259-0267-3(9))*; pap. *(978-1-5259-0266-6(0))* Kidkiddos Bks.

I Love to Eat Fruits & Vegetables: Hindi Edition. Shelley Admont & S. a Publishing. 2016. (Hindi Bedtime Collection). (HIN., Illus.). (J). (gr. k-3). *(978-1-5259-0003-7(X))*; pap. *(978-1-5259-0002-0(1))* Shelley Admont Publishing.

I Love to Eat Fruits & Vegetables: Hungarian Edition. Shelley Admont & S. a Publishing. 2016. (Hungarian Bedtime Collection). (HUN., Illus.). (J). (gr. k-3). *(978-1-5259-0029-7(3))*; pap. *(978-1-5259-0028-0(5))* Shelley Admont Publishing.

I Love to Eat Fruits & Vegetables: Hungarian English Bilingual Edition. Shelley Admont. 2017. (Hungarian English Bilingual Collection). (HUN., Illus.). (J). (gr. k-3). *(978-1-5259-0228-4(8))*; pap. *(978-1-5259-0227-7(X))* Kidkiddos Bks.

I Love to Eat Fruits & Vegetables: Japanese English Bilingual Edition. Shelley Admont & S. a Publishing. 2016. (Japanese English Bilingual Collection). (JPN., Illus.). (J). (gr. k-3). *(978-1-5259-0051-8(X))*; pap. *(978-1-5259-0050-1(1))* Shelley Admont Publishing.

I Love to Eat Fruits & Vegetables: Korean English Bilingual Edition. Shelley Admont & S. a Publishing. 2016. (Korean English Bilingual Collection). (KOR., Illus.). (J). (gr. k-3). *(978-1-77268-782-8(0))*; pap. *(978-1-77268-781-1(2))* Shelley Admont Publishing.

I Love to Eat Fruits & Vegetables: Polish Language Children's Book. Shelley Admont. 2017. (Polish Bedtime Collection). (POL., Illus.). (J). (gr. k-3). *(978-1-5259-0365-6(9))*; pap. *(978-1-5259-0364-9(0))* Kidkiddos Bks.

I Love to Eat Fruits & Vegetables: Portuguese Language Children's Book. Shelley Admont. 2017. (Portuguese Bedtime Collection). (POR., Illus.). (J). (gr. k-3). *(978-1-5259-0382-3(9))*; pap. *(978-1-5259-0381-6(0))* Kidkiddos Bks.

I Love to Eat Fruits & Vegetables: Romanian Edition. Shelley Admont. 2016. (Romanian Bedtime Collection). (RUM., Illus.). (J). (gr. k-3). *(978-1-5259-0124-9(9))*; pap. *(978-1-5259-0123-2(0))* Kidkiddos Bks.

I Love to Eat Fruits & Vegetables: Russian English Bilingual Edition. Shelley Admont & Kidkiddos Books. 2nd ed. 2019. (Russian English Bilingual Collection). (RUS., Illus.). 32p. (J). (gr. k-3). pap. *(978-1-5259-1348-8(4))* Kidkiddos Bks.

I Love to Eat Fruits & Vegetables: Serbian Language Cyrillic. Shelley Admont & Kidkiddos Books. 2018. (Serbian Bedtime Collection Cyrillic Ser.). (SRP., Illus.). 32p. (J). (gr. k-3). *(978-1-5259-1029-6(9))*; pap. *(978-1-5259-1028-9(0))* Kidkiddos Bks.

I Love to Eat Fruits & Vegetables: Swedish Edition. Shelley Admont. 2017. (Swedish Bedtime Collection). (SWE., Illus.). (J). (gr. k-3). *(978-1-5259-0295-6(4))*; pap. *(978-1-5259-0294-9(6))* Kidkiddos Bks.

I Love to Eat Fruits & Vegetables: Tagalog English Bilingual Edition. Shelley Admont & S. a Publishing. 2016. (Tagalog English Bilingual Collection). (TGL., Illus.). (J). (gr. k-3). *(978-1-77268-723-1(5))*; pap. *(978-1-77268-722-4(7))* Shelley Admont Publishing.

I Love to Eat Fruits & Vegetables: Ukrainian Edition. Shelley Admont & S. a Publishing. 2016. (Ukrainian Bedtime Collection). (UKR., Illus.). (J). (gr. k-3). *(978-1-77268-795-8(2))*; pap. *(978-1-77268-794-1(4))* Shelley Admont Publishing.

I Love to Eat Fruits & Vegetables: Vietnamese Edition. Shelley Admont. 2016. (Vietnamese Bedtime Collection). (VIE., Illus.). (J). (gr. k-3). *(978-1-5259-0102-7(8))*; pap. *(978-1-5259-0101-0(X))* Kidkiddos Bks.

I Love to Eat Fruits & Vegetables: Vietnamese English Bilingual Collection. Shelley Admont. 2017. (Vietnamese English Bilingual Collection). (VIE., Illus.). (J). (gr. k-3). *(978-1-5259-0273-4(3))* Kidkiddos Bks.

I Love to Eat Fruits & Vegetables: Vietnamese English Bilingual Edition. Shelley Admont. 2017. (Vietnamese English Bilingual Collection). (VIE., Illus.). (J). (gr. k-3). pap. *(978-1-5259-0272-7(5))* Kidkiddos Bks.

I Love to Eat Fruits & Vegetables (Afrikaans Children's Book) Shelley Admont. l.t. ed. 2021. (Afrikaans Bedtime Collection). (AFR.). 32p. (J). *(978-1-5259-5752-9(X))* Kidkiddos Bks.

I Love to Eat Fruits & Vegetables (Afrikaans Children's Book) Shelley Admont & Kidkiddos Books. l.t. ed. 2021. (Afrikaans Bedtime Collection). (AFR.). 32p. (J). pap. *(978-1-5259-5751-2(1))* Kidkiddos Bks.

I Love to Eat Fruits & Vegetables (Afrikaans English Bilingual Children's Book) Shelley Admont & Kidkiddos Books. l.t. ed. 2022. (Afrikaans English Bilingual Collection). (AFR.). 32p. (J). *(978-1-5259-5755-0(4))*; pap. *(978-1-5259-5754-3(6))* Kidkiddos Bks.

I Love to Eat Fruits & Vegetables (Albanian Children's Book) Shelley Admont & Kidkiddos Books. l.t. ed. 2021. (Albanian Bedtime Collection). (ALB.). 32p. (J). (gr. k-3). *(978-1-5259-4979-1(9))*; pap. *(978-1-5259-4978-4(0))* Kidkiddos Bks.

I Love to Eat Fruits & Vegetables (Albanian English Bilingual Book for Kids) Shelley Admont & Kidkiddos Books. l.t. ed. 2021. (Albanian English Bilingual Collection). (ALB.). 32p. (J). (gr. k-3). *(978-1-5259-4982-1(9))*; pap. *(978-1-5259-4981-4(0))* Kidkiddos Bks.

I Love to Eat Fruits & Vegetables Amo Mangiare Frutta e Verdura: English Italian Bilingual Book. Shelley Admont & Kidkiddos Books. 2nd ed. 2019. (English Italian Bilingual Collection). (ITA., Illus.). 32p. (J). (gr. k-3). pap. *(978-1-5259-1649-6(1))* Kidkiddos Bks.

I Love to Eat Fruits & Vegetables (Bengali Children's Book) Shelley Admont & Kidkiddos Books. l.t. ed. 2021. (BEN.). 32p. (J). *(978-1-5259-5932-5(8))*; pap. *(978-1-5259-5931-8(X))* Kidkiddos Bks.

I Love to Eat Fruits & Vegetables (Bengali English Bilingual Children's Book) Shelley Admont & Kidkiddos Books. l.t. ed. 2022. (Bengali English Bilingual Collection). (BEN.). 32p. (J). *(978-1-5259-5935-6(2))*; pap. *(978-1-5259-5934-9(4))* Kidkiddos Bks.

I Love to Eat Fruits & Vegetables (Bilingual Vietnamese Kids Book) Vietnamese Book for Children. Shelley Admont & S. a Publishing. 2018. (English Vietnamese Bilingual Collection). (VIE., Illus.). 32p. (J). (gr. k-3). *(978-1-5259-0665-7(8))* Kidkiddos Bks.

I Love to Eat Fruits & Vegetables (Bulgarian Edition) Shelley Admont & Kidkiddos Books. 2020. (Bulgarian Bedtime Collection). (BUL., Illus.). 32p. (J). (gr. k-3). *(978-1-5259-2447-7(8))*; pap. *(978-1-5259-2446-0(X))* Kidkiddos Bks.

I Love to Eat Fruits & Vegetables (Bulgarian English Bilingual Book) Shelley Admont & Kidkiddos Books. 2020. (Bulgarian English Bilingual Collection). (BUL., Illus.). 32p. (J). (gr. k-3). *(978-1-5259-2450-7(8))*; pap. *(978-1-5259-2449-1(4))* Kidkiddos Bks.

I Love to Eat Fruits & Vegetables (Chinese English Bilingual Book) Shelley Admont & Kidkiddos Books. 2nd ed. 2019. (Chinese English Bilingual Collection). (CHI., Illus.). 32p. (J). (gr. k-3). pap. *(978-1-5259-1731-8(5))* Kidkiddos Bks.

I Love to Eat Fruits & Vegetables (Croatian Children's Book) Shelley Admont & Kidkiddos Books. l.t. ed. 2020. (Croatian Bedtime Collection). (HRV.). 32p. (J). (gr. k-3). *(978-1-5259-4143-6(7))*; pap. *(978-1-5259-4142-9(9))* Kidkiddos Bks.

I Love to Eat Fruits & Vegetables (Croatian English Bilingual Children's Book) Shelley Admont & Kidkiddos Books. l.t. ed. 2020. (Croatian English Bilingual Collection). (HRV.). 32p. (J). (gr. k-3). *(978-1-5259-4146-7(1))*; pap. *(978-1-5259-4145-0(3))* Kidkiddos Bks.

I Love to Eat Fruits & Vegetables (Czech Children's Book) Shelley Admont & Kidkiddos Books. l.t. ed. 2021. (Czech Bedtime Collection). (CZE.). 32p. (J). (gr. k-3). *(978-1-5259-4790-2(7))*; pap. *(978-1-5259-4789-6(3))* Kidkiddos Bks.

I Love to Eat Fruits & Vegetables (Czech English Bilingual Book for Kids) Shelley Admont & Kidkiddos Books. l.t. ed. 2021. (Czech English Bilingual Collection). (CZE.). 32p. (J). (gr. k-3). *(978-1-5259-4793-3(1))*; pap. *(978-1-5259-4792-6(3))* Kidkiddos Bks.

I Love to Eat Fruits & Vegetables (Danish Edition) Shelley Admont & Kidkiddos Books. l.t. ed. 2020. (Danish Bedtime Collection). (DAN.). 32p. (J). (gr. k-3). *(978-1-5259-2864-2(3))*; pap. *(978-1-5259-2863-5(5))* Kidkiddos Bks.

I Love to Eat Fruits & Vegetables (Danish English Bilingual Book for Children) Shelley Admont & Kidkiddos Books. l.t. ed. 2020. (Danish English Bilingual Collection). (DAN.). 32p. (J). (gr. k-3). *(978-1-5259-2867-3(8))*; pap. *(978-1-5259-2866-6(X))* Kidkiddos Bks.

I Love to Eat Fruits & Vegetables (English Afrikaans Bilingual Book for Kids) Shelley Admont & Kidkiddos Books. l.t. ed. 2021. (English Afrikaans Bilingual Collection). (AFR.). 32p. (J). *(978-1-5259-5749-9(X))*; pap. *(978-1-5259-5748-2(1))* Kidkiddos Bks.

I Love to Eat Fruits & Vegetables (English Albanian Bilingual Book for Kids) Shelley Admont & Kidkiddos Books. l.t. ed. 2021. (English Albanian Bilingual Collection). (ALB.). 32p. (J). (gr. k-3). *(978-1-5259-4976-0(4))*; pap. *(978-1-5259-4975-3(6))* Kidkiddos Bks.

I Love to Eat Fruits & Vegetables (English Arabic Bilingual Book) Shelley Admont & Kidkiddos Books. 2nd ed. 2019. (English Arabic Bilingual Collection). (ARA., Illus.). 32p. (J). (gr. k-3). pap. *(978-1-5259-1811-7(7))* Kidkiddos Bks.

I Love to Eat Fruits & Vegetables (English Arabic Book for Kids) Bilingual Arabic Children's Book. Shelley Admont & S. a Publishing. 2017. (English Arabic Bilingual Collection). (ARA., Illus.). 32p. (J). (gr. k-3). *(978-1-5259-0566-7(X))*; pap. *(978-1-5259-0565-0(1))* Kidkiddos Bks.

I Love to Eat Fruits & Vegetables (English Bengali Bilingual Book for Kids) Shelley Admont & Kidkiddos Books. l.t. ed. 2021. (BEN.). 32p. (J). *(978-1-5259-5929-5(8))*; pap. *(978-1-5259-5928-8(X))* Kidkiddos Bks.

I Love to Eat Fruits & Vegetables (English Bulgarian Bilingual Book) Shelley Admont & Kidkiddos Books. 2020. (English Bulgarian Bilingual Collection). (BUL., Illus.). 32p. (J). (gr. k-3). *(978-1-5259-2444-6(3))*; pap. *(978-1-5259-2443-9(5))* Kidkiddos Bks.

I Love to Eat Fruits & Vegetables (English Chinese Bilingual Book) Shelley Admont & Kidkiddos Books. 2nd ed. 2020. (English Chinese Bilingual Collection). (CHI., Illus.). 32p. (J). (gr. k-3). pap. *(978-1-5259-2367-8(6))* Kidkiddos Bks.

I Love to Eat Fruits & Vegetables (English Croatian Bilingual Book for Kids) Shelley Admont & Kidkiddos Books. l.t. ed. 2020. (English Croatian Bilingual Collection). (HRV.). 32p. (J). (gr. k-3). *(978-1-5259-4140-5(2))*; pap. *(978-1-5259-4139-9(9))* Kidkiddos Bks.

I Love to Eat Fruits & Vegetables (English Czech Bilingual Book for Kids) Shelley Admont & Kidkiddos Books. l.t. ed. 2021. (English Czech Bilingual Collection). (CZE.). 32p. (J). (gr. k-3). *(978-1-5259-4787-2(7))*; pap. *(978-1-5259-4786-5(9))* Kidkiddos Bks.

I Love to Eat Fruits & Vegetables (English Danish Bilingual Book for Kids) Shelley Admont & Kidkiddos Books. l.t. ed. 2020. (English Danish Bilingual Collection). (DAN.). 32p. (J). (gr. k-3). *(978-1-5259-2861-1(9))*; pap. *(978-1-5259-2860-4(0))* Kidkiddos Bks.

I Love to Eat Fruits & Vegetables (English Farsi - Persian Bilingual Book) Shelley Admont & Kidkiddos Books. 2nd ed. 2019. (English Farsi Bilingual Collection). (PER., Illus.). 32p. (J). (gr. k-3). pap. *(978-1-5259-1593-2(2))* Kidkiddos Bks.

I Love to Eat Fruits & Vegetables (English Hebrew Bilingual Book) Shelley Admont & Kidkiddos Books. 2nd ed. 2019. (English Hebrew Bilingual Collection). (HEB., Illus.). 32p. (J). (gr. k-3). pap. *(978-1-5259-1748-6(X))* Kidkiddos Bks.

I Love to Eat Fruits & Vegetables (English Hebrew Book for Kids) Bilingual Hebrew Children's Book. Shelley Admont & S. a Publishing. 2018. (English Hebrew Bilingual Collection). (HEB., Illus.). 32p. (J). (gr. k-3). *(978-1-5259-0868-2(5))* Kidkiddos Bks.

I Love to Eat Fruits & Vegetables (English Irish Bilingual Children's Book) Shelley Admont & Kidkiddos Books. l.t. ed. 2022. (English Irish Bilingual Collection). (GLE.). 32p. (J). *(978-1-5259-6361-2(9))*; pap. *(978-1-5259-6360-5(0))* Kidkiddos Bks.

I Love to Eat Fruits & Vegetables (English Japanese Bilingual Book) Shelley Admont & Kidkiddos Books. 2nd ed. 2019. (English Japanese Bilingual Collection). (JPN., Illus.). 32p. (J). (gr. k-3). pap. *(978-1-5259-1577-2(0))* Kidkiddos Bks.

I Love to Eat Fruits & Vegetables (English Macedonian Bilingual Children's Book) Shelley Admont & Kidkiddos Books. l.t. ed. 2022. (English Macedonian Bilingual Collection). (MAC.). 32p. (J). *(978-1-5259-6073-4(3))*; pap. *(978-1-5259-6072-7(5))* Kidkiddos Bks.

I Love to Eat Fruits & Vegetables (English Malay Bilingual Book) Shelley Admont & Kidkiddos Books. 2020. (English Malay Bilingual Collection). (MAY., Illus.). 32p. (J). (gr. k-3). *(978-1-5259-2417-0(6))*; pap. *(978-1-5259-2416-3(8))* Kidkiddos Bks.

I Love to Eat Fruits & Vegetables (English Portuguese Bilingual Book - Portugal) Shelley Admont & Kidkiddos Books. 2020. (English Portuguese Bilingual Collection - Portugal Ser.). (POR., Illus.). 32p. (J). (gr. k-3). *(978-1-5259-2534-4(2))*; pap. *(978-1-5259-2533-7(4))* Kidkiddos Bks.

I Love to Eat Fruits & Vegetables (English Portuguese Bilingual Book- Brazil) Shelley Admont & Kidkiddos Books. 2nd ed. 2019. (English Portuguese Bilingual Collection). (POR., Illus.). 32p. (J). (gr. k-3). pap. *(978-1-5259-1595-6(9))* Kidkiddos Bks.

I Love to Eat Fruits & Vegetables (English Punjabi Bilingual Book - India) Shelley Admont & Kidkiddos Books. 2020. (English Punjabi Bilingual Collection - Gurmukhi Ser.). (PAN., Illus.). 32p. (J). (gr. k-3). *(978-1-5259-2210-7(6))*; pap. *(978-1-5259-2209-1(2))* Kidkiddos Bks.

I Love to Eat Fruits & Vegetables (English Romanian Bilingual Book for Kids) Shelley Admont & Kidkiddos Books. 2nd l.t. ed. 2020. (English Romanian Bilingual Collection). (RUM.). 32p. (J). (gr. k-3). *(978-1-5259-3183-3(0))*; pap. *(978-1-5259-2659-4(4))* Kidkiddos Bks.

I Love to Eat Fruits & Vegetables (English Russian Bilingual Book) Shelley Admont & Kidkiddos Books. 2nd ed. 2019. (English Russian Bilingual Collection). (RUS., Illus.). 32p. (J). (gr. k-3). pap. *(978-1-5259-1677-9(7))* Kidkiddos Bks.

I Love to Eat Fruits & Vegetables (English Serbian Bilingual Book for Kids - Latin Alphabet) Shelley Admont & Kidkiddos Books. 2nd l.t. ed. 2020. (English Serbian Bilingual Collection - Latin Alphabet Ser.). (SRP., Illus.). 32p. (J). (gr. k-3). pap. *(978-1-5259-3917-4(3))* Kidkiddos Bks.

I Love to Eat Fruits & Vegetables (English Serbian Book for Kids) Bilingual Serbian Children's Book. Shelley Admont. 2017. (English Serbian Bilingual Collection). (SRP., Illus.). (J). (gr. k-3). *(978-1-5259-0494-3(9))*; pap. *(978-1-5259-0493-6(0))* Kidkiddos Bks.

I Love to Eat Fruits & Vegetables (English Swedish Bilingual Book) Shelley Admont & Kidkiddos Books. 2nd ed. 2020. (English Swedish Bilingual Collection). (SWE., Illus.). 32p. (J). (gr. k-3). *(978-1-5259-2654-9(3))*; pap. *(978-1-5259-2363-0(3))* Kidkiddos Bks.

I Love to Eat Fruits & Vegetables (English Thai Bilingual Children's Book) Shelley Admont & Kidkiddos Books. l.t. ed. 2022. (English Thai Bilingual Collection). (THA.). 32p. (J). *(978-1-5259-6127-4(6))*; pap. *(978-1-5259-6126-7(8))* Kidkiddos Bks.

I Love to Eat Fruits & Vegetables (English Turkish Bilingual Book for Children) Shelley Admont & Kidkiddos Books. 2020. (English Turkish Bilingual Collection). (TUR., Illus.). 32p. (J). (gr. k-3). *(978-1-5259-2729-4(9))*; pap. *(978-1-5259-2728-7(0))* Kidkiddos Bks.

I Love to Eat Fruits & Vegetables (English Ukrainian Bilingual Book) Shelley Admont & Kidkiddos Books. 2nd ed. 2019. (English Ukrainian Bilingual Collection). (UKR., Illus.). 32p. (J). (gr. k-3). pap. *(978-1-5259-1797-4(8))* Kidkiddos Bks.

I Love to Eat Fruits & Vegetables (English Urdu Bilingual Book) Shelley Admont & Kidkiddos Books. 2020. (English Urdu Bilingual Collection). (URD., Illus.). 32p. (J). (gr. k-3). *(978-1-5259-2453-8(2))*; pap. *(978-1-5259-2452-1(4))* Kidkiddos Bks.

I Love to Eat Fruits & Vegetables (English Vietnamese Bilingual Book for Kids) English Vietnamese Bilingual Edition. Shelley Admont & Kidkiddos Books. 2nd l.t. ed. 2020. (English Vietnamese Bilingual Collection). (VIE.). 32p. (J). (gr. k-3). pap. *(978-1-5259-4246-4(8))* Kidkiddos Bks.

I Love to Eat Fruits & Vegetables (English Welsh Bilingual Book for Kids) Shelley Admont & Kidkiddos Books. l.t. ed. 2022. (English Welsh Bilingual Collection). (WEL.). 32p. (J). *(978-1-5259-5884-7(4))*; pap. *(978-1-5259-5883-0(6))* Kidkiddos Bks.

I Love to Eat Fruits & Vegetables (Greek English Bilingual Book for Kids) Shelley Admont & Kidkiddos Books. 2nd l.t. ed. 2020. (Greek English Bilingual Collection). (GRE.). 32p. (J). (gr. k-3). pap. *(978-1-5259-4382-9(0))* Kidkiddos Bks.

I Love to Eat Fruits & Vegetables Gusto Kong Kumain Ng Mga Prutas at Gulay: English Tagalog Bilingual Book. Shelley Admont & Kidkiddos Books. 2nd ed. 2019. (English Tagalog Bilingual Collection). (TGL.). 32p. (J). (gr. k-3). pap. *(978-1-5259-1388-4(3))* Kidkiddos Bks.

I Love to Eat Fruits & Vegetables (Hindi English Bilingual Books for Kids) Shelley Admont & Kidkiddos Books. l.t. ed. 2021. (Hindi English Bilingual Collection). (HIN.). 32p. (J). (gr. k-3). *(978-1-5259-5185-5(8))*; pap. *(978-1-5259-5184-8(X))* Kidkiddos Bks.

I Love to Eat Fruits & Vegetables (Hungarian Edition) Shelley Admont & Kidkiddos Books. 2nd ed. 2019. (Hungarian Bedtime Collection). (HUN., Illus.). 32p. (J). (gr. k-3). pap. *(978-1-5259-1802-5(8))* Kidkiddos Bks.

I

I Love to Eat Fruits & Vegetables (Hungarian English Bilingual Book for Kids) Shelley Admont & Kidkiddos Books. 2nd l.t. ed. 2020. (Hungarian English Bilingual Collection). (HUN.). 32p. (J). (gr. k-3). pap. *(978-1-5259-4383-6(9))* Kidkiddos Bks.

I Love to Eat Fruits & Vegetables Ik Hou Van Groente en Fruit: English Dutch Bilingual Book. Shelley Admont & Kidkiddos Books. 2nd ed. 2019. (English Dutch Bilingual Collection). (DUT., Illus.). 32p. (J). (gr. k-3). pap. *(978-1-5259-1686-1(6))* Kidkiddos Bks.

I Love to Eat Fruits & Vegetables (Irish Book for Kids) Shelley Admont & Kidkiddos Books. l.t. ed. 2022. (Irish Bedtime Collection). (GLE.). 32p. (J). *(978-1-5259-6364-3(3))*; pap. *(978-1-5259-6363-6(5))* Kidkiddos Bks.

I Love to Eat Fruits & Vegetables (Irish English Bilingual Book for Kids) Shelley Admont & Kidkiddos Books. l.t. ed. 2022. (Irish English Bilingual Collection). (GLE.). 32p. (J). *(978-1-5259-6367-4(8))*; pap. *(978-1-5259-6366-7(X))* Kidkiddos Bks.

I Love to Eat Fruits & Vegetables J'aime Manger des Fruits et des Legumes: English French Bilingual Book. Shelley Admont & Kidkiddos Books. 2nd ed. 2019. (English French Bilingual Collection). (FRE., Illus.). 32p. (J). (gr. k-3). pap. *(978-1-5259-1585-7(1))* Kidkiddos Bks.

I Love to Eat Fruits & Vegetables (Japanese Edition) Shelley Admont & Kidkiddos Books. 2nd ed. 2019. (Japanese Bedtime Collection). (JPN., Illus.). 32p. (J). (gr. k-3). pap. *(978-1-5259-1787-5(0))* Kidkiddos Bks.

I Love to Eat Fruits & Vegetables (Japanese English Bilingual Book) Shelley Admont & Kidkiddos Books. 2nd ed. 2020. (Japanese English Bilingual Collection). (JPN., Illus.). 32p. (J). (gr. k-3). pap. *(978-1-5259-2299-2(8))* Kidkiddos Bks.

I Love to Eat Fruits & Vegetables (Korean Edition) Shelley Admont & Kidkiddos Books. 2nd ed. 2019. (Korean Bedtime Collection). (KOR., Illus.). 32p. (J). (gr. k-3). pap. *(978-1-5259-1702-8(1))* Kidkiddos Bks.

I Love to Eat Fruits & Vegetables (Korean English Bilingual Book for Kids) Shelley Admont & Kidkiddos Books. 2nd l.t. ed. 2020. (Korean English Bilingual Collection). (KOR.). 32p. (J). (gr. k-3). pap. *(978-1-5259-3834-4(7))* Kidkiddos Bks.

I Love to Eat Fruits & Vegetables (Macedonian Book for Kids) Shelley Admont & Kidkiddos Books. l.t. ed. 2022. (Macedonian Bedtime Collection). (MAC.). 32p. (J). *(978-1-5259-6076-5(8))*; pap. *(978-1-5259-6075-8(X))* Kidkiddos Bks.

I Love to Eat Fruits & Vegetables (Macedonian English Bilingual Book for Kids) Shelley Admont & Kidkiddos Books. l.t. ed. 2022. (Macedonian English Bilingual Collection). (MAC.). 32p. (J). *(978-1-5259-6079-6(2))*; pap. *(978-1-5259-6078-9(4))* Kidkiddos Bks.

I Love to Eat Fruits & Vegetables (Malay Edition) Shelley Admont & Kidkiddos Books. 2020. (Malay Bedtime Collection). (MAY., Illus.). 32p. (J). (gr. k-3). *(978-1-5259-2420-0(6))*; pap. *(978-1-5259-2419-4(2))* Kidkiddos Bks.

I Love to Eat Fruits & Vegetables (Malay English Bilingual Book) Shelley Admont & Kidkiddos Books. 2020. (Malay English Bilingual Collection). (MAY., Illus.). 32p. (J). (gr. k-3). *(978-1-5259-2423-1(0))*; pap. *(978-1-5259-2422-4(2))* Kidkiddos Bks.

I Love to Eat Fruits & Vegetables (Mandarin Children's Book - Chinese Simplified) Shelley Admont & Kidkiddos Books. 2nd l.t. ed. 2020. (Chinese Bedtime Collection). (CHI.). 32p. (J). (gr. k-3). *(978-1-5259-3182-6(2))*; pap. *(978-1-5259-2664-8(0))* Kidkiddos Bks.

I Love to Eat Fruits & Vegetables Me Encanta Comer Frutas y Verduras: English Spanish Bilingual Book. Shelley Admont & Kidkiddos Books. 2nd ed. 2019. (English Spanish Bilingual Collection). (SPA., Illus.). 32p. (J). (gr. k-3). pap. *(978-1-5259-1672-4(6))* Kidkiddos Bks.

I Love to Eat Fruits & Vegetables Me Encanta Comer Frutas y Verduras: English Spanish Bilingual Edition. Shelley Admont & S. a Publishing. 2018. (English Spanish Bilingual Collection). (SPA., Illus.). 32p. (J). (gr. k-3). *(978-1-5259-0798-2(0))* Shelley Admont Publishing.

I Love to Eat Fruits & Vegetables (Polish English Bilingual Book for Kids) Shelley Admont & Kidkiddos Books. l.t. ed. 2021. (Polish English Bilingual Collection). (POL., Illus.). 32p. (J). (gr. k-3). *(978-1-5259-5072-8(X))*; pap. *(978-1-5259-5071-1(1))* Kidkiddos Bks.

I Love to Eat Fruits & Vegetables (Portuguese Brazilian Edition) Shelley Admont & Kidkiddos Books. 2nd ed. 2019. (Portuguese Bedtime Collection). (POR., Illus.). 32p. (J). (gr. k-3). pap. *(978-1-5259-1808-7(7))* Kidkiddos Bks.

I Love to Eat Fruits & Vegetables (Portuguese Edition-Portugal) Shelley Admont & Kidkiddos Books. 2020. (Portuguese Bedtime Collection - Portugal Ser.). (POR., Illus.). 32p. (J). (gr. k-3). *(978-1-5259-2537-5(7))*; pap. *(978-1-5259-2536-8(9))* Kidkiddos Bks.

I Love to Eat Fruits & Vegetables (Portuguese English Bilingual Book) Brazilian Portuguese - English. Shelley Admont & Kidkiddos Books. 2019. (Portuguese English Bilingual Collection). (POR., Illus.). 32p. (J). (gr. k-3). *(978-1-5259-1501-7(0))*; pap. *(978-1-5259-1500-0(2))* Kidkiddos Bks.

I Love to Eat Fruits & Vegetables (Portuguese English Bilingual Book - Portugal) Shelley Admont & Kidkiddos Books. 2020. (Portuguese English Bilingual Collection - Portugal Ser.). (POR., Illus.). 32p. (J). (gr. k-3). *(978-1-5259-2540-5(7))*; pap. *(978-1-5259-2539-9(3))* Kidkiddos Bks.

I Love to Eat Fruits & Vegetables (Punjabi Edition - India) Punjabi Gurmukhi. Shelley Admont & Kidkiddos Books. 2020. (Punjabi Bedtime Collection - Gurmukhi Ser.). (PAN., Illus.). 32p. (J). (gr. k-3). *(978-1-5259-2213-8(0))*; pap. *(978-1-5259-2212-1(2))* Kidkiddos Bks.

I Love to Eat Fruits & Vegetables (Punjabi English Bilingual Book - India) Shelley Admont & Kidkiddos Books. 2020. (Punjabi English Bilingual Collection - Gurmukhi Ser.). (PAN., Illus.). 32p. (J). (gr. k-3). *(978-1-5259-2216-9(5))*; pap. *(978-1-5259-2215-2(7))* Kidkiddos Bks.

I Love to Eat Fruits & Vegetables (Romanian Edition) Shelley Admont & Kidkiddos Books. 2nd ed. 2020. (Romanian Bedtime Collection). (RUM., Illus.). 32p. (J). (gr. k-3). pap. *(978-1-5259-2372-2(2))* Kidkiddos Bks.

I Love to Eat Fruits & Vegetables (Romanian English Bilingual Children's Book) Shelley Admont & Kidkiddos Books. l.t. ed. 2021. (Romanian English Bilingual Collection). (RUM.). 32p. (J). (gr. k-3). *(978-1-5259-4841-1(5))*; pap. *(978-1-5259-4840-4(7))* Kidkiddos Bks.

I Love to Eat Fruits & Vegetables (Serbian English Bilingual Book - Latin Alphabet) Shelley Admont & Kidkiddos Books. 2019. (Serbian Englishbilingual Collection). (SRP., Illus.). 32p. (J). (gr. k-3). *(978-1-5259-1516-1(9))*; pap. *(978-1-5259-1515-4(0))* Kidkiddos Bks.

I Love to Eat Fruits & Vegetables (Serbian Language) Serbian Children's Book. Shelley Admont. 2017. (Serbian Bedtime Collection). (SRP., Illus.). (J). (gr. k-3). *(978-1-5259-0496-7(5))*; pap. *(978-1-5259-0495-0(7))* Kidkiddos Bks.

I Love to Eat Fruits & Vegetables (Spanish Language Edition) Spanish Children's Books, Spanish Book for Kids. Shelley Admont & S. a Publishing. 2018. (Spanish Bedtime Collection). (SPA., Illus.). 32p. (J). (gr. k-3). *(978-1-5259-0791-3(3))* Kidkiddos Bks.

I Love to Eat Fruits & Vegetables (Swedish Edition) Shelley Admont & Kidkiddos Books. 2nd ed. 2020. (Swedish Bedtime Collection). (SWE., Illus.). 32p. (J). (gr. k-3). pap. *(978-1-5259-2343-2(9))* Kidkiddos Bks.

I Love to Eat Fruits & Vegetables (Swedish English Bilingual Book for Kids) Shelley Admont & Kidkiddos Books. l.t. ed. 2021. (Swedish English Bilingual Collection). (SWE., Illus.). 32p. (J). (gr. k-3). *(978-1-5259-5143-5(2))*; pap. *(978-1-5259-5142-8(4))* Kidkiddos Bks.

I Love to Eat Fruits & Vegetables (Tagalog Book for Kids) Filipino Children's Book. Shelley Admont & Kidkiddos Books. 2nd l.t. ed. 2020. (Tagalog Bedtime Collection). (TGL., Illus.). 32p. (J). (gr. k-3). pap. *(978-1-5259-4250-1(6))* Kidkiddos Bks.

I Love to Eat Fruits & Vegetables (Tagalog English Bilingual Book) Shelley Admont & Kidkiddos Books. 2nd ed. 2020. (Tagalog English Bilingual Collection). (TGL., Illus.). 32p. (J). (gr. k-3). pap. *(978-1-5259-2296-1(3))* Kidkiddos Bks.

I Love to Eat Fruits & Vegetables (Thai Book for Kids) Shelley Admont & Kidkiddos Books. l.t. ed. 2022. (Thai Bedtime Collection). (THA.). 32p. (J). *(978-1-5259-6130-4(6))*; pap. *(978-1-5259-6129-8(2))* Kidkiddos Bks.

I Love to Eat Fruits & Vegetables (Thai English Bilingual Book for Kids) Shelley Admont & Kidkiddos Books. l.t. ed. 2022. (Thai English Bilingual Collection). (THA.). 32p. (J). *(978-1-5259-6133-5(0))*; pap. *(978-1-5259-6132-8(2))* Kidkiddos Bks.

I Love to Eat Fruits & Vegetables (Turkish Book for Kids) Shelley Admont & Kidkiddos Books. 2020. (Turkish Bedtime Collection). (TUR., Illus.). 32p. (J). (gr. k-3). *(978-1-5259-2732-4(9))*; pap. *(978-1-5259-2731-7(0))* Kidkiddos Bks.

I Love to Eat Fruits & Vegetables (Turkish English Bilingual Book for Kids) Shelley Admont & Kidkiddos Books. l.t. ed. 2020. (Turkish English Bilingual Collection). (TUR.). 32p. (J). (gr. k-3). *(978-1-5259-2735-5(3))*; pap. *(978-1-5259-2734-8(5))* Kidkiddos Bks.

I Love to Eat Fruits & Vegetables (Ukrainian English Bilingual Children's Book) Shelley Admont & Kidkiddos Books. l.t. ed. 2021. (Ukrainian English Bilingual Collection). (UKR., Illus.). 32p. (J). (gr. k-3). *(978-1-5259-5302-6(8))*; pap. *(978-1-5259-5301-9(X))* Kidkiddos Bks.

I Love to Eat Fruits & Vegetables (Vietnamese English Bilingual Book for Kids) Shelley Admont & Kidkiddos Books. 2nd l.t. ed. 2020. (Vietnamese English Bilingual Collection). (VIE.). 32p. (J). (gr. k-3). pap. *(978-1-5259-3468-1(6))* Kidkiddos Bks.

I Love to Eat Fruits & Vegetables (Welsh Children's Book) Shelley Admont & Kidkiddos Books. l.t. ed. 2022. (Welsh Bedtime Collection). (WEL.). 32p. (J). *(978-1-5259-5887-8(9))*; pap. *(978-1-5259-5886-1(0))* Kidkiddos Bks.

I Love to Eat Fruits & Vegetables (Welsh English Bilingual Children's Book) Shelley Admont & Kidkiddos Books. l.t. ed. 2022. (Welsh English Bilingual Collection). (WEL.). 32p. (J). *(978-1-5259-5890-8(9))*; pap. *(978-1-5259-5889-2(5))* Kidkiddos Bks.

I Love to Go to Daycare: English Arabic. Shelley Admont & Kidkiddos Books. 2019. (English Arabic Bilingual Collection). (ARA., Illus.). 30p. (J). (gr. k-3). *(978-1-5259-1129-3(5))*; pap. *(978-1-5259-1128-6(7))* Kidkiddos Bks.

I Love to Go to Daycare: English Greek Bilingual Children's Book. Shelley Admont. 2017. (English Greek Bilingual Collection). (GRE., Illus.). (J). (gr. k-1). *(978-1-5259-0352-6(7))*; pap. *(978-1-5259-0351-9(9))* Kidkiddos Bks.

I Love to Go to Daycare: English Hebrew. Shelley Admont & Kidkiddos Books. 2019. (English Hebrew Bilingual Collection). (HEB., Illus.). 30p. (J). (gr. k-3). *(978-1-5259-1054-8(X))*; pap. *(978-1-5259-1053-1(1))* Kidkiddos Bks.

I Love to Go to Daycare: English Japanese Bilingual Children's Books. Shelley Admont. 2017. (English Japanese Bilingual Collection). (JPN., Illus.). (J). (gr. k-1). *(978-1-5259-0444-8(2))*; pap. *(978-1-5259-0443-1(4))* Kidkiddos Bks.

I Love to Go to Daycare: English Korean Bilingual Edition. Shelley Admont & S. a Publishing. 2016. (English Korean Bilingual Collection). (KOR., Illus.). (J). (gr. k-3). *(978-1-5259-0071-6(4))*; pap. *(978-1-5259-0070-9(6))* Shelley Admont Publishing.

I Love to Go to Daycare: English Tagalog Bilingual Edition. Shelley Admont & S. a Publishing. 2016. (English Tagalog Bilingual Collection). (TGL., Illus.). (J). (gr. k-1). *(978-1-77268-882-5(7))*; pap. *(978-1-77268-881-8(9))* Shelley Admont Publishing.

I Love to Go to Daycare: English Vietnamese Bilingual Children's Book. Shelley Admont. 2017. (English Vietnamese Bilingual Collection). (VIE., Illus.). (J). (gr. k-1). *(978-1-5259-0342-7(X))*; pap. *(978-1-5259-0341-0(1))* Kidkiddos Bks.

I Love to Go to Daycare: Greek Language Children's Books. Shelley Admont. 2017. (Greek Bedtime Collection). (GRE., Illus.). (J). (gr. k-1). *(978-1-5259-0354-0(3))*; pap. *(978-1-5259-0353-3(5))* Kidkiddos Bks.

I Love to Go to Daycare: Japanese Language Children's Book. Shelley Admont. 2017. (Japanese Bedtime Collection). (JPN., Illus.). (J). (gr. k-1). pap. *(978-1-5259-0445-5(0))*; pap. *(978-1-5259-0446-2(9))* Kidkiddos Bks.

I Love to Go to Daycare: Korean Edition. Shelley Admont & S. a Publishing. 2016. (Korean Bedtime Collection). (KOR., Illus.). (J). (gr. k-2). *(978-1-5259-0073-0(0))*; pap. *(978-1-5259-0072-3(2))* Shelley Admont Publishing.

I Love to Go to Daycare: Korean English Bilingual Edition. Shelley Admont. 2017. (Korean English Bilingual Collection). (KOR., Illus.). (J). (gr. k-3). *(978-1-5259-0246-8(6))*; pap. *(978-1-5259-0245-1(8))* Kidkiddos Bks.

I Love to Go to Daycare: Tagalog Edition. Shelley Admont & S. a Publishing. 2016. (Tagalog Bedtime Collection). (TGL., Illus.). (J). (gr. k-1). *(978-1-77268-884-9(3))*; pap. *(978-1-77268-883-2(5))* Shelley Admont Publishing.

I Love to Go to Daycare: Tagalog English Bilingual Edition. Shelley Admont. 2016. (Tagalog English Bilingual Collection). (TGL., Illus.). (J). (gr. k-1). pap. *(978-1-5259-0047-1(1))* Kidkiddos Bks.

I Love to Go to Daycare: Tagalog English Bilingual Edition. Shelley Admont & S. a Publishing. 2016. (Tagalog English Bilingual Collection). (TGL., Illus.). (J). (gr. k-1). *(978-1-5259-0048-8(X))* Shelley Admont Publishing.

I Love to Go to Daycare: Vietnamese Language Children's Book. Shelley Admont. 2017. (Vietnamese Bedtime Collection). (VIE., Illus.). (J). (gr. k-1). *(978-1-5259-0344-1(6))*; pap. *(978-1-5259-0343-4(8))* Kidkiddos Bks.

I Love to Go to Daycare (Afrikaans Children's Book) Shelley Admont & Kidkiddos Books. l.t. ed. 2022. (Afrikaans Bedtime Collection). (AFR., Illus.). 30p. (J). *(978-1-5259-6382-7(1))*; pap. *(978-1-5259-6381-0(3))* Kidkiddos Bks.

I Love to Go to Daycare (Afrikaans English Bilingual Children's Book) Shelley Admont & Kidkiddos Books. l.t. ed. 2022. (Afrikaans English Bilingual Collection). (AFR., Illus.). 30p. (J). *(978-1-5259-6385-8(6))*; pap. *(978-1-5259-6383-4(X))* Kidkiddos Bks.

I Love to Go to Daycare (Albanian Children's Book) Shelley Admont & Kidkiddos Books. l.t. ed. 2021. (Albanian Bedtime Collection). (ALB., Illus.). 30p. (J). (gr. k-3). *(978-1-5259-5642-3(6))*; pap. *(978-1-5259-5641-6(8))* Kidkiddos Bks.

I Love to Go to Daycare (Albanian English Bilingual Book for Kids) Shelley Admont & Kidkiddos Books. l.t. ed. 2021. (Albanian English Bilingual Collection). (ALB., Illus.). 30p. (J). (gr. k-3). *(978-1-5259-5645-4(0))*; pap. *(978-1-5259-5644-7(2))* Kidkiddos Bks.

I Love to Go to Daycare (Bengali Children's Book) Shelley Admont & Kidkiddos Books. l.t. ed. 2023. (Bengali Bedtime Collection). (BEN., Illus.). 30p. (J). ***(978-1-5259-7044-3(5))***; pap. ***(978-1-5259-7043-6(7))*** Kidkiddos Bks.

I Love to Go to Daycare (Bengali English Bilingual Children's Book) Shelley Admont & Kidkiddos Books. l.t. ed. 2023. (Bengali English Bilingual Collection). (BEN., Illus.). 30p. (J). ***(978-1-5259-7047-4(X))***; pap. ***(978-1-5259-7046-7(1))*** Kidkiddos Bks.

I Love to Go to Daycare (Bulgarian Book for Kids) Shelley Admont & Kidkiddos Books. l.t. ed. 2020. (Bulgarian Bedtime Collection). (BUL., Illus.). 30p. (J). (gr. k-3). *(978-1-5259-3452-0(X))*; pap. *(978-1-5259-3451-3(1))* Kidkiddos Bks.

I Love to Go to Daycare (Bulgarian English Bilingual Book for Kids) Shelley Admont & Kidkiddos Books. l.t. ed. 2020. (Bulgarian English Bilingual Collection). (BUL., Illus.). 30p. (J). (gr. k-3). *(978-1-5259-3455-1(4))*; pap. *(978-1-5259-3454-4(6))* Kidkiddos Bks.

I Love to Go to Daycare (Chinese English Bilingual Book for Kids) Mandarin Simplified. Shelley Admont & Kidkiddos Books. 2nd l.t. ed. 2020. (Chinese English Bilingual Collection). (CHI.). 30p. (J). (gr. k-2). pap. *(978-1-5259-3983-9(1))* Kidkiddos Bks.

I Love to Go to Daycare (Croatian Children's Book) Shelley Admont & Kidkiddos Books. l.t. ed. 2021. (Croatian Bedtime Collection). (HRV., Illus.). 30p. (J). (gr. k-3). *(978-1-5259-5543-3(8))*; pap. *(978-1-5259-5542-6(X))* Kidkiddos Bks.

I Love to Go to Daycare (Croatian English Bilingual Book for Kids) Shelley Admont & Kidkiddos Books. l.t. ed. 2021. (Croatian English Bilingual Collection). (HRV., Illus.). 30p. (J). (gr. k-3). *(978-1-5259-5546-4(2))*; pap. *(978-1-5259-5545-7(4))* Kidkiddos Bks.

I Love to Go to Daycare (Czech Children's Book) Shelley Admont & Kidkiddos Books. l.t. ed. 2021. (Czech Bedtime Collection). (CZE., Illus.). 30p. (J). (gr. k-3). *(978-1-5259-5381-1(8))*; pap. *(978-1-5259-5380-4(X))* Kidkiddos Bks.

I Love to Go to Daycare (Czech English Bilingual Book for Kids) Shelley Admont & Kidkiddos Books. l.t. ed. 2021. (Czech English Bilingual Collection). (CZE., Illus.). 30p. (J). (gr. k-3). *(978-1-5259-5378-1(8))*; pap. *(978-1-5259-5377-4(X))* Kidkiddos Bks.

I Love to Go to Daycare (Danish Book for Kids) Shelley Admont & Kidkiddos Books. l.t. ed. 2020. (Danish Bedtime Collection). (DAN., Illus.). 30p. (J). (gr. k-3). *(978-1-5259-3416-2(3))*; pap. *(978-1-5259-3415-5(5))* Kidkiddos Bks.

I Love to Go to Daycare (Danish English Bilingual Book for Kids) Shelley Admont & Kidkiddos Books. l.t. ed. 2020. (Danish English Bilingual Collection). (DAN., Illus.). 30p. (J). (gr. k-3). *(978-1-5259-3419-3(8))*; pap. *(978-1-5259-3418-6(X))* Kidkiddos Bks.

I Love to Go to Daycare (Dutch Children's Book) Dutch Book for Kids. Shelley Admont. 2017. (Dutch Bedtime Collection). (DUT., Illus.). (J). (gr. k-1). *(978-1-5259-0502-5(3))*; pap. *(978-1-5259-0501-8(5))* Kidkiddos Bks.

I Love to Go to Daycare (Dutch English Bilingual Book for Kids) Shelley Admont & Kidkiddos Books. l.t. ed. 2021. (Dutch English Bilingual Collection). (DUT., Illus.). 30p. (J). (gr. k-3). *(978-1-5259-4988-3(8))*; pap. *(978-1-5259-4987-6(X))* Kidkiddos Bks.

I Love to Go to Daycare (English Afrikaans Bilingual Book for Kids) Shelley Admont & Kidkiddos Books. l.t. ed. 2022. (English Afrikaans Bilingual Collection). (AFR., Illus.). 30p. (J). *(978-1-5259-6379-7(1))*; pap. *(978-1-5259-6378-0(3))* Kidkiddos Bks.

I Love to Go to Daycare (English Albanian Bilingual Book for Kids) Shelley Admont & Kidkiddos Books. l.t. ed. 2021. (English Albanian Bilingual Collection). (ALB., Illus.). 30p. (J). (gr. k-3). *(978-1-5259-5639-3(6))*; pap. *(978-1-5259-5638-6(8))* Kidkiddos Bks.

I Love to Go to Daycare (English Bengali Bilingual Book for Kids) Shelley Admont & Kidkiddos Books. l.t. ed. 2023. (English Bengali Bilingual Collection). (BEN., Illus.). 30p. (J). ***(978-1-5259-7041-2(0))***; pap. ***(978-1-5259-7040-5(2))*** Kidkiddos Bks.

I Love to Go to Daycare (English Bulgarian Bilingual Children's Book) Shelley Admont & Kidkiddos Books. l.t. ed. 2020. (English Bulgarian Bilingual Collection). (BUL., Illus.). 30p. (J). (gr. k-3). *(978-1-5259-3449-0(X))*; pap. *(978-1-5259-3448-3(1))* Kidkiddos Bks.

I Love to Go to Daycare (English Chinese Bilingual Book for Kids - Mandarin Simplified) Shelley Admont & Kidkiddos Books. 2nd l.t. ed. 2020. (English Chinese Bilingual Collection). (CHI., Illus.). 30p. (J). (gr. k-2). pap. *(978-1-5259-3832-0(0))* Kidkiddos Bks.

I Love to Go to Daycare (English Croatian Bilingual Book for Kids) Shelley Admont & Kidkiddos Books. l.t. ed. 2021. (English Croatian Bilingual Collection). (HRV., Illus.). 30p. (J). (gr. k-3). *(978-1-5259-5540-2(3))*; pap. *(978-1-5259-5539-6(X))* Kidkiddos Bks.

I Love to Go to Daycare (English Czech Bilingual Book for Kids) Shelley Admont & Kidkiddos Books. l.t. ed. 2021. (English Czech Bilingual Collection). (CZE., Illus.). 30p. (J). (gr. k-3). *(978-1-5259-5384-2(2))*; pap. *(978-1-5259-5383-5(4))* Kidkiddos Bks.

I Love to Go to Daycare (English Danish Bilingual Children's Book) Shelley Admont & Kidkiddos Books. l.t. ed. 2020. (DAN., Illus.). 30p. (J). (gr. k-3). *(978-1-5259-3413-1(9))*; pap. *(978-1-5259-3412-4(0))* Kidkiddos Bks.

I Love to Go to Daycare (English Dutch Bilingual Book for Kids) Shelley Admont & Kidkiddos Books. 2nd l.t. ed. 2020. (English Dutch Bilingual Collection). (DUT., Illus.). 30p. (J). (gr. k-2). pap. *(978-1-5259-3184-0(9))* Kidkiddos Bks.

I Love to Go to Daycare (English Dutch Children's Book) Bilingual Dutch Book for Kids. Shelley Admont. 2017. (English Dutch Bilingual Collection). (DUT., Illus.). (J). (gr. k-3). *(978-1-5259-0499-8(X))*; pap. *(978-1-5259-0498-1(1))* Kidkiddos Bks.

I Love to Go to Daycare (English Farsi - Persian Bilingual Book) Shelley Admont & Kidkiddos Books. 2019. (English Farsi Bilingual Collection). (PER., Illus.). 30p. (J). (gr. k-3). *(978-1-5259-1439-3(1))* Kidkiddos Bks.

I Love to Go to Daycare (English Farsi- Persian Bilingual Book) Shelley Admont & Kidkiddos Books. 2019. (English Farsi Bilingual Collection). (PER., Illus.). 30p. (J). (gr. k-3). pap. *(978-1-5259-1438-6(3))* Kidkiddos Bks.

I Love to Go to Daycare (English Greek Bilingual Book) Shelley Admont & Kidkiddos Books. 2nd ed. 2019. (English Greek Bilingual Collection). (GRE., Illus.). 30p. (J). (gr. k-1). pap. *(978-1-5259-1679-3(3))* Kidkiddos Bks.

I Love to Go to Daycare (English Hindi Bilingual Book for Kids) Shelley Admont & Kidkiddos Books. l.t. ed. 2020. (English Hindi Bilingual Collection). (HIN.). 30p. (J). *(978-1-5259-3059-1(1))*; pap. *(978-1-5259-3058-4(3))* Kidkiddos Bks.

I Love to Go to Daycare (English Hungarian Bilingual Book for Kids) Shelley Admont & Kidkiddos Books. l.t. ed. 2020. (English Hungarian Bilingual Collection). (HUN.). 30p. (J). (gr. k-3). *(978-1-5259-3005-8(2))*; pap. *(978-1-5259-3004-1(4))* Kidkiddos Bks.

I Love to Go to Daycare (English Irish Bilingual Book for Kids) Shelley Admont & Kidkiddos Books. l.t. ed. 2023. (English Irish Bilingual Collection). (GLE., Illus.). 30p. (J). ***(978-1-5259-7060-3(7))***; pap. ***(978-1-5259-7059-7(3))*** Kidkiddos Bks.

I Love to Go to Daycare (English Italian Book for Kids) Shelley Admont & Kidkiddos Books. 2nd ed. 2020. (English Italian Bilingual Collection). (ITA.). 30p. (J). (gr. k-3). pap. *(978-1-5259-3342-4(6))* Kidkiddos Bks.

I Love to Go to Daycare (English Japanese Bilingual Book) Shelley Admont & Kidkiddos Books. 2nd ed. 2019. (English Japanese Bilingual Collection). (JPN., Illus.). 30p. (J). (gr. k-1). pap. *(978-1-5259-1626-7(2))* Kidkiddos Bks.

I Love to Go to Daycare (English Korean Bilingual Book) Shelley Admont & Kidkiddos Books. 2nd ed. 2020. (English Korean Bilingual Collection). (KOR., Illus.). 30p. (J). (gr. k-3). pap. *(978-1-5259-2084-4(7))* Kidkiddos Bks.

I Love to Go to Daycare (English Macedonian Bilingual Book for Kids) Shelley Admont & Kidkiddos Books. l.t. ed. 2023. (English Macedonian Bilingual Collection). (MAC., Illus.). 30p. (J). ***(978-1-5259-7069-6(0))***; pap. ***(978-1-5259-7068-9(2))*** Kidkiddos Bks.

I Love to Go to Daycare (English Malay Bilingual Book for Kids) Shelley Admont & Kidkiddos Books. l.t. ed. 2020. (English Malay Bilingual Collection). (MAY., Illus.). 30p. (J). (gr. k-3). *(978-1-5259-3763-7(4))*; pap. *(978-1-5259-3762-0(6))* Kidkiddos Bks.

I Love to Go to Daycare (English Polish Bilingual Book for Kids) Shelley Admont & Kidkiddos Books. l.t. ed. 2020. (English Polish Bilingual Collection). (POL., Illus.). 30p. (J). (gr. k-3). *(978-1-5259-3395-0(7))*; pap. *(978-1-5259-3394-3(9))* Kidkiddos Bks.

I Love to Go to Daycare (English Portuguese Bilingual Book for Kids) Brazilian Portuguese. Shelley Admont & Kidkiddos Books. 2nd l.t. ed. 2020. (English Portuguese Bilingual Collection - Brazil Ser.). (POR.). 30p. (J). (gr. k-2). pap. *(978-1-5259-3104-8(0))* Kidkiddos Bks.

I Love to Go to Daycare (English Portuguese Bilingual Book for Kids - Portugal) European Portuguese. Shelley Admont & Kidkiddos Books. l.t. ed. 2020. (English Portuguese Bilingual Collection - Portugal Ser.). (POR.,

Illus.). 30p. (J). (gr. k-3). *(978-1-5259-3565-7(8))*; pap. *(978-1-5259-3564-0(X))* Kidkiddos Bks.

I Love to Go to Daycare (English Portuguese Children's Book) Bilingual Portuguese Book for Kids. Shelley Admont & S. a Publishing. 2017. (English Portuguese Bilingual Collection). (POR., Illus.). (J). (gr. k-1). *(978-1-5259-0532-2(5))*; pap. *(978-1-5259-0531-5(7))* Kidkiddos Bks.

I Love to Go to Daycare (English Punjabi Bilingual Children's Book - Gurmukhi) Shelley Admont & Kidkiddos Books. l.t. ed. 2021. (English Punjabi Bilingual Collection - India Ser.). (PAN., Illus.). 30p. (J). (gr. k-3). *(978-1-5259-4877-0(6))*; pap. *(978-1-5259-4876-3(8))* Kidkiddos Bks.

I Love to Go to Daycare (English Romanian Bilingual Children's Book) Shelley Admont & Kidkiddos Books. 2nd l.t. ed. 2020. (English Romanian Bilingual Collection). (RUM., Illus.). 30p. (J). (gr. k-2). pap. *(978-1-5259-3461-2(9))* Kidkiddos Bks.

I Love to Go to Daycare (English Romanian Children's Book) Bilingual Romanian Book for Kids. Shelley Admont & S. a Publishing. 2017. (English Romanian Bilingual Collection). (RUM., Illus.). (J). (gr. k-3). *(978-1-5259-0527-8(9))*; pap. *(978-1-5259-0526-1(0))* Kidkiddos Bks.

I Love to Go to Daycare (English Russian Bilingual Book) Shelley Admont & Kidkiddos Books. 2nd ed. 2019. (English Russian Bilingual Collection). (RUS., Illus.). 30p. (J). (gr. k-3). pap. *(978-1-5259-1747-9(1))* Kidkiddos Bks.

I Love to Go to Daycare (English Serbian Bilingual Book for Kids - Latin Alphabet) Serbian - Latin Alphabet. Shelley Admont & Kidkiddos Books. l.t. ed. 2020. (SRP.). 30p. (J). (gr. k-3). *(978-1-5259-3259-5(4))*; pap. *(978-1-5259-3258-8(6))* Kidkiddos Bks.

I Love to Go to Daycare (English Swedish Bilingual Book for Kids) Shelley Admont & Kidkiddos Books. l.t. ed. 2020. (English Swedish Bilingual Collection). (SWE., Illus.). 30p. (J). (gr. k-3). *(978-1-5259-4095-8(3))*; pap. *(978-1-5259-4094-1(5))* Kidkiddos Bks.

I Love to Go to Daycare (English Tagalog Bilingual Book) Shelley Admont & Kidkiddos Books. 2nd ed. 2020. (English Tagalog Bilingual Collection). (TGL., Illus.). 30p. (J). (gr. k-1). pap. *(978-1-5259-2295-4(5))* Kidkiddos Bks.

I Love to Go to Daycare (English Thai Bilingual Children's Book) Shelley Admont & Kidkiddos Books. l.t. ed. 2022. (English Thai Bilingual Collection). (THA., Illus.). 30p. (J). *(978-1-5259-6541-8(7))*; pap. *(978-1-5259-6540-1(9))* Kidkiddos Bks.

I Love to Go to Daycare (English Turkish Bilingual Book for Kids) Shelley Admont & Kidkiddos Books. l.t. ed. 2020. (English Turkish Bilingual Collection). (TUR., Illus.). 30p. (J). (gr. k-3). *(978-1-5259-3709-5(X))*; pap. *(978-1-5259-3708-8(1))* Kidkiddos Bks.

I Love to Go to Daycare (English Ukrainian Bilingual Book for Kids) Shelley Admont & Kidkiddos Books. 2020. (English Ukrainian Bilingual Collection). (UKR.). 30p. (J). (gr. k-3). pap. *(978-1-5259-3085-0(0))*; *(978-1-5259-3086-7(9))* Kidkiddos Bks.

I Love to Go to Daycare (English Urdu Bilingual Book for Kids) Shelley Admont & Kidkiddos Books. l.t. ed. 2021. (English Urdu Bilingual Collection). (URD., Illus.). 30p. (J). (gr. k-3). *(978-1-5259-5212-8(9))*; pap. *(978-1-5259-5211-1(0))* Kidkiddos Bks.

I Love to Go to Daycare (English Welsh Bilingual Book for Children) Shelley Admont & Kidkiddos Books. l.t. ed. 2023. (English Welsh Bilingual Collection). (WEL., Illus.). 30p. (J). ***(978-1-5259-7054-2(2))***; pap. ***(978-1-5259-7053-5(4))*** Kidkiddos Bks.

I Love to Go to Daycare (French English Bilingual Book) Shelley Admont & Kidkiddos Books. 2nd ed. 2020. (French English Bilingual Collection). (FRE., Illus.). 30p. (J). (gr. k-2). pap. *(978-1-5259-2293-0(9))* Kidkiddos Bks.

I Love to Go to Daycare (German Children's Book) Shelley Admont. 2nd l.t. ed. 2020. (German Bedtime Collection). (GER.). 30p. (J). (gr. k-2). pap. *(978-1-5259-3829-0(0))* Kidkiddos Bks.

I Love to Go to Daycare (Greek English Bilingual Book for Kids) Shelley Admont & Kidkiddos Books. l.t. ed. 2021. (Greek English Bilingual Collection). (GRE., Illus.). 30p. (J). (gr. k-3). *(978-1-5259-5149-7(1))*; pap. *(978-1-5259-5148-0(3))* Kidkiddos Bks.

I Love to Go to Daycare (Hindi Children's Book) Shelley Admont & Kidkiddos Books. 2020. (Hindi Bedtime Collection). (HIN.). 30p. (J). (gr. k-3). *(978-1-5259-3062-1(1))*; pap. *(978-1-5259-3061-4(3))* Kidkiddos Bks.

I Love to Go to Daycare (Hindi English Bilingual Children's Book) Shelley Admont & Kidkiddos Books. l.t. ed. 2020. (Hindi English Bilingual Collection). (HIN.). 30p. (J). (gr. k-3). *(978-1-5259-3065-2(6))*; pap. *(978-1-5259-3064-5(8))* Kidkiddos Bks.

I Love to Go to Daycare (Hungarian Children's Book) Shelley Admont & Kidkiddos Books. l.t. ed. 2020. (Hungarian Bedtime Collection). (HUN.). 30p. (J). (gr. k-3). *(978-1-5259-3008-9(7))*; pap. *(978-1-5259-3007-2(9))* Kidkiddos Bks.

I Love to Go to Daycare (Hungarian English Bilingual Children's Book) Shelley Admont & Kidkiddos Books. 2020. (HUN.). 30p. (J). (gr. k-3). pap. *(978-1-5259-3010-2(9))*; *(978-1-5259-3011-9(7))* Kidkiddos Bks.

I Love to Go to Daycare (Irish Children's Book) Shelley Admont & Kidkiddos Books. l.t. ed. 2023. (Irish Bedtime Collection). (GLE., Illus.). 30p. (J). ***(978-1-5259-7063-4(1))***; pap. ***(978-1-5259-7062-7(3))*** Kidkiddos Bks.

I Love to Go to Daycare (Irish English Bilingual Book for Kids) Shelley Admont & Kidkiddos Books. l.t. ed. 2023. (Irish English Bilingual Collection). (GLE., Illus.). 30p. (J). ***(978-1-5259-7066-5(6))***; pap. ***(978-1-5259-7065-8(8))*** Kidkiddos Bks.

I Love to Go to Daycare (Italian Book for Kids) Shelley Admont & Kidkiddos Books. 2nd l.t. ed. 2020. (Italian Bedtime Collection). (ITA.). 30p. (J). (gr. k-2). *(978-1-5259-3826-9(6))*; pap. *(978-1-5259-3825-2(8))* Kidkiddos Bks.

I Love to Go to Daycare (Italian English Bilingual Book for Kids) Shelley Admont & Kidkiddos Books. 2nd l.t. ed. 2020. (Italian English Bilingual Collection). (ITA.). 30p. (J). (gr. k-2). *(978-1-5259-3365-3(5))*; pap. *(978-1-5259-3364-6(7))* Kidkiddos Bks.

I Love to Go to Daycare (Japanese English Bilingual Book for Kids) Shelley Admont & Kidkiddos Books. l.t. ed. 2021. (Japanese English Bilingual Collection). (JPN., Illus.). 30p. (J). (gr. k-3). *(978-1-5259-4769-8(9))*; pap. *(978-1-5259-4768-1(0))* Kidkiddos Bks.

I Love to Go to Daycare (Korean English Bilingual Books for Kids) Shelley Admont & Kidkiddos Books. 2nd l.t. ed. 2020. (Korean English Bilingual Collection). (KOR.). 30p. (J). (gr. k-2). pap. *(978-1-5259-3988-4(2))* Kidkiddos Bks.

I Love to Go to Daycare (Macedonian Book for Kids) Shelley Admont & Kidkiddos Books. l.t. ed. 2023. (Macedonian Bedtime Collection). (MAC., Illus.). 30p. (J). ***(978-1-5259-7072-6(0))***; pap. ***(978-1-5259-7071-9(2))*** Kidkiddos Bks.

I Love to Go to Daycare (Macedonian English Bilingual Book for Children) Shelley Admont & Kidkiddos Books. l.t. ed. 2023. (Macedonian English Bilingual Collection). (MAC., Illus.). 30p. (J). ***(978-1-5259-7075-7(5))***; pap. ***(978-1-5259-7074-0(7))*** Kidkiddos Bks.

I Love to Go to Daycare (Malay Children's Book) Shelley Admont & Kidkiddos Books. l.t. ed. 2020. (Malay Bedtime Collection). (MAY., Illus.). 30p. (J). (gr. k-3). *(978-1-5259-3766-8(9))*; pap. *(978-1-5259-3765-1(0))* Kidkiddos Bks.

I Love to Go to Daycare (Malay English Bilingual Children's Book) Shelley Admont & Kidkiddos Books. l.t. ed. 2020. (Malay English Bilingual Collection). (MAY., Illus.). 30p. (J). (gr. k-3). *(978-1-5259-3769-9(3))*; pap. *(978-1-5259-3768-2(5))* Kidkiddos Bks.

I Love to Go to Daycare (Polish Children's Book) Shelley Admont & Kidkiddos Books. l.t. ed. 2020. (Polish Bedtime Collection). (POL., Illus.). 30p. (J). (gr. k-3). *(978-1-5259-3398-1(1))*; pap. *(978-1-5259-3397-4(3))* Kidkiddos Bks.

I Love to Go to Daycare (Polish English Bilingual Children's Book) Shelley Admont & Kidkiddos Books. l.t. ed. 2020. (Polish English Bilingual Collection). (POL., Illus.). 30p. (J). (gr. k-3). *(978-1-5259-3401-8(5))*; pap. *(978-1-5259-3400-1(7))* Kidkiddos Bks.

I Love to Go to Daycare (Portuguese Children's Book) Portuguese Book for Kids. Shelley Admont & S. a Publishing. 2017. (Portuguese Bedtime Collection). (POR., Illus.). (J). (gr. k-1). *(978-1-5259-0535-3(X))*; pap. *(978-1-5259-0534-6(1))* Kidkiddos Bks.

I Love to Go to Daycare (Portuguese Children's Book - Portugal) European Portuguese. Shelley Admont & Kidkiddos Books. l.t. ed. 2020. (Portuguese Bedtime Collection - Portugal Ser.). (POR., Illus.). 30p. (J). (gr. k-3). *(978-1-5259-3568-8(2))*; pap. *(978-1-5259-3567-1(4))* Kidkiddos Bks.

I Love to Go to Daycare (Portuguese English Bilingual Book for Kids - Brazilian) Shelley Admont & Kidkiddos Books. l.t. ed. 2021. (Portuguese English Bilingual Collection - Brazil Ser.). (POR.). 30p. (J). (gr. k-3). *(978-1-5259-5069-8(X))*; pap. *(978-1-5259-5068-1(1))* Kidkiddos Bks.

I Love to Go to Daycare (Portuguese English Bilingual Children's Book - Portugal) European Portuguese. Shelley Admont & Kidkiddos Books. l.t. ed. 2020. (Portuguese English Bilingual Collection - Portugal Ser.). (POR., Illus.). 30p. (J). (gr. k-3). *(978-1-5259-3571-8(2))*; pap. *(978-1-5259-3570-1(4))* Kidkiddos Bks.

I Love to Go to Daycare (Portuguese Russian Bilingual Book for Kids) Brazilian Portuguese. Shelley Admont & Kidkiddos Books. 2020. (Portuguese Russian Bilingual Collection). (POR., Illus.). 30p. (J). (gr. k-3). *(978-1-5259-2610-5(1))*; pap. *(978-1-5259-2609-9(8))* Kidkiddos Bks.

I Love to Go to Daycare (Punjabi Book for Kids - Gurmukhi) Shelley Admont & Kidkiddos Books. l.t. ed. 2021. (Punjabi Bedtime Collection - India Ser.). (PAN., Illus.). 30p. (J). (gr. k-3). *(978-1-5259-4880-0(6))*; pap. *(978-1-5259-4879-4(2))* Kidkiddos Bks.

I Love to Go to Daycare (Punjabi English Bilingual Children's Book - Gurmukhi) Shelley Admont & Kidkiddos Books. l.t. ed. 2021. (Punjabi English Bilingual Collection - India Ser.). (PAN., Illus.). 30p. (J). (gr. k-3). *(978-1-5259-4883-1(0))*; pap. *(978-1-5259-4882-4(2))* Kidkiddos Bks.

I Love to Go to Daycare (Romanian Children's Book) Romanian Book for Kids. Shelley Admont & S. a Publishing. 2017. (Romanian Bedtime Collection). (RUM., Illus.). (J). (gr. k-1). *(978-1-5259-0529-2(5))*; pap. *(978-1-5259-0528-5(7))* Kidkiddos Bks.

I Love to Go to Daycare (Romanian English Bilingual Children's Book) Shelley Admont & Kidkiddos Books. l.t. ed. 2021. (Romanian English Bilingual Collection). (RUM., Illus.). 30p. (J). (gr. k-3). *(978-1-5259-5093-3(2))*; pap. *(978-1-5259-5092-6(4))* Kidkiddos Bks.

I Love to Go to Daycare (Russian English Bilingual Book for Kids) Shelley Admont & Kidkiddos Books. l.t. ed. 2021. (Russian English Bilingual Collection). (RUS., Illus.). 30p. (J). (gr. k-3). *(978-1-5259-4847-3(4))*; pap. *(978-1-5259-4846-6(6))* Kidkiddos Bks.

I Love to Go to Daycare (Serbian Children's Book - Latin Alphabet) Serbian - Latin Alphabet. Shelley Admont & Kidkiddos Books. l.t. ed. 2020. (SRP.). 30p. (J). (gr. k-3). *(978-1-5259-3262-5(4))*; pap. *(978-1-5259-3261-8(6))* Kidkiddos Bks.

I Love to Go to Daycare (Serbian English Bilingual Children's Book - Latin Alphabet) Serbian - Latin Alphabet. Shelley Admont & Kidkiddos Books. l.t. ed. 2020. (Serbian English Bilingual Collection - Latin Ser.). (SRP.). 30p. (J). (gr. k-3). *(978-1-5259-3265-6(9))*; pap. *(978-1-5259-3264-9(0))* Kidkiddos Bks.

I Love to Go to Daycare (Swedish Children's Book) Shelley Admont & Kidkiddos Books. l.t. ed. 2020. (Swedish Bedtime Collection). (SWE., Illus.). 30p. (J). (gr. k-3). *(978-1-5259-4098-9(8))*; pap. *(978-1-5259-4097-2(X))* Kidkiddos Bks.

I Love to Go to Daycare (Swedish English Bilingual Children's Book) Shelley Admont & Kidkiddos Books. l.t. ed. 2020. (Swedish English Bilingual Collection). (SWE., Illus.). 30p. (J). (gr. k-3). *(978-1-5259-4101-6(1))*; pap. *(978-1-5259-4100-9(3))* Kidkiddos Bks.

I Love to Go to Daycare (Tagalog Book for Kids) Shelley Admont & Kidkiddos Books. 2nd l.t. ed. 2020. (Tagalog Bedtime Collection). (TGL.). 30p. (J). (gr. k-2). pap. *(978-1-5259-3517-6(8))* Kidkiddos Bks.

I Love to Go to Daycare (Thai Book for Kids) Shelley Admont & Kidkiddos Books. l.t. ed. 2022. (Thai Bedtime Collection). (THA., Illus.). 30p. (J). *(978-1-5259-6544-9(1))*; pap. *(978-1-5259-6543-2(3))* Kidkiddos Bks.

I Love to Go to Daycare (Thai English Bilingual Book for Kids) Shelley Admont & Kidkiddos Books. l.t. ed. 2022. (Thai English Bilingual Collection). (THA., Illus.). 30p. (J). *(978-1-5259-6547-0(6))*; pap. *(978-1-5259-6546-3(8))* Kidkiddos Bks.

I Love to Go to Daycare (Turkish Children's Book) Shelley Admont & Kidkiddos Books. l.t. ed. 2020. (Turkish Bedtime Collection). (TUR., Illus.). 30p. (J). (gr. k-3). *(978-1-5259-3712-5(X))*; pap. *(978-1-5259-3711-8(1))* Kidkiddos Bks.

I Love to Go to Daycare (Turkish English Bilingual Children's Book) Shelley Admont & Kidkiddos Books. l.t. ed. 2020. (Turkish English Bilingual Collection). (TUR., Illus.). 30p. (J). (gr. k-3). *(978-1-5259-3715-6(4))*; pap. *(978-1-5259-3714-9(6))* Kidkiddos Bks.

I Love to Go to Daycare (Ukrainian Children's Book) Shelley Admont & Kidkiddos Books. l.t. ed. 2020. (Ukrainian Bedtime Collection). (UKR.). 30p. (J). (gr. k-3). *(978-1-5259-3089-8(3))*; (Illus.). pap. *(978-1-5259-3088-1(5))* Kidkiddos Bks.

I Love to Go to Daycare (Ukrainian English Bilingual Book for Children) Shelley Admont & Kidkiddos Books. l.t. ed. 2020. (Ukrainian English Bilingual Collection). (UKR.). 30p. (J). *(978-1-5259-3092-8(3))*; pap. *(978-1-5259-3091-1(5))* Kidkiddos Bks.

I Love to Go to Daycare (Vietnamese English Bilingual Book for Kids) Shelley Admont & Kidkiddos Books. l.t. ed. 2021. (Vietnamese English Bilingual Collection). (VIE.). 30p. (J). (gr. k-3). *(978-1-5259-5087-2(8))*; pap. *(978-1-5259-5086-5(X))* Kidkiddos Bks.

I Love to Go to Daycare (Welsh Book for Kids) Shelley Admont & Kidkiddos Books. l.t. ed. 2023. (Welsh Bedtime Collection). (WEL., Illus.). 30p. (J). ***(978-1-5259-7051-1(8))***; pap. ***(978-1-5259-7050-4(X))*** Kidkiddos Bks.

I Love to Go to Daycare (Welsh English Bilingual Book for Children) Shelley Admont & Kidkiddos Books. l.t. ed. 2023. (Welsh English Bilingual Collection). (WEL., Illus.). 30p. (J). ***(978-1-5259-7057-3(7))***; pap. ***(978-1-5259-7055-9(0))*** Kidkiddos Bks.

I Love to Gobble You Up! Sandra Magsamen. Illus. by Sandra Magsamen. 2018. (Made with Love Ser.). (ENG., Illus.). 10p. (J). (gr. -1 — 1). bds. 7.99 *(978-1-338-11092-0(6)*, Cartwheel Bks.) Scholastic, Inc.

I Love to Help. Shelley Admont & S. a Publishing. 2016. (I Love To... Ser.). (ENG., Illus.). (J). (gr. k-3). *(978-1-77268-756-9(1))*; 32p. pap. *(978-1-77268-755-2(3))* Shelley Admont Publishing.

I Love to Help. Shelley Admont & Kidkiddos Books. 2nd ed. 2019. (I Love To... Ser.). (ENG., Illus.). 32p. (J). (gr. k-3). pap. *(978-1-5259-1906-0(7))* Kidkiddos Bks.

I Love to Help: Chinese Edition. Shelley Admont. 2017. (Chinese Bedtime Collection). (CHI., Illus.). (J). (gr. k-3). pap. *(978-1-5259-0283-3(0))* Kidkiddos Bks.

I Love to Help: Chinese English Bilingual Edition. Shelley Admont & Kidkiddos Books. 2019. (Chinese English Bilingual Collection). (CHI., Illus.). 32p. (J). (gr. k-3). *(978-1-5259-1117-0(1))*; pap. *(978-1-5259-1116-3(3))* Kidkiddos Bks.

I Love to Help: Chinese Mandarin Children's Books. Shelley Admont. 2017. (Chinese Bedtime Collection). (CHI., Illus.). (J). (gr. k-3). *(978-1-5259-0284-0(9))* Kidkiddos Bks.

I Love to Help: Dutch Language Children's Books. Shelley Admont. 2017. (Dutch Bedtime Collection). (DUT., Illus.). (J). (gr. k-3). *(978-1-5259-0338-0(1))*; pap. *(978-1-5259-0337-3(3))* Kidkiddos Bks.

I Love to Help: English Arabic Bilingual Children's Books. Shelley Admont. 2017. (English Arabic Bilingual Collection). (ARA & ENG., Illus.). (J). (gr. k-3). *(978-1-5259-0434-9(5))*; pap. *(978-1-5259-0433-2(7))* Kidkiddos Bks.

I Love to Help: English Chinese Bilingual Edition. Shelley Admont. 2017. (English Chinese Bilingual Collection). (CHI., Illus.). (J). (gr. k-3). *(978-1-5259-0282-6(2))*; pap. *(978-1-5259-0281-9(4))* Kidkiddos Bks.

I Love to Help: English Dutch Bilingual Children's Books. Shelley Admont. 2017. (English Dutch Bilingual Collection). (DUT., Illus.). (J). (gr. k-3). *(978-1-5259-0335-9(7))*; pap. *(978-1-5259-0334-2(9))* Kidkiddos Bks.

I Love to Help: English Farsi - Persian. Shelley Admont & S. a Publishing. 2018. (English Farsi Bilingual Collection). (PER., Illus.). 32p. (J). (gr. k-3). *(978-1-5259-0950-4(9))*; pap. *(978-1-5259-0949-8(5))* Kidkiddos Bks.

I Love to Help: English Farsi - Persian. Shelley Admont & Kidkiddos Books. 2nd ed. 2019. (English Farsi Bilingual Collection). (PER., Illus.). 32p. (J). (gr. k-3). pap. *(978-1-5259-1242-9(9))* Kidkiddos Bks.

I Love to Help: English Greek Bilingual Edition. Shelley Admont. 2016. (English Greek Bilingual Collection). (GRE., Illus.). (J). (gr. k-3). *(978-1-5259-0092-1(7))*; pap. *(978-1-5259-0091-4(9))* Kidkiddos Bks.

I Love to Help: English Hebrew. Shelley Admont & S. a Publishing. 2018. (English Hebrew Bilingual Collection). (HEB., Illus.). 32p. (J). (gr. k-3). pap. *(978-1-5259-0883-5(9))* Kidkiddos Bks.

I Love to Help: English Hungarian Bilingual Edition. Shelley Admont & S. a Publishing. 2016. (English Hungarian Bilingual Collection). (HUN., Illus.). (J). (gr. k-3). *(978-1-77268-987-7(4))*; pap. *(978-1-77268-986-0(6))* Shelley Admont Publishing.

I Love to Help: English Japanese Bilingual Edition. Shelley Admont & S. a Publishing. 2016. (English Japanese Bilingual Collection). (JPN., Illus.). (J). (gr. k-3). *(978-1-77268-910-5(6))*; pap. *(978-1-77268-909-9(2))* Shelley Admont Publishing.

I Love to Help: English Korean Bilingual Edition. Shelley Admont. 2016. (English Korean Bilingual Collection). (KOR., Illus.). (J). (gr. k-3). *(978-1-5259-0082-2(X))* Kidkiddos Bks.

I Love to Help: English Korean Bilingual Edition. Shelley Admont & S. a Publishing. 2016. (English Korean Bilingual Collection). (KOR., Illus.). (J). (gr. k-3). pap. *(978-1-5259-0081-5(1))* Shelley Admont Publishing.

I Love to Help: English Polish Bilingual Children's Books. Shelley Admont. 2017. (English Polish Bilingual Collection). (POL., Illus.). (J). (gr. k-3). *(978-1-5259-0424-0(8))*; pap. *(978-1-5259-0423-3(X))* Kidkiddos Bks.

I Love to Help: English Russian Bilingual Edition. Shelley Admont & S. a Publishing. 2016. (English Russian Bilingual Collection). (RUS., Illus.). (J). (gr. k-3). *(978-1-5259-0037-2(4))*; pap. *(978-1-5259-0036-5(6))* Shelley Admont Publishing.

I Love to Help: English Serbian Cyrillic. Shelley Admont & Kidkiddos Books. 2018. (English Serbian Cyrillic Collection). (SRP., Illus.). 32p. (J). (gr. k-3). *(978-1-5259-1022-7(1))*; pap. *(978-1-5259-1021-0(3))* Kidkiddos Bks.

I Love to Help: English Vietnamese Bilingual Edition. Shelley Admont. 2017. (English Vietnamese Bilingual Collection). (VIE., Illus.). (J). (gr. k-3). *(978-1-5259-0287-1(3))*; pap. *(978-1-5259-0286-4(5))* Kidkiddos Bks.

I Love to Help: Greek Edition. Shelley Admont. 2016. (Greek Bedtime Collection). (GRE., Illus.). (J). (gr. k-3). *(978-1-5259-0094-5(3))*; pap. *(978-1-5259-0093-8(5))* Kidkiddos Bks.

I Love to Help: Hungarian Edition. Shelley Admont & S. a Publishing. 2016. (Hungarian Bedtime Collection). (HUN., Illus.). (J). (gr. k-3). *(978-1-77268-989-1(0))*; pap. *(978-1-77268-988-4(2))* Shelley Admont Publishing.

I Love to Help: Hungarian English Bilingual Edition. Shelley Admont. 2016. (Hungarian English Bilingual Collection). (HUN., Illus.). (J). (gr. k-3). *(978-1-5259-0174-4(5))*; pap. *(978-1-5259-0173-7(7))* Kidkiddos Bks.

I Love to Help: Japanese Edition. Shelley Admont & S. a Publishing. 2016. (Japanese Bedtime Collection). (JPN., Illus.). (J). (gr. k-3). *(978-1-77268-913-6(0))*; pap. *(978-1-77268-912-9(2))* Shelley Admont Publishing.

I Love to Help: Korean Edition. Shelley Admont. 2016. (Korean Bedtime Collection). (KOR., Illus.). (J). (gr. k-3). *(978-1-5259-0084-6(6))*; pap. *(978-1-5259-0083-9(8))* Kidkiddos Bks.

I Love to Help: Korean English Bilingual Edition. Shelley Admont. 2017. (Korean English Bilingual Collection). (KOR., Illus.). (J). (gr. k-3). *(978-1-5259-0222-2(9))*; pap. *(978-1-5259-0221-5(0))* Kidkiddos Bks.

I Love to Help: Polish Language Children's Book. Shelley Admont. 2017. (Polish Bedtime Collection). (POL., Illus.). (J). (gr. k-3). *(978-1-5259-0426-4(4))*; pap. *(978-1-5259-0425-7(6))* Kidkiddos Bks.

I Love to Help: Russian Edition. Shelley Admont & S. a Publishing. 2016. (Russian Bedtime Collection). (RUS., Illus.). (J). (gr. k-3). *(978-1-5259-0039-6(0))*; pap. *(978-1-5259-0038-9(2))* Shelley Admont Publishing.

I Love to Help: Russian English Bilingual Edition. Shelley Admont. 2017. (Russian English Bilingual Collection). (RUS., Illus.). (J). (gr. k-3). *(978-1-5259-0234-5(2))*; pap. *(978-1-5259-0233-8(4))* Kidkiddos Bks.

I Love to Help: Serbian Cyrillic. Shelley Admont & Kidkiddos Books. 2018. (Serbian Bedtime Collection Cyrillic Ser.). (SRP., Illus.). 32p. (J). (gr. k-3). *(978-1-5259-1024-1(8))*; pap. *(978-1-5259-1023-4(X))* Kidkiddos Bks.

I Love to Help: Tagalog English Bilingual Edition. Shelley Admont. 2016. (Tagalog English Bilingual Collection). (TGL., Illus.). (J). (gr. k-3). *(978-1-5259-0138-6(9))*; pap. *(978-1-5259-0137-9(0))* Kidkiddos Bks.

I Love to Help: Vietnamese Edition. Shelley Admont. 2017. (Vietnamese Bedtime Collection). (VIE., Illus.). (J). (gr. k-3). *(978-1-5259-0289-5(X))*; pap. *(978-1-5259-0288-8(1))* Kidkiddos Bks.

I Love to Help: Vietnamese English Bilingual Edition. Shelley Admont & Kidkiddos Books. 2019. (Vietnamese English Bilingual Collection). (VIE.). 32p. (J). (gr. k-3). pap. *(978-1-5259-1367-9(0))*; (Illus.). *(978-1-5259-1368-6(9))* Kidkiddos Bks.

I Love to Help - Eu Amo Ajudar (Bilingual Portuguese Book) English Portuguese Bilingual Collection. Shelley Admont & S. a Publishing. 2017. (English Portuguese Bilingual Collection). (POR., Illus.). (J). (gr. k-3). *(978-1-5259-0549-0(X))* Kidkiddos Bks.

I Love to Help - Eu Amo Ajudar (Bilingual Portuguese Book) English Portuguese Children's Book. Shelley Admont & S. a Publishing. 2017. (English Portuguese Bilingual Collection). (POR., Illus.). (J). (gr. k-3). pap. *(978-1-5259-0548-3(1))* Kidkiddos Bks.

I Love to Help (Afrikaans Book for Kids) Shelley Admont & Kidkiddos Books. l.t. ed. 2022. (Afrikaans Bedtime Collection). (AFR.). 32p. (J). *(978-1-5259-6535-7(2))*; pap. *(978-1-5259-6534-0(4))* Kidkiddos Bks.

I Love to Help (Afrikaans English Bilingual Book for Kids) Shelley Admont & Kidkiddos Books. l.t. ed. 2022. (Afrikaans English Bilingual Collection). (AFR.). 32p. (J). *(978-1-5259-6538-8(7))*; pap. *(978-1-5259-6537-1(9))* Kidkiddos Bks.

I Love to Help (Albanian Children's Book) Shelley Admont & Kidkiddos Books. 2021. (Albanian Bedtime Collection). (ALB.). 32p. (J). *(978-1-5259-5444-3(X))*; pap. *(978-1-5259-5443-6(1))* Kidkiddos Bks.

I Love to Help (Albanian English Bilingual Book for Kids) Shelley Admont & Kidkiddos Books. 2021. (Albanian English Bilingual Collection). (ALB.). 32p. (J). pap. *(978-1-5259-5446-7(6))*; *(978-1-5259-5447-4(4))* Kidkiddos Bks.

I Love to Help (Bengali Book for Kids) Shelley Admont & Kidkiddos Books. l.t. ed. 2022. (Bengali Bedtime Collection). (BEN.). 32p. (J). ***(978-1-5259-6682-8(0))***; pap. ***(978-1-5259-6681-1(2))*** Kidkiddos Bks.

I Love to Help (Bengali English Bilingual Kids Book) Shelley Admont & Kidkiddos Books. l.t. ed. 2022. (Bengali English Bilingual Collection). (BEN.). 32p. (J). ***(978-1-5259-6685-9(5))***; pap. ***(978-1-5259-6684-2(7))*** Kidkiddos Bks.

I Love to Help (Bilingual Romanian Book) English Romanian Children's Book. Shelley Admont & S. a Publishing. 2017. (English Romanian Bilingual Collection).

I

(RUM., Illus.). (J). (gr. k-3). *(978-1-5259-0517-9(1))*; pap. *(978-1-5259-0516-2(3))* Kiddiddos Bks.

I Love to Help (Bulgarian Book for Children) Shelley Admont & Kidkiddos Books. 2020. (Bulgarian Bedtime Collection). (BUL., Illus.). 32p. (J). *(978-1-5259-2789-8(2))*; pap. *(978-1-5259-2788-1(4))* Kidkiddos Bks.

I Love to Help (Bulgarian English Bilingual Children's Book) Shelley Admont & Kidkiddos Books. l.t. ed. 2020. (Bulgarian English Bilingual Collection). (BUL.). 32p. (J). *(978-1-5259-2792-8(2))*; pap. *(978-1-5259-2791-1(4))* Kidkiddos Bks.

I Love to Help (Croatian Children's Book) Shelley Admont & Kidkiddos Books. l.t. ed. 2021. (Croatian Bedtime Collection). (HRV.). 32p. (J). *(978-1-5259-4919-7(5))*; pap. *(978-1-5259-4918-0(7))* Kidkiddos Bks.

I Love to Help (Croatian English Bilingual Book for Kids) Shelley Admont & Kidkiddos Books. l.t. ed. 2021. (Croatian English Bilingual Collection). (HRV.). 32p. (J). *(978-1-5259-4922-7(5))*; pap. *(978-1-5259-4921-0(7))* Kidkiddos Bks.

I Love to Help (Czech Children's Book) Shelley Admont & Kidkiddos Books. l.t. ed. 2021. (Czech Bedtime Collection). (CZE.). 32p. (J). *(978-1-5259-4697-4(8))*; pap. *(978-1-5259-4696-7(X))* Kidkiddos Bks.

I Love to Help (Czech English Bilingual Book for Kids) Shelley Admont & Kidkiddos Books. l.t. ed. 2021. (Czech English Bilingual Collection). (CZE.). 32p. (J). *(978-1-5259-4700-1(1))*; pap. *(978-1-5259-4699-8(4))* Kidkiddos Bks.

I Love to Help (Danish Book for Kids) Shelley Admont & Kidkiddos Books. l.t. ed. 2020. (Danish Bedtime Collection). (DAN., Illus.). 32p. (J). *(978-1-5259-3577-0(1))*; pap. *(978-1-5259-3576-3(3))* Kidkiddos Bks.

I Love to Help (Danish English Bilingual Book for Kids) Shelley Admont & Kidkiddos Books. l.t. ed. 2020. (Danish English Bilingual Collection). (DAN., Illus.). 32p. (J). *(978-1-5259-3580-0(1))*; pap. *(978-1-5259-3579-4(8))* Kidkiddos Bks.

I Love to Help (Dutch English Bilingual Book) Shelley Admont & Kidkiddos Books. 2019. (Dutch English Bilingual Collection). (DUT., Illus.). 32p. (J). (gr. k-3). *(978-1-5259-1554-3(1))*; pap. *(978-1-5259-1553-6(3))* Kidkiddos Bks.

I Love to Help (English Afrikaans Bilingual Children's Book) Shelley Admont & Kidkiddos Books. l.t. ed. 2022. (English Afrikaans Bilingual Collection). (AFR.). 32p. (J). *(978-1-5259-6532-6(8))*; pap. *(978-1-5259-6531-9(X))* Kidkiddos Bks.

I Love to Help (English Albanian Bilingual Book for Kids) Shelley Admont & Kidkiddos Books. l.t. ed. 2021. (English Albanian Bilingual Collection). (ALB.). 32p. (J). (gr. k-3). *(978-1-5259-5441-2(5))*; pap. *(978-1-5259-5440-5(7))* Kidkiddos Bks.

I Love to Help (English Bengali Bilingual Children's Book) Shelley Admont & Kidkiddos Books. l.t. ed. 2022. (English Bengali Bilingual Collection). (BEN.). 32p. (J). ***(978-1-5259-6679-8(0))***; pap. ***(978-1-5259-6678-1(2))*** Kidkiddos Bks.

I Love to Help (English Bulgarian Bilingual Book for Kids) Shelley Admont & Kidkiddos Books. 2020. (English Bulgarian Bilingual Collection). (BUL., Illus.). 32p. (J). (gr. k-3). *(978-1-5259-2786-7(8))*; pap. *(978-1-5259-2785-0(X))* Kidkiddos Bks.

I Love to Help (English Chinese Bilingual Book) Shelley Admont & Kidkiddos Books. 2nd ed. 2019. (English Chinese Bilingual Collection). (CHI., Illus.). 32p. (J). (gr. k-3). pap. *(978-1-5259-1893-3(1))* Kidkiddos Bks.

I Love to Help (English Croatian Bilingual Book for Kids) Shelley Admont & Kidkiddos Books. l.t. ed. 2021. (English Croatian Bilingual Collection). (HRV.). 32p. (J). (gr. k-3). *(978-1-5259-4916-6(0))*; pap. *(978-1-5259-4915-9(2))* Kidkiddos Bks.

I Love to Help (English Czech Bilingual Book for Kids) Shelley Admont & Kidkiddos Books. l.t. ed. 2021. (English Czech Bilingual Collection). (CZE.). 32p. (J). (gr. k-3). *(978-1-5259-4694-3(3))*; pap. *(978-1-5259-4693-6(5))* Kidkiddos Bks.

I Love to Help (English Danish Bilingual Children's Book) Shelley Admont & Kidkiddos Books. l.t. ed. 2020. (English Danish Bilingual Collection). (DAN., Illus.). 32p. (J). (gr. k-3). *(978-1-5259-3574-9(7))*; pap. *(978-1-5259-3573-2(9))* Kidkiddos Bks.

I Love to Help (English Dutch Bilingual Book) Shelley Admont & Kidkiddos Books. 2nd ed. 2019. (English Dutch Bilingual Collection). (DUT., Illus.). 32p. (J). (gr. k-3). pap. *(978-1-5259-1793-6(5))* Kidkiddos Bks.

I Love to Help (English Greek Bilingual Book for Kids) Shelley Admont & Kidkiddos Books. 2nd l.t. ed. 2020. (English Greek Bilingual Collection). (GRE.). 32p. (J). (gr. k-3). pap. *(978-1-5259-3919-8(X))* Kidkiddos Bks.

I Love to Help (English Hebrew Bilingual Book for Kids) Shelley Admont & Kidkiddos Books. 2nd l.t. ed. 2020. (English Hebrew Bilingual Collection). (HEB.). 32p. (J). (gr. k-3). pap. *(978-1-5259-2665-5(9))* Kidkiddos Bks.

I Love to Help (English Hebrew Children's Book) Bilingual Hebrew Book for Kids. Shelley Admont & S. a Publishing. 2018. (English Hebrew Bilingual Collection). (HEB., Illus.). 32p. (J). (gr. k-3). *(978-1-5259-0884-2(7))* Kidkiddos Bks.

I Love to Help (English Hindi Bilingual Book for Kids) Shelley Admont & Kidkiddos Books. 2nd l.t. ed. 2020. (English Hindi Bilingual Collection). (HIN., Illus.). 32p. (J). (gr. k-3). pap. *(978-1-5259-4247-1(6))* Kidkiddos Bks.

I Love to Help (English Hindi Children's Book) Bilingual Hindi Book for Kids. Shelley Admont & S. a Publishing. 2018. (English Hindi Bilingual Collection). (HIN., Illus.). 32p. (J). (gr. k-3). *(978-1-5259-0742-5(5))*; pap. *(978-1-5259-0741-8(7))* Kidkiddos Bks.

I Love to Help (English Hungarian Bilingual Book for Kids) Shelley Admont & Kidkiddos Books. 2nd l.t. ed. 2020. (English Hungarian Bilingual Collection). (HUN., Illus.). 32p. (J). (gr. k-3). *(978-1-5259-3370-7(1))*; pap. *(978-1-5259-3369-1(8))* Kidkiddos Bks.

I Love to Help (English Irish Bilingual Children's Book) Shelley Admont & Kidkiddos Books. l.t. ed. 2022. (English Irish Bilingual Collection). (GLE.). 32p. (J). *(978-1-5259-6118-2(7))*; pap. *(978-1-5259-6117-5(9))* Kidkiddos Bks.

I Love to Help (English Korean Bilingual Book) Shelley Admont & Kidkiddos Books. 2nd ed. 2019. (English Korean Bilingual Collection). (KOR., Illus.). 32p. (J). (gr. k-3). pap. *(978-1-5259-1901-5(6))* Kidkiddos Bks.

I Love to Help (English Macedonian Bilingual Book for Kids) Shelley Admont & Kidkiddos Books. l.t. ed. 2022. (English Macedonian Bilingual Collection). (MAC.). 32p. (J). *(978-1-5259-6280-6(9))*; pap. *(978-1-5259-6279-0(5))* Kidkiddos Bks.

I Love to Help (English Malay Bilingual Book for Kids) Shelley Admont & Kidkiddos Books. l.t. ed. 2020. (English Malay Bilingual Collection). (MAY., Illus.). 32p. (J). (gr. k-3). *(978-1-5259-3422-3(8))*; pap. *(978-1-5259-3421-6(X))* Kidkiddos Bks.

I Love to Help (English Maori Bilingual Book for Kids) Shelley Admont & Kidkiddos Books. l.t. ed. 2021. (MAO.). 32p. (J). *(978-1-5259-5983-7(2))*; pap. *(978-1-5259-5982-0(4))* Kidkiddos Bks.

I Love to Help (English Portuguese Bilingual Book for Kids - Portugal) Portuguese European. Shelley Admont & Kidkiddos Books. l.t. ed. 2020. (POR.). 32p. (J). (gr. k-3). *(978-1-5259-3322-6(1))*; pap. *(978-1-5259-3321-9(3))* Kidkiddos Bks.

I Love to Help (English Punjabi Bilingual Children's Book - Gurmukhi) Shelley Admont & Kidkiddos Books. l.t. ed. 2021. (English Punjabi Bilingual Collection - India Ser.). (PAN.). 32p. (J). (gr. k-3). *(978-1-5259-4550-2(5))*; pap. *(978-1-5259-4549-6(1))* Kidkiddos Bks.

I Love to Help (English Romanian Bilingual Book) Shelley Admont & Kidkiddos Books. 2nd ed. 2019. (English Romanian Bilingual Collection). (RUM., Illus.). 32p. (J). (gr. k-3). pap. *(978-1-5259-1669-4(6))* Kidkiddos Bks.

I Love to Help (English Russian Bilingual Book) Shelley Admont & Kidkiddos Books. 2nd ed. 2019. (English Russian Bilingual Collection). (RUS., Illus.). 32p. (J). (gr. k-3). pap. *(978-1-5259-1545-1(2))* Kidkiddos Bks.

I Love to Help (English Serbian Bilingual Book for Kids - Latin Alphabet) Shelley Admont & Kidkiddos Books. l.t. ed. 2020. (English Serbian Bilingual Collection - Latin Ser.). (SRP., Illus.). 32p. (J). (gr. k-3). *(978-1-5259-3095-9(8))*; pap. *(978-1-5259-3094-2(X))* Kidkiddos Bks.

I Love to Help (English Swedish Bilingual Book for Kids) Shelley Admont & Kidkiddos Books. l.t. ed. 2020. (English Swedish Bilingual Collection). (SWE., Illus.). 32p. (J). (gr. k-3). *(978-1-5259-3510-7(0))*; pap. *(978-1-5259-3509-1(7))* Kidkiddos Bks.

I Love to Help (English Thai Bilingual Children's Book) Shelley Admont & Kidkiddos Books. 2021. (THA.). 34p. (J). *(978-1-5259-5812-0(7))*; pap. *(978-1-5259-5811-3(9))* Kidkiddos Bks.

I Love to Help (English Turkish Bilingual Book for Kids) Shelley Admont & Kidkiddos Books. l.t. ed. 2020. (English Turkish Bilingual Collection). (TUR., Illus.). 32p. (J). (gr. k-3). *(978-1-5259-3440-7(6))*; pap. *(978-1-5259-3439-1(2))* Kidkiddos Bks.

I Love to Help (English Ukrainian Children's Book) Bilingual Ukrainian Book. Shelley Admont & S. a Publishing. 2017. (English Ukrainian Bilingual Collection). (UKR., Illus.). (J). (gr. k-3). pap. *(978-1-5259-0576-6(7))* Kidkiddos Bks.

I Love to Help (English Ukrainian Children's Book) Bilingual Ukrainian Book for Kids. Shelley Admont & S. a Publishing. 2017. (English Ukrainian Bilingual Collection). (UKR., Illus.). (J). (gr. k-3). *(978-1-5259-0577-3(5))* Kidkiddos Bks.

I Love to Help (English Urdu Bilingual Book for Kids) Shelley Admont & Kidkiddos Books. l.t. ed. 2020. (English Urdu Bilingual Collection). (URD.). 32p. (J). (gr. k-3). *(978-1-5259-4346-1(4))*; pap. *(978-1-5259-4345-4(6))* Kidkiddos Bks.

I Love to Help (English Welsh Bilingual Book for Kids) Shelley Admont & Kidkiddos Books. l.t. ed. 2021. (English Welsh Bilingual Collection). (WEL.). 32p. (J). *(978-1-5259-5731-4(7))*; pap. *(978-1-5259-5730-7(9))* Kidkiddos Bks.

I Love to Help Eu Amo Ajudar: English Portuguese Bilingual Book - Brazilian. Shelley Admont & Kidkiddos Books. 2nd ed. 2019. (English Portuguese Bilingual Collection). (POR., Illus.). 32p. (J). (gr. k-3). pap. *(978-1-5259-1641-0(6))* Kidkiddos Bks.

I Love to Help (Greek Book for Kids) Shelley Admont & Kidkiddos Books. 2nd l.t. ed. 2021. (Greek Bedtime Collection). (GRE.). 32p. (J). pap. *(978-1-5259-4821-3(0))* Kidkiddos Bks.

I Love to Help (Greek English Bilingual Book) Shelley Admont & Kidkiddos Books. 2019. (Greek English Bilingual Collection). (GRE., Illus.). 32p. (J). (gr. k-3). *(978-1-5259-1488-1(X))*; pap. *(978-1-5259-1487-4(1))* Kidkiddos Bks.

I Love to Help Gusto Kong Tumulong: English Tagalog Bilingual Book. Shelley Admont & Kidkiddos Books. 2nd ed. 2019. (English Tagalog Bilingual Collection). (TGL., Illus.). 32p. (J). (gr. k-3). pap. *(978-1-5259-1999-2(7))* Kidkiddos Bks.

I Love to Help Gusto Kong Tumulong: English Tagalog Bilingual Edition. Shelley Admont & S. a Publishing. 2016. (English Tagalog Bilingual Collection). (TGL., Illus.). (J). (gr. k-3). *(978-1-77268-932-7(7))*; pap. *(978-1-77268-931-0(9))* Shelley Admont Publishing.

I Love to Help (Hindi Children's Book) Hindi Book for Kids. Shelley Admont & S. a Publishing. 2018. (Hindi Bedtime Collection). (HIN., Illus.). 32p. (J). (gr. k-3). *(978-1-5259-0744-9(1))*; pap. *(978-1-5259-0743-2(3))* Kidkiddos Bks.

I Love to Help (Hungarian English Bilingual Book for Kids) Shelley Admont & Kidkiddos Books. 2nd l.t. ed. 2020. (Hungarian English Bilingual Collection). (HUN.). 32p. (J). pap. *(978-1-5259-4380-5(4))* Kidkiddos Bks.

I Love to Help Ich Helfe Gern: English German Bilingual Book. Shelley Admont & Kidkiddos Books. Tr. by Tess Parthum. 2nd ed. 2019. (English German Bilingual Collection). (GER., Illus.). 32p. (J). (gr. k-3). pap. *(978-1-5259-1582-6(7))* Kidkiddos Bks.

I Love to Help (Irish Book for Kids) Shelley Admont & Kidkiddos Books. l.t. ed. 2022. (Irish Bedtime Collection). (GLE.). 32p. (J). *(978-1-5259-6121-2(7))*; pap. *(978-1-5259-6120-5(9))* Kidkiddos Bks.

I Love to Help (Irish English Bilingual Book for Kids) Shelley Admont & Kidkiddos Books. l.t. ed. 2022. (Irish English Bilingual Collection). (GLE.). 32p. (J). *(978-1-5259-6124-3(1))*; pap. *(978-1-5259-6123-6(3))* Kidkiddos Bks.

I Love to Help (Italian Edition) Shelley Admont & Kidkiddos Books. 2nd ed. 2020. (Italian Bedtime Collection). (ITA., Illus.). 32p. (J). (gr. k-3). *(978-1-5259-2658-7(6))*; pap. *(978-1-5259-2657-0(8))* Kidkiddos Bks.

I Love to Help J'aime Aider les Autres: English French Bilingual Book. Shelley Admont & Kidkiddos Books. 2nd ed. 2019. (English French Bilingual Collection). (FRE., Illus.). 32p. (J). (gr. k-3). pap. *(978-1-5259-1757-8(9))* Kidkiddos Bks.

I Love to Help J'Aime Aider les Autres: English French Bilingual Edition. Shelley Admont & S. a Publishing. 2016. (English French Bilingual Collection). (FRE., Illus.). (J). (gr. k-3). *(978-1-77268-808-5(8))* Shelley Admont Publishing.

I Love to Help (Japanese English Bilingual Book for Kids) Shelley Admont & Kidkiddos Books. l.t. ed. 2021. (Japanese English Bilingual Collection). (JPN.). 32p. (J). *(978-1-5259-4531-1(9))* Kidkiddos Bks.

I Love to Help (Japanese English Bilingual Book for Kids) English Japanese Bilingual Edition. Shelley Admont & Kidkiddos Books. l.t. ed. 2021. (Japanese English Bilingual Collection). (JPN.). 32p. (J). pap. *(978-1-5259-4530-4(0))* Kidkiddos Bks.

I Love to Help (Korean English Bilingual Book for Kids) Shelley Admont & Kidkiddos Books. 2nd l.t. ed. 2020. (Korean English Bilingual Collection). (KOR.). 32p. (J). pap. *(978-1-5259-3984-6(X))* Kidkiddos Bks.

I Love to Help (Macedonian Children's Book) Shelley Admont & Kidkiddos Books. l.t. ed. 2022. (Macedonian Bedtime Collection). (MAC.). 32p. (J). *(978-1-5259-6283-7(3))*; pap. *(978-1-5259-6282-0(5))* Kidkiddos Bks.

I Love to Help (Macedonian English Bilingual Children's Book) Shelley Admont & Kidkiddos Books. l.t. ed. 2022. (Macedonian English Bilingual Collection). (MAC.). 32p. (J). *(978-1-5259-6286-8(8))*; pap. *(978-1-5259-6285-1(X))* Kidkiddos Bks.

I Love to Help (Malay Children's Book) Shelley Admont & Kidkiddos Books. l.t. ed. 2020. (Malay Bedtime Collection). (MAY., Illus.). 32p. (J). *(978-1-5259-3425-4(2))*; pap. *(978-1-5259-3424-7(4))* Kidkiddos Bks.

I Love to Help (Malay English Bilingual Children's Book) Shelley Admont & Kidkiddos Books. l.t. ed. 2020. (Malay English Bilingual Collection). (MAY., Illus.). 32p. (J). *(978-1-5259-3428-5(7))*; pap. *(978-1-5259-3427-8(9))* Kidkiddos Bks.

I Love to Help (Maori Children's Book) Shelley Admont & Kidkiddos Books. l.t. ed. 2021. (Maori Bedtime Collection). (MAO.). 32p. (J). *(978-1-5259-5986-8(7))*; pap. *(978-1-5259-5985-1(9))* Kidkiddos Bks.

I Love to Help (Maori English Bilingual Children's Book) Shelley Admont & Kidkiddos Books. l.t. ed. 2022. (Maori English Bilingual Collection). (MAO.). 32p. (J). *(978-1-5259-5989-9(1))*; pap. *(978-1-5259-5988-2(3))* Kidkiddos Bks.

I Love to Help Me Encanta Ayudar: English Spanish Bilingual Book. Shelley Admont & Kidkiddos Books. 2nd ed. 2019. (English Spanish Bilingual Collection). (SPA., Illus.). 32p. (J). (gr. k-3). pap. *(978-1-5259-1510-9(X))* Kidkiddos Bks.

I Love to Help Me Encanta Ayudar: English Spanish Bilingual Edition. Shelley Admont & S. a Publishing. 2016. (English Spanish Bilingual Collection). (SPA., Illus.). (J). (gr. k-3). *(978-1-77268-837-5(1))*; pap. *(978-1-77268-836-8(3))* Shelley Admont Publishing.

I Love to Help Mi Piace Aiutare: English Italian Bilingual Edition. Shelley Admont & S. a Publishing. 2016. (English Italian Bilingual Collection). (ITA., Illus.). (J). (gr. k-3). *(978-1-77268-868-9(1))*; pap. *(978-1-77268-867-2(3))* Shelley Admont Publishing.

I Love to Help (Polish English Bilingual Book for Kids) Shelley Admont & Kidkiddos Books. l.t. ed. 2021. (Polish English Bilingual Collection). (POL., Illus.). 32p. (J). *(978-1-5259-5308-8(7))*; pap. *(978-1-5259-5307-1(9))* Kidkiddos Bks.

I Love to Help (Portuguese Children's Book - Portugal) Portuguese European. Shelley Admont & Kidkiddos Books. l.t. ed. 2020. (POR.). 32p. (J). *(978-1-5259-3325-7(6))*; pap. *(978-1-5259-3324-0(8))* Kidkiddos Bks.

I Love to Help (Portuguese English Bilingual Book for Kids - Brazilian) Shelley Admont & Kidkiddos Books. l.t. ed. 2021. (Portuguese English Bilingual Collection - Brazil Ser.). (POR., Illus.). 32p. (J). *(978-1-5259-5107-7(6))*; pap. *(978-1-5259-5106-0(8))* Kidkiddos Bks.

I Love to Help (Portuguese English Bilingual Children's Book - Portugal) European Portuguese. Shelley Admont & Kidkiddos Books. l.t. ed. 2020. (Portuguese English Bilingual Collection - Portugal Ser.). (POR.). 32p. (J). *(978-1-5259-3328-8(0))*; pap. *(978-1-5259-3327-1(2))* Kidkiddos Bks.

I Love to Help (Punjabi Book for Kids - Gurmukhi) Shelley Admont & Kidkiddos Books. l.t. ed. 2021. (Punjabi Bedtime Collection - India Ser.). (PAN.). 32p. (J). *(978-1-5259-4553-3(X))*; pap. *(978-1-5259-4552-6(1))* Kidkiddos Bks.

I Love to Help (Punjabi English Bilingual Children's Book - Gurmukhi) Shelley Admont & Kidkiddos Books. l.t. ed. 2021. (Punjabi English Bilingual Collection - India Ser.). (PAN.). 32p. (J). *(978-1-5259-4556-4(4))*; pap. *(978-1-5259-4555-7(6))* Kidkiddos Bks.

I Love to Help (Romanian English Bilingual Book for Kids) Shelley Admont & Kidkiddos Books. l.t. ed. 2021. (Romanian English Bilingual Collection). (RUM., Illus.). 32p. (J). (gr. k-3). *(978-1-5259-5012-4(6))*; pap. *(978-1-5259-5011-7(8))* Kidkiddos Bks.

I Love to Help (Romanian Language Book for Kids) Romanian Children's Book. Shelley Admont & S. a Publishing. 2017. (Romanian Bedtime Collection). (RUM., Illus.). (J). (gr. k-3). *(978-1-5259-0519-3(8))*; pap. *(978-1-5259-0518-6(X))* Kidkiddos Bks.

I Love to Help (Serbian Children's Book - Latin Alphabet) Shelley Admont & Kidkiddos Books. l.t. ed. 2020. (Serbian Bedtime Collection - Latin Ser.). (SRP., Illus.). 32p. (J). *(978-1-5259-3098-0(2))*; pap. *(978-1-5259-3097-3(4))* Kidkiddos Bks.

I Love to Help (Serbian English Bilingual Children's Book - Latin Alphabet) Shelley Admont & Kidkiddos Books. l.t. ed. 2020. (Serbian English Bilingual Collection - Latin Ser.). (SRP., Illus.). 32p. (J). *(978-1-5259-3101-7(6))*; pap. *(978-1-5259-3100-0(8))* Kidkiddos Bks.

I Love to Help (Swedish Children's Book) Shelley Admont & Kidkiddos Books. l.t. ed. 2020. (Swedish Bedtime Collection). (SWE., Illus.). 32p. (J). *(978-1-5259-3513-8(5))*; pap. *(978-1-5259-3512-1(7))* Kidkiddos Bks.

I Love to Help (Swedish English Bilingual Children's Book) Shelley Admont & Kidkiddos Books. l.t. ed. 2020. (Swedish English Bilingual Collection). (SWE., Illus.). 32p. (J). *(978-1-5259-3516-9(X))*; pap. *(978-1-5259-3515-2(1))* Kidkiddos Bks.

I Love to Help (Tagalog English Bilingual Book) Shelley Admont & Kidkiddos Books. 2nd ed. 2020. (Tagalog English Bilingual Collection). (TGL., Illus.). 32p. (J). (gr. k-3). pap. *(978-1-5259-2283-1(1))* Kidkiddos Bks.

I Love to Help (Thai Book for Kids) Shelley Admont & Kidkiddos Books. l.t. ed. 2021. (THA.). 32p. (J). *(978-1-5259-5815-1(1))*; pap. *(978-1-5259-5814-4(3))* Kidkiddos Bks.

I Love to Help (Thai English Bilingual Book for Kids) Shelley Admont & Kidkiddos Books. l.t. ed. 2022. (Thai English Bilingual Collection). (THA.). 32p. (J). *(978-1-5259-5818-2(6))*; pap. *(978-1-5259-5817-5(8))* Kidkiddos Bks.

I Love to Help (Turkish Children's Book) Shelley Admont & Kidkiddos Books. l.t. ed. 2020. (Turkish Bedtime Collection). (TUR., Illus.). 32p. (J). *(978-1-5259-3443-8(0))*; pap. *(978-1-5259-3442-1(2))* Kidkiddos Bks.

I Love to Help (Turkish English Bilingual Children's Book) Shelley Admont & Kidkiddos Books. l.t. ed. 2020. (Turkish English Bilingual Collection). (TUR., Illus.). 32p. (J). *(978-1-5259-3446-9(5))*; pap. *(978-1-5259-3445-2(7))* Kidkiddos Bks.

I Love to Help (Ukrainian Children's Book) Book for Kids in Ukrainian. Shelley Admont & S. a Publishing. 2017. (Ukrainian Bedtime Collection). (UKR., Illus.). (J). (gr. k-3). 32p. *(978-1-5259-0579-7(1))*; pap. *(978-1-5259-0578-0(3))* Kidkiddos Bks.

I Love to Help (Ukrainian English Bilingual Book for Kids) Shelley Admont & Kidkiddos Books. l.t. ed. 2022. (Ukrainian English Bilingual Collection). (UKR., Illus.). 32p. (J). *(978-1-5259-6268-4(X))*; pap. *(978-1-5259-6267-7(1))* Kidkiddos Bks.

I Love to Help (Vietnamese Edition) Shelley Admont & Kidkiddos Books. 2nd ed. 2019. (Vietnamese Bedtime Collection). (VIE., Illus.). 32p. (J). (gr. k-3). pap. *(978-1-5259-1699-1(8))* Kidkiddos Bks.

I Love to Help (Welsh Children's Book) Shelley Admont & Kidkiddos Books. 2021. (WEL.). 32p. (J). *(978-1-5259-5734-5(1))*; pap. *(978-1-5259-5733-8(3))* Kidkiddos Bks.

I Love to Help (Welsh English Bilingual Children's Book) Shelley Admont & Kidkiddos Books. l.t. ed. 2022. (Welsh English Bilingual Collection). (WEL.). 32p. (J). *(978-1-5259-5737-6(6))*; pap. *(978-1-5259-5736-9(8))* Kidkiddos Bks.

I Love to Keep My Room Clean: Children's Bedtime Story. Shelley Admont & Kidkiddos Books. 2019. (I Love To... Ser.). (ENG., Illus.). 34p. (J). (gr. k-2). pap. *(978-1-5259-1258-0(5))* Kidkiddos Bks.

I Love to Keep My Room Clean: Danish English Bilingual Edition. Shelley Admont & S. a Publishing. 2016. (Danish English Bilingual Collection). (DAN., Illus.). (J). (gr. k-3). *(978-1-77268-730-9(8))*; pap. *(978-1-77268-729-3(4))* Shelley Admont Publishing.

I Love to Keep My Room Clean: English Arabic. Shelley Admont & S. a Publishing. 2018. (English Arabic Bilingual Collection). (ARA., Illus.). 34p. (J). (gr. k-3). pap. *(978-1-5259-0872-9(3))* Kidkiddos Bks.

I Love to Keep My Room Clean: English Dutch Bilingual Edition. Shelley Admont & S. a Publishing. 2016. (English Spanish Bilingual Collection). (DUT., Illus.). (J). (gr. k-3). *(978-1-77268-817-7(7))*; pap. *(978-1-77268-816-0(9))* Shelley Admont Publishing.

I Love to Keep My Room Clean: English Farsi Persian. Shelley Admont & S. a Publishing. 2018. (English Farsi Bilingual Collection). (PER., Illus.). 34p. (J). (gr. k-3). *(978-1-5259-0947-4(9))*; pap. *(978-1-5259-0946-7(0))* Kidkiddos Bks.

I Love to Keep My Room Clean: English Hebrew. Shelley Admont & S. a Publishing. 2018. (English Hebrew Bilingual Collection). (HEB., Illus.). 34p. (J). (gr. k-3). pap. *(978-1-5259-0842-2(1))* Kidkiddos Bks.

I Love to Keep My Room Clean: English Hindi Bilingual Edition. Shelley Admont & S. a Publishing. 2016. (English Hindi Bilingual Collection). (HIN., Illus.). (J). (gr. k-3). *(978-1-77268-942-6(4))*; pap. *(978-1-77268-941-9(6))* Shelley Admont Publishing.

I Love to Keep My Room Clean: English Hungarian Bilingual Children's Books. Shelley Admont. 2017. (English Hungarian Bilingual Collection). (HUN., Illus.). (J). (gr. k-3). *(978-1-5259-0347-2(0))*; pap. *(978-1-5259-0346-5(2))* Kidkiddos Bks.

I Love to Keep My Room Clean: English Japanese Bilingual Edition. Shelley Admont. 2016. (English Japanese Bilingual Collection). (JPN., Illus.). (J). (gr. k-3). *(978-1-5259-0111-9(7))*; pap. *(978-1-5259-0110-2(9))* Kidkiddos Bks.

I Love to Keep My Room Clean: English Romanian Bilingual Edition. Shelley Admont & S. a Publishing. 2016. (English Romanian Bilingual Collection). (RUM., Illus.). (J). (gr. k-3). *(978-1-77268-874-0(6))*; pap. *(978-1-77268-873-3(8))* Shelley Admont Publishing.

I Love to Keep My Room Clean: English Russian Bilingual Book. Shelley Admont & Kidkiddos Books. 2nd ed. 2019. (English Russian Bilingual Collection). (RUS., Illus.). 34p. (J). (gr. k-3). pap. *(978-1-5259-1650-2(5))* Kidkiddos Bks.

I Love to Keep My Room Clean: English Ukrainian Bilingual Children's Book. Shelley Admont. 2017. (English Ukrainian Bilingual Collection). (UKR., Illus.). (J).

964

The check digit for ISBN-10 appears in parentheses after the full ISBN-13

(gr. k-3). *(978-1-5259-0397-7(7))*; pap. *(978-1-5259-0396-0(9))* Kidkiddos Bks.

I Love to Keep My Room Clean: English Vietnamese Bilingual Book. Shelley Admont & Kidkiddos Books. 2nd ed. 2019. (English Vietnamese Bilingual Collection). (VIE., Illus.). 34p. (J). (gr. k-3). pap. *(978-1-5259-1771-4(4))* Kidkiddos Bks.

I Love to Keep My Room Clean: English Vietnamese Bilingual Edition. Shelley Admont & S. a Publishing. 2016. (English Vietnamese Bilingual Collection). (VIE., Illus.). (J). (gr. k-3). *(978-1-77268-901-3(7))*; pap. *(978-1-77268-900-6(9))* Shelley Admont Publishing.

I Love to Keep My Room Clean: Hindi Edition. Shelley Admont & S. a Publishing. 2016. (Hindi Bedtime Collection). (HIN., Illus.). (J). (gr. k-3). *(978-1-77268-944-0(0))*; pap. *(978-1-77268-943-3(2))* Shelley Admont Publishing.

I Love to Keep My Room Clean: Hungarian Language Children's Book. Shelley Admont. 2017. (Hungarian Language Bedtime Collection). (HUN., Illus.). (J). (gr. k-3). *(978-1-5259-0349-6(7))*; pap. *(978-1-5259-0348-9(9))* Kidkiddos Bks.

I Love to Keep My Room Clean: Ik Hou Ervan Mijn Kamer Netjes Te Houden (Dutch Edition) Shelley Admont & S. a Publishing. 2016. (Dutch Bedtime Collection). (DUT., Illus.). (J). (gr. k-3). *(978-1-77268-820-7(7))*; pap. *(978-1-77268-819-1(3))* Shelley Admont Publishing.

I Love to Keep My Room Clean: Japanese Edition. Shelley Admont. 2016. (Japanese Bedtime Collection). (JPN., Illus.). (J). (gr. k-3). *(978-1-5259-0114-0(1))*; pap. *(978-1-5259-0113-3(3))* Kidkiddos Bks.

I Love to Keep My Room Clean: Japanese English Bilingual Edition. Shelley Admont. 2017. (Japanese English Bilingual Collection). (JPN., Illus.). (J). (gr. k-3). *(978-1-5259-0255-0(5))*; pap. *(978-1-5259-0254-3(7))* Kidkiddos Bks.

I Love to Keep My Room Clean: Korean English Bilingual Edition. Shelley Admont & S. a Publishing. 2016. (Korean English Bilingual Collection). (KOR., Illus.). (J). (gr. k-3). *(978-1-77268-715-6(4))*; pap. *(978-1-77268-714-9(6))* Shelley Admont Publishing.

I Love to Keep My Room Clean: Romanian Edition. Shelley Admont & S. a Publishing. 2016. (Romanian Bedtime Collection). (RUM., Illus.). (J). (gr. k-3). *(978-1-77268-876-4(2))*; pap. *(978-1-77268-875-7(4))* Shelley Admont Publishing.

I Love to Keep My Room Clean: Romanian English Bilingual Edition. Shelley Admont. 2017. (Romanian English Bilingual Collection). (RUM., Illus.). (J). (gr. k-3). *(978-1-5259-0219-2(9))*; pap. *(978-1-5259-0218-5(0))* Kidkiddos Bks.

I Love to Keep My Room Clean: Ukrainian Book for Kids. Shelley Admont. 2017. (Ukrainian Bedtime Collection). (UKR., Illus.). (J). (gr. k-3). *(978-1-5259-0399-1(3))* Kidkiddos Bks.

I Love to Keep My Room Clean: Ukrainian Children's Book. Shelley Admont. 2017. (UKR., Illus.). (J). (gr. k-3). pap. *(978-1-5259-0398-4(5))* Kidkiddos Bks.

I Love to Keep My Room Clean: Vietnamese Edition. Shelley Admont & S. a Publishing. 2016. (Vietnamese Bedtime Collection). (VIE., Illus.). (J). (gr. k-3). *(978-1-77268-903-7(3))*; pap. *(978-1-77268-902-0(5))* Shelley Admont Publishing.

I Love to Keep My Room Clean: Vietnamese English Bilingual Edition. Shelley Admont. 2016. (Vietnamese English Bilingual Collection). (VIE., Illus.). (J). (gr. k-3). *(978-1-5259-0195-9(8))*; pap. *(978-1-5259-0194-2(X))* Kidkiddos Bks.

I Love to Keep My Room Clean - Korean Edition. Shelley Admont & Kidkiddos Books. 2nd ed. 2019. (Korean Bedtime Collection). (KOR., Illus.). 34p. (J). (gr. k-3). pap. *(978-1-5259-1681-6(5))* Kidkiddos Bks.

I Love to Keep My Room Clean (Afrikaans Book for Kids) Shelley Admont & Kidkiddos Books. l.t. ed. 2021. (Afrikaans Bedtime Collection). (AFR.). 34p. (J). *(978-1-5259-6193-9(4))*; pap. *(978-1-5259-6192-2(6))* Kidkiddos Bks.

I Love to Keep My Room Clean (Afrikaans English Bilingual Book for Kids) Shelley Admont & Kidkiddos Books. l.t. ed. 2021. (Afrikaans English Bilingual Collection). (AFR.). 34p. (J). *(978-1-5259-6196-0(9))*; pap. *(978-1-5259-6195-3(0))* Kidkiddos Bks.

I Love to Keep My Room Clean (Albanian Book for Kids) Shelley Admont & Kidkiddos Books. l.t. ed. 2021. (Albanian Bedtime Collection). (ALB.). 34p. (J). (gr. k-3). *(978-1-5259-4817-6(2))*; pap. *(978-1-5259-4816-9(4))* Kidkiddos Bks.

I Love to Keep My Room Clean (Albanian English Bilingual Book for Kids) Shelley Admont & Kidkiddos Books. l.t. ed. 2021. (Albanian English Bilingual Collection). (ALB.). 34p. (J). (gr. k-3). *(978-1-5259-4820-6(2))*; pap. *(978-1-5259-4819-0(9))* Kidkiddos Bks.

I Love to Keep My Room Clean Amo Mantenere in Ordine la Mia Camera: English Italian Bilingual Edition. Shelley Admont & Kidkiddos Books. 2nd ed. 2019. (English Italian Bilingual Collection). (ITA., Illus.). 34p. (J). (gr. k-3). pap. *(978-1-5259-1157-6(0))* Kidkiddos Bks.

I Love to Keep My Room Clean (Bengali Book for Kids) Shelley Admont & Kidkiddos Books. l.t. ed. 2021. (Bengali Bedtime Collection). (BEN.). 34p. (J). *(978-1-5259-6328-5(7))*; pap. *(978-1-5259-6327-8(9))* Kidkiddos Bks.

I Love to Keep My Room Clean (Bengali English Bilingual Book for Kids) Shelley Admont & Kidkiddos Books. l.t. ed. 2022. (Bengali English Bilingual Collection). (BEN.). 34p. (J). *(978-1-5259-6331-5(7))*; pap. *(978-1-5259-6330-8(9))* Kidkiddos Bks.

I Love to Keep My Room Clean (Bilingual Hebrew Book for Kids) English Hebrew Children's Book. Shelley Admont & S. a Publishing. 2018. (English Hebrew Bilingual Collection). (HEB., Illus.). 34p. (J). (gr. k-3). *(978-1-5259-0808-8(1))*; pap. *(978-1-5259-0807-1(3))* Kidkiddos Bks.

I Love to Keep My Room Clean (Bulgarian Edition) Shelley Admont & Kidkiddos Books. 2020. (Bulgarian Bedtime Collection). (BUL., Illus.). 34p. (J). (gr. k-3). *(978-1-5259-2128-5(2))*; pap. *(978-1-5259-2127-8(4))* Kidkiddos Bks.

I Love to Keep My Room Clean (Bulgarian English Bilingual Book) Shelley Admont & Kidkiddos Books. 2020. (Bulgarian English Bilingual Collection). (BUL., Illus.). 34p. (J). (gr. k-3). *(978-1-5259-2131-5(2))*; pap. *(978-1-5259-2130-8(4))* Kidkiddos Bks.

I Love to Keep My Room Clean (Chinese English Bilingual Book for Kids -Mandarin Simplified) Mandarin Chinese Simplified. Shelley Admont & Kidkiddos Books. 2nd l.t. ed. 2020. (Chinese English Bilingual Collection). (CHI.). 34p. (J). (gr. k-3). pap. *(978-1-5259-3831-3(2))* Kidkiddos Bks.

I Love to Keep My Room Clean (Croatian Book for Kids) Shelley Admont & Kidkiddos Books. l.t. ed. 2021. (Croatian Bedtime Collection). (HRV.). 34p. (J). (gr. k-3). *(978-1-5259-4733-9(8))*; pap. *(978-1-5259-4732-2(X))* Kidkiddos Bks.

I Love to Keep My Room Clean (Croatian English Bilingual Book for Kids) Shelley Admont & Kidkiddos Books. l.t. ed. 2021. (Croatian English Bilingual Collection). (HRV.). 34p. (J). (gr. k-3). *(978-1-5259-4736-0(2))*; pap. *(978-1-5259-4735-3(4))* Kidkiddos Bks.

I Love to Keep My Room Clean (Czech Book for Kids) Shelley Admont & Kidkiddos Books. l.t. ed. 2020. (Czech Bedtime Collection). (CZE.). 34p. (J). (gr. k-3). *(978-1-5259-4161-0(5))*; pap. *(978-1-5259-4160-3(7))* Kidkiddos Bks.

I Love to Keep My Room Clean (Czech English Bilingual Book for Kids) Shelley Admont & Kidkiddos Books. l.t. ed. 2020. (Czech English Bilingual Collection). (CZE.). 34p. (J). (gr. k-3). *(978-1-5259-4164-1(X))*; pap. *(978-1-5259-4163-4(1))* Kidkiddos Bks.

I Love to Keep My Room Clean (Danish Edition) Shelley Admont & Kidkiddos Books. 2nd ed. 2020. (Danish Bedtime Collection). (DAN., Illus.). 34p. (J). (gr. k-3). pap. *(978-1-5259-2655-6(1))* Kidkiddos Bks.

I Love to Keep My Room Clean (Danish English Bilingual Children's Book) Shelley Admont & Kidkiddos Books. l.t. ed. 2020. (Danish English Bilingual Collection). (DAN.). 34p. (J). (gr. k-3). pap. *(978-1-5259-3923-5(8))* Kidkiddos Bks.

I Love to Keep My Room Clean (Dutch English Bilingual Children's Book) Shelley Admont & Kidkiddos Books. 2nd l.t. ed. 2021. (Dutch English Bilingual Collection). (DUT.). 34p. (J). (gr. k-3). pap. *(978-1-5259-4832-9(6))* Kidkiddos Bks.

I Love to Keep My Room Clean (English Afrikaans Bilingual Children's Book) Shelley Admont & Kidkiddos Books. l.t. ed. 2021. (English Afrikaans Bilingual Collection). (AFR.). 34p. (J). *(978-1-5259-6190-8(X))*; pap. *(978-1-5259-6189-2(6))* Kidkiddos Bks.

I Love to Keep My Room Clean (English Albanian Bilingual Children's Book) Shelley Admont & Kidkiddos Books. l.t. ed. 2021. (English Albanian Bilingual Collection). (ALB.). 34p. (J). (gr. k-3). *(978-1-5259-4814-5(8))*; pap. *(978-1-5259-4813-8(X))* Kidkiddos Bks.

I Love to Keep My Room Clean (English Arabic Bilingual Book for Kids) Shelley Admont & Kidkiddos Books. 2nd l.t. ed. 2020. (English Arabic Bilingual Collection). (ARA.). 34p. (J). (gr. k-3). pap. *(978-1-5259-2660-0(8))* Kidkiddos Bks.

I Love to Keep My Room Clean (English Arabic Children's Book) Bilingual Arabic Book for Kids. Shelley Admont & S. a Publishing. 2018. (English Arabic Bilingual Collection). (ARA., Illus.). 34p. (J). (gr. k-3). *(978-1-5259-0873-6(1))* Kidkiddos Bks.

I Love to Keep My Room Clean (English Bengali Bilingual Children's Book) Shelley Admont & Kidkiddos Books. l.t. ed. 2022. (English Bengali Bilingual Collection). (BEN.). 34p. (J). *(978-1-5259-6325-4(2))*; pap. *(978-1-5259-6324-7(4))* Kidkiddos Bks.

I Love to Keep My Room Clean (English Bulgarian Bilingual Book) Shelley Admont & Kidkiddos Books. 2020. (English Bulgarian Bilingual Collection). (BUL., Illus.). 34p. (J). (gr. k-3). *(978-1-5259-2125-4(8))*; pap. *(978-1-5259-2124-7(X))* Kidkiddos Bks.

I Love to Keep My Room Clean (English Croatian Bilingual Children's Book) Shelley Admont & Kidkiddos Books. l.t. ed. 2021. (English Croatian Bilingual Collection). (HRV.). 34p. (J). (gr. k-3). *(978-1-5259-4730-8(3))*; pap. *(978-1-5259-4729-2(X))* Kidkiddos Bks.

I Love to Keep My Room Clean (English Czech Bilingual Children's Book) Shelley Admont & Kidkiddos Books. l.t. ed. 2020. (English Czech Bilingual Collection). (CZE.). 34p. (J). (gr. k-3). *(978-1-5259-4158-0(5))*; pap. *(978-1-5259-4157-3(7))* Kidkiddos Bks.

I Love to Keep My Room Clean (English Danish Bilingual Book) Shelley Admont & Kidkiddos Books. 2nd ed. 2020. (English Danish Bilingual Collection). (DAN., Illus.). 34p. (J). (gr. k-3). pap. *(978-1-5259-2344-9(7))* Kidkiddos Bks.

I Love to Keep My Room Clean (English Dutch Bilingual Book) Shelley Admont & Kidkiddos Books. 2nd ed. 2019. (English Spanish Bilingual Collection). (DUT., Illus.). 34p. (J). (gr. k-3). pap. *(978-1-5259-1759-2(5))* Kidkiddos Bks.

I Love to Keep My Room Clean (English Farsi Bilingual Book- Persian) Shelley Admont & Kidkiddos Books. 2nd ed. 2019. (English Farsi Bilingual Collection). (PER., Illus.). 34p. (J). (gr. k-3). pap. *(978-1-5259-1628-1(9))* Kidkiddos Bks.

I Love to Keep My Room Clean (English Greek Bilingual Book) Shelley Admont & Kidkiddos Books. 2nd ed. 2019. (English Greek Bilingual Collection). (GRE., Illus.). 34p. (J). (gr. k-3). pap. *(978-1-5259-1599-4(1))* Kidkiddos Bks.

I Love to Keep My Room Clean (English Hebrew Bilingual Book) Shelley Admont & Kidkiddos Books. 2nd ed. 2019. (English Hebrew Bilingual Collection). (HEB., Illus.). 34p. (J). (gr. k-3). pap. *(978-1-5259-1743-1(9))* Kidkiddos Bks.

I Love to Keep My Room Clean (English Hindi Bilingual Book) Shelley Admont & Kidkiddos Books. 3rd ed. 2019. (English Hindi Bilingual Collection). (HIN.). 34p. (J). (gr. k-3). pap. *(978-1-5259-1452-2(9))* Kidkiddos Bks.

I Love to Keep My Room Clean (English Hungarian Bilingual Book) Shelley Admont & Kidkiddos Books. 2nd ed. 2019. (HUN., Illus.). 34p. (J). (gr. k-3). pap. *(978-1-5259-1825-4(7))* Kidkiddos Bks.

I Love to Keep My Room Clean (English Irish Bilingual Book for Kids) Shelley Admont & Kidkiddos Books. l.t. ed. 2022. (English Irish Bilingual Collection). (GLE.). 34p. (J). *(978-1-5259-6586-9(7))*; pap. *(978-1-5259-6585-2(9))* Kidkiddos Bks.

I Love to Keep My Room Clean (English Japanese Bilingual Book) Shelley Admont & Kidkiddos Books. 2nd ed. 2020. (English Japanese Bilingual Collection). (JPN., Illus.). 34p. (J). (gr. k-3). *(978-1-5259-2653-2(5))*; pap. *(978-1-5259-2298-5(X))* Kidkiddos Bks.

I Love to Keep My Room Clean (English Korean Bilingual Book) Shelley Admont & Kidkiddos Books. 2nd ed. 2019. (English Korean Bilingual Collection). (KOR., Illus.). 34p. (J). (gr. k-3). pap. *(978-1-5259-1558-1(4))* Kidkiddos Bks.

I Love to Keep My Room Clean (English Macedonian Bilingual Book for Kids) Shelley Admont & Kidkiddos Books. l.t. ed. 2022. (English Macedonian Bilingual Collection). (MAC.). 34p. (J). ***(978-1-5259-6631-6(6))***; pap. ***(978-1-5259-6630-9(8))*** Kidkiddos Bks.

I Love to Keep My Room Clean (English Malay Bilingual Book for Kids) Shelley Admont & Kidkiddos Books. 2020. (English Malay Bilingual Collection). (MAY., Illus.). 34p. (J). (gr. k-3). *(978-1-5259-2777-5(9))*; pap. *(978-1-5259-2776-8(0))* Kidkiddos Bks.

I Love to Keep My Room Clean (English Mandarin Chinese Bilingual Book) Shelley Admont & Kidkiddos Books. 2nd ed. 2019. (English Chinese Bilingual Collection). (CHI., Illus.). 34p. (J). (gr. k-3). pap. *(978-1-5259-1732-5(3))* Kidkiddos Bks.

I Love to Keep My Room Clean (English Polish Bilingual Book) Shelley Admont & Kidkiddos Books. 2nd ed. 2019. (English Polish Bilingual Collection). (POL., Illus.). 34p. (J). (gr. k-3). pap. *(978-1-5259-1665-6(3))* Kidkiddos Bks.

I Love to Keep My Room Clean (English Polish Children's Book) Bilingual Polish Book for Kids. Shelley Admont & S. a Publishing. 2017. (English Polish Bilingual Collection). (POL., Illus.). (J). (gr. k-3). *(978-1-5259-0561-2(9))*; pap. *(978-1-5259-0560-5(0))* Kidkiddos Bks.

I Love to Keep My Room Clean (English Portuguese Bilingual Book - Portugal) Shelley Admont & Kidkiddos Books. 2020. (English Portuguese Bilingual Collection - Portugal Ser.). (POR., Illus.). 34p. (J). (gr. k-3). *(978-1-5259-2219-0(X))*; pap. *(978-1-5259-2218-3(1))* Kidkiddos Bks.

I Love to Keep My Room Clean (English Portuguese Bilingual Book-Brazil) Shelley Admont & Kidkiddos Books. 2nd ed. 2019. (English Portuguese Bilingual Collection). (POR., Illus.). 34p. (J). (gr. k-3). *(978-1-5259-1812-4(5))*; pap. *(978-1-5259-1809-4(5))* Kidkiddos Bks.

I Love to Keep My Room Clean (English Portuguese Children's Book) Bilingual Portuguese Book for Kids. Shelley Admont. 2017. (English Portuguese Bilingual Collection). (POR., Illus.). (J). (gr. k-3). *(978-1-5259-0511-7(2))*; pap. *(978-1-5259-0510-0(4))* Kidkiddos Bks.

I Love to Keep My Room Clean (English Punjabi Bilingual Book -Gurmukhi) Shelley Admont & Kidkiddos Books. 2020. (English Punjab Bilingual Collection - Gurmukhi Ser.). (PAN., Illus.). 34p. (J). (gr. k-3). *(978-1-5259-2107-0(X))*; pap. *(978-1-5259-2106-3(1))* Kidkiddos Bks.

I Love to Keep My Room Clean (English Romanian Bilingual Book) Shelley Admont & Kidkiddos Books. 2nd ed. 2020. (English Romanian Bilingual Collection). (RUM., Illus.). 34p. (J). (gr. k-3). pap. *(978-1-5259-2373-9(0))* Kidkiddos Bks.

I Love to Keep My Room Clean (English Serbian Bilingual Book for Kids) Serbian Language - Latin Alphabet. Shelley Admont & Kidkiddos Books. 2nd l.t. ed. 2020. (SRP.). 34p. (J). (gr. k-3). pap. *(978-1-5259-2662-4(4))* Kidkiddos Bks.

I Love to Keep My Room Clean (English Serbian Children's Book) Bilingual Serbian Book for Kids. Shelley Admont & S. a Publishing. 2018. (English Serbian Bilingual Collection). (SRP., Illus.). 34p. (J). (gr. k-3). *(978-1-5259-0829-3(4))*; pap. *(978-1-5259-0828-6(6))* Kidkiddos Bks.

I Love to Keep My Room Clean (English Swahili Bilingual Book for Kids) Shelley Admont & Kidkiddos Books. l.t. ed. 2023. (English Swahili Bilingual Collection). (SWA.). 34p. (J). ***(978-1-5259-8082-4(3))***; pap. ***(978-1-5259-8081-7(5))*** Kidkiddos Bks.

I Love to Keep My Room Clean (English Swedish Bilingual Book) Shelley Admont & Kidkiddos Books. 2020. (English Swedish Bilingual Collection). (SWE., Illus.). 34p. (J). (gr. k-3). *(978-1-5259-2116-2(9))*; pap. *(978-1-5259-2115-5(0))* Kidkiddos Bks.

I Love to Keep My Room Clean (English Thai Bilingual Children's Book) Shelley Admont & Kidkiddos Books. l.t. ed. 2022. (English Thai Bilingual Collection). (THA.). 34p. (J). *(978-1-5259-6487-9(9))*; pap. *(978-1-5259-6486-2(0))* Kidkiddos Bks.

I Love to Keep My Room Clean (English Turkish Bilingual Children's Book) Shelley Admont & Kidkiddos Books. l.t. ed. 2020. (English Turkish Bilingual Collection). (TUR.). 34p. (J). (gr. k-3). *(978-1-5259-3068-3(0))*; pap. *(978-1-5259-3067-6(2))* Kidkiddos Bks.

I Love to Keep My Room Clean (English Ukrainian Bilingual Book for Kids) Shelley Admont & Kidkiddos Books. 2nd l.t. ed. 2020. (English Ukrainian Bilingual Collection). (UKR & ENG., Illus.). 34p. (J). (gr. k-3). pap. *(978-1-5259-3102-4(4))* Kidkiddos Bks.

I Love to Keep My Room Clean (English Urdu Bilingual Book) Shelley Admont & Kidkiddos Books. 2020. (English Urdu Bilingual Collection). (URD., Illus.). 34p. (J). (gr. k-3). *(978-1-5259-2264-0(5))*; pap. *(978-1-5259-2263-3(7))* Kidkiddos Bks.

I Love to Keep My Room Clean (English Welsh Bilingual Children's Book) Shelley Admont & Kidkiddos Books. l.t. ed. 2022. (English Welsh Bilingual Collection). (WEL.). 34p. (J). *(978-1-5259-6523-4(9))*; pap. *(978-1-5259-6522-7(0))* Kidkiddos Bks.

I Love to Keep My Room Clean (Greek Edition) Shelley Admont & Kidkiddos Books. 2nd ed. 2019. (Greek Bedtime Collection). (GRE., Illus.). 34p. (J). (gr. k-3). pap. *(978-1-5259-1800-1(1))* Kidkiddos Bks.

I Love to Keep My Room Clean (Greek English Bilingual Book for Kids) Shelley Admont & Kidkiddos Books. l.t. ed. 2021. (Greek English Bilingual Collection). (GRE., Illus.). 34p. (J). (gr. k-3). *(978-1-5259-5021-6(5))*; pap. *(978-1-5259-5020-9(7))* Kidkiddos Bks.

I Love to Keep My Room Clean Gusto Kong Panatilihing Malinis Ang Aking Kuwarto: English Tagalog Bilingual Book. Shelley Admont & Kidkiddos Books. 2nd ed. 2019. (English Tagalog Bilingual Collection). (TGL., Illus.). 34p. (J). (gr. k-3). pap. *(978-1-5259-1860-5(5))* Kidkiddos Bks.

I Love to Keep My Room Clean (Hungarian English Bilingual Book for Kids) Shelley Admont & Kidkiddos Books. l.t. ed. 2021. (Hungarian English Bilingual Collection). (HUN., Illus.). 34p. (J). (gr. k-3). *(978-1-5259-5155-8(6))*; pap. *(978-1-5259-5154-1(8))* Kidkiddos Bks.

I Love to Keep My Room Clean Ich Halte Mein Zimmer Gern Sauber: English German Bilingual Book. Shelley Admont & Kidkiddos Books. Tr. by Tess Parthum. 2nd ed. 2019. (English German Bilingual Collection). (GER., Illus.). 34p. (J). (gr. k-3). pap. *(978-1-5259-1661-8(0))* Kidkiddos Bks.

I Love to Keep My Room Clean (Irish Children's Book) Shelley Admont & Kidkiddos Books. l.t. ed. 2022. (Irish Bedtime Collection). (GLE.). 34p. (J). *(978-1-5259-6589-0(1))*; pap. *(978-1-5259-6588-3(3))* Kidkiddos Bks.

I Love to Keep My Room Clean (Irish English Bilingual Children's Book) Shelley Admont & Kidkiddos Books. l.t. ed. 2022. (Irish English Bilingual Collection). (GLE.). 34p. (J). ***(978-1-5259-6592-0(1))***; pap. ***(978-1-5259-6591-3(3))*** Kidkiddos Bks.

I Love to Keep My Room Clean J'aime Garder Ma Chambre Propre: English French Bilingual Book. Shelley Admont & Kidkiddos Books. 2nd ed. 2019. (English French Bilingual Collection). (FRE., Illus.). 34p. (J). (gr. k-3). pap. *(978-1-5259-1610-6(6))* Kidkiddos Bks.

I Love to Keep My Room Clean (Japanese English Bilingual Book for Kids) Shelley Admont & Kidkiddos Books. 2nd l.t. ed. 2020. (Japanese English Bilingual Collection). (JPN.). 34p. (J). (gr. k-3). pap. *(978-1-5259-3605-0(0))* Kidkiddos Bks.

I Love to Keep My Room Clean (Korean English Bilingual Book) Shelley Admont & Kidkiddos Books. 2nd ed. 2019. (Korean English Bilingual Collection). (KOR., Illus.). 34p. (J). (gr. k-3). pap. *(978-1-5259-1621-2(1))* Kidkiddos Bks.

I Love to Keep My Room Clean (Macedonian Children's Book) Shelley Admont & Kidkiddos Books. l.t. ed. 2022. (Macedonian Bedtime Collection). (MAC.). 34p. (J). ***(978-1-5259-6634-7(0))***; pap. ***(978-1-5259-6633-0(2))*** Kidkiddos Bks.

I Love to Keep My Room Clean (Macedonian English Bilingual Children's Book) Shelley Admont & Kidkiddos Books. l.t. ed. 2022. (Macedonian English Bilingual Collection). (MAC.). 34p. (J). ***(978-1-5259-6637-8(5))***; pap. ***(978-1-5259-6636-1(7))*** Kidkiddos Bks.

I Love to Keep My Room Clean (Malay Children's Book) Shelley Admont & Kidkiddos Books. 2020. (Malay Bedtime Collection). (MAY., Illus.). 34p. (J). (gr. k-3). *(978-1-5259-2780-5(9))*; pap. *(978-1-5259-2779-9(5))* Kidkiddos Bks.

I Love to Keep My Room Clean (Malay English Bilingual Children's Book) Shelley Admont & Kidkiddos Books. l.t. ed. 2020. (Malay English Bilingual Collection). (MAY.). 34p. (J). (gr. k-3). *(978-1-5259-2783-6(3))*; pap. *(978-1-5259-2782-9(5))* Kidkiddos Bks.

I Love to Keep My Room Clean (Polish Book for Kids) Polish Language Children's Book. Shelley Admont & S. a Publishing. 2017. (Polish Bedtime Collection). (POL., Illus.). (J). (gr. k-3). *(978-1-5259-0563-6(5))*; pap. *(978-1-5259-0562-9(7))* Kidkiddos Bks.

I Love to Keep My Room Clean (Polish English Bilingual Book for Kids) Shelley Admont & Kidkiddos Books. l.t. ed. 2021. (Polish English Bilingual Collection). (POL., Illus.). 34p. (J). (gr. k-3). *(978-1-5259-5078-0(9))*; pap. *(978-1-5259-5077-3(0))* Kidkiddos Bks.

I Love to Keep My Room Clean (Portuguese Edition - Portugal) Shelley Admont & Kidkiddos Books. 2020. (English Portuguese Bilingual Collection - Portugal Ser.). (POR., Illus.). 34p. (J). (gr. k-3). *(978-1-5259-2222-0(X))*; pap. *(978-1-5259-2221-3(1))* Kidkiddos Bks.

I Love to Keep My Room Clean (Portuguese English Bilingual Book - Brazilian) Shelley Admont & Kidkiddos Books. 2019. (English Portuguese Bilingual Collection). (POR., Illus.). 34p. (J). (gr. k-3). *(978-1-5259-1573-4(8))*; pap. *(978-1-5259-1572-7(X))* Kidkiddos Bks.

I Love to Keep My Room Clean (Portuguese English Bilingual Book - Portugal) Shelley Admont & Kidkiddos Books. 2020. (Portuguese English Bilingual Collection - Portugal Ser.). (POR., Illus.). 34p. (J). (gr. k-3). *(978-1-5259-2225-1(4))*; pap. *(978-1-5259-2224-4(6))* Kidkiddos Bks.

I Love to Keep My Room Clean (Portuguese Language Book for Kids) Portuguese Children's Book. Shelley Admont. 2017. (Portuguese Bedtime Collection). (POR., Illus.). (J). (gr. k-3). *(978-1-5259-0514-8(7))*; pap. *(978-1-5259-0513-1(9))* Kidkiddos Bks.

I Love to Keep My Room Clean (Punjabi Edition -Gurmukhi) Shelley Admont & Kidkiddos Books. 2020. (Punjab Bedtime Collection - Gurmukhi Ser.). (PAN., Illus.). 34p. (J). (gr. k-3). *(978-1-5259-2110-0(X))*; pap. *(978-1-5259-2109-4(6))* Kidkiddos Bks.

I Love to Keep My Room Clean (Punjabi English Bilingual Book -India) Shelley Admont & Kidkiddos Books. 2020. (Punjab English Bilingual Collection - Gurmukhi Ser.). (PAN., Illus.). 34p. (J). (gr. k-3). *(978-1-5259-2113-1(4))*; pap. *(978-1-5259-2112-4(6))* Kidkiddos Bks.

I Love to Keep My Room Clean (Romanian Book for Kids) Shelley Admont & Kidkiddos Books. 2nd l.t. ed. 2020. (Romanian Bedtime Collection). (RUM.). 34p. (J). (gr. k-3). pap. *(978-1-5259-3920-4(3))* Kidkiddos Bks.

I Love to Keep My Room Clean (Romanian English Bilingual Children's Book) Shelley Admont & Kidkiddos Books. 2nd l.t. ed. 2020. (Romanian English Bilingual Collection). (RUM.). 34p. (J). (gr. k-3). pap. *(978-1-5259-3987-7(4))* Kidkiddos Bks.

I Love to Keep My Room Clean (Russian Edition) Shelley Admont & Kidkiddos Books. 2nd ed. 2019. (RUS., Illus.). 34p. (J). (gr. k-3). pap. *(978-1-5259-1820-9(6))* Kidkiddos Bks.

I

I Love to Keep My Room Clean (Russian English Bilingual Book) Shelley Admont & Kidkiddos Books. 2nd ed. 2019. (Russian English Bilingual Collection). (RUS., Illus.). 34p. (J). (gr. k-3). pap. *(978-1-5259-1735-6(8))* Kidkiddos Bks.

I Love to Keep My Room Clean (Serbian Book for Kids) Serbian Children's Book. Shelley Admont & S. a Publishing. 2018. (Serbian Bedtime Collection). (SRP., Illus.). 34p. (J). (gr. k-3). *(978-1-5259-0831-6(6))*; pap. *(978-1-5259-0830-9(8))* Kidkiddos Bks.

I Love to Keep My Room Clean (Serbian English Bilingual Children's Book - Latin Alphabet) Shelley Admont & Kidkiddos Books. l.t. ed. 2021. (Serbian English Bilingual Collection - Latin Ser.). (SRP.). 34p. (J). (gr. k-3). *(978-1-5259-5197-8(1))*; pap. *(978-1-5259-5196-1(3))* Kidkiddos Bks.

I Love to Keep My Room Clean (Swedish Children's Book) Shelley Admont & Kidkiddos Books. 2020. (Swedish Bedtime Collection). (SWE., Illus.). 34p. (J). (gr. k-3). *(978-1-5259-2119-3(3))*; pap. *(978-1-5259-2118-6(5))* Kidkiddos Bks.

I Love to Keep My Room Clean (Swedish English Bilingual Book) Shelley Admont & Kidkiddos Books. 2020. (Swedish English Bilingual Collection). (SWE., Illus.). 34p. (J). (gr. k-3). *(978-1-5259-2122-3(3))*; pap. *(978-1-5259-2121-6(5))* Kidkiddos Bks.

I Love to Keep My Room Clean (Tagalog Book for Kids) Shelley Admont & Kidkiddos Books. 2nd l.t. ed. 2020. (Tagalog Bedtime Collection). (TGL.). 34p. (J). (gr. k-3). pap. *(978-1-5259-3473-5(2))* Kidkiddos Bks.

I Love to Keep My Room Clean (Thai Book for Kids) Shelley Admont & Kidkiddos Books. l.t. ed. 2022. (Thai Bedtime Collection). (THA.). 34p. (J). *(978-1-5259-6490-9(9))*; pap. *(978-1-5259-6489-3(5))* Kidkiddos Bks.

I Love to Keep My Room Clean (Thai English Bilingual Book for Kids) Shelley Admont & Kidkiddos Books. l.t. ed. 2022. (Thai English Bilingual Collection). (THA.). 34p. (J). *(978-1-5259-6493-0(3))*; pap. *(978-1-5259-6492-3(5))* Kidkiddos Bks.

I Love to Keep My Room Clean (Turkish Book for Kids) Shelley Admont & Kidkiddos Books. l.t. ed. 2020. (Turkish Bedtime Collection). (TUR.). 34p. (J). (gr. k-3). *(978-1-5259-3071-3(0))*; pap. *(978-1-5259-3070-6(2))* Kidkiddos Bks.

I Love to Keep My Room Clean (Turkish English Bilingual Book for Kids) Shelley Admont & Kidkiddos Books. l.t. ed. 2020. (Turkish English Bilingual Collection). (TUR.). 34p. (J). (gr. k-3). *(978-1-5259-3074-4(5))*; pap. *(978-1-5259-3073-7(7))* Kidkiddos Bks.

I Love to Keep My Room Clean (Ukrainian English Bilingual Book for Kids) Shelley Admont & Kidkiddos Books. l.t. ed. 2021. (Ukrainian English Bilingual Collection). (UKR.). 34p. (J). (gr. k-3). *(978-1-5259-4994-4(2))*; pap. *(978-1-5259-4993-7(4))* Kidkiddos Bks.

I Love to Keep My Room Clean (Vietnamese Edition) Shelley Admont & Kidkiddos Books. 2nd ed. 2019. (Vietnamese Bedtime Collection). (VIE., Illus.). 34p. (J). (gr. k-3). pap. *(978-1-5259-1673-1(4))* Kidkiddos Bks.

I Love to Keep My Room Clean (Vietnamese English Bilingual Book for Kids) Shelley Admont & Kidkiddos Books. 2nd l.t. ed. 2020. (Vietnamese English Bilingual Collection). (VIE.). 34p. (J). (gr. k-3). pap. *(978-1-5259-3470-4(8))* Kidkiddos Bks.

I Love to Keep My Room Clean (Welsh Book for Kids) Shelley Admont & Kidkiddos Books. l.t. ed. 2022. (Welsh Bedtime Collection). (WEL.). 34p. (J). *(978-1-5259-6526-5(3))*; pap. *(978-1-5259-6525-8(5))* Kidkiddos Bks.

I Love to Keep My Room Clean (Welsh English Bilingual Book for Kids) Shelley Admont & Kidkiddos Books. l.t. ed. 2022. (Welsh English Bilingual Collection). (WEL.). 34p. (J). *(978-1-5259-6529-6(8))*; pap. *(978-1-5259-6528-9(X))* Kidkiddos Bks.

I Love to Kiss Monsters. Suzanne Lynn. 2019. (ENG.). 30p. (J). pap. 12.95 *(978-1-64350-287-8(5))* Page Publishing Inc.

I Love to Learn. Ava Raines & Asia Jackson. Illus. by Stanley Mbamalu. 2020. (ENG.). 20p. (J). pap. 15.00 *(978-1-716-36598-0(8))* Lulu Pr., Inc.

I Love to... Me Encanta... Holiday Edition: Bedtime Collection Coleccion para Irse a la Cama (English Spanish Bilingual Edition) Shelley Admont & Kidkiddos Books. 2019. (English Spanish Bilingual Collection). (SPA., Illus.). 104p. (J). (gr. k-3). *(978-1-5259-1979-4(2))*; pap. *(978-1-5259-1978-7(4))* Kidkiddos Bks.

I Love to Read My Numbers. Angie O. 2019. (I Love to Read Ser.). (ENG.). 44p. (J). *(978-1-5255-5348-6(8))*; pap. *(978-1-5255-5349-3(6))* FriesenPress.

I Love to Read Three Letter Words. Angie O. 2020. (I Love to Read Ser.). (ENG.). 88p. (J). *(978-1-5255-5351-6(8))*; pap. *(978-1-5255-5352-3(6))* FriesenPress.

I Love to Read Two Letter Words. Angela Oseghale. 2019. (I Love to Read Ser.). (ENG.). 56p. (J). *(978-1-5255-3770-7(9))*; pap. *(978-1-5255-3771-4(7))* FriesenPress.

I Love to Ride My Grandpa's Horses Activity Book. Bobo's Children Activity Books. 2016. (ENG., Illus.). (J). pap. 7.99 *(978-1-68327-320-2(6))* Sunshine In My Soul Publishing.

I Love to Share. Shelley Admont & Kidkiddos Books. 2nd ed. 2019. (I Love To... Ser.). (ENG., Illus.). 34p. (J). (gr. k-2). pap. *(978-1-5259-1890-2(7))* Kidkiddos Bks.

I Love to Share: English Arabic Bilingual Children's Books. Shelley Admont. 2017. (English Arabic Bilingual Collection). (ARA., Illus.). (J). (gr. k-3). *(978-1-5259-0428-8(0))*; *(978-1-5259-0429-5(9))* Kidkiddos Bks.

I Love to Share: English Chinese Mandarin. Shelley Admont & Kidkiddos Books. 2019. (English Chinese Bilingual Collection). (CHI., Illus.). 34p. (J). (gr. k-3). pap. *(978-1-5259-1152-1(X))* Kidkiddos Bks.

I Love to Share: English Farsi - Persian. Shelley Admont & S. a Publishing. 2018. (English Farsi Bilingual Collection). (PER., Illus.). 34p. (J). (gr. k-3). pap. *(978-1-5259-0922-1(3))* Kidkiddos Bks.

I Love to Share: English Greek Bilingual Book. Shelley Admont & Kidkiddos Books. 2nd ed. 2019. (English Greek Bilingual Collection). (GRE., Illus.). 34p. (J). (gr. k-3). pap. *(978-1-5259-1770-7(6))* Kidkiddos Bks.

I Love to Share: English Hebrew. Shelley Admont & S. a Publishing. 2018. (English Hebrew Bilingual Collection). (HEB., Illus.). 34p. (J). (gr. k-3). *(978-1-5259-0965-8(7))*; pap. *(978-1-5259-0964-1(9))* Kidkiddos Bks.

I Love to Share: English Hindi Bilingual Edition. Shelley Admont & S. a Publishing. 2016. (English Hindi Bilingual Collection). (HIN., Illus.). (J). (gr. k-3). pap. *(978-1-77268-797-2(9))*; *(978-1-77268-798-9(7))* Shelley Admont Publishing.

I Love to Share: English Japanese Bilingual Edition. Shelley Admont & S. a Publishing. 2016. (English Japanes Bilingual Collection). (JPN., Illus.). (J). (gr. k-3). *(978-1-77268-845-0(2))*; pap. *(978-1-77268-844-3(4))* Shelley Admont Publishing.

I Love to Share: English Portuguese Bilingual Children's Book. Shelley Admont. 2017. (English Portuguese Bilingual Collection). (POR., Illus.). (J). (gr. k-3). *(978-1-5259-0385-4(3))*; pap. *(978-1-5259-0384-7(5))* Kidkiddos Bks.

I Love to Share: English Romanian Bilingual Edition. Shelley Admont & S. a Publishing. 2016. (English Romanian Bilingual Collection). (RUM., Illus.). (J). (gr. k-3). *(978-1-77268-751-4(0))*; pap. *(978-1-77268-750-7(2))* Shelley Admont Publishing.

I Love to Share: English Serbian Bilingual Book. Shelley Admont & Kidkiddos Books. 2nd ed. 2019. (English Serbian Bilingual Collection). (SRP.). 34p. (J). (gr. k-3). pap. *(978-1-5259-1436-2(7))* Kidkiddos Bks.

I Love to Share: English Serbian Bilingual Children's Book. Shelley Admont. 2017. (English Serbian Bilingual Collection). (SRP., Illus.). (J). (gr. k-3). pap. *(978-1-5259-0302-1(0))* Kidkiddos Bks.

I Love to Share: English Serbian Bilingual Edition. Shelley Admont. 2017. (English Serbian Bilingual Collection). (SRP., Illus.). (J). (gr. k-3). *(978-1-5259-0303-8(9))* Kidkiddos Bks.

I Love to Share: English Ukrainian Bilingual Edition. Shelley Admont. 2016. (English Ukrainian Bilingual Collection). (UKR., Illus.). (J). (gr. k-3). *(978-1-5259-0160-7(5))*; pap. *(978-1-5259-0159-1(1))* Kidkiddos Bks.

I Love to Share: English Vietnamese Bilingual Edition. Shelley Admont & S. a Publishing. 2016. (English Vietnamese Bilingual Collection). (VIE., Illus.). (J). (gr. k-3). *(978-1-5259-0032-7(3))*; pap. *(978-1-5259-0031-0(5))* Shelley Admont Publishing.

I Love to Share: Hindi Edition. Shelley Admont & S. a Publishing. 2016. (Hindi Bedtime Collection). (HIN., Illus.). (J). (gr. k-3). *(978-1-77268-800-9(2))*; pap. *(978-1-77268-799-6(5))* Shelley Admont Publishing.

I Love to Share: Japanese Edition. Shelley Admont & S. a Publishing. 2016. (Japanese Bedtime Collection). (JPN., Illus.). (J). (gr. k-3). *(978-1-77268-848-1(7))*; pap. *(978-1-77268-847-4(9))* Shelley Admont Publishing.

I Love to Share: Japanese English Bilingual Edition. Shelley Admont. 2017. (Japanese English Bilingual Collection). (JPN., Illus.). (J). (gr. k-3). *(978-1-5259-0225-3(3))*; pap. *(978-1-5259-0224-6(5))* Kidkiddos Bks.

I Love to Share: Polish English Bilingual Book. Shelley Admont & Kidkiddos Books. 2019. (Polish English Bilingual Collection). (POL., Illus.). 34p. (J). (gr. k-3). *(978-1-5259-1387-7(5))*; pap. *(978-1-5259-1386-0(7))* Kidkiddos Bks.

I Love to Share: Portuguese Language Children's Book. Shelley Admont. 2017. (Portuguese Bedtime Collection). (POR., Illus.). (J). (gr. k-3). *(978-1-5259-0388-5(8))*; pap. *(978-1-5259-0387-8(X))* Kidkiddos Bks.

I Love to Share: Romanian Edition. Shelley Admont & S. a Publishing. 2016. (Romanian Bedtime Collection). (RUM., Illus.). (J). (gr. k-3). *(978-1-77268-753-8(7))*; pap. *(978-1-77268-752-1(9))* Shelley Admont Publishing.

I Love to Share: Romanian English Bilingual Edition. Shelley Admont. 2016. (Romanian English Bilingual Collection). (RUM., Illus.). (J). (gr. k-3). *(978-1-5259-0186-7(9))*; pap. *(978-1-5259-0185-0(0))* Kidkiddos Bks.

I Love to Share: Russian English Bilingual Book. Shelley Admont & Kidkiddos Books. 2nd ed. 2019. (Russian English Bilingual Collection). (RUS., Illus.). 34p. (J). (gr. k-3). pap. *(978-1-5259-1426-3(X))* Kidkiddos Bks.

I Love to Share: Serbian Edition. Shelley Admont. 2017. (Serbian Bedtime Collection). (SRP., Illus.). (J). (gr. k-3). *(978-1-5259-0305-2(5))*; pap. *(978-1-5259-0304-5(7))* Kidkiddos Bks.

I Love to Share: Ukrainian Edition. Shelley Admont. 2016. (Ukrainian Bedtime Collection). (UKR., Illus.). (J). (gr. k-3). *(978-1-5259-0162-1(1))*; pap. *(978-1-5259-0161-4(3))* Kidkiddos Bks.

I Love to Share: Vietnamese Edition. Shelley Admont & S. a Publishing. 2016. (Vietnamese Bedtime Collection). (VIE., Illus.). (J). (gr. k-3). *(978-1-5259-0034-1(X))*; pap. *(978-1-5259-0033-4(1))* Shelley Admont Publishing.

I Love to Share: Vietnamese English Bilingual Edition. Shelley Admont. 2017. (Vietnamese English Bilingual Collection). (VIE., Illus.). (J). (gr. k-3). *(978-1-5259-0216-1(4))*; pap. *(978-1-5259-0215-4(6))* Kidkiddos Bks.

I Love to Share - Korean Edition. Shelley Admont & Kidkiddos Books. 2nd ed. 2019. (Korean Bedtime Collection). (KOR., Illus.). 34p. (J). (gr. k-3). pap. *(978-1-5259-1784-4(6))* Kidkiddos Bks.

I Love to Share - Vietnamese Edition. Shelley Admont & Kidkiddos Books. 2nd ed. 2019. (Vietnamese Bedtime Collection). (VIE., Illus.). 34p. (J). (gr. k-3). pap. *(978-1-5259-1631-1(9))* Kidkiddos Bks.

I Love to Share Adoro Partilhar: English Portuguese Bilingual Book -Portugal. Shelley Admont & Kidkiddos Books. 2019. (POR., Illus.). 34p. (J). *(978-1-5259-1916-9(4))*; pap. *(978-1-5259-1915-2(6))* Kidkiddos Bks.

I Love to Share (Afrikaans Book for Kids) Shelley Admont & Kidkiddos Books. l.t. ed. 2022. (Afrikaans Bedtime Collection). (AFR., Illus.). 34p. (J). *(978-1-5259-6244-8(2))*; pap. *(978-1-5259-6243-1(4))* Kidkiddos Bks.

I Love to Share (Afrikaans English Bilingual Book for Kids) Shelley Admont & Kidkiddos Books. l.t. ed. 2022. (Afrikaans English Bilingual Collection). (AFR., Illus.). 34p. (J). *(978-1-5259-6247-9(7))*; pap. *(978-1-5259-6246-2(9))* Kidkiddos Bks.

I Love to Share (Albanian Children's Book) Shelley Admont & Kidkiddos Books. l.t. ed. 2021. (Albanian Bedtime Collection). (ALB., Illus.). 34p. (J). *(978-1-5259-4853-4(9))*; pap. *(978-1-5259-4852-7(0))* Kidkiddos Bks.

I Love to Share (Albanian English Bilingual Book for Kids) Shelley Admont & Kidkiddos Books. l.t. ed. 2021. (Albanian English Bilingual Collection). (ALB., Illus.). 34p. (J). *(978-1-5259-4856-5(3))*; pap. *(978-1-5259-4855-8(5))* Kidkiddos Bks.

I Love to Share Amo Condividere: English Italian Bilingual Book. Shelley Admont & Kidkiddos Books. 2nd ed. 2019. (English Italian Bilingual Collection). (ITA., Illus.). 34p. (J). pap. *(978-1-5259-1638-0(6))* Kidkiddos Bks.

I Love to Share (Bengali Book for Kids) Shelley Admont & Kidkiddos Books. l.t. ed. 2022. (Bengali Bedtime Collection). (BEN., Illus.). 34p. (J). *(978-1-5259-6373-5(2))*; pap. *(978-1-5259-6372-8(4))* Kidkiddos Bks.

I Love to Share (Bengali English Bilingual Book for Kids) Shelley Admont & Kidkiddos Books. l.t. ed. 2022. (Bengali English Bilingual Collection). (BEN., Illus.). 34p. (J). *(978-1-5259-6376-6(7))*; pap. *(978-1-5259-6375-9(9))* Kidkiddos Bks.

I Love to Share (Bilingual Chinese Children's Book) English Mandarin Book for Kids. Shelley Admont & S. a Publishing. 2018. (CHI., Illus.). 34p. (J). (gr. k-3). *(978-1-5259-0664-0(X))* Kidkiddos Bks.

I Love to Share (Bulgarian Book for Kids) Shelley Admont & Kidkiddos Books. 2020. (Bulgarian Bedtime Collection). (BUL., Illus.). 34p. (J). (gr. k-3). *(978-1-5259-2528-3(8))*; pap. *(978-1-5259-2527-6(X))* Kidkiddos Bks.

I Love to Share (Bulgarian English Bilingual Book for Children) Shelley Admont & Kidkiddos Books. l.t. ed. 2020. (Bulgarian English Bilingual Collection). (BUL.). 34p. (J). (gr. k-3). *(978-1-5259-2531-3(8))*; pap. *(978-1-5259-2530-6(X))* Kidkiddos Bks.

I Love to Share (Chinese English Bilingual Book) Shelley Admont & Kidkiddos Books. 2nd ed. 2019. (Chinese English Bilingual Collection). (CHI., Illus.). 34p. (J). (gr. k-3). pap. *(978-1-5259-1905-3(9))* Kidkiddos Bks.

I Love to Share (Croatian Children's Book) Shelley Admont & Kidkiddos Books. l.t. ed. 2020. (Croatian Bedtime Collection). (HRV., Illus.). 34p. (J). *(978-1-5259-4376-8(6))*; pap. *(978-1-5259-4375-1(8))* Kidkiddos Bks.

I Love to Share (Croatian English Bilingual Children's Book) Shelley Admont & Kidkiddos Books. l.t. ed. 2020. (Croatian English Bilingual Collection). (HRV., Illus.). 34p. (J). *(978-1-5259-4379-9(0))*; pap. *(978-1-5259-4378-2(2))* Kidkiddos Bks.

I Love to Share (Czech Children's Book) Shelley Admont & Kidkiddos Books. l.t. ed. 2021. (Czech Bedtime Collection). (CZE., Illus.). 34p. (J). *(978-1-5259-4946-3(2))*; pap. *(978-1-5259-4945-6(4))* Kidkiddos Bks.

I Love to Share (Czech English Bilingual Book for Kids) Shelley Admont & Kidkiddos Books. l.t. ed. 2021. (Czech English Bilingual Collection). (CZE., Illus.). 34p. (J). *(978-1-5259-4949-4(7))*; pap. *(978-1-5259-4948-7(9))* Kidkiddos Bks.

I Love to Share (Danish English Bilingual Book for Kids) Shelley Admont & Kidkiddos Books. 2nd l.t. ed. 2020. (Danish English Bilingual Collection). (DAN.). 34p. (J). pap. *(978-1-5259-3522-0(4))* Kidkiddos Bks.

I Love to Share (Dutch English Bilingual Children's Book) Shelley Admont & Kidkiddos Books. l.t. ed. 2021. (Dutch English Bilingual Collection). (DUT.). 34p. (J). *(978-1-5259-4775-9(3))*; pap. *(978-1-5259-4774-2(5))* Kidkiddos Bks.

I Love to Share (English Afrikaans Bilingual Children's Book) Shelley Admont & Kidkiddos Books. l.t. ed. 2022. (English Afrikaans Bilingual Collection). (AFR., Illus.). 34p. (J). *(978-1-5259-6241-7(8))*; pap. *(978-1-5259-6240-0(X))* Kidkiddos Bks.

I Love to Share (English Albanian Bilingual Book for Kids) Shelley Admont & Kidkiddos Books. l.t. ed. 2021. (English Albanian Bilingual Collection). (ALB., Illus.). 34p. (J). (gr. k-3). *(978-1-5259-4850-3(4))*; pap. *(978-1-5259-4849-7(0))* Kidkiddos Bks.

I Love to Share (English Bengali Bilingual Children's Book) Shelley Admont & Kidkiddos Books. l.t. ed. 2022. (English Bengali Bilingual Collection). (BEN., Illus.). 34p. (J). *(978-1-5259-6370-4(8))*; pap. *(978-1-5259-6369-8(4))* Kidkiddos Bks.

I Love to Share (English Bulgarian Bilingual Book for Kids) Shelley Admont & Kidkiddos Books. 2020. (English Bulgarian Bilingual Collection). (BUL., Illus.). 34p. (J). (gr. k-3). *(978-1-5259-2525-2(3))*; pap. *(978-1-5259-2524-5(5))* Kidkiddos Bks.

I Love to Share (English Croatian Bilingual Book for Kids) Shelley Admont & Kidkiddos Books. l.t. ed. 2020. (English Croatian Bilingual Collection). (HRV., Illus.). 34p. (J). (gr. k-3). *(978-1-5259-4373-7(1))*; pap. *(978-1-5259-4372-0(3))* Kidkiddos Bks.

I Love to Share (English Czech Bilingual Book for Kids) Shelley Admont & Kidkiddos Books. l.t. ed. 2021. (English Czech Bilingual Collection). (CZE., Illus.). 34p. (J). (gr. k-3). *(978-1-5259-4943-2(8))*; pap. *(978-1-5259-4942-5(X))* Kidkiddos Bks.

I Love to Share (English Hebrew Bilingual Book) Shelley Admont & Kidkiddos Books. 2nd ed. 2019. (English Hebrew Bilingual Collection). (HEB., Illus.). 34p. (J). (gr. k-3). pap. *(978-1-5259-1810-0(9))* Kidkiddos Bks.

I Love to Share (English Hindi Bilingual Book) Shelley Admont & Kidkiddos Books. 2nd ed. 2019. (English Hindi Bilingual Collection). (HIN., Illus.). 34p. (J). (gr. k-3). pap. *(978-1-5259-1640-3(8))* Kidkiddos Bks.

I Love to Share (English Irish Bilingual Book for Kids) Shelley Admont & Kidkiddos Books. l.t. ed. 2021. (English Irish Bilingual Collection). (GLA., Illus.). 36p. (J). pap. *(978-1-5259-5739-0(2))* Kidkiddos Bks.

I Love to Share (English Irish Bilingual Children's Book) Shelley Admont & Kidkiddos Books. l.t. ed. 2021. (English Irish Bilingual Collection). (GLA., Illus.). 36p. (J). *(978-1-5259-5740-6(6))* Kidkiddos Bks.

I Love to Share (English Japanese Bilingual Children's Book) Shelley Admont & Kidkiddos Books. 2nd l.t. ed. 2020. (English Japanes Bilingual Collection). (JPN.). 34p. (J). (gr. k-3). pap. *(978-1-5259-3518-3(6))* Kidkiddos Bks.

I Love to Share (English Korean Bilingual Book) Shelley Admont & Kidkiddos Books. 2nd ed. 2020. (English Korean Bilingual Collection). (KOR., Illus.). 34p. (J). (gr. k-3). pap. *(978-1-5259-2341-8(2))* Kidkiddos Bks.

I Love to Share (English Macedonian Bilingual Book for Kids) Shelley Admont & Kidkiddos Books. l.t. ed. 2022. (English Macedonian Bilingual Collection). (MAC., Illus.). 34p. (J). *(978-1-5259-6424-4(0))*; pap. *(978-1-5259-6423-7(2))* Kidkiddos Bks.

I Love to Share (English Malay Bilingual Book for Kids) Shelley Admont & Kidkiddos Books. l.t. ed. 2020. (English Malay Bilingual Collection). (MAY., Illus.). 34p. (J). (gr. k-3). *(978-1-5259-3145-1(8))*; pap. *(978-1-5259-3144-4(X))* Kidkiddos Bks.

I Love to Share (English Persian - Farsi Bilingual Book) Shelley Admont & Kidkiddos Books. 2nd ed. 2019. (English Farsi Bilingual Collection). (PER., Illus.). 34p. (J). (gr. k-3). pap. *(978-1-5259-1705-9(6))* Kidkiddos Bks.

I Love to Share (English Polish Bilingual Children's Book) Shelley Admont & Kidkiddos Books. 2nd l.t. ed. 2020. (English Polish Bilingual Collection). (POL., Illus.). 34p. (J). (gr. k-3). pap. *(978-1-5259-3465-0(1))* Kidkiddos Bks.

I Love to Share (English Portuguese Bilingual Book) Shelley Admont & Kidkiddos Books. 2nd ed. 2019. (English Portuguese Bilingual Collection). (POR., Illus.). 34p. (J). (gr. k-3). *(978-1-5259-1722-6(6))* Kidkiddos Bks.

I Love to Share (English Portuguese Bilingual Book -Brazilian) Shelley Admont & Kidkiddos Books. 2nd ed. 2019. (English Portuguese Bilingual Collection). (POR., Illus.). 34p. (J). (gr. k-3). pap. *(978-1-5259-1696-0(3))* Kidkiddos Bks.

I Love to Share (English Punjabi Bilingual Children's Book - Gurmukhi) Punjabi Gurmukhi India. Shelley Admont & Kidkiddos Books. l.t. ed. 2020. (English Punjabi Bilingual Collection - India Ser.). (PAN., Illus.). 34p. (J). (gr. k-3). *(978-1-5259-4069-9(4))*; pap. *(978-1-5259-4068-2(6))* Kidkiddos Bks.

I Love to Share (English Romanian Bilingual Book) Shelley Admont & Kidkiddos Books. 2nd ed. 2019. (English Romanian Bilingual Collection). (RUM., Illus.). 34p. (J). (gr. k-3). pap. *(978-1-5259-1862-9(1))* Kidkiddos Bks.

I Love to Share (English Russian Bilingual Book) Shelley Admont & Kidkiddos Books. 2nd ed. 2019. (English Russian Bilingual Collection). (RUS., Illus.). 34p. (J). (gr. k-3). pap. *(978-1-5259-1566-6(5))* Kidkiddos Bks.

I Love to Share (English Swedish Bilingual Book for Kids) Shelley Admont & Kidkiddos Books. l.t. ed. 2020. (SWE., Illus.). 34p. (J). (gr. k-3). *(978-1-5259-3223-6(3))*; pap. *(978-1-5259-3222-9(5))* Kidkiddos Bks.

I Love to Share (English Thai Bilingual Children's Book) Shelley Admont & Kidkiddos Books. l.t. ed. 2021. (THA., Illus.). 36p. (J). *(978-1-5259-5758-1(9))* Kidkiddos Bks.

I Love to Share (English Thai Bilingual Children's Book) Kidkiddos Books. l.t. ed. 2021. (THA., Illus.). 36p. (J). pap. *(978-1-5259-5757-4(0))* Kidkiddos Bks.

I Love to Share (English Turkish Bilingual Book for Kids) Shelley Admont & Kidkiddos Books. l.t. ed. 2020. (TUR., Illus.). 34p. (J). (gr. k-3). *(978-1-5259-3277-9(2))*; pap. *(978-1-5259-3276-2(4))* Kidkiddos Bks.

I Love to Share (English Ukrainian Bilingual Book for Kids) Shelley Admont & Kidkiddos Books. 2nd l.t. ed. 2020. (English Ukrainian Bilingual Collection). (UKR.). 34p. (J). (gr. k-3). pap. *(978-1-5259-4385-0(5))* Kidkiddos Bks.

I Love to Share (English Urdu Bilingual Book for Kids) Shelley Admont & Kidkiddos Books. l.t. ed. 2020. (English Urdu Bilingual Collection). (URD., Illus.). 34p. (J). (gr. k-3). *(978-1-5259-3331-8(0))*; pap. *(978-1-5259-3330-1(2))* Kidkiddos Bks.

I Love to Share (English Vietnamese Bilingual Book for Kids) Shelley Admont & Kidkiddos Books. 2nd l.t. ed. 2020. (English Vietnamese Bilingual Collection). (VIE.). 34p. (J). (gr. k-3). pap. *(978-1-5259-3980-8(7))* Kidkiddos Bks.

I Love to Share (English Welsh Bilingual Book for Kids) Shelley Admont & Kidkiddos Books. l.t. ed. 2023. (English Welsh Bilingual Collection). (WEL., Illus.). 34p. (J). ***(978-1-5259-6945-4(5))***; pap. ***(978-1-5259-6944-7(7))*** Kidkiddos Bks.

I Love to Share (German English Bilingual Book for Kids) Shelley Admont & Kidkiddos Books. 2nd l.t. ed. 2020. (German English Bilingual Collection). (GER.). 34p. (J). pap. *(978-1-5259-3458-2(9))* Kidkiddos Bks.

I Love to Share (Greek Edition) Shelley Admont & Kidkiddos Books. 2nd ed. 2019. (Greek Bedtime Collection). (GRE., Illus.). 34p. (J). (gr. k-3). pap. *(978-1-5259-1711-0(0))* Kidkiddos.

I Love to Share (Greek English Bilingual Book for Kids) Shelley Admont & Kidkiddos Books. l.t. ed. 2021. (Greek English Bilingual Collection). (GRE., Illus.). 34p. (J). *(978-1-5259-4892-3(X))*; pap. *(978-1-5259-4891-6(1))* Kidkiddos Bks.

I Love to Share Gusto Kong Magbigay: English Tagalog Bilingual Book. Shelley Admont & Kidkiddos Books. 2nd ed. 2019. (English Tagalog Bilingual Collection). (TGL., Illus.). 34p. (J). (gr. k-3). pap. *(978-1-5259-1600-7(9))* Kidkiddos Bks.

I Love to Share (Hindi Edition) Shelley Admont & Kidkiddos Books. 2nd ed. 2019. (Hindi Bedtime Collection). (HIN., Illus.). 34p. (J). (gr. k-3). pap. *(978-1-5259-1520-8(7))* Kidkiddos Bks.

I Love to Share (Hungarian English Bilingual Children's Book) Shelley Admont & Kidkiddos Books. 2nd l.t. ed. 2021. (Hungarian English Bilingual Collection). (HUN.). 34p. (J). pap. *(978-1-5259-4835-0(0))* Kidkiddos Bks.

I Love to Share I Love to Share (Farsi - Persian Book for Kids) English Farsi Bilingual Children's Books. Shelley Admont & S. a Publishing. 2018. (English Farsi Bilingual Collection). (PER., Illus.). 34p. (J). (gr. k-3). *(978-1-5259-0924-5(X))* Kidkiddos Bks.

I Love to Share Ik Hou Van Delen: English Dutch Bilingual Book. Shelley Admont & Kidkiddos Books. 2nd ed. 2020. (English Dutch Bilingual Collection). (DUT., Illus.). 34p. (J). (gr. k-3). pap. *(978-1-5259-2369-2(2))* Kidkiddos Bks.

966

The check digit for ISBN-10 appears in parentheses after the full ISBN-13

I Love to Share Ik Hou Van Delen: English Dutch Bilingual Edition. Shelley Admont & S. a Publishing. 2016. (English Dutch Bilingual Collection). (DUT., Illus.). (J). (gr. k-3). *(978-1-77268-745-3(6))*; pap. *(978-1-77268-744-6(8))* Shelley Admont Publishing.

I Love to Share (Irish Children's Book) Shelley Admont & Kidkiddos Books. 2021. (GLA., Illus.). 34p. (J). *(978-1-5259-5743-7(0))* Kidkiddos Bks.

I Love to Share (Irish Children's Book) Kidkiddos Books. 2021. (GLA., Illus.). 34p. (J). pap. *(978-1-5259-5742-0(2))* Kidkiddos Bks.

I Love to Share (Irish English Bilingual Children's Book) Shelley Admont & Kidkiddos Books. l.t. ed. 2022. (Irish English Bilingual Collection). (GLA., Illus.). 34p. (J). *(978-1-5259-5746-8(5))*; pap. *(978-1-5259-5745-1(7))* Kidkiddos Bks.

I Love to Share (Italian Book for Kids) Shelley Admont & Kidkiddos Books. 2nd l.t. ed. 2020. (Italian Bedtime Collection). (ITA.). 34p. (J). pap. *(978-1-5259-3341-7(8))* Kidkiddos Bks.

I Love to Share J'adore Partager: English French Bilingual Book. Shelley Admont & Kidkiddos Books. 2nd ed. 2019. (English French Bilingual Collection). (FRE., Illus.). 34p. (J). (gr. k-3). pap. *(978-1-5259-1173-6(2))* Kidkiddos Bks.

I Love to Share (Japanese Book for Kids) Shelley Admont & Kidkiddos Books. 2nd l.t. ed. 2020. (Japanese Bedtime Collection). (JPN.). 34p. (J). pap. *(978-1-5259-3476-6(7))* Kidkiddos Bks.

I Love to Share Jeg Elsker at Dele: English Danish Bilingual Book. Shelley Admont & Kidkiddos Books. 2nd ed. 2019. (English Danish Bilingual Collection). (DAN., Illus.). 34p. (J). (gr. k-3). pap. *(978-1-5259-1803-2(6))* Kidkiddos Bks.

I Love to Share Jeg Elsker at Dele: English Danish Bilingual Edition. Shelley Admont & S. a Publishing. 2016. (English Danish Bilingual Collection). (DAN., Illus.). (J). (gr. k-3). *(978-1-77268-893-1(2))*; pap. *(978-1-77268-892-4(4))* Shelley Admont Publishing.

I Love to Share (Korean English Bilingual Book) Shelley Admont & Kidkiddos Books. 2nd ed. 2019. (Korean English Bilingual Collection). (KOR., Illus.). 34p. (J). (gr. k-4). pap. *(978-1-5259-1734-9(X))* Kidkiddos Bks.

I Love to Share (Macedonian Children's Book) Shelley Admont & Kidkiddos Books. l.t. ed. 2022. (Macedonian Bedtime Collection). (MAC., Illus.). 34p. (J). *(978-1-5259-6427-5(5))*; pap. *(978-1-5259-6426-8(7))* Kidkiddos Bks.

I Love to Share (Macedonian English Bilingual Children's Book) Shelley Admont & Kidkiddos Books. l.t. ed. 2022. (Macedonian English Bilingual Collection). (MAC., Illus.). 34p. (J). *(978-1-5259-6430-5(5))*; pap. *(978-1-5259-6429-9(1))* Kidkiddos Bks.

I Love to Share (Malay Children's Book) Shelley Admont & Kidkiddos Books. l.t. ed. 2020. (Malay Bedtime Collection). (MAY., Illus.). 34p. (J). *(978-1-5259-3148-2(2))*; pap. *(978-1-5259-3147-5(4))* Kidkiddos Bks.

I Love to Share (Malay English Bilingual Children's Book) Shelley Admont & Kidkiddos Books. l.t. ed. 2020. (Malay English Bilingual Collection). (MAY., Illus.). 34p. (J). *(978-1-5259-3151-2(2))*; pap. *(978-1-5259-3150-5(4))* Kidkiddos Bks.

I Love to Share Me Encanta Compartir: English Spanish Bilingual Book. Shelley Admont & Kidkiddos Books. 2nd ed. 2019. (English Spanish Bilingual Collection). (SPA., Illus.). 34p. (J). (gr. k-3). pap. *(978-1-5259-1506-2(1))* Kidkiddos Bks.

I Love to Share (Polish Book for Kids) English Polish Bilingual Children's Books. Shelley Admont & S. a Publishing. 2017. (English Polish Bilingual Collection). (POL., Illus.). 34p. (J). (gr. k-3). *(978-1-5259-0598-8(8))*; pap. *(978-1-5259-0597-1(X))* Kidkiddos Bks.

I Love to Share (Polish Children's Book) Polish Language Book for Kids. Shelley Admont & S. a Publishing. 2017. (Polish Bedtime Collection). (POL., Illus.). 34p. (J). (gr. k-3). *(978-1-5259-0600-8(3))*; pap. *(978-1-5259-0599-5(6))* Kidkiddos Bks.

I Love to Share (Polish Edition) Shelley Admont & Kidkiddos Books. 2nd ed. 2019. (Polish Bedtime Collection). (POL., Illus.). 34p. (J). (gr. k-3). pap. *(978-1-5259-1806-3(0))* Kidkiddos Bks.

I Love to Share (Portuguese English Bilingual Book for Kids -Brazilian) Brazilian Portuguese. Shelley Admont & Kidkiddos Books. l.t. ed. 2021. (Portuguese English Bilingual Collection - Brazil Ser.). (POR., Illus.). 34p. (J). *(978-1-5259-4973-9(X))*; pap. *(978-1-5259-4972-2(1))* Kidkiddos Bks.

I Love to Share (Punjabi Book for Kids- Gurmukhi) Punjabi Gurmukhi India. Shelley Admont & Kidkiddos Books. l.t. ed. 2020. (Punjabi Bedtime Collection - India Ser.). (PAN., Illus.). 34p. (J). *(978-1-5259-4072-9(4))*; pap. *(978-1-5259-4071-2(6))* Kidkiddos Bks.

I Love to Share (Punjabi English Bilingual Book for Kids- Gurmukhi) Punjabi Gurmukhi India. Shelley Admont & Kidkiddos Books. l.t. ed. 2020. (Punjabi English Bilingual Collection - India Ser.). (PAN., Illus.). 34p. (J). *(978-1-5259-4075-0(9))*; pap. *(978-1-5259-4074-3(0))* Kidkiddos Bks.

I Love to Share (Romanian Book for Kids) Shelley Admont & Kidkiddos Books. 2nd l.t. ed. 2020. (Romanian Bedtime Collection). (RUM.). 34p. (J). pap. *(978-1-5259-4082-8(1))* Kidkiddos Bks.

I Love to Share (Serbian English Bilingual Children's Book -Latin Alphabet) Shelley Admont & Kidkiddos Books. l.t. ed. 2021. (Serbian English Bilingual Collection - Latin Ser.). (SRP.). 34p. (J). (gr. k-3). *(978-1-5259-5081-0(9))*; pap. *(978-1-5259-5080-3(0))* Kidkiddos Bks.

I Love to Share (Swedish Children's Book) Shelley Admont & Kidkiddos Books. l.t. ed. 2020. (SWE., Illus.). 34p. (J). *(978-1-5259-3226-7(8))*; pap. *(978-1-5259-3225-0(X))* Kidkiddos Bks.

I Love to Share (Swedish English Bilingual Children's Book) Shelley Admont & Kidkiddos Books. l.t. ed. 2020. (Swedish English Bilingual Collection). (SWE., Illus.). 34p. (J). *(978-1-5259-3229-8(2))*; pap. *(978-1-5259-3228-1(4))* Kidkiddos Bks.

I Love to Share Szeretek Osztozni: English Hungarian Bilingual Book. Shelley Admont & Kidkiddos Books. 2nd ed. 2020. (English Hungarian Bilingual Collection). (HUN., Illus.). 34p. (J). (gr. k-3). pap. *(978-1-5259-2132-2(0))* Kidkiddos Bks.

I Love to Share Szeretek Osztozni: English Hungarian Bilingual Edition. Shelley Admont & S. a Publishing. 2016. (English Hungarian Bilingual Collection). (HUN., Illus.). (J). (gr. k-3). *(978-1-77268-803-0(7))*; pap. *(978-1-77268-802-3(9))* Shelley Admont Publishing.

I Love to Share (Tagalog English Bilingual Children's Book) Shelley Admont & Kidkiddos Books. 2nd l.t. ed. 2020. (Tagalog English Bilingual Collection). (TGL.). 34p. (J). pap. *(978-1-5259-3474-2(0))* Shelley Admont Publishing.

I Love to Share (Thai Book for Kids) Shelley Admont & Kidkiddos Books. 2021. (THA., Illus.). 34p. (J). *(978-1-5259-5761-1(9))*; pap. *(978-1-5259-5760-4(0))* Kidkiddos Bks.

I Love to Share (Thai English Bilingual Book for Kids) Shelley Admont & Kidkiddos Books. l.t. ed. 2022. (Thai English Bilingual Collection). (THA., Illus.). 34p. (J). *(978-1-5259-5764-2(3))*; pap. *(978-1-5259-5763-5(5))* Kidkiddos Bks.

I Love to Share (Turkish Children's Book) Shelley Admont & Kidkiddos Books. l.t. ed. 2020. (TUR., Illus.). 34p. (J). *(978-1-5259-3280-9(2))*; pap. *(978-1-5259-3279-3(9))* Kidkiddos Bks.

I Love to Share (Turkish English Bilingual Book for Children) Shelley Admont & Kidkiddos Books. l.t. ed. 2020. (Turkish English Bilingual Collection). (TUR., Illus.). 34p. (J). *(978-1-5259-3283-0(7))*; pap. *(978-1-5259-3282-3(9))* Kidkiddos Bks.

I Love to Share (Ukrainian English Bilingual Children's Book) Shelley Admont & Kidkiddos Books. 2nd l.t. ed. 2022. (Ukrainian English Bilingual Collection). (UKR & ENG.). 34p. (J). *(978-1-5259-6235-6(3))*; pap. *(978-1-5259-6234-9(5))* Kidkiddos Bks.

I Love to Share (Vietnamese English Bilingual Book) Shelley Admont & Kidkiddos Books. 2nd ed. 2019. (Vietnamese English Bilingual Collection). (VIE., Illus.). 34p. (J). (gr. k-3). pap. *(978-1-5259-1619-9(X))* Kidkiddos Bks.

I Love to Share (Welsh Children's Book) Shelley Admont & Kidkiddos Books. l.t. ed. 2023. (Welsh Bedtime Collection). (WEL., Illus.). 34p. (J). ***(978-1-5259-6948-5(X))***; pap. ***(978-1-5259-6947-8(1))*** Kidkiddos Bks.

I Love to Share (Welsh English Bilingual Children's Book) Shelley Admont & Kidkiddos Books. l.t. ed. 2023. (Welsh English Bilingual Collection). (WEL., Illus.). 34p. (J). ***(978-1-5259-6951-5(X))***; pap. ***(978-1-5259-6950-8(1))*** Kidkiddos Bks.

I Love to Sleep (FSTK ONLY) Jane Hileman & Marilyn Pitt. 2016. (1g Fstk Ser.). (ENG.). 12p. (J). pap. 8.00 *(978-1-63437-633-4(1))* American Reading Co.

I Love to Sleep in My Own Bed: Chinese English Bilingual Edition. Shelley Admont & S. a Publishing. 2016. (Chinese English Bilingual Collection). (CHI., Illus.). (J). (gr. k-3). *(978-1-77268-733-0(2))*; pap. *(978-1-77268-732-3(4))* Shelley Admont Publishing.

I Love to Sleep in My Own Bed: English Arabic Bilingual Children's Book. Shelley Admont & S. a Publishing. 2017. (English Arabic Bilingual Collection). (ARA., Illus.). (J). (gr. k-3). *(978-1-5259-0522-3(8))*; pap. *(978-1-5259-0521-6(X))* Kidkiddos Bks.

I Love to Sleep in My Own Bed: English Farsi-Persian. Shelley Admont & Kidkiddos Books. 2019. (English Farsi Bilingual Collection). (PER., Illus.). 36p. (J). (gr. k-3). *(978-1-5259-1040-1(X))*; pap. *(978-1-5259-1039-5(6))* Kidkiddos Bks.

I Love to Sleep in My Own Bed: English Hebrew Bilingual. Shelley Admont & Kidkiddos Books. 2018. (English Hebrew Bilingual Collection). (HEB., Illus.). 36p. (J). (gr. k-3). *(978-1-5259-1006-7(X))*; pap. *(978-1-5259-1005-0(1))* Kidkiddos Bks.

I Love to Sleep in My Own Bed: English Hindi Bilingual. Shelley Admont & Kidkiddos Books. 2019. (English Hindi Bilingual Collection). (HIN., Illus.). 36p. (J). (gr. k-3). *(978-1-5259-1043-2(4))*; pap. *(978-1-5259-1042-5(6))* Kidkiddos Bks.

I Love to Sleep in My Own Bed: English Japanese Bilingual Edition. Shelley Admont & Kidkiddos Books. 2nd ed. 2019. (English Japanese Bilingual Collection). (JPN., Illus.). 36p. (J). (gr. k-3). pap. *(978-1-5259-1660-1(2))* Kidkiddos Bks.

I Love to Sleep in My Own Bed: English Korean Bilingual Book. Shelley Admont & Kidkiddos Books. 2nd ed. 2019. (English Korean Bilingual Collection). (KOR., Illus.). 36p. (J). (gr. k-3). pap. *(978-1-5259-1654-0(8))* Kidkiddos Bks.

I Love to Sleep in My Own Bed: English Polish Bilingual Children's Book. Shelley Admont. 2017. (English Polish Bilingual Collection). (POL., Illus.). (J). (gr. k-3). *(978-1-5259-0450-9(7))* Kidkiddos Bks.

I Love to Sleep in My Own Bed: English Polish Bilingual Children's Books. Shelley Admont. 2017. (English Polish Bilingual Collection). (POL., Illus.). (J). (gr. k-3). pap. *(978-1-5259-0449-3(3))* Kidkiddos Bks.

I Love to Sleep in My Own Bed: English Portuguese Bilingual Children's Book. Shelley Admont. 2017. (English Portuguese Bilingual Collection). (POR., Illus.). (J). (gr. k-3). *(978-1-5259-0373-1(X))*; pap. *(978-1-5259-0372-4(1))* Kidkiddos Bks.

I Love to Sleep in My Own Bed: English Russian Bilingual Book. Shelley Admont & Kidkiddos Books. 2nd ed. 2019. (English Russian Bilingual Collection). (RUS., Illus.). 36p. (J). (gr. k-3). pap. *(978-1-5259-1391-4(3))* Kidkiddos Bks.

I Love to Sleep in My Own Bed: English Serbian Bilingual Edition. Shelley Admont. 2017. (English Serbian Bilingual Collection). (SRP., Illus.). (J). (gr. k-3). *(978-1-5259-0298-7(9))*; pap. *(978-1-5259-0297-0(0))* Kidkiddos Bks.

I Love to Sleep in My Own Bed: English Vietnamese Bilingual Children's Book. Shelley Admont. 2017. (English Vietnamese Bilingual Collection). (VIE., Illus.). (J). (gr. k-3). *(978-1-5259-0329-8(2))* Kidkiddos Bks.

I Love to Sleep in My Own Bed: Greek English Bilingual Edition. Shelley Admont. 2016. (Greek English Bilingual Collection). (GRE., Illus.). (J). (gr. k-3). *(978-1-5259-0180-5(X))*; pap. *(978-1-5259-0179-9(6))* Kidkiddos Bks.

I Love to Sleep in My Own Bed: Hindi Edition. Shelley Admont & Kidkiddos Books. 2019. (Hindi Bedtime Collection). (HIN., Illus.). 36p. (J). (gr. k-3). *(978-1-5259-1046-3(9))*; pap. *(978-1-5259-1045-6(0))* Kidkiddos Bks.

I Love to Sleep in My Own Bed: Japanese English Bilingual Book. Shelley Admont & Kidkiddos Books. 2nd ed. 2019. (Japanese English Bilingual Collection). (JPN., Illus.). 36p. (J). (gr. k-3). pap. *(978-1-5259-1634-2(3))* Kidkiddos Bks.

I Love to Sleep in My Own Bed: Japanese English Bilingual Edition. Shelley Admont & S. a Publishing. 2016. (Japanese English Bilingual Collection). (JPN., Illus.). (J). (gr. k-3). *(978-1-77268-779-8(0))*; pap. *(978-1-77268-778-1(2))* Shelley Admont Publishing.

I Love to Sleep in My Own Bed: Polish Language Children's Book. Shelley Admont. 2017. (Polish Bedtime Collection). (POL., Illus.). (J). (gr. k-3). *(978-1-5259-0452-3(3))*; pap. *(978-1-5259-0451-6(5))* Kidkiddos Bks.

I Love to Sleep in My Own Bed: Portuguese English Bilingual Children's Book. Shelley Admont & Kidkiddos Books. 2019. (POR., Illus.). 36p. (J). (gr. k-3). *(978-1-5259-1338-9(7))*; pap. *(978-1-5259-1337-2(9))* Kidkiddos Bks.

I Love to Sleep in My Own Bed: Portuguese Language Children's Book. Shelley Admont. 2017. (Portuguese Bedtime Collection). (POR., Illus.). (J). (gr. k-3). *(978-1-5259-0376-2(4))*; pap. *(978-1-5259-0375-5(6))* Kidkiddos Bks.

I Love to Sleep in My Own Bed: Romanian English Bilingual Edition. Shelley Admont & S. a Publishing. 2016. (Romanian English Bilingual Collection). (RUM., Illus.). (J). (gr. k-3). *(978-1-5259-0057-0(9))*; pap. *(978-1-5259-0056-3(0))* Shelley Admont Publishing.

I Love to Sleep in My Own Bed: Serbian Edition. Shelley Admont. 2017. (Serbian Bedtime Collection). (SRP., Illus.). (J). (gr. k-3). *(978-1-5259-0300-7(4))*; pap. *(978-1-5259-0299-4(7))* Kidkiddos Bks.

I Love to Sleep in My Own Bed: Swedish English Bilingual Edition. Shelley Admont. 2016. (Swedish English Bilingual Collection). (SWE., Illus.). (J). (gr. k-3). *(978-1-77268-601-2(8))*; pap. *(978-1-77268-023-2(0))* Kidkiddos Bks.

I Love to Sleep in My Own Bed: Vietnamese Edition. Shelley Admont. 2017. (Vietnamese Bedtime Collection). (VIE., Illus.). (J). (gr. k-3). *(978-1-5259-0331-1(4))*; pap. *(978-1-5259-0330-4(6))* Kidkiddos Bks.

I Love to Sleep in My Own Bed - Japanese Edition. Shelley Admont & Kidkiddos Books. 2nd ed. 2019. (Japanese Bedtime Collection). (JPN., Illus.). 36p. (J). (gr. k-3). pap. *(978-1-5259-1769-1(2))* Kidkiddos Bks.

I Love to Sleep in My Own Bed - Russian Edition. Shelley Admont & Kidkiddos Books. 2nd ed. 2020. (Russian Bedtime Collection). (RUS., Illus.). 36p. (J). (gr. k-3). pap. *(978-1-5259-2337-1(4))* Kidkiddos Bks.

I Love to Sleep in My Own Bed - Ukrainian Edition. Shelley Admont & Kidkiddos Books. 2nd ed. 2019. (Ukrainian Bedtime Collection). (UKR., Illus.). 36p. (J). (gr. k-3). pap. *(978-1-5259-1598-7(3))* Kidkiddos Bks.

I Love to Sleep in My Own Bed (Afrikaans Children's Book) Shelley Admont & Kidkiddos Books. l.t. ed. 2021. (AFR., Illus.). 36p. (J). *(978-1-5259-5779-6(1))*; pap. *(978-1-5259-5778-9(3))* Kidkiddos Bks.

I Love to Sleep in My Own Bed (Afrikaans English Bilingual Children's Book) Shelley Admont & Kidkiddos Books. l.t. ed. 2022. (Afrikaans English Bilingual Collection). (AFR., Illus.). 36p. (J). *(978-1-5259-5782-6(1))*; pap. *(978-1-5259-5781-9(3))* Kidkiddos Bks.

I Love to Sleep in My Own Bed (Albanian Children's Book) Shelley Admont & Kidkiddos Books. l.t. ed. 2021. (Albanian Bedtime Collection). (ALB., Illus.). 36p. (J). (gr. k-3). *(978-1-5259-4688-2(9))*; pap. *(978-1-5259-4687-5(0))* Kidkiddos Bks.

I Love to Sleep in My Own Bed (Albanian English Bilingual Book for Kids) Shelley Admont & Kidkiddos Books. l.t. ed. 2021. (Albanian English Bilingual Collection). (ALB., Illus.). 36p. (J). (gr. k-3). *(978-1-5259-4691-2(9))*; pap. *(978-1-5259-4690-5(0))* Kidkiddos Bks.

I Love to Sleep in My Own Bed Amo Dormire Nel Mio Letto: English Italian Bilingual Book. Shelley Admont & Kidkiddos Books. 2nd ed. 2019. (ITA., Illus.). 36p. (J). (gr. k-3). pap. *(978-1-5259-1817-9(6))* Kidkiddos Bks.

I Love to Sleep in My Own Bed (Bengali Book for Kids) Shelley Admont & Kidkiddos Books. 2021. (BEN., Illus.). 36p. (J). *(978-1-5259-5959-2(X))*; pap. *(978-1-5259-5958-5(1))* Kidkiddos Bks.

I Love to Sleep in My Own Bed (Bengali English Bilingual Book for Kids) Shelley Admont & Kidkiddos Books. l.t. ed. 2022. (Bengali English Bilingual Collection). (BEN., Illus.). 36p. (J). *(978-1-5259-5962-2(X))*; pap. *(978-1-5259-5961-5(1))* Kidkiddos Bks.

I Love to Sleep in My Own Bed (Bilingual Chinese Book for Kids) English Chinese Children's Book. Shelley Admont & S. a Publishing. 2018. (English Chinese Bilingual Collection). (CHI., Illus.). 36p. (J). (gr. k-2). *(978-1-5259-0805-7(7))* Shelley Admont Publishing.

I Love to Sleep in My Own Bed (Bulgarian Edition) Shelley Admont & Kidkiddos Books. 2020. (Bulgarian Bedtime Collection). (BUL., Illus.). 36p. (J). (gr. k-3). *(978-1-5259-2052-3(9))*; pap. *(978-1-5259-2051-6(0))* Kidkiddos Bks.

I Love to Sleep in My Own Bed (Bulgarian English Bilingual Book) Shelley Admont & Kidkiddos Books. 2020. (Bulgarian English Bilingual Collection). (BUL., Illus.). 36p. (J). (gr. k-3). *(978-1-5259-2055-4(3))*; pap. *(978-1-5259-2054-7(5))* Kidkiddos Bks.

I Love to Sleep in My Own Bed (Chinese English Bilingual Book) Shelley Admont & Kidkiddos Books. 2nd ed. 2019. (Chinese English Bilingual Collection). (CHI., Illus.). 36p. (J). (gr. k-3). pap. *(978-1-5259-1710-3(2))* Kidkiddos Bks.

I Love to Sleep in My Own Bed (Croatian Children's Book) Shelley Admont & Kidkiddos Books. l.t. ed. 2020. (Croatian Bedtime Collection). (HRV., Illus.). 36p. (J). (gr. k-3). *(978-1-5259-4188-7(7))*; pap. *(978-1-5259-4187-0(9))* Kidkiddos Bks.

I Love to Sleep in My Own Bed (Croatian English Bilingual Children's Book) Shelley Admont & Kidkiddos Books. l.t. ed. 2020. (Croatian English Bilingual Collection). (HRV., Illus.). 36p. (J). (gr. k-3). *(978-1-5259-4191-7(7))*; pap. *(978-1-5259-4190-0(9))* Kidkiddos Bks.

I Love to Sleep in My Own Bed (Czech Children's Book) Shelley Admont & Kidkiddos Books. l.t. ed. 2021. (Czech Bedtime Collection). (CZE., Illus.). 36p. (J). (gr. k-3). *(978-1-5259-4616-5(1))*; pap. *(978-1-5259-4615-8(3))* Kidkiddos Bks.

I Love to Sleep in My Own Bed (Czech English Bilingual Book for Kids) Shelley Admont & Kidkiddos Books. l.t. ed. 2021. (Czech English Bilingual Collection). (CZE., Illus.). 36p. (J). (gr. k-3). *(978-1-5259-4619-6(6))*; pap. *(978-1-5259-4618-9(8))* Kidkiddos Bks.

I Love to Sleep in My Own Bed (Danish English Bilingual Children's Book) Shelley Admont & Kidkiddos Books. l.t. ed. 2020. (Danish English Bilingual Collection). (DAN.). 36p. (J). (gr. k-3). pap. *(978-1-5259-3924-2(6))* Kidkiddos Bks.

I Love to Sleep in My Own Bed (English Afrikaans Bilingual Book for Kids) Shelley Admont & Kidkiddos Books. l.t. ed. 2021. (English Afrikaans Bilingual Collection). (AFR., Illus.). 38p. (J). *(978-1-5259-5776-5(7))*; pap. *(978-1-5259-5775-8(9))* Kidkiddos Bks.

I Love to Sleep in My Own Bed (English Albanian Bilingual Book for Kids) Shelley Admont & Kidkiddos Books. l.t. ed. 2021. (English Albanian Bilingual Collection). (ALB., Illus.). 36p. (J). (gr. k-3). *(978-1-5259-4685-1(4))*; pap. *(978-1-5259-4684-4(6))* Kidkiddos Bks.

I Love to Sleep in My Own Bed (English Arabic Bilingual Book) Shelley Admont & Kidkiddos Books. 2nd ed. 2019. (English Arabic Bilingual Collection). (ARA., Illus.). 36p. (J). (gr. k-3). pap. *(978-1-5259-1590-1(8))* Kidkiddos Bks.

I Love to Sleep in My Own Bed (English Bengali Bilingual Children's Book) Shelley Admont & Kidkiddos Books. l.t. ed. 2021. (BEN., Illus.). 36p. (J). *(978-1-5259-5956-1(5))*; pap. *(978-1-5259-5955-4(7))* Kidkiddos Bks.

I Love to Sleep in My Own Bed (English Bulgarian Bilingual Book) Shelley Admont & Kidkiddos Books. 2020. (English Bulgarian Bilingual Collection). (BUL., Illus.). 36p. (J). (gr. k-3). *(978-1-5259-2049-3(9))*; pap. *(978-1-5259-2048-6(0))* Kidkiddos Bks.

I Love to Sleep in My Own Bed (English Chinese Bilingual Book - Mandarin Simplified) Shelley Admont & Kidkiddos Books. 2nd ed. 2019. (English Chinese Bilingual Collection). (CHI., Illus.). 36p. (J). (gr. k-2). pap. *(978-1-5259-1758-5(7))* Kidkiddos Bks.

I Love to Sleep in My Own Bed (English Croatian Bilingual Book for Kids) Shelley Admont & Kidkiddos Books. l.t. ed. 2020. (English Croatian Bilingual Collection). (HRV., Illus.). 36p. (J). (gr. k-3). *(978-1-5259-4185-6(2))*; pap. *(978-1-5259-4184-9(4))* Kidkiddos Bks.

I Love to Sleep in My Own Bed (English Czech Bilingual Book for Kids) Shelley Admont & Kidkiddos Books. l.t. ed. 2021. (English Czech Bilingual Collection). (CZE., Illus.). 36p. (J). (gr. k-3). *(978-1-5259-4613-4(7))*; pap. *(978-1-5259-4612-7(9))* Kidkiddos Bks.

I Love to Sleep in My Own Bed (English Danish Bilingual Book for Kids) Shelley Admont & Kidkiddos Books. 2nd l.t. ed. 2020. (English Danish Bilingual Collection). (DAN.). 36p. (J). (gr. k-3). pap. *(978-1-5259-3835-1(5))* Kidkiddos Bks.

I Love to Sleep in My Own Bed (English Greek Bilingual Book) Shelley Admont & Kidkiddos Books. 2nd ed. 2019. (English Greek Bilingual Collection). (GRE., Illus.). 36p. (J). (gr. k-3). pap. *(978-1-5259-1799-8(4))* Kidkiddos Bks.

I Love to Sleep in My Own Bed (English Hebrew Bilingual Book) Shelley Admont & Kidkiddos Books. 2nd ed. 2019. (English Hebrew Bilingual Collection). (HEB., Illus.). 36p. (J). (gr. k-3). pap. *(978-1-5259-1584-0(3))* Kidkiddos Bks.

I Love to Sleep in My Own Bed (English Irish Bilingual Children's Book) Shelley Admont & Kidkiddos Books. l.t. ed. 2022. (English Irish Bilingual Collection). (GLE., Illus.). 36p. (J). *(978-1-5259-6226-4(4))*; pap. *(978-1-5259-6225-7(6))* Kidkiddos Bks.

I Love to Sleep in My Own Bed (English Macedonian Bilingual Children's Book) Shelley Admont & Kidkiddos Books. l.t. ed. 2022. (English Macedonian Bilingual Collection). (MAC., Illus.). 36p. (J). *(978-1-5259-6406-0(2))*; pap. *(978-1-5259-6405-3(4))* Kidkiddos Bks.

I Love to Sleep in My Own Bed (English Malay Bilingual Book) Shelley Admont & Kidkiddos Books. 2020. (English Malay Bilingual Collection). (MAY., Illus.). 36p. (J). (gr. k-3). *(978-1-5259-2067-7(7))*; pap. *(978-1-5259-2066-0(9))* Kidkiddos Bks.

I Love to Sleep in My Own Bed (English Polish Bilingual Book) Shelley Admont & Kidkiddos Books. 2nd ed. 2019. (English Polish Bilingual Collection). (POL., Illus.). 36p. (J). (gr. k-3). pap. *(978-1-5259-1807-0(9))* Kidkiddos Bks.

I Love to Sleep in My Own Bed (English Portuguese Bilingual Book - Brazilian) Shelley Admont & Kidkiddos Books. 2nd ed. 2019. (English Portuguese Bilingual Collection). (POR., Illus.). 36p. (J). (gr. k-3). pap. *(978-1-5259-1822-3(2))* Kidkiddos Bks.

I Love to Sleep in My Own Bed (English Punjabi Bilingual Book for Kids) Punjabi Gurmukhi India. Shelley Admont & Kidkiddos Books. l.t. ed. 2020. (English Punjabi Bilingual Collection - India Ser.). (PAN.). 36p. (J). *(978-1-5259-2996-0(8))*; pap. *(978-1-5259-2995-3(X))* Kidkiddos Bks.

I Love to Sleep in My Own Bed (English Romanian Bilingual Book) Shelley Admont & Kidkiddos Books. 2nd ed. 2019. (English Romanian Bilingual Collection). (RUM., Illus.). 36p. (J). (gr. k-3). pap. *(978-1-5259-1614-4(9))* Kidkiddos Bks.

I Love to Sleep in My Own Bed (English Serbian Bilingual Book - Cyrillic Alphabet) Shelley Admont & Kidkiddos Books. 2020. (English Serbian Bilingual Collection - Cyrillic Ser.). (SRP., Illus.). 36p. (J). (gr. k-3). *(978-1-5259-2058-5(8))*; pap. *(978-1-5259-2057-8(X))* Kidkiddos Bks.

I Love to Sleep in My Own Bed (English Serbian Bilingual Book - Latin Alphabet) Shelley Admont & Kidkiddos Books. 2nd ed. 2019. (English Serbian Bilingual Collection).

(SRP., Illus.). 36p. (J). (gr. k-3). pap. (978-1-5259-1837-7(0)) Kidkiddos Bks.

I Love to Sleep in My Own Bed (English Serbian Bilingual Children's Book) Serbian-Latin Alphabet. Shelley Admont & Kidkiddos Books. 3rd l.t. ed. 2020. (English Serbian Bilingual Collection- Latin Ser.). (SRP., Illus.). 36p. (J). pap. (978-1-5259-3830-6(4)) Kidkiddos Bks.

I Love to Sleep in My Own Bed (English Swedish Bilingual Book) Shelley Admont & Kidkiddos Books. 2nd ed. 2019. (English Swedish Bilingual Collection). (SWE., Illus.). 36p. (J). (gr. k-3). pap. (978-1-5259-1861-2(3)) Kidkiddos Bks.

I Love to Sleep in My Own Bed (English Tagalog Bilingual Book) Shelley Admont & Kidkiddos Books. 2nd ed. 2019. (English Tagalog Bilingual Collection). (TGL., Illus.). 36p. (J). (gr. k-3). pap. (978-1-5259-1782-0(X)) Kidkiddos Bks.

I Love to Sleep in My Own Bed (English Thai Bilingual Children's Book) Shelley Admont & Kidkiddos Books. l.t. ed. 2022. (English Thai Bilingual Collection). (THA., Illus.). 36p. (J). (978-1-5259-6250-9(7)); pap. (978-1-5259-6249-3(3)) Kidkiddos Bks.

I Love to Sleep in My Own Bed (English Turkish Bilingual Book) Shelley Admont & Kidkiddos Books. 2020. (English Turkish Bilingual Collection). (TUR., Illus.). 36p. (J). (gr. k-3). (978-1-5259-2255-8(6)); pap. (978-1-5259-2254-1(8)) Kidkiddos Bks.

I Love to Sleep in My Own Bed (English Ukrainian Bilingual Book) Shelley Admont & Kidkiddos Books. 2nd ed. 2019. (English Ukrainian Bilingual Collection). (UKR., Illus.). 36p. (J). (gr. k-3). pap. (978-1-5259-1834-6(6)) Kidkiddos Bks.

I Love to Sleep in My Own Bed (English Urdu Bilingual Book for Kids) Shelley Admont & Kidkiddos Books. l.t. ed. 2020. (English Urdu Bilingual Collection). (URD., Illus.). 36p. (J). (gr. k-3). (978-1-5259-3241-0(1)); pap. (978-1-5259-3240-3(3)) Kidkiddos Bks.

I Love to Sleep in My Own Bed (English Vietnamese Bilingual Book for Kids) English Vietnamese Bilingual Children's Book. Shelley Admont & Kidkiddos Books. 2nd l.t. ed. 2020. (English Vietnamese Bilingual Collection). (VIE.). 36p. (J). (gr. k-3). pap. (978-1-5259-3466-7(X)) Kidkiddos Bks.

I Love to Sleep in My Own Bed (English Welsh Bilingual Children's Book) Shelley Admont & Kidkiddos Books. l.t. ed. 2022. (English Welsh Bilingual Collection). (WEL., Illus.). 36p. (J). (978-1-5259-6835-8(1)); pap. (978-1-5259-6834-1(3)) Kidkiddos Bks.

I Love to Sleep in My Own Bed (Greek Edition) Shelley Admont & Kidkiddos Books. 2nd ed. 2020. (Greek Bedtime Collection). (GRE.). 36p. (J). (gr. k-3). pap. (978-1-5259-2135-3(5)) Kidkiddos Bks.

I Love to Sleep in My Own Bed (Greek English Bilingual Book for Kids) Shelley Admont & Kidkiddos Books. 2nd l.t. ed. 2020. (Greek English Bilingual Collection). (GRE.). 36p. (J). (gr. k-3). pap. (978-1-5259-3985-3(8)) Kidkiddos Bks.

I Love to Sleep in My Own Bed (Hindi English Bilingual Book for Kids) L. Shelley Admont & Kidkiddos Books. l.t. ed. 2021. (Hindi English Bilingual Collection). (HIN., Illus.). 36p. (J). (gr. k-3). (978-1-5259-5066-7(5)); pap. (978-1-5259-5065-0(7)) Kidkiddos Bks.

I Love to Sleep in My Own Bed (Hungarian Children's Book) Hungarian Book for Kids. Shelley Admont & S. a Publishing. 2018. (Hungarian Bedtime Collection). (HUN., Illus.). 36p. (J). (gr. k-3). (978-1-5259-0899-6(5)); pap. (978-1-5259-0898-9(7)) Kidkiddos Bks.

I Love to Sleep in My Own Bed (Hungarian English Bilingual Book) Shelley Admont & Kidkiddos Books. 2019. (Hungarian English Bilingual Collection). (HUN., Illus.). 36p. (J). (gr. k-3). (978-1-5259-1519-2(3)); pap. (978-1-5259-1518-5(5)) Kidkiddos Bks.

I Love to Sleep in My Own Bed (Hungarian Kids Book) English Hungarian Bilingual Children's Book. Shelley Admont & S. a Publishing. 2018. (English Hungarian Bilingual Collection). (HUN., Illus.). 36p. (J). (gr. k-3). (978-1-5259-0896-5(0)); pap. (978-1-5259-0895-8(2)) Kidkiddos Bks.

I Love to Sleep in My Own Bed Ik Hou Ervan Om in Mijn Eigen Bed Te Slapen: English Dutch Bilingual Book. Shelley Admont & Kidkiddos Books. 2nd ed. 2019. (English Dutch Bilingual Collection). (DUT., Illus.). 36p. (J). (gr. k-3). pap. (978-1-5259-1698-4(X)) Kidkiddos Bks.

I Love to Sleep in My Own Bed (Irish Book for Kids) Shelley Admont & Kidkiddos Books. l.t. ed. 2022. (Irish Bedtime Collection). (GLE., Illus.). 36p. (J). (978-1-5259-6229-5(9)); pap. (978-1-5259-6228-8(0)) Kidkiddos Bks.

I Love to Sleep in My Own Bed (Irish English Bilingual Book for Kids) Shelley Admont & Kidkiddos Books. l.t. ed. 2022. (Irish English Bilingual Collection). (GLE., Illus.). 36p. (J). (978-1-5259-6232-5(9)); pap. (978-1-5259-6231-8(0)) Kidkiddos Bks.

I Love to Sleep in My Own Bed J'aime Dormir Dans Mon Lit: English French Bilingual Book. Shelley Admont & Kidkiddos Books. 2nd ed. 2019. (English French Bilingual Collection). (FRE., Illus.). 36p. (J). (gr. k-3). pap. (978-1-5259-1690-8(4)) Kidkiddos Bks.

I Love to Sleep in My Own Bed (Korean English Bilingual Book) Shelley Admont & Kidkiddos Books. 2nd ed. 2019. (Korean English Bilingual Collection). (KOR., Illus.). 36p. (J). (gr. k-3). pap. (978-1-5259-1708-0(0)) Kidkiddos Bks.

I Love to Sleep in My Own Bed (Macedonian Children's Book) Shelley Admont & Kidkiddos Books. l.t. ed. 2022. (Macedonian Bedtime Collection). (MAC., Illus.). 36p. (J). (978-1-5259-6409-1(7)); pap. (978-1-5259-6408-4(9)) Kidkiddos Bks.

I Love to Sleep in My Own Bed (Macedonian English Bilingual Book for Kids) Shelley Admont & Kidkiddos Books. l.t. ed. 2022. (Macedonian English Bilingual Collection). (MAC., Illus.). 36p. (J). (978-1-5259-6412-1(7)); pap. (978-1-5259-6411-4(9)) Kidkiddos Bks.

I Love to Sleep in My Own Bed (Malay Edition) Shelley Admont & Kidkiddos Books. 2020. (Malay Bedtime Collection). (MAY., Illus.). 36p. (J). (gr. k-3). (978-1-5259-2070-7(7)); pap. (978-1-5259-2069-1(3)) Kidkiddos Bks.

I Love to Sleep in My Own Bed (Malay English Bilingual Book) Shelley Admont & Kidkiddos Books. 2020. (Malay English Bilingual Collection). (MAY., Illus.). 36p. (J). (gr. k-3). (978-1-5259-2073-8(1)); pap. (978-1-5259-2072-1(3)) Kidkiddos Bks.

I Love to Sleep in My Own Bed (Mandarin Chinese Edition) Shelley Admont & Kidkiddos Books. 2nd ed. 2020. (Chinese Bedtime Collection). (CHI., Illus.). 36p. (J). (gr. k-3). pap. (978-1-5259-2366-1(8)) Kidkiddos Bks.

I Love to Sleep in My Own Bed Me Encanta Dormir en Mi Propia Cama: English Spanish Bilingual Book. Shelley Admont & Kidkiddos Books. 2nd ed. 2019. (English Spanish Bilingual Collection). (SPA., Illus.). 36p. (J). (gr. k-3). pap. (978-1-5259-1579-6(7)) Kidkiddos Bks.

I Love to Sleep in My Own Bed (Polish English Bilingual Book for Kids) Shelley Admont & Kidkiddos Books. l.t. ed. 2021. (Polish English Bilingual Collection). (POL., Illus.). 36p. (J). (gr. k-3). (978-1-5259-4970-8(5)); pap. (978-1-5259-4969-2(1)) Kidkiddos Bks.

I Love to Sleep in My Own Bed (Portuguese Children's Book - Brazil) Brazilian Portuguese. Shelley Admont & Kidkiddos Books. 2nd l.t. ed. 2020. (Portuguese Bedtime Collection - Brazilian Ser.). (POR., Illus.). 36p. (J). (gr. k-3). pap. (978-1-5259-3462-9(7)) Kidkiddos Bks.

I Love to Sleep in My Own Bed (Portuguese Kids Book) Portuguese Language Children's Book. Shelley Admont & S. a Publishing. 2017. (Portuguese Bedtime Collection). (POR., Illus.). 36p. (J). (gr. k-3). pap. (978-1-5259-0864-4(2)) Kidkiddos Bks.

I Love to Sleep in My Own Bed (Portuguese Russian Bilingual Book for Kids) Brazilian Portuguese. Shelley Admont & Kidkiddos Books. 2020. (Portuguese Russian Bilingual Collection). (POR., Illus.). 36p. (J). (gr. k-3). (978-1-5259-2604-4(7)); pap. (978-1-5259-2603-7(9)) Kidkiddos Bks.

I Love to Sleep in My Own Bed (Punjabi Edition-Gurmukhi India) Punjabi Gurmukhi India. Shelley Admont & Kidkiddos Books. 2020. (Punjabi Bedtime Collection - India Ser.). (PAN.). 36p. (J). pap. (978-1-5259-2998-4(4)); (978-1-5259-2999-1(2)) Kidkiddos Bks.

I Love to Sleep in My Own Bed (Punjabi English Bilingual Children's Book - India) Punjabi Gurmukhi India. Shelley Admont & Kidkiddos Books. l.t. ed. 2020. (Punjabi English Bilingual Collection). (PAN.). 36p. (J). (gr. k-3). (978-1-5259-3002-7(8)); pap. (978-1-5259-3001-0(X)) Kidkiddos Bks.

I Love to Sleep in My Own Bed (Romanian English Bilingual Book for Kids) Shelley Admont & Kidkiddos Books. 2nd ed. 2020. (Romanian English Bilingual Collection). (RUM., Illus.). 36p. (J). (gr. k-3). pap. (978-1-5259-2374-6(9)) Kidkiddos Bks.

I Love to Sleep in My Own Bed (Russian English Bilingual Book) Shelley Admont & Kidkiddos Books. 2nd ed. 2019. (Russian English Bilingual Collection). (RUS., Illus.). 36p. (J). (gr. k-3). pap. (978-1-5259-1788-2(9)) Kidkiddos Bks.

I Love to Sleep in My Own Bed (Serbian Edition - Cyrillic Alphabet) Shelley Admont & Kidkiddos Books. 2020. (Serbian Bedtime Collection - Cyrillic Ser.). (SRP., Illus.). 36p. (J). (gr. k-3). (978-1-5259-2061-5(8)); pap. (978-1-5259-2060-8(X)) Kidkiddos Bks.

I Love to Sleep in My Own Bed (Serbian English Bilingual Book - Cyrillic Alphabet) Shelley Admont & Kidkiddos Books. 2020. (Serbian English Bilingual Collection - Cyrillic Ser.). (SRP., Illus.). 36p. (J). (gr. k-3). (978-1-5259-2064-6(2)); pap. (978-1-5259-2063-9(4)) Kidkiddos Bks.

I Love to Sleep in My Own Bed (Serbian English Bilingual Book for Kids) Serbian-Latin Alphabet. Shelley Admont & Kidkiddos Books. l.t. ed. 2021. (Serbian English Bilingual Collection- Latin Ser.). (SRP., Illus.). 36p. (J). (gr. k-3). (978-1-5259-4886-2(5)); pap. (978-1-5259-4885-5(7)) Kidkiddos Bks.

I Love to Sleep in My Own Bed (Swedish Children's Book) Shelley Admont & Kidkiddos Books. l.t. ed. 2020. (Swedish Bedtime Collection). (SWE.). 36p. (J). (gr. k-3). pap. (978-1-5259-3340-0(X)) Kidkiddos Bks.

I Love to Sleep in My Own Bed (Swedish English Bilingual Book for Kids) Shelley Admont & Kidkiddos Books. 2nd ed. 2020. (Swedish English Bilingual Collection). (SWE.). 36p. (J). (gr. k-3). pap. (978-1-5259-3339-4(6)) Kidkiddos Bks.

I Love to Sleep in My Own Bed (Thai Book for Kids) Shelley Admont & Kidkiddos Books. l.t. ed. 2022. (Thai Bedtime Collection). (THA., Illus.). 36p. (J). (978-1-5259-6253-0(1)); pap. (978-1-5259-6252-3(3)) Kidkiddos Bks.

I Love to Sleep in My Own Bed (Thai English Bilingual Book for Kids) Shelley Admont & Kidkiddos Books. l.t. ed. 2022. (Thai English Bilingual Collection). (THA., Illus.). 36p. (J). (978-1-5259-6256-1(6)); pap. (978-1-5259-6255-4(8)) Kidkiddos Bks.

I Love to Sleep in My Own Bed (Turkish Edition) Shelley Admont & Kidkiddos Books. 2020. (Turkish Bedtime Collection). (TUR., Illus.). 36p. (J). (gr. k-3). (978-1-5259-2258-9(0)); pap. (978-1-5259-2257-2(2)) Kidkiddos Bks.

I Love to Sleep in My Own Bed (Turkish English Bilingual Book) Shelley Admont & Kidkiddos Books. 2020. (Turkish English Bilingual Collection). (TUR., Illus.). 36p. (J). (gr. k-3). (978-1-5259-2261-9(0)); pap. (978-1-5259-2260-2(2)) Kidkiddos Bks.

I Love to Sleep in My Own Bed (Ukrainian English Bilingual Book for Kids) Shelley Admont & Kidkiddos Books. l.t. ed. 2021. (Ukrainian English Bilingual Collection). (UKR., Illus.). 36p. (J). (gr. k-3). (978-1-5259-5018-6(5)); pap. (978-1-5259-5017-9(7)) Kidkiddos Bks.

I Love to Sleep in My Own Bed (Vietnamese Children's Book) Shelley Admont & Kidkiddos Books. 2nd l.t. ed. 2020. (Vietnamese Bedtime Collection). (VIE.). 36p. (J). (gr. k-3). pap. (978-1-5259-3103-1(2)) Kidkiddos Bks.

I Love to Sleep in My Own Bed (Vietnamese English Bilingual Book for Kids) Shelley Admont & Kidkiddos Books. l.t. ed. 2021. (Vietnamese English Bilingual Collection). (VIE.). 36p. (J). (gr. k-3). (978-1-5259-5152-7(1)); pap. (978-1-5259-5151-0(3)) Kidkiddos Bks.

I Love to Sleep in My Own Bed (Welsh Children's Book) Shelley Admont & Kidkiddos Books. l.t. ed. 2022. (Welsh Bedtime Collection). (WEL., Illus.). 38p. (J). (978-1-5259-6838-9(6)); pap. (978-1-5259-6837-2(8)) Kidkiddos Bks.

I Love to Sleep in My Own Bed (Welsh English Bilingual Book for Children) Shelley Admont & Kidkiddos Books. l.t. ed. 2022. (Welsh English Bilingual Collection). (WEL., Illus.). 38p. (J). (978-1-5259-6841-9(6)); pap. (978-1-5259-6840-2(8)) Kidkiddos Bks.

I Love to Sleep in My Own Bed/con Muon Ngu Tren Giuong Cua Con. Shelley Admont. 2017. (English Vietnamese Bilingual Collection). (ENG & VIE., Illus.). (J). (gr. k-3). pap. (978-1-5259-0328-1(4)) Kidkiddos Bks.

I Love to Tell the Truth. Shelley Admont. 2017. (English Japanese Bilingual Collection). (JPN., Illus.). (J). (gr. k-3). pap. (978-1-5259-0411-0(6)) Kidkiddos Bks.

I Love to Tell the Truth. Shelley Admont & Kidkiddos Books. 2nd ed. 2019. (I Love To... Ser.). (ENG., Illus.). 34p. (J). (gr. k-3). pap. (978-1-5259-1392-1(1)) Kidkiddos Bks.

I Love to Tell the Truth: English Farsi - Persian. Shelley Admont & Kidkiddos Books. 2018. (English Farsi Bilingual Collection). (PER., Illus.). 34p. (J). (gr. k-3). (978-1-5259-0994-8(0)); pap. (978-1-5259-0993-1(2)) Kidkiddos Bks.

I Love to Tell the Truth: English Greek Bilingual Edition. Shelley Admont & S. a Publishing. 2016. (English Greek Bilingual Collection). (GRE., Illus.). (J). (gr. k-3). (978-1-77268-924-2(6)); pap. (978-1-77268-923-5(8)) Shelley Admont Publishing.

I Love to Tell the Truth: English Hindi Bilingual Book. Shelley Admont & Kidkiddos Books. 2019. (English Hindi Bilingual Collection). (HIN.). 34p. (J). (gr. k-3). (978-1-5259-1375-4(1)); pap. (978-1-5259-1374-7(3)) Kidkiddos Bks.

I Love to Tell the Truth: English Hungarian Bilingual. Shelley Admont & S. a Publishing. 2018. (English Hungarian Bilingual Collection). (HUN., Illus.). 34p. (J). (gr. k-3). (978-1-5259-0959-7(2)); pap. (978-1-5259-0958-0(4)) Kidkiddos Bks.

I Love to Tell the Truth: English Hungarian Bilingual. Shelley Admont & Kidkiddos Books. 2nd ed. 2020. (English Hungarian Bilingual Collection). (HUN., Illus.). 34p. (J). (gr. k-3). pap. (978-1-5259-2085-1(5)) Kidkiddos Bks.

I Love to Tell the Truth: English Japanese Bilingual Children's Books. Shelley Admont. 2017. (English Japanese Bilingual Collection). (JPN., Illus.). (J). (gr. k-3). (978-1-5259-0412-7(4)) Kidkiddos Bks.

I Love to Tell the Truth: English Portuguese Bilingual Book for Kids. Shelley Admont. 2017. (English Portuguese Bilingual Collection). (POR., Illus.). (J). (gr. k-3). pap. (978-1-5259-0464-6(7)) Kidkiddos Bks.

I Love to Tell the Truth: English Portuguese Bilingual Children's Book. Shelley Admont. 2017. (English Portuguese Bilingual Collection). (POR., Illus.). (J). (gr. k-3). (978-1-5259-0465-3(5)) Kidkiddos Bks.

I Love to Tell the Truth: English Romanian Bilingual Edition. Shelley Admont & S. a Publishing. 2016. (English Romanian Bilingual Collection). (RUM., Illus.). (J). (gr. k-3). (978-1-5259-0011-2(0)); pap. (978-1-5259-0010-5(2)) Shelley Admont Publishing.

I Love to Tell the Truth: English Romanian Bilingual Edition. Shelley Admont & Kidkiddos Books. 2nd ed. 2019. (English Romanian Bilingual Collection). (RUM., Illus.). 34p. (J). (gr. k-3). pap. (978-1-5259-1428-7(6)) Kidkiddos Bks.

I Love to Tell the Truth: English Russian Bilingual Book. Shelley Admont & Kidkiddos Books. 2nd ed. 2019. (English Russian Bilingual Collection). (RUS.). 34p. (J). (gr. k-3). pap. (978-1-5259-1321-1(2)) Kidkiddos Bks.

I Love to Tell the Truth: English Ukrainian Bilingual Children's Book. Shelley Admont. 2017. (English Ukrainian Bilingual Collection). (UKR., Illus.). (J). (gr. k-3). (978-1-5259-0455-4(8)); 34p. pap. (978-1-5259-0454-7(X)) Kidkiddos Bks.

I Love to Tell the Truth: English Vietnamese Bilingual Edition. Shelley Admont. 2016. (English Vietnamese Bilingual Collection). (VIE., Illus.). (J). (gr. k-3). (978-1-5259-0203-1(2)); pap. (978-1-5259-0202-4(4)) Kidkiddos Bks.

I Love to Tell the Truth: Greek Edition. Shelley Admont & S. a Publishing. 2016. (Greek Bedtime Collection). (GRE., Illus.). (J). (gr. k-3). (978-1-77268-926-6(2)); pap. (978-1-77268-925-9(4)) Shelley Admont Publishing.

I Love to Tell the Truth: Greek English Bilingual Edition. Shelley Admont. 2016. (Greek English Bilingual Collection). (GRE., Illus.). (J). (gr. k-3). (978-1-5259-0177-5(X)); pap. (978-1-5259-0176-8(1)) Kidkiddos Bks.

I Love to Tell the Truth: Hindi Children's Book. Shelley Admont & Kidkiddos Books. 2019. (Hindi Bedtime Collection). (HIN., Illus.). 34p. (J). (gr. k-3). (978-1-5259-1378-5(6)); pap. (978-1-5259-1377-8(8)) Kidkiddos Bks.

I Love to Tell the Truth: Hungarian Edition. Shelley Admont & S. a Publishing. 2018. (Hungarian Bedtime Collection). (HUN., Illus.). 34p. (J). (gr. k-3). (978-1-5259-0962-7(2)); pap. (978-1-5259-0961-0(4)) Kidkiddos Bks.

I Love to Tell the Truth: Japanese Language Children's Book. Shelley Admont. 2017. (Japanese Bedtime Collection). (JPN., Illus.). (J). (gr. k-3). (978-1-5259-0415-8(9)); pap. (978-1-5259-0414-1(0)) Kidkiddos Bks.

I Love to Tell the Truth: Korean English Bilingual Edition. Shelley Admont & S. a Publishing. 2016. (Korean English Bilingual Collection). (KOR., Illus.). (J). (gr. k-3). (978-1-77268-907-5(6)); pap. (978-1-77268-906-8(8)) Shelley Admont Publishing.

I Love to Tell the Truth: Portuguese Book for Kids. Shelley Admont. 2017. (Portuguese Bedtime Collection). (POR., Illus.). (J). (gr. k-3). pap. (978-1-5259-0467-7(1)) Kidkiddos Bks.

I Love to Tell the Truth: Portuguese English. Shelley Admont & Kidkiddos Books. 2019. (English Portuguese Bilingual Collection). (POR., Illus.). 34p. (J). (gr. k-3). (978-1-5259-1120-0(1)); pap. (978-1-5259-1119-4(8)) Kidkiddos Bks.

I Love to Tell the Truth: Portuguese Language Children's Book. Shelley Admont. 2017. (Portuguese Bedtime Collection). (POR., Illus.). (J). (gr. k-3). (978-1-5259-0468-4(X)) Kidkiddos Bks.

I Love to Tell the Truth: Romanian Edition. Shelley Admont & S. a Publishing. 2016. (Romanian Bedtime Collection). (RUM., Illus.). (J). (gr. k-3). (978-1-5259-0013-6(7)); pap. (978-1-5259-0012-9(9)) Shelley Admont Publishing.

I Love to Tell the Truth: Serbian Edition. Shelley Admont. 2017. (Serbian Bedtime Collection). (SRP., Illus.). (J). (gr. k-3). (978-1-5259-0317-5(9)); pap. (978-1-5259-0316-8(0)) Kidkiddos Bks.

I Love to Tell the Truth: Ukrainian Language Book for Kids. Shelley Admont. 2017. (Ukrainian Bedtime Collection). (UKR., Illus.). (J). (gr. k-3). (978-1-5259-0457-8(4)); pap. (978-1-5259-0456-1(6)) Kidkiddos Bks.

I Love to Tell the Truth: Vietnamese Edition. Shelley Admont. 2016. (Vietnamese Bedtime Collection). (VIE., Illus.). (J). (gr. k-3). (978-1-5259-0205-5(9)); pap. (978-1-5259-0204-8(0)) Kidkiddos Bks.

I Love to Tell the Truth - Greek Edition. Shelley Admont & Kidkiddos Books. 2nd ed. 2019. (Greek Bedtime Collection). (GRE., Illus.). 34p. (J). (gr. k-3). pap. (978-1-5259-1611-3(4)) Kidkiddos Bks.

I Love to Tell the Truth (Japanese English Bilingual Book for Kids) Shelley Admont & Kidkiddos Books. l.t. ed. 2020. (Japanese English Bilingual Collection). (JPN., Illus.). 34p. (J). (gr. k-3). (978-1-5259-3998-3(X)); pap. (978-1-5259-3997-6(1)) Kidkiddos Bks.

I Love to Tell the Truth (Afrikaans Book for Kids) Shelley Admont & Kidkiddos Books. l.t. ed. 2021. (AFR.). 34p. (J). (978-1-5259-5797-0(X)); pap. (978-1-5259-5796-3(1)) Kidkiddos Bks.

I Love to Tell the Truth (Afrikaans English Bilingual Book for Kids) Shelley Admont & Kidkiddos Books. l.t. ed. 2022. (Afrikaans English Bilingual Collection). (AFR.). 34p. (J). (978-1-5259-5800-7(3)); pap. (978-1-5259-5799-4(6)) Kidkiddos Bks.

I Love to Tell the Truth (Albanian Book for Kids) Shelley Admont & Kidkiddos Books. l.t. ed. 2021. (Albanian Bedtime Collection). (ALB.). 34p. (J). (gr. k-3). (978-1-5259-5128-2(9)); pap. (978-1-5259-5127-5(0)) Kidkiddos Bks.

I Love to Tell the Truth (Albanian English Bilingual Children's Book) Shelley Admont & Kidkiddos Books. l.t. ed. 2021. (Albanian English Bilingual Collection). (ALB.). 34p. (J). (gr. k-3). (978-1-5259-5131-2(9)); pap. (978-1-5259-5130-5(0)) Kidkiddos Bks.

I Love to Tell the Truth (Bengali Book for Kids) Kidkiddos Books. l.t. ed. 2022. (Bengali Bedtime Collection). (BEN.). 34p. (J). (978-1-5259-6553-1(0)); pap. (978-1-5259-6552-4(2)) Kidkiddos Bks.

I Love to Tell the Truth (Bengali English Bilingual Children's Book) Kidkiddos Books. l.t. ed. 2022. (Bengali English Bilingual Collection). (BEN.). 34p. (J). (978-1-5259-6556-2(5)); pap. (978-1-5259-6555-5(7)) Kidkiddos Bks.

I Love to Tell the Truth (Bilingual Spanish Children's Book) Spanish English Book for Kids. Shelley Admont & S. a Publishing. 2018. (Spanish English Bilingual Collection). (SPA., Illus.). 34p. (J). (gr. k-3). (978-1-5259-0790-6(5)) Shelley Admont Publishing.

I Love to Tell the Truth (Bulgarian Book for Kids) Shelley Admont & Kidkiddos Books. l.t. ed. 2020. (BUL.). 34p. (J). (gr. k-3). (978-1-5259-3080-5(X)); pap. (978-1-5259-3079-9(6)) Kidkiddos Bks.

I Love to Tell the Truth (Bulgarian English Bilingual Book for Kids) Shelley Admont & Kidkiddos Books. l.t. ed. 2020. (Bulgarian English Bilingual Collection). (BUL.). 34p. (J). (gr. k-3). (978-1-5259-3083-6(4)); pap. (978-1-5259-3082-9(6)) Kidkiddos Bks.

I Love to Tell the Truth (Chinese Book for Kids - Mandarin Simplified) Shelley Admont & Kidkiddos Books. 2nd l.t. ed. 2020. (Chinese Bedtime Collection). (CHI., Illus.). 34p. (J). (gr. k-3). pap. (978-1-5259-3922-8(X)) Kidkiddos Bks.

I Love to Tell the Truth (Chinese English Bilingual Book for Kids - Mandarin Simplified) Shelley Admont & Kidkiddos Books. 2nd l.t. ed. 2020. (Chinese English Bilingual Collection). (CHI.). 34p. (J). (gr. k-3). (978-1-5259-4249-5(2)); pap. (978-1-5259-4248-8(4)) Kidkiddos Bks.

I Love to Tell the Truth (Croatian Book for Kids) Shelley Admont & Kidkiddos Books. l.t. ed. 2021. (Croatian Bedtime Collection). (HRV.). 34p. (J). (gr. k-3). (978-1-5259-5137-4(8)); pap. (978-1-5259-5136-7(X)) Kidkiddos Bks.

I Love to Tell the Truth (Croatian English Bilingual Children's Book) Shelley Admont & Kidkiddos Books. l.t. ed. 2021. (Croatian English Bilingual Collection). (HRV.). 34p. (J). (gr. k-3). (978-1-5259-5140-4(8)); pap. (978-1-5259-5139-8(4)) Kidkiddos Bks.

I Love to Tell the Truth (Czech Children's Book) Shelley Admont & Kidkiddos Books. l.t. ed. 2021. (Czech Bedtime Collection). (CZE.). 34p. (J). (gr. k-3). (978-1-5259-4504-5(1)); pap. (978-1-5259-4503-8(3)) Kidkiddos Bks.

I Love to Tell the Truth (Czech English Bilingual Children's Book) Shelley Admont & Kidkiddos Books. l.t. ed. 2021. (Czech English Bilingual Collection). (CZE.). 34p. (J). (gr. k-3). (978-1-5259-4507-6(6)); pap. (978-1-5259-4506-9(8)) Kidkiddos Bks.

I Love to Tell the Truth (Danish Book for Children) Shelley Admont & Kidkiddos Books. l.t. ed. 2020. (Danish Bedtime Collection). (DAN.). 34p. (J). (gr. k-3). (978-1-5259-3035-5(4)); pap. (978-1-5259-3034-8(6)) Kidkiddos Bks.

I Love to Tell the Truth (Danish English Bilingual Book for Children) Shelley Admont & Kidkiddos Books. l.t. ed. 2020. (Danish English Bilingual Collection). (DAN.). 34p. (J). (gr. k-3). (978-1-5259-3038-6(9)); pap. (978-1-5259-3037-9(0)) Kidkiddos Bks.

I Love to Tell the Truth (English Afrikaans Bilingual Children's Book) Shelley Admont & Kidkiddos Books. 2021. (AFR.). 36p. (J). (978-1-5259-5794-9(5)) Kidkiddos Bks.

I Love to Tell the Truth (English Afrikaans Bilingual Children's Book) Kidkiddos Books. 2021. (AFR.). 36p. (J). pap. (978-1-5259-5793-2(7)) Kidkiddos Bks.

I Love to Tell the Truth (English Albanian Bilingual Children's Book) Shelley Admont & Kidkiddos Books. l.t.

ed. 2021. (English Albanian Bilingual Collection). (ALB.). 34p. (J). (gr. k-3). *(978-1-5259-5125-1(4))*; pap. *(978-1-5259-5124-4(6))* Kidkiddos Bks.

I Love to Tell the Truth (English Arabic Bilingual Book) Shelley Admont & Kidkiddos Books. 2nd ed. 2019. (English Arabic Bilingual Collection). (ARA., Illus.). 34p. (J). (gr. k-3). pap. *(978-1-5259-1903-9(2))* Kidkiddos Bks.

I Love to Tell the Truth (English Arabic Book for Kids) Arabic Children's Book. Shelley Admont & S. a Publishing. 2017. (English Arabic Bilingual Collection). (ARA., Illus.). 34p. (J). (gr. k-3). pap. *(978-1-5259-0586-5(4))* Kidkiddos Bks.

I Love to Tell the Truth (English Arabic Book for Kids) English Arabic Bilingual Collection. Shelley Admont & S. a Publishing. 2017. (English Arabic Bilingual Collection). (ARA., Illus.). 34p. (J). (gr. k-3). *(978-1-5259-0587-2(2))* Kidkiddos Bks.

I Love to Tell the Truth (English Bengali Bilingual Children's Book) Kidkiddos Books. l.t. ed. 2022. (English Bengali Bilingual Collection). (BEN.). 34p. (J). *(978-1-5259-6550-0(6))*; pap. *(978-1-5259-6549-4(2))* Kidkiddos Bks.

I Love to Tell the Truth (English Bulgarian Bilingual Children's Book) Shelley Admont & Kidkiddos Books. l.t. ed. 2020. (English Bulgarian Bilingual Collection). (BUL.). 34p. (J). (gr. k-3). *(978-1-5259-3077-5(X))*; pap. *(978-1-5259-3076-8(1))* Kidkiddos Bks.

I Love to Tell the Truth (English Chinese Bilingual Book) Shelley Admont & Kidkiddos Books. 2nd ed. 2019. (English Chinese Bilingual Collection). (CHI., Illus.). 34p. (J). (gr. k-3). pap. *(978-1-5259-1792-9(7))* Kidkiddos Bks.

I Love to Tell the Truth (English Croatian Bilingual Children's Book) Shelley Admont & Kidkiddos Books. l.t. ed. 2021. (English Croatian Bilingual Collection). (HRV.). 34p. (J). (gr. k-3). *(978-1-5259-5134-3(3))*; pap. *(978-1-5259-5133-6(5))* Kidkiddos Bks.

I Love to Tell the Truth (English Czech Bilingual Book for Kids) Shelley Admont & Kidkiddos Books. l.t. ed. 2021. (English Czech Bilingual Collection). (CZE.). 34p. (J). (gr. k-3). *(978-1-5259-4501-4(7))*; pap. *(978-1-5259-4500-7(9))* Kidkiddos Bks.

I Love to Tell the Truth (English Danish Bilingual Book for Kids) Shelley Admont & Kidkiddos Books. l.t. ed. 2020. (English Danish Bilingual Collection). (DAN.). 34p. (J). (gr. k-3). *(978-1-5259-3032-4(X))*; pap. *(978-1-5259-3031-7(1))* Kidkiddos Bks.

I Love to Tell the Truth (English Greek Bilingual Book for Kids) Shelley Admont & Kidkiddos Books. 2nd l.t. ed. 2020. (English Greek Bilingual Collection). (GRE.). 34p. (J). (gr. k-3). pap. *(978-1-5259-3838-2(X))* Kidkiddos Bks.

I Love to Tell the Truth (English Hebrew Bilingual Book) Shelley Admont & Kidkiddos Books. 2nd ed. 2019. (English Hebrew Bilingual Collection). (HEB., Illus.). 34p. (J). (gr. k-3). pap. *(978-1-5259-1441-6(3))* Kidkiddos Bks.

I Love to Tell the Truth (English Hebrew Book for Kids) Hebrew Children's Book. Shelley Admont & S. a Publishing. 2018. (English Hebrew Bilingual Collection). (HEB., Illus.). 34p. (J). (gr. k-3). *(978-1-5259-0818-7(9))*; pap. *(978-1-5259-0817-0(0))* Kidkiddos Bks.

I Love to Tell the Truth (English Irish Bilingual Children's Book) Shelley Admont. l.t. ed. 2023. (English Irish Bilingual Collection). (GLE.). 34p. (J). pap. ***(978-1-5259-7031-3(3))*** Kidkiddos Bks.

I Love to Tell the Truth (English Irish Bilingual Children's Book) Kidkiddos Books. l.t. ed. 2023. (English Irish Bilingual Collection). (GLE.). 34p. (J). ***(978-1-5259-7032-0(1))*** Kidkiddos Bks.

I Love to Tell the Truth (English Japanese Bilingual Book) Shelley Admont & Kidkiddos Books. 2nd ed. 2019. (JPN., Illus.). 34p. (J). (gr. k-3). pap. *(978-1-5259-1826-1(5))* Kidkiddos Bks.

I Love to Tell the Truth (English Korean Bilingual Book) Shelley Admont & Kidkiddos Books. 2nd ed. 2019. (English Korean Bilingual Collection). (KOR., Illus.). 34p. (J). (gr. k-3). pap. *(978-1-5259-1601-4(7))* Kidkiddos Bks.

I Love to Tell the Truth (English Macedonian Bilingual Children's Book) Kidkiddos Books. 2023. (English Macedonian Bilingual Collection). (MAC.). 34p. (J). pap. ***(978-1-5259-7077-1(1))***; ***(978-1-5259-7078-8(X))*** Kidkiddos Bks.

I Love to Tell the Truth (English Malay Bilingual Book for Kids) Shelley Admont & Kidkiddos Books. l.t. ed. 2020. (English Malay Bilingual Collection). (MAY.). 34p. (J). (gr. k-3). *(978-1-5259-3610-4(7))*; pap. *(978-1-5259-3609-8(3))* Kidkiddos Bks.

I Love to Tell the Truth (English Persian -Farsi Bilingual Book) Shelley Admont & Kidkiddos Books. 2nd ed. 2019. (English Farsi Bilingual Collection). (PER., Illus.). 34p. (J). (gr. k-3). *(978-1-5259-1723-3(4))*; pap. *(978-1-5259-1697-7(1))* Kidkiddos Bks.

I Love to Tell the Truth (English Polish Bilingual Book) Shelley Admont & Kidkiddos Books. 2nd ed. 2019. (English Polish Bilingual Collection). (POL., Illus.). 34p. (J). (gr. k-3). pap. *(978-1-5259-1730-1(7))* Kidkiddos Bks.

I Love to Tell the Truth (English Polish Book for Kids) Polish Children's Book. Shelley Admont & S. a Publishing. 2017. (English Polish Bilingual Collection). (POL., Illus.). 34p. (J). (gr. k-3). *(978-1-5259-0613-8(5))*; pap. *(978-1-5259-0612-1(7))* Kidkiddos Bks.

I Love to Tell the Truth (English Portuguese Bilingual Book for Kids - Portugal) European Portuguese. Shelley Admont & Kidkiddos Books. l.t. ed. 2020. (English Portuguese Bilingual Collection - Portugal Ser.). (POR.). 34p. (J). (gr. k-3). *(978-1-5259-3404-9(X))* Kidkiddos Bks.

I Love to Tell the Truth (English Portuguese Bilingual Book for Kids - Portugal) European Portuguese. Kidkiddos Books & Shelley Admont. l.t. ed. 2020. (English Portuguese Bilingual Collection - Portugal Ser.). (POR.). 34p. (J). pap. *(978-1-5259-3403-2(1))* Kidkiddos Bks.

I Love to Tell the Truth (English Punjabi Bilingual Children's Book - Gurmukhi) Punjabi Gurmukhi India. Shelley Admont & Kidkiddos Books. l.t. ed. 2020. (English Punjabi Bilingual Collection - India Ser.). (PAN.). 34p. (J). (gr. k-3). *(978-1-5259-4337-9(5))*; pap. *(978-1-5259-4336-2(7))* Kidkiddos Bks.

I Love to Tell the Truth (English Serbian Bilingual Book for Kids) Serbian Children's Book - Latin Alphabet. Shelley Admont & Kidkiddos Books. 2nd l.t. ed. 2020. (SRP.). 34p. (J). (gr. k-3). pap. *(978-1-5259-2663-1(2))* Kidkiddos Bks.

I Love to Tell the Truth (English Swedish Bilingual Book for Kids) Shelley Admont & Kidkiddos Books. l.t. ed. 2020. (English Swedish Bilingual Collection). (SWE.). 34p. (J). (gr. k-3). *(978-1-5259-3781-1(2))*; pap. *(978-1-5259-3780-4(4))* Kidkiddos Bks.

I Love to Tell the Truth (English Thai Bilingual Book for Kids) Kidkiddos Books. l.t. ed. 2022. (English Thai Bilingual Collection). (THA.). 34p. (J). *(978-1-5259-6316-2(3))*; pap. *(978-1-5259-6315-5(5))* Kidkiddos Bks.

I Love to Tell the Truth (English Turkish Bilingual Children's Book) Shelley Admont & Kidkiddos Books. l.t. ed. 2020. (English Turkish Bilingual Collection). (TUR.). 34p. (J). (gr. k-3). *(978-1-5259-3492-6(9))*; pap. *(978-1-5259-3491-9(0))* Kidkiddos Bks.

I Love to Tell the Truth (English Urdu Bilingual Book for Kids) Shelley Admont & Kidkiddos Books. l.t. ed. 2021. (English Urdu Bilingual Collection). (URD.). 34p. (J). (gr. k-3). *(978-1-5259-4748-3(6))*; pap. *(978-1-5259-4747-6(8))* Kidkiddos Bks.

I Love to Tell the Truth (English Vietnamese Bilingual Book for Kids) Shelley Admont & Kidkiddos Books. 2nd l.t. ed. 2020. (English Vietnamese Bilingual Collection). (VIE.). 34p. (J). (gr. k-3). pap. *(978-1-5259-4079-8(1))* Kidkiddos Bks.

I Love to Tell the Truth (English Welsh Bilingual Book for Kids) Kidkiddos Books. l.t. ed. 2023. (English Welsh Bilingual Collection). (WEL.). 34p. (J). ***(978-1-5259-7087-0(9))***; pap. ***(978-1-5259-7086-3(0))*** Kidkiddos Bks.

I Love to Tell the Truth (French English Bilingual Book) Shelley Admont & Kidkiddos Books. 2nd ed. 2019. (French English Bilingual Collection). (FRE., Illus.). 34p. (J). (gr. k-3). pap. *(978-1-5259-1745-5(5))* Kidkiddos Bks.

I Love to Tell the Truth (German Book for Kids) Shelley Admont & Kidkiddos Books. 2nd l.t. ed. 2020. (German Bedtime Collection). (GER.). 34p. (J). (gr. k-3). pap. *(978-1-5259-3343-1(4))* Kidkiddos Bks.

I Love to Tell the Truth Gusto Kong Magsabi Ng Totoo: English Tagalog Bilingual Book. Shelley Admont & Kidkiddos Books. 2nd ed. 2019. (English Tagalog Bilingual Collection). (TGL., Illus.). 34p. (J). (gr. k-3). pap. *(978-1-5259-1653-3(X))* Kidkiddos Bks.

I Love to Tell the Truth (Hungarian English Bilingual Children's Book) Shelley Admont & Kidkiddos Books. l.t. ed. 2021. (Hungarian English Bilingual Collection). (HUN., Illus.). 34p. (J). (gr. k-3). *(978-1-5259-4961-6(6))*; pap. *(978-1-5259-4960-9(8))* Kidkiddos Bks.

I Love to Tell the Truth Ich Sage Gern Die Wahrheit: English German Bilingual Edition. Shelley Admont & Kidkiddos Books. Tr. by Tess Parthum. 2nd ed. 2019. (English German Bilingual Collection). (GER., Illus.). 34p. (J). (gr. k-3). pap. *(978-1-5259-1156-9(2))* Kidkiddos Bks.

I Love to Tell the Truth Ik Hou Ervan de Waarheid Te Vertellen: English Dutch Bilingual Edition. Shelley Admont & S. a Publishing. 2016. (DUT., Illus.). (J). pap. *(978-1-77268-964-8(5))*; *(978-1-77268-965-5(3))* Shelley Admont Publishing.

I Love to Tell the Truth (Irish Book for Kids) Shelley Admont. l.t. ed. 2023. (Irish Bedtime Collection). (GLE.). 34p. (J). ***(978-1-5259-7035-1(6))***; pap. ***(978-1-5259-7034-4(8))*** Kidkiddos Bks.

I Love to Tell the Truth (Irish English Bilingual Book for Kids) Shelley Admont. l.t. ed. 2023. (Irish Bedtime Bilingual Collection). (GLE.). 34p. (J). ***(978-1-5259-7038-2(0))***; pap. ***(978-1-5259-7037-5(2))*** Kidkiddos Bks.

I Love to Tell the Truth J'aime Dire la Vérité: English French Bilingual Book. Shelley Admont & Kidkiddos Books. 2nd ed. 2019. (English French Bilingual Collection). (FRE.). 34p. (J). (gr. k-3). pap. *(978-1-5259-1294-8(1))* Kidkiddos Bks.

I Love to Tell the Truth (Korean English Bilingual Book) Shelley Admont & Kidkiddos Books. 2nd ed. 2019. (Korean English Bilingual Collection). (KOR., Illus.). 34p. (J). (gr. k-3). pap. *(978-1-5259-1630-4(0))* Kidkiddos Bks.

I Love to Tell the Truth (Macedonian Book for Kids) Kidkiddos Books. l.t. ed. 2023. (Macedonian Bedtime Collection). (MAC.). 34p. (J). ***(978-1-5259-7081-8(X))***; pap. ***(978-1-5259-7080-1(1))*** Kidkiddos Bks.

I Love to Tell the Truth (Macedonian English Bilingual Children's Book) Kidkiddos Books. l.t. ed. 2023. (Macedonian English Bilingual Collection). (MAC.). 32p. (J). ***(978-1-5259-7084-9(4))***; pap. ***(978-1-5259-7083-2(6))*** Kidkiddos Bks.

I Love to Tell the Truth (Malay Children's Book) Shelley Admont & Kidkiddos Books. l.t. ed. 2020. (Malay Bedtime Collection). (MAY.). 34p. (J). (gr. k-3). *(978-1-5259-3613-5(1))*; pap. *(978-1-5259-3612-8(3))* Kidkiddos Bks.

I Love to Tell the Truth (Malay English Bilingual Children's Book) Shelley Admont & Kidkiddos Books. l.t. ed. 2020. (Malay English Bilingual Collection). (MAY.). 34p. (J). (gr. k-3). *(978-1-5259-3616-6(6))*; pap. *(978-1-5259-3615-9(8))* Kidkiddos Bks.

I Love to Tell the Truth Me Encanta Decir la Verdad: English Spanish Bilingual Book. Shelley Admont & Kidkiddos Books. 2nd ed. 2019. (English Spanish Bilingual Collection). (SPA., Illus.). 34p. (J). (gr. k-3). pap. *(978-1-5259-1907-7(5))* Kidkiddos Bks.

I Love to Tell the Truth (Polish English Bilingual Book for Kids) Shelley Admont & Kidkiddos Books. l.t. ed. 2021. (Polish English Bilingual Collection). (POL., Illus.). 34p. (J). (gr. k-3). *(978-1-5259-5194-7(7))*; pap. *(978-1-5259-5193-0(9))* Kidkiddos Bks.

I Love to Tell the Truth (Polish Kids Book) Polish Children's Book. Shelley Admont & S. a Publishing. 2018. (Polish Bedtime Collection). (POL., Illus.). 34p. (J). (gr. k-3). *(978-1-5259-0615-2(1))*; pap. *(978-1-5259-0614-5(3))* Kidkiddos Bks.

I Love to Tell the Truth (Portuguese Book for Children - Brazilian) Brazilian Portuguese Edition. Shelley Admont & Kidkiddos Books. 2nd l.t. ed. 2020. (Portuguese Bedtime Collection - Brazil Ser.). (POR., Illus.). 34p. (J). (gr. k-3). pap. *(978-1-5259-3459-9(7))* Kidkiddos Bks.

I Love to Tell the Truth (Portuguese Book for Children - Portugal) European Portuguese. Shelley Admont & Kidkiddos Books. l.t. ed. 2020. (Portuguese Bedtime Collection - Portugal Ser.). (POR.). 34p. (J). (gr. k-3). *(978-1-5259-3407-0(4))*; pap. *(978-1-5259-3406-3(6))* Kidkiddos Bks.

I Love to Tell the Truth (Portuguese English Bilingual Children's Book - Portugal) European Portuguese. Shelley Admont & Kidkiddos Books. l.t. ed. 2020. (Portuguese English Bilingual Collection - Portugal Ser.). (POR.). 34p. (J). (gr. k-3). *(978-1-5259-3410-0(4))*; pap. *(978-1-5259-3409-4(0))* Kidkiddos Bks.

I Love to Tell the Truth (Portuguese Russian Bilingual Book - Brazilian) Shelley Admont & Kidkiddos Books. 2020. (Portuguese Russian Bilingual Collection). (POR., Illus.). 34p. (J). (gr. k-3). *(978-1-5259-2601-3(2))*; pap. *(978-1-5259-2600-6(4))* Kidkiddos Bks.

I Love to Tell the Truth (Punjabi Book for Kids - Gurmukhi) Punjabi Gurmukhi India. Shelley Admont & Kidkiddos Books. l.t. ed. 2020. (Punjabi Bedtime Collection - India Ser.). (PAN.). 34p. (J). (gr. k-3). *(978-1-5259-4340-9(5))*; pap. *(978-1-5259-4339-3(1))* Kidkiddos Bks.

I Love to Tell the Truth (Punjabi English Bilingual Book for Kids - Gurmukhi) Punjabi Gurmukhi India. Shelley Admont & Kidkiddos Books. l.t. ed. 2020. (Punjabi English Bilingual Collection - India Ser.). (PAN.). 34p. (J). (gr. k-3). *(978-1-5259-4343-0(X))*; pap. *(978-1-5259-4342-3(1))* Kidkiddos Bks.

I Love to Tell the Truth (Romanian English Bilingual Book for Kids) Shelley Admont & Kidkiddos Books. l.t. ed. 2021. (Romanian English Bilingual Collection). (RUM., Illus.). 34p. (J). (gr. k-3). *(978-1-5259-4991-3(8))*; pap. *(978-1-5259-4990-6(X))* Kidkiddos Bks.

I Love to Tell the Truth (Russian English Bilingual Book) Shelley Admont & Kidkiddos Books. 2nd ed. 2020. (Russian English Bilingual Collection). (RUS., Illus.). 34p. (J). (gr. k-3). pap. *(978-1-5259-2339-5(0))* Kidkiddos Bks.

I Love to Tell the Truth (Swedish Children's Book) Shelley Admont & Kidkiddos Books. l.t. ed. 2020. (Swedish Bedtime Collection). (SWE.). 34p. (J). (gr. k-3). *(978-1-5259-3784-2(7))*; pap. *(978-1-5259-3783-5(9))* Kidkiddos Bks.

I Love to Tell the Truth (Swedish English Bilingual Children's) Shelley Admont & Kidkiddos Books. l.t. ed. 2020. (Swedish English Bilingual Collection). (SWE.). 34p. (J). (gr. k-3). pap. *(978-1-5259-3786-6(3))* Kidkiddos Bks.

I Love to Tell the Truth (Swedish English Bilingual Children's Book) Shelley Admont & Kidkiddos Books. l.t. ed. 2020. (Swedish English Bilingual Collection). (SWE.). 34p. (J). (gr. k-3). *(978-1-5259-3787-3(1))* Kidkiddos Bks.

I Love to Tell the Truth (Thai Children's Book) Kidkiddos Books. l.t. ed. 2022. (Thai Bedtime Collection). (THA.). 34p. (J). *(978-1-5259-6319-3(8))*; pap. *(978-1-5259-6318-6(X))* Kidkiddos Bks.

I Love to Tell the Truth (Thai English Bilingual Book for Kids) Kidkiddos Books. l.t. ed. 2022. (Thai English Bilingual Collection). (THA.). 34p. (J). *(978-1-5259-6322-3(8))*; pap. *(978-1-5259-6321-6(X))* Kidkiddos Bks.

I Love to Tell the Truth (Turkish Book for Kids) Shelley Admont & Kidkiddos Books. l.t. ed. 2020. (Turkish Bedtime Collection). (TUR.). 34p. (J). (gr. k-3). *(978-1-5259-3495-7(3))*; pap. *(978-1-5259-3494-0(5))* Kidkiddos Bks.

I Love to Tell the Truth (Turkish English Bilingual Book for Kids) Shelley Admont & Kidkiddos Books. l.t. ed. 2020. (Turkish English Bilingual Collection). (TUR.). 34p. (J). (gr. k-3). *(978-1-5259-3498-8(8))*; pap. *(978-1-5259-3497-1(X))* Kidkiddos Bks.

I Love to Tell the Truth (Ukrainian English Bilingual Book for Kids) Shelley Admont & Kidkiddos Books. l.t. ed. 2022. (Ukrainian English Bilingual Collection). (UKR., Illus.). 34p. (J). *(978-1-5259-6238-7(8))*; pap. *(978-1-5259-6237-0(X))* Kidkiddos Bks.

I Love to Tell the Truth (Vietnamese English Bilingual Book) Shelley Admont & Kidkiddos Books. 2019. (Vietnamese English Bilingual Collection). (VIE., Illus.). 34p. (J). (gr. k-3). *(978-1-5259-1538-3(X))*; pap. *(978-1-5259-1537-6(1))* Kidkiddos Bks.

I Love to Tell the Truth Volim Da Govorim Istinu: English Serbian Bilingual Edition. Shelley Admont. 2017. (English Serbian Bilingual Collection). (SRP., Illus.). (J). (gr. k-3). *(978-1-5259-0315-1(2))*; pap. *(978-1-5259-0314-4(4))* Kidkiddos Bks.

I Love to Tell the Truth (Welsh Children's Book) Kidkiddos Books. l.t. ed. 2023. (Welsh Bedtime Collection). (WEL.). 34p. (J). ***(978-1-5259-7090-0(9))***; pap. ***(978-1-5259-7089-4(5))*** Kidkiddos Bks.

I Love to Tell the Truth (Welsh English Bilingual Children's Book) Kidkiddos Books. l.t. ed. 2023. (Welsh English Bilingual Collection). (WEL.). 34p. (J). ***(978-1-5259-7093-1(3))***; pap. ***(978-1-5259-7092-4(5))*** Kidkiddos Bks.

I Love Unicorns. Make Believe Ideas. Illus. by Lara Ede. (ENG.). (J). (gr. -1-7). 2020. 54p. pap. 6.99 *(978-1-78947-657-6(7))*; 2018. 86p. 9.99 *(978-1-78692-860-3(4))* Make Believe Ideas GBR. Dist: Scholastic, Inc.

I Love Unicorns Coloring. Make Believe Ideas. Illus. by Mark McKeown. 2021. (ENG.). 64p. (J). pap. 5.99 *(978-1-80058-623-9(X))* Make Believe Ideas GBR. Dist: Scholastic, Inc.

I Love Unicorns Coloring. Make Believe Ideas. 2020. (ENG.). 64p. (J). (gr. -1-7). 8.99 *(978-1-78947-447-3(7))* Make Believe Ideas GBR. Dist: Scholastic, Inc.

I Love Unicorns Coloring Book. Kreative Kids. 2016. (ENG., Illus.). (J). pap. 9.20 *(978-1-68377-364-1(0))* Whike, Traudl.

I Love Us: a Book about Family with Mirror & Fill-In Family Tree. Clarion Clarion Books. Illus. by Luisa Uribe. 2020. (ENG.). 24p. (J). (— 1). pap. 8.99 *(978-0-358-19330-2(3)*, 1762430, Clarion Bks.) HarperCollins Pubs.

I Love Vincent. Laura Ljungkvist. 2021. (ENG., Illus.). 32p. (J). 17.99 *(978-1-57687-986-3(0))* POW! Kids Bks.

I Love Visuals Activity Book Boys Age 11. Educando Kids. 2019. (ENG.). 42p. (J). pap. 8.55 *(978-1-64521-744-2(2)*, Educando Kids) Editorial Imagen.

I Love Walking in Water. Angel Arredondo. Illus. by Deb Johnson. 2022. (ENG.). 26p. (J). pap. 15.95 *(978-1-63765-231-2(3))* Halo Publishing International.

I Love When Daddy Reads to Me. Patrick Patterson et al. 2016. (ENG., Illus.). (J). 13.99 *(978-0-692-82284-5(4))* Two Little Pubs.

I Love Who I Am! A Book of Affirmations for Boys. Kimaada Le Gendre. 2019. (Naturebella's Kids Books Empowerment Ser.: Vol. 2). (ENG.). 26p. (J). pap. 11.95 *(978-1-7326320-6-6(5))* Le Gendre, Kimaada.

I Love Who I Am! A Book of Affirmations for Girls. Kimaada Le Gendre. 2019. (Naturebella's Kids Books Empowerment Ser.: Vol. 1). (ENG.). 30p. (J). pap. 11.95 *(978-1-7326320-9-7(X))* Le Gendre, Kimaada.

I Love Who I Am! Affirmation Coloring Book for Kids: Naturebella's Kids Empowerment Series. Kimaada Le Gendre. 2021. (ENG.). 50p. (J). pap. 8.95 *(978-1-7376409-0-5(2))* Le Gendre, Kimaada.

I Love Winter. Lizzie Scott. Illus. by Stephanie Fizer Coleman. 2021. (I Love the Seasons Ser.). (ENG.). 32p. (J). (gr. 1-4). pap. *(978-1-4271-2914-7(2)*, 10999); lib. bdg. *(978-1-4271-2910-9(X)*, 10994) Crabtree Publishing Co. (Crabtree Classics).

I Love Winter: Children's Seasons Book. Shelley Admont & Kidkiddos Books. l.t. ed. 2020. (I Love To... Ser.). (ENG., Illus.). 34p. (J). *(978-1-5259-3870-2(3))*; pap. *(978-1-5259-3869-6(X))* Kidkiddos Bks.

I Love Winter (Afrikaans Children's Book) Shelley Admont & Kidkiddos Books. l.t. ed. 2021. (AFR., Illus.). 34p. (J). *(978-1-5259-6013-0(X))*; pap. *(978-1-5259-6012-3(1))* Kidkiddos Bks.

I Love Winter (Afrikaans English Bilingual Children's Book) Shelley Admont & Kidkiddos Books. l.t. ed. 2022. (Afrikaans English Bilingual Collection). (AFR., Illus.). 34p. (J). *(978-1-5259-6016-1(4))*; pap. *(978-1-5259-6015-4(6))* Kidkiddos Bks.

I Love Winter (Albanian Children's Book) Shelley Admont & Kidkiddos Books. l.t. ed. 2021. (Albanian Bedtime Collection). (ALB., Illus.). 34p. (J). *(978-1-5259-5426-9(1))*; pap. *(978-1-5259-5425-2(3))* Kidkiddos Bks.

I Love Winter (Albanian English Bilingual Book for Kids) Shelley Admont & Kidkiddos Books. l.t. ed. 2021. (Albanian English Bilingual Collection). (ALB., Illus.). 34p. (J). *(978-1-5259-5429-0(6))*; pap. *(978-1-5259-5428-3(8))* Kidkiddos Bks.

I Love Winter (Bengali Children's Book) Shelley Admont & Kidkiddos Books. l.t. ed. 2022. (Bengali Bedtime Collection). (BEN., Illus.). 34p. (J). *(978-1-5259-5968-4(9))*; pap. *(978-1-5259-5967-7(0))* Kidkiddos Bks.

I Love Winter (Bengali English Bilingual Children's Book) Shelley Admont & Kidkiddos Books. l.t. ed. 2022. (Bengali English Bilingual Collection). (BEN., Illus.). 34p. (J). *(978-1-5259-5971-4(9))*; pap. *(978-1-5259-5970-7(0))* Kidkiddos Bks.

I Love Winter (Bulgarian Children's Book) Shelley Admont & Kidkiddos Books. l.t. ed. 2020. (Bulgarian Bedtime Collection). (BUL., Illus.). 34p. (J). *(978-1-5259-4486-4(X))*; pap. *(978-1-5259-4485-7(1))* Kidkiddos Bks.

I Love Winter (Bulgarian English Bilingual Children's Book) Shelley Admont & Kidkiddos Books. l.t. ed. 2021. (Bulgarian English Bilingual Collection). (BUL., Illus.). 34p. (J). *(978-1-5259-4489-5(4))*; pap. *(978-1-5259-4488-8(6))* Kidkiddos Bks.

I Love Winter (Chinese Children's Book - Mandarin Simplified) Shelley Admont & Kidkiddos Books. l.t. ed. 2020. (Chinese Bedtime Collection). (CHI., Illus.). 34p. (J). *(978-1-5259-4206-8(9))*; pap. *(978-1-5259-4205-1(0))* Kidkiddos Bks.

I Love Winter (Chinese English Bilingual Children's Book - Mandarin Simplified) Shelley Admont & Kidkiddos Books. l.t. ed. 2020. (Chinese English Bilingual Collection). (CHI., Illus.). 34p. (J). *(978-1-5259-4209-9(3))*; pap. *(978-1-5259-4208-2(5))* Kidkiddos Bks.

I Love Winter (Croatian Children's Book) Shelley Admont & Kidkiddos Books. l.t. ed. 2021. (Croatian Bedtime Collection). (HRV., Illus.). 34p. (J). *(978-1-5259-5233-3(1))*; pap. *(978-1-5259-5232-6(3))* Kidkiddos Bks.

I Love Winter (Croatian English Bilingual Book for Kids) Shelley Admont & Kidkiddos Books. l.t. ed. 2021. (Croatian English Bilingual Collection). (HRV., Illus.). 34p. (J). *(978-1-5259-5236-4(6))*; pap. *(978-1-5259-5235-7(8))* Kidkiddos Bks.

I Love Winter (Czech Children's Book) Shelley Admont & Kidkiddos Books. l.t. ed. 2021. (Czech Bedtime Collection). (CZE., Illus.). 34p. (J). *(978-1-5259-5060-5(6))*; pap. *(978-1-5259-5059-9(2))* Kidkiddos Bks.

I Love Winter (Czech English Bilingual Book for Kids) Shelley Admont & Kidkiddos Books. l.t. ed. 2021. (Czech English Bilingual Collection). (CZE., Illus.). 34p. (J). *(978-1-5259-5063-6(0))*; pap. *(978-1-5259-5062-9(2))* Kidkiddos Bks.

I Love Winter (Danish Children's Book) Shelley Admont & Kidkiddos Books. l.t. ed. 2020. (Danish Bedtime Collection). (DAN., Illus.). 34p. (J). *(978-1-5259-4313-3(8))*; pap. *(978-1-5259-4312-6(X))* Kidkiddos Bks.

I Love Winter (Danish English Bilingual Children's Book) Shelley Admont & Kidkiddos Books. l.t. ed. 2020. (Danish English Bilingual Collection). (DAN., Illus.). 34p. (J). *(978-1-5259-4316-4(2))*; pap. *(978-1-5259-4315-7(4))* Kidkiddos Bks.

I Love Winter (Dutch Book for Kids) Shelley Admont & Kidkiddos Books. l.t. ed. 2020. (Dutch Bedtime Collection). (DUT., Illus.). 34p. (J). *(978-1-5259-4233-4(6))*; pap. *(978-1-5259-4232-7(8))* Kidkiddos Bks.

I Love Winter (Dutch English Bilingual Children's Book) Shelley Admont & Kidkiddos Books. l.t. ed. 2020. (Dutch English Bilingual Collection). (DUT., Illus.). 34p. (J). *(978-1-5259-4236-5(0))*; pap. *(978-1-5259-4235-8(2))* Kidkiddos Bks.

I Love Winter (English Afrikaans Bilingual Book for Kids) Shelley Admont & Kidkiddos Books. l.t. ed. 2021. (AFR., Illus.). 34p. (J). *(978-1-5259-6010-9(5))*; pap. *(978-1-5259-6009-3(1))* Kidkiddos Bks.

I Love Winter (English Albanian Bilingual Book for Kids) Shelley Admont & Kidkiddos Books. l.t. ed. 2021. (English Albanian Bilingual Collection). (ALB., Illus.). 34p. (J). *(978-1-5259-5423-8(7))*; pap. *(978-1-5259-5422-1(9))* Kidkiddos Bks.

I Love Winter (English Arabic Bilingual Book for Kids) Shelley Admont & Kidkiddos Books. l.t. ed. 2020. (English

I

Arabic Bilingual Collection). (ARA., Illus.). 34p. (J). *(978-1-5259-4194-8(1))*; pap. *(978-1-5259-4193-1(3))* Kidkiddos Bks.

I Love Winter (English Bengali Bilingual Book for Kids) Shelley Admont & Kidkiddos Books. l.t. ed. 2021. (BEN., Illus.). 34p. (J). *(978-1-5259-5965-3(4))*; pap. *(978-1-5259-5964-6(6))* Kidkiddos Bks.

I Love Winter (English Bulgarian Bilingual Book for Kids) Shelley Admont & Kidkiddos Books. l.t. ed. 2020. (English Bulgarian Bilingual Collection). (BUL., Illus.). 34p. (J). *(978-1-5259-4483-3(5))*; pap. *(978-1-5259-4482-6(7))* Kidkiddos Bks.

I Love Winter (English Chinese Bilingual Book for Kids - Mandarin Simplified) Shelley Admont & Kidkiddos Books. l.t. ed. 2020. (English Chinese Bilingual Collection). (CHI., Illus.). 34p. (J). *(978-1-5259-4203-7(4))*; pap. *(978-1-5259-4202-0(6))* Kidkiddos Bks.

I Love Winter (English Croatian Bilingual Book for Kids) Shelley Admont & Kidkiddos Books. l.t. ed. 2021. (English Croatian Bilingual Collection). (HRV., Illus.). 34p. (J). *(978-1-5259-5230-2(7))*; pap. *(978-1-5259-5229-6(3))* Kidkiddos Bks.

I Love Winter (English Czech Bilingual Book for Kids) Shelley Admont & Kidkiddos Books. l.t. ed. 2021. (English Czech Bilingual Collection). (CZE., Illus.). 34p. (J). *(978-1-5259-5057-5(6))*; pap. *(978-1-5259-5056-8(8))* Kidkiddos Bks.

I Love Winter (English Danish Bilingual Book for Kids) Shelley Admont & Kidkiddos Books. l.t. ed. 2020. (English Danish Bilingual Collection). (DAN., Illus.). 34p. (J). *(978-1-5259-4310-2(3))*; pap. *(978-1-5259-4309-6(X))* Kidkiddos Bks.

I Love Winter (English Dutch Bilingual Children's Book) Shelley Admont & Kidkiddos Books. l.t. ed. 2020. (English Dutch Bilingual Collection). (DUT., Illus.). 34p. (J). *(978-1-5259-4230-3(1))*; pap. *(978-1-5259-4229-7(8))* Kidkiddos Bks.

I Love Winter (English Farsi Bilingual Book for Kids - Persian) Shelley Admont & Kidkiddos Books. l.t. ed. 2021. (English Farsi Bilingual Collection). (PER., Illus.). 34p. (J). *(978-1-5259-4739-1(7))*; pap. *(978-1-5259-4738-4(9))* Kidkiddos Bks.

I Love Winter (English French Bilingual Book for Kids) Shelley Admont & Kidkiddos Books. l.t. ed. 2020. (English French Bilingual Collection). (FRE., Illus.). 34p. (J). *(978-1-5259-3928-0(9))*; pap. *(978-1-5259-3927-3(0))* Kidkiddos Bks.

I Love Winter (English German Bilingual Children's Book) Shelley Admont. l.t. ed. 2020. (English German Bilingual Collection). (GER., Illus.). 34p. (J). *(978-1-5259-3964-8(5))* Kidkiddos Bks.

I Love Winter (English German Bilingual Children's Book) Shelley Admont & Kidkiddos Books. l.t. ed. 2020. (English German Bilingual Collection). (GER., Illus.). 34p. (J). pap. *(978-1-5259-3963-1(7))* Kidkiddos Bks.

I Love Winter (English Greek Bilingual Children's Book) Shelley Admont & Kidkiddos Books. l.t. ed. 2020. (English Greek Bilingual Collection). (GRE., Illus.). 34p. (J). *(978-1-5259-4301-0(4))*; pap. *(978-1-5259-4300-3(6))* Kidkiddos Bks.

I Love Winter (English Hebrew Bilingual Book for Kids) Shelley Admont & Kidkiddos Books. l.t. ed. 2020. (English Hebrew Bilingual Collection). (HEB., Illus.). 34p. (J). *(978-1-5259-3946-4(7))*; pap. *(978-1-5259-3945-7(9))* Kidkiddos Bks.

I Love Winter (English Hindi Bilingual Book for Kids) Shelley Admont & Kidkiddos Books. l.t. ed. 2021. (English Hindi Bilingual Collection). (HIN., Illus.). 34p. (J). *(978-1-5259-4510-6(6))*; pap. *(978-1-5259-4509-0(2))* Kidkiddos Bks.

I Love Winter (English Hungarian Bilingual Children's Book) Shelley Admont & Kidkiddos Books. l.t. ed. 2020. (Hungarian English Bilingual Collection). (HUN., Illus.). 34p. (J). *(978-1-5259-4167-2(4))*; pap. *(978-1-5259-4166-5(6))* Kidkiddos Bks.

I Love Winter (English Irish Bilingual Children's Book) Shelley Admont & Kidkiddos Books. l.t. ed. 2022. (English Irish Bilingual Collection). (GLE., Illus.). 34p. (J). ***(978-1-5259-6727-6(4))***; pap. ***(978-1-5259-6726-9(6))*** Kidkiddos Bks.

I Love Winter (English Italian Bilingual Children's Book) Shelley Admont & Kidkiddos Books. l.t. ed. 2020. (English Italian Bilingual Collection). (ITA., Illus.). 34p. (J). *(978-1-5259-3909-9(2))*; pap. *(978-1-5259-3908-2(4))* Kidkiddos Bks.

I Love Winter (English Japanese Bilingual Book for Kids) Shelley Admont & Kidkiddos Books. l.t. ed. 2020. (JPN., Illus.). 34p. (J). *(978-1-5259-4028-6(7))*; pap. *(978-1-5259-4027-9(9))* Kidkiddos Bks.

I Love Winter (English Korean Bilingual Book for Kids) Shelley Admont & Kidkiddos Books. l.t. ed. 2020. (English Korean Bilingual Collection). (KOR., Illus.). 34p. (J). *(978-1-5259-4149-8(6))*; pap. *(978-1-5259-4148-1(8))* Kidkiddos Bks.

I Love Winter (English Macedonian Bilingual Children's Book) Shelley Admont & Kidkiddos Books. l.t. ed. 2022. (English Macedonian Bilingual Collection). (MAC., Illus.). 34p. (J). *(978-1-5259-6298-1(1))*; pap. *(978-1-5259-6297-4(3))* Kidkiddos Bks.

I Love Winter (English Malay Bilingual Book for Kids) Shelley Admont & Kidkiddos Books. l.t. ed. 2021. (English Malay Bilingual Collection). (MAY., Illus.). 34p. (J). *(978-1-5259-4640-0(4))*; pap. *(978-1-5259-4639-4(0))* Kidkiddos Bks.

I Love Winter (English Polish Bilingual Book for Kids) Shelley Admont & Kidkiddos Books. l.t. ed. 2020. (English Polish Bilingual Collection). (POL., Illus.). 34p. (J). *(978-1-5259-4355-3(3))*; pap. *(978-1-5259-4354-6(5))* Kidkiddos Bks.

I Love Winter (English Portuguese Bilingual Children's Book - Portugal) Shelley Admont & Kidkiddos Books. l.t. ed. 2021. (English Portuguese Bilingual Collection - Portugal Ser.). (POR., Illus.). 34p. (J). *(978-1-5259-4568-7(8))*; pap. *(978-1-5259-4567-0(X))* Kidkiddos Bks.

I Love Winter (English Portuguese Bilingual Children's Book -Brazilian) Portuguese Brazil. Shelley Admont & Kidkiddos Books. l.t. ed. 2020. (English Portuguese Bilingual Collection - Brazil Ser.). (Illus.). 34p. (J). (POR.). *(978-1-5259-3973-0(4))*; (RUS., pap. *(978-1-5259-3972-3(6))* Kidkiddos Bks.

I Love Winter (English Punjabi Bilingual Children's Book - Gurmukhi) Shelley Admont & Kidkiddos Books. l.t. ed. 2021. (English Punjabi Bilingual Collection - India Ser.). (PAN., Illus.). 34p. (J). *(978-1-5259-4859-6(8))*; pap. *(978-1-5259-4858-9(X))* Kidkiddos Bks.

I Love Winter (English Romanian Bilingual Book for Kids) Shelley Admont & Kidkiddos Books. l.t. ed. 2020. (English Romanian Bilingual Collection). (RUM., Illus.). 34p. (J). *(978-1-5259-4038-5(4))*; pap. *(978-1-5259-4037-8(6))* Kidkiddos Bks.

I Love Winter (English Russian Bilingual Book for Kids) Shelley Admont & Kidkiddos Books. l.t. ed. 2020. (English Russian Bilingual Collection). (RUS., Illus.). 34p. (J). *(978-1-5259-3937-2(8))*; pap. *(978-1-5259-3936-5(X))* Kidkiddos Bks.

I Love Winter (English Serbian Bilingual Book for Kids - Latin Alphabet) Shelley Admont & Kidkiddos Books. 2021. (English Serbian Bilingual Collection - Latin Ser.). (SRP., Illus.). 34p. (J). *(978-1-5259-4475-8(4))*; pap. *(978-1-5259-4474-1(6))* Kidkiddos Bks.

I Love Winter (English Spanish Bilingual Book for Kids) Shelley Admont & Kidkiddos Books. l.t. ed. 2020. (English Spanish Bilingual Collection). (SPA., Illus.). 34p. (J). *(978-1-5259-3900-6(9))*; pap. *(978-1-5259-3899-3(1))* Kidkiddos Bks.

I Love Winter (English Swedish Bilingual Children's Book) Shelley Admont & Kidkiddos Books. l.t. ed. 2020. (English Swedish Bilingual Collection). (SWE., Illus.). 34p. (J). *(978-1-5259-4010-1(4))*; pap. *(978-1-5259-4009-5(0))* Kidkiddos Bks.

I Love Winter (English Tagalog Bilingual Book for Kids) Filipino Children's Book. Shelley Admont & Kidkiddos Books. l.t. ed. 2020. (English Tagalog Bilingual Collection). (TGL., Illus.). 34p. (J). *(978-1-5259-4256-3(5))*; pap. *(978-1-5259-4255-6(7))* Kidkiddos Bks.

I Love Winter (English Thai Bilingual Book for Kids) Shelley Admont & Kidkiddos Books. l.t. ed. 2021. (THA., Illus.). 34p. (J). *(978-1-5259-5920-2(4))*; pap. *(978-1-5259-5919-6(0))* Kidkiddos Bks.

I Love Winter (English Turkish Bilingual Book for Kids) Shelley Admont & Kidkiddos Books. l.t. ed. 2020. (English Turkish Bilingual Collection). (TUR., Illus.). 34p. (J). *(978-1-5259-4466-6(5))*; pap. *(978-1-5259-4465-9(7))* Kidkiddos Bks.

I Love Winter (English Ukrainian Bilingual Book for Kids) Shelley Admont & Kidkiddos Books. l.t. ed. 2021. (English Ukrainian Bilingual Collection). (UKR., Illus.). 34p. (J). *(978-1-5259-4712-4(5))*; pap. *(978-1-5259-4711-7(7))* Kidkiddos Bks.

I Love Winter (English Urdu Bilingual Book for Kids) Shelley Admont & Kidkiddos Books. 2021. (English Urdu Bilingual Collection). (URD., Illus.). 34p. (J). pap. *(978-1-5259-4924-1(1))*; *(978-1-5259-4925-8(X))* Kidkiddos Bks.

I Love Winter (English Vietnamese Bilingual Book for Kids) Shelley Admont & Kidkiddos Books. l.t. ed. 2020. (English Vietnamese Bilingual Collection). (VIE., Illus.). 34p. (J). *(978-1-5259-4104-7(6))*; pap. *(978-1-5259-4103-0(8))* Kidkiddos Bks.

I Love Winter (English Welsh Bilingual Children's Book) Shelley Admont & Kidkiddos Books. l.t. ed. 2023. (English Welsh Bilingual Collection). (WEL., Illus.). 34p. (J). ***(978-1-5259-7105-1(0))***; pap. ***(978-1-5259-7104-4(2))*** Kidkiddos Bks.

I Love Winter (French Children's Book) Shelley Admont & Kidkiddos Books. l.t. ed. 2020. (French Bedtime Collection). (FRE., Illus.). 34p. (J). *(978-1-5259-3931-0(9))*; pap. *(978-1-5259-3930-3(0))* Kidkiddos Bks.

I Love Winter (French English Bilingual Children's Book) Shelley Admont & Kidkiddos Books. l.t. ed. 2020. (French English Bilingual Collection). (FRE., Illus.). 34p. (J). *(978-1-5259-3934-1(3))*; pap. *(978-1-5259-3933-4(5))* Kidkiddos Bks.

I Love Winter (German Book for Kids) Shelley Admont. l.t. ed. 2020. (German Bedtime Collection). (GER., Illus.). 34p. (J). *(978-1-5259-3967-9(X))* Kidkiddos Bks.

I Love Winter (German Book for Kids) Shelley Admont & Kidkiddos Books. l.t. ed. 2020. (German Bedtime Collection). (GER., Illus.). 34p. (J). pap. *(978-1-5259-3966-2(1))* Kidkiddos Bks.

I Love Winter (German English Bilingual Book for Kids) Shelley Admont & Kidkiddos Books. l.t. ed. 2020. (German English Bilingual Collection). (GER., Illus.). 34p. (J). *(978-1-5259-3970-9(X))*; pap. *(978-1-5259-3969-3(6))* Kidkiddos Bks.

I Love Winter (Greek Book for Kids) Shelley Admont & Kidkiddos Books. l.t. ed. 2020. (Greek Bedtime Collection). (GRE., Illus.). 34p. (J). *(978-1-5259-4304-1(9))*; pap. *(978-1-5259-4303-4(0))* Kidkiddos Bks.

I Love Winter (Greek English Bilingual Book for Kids) Shelley Admont & Kidkiddos Books. l.t. ed. 2020. (Greek English Bilingual Collection). (GRE., Illus.). 34p. (J). *(978-1-5259-4307-2(3))*; pap. *(978-1-5259-4306-5(5))* Kidkiddos Bks.

I Love Winter (Hindi Children's Book) Shelley Admont & Kidkiddos Books. l.t. ed. 2021. (Hindi Bedtime Collection). (HIN., Illus.). 34p. (J). *(978-1-5259-4513-7(0))*; pap. *(978-1-5259-4512-0(2))* Kidkiddos Bks.

I Love Winter (Hindi English Bilingual Book for Kids) Shelley Admont & Kidkiddos Books. l.t. ed. 2021. (Hindi English Bilingual Collection). (HIN., Illus.). 34p. (J). *(978-1-5259-4516-8(5))*; pap. *(978-1-5259-4515-1(7))* Kidkiddos Bks.

I Love Winter (Hungarian Book for Kids) Shelley Admont & Kidkiddos Books. l.t. ed. 2020. (Hungarian Bedtime Collection). (HUN., Illus.). 34p. (J). *(978-1-5259-4170-2(4))*; pap. *(978-1-5259-4169-6(0))* Kidkiddos Bks.

I Love Winter (Hungarian English Bilingual Book for Kids) Shelley Admont & Kidkiddos Books. l.t. ed. 2020. (Hungarian English Bilingual Collection). (HUN., Illus.). 34p. (J). *(978-1-5259-4173-3(9))*; pap. *(978-1-5259-4172-6(0))* Kidkiddos Bks.

I Love Winter (Irish Book for Kids) Shelley Admont & Kidkiddos Books. l.t. ed. 2022. (Irish Bedtime Collection). (GLE., Illus.). 34p. (J). ***(978-1-5259-6730-6(4))***; pap. ***(978-1-5259-6729-0(0))*** Kidkiddos Bks.

I Love Winter (Irish English Bilingual Kids Book) Shelley Admont & Kidkiddos Books. l.t. ed. 2022. (Irish English Bilingual Collection). (GLE., Illus.). 34p. (J). ***(978-1-5259-6733-7(9))***; pap. ***(978-1-5259-6732-0(0))*** Kidkiddos Bks.

I Love Winter (Italian Book for Kids) Shelley Admont & Kidkiddos Books. l.t. ed. 2020. (Italian Bedtime Collection). (ITA., Illus.). 34p. (J). *(978-1-5259-3912-9(2))*; pap. *(978-1-5259-3911-2(4))* Kidkiddos Bks.

I Love Winter (Italian English Bilingual Book for Kids) Shelley Admont & Kidkiddos Books. l.t. ed. 2020. (Italian English Bilingual Collection). (ITA., Illus.). 34p. (J). *(978-1-5259-3915-0(7))*; pap. *(978-1-5259-3914-3(9))* Kidkiddos Bks.

I Love Winter (Japanese Children's Book) Shelley Admont & Kidkiddos Books. l.t. ed. 2020. (Japanese Bedtime Collection). (JPN., Illus.). 34p. (J). *(978-1-5259-4031-6(7))*; pap. *(978-1-5259-4030-9(9))* Kidkiddos Bks.

I Love Winter (Japanese English Bilingual Children's Book) Shelley Admont & Kidkiddos Books. l.t. ed. 2020. (Japanese English Bilingual Collection). (JPN., Illus.). 34p. (J). *(978-1-5259-4034-7(1))*; pap. *(978-1-5259-4033-0(3))* Kidkiddos Bks.

I Love Winter (Korean Children's Book) Shelley Admont & Kidkiddos Books. l.t. ed. 2020. (Korean Bedtime Collection). (KOR., Illus.). 34p. (J). *(978-1-5259-4152-8(6))*; pap. *(978-1-5259-4151-1(8))* Kidkiddos Bks.

I Love Winter (Korean English Bilingual Children's Book) Shelley Admont & Kidkiddos Books. l.t. ed. 2020. (Korean English Bilingual Collection). (KOR., Illus.). 34p. (J). *(978-1-5259-4155-9(0))*; pap. *(978-1-5259-4154-2(2))* Kidkiddos Bks.

I Love Winter (Macedonian Book for Kids) Shelley Admont & Kidkiddos Books. l.t. ed. 2022. (Macedonian Bedtime Collection). (MAC., Illus.). 34p. (J). *(978-1-5259-6301-8(5))*; pap. *(978-1-5259-6300-1(7))* Kidkiddos Bks.

I Love Winter (Macedonian English Bilingual Children's Book) Shelley Admont & Kidkiddos Books. l.t. ed. 2022. (Macedonian English Bilingual Collection). (MAC., Illus.). 34p. (J). *(978-1-5259-6304-9(X))*; pap. *(978-1-5259-6303-2(1))* Kidkiddos Bks.

I Love Winter (Malay Children's Book) Shelley Admont & Kidkiddos Books. l.t. ed. 2021. (Malay Bedtime Collection). (MAY., Illus.). 34p. (J). *(978-1-5259-4643-1(9))*; pap. *(978-1-5259-4642-4(0))* Kidkiddos Bks.

I Love Winter (Malay English Bilingual Book for Kids) Shelley Admont & Kidkiddos Books. l.t. ed. 2021. (Malay English Bilingual Collection). (MAY., Illus.). 34p. (J). *(978-1-5259-4646-2(3))*; pap. *(978-1-5259-4645-5(5))* Kidkiddos Bks.

I Love Winter (Polish Children's Book) Shelley Admont & Kidkiddos Books. l.t. ed. 2020. (Polish Bedtime Collection). (POL., Illus.). 34p. (J). *(978-1-5259-4358-4(8))*; pap. *(978-1-5259-4357-7(X))* Kidkiddos Bks.

I Love Winter (Polish English Bilingual Children's Book) Shelley Admont & Kidkiddos Books. l.t. ed. 2020. (Polish English Bilingual Collection). (POL., Illus.). 34p. (J). *(978-1-5259-4361-4(8))*; pap. *(978-1-5259-4360-7(X))* Kidkiddos Bks.

I Love Winter (Portuguese Book for Kids -Brazilian) Portuguese Brazil. Shelley Admont & Kidkiddos Books. l.t. ed. 2020. (Portuguese Bedtime Collection - Brazil Ser.). (POR., Illus.). 34p. (J). *(978-1-5259-3976-1(9))*; pap. *(978-1-5259-3975-4(0))* Kidkiddos Bks.

I Love Winter (Portuguese Book for Kids- Portugal) Shelley Admont & Kidkiddos Books. l.t. ed. 2021. (Portuguese Bedtime Collection - Portugal Ser.). (POR., Illus.). 34p. (J). *(978-1-5259-4571-7(8))*; pap. *(978-1-5259-4570-0(X))* Kidkiddos Bks.

I Love Winter (Portuguese English Bilingual Book for Kids -Brazilian) Portuguese Brazil. Shelley Admont & Kidkiddos Books. l.t. ed. 2020. (Portuguese English Bilingual Collection - Brazil Ser.). (POR., Illus.). 34p. (J). *(978-1-5259-3979-2(3))*; pap. *(978-1-5259-3978-5(5))* Kidkiddos Bks.

I Love Winter (Portuguese English Bilingual Book for Kids- Portugal) Shelley Admont & Kidkiddos Books. l.t. ed. 2021. (Portuguese English Bilingual Collection - Portugal Ser.). (POR., Illus.). 34p. (J). *(978-1-5259-4574-8(2))*; pap. *(978-1-5259-4573-1(4))* Kidkiddos Bks.

I Love Winter (Punjabi Book for Kids- Gurmukhi) Shelley Admont & Kidkiddos Books. l.t. ed. 2021. (Punjabi Bedtime Collection - India Ser.). (PAN., Illus.). 34p. (J). *(978-1-5259-4862-6(8))*; pap. *(978-1-5259-4861-9(X))* Kidkiddos Bks.

I Love Winter (Punjabi English Bilingual Children's Book - Gurmukhi) Shelley Admont & Kidkiddos Books. l.t. ed. 2021. (Punjabi English Bilingual Collection - India Ser.). (PAN., Illus.). 34p. (J). *(978-1-5259-4865-7(2))*; pap. *(978-1-5259-4864-0(4))* Kidkiddos Bks.

I Love Winter (Romanian Children's Book) Shelley Admont & Kidkiddos Books. l.t. ed. 2020. (RUM., Illus.). 34p. (J). *(978-1-5259-4041-5(4))*; pap. *(978-1-5259-4040-8(6))* Kidkiddos Bks.

I Love Winter (Romanian English Bilingual Children's Book) Shelley Admont & Kidkiddos Books. l.t. ed. 2020. (Romanian English Bilingual Collection). (RUM., Illus.). 34p. (J). *(978-1-5259-4044-6(9))*; pap. *(978-1-5259-4043-9(0))* Kidkiddos Bks.

I Love Winter (Russian Children's Book) Shelley Admont & Kidkiddos Books. l.t. ed. 2020. (Russian Bedtime Collection). (RUS., Illus.). 34p. (J). *(978-1-5259-3940-2(8))*; pap. *(978-1-5259-3939-6(4))* Kidkiddos Bks.

I Love Winter (Russian English Bilingual Children's Book) Shelley Admont & Kidkiddos Books. l.t. ed. 2020. (Russian English Bilingual Collection). (RUS., Illus.). 34p. (J). *(978-1-5259-3943-3(2))*; pap. *(978-1-5259-3942-6(4))* Kidkiddos Bks.

I Love Winter (Serbian Children's Book - Latin Alphabet) Shelley Admont & Kidkiddos Books. l.t. ed. 2021. (Serbian Bedtime Collection - Latin Ser.). (SRP., Illus.). 34p. (J). *(978-1-5259-4477-2(0))*; pap. *(978-1-5259-4476-5(2))* Kidkiddos Bks.

I Love Winter (Serbian English Bilingual Children's Book - Latin Alphabet) Shelley Admont & Kidkiddos Books. l.t. ed. 2021. (Serbian English Bilingual Collection - Latin Ser.). (SRP., Illus.). 34p. (J). *(978-1-5259-4480-2(0))*; pap. *(978-1-5259-4479-6(7))* Kidkiddos Bks.

I Love Winter (Spanish Children's Book) Shelley Admont & Kidkiddos Books. l.t. ed. 2020. (Spanish Bedtime Collection). (SPA., Illus.). 34p. (J). *(978-1-5259-3903-7(3))*; pap. *(978-1-5259-3902-0(5))* Kidkiddos Bks.

I Love Winter (Spanish English Bilingual Children's Book) Shelley Admont & Kidkiddos Books. l.t. ed. 2020. (Spanish English Bilingual Collection). (SPA., Illus.). 34p. (J). *(978-1-5259-3906-8(8))*; pap. *(978-1-5259-3905-1(X))* Kidkiddos Bks.

I Love Winter (Swedish Book for Kids) Shelley Admont & Kidkiddos Books. l.t. ed. 2020. (SWE., Illus.). 34p. (J). *(978-1-5259-4013-2(9))*; pap. *(978-1-5259-4012-5(0))* Kidkiddos Bks.

I Love Winter (Swedish English Bilingual Book for Kids) Shelley Admont & Kidkiddos Books. l.t. ed. 2020. (Swedish English Bilingual Collection). (SWE., Illus.). 34p. (J). *(978-1-5259-4016-3(3))*; pap. *(978-1-5259-4015-6(5))* Kidkiddos Bks.

I Love Winter (Tagalog Children's Book) Filipino Children's Book. Shelley Admont & Kidkiddos Books. l.t. ed. 2020. (Tagalog Bedtime Collection). (TGL., Illus.). 34p. (J). *(978-1-5259-4259-4(X))*; pap. *(978-1-5259-4258-7(1))* Kidkiddos Bks.

I Love Winter (Tagalog English Bilingual Book for Kids) Filipino Children's Book. Shelley Admont & Kidkiddos Books. l.t. ed. 2020. (Tagalog English Bilingual Collection). (TGL., Illus.). 34p. (J). *(978-1-5259-4262-4(X))*; pap. *(978-1-5259-4261-7(1))* Kidkiddos Bks.

I Love Winter (Thai Children's Book) Shelley Admont & Kidkiddos Books. l.t. ed. 2021. (THA., Illus.). 34p. (J). *(978-1-5259-5923-3(9))*; pap. *(978-1-5259-5922-6(0))* Kidkiddos Bks.

I Love Winter (Thai English Bilingual Children's Book) Shelley Admont & Kidkiddos Books. l.t. ed. 2022. (Thai English Bilingual Collection). (THA., Illus.). 34p. (J). *(978-1-5259-5926-4(3))*; pap. *(978-1-5259-5925-7(5))* Kidkiddos Bks.

I Love Winter (Turkish Children's Book) Shelley Admont & Kidkiddos Books. l.t. ed. 2020. (Turkish Bedtime Collection). (TUR., Illus.). 34p. (J). *(978-1-5259-4469-7(X))*; pap. *(978-1-5259-4468-0(1))* Kidkiddos Bks.

I Love Winter (Turkish English Bilingual Children's Book) Shelley Admont & Kidkiddos Books. l.t. ed. 2021. (Turkish English Bilingual Collection). (TUR., Illus.). 34p. (J). *(978-1-5259-4472-7(X))*; pap. *(978-1-5259-4471-0(1))* Kidkiddos Bks.

I Love Winter (Ukrainian Children's Book) Shelley Admont & Kidkiddos Books. l.t. ed. 2021. (Ukrainian Bedtime Collection). (UKR., Illus.). 34p. (J). *(978-1-5259-4715-5(X))*; pap. *(978-1-5259-4714-8(1))* Kidkiddos Bks.

I Love Winter (Ukrainian English Bilingual Children's Book) Shelley Admont & Kidkiddos Books. l.t. ed. 2021. (Ukrainian English Bilingual Collection). (UKR., Illus.). 34p. (J). *(978-1-5259-4718-6(4))*; pap. *(978-1-5259-4717-9(6))* Kidkiddos Bks.

I Love Winter (Vietnamese Children's Book) Shelley Admont & Kidkiddos Books. l.t. ed. 2020. (Vietnamese Bedtime Collection). (VIE., Illus.). 34p. (J). *(978-1-5259-4107-8(0))*; pap. *(978-1-5259-4106-1(2))* Kidkiddos Bks.

I Love Winter (Vietnamese English Bilingual Children's Book) Shelley Admont & Kidkiddos Books. l.t. ed. 2020. (Vietnamese English Bilingual Collection). (VIE., Illus.). 34p. (J). *(978-1-5259-4110-8(0))*; pap. *(978-1-5259-4109-2(7))* Kidkiddos Bks.

I Love Winter (Welsh Children's Book) Shelley Admont & Kidkiddos Books. l.t. ed. 2023. (Welsh Bedtime Collection). (WEL., Illus.). 34p. (J). ***(978-1-5259-7108-2(5))***; pap. ***(978-1-5259-7107-5(7))*** Kidkiddos Bks.

I Love Winter (Welsh English Bilingual Book for Kids) Shelley Admont & Kidkiddos Books. l.t. ed. 2023. (Welsh English Bilingual Collection). (WEL., Illus.). 34p. (J). ***(978-1-5259-7111-2(5))***; pap. ***(978-1-5259-7110-5(7))*** Kidkiddos Bks.

I Love You. Shige Chen. 2022. (ENG.). 36p. (J). (gr. -1-3). pap. 9.95 *(978-1-4788-7566-6(6))* Newmark Learning LLC.

I Love You. Josiane Hardin. Illus. by Justin Hardin. 2019. (ENG.). 26p. (J). 10.99 *(978-1-0878-5574-5(8))* Indy Pub.

I Love You. Katherine S. Ulshafer. Illus. by Sarah Frushour Emms. 2018. (ENG.). 36p. (J). 22.95 *(978-1-64028-326-8(9))*; pap. 13.95 *(978-1-64191-615-8(X))* Christian Faith Publishing.

I Love You: Letters from Black Men to Black Boys. Nathan Evans. 2020. (ENG.). 180p. (YA). pap. 20.00 *(978-0-578-77994-2(3))* Building Authors Publishing.

I Love You: Sing-Along Storybook. Sequoia Children's Publishing. 2019. (ENG.). 16p. (J). 2.99 *(978-1-64269-042-2(2)*, 3980, Sequoia Publishing & Media LLC) Phoenix International Publications, Inc.

I Love You ... Bigger Than the Sky. Michelle Medlock Adams. Illus. by Ag Jatkowska. 2020. (ENG.). 20p. (J). (gr. -1 — 1). bds. 11.99 *(978-1-5460-1543-7(4)*, Worthy Kids/Ideals) Worthy Publishing.

I Love You, a Bushel & a Peck. Dianne Wages Pace. 2018. (ENG., Illus.). 32p. (J). pap. 13.95 *(978-1-64140-837-0(5))* Christian Faith Publishing.

I Love You a Latke (a Touch-And-Feel Book) Joan Holub. Illus. by Allison Black. 2022. (ENG.). 12p. (J). (gr. -1 — 1). 9.99 *(978-1-338-82856-6(8)*, Cartwheel Bks.) Scholastic, Inc.

I Love You: a Touch-And-Feel Playbook. Ladybird. Illus. by Lemon Ribbon Studio. 2022. (Baby Touch Ser.). (ENG.). 10p. (J). (— 1). bds. 12.99 *(978-0-241-57043-2(3)*, Ladybird) Penguin Bks., Ltd. GBR. Dist: Penguin Random Hse. LLC.

I Love You Aaliyah. J. D. Green. Illus. by Joanne Partis. 2023. (I Love You Ser.). (ENG.). 32p. (J). (gr. -1-3). 7.99 ***(978-1-7282-7789-9(2))*** Sourcebooks, Inc.

I Love You Abigail. J. D. Green. Illus. by Joanne Partis. 2021. (I Love You Ser.). (ENG.). 32p. (J). (gr. -1-3). 7.99 ***(978-1-7282-0701-8(0))*** Sourcebooks, Inc.

970

The check digit for ISBN-10 appears in parentheses after the full ISBN-13

TITLE INDEX I LOVE YOU GIANNA

I Love You Across the World. Kim Bushman Aguilar. Illus. by Jenni Feidler-Aguilar. 2022. (ENG.). 32p. (J). pap. 10.99 *(978-1-956357-21-9(1))*; 17.99 *(978-1-956357-08-0(4))* Lawley Enterprises.

I Love You Addison. J. D. Green. Illus. by Joanne Partis. 2021. (I Love You Ser.). (ENG.). 32p. (J). (gr. -1-3). 7.99 ***(978-1-7282-0702-5(9))*** Sourcebooks, Inc.

I Love You Aiden. J. D. Green. Illus. by Joanne Partis. 2021. (I Love You Ser.). (ENG.). 32p. (J). (gr. -1-3). 7.99 ***(978-1-7282-0703-2(7))*** Sourcebooks, Inc.

I Love You Aitana. J. D. Green. Illus. by Joanne Partis. 2022. (I Love You Ser.). (ENG.). 32p. (J). (gr. -1-3). 7.99 ***(978-1-7282-5919-2(3))*** Sourcebooks, Inc.

I Love You Alexander. J. D. Green. Illus. by Joanne Partis. 2021. (I Love You Ser.). (ENG.). 32p. (J). (gr. -1-3). 7.99 ***(978-1-7282-0704-9(5))*** Sourcebooks, Inc.

I Love You All Day Long. Created by Melissa & Doug. 2019. (ENG.). (J). bds. 6.99 *(978-1-950013-37-1(5))* Melissa & Doug, LLC.

I Love You All the Time! Barry R Fetzer & Bruce R Fetzer. 2022. (ENG.). 24p. (J). 15.99 ***(978-1-6642-6608-7(9))***, WestBow Pr.) Author Solutions, LLC.

I Love You All the Time. Sara Stevens. 2018. (ENG., Illus.). 24p. (J). 21.95 *(978-1-64003-926-1(0))* Covenant Bks.

I Love You All Ways. Marianne Richmond. Illus. by Dubravka Kolanovic. 2019. 26p. (J). (gr. -1-2). bds. 8.99 *(978-1-4926-7515-0(6)*, Sourcebooks Jabberwocky) Sourcebooks, Inc.

I Love You All Year Round: Four Classic Guess How Much I Love You Stories. Sam McBratney. Illus. by Anita Jeram. 2022. (Guess How Much I Love You Ser.). (ENG.). 72p. (J). (gr. -1-2). 18.99 *(978-1-5362-2854-0(0))* Candlewick Pr.

I Love You All Year Through. Stephanie Stansbie. Illus. by Suzie Mason. 2019. (ENG.). 32p. (J). (-k). 17.99 *(978-1-9848-5149-9(7)*, Random Hse. Bks. for Young Readers) Random Hse. Children's Bks.

I Love You (Almost Always) A Pop-Up Book of Friendship. Anna Llenas. 2020. (ENG.). 22p. (J). (gr. -1-2). 24.95 *(978-1-4549-3950-4(8))* Sterling Publishing Co., Inc.

I Love You Already! Board Book. Jory John. Illus. by Benji Davies. 2021. (ENG.). 34p. (J). (gr. -1-3). bds. 7.99 *(978-0-06-237096-9(0)*, HarperFestival) HarperCollins Pubs.

I Love You Always & Forever: Siempre Te Voy Amar. Marisela Marquez. Illus. by Nadia Ronquillo. 2023. 26p. (J). pap. 14.99 ***(978-1-6678-9210-8(X))*** BookBaby.

I Love You Amelia. J. D. Green. Illus. by Joanne Partis. 2021. (I Love You Ser.). (ENG.). 32p. (J). (gr. -1-3). 7.99 ***(978-1-7282-0705-6(3))*** Sourcebooks, Inc.

I Love You an Armful. Patricia Jo Murray. 2021. (ENG., Illus.). 36p. (J). 19.95 *(978-1-64654-726-5(8))* Fulton Bks.

I Love You & Cheese Pizza. Brenda Li. 2021. (ENG.). 38p. (J). pap. *(978-1-77447-008-4(X))* Summer and Muu.

I Love You Andrew. J. D. Green. Illus. by Joanne Partis. 2021. (I Love You Ser.). (ENG.). 32p. (J). (gr. -1-3). 7.99 ***(978-1-7282-0706-3(1))*** Sourcebooks, Inc.

I Love You Angel. J. D. Green. Illus. by Joanne Partis. 2023. (I Love You Ser.). (ENG.). 32p. (J). (gr. -1-3). 7.99 ***(978-1-7282-7790-5(6))*** Sourcebooks, Inc.

I Love You Anna. J. D. Green. Illus. by Joanne Partis. 2021. (I Love You Ser.). (ENG.). 32p. (J). (gr. -1-3). 7.99 ***(978-1-7282-0707-0(X))*** Sourcebooks, Inc.

I Love You Anthony. J. D. Green. Illus. by Joanne Partis. 2021. (I Love You Ser.). (ENG.). 32p. (J). (gr. -1-3). 7.99 ***(978-1-7282-0708-7(8))*** Sourcebooks, Inc.

I Love You Aria. J. D. Green. Illus. by Joanne Partis. 2021. (I Love You Ser.). (ENG.). 32p. (J). (gr. -1-3). 7.99 ***(978-1-7282-0709-4(6))*** Sourcebooks, Inc.

I Love You As Big as a Rainbow. Joan Summers. Illus. by Alberta Torres. 2021. (ENG.). 32p. (J). (gr. -1-2). 17.99 *(978-1-68010-209-3(5))* Tiger Tales.

I Love You As Big As Arkansas. Rose Rossner. Illus. by Joanne Partis. 2023. (I Love You As Big As Ser.). (ENG.). 24p. (J). (gr. -1-1). bds. 9.99 ***(978-1-7282-7441-6(9)***, Hometown World) Sourcebooks, Inc.

I Love You As Big As Boston. Rose Rossner. Illus. by Joanne Partis. 2023. (I Love You As Big As Ser.). (ENG.). 24p. (J). (gr. -1-1). bds. 9.99 ***(978-1-7282-7442-3(7)***, Hometown World) Sourcebooks, Inc.

I Love You As Big As Buffalo. Rose Rossner. Illus. by Joanne Partis. 2023. (I Love You As Big As Ser.). (ENG.). 24p. (J). (gr. -1-1). bds. 9.99 ***(978-1-7282-7555-0(5)***, Hometown World) Sourcebooks, Inc.

I Love You As Big As Cincinnati. Rose Rossner. Illus. by Joanne Partis. 2023. (I Love You As Big As Ser.). (ENG.). 24p. (J). (gr. -1-1). bds. 9.99 ***(978-1-7282-7443-0(5)***, Hometown World) Sourcebooks, Inc.

I Love You As Big As Connecticut. Rose Rossner. Illus. by Joanne Partis. 2023. (I Love You As Big As Ser.). (ENG.). 24p. (J). (gr. -1-1). bds. 9.99 ***(978-1-7282-7444-7(3)***, Hometown World) Sourcebooks, Inc.

I Love You As Big As Delaware. Rose Rossner. Illus. by Joanne Partis. 2023. (I Love You As Big As Ser.). (ENG.). 24p. (J). (gr. -1-1). bds. 9.99 ***(978-1-7282-7445-4(1)***, Hometown World) Sourcebooks, Inc.

I Love You As Big As Idaho. Rose Rossner. Illus. by Joanne Partis. 2023. (I Love You As Big As Ser.). (ENG.). 24p. (J). (gr. -1-1). bds. 9.99 ***(978-1-7282-7447-8(8)***, Hometown World) Sourcebooks, Inc.

I Love You As Big As Kansas. Rose Rossner. Illus. by Joanne Partis. 2023. (I Love You As Big As Ser.). (ENG.). 24p. (J). (gr. -1-1). bds. 9.99 ***(978-1-7282-7449-2(4)***, Hometown World) Sourcebooks, Inc.

I Love You As Big As Kansas City. Rose Rossner. Illus. by Joanne Partis. 2023. (I Love You As Big As Ser.). (ENG.). 24p. (J). (gr. -1-1). bds. 9.99 ***(978-1-7282-7448-5(6)***, Hometown World) Sourcebooks, Inc.

I Love You As Big As Maine. Rose Rossner. Illus. by Joanne Partis. 2023. (I Love You As Big As Ser.). (ENG.). 24p. (J). (gr. -1-1). bds. 9.99 ***(978-1-7282-7450-8(8)***, Hometown World) Sourcebooks, Inc.

I Love You As Big As Massachusetts. Rose Rossner. Illus. by Joanne Partis. 2023. (I Love You As Big As Ser.). (ENG.). 24p. (J). (gr. -1-1). bds. 9.99 ***(978-1-7282-7451-5(6)***, Hometown World) Sourcebooks, Inc.

I Love You As Big As Mississippi. Rose Rossner. Illus. by Joanne Partis. 2023. (I Love You As Big As Ser.). (ENG.). 24p. (J). (gr. -1-1). bds. 9.99 ***(978-1-7282-7452-2(4)***, Hometown World) Sourcebooks, Inc.

I Love You As Big As Missouri. Rose Rossner. Illus. by Joanne Partis. 2023. (I Love You As Big As Ser.). (ENG.). 24p. (J). (gr. -1-1). bds. 9.99 ***(978-1-7282-7453-9(2)***, Hometown World) Sourcebooks, Inc.

I Love You As Big As Montana. Rose Rossner. Illus. by Joanne Partis. 2023. (I Love You As Big As Ser.). (ENG.). 24p. (J). (gr. -1-1). bds. 9.99 ***(978-1-7282-7454-6(0)***, Hometown World) Sourcebooks, Inc.

I Love You As Big As Nebraska. Rose Rossner. Illus. by Joanne Partis. 2023. (I Love You As Big As Ser.). (ENG.). 24p. (J). (gr. -1-1). bds. 9.99 ***(978-1-7282-7455-3(9)***, Hometown World) Sourcebooks, Inc.

I Love You As Big As Nevada. Rose Rossner. Illus. by Joanne Partis. 2023. (I Love You As Big As Ser.). (ENG.). 24p. (J). (gr. -1-1). bds. 9.99 ***(978-1-7282-7456-0(7)***, Hometown World) Sourcebooks, Inc.

I Love You As Big As New Hampshire. Rose Rossner. Illus. by Joanne Partis. 2023. (I Love You As Big As Ser.). (ENG.). 24p. (J). (gr. -1-1). bds. 9.99 ***(978-1-7282-7457-7(5)***, Hometown World) Sourcebooks, Inc.

I Love You As Big As New Mexico. Rose Rossner. Illus. by Joanne Partis. 2023. (I Love You As Big As Ser.). (ENG.). 24p. (J). (gr. -1-1). bds. 9.99 ***(978-1-7282-7458-4(3)***, Hometown World) Sourcebooks, Inc.

I Love You As Big As New York City. Rose Rossner. Illus. by Joanne Partis. 2023. (I Love You As Big As Ser.). (ENG.). 24p. (J). (gr. -1-1). bds. 9.99 ***(978-1-7282-7459-1(1)***, Hometown World) Sourcebooks, Inc.

I Love You As Big As North Dakota. Rose Rossner. Illus. by Joanne Partis. 2023. (I Love You As Big As Ser.). (ENG.). 24p. (J). (gr. -1-1). bds. 9.99 ***(978-1-7282-7460-7(5)***, Hometown World) Sourcebooks, Inc.

I Love You As Big As Oregon. Rose Rossner. Illus. by Joanne Partis. 2023. (I Love You As Big As Ser.). (ENG.). 24p. (J). (gr. -1-1). bds. 9.99 ***(978-1-7282-7461-4(3)***, Hometown World) Sourcebooks, Inc.

I Love You As Big As Philadelphia. Rose Rossner. Illus. by Joanne Partis. 2023. (I Love You As Big As Ser.). (ENG.). 24p. (J). (gr. -1-1). bds. 9.99 ***(978-1-7282-7462-1(1)***, Hometown World) Sourcebooks, Inc.

I Love You As Big As Pittsburgh. Rose Rossner. Illus. by Joanne Partis. 2023. (I Love You As Big As Ser.). (ENG.). 24p. (J). (gr. -1-1). bds. 9.99 ***(978-1-7282-7463-8(X)***, Hometown World) Sourcebooks, Inc.

I Love You As Big As Portland. Rose Rossner. Illus. by Joanne Partis. 2023. (I Love You As Big As Ser.). (ENG.). 24p. (J). (gr. -1-1). bds. 9.99 ***(978-1-7282-7464-5(8)***, Hometown World) Sourcebooks, Inc.

I Love You As Big As Rhode Island. Rose Rossner. Illus. by Joanne Partis. 2023. (I Love You As Big As Ser.). (ENG.). 24p. (J). (gr. -1-1). bds. 9.99 ***(978-1-7282-7465-2(6)***, Hometown World) Sourcebooks, Inc.

I Love You As Big As San Diego. Rose Rossner. Illus. by Joanne Partis. 2023. (I Love You As Big As Ser.). (ENG.). 24p. (J). (gr. -1-1). bds. 9.99 ***(978-1-7282-7556-7(3)***, Hometown World) Sourcebooks, Inc.

I Love You As Big As San Francisco. Rose Rossner. Illus. by Joanne Partis. 2023. (I Love You As Big As Ser.). (ENG.). 24p. (J). (gr. -1-1). bds. 9.99 ***(978-1-7282-7466-9(4)***, Hometown World) Sourcebooks, Inc.

I Love You As Big As South Carolina. Rose Rossner. Illus. by Joanne Partis. 2023. (I Love You As Big As Ser.). (ENG.). 24p. (J). (gr. -1-1). bds. 9.99 ***(978-1-7282-7467-6(2)***, Hometown World) Sourcebooks, Inc.

I Love You As Big As South Dakota. Rose Rossner. Illus. by Joanne Partis. 2023. (I Love You As Big As Ser.). (ENG.). 24p. (J). (gr. -1-1). bds. 9.99 ***(978-1-7282-7468-3(0)***, Hometown World) Sourcebooks, Inc.

I Love You As Big As St. Louis. Rose Rossner. Illus. by Joanne Partis. 2023. (I Love You As Big As Ser.). (ENG.). 24p. (J). (gr. -1-1). bds. 9.99 ***(978-1-7282-7469-0(9)***, Hometown World) Sourcebooks, Inc.

I Love You As Big As Texas. Rose Rossner. Illus. by Joanne Partis. 2021. (I Love You As Big As Ser.). (ENG.). 24p. (J). (gr. -1-1). bds. 9.99 *(978-1-7282-4256-9(8)*, Hometown World) Sourcebooks, Inc.

I Love You As Big As Tulsa. Rose Rossner. Illus. by Joanne Partis. 2023. (I Love You As Big As Ser.). (ENG.). 24p. (J). (gr. -1-1). bds. 9.99 ***(978-1-7282-7470-6(2)***, Hometown World) Sourcebooks, Inc.

I Love You As Big As Vermont. Rose Rossner. Illus. by Joanne Partis. 2023. (I Love You As Big As Ser.). (ENG.). 24p. (J). (gr. -1-1). bds. 9.99 ***(978-1-7282-7471-3(0)***, Hometown World) Sourcebooks, Inc.

I Love You As Big As Washington, D. C. Rose Rossner. Illus. by Joanne Partis. 2023. (I Love You As Big As Ser.). (ENG.). 24p. (J). (gr. -1-1). bds. 9.99 ***(978-1-7282-7472-0(9)***, Hometown World) Sourcebooks, Inc.

I Love You As Big As Wyoming. Rose Rossner. Illus. by Joanne Partis. 2023. (I Love You As Big As Ser.). (ENG.). 24p. (J). (gr. -1-1). bds. 9.99 ***(978-1-7282-7473-7(7)***, Hometown World) Sourcebooks, Inc.

I Love You As Much. Mari Loder. Illus. by Katy England. (ENG.). (J). 2018. 34p. 22.95 *(978-1-64299-534-3(7))*; 2017. pap. 12.95 *(978-1-64028-046-5(4))* Christian Faith Publishing.

I Love You Aubrey. J. D. Green. Illus. by Joanne Partis. 2021. (I Love You Ser.). (ENG.). 32p. (J). (gr. -1-3). 7.99 ***(978-1-7282-0710-0(X))*** Sourcebooks, Inc.

I Love You Audrey. J. D. Green. Illus. by Joanne Partis. 2021. (I Love You Ser.). (ENG.). 32p. (J). (gr. -1-3). 7.99 ***(978-1-7282-0711-7(8))*** Sourcebooks, Inc.

I Love You Ava. J. D. Green. Illus. by Joanne Partis. 2021. (I Love You Ser.). (ENG.). 32p. (J). (gr. -1-3). 7.99 ***(978-1-7282-0712-4(6))*** Sourcebooks, Inc.

I Love You Avery. J. D. Green. Illus. by Joanne Partis. 2021. (I Love You Ser.). (ENG.). 32p. (J). (gr. -1-3). 7.99 ***(978-1-7282-0713-1(4))*** Sourcebooks, Inc.

I Love You, Baby. Giles Andreae. Illus. by Emma Dodd. 2016. (ENG.). 26p. (J). (gr. -1 — 1). bds. 6.99 *(978-1-4847-2261-9(2))* Hyperion Bks. for Children.

I Love You, Baby! Claire Freedman. Illus. by Judi Abbot. 2017. (ENG.). 32p. (J). (gr. -1-3). 17.99 *(978-1-4814-9904-0(1)*, Simon & Schuster/Paula Wiseman Bks.) Simon & Schuster/Paula Wiseman Bks.

I Love You, Baby Burrito. Angela Dominguez. (ENG., Illus.). (J). 2023. 20p. bds. 8.99 *(978-1-250-88684-2(8)*, 900287008); 2021. 32p. 18.99 *(978-1-250-23109-3(4)*, 900209548) Roaring Brook Pr.

I Love You, Baby Shark. Scholastic. ed. 2019. (Baby Shark Pic Bks). (ENG.). 24p. (J). (gr. k-1). 16.36 *(978-1-64697-097-1(7))* Penworthy Co., LLC, The.

I Love You, Baby Shark: Doo Doo Doo Doo Doo Doo (a Baby Shark Book) Illus. by John John Bajet. 2019. (Baby Shark Ser.). (ENG.). 24p. (J). (gr. -1-k). pap. 6.99 *(978-1-338-60634-8(4)*, Cartwheel Bks.) Scholastic, Inc.

I Love You Becaaauuussseee. Jen Pettigrew. Illus. by Jen Pettigrew. 2023. (ENG.). 46p. (J). ***(978-1-329-86772-7(6))*** Lulu Pr., Inc.

I Love You Because: Dad & Me Gratitude Book. Maribel Garcia Valls. 2017. (I Love You Because Ser.: Vol. 3). (ENG., Illus.). (J). (gr. k-6). pap. 13.99 *(978-0-9993343-2-4(8))* BeeHappi.

I Love You Because: Grandma & Me Gratitude Book. Maribel Garcia Valls. 2017. (I Love You Because Ser.: Vol. 2). (ENG., Illus.). (J). (gr. k-6). pap. 13.99 *(978-0-9993343-1-7(X))* BeeHappi.

I Love You Because: Grandpa & Me Gratitude Book. Maribel Garcia Valls. 2017. (I Love You Because Ser.: Vol. 4). (ENG., Illus.). (J). (gr. k-6). pap. 13.99 *(978-0-9993343-3-1(6))* BeeHappi.

I Love You Because I Love You. Muon Thi Van. Illus. by Jessica Love. 2022. (ENG.). 32p. (J). (gr. -1-3). 17.99 *(978-0-06-289459-5(5)*, Tegen, Katherine Bks) HarperCollins Pubs.

I Love You Benjamin. J. D. Green. Illus. by Joanne Partis. 2021. (I Love You Ser.). (ENG.). 32p. (J). (gr. -1-3). 7.99 ***(978-1-7282-0714-8(2))*** Sourcebooks, Inc.

I Love You Beyond the Stars. Dee Appleby. Illus. by Stephanie Stasiuk Monk. 2023. (ENG.). 32p. (J). ***(978-1-0391-7604-1(6))***; pap. ***(978-1-0391-7603-4(8))*** FriesenPress.

I Love You Brayden. J. D. Green. Illus. by Joanne Partis. 2021. (I Love You Ser.). (ENG.). 32p. (J). (gr. -1-3). 7.99 ***(978-1-7282-0715-5(0))*** Sourcebooks, Inc.

I Love You Brighter Than the Stars. Owen Hart. Illus. by Sean Julian. (ENG.). (J). 2023. 24p. (-k). bds. 7.99 ***(978-1-6643-5085-4(3))***; 2019. 32p. (gr. -1-2). 17.99 *(978-1-68010-151-5(X))* Tiger Tales.

I Love You Brooklyn. J. D. Green. Illus. by Joanne Partis. 2021. (I Love You Ser.). (ENG.). 32p. (J). (gr. -1-3). 7.99 ***(978-1-7282-0716-2(9))*** Sourcebooks, Inc.

I Love You Caleb. J. D. Green. Illus. by Joanne Partis. 2021. (I Love You Ser.). (ENG.). 32p. (J). (gr. -1-3). 7.99 ***(978-1-7282-0717-9(7))*** Sourcebooks, Inc.

I Love You Cameron. J. D. Green. Illus. by Joanne Partis. 2021. (I Love You Ser.). (ENG.). 32p. (J). (gr. -1-3). 7.99 ***(978-1-7282-0718-6(5))*** Sourcebooks, Inc.

I Love You Camila. J. D. Green. Illus. by Joanne Partis. 2023. (I Love You Ser.). (ENG.). 32p. (J). (gr. -1-3). 7.99 ***(978-1-7282-7791-2(4))*** Sourcebooks, Inc.

I Love You Cards: 25 Clever Cards to Color + Envelopes Included. Clever Publishing. Illus. by Valentina Yaskina. 2018. (Clever Cards to Color Ser.). (ENG.). 54p. (J). (gr. -1-1). 10.99 *(978-1-948418-27-0(4))* Clever Media Group.

I Love You Caroline. J. D. Green. Illus. by Joanne Partis. 2021. (I Love You Ser.). (ENG.). 32p. (J). (gr. -1-3). 7.99 ***(978-1-7282-0719-3(3))*** Sourcebooks, Inc.

I Love You Carter. J. D. Green. Illus. by Joanne Partis. 2021. (I Love You Ser.). (ENG.). 32p. (J). (gr. -1-3). 7.99 ***(978-1-7282-0720-9(7))*** Sourcebooks, Inc.

I Love You Charlotte. J. D. Green. Illus. by Joanne Partis. 2021. (I Love You Ser.). (ENG.). 32p. (J). (gr. -1-3). 7.99 ***(978-1-7282-0721-6(5))*** Sourcebooks, Inc.

I Love You Chloe. J. D. Green. Illus. by Joanne Partis. 2021. (I Love You Ser.). (ENG.). 32p. (J). (gr. -1-3). 7.99 ***(978-1-7282-0722-3(3))*** Sourcebooks, Inc.

I Love You Christopher. J. D. Green. Illus. by Joanne Partis. 2021. (I Love You Ser.). (ENG.). 32p. (J). (gr. -1-3). 7.99 ***(978-1-7282-0723-0(1))*** Sourcebooks, Inc.

I Love You Claire. J. D. Green. Illus. by Joanne Partis. 2021. (I Love You Ser.). (ENG.). 32p. (J). (gr. -1-3). 7.99 ***(978-1-7282-0724-7(X))*** Sourcebooks, Inc.

I Love You, Cockatoo! Sarah Aspinall. 2022. (Illus.). 32p. (J). (-k). 18.99 *(978-0-593-32742-5(X)*, Viking Books for Young Readers) Penguin Young Readers Group.

I Love You Connor. J. D. Green. Illus. by Joanne Partis. 2021. (I Love You Ser.). (ENG.). 32p. (J). (gr. -1-3). 7.99 ***(978-1-7282-0725-4(8))*** Sourcebooks, Inc.

I Love You, Dad - Grumpy Ninja: A Rhyming Children's Book about a Love Between a Father & Their Child, Perfect for Father's Day. Mary Nhin. 2022. (Ninja Life Hacks Ser.: Vol. 73). (ENG.). 36p. (J). 19.99 *(978-1-63731-337-4(3))* Grow Grit Pr.

I Love You, Daddy. Minnie Birdsong. Ed. by Cottage Door Press. Illus. by Lucy Fleming. 2021. (Little Bird Greetings Ser.). (ENG.). 8p. (J). (gr. -1-k). bds. 7.99 *(978-1-64638-138-8(6)*, 1006740) Cottage Door Pr.

I Love You, Daddy. DK. 2021. (ENG., Illus.). 20p. (J). (— 1). bds. 9.99 *(978-1-4654-9434-4(0)*, DK Children) Dorling Kindersley Publishing, Inc.

I Love You, Daddy. Jillian Harker. Ed. by Parragon Books. 2018. (ENG., Illus.). 32p. (J). (gr. -1-1). 6.99 *(978-1-68052-426-0(7)*, 2000250, Parragon Books) Cottage Door Pr.

I Love You, Daddy. Beatrix Potter. 2020. (Peter Rabbit Ser.). (ENG., Illus.). 32p. (J). (gr. -1-2). 9.99 *(978-0-241-40922-0(5)*, Warne) Penguin Young Readers Group.

I Love You, Daddy! A Book for Dads & Kids. Edie Evans. Illus. by Melanie Demmer. 2019. (Little Golden Book Ser.). 16p. (J). (-k). 4.99 *(978-1-9848-9251-5(7)*, Golden Bks.) Random Hse. Children's Bks.

I Love You, Daddy: Finger Puppet Board Book. IglooBooks. Illus. by Kathryn Inkson. 2022. (ENG.). 12p. (J). (— 1). bds. 7.99 *(978-1-80108-710-0(5))* Igloo Bks. GBR. Dist: Simon & Schuster, Inc.

I Love You, Daddy: Full of Love & Hugs! Melanie Joyce. Illus. by Polona Lovsin. 2016. (ENG.). 26p. (J). (— 1). bds. 8.99 *(978-1-78440-562-5(0))* Igloo Bks. GBR. Dist: Simon & Schuster, Inc.

I Love You, Daddy: Padded Board Book. IglooBooks. Illus. by Kathryn Inkson. (ENG.). 24p. (J). (-k). 2023. bds. 9.99 ***(978-1-83771-508-4(4))***; 2021. bds., bds. 8.99 *(978-1-80108-657-8(5))* Igloo Bks. GBR. Dist: Simon & Schuster, Inc.

I Love You, Daddy: Padded Storybook. IglooBooks. (ENG.). 24p. (J). (-k). 2023. 10.99 *(978-1-83771-541-1(6))*; 2016. 9.99 *(978-1-78557-319-4(5))* Igloo Bks. GBR. Dist: Simon & Schuster, Inc.

I Love You, Daddy: Picture Story Book. IglooBooks. 2018. (ENG.). 24p. (J). (gr. -1-1). 12.99 *(978-1-78810-227-8(4))* Igloo Bks. GBR. Dist: Simon & Schuster, Inc.

I Love You, Daddy - Fill in the Blank Book with Prompts for Kids. Stephie Simple Press. 2021. (ENG.). 46p. (J). *(978-1-64432-665-7(5))* Natural History Museum Pubns.

I Love You Daniel. J. D. Green. Illus. by Joanne Partis. 2021. (I Love You Ser.). (ENG.). 32p. (J). (gr. -1-3). 7.99 ***(978-1-7282-0726-1(6))*** Sourcebooks, Inc.

I Love You Daughter. J. D. Green. Illus. by Joanne Partis. 2021. (I Love You Ser.). (ENG.). 32p. (J). (gr. -1-3). 7.99 ***(978-1-7282-3614-8(2))*** Sourcebooks, Inc.

I Love You David. J. D. Green. Illus. by Joanne Partis. 2021. (I Love You Ser.). (ENG.). 32p. (J). (gr. -1-3). 7.99 ***(978-1-7282-0727-8(4))*** Sourcebooks, Inc.

I Love You, Dear Dragon see Te Quiero, Querido Dragón

I Love You, Dear Dragon. Margaret Hillert. 2016. (BeginningtoRead Ser.). (ENG., Illus.). 32p. (J). (-2). lib. bdg. 22.60 *(978-1-59953-770-2(2))* Norwood Hse. Pr.

I Love You, Dear Dragon. Margaret Hillert. Illus. by Jack Pullan. 2016. (Beginning-To-Read Ser.). (ENG.). 32p. (J). (gr. k-2). pap. 13.26 *(978-1-60357-883-7(8))* Norwood Hse. Pr.

I Love You Dylan. J. D. Green. Illus. by Joanne Partis. 2021. (I Love You Ser.). (ENG.). 32p. (J). (gr. -1-3). 7.99 ***(978-1-7282-0728-5(2))*** Sourcebooks, Inc.

I Love You Eleanor. J. D. Green. Illus. by Joanne Partis. 2023. (I Love You Ser.). (ENG.). 32p. (J). (gr. -1-3). 7.99 ***(978-1-7282-7792-9(2))*** Sourcebooks, Inc.

I Love You Elena. J. D. Green. Illus. by Joanne Partis. 2022. (I Love You Ser.). (ENG.). 32p. (J). (gr. -1-3). 7.99 ***(978-1-7282-5920-8(7))*** Sourcebooks, Inc.

I Love You, Elephant! (a Changing Faces Book) Carles Ballesteros. 2019. (Changing Faces Ser.). (ENG., Illus.). 16p. (J). (gr. -1 — 1). bds. 7.99 *(978-1-4197-3882-1(8)*, 1291410) Abrams, Inc.

I Love You Elijah. J. D. Green. Illus. by Joanne Partis. 2021. (I Love You Ser.). (ENG.). 32p. (J). (gr. -1-3). 7.99 ***(978-1-7282-0729-2(0))*** Sourcebooks, Inc.

I Love You Elizabeth. J. D. Green. Illus. by Joanne Partis. 2021. (I Love You Ser.). (ENG.). 32p. (J). (gr. -1-3). 7.99 ***(978-1-7282-0730-8(4))*** Sourcebooks, Inc.

I Love You Ella. J. D. Green. Illus. by Joanne Partis. 2021. (I Love You Ser.). (ENG.). 32p. (J). (gr. -1-3). 7.99 ***(978-1-7282-0731-5(2))*** Sourcebooks, Inc.

I Love You Ellie. J. D. Green. Illus. by Joanne Partis. 2021. (I Love You Ser.). (ENG.). 32p. (J). (gr. -1-3). 7.99 ***(978-1-7282-0732-2(0))*** Sourcebooks, Inc.

I Love You Emily. J. D. Green. Illus. by Joanne Partis. 2021. (I Love You Ser.). (ENG.). 32p. (J). (gr. -1-3). 7.99 ***(978-1-7282-0733-9(9))*** Sourcebooks, Inc.

I Love You Emma. J. D. Green. Illus. by Joanne Partis. 2021. (I Love You Ser.). (ENG.). 32p. (J). (gr. -1-3). 7.99 ***(978-1-7282-0734-6(7))*** Sourcebooks, Inc.

I Love You Ethan. J. D. Green. Illus. by Joanne Partis. 2021. (I Love You Ser.). (ENG.). 32p. (J). (gr. -1-3). 7.99 ***(978-1-7282-0735-3(5))*** Sourcebooks, Inc.

I Love You Evelyn. J. D. Green. Illus. by Joanne Partis. 2021. (I Love You Ser.). (ENG.). 32p. (J). (gr. -1-3). 7.99 ***(978-1-7282-0736-0(3))*** Sourcebooks, Inc.

I Love You Every Day. Cottage Door Press. Ed. by Cottage Door Press. Illus. by Samantha Meredith. 2018. (ENG.). 12p. (J). (gr. -1 — 1). bds. 7.99 *(978-1-68052-485-7(2)*, 2000790) Cottage Door Pr.

I Love You Far Away. Lora Forbush. 2021. (ENG.). 24p. (J). *(978-1-7947-8526-7(4))* Lulu Pr., Inc.

I Love You Fill-In. J. D. Green. Illus. by Joanne Partis. 2023. (I Love You Ser.). (ENG.). 32p. (J). (gr. -1-3). 7.99 ***(978-1-7282-7754-7(X))*** Sourcebooks, Inc.

I Love You Forever & a Day. Amelia Hepworth. Illus. by Tim Warnes. 2022. (ENG.). 32p. (J). (gr. -1-2). 17.99 *(978-1-68010-260-4(5))* Tiger Tales.

I Love You Forever & Beyond. Kimberley Peters. Illus. by Je Corbett. 2022. (ENG.). 24p. (J). pap. ***(978-1-0391-1967-3(0))***; ***(978-1-0391-1968-0(9))*** FriesenPress.

I Love You, Fred. Mick Inkpen. Illus. by Chloe Inkpen. 2019. (ENG.). 32p. (J). (gr. -1-1). 17.99 *(978-1-5344-1475-4(4)*, Aladdin) Simon & Schuster Children's Publishing.

I Love You from Here to Heaven Above. Michelle Medlock Adams & Cecil Stokes. Illus. by Jonathan Bouw. 2023. 36p. (J). (gr. -1 — 1). 16.99 ***(978-1-68099-890-0(0)***, Good Bks.) Skyhorse Publishing Co., Inc.

I Love You Funny Bunny. Karen Johnson. 2018. (ENG., Illus.). 38p. (J). 22.95 *(978-1-64096-146-3(1))* Newman Springs Publishing, Inc.

I Love You, Funny Bunny, 1 vol. Sean Julian. 2019. (ENG., Illus.). 24p. (J). bds. 9.99 *(978-0-310-76543-1(9))* Zonderkidz.

I Love You, Funny Bunny, 1 vol. Illus. by Sean Julian. 2019. (ENG.). 32p. (J). 17.99 *(978-0-310-76541-7(2))* Zonderkidz.

I Love You Gabriel. J. D. Green. Illus. by Joanne Partis. 2021. (I Love You Ser.). (ENG.). 32p. (J). (gr. -1-3). 7.99 ***(978-1-7282-0737-7(1))*** Sourcebooks, Inc.

I Love You Gabriella. J. D. Green. Illus. by Joanne Partis. 2021. (I Love You Ser.). (ENG.). 32p. (J). (gr. -1-3). 7.99 ***(978-1-7282-0738-4(X))*** Sourcebooks, Inc.

I Love You Gianna. J. D. Green. Illus. by Joanne Partis. 2023. (I Love You Ser.). (ENG.). 32p. (J). (gr. -1-3). 7.99 ***(978-1-7282-7794-3(9))*** Sourcebooks, Inc.

I Love You Grace. J. D. Green. Illus. by Joanne Partis. 2021. (I Love You Ser.). (ENG.). 32p. (J). (gr. -1-3). 7.99 ***(978-1-7282-0739-1(8))*** Sourcebooks, Inc.

I Love You Gramma Nanna. Miriam Yerushalmi. Illus. by Rachel Vorhand. 2019. (ENG.). 40p. (J). 20.00 *(978-0-578-44232-7(9))* Sane.

I Love You Granddaughter. J. D. Green. Illus. by Joanne Partis. 2021. (I Love You Ser.). (ENG.). 32p. (J). (gr. -1-3). 7.99 ***(978-1-7282-0740-7(1))*** Sourcebooks, Inc.

I Love You, Grandma. Jillian Harker. Ed. by Parragon Books. 2018. (ENG., Illus.). 32p. (J). (gr. -1-1). 6.99 *(978-1-68052-425-3(9)*, 2000240, Parragon Books) Cottage Door Pr.

I Love You, Grandma. Beatrix Potter. 2022. (Peter Rabbit Ser.). (ENG.). 32p. (J). (gr. -1-2). 9.99 *(978-0-241-47013-8(7)*, Warne) Penguin Young Readers Group.

I Love You, Grandma! Tish Rabe. Illus. by David Hitch. 2016. (Little Golden Book Ser.). (J). (-k). 24p. 5.99 *(978-1-101-93455-5(7))*; *(978-1-5182-1618-3(8))* Random Hse. Children's Bks. (Golden Bks.).

I Love You, Grandma. Tiger Tales. Illus. by Rory Tyger. 2017. (ENG.). 28p. (J). (gr. -1-k). bds. 7.99 *(978-1-68010-524-7(8))* Tiger Tales.

I Love You, Grandma: Padded Board Book. IglooBooks. 2021. (ENG.). 24p. (J). (-k). bds. 8.99 *(978-1-80022-880-1(5))* Igloo Bks. GBR. Dist: Simon & Schuster, Inc.

I Love You Grandma: Padded Board Book. IglooBooks. (ENG.). (J). 2023. 24p. bds. 9.99 ***(978-1-80368-438-3(0))***; 2018. 26p. bds. 8.99 *(978-1-4998-8141-7(X))* Igloo Bks. GBR. Dist: Simon & Schuster, Inc.

I Love You, Grandpa. Jillian Harker. Ed. by Parragon Books. 2018. (ENG., Illus.). 32p. (J). (gr. -1-1). 6.99 *(978-1-68052-428-4(3)*, 2000270, Parragon Books) Cottage Door Pr.

I Love You, Grandpa. Beatrix Potter. 2022. (Peter Rabbit Ser.). (ENG.). 32p. (J). (gr. -1-2). 9.99 *(978-0-241-47314-6(4)*, Warne) Penguin Young Readers Group.

I Love You, Grandpa: Padded Board Book. IglooBooks. 2021. (ENG.). 24p. (J). (-k). bds. 8.99 *(978-1-80022-881-8(3))* Igloo Bks. GBR. Dist: Simon & Schuster, Inc.

I Love You Grandson. J. D. Green. Illus. by Joanne Partis. 2021. (I Love You Ser.). (ENG.). 32p. (J). (gr. -1-3). 7.99 ***(978-1-7282-0741-4(X))*** Sourcebooks, Inc.

I Love You Grayson. J. D. Green. Illus. by Joanne Partis. 2021. (I Love You Ser.). (ENG.). 32p. (J). (gr. -1-3). 7.99 ***(978-1-7282-0742-1(8))*** Sourcebooks, Inc.

I Love You Hailey. J. D. Green. Illus. by Joanne Partis. 2021. (I Love You Ser.). (ENG.). 32p. (J). (gr. -1-3). 7.99 ***(978-1-7282-0743-8(6))*** Sourcebooks, Inc.

I Love You Hannah. J. D. Green. Illus. by Joanne Partis. 2021. (I Love You Ser.). (ENG.). 32p. (J). (gr. -1-3). 7.99 ***(978-1-7282-0744-5(4))*** Sourcebooks, Inc.

I Love You Harper. J. D. Green. Illus. by Joanne Partis. 2021. (I Love You Ser.). (ENG.). 32p. (J). (gr. -1-3). 7.99 ***(978-1-7282-0745-2(2))*** Sourcebooks, Inc.

I Love You Henry. J. D. Green. Illus. by Joanne Partis. 2021. (I Love You Ser.). (ENG.). 32p. (J). (gr. -1-3). 7.99 ***(978-1-7282-0746-9(0))*** Sourcebooks, Inc.

I Love You Higher Than the Sky. Jamie Bachelis. 2016. (ENG., Illus.). 38p. (J). pap. *(978-1-365-47636-5(7))* Lulu Pr., Inc.

I Love You, Honey Bunny (Made with Love) Sandra Magsamen. Illus. by Sandra Magsamen. 2016. (Made with Love Ser.). (ENG., Illus.). 14p. (J). (— 1). bds. 7.99 *(978-1-338-11084-5(5)*, Cartwheel Bks.) Scholastic, Inc.

I Love You Hunter. J. D. Green. Illus. by Joanne Partis. 2021. (I Love You Ser.). (ENG.). 32p. (J). (gr. -1-3). 7.99 ***(978-1-7282-0747-6(9))*** Sourcebooks, Inc.

I Love You Isaac. J. D. Green. Illus. by Joanne Partis. 2021. (I Love You Ser.). (ENG.). 32p. (J). (gr. -1-3). 7.99 ***(978-1-7282-0748-3(7))*** Sourcebooks, Inc.

I Love You Isabella. J. D. Green. Illus. by Joanne Partis. 2021. (I Love You Ser.). (ENG.). 32p. (J). (gr. -1-3). 7.99 ***(978-1-7282-0749-0(5))*** Sourcebooks, Inc.

I Love You Jack. J. D. Green. Illus. by Joanne Partis. 2021. (I Love You Ser.). (ENG.). 32p. (J). (gr. -1-3). 7.99 ***(978-1-7282-0750-6(9))*** Sourcebooks, Inc.

I Love You Jackson. J. D. Green. Illus. by Joanne Partis. 2021. (I Love You Ser.). (ENG.). 32p. (J). (gr. -1-3). 7.99 ***(978-1-7282-0751-3(7))*** Sourcebooks, Inc.

I Love You Jacob. J. D. Green. Illus. by Joanne Partis. 2021. (I Love You Ser.). (ENG.). 32p. (J). (gr. -1-3). 7.99 ***(978-1-7282-0752-0(5))*** Sourcebooks, Inc.

I Love You Jamar. J. D. Green. Illus. by Joanne Partis. 2022. (I Love You Ser.). (ENG.). 32p. (J). (gr. -1-3). 7.99 ***(978-1-7282-5921-5(5))*** Sourcebooks, Inc.

I Love You James. J. D. Green. Illus. by Joanne Partis. 2021. (I Love You Ser.). (ENG.). 32p. (J). (gr. -1-3). 7.99 ***(978-1-7282-0753-7(3))*** Sourcebooks, Inc.

I Love You Javon. J. D. Green. Illus. by Joanne Partis. 2022. (I Love You Ser.). (ENG.). 32p. (J). (gr. -1-3). 7.99 ***(978-1-7282-5922-2(3))*** Sourcebooks, Inc.

I Love You Jaxon. J. D. Green. Illus. by Joanne Partis. 2021. (I Love You Ser.). (ENG.). 32p. (J). (gr. -1-3). 7.99 ***(978-1-7282-0754-4(1))*** Sourcebooks, Inc.

I Love You Jayden. J. D. Green. Illus. by Joanne Partis. 2021. (I Love You Ser.). (ENG.). 32p. (J). (gr. -1-3). 7.99 ***(978-1-7282-0755-1(X))*** Sourcebooks, Inc.

I Love You Jonathan. J. D. Green. Illus. by Joanne Partis. 2021. (I Love You Ser.). (ENG.). 32p. (J). (gr. -1-3). 7.99 ***(978-1-7282-1545-7(5))*** Sourcebooks, Inc.

I Love You Joseph. J. D. Green. Illus. by Joanne Partis. 2021. (I Love You Ser.). (ENG.). 32p. (J). (gr. -1-3). 7.99 ***(978-1-7282-0757-5(6))*** Sourcebooks, Inc.

I Love You Just Because. Catrice Dennis & Asiyah Davis. 2018. (ENG., Illus.). 28p. (J). pap. 13.99 *(978-0-9989114-2-7(9))* Life Chronicles Publishing.

I Love You Just Because, 1 vol. Donna Keith. 2016. (ENG., Illus.). 20p. (J). bds. 9.99 *(978-0-7180-8853-8(0)*, Tommy Nelson) Nelson, Thomas Inc.

I Love You Just the Way You Are! Rosie Greening. Illus. by James Dillon. 2020. (ENG.). 32p. (J). pap. 6.99 *(978-1-78947-958-4(4))* Make Believe Ideas GBR. Dist: Scholastic, Inc.

I Love You Just the Way You Are. Ghabeba Hurkchand. 2017. (ENG., Illus.). 16p. (J). pap. 11.95 *(978-1-78693-456-7(6)*, 06c562db-d269-4061-9356-bcf8c7f984a0) Austin Macauley Pubs. Ltd. GBR. Dist: Baker & Taylor Publisher Services (BTPS).

I Love You Kameron. J. D. Green. Illus. by Joanne Partis. 2023. (I Love You Ser.). (ENG.). 32p. (J). (gr. -1-3). 7.99 ***(978-1-7282-7795-0(7))*** Sourcebooks, Inc.

I Love You Kennedy. J. D. Green. Illus. by Joanne Partis. 2021. (I Love You Ser.). (ENG.). 32p. (J). (gr. -1-3). 7.99 ***(978-1-7282-0760-5(6))*** Sourcebooks, Inc.

I Love You Landon. J. D. Green. Illus. by Joanne Partis. 2021. (I Love You Ser.). (ENG.). 32p. (J). (gr. -1-3). 7.99 ***(978-1-7282-0761-2(4))*** Sourcebooks, Inc.

I Love You Layla. J. D. Green. Illus. by Joanne Partis. 2021. (I Love You Ser.). (ENG.). 32p. (J). (gr. -1-3). 7.99 ***(978-1-7282-0762-9(2))*** Sourcebooks, Inc.

I Love You Leo A. Arrivals Terminal... ? Rosa Aneiros. Tr. by Jonathan Dunne. 2018. (Galician Wave Ser.: Vol. 16). (ENG., Illus.). 284p. (YA). (gr. 7-12). pap. *(978-954-384-092-2(X))* Small Stations Pr. = Smol Stejsans Pres.

I Love You Leo A. Transit Station. Rosa Aneiros. Tr. by Jonathan Dunne. 2016. (Galician Wave Ser.: Vol. 10). (ENG., Illus.). (YA). (gr. 7-12). pap. *(978-954-384-055-7(5))* Small Stations Pr. = Smol Stejsans Pres.

I Love You Levi. J. D. Green. Illus. by Joanne Partis. 2021. (I Love You Ser.). (ENG.). 32p. (J). (gr. -1-3). 7.99 ***(978-1-7282-0764-3(9))*** Sourcebooks, Inc.

I Love You Liam. J. D. Green. Illus. by Joanne Partis. 2021. (I Love You Ser.). (ENG.). 32p. (J). (gr. -1-3). 7.99 ***(978-1-7282-0765-0(7))*** Sourcebooks, Inc.

I Love You Like ... Lori Joy Smith. 2018. (ENG., Illus.). 32p. (J). (gr. -1-3). 16.95 *(978-1-77147-157-2(3))* Owlkids Bks. Inc. CAN. Dist: Publishers Group West (PGW).

I Love You Like a Dinosaur. Jen E. Lis & Gabe E. Lis. Illus. by Gabe E. Lis. 2021. (ENG.). 36p. (J). pap. 10.00 *(978-1-7325487-2-5(2))* Scholarly Hour.

I Love You Like a Pig. Mac Barnett. Illus. by Greg Pizzoli. 2017. (ENG.). 40p. (J). (gr. -1-3). 17.99 *(978-0-06-235483-9(3)*, Balzer & Bray) HarperCollins Pubs.

I Love You Like a Rainbow. Sandra Ure Griffin. 2020. (ENG.). 32p. (J). pap. ***(978-1-716-54569-6(2))*** Lulu Pr., Inc.

I Love You Like No Otter. Rose Rossner. Illus. by Sydney Hanson. (Punderland Ser.). (J). 2021. 32p. (gr. -1-k). 10.99 *(978-1-7282-5703-7(4))*; 2020. (ENG.). 24p. (-k). bds. 8.99 *(978-1-7282-1374-3(6))* Sourcebooks, Inc.

I Love You Lillian. J. D. Green. Illus. by Joanne Partis. 2021. (I Love You Ser.). (ENG.). 32p. (J). (gr. -1-3). 7.99 ***(978-1-7282-0766-7(5))*** Sourcebooks, Inc.

I Love You Little, I Love You Lots. Douglas Wood. Illus. by G. Brian Karas. 2022. (ENG.). 40p. (J). (gr. -1-k). 17.99 *(978-0-545-44193-3(5)*, Scholastic Pr.) Scholastic, Inc.

I Love You, Little Monster! Sandra Magsamen. Illus. by Sandra Magsamen. 2020. (Made with Love Ser.). (ENG., Illus.). 10p. (J). (gr. -1 — 1). bds. 7.99 *(978-1-338-35979-4(7)*, Cartwheel Bks.) Scholastic, Inc.

I Love You, Little Moo. Tilly Temple. Illus. by Laura Deo. 2019. (ENG.). 10p. (J). (-k). bds. 9.99 *(978-1-68010-624-4(4))* Tiger Tales.

I Love You Little Ninja: A Rhyming Children's Book Classic, Perfect for Valentine's Day. Mary Nhin. 2022. (Ninja Life Hacks Ser.: Vol. 84). (ENG.). 32p. (J). 19.99 ***(978-1-63731-623-8(2))*** Grow Grit Pr.

I Love You Little One. DK. 2018. (ENG.). 18p. (J). (— 1). bds. 12.99 *(978-1-4654-8016-3(1)*, DK Children) Dorling Kindersley Publishing, Inc.

I Love You, Little One. Rosie Greening. Illus. by Beth Fletcher. 2020. (ENG.). 26p. (J). (— 1). bds. 8.99 *(978-1-78947-176-2(1))* Make Believe Ideas GBR. Dist: Scholastic, Inc.

I Love You, Little One, 1 vol. Bonnie Rickner Jensen. Illus. by Donna Chapman. 2018. (Really Woolly Ser.). (ENG.). 40p. (J). bds. 9.99 *(978-1-4003-1015-9(6)*, Tommy Nelson) Nelson, Thomas Inc.

I Love You, Little One. Holly Surplice. Illus. by Holly Surplice. 2019. (ENG., Illus.). 24p. (J). (-k). bds. 9.99 *(978-1-5362-0578-7(8))* Candlewick Pr.

I Love You, Little Pookie. Sandra Boynton. Illus. by Sandra Boynton. 2018. (Little Pookie Ser.). (ENG., Illus.). 18p. (J). (gr. -1-k). bds. 5.99 *(978-1-5344-3723-4(1))* Simon & Schuster, Inc.

I Love You, Little Pumpkin. Sandra Magsamen. Illus. by Sandra Magsamen. 2017. (ENG.). 10p. (J). (gr. -1 — 1). bds. 8.99 *(978-1-338-11085-2(3)*, Cartwheel Bks.) Scholastic, Inc.

I Love You, Little Shark. Jeffrey Burton. Illus. by Anna Hurley. 2023. (ENG.). 14p. (J). (gr. -1). bds. 8.99 ***(978-1-6659-3784-9(X)***, Little Simon) Little Simon.

I Love You, Little Stinker! Sandra Magsamen. Illus. by Sandra Magsamen. 2023. (ENG.). 10p. (J). (gr. -1 — 1). 7.99 ***(978-1-338-81618-1(7)***, Cartwheel Bks.) Scholastic, Inc.

I Love You Logan. J. D. Green. Illus. by Joanne Partis. 2021. (I Love You Ser.). (ENG.). 32p. (J). (gr. -1-3). 7.99 ***(978-1-7282-0767-4(3))*** Sourcebooks, Inc.

I Love You Lucas. J. D. Green. Illus. by Joanne Partis. 2021. (I Love You Ser.). (ENG.). 32p. (J). (gr. -1-3). 7.99 ***(978-1-7282-0768-1(1))*** Sourcebooks, Inc.

I Love You Lucy. J. D. Green. Illus. by Joanne Partis. 2021. (I Love You Ser.). (ENG.). 32p. (J). (gr. -1-3). 7.99 ***(978-1-7282-0769-8(X))*** Sourcebooks, Inc.

I Love You Luke. J. D. Green. Illus. by Joanne Partis. 2021. (I Love You Ser.). (ENG.). 32p. (J). (gr. -1-3). 7.99 ***(978-1-7282-0770-4(3))*** Sourcebooks, Inc.

I Love You Luna. J. D. Green. Illus. by Joanne Partis. 2022. (I Love You Ser.). (ENG.). 32p. (J). (gr. -1-3). 7.99 ***(978-1-7282-5923-9(1))*** Sourcebooks, Inc.

I Love You Madelyn. J. D. Green. Illus. by Joanne Partis. 2021. (I Love You Ser.). (ENG.). 32p. (J). (gr. -1-3). 7.99 ***(978-1-7282-0771-1(1))*** Sourcebooks, Inc.

I Love You Madison. J. D. Green. Illus. by Joanne Partis. 2021. (I Love You Ser.). (ENG.). 32p. (J). (gr. -1-3). 7.99 ***(978-1-7282-0772-8(X))*** Sourcebooks, Inc.

I Love You Mason. J. D. Green. Illus. by Joanne Partis. 2021. (I Love You Ser.). (ENG.). 32p. (J). (gr. -1-3). 7.99 ***(978-1-7282-0773-5(8))*** Sourcebooks, Inc.

I Love You Mateo. J. D. Green. Illus. by Joanne Partis. 2022. (I Love You Ser.). (ENG.). 32p. (J). (gr. -1-3). 7.99 ***(978-1-7282-5924-6(X))*** Sourcebooks, Inc.

I Love You Matthew. J. D. Green. Illus. by Joanne Partis. 2021. (I Love You Ser.). (ENG.). 32p. (J). (gr. -1-3). 7.99 ***(978-1-7282-0774-2(6))*** Sourcebooks, Inc.

I Love You Mia. J. D. Green. Illus. by Joanne Partis. 2021. (I Love You Ser.). (ENG.). 32p. (J). (gr. -1-3). 7.99 ***(978-1-7282-0775-9(4))*** Sourcebooks, Inc.

I Love You Michael. J. D. Green. Illus. by Joanne Partis. 2021. (I Love You Ser.). (ENG.). 32p. (J). (gr. -1-3). 7.99 ***(978-1-7282-0776-6(2))*** Sourcebooks, Inc.

I Love You, Michael Collins. Lauren Baratz-Logsted. ed. 2019. (Penworthy Picks Middle School Ser.). (ENG.). 230p. (J). (gr. 4-5). 19.49 *(978-1-64310-918-3(9))* Penworthy Co., LLC, The.

I Love You, Michael Collins. Lauren Baratz-Logsted. 2018. (ENG.). 240p. (J). pap. 8.99 *(978-1-250-15845-1(1)*, 900158161) Square Fish.

I Love You, Michael Collins. Lauren Baratz-Logsted. ed. 2018. (J). lib. bdg. 18.40 *(978-0-606-41098-4(8))* Turtleback.

I Love You, Michigan Baby. Shirley Vernick. Illus. by Molly Bergin. 2018. (ENG.). 22p. (J). (gr. -1-k). bds. 8.99 *(978-1-946064-96-7(3)*, 806496) Duo Pr. LLC.

I Love You Mila. J. D. Green. Illus. by Joanne Partis. 2021. (I Love You Ser.). (ENG.). 32p. (J). (gr. -1-3). 7.99 ***(978-1-7282-0777-3(0))*** Sourcebooks, Inc.

I Love You Mom. Abbie Headon. Illus. by Liz Temperley. 2019. (ENG.). 96p. 12.95 *(978-0-2281-0172-7(7)*, d431185b-b98a-4e13-a03d-f3490a1d602b) Firefly Bks., Ltd.

I Love You, Mom. Cindy Jin. Illus. by Wazza Pink. 2021. (ENG.). 14p. (J). (gr. -1-k). bds. 7.99 *(978-1-5344-7989-0(9)*, Little Simon) Little Simon.

I Love You, Mom - Earth Ninja: A Rhyming Children's Book about the Love Between a Child & Their Mother, Perfect for Mother's Day & Earth Day. Mary Nhin. 2022. (Ninja Life Hacks Ser.: Vol. 73). (ENG.). 38p. (J). 19.99 *(978-1-63731-352-7(7))* Grow Grit Pr.

I Love You, Mommy! Edie Evans. Illus. by Melanie Demmer. 2019. (Little Golden Book Ser.). 16p. (J). (-k). 4.99 *(978-1-9848-5257-1(4)*, Golden Bks.) Random Hse. Children's Bks.

I Love You, Mommy. Jillian Harker. Ed. by Parragon Books. 2018. (ENG., Illus.). 32p. (J). (gr. -1-1). 6.99 *(978-1-68052-427-7(5)*, 2000260, Parragon Books) Cottage Door Pr.

I Love You, Mommy. Little Bee Books. Illus. by Alison Edgson. 2017. (ENG.). 12p. (J). (gr. -1-k). bds. 8.99 *(978-1-4998-0546-8(2))* Little Bee Books Inc.

I Love You, Mommy. Beatrix Potter. 2019. (Peter Rabbit Ser.). (ENG.). 32p. (J). (gr. -1-2). 8.99 *(978-0-241-35506-0(0)*, Warne) Penguin Young Readers Group.

I Love You, Mommy: Finger Puppet Board Book. IglooBooks. Illus. by Kathryn Inkson. 2022. (ENG.). 12p. (J). (— 1). bds. 7.99 *(978-1-80108-711-7(3))* Igloo Bks. GBR. Dist: Simon & Schuster, Inc.

I Love You, Mommy: Padded Board Book. IglooBooks. Illus. by Kathryn Inkson. 2021. (ENG.). 24p. (J). (-k). bds., bds. 8.99 *(978-1-80108-656-1(7))* Igloo Bks. GBR. Dist: Simon & Schuster, Inc.

I Love You, Mommy: Padded Storybook. IglooBooks. (ENG.). 24p. (J). (-k). 2023. 10.99 ***(978-1-83771-570-1(X))***; 2016. 9.99 *(978-1-78557-320-0(9))* Igloo Bks. GBR. Dist: Simon & Schuster, Inc.

I Love You, Mommy: Picture Story Book. IglooBooks. 2018. (ENG.). 24p. (J). (gr. -1-1). 12.99 *(978-1-78810-226-1(6))* Igloo Bks. GBR. Dist: Simon & Schuster, Inc.

I Love You, Mommy - Fill in the Blank Book with Prompts for Kids. Stephie Simple Press. 2021. (ENG.). 46p. (J). pap. *(978-0-565-24599-3(6))* Natural History Museum Pubns.

I Love You Mommy Activity Book for 2 Year Old. Educando Kids. 2019. (ENG.). 42p. (J). pap. 8.55 *(978-1-64521-780-0(9)*, Educando Kids) Editorial Imagen.

I Love You, Mommy & Daddy. Jillian Harker. Ed. by Parragon Books. 2018. (ENG., Illus.). 64p. (J). (gr. -1-1). 7.99 *(978-1-68052-424-6(0)*, 2000230, Parragon Books) Cottage Door Pr.

I Love You More. Katie L. Bukowski. 2018. (ENG., Illus.). 26p. (J). 15.99 *(978-0-692-15675-9(5))* Bukowski, Katie Lynn.

I Love You, More. Gabriele McCracken. Illus. by Christina Morrison. 2023. (ENG.). 24p. (J). 24.99 ***(978-1-6657-3650-3(X))***; pap. 12.99 ***(978-1-6657-3651-0(8))*** Archway Publishing.

I Love You More. Logan Phillips. 2019. (ENG.). 24p. (J). pap. 12.99 *(978-1-7947-7152-9(2))* Lulu Pr., Inc.

I Love You More & More. Nicky Benson. Illus. by Jonny Lambert. 2016. (ENG.). 24p. (J). (gr. -1-k). bds. 9.99 *(978-1-58925-227-1(6))* Tiger Tales.

I Love You More, Babysaur. Rose Rossner. Illus. by Junissa Bianda. 2021. (Punderland Ser.). (ENG.). 24p. (J). (-k). bds. 8.99 *(978-1-7282-2295-0(8))* Sourcebooks, Inc.

I Love You More Each Day. Gill Lewis. Illus. by Louise Ho. 2017. (Padded Board Books for Babies Ser.). (ENG.). 20p. (J). (gr. -1 — 1). bds. 6.99 *(978-1-68412-042-0(X)*, Silver Dolphin Bks.) Printers Row Publishing Group.

I Love You More Than ... Taye Diggs. Illus. by Shane W. Evans. (ENG.). (J). 2022. 34p. bds. 8.99 *(978-1-250-81370-1(0)*, 900248310); 2018. 32p. 18.99 *(978-1-250-13534-6(6)*, 900178264) Feiwel & Friends.

I Love You More Than ... Taye Diggs. Illus. by Shane W. Evans. 2023. (ENG.). 32p. (J). 8.99 *(978-1-250-86512-0(3)*, 900277896) Square Fish.

I Love You More Than All the Stars. Becky Davies. Illus. by Dana Brown. 2021. (ENG.). 32p. (J). (gr. -1-2). 17.99 *(978-1-68010-263-5(X))* Tiger Tales.

I Love You More Than Christmas. Ellie Hattie. Illus. by Tim Warnes. (ENG.). (J). 2022. 28p. (-k). bds. 7.99 *(978-1-6643-5042-7(X))*; 2020. 32p. (gr. -1-2). 17.99 *(978-1-68010-208-6(7))* Tiger Tales.

I Love You More Than Christmas. Deborah McGinnis. Illus. by Ros Webb. 2019. (ENG.). 24p. (J). 19.99 *(978-0-578-51635-6(7))* McGinnis, Deborah.

I Love You More Than Christmas. Deborah Ann McGinnis. Illus. by Ros Webb. 2019. (Christmas Softcover Ser.: 02). (ENG.). 24p. (J). pap. 14.99 *(978-1-64667-006-2(X))* McGinnis, Deborah.

I Love You More Than Ice Cream. Becky Davies. Illus. by Lala Watkins. 2022. (ENG.). 32p. (J). (gr. -1-2). 17.99 *(978-1-68010-271-0(0))* Tiger Tales.

I Love You More Than Most. Nancy Schnoebelen Imbs. Illus. by Jp Roberts. 2018. (ENG.). 28p. (J). *(978-1-5255-1154-7(8))*; pap. *(978-1-5255-1155-4(6))* FriesenPress.

I Love You More Than That! Elke Lopez. Illus. by Tania Saliba. 2021. (ENG.). 32p. (J). pap. 10.80 *(978-1-0879-4010-6(9))* Indy Pub.

I Love You More Than the Smell of Swamp Gas. Kevan Atteberry. Illus. by Kevan Atteberry. 2017. (ENG., Illus.). 40p. (J). (gr. -1-3). 17.99 *(978-0-06-240871-6(2)*, HarperCollins) HarperCollins Pubs.

I Love You More Than the Universe. Lisa Castagnola LCSW. Illus. by Vanessa Perez. 2018. (ENG.). 26p. (J). pap. 12.45 *(978-1-9822-1765-5(0)*, Balboa Pr.) Author Solutions, LLC.

I Love You More Than Worms Love Dirt. John Sisco. Illus. by Blueberry Illustrations. 2021. (ENG.). 30p. (J). pap. 12.75 *(978-0-578-30277-5(2))*; 17.75 *(978-0-578-99038-5(5))* Sisco, John.

I Love You More Than You'll Ever Know. Leslie Odom, Jr. & Nicolette Robinson. Illus. by Joy Hwang Ruiz. 2023. (ENG.). 32p. (J). 17.99 *(978-1-250-26564-7(9)*, 900222067) Feiwel & Friends.

I Love You Mucho Mucho. Rachel Mas Davidson. 2023. (Illus.). 32p. (J). 18.99 ***(978-1-5064-8866-0(8)***, Beaming Books) 1517 Media.

I Love You, My Cuddle Bug. Nicola Edwards. Illus. by Natalie Marshall. 2023. (You're My Little Ser.). (ENG.). 32p. (J). (gr. -1-k). 14.99 ***(978-1-6672-0547-2(1)***, Silver Dolphin Bks.) Printers Row Publishing Group.

I Love You, My Little Unicorn. Rose Rossner. Illus. by Morgan Huff. 2022. (ENG.). 40p. (J). (gr. -1-3). 10.99 *(978-1-7282-5777-8(8))* Sourcebooks, Inc.

I Love You My Sweet. J. D. Green. Illus. by Joanne Partis. 2021. (I Love You Ser.). (ENG.). 32p. (J). (gr. -1-3). 7.99 ***(978-1-7282-3615-5(0))*** Sourcebooks, Inc.

I Love You My Sweet One. J. D. Green. Illus. by Joanne Partis. 2021. (I Love You Ser.). (ENG.). 32p. (J). (gr. -1-3). 7.99 ***(978-1-7282-0778-0(9))*** Sourcebooks, Inc.

I Love You Natalie. J. D. Green. Illus. by Joanne Partis. 2021. (I Love You Ser.). (ENG.). 32p. (J). (gr. -1-3). 7.99 ***(978-1-7282-0782-7(7))*** Sourcebooks, Inc.

I Love You Nathan. J. D. Green. Illus. by Joanne Partis. 2021. (I Love You Ser.). (ENG.). 32p. (J). (gr. -1-3). 7.99 ***(978-1-7282-0783-4(5))*** Sourcebooks, Inc.

I Love You near & Far Activity & Sticker Book. Lulu Hart. Illus. by Lesley Breen Withrow. 2020. (ENG.). 32p. (J). 17.99 *(978-1-5476-0717-4(3)*, 900240155); pap. 6.99 *(978-1-5476-0718-1(1)*, 900240156) Bloomsbury Publishing USA. (Bloomsbury Activity Bks.).

I Love You Nephew. J. D. Green. Illus. by Joanne Partis. 2021. (I Love You Ser.). (ENG.). 32p. (J). (gr. -1-3). 7.99 ***(978-1-7282-0780-3(0))*** Sourcebooks, Inc.

I Love You Nicholas. J. D. Green. Illus. by Joanne Partis. 2021. (I Love You Ser.). (ENG.). 32p. (J). (gr. -1-3). 7.99 ***(978-1-7282-0784-1(3))*** Sourcebooks, Inc.

I Love You Niece. J. D. Green. Illus. by Joanne Partis. 2021. (I Love You Ser.). (ENG.). 32p. (J). (gr. -1-3). 7.99 ***(978-1-7282-0781-0(9))*** Sourcebooks, Inc.

I Love You Noah. J. D. Green. Illus. by Joanne Partis. 2021. (I Love You Ser.). (ENG.). 32p. (J). (gr. -1-3). 7.99 ***(978-1-7282-0785-8(1))*** Sourcebooks, Inc.

I Love You Nora. J. D. Green. Illus. by Joanne Partis. 2021. (I Love You Ser.). (ENG.). 32p. (J). (gr. -1-3). 7.99 ***(978-1-7282-0786-5(X))*** Sourcebooks, Inc.

I Love You Oliver. J. D. Green. Illus. by Joanne Partis. 2021. (I Love You Ser.). (ENG.). 32p. (J). (gr. -1-3). 7.99 ***(978-1-7282-0787-2(8))*** Sourcebooks, Inc.

I Love You Olivia. J. D. Green. Illus. by Joanne Partis. 2021. (I Love You Ser.). (ENG.). 32p. (J). (gr. -1-3). 7.99 ***(978-1-7282-0788-9(6))*** Sourcebooks, Inc.

I Love You Owen. J. D. Green. Illus. by Joanne Partis. 2021. (I Love You Ser.). (ENG.). 32p. (J). (gr. -1-3). 7.99 ***(978-1-7282-0789-6(4))*** Sourcebooks, Inc.

I Love You Peanut Butter I Love You Jelly. Amanda Ecker. Illus. by Veronika Wilson. 2023. (ENG.). 36p. (J). ***(978-1-0391-7970-7(3))***; pap. ***(978-1-0391-7969-1(X))*** FriesenPress.

I Love You Penelope. J. D. Green. Illus. by Joanne Partis. 2021. (I Love You Ser.). (ENG.). 32p. (J). (gr. -1-3). 7.99 ***(978-1-7282-0791-9(6))*** Sourcebooks, Inc.

I Love You Reggie. J. D. Green. Illus. by Joanne Partis. 2022. (I Love You Ser.). (ENG.). 32p. (J). (gr. -1-3). 7.99 ***(978-1-7282-5925-3(8))*** Sourcebooks, Inc.

I Love You Riley. J. D. Green. Illus. by Joanne Partis. 2021. (I Love You Ser.). (ENG.). 32p. (J). (gr. -1-3). 7.99 ***(978-1-7282-0792-6(4))*** Sourcebooks, Inc.

I Love You Ryan. J. D. Green. Illus. by Joanne Partis. 2021. (I Love You Ser.). (ENG.). 32p. (J). (gr. -1-3). 7.99 ***(978-1-7282-0793-3(2))*** Sourcebooks, Inc.

I Love You Sadie. J. D. Green. Illus. by Joanne Partis. 2021. (I Love You Ser.). (ENG.). 32p. (J). (gr. -1-3). 7.99 ***(978-1-7282-0794-0(0))*** Sourcebooks, Inc.

I Love You Samantha. J. D. Green. Illus. by Joanne Partis. 2021. (I Love You Ser.). (ENG.). 32p. (J). (gr. -1-3). 7.99 ***(978-1-7282-0795-7(9))*** Sourcebooks, Inc.

I Love You Samuel. J. D. Green. Illus. by Joanne Partis. 2021. (I Love You Ser.). (ENG.). 32p. (J). (gr. -1-3). 7.99 ***(978-1-7282-0796-4(7))*** Sourcebooks, Inc.

I Love You Santiago. J. D. Green. Illus. by Joanne Partis. 2023. (I Love You Ser.). (ENG.). 32p. (J). (gr. -1-3). 7.99 ***(978-1-7282-7796-7(5))*** Sourcebooks, Inc.

I Love You Savannah. J. D. Green. Illus. by Joanne Partis. 2021. (I Love You Ser.). (ENG.). 32p. (J). (gr. -1-3). 7.99 ***(978-1-7282-0797-1(5))*** Sourcebooks, Inc.

972 The check digit for ISBN-10 appears in parentheses after the full ISBN-13

TITLE INDEX I RAISE MY HAND

I Love You Scarlett. J. D. Green. Illus. by Joanne Partis. 2021. (I Love You Ser.). (ENG.). 32p. (J). (gr. -1-3). 7.99 *(978-1-7282-0798-8(3))* Sourcebooks, Inc.

I Love You Sebastian. J. D. Green. Illus. by Joanne Partis. 2021. (I Love You Ser.). (ENG.). 32p. (J). (gr. -1-3). 7.99 *(978-1-7282-0799-5(1))* Sourcebooks, Inc.

I Love You Slow Much. Rose Rossner. Illus. by Sanja Rescek. 2022. (Punderland Ser.). (ENG.). 24p. (J). (— 1). bds. 8.99 *(978-1-7282-6007-5(8))* Sourcebooks, Inc.

I Love You Snow Much. Sandra Magsamen. Illus. by Sandra Magsamen. 2017. (Made with Love Ser.). (ENG., Illus.). 10p. (J). (— 1). bds. 7.99 *(978-1-338-11086-9(1),* Cartwheel Bks.) Scholastic, Inc.

I Love You So: A Book of Hugs. Patricia Hegarty. Illus. by Thomas Elliott. 2020. (ENG.). 18p. (J). (— 1). bds. 7.99 *(978-1-64517-235-2(X),* Silver Dolphin Bks.) Printers Row Publishing Group.

I Love You So, Bingo! (a Let's Sing Board Book) Sandra Magsamen. Illus. by Sandra Magsamen. 2022. (ENG.). 8p. (J). (— 1). 9.99 *(978-1-338-81617-4(9),* Cartwheel Bks.) Scholastic, Inc.

I Love You So Mochi. Sarah Kuhn. (ENG.). 320p. (YA). (gr. 7). 2020. pap. 10.99 *(978-1-338-60836-6(3));* 2019. (Illus.). 17.99 *(978-1-338-30288-2(4),* Scholastic Pr.) Scholastic, Inc.

I Love You So Much. Christina Pastor. 2023. (ENG.). 32p. (J). *(978-1-0391-4363-0(6));* pap. *(978-1-0391-4362-3(8))* FriesenPress.

I Love You So Much. Gary Sanchez. Illus. by Charlotte Love Unruh. 2017. (ENG.). (J). 34.99 *(978-1-5456-2068-7(7));* pap. 24.99 *(978-1-5456-1871-4(2))* Salem Author Services.

I Love You Soap Much: Wash & Wow Color-Changing Bath Book. Rose Rossner & Clémentine Derodit. 2023. (Punderland Ser.). (ENG.). 6p. (J). (— 1). 12.99 *(978-1-7282-8186-5(5))* Sourcebooks, Inc.

I Love You Sofia. J. D. Green. Illus. by Joanne Partis. 2021. (I Love You Ser.). (ENG.). 32p. (J). (gr. -1-3). 7.99 *(978-1-7282-1544-0(7))* Sourcebooks, Inc.

I Love You Son. J. D. Green. Illus. by Joanne Partis. 2021. (I Love You Ser.). (ENG.). 32p. (J). (gr. -1-3). 7.99 *(978-1-7282-3613-1(4))* Sourcebooks, Inc.

I Love You Sophia. J. D. Green. Illus. by Joanne Partis. 2021. (I Love You Ser.). (ENG.). 32p. (J). (gr. -1-3). 7.99 *(978-1-7282-0800-8(9))* Sourcebooks, Inc.

I Love You, Spot. Eric Hill. 2016. (Spot Ser.). (ENG., Illus.). 10p. (J). (— 1). bds. 7.99 *(978-0-14-136613-5(3),* Warne) Penguin Young Readers Group.

I Love You Stella. J. D. Green. Illus. by Joanne Partis. 2021. (I Love You Ser.). (ENG.). 32p. (J). (gr. -1-3). 7.99 *(978-1-7282-0801-5(7))* Sourcebooks, Inc.

I Love You Tamika. J. D. Green. Illus. by Joanne Partis. 2022. (I Love You Ser.). (ENG.). 32p. (J). (gr. -1-3). 7.99 *(978-1-7282-5926-0(6))* Sourcebooks, Inc.

I Love You the Purplest (Love Board Book, Sibling Book for Kids, Family Board Book) Barbara Joosse. Illus. by Mary Whyte. 2019. (ENG.). 24p. (J). (gr. -1 — 1). bds. 9.99 *(978-1-4521-7771-7(6))* Chronicle Bks. LLC.

I Love You Theodore. J. D. Green. Illus. by Joanne Partis. 2023. (I Love You Ser.). (ENG.). 32p. (J). (gr. -1-3). 7.99 *(978-1-7282-7797-4(3))* Sourcebooks, Inc.

I Love You Thiiiiiiis Much! - Illustrated by Johan Walder. Urs Richle. Illus. by Johan Walder. 2018. (I Love You Thiiiiiis Much! Ser.: Vol. 3). (ENG.). 38p. (J). *(978-2-940636-02-0(8))* Coud9Pr., c/o Urs Richle.

I Love You Thiiiissssss Much. Jen Pettigrew. Illus. by Tristyn Hendricks. 2023. (ENG.). 32p. (J). *(978-1-329-47823-7(1));* 23.99 *(978-1-365-09676-1(9))* Lulu Pr., Inc.

I Love You This Much. IglooBooks. 2019. (ENG.). 24p. (J). 9.99 *(978-1-83852-548-4(3))* Igloo Bks. GBR. Dist: Simon & Schuster, Inc.

I Love You Thomas. J. D. Green. Illus. by Joanne Partis. 2021. (I Love You Ser.). (ENG.). 32p. (J). (gr. -1-3). 7.99 *(978-1-7282-0802-2(5))* Sourcebooks, Inc.

I Love You Three Dots. Mona Haynes. 2017. (ENG., Illus.). (J). (gr. k-6). 16.95 *(978-1-61244-597-7(7))* Halo Publishing International.

I Love You Through & Through at Christmas, Too! Bernadette Rossetti-Shustak. Illus. by Caroline Jayne Church. 2018. (ENG.). 26p. (J). (gr. -1 — 1). bds. 8.99 *(978-1-338-23010-9(7),* Cartwheel Bks.) Scholastic, Inc.

I Love You Through & Through at Christmas, Too! / ¡en Navidad También Te Quiero! (Bilingual) (Bilingual Edition) Bernadette Rossetti-Shustak. Illus. by Caroline Jayne Church. ed. 2018. (SPA.). 26p. (J). (gr. -1 — 1). bds. 8.99 *(978-1-338-29949-6(2),* Scholastic en Espanol) Scholastic, Inc.

I Love You to Heaven & Back. Sarah Addis. 2017. (ENG., Illus.). 70p. (J). 24.95 *(978-1-64140-131-9(1));* pap. 14.95 *(978-1-63525-659-8(3))* Christian Faith Publishing.

I Love You to Infinity & Beyond. Anthony Marucco. 2017. (ENG., Illus.). 28p. (J). 21.95 *(978-1-64138-730-9(0));* pap. 12.95 *(978-1-64138-245-8(7))* Page Publishing Inc.

I Love You to Planet Peas & Carrots. Amanda Woods. 2019. (ENG.). 24p. (J). 17.99 *(978-1-7332346-7-2(5))* Mindstir Media.

I Love You to the Moon & Back. Amelia Hepworth. Illus. by Tim Warnes. 2017. (ENG.). 24p. (J). (gr. -1-k). bds. 9.99 *(978-1-68010-522-3(1))* Tiger Tales.

I Love You to the Moon & Back. Sandra Magsamen. Illus. by Sandra Magsamen. 2020. (ENG., Illus.). 24p. (J). (gr. -1 — 1). 7.99 *(978-1-338-62918-7(2),* Cartwheel Bks.) Scholastic, Inc.

I Love You to the Moon & Back. Precious Moments & Susanna Leonard Hill. Illus. by Kim Lawrence. 2019. (ENG.). 40p. (J). (gr. k-3). 9.99 *(978-1-4926-7932-5(1))* Sourcebooks, Inc.

I Love You to the Moon & Back Sticker Activity: Sticker Activity Book. Amelia Hepworth. Illus. by Tim Warnes. 2022. (ENG.). 40p. (J). (gr. -1-2). pap. 5.99 *(978-1-6643-4033-6(5))* Tiger Tales.

I Love You to the Stars: When Grandma Forgets, Love Remembers, 1 vol. Crystal Bowman. 2020. (Illus.). 32p. (J). 16.99 *(978-0-8254-4647-4(3))* Kregel Pubns.

I Love You, Too: Board Book. IglooBooks. 2018. (ENG.). 26p. (J). (— 1). bds. 7.99 *(978-1-4998-8012-0(X))* Igloo Bks. GBR. Dist: Simon & Schuster, Inc.

I Love You Too, I Love You Three. Wendy Tugwood. Illus. by Sheila McGraw & Sheila McGraw. 2016. (ENG.). 24p. (J). (gr. -1-1). 14.95 *(978-1-77085-784-1(2),* c8159125-9b73-4780-bdf1-62f545bb9ceb) Firefly Bks., Ltd.

I Love You Very Much, but I Need Coffee. @Irresponsibly_caffeinated. 2022. (ENG.). 30p. (J). *(978-0-2288-8219-0(2));* pap. *(978-0-2288-8218-3(4))* Tellwell Talent.

I Love You Victoria. J. D. Green. Illus. by Joanne Partis. 2021. (I Love You Ser.). (ENG.). 32p. (J). (gr. -1-3). 7.99 *(978-1-7282-0803-9(3))* Sourcebooks, Inc.

I Love You Violet. J. D. Green. Illus. by Joanne Partis. 2021. (I Love You Ser.). (ENG.). 32p. (J). (gr. -1-3). 7.99 *(978-1-7282-0804-6(1))* Sourcebooks, Inc.

I Love You When. Jessa Nowak. Illus. by Jeanne Ee. 2021. (ENG.). 26p. (J). pap. 12.99 *(978-0-578-81504-6(4))* Southampton Publishing.

I Love You When. Jamie K. Smith. 2021. (ENG.). 22p. (J). 15.99 *(978-1-0879-4488-3(0))* Indy Pub.

I Love You When You Feel. Stephy Grace. Illus. by Jenny Kafer. 2020. (ENG.). 40p. (J). pap. 17.45 *(978-1-9736-8323-0(7),* WestBow Pr.) Author Solutions, LLC.

I Love You When You Feel. Stephy Grace. 2020. (ENG.). 40p. (J). 11.99 *(978-1-9736-8854-9(9),* WestBow Pr.) Author Solutions, LLC.

I Love You When You're Stinky: Shame-Free Parenting & Emotional Bonding. Julie Bird. Illus. by Katie Berggren. 2022. (ENG.). 68p. (J). pap. *(978-1-0391-4051-6(3))* FriesenPress.

I Love You William. J. D. Green. Illus. by Joanne Partis. 2021. (I Love You Ser.). (ENG.). 32p. (J). (gr. -1-3). 7.99 *(978-1-7282-0805-3(X))* Sourcebooks, Inc.

I Love You with All My Heart. Jane Chapman. ed. 2020. (Jane Chapman Pic Bks). (ENG.). 25p. (J). (gr. k-1). 19.96 *(978-0-87617-720-4(8))* Penworthy Co., LLC, The.

I Love You with All My Heart. Jane Chapman. Illus. by Jane Chapman. 2020. (ENG., Illus.). 32p. (J). (gr. -1-2). 17.99 *(978-1-68010-189-8(7))* Tiger Tales.

I Love You with All of My Hearts. Lindsay Bonilla. Illus. by Eleonora Pace. 2023. 32p. (J). (gr. k-2). pap. 13.99 *(978-1-68277-286-7(1),* 23892, Creative Editions) Creative Co., The.

I Love You, World. Aleksandra Szmidt. 2019. (Global Greetings Ser.). (ENG.). 22p. (J). (gr. k-2). bds. 7.99 *(978-1-4867-1672-2(5),* e975af7d-8d21-4165-8995-742086785692) Flowerpot Pr.

I Love You Wyatt. J. D. Green. Illus. by Joanne Partis. 2021. (I Love You Ser.). (ENG.). 32p. (J). (gr. -1-3). 7.99 *(978-1-7282-0806-0(8))* Sourcebooks, Inc.

I Love You Zoey. J. D. Green. Illus. by Joanne Partis. 2021. (I Love You Ser.). (ENG.). 32p. (J). (gr. -1-3). 7.99 *(978-1-7282-0807-7(6))* Sourcebooks, Inc.

I Love Your Because: Mom & Me Gratitude Book. Maribel Garcia Valls. 2017. (I Love Your Because Ser.: Vol. 1). (ENG., Illus.). (J). (gr. k-5). pap. 13.99 *(978-0-9993343-0-0(1))* BeeHappi.

I love Your Book see Eu Amo Você, Livro

I Love Your Face! Karma Wilson. Illus. by A. G. Ford. 2023. (ENG.). 40p. (J). (gr. -1-k). 18.99 *(978-1-338-72274-1(3),* Orchard Bks.) Scholastic, Inc.

I Loved You... Caron Swensen Bear. 2017. (ENG., Illus.). (J). *(978-1-5255-0568-3(8));* pap. *(978-1-5255-0545-4(9))* FriesenPress.

I Loved You from Afar. Joni Acquafredda. Illus. by Linda Gerecitano. 2021. (ENG.). 24p. (J). 24.95 *(978-1-946989-91-8(6))* Full Court Pr.

I Loved You When the World Fell. Fallon Rossi Stapleton. Illus. by Connor DeHaan. 2022. (ENG.). 26p. (J). *(978-0-2288-5334-3(6));* pap. *(978-0-2288-5335-0(4))* Tellwell Talent.

I Luv Slocket. T. J. Martin. 2021. (ENG.). 28p. (J). pap. 13.95 *(978-1-64468-889-2(1))* Covenant Bks.

I Make. Tracy Blom & Jimmy DiResta. Illus. by Art Dahn Tran. 2019. (ENG.). 32p. (J). 15.99 *(978-1-7336349-3-9(2))* Blom Pubns.

I Make. Jimmy DiResta & Tracy Blom. Illus. by Dahn Tran Art. 2019. (ENG.). 32p. (J). pap. 11.99 *(978-1-7336349-0-8(8))* Horn, Jonathan.

I Make Space. Sara Cassidy. Illus. by Jimmy Tigani. 2022. (ENG.). 20p. (J). (— 1). bds. 10.95 *(978-1-4598-3202-2(7))* Orca Bk. Pubs. USA.

I Married a Soldier: Or Old Days in the Old Army (Classic Reprint) Lydia Spencer Lane. 2018. (ENG., Illus.). 218p. (J). 28.39 *(978-0-267-09362-5(4))* Forgotten Bks.

I, Matter. Laquita Bolden. 2020. (ENG.). 26p. (J). pap. 12.99 *(978-1-0879-2858-6(3))* Indy Pub.

I Matter. Maretta Johnson. 2021. (ENG.). 100p. (YA). pap. *(978-1-716-08857-5(7))* Lulu Pr., Inc.

I, Matthew Henson: Polar Explorer. Carole Boston Weatherford. Illus. by Eric Velasquez. 2022. (ENG.). 32p. (J). pap. 9.99 *(978-1-5476-0896-6(X),* 900251457, Bloomsbury Children's Bks.) Bloomsbury Publishing USA.

I May Not Be Like You, but We Could Be Friends. Sabrena Bishop. Ed. by Tamira Butler-Likely Ph D. 2018. (ENG., Illus.). 26p. (J). pap. 12.00 *(978-1-948071-99-4(1))* Lauren Simone Publishing Hse.

I May Not Be Like You but We Could Be Friends. Sabrena Bishop. Ed. by Tamira Butler-Likely. Illus. by Tyler Waite. 2018. (ENG.). 26p. (J). (gr. 3-6). 19.99 *(978-1-948071-35-2(5))* Lauren Simone Publishing Hse.

I Meet the Mayor! Understanding Government, 1 vol. Manuel Martinez. 2018. (Civics for the Real World Ser.). (ENG.). 12p. (gr. 1-2). pap. *(978-1-5383-6421-5(2),* a6c7cc17-8c3f-438d-a2dc-c97325b81a3e, Rosen Classroom) Rosen Publishing Group, Inc., The.

I Met a Little Bully. Lea Esteve. 2022. (ENG., Illus.). 32p. (J). pap. 15.95 *(978-1-63985-292-5(1))* Fulton Bks.

I Met an Elk in Edson Once, 1 vol. Dave Kelly. Illus. by Wes Tyrell. 2017. (ENG.). 32p. (J). 17.95 *(978-1-77276-031-6(5),* 96fda7ee-2c0d-4aa9-8dff-77ff819cd031) MacIntyre Purcell Publishing Inc. CAN. Dist: Baker & Taylor Publisher Services (BTPS).

I Met My Best Friend at Camp. Amber Alsleben. 2018. (ENG., Illus.). 60p. (J). pap. 11.95 *(978-1-64191-417-8(3))* Christian Faith Publishing.

I Miss Everyone! Understanding Social Distancing. Shawna Doherty & Abc Club Org. 2020. (ENG.). 44p. (J). 24.95 *(978-1-0879-1831-0(6))* Indy Pub.

I Miss My Dad. Robbie Waddell. 2023. (ENG.). 32p. (J). 33.00 *(978-1-63764-293-1(8))* Dorrance Publishing Co., Inc.

I Miss My Daddy. Jill Pike. 2016. (ENG., Illus.). (J). pap. 18.99 *(978-1-4834-5757-4(5))* Lulu Pr., Inc.

I Miss My Grandpa. Jin Xiaojing. ed. 2019. (CHI., Illus.). 40p. (J). (gr. -1-3). 18.99 *(978-0-316-41787-7(4))* Little, Brown Bks. for Young Readers.

I Miss My Teacher. Lisa Thompson. Illus. by A&a Fomin. 2020. (ENG.). 34p. (J). pap. 10.99 *(978-1-0878-8826-2(3))* Indy Pub.

I Miss My Teacher Colorable. Lisa Thompson. Illus. by A. A. Fomin. 2021. (ENG.). 64p. (J). pap. 8.99 *(978-1-0880-1303-8(1))* Indy Pub.

I Miss School. Michael Marinaccio. 2021. (ENG., Illus.). 40p. (J). pap. 14.95 *(978-1-0980-8828-6(X))* Christian Faith Publishing.

I Miss School. Ryan Reaves. 2021. (ENG.). 26p. (J). pap. 11.95 *(978-1-7367763-0-8(4))* Reaves, Dawn.

I Miss You, I Hate This. Sara Saedi. 2022. (ENG.). 352p. (YA). (gr. 9-17). 17.99 *(978-0-316-62982-9(0),* Poppy) Little, Brown Bks. for Young Readers.

I Miss You Most. Cassie Hoyt. 2020. (ENG.). 28p. (J). *(978-0-2288-3607-0(7));* pap. *(978-0-2288-3606-3(9))* Tellwell Talent.

I Miss You Today. Maureen Nelson. 2022. (ENG.). 38p. (J). 22.95 *(978-1-958877-82-1(4));* pap. 11.95 *(978-1-958877-81-4(6))* Booklocker.com, Inc.

I Moo! What Do You Do? Kate Lockwood. Illus. by Addy Rivera. 2022. (ENG.). 12p. (J). (— 1). bds. 7.99 *(978-1-64517-874-3(9),* Silver Dolphin Bks.) Printers Row Publishing Group.

I Must Admit - Things Don't Fit. Patricia Niles-Randolph Ed D. 2019. (I Must Admit Ser.: Vol. 1). (ENG., Illus.). 26p. (YA). pap. 10.95 *(978-1-64471-512-3(0))* Covenant Bks.

I Must Betray You. Ruta Sepetys. (ENG.). 336p. (gr. 7). 2023. (YA). pap. 12.99 *(978-1-9848-3604-5(8),* Philomel Bks.); 2023. 31.19 *(978-1-5364-7944-7(6));* 2022. (Illus.). (YA). 19.99 *(978-1-9848-3603-8(X),* Philomel Bks.) Penguin Young Readers Group.

I Must Get Out of Here - Fast! Mazes Book for Teens. Jupiter Kids. 2017. (ENG., Illus.). (J). pap. 9.05 *(978-1-5419-3290-6(0),* Jupiter Kids (Childrens & Kids Fiction)) Speedy Publishing LLC.

I Must Keep the Chimes Going: A Story of Real Life (Classic Reprint) Emily Steele Elliott. (ENG., Illus.). (J). 2018. 168p. 27.36 *(978-0-483-85299-0(6));* 2016. pap. 9.97 *(978-1-334-15561-1(5))* Forgotten Bks.

I Must Moo! Sally Geren. 2017. (ENG., Illus.). (J). pap. 12.95 *(978-1-68197-850-5(4))* Christian Faith Publishing.

I Myself (Classic Reprint) T. P. O'Connor. 2018. (ENG., Illus.). 426p. (J). 32.70 *(978-0-428-98615-5(3))* Forgotten Bks.

I. N. R. I: A Prisoner's Story of the Cross. Peter Rosegger. 2017. (ENG., Illus.). (J). 25.95 *(978-1-374-82014-2(8));* pap. 15.95 *(978-1-374-82013-5(X))* Capital Communications, Inc.

I. N. R. I: A Prisoner's Story of the Cross (Classic Reprint) Peter Rosegger. (ENG., Illus.). (J). 2017. 31.45 *(978-0-266-73798-8(6));* 2016. pap. 13.97 *(978-1-333-60960-3(4))* Forgotten Bks.

I Need a Hero. Ron Clamp. 2023. (ENG.). 376p. (YA). 33.99 *(978-1-957723-83-9(1));* pap. 20.95 *(978-1-957723-84-6(X))* Warren Publishing, Inc.

I Need a Hug. Aaron Blabey. Illus. by Aaron Blabey. (J). (gr. -1-k). 2023. (ENG.). 22p. bds. 7.99 *(978-1-338-89188-1(X),* Cartwheel Bks.); 2019. (SPA., Illus.). 32p. pap. 4.99 *(978-1-338-56595-9(8),* Scholastic en Espanol) Scholastic, Inc.

I Need a Hug. Illus. by Aaron Blabey. 2018. (ENG.). 32p. (J). (gr. -1-k). 14.99 *(978-1-338-29710-2(4),* Scholastic Pr.) Scholastic, Inc.

I Need a New Butt!, I Broke My Butt!, My Butt Is So NOISY! The Cheeky 3 Book Collection with Interactive Sound Button! Dawn McMillan & Ross Kinnaird. 2021. (ENG.). 96p. (J). (gr. k-4). 11.99 *(978-0-486-84863-1(9),* 848639) Dover Pubns., Inc.

I Need a New Butt! Stickers. Dawn McMillan. Illus. by Ross Kinnaird. 2022. (Dover Sticker Bks.). (ENG.). 4p. (J). (gr. -1-3). 1.99 *(978-0-486-85003-0(X),* 85003X) Dover Pubns., Inc.

I Need My Monster. Amanda Noll. Illus. by Howard McWilliam. 2019. (I Need My Monster Ser.). 32p. (J). pap. 6.99 *(978-1-947277-31-1(6))* Flashlight Pr.

I Need Space. Annaleise Byrd. Illus. by Nici Brockwell. 2021. (ENG.). 28p. (J). pap. *(978-1-922550-03-3(5))* Library For All Limited.

I Need the Money (Classic Reprint) Hugh McHugh. 2017. (ENG., Illus.). (J). 26.72 *(978-0-260-49976-9(5))* Forgotten Bks.

I Need to Clean My Room. Kimberlee Graves. 2017. (Learn-To-Read Ser.). (ENG., Illus.). (J). (gr. -1-2). pap. 3.49 *(978-1-68310-293-9(2))* Pacific Learning, Inc.

I Need to Pee. Neha Singh. 2018. (ENG., Illus.). 32p. (J). (gr. k-3). pap. 8.99 *(978-0-14-344293-6(7),* Puffin) Penguin Bks. India PVT, Ltd IND. Dist: Independent Pubs. Group.

I Need to Wee! Sue Hendra & Paul Linnet. Illus. by Sue Hendra. 2019. (ENG., Illus.). 32p. (J). (gr. -1-3). 17.99 *(978-1-4814-9039-9(7),* Aladdin) Simon & Schuster Children's Publishing.

I Need You, Dear Dragon. Margaret Hillert. Illus. by Jack Pullan. 2016. (BeginningtoRead Ser.). (ENG.). 32p. (J). (-2). lib. bdg. 22.60 *(978-1-59953-771-9(0))* Norwood Hse. Pr.

I Need You, Dear Dragon. Margaret Hillert. Illus. by Jack Pullan. 2016. (Beginning-To-Read Ser.). (ENG.). 32p. (J). (gr. k-2). pap. 13.26 *(978-1-60357-884-4(6))* Norwood Hse. Pr.

I Need You, Mommy. Joni McCoy. Illus. by Jessica Pavelock. 2021. (ENG.). 32p. (J). pap. 12.99 *(978-1-953814-63-0(8))* Tinlizzy Publishing.

I Need You Mommy. Joni McCoy. Illus. by Jessica Pavelock. 2021. (ENG.). 32p. (J). 19.99 *(978-1-953814-67-8(0))* Tinlizzy Publishing.

I Never. Laura Hopper. 2019. (ENG.). 304p. (YA). (gr. 9). pap. 9.99 *(978-1-328-59587-4(0),* 1730762, Clarion Bks.) HarperCollins Pubs.

I Never Thought I Would Be a Statistic. Joanne M. Cherisma. 2018. (ENG., Illus.). 104p. (J). pap. 14.99 *(978-1-942871-35-4(X))* Hope of Vision Publishing.

I Never Thought I'd See or Hear... Vivian O'Hara. Illus. by Ben Martin. 2021. 36p. (J). pap. 14.99 *(978-1-0983-4714-7(5))* BookBaby.

I Not Baby: A Leafy Tom Adventure. Robin Buckallew. 2022. (ENG.). 182p. (YA). pap. *(978-1-387-94566-5(1))* Lulu Pr., Inc.

I Notice Animals in Fall. Mari Schuh. 2016. (First Step Nonfiction — Observing Fall Ser.). (ENG., Illus.). 24p. (J). (gr. k-2). 23.99 *(978-1-5124-0792-1(5),* 56a5d6b9-3730-468c-aa7f-f6ae8872ec75, Lerner Pubns.) Lerner Publishing Group.

I of the Hurricane: Eating up a Storm. Kali. 2017. (ENG., Illus.). (J). pap. *(978-1-4602-8859-7(9))* FriesenPress.

I Once Knew a Girl: A Light-Hearted Look at Diversity. David Lucido. 2020. (ENG.). 44p. (J). pap. 15.90 *(978-1-68471-912-9(7))* Lulu Pr., Inc.

I Once Knew a Kangaroo! Penelope Dyan. Illus. by Penelope Dyan. l.t. ed. 2021. (ENG.). 34p. (J). pap. 12.60 *(978-1-61477-551-5(6))* Bellissima Publishing, LLC.

I Once Knew an Indian Woman. Ebbitt Cutler. 2020. (ENG.). 56p. (YA). (gr. 7-9). pap. *(978-1-7770655-4-6(2))* One Door Pr.

I Only Have Pies for You: a Wish Novel. Suzanne Nelson. 2018. (ENG.). 288p. (J). (gr. 4-7). pap. 7.99 *(978-1-338-31641-4(9))* Scholastic, Inc.

I Own All the Blue. Elle Carter Neal. 2020. (ENG.). 32p. (J). pap. *(978-0-9924438-2-5(2))* Seal Lane Media.

I Participate in School: Taking Civic Action, 1 vol. Melissa Raé Shofner. 2018. (Civics for the Real World Ser.). (ENG.). 12p. (gr. 1-2). pap. *(978-1-5383-6490-1(5),* 5d840a2d-1cea-43e5-91be-d12c22fc1cf3, Rosen Classroom) Rosen Publishing Group, Inc., The.

I Pensieri Di Andy. Angelo Longo. 2019. (ITA.). 82p. (J). pap. *(978-88-6660-331-3(7))* CIESSE Edizioni.

I Pesci Del Trentino, Vol. 2: Parte Speciale, Storia Naturale Dei Pesci Del Trentino e Di Due Specie Straniere Che Interessano la Piscicoltura Trentina (Classic Reprint) Vittorio Largaiolli. (ITA., Illus.). (J). 2018. 144p. 26.87 *(978-0-666-08691-4(5));* 2017. pap. 9.57 *(978-0-259-16213-1(2))* Forgotten Bks.

I Pilastri Del Cielo. Azucena Ordoñez Rodas. 2020. (ITA.). 46p. (J). pap. *(978-1-6780-4291-2(9))* Lulu Pr., Inc.

I Play: A Board Book about Discovery & Cooperation. Cheri J. Meiners. Illus. by Penny Weber. 2018. (Learning about Me & You Ser.). (ENG.). 26p. (J). (-k). bds. 9.99 *(978-1-63198-220-0(6),* 82200) Free Spirit Publishing Inc.

I Play / Yo Juego: A Book about Discovery & Cooperation/un Libro Sobre Descubrimiento y Cooperacion. Cheri J. Meiners. Illus. by Penny Weber. 2021. (Learning about Me & You Ser.). (ENG.). 26p. (J). (— 1). bds. 9.99 *(978-1-63198-659-8(7),* 86598) Free Spirit Publishing Inc.

I Play Sport - I Takaakaro ni Kamarurung (Te Kiribati) Library for All. Illus. by Stock Photos. 2022. (MIS.). 26p. (J). pap. *(978-1-922918-17-8(2))* Library For All Limited.

I Pledge: Empowering Children in Needful Things. May Ernestine Meadows. Illus. by Ernestine Meadows May. 2022. (Series 1 Ser.: Vol. 1). (ENG.). 66p. (J). 28.49 *(978-1-6628-4287-0(2));* pap. 16.49 *(978-1-6628-4286-3(4))* Salem Author Services.

I Pledge Allegiance. Pat Mora. ed. 2018. (ENG.). 34p. (J). (gr. -1-1). 19.96 *(978-1-64310-490-4(X))* Penworthy Co., LLC, The.

I Pledge Allegiance or Neil Armstrong & Me. Dennis Thurston. 2022. (ENG.). 73p. (J). pap. *(978-1-387-83933-9(0))* Lulu Pr., Inc.

I Pose (Classic Reprint) Stella Benson. 2017. (ENG., Illus.). (J). 30.68 *(978-0-266-68087-1(9))* Forgotten Bks.

I Poteri Della Penna. Lexi Rees. 2023. (ITA., Illus.). 124p. (J). pap. *(978-1-913799-10-6(7))* Outset Publishing Ltd.

I Prayed & Everything. Estrell Young III. 2017. (ENG., Illus.). (YA). (gr. 7-12). 21.95 *(978-0-692-91185-3(5))* Young, Estrell III.

I Promise. LeBron James. Illus. by Niña Mata. 2020. (ENG.). 40p. (J). (gr. -1-3). 19.99 *(978-0-06-297106-7(9),* HarperCollins) HarperCollins Pubs.

I Promise. Illus. by Syrus Marcus Ware. 2019. 32p. (J). 16.95 *(978-1-55152-779-6(0))* Arsenal Pulp Pr. CAN. Dist: Consortium Bk. Sales & Distribution.

I Promise to Always Be Good! Penelope Dyan. Illus. by Penelope Dyan. l.t. ed. 2022. (ENG.). 34p. (J). pap. 12.60 *(978-1-61477-574-4(5))* Bellissima Publishing, LLC.

I Promise to Always Be with You: God's Promise for Children. Karen Franceschini. 2022. (ENG., Illus.). 40p. (J). 21.95 *(978-1-0980-9884-1(6))* Christian Faith Publishing.

I Promise to Always Hold Your Hand. Erica Basora. 2021. (ENG.). 32p. (J). 16.99 *(978-1-953751-13-3(X))* That's Love Publishing.

I Promise You. Marianne Richmond. 2020. (Illus.). 40p. (J). (gr. -1-2). 9.99 *(978-1-7282-2902-7(2),* Sourcebooks Jabberwocky) Sourcebooks, Inc.

I Promise You All Ways. Marianne Richmond. Illus. by Dubravka Kolanovic. 2023. 26p. (J). (gr. -1-2). bds. 8.99 *(978-1-7282-7587-1(3),* Sourcebooks Jabberwocky) Sourcebooks, Inc.

I Promise You (the Promises Series) Christine Roussey. 2022. (Promises Ser.). (ENG., Illus.). 24p. (J). (gr. -1 — 1). bds., bds. 9.99 *(978-1-4197-5380-0(0),* 1729510, Abrams Appleseed) Abrams, Inc.

I Quit! William Anthony. Illus. by Brandon Mattless. 2023. (Level 5 - Green Set Ser.). (ENG.). 32p. (J). (gr. 1-3). lib. bdg. 19.95 *(978-1-63985-...)* Bearport Publishing Co., Inc.

I Racconti Delle Fate. Carlo Collodi. 2020. (ITA.). 232p. (J). pap. *(978-88-3346-517-3(9))* Ali Ribelli Edizioni.

I Raise My Hand: Civic Virtues, 1 vol. Leona Fowler. 2018. (Civics for the Real World Ser.). (ENG.). 8p. (gr. k-1). pap. *(978-1-5383-6332-4(1),* bfc5f1c5-e6fb-46d1-ac5b-f9bc93c4d84f, Rosen Classroom) Rosen Publishing Group, Inc., The.

I

I Raise My Hand, Leadership for Little People (Revised) Leadership for Little People. Wes Hall. 2020. (ENG.). 36p. (J). pap. 14.95 ***(978-0-9717055-0-0(X))*** Hall, Wesley F.
I Really Dig Pizza! A Mystery! Candy James. 2021. (Archie & Reddie Book Ser.: 1). (ENG., Illus.). 80p. (J). (gr. -1-3). 10.99 *(978-0-593-35010-2(3),* Razorbill) Penguin Young Readers Group.
I Really Do Have a Dragon! Kirsty Holmes. Illus. by Silvia Nencini. 2023. (Level 10 - White Set Ser.). (ENG.). 40p. (J). (gr. 2-4). lib. bdg. 19.95 Bearport Publishing Co., Inc.
I Really Love You. Tatsuya Miyanishi. 2019. (Tyrannosaurus Ser.). (ENG., Illus.). 40p. (J). (gr. k-2). 17.99 *(978-1-940842-26-4(3))* Museyon.
I Really REALLY Don't Want Braces. Sophie Jupillat Posey. Illus. by Mary Claire Hoffmann. 2023. (ENG.). 36p. (J). pap. 12.99 ***(978-1-0880-1423-3(2))*** Indy Pub.
I Really, Really Love You So. Karl Newson. Illus. by Duncan Beedie. 2023. (ENG.). 32p. (J). (gr. -1-2). 18.99 *(978-1-6643-0018-7(X))* Tiger Tales.
I Really, Really Need to Pee! Karl Newson. Illus. by Duncan Beedie. 2021. (ENG.). 32p. (J). (gr. -1-2). 17.99 *(978-1-68010-232-1(X))* Tiger Tales.
I Really Want to See You, Grandma: (Books for Grandparents, Gifts for Grandkids, Taro Gomi Book) Taro Gomi. 2018. (ENG., Illus.). 40p. (J). (gr. -1-k). 16.99 *(978-1-4521-6158-7(5))* Chronicle Bks. LLC.
I Really Want to Win. Simon Philip. Illus. by Lucia Gaggiotti. 2021. (ENG.). 40p. (J). (gr. -1-k). 17.99 *(978-1-338-68051-5(X),* Orchard Bks.) Scholastic, Inc.
I Refuse to Be... Lacy Green, Jr. 2020. (ENG.). 72p. (J). pap. 12.95 *(978-1-0980-1518-3(5))* Christian Faith Publishing.
I Remember. Dillon Cassidy. Illus. by Dillon Cassidy. 2018. (ENG., Illus.). 46p. (J). 24.99 *(978-0-692-04346-2(2));* pap. 16.99 *(978-0-692-19773-8(7))* Mother Bear Pr.
I Remember... Muslim Loyalty & Sacrifice in WW1. Maidah Ahmad. Illus. by Kristina Swarner. 2023. (ENG.). 32p. (J). 9.95 *(978-0-86037-897-6(7))* Kube Publishing Ltd. GBR. Dist: Consortium Bk. Sales & Distribution.
I Remember: Poems & Pictures of Heritage, 1 vol. Ed. by Lee Bennett Hopkins. 2019. (ENG., Illus.). 56p. (J). (gr. 3-12). 21.95 *(978-1-62014-311-7(9),* leelowbooks) Lee & Low Bks., Inc.
I Remember Mama: A Play in Two Acts (Classic Reprint) John van Druten. 2017. (ENG., Illus.). (J). 188p. 27.79 *(978-0-331-22276-0(0));* 190p. pap. 10.57 *(978-0-265-03439-2(6))* Forgotten Bks.
I Remember Me. Aubrey Clarke. Illus. by Mary Monette Barbaso-Crall. 2018. (Fly Little Blackbird Fly Ser.: Vol. 3). (ENG.). 26p. (J). (gr. k-6). pap. *(978-1-988785-02-8(2))* Envision Urban.
I Remember My Breath: Mindful Breathing for All My Feelings. Lynn Rummel. Illus. by Karen Bunting. 2023. (ENG.). 36p. (J). (gr. -1-2). 16.99 *(978-1-63198-571-3(X),* 85713) Free Spirit Publishing Inc.
I Remember the Farm. John Newcomb. 2020. (ENG., Illus.). 22p. (J). 24.95 *(978-1-64334-843-8(4));* pap. 14.95 *(978-1-64334-846-9(9))* Page Publishing Inc.
I Ricci Non Sanno Volare. Tim Leach. 2019. (ITA.). 34p. (J). pap. *(978-0-359-77025-0(8))* Lulu Pr., Inc.
I Rise. Marie Arnold. 2022. (ENG.). 320p. (YA). (gr. 7). 18.99 *(978-0-358-44904-1(9),* 1795700, Versify) HarperCollins Pubs.
I Ruff You (Made with Love) Sandra Magsamen. Illus. by Sandra Magsamen. 2016. (Made with Love Ser.). (ENG., Illus.). 14p. (J). (gr. -1-k). bds. 7.99 *(978-1-338-11082-1(9),* Cartwheel Bks.) Scholastic, Inc.
I Said, "Bed!" Bruce Degen. ed. 2018. (I Like to Read Ser.). (ENG.). 25p. (J). (gr. -1-1). 10.00 *(978-1-64310-712-7(7))* Penworthy Co., LLC, The.
I Said I Could & I Did, Updated Edition: True Stories of 20th-Century Americans. Jim Weiss. Illus. by Jenny Zandona. 2nd ed. 2018. (Jim Weiss Audio Collection: 0). (ENG.). (J). (gr. 2-11). 14.95 *(978-1-945841-25-5(7),* 458425) Well-Trained Mind Pr.
I Sang You down from the Stars. Tasha Spillett-Sumner. Illus. by Michaela Goade. 2021. (ENG.). 32p. (J). (gr. -1-3). 18.99 *(978-0-316-49316-1(3))* Little, Brown Bks. for Young Readers.
I Santi: i miei primi Amici see Saints & Their Stories
I Saved My Friend: Recognizing Child Abuse. Destinee Jones. 2019. (ENG.). 46p. (J). pap. *(978-0-359-89800-8(9))* Lulu Pr., Inc.
I Saw a Beautiful Woodpecker. Michal Skibinski. Tr. by Eliza Marciniak from POL. Illus. by Ala Bankroft. 2021. (ENG.). 128p. (J). (gr. 2). 16.95 *(978-3-7913-7486-4(9))* Prestel Verlag GmbH & Co KG. DEU. Dist: Penguin Random Hse. LLC.
I Saw a Mouse Today. Vinny Green. 2018. (ENG., Illus.). 44p. (J). (gr. k-2). pap. 16.95 *(978-0-692-10481-1(X))* G-Square Publishing.
I Saw a Mouse Today. Vinny Green. Illus. by Courtney Pure. 2018. (ENG.). 46p. (J). (gr. k-2). pap. 16.95 *(978-1-0879-2733-6(1))* Indy Pub.
I Saw a Starburst to Flames. J. R. Lamar. Illus. by Andrew Lamar. 2019. (ENG.). 138p. (J). (gr. k-6). 24.99 *(978-1-7336364-0-7(4));* pap. 16.99 *(978-1-7336364-1-4(2))* Jollyrhymes.
I Saw an Angel Today: A Mothers Discovery, of Seeing Angel Wings on Everyday People. Marcelline Moore. 2016. (ENG., Illus.). (J). pap. 15.95 *(978-1-5043-6551-2(8),* Balboa Pr.) Author Solutions, LLC.
I Saw an Invisible Lion Today: Quatrains. Brian P. Cleary. Illus. by Richard Watson. ed. 2016. (Poetry Adventures Ser.). (ENG.). 32p. (J). (gr. 2-5). E-Book 39.99 *(978-1-4677-9732-0(4),* Millbrook Pr.) Lerner Publishing Group.
I Saw Love Dancing. Katrina Plamondon. 2020. (ENG.). 32p. (J). pap. *(978-1-5255-4079-0(3));* (Illus.). *(978-1-5255-4078-3(5))* FriesenPress.
I Saw Santa. J. D. Green. Illus. by Nadja Sarell & Srimalie Bassani. 2018. (I Saw Santa Ser.). 32p. (J). (gr. k-3). 12.99 *(978-1-4926-6827-5(3),* Hometown World) Sourcebooks, Inc.
I Saw Santa in Alabama. J. D. Green. Illus. by Nadja Sarell & Srimalie Bassani. 2018. (I Saw Santa Ser.). (ENG.). 32p. (J). (gr. k-3). 12.99 *(978-1-4926-6828-2(1),* Hometown World) Sourcebooks, Inc.
I Saw Santa in Alaska. J. D. Green. Illus. by Nadja Sarell & Srimalie Bassani. 2018. (I Saw Santa Ser.). (ENG.). 32p. (J). (gr. k-3). 12.99 *(978-1-4926-6829-9(X),* Hometown World) Sourcebooks, Inc.
I Saw Santa in Albuquerque. J. D. Green. Illus. by Nadja Sarell & Srimalie Bassani. 2018. (I Saw Santa Ser.). (ENG.). 32p. (J). (gr. k-3). 12.99 *(978-1-4926-6830-5(3),* Hometown World) Sourcebooks, Inc.
I Saw Santa in Arizona. J. D. Green. Illus. by Nadja Sarell & Srimalie Bassani. 2018. (I Saw Santa Ser.). (ENG.). 32p. (J). (gr. k-3). 12.99 *(978-1-4926-6831-2(1),* Hometown World) Sourcebooks, Inc.
I Saw Santa in Arkansas. J. D. Green. Illus. by Nadja Sarell & Srimalie Bassani. 2018. (I Saw Santa Ser.). (ENG.). 32p. (J). (gr. k-3). 12.99 *(978-1-4926-6832-9(X),* Hometown World) Sourcebooks, Inc.
I Saw Santa in Boston. J. D. Green. Illus. by Nadja Sarell & Srimalie Bassani. 2018. (I Saw Santa Ser.). (ENG.). 32p. (J). (gr. k-3). 12.99 *(978-1-4926-6833-6(8),* Hometown World) Sourcebooks, Inc.
I Saw Santa in Buffalo. J. D. Green. Illus. by Nadja Sarell & Srimalie Bassani. 2018. (I Saw Santa Ser.). (ENG.). 32p. (J). (gr. k-3). 12.99 *(978-1-4926-7244-9(0),* Hometown World) Sourcebooks, Inc.
I Saw Santa in Calgary. J. D. Green. Illus. by Nadja Sarell & Srimalie Bassani. 2018. (I Saw Santa Ser.). (ENG.). 32p. (J). (gr. k-3). 12.99 *(978-1-4926-6834-3(6),* Hometown World) Sourcebooks, Inc.
I Saw Santa in California. J. D. Green. Illus. by Nadja Sarell & Srimalie Bassani. 2018. (I Saw Santa Ser.). (ENG.). 32p. (J). (gr. k-3). 12.99 *(978-1-4926-6835-0(4),* Hometown World) Sourcebooks, Inc.
I Saw Santa in Canada. J. D. Green. Illus. by Nadja Sarell & Srimalie Bassani. 2018. (I Saw Santa Ser.). (ENG.). 32p. (J). (gr. k-3). 12.99 *(978-1-4926-6836-7(2),* Hometown World) Sourcebooks, Inc.
I Saw Santa in Chicago. J. D. Green. Illus. by Nadja Sarell & Srimalie Bassani. 2018. (I Saw Santa Ser.). (ENG.). 32p. (J). (gr. k-3). 12.99 *(978-1-4926-6837-4(0),* Hometown World) Sourcebooks, Inc.
I Saw Santa in Cincinnati. J. D. Green. Illus. by Nadja Sarell & Srimalie Bassani. 2018. (I Saw Santa Ser.). (ENG.). 32p. (J). (gr. k-3). 12.99 *(978-1-4926-6838-1(9),* Hometown World) Sourcebooks, Inc.
I Saw Santa in Colorado. J. D. Green. Illus. by Nadja Sarell & Srimalie Bassani. 2018. (I Saw Santa Ser.). (ENG.). 32p. (J). (gr. k-3). 12.99 *(978-1-4926-6839-8(7),* Hometown World) Sourcebooks, Inc.
I Saw Santa in Connecticut. J. D. Green. Illus. by Nadja Sarell & Srimalie Bassani. 2018. (I Saw Santa Ser.). (ENG.). 32p. (J). (gr. k-3). 12.99 *(978-1-4926-6840-4(0),* Hometown World) Sourcebooks, Inc.
I Saw Santa in Delaware. J. D. Green. Illus. by Nadja Sarell & Srimalie Bassani. 2018. (I Saw Santa Ser.). (ENG.). 32p. (J). (gr. k-3). 12.99 *(978-1-4926-6841-1(9),* Hometown World) Sourcebooks, Inc.
I Saw Santa in Edmonton. J. D. Green. Illus. by Nadja Sarell & Srimalie Bassani. 2018. (I Saw Santa Ser.). (ENG.). 32p. (J). (gr. k-3). 12.99 *(978-1-4926-6842-8(7),* Hometown World) Sourcebooks, Inc.
I Saw Santa in Florida. J. D. Green. Illus. by Nadja Sarell & Srimalie Bassani. 2018. (I Saw Santa Ser.). (ENG.). 32p. (J). (gr. k-3). 12.99 *(978-1-4926-6843-5(5),* Hometown World) Sourcebooks, Inc.
I Saw Santa in Georgia. J. D. Green. Illus. by Nadja Sarell & Srimalie Bassani. 2018. (I Saw Santa Ser.). (ENG.). 32p. (J). (gr. k-3). 12.99 *(978-1-4926-6844-2(3),* Hometown World) Sourcebooks, Inc.
I Saw Santa in Hawaii. J. D. Green. Illus. by Nadja Sarell & Srimalie Bassani. 2018. (I Saw Santa Ser.). (ENG.). 32p. (J). (gr. k-3). 12.99 *(978-1-4926-6845-9(1),* Hometown World) Sourcebooks, Inc.
I Saw Santa in Idaho. J. D. Green. Illus. by Nadja Sarell & Srimalie Bassani. 2018. (I Saw Santa Ser.). (ENG.). 32p. (J). (gr. k-3). 12.99 *(978-1-4926-6846-6(X),* Hometown World) Sourcebooks, Inc.
I Saw Santa in Illinois. J. D. Green. Illus. by Nadja Sarell & Srimalie Bassani. 2018. (I Saw Santa Ser.). (ENG.). 32p. (J). (gr. k-3). 12.99 *(978-1-4926-6847-3(8),* Hometown World) Sourcebooks, Inc.
I Saw Santa in Indiana. J. D. Green. Illus. by Nadja Sarell & Srimalie Bassani. 2018. (I Saw Santa Ser.). (ENG.). 32p. (J). (gr. k-3). 12.99 *(978-1-4926-6848-0(6),* Hometown World) Sourcebooks, Inc.
I Saw Santa in Iowa. J. D. Green. Illus. by Nadja Sarell & Srimalie Bassani. 2018. (I Saw Santa Ser.). (ENG.). 32p. (J). (gr. k-3). 12.99 *(978-1-4926-6849-7(4),* Hometown World) Sourcebooks, Inc.
I Saw Santa in Kansas. J. D. Green. Illus. by Nadja Sarell & Srimalie Bassani. 2018. (I Saw Santa Ser.). (ENG.). 32p. (J). (gr. k-3). 12.99 *(978-1-4926-6850-3(8),* Hometown World) Sourcebooks, Inc.
I Saw Santa in Kansas City. J. D. Green. Illus. by Nadja Sarell & Srimalie Bassani. 2018. (I Saw Santa Ser.). (ENG.). 32p. (J). (gr. k-3). 12.99 *(978-1-4926-6851-0(6),* Hometown World) Sourcebooks, Inc.
I Saw Santa in Kentucky. J. D. Green. Illus. by Nadja Sarell & Srimalie Bassani. 2018. (I Saw Santa Ser.). (ENG.). 32p. (J). (gr. k-3). 12.99 *(978-1-4926-6852-7(4),* Hometown World) Sourcebooks, Inc.
I Saw Santa in Las Vegas. J. D. Green. Illus. by Nadja Sarell & Srimalie Bassani. 2018. (I Saw Santa Ser.). (ENG.). 32p. (J). (gr. k-3). 12.99 *(978-1-4926-6853-4(2),* Hometown World) Sourcebooks, Inc.
I Saw Santa in Los Angeles. J. D. Green. Illus. by Nadja Sarell & Srimalie Bassani. 2018. (I Saw Santa Ser.). (ENG.). 32p. (J). (gr. k-3). 12.99 *(978-1-4926-6854-1(0),* Hometown World) Sourcebooks, Inc.
I Saw Santa in Louisiana. J. D. Green. Illus. by Nadja Sarell & Srimalie Bassani. 2018. (I Saw Santa Ser.). (ENG.). 32p. (J). (gr. k-3). 12.99 *(978-1-4926-6855-8(9),* Hometown World) Sourcebooks, Inc.
I Saw Santa in Maine. J. D. Green. Illus. by Nadja Sarell & Srimalie Bassani. 2018. (I Saw Santa Ser.). (ENG.). 32p. (J). (gr. k-3). 12.99 *(978-1-4926-6856-5(7),* Hometown World) Sourcebooks, Inc.
I Saw Santa in Maryland. J. D. Green. Illus. by Nadja Sarell & Srimalie Bassani. 2018. (I Saw Santa Ser.). (ENG.). 32p. (J). (gr. k-3). 12.99 *(978-1-4926-6857-2(5),* Hometown World) Sourcebooks, Inc.
I Saw Santa in Massachusetts. J. D. Green. Illus. by Nadja Sarell & Srimalie Bassani. 2018. (I Saw Santa Ser.). (ENG.). 32p. (J). (gr. k-3). 12.99 *(978-1-4926-6858-9(3),* Hometown World) Sourcebooks, Inc.
I Saw Santa in Michigan. J. D. Green. Illus. by Nadja Sarell & Srimalie Bassani. 2018. (I Saw Santa Ser.). (ENG.). 32p. (J). (gr. k-3). 12.99 *(978-1-4926-6859-6(1),* Hometown World) Sourcebooks, Inc.
I Saw Santa in Minnesota. J. D. Green. Illus. by Nadja Sarell & Srimalie Bassani. 2018. (I Saw Santa Ser.). (ENG.). 32p. (J). (gr. k-3). 12.99 *(978-1-4926-6860-2(5),* Hometown World) Sourcebooks, Inc.
I Saw Santa in Mississippi. J. D. Green. Illus. by Nadja Sarell & Srimalie Bassani. 2018. (I Saw Santa Ser.). (ENG.). 32p. (J). (gr. k-3). 12.99 *(978-1-4926-6861-9(3),* Hometown World) Sourcebooks, Inc.
I Saw Santa in Missouri. J. D. Green. Illus. by Nadja Sarell & Srimalie Bassani. 2018. (I Saw Santa Ser.). (ENG.). 32p. (J). (gr. k-3). 12.99 *(978-1-4926-6862-6(1),* Hometown World) Sourcebooks, Inc.
I Saw Santa in Montana. J. D. Green. Illus. by Nadja Sarell & Srimalie Bassani. 2018. (I Saw Santa Ser.). (ENG.). 32p. (J). (gr. k-3). 12.99 *(978-1-4926-6863-3(X),* Hometown World) Sourcebooks, Inc.
I Saw Santa in Nebraska. J. D. Green. Illus. by Nadja Sarell & Srimalie Bassani. 2018. (I Saw Santa Ser.). (ENG.). 32p. (J). (gr. k-3). 12.99 *(978-1-4926-6864-0(8),* Hometown World) Sourcebooks, Inc.
I Saw Santa in Nevada. J. D. Green. Illus. by Nadja Sarell & Srimalie Bassani. 2018. (I Saw Santa Ser.). (ENG.). 32p. (J). (gr. k-3). 12.99 *(978-1-4926-6865-7(6),* Hometown World) Sourcebooks, Inc.
I Saw Santa in New England. J. D. Green. Illus. by Nadja Sarell & Srimalie Bassani. 2018. (I Saw Santa Ser.). (ENG.). 32p. (J). (gr. k-3). 12.99 *(978-1-4926-6867-1(2),* Hometown World) Sourcebooks, Inc.
I Saw Santa in New Hampshire. J. D. Green. Illus. by Nadja Sarell & Srimalie Bassani. 2018. (I Saw Santa Ser.). (ENG.). 32p. (J). (gr. k-3). 12.99 *(978-1-4926-6868-8(0),* Hometown World) Sourcebooks, Inc.
I Saw Santa in New Jersey. J. D. Green. Illus. by Nadja Sarell & Srimalie Bassani. 2018. (I Saw Santa Ser.). (ENG.). 32p. (J). (gr. k-3). 12.99 *(978-1-4926-6869-5(9),* Hometown World) Sourcebooks, Inc.
I Saw Santa in New Mexico. J. D. Green. Illus. by Nadja Sarell & Srimalie Bassani. 2018. (I Saw Santa Ser.). (ENG.). 32p. (J). (gr. k-3). 12.99 *(978-1-4926-6870-1(2),* Hometown World) Sourcebooks, Inc.
I Saw Santa in New York. J. D. Green. Illus. by Nadja Sarell & Srimalie Bassani. 2018. (I Saw Santa Ser.). (ENG.). 32p. (J). (gr. k-3). 12.99 *(978-1-4926-6871-8(0),* Hometown World) Sourcebooks, Inc.
I Saw Santa in New York City. J. D. Green. Illus. by Nadja Sarell & Srimalie Bassani. 2018. (I Saw Santa Ser.). (ENG.). 32p. (J). (gr. k-3). 12.99 *(978-1-4926-6872-5(9),* Hometown World) Sourcebooks, Inc.
I Saw Santa in Newfoundland. J. D. Green. Illus. by Nadja Sarell & Srimalie Bassani. 2018. (I Saw Santa Ser.). (ENG.). 32p. (J). (gr. k-3). 12.99 *(978-1-4926-6866-4(4),* Hometown World) Sourcebooks, Inc.
I Saw Santa in North Carolina. J. D. Green. Illus. by Nadja Sarell & Srimalie Bassani. 2018. (I Saw Santa Ser.). (ENG.). 32p. (J). (gr. k-3). 12.99 *(978-1-4926-6873-2(7),* Hometown World) Sourcebooks, Inc.
I Saw Santa in North Dakota. J. D. Green. Illus. by Nadja Sarell & Srimalie Bassani. 2018. (I Saw Santa Ser.). (ENG.). 32p. (J). (gr. k-3). 12.99 *(978-1-4926-6874-9(5),* Hometown World) Sourcebooks, Inc.
I Saw Santa in Nova Scotia. J. D. Green. Illus. by Nadja Sarell & Srimalie Bassani. 2018. (I Saw Santa Ser.). (ENG.). 32p. (J). (gr. k-3). 12.99 *(978-1-4926-6875-6(3),* Hometown World) Sourcebooks, Inc.
I Saw Santa in Ohio. J. D. Green. Illus. by Nadja Sarell & Srimalie Bassani. 2018. (I Saw Santa Ser.). (ENG.). 32p. (J). (gr. k-3). 12.99 *(978-1-4926-6876-3(1),* Hometown World) Sourcebooks, Inc.
I Saw Santa in Oklahoma. J. D. Green. Illus. by Nadja Sarell & Srimalie Bassani. 2018. (I Saw Santa Ser.). (ENG.). 32p. (J). (gr. k-3). 12.99 *(978-1-4926-6877-0(X),* Hometown World) Sourcebooks, Inc.
I Saw Santa in Oregon. J. D. Green. Illus. by Nadja Sarell & Srimalie Bassani. 2018. (I Saw Santa Ser.). (ENG.). 32p. (J). (gr. k-3). 12.99 *(978-1-4926-6878-7(8),* Hometown World) Sourcebooks, Inc.
I Saw Santa in Ottawa. J. D. Green. Illus. by Nadja Sarell & Srimalie Bassani. 2018. (I Saw Santa Ser.). (ENG.). 32p. (J). (gr. k-3). 12.99 *(978-1-4926-6879-4(6),* Hometown World) Sourcebooks, Inc.
I Saw Santa in Pennsylvania. J. D. Green. Illus. by Nadja Sarell & Srimalie Bassani. 2018. (I Saw Santa Ser.). (ENG.). 32p. (J). (gr. k-3). 12.99 *(978-1-4926-6880-0(X),* Hometown World) Sourcebooks, Inc.
I Saw Santa in Philadelphia. J. D. Green. Illus. by Nadja Sarell & Srimalie Bassani. 2018. (I Saw Santa Ser.). (ENG.). 32p. (J). (gr. k-3). 12.99 *(978-1-4926-6881-7(8),* Hometown World) Sourcebooks, Inc.
I Saw Santa in Pittsburgh. J. D. Green. Illus. by Nadja Sarell & Srimalie Bassani. 2018. (I Saw Santa Ser.). (ENG.). 32p. (J). (gr. k-3). 12.99 *(978-1-4926-6882-4(6),* Hometown World) Sourcebooks, Inc.
I Saw Santa in Rhode Island. J. D. Green. Illus. by Nadja Sarell & Srimalie Bassani. 2018. (I Saw Santa Ser.). (ENG.). 32p. (J). (gr. k-3). 12.99 *(978-1-4926-6883-1(4),* Hometown World) Sourcebooks, Inc.
I Saw Santa in San Francisco. J. D. Green. Illus. by Nadja Sarell & Srimalie Bassani. 2018. (I Saw Santa Ser.). (ENG.). 32p. (J). (gr. k-3). 12.99 *(978-1-4926-6884-8(2),* Hometown World) Sourcebooks, Inc.
I Saw Santa in South Carolina. J. D. Green. Illus. by Nadja Sarell & Srimalie Bassani. 2018. (I Saw Santa Ser.). (ENG.). 32p. (J). (gr. k-3). 12.99 *(978-1-4926-6885-5(0),* Hometown World) Sourcebooks, Inc.
I Saw Santa in South Dakota. J. D. Green. Illus. by Nadja Sarell & Srimalie Bassani. 2018. (I Saw Santa Ser.). (ENG.). 32p. (J). (gr. k-3). 12.99 *(978-1-4926-6886-2(9),* Hometown World) Sourcebooks, Inc.
I Saw Santa in St. Louis. J. D. Green. Illus. by Nadja Sarell & Srimalie Bassani. 2018. (I Saw Santa Ser.). (ENG.). 32p. (J). (gr. k-3). 12.99 *(978-1-4926-6887-9(7),* Hometown World) Sourcebooks, Inc.
I Saw Santa in Tennessee. J. D. Green. Illus. by Nadja Sarell & Srimalie Bassani. 2018. (I Saw Santa Ser.). (ENG.). 32p. (J). (gr. k-3). 12.99 *(978-1-4926-6888-6(5),* Hometown World) Sourcebooks, Inc.
I Saw Santa in Texas. J. D. Green. Illus. by Nadja Sarell & Srimalie Bassani. 2018. (I Saw Santa Ser.). (ENG.). 32p. (J). (gr. k-3). 12.99 *(978-1-4926-6889-3(3),* Hometown World) Sourcebooks, Inc.
I Saw Santa in Toronto. J. D. Green. Illus. by Nadja Sarell & Srimalie Bassani. 2018. (I Saw Santa Ser.). (ENG.). 32p. (J). (gr. k-3). 12.99 *(978-1-4926-6890-9(7),* Hometown World) Sourcebooks, Inc.
I Saw Santa in Utah. J. D. Green. Illus. by Nadja Sarell & Srimalie Bassani. 2018. (I Saw Santa Ser.). (ENG.). 32p. (J). (gr. k-3). 12.99 *(978-1-4926-6891-6(5),* Hometown World) Sourcebooks, Inc.
I Saw Santa in Vancouver. J. D. Green. Illus. by Nadja Sarell & Srimalie Bassani. 2018. (I Saw Santa Ser.). (ENG.). 32p. (J). (gr. k-3). 12.99 *(978-1-4926-6892-3(3),* Hometown World) Sourcebooks, Inc.
I Saw Santa in Vermont. J. D. Green. Illus. by Nadja Sarell & Srimalie Bassani. 2018. (I Saw Santa Ser.). (ENG.). 32p. (J). (gr. k-3). 12.99 *(978-1-4926-6893-0(1),* Hometown World) Sourcebooks, Inc.
I Saw Santa in Virginia. J. D. Green. Illus. by Nadja Sarell & Srimalie Bassani. 2018. (I Saw Santa Ser.). (ENG.). 32p. (J). (gr. k-3). 12.99 *(978-1-4926-6894-7(X),* Hometown World) Sourcebooks, Inc.
I Saw Santa in Washington. J. D. Green. Illus. by Nadja Sarell & Srimalie Bassani. 2018. (I Saw Santa Ser.). (ENG.). 32p. (J). (gr. k-3). 12.99 *(978-1-4926-6895-4(8),* Hometown World) Sourcebooks, Inc.
I Saw Santa in Washington, D. C. J. D. Green. Illus. by Nadja Sarell & Srimalie Bassani. 2018. (I Saw Santa Ser.). (ENG.). 32p. (J). (gr. k-3). 12.99 *(978-1-4926-6896-1(6),* Hometown World) Sourcebooks, Inc.
I Saw Santa in West Virginia. J. D. Green. Illus. by Nadja Sarell & Srimalie Bassani. 2018. (I Saw Santa Ser.). (ENG.). 32p. (J). (gr. k-3). 12.99 *(978-1-4926-6897-8(4),* Hometown World) Sourcebooks, Inc.
I Saw Santa in Wisconsin. J. D. Green. Illus. by Nadja Sarell & Srimalie Bassani. 2018. (I Saw Santa Ser.). (ENG.). 32p. (J). (gr. k-3). 12.99 *(978-1-4926-6898-5(2),* Hometown World) Sourcebooks, Inc.
I Saw Santa in Wyoming. J. D. Green. Illus. by Nadja Sarell & Srimalie Bassani. 2018. (I Saw Santa Ser.). (ENG.). 32p. (J). (gr. k-3). 12.99 *(978-1-4926-6899-2(0),* Hometown World) Sourcebooks, Inc.
I Saw Three Ships: And Other Winter Tales (Classic Reprint) Ayther Quilin Couch. 2018. (ENG., Illus.). 330p. (J). 30.72 *(978-0-483-84278-6(8))* Forgotten Bks.
I Say! N. Vanessa Vaughn-Jackson. Illus. by Samayyah Smith. 2019. (ENG.). 42p. (J). (gr. k-6). 20.99 *(978-1-7337970-0-9(9));* pap. 14.99 *(978-1-7337970-1-6(7))* Get the Word Out, Inc.
I Say a Little Prayer for You at Bedtime. Lorie Ann Grover. Illus. by Olivia Chin Mueller. 2020. (ENG.). 18p. (J). (gr. -1 — 1). bds. 9.99 *(978-1-338-56583-6(4),* Little Shepherd) Scholastic, Inc.
I Say Alhamdulillah. Noor H. Dee. Illus. by Iput. 2019. (I Say Board Bks.). (ENG.). 20p. (J). bds. 9.95 *(978-0-86037-638-5(9))* Kube Publishing Ltd. GBR. Dist: Consortium Bk. Sales & Distribution.
I Say As-Salamu 'Alaykum. Noor H. Dee. Illus. by Iput. 2020. (Good Little Deeds Ser.). (ENG.). 20p. (J). bds. 9.95 *(978-0-86037-648-4(6))* Kube Publishing Ltd. GBR. Dist: Consortium Bk. Sales & Distribution.
I Say Bismillah. Noor H. Dee. Illus. by Iput. 2019. (I Say Board Bks.). (ENG.). 20p. (J). bds. 9.95 *(978-0-86037-633-0(8))* Kube Publishing Ltd. GBR. Dist: Consortium Bk. Sales & Distribution.
I Say Mashallah. Noor H. Dee. Illus. by Iput. 2020. (Good Little Deeds Ser.). (ENG.). 20p. (J). bds. 9.95 *(978-0-86037-643-9(5))* Kube Publishing Ltd. GBR. Dist: Consortium Bk. Sales & Distribution.
I Say No, or the Love-Letter Answered: And Other Stories (Classic Reprint) Wilkie Collins. (ENG., Illus.). (J). 2017. 32.89 *(978-0-260-33342-1(5));* 2016. pap. 16.57 *(978-1-333-29907-1(9))* Forgotten Bks.
I Say No, Vol. 1 of 3 (Classic Reprint) Wilkie Collins. 2018. (ENG., Illus.). 338p. (J). 30.87 *(978-0-428-33283-9(8))* Forgotten Bks.
I Say No, Vol. 2 of 3 (Classic Reprint) Wilkie Collins. 2018. (ENG., Illus.). 306p. (J). 30.21 *(978-0-666-81691-7(3))* Forgotten Bks.
I Say Please & Thank You: Lift-The-Flap Manners. Robie Rogge. Illus. by Rachel Isadora. 2021. 28p. (J). (-k). 17.99 *(978-0-8234-4919-4(X))* Holiday Hse., Inc.
I Say Thanks. Juliana O'Neill. Illus. by Olivia Kincaid. 2018. (Reading Stars Ser.). (ENG.). 28p. (J). (gr. k-3). pap. 9.99 *(978-1-5324-0922-6(2))* Xist Publishing.
I Say Thanks / Doy Gracias. Juliana O'Neill. Illus. by Olivia Kincaid. 2018. (Xist Kids Bilingual Spanish English Ser.). (ENG & SPA.). 28p. (J). (gr. k-3). pap. 9.99 *(978-1-5324-0659-1(2))* Xist Publishing.
I Say to Me. Maria Nolan. 2022. (ENG.). 34p. (J). 19.99 *(978-1-0879-4211-7(X))* Indy Pub.
I Sea: A Beachcombing Treasure Hunt. Mary T. McCarthy. 2019. (ENG., Illus.). 32p. (J). pap. 15.00 *(978-0-9984995-5-0(2))* Scott, Kirsti.
I, Sea: A Tale Told in Homonyms. Suzanne Sutherland. Illus. by Ashley Barron. 2023. (ENG.). 24p. (J). (gr. 1). 18.95 *(978-1-77147-499-3(8))* Owlkids Bks. Inc. CAN. Dist: Publishers Group West (PGW).
I See. Joe Cepeda. (I Like to Read Ser.). (Illus.). 32p. (J). (gr. -1-3). 2021. pap. 7.99 *(978-0-8234-4841-8(X));* 2019. 15.99 *(978-0-8234-4504-2(6))* Holiday Hse., Inc.
I See. Sharon Crick. 2017. (ENG., Illus.). (J). pap. 20.23 *(978-1-5437-4049-3(9))* Partridge Pub.

TITLE INDEX

I SEE R

I See. Joe Cepeda. ed. 2021. (I Like to Read Ser.). (ENG., Illus.). 28p. (J). (gr. k-1). 18.96 (978-1-64697-885-4(4)) Penworthy Co., LLC, The.

I See 1, 2, 3: Count Your Community with Sesame Street (r). Jennifer Boothroyd. 2020. (ENG., Illus.). 32p. (J). (gr. -1-2). pap. 7.99 (978-1-5415-8925-4(4), 0d128950-c5a4-4cb6-85ae-df0d6d998f18); lib. bdg. 27.99 (978-1-5415-7263-8(7), 5fb1903b-4342-48a1-89d2-950f13eac24b) Lerner Publishing Group. (Lerner Pubns.).

I See A. Shannon Anderson. 2022. (My Phonics Readers - I See My ABCs Ser.). (ENG.). 16p. (J). (gr. -1-2). pap. (978-1-0396-9694-5(5), 20891); lib. bdg. (978-1-0396-9587-0(6), 20890) Crabtree Publishing Co. (Little Honey Books).

I See a Bat. Paul Meisel. 2023. (I Like to Read Ser.). (Illus.). 32p. (J). (gr. -1-3). 15.99 (978-0-8234-5265-1(4)) Holiday Hse., Inc.

I See a Bee. Paula Murrain. Illus. by Alysa Clay. 2021. (Charlie's Adventures in Learning Ser.: 1). 24p. (J). pap. 11.00 (978-1-6678-0208-4(9)) BookBaby.

I See a Bee: Practicing the Ee Sound, 1 vol. Jamal Brown. 2016. (Rosen Phonics Readers Ser.). (ENG.). 8p. (J). (gr. -1-2). pap. (978-1-5081-3328-5(X), 0e73a5ec-d1f8-469f-a55e-a5ca086958de, Rosen Classroom) Rosen Publishing Group, Inc., The.

I See a Cat. Paul Meisel. 2017. (I Like to Read Ser.). (ENG.). 32p. (J). (gr. -1-3). 4.99 (978-0-8234-3849-5(X)); 7.99 (978-0-8234-3973-7(9)); 15.99 (978-0-8234-3680-4(2)) Holiday Hse., Inc.

I See a Cat. Paul Meisel. ed. 2019. (I Like to Read Ser.). (ENG.). 27p. (J). (gr. k-1). 17.96 (978-0-87617-956-7(1)) Penworthy Co., LLC, The.

I See a Cat / Veo un Gato. Paul Meisel. ed. 2023. 30p. (J). (— 1). bds. 9.99 (978-0-8234-5461-7(4)) Holiday Hse., Inc.

I See a Deer, 1 vol. E. T. Weingarten. 2018. (In My Backyard Ser.). (ENG.). 24p. (gr. k-k). 25.27 (978-1-5382-2873-9(4), c258be07-b770-471c-98e9-4e6271096c85) Stevens, Gareth Publishing LLLP.

I See A-E. Shannon Anderson. 2022. (My Phonics Readers - I See My ABCs Ser.). (ENG.). 16p. (J). (gr. -1-2). pap. (978-1-0396-9699-0(6), 20897); lib. bdg. (978-1-0396-9592-4(2), 20896) Crabtree Publishing Co. (Little Honey Books).

I See a Smile. Veronica Wagner. Illus. by Maryn Arreguin. 2022. (Bilingual Bks.). (ENG.). 24p. (J). (gr. -1-3). pap. 9.50 (978-1-64996-719-0(5), 17096, Sequoia Kids Media) Sequoia Children's Bks.

I See a Snake, 1 vol. E. T. Weingarten. 2018. (In My Backyard Ser.). (ENG.). 24p. (gr. k-k). 25.27 (978-1-5382-2874-6(2), ab1e63b4-d206-48a6-9ff9-4894b8227de8) Stevens, Gareth Publishing LLLP.

I See a Toad, 1 vol. E. T. Weingarten. 2018. (In My Backyard Ser.). (ENG.). 24p. (gr. k-k). 25.27 (978-1-5382-2875-3(0), 64b5dc79-1fd0-4dc5-b6fd-37c67c0eb75d) Stevens, Gareth Publishing LLLP.

I See a Worm, 1 vol. Agatha Gregson. 2018. (In My Backyard Ser.). (ENG.). 24p. (gr. k-k). 25.27 (978-1-5382-2876-0(9), 9ec74d12-df04-4e6e-af5e-c0e63203207b) Stevens, Gareth Publishing LLLP.

I See an Ant, 1 vol. Agatha Gregson. 2018. (In My Backyard Ser.). (ENG.). 24p. (gr. k-k). 25.27 (978-1-5382-2877-7(7), f1f923cb-ee72-4d58-93ca-e661ea13f4c6) Stevens, Gareth Publishing LLLP.

I See an Owl, 1 vol. Agatha Gregson. 2018. (In My Backyard Ser.). (ENG.). 24p. (gr. k-k). 25.27 (978-1-5382-2878-4(5), 9e64a706-cacc-4c38-808d-72b2b2861e00) Stevens, Gareth Publishing LLLP.

I See & See. Ted Lewin. 2016. (I Like to Read Ser.). (ENG., Illus.). 32p. (J). (gr. -1-3). 7.99 (978-0-8234-3545-6(8)) Holiday Hse., Inc.

I See Ants. Julia Jaske. 2022. (Bugs in My Backyard Ser.). (ENG., Illus.). 16p. (J). (gr. -1-2). pap. 11.36 (978-1-5341-9889-0(X), 220094, Cherry Blossom Press) Cherry Lake Publishing.

I See B. Shannon Anderson. 2022. (My Phonics Readers - I See My ABCs Ser.). (ENG.). 16p. (J). (gr. -1-2). pap. (978-1-0396-8675-5(3), 20903); lib. bdg. (978-1-0396-8654-0(0), 20902) Crabtree Publishing Co. (Little Honey Books).

I See Black. Xist Publishing. 2019. (Discover Colors Ser.). (ENG.). 16p. (J). (gr. -1-2). pap. 5.99 (978-1-5324-1016-1(6)) Xist Publishing.

I See Blue. Xist Publishing. 2019. (Discover Colors Ser.). (ENG.). 16p. (J). (gr. -1-2). pap. 5.99 (978-1-5324-1011-6(5)) Xist Publishing.

I See Brains All Over: Brain Coloring Book. Jupiter Kids. 2016. (ENG., Illus.). 106p. (J). pap. 12.55 (978-1-68305-254-8(4), Jupiter Kids (Childrens & Kids Fiction)) Speedy Publishing LLC.

I See Butterflies. Julia Jaske. 2022. (Bugs in My Backyard Ser.). (ENG., Illus.). 16p. (J). (gr. -1-2). pap. 11.36 (978-1-5341-9888-3(1), 220093, Cherry Blossom Press) Cherry Lake Publishing.

I See C. Shannon Anderson. 2022. (My Phonics Readers - I See My ABCs Ser.). (ENG.). 16p. (J). (gr. -1-2). pap. (978-1-0396-8676-2(1), 20909); lib. bdg. (978-1-0396-8655-7(9), 20908) Crabtree Publishing Co. (Little Honey Books).

I See CH. Shannon Anderson. 2023. (My Phonics Readers - I See My Consonant Teams Ser.). (ENG.). 16p. (J). (gr. -1-2). pap. (978-1-0396-9733-1(X), 33249); lib. bdg. (978-1-0396-9626-6(0), 33248) Crabtree Publishing Co.

I See CK. Shannon Anderson. 2023. (My Phonics Readers - I See My Consonant Teams Ser.). (ENG.). 16p. (J). (gr. -1-2). pap. (978-1-0396-9735-5(6), 33254); lib. bdg. (978-1-0396-9628-0(7), 33253) Crabtree Publishing Co.

I See Colors. Christina Earley. 2023. (Words in My World Ser.). (ENG.). 12p. (J). (gr. -1-2). pap. (978-1-0396-9677-8(5), 33628) Crabtree Publishing Co.

I See Colors. Rozanne Williams. 2017. (Learn-To-Read Ser.). (ENG., Illus.). (J). pap. 3.49 (978-1-68310-174-1(X)) Pacific Learning, Inc.

I See Colors, Dear Dragon, 10 vols. Marla Conn. Illus. by David Schimmell. 2019. (Dear Dragon Developing Readers Ser.). (ENG.). 24p. (J). (gr. k-k). pap. 11.94 (978-1-68404-320-0(4)) Norwood Hse. Pr.

I See D. Shannon Anderson. 2022. (My Phonics Readers - I See My ABCs Ser.). (ENG.). 16p. (J). (gr. -1-2). pap. (978-1-0396-8677-9(X), 20915); lib. bdg. (978-1-0396-8656-4(7), 20914) Crabtree Publishing Co. (Little Honey Books).

I See Dragonflies. Julia Jaske. 2022. (Bugs in My Backyard Ser.). (ENG., Illus.). 16p. (J). (gr. -1-2). pap. 11.36 (978-1-5341-9885-2(7), 220090, Cherry Blossom Press) Cherry Lake Publishing.

I See E. Shannon Anderson. 2022. (My Phonics Readers - I See My ABCs Ser.). (ENG.). 16p. (J). (gr. -1-2). pap. (978-1-0396-9695-2(3), 20921); lib. bdg. (978-1-0396-9588-7(4), 20920) Crabtree Publishing Co. (Little Honey Books).

I See E-E. Shannon Anderson. 2022. (My Phonics Readers - I See My ABCs Ser.). (ENG.). 16p. (J). (gr. -1-2). pap. (978-1-0396-9700-3(3), 20927); lib. bdg. (978-1-0396-9593-1(0), 20926) Crabtree Publishing Co. (Little Honey Books).

I See Eight. Xist Publishing. 2019. (Discover Numbers Ser.). (ENG.). 16p. (J). (gr. -1-2). pap. 5.99 (978-1-5324-1051-2(4)) Xist Publishing.

I See Everglades Animals. Howie Minsky. 2019. (Hello, Everglades! Ser.). (ENG.). 16p. (J). (gr. -1-2). pap. 11.36 (978-1-5341-5709-5(3), 214102, Cherry Blossom Press) Cherry Lake Publishing.

I See F. Shannon Anderson. 2022. (My Phonics Readers - I See My ABCs Ser.). (ENG.). 16p. (J). (gr. -1-2). pap. (978-1-0396-8678-6(8), 20933); lib. bdg. (978-1-0396-8657-1(5), 20932) Crabtree Publishing Co. (Little Honey Books).

I See Farm Animals: A Newborn Black & White Baby Book (High-Contrast Design & Patterns) (Cow, Horse, Pig, Chicken, Donkey, Duck, Goose, Dog, Cat, & More!) (Engage Early Readers: Children's Learning Books) Lauren Dick. l.t. ed. 2021. (I See Ser.: Vol. 2). (ENG., Illus.). 48p. (J). (978-1-77476-302-5(8)); pap. (978-1-77476-301-8(X)) AD Classic.

I See Farm Animals: Bilingual (English / Filipino) (Ingles / Filipino) a Newborn Black & White Baby Book (High-Contrast Design & Patterns) (Cow, Horse, Pig, Chicken, Donkey, Duck, Goose, Dog, Cat, & More!) (Engage Early Readers: Children's Learning Books) Lauren Dick. l.t. ed. 2021. (I See Ser.: Vol. 2). (ENG., Illus.). 48p. (J). (978-1-77476-317-9(6)); pap. (978-1-77476-316-2(8)) AD Classic.

I See Farm Animals: Bilingual (English / French) (Anglais / Français) a Newborn Black & White Baby Book (High-Contrast Design & Patterns) (Cow, Horse, Pig, Chicken, Donkey, Duck, Goose, Dog, Cat, & More!) (Engage Early Readers: Children's Learni. Lauren Dick. l.t. ed. 2021. (I See Ser.: Vol. 2). (ENG., Illus.). 48p. (J). pap. (978-1-77476-365-0(6)) AD Classic.

I See Farm Animals: Bilingual (English / French) (Anglais / Français) a Newborn Black & White Baby Book (High-Contrast Design & Patterns) (Cow, Horse, Pig, Chicken, Donkey, Duck, Goose, Dog, Cat, & More!) (Engage Early Readers: Children's Learning Books) Lauren Dick. l.t. ed. 2021. (I See Ser.: Vol. 2). (ENG., Illus.). 48p. (J). (978-1-77476-366-7(4)) AD Classic.

I See Farm Animals: Bilingual (English / German) (Englisch / Deutsch) a Newborn Black & White Baby Book (High-Contrast Design & Patterns) (Cow, Horse, Pig, Chicken, Donkey, Duck, Goose, Dog, Cat, & More!) (Engage Early Readers: Children's Learning Books) Lauren Dick. l.t. ed. 2021. (I See Ser.: Vol. 2). (ENG., Illus.). 48p. (J). (978-1-77476-329-2(X)); pap. (978-1-77476-328-5(1)) AD Classic.

I See Farm Animals: Bilingual (English / Spanish) (Inglés / Español) a Newborn Black & White Baby Book (High-Contrast Design & Patterns) (Cow, Horse, Pig, Chicken, Donkey, Duck, Goose, Dog, Cat, & More!) (Engage Early Readers: Children's Learning Books) Lauren Dick. l.t. ed. 2021. (I See Ser.: Vol. 2). (ENG., Illus.). 48p. (J). (978-1-77476-342-1(7)); pap. (978-1-77476-341-4(9)) AD Classic.

I See Fireflies. Julia Jaske. 2022. (Bugs in My Backyard Ser.). (ENG., Illus.). 16p. (J). (gr. -1-2). pap. 11.36 (978-1-5341-9886-9(5), 220091, Cherry Blossom Press) Cherry Lake Publishing.

I See Five. Xist Publishing. 2019. (Discover Numbers Ser.). (ENG.). 16p. (J). (gr. -1-2). pap. 5.99 (978-1-5324-1048-2(4)) Xist Publishing.

I See Forest Animals: A Newborn Black & White Baby Book (High-Contrast Design & Patterns) (Bear, Moose, Deer, Cougar, Wolf, Fox, Beaver, Skunk, Owl, Eagle, Woodpecker, Bat, & More!) (Engage Early Readers: Children's Learning Books) Lauren Dick. l.t. ed. 2021. (I See Ser.: Vol. 4). (ENG., Illus.). 48p. (J). (978-1-77476-307-0(9)); pap. (978-1-77476-306-3(0)) AD Classic.

I See Forest Animals: Bilingual (English / Filipino) (Ingles / Filipino) a Newborn Black & White Baby Book (High-Contrast Design & Patterns) (Bear, Moose, Deer, Cougar, Wolf, Fox, Beaver, Skunk, Owl, Eagle, Woodpecker, Bat, & More!) (Engage Earl. Lauren Dick. l.t. ed. 2021. (I See Ser.: Vol. 4). (ENG., Illus.). 48p. (J). (978-1-77476-321-6(4)); pap. (978-1-77476-320-9(6)) AD Classic.

I See Forest Animals: Bilingual (English / French) (Anglais / Français) a Newborn Black & White Baby Book (High-Contrast Design & Patterns) (Bear, Moose, Deer, Cougar, Wolf, Fox, Beaver, Skunk, Owl, Eagle, Woodpecker, Bat, & More!) (Engage Early Readers: Children's Learning B. Lauren Dick. l.t. ed. 2021. (ENG., Illus.). 48p. (J). (978-1-77476-370-4(2)); pap. (978-1-77476-369-8(9)) AD Classic.

I See Forest Animals: Bilingual (English / German) (Englisch / Deutsch) a Newborn Black & White Baby Book (High-Contrast Design & Patterns) (Bear, Moose, Deer, Cougar, Wolf, Fox, Beaver, Skunk, Owl, Eagle, Woodpecker, Bat, & More!) (Engage Early Readers: Children's Learning B. Lauren Dick. l.t. ed. 2021. (I See Ser.: Vol. 4). (ENG., Illus.). 48p. (J). (978-1-77476-333-9(8)); pap. (978-1-77476-332-2(X)) AD Classic.

I See Forest Animals: Bilingual (English / Spanish) (Inglés / Español) a Newborn Black & White Baby Book (High-Contrast Design & Patterns) (Bear, Moose, Deer, Cougar, Wolf, Fox, Beaver, Skunk, Owl, Eagle, Woodpecker, Bat, & More!) (Engage Early Readers: Children's Learning Bo. Lauren Dick. l.t. ed. 2021. (I See Ser.: Vol. 4). (ENG., Illus.). 48p. (J). (978-1-77476-346-9(X)); pap. (978-1-77476-345-2(1)) AD Classic.

I See Four. Xist Publishing. 2019. (Discover Numbers Ser.). (ENG.). 16p. (J). (gr. -1-2). pap. 5.99 (978-1-5324-1047-5(6)) Xist Publishing.

I See G. Shannon Anderson. 2022. (My Phonics Readers - I See My ABCs Ser.). (ENG.). 16p. (J). (gr. -1-2). pap. (978-1-0396-8679-3(6), 20939); lib. bdg. (978-1-0396-8658-8(3), 20938) Crabtree Publishing Co. (Little Honey Books).

I See Garden Animals: A Newborn Black & White Baby Book (High-Contrast Design & Patterns) (Hummingbird, Butterfly, Dragonfly, Snail, Bee, Spider, Snake, Frog, Mouse, Rabbit, Mole, & More!) (Engage Early Readers: Children's Learning Books) Lauren Dick. l.t. ed. 2021. (I See Ser.: Vol. 5). (ENG., Illus.). 48p. (J). (978-1-77476-309-4(5)); pap. (978-1-77476-308-7(7)) AD Classic.

I See Garden Animals: Bilingual (English / Filipino) (Ingles / Filipino) a Newborn Black & White Baby Book (High-Contrast Design & Patterns) (Hummingbird, Butterfly, Dragonfly, Snail, Bee, Spider, Snake, Frog, Mouse, Rabbit, Mole, & More!) (Enga. Lauren Dick. l.t. ed. 2021. (I See Ser.: Vol. 5). (ENG., Illus.). 48p. (J). (978-1-77476-323-0(0)); pap. (978-1-77476-322-3(2)) AD Classic.

I See Garden Animals: Bilingual (English / French) (Anglais / Français) a Newborn Black & White Baby Book (High-Contrast Design & Patterns) (Hummingbird, Butterfly, Dragonfly, Snail, Bee, Spider, Snake, Frog, Mouse, Rabbit, Mole, & More!) (Engage Early Readers: Children's Lea. Lauren Dick. l.t. ed. 2021. (ENG., Illus.). 48p. (J). (978-1-77476-372-8(9)); pap. (978-1-77476-371-1(0)) AD Classic.

I See Garden Animals: Bilingual (English / German) (Englisch / Deutsch) a Newborn Black & White Baby Book (High-Contrast Design & Patterns) (Hummingbird, Butterfly, Dragonfly, Snail, Bee, Spider, Snake, Frog, Mouse, Rabbit, Mole, & More!) (Engage Early Readers: Children's Lea. Lauren Dick. l.t. ed. 2021. (I See Ser.: Vol. 5). (ENG., Illus.). 48p. (J). (978-1-77476-335-3(4)); pap. (978-1-77476-334-6(6)) AD Classic.

I See Garden Animals: Bilingual (English / Spanish) (Inglés / Español) a Newborn Black & White Baby Book (High-Contrast Design & Patterns) (Hummingbird, Butterfly, Dragonfly, Snail, Bee, Spider, Snake, Frog, Mouse, Rabbit, Mole, & More!) (Engage Early Readers: Children's Lear. Lauren Dick. l.t. ed. 2021. (I See Ser.: Vol. 5). (ENG., Illus.). 48p. (J). (978-1-77476-348-3(6)); pap. (978-1-77476-347-6(8)) AD Classic.

I See Gray. Xist Publishing. 2019. (Discover Colors Ser.). (ENG.). 16p. (J). (gr. -1-2). pap. 5.99 (978-1-5324-1019-2(0)) Xist Publishing.

I See Green. Xist Publishing. 2019. (Discover Colors Ser.). (ENG.). 16p. (J). (gr. -1-2). pap. 5.99 (978-1-5324-1013-0(1)) Xist Publishing.

I See H. Shannon Anderson. 2022. (My Phonics Readers - I See My ABCs Ser.). (ENG.). 16p. (J). (gr. -1-2). pap. (978-1-0396-8680-9(X), 20945); lib. bdg. (978-1-0396-8659-5(1), 20944) Crabtree Publishing Co. (Little Honey Books).

I See Honey Bees. Julia Jaske. 2022. (Bugs in My Backyard Ser.). (ENG., Illus.). 16p. (J). (gr. -1-2). pap. 11.36 (978-1-5341-9883-8(0), 220088, Cherry Blossom Press) Cherry Lake Publishing.

I See I. Shannon Anderson. 2022. (My Phonics Readers - I See My ABCs Ser.). (ENG.). 16p. (J). (gr. -1-2). pap. (978-1-0396-9696-9(1), 20951); lib. bdg. (978-1-0396-9589-4(2), 20950) Crabtree Publishing Co. (Little Honey Books).

I See I-E. Shannon Anderson. 2022. (My Phonics Readers - I See My ABCs Ser.). (ENG.). 16p. (J). (gr. -1-2). pap. (978-1-0396-9701-0(1), 20957); lib. bdg. (978-1-0396-9594-8(9), 20956) Crabtree Publishing Co. (Little Honey Books).

I See, I Feel, I Hear, I Touch, I Taste! a Book about My 5 Senses for Kids - Baby & Toddler Sense & Sensation Books. Baby Professor. 2017. (ENG., Illus.). (J). pap. 7.89 (978-1-68326-749-2(4), Baby Professor (Education Kids)) Speedy Publishing LLC.

I See! I, Pi, Ti, Ki: Bilingual Inuktitut & English Edition. Christine Kudluk. Illus. by Julia Galotta. 2022. (Arvaaq Bks.). (ENG.). 16p. (J). bds. 12.95 (978-1-77450-368-3(9)) Inhabit Education Bks. Inc. CAN. Dist: Consortium Bk. Sales & Distribution.

I See, I See. Robert Henderson. 2019. (ENG., Illus.). 48p. (J). (gr. -1-k). 17.99 (978-1-4521-8334-3(1)) Chronicle Bks. LLC.

I See, I See, Come Look for Me — Hidden Pictures. Bobo's Children Activity Books. 2016. (ENG., Illus.). (J). pap. 7.99 (978-1-68327-322-6(2)) Sunshine In My Soul Publishing.

I See, I Touch ... Giuliano Ferri. Illus. by Giuliano Ferri. 2018. (Illus.). 24p. (J). (— 1). bds. 9.99 (978-988-8341-56-6(1), Minedition) Penguin Young Readers Group.

I See It! up Close & Personal - Microscopy for Kids - Children's Electron Microscopes & Microscopy Books. Baby Iq Builder Books. 2016. (ENG., Illus.). (J). pap. 8.99 (978-1-68374-707-9(0)) Examined Solutions PTE. Ltd.

I See J. Shannon Anderson. 2022. (My Phonics Readers - I See My ABCs Ser.). (ENG.). 16p. (J). (gr. -1-2). pap. (978-1-0396-8681-6(8), 20963); lib. bdg. (978-1-0396-8660-1(5), 20962) Crabtree Publishing Co. (Little Honey Books).

I See K. Shannon Anderson. 2022. (My Phonics Readers - I See My ABCs Ser.). (ENG.). 16p. (J). (gr. -1-2). pap. (978-1-0396-8682-3(6), 20969); lib. bdg. (978-1-0396-8661-8(3), 20968) Crabtree Publishing Co. (Little Honey Books).

I See L. Shannon Anderson. 2022. (My Phonics Readers - I See My ABCs Ser.). (ENG.). 16p. (J). (gr. -1-2). pap. (978-1-0396-8683-0(4), 20975); lib. bdg. (978-1-0396-8662-5(1), 20974) Crabtree Publishing Co. (Little Honey Books).

I See Ladybugs. Julia Jaske. 2022. (Bugs in My Backyard Ser.). (ENG., Illus.). 16p. (J). (gr. -1-2). pap. 11.36 (978-1-5341-9884-5(9), 220089, Cherry Blossom Press) Cherry Lake Publishing.

I See Light. Francis Spencer. 2021. (My First Science Bks.). (ENG., Illus.). 24p. (J). (gr. k-2). pap. (978-1-4271-3036-5(1), 11574); lib. bdg. (978-1-4271-3025-9(6), 11557) Crabtree Publishing Co.

I See London, I See France. Sarah Mlynowski. 2019. (ENG.). 384p. (YA). (gr. 9). pap. 9.99 (978-0-06-239708-9(7), HarperTeen) HarperCollins Pubs.

I See M. Shannon Anderson. 2022. (My Phonics Readers - I See My ABCs Ser.). (ENG.). 16p. (J). (gr. -1-2). pap. (978-1-0396-8684-7(2), 20981); lib. bdg. (978-1-0396-8663-2(X), 20980) Crabtree Publishing Co. (Little Honey Books).

I See More Everglades Animals. Howie Minsky. 2019. (Hello, Everglades! Ser.). (ENG.). 16p. (J). (gr. -1-2). pap. 11.36 (978-1-5341-5710-1(7), 214105, Cherry Blossom Press) Cherry Lake Publishing.

I See Moths. Julia Jaske. 2022. (Bugs in My Backyard Ser.). (ENG.). 16p. (J). (gr. -1-2). pap. 11.36 (978-1-5341-9890-6(3), 220095, Cherry Blossom Press) Cherry Lake Publishing.

I See N. Shannon Anderson. 2022. (My Phonics Readers - I See My ABCs Ser.). (ENG.). 16p. (J). (gr. -1-2). pap. (978-1-0396-8685-4(0), 20987); lib. bdg. (978-1-0396-8664-9(8), 20986) Crabtree Publishing Co. (Little Honey Books).

I See Nine. Xist Publishing. 2019. (Discover Numbers Ser.). (ENG.). 16p. (J). (gr. -1-2). pap. 5.99 (978-1-5324-1052-9(2)) Xist Publishing.

I See O. Shannon Anderson. 2022. (My Phonics Readers - I See My ABCs Ser.). (ENG.). 16p. (J). (gr. -1-2). pap. (978-1-0396-9697-6(X), 20993); lib. bdg. (978-1-0396-9590-0(6), 20992) Crabtree Publishing Co. (Little Honey Books).

I See O-E. Shannon Anderson. 2022. (My Phonics Readers - I See My ABCs Ser.). (ENG.). 16p. (J). (gr. -1-2). pap. (978-1-0396-9702-7(X), 20999); lib. bdg. (978-1-0396-9595-5(7), 20998) Crabtree Publishing Co. (Little Honey Books).

I See Ocean Animals: A Newborn Black & White Baby Book (High-Contrast Design & Patterns) (Whale, Dolphin, Shark, Turtle, Seal, Octopus, Stingray, Jellyfish, Seahorse, Starfish, Crab, & More!) (Engage Early Readers: Children's Learning Books) Lauren Dick. l.t. ed. 2021. (I See Ser.: Vol. 3). (ENG., Illus.). 48p. (J). (978-1-77476-304-9(4)); pap. (978-1-77476-303-2(6)) AD Classic.

I See Ocean Animals: Bilingual (English / Filipino) (Ingles / Filipino) a Newborn Black & White Baby Book (High-Contrast Design & Patterns) (Whale, Dolphin, Shark, Turtle, Seal, Octopus, Stingray, Jellyfish, Seahorse, Starfish, Crab, & More!) (e. Lauren Dick. l.t. ed. 2021. (I See Ser.: Vol. 3). (ENG., Illus.). 48p. (J). (978-1-77476-319-3(2)); pap. (978-1-77476-318-6(4)) AD Classic.

I See Ocean Animals: Bilingual (English / French) (Anglais / Français) a Newborn Black & White Baby Book (High-Contrast Design & Patterns) (Whale, Dolphin, Shark, Turtle, Seal, Octopus, Stingray, Jellyfish, Seahorse, Starfish, Crab, & More!) (en. Lauren Dick. l.t. ed. 2021. (I See Ser.: Vol. 3). (ENG., Illus.). 48p. (J). (978-1-77476-368-1(0)); pap. (978-1-77476-367-4(2)) AD Classic.

I See Ocean Animals: Bilingual (English / German) (Englisch / Deutsch) a Newborn Black & White Baby Book (High-Contrast Design & Patterns) (Whale, Dolphin, Shark, Turtle, Seal, Octopus, Stingray, Jellyfish, Seahorse, Starfish, Crab, & More!) (en. Lauren Dick. l.t. ed. 2021. (I See Ser.: Vol. 3). (ENG., Illus.). 48p. (J). (978-1-77476-331-5(1)); pap. (978-1-77476-330-8(3)) AD Classic.

I See Ocean Animals: Bilingual (English / Spanish) (Inglés / Español) a Newborn Black & White Baby Book (High-Contrast Design & Patterns) (Whale, Dolphin, Shark, Turtle, Seal, Octopus, Stingray, Jellyfish, Seahorse, Starfish, Crab, & More!) (Eng. Lauren Dick. l.t. ed. 2021. (I See Ser.: Vol. 3). (ENG., Illus.). 48p. (J). (978-1-77476-344-5(3)); pap. (978-1-77476-343-8(5)) AD Classic.

I See One. Xist Publishing. 2019. (Discover Numbers Ser.). (ENG.). 16p. (J). (gr. -1-2). pap. 5.99 (978-1-5324-1044-4(1)) Xist Publishing.

I See Orange. Xist Publishing. 2019. (Discover Colors Ser.). (ENG.). 16p. (J). (gr. -1-2). pap. 5.99 (978-1-5324-1015-4(8)) Xist Publishing.

I See P. Shannon Anderson. 2022. (My Phonics Readers - I See My ABCs Ser.). (ENG.). 16p. (J). (gr. -1-2). pap. (978-1-0396-8686-1(9), 21005); lib. bdg. (978-1-0396-8665-6(6), 21004) Crabtree Publishing Co. (Little Honey Books).

I See Patterns. Linda Benton. 2017. (Learn-To-Read Ser.). (ENG., Illus.). (J). (gr. k-2). pap. 3.49 (978-1-68310-218-2(5)) Pacific Learning, Inc.

I See Peace: The Picture Book. Maya Gonzalez. 2017. (ENG., Illus.). (J). (gr. 2-5). 22.95 (978-1-945289-10-1(4)) Reflection Pr.

I See Pink. Xist Publishing. 2019. (Discover Colors Ser.). (ENG.). 16p. (J). (gr. -1-2). pap. 5.99 (978-1-5324-1018-5(2)) Xist Publishing.

I See Purple. Xist Publishing. 2019. (Discover Colors Ser.). (ENG.). 16p. (J). (gr. -1-2). pap. 5.99 (978-1-5324-1014-7(X)) Xist Publishing.

I See Q. Shannon Anderson. 2022. (My Phonics Readers - I See My ABCs Ser.). (ENG.). 16p. (J). (gr. -1-2). pap. (978-1-0396-8687-8(7), 21011); lib. bdg. (978-1-0396-8666-3(4), 21010) Crabtree Publishing Co. (Little Honey Books).

I See R. Shannon Anderson. 2022. (My Phonics Readers - I See My ABCs Ser.). (ENG.). 16p. (J). (gr. -1-2). pap. (978-1-0396-8688-5(5), 21017); lib. bdg. (978-1-0396-8667-0(2), 21016) Crabtree Publishing Co. (Little Honey Books).

I

I See Red. Xist Publishing. 2019. (Discover Colors Ser.). (ENG.). 16p. (J). (gr. -1-2). pap. 5.99 *(978-1-5324-1010-9(7))* Xist Publishing.

I See S. Shannon Anderson. 2022. (My Phonics Readers - I See My ABCs Ser.). (ENG.). 16p. (J). (gr. -1-2). pap. *(978-1-0396-8689-2(3),* 21023); lib. bdg. *(978-1-0396-8668-7(0),* 21022) Crabtree Publishing Co. (Little Honey Books).

I See Safari Animals: A Newborn Black & White Baby Book (High-Contrast Design & Patterns) (Giraffe, Elephant, Lion, Tiger, Monkey, Zebra, & More!) (Engage Early Readers: Children's Learning Books) Victoria Hazlehurst & Lauren Dick. l.t. ed. 2021. (I See Ser.: Vol. 1). (ENG., Illus.). 48p. (J). *(978-1-77476-299-8(4));* pap. *(978-1-77476-298-1(6))* AD Classic.

I See Safari Animals: Bilingual (English / Filipino) (Ingles / Filipino) a Newborn Black & White Baby Book (High-Contrast Design & Patterns) (Giraffe, Elephant, Lion, Tiger, Monkey, Zebra, & More!) (Engage Early Readers: Children's Learning Books) Victoria Hazlehurst & Lauren Dick. l.t. ed. 2021. (I See Ser.: Vol. 1). (ENG., Illus.). 48p. (J). *(978-1-77476-315-5(X));* pap. *(978-1-77476-314-8(1))* AD Classic.

I See Safari Animals: Bilingual (English / French) (Anglais / Français) a Newborn Black & White Baby Book (High-Contrast Design & Patterns) (Giraffe, Elephant, Lion, Tiger, Monkey, Zebra, & More!) (Engage Early Readers: Children's Learning Books) Victoria Hazlehurst & Lauren Dick. l.t. ed. 2021. (I See Ser.: Vol. 1). (ENG., Illus.). 48p. (J). *(978-1-77476-364-3(8));* pap. *(978-1-77476-363-6(X))* AD Classic.

I See Safari Animals: Bilingual (English / German) (Englisch / Deutsch) a Newborn Black & White Baby Book (High-Contrast Design & Patterns) (Giraffe, Elephant, Lion, Tiger, Monkey, Zebra, & More!) (Engage Early Readers: Children's Learning Books) Victoria Hazlehurst & Lauren Dick. l.t. ed. 2021. (I See Ser.: Vol. 1). (ENG., Illus.). 48p. (J). *(978-1-77476-327-8(3));* pap. *(978-1-77476-326-1(5))* AD Classic.

I See Safari Animals: Bilingual (English / Spanish) (Inglés / Español) a Newborn Black & White Baby Book (High-Contrast Design & Patterns) (Giraffe, Elephant, Lion, Tiger, Monkey, Zebra, & More!) (Engage Early Readers: Children's Learning Books) Victoria Hazlehurst & Lauren Dick. l.t. ed. 2021. (I See Ser.: Vol. 1). (ENG., Illus.). 48p. (J). *(978-1-77476-340-7(0));* pap. *(978-1-77476-339-1(7))* AD Classic.

I See Sea Food: Sea Creatures That Look Like Food. Jenna Grodzicki. 2019. (ENG., Illus.). 32p. (J). (gr. -1-3). lib. bdg. 27.99 *(978-1-5415-5463-4(9),* dfac9b81-511d-4dea-8cec-cdf7924ddb04, Millbrook Pr.) Lerner Publishing Group.

I See Seven. Xist Publishing. 2019. (Discover Numbers Ser.). (ENG.). 16p. (J). (gr. -1-2). pap. 5.99 *(978-1-5324-1050-5(6))* Xist Publishing.

I See Sh. Shannon Anderson. 2023. (My Phonics Readers - I See My Consonant Teams Ser.). (ENG.). 16p. (J). (gr. -1-2). pap. ***(978-1-0396-9736-2(4),*** 33259); lib. bdg. ***(978-1-0396-9629-7(5),*** 33258) Crabtree Publishing Co.

I See Shapes. Christina Earley. 2023. (Words in My World Ser.). (ENG.). 12p. (J). (gr. -1-2). pap. ***(978-1-0396-9676-1(7),*** 33631) Crabtree Publishing Co.

I See Shapes, Dear Dragon. 10 vols. Marla Conn. Illus. by David Schimmell. 2019. (Dear Dragon Developing Readers Ser.). (ENG.). 24p. (J). (gr. k-k). pap. 11.94 *(978-1-68404-321-7(2))* Norwood Hse. Pr.

I See Six. Xist Publishing. 2019. (Discover Numbers Ser.). (ENG.). 16p. (J). (gr. -1-2). pap. 5.99 *(978-1-5324-1049-9(2))* Xist Publishing.

I See Something... Yellow. Marsha Bergstrom Georgiopoulos. 2020. (ENG.). 42p. (J). pap. 12.95 *(978-1-4808-9280-4(7))* Archway Publishing.

I See Sounds, I Hear Colors: Activity Book for Boys Girls Kids Children Ages 6-8 - Color, Maze, Dot to Dot, Word Search & More Sound & Visual Related Activities. Gabriel Bachheimer. l.t. ed. 2020. (ENG.). 150p. (J). pap. 11.95 *(978-1-716-29473-0(8))* Lulu Pr., Inc.

I See T. Shannon Anderson. 2022. (My Phonics Readers - I See My ABCs Ser.). (ENG.). 16p. (J). (gr. -1-2). pap. *(978-1-0396-8690-8(7),* 21029); lib. bdg. *(978-1-0396-8669-4(9),* 21028) Crabtree Publishing Co. (Little Honey Books).

I See TCH. Shannon Anderson. 2023. (My Phonics Readers - I See My Consonant Teams Ser.). (ENG.). 16p. (J). (gr. -1-2). pap. ***(978-1-0396-9731-7(3),*** 33264); lib. bdg. ***(978-1-0396-9624-2(4),*** 33263) Crabtree Publishing Co.

I See Ten. Xist Publishing. 2019. (Discover Numbers Ser.). (ENG.). 16p. (J). (gr. -1-2). pap. 5.99 *(978-1-5324-1053-6(0))* Xist Publishing.

I See Th. Shannon Anderson. 2023. (My Phonics Readers - I See My Consonant Teams Ser.). (ENG.). 16p. (J). (gr. -1-2). lib. bdg. ***(978-1-0396-9627-3(9),*** 33268) Crabtree Publishing Co.

I See TH. Shannon Anderson. 2023. (My Phonics Readers - I See My Consonant Teams Ser.). (ENG.). 16p. (J). (gr. -1-2). pap. ***(978-1-0396-9734-8(8),*** 33269) Crabtree Publishing Co.

I See the Bald Eagle, 1 vol. Harper Avett. 2016. (Symbols of Our Country Ser.). (ENG., Illus.). 24p. (J). (gr. 1-1). 25.27 *(978-1-4994-3051-6(5),* a3db218b-6feb-4300-b203-d74ff77421f13); pap. 9.25 *(978-1-4994-2763-9(8),* ab19a3b5-7a21-46bf-886e-e3eaadee3ee8) Rosen Publishing Group, Inc., The. (PowerKids Pr.).

I See the Moon: Rhymes for Bedtime. Illus. by Rosalind Beardshaw. 2019. (ENG.). 24p. (J). (-k). 16.99 *(978-1-5362-0579-4(6))* Candlewick Pr.

I See the Ocean. Katie Peters. 2019. (Let's Look at Animal Habitats (Pull Ahead Readers — Nonfiction) Ser.). (ENG., Illus.). 16p. (J). (gr. -1-1). pap. 8.99 *(978-1-5415-7312-3(9),* 0296c2d8-acc5-4b58-b4bc-a3f6813dcce6, Lerner Pubns.) Lerner Publishing Group.

I See the Sea. Julia Groves. Illus. by Julia Groves. 2021. (Child's Play Library). (Illus.). 32p. (J). *(978-1-78628-338-2(7));* pap. *(978-1-78628-204-0(6))* Child's Play International Ltd.

I See the Sun in India. Dedie King. Illus. by Judith Inglese. ed. 2019. (I See the Sun in ... Ser.: 9). (ENG & HIN.). 40p. (J). (gr. k-4). pap. 12.95 *(978-1-935874-35-5(7))* Satya Hse. Pubns.

I See the Sun in the USA. Dedie King. Illus. by Judith Inglese. 2018. (I See the Sun In ... Ser.: 8). (ENG.). 40p. (J). (gr. k-4). pap. 12.95 *(978-1-935874-36-2(5))* Satya Hse. Pubns.

I See the Sun in Turkey. Dedie King. Tr. by Hilal Sen. Illus. by Judith Inglese. ed. 2017. (I See the Sun in ... Ser.: 7). (ENG.). 44p. (J). (gr. k-10). 12.95 *(978-1-935874-34-8(9))* Satya Hse. Pubns.

I See Three. Xist Publishing. 2019. (Discover Numbers Ser.). (ENG.). 16p. (J). (gr. -1-2). pap. 5.99 *(978-1-5324-1046-8(8))* Xist Publishing.

I See Two. Xist Publishing. 2019. (Discover Numbers Ser.). (ENG.). 16p. (J). (gr. -1-2). pap. 5.99 *(978-1-5324-1045-1(X))* Xist Publishing.

I See U. Shannon Anderson. 2022. (My Phonics Readers - I See My ABCs Ser.). (ENG.). 16p. (J). (gr. -1-2). pap. *(978-1-0396-9698-3(8),* 21035); lib. bdg. *(978-1-0396-9591-7(4),* 21034) Crabtree Publishing Co. (Little Honey Books).

I See U-E. Shannon Anderson. 2022. (My Phonics Readers - I See My ABCs Ser.). (ENG.). 16p. (J). (gr. -1-2). pap. *(978-1-0396-9703-4(8),* 21041); lib. bdg. *(978-1-0396-9596-2(5),* 21040) Crabtree Publishing Co. (Little Honey Books).

I See V. Shannon Anderson. 2022. (My Phonics Readers - I See My ABCs Ser.). (ENG.). 16p. (J). (gr. -1-2). pap. *(978-1-0396-8691-5(5),* 21047); lib. bdg. *(978-1-0396-8670-0(2),* 21046) Crabtree Publishing Co. (Little Honey Books).

I See W. Shannon Anderson. 2022. (My Phonics Readers - I See My ABCs Ser.). (ENG.). 16p. (J). (gr. -1-2). pap. *(978-1-0396-8692-2(3),* 21053); lib. bdg. *(978-1-0396-8671-7(0),* 21052) Crabtree Publishing Co. (Little Honey Books).

I See Walking Sticks. Julia Jaske. 2022. (Bugs in My Backyard Ser.). (ENG., Illus.). 16p. (J). (gr. -1-2). pap. 11.36 *(978-1-5341-9887-6(3),* 220092, Cherry Blossom Press) Cherry Lake Publishing.

I See WH. Shannon Anderson. 2023. (My Phonics Readers - I See My Consonant Teams Ser.). (ENG.). 16p. (J). (gr. -1-2). pap. ***(978-1-0396-9732-4(1),*** 33274); lib. bdg. ***(978-1-0396-9625-9(2),*** 33273) Crabtree Publishing Co.

I See What You're Saying. Linda Yolanda Kloosterhof. 2022. (ENG.). 50p. (J). pap. ***(978-1-990336-40-9(X))*** Rusnak, Alanna.

I See White. Xist Publishing. 2019. (Discover Colors Ser.). (ENG.). 16p. (J). (gr. -1-2). pap. 5.99 *(978-1-5324-1017-8(4))* Xist Publishing.

I See X. Shannon Anderson. 2022. (My Phonics Readers - I See My ABCs Ser.). (ENG.). 16p. (J). (gr. -1-2). pap. *(978-1-0396-8693-9(1),* 21059); lib. bdg. *(978-1-0396-8672-4(9),* 21058) Crabtree Publishing Co. (Little Honey Books).

I See Y. Shannon Anderson. 2022. (My Phonics Readers - I See My ABCs Ser.). (ENG.). 16p. (J). (gr. -1-2). pap. *(978-1-0396-8694-6(X),* 21065); lib. bdg. *(978-1-0396-8673-1(7),* 21064) Crabtree Publishing Co. (Little Honey Books).

I See Y /e/ Shannon Anderson. 2022. (My Phonics Readers - I See My ABCs Ser.). (ENG.). 16p. (J). (gr. -1-2). pap. *(978-1-0396-9704-1(6),* 21071); lib. bdg. *(978-1-0396-9597-9(3),* 21070) Crabtree Publishing Co. (Little Honey Books).

I See Y /i/ Shannon Anderson. 2022. (My Phonics Readers - I See My ABCs Ser.). (ENG.). 16p. (J). (gr. -1-2). pap. *(978-1-0396-9705-8(4),* 21077); lib. bdg. *(978-1-0396-9598-6(1),* 21076) Crabtree Publishing Co. (Little Honey Books).

I See Yellow. Alyssa Krekelberg. 2020. (Learning Sight Words Ser.). (ENG.). 24p. (J). (gr. -1-2). lib. bdg. 32.79 *(978-1-5038-3563-4(4),* 213419) Child's World, Inc, The.

I See Yellow. Xist Publishing. 2019. (Discover Colors Ser.). (ENG.). 16p. (J). (gr. -1-2). pap. 5.99 *(978-1-5324-1012-3(3))* Xist Publishing.

I See Yellow Flowers in the Green Grass. Nguyen Nhat Anh. (ENG.). 210p. (YA). 2023. pap. 16.95 ***(978-1-938998-87-4(1));*** 2021. pap. 16.95 *(978-1-938998-86-7(3))* Hannacroix Creek Bks., Inc.

I See You. P. D. Jackson. Illus. by Thomas Stefflbauer. 2019. (ENG.). 32p. (J). *(978-0-578-21528-0(4))* ISeeYou Media i.G.

I See You. Alicia Pal-Singh. Illus. by Monique Machut. 2022. (ENG.). 24p. (J). 15.99 *(978-1-64538-465-6(9))* Orange Hat Publishing.

I See You: A Story for Kids about Homelessness & Being Unhoused. Michael Genhart. Illus. by Joanne Lew-Vriethoff. 2017. 40p. (J). 15.95 *(978-1-4338-2758-7(1),* Magination Pr.) American Psychological Assn.

I See You, Baby! Created by Flowerpot Press. 2023. (ENG.). 20p. (J). (gr. -1 — 1). bds. 8.99 *(978-1-4867-2408-6(6),* a318ff7a-cef7-4f9f-b89a-e4d0820bab1f) Flowerpot Pr.

I See You, Buddha. Josh Bartok. Illus. by Demi. 2020. (ENG.). 32p. (J). 19.95 *(978-1-61429-694-2(4))* Wisdom Pubns.

I See You, Do You See Me? — Hidden Pictures. Bobo's Children Activity Books. 2016. (ENG., Illus.). (J). pap. 7.99 *(978-1-68327-321-9(4))* Sunshine In My Soul Publishing.

I See You, Do You See Me? Missing Item Adventure Activity Book. Jupiter Kids. 2017. (ENG., Illus.). (J). pap. 9.20 *(978-1-68305-721-5(X),* Jupiter Kids (Childrens & Kids Fiction)) Speedy Publishing LLC.

I See You, Green Dinosaur, 1 vol. Kat Pigott. Illus. by Mason Sibley. 2019. (Green Dinosaur Ser.). (ENG.). 32p. (J). (gr. -1-3). 16.99 *(978-1-4556-2418-8(7),* Pelican Publishing) Arcadia Publishing.

I See You Little Andrew. Stefanie Boggs-Johnson. Illus. by Theresa Clement. 2018. (ENG.). 24p. (J). (gr. k-6). pap. 12.99 *(978-1-63132-059-0(9))* Advanced Publishing LLC.

I See You, Mara! A Story in Playful Rhyme from the Buddhist Sutras. Josh Bartok. Illus. by Demi. 2021. (ENG.). 32p. (J). 19.95 *(978-1-61429-685-0(5))* Wisdom Pubns.

I See You, Sad Bear. Vern Kousky. Illus. by Vern Kousky. 2023. (ENG., Illus.). 40p. (J). 18.99 *(978-1-250-84202-2(6),* 900255901) Roaring Brook Pr.

I See You See. Richard Jackson. Illus. by Patrice Barton. 2021. (ENG.). 32p. (J). (gr. -1). 17.99 *(978-1-4814-9200-3(4),* Atheneum/Caitlyn Dlouhy Books) Simon & Schuster Children's Publishing.

I See You (the Promises Series) Christine Roussey. 2022. (Promises Ser.). (ENG., Illus.). 24p. (J). (gr. -1 — 1). bds. bds. 9.99 *(978-1-4197-5381-7(9),* 1729610, Abrams Appleseed) Abrams, Inc.

I See You Wind. Phyllis Harris. Illus. by Phyllis Harris. 2023. (ENG.). 34p. (J). 17.99 ***(978-1-0880-8575-2(X))*** Indy Pub.

I See You, You See Me. Carmen Sauer. Illus. by Andrei Charlot. 2023. (ENG.). 34p. (J). 23.99 ***(978-0-692-02053-1(5))*** Suncoast Digital Pr., Inc.

I See Z. Shannon Anderson. 2022. (My Phonics Readers - I See My ABCs Ser.). (ENG.). 16p. (J). (gr. -1-2). pap. *(978-1-0396-8695-3(8),* 21083); lib. bdg. *(978-1-0396-8674-8(5),* 21082) Crabtree Publishing Co. (Little Honey Books).

I See Zoo Animals: A Newborn Black & White Baby Book (High-Contrast Design & Patterns) (Panda, Koala, Sloth, Monkey, Kangaroo, Giraffe, Elephant, Lion, Tiger, Chameleon, Shark, Dolphin, Turtle, Penguin, Polar Bear, & More!) (Engage Early Readers. Lauren Dick. l.t. ed. 2021. (I See Ser.: Vol. 6). (ENG., Illus.). 48p. (J). *(978-1-77476-312-4(5));* pap. *(978-1-77476-311-7(7))* AD Classic.

I See Zoo Animals: Bilingual (English / Filipino) (Ingles / Filipino) a Newborn Black & White Baby Book (High-Contrast Design & Patterns) (Panda, Koala, Sloth, Monkey, Kangaroo, Giraffe, Elephant, Lion, Tiger, Chameleon, Shark, Dolphin, Turtle, Pe. Lauren Dick. l.t. ed. 2021. (I See Ser.: Vol. 6). (ENG., Illus.). 48p. (J). *(978-1-77476-325-4(7));* pap. *(978-1-77476-324-7(9))* AD Classic.

I See Zoo Animals: Bilingual (English / French) (Anglais / Français) a Newborn Black & White Baby Book (High-Contrast Design & Patterns) (Panda, Koala, Sloth, Monkey, Kangaroo, Giraffe, Elephant, Lion, Tiger, Chameleon, Shark, Dolphin, Turtle, Pen. Lauren Dick. l.t. ed. 2021. (I See Ser.: Vol. 6). (ENG., Illus.). 48p. (J). *(978-1-77476-374-2(5));* pap. *(978-1-77476-373-5(7))* AD Classic.

I See Zoo Animals: Bilingual (English / German) (Englisch / Deutsch) a Newborn Black & White Baby Book (High-Contrast Design & Patterns) (Panda, Koala, Sloth, Monkey, Kangaroo, Giraffe, Elephant, Lion, Tiger, Chameleon, Shark, Dolphin, Turtle, Pen. Lauren Dick. l.t. ed. 2021. (I See Ser.: Vol. 6). (ENG., Illus.). 48p. (J). *(978-1-77476-337-7(0));* pap. *(978-1-77476-336-0(2))* AD Classic.

I See Zoo Animals: Bilingual (English / Spanish) (Inglés / Español) a Newborn Black & White Baby Book (High-Contrast Design & Patterns) (Panda, Koala, Sloth, Monkey, Kangaroo, Giraffe, Elephant, Lion, Tiger, Chameleon, Shark, Dolphin, Turtle, Penguin, Polar Bear, & More!) Lauren Dick. l.t. ed. 2021. (I See Ser.: Vol. 6). (ENG., Illus.). 48p. (J). *(978-1-77476-350-6(8));* pap. *(978-1-77476-349-0(4))* AD Classic.

I Sense: This Is All There Is ... Dee Weldon Bird. 2021. (ENG.). 24p. (J). pap. 12.50 *(978-1-68235-462-9(8))* Strategic Book Publishing & Rights Agency (SBPRA).

I Shall Awaken. Katerina Sardicka. Illus. by Stepanka Coufalova. 2022. 368p. (J). 17.99 *(978-80-00-06347-8(6))* Albatros, Nakladatelstvi pro deti mladez, a.s. CZE. Dist: Consortium Bk. Sales & Distribution.

I Share: A Board Book about Being Kind & Generous. Cheri J. Meiners. Illus. by Penny Weber. 2018. (Learning about Me & You Ser.). (ENG.). 26p. (J). (-k). bds. 9.99 *(978-1-63198-223-1(0),* 82231) Free Spirit Publishing Inc.

I Share / Yo Comparto: A Book about Being Kind & Generous/un Libro Sobre Ser Amable y Generoso. Cheri J. Meiners. Illus. by Penny Weber. 2021. (Learning about Me & You Ser.). (ENG.). 26p. (J). (— 1). bds. 9.99 *(978-1-63198-661-1(9),* 86611) Free Spirit Publishing Inc.

I Share My Name. Esther Levy Chehebar. Illus. by Luisa Galstyan. 2022. (ENG.). (J). 30p. pap. 14.99 ***(978-1-5324-3218-7(6));*** 28p. (gr. -1-2). 24.99 ***(978-1-5324-3219-4(4));*** 28p. (gr. -1-2). pap. 14.99 ***(978-1-5324-3217-0(8))*** Xist Publishing.

I Share with Friends: Civic Virtues, 1 vol. Vanessa Flores. 2018. (Civics for the Real World Ser.). (ENG.). 8p. (gr. k-1). pap. *(978-1-5383-6308-9(9),* c1b356ac-5f1f-461d-bf07-5660fa7d83e4, Rosen Classroom) Rosen Publishing Group, Inc., The.

I Should Say So (Classic Reprint) James Montgomery Flagg. 2017. (ENG., Illus.). (J). 28.33 *(978-0-266-94619-9(4))* Forgotten Bks.

I Show Respect. Barbara M. Linde. Illus. by Marc Monés. 2023. (ENG.). 16p. (J). (gr. -1-1). pap. 5.25 *(978-1-4788-0468-0(8),* aaa99dd3-2114-4205-aea6-091a324b1232); pap. 33.00 *(978-1-4788-0505-2(6),* 9e59ebe7-3cde-4c5a-ad46-5f7dac1e4724) Newmark Learning LLC.

I Show Respect: Civic Virtues, 1 vol. Roman Ellis. 2018. (Civics for the Real World Ser.). (ENG.). 8p. (gr. k-1). pap. *(978-1-5383-6326-3(7),* f29e81bc-2e61-49b3-8e11-a0313b52b2cf, Rosen Classroom) Rosen Publishing Group, Inc., The.

I Show Respect: Cut & Glue Activity Book. Agnes De Bezenac & Salem De Bezenac. Illus. by Agnes De Bezenac. 2018. (Tiny Thoughts Cut & Glue Ser.: Vol. 5). (ENG., Illus.). 32p. (J). (gr. k-2). pap. 4.50 *(978-1-63474-117-0(X),* Kidible) iCharacter.org.

I Shrank My Teacher. Bruce Coville. Illus. by Glen Mullaly. 2020. (Sixth-Grade Alien Ser.: 2). (ENG.). 176p. (J). (gr. 3-7). 17.99 *(978-1-5344-6480-3(8));* pap. 7.99 *(978-1-5344-6479-7(4))* Simon & Schuster Children's Publishing. (Aladdin).

I Sigh to Sing! Kasano Mwanza. Illus. by Jamacia Johnson. 2022. (ENG.). 18p. (J). 35.00 ***(978-1-0879-5191-1(7))*** Indy Pub.

I Sing, Do You Hear? London Starks. Ed. by Iris M. Williams. 2016. (ENG., Illus.). (J). pap. 10.95 *(978-1-942022-55-8(7))* Butterfly Typeface, The.

I Sing the Star-Spangled Banner, 1 vol. Devon McKinney. 2016. (Symbols of Our Country Ser.). (ENG.). 24p. (J). (gr. 1-1). 25.27 *(978-1-4994-2730-1(1),* f7f73664-ef3f-4a9b-98f1-e4a91782ea64); pap. 9.25 *(978-1-4994-2729-5(8),* e5009c40-19e2-45a0-92ba-e158c447fdb0) Rosen Publishing Group, Inc., The. (PowerKids Pr.).

I Sleep in a Big Bed: (Milestone Books for Kids, Big Kid Books for Young Readers. Maria van Lieshout. 2018. (Big Kid Power Ser.). (ENG., Illus.). 24p. (J). (gr. -1 — 1). 9.99 *(978-1-4521-6290-4(5))* Chronicle Bks. LLC.

I Sleep in My Big Bed. Little Grasshopper Books et al. Illus. by Jean Claude. 2021. (Early Learning Ser.). (ENG.). 16p. (J). (-k). bds. 15.98 *(978-1-64558-769-9(X),* 6124400, Little Grasshopper Bks.) Publications International, Ltd.

I Smell Chocolate. Sandra Denton. l.t. ed. 2022. (ENG.). 44p. (J). 21.99 ***(978-1-0880-2985-5(X))*** Indy Pub.

I Smile for Grandpa: A Loving Story about Dementia Disease for Young Children. Jaclyn Guenette. Illus. by Kathryn Harrison. 2018. (ENG.). 34p. (J). (gr. k-3). pap. *(978-0-9949467-6-8(7))* Fliptum Publishing.

I Sort Rocks: Putting Data in Order, 1 vol. Sheri Lang. 2017. (Computer Science for the Real World Ser.). (ENG.). 8p. (gr. k-1). pap. *(978-1-5383-5020-1(3),* d0603a54-7817-43af-b1f9-ad81e735a159, Rosen Classroom) Rosen Publishing Group, Inc., The.

I Speak Up: A Book about Self-Expression & Communication. Cheri J. Meiners. Illus. by Penny Weber. 2019. (Learning about Me & You Ser.). (ENG.). 26p. (J). (gr. -1 — 1). bds. 9.99 *(978-1-63198-378-8(4),* 83788) Free Spirit Publishing Inc.

I Speak up / Yo Hablo: A Book about Self-Expression & Communication/un Libro Sobre la Autoexpresion y la Comunicacion. Cheri J. Meiners. Illus. by Penny Weber. 2022. (Learning about Me & You Ser.). (ENG.). 26p. (J). (— 1). bds. 9.99 *(978-1-63198-673-4(2),* 86734) Free Spirit Publishing Inc.

I Spent Christmas with Jesus. Ken Shores. 2019. (ENG.). 62p. (J). pap. *(978-1-7947-6726-3(6))* Lulu Pr., Inc.

I Spied It on Candy Lane. Cammie Ramsey. 2021. (ENG., Illus.). 30p. (J). pap. 13.95 *(978-1-6624-4417-3(6))* Page Publishing Inc.

I Spilt It. Jaime Lang. 2023. (ENG.). 104p. (YA). pap. ***(978-1-4477-5226-4(0))*** Lulu Pr., Inc.

I Spy. Paulette Noonan. Illus. by Giward Musa. 2022. (ENG.). 26p. (J). pap. *(978-1-922849-04-5(9))* Library For All Limited.

I Spy: Baby & Toddler Alphabet Book. Baby Iq Builder Books. 2016. (ENG., Illus.). (J). pap. 9.43 *(978-1-68374-773-4(9))* Examined Solutions PTE. Ltd.

I Spy. . a Shark!, 2. Cora Reef. ed. 2022. (Not-So-Tiny Tales of Simon Seahorse Ser.). (ENG.). 114p. (J). (gr. 2-3). 16.46 ***(978-1-68505-336-9(X))*** Penworthy Co., LLC, The.

I Spy 123: Totally Crazy Numbers! Ulrike Sauerhofer & Ulrike Sauerhofer. Photos by Manuela Ancutici & Manuela Ancutici. 2017. (ENG., Illus.). 32p. (J). (gr. -1-2). 14.95 *(978-1-77085-999-9(3),* c45453a1-7b49-4870-9643-7d704bb728e1) Firefly Bks., Ltd.

I Spy: a Book of Picture Riddles. Jean Marzollo. Illus. by Walter Wick. 2022. (I Spy Ser.). (ENG.). 40p. (J). (gr. -1-3). 14.99 *(978-1-338-81080-6(4),* Cartwheel Bks.) Scholastic, Inc.

I-Spy-A-Saurus. Christie Hainsby. 2020. (ENG.). 12p. (J). (gr. -1 — 1). bds. 9.99 *(978-1-78947-374-2(8))* Make Believe Ideas GBR. Dist: Scholastic, Inc.

I Spy a Tiger. Clyde San Juan & Anne San Juan. 2020. (ENG.). 44p. (J). pap. 18.99 *(978-1-64645-240-8(2))* Redemption Pr.

I Spy ABC: Totally Crazy Letters! Ruth Prenting. Photos by Manuela Ancutici. 2020. (ENG., Illus.). 32p. (J). (gr. -1-2). pap. 6.95 *(978-0-2281-0262-5(6),* f15f676f-897b-4639-831b-8414b56e8f37) Firefly Bks., Ltd.

I Spy ABC: Totally Crazy Letters! Ruth Prenting & Ruth Prenting. Photos by Manuela Ancutici & Manuela Ancutici. 2017. (ENG., Illus.). 32p. (J). (gr. -1-2). 14.95 *(978-1-77085-961-6(6),* 4cfc118d-685a-482b-af46-e0ad2be283fd) Firefly Bks., Ltd.

I Spy Animal Alphabet Letter: Fun Guessing Game Picture for Kids Ages 2-5 Book of Picture Riddles. Darcy Harvey. 2021. (ENG.). 58p. (J). pap. 14.99 *(978-1-892500-66-3(3))* Adamson, Bruce Campbell.

I Spy Animals Book for Kids Ages 2-5: A Fun Guessing Game & Activity Book for Little Kids. Kids Club. 2023. (Activity Books for Kids Ser.: Vol. 1). (ENG.). 60p. (J). pap. 11.99 ***(978-1-6904-3761-1(8))*** IIG Pub.

I Spy Animals from a to Z: Can You Spot the Animal for Each Letter of the Alphabet? Vit Hansen. 2017. (ENG., Illus.). 54p. (J). pap. *(978-3-947808-02-1(X))* Rocket, Paula.

I Spy Animals from a to Z: Hardcover Edition. Can You Spot the Animal for Each Letter of the Alphabet? Vit Hansen. 2017. (ENG., Illus.). 54p. (J). *(978-3-947808-08-3(9))* Rocket, Paula.

I Spy at Christmas: Jesus Is More Important Than Crackers & Tinsel. Catherine MacKenzie. rev. ed. 2018. (ENG., Illus.). 28p. (J). 12.99 *(978-1-5271-0117-3(7),* b4065f83-579b-4b1a-a35d-7bee9e949591, CF4Kids) Christian Focus Pubns. GBR. Dist: Baker & Taylor Publisher Services (BTPS).

I Spy Bible: A Picture Puzzle Bible for the Very Young. Julia Stone. Illus. by Samantha Meredith. ed. 2019. (ENG.). 32p. (J). (gr. -1-k). 10.99 *(978-0-7459-7832-1(0),* 0b993e11-bd87-40fa-9b86-2f4af2e33fc8, Lion Children's) Lion Hudson PLC GBR. Dist: Baker & Taylor Publisher Services (BTPS).

I Spy Bible Sticker & Activity Book. Julia Stone. Illus. by Samantha Meredith. ed. 2018. (ENG.). 24p. (J). (gr. -1-k). pap. 7.99 *(978-0-7459-7729-4(4),* b36990a8-61d9-4a4e-a7f3-e302d4f7040d, Lion Children's) Lion Hudson PLC GBR. Dist: Baker & Taylor Publisher Services (BTPS).

I Spy Black in a Cave see Je Découvre le Noir d'Une Caverne

976 The check digit for ISBN-10 appears in parentheses after the full ISBN-13

I Spy Blue in the Ocean see Je Découvre le Bleu Dans l'océan

I Spy! Challenging Hidden Picture Puzzles Activity Book. Jupiter Kids. 2017. (ENG., Illus.). (J). pap. 9.20 *(978-1-68305-722-2(8)*, Jupiter Kids (Childrens & Kids Fiction)) Speedy Publishing LLC.

I Spy Christmas. Rose White. 2020. (ENG.). 66p. (J). pap. 6.99 *(978-1-393-65908-2(X))* Draft2Digital.

I Spy Christmas: a Book of Picture Riddles. Jean Marzollo. Illus. by Walter Wick. 2019. (I Spy Ser.). (ENG.). 40p. (J). (gr. -1-k). 14.99 *(978-1-338-33258-2(9)*, Cartwheel Bks.) Scholastic, Inc.

I Spy Christmas for Kids 2 -5: I Spy with My Little Eye Christmas Activity Book for Kids. Mb Humble. 2021. (ENG.). 56p. (J). pap. *(978-1-910024-21-8(X))* Esanjam.

I Spy Construction & Tools: Fun Guessing Game Picture for Children. Darcy Harvey. 2021. (ENG.). 74p. (J). pap. 15.99 ***(978-1-80362-023-7(4))*** Adamson, Bruce Campbell.

I-SPY Countryside Challenge: Do It! Score It! i-SPY. 2023. (ENG., Illus.). 96p. (J). (gr. k-5). 13.99 ***(978-0-00-856262-5(8))*** HarperCollins Pubs. Ltd. GBR. Dist: Independent Pubs. Group.

I Spy E-Spy (Spy), 1 vol. Janice Greene. 2017. (Pageturners Ser.). (ENG.). 76p. (YA). (gr. 9-12). 10.75 *(978-1-68021-400-0(4))* Saddleback Educational Publishing, Inc.

I Spy Easter Book for Kids: A Cute & Fun Easter Activity Game Book for Toddlers & Preschoolers Ages 2-5 to Learn the Alphabet with Guessing & Coloring! Happy Harper. l.t. ed. 2020. (ENG.). 62p. (J). pap. *(978-1-989968-18-5(X)*, Happy Harper) Gill, Karanvir.

I Spy Easter Book for Kids: Unlock Your Child's Potential with Our Comprehensive Book to Learn the ABC Alphabet, Specifically Designed for Kids, Toddlers, & Kindergarteners. Lora Loson. 2023. (ENG.). 102p. (J). pap. ***(978-1-80383-039-1(5))*** Carswell.

I Spy Face, Places & Things to Do- Sight Words for Kids. Baby Iq Builder Books. 2016. (ENG., Illus.). (J). pap. 8.99 *(978-1-68374-774-1(7))* Examined Solutions PTE. Ltd.

I Spy Fly Guy! (Scholastic Reader, Level 2) Tedd Arnold. Illus. by Tedd Arnold. 2023. (Scholastic Reader, Level 2 Ser.). (ENG.). 32p. (J). (gr. -1-3). pap. 4.99 *(978-1-338-87567-6(1)*, Cartwheel Bks.) Scholastic, Inc.

I-SPY Garden Challenge: Do It! Score It! i-SPY. 2023. (ENG., Illus.). 96p. (J). (gr. k-5). 13.99 ***(978-0-00-856263-2(6))*** HarperCollins Pubs. Ltd. GBR. Dist: Independent Pubs. Group.

I Spy Grandma. Noreen Anne. 2019. (ENG.). 64p. (J). pap. 17.95 *(978-1-64569-563-9(8))* Christian Faith Publishing.

I Spy Gray in a Castle see Je Découvre le Gris d'Un Château

I Spy Green in the Jungle see Je Découvre le Vert de la Jungle

I Spy Halloween Activity Book for Kids (6x9 Coloring Book / Activity Book) Sheba Blake. 2020. (I Spy Halloween Activity Book for Kids Ser.: Vol. 1). (ENG.). (J). 56p. pap. 9.99 *(978-1-222-28361-7(1))*; 44p. pap. 9.99 *(978-1-222-28363-1(8))* Indy Pub.

I Spy Halloween Activity Book for Kids (8x10 Coloring Book / Activity Book) Sheba Blake. 2020. (I Spy Halloween Activity Book for Kids Ser.: Vol. 1). (ENG.). (J). 56p. pap. 14.99 *(978-1-222-28362-4(X))*; 44p. pap. 14.99 *(978-1-222-28364-8(6))* Indy Pub.

I Spy Halloween Activity Book for Toddlers / Children (6x9 Coloring Book / Activity Book) Sheba Blake. 2020. (ENG.). 64p. (J). pap. 9.99 *(978-1-222-28357-0(3))* Indy Pub.

I Spy Halloween Activity Book for Toddlers / Children (8x10 Coloring Book / Activity Book) Sheba Blake. 2020. (ENG.). 64p. (J). pap. 14.99 *(978-1-222-28358-7(1))* Indy Pub.

I Spy Halloween Book for Kids. Happy Harper. 2020. (ENG.). 92p. (J). pap. *(978-1-989968-46-8(5)*, Happy Harper) Gill, Karanvir.

I Spy Halloween Book for Kids: A Fun Activity Spooky Scary Things & Other Cute Stuff | Guessing Game for Little Kids, Toddler & Preschool (I Spy & Count) Bucur BUCUR HOUSE. 2021. (ENG.). 42p. (J). pap. ***(978-1-4452-1625-6(6))*** Lulu Pr., Inc.

I Spy Halloween Book for Kids: A Fun Guessing Game Book for Kids - a Great Stocking Stuffer for Kids & Toddlers. Bucur BUCUR HOUSE. 2021. (ENG.). 54p. (J). pap. ***(978-1-4452-1628-7(0))*** Lulu Pr., Inc.

I Spy Halloween Book for Kids Ages 4-6. Happy Harper. 2020. (ENG.). 92p. (J). pap. *(978-1-989968-45-1(7)*, Happy Harper) Gill, Karanvir.

I Spy Halloween for Kids 2 -5: A Cute & Fun Halloween Activity Picture Book for Kids. Mb Hambolu. 2021. (ENG.). 56p. (J). pap. ***(978-1-910024-20-1(1))*** Esanjam.

I Spy in the Everglades. Howie Minsky. 2019. (Hello, Everglades! Ser.). (ENG.). 16p. (J). (gr. -1-2). pap. 11.36 *(978-1-5341-5722-4(0)*, 214141, Cherry Blossom Press) Cherry Lake Publishing.

I Spy in the Texas Sky, 1 vol. Deborah Thomas. Illus. by Deborah Thomas. 2018. (I Spy Ser.). (ENG., Illus.). 32p. (J). (gr. -1-3). 8.99 *(978-1-4556-2420-1(9)*, Pelican Publishing) Arcadia Publishing.

I Spy Music Alphabet Letter: Fun Guessing Game Picture for Kids Ages 2-5 Book of Picture Riddles. Darcy Harvey. 2021. (ENG.). 58p. (J). pap. 13.99 *(978-1-892500-67-0(1))* Adamson, Bruce Campbell.

I-SPY My First Birds: Spy It! Stick It! i-SPY. 2023. (ENG.). 32p. (J). (gr. k-5). pap. 8.99 ***(978-0-00-856265-6(2))*** HarperCollins Pubs. Ltd. GBR. Dist: Independent Pubs. Group.

I-SPY My First Journey: Spy It! Stick It! i-SPY. 2023. (ENG.). 32p. (J). (gr. k-5). pap. 8.99 ***(978-0-00-856266-3(0))*** HarperCollins Pubs. Ltd. GBR. Dist: Independent Pubs. Group.

I-SPY My First Park: Spy It! Stick It! i-SPY. 2023. (ENG.). 32p. (J). (gr. k-5). pap. 8.99 ***(978-0-00-856264-9(4))*** HarperCollins Pubs. Ltd. GBR. Dist: Independent Pubs. Group.

I-SPY My First Seaside: Spy It! Stick It! i-SPY. 2023. (ENG.). 32p. (J). (gr. k-5). pap. 8.99 ***(978-0-00-856267-0(9))*** HarperCollins Pubs. Ltd. GBR. Dist: Independent Pubs. Group.

I Spy Mystery: A Book of Picture Riddles see C'est Moi l'Espion: Du Monde du Mystère

I Spy on the Farm. Edward Gibbs. Illus. by Edward Gibbs. 2016. (ENG., Illus.). 22p. (J). (gr. -1-k). bds. 8.99 *(978-0-7636-8530-0(5)*, Templar) Candlewick Pr.

I Spy Orange in the City. Amy Culliford. Illus. by Srimalie Bassani. 2022. (I Spy with My Little Eye Ser.). (ENG.). 16p. (J). (gr. -1-3). pap. *(978-1-0396-6264-3(1)*, 20022); lib. bdg. *(978-1-0396-6069-4(X)*, 20021) Crabtree Publishing Co. (Crabtree Blossoms).

I Spy Red at the Circus. Amy Culliford. Illus. by Srimalie Bassani. 2022. (I Spy with My Little Eye Ser.). (ENG.). 16p. (J). (gr. -1-3). pap. *(978-1-0396-6265-0(X)*, 20028); lib. bdg. *(978-1-0396-6070-0(3)*, 20027) Crabtree Publishing Co. (Crabtree Blossoms).

I Spy School Days: a Book of Picture Riddles, 1 vol. Jean Marzollo. Illus. by Walter Wick. 2021. (I Spy Ser.). (ENG.). 40p. (J). (gr. -1-3). 14.99 *(978-1-338-60305-7(1)*, Cartwheel Bks.) Scholastic, Inc.

I Spy Something, What Can It Be? Latonne Adesanya. 2022. (ENG.). 20p. (J). pap. 7.99 ***(978-1-0879-3869-1(4))*** Indy Pub.

I Spy Spooky Night: a Book of Picture Riddles. Jean Marzollo. Illus. by Walter Wick. 2019. (I Spy Ser.). (ENG.). 40p. (J). (gr. -1-3). 14.99 *(978-1-338-35313-6(6)*, Cartwheel Bks.) Scholastic, Inc.

I Spy Thanksgiving Activity Book for Kids (6x9 Coloring Book / Activity Book) Sheba Blake. 2020. (ENG.). 56p. (J). pap. 9.99 *(978-1-222-28478-2(2))* Indy Pub.

I Spy Thanksgiving Activity Book for Kids (8x10 Coloring Book / Activity Book) Sheba Blake. 2020. (ENG.). 56p. (J). pap. 14.99 *(978-1-222-28479-9(0))* Indy Pub.

I Spy Thanksgiving Book for Kids. Happy Harper. l.t. ed. 2020. (ENG.). 92p. (J). pap. *(978-1-989968-52-9(X)*, Happy Harper) Gill, Karanvir.

I Spy Thanksgiving Book for Kids: A Fun Thanksgiving Guessing Game for Preschoolers & Kindergartners Ages 4-6 to Learn the Alphabet. Happy Harper. 2020. (ENG.). 94p. (J). pap. *(978-1-989968-53-6(8)*, Happy Harper) Gill, Karanvir.

I Spy the 50 States. Sharyn Rosart. ed. 2018. (J). lib. bdg. 29.40 *(978-0-606-41513-2(0))* Turtleback.

I Spy the Boy Next Door. Samantha Armstrong. 2019. (ENG.). (YA). 346p. (gr. 10-12). pap. *(978-0-473-47172-9(8))*; 254p. (gr. 7-12). *(978-0-473-47174-3(4))* Armstrong, Samantha.

I Spy Transportation Activity Book for Kids (6x9 Puzzle Book / Activity Book) Sheba Blake. 2020. (ENG.). 34p. (J). pap. 9.99 *(978-1-222-28502-4(9))* Indy Pub.

I Spy Transportation Activity Book for Kids (8x10 Puzzle Book / Activity Book) Sheba Blake. 2020. (ENG.). 34p. (J). pap. 14.99 *(978-1-222-28503-1(7))* Indy Pub.

I Spy, What Do You Spy! Fun Look & Find Activities for Toddlers - Look & Find Toddler Edition. Activibooks For Kids. 2016. (ENG., Illus.). (J). pap. 9.25 *(978-1-68321-049-8(2))* Mimaxion.

I Spy White in the Snow see Je Découvre le Blanc de la Neige

I Spy with My Detective Eye Mazes for Kids Age 6. Educando Kids. 2019. (ENG.). 42p. (J). pap. 8.55 *(978-1-64521-609-4(8)*, Educando Kids) Editorial Imagen.

I Spy with My Little Eye: A Journey of a Young Girl & Her Special 'Little Eye' Emma Treleaven & Samuel Treleaven. 2023. (ENG.). 34p. (J). pap. ***(978-0-2288-9011-9(X))*** Tellwell Talent.

I Spy with My Little Eye - Animals: Can You Spot the Animal That Starts with... ? - a Really Fun Search & Find Game for Kids ! (I Spy Books for Kids): Can You Spot the Animal That Starts with... ? - a Really Fun Search & Find Game for Kids 2-4! (I Spy. Personaldev Book. 2021. (ENG.). 60p. (J). pap. 11.99 *(978-1-716-22555-0(8))* Lulu Pr., Inc.

I Spy with My Little Eye! Hidden Picture Activity Book. Bobo's Children Activity Books. 2016. (ENG., Illus.). (J). pap. 7.99 *(978-1-68327-324-0(9))* Sunshine In My Soul Publishing.

I Spy with My Little Eye Seek & Find Activity Book. Bobo's Children Activity Books. 2016. (ENG., Illus.). (J). pap. 7.99 *(978-1-68327-323-3(0))* Sunshine In My Soul Publishing.

I Spy with Yedi on the Farm! (Ages 3-5) Practice with Yedi! (I Spy, Find & Seek, 20 Different Scenes) Lauren Dick. l.t. ed. 2021. (ENG.). 48p. (J). *(978-1-77476-482-4(2))*; pap. *(978-1-77476-481-7(4))* AD Classic.

I Spy Yellow in the Desert see Je Découvre le Jaune du Désert

I Spy, You Spy: Can You Spy the Difference? Activity Book. Jupiter Kids. 2017. (ENG., Illus.). (J). pap. 9.20 *(978-1-68305-723-9(6)*, Jupiter Kids (Childrens & Kids Fiction)) Speedy Publishing LLC.

I Started Early Took My Dog. Emily Dickinson & Ngj Schlieve. 2017. (It's a Classic, Baby Ser.). (ENG., Illus.). 30p. (J). pap. 11.95 *(978-1-947032-09-5(7))* Pemberley Publishing.

I Started Early Took My Dog: Daisy Follows Soft the Sun. Emily Dickinson & Ngj Schlieve. 2017. (It's a Classic, Baby Ser.). (ENG., Illus.). 30p. (J). 16.95 *(978-1-947032-13-2(5))* Pemberley Publishing.

I Stay Active. Martha E. H. Rustad. 2017. (Healthy Me Ser.). (ENG., Illus.). 24p. (J). (gr. -1-2). lib. bdg. 22.65 *(978-1-5157-3982-1(1)*, 133881, Pebble) Capstone.

I Still Want a Pet. Myrna Johnson. 2016. (ENG., Illus.). (gr. k-6). pap. 12.00 *(978-1-62288-157-4(5))* Austin, Stephen F. State Univ. Pr.

I Stole a Puppy. J. D. MacPherson. 2019. (ENG.). 330p. (YA). pap. 19.95 *(978-1-64424-098-4(X))* Page Publishing Inc.

I Stop Somewhere. T. E. Carter. 2019. (ENG.). 336p. (YA). pap. 17.99 *(978-1-250-29459-3(2)*, 900174482) Square Fish.

I Study Day & Night: Organizing Data, 1 vol. Reggie Harper. 2017. (Computer Kids: Powered by Computational Thinking Ser.). (ENG.). 24p. (J). (gr. 4-5). 25.27 *(978-1-5383-2403-5(2)*, 132fdacb-38dc-40f8-9fed-44c199374460, PowerKids Pr.); pap. *(978-1-5081-3765-8(X)*, d248d42b-ebc8-4dee-bbf6-a6b00062a0c9, Rosen Classroom) Rosen Publishing Group, Inc., The.

I Survived: The Attack of the Grizzlies, 1967, Vol. 17. Lauren Tarshis. 2018. (I Survived Ser.: 17). (ENG., Illus.). 144p. (J). (gr. 3-7). lib. bdg. 16.99 *(978-0-545-91983-8(5)*, Scholastic Paperbacks) Scholastic, Inc.

I Survived a Skeleton! Christy Webster. ed. 2022. (Minecraft Ser.). (ENG.). 24p. (J). (gr. k-1). 16.96 ***(978-1-68505-397-0(1))*** Penworthy Co., LLC, The.

I Survived a Skeleton! (Mobs of Minecraft #2) Christy Webster. Illus. by Alan Batson. 2022. (Pictureback(R) Ser.). (ENG.). 24p. (J). (gr. -1-2). 5.99 *(978-0-593-48429-6(0)*, Random Hse. Bks. for Young Readers) Random Hse. Children's Bks.

I Survived Graphic Novels #1-4: a Graphix Collection, 1 vol. Lauren Tarshis. Illus. by Haus Studio et al. 2021. (I Survived Graphix Ser.). (ENG.). 640p. (J). (gr. 3-7). pap., pap., pap. 43.96 *(978-1-338-78791-7(8)*, Graphix) Scholastic, Inc.

I Survived Hurricane Katrina 2005 see Sobreviví el Huracán Katrina, 2005 (I Survived Hurricane Katrina, 2005)

I Survived Hurricane Katrina 2005. Lauren Tarshis. ed. 2023. (I Survived Ser.). (ENG.). 148p. (J). (gr. 2-8). 22.96 ***(978-1-68505-772-5(1))*** Penworthy Co., LLC, The.

I Survived Hurricane Katrina, 2005: a Graphic Novel (I Survived Graphic Novel #6) Lauren Tarshis. Illus. by Alvin Epps. (I Survived Graphix Ser.). (ENG.). 160p. (J). (gr. 3-7). 2023. 24.99 *(978-1-338-76696-7(1))*; 2022. pap. 10.99 *(978-1-338-76694-3(5))* Scholastic, Inc. (Graphix).

I Survived: Ten Thrilling Books (Boxed Set), 1 vol. Lauren Tarshis. 2019. (I Survived Ser.). (ENG.). 2240p. (J). (gr. 2-5). pap., pap., pap. 49.90 *(978-1-338-56585-0(0)*, Scholastic Paperbacks) Scholastic, Inc.

I Survived the American Revolution, 1776 (I Survived #15), Vol .15. Lauren Tarshis. 2017. (I Survived Ser.: 15). (ENG., Illus.). 144p. (J). (gr. 2-5). pap. 4.99 *(978-0-545-91973-9(8)*, Scholastic Paperbacks) Scholastic, Inc.

I Survived the American Revolution, 1776 (I Survived Graphic Novel #8) Lauren Tarshis. Illus. by Leo Trinidad. 2023. (I Survived Graphix Ser.). (ENG.). 160p. (J). (gr. 3-7). pap. 10.99 ***(978-1-338-82518-3(6)***, Graphix) Scholastic, Inc.

I Survived the Attack of the Grizzlies 1967. Lauren Tarshis et al. ed. 2022. (I Survived Ser.). (ENG.). 147p. (J). (gr. 4-5). 23.46 ***(978-1-68505-411-3(0))*** Penworthy Co., LLC, The.

I Survived the Attack of the Grizzlies 1967, 17. Lauren Tarshis. ed. 2019. (I Survived Ser.). (ENG.). 144p. (J). (gr. 4-6). 15.96 *(978-1-64310-822-3(0))* Penworthy Co., LLC, The.

I Survived the Attack of the Grizzlies, 1967: a Graphic Novel (I Survived Graphic Novel #5) Lauren Tarshis. Illus. by Berat Pekmezci. 2022. (I Survived Graphix Ser.). (ENG.). 160p. (J). (gr. 3-7). 24.99 *(978-1-338-76693-6(7))*; pap. 10.99 *(978-1-338-76691-2(0))* Scholastic, Inc. (Graphix).

I Survived the Attack of the Grizzlies, 1967 (I Survived #17) Lauren Tarshis. 2018. (I Survived Ser.: 17). (ENG., Illus.). 144p. (J). (gr. 3-7). pap. 4.99 *(978-0-545-91982-1(7)*, Scholastic Paperbacks) Scholastic, Inc.

I Survived the Attacks of September 11 2001. Lauren Tarshis. ed. (I Survived Ser.). (ENG., Illus.). (J). (gr. 4-5). 2021. 147p. 22.46 *(978-1-64697-962-2(1))*; 2020. 82p. 15.96 *(978-1-64697-436-8(0))* Penworthy Co., LLC, The.

I Survived the Attacks of September 11, 2001: a Graphic Novel (I Survived Graphic Novel #4) Lauren Tarshis. Illus. by Corey Egbert. 2021. (I Survived Graphix Ser.: 4). (ENG.). 160p. (J). (gr. 3-7). 24.99 *(978-1-338-68049-2(8))*; pap. 10.99 *(978-1-338-68048-5(X))* Scholastic, Inc. (Graphix).

I Survived the Battle of D-Day 1944, 18. Lauren Tarshis. 2019. (I Survived Ser.). (ENG.). 110p. (J). (gr. 2-3). 15.96 *(978-1-64310-999-2(5))* Penworthy Co., LLC, The.

I Survived the Battle of d-Day, 1944 (I Survived #18) Lauren Tarshis. 2019. (I Survived Ser.: 18). (ENG.). 144p. (J). (gr. 3-7). pap. 4.99 *(978-1-338-31738-1(5)*, Scholastic Paperbacks) Scholastic, Inc.

I Survived the Battle of d-Day, 1944 (I Survived #18) (Library Edition) Lauren Tarshis. 2019. (I Survived Ser.: 18). (ENG., Illus.). 144p. (J). (gr. 3-7). lib. bdg. 25.99 *(978-1-338-31739-8(3)*, Scholastic Paperbacks) Scholastic, Inc.

I Survived the Battle of Gettysburg 1863. Lauren Tarshis. 2019. (ENG.). (J). (gr. 2-5). pap. 4.99 *(978-0-545-62980-5(2))* Scholastic Canada, Ltd.

I Survived the California Wildfires 2018. Lauren Tarshis. ed. 2020. (I Survived Ser.). (ENG., Illus.). 115p. (J). (gr. 4-5). 15.96 *(978-1-64697-517-4(0))* Penworthy Co., LLC, The.

I Survived the California Wildfires, 2018 (I Survived #20) Lauren Tarshis. 2020. (I Survived Ser.: 20). (ENG.). 144p. (J). (gr. 2-5). pap. 5.99 *(978-1-338-31744-2(X))* Scholastic, Inc.

I Survived the California Wildfires, 2018 (I Survived #20) (Library Edition) Lauren Tarshis. 2020. (I Survived Ser.). (ENG.). 144p. (J). (gr. 2-5). lib. bdg. 25.99 *(978-1-338-31746-6(6))* Scholastic, Inc.

I Survived the Children's Blizzard 1888. Lauren Tarshis. ed. 2020. (I Survived Ser.). (ENG., Illus.). 108p. (J). (gr. 4-5). 15.96 *(978-1-64697-437-5(9))* Penworthy Co., LLC, The.

I Survived the Children's Blizzard, 1888 (I Survived #16) Lauren Tarshis. 2018. (I Survived Ser.: 16). (ENG.). 144p. (J). (gr. 2-5). pap. 4.99 *(978-0-545-91977-7(0)*, Scholastic Paperbacks) Scholastic, Inc.

I Survived the Children's Blizzard, 1888 (I Survived #16) (Library Edition) Lauren Tarshis. 2018. (I Survived Ser.: 16). (ENG., Illus.). 144p. (J). (gr. 2-5). lib. bdg. 25.99 *(978-0-545-91978-4(9)*, Scholastic Paperbacks) Scholastic, Inc.

I Survived the Eruption of Mount St. Helens, 1980 (I Survived #14) Lauren Tarshis. 2016. (I Survived Ser.: 14). (ENG., Illus.). 112p. (J). (gr. 2-5). pap. 5.99 *(978-0-545-65852-2(7)*, Scholastic Paperbacks) Scholastic, Inc.

I Survived the Galveston Hurricane 1900. Lauren Tarshis. ed. 2022. (I Survived Ser.). (ENG., Illus.). 116p. (J). (gr. 4-5). 16.46 *(978-1-68505-148-8(0))* Penworthy Co., LLC, The.

I Survived the Galveston Hurricane, 1900 (I Survived #21) Lauren Tarshis. 2021. (I Survived Ser.: 21). (ENG., Illus.). 144p. (J). (gr. 3-7). pap. 5.99 *(978-1-338-75253-3(7))* Scholastic, Inc.

I Survived the Galveston Hurricane, 1900 (I Survived #21) (Library Edition) Lauren Tarshis. 2021. (I Survived Ser.: 21). (ENG., Illus.). 144p. (J). (gr. 3-7). lib. bdg. 25.99 *(978-1-338-75254-0(5)*, Scholastic Pr.) Scholastic, Inc.

I Survived the Great Chicago Fire, 1871 (I Survived Graphic Novel #7) Lauren Tarshis. Illus. by Cassie Anderson. 2023. (I Survived Graphix Ser.). (ENG.). 160p. (J). (gr. 3-7). 24.99 *(978-1-338-82516-9(X))*; pap. 10.99 *(978-1-338-82515-2(1))* Scholastic, Inc. (Graphix).

I Survived the Great Molasses Flood 1919, 19. Comment by Lauren Tarshis. 2019. (I Survived Ser.). (ENG.). 94p. (J). (gr. 4-5). 15.96 *(978-0-87617-789-1(5))* Penworthy Co., LLC, The.

I Survived the Great Molasses Flood, 1919 (I Survived #19) Lauren Tarshis. 2019. (I Survived Ser.: 19). (ENG.). 144p. (J). (gr. 2-5). pap. 5.99 *(978-1-338-31741-1(5)*, Scholastic Paperbacks) Scholastic, Inc.

I Survived the Great Molasses Flood, 1919 (I Survived #19) (Library Edition) Lauren Tarshis. 2019. (I Survived Ser.: 19). (ENG.). 144p. (J). (gr. 2-5). 25.99 *(978-1-338-31742-8(3)*, Scholastic Paperbacks) Scholastic, Inc.

I Survived the Hindenburg Disaster, 1937 (I Survived #13) Lauren Tarshis. 2016. (I Survived Ser.: 13). (ENG.). 112p. (J). (gr. 2-5). pap. 5.99 *(978-0-545-65850-8(0)*, Scholastic Paperbacks) Scholastic, Inc.

I Survived the Nazi Invasion 1944. Lauren Tarshis. ed. 2021. (I Survived Ser.). (ENG., Illus.). 147p. (J). (gr. 4-5). 21.96 *(978-1-64697-961-5(3))* Penworthy Co., LLC, The.

I Survived the Nazi Invasion, 1944: a Graphic Novel (I Survived Graphic Novel #3) Lauren Tarshis. Illus. by Álvaro Sarraseca. 2021. (I Survived Graphix Ser.: 3). (ENG.). 160p. (J). (gr. 3-7). 24.99 *(978-1-338-66638-0(X))*; pap. 10.99 *(978-1-338-66637-3(1))* Scholastic, Inc. (Graphix).

I Survived the Shark Attacks Of 1916. Lauren Tarshis. ed. (I Survived Ser.). 148p. (J). 2022. (SPA.). (gr. 2-8). 22.96 ***(978-1-68505-562-2(1))***; 2020. (ENG., Illus.). (gr. 4-5). 21.96 *(978-1-64697-372-9(0))* Penworthy Co., LLC, The.

I Survived the Shark Attacks of 1916: a Graphic Novel (I Survived Graphic Novel #2) Lauren Tarshis. Illus. by Gervasio and Jok. 2020. (I Survived Graphix Ser.: 2). (ENG.). 160p. (J). (gr. 2-7). 24.99 *(978-1-338-12095-0(6)*, Graphix) Scholastic, Inc.

I Survived the Shark Attacks of 1916: a Graphic Novel (I Survived Graphic Novel #2) Lauren Tarshis. Illus. by Haus Studio. 2020. (I Survived Graphix Ser.: 2). (ENG.). 160p. (J). (gr. 2-7). pap. 10.99 *(978-1-338-12094-3(8)*, Graphix) Scholastic, Inc.

I Survived the Sinking of the Titanic 1912. Lauren Tarshis. ed. 2020. (I Survived Ser.). (ENG., Illus.). 148p. (J). (gr. 4-5). 21.96 *(978-1-64697-373-6(9))* Penworthy Co., LLC, The.

I Survived the Sinking of the Titanic, 1912: a Graphic Novel (I Survived Graphic Novel #1), Vol. 1. Lauren Tarshis. Illus. by Haus Studio. 2020. (I Survived Graphix Ser.: 1). (ENG.). 160p. (J). (gr. 3-7). pap. 10.99 *(978-1-338-12091-2(3)*, Graphix) Scholastic, Inc.

I Survived the Sinking of the Titanic, 1912: a Graphic Novel (I Survived Graphic Novel #1) (Library Edition), Vol. 1. Lauren Tarshis. Illus. by Haus Studio. 2020. (I Survived Graphix Ser.: 1). (ENG.). 160p. (J). (gr. 3-7). lib. bdg. 24.99 *(978-1-338-12092-9(1)*, Graphix) Scholastic, Inc.

I Survived the Sinking of the Titanic, 1912 (I Survived #1) (Summer Reading) Lauren Tarshis. Illus. by Scott Dawson. 2022. (I Survived Ser.). (ENG.). 112p. (J). (gr. 3-7). pap. 2.99 *(978-1-338-84582-2(9)*, Scholastic Paperbacks) Scholastic, Inc.

I Survived the Wellington Avalanche 1910. Lauren Tarshis. ed. 2023. (I Survived Ser.). (ENG.). 105p. (J). (gr. 2-5). 16.46 ***(978-1-68505-770-1(5))*** Penworthy Co., LLC, The.

I Survived the Wellington Avalanche, 1910 (I Survived #22) Lauren Tarshis. 2022. (I Survived Ser.). (ENG.). 144p. (J). (gr. 3-7). 25.99 *(978-1-338-75257-1(X)*, Scholastic Pr.); pap. 5.99 *(978-1-338-75256-4(1))* Scholastic, Inc.

I Take My Toothbrush Everywhere I Go. Sheila Burke. Illus. by Conor Toland. 2021. (ENG.). 26p. (J). pap. 12.00 *(978-1-0879-2144-0(9))* Indy Pub.

I Take Out the Alphabet with Cut Out Activities. Jupiter Kids. 2017. (ENG., Illus.). (J). pap. 9.20 *(978-1-68326-121-6(6)*, Jupiter Kids (Childrens & Kids Fiction)) Speedy Publishing LLC.

I Take Turns. Barbara M. Linde. Illus. by Julia Patton. 2023. (ENG.). 16p. (J). (gr. -1-1). pap. 5.25 *(978-1-4788-0476-5(9)*, eeec199e-1f13-48f8-a899-248979213d38); pap. 33.00 *(978-1-4788-0513-7(7)*, 8d0a1a9f-17ea-4002-80b1-298a1873b591) Newmark Learning LLC.

I Take Turns, 1 vol. Charlotte Taylor. 2020. (We've Got Character! Ser.). (ENG.). 24p. (J). (gr. 1-2). pap. 9.15 *(978-1-5382-5627-5(4)*, 6499d25f-a594-4e18-b5e2-1cb27ed88742) Stevens, Gareth Publishing LLLP.

I Talk Like a River. Jordan Scott. Illus. by Sydney Smith. 2020. (ENG.). 40p. (J). (gr. -1-3). 18.99 *(978-0-8234-4559-2(3)*, Neal Porter Bks) Holiday Hse., Inc.

I Talk with My Hands. Gail Lenhard & Jeanne Mansfield. 2022. (ENG.). 70p. (J). pap. 12.99 *(978-1-64949-490-0(4))* Elk Lake Publishing, Inc.

I Te Waoku Pouriuri - in the Dark Dark Woods. Tr. by Raymond Peeti from ENG. Illus. by Matthew Dion Goodall. 2022. (ENG & MAO.). 46p. (J). ***(978-0-473-65636-2(1))*** Goodall, Matthew.

I Tell You Never Give Up. Maria Andreas. 2023. (ENG.). (J). 136p. ***(978-1-916604-04-9(8))***; 134p. pap. ***(978-1-916604-03-2(X))*** Jam, Huge.

I Terremoti D'Italia: Saggio Di Storia, Geografia e Bibliografia Sismica Italiana (Classic Reprint) Mario Baratta. 2018. (ITA., Illus.). (J). 974p. 44.01 *(978-1-391-38427-6(X))*; 976p. pap. 26.35 *(978-1-390-20215-1(1))* Forgotten Bks.

I Test Di Potenza Funzionale Nel Ciclismo Moderno: I Power Meter e Il Loro Utilizzo. Giovanni Fazio. 2020. (ITA.). 48p. (YA). pap. ***(978-1-716-93160-4(6))*** Lulu Pr., Inc.

I

I Thank God for This Day! Phil Vischer. 2020. (VeggieTales Ser.). (ENG., Illus.). 16p. (J). (gr. -1 — 1). bds. 14.99 *(978-1-5460-1488-1(8)*, Worthy Kids/Ideals) Worthy Publishing.

I Thank God for You. Rose Duffy. 2019. (ENG.). 46p. (J). pap. 15.00 *(978-1-7339434-0-6(4))*; pap. 15.00 *(978-1-7339434-1-3(2))* Duffy, Rose Creations.

I the LITTLE TEACHER. Tamra Foggy. 2021. (ENG.). 56p. (J). pap. 11.49 *(978-1-63221-644-1(2))* Salem Author Services.

I Think, I Am! Teaching Kids the Power of Affirmations. Louise Hay & Kristina Tracy. 2020. (Illus.). 32p. (J). (gr. -1-3). 16.99 *(978-1-4019-6104-6(5))* Hay Hse., Inc.

I Think I Can, 1 vol. Karen S. Robbins & Rachael Brunson. 2019. (ENG., Illus.). 32p. (J). 14.99 *(978-0-7643-5691-9(7)*, 16110) Schiffer Publishing, Ltd.

I Think I Found a Fairy! Francesca Lucia Edwards. 2022. (ENG., Illus.). 20p. (J). pap. *(978-1-83875-166-1(1)*, Nightingale Books) Pegasus Elliot Mackenzie Pubs.

I Think I Like You, Cat. Stefani Milan. Illus. by Matt Williams. 2017. (ENG.). 44p. (J). pap. 9.99 *(978-0-9991251-6-8(8))* Starseed Universe Pr.

I Think I Love You. Auriane Desombre. 2021. (Underlined Paperbacks Ser.). 320p. (YA). (gr. 7). pap. 10.99 *(978-0-593-17976-5(5)*, Underlined) Random Hse. Children's Bks.

I Think I'm a Cow. Christopher Robyn. 2017. (ENG., Illus.). (J). pap. 12.95 *(978-1-68197-765-2(6))* Christian Faith Publishing.

I Think Maybe I Swallowed a Baby. Jodi Shelton. 2022. (ENG., Illus.). 42p. (J). 25.95 *(978-1-63961-143-0(6))*; pap. 15.95 *(978-1-63961-141-6(X))* Christian Faith Publishing.

I Think My Daddy Can Only Count to Three! Adventures with Mollie & Ollie. Chaso. 2016. (ENG., Illus.). (J). pap. 10.95 *(978-1-4808-3897-0(7))* Archway Publishing.

I Think My Dog Knows Magic. Bree Paniagua. Illus. by Katarina Stevanovic. 2021. (ENG.). 32p. (J). 19.99 *(978-1-0879-5449-3(5))* Indy Pub.

I Think My Mom Might Be a Witch. Trang T. Bui. 2020. (ENG.). 36p. (J). pap. *(978-0-6450203-2-8(X))* Bui, Trang.

I Think My Neighbors Are Robots. Angel Gillum. 2020. (ENG.). 32p. (J). 23.95 *(978-1-64654-508-7(7))* Fulton Bks.

I Think My Pet Rock Is Growing. Rayshonda Trenice Farria. 2021. (ENG.). 34p. (J). pap. 9.99 *(978-1-7364021-2-2(9))* His Pencil Publishing.

I Think My Teacher May Be a Dimetrodon. Marv Pontiff. Illus. by Marv Pontiff. 2021. (ENG.). 36p. (J). 24.98 *(978-1-387-47128-7(7))* Lulu Pr., Inc.

I Think My Teacher Needs a Hug Today. Renae A. Micou. 2020. (ENG., Illus.). 24p. (J). (gr. k-2). 20.99 *(978-1-952926-19-8(X))*; pap. 11.99 *(978-1-937400-93-4(X))* Manifold Grace Publishing Hse.

I Think That It Is Wonderful (Sesame Street) David Korr. Illus. by A. Delaney. 2018. (Little Golden Book Ser.). 24p. (J). (-k). 4.99 *(978-1-5247-6826-3(X)*, Golden Bks.) Random Hse. Children's Bks.

I Think There Is a Superhero Living with Me. Rebecca Englese. 2018. (ENG., Illus.). 20p. (J). *(978-1-387-67296-7(7))* Lulu Pr., Inc.

I Think with Just a Little Practice That I Could Probably Be a Cactus. Ken Young. 2023. (ENG.). 62p. (J). 16.00 ***(978-1-0881-1664-7(7))*** Indy Pub.

I, Thou & the Other One. Amelia Edith Huddleston Barr. 2016. (ENG.). 394p. (J). pap. *(978-3-7434-0001-6(4))* Creation Pubs.

I, Thou & the Other One: A Love Story (Classic Reprint) Amelia Edith Huddleston Barr. 2018. (ENG., Illus.). 394p. (J). 32.04 *(978-0-484-44968-7(0))* Forgotten Bks.

I Thought I Saw a Bear! Templar Books. Illus. by Lydia Nichols. 2019. (I Thought I Saw Ser.). (ENG.). 10p. (J). (— 1). bds. 8.99 *(978-1-5362-0573-2(7)*, Templar) Candlewick Pr.

I Thought I Saw a Crocodile! Templar Books. Illus. by Lydia Nichols. 2020. (I Thought I Saw Ser.). (ENG.). 10p. (J). (— 1). bds. 8.99 *(978-1-5362-1542-7(2)*, Templar) Candlewick Pr.

I Thought I Saw a Dinosaur! Templar Books. Illus. by Lydia Nichols. 2018. (I Thought I Saw Ser.). (ENG.). 10p. (J). (— 1). bds. 8.99 *(978-0-7636-9945-1(4)*, Templar) Candlewick Pr.

I Thought I Saw a Lion! Templar Books. Illus. by Lydia Nichols. 2018. (I Thought I Saw Ser.). (ENG.). 10p. (J). (— 1). bds. 8.99 *(978-0-7636-9946-8(2)*, Templar) Candlewick Pr.

I Thought I Saw a Monkey! The Templar Company LTD. Illus. by Lydia Nichols. 2020. (I Thought I Saw Ser.). (ENG.). 10p. (J). (— 1). bds. 9.99 *(978-1-5362-1015-6(3)*, Templar) Candlewick Pr.

I Thought I Saw a Panda! Templar Books. Illus. by Lydia Nichols. 2020. (I Thought I Saw Ser.). (ENG.). 10p. (J). (— 1). bds. 9.99 *(978-1-5362-1543-4(0)*, Templar) Candlewick Pr.

I Thought I Saw a Penguin! The Templar Company LTD. Illus. by Lydia Nichols. 2020. (I Thought I Saw Ser.). (ENG.). 10p. (J). (— 1). bds. 8.99 *(978-1-5362-0997-6(X)*, Templar) Candlewick Pr.

I Thought I Saw an Elephant! Templar Books. Illus. by Lydia Nichols. 2019. (I Thought I Saw Ser.). (ENG.). 10p. (J). (— 1). bds. 9.99 *(978-1-5362-0574-9(5)*, Templar) Candlewick Pr.

I Thought We Were Falling Paperback. Elizabeth Lyn. 2023. (ENG.). 300p. (YA). pap. 18.00 ***(978-1-329-16930-2(1))*** Lulu Pr., Inc.

I Threw Rocks As a Kid. Jay Caniel. Illus. by Tiya Caniel Maynard. 2019. (ENG.). 40p. (J). pap. 9.99 *(978-0-692-17816-4(3))* Maynard, Vernal Hugo.

I Tidy up after I Play. Esther Burgueño. 2022. (Bit by Bit I Learn More & I Grow Big Ser.). (ENG.). 10p. (J). (— 1). bds. 7.99 *(978-84-17210-63-2(6))* Editorial el Pirata ESP. Dist: Independent Pubs. Group.

I Told You So: Or, an Autobiography; Being Passages from a Life Now Progressing in the City of Boston, an Interest in Which Is Not Excited Simply Because Founded on Fact, but That the Incidents Therein Related Are Themselves the Facts (Classic Reprint) T. Narcisse Doutney. 2017. (ENG., Illus.). 268p. (J). 29.42 *(978-0-332-07340-8(8))* Forgotten Bks.

I Told You So! Strike Three, You're Out! Mark Gunning. 2020. (I Told You So! Ser.: Vol. 3). (ENG.). 112p. (J). (gr. 3-6). Illus.). *(978-1-9992007-3-2(X))*; pap. *(978-0-9950670-4-2(X))* Itchygooney Bks.

I Told You So! The Adventures of William & Thomas. Mark Gunning. Illus. by Kathy Goodwin. 2019. (I Told You So! Ser.: Vol. 1). (ENG.). 112p. (J). pap. *(978-0-9950670-6-6(6))* Itchygooney Bks.

I Told You So! The Adventures of William & Thomas. Mark Gunning. Ed. by Stephanie Sims. Illus. by Kathy Goodwin. 2nd ed. 2019. (I Told You So! Ser.: Vol. 1). (ENG.). 112p. (J). (gr. 3-6). *(978-1-9992007-1-8(3))* Itchygooney Bks.

I Told You So! The Journey Continues. Mark Gunning. Illus. by Andy Thomson. 2019. (I Told You So! Ser.: Vol. 2). (ENG.). 124p. (J). pap. *(978-0-9950670-8-0(2))* Itchygooney Bks.

I Told You So! The Journey Continues. Mark Gunning. Ed. by Stephanie Sims. Illus. by Andy Thomson. 2nd ed. 2019. (I Told You So! Ser.: Vol. 2). (ENG.). 124p. (J). (gr. 2-6). *(978-1-9992007-2-5(1))* Itchygooney Bks.

I Told You So! Book 2: The Journey Continues. Mark Gunning. Illus. by Andy Thomson. 2018. (ENG.). 98p. (J). pap. *(978-0-9950670-2-8(3))* Itchygooney Bks.

I, Too, Sing America. Langston Hughes. Illus. by Katie Crumpton. 2021. (ENG.). 32p. (J). (gr. -1-1). bds. 8.99 *(978-1-4998-1270-1(1))* Little Bee Books Inc.

I, Too, Sing America: Three Centuries of African American Poetry. Catherine Clinton. Illus. by Stephen Alcorn. 2017. (ENG.). 128p. (J). (gr. 5-7). 9.99 *(978-0-544-58256-9(X)*, 1613659, Clarion Bks.) HarperCollins Pubs.

I Took the Dare: 1 Book. 1 Social Experiment. 18 Young Writers. Ed. by Cynthea Liu. 2017. (ENG., Illus.). (J). (gr. 2-6). pap. 5.99 *(978-0-9990332-0-3(4))* Pivotal Publishing.

I Treni Libro Da Colorare per Bambini: Simpatiche Pagine Da Colorare Di Treni, Locomotive e Ferrovie! Lenard Vinci Press. 2021. (ITA.). 100p. (J). pap. 10.99 *(978-1-716-26222-7(4))* Lulu Pr., Inc.

I Tried to Love the World but It Wouldn't Love Me Back: American Orphan Roger Dean Kiser. Roger Kiser. 2022. (ENG.). 143p. (J). pap. ***(978-1-387-62902-2(6))*** Lulu Pr., Inc.

I Trimmed My Edges. Grace LaJoy Henderson. 2017. (Gracie Ser.). (ENG., Illus.). (J). (gr. k-5). pap. 11.99 *(978-0-9987117-4-4(8))* Inspirations by Grace LaJoy.

I Trimmed My Edges! Grace LaJoy Henderson. 2017. (Gracie Ser.). (ENG., Illus.). (J). (gr. k-5). 17.99 *(978-0-9987117-9-9(9))* Inspirations by Grace LaJoy.

I Try to Be a Good Person. Trisha Callella-Jones. 2017. (Learn-To-Read Ser.). (ENG., Illus.). (J). (gr. -1-2). pap. 3.49 *(978-1-68310-299-1(1))* Pacific Learning, Inc.

I Turtley Love You. Harriet Evans. Illus. by Bryony Clarkson. 2023. (ENG.). 14p. (J). (-k). bds. 8.99 ***(978-1-6643-5078-6(0))*** Tiger Tales.

I Use a Telescope. Tracy Nelson Maurer. 2022. (My First Space Bks.). (ENG.). 24p. (J). (gr. k-2). pap. *(978-1-0396-6215-5(3)*, 20825); lib. bdg. *(978-1-0396-6020-5(7)*, 20824) Crabtree Publishing Co.

I Use Science Tools: Parts of a Microscope Science & Technology Books Grade 5 Children's Science Education Books. Baby Professor. 2021. (ENG.). 72p. (J). 27.99 *(978-1-5419-8353-3(X))*; pap. 16.99 *(978-1-5419-6011-4(4))* Speedy Publishing LLC. (Baby Professor (Education Kids)).

I Use the Potty: Big Kid Power. Maria van Lieshout. 2016. (Big Kid Power Ser.). (ENG., Illus.). 28p. (J). (gr. -1 — 1). 9.99 *(978-1-4521-3535-9(5))* Chronicle Bks. LLC.

I Used to Be a Fairy... A True Story by Granny. Cynthia Kern OBrien. Illus. by Rosemarie Gillen. 2019. (ENG.). 30p. (J). (gr. k-4). pap. 10.99 *(978-1-61286-360-3(4))* Avid Readers Publishing Group.

I Used to Be a Fish. Tom Sullivan. Illus. by Tom Sullivan. 2016. (ENG., Illus.). 48p. (J). (gr. -1-3). 17.99 *(978-0-06-245198-9(7)*, Balzer & Bray) HarperCollins Pubs.

I Used to Be Famous. Becky Cattie & Tara Luebbe. Illus. by Joanne Lew-Vriethoff. (ENG.). 32p. (J). (gr. -1-3). 2021. pap. 7.99 *(978-0-8075-3454-0(4)*, 807534544); 2019. 16.99 *(978-0-8075-3443-4(9)*, 807534439) Whitman, Albert & Co.

I Used to Be Nothing! R. J. Greer. 2022. (ENG., Illus.). 50p. (J). pap. 15.95 ***(978-1-63885-135-6(2))*** Covenant Bks.

I Visit the Liberty Bell, 1 vol. Whitney Hopper. 2016. (Symbols of Our Country Ser.). (ENG., Illus.). 24p. (J). (gr. 1-1). pap. 9.25 *(978-1-4994-2732-5(8)*, 5a1749f2-87a7-406b-a79b-61fa716fbca5, PowerKids Pr.) Rosen Publishing Group, Inc., The.

I Voted: Making a Choice Makes a Difference. Mark Shulman. Illus. by Serge Bloch. 2020. 40p. (J). (gr. -1-3). 18.99 *(978-0-8234-4561-5(5)*, Neal Porter Bks) Holiday Hse., Inc.

I Walk Alone. Wren Handman. 2021. (ENG.). 316p. (YA). pap. 14.99 *(978-1-0879-7176-6(4))* Indy Pub.

I Walk Alone at Night a Book of Poetry by Brian D. Roth. Brian Roth. 2020. (ENG.). 139p. (YA). pap. ***(978-1-716-75266-7(3))*** Lulu Pr., Inc.

I Walk in Beauty. Cabe Lindsay. l.t. ed. 2022. (ENG.). 34p. (J). 19.95 *(978-1-0880-3323-4(7))* Indy Pub.

I Walk with Vanessa: A Picture Book Story about a Simple Act of Kindness. Kerascoët & Kerascoët. 2018. (Illus.). 40p. (J). (gr. -1-3). 17.99 *(978-1-5247-6955-0(X))* Random Hse. Children's Bks.

I Walked in Arden (Classic Reprint) Jack Crawford. 2017. (ENG., Illus.). 302p. (J). 30.15 *(978-0-266-20027-7(3))* Forgotten Bks.

I Walked My Dog Around the Pond. Becky Gibby. 2017. (ENG.). (J). 14.95 *(978-1-68401-136-0(1))* Amplify Publishing Group.

I Wandered Lonely As a Cloud: Daffodils. William Wordsworth & Ngj Schlieve. Illus. by Allana C. Marshall. 2017. (It's a Classic, Baby Ser.). (ENG.). 28p. (J). 16.95 *(978-1-947032-50-7(X))* Pemberley Publishing.

I Wandered Lonely As a Cloud: Daffodils. William Wordsworth & Ngj Schlieve. 2017. (It's a Classic, Baby Ser.). (ENG., Illus.). 28p. (J). pap. 11.95 *(978-1-947032-20-0(8))* Pemberley Publishing.

I Wanna Be a Cowgirl. Angela DiTerlizzi. Illus. by Elizabet Vukovic. 2017. (ENG.). 40p. (J). (gr. -1-3). 18.99 *(978-1-4814-5299-1(1)*, Beach Lane Bks.) Beach Lane Bks.

I Wanna Be a Superhero. Alexandra Eades. 2021. (ENG., Illus.). 24p. (J). pap. *(978-1-83975-761-7(2))* Grosvenor Hse. Publishing Ltd.

I Wanna Be Famous. Bruce Whatley. 2018. (Illus.). 32p. (J). pap. 6.99 *(978-0-207-18150-4(0)*, HarperCollins) HarperCollins Pubs.

I Wanna Be Where You Are. Kristina Forest. 2020. (ENG.). 288p. (YA). pap. 12.99 *(978-1-250-25090-2(0)*, 900195136) Square Fish.

I Wanna Bee: Careers Activity & Coloring Book. Phillis Jones. 2017. (ENG., Illus.). (J). pap. 12.99 *(978-0-9986664-0-2(8))* I WANNA BEE DESIGNS.

I Wanna Go to Heaven Too. S. a Salters. 2017. (ENG., Illus.). 48p. (J). pap. 13.95 *(978-1-68197-615-0(3))* Christian Faith Publishing.

I Want: Get What You Give. Michael Koffler. Illus. by Keri Costantino. 2022. (ENG.). 32p. (J). *(978-1-0391-1818-8(6))*; pap. *(978-1-0391-1817-1(8))* FriesenPress.

I Want a Bath. Esther Burgueño. 2021. (Bit by Bit I Learn More & I Grow Big Ser.). (ENG.). 10p. (J). (— 1). bds. 7.99 *(978-84-17210-56-4(3))* Editorial el Pirata ESP. Dist: Independent Pubs. Group.

I Want a Bearded Dragon. Tristan Pulsifer & Jacquelyn Elnor Johnson. 2018. (Best Pets for Kids Ser.: Vol. 2). (ENG., Illus.). 72p. (J). (gr. 4-6). pap. *(978-0-9953191-9-6(7))* Crimson Hill Bks.

I Want a Bearded Dragon. Tristan Pulsifer Pulsifer & Jacquelyn Elnor Johnson. 2021. (ENG.). 72p. (J). pap. *(978-1-990291-28-9(7))* Crimson Hill Bks.

I Want a Bearded Dragon: Book 2. Jacquelyn Elnor Johnson & Tristan Pulsifer. 2018. (Best Pets for Kids Ser.: Vol. 2). (ENG., Illus.). 72p. (J). (gr. 4-6). *(978-1-988650-53-1(4))* Crimson Hill Bks.

I Want a Bedtime Story! Tony Ross. Illus. by Tony Ross. 2016. (Little Princess Ser.). (ENG., Illus.). 32p. (J). (gr. -1-3). 17.99 *(978-1-5124-1629-9(0)*, 57eb6720-96d2-4012-9b84-66b336bbb929) Lerner Publishing Group.

I Want-A Black-a Jelly Bean! Donald W. Kruse. Illus. by Aeryn Meyer. 2022. (ENG.). 52p. (J). pap. 16.95 *(978-0-9997854-1-6(9))* Zaccheus Entertainment Co.

I Want a Bunny! Tony Ross. 2020. (Little Princess Ser.: 24). (ENG.). 32p. (J). (gr. -1-k). pap. 12.99 *(978-1-78344-880-7(6))* Andersen Pr. GBR. Dist: Independent Pubs. Group.

I Want a Dog. Jon Agee. 2019. (Illus.). 40p. (J). (gr. k-3). 17.99 *(978-0-525-55546-9(3)*, Dial Bks) Penguin Young Readers Group.

I Want a Fish. Danette Lea Doll. Illus. by Nancy Daiana Peralta. 2021. (ENG.). 34p. (J). 19.99 *(978-1-64372-517-8(3))* MacLaren-Cochrane Publishing.

I Want a Fish. Danette Lea Doll. Illus. by Nancy Daiana Peralta. 2021. (ENG.). 34p. (J). pap. 15.99 *(978-1-64372-518-5(1))* MacLaren-Cochrane Publishing.

I Want a Friend. Anne Booth. Illus. by Amy Proud. ed. 2017. (ENG.). 32p. (J). pap. 10.99 *(978-0-7459-7706-5(5)*, d322e2dd-abd5-495f-bf57-6714fdca9910, Lion Children's) Lion Hudson PLC GBR. Dist: Baker & Taylor Publisher Services (BTPS).

I Want a Hippopotamus for Christmas: A Christmas Holiday Book for Kids. John Rox. Illus. by Bruce Whatley. 2020. (ENG.). 32p. (J). (gr. -1-3). 18.99 *(978-0-06-304321-3(1)*, HarperCollins) HarperCollins Pubs.

I Want a Kitten (Best Pets for Kids Book 3) Tristan Pulsifer & Jacquelyn Elnor Johnson. 2021. (ENG.). 80p. (J). *(978-1-989595-92-3(8))*; pap. *(978-1-989595-91-6(X))* Crimson Hill Bks.

I Want a Kitten or a Cat. Jacquelyn Elnor Johnson & Tristan Pulsifer. 2018. (Best Pets for Kids Ser.: Vol. 3). (ENG., Illus.). 84p. (J). (gr. 4-6). pap. *(978-1-988650-21-0(6))* Crimson Hill Bks.

I Want a Kitten or a Cat. Tristan Pulsifer & Jacquelyn Elnor Johnson. 2018. (Best Pets for Kids Ser.: Vol. 3). (ENG., Illus.). 84p. (J). (gr. 4-6). *(978-1-988650-57-9(7))* Crimson Hill Bks.

I Want a Leopard Gecko. Tristan Pulsifer & Jacquelyn Elnor Johnson. 2018. (Best Pets for Kids Ser.: Vol. 1). (ENG., Illus.). 58p. (J). (gr. 4-6). pap. *(978-0-9953191-2-7(X))* Crimson Hill Bks.

I Want a Leopard Gecko. Tristan Pulsifer Pulsifer & Jacquelyn Elnor Johnson. 2021. (ENG.). 68p. (J). pap. *(978-1-990291-30-2(9))* Crimson Hill Bks.

I Want a Leopard Gecko: Book 1. Tristan Pulsifer & Jacquelyn Elnor Johnson. 2018. (Best Pets for Kids Ser.: Vol. 1). (ENG., Illus.). 58p. (J). (gr. 4-6). *(978-1-988650-54-8(2))* Crimson Hill Bks.

I Want a Monster! Elise Gravel. Illus. by Elise Gravel. 2016. (ENG., Illus.). 40p. (J). (gr. -1-3). 17.99 *(978-0-06-241533-2(6)*, HarperCollins) HarperCollins Pubs.

I Want a Pet: (Hook Book) Arundhati Venkatesh. Illus. by Reshu Singh. 2022. (ENG.). 40p. (J). (gr. k-2). pap. 9.99 *(978-0-14-345759-6(4))* Penguin Bks. India PVT, Ltd IND. Dist: Independent Pubs. Group.

I Want a Pet Turkey. Matthew Sides. Illus. by J Zamora. 2019. (ENG.). 32p. (J). 19.95 *(978-0-578-48781-6(0))* Moose Egg Productions.

I Want a Puppy (Best Pets for Kids Book 4) Tristan Pulsifer & Jacquelyn Elnor Johnson. 2021. (ENG.). 76p. (J). *(978-1-989595-86-2(3))*; pap. *(978-1-989595-85-5(5))* Crimson Hill Bks.

I Want a Puppy or a Dog. Tristan Pulsifer & Jacquelyn Elnor Johnson. 2018. (Best Pets for Kids Ser.: Vol. 4). (ENG., Illus.). 80p. (J). (gr. 4-6). *(978-1-988650-58-6(5))*; pap. *(978-1-988650-23-4(2))* Crimson Hill Bks.

I Want a Real Bike in Oregon. Eric A. Kimmel. Illus. by Josh Cleland. 2018. (ENG.). 32p. (J). (gr. 1-3). 17.99 *(978-1-5132-6127-0(4)*, West Winds Pr.) West Margin Pr.

I Want a Tail, Too! Heather M. Thompson. 2022. (ENG.). 24p. (J). pap. 9.99 ***(978-1-0880-7276-9(3))*** Lulu Pr., Inc.

I Want a Unicorn for My Birthday. Angela R. Sutton. Illus. by Claudio Espinosa. 2020. (ENG.). 20p. (J). (gr. k-4). 14.99 *(978-0-578-67680-1(2))* Indy Pub.

I Want a Unicorn for My Birthday-Coloring Book. Angela R. Sutton. Illus. by Angela R. Sutton. 2020. (ENG.). 18p. (J). (gr. k-4). pap. 10.00 *(978-1-0878-8348-9(2))* Indy Pub.

I Want a Water Buffalo for Christmas. Judy DuCharme. 2021. (ENG.). 56p. (J). pap. 8.99 ***(978-1-64960-142-1(5))*** Emerald Hse. Group, Inc.

I Want a Woman with a Soul: And Other Poems (Classic Reprint) Arthur Lester Runyan. (ENG., Illus.). (J). 2018. 20p. 24.31 *(978-0-484-58915-4(6))*; 2016. pap. 7.97 *(978-1-333-34832-8(0))* Forgotten Bks.

I Want an Apple: How My Body Works. David L. Harrison. Illus. by David Catrow. 2021. 32p. (J). (gr. -1-2). 18.99 *(978-0-8234-4104-4(0))* Holiday Hse., Inc.

I Want an Ostrich: Coloring Book. Sonya Annita Song. Illus. by Kate Fallahee. 2019. (ENG.). 24p. (J). pap. *(978-1-989381-11-3(1))* Chinchilla Bks.

I Want Cake! Danielle Renning. 2021. (ENG.). 34p. (J). *(978-0-2288-5048-9(7))*; pap. *(978-0-2288-5047-2(9))* Tellwell Talent.

I Want Ice Cream! Elisabetta Pica. Illus. by Silvia Borando. 2021. 48p. (J). (— 1). 16.99 *(978-0-593-38265-3(X))* Penguin Young Readers Group.

I Want More. Gwen Williams-Brown. Illus. by Rebecca Bender. 2021. (ENG.). 24p. (J). pap. *(978-1-0391-0378-8(2))*; *(978-1-0391-0379-5(0))* FriesenPress.

I Want More — How to Know When I've Had Enough: How to Know When I've Had Enough. Dagmar Geisler. 2020. (Safe Child, Happy Parent Ser.). 36p. (J). (gr. -1-1). 16.99 *(978-1-5107-4655-8(2)*, Sky Pony Pr.) Skyhorse Publishing Co., Inc.

I Want My Book Back. Viviane Elbee. Illus. by Nicole Miles. 2022. (ENG.). 32p. (J). (gr. -1-1). 17.99 *(978-1-4998-1174-2(8))* Little Bee Books Inc.

I Want My Brother Back. Cindy Biggins-Joseph. 2019. (ENG., Illus.). 30p. (J). 22.95 *(978-1-64300-657-4(6))*; pap. 12.95 *(978-1-64300-656-7(8))* Covenant Bks.

I Want My Dad! Tony Ross. Illus. by Tony Ross. 2018. (Little Princess Ser.). (ENG., Illus.). 32p. (J). (gr. -1-3). 17.99 *(978-1-5415-1453-9(X)*, 6c777235-f7e2-4b44-b636-3cfe645539db) Lerner Publishing Group.

I Want My Dinner! Tony Ross. 2018. (Little Princess Ser.). (ENG., Illus.). 32p. (J). (-k). pap. 9.99 *(978-1-78344-581-3(5))* Andersen Pr. GBR. Dist: Independent Pubs. Group.

I Want My Dummy! Tony Ross. 2018. (Little Princess Ser.: 5). (ENG., Illus.). 32p. (J). (-k). pap. 12.99 *(978-1-78344-633-9(1))* Andersen Pr. GBR. Dist: Independent Pubs. Group.

I Want My Mama! Brittany S Yeldell et al. 2020. (ENG.). 27p. (J). *(978-1-716-82293-3(9))* Lulu Pr., Inc.

I Want My Mummy! Nancy Krulik. Illus. by Harry Briggs. 2021. (Ms. Frogbottom's Field Trips Ser.: 1). (ENG.). 144p. (J). (gr. 2-5). 17.99 *(978-1-5344-5397-5(0))*; pap. 5.99 *(978-1-5344-5396-8(2))* Simon & Schuster Children's Publishing. (Aladdin).

I Want My Potty! Tony Ross. (ENG., Illus.). (J). (-k). 2018. (Little Princess Ser.: 1). 32p. pap. 11.99 *(978-1-78344-632-2(3))*; 2017. 20p. bds. 13.99 *(978-1-78344-544-8(0))* Andersen Pr. GBR. Dist: Independent Pubs. Group.

I Want My Tooth! Tony Ross. 2018. (Little Princess Ser.). (ENG., Illus.). 32p. (J). (gr. k-2). pap. 9.99 *(978-1-78344-601-8(3))* Andersen Pr. GBR. Dist: Independent Pubs. Group.

I Want Pizza, 1 vol. Chris George. 2017. (Early Concepts Ser.). (ENG.). 24p. (gr. 1-1). pap. 9.25 *(978-1-5081-6213-1(1)*, 63f4089d-71ec-408c-a4d4-b3db515063ad, PowerKids Pr.) Rosen Publishing Group, Inc., The.

I Want Snow! Tony Ross. Illus. by Tony Ross. 2017. (Little Princess Ser.). (ENG., Illus.). 32p. (J). (gr. -1-3). 17.99 *(978-1-5124-8125-9(4)*, e250c5be-8fca-4986-a652-4f29ea729961) Lerner Publishing Group.

I Want Some Cream of Wheat. Patricia E. Sandoval. 2022. (ENG.). 35p. (J). *(978-1-6780-3883-0(0))* Lulu Pr., Inc.

I Want Some Cream of Wheat! I Want Some Cream of Wheat. Patricia E. Sandoval. 2021. (ENG.). 36p. (J). 12.99 *(978-1-0879-1083-3(8))* Indy Pub.

I Want Something Else. Karin MacKenzie. Illus. by Pia Reyes. 2022. (ENG.). 40p. (J). *(978-1-0391-1114-1(9))*; pap. *(978-1-0391-1113-4(0))* FriesenPress.

I Want That! Hannah Eliot. Illus. by Ana Sanfelippo. 2022. (ENG.). 14p. (J). (gr. -1). bds. 9.99 *(978-1-6659-1199-3(9)*, Little Simon) Little Simon.

I Want That Love. Tatsuya Miyanishi. 2019. (Tyrannosaurus Ser.). (ENG.). 40p. (J). pap. 12.99 *(978-1-940842-35-6(2))* Museyon.

I Want to Be... A Gutsy Girls' ABC. Farida Zaman. 2020. (ENG., Illus.). 30p. (J). (gr. -1 — 1). bds. 10.95 *(978-1-77260-130-5(6))* Second Story Pr. CAN. Dist: Orca Bk. Pubs. USA.

I Want to Be ... a Lion Tamer. Ruby Brown. Illus. by Alisa Coburn. 2016. (ENG.). 22p. (J). bds. 8.99 *(978-1-61067-405-8(7))* Kane Miller.

I Want to Be ... an Astronaut. Ruby Brown. Illus. by Alisa Coburn. 2016. (ENG.). 22p. (J). bds. 8.99 *(978-1-61067-406-5(5))* Kane Miller.

I Want to Be A..., 12 vols. 2022. (I Want to Be A... Ser.). (ENG.). 24p. (J). (gr. 1-2). lib. bdg. 151.62 *(978-1-5383-8745-0(X)*, 061deb67-5b4d-4af3-9cfc-cf98de49e5e3, PowerKids Pr.) Rosen Publishing Group, Inc., The.

I Want to Be a Bennett Belle. Deirdre Pecchioni Cummings & Erika Busse. 2016. (ENG., Illus.). (J). pap. 21.95 *(978-1-4834-4698-1(0))* Lulu Pr., Inc.

I Want to Be a Brachiosaurus. Thomas Kingsley Troupe. Illus. by Jomike Tejido. 2016. (I Want to Be... Ser.). (ENG.). 24p. (J). (gr. k-3). lib. bdg. 27.32 *(978-1-4795-8770-4(2)*, 131258, Picture Window Bks.) Capstone.

I Want to Be a Builder & Firefighter, 2 bks. Priddy Books Staff. (Illus.). (J). bds. *(978-0-312-49163-5(8)*, Priddy Bks.) St. Martin's Pr.

I Want to Be a Chef see Quiero Ser Chef

I Want to Be a Chef, 1 vol. Brianna Battista. 2018. (What Do I Want to Be? Ser.). (ENG.). 24p. (gr. 1-1). 25.27 *(978-1-5383-2991-7(3)*, 5c41a553-3971-4fbb-a3d4-523d6307dfeb); pap. 9.25

978 The check digit for ISBN-10 appears in parentheses after the full ISBN-13

(978-1-5383-2993-1(X), 929d186f-205c-41eb-bfe8-326237e6a3f1) Rosen Publishing Group, Inc., The. (PowerKids Pr.).

I Want to Be a Cowboy. Dan Liebman & Dan Liebman. 2nd rev. ed. 2018. (I Want to Be Ser.). (ENG., Illus.). 24p. (J). (gr. -1-2). pap. 3.99 (978-0-2281-0095-9(X), 6867119f-d5dc-4153-8a44-551a9daa868a) Firefly Bks., Ltd.

I Want to Be a Dancer. Roberta Spagnolo. Illus. by Ronny Gazzola. 2022. (When I Grow Up Ser.). (ENG.). 10p. (J). (gr. -1-1). 12.99 (978-88-544-1821-9(8)) White Star Publishers ITA. Dist: Sterling Publishing Co., Inc.

I Want to Be a Dancer! Coloring Book. Jupiter Kids. 2017. (ENG., Illus.). (J). pap. 9.20 (978-1-68326-809-3(1), Jupiter Kids (Childrens & Kids Fiction)) Speedy Publishing LLC.

I Want to Be a Dentist. Dan Liebman & Dan Liebman. 2016. (I Want to Be Ser.). (ENG., Illus.). 24p. (J). (gr. -1-2). pap. 3.99 (978-1-77085-785-8(0), db7b669c-d9a2-45d3-ac00-d780adf33e05) Firefly Bks., Ltd.

I Want to Be... a Doctor. Becky Davies. Illus. by Richard Merritt. 2021. (I Want to Be... Ser.). (ENG.). 20p. (J). (— 1). bds. 8.99 (978-0-593-37738-3(9), Random Hse. Bks. for Young Readers) Random Hse. Children's Bks.

I Want to Be a Doctor. Laura Driscoll. Illus. by Catalina Echeverri. 2018. 31p. (J). (978-1-5444-0496-7(4)) Harper & Row Ltd.

I Want to Be a Doctor. Laura Driscoll. Illus. by Catalina Echeverri. 2018. (I Can Read Level 1 Ser.). (ENG.). 32p. (J). (gr. -1-3). 16.99 (978-0-06-243241-4(9)); pap. 4.99 (978-0-06-243240-7(0)) HarperCollins Pubs. (HarperCollins).

I Want to Be a Doctor. Roberta Spagnolo. Illus. by Ronny Gazzola. 2022. (When I Grow Up Ser.). (ENG.). 10p. (J). (gr. -1-1). 12.99 (978-88-544-1823-3(4)) White Star Publishers ITA. Dist: Sterling Publishing Co., Inc.

I Want to Be a Doctor. Dan Liebman & Dan Liebman. 2nd rev. ed. 2018. (I Want to Be Ser.). (ENG., Illus.). 24p. (J). (gr. -1-2). pap. 3.99 (978-0-2281-0096-6(8), f730093c-676d-4d14-b6b1-b60220a10e46) Firefly Bks., Ltd.

I Want to Be a Dolphin. Terrilyn S. Alexander. 2017. (ENG., Illus.). (J). pap. 12.95 (978-1-64079-038-4(1)) Christian Faith Publishing.

I Want to Be a Farmer. Dan Liebman & Dan Liebman. 2016. (I Want to Be Ser.). (ENG., Illus.). 24p. (J). (gr. -1-2). pap. 3.99 (978-1-77085-787-2(7), 018bfead-d7b6-4788-8da7-03dbdfc9a927) Firefly Bks., Ltd.

I Want to Be a Farmer Activity Book: 100 Stickers & Pop-Outs. Editors of Storey Publishing. 2020. (ENG.). 20p. (J). (gr. -1-3). pap. 7.95 (978-1-63586-217-1(5), 626217) Storey Publishing, LLC.

I WANT to BE a FARMER ACTIVITY BOOK 10CC-PPK. Editors of Storey Publishing. 2022. (ENG.). pap. 79.50 (978-1-63586-303-1(1)) Storey Publishing, LLC.

I Want to Be a Fashion Designer see Quiero Ser Diseñador de Modas

I want to be a Fashion Designer: Set 2, 12 vols. Mary R. Dunn. Incl. I Want to Be a Ballet Dancer. lib. bdg. 26.27 (978-1-4042-4469-6(7), b1f6a0a6-19fb-47e8-ad84-ff0d09bb6789); I Want to Be a Chef. lib. bdg. 26.27 (978-1-4042-4471-9(9), 24cafc67-d185-40bd-8f10-81bdeb18eafd); I Want to Be a Fashion Designer. lib. bdg. 26.27 (978-1-4042-4472-6(7), cf88f9c8-b343-4412-830b-79789ccbff65); I Want to Be in Musicals. lib. bdg. 26.27 (978-1-4042-4470-2(0), 4dbd29f9-d7a0-4843-b694-02ce7f7ec6f8); I Want to Make Movies. lib. bdg. 26.27 (978-1-4042-4473-3(5), 83cc834f-3f81-4abb-895f-2dcb536fd764); I Want to Write Books. lib. bdg. 26.27 (978-1-4042-4474-0(3), 89f029e4-2349-43a7-aeba-ca7986f7d6d8); (Illus.). 24p. (YA). (gr. 2-3). (Dream Jobs Ser.). (ENG.). 2008. Set lib. bdg. 157.62 (978-1-4358-2551-2(9), b8b5310f-6b1a-4070-9f4e-2a5d55d5959d, PowerKids Pr.) Rosen Publishing Group, Inc., The.

I Want to Be a Firefighter see Quiero Ser Bombero

I Want to Be... a Firefighter. Becky Davies. Illus. by Richard Merritt. 2021. (I Want to Be... Ser.). (ENG.). 20p. (J). (— 1). bds. 8.99 (978-0-593-30409-9(8), Random Hse. Bks. for Young Readers) Random Hse. Children's Bks.

I Want to Be a Firefighter. Roberta Spagnolo. Illus. by Ronny Gazzola. 2022. (When I Grow Up Ser.). (ENG.). 10p. (J). (gr. -1-1). 12.99 (978-88-544-1820-2(X)) White Star Publishers ITA. Dist: Sterling Publishing Co., Inc.

I Want to Be a Firefighter. Dan Liebman & Dan Liebman. 2nd rev. ed. 2018. (I Want to Be Ser.). (ENG., Illus.). 24p. (J). (gr. -1-2). pap. 3.99 (978-0-2281-0097-3(6), e055c3a1-9af3-403c-9df4-cf4afc158675) Firefly Bks., Ltd.

I Want to Be a Football Player! Coloring Book. Creative Playbooks. 2016. (ENG., Illus.). (J). pap. 7.74 (978-1-68323-849-2(4)) Twin Flame Productions.

I Want to Be a Hockey Player! Coloring Book. Creative Playbooks. 2016. (ENG., Illus.). (J). pap. 7.74 (978-1-68323-850-8(8)) Twin Flame Productions.

I Want to Be a Jazz Musician. Kirk Charlton. Illus. by Kirk Charlton. 2018. (I Wannabe Ser.: Vol. 2). (ENG., Illus.). 52p. (J). pap. 12.95 (978-1-940734-65-1(7)) May December Pubns. LLC.

I Want to Be a Marine Biologist. Kirk Charlton. Illus. by Kirk Charlton. 2018. (I Wannabe Ser.: Vol. 1). (ENG., Illus.). 52p. (J). pap. 12.95 (978-1-940734-64-4(9)) May December Pubns. LLC.

I Want to Be a Mechanic see Quiero Ser Mecanico

I Want to Be a Nurse, 1 vol. Brianna Battista. 2018. (What Do I Want to Be? Ser.). (ENG.). 24p. (J). (gr. 1-1). 25.27 (978-1-5383-2995-5(6), 67fe0d03-2c05-4625-805d-cc5ece17d35f); pap. 9.25 (978-1-5383-2997-9(2), 805c4ed2-caf9-4001-aa1c-495fc840fdfe) Rosen Publishing Group, Inc., The. (PowerKids Pr.).

I Want to Be a Nurse. Dan Liebman & Dan Liebman. 2nd rev. ed. 2018. (I Want to Be Ser.). (ENG., Illus.). 24p. (J). (gr. -1-2). pap. 3.99 (978-0-2281-0099-7(2), c7a162ee-b3ec-4cc1-9c70-54da00d9fda2) Firefly Bks., Ltd.

I Want to Be a NURSE When I Grow Up. Nurse Blake & Timmy Bauer. 2022. (ENG.). 40p. (J). (gr. -1-3). 18.00 (978-1-63758-443-9(1)) Post Hill Pr.

I Want to Be a Pilot. Laura Driscoll. Illus. by Catalina Echeverri. 2019. (I Can Read Level 1 Ser.). (ENG.). 32p. (J). (gr. -1-3). pap. 5.99 (978-0-06-243249-0(4), HarperCollins) HarperCollins Pubs.

I Want to Be a Pilot. Dan Liebman & Dan Liebman. 2nd rev. ed. 2018. (I Want to Be Ser.). (ENG., Illus.). 24p. (J). (gr. -1-2). pap. 3.99 (978-0-2281-0100-0(X), 9e6346b0-ba5a-4711-a286-d7e6f0619da1) Firefly Bks., Ltd.

I Want to Be a Police Officer. Laura Driscoll. Illus. by Catalina Echeverri. 2018. (I Can Read Level 1 Ser.). (ENG.). 32p. (J). (gr. -1-3). 16.99 (978-0-06-243245-2(1)); pap. 5.99 (978-0-06-243243-8(5)) HarperCollins Pubs. (HarperCollins).

I Want to Be a Police Officer. Dan Liebman & Dan Liebman. 2nd rev. ed. 2018. (I Want to Be Ser.). (ENG., Illus.). 24p. (J). (gr. -1-2). pap. 3.99 (978-0-2281-0101-7(8), 84794909-8072-4665-a6f0-56b03a42da1a) Firefly Bks., Ltd.

I Want to Be a Police Officer! Roles in My Community, 1 vol. Mindy Huffman. 2018. (Civics for the Real World Ser.). (ENG.). 8p. (gr. k-1). pap. (978-1-5383-6349-2(6), 4409222c-69ec-45ce-8897-aff82415fe8a, Rosen Classroom) Rosen Publishing Group, Inc., The.

I Want to Be a Postman, 1 vol. Brianna Battista. 2018. (What Do I Want to Be? Ser.). (ENG.). 24p. (J). (gr. 1-1). 25.27 (978-1-5383-2999-3(9), 16791dc8-e0b0-414e-bcf9-4be4488a8e7f); pap. 9.25 (978-1-5383-3001-2(6), 5e405ebc-2ec7-4fd7-aec2-f729d0fbb634) Rosen Publishing Group, Inc., The. (PowerKids Pr.).

I Want to Be a Rainbow. Chiquila Smart. 2018. (ENG., Illus.). 32p. (J). 22.95 (978-1-64458-255-8(4)); pap. 12.95 (978-1-64299-573-2(8)) Christian Faith Publishing.

I Want to Be a Reader! Mark Powers. Illus. by Maria Montag. 2017. (ENG.). 14p. (J). (— 1). bds. 7.99 (978-1-936669-55-4(2)) Blue Manatee Press.

I Want to Be a Referee, 1 vol. Brianna Battista. 2018. (What Do I Want to Be? Ser.). (ENG.). 24p. (J). (gr. 1-1). 25.27 (978-1-5383-3003-6(2), 3910c6fe-6d27-4062-b153-7fa94d0e3984); pap. 9.25 (978-1-5383-3005-0(9), 0a560a34-3809-455d-a19c-ed4b62858761) Rosen Publishing Group, Inc., The. (PowerKids Pr.).

I Want to Be a Scientist. Dan Liebman & Dan Liebman. 2016. (I Want to Be Ser.). (ENG., Illus.). 24p. (J). (gr. -1-2). pap. 3.99 (978-1-77085-789-6(3), 1d95a503-624a-456e-a25a-41cca03ee7fa) Firefly Bks., Ltd.

I Want to Be a Super-Star. Beth Poe. Illus. by Courtenay Decker. 2023. (ENG.). 40p. (J). 23.99 (978-1-6628-6439-1(6)); pap. 14.99 (978-1-6628-6438-4(8)) Salem Author Services.

I Want to Be a Teacher. Laura Driscoll. Illus. by Catalina Echeverri. 2021. (I Can Read Level 1 Ser.). (ENG.). 32p. (J). (gr. -1-3). 16.99 (978-0-06-298955-0(3)); pap. 5.99 (978-0-06-298954-3(5)) HarperCollins Pubs. (HarperCollins).

I Want to Be a Teacher. Dan Liebman & Dan Liebman. 2nd rev. ed. 2018. (I Want to Be Ser.). (ENG., Illus.). 24p. (J). (gr. -1-2). pap. 3.99 (978-0-2281-0102-4(6), 62e6d9b6-000a-4c19-8ac8-13f5a65bdbab) Firefly Bks., Ltd.

I Want to Be a Teacher Activity Book: 100 Stickers & Pop-Outs. Editors of Storey Publishing. 2021. (ENG.). 24p. (J). (gr. -1-2). pap. 7.95 (978-1-63586-347-5(3), 626347) Storey Publishing, LLC.

I WANT to BE a TEACHER ACTIVITY BOOK 10CC-PPK. Editors of Storey Publishing. 2022. (ENG.). pap. 79.50 (978-1-63586-430-4(5)) Storey Publishing, LLC.

I Want to Be a Thatcher Man. Janice Nibbs. 2022. (ENG., Illus.). 24p. (J). pap. (978-1-78963-308-5(7)); (978-1-78963-307-8(9)) Action Publishing Technology Ltd. (Choir Pr., The).

I Want to Be a Triceratops. Thomas Kingsley Troupe. Illus. by Jomike Tejido. 2016. (I Want to Be... Ser.). (ENG.). 24p. (J). (gr. k-3). lib. bdg. 27.32 (978-1-4795-8768-1(0), 131252, Picture Window Bks.) Capstone.

I Want to Be a Trillionaire When I Grow Up: Guidebook. Neena Speer. 2022. (ENG.). 76p. (YA). pap. 25.00 (978-1-7366939-5-7(6)) Neena The LAST Brand.

I Want to Be a Truck Driver. Dan Liebman & Dan Liebman. 2nd rev. ed. 2018. (I Want to Be Ser.). (ENG., Illus.). 24p. (J). (gr. -1-2). pap. 3.99 (978-0-2281-0103-1(4), 00cb6b7b-59dc-42d5-a722-63c10c427b93) Firefly Bks., Ltd.

I Want to Be a Tyrannosaurus Rex. Thomas Kingsley Troupe. Illus. by Jomike Tejido. 2016. (I Want to Be... Ser.). (ENG.). 24p. (J). (gr. k-3). lib. bdg. 27.32 (978-1-4795-8767-4(2), 131251, Picture Window Bks.) Capstone.

I Want to Be a Vet. Dan Liebman & Dan Liebman. 2nd rev. ed. 2018. (I Want to Be Ser.). (ENG., Illus.). 24p. (J). (gr. -1-2). pap. 3.99 (978-0-2281-0156-7(5), 922d117e-ca88-4496-880f-2221248ae11a) Firefly Bks., Ltd.

I Want to Be a Vet Activity Book: 100 Stickers & Pop-Outs. Editors of Storey Publishing. 2020. (ENG.). 20p. (J). (gr. -1-3). pap. 7.99 (978-1-63586-216-4(7), 626216) Storey Publishing, LLC.

I WANT to BE a VET ACTIVITY BOOK 10CC-PPK. Editors of Storey Publishing. 2022. (ENG.). pap. 79.90 (978-1-63586-304-8(X)) Storey Publishing, LLC.

I Want to Be a Veterinarian. Laura Driscoll. Illus. by Catalina Echeverri. 2018. (I Can Read Level 1 Ser.). (ENG.). 32p. (J). (gr. -1-3). 16.99 (978-0-06-243247-6(8)); pap. 5.99 (978-0-06-243261-2(3)) HarperCollins Pubs. (HarperCollins).

I Want to Be a Witch. Ian Cunliffe. ed. 2018. (ENG.). 25p. (J). (gr. -1-1). 13.89 (978-1-64310-685-4(6)) Penworthy Co., LLC, The.

I Want to Be a Zookeeper see Quiero Ser Guardian de Zoologico

I Want to Be an Archaeologist. Kirk Charlton. 2019. (Iwannabe Ser.: Vol. 3). (ENG., Illus.). 52p. (J). pap. 12.95 (978-1-940734-66-8(5)) May December Pubns. LLC.

I Want to Be an Artist. Kirk Charlton. Illus. by Kirk Charlton. 2019. (I Wannabe Ser.: Vol. 4). (ENG.). 52p. (J). pap. 12.95 (978-1-940734-68-2(1)) May December Pubns. LLC.

I Want to Be... an Astronaut. Becky Davies. Illus. by Richard Merritt. 2021. (I Want to Be... Ser.). (ENG.). 20p. (J). (— 1). bds. 8.99 (978-0-593-30410-5(1), Random Hse. Bks. for Young Readers) Random Hse. Children's Bks.

I Want to Be an Astronaut. Roberta Spagnolo. Illus. by Ronny Gazzola. 2022. (When I Grow Up Ser.). (ENG.). 10p. (J). (gr. -1-1). 12.99 (978-88-544-1822-6(6)) White Star Publishers ITA. Dist: Sterling Publishing Co., Inc.

I Want to Be an Engineer. Laura Driscoll. Illus. by Catalina Echeverri. 2021. (I Can Read Level 1 Ser.). (ENG.). 32p. (J). (gr. -1-3). 16.99 (978-0-06-298958-1(8)); pap. 5.99 (978-0-06-298957-4(X)) HarperCollins Pubs. (HarperCollins).

I Want to Be Big. Nelakshan Srikumaran. 2021. (ENG.). 28p. (J). pap. (978-1-7776519-0-9(5)) LoGrecco, Bruno.

I Want to Be Fat. Johanna Clark. Ed. by Iris M. Williams. 2016. (ENG., Illus.). (J). pap. 15.95 (978-1-942022-63-3(8)) Butterfly Typeface, The.

I Want to Be Friends with You. Li Na Lu. 2018. (CHI.). (J). (978-7-5304-9830-9(4)) Beijing Science & Technology Publishing Hse.

I Want to Be in a Scary Story. Sean Taylor. Illus. by Jean Jullien. 2017. (ENG.). 32p. (J). (-k). 15.99 (978-0-7636-8953-7(X)) Candlewick Pr.

I Want to Be in Sales When I Grow Up! John Barrows. 2019. (ENG.). 38p. (J). 14.95 (978-1-64307-238-8(2)) Amplify Publishing Group.

I Want to Be Like: A Story of Family Love. Skyler Houston. Illus. by Gaurav Bhatnagar. 2019. (ENG.). 20p. (J). (gr. k-4). pap. 10.00 (978-0-578-55574-4(3)) Houston, Skyler.

I Want to Be Like: The Activity Book. Skyler Houston. Illus. by Gaurav Bhatnagar. 2020. (ENG.). 24p. (J). (gr. k-4). pap. 10.00 (978-0-578-64219-2(0)) Houston, Skyler.

I Want to Be Like You. IglooBooks. 2019. (ENG.). 24p. (J). 9.99 (978-1-83852-525-5(4)) Igloo Bks. GBR. Dist: Simon & Schuster, Inc.

I Want to Be Mad for a While!, 1 vol. Barney Saltzberg. Illus. by Barney Saltzberg. 2022. (ENG.). 32p. (J). (gr. -1-k). 9.99 (978-1-338-66654-0(1), Orchard Bks.) Scholastic, Inc.

I Want to Be Red. Alan Steele & Jerilynn Steele. 2021. (ENG.). 28p. (J). 23.95 (978-1-64468-923-3(5)) Covenant Bks.

I Want to Be So So Beautiful. Lynda Noela Fuller. 2022. (ENG.). 28p. (J). pap. (978-1-3984-7962-3(4)) Austin Macauley Pubs. Ltd.

I Want to Be Spaghetti! Kiera Wright-Ruiz. Illus. by Claudia Lam. 2023. 56p. (J). (gr. -1-3). 19.99 (978-0-593-52987-4(1), Kokila) Penguin Young Readers Group.

I Want to Be Spaghetti 6 Copy Prepack & L-Card. Wright RUIZ KIERA. 2023. (J). (gr. -1-3). 119.94 (978-0-593-72008-0(3), Kokila) Penguin Young Readers Group.

I Want to Be the President! Understanding Government, 1 vol. Sloane Gould. 2018. (Civics for the Real World Ser.). (ENG.). 16p. (gr. 2-3). pap. (978-1-5383-6522-9(7), 410c087e-0fba-464a-ae52-bbc9a7daff44, Rosen Classroom) Rosen Publishing Group, Inc., The.

I Want to Be You. Vivian Nantel. 2020. (ENG.). 24p. (J). pap. (978-1-7770659-1-1(7)) Nantel, Vivian.

I Want to Be Your Puppy! Clever Publishing & Elena Ulyeva. Illus. by Mary Koless. 2023. (Clever Storytime Ser.). (ENG.). 32p. (J). (gr. -1-3). 13.99 (978-1-956560-41-1(6)) Clever Media Group.

I Want to Buy a Miracle. Donna Kutzner. Illus. by Terrilee Shannon. 2nd ed. 2022. (ENG.). 40p. (J). pap. (978-1-9994797-3-2(4)) PageMaster Publication Services, Inc.

I Want to Buy a Miracle: Close Your Eyes, Take a Deep Breath, & Let Your Miracles Begin... Donna Kutzner. Illus. by Terrilee Shannon. 2nd ed. 2022. (ENG.). 40p. (J). (978-1-9994797-5-6(0)) PageMaster Publication Services, Inc.

I Want to Change My Life! How to Find Yourself & the Sense of Life? Anna Chyzewska. 2021. (ENG.). 122p. (J). pap. (978-1-6781-5964-1(6)) Lulu Pr., Inc.

I Want to Dance! Bilingual Inuktitut & English Edition. Heather Main. Illus. by Amanda Sandland. ed. 2020. (ENG.). 44p. (J). pap. 10.95 (978-0-2287-0490-4(1)) Inhabit Education Bks. Inc. CAN. Dist: Consortium Bk. Sales & Distribution.

I Want to Draw Airplanes, 1 vol. Amelia Keough. 2018. (Learn to Draw! Ser.). (ENG.). 24p. (gr. 3-3). 25.27 (978-1-5081-6770-9(2), 9bb40011-fc30-4fc2-bc2d-8bbbe1877f22, PowerKids Pr.) Rosen Publishing Group, Inc., The.

I Want to Draw Cars, 1 vol. Madeleine Fortescue. 2018. (Learn to Draw! Ser.). (ENG.). 24p. (gr. 3-3). 25.27 (978-1-5081-6774-7(5), 44e2372e-d117-4d7d-9571-3675c4daf85c, PowerKids Pr.) Rosen Publishing Group, Inc., The.

I Want to Draw Cats, 1 vol. Cyril Bates. 2018. (Learn to Draw! Ser.). (ENG.). 24p. (gr. 3-3). 25.27 (978-1-5081-6778-5(8), 462ab938-6bf5-4f75-94bf-fb24d3668d82, PowerKids Pr.) Rosen Publishing Group, Inc., The.

I Want to Draw Dinosaurs, 1 vol. Marisa Orgullo. 2018. (Learn to Draw! Ser.). (ENG.). 24p. (gr. 3-3). 25.27 (978-1-5081-6782-2(6), 0f26c81d-8606-4192-8977-bd3b7534b3e3, PowerKids Pr.) Rosen Publishing Group, Inc., The.

I Want to Draw Dogs, 1 vol. Frank Felice. 2018. (Learn to Draw! Ser.). (ENG.). 24p. (J). (gr. 3-3). 25.27 (978-1-5081-6786-0(9), 3e2e8650-d5a2-4d71-9c77-93c9270b54e4, PowerKids Pr.) Rosen Publishing Group, Inc., The.

I Want to Draw Horses, 1 vol. David Crossmeister. 2018. (Learn to Draw! Ser.). (ENG.). 24p. (gr. 3-3). 25.27 (978-1-5081-6790-7(7), 731523d1-cf01-4752-bbc2-ddc5906faa9f, PowerKids Pr.) Rosen Publishing Group, Inc., The.

I Want to Draw That! Activity Book for Kids Activity Book. Jupiter Kids. 2017. (ENG., Illus.). (YA). pap. 9.20 (978-1-68305-724-6(4), Jupiter Kids (Childrens & Kids Fiction)) Speedy Publishing LLC.

I Want to Drive a Fire Truck, 1 vol. Henry Abbot. 2016. (At the Wheel Ser.). (ENG.). 24p. (J). (gr. 1-1). pap. 9.25 (978-1-4994-2660-1(7), 0b31dc6a-d230-40c6-9815-7a3efff5946d, PowerKids Pr.) Rosen Publishing Group, Inc., The.

I Want to Drive a Police Car, 1 vol. Henry Abbot. 2016. (At the Wheel Ser.). (ENG.). 24p. (J). (gr. 1-1). 25.27 (978-1-4994-2943-5(6), e2408962-32d0-4781-89fd-eb600d12ad55); pap. 9.25 (978-1-4994-2664-9(X), 9e4649b0-0590-4d8f-8d3e-510224cce694) Rosen Publishing Group, Inc., The. (PowerKids Pr.).

I Want to Drive a Snowplow, 1 vol. Henry Abbot. 2016. (At the Wheel Ser.). (ENG.). 24p. (J). (gr. 1-1). pap. 9.25 (978-1-4994-2666-3(6), 45e1bd80-406e-4a44-beb3-874fc2328a59, PowerKids Pr.) Rosen Publishing Group, Inc., The.

I Want to Drive an Ambulance, 1 vol. Henry Abbot. 2016. (At the Wheel Ser.). (ENG., Illus.). 24p. (J). (gr. 1-1). pap. 9.25 (978-1-4994-2762-2(X), 7fd9ae90-054a-45bd-b2a2-16d26e8452c3, PowerKids Pr.) Rosen Publishing Group, Inc., The.

I Want to Eat You! You Can't Eat Me. I Have a Story to Tell. Kathy Coleman. Ed. by Robin Cashman. Illus. by Kathy Coleman. 2022. (ENG.). 36p. (J). pap. 14.99 (978-1-6628-5058-5(1)) Salem Author Services.

I Want to Eat Your Books: A Deliciously Fun Halloween Story. Karin Lefranc & Tyler Parker. 2023. (Illus.). 32p. (J). (gr. -1-1). pap. 12.99 (978-1-5107-7364-6(9), Sky Pony Pr.) Skyhorse Publishing Co., Inc.

I Want to Eat Your Pancreas (Light Novel) Yoru Sumino. 2018. (ENG., Illus.). 260p. pap. 14.99 (978-1-64275-033-1(6), 900199469, Airship) Seven Seas Entertainment, LLC.

I Want to Exercise! a Coloring Book. Activity Book Zone for Kids. 2016. (ENG., Illus.). (J). pap. 9.20 (978-1-68376-447-2(1)) Sabeels Publishing.

I Want to Fix the Moon. Daniel Kenney. 2018. (ENG., Illus.). 34p. (J). pap. 10.99 (978-1-947865-18-1(8)) Trendwood Pr.

I Want to Fly Away! - Animal Migration Migrating Animals for Kids Children's Zoology Books. Baby Professor. 2017. (ENG., Illus.). 64p. (J). pap. 9.52 (978-1-5419-1730-9(8), Baby Professor (Education Kids)) Speedy Publishing LLC.

I Want to Go First! Michelle Wanasundera. Illus. by Carissa Harris. 2022. (ENG.). 32p. (J). pap. (978-1-922876-98-0(4)) Library For All Limited.

I Want to Go First. Michelle Wanasundera & Romulo Reyes, III. 2023. (ENG.). 32p. (J). pap. (978-1-922991-28-7(7)) Library For All Limited.

I Want to Go First! - Ninataka Kuwa Wa Kwanza! Michelle Wanasundera. Illus. by Romulo Reyes. 2023. (SWA.). 32p. (J). pap. (978-1-922932-94-5(9)) Library For All Limited.

I Want to Go Outside to Play!! Teresita Blake Kellenyi. 2016. (ENG., Illus.). (J). pap. 16.99 (978-1-4834-5969-1(1)) Lulu Pr., Inc.

I Want to Grow. Ged Adamson. 2017. (ENG., Illus.). 32p. (J). (gr. -1-3). 16.95 (978-1-62979-585-0(2), Astra Young Readers) Astra Publishing Hse.

I Want to Help! Kara Fisher & Gee Johnson. 2016. (2G Graphic Novels Ser.). (ENG., Illus.). 24p. (J). pap. 8.00 (978-1-63437-679-2(X)) American Reading Co.

I Want to Know. (I Want to Know Ser.). 32p. (J). 2017. (ENG.). pap. 378.72 (978-0-7660-8395-0(0)); 2016. pap. 63.12 (978-0-7660-8396-7(9)) Enslow Publishing, LLC.

I Want to Know Math! I Want to Read! Learning Activities to Help Kids Prepare for Formal Learning - Children's Early Learning Books. Prodigy Wizard. 2016. (ENG., Illus.). (J). pap. 9.25 (978-1-68323-996-3(2)) Twin Flame Productions.

I Want to Know: Set 2, 12 vols. 2017. (I Want to Know Ser.). (ENG.). (J). (gr. 3-3). lib. bdg. 161.58 (978-0-7660-9202-0(X), 35463236-b076-4284-b60a-cebbe9d8cb1b) Enslow Publishing, LLC.

I Want to Know: Sets 1 - 2. 2017. (I Want to Know Ser.). (ENG.). (J). pap. 138.36 (978-0-7660-9478-9(2)); (gr. 3-3). lib. bdg. 323.16 (978-0-7660-9203-7(8), ff0f6ec6-89db-4b5d-9e01-f16dc1ebd20a) Enslow Publishing, LLC.

I Want to Learn How to Draw! for Kids, an Activity & Activity Book. Jupiter Kids. 2017. (ENG., Illus.). (YA). pap. 9.20 (978-1-68305-726-0(0), Jupiter Kids (Childrens & Kids Fiction)) Speedy Publishing LLC.

I Want to Learn How to Draw! for Kids, an Activity Book. Jupiter Kids. 2017. (ENG., Illus.). (YA). pap. 9.20 (978-1-68305-725-3(2), Jupiter Kids (Childrens & Kids Fiction)) Speedy Publishing LLC.

I Want to Learn to Draw: How to Draw Activity Book. Jupiter Kids. 2017. (ENG., Illus.). (YA). pap. 9.20 (978-1-68305-727-7(9), Jupiter Kids (Childrens & Kids Fiction)) Speedy Publishing LLC.

I Want to Learn to Start. Gary Conroy. Illus. by Joshua Cleland. 2021. 38p. (J). 27.95 (978-1-0983-9806-4(8)) BookBaby.

I Want to Learn to Start. Gary N. Conroy. Illus. by Joshua Cleland. 2021. 38p. (J). pap. 14.95 (978-1-0983-9805-7(X)) BookBaby.

I Want to Look & Feel My Best Baby & Toddler Size & Shape. Baby Professor. 2017. (ENG., Illus.). (J). pap. 7.89 (978-1-5419-0220-6(3), Baby Professor (Education Kids)) Speedy Publishing LLC.

I Want to Make a Difference. Kelsey Anastasia Norris & Carol Norris. 2018. (ENG., Illus.). 18p. (J). pap. 11.95 (978-1-64140-333-7(0)) Christian Faith Publishing.

I Want to Make a Movie - I Tangiria ni Karaoa Au Taamnei (Te Kiribati) Amanda Levido. Illus. by Kimberley Pacheco. 2023. (ENG.). 30p. (J). pap. (978-1-922844-95-8(0)) Library For All Limited.

I Want to Ride My Bicycle. Enzo Moscarella. 2022. (Illus.). 38p. (J). 25.00 (978-1-6678-6738-0(5)) BookBaby.

I Want to See a Whale. Billie Northcutt. 2021. (ENG.). 40p. (J). pap. 15.95 (978-1-64801-521-2(2)) Newman Springs Publishing, Inc.

I Want to See My Papa. Angela Campagnoni. 2017. (ENG., Illus.). (J). (gr. -1-3). (978-1-77302-319-9(5)); pap. (978-1-77302-318-2(7)) Tellwell Talent.

I

I Want to See Reality Realistic Images Coloring for Inspiration. Educando Kids. 2019. (ENG.). 42p. (J). pap. 6.99 *(978-1-64521-113-6(4)*, Educando Kids) Editorial Imagen.

I Want to See the World. R. Norfolk. 2023. (ENG.). 34p. (J). 22.00 ***(978-1-7377160-2-0(X))*** Editing Partners.

I Want to Sleep under the Stars!-An Unlimited Squirrels Book. Mo Willems. 2020. (Unlimited Squirrels Ser.). (ENG., Illus.). 96p. (J). (gr. 1-3). 12.99 *(978-1-368-05335-8(1)*, Hyperion Books for Children) Disney Publishing Worldwide.

I Want to Win! A Book about Being a Good Sport. Sue Graves. Illus. by Emanuela Carletti & Desideria Guicciardini. 2017. (Our Emotions & Behavior Ser.). (ENG.). 28p. (J). (gr. k-4). 15.99 *(978-1-63198-131-9(5)*, 81319) Free Spirit Publishing Inc.

I Want You to Be You. L. Robin. Illus. by Saavi K. 2022. (ENG.). 36p. (J). ***(978-1-0391-3775-2(X))***; pap. ***(978-1-0391-3774-5(1))*** FriesenPress.

I Want Your Smile, Crocodile, 1 vol. Denette Fretz. Illus. by Jackie Urbanovic. 2018. (ENG.). 32p. (J). 17.99 *(978-0-310-75890-7(4))* Zonderkidz.

I Wanted to Call You. Taro Gomi. 2018. (CHI.). (J). *(978-7-5304-9731-9(6))* Beijing Science & Technology Publishing Hse.

I Was a Bottom-Tier Bureaucrat for 1,500 Years, & the Demon King Made Me a Minister, Vol. 2 (manga) Kisetsu Morita. 2021. (I Was a Bottom-Tier Bureaucrat for 1,500 Years, & the Demon King Made Me a Minister (manga) Ser.: 2). (ENG., Illus.). 162p. (gr. 8-17). pap. 13.00 *(978-1-9753-2412-4(9)*, Yen Pr.) Yen Pr. LLC.

I Was a Foster Failure. Kelly Simmons. 2019. (Foster Failure Ser.). (ENG., Illus.). 42p. (J). 25.95 *(978-1-64559-462-8(9))*; pap. 15.95 *(978-1-64559-461-1(0))* Covenant Bks.

I Was a Teen Ghoul. Katherine Warpeha. Illus. by Lisa Noble. 2017. (ENG.). 214p. (YA). (gr. 8-10). pap. 15.95 *(978-1-63492-715-4(X))* Booklocker.com, Inc.

I Was a Teenage ALIEN. Jane Greenhill. 2021. (Teenage Alien Ser.: Vol. 1). (ENG.). 210p. (YA). pap. 14.99 *(978-1-5092-3664-0(3))* Wild Rose Pr., Inc., The.

I Was a Teenage Angel of Death. Robert Dwight Brown. 2017. (ENG., Illus.). (YA). pap. 14.99 *(978-1-931608-08-4(3))* Pseudepigrapha Publishing.

I Was a Teenage Vegetarian Zombie Detective. H. M. Gooden. 2019. (ENG.). 100p. (YA). pap. *(978-1-989156-17-9(7))* Gooden, H.M.

I Was, Am, Will Be Alice. Elise Abram. 2016. (ENG., Illus.). 304p. (YA). (gr. 8-12). pap. *(978-0-9917254-2-7(5))* EMSA Publishing.

I Was Born a Superhero. Kamilah Perry. 2021. (ENG.). 30p. (J). pap. 18.00 ***(978-1-0879-9484-0(5))*** Amber Bks.

I Was Born for This. Alice Oseman. 2022. (ENG.). 384p. (YA). (gr. 9). 18.99 *(978-1-338-83093-4(7)*, Scholastic Pr.) Scholastic, Inc.

I Was Born for This! Jeff White. Illus. by John Jay Cabuay. 2017. (Best of Buddies Ser.). (ENG.). 32p. (J). 12.99 *(978-1-4707-4853-1(3))* Group Publishing, Inc.

I Was Cleopatra, 1 vol. Dennis Abrams. 2018. (ENG.). 192p. (YA). (gr. 7). 16.95 *(978-1-77306-022-4(8))* Groundwood Bks. CAN. Dist: Publishers Group West (PGW).

I Was Enough. Angelica Castillo. 2023. (ENG.). 34p. (J). 30.00 ***(978-1-312-42957-4(7))*** Lulu Pr., Inc.

I Was Here. Gayle Forman. 2016. (ENG.). 304p. (YA). (gr. 9). pap. 10.99 *(978-0-14-751403-5(7)*, Speak) Penguin Young Readers Group.

I Was Here. Gayle Forman. 2016. lib. bdg. 22.10 *(978-0-606-38404-9(9))* Turtleback.

I Was Made for You. David Lucas. Illus. by David Lucas. 2018. (ENG., Illus.). 32p. (J). (gr. -1-3). 17.99 *(978-1-5415-3559-6(6)*, 61410c7f-c6e3-4f89-879f-d7fab81ce288) Lerner Publishing Group.

I Was Reincarnated As the Villainess in an Otome Game but the Boys Love Me Anyway!, Volume 1. Ataka & Sou Inaida. 2021. (I Was Reincarnated As the Villainess in an Otome Game but the Boys Love Me Anyway! Ser.: 1). (Illus.). 184p. (gr. 8-1). pap. 12.99 *(978-1-4278-6752-0(6))* TOKYOPOP, Inc.

I Was So Mad. Jessica Pippin. Illus. by Helen Poole. 2023. (ENG.). 16p. (J). (gr. -1-1). pap. 5.25 *(978-1-4788-0462-8(9)*, 7d3fc2b0-fe95-40e4-910b-3ffaa98cf047); pap. 33.00 *(978-1-4788-0499-4(8)*, c66827fc-7a94-40ab-bbac-e044999542ef) Newmark Learning LLC.

I Was There. R. Guglielmi. Illus. by A. Pagano. 2018. (ENG.). 40p. (J). *(978-1-5255-2194-2(2))*; pap. *(978-1-5255-2195-9(0))* FriesenPress.

I Was There... When Baby Jesus Was Born. K. L. Keltre. 2019. (ENG., Illus.). 44p. (J). pap. 15.95 *(978-1-64458-336-4(4))* Christian Faith Publishing.

I Was There with the Yanks on the Western Front, 1917-1919 (Classic Reprint) Cyrus Le Roy Baldridge. 2017. (ENG., Illus.). (J). 27.24 *(978-0-265-36603-5(8))* Forgotten Bks.

I Wash My Hands - Je Me Lave les Mains. Adriana Diaz-Donoso. 2022. (FRE.). 26p. (J). pap. ***(978-1-922932-18-1(3))*** Library For All Limited.

I Wasn't Born Big. Murrell. 2021. (ENG.). 28p. (J). *(978-1-5255-9947-7(X))*; pap. *(978-1-5255-9946-0(1))* FriesenPress.

I Wave the American Flag, 1 vol. Rosalie Gaddi. 2016. (Symbols of Our Country Ser.). (ENG.). 24p. (J). (gr. 1-1). pap. 9.25 *(978-1-4994-2735-6(2)*, bcfacef1-6a01-4c30-8496-000004ae14a9, PowerKids Pr.) Rosen Publishing Group, Inc., The.

I Wear Self-Confidence Like a Second Skin. Tolu' A. Akinyemi. Illus. by Chris Nwoko. 2021. (ENG.). 32p. (J). pap. *(978-1-913636-19-7(4))* Roaring Lion Newcastle.

I Wear Teal for My Mom. Kristy Rhodes. Illus. by Sue Lynn Cotton. 2021. (ENG.). 24p. (J). pap. 14.95 *(978-1-61493-789-0(3))* Peppertree Pr., The.

I Went for Hajj. Na'ima B. Robert. 2021. (Illus.). 32p. (J). 11.95 *(978-0-86037-752-8(0))* Islamic Foundation, Ltd. GBR. Dist: Consortium Bk. Sales & Distribution.

I Went to Mass: What Did I See? Katie Warner. Illus. by Meg Whalen. 2018. (ENG.). 24p. (J). (gr. -1-1). 16.95 *(978-1-5051-1218-4(4)*, 2725) TAN Bks.

I Wet the Bed: Jasper's Giant Imagination. Laura J. Wellington. 2019. (Jasper's Giant Imagination Ser.: Vol. 3). (ENG., Illus.). 58p. (J). (gr. k-2). 21.99 *(978-1-950074-02-0(1))*; pap. 15.99 *(978-1-940310-97-8(0))* 4RV Pub.

I Wheelie Love You. Hannah Eliot. Illus. by Denise Holmes. 2022. (ENG.). 14p. (J). (gr. -1). bds. 6.99 *(978-1-6659-1974-6(4)*, Little Simon) Little Simon.

I Will! A Book of Promises. Juana Medina. Illus. by Juana Medina. 2021. (I WILL! Book Ser.). (ENG., Illus.). 40p. (J). (gr. -1 — 1). 14.99 *(978-0-358-55559-9(0)*, 1808089, Versify) HarperCollins Pubs.

I Will: And Other Stories (Classic Reprint) May May. 2018. (ENG., Illus.). 190p. (J). 27.84 *(978-0-484-40391-7(5))* Forgotten Bks.

I Will Always Be a Princess. Cristie Publishing. 2021. (ENG.). 102p. (J). pap. 14.50 *(978-1-83934-971-3(9))* Lulu Pr., Inc.

I Will Always Be Your Bunny: Love from the Velveteen Rabbit. Frances Gilbert. Illus. by Julianna Swaney. 2019. 32p. (J). (gr. -1-2). 8.99 *(978-1-9848-9341-3(6)*, Doubleday Bks. for Young Readers) Random Hse. Children's Bks.

I Will Always Be Your Friend! Angela C. Santomero. Illus. by Jason Fruchter. 2022. (Daniel Tiger's Neighborhood Ser.). (ENG.). 16p. (J). (gr. -1-2). 12.99 *(978-1-6659-2078-0(5)*, Simon Spotlight) Simon Spotlight.

I Will Always Love You. IglooBooks. 2019. (ENG.). 24p. (J). 9.99 *(978-1-83852-549-1(1))* Igloo Bks. GBR. Dist: Simon & Schuster, Inc.

I Will Always Love You: Padded Board Book. IglooBooks. Illus. by Caroline Pedler. 2021. (ENG.). 24p. (J). (-k). bds. 8.99 *(978-1-80022-779-8(5))* Igloo Bks. GBR. Dist: Simon & Schuster, Inc.

I Will Always Love You: an Adorable Book to Share with Someone You Love: Padded Board Book. IglooBooks. Illus. by Caroline Pedler. 2022. (ENG.). 24p. (J). (-k). bds. 9.99 *(978-1-80368-353-9(8))* Igloo Bks. GBR. Dist: Simon & Schuster, Inc.

I Will Be a Gentleman: A Book for Boys (Classic Reprint) Tuthill. 2018. (ENG., Illus.). 162p. (J). 27.24 *(978-0-267-83585-0(X))* Forgotten Bks.

I Will Be a Lady: A Book for Girls (Classic Reprint) Louisa Caroline Tuthill. (ENG., Illus.). (J). 2018. 174p. 27.51 *(978-0-428-88427-7(X))*; 2017. pap. 9.97 *(978-0-243-46212-4(3))* Forgotten Bks.

I Will Be a Sailor: A Book for Boys (Classic Reprint) L. C. Tuthill. 2017. (ENG., Illus.). 208p. (J). 28.21 *(978-0-484-10279-7(6))* Forgotten Bks.

I Will Be a Soldier: A Book for Boys (Classic Reprint) L. C. Tuthill. 2018. (ENG., Illus.). 234p. (J). 28.72 *(978-0-484-44725-6(4))* Forgotten Bks.

I Will Be a Soldier; a Book for Boys. L. C. Tuthill. 2017. (ENG., Illus.). (J). pap. *(978-0-649-13064-1(2))* Trieste Publishing Pty Ltd.

I Will Be Fierce. Bea Birdsong. Illus. by Nidhi Chanani. 2019. (ENG.). 40p. (J). 17.99 *(978-1-250-29508-8(4)*, 900195158) Roaring Brook Pr.

I Will Be Okay. Bill Elenbark. 2020. (ENG.). 250p. (YA). (gr. 7-7). pap. 9.95 *(978-1-940442-28-0(1))* Walrus Publishing, Inc.

I Will Be Praying for You. Corine Hyman et al. 2018. (ENG., Illus.). 42p. (J). pap. 10.00 *(978-1-948476-02-7(9))* Teaching Christ's Children Publishing.

I Will Be There. Diana Aleksandrova. Ed. by Robin Katz. Illus. by Victoria Marble. 2022. (ENG.). 32p. (J). pap. 12.99 ***(978-1-953118-22-6(4))*** Dedoni.

I Will Be with You. Laurie Curtis Larmon. 2021. (ENG.). 112p. (YA). pap. 13.95 *(978-1-0980-8280-2(X))* Christian Faith Publishing.

I Will Dance. Nancy Bo Flood. Illus. by Julianna Swaney. 2020. (ENG.). 48p. (J). (gr. -1-3). 18.99 *(978-1-5344-3061-7(X)*, Atheneum Bks. for Young Readers) Simon & Schuster Children's Publishing.

I Will Eat You! Giada Francia. Illus. by Agnese Baruzzi. 2018. 32p. (J). (gr. -1-2). 14.99 *(978-0-8234-4031-3(1))* Holiday Hse., Inc.

I Will Find a Way. Barbara M. Linde. Illus. by Juan Bautista Juan. 2023. (ENG.). 16p. (J). (gr. -1-1). pap. 5.25 *(978-1-4788-0483-3(1)*, 8eb123c4-1501-41e8-920e-6e1f3e822218); pap. 33.00 *(978-1-4788-0520-5(X)*, 0a992cb7-492c-4022-9f5a-7d48abda18bb) Newmark Learning LLC.

I Will Find You (a SECRETS & LIES NOVEL) Daphne Benedis-Grab. 2023. (ENG.). 240p. (J). (gr. 3-7). pap. 8.99 ***(978-1-338-88474-6(3)***, Scholastic Pr.) Scholastic, Inc.

I Will Find You Again. Sarah Lyu. 2023. (ENG.). 304p. (YA). (gr. 9). 19.99 *(978-1-5344-6515-2(4)*, Simon & Schuster Bks. For Young Readers) Simon & Schuster Bks. For Young Readers.

I Will Follow Jesus Bible Storybook, 1 vol. Judah Smith. 2016. (ENG., Illus.). 208p. (J). 16.99 *(978-0-7180-3386-6(8)*, Tommy Nelson) Nelson, Thomas Inc.

I Will Get The (?) see Voy a Tomar (?)

I Will Love You. Alyssa Satin Capucilli. Illus. by Lisa Anchin. 2017. (ENG.). 40p. (J). (gr. -1-k). 17.99 *(978-0-545-80310-6(1)*, Cartwheel Bks.) Scholastic, Inc.

I Will Love You Anyway. Mick Inkpen. Illus. by Chloe Inkpen. 2016. (ENG.). 32p. (J). (gr. -1-1). 18.99 *(978-1-4814-7099-5(X)*, Aladdin) Simon & Schuster Children's Publishing.

I Will Love You Forever. Caroline Jayne Church. Illus. by Caroline Jayne Church. 2016. (ENG.). 22p. (J). (gr. -1-k). bds. 8.99 *(978-0-545-94200-3(4)*, Cartwheel Bks.) Scholastic, Inc.

I Will Love You Forever. Tatsuya Miyanishi. (Tyrannosaurus Ser.). (ENG.). 40p. (J). 2019. pap. 12.99 *(978-1-940842-36-3(0))*; 2017. (Illus.). 16.99 *(978-1-940842-17-2(4))* Museyon.

I Will Love You Until. Marjorie A. Howatt. 2023. (ENG.). 28p. (J). ***(978-1-0391-7004-9(8))***; pap. ***(978-1-0391-7003-2(X))*** FriesenPress.

I Will Maintain (Classic Reprint) Marjorie Bowen. (ENG., Illus.). (J). 2018. 582p. 35.92 *(978-0-267-73198-5(1))*; 2016. pap. 19.57 *(978-1-334-16794-2(X))* Forgotten Bks.

I Will Miss Kindergarten. Miles Muchemi. Illus. by Tullip Studio. 2022. (ENG.). 26p. (J). *(978-1-9991155-8-6(9))* Garnalma Pr.

I Will Never Forget You. Tatsuya Miyanishi. 2020. (Tyrannosaurus Ser.). (ENG.). 40p. (J). (gr. k-2). 17.99 *(978-1-940842-44-8(1))* Museyon.

I Will Never Get a Star on Mrs. Benson's Blackboard. Jennifer K. Mann. Illus. by Jennifer K. Mann. 2017. (ENG., Illus.). 40p. (J). (gr. k-3). 7.99 *(978-0-7636-9299-5(9))* Candlewick Pr.

I Will Never Get a Star on Mrs. Benson's Blackboard. Jennifer K. Mann. ed. 2018. (ENG.). 40p. (J). (gr. -1-1). 18.96 *(978-1-64310-743-1(7))* Penworthy Co., LLC, The.

I Will Not Be Afraid. Michelle Medlock Adams. Illus. by Jeremy Tugeau. 2017. (ENG.). (J). pap. 7.99 *(978-0-7586-6070-1(7))* Concordia Publishing Hse.

I Will Not Chew Gum in School. Daniel Roberts. (ENG.). 34p. (J). 2020. *(978-1-716-68239-1(8))*; 2017. (Illus.). pap. *(978-1-387-40081-2(9))* Lulu Pr., Inc.

I Will Not Eat You. Adam Lehrhaupt. Illus. by Scott Magoon. 2016. (ENG.). 40p. (J). (gr. -1-3). 17.99 *(978-1-4814-2933-7(7)*, Simon & Schuster Bks. For Young Readers) Simon & Schuster Bks. For Young Readers.

I Will Not Lose in Super Shoes! Jonathan Fenske. Illus. by Jonathan Fenske. 2022. (Illus.). 32p. (J). (gr. k-2). 4.99 *(978-0-593-38453-4(9))*; 9.99 *(978-0-593-38454-1(7))* Penguin Young Readers Group. (Penguin Workshop).

I Will Own a Castle. Stacy Brown. Illus. by Tara Larkin. 2018. (ENG.). 40p. (J). pap. *(978-1-5255-1498-2(9))* FriesenPress.

I Will Praise You in Every Season: Te Alabaré en Cada Temporada. Maria Zuffanti. 2020. (MUL., Illus.). 20p. (J). pap. 12.95 *(978-1-64670-860-4(1))* Covenant Bks.

I Will Protect You: A True Story of Twins Who Survived Auschwitz. Eva Mozes Kor. 2022. (ENG., Illus.). 240p. (J). (gr. 3-7). 17.99 *(978-0-316-46063-7(X))* Little, Brown Bks. for Young Readers.

I Will Race You Through This Book! Jonathan E. Fenske. Illus. by Jonathan Fenske. 2019. 32p. (J). (gr. k-2). 5.99 *(978-1-5247-9196-4(2)*, Penguin Workshop) Penguin Young Readers Group.

I Will Race You Through This Book. Jonathan Fenske. ed. 2021. (Penguin Workshop Early Readers Ser.). (ENG., Illus.). 32p. (J). (gr. k-1). 14.96 *(978-1-64697-636-2(3))* Penworthy Co., LLC, The.

I Will Repay. Baroness Orczy. 2022. (ENG.). 170p. (J). pap. 30.36 ***(978-1-4583-3829-7(0))*** Lulu Pr., Inc.

I Will See You Again. Lisa Boivin. 2020. (ENG., Illus.). 56p. (YA). (gr. 9-12). 25.00 *(978-1-55379-855-2(4)*, HighWater Pr.) Portage & Main Pr. CAN. Dist: Orca Bk. Pubs. USA.

I Will Stay Forever in Your Heart. Amaliya Blyumin. 2019. (ENG.). 42p. (J). pap. 14.95 *(978-1-64298-948-9(7))* Page Publishing Inc.

I Will Survive: A Children's Picture Book. Dino Fekaris & Frederick J. Perren. Illus. by Kaitlyn Shea O'Connor. 2021. (LyricPop Ser.). 24p. (J). 16.95 *(978-1-61775-913-0(9))* Akashic Bks.

I Will Talk to You, Little One. Phyllis E. Grann. Illus. by Tomie dePaola. 2020. (ENG.). 16p. (J). (— 1). bds. 9.99 *(978-1-5344-0253-9(5)*, Little Simon) Little Simon.

I Will Tell Your Secret. Jacqueline Bell. 2017. (I Will Tell Your Secret Ser.: Vol. 1). (ENG., Illus.). (YA). pap. 6.99 *(978-0-9993882-0-4(7))* Body by Bella, LLC.

I Will Wait for You: Do You Recognize Us? Torika Adikubou. 2019. (ENG.). 190p. (YA). pap. 17.95 *(978-1-0980-2461-1(3))* Christian Faith Publishing.

I Wish. Jade A. Blayk. 2023. (ENG.). 72p. (J). ***(978-1-0391-7699-7(2))***; pap. ***(978-1-0391-7698-0(4))*** FriesenPress.

I Wish. Christoph Niemann. 2022. (ENG., Illus.). 80p. (J). (gr. -1-3). 19.99 *(978-0-06-321979-3(4)*, Greenwillow Bks.) HarperCollins Pubs.

I Wish. Sandi Walker Scoggins. Illus. by Brelyn Giffin. 2020. (ENG.). 38p. (J). pap. 9.99 *(978-0-578-75259-4(X))* Scoggins, Sandi.

I Wish. Toon Tellegen. Tr. by David Colmer. Illus. by Ingrid Godon. 2020. (ENG.). 90p. (J). (gr. 3-7). 22.00 *(978-1-939810-32-8(9)*, Elsewhere Editions) Steerforth Pr.

I Wish for Freedom. Monique Lorden. 2020. (ENG., Illus.). 36p. (J). 19.85 *(978-0-578-78481-6(5))* 1985Poet LLC.

I Wish for You. David Wax. Illus. by Brett Blumenthal. 2022. (ENG.). 40p. (J). 18.99 *(978-1-250-82218-5(1)*, 900250713) Roaring Brook Pr.

I Wish for You, Little One. Sarah Holden. 2018. (ENG., Illus.). 32p. (J). pap. 9.45 *(978-0-692-99794-9(6))* Yellow Hse. Pr.

I Wish I Could Do That! J. S. Grainger. 2021. (ENG., Illus.). 32p. (J). pap. *(978-1-80068-475-1(4))* Independent Publishing Network.

I Wish I Could Go To... Capstone Classroom & Tony Stead. 2017. (What's the Point? Reading & Writing Expository Text Ser.). (ENG., Illus.). 24p. (J). (gr. 4-4). pap. 6.95 *(978-1-4966-0740-9(6)*, 132375, Capstone Classroom) Capstone.

I Wish I Could Tell You. Jean-Francois Sénéchal. Illus. by Chiaki Okada. 2023. (ENG.). 48p. (J). (gr. -1-3). 18.99 ***(978-1-990252-24-2(9))*** Milky Way Picture Bks. CAN. Dist: Abrams, Inc.

I Wish I Could Trade Parents. Cynthia MacGregor. Illus. by Sanghamitra Dasgupta. 2018. (ENG.). 42p. (J). (gr. k-6). pap. 12.99 *(978-1-68160-653-8(4))* Crimson Cloak Publishing.

I Wish I Didn't. Doris McNair. 2019. (ENG., Illus.). 30p. (J). pap. 12.95 *(978-1-64471-000-5(5))* Covenant Bks.

I Wish I Had a Unicorn. Cynthia MacGregor. 2017. (ENG., Illus.). (J). (gr. 1-4). pap. 9.99 *(978-1-68160-349-0(7))* Crimson Cloak Publishing.

I Wish I Knew That: Cool Stuff You Need to Know. Steve Martin et al. Illus. by Andrew Pinder. 2017. (Buster Reference Ser.). (ENG.). 128p. (J). (gr. 3-7). pap. 10.99 *(978-1-78055-466-2(4))* O'Mara, Michael Bks., Ltd. GBR. Dist: Independent Pubs. Group.

I Wish I Was... A Carpenter. Brenda F. Larkins. 2020. (ENG.). 32p. (J). pap. 13.95 *(978-1-64468-452-8(7))* Covenant Bks.

I Wish I Was a Bison. Jennifer Bove. ed. 2021. (I Can Read Ser.). (ENG., Illus.). 31p. (J). (gr. k-1). 14.96 *(978-1-64697-615-7(0))* Penworthy Co., LLC, The.

I Wish I Was a Flamingo. Jennifer Bove. ed. 2021. (I Can Read Ser.). (ENG., Illus.). 30p. (J). (gr. k-1). 15.46 *(978-1-64697-876-2(5))* Penworthy Co., LLC, The.

I Wish I Was a Gorilla. Jennifer Bové. 2018. (Illus.). 31p. (J). *(978-1-5444-0104-1(3))* Harper & Row Ltd.

I Wish I Was a Gorilla. Jennifer Bove. ed. 2021. (I Can Read Ser.). (ENG., Illus.). 31p. (J). (gr. k-1). 14.96 *(978-1-64697-616-4(9))* Penworthy Co., LLC, The.

I Wish I Was a Hedgehog. Rhonda Hill. 2018. (ENG., Illus.). 26p. (J). pap. 12.95 *(978-1-64214-258-7(1))* Page Publishing Inc.

I Wish I Was a Lion. Sandra Markle. 2017. (Illus.). 31p. (J). *(978-1-5182-5201-3(X))* Harper & Row Ltd.

I Wish I Was a Lion. Sandra Markle. ed. 2018. (I Can Read Ser.). (ENG.). 31p. (J). (gr. -1-1). 13.89 *(978-1-64310-385-3(7))* Penworthy Co., LLC, The.

I Wish I Was a Little. Melissa Everett. Ed. by Johannah Gilman Paiva. Illus. by Mary Manning. 2017. (ENG.). 24p. (J). (gr. k-3). *(978-1-4867-1257-1(6))* Flowerpot Children's Pr. Inc.

I Wish I Was a Llama. Jennifer Bove. ed. 2021. (I Can Read Ser.). (ENG., Illus.). 31p. (J). (gr. k-1). 14.96 *(978-1-64697-617-1(7))* Penworthy Co., LLC, The.

I Wish I Was a Monarch Butterfly. Jennifer Bove. ed. 2021. (I Can Read Ser.). (ENG., Illus.). 31p. (J). (gr. k-1). 14.96 *(978-1-64697-618-8(5))* Penworthy Co., LLC, The.

I Wish I Was a Polar Bear. Jennifer Bove. ed. 2021. (I Can Read Ser.). (ENG., Illus.). 31p. (J). (gr. k-1). 14.96 *(978-1-64697-619-5(3))* Penworthy Co., LLC, The.

I Wish I Was a Sea Turtle. Jennifer Bove. ed. 2021. (I Can Read Ser.). (ENG., Illus.). 31p. (J). (gr. k-1). 14.96 *(978-1-64697-620-1(7))* Penworthy Co., LLC, The.

I Wish I Was a Wolf. Jennifer Bove. ed. 2021. (I Can Read Ser.). (ENG., Illus.). 31p. (J). (gr. k-1). 14.96 *(978-1-64697-621-8(5))* Penworthy Co., LLC, The.

I Wish I Was a Zombie. Kahi Aspelund. 2020. (ENG.). 34p. (J). pap. 7.99 *(978-1-716-58135-9(4))* Lulu Pr., Inc.

I Wish I Was an Elephant. Jennifer Bove. ed. 2021. (I Can Read Ser.). (ENG., Illus.). 31p. (J). (gr. k-1). 14.96 *(978-1-64697-622-5(3))* Penworthy Co., LLC, The.

I Wish I Was an Orca. Sandra Markle. ed. 2018. (I Can Read Ser.). (ENG.). 31p. (J). (gr. -1-1). 13.89 *(978-1-64310-503-1(5))* Penworthy Co., LLC, The.

I Wish I Was Big. Kelly Jean Lietaert. 2017. (ENG.). (J). 14.95 *(978-1-68401-396-8(8))* Amplify Publishing Group.

I Wish I Was Sick, Too! Franz Brandenberg. Illus. by Aliki. 2018. 40p. (J). (gr. -1-2). 16.95 *(978-1-68137-228-0(2)*, NYR Children's Collection) New York Review of Bks., Inc., The.

I Wish I Were a Superhero. Sarah E. & Sarah E. Paul. Illus. by Tara Lehning. 2020. 30p. (J). pap. 16.99 *(978-1-0983-3847-3(2))* BookBaby.

I Wish I Were a Superhero! Savannah Whitson. 2016. (ENG., Illus.). (J). (gr. -1-18). pap. 10.28 *(978-0-578-18660-3(8))* Traveling Satchel, The.

I Wish I Were an Ocelot: Adventures of an Essential Kitten. Kiersten Warren & Ripley Karoo Kikaida Comaneci. 2023. (ENG.). 34p. (J). pap. 9.99 ***(978-1-956867-45-9(7))*** Telemachus Pr., LLC.

I Wish I Were Beautiful. Jasmine Tiedemann. 2021. (ENG.). 30p. (J). *(978-0-2288-5846-1(1))*; pap. *(978-0-2288-4601-7(3))* Tellwell Talent.

I Wish I'd Been Born a Unicorn. Rachel Lyon. Illus. by Andrea Ringli. 2019. (Early Bird Readers — Green (Early Bird Stories (tm)) Ser.). (ENG.). 32p. (J). (gr. k-3). pap. 9.99 *(978-1-5415-7408-3(7)*, 7e4b1cca-74de-4f5f-9695-fbcb104736b5, Lerner Pubns.) Lerner Publishing Group.

I Wish I'd Written That: Selections Chosen by Favorite American Authors (Classic Reprint) Eugene J. Woods. (ENG., Illus.). (J). 2018. 436p. 32.91 *(978-0-483-14306-7(5))*; 2017. pap. 16.57 *(978-1-334-89974-4(6))* Forgotten Bks.

I Wish It Would Snow! Sarah Dillard. Illus. by Sarah Dillard. 2018. (ENG., Illus.). 40p. (J). (gr. -1-3). 17.99 *(978-1-5344-0676-6(X)*, Aladdin) Simon & Schuster Children's Publishing.

I Wish My Students Knew: A Letter to Students on the First Day & Last Day of School. Jennifer Jones. 2022. (Teacher Tools Ser.: Vol. 3). (ENG.). 34p. (J). 19.99 ***(978-1-63731-616-0(X))*** Grow Grit Pr.

I Wish Sons Came with Instructions, 1 vol. Harry Rockefeller. 2018. (ENG.). 48p. (YA). 22.99 *(978-1-59555-872-5(1))*; pap. 7.99 *(978-1-59555-832-9(2))* Elm Hill.

I Wish That I Could Have Ice Cream Every Day. Matthew Dion Goodall. Illus. by Matthew Dion Goodall. 2022. (ENG.). 30p. (J). *(978-0-473-63039-3(7))* Goodall, Matthew.

I Wish That I Had Duck Feet see Quiero Tener Pies de Pato (I Wish That I Had Duck Feet (Spanish Edition)

I Wish They Were Little Again. Mike Ludwig. Ed. by Katharine Worthington. 2022. (ENG.). 26p. (J). (gr. k-6). 21.99 *(978-1-0880-3849-9(2))* Ludwig, Michael.

I Wish They Were Little Again. Mike Ludwig. 2020. (ENG., Illus.). 26p. (J). (gr. k-6). 22.99 *(978-1-64826-351-4(8))* Ludwig, Michael.

I Wish They Were Little Again. Mike Ludwig. Ed. by Katharine Worthington. 2nd ed. (ENG.). 26p. (J). 2021. 22.31 *(978-1-0880-1322-9(8))*; 2020. pap. 9.99 *(978-1-7362371-8-2(7))* Ludwig, Michael.

I Wish, Wish, Wish for You. Sandra Magsamen & Melisa Fernandez Nitsche. 2022. (ENG., Illus.). 40p. (J). (gr. k-3). 17.99 *(978-1-7282-2267-7(2))* Sourcebooks, Inc.

I Wish You All the Best. Mason Deaver. (ENG.). 336p. (YA). (gr. 9). 2020. pap. 10.99 *(978-1-338-60835-9(5))*; 2019. 17.99 *(978-1-338-30612-5(X))* Scholastic, Inc. (PUSH).

I Wish You Could Hear the Song I'm Listening to As I Write This... Manuela Espinal Solano. 2022. (ENG.). 82p. (YA). pap. 18.95 *(978-1-77161-524-2(9))* Mosaic Pr. CAN. Dist: Independent Pubs. Group.

I Wish You Knew. Jackie Azua Kramer. Illus. by Magdalena Mora. 2021. (ENG.). 32p. (J). 18.99 *(978-1-250-22630-3(9)*, 900208724) Roaring Brook Pr.

I Wish You Success: Thriving from the Inside Out. Eevi Jones. Illus. by Edwin Daboin. 2020. (Braving the World Ser.: Vol. 4). (ENG.). 40p. (J). (gr. 1-6). 16.00

(978-1-952517-95-2(8)); 16.00 *(978-1-952517-90-7(7))* LHC Publishing.

I Wish You the World. Andrew Stewart. Illus. by Jennifer Penner. 2021. (ENG.). 28p. (J). *(978-1-0391-2016-7(4))*; pap. *(978-1-0391-2015-0(6))* FriesenPress.

I Witness War, 12 vols. 2017. (I Witness War Ser.). (ENG.). (J). (gr. 5-6). lib. bdg. 198.42 *(978-1-5026-3300-2(0)*, 4c934f93-e491-4720-9038-04a564c36af3) Cavendish Square Publishing LLC.

I Wonder. Kari Anne Holt. Illus. by Kenard Pak. 2019. 40p. (J). (gr. -1-2). 18.99 *(978-1-5247-1422-2(4))*; (ENG.). lib. bdg. 20.99 *(978-1-5247-1423-9(2)*, Random Hse. Bks. for Young Readers) Random Hse. Children's Bks.

I Wonder. Linda S. Perez. 2022. (ENG., Illus.). 24p. (J). pap. 13.95 *(978-1-63860-724-3(9))* Fulton Bks.

I Wonder: Exploring God's Grand Story: an Illustrated Bible, 1 vol. Glenys Nellist. Illus. by Alessandra Fusi. 2021. (ENG.). 192p. (J). 18.99 *(978-0-310-76830-2(6))* Zonderkidz.

I Wonder . . . Books: Pack 1, 6 bks. Pauline Youd. Illus. by Elaine Garvin. Incl. Why Did Sarah Laugh? pap. 1.50 *(978-0-8198-8275-2(5))*; Why Was Daniel Scared? pap. 1.50 *(978-0-8198-8282-0(8))*; Why Was David Brave? pap. 1.50 *(978-0-8198-8280-6(1))*; Why Was Pharoah Puzzled? pap. 1.50 *(978-0-8198-8278-3(X))*; Why Was the Shepherd Glad? pap. 1.50 *(978-0-8198-8276-9(3))*; Pack 1. Why Did Nehemiah Work So Hard? pap. 1.50 *(978-0-8198-8279-0(8))*; 16p. (J). (gr. 2-4). 1996. (Illus.). 7.95 *(978-0-8198-3675-5(3))* Pauline Bks. & Media.

I Wonder . . . Books: Pack 2, 6 bks. Pauline Youd. Illus. by Elaine Garvin. Incl. Why Was Andrew Surprised? pap. 1.50 *(978-0-8198-8285-1(2))*; Why Was Deborah Mad? pap. 1.50 *(978-0-8198-8286-8(0))*; Why Was Gideon Worried? pap. 2.95 *(978-0-8198-8283-7(6))*; Why Was Jeremiah Sad? pap. 2.95 *(978-0-8198-8277-6(1))*; Why Was Mary Embarrassed? pap. 1.50 *(978-0-8198-8284-4(4))*; Pack 2. Why Did Elijah Hide? pap. 1.50 *(978-0-8198-8287-5(9))*; 16p. (J). (gr. 2-4). 1996. (Illus.). 7.95 *(978-0-8198-3676-2(1))* Pauline Bks. & Media.

I Wonder about the Prophet. Ozkan Oze. Tr. by Selma Ayduz. 2016. (ENG., Illus.). 120p. (J). pap. 10.95 *(978-0-86037-508-1(0))* Kube Publishing Ltd. GBR. Dist: Consortium Bk. Sales & Distribution.

I Wonder Bookstore: (Japanese Books, Book Lover Gifts, Interactive Books for Kids) Shinsuke Yoshitake. 2019. (ENG., Illus.). 104p. 18.95 *(978-1-4521-7651-2(5))* Chronicle Bks. LLC.

I Wonder If George Washington Owned a Pooper Scooper? Jen Walkington. Illus. by David W. Hinton. 2019. (ENG.). 28p. (J). (gr. 2-4). 19.99 *(978-1-64538-004-7(1))* Orange Hat Publishing.

I Wonder... Kindy. Kaylene Pettit & Audrey Pettit. 2016. (ENG., Illus.). 28p. (J). *(978-1-326-87198-7(6))* Lulu Pr., Inc.

I Wonder What Great Things You'll Do. Mitchell James Denton. Illus. by Chad Vivas. 2018. (ENG.). 26p. (J). (gr. k-2). *(978-0-646-99308-9(9))* Denton, Mitchell.

I Wonder What It Would Look & Feel Like If ... I Am Loved. Margaret L. Morrison. 2020. (ENG., Illus.). 32p. (J). pap. *(978-0-6486847-1-8(7))* Lightkeeper Publishing.

I Wonder What It's Like to Be a Raindrop: The Rainmaking Bacteria. Keith Bell. Illus. by Brent Bludworth. 2018. (ENG.). 28p. (J). (gr. k-6). 14.99 *(978-0-9995720-0-9(8))* Bell, Keith.

I Wonder What My Marine Is Doing Now: A Day in the Life of a Deployed United States Marine. Fritz Stokes. 2020. (ENG., Illus.). 30p. (J). (gr. k-6). 14.99 *(978-1-950398-13-3(7))* McDougal & Assocs.

I Wonder What You'll Dream About. Crystal-Lee Jardine. 2017. (ENG., Illus.). 32p. (J). *(978-1-5255-1452-4(0))*; pap. *(978-1-5255-1453-1(9))* FriesenPress.

I Wonder Why It's a Dragonfly. Rowland Burns. Illus. by Daniel Pagan. 2018. (ENG.). 28p. (J). pap. *(978-0-6482480-0-2(3))* Flaming Ads & Voices.

I Wonder Why It's Easter. Esther Ekunola. 2017. (ENG., Illus.). (J). pap. *(978-0-9568267-9-4(2))* Resource Hse.

I Wondered about That Too: 111 Questions & Answers about Science & Other Stuff. Larry Scheckel. 2018. (I Always Wondered Ser.). (ENG.). 240p. (YA). (gr. 6). 17.95 *(978-1-943431-38-0(8))* Tumblehome Learning.

I Wondered, I Sought, I Waited, He Answered. Lawanda Triplett. Illus. by Blueberry Illustrations. 2021. (ENG.). 28p. (J). 23.95 *(978-1-63874-301-9(0))* Christian Faith Publishing.

I Won't Clean My Room. Cynthia MacGregor. 2017. (ENG., Illus.). (J). (gr. 1-5). pap. 9.99 *(978-1-68160-351-3(9))* Crimson Cloak Publishing.

I Won't Eat That. Christopher Silas Neal. Illus. by Christopher Silas Neal. 2017. (Illus.). 40p. (J). (gr. -1-1). 15.99 *(978-0-7636-7909-5(7))* Candlewick Pr.

I Won't Give Up. Daniel Kenney. 2018. (ENG., Illus.). 38p. (J). (gr. -1-3). pap. 10.99 *(978-1-947865-16-7(1))* Trendwood Pr.

I Won't Go with Strangers. Dagmar Geisler. 2018. (Safe Child, Happy Parent Ser.). (Illus.). 32p. (J). (gr. -1-k). 16.99 *(978-1-5107-3534-7(8)*, Sky Pony Pr.) Skyhorse Publishing Co., Inc.

I Won't Quit. Danny McGill. 2018. (ENG., Illus.). 30p. (J). (gr. -1-3). pap. 10.99 *(978-1-947865-10-5(2))* Trendwood Pr.

I Would Never... A Silly Story about the Things That Love Would NEVER Make You Do! Jessica Ferrarotto & Maddy Ferrarotto. 2021. (ENG.). 30p. (J). pap. 13.99 *(978-1-954004-53-5(2))* Pen It Pubns.

I Write Letters to Local Leaders: Taking Civic Action, 1 vol. Miriam Phillips. 2018. (Civics for the Real World Ser.). (ENG.). 12p. (gr. 1-2). pap. *(978-1-5383-6478-9(6)*, 1a9c9af8-c973-4db4-ae62-ad9e7ac0f437, Rosen Classroom) Rosen Publishing Group, Inc., The.

I Write Short Stories by Kids for Kids Vol. 8. Compiled by Melissa Williams. 2017. (ENG., Illus.). (J). (gr. 3-6). 16.95 *(978-1-941515-85-3(1))* LongTale Publishing, LLC.

I Write Short Stories by Kids for Kids Vol. 8. Compiled by Melissa M. Williams. 2017. (ENG., Illus.). (J). (gr. 3-6). pap. 9.95 *(978-1-941515-87-7(8))* LongTale Publishing, LLC.

I Wrote a Book! A Self Indulging Collection of Random Facts, Riddles, Jokes, Poems, Flash Fiction, Quips, & All Around Silliness. D. Pennington. 2021. (ENG.). 102p. (J). pap. 9.99 *(978-1-7947-7121-5(2))* Lulu Pr., Inc.

I Wrote Her: A Captivating Summer. T. J. (Lady Nubia) Pickett. 2019. (ENG.). 48p. pap. ***(978-1-68474-798-6(8))*** Lulu Pr., Inc.

I Wrote This Book about You Dad: A Child's Fill in the Blank Gift Book for Their Special Dad - Perfect for Kid's - 7 X 10 Inch. The Life Graduate Publishing Group. 2020. (ENG.). 32p. (J). pap. *(978-1-922568-13-7(9))* Life Graduate, The.

I Wrote This Book about You Gran: A Child's Fill in the Blank Gift Book for Their Special Gran - Perfect for Kid's - 7 X 10 Inch. The Life Graduate Publishing Group. 2020. (ENG.). 32p. (J). pap. *(978-1-922568-09-0(0))* Life Graduate, The.

I Wrote This Book about You Grandad: A Child's Fill in the Blank Gift Book for Their Special Grandad - Perfect for Kid's - 7 X 10 Inch. The Life Graduate Publishing Group. 2020. (ENG.). 32p. (J). pap. *(978-1-922568-14-4(7))* Life Graduate, The.

I Wrote This Book about You Grandma: A Child's Fill in the Blank Gift Book for Their Special Grandma - Perfect for Kid's - 7 X 10 Inch. The Life Graduate Publishing Group. 2020. (ENG.). 32p. (J). pap. *(978-1-922568-07-6(4))* Life Graduate, The.

I Wrote This Book about You Grandpa: A Child's Fill in the Blank Gift Book for Their Special Grandpa - Perfect for Kid's - 7 X 10 Inch. The Life Graduate Publishing Group. 2020. (ENG.). 32p. (J). pap. *(978-1-922568-06-9(6))* Life Graduate, The.

I Wrote This Book about You Granny: A Child's Fill in the Blank Gift Book for Their Special Granny - Perfect for Kid's - 7 X 10 Inch. The Life Graduate Publishing Group. 2020. (ENG.). 32p. (J). pap. *(978-1-922568-11-3(2))* Life Graduate, The.

I Wrote This Book about You Mom: A Child's Fill in the Blank Gift Book for Their Special Mom - Perfect for Kid's - 7 X 10 Inch. The Life Graduate Publishing Group. 2020. (ENG.). 32p. (J). pap. *(978-1-922568-02-1(3))* Life Graduate, The.

I Wrote This Book about You Mum: A Child's Fill in the Blank Gift Book for Their Special Mum - Perfect for Kid's - 7 X 10 Inch. The Life Graduate Publishing Group. 2020. (ENG.). 32p. (J). pap. *(978-1-922568-03-8(1))* Life Graduate, The.

I Wrote This Book about You Nana: A Child's Fill in the Blank Gift Book for Their Special Nana - Perfect for Kid's - 7 X 10 Inch. The Life Graduate Publishing Group. 2020. (ENG.). 32p. (J). pap. *(978-1-922568-10-6(4))* Life Graduate, The.

I Wrote This Book about You Nanna: A Child's Fill in the Blank Gift Book for Their Special Nanna - Perfect for Kid's - 7 X 10 Inch. The Life Graduate Publishing Group. 2020. (ENG.). 32p. (J). pap. *(978-1-922568-08-3(2))* Life Graduate, The.

I Wrote This Book about You Nanny: A Child's Fill in the Blank Gift Book for Their Special Nanny - Perfect for Kid's - 7 X 10 Inch. The Life Graduate Publishing Group. 2020. (ENG.). 32p. (J). pap. *(978-1-922568-05-2(8))* Life Graduate, The.

I Wrote This Book about You Pa: A Child's Fill in the Blank Gift Book for Their Special Pa - Perfect for Kid's - 7 X 10 Inch. The Life Graduate Publishing Group. 2020. (ENG.). 32p. (J). pap. *(978-1-922568-04-5(X))* Life Graduate, The.

I Wrote This Book about You Papa: A Child's Fill in the Blank Gift Book for Their Special Papa - Perfect for Kid's - 7 X 10 Inch. The Life Graduate Publishing Group. 2020. (ENG.). 32p. (J). pap. *(978-1-922568-15-1(5))* Life Graduate, The.

I Wrote This Book about You Poppy: A Child's Fill in the Blank Gift Book for Their Special Poppy - Perfect for Kid's - 7 X 10 Inch. The Life Graduate Publishing Group. 2020. (ENG.). 32p. (J). pap. *(978-1-922568-12-0(0))* Life Graduate, The.

I Wrote This Book for Your Birthday: The Perfect Birthday Gift for Kids to Create Their Very Own Personalized Book for Family & Friends. The Life Graduate Publishing Group & Romney Nelson. 2021. (ENG.). 52p. (J). pap. *(978-1-922568-27-4(9))* Life Graduate, The.

I Wrote This Book for Your Birthday Dad: The Perfect Birthday Gift for Kids to Create Their Very Own Book for Dad. The Life Graduate Publishing Group. 2020. (ENG.). 52p. (J). pap. *(978-1-922568-01-4(5))* Life Graduate, The.

I Wrote This Book for Your Birthday Grandad: The Perfect Birthday Gift for Kids to Create Their Very Own Book for Grandad. The Life Graduate Publishing Group & Romney Nelson. 2020. (ENG.). 52p. (J). pap. *(978-1-922568-16-8(3))* Life Graduate, The.

I Wrote This Book for Your Birthday Grandfather: The Perfect Birthday Gift for Kids to Create Their Very Own Book for Grandfather. The Life Graduate Publishing Group & Romney Nelson. 2020. (ENG.). 52p. (J). pap. *(978-1-922568-17-5(1))* Life Graduate, The.

I Wrote This Book for Your Birthday Grandma: The Perfect Birthday Gift for Kids to Create Their Very Own Book for Grandma. The Life Graduate Publishing Group & Romney Nelson. 2020. (ENG.). 52p. (J). pap. *(978-1-922568-18-2(X))* Life Graduate, The.

I Wrote This Book for Your Birthday Grandmother: The Perfect Birthday Gift for Kids to Create Their Very Own Book for Grandmother. The Life Graduate Publishing Group & Romney Nelson. 2020. (ENG.). 52p. (J). pap. *(978-1-922568-19-9(8))* Life Graduate, The.

I Wrote This Book for Your Birthday Grandpa: The Perfect Birthday Gift for Kids to Create Their Very Own Book for Grandpa. The Life Graduate Publishing Group & Romney Nelson. 2020. (ENG.). 52p. (J). pap. *(978-1-922568-20-5(1))* Life Graduate, The.

I Wrote This Book for Your Birthday Granny: The Perfect Birthday Gift for Kids to Create Their Very Own Book for Granny. The Life Graduate Publishing Group & Romney Nelson. 2021. (ENG.). 52p. (J). pap. *(978-1-922568-21-2(X))* Life Graduate, The.

I Wrote This Book for Your Birthday Mama: The Perfect Birthday Gift for Kids to Create Their Very Own Book for Mama. The Life Graduate Publishing Group & Romney Nelson. 2021. (ENG.). 52p. (J). pap. *(978-1-922568-22-9(8))* Life Graduate, The.

I Wrote This Book for Your Birthday Mom: The Perfect Birthday Gift for Kids to Create Their Very Own Book for Mom. The Life Graduate Publishing Group & Romney Nelson. 2021. (ENG.). 52p. (J). pap. *(978-1-922568-23-6(6))* Life Graduate, The.

I Wrote This Book for Your Birthday Mum: The Perfect Birthday Gift for Kids to Create Their Very Own Book for Mum. The Life Graduate Publishing Group & Romney Nelson. 2021. (ENG.). 52p. (J). pap. *(978-1-922568-24-3(4))* Life Graduate, The.

I Wrote This Book for Your Birthday Nana: The Perfect Birthday Gift for Kids to Create Their Very Own Book for Nana. The Life Graduate Publishing Group & Romney Nelson. 2021. (ENG.). 52p. (J). pap. *(978-1-922568-25-0(2))* Life Graduate, The.

I Wrote This Book for Your Birthday Nanny: The Perfect Birthday Gift for Kids to Create Their Very Own Book for Nanny. The Life Graduate Publishing Group & Romney Nelson. 2021. (ENG.). 52p. (J). pap. *(978-1-922568-26-7(0))* Life Graduate, The.

I Wrote You a Note: (Children's Friendship Books, Animal Books for Kids, Rhyming Books for Kids) Lizi Boyd. 2017. (ENG., Illus.). 36p. (J). 16.99 *(978-1-4521-5957-7(2))* Chronicle Bks. LLC.

I Yoga You. Genevieve Santos. Illus. by Genevieve Santos. 2019. (ENG., Illus.). 26p. (J). (gr. -1). bds. 8.99 *(978-1-5344-5489-7(6)*, Little Simon) Little Simon.

I, Zoe. Carolyn Britten. 2019. (ENG.). 38p. (J). 14.95 *(978-1-64307-156-5(4))* Amplify Publishing Group.

I,2,3,4,5... I'm Happy I'm Alive! Connect the Dots Toddler. Educando Kids. 2019. (ENG.). 42p. (J). pap. 8.55 *(978-1-64521-684-1(5)*, Educando Kids) Editorial Imagen.

Ia: A Love Story (Classic Reprint) Q. Q. 2018. (ENG., Illus.). 248p. (J). 29.01 *(978-0-483-51239-9(7))* Forgotten Bks.

Iago Struggles with Dyslexia. Tracilyn George. 2023. (ENG.). 32p. (J). pap. 13.99 ***(978-1-77475-625-6(0))*** Draft2Digital.

Iain of New Scotland: With a Foreword by Diana Gabaldon. Margaret MacKay. 2021. (ENG.). 198p. (YA). pap. *(978-1-988747-79-8(1))* Bradan Pr.

#IAmAWitness: Confronting Bullying. Jessica Rusick. 2019. (#Movements Ser.). (ENG., Illus.). 32p. (J). (gr. 5-9). lib. bdg. 32.79 *(978-1-5321-1930-9(5)*, 32259, Abdo & Daughters) ABDO Publishing Co.

Ian & Charlie. James F. Park. 2019. (ENG.). 108p. (J). pap. ***(978-0-244-75217-0(6))*** Lulu Pr., Inc.

Ian & Igor: Inquisitive Island Iguanas. Chloricia Lake Myers. Illus. by Carron M. Lake. 2019. (ENG.). 40p. (J). *(978-1-5255-3413-3(0))*; pap. *(978-1-5255-3414-0(9))* FriesenPress.

Ian & Olivia Build a Time Machine: Oh No, Dinosaurs! Stephen Resar. 2022. (ENG.). 68p. pap. ***(978-1-387-76324-5(5))*** Lulu Pr., Inc.

Ian & the Great Silver Dragon a Friendship Begins. Jim Dilyard. Illus. by Amy Rottinger. 2019. (Ian & the Great Silver Dragon Ser.: Vol. 2). (ENG.). 112p. (J). pap. 10.95 *(978-1-59098-646-2(6))* Wooster Bk. Co., The.

Ian & the Great Silver Dragon Bry-Ankh. Jim Dilyard. Illus. by Amy Rottinger. 2018. (Ian & the Great Silver Dragon Ser.: Vol. 1). (ENG.). 102p. (J). pap. 8.95 *(978-1-59098-648-6(2))* Wooster Bk. Co., The.

Ian Irritable. Daryl Oliver. Illus. by Bradley Oliver Lovell. l.t. ed. 2022. (ENG.). 26p. (J). pap. *(978-1-80094-325-4(3))* Terence, Michael Publishing.

Ian the Sloth Goes to Space. Arielle Blaedow. Illus. by Zoe Neidy. 2022. (ENG.). 22p. (J). pap. 12.00 *(978-1-64883-070-9(6)*, ExamWise) Total Recall Learning, Inc.

Ill Always Be There. Tori Robinson. 2022. (ENG.). 22p. (J). 23.92 *(978-1-6678-1848-1(1))* BookBaby.

Im Too Full! Barbara Mis Kelly. Illus. by Nelly Rodriguez. 2022. (ENG.). 40p. (J). pap. 14.00 *(978-1-6678-1800-9(7))* BookBaby.

Ian's Realm Saga. D. L. Gardner. 2018. (ENG.). 478p. (YA). (gr. 7-12). pap. 28.99 *(978-1-386-15719-9(8))* Gardner, Dianne Lynn.

Ian's Realm Saga: The Trilogy Books 1 - 3. D. L. Gardner. 2017. (Ian's Realm Saga Ser.: Vol. 1). (ENG., Illus.). (YA). (gr. 7-12). pap. 20.99 *(978-0-692-97612-8(4))* Gardner, Dianne Lynn.

IAspire Teen Bible Study Notebook. Kayla Coons. 2021. (ENG.). 192p. (YA). spiral bd. 7.99 *(978-1-63609-114-3(8)*, Barbour Bks.) Barbour Publishing, Inc.

IAspire Teen Devotions: IAspire to Know God. IAspire to Serve Others. IAspire to Be the Best I Can Be. Trisha Priebe. 2020. (ENG.). 208p. (YA). pap. 9.99 *(978-1-64352-711-6(8)*, Barbour Bks.) Barbour Publishing, Inc.

IAspire Teen Study Bible: New Life Version. Compiled by Compiled by Barbour Staff. 2020. (ENG.). 944p. (YA). 24.99 *(978-1-64352-275-3(2)*, Barbour Bibles) Barbour Publishing, Inc.

Iatrian, 1979 (Classic Reprint) Medical College of Pennsylvania. 2018. (ENG., Illus.). (J). 198p. 28.00 *(978-1-396-62184-0(9))*; 200p. pap. 10.57 *(978-1-391-64987-0(7))* Forgotten Bks.

Ib & Little Christina: A Picture in Three Panels (Classic Reprint) Basil Hood. 2018. (ENG., Illus.). (J). 158p. 27.16 *(978-0-366-58676-9(9))*; 160p. pap. 9.57 *(978-0-366-58675-2(0))* Forgotten Bks.

Iba Bk Xmas Wrd Srch Vol 2 6pk, 6 vols. Warner Press. 2017. (ENG.). 48p. (J). pap. 11.94 *(978-1-59317-956-4(1))* Warner Pr., Inc.

Ibbie's Fashion Adventures: Around the World to Catch a Thief. Tavis Stewart. 2018. (ENG., Illus.). 170p. (J). (gr. 2-6). pap. *(978-1-911589-94-5(6)*, Choir Pr., The) Action Publishing Technology Ltd.

Ibex Shooting on the Himalayas (Classic Reprint) Neville Taylor. 2018. (ENG., Illus.). 176p. (J). 27.53 *(978-0-364-50437-6(4))* Forgotten Bks.

Ibex That Couldn't Climb. Paul Ramey. 2021. (ENG., Illus.). 22p. (J). 20.95 *(978-1-63710-509-2(6))*; pap. 12.95 *(978-1-63710-507-8(X))* Fulton Bks.

Ibn Al-Baitar: Doctor of Natural Medicine. Ahmed Imam. 2019. (Muslim Scientists Ser.). (ENG., Illus.). 24p. (J). pap. 7.50 *(978-1-921772-39-9(5))* Ali Gator AUS. Dist: Consortium Bk. Sales & Distribution.

Ibn Al-Haytham. Libby Romero. ed. 2018. (National Geographic Readers Ser.). (ENG.). 48p. (J). (gr. 1-3). 11.00 *(978-1-64310-617-5(1))* Penworthy Co., LLC, The.

Ibn Battuta: The Great Traveller. Ahmed Imam. 2019. (Muslim Scientists Ser.). (ENG., Illus.). 24p. (J). pap. 7.50 *(978-1-921772-38-2(7))* Ali Gator AUS. Dist: Consortium Bk. Sales & Distribution.

Ibn Battuta: The Greatest Traveler of the Muslim World, 1 vol. Henrietta Toth. 2017. (Spotlight on Explorers & Colonization Ser.). (ENG.). 48p. (gr. 6-6). pap. 12.75 *(978-1-5081-7499-8(7)*, 7a8e7250-4c64-409b-9ec6-54a1b7b69426, Rosen Young Adult) Rosen Publishing Group, Inc., The.

Ibn Battuta: The Journey of a Medieval Muslim. Edoardo Albert. 2019. (Concise Life Ser.). (ENG., Illus.). 80p. (J). pap. 9.95 *(978-1-84774-047-2(2))* Kube Publishing Ltd. GBR. Dist: Consortium Bk. Sales & Distribution.

Ibn Battuta: The Medieval World's Greatest Traveler Throughout Africa, Asia, the Middle East, & Europe, 1 vol. Daniel E. Harmon. 2016. (Silk Road's Greatest Travelers Ser.). (ENG., Illus.). 112p. (J). (gr. 6-6). lib. bdg. 38.80 *(978-1-5081-7150-8(5)*, 237a9da8-4384-49c2-b4d3-ab788ab5893a) Rosen Publishing Group, Inc., The.

Ibn Majid: The Master Navigator. Ahmed Imam. 2019. (Muslim Scientists Ser.). (ENG., Illus.). 24p. (J). pap. 7.50 *(978-1-921772-40-5(9))* Ali Gator AUS. Dist: Consortium Bk. Sales & Distribution.

Ibn Sina: Level 13. Shoua Fakhouri. 2019. (Collins Big Cat Ser.). (ENG.). 32p. (J). (gr. 4-6). pap. 8.99 *(978-0-00-829944-6(7))* HarperCollins Pubs. Ltd. GBR. Dist: Independent Pubs. Group.

Ibn Yunus: The Father of Astronomy. Ahmed Imam. 2019. (Muslim Scientists Ser.). (ENG., Illus.). 24p. (J). pap. 7.50 *(978-1-921772-37-5(9))* Ali Gator AUS. Dist: Consortium Bk. Sales & Distribution.

Ibrahim's Apple. Hannah Morris. Ed. by Kit Duncan. Illus. by Alex Bjelica. 2017. (Adventures of the Four Bankieteers Ser.: Vol. 2). (ENG.). 38p. (J). pap. *(978-1-912274-03-1(5))* ActiveMindCare Publishing.

Ibtihaj Muhammad. Katie Lajiness. 2016. (Big Buddy Olympic Biographies Ser.). (ENG.). 32p. (J). (gr. 2-5). lib. bdg. 34.21 *(978-1-68078-554-8(0)*, 23595, Big Buddy Bks.) ABDO Publishing Co.

Ibtihaj Muhammad: Muslim American Champion Fencer & Olympian, 1 vol. Daniel R. Faust. 2017. (Breakout Biographies Ser.). (ENG., Illus.). 32p. (J). (gr. 4-5). 27.93 *(978-1-5081-6060-1(0)*, edb48c2a-7335-4060-9e9d-88433e3aab1f, PowerKids Pr.) Rosen Publishing Group, Inc., The.

Icaro: En el Corazon de Dedalo. Chiara Lossani. 2017. (Clasicos Ser.). (SPA., Illus.). 40p. (J). 11.99 *(978-607-16-5316-1(9))* Fondo de Cultura Economica USA.

Icarus. Adam Wing. 2017. (ENG., Illus.). 230p. (YA). pap. *(978-1-77370-242-1(4))* Tellwell Talent.

ICB Golden Princess Sparkle Bible, 1 vol. Thomas Nelson. 2018. (ENG.). 1312p. (J). 19.99 *(978-1-4003-1431-7(3))* Nelson, Thomas Inc.

ICB Holy Bible: International Children's Bible [Brown], 1 vol. Thomas Nelson. 2021. (ENG., Illus.). 1408p. (J). im. lthr. 24.99 *(978-0-7852-3880-5(8))* Nelson, Thomas Inc.

ICB Holy Bible: International Children's Bible [Purple], 1 vol. Thomas Nelson. 2021. (ENG., Illus.). 1408p. (J). im. lthr. 24.99 *(978-0-7852-3881-2(6))* Nelson, Thomas Inc.

ICB, Holy Bible, Hardcover: International Children's Bible, 1 vol. Thomas Nelson. 2021. (ENG., Illus.). 1408p. (J). 17.99 *(978-0-7852-3879-9(4))* Nelson, Thomas Inc.

ICB Precious Moments Bible: International Children's Bible [Blue], 1 vol. Thomas Nelson. 2021. (ENG., Illus.). 1344p. (J). im. lthr. 24.99 *(978-0-7852-3972-7(3))* Nelson, Thomas Inc.

ICB Precious Moments Bible: International Children's Bible [Pink], 1 vol. Thomas Nelson. 2021. (ENG., Illus.). 1344p. (J). im. lthr. 24.99 *(978-0-7852-3971-0(5))* Nelson, Thomas Inc.

Icda. Andrew Zellgert. Ed. by Eric Muhr. 2021. (ENG.). 184p. (YA). pap. 14.99 *(978-1-0879-9725-4(9))* Indy Pub.

Ice: A Teen Spacer Battles Isolation & Pirates. J. M. Krause. Illus. by Kathy Chin. 2022. (ENG.). 72p. (J). *(978-1-0391-3105-7(0))*; pap. *(978-1-0391-3104-0(2))* FriesenPress.

Ice: Chilling Stories from a Disappearing World. DK. 2019. (ENG., Illus.). 160p. (J). (gr. 4-7). 19.99 *(978-1-4654-8170-2(2)*, DK Children) Dorling Kindersley Publishing, Inc.

Ice Age. Joshua George. Illus. by Ed Myer. 2016. (Sticker History Ser.). (ENG.). 38p. (J). (gr. 2-6). pap. 8.99 *(978-1-78445-860-7(0))* Top That! Publishing PLC GBR. Dist: Independent Pubs. Group.

Ice Age. Virginia Loh-Hagan. 2021. (Surviving History Ser.). (ENG., Illus.). 32p. (J). (gr. 4-8). lib. bdg. 32.07 *(978-1-5341-8030-7(3)*, 218400, 45th Parallel Press) Cherry Lake Publishing.

Ice Age Animals (Set), 6 vols. 2023. (Ice Age Animals Ser.). (ENG.). 24p. (J). (gr. -1-2). lib. bdg. 196.74 ***(978-1-0982-6631-8(5)***, 42188, Abdo Kids) ABDO Publishing Co.

Ice Age Facts & Information - Environment Books Children's Environment Books. Baby Professor. 2017. (ENG., Illus.). (J). pap. 8.79 *(978-1-5419-3850-2(X)*, Baby Professor (Education Kids)) Speedy Publishing LLC.

Ice Baby Ice Adventures. Rae Harless. 2018. (ENG.). 42p. (J). pap. ***(978-0-359-68006-1(2))*** Lulu Pr., Inc.

Ice-Bound on Kolguev: A Chapter in the Exploration of Arctic Europe to Which Is Added a Record of the Natural History of the Island (Classic Reprint) Aubyn Trevor-Battye. 2018. (ENG., Illus.). 584p. (J). 35.94 *(978-0-666-88658-3(X))* Forgotten Bks.

Ice-Bound, or the Anticosti Crusoes (Classic Reprint) Edward Roper. (ENG., Illus.). (J). 2018. 346p. 31.03 *(978-0-483-62987-5(1))*; 2017. pap. 13.57 *(978-0-243-30398-4(X))* Forgotten Bks.

Ice Bound, Vol. 2 of 3 (Classic Reprint) Walter Thornbury. 2018. (ENG., Illus.). 330p. (J). 30.70 *(978-0-483-34016-9(2))* Forgotten Bks.

I

Ice Bound, Vol. 3 of 3 (Classic Reprint) Walter Thornbury. 2018. (ENG., Illus.). 318p. (J). 30.46 *(978-0-484-88439-6(5))* Forgotten Bks.

Ice Boy. David Ezra Stein. Illus. by David Ezra Stein. (ENG., Illus.). (J). (gr. -1-2). 2019. 32p. 7.99 *(978-1-5362-0893-1(0))*; 2017. 40p. 15.99 *(978-0-7636-8203-3(9))* Candlewick Pr.

Ice Boy. David Ezra Stein. 2017. (Illus.). 32p. (J). *(978-1-4063-7691-3(4))* Candlewick Pr.

Ice Breaker: How Mabel Fairbanks Changed Figure Skating. Rose Viña. Illus. by Claire Almon. 2019. (She Made History Ser.). (ENG.). 32p. (J). (gr. -1-3). 16.99 *(978-0-8075-3496-0(X)*, 080753496X) Whitman, Albert & Co.

Ice Breaking: The Adventures of Clementine the Rescue Dog. Illus. by Kyle Torke & Barbara Torke. 2018. 40p. (J). pap. *(978-1-61599-379-6(7))* Loving Healing Pr., Inc.

Ice Castle. Holly Anna. Illus. by Genevieve Santos. 2017. (Daisy Dreamer Ser.: 5). (ENG.). 128p. (J). (gr. k-4). 17.99 *(978-1-4814-9893-7(2))*; pap. 6.99 *(978-1-4814-9892-0(4))* Little Simon. (Little Simon).

Ice Chips 1-4 Paperback Box Set: Ice Chips & the Magical Rink; Ice Chips & the Haunted Hurricane; Ice Chips & the Invisible Puck; Ice Chips & the Stolen Puck. Roy MacGregor & Kerry MacGregor. Illus. by Kim Smith. 2021. (Ice Chips Ser.: 1-4). (ENG.). 672p. (J). (gr. 1-3). pap. 31.99 *(978-1-4434-6192-4(X)*, HarperCollins) HarperCollins Pubs.

Ice Chips & the Grizzly Escape. Roy MacGregor & Kerry MacGregor. Illus. by Kim Smith. (ENG.). 240p. (J). (gr. 1-3). 2022. pap. 6.99 *(978-1-4434-6431-4(7))*; 2021. 13.50 *(978-1-4434-6002-6(8))* HarperCollins Pubs. (HarperCollins).

Ice Chips & the Haunted Hurricane: Ice Chips Series. Roy MacGregor & Kerry MacGregor. Illus. by Kim Smith. 2020. (Ice Chips Ser.). (ENG.). (J). (gr. 1-3). pap. 6.99 *(978-1-4434-5964-8(X)*, HarperCollins) HarperCollins Pubs.

Ice Chips & the Haunted Hurricane: Ice Chips Series Book 2. Roy MacGregor & Kerry MacGregor. Illus. by Kim Smith. 2020. (Ice Chips Ser.). (ENG.). 176p. (J). (gr. 1-3). pap. 7.99 *(978-1-4434-5232-8(7)*, Harper Trophy) HarperCollins Pubs.

Ice Chips & the Invisible Puck: Ice Chips Series. Roy MacGregor & Kerry MacGregor. Illus. by Kim Smith. 2020. (ENG.). (J). (gr. 1-3). pap. 6.99 *(978-1-4434-6275-4(6)*, HarperCollins) HarperCollins Pubs.

Ice Chips & the Invisible Puck: Ice Chips Series Book 3. Roy MacGregor & Kerry MacGregor. Illus. by Kim Smith. 2020. (Ice Chips Ser.). (ENG.). 176p. (J). (gr. 1-3). pap. 7.99 *(978-1-4434-5235-9(1)*, Harper Trophy) HarperCollins Pubs.

Ice Chips & the Magical Rink: Ice Chips Series. Roy MacGregor & Kerry MacGregor. Illus. by Kim Smith. 2019. (Ice Chips Ser.). (ENG.). 144p. (J). (gr. 1-3). pap. 6.99 *(978-1-4434-5963-1(1)*, HarperCollins) HarperCollins Pubs.

Ice Chips & the Stolen Cup. Roy MacGregor & Kerry MacGregor. Illus. by Kim Smith. 2021. (ENG.). (J). pap. 6.99 *(978-1-4434-6308-9(6)*, HarperCollins) HarperCollins Pubs.

Ice Clash. Jake Maddox & Jake Maddox. Illus. by Katie Wood. 2021. (Jake Maddox Girl Sports Stories Ser.). (ENG.). 72p. (J). 25.32 *(978-1-6639-1083-7(9)*, 212845); pap. 5.95 *(978-1-6639-2187-1(3)*, 212827) Capstone. (Stone Arch Bks.).

Ice Climbing, 1 vol. Hal Garrison. 2017. (Daredevil Sports Ser.). (ENG.). 32p. (J). (gr. 1-2). pap. 11.50 *(978-1-5382-1117-5(3)*, 0ebd39d2-28de-4be0-801a-e539fe4e413c) Stevens, Gareth Publishing LLLP.

Ice Cream. Jan Bernard. 2016. (J). *(978-1-4896-4533-3(0))* Weigl Pubs., Inc.

Ice Cream. Clara Cella. 2022. (Sweet Life Ser.). (ENG., Illus.). 24p. (J). (gr. k-2). lib. bdg. 26.65 *(978-1-62920-943-2(0)*, bff0fe33-c875-4281-bc6d-320a2b2bd30b) Full Tilt Pr. NZL. Dist: Lerner Publishing Group.

Ice Cream. Christina Leaf. 2020. (Our Favorite Foods Ser.). (ENG.). 24p. (J). (gr. k-3). lib. bdg. 26.95 *(978-1-64487-145-4(9)*, Blastoff! Readers) Bellwether Media.

Ice Cream. Derek Miller. 2019. (Making of Everyday Things Ser.). (ENG.). 24p. (gr. 1-1). 49.32 *(978-1-5026-4691-0(9))* Cavendish Square Publishing LLC.

Ice-Cream Alley: A Novel (Classic Reprint) Henry Albert Collins. 2018. (ENG., Illus.). 224p. (J). 28.62 *(978-0-484-42558-2(7))* Forgotten Bks.

Ice Cream & Dinosaurs (Groovy Joe #1) Eric Litwin. Illus. by Tom Lichtenheld. 2016. (Groovy Joe Ser.: 1). (ENG.). 40p. (J). (gr. -1-k). 17.99 *(978-0-545-88378-8(4)*, Orchard Bks.) Scholastic, Inc.

Ice Cream & Sweet Dreams. Coco Simon. 2020. (Sprinkle Sundays Ser.: 12). (ENG.). 160p. (J). (gr. 3-7). 17.99 *(978-1-5344-8081-0(1))*; pap. 6.99 *(978-1-5344-8080-3(3))* Simon Spotlight. (Simon Spotlight).

Ice Cream Bop. Bonnie Tarbert. 2022. (ENG.). 22p. (J). pap. 13.99 ***(978-1-0880-4020-1(9))*** Indy Pub.

Ice Cream Caper. Steve Korté. Illus. by Art Baltazar. 2020. (Amazing Adventures of the DC Super-Pets Ser.). (ENG.). 32p. (J). (gr. k-2). pap. 6.95 *(978-1-5158-7323-5(4)*, 201628); lib. bdg. 22.65 *(978-1-5158-7178-1(9)*, 200568) Capstone. (Picture Window Bks.).

Ice Cream Cones. Catherine C. Finan. 2023. (Oops! Accidental Inventions Ser.). (ENG.). 24p. (J). (gr. k-1). lib. bdg. 26.99 Bearport Publishing Co., Inc.

Ice Cream Cones. Penelope S. Nelson. 2019. (Favorite Foods Ser.). (ENG., Illus.). 24p. (J). (gr. 1-1). pap. 8.95 *(978-1-64185-561-7(4)*, 1641855614) North Star Editions.

Ice Cream Cones. Penelope S. Nelson. 2018. (Favorite Foods Ser.). (ENG., Illus.). 24p. (J). (gr. k-3). lib. bdg. 31.36 *(978-1-5321-6190-2(5)*, 30163, Pop! Cody Koala) Pop!.

Ice Cream Face. Heidi Woodward Sheffield. Illus. by Heidi Woodward Sheffield. 2022. (Illus.). 32p. (J). (-k). 18.99 *(978-0-525-51848-8(7)*, Nancy Paulsen Books) Penguin Young Readers Group.

Ice Cream for Breakfast. Casey Gillespie. 2020. (ENG.). 28p. (J). 18.00 *(978-0-6450118-1-4(9))*; pap. 12.00 *(978-0-6450118-0-7(0))* Primedia eLaunch LLC.

Ice Cream for Everyone: Life's Fun with Variety! Everley Hart. Illus. by Nyrryl Cadiz. 2023. (ENG.). 24p. (J). (-k). bds. 9.99 ***(978-1-83903-694-1(X))*** Igloo Bks. GBR. Dist: Simon & Schuster, Inc.

Ice Cream Igloo. Judy Arrington. Illus. by Smita Dasgupta. 2023. (ENG.). 32p. (J). pap. 12.99 ***(978-1-0880-7187-8(2))*** Indy Pub.

Ice Cream Land. Villy Lianou. Illus. by Dima. 2016. (ENG.). (J). pap. *(978-618-5232-36-8(7))* Fylatos, Ekdoseis.

Ice Cream Machine. Adam Rubin. (ENG., Illus.). (J). (gr. 3-7). 2023. 432p. 9.99 *(978-0-593-32580-3(X))*; 2022. 384p. 17.99 *(978-0-593-32579-7(6))* Penguin Young Readers Group. (G.P. Putnam's Sons Books for Young Readers).

Ice Cream Queen. Coco Simon. 2020. (Sprinkle Sundays Ser.: 11). (ENG.). 160p. (J). (gr. 3-7). pap. 6.99 *(978-1-5344-7116-0(2))*; 17.99 *(978-1-5344-7117-7(0))* Simon Spotlight. (Simon Spotlight).

Ice Cream Sandwiched. Coco Simon. 2018. (Sprinkle Sundays Ser.: 4). (ENG.). 160p. (J). (gr. 3-7). 17.99 *(978-1-5344-2449-4(0))*; (Illus.). pap. 6.99 *(978-1-5344-2448-7(2))* Simon Spotlight. (Simon Spotlight).

Ice Cream Soup. Ann Ingalls. 2021. (Step into Reading Ser.). (ENG., Illus.). 32p. (J). (gr. -1-1). pap. 5.99 *(978-0-593-43242-6(8)*, Random Hse. Bks. for Young Readers) Random Hse. Children's Bks.

Ice Cream Summer. Megan Atwood. Illus. by Natalie Andrewson. 2017. (Orchard Novel Ser.: 1). (ENG.). 272p. (J). (gr. 2-6). 12.99 *(978-1-4814-9047-4(8)*, Aladdin) Simon & Schuster Children's Publishing.

Ice Cream Truck at Midnight: Stories & Sketches. Ken Priebe. 2021. (ENG.). 58p. (J). *(978-1-7752559-4-9(8))* Priebelieving Pr.

Ice Cream Truck Chase. Amy Joy. 2019. (ENG., Illus.). 30p. (J). 22.95 *(978-1-64471-908-4(8))*; pap. 12.95 *(978-1-64300-829-5(3))* Covenant Bks.

Ice Cream Vanishes. Julia Sarcone-Roach. 2023. 40p. (J). (gr. -1-2). 18.99 *(978-0-593-30985-8(5))*; (ENG.). lib. bdg. 21.99 *(978-0-593-30986-5(3))* Random Hse. Children's Bks. (Knopf Bks. for Young Readers).

Ice Cycle: Poems about the Life of Ice. Maria Gianferrari. Illus. by Jieting Chen. 2022. (ENG.). 32p. (J). (gr. k-3). lib. bdg. 20.99 *(978-1-7284-3660-9(5)*, 0d95075e-de86-4274-956f-112709819d1d, Millbrook Pr.) Lerner Publishing Group.

Ice Dancing. Claire Throp. 2017. (Figure Skating Ser.). (ENG., Illus.). 32p. (J). (gr. 3-9). lib. bdg. 28.65 *(978-1-5157-8185-1(2)*, 136156, Capstone Pr.) Capstone.

Ice Escape. Beatrice Hale. 2021. (ENG.). 240p. (J). pap. *(978-1-910926-65-9(5))* Kellas Cat Pr., The.

Ice Fishing. Diane Bailey. 2023. (Searchlight Books (tm) — Hunting & Fishing Ser.). (ENG., Illus.). 32p. (J). (gr. 3-5). pap. 9.99 Lerner Publishing Group.

Ice Fishing. Kerri Mazzarella. 2022. (Let's Go Fish Ser.). (ENG.). 32p. (J). (gr. 3-9). pap. *(978-1-0396-6235-3(8)*, 20453); lib. bdg. *(978-1-0396-6040-3(1)*, 20452) Crabtree Publishing Co. (Crabtree Branches).

Ice Garden. Guy Jones. 2019. (ENG.). 272p. (J). (gr. 3-7). 17.99 *(978-1-338-28533-8(5)*, Chicken Hse., The) Scholastic, Inc.

Ice Giant. Linda Chapman. Illus. by Mirelle Ortega. 2021. (Mermaids Rock Ser.: 3). (ENG.). 160p. (J). (gr. 1-4). pap. 6.99 *(978-1-6643-4001-5(7))* Tiger Tales.

Ice Giant. Giulietta Spudich. 2019. (J). 14.99 *(978-1-947854-47-5(X))* Handersen Publishing.

Ice Giant, 3. Linda Chapman. ed. 2022. (Mermaids Rock Ser.). (ENG., Illus.). 139p. (J). (gr. 2-3). 19.46 *(978-1-68505-147-1(2))* Penworthy Co., LLC, The.

Ice Hockey. Ellen Labrecque. 2018. (21st Century Skills Library: Global Citizens: Olympic Sports Ser.). (ENG., Illus.). 32p. (J). (gr. 4-7). pap. 14.21 *(978-1-5341-0851-6(3)*, 210768); lib. bdg. 32.07 *(978-1-5341-0752-6(5)*, 210767) Cherry Lake Publishing.

Ice Hockey: Science on Ice, 1 vol. Barbara M. Linde. 2017. (Science Behind Sports Ser.). (ENG.). 112p. (gr. 7-7). lib. bdg. 41.03 *(978-1-5345-6113-7(7)*, 7d175cbe-e878-4cf0-8ed9-0878ff74b811, Lucent Pr.) Greenhaven Publishing LLC.

Ice Hockey & Curling. Laura Hamilton Waxman. 2017. (Winter Olympic Sports Ser.). (ENG., Illus.). 32p. (J). (gr. 2-5). 20.95 *(978-1-68151-149-8(5)*, 14693) Amicus.

Ice, Ice, Puggy. Sara Miller. ed. 2018. (World of Reading Ser.). (ENG.). 32p. (J). (gr. -1-1). 13.89 *(978-1-64310-597-0(3))* Penworthy Co., LLC, The.

Ice in the Jungle. Ariane Hofmann-Maniyar. Illus. by Ariane Hofmann-Maniyar. 2016. (Child's Play Library). (Illus.). 32p. (J). pap. *(978-1-84643-730-4(X))* Child's Play International Ltd.

Ice King: And the Sweet South Wind (Classic Reprint) Caroline H. Butler. 2018. (ENG., Illus.). 196p. (J). 27.94 *(978-0-484-43293-1(1))* Forgotten Bks.

Ice Lens: A Four-ACT Play on College Morals (Causes & Consequences) (Classic Reprint) George Frederick Gundelfinger. 2018. (ENG., Illus.). 148p. (J). 26.97 *(978-0-365-38892-0(0))* Forgotten Bks.

Ice-Maiden: Translated from the Danish by Mrs. Bushby (Classic Reprint) Hans Christian Anderson. 2018. (ENG., Illus.). 192p. (J). 27.86 *(978-0-267-26902-0(1))* Forgotten Bks.

Ice-Maiden, & Other Tales (Classic Reprint) Hans Christian Anderson. 2017. (ENG., Illus.). (J). 27.88 *(978-0-266-71322-7(X))*; pap. 10.57 *(978-1-5276-6708-2(1))* Forgotten Bks.

Ice Maiden's Tale. Lisa Preziosi. 2017. (ENG., Illus.). 300p. (J). (gr. 5-12). pap. 14.99 *(978-1-5324-0231-9(7))* Xist Publishing.

Ice Maze: The Kingdom of the Lost Book 3. Isobelle Carmody. 2020. (Kingdom of the Lost Book Ser.: 3). (Illus.). 352p. (J). (gr. 1-6). 16.99 *(978-0-14-378748-8(9)*, Puffin) Penguin Random Hse. AUS. Dist: Independent Pubs. Group.

Ice Monster. David Walliams. 2021. (ENG.). (J). (gr. 3-7). 368p. pap. 7.99 *(978-0-06-256112-1(X))*; (Illus.). 352p. 17.99 *(978-0-06-256111-4(1))* HarperCollins Pubs. (HarperCollins).

Ice Mummies. Joyce Markovics. 2021. (Unwrapped: Marvelous Mummies Ser.). (ENG., Illus.). 24p. (J). (gr. 2-4). lib. bdg. 30.64 *(978-1-5341-8042-0(7)*, 218448) Cherry Lake Publishing.

Ice Orphan of Ganymede. Leonardo Ramirez. 2018. (Jupiter Chronicles Ser.: Vol. 2). (ENG., Illus.). 270p. (J). (gr. 3-5). pap. 10.99 *(978-0-692-14045-1(X))* Beyond Bks.

Ice-Out. Mary Casanova. (ENG., Illus.). 264p. 2017. pap. 11.95 *(978-1-5179-0211-7(8))*; 2016. (YA). 16.95 *(978-0-8166-9417-4(6))* Univ. of Minnesota Pr.

Ice Palace Sticker Activity Book. John Kurtz. 2016. (Dover Little Activity Books Stickers Ser.). (ENG.). 4p. (J). (gr. k-2). pap. 1.99 *(978-0-486-80528-3(X)*, 80528X) Dover Pubns., Inc.

Ice! Poems about Polar Life. Douglas Florian. 2020. (Illus.). 48p. (J). (gr. 2-5). 17.99 *(978-0-8234-4101-3(6))* Holiday Hse., Inc.

Ice Queen: Exploring Icebergs & Glaciers. Anna Prokos. Illus. by Jamie Tablason. ed. 2017. (Imagine That! Ser.). (ENG.). 32p. (J). (gr. 2-4). E-Book 39.99 *(978-1-63440-161-6(1))* Red Chair Pr.

Ice Raft (Classic Reprint) Clara F. Guernsey. (ENG., Illus.). (J). 2017. 292p. 29.94 *(978-0-484-72790-7(7))*; 2016. pap. 13.57 *(978-1-333-53100-3(1))* Forgotten Bks.

Ice Rink Rookie. Jake Maddox. Illus. by Katie Wood. 2018. (Jake Maddox Girl Sports Stories Ser.). (ENG.). 72p. (J). (gr. 3-6). lib. bdg. 25.32 *(978-1-4965-5848-0(0)*, 136933, Stone Arch Bks.) Capstone.

Ice Road Truckers. Clara Cella. 2023. (Dangerous Jobs (UpDog Books (tm)) Ser.). (ENG., Illus.). 24p. (J). (gr. 3-5). pap. 9.99 *(978-1-7284-8621-5(1)*, 2a9785c9-e802-4bec-bbe4-e1a1c1c81dd9); lib. bdg. 30.65 *(978-1-7284-7554-7(6)*, e1b695a7-aa08-440c-b1f5-e0b40b3b2d3b) Lerner Publishing Group. (Lerner Pubns.).

Ice Roads, 1 vol. Michael Canfield. 2016. (Technology Takes on Nature Ser.). (ENG.). 32p. (J). (gr. 3-4). pap. 11.50 *(978-1-4824-5771-1(7)*, 39ed83eb-5af9-4d64-b5a7-c76e1c54a0b3) Stevens, Gareth Publishing LLLP.

Ice Storms. Rebecca Pettiford. 2020. (Natural Disasters Ser.). (ENG.). 24p. (J). (gr. k-3). lib. bdg. 26.95 *(978-1-64487-152-2(1)*, Blastoff! Readers) Bellwether Media.

Ice Storms. World Book. 2023. (Library of Natural Disasters Ser.). (ENG.). 58p. (J). pap. ***(978-0-7166-9482-3(4))*** World Bk.-Childcraft International.

Ice Tapestries. Aubie Brennan. 2018. (ENG., Illus.). 48p. (YA). pap. 12.95 *(978-1-64079-087-2(X))* Christian Faith Publishing.

Ice War. Brian Falkner. 2018. (Recon Team Angel Ser.: 3). (ENG., Illus.). 288p. (YA). pap. 14.99 *(978-0-6482879-5-7(5)*, Red Button Pr.) Lulu Pr., Inc.

Ice Whisperers. Helenka Stachera. 2021. (Illus.). 368p. (J). (gr. 4-7). 15.99 ***(978-0-241-49128-7(2)***, Puffin) Penguin Bks., Ltd. GBR. Dist: Independent Pubs. Group.

Ice Wolves (Elementals, #1) Amie Kaufman. 2018. (ENG., Illus.). 432p. *(978-1-4607-5527-3(8))* Harper & Row Ltd.

Ice Zombies. Linda Jakubowski. 2020. (ENG.). 120p. (J). pap. *(978-0-578-24250-7(8))* WORDIT CONTENT DESIGN AND EDITING SERVICES PVT LTD.

Iceberg. Jennifer A. Nielsen. 2023. (ENG.). 352p. (J). (gr. 3-7). 17.99 *(978-1-338-79502-8(3)*, Scholastic Pr.) Scholastic, Inc.

Iceberg: A Life in Seasons. Claire Saxby. Illus. by Jess Racklyeft. 2022. (ENG.). 30p. (J). (gr. -1-1). 19.99 *(978-1-77306-585-4(8))* Groundwood Bks. CAN. Dist: Publishers Group West (PGW).

Iceberg Family. Audbjorg Gjerde Lippert. Ed. by Olla Rypdal. Illus. by Tarjei Rypdal Eide. 2019. (ENG.). 48p. (J). *(978-82-690941-6-9(1))* Olla Forlag.

Icebergs. Ruth Owen. 2021. (Tell Me More! Science Ser.). (ENG., Illus.). 24p. (J). (gr. 2-5). pap. 9.99 *(978-1-78856-169-3(4)*, 11e488ce-f2f8-4487-9371-d10aa4f795ef); lib. bdg. 29.32 *(978-1-78856-168-6(6)*, 12ba878e-dff7-4804-9455-8a967fd95990) Ruby Tuesday Books Limited GBR. Dist: Lerner Publishing Group.

Icebergs & Glaciers: Revised Edition. Seymour Simon. 2018. (ENG., Illus.). 32p. (J). (gr. 1-5). 17.99 *(978-0-06-247039-3(6))*; pap. 7.99 *(978-0-06-247038-6(8))* HarperCollins Pubs. (HarperCollins).

Iceblade. Jay Aspen. 2021. (Dance of Fire & Shadow Ser.: Vol. 2). (ENG.). 230p. (J). pap. ***(978-1-8382725-2-4(6))*** Sandfire Publishing Ltd.

Icebreaker. A. L. Graziadei. 2022. (ENG.). 320p. (YA). 18.99 *(978-1-250-77711-9(9)*, 900235217, Holt, Henry & Co. Bks. For Young Readers) Holt, Henry & Co.

Icebreakers, 1 vol. Nick Veronica. 2016. (Technology Takes on Nature Ser.). (ENG.). 32p. (J). (gr. 3-4). pap. 11.50 *(978-1-4824-5779-7(2)*, b5c65c17-0975-47dd-af56-55b71edc9860) Stevens, Gareth Publishing LLLP.

Iced Water Seller. Mariska Araba Taylor-Darko. 2017. (ENG.). 60p. (J). pap. *(978-9988-2-0130-2(3))* Ghana Library Board.

Icedome #3. D. S. Weissman. 2016. (ENG., Illus.). (YA). (gr. 8-12). pap. 12.99 *(978-1-68076-682-0(1)*, Epic Pr.) ABDO Publishing Co.

Iceland. Alicia Z. Klepeis. 2020. (Country Profiles Ser.). (ENG., Illus.). 32p. (J). (gr. 3-8). lib. bdg. 27.95 *(978-1-64487-253-6(6)*, Blastoff! Readers) Bellwether Media.

Iceland, 1 vol. Debbie Nevins et al. 3rd enl. rev. ed. 2016. (Cultures of the World (Third Edition)(r) Ser.). (ENG., Illus.). 144p. (J). (gr. 5-5). lib. bdg. 48.79 *(978-1-5026-2218-1(1)*, 5e6140f8-6d25-4060-a7e2-27cfd0a8dad5) Cavendish Square Publishing LLC.

Iceland: Its Scenes & Sagas (Classic Reprint) Sabine Baring-Gould. (ENG., Illus.). (J). 2017. 35.45 *(978-0-266-64377-7(9))*; 2016. pap. 19.57 *(978-1-334-13598-9(3))* Forgotten Bks.

Iceland (Classic Reprint) Disney Leith. 2018. (ENG., Illus.). 110p. (J). 26.17 *(978-0-267-65485-7(5))* Forgotten Bks.

Iceland Fisherman. Pierre Loti. 2019. (ENG.). 288p. (J). pap. *(978-1-7948-0942-0(2))*; ***(978-1-7948-0944-4(9))*** Lulu Pr., Inc.

Iceland Fisherman: Pecheur Her a Story of Love on Land & Sea Author (Classic Reprint) Pierre Loti. 2017. (ENG., Illus.). (J). 30.50 *(978-0-265-43712-4(1))* Forgotten Bks.

Iceland Fisherman (Classic Reprint) Pierre Loti. 2018. (ENG., Illus.). 258p. (J). 29.22 *(978-0-483-47626-4(9))* Forgotten Bks.

Iceland Fisherman (Classic Reprint) Pierre Loti. (ENG., Illus.). (J). 2018. 338p. 30.95 *(978-0-666-31199-3(4))*; 2017. pap. 13.57 *(978-0-243-86304-4(7))* Forgotten Bks.

Iceland Horseback Tours in Saga Land (Classic Reprint) Waterman Spaulding Chapman Russell. 2017. (ENG., Illus.). (J). 31.28 *(978-0-265-37849-6(4))* Forgotten Bks.

Iceland Poppies. Katherine Smith. 2017. (ENG., Illus.). (J). (gr. 3-7). pap. 11.95 *(978-1-947247-02-4(6))* Yorkshire Publishing Group.

Icelander's Sword: Or the Story of Oraefa-Dal (Classic Reprint) S. Baring-Gould. 2017. (ENG., Illus.). (J). 28.74 *(978-1-5285-7985-8(2))* Forgotten Bks.

Icelandic Fairy Tales (Classic Reprint) A. W. Hall. 2016. (ENG., Illus.). (J). pap. 13.57 *(978-1-333-77529-2(6))* Forgotten Bks.

Icelandic Fairy Tales (Classic Reprint) Angus W. Hall. 2017. (ENG., Illus.). (J). 30.70 *(978-0-265-46312-3(2))* Forgotten Bks.

Icelandic Legends (Classic Reprint) Jon Arnason. (ENG., Illus.). (J). 2018. 298p. 30.06 *(978-0-331-55658-2(8))*; 2017. 30.97 *(978-0-331-92718-4(7))*; 2017. pap. 13.57 *(978-0-259-41199-4(X))*; 2017. pap. 13.57 *(978-0-259-26779-9(1))* Forgotten Bks.

Iceman: A Farce in One Act (Classic Reprint) Lawrence Ditto Young. 2018. (ENG., Illus.). 30p. (J). 24.52 *(978-0-267-49679-2(6))* Forgotten Bks.

Icengard. M. T. Boulton. 2017. (ENG., Illus.). (J). pap. 5.83 *(978-1-326-90738-9(7))* Lulu Pr., Inc.

Ich Esse Gerne Obst und Gemüse (German Children's Book) I Love to Eat Fruits & Vegetables. Shelley Admont & S. a Publishing. 2018. (German Bedtime Collection). (GER., Illus.). 32p. (J). (gr. k-3). *(978-1-5259-0667-1(4))* Kidkiddos Bks.

Ich Kann Nicht Reden. Roman. Milena Reinecke. 2016. (GER.). 270p. (J). pap. ***(978-1-326-54859-9(X))*** Lulu Pr., Inc.

Ich Schlafe Gern in Meinem Eigenen Bett: I Love to Sleep in My Own Bed - German Edition. Shelley Admont & Kidkiddos Books. 2nd ed. 2019. (German Bedtime Collection). (GER., Illus.). 36p. (J). (gr. k-3). pap. *(978-1-5259-1651-9(3))* Kidkiddos Bks.

Ichiro. Ryan Inzana. 2020. (ENG., Illus.). 288p. (J). (gr. 7). pap. 17.99 *(978-0-358-23840-9(4)*, 1767752, Clarion Bks.) HarperCollins Pubs.

Ichiro Suzuki: A League of His Own, 1 vol. Budd Bailey. 2017. (At the Top of Their Game Ser.). (ENG., Illus.). 128p. (YA). (gr. 9-9). 44.50 *(978-1-5026-2760-5(4)*, d78384e8-545a-4d4c-87f9-bdbdc4ed3a13) Cavendish Square Publishing LLC.

Ichiro Suzuki: Baseball's Most Valuable Player, 1 vol. David Aretha. 2016. (Influential Asians Ser.). (ENG., Illus.). 128p. (gr. 6-7). 38.93 *(978-0-7660-7902-1(3)*, 56be0498-d7aa-45ff-b8eb-c95989756d53) Enslow Publishing, LLC.

Ichthyosaurs. Kate Moening. Illus. by Mat Edwards. 2023. (Ancient Marine Life Ser.). (ENG.). (J). (gr. 3-7). pap. 8.99 Bellwether Media.

Ichthyosaurs. Contrib. by Kate Moening. 2023. (Ancient Marine Life Ser.). (ENG., Illus.). (J). (gr. 3-7). lib. bdg. 26.95 Bellwether Media.

Icicle Illuminarium. N. J. Gemmell. 2016. (Kensington Reptilarium Ser.: 2). 336p. (J). (gr. 4-7). 12.99 *(978-0-85798-567-5(1))* Random Hse. Australia AUS. Dist: Independent Pubs. Group.

¡Citado! Identificar la Informacion Creible en Linea (Cited! Identifying Credible Information Online), 1 vol. Larry Gerber. Tr. by Alberto Jiménez. 2017. (Cultura Digital y de la Información (Digital & Information Literacy) Ser.). (SPA.). 48p. (J). (gr. 6-6). lib. bdg. 33.47 *(978-1-4994-3965-6(2)*, 73579c2b-8d4c-48af-9f69-8822ebe4a0be, Rosen Reference) Rosen Publishing Group, Inc., The.

¡Citado! Identificar la Información Creible en Linea (Cited! Identifying Credible Information Online), 1 vol. Larry Gerber. Tr. by Alberto Jiménez. 2017. (Cultura Digital y de la Información (Digital & Information Literacy) Ser.). (SPA.). 48p. (J). (gr. 6-6). pap. 12.75 *(978-1-4994-3977-9(6)*, 1727b6c8-40d5-43ab-96b4-4e6a1fc3170d, Rosen Reference) Rosen Publishing Group, Inc., The.

Ick! Delightfully Disgusting Animal Dinners, Dwellings, & Defenses. Melissa Stewart. 2020. (Illus.). 112p. (J). (gr. 3-7). pap. 14.99 *(978-1-4263-3746-8(9))*; (ENG., lib. bdg. 24.90 *(978-1-4263-3747-5(7))* Disney Publishing Worldwide. (National Geographic Kids).

Ick Erros. Cal Devney. Illus. by Veronika Hipolito. 2022. (ENG.). 88p. (J). ***(978-0-2288-6529-2(8))***; pap. ***(978-0-2288-6528-5(X))*** Tellwell Talent.

Ickabog, 1 vol. J. K. Rowling. 2020. (ENG.). 304p. (J). (gr. 3-3). 26.99 *(978-1-338-73287-0(0))* Scholastic, Inc.

Ickabog / the Ickabog. J. K. Rowling. 2021. (SPA.). 352p. (J). (gr. 3-7). pap. 18.95 *(978-607-31-9774-8(8))* Publicaciones y Ediciones Salamandra, S.A. ESP. Dist: Penguin Random Hse. LLC.

Icknield Way (Classic Reprint) Edward Thomas. 2017. (ENG., Illus.). (J). 30.91 *(978-1-5279-4538-8(3))* Forgotten Bks.

Ick's Bleh Day (Book 1), Bk. 1. Wiley Blevins. Illus. by Jim Paillot. 2017. (Funny Bone Books (tm) First Chapters — Ick & Crud Ser.). (ENG.). 32p. (J). (gr. k-2). pap. 6.99 *(978-1-63440-188-3(3)*, 66fa8262-994a-4801-9698-cf6cc2832e89); lib. bdg. 19.99 *(978-1-63440-185-2(9)*, 6e6ce89e-5171-4843-ab93-6f711d4f4a1c) Red Chair Pr.

Icky. Genevieve Sipperley. 2021. (ENG.). 120p. (YA). pap. ***(978-1-387-84201-8(3))*** Lulu Pr., Inc.

Icky Insects, 1 vol. Margaret J. Anderson. 2018. (Creepy, Kooky Science Ser.). (ENG.). 48p. (gr. 5-5). 29.60 *(978-1-9785-0449-3(7)*, 140e8728-7814-40b7-8e25-d2eef46af9b3) Enslow Publishing, LLC.

Icky Sticky Readers: Splendid Sea Creatures (Scholastic Reader, Level 2) Laaren Brown. 2017. (Scholastic Reader, Level 2 Ser.). (ENG.). 32p. (J). (gr. 1-3). pap. 4.99 *(978-1-338-14416-1(2))* Scholastic, Inc.

982

The check digit for ISBN-10 appears in parentheses after the full ISBN-13

Icky, Sticky Slime! Ready-To-Read Level 2. Ximena Hastings. Illus. by Alison Hawkins. 2022. (Super Gross Ser.). (ENG.). 32p. (J). (gr. k-2). 17.99 *(978-1-6659-1348-5(7))*; pap. 4.99 *(978-1-6659-1347-8(9))* Simon Spotlight. (Simon Spotlight).

Iconic America (Set), 6 vols. 2019. (Iconic America Ser.). (ENG.). 48p. (J). (gr. 4-8). lib. bdg. 213.84 *(978-1-5321-9089-6(1)*, 33688) ABDO Publishing Co.

Iconic American Decades (Set), 8 vols. 2023. (Iconic American Decades Ser.). (ENG.). 112p. (YA). (gr. 6-12). lib. bdg. 330.88 ***(978-1-5321-9801-4(9)***, 41798, Essential Library) ABDO Publishing Co.

Iconic Magazine Covers: The Inside Stories Told by the People Who Made Them. Ian Birch. 2018. (ENG., Illus.). 256p. 49.95 *(978-0-2281-0117-8(4)*, 58f31083-8d63-4d3e-bdf1-0547990f02bb) Firefly Bks., Ltd.

Iconologia: Or, Moral Emblems (Classic Reprint) Cesare Ripa. 2016. (ENG., Illus.). (J). 16.57 *(978-1-334-99709-9(8))* Forgotten Bks.

Iconologia: Overo Descrittione Di Diverse Imagini Cauate Dall'antichita, et Di Propria Inuentione (Classic Reprint) Cesare Ripa. 2018. (ITA., Illus.). 552p. (J). pap. 19.57 *(978-0-483-09262-4(2))* Forgotten Bks.

Icy. Juniata Rogers. 2019. (Eye on the Sky Ser.). (ENG.). 24p. (J). (gr. -1-2). lib. bdg. 32.79 *(978-1-5038-2788-2(7)*, 212595) Child's World, Inc, The.

Icy Day. Spencer Brinker. 2018. (Weather Watch Ser.). (ENG.). 16p. (J). (gr. -1-1). 6.99 *(978-1-64280-139-2(9))*; (Illus.). 16.96 *(978-1-68402-998-3(8))* Bearport Publishing Co., Inc.

Icy Hooves. Tiffany Pressler. 2021. (ENG.). 28p. (J). 14.99 *(978-1-956696-01-1(6))*; pap. 9.99 *(978-1-956696-00-4(8))* Rushmore Pr. LLC.

Icy Rescue. Brooke Vitale. 2020. (Care Bears: Unlock the Magic Ser.). (ENG.). 24p. (J). (-k). pap. 5.99 *(978-0-593-22220-1(2)*, Penguin Young Readers Licenses) Penguin Young Readers Group.

I'd Like to Be the Window for a Wise Old Dog. Philip C. Stead. 2022. (ENG., Illus.). 48p. (J). (gr. -1-2). lib. bdg. 21.99 *(978-0-593-37509-9(2)*, Doubleday Bks. for Young Readers) Random Hse. Children's Bks.

I'd Like to Know the Place That You Go? Stephen Breen. Illus. by Hiruni Kariyawasam. (ENG.). 38p. (J). 2022. pap. 9.00 *(978-1-0880-3265-7(6))*; 2021. 16.99 *(978-1-0879-8488-9(2))* Indy Pub.

I'd Rather Be a Dragon. Katie Newell. 2016. (ENG., Illus.). (J). *(978-1-62586-054-5(4))* JPL Consulting.

I'd Rather Be a Mermaid. Ej Manchester-Murphy. 2022. (ENG., Illus.). 28p. (J). pap. 13.95 *(978-1-6624-7322-7(2))* Page Publishing Inc.

I'd Rather Burn Than Bloom. Shannon C. F. Rogers. 2023. (ENG.). 320p. (YA). 19.99 *(978-1-250-84566-5(1)*, 900256901) Feiwel & Friends.

I'd Really Like to Eat a Child. Sylviane Donnio. 2018. (VIE.). (J). (gr. -1-2). pap. *(978-604-960-390-7(1))* Publishing Hse. of Writers's Assn.

I'd Tell You I Love You, but Then I'd Have to Kill You. Ally Carter. 2016. (Gallagher Girls Ser.: 1). (ENG.). 304p. (YA). (gr. 7-17). pap. 11.99 *(978-1-4847-8505-8(3))* Hyperion Bks. for Children.

I'd Tell You I Love You, but Then I'd Have to Kill You. Ally Carter. ed. 2016. (Gallagher Girls Ser.: 1). (J). lib. bdg. 20.85 *(978-0-606-39572-4(5))* Turtleback.

Ida. Alison Evans. 2017. (ENG.). 176p. (YA). (gr. 7). pap. 15.95 *(978-1-76040-438-3(1))* Bonnier Publishing GBR. Dist: Independent Pubs. Group.

Ida, Always. Caron Levis. Illus. by Charles Santoso. 2016. (ENG.). 40p. (J). (gr. -1-3). 19.99 *(978-1-4814-2640-4(0))* Simon & Schuster Children's Publishing.

Ida & the Whale. Rebecca Gugger. Illus. by Simon Röthlisberger. 2019. (ENG.). 32p. (J). (gr. -1-2). 17.95 *(978-0-7358-4341-7(4))* North-South Bks., Inc.

Ida & the World Beyond Mount Kaiserzipf. Linda Schwalbe. Tr. by David Henry Wilson. 2020. (ENG.). 64p. (J). (gr. -1-2). 18.95 *(978-0-7358-4420-9(8))* North-South Bks., Inc.

Ida B. Wells. Anastasia Magloire Williams. Illus. by Alleanna Harris. 2022. (It's Her Story Ser.). (ENG.). 42p. (J). (gr. 2-5). pap. 9.95 ***(978-1-64996-742-8(X)***, 17113, Sequoia Kids Media) Sequoia Children's Bks.

Ida B. Wells. Sara Spiller. Illus. by Jeff Bane. 2019. (My Early Library: My Itty-Bitty Bio Ser.). (ENG.). 24p. (J). (gr. k-1). pap. 12.79 *(978-1-5341-3928-2(1)*, 212541); lib. bdg. 30.64 *(978-1-5341-4272-5(X)*, 212540) Cherry Lake Publishing.

Ida B. Wells: Discovering History's Heroes. Diane Bailey. 2019. (Jeter Publishing Ser.). (ENG.). 160p. (J). (gr. 2-5). pap. 6.99 *(978-1-5344-2484-5(9)*, Aladdin) Simon & Schuster Children's Publishing.

Ida B. Wells: Discovering History's Heroes. Diane Bailey. 2019. (Jeter Publishing Ser.). (ENG.). 160p. (J). (gr. 2-5). E-Book *(978-1-5344-2486-9(5))*; (Illus.). 18.99 *(978-1-5344-2485-2(7))* Simon & Schuster/Paula Wiseman Bks. (Simon & Schuster/Paula Wiseman Bks.).

Ida B. Wells-Barnett: Suffragette & Social Activist, 1 vol. Naomi E. Jones. 2019. (African American Trailblazers Ser.). (ENG.). 128p. (gr. 9-9). pap. 22.16 *(978-1-5026-4560-9(2)*, cb519ffa-ab7a-438d-b1e0-9a25e98d89c7) Cavendish Square Publishing LLC.

Ida B. Wells-Barnett & the Crusade Against Lynching, 1 vol. Alison Morretta. 2016. (Primary Sources of the Civil Rights Movement Ser.). (ENG., Illus.). 64p. (gr. 6-6). 35.93 *(978-1-5026-1874-0(5)*, 44127a2f-3bba-4d97-985b-e0917805406e) Cavendish Square Publishing LLC.

Ida B. Wells, Voice of Truth: Educator, Feminist, & Anti-Lynching Civil Rights Leader. Michelle Duster. Illus. by Laura Freeman. 2022. (ENG.). 40p. (J). 18.99 *(978-1-250-23946-4(X)*, 900211238, Holt, Henry & Co. Bks. For Young Readers) Holt, Henry & Co.

Ida from Idaho & the Boise River Afternoon. Grace Witsil. 2019. (ENG., Illus.). 30p. (J). (gr. k-3). 22.99 *(978-0-578-47323-9(2))* Witsil, Grace.

Ida in the Middle. Nora Lester Murad. 2022. (ENG.). 224p. (YA). 19.95 *(978-1-62371-806-0(6)*, Crocodile Bks.) Interlink Publishing Group, Inc.

Ida Learns about Soccer. Tracilyn George. 2021. (ENG.). 22p. (J). pap. 11.00 *(978-1-77475-318-7(9))* Lulu Pr., Inc.

Ida Lewis Guards the Shore: Courageous Kid of the Atlantic. Jessica Gunderson. Illus. by Nadia Hsieh. 2020. (Courageous Kids Ser.). (ENG.). 32p. (J). (gr. 3-5). pap. 7.95 *(978-1-4966-8806-4(6)*, 201691); lib. bdg. 31.32 *(978-1-4966-8505-6(9)*, 200561) Capstone. (Capstone Pr.).

Ida May: A Story of Things Actual & Possible (Classic Reprint) Mary Langdon. 2018. (ENG., Illus.). 484p. (J). 33.88 *(978-0-428-94407-0(8))* Forgotten Bks.

Ida Norman, or Trials & Their Uses (Classic Reprint) Lincoln Phelps. (ENG., Illus.). (J). 2017. 29.47 *(978-0-331-86360-4(X))*; 2016. pap. 11.97 *(978-1-334-34487-9(6))* Forgotten Bks.

Ida, or the Mystery of the Nun's Grave at Vale Royal Abbey, Cheshire: An Historical Novel Giving a Pictorial Account of the Life of the Monks & Nuns in the Dissolved Monastic Institutions of Vale Royal Abbey, Norton Priory, Runcorn, & St. Mary's Nunne. John Henry Cooke. (ENG., Illus.). (J). 2017. 33.49 *(978-0-331-45218-1(9))*; 2016. pap. 16.57 *(978-1-334-12153-1(2))* Forgotten Bks.

Ida Randolph of Virginia. Caleb Harlan. 2017. (ENG.). 212p. (J). pap. *(978-3-337-27184-8(7))* Creation Pubs.

Ida Wells: Journalist & Activist. Duchess Harris & Samantha S. Bell. 2019. (Freedom's Promise Ser.). (ENG., Illus.). 48p. (J). (gr. 4-8). lib. bdg. 35.64 *(978-1-5321-1876-0(7)*, 32621) ABDO Publishing Co.

Ida Zeke. David Staves. 2019. (ENG.). 52p. (J). pap. 14.99 *(978-0-9600739-4-8(9))* Staves Creations.

Idaho, 1 vol. John Hamilton. 2016. (United States of America Ser.). (ENG., Illus.). 48p. (J). (gr. 5-9). 34.21 *(978-1-68078-314-8(9)*, 21613, Abdo & Daughters) ABDO Publishing Co.

Idaho. Ann Heinrichs. Illus. by Matt Kania. 2017. (U. S. A. Travel Guides). (ENG.). 40p. (J). (gr. 2-5). lib. bdg. 38.50 *(978-1-5038-1952-8(3)*, 211589) Child's World, Inc, The.

Idaho. Margaret Lawler. 2022. (Core Library of US States Ser.). (ENG.). 48p. (J). (gr. 4-8). lib. bdg. 35.64 *(978-1-5321-9753-6(5)*, 39597) ABDO Publishing Co.

Idaho. Angie Swanson & Bridget Parker. 2016. (States Ser.). (ENG., Illus.). 32p. (J). (gr. 3-6). lib. bdg. 27.99 *(978-1-5157-0398-3(3)*, 132010, Capstone Pr.) Capstone.

Idaho. Sarah Tieck. 2019. (Explore the United States Ser.). (ENG., Illus.). 32p. (J). (gr. 2-5). lib. bdg. 34.21 *(978-1-5321-9115-2(4)*, 33418, Big Buddy Bks.) ABDO Publishing Co.

Idaho: The Gem State. Jill Foran. (J). 2018. (ENG.). 50.00 *(978-1-4896-4853-2(4)*, AV2 by Weigl); 2016. *(978-1-4896-4851-8(8))* Weigl Pubs., Inc.

Idaho (a True Book: My United States) (Library Edition) Melissa McDaniel. 2018. (True Book (Relaunch) Ser.). (ENG., Illus.). 48p. (J). (gr. 3-5). 31.00 *(978-0-531-23558-4(0)*, Children's Pr.) Scholastic Library Publishing.

Idaho Centennial Carousel Coloring Book. Nicolle R. Murray. 2017. (ENG., Illus.). 52p. (J). pap. *(978-1-365-89902-7(0))* Lulu Pr., Inc.

Ida's Secret, or the Towers of Ickledale (Classic Reprint) Agnes Giberne. (ENG., Illus.). (J). 2018. 244p. 28.93 *(978-0-483-81953-5(0))*; 2017. pap. 11.57 *(978-0-243-41616-5(4))* Forgotten Bks.

Idea Jar. Adam Lehrhaupt. Illus. by Deb Pilutti. 2018. (ENG.). 40p. (J). (gr. -1-3). 18.99 *(978-1-4814-5166-6(9)*, Simon & Schuster/Paula Wiseman Bks.) Simon & Schuster/Paula Wiseman Bks.

Idea Makers: 15 Fearless Female Entrepreneurs. Lowey Bundy Sichol. 2022. (Women of Power Ser.: 2). 224p. (YA). (gr. 7). 16.99 *(978-1-64160-674-5(6))* Chicago Review Pr., Inc.

Idea of Fertilization in the Culture of the Pueblo Indians. Herman Karl Haeberlin. 2017. (ENG., Illus.). (J). pap. *(978-0-649-19659-3(7))* Trieste Publishing Pty Ltd.

Idea of Fertilization in the Culture of the Pueblo Indians: Submitted in Partial Fulfillment of the Requirements for the Degree of Doctor of Philosophy, in the Faculty of Philosophy, Columbia University (Classic Reprint) Herman Karl Haeberlin. 2018. (ENG., Illus.). 58p. (J). 25.09 *(978-0-483-55139-8(2))* Forgotten Bks.

IDEA33- a Resolution. Sheala Henke. 2017. (ENG., Illus.). 516p. (YA). (gr. 6-18). pap. 21.95 *(978-0-9912363-5-0(1))* SDH Publishing.

Ideal Artist a Novel, Vol. 2 of 3 (Classic Reprint) F. Bayford Harrison. 2018. (ENG., Illus.). (J). 30.10 *(978-0-331-98698-3(1))* Forgotten Bks.

Ideal Artist a Novel, Vol. 3 of 3 (Classic Reprint) F. Bayford Harrison. 2018. (ENG., Illus.). 310p. (J). 30.29 *(978-0-483-86496-2(X))* Forgotten Bks.

Ideal Artist, Vol. 1 Of 3: A Novel (Classic Reprint) F. Bayford Harrison. (ENG., Illus.). (J). 2018. 306p. 30.27 *(978-0-484-69962-4(8))*; 2016. pap. 13.57 *(978-1-333-38023-6(2))* Forgotten Bks.

Ideal Attained: Being the Story of Two Steadfast Souls, & How They Won Their Happiness & Lost It Not (Classic Reprint) Eliza W. Farnham. (ENG., Illus.). (J). 2017. 34.62 *(978-0-266-44049-9(5))*; 2016. pap. 16.97 *(978-1-334-15666-3(2))* Forgotten Bks.

Ideal Catholic Literary Readers, Vol. 1 (Classic Reprint) Unknown Author. (ENG., Illus.). (J). 2018. 388p. 31.90 *(978-0-666-01381-1(0))*; 2017. pap. 16.57 *(978-1-5276-1777-3(7))* Forgotten Bks.

Ideal Catholic Readers: Fifth Reader (Classic Reprint) Marcella Burns Hahner. 2018. (ENG., Illus.). (J). 308p. 30.27 *(978-0-332-35492-7(X))*; 310p. pap. 13.57 *(978-1-332-73828-1(1))* Forgotten Bks.

Ideal Catholic Readers: First Reader (Classic Reprint) Mary Domitilla. (ENG., Illus.). (J). 2017. 26.21 *(978-0-331-59425-6(0))*; 2016. pap. 9.57 *(978-1-334-13905-5(9))* Forgotten Bks.

Ideal Catholic Readers: Second Reader (Classic Reprint) Mary Domitilla. (ENG., Illus.). (J). 2018. 164p. 27.28 *(978-0-484-43360-0(1))*; 2017. pap. 9.97 *(978-0-259-30797-6(1))* Forgotten Bks.

Ideal Catholic Readers Fourth Reader (Classic Reprint) A. Sister of St Joseph. 2018. (ENG., Illus.). 294p. (J). 29.98 *(978-0-365-24349-6(3))* Forgotten Bks.

Ideal Speller (Classic Reprint) Edgar Lincoln Willard. (ENG., Illus.). (J). 2018. 172p. 27.46 *(978-0-656-91384-8(3))*; 2017. pap. 9.97 *(978-0-259-56304-4(8))* Forgotten Bks.

Ideal YouTube Planner: Worksheets & Goal Trackers to Build the YouTube Channel of Your Dreams. Figgy Farzan. 2021. (ENG.). 122p. (J). pap. 8.99 *(978-1-716-10424-4(6))* Lulu Pr., Inc.

Ideala (Classic Reprint) Sarah Grand. (ENG., Illus.). (J). 2018. 198p. 27.98 *(978-0-484-89729-7(2))*; 2016. pap. 10.57 *(978-1-334-26328-6(0))* Forgotten Bks.

Idealia, an Utopia Dream or Resthaven (Classic Reprint) H. Alfarata Chapman. (ENG., Illus.). (J). 2018. 92p. 25.81 *(978-0-656-97027-8(8))*; 2017. pap. 9.57 *(978-0-259-41679-1(7))* Forgotten Bks.

Ideals & Other Poems. Algernon. 2017. (ENG., Illus.). (J). pap. *(978-0-649-44273-7(3))* Trieste Publishing Pty Ltd.

Ideals for Girls (Classic Reprint) Hugh R. Haweis. (ENG., Illus.). (J). 2018. 152p. 27.03 *(978-0-483-96362-7(3))*; 2016. pap. 9.57 *(978-1-334-30528-3(5))* Forgotten Bks.

Ideas & Daily Life in the Muslim World Today, Vol. 8. Abdul Hakeem Tamer. Ed. by Camille Pecastaing. 2016. (Understanding Islam Ser.: Vol. 8). (ENG., Illus.). 112p. (J). (gr. 7-12). 25.95 *(978-1-4222-3671-0(4))* Mason Crest.

Ideas Brillantes Sobre la Luz: Leveled Reader Book 60 Level R 6 Pack. Hmh Hmh. 2021. (SPA.). 32p. (J). pap. 74.40 *(978-0-358-08540-9(3))* Houghton Mifflin Harcourt Publishing Co.

Ideas de Manualidades para niños de 9 años (Divertidas Actividades Artísticas y de Manualidades de Nivel Fácil a Intermedio para Niños) 28 Plantillas de Copos de Nieve: Divertidas Actividades Artísticas y de Manualidades de Nivel Fácil a Intermedio Para. James Manning. 2019. (Ideas de Manualidades para niños de 9 Años Ser.: Vol. 9). (SPA., Illus.). 58p. (J). (gr. 1-6). pap. *(978-1-83917-599-2(0))* West Suffolk CBT Service Ltd., The.

Ideas from Nature. Mary Lindeen. 2018. (BeginningtoRead Ser.). (ENG.). 32p. (J). (gr. -1-2). 22.60 *(978-1-59953-901-0(2))*; (gr. k-2). pap. 13.26 *(978-1-68404-148-0(1))* Norwood Hse. Pr.

Ideas Girl: BIFKIDS STORY #1 a SEARCHING PROBLEM. Matt Hart. Ed. by Charlotte Cline. Illus. by Jernej Gracner. 2020. (Bifkids Ser.: Vol. 1). (ENG.). 48p. (J). pap. 14.95 *(978-1-68418-356-2(1))* Primedia eLaunch LLC.

Idee de Dieu Dans la Critique Contemporaine (Classic Reprint) Elme Marie Caro. 2017. (FRE., Illus.). (J). 34.52 *(978-0-265-37296-8(8))*; pap. 16.57 *(978-0-282-76239-1(6))* Forgotten Bks.

Idée Pour PapiA Plan for Pops, 1 vol. Heather Smith. Tr. by Rachel Martinez from ENG. Illus. by Brooke Kerrigan. 2019. Orig. Title: A Plan for Pops. (FRE.). 32p. (J). (gr. -1-k). 19.95 *(978-1-4598-2205-4(6))* Orca Bk. Pubs. USA.

Identical Opposites: The Apocalypse Trilogy Book One. Wm T. Vick. 2018. (ENG., Illus.). 478p. (YA). 37.95 *(978-1-64298-158-2(3))*; pap. 23.95 *(978-1-64298-156-8(7))* Page Publishing Inc.

Identification. Valerie Bodden. 2017. (Odysseys in Crime Scene Science Ser.). (ENG., Illus.). 80p. (J). (gr. 7-10). *(978-1-60818-681-5(4)*, 20306, Creative Education) Creative Co., The.

Identify the Picture: A Dot to Dot Activity Book. Bobo's Children Activity Books. 2016. (ENG., Illus.). (J). pap. 7.99 *(978-1-68327-325-7(7))* Sunshine In My Soul Publishing.

Identifying & Documenting a Community Problem for a Political Campaign, 1 vol. Angie Timmons. 2019. (Be the Change! Political Participation in Your Community Ser.). (ENG.). 64p. (gr. 7-7). 36.13 *(978-1-7253-4084-8(4)*, 342e768a-10c6-4c80-a57e-462f03fb5273); pap. 13.95 *(978-1-7253-4083-1(6)*, deb03e7d-63d6-4175-b251-62b61a043947) Rosen Publishing Group, Inc., The. (Rosen Young Adult).

Identifying As Transgender, 1 vol. Sara Woods. 2016. (Transgender Life Ser.). (ENG., Illus.). 64p. (J). (gr. 6-6). pap. 13.95 *(978-1-4994-6456-6(8)*, 179b0cac-c7b4-4bc2-8ab3-ec48902f14e0) Rosen Publishing Group, Inc., The.

Identifying Bias, Propaganda, & Misinformation Surrounding the Boston Tea Party, 1 vol. Jeremy Morlock. 2018. (Project Learning Through American History Ser.). (ENG.). 32p. (gr. 4-5). 27.93 *(978-1-5383-3063-0(6)*, 55a1dcd1-6584-4653-89ef-c850c41aef74, PowerKids Pr.) Rosen Publishing Group, Inc., The.

Identifying Different Objects - Logic Quiz for Young Thinkers - Math Books Kindergarten Children's Math Books. Baby Professor. 2017. (ENG., Illus.). (J). pap. 8.79 *(978-1-5419-4061-1(X)*, Baby Professor (Education Kids)) Speedy Publishing LLC.

Identifying Land & Water Formations Introduction to Geology Grade 4 Children's Science & Nature Books. Baby Professor. 2020. (ENG.). 82p. (J). 25.99 *(978-1-5419-8024-2(7))*; pap. 15.99 *(978-1-5419-5981-1(7))* Speedy Publishing LLC. (Baby Professor (Education Kids)).

Identifying Shapes in Everday Objects Geometry for Kids Vol I Children's Math Books. Baby Professor. 2017. (ENG., Illus.). (J). pap. 9.25 *(978-1-5419-0539-9(3)*, Baby Professor (Education Kids)) Speedy Publishing LLC.

Identity: a Story of Transitioning. Corey Maison. Illus. by Ahmara Smith. 2020. (Zuiker Teen Topics Ser.). (ENG.). 88p. (YA). (gr. 6). 12.99 *(978-1-947378-24-7(4))* Zuiker Pr.

Identity & Gender. Charlie Ogden. 2017. (Our Values - Level 3 Ser.). (Illus.). 32p. (J). (gr. 5-6). *(978-0-7787-3268-6(1))* Crabtree Publishing Co.

Identity & Gender. Charlie Ogden. 2019. (Our Values - Level 3 Ser.). (ENG.). 32p. (J). lib. bdg. 21.70 ***(978-1-6636-2854-1(8))*** Perfection Learning Corp.

Identity Crisis. Melissa Schorr. 2017. (ENG.). 240p. (YA). (gr. 8-12). pap. 11.99 *(978-1-5344-1874-5(1)*, Simon Pulse) Simon Pulse.

Identity of AngiArts: A Muse for Artistic Inspiration. Angi Perretti. 2018. (ENG., Illus.). 76p. 34.99 *(978-0-692-14425-1(0)*, ANGI PERRETTI); (J). pap. 21.99 *(978-0-692-14426-8(9))* MCrc Industries, LLC — A Publishing Hse.

Identity Politics, 1 vol. Ed. by Elizabeth Schmermund. 2017. (Opposing Viewpoints Ser.). (ENG.). 216p. (YA). (gr. 10-12). 50.43 *(978-1-5345-0174-4(6)*, d4761f36-2f8e-44eb-a112-17e8fd499adf) Greenhaven Publishing LLC.

Identity Swap: The Card People 2. James Sulzer. 2018. (Card People Ser.: Vol. 2). (ENG., Illus.). 258p. (J). pap. 12.99 *(978-0-9998089-4-8(X))* Fuze Publishing, LLC.

Identity Theft. A. W. Buckey. 2019. (Privacy in the Digital Age Ser.). (ENG., Illus.). 48p. (J). (gr. 4-8). lib. bdg. 35.64 *(978-1-5321-1892-0(9)*, 32653) ABDO Publishing Co.

Identity Theft in the 21st Century, 1 vol. Sarah Machajewski. 2017. (Crime Scene Investigations Ser.). (ENG.). 104p. (gr. 7-7). lib. bdg. 42.03 *(978-1-5345-6083-3(1)*, 98c8b0b5-a928-4244-be56-abef3f096e4f, Lucent Pr.) Greenhaven Publishing LLC.

Identity Theft: Private Battle or Public Crisis?, 1 vol. Erin L. McCoy & Rachael Hanel. 2018. (Today's Debates Ser.). (ENG.). 144p. (gr. 7-7). pap. 22.16 *(978-1-5026-4322-3(7)*, 71320fd7-3502-4315-baba-af81c1e7761e) Cavendish Square Publishing LLC.

Ideological History of the Communist Party of China, Volume 1. Yibing Huang. 2020. (ENG.). 626p. (YA). 99.95 *(978-1-4878-0390-2(7))* Royal Collins Publishing Group Inc. CAN. Dist: Independent Pubs. Group.

Ides of March (Classic Reprint) Florie Willingham Pickard. (ENG., Illus.). (J). 2018. 236p. 28.76 *(978-0-267-33816-0(3))*; 2016. pap. 11.57 *(978-1-333-62647-1(9))* Forgotten Bks.

Ides of March, Vol. 1 of 3 (Classic Reprint) G. m. Robins. 2018. (ENG., Illus.). 308p. (J). 30.25 *(978-0-267-23380-9(9))* Forgotten Bks.

Ides of March, Vol. 2 of 3 (Classic Reprint) G. m. Robins. 2018. (ENG., Illus.). 296p. (J). 30.02 *(978-0-483-44976-3(8))* Forgotten Bks.

Ides of March, Vol. 3 of 3 (Classic Reprint) G. m. Robins. 2018. (ENG., Illus.). 304p. (J). 30.17 *(978-0-267-20452-6(3))* Forgotten Bks.

ID:Invaded #Brake-Broken, Vol. 2. Otaro Maijo. 2021. (ID:Invaded #Brake-Broken Ser.: 2). (ENG., Illus.). 180p. (gr. 11-17). pap. 13.00 *(978-1-9753-2406-3(4)*, Yen Pr.) Yen Pr. LLC.

Idiomatic Dialogues in the Peking Colloquial: For the Use of Students (Classic Reprint) Frederic Henry Balfour. (ENG., Illus.). (J). 2018. 246p. 28.97 *(978-0-666-33404-6(8))*; 2017. pap. 11.57 *(978-0-282-07442-5(2))* Forgotten Bks.

Idiomatic Key to the French Language: Illustrated with Copious & Practical Conversational Examples of All the Leading Idioms, with the Corresponding English Version. Étienne Lambert. 2017. (ENG., Illus.). (J). pap. *(978-0-649-61063-1(6))* Trieste Publishing Pty Ltd.

Idiomatic Key to the French Language: Illustrated with Copious & Practical Conversational Examples of All the Leading Idioms, with the Corresponding English Version (Classic Reprint) Étienne Lambert. 2017. (ENG., Illus.). (J). 27.88 *(978-0-265-36771-1(9))* Forgotten Bks.

Idioms of the English Language: Collected & Translated (Classic Reprint) Muhammad Kasim. (ENG., Illus.). (J). 2018. 102p. 26.02 *(978-0-656-45188-3(2))*; 2017. pap. 9.57 *(978-0-259-47944-4(6))* Forgotten Bks.

Idiot. Fyodor Dostoevsky. 2017. (ENG., Illus.). (J). 32.95 *(978-1-374-85436-9(0))*; pap. 23.95 *(978-1-374-85435-2(2))* Capital Communications, Inc.

Idiot at Home (Classic Reprint) John Kendrick Bangs. 2017. (ENG., Illus.). 334p. (J). 30.79 *(978-0-332-05468-1(3))* Forgotten Bks.

Idiot (Classic Reprint) John Kendrick Bangs. 2018. (ENG., Illus.). 182p. (J). 27.65 *(978-0-484-51216-9(1))* Forgotten Bks.

Idiot (Classic Reprint) Fyodor Dostoevsky. 2017. (ENG., Illus.). (J). 33.88 *(978-0-331-60477-1(9))*; pap. 16.57 *(978-0-243-91730-3(9))* Forgotten Bks.

Idiotismes et les Proverbes de la Conversation Anglaise: Classes Suivant le Plan des Mots Anglais Groupes d'Apres le Sens de MM. Beljame et Bossert (Classic Reprint) R. Meadmore. 2017. (ENG., Illus.). (J). 27.28 *(978-0-260-00546-5(0))*; pap. 9.97 *(978-1-5279-4594-4(4))* Forgotten Bks.

Idiotismes et les Proverbes de la Conversation Anglaise: Classes Suivant le Plan des Mots Anglais Groupes d'Apres le Sens de MM. Bossert et Beljame (Classic Reprint) R. Meadmore. 2016. (ENG., Illus.). (J). pap. 9.97 *(978-1-334-14934-4(8))* Forgotten Bks.

Idiotismes et les Proverbes de la Conversation Anglaise: Class's Suivant le Plan des Mots Anglais Group's d'Apr's le Sens de MM. Bossert et Beljame (Classic Reprint) R. Meadmore. 2018. (ENG., Illus.). 164p. (J). 27.28 *(978-0-656-82746-6(7))* Forgotten Bks.

Iditarod Race. Grace Hansen. 2022. (World Festivals Ser.). (ENG.). 24p. (J). (gr. -1-2). lib. bdg. 32.79 *(978-1-0982-6178-8(X)*, 40973, Abdo Kids) ABDO Publishing Co.

Idle Born: A Comedy of Manners (Classic Reprint) H. C. Chatfield-Taylor. 2018. (ENG., Illus.). 274p. (J). 29.53 *(978-0-332-42413-2(8))* Forgotten Bks.

Idle Boy; & the Menagerie: Embellished with Cuts (Classic Reprint) Unknown Author. 2018. (ENG., Illus.). 26p. (J). 24.43 *(978-0-267-69626-0(4))* Forgotten Bks.

Idle Comments (Classic Reprint) Isaac Erwin Avery. 2018. (ENG., Illus.). 286p. (J). 29.82 *(978-0-483-40317-8(2))* Forgotten Bks.

Idle Excursion (Classic Reprint) Twain. 2016. (ENG., Illus.). (J). pap. 9.57 *(978-1-334-67812-7(X))* Forgotten Bks.

Idle Excursion (Classic Reprint) Mark Twain, pseud. 2018. (ENG., Illus.). 152p. (J). 27.03 *(978-0-484-89497-5(8))* Forgotten Bks.

Idle Ideas in 1905 (Classic Reprint) Jerome Jerome. 2018. (ENG., Illus.). 320p. (J). 30.50 *(978-0-666-09349-3(0))* Forgotten Bks.

Idle Man (Classic Reprint) Richard Henry Dana. 2017. (ENG., Illus.). (J). 26.14 *(978-0-266-72484-1(1))*; pap. 9.57 *(978-1-5276-8386-0(9))* Forgotten Bks.

Idle Man, Vol. 1 (Classic Reprint) Richard Henry Dana. (ENG., Illus.). (J). 2018. 324p. 30.64 *(978-0-484-31157-1(3))*; 2016. pap. 13.57 *(978-1-334-59459-5(7))* Forgotten Bks.

Idle Moments (Classic Reprint) Frank Templeton. 2017. (ENG., Illus.). (J). 25.11 *(978-0-260-79438-3(4))* Forgotten Bks.

I

Idle Moments in Florida (Classic Reprint) George V. Hobart. 2018. (ENG., Illus.). 106p. (J). 26.08 *(978-0-364-07591-3(0))* Forgotten Bks.

Idle Talk (Classic Reprint) W. R. Guiberson. 2018. (ENG., Illus.). 56p. (J). 25.05 *(978-0-483-88532-5(0))* Forgotten Bks.

Idle Thoughts of an Idle Fellow. Jerome Jerome. 2017. (ENG., Illus.). (J). 22.95 *(978-1-374-84920-4(0))* Capital Communications, Inc.

Idle Thoughts of an Idle Fellow: Stage Land (Classic Reprint) Jerome Jerome. 2017. (ENG., Illus.). (J). 30.74 *(978-0-260-67056-4(1))* Forgotten Bks.

Idle Thoughts of an Idle Fellow (Classic Reprint) Jerome Jerome. 2017. (ENG., Illus.). (J). 30.25 *(978-0-265-19696-0(5))* Forgotten Bks.

Idle Tongues. Penelope Dyan. Illus. by Penelope Dyan. l.t. ed. 2023. (ENG.). 34p. (J). pap. 12.60 ***(978-1-61477-672-7(5))*** Bellissima Publishing, LLC.

Idle Word: Short Religious Essays upon the Gift of Speech, & Its Employment in Conversation. Edward Meyrick Goulburn. 2017. (ENG., Illus.). (J). pap. *(978-0-649-61075-4(X))*; pap. *(978-0-649-29278-3(2))* Trieste Publishing Pty Ltd.

Idle Word: Short Religious Essays upon the Gift of Speech, & Its Employment in Conversation (Classic Reprint) Edward Meyrick Goulburn. 2017. (ENG., Illus.). (J). 28.52 *(978-0-266-18664-9(5))* Forgotten Bks.

Idlehurst: A Journal Kept in the Country (Classic Reprint) John Halsham. 2017. (ENG., Illus.). (J). 29.92 *(978-0-265-18533-9(5))* Forgotten Bks.

Idler, 1898, Vol. 13 (Classic Reprint) Jerome Jerome. 2017. (ENG., Illus.). (J). 860p. 41.63 *(978-0-484-89350-3(5))*; pap. 23.98 *(978-0-259-36899-1(7))* Forgotten Bks.

Idler Magazine, Vol. 12: An Illustrated Monthly; August, 1897, to January, 1898 (Classic Reprint) Unknown Author. 2018. (ENG., Illus.). (J). 850p. 41.45 *(978-1-396-79348-6(8))*; 852p. pap. 23.97 *(978-1-396-75698-6(1))* Forgotten Bks.

Idler Magazine, Vol. 3: An Illustrated Monthly; February to July, 1893 (Classic Reprint) Jerome Jerome. 2017. (ENG., Illus.). (J). 38.21 *(978-0-266-71269-5(X))*; pap. 20.57 *(978-1-5276-6657-3(3))* Forgotten Bks.

Idler Magazine, Vol. 8: An Illustrated Monthly; August, 1895, to January, 1896 (Classic Reprint) Unknown Author. (ENG., Illus.). (J). 2018. 598p. 36.23 *(978-0-483-10349-8(7))*; 2017. pap. 19.57 *(978-0-243-58758-2(9))* Forgotten Bks.

Idler, Vol. 10: An Illustrated Monthly Magazine; August, 1896, to January, 1897 (Classic Reprint) Jerome Jerome. 2017. (ENG., Illus.). (J). 41.74 *(978-0-331-05551-1(1))*; pap. 24.08 *(978-1-5285-9431-8(2))* Forgotten Bks.

Idler, Vol. 6 (Classic Reprint) Jerome Jerome. 2017. (ENG., Illus.). (J). pap. 23.57 *(978-1-5276-6322-0(1))* Forgotten Bks.

Idler, Vol. 9: An Illustrated Monthly Magazine; February to July, 1896 (Classic Reprint) Jerome Jerome. 2017. (ENG., Illus.). (J). 42.09 *(978-0-260-98625-2(9))*; pap. 24.43 *(978-1-5280-7438-4(6))* Forgotten Bks.

Idlers (Classic Reprint) Morley Roberts. (ENG., Illus.). (J). 2018. 396p. 32.06 *(978-0-484-47345-3(X))*; 2017. pap. 16.57 *(978-0-243-49462-0(9))* Forgotten Bks.

Idler's Note-Book (Classic Reprint) Olive Percival. 2018. (ENG., Illus.). 228p. (J). 28.60 *(978-0-483-35018-2(4))* Forgotten Bks.

Idol-Breaker: A Play of the Present Day in Five Acts Scene Individable, Setting Forth the Story of a Morning in the Ripening Summer (Classic Reprint) Charles Rann Kennedy. 2018. (ENG., Illus.). 186p. (J). 27.73 *(978-0-666-86293-8(1))* Forgotten Bks.

Idol Gossip. Alexandra Leigh Young. 2021. (ENG., Illus.). 336p. (YA). (gr. 7). 18.99 *(978-1-5362-1364-5(0))* Candlewick Pr.

Idol of Bronze (Classic Reprint) Louise Palmer Heaven. (ENG., Illus.). (J). 2018. 262p. 29.30 *(978-0-656-33753-8(2))*; 2017. pap. 11.97 *(978-0-243-27970-8(1))* Forgotten Bks.

Idol of the Blind a Novel (Classic Reprint) Tom Gallon. 2018. (ENG., Illus.). 404p. (J). 32.19 *(978-0-484-72579-8(3))* Forgotten Bks.

Idol Who Became Her World. J. S Lee & Ji Soo Lee. 2018. (Zodiac Ser.: Vol. 1). (ENG., Illus.). 104p. (J). pap. *(978-1-912644-21-6(5))* Axellia Publishing.

Idolatry (Classic Reprint) Alice Perrin. 2017. (ENG., Illus.). (J). 32.81 *(978-1-5279-8876-7(7))*; pap. 16.57 *(978-1-332-60797-6(7))* Forgotten Bks.

Ídolo Del Hockey Sobre Hielo: Leveled Reader Card Book 5 Level I 6 Pack. Hmh Hmh. 2021. (SPA.). (J). pap. 74.40 *(978-0-358-08403-7(2))* Houghton Mifflin Harcourt Publishing Co.

Idols (Classic Reprint) William J. Locke. 2017. (ENG., Illus.). (J). 31.73 *(978-0-260-48804-6(6))* Forgotten Bks.

Idols in the Heart: A Tale (Classic Reprint) A. L. O. E. 2018. (ENG., Illus.). 290p. (J). 29.88 *(978-0-483-80476-0(2))* Forgotten Bks.

Idols of Education: Selected & Annotated. Charles Mills Gayley. 2017. (ENG., Illus.). (J). pap. *(978-0-649-53700-6(9))* Trieste Publishing Pty Ltd.

Idols of Pop: Billie Eilish: Your Unofficial Guide to the Most Talked about Teen on the Planet. Amy Wills. 2020. (Idols of Pop Ser.). (ENG., Illus.). 64p. (J). (gr. 3-7). pap. 9.99 *(978-0-06-299369-4(0)*, HarperCollins) HarperCollins Pubs.

Idols of Pop: Jonas Brothers: Your Unofficial Guide to the Iconic Pop Siblings. Malcolm Mackenzie. 2020. (Idols of Pop Ser.). (ENG.). 64p. (J). (gr. 3-7). pap. 9.99 *(978-0-06-298428-9(4)*, HarperCollins) HarperCollins Pubs.

Idonia: A Romance of Old London (Classic Reprint) Arthur F. Wallis. (ENG., Illus.). (J). 2018. 358p. 31.28 *(978-0-428-77401-1(6))*; 2017. pap. 13.97 *(978-1-334-91400-3(1))* Forgotten Bks.

Idowanna: A Play for Children in One Act (Classic Reprint) Dorothy Waldo. (ENG., Illus.). (J). 2018. 24p. 24.39 *(978-0-267-61490-5(X))*; 2016. pap. 7.97 *(978-1-334-11786-2(1))* Forgotten Bks.

Idun & the Apples of Youth. Joan Holub & Suzanne Williams. 2019. (Thunder Girls Ser.: 3). (ENG.). 240p. (J). (gr. 3-7). 18.99 *(978-1-4814-9646-9(8))*; pap. 7.99 *(978-1-4814-9645-2(X))* Simon & Schuster Children's Publishing. (Aladdin).

Idyl from Nantucket (Classic Reprint) Robert Collyer. 2017. (ENG., Illus.). (J). 24.45 *(978-0-331-79231-7(1))*; pap. 7.97 *(978-0-259-58458-2(4))* Forgotten Bks.

Idyl of Santa Barbara. Carrie Stevens Walter. 2017. (ENG.). 64p. (J). pap. *(978-3-337-37803-5(X))* Creation Pubs.

Idyl of Santa Barbara: A Fragmentary Tale Half Told & Half Inferred; As Full of Sighs & Heartache Tones As Song of Prisoned Bird (Classic Reprint) Carrie Stevens Walter. (ENG., Illus.). (J). 2018. 70p. 25.36 *(978-0-483-84516-9(7))*; 2016. pap. 9.57 *(978-1-334-12061-9(7))* Forgotten Bks.

Idyl of the Wabash: And Other Stories (Classic Reprint) Anna Nicholas. 2017. (ENG., Illus.). (J). 29.47 *(978-0-265-96381-4(8))* Forgotten Bks.

Idyl of Twin Fires (Classic Reprint) Walter Prichard Eaton. 2018. (ENG., Illus.). 324p. (J). 30.60 *(978-0-267-26573-2(5))* Forgotten Bks.

Idyl of War-Times (Classic Reprint) William Chambers Bartlett. 2018. (ENG., Illus.). 196p. (J). 27.94 *(978-0-364-23973-5(5))* Forgotten Bks.

Idyll of All Fool's Day (Classic Reprint) Josephine Daskam Bacon. (ENG., Illus.). (J). 2018. 150p. 26.99 *(978-0-483-00226-5(7))*; 2017. pap. 9.57 *(978-0-259-56839-1(2))* Forgotten Bks.

Idyllic Avon: Being a Simple Description of the Avon from Tewkesbury to above Stratford-On-Avon, with Songs & Pictures of the River & Its Neighbourhood (Classic Reprint) John Henry Garrett. (ENG., Illus.). (J). 2018. 466p. 33.51 *(978-0-364-11645-6(5))*; 2016. pap. 16.57 *(978-1-334-14864-4(3))* Forgotten Bks.

Idylls of a Dutch Village (Eastloorn) (Classic Reprint) S. Ulfers. 2018. (ENG., Illus.). 406p. (J). 32.29 *(978-0-484-48261-5(0))* Forgotten Bks.

Idylls of Spain: Varnished Pictures of Travel in the Peninsula. Rowland Thirlmere. 2017. (ENG., Illus.). (J). pap. *(978-0-649-61086-0(5))* Trieste Publishing Pty Ltd.

Idylls of Spain: Varnished Pictures of Travel in the Peninsula (Classic Reprint) Rowland Thirlmere. (ENG., Illus.). (J). 2018. 232p. 28.68 *(978-0-267-00324-2(2))*; 2017. pap. 11.57 *(978-0-243-95371-4(2))* Forgotten Bks.

Idyls in Drab (Classic Reprint) William D. Howells. 2018. (ENG., Illus.). 244p. (J). 28.95 *(978-0-484-09830-4(6))* Forgotten Bks.

Idyls of the Foothills. Bret Harte & Robert B. Honeyman. 2017. (ENG.). 284p. (J). pap. *(978-3-7446-8522-1(5))* Creation Pubs.

Idyls of the Foothills: In Prose & Verse (Classic Reprint) Bret Harte. 2018. (ENG., Illus.). 300p. (J). 30.08 *(978-0-483-69034-9(1))* Forgotten Bks.

Idyls of the Gass (Classic Reprint) Martha Wolfenstein. 2018. (ENG., Illus.). 290p. (J). 29.90 *(978-0-364-08362-8(X))* Forgotten Bks.

Iel Pequeño Monstruo Verde: Amigo Frente Al Cáncer! Sharon Chappell. Tr. by Maria Leál. Illus. by Jackie Gorman. 2021. (SPA.). 46p. (J). pap. 16.95 *(978-1-0983-5384-1(6))* BookBaby.

Ierne: A Tale, Vol. 1 of 2 (Classic Reprint) William Steuart Trench. 2018. (ENG., Illus.). 394p. (J). 32.02 *(978-0-483-46009-6(5))* Forgotten Bks.

Ierne: A Tale, Vol. 2 of 2 (Classic Reprint) William Steuart Trench. (ENG., Illus.). (J). 2018. 332p. 30.74 *(978-0-365-13896-9(7))*; 2017. pap. 13.57 *(978-0-282-99047-3(X))* Forgotten Bks.

Ierne of Armorica: A Tale of the Time of Chlovis (Classic Reprint) J. C. Bateman. (ENG., Illus.). (J). 2018. 542p. 35.08 *(978-0-483-40232-4(X))*; 2017. pap. 19.57 *(978-0-243-96721-6(7))* Forgotten Bks.

Ierne, or Anecdotes & Incidents During a Life Chiefly in Ireland: With Notices of People & Places (Classic Reprint) Unknown Author. 2017. (ENG., Illus.). (J). 31.36 *(978-0-260-15282-4(X))*; pap. 13.97 *(978-1-5284-0333-7(9))* Forgotten Bks.

If ... 25th Anniversary Edition. Sarah Perry. 25th ed. 2020. (ENG., Illus.). 48p. (J). (gr. -1-3). 16.99 *(978-1-947440-05-0(5))* Getty Pubns.

If: A Play in Four Acts (Classic Reprint) Lord Dunsay. 2018. (ENG., Illus.). 168p. (J). 27.38 *(978-0-428-86036-3(2))* Forgotten Bks.

If: Geoh's Back to School. L. C. Young. 2021. (ENG.). 38p. (J). 24.95 *(978-1-63844-413-8(7))*; pap. 14.95 *(978-1-63844-411-4(0))* Christian Faith Publishing.

If ... What If? Quirky Questions & Daily Devotions to Feed Your Family & Your Faith. Tony Myles & Daniel Myles. 2018. (ENG.). 384p. (J). (gr. 3-7). 14.99 *(978-1-4336-5033-8(9)*, 005792125, B&H Kids) B&H Publishing Group.

If a Body Meet a Body: Dialog, Street Scene for 11 Males & 3 Females (Classic Reprint) E. J. Freund. 2016. (ENG., Illus.). (J). pap. 7.97 *(978-1-333-70439-1(9))* Forgotten Bks.

If a Cat Could Talk. Kelly Reich. 2018. (ENG.). 34p. (J). *(978-1-77370-480-7(X))*; (Illus.). pap. *(978-1-77370-479-1(6))* Tellwell Talent.

If a Dog Could Wear a Hat. Elizabeth Maginnis. Illus. by Annie Dwyer Internicola. 2018. (ENG.). 32p. (J). (gr. -1-3). pap. 9.99 *(978-1-5324-0758-1(0))* Xist Publishing.

If a Dolphin Were a Fish Chinese Edition. Loran Wlodarski. Tr. by Yang Shuqi. Illus. by Laurie Allen Klein. 2019. (CHI.). 32p. (J). (gr. -1-2). pap. 11.95 *(978-0-9777423-9-4(3))* Arbordale Publishing.

If a Horse Had Words. Kelly Cooper. Illus. by Lucy Eldridge. 2018. 48p. (J). (gr. -1-3). 17.99 *(978-1-101-91872-2(1)*, Tundra Bks.) Tundra Bks. CAN. Dist: Penguin Random Hse. LLC.

If a House Could Talk: Being a History of Flood or Released Recollections, the Resurrection of Old Letters & Photographs Pertaining to Litchfield & the Vaill Homestead Covering a Past Dating from 1867 to 1876 in Which I Was Vitally Interested. Cora Smith Gould. (ENG., Illus.). (J). 2018. 152p. 27.05 *(978-0-267-40570-1(7))*; 2016. pap. 9.57 *(978-1-334-12211-8(3))* Forgotten Bks.

If a Mummy Could Talk ... Rhonda Lucas Donald. Illus. by Cathy Morrison. 2018. (ENG.). 32p. (J). (gr. 1-3). 17.95 *(978-1-60718-737-0(X)*, 9781607187370) Arbordale Publishing.

If a Mummy Could Talk. . Rhonda Lucas Donald. ed. 2019. (ENG.). 32p. (J). (gr. k-2). 19.96 *(978-1-64310-837-7(9))* Penworthy Co., LLC, The.

If a Python Puts on Your Pj's What Should You Do? Heidi Wolfenden. Illus. by Heidi Wolfenden. 2018. (What Should You Do? Ser.: Vol. 1). (ENG., Illus.). 30p. (J). (gr. k-2). pap. *(978-0-646-59824-6(4))* Wolfenden, Heidi.

If a Rock Could Talk. Maleea Ezekiel. 2016. (ENG., Illus.). 38p. (J). pap. *(978-1-365-46807-0(0))* Lulu Pr., Inc.

If a T. Rex Crashes Your Birthday Party. Jill Esbaum. Illus. by Dasha Tolstikova. 2016. (ENG.). 40p. (J). (gr. -1-2). 16.95 *(978-1-4549-1550-8(1))* Sterling Publishing Co., Inc.

If a Tree Could Talk. Rozanne Williams. 2017. (Learn-To-Read Ser.). (ENG., Illus.). (J). pap. 3.49 *(978-1-68310-184-0(7))* Pacific Learning, Inc.

If a Tree Falls: The Global Impact of Deforestation. Nikki Tate. 2020. (Orca Footprints Ser.: 18). (ENG., Illus.). 48p. (J). (gr. 4-7). 19.95 *(978-1-4598-2355-6(9))* Orca Bk. Pubs. USA.

If a Tree Falls in Forest? Understanding Island & Rain Forests Ecosystems Grade 5 Social Studies Children's Environment & Ecology Books. Baby Professor. 2022. (ENG.). 76p. (J). 32.99 ***(978-1-5419-8898-9(1))***; pap. 20.99 ***(978-1-5419-8179-9(0))*** Speedy Publishing LLC. (Baby Professor (Education Kids)).

If Animals Built Your House. Bill Wise. ed. 2021. (If Animals Pic Bks). (ENG., Illus.). 32p. (J). (gr. k-1). 20.96 *(978-1-64697-590-7(1))* Penworthy Co., LLC, The.

If Animals Came to School. Rozanne Williams. 2017. (Learn-To-Read Ser.). (ENG., Illus.). (J). pap. 3.49 *(978-1-68310-312-7(2))* Pacific Learning, Inc.

If Animals Celebrated Christmas. Ann Whitford Paul. Illus. by David Walker. (If Animals Kissed Good Night Ser.). (ENG.). (J). 2019. 24p. bds. 7.99 *(978-0-374-31308-1(3)*, 900209754); 2018. 32p. 16.99 *(978-0-374-30901-5(9)*, 900188209) Farrar, Straus & Giroux. (Farrar, Straus & Giroux (BYR)).

If Animals Gave Thanks. Ann Whitford Paul. Illus. by David Walker. 2020. (If Animals Kissed Good Night Ser.). (ENG.). 32p. (J). 17.99 *(978-0-374-31341-8(5)*, 900211525, Farrar, Straus & Giroux (BYR)) Farrar, Straus & Giroux.

If Animals Had Jobs. Dennis Derobertis. 2022. (Small Book of Ifs Ser.: Vol. 1). (ENG.). 26p. (J). pap. 7.99 ***(978-1-7341771-8-3(7))*** Stone Hollow Pr.

If Animals Had Jobs 2. Dennis Derobertis. Illus. by Dalle-2. 2023. (Small Book of Ifs Ser.: Vol. 2). (ENG.). 26p. (J). pap. 6.49 ***(978-1-7341771-9-0(5))*** Stone Hollow Pr.

If Animals Kissed Good Night Boxed Set: If Animals Kissed Good Night, If Animals Said I Love You, If Animals Tried to Be Kind. Ann Whitford Paul. Illus. by David Walker. 2023. (ENG.). (J). 24.97 ***(978-0-374-39150-8(5)***, 900289859, Farrar, Straus & Giroux (BYR)) Farrar, Straus & Giroux.

If Animals Said I Love You. Ann Whitford Paul. Illus. by David Walker. 2017. (If Animals Kissed Good Night Ser.). (ENG.). 32p. (J). 16.99 *(978-0-374-30602-1(8)*, 900173498, Farrar, Straus & Giroux (BYR)) Farrar, Straus & Giroux.

If Animals Trick-Or-Treated. Ann Whitford Paul. Illus. by David Walker. 2023. (If Animals Kissed Good Night Ser.). (ENG.). 24p. (J). bds. 8.99 *(978-0-374-39009-9(6)*, 900256932, Farrar, Straus & Giroux (BYR)) Farrar, Straus & Giroux.

If Animals Tried to Be Kind. Ann Whitford Paul. Illus. by David Walker. (If Animals Kissed Good Night Ser.). (ENG.). (J). 2022. 24p. bds. 8.99 *(978-0-374-38963-5(2)*, 900252734); 2021. 32p. 17.99 *(978-0-374-31342-5(3)*, 900211526) Farrar, Straus & Giroux. (Farrar, Straus & Giroux (BYR)).

If Animals Went to School. Ann Whitford Paul. Illus. by David Walker. (If Animals Kissed Good Night Ser.). (ENG.). (J). 2021. 24p. bds. 7.99 *(978-0-374-31474-3(8)*, 900236832); 2019. 32p. 16.99 *(978-0-374-30902-2(7)*, 900188210) Farrar, Straus & Giroux. (Farrar, Straus & Giroux (BYR)).

If Animals Went to Work. Ann Whitford Paul. Illus. by David Walker. 2023. (If Animals Kissed Good Night Ser.). (ENG.). 32p. (J). 18.99 ***(978-0-374-39057-0(6)***, 900260356, Farrar, Straus & Giroux (BYR)) Farrar, Straus & Giroux.

If Any Man Sin (Classic Reprint) H. a. Cody. (ENG., Illus.). (J). 2018. 330p. 30.72 *(978-0-483-60920-4(X))*; 2017. 30.58 *(978-1-5283-8125-3(4))*; 2017. pap. 13.57 *(978-0-243-27928-9(0))* Forgotten Bks.

If Anything Were to Happen I Love You. Cheyenne Moyer. Ed. by Akio Pinedo. 2022. (ENG.). 84p. (YA). pap. 10.00 ***(978-1-387-53783-9(0))*** Lulu Pr., Inc.

If Apples Had Teeth. Shirley Glaser. Illus. by Milton Glaser. 2017. 40p. (J). (-3). 16.95 *(978-1-59270-226-8(0))* Enchanted Lion Bks., LLC.

If Bees Disappeared. Lily Williams. Illus. by Lily Williams. 2021. (If Animals Disappeared Ser.: 1). (ENG., Illus.). 40p. (J). 18.99 *(978-1-250-23245-8(7)*, 900209854) Roaring Brook Pr.

If Birds Fly Back. Carlie Sorosiak. 2018. (ENG.). 464p. (YA). (gr. 8). pap. 9.99 *(978-0-06-256397-2(1)*, HarperTeen) HarperCollins Pubs.

If Bugs Could Talk: A Story about Beneficial Bugs. Diana Lynn. Illus. by Jack Foster. 2021. (ENG.). 24p. (J). 20.95 *(978-1-63765-160-5(0))*; pap. 13.95 *(978-1-63765-137-7(6))* Halo Publishing International.

If Christmas Were a Poem. Ronnie Sellers. Illus. by Peggy Jo Ackley. 2020. (ENG.). 32p. (J). 14.95 *(978-1-5319-1217-8(6))* Sellers Publishing, Inc.

If Creation Could Talk, What Would It Say? Terry Rutherford. 2018. (ENG., Illus.). 30p. (J). pap. 12.95 *(978-1-64140-567-6(8))* Christian Faith Publishing.

If Da Vinci Painted a Dinosaur. Amy Newbold. Illus. by Greg Newbold. (Reimagined Masterpiece Ser.: 0). (ENG.). 40p. (J). (gr. 1-5). 2020. pap. 9.95 *(978-0-88448-668-8(0)*, 884668); 2018. 17.95 *(978-0-88448-667-1(2)*, 884667) Tilbury Hse. Pubs.

If Dinosaurs Could Talk for Me. Corey Egbert. (ENG.). (J). 2021. 32p. (gr. -1-3). pap. 12.99 *(978-1-4621-4072-5(6))*; 2017. 14.99 *(978-1-4621-1971-4(9))* Cedar Fort, Inc./CFI Distribution. (Sweetwater Bks.).

If Dinosaurs Had Hair. Dan Marvin. Illus. by Lesley Vamos. 2022. (ENG.). 32p. (J). 18.99 *(978-1-250-79256-3(8)*, 900238589) Roaring Brook Pr.

If Dominican Were a Color. Sili Recio. Illus. by Brianna McCarthy. 2020. (ENG.). 32p. (J). (gr. -1-3). 18.99 *(978-1-5344-6179-6(5)*, Simon & Schuster Bks. For Young Readers) Simon & Schuster Bks. For Young Readers.

If Dreams Could Fly: Patience, Passion, Perseverance. Maria Lei Antonio. Illus. by Bonnie Lemaire. 2022. (ENG.). 24p. (J). 20.95 ***(978-1-63765-295-4(X))***; pap. 13.95 ***(978-1-63765-296-1(8))*** Halo Publishing International.

If Found... Please Return to Elise Gravel. Elise Gravel. Tr. by Shira Adriance. 2017. (ENG., Illus.). 100p. (J). 17.95 *(978-1-77046-278-6(3)*, 900179143) Drawn & Quarterly Pubns. CAN. Dist: Macmillan.

If Game: Math Reader 2 Grade 2. Hmh Hmh. 2018. (SPA.). 8p. (J). pap. 9.00 *(978-1-328-57690-3(6))* Houghton Mifflin Harcourt Publishing Co.

If Game: Math Reader Grade 2. Hmh Hmh. 2017. (Math Expressions Ser.). (ENG.). 8p. (J). (gr. 2). pap. 3.53 *(978-1-328-77218-3(7))* Houghton Mifflin Harcourt Publishing Co.

If God Was a Kid in Your Class. Cara Adams. 2021. (ENG., Illus.). 20p. (J). pap. 12.95 *(978-1-63903-234-1(7))* Christian Faith Publishing.

If Grandma Lived Next Door. Gianna Vorsheck & John Vorsheck, III. 2020. (ENG., Illus.). 46p. (J). pap. 15.95 *(978-1-64471-738-7(7))* Covenant Bks.

If Grandma Were Here. Amber L. Bradbury. Illus. by Jessica Corbett. 2020. (ENG.). 32p. (J). pap. *(978-1-5255-7249-4(0))* FriesenPress.

If He Had Been with Me. Laura Nowlin. 2019. (ENG.). 400p. (YA). (gr. 8-12). pap. 10.99 *(978-1-7282-0548-9(4))* Sourcebooks, Inc.

If Heaven Is Such a Wonderful Place, Why Do I Have to Die to Go There? Twandolyn Alexander. 2022. (ENG.). 28p. (J). pap. 25.95 *(978-1-63961-757-9(4))* Christian Faith Publishing.

If Hugs Were Colors, I'd Send You a Rainbow! Sandra Magsamen. Illus. by Sandra Magsamen. 2022. (ENG.). 12p. (J). (gr. -1 — 1). 8.99 *(978-1-338-68224-3(5)*, Cartwheel Bks.) Scholastic, Inc.

If I Built a School. Chris Van Dusen. Illus. by Chris Van Dusen. 2019. (If I Built Ser.). (Illus.). 32p. (J). (gr. k-3). 18.99 *(978-0-525-55291-8(X)*, Dial Bks) Penguin Young Readers Group.

If I Can Do It So Can You: A Motivational Book for Teens. Freedom Gale. 2019. (ENG.). 78p. (J). pap. 10.99 *(978-0-9973994-5-5(7))* Personal Freedom Publishing.

If I Could Be a Dinosaur. Harmonie Vandewarker. 2022. (ENG., Illus.). 26p. (J). pap. 13.95 *(978-1-63961-719-7(1))* Christian Faith Publishing.

If I Could Be an Animal. Julian J. Jauregui. Illus. by Julian J. Jauregui. 2018. (ENG., Illus.). 20p. (J). (gr. 1-3). pap. 11.99 *(978-0-578-43568-8(3))* Jauregui, Julian.

If I Could Be... from a to Z. G. M. Holloway. 2018. (ENG., Illus.). 40p. (J). pap. *(978-0-9939648-7-9(7))* Anita Sechesky - Living Without Limitations.

If I Could Be the Teacher: (Book 4) Kan & Ken Make up Funny Stories about What They Would Do If They Could Be the Teacher. Willa L. Holmon. 2023. (ENG.). 30p. (J). pap. 10.95 ***(978-1-0880-8512-7(1))*** Indy Pub.

If I Could BEE Anything I Would BEE: Career Exploration for Kids. Corey Anne Abreau. 2022. (ENG.). 36p. (J). pap. 13.99 ***(978-1-0880-2127-9(1))*** Indy Pub.

If I Could Give You Christmas. Lynn Plourde. Illus. by Jennifer L. Meyer. 2021. (ENG.). 24p. (J). (gr. -1 — 1). bds. 7.99 *(978-0-316-62823-5(9))* Little, Brown Bks. for Young Readers.

If I Could Ride. Don Miller. 2019. (ENG., Illus.). 66p. (YA). 24.95 *(978-1-64471-124-8(9))*; pap. 11.95 *(978-1-64471-123-1(0))* Covenant Bks.

If I Could Run. Don Miller. 2019. (ENG.). 74p. (YA). pap. 7.99 *(978-0-9600881-5-7(6))* Mindstir Media.

If I Couldn't Be Anne. Kallie George. Illus. by Geneviève Godbout. 2020. (ENG.). 40p. (J). (gr. -1-2). 17.99 *(978-1-77049-928-7(8)*, Tundra Bks.) Tundra Bks. CAN. Dist: Penguin Random Hse. LLC.

If I Designed the Zoo: Math Reader 6 Grade 5. Hmh Hmh. 2018. (SPA.). 8p. (J). pap. 23.60 *(978-1-328-57716-0(3))* Houghton Mifflin Harcourt Publishing Co.

If I Designed the Zoo: Math Reader Grade 5. Hmh Hmh. 2017. (Math Expressions Ser.). (ENG.). 12p. (J). (gr. 5). pap. 3.07 *(978-1-328-77192-6(X))* Houghton Mifflin Harcourt Publishing Co.

If I Didn't Have You. Alan Katz. Illus. by Chris Robertson. 2018. (ENG.). 32p. (J). (gr. -1-3). 17.99 *(978-1-4169-7879-4(8)*, Simon & Schuster Bks. For Young Readers) Simon & Schuster Bks. For Young Readers.

If I Eat My Fruits & Vegetables: Si Como Mis Frutas y Verduras. Maritza Lynn. Illus. by Esther M. Gracida. l.t. ed. 2022. (ENG.). 34p. (J). pap. 12.00 ***(978-1-0879-0321-7(1))*** Indy Pub.

If I Ever Go to the Moon ... Donald Kruse. Illus. by Christy M. Johnson. 2018. (ENG.). 52p. (J). (gr. k-5). pap. 14.95 *(978-0-9985191-4-2(6))* Zaccheus Entertainment Co.

If I Ever Had a Story to Tell. Robert Lebrun. Illus. by Robert Schenkel. 2020. (ENG.). 56p. (J). 30.00 *(978-1-0879-2167-9(8))* Indy Pub.

If I Fall #1. Shannon Layne. 2018. (Beverly Hills Prep Ser.). (ENG.). 190p. (YA). (gr. 5-12). 31.42 *(978-1-68076-708-7(9)*, 28592, Epic Escape) EPIC Pr.

If I Fix You. Abigail Johnson. 2017. (SPA.). 320p. (YA). (gr. 9-12). pap. 23.99 *(978-84-16384-70-9(3))* Ediciones Kiwi S.L. ESP. Dist: Lectorum Pubns., Inc.

If I Gave the World My Blanket. Charles M. Schulz. Illus. by Justin Thompson. 2021. (Peanuts Ser.). (ENG.). 26p. (J). (gr. -1). bds. 7.99 *(978-1-6659-0076-8(8)*, Simon Spotlight) Simon Spotlight.

If I Get Lost: Stay Put, Remain Calm, & Ask for Help. Dagmar Geisler. 2020. (Safe Child, Happy Parent Ser.). 32p. (J). (gr. -1-1). 16.99 *(978-1-5107-4660-2(9)*, Sky Pony Pr.) Skyhorse Publishing Co., Inc.

If I Get Sick, Will I Die? a Children's Disease Book (Learning about Diseases) Baby Professor. 2017. (ENG., Illus.). (J). pap. 7.89 *(978-1-5419-0324-1(2)*, Baby Professor (Education Kids)) Speedy Publishing LLC.

If I Get to Heaven Before You. Stephanie O'Leary. 2018. (ENG., Illus.). 34p. (J). (gr. k-5). pap. 9.99 *(978-0-692-16597-3(5))* O'Leary, Stephanie.

984

The check digit for ISBN-10 appears in parentheses after the full ISBN-13

If I Go Missing. Brianna Jonnie. Illus. by Nshannacappo. 2019. (ENG.). 64p. (YA). (gr. 7-12). lib. bdg. 24.95 *(978-1-4594-1451-8(9),* 3a3cbb18-8aad-4691-87bc-53919f325ead) James Lorimer & Co. Ltd., Pubs. CAN. Dist: Lerner Publishing Group.

If I Had a Cat. Juliana O'Neill. Illus. by Laura Nikiel. 2018. (Reading Stars Ser.). (ENG.). 26p. (J). (gr. -1-3). pap. 9.99 *(978-1-5324-0760-4(2))* Xist Publishing.

If I Had a Cat / Si Tuviera un Gato. Juliana O'Neill. Illus. by Laura Nikiel. 2018. (Xist Kids Bilingual Spanish English Ser.). (ENG & SPA.). 32p. (J). (gr. -1-3). pap. 9.99 *(978-1-5324-0663-8(0))* Xist Publishing.

If I Had a Crocodile. Gabby Dawnay. Illus. by Alex Barrow. 2023. (If I Had A... Ser.: 0). (ENG.). 32p. (J). (gr. -1-k). 15.95 ***(978-0-500-65305-0(4),*** 565305) Thames & Hudson.

If I Had a Dinosaur. Gabby Dawnay. Illus. by Alex Barrow. 2017. (If I Had A... Ser.: 0). (ENG.). 32p. (J). (gr. -1-2). 15.95 *(978-0-500-65099-8(3),* 565099) Thames & Hudson.

If I Had a Dinosaur. Sally J. LaBadie. 2017. (ENG., Illus.). (J). 22.95 *(978-1-4808-4537-4(X));* pap. 16.95 *(978-1-4808-4536-7(1))* Archway Publishing.

If I Had a Dog. Juliana O'Neill. Illus. by Laura Nikiel. 2018. (Reading Stars Ser.). (ENG.). 26p. (J). (gr. -1-3). pap. 9.99 *(978-1-5324-0762-8(9))* Xist Publishing.

If I Had a Dog / Si Tuviera un Perro. Juliana O'Neill. Illus. by Laura Nikiel. 2018. (Xist Kids Bilingual Spanish English Ser.). (ENG & SPA.). 32p. (J). (gr. -1-3). pap. 9.99 *(978-1-5324-0665-2(7))* Xist Publishing.

If I Had a Gryphon. Vikki VanSickle. Illus. by Cale Atkinson. (J). 2022. 32p. (gr. -1-2). pap. 8.99 *(978-1-77488-091-3(1));* 2018. 30p. (— 1). bds. 9.99 *(978-0-7352-6465-6(1));* 2016. 32p. (gr. -1-2). 16.99 *(978-1-77049-809-9(5))* Tundra Bks. CAN. (Tundra Bks.). Dist: Penguin Random Hse. LLC.

If I Had a Horse. Gianna Marino. Illus. by Gianna Marino. 2018. (ENG., Illus.). 40p. (J). 19.99 *(978-1-62672-908-7(5),* 900177399) Roaring Brook Pr.

If I Had a Kangaroo. Gabby Dawnay. Illus. by Alex Barrow. 2022. (If I Had A... Ser.: 0). (ENG.). 32p. (J). (gr. -1-2). 14.95 *(978-0-500-65268-8(6),* 565268) Thames & Hudson.

If I Had a Little Dream. Nina Laden. Illus. by Melissa Castrillon. 2017. (ENG.). 32p. (J). (gr. -1-3). 18.99 *(978-1-4814-3924-4(3),* Simon & Schuster/Paula Wiseman Bks.) Simon & Schuster/Paula Wiseman Bks.

If I Had a Mermaid Friend. Geoffrey Black & Ramya Black. Illus. by Ramya Black. 2021. (ENG.). 36p. (J). 18.99 *(978-1-7322512-6-7(6))* Shining City Media.

If I Had a Pig. Juliana O'Neill. Illus. by Laura Nikiel. 2021. (Reading Stars Ser.). (ENG.). 28p. (J). (gr. k-2). 12.99 *(978-1-5324-1587-6(7));* pap. 12.99 *(978-1-5324-1586-9(9))* Xist Publishing.

If I Had a Star: Board Book with Glitter Shakers. IglooBooks. Illus. by Paula Pang. 2021. (ENG.). 8p. (J). (— 1). 9.99 *(978-1-80022-836-8(8))* Igloo Bks. GBR. Dist: Simon & Schuster, Inc.

If I Had a Tail. Chris Fedorka Tomalin. 2017. (ENG., Illus.). 27p. (J). pap. 14.95 *(978-1-78629-411-1(7),* d93382df-b833-4a74-9324-3b20c376478b) Austin Macauley Pubs. Ltd. GBR. Dist: Baker & Taylor Publisher Services (BTPS).

If I Had a Unicorn. Gabby Dawnay. Illus. by Alex Barrow. 2020. (If I Had A... Ser.: 0). (ENG.). 32p. (J). (gr. -1-3). 14.95 *(978-0-500-65226-8(0),* 565226) Thames & Hudson.

If I Had a Vampire Bat. Gabby Dawnay. Illus. by Alex Barrow. 2022. (If I Had A... Ser.: 0). (ENG.). 32p. (J). (gr. -1-1). 15.95 *(978-0-500-65296-1(1),* 565296) Thames & Hudson.

If I Had an Octopus. Alex Barrow & Gabby Dawnay. 2021. (If I Had A... Ser.: 0). (Illus.). 32p. (J). (gr. -1-2). 14.95 *(978-0-500-65225-1(2),* 565225) Thames & Hudson.

If I Had Your Vote — By the Cat in the Hat. Random House. 2020. (Beginner Books(R) Ser.). (ENG., Illus.). 48p. (J). (gr. -1-2). 9.99 *(978-0-593-12797-1(8));* lib. bdg. 12.99 *(978-0-593-12798-8(6))* Random Hse. Children's Bks. (Random Hse. Bks. for Young Readers).

If I Have to Be Haunted. Miranda Sun. 2023. (ENG.). 368p. (YA). (gr. 8). 19.99 ***(978-0-06-325276-9(7),*** HarperTeen) HarperCollins Pubs.

If I Live. Alan Franklin. 2022. (ENG.). 260p. (YA). pap. 19.95 *(978-1-63881-919-6(X))* Newman Springs Publishing, Inc.

If I Lived Next Door to Heaven. C. Christopher Jenkins. 2021. (ENG.). 26p. (J). pap. 13.95 *(978-1-64670-676-1(5))* Covenant Bks.

If I Made a Movie. Derek Ambrosi. Illus. by Caitlyn Itts. 2020. (ENG.). 34p. (J). 19.99 *(978-0-578-09856-2(3))* DTA Bks.

If I May (Classic Reprint) Alan Alexander Milne. 2017. (ENG., Illus.). (J). 28.27 *(978-0-265-83972-0(6))* Forgotten Bks.

If I Met a Bear. Silvia Borando. 2023. (ENG.). 32p. (J). (gr. -1-4). 18.99 ***(978-1-922677-73-0(6))*** Bonnier Publishing GBR. Dist: Independent Pubs. Group.

If I Ran Your School-By the Cat in the Hat. Random House. 2021. (Beginner Books(R) Ser.). (ENG.). 48p. (J). (gr. k-4). lib. bdg. 12.99 *(978-0-593-18147-8(6));* (Illus.). 9.99 *(978-0-593-18146-1(8))* Random Hse. Children's Bks. (Random Hse. Bks. for Young Readers).

If I See You Again Tomorrow. Robbie Couch. 2023. (ENG.). 336p. (YA). (gr. 7). 19.99 *(978-1-5344-9749-8(8),* Simon & Schuster Bks. For Young Readers) Simon & Schuster Bks. For Young Readers.

If I Should Die Before I Wake. Hannah Berakhah. 2019. (ENG.). 380p. (YA). pap. 20.99 *(978-1-5456-6794-1(2))* Salem Author Services.

If I Stay: Special Edition. Gayle Forman. 2019. (ENG.). 288p. (YA). (gr. 7). pap. 10.99 *(978-1-9848-3650-2(1),* Penguin Books) Penguin Young Readers Group.

If I Swallow a Watermelon Seed, Will One Start Growing in My Stomach? World Book Answers Your Questions about the Human Body. Contrib. by World Book, Inc. Staff. 2019. (Illus.). 96p. (J). *(978-0-7166-3822-3(3))* World Bk., Inc.

If I Take My Horse to School. Karen L. Roberson. Illus. by Tami Boyce. 2018. (ENG.). 32p. (J). pap. 14.95 *(978-0-578-42605-1(6))* Roberson, Karen.

If I Tell the Stars. Lucy Knight. 2017. (ENG., Illus.). 189p. (J). pap. *(978-0-9956931-0-4(2))* Tiny Bit Magical.

If I Tell You the Truth. Jasmin Kaur. (When You Ask Me Where I'm Going Ser.: 2). (ENG.). (YA). (gr. 9). 2022. 480p. pap. 11.99 *(978-0-06-291265-7(8));* 2021. (Illus.). 464p. 17.99 *(978-0-06-291264-0(X))* HarperCollins Pubs. (HarperCollins).

If I Wake. Nikki Moyes. 2017. (ENG., Illus.). (YA). (gr. 8-12). pap. 12.49 *(978-1-326-98833-3(6))* Lulu Pr., Inc.

If I Was a Dragon, 1 vol. Margaret Salter. Illus. by Margaret Salter. 2021. (If I Was A... Ser.). (ENG., Illus.). 32p. (J). (gr. k-4). pap. *(978-1-4271-2945-1(2),* 11154); lib. bdg. *(978-1-4271-2941-3(X),* 11149) Crabtree Publishing Co. (Crabtree Classics).

If I Was a Fish. Jessica D. Stovall. Illus. by Guntas. 2022. (ENG.). 20p. (J). pap. 10.00 ***(978-0-578-33304-5(X))*** Jessica D. Stovall.

If I Was a Pirate, 1 vol. Margaret Salter. Illus. by Margaret Salter. 2021. (If I Was A... Ser.). (ENG., Illus.). 32p. (J). (gr. k-4). pap. *(978-1-4271-2947-5(9),* 11155); lib. bdg. *(978-1-4271-2943-7(6),* 11150) Crabtree Publishing Co. (Crabtree Classics).

If I Was a Rock Star, 1 vol. Margaret Salter. Illus. by Margaret Salter. 2021. (If I Was A... Ser.). (ENG., Illus.). 32p. (J). (gr. k-4). pap. *(978-1-4271-2948-2(7),* 11156); lib. bdg. *(978-1-4271-2944-4(4),* 11151) Crabtree Publishing Co. (Crabtree Classics).

If I Was a Unicorn. Vin Morreale. Illus. by Mandy Morreale. 2021. (ENG.). 20p. (J). 16.99 *(978-1-0879-8713-2(X))* Indy Pub.

If I Was an Octopus, 1 vol. Margaret Salter. Illus. by Margaret Salter. 2021. (If I Was A... Ser.). (ENG., Illus.). 32p. (J). (gr. k-4). pap. *(978-1-4271-2946-8(0),* 11157); lib. bdg. *(978-1-4271-2942-0(8),* 11152) Crabtree Publishing Co. (Crabtree Classics).

If I Was Tall. Kristen Beatty. 2021. (ENG.). 18p. (J). 21.95 *(978-1-64719-469-7(5))* Booklocker.com, Inc.

If I Was the Sunshine. Julie Fogliano. Illus. by Loren Long. 2019. (ENG.). 48p. (J). (gr. -1-3). 17.99 *(978-1-4814-7243-2(7),* Atheneum Bks. for Young Readers) Simon & Schuster Children's Publishing.

If I Was Yo Daddy: A Collection of Advice from Men to the Youth. Brooke Yates & Tiana Nicole. 2019. (ENG.). 50p. (J). pap. 20.00 *(978-1-7320989-6-1(4))* Diverse Mediumz.

If I Was Your Girl. Meredith Russo. 2016. (ENG.). 288p. (YA). 18.99 *(978-1-250-07840-7(7),* 900153639) Flatiron Bks.

If I Was Your Girl. Meredith Russo. ed. 2018. (YA). lib. bdg. 22.10 *(978-0-606-41084-7(8))* Turtleback.

If I Were... Megan George & M George. 2016. (ENG., Illus.). 24p. (J). 15.95 *(978-1-61984-496-4(6))* Gatekeeper Pr.

If I Were A... Danna J. Walters. Illus. by Robert George Jr. 2019. (ENG.). 30p. (J). (gr. k-2). 19.40 *(978-0-578-57249-9(4))* walters, danna j. author.

If I Were a Ball & More... A Young Child's Imagination. Cookie Leo. 2016. (If I Were Ser.: Vol. 1). (ENG., Illus.). (J). *(978-1-4602-9725-4(3));* pap. *(978-1-4602-9726-1(1))* FriesenPress.

If I Were a Bear. Shelley Gill. Illus. by Erik Brooks. 2019. (If I Were Ser.). 22p. (J). (— 1). bds. 10.99 *(978-1-63217-196-2(1),* Little Bigfoot) Sasquatch Bks.

If I Were a Bird. Shelley Gill. Illus. by Erik Brooks. 2019. (If I Were Ser.). 22p. (J). (— 1). bds. 9.99 *(978-1-63217-211-2(9),* Little Bigfoot) Sasquatch Bks.

If I Were a Bird: A Child's Fantasy in Verse. Carlton Tabor. 2021. (ENG., Illus.). 22p. (J). pap. 9.95 *(978-1-6624-0770-3(X))* Page Publishing Inc.

If I Were a Butterfly, 1 vol. Bree Pavone. 2017. (I'm a Bug! Ser.). (ENG.). 24p. (gr. 1-1). 25.27 *(978-1-5081-5720-5(0),* 38e48c87-34be-4759-bbf8-b525a5474a53, PowerKids Pr.) Rosen Publishing Group, Inc., The.

If I Were a Cat: The Rescue Cat Series: Book Three. Stefani Milan. 2023. (ENG.). 40p. (J). pap. 10.99 ***(978-1-0880-3669-3(4))*** Starseed Universe Pr.

If I Were a Cheetah. Meg Gaertner. 2021. (If I Were an Animal Ser.). (ENG., Illus.). 24p. (J). (gr. k-1). pap. 8.95 *(978-1-64619-320-2(2));* lib. bdg. 28.50 *(978-1-64619-302-8(4))* Little Blue Hse. (Little Blue Readers).

If I Were a Colour, What Would I Be. Jen Bulmer. 2017. (ENG., Illus.). 23p. (J). pap. *(978-1-912183-08-1(0))* UK Bk. Publishing.

If I Were a Cowboy. Jason Alford. l.t. ed. 2018. (ENG., Illus.). 26p. (J). 12.95 *(978-0-692-09706-9(6))* Little Johnny Bks.

If I Were a Dolphin. Meg Gaertner. 2021. (If I Were an Animal Ser.). (ENG., Illus.). 24p. (J). (gr. k-1). pap. 8.95 *(978-1-64619-321-9(0));* lib. bdg. 28.50 *(978-1-64619-303-5(2))* Little Blue Hse. (Little Blue Readers).

If I Were a Dragonfly, 1 vol. Charlee B. Finn. 2017. (I'm a Bug! Ser.). (ENG.). 24p. (gr. 1-1). 25.27 *(978-1-5081-5721-2(9),* d689a806-40c9-4f85-8d11-44985988c291, PowerKids Pr.) Rosen Publishing Group, Inc., The.

If I Were a Gecko, I Would Be Special. Heather E. Aguilar. Illus. by Juliana Flute. 2023. (ENG.). 30p. (J). pap. 20.99 ***(978-1-6628-7317-1(4))*** Salem Author Services.

If I Were a Grasshopper, 1 vol. Laine C. Halpert. 2017. (I'm a Bug! Ser.). (ENG.). 24p. (gr. 1-1). 25.27 *(978-1-5081-5722-9(7),* 0a89ca11-998a-4dc2-87ed-9f03c62a9732, PowerKids Pr.) Rosen Publishing Group, Inc., The.

If I Were a Kangaroo. Mylisa Larsen & Anna Raff. 2017. (Illus.). 32p. (J). (— 1). 18.99 *(978-0-451-46958-8(5),* Viking Books for Young Readers) Penguin Young Readers Group.

If I Were a Ladybug, 1 vol. Jo Marie Anderson. 2017. (I'm a Bug! Ser.). (ENG.). 24p. (gr. 1-1). 25.27 *(978-1-5081-5723-6(5),* a98d8538-607a-41c4-969d-9cdb3b043280, PowerKids Pr.) Rosen Publishing Group, Inc., The.

If I Were a Man. Harrison Robertson. 2017. (ENG.). 202p. (J). pap. *(978-3-337-00348-7(6))* Creation Pubs.

If I Were a Man: The Story of a New-Southerner (Classic Reprint) Harrison Robertson. 2018. (ENG., Illus.). 200p. (J). 28.04 *(978-0-483-95393-2(8))* Forgotten Bks.

If I Were a Mermaid. Michele L. Medlyn. 2018. (ENG., Illus.). 28p. (J). pap. 11.95 *(978-1-64003-544-7(3))* Covenant Bks.

If I Were a Park Ranger. Catherine Stier. Illus. by Patrick Corrigan. 2022. (ENG.). 32p. (J). (gr. -1-3). pap. 8.99 *(978-0-8075-3548-6(6),* 807535486) Whitman, Albert & Co.

If I Were a Penguin. Meg Gaertner. 2021. (If I Were an Animal Ser.). (ENG., Illus.). 24p. (J). (gr. k-1). pap. 8.95 *(978-1-64619-322-6(9));* lib. bdg. 28.50 *(978-1-64619-304-2(0))* Little Blue Hse. (Little Blue Readers).

If I Were a Pirate. Jason Alford. l.t. ed. 2018. (ENG., Illus.). 32p. (J). 14.95 *(978-0-578-44118-4(7));* pap. 9.95 *(978-0-578-44093-4(8))* Little Johnny Bks.

If I Were a Polar Bear. Meg Gaertner. 2021. (If I Were an Animal Ser.). (ENG., Illus.). 24p. (J). (gr. k-1). pap. 8.95 *(978-1-64619-323-3(7));* lib. bdg. 28.50 *(978-1-64619-305-9(9))* Little Blue Hse. (Little Blue Readers).

If I Were a Shark. Meg Gaertner. 2021. (If I Were an Animal Ser.). (ENG., Illus.). 24p. (J). (gr. k-1). pap. 8.95 *(978-1-64619-324-0(5));* lib. bdg. 28.50 *(978-1-64619-306-6(7))* Little Blue Hse. (Little Blue Readers).

If I Were a Sloth. Meg Gaertner. 2021. (If I Were an Animal Ser.). (ENG., Illus.). 24p. (J). (gr. k-1). pap. 8.95 *(978-1-64619-325-7(3));* lib. bdg. 28.50 *(978-1-64619-307-3(5))* Little Blue Hse. (Little Blue Readers).

If I Were a Thing. Aukso Kuosa. 2021. (ENG.). 24p. (J). 22.00 *(978-1-0983-9973-3(0))* BookBaby.

If I Were a Tree see Si Fuera un Arbol

If I Were a Tree, 1 vol. Andrea Zimmerman. Illus. by Jing Jing Tsong. 2021. (ENG.). 40p. (J). (gr. -1-3). 20.95 *(978-1-62014-801-3(3),* leelowbooks) Lee & Low Bks., Inc.

If I Were a Unicorn, I Would Be One of a Kind. Ashley D. Lake. 2019. (ENG.). 32p. (J). pap. 15.95 *(978-1-0980-0266-4(0))* Christian Faith Publishing.

If I Were a Whale. Shelley Gill. Illus. by Erik Brooks. 2017. (If I Were Ser.). 22p. (J). (— 1). bds. 10.99 *(978-1-63217-104-7(X),* Little Bigfoot) Sasquatch Bks.

If I Were a Wizard. Paul C. Hamilton. 2017. (ENG., Illus.). (J). (gr. k-6). *(978-0-646-97896-3(9))* Hamilton, Paul.

If I Were a Wolf. Meg Gaertner. 2021. (If I Were an Animal Ser.). (ENG., Illus.). 24p. (J). (gr. k-1). pap. 8.95 *(978-1-64619-326-4(1));* lib. bdg. 28.50 *(978-1-64619-308-0(3))* Little Blue Hse. (Little Blue Readers).

If I Were a Worm. E. Townsend. 2020. (ENG.). 28p. (J). pap. 10.99 *(978-1-0879-1604-0(6))* Indy Pub.

If I Were a Zombie, 1 vol. Kate Inglis. Illus. by Eric Orchard. (ENG.). 32p. (J). 2016. (gr. 1-3). 19.95 *(978-1-77108-356-0(5),* 90590041-7a7b-483a-bd5e-48af15ffc9ca); 2nd ed. 2020. pap. 9.95 *(978-1-77108-880-0(X),* b7b25894-6848-416f-ad68-18cee83f66de) Nimbus Publishing, Ltd. CAN. Dist: Baker & Taylor Publisher Services (BTPS).

If I Were an Alligator. Meg Gaertner. 2021. (If I Were an Animal Ser.). (ENG., Illus.). 24p. (J). (gr. k-1). pap. 8.95 *(978-1-64619-327-1(X));* lib. bdg. 28.50 *(978-1-64619-309-7(1))* Little Blue Hse. (Little Blue Readers).

If I Were an Animal. Debbie Pappin Hunt. 2018. (ENG., Illus.). 40p. (J). 23.95 *(978-1-64191-034-7(8));* pap. 13.95 *(978-1-64079-841-0(2))* Christian Faith Publishing.

If I Were an Animal (Set Of 8) 2021. (If I Were an Animal Ser.). (ENG., Illus.). 192p. (J). (gr. k-1). pap. 71.60 *(978-1-64619-319-6(9));* lib. bdg. 228.00 *(978-1-64619-301-1(6))* Little Blue Hse. (Little Blue Readers).

If I Were an Armadillo. Renée Vajko Srch. Illus. by Sanghamitra Dasgupta. 2022. (ENG.). 42p. (J). pap. 12.99 *(978-1-63984-215-5(2))* Pen It Pubns.

If I Were an Elephant. Ben Konrad & Lindsay Konrad. 2016. (ENG., Illus.). 36p. (J). pap. *(978-1-365-07277-2(0))* Lulu Pr., Inc.

If I Were Going (Classic Reprint) Mabel O'Donnell. (ENG., Illus.). (J). 2018. 354p. 31.20 *(978-0-364-46594-3(8));* 2017. pap. 13.57 *(978-0-259-50500-6(5))* Forgotten Bks.

If I Were in Charge... Capstone Classroom & Tony Stead. 2017. (What's the Point? Reading & Writing Expository Text Ser.). (ENG., Illus.). 32p. (J). (gr. 5-5). pap. 7.95 *(978-1-4966-0733-1(3),* 132368, Capstone Classroom) Capstone.

If I Were in Charge of the Farm. Rebecca Maurer. Illus. by Ashley Roth. 2022. (ENG.). 24p. (J). *(978-1-0391-2952-8(8));* pap. *(978-1-0391-2951-1(X))* FriesenPress.

If I Were King. Chelsea O'Byrne. 2021. (ENG.). 40p. (J). (gr. -1-2). ***(978-0-7112-6404-5(X))*** Frances Lincoln Childrens Bks.

If I Were King: A Romantic Play in Four Acts (Classic Reprint) Justin Huntly McCarthy. 2017. (ENG., Illus.). 288p. (J). 29.84 *(978-0-484-77778-0(5))* Forgotten Bks.

If I Were King (Classic Reprint) Justin Huntly McCarthy. 2017. (ENG., Illus.). (J). 30.10 *(978-0-331-11644-1(8));* pap. 13.57 *(978-0-260-20756-2(X))* Forgotten Bks.

If I Were King, Pp. 1-264. Justin Huntly McCarthy. 2017. (ENG., Illus.). (J). pap. *(978-0-649-61093-8(8))* Trieste Publishing Pty Ltd.

If I Were President. Trygve Skaug. Illus. by Ella Okstad. 2023. (ENG.). 40p. (J). (gr. -1-3). 18.99 *(978-1-915244-35-2(8),* 979200df-d971-46f6-8afe-ee53c8e40a5f) Lantana Publishing GBR. Dist: Lerner Publishing Group.

If I Were Saint Nick — -By the Cat in the Hat: A Christmas Story. Random House. 2022. (Beginner Books(R) Ser.). (ENG.). 48p. (J). (gr. -1-2). 9.99 *(978-0-593-43128-3(6));* lib. bdg. 12.99 *(978-0-593-43129-0(4))* Random Hse. Children's Bks. (Random Hse. Bks. for Young Readers).

If I Were the Moon. Jacqueline East & Jesse Terry. 2023. (ENG., Illus.). 32p. (J). 16.99 *(978-0-7643-6570-6(3),* 29224) Schiffer Publishing, Ltd.

If I Were the Moon: Twentieth - Anniversary Edition, 1 vol. Sheree Fitch. Illus. by Leslie Watts. 2nd ed. 2019. (ENG.). 32p. (J). 22.95 *(978-1-77108-739-1(0),* ebecb95c-b587-4e1f-9d9f-ec16b3fcc780) Nimbus Publishing, Ltd. CAN. Dist: Baker & Taylor Publisher Services (BTPS).

If I Were the Teacher. Johnny Tiersma. Illus. by Ron Van Der Pol. 2022. (ENG.). 32p. (J). pap. 11.95 ***(978-1-958848-28-9(X))*** Waterside Pr.

If I Weren't with You. Rosie J. Pova. 2017. (ENG., Illus.). (J). (gr. -1-3). 16.99 *(978-1-946101-95-2(8),* Spork) Clear Fork Publishing.

If I'm Being Honest. Emily Wibberley & Austin Siegemund-Broka. (YA). (gr. 7). 2020. 400p. pap. 12.99 *(978-0-451-47866-5(5),* Penguin Books); 2019. 384p. 17.99 *(978-0-451-48109-2(7),* Viking Books for Young Readers) Penguin Young Readers Group.

If in Life: How to Get off Life's Sidelines & Become Your Best Self, 1 vol. Rashad Jennings. 2019. (ENG., Illus.). 208p. (YA). pap. 12.99 *(978-0-310-76595-0(1))* Zondervan.

If It Makes You Happy. Claire Kann. 2021. (ENG.). 368p. (YA). pap. 10.99 *(978-1-250-25087-2(0),* 900193196) Square Fish.

If It's Christmas & You Know It. Hannah Eliot. Illus. by Carol Herring. 2020. (ENG.). 16p. (J). (gr. -1). bds. 6.99 *(978-1-5344-7578-6(8),* Little Simon) Little Simon.

If It's for My Daughter, I'd Even Defeat a Demon Lord, Vol.1. CHIROLU. Tr. by Matthew Warner from JPN. Illus. by Truffle. 2019. (If It's for My Daughter, I'd Even Defeat a Demon Lord (light Novel) Ser.). (ENG.). 188p. (YA). pap. 14.99 *(978-1-7183-5300-8(6))* J-Novel Club.

If It's for My Daughter, I'd Even Defeat a Demon Lord: Volume 2: Volume 2. CHIROLU. Tr. by Matthew Warner. Illus. by Kei. 2019. (If It's for My Daughter, I'd Even Defeat a Demon Lord (light Novel) Ser.). 236p. (YA). pap. 14.99 *(978-1-7183-5301-5(4))* J-Novel Club.

If It's for My Daughter, I'd Even Defeat a Demon Lord: Volume 3: Volume 3. CHIROLU. Tr. by Matthew Warner. Illus. by Kei. 2019. (If It's for My Daughter, I'd Even Defeat a Demon Lord (light Novel) Ser.). 228p. (YA). pap. 14.99 *(978-1-7183-5302-2(2))* J-Novel Club.

If It's for My Daughter, I'd Even Defeat a Demon Lord: Volume 4: Volume 4. CHIROLU. Tr. by Matthew Warner. Illus. by Kei. 2019. (If It's for My Daughter, I'd Even Defeat a Demon Lord (light Novel) Ser.). 250p. (YA). pap. 14.99 *(978-1-7183-5303-9(0))* J-Novel Club.

If It's for My Daughter, I'd Even Defeat a Demon Lord: Volume 5: Volume 5. CHIROLU. Tr. by Matthew Warner from JPN. Illus. by Kei. 2019. (If It's for My Daughter, I'd Even Defeat a Demon Lord (light Novel) Ser.). 250p. (YA). pap. 14.99 *(978-1-7183-5304-6(9))* J-Novel Club.

If It's Funny for a Bunny. Paul Wesel. 2020. (ENG.). 28p. (J). pap. *(978-1-78830-628-7(7))* Olympia Publishers.

If Jesus Came to Boston (Classic Reprint) Edward Everett Hale. 2018. (ENG., Illus.). 52p. (J). 24.99 *(978-0-267-23379-3(5))* Forgotten Bks.

If Jesus Came to My House. Joan G. Thomas. 2023. (ENG.). 24p. (J). pap. ***(978-1-77464-507-9(6))*** Rehak, David.

If Jesus Drove a Diggy. Michelle Budavich. 2018. (ENG., Illus.). 28p. (J). pap. 13.95 *(978-1-64349-210-0(1))* Christian Faith Publishing.

If Jesus Had a Dog. Sue Mueller. 2022. (ENG., Illus.). 30p. (J). pap. 14.95 *(978-1-68570-520-6(0))* Christian Faith Publishing.

If Kitties Could Talk: A True Story about Gray & Gracie. Jeanette Burgess Keller. 2019. (ENG., Illus.). 32p. (J). 23.95 *(978-1-64471-657-1(7));* pap. 13.95 *(978-1-64471-656-4(9))* Covenant Bks.

If Lou Can You Can: Finding the Magic Within. Donna Wright. 2022. (ENG.). 32p. (J). *(978-0-6451307-0-6(2))* Karen Mc Dermott.

If Men Were Wise (Classic Reprint) E. L. Shew. (ENG., Illus.). (J). 2018. 308p. 30.27 *(978-0-483-94980-5(9));* 2016. pap. 13.57 *(978-1-334-15685-4(9))* Forgotten Bks.

If Men Were Wise, Vol. 2 of 3 (Classic Reprint) E. L. Shew. 2018. (ENG., Illus.). 292p. (J). 29.92 *(978-0-484-52407-0(0))* Forgotten Bks.

If Men Were Wise, Vol. 3 Of 3: A Novel (Classic Reprint) E. L. Shew. 2018. (ENG., Illus.). 300p. (J). 30.08 *(978-0-483-47132-0(1))* Forgotten Bks.

If Mermaids Could Visit Coloring Book. Creative Playbooks. 2016. (ENG., Illus.). (J). pap. 7.74 *(978-1-68323-769-3(2))* Twin Flame Productions.

If Monet Painted a Monster. Amy Newbold. Illus. by Greg Newbold. 2020. (Reimagined Masterpiece Ser.: 0). (ENG.). 40p. (J). (gr. 1-5). pap. 9.95 *(978-0-88448-769-2(5),* 884769) Tilbury Hse. Pubs.

If My Cat Were a Lion. Yvonne Giba Svitlik. 2022. (ENG.). 26p. (J). pap. 12.99 ***(978-1-6628-5423-1(4))*** Salem Author Services.

If My Favorite Pop Idol Made It to the Budokan, I Would Die, Volume 3. Auri Hirao & Auri Auri Hirao. 2023. (If My Favorite Pop Idol Made It to the Budokan, I Would Die Ser.: 3). 164p. (YA). (gr. 8-1). pap. 14.99 ***(978-1-4278-7420-7(4))*** TOKYOPOP, Inc.

If My Love Were a Fire Truck: A Daddy's Love Song. Luke Reynolds. Illus. by Jeff Mack. 2018. 26p. (J). (— 1). bds. 7.99 *(978-0-525-58066-9(2),* Doubleday Bks. for Young Readers) Random Hse. Children's Bks.

If My Moon Was Your Sun: With CD Audiobook & Music. Andreas Steinhöfel. Illus. by Nele Palmtag. 2017. (ENG.). 80p. (gr. 8-12). 19.00 *(978-0-87486-079-5(2))* Plough Publishing Hse.

If My Oak Tree Could Speak. Rachel Greening. Illus. by Janice Barber. 2021. (ENG.). 32p. (J). *(978-0-2288-4796-0(6));* pap. *(978-0-2288-4794-6(X))* Tellwell Talent.

If My Parents Are Divorced: How to Talk about Separation, Divorce, & Breakups. Dagmar Geisler. Tr. by Andy Jones Berasaluce. 2023. (Safe Child, Happy Parent Ser.). 36p. (J). (gr. -1-1). 17.99 *(978-1-5107-7135-2(2),* Sky Pony Pr.) Skyhorse Publishing Co., Inc.

If My Sister Was a Puppy. Jodie Watts. 2021. (ENG., Illus.). 46p. (J). pap. ***(978-1-83934-198-4(X))*** Olympia Publishers.

If Only. Jennifer Gilmore. 2018. (ENG.). 288p. (YA). (gr. 9). 17.99 *(978-0-06-239363-0(4),* HarperTeen) HarperCollins Pubs.

If Only... Mies van Hout. (Illus.). 32p. (J). (gr. k-2). 2023. 12.95 *(978-1-77278-276-9(9));* 2021. 17.95 *(978-1-77278-196-0(7))* Pajama Pr. CAN. Dist: Publishers Group West (PGW).

If Only He Was Mine. Marie McGrath. 2023. (ENG.). 294p. (YA). pap. 12.99 ***(978-1-956183-24-5(8))*** Creative James Media.

If Only I Had]]. Gillian Hughes. 2017. (ENG.). (J). 12.95 *(978-1-63177-774-5(2))* Amplify Publishing Group.

If Only I'd Known These Things about Self-Love: A Short Guide for Girls. Ashley Lynn Sanders. 2021. (If Only I'd

Known These Things Ser.). (ENG.). 70p. (YA). pap. 7.99 *(978-1-0880-1912-2(9))* Indy Pub.

If Only My Belt Could Speak (Holocaust Survivor's Story) Samuel Harris & Dede Harris. Illus. by Sara Akerlund. 2020. (ENG.). 48p. (J). (gr. 4-6). 15.98 *(978-1-64558-231-1(0),* 4395600) Publications International, Ltd.

If Only Nathan Knew - Version A. Jennifer Jayne Scobie. 2018. (ENG., Illus.). 24p. (J). pap. 10.73 *(978-1-387-60477-7(5))* Lulu Pr., Inc.

If Only Nathan Knew - Version B. Jennifer Jayne Scobie. 2018. (ENG., Illus.). 24p. (J). pap. 10.70 *(978-1-387-93264-1(0))* Lulu Pr., Inc.

If Only We Had More Time. Lilly Thompson. 2022. (ENG.). 111p. (YA). pap. ***(978-1-387-43918-8(9))*** Lulu Pr., Inc.

If Our World Was White... Jimarkatt. Illus. by Jimarkatt. 2016. (If... Ser.: Vol. 1). (ENG., Illus.). (J). 17.99 *(978-0-9977181-0-2(2));* pap. 9.99 *(978-0-9977181-7-1(X))* Monkey Mantra.

If Picasso Painted a Snowman (the Reimagined Masterpiece Series) Amy Newbold. Illus. by Greg Newbold. 2020. (Reimagined Masterpiece Ser.: 0). (ENG.). 36p. (J). (gr. 1-6). pap. 9.95 *(978-0-88448-594-0(3),* 884594) Tilbury Hse. Pubs.

If Pluto Was a Pea. Gabrielle Prendergast. Illus. by Rebecca Gerlings. 2019. (ENG.). 40p. (J). (gr. -1-3). 17.99 *(978-1-5344-0435-9(X),* McElderry, Margaret K. Bks.) McElderry, Margaret K. Bks.

If Polar Bears Disappeared. Lily Williams. Illus. by Lily Williams. 2018. (If Animals Disappeared Ser.). (ENG., Illus.). 40p. (J). 18.99 *(978-1-250-14319-8(5),* 900180475) Roaring Brook Pr.

If Prehistoric Beasts Were Alive Today. Matthew Rake. Illus. by Simon Mendez. 2019. (ENG.). 96p. (J). (gr. 2-6). 19.99 *(978-1-913077-13-6(6),* 5f5a8030-2f2b-43f1-9f7a-cd329c9517f4, Beetle Bks.) Hungry Tomato Ltd. GBR. Dist: Baker & Taylor Publisher Services (BTPS).

If Puppies Had Backpacks. Lynn Willy. 2022. (ENG.). 8p. (J). bds. 12.95 *(978-1-63755-185-1(1))* Amplify Publishing Group.

If Raindrops Were Steps to Heaven. Brenda Godown. 2020. (ENG., Illus.). 24p. (J). pap. 12.95 *(978-1-64559-976-0(0))* Covenant Bks.

If Sailor Had a Silver Sports Car. Marie Malloy. Illus. by Sean Malloy. 2021. (ENG.). 36p. (J). pap. *(978-1-5255-9057-3(X)); (978-1-5255-9058-0(8))* FriesenPress.

If Sharks Disappeared. Lily Williams. Illus. by Lily Williams. 2017. (If Animals Disappeared Ser.). (ENG., Illus.). 40p. (J). 18.99 *(978-1-62672-413-6(X),* 900156281) Roaring Brook Pr.

If She Can Do It, I Can, Too. De'shawna Yamini. Ed. by Valerie J. Lewis Coleman. Illus. by Ayzha Middlebrooks. 2022. (ENG.). 34p. (J). pap. 13.99 *(978-0-9962991-8-3(1))* Queen V Publishing.

If She Will She Will (Classic Reprint) Mary A. Denison. (ENG., Illus.). (J). 2018. 364p. 31.40 *(978-0-484-17196-0(8));* 2016. pap. 13.97 *(978-1-333-87915-0(6))* Forgotten Bks.

If Spiders Wore Shoes. Dennis Ostapyk. 2019. (ENG., Illus.). 24p. (J). (gr. k-1). pap. *(978-1-4866-1831-6(6))* Word Alive Pr.

If Tam o'Shanter'd Had a Wheel: And Other Poems & Sketches (Classic Reprint) Grace Duffie Boylan. 2018. (ENG., Illus.). 224p. (J). 28.52 *(978-0-332-91119-9(5))* Forgotten Bks.

If the Earth Is Round... Brett Fleishman. Illus. by David Harston. 2017. (ENG.). (J). (gr. k-2). pap. 13.99 *(978-0-9991507-7-1(4))* Mindstir Media.

If the Fire Comes: A Story of Segregation During the Great Depression. Tracy Daley. Illus. by Eric Freeberg. 2019. (I Am America Set 2 Ser.). (ENG.). 160p. (J). (gr. 3-4). pap. 8.99 *(978-1-63163-372-0(4),* 1631633724); lib. bdg. 28.50 *(978-1-63163-371-3(6),* 1631633716) North Star Editions. (Jolly Fish Pr.).

If the Hat Fits. Erica-Jane Waters. Illus. by Erica-Jane Waters. (Miss Bunsen's School for Brilliant Girls Ser.: 1). (Illus.). 128p. (J). (gr. 1-5). 2020. pap. 5.99 *(978-0-8075-5154-7(6),* 807551546); 2019. (ENG., 14.99 *(978-0-8075-5157-8(0),* 807551570) Whitman, Albert & Co.

If the Light Can Find Its Way. Baaraaha Okab. 2019. (ENG.). 126p. (J). 25.50 *(978-1-68470-100-1(7))* Lulu Pr., Inc.

If the Magic Fits. Susan Maupin Schmid. 2017. (100 Dresses Ser.: 1). 320p. (J). (gr. 3-7). 7.99 *(978-0-553-53369-9(X),* Yearling) Random Hse. Children's Bks.

If the Moon. B Lombardo Drabek. 2019. (ENG.). 38p. (J). 14.95 *(978-1-64307-188-6(2))* Amplify Publishing Group.

If the S in Moose Comes Loose. Peter Hermann. Illus. by Matthew Cordell. 2018. (ENG.). 48p. (J). (gr. -1-3). 18.99 *(978-0-06-229510-1(1),* HarperCollins) HarperCollins Pubs.

If the Shoe Fits. Gina Cline. 2018. (Wt Traditional Tales Core Text Ser.). (ENG., Illus.). 100p. (J). pap. 8.00 *(978-1-64053-235-9(8),* ARC Pr. Bks.) American Reading Co.

If the Shoe Fits, 1 vol. Deborah Guarino. Illus. by Seth Hippen. 2019. (ENG.). 32p. pap. 9.99 *(978-0-7643-5882-1(0),* 20593); (J). (gr. -1-3). 16.99 *(978-0-7643-5843-2(X),* 9962) Schiffer Publishing, Ltd.

If the Slipper Fits. Lindsay Derollo. Illus. by Lindsay Derollo. 2020. (Sugar Plum Stars Ser.: Vol. 3). (ENG.). 30p. (J). pap. 12.99 *(978-1-952879-98-2(1))* Two Girls and a Reading Corner.

If the Slipper Fits... Lindsay Derollo. Ed. by Melanie Lopata. 2022. (ENG.). 34p. (J). pap. 9.99 ***(978-1-0880-3635-8(X))*** Indy Pub.

If the Slipper Fits. Madelyn Salazar & Faith Welsh. 2019. (ENG.). 106p. (J). pap. 10.99 *(978-1-68470-816-1(8))* Lulu Pr., Inc.

If the World Is Round, Then Why Is the Ground Flat? World Book Answers Your Questions about Science. Contrib. by World Book, Inc. Staff. 2019. (Illus.). 96p. (J). *(978-0-7166-3827-8(4))* World Bk., Inc.

If the World Needed a Hug. Lisa Robbins. Illus. by Kelsey Dave. 2018. (ENG.). 28p. (J). pap. 11.99 *(978-1-945620-42-3(0))* Hear My Heart Publishing.

If the World Needed a Hug. Lisa Robbins & Dave Kelsey. 2018. (ENG., Illus.). 28p. (J). 22.00 *(978-1-945620-48-5(X))* Hear My Heart Publishing.

If the World Were Made of Chocolate! Heather M. Thompson. 2022. (ENG.). 32p. (J). pap. 10.99 ***(978-1-0880-5931-9(7))*** Indy Pub.

If There Never Was a You. Amanda Rowe. Illus. by Olga Skomorokhova. 2019. (ENG.). 20p. (J). (gr. -1 — 1). bds. 12.99 *(978-1-64170-111-2(0),* 550111) Familius LLC.

If There's No Tomorrow. Jennifer L. Armentrout. 2019. (ENG.). 368p. (YA). pap. 10.99 *(978-1-335-49907-3(5))* Harlequin Enterprises ULC CAN. Dist: HarperCollins Pubs.

If These Wings Could Fly. Kyrie McCauley. 2021. (ENG.). 416p. (YA). (gr. 8). pap. 10.99 *(978-0-06-288503-6(0),* Tegen, Katherine Bks) HarperCollins Pubs.

If This / Then That. Teddy Borth. 2021. (Coding Basics Ser.). (ENG., Illus.). 24p. (J). (gr. k-3). lib. bdg. 31.36 *(978-1-5321-6964-9(7),* 38005, Pop! Cody Koala) Pop!.

If This Gets Out: A Novel. Sophie Gonzales & Cale Dietrich. (ENG.). 416p. (YA). 2022. pap. 11.99 *(978-1-250-86181-8(0),* 900276955); 2021. 18.99 *(978-1-250-80580-5(5),* 900244081) St. Martin's Pr. (Wednesday Bks.).

If This Was a Movie. Ginna Moran. 2017. (Falling into Fame Ser.: Vol. 1). (ENG., Illus.). (YA). (gr. 8-12). pap. 10.99 *(978-1-942073-71-0(2))* Sunny Palms Pr.

If This Were a Story. Beth Turley. 2018. (ENG., Illus.). 256p. (J). (gr. 3-7). 16.99 *(978-1-5344-2061-8(4),* Simon & Schuster Bks. For Young Readers) Simon & Schuster Bks. For Young Readers.

If Tigers Disappeared. Lily Williams. Illus. by Lily Williams. 2022. (If Animals Disappeared Ser.). (ENG., Illus.). 40p. (J). 18.99 *(978-1-250-23246-5(5),* 900209855) Roaring Brook Pr.

If Tomorrow Doesn't Come. Jen St. Jude. 2023. (ENG.). 416p. (YA). 19.99 *(978-1-5476-1136-2(7),* 900282912, Bloomsbury Young Adult) Bloomsbury Publishing USA.

If Toucan, You Can Too. Simon Bowron. 2020. (ENG.). 34p. (J). pap. *(978-1-5289-8276-4(2))* Austin Macauley Pubs. Ltd.

If Ur Stabby. Kaz Windness. 2021. (ENG., Illus.). 96p. (YA). 24.99 *(978-1-61345-205-9(5),* 4ec4c651-83a5-478d-8427-6cd6bf3f0928) Hermes Pr.

If We Break Up. Cheyanne Young. 2022. (ENG.). (YA). 282p. pap. 12.99 *(978-0-578-35332-6(6));* 264p. 21.99 ***(978-0-578-35333-3(4))*** Quinnova Pr.

If We Could Do What Animals Do. Rozanne Williams. 2017. (Learn-To-Read Ser.). (ENG., Illus.). (J). pap. 3.49 *(978-1-68310-315-8(7))* Pacific Learning, Inc.

If We Return: Letters of a Soldier of Kitchener's Army (Classic Reprint) G. B. Manwaring. 2017. (ENG., Illus.). (J). 27.44 *(978-0-265-97568-8(9))* Forgotten Bks.

If We Shadows. D. E. Atwood. 2016. (ENG., Illus.). (J). 24.99 *(978-1-63533-033-5(5),* Harmony Ink Pr.) Dreamspinner Pr.

If We Were Giants. Dave Matthews & Clete Smith. Illus. by Antonio Caparo. 2021. 48p. (J). (gr. 3-7). pap. 7.99 *(978-1-368-01869-2(6),* Disney-Hyperion) Disney Publishing Worldwide.

If We Were Giants. Dave Matthews et al. ed. 2021. (Penworthy Picks YA Fiction Ser.). (ENG., Illus.). 294p. (J). (gr. 6-8). 19.46 *(978-1-68505-072-6(7))* Penworthy Co., LLC, The.

If We Were Gone: Imagining the World Without People. John Coy. Illus. by Natalie Capannelli. 2020. (ENG.). 32p. (J). (gr. k-4). lib. bdg. 19.99 *(978-1-5415-2357-9(1),* 8e2ad68a-839b-4bd6-ac52-dc5a861d89f6, Millbrook Pr.) Lerner Publishing Group.

If We Were Heroes. Christine Anna Kirchoff. 2022. (ENG.). 210p. (J). pap. *(978-0-3695-0595-8(6))* Evernight Publishing.

If We Were in Thailand]]. Chris Fikes. 2016. (ENG.). (J). 14.95 *(978-1-63177-971-8(0))* Amplify Publishing Group.

If We Were Snowflakes. Barbara D'Souza. 2018. (YA). pap. *(978-1-59719-091-6(8))* Pearlsong Pr.

If We Were Us. K. L. Walther. 2020. 368p. (YA). (gr. 8-12). 17.99 *(978-1-7282-1026-1(7))* Sourcebooks, Inc.

If Wendell Had a Walrus. Lori Mortensen. Illus. by Matt Phelan. 2018. (ENG.). 32p. (J). 18.99 *(978-1-62779-602-6(9),* 900156503, Holt, Henry & Co. Bks. For Young Readers) Holt, Henry & Co.

If Winter Comes (Classic Reprint) A. S. M. Hutchinson. 2017. (ENG., Illus.). (J). 32.70 *(978-0-266-46428-0(9))* Forgotten Bks.

If Winter Comes, Tell It I'm Not Here. Simona Ciraolo. Illus. by Simona Ciraolo. 2020. (ENG., Illus.). 32p. (J). (gr. -1-2). 16.99 *(978-1-5362-1530-4(9))* Candlewick Pr.

If Winter Don't: A B C d e F, Notsomuchinson (Classic Reprint) Barry Pain. 2018. (ENG., Illus.). 96p. (J). 25.90 *(978-0-267-46583-5(1))* Forgotten Bks.

If Wishes Were Fishes: A Celebration of Animal Group Names. Anne L. Watson. Illus. by Anne L. Watson. 2023. (ENG.). 28p. (J). pap. 12.50 ***(978-1-62035-618-0(X),*** Skyhook Pr.) Shepard Pubns.

If Wishes Were Horses (Classic Reprint) Unknown Author. 2018. (ENG., Illus.). 320p. (J). 30.52 *(978-0-484-57278-1(4))* Forgotten Bks.

If Witch, Then Which?, Vol. 3. Ato Sakurai. 2021. (If Witch, Then Which? Ser.: 3). (ENG., Illus.). 210p. (YA). (gr. 8-17). pap. 13.00 *(978-1-9753-2446-9(3),* Yen Pr.) Yen Pr. LLC.

If, Yes, & Perhaps: Four Possibilities & Six Exaggerations, with Some Bits of Fact (Classic Reprint) Edward Everett Hale. 2018. (ENG., Illus.). (J). 30.25 *(978-0-260-18405-4(5))* Forgotten Bks.

If You Are a Kaka, You Eat Doo Doo: And Other Poop Tales from Nature, 1 vol. Sara Martel. Illus. by Sara Lynn Cramb. 2016. (Tilbury House Nature Book Ser.: 0). (ENG.). 36p. (J). (gr. 1-6). 17.95 *(978-0-88448-488-2(2),* 884488) Tilbury Hse. Pubs.

If You Are Happy & You Know It Clap Your Hands: Self-Celebration Workbook. Reea Rodney. 2017. (ENG., Illus.). 26p. (J). pap. 12.99 *(978-0-9975059-8-6(2))* Dara Publishing LLC.

If You Ask a Scientist a Question. Adrienne H. Small. Illus. by Tim Blair. 2019. (ENG.). 20p. (J). (gr. k-4). pap. 12.99 *(978-1-63132-076-7(9))* Advanced Publishing LLC.

If You Believe! Sheila Mayo. 2020. (ENG., Illus.). 20p. (J). 22.95 *(978-1-0980-6153-1(5))* Christian Faith Publishing.

If You Believe It, It's So (Classic Reprint) Perley Poore Sheehan. 2017. (ENG., Illus.). (J). 31.24 *(978-1-5282-6618-5(8))* Forgotten Bks.

If You Change Your Mind. Robby Weber. (ENG.). (YA). 2023. 368p. pap. 15.99 *(978-1-335-42918-6(2));* 2022. 400p. 18.99 *(978-1-335-42590-4(X))* Harlequin Enterprises ULC CAN. Dist: HarperCollins Pubs.

If You Come Softly: Twentieth Anniversary Edition. Jacqueline Woodson. 20th ed. 2018. (ENG.). 192p. (YA). (gr. 7). 17.99 *(978-0-525-51548-7(8),* Nancy Paulsen Books) Penguin Young Readers Group.

If You Could Have a Superpower. Deborah Duncan. Illus. by Rebecca Bender. 2021. (ENG.). 186p. (J). pap. *(978-1-5255-8599-9(1))* FriesenPress.

If You Could See the Sun. Ann Liang. 2022. (ENG.). 352p. (YA). 18.99 *(978-1-335-91584-9(2))* Harlequin Enterprises ULC CAN. Dist: HarperCollins Pubs.

If You Could Wear My Sneakers, 1 vol. Sheree Fitch. Illus. by Darcia Labrosse. 20th ed. 2017. (ENG.). 36p. (J). (gr. 1-3). 22.95 *(978-1-77108-469-7(3),* 290c79fd-47e0-46ea-998c-934ce01fff83) Nimbus Publishing, Ltd. CAN. Dist: Baker & Taylor Publisher Services (BTPS).

If You Cry Like a Fountain. Noemi Vola. 2022. (ENG., Illus.). 48p. (J). (gr. -1-2). 18.99 *(978-0-7352-7050-3(3),* Tundra Bks.) Tundra Bks. CAN. Dist: Penguin Random Hse. LLC.

If You Ever Meet a Grown-Up Bully: Protecting Your Children from Predators. David Bradford Lee. Illus. by Abby Powell. 2023. (ENG.). 36p. (J). 12.99 ***(978-1-63342-151-6(1))*** Shepherd Pr. Inc.

If You Ever Want to Bring a Circus to the Library, Don't! Elise Parsley. 2017. (Magnolia Says DON'T! Ser.: 3). (ENG., Illus.). 40p. (J). (gr. -1-3). 18.99 *(978-0-316-37661-7(2))* Little, Brown Bks. for Young Readers.

If You Ever Want to Bring a Piano to the Beach, Don't! Elise Parsley. 2016. (Magnolia Says DON'T! Ser.: 2). (ENG., Illus.). 40p. (J). (gr. -1-3). 17.99 *(978-0-316-37659-4(0))* Little, Brown Bks. for Young Readers.

If You Ever Want to Bring a Pirate to Meet Santa, Don't! Elise Parsley. 2018. (Magnolia Says DON'T! Ser.: 4). (ENG., Illus.). 40p. (J). (gr. -1-3). 17.99 *(978-0-316-46677-6(8))* Little, Brown Bks. for Young Readers.

If You Find a Leaf: The Perfect Fall Book for Kids & Toddlers. Aimée Sicuro. 2022. (If You Find a Treasure Ser.). (Illus.). 40p. (J). (gr. -1-3). 18.99 *(978-0-593-30659-8(7));* (ENG., lib. bdg. 20.99 *(978-0-593-30660-4(0))* Random Hse. Children's Bks.

If You Find a Unicorn, It Is Not Yours to Keep: Life Lessons for My Magical Daughter. D. J. Corchin. 2022. 144p. (J). (gr. 2-12). 14.99 *(978-1-7282-1934-9(5))* Sourcebooks, Inc.

If You Find This. Matthew Baker. 2017. (ENG.). 368p. (J). (gr. 3-7). pap. 18.99 *(978-0-316-24009-3(5))* Little, Brown Bks. for Young Readers.

If You Get Lost. Nikki Loftin. Illus. by Deborah Marcero. 2023. (ENG.). 40p. (J). (gr. -1-2). 18.99 ***(978-0-593-37531-0(9));*** lib. bdg. 21.99 ***(978-0-593-37532-7(7))*** Random Hse. Children's Bks. (Schwartz & Wade Bks.).

If You Give a Cactus a Hug. Anastasia Prather. Illus. by Garrett Beebe. 2018. (ENG.). 36p. (J). (gr. 2-6). pap. 9.95 *(978-0-692-09851-6(8))* Prather, Anastasia.

If You Give a Mouse a Brownie. Laura Numeroff. Illus. by Felicia Bond. 2016. (If You Give... Ser.). (ENG.). 32p. (J). (gr. -1-3). 18.99 *(978-0-06-027571-6(5));* lib. bdg. 18.89 *(978-0-06-027572-3(3))* HarperCollins Pubs. (HarperCollins).

If You Give the Puffin a Muffin, 1 vol. Timothy Young. 2018. (ENG., Illus.). 32p. (J). 16.99 *(978-0-7643-5552-3(X),* 9846) Schiffer Publishing, Ltd.

If You Go down to the Woods Today. Rachel Piercey. Illus. by Freya Hartas. 2021. (Brown Bear Wood Ser.). (ENG.). 40p. (J). (gr. -1-1). 19.99 *(978-1-4197-5158-5(1),* 1719101) Abrams, Inc.

If You Go Out on Halloween Night. Marta Manguai. 2023. (ENG., Illus.). 24p. (J). 19.95 ***(978-1-6624-6587-1(4))*** Page Publishing.

If You Got It a Truck Brought It: For We the People. Robin W. Smith. Illus. by Robin W. Smith. 2018. (If You Got It, a Truck Brought It Ser.: Vol. 2). (ENG., Illus.). 16p. (J). (gr. 2-4). pap. 11.00 *(978-1-64316-153-2(9))* Bright Tyke Creations LLC.

If You Had a Jetpack. Lisl H. Detlefsen. Illus. by Linzie Hunter. 2018. 40p. (J). (gr. -1-3). 17.99 *(978-0-399-55329-5(0),* Knopf Bks. for Young Readers) Random Hse. Children's Bks.

If You Had to Draw a Universe for Me ... 50 Questions About the Universe, Matter & Scientists. Marc Goldberg. 2018. (ENG., Illus.). ix, 112p. (J). pap. *(978-981-327-721-2(1))* World Scientific Publishing Co. Pte Ltd.

If You Had Your Birthday Party on the Moon. Joyce Lapin. Illus. by Simona Ceccarelli. 2019. 40p. (J). (gr. 2). 18.99 *(978-1-4549-2970-3(7))* Sterling Publishing Co., Inc.

If You Have to Be Anything, Be Kind. Tolu' A. Akinyemi. Illus. by Chris Nwoko. 2022. (ENG.). 24p. (J). pap. ***(978-1-913636-34-0(8))*** Roaring Lion Newcastle.

If You Knew Jack. M. C. Lee. 2016. (ENG., Illus.). (J). 24.99 *(978-1-63533-034-2(3),* Harmony Ink Pr.) Dreamspinner Pr.

If You Know You Know! with Jamal. Wala Farahat & Hoda Elshayeb. 2023. (ENG.). 58p. (J). pap. ***(978-1-998754-21-2(9))*** Greer, Sabrina.

If You Like Exploring, Adventuring, or Teamwork Games, Try This! Daniel Montgomery Cole Mauleón. 2020. (Away from Keyboard Ser.). (ENG., Illus.). 32p. (J). (gr. 3-5). lib. bdg. 33.99 *(978-1-5435-9039-5(X),* 141386, Capstone Pr.) Capstone.

If You Like Sports Games, Try This! Marne Ventura. 2020. (Away from Keyboard Ser.). (ENG., Illus.). 32p. (J). (gr. 3-5). lib. bdg. 33.99 *(978-1-5435-9044-9(6),* 141388, Capstone Pr.) Capstone.

If You Like World-Building Games, Try This! Marne Ventura. 2020. (Away from Keyboard Ser.). (ENG., Illus.). 32p. (J). (gr. 3-5). lib. bdg. 33.99 *(978-1-5435-9038-8(1),* 141385, Capstone Pr.) Capstone.

If You Listen: A Poetry Book for Teens. K. R. S. 2021. (ENG.). 44p. (YA). pap. ***(978-1-716-33103-9(X))*** Lulu Pr., Inc.

If You Live Here. Kate Gardner. Illus. by Christopher Silas Neal. 2022. (ENG.). 40p. (J). (gr. -1-3). 17.99 *(978-0-06-286532-8(3),* Balzer & Bray) HarperCollins Pubs.

If You Lived During the Civil War. Denise Lewis Patrick. Illus. by Alleanna Harris. 2022. (If You Ser.). (ENG.). 88p. (J). (gr. 2-5). pap. 9.99 *(978-1-338-71279-7(9),* Scholastic Pr.) Scholastic, Inc.

If You Lived During the Civil War (Library Edition) Denise Lewis Patrick. Illus. by Alleanna Harris. 2022. (If You Ser.). (ENG.). 88p. (J). (gr. 2-5). 22.99 *(978-1-338-71280-3(2),* Scholastic Pr.) Scholastic, Inc.

If You Lived During the Plimoth Thanksgiving. Chris Newell. Illus. by Winona Nelson. 2021. (If You Ser.). (ENG.). 96p. (J). (gr. 1-3). lib. bdg. 22.99 *(978-1-338-72637-4(4));* (gr. 2-5). pap. 8.99 *(978-1-338-72636-7(6))* Scholastic, Inc. (Scholastic Nonfiction).

If You Lived Here. Giles Laroche. 2018. (CHI.). (J). (gr. 1-4). *(978-7-5511-3990-8(7))* Huashan Arts and Literature Publishing Hse.

If You Look up to the Sky. Angela Dalton. Illus. by Margarita Sikorskaia. 2017. (ENG.). (J). 17.95 *(978-1-59298-828-0(8))* Beaver's Pond Pr., Inc.

If You Love Books, You Could Be... Ready-To-Read Level 2. Elizabeth Dennis. Illus. by Natalie Kwee. 2020. (If You Love Ser.). (ENG.). 32p. (J). (gr. k-2). 17.99 *(978-1-5344-7102-3(2));* pap. 4.99 *(978-1-5344-7101-6(4))* Simon Spotlight. (Simon Spotlight).

If You Love Cooking, You Could Be... Ready-To-Read Level 2. Elizabeth Dennis. Illus. by Natalie Kwee. 2019. (If You Love Ser.). (ENG.). 32p. (J). (gr. k-2). 17.99 *(978-1-5344-5454-5(3));* pap. 4.99 *(978-1-5344-5455-2(1))* Simon Spotlight. (Simon Spotlight).

If You Love Cool Careers Collection (Boxed Set) If You Love Video Games, You Could Be...; If You Love Dolphins, You Could Be...; If You Love Fashion, You Could Be...; If You Love Cooking, You Could Be...; If You Love Robots, You Could Be...; If You Love Books, You Could Be... Illus. by Natalie Kwee. ed. 2020. (If You Love Ser.). (ENG.). 192p. (J). (gr. k-2). pap. 17.99 *(978-1-5344-7780-3(2),* Simon Spotlight) Simon Spotlight.

If You Love Dolphins, You Could Be... May Nakamura. 2019. (Ready-To-Read Ser.). (ENG.). 32p. (J). (gr. k-1). 13.96 *(978-0-87617-685-6(6))* Penworthy Co., LLC, The.

If You Love Dolphins, You Could Be... Ready-To-Read Level 2. May Nakamura. Illus. by Natalie Kwee. 2019. (If You Love Ser.). (ENG.). 32p. (J). (gr. k-2). 17.99 *(978-1-5344-4469-0(6));* pap. 4.99 *(978-1-5344-4468-3(8))* Simon Spotlight. (Simon Spotlight).

If You Love Fashion, You Could Be... Ready-To-Read Level 2. May Nakamura. Illus. by Natalie Kwee. 2019. (If You Love Ser.). (ENG.). 32p. (J). (gr. k-2). 17.99 *(978-1-5344-4877-3(2));* pap. 4.99 *(978-1-5344-4876-6(4))* Simon Spotlight. (Simon Spotlight).

If You Love Reading, Thank Johannes Gutenberg! Biography 3rd Grade Children's Biography Books. Baby Professor. 2017. (ENG., Illus.). (J). pap. 8.79 *(978-1-5419-1415-5(5),* Baby Professor (Education Kids)) Speedy Publishing LLC.

If You Love Robots, You Could Be... Ready-To-Read Level 2. May Nakamura. Illus. by Natalie Kwee. 2020. (If You Love Ser.). (ENG.). 32p. (J). (gr. k-2). 17.99 *(978-1-5344-6523-7(5));* pap. 4.99 *(978-1-5344-6522-0(7))* Simon Spotlight. (Simon Spotlight).

If You Love Video Games, You Could Be... Thea Feldman. 2019. (Ready-To-Read Ser.). (ENG.). 32p. (J). (gr. k-1). 13.96 *(978-0-87617-686-3(4))* Penworthy Co., LLC, The.

If You Love Video Games, You Could Be... Ready-To-Read Level 2. Thea Feldman. Illus. by Natalie Kwee. 2019. (If You Love Ser.). (ENG.). 32p. (J). (gr. k-2). 17.99 *(978-1-5344-4399-0(1));* pap. 4.99 *(978-1-5344-4398-3(3))* Simon Spotlight. (Simon Spotlight).

If You Meet a Veteran. Greg Easley. 2020. (ENG.). 46p. (J). 34.99 *(978-1-63129-948-3(4));* pap. 24.99 *(978-1-63129-947-6(6))* Salem Author Services. (Liberty Hill Publishing).

If You Meet the Devil, Don't Shake Hands. Sylvia Whitman. 2023. 190p. (J). (gr. 4-7). pap. 14.95 ***(978-1-64603-376-8(0),*** Fitzroy Bks.) Regal Hse. Publishing, LLC.

If You Met Santa. Holly Hatam. 2022. (If You Met... Ser.). (Illus.). 24p. (J). (— 1). bds. 7.99 *(978-0-593-37503-7(3),* Random Hse. Bks. for Young Readers) Random Hse. Children's Bks.

If You Met the Easter Bunny. Holly Hatam. 2023. (If You Met... Ser.). (Illus.). 24p. (J). (— 1). bds. 8.99 *(978-0-593-37501-3(7),* Random Hse. Bks. for Young Readers) Random Hse. Children's Bks.

If You Miss Me. Jocelyn Li Langrand. Illus. by Jocelyn Li Langrand. 2021. (ENG., Illus.). 40p. (J). (gr. -1-3). 18.99 *(978-1-338-68069-0(2),* Orchard Bks.) Scholastic, Inc.

If You Pick a Pair of Peacocks. James W. Litzler. 2021. (ENG.). 30p. (J). 23.95 *(978-1-63630-829-6(5));* pap. 13.95 *(978-1-63630-828-9(7))* Covenant Bks.

If You Plant a Seed Board Book: An Easter & Springtime Book for Kids. Kadir Nelson. Illus. by Kadir Nelson. 2020. (ENG., Illus.). 32p. (J). (gr. -1 — 1). bds. 7.99 *(978-0-06-293203-7(9),* Balzer & Bray) HarperCollins Pubs.

If You Planted a Crayon What Would It Grow? Deanna Draper; Buck. 2018. (ENG.). (gr. -1-2). 14.99 *(978-1-4621-2193-9(4))* Cedar Fort, Inc./CFI Distribution.

If You Play with Fire see Si Juegas Con Fuego

If You Played Hide-And-Seek with a Chameleon, 1 vol. Bill Wise. Illus. by Rebecca Evans. 2019. 32p. (J). (gr. k-6). 16.95 *(978-1-58469-650-6(8),* Dawn Pubns.) Sourcebooks, Inc.

If You Read This. Kereen Getten. (ENG.). (J). (gr. 3-7). 2023. 192p. 7.99 ***(978-0-593-17402-9(X),*** Yearling); 2022. 176p. 16.99 *(978-0-593-17400-5(3),* Delacorte Pr.) Random Hse. Children's Bks.

If You Sailed on the Titanic. Denise Lewis Patrick. Illus. by Winona Nelson. 2023. (If You Ser.). (ENG.). 80p. (J). (gr. 2-5). 22.99 *(978-1-338-77720-8(3));* pap. 9.99 *(978-1-338-77719-2(X))* Scholastic, Inc. (Scholastic Pr.).

If You See a Dragon. Bonnie Ferrante. 2016. (ENG., Illus.). (J). pap. *(978-1-928064-26-8(4))* Single Drop Publishing.

986

The check digit for ISBN-10 appears in parentheses after the full ISBN-13

TITLE INDEX IHEARDS

If You Still Recognize Me. Cynthia So. 2023. (ENG.). 384p. (YA). (gr. 9). 19.99 *(978-0-06-328326-8(3),* HarperTeen) HarperCollins Pubs.

If You Take a Mouse to School see Si Llevas un Ratón a la Escuela: If You Take a Mouse to School (Spanish Edition)

If You Take a Pencil. Fulvio Testa. 2017. (ENG., Illus.). 32p. (J). (-k). pap. 9.99 *(978-1-78344-532-5(7))* Andersen Pr. GBR. Dist: Independent Pubs. Group.

If You Take a Sailboat to Water... Janet Kennedy Kiefer. Ed. by Alma Alvarez-Smith. 2017. (ENG., Illus.). (J). pap. *(978-1-5255-0031-2(7))* FriesenPress.

If You Take Away the Otter. Susannah Buhrman-Deever. Illus. by Matthew Trueman. 2020. (ENG.). 32p. (J). (gr. k-3). 17.99 *(978-0-7636-8934-6(3))* Candlewick Pr.

If You, Then Me. Yvonne Woon. (ENG.). (YA). (gr. 8). 2023. 432p. pap. 11.99 *(978-0-06-300865-6(3));* 2021. 416p. 17.99 *(978-0-06-300864-9(5))* HarperCollins Pubs. (Tegen, Katherine Bks).

If You Touch Them They Vanish (Classic Reprint) Morris Morris. 2018. (ENG., Illus.). 178p. (J). 27.57 *(978-0-365-24745-6(6))* Forgotten Bks.

If You Traveled on the Underground Railroad. Ebony Wilkins. Illus. by Steffi Walthall. 2022. (If You Ser.). (ENG.). 80p. (J). (gr. 2-5). 22.99 *(978-1-338-78892-1(2),* Scholastic Paperbacks); pap. 9.99 *(978-1-338-78891-4(4),* Scholastic Pr.) Scholastic, Inc.

If You Tried Your Best, It's All You Can Do. Ginger L. Harris. 2021. (ENG., Illus.). 22p. (J). 24.95 *(978-1-0980-9940-4(0))* Christian Faith Publishing.

If You Wake a Skunk. Carol Doeringer. Illus. by Florence Weiser. 2023. (ENG.). 32p. (J). (gr. k-3). 18.99 *(978-1-5341-1172-1(7),* 205370) Sleeping Bear Pr.

If You Want to Be a Groovicorn. Rosie Greening. 2019. (ENG., Illus.). 12p. (J). (— 1). bds. 12.99 *(978-1-78843-993-0(7))* Make Believe Ideas GBR. Dist: Scholastic, Inc.

If You Want to Knit Some Mittens. Laura Purdie Salas. Illus. by Angela Matteson. 2021. 32p. (J). (gr. -1-3). 17.99 *(978-1-62979-564-5(X),* Astra Young Readers) Astra Publishing Hse.

If You Want to Visit a Sea Garden, 1 vol. Kay Weisman. Illus. by Roy Henry Vickers. 2020. (ENG.). 32p. (J). (gr. k-3). 18.99 *(978-1-55498-970-6(1))* Groundwood Bks. CAN. Dist: Publishers Group West (PGW).

If You Wave Your Wand: Stories for the Wildest Hearts. Stephanie a Decker. Illus. by Ian Kirkpatrick. 2018. (ENG.). 40p. (J). *(978-1-5255-3266-5(9));* pap. *(978-1-5255-3267-2(7))* FriesenPress.

If You Went to the Zoo. Bos Stevens. 2019. (If... Ser.: Vol. 1). (ENG., Illus.). 36p. (J). 19.95 *(978-0-9824289-9-3(5))* Lightnin Bug Pr.

If You Were a Bandicoot. Ty Wheeler. Illus. by Courtney Myers. 2020. (ENG.). 28p. (J). pap. 12.99 *(978-1-947773-74-5(7),* Yawn Publishing LLC) Yawn's Bks. & More, Inc.

If You Were a Chocolate Mustache. J. Patrick Lewis. Illus. by Matthew Cordell. 2020. (ENG.). 160p. (J). (gr. 3-6). pap. 9.99 *(978-1-68437-705-3(6),* Wordsong) Highlights Pr., c/o Highlights for Children, Inc.

If You Were a Commandment. S. R. Jackson. 2017. (ENG., Illus.). (J). pap. 12.95 *(978-1-63575-741-5(X))* Christian Faith Publishing.

If You Were a Kid Building a Pyramid (If You Were a Kid) Lawrence Schimel. Illus. by Jenn Ely. 2017. (If You Were a Kid Ser.). (ENG.). 32p. (J). (gr. 2-4). pap. 7.95 *(978-0-531-23949-0(7),* Children's Pr.) Scholastic Library Publishing.

If You Were a Kid During the California Gold Rush (If You Were a Kid) (Library Edition) Josh Gregory. Illus. by Caroline Attia. 2018. (If You Were a Kid Ser.). (ENG.). 32p. (J). (gr. 2-4). lib. bdg. 26.00 *(978-0-531-23214-9(X),* Children's Pr.) Scholastic Library Publishing.

If You Were a Kid During the Civil Rights Movement. Gwendolyn Hooks. 2017. (If You Were a Kid Ser.). (ENG., Illus.). 32p. (J). lib. bdg. 26.00 *(978-0-531-22384-0(1),* Children's Pr.) Scholastic Library Publishing.

If You Were a Kid in the Wild West (If You Were a Kid) (Library Edition) Tracey Baptiste. Illus. by Jason Raish. 2018. (If You Were a Kid Ser.). (ENG.). 32p. (J). (gr. 2-4). lib. bdg. 26.00 *(978-0-531-23215-6(8),* Children's Pr.) Scholastic Library Publishing.

If You Were a Kid on the Mayflower (If You Were a Kid) (Library Edition) John Son. Illus. by Roger Zanni. 2018. (If You Were a Kid Ser.). (ENG.). 32p. (J). (gr. 2-4). lib. bdg. 26.00 *(978-0-531-23216-3(6),* Children's Pr.) Scholastic Library Publishing.

If You Were a Penguin Board Book. Florence Minor. Illus. by Wendell Minor. 2022. (ENG.). 30p. (J). (gr. -1 — 1). bds. 6.99 *(978-0-06-321208-4(0),* Tegen, Katherine Bks) HarperCollins Pubs.

If You Were a Princess: True Stories of Brave Leaders from Around the World. Hillary Homzie. Illus. by Udayana Lugo. 2022. (ENG.). 40p. (J). (gr. -1-3). 18.99 *(978-1-5344-5617-4(1),* Aladdin) Simon & Schuster Children's Publishing.

If You Were an Elephant. Leslie Staub. Illus. by Richard Jones. 2021. 32p. (J). (gr. -1-2). 16.99 *(978-1-5247-4134-1(5),* G.P. Putnam's Sons Books for Young Readers) Penguin Young Readers Group.

If You Were Here. Jennie Yabroff. 2017. (ENG.). 272p. (YA). 17.99 *(978-1-5072-0002-5(1),* Simon Pulse) Simon Pulse.

If You Were My Bunny (a StoryPlay Book) Kate McMullan. Illus. by David McPhail. 2017. (StoryPlay Ser.). (ENG.). 32p. (J). (gr. -1-k). 5.99 *(978-1-338-23219-6(3))* Scholastic, Inc.

If You Were My Valentine. Lynn Plourde. Illus. by Jennifer L. Meyer. 2022. (ENG.). 24p. (J). (gr. -1 — 1). bds. 7.99 *(978-0-316-59118-8(1))* Little, Brown Bks. for Young Readers.

If You Were Night. Muon Thi Van. Illus. by Kelly Pousette. 2020. (ENG.). 32p. (J). (gr. -1-2). 17.99 *(978-1-5253-0014-1(8))* Kids Can Pr., Ltd. CAN. Dist: Hachette Bk. Group.

If You Were Spaghetti: A Silly Book of Fun I Love Yous, 1 vol. Haily Meyers & Kevin Meyers. 2018. (Lucy Darling Ser.). (ENG., Illus.). 20p. (J). (— 1). bds. 16.99 *(978-1-4236-5032-4(8))* Gibbs Smith, Publisher.

If You Were the Moon. Laura Purdie Salas. Illus. by Jaime Kim. 2017. (ENG.). 32p. (J). (gr. k-2). 19.99 *(978-1-4677-8009-4(X),* 85307bf0-f95b-493d-8e79-002bc9c23e22); E-Book 30.65 *(978-1-5124-2838-4(8))* Lerner Publishing Group. (Millbrook Pr.).

If You Wish. Cassandra Sage Briskman. 2016. (ENG., Illus.). (J). pap. 12.95 *(978-1-945390-28-9(X))* Waterside Pr.

If Your Monster Won't Go to Bed. Denise Vega. Illus. by Zachariah OHora. 2017. 40p. (J). (gr. -1-2). 18.99 *(978-0-553-49655-0(7),* Knopf Bks. for Young Readers) Random Hse. Children's Bks.

If Your Robot... Loves Birds. Spencer Drumm. 2017. (ENG., Illus.). 24p. (J). *(978-1-387-30070-9(9))* Lulu Pr., Inc.

If You're a Kid Like Gavin: The True Story of a Young Trans Activist. Gavin Grimm & Kyle Lukoff. Illus. by J. Yang. 2022. (ENG.). 40p. (J). (gr. -1-3). 18.99 *(978-0-06-305756-2(5),* Tegen, Katherine Bks) HarperCollins Pubs.

If You're Going to a March. Martha Freeman. Illus. by Violet Kim. 2018. (ENG.). 32p. (J). (gr. k). 16.95 *(978-1-4549-2993-2(6))* Sterling Publishing Co., Inc.

If You're Groovy & You Know It, Hug a Friend (Groovy Joe #3) Eric Litwin. Illus. by Tom Lichtenheld. 2018. (Groovy Joe Ser.: 3). (ENG.). 32p. (J). (gr. -1-k). 9.99 *(978-0-545-88380-1(6),* Orchard Bks.) Scholastic, Inc.

If You're Happy & You Know It. Jane Cabrera. 2019. (Jane Cabrera's Story Time Ser.). (Illus.). 24p. (J). (-k). 18.99 *(978-0-8234-4465-6(1));* (gr. -1 — 1). bds. 7.99 *(978-0-8234-4464-9(3))* Holiday Hse., Inc.

If You're Happy & You Know It. Melissa Everett. Illus. by Mark Kummer. 2017. (ENG.). 20p. (J). (gr. -1-2). bds. *(978-1-4867-1246-5(0))* Flowerpot Children's Pr. Inc.

If You're Happy & You Know It. Laura Freeman. Illus. by Laura Freeman. 2023. (Classic Children's Songs Ser.). (ENG.). 16p. (J). (gr. -1-2). 29.93 *(978-1-5038-6545-7(2),* 216444) Child's World, Inc, The.

If You're Happy & You Know It. PI Kids. Illus. by Julia Swaney. 2021. (Sing along Storybooks Ser.). (ENG.). 12p. (J). (gr. k-2). lib. bdg. 12.99 *(978-1-64996-024-5(7),* 4767, Sequoia Publishing & Media LLC) Phoenix International Publications, Inc.

If You're Happy & You Know It. P. I. Kids PI Kids. Illus. by Julianna Swaney. 2021. (Sing along Storybooks Ser.). (ENG.). 12p. (J). (gr. -1-3). pap. 6.50 ***(978-1-64996-651-3(2),*** 17040, Sequoia Kids Media) Sequoia Children's Bks.

If You're Happy & You Know It. Hazel Quintanilla. 2022. (ENG.). 14p. (J). bds. 7.99 *(978-1-4867-2403-1(5),* 69641b4d-10c1-458f-8126-f57b562532db) Flowerpot Pr.

If You're Happy & You Know It ... Wendy Straw. 2021. (Wendy Straw's Nursery Rhyme Collection). (ENG.). 12p. (J). (— 1). pap. 4.99 *(978-0-9925668-8-3(6),* Brolly Bks.) Borghesi & Adam Pubs. Pty Ltd AUS. Dist: Independent Pubs. Group.

If You're Happy & You Know It, 1 vol. Illus. by Barbara Szepesi Szucs. 2017. (Sing-Along Book Ser.). (ENG.). 20p. (J). bds. 8.99 *(978-0-310-75922-5(6))* Zonderkidz.

If You're Happy & You Know It. Illus. by Annie Kubler & Sarah Dellow. ed. 2021. (Baby Rhyme Time Ser.). 12p. (J). bds. *(978-1-78628-580-5(0))* Child's Play International Ltd.

If You're Happy & You Know It: Bilingual Inuktitut & English Edition. Monica Ittusardjuat. Illus. by Ali Hinch. 2021. (Arvaaq Bks.). 18p. (J). bds. 12.50 *(978-1-77450-244-0(5))* Inhabit Education Bks. Inc. CAN. Dist: Consortium Bk. Sales & Distribution.

If You're Happy & You Know It: Sing-Along Storybook. Sequoia Children's Publishing. 2019. (ENG.). 16p. (J). 2.99 *(978-1-64269-039-2(2),* 3977, Sequoia Publishing & Media LLC) Phoenix International Publications, Inc.

If You're Jolly & You Know It. Aly Fronis. Illus. by Yi-Hsuan Wu. 2020. (ENG.). 16p. (J). (gr. -1-k). bds. 8.99 *(978-1-4998-1147-6(0))* Little Bee Books Inc.

If You're Out There. Katy Loutzenhiser. (ENG.). 320p. (YA). (gr. 8). 2020. pap. 10.99 *(978-0-06-286568-7(4));* 2019. 17.99 *(978-0-06-286567-0(6))* HarperCollins Pubs. (Balzer & Bray).

If You're Spooky & You Know It. Aly Fronis. Illus. by Jannie Ho. 2016. (ENG.). 16p. (J). (gr. -1-k). bds. 5.99 *(978-1-4998-0165-1(3))* Little Bee Books Inc.

If You're Thinking of a Little Place in the Country (Classic Reprint) Albert Benjamin Genung. 2017. (ENG., Illus.). (J). 24.31 *(978-0-265-57397-6(1));* pap. 7.97 *(978-0-282-84927-6(0))* Forgotten Bks.

If Youth but Knew! (Classic Reprint) Agnes Castle. (ENG., Illus.). (J). 2018. 474p. 33.67 *(978-0-483-29758-6(5));* 2016. pap. 16.57 *(978-1-333-19613-4(X))* Forgotten Bks.

If You've Got the Faith, God's Got the Power. Annie D Chatman. 2018. (ENG., Illus.). 112p. (YA). pap. 12.95 *(978-1-64350-131-4(3))* Page Publishing Inc.

Ifigenia in Aulide: Dramma per Musica (Classic Reprint) Ignaz Pleyel. 2018. (ITA., Illus.). (J). 72p. 25.40 *(978-1-396-27693-4(9));* 74p. pap. 9.57 *(978-1-390-26566-8(8))* Forgotten Bks.

Ifrait. P. J. Phoenix. 2018. (GER., Illus.). 282p. (YA). pap. *(978-3-7407-4541-7(X))* VICOO International Pr.

Iggy & Oz: The Living Snot. J. J. Johnson. 2022. (ENG.). 104p. (J). pap. 9.99 ***(978-1-0879-4167-7(9))*** Indy Pub.

Iggy & Oz: The Plastic Dinos of Doom. J. J. Johnson. 2019. (Iggy & Oz Ser.: Vol. 1). (ENG.). 144p. (J). (gr. 3-6). pap. 10.99 ***(978-1-0878-0088-2(9))*** Indy Pub.

Iggy & Oz: The Soda Pop Wars: the Soda Pop Wars. J. J. Johnson. 2020. (ENG.). 122p. (J). (gr. 3-6). pap. 8.99 *(978-1-0879-1171-7(0))* Indy Pub.

Iggy Azalea. Laura K. Murray. 2016. (Big Time Ser.). (ENG.). 24p. (J). (gr. 1-3). *(978-1-60818-671-6(7),* 20790, Creative Education); pap. *(978-1-62832-267-5(5),* 20788, Creative Paperbacks) Creative Co., The.

Iggy Is Better Than Ever. Annie Barrows. Illus. by Sam Ricks. (Iggy Ser.: 2). (J). (gr. 2-5). 2022. 176p. 7.99 *(978-1-9848-1335-0(8));* 2020. 160p. 13.99 *(978-1-9848-1333-6(1))* Penguin Young Readers Group. (G.P. Putnam's Sons Books for Young Readers).

Iggy Is Better Than Ever, 2. Annie Barrows. ed. 2023. (Iggy Ser.). (ENG.). 139p. (J). (gr. 2-5). 19.96 ***(978-1-68505-855-5(8))*** Penworthy Co., LLC, The.

Iggy Is the Hero of Everything. Annie Barrows. Illus. by Sam Ricks. (Iggy Ser.: 3). (J). (gr. 2-5). 2023. 144p. 7.99 *(978-1-9848-1338-1(2));* 2021. 128p. 13.99 *(978-1-9848-1336-7(6))* Penguin Young Readers Group. (G.P. Putnam's Sons Books for Young Readers).

Iggy Is the Hero of Everything, 3. Annie Barrows. ed. 2023. (Iggy Ser.). (ENG.). 111p. (J). (gr. 2-5). 19.96 ***(978-1-68505-856-2(6))*** Penworthy Co., LLC, The.

Iggy Peck & the Mysterious Mansion: The Questioneers Book #3. Andrea Beaty. Illus. by David Roberts. 2020. (Questioneers Ser.). (ENG.). 144p. (J). (gr. 1-4). 12.99 *(978-1-4197-3692-6(2),* 1204001) Abrams, Inc.

Iggy Peck's Big Project Book for Amazing Architects. Andrea Beaty. Illus. by David Roberts. 2017. (Questioneers Ser.). (ENG.). 96p. (J). (gr. k-2). pap. 14.99 *(978-1-4197-1892-2(4),* 1126707) Abrams, Inc.

Iggy Rules the Animal Kingdom. Annie Barrows. Illus. by Sam Ricks. 2023. (Iggy Ser.: 5). 128p. (J). (gr. 2-5). 7.99 *(978-0-593-32538-4(9));* lib. bdg. 16.99 ***(978-0-593-32537-7(0))*** Penguin Young Readers Group. (G.P. Putnam's Sons Books for Young Readers).

Iggy the Legend. Annie Barrows. Illus. by Sam Ricks. (Iggy Ser.: 4). (J). (gr. 2-5). 2023. 144p. 7.99 *(978-0-593-32535-3(4));* 2022. 128p. 13.99 *(978-0-593-32533-9(8))* Penguin Young Readers Group. (G.P. Putnam's Sons Books for Young Readers).

Iggy the Snake. Nicole Jesson. Illus. by Veronika Carmichael. 2023. 26p. (J). 24.95 ***(978-1-6678-9110-1(3))*** BookBaby.

Iggy's Second Chance. Patricia Paradiso & Laura DeAngelis. 2023. (ENG.). 38p. (J). 19.95 ***(978-1-63755-060-1(X),*** Mascot Kids) Amplify Publishing Group.

Iggy's World, 1 vol. Gail Anderson-Dargatz. 2019. (Orca Currents Ser.). (ENG.). 128p. (J). (gr. 4-7). pap. 9.95 *(978-1-4598-2139-2(4))* Orca Bk. Pubs. USA.

Igloo. Jennifer Burkinshaw. 2022. (ENG.). 296p. (YA). pap. ***(978-1-78645-556-7(0))*** Beaten Track Publishing.

Igloo Stories: Six Tales of Eskimo Land (Classic Reprint) Clarence Hawkes. (ENG., Illus.). (J). 2018. 154p. 27.07 *(978-0-364-14331-5(2));* 2017. pap. 9.57 *(978-0-282-35984-3(2))* Forgotten Bks.

Ignatius & the Battle at Dinas Affaraon: Ignatius Series Book 2. D. a Mucci. 2022. (ENG.). 364p. (YA). pap. 14.99 ***(978-1-7372778-4-2(0))*** St Barts Publishing.

Ignatius & the Swords of Nostaw. D. a Mucci. 2021. (ENG.). 292p. (YA). 25.99 *(978-1-7372778-3-5(2));* pap. 12.99 ***(978-1-7372778-0-4(8))*** St Barts Publishing.

Ignatius of Loyola. Pedro Rodriguez-Ponga. 2018. (ENG., Illus.). 48p. pap. 12.95 *(978-0-8091-6783-8(2))* Paulist Pr.

Ignatius of Loyola: The Life of a Saint. Tr. by Brian Edwards. 2016. (ENG., Illus.). 64p. (C). pap. 14.95 *(978-1-921511-64-6(8))* ATF Pr. AUS. Dist: ISD.

Igneous Rocks. Tracy Vonder Brink. 2023. (Understanding Geology Ser.). (ENG.). (J). (gr. 3-5). 32p. lib. bdg. 30.60 ***(978-1-63897-983-8(9),*** 33529); (Illus.). pap. 9.95 Seahorse Publishing.

Igneous Rocks. Grace Hansen. 2019. (Geology Rocks! (Abdo Kids Jumbo) Ser.). (ENG., Illus.). 24p. (J). (gr. -1-2). lib. bdg. 32.79 *(978-1-5321-8557-1(X),* 31452, Abdo Kids) ABDO Publishing Co.

Igneous Rocks. Ava Sawyer. 2018. (Rocks Ser.). (ENG., Illus.). 32p. (J). (gr. 3-6). lib. bdg. 27.99 *(978-1-5435-2701-8(9),* 138137, Capstone Pr.) Capstone.

Igneous Rocks. Jenny Fretland van Voorst & Jenny Fretland VanVoorst. 2019. (Rocks & Minerals Ser.). (ENG., Illus.). 32p. (J). (gr. 3-8). pap. 8.99 *(978-1-61891-742-3(0),* 12323, Blastoff! Discovery) Bellwether Media.

Igneous Rocks. Jenny Fretland VanVoorst. 2019. (Rocks & Minerals Ser.). (ENG., Illus.). 32p. (J). (gr. 3-8). lib. bdg. 27.95 *(978-1-64487-075-4(4),* Blastoff! Discovery) Bellwether Media.

Ignis. Tracy Korn. 2018. (Elements Ser.: Vol. 4). (ENG., Illus.). 434p. (YA). pap. 15.95 *(978-0-9974906-8-8(3))* Animus Ferrum Publishing.

Ignis Fatuuis: Adult Activity Book with Hidden Pictures. Jupiter Kids. 2017. (ENG., Illus.). (J). pap. 9.20 *(978-1-68305-728-4(7),* Jupiter Kids (Childrens & Kids Fiction)) Speedy Publishing LLC.

Ignite. Michelle Areaux. 2019. (Awakening Academy Ser.: Vol. 1). (ENG.). 152p. (YA). (gr. 7-12). pap. 7.99 *(978-1-64533-153-7(9))* Kingston Publishing Co.

Ignite. Stephanie Nichole. 2019. (Dark Prophecy Ser.: Vol. 3). (ENG.). 174p. (YA). (gr. 7-12). pap. 9.99 *(978-1-64533-115-5(6))* Kingston Publishing Co.

Ignite. Danielle Rogland. 2017. (ENG., Illus.). (YA). pap. *(978-3-947234-25-7(2))* Inkitt GmbH.

Ignite. Jenna Terese. 2021. (ENG.). 396p. (YA). 24.99 *(978-1-7367481-2-1(2))* Impulsum Pr.

Ignite the Stars. Maura Milan. (Ignite the Stars Ser.: 1). (ENG.). 400p. (YA). (gr. 8-12). 2019. pap. 9.99 *(978-0-8075-3627-8(X),* 080753627X); 2018. 17.99 *(978-0-8075-3625-4(3),* 807536253) Whitman, Albert & Co.

Ignite the Sun, 1 vol. Hanna Howard. 2020. (ENG., Illus.). 352p. (YA). 18.99 *(978-0-310-76973-6(6))* Blink.

Ignite Your Ideas: ¡Creativity for Kids! Contrib. by Joanne Foster. 2023. (ENG.). 168p. (YA). pap. 16.95 ***(978-1-953360-29-8(7))*** Gifted UnLtd., LLC.

Ignite Your Spark: Discovering Who You Are from the Inside Out. Patricia Wooster. 2017. (ENG., Illus.). 224p. (YA). (gr. 7). pap. 12.99 *(978-1-58270-564-4(X))* Simon Pulse/Beyond Words.

Ignited. Shade Owens. 2022. (Immortal Ones Ser.: Vol. 4). (ENG.). 360p. (YA). pap. 13.99 ***(978-1-990775-17-8(9))*** Red Raven Publishing.

Igniting Darkness. Robin LaFevers. (Courting Darkness Duology Ser.). (ENG.). 560p. (YA). (gr. 9). 2022. pap. 10.99 *(978-0-358-56978-7(8),* 1809536); 2020. 18.99 *(978-0-544-99109-5(5),* 1666583) HarperCollins Pubs. (Clarion Bks.).

Ignoramus: An Aldo Zelnick Comic Novel. Karla Oceanak. Illus. by Kendra Spanjer. 2016. (Aldo Zelnick Comic Novel Ser.: 9). (ENG.). 160p. (J). (gr. 1-8). pap. 8.95 *(978-1-934649-73-2(2))* Bailiwick Pr.

Ignoramuses: A Travel Story (Classic Reprint) Schuyler Crowninshield. (ENG., Illus.). (J). 2018. 450p. 33.20 *(978-0-483-52373-9(9));* 2016. pap. 16.57 *(978-1-333-96519-8(2))* Forgotten Bks.

Ignore the Trolls. Jordan Gershowitz. Illus. by Sandhya Prabhat. 2019. (ENG.). 32p. (J). (gr. -1-3). 17.99 *(978-1-57687-933-7(X),* powerHouse Bks.) powerHse. Bks.

Igor, 1 vol. Francesca Dafne Vignaga. Illus. by Francesca Dafne Vignaga. 2020. (ENG.). 32p. (J). (gr. 1-2). pap. 11.00 *(978-1-4994-8658-2(8),* 0f99f8cd-deb6-42bf-bd4b-a79313f6a564); lib. bdg. 28.93 *(978-1-4994-8659-9(6),* c26f0b44-b3fd-4bd0-9233-d1383999c568) Rosen Publishing Group, Inc., The. (Windmill Bks.).

Igor the Woodcutter. Mike Morrow. 2023. (ENG.). 56p. (J). pap. ***(978-1-83875-562-1(4),*** Nightingale Books) Pegasus Elliot Mackenzie Pubs.

Igor's Walkabout. Frank Scott & Nisa Montie. 2016. (ENG., Illus.). (J). pap. 17.45 *(978-1-5043-6355-6(8),* Balboa Pr.) Author Solutions, LLC.

Igraine the Brave. Cornelia Funke. Illus. by Cornelia Funke. 2019. (ENG., Illus.). 256p. (J). (gr. 3-7). pap. 8.99 *(978-1-338-54199-1(4),* Chicken Hse., The) Scholastic, Inc.

Igualdad. Amparo Bosque. Illus. by Susana Rosique. 2021. (Pequeños Ciudadanos Responsables Ser.). (SPA.). 52p. (J). (gr. 2-4). 18.00 *(978-84-16470-20-4(0))* Fineo Editorial, S.L. ESP. Dist: Independent Pubs. Group.

Igualdad con Simone de Beauvoir / Big Ideas for Little Philosophers: Equality with Simone de Beauvoir. Duane Armitage & Mauren McQuery. 2022. (Grandes Ideas para Pequeños Filósofos Ser.). (SPA.). 32p. (J). (gr. -1-3). pap. 16.95 *(978-607-38-1071-5(7))* Penguin Random House Grupo Editorial ESP. Dist: Penguin Random Hse. LLC.

Iguana. Jared Siemens. 2017. (Illus.). 24p. (J). *(978-1-5105-0572-8(5))* SmartBook Media, Inc.

Iguana Be a Dragon. Maddie Frost. 2022. (ENG., Illus.). 40p. (J). 17.99 *(978-1-5476-0653-5(3),* 900238279, Bloomsbury Children's Bks.) Bloomsbury Publishing USA.

Iguana Named Lana. Bob Vernon. Illus. by Robby Cook & Zachary Vernon. 2022. 32p. (J). pap. 14.99 *(978-1-6678-5951-4(X))* BookBaby.

Iguanas. Valerie Bodden. 2017. (Amazing Animals Ser.). (ENG., Illus.). 24p. (J). (gr. 1-4). *(978-1-60818-754-6(3),* 20038, Creative Education) Creative Co., The.

Iguanas. Darla Duhaime. 2017. (Reptiles! Ser.). (ENG.). 24p. (gr. -1-1). 28.50 *(978-1-68342-158-0(2),* 9781683421580) Rourke Educational Media.

Iguanas. Ashley Gish. 2019. (X-Books: Reptiles Ser.). (ENG.). 32p. (J). (gr. 3-5). pap. 9.99 *(978-1-62832-670-3(0),* 18880, Creative Paperbacks); *(978-1-64026-082-5(X),* 18879) Creative Co., The.

Iguanas. Contrib. by Shannon Jade. 2023. (Reptiles Ser.). (ENG., Illus.). 32p. (J). pap. 9.95 ***(978-1-63738-600-2(1));*** lib. bdg. 31.35 ***(978-1-63738-546-3(3))*** North Star Editions. (Apex).

Iguanas. Martha London. 2021. (Desert Animals (POP!) Ser.). (ENG., Illus.). 24p. (J). (gr. k-3). lib. bdg. 31.36 *(978-1-5321-6969-4(8),* 38015, Pop! Cody Koala) Pop!.

Iguanas. Julie Murray. 2019. (Animal Kingdom Ser.). (ENG.). 32p. (J). (gr. 2-5). lib. bdg. 34.21 *(978-1-5321-1639-1(X),* 32389, Big Buddy Bks.) ABDO Publishing Co.

Iguanas. Leo Statts. 2016. (Desert Animals Ser.). (ENG.). 24p. (J). (gr. -1-2). 49.94 *(978-1-68079-349-9(7),* 22970, Abdo Zoom-Launch) ABDO Publishing Co.

Iguanas Have an Extra Eye!, 1 vol. Elise Tobler. 2020. (Reptiles Rock! Ser.). (ENG.). 32p. (gr. 2-3). pap. 11.53 *(978-1-9785-1824-7(2),* 6007679f-6af0-4ef1-a5d2-8658231c753f) Enslow Publishing, LLC.

Iguanas in the Snow & Other Winter Poems see Iguanas in the Snow & Other Winter Poems: Iguanas en la Nieve y Otros Poemas de Invierno

Iguanodon. Sara Gilbert. 2019. (Dinosaur Days Ser.). (ENG.). 24p. (J). (gr. 1-4). *(978-1-64026-047-4(1),* 18741); (Illus.). pap. 8.99 *(978-1-62832-635-2(2),* 18742, Creative Paperbacks) Creative Co., The.

Iguanodon. Grace Hansen. 2017. (Dinosaurios (Dinosaurs Set 2) Ser.).Tr. of Iguanodon. (Illus.). 24p. (J). (gr. -1-2). (SPA.). lib. bdg. 32.79 *(978-1-5321-0651-4(3),* 27242); (ENG., lib. bdg. 32.79 *(978-1-5321-0038-3(8),* 25154) ABDO Publishing Co. (Abdo Kids).

Iguanodon. Rebecca E. Hirsch. 2018. (Finding Dinosaurs Ser.). (ENG., Illus.). 32p. (J). (gr. 3-5). pap. 9.95 *(978-1-63517-576-9(3),* 1635175763); lib. bdg. 31.35 *(978-1-63517-504-2(6),* 1635175046) North Star Editions. (Focus Readers).

Iguanodon. Harold Rober. 2017. (Bumba Books (r) — Dinosaurs & Prehistoric Beasts Ser.). (ENG., Illus.). 24p. (J). (gr. -1-1). 26.65 *(978-1-5124-2643-4(1),* 5c8c86d4-49bb-4157-9764-ed61305031de, Lerner Pubns.) Lerner Publishing Group.

Iguanodon. Rebecca Sabelko. Illus. by James Kuether. 2021. (World of Dinosaurs Ser.). (ENG.). 24p. (J). (gr. 3-7). pap. 8.99 *(978-1-64834-258-5(2),* 20369); lib. bdg. 26.95 *(978-1-64487-469-1(5))* Bellwether Media.

Iguanodon. Harold Rober. ed. 2017. (Bumba Books (r) — Dinosaurs & Prehistoric Beasts Ser.). (ENG., Illus.). 24p. (J). (gr. -1-1). E-Book 4.99 *(978-1-5124-3711-9(5),* 9781512437119); E-Book 39.99 *(978-1-5124-3710-2(7),* 9781512437102); E-Book 39.99 *(978-1-5124-2737-0(3))* Lerner Publishing Group. (Lerner Pubns.).

Iguanodon: The Noisy Night, 1 vol. Catherine Veitch. Illus. by Dan Taylor. 2020. (Dinosaur Adventures Ser.). (ENG.). 24p. (J). (gr. 1-2). pap. 9.25 *(978-1-4994-8493-9(3),* c4136366-d49b-404a-b051-48bc9cf9af5a, Windmill Bks.) Rosen Publishing Group, Inc., The.

Iguanodon & Other Bird-Footed Dinosaurs: The Need-To-Know Facts. Janet Riehecky. Illus. by Jon Hughes. 2016. (Dinosaur Fact Dig Ser.). (ENG.). 32p. (J). (gr. -1-2). lib. bdg. 27.99 *(978-1-5157-2696-8(7),* 133125, Capstone Pr.) Capstone.

Iguanodonte: Diente de Iguana. David West. 2018. (SPA.). 32p. (J). (gr. 4-7). pap. 14.50 *(978-607-527-118-7(X))* Editorial Oceano de Mexico MEX. Dist: Independent Pubs. Group.

Iheards. Emily Kilgore. Illus. by Zoe Persico. 2022. (ENG.). 40p. (J). (gr. -1-3). 17.99 *(978-1-4998-1268-8(X))* Little Bee Books Inc.

Ii. Bela Davis. 2016. (Alphabet Ser.). (ENG., Illus.). 24p. (J). (gr. -1-2). lib. bdg. 31.36 (978-1-68080-885-8(0), 23245, Abdo Kids) ABDO Publishing Co.

Ii (Spanish Language) Maria Puchol. 2017. (Abecedario (the Alphabet) Ser.). (SPA.). 24p. (J). (gr. -1-2). lib. bdg. 31.36 (978-1-5321-0308-7(5), 27183, Abdo Kids) ABDO Publishing Co.

Ik Hou Ervan de Waarheid Te Vertellen: I Love to Tell the Truth (Dutch Edition) Shelley Admont & S. a Publishing. 2016. (DUT., Illus.). (J). (978-1-77268-968-6(8)); pap. (978-1-77268-967-9(X)) Shelley Admont Publishing.

Ik Hou Ervan de Waarheid Te Vertellen I Love to Tell the Truth: Dutch English Bilingual Edition. Shelley Admont & Kidkiddos Books. 2019. (Dutch English Bilingual Collection). (DUT., Illus.). 34p. (J). (gr. k-3). (978-1-5259-1341-9(7)); pap. (978-1-5259-1340-2(9)) Kidkiddos Bks.

Ik Hou Ervan Mijn Kamer Netjes Te Houden: I Love to Keep My Room Clean - Dutch Edition. Shelley Admont & Kidkiddos Books. 2nd ed. 2019. (Dutch Bedtime Collection). (DUT., Illus.). 34p. (J). (gr. k-3). pap. (978-1-5259-1794-3(3)) Kidkiddos Bks.

Ik Hou Ervan Mijn Kamer Netjes Te Houden - I Love to Keep My Room Clean: Dutch English Bilingual Edition. Shelley Admont. 2016. (Dutch English Bilingual Collection). (DUT., Illus.). (J). (gr. k-3). (978-1-5259-0149-2(4)); pap. (978-1-5259-0148-5(6)) Kidkiddos Bks.

Ik Hou Ervan Mijn Tanden Te Poetsen: I Love to Brush My Teeth - Dutch Edition. Shelley Admont & Kidkiddos Books. 2nd ed. 2019. (Dutch Bedtime Collection). (DUT., Illus.). 36p. (J). (gr. k-3). pap. (978-1-5259-1805-6(2)) Kidkiddos Bks.

Ik Hou Ervan Om in Mijn Eigen Bed Te Slapen: I Love to Sleep in My Own Bed -Dutch Edition. Shelley Admont & Kidkiddos Books. 2nd ed. 2019. (Dutch Bedtime Collection). (DUT., Illus.). 36p. (J). (gr. k-3). (978-1-5259-1647-2(5)); pap. (978-1-5259-1618-2(1)) Kidkiddos Bks.

Ik Hou Ervan Om in Mijn Eigen Bed Te Slapen I Love to Sleep in My Own Bed: Dutch English Bilingual Book for Kids. Shelley Admont & Kidkiddos Books. 2nd ed. 2020. (Dutch English Bilingual Collection). (DUT., Illus.). 36p. (J). (gr. k-3). pap. (978-1-5259-2371-5(4)) Kidkiddos Bks.

Ik Hou Van Delen: I Love to Share -Dutch Edition. Shelley Admont & Kidkiddos Books. 2nd ed. 2019. (Dutch Bedtime Collection). (DUT., Illus.). 34p. (J). (gr. k-3). pap. (978-1-5259-1848-3(6)) Kidkiddos Bks.

Ik Hou Van Delen: I Love to Share (Dutch Edition) Shelley Admont & S. a Publishing. 2016. (Dutch Bedtime Collection). (DUT., Illus.). (J). (gr. k-3). (978-1-77268-748-4(0)); pap. (978-1-77268-747-7(2)) Shelley Admont Publishing.

Ik Hou Van Groente en Fruit I Love to Eat Fruits & Vegetables: Bilingual Book Dutch English. Shelley Admont & Kidkiddos Books. 2nd ed. 2019. (Dutch English Bilingual Collection). (DUT., Illus.). 32p. (J). (gr. k-3). pap. (978-1-5259-1172-9(4)) Kidkiddos Bks.

Ik Hou Van Groente en Fruit I Love to Eat Fruits & Vegetables: Dutch English Bilingual Edition. Shelley Admont & S. a Publishing. 2016. (Dutch English Bilingual Collection). (DUT., Illus.). (J). (gr. k-3). (978-1-77268-727-9(8)); pap. (978-1-77268-726-2(X)) Shelley Admont Publishing.

Ik Hou Van Helpen: I Love to Help - Dutch Language Children's Books. Shelley Admont & Kidkiddos Books. 2nd ed. 2019. (Dutch Bedtime Collection). (DUT.). 32p. (J). (gr. k-3). pap. (978-1-5259-1214-6(3)) Kidkiddos Bks.

Ik Hou Van Mijn Moeder: I Love My Mom - Dutch Edition. Shelley Admont & Kidkiddos Books. 2nd ed. 2020. (Dutch Bedtime Collection). (DUT., Illus.). 32p. (J). (gr. k-3). pap. (978-1-5259-2370-8(6)) Kidkiddos Bks.

Ik Hou Van Mijn Moeder: I Love My Mom (Dutch Edition) Shelley Admont & S. a Publishing. 2016. (Dutch Bedtime Collection). (DUT., Illus.). (J). (gr. k-3). (978-1-77268-765-1(0)); pap. (978-1-77268-764-4(2)) Shelley Admont Publishing.

Ik Hou Van Mijn Moeder I Love My Mom: Dutch English Bilingual Edition. Shelley Admont & S. a Publishing. 2016. (Dutch English Bilingual Collection). (DUT., Illus.). (J). (gr. k-3). (978-1-5259-0054-9(4)); pap. (978-1-5259-0053-2(6)) Shelley Admont Publishing.

Ik Hou Van Mijn Vader: I Love My Dad -Dutch Edition. Shelley Admont & Kidkiddos Books. 2nd ed. 2019. (Dutch Bedtime Collection). (DUT., Illus.). 34p. (J). (gr. k-3). pap. (978-1-5259-1587-1(8)) Kidkiddos Bks.

Ik Hou Van Mijn Vader: I Love My Dad (Dutch Edition) Shelley Admont & S. a Publishing. 2016. (Dutch Bedtime Collection). (DUT., Illus.). (J). (gr. k-3). (978-1-5259-0024-2(2)); pap. (978-1-5259-0023-5(4)) Shelley Admont Publishing.

Ik Navan Din: A New Day - a Punjabi English Bilingual Picture Book for Children to Develop Conversational Language Skills. Anuja Mohla. Tr. by Khushdeep Kaur Jaura. Illus. by Noor Alshalabi. 2022. (ENG.). 32p. (J). 19.99 (978-1-7377740-2-0(X)) Apni Heritage LLC.

IKati Eyayinothando: Xhosa Edition of the Healer Cat. Tuula Pere. Tr. by Sindiswa Gloria Matyobeni. Illus. by Klaudia Bezak. 2019. (XHO.). 40p. (J). (gr. k-4). pap. (978-952-357-248-5(2)) Wickwick oy.

IKati Eyayinothando: XhosaEdition of the Healer Cat. Tuula Pere. Tr. by Sindiswa Gloria Matyobeni. Illus. by Klaudia Bezak. 2019. (XHO.). 40p. (J). (gr. k-4). (978-952-357-247-8(4)) Wickwick oy.

Ikati UBob Umngane Wami Omkhulu - a Purrrfect Time (Zulu Translation) Sam Miller. 2022. (ZUL.). 36p. (J). pap. (978-1-7775490-9-1(4)) Canada Self-Pubs.

Ike & Abby Abc's. Regina Dahl. 2021. (ENG.). 30p. (J). pap. 13.95 (978-1-6642-5337-7(8), WestBow Pr.) Author Solutions, LLC.

Ike Glidden in Maine: A Story of Rural Life in a Yankee District (Classic Reprint) Alexander D. McFaul. 2018. (ENG., Illus.). 324p. (J). 30.52 (978-0-484-20888-8(8)) Forgotten Bks.

Ike Is Loved. Judy Taibl. 2019. (ENG.). 38p. (J). 14.95 (978-1-64307-065-0(7)) Amplify Publishing Group.

Ike Partington: Or, the Adventures of a Human Boy & His Friends (Classic Reprint) B. p. Shillaber. 2018. (ENG., Illus.). 242p. (J). 28.89 (978-0-332-85740-4(9)) Forgotten Bks.

Ikenga. Nnedi Okorafor. 240p. (J). (gr. 5). 2021. 8.99 (978-0-593-11353-0(5)); 2020. 16.99 (978-0-593-11352-3(7)) Penguin Young Readers Group. (Viking Books for Young Readers).

Ikern Shards. A. Yuan. 2016. (Midlands Ser.: Vol. 2). (ENG., Illus.). (YA). (gr. 7-12). pap. (978-1-911261-06-3(1)) Knox Robinson Pubs.

Ikey's Letters to His Father (Classic Reprint) George Vere Hobart. 2017. (ENG., Illus.). (J). 76p. 25.46 (978-0-484-82520-7(8)); pap. 9.57 (978-0-259-19666-2(5)) Forgotten Bks.

Iki Aprende Acerca Del Coronavirus: Heroes con Tapabocas. Dina Arely Alvarado. 2021. (SPA., Illus.). 34p. (J). pap. 14.95 (978-1-64334-726-4(8)) Page Publishing Inc.

Iki Goes Fishing for Salmon. Melanie Paiva. Illus. by Meg Skinner. 2021. (ENG.). 20p. (J). pap. (978-1-922621-26-9(9)) Library For All Limited.

IKids Financial Literacy Workbook & Activity Journal for Young Aspiring Entrepreneurs. Ikids Enterprises LLC. 2020. (ENG.). 98p. (J). pap. 20.99 (978-1-0879-0620-1(2)) Indy Pub.

Ikigai: Life's Purpose. Chiemi Souen. Illus. by Flor Kaneshiro. 2021. (ENG.). 40p. (J). (gr. -1-3). 23.95 (978-1-953021-14-4(X)); pap. 13.95 (978-1-953021-15-1(8)) Brandylane Pubs., Inc.

Ikigai for Teens: Finding Your Reason for Being. Tr. by Russell Calvert. 2021. (ENG., Illus.). 176p. (J). (gr. 5-5). 17.99 (978-1-338-67083-7(2), Scholastic Pr.) Scholastic, Inc.

Iklim Perlawanan Panduan: Atau, Saya Dahulu Bagian Dari Aksi Iklim. Sekarang Apa? Daniel Hunter. 2022. (IND.). 94p. (YA). pap. 9.66 (978-1-716-57611-9(3)) Lulu Pr., Inc.

Iktomi y Muskrat. Amanda Jenkins. Illus. by Anthony Carpenter. 2016. (Jump into Genre Ser.). (SPA.). (J). (gr. 2). 5.25 (978-1-4788-3613-1(X)) Newmark Learning LLC.

Il Red in the Great White North. Zachary Richard. Illus. by Sarah Latts. 2017. (ENG.). (J). (gr. -1-3). pap. 14.95 (978-1-946160-13-3(X)) Univ. of Louisiana at Lafayette Pr.

Il Vascello Fantasma see Thea Stilton & the Ghost of the Shipwreck (Thea Stilton #3): A Geronimo Stilton Adventure

Il-Wied Tad-Dinosawri. David Pace. Illus. by Bernard Micallef & Jeanelle Zammit. 2nd ed. 2019. (MLT.). 134p. (J). pap. (978-99957-48-95-1(9)) Faraxa Publishing.

Ilay Papangon'ny Nofy (the Kite of Dreams) Pilar Lopez Avila & Paula Merlan. Illus. by Concha Pasamar. 2020. (MLG.). 32p. (J). 9.95 (978-84-16733-99-6(6)) Cuento de Luz SL ESP. Dist: Publishers Group West (PGW).

Ilay Saka Mpanasitrana: Malagasy Edition of the Healer Cat. Tuula Pere. Tr. by Zafimamy Gabriella Ralaivao. Illus. by Klaudia Bezak. 2019. (MLG.). 40p. (J). (gr. k-4). (978-952-357-193-8(1)); pap. (978-952-357-194-5(X)) Wickwick oy.

Ilchester Lectures on Greeko-Slavonic Literature. Moses Gaster. 2017. (ENG.). 244p. (J). pap. (978-3-337-41158-9(4)) Creation Pubs.

Ile a L'Envers. Boissie-Dubus Bernadette. 2016. (FRE., Illus.). (J). pap. (978-2-37524-021-2(9)) Clairdeplume34.

Ilhan Omar. Jeanne Marie Ford. 2020. (Groundbreaking Women in Politics Ser.). (ENG., Illus.). 48p. (J). (gr. 5-6). pap. 11.95 (978-1-64493-169-1(9), 1644931699); lib. bdg. 34.21 (978-1-64493-090-8(0), 1644930900) North Star Editions. (Focus Readers).

Ili Pikas: Lickerty Split & Hoppity Joy. Pamela Lillian Valemont. 2021. (ENG.). 28p. (J). 41.56 (978-1-7947-4151-5(8)) Lulu Pr., Inc.

Iliad. Gareth Hinds. Illus. by Gareth Hinds. 2019. (ENG., Illus.). 272p. (J). (gr. 7). 27.99 (978-0-7636-8113-5(X)); pap. 17.99 (978-0-7636-9663-4(3)) Candlewick Pr.

Iliad. Homer. 2020. (ENG.). 244p. (J). (gr. 17-17). (978-1-78943-215-2(4)); pap. (978-1-78943-216-9(2)) Benediction Classics.

Iliad. Homer. 2020. (ENG.). 318p. (J). (gr. 17-17). pap. (978-1-989201-69-5(5)) East India Publishing Co.

Iliad. Homer & Francis W. Newman. 2017. (ENG.). 408p. (J). (gr. 17-17). pap. (978-3-337-26287-7(2)) Creation Pubs.

Iliad for Boys & Girls. Alfred J. Church. 2018. (ENG., Illus.). 100p. (J). 12.99 (978-1-5154-2990-6(3)) Wilder Pubns., Corp.

Iliad for Boys & Girls: Told from Homer in Simple Language (Classic Reprint) Alfred J. Church. 2017. (ENG., Illus.). (J). 30.58 (978-0-331-54727-6(9)); pap. 13.57 (978-0-259-50018-6(6)) Forgotten Bks.

Iliad Novel Units Student Packet. Novel Units. 2019. (ENG.). (YA). pap., stu. ed. 13.99 (978-1-56137-753-4(8), Novel Units, Inc.) Classroom Library Co.

Iliad Novel Units Teacher Guide. Novel Units. 2019. (ENG.). (YA). pap. 12.99 (978-1-56137-752-7(X), Novel Units, Inc.) Classroom Library Co.

Iliada. Homer. 2020. (SPA.). 192p. (J). (gr. 6-8). pap. 23.99 (978-84-682-5576-7(9)) Vicens-Vives, Editorial, S.A. ESP. Dist: Lectorum Pubns., Inc.

Iliada. Homero. 2018. (SPA.). 96p. (YA). (gr. 8-12). pap. 6.95 (978-607-453-231-9(1)) Selector, S.A. de C.V. MEX. Dist: Spanish Pubs., LLC.

Iliada Contada para Niños. Victoria Rigiroli. Illus. by Fernando Martínez Ruppel. 2017. (SPA.). 64p. (J). (gr. 4-7). pap. 9.95 (978-987-718-239-2(4)) Ediciones Lea S.A. ARG. Dist: Independent Pubs. Group.

Iliada, La (bilingue) Homero. 2019. (SPA.). 88p. (J). (gr. 6-10). pap. 8.95 (978-607-453-630-0(9)) Spanish Pubs., LLC.

Iliad/the Odyssey Boxed Set, 2 vols. Gillian Cross. Illus. by Neil Packer. 2017. (ENG.). 338p. (J). (gr. 3-7). 43.98 (978-0-7636-9813-3(X)) Candlewick Pr.

Ilian, or the Curse of the Old South Church of Boston: A Psychological Tale of the Late Civil War (Classic Reprint) James J. Kane. (ENG., Illus.). (J). 2017. 31.65 (978-0-266-41190-1(8)); 2016. pap. 16.57 (978-1-333-55660-2(0)) Forgotten Bks.

Ilka on the Hill-Top: And Other Stories (Classic Reprint) Hjalmar Hjorth Boyesen. 2018. (ENG., Illus.). 250p. (J). 29.05 (978-0-332-41215-3(6)) Forgotten Bks.

Ilka the Captive Maiden: And Other Stories (Classic Reprint) S. G. 2018. (ENG., Illus.). 132p. (J). 26.62 (978-0-483-12959-7(3)) Forgotten Bks.

I'll Always Be Older Than You. Jane Godwin. Illus. by Sara Acton. 2020. (ENG.). 32p. (J). (gr. -1-k). 18.99 (978-1-76012-978-1(X)) Little Hare Bks. AUS. Dist: Independent Pubs. Group.

I'll Always Hold Your Hand. Guido Van Genechten. Illus. by Guido Van Genechten. 2021. (ENG., Illus.). 20p. (J). bds. 12.95 (978-1-60537-621-9(3)) Clavis Publishing.

I'll Always Love You No Matter What. Lynette Greenfield. 2016. (ENG., Illus.). (J). pap. 15.38 (978-1-329-95503-5(X)) Lulu Pr., Inc.

I'll Always Miss You. Raine O'Tierney. 2016. (ENG., Illus.). (J). 27.99 (978-1-63533-035-9(1), Harmony Ink Pr.) Dreamspinner Pr.

I'll Be a Carpenter. Connie Colwell Miller. Illus. by Silvia Baroncelli. 2018. (When I Grow Up Ser.). (ENG.). 24p. (J). (gr. 1-4). pap. 8.99 (978-1-68152-316-3(7), 15057); lib. bdg. (978-1-68151-396-6(X), 15051) Amicus.

I'll Be a Chef. Connie Colwell Miller. Illus. by Silvia Baroncelli. 2016. (When I Grow Up Ser.). (ENG.). 24p. (J). (gr. 1-4). lib. bdg. 20.95 (978-1-60753-759-5(X), 15571) Amicus.

I'll Be a Chicken Too. Lana Vanderlee. Illus. by Mike Deas. 2023. (ENG.). 22p. (J). (— 1). bds. 10.95 (978-1-4598-3555-9(7)) Orca Bk. Pubs. USA.

I'll Be a Doctor. Connie Colwell Miller. Illus. by Silvia Baroncelli. 2016. (When I Grow Up Ser.). (ENG.). 24p. (J). (gr. 1-4). lib. bdg. 20.95 (978-1-60753-760-1(5), 15572) Amicus.

I'll Be a Firefighter. Connie Colwell Miller. Illus. by Silvia Baroncelli. 2016. (When I Grow Up Ser.). (ENG.). 24p. (J). (gr. 1-4). lib. bdg. 20.95 (978-1-60753-761-8(3), 15573) Amicus.

I'll Be a Librarian. Connie Colwell Miller. Illus. by Silvia Baroncelli. 2018. (When I Grow Up Ser.). (ENG.). 24p. (J). (gr. 1-4). pap. 8.99 (978-1-68152-317-0(5), 15058); lib. bdg. (978-1-68151-397-3(8), 15052) Amicus.

I'll Be a Musician. Connie Colwell Miller. Illus. by Silvia Baroncelli. 2016. (When I Grow Up Ser.). (ENG.). 24p. (J). (gr. 1-4). lib. bdg. 20.95 (978-1-60753-762-5(1), 15574) Amicus.

I'll Be a Paleontologist. Connie Colwell Miller. Illus. by Silvia Baroncelli. 2016. (When I Grow Up Ser.). (ENG.). 24p. (J). (gr. k-3). 20.95 (978-1-60753-763-2(X)) Amicus Learning.

I'll Be a Police Officer. Connie Colwell Miller. Illus. by Silvia Baroncelli. 2018. (When I Grow Up Ser.). (ENG.). 24p. (J). (gr. 1-4). pap. 8.99 (978-1-68152-318-7(3), 15059); (978-1-68151-398-0(6), 15053) Amicus.

I'll Be a Sunbeam. Shersta Chabot. Illus. by Markie Riley. 2018. (ENG.). 32p. (J). (gr. k-3). 14.99 (978-1-4621-2276-9(0)) Cedar Fort, Inc./CFI Distribution.

I'll Be a Teacher. Connie Colwell Miller. Illus. by Silvia Baroncelli. 2018. (When I Grow Up Ser.). (ENG.). 24p. (J). (gr. 1-4). pap. 8.99 (978-1-68152-319-4(1), 15060); lib. bdg. (978-1-68151-399-7(4), 15054) Amicus.

I'll Be a Truck Driver. Connie Colwell Miller. Illus. by Silvia Baroncelli. 2018. (When I Grow Up Ser.). (ENG.). 24p. (J). (gr. 1-4). pap. 8.99 (978-1-68152-320-0(5), 15061); lib. bdg. (978-1-68151-400-0(1), 15055) Amicus.

I'll Be a Veterinarian. Connie Colwell Miller. Illus. by Silvia Baroncelli. 2016. (When I Grow Up Ser.). (ENG.). 24p. (J). (gr. 1-4). lib. bdg. 20.95 (978-1-60753-764-9(8), 15576) Amicus.

I'll Be an Engineer. Connie Colwell Miller. Illus. by Silvia Baroncelli. 2018. (When I Grow Up Ser.). (ENG.). 24p. (J). (gr. 1-4). pap. 9.99 (978-1-68152-321-7(3), 15062); lib. bdg. (978-1-68151-401-7(X), 15056) Amicus.

I'll Be the Moon: A Migrant Child's Story. Phillip D. Cortez. Illus. by Mafs Rodriguez Alpide. 2023. (ENG.). 32p. (J). (gr. -1-3). 18.95 **(978-1-68555-250-3(1))** Collective Bk. Studio, The.

I'll Be the One. Lyla Lee. (ENG.). 336p. (YA). (gr. 8). 2022. pap. 15.99 (978-0-06-293691-2(3)); 2020. 17.99 (978-0-06-293692-9(1)) HarperCollins Pubs. (Tegen, Katherine Bks).

I'll Be There. Karl Newson. Illus. by Rosalind Beardshaw. 2023. (ENG.). 32p. (J). (gr. -1-k). 15.99 Nosy Crow Inc.

I'll Be There (and Let's Make Friendship Bracelets) A Girl's Guide to Making & Keeping Real-Life Friendships. Amy Weatherly & Jess Johnston. 2022. (ENG.). 208p. (J). pap. 14.99 (978-1-4002-4177-4(4), Tommy Nelson) Nelson, Thomas Inc.

I'll Be There Everyday but in a Different Kind of Way. Marquita Goodluck. Illus. by Theresa Stites. 2018. (ENG.). 24p. (J). (gr. k-6). 15.99 (978-0-692-19942-8(X)) goodluck, marquita Publishing.

I'll Be There for You. Nomusa Madlala. 2022. (ENG.). 49p. (YA). pap. **(978-1-4710-3482-4(8))** Lulu Pr., Inc.

I'll Be Your Dog. P. Crumble. ed. 2022. (ENG.). 25p. (J). (gr. k-1). 19.46 **(978-1-68505-470-0(6))** Penworthy Co., LLC, The.

I'll Be Your Dog. P. Crumble. Illus. by Sophie Hogarth. 2022. (ENG.). 32p. (J). (gr. -1-3). pap. 7.99 (978-1-338-78993-5(7), Orchard Bks.) Scholastic, Inc.

I'll Believe You When ... Unbelievable Idioms from Around the World, 1 vol. Susan Schubert. Illus. by Raquel Bonita. 2020. (ENG.). 32p. (J). (gr. k-2). 17.99 (978-1-911373-49-0(8), fe55428e-b30a-4cdb-be4b-589607168fbf) Lantana Publishing GBR. Dist: Lerner Publishing Group.

I'll Bring the Lasagna. Tara Dickey & Anna Gagnon. 2019. (ENG.). 24p. (J). pap. 10.95 (978-1-4808-7506-7(6)) Archway Publishing.

I'll Catch You If You Fall. Mark Sperring. Illus. by Layn Marlow. (ENG.). 32p. (J). (gr. -1-3). 2019. 7.99 (978-1-5344-5209-1(5)); 2016. 18.99 (978-1-4814-5206-9(1)) Simon & Schuster Bks. For Young Readers. (Simon & Schuster Bks. For Young Readers).

ILL City II Coming for the Crown. Steven Reid Douglas. 2021. (ENG.). 247p. (YA). pap. (978-1-312-08797-2(8)) Lulu Pr., Inc.

I'll Do It for My Mom. Raphaela Damm Stoneman. 2023. (ENG.). 88p. (YA). pap. 8.99 **(978-1-6657-3426-4(4))** Archway Publishing.

I'll Do It Later see Lo Haré Después

I'll Do It Tomarra Lara. Christopher Mason. Ed. by Jeffery Mason. 2020. (ENG.). 24p. (J). pap. 13.99 (978-1-716-32158-0(1)) Lulu Pr., Inc.

I'll Do It Tomarra Lara Christmas. Christopher Mason. Ed. by Jeffery Mason. 2021. (ENG.). 71p. (J). (978-1-716-25555-7(4)) Lulu Pr., Inc.

I'll Do It Tomarra Lara Halloween. Christopher Mason. Ed. by Jeffery Mason. 2021. (ENG.). 35p. (J). (978-1-716-18459-8(2)) Lulu Pr., Inc.

I'll Do It Tomarra Lara Valentine's Day. Christopher Mason. Ed. by Jeffery Mason. 2021. (ENG.). 29p. (J). (978-1-716-09525-2(5)) Lulu Pr., Inc.

I'll Find You. Amanda Searcy. 2017. 328p. (YA). (978-1-5247-0090-4(8), Delacorte Pr) Random House Publishing Group.

I'll Find You Tumbleweed: A Collection of Four Short Stories. Allene Beets. 2018. (ENG., Illus.). 108p. (J). (978-1-5255-2952-8(8)); pap. (978-1-5255-2951-1(X)) FriesenPress.

I'll Fix Anthony. Judith Viorst. Illus. by Arnold Lobel. 2020. (ENG.). 32p. (J). (gr. -1-3). 17.99 (978-1-5344-0481-6(3), Atheneum Bks. for Young Readers) Simon & Schuster Children's Publishing.

I'll Go & Come Back. Rajani LaRocca. Illus. by Sara Palacios. 2022. (ENG.). 40p. (J). (gr. -1-2). 18.99 (978-1-5362-0717-0(9)) Candlewick Pr.

I'll Love You Always. Mark Sperring. Illus. by Alison Brown. (ENG.). (J). 2017. 26p. bds. 7.99 (978-1-68119-598-8(4), 900179023); 2016. 32p. 16.99 (978-1-68119-345-8(0), 900170374) Bloomsbury Publishing USA. (Bloomsbury USA Childrens).

I'll Love You Always (padded Board Book) Mark Sperring. Illus. by Alison Brown. 2017. (ENG.). 26p. (J). bds. 9.99 (978-1-68119-847-7(9), 900189033, Bloomsbury USA Childrens) Bloomsbury Publishing USA.

I'll Love You Every Day. Stephanie Stansbie. Illus. by Richard Smythe. 2020. (ENG.). 32p. (J). (gr. -1-k). 15.99 (978-1-64517-234-5(1), Silver Dolphin Bks.) Printers Row Publishing Group.

I'll Love You from Afar. Racha Mourtada. Illus. by Sasha Haddad. 2021. (ENG.). 32p. (J). (gr. -1-3). 17.99 (978-0-06-313888-9(3), HarperCollins) HarperCollins Pubs.

I'll Love You More. Andi Landes. Illus. by Jacqueline East. 2021. (Padded Board Books for Babies Ser.). (ENG.). 20p. (J). (— 1). bds., bds. 6.99 (978-1-64517-758-6(0), Silver Dolphin Bks.) Printers Row Publishing Group.

I'll Love You till the Cows Come Home. Kathryn Cristaldi. Illus. by Kristyna Litten. 2018. (ENG.). 32p. (J). (gr. -1-3). 17.99 (978-0-06-257420-6(5), HarperCollins) HarperCollins Pubs.

I'll Love You till the Cows Come Home Board Book. Kathryn Cristaldi. Illus. by Kristyna Litten. 2020. (ENG.). 34p. (J). (gr. -1 — 1). bds. 7.99 (978-0-06-257422-0(1), HarperFestival) HarperCollins Pubs.

I'll Love You till the Cows Come Home Padded Board Book. Kathryn Cristaldi. Illus. by Kristyna Litten. 2023. (ENG.). 34p. (J). (gr. -1 — 1). bds. 10.99 (978-0-06-329597-1(0), HarperFestival) HarperCollins Pubs.

I'll Love You Tomorrow. Jr Welby Thomas Cox. 2018. (ENG., Illus.). 296p. (J). pap. (978-1-925819-32-8(9)) Tablo Publishing.

Ill-Natured Little Boy (Classic Reprint) Unknown Author. 2018. (ENG., Illus.). 28p. (J). 24.49 (978-0-656-17341-9(6)) Forgotten Bks.

I'll Never Get All of THAT Done! A Story about Planning & Prioritizing, Volume 8. Bryan Smith. Illus. by Lisa M. Griffin. ed. 2020. (Executive FUNction Ser.: 8). (ENG.). 31p. (J). (gr. k-6). pap. 10.95 (978-1-944882-50-1(2)) Boys Town Pr.

I'll Never Tell. Abigail Haas. 2019. (ENG.). 400p. (YA). (gr. 9). 19.99 (978-1-5344-4509-3(9), Simon Pulse) Simon Pulse.

Ill-Regulated Mind: A Novel (Classic Reprint) Katharine Wylde. (ENG., Illus.). (J). 2018. 292p. 29.94 (978-0-332-90426-9(1)); 2016. pap. 13.57 (978-1-334-15703-5(0)) Forgotten Bks.

I'll Say Goodbye. Pam Zollman. Illus. by Frances Ives. 2022. 40p. (J). (978-0-8028-5499-5(0), Eerdmans Bks For Young Readers) Eerdmans, William B. Publishing Co.

I'll Show You, Blue Kangaroo! (Blue Kangaroo) Emma Chichester Clark. Illus. by Emma Chichester Clark. 2019. (Blue Kangaroo Ser.). (ENG., Illus.). 32p. (J). pap. 6.99 (978-0-00-826627-1(1), HarperCollins Children's Bks.) HarperCollins Pubs. Ltd. GBR. Dist: HarperCollins Pubs.

I'll Take Everything You Have. James Klise. 2023. (ENG.). 288p. (YA). (gr. 7-17). 17.99 (978-1-61620-858-5(9), 73858) Algonquin Young Readers.

I'll Take the Plane, the Bus & the Train 'Til I Get There! Travel Book for Kids Children's Transportation Books. Baby Professor. 2017. (ENG., Illus.). 64p. (J). pap. 9.52 (978-1-5419-1588-6(7), Baby Professor (Education Kids)) Speedy Publishing LLC.

I'll Tell You No Lies. Amanda McCrina. 2023. (ENG.). 224p. (YA). 18.99 (978-0-374-39099-0(1), 900279419, Farrar, Straus & Giroux (BYR)) Farrar, Straus & Giroux.

I'll Tell You Why I Can't Wear Those Clothes! Talking about Tactile Defensiveness. Noreen O'Sullivan. 2020. (Illus.). 56p. (C). 16.95 (978-1-78775-662-5(9), 782930) Kingsley, Jessica Pubs. GBR. Dist: Hachette UK Distribution.

Ill-Tempered Cousin, Vol. 1 Of 3: A Novel (Classic Reprint) Frances Elliot. 2018. (ENG., Illus.). 246p. (J). 28.99 (978-0-483-71500-4(X)) Forgotten Bks.

Ill-Tempered Cousin, Vol. 2 Of 3: A Novel (Classic Reprint) Frances Elliot. (ENG., Illus.). (J). 2018. 238p. 28.83 (978-0-332-89079-1(1)); 2016. pap. 11.57 (978-1-333-35946-1(2)) Forgotten Bks.

Ill-Tempered Cousin, Vol. 3 Of 3: A Novel (Classic Reprint) Frances Elliot. 2018. (ENG., Illus.). 258p. (J). 29.24 (978-0-267-19560-2(5)) Forgotten Bks.

I'll Trade My Peanut Butter Sandwich. Chris Robertson. Illus. by Chris Robertson. 2017. (ENG., Illus.). 40p. (J). (gr. -1-k). pap. 9.99 (978-1-5324-0174-9(4)) Xist Publishing.

Illegal: A Graphic Novel Telling One Boy's Epic Journey of Hope & Survival. Eoin Colfer & Andrew Donkin. Illus. by Giovanni Rigano. 2018. (ENG.). 144p. (J). (gr. 3-7). 24.99 (978-1-4926-6214-3(3)); pap. 14.99 (978-1-4926-6582-3(7)) Sourcebooks, Inc.

988

The check digit for ISBN-10 appears in parentheses after the full ISBN-13

Illegal: A Graphic Novel Telling One Boy's Epic Journey of Hope & Survival. Eoin Colfer & Andrew Donkin. Illus. by Giovanni Rigano. ed. 2018. lib. bdg. 26.95 *(978-0-606-41233-9(6))* Turtleback.

Illegal: A Hip-Hop Tale. N. G. Young. 2017. (ENG., Illus.). 224p. (YA). pap. 15.95 *(978-1-64082-671-7(8))* Page Publishing Inc.

Illegal: a Disappeared Novel, 1 vol. Francisco X. Stork. 2020. (ENG.). 304p. (YA). (gr. 7-7). 18.99 *(978-1-338-31055-9(0),* Scholastic Pr.) Scholastic, Inc.

Illegal Animal Traffickers (a True Book: the New Criminals) (Library Edition) Nel Yomtov. 2016. (True Book (Relaunch) Ser.). (ENG., Illus.). 48p. (J). (gr. 3-5). lib. bdg. 31.00 *(978-0-531-21464-0(8),* Children's Pr.) Scholastic Library Publishing.

Illes Privades. Rosa Marfa Morros. 2019. (CAT.). 134p. (J). pap. *(978-84-615-8470-3(8))* Morros, Rosa Marfà.

Illicit & Misused Drugs, 16 vols., Set. Incl. Addiction in America: Society, Psychology, & Heredity. Ida Walker. (Illus.). (YA). lib. bdg. 24.95 *(978-1-4222-0151-0(1));* Addiction Treatment: Escaping the Trap. Ida Walker. (Illus.). (YA). lib. bdg. 24.95 *(978-1-4222-0152-7(X));* Alcohol Addiction: Not Worth the Buzz. Ida J. Walker. (YA). lib. bdg. 24.95 *(978-1-4222-0153-4(8));* Hallucinogens: Unreal Visions. Sheila Nelson. (Illus.). (YA). lib. bdg. 24.95 *(978-1-4222-0155-8(4));* Inhalants & Solvents: Sniffing Disaster. Noa Flynn. (Illus.). (YA). lib. bdg. 24.95 *(978-1-4222-0157-2(0));* Marijuana: Mind-Altering Weed. E. J. Sanna. (Illus.). (J). lib. bdg. 24.95 *(978-1-4222-0158-9(9));* Methamphetamines: Unsafe Speed. Kim Etingoff. (Illus.). (YA). lib. bdg. 24.95 *(978-1-4222-0159-6(7));* Sedatives & Hypnotics: Deadly Downers. Ida J. Walker. (Illus.). (J). lib. bdg. 24.95 *(978-1-4222-0163-3(5));* Tobacco: Through the Smokescreen. Zachary Chastain. (YA). lib. bdg. 24.95 *(978-1-4222-0165-7(1));* (gr. 7-18). 2009. (Illus.). 128p. 2007. Set lib. bdg. 399.20 *(978-1-4222-0149-7(X))* Mason Crest.

Illicit Drug Use: Legalization, Treatment, or Punishment?, 1 vol. Erin L. McCoy & Richard Worth. 2018. (Today's Debates Ser.). (ENG.). 144p. (gr. 7-7). pap. 22.16 *(978-1-5026-4328-5(6),* 8027de93-561c-4c5b-87a8-70b1f8319e1f) Cavendish Square Publishing LLC.

Illinois. Rennay Craats. 2018. (Our American States Ser.). (ENG.). 48p. (J). lib. bdg. 22.99 *(978-1-5105-3484-1(9))* SmartBook Media, Inc.

Illinois. L. C. Edwards. 2022. (Core Library of US States Ser.). (ENG., Illus.). 48p. (J). (gr. 4-8). lib. bdg. 35.64 *(978-1-5321-9754-3(3),* 39599) ABDO Publishing Co.

Illinois, 1 vol. John Hamilton. 2016. (United States of America Ser.). (ENG., Illus.). 48p. (J). (gr. 5-9). 34.21 *(978-1-68078-315-5(7),* 21615, Abdo & Daughters) ABDO Publishing Co.

Illinois. Ann Heinrichs. Illus. by Matt Kania. 2017. (U. S. A. Travel Guides). (ENG.). 40p. (J). (gr. 2-5). lib. bdg. 38.50 *(978-1-5038-1953-5(1),* 211590) Child's World, Inc, The.

Illinois, 2 vols. Bridget Parker. 2016. (States Ser.). (ENG.). (J). 53.32 *(978-1-5157-5602-6(5))* Capstone.

Illinois: Discover Pictures & Facts about Illinois for Kids! Bold Kids. 2021. (ENG.). 32p. (J). pap. 11.99 *(978-1-0717-0825-5(2))* FASTLANE LLC.

Illinois: The Prairie State. Rennay Craats. 2016. (J). *(978-1-4896-4854-9(2))* Weigl Pubs., Inc.

Illinois: The Prairie State, 1 vol. John Micklos, Jr. et al. 2019. (It's My State! (Fourth Edition)(r) Ser.). (ENG.). 80p. (J). (gr. 4-4). pap. 18.64 *(978-1-5026-4453-4(3),* 6ea98c8a-5e78-4227-9478-30ceb12d84d8) Cavendish Square Publishing LLC.

Illinois (ARC Edition) The Prairie State, 1 vol. John Micklos, Jr. et al. 2020. (It's My State! (Fourth Edition)(r) Ser.). (ENG.). 80p. (J). (gr. 4-4). pap. 18.64 *(978-1-5026-6206-4(X),* 97e50d1b-469d-4c52-bca5-8278a6c5ecb9) Cavendish Square Publishing LLC.

Illinois Books for Kids Gift Set. Lily Jacobs & Eric James. Illus. by Robert Dunn. 2020. (ENG.). (J). (-3). 29.99 *(978-1-7282-4193-7(6))* Sourcebooks, Inc.

Illinois Boyhood (Classic Reprint) Carl Van Doren. (ENG., Illus.). (J). 2018. 64p. 25.22 *(978-0-483-13321-1(3));* 2017. pap. 9.57 *(978-0-243-20774-9(3))* Forgotten Bks.

Illinois Chronicles: The Story of the State of Illinois - from Its Birth to the Present Day. Mark Skipworth. 2018. (What on Earth State Chronicles Ser.). (ENG., Illus.). 42p. (J). (gr. 4-9). 14.95 *(978-0-9955770-1-5(3))* What on Earth Bks GBR. Dist: Ingram Publisher Services.

Illinois Chronicles Educator's Guide: A Selection of K-12 Cross-Curricular Activities for Teaching State History. Illinois ISBE. 2018. (What on Earth State Chronicles Ser.). (ENG., Illus.). 24p. (gr. k-12). pap. 6.99 *(978-1-9998028-1-3(0))* What on Earth Bks GBR. Dist: Ingram Publisher Services.

Illinois Interactive Notebook: A Hands-On Approach to Learning about Our State! Carole Marsh. 2017. (Illinois Experience Ser.). (ENG.). (J). pap. 9.99 *(978-0-635-12662-7(1))* Gallopade International.

Illinois Magazine, 1914, Vol. 6 (Classic Reprint) S. P. Irvin. (ENG., Illus.). (J). 2018. 476p. 33.71 *(978-0-332-94237-7(6));* 2017. pap. 16.57 *(978-1-334-94512-0(8))* Forgotten Bks.

Illinois Magazine (Classic Reprint) Unknown Author. 2018. (ENG., Illus.). 310p. (J). 30.29 *(978-0-428-81963-7(X))* Forgotten Bks.

Illinois Magazine, Vol. 11: November, 1920 (Classic Reprint) Gerald Hewes Carson. (ENG., Illus.). (J). 2018. 236p. 28.76 *(978-0-428-96256-2(4));* 2017. pap. 11.57 *(978-1-334-95854-0(8))* Forgotten Bks.

Illinois Magazine, Vol. 12: October, 1921 (Classic Reprint) Lem Phillips. (ENG., Illus.). (J). 2018. 144p. 26.87 *(978-0-484-38128-4(8));* 2017. pap. 9.57 *(978-0-243-25540-5(3))* Forgotten Bks.

Illinois Magazine, Vol. 2: October, 1910 (Classic Reprint) Unknown Author. (ENG., Illus.). (J). 2018. 470p. 33.59 *(978-0-428-75998-8(X));* 2017. pap. 16.57 *(978-1-334-92664-8(6))* Forgotten Bks.

Illinois Magazine, Vol. 3: October, 1911 (Classic Reprint) Unknown Author. (ENG., Illus.). (J). 2018. 510p. 34.48 *(978-0-332-92129-7(8));* 2017. pap. 16.97 *(978-1-334-93242-7(5))* Forgotten Bks.

Illinois Magazine, Vol. 4: October, 1912 (Classic Reprint) Unknown Author. (ENG., Illus.). (J). 2018. 348p. 31.07 *(978-0-483-50234-5(0));* 2016. pap. 13.57 *(978-1-334-12337-5(3))* Forgotten Bks.

Illinois Magazine, Vol. 5: September, 1913-June, 1914 (Classic Reprint) M. A. Van Doren. (ENG., Illus.). (J). 2018. 564p. 35.55 *(978-0-656-34206-8(4));* 2017. pap. 19.57 *(978-0-243-39000-7(9))* Forgotten Bks.

Illinois Siren, Vol. 22: September, 1931 (Classic Reprint) Henry Avery. (ENG., Illus.). (J). 2018. 214p. 28.33 *(978-0-483-75182-8(0));* 2017. pap. 10.97 *(978-0-243-33529-9(6))* Forgotten Bks.

Illiterate Literary Man. Thomas Hock. 2021. (ENG.). 326p. (YA). pap. 17.99 *(978-1-0983-9211-6(6))* BookBaby.

Illiwoco, 1923 (Classic Reprint) Illinois Woman College. 2017. (ENG., Illus.). (J). 27.09 *(978-0-266-98782-6(5));* pap. 9.57 *(978-1-5282-4400-8(1))* Forgotten Bks.

Illiwoco, 1923 (Classic Reprint) Illinois Woman's College. 2017. (ENG., Illus.). (J). 26.43 *(978-0-331-34570-4(6));* pap. 9.57 *(978-0-260-98310-7(1))* Forgotten Bks.

Illumanatomy: See Inside the Human Body with Your Magic Viewing Lens. Kate Davies. Illus. by Carnovsky. 2017. (Illumi: See 3 Images In 1 Ser.). (ENG.). 64p. (J). (gr. 3-6). ***(978-1-78603-051-1(9),*** Wide Eyed Editions) Quarto Publishing Group UK.

Illumibugs: Explore the World of Mini Beasts with Your Magic 3 Color Lens. Barbara Taylor. Illus. by Carnovsky. 2022. (Illumi: See 3 Images In 1 Ser.). (ENG.). 64p. (J). (gr. k-5). ***(978-0-7112-7512-6(2),*** Wide Eyed Editions) Quarto Publishing Group UK.

Illuminae. Amie Kaufman. ed. 2017. lib. bdg. 24.50 *(978-0-606-39847-3(3))* Turtleback.

Illuminated Magazine, Vol. 1: May to October, 1843 (Classic Reprint) Douglas Jerrold. (ENG., Illus.). (J). 2018. 352p. 31.18 *(978-0-483-55165-7(1));* 2016. pap. 13.57 *(978-1-334-12191-3(5))* Forgotten Bks.

Illuminated Magazine, Vol. 2: November to April, 1844 (Classic Reprint) Douglas Jerrold. (ENG., Illus.). (J). 2018. 334p. 30.79 *(978-0-656-87697-6(2));* 2017. pap. 13.57 *(978-0-243-85122-5(7))* Forgotten Bks.

Illuminati Controls Everything. V. C. Thompson. 2022. (Conspiracy Theories: DEBUNKED Ser.). (ENG., Illus.). 32p. (J). (gr. 4-8). pap. 14.21 *(978-1-6689-1110-5(8),* 221055); lib. bdg. 32.07 *(978-1-6689-0950-8(2),* 220917) Cherry Lake Publishing. (45th Parallel Press).

Illuminating World of Light with Max Axiom, Super Scientist: 4D an Augmented Reading Science Experience. Emily Sohn. Illus. by Nick Derington. 2019. (Graphic Science 4D Ser.). (ENG.). 32p. (J). (gr. 3-9). pap. 7.95 *(978-1-5435-6001-5(6),* 140062); lib. bdg. 36.65 *(978-1-5435-5868-5(2),* 139789) Capstone.

Illumination: Lewis Howard Latimer: Thank a Black Man Series - 1. Ph D. Sylvia Hawkins Little. 2016. (Thank a Black Man Ser.: Vol. 1). (ENG., Illus.). (J). (gr. k-6). pap. 9.99 *(978-0-9801061-9-0(2))* Epic Pr.

Illumination (Classic Reprint) Harold Frederic. 2017. (ENG., Illus.). (J). 32.15 *(978-1-5280-8115-3(3))* Forgotten Bks.

Illumination Presents the Secret Life of Pets 2. Illus. by Art Mawhinney. 2019. (Look & Find Ser.). (ENG.). 24p. (J). 9.99 *(978-1-5037-4564-3(3))* Phoenix International Publications, Inc.

Illumination Presents the Secret Life of Pets 2: Little Dog in the Big City. Illus. by Hilbrand Bos. 2019. (Play-A-Sound Ser.). (ENG.). 12p. (J). bds. *(978-1-5037-4565-0(1),* f63f3a80-ba62-4ce5-a375-aa30de26cab4, PI Kids) Phoenix International Publications, Inc.

Illumination's Sing Little Golden Book. Arie Kaplan. Illus. by Elsa Chang. 2021. (Little Golden Book Ser.). 24p. (J). (gr. -1-2). 5.99 *(978-0-593-12140-5(6),* Golden Bks.) Random Hse. Children's Bks.

Illuminature: Discover 180 Animals with Your Magic Three Color Lens. Rachel Williams. Illus. by Carnovsky. 2016. (Illumi: See 3 Images In 1 Ser.). (ENG.). 64p. (J). (gr. 3-6). 30.00 *(978-1-84780-887-5(5),* Wide Eyed Editions) Quarto Publishing Group UK GBR. Dist: Hachette Bk. Group.

Illumisaurus: Explore the World of Dinosaurs with Your Magic Three Color Lens. Lucy Brownridge. Illus. by Carnovsky. 2020. (Illumi: See 3 Images In 1 Ser.). (ENG.). 64p. (J). (gr. k-3). 30.00 ***(978-0-7112-5250-9(5),*** Wide Eyed Editions) Quarto Publishing Group UK GBR. Dist: Hachette Bk. Group.

Illusion. Martina Boone. 2016. (Heirs of Watson Island Ser.). (ENG., Illus.). 480p. (YA). (gr. 9). 17.99 *(978-1-4814-1128-8(4),* Simon Pulse) Simon Pulse.

Illusion: A Mistake or a Murder. Swapnil Chakraborty. 2021. (ENG.). 18p. (YA). pap. 7.00 *(978-1-68494-136-0(9))* Notion Pr., Inc.

Illusion of a Girl: Based on a True Story. Leeann P. Werner. 2019. (ENG.). 258p. (YA). pap. 14.99 *(978-1-7330062-9-3(X))* Werner, L Marketing.

Illusion of Living: an AFK Book (Bendy) Adrienne Kress. 2021. (ENG., Illus.). 256p. (YA). (gr. 7-7). 14.99 *(978-1-338-71588-0(7))* Scholastic, Inc.

Illusion of Power. Jay Morales. 2019. (ENG.). 164p. (YA). pap. 15.95 *(978-1-64544-814-3(2))* Page Publishing Inc.

Illusionary. Zoraida Córdova. (Hollow Crown Ser.: 2). (ENG.). 368p. (YA). 2022. pap. 10.99 *(978-0-7595-5601-0(6));* 2021. (Illus.). (gr. 9-17). 18.99 *(978-0-7595-5603-4(2))* Little, Brown Bks. for Young Readers.

Illusions. Madeline Reynolds. 2018. (ENG.). 380p. (YA). pap. 9.99 *(978-1-64063-563-0(7),* 900199849) Entangled Publishing, LLC.

Illusions, 1 vol. John Wood. 2018. (Magic Tricks Ser.). (ENG.). 32p. (J). (gr. 3-4). lib. bdg. 28.27 *(978-1-5382-2606-3(5),* 6daf9cdf-1525-4786-85e2-7d24fcf5d60c) Stevens, Gareth Publishing LLLP.

Illusions: Ravens of Darkness. Elle Preston. 2nd ed. 2020. (Ravens of Darkness Ser.: Vol. 1). (ENG.). 290p. (YA). pap. 12.99 *(978-0-578-66123-0(3))* Preston-Cox, Lori.

Illusions in Paint. Ann M. Miller. 2022. (ENG.). 260p. (YA). pap. *(978-1-83943-767-0(7))* Totally Entwinded Group.

Illustoria: for Creative Kids & Their Grownups: Issue 14: Myths, Stories, Comics, DIY. Elizabeth Haidle. 2021. (Illustoria Magazine Ser.: 14). 64p. (J). pap. 16.00 *(978-1-952119-02-6(2),* 2ab7afcd-685b-41ad-91f6-b001d884cb65) McSweeney's Publishing.

Illustoria: Humor: Issue #21: Stories, Comics, DIY, for Creative Kids & Their Grownups. Ed. by Elizabeth Haidle. 2023. (Illus.). 64p. (J). pap. 16.00 *(978-1-952119-66-8(9),* 0e0b7a4d-6113-49fd-87d3-3d0f2b59b82e) McSweeney's Publishing.

Illustoria: Issue #10: Colour: For Creative Kids & Their Grownups. Elizabeth Haidle. 2019. (Illustoria Magazine Ser.: 10). 64p. (J). pap. 16.00 *(978-1-944211-79-0(9),* 7516809f-aa68-44a4-8bd3-eac76fa88c66) McSweeney's Publishing.

Illustoria: Issue #11 Creatures: For Creative Kids & Their Grownups. Elizabeth Haidle. 2020. (Illustoria Magazine Ser.: 11). 64p. (J). pap. 16.00 *(978-1-944211-80-6(2),* 87c2b64d-a580-4af5-8867-f2a73979f970) McSweeney's Publishing.

Illustoria: Issue #12: Upcycle: For Creative Kids & Their Grownups. Ed. by Elizabeth Haidle. 2020. (Illustoria Magazine Ser.: 12). 64p. (J). pap. 16.00 *(978-1-944211-81-3(0),* 07c0837f-50ba-4b02-b13c-abf476c14d15) McSweeney's Publishing.

Illustoria: Issue #13: Maps, Stories, Comics, DIY: For Creative Kids & Their Grownups. Ed. by Elizabeth Haidle. 2020. (Illustoria Magazine Ser.: 13). (Illus.). 64p. (J). pap. 16.00 *(978-1-952119-11-8(1),* bc1240bb-ab24-45e0-a149-221b9e48ceea) McSweeney's Publishing.

Illustoria: Issue #9: Food: For Creative Kids & Their Grownups. Elizabeth Haidle. 2019. (Illustoria Magazine Ser.: 9). 64p. (J). pap. 16.00 *(978-1-944211-78-3(0),* 764ba2d8-5a84-47fb-a2a0-3274564fbfea) McSweeney's Publishing.

Illustrated Atlas of Architecture & Marvelous Monuments. Illus. by Alexandre Verhille & Sarah Tavernier. 2016. (ENG.). 48p. (J). (gr. 3-7). 14.95 *(978-3-89955-775-6(1))* Die Gestalten Verlag DEU. Dist: Ingram Publisher Services.

Illustrated Ballet Stories IR. Susanna et Al Davidson. 2019. (Illustrated Stories Ser.). (ENG.). 256ppp. (J). 19.99 *(978-0-7945-4404-1(5),* Usborne) EDC Publishing.

Illustrated Bible for Children. Jean-François Kieffer. 2022. (ENG., Illus.). 256p. (J). (gr. -1-3). 22.99 ***(978-1-62164-568-9(1))*** Ignatius Pr.

Illustrated Biography for Kids: Extraordinary Scientists Who Changed the World: Set of 6 Books. Wonder House Books. 2023. (Illustrated Biography for Kids Ser.). (ENG.). 192p. (J). (gr. 3-7). 39.99 ***(978-93-5856-203-3(X))*** Prakash Bk. Depot IND. Dist: Independent Pubs. Group.

Illustrated Boatman's Daughter. Tom Durwood. 2020. (ENG., Illus.). 150p. (YA). pap. 19.00 *(978-1-952520-02-0(9))* Empire Studies Pr.

Illustrated Book of Songs for Children (Classic Reprint) Birket Foster. (ENG., Illus.). (J). 2018. 120p. 26.39 *(978-0-267-40748-4(3));* 2016. pap. 9.57 *(978-1-334-35988-0(1))* Forgotten Bks.

Illustrated Botany: The Virtual Plant Museum. Carmen Soria. 2022. (ENG.). 48p. (J). (gr. 3-7). 24.95 *(978-1-914519-34-5(5))* Welbeck Publishing Group Ltd. GBR. Dist: Two Rivers Distribution.

Illustrated Collection of Fairy Tales for Brave Children, 22 vols. Jacob and Wilhelm Grimm & Hans Christian. Andersen. Illus. by Scott Plumbe. 2021. 88p. (J). (gr. 1-7). 22.95 *(978-1-78250-671-3(3))* Floris Bks. GBR. Dist: Consortium Bk. Sales & Distribution.

Illustrated Dublin Journal 1862: A Miscellany of Amusement & Popular Information (Classic Reprint) Unknown Author. (ENG., Illus.). (J). 2018. 598p. 36.23 *(978-0-364-02835-3(1));* 2017. pap. 19.57 *(978-0-243-90008-4(2))* Forgotten Bks.

Illustrated Edition of Huang Ruiyun's Fables. Ruiyun Huang. 2023. (ENG.). 192p. (J). (-4). pap. 11.95 ***(978-1-4878-1035-1(0))*** Royal Collins Publishing Group Inc. CAN. Dist: Independent Pubs. Group.

Illustrated Elementary Grammar & Punctuation. 2017. (Illustrated Dictionaries/Reference Ser.). (ENG.). (J). pap. 12.99 *(978-0-7945-3670-1(0),* Usborne) EDC Publishing.

Illustrated Encyclopedia of Outer Space: An a to Z Guide to Facts & Figures. Diego Mattarelli & Emanuela Pagliari. Illus. by Annalisa Beghelli. 2020. (ENG.). 64p. (J). (gr. 1-5). 9.99 *(978-1-63158-591-4(6),* Racehorse Publishing) Skyhorse Publishing Co., Inc.

Illustrated Encyclopedia of STEAM Words: An a to Z of 100 Terms Kids Need to Know! Jenny Jacoby. Illus. by Vicky Barker. 2022. (ENG.). 112p. (J). (gr. 1-5). pap. 12.99 *(978-1-63158-681-1(5),* Racehorse Publishing) Skyhorse Publishing Co., Inc.

Illustrated Encyclopedia of the Elements: The Powers, Uses, & Histories of Every Atom in the Universe. Lisa Congdon. 2021. (ENG., Illus.). 148p. (J). (gr. 5-10). 22.99 *(978-1-4521-6159-4(3))* Chronicle Bks. LLC.

Illustrated English-Italian Language Book & Reader (Classic Reprint) Sarah Wool Moore. (ENG., Illus.). (J). 2018. 132p. 26.62 *(978-0-484-18934-7(4));* 2017. pap. 9.57 *(978-0-259-76432-8(9))* Forgotten Bks.

Illustrated Fables from Around the World. 2017. (Illustrated Stories Ser.). (ENG.). (J). 19.99 *(978-0-7945-3944-3(0),* Usborne) EDC Publishing.

Illustrated Family Magazine: For the Diffusion of Useful Knowledge (Classic Reprint) Unknown Author. 2017. (ENG., Illus.). (J). 32.89 *(978-0-260-36900-0(4));* pap. 16.57 *(978-0-260-36897-3(0))* Forgotten Bks.

Illustrated Films Monthly, Vol. 1: A Magazine Intended to Appeal to the Film-Loving Public, Giving the Stories of the Principal Films Due to Be Released During the Coming Month; September 1913-February 1914 (Classic Reprint) F. F. W. Oldfield and Co. (ENG., Illus.). (J). 2018. 456p. 33.30 *(978-0-483-60966-2(8));* 2017. pap. 16.57 *(978-0-243-28043-8(2))* Forgotten Bks.

Illustrated Films Monthly, Vol. 2: March-August, 1914 (Classic Reprint) F. F. W. Oldfield. (ENG., Illus.). (J). 2018. 440p. 32.97 *(978-0-483-60371-4(6));* 2017. pap. 16.57 *(978-0-243-27466-6(1))* Forgotten Bks.

Illustrated First Book in French (Classic Reprint) Jean Gustave Keetels. 2017. (ENG., Illus.). 170p. (J). 27.42 *(978-0-332-38507-5(8))* Forgotten Bks.

Illustrated Gaelic Dictionary, Vol. 1: Specially Designed for Beginners & for Use in Schools, Including Every Gaelic Word in All the Other Gaelic Dictionaries & Printed Books, As Well As an Immense Number Never in Print Before (Classic Reprint) Edward Dwelly. 2017. (ENG., Illus.). (J). 30.91 *(978-0-266-30879-9(1))* Forgotten Bks.

Illustrated Gaelic Dictionary, Vol. 2: Specially Designed for Beginners & for Use in Schools, Including Every Gaelic Word in All the Other Gaelic Dictionaries & Printed Books, As Well As an Immense Number Never in Print Before (Classic Reprint) Edward Dwelly. (ENG., Illus.). (J). 2017. 31.32 *(978-0-265-47849-3(9));* 2016. pap. 13.97 *(978-1-333-20728-1(X))* Forgotten Bks.

Illustrated Gaelic Dictionary, Vol. 3: Specially Designed for Beginners & for Use in Schools (Classic Reprint) Edward Dwelly. 2017. (ENG., Illus.). (J). 31.80 *(978-0-266-67615-7(4))* Forgotten Bks.

Illustrated Greek Mythology: Living Stories of Greece Children's European History. Baby Professor. 2019. (ENG., Illus.). 122p. (J). 24.95 *(978-1-5419-6869-1(7));* pap. 14.95 *(978-1-5419-6866-0(2))* Speedy Publishing LLC. (Baby Professor (Education Kids)).

Illustrated Horse Breaking. Matthew Horace Hayes. 2016. (ENG.). 352p. (J). pap. *(978-3-7434-0061-0(8))* Creation Pubs.

Illustrated Horse Doctor: Being an Accurate & Detailed Account of the Various Diseases to Which the Equine Race Are Subjected; Together with the Latest Mode of Treatment, & All the Requisite Prescriptions; Written in Plain English; Accompanied By. Edward Mayhew. 2017. (ENG., Illus.). 530p. (J). 34.83 *(978-0-484-79402-2(7))* Forgotten Bks.

Illustrated Horse-Owners' Guide: Being a Synopsis of the Diseases of Horses & Cattle, Their Causes, Symptoms, & Treatment; Especially Adapted to the Use of Farmers & Horsemen (Classic Reprint) George O. Harlan. 2018. (ENG., Illus.). 176p. (J). 27.55 *(978-0-331-66783-7(5))* Forgotten Bks.

Illustrated Interviews (Classic Reprint) Harry How. 2018. (ENG., Illus.). 322p. (J). 30.54 *(978-0-267-23974-0(2))* Forgotten Bks.

Illustrated Kalevala: Myths & Legends from Finland, 10 vols. Kirsti Makinen. Tr. by Kaarina Brooks. Illus. by Pirkko-Liisa Surojegin. 2020. 120p. (J). 29.95 *(978-1-78250-643-0(8))* Floris Bks. GBR. Dist: Consortium Bk. Sales & Distribution.

Illustrated Legends of Scotland's Kings & Queens, 10 vols. Theresa Breslin. Illus. by Liza Tretyakova. 2023. 144p. (J). 26.95 *(978-1-78250-812-0(0))* Floris Bks. GBR. Dist: Consortium Bk. Sales & Distribution.

Illustrated London News, Vol. 55: July to Dec. 1869 (Classic Reprint) Gale Gale. 2018. (ENG., Illus.). (J). 680p. 37.92 *(978-0-366-58707-0(2));* 682p. pap. 20.57 *(978-0-366-58703-2(X))* Forgotten Bks.

Illustrated Natural History of British Moths: With Life-Size Figures from Nature of Each Species, & of the More Striking Varieties; Also, Full Descriptions of Both the Perfect Insect & the Caterpillar, Together with Dates of Appearance, & Localit. Edward Newman. 2018. (ENG., Illus.). 500p. (J). pap. 16.57 *(978-1-390-88514-9(3))* Forgotten Bks.

Illustrated Notes of an Expedition Through Mexico & California (Classic Reprint) John Woodhouse Audubon. 2018. (ENG., Illus.). 92p. (J). 25.81 *(978-0-267-81902-7(1))* Forgotten Bks.

Illustrated Odyssey IR. Homer. 2019. (Illustrated Originals Ser.). (ENG.). 256ppp. (J). pap. 14.99 *(978-0-7945-4436-2(3),* Usborne) EDC Publishing.

Illustrated Our Young Folks' Josephus: The Antiquities of the Jews, the Jewish Wars. William Shepard. 2016. (ENG., Illus.). (J). pap. 18.95 *(978-0-9749900-4-0(3))* Paidea Classics.

Illustrated Parlour Miscellany (Classic Reprint) Unknown Author. 2018. (ENG., Illus.). 330p. (J). 30.72 *(978-0-483-04047-2(9))* Forgotten Bks.

Illustrated Self-Instructor in Phrenology & Physiology: With One Hundred Engravings, & a Chart of the Character (Classic Reprint) Orson Squire Fowler. (ENG., Illus.). (J). 2018. 128p. 26.54 *(978-0-656-32785-0(5));* 2017. pap. 9.57 *(978-0-282-03039-1(5));* 2017. pap. 9.57 *(978-0-282-15863-7(4))* Forgotten Bks.

Illustrated Sports Encyclopedia. DK. 2023. (ENG.). 160p. (J). (gr. 4-7). 19.99 ***(978-0-7440-8145-9(9),*** DK Children) Dorling Kindersley Publishing, Inc.

Illustrated Stories from China. 2019. (Illustrated Stories Ser.). (ENG.). 192ppp. (J). 14.99 *(978-0-7945-4769-1(9),* Usborne) EDC Publishing.

Illustrated Stories from the Greek Myths. Lesley Sims. 2023. (Illustrated Story Collections). (ENG.). (J). 19.99 ***(978-1-80507-047-4(9))*** Usborne Publishing, Ltd. GBR. Dist: HarperCollins Pubs.

Illustrated Stories of Akbar & Birbal: Classic Tales from India. Wonder House Books. 2019. (Classic Tales from India Ser.). (ENG.). 80p. (J). (gr. k-3). 9.99 ***(978-93-89567-83-0(1))*** Prakash Bk. Depot IND. Dist: Independent Pubs. Group.

Illustrated Stories of Horses & Ponies. Rosie Dickens. 2018. (Illustrated Stories Ser.). (ENG.). 280p. 19.99 *(978-0-7945-4026-5(0),* Usborne) EDC Publishing.

Illustrated Stories of Mullah Nasruddin: Classic Tales for Children. Wonder House Books. 2019. (Classic Tales from India Ser.). (ENG.). 80p. (J). (gr. k-3). 9.99 ***(978-93-89717-04-4(3))*** Prakash Bk. Depot IND. Dist: Independent Pubs. Group.

Illustrated Stories of Tenali Raman: Classic Tales from India. Wonder House Books. 2019. (Classic Tales from India Ser.). (ENG.). 80p. (J). (gr. k-3). 9.99 ***(978-93-89567-84-7(X))*** Prakash Bk. Depot IND. Dist: Independent Pubs. Group.

Illustrated Temperance Anecdotes, Designed to Show the Safety of Total Abstinence, the Dangers of Moderate Drinking & the Evils of Drunkenness (Classic Reprint) Unknown Author. 2018. (ENG., Illus.). (J). 74p. 25.42

(978-0-428-61950-3(9)); 76p. pap. 9.57 *(978-0-428-14804-1(2))* Forgotten Bks.

Illustrated Treasury of Bedtime Stories. Ed. by Richard Kelly. Illus. by Andy Catling. 2017. 384p. (J). 39.95 *(978-1-78209-987-1(5))* Miles Kelly Publishing, Ltd. GBR. Dist: Parkwest Pubns., Inc.

Illustrated Treasury of Bible Stories. Carly Blake & Thomas Tig. Ed. by Richard Kelly. Illus. by Katriona Chapman. 2017. 384p. (J). 39.95 *(978-1-78617-052-1(3))* Miles Kelly Publishing, Ltd. GBR. Dist: Parkwest Pubns., Inc.

Illustrated Treasury of Christmas Stories. Ed. by Richard Kelly. Illus. by Tamsin Hinrichsen. 2017. 384p. (J). 39.95 *(978-1-78209-988-8(3))* Miles Kelly Publishing, Ltd. GBR. Dist: Parkwest Pubns., Inc.

Illustrated Treasury of Classic Children's Stories: Featuring 14 Classic Children's Books Illustrated by Charles Santore, #1 New York Times Bests, Vol. 1. Charles Santore. 2019. (Charles Santore Children's Classics Ser.). (ENG., Illus.). 552p. (J). (gr. -1). 44.95 *(978-1-60433-890-4(3)*, Applesauce Pr.) Cider Mill Pr. Bk. Pubs., LLC.

Illustrated Treasury of Classic Children's Stories: Featuring the Artwork of the New York Times Bestselling Illustrator, Charles Santore. Charles Santore. 2021. (Classic Edition Ser.). (ENG., Illus.). 550p. (J). pap. 24.95 *(978-1-64643-186-1(3)*, Applesauce Pr.) Cider Mill Pr. Bk. Pubs., LLC.

Illustrated Treasury of Classic Stories. Thomas TIG. Ed. by Richard Kelly. 2017. (Illus.). 384p. (J). 39.95 *(978-1-78209-985-7(9))* Miles Kelly Publishing, Ltd. GBR. Dist: Parkwest Pubns., Inc.

Illustrated Treasury of Princess Stories. Thomas TIG. Ed. by Richard Kelly. 2017. 384p. (J). 39.95 *(978-1-78209-986-4(7))* Miles Kelly Publishing, Ltd. GBR. Dist: Parkwest Pubns., Inc.

Illustrated Treasury of Scottish Castle Legends, 10 vols. Theresa Breslin. Illus. by Kate Leiper. 2019. 176p. (J). 24.95 *(978-1-78250-595-2(4))* Floris Bks. GBR. Dist: Consortium Bk. Sales & Distribution.

Illustrated Treasury of Swedish Folk & Fairy Tales, 5 vols. Illus. by John Bauer. 2019. 256p. (J). 24.95 *(978-1-78250-593-8(8))* Floris Bks. GBR. Dist: Consortium Bk. Sales & Distribution.

Illustrated Ulysses S. Grant in China & Other Stories. Tom Durwood. 2021. (ENG., Illus.). 158p. (YA). pap. 17.99 *(978-1-952520-10-5(X))* Empire Studies Pr.

Illustrated Wasp, Vol. 4: December, 1879 (Classic Reprint) Salmi Morse. 2018. (ENG., Illus.). 20p. (J). 24.31 *(978-0-666-67494-4(9))* Forgotten Bks.

Illustrated Wasp, Vol. 4: February 21st, 1880 (Classic Reprint) Salmi Morse. 2017. (ENG., Illus.). (J). 20p. 24.31 *(978-0-332-44713-1(8))*; pap. 7.97 *(978-0-259-88697-6(1))* Forgotten Bks.

Illustrated Westminster Shorter Catechism. Andrew Green et al. Illus. by Ira Miniof. 2022. (ENG.). 128p. (J). 19.99 *(978-1-5271-0902-5(X)*, 8567b1bd-f22e-4fa5-8fb0-6190b3359fbd, CF4Kids) Christian Focus Pubns. GBR. Dist: Baker & Taylor Publisher Services (BTPS).

Illustrated Westminster Shorter Catechism in Modern English. Paul Cox. 2023. (ENG., Illus.). 128p. (J). 24.99 ***(978-1-62995-974-0(X))*** P & R Publishing.

Illustrations of Human Life, Vol. 1 of 3 (Classic Reprint) R. Plumer Ward. 2017. (ENG., Illus.). (J). 31.57 *(978-1-5281-5405-5(3))* Forgotten Bks.

Illustrations of Human Life, Vol. 2 of 3 (Classic Reprint) R. Plumer Ward. 2018. (ENG., Illus.). 348p. (J). 31.07 *(978-0-332-50206-9(6))* Forgotten Bks.

Illustrations of Human Life, Vol. 3 of 3 (Classic Reprint) R. Plumer Ward. 2018. (ENG., Illus.). 306p. (J). 30.23 *(978-0-656-93423-2(9))* Forgotten Bks.

Illustrations of Instinct Deduced from the Habits of British Animals (Classic Reprint) Jonathan Couch. 2017. (ENG., Illus.). (J). 31.45 *(978-0-265-52525-8(X))*; pap. 13.97 *(978-0-282-24709-6(2))* Forgotten Bks.

Illustrations of Lying, in All Its Branches, Vol. 1 of 2 (Classic Reprint) Amelia Alderson Opie. 2018. (ENG., Illus.). 318p. (J). 30.46 *(978-0-484-58050-2(7))* Forgotten Bks.

Illustrations of Political Economy: Life in the Wilds, a Tale (Classic Reprint) Harriet Martineau. 2017. (ENG., Illus.). (J). 32.83 *(978-1-5280-6321-0(X))* Forgotten Bks.

Illustrations of Political Economy (Classic Reprint) Harriet Martineau. 2017. (ENG., Illus.). (J). 35.84 *(978-0-331-88137-0(3))*; pap. 19.57 *(978-0-243-17530-7(2))* Forgotten Bks.

Illustrations of Political Economy, Vol. 1 Of 9: Life in the Wilds; the Hill & the Valley; Brooke & Brooke Farm (Classic Reprint) Harriet Martineau. 2018. (ENG., Illus.). (J). 446p. 33.12 *(978-1-396-82129-5(5))*; 448p. pap. 16.57 *(978-1-396-82128-8(7))* Forgotten Bks.

Illustrations of Political Economy, Vol. 13: The Charmed Sea, a Tale (Classic Reprint) Harriet Martineau. 2017. (ENG., Illus.). (J). 33.47 *(978-0-265-19427-0(X))* Forgotten Bks.

Illustrations of Political Economy, Vol. 17: The Loom & the Lugger; Part I; a Tale (Classic Reprint) Harriet Martineau. (ENG., Illus.). (J). 2018. 176p. 27.53 *(978-0-483-08824-5(2))*; 2017. pap. 9.97 *(978-0-243-18467-5(0))* Forgotten Bks.

Illustrations of Political Economy, Vol. 2: The Hill & the Valley, a Tale (Classic Reprint) Harriet Martineau. 2018. (ENG., Illus.). 222p. (J). 28.50 *(978-0-428-84177-5(5))* Forgotten Bks.

Illustrations of Political Economy, Vol. 2 of 9 (Classic Reprint) Harriet Martineau. 2017. (ENG., Illus.). 458p. (J). 33.34 *(978-1-5280-8502-1(7))* Forgotten Bks.

Illustrations of Political Economy, Vol. 3 of 9 (Classic Reprint) Harriet Martineau. 2018. (ENG., Illus.). 430p. (J). 32.79 *(978-0-267-19590-9(7))* Forgotten Bks.

Illustrations of Political Economy, Vol. 4 (Classic Reprint) Harriet Martineau. 2018. (ENG., Illus.). 418p. (J). 32.54 *(978-0-365-20105-2(7))* Forgotten Bks.

Illustrations of Political Economy, Vol. 6 of 9 (Classic Reprint) Harriet Martineau. 2017. (ENG., Illus.). (J). 33.07 *(978-1-5281-8015-3(1))* Forgotten Bks.

Illustrations of Political Economy, Vol. 7 of 9 (Classic Reprint) Harriet Martineau. 2018. (ENG., Illus.). 432p. (J). 32.83 *(978-0-365-47203-2(4))* Forgotten Bks.

Illustrations of Political Economy, Vol. 8 (Classic Reprint) Harriet Martineau. 2018. (ENG., Illus.). 294p. (J). 29.96 *(978-0-484-15375-1(7))* Forgotten Bks.

Illustrations of Scripture Precept: For the Young (Classic Reprint) E. B. Stork. 2018. (ENG., Illus.). (J). 166p. 27.32 *(978-0-365-56281-8(5))*; 168p. pap. 9.97 *(978-0-365-56278-8(5))* Forgotten Bks.

Illustrations of Taxation: A Cale (Classic Reprint) Harriet Martineau. (ENG., Illus.). (J). 2018. 146p. 26.91 *(978-0-428-38519-4(2))*; 2016. pap. 9.57 *(978-1-334-75746-4(1))* Forgotten Bks.

Illustrations of the History & Practices of the Thugs: And Notices of Some of the Proceedings of the Government of India, for the Suppression of the Crime of Thuggee (Classic Reprint) Edward Thornton. (ENG., Illus.). (J). 2017. 34.00 *(978-0-266-45832-6(7))*; 2016. pap. 16.57 *(978-1-334-09138-4(2))* Forgotten Bks.

Illustrations of the Principles of French Grammar & French Idiom, by Means of Exercises (Classic Reprint) F. Bertin. 2017. (ENG., Illus.). (J). 24.82 *(978-0-265-60174-7(6))*; pap. 7.97 *(978-0-282-93653-2(X))* Forgotten Bks.

Illustrative Anecdotes of the Animal Kingdom (Classic Reprint) Samuel G. Goodrich. 2018. (ENG., Illus.). 346p. (J). 31.03 *(978-0-656-77925-3(X))* Forgotten Bks.

Illustrative Material for Nature Study in Primary Schools (Classic Reprint) Clara Whitehill Hunt. (ENG., Illus.). (J). 2018. 32p. 24.58 *(978-0-656-14706-9(7))*; 2016. pap. 7.97 *(978-1-333-59881-5(5))* Forgotten Bks.

Illustrierte Geschichte der Elektricitat: Von Den Altesten Zeiten Bis Auf Unsere Tage (Classic Reprint) Eugen Netoliczka. 2018. (GER., Illus.). 296p. (J). 30.02 *(978-0-267-51723-7(8))* Forgotten Bks.

Illustrierte Lateinische Aesop in der Handschrift des Ademar: Codex Vossianus Lat. Oct. 15, Fol. 195-205 (Classic Reprint) Georg Thiele. 2018. (GER., Illus.). 102p. (J). 26.00 *(978-0-666-90106-4(6))* Forgotten Bks.

Illustriertes Handbuch der Laubholzkunde, Vol. 1: Charakteristik der in Mitteleuropa Heimischen und Im Freien Angepflanzten Angiospermen Gehölz-Arten und Formen Mit Ausschluss der Bambuseen und Kakteen (Classic Reprint) Camillo Karl Schneider. 2018. (GER., Illus.). 828p. (J). pap. 23.57 *(978-0-365-51543-2(4))* Forgotten Bks.

Illustriertes Lehrbuch der Bienenzucht (Classic Reprint) J. G. Bessler. 2018. (GER., Illus.). 248p. (J). 28.91 *(978-0-267-13939-2(X))* Forgotten Bks.

Illustrious o'Hagan (Classic Reprint) Justin Huntly McCarthy. 2017. (ENG., Illus.). (J). 30.95 *(978-1-5283-8093-5(2))* Forgotten Bks.

Ilsa & Bear's Bangs. Rosemary J. Robson. 2022. (ENG.). 24p. (J). *(978-0-2288-7507-9(2))*; pap. *(978-0-2288-7506-2(4))* Tellwell Talent.

Iluminación Del Alma: Esencia. Inaki Hermo. 2018. (Iluminación Del Alma Ser.: Vol. 1). (SPA.). 170p. (J). pap. *(978-84-697-4740-7(1))* Inetxia Corp.

Ilusión Como lo Nuestro / an Illusion Like Ours. Elsa Jenner. 2023. (SPA.). 416p. (YA). (gr. 9). pap. 18.95 *(978-84-19169-02-0(1)*, Montena) Penguin Random House Grupo Editorial ESP. Dist: Penguin Random Hse. LLC.

Ilusiones Visuales Increibles (Optical Illusions 2) DK. 2020. Orig. Title: Optical Illusions 2. (SPA.). 32p. (J). (gr. 3-7). 19.99 *(978-1-4654-9823-6(0)*, DK Children) Dorling Kindersley Publishing, Inc.

Ily ... Daddy. Brad Simonet. 2018. (ENG., Illus.). 186p. (J). pap. 58.20 *(978-1-387-91815-7(X))* Lulu Pr., Inc.

I'm 10, Say It Again Mad Libs: World's Greatest Word Game. Jack Monaco. 2023. (Mad Libs Ser.). 48p. (J). (gr. 3-7). pap. 5.99 *(978-0-593-65835-2(3)*, Mad Libs) Penguin Young Readers Group.

I'm 13 Years Old & I Changed the World. D. K. Brantley. 2016. (ENG., Illus.). 162p. (J). (gr. 4-6). pap. 6.99 *(978-0-9978611-0-5(X))* Sir Brody Bks.

I'm 8, It's Great Mad Libs: World's Greatest Word Game. Kim Ostrow. 2022. (Mad Libs Ser.). 48p. (J). (gr. 3-7). pap. 5.99 *(978-0-593-52069-7(6)*, Mad Libs) Penguin Young Readers Group.

I'm 9, Everything's Fine Mad Libs: World's Greatest Word Game. Mad Libs. 2023. (Mad Libs Ser.). 48p. (J). (gr. 3-7). pap. 5.99 *(978-0-593-52319-3(9)*, Mad Libs) Penguin Young Readers Group.

I'm a Baked Potato! (Funny Children's Book about a Pet Dog, Puppy Story) Elise Primavera. Illus. by Juana Medina. 2019. (ENG.). 32p. (J). (gr. -1-k). 16.99 *(978-1-4521-5592-0(5))* Chronicle Bks. LLC.

I'm a Big Sister Now! Iris Waung. Illus. by Pia. 2020. (ENG.). 40p. (J). *(978-1-5255-6196-2(0))*; pap. *(978-1-5255-6197-9(9))* FriesenPress.

I'm a Book Dragon. Nicole Lane. Illus. by Melanie Skene. 2023. (ENG.). 30p. (J). pap. ***(978-1-989506-70-7(4))*** Pandamonium Publishing Hse.

I'm a Boy. Peter a Serger. 2017. (ENG., Illus.). (J). pap. *(978-0-9952137-1-5(2))* Kurios Kingdom Publishing.

I'm a Brachiosaurus. Jake Nelson. Illus. by Jeff Bane. 2020. (My Early Library: My Dinosaur Adventure Ser.). (ENG.). 24p. (J). (gr. k-1). lib. bdg. 30.64 *(978-1-5341-6850-3(8)*, 215287) Cherry Lake Publishing.

I'm a Bug!, 8 vols. 2017. (I'm a Bug! Ser.). 24p. (ENG.). (gr. 1-1). 101.08 *(978-1-5081-5791-5(X)*, 06f6100e-8deb-4675-a559-e578b8a5bbdb); (gr. 4-6). pap. 33.00 *(978-1-5081-5803-5(7))* Rosen Publishing Group, Inc., The. (PowerKids Pr.).

I'm a Christian Now: Growing in My Faith: 90-Day Devotional Journal. Lifeway Kids. 2018. (ENG.). 112p. (J). (gr. 1-6). pap. 11.25 *(978-1-4627-4098-7(7))* Lifeway Christian Resources.

I'm a Christian Now! Older Kids Activity Book Revised. Lifeway Kids. 2018. (ENG.). 48p. (J). (gr. 4-6). pap. 7.49 *(978-1-5359-1408-6(4))* Lifeway Christian Resources.

I'm a Christian Now: the Life of Jesus: 90-Day Devotional Journal. Lifeway Kids. 2018. (ENG.). 48p. (J). (gr. 1-6). pap. 11.25 *(978-1-5359-3578-4(2))* Lifeway Christian Resources.

I'm a Christian Now Younger Kids Activity Book REV. Lifeway Kids. 2018. (ENG.). 48p. (J). (gr. 1-6). pap. 7.49 *(978-1-5359-1407-9(6))* Lifeway Christian Resources.

I'm a Daughter of the King. Tisha M. Lett. 2018. (ENG., Illus.). 26p. (J). 22.95 *(978-1-64458-359-3(3))*; pap. 12.95 *(978-1-64258-523-0(8))* Christian Faith Publishing.

I'm a Dragon. Mallory Loehr. Illus. by Joey Chou. 2019. (Little Golden Book Ser.). 24p. (J). (-k). 4.99 *(978-1-9848-4944-1(1)*, Golden Bks.) Random Hse. Children's Bks.

I'm a Dragon You See. David Kirkman. 2018. (ENG., Illus.). 32p. (J). pap. *(978-1-912562-57-2(X))* Clink Street Publishing.

I'm a Duck. Eve Bunting. Illus. by Will Hillenbrand. 2018. 32p. (J). (gr. -1-2). 15.99 *(978-0-7636-8032-9(X))* Candlewick Pr.

I'm a Feel-O-saur. Lezlie Evans. Illus. by Kate Chappell. 2021. (ENG.). 24p. (J). (gr. -1-k). 9.95 *(978-1-78312-709-2(0))* Welbeck Publishing Group Ltd. GBR. Dist: Two Rivers Distribution.

I'm a Figure Skater! Sue Fliess. Illus. by Nina Mata. 2021. (Little Golden Book Ser.). 24p. (J). (-k). 5.99 *(978-0-593-17798-3(3)*, Golden Bks.) Random Hse. Children's Bks.

I'm a Firefighter! Adapted by May Nakamura. 2022. (CoComelon Ser.). (ENG., Illus.). 24p. (J). (gr. -1-k). pap. 4.99 *(978-1-6659-2743-7(7)*, Simon Spotlight) Simon Spotlight.

I'm a Flower Girl! Activity & Sticker Book. Bloomsbury USA. 2016. (ENG., Illus.). 32p. (J). pap. 5.99 *(978-1-61963-993-5(9)*, 900154241, Bloomsbury Activity Bks.) Bloomsbury Publishing USA.

I'm a Garbage Truck. Dennis R. Shealy. Illus. by Brian Biggs. 2023. (Little Golden Book Ser.). 24p. (J). (-k). 5.99 ***(978-0-593-56912-2(1)***, Golden Bks.) Random Hse. Children's Bks.

I'm a Gay Wizard in the City of the Nightmare King. V. S. Santoni. 2020. (ENG.). 352p. (YA). pap. 10.99 *(978-1-989365-36-6(1)*, 900236039) Wattpad Bks. CAN. Dist: Macmillan.

I'm a Global Citizen: Caring for the Environment. Georgia Amson-Bradshaw. Illus. by David Broadbent. ed. 2021. (I?m a Global Citizen Ser.). (ENG.). 32p. (J). (gr. 4-6). pap. 13.99 *(978-1-4451-6400-7(0)*, Franklin Watts) Hachette Children's Group GBR. Dist: Hachette Bk. Group.

I'm a Global Citizen: Culture & Diversity. Georgia Amson-Bradshaw. Illus. by David Broadbent. ed. 2022. (I?m a Global Citizen Ser.). (ENG.). 32p. (J). (gr. 4-6). pap. 13.99 *(978-1-4451-6398-7(5)*, Franklin Watts) Hachette Children's Group GBR. Dist: Hachette Bk. Group.

I'm a Global Citizen: Human Rights. Alice Harman. Illus. by David Broadbent. ed. 2021. (I?m a Global Citizen Ser.). (ENG.). 32p. (J). (gr. 4-6). pap. 13.99 *(978-1-4451-6404-5(3)*, Franklin Watts) Hachette Children's Group GBR. Dist: Hachette Bk. Group.

I'm a Global Citizen: We're All Equal. Georgia Amson-Bradshaw. Illus. by David Broadbent. ed. 2021. (I?m a Global Citizen Ser.). (ENG.). 32p. (J). (gr. 4-6). pap. 13.99 *(978-1-4451-6363-5(2)*, Franklin Watts) Hachette Children's Group GBR. Dist: Hachette Bk. Group.

I'm a Gluten-Sniffing Service Dog. Michal Babay. Illus. by Ela Smietanka. 2021. (ENG.). 32p. (J). (gr. -1-3). 16.99 *(978-0-8075-3631-5(8)*, 807536318) Whitman, Albert & Co.

I'm a Gnome! Jessica Peill-Meininghaus. Illus. by Poly Bernatene. 2019. 40p. (J). (gr. -1-2). 17.99 *(978-1-5247-1984-5(6)*, Crown Books For Young Readers) Random Hse. Children's Bks.

I'm a Gymnast! Sue Fliess. 2022. (Little Golden Book Ser.). (Illus.). 24p. (J). (-k). 5.99 *(978-0-593-17795-2(9)*, Golden Bks.) Random Hse. Children's Bks.

I'm a Hare, So There! Julie Rowan-Zoch. Illus. by Julie Rowan-Zoch. 2021. (ENG., Illus.). 32p. (J). (gr. -1-3). 17.99 *(978-0-358-12506-8(5)*, 1751066, Clarion Bks.) HarperCollins Pubs.

I'm a Horse, of Course: A Coloring Book Story. Oswald St Benedict. 2022. (ENG.). 58p. (J). pap. 12.99 ***(978-1-63337-244-3(8))*** Columbus Pr.

I'm a Javascript Games Maker. Max Wainewright. 2017. (Generation Code Ser.). (Illus.). 32p. (J). (gr. 5-5). *(978-0-7787-3517-5(6))* Crabtree Publishing Co.

I'm a JavaScript Games Maker: Advanced Coding. Max Wainewright. 2017. (Generation Code Ser.). (Illus.). 32p. (J). (gr. 5-5). *(978-0-7787-3518-2(4))* Crabtree Publishing Co.

I'm a Kid. You're a Baby. Illus. by Diana Cain Bluthenthal. 2020. (J). *(978-0-689-85470-5(6))* Simon & Schuster Children's Publishing.

I'm a Leader, & I'm Little Just Like You! Kionna Danyelle Myles & Kionna Myles. 2019. (ENG.). 42p. (J). pap. 9.25 ***(978-0-578-62502-7(4))*** Womanhood in Color, LLC.

I'm a Leader Now. Wayne Watson. Illus. by Brigitte Gourdeau. 2019. (ENG.). 38p. (J). pap. *(978-1-9994753-0-7(5))* W2 Executive Coaching.

I'm a Leprechaun. Mallory Loehr. Illus. by Brian Biggs. 2021. (Little Golden Book Ser.). (ENG.). 24p. (J). (-k). 4.99 *(978-0-593-12773-5(0)*, Golden Bks.) Random Hse. Children's Bks.

I'm a Little Bunny. Hannah Eliot. Illus. by Liz Brizzi. 2023. (I'm a Little Ser.). (ENG.). 14p. (J). (gr. -1). bds. 6.99 *(978-1-6659-2702-4(X)*, Little Simon) Little Simon.

I'm a Little Different. Pearl Young. 2016. (ENG., Illus.). (J). 26.95 *(978-1-4808-3519-1(6))*; pap. 21.95 *(978-1-4808-3518-4(8))* Archway Publishing.

I'm a Little Green Frog. Karen Wehrle. 2022. (ENG.). 22p. (J). pap. 14.95 ***(978-1-6624-4713-6(2))*** Page Publishing Inc.

I'm a Little Otter. T. Childers. Illus. by Iram Adnan. 2022. (ENG.). 32p. (J). pap. 17.99 ***(978-1-0880-0886-7(0))*** Indy Pub.

I'm a Little Pumpkin. Hannah Eliot. Illus. by Anna Daviscourt. 2022. (I'm a Little Ser.). (ENG.). 14p. (J). (gr. -1). bds. 6.99 *(978-1-6659-1593-9(5)*, Little Simon) Little Simon.

I'm a Little Pumpkin. Joshua George. Illus. by Barry Green. 2021. (Googley-Eyed Board Bks.). (ENG.). 12p. (J). bds. 7.99 *(978-1-80105-029-6(5))* Top That! Publishing PLC GBR. Dist: Independent Pubs. Group.

I'm a Little Snowman. Hannah Eliot. Illus. by Anna Daviscourt. 2022. (I'm a Little Ser.). (ENG.). 14p. (J). (gr. -1). bds. 6.99 *(978-1-6659-1916-6(7)*, Little Simon) Little Simon.

I'm a Little Teapot. Hazel Quintanilla. 2021. (Hazel Q Nursery Rhymes Ser.). (ENG.). 14p. (J). (gr. -1-k). bds. 7.99 *(978-1-4867-1860-3(4)*, 308930e2-72ee-46f7-919c-873e9839348f) Flowerpot Pr.

I'm a Little Teapot. Wendy Straw. 2020. (Wendy Straw's Nursery Rhyme Collection). (ENG.). 12p. (J). (— 1). pap. 4.99 *(978-1-921756-46-7(2)*, Brolly Bks.) Borghesi & Adam Pubs. Pty Ltd AUS. Dist: Independent Pubs. Group.

I'm a Lot of Sometimes: A Growing-Up Story of Identity. Jack Guinan. Illus. by Lars Rudebjer. 2017. (Growing Up Ser.). (ENG.). 24p. (J). (gr. -1 — 1). lib. bdg. 19.99 *(978-1-63440-177-7(6)*, b2041efb-392d-4e4a-97a1-19ba327fc326); E-Book 30.65 *(978-1-63440-181-4(6))* Red Chair Pr. (Rocking Chair Kids).

I'm a Mail Carrier (a Tinyville Town Book) Brian Biggs. 2018. (Tinyville Town Ser.). (ENG., Illus.). 22p. (J). (gr. -1 — 1). bds. 7.99 *(978-1-4197-2833-4(4)*, 1119801, Abrams Appleseed) Abrams, Inc.

I'm a Mermaid. Mallory Loehr. Illus. by Joey Chou. 2022. (Little Golden Book Ser.). 24p. (J). (-k). 5.99 *(978-0-593-30889-9(1)*, Golden Bks.) Random Hse. Children's Bks.

I'm a Mosasaurus. Jake Nelson. Illus. by Jeff Bane. 2020. (My Early Library: My Dinosaur Adventure Ser.). (ENG.). 24p. (J). (gr. k-1). lib. bdg. 30.64 *(978-1-5341-6853-4(2)*, 215299) Cherry Lake Publishing.

I'm a Narwhal. Mallory Loehr. Illus. by Joey Chou. 2019. (Little Golden Book Ser.). 24p. (J). (-k). 4.99 *(978-0-525-64576-4(4)*, Golden Bks.) Random Hse. Children's Bks.

I'm a Neutrino: Tiny Particles in a Big Universe. Eve M. Vavagiakis. Illus. by Ilze Lemesis. (Meet the Universe Ser.). (ENG.). 40p. (J). (gr. 2-4). 2023. 7.99 *(978-1-5362-3084-0(7))*; 2022. 18.99 *(978-1-5362-2207-4(0))* Candlewick Pr. (MIT Kids Press).

I'm a Potty Superhero (Multicultural) Get Ready for Big Boy Pants! Ed. by Cottage Door Press. Illus. by Mabel Forsyth. 2021. (ENG.). 10p. (J). (gr. -1 — 1). bds. 7.99 *(978-1-64638-365-8(6)*, 2004070, Parragon Books) Cottage Door Pr.

I'm a Potty Superhero (Multicultural) Get Ready for Big Girl Pants! Ed. by Cottage Door Press. Illus. by Mabel Forsyth. 2021. (ENG.). 10p. (J). (gr. -1 — 1). bds. 7.99 *(978-1-64638-366-5(4)*, 2004080, Parragon Books) Cottage Door Pr.

I'm a Pretty Princess. Crystal Swain-Bates. 2016. (ENG., Illus.). (J). (gr. k-2). 30p. pap. 10.99 *(978-1-939509-22-2(X))*; 17.99 *(978-1-939509-21-5(1))* Goldest Karat Publishing.

I'm a Pterodactyl. Jake Nelson. Illus. by Jeff Bane. 2020. (My Early Library: My Dinosaur Adventure Ser.). (ENG.). 24p. (J). (gr. k-1). lib. bdg. 30.64 *(978-1-5341-6849-7(4)*, 215283) Cherry Lake Publishing.

I'm a Public Menace: #3. Brian Daly. Illus. by Alex Lopez. 2022. (Caveman Dave Ser.). (ENG.). 112p. (J). (gr. 2-5). lib. bdg. 38.50 *(978-1-0982-3588-8(6)*, 41157, Calico Chapter Bks.) ABDO Publishing Co.

I'm a Python Programmer. Max Wainewright. 2017. (Generation Code Ser.). (Illus.). 32p. (J). (gr. 5-5). *(978-0-7787-3519-9(2))* Crabtree Publishing Co.

I'm a Reindeer. Mallory Loehr. Illus. by Joey Chou. 2020. (Little Golden Book Ser.). 24p. (J). (-k). 4.99 *(978-0-593-12561-8(4)*, Golden Bks.) Random Hse. Children's Bks.

I'm a Saint in the Making. Lisa M. Hendey. Illus. by Katherine Broussard. 2020. (ENG.). 32p. (J). (gr. k). pap. 14.99 *(978-1-64060-163-5(5))* Paraclete Pr., Inc.

I'm a Scratch Coder. Max Wainewright. 2017. (Generation Code Ser.). (Illus.). 32p. (J). (gr. 5-5). *(978-0-7787-3515-1(X))* Crabtree Publishing Co.

I'm a Snowplow. Dennis R. Shealy. Illus. by Bob Staake. 2020. (Little Golden Book Ser.). 24p. (J). (-k). 5.99 *(978-0-593-12559-5(2)*, Golden Bks.) Random Hse. Children's Bks.

I'm a Social Worker: Lets Learn to Advocate! Sujeeta E. Menon. Illus. by Sara M. Abbas. 2021. (ENG.). 34p. (J). 18.99 ***(978-0-578-25859-1(5))*** Menon, Dr. Sujeeta E.

I'm a Spinosaurus. Jake Nelson. Illus. by Jeff Bane. 2020. (My Early Library: My Dinosaur Adventure Ser.). (ENG.). 24p. (J). (gr. k-1). lib. bdg. 30.64 *(978-1-5341-6852-7(4)*, 215295) Cherry Lake Publishing.

I'm a Stegosaurus. Jake Nelson. Illus. by Jeff Bane. 2020. (My Early Library: My Dinosaur Adventure Ser.). (ENG.). 24p. (J). (gr. k-1). lib. bdg. 30.64 *(978-1-5341-6851-0(6)*, 215291) Cherry Lake Publishing.

I'm a Super Secret Germ Fighter: Learn to Be a Hygiene Hero. IglooBooks. Illus. by Purificación Hernández. 2022. (ENG.). 24p. (J). (-k). bds. 8.99 *(978-1-80108-715-5(6))* Igloo Bks. GBR. Dist: Simon & Schuster, Inc.

I'm a Superhero Nerd. Cristie Jameslake. 2020. (ENG.). 102p. (J). pap. 14.99 *(978-1-716-41303-2(6))* Lulu Pr., Inc.

I'm a Thinking Machine! Activity Book for 1st Grade. Educando Kids. 2019. (ENG.). 42p. (J). pap. 8.55 *(978-1-64521-795-4(7)*, Educando Kids) Editorial Imagen.

I'm a Triceratops. Jake Nelson. Illus. by Jeff Bane. 2020. (My Early Library: My Dinosaur Adventure Ser.). (ENG.). 24p. (J). (gr. k-1). lib. bdg. 30.64 *(978-1-5341-6848-0(6)*, 215279) Cherry Lake Publishing.

I'm a Truck Driver. Jonathan London. Illus. by David Parkins. 2018. (ENG.). 24p. (J). bds. 7.99 *(978-1-250-17506-9(2)*, 900189297, Holt, Henry & Co. Bks. For Young Readers) Holt, Henry & Co.

I'm a True Blue Friend! Maggie Testa. ed. 2020. (Crayola 8x8 Bks). (ENG.). 24p. (J). (gr. k-1). 14.39 *(978-1-64697-196-1(5))* Penworthy Co., LLC, The.

I'm a Tyrannosaurus Rex. Jake Nelson. Illus. by Jeff Bane. 2020. (My Early Library: My Dinosaur Adventure Ser.). (ENG.). 24p. (J). (gr. k-1). lib. bdg. 30.64 *(978-1-5341-6846-6(X)*, 215271) Cherry Lake Publishing.

I'm a Unicorn. Mallory Loehr. Illus. by Joey Chou. 2018. (Little Golden Book Ser.). 24p. (J). (-k). 5.99 *(978-1-5247-1512-0(3)*, Golden Bks.) Random Hse. Children's Bks.

I'm a Unicorn. Helen Yoon. Illus. by Helen Yoon. 2022. (ENG.). 32p. (J). (gr. -1-2). 17.99 *(978-1-5362-1976-0(2))* Candlewick Pr.

I'm a Velociraptor. Jake Nelson. Illus. by Jeff Bane. 2020. (My Early Library: My Dinosaur Adventure Ser.). (ENG.). 24p. (J). (gr. k-1). lib. bdg. 30.64 *(978-1-5341-6847-3(8),* 215275) Cherry Lake Publishing.

I'm a Virus! Bridget Heos. Illus. by Mike Ciccotello. 2022. (Science Buddies Ser.: 1). 40p. (J). (gr. -1-2). 16.99 *(978-0-593-30293-4(1));* (ENG.). lib. bdg. 19.99 *(978-0-593-30294-1(X))* Random Hse. Children's Bks. (Crown Books For Young Readers).

I'm a Volcano! Bridget Heos. Illus. by Mike Ciccotello. 2022. (Science Buddies Ser.: 2). 40p. (J). (gr. -1-2). 18.99 *(978-0-593-30288-0(5));* (ENG.). lib. bdg. 21.99 *(978-0-593-30289-7(3))* Random Hse. Children's Bks. (Crown Books For Young Readers).

I'm a Winner. Michael Alonzo Williams. 2021. (ENG.). 60p. (YA). pap. *(978-0-2288-5808-9(9))* Tellwell Talent.

I'm a Zcary Vampire. Jose Carlos Andres. Illus. by Gomez. 2020. (Monsters Ser.). (ENG.). 40p. (J). 16.95 *(978-84-17673-85-7(7))* NubeOcho Ediciones ESP. Dist: Consortium Bk. Sales & Distribution.

I'm a Zookeeper! Picture Matching Game Activity Book. Activity Book Zone for Kids. 2016. (ENG., Illus.). (J). pap. 7.55 *(978-1-68376-136-5(7))* Sabeels Publishing.

I'm about to Be Rich: Part One. Ebonee a Moore. Illus. by Michael Reyes. 2020. (ENG.). 40p. (J). pap. 14.95 *(978-1-64468-049-0(1))* Covenant Bks.

I'm about to Be Rich: Part Two. Ebonee a Moore. Illus. by Michael Reyes. 2021. (ENG.). 30p. (J). pap. 13.95 *(978-1-63630-439-7(7))* Covenant Bks.

I'm Adopted: A Positive Explanation of Adoption. Scott Howcroft & Sean Hale. 2022. (ENG.). 24p. (J). pap. *(978-0-2288-6238-3(8))* Tellwell Talent.

I'm Afraid of the Dark. Dominique Curtiss. Illus. by Muriel Gestin. 2018. (ENG.). 30p. (J). (gr. k-2). pap. *(978-2-89687-744-7(4))* chouetteditions.com.

I'm Afraid of the Dark. - Chi So Bong Toi. (Bilingual Book in English - Vietnamese) Tr. by Rowland Hill & Thi Khanh Huyen Tong. Illus. by Muriel Gestin. 2018. (ENG.). 30p. (J). pap. *(978-2-89687-743-0(6))* chouetteditions.com.

I'm Afraid of the Dark. - Nan Eodum-I Museowo. (Bilingual Book in English - Korean.) Tr. by Rowland Hill & Hyonhee Lee. Illus. by Muriel Gestin. 2018. (ENG.). 30p. (J). pap. *(978-2-89687-747-8(9))* chouetteditions.com.

I'm Afraid Your Teddy Is in the Principal's Office. Jancee Dunn. Illus. by Scott Nash. 2020. (ENG.). 40p. (J). (gr. -1-2). 16.99 *(978-1-5362-0198-7(7))* Candlewick Pr.

I'm Afraid Your Teddy Is in Trouble Today. Jancee Dunn. Illus. by Scott Nash. 2017. (ENG.). 40p. (J). (gr. -1-2). 15.99 *(978-0-7636-7537-0(7))* Candlewick Pr.

I'm Allergic: Sets 1 - 2. 2018. (I'm Allergic Ser.). (ENG.). (J). pap. 109.80 *(978-1-5382-3426-6(2));* (gr. 1-2). lib. bdg. 291.24 *(978-1-5382-2951-4(X),* 2bb133f2-cf08-4077-b025-212623198f7f) Stevens, Gareth Publishing LLLP.

I'm Allergic to Dust, 1 vol. Walter LaPlante. 2018. (I'm Allergic Ser.). (ENG.). 24p. (gr. 1-2). 24.27 *(978-1-5382-2903-3(X),* 435f1b1c-b355-49fc-9c07-e515962e8057) Stevens, Gareth Publishing LLLP.

I'm Allergic to Eggs, 1 vol. Walter LaPlante. 2018. (I'm Allergic Ser.). (ENG.). 24p. (gr. 1-2). 24.27 *(978-1-5382-2904-0(8),* e90ff601-6cdf-42cf-bd4a-7a999df2015c) Stevens, Gareth Publishing LLLP.

I'm Allergic to Grass, 1 vol. Walter LaPlante. 2018. (I'm Allergic Ser.). (ENG.). 24p. (gr. 1-2). 24.27 *(978-1-5382-2905-7(6),* 69dd517b-000c-44ec-b3e7-0831915630e3) Stevens, Gareth Publishing LLLP.

I'm Allergic to Shellfish, 1 vol. Walter LaPlante. 2018. (I'm Allergic Ser.). (ENG.). 24p. (gr. 1-2). 24.27 *(978-1-5382-2906-4(4),* c09a63f5-4625-4dc1-9c03-9696de4a00f1) Stevens, Gareth Publishing LLLP.

I'm Allergic to Soy, 1 vol. Walter LaPlante. 2018. (I'm Allergic Ser.). (ENG.). 24p. (gr. 1-2). 24.27 *(978-1-5382-2907-1(2),* fe1c2208-ad85-414f-a2de-5591a3488d2c) Stevens, Gareth Publishing LLLP.

I'm Allergic to Tree Nuts, 1 vol. Walter LaPlante. 2018. (I'm Allergic Ser.). (ENG.). 24p. (gr. 1-2). 24.27 *(978-1-5382-2908-8(0),* bcea5ed0-e6a9-4a06-8c41-aad42b2bd2cd) Stevens, Gareth Publishing LLLP.

I'm Amazing. Keb' Mo'. Illus. by Chris Saunders. 2022. (ENG.). 16p. (J). bds. 8.99 *(978-1-4867-2272-3(5),* cbbf2cb0-336c-408a-94b3-d3b53a2c29cf) Flowerpot Pr.

I'm an Alien & I Want to Go Home. Jo Franklin. ed. 2019. (Penworthy Picks Middle School Ser.). (ENG.). 183p. (J). (gr. 4-5). 17.96 *(978-1-64310-916-9(2))* Penworthy Co., LLC, The.

I'm an American. Darshana Khiani. Illus. by Laura Freeman. 2023. 48p. (J). (gr. -1-3). 19.99 *(978-0-593-46472-4(9),* Viking Books for Young Readers) Penguin Young Readers Group.

I'm an App Developer. Max Wainewright. 2017. (Generation Code Ser.). (Illus.). 32p. (J). (gr. 5-5). *(978-0-7787-3514-4(1))* Crabtree Publishing Co.

I'm an Artist. Brandyn Lee Tulloch. 2022. (ENG.). 105p. (YA). pap. *(978-1-6781-1717-7(X))* Lulu Pr., Inc.

I'm an Emergency Medical Technician! Mami D. Robbins. 2019. (ENG.). 46p. (J). pap. 18.80 ***(978-1-68470-191-9(0))*** Lulu Pr., Inc.

I'm an HTML Web Page Builder. Max Wainewright. 2017. (Generation Code Ser.). (Illus.). 32p. (J). (gr. 5-5). *(978-0-7787-3516-8(8))* Crabtree Publishing Co.

I'm an Immigrant Too! Mem Fox. Illus. by Ronojoy Ghosh. 2018. (ENG.). 40p. (J). (gr. -1-3). 18.99 *(978-1-5344-3602-2(2),* Beach Lane Bks.) Beach Lane Bks.

I'm an Overcomer: My Life in a Wheelchair with May May. Judy Ellen Jensen. 2023. 32p. (J). (gr. k-7). pap. 15.00 BookBaby.

I'm an Undocumented Immigrant, Now What?, 1 vol. Erin Staley. 2016. (Teen Life 411 Ser.). (ENG.). 112p. (J). (gr. 7-7). 38.80 *(978-1-5081-7193-5(9),* 6e0f878d-ab84-4f7c-bba7-586fa312bc13) Rosen Publishing Group, Inc., The.

I'm Awake! Maxwell Eaton, III. 2017. (Illus.). 32p. (J). (gr. k-3). 16.99 *(978-0-375-84575-8(5),* Knopf Bks. for Young Readers) Random Hse. Children's Bks.

I'm Beautiful Me. B. Joy Brown. 2020. (ENG.). 28p. (J). 23.95 *(978-1-6624-2464-9(7));* pap. 13.95 *(978-1-64350-959-4(4))* Page Publishing Inc.

I'm Behind You! Karen Underwood. 2022. (ENG., Illus.). 52p. (J). 27.95 ***(978-1-63710-506-1(1));*** pap. 17.95 ***(978-1-63710-504-7(5))*** Fulton Bks.

I'm Being Targeted by a Gang. Now What?, 1 vol. Martin Gitlin. 2016. (Teen Life 411 Ser.). (ENG., Illus.). 112p. (J). (gr. 7-7). 38.80 *(978-1-5081-7191-1(2),* eb7f4a0e-6835-4a65-8123-e5b3f79c83ab, Rosen Young Adult) Rosen Publishing Group, Inc., The.

I'm Bigger Than You. Lucy Barnard. Illus. by Lucy Barnard. 2018. (Story Corner Ser.). (ENG., Illus.). 24p. (J). (gr. -1-k). lib. bdg. 19.99 *(978-1-68297-316-5(6),* 81e18a26-ec51-4e39-b930-ce0c534ecb52) QEB Publishing Inc.

I'm Bigger Than You. Hei Won Gyeong. 2018. (KOR.). (J). *(978-89-7094-716-7(7))* Han-rim Corp. Pubs.

I'm Bored! Fran Fernandez. 2020. (ENG.). 60p. (J). 19.99 *(978-1-64949-008-9(9));* pap. 12.99 *(978-1-64949-007-0(0))* Elk Lake Publishing, Inc.

I'm Brave! Kate McMullan. 2018. (CHI.). (J). (gr. -1-3). *(978-986-479-562-8(7))* Commonwealth Publishing Co., Ltd.

Im Brave, Confident & Beautiful. Arina Sunset Dia. 2021. (ENG.). 116p. (J). pap. 6.49 *(978-1-008-98895-8(2))* Lulu Pr., Inc.

I'm Brave, I'm Strong, & I'm Bold, Because Jesus Christ Lives in ME! Imitators of God. Annette Johnson. 2022. (I Ser.: Vol. 2). (ENG.). 28p. (YA). pap. 20.99 *(978-1-6628-4461-4(1))* Salem Author Services.

I'm Brave! I'm Strong! I'm Five! Cari Best. Illus. by Boris Kulikov. 32p. (J). 2021. (gr. -1-3). pap. 8.99 *(978-0-8234-4997-2(1));* 2019. (-k). 18.99 *(978-0-8234-4362-8(0))* Holiday Hse., Inc. (Margaret Ferguson Books).

I'm Calm: A Book to Help Kids Overcome Anxiety & Stressful Situations. Jayneen Sanders. Illus. by Cherie Zamazing. 2020. (ENG.). 34p. (J). *(978-1-925089-81-3(9));* *(978-1-925089-84-4(3));* pap. *(978-1-925089-80-6(0));* pap. *(978-1-925089-82-0(7))* UpLoad Publishing Pty, Ltd.

Im Coming Out of This. Beverly Ann Smith-Glasper. 2019. (ENG.). 56p. (YA). pap. 12.95 *(978-1-0980-1254-0(2))* Christian Faith Publishing.

I'm Cool Where I'm At. Yve. 2020. (ENG.). 34p. (J). 19.99 *(978-1-0879-3421-1(4))* Indy Pub.

I'm Crazy for Mazes! Kids Activity Book. Bobo's Children Activity Books. 2016. (ENG., Illus.). (J). pap. 7.99 *(978-1-68327-326-4(5))* Sunshine In My Soul Publishing.

I'm Curious! Understanding Children's Intellectual Curiosity. Disney Reyes. 2018. (ENG., Illus.). 54p. (J). 19.98 *(978-0-578-42078-3(3))* Our Blueprint-A Recipe for Wellness.

I'm Different - So What? So Are You! Elizabeth Urbani. 2020. (ENG.). 36p. (J). pap. *(978-0-2288-4024-4(4))* Tellwell Talent.

I'm Done! Gretchen Brandenburg McLellan. Illus. by Catherine Lazar Odell. 2018. 40p. (J). (gr. -1-1). 17.99 *(978-0-8234-3705-4(1))* Holiday Hse., Inc.

I'm Dreaming of a Wyatt Christmas. Tiffany Schmidt. 2021. (ENG.). 336p. (YA). (gr. 7-17). 17.99 *(978-1-4197-5401-2(7),* 1727101, Amulet Bks.) Abrams, Inc.

I'm Feeling Angry. Stacey Jayne. Illus. by Eli Broadbent. 2019. (ENG.). 44p. (J). pap. *(978-0-473-49644-9(5))* Broadbent, Stacey.

I'm Feeling Blue, Too! Marjorie Maddox. Illus. by Philip Huber. 2020. (ENG.). 34p. 24.00 *(978-1-7252-5310-0(0));* pap. 18.00 *(978-1-7252-5309-4(7))* Wipf & Stock Pubs. (Resource Pubns.(OR)).

I'm Feeling Happy. Natalie Shaw. Illus. by Jason Fruchter. 2016. (Daniel Tiger's Neighborhood Ser.). (ENG.). 14p. (J). (gr. -1 — 1). bds. 6.99 *(978-1-4814-6178-8(8),* Simon Spotlight) Simon Spotlight.

I'm Feeling Macaroni & Cheese: A Colorful Book about Feelings. Tina Gallo. Illus. by Clair Rossiter. 2017. (J). *(978-1-5379-7436-1(X),* Simon Spotlight) Simon Spotlight.

I'm Feeling Mad. Natalie Shaw. Illus. by Jason Fruchter. 2016. (Daniel Tiger's Neighborhood Ser.). (ENG.). 14p. (J). (gr. -1 — 1). bds. 6.99 *(978-1-4814-6176-4(1),* Simon Spotlight) Simon Spotlight.

I'm Feeling Silly. Natalie Shaw. Illus. by Jason Fruchter. 2016. (Daniel Tiger's Neighborhood Ser.). (ENG.). 14p. (J). (gr. -1 — 1). bds. 6.99 *(978-1-4814-6815-2(4),* Simon Spotlight) Simon Spotlight.

I'm Feeling Thankful. Natalie Shaw. Illus. by Jason Fruchter. 2017. (Daniel Tiger's Neighborhood Ser.). (ENG.). 14p. (J). (gr. -1 — 1). bds. 5.99 *(978-1-4814-8009-3(X),* Simon Spotlight) Simon Spotlight.

I'm Finally Here. George Magill. 2019. (ENG., Illus.). 34p. (J). pap. 12.95 *(978-1-64531-380-9(8))* Newman Springs Publishing, Inc.

I'm Finding My Talk, 1 vol. Rebecca Thomas. Illus. by Pauline Young. 2021. (ENG.). 32p. (J). 10.95 *(978-1-77471-006-7(4),* 6e33b4ab-c623-4660-86b4-cabaa9af7081) Nimbus Publishing, Ltd. CAN. Dist: Baker & Taylor Publisher Services (BTPS).

I'm Fine - the Rest of You Need Therapy: A Sarcastic Coloring Book for Teens with Sarcasm Quotes: Daily Dose of Sarcasm: Fun Gag Gift for Teenage Boys & Girls. Scott Adamson. 2022. (ENG.). 74p. (YA). pap. ***(978-1-915510-34-1(1))*** Hope Bks., Ltd.

Im Fine (Memoirs of an Author Living with Depression Book 1) Matt Shaw. 2022. (ENG.). 164p. (YA). pap. ***(978-1-4716-2301-1(7))*** Lulu Pr., Inc.

I'm Free to Love Me Journal. Shanna Carter. 2018. (ENG., Illus.). 132p. (J). pap. 17.80 *(978-1-387-53653-5(2))* Lulu Pr., Inc.

I'm From. Gary R. Gray Jr. Illus. by Oge Mora. 2023. (ENG.). 40p. (J). (gr. -1-3). 19.99 ***(978-0-06-308996-9(3),*** Balzer & Bray) HarperCollins Pubs.

I'm from Everywhere. Bird Collier. 2019. (ENG.). 38p. (J). pap. 16.99 *(978-1-4834-9389-3(X))* Lulu Pr., Inc.

I'm from Missouri (They Had to Show Me) (Classic Reprint) George Vere Hobart. (ENG., Illus.). (J). 2018. 152p. 27.05 *(978-0-364-05015-6(2));* 2017. pap. 9.57 *(978-0-259-87794-3(8))* Forgotten Bks.

I'm from Nowhere. Suzanne Myers. 2017. 304p. (YA). (gr. 9). pap. 10.99 *(978-1-61695-706-3(9),* Soho Teen) Soho Pr., Inc.

I'm Glad I Have Siblings. Dagmar Geisler. 2020. (Safe Child, Happy Parent Ser.). (ENG.). 36p. (J). (gr. -1-1). 16.99 *(978-1-5107-4657-2(9),* Sky Pony Pr.) Skyhorse Publishing Co., Inc.

I'm Glad I'm Me: Celebrate the JOY of Being You! Cathy Phelan. Illus. by Danielle McDonald. 2022. (I'm Glad Ser.). (ENG.). 24p. (J). (gr. k-2). pap. 6.99 *(978-1-925927-34-4(2))* Wilkinson Publishing AUS. Dist: Independent Pubs. Group.

I'm Glad That You're Happy, 1 vol. Nahid Kazemi. 2018. (ENG., Illus.). 24p. (J). (gr. k-2). 17.95 *(978-1-77306-122-1(4))* Groundwood Bks. CAN. Dist: Publishers Group West (PGW).

I'm Glad You're My Dad! Celebrate the JOY Your Dad Brings You! Cathy Phelan & Danielle McDonald. 2022. (I'm Glad Ser.). (ENG.). 24p. (J). (gr. -1-k). pap. 6.99 *(978-1-925927-36-8(9))* Wilkinson Publishing AUS. Dist: Independent Pubs. Group.

I'm Glad You're My Mom: Celebrate the JOY Your Mom Gives You! Cathy Phelan. Illus. by Danielle McDonald. 2022. (I'm Glad Ser.). (ENG.). 24p. (J). (gr. -1-k). pap. 6.99 *(978-1-925927-35-1(0))* Wilkinson Publishing AUS. Dist: Independent Pubs. Group.

I'm Going to Be a ... Dancer: Big Dreams for Little People: A Career Book for Kids. IglooBooks. Illus. by Junissa Bianda. 2021. (ENG.). 24p. (J). (gr. -1-1). 9.99 *(978-1-80022-862-7(7))* Igloo Bks. GBR. Dist: Simon & Schuster, Inc.

I'm Going to Be a Big Brother. Kolor. 2017. (ENG., Illus.). (J). pap. 12.95 *(978-1-63575-559-6(X))* Christian Faith Publishing.

I'm Going to Be a BIG BROTHER! Nicolette McFadyen. Illus. by Natalie Whitehead & Keda Gomes. 2020. (ENG.). 40p. (J). pap. *(978-0-620-88820-2(2))* African Public Policy & Research Institute, The.

I'm Going to Be A... Vet Big Dreams for Little People. IglooBooks. Illus. by Junissa Bianda. 2021. (ENG.). 24p. (J). (gr. -1-1). 9.99 *(978-1-80022-864-1(3))* Igloo Bks. GBR. Dist: Simon & Schuster, Inc.

I'm Going to Be an ... Engineer: Big Dreams for Little People: A Career Book for Kids. IglooBooks. Illus. by Junissa Bianda. 2021. (ENG.). 24p. (J). (gr. -1-1). 9.99 *(978-1-80022-863-4(5))* Igloo Bks. GBR. Dist: Simon & Schuster, Inc.

I'm Going to Be an... Astronaut: Big Dreams for Little People: A Career Book for Kids. IglooBooks. Illus. by Junissa Bianda. 2021. (ENG.). 24p. (J). (gr. -1-1). 9.99 *(978-1-80022-861-0(9))* Igloo Bks. GBR. Dist: Simon & Schuster, Inc.

I'm Going to Build a Snowman. Jashar Awan. Illus. by Jashar Awan. 2023. (ENG., Illus.). 48p. (J). (gr. -1-3). 18.99 ***(978-1-6659-3817-4(X),*** Simon & Schuster Bks. For Young Readers) Simon & Schuster Bks. For Young Readers.

I'm Going to Give You a Bear Hug!, 1 vol. Caroline B. Cooney. Illus. by Tim Warnes. 2017. (ENG.). 32p. (J). bds. 7.99 *(978-0-310-76440-3(8))* Zonderkidz.

I'm Going to Give You a Bear Hug!, 1 vol. Tim Warnes. 2016. (ENG., Illus.). 32p. (J). 16.99 *(978-0-310-75473-2(9))* Zonderkidz.

I'm Going to Give You a Bear Hug! Tim Warnes & Caroline B. Cooney. 2022. (ENG., Illus.). 32p. (J). pap. 6.99 *(978-0-310-14092-4(7))* Zonderkidz.

I'm Going to Give You a Polar Bear Hug, 1 vol. Caroline B. Cooney. Illus. by Tim Warnes. 2020. (ENG.). 32p. (J). 17.99 *(978-0-310-76870-8(5))* Zonderkidz.

I'm Going to Give You a Polar Bear Hug! A Padded Board Book, 1 vol. Caroline B. Cooney. Illus. by Tim Warnes. 2021. (ENG.). 24p. (J). bds. 9.99 *(978-0-310-76874-6(8))* Zonderkidz.

I'm Going to Have a Good Day! Daily Affirmations with Scarlett. Tiania Haneline. Illus. by Stephanie Dehennin. 2023. (ENG.). 40p. (J). 18.99 *(978-0-310-77129-6(3))* Zonderkidz.

I'm Going to Kindergarten! Andrea Posner-Sanchez. Illus. by Joanie Stone. 2022. (Little Golden Book Ser.). 24p. (J). (-k). 5.99 *(978-0-593-43385-0(8),* Golden Bks.) Random Hse. Children's Bks.

I'm Going to Mass! A Lift-The-Flap Book. Angela Burrin. 2018. (ENG., Illus.). 24p. (J). 12.95 *(978-1-59325-324-0(9))* Word Among Us Pr.

I'm Going to Outer Space!, 1 vol. Timothy Young. 2017. (ENG., Illus.). 32p. (J). (gr. -1-3). 16.99 *(978-0-7643-5385-7(3),* 8936) Schiffer Publishing, Ltd.

I'm Going to the UK to See the Queen! Geography for 3rd Grade Children's Explore the World Books. Baby Professor. 2017. (ENG., Illus.). 64p. (J). pap. 9.52 *(978-1-5419-1586-2(0),* Baby Professor (Education Kids)) Speedy Publishing LLC.

I'm Gonna Push Through! Jasmyn Wright. Illus. by Shannon Wright. 2020. (ENG.). 40p. (J). (gr. -1-3). 18.99 *(978-1-5344-3965-8(X),* Atheneum Bks. for Young Readers) Simon & Schuster Children's Publishing.

I'm Good & Other Lies. Bev Katz Rosenbaum. 2022. (ENG.). 224p. (YA). (gr. 8). pap. 15.95 *(978-1-77086-632-4(9),* Dancing Cat Bks.) Cormorant Bks. Inc. CAN. Dist: Orca Bk. Pubs. USA.

I'm Grandma & I Miss You. June Cheryl Williams Edwards. 2019. (ENG.). 48p. (J). 34.99 *(978-1-63050-268-3(5));* pap. 24.99 *(978-1-5456-7985-2(1))* Salem Author Services.

I'm Grateful Every Day - One Year of Gratitude: Daily Gratitude Journal - 120 Days of Gratitude -' 5 Minutes a Day - Mandala Design. Max Dev. 2021. (ENG.). 122p. (J). pap. 10.99 *(978-1-716-21063-1(1))* Lulu Pr., Inc.

Im: Great Priest Imhotep, Vol. 10. Makoto Morishita. 2021. (Im: Great Priest Imhotep Ser.: 10). (ENG., Illus.). 192p. (YA). (gr. 8-17). pap., pap. 15.00 *(978-1-9753-1151-3(5),* Yen Pr.) Yen Pr. LLC.

I'm Growing Up: Inch by Inch Foot by Foot,: a Wall-Hanging Guided Journal to Chart & Record Your Kids' Growth! Mill press Cider. 2021. (ENG., Illus.). 24p. (J). 14.95 *(978-1-64643-054-3(9),* Applesauce Pr.) Cider Mill Pr. Bk. Pubs., LLC.

I'm Happy-Sad Today: Making Sense of Mixed-Together Feelings. Lory Britain. Illus. by Matthew Rivera. 2019. (ENG.). 40p. (J). (gr. -1-2). 16.99 *(978-1-63198-305-4(9),* 83054) Free Spirit Publishing Inc.

I'm Hiding from My Mummy. Francesca Sheehan. 2022. (ENG.). 46p. (J). pap. *(978-1-83875-338-2(9))* Vanguard Pr.

I'm Hungry! Elise Gravel. 2023. (Funny Little Books by Elise Gravel Ser.: 4). Orig. Title: J'ai Faim!. (ENG., Illus.). 30p. (J). (— 1). bds. 10.95 ***(978-1-4598-3892-5(0))*** Orca Bk. Pubs. USA.

I'M Hungry! / ¡Tengo Hambre! Angela Dominguez. Illus. by Angela Dominguez. ed. 2022. (ENG., Illus.). 32p. (J). 18.99 *(978-1-250-77996-0(0),* 900235894, Holt, Henry & Co. Bks. For Young Readers) Holt, Henry & Co.

I'm Hungry, but No Bugs Please! Karla Upadhyay. 2019. (ENG.). 34p. (J). pap. 12.75 *(978-1-64570-832-2(2))* Primedia eLaunch LLC.

I'm Immune! How Your Immune System Keeps You Safe - Health Books for Kids - Children's Disease Books. Prodigy Wizard. 2016. (ENG., Illus.). (J). pap. 9.25 *(978-1-68323-988-8(1))* Twin Flame Productions.

I'm in Charge! Jeanne Willis. Illus. by Jarvis. 2018. (ENG.). 32p. (J). (-k). 16.99 *(978-1-5362-0259-5(2))* Candlewick Pr.

I'm in Charge! & Other Stories. Henry Vogel. 2017. (ENG., Illus.). (J). pap. 9.99 *(978-0-692-90618-7(5))* VL Publishing.

I'm in Heaven. Jean Tarsy. 2022. (ENG.). 26p. (J). pap. 14.95 ***(978-1-61493-830-9(X))*** Peppertree Pr., The.

I'm Jackson Day & I'm Here to Stay: The True Story of a Medically Challenged Horse Who Found Fun, Friends & Fame. Jacquelyn Day & Jan Janette. 2018. (ENG., Illus.). 40p. (J). (gr. 1-6). pap. 19.95 *(978-0-692-18941-2(6))* Somersposint Pr.

I'm Joking: 500+ Original Jokes for Kids. Tom E. Moffatt. Illus. by Paul Beavis. 2020. (ENG.). 236p. (J). (gr. 3-6). pap. *(978-0-9951210-2-7(8))* Write Laugh.

I'm Joking, Genius! 500+ Big-Brain Jokes for Clever Folks. Tom E. Moffatt & Paul Beavis. 2023. (I'm Joking Ser.: Vol. 3). (ENG.). 234p. (YA). pap. ***(978-1-9911617-7-2(8))*** Write Laugh.

I'M Just a Crab! Charles Reasoner. 2018. (Googley Eye Bks.). (ENG., Illus.). 12p. (J). (gr. -1-k). bds. 8.99 *(978-1-84666-157-0(9))* Top That! Publishing PLC GBR. Dist: Independent Pubs. Group.

I'm Just a Girl. D. S. England. 2021. (ENG.). 244p. (YA). pap. 18.95 *(978-1-6624-2876-0(6))* Page Publishing Inc.

I'm Just a Little Bunny. Sarah Lucy & Barry Green. 2020. (Googley-Eyed Board Bks.). (ENG.). 12p. (J). (-k). bds. 7.99 *(978-1-78958-400-4(0))* Top That! Publishing PLC GBR. Dist: Independent Pubs. Group.

I'm Just a Little Cow. Kate Thompson. Illus. by Barry Green. 2017. (Googley-Eye Bks.). (ENG.). 12p. (J). (gr. -1-k). bds. 8.99 *(978-1-78445-870-6(8))* Top That! Publishing PLC GBR. Dist: Independent Pubs. Group.

I'm Just a Little Ghost. Joshua George. Illus. by Barry Green. 2017. (Googley-Eye Bks.). (ENG.). 12p. (J). (gr. -1-k). bds. 7.99 *(978-1-78700-077-3(X))* Top That! Publishing PLC GBR. Dist: Independent Pubs. Group.

I'm Just a Little Kitten. Kate Thompson. Illus. by Barry Green. 2016. (Googley-Eye Bks.). (ENG.). 12p. (J). (gr. -1-k). bds. 8.99 *(978-1-78445-861-4(9))* Top That! Publishing PLC GBR. Dist: Independent Pubs. Group.

I'm Just a Little Penguin. Oakley Graham. Illus. by Barry Green. 2019. (Googley-Eyed Board Bks.). (ENG.). 12p. (J). (gr. -1-k). bds. 8.99 *(978-1-78700-879-3(7))* Top That! Publishing PLC GBR. Dist: Independent Pubs. Group.

I'm Just a Little Pig. Kate Thompson. Illus. by Barry Green. 2017. (Googley-Eye Bks.). (ENG.). 12p. (J). (gr. -1-k). bds. 8.99 *(978-1-78445-871-3(6))* Top That! Publishing PLC GBR. Dist: Independent Pubs. Group.

I'm Just a Little Puppy. Kate Thompson. Illus. by Barry Green. 2016. (Googley-Eye Bks.). (ENG.). 12p. (J). (gr. -1-k). bds. 7.99 *(978-1-78445-862-1(7))* Top That! Publishing PLC GBR. Dist: Independent Pubs. Group.

I'm Just a Little Reindeer. Joshua George. Illus. by Barry Green. 2020. (Googley-Eyed Board Bks.). (ENG.). 12p. (J). (gr. -1-k). bds. 7.99 *(978-1-78700-344-6(2))* Top That! Publishing PLC GBR. Dist: Independent Pubs. Group.

I'm Just a Little Sheep. Kate Thompson. Illus. by Barry Green. 2017. (Googley-Eye Bks.). (ENG.). 12p. (J). (gr. -1-k). bds. 8.99 *(978-1-78445-869-0(4))* Top That! Publishing PLC GBR. Dist: Independent Pubs. Group.

I'm Just a Little Snowman. Joshua George. Illus. by Barry Green. 2017. (Googley-Eye Bks.). (ENG.). 12p. (J). (gr. -1-k). bds. 7.99 *(978-1-78700-079-7(6))* Top That! Publishing PLC GBR. Dist: Independent Pubs. Group.

I'm Just a Little Someone. Sharen S. Peters. Illus. by Amanda Alter. 2017. (Friends for Life Ser.: Vol. 1). (ENG.). (J). 14.95 *(978-0-9971221-0-7(2))* Lifelong Friends Pub.

I'm Just Kidding. Tina Lakey. 2019. (ENG.). 22p. (J). 23.95 *(978-1-0980-0601-3(1));* pap. 13.95 *(978-1-0980-0599-3(6))* Christian Faith Publishing.

I'm Just Little. Jennifer Sharp. Illus. by Naomi Greaves. 2018. (ENG.). 26p. (J). (gr. k-4). *(978-0-6482202-3-7(0));* pap. *(978-0-6482202-4-4(9))* Daisy Lane Publishing.

I'm Just No Good at Rhyming: And Other Nonsense for Mischievous Kids & Immature Grown-Ups. Chris Harris. Illus. by Lane Smith. ed. 2020. (Mischievous Nonsense Ser.: 1). (ENG.). 192p. (J). (gr. 1-17). 19.99 *(978-0-316-42710-4(1))* Little, Brown Bks. for Young Readers.

I'm Learning Everywhere. Katlynne Mirabal. Illus. by Timerie Blair. 2020. (ENG.). 30p. (J). 15.99 *(978-1-7351382-5-1(8));* pap. 10.99 *(978-1-7351382-4-4(X))* Miss Teacher Mom Publishing.

I'm Learning How to Draw! Drawing Activity Book. Activibooks For Kids. 2016. (ENG., Illus.). (J). pap. 6.99 *(978-1-68321-359-8(9))* Mimaxion.

I'm Learning My Colors! Board Book. Created by Inc. Peter Pauper Press. 2020. (ENG., Illus.). 20p. (J). bds. 5.99 *(978-1-4413-3307-0(X),*

I

78393322-b101-4543-9dd2-a791a0adc8b5) Peter Pauper Pr. Inc.

I'm Learning My First 101 Animals! Board Book. Created by Inc. Peter Pauper Press. 2020. (ENG., Illus.). 24p. (J). bds. 5.99 *(978-1-4413-3310-0(X),* 0cd34c75-9692-4b81-9db7-28deab6971e1) Peter Pauper Pr. Inc.

I'm Learning My First 101 Words! Board Book. Created by Inc. Peter Pauper Press. 2020. (ENG., Illus.). 24p. (J). bds. 5.99 *(978-1-4413-3309-4(6),* 77aa8eab-f66d-4e3d-a8ae-0da969197dde) Peter Pauper Pr. Inc.

I'm Learning My First... (4-Book Set) Created by Inc. Peter Pauper Press. 2020. (ENG., Illus.). 88p. (J). bds. 24.99 *(978-1-4413-3327-8(4),* 880c4740-de14-4e31-b1b4-9b77fcb78e5e) Peter Pauper Pr. Inc.

I'm Learning My Numbers! Board Book. Created by Inc. Peter Pauper Press. 2020. (ENG., Illus.). 20p. (J). bds. 5.99 *(978-1-4413-3308-7(8),* 8ea4d5e9-fd7f-456f-977a-af8cf54e689e) Peter Pauper Pr. Inc.

I'm Like You, You're Like Me / Yo Soy Como Tu, Tu Eres Como Yo: A Book about Understanding & Appreciating Each Other/un Libro para Entendernos y Apreciarnos. Cindy Gainer. Illus. by Miki Sakamoto. 2016. (ENG.). 48p. (J). (gr. -1-2). pap. 11.99 *(978-1-63198-123-4(4))* Free Spirit Publishing Inc.

I'm Lost in the Lines! Kids Maze Activity Book. Bobo's Children Activity Books. 2016. (ENG., Illus.). (J). pap. 9.33 *(978-1-68327-327-1(3))* Sunshine In My Soul Publishing.

"I'm Mixed!" Maggy Williams. Illus. by Elizabeth Agresta. 2018. 38p. (J). pap. *(978-1-61599-359-8(2))* Loving Healing Pr., Inc.

I'm Mobius. Johnny Williams. Illus. by Blueberry Illustrations. 2019. (ENG.). 36p. (J). (gr. k-6). 17.99 *(978-0-578-59748-5(9))* Windbellows.

I'm Moving to Mars! Capstone Classroom & Tony Stead. 2017. (What's the Point? Reading & Writing Expository Text Ser.). (ENG., Illus.). 32p. (J). (gr. 5-5). pap. 7.95 *(978-1-4966-0734-8(1),* 132369, Capstone Classroom) Capstone.

I'm My Own Hero. Simmeon Anderson. 2019. (ENG., Illus.). 28p. (J). pap. 10.99 *(978-0-578-40081-5(2))* Above Any Odds Enterainment.

I'm My Own Mom. Celia Tice. 2017. (ENG., Illus.). (J). 19.99 *(978-0-692-95216-0(0))* Public8tion Nation.

I'm No Hero. Lauren K. Hansen. 2016. (ENG., Illus.). 136p. (J). pap. *(978-1-365-54637-2(3))* Lulu Pr., Inc.

I'm No Longer Afraid: Leo Learns Jiu Jitsu. Erich Allen. 2020. (ENG.). 26p. (J). 23.95 *(978-1-64334-955-8(4))*; pap. 13.95 *(978-1-64584-313-9(0))* Page Publishing Inc.

I'm Not a Girl: A Transgender Story. Maddox Lyons & Jessica Verdi. Illus. by Dana Simpson. 2020. (ENG.). 40p. (J). 18.99 *(978-0-374-31068-4(8),* 900193892) Roaring Brook Pr.

I'm NOT a Mouse! Evgenia Golubeva. Illus. by Evgenia Golubeva. 2020. (Child's Play Library). (Illus.). 32p. (J). *(978-1-78628-464-8(2))*; pap. ***(978-1-78628-463-1(4))*** Child's Play International Ltd.

I'm Not a Princess. Donna Boone & Amy-Lynn Dorsch. 2022. (ENG.). 56p. (J). pap. *(978-1-77354-120-4(X))* PageMaster Publication Services, Inc.

I'm Not a Scaredy-Cat: A Prayer for When You Wish You Were Brave, 1 vol. Max Lucado. Illus. by Shirley Ng-Benitez. 2017. (ENG.). 32p. (J). 17.99 *(978-0-7180-7491-3(2),* Tommy Nelson) Nelson, Thomas Inc.

I'm Not Afraid. Raya. 2021. (ENG.). 20p. (J). 22.95 *(978-1-63692-879-1(X))*; pap. 14.95 *(978-1-64801-305-8(8))* Newman Springs Publishing, Inc.

I'm Not Afraid of Making Mistakes... Anymore. Alison Louise Collier. Ed. by Marcy Pusey. Illus. by 1000 Covers. 2021. (ENG.). 30p. (J). pap. *(978-0-6488133-5-4(5))* Miss C.

I'm Not Afraid of the Dark... Anymore. Denise Conroy. 2022. (ENG., Illus.). 34p. (J). pap. 15.95 *(978-1-63630-597-4(0))* Covenant Bks.

I'm Not Afraid Seek & Find Games: Halloween Activity Book. Jupiter Kids. 2016. (ENG., Illus.). 76p. (J). pap. 13.75 *(978-1-68305-403-0(2),* Jupiter Kids (Childrens & Kids Fiction)) Speedy Publishing LLC.

I'm Not an Alligator. Sherry Hasson. 2021. (ENG., Illus.). 34p. (J). 19.95 *(978-1-6624-3438-9(3))*; pap. 10.95 *(978-1-64424-313-8(X))* Page Publishing Inc.

I'm Not As Fast As a Cheetah. Jeff M. Rout. Illus. by Arlene Ouellette. 2020. (ENG.). 30p. (J). (gr. k-2). pap. *(978-0-9867593-9-0(2))* Canadian Made Publishing.

I'm Not Coming Out! Annie Penland. 2019. (ENG.). 34p. (J). pap. 12.95 *(978-1-0980-0484-2(1))* Christian Faith Publishing.

I'm Not Cute! Jonathan Allen. 2020. (Baby Owl Ser.). (ENG.). 24p. (J). (— 1). bds. 7.95 *(978-1-912757-25-1(7))* Boxer Bks., Ltd. GBR. Dist: Sterling Publishing Co., Inc.

I'm Not Cute, I'm Dangerous. Bruna De Luca. Illus. by Benedetta Capriotti. 2021. (ENG.). 32p. (J). (gr. -1-3). 17.99 *(978-1-84886-706-2(9),* 005ba1fc-6df9-4f87-aac0-352af174ec76) Maverick Arts Publishing GBR. Dist: Lerner Publishing Group.

I'm Not Difficult. Sunshine Wallace. l.t. ed. 2023. (ENG.). 56p. (J). pap. 15.99 ***(978-1-0881-3856-4(X))*** Indy Pub.

I'm Not Dramatic. Sunshine Wallace & Karrie Wallace. l.t. ed. 2023. (ENG.). 70p. (J). pap. 17.99 ***(978-1-0881-5297-3(X))*** Indy Pub.

I'm Not Dying with You Tonight. Kimberly Jones & Gilly Segal. 2021. (ENG., Illus.). 288p. (YA). pap. 10.99 *(978-1-7282-4023-7(9))* Sourcebooks, Inc.

I'm Not Grumpy! Steve Smallman. 2019. (ENG.). 25p. (J). (gr. k-1). 21.49 *(978-1-64310-953-4(7))* Penworthy Co., LLC, The.

I'm Not Here to Make Friends. Andrew Yang. 2023. (ENG.). 352p. (YA). (gr. 8). 19.99 ***(978-0-06-322327-1(9)***, Quill Tree Bks.) HarperCollins Pubs.

I'm Not in the Mooood. Joy Kuhl. Illus. by Jeremy Wells. 2020. (ENG.). 24p. (J). pap. *(978-1-5255-8412-1(X))* FriesenPress.

I'm Not Just A... (a Little Book about BIG Trucks) Cathy Samaniego Martin. Illus. by Jordan Martin. 2021. (ENG.). 26p. (J). pap. 12.99 *(978-0-578-88340-3(6))* Southampton Publishing.

I'm Not Kissing the Frogs. Gwarmekia LaFaye Sturdivant. 2020. (ENG.). 214p. (J). pap. 39.23 *(978-1-7337133-2-0(8))* G.L. Sturdivant Pubs.

I'm NOT Like Other Books. Meaghan Axel. Illus. by Zoe Mellors. 2021. (ENG.). 32p. (J). 17.99 *(978-1-7357836-3-5(3))*; pap. 11.99 *(978-1-7357836-2-8(5))* Joyful Breath Pr.

I'm Not Little! Alison Inches. Illus. by Glenn Thomas. 2017. (ENG.). 32p. (J). (gr. -1-3). 16.99 *(978-1-4998-0377-8(X))* Little Bee Books Inc.

I'm Not Millie! Mark Pett. 2019. (ENG., Illus.). 40p. (J). (gr. -1-3). 17.99 *(978-1-101-93793-8(9),* Knopf Bks. for Young Readers) Random Hse. Children's Bks.

I'm Not Missing. Kashelle Gourley. Illus. by Skylar Hogan. 2022. (ENG.). 40p. (J). (gr. -1-3). 17.99 *(978-1-4998-1264-0(7))* Little Bee Books Inc.

I'm Not Missing: A Novel. Carrie Fountain. 2019. (ENG.). 336p. (YA). pap. 18.99 *(978-1-250-13253-6(3),* 900177042) Flatiron Bks.

I'm Not Ready to Go to Bed! Rozzi Osterman. Illus. by Vickie Anderson. 2021. 32p. (J). 23.00 *(978-1-0983-6510-3(0))* BookBaby.

I'm Not Scared: A Big Hedgehog & Little Hedgehog Adventure. Britta Teckentrup. 2023. (ENG., Illus.). 32p. (J). (gr. -1-2). 14.95 *(978-3-7913-7541-0(5))* Prestel Verlag GmbH & Co KG. DEU. Dist: Penguin Random Hse. LLC.

I'm Not Scared Book. todd Parr. Illus. by todd Parr. 2019. (Todd Parr Picture Bks.). (ENG., Illus.). 32p. (J). (gr. -1-2). 31.36 *(978-1-5321-4373-1(7),* 31823, Picture Bk.) Spotlight.

I'm Not Scared Book. todd Parr. ed. 2017. (J). lib. bdg. 18.40 *(978-0-606-40224-8(1))* Turtleback.

I'm Not Scared! Peek & Pop. Octavia Dragon. Illus. by Pamela Barbieri. 2020. (ENG.). 20p. (J). bds. 9.99 *(978-1-5037-5465-2(0),* 3656, PI Kids) Phoenix International Publications, Inc.

I'm Not Scared to Get a Shot. Maryann Buetti-Sgouros. 2021. (ENG., Illus.). 34p. (J). 24.00 *(978-1-64913-468-4(1))* Dorrance Publishing Co., Inc.

I'm Not Scared, You're Scared. Seth Meyers. Illus. by Rob Sayegh & Rob Sayegh, Jr. 2022. (ENG.). 40p. (J). (gr. -1-2). 18.99 *(978-0-593-35237-3(8))* Flamingo Bks.

I'm Not Sleepy. Trish Holland. Illus. by Anne Kennedy. 2017. 24p. (J). *(978-1-5182-2279-5(X),* Golden Bks.) Random Hse. Children's Bks.

I'm Not Small. Nina Crews. Illus. by Nina Crews. 2022. (ENG., Illus.). 32p. (J). (gr. -1-3). 17.99 *(978-0-06-305826-2(X),* Greenwillow Bks.) HarperCollins Pubs.

I'm Not Supposed to Be in the Dark. Riss M. Neilson. 2023. (ENG.). 400p. (YA). 20.99 *(978-1-250-78853-5(6),* 900237810, Holt, Henry & Co. Bks. For Young Readers) Holt, Henry & Co.

I'm Not Sydney! Marie Louise Gay. 2022. (Illus.). 40p. (J). (gr. -1-1). 19.99 *(978-1-77306-597-7(1))* Groundwood Bks. CAN. Dist: Publishers Group West (PGW).

I'm Not Upside down, I'm Downside Up: Not a Boring Book about PDA. Danielle Jata-Hall & Harry Thompson. Illus. by Mollie Sherwin. ed. 2022. 64p. (J). 14.95 *(978-1-83997-117-4(7),* 832483) Kingsley, Jessica Pubs. GBR. Dist: Hachette UK Distribution.

I'm Not (Very) Afraid of the Dark (was Big Book of the Dark) Anna Milbourne. 2019. (ENG.). 32ppp. (J). 16.99 *(978-0-7945-4392-1(8),* Usborne) EDC Publishing.

I'm Not Very Good at It. Darrel Gregory. Illus. by Ari Miller. 2020. (ENG.). 32p. (J). *(978-1-5255-7645-4(3))*; pap. *(978-1-5255-7646-1(1))* FriesenPress.

I'm Not Weird, I'm Wonderful. Beth Roper Stewart. Illus. by Candler Reynolds. 2020. (ENG.). 28p. (J). 23.95 *(978-1-64670-544-3(0))*; pap. 13.95 *(978-1-64670-480-4(0))* Covenant Bks.

I'm Not Who You Think I Am. Felicitas Ivey. 2019. (ENG., Illus.). 200p. (YA). pap. 14.99 *(978-1-64080-603-0(2))* Dreamspinner Pr.

I'm Not Your Manic Pixie Dream Girl. Gretchen McNeil. 2016. (ENG.). 352p. (YA). (gr. 8). 17.99 *(978-0-06-240911-9(5),* Balzer & Bray) HarperCollins Pubs.

I'm Not Your Sweet Babboo! Charles M. Schulz. 2018. (Peanuts Kids Ser.: Vol. 10). (ENG., Illus.). 178p. (J). (gr. 3-6). 34.99 *(978-1-4494-9505-3(2))* Andrews McMeel Publishing.

I'm Not Your Sweet Babboo! A PEANUTS Collection. Charles M. Schulz. 2018. (Peanuts Kids Ser.: 10). (ENG., Illus.). 176p. (J). pap. 9.99 *(978-1-4494-8540-5(5))* Andrews McMeel Publishing.

I'm Ogre It. Jeffrey Ebbeler. 2022. (I Like to Read Comics Ser.). (Illus.). 40p. (J). (gr. -1-3). 14.99 *(978-0-8234-5018-3(X))* Holiday Hse., Inc.

I'm Ok. Tomika Carter. 2021. (ENG.). 32p. (J). pap. 9.99 ***(978-1-7365558-1-1(2))*** Robert R. Gray.

I'm Ok. Patti Kim. 2018. (ENG., Illus.). 288p. (J). (gr. 5). 16.99 *(978-1-5344-1929-2(2),* Atheneum Bks. for Young Readers) Simon & Schuster Children's Publishing.

I'm on a Sled! Fun down-The-Hill Mazes for Kids. Jupiter Kids. 2017. (ENG., Illus.). (J). pap. 9.20 *(978-1-5419-3346-0(X),* Jupiter Kids (Childrens & Kids Fiction)) Speedy Publishing LLC.

I'm on Cloud Nine! (and Other Weird Things We Say) Contrib. by Cynthia Amoroso. 2023. (Understanding Idioms Ser.). (ENG.). 24p. (J). (gr. 2-5). lib. bdg. 32.79 *(978-1-5038-6566-2(5),* 216437, Wonder Books(r)) Child's World, Inc, The.

I'm on It!-Elephant & Piggie Like Reading! Andrea Tsurumi. 2021. (Elephant & Piggie Like Reading! Ser.). 12p. (J). (gr. 1-3). 10.99 ***(978-1-368-06696-9(8)***, Hyperion Books for Children) Disney Publishing Worldwide.

I'm on the Airplane - I Toka N Te Waanikiba (Te Kiribati) Kaotiata Katuia. Illus. by Giward Musa. 2023. (ENG.). 30p. (J). pap. ***(978-1-922876-67-6(4))*** Library For All Limited.

I'm Part of My Community: Celebrate! Community. Sophia Day & Megan Johnson. Illus. by Stephanie Strouse. 2021. (Celebrate! Ser.: 29). (ENG.). 32p. (J). pap. 5.99 *(978-1-64516-983-3(9),* e6014d7f-1771-4b49-868e-fb31fece695f) MVP Kids Media.

I'm Polite but I Know My Traffic Light: A Child's Guide for Listening to Their Intuition. Jennifer Becker. Illus. by Pandu Permana. 2022. (ENG.). 32p. (J). pap. *(978-0-2288-7701-1(6))* Tellwell Talent.

I'm Pretty Sure You're Gonna Miss Me Ronin Mckinsey. M. J. Padgett. 2020. (ENG.). 208p. (J). pap. 12.99 *(978-1-393-35254-9(5))* Draft2Digital.

I'm Pretty Sure You're Gonna Regret That Darcy Pistolis. Mj Padgett. 2020. (ENG.). 202p. (YA). pap. 12.99 *(978-1-393-37826-6(9))* Draft2Digital.

I'm Quiet Because I Write Do Not Disturb Me Diary Journal for Kids. Planners & Notebooks Inspira Journals. 2019. (ENG.). 200p. (J). pap. 12.55 *(978-1-64521-300-0(5),* Inspira) Editorial Imagen.

I'm Reading about Civil Rights. Carole Marsh. 2016. (I'm Reading About Ser.). (ENG., Illus.). (J). lib. bdg. 24.99 *(978-0-635-12223-0(5))*; pap. 7.99 *(978-0-635-12224-7(3))* Gallopade International.

I'm Reading about Donald Trump: America's 45th President. Carole Marsh. 2017. (I'm Reading About Ser.). (ENG., Illus.). (J). pap. 7.99 *(978-0-635-12564-4(1))*; lib. bdg. 24.99 *(978-0-635-12565-1(X))* Gallopade International.

I'm Reading about Jamestown. Carole Marsh. 2016. (I'm Reading About Ser.). (ENG., Illus.). (J). lib. bdg. 24.99 *(978-0-635-12187-5(5))*; pap. 7.99 *(978-0-635-12188-2(3))* Gallopade International.

I'm Reading about Mount Rushmore. Carole Marsh. 2016. (I'm Reading about Mount Rushmore Ser.). (ENG., Illus.). (J). lib. bdg. 24.99 *(978-0-635-12215-5(4))* Gallopade International.

I'm Reading about the Grand Canyon. Carole Marsh. 2016. (I'm Reading about Mount Rushmore Ser.). (ENG., Illus.). (J). lib. bdg. 24.99 *(978-0-635-12179-0(4))* Gallopade International.

I'm Reading about the Iditarod. Carole Marsh. 2016. (I'm Reading About Ser.). (ENG., Illus.). (J). pap. 7.99 *(978-0-635-12204-9(9))* Gallopade International.

I'm Reading about the Pilgrims. Carole Marsh. 2016. (I'm Reading About Ser.). (ENG., Illus.). (J). lib. bdg. 24.99 *(978-0-635-12191-2(3))*; pap. 7.99 *(978-0-635-12192-9(1))* Gallopade International.

I'm Reading about the Statue of Liberty. Carole Marsh. 2016. (I'm Reading About Ser.). (ENG., Illus.). (J). lib. bdg. 24.99 *(978-0-635-12207-0(3))*; pap. 7.99 *(978-0-635-12208-7(1))* Gallopade International.

I'm Reading about the U. S. Constitution. Carole Marsh. 2016. (I'm Reading About Ser.). (ENG., Illus.). (J). lib. bdg. 24.99 *(978-0-635-12219-3(7))*; pap. 7.99 *(978-0-635-12220-9(0))* Gallopade International.

I'm Reading about Yellowstone. Carole Marsh. 2016. (I'm Reading about Mount Rushmore Ser.). (ENG., Illus.). (J). pap. 7.99 *(978-0-635-12184-4(0))* Gallopade International.

I'm Ready ... for Science! Ladybird Ladybird. 2016. (Illus.). 48p. (J). (gr. k-2). 11.99 *(978-0-241-23835-6(8))* Penguin Bks., Ltd. GBR. Dist: Independent Pubs. Group.

I'm Ready for Christmas. Australia Melbourne & Jedda Robaard. Illus. by Jedda Robaard. 2020. (Illus.). 14p. (J). (gr. -1-k). bds. 11.99 *(978-1-76089-161-9(4),* Picture Puffin) Penguin Random Hse. AUS. Dist: Independent Pubs. Group.

I'm Ready for Easter. Jedda Robaard. Illus. by Jedda Robaard. 2020. (Illus.). 14p. (J). (gr. -1-k). bds. 12.99 *(978-1-76089-159-6(2),* Puffin) Penguin Random Hse. AUS. Dist: Independent Pubs. Group.

I'm Ready for the New Baby. Jedda Robaard. Illus. by Jedda Robaard. 2020. (Illus.). 14p. (J). (gr. -1-k). bds. 12.99 *(978-1-76089-162-6(2),* Puffin) Penguin Random Hse. AUS. Dist: Independent Pubs. Group.

I'm Really Sorry. Michelle Wanasundera. Illus. by John Maynard Balinggao. 2023. (ENG.). 38p. (J). pap. ***(978-1-922991-33-1(3))*** Library For All Limited.

I'm Really Sorry. Michelle Wanasundera. Illus. by Viktoria Khmelnickaya. 2022. (ENG.). 38p. (J). pap. ***(978-1-922895-13-4(X))*** Library For All Limited.

I'm Really Sorry! - Samahani Sana! Michelle Wanasundera. Illus. by John Maynard Balinggao. 2023. (SWA.). 38p. (J). pap. ***(978-1-922932-91-4(4))*** Library For All Limited.

I'm Reggie Rockit. Carl Wheatley & Simon Harthill. l.t. ed. 2022. (ENG.). 30p. (J). pap. *(978-1-80094-320-9(2))* Terence, Michael Publishing.

Im Reich des Goldenen Adlers. Daniela Mattes. 2019. (GER.). 90p. (J). pap. *(978-3-7407-6212-4(8))* VICOO International Pr.

I'm Running Away! Lisa Beere. 2017. (ENG., Illus.). (J). (gr. k-4). pap. 8.99 *(978-1-68160-448-0(5))* Crimson Cloak Publishing.

I'm Sad. Michael Ian Black. Illus. by Debbie Ridpath Ohi. 2018. (I'm Bks.). (ENG.). 40p. (J). (gr. -1-3). 17.99 *(978-1-4814-7627-0(0),* Simon & Schuster Bks. For Young Readers) Simon & Schuster Bks. For Young Readers.

I'm Santa Claus. Joshua George. Illus. by Barry Green. 2017. (Googley-Eye Bks.). (ENG.). 12p. (J). (gr. -1-k). bds. 7.99 *(978-1-78700-078-0(8))* Top That! Publishing PLC GBR. Dist: Independent Pubs. Group.

I'm Saved, Now What? 8 Ways to Live As a Saved Kid. Darrick Dunham. Illus. by Palwasha Sajid. 2021. (ENG.). 29p. (J). ***(978-1-387-47257-4(7))*** Lulu Pr., Inc.

I'm Seriously Joking: 500+ Seriously Funny Jokes for Kids. Tom E. Moffatt. Illus. by Paul Beavis. 2021. (ENG.). 236p. (J). pap. *(978-0-9951210-8-9(7))* Write Laugh.

I'm Smart! Kate McMullan. Illus. by Jim McMullan. 2017. (ENG.). 40p. (J). (gr. -1-3). 17.99 *(978-0-06-244923-8(0),* Balzer & Bray) HarperCollins Pubs.

I'm So Embarrassed! Robert Munsch. Illus. by Michael Martchenko. 2019. (ENG.). 32p. (J). pap. 7.99 *(978-0-439-95239-2(5))* Scholastic Canada, Ltd. CAN. Dist: Publishers Group West (PGW).

I'm So Extra. Lindsey Cortese. 2022. (ENG.). 30p. (J). pap. 12.95 ***(978-1-68517-248-0(2))*** Christian Faith Publishing.

I'm So Glad It's Spring! Tammy Hendrickx. 2020. (ENG.). 36p. (J). *(978-1-5255-8341-4(7))*; pap. *(978-1-5255-8340-7(9))* FriesenPress.

I'm So Glad There's Someone. Ruth Bures. Illus. by Amy Kleinhans. 2023. (ENG.). 30p. (J). 18.99 ***(978-1-64538-528-8(0))***; pap. 14.99 ***(978-1-64538-527-1(2))*** Orange Hat Publishing.

I'm So Glad You Were Born: Celebrating Who You Are. Ainsley Earhardt. Illus. by Kim Barnes. 2022. (ENG.). 32p. (J). 18.99 *(978-0-310-77702-1(X))* Zonderkidz.

I'm So Special. Melveena Roberts. 2020. (ENG.). 22p. (J). pap. *(978-1-77354-243-0(5))* PageMaster Publication Services, Inc.

I'm So Sure: A Charmed Life Mystery. Jenny B. Jones. 2nd ed. 2019. (Charmed Life Mystery Ser.: Vol. 2). (ENG.). 280p. (YA). (gr. 7-12). pap. 13.99 *(978-0-9981098-4-8(3))* Sweet Pea Productions.

I'm So Ugly (and Other Poems) Jonkers. 2018. (ENG., Illus.). 68p. (J). pap. *(978-1-78623-239-7(1))* Grosvenor Hse. Publishing Ltd.

I'm Sorry. Janet Riehecky. 2022. (Manners Matter Ser.). (ENG.). 24p. (J). (gr. -1-2). lib. bdg. 32.79 *(978-1-5038-5577-9(5),* 215471) Child's World, Inc, The.

I'm Sorry! Barry Timms. Illus. by Sean Julian. 2020. (ENG.). 32p. (J). (gr. -1-2). 17.99 *(978-1-68010-190-4(0))* Tiger Tales.

I'm Sorry. Barry Timms. Illus. by Sean Julian. 2023. (ENG.). 32p. (J). (gr. -1-2). pap. 8.99 *(978-1-6643-4048-0(3))* Tiger Tales.

I'm Sorry! Barry Timms. ed. 2020. (ENG., Illus.). 25p. (J). (gr. k-1). 19.96 *(978-0-87617-721-1(6))* Penworthy Co., LLC, The.

I'm Sorry Story. Melody McAllister. Illus. by Rheanna R. Longoria. 2020. (ENG.). 48p. (J). 26.99 *(978-1-970133-62-2(7))*; pap. 17.99 *(978-1-970133-49-3(X))* EduMatch.

I'm Special. Karla Andricks. 2017. (ENG., Illus.). (J). (gr. -1-3). 12.95 *(978-1-63575-561-9(1))* Christian Faith Publishing.

I'm Spying Christmas Activity Book for Kids. Cristie Dozaz. 2020. (ENG.). 54p. (J). pap. 13.00 *(978-1-716-35653-7(9))* Lulu Pr., Inc.

I'm Spying Valentine Activity Book for Kids. Cristie Publishing. 2021. (ENG.). 58p. (J). pap. 9.50 *(978-1-716-23647-1(9))* Lulu Pr., Inc.

I'm Squirrely! Brenda Lochinger. 2016. (Nut Family Ser.: Vol. 1). (ENG., Illus.). (J). (gr. 3-7). 19.99 *(978-1-945355-49-3(2))* Rocket Science Productions, LLC.

I'm Sticking with You. Smriti Prasadam-Halls. Illus. by Steve Small. (ENG.). (J). 2023. 28p. bds. 8.99 ***(978-1-250-89980-4(X)***, 900289860); 2020. 40p. 18.99 *(978-1-250-61923-5(8),* 900223003) Holt, Henry & Co. (Holt, Henry & Co. Bks. For Young Readers).

I'm Sticking with You - & the Chicken Too! Smriti Prasadam-Halls. Illus. by Steve Small. 2023. (ENG.). 40p. (J). 18.99 *(978-1-250-84965-6(9),* 900257911, Holt, Henry & Co. Bks. For Young Readers) Holt, Henry & Co.

I'm Still Up! Antoinette Portis. 2022. (ENG., Illus.). 22p. (J). (— 1). bds. 7.99 *(978-0-358-18135-4(6),* 1770522, Clarion Bks.) HarperCollins Pubs.

I'm Telling You, He's a Werewolf! Lucy Knight. 2017. (ENG.). 44p. (J). pap. *(978-0-9956931-3-5(7))* Tiny Bit Magical.

I'm Thankful for Eggs. Jameela Alter. 2017. (ENG.). 52p. (J). pap. *(978-1-387-32120-9(X))* Lulu Pr., Inc.

I'm the Best! Constanze V. Kitzing. Illus. by Constanze V. Kitzing. 2018. (ENG., Illus.). 32p. (J). (gr. -1-k). 9.99 *(978-1-78285-394-7(4))* Barefoot Bks., Inc.

I'm the Big One Now! Poems about Growing Up. Marilyn Singer. Illus. by Jana Christy. 2019. (ENG.). 32p. (J). (gr. -1-3). 16.95 *(978-1-62979-169-2(5),* Wordsong) Highlights Pr., c/o Highlights for Children, Inc.

I'm the Birthday Boy. Illus. by Hazel Quintanilla. 2020. (Happy Birthday Ser.). (ENG.). 32p. (J). (gr. -1-3). 7.99 ***(978-1-7282-1220-3(0))*** Sourcebooks, Inc.

I'm the Birthday Girl. Illus. by Hazel Quintanilla. 2020. (Happy Birthday Ser.). (ENG.). 32p. (J). (gr. -1-3). 7.99 ***(978-1-7282-1221-0(9))*** Sourcebooks, Inc.

I'm the Chicken Named Dinner. Mary Ellen Cook. 2020. (ENG., Illus.). 70p. (J). 27.95 *(978-1-64670-831-4(8))*; pap. 17.95 *(978-1-64670-830-7(X))* Covenant Bks.

I'm the Chicken Named Dinner. Mary Ellen Cook. 2017. (ENG., Illus.). 38p. (J). 24.50 *(978-1-941632-11-6(4))* Livity Bks. LLC.

I'm the Girl. Courtney Summers. 2022. (ENG., Illus.). 352p. (YA). 18.99 *(978-1-250-80836-3(7),* 900244949, Wednesday Bks.) St. Martin's Pr.

I'm the Killers Sweetheart. Avery Collins. 2018. (ENG., Illus.). 52p. (YA). 30.99 *(978-1-4999-0387-4(1))* FastPrncil, Inc.

I'm the Villainess, So I'm Taming the Final Boss, Vol. 1 (manga) Sarasa Nagase. Tr. by Taylor Engel. 2021. (I'm the Villainess, So I'm Taming the Final Boss (manga) Ser.: 1). (ENG., Illus.). 164p. (gr. 8-17). pap., pap. 13.00 *(978-1-9753-2120-8(0),* Yen Pr.) Yen Pr. LLC.

I'm Thinking of a Farm Animal. Adam Guillain. Illus. by Lucia Gaggiotti. 2022. (I'm Thinking Of Ser.). (ENG.). 8p. (J). (-k). bds. 9.99 *(978-1-5362-2017-9(5))* Candlewick Pr.

I'm Thinking of a Jungle Animal. Adam Guillain. Illus. by Lucia Gaggiotti. 2022. (I'm Thinking Of Ser.). (ENG.). 8p. (J). (-k). bds. 9.99 *(978-1-5362-2016-2(7))* Candlewick Pr.

I'm Thinking of a Pet. Adam Guillain & Charlotte Guillain. Illus. by Lucia Gaggiotti. 2022. (I'm Thinking Of Ser.). (ENG.). 8p. (J). (-k). bds. 9.99 *(978-1-5362-2394-1(8))* Candlewick Pr.

I'm Thinking of an Ocean Animal. Adam Guillain & Charlotte Guillain. Illus. by Lucia Gaggiotti. 2022. (I'm Thinking Of Ser.). (ENG.). 8p. (J). (-k). bds. 9.99 *(978-1-5362-2395-8(6))* Candlewick Pr.

I'm Tickled Pink! (and Other Peculiar Sayings) Contrib. by Cynthia Amoroso. 2023. (Understanding Idioms Ser.). (ENG.). 24p. (J). (gr. 2-5). lib. bdg. 32.79 *(978-1-5038-6561-7(4),* 216432, Wonder Books(r)) Child's World, Inc, The.

I'm Too Shy. Nessa C Hopes. 2017. (ENG., Illus.). 20p. (J). *(978-0-244-00811-6(6))* Lulu Pr., Inc.

I'm Tough! Kate McMullan. Illus. by Jim McMullan. 2018. (ENG.). 40p. (J). (gr. -1-3). 17.99 *(978-0-06-244925-2(7),* Balzer & Bray) HarperCollins Pubs.

I'm Trying to Love Garbage. Bethany Barton. Illus. by Bethany Barton. 2021. (Illus.). 40p. (J). (gr. -1-3). 18.99 *(978-0-593-20703-1(3),* Viking Books for Young Readers) Penguin Young Readers Group.

I'm Trying to Love Math. Bethany Barton. Illus. by Bethany Barton. 2019. (Illus.). 40p. (J). (gr. -1-3). 18.99

(978-0-451-48090-3(2), Viking Books for Young Readers) Penguin Young Readers Group.

I'm Trying to Love Rocks. Bethany Barton. 2020. (Illus.). 40p. (J). (gr. -1-3). 18.99 *(978-0-451-48095-8(3)*, Viking Books for Young Readers) Penguin Young Readers Group.

I'm Twirrely! Brenda Lochinger. 2016. (Nut Family Ser.: Vol. 2). (ENG., Illus.). (J). 19.99 *(978-1-945355-51-6(4))*; pap. 14.99 *(978-1-939954-58-9(4))* Rocket Science Productions, LLC.

I'm Unvaccinated & That's OK! Shannon Kroner. Illus. by Manfred Calderón. 2023. (ENG.). 32p. (J). (gr. 1-5). 19.99 ***(978-1-5107-7819-1(5))*** Skyhorse Publishing Co., Inc.

I'm Up! Antoinette Portis. 2022. (ENG., Illus.). 22p. (J). (— 1). bds. 7.99 *(978-0-358-18134-7(8)*, 1770521, Clarion Bks.) HarperCollins Pubs.

I'm Whirlley. Brenda Lochinger. 2021. (ENG.). 50p. (J). (gr. k-6). pap. 19.99 *(978-1-953440-08-2(8))* Rocket Science Productions, LLC.

I'm Wild about You! (heart-Felt Books) Heartfelt Stories. Sandra Magsamen. Illus. by Sandra Magsamen. 2016. (Heart-Felt Bks.). (ENG., Illus.). 10p. (J). (— 1). 8.99 *(978-0-545-46839-8(6)*, Cartwheel Bks.) Scholastic, Inc.

I'm with the Banned. Marlene Perez. 2021. (Afterlife Ser.: 2). (ENG.). 320p. (YA). pap. 9.99 *(978-1-64937-009-9(1)*, 900240368) Entangled Publishing, LLC.

I'm with You. Allie Frost. 2016. (ENG., Illus.). (YA). pap. 12.99 *(978-0-9974513-4-4(3))* Dragon Tree Bks.

I'm Worried. Michael Ian Black. Illus. by Debbie Ridpath Ohi. (I'm Bks.). (ENG.). 40p. (J). (gr. -1-3). 2021. 7.99 *(978-1-6659-0498-8(4))*; 2019. 17.99 *(978-1-5344-1586-7(6))* Simon & Schuster Bks. For Young Readers. (Simon & Schuster Bks. For Young Readers).

I'm Your Ice Cream Truck. Hannah Eliot. Illus. by Belinda Chen. 2023. (ENG.). 18p. (J). (gr. -1). bds. 7.99 ***(978-1-6659-3298-1(8)***, Little Simon) Little Simon.

Ima the Inchworm. Ruth Hester. 2022. (ENG.). 54p. (J). pap. ***(978-1-78324-271-9(X))*** Wordzworth Publishing.

Imag-Hen-Ation: Fun with Words, Valuable Lessons. Jacqui Shepherd. 2018. (Farm-Tastic Ser.). (ENG., Illus.). 42p. (J). (gr. k-6). pap. *(978-1-77008-975-4(6))* Awareness Publishing.

Image. Sade Josephine. 2018. (ENG.). 188p. (YA). pap. 13.99 *(978-1-4808-5960-9(5))* Archway Publishing.

Image: A Play in Three Acts (Classic Reprint) Augusta Gregory. 2017. (ENG., Illus.). (J). 26.21 *(978-0-266-19907-6(0))* Forgotten Bks.

Image: Deal with It from the Inside Out. Kat Mototsune. Illus. by Ben Shannon. 2017. (Lorimer Deal with It Ser.). (ENG.). 32p. (J). (gr. 4-9). lib. bdg. 25.32 *(978-1-4594-1188-3(9)*, 13e3cf56-eaaf-47e3-befd-c6f9c40ce8d4) James Lorimer & Co. Ltd., Pubs. CAN. Dist: Lerner Publishing Group.

Image & Imagination: Ideas & Inspiration for Teen Writers. Nick Healy. 2016. (ENG., Illus.). 256p. (YA). (gr. 8-8). pap. 16.95 *(978-1-63079-044-8(3)*, 131435, Switch Pr.) Capstone.

Image & Other Plays (Classic Reprint) Augusta Gregory. 2018. (ENG., Illus.). 266p. (J). 29.38 *(978-0-656-40017-1(X))* Forgotten Bks.

Image Bounty Hunters: Activity Book with Hidden Pictures. Activibooks For Kids. 2016. (ENG., Illus.). (J). pap. 7.55 *(978-1-68321-360-4(2))* Mimaxion.

Image in the Sand (Classic Reprint) Edward Frédéric Benson. 2017. (ENG., Illus.). (J). 31.59 *(978-1-5283-6404-1(X))* Forgotten Bks.

Image Inspector: The Case of the Hidden Clue Activity Book. Activibooks For Kids. 2016. (ENG., Illus.). (J). pap. 6.99 *(978-1-68321-361-1(0))* Mimaxion.

Image Investigator: A Mysterious Hidden Picture Book. Bobo's Adult Activity Books. 2016. (ENG., Illus.). (J). pap. 7.99 *(978-1-68327-328-8(1))* Sunshine In My Soul Publishing.

Image of Eve: A Romance with Alleviations (Classic Reprint) Margaret Sutton Briscoe. (ENG., Illus.). (J). 2018. 240p. 28.85 *(978-0-483-61164-1(6))*; 2016. pap. 11.57 *(978-1-334-44837-9(X))* Forgotten Bks.

Image of His Father; or One Boy Is More Trouble Than a Dozen Girls: Being a Tale of a Young Monkey (Classic Reprint) Henry. Mayhew. 2018. (ENG., Illus.). 316p. (J). 30.41 *(978-0-267-28730-7(5))* Forgotten Bks.

Image Sharing. Tamra Orr. 2019. (21st Century Skills Library: Global Citizens: Social Media Ser.). (ENG., Illus.). 32p. (J). (gr. 4-7). pap. 14.21 *(978-1-5341-3964-0(8)*, 212685); lib. bdg. 32.07 *(978-1-5341-4308-1(4)*, 212684) Cherry Lake Publishing.

Imagery & Description. Valerie Bodden. (Odysseys in Prose Ser.). (ENG., Illus.). 80p. (J). (gr. 7-11). 2017. pap. 14.99 *(978-1-62832-324-5(8)*, 20683, Creative Paperbacks); 2016. *(978-1-60818-728-7(4)*, 20685, Creative Education) Creative Co., The.

Images & Issues of Women in the Twentieth Century, 5 vols., Set. Catherine Gourley. Incl. Flappers & the New American Woman: Perceptions of Women from 1918 Through the 1920s. lib. bdg. 38.60 *(978-0-8225-6060-9(7))*; Gibson Girls & Suffragists: Perceptions of Women from 1900 to 1918. lib. bdg. 38.60 *(978-0-8225-7150-6(1))*; Gidgets & Women Warriors: Perceptions of Women in the 1950s & 1960s. lib. bdg. 38.60 *(978-0-8225-6805-6(5))*; Ms. & the Material Girls: Perceptions of Women from the 1970s Through the 1990s. lib. bdg. 38.60 *(978-0-8225-6806-3(3))*; Rosie & Mrs. America: Perceptions of Women in the 1930s & 1940s. lib. bdg. 38.60 *(978-0-8225-6804-9(7))*; (Illus.). 144p. (gr. 5-12). 2007. 2007. Set lib. bdg. 193.00 *(978-0-8225-6059-3(3)*, Twenty-First Century Bks.) Lerner Publishing Group.

Images (Classic Reprint) William Weldon Champneys. (ENG., Illus.). (J). 2018. 276p. 29.59 *(978-0-666-88048-2(4))*; 2016. pap. 11.97 *(978-1-333-51515-7(4))* Forgotten Bks.

Imagi Island. Christina Jutting. 2022. (ENG.). 130p. (J). pap. 24.95 *(978-1-63860-705-2(2))* Fulton Bks.

Imagina. Juan Felipe Herrera. Illus. by Lauren Castillo. 32p. (J). (gr. k-4). 2021. (ENG.). 7.99 *(978-1-5362-1857-2(X))*; 2020. (SPA.). 17.99 *(978-1-5362-1170-2(2))* Candlewick Pr.

Imagina (Classic Reprint) Julia Ellsworth Ford. 2018. (ENG., Illus.). 192p. (J). 27.86 *(978-0-483-36559-9(9))* Forgotten Bks.

Imagina Que No Hay Cielo. Antonio Malpica. 2020. (SPA.). 384p. (YA). (gr. 7). pap. 18.50 *(978-607-557-065-5(9))* Editorial Oceano de Mexico MEX. Dist: Independent Pubs. Group.

Imagina un Mundo. Manuel Xavier Gonzalez de Salceda. 2019. (SPA.). 58p. (J). pap. *(978-0-359-60866-9(3))* Lulu Pr., Inc.

Imaginación con René Descartes / Big Ideas for Little Philosophers: Imagination with René Descartes. Duane Armitage & Mauren McQuery. 2022. (Grandes Ideas para Pequeños Filósofos Ser.). (SPA.). 32p. (J). (gr. -1-3). pap. 16.95 *(978-607-38-1070-8(9))* Penguin Random House Grupo Editorial ESP. Dist: Penguin Random Hse. LLC.

Imaginaerium Engine: Green Book. C. G. Wayne. 2018. (ENG., Illus.). 428p. (YA). (gr. 7-10). pap. 19.95 *(978-0-9848229-6-6(8))*; (Imaginaerium Engine Ser.: Vol. 1). 50.00 *(978-0-9848229-4-2(1))* Otter Track Pr.

Imaginaries: Little Scraps of Larger Stories. Emily Winfield Martin. 2020. (ENG., Illus.). 80p. (J). (gr. 3-7). lib. bdg. 21.99 *(978-0-375-97432-8(6)*, Random Hse. Bks. for Young Readers) Random Hse. Children's Bks.

Imaginarium. Franziska Wenzel. 2020. (ENG., Illus.). 34p. (YA). (gr. 7-12). pap. *(978-1-911143-99-4(9))* Luna Pr. Publishing.

Imaginary. Lee Bacon. Illus. by Katy Wu. 2021. (ENG.). 320p. (J). (gr. 3-7). 17.99 *(978-1-4197-4664-2(2)*, 1701001, Amulet Bks.) Abrams, Inc.

Imaginary Alphabet. Sylvie Daigneault. 2023. 64p. (J). (gr. k-4). 22.95 ***(978-1-77278-299-8(8))*** Pajama Pr. CAN. Dist: Publishers Group West (PGW).

Imaginary Borders. Xiuhtezcatl Martinez. Illus. by Ashley Lukashevsky. 2020. (Pocket Change Collective Ser.). 64p. (YA). (gr. 7). pap. 8.99 *(978-0-593-09413-6(1)*, Penguin Workshop) Penguin Young Readers Group.

Imaginary Castle. Gigi Flynn. 2020. (Adventures of Ethan & Ava Ser.: 1). 26p. (YA). pap. 12.99 *(978-1-0983-1450-7(6))* BookBaby.

Imaginary Conversations of Literary Men & Statesmen, Vol. 3 (Classic Reprint) Walter Savage Landor. (ENG., Illus.). (J). 2017. 35.69 *(978-0-265-39127-3(X))*; 2016. pap. 19.57 *(978-1-333-12481-6(3))* Forgotten Bks.

Imaginary Conversations, Vol. 5 of 6 (Classic Reprint) Walter Savage Landor. 2018. (ENG., Illus.). 436p. (J). 32.91 *(978-0-267-29696-5(7))* Forgotten Bks.

Imaginary Creatures: A Unique Book with Colored & Coloring Pages for Kids. Jen Selinsky. 2020. (ENG.). 50p. (J). pap. 15.99 *(978-1-952011-47-4(7))* Pen It Pubns.

Imaginary Fiends. Izzy B. 2018. (ENG., Illus.). 36p. (J). (gr. k-5). 18.00 ***(978-1-64370-186-8(X))*** Indy Pub.

Imaginary Garden. Andrew Larsen. Illus. by Irene Luxbacher. 2020. (ENG.). 32p. (J). (gr. -1-2). pap. 10.99 *(978-1-5253-0539-5(5))* Kids Can Pr., Ltd. CAN. Dist: Hachette Bk. Group.

Imaginary Invalid. Moliere. Tr. by Nelson Pevear & Volokhonsky. 2021. (ENG.). 88p. (J). pap. 11.95 *(978-0-88145-836-7(8))* Broadway Play Publishing Inc.

Imaginary Menagerie. Roger McGough. 2022. (ENG., Illus.). 96p. (J). (gr. 2-4). pap. 12.99 *(978-1-913074-35-7(8))* Otter-Barry Bks. GBR. Dist: Independent Pubs. Group.

Imaginary Ninjas. Dustin J. Overholser. 2018. (Imaginary Ninjas Ser.: Vol. 1). (ENG., Illus.). 24p. (J). 14.99 *(978-0-692-12039-2(4))* Roman Candle Publishing.

Imaginary Portrait (Classic Reprint) Walter Pater. (ENG., Illus.). (J). 2018. 62p. 25.18 *(978-0-483-68209-2(8))*; 2017. pap. 9.57 *(978-0-243-38246-0(4))* Forgotten Bks.

Imaginary Speeches: And Other Parodies in Prose & Verse. Jack Collings Squire. 2017. (ENG., Illus.). (J). pap. *(978-0-649-38852-3(6))* Trieste Publishing Pty Ltd.

Imaginary Speeches: And Other Parodies in Prose & Verse (Classic Reprint) Jack Collings Squire. 2018. (ENG., Illus.). 202p. (J). 28.06 *(978-0-267-18264-0(3))* Forgotten Bks.

Imagination. Courtney Huynh & Chbloe Parker. 2021. (ENG.). 200p. (J). pap. 9.99 *(978-1-68223-161-6(5))* Around the World Publishing LLC.

Imagination. Lynn Pellegrini. 2019. (ENG., Illus.). 22p. (J). (gr. -1-3). pap. 11.95 *(978-1-64471-091-3(9))* Covenant Bks.

Imagination: Children's Stories. Pamela Rose Rasmussen. 2021. (ENG.). 68p. (J). pap. *(978-0-2288-5594-1(2))* Tellwell Talent.

Imagination: Ses Bienfaits et Ses Égarements, Surtout Dans le Domaine du Merveilleux (Classic Reprint) Joseph Tissot. 2018. (FRE., Illus.). (J). 622p. 36.75 *(978-1-391-31219-4(8))*; 624p. pap. 19.57 *(978-1-390-14226-6(4))* Forgotten Bks.

Imagination & Children's Reading (Classic Reprint) Grace Hazard Conkling. 2018. (ENG., Illus.). 24p. (J). 24.49 *(978-0-428-20317-7(5))* Forgotten Bks.

Imagination & Dramatic Instinct. Samuel Silas Curry. 2017. (ENG.). 376p. (J). pap. *(978-3-337-37535-5(9))*; pap. *(978-3-337-33465-9(2))* Creation Pubs.

Imagination & Fancy. Leigh Hunt. 2017. (ENG.). 332p. (J). pap. *(978-3-337-27541-9(9))* Creation Pubs.

Imagination Box: Beyond Infinity. Martyn Ford. 2016. (ENG.). 272p. (J). pap. 9.95 *(978-0-571-31167-5(9)*, Faber & Faber Children's Bks.) Faber & Faber, Inc.

Imagination et Ses Varietes Chez L'Enfant: Etude de Psychologie Experimentale Appliquee a l'Education Intellectuelle (Classic Reprint) Frédéric Queyrat. 2018. (FRE., Illus.). 172p. (J). 27.44 *(978-0-483-14503-0(3))* Forgotten Bks.

Imagination Island. Jake Meehan. 2022. 30p. (J). pap. 10.99 *(978-1-6678-6565-2(X))* BookBaby.

Imagination Like Mine. Latashia M. Perry. 2017. (ENG.). (J). (Kids Like Mine Ser.: Vol. 3). 24p. 17.95 *(978-1-7340865-7-7(2))*; (Illus.). pap. 9.95 *(978-0-9985990-5-2(0))* G Publishing LLC.

Imagination Station Books 3-Pack: Doomsday in Pompeii / In Fear of the Spear / Trouble on the Orphan Train. Marianne Hering & Paul McCusker. 2020. (AIO Imagination Station Bks.). (ENG.). 432p. (J). pap. 16.97 *(978-1-58997-957-4(5)*, 20_34399) Focus on the Family Publishing.

Imagination Station Books 3-Pack: Freedom at the Falls / Terror in the Tunnel / Rescue on the River. Marianne Hering. 2022. (AIO Imagination Station Bks.). (ENG.). 432p. (J). pap. 16.97 *(978-1-64607-013-8(5)*, 20_34649) Focus on the Family Publishing.

Imagination Station Books 3-Pack: Light in the Lions' Den / Inferno in Tokyo / Madman in Manhattan. Marianne Hering. 2020. (AIO Imagination Station Bks.). (ENG.). 432p. (J). pap. 16.97 *(978-1-64607-008-4(9)*, 20_34400) Focus on the Family Publishing.

Imagination Vacation. Jami Gigot. Illus. by Jami Gigot. 2019. (ENG., Illus.). 32p. (J). (gr. -1-3). 16.99 *(978-0-8075-3619-3(9)*, 807536199) Whitman, Albert & Co.

Imagination Zone with Max & Kate, 1 vol. Mick Manning. 2018. (Let's Read with Max & Kate Ser.). (ENG.). 24p. (J). (gr. 1-2). 25.27 *(978-1-5383-4049-3(6)*, 662b733c-a01f-40b8-a86f-ca4fa4069577); pap. 9.25 *(978-1-5383-4050-9(X)*, ac2adf44-5cad-4e32-b278-aad017897ab9) Rosen Publishing Group, Inc., The. (PowerKids Pr.).

Imaginative Activity Book for Boys Age 8. Educando Kids. 2019. (ENG.). 42p. (J). pap. 8.55 *(978-1-64521-794-7(9)*, Educando Kids) Editorial Imagen.

Imaginative Adventures of Penelope Ellerbee. William Wendell Holton. 2017. (ENG., Illus.). (J). pap. 16.95 *(978-1-4808-5193-1(0))* Archway Publishing.

Imaginature: 100 Stories Without Words, 1 vol. Thomas Hegbrook. 2016. (ENG., Illus.). 64p. (J). *(978-1-84857-480-9(0)*, 360 Degrees) Tiger Tales.

Imagine. Meghana Bairavarsu. 2019. (ENG.). 164p. (J). pap. *(978-0-359-35984-4(1))* Lulu Pr., Inc.

Imagine. Kendra Goulet. 2022. (ENG.). 24p. (J). *(978-1-5255-9695-7(0))*; pap. *(978-1-5255-9694-0(2))* FriesenPress.

Imagine. Juan Felipe Herrera. Illus. by Lauren Castillo. (ENG.). 32p. (J). (gr. k-4). 2021. 7.99 *(978-1-5362-1740-7(9))*; 2018. 17.99 *(978-0-7636-9052-6(X))* Candlewick Pr.

Imagine. John Lennon. Illus. by Jean Jullien. 2017. (ENG.). 32p. (J). (gr. -1-3). 18.99 *(978-1-328-80865-3(3)*, 1688259, Clarion Bks.) HarperCollins Pubs.

Imagine! Raúl ón. Illus. by Raúl ón. 2018. (ENG., Illus.). 48p. (J). (gr. -1-3). 17.99 *(978-1-4814-6273-0(3)*, Simon & Schuster/Paula Wiseman Bks.) Simon & Schuster/Paula Wiseman Bks.

Imagine. Jennifer Sharp. Illus. by Naomi Greaves. 2019. (ENG.). 24p. (J). (gr. k-4). *(978-0-6482202-7-5(3))* Daisy Lane Publishing.

Imagine. Jennifer Sharp. Illus. by Greaves Naomi. 2019. (ENG.). 24p. (J). (gr. k-4). pap. *(978-0-6482202-6-8(5))* Daisy Lane Publishing.

Imagine: 6 Epic Adventure Stories for Kids. Matt Koceich. 2022. (Imagine... Ser.). (ENG.). 576p. (J). pap. 14.99 *(978-1-63609-197-6(0))* Barbour Publishing, Inc.

Imagine: A Wild Civilization. Charlie Batt. 2021. (ENG.). 162p. (YA). pap. *(978-0-6452232-1-7(2))* Smith, Anne.

Imagine: The Long Winter - Part One: the Long Winter Part One. Charlie Batt. 2023. (Imagine Ser.: Vol. 2). (ENG.). 180p. (J). pap. ***(978-0-6457010-7-4(6))*** Smith, Anne.

Imagine / Imagina. John Lennon. 2017. (SPA.). 32p. (-2). 17.99 *(978-987-747-285-1(6))* V & R Editorial ARG. Dist: Lectorum Pubns., Inc.

Imagine a Bird. Stanford Apseloff. 2020. (ENG., Illus.). 58p. (J). (gr. k-6). 24.95 *(978-1-936772-28-5(0))* Ohio Distinctive Publishing, Inc.

Imagine a World. Mariam James. 2020. (ENG.). 18p. (J). pap. *(978-1-5289-8335-8(1))* Austin Macauley Pubs. Ltd.

Imagine a World. Josh Shelton. Illus. by Sam Pullenza. 2019. (ENG.). 68p. (J). (gr. -1-7). pap. *(978-1-912551-74-3(8))* Conscious Dreams Publishing.

Imagine & Draw Activity Book. Created by Highlights. 2023. (Highlights Imagination Activity Bks.). 80p. (J). (gr. 1-4). pap. 16.99 *(978-1-64472-922-9(9)*, Highlights) Highlights Pr., c/o Highlights for Children, Inc.

Imagine, Create, & Design an Activity Book. Bobo's Children Activity Books. 2016. (ENG., Illus.). (J). pap. 9.33 *(978-1-68327-329-5(X))* Sunshine In My Soul Publishing.

Imagine, Dream, BELIEVE! Denise Newsome. 2020. (ENG.). 56p. (J). pap. 13.99 *(978-0-9827110-5-7(0))* Azz1 Productions.

Imagine If ... Lisa Benger. Illus. by Diana Busse. 2016. (Imagine If ... Ser.: Vol. 1). (ENG.). (J). (gr. 1-6). 19.99 *(978-0-9980893-1-7(1))* Young Createers.

Imagine If... Farm Animals Talked. Lisa Benger. Illus. by Diana Busse. 2016. (ENG.). (J). pap. 9.99 *(978-0-9980893-0-0(3))* Young Createers.

Imagine If Thoughts Were Balloons. Rico Vanvenutti. Illus. by Diane Waybright. 2017. (ENG.). (J). pap. 12.99 *(978-0-9912614-2-0(9))* Hermes Hse. Pr.

Imagine Irises: A Coloring Book. Activibooks. 2016. (ENG., Illus.). (J). pap. 9.20 *(978-1-68321-789-3(6))* Mimaxion.

Imagine Land. T. R. Gourley & Tr Gourley. 2020. (ENG.). 60p. (J). pap. *(978-1-64969-386-0(9))* Tablo Publishing.

Imagine Land. T. R. Gourley & Maclain Nelson. 2020. (ENG.). 60p. (J). *(978-1-64969-385-3(0))* Tablo Publishing.

Imagine Life Without the Color Black. Dorothy J. Austin. 2018. (ENG., Illus.). 30p. (YA). 26.99 *(978-0-578-40192-8(4))* Austin, Dorothy.

Imagine Me. Chantelle Echols. 2023. (ENG.). 24p. (J). pap. 13.95 ***(978-1-63860-693-2(5))*** Fulton Bks.

Imagine Me. Tahereh Mafi. (Shatter Me Ser.: 6). (ENG.). (YA). (gr. 9). 2021. 480p. pap. 15.99 *(978-0-06-267643-6(1))*; 2020. 464p. 18.99 *(978-0-06-267642-9(3))* HarperCollins Pubs. (HarperCollins).

Imagine Me: For Every Child Who Has an Imagination. Ella Louise Dawson. 2022. (ENG.). 40p. (J). pap. 10.99 *(978-1-957618-80-7(9))* WorkBk. Pr.

Imagine Me in Jannah! Rabia Bashir. Illus. by Upit Dyoni. 2020. (ENG.). 38p. (J). (gr. k-3). *(978-1-913677-00-8(1))*; pap. *(978-1-9997432-5-3(3))* Precious Bees.

Imagine, Michael! Kevin Drudge. 2020. (ENG., Illus.). 28p. (J). pap. *(978-1-4866-1920-7(7))* Word Alive Pr.

Imagine Peace: The Beginning. Pr Cronin & La Nelson. 2018. (ENG., Illus.). 336p. (YA). pap. 19.95 *(978-1-64138-152-9(3))* Page Publishing Inc.

Imagine Spaghetti! Avra Davidoff. 2020. (ENG., Illus.). 20p. (J). *(978-0-2288-2259-2(9))*; pap. *(978-0-2288-2258-5(0))* Tellwell Talent.

Imagine That! Phil Bean. Illus. by Sarah Walker. 2022. (ENG.). 38p. (J). ***(978-0-2288-8104-9(8))***; pap. ***(978-0-2288-8103-2(X))*** Tellwell Talent.

Imagine That! Tom Burlison. Illus. by Sara Sanchez. 2020. (ENG.). 32p. (J). (gr. -1-2). 17.99 *(978-1-68010-192-8(7))* Tiger Tales.

Imagine That! Amy Culliford. 2022. (Rhyming Adventures Ser.). (ENG.). 24p. (J). (gr. -1-2). pap. 8.50 *(978-1-63897-617-2(1)*, 21579); lib. bdg. 27.33 *(978-1-63897-502-1(7)*, 21578) Seahorse Publishing.

Imagine That! Rhea Duvall. Illus. by Betsy Morphew. 2017. (ENG.). 28p. (J). (gr. k-4). 14.99 *(978-1-946171-14-6(X))* Kids At Heart Publishing, LLC.

Imagine That! Jody Gayle. 2019. (ENG.). 32p. (J). 22.95 *(978-1-0980-0942-7(8))*; pap. 13.95 *(978-1-0980-0940-3(1))* Christian Faith Publishing.

Imagine That! Sandra Harmon. Illus. by Sandra Harmon. 2020. (ENG.). 34p. (J). 18.95 *(978-1-7360742-1-3(0))* Sandy's Shelf Bks.

Imagine That! Tom Burlison. ed. 2020. (ENG.). 25p. (J). (gr. k-1). 19.96 *(978-0-87617-722-8(4))* Penworthy Co., LLC, The.

Imagine That: A Lesson for a Child's Heart. Ginger Weaver. 2021. (ENG., Illus.). 20p. (J). pap. 13.95 *(978-1-0980-7865-2(9))* Christian Faith Publishing.

Imagine the Possibilities: Your Time Is Now (Edited & Expanded) Large Print Edition. Cindy Heil. 2021. (ENG.). 498p. (J). pap. 19.95 *(978-0-9839779-4-0(1))* Destiny Alignment Publishing.

Imagine This. Patty Norrbom & Jeremy Mutsch. 2018. (ENG., Illus.). 20p. (J). pap. 12.00 *(978-1-4834-8549-2(8))* Lulu Pr., Inc.

Imagine You Were There... Sailing on the Mayflower. Caryn Jenner. (Imagine You Were There... Ser.). (ENG.). 64p. (J). 2021. pap. 9.99 *(978-0-7534-7750-2(5)*, 900238008); 2019. 14.99 *(978-0-7534-7529-4(4)*, 900207711) Roaring Brook Pr. (Kingfisher).

Imagine You Were There... Walking on the Moon. Caryn Jenner. Illus. by Marc Pattenden. 2021. (Imagine You Were There... Ser.). (ENG.). 64p. (J). pap. 9.99 *(978-0-7534-7748-9(3)*, 900238006, Kingfisher) Roaring Brook Pr.

Imagine You Were There... Walking on the Moon. Caryn Jenner. 2019. (Imagine You Were There... Ser.). (ENG.). 64p. (J). 14.99 *(978-0-7534-7500-3(6)*, 900198578, Kingfisher) Roaring Brook Pr.

Imagine You Were There... Winning the Vote for Women. Caryn Jenner. 2021. (Imagine You Were There... Ser.). (ENG.). 64p. (J). pap. 9.99 *(978-0-7534-7749-6(1)*, 900238007, Kingfisher) Roaring Brook Pr.

Imagining Key. Nina Harrison. 2022. (ENG.). 62p. (J). pap. ***(978-0-9933398-1-3(6))*** Geophilos.

Imagining the Big Old Universe. Howard Burman. 2020. (ENG.). 104p. (YA). pap. *(978-1-78324-150-7(0))* Wordzworth Publishing.

Imagining the Future: Invisibility, Immortality & 40 Other Incredible Ideas. Paul Holper & Simon Torok. 2017. (Illus.). 146p. (gr. 4-10). pap. 17.95 *(978-1-4863-0272-7(6))* CSIRO Publishing AUS. Dist: Stylus Publishing, LLC.

Imagining What Robots Can Do: A How to Draw Activity Book. Activibooks For Kids. 2016. (ENG., Illus.). (J). pap. 6.99 *(978-1-68321-363-5(7))* Mimaxion.

Imaginotions: Truthless Tales (Classic Reprint) Tudor Jenks. 2017. (ENG., Illus.). (J). 28.97 *(978-0-331-56023-7(2))* Forgotten Bks.

Imago Dei: Little Seminary's Guide to the Image of God. Ryan McKenzie. 2021. (Little Seminary Ser.). (ENG., Illus.). 20p. (J). (— 1). bds. 9.99 *(978-0-7369-7952-8(2)*, 6979528) Harvest Hse. Pubs.

Imani: The Black Panther. Siarrah Qadri-Warburton. 2020. (ENG.). 102p. (J). pap. *(978-1-9164291-3-0(0))* Paper Pages Publishing Ltd.

Imani Moves the World. John Blosse. 2023. (ENG.). 136p. (J). pap. ***(978-0-9956776-4-7(6))*** Haven of Hope Publishing.

Imani Unraveled. Leigh Statham. 2019. (ENG., Illus.). 250p. (YA). pap. 14.95 *(978-1-945654-25-1(2))* Owl Hollow Pr.

Imani's Bad Day. C. Dawn Tillie. Illus. by Chiquanda Tillie. 2020. (ENG.). 36p. (J). pap. 14.99 *(978-1-7341903-1-1(0))* Tickle Me Purple, LLC.

Imani's Library Book Red Band. Alison Hawes. Illus. by Allie Busby. ed. 2017. (Cambridge Reading Adventures Ser.). (ENG.). 16p. pap. 6.15 *(978-1-108-40072-5(8))* Cambridge Univ. Pr.

Imatter: 26 Affirmations for Boys & Girls. Kesha Nichols. 2017. (ENG., Illus.). (J). (gr. 1-6). pap. 11.95 *(978-1-941247-34-1(2))* 3G Publishing, Inc.

IMatter! for a Confident Me! Joanna Kleovoulou. 2022. (ENG.). 34p. (J). pap. ***(978-0-620-99595-5(5))*** Pro Christo Publications.

Imbwa, the Story of the Dog & His Harsh Master: A Lovely Children's Book Based on a Zambian Bemba Proverb for Ages 1-3 4-6 7-8. K. a Mulenga. 2021. (ENG., Illus.). 26p. (J). pap. *(978-1-991202-02-4(4))* ALZuluBelle.

Imhumvamps: L'Intégrale. Sylvie Ginestet. Ed. by The Poetic Shivers Editions. 2019. (FRE.). 602p. (J). pap. *(978-2-930895-10-9(1))* Sylvie, Ginestet.

¡Mi Familia Es de Otro Mundo! Cecilia Blanco. 2017. (SPA.). (J). (gr. k-3). pap. 16.95 *(978-84-16773-36-7(X))* Ediciones Urano S. A. ESP. Dist: Spanish Pubs., LLC.

Imitator: A Novel (Classic Reprint) Percival Pollard. 2017. (ENG., Illus.). (J). 27.98 *(978-0-266-65744-6(3))*; pap. 10.57 *(978-1-5276-1564-9(2))* Forgotten Bks.

Imitatore: The Donna Chronicles: Book One. A. Rose. 2018. (Donna Chronicles Ser.: Vol. 1). (ENG., Illus.). 166p. (YA). (gr. 7-12). pap. 10.00 *(978-0-692-04963-1(0))* Rose, A.

Immeasurable Depth of You. Maria Ingrande Mora. 2023. 352p. (YA). (gr. 9). 18.99 *(9997-1-68263-542-1(2))* Peachtree Publishing Co. Inc.

Immediate Jewel of His Soul: A Romance (Classic Reprint) Herman Dreer. 2018. (ENG., Illus.). 326p. (J). 30.68 *(978-0-332-26356-4(8))* Forgotten Bks.

Immensee (Classic Reprint) Theodor Storm. (Illus.). (J). 2018. (GER.). 78p. pap. 9.57 *(978-1-391-12111-6(2))*; 2018. (ENG., 142p. 26.85 *(978-0-484-64301-6(0))*; 2018. (ENG., 60p. 25.13 *(978-0-483-38391-3(0))*; 2018. (ENG.,

138p. pap. 9.57 *(978-0-428-95918-0(0))*; 2017. (ENG., pap. 9.57 *(978-0-243-08120-2(0))* Forgotten Bks.

Immigrant & Refugee Families. Julie Kentner. 2023. (All Families Ser.). (ENG., Illus.). 32p. (J). (gr. 2-3). lib. bdg. 31.35 *(978-1-63739-458-8(6)*, Focus Readers) North Star Editions.

Immigrant & Refugee Families. Contrib. by Julie Kentner. 2023. (All Families Ser.). (ENG., Illus.). 32p. (J). (gr. 2-3). pap. 9.95 *(978-1-63739-495-3(0)*, Focus Readers) North Star Editions.

Immigrant & Refugee Injustice. Mary Boone. 2022. (Exploring Social Injustice Ser.). (ENG.). 64p. (YA). (gr. 6-12). 43.93 *(978-1-6782-0396-2(3)*, BrightPoint Pr.) ReferencePoint Pr., Inc.

Immigrant Child. Kadian Louise Morgan-Graham. 2020. (ENG.). 46p. (J). *(978-0-2288-3658-2(1))*; pap. *(978-0-2288-3657-5(3))* Tellwell Talent.

Immigrant Experiences (Set), 16 vols. (Immigrant Experiences Ser.). (ENG.). (J). (gr. 3-6). 2019. lib. bdg. 570.24 *(978-1-5038-3428-6(X)*, 213031, MOMENTUM); 2017. lib. bdg. 285.12 *(978-1-5038-2284-9(2)*, 211880) Child's World, Inc, The.

Immigrant Families, Vol. 12. H. W. Poole. 2016. (Families Today Ser.). (Illus.). 48p. (J). (gr. 5). 20.95 *(978-1-4222-3617-8(X))* Mason Crest.

Immigrant from the Stars. Gail Kamer. 2019. (ENG.). 202p. (J). (gr. 3-6). pap. 12.99 *(978-0-9994595-5-3(4))* Gettier Group LLC.

Immigrants & Refugees, 1 vol. Carol Hand. 2020. (Rosen Verified: Current Issues Ser.). (ENG.). 48p. (J). (gr. 3-3). pap. 13.95 *(978-1-4994-6846-5(6)*, 1c5e118c-64db-493b-aaf5-12e2b5923e3f) Rosen Publishing Group, Inc., The.

Immigrants from Afghanistan & the Middle East. Nel Yomtov. 2018. (Immigration Today Ser.). (ENG., Illus.). 32p. (J). (gr. 3-6). lib. bdg. 27.99 *(978-1-5435-1384-4(0)*, 137789, Capstone Pr.) Capstone.

Immigrants from India & Southeast Asia. Nel Yomtov. 2018. (Immigration Today Ser.). (ENG., Illus.). 32p. (J). (gr. 3-6). lib. bdg. 27.99 *(978-1-5435-1382-0(4)*, 137787, Capstone Pr.) Capstone.

Immigrants from Mexico & Central America. Emma Bernay & Emma Carlson Berne. 2018. (Immigration Today Ser.). (ENG., Illus.). 32p. (J). (gr. 3-6). pap. 7.95 *(978-1-5435-1387-5(5)*, 137792); lib. bdg. 27.99 *(978-1-5435-1383-7(2)*, 137788) Capstone. (Capstone Pr.).

Immigrants from Somalia & Other African Countries. Jessica Gunderson. 2018. (Immigration Today Ser.). (ENG., Illus.). 32p. (J). (gr. 3-6). lib. bdg. 27.99 *(978-1-5435-1381-3(6)*, 137786, Capstone Pr.) Capstone.

Immigrants of Extraordinary Ability, 1 vol. Cathleen Small. 2017. (Crossing the Border Ser.). (ENG.). 64p. (J). (gr. 6-7). pap. 16.28 *(978-1-5345-6279-0(6)*, 64e75ad2-c720-4398-a38f-42a1b81b5743); lib. bdg. 35.08 *(978-1-5345-6229-5(X)*, 365afaa2-0cb5-416a-8da2-bb125561f567) Greenhaven Publishing LLC. (Lucent Pr.).

Immigration. Harriet Brundle. 2019. (Global Concerns Ser.). (ENG.). 32p. (J). (gr. 5-6). lib. bdg. 22.99 *(978-1-5105-4446-8(1))* SmartBook Media, Inc.

Immigration, 1 vol. Ed. by he New York Times. 2018. (Changing Perspectives Ser.). (ENG.). 224p. (YA). (gr. 9-9). lib. bdg. 54.93 *(978-1-64282-024-9(5)*, 5ab84e8d-edc2-4e5e-85ee-ea178eca9904, New York Times Educational Publishing) Rosen Publishing Group, Inc., The.

Immigration. Heather Pidcock-Reed. 2019. (Contemporary Issues Ser.). (Illus.). 112p. (J). (gr. 12). lib. bdg. 35.93 *(978-1-4222-4394-7(X))* Mason Crest.

Immigration. Patricia Sutton. 2023. (Focus on Current Events Set 2 Ser.). (ENG., Illus.). 48p. (J). pap. 11.95 ***(978-1-63739-698-8(8))***; lib. bdg. 34.21 ***(978-1-63739-641-4(4))*** North Star Editions. (Focus Readers).

Immigration, 1 vol. Ed. by The New York Times Editorial. 2018. (Changing Perspectives Ser.). (ENG.). 224p. (YA). (gr. 9-9). pap. 24.47 *(978-1-64282-025-6(3)*, 94b3c77a-1ae9-4be7-9fd4-441dfadf7209, New York Times Educational Publishing) Rosen Publishing Group, Inc., The.

Immigration & America. Steven Otfinoski. 2018. (ENG., Illus.). 144p. (J). lib. bdg. *(978-0-531-22689-6(1))* Children's Pr., Ltd.

Immigration & Refugees. Heather C. Hudak. 2019. (Get Informed — Stay Informed Ser.). (Illus.). 48p. (J). (gr. 5-6). *(978-0-7787-5333-9(6))*; pap. *(978-0-7787-5347-6(6))* Crabtree Publishing Co.

Immigration & the Founding of New Communities. Kathleen Corrigan. 2016. (Canada Through Time Ser.). (ENG., Illus.). 32p. (J). (gr. 3-5). lib. bdg. 32.65 *(978-1-4109-8121-9(5)*, 131010, Raintree) Capstone.

Immigration & Travel Restrictions, 1 vol. Ed. by M. M. Eboch. 2018. (Introducing Issues with Opposing Viewpoints Ser.). (ENG.). 120p. (gr. 7-10). lib. bdg. 43.63 *(978-1-5345-0423-3(0)*, adb38db6-c1ae-4586-b416-aad005da478a, Greenhaven Publishing) Greenhaven Publishing LLC.

Immigration Bans, 1 vol. Ed. by Elizabeth Schmermund. 2017. (Opposing Viewpoints Ser.). (ENG.). 232p. (gr. 10-12). pap. 34.80 *(978-1-5345-0057-0(X)*, 07f3751a-74d7-40a9-a291-9a9de511c603) Greenhaven Publishing LLC.

Immigration in America: Asylum, Borders, & Conflicts. Danielle Smith-Llera. 2020. (Informed! Ser.). (ENG., Illus.). 64p. (J). (gr. 5-9). pap. 8.95 *(978-0-7565-6562-6(6)*, 142218); lib. bdg. 37.32 *(978-0-7565-6415-5(8)*, 141406) Capstone. (Compass Point Bks.).

Immigration Issues in America, 1 vol. Michelle Denton. 2017. (Hot Topics Ser.). (ENG.). 112p. (J). (gr. 7-7). lib. bdg. 41.03 *(978-1-5345-6151-9(X)*, 9a17cac2-4cd8-4589-933f-d74db3cfe7c6, Lucent Pr.) Greenhaven Publishing LLC.

Immigration Nation: The American Identity in the Twenty-First Century. Judy Dodge Cummings. Illus. by Richard Chapman. 2019. (Inquire & Investigate Ser.). (ENG.). 128p. (YA). (gr. 7-9). 22.95 *(978-1-61930-760-5(X)*, 41eec50c-d927-4fba-98ae-8b21dc2b7f5d); pap. 17.95 *(978-1-61930-763-6(4)*, 5dba4407-23d7-4a92-90e5-17df39ccf3e1) Nomad Pr.

Immigration, Refugees, & the Fight for a Better Life. Elliott Smith. 2021. (Issues in Action (Read Woke (tm) Books) Ser.). (ENG., Illus.). 32p. (J). (gr. 4-8). pap. 10.99 *(978-1-7284-3135-2(2)*, 10527f68-3863-4e0e-b122-3db1d5baa6ab, Lerner Pubns.) Lerner Publishing Group.

Immigration Stories from a Fargo High School: Green Card Youth Voices. Ed. by Tea Rozman Clark & Rachel Lauren Mueller. 2019. (Green Card Youth Voices Ser.). (ENG.). 176p. (YA). pap. 20.00 *(978-1-949523-02-7(0))* Green Card Voices.

Immigration Stories from a Minneapolis High School: Green Card Youth Voices. Ed. by Tea Rozman Clark & Rachel Lauren Mueller. 2019. (Green Card Youth Voices Ser.). (ENG.). 176p. (YA). pap. 20.00 *(978-1-949523-00-3(4))* Green Card Voices.

Immigration Stories from a St. Paul High School: Green Card Youth Voices. Ed. by Tea Rozman Clark & Rachel Lauren Mueller. 2019. (Green Card Youth Voices Ser.). (ENG.). 176p. (YA). pap. 20.00 *(978-1-949523-04-1(7))* Green Card Voices.

Immigration Stories from an Atlanta High School: Green Card Youth Voices. Ed. by Tea Rozman Clark et al. 2019. (Green Card Youth Voices Ser.). (ENG., Illus.). 176p. (YA). pap. 20.00 *(978-1-949523-05-8(5))* Green Card Voices.

Immigration to Colonial America. Jackie Heckt. 2016. (Spotlight on Immigration & Migration Ser.). (ENG.). 24p. (J). (gr. 4-7). 21.80 *(978-1-5311-8873-3(7))* Perfection Learning Corp.

Immigration to North America: Asylum Seekers, Vol. 11. Frank Wright. Ed. by Stuart Anderson. 2016. (Immigration to North America Ser.: Vol. 11). (ENG., Illus.). 112p. (J). (gr. 7-12). 25.95 *(978-1-4222-3680-2(3))* Mason Crest.

Immigration to North America: Central American Immigrants, Vol. 11. Luis Martinez. Ed. by Stuart Anderson. 2016. (Immigration to North America Ser.: Vol. 11). (ENG., Illus.). 112p. (J). (gr. 7-12). 25.95 *(978-1-4222-3686-4(2))* Mason Crest.

Immigration to North America: Chinese Immigrants, Vol. 11. Jiao Gan. Ed. by Stuart Anderson. 2016. (Immigration to North America Ser.: Vol. 11). (ENG., Illus.). 112p. (J). (gr. 7-12). 25.95 *(978-1-4222-3684-0(6))* Mason Crest.

Immigration to North America: Cuban Immigrants, Vol. 11. Pete Spranger. Ed. by Stuart Anderson. 2016. (Immigration to North America Ser.: Vol. 11). (ENG., Illus.). 112p. (J). (gr. 7-12). 25.95 *(978-1-4222-3685-7(4))* Mason Crest.

Immigration to North America: Indian Immigrants, Vol. 11. Tom Balog. Ed. by Stuart Anderson. 2016. (Immigration to North America Ser.: Vol. 11). (ENG., Illus.). 112p. (J). (gr. 7-12). 25.95 *(978-1-4222-3687-1(0))* Mason Crest.

Immigration to North America: Mexican Immigrants, Vol. 11. Jose Ruiz. Ed. by Stuart Anderson. 2016. (Immigration to North America Ser.: Vol. 11). (ENG., Illus.). 112p. (J). (gr. 7-12). 25.95 *(978-1-4222-3688-8(9))* Mason Crest.

Immigration to North America: Middle Eastern Immigrants, Vol. 11. Ed Warms. Ed. by Stuart Anderson. 2016. (Immigration to North America Ser.: Vol. 11). (ENG., Illus.). 112p. (J). (gr. 7-12). 25.95 *(978-1-4222-3689-5(7))* Mason Crest.

Immigration to North America: Refugees, Vol. 11. Mike Venettone. Ed. by Stuart Anderson. 2016. (Immigration to North America Ser.: Vol. 11). (ENG., Illus.). 112p. (J). (gr. 7-12). 25.95 *(978-1-4222-3681-9(1))* Mason Crest.

Immigration to North America: Rights & Responsibilities of Citizenship, Vol. 11. Jack Nagle. Ed. by Stuart Anderson. 2016. (Immigration to North America Ser.: Vol. 11). (ENG., Illus.). 112p. (J). (gr. 7-12). 25.95 *(978-1-4222-3682-6(X))* Mason Crest.

Immigration to North America: South American Immigrants, Vol. 11. Larry McCaffrey. Ed. by Stuart Anderson. 2016. (Immigration to North America Ser.: Vol. 11). (ENG., Illus.). 112p. (J). (gr. 7-12). 25.95 *(978-1-4222-3690-1(0))* Mason Crest.

Immigration to North America: Undocumented Immigration & Homeland Security, Vol. 11. Rick Schmerhorn. Ed. by Stuart Anderson. 2016. (Immigration to North America Ser.: Vol. 11). (ENG., Illus.). 112p. (J). (gr. 7-12). 25.95 *(978-1-4222-3683-3(8))* Mason Crest.

Immigration Today. Jessica Gunderson et al. 2018. (Immigration Today Ser.). (ENG.). 32p. (J). (gr. 3-6). 119.96 *(978-1-5435-1401-8(4)*, 27977, Capstone Pr.) Capstone.

Immigration: Welcome or Not?, 1 vol. Erin L. McCoy & Lila Perl. 2018. (Today's Debates Ser.). (ENG.). 144p. (gr. 7-7). pap. 22.16 *(978-1-5026-4331-5(6)*, 3eb38cf9-f8c0-4cce-bfbc-4afd83997c5a) Cavendish Square Publishing LLC.

Immoral Code. Lillian Clark. 2019. 320p. (YA). (gr. 7). 17.99 *(978-0-525-58046-1(8)*, Knopf Bks. for Young Readers) Random Hse. Children's Bks.

Immortal Blood: A Fairy Tale. Shawna Bennett. 2020. (ENG.). 270p. (J). pap. 18.95 *(978-1-64952-115-6(4))* Fulton Bks.

Immortal Bond. Amy Sparling. 2019. (ENG.). 206p. (YA). pap. 9.99 *(978-1-393-08982-7(8))* Draft2Digital.

Immortal Boy. Francisco Montana Ibanez. Tr. by David Bowles. 2021. (ENG.). 320p. (YA). (gr. 7-12). 17.99 *(978-1-64614-044-2(3))* Levine Querido.

Immortal Chronicles: The Key. Sheal Mullin Berube et al. 2020. (ENG.). 142p. (J). pap. ***(978-1-989033-40-1(7))*** Saga Pr. & Little Bird Bks.

Immortal Creators. Jill Bowers. 2018. (Immortal Writers Ser.: Vol. 2). (ENG., Illus.). 268p. (YA). (gr. 8-12). pap. *(978-1-988279-55-8(0))* Blue Moon Pubs.

Immortal Essence. Emma Reen. 2021. (ENG.). 504p. (YA). pap. 20.00 ***(978-1-0880-4466-7(2))*** Indy Pub.

Immortal Fire. Annette Marie. 2017. (Red Winter Trilogy Ser.: Vol. 3). (ENG., Illus.). (YA). (gr. 8-12). pap. *(978-1-988153-11-7(5))* Marie, Annette.

Immortal Flame (Classic Reprint) Marie Bjelke Petersen. 2018. (ENG., Illus.). 368p. (J). 31.51 *(978-0-332-15655-2(9))* Forgotten Bks.

Immortal Game. Talia Rothschild & A. C. Harvey. 2021. (ENG.). 352p. (YA). 18.99 *(978-1-250-26290-5(9)*, 900221640) Feiwel & Friends.

Immortal Girl5. Griffin Stark. 2019. (ENG.). 176p. (J). pap. 12.99 *(978-0-692-14235-6(5))* Real Bks. 360.

Immortal Gymnasts (Classic Reprint) Marie Cher. (ENG., Illus.). (J). 2018. 342p. 30.95 *(978-1-396-82200-1(3))*; 2018. 344p. pap. 13.57 *(978-1-396-82181-3(3))*; 2018. 342p. 30.95 *(978-0-483-33290-4(9))*; 2016. pap. 13.57 *(978-1-333-39311-3(3))* Forgotten Bks.

Immortal Jellyfish. Sang Miao. 2019. (ENG., Illus.). 40p. (J). (gr. k-2). 17.95 *(978-1-911171-79-9(8))* Flying Eye Bks. GBR. Dist: Penguin Random Hse. LLC.

Immortal Magic Book One. Leeann Roberts. 2022. (ENG.). 228p. (YA). pap. *(978-1-3984-7713-1(3))* Austin Macauley Pubs. Ltd.

Immortal Mark. Amy Sparling. 2019. (ENG.). 202p. (J). pap. 8.99 *(978-1-393-97807-7(X))* Draft2Digital.

Immortal Mark: The Complete Series. Amy Sparling. 2019. (ENG.). 386p. (YA). pap. 14.99 *(978-1-393-14934-7(0))* Draft2Digital.

Immortal Memories. Clement King Shorter. 2017. (ENG., Illus.). (J). 23.95 *(978-1-374-91302-8(2))*; pap. 13.95 *(978-1-374-91301-1(4))* Capital Communications, Inc.

Immortal Moment: The Story of Kitty Tailleur (Classic Reprint) May' Sinclair. (ENG., Illus.). (J). 2018. 338p. 30.87 *(978-0-267-54068-6(X))*; 2016. pap. 13.57 *(978-1-333-38405-0(X))* Forgotten Bks.

Immortal Moment: The Story of Kitty Tailleur (Esprios Classics) May' Sinclair. 2019. (ENG.). 192p. (J). pap. ***(978-0-359-90620-8(6))*** Lulu Pr., Inc.

Immortal One. Petre Sefton. 2017. (Immortal One Ser.: Vol. 1). (ENG., Illus.). 431p. (YA). (gr. 7-12). pap. *(978-0-9927572-5-0(8))* Chanticleer.

Immortal Reign: A Falling Kingdoms Novel. Morgan Rhodes. 2018. (Falling Kingdoms Ser.: 6). (YA). (gr. 7). 416p. pap. 11.99 *(978-1-59514-825-4(6))*; 400p. 18.99 *(978-1-59514-824-7(8))* Penguin Young Readers Group. (Razorbill).

Immortal Soul: A Novel (Classic Reprint) W. H. Mallock. 2018. (ENG., Illus.). 364p. (J). 31.40 *(978-0-365-01010-4(3))* Forgotten Bks.

Immortal Truth. Amy Sparling. 2019. (ENG.). 204p. (YA). pap. 9.99 *(978-1-393-58189-5(7))* Draft2Digital.

Immortal Writers. Jill Bowers. 2016. (Immortal Writers Ser.: Vol. 1). (ENG., Illus.). 296p. (YA). (gr. 8-12). pap. *(978-0-9947321-7-0(1))* Blue Moon Pubs.

Immortal Youth: A Study in the Will to Create (Classic Reprint) Lucien Price. 2018. (ENG., Illus.). 56p. (J). 25.05 *(978-0-484-80053-2(1))* Forgotten Bks.

Immortality: A Love Story. Dana Schwartz. 2023. (YA). ***(978-1-250-89777-0(7)***, Wednesday Bks.) St. Martin's Pr.

Immortality: a Love Story. Dana Schwartz. 2023. (Anatomy Duology Ser.: 2). (ENG., Illus.). 400p. (YA). 19.99 *(978-1-250-86101-6(2)*, 900266284, Wednesday Bks.) St. Martin's Pr.

Immortals: Madame Hrysantheme (Classic Reprint) Pierre Loti. 2017. (ENG., Illus.). (J). 31.80 *(978-0-265-19187-3(4))* Forgotten Bks.

Immortals: Masterpieces of Fiction Crowned by the French Academy; with a Preface to Each Volume, by an Immortal & a General Introduction Conveying Official Sanction (Classic Reprint) Gaston Boissier. 2017. (ENG., Illus.). (J). 30.39 *(978-0-260-99105-8(8))* Forgotten Bks.

Immortals Fenyx Rising: a Traveler's Guide to the Golden Isle. Rick Barba & Ubisoft. 2022. (Illus.). 96p. (J). (gr. 3-7). 14.99 *(978-1-5067-2048-7(X)*, Dark Horse Books) Dark Horse Comics.

Immortals Fenyx Rising: from Great Beginnings. Ben Kahn. Illus. by Georgeo Brooks. 2021. 64p. (J). (gr. 3-7). pap. 12.99 *(978-1-5067-1972-6(4)*, Dark Horse Books) Dark Horse Comics.

Immortals Prince Zilah, Vol. 6: By Comte d'Haussonville & Illus, by Herman Rountree (Classic Reprint) Jules Claretie. 2018. (ENG., Illus.). 340p. (J). 30.93 *(978-0-484-59568-1(7))* Forgotten Bks.

Immortals vs. Navy SEALs. Virginia Loh-Hagan. 2019. (Battle Royale: Lethal Warriors Ser.). (ENG., Illus.). 32p. (J). (gr. 4-8). pap. 14.21 *(978-1-5341-5053-9(6)*, 213519); lib. bdg. 32.07 *(978-1-5341-4767-6(5)*, 213518) Cherry Lake Publishing. (45th Parallel Press).

Immortopia. Kingsley Pilgrim. 2018. (ENG., Illus.). 466p. (YA). pap. *(978-1-78623-084-3(4))* Grosvenor Hse. Publishing Ltd.

Immortuos. Payton a Sproule. 2019. (ENG.). 400p. (YA). pap. *(978-0-2288-1146-6(5))* Tellwell Talent.

Immune System. Golriz Golkar. 2022. (Body Systems Ser.). (ENG.). 32p. (J). (gr. 2-5). lib. bdg. 34.21 *(978-1-5321-9859-5(0)*, 40841, Kids Core) ABDO Publishing Co.

Immune System. Grace Hansen. 2018. (Beginning Science: Body Systems Ser.). (ENG., Illus.). 24p. (J). (gr. -1-2). lib. bdg. 32.79 *(978-1-5321-8186-3(8)*, 29845, Abdo Kids) ABDO Publishing Co.

Immunity. Erin Bowman. (Contagion Ser.: 2). (ENG.). 448p. (YA). (gr. 8). 2020. pap. 10.99 *(978-0-06-257419-0(1))*; 2019. (Illus.). 17.99 *(978-0-06-257417-6(5))* HarperCollins Pubs. (HarperTeen).

Immunology, Vol. 6. James Shoals. 2018. (Science of the Human Body Ser.). (Illus.). 80p. (J). (gr. 7). lib. bdg. 33.27 *(978-1-4222-4196-7(3))* Mason Crest.

Immy. Phoebe Brinkley. Illus. by Stormie Olsen. 2020. (ENG.). 38p. (J). pap. *(978-1-716-47552-8(X))* Lulu Pr., Inc.

Imogen, Obviously. Becky Albertalli. 2023. (ENG.). 432p. (YA). (gr. 9). 19.99 *(978-0-06-304587-3(7)*, Balzer & Bray) HarperCollins Pubs.

Imogene Comes Back! David Small. 2020. (ENG., Illus.). 40p. (J). (gr. -1-2). lib. bdg. 20.99 *(978-0-593-12375-1(1)*, Knopf Bks. for Young Readers) Random Hse. Children's Bks.

Imogene's Antlers. David Small. 2020. (ENG., Illus.). 32p. (J). (gr. -1-2). 17.99 *(978-0-375-81048-0(X)*, Knopf Bks. for Young Readers) Random Hse. Children's Bks.

Imogene's Antlers. David Small. 2020. (Illus.). 32p. (J). (gr. -1-2). pap. 8.99 *(978-0-593-12576-2(2)*, Dragonfly Bks.) Random Hse. Children's Bks.

Imp & the Angel (Classic Reprint) Josephine Dodge Daskam. 2018. (ENG., Illus.). (J). 27.98 *(978-0-332-00900-1(9))* Forgotten Bks.

Imp (Classic Reprint) Wilson Macnair. (ENG., Illus.). (J). 2018. 306p. 30.21 *(978-0-267-31381-5(0))*; 2016. pap. 13.57 *(978-1-333-43244-7(5))* Forgotten Bks.

Impact! Asteroids & the Science of Saving the World. Elizabeth Rusch. Illus. by Karin Anderson. 2017. (Scientists in the Field Ser.). (ENG.). 80p. (J). (gr. 3-7). 18.99 *(978-0-544-67159-1(7)*, 1625794, Clarion Bks.) HarperCollins Pubs.

Impact Earth: Forces below & Above: Leveled Reader Card Book 16 Level W. Hmh Hmh. 2019. (ENG.). (J). pap. 14.13 *(978-0-358-16191-2(6))* Houghton Mifflin Harcourt Publishing Co.

Impact Earth: Forces below & Above: Leveled Reader Card Book 16 Level W 6 Pack. Hmh Hmh. 2021. (J). (ENG.). pap. 69.33 *(978-0-358-18930-5(6))*; (SPA.). pap. 74.40 *(978-0-358-27326-4(9))* Houghton Mifflin Harcourt Publishing Co.

Impact of Black Churches on the Civil Rights Movement. Duchess Harris & Martha London. 2019. (Freedom's Promise Set 3 Ser.). (ENG.). 48p. (J). (gr. 4-8). lib. bdg. 35.64 *(978-1-5321-9078-0(6)*, 33674) ABDO Publishing Co.

Impact of Science, Technology, & Economics in Australia & the Pacific Realm, 1 vol. J. M. Klein. 2020. (Global Effects Ser.). (ENG.). 32p. (gr. 5-6). pap. 11.60 *(978-1-7253-2256-1(0)*, 3ca3732d-8588-405f-9897-becd5e266f57); lib. bdg. 27.93 *(978-1-7253-2258-5(7)*, 538db6e8-9eaf-459c-8a23-a5bcd08b9789) Rosen Publishing Group, Inc., The. (PowerKids Pr.).

Impact of Science, Technology, & Economics in East & Southeast Asia, 1 vol. Holly Brown. 2020. (Global Effects Ser.). (ENG.). 32p. (gr. 5-6). pap. 11.60 *(978-1-7253-2252-3(8)*, e7053bf1-5968-453f-a848-9d59e9abdd76, PowerKids Pr.) Rosen Publishing Group, Inc., The.

Impact of Science, Technology, & Economics in Europe, 1 vol. Peter Kogler. 2020. (Global Effects Ser.). (ENG.). 32p. (gr. 5-6). lib. bdg. 27.93 *(978-1-7253-2234-9(X)*, 2a651d8e-e4cc-4a51-a9bd-530bba67230b, PowerKids Pr.) Rosen Publishing Group, Inc., The.

Impact of Science, Technology, & Economics in Latin America, 1 vol. Peter Kogler. 2020. (Global Effects Ser.). (ENG.). 32p. (gr. 5-6). lib. bdg. 27.93 *(978-1-7253-2230-1(7)*, a7c7a00c-4eb6-4af4-aa89-64ada8138c25, PowerKids Pr.) Rosen Publishing Group, Inc., The.

Impact of Science, Technology, & Economics in Russia & the Eurasian Republics, 1 vol. Ryan Wolf. 2020. (Global Effects Ser.). (ENG.). 32p. (gr. 5-6). pap. 11.60 *(978-1-7253-2236-3(6)*, a677398e-0d6e-430b-9d0e-8f1ee02ff4a9); lib. bdg. 27.93 *(978-1-7253-2238-7(2)*, 3193880d-2c6a-4921-864c-40d9ab7ae3c3) Rosen Publishing Group, Inc., The. (PowerKids Pr.).

Impact of Science, Technology, & Economics in Sub-Saharan Africa, 1 vol. Tamra Orr. 2020. (Global Effects Ser.). (ENG.). 32p. (gr. 5-6). lib. bdg. 27.93 *(978-1-7253-2246-2(3)*, 7127e03c-885e-4c68-834c-fbdcfaa9517c, PowerKids Pr.) Rosen Publishing Group, Inc., The.

Impact of Slavery in America. Duchess Harris & Gail Radley. 2019. (Slavery in America Ser.). (ENG.). 112p. (J). (gr. 6-12). lib. bdg. 41.36 *(978-1-5321-1925-5(9)*, 32315, Essential Library) ABDO Publishing Co.

Impact Your Destiny: 21 Real Life Destiny Encounters Prakaash Kriya - Reinventing Lives. Rajiv Arora. 2018. (ENG., Illus.). 174p. (J). pap. 11.00 *(978-1-64324-552-2(X))* Notion Pr., Inc.

Impactful Community-Based Literacy Projects. Lesley S. J. Farmer. 2020. (ENG.). 140p. (YA). pap. 54.99 *(978-0-8389-4803-3(0))* American Library Assn.

Impara a Leggere e a Scrivere: Parole Semplici: con Cento Parole Frequenti! Libro Didattico: Età 4-7. June & Lucy Kids. 2020. (ITA.). 106p. (J). pap. 6.99 ***(978-1-64608-256-8(7))*** June & Lucy.

Imparables. Diario de Cómo Conquistamos la Tierra / Unstoppable Us: How Humans T Ook over the World. Yuval Noah Harari. Illus. by Ricard Zaplana. 2022. (SPA.). 176p. (J). (gr. 2). pap. 12.95 *(978-607-38-2022-6(4)*, Montena) Penguin Random House Grupo Editorial ESP. Dist: Penguin Random Hse. LLC.

Impartial History of the Rise, Progress, & Extinction of the Late Rebellion in Britain, in the Years 1745 And 1746: Giving an Account of Every Battle, Skirmish, & Siege, from the Time of the Pretender's Coming Out of France, until He Landed in Fran. D. Graham. 2017. (ENG., Illus.). (J). 27.34 *(978-0-331-46959-2(6))*; pap. 9.97 *(978-0-259-76215-7(6))* Forgotten Bks.

Impatient Alpaca. Krystal Harris. Illus. by Asela Gayan. 2022. (ENG.). 28p. (J). ***(978-0-2288-7830-8(6))***; pap. ***(978-0-2288-7829-2(2))*** Tellwell Talent.

Impatient Iguana. Sandra Wilson. 2019. (Emotional Animal Alphabet Ser.: Vol. 9). (ENG.). 40p. (J). pap. *(978-1-988215-44-0(7))* words ... along the path.

Impeachment. Justine Rubinstein. 2019. (Know Your Government Ser.). (Illus.). 96p. (J). (gr. 12). lib. bdg. 34.60 *(978-1-4222-4237-7(4))* Mason Crest.

Impeachment: Donald Trump & the History of Presidents in Peril. James Roland. 2020. (Gateway Biographies Ser.). (ENG., Illus.). 48p. (J). (gr. 4-8). lib. bdg. 31.99 *(978-1-7284-1617-5(5)*, fe77ecc0-f00d-425e-b27d-6686d4780ce3, Lerner Pubns.) Lerner Publishing Group.

Impeachment of Donald Trump. Sue Bradford Edwards. 2020. (Special Reports). (ENG., Illus.). 112p. (J). (gr. 6-12). lib. bdg. 41.36 *(978-1-5321-9401-6(3)*, 36046, Essential Library) ABDO Publishing Co.

Impeachment of President Donald Trump. John Allen. 2020. (ENG.). 80p. (J). (gr. 6-12). 41.27 *(978-1-68282-901-1(4))* ReferencePoint Pr., Inc.

Impediment: A Novel (Classic Reprint) Dorothea Gerard. 2018. (ENG., Illus.). 340p. (J). 30.91 *(978-0-428-96532-7(6))* Forgotten Bks.

Impending Sword, Vol. 1 Of 3: A Novel (Classic Reprint) Edmund Hodgson Yates. 2017. (ENG., Illus.). (J). 30.00 *(978-1-5285-6302-4(6))* Forgotten Bks.

994 The check digit for ISBN-10 appears in parentheses after the full ISBN-13

Impending Sword, Vol. 2 Of 3: A Novel (Classic Reprint) Edmund Yates. 2018. (ENG., Illus.). 326p. (J). 30.62 (978-0-484-81251-1(3)) Forgotten Bks.

Imperative Duty. William Dean Howells. 2017. (ENG.). 158p. (J). pap. (978-3-337-02957-9(4)) Creation Pubs.

Imperative Duty: A Novel (Classic Reprint) William Dean Howells. 2018. (ENG., Illus.). 162p. (J). 27.24 (978-0-428-96922-6(4)) Forgotten Bks.

Imperator et Rex: William II. of Germany (Classic Reprint) Marguerite De Godart Cunliffe-Owen. 2017. (ENG., Illus.). (J). 30.54 (978-0-260-74054-0(3)) Forgotten Bks.

Imperealisity: The New World. Gary Wayne. 2020. (ENG.). 350p. (YA). 22.99 (978-1-64908-224-4(X)); pap. 13.99 (978-1-64908-223-7(1)) PageTurner: Pr. & Media.

Imperfect: Poems about Mistakes: an Anthology for Middle Schoolers. Ed. by Tabatha Yeatts. 2018. (ENG., Illus.). 124p. (YA). (gr. 7-8). 13.49 (978-0-9679158-3-8(X)); pap. 8.49 (978-0-9679158-2-1(1)) History Hse Pubs.

Imperfect: a Story of Body Image. Dounya Awada. Illus. by Garry Leach & Miralti Firmansyah. 2019. (Zuiker Teen Topics Ser.). (ENG.). 96p. (YA). (gr. 6). 12.99 (978-1-947378-07-0(4)) Zuiker Pr.

Imperfect: a Story of Body Image. Dounya Awada. Illus. by Garry Leach & Miralti Firmansyah. 2022. (Zuiker Teen Topics Ser.). (ENG.). 88p. (J). pap. 9.99 (978-1-947378-38-4(4)) Zuiker Pr.

Imperfect Garden, 1 vol. Melissa Assaly. Illus. by April dela Noche Milne. 2019. (ENG.). 36p. (J). (gr. -1-3). 19.95 (978-1-55455-408-9(X), c0b88459-11cb-4208-8378-1f3f29717580) Fitzhenry & Whiteside, Ltd. CAN. Dist: Firefly Bks., Ltd.

Imperfect Prayers - Hand Drawn Mandala Coloring Book. Gina Mauro. 2021. (ENG.). 69p. (J). pap. (978-1-68471-425-4(7)) Lulu Pr., Inc.

Imperfectly Proper (Classic Reprint) Peter O'Donovan. 2018. (ENG., Illus.). 386p. (J). 31.88 (978-0-267-21127-2(9)) Forgotten Bks.

Imperfecto. Laura Silverman. 2021. (SPA.). 256p. (YA). pap. 17.99 (978-607-8712-85-4(3)) V&R Editoras.

Imperia Jobsworth Is Missing. Jeanie Palfrey. 2021. (ENG.). 158p. (J). pap. (978-1-913166-53-3(8)) Heddon Publishing.

Imperial Conspiracy (Classic Reprint) Graham Martyr. 2018. (ENG., Illus.). 146p. (J). 26.93 (978-0-267-66070-4(7)) Forgotten Bks.

Imperial Dictionary of the English Language, Vol. 1: A Complete Encyclopedic Lexicon, Literary, Scientific, & Technological; a-Depascent (Classic Reprint) John Ogilvie. (ENG., Illus.). (J). 2018. 716p. 38.66 (978-0-267-76107-4(4)); 2016. pap. 20.97 (978-1-333-91621-3(3)) Forgotten Bks.

Imperial Dictionary of the English Language, Vol. 3: A Complete Encyclopedic Lexicon, Literary, Scientific, & Technological; I-Screak (Classic Reprint) John Ogilvie. 2016. (ENG., Illus.). (J). pap. 23.57 (978-1-333-86504-7(X)) Forgotten Bks.

Imperial Dictionary of the English Language, Vol. 4: A Complete Encyclopaedic Lexicon, Literary, Scientific, & Technological; Scream-Zythum (Classic Reprint) John Ogilvie. 2018. (ENG., Illus.). 796p. (J). 40.33 (978-0-267-75876-0(6)) Forgotten Bks.

Imperial Dictionary the English Language, Vol. 2: A Complete Encyclopedic Lexicon, Literary, Scientific, & Technological; Depasture-Kythe (Classic Reprint) John Ogilvie. 2016. (ENG., Illus.). (J). pap. 20.97 (978-1-333-70470-4(4)) Forgotten Bks.

Imperial Grandeur, or the Family from Souvenirs of Count Alfred de Vigny (Classic Reprint) Alfred de Vigny. (ENG., Illus.). (J). 2018. 146p. 26.93 (978-0-483-52561-0(8)); 2017. pap. 9.57 (978-0-243-11686-7(1)) Forgotten Bks.

Imperial India 1879: An Artist's Journals (Classic Reprint) Val C. Prinsep. 2017. (ENG., Illus.). (J). 32.89 (978-0-331-59538-3(9)) Forgotten Bks.

Imperial Paris: Including New Scenes for Old Visitors (Classic Reprint) W. Blanchard Jerrold. (ENG., Illus.). (J). 2018. 290p. 29.88 (978-0-483-03828-8(8)); 2017. pap. 13.57 (978-0-259-58510-7(6)) Forgotten Bks.

Imperial Richenda: A Fantastic Comedy (Classic Reprint) Rosamond Langbridge. 2018. (ENG., Illus.). (J). 30.99 (978-0-260-90508-6(9)) Forgotten Bks.

Imperialist (Classic Reprint) Everard Cotes. 2017. (ENG., Illus.). (J). 34.37 (978-0-331-83148-1(1)) Forgotten Bks.

Imperio Romano. Renzo Barsotti. 2019. (SPA.). 40p. (J). 13.99 (978-84-9786-683-5(5)) Edimat Libros, S. A. ESP. Dist: Lectorum Pubns., Inc.

Imperium: El Despertar. Edy Bravo. 2020. (Imperium Ser.: Vol. 1). (SPA.). 298p. (YA). pap. 14.99 **(978-1-393-55322-9(2))** Draft2Digital.

Impetuous, Tempestuous Rescue. Will Hallewell. 2019. (Gazore Ser.: Vol. 8). (ENG.). 128p. (J). (gr. 3-6). pap. 7.99 (978-1-64533-208-4(X)) Kingston Publishing Co.

Impish Squirrel & Other Stories: Stories for Boys & Girls. Danielle Michaud Aubrey. 2019. (Walk in the Wind Ser.: Vol. 1). (ENG., Illus.). 112p. (J). (gr. 1-6). (978-1-989048-24-5(2)) Petra Bks.

Implant. Stephen L. Long. 2020. (ENG.). 316p. (YA). pap. (978-1-913071-97-4(9)) 2QT, Ltd. (Publishing).

Implementation of the Helsinki Accords: Hearing Before the Commission on Security & Cooperation in Europe, One Hundred Third Congress, Second Session, a Child Life in Sarajevo, March 10, 1994 (Classic Reprint) Commission on Security and Coope Europe. 2017. (ENG., Illus.). (J). 24.68 (978-0-266-61513-2(9)) Forgotten Bks.

Imploder. Beverly Blackman. 2019. (ENG.). 48p. (J). pap. 11.95 (978-1-68456-627-3(4)) Page Publishing Inc.

Impolite Construction Site. Amy Wagner. 2016. (ENG., Illus.). (J). 25.95 (978-1-4808-4015-7(7)); pap. 16.95 (978-1-4808-4014-0(9)) Archway Publishing.

Imponderabilium Praesertim Electricitatis Theoria Dynamica, Cum Appendice de Imaginibus Quae Luce Calore Electricitate Procreantur: Dissertatio Inauguralis Physica Quam Amplissimi Philosophorum Ordinis Consensu Atque Auctoritate Pro Summis in Philosophia. Gustav Karsten. 2018. (LAT., Illus.). (J). 58p. 25.09 (978-0-267-01756-0(1)); 60p. pap. 9.57 (978-0-483-86431-3(5)) Forgotten Bks.

Importance of Being Earnest. Oscar. Wilde. 2019. (ENG.). 52p. (J). (gr. 3-7). (978-1-78943-036-3(4)) Benediction Classics.

Importance of Being Earnest: A Trivia Comedy for Serious People. Oscar. Wilde. 2019. (ENG.). 88p. (J). (gr. 3-7). (978-1-989631-67-6(3)); pap. (978-1-989631-37-9(1)) OMNI Publishing.

Importance of Being Earnest+cd. Collective. 2017. (Reading & Training Ser.). (ENG.). 80p. (YA). pap. 26.95 (978-88-530-1632-4(9), Black Cat) Grove/Atlantic, Inc.

Importance of Being Ivy. Poppy Willmott. 2017. (ENG., Illus.). (J). pap. (978-1-925282-73-3(2)) Port Campbell Pr.

Importance of Being Wilde at Heart. R. Zamora Linmark. 2019. 352p. (YA). (gr. 7). 17.99 (978-1-101-93821-8(8), Delacorte Pr.) Random Hse. Children's Bks.

Importance of Jury Service, 1 vol. Kaisa Walker. 2017. (Spotlight on Civic Action Ser.). (ENG.). 32p. (J). (gr. 4-5). 27.93 (978-1-5081-6403-6(7), ef43b9aa-8a09-40d2-a1fc-36e6e9376957, PowerKids Pr.) Rosen Publishing Group, Inc., The.

Importance of Love Rays: Developing Secure Attachment in Infancy & Childhood. Paula Sacks. Illus. by Maryna Voloshyna. 2020. (ENG.). 50p. (J). (gr. k-2). 29.95 (978-0-578-75634-9(X)) Sacks, Paula.

Importance of Plants - Boonganan Taian Aroka (Te Kiribati) Boikabane Ianea. Illus. by John Maynard Balinggao. 2022. (MIS.). 28p. (J). pap. **(978-1-922910-03-5(1))** Library For All Limited.

Importance of Plants to Life on Earth, 1 vol. Yea Jee Bae. 2018. (Let's Find Out! Plants Ser.). (ENG.). 32p. (gr. 2-3). lib. bdg. 26.06 (978-1-5383-0197-5(0), d09f418b-fbdd-489d-af1e-a81a201a8493, Britannica Educational Publishing) Rosen Publishing Group, Inc., The.

Importance of Saying: Excuse Me. Luther Saunders. Illus. by Esn Shall Media Production. 2022. (ENG.). 48p. (J). **(978-1-0391-4789-8(5))**; pap. **(978-1-0391-4788-1(7))** FriesenPress.

Importance of Shipbuilding to Viking History Viking History Books Grade 3 Children's History. Baby Professor. 2021. (ENG.). 72p. (J). 27.99 (978-1-5419-8083-9(2)); pap. 16.99 (978-1-5419-5925-5(6)) Speedy Publishing LLC. (Baby Professor (Education Kids)).

Importance of Storytellers in Inuit Society - Inuit Children's Book Grade 3 - Children's Geography & Cultures Books. Baby Professor. 2019. (ENG.). 74p. (J). pap. 14.89 (978-1-5419-5300-0(2)); 24.88 (978-1-5419-7496-8(4)) Speedy Publishing LLC. (Baby Professor (Education Kids)).

Importance of the Columbia & Rio Grande Rivers American Geography Grade 5 Children's Geography & Cultures Books. Baby Professor. 2020. (ENG.). 76p. (J). 24.99 (978-1-5419-7966-6(4)); pap. 14.99 (978-1-5419-6081-7(5)) Speedy Publishing LLC. (Baby Professor (Education Kids)).

Importance of the First Continental Congress U. S. Revolutionary Period Social Studies Grade 4 Children's Government Books. Baby Professor. 2020. (ENG.). 72p. (J). 24.99 (978-1-5419-8013-6(1)); pap. 14.99 (978-1-5419-4987-4(0)) Speedy Publishing LLC. (Baby Professor (Education Kids)).

Importance of the Media Essentials & Impact of Current Events Grade 4 Children's Reference Books. Baby Professor. 2020. (ENG.). 72p. (J). 24.99 (978-1-5419-7982-6(6)); pap. 14.99 (978-1-5419-5993-4(0)) Speedy Publishing LLC. (Baby Professor (Education Kids)).

Importance of Wings. Robin Friedman. 2017. 176p. (J). (gr. 5). pap. 7.99 (978-1-58089-331-2(7)) Charlesbridge Publishing, Inc.

Importancia de Llamarse Sweetie. Sandhya Menon. 2022. (SPA.). 408p. (YA). pap. 22.95 (978-607-07-8285-5(2)) Editorial Planeta, S. A. ESP. Dist: Two Rivers Distribution.

Important & Eventful Trial of Queen Caroline. Consort of George IV: For Adulterous Intercourse, with Bartolomo Bergami (Classic Reprint) Queen Caroline. (ENG., Illus.). (J). 2018. 416p. 32.48 (978-0-364-43412-3(0)); 2017. pap. 16.57 (978-0-259-45152-5(5)) Forgotten Bks.

Important Black Americans in Sports. John Allen. 2022. (Black Americans of Distinction Ser.). (ENG., Illus.). 64p. (J). (gr. 6-12). 43.93 (978-1-6782-0290-3(8)) ReferencePoint Pr., Inc.

Important Facts about Your Health - Science Book 3rd Grade Children's Biology Books. Baby Professor. 2017. (ENG., Illus.). 64p. (J). pap. 9.52 (978-1-5419-1488-9(0), Baby Professor (Education Kids)) Speedy Publishing LLC.

Important Jobs at Airports. Mari Bolte. 2023. (Wonderful Workplaces Ser.). (ENG.). 32p. (J). 31.32 (978-0-7565-7208-2(8), 247170); pap. 7.99 (978-0-7565-7203-7(7), 247165) Capstone. (Pebble).

Important Jobs at Hospitals. Mari Bolte. 2023. (Wonderful Workplaces Ser.). (ENG.). 32p. (J). 31.32 (978-0-7565-7232-7(0), 247326); pap. 7.99 (978-0-7565-7227-3(4), 247311) Capstone. (Pebble).

Important Jobs at Zoos. Mari Bolte. 2023. (Wonderful Workplaces Ser.). (ENG.). 32p. (J). 31.32 (978-0-7565-7216-7(9), 247324); pap. 7.99 (978-0-7565-7211-2(8), 247309) Capstone. (Pebble).

Important Jobs on Movie Sets. Mari Bolte. 2023. (Wonderful Workplaces Ser.). (ENG.). 32p. (J). 31.32 (978-0-7565-7224-2(X), 247325); pap. 7.99 (978-0-7565-7219-8(3), 247310) Capstone. (Pebble).

Important Performance. Tim St Peter. 2021. (ENG.). 36p. (J). pap. 11.95 (978-1-0980-6844-8(0)) Christian Faith Publishing.

Important Thing about Margaret Wise Brown. Mac Barnett. Illus. by Sarah Jacoby. 2019. (ENG.). 48p. (J). (gr. -1-3). 17.99 (978-0-06-239344-9(8), Balzer & Bray) HarperCollins Pubs.

Important Things Every Kid Should Know to Survive Middle School: Follow God, Try New Things, & Don't Freak Out. Sandy Silverthorne. 2020. (ENG., Illus.). 144p. (J). (gr. 2-6). pap. 12.99 (978-0-7369-7657-2(4), 6976572) Harvest Hse. Pubs.

Important Women (Set Of 8) 2021. (Important Women Ser.). (ENG., Illus.). 256p. (J). (gr. 2-3). pap. 79.60 (978-1-64493-722-8(0)); lib. bdg. 250.80 (978-1-64493-686-3(0)) North Star Editions. (Focus Readers).

Imported Bridegroom. Abraham Cahan. 2016. (ENG.). 266p. (J). pap. (978-3-7433-8276-3(8)) Creation Pubs.

Imported Bridegroom: And Other Stories of the New York Ghetto (Classic Reprint) Abraham Cahan. 2018. (ENG., Illus.). 266p. (J). 29.38 (978-0-483-58575-1(0)) Forgotten Bks.

Imports & Exports: The Ins & Outs of Economics Explained Economic Development Grade 3 Economics. Biz Hub. 2022. (ENG.). 72p. (J). 31.99 **(978-1-5419-8088-4(3))**; pap. 19.99 **(978-1-5419-5322-2(3))** Speedy Publishing LLC. (Biz Hub (Business & Investing)).

Imposible. Isol. 2018. (Especiales de a la Orilla Del Viento Ser.). (SPA., Illus.). 36p. (J). 9.99 (978-607-16-5629-2(X)) Fondo de Cultura Economica USA.

Impossibility of Us. Katy Upperman. 2019. (ENG.). 336p. (YA). pap. 16.99 (978-1-250-30918-1(2), 900175616) Square Fish.

Impossible, 1 vol. Isol. Tr. by Elisa Amado. 2021. (ENG., Illus.). 32p. (J). (gr. -1-2). 18.95 (978-1-77306-434-5(7)) Groundwood Bks. CAN. Dist: Publishers Group West (PGW).

Impossible. Gregory Pohl. 2023. (ENG.). 30p. (J). 18.99 **(978-1-0880-9924-7(6))**; pap. 12.99 **(978-1-0881-1193-2(9))** Indy Pub.

Impossible. Jocelyn Shipley. ed. 2018. (Orca Soundings Ser.). lib. bdg. 20.80 (978-0-606-41263-6(8)) Turtleback.

Impossible. Jocelyn Shipley. 2nd ed. 2023. (Orca Soundings Ser.). (ENG.). 128p. (YA). (gr. 8-12). pap. 10.95 (978-1-4598-3313-5(9)) Orca Bk. Pubs. USA.

Impossible Animals. Gregory Pastoll. Illus. by Gregory Pastoll. 2022. (ENG.). 40p. (J). (978-0-6452688-6-7(0)) Pastoll, Gregory.

Impossible Boy (Classic Reprint) Nina Wilcox Putnam. (ENG., Illus.). (J). 2018. 414p. 32.46 (978-0-483-83126-1(3)); 2016. pap. 16.57 (978-1-334-25813-8(9)) Forgotten Bks.

Impossible Climb (Young Readers Adaptation) Alex Honnold, el Capitan, & a Climber's Life. Mark Synnott & Hampton Synnott. (ENG., Illus.). 224p. (J). (gr. 5). 2022. pap. 10.99 (978-0-593-20393-4(3)); 2021. 18.99 (978-0-593-20392-7(5)) Penguin Young Readers Group. (Viking Books for Young Readers).

Impossible Clue. Sarah Rubin. 2017. 293p. (J). pap. (978-0-545-94272-0(1), Chicken Hse., The) Scholastic, Inc.

Impossible Crime (Mac B. , Kid Spy #2) Mac Barnett. Illus. by Mike Lowery. 2018. (Mac B. , Kid Spy Ser.: 2). (ENG.). 160p. (J). (gr. 2-5). 12.99 (978-1-338-14368-3(9), Orchard Bks.) Scholastic, Inc.

Impossible Cube. Lyn Kang. 2023. (Figuring Life Out Ser.). (ENG.). 40p. (J). (gr. 4-7). pap. 8.99 **(978-981-5044-43-0(5))** Marshall Cavendish International (Asia) Private Ltd. SGP. Dist: Independent Pubs. Group.

Impossible Destiny of Cutie Grackle. Shawn K. Stout. 2022. (Illus.). 336p. (J). (gr. 3-7). 16.99 (978-1-68263-320-5(9)) Peachtree Publishing Co. Inc.

Impossible Distance to Fall. Miriam McNamara. 2019. (ENG.). 264p. (YA). (gr. 7-12). 16.99 (978-1-5107-3545-3(3), Sky Pony Pr.) Skyhorse Publishing Co., Inc.

Impossible Escape: A True Story of Survival & Heroism in Nazi Europe. Steve Sheinkin. 2023. (ENG., Illus.). 256p. (YA). 19.99 **(978-1-250-26572-2(X)**, 900222080) Roaring Brook Pr.

Impossible First: An Explorer's Race Across Antarctica (Young Readers Edition) Colin O'Brady. (ENG.). 304p. (J). (gr. 5). 2021. pap. 11.99 (978-1-5344-6199-4(X)); 2020. 17.99 (978-1-5344-6198-7(1)) Simon & Schuster Bks. For Young Readers. (Simon & Schuster Bks. For Young Readers).

Impossible Maze: Find Your Way Out!, 1 vol. Gareth Moore. 2018. (Puzzle Adventure Stories Ser.). (ENG.). 32p. (J). (gr. 3-3). 30.27 (978-1-5081-9629-7(X), 5d568d65-35ce-4f57-b228-4abb49fde3b6); pap. 12.75 (978-1-4994-8458-8(5), 61257003-b837-4e8a-ad01-f8d9cdb9f4c5) Rosen Publishing Group, Inc., The. (Windmill Bks.).

Impossible Music. Sean Williams. 2019. (ENG.). 320p. (YA). (gr. 9). 17.99 (978-0-544-81620-6(X), 1642320, Clarion Bks.) HarperCollins Pubs.

Impossible People (Classic Reprint) Mary C. E. Wemyss. 2018. (ENG., Illus.). 338p. (J). 30.87 (978-0-484-48541-8(5)) Forgotten Bks.

Impossible Race. Chad Morris. 2018. (Cragbridge Hall Ser.: 3). (ENG., Illus.). 432p. (J). (gr. 3-9). pap. 7.99 (978-1-62972-509-3(9), 5206850, Shadow Mountain) Shadow Mountain Publishing.

Impossible Thing to Say. Arya Shahi. 2023. (ENG.). 416p. (YA). (gr. 8). 19.99 **(978-0-06-324835-9(2))** HarperCollins Pubs.

Impossible Winterbourne Presents... the Alphabots. Septimus Winterbourne. 2018. (ENG.). (J). 19.95 (978-0-692-74378-2(2)) Amplify Publishing Group.

Impossible Wish. M. G. Higgins. Illus. by Jo Taylor. 2016. (Sibling Split Ser.). (ENG.). 112p. (J). (gr. 3-6). lib. bdg. 25.32 (978-1-4965-2593-2(0), 130722, Stone Arch Bks.) Capstone.

Imposter Syndrome & Other Confessions of Alejandra Kim. Patricia Park. 2023. (ENG.). 304p. (YA). (gr. 7). 18.99 (978-0-593-56337-3(9)); lib. bdg. 21.99 (978-0-593-56338-0(7)) Random Hse. Children's Bks. (Crown Books For Young Readers).

Impostor: A Tale of Old Annapolis (Classic Reprint) John Reed Scott. (ENG., Illus.). (J). 2018. 342p. 30.95 (978-0-332-69002-5(4)); 2016. pap. 13.57 (978-1-334-14028-0(6)) Forgotten Bks.

Impostor: The Forevers Book Three. G. Michael Smith. 2017. (Forevers Ser.: Vol. 3). (ENG., Illus.). 325p. (YA). pap. (978-1-927755-60-0(3)) Agio Publishing Hse.

Impostor, or Born Without a Conscience, Vol. 1 of 3 (Classic Reprint) William North. 2018. (ENG., Illus.). 342p. (J). 30.95 (978-0-483-75782-0(9)) Forgotten Bks.

Impostor, or Born Without a Conscience, Vol. 2 of 3 (Classic Reprint) William North. 2018. (ENG., Illus.). 300p. (J). 30.08 (978-0-484-74942-8(0)) Forgotten Bks.

Impostor, or Born Without a Conscience, Vol. 3 Of 3: Illustrated (Classic Reprint) William North. (ENG., Illus.). (J). 2018. 344p. 30.99 (978-0-483-42153-0(7)); 2016. pap. 13.57 (978-1-334-22925-1(2)) Forgotten Bks.

Impostor Queen. Sarah Fine. (Impostor Queen Ser.: 1). (ENG., Illus.). (YA). (gr. 7). 2017. 448p. pap. 13.99 (978-1-4814-4191-9(4)); 2016. 432p. 18.99 (978-1-4814-4190-2(6)) McElderry, Margaret K. Bks. (McElderry, Margaret K. Bks.).

Impostors, 1 vol. Scott Westerfeld. (Impostors Ser.). (ENG.). 416p. (YA). (gr. 7-7). 2021. 12.99 (978-1-338-75790-3(3)); 2018. 18.99 (978-1-338-15151-0(7), Scholastic Pr.) Scholastic, Inc.

Impostor's Guide to: among Us (Independent & Unofficial) Essential Tips for Impostors & Crew. Kevin Pettman. 2021. (ENG.). 80p. (J). (gr. 3-7). pap. 11.95 (978-1-83935-078-8(4), Mortimer Children's Bks.) Welbeck Publishing Group Ltd. GBR. Dist: Two Rivers Distribution.

Impractical Justice. Torella Elaine. 2022. (ENG.). 80p. (YA). pap. 13.95 **(978-1-6624-8249-6(3))** Page Publishing Inc.

Impresionante Libro de Los Comics. Sandy Silverthorne. 2018. (SPA.). 170p. (J). pap. 9.99 (978-0-7899-2391-2(2)) Editorial Unilit.

Impression Evidence: Identifying Fingerprints, Bite Marks, & Tire Treads. Katherine Lacaze. 2021. (Forensics Ser.). (ENG.). (YA). (gr. 7-12). 34.60 (978-1-4222-4471-5(7)) Mason Crest.

Impressionism. Susie Brooks. 2019. (Inside Art Movements Ser.). (ENG., Illus.). 48p. (J). (gr. 3-9). 30.65 (978-0-7565-6237-3(6), 140997, Compass Point Bks.) Capstone.

Impressionist Art, 1 vol. Alix Wood. 2016. (Create It! Ser.). (ENG.). 32p. (gr. 4-5). pap. 11.50 (978-1-4824-5028-6(3), 34e6e3db-6f76-4631-ba80-0f209cef7fdf) Stevens, Gareth Publishing LLLP.

Impressionists. Jean-Philippe Chabot. 2017. (My First Discoveries Ser.). (ENG., Illus.). 36p. (J). (gr. 2-6). spiral bd. 19.99 (978-1-85103-450-5(1)) Moonlight Publishing, Ltd. GBR. Dist: Independent Pubs. Group.

Impressions & Experiences (Classic Reprint) William Dean Howells. 2018. (ENG., Illus.). 296p. (J). 30.00 (978-0-428-92408-9(5)) Forgotten Bks.

Impressions (Classic Reprint) Bert Hubbard. 2018. (ENG., Illus.). 128p. (J). 26.56 (978-0-428-94862-7(6)) Forgotten Bks.

Impressions (Classic Reprint) Pierre Loti. 2018. (ENG., Illus.). 194p. (J). 27.92 (978-0-484-78870-0(1)) Forgotten Bks.

Impressions of a Tenderfoot: During a Journey in Search of Sport in the Far West (Classic Reprint) Algernon St Maur. 2017. (ENG., Illus.). (J). 348p. 31.07 (978-0-332-01188-2(7)); pap. 13.57 (978-0-282-56098-0(X)) Forgotten Bks.

Impressions of America, Vol. 1 Of 2: During the Years 1833, 1834, & 1835 (Classic Reprint) Tyrone Power. 2018. (ENG., Illus.). 458p. (J). 33.34 (978-0-332-09619-3(X)) Forgotten Bks.

Impressions of Early Kansas (Classic Reprint) Eliza Johnston Wiggin. 2018. (ENG., Illus.). 76p. (J). 25.46 (978-0-483-46815-3(0)) Forgotten Bks.

Impressions of Janey Canuck Abroad (Classic Reprint) Emily Ferguson. (ENG., Illus.). (J). 2018. 204p. 28.10 (978-0-483-63280-6(5)); 2017. pap. 10.57 (978-0-243-27976-0(0)) Forgotten Bks.

Impressions on the Way: A Series of Newspaper Clippings (Classic Reprint) Joseph H. Appel. 2018. (ENG., Illus.). 102p. (J). 26.08 (978-0-484-68952-6(5)) Forgotten Bks.

Impressions That Remained, Vol. 1 Of 2: Memoirs; Part I. the Smyth Family Robinson to 1877); Part II. Germany & Two Winters in Italy (1877 to 1880) (Classic Reprint) Ethel Smyth. (ENG., Illus.). (J). 2017. 30.68 (978-0-331-52742-1(1)); 2016. pap. 13.57 (978-1-334-14768-5(X)) Forgotten Bks.

Impressions That Remained, Vol. 2 Of 2: Memoirs; Part II (Continued), Germany & Two Winters in Italy, (1880 to 1885); Part III, in the Desert, (1885 to 1891) (Classic Reprint) Ethel Smyth. (ENG., Illus.). (J). 2017. 30.81 (978-0-331-91589-1(8)); 2016. pap. 13.57 (978-1-334-14654-1(3)) Forgotten Bks.

Imprinter: The Grotesque Gurglio. B. a Foerster. 2019. (ENG.). 132p. (YA). pap. 14.95 (978-1-64584-718-2(7)) Page Publishing Inc.

Imprison the Sky. A. C. Gaughen. (Elementae Ser.). (ENG.). 432p. (YA). 2020. pap. 10.99 (978-1-68119-116-4(4), 900159233); 2019. (Illus.). 18.99 (978-1-68119-114-0(8), 900159230) Bloomsbury Publishing USA. (Bloomsbury Young Adult).

Imprisoned Freeman (Classic Reprint) Helen S. Woodruff. 2018. (ENG., Illus.). 420p. (J). 32.58 (978-0-483-82581-9(6)) Forgotten Bks.

Imprisoned in a Spanish Convent: An English Girl's Experiences; with Other Narratives & Tales (Classic Reprint) Eustace Clare Grenville-Murray. (ENG., Illus.). (J). 2018. 458p. 33.34 (978-0-484-27907-9(6)); 2017. pap. 16.57 (978-0-243-92401-1(1)) Forgotten Bks.

Imprisoned Splendor (Classic Reprint) Angela Morgan. (ENG., Illus.). (J). 2018. 290p. 29.88 (978-0-483-44904-6(0)); 2016. pap. 13.57 (978-1-334-47331-9(5)) Forgotten Bks.

Imprisonment & Escape of Lieut. Colonel Lincoln (Classic Reprint) W. S. Lincoln. (ENG., Illus.). (J). 2018. 22p. 24.35 (978-0-267-59032-2(6)); 2017. pap. 7.97 (978-0-282-44019-0(4)) Forgotten Bks.

Improbable Magic for Cynical Witches. Kate Scelsa. (ENG.). 320p. (YA). (gr. 8). 2023. pap. 15.99 (978-0-06-246504-7(X)); 2022. (Illus.). 17.99 (978-0-06-246503-0(1)) HarperCollins Pubs. (Balzer & Bray).

Improbable Season. Rosalyn Eves. 2023. (Unexpected Seasons Ser.: 1). (ENG.). 352p. (YA). 19.99 (978-0-374-39018-1(5), 900257312, Farrar, Straus & Giroux (BYR)) Farrar, Straus & Giroux.

Improbable Tales of Baskerville Hall Book 1. Ali Standish. 2023. (ENG.). 336p. (J). (gr. 3-7). 19.99 **(978-0-06-327557-7(0)**, HarperCollins) HarperCollins Pubs.

Improbable Theory of Ana & Zak. Brian Katcher. 2016. (ENG.). 352p. (YA). (gr. 8). pap. 9.99 *(978-0-06-227278-2(0)*, Tegen, Katherine Bks) HarperCollins Pubs.

Improbable Theory of Ana & Zak. Brian Katcher. ed. 2016. (ENG.). 336p. (YA). (gr. 8). 20.85 *(978-0-606-39261-7(0))* Turtleback.

Improbable Wonders of Moojie Littleman. Robin Gregory. 2017. (ENG., Illus.). (YA). (gr. 7-12). 28.95 *(978-1-61984-727-9(2))* Gatekeeper Pr.

Improper Prue (Classic Reprint) Gloria Manning. 2017. (ENG., Illus.). (J). 322p. 30.54 *(978-0-332-92231-7(6))*; pap. 13.57 *(978-0-259-10143-7(5))* Forgotten Bks.

Improv for Writers: 10 Secrets to Help Novelists & Screenwriters Bypass Writer's Block & Generate Infinite Ideas. Jorjeana Marie. 2019. (Illus.). 224p. pap. 14.99 *(978-0-399-58203-5(7)*, Ten Speed Pr.) Potter/Ten Speed/Harmony/Rodale.

Improv Show. Virginia Loh-Hagan. 2017. (D. I. Y. Make It Happen Ser.). (ENG., Illus.). 32p. (J). (gr. 4-8). lib. bdg. 32.07 *(978-1-63472-881-2(5)*, 209950, 45th Parallel Press) Cherry Lake Publishing.

Improve: How I Discovered Improv & Conquered Social Anxiety. Alex Graudins. 2022. (ENG., Illus.). 240p. (YA). 24.99 *(978-1-250-20822-4(X)*, 900203039); pap. 17.99 *(978-1-250-20823-1(8)*, 900203040) Roaring Brook Pr. (First Second Bks.).

Improved Art of Farriery: Containing a Complete View of the Structure & Economy of the Horse, Directions for Feeding, Grooming, Shoeing, &C. & the Management of the Stable; the Nature, Symptoms, & Treatment of All Diseases Incidental to Horses, James White. 2017. (ENG., Illus.). 638p. (J). 37.06 *(978-0-332-19672-5(0))* Forgotten Bks.

Improvement Era: September, 1931; Vol. 34-42 (Classic Reprint) Heber J. Grant. (ENG., Illus.). (J). 2018. 70p. 25.34 *(978-0-656-33719-4(2))*; 2017. pap. 9.57 *(978-0-243-26544-2(1))* Forgotten Bks.

Improvement Era: Vol. 33-41; October, 1930 (Classic Reprint) Heber J. Grant. 2018. (ENG., Illus.). (J). 72p. 25.38 *(978-0-366-56538-2(9))*; 74p. pap. 9.57 *(978-0-366-21863-9(8))* Forgotten Bks.

Improvement Era: Vol. 34-42; November, 1930 (Classic Reprint) Heber J. Grant. (ENG., Illus.). (J). 2018. 68p. 25.34 *(978-0-483-41780-9(7))*; 2017. pap. 9.57 *(978-0-243-25408-8(3))* Forgotten Bks.

Improvement Era, Vol. 19: December, 1915 (Classic Reprint) Joseph F. Smith. (ENG., Illus.). (J). 2018. 102p. 26.00 *(978-0-484-58523-1(1))*; 2016. pap. 9.57 *(978-1-334-11729-9(2))* Forgotten Bks.

Improvement Era, Vol. 19: February, 1916 (Classic Reprint) Joseph F. Smith. 2018. (ENG., Illus.). 104p. (J). 26.04 *(978-0-483-47233-4(6))* Forgotten Bks.

Improvement Era, Vol. 31: December, 1927 (Classic Reprint) Heber J. Grant. (ENG., Illus.). (J). 2018. 104p. 26.00 *(978-0-483-43882-8(0))*; 2017. pap. 9.57 *(978-0-243-49637-2(0))* Forgotten Bks.

Improvement Era, Vol. 33: December, 1929 (Classic Reprint) Heber Jeddy Grant. (ENG., Illus.). (J). 2018. 78p. 25.51 *(978-0-666-35485-3(5))*; 2017. pap. 9.57 *(978-0-259-41993-8(1))* Forgotten Bks.

Improvement Era, Vol. 33: January, 1930 (Classic Reprint) Hebert J. Grant. (ENG., Illus.). (J). 2018. 70p. 25.34 *(978-0-666-97491-4(8))*; 2017. pap. 9.57 *(978-0-243-45234-7(9))* Forgotten Bks.

Improvement Era, Vol. 33: July, 1930 (Classic Reprint) Hebert J. Grant. (ENG., Illus.). (J). 2018. 70p. 25.38 *(978-0-484-55898-3(6))*; 2017. pap. 9.57 *(978-0-243-38853-0(5))* Forgotten Bks.

Improvement Era, Vol. 34: April, 1931 (Classic Reprint) Heber J. Grant. (ENG., Illus.). (J). 2018. 70p. 25.34 *(978-0-666-98474-6(3))*; 2017. pap. 9.57 *(978-0-243-46355-8(3))* Forgotten Bks.

Improvement Era, Vol. 34: August, 1931 (Classic Reprint) Heber J. Grant. (ENG., Illus.). (J). 2018. 72p. 25.38 *(978-0-483-91863-4(6))*; 2017. pap. 9.57 *(978-0-243-27233-4(2))* Forgotten Bks.

Improvement Era, Vol. 34: December, 1930 (Classic Reprint) Heber J. Grant. (ENG., Illus.). (J). 2018. 72p. 25.38 *(978-0-666-99842-2(6))*; 2017. pap. 9.57 *(978-0-243-49020-2(8))* Forgotten Bks.

Improvement Era, Vol. 34: February 1931 (Classic Reprint) Heber J. Grant. 2017. (ENG., Illus.). (J). 25.34 *(978-0-260-03587-5(4))* Forgotten Bks.

Improvement Era, Vol. 34: January, 1931 (Classic Reprint) Heber J. Grant. 2018. (ENG., Illus.). (J). 64p. 25.22 *(978-1-396-77060-9(7))*; 66p. pap. 9.57 *(978-1-396-00989-1(2))* Forgotten Bks.

Improvement Era, Vol. 35: April, 1932 (Classic Reprint) Harrison R. Merrill. (ENG., Illus.). (J). 2018. 68p. 25.34 *(978-0-332-78953-8(5))*; 2017. pap. 9.57 *(978-0-243-14635-2(3))* Forgotten Bks.

Improvement Era, Vol. 35: August, 1932 (Classic Reprint) Heber J. Grant. 2017. (ENG., Illus.). (J). 25.34 *(978-0-266-73700-1(5))*; pap. 9.57 *(978-1-5277-0062-8(3))* Forgotten Bks.

Improvement Era, Vol. 35: December, 1931 (Classic Reprint) Heber J. Grant. 2017. (ENG., Illus.). (J). 25.32 *(978-0-260-87760-4(3))*; pap. 9.57 *(978-1-5285-4076-6(X))* Forgotten Bks.

Improvement Era, Vol. 35: July, 1932 (Classic Reprint) Heber J. Grant. (ENG., Illus.). (J). 2018. 68p. 25.30 *(978-0-267-10210-5(0))*; 2017. pap. 9.57 *(978-0-259-50469-6(6))* Forgotten Bks.

Improvement Era, Vol. 35: March, 1932 (Classic Reprint) Heber J. Grant. 2018. (ENG., Illus.). 70p. (J). 25.34 *(978-0-666-97627-7(9))* Forgotten Bks.

Improvement Era, Vol. 35: November, 1931 (Classic Reprint) Heber J. Grant. 2018. (ENG., Illus.). 70p. (J). 25.34 *(978-0-666-97968-1(5))* Forgotten Bks.

Improvement Era, Vol. 35: October, 1932 (Classic Reprint) Herber J. Grant. 2018. (ENG., Illus.). 66p. (J). 25.28 *(978-0-666-99648-0(2))* Forgotten Bks.

Improvement Era, Vol. 35: Organ for the Priesthood Quorums, the Mutual Improvement Associations & the Department of Education; January, 1932 (Classic Reprint) Heber J. Grant. (ENG., Illus.). (J). 2018. 70p. 25.34 *(978-0-656-34596-0(9))*; 2017. pap. 9.57 *(978-0-243-42920-2(7))* Forgotten Bks.

Improvement Era, Vol. 35: Organ of the Priesthood Quorums, the Mutual Improvement Associations & the Department of Education; February, 1932 (Classic Reprint) Heber J. Grant. (ENG., Illus.). (J). 2018. 72p. 25.38 *(978-0-365-02440-8(6))*; 2017. pap. 9.57 *(978-0-259-53952-0(X))* Forgotten Bks.

Improvement Era, Vol. 36: April, 1933 (Classic Reprint) Heber J. Grant. (ENG., Illus.). (J). 2018. 70p. 25.34 *(978-0-483-53137-6(5))*; 2017. pap. 9.57 *(978-0-243-43166-3(X))* Forgotten Bks.

Improvement Era, Vol. 36: August, 1933 (Classic Reprint) Heber J. Grant. (ENG., Illus.). (J). 2018. 68p. 25.32 *(978-0-428-99222-4(6))*; 2017. pap. 9.57 *(978-0-259-36900-4(4))* Forgotten Bks.

Improvement Era, Vol. 36: June, 1933 (Classic Reprint) Heber J. Grant. 2018. (ENG., Illus.). 68p. (J). 25.30 *(978-0-483-60374-5(0))* Forgotten Bks.

Improvement Era, Vol. 36: October, 1933 (Classic Reprint) Heber Jeddy Grant. (ENG., Illus.). (J). 2018. 70p. 25.34 *(978-0-267-23355-7(8))*; 2017. pap. 9.57 *(978-0-259-41907-5(9))* Forgotten Bks.

Improvement Era, Vol. 37: April, 1934 (Classic Reprint) Heber J. Grant. 2018. (ENG., Illus.). 70p. (J). 25.34 *(978-0-483-61121-4(2))* Forgotten Bks.

Improvement Era, Vol. 37: August, 1934 (Classic Reprint) Jesus Christ of Latter-Day Saint Church. 2017. (ENG., Illus.). (J). 25.28 *(978-0-332-01852-2(0))*; pap. 9.57 *(978-0-243-48368-6(6))* Forgotten Bks.

Improvement Era, Vol. 37: December 1934 (Classic Reprint) Herber J. Grant. 2017. (ENG., Illus.). (J). 25.30 *(978-0-265-93697-9(7))*; pap. 9.57 *(978-1-5278-2934-3(0))* Forgotten Bks.

Improvement Era, Vol. 37: February, 1934 (Classic Reprint) Heber J. Grant. 2018. (ENG., Illus.). 70p. (J). 25.34 *(978-0-267-78774-6(X))* Forgotten Bks.

Improvement Era, Vol. 37: July, 1934 (Classic Reprint) Heber J. Grant. 2017. (ENG., Illus.). (J). 25.28 *(978-0-265-71991-6(7))*; pap. 9.57 *(978-1-5276-7651-0(X))* Forgotten Bks.

Improvement Era, Vol. 37: March, 1934 (Classic Reprint) Heber Jeddy Grant. (ENG., Illus.). (J). 2018. 70p. 25.34 *(978-0-364-11009-6(0))*; 2017. pap. 9.57 *(978-0-259-38106-8(3))* Forgotten Bks.

Improvement Era, Vol. 37: May, 1934 (Classic Reprint) Heber J. Grant. 2018. (ENG., Illus.). (J). 68p. 25.30 *(978-1-396-00543-5(9))*; 70p. pap. 9.57 *(978-1-396-00476-6(9))* Forgotten Bks.

Improvement Era, Vol. 37: October 1934 (Classic Reprint) Heber J. Grant. 2018. (ENG., Illus.). (J). 72p. 25.38 *(978-0-366-56385-2(8))*; 74p. pap. 9.57 *(978-0-366-14453-2(7))* Forgotten Bks.

Improvement Era, Vol. 37: September, 1934 (Classic Reprint) Heber J. Grant. 2017. (ENG., Illus.). (J). 25.30 *(978-0-265-74489-5(X))*; pap. 9.57 *(978-1-5277-1249-2(4))* Forgotten Bks.

Improvement Era, Vol. 38: January, 1935 (Classic Reprint) Heber J. Grant. 2018. (ENG., Illus.). 66p. (J). 25.32 *(978-0-332-88298-7(5))* Forgotten Bks.

Improvement Era, Vol. 38: May 1935 (Classic Reprint) Heber J. Grant. 2017. (ENG., Illus.). (J). 70p. 25.34 *(978-0-332-83578-5(2))*; pap. 9.57 *(978-0-282-42134-2(3))* Forgotten Bks.

Improvement Era, Vol. 38: September, 1935 (Classic Reprint) Heber J. Grant. 2017. (ENG., Illus.). 66p. (J). 25.26 *(978-0-332-20903-6(2))* Forgotten Bks.

Improvement Era, Vol. 6: Organ of the Priesthood Quorums, the Mutual Improvement Associations & the Department of Education; January, 1933 (Classic Reprint) Heber J. Grant. (ENG., Illus.). (J). 2018. 72p. 25.38 *(978-0-483-07540-5(X))*; 2017. pap. 9.57 *(978-1-334-94111-5(4))* Forgotten Bks.

Improvement of Human Reason: Exhibited in the Life of Hai Ebn Yokdhan. Ibn Tufail. 2017. (ENG., Illus.). (J). 22.95 *(978-1-374-90818-5(5))*; pap. 12.95 *(978-1-374-90817-8(7))* Capital Communications, Inc.

Improving Farming & Food Science to Fight Climate Change. Rachel Kehoe. 2022. (Fighting Climate Change with Science Ser.). (ENG., Illus.). 32p. (J). (gr. 3-5). pap. 9.95 *(978-1-63739-324-6(5))*; lib. bdg. 31.35 *(978-1-63739-272-0(9))* North Star Editions. (Focus Readers).

Improving Health: Women Who Led the Way (Super SHEroes of Science) Anita Dalal. 2022. (Super SHEroes of Science Ser.).Tr. of #3 Medicine. (ENG., Illus.). 48p. (J). (gr. 3-5). 29.00 *(978-1-338-80034-0(5))*; pap. 7.99 *(978-1-338-80035-7(3))* Scholastic Library Publishing. (Children's Pr.).

Improving Transportation to Fight Climate Change. Heather C. Hudak. 2022. (Fighting Climate Change with Science Ser.). (ENG., Illus.). 32p. (J). (gr. 3-5). pap. 9.95 *(978-1-63739-325-3(3))*; lib. bdg. 31.35 *(978-1-63739-273-7(7))* North Star Editions. (Focus Readers).

Improvisatore (Classic Reprint) Hans Christian Anderson. 2017. (ENG., Illus.). (J). 31.57 *(978-0-265-17599-6(2))* Forgotten Bks.

Imprudence (Classic Reprint) F. E. Mills Young. (ENG., Illus.). (J). 2018. 318p. 30.48 *(978-0-483-79523-5(2))*; 2016. pap. 13.57 *(978-1-333-15518-6(2))* Forgotten Bks.

Imprudence of Prue (Classic Reprint) Sophie Fisher. (ENG., Illus.). (J). 2018. 378p. 31.71 *(978-0-483-48474-0(1))*; 2016. pap. 16.57 *(978-1-333-34464-1(3))* Forgotten Bks.

Imprudent Prue: A Phantasmagory (Classic Reprint) Adam Ascue. (ENG., Illus.). (J). 2018. 322p. 30.56 *(978-0-483-47205-1(0))*; 2016. pap. 13.57 *(978-1-333-99140-1(1))* Forgotten Bks.

Imps & Angels: A Comedy Vaudeville (Classic Reprint) Page McCarty. (ENG., Illus.). (J). 2018. 20p. 24.31 *(978-0-267-53494-4(9))*; 2016. pap. 7.97 *(978-1-333-27379-8(7))* Forgotten Bks.

Impulse. Vanessa Garden. 2016. (ENG., Illus.). (YA). pap. *(978-0-6480358-1-7(6))* Vanessa Garden.

Impulse. Eva Muñoz. 2020. (ENG.). 216p. (YA). pap. 14.99 *(978-1-64405-673-8(9)*, Harmony Ink Pr.) Dreamspinner Pr.

Impulse. Ashlyn Riddle. 2021. (Maddix Parker Chronicles Ser.: Vol. 1). (ENG.). (YA). 434p. 22.99 *(978-1-0879-5596-4(3))*; 436p. pap. 14.99 *(978-1-0879-5658-9(7))* Indy Pub.

Impulses: Stories Touching the Life of Sandy, in the City of Saint Francis (Classic Reprint) Harriet Holmes Haslett. 2017. (ENG., Illus.). (J). 29.53 *(978-0-265-20846-5(7))* Forgotten Bks.

Impulsive Ninja: A Social, Emotional Book for Kids about Impulse Control for School & Home. Mary Nhin. Illus. by Jelena Stupar. 2021. (Ninja Life Hacks Ser.: Vol. 58). (ENG.). 36p. (J). 19.99 *(978-1-63731-216-2(4))* Grow Grit Pr.

Impunity: Countering Illicit Power in War & Transition. Ed. by Michelle Hughes et al. 2018. (ENG.). 416p. (gr. 14). pap. 55.00 *(978-0-16-094590-8(9)*, National Defense University) United States Government Printing Office.

Impyrium. Henry H. Neff. (ENG.). 592p. (J). (gr. 3-7). 2017. pap. 7.99 *(978-0-06-239206-0(9))*; 2016. (Illus.). 17.99 *(978-0-06-239205-3(0))* HarperCollins Pubs. (HarperCollins).

Imran Feels Invisible. Tracilyn George. 2023. (ENG.). 22p. (J). pap. 12.99 ***(978-1-77475-631-7(5))*** Draft2Digital.

#ImToo: The Story of Minnie & Friends, Who Just Like You, Think They Might Also Be Too. Eric Desio. 2020. (ENG., Illus.). 32p. (J). (gr. 1-5). 14.95 *(978-1-952637-00-1(7))*; pap. 7.95 *(978-1-952637-01-8(5))* Be You Bks.

In 27 Days, 1 vol. Alison Gervais. 2018. (ENG.). 352p. (YA). pap. 9.99 *(978-0-310-75901-0(3))* Blink.

In a Belly, Stinky & Smelly. Kristin Lehr. Illus. by Alicia Berry. 2020. (Heaven's Heroes Ser.: 3). (ENG.). 40p. (J). (gr. k-2). 16.99 *(978-1-951970-00-0(4))* Elk Lake Publishing, Inc.

In a Boulder's Shadow. James Mandeville (Jm) Briggs. 2019. (ENG.). 356p. (YA). pap. 18.95 *(978-1-64424-798-3(4))* Page Publishing Inc.

In a Brazilian Forest: And Three Brave Boys (Classic Reprint) Maurice Francis Egan. 2018. (ENG., Illus.). 226p. (J). 28.56 *(978-0-267-22596-5(2))* Forgotten Bks.

In a Canadian Canoe. Barry Pain. 2017. (ENG.). 220p. (J). pap. *(978-3-337-20916-2(5))* Creation Pubs.

In a Canadian Canoe: The Nine Muses Minus One, & Other Stories (Classic Reprint) Barry Pain. 2017. (ENG., Illus.). (J). 28.62 *(978-0-265-79196-7(0))* Forgotten Bks.

In a Car of Gold (Classic Reprint) P. L. Gray. 2018. (ENG., Illus.). 168p. (J). 27.36 *(978-0-365-06058-1(5))* Forgotten Bks.

In a Cheshire Garden: Natural History Notes (Classic Reprint) Geoffrey Egerton-Warburton. (ENG., Illus.). (J). 2018. 140p. 26.80 *(978-0-332-89055-5(4))*; 2016. pap. 9.57 *(978-1-334-13538-5(X))* Forgotten Bks.

In a Cornish Township with Old Vogue Folk (Classic Reprint) Dolly Pentreath. (ENG., Illus.). (J). 2017. 29.80 *(978-0-331-84610-2(1))*; 2016. pap. 13.57 *(978-1-333-51557-7(X))* Forgotten Bks.

In a Dark, Dark Room & Other Scary Stories: Reillustrated Edition. Alvin Schwartz. Illus. by Victor Rivas. 2017. (I Can Read Level 2 Ser.). (ENG.). 64p. (J). (gr. -1-3). 16.99 *(978-0-06-264338-4(X)*, HarperCollins) HarperCollins Pubs.

In a Dark, Dark Room & Other Scary Stories: Reillustrated Edition. a Halloween Book for Kids. Alvin Schwartz. Illus. by Victor Rivas. 2017. (I Can Read Level 2 Ser.). (ENG.). 64p. (J). (gr. -1-3). pap. 4.99 *(978-0-06-264337-7(1)*, HarperCollins) HarperCollins Pubs.

In a Dike Shanty (Classic Reprint) Maria Louise Pool. 2018. (ENG., Illus.). 236p. (J). 28.78 *(978-0-365-27438-4(0))* Forgotten Bks.

In a Dream. Ann Hoang. Illus. by Charity Russell. 2020. (ENG.). 24p. (J). pap. 10.99 *(978-1-0983-3068-2(4))* BookBaby.

In a Family, Everyone Helps- Children's Family Life Books. Baby Professor. 2017. (ENG., Illus.). (J). pap. 7.89 *(978-1-5419-0204-6(1)*, Baby Professor (Education Kids)) Speedy Publishing LLC.

In a Flash. Donna Jo Napoli. 2021. (Illus.). 400p. (J). (gr. 3-7). 16.99 *(978-1-101-93413-5(1))*; (ENG., lib. bdg. 19.99 *(978-1-101-93414-2(X))* Random Hse. Children's Bks. (Lamb, Wendy Bks.).

In a French Hospital: Notes of a Nurse (Classic Reprint) M. Eydoux-Demians. 2018. (ENG., Illus.). 184p. (J). 27.69 *(978-0-483-27362-7(7))* Forgotten Bks.

In a French Military Hospital (Classic Reprint) Dorothy Cator. 2018. (ENG., Illus.). 114p. (J). 26.25 *(978-0-483-55478-8(2))* Forgotten Bks.

In a Garden: A Fairy Play (Classic Reprint) Iva B. Kempshall. (ENG., Illus.). (J). 2018. 42p. 24.78 *(978-0-267-88456-8(7))*; 2016. pap. 7.97 *(978-1-333-41180-0(4))* Forgotten Bks.

In a German Pension. Katherine Mansfield. 2017. (ENG., Illus.). (J). 22.95 *(978-1-374-81980-1(8))*; pap. 12.95 *(978-1-374-81979-5(4))* Capital Communications, Inc.

In a German Pension (Classic Reprint) Katherine Mansfield. 2017. (ENG., Illus.). (J). 29.11 *(978-0-266-89623-4(5))* Forgotten Bks.

In a Glass Darkly, Vol. 3 of 3 (Classic Reprint) J. Sheridan Le Fanu. 2017. (ENG., Illus.). (J). 29.59 *(978-0-260-91465-1(7))* Forgotten Bks.

In a Grain of Sand (Classic Reprint) Yoi Maraini. 2017. (ENG., Illus.). (J). 27.44 *(978-0-260-34165-5(7))* Forgotten Bks.

In a Green Shade. Maurice Hewlett. 2017. (ENG., Illus.). (J). 23.95 *(978-1-374-99145-3(7))*; pap. 13.95 *(978-1-374-99144-6(9))* Capital Communications, Inc.

In a Green Shade: A Country Commentary (Classic Reprint) Maurice Hewlett. 2018. (ENG., Illus.). 190p. (J). 27.82 *(978-0-428-75017-6(6))* Forgotten Bks.

In a Heartbeat. Markus Harwood-Jones. 2022. (Lorimer Real Love Ser.). (ENG.). 168p. (YA). (gr. 8-12). pap. 8.99 *(978-1-4594-1627-7(9)*, c9064b3d-3064-4579-9b7e-9820d676b0cc); lib. bdg. 27.99 *(978-1-4594-1629-1(5)*, 96e2cb51-4b69-4d59-b976-efba6b663287) James Lorimer & Co. Ltd., Pubs. CAN. Dist: Lerner Publishing Group.

In a Hollow of the Hills. Bret Harte. 2017. (ENG., Illus.). (J). pap. *(978-0-649-38419-8(9))* Trieste Publishing Pty Ltd.

In a Hollow of the Hills: And the Devotion of Enriquez (Classic Reprint) Bret Harte. 2018. (ENG., Illus.). 300p. (J). 30.08 *(978-0-267-16629-9(X))* Forgotten Bks.

In a Hollow of the Hills, and, Other Tales (Classic Reprint) Bret Harte. 2018. (ENG., Illus.). 454p. (J). 33.26 *(978-0-484-81370-9(6))* Forgotten Bks.

In a Jar. Deborah Marcero. Illus. by Deborah Marcero. 2020. (Illus.). 40p. (J). (gr. -1-2). 18.99 *(978-0-525-51459-6(7)*, G.P. Putnam's Sons Books for Young Readers) Penguin Young Readers Group.

In a Little Town (Classic Reprint) Rupert Hughes. 2018. (ENG., Illus.). 402p. (J). 32.19 *(978-0-483-78032-3(4))* Forgotten Bks.

In a Moment of Time: Things Seen on the Bread-Line of Belgium (Classic Reprint) Reginald Wright Kauffman. 2018. (ENG., Illus.). 306p. (J). 30.21 *(978-0-267-22649-8(7))* Forgotten Bks.

In a Mule Litter to the Tomb of Confucius (Classic Reprint) Alex Armstrong. 2018. (ENG., Illus.). 186p. (J). 27.73 *(978-0-365-47427-2(4))* Forgotten Bks.

In a Mysterious Way (Classic Reprint) Anne Warner. 2018. (ENG., Illus.). 318p. (J). 30.46 *(978-0-267-20948-4(7))* Forgotten Bks.

In a New World: Or among the Gold Fields of Australia (Classic Reprint) Horatio Alger. 2018. (ENG., Illus.). 346p. (J). 31.12 *(978-0-483-95747-3(X))* Forgotten Bks.

In a New World or, among the Gold Fields of Australia. Horatio Alger. 2018. (ENG., Illus.). 190p. (J). pap. *(978-93-87600-98-0(X))* Alpha Editions.

In a North Country Village. M. E. Francis. 2017. (ENG.). 272p. (J). pap. *(978-3-337-23007-4(5))* Creation Pubs.

In a North Country Village (Classic Reprint) M. E. Francis. 2018. (ENG., Illus.). 270p. (J). 29.47 *(978-0-267-48353-2(8))* Forgotten Bks.

In a Patch of Grass: Stephen Spielbug & David Antenborough Present ... Fran Hodgkins. Illus. by Dan Tavis. 2023. (ENG.). 32p. (J). (gr. -1-3). 18.95 *(978-0-88448-463-9(7)*, 884463) Tilbury Hse. Pubs.

In a Perfect World. Trish Doller. (ENG.). (YA). (gr. 7). 2019. 320p. pap. 11.99 *(978-1-4814-7989-9(X))*; 2017. (Illus.). 304p. 18.99 *(978-1-4814-7988-2(1))* Simon Pulse. (Simon Pulse).

In a Pickle! Natalie Shaw. ed. 2022. (Donkey Hodie 8x8 Bks). (ENG.). 24p. (J). (gr. k-1). 16.96 ***(978-1-68505-338-3(6))*** Penworthy Co., LLC, The.

In a Pickle! Adapted by Natalie Shaw. 2021. (Donkey Hodie Ser.). (ENG.). 24p. (J). (gr. -1-2). pap. 4.99 *(978-1-5344-7077-4(8)*, Simon Spotlight) Simon Spotlight.

In a Promised Land: A Novel (Classic Reprint) M. A. Bengough. 2017. (ENG., Illus.). (J). 30.62 *(978-0-266-72699-9(2))*; pap. 13.57 *(978-1-5276-8702-8(3))* Forgotten Bks.

In a Quiet Village (Classic Reprint) S. Baring Gould. 2017. (ENG., Illus.). (J). 30.58 *(978-0-266-20226-4(8))* Forgotten Bks.

In a Rebel Prison, or Experiences in Danville, Va (Classic Reprint) Alfred S. Roe. 2017. (ENG., Illus.). (J). 24.85 *(978-0-260-90063-0(X))* Forgotten Bks.

In a Relationship: Avoid the Worst & Experience the Best in Your Social Life & Relationships. Aaron Boe. 2018. (ENG., Illus.). 198p. (YA). (gr. 7-12). pap. 14.00 *(978-0-692-11869-6(1))* Smith Knutson Publishing.

In a Silver Sea, Vol. 1 of 3 (Classic Reprint) B. L. Farjeon. 2017. (ENG., Illus.). (J). pap. 13.57 *(978-0-259-10196-3(6))* Forgotten Bks.

In a Silver Sea, Vol. 2 of 3 (Classic Reprint) B. L. Farjeon. (ENG., Illus.). (J). 2018. 280p. 29.67 *(978-0-483-37629-8(9))*; 2016. pap. 13.57 *(978-1-334-13485-2(5))* Forgotten Bks.

In a Silver Sea, Vol. 3 of 3 (Classic Reprint) B. L. Farjeon. 2018. (ENG., Illus.). 268p. (J). 29.44 *(978-0-428-46377-9(0))* Forgotten Bks.

In a Small Kingdom. Tomie dePaola. Illus. by Doug Salati. 2016. (J). *(978-0-8234-3551-7(2))* Holiday Hse., Inc.

In a Small Kingdom. Tomie dePaola. Illus. by Doug Salati. 2018. (ENG.). 48p. (J). (gr. -1-3). 17.99 *(978-1-4814-9800-5(2)*, Simon & Schuster Bks. For Young Readers) Simon & Schuster Bks. For Young Readers.

In a Sod-House (Classic Reprint) Elihu Bowles. (ENG., Illus.). (J). 2018. 62p. 25.20 *(978-0-332-79666-6(3))*; 2016. pap. 9.57 *(978-1-333-70395-0(3))* Forgotten Bks.

In a Spider's Web: A Musical Farce Comedy in Three Acts (Classic Reprint) C. F. Kinnaman. 2018. (ENG., Illus.). 46p. (J). 24.85 *(978-0-267-44616-2(0))* Forgotten Bks.

In a Spooky Haunted House: A Pop-Up Adventure. Joel Stern. Illus. by Christopher Lee. 2020. (ENG.). 14p. (J). (gr. -1-k). bds. 12.99 *(978-1-5344-6036-2(5)*, Little Simon) Little Simon.

In a Steamer Chair: And Other Ship-Board Stories (Classic Reprint) Robert Barr. 2017. (ENG., Illus.). (J). 30.02 *(978-0-266-98696-6(X))* Forgotten Bks.

In a Submarine Exploring the Pacific: All You Need to Know about the Pacific Ocean - Ocean Book for Kids Children's Oceanography Books. Baby Professor. 2017. (ENG., Illus.). (J). pap. 8.79 *(978-1-5419-1098-0(2)*, Baby Professor (Education Kids)) Speedy Publishing LLC.

In a Town Without a Name. James Murray. 2021. (ENG.). 156p. (YA). *(978-1-0391-2592-6(1))*; pap. *(978-1-0391-2591-9(3))* FriesenPress.

In a Toy Shop: A Christmas Play for Small Children (Classic Reprint) Effa E. Preston. (ENG., Illus.). (J). 2018. 20p. 24.31 *(978-0-267-39364-0(4))*; 2017. pap. 7.97 *(978-0-243-27207-5(3))* Forgotten Bks.

In a Tuscan Garden (Classic Reprint) Georgina S. Grahame. 2017. (ENG., Illus.). (J). 33.14 *(978-0-331-70507-2(9))*; pap. 16.57 *(978-0-259-43619-5(4))* Forgotten Bks.

In a Wedding! Search a Word Pages: Wedding Activity Book for Kids. Jupiter Kids. 2016. (ENG., Illus.). 76p. (J). pap. 13.75 *(978-1-68305-404-7(0)*, Jupiter Kids (Childrens & Kids Fiction)) Speedy Publishing LLC.

In a Winter City: A Story of the Day (Classic Reprint) Ouida Ouida. 2017. (ENG., Illus.). (J). 32.72 *(978-1-5283-5403-5(6))* Forgotten Bks.

In Abe Copyright Town (Classic Reprint) CLaude Hudgins. 2018. (ENG., Illus.). 80p. (J). 25.57 *(978-0-483-33094-8(9))* Forgotten Bks.

In Accordance with the Evidence (Classic Reprint) Oliver Onions. 2018. (ENG., Illus.). 288p. (J). 29.84 *(978-0-365-15382-5(6))* Forgotten Bks.

In African Forest & Jungle (Classic Reprint) Paul Du Chaillu. 2018. (ENG., Illus.). 258p. (J). 29.22 *(978-0-365-42587-8(7))* Forgotten Bks.

In Afric's Forest & Jungle: Or Six Years among the Yorubans (Classic Reprint) R.H. Stone. 2018. (ENG., Illus.). 310p. (J). 30.37 *(978-0-332-94739-6(4))* Forgotten Bks.

In All of Your Days Have You Seen the Ways an Animal Plays an Instrument? Lisa Baker. 2020. (ENG.). 40p. (J). 24.95 *(978-1-64718-113-0(5))* Booklocker.com, Inc.

In All Shades, Vol. 1 Of 3: A Novel (Classic Reprint) Grant Allen. (ENG., Illus.). (J). 2018. 294p. 29.96 *(978-0-483-95983-5(9))*; 2016. pap. 13.57 *(978-1-334-11846-3(9))* Forgotten Bks.

In All Shades, Vol. 2 Of 3: A Novel (Classic Reprint) Grant Allen. 2018. (ENG., Illus.). 312p. (J). 30.33 *(978-0-267-42355-2(1))* Forgotten Bks.

In All Shades, Vol. 3 Of 3: A Novel (Classic Reprint) Grant Allen. (ENG., Illus.). (J). 2018. 296p. 30.02 *(978-0-484-62297-4(8))*; 2016. pap. 13.57 *(978-1-333-63382-0(3))* Forgotten Bks.

In All Things Give Thanks. Tanya Washington. 2020. (ENG.). 34p. (J). pap. *(978-1-6781-0637-9(2))* Lulu Pr., Inc.

In Amazon Land: Adaptations from Brazilian Writers, with Original Selections (Classic Reprint) Martha F. Sesselberg. 2018. (ENG., Illus.). 110p. (J). 26.17 *(978-0-267-49266-4(9))* Forgotten Bks.

In American Fields & Forests (Classic Reprint) Henry D. Thoreau. 2018. (ENG., Illus.). 402p. (J). 32.19 *(978-0-267-18584-9(7))* Forgotten Bks.

In American-Poems (Classic Reprint) John Van Alstyne Weaver. 2018. (ENG., Illus.). 80p. (J). 25.55 *(978-0-267-46753-2(2))* Forgotten Bks.

In an Elephant Corral, & Other Tales of West African Experiences (Classic Reprint) Robert Hamill Nassau. 2018. (ENG., Illus.). 182p. (J). 27.65 *(978-0-364-54110-4(5))* Forgotten Bks.

In & Around Stamboul (Classic Reprint) Edmund Hornby. 2018. (ENG., Illus.). 516p. (J). 34.54 *(978-0-484-61948-6(9))* Forgotten Bks.

In & Around the Carnival! Maze Activity Books for Kids. Jupiter Kids. 2017. (ENG., Illus.). (J). pap. 9.05 *(978-1-5419-3273-9(0)*, Jupiter Kids (Childrens & Kids Fiction)) Speedy Publishing LLC.

In & Out, 1 vol. Amy Culliford. 2022. (Directions in My World Ser.). (ENG., Illus.). 16p. (J). (gr. -1-1). pap. *(978-1-0396-4624-7(7)*, 17196); lib. bdg. *(978-1-0396-4433-5(3)*, 16254) Crabtree Publishing Co. (Crabtree Roots).

In & Out. Cecilia Minden. 2016. (21st Century Basic Skills Library: Animal Opposites Ser.). (ENG., Illus.). 24p. (J). (gr. k-3). 26.35 *(978-1-63470-470-0(3)*, 207611) Cherry Lake Publishing.

In & Out (Classic Reprint) Edgar Franklin. 2018. (ENG., Illus.). 324p. (J). 30.58 *(978-0-483-45311-1(0))* Forgotten Bks.

In & Out of a French Country-House (Classic Reprint) Anna Bowman Dodd. (ENG., Illus.). (J). 2018. 284p. 29.77 *(978-0-483-54700-1(X))*; 2016. pap. 13.57 *(978-1-334-13848-5(6))* Forgotten Bks.

In & Out of the Lines: An Accurate Account of Incidents During the Occupation of Georgia by Federal Troops In 1864-65. Frances Thomas Howard. 2017. (ENG., Illus.). 252p. (J). pap. *(978-0-649-75006-1(3))* Trieste Publishing Pty Ltd.

In & Out of the Lines: An Accurate Account of Incidents During the Occupation of Georgia by Federal Troops in 1864-65 (Classic Reprint) Frances Thomas Howard. 2017. (ENG., Illus.). (J). 28.91 *(978-0-266-45667-4(7))* Forgotten Bks.

In & Out of the Pig-Skin (Classic Reprint) George F. Underhill. 2018. (ENG., Illus.). 168p. (J). 27.36 *(978-0-267-48244-3(2))* Forgotten Bks.

In & Out of Three Normandy Inns. Anna Bowman Dodd. 2017. (ENG.). (J). 456p. pap. *(978-3-337-32775-0(3))*; 438p. pap. *(978-3-337-32776-7(1))* Creation Pubs.

In & Out of Three Normandy Inns (Classic Reprint) Anna Bowman Dodd. 2017. (ENG., Illus.). (J). 33.14 *(978-1-5281-7276-9(0))* Forgotten Bks.

In & Out of your Mind. Where are we Going? see **¿Adonde Vamos? Dentro y Fuera de tu mente**

In Another Life: A Novel. C. C. Hunter. 2019. (ENG.). 352p. (YA). 18.99 *(978-1-250-31227-3(2)*, 900198231, Wednesday Bks.) St. Martin's Pr.

In Another Lifetime. Francois Keyser. 2020. (ENG.). 228p. (YA). pap. 11.99 *(978-1-393-32231-3(X))* Draft2Digital.

In Another Moment (Classic Reprint) Charles Belmont Davis. 2017. (ENG., Illus.). 398p. (J). 32.11 *(978-0-484-27081-6(8))* Forgotten Bks.

In Another Time. Caroline Leech. 2018. (ENG.). 384p. (YA). (gr. 8). 17.99 *(978-0-06-245991-6(0)*, HarperTeen) HarperCollins Pubs.

In Another World with My Smartphone. Patora Fuyuhara. Tr. by Andrew Hodgson. Illus. by Eiji Usatsuka. 2019. (In Another World with My Smartphone (light Novel) Ser.). Vol. 1. 264p. pap. 14.99 *(978-1-7183-5000-7(7))*; Vol. 2. 246p. pap. 14.99 *(978-1-7183-5001-4(5))*; Vol. 3. (ENG.). 244p. pap. 14.99 *(978-1-7183-5002-1(3))* J-Novel Club.

In Another World with My Smartphone, Vol. 2 (manga) Patora Fuyuhara. 2021. (In Another World with My Smartphone (manga) Ser.: 2). (ENG., Illus.). 144p. (gr. 8-17). pap., pap. 13.00 *(978-1-9753-2105-5(7)*, Yen Pr.) Yen Pr. LLC.

In Another World with My Smartphone: Volume 4: Volume 4. Patora Fuyuhara. Tr. by Andrew Hodgson. Illus. by Eiji Usatsuka. 2019. (In Another World with My Smartphone (light Novel) Ser.). 244p. pap. 14.99 *(978-1-7183-5003-8(1))* J-Novel Club.

In Another World with My Smartphone: Volume 5: Volume 5. Patora Fuyuhara. Tr. by Andrew Hodgson. Illus. by Eiji Usatsuka. 2019. (In Another World with My Smartphone (light Novel) Ser.). 250p. pap. 14.99 *(978-1-7183-5004-5(X))* J-Novel Club.

In Another World with My Smartphone: Volume 6: Volume 6. Patora Fuyuhara. Tr. by Andrew Hodgson. Illus. by Eiji Usatsuka. 2019. (In Another World with My Smartphone (light Novel) Ser.). 250p. pap. 14.99 *(978-1-7183-5005-2(8))* J-Novel Club.

In Apple-Blossom Time: A Fairy-Tale to Date. Clara Louise Burnham. 2017. (ENG., Illus.). (J). 23.95 *(978-1-374-93636-2(7))* Capital Communications, Inc.

In Apple-Blossom Time: A Fairy-Tale to Date (Classic Reprint) Clara Louise Burnham. (ENG., Illus.). (J). 2017. 340p. 30.93 *(978-0-484-47617-1(3))*; 2016. pap. 13.57 *(978-1-334-32029-3(2))* Forgotten Bks.

In Argolis (Classic Reprint) George Horton. 2017. (ENG., Illus.). (J). 29.63 *(978-1-5284-6954-8(2))* Forgotten Bks.

In Babel: Stories of Chicago (Classic Reprint) George Ade. 2017. (ENG., Illus.). (J). 31.49 *(978-1-5283-6084-5(2))* Forgotten Bks.

In Bad Company: And Other Stories (Classic Reprint) Rolf Boldrewood. 2018. (ENG., Illus.). 536p. (J). 34.95 *(978-0-483-66109-7(0))* Forgotten Bks.

In Bad Hands & Other Tales, Vol. 3 of 3 (Classic Reprint) F. W. Robinson. 2018. (ENG., Illus.). 306p. (J). 30.25 *(978-0-332-46947-8(6))* Forgotten Bks.

In Bad Hands, Vol. 1 Of 3: And Other Tales (Classic Reprint) F. W. Robinson. (ENG., Illus.). (J). 2018. 336p. 30.85 *(978-0-483-93197-8(7))*; 2016. pap. 13.57 *(978-1-334-23900-7(2))* Forgotten Bks.

In Bad Hands, Vol. 2 Of 3: And Other Tales (Classic Reprint) F. W. Robinson. 2018. (ENG., Illus.). 324p. (J). 30.60 *(978-0-483-77766-8(8))* Forgotten Bks.

In Beautiful Formosa (Classic Reprint) Marjorie Landsborough. 2017. (ENG., Illus.). (J). 27.20 *(978-0-265-37516-7(9))* Forgotten Bks.

In Beaver Cove & Elsewhere (Classic Reprint) Matt Crim. 2017. (ENG., Illus.). (J). 31.32 *(978-1-5284-5379-0(4))* Forgotten Bks.

In Berkshire Fields (Classic Reprint) Walter Prichard Eaton. 2017. (ENG., Illus.). (J). 31.53 *(978-0-265-28393-6(0))* Forgotten Bks.

In-Between. Rebecca K. S. Ansari. (ENG.). (J). (gr. 3-7). 2022. 336p. pap. 9.99 *(978-0-06-291610-5(6))*; 2021. 320p. 18.99 *(978-0-06-291609-9(2))* HarperCollins Pubs. (Walden Pond Pr.).

In-Between. William Olive. 2017. (ENG., Illus.). (J). 21.95 *(978-1-64079-225-8(2))*; pap. 12.95 *(978-1-64079-947-9(8))* Christian Faith Publishing.

In Between. April Pulley Sayre. Photos by April Pulley Sayre. 2023. (ENG., Illus.). 40p. (J). (gr. -1-3). 18.99 *(978-1-5344-8781-9(6)*, Beach Lane Bks.) Beach Lane Bks.

In-Between. Katie Van Heidrich. 2023. (ENG.). 304p. (J). (gr. 4-8). 18.99 *(978-1-6659-2012-4(2)*, Aladdin) Simon & Schuster Children's Publishing.

In-Between Days. Vikki Wakefield. 2016. (ENG., Illus.). 352p. (YA). (gr. 9). 17.99 *(978-1-4424-8656-0(2)*, Simon & Schuster Bks. For Young Readers) Simon & Schuster Bks. For Young Readers.

In-Between Things. Priscilla Tey. Illus. by Priscilla Tey. 2018. (ENG., Illus.). 40p. (J). (gr. -1-3). 16.99 *(978-0-7636-8983-4(1))* Candlewick Pr.

In-Betweeny-Weeny. Sally Hooper. Illus. by Rebecca Wheele & Dina Goldman. 2022. (ENG.). 38p. (J). pap. ***(978-1-78222-980-3(9))*** Paragon Publishing, Rothersthorpe.

In Bird Land (Classic Reprint) Leander S. Keyser. 2017. (ENG., Illus.). 276p. (J). 29.61 *(978-0-484-37557-3(1))* Forgotten Bks.

In Bird-Land with Field-Glass & Camera (Classic Reprint) Oliver G. Pike. 2018. (ENG., Illus.). 306p. (J). 30.33 *(978-0-484-39440-6(1))* Forgotten Bks.

In Black & White, to Which Is Added under the Deodars & Other Tales (Classic Reprint) Rudyard Kipling. 2017. (ENG., Illus.). (J). 29.67 *(978-0-260-48542-7(X))* Forgotten Bks.

In Blackburn Hamlet Book One: A Ghastly Graveyard Grin. Paul Toffanello. Illus. by Reina Kanemitsu. 2020. (ENG.). 36p. (J). *(978-0-2288-3391-8(4))*; pap. *(978-0-2288-3064-1(8))* Tellwell Talent.

In Blackburn Hamlet Book Two: Mommaletti's Ghost. Paul Toffanello. Illus. by Reina Kanemitsu. 2020. (ENG.). 28p. (J). *(978-0-2288-3314-7(0))*; pap. *(978-0-2288-3065-8(6))* Tellwell Talent.

In Blessed Cyrus (Classic Reprint) Laura E. Richards. (ENG., Illus.). (J). 2018. 322p. 30.54 *(978-0-483-76655-6(0))*; 2017. pap. 13.57 *(978-0-259-44561-6(4))* Forgotten Bks.

In Bloom (Set), 10 vols. Cecilia Minden. Illus. by Sam Loman & Laura Gomez. 2023. (In Bloom Ser.). (ENG.). (J). (gr. 2-4). 24p. pap., pap., pap. 127.90 *(978-1-6689-1867-8(6)*, 221845); 306.40 ***(978-1-6689-2652-9(0)***, 222618) Cherry Lake Publishing. (Cherry Blossom Press).

In Blue & White: The Adventures & Misadventures of Humphrey Vandyne, Trooper in Washington's Life-Guard (Classic Reprint) Elbridge S. Brooks. 2017. (ENG., Illus.). (J). 31.36 *(978-0-265-35365-3(3))* Forgotten Bks.

In Blue Creek Canon (Classic Reprint) Anna Chapin Ray. 2018. (ENG., Illus.). 328p. (J). 30.66 *(978-0-267-26386-8(4))* Forgotten Bks.

In Blue Uniform: An Army Novel (Classic Reprint) George I. Putnam. 2018. (ENG., Illus.). 300p. (J). 30.08 *(978-0-484-36169-9(4))* Forgotten Bks.

In Bohemia (Classic Reprint) James Clarence Harvey. 2018. (ENG., Illus.). 204p. (J). 28.12 *(978-0-484-27943-7(2))* Forgotten Bks.

In Brief Authority (Classic Reprint) F. Anstey, pseud. 2018. (ENG., Illus.). 436p. (J). 32.91 *(978-0-483-57633-9(6))* Forgotten Bks.

In Brighter Climes, or Life in Socioland: A Realistic Novel (Classic Reprint) Albert Chavannes. 2017. (ENG., Illus.). (J). 29.38 *(978-0-265-71030-2(8))* Forgotten Bks.

In Brook & Bayou, or Life in the Still Waters (Classic Reprint) Clara Kern Bayliss. 2018. (ENG., Illus.). 218p. (J). 28.39 *(978-0-364-20790-1(6))* Forgotten Bks.

In Buff & Blue: Being Certain Portions from the Diary of Richard Hilton, Gentleman, of Haslet's Regiment of Delaware Foot-In-Our-Ever Glorious War of Independence (Classic Reprint) George Brydges Rodney. 2017. (ENG., Illus.). (J). 28.35 *(978-0-331-91142-8(6))* Forgotten Bks.

In Buncombe County (Classic Reprint) Maria Louise Pool. 2018. (ENG., Illus.). 308p. (J). 30.25 *(978-0-484-77527-4(8))* Forgotten Bks.

In Cahoots with My Boots. Sanya Whittaker Gragg. Illus. by Stephanie Hider. 2021. (ENG.). 32p. (J). pap. 9.99 *(978-1-7365353-3-2(1))*; 17.99 *(978-0-578-84360-5(9))* 3G Publishing.

In Calvert's Valley (Classic Reprint) Margaret Prescott Montague. 2018. (ENG., Illus.). 412p. (J). 32.41 *(978-0-483-79684-3(0))* Forgotten Bks.

In Cambridge Courts (Classic Reprint) Rudolf Chambers Lehmann. 2018. (ENG., Illus.). 248p. (J). 29.01 *(978-0-484-75158-2(1))* Forgotten Bks.

In Camp & Tepee: An Indian Mission Story (Classic Reprint) Elizabeth Merwin Page. 2017. (ENG., Illus.). (J). 29.88 *(978-0-331-72935-1(0))*; pap. 13.57 *(978-0-243-18838-3(2))* Forgotten Bks.

In Camp & Trench: Songs of the Fighting Forces (Classic Reprint) Berton Braley. (ENG., Illus.). (J). 2018. 82p. 25.59 *(978-0-364-06351-6(0))*; 2016. pap. 9.57 *(978-1-334-11914-9(7))* Forgotten Bks.

In Camp with a Tin Soldier. John Kendrick Bangs. 2017. (ENG.). (J). 208p. pap. *(978-3-337-30386-0(2))*; 202p. pap. *(978-3-337-12888-3(2))* Creation Pubs.

In Camp with a Tin Soldier (Classic Reprint) John Kendrick Bangs. 2018. (ENG., Illus.). 204p. (J). 28.10 *(978-0-483-38477-4(1))* Forgotten Bks.

In Camp with the Muskoday Camp Fire Girls (Classic Reprint) Amy Ella Blanchard. (ENG., Illus.). (J). 2018. 324p. 30.58 *(978-0-332-11439-2(2))*; 2017. pap. 13.57 *(978-0-243-40136-9(1))* Forgotten Bks.

In Carrington's Duty-Week: A Private School Episode (Classic Reprint) John Gambril Nicholson. (ENG., Illus.). (J). 2018. 202p. 28.06 *(978-0-332-15389-6(4))*; 2016. pap. 10.57 *(978-1-333-57142-9(9))* Forgotten Bks.

In Case You Didn't Know. Christopher J. Parkerjr. 2020. (ENG.). 228p. (YA). pap. 17.95 *(978-1-64654-608-4(3))* Fulton Bks.

In Case You Missed It. Sarah Darer Littman. (ENG.). 320p. (YA). (gr. 7). 2017. pap. 9.99 *(978-1-338-16065-9(6)*, Scholastic Paperbacks); 2016. 17.99 *(978-0-545-90437-7(4)*, Scholastic Pr.) Scholastic, Inc.

In Cassie's Corner. Dale Mayer. 2019. (ENG.). 232p. (J). pap. *(978-1-988315-93-5(X))* Valley Publishing.

In Castle & Colony (Classic Reprint) Emma Rayner. 2018. (ENG., Illus.). 472p. (J). 33.65 *(978-0-364-77585-1(8))* Forgotten Bks.

In Chadwicks Eyes. Rae Yung. 2021. (Chadwick Chum Ser.: 1). (ENG.). 26p. (J). pap. 16.99 *(978-1-0983-3589-2(9))* BookBaby.

In Chancery (Classic Reprint) John Galsworthy. 2018. (ENG., Illus.). 350p. (J). 31.12 *(978-0-364-07766-5(2))* Forgotten Bks.

In CHARGE of My Life. Delila Vasquez. 2023. (ENG.). 40p. (J). pap. 11.95 ***(978-1-63066-562-3(2))*** Indigo Sea Pr., LLC.

In Chimney Corners, Merry Tales of Irish Folk Lore (Classic Reprint) Seumas MacManus. 2018. (ENG., Illus.). 300p. (J). 30.10 *(978-0-484-54079-7(3))* Forgotten Bks.

In Christ I Am... Joan Johnson. 2018. (ENG.). 78p. (J). pap. ***(978-1-387-95391-2(5))*** Lulu Pr., Inc.

In Cibo Veritas, Cucina Creativa e Etnica: Volume 2. Selene Coccato. 2022. (ITA.). 101p. (J). pap. ***(978-1-387-61593-3(9))*** Lulu Pr., Inc.

In Circling Camps: A Romance of the Civil War (Classic Reprint) Joseph A. Altsheler. 2016. (ENG., Illus.). (J). pap. 16.57 *(978-1-334-17159-8(9))* Forgotten Bks.

In Circling Camps: A Romance of the Civil War (Classic Reprint) Joseph an Altsheler. 2017. (ENG., Illus.). 436p. (J). 32.89 *(978-0-331-56796-0(2))* Forgotten Bks.

In City & Camp (Classic Reprint) James Otis. 2018. (ENG., Illus.). 264p. (J). 29.34 *(978-0-332-88220-8(9))* Forgotten Bks.

In Clay & in Bronze: A Study in Personality (Classic Reprint) Brinsley MacNamara. 2017. (ENG., Illus.). (J). 29.38 *(978-0-331-77966-0(8))* Forgotten Bks.

In Colonial Days (Classic Reprint) Nathanial Hawthorne. 2018. (ENG., Illus.). 142p. (J). 26.83 *(978-0-267-46553-8(X))* Forgotten Bks.

In Colonial Times: The Adventures of Ann, the Bound Girl of Samuel Wales, of Braintree, in the Province of Massachusetts Bay (Classic Reprint) Mary E. Wilkins. 2017. (ENG., Illus.). (J). 26.35 *(978-1-5285-8517-0(8))* Forgotten Bks.

In Colston's Days: A Story of Old Bristol (Classic Reprint) Emma Marshall. (ENG., Illus.). (J). 2018. 378p. 31.65 *(978-0-332-08456-5(6))*; 2016. pap. 16.57 *(978-1-333-68791-5(5))* Forgotten Bks.

In Connection with the de Willoughby Claim (Classic Reprint) Frances Burnett. 2017. (ENG., Illus.). (J). 33.36 *(978-0-266-18956-5(3))* Forgotten Bks.

In Cotton Wool (Classic Reprint) W. B. Maxwell. 2018. (ENG., Illus.). 450p. (J). 33.18 *(978-0-267-19973-0(2))* Forgotten Bks.

In Creepy Memory of Devin. Leo B. Kennedy. 2022. (ENG.). 66p. (YA). pap. 9.99 ***(978-1-0880-3227-5(3))*** Indy Pub.

In Cupid's Chains, or a Slave for Life (Classic Reprint) Charles Garvice. (ENG., Illus.). (J). 2018. 320p. 30.52 *(978-0-267-39638-2(4))*; 2016. pap. 13.57 *(978-1-334-13065-6(5))* Forgotten Bks.

In Cure of Her Soul (Classic Reprint) Frederic Jesup Stimson. 2018. (ENG., Illus.). 644p. (J). 37.18 *(978-0-483-22839-9(7))* Forgotten Bks.

In Dairyland (Classic Reprint) Eugene Zimmerman. (ENG., Illus.). (J). 2018. 136p. 26.70 *(978-0-483-76335-7(7))*; 2016. pap. 9.57 *(978-1-333-72614-0(7))* Forgotten Bks.

In Darkling Wood. Emma Carroll. 2018. (ENG.). 256p. (J). (gr. 5). 6.99 *(978-0-399-55604-3(4)*, Yearling) Random Hse. Children's Bks.

In Deacon's Orders, & Other Stories (Classic Reprint) Walter Besant. 2018. (ENG., Illus.). 294p. (J). 29.96 *(978-0-483-31281-4(9))* Forgotten Bks.

In December. Maria Calderon Sandoval. 2016. (ENG., Illus.). (J). pap. 19.99 *(978-1-4834-5932-5(2))* Lulu Pr., Inc.

In Deeper Waters. F. T. Lukens. 2021. (ENG., Illus.). 320p. (YA). (gr. 9). 19.99 *(978-1-5344-8050-6(1)*, McElderry, Margaret K. Bks.) McElderry, Margaret K. Bks.

In Defense of the Flag; a True War Story: A Pen Picture of Scenes & Incidents During the Great Rebellion; Thrilling Experiences During Escape from Southern Prisons, etc (Classic Reprint) David W. Stafford. 2017. (ENG., Illus.). (J). 25.77 *(978-0-265-93256-8(4))* Forgotten Bks.

In Defiance of the King. Chauncey Crafts Hotchkiss. 2017. (ENG.). (J). 358p. pap. *(978-3-7446-7338-9(3))*; 348p. pap. *(978-3-7446-7344-0(8))* Creation Pubs.

In Defiance of the King: A Romance of the American Revolution (Classic Reprint) Chauncey Crafts Hotchkiss. 2018. (ENG., Illus.). 358p. (J). 31.28 *(978-0-365-36467-2(3))* Forgotten Bks.

In Desert & Wilderness (Classic Reprint) Henryk Sienkiewicz. 2017. (ENG., Illus.). (J). 33.40 *(978-1-5282-5158-7(X))* Forgotten Bks.

In Dickens Street (Classic Reprint) W. R. Thomson. 2018. (ENG., Illus.). 208p. (J). 28.21 *(978-0-483-40132-7(3))* Forgotten Bks.

In Dickens's London (Classic Reprint) Francis Hopkinson Smith. 2018. (ENG., Illus.). 204p. (J). 28.10 *(978-0-484-64688-8(5))* Forgotten Bks.

In Direst Peril. David Christie Murray. 2017. (ENG., Illus.). (J). pap. 14.95 *(978-1-374-86709-3(8))* Capital Communications, Inc.

In Direst Peril: A Novel (Classic Reprint) David Christie Murray. (ENG., Illus.). (J). 2017. 30.50 *(978-1-5279-4736-8(X))*; 2016. pap. 13.57 *(978-1-334-64318-7(0))* Forgotten Bks.

In Disguise: How Animals Hide from Predators. Ruth Owen. 2021. (Tell Me More! Science Ser.). (ENG., Illus.). 24p. (J). (gr. 2-5). pap. 9.99 *(978-1-78856-148-8(1)*, a31bd915-e910-4e25-adfc-df5d4fc42b0c); lib. bdg. 29.32 *(978-1-78856-147-1(3)*, 051ab8f7-3595-4852-8eee-861982444509) Ruby Tuesday Books Limited GBR. Dist: Lerner Publishing Group.

In Dream: Poems. Ada M. Kassimer. 2017. (ENG., Illus.). (J). pap. *(978-0-649-24886-5(4))* Trieste Publishing Pty Ltd.

In Dreams of Odd Adventures of Cold Weather Bro, a Trilogy. Alexander Sandrey & Carolyn Sellers. Illus. by Jason Fowler. 2022. (ENG.). 128p. (J). pap. 36.95 ***(978-1-61493-832-3(6))*** Peppertree Pr., The.

In Early Lessons, Vol. 2 of 2 (Classic Reprint) Maria Edgeworth. 2018. (ENG., Illus.). 260p. (J). 29.26 *(978-0-364-94886-6(8))* Forgotten Bks.

In Every Generation. Kendare Blake. 2023. (Buffy: the Next Generation Ser.). 48p. (YA). (gr. 7-12). pap. 10.99 *(978-1-368-07519-0(3)*, Disney-Hyperion) Disney Publishing Worldwide.

In Every Life. Marla Frazee. Illus. by Marla Frazee. 2023. (ENG., Illus.). 32p. (J). (-3). 18.99 *(978-1-6659-1248-8(0)*, Beach Lane Bks.) Beach Lane Bks.

In Exchange for a Soul, Vol. 1 Of 3: A Novel (Classic Reprint) Mary Linskill. 2018. (ENG., Illus.). 300p. (J). 30.10 *(978-0-267-15582-8(4))* Forgotten Bks.

In Exchange for a Soul, Vol. 3 of 3 (Classic Reprint) Mary Linskill. 2018. (ENG., Illus.). 310p. (J). 30.31 *(978-0-483-25610-1(2))* Forgotten Bks.

In Exile & Other Stories. Mary Hallock Foote. 2017. (ENG.). 264p. (J). pap. *(978-3-7447-4704-2(2))* Creation Pubs.

In Exile, & Other Stories (Classic Reprint) Mary Hallock Foote. 2017. (ENG., Illus.). (J). 29.38 *(978-1-5282-8715-9(0))* Forgotten Bks.

In Exit Israel, Vol. 1: An Historical Novel (Classic Reprint) S. Baring-Gould. 2018. (ENG., Illus.). 348p. (J). 31.09 *(978-0-483-46030-0(3))* Forgotten Bks.

In Exitu Israel, Vol. 2: An Historical Novel (Classic Reprint) S. Baring-Gould. 2018. (ENG., Illus.). 332p. (J). 30.76 *(978-0-483-70817-4(8))* Forgotten Bks.

In Fableland (Classic Reprint) Emma Serl. 2018. (ENG., Illus.). 174p. (J). 27.49 *(978-0-332-09180-8(5))* Forgotten Bks.

In Fairyland: The Finest of Tales by the Brothers Grimm. Brothers Brothers Grimm. Illus. by Hans Fischer. 2019. (ENG.). 144p. (J). (gr. -1-2). 30.00 *(978-0-7358-4339-4(2))* North-South Bks., Inc.

In Far Lochaber Novel (Classic Reprint) William Black. 2018. (ENG., Illus.). 438p. (J). 32.93 *(978-0-666-10245-4(7))* Forgotten Bks.

In Far Lochaber, Vol. 1 of 3 (Classic Reprint) William Black. (ENG., Illus.). (J). 2018. 304p. 30.17 *(978-0-484-47998-1(9))*; 2016. pap. 13.57 *(978-1-334-13449-4(9))* Forgotten Bks.

In Far Lochaber, Vol. 2 of 3 (Classic Reprint) William Black. 2018. (ENG., Illus.). 290p. (J). 29.88 *(978-0-484-35625-1(9))* Forgotten Bks.

In Far Lochaber, Vol. 3 of 3 (Classic Reprint) William Black. 2018. (ENG., Illus.). 294p. (J). 29.96 *(978-0-483-76434-7(5))* Forgotten Bks.

In Far New Guinea: A Stirring Record of Work & Observation Amongst the People of New Guinea, with a Description of Their Manners, Customs, & Religions, &C., &C., &C (Classic Reprint) Henry Newton. 2017. (ENG., Illus.). (J). pap. 16.57 *(978-0-259-48107-2(6))* Forgotten Bks.

In Far New Guinea: A Stirring Record of Work & Observation Amongst the People of New Guinea, with a Description of Their Manners, Customs, & Religions, &C., &C., &c (Classic Reprint) Henry Newton. 2018. (ENG., Illus.). 384p. (J). 31.82 *(978-0-332-97673-0(4))* Forgotten Bks.

In Fear of the Spear. Marianne Hering. 2016. (AIO Imagination Station Bks.: 17). (ENG., Illus.). 144p. (J). pap. 5.99 *(978-1-58997-804-1(8)*, 4622356) Focus on the Family Publishing.

In Fetters: The Man or the Priest? (Classic Reprint) Thomas Kirwan. 2018. (ENG., Illus.). 278p. (J). 29.63 *(978-0-484-62034-5(7))* Forgotten Bks.

In Field & Pasture (Classic Reprint) Maude Barrows Dutton. (ENG., Illus.). (J). 2018. 206p. 28.12 *(978-0-484-37749-2(3))*; 2016. pap. 10.57 *(978-1-334-12753-3(0))* Forgotten Bks.

In Flanders Fields, & Other Poems (Classic Reprint) John McCrae. 2017. (ENG., Illus.). (J). 27.22 *(978-0-265-39145-7(8))* Forgotten Bks.

In Focus: Big Beasts. Steve Parker. 2018. (In Focus Ser.). (ENG.). 64p. (J). 17.99 *(978-0-7534-7428-0(X),* 900187151); (Illus.). pap. 12.99 *(978-0-7534-7429-7(8),* 900187152) Roaring Brook Pr. (Kingfisher).

In Focus: Bugs. Editors of Kingfisher & Barbara Taylor. 2017. (In Focus Ser.). (ENG.). 64p. (J). 17.99 *(978-0-7534-7345-0(3),* 900174947, Kingfisher) Roaring Brook Pr.

In Focus: Intelligent Animals. Camilla de la Bedoyere. 2018. (In Focus Ser.). (ENG., Illus.). 64p. (J). 17.99 *(978-0-7534-7387-0(9),* 900183789, Kingfisher) Roaring Brook Pr.

In Focus: Polar Lands. Clive Gifford. 2017. (In Focus Ser.). (ENG.). 64p. (J). 17.99 *(978-0-7534-7351-1(8),* 900175024, Kingfisher) Roaring Brook Pr.

In Focus: Reptiles. Barbara Taylor. 2017. (In Focus Ser.). (ENG.). 64p. (J). 17.99 *(978-0-7534-7367-2(4),* 9780753473672, Kingfisher) Roaring Brook Pr.

In Focus: Tropical Lands. Clive Gifford. 2017. (In Focus Ser.). (ENG.). 64p. (J). 17.99 *(978-0-7534-7366-5(6),* 9780753473665, Kingfisher) Roaring Brook Pr.

In Foreign Fields: Sketches of Travel in South America & Western Europe (Classic Reprint) Joseph E. Wing. 2018. (ENG., Illus.). 552p. (J). 35.30 *(978-0-267-46714-3(1))* Forgotten Bks.

In Four Reigns: The Recollections of Althea Allingham, 1785 1842 (Classic Reprint) Emma Marshall. 2018. (ENG., Illus.). 324p. (J). 30.58 *(978-0-656-35506-8(9))* Forgotten Bks.

In France. Felipe J. Garcia. 2018. (ENG., Illus.). 184p. (YA). *(978-1-77370-945-1(3))*; pap. *(978-1-77370-946-8(1))* Tellwell Talent.

In France & Flanders, with the Fighting Men (Classic Reprint) Lauchlan MacLean Watt. 2017. (ENG., Illus.). (J). 28.56 *(978-0-331-93276-8(8))*; pap. 11.57 *(978-0-243-39374-9(1))* Forgotten Bks.

In Free America: Or Tales from North & South (Classic Reprint) Ellen F. Wetherell. 2018. (ENG., Illus.). 140p. (J). 26.80 *(978-0-267-25638-9(8))* Forgotten Bks.

In Freedom's Cause. G. A. Henty. 2018. (ENG., Illus.). 286p. (J). 24.99 *(978-1-5154-3140-4(1))* Wilder Pubns., Corp.

In French-Africa: Scenes & Memories (Classic Reprint) Miss Betham-Edwards. 2018. (ENG., Illus.). 370p. (J). 31.53 *(978-0-484-17270-7(0))* Forgotten Bks.

In Friends We Trust: Book Two in the Friendship Series. Cassyashton Porter. 2023. (ENG.). 198p. (J). pap. 13.00 ***(978-1-312-51355-6(1))*** Lulu Pr., Inc.

In Front & Behind: A Sesame Street (r) Guessing Game. Mari Schuh. 2023. (Sesame Street (r) Directional Words Ser.). (ENG., Illus.). 24p. (J). (gr. -1-2). pap. 8.99. lib. bdg. 29.32 ***(978-1-7284-8677-2(7),*** 471ba2d9-0539-43b0-9ba0-474a77fb8e25) Lerner Publishing Group. (Lerner Pubns.).

In Furthest Ind: The Narrative of Mr. Edward Carlyon of the Honourable East India Company's Service (Classic Reprint) Sydney C. Grier. 2017. (ENG., Illus.). (J). 31.73 *(978-0-266-20837-2(1))* Forgotten Bks.

In Garden Orchard & Spinney (Classic Reprint) Phil. Robinson. 2018. (ENG., Illus.). 288p. (J). 29.84 *(978-0-267-51535-6(9))* Forgotten Bks.

In German Hands: The Diary of a Severely Wounded Prisioner. Charles Hennebois & Ernest Daudet. 2017. (ENG., Illus.). (J). pap. *(978-0-649-61359-5(7))* Trieste Publishing Pty Ltd.

In German Hands: The Diary of a Severely Wounded Prisoner (Classic Reprint) Charles Hennebois. 2017. (ENG., Illus.). 256p. (J). 29.18 *(978-0-332-89083-8(X))* Forgotten Bks.

In Gipsy Tents (Classic Reprint) Francis Hindes Groome. 2018. (ENG., Illus.). (J). 32.25 *(978-0-260-70517-4(9))* Forgotten Bks.

In God's Country: Catholic Stories of Home & Abroad (Classic Reprint) Neil Boyton. 2019. (ENG., Illus.). (J). 416p. 32.48 *(978-1-397-28455-6(2))*; 418p. pap. 16.57 *(978-1-397-28181-4(2))* Forgotten Bks.

In God's Country (Classic Reprint) D. Higbee. 2017. (ENG., Illus.). (J). 29.11 *(978-1-5279-7756-3(0))* Forgotten Bks.

In God's Garden: Stories of the Saints for Little Children (Classic Reprint) Amy Steedman. 2017. (ENG., Illus.). (J). 27.86 *(978-0-331-83258-7(5))*; pap. 10.57 *(978-0-243-29511-1(1))* Forgotten Bks.

In God's Nursery (Classic Reprint) C. c. Martindale. 2018. (ENG., Illus.). 250p. (J). 29.07 *(978-0-484-47006-3(X))* Forgotten Bks.

In God's Way: A Novel; Translated from the Norwegian (Classic Reprint) Bjornstjerne Bjornson. (ENG., Illus.). (J). 2018. 290p. 29.94 *(978-0-484-79655-2(0))*; 2017. pap. 13.57 *(978-0-243-12038-3(9))* Forgotten Bks.

In God's Way: A Novel, Volume II. Bjornstjerne Bjornson. 2017. (ENG., Illus.). (J). pap. *(978-0-649-38453-2(9))* Trieste Publishing Pty Ltd.

In God's Way, Vol. 2: A Novel (Classic Reprint) Bjornstjerne Bjornson. 2018. (ENG., Illus.). 222p. (J). 28.50 *(978-0-484-15341-6(2))* Forgotten Bks.

In Gold & Silver (Classic Reprint) George H. Ellwanger. 2018. (ENG., Illus.). 190p. (J). 27.82 *(978-0-364-12462-8(8))* Forgotten Bks.

In Golden Shackles (Classic Reprint) Alien Alien. 2017. (ENG., Illus.). (J). 30.72 *(978-0-266-66995-1(6))* Forgotten Bks.

In Good Hands: Remarkable Female Politicians from Around the World Who Showed up, Spoke Out & Made Change. Stephanie MacKendrick. 2020. (ENG.). 256p. (YA). (gr. 9-12). 17.99 *(978-1-5253-0035-6(0))* Kids Can Pr., Ltd. CAN. Dist: Hachette Bk. Group.

In Great Waters: Four Stories (Classic Reprint) Thomas A. Janvier. 2018. (ENG., Illus.). 256p. (J). 29.20 *(978-0-483-81596-4(9))* Forgotten Bks.

In Green Bay Waters:; a Bildungsroman. A. J. Westphal. 2017. (ENG., Illus.). (YA). (gr. 7-12). pap. 12.99 *(978-1-63505-589-4(X),* Mill City Press, Inc) Salem Author Services.

In Hampton Roads. Charles Eugene Banks et al. 2017. (ENG.). 306p. (J). pap. *(978-3-337-34780-2(0))* Creation Pubs.

In Hampton Roads: A Dramatic Romance (Classic Reprint) Charles Eugene Banks. 2018. (ENG., Illus.). (J). 30.13 *(978-0-331-99687-6(1))* Forgotten Bks.

In Happy Far-Away Land (Classic Reprint) Ruth Kimball Gardiner. 2018. (ENG., Illus.). 112p. (J). 26.21 *(978-0-483-40386-4(5))* Forgotten Bks.

In Happy Hollow (Classic Reprint) Charles Heber Clark. 2018. (ENG., Illus.). 354p. (J). 31.20 *(978-0-267-61358-8(X))* Forgotten Bks.

In Happy Valley (Classic Reprint) John Fox, Jr. 2018. (ENG., Illus.). 262p. (J). 29.30 *(978-0-483-43380-9(2))* Forgotten Bks.

In Happy Valley (Classic Reprint) John Fox Jr. 2016. (ENG., Illus.). (J). pap. 11.97 *(978-1-334-14087-7(1))* Forgotten Bks.

In Harmony (DreamWorks Trolls) Mary Man-Kong. Illus. by Random House. 2020. (ENG.). 14p. (J). (— 1). bds. 12.99 *(978-0-593-12260-0(7),* Random Hse. Bks. for Young Readers) Random Hse. Children's Bks.

In Harm's Way: A Young Readers Adaptation. Michael J. Tougias & Doug Stanton. 2023. (True Rescue Ser.). (ENG., Illus.). 240p. (J). pap. 12.99 ***(978-1-250-90934-3(1),*** 900233912) Square Fish.

In Harm's Way (Young Readers Edition) The Sinking of the USS Indianapolis & the Story of Its Survivors. Michael J. Tougias & Doug Stanton. 2022. (True Rescue Ser.). (ENG., Illus.). 240p. (J). 19.99 *(978-1-250-77132-2(3),* 900233911, Holt, Henry & Co. Bks. For Young Readers) Holt, Henry & Co.

In Hell Shut in at the Outbreak of the Great War, 1914 (Classic Reprint) George B. Thayer. 2019. (ENG., Illus.). 42p. (J). 24.78 *(978-0-267-21595-9(9))* Forgotten Bks.

In Her Dreams. Maeve Ere-Bestman. 2017. (ENG.). 218p. (J). pap. *(978-978-085-579-6(3))* Divine Printers and Publishers Nigeria Ltd.

In Her Earliest Youth: A Novel (Classic Reprint) Tasma Tasma. 2018. (ENG., Illus.). (J). 30.27 *(978-0-260-21984-8(3))* Forgotten Bks.

In Her Eyes: The Story of Anne Bradstreet & Puritanism - Early American Women Poets Grade 3 - Children's Biographies. Dissected Lives. 2019. (ENG.). 72p. (J). pap 14.72 *(978-1-5419-5319-2(3))*; 24.71 *(978-1-5419-7552-1(9))* Speedy Publishing LLC. (Dissected Lives (Auto Biographies)).

In Her Majesty's Keeping, Vol. 2 Of 3: The Story of a Hidden Life (Classic Reprint) Lewis Wingfield. 2018. (ENG., Illus.). 348p. (J). 31.09 *(978-0-483-45071-4(5))* Forgotten Bks.

In Her Majesty's Keeping, Vol. 3 Of 3: The Story of a Hidden Life (Classic Reprint) Lewis Wingfield. 2018. (ENG., Illus.). 352p. (J). 31.16 *(978-0-483-36148-5(8))* Forgotten Bks.

In Her Own Time. Christine Potter. 2016. (ENG., Illus.). (J). pap. *(978-1-77233-962-8(6))* Evernight Publishing.

In Her Shadow. K. L. Hazlett. Illus. by Brady Sato. 2023. (Umbra Archives Ser.). (ENG.). 294p. (YA). pap. ***(978-1-0391-4536-8(1))***; ***(978-1-0391-4537-5(X))*** FriesenPress.

In Her Skin: A Novel. Kim Savage. 2019. (ENG.). 304p. (YA). pap. 10.99 *(978-1-250-29466-1(5),* 900183818) Square Fish.

In High Places (Classic Reprint) M. E. Braddon. 2017. (ENG., Illus.). (J). 31.82 *(978-0-331-61522-7(3))* Forgotten Bks.

In His Absence I Can Still Feel His Presence: (English with a Spanish Version Inside) Jalisa Rose Smith. Illus. by Blueberry Illustrations. 2019. (ENG.). 54p. (J). (gr. 1-6). 20.00 *(978-0-578-50956-3(3))* Author Pubns.

In His Arms. R. H. Krämer. 2022. (ENG.). 240p. (YA). pap. 18.95 *(978-1-6624-2170-9(2))* Page Publishing Inc.

In His Element - Number Sudoku Puzzle for Kids. Senor Sudoku. 2019. (ENG.). 78p. (J). pap. 10.99 *(978-1-64521-527-1(X))* Editorial Imagen.

In His Name. Abigail Rayder. Illus. by Sharon Graham Smith. 2022. (ENG.). 30p. (J). 26.95 *(978-1-6642-6427-4(2))*; pap. 13.95 *(978-1-6642-6425-0(6))* Author Solutions, LLC. (WestBow Pr.).

In His Name: A Christmas Story (Classic Reprint) E. E. Hale. 2017. (ENG., Illus.). (J). 29.59 *(978-1-5285-5177-9(X))* Forgotten Bks.

In His Name: A Story of the Waldenses, Seven Hundred Years Ago. E. E. Hale. 2017. (ENG., Illus.). (J). pap. *(978-0-649-61365-6(1))*; pap. *(978-0-649-14318-4(3))* Trieste Publishing Pty Ltd.

In His Name, and, Christmas Stories (Classic Reprint) Edward Everett Hale. (ENG., Illus.). (J). 2018. 380p. 31.75 *(978-0-483-85181-8(7))*; 2017. pap. 16.57 *(978-0-243-88069-0(3))* Forgotten Bks.

In His Own Image (Classic Reprint) Mary Briarly. (ENG., Illus.). (J). 2018. 428p. 32.74 *(978-0-364-11780-4(X))*; 2017. pap. 16.57 *(978-1-5276-6186-8(5))* Forgotten Bks.

In His Own Image (Classic Reprint) Frederick Rolfe. (ENG., Illus.). (J). 2018. 460p. 33.38 *(978-0-483-48740-6(6))*; 2016. pap. 16.57 *(978-1-333-65444-3(8))* Forgotten Bks.

In Hoc Vince: The Story of a Red Cross Flag (Classic Reprint) Florence Louisa Barclay. 2017. (ENG., Illus.). (J). 24.35 *(978-0-331-91916-5(8))*; pap. 7.97 *(978-0-259-97532-8(X))* Forgotten Bks.

In Honor of Broken Things. Paul Acampora. 2022. 208p. (J). (gr. 3-7). 17.99 *(978-1-9848-1664-1(0),* Dial Bks) Penguin Young Readers Group.

In Honor of the Gods: Ancient Greek Mythology - Ancient Greece - Social Studies 5th Grade - Children's Geography & Cultures Books. Baby Professor. 2019. (ENG.). 72p. (J). pap. 14.72 *(978-1-5419-4999-7(4))*; 24.71 *(978-1-5419-7474-6(3))* Speedy Publishing LLC. (Baby Professor (Education Kids)).

In Honour Bound, Vol. 1 of 3 (Classic Reprint) Charles Gibbon. (ENG., Illus.). (J). 2018. 308p. 30.25 *(978-0-428-77737-1(6))*; 2016. pap. 13.57 *(978-1-333-86427-9(2))* Forgotten Bks.

In Honour Bound, Vol. 2 of 3 (Classic Reprint) Charles Gibbon. 2018. (ENG., Illus.). 316p. (J). 30.41 *(978-0-332-03591-8(3))* Forgotten Bks.

In Honour Bound, Vol. 3 of 3 (Classic Reprint) Charles Gibbon. 2018. (ENG., Illus.). 266p. (J). 29.40 *(978-0-483-39206-9(5))* Forgotten Bks.

In Hospital. [1908]. William Ernest Henley. 2017. (ENG., Illus.). (J). pap. *(978-0-649-61366-3(X))* Trieste Publishing Pty Ltd.

In Hospital & Camp: A Woman's Record of Thrilling Incidents among the Wounded in the Late War (Classic Reprint) Sophronia E. Bucklin. (ENG., Illus.). (J). 2017. 32.60 *(978-0-331-93958-3(4))*; 2016. pap. 16.57 *(978-1-334-15588-8(7))* Forgotten Bks.

In Hostile Red (Classic Reprint) Unknown Author. 2018. (ENG., Illus.). 342p. (J). 30.95 *(978-0-484-06532-0(7))* Forgotten Bks.

In I Go! Book 19. Carole Crimeen & Suzanne Fletcher. 2023. (Comic Decoders Ser.). (ENG., Illus.). 16p. (J). (gr. -1-k). pap. 7.99 ***(978-1-76127-099-4(0),*** 5cdd2455-e9a8-457a-a4fa-117802e60a30) Knowledge Bks. & Software AUS. Dist: Lerner Publishing Group.

In Icelandic Colours - Birgir Andrésson. Robert Hobbs. Ed. by i8 Gallery Reykjavík. 2022. (ENG., Illus.). 432p. (YA). 65.00 *(978-3-95476-412-9(1),* 167c78f5-10a3-40b2-92dc-84cdc0404a33) DISTANZ Verlag GmbH DEU. Dist: Baker & Taylor Publisher Services (BTPS).

In Indian Tents: Stories Told by Penobscot, Passamaquoddy & Micmac Indians (Classic Reprint) Abby L. Alger. 2016. (ENG., Illus.). (J). 16.57 *(978-1-334-99875-1(2))* Forgotten Bks.

In It Together: A 2020 Story. Julie Murphy Agnew. 2022. (ENG., Illus.). 92p. (J). pap. 21.95 *(978-1-63710-978-6(4))* Fulton Bks.

In It Together: A Story of Fairness. Kristin Johnson. Illus. by Mike Byrne. 2018. (Cloverleaf Books (tm) — Stories with Character Ser.). (ENG.). 24p. (J). (gr. k-2). pap. 8.99 *(978-1-5415-1068-5(2),* 832e11af-cbe0-4049-9bde-ea470b9ad403); lib. bdg. 25.32 *(978-1-5124-8649-0(3),* 0bbe6ba7-5b99-480d-800a-bc7633614f91) Lerner Publishing Group. (Millbrook Pr.).

In Jeopardy (Classic Reprint) Van Tassel Sutphen. 2017. (ENG., Illus.). (J). 306p. 30.21 *(978-0-484-43232-0(X))*; pap. 13.57 *(978-0-259-58711-8(7))* Forgotten Bks.

In Jesus' Name I Pray: TJ the Squirrel Learns the True Heart of Prayer. Costi Hinn & Christyne Hinn. 2022. (ENG., Illus.). 32p. (J). (gr. -1-3). 16.99 *(978-0-7369-8569-7(7),* 6985697, Harvest Kids) Harvest Hse. Pubs.

In Journeyings Oft. Georgiana Baucus. 2017. (ENG.). 338p. (J). pap. *(978-3-7447-9447-3(4))* Creation Pubs.

In Journeyings Oft: A Sketch of the Life & Travels of Mary C. Nind (Classic Reprint) Georgiana Baucus. (ENG., Illus.). (J). 2018. 336p. 30.83 *(978-0-364-87769-2(3))*; 2016. pap. 13.57 *(978-1-334-15216-0(0))* Forgotten Bks.

In Kali's Country: Tales from Sunny India. Emily T. Sheets. 2017. (ENG., Illus.). (J). pap. *(978-0-649-20880-7(3))* Trieste Publishing Pty Ltd.

In Kali's Country: Tales from Sunny India (Classic Reprint) Emily T. Sheets. 2018. (ENG., Illus.). 236p. (J). 28.76 *(978-0-483-66611-5(4))* Forgotten Bks.

In Kedar's Tents (Classic Reprint) Henry Seton Merriman. 2018. (ENG., Illus.). 380p. (J). 31.78 *(978-0-483-29965-8(0))* Forgotten Bks.

In Kent with Charles Dickens (Classic Reprint) Thomas Frost. 2018. (ENG., Illus.). (J). 30.58 *(978-0-260-91122-3(4))* Forgotten Bks.

In Kings' Byways (Classic Reprint) Stanley J. Weyman. 2017. (ENG., Illus.). (J). 31.53 *(978-1-5283-5344-1(7))* Forgotten Bks.

In Kings Houses. Julia C. R. Dorr. 2016. (ENG.). 380p. (J). pap. *(978-3-7433-9750-7(1))* Creation Pubs.

In Kings Houses: A Romance of the Days of Queen Anne (Classic Reprint) Julia C. R. Dorr. 2018. (ENG., Illus.). 386p. (J). 31.86 *(978-0-267-17607-6(4))* Forgotten Bks.

In Kultured Kaptivity: Life & Death in Germany's Prison Camps & Hospitals (Classic Reprint) Ivan Rossiter. 2018. (ENG., Illus.). 256p. (J). 29.18 *(978-0-267-24243-6(3))* Forgotten Bks.

In League with Israel: A Tale of the Chattanooga Conference. Annie Fellows Johnston. 2018. (ENG., Illus.). 168p. (YA). (gr. 7-12). pap. *(978-93-5329-273-7(5))* Alpha Editions.

In League with Israel: A Tale of the Chattanooga Conference (Classic Reprint) Annie Fellows Johnston. 2018. (ENG., Illus.). 306p. (J). 30.23 *(978-0-332-11890-1(8))* Forgotten Bks.

In Leisler's Times. Elbridge Streeter Brooks & W. T. Smedley. 2017. (ENG.). 312p. (J). pap. *(978-3-7447-2299-5(6))* Creation Pubs.

In Leisler's Times: An Historical Story of Knickerbocker New York (Classic Reprint) Elbridge Streeter Brooks. (ENG., Illus.). (J). 2018. 308p. 30.27 *(978-0-267-53800-3(6))*; 2016. pap. 13.57 *(978-1-333-34327-9(2))* Forgotten Bks.

In Letters of Gold, Vol. 1 of 2 (Classic Reprint) Thomas St. E Hake. (ENG., Illus.). (J). 2018. 320p. 30.52 *(978-0-267-39568-2(X))*; 2016. pap. 13.57 *(978-1-334-13154-7(6))* Forgotten Bks.

In Letters of Gold, Vol. 2 of 2 (Classic Reprint) Thomas St. E Hake. 2018. (ENG., Illus.). 316p. (J). 30.41 *(978-0-332-85650-6(X))* Forgotten Bks.

In Lighter Vein: A Collection of Anecdotes, Witty Sayings, Bon Mots, Bright Repartees, Eccentricities & Reminiscences of Well-Known Men & Women Who Are or Have Been Prominent in the Public Eye (Classic Reprint) John De Morgan. 2018. (ENG., Illus.). (J). 190p. 27.82 *(978-0-483-83438-5(6))*; 192p. 27.86 *(978-0-267-18638-9(X))* Forgotten Bks.

In Limbo: a Graphic Memoir. Deb Jj Lee. 2023. (ENG., Illus.). 352p. (YA). 24.99 *(978-1-250-25265-4(2),* 900218628); pap. 17.99 *(978-1-250-25266-1(0),* 900218629) Roaring Brook Pr. (First Second Bks.).

In Limbo over Lyme Disease. Melanie S. Weiss. 2019. (ENG., Illus.). 52p. (J). 17.95 *(978-1-5069-0699-7(0))*; pap. 14.95 *(978-1-5069-0700-0(8))* First Edition Design Publishing.

In Lincoln's Chair (Classic Reprint) Ida. M. Tarbell. 2017. (ENG., Illus.). (J). 25.15 *(978-0-260-65833-3(2))* Forgotten Bks.

In Lockerbie Street (Classic Reprint) Mabel Potter Daggett. 2017. (ENG., Illus.). (J). 24.41 *(978-0-260-44738-8(2))*; pap. 7.97 *(978-0-260-44736-4(6))* Forgotten Bks.

In London Town (Classic Reprint) F. Berkeley Smith. 2017. (ENG., Illus.). (J). 30.00 *(978-0-265-17972-7(6))* Forgotten Bks.

In London Town, Vol. 1 Of 3: A Novel (Classic Reprint) Katherine Lee. 2018. (ENG., Illus.). 290p. (J). 29.90 *(978-0-267-44098-6(7))* Forgotten Bks.

In London Town, Vol. 2: A Novel (Classic Reprint) Katharine Lee. 2018. (ENG., Illus.). 258p. (J). 29.24 *(978-0-483-69629-7(3))* Forgotten Bks.

In London Town, Vol. 3 Of 3: A Novel (Classic Reprint) Katherine Lee. 2018. (ENG., Illus.). 288p. (J). 29.84 *(978-0-484-27849-2(5))* Forgotten Bks.

In Love & Struggle: The Revolutionary Lives of James & Grace Lee Boggs. Stephen M. Ward. 2020. (Justice, Power, & Politics Ser.). (ENG., Illus.). 464p. pap. 40.00 *(978-1-4696-5923-7(9),* 01PODPB) Univ. of North Carolina Pr.

In Love & War. Charles Gibbon. 2017. (ENG.). (J). 310p. pap. *(978-3-337-06575-1(9))*; 330p. pap. *(978-3-337-06577-5(5))*; 322p. pap. *(978-3-337-06576-8(7))* Creation Pubs.

In Love & War: A Romance (Classic Reprint) Charles Gibbon. 2018. (ENG., Illus.). 392p. (J). 31.98 *(978-0-267-17656-4(2))* Forgotten Bks.

In Love & War, Vol. 1 of 3 (Classic Reprint) Charles Gibbon. 2018. (ENG., Illus.). 308p. (J). 30.25 *(978-0-484-43316-7(4))* Forgotten Bks.

In Love & War, Vol. 2 of 3 (Classic Reprint) Charles Gibbon. 2018. (ENG., Illus.). 320p. (J). 30.50 *(978-0-483-90854-3(1))* Forgotten Bks.

In Love & War, Vol. 3 Of 3: A Romance (Classic Reprint) Charles Gibbon. (ENG., Illus.). (J). 2018. 330p. 30.70 *(978-0-332-45566-2(1))*; 2016. pap. 13.57 *(978-1-334-12857-8(X))* Forgotten Bks.

In Love with a T-Man (Classic Reprint) Rob Eden. 2018. (ENG., Illus.). (J). 252p. 29.09 *(978-1-396-58605-7(9))*; 254p. pap. 11.57 *(978-1-391-68628-8(4))* Forgotten Bks.

In Love with Gambling see Enamorada de la Apuesta: Tick Tock, Se Acaba el Tiempo

In Love with Life Coloring Book. Cristie Publishing. 2021. (ENG.). 102p. (J). pap. 11.50 *(978-1-716-26273-9(9))* Lulu Pr., Inc.

In Love's Domains: A Trilogy (Classic Reprint) Marah Ellis Ryan. 2018. (ENG., Illus.). 322p. (J). 30.56 *(978-0-483-78999-9(2))* Forgotten Bks.

In Loving Remembrance of Ann Hayes (Classic Reprint) Warren H. Wilson. (ENG., Illus.). (J). 2018. 24p. 24.39 *(978-0-484-24669-9(0))*; 2016. pap. 7.97 *(978-1-333-49025-6(9))* Forgotten Bks.

In Low Relief, Vol. 1 Of 2: A Bohemian Transcript (Classic Reprint) Morley Roberts. 2018. (ENG., Illus.). 278p. (J). 29.63 *(978-0-484-31806-8(3))* Forgotten Bks.

In Low Relief, Vol. 2: A Bohemian Transcript (Classic Reprint) Morley Roberts. 2018. (ENG., Illus.). 272p. (J). 29.51 *(978-0-483-73041-0(6))* Forgotten Bks.

In Luck's Way (Classic Reprint) John Strange Winter. (ENG., Illus.). (J). 2018. 296p. 30.00 *(978-0-267-51357-4(7))*; 2017. pap. 13.57 *(978-0-259-19892-5(7))* Forgotten Bks.

In Macao (Classic Reprint) Charles A. Gunnison. 2017. (ENG., Illus.). (J). 24.76 *(978-1-5282-8417-2(8))* Forgotten Bks.

In Mama's Arms. Sheryl Pinard. Illus. by Laura Horath. 2021. (ENG.). 22p. (J). 15.99 *(978-1-0878-7348-0(7))* Indy Pub.

In Maremma, Vol. 1 Of 3: A Story (Classic Reprint) Ouida Ouida. 2017. (ENG., Illus.). (J). 31.45 *(978-0-331-73588-8(1))* Forgotten Bks.

In Maremma, Vol. 2 Of 3: A Story (Classic Reprint) Ouida. 2016. (ENG., Illus.). (J). pap. 13.57 *(978-1-333-13581-2(5))* Forgotten Bks.

In Maremma, Vol. 2 Of 3: A Story (Classic Reprint) Ouida Ouida. 2017. (ENG., Illus.). (J). 30.85 *(978-0-331-63449-5(X))* Forgotten Bks.

In Market Overt: A Novel (Classic Reprint) James Payn. (ENG., Illus.). (J). 2018. 308p. 30.25 *(978-0-332-90047-6(9))*; 2016. pap. 13.57 *(978-1-334-14293-2(9))* Forgotten Bks.

In Memoriam: Walter Ewen Townsend; Born at Yokohama, Japan, 1879; Died There, 1900 (Classic Reprint) A. M. Townsend. (ENG., Illus.). (J). 2018. 196p. 27.96 *(978-0-267-55364-8(1))*; 2016. pap. 10.57 *(978-1-333-61562-8(0))* Forgotten Bks.

In Memory of Giovanni Bottesini. Antonio Carniti. Ed. by Stephen Street. Tr. by Giovanni Pietrangelo. 2021. (ENG.). 152p. (J). pap. *(978-1-8381287-3-9(5))* www.stephenstreet.com.

In Memory of Max Hecht, Born January 20th, 1844, Died July 30th 1908: A Selection from His Writings (Classic Reprint) Max Hecht. (ENG., Illus.). (J). 2018. 114p. 26.27 *(978-0-267-99745-9(0))*; 2016. pap. 9.57 *(978-1-334-15491-1(0))* Forgotten Bks.

In Memory of W. V (Classic Reprint) William Canton. 2018. (ENG., Illus.). 226p. (J). 28.56 *(978-0-484-62878-5(X))* Forgotten Bks.

In Midsummer Days & Other Tales (Classic Reprint) August Strindberg. 2018. (ENG., Illus.). 178p. (J). 27.57 *(978-0-483-64608-7(3))* Forgotten Bks.

In Mommy's Kitchen! Children Coloring Book. Bold Illustrations. 2017. (ENG., Illus.). (J). pap. 8.35 *(978-1-64193-009-3(8),* Bold Illustrations) FASTLANE LLC.

In Morocco. Edith Warton. 2020. (ENG.). (J). 140p. 17.95 *(978-1-64799-819-6(0))*; 138p. pap. 9.95 *(978-1-64799-818-9(2))* Bibliotech Pr.

In Mr. Knox's Country (Classic Reprint) Edith Somerville. 2016. (ENG., Illus.). (J). pap. 13.57 *(978-1-333-37251-4(5))* Forgotten Bks.

In Mr. Knox's Country (Classic Reprint) Edith Oe Somerville. 2018. (ENG., Illus.). 344p. (J). 31.01 *(978-0-483-72746-5(6))* Forgotten Bks.

998

The check digit for ISBN-10 appears in parentheses after the full ISBN-13

In Mr. Mcdoogle's Silver Spaceship. Marie Whitton. 2019. (ENG., Illus.). 30p. (J). 22.00 *(978-0-578-48695-6(4))* Whitton Bks., LLC.

In Ms. Mcfadden's Class. Suewong D. McFadden. Illus. by Kayla Hargrove. 2020. (Ms. Mcfadden Ser.: Vol. 1). (ENG.). 38p. (J). (gr. k-2). 15.99 *(978-1-0878-6982-7(X))* Indy Pub.

In My Anaana's Amautik. Nadia Sammurtok. Illus. by Lenny Lishchenko. (ENG.). 24p. (J). (gr. -1 — 1). 2020. 16.95 *(978-1-77227-252-9(3))*; 2022. bds. 12.95 *(978-1-77227-424-0(0))* Inhabit Media Inc. CAN. Dist: Consortium Bk. Sales & Distribution.

In My Backyard. Czeena Devera. 2019. (I Can See Ser.). (ENG.). 16p. (J). (gr. -1-2). pap. 11.36 *(978-1-5341-3917-6(6)*, 212501, Cherry Blossom Press) Cherry Lake Publishing.

In My Backyard. Cicely Edwards. 2020. (ENG., Illus.). 28p. (J). pap. 13.95 *(978-1-64531-718-0(8))* Newman Springs Publishing, Inc.

In My Backyard Chinese Edition. Valarie Giogas. Tr. by Yang Shuqi. Illus. by Katherine Zecca. 2019. (CHI.). 32p. (J). (gr. -1-2). pap. 11.95 *(978-1-60718-394-5(3))* Arbordale Publishing.

In My Backyard: Sets 1 - 2. 2018. (In My Backyard Ser.). (ENG.). (J). pap. 109.80 *(978-1-5382-3431-0(9))*; lib. bdg. 303.24 *(978-1-5382-2942-2(0)*, da41c6b5-bb9f-4d5c-af01-e93d85aac646) Stevens, Gareth Publishing LLLP.

In My Classroom Dot to Dot Activity Book. Bobo's Children Activity Books. 2016. (ENG., Illus.). (J). pap. 7.99 *(978-1-68327-330-1(3))* Sunshine In My Soul Publishing.

In My Dreams. Stef Gemmill. Illus. by Tanja Stephani. 2021. (ENG.). 32p. (J). (gr. -1-1). 17.99 *(978-1-913639-13-6(4)*, 6649f9b1-d1bc-4e51-b6f8-014ca25c6b0e) New Frontier Publishing AUS. Dist: Lerner Publishing Group.

In My Dreams. Effie Lada. Illus. by Effie Lada. 2023. (ENG., Illus.). 32p. (J). 22.95 *(978-1-60537-865-7(8))* Clavis Publishing.

In My Dreams: Story Told by Butch E. Boy. Lezlie Nann. 2021. (ENG., Illus.). 26p. (J). 24.95 *(978-1-64801-081-1(4))*; pap. 14.95 *(978-1-64801-079-8(2))* Newman Springs Publishing, Inc.

In My Dreams I Can Fly. Eveline Hasler. Illus. by Käthi Bhend. 2021. (ENG.). 32p. (J). (gr. -1-2). 17.95 *(978-0-7358-4430-6(5))* North-South Bks., Inc.

In My Eyes You Are Beautiful. Esther R. Pinckney. 2020. (ENG.). 34p. (J). pap. 16.60 *(978-1-68474-164-9(5))* Lulu Pr., Inc.

In My Family - N Au Utuu (Te Kiribati) Jo Seysener. Illus. by Khayala Aliyeva. 2023. (ENG.). 38p. (J). pap. ***(978-1-922844-64-4(0))*** Library For All Limited.

In My Feelings: A Teen Guide to Discovering What You Feel So You Can Decide What to Do. Vidal Annan. 2023. (ENG., Illus.). 140p. (YA). (gr. 7). pap. 15.99 Free Spirit Publishing Inc.

In My Garden. National Geographic Kids. 2017. (Look & Learn Ser.). (Illus.). 24p. (J). (gr. -1-k). bds. 6.99 *(978-1-4263-2844-2(3)*, National Geographic Kids) Disney Publishing Worldwide.

In My Garden. Josephine Yaga. Illus. by Jomar Estrada. (ENG.). 18p. (J). 2023. pap. ***(978-1-922844-66-8(7))***; 2021. pap. *(978-1-922621-02-3(1))* Library For All Limited.

In My Garden. Charlotte Zolotow. Illus. by Philip C. Stead. 2020. 40p. (J). (-k). 18.99 *(978-0-8234-4320-8(5)*, Neal Porter Bks) Holiday Hse., Inc.

In My Grandmother's Footsteps. Calliopi Toufidou. 2018. (ENG., Illus.). 60p. (YA). (gr. 7-12). 17.95 *(978-1-949756-10-4(6))* Virtualbookworm.com Publishing, Inc.

In My Hands: Memories of a Holocaust Rescuer. Irene Gut Opdyke. 2016. (ENG., Illus.). 288p. (YA). (gr. 9). pap. 10.99 *(978-0-553-53884-7(5)*, Ember) Random Hse. Children's Bks.

In My Heart. Mackenzie Porter. Illus. by Jenny Løvlie. 2020. (ENG.). 26p. (J). (gr. -1). bds. 7.99 *(978-1-5344-5433-0(0)*, Little Simon) Little Simon.

In My Heart Forever. Annie Streit. 2022. (ENG.). 30p. (J). 33.00 ***(978-1-64913-375-5(8))*** Dorrance Publishing Co., Inc.

In My Home. Christina Earley. 2023. (Words in My World Ser.). (ENG.). 12p. (J). (gr. -1-2). pap. ***(978-1-0396-9693-8(7)***, 33634) Crabtree Publishing Co.

In My Imagination. John Pompilio. Tr. by Chen Lin. 2019. (ENG., Illus.). 116p. (J). (gr. k-6). 15.99 ***(978-1-7334156-0-6(2))*** Lin, Chen.

In My Imagination. Nina Sarkisian. 2021. (ENG.). 28p. (J). 18.99 ***(978-1-0880-1668-8(5))*** Indy Pub.

In My Life. John Lennon & Paul McCartney. Illus. by Genevieve Santos. 2021. (ENG.). 40p. (J). (gr. -1-3). 17.99 *(978-1-5344-6585-5(5)*, Little Simon) Little Simon.

In My Life. Adapted by Cari Meister. 2018. (Illus.). 31p. (J). *(978-1-5182-4610-4(9))* Harper & Row Ltd.

In My Life. Cari Meister. ed. 2018. (I Can Read Ser.). (ENG.). 31p. (J). (gr. -1-k). 13.89 *(978-1-64310-214-6(1))* Penworthy Co., LLC, The.

In My Little Garden. Jeanne Phillips. 2022. (ENG.). 32p. (J). pap. ***(978-1-3984-5424-8(9))*** Austin Macauley Pubs. Ltd.

In My Little Snowman Bed. Joshua George. Illus. by Amanda Gulliver. 2017. (In My Bed Bks.). (ENG.). 24p. (J). (gr. -1-k). bds. 9.99 *(978-1-78700-080-3(X))* Top That! Publishing PLC GBR. Dist: Independent Pubs. Group.

In My Magical Bubble. Paola Andrea Fernández S. de Abdulrahin. Illus. by Luz Adriana Mañozca. 2022. (ENG.). 40p. (J). *(978-1-0391-2403-5(8))*; pap. *(978-1-0391-2402-8(X))* FriesenPress.

In My Mosque. M. O. Yuksel. Illus. by Hatem Aly. 2021. (ENG.). 40p. (J). (gr. -1-3). 19.99 *(978-0-06-297870-7(5)*, HarperCollins) HarperCollins Pubs.

In My Mother's Garden with the Birds & the Bees. Marilyn Viruet. l.t. ed. 2021. (ENG.). 20p. (J). 20.99 *(978-1-0879-0611-9(3))* Indy Pub.

In My National Park Backyard. Erin Thomas. 2019. (ENG.). 56p. (J). 16.95 *(978-1-64307-063-6(0))* Amplify Publishing Group.

In My Neighborhood, 1 vol. Oscar Loubriel. Illus. by Rogério Coelho. 2021. (ENG.). 36p. (J). (gr. 1-5). 17.95 *(978-0-88448-701-2(6)*, 884701) Tilbury Hse. Pubs.

In My Nursery (Classic Reprint) Laura E. Richards. 2017. (ENG., Illus.). (J). 28.93 *(978-0-331-12054-7(2))* Forgotten Bks.

In My Piggy Bank! - Counting Money Books: Children's Money & Saving Reference. Professor Gusto. 2016. (ENG., Illus.). (J). pap. 10.81 *(978-1-68321-223-2(1))* Mimaxion.

In My Preschool, There Is a Time for Everything. Sylvia A. Rouss. 2023. (ENG.). 30p. (J). pap. 14.95 ***(978-1-960373-06-9(4))*** Bedazzled Ink Publishing Co.

In My Room: A Book of Creativity & Imagination. Jo Witek. 2017. (Growing Hearts Ser.). (ENG., Illus.). 32p. (J). (gr. -1 — 1). 16.95 *(978-1-4197-2644-6(7)*, 1196601) Abrams, Inc.

In My Skin. William Perdue. 2022. (ENG.). 34p. (J). 17.99 *(978-1-6629-2522-1(0))* Gatekeeper Pr.

In My Toaster. Paul Guy Hurrell. 2023. (ENG.). 76p. (J). pap. ***(978-1-7392955-7-8(9))*** Blossom Spring Publishing.

In My World. Chuck Aardema. 2017. (ENG., Illus.). (J). (gr. -1-3). 12.45 *(978-1-4808-4780-4(1))*; 15.95 *(978-1-4808-4781-1(X))* Archway Publishing.

In My World. Jillian Ma. Illus. by Mimi Chao. 2017. (ENG.). 36p. (J). (gr. -1-5). pap. 9.95 *(978-1-941765-43-2(2)*, P551057) Future Horizons, Inc.

In My Youth: From the Posthumous Papers of Robert Dudley (Classic Reprint) Unknown Author. 2018. (ENG., Illus.). 506p. (J). 34.35 *(978-0-483-45747-8(7))* Forgotten Bks.

In Myrtle Peril (Myrtle Hardcastle Mystery 4), Volume 4. Elizabeth C. Bunce. 2022. (Myrtle Hardcastle Mystery Ser.: 4). (ENG.). 368p. (J). (gr. 5-17). 17.99 *(978-1-61620-921-6(6)*, 73921) Algonquin Young Readers.

In Myself I Believe. Marilyn Frias. 2017. (ENG., Illus.). (J). (gr. k-6). 17.49 *(978-0-692-83460-2(5))*; pap. 9.99 *(978-1-63535-369-3(6))* Frias, Marilyn.

In Mythland (Classic Reprint) M. Helen Beckwith. 2018. (ENG., Illus.). 204p. (J). 28.10 *(978-0-483-52738-6(6))* Forgotten Bks.

In Nature's Garden (Classic Reprint) Charles H. Donald. (ENG., Illus.). (J). 2018. 302p. 30.13 *(978-0-267-60898-0(5))*; 2016. pap. 13.57 *(978-1-334-12545-4(7))* Forgotten Bks.

In Nature's School (Classic Reprint) Lilian Gask. (ENG., Illus.). (J). 2018. 352p. 31.16 *(978-0-666-52645-8(1))*; 2017. pap. 13.57 *(978-0-259-55928-3(8))* Forgotten Bks.

In Nature's Ways: A Book for All Young Lovers of Nature Being an Introduction to Gilbert White's, Natural History of Selborne (Classic Reprint) Marcus Woodward. 2018. (ENG., Illus.). 230p. (J). 28.60 *(978-0-666-58561-5(X))* Forgotten Bks.

In Nesting Time (Classic Reprint) Olive Thorne Miller. 2018. (ENG., Illus.). 294p. (J). 29.96 *(978-0-365-51406-0(3))* Forgotten Bks.

In New York: Dramatic Scenes in Three Parts (Classic Reprint) N. I. Kolsky. 2018. (ENG., Illus.). 36p. (J). 24.64 *(978-0-483-44671-7(8))* Forgotten Bks.

In Nightfall. Suzanne Young. 2023. 384p. (YA). (gr. 7). pap. 12.99 *(978-0-593-48758-7(3))*; (ENG.). lib. bdg. 15.99 *(978-0-593-48759-4(1))* Random Hse. Children's Bks. (Delacorte Pr.).

In No-Man's Land: A Wonder Story (Classic Reprint) Elbridge Streeter Brooks. 2018. (ENG., Illus.). 310p. (J). 30.29 *(978-0-267-15867-6(X))* Forgotten Bks.

In Old Bellaire (Classic Reprint) Mary Dillon. 2017. (ENG., Illus.). (J). 32.11 *(978-0-266-18342-6(5))* Forgotten Bks.

In Old France & New (Classic Reprint) William McLennan. 2018. (ENG., Illus.). 394p. (J). 32.02 *(978-0-267-18390-6(9))* Forgotten Bks.

In Old Kentucky: A Story of the Bluegrass & the Mountains Founded on Charles T. Dazey's Play (Classic Reprint) Davis Edward Marshall. 2018. (ENG., Illus.). 370p. (J). 31.53 *(978-0-483-31003-2(4))* Forgotten Bks.

In Old Madras (Classic Reprint) B. M. Croker. (ENG., Illus.). (J). 2018. 288p. 29.84 *(978-0-267-62072-2(1))*; 2016. pap. 13.57 *(978-1-334-27761-0(3))* Forgotten Bks.

In Old Narragansett. Alice Morse Earle. 2017. (ENG.). 212p. (J). pap. *(978-3-7446-7434-8(7))* Creation Pubs.

In Old Narragansett: Romances & Realities (Classic Reprint) Alice Morse Earle. 2017. (ENG., Illus.). (J). 28.43 *(978-0-265-36980-7(0))* Forgotten Bks.

In Old New England the Romance of a Colonial Fireside (Classic Reprint) Hezekiah Butterworth. 2017. (ENG., Illus.). (J). 30.25 *(978-0-5279-7841-6(9))* Forgotten Bks.

In Old New York (Classic Reprint) Wilson Barrett. 2018. (ENG., Illus.). 424p. (J). 32.66 *(978-0-267-43504-3(5))* Forgotten Bks.

In Old Roseau: Reminiscences of Life As I Found It in the Island of Dominica, & among, the Carib Indians (Classic Reprint) William S. Birge. 2018. (ENG., Illus.). 122p. (J). 26.41 *(978-0-267-28073-5(4))* Forgotten Bks.

In OLE Virginia (Classic Reprint) Thomas Nelson Page. 2017. (ENG., Illus.). (J). 30.33 *(978-0-331-32363-4(X))* Forgotten Bks.

In OLE Virginia, or Marse Chan & Other Stories (Classic Reprint) Thomas Nelson Page. 2017. (ENG., Illus.). (J). 29.05 *(978-0-260-57078-9(8))* Forgotten Bks.

In One Town, Vol. 1 Of 2: A Novel (Classic Reprint) Unknown Author. 2018. (ENG., Illus.). 260p. (J). 29.28 *(978-0-428-28630-9(5))* Forgotten Bks.

In One Town, Vol. 2 Of 2: A Novel (Classic Reprint) Unknown Author. 2018. (ENG., Illus.). 250p. (J). 29.05 *(978-0-483-25763-4(X))* Forgotten Bks.

In or Out?, 1 vol. Rory McDonnell. 2019. (All about Opposites Ser.). (ENG.). 24p. (gr. k-k). pap. 9.15 *(978-1-5382-3726-7(1)*, aab60d62-bcf5-4582-b0cd-4f955300d036) Stevens, Gareth Publishing LLLP.

In Orchard Glen (Classic Reprint) Marian Keith. 2018. (ENG., Illus.). 278p. (J). 29.65 *(978-0-332-91486-2(0))* Forgotten Bks.

In Other Lands. Sarah Rees Brennan. 2019. 448p. (YA). pap. 19.00 *(978-1-61873-166-1(1)*, Big Mouth Hse.) Small Beer Pr.

In Other Words. Elizabeth Telich. 2019. (ENG.). 112p. (J). pap. *(978-1-7947-4298-7(0))* Lulu Pr., Inc.

In Oudemon: Reminiscences of an Unknown People by an Occasional Traveler (Classic Reprint) Henry S. Drayton. 2018. (ENG., Illus.). 384p. (J). 31.82 *(978-0-483-69618-1(8))* Forgotten Bks.

In Our Teeny Tiny Matzah House. Bill Wurtzel. 2022. (ENG.). 32p. (J). 17.95 *(978-1-68115-585-2(0)*, 20d8e5e3-a4bd-4629-8bdf-9b1a92494ef1, Apples & Honey Pr.) Behrman Hse., Inc.

In Our Time: (the 1924 Paris Edition) Ernest Hemingway. 2020. (ENG., Illus.). 26p. (YA). 14.99 *(978-1-5154-4447-3(3))*; pap. 7.99 *(978-1-5154-4448-0(1))* Wilder Pubns., Corp.

In Our Town (Classic Reprint) Rosaline Masson. (ENG., Illus.). (J). 2018. 322p. 30.54 *(978-0-483-80149-3(6))*; 2017. pap. 13.57 *(978-0-243-08798-3(5))* Forgotten Bks.

In Our Town (Classic Reprint) William Allen White. 2017. (ENG., Illus.). (J). 32.27 *(978-0-265-19671-7(X))* Forgotten Bks.

In Our World: a Book of Shapes. Jean Bello & Clever Publishing. Illus. by Lena Zolotareva. 2022. (Clever Early Concepts Ser.). (ENG.). 20p. (J). (gr. -1 — 1). bds. 9.99 *(978-1-949998-77-1(0))* Clever Media Group.

In, Out, Roundabout. Steve Honey. Ed. by Shinyoung Chang. Illus. by LeeHee Wolf. 2018. (ENG.). 28p. (J). pap. 10.00 *(978-1-931166-86-7(2))* HSA Pubns.

In over Their Heads. Margaret Peterson Haddix. 2017. (Under Their Skin Ser.: 2). (ENG., Illus.). 320p. (J). (gr. 3-7). 18.99 *(978-1-4814-1761-7(4)*, Simon & Schuster Bks. For Young Readers) Simon & Schuster Bks. For Young Readers.

In Paradise, Vol. 1: A Novel, from the German of Paul Heyse (Classic Reprint) Paul Heyse. 2017. (ENG., Illus.). (J). 30.74 *(978-0-260-75386-1(6))* Forgotten Bks.

In Paradise, Vol. 2: A Novel (Classic Reprint) Paul Heyse. 2017. (ENG., Illus.). (J). 32.15 *(978-0-265-65690-7(7))*; pap. 16.57 *(978-1-5276-1448-2(4))* Forgotten Bks.

In Partnership. Brander Matthews & Henry Cuyler Bunner. 2017. (ENG.). 226p. (J). pap. *(978-3-337-36614-8(7))* Creation Pubs.

In Partnership. Brander Matthews et al. 2017. (ENG.). 226p. (J). pap. *(978-3-7447-4937-4(1))* Creation Pubs.

In Partnership: Studies in Story-Telling (Classic Reprint) Brander Matthews. 2018. (ENG., Illus.). 222p. (J). 28.48 *(978-0-364-84482-3(5))* Forgotten Bks.

In Pastures Green (Classic Reprint) Peter McArthur. (ENG., Illus.). (J). 2018. 380p. 31.73 *(978-0-484-87731-2(3))*; 2016. pap. 16.57 *(978-1-334-14749-4(3))* Forgotten Bks.

In Pastures New (Classic Reprint) George Ade. 2018. (ENG., Illus.). 320p. (J). 30.52 *(978-0-364-24213-1(2))* Forgotten Bks.

In Pawn (Classic Reprint) Ellis Parker Butler. 2018. (ENG., Illus.). 286p. (J). 29.82 *(978-0-484-87531-8(0))* Forgotten Bks.

In Piccadilly (Classic Reprint) Benjamin Swift. (ENG., Illus.). (J). 2018. 276p. 29.59 *(978-0-428-36743-5(7))*; 2017. pap. 11.97 *(978-1-5276-5301-6(3))* Forgotten Bks.

In Plain Air (Classic Reprint) Elisabeth Lyman Cabot. 2018. (ENG., Illus.). 308p. (J). 30.25 *(978-0-483-70674-3(4))* Forgotten Bks.

In Plain Sight. Richard Jackson. Illus. by Jerry Pinkney. 2023. (ENG.). 40p. (J). pap. 8.99 *(978-1-250-89543-1(X)*, 900288909) Square Fish.

In Plain Sight, 1 vol. Laura Langston. 2017. (Orca Soundings Ser.). (ENG.). 160p. (YA). (gr. 8-12). pap. 9.95 *(978-1-4598-1416-5(9))* Orca Bk. Pubs. USA.

In Plain Sight. Laura Langston. ed. 2017. (Orca Soundings Ser.). lib. bdg. 20.80 *(978-0-606-40455-6(4))* Turtleback.

In Plain Sight: A Game. Richard Jackson. Illus. by Jerry Pinkney. 2016. (ENG.). 40p. (J). 22.99 *(978-1-62672-255-2(2)*, 900147597) Roaring Brook Pr.

In Play Land (Classic Reprint) Frances Weld Danielson. 2018. (ENG., Illus.). 176p. (J). 27.55 *(978-0-484-82418-7(X))* Forgotten Bks.

In Plum Valley: A Rural Comedy Drama in Four Acts (Classic Reprint) Charles Ulrich. 2018. (ENG., Illus.). 74p. (J). 25.42 *(978-0-332-79279-8(X))* Forgotten Bks.

In Portia's Gardens (Classic Reprint) William Sloane Kennedy. 2017. (ENG., Illus.). (J). 29.34 *(978-0-260-06044-0(5))* Forgotten Bks.

In Prison & Out (Classic Reprint) Hesba Stretton. (ENG., Illus.). (J). 2018. 272p. 29.53 *(978-0-483-28890-4(X))*; 2016. pap. 11.97 *(978-1-333-23446-1(5))* Forgotten Bks.

In Pursuit of Happiness (Classic Reprint) Leo Tolstoi. 2017. (ENG., Illus.). (J). 28.12 *(978-0-265-15636-0(X))* Forgotten Bks.

In Pursuit of Spring (Classic Reprint) Edward Thomas. (ENG., Illus.). (J). 2017. 30.56 *(978-1-5284-6346-1(3))*; 2016. pap. 13.57 *(978-1-334-15360-0(4))* Forgotten Bks.

In Quarters with the 25th (the Black Horse) Dragoons (Classic Reprint) John Strange Winter. (ENG., Illus.). (J). 2018. 176p. 27.53 *(978-0-428-73937-9(7))*; 2016. pap. 9.97 *(978-1-334-12569-0(4))* Forgotten Bks.

In Quest of Gold: Or, under the Whanga Falls (Classic Reprint) Alfred St. Johnston. 2018. (ENG., Illus.). 332p. (J). 30.66 *(978-0-428-63510-7(5))* Forgotten Bks.

In Quest of the Quaint (Classic Reprint) Eliza B. Chase. 2018. (ENG., Illus.). 398p. (J). 32.06 *(978-0-428-35211-0(1))* Forgotten Bks.

In Real Life. Cory Doctorow. Illus. by Jen Wang. 2018. (ENG.). 208p. (YA). pap. 13.99 *(978-1-250-14428-7(0)*, 900180628) Square Fish.

In Red & Gold (Classic Reprint) Samuel Merwin. 2018. (ENG., Illus.). 372p. (J). 31.57 *(978-0-483-86185-5(5))* Forgotten Bks.

In Restless Dreams. Wren Handman. 2020. (ENG.). 318p. (YA). pap. 14.99 *(978-1-0879-7183-4(7))* Indy Pub.

In Restless Dreams. Wren Handman. 2016. (ENG., Illus.). (J). pap. *(978-0-9952810-0-4(9))* Wandering Roots Pr.

In Restless Dreams Large Print. Wren Handman. 2018. (ENG.). 750p. (J). pap. *(978-0-9952810-2-8(5))* Wandering Roots Pr.

In Retrospect: Selections (Classic Reprint) Methodist Retirement Home. (ENG., Illus.). (J). 2018. 104p. 26.04 *(978-0-484-55782-5(3))*; 2017. pap. 9.57 *(978-0-243-30377-9(7))* Forgotten Bks.

In Retrospect At 15. Zac Wiczek. 2021. (ENG.). 216p. (YA). *(978-1-0391-0574-4(2))*; pap. *(978-1-0391-0573-7(4))* FriesenPress.

In Ruhleben Camp: August, 1915 (Classic Reprint) Unknown Author. (ENG., Illus.). (J). 2018. 52p. 24.97 *(978-0-666-22001-1(8))*; 2017. pap. 9.57 *(978-0-259-87462-1(0))* Forgotten Bks.

In Ruhleben Camp: July, 1915 (Classic Reprint) Unknown Author. 2017. (ENG., Illus.). (J). 24.99 *(978-0-260-87983-7(5))*; pap. 9.57 *(978-1-5284-4076-9(5))* Forgotten Bks.

In Ruhleben Camp: June 6th 1915 (Classic Reprint) Unknown Author. 2018. (ENG., Illus.). (J). 38p. 24.68 *(978-0-366-56737-9(3))*; 40p. pap. 7.97 *(978-0-366-40937-2(9))* Forgotten Bks.

In Russet Mantle Clad. George Morley. 2017. (ENG.). 212p. (J). pap. *(978-3-337-16842-1(6))* Creation Pubs.

In Russet Mantle Clad: Scenes of Rural Life (Classic Reprint) George Morley. 2018. (ENG., Illus.). (J). 212p. 28.27 *(978-0-366-56518-4(4))*; 214p. pap. 10.97 *(978-0-366-19952-5(8))* Forgotten Bks.

In Russian Turkestan: A Garden of Asia & Its People (Classic Reprint) Annette M. B. Meakin. 2017. (ENG., Illus.). (J). 32.87 *(978-0-331-70078-7(6))*; pap. 16.57 *(978-0-282-15424-0(8))* Forgotten Bks.

In Salonica with Our Army. Harold Lake. 2017. (ENG., Illus.). (J). pap. *(978-0-649-00410-2(8))* Trieste Publishing Pty Ltd.

In Salonica with Our Army (Classic Reprint) Harold Lake. 2017. (ENG., Illus.). (J). 28.89 *(978-0-260-33618-7(1))* Forgotten Bks.

In Sancho Panza's Pit (Classic Reprint) B. Sim Cunningham. 2018. (ENG., Illus.). 298p. (J). 30.06 *(978-0-483-89265-1(3))* Forgotten Bks.

In Scarlet & Grey, Stories of Soldiers & Others, and, the Spectre of the Real (Classic Reprint) Florence Henniker. (ENG., Illus.). (J). 2018. 222p. 28.50 *(978-0-484-36414-0(6))*; 2016. pap. 10.97 *(978-1-334-09091-2(2))* Forgotten Bks.

In School & Out. Oliver Optic, pseud. 2017. (ENG.). 296p. (J). pap. *(978-3-7447-4860-5(X))* Creation Pubs.

In School & Out: Or the Conquest of Richard Grant, a Story for Young People (Classic Reprint) Oliver Optic, pseud. 2018. (ENG., Illus.). 292p. (J). 29.96 *(978-0-484-72014-4(7))* Forgotten Bks.

In School & Out (Classic Reprint) Maurice Goodkin. 2018. (ENG., Illus.). 136p. (J). 26.72 *(978-0-332-76289-0(0))* Forgotten Bks.

In School & Out of School (Classic Reprint) One Who Knows Both. 2018. (ENG., Illus.). 148p. (J). 26.97 *(978-0-267-55406-5(0))* Forgotten Bks.

In School Suspension Enrichment Curriculum: Enriching Lives of Children One Child at a Time. Jacqueline Mines. 2018. (ENG., Illus.). 82p. (J). pap. 21.95 *(978-1-62550-575-0(2))* Breezeway Books.

In Search of a Husband (Classic Reprint) Corra Harris. (ENG., Illus.). (J). 2018. 334p. 30.79 *(978-0-364-23489-1(X))*; 2017. pap. 13.57 *(978-1-5276-1757-5(2))* Forgotten Bks.

In Search of Arcady (Classic Reprint) Nina Wilcox Putnam. (ENG., Illus.). (J). 2018. 400p. 32.17 *(978-0-364-70108-9(0))*; 2017. pap. 16.57 *(978-0-243-52059-6(X))* Forgotten Bks.

In Search of Carolyn: A Comedy in Three Acts (Classic Reprint) Beulah King. (ENG., Illus.). (J). 2018. 64p. 25.22 *(978-0-483-85813-8(7))*; 2016. pap. 9.57 *(978-1-333-13264-4(6))* Forgotten Bks.

In Search of el Dorado. Harry Collingwood. 2017. (ENG., Illus.). (J). 25.95 *(978-1-374-97883-6(3))*; pap. 15.95 *(978-1-374-97882-9(5))* Capital Communications, Inc.

In Search of Fresh Bread. Daniel McGaffee. 2017. (ENG., Illus.). (J). 21.95 *(978-1-68197-773-7(7))*; pap. 12.95 *(978-1-64028-559-0(8))* Christian Faith Publishing.

In Search of Gold: The Story of a Liberal Life (Classic Reprint) Don Juan. 2018. (ENG., Illus.). 396p. (J). 32.06 *(978-0-332-98557-2(1))* Forgotten Bks.

In Search of Jesus from a to Z. Kim Thompson. Illus. by Kevin Blalock. 2022. (In Search Of Ser.: Vol. 1). (ENG.). 38p. (J). pap. 25.99 *(978-1-6628-4032-6(2))* Salem Author Services.

In Search of Livi Starling. Karen Rosario Ingersley. 2016. (Livi Starling Ser.: Vol. 1). (ENG., Illus.). (YA). (gr. 7-12). pap. *(978-0-9934327-0-5(0))* Pure and Fire.

In Search of My Identity: Struggles of African Diaspora Children in Multicultural Society. Tawafadza Anold Makoni & Tawafadza Makoni. 2020. (ENG.). 134p. (J). pap. ***(978-1-716-60431-7(1))*** Lulu Pr., Inc.

In Search of Paradise. Annemarie Musawale. 2017. (ENG.). 190p. (YA). pap. 12.99 *(978-1-393-86616-9(6))* Draft2Digital.

In Search of Quiet: A Country Journal, May July, 1896 (Classic Reprint) Walter Frith. (ENG., Illus.). (J). 2018. 310p. 30.29 *(978-0-483-07153-7(6))*; 2017. pap. 13.57 *(978-0-259-10136-9(2))* Forgotten Bks.

In Search of Safety: Voices of Refugees. Susan Kuklin. Illus. by Susan Kuklin. 2020. (ENG., Illus.). 256p. (YA). (gr. 9). 24.99 *(978-0-7636-7960-6(7))* Candlewick Pr.

In Search of Sharks: Set, 8 vols. 2021. (In Search of Sharks Ser.). (ENG.). 32p. (J). (gr. 3-4). lib. bdg. 111.72 *(978-1-7253-3279-9(5)*, 19977254-fa13-42f1-9ff9-832479d6f5be, PowerKids Pr.) Rosen Publishing Group, Inc., The.

In Search of Smith (Classic Reprint) John MacKie. (ENG., Illus.). (J). 2018. 354p. 31.20 *(978-0-365-47924-6(1))*; 2017. pap. 13.57 *(978-0-259-44255-4(0))* Forgotten Bks.

In Search of Something Green. Mary Catherine Rolston. 2017. (ENG., Illus.). (J). pap. *(978-1-5255-0383-2(9))* FriesenPress.

In Search of the Elusive Panda: The Green Peak Canyon Expedition. Maureen Larter. Illus. by Annie Gabriel. 2018. (Kathy Edwards Adventure Ser.: Vol. 1). (ENG.). 92p. (J). (gr. 4-6). pap. *(978-0-9876393-9-4(0))* Sweetfields Publishing.

In Search of the Great I Am. Monica Jones. Illus. by Gary Donald Sanchez. 2016. (ENG.). (J). pap. 10.99 *(978-1-4984-8156-4(6))* Salem Author Services.

In Search of the Past: The Music Box Book 3. Carbone. Illus. by Gijé. 2023. (Music Box Ser.). (ENG.). 64p. (J). 26.65 *(978-1-6663-9474-0(2)*, 244640); pap. 7.99 *(978-1-6690-3480-3(1)*, 244615) Capstone. (Stone Arch Bks.).

In Search of the Unknown (Classic Reprint) Robert W. Chambers. 2017. (ENG., Illus.). (J). 30.02 (978-0-265-50548-9(8)) Forgotten Bks.

In Search of Treasure: Farsi - English Ancient Story from RUMI. Azam Khoram. Illus. by Nashmin Valadi. 2022. (Good Story for a Good Night's Sleep Ser.: Vol. 2). (ENG.). 36p. (J). pap. (978-1-990760-38-9(4)) KidsOcado.

In Search of Treasure (Classic Reprint) Horatio Alger. 2018. (ENG., Illus.). 326p. (J). 30.62 (978-0-483-46782-8(0)) Forgotten Bks.

In Search of Us. Ava Dellaira. 2020. (ENG.). 416p. (YA). pap. 10.99 (978-1-250-29461-6(4), 900163346) Square Fish.

In Search of Water in a Warming World. Joshua Lawrence Patel Deutsch. Illus. by Afzal Khan. 2023. (ENG.). 54p. (J). pap. 18.50 (978-1-0880-8932-3(1)) Indy Pub.

In Secret Places, Vol. 1 Of 3: A Novel (Classic Reprint) Robert Jones Griffiths. 2018. (ENG., Illus.). 266p. (J). 29.40 (978-0-483-34034-3(0)) Forgotten Bks.

In Secret Places, Vol. 2 Of 3: A Novel (Classic Reprint) Robert J. Griffiths. 2018. (ENG., Illus.). 272p. (J). 29.51 (978-0-332-81337-0(1)) Forgotten Bks.

In Secret Places, Vol. 3 Of 3: A Novel (Classic Reprint) Robert J. Griffiths. 2018. (ENG., Illus.). 264p. (J). 29.34 (978-0-483-41154-8(X)) Forgotten Bks.

In Seville: And Three Toledo Days (Classic Reprint) Willis Steell. 2017. (ENG., Illus.). (J). 28.54 (978-0-266-21874-6(1)); pap. 10.97 (978-0-243-18620-4(7)) Forgotten Bks.

In Shallow Waters, Vol. 1 of 2 (Classic Reprint) Annie Armitt. 2018. (ENG., Illus.). 286p. (J). 29.80 (978-0-483-76352-4(7)) Forgotten Bks.

In Shallow Waters, Vol. 2 of 2 (Classic Reprint) Annie Armitt. 2017. (ENG., Illus.). (J). 28.66 (978-0-266-72568-8(6)); pap. 11.57 (978-1-5276-8532-1(2)) Forgotten Bks.

In Shape. Ingrid Chabbert & Marjorie Beal. 2017. (ENG., Illus.). 18p. (J). bds. 14.95 (978-1-58423-656-6(6), 09094aad-6275-4fc3-a2e0-63b4c11cd321) Gingko Pr., Inc.

In Sicherer Hut: das Abenteuer Auf der Alm (Vollständige Ausgabe) Johanna Spyri. 2017. (GER., Illus.). 28p. (J). pap. (978-80-268-5921-5(9)) E-Artnow.

In Sicily, Vol. 1: 1896 1898 1900 (Classic Reprint) Douglas Sladen. (ENG., Illus.). (J). 2018. 494p. 34.11 (978-0-332-86334-4(4)); 2016. pap. 16.57 (978-1-334-13918-5(0)) Forgotten Bks.

In Sight of Land, Vol. 1 Of 3: A Novel (Classic Reprint) Duffus Hardy. 2018. (ENG., Illus.). 274p. (J). 29.55 (978-0-483-84388-2(1)) Forgotten Bks.

In Sight of Land, Vol. 2 Of 3: A Novel (Classic Reprint) Duffus Hardy. 2018. (ENG., Illus.). 250p. (J). 29.07 (978-0-267-18378-4(X)) Forgotten Bks.

In Sight of Land, Vol. 3 Of 3: A Novel (Classic Reprint) Duffus Hardy. 2018. (ENG., Illus.). 274p. (J). 29.55 (978-0-483-56625-5(X)) Forgotten Bks.

In Sight of the Goddess: A Tale of Washington Life (Classic Reprint) Harriet Riddle Davis. (ENG., Illus.). (J). 2018. 236p. 28.78 (978-0-267-17503-1(5)); 2017. pap. 11.57 (978-0-243-14528-7(4)) Forgotten Bks.

In Silk Attire (Classic Reprint) William Black. 2017. (ENG., Illus.). (J). 30.64 (978-0-260-44367-0(0)) Forgotten Bks.

In Simpkinsville. Ruth McEnery Stuart. 2016. (ENG.). 272p. (J). pap. (978-3-7433-4882-0(9)) Creation Pubs.

In Simpkinsville: Character Tales (Classic Reprint) Ruth McEnery Stuart. 2017. (ENG., Illus.). 276p. (J). 29.61 (978-0-332-84772-6(1)) Forgotten Bks.

In Single Strictness (Classic Reprint) George Moore. 2018. (ENG., Illus.). 324p. (J). 30.58 (978-0-365-45383-3(8)) Forgotten Bks.

In Some Other Life. Jessica Brody. 2018. (ENG.). 480p. (YA). pap. 10.99 (978-1-250-15860-4(5), 900185518) Square Fish.

In Space, 1 vol. Richard Spilsbury & Louise Spilsbury. 2016. (Science on Patrol Ser.). (ENG.). 48p. (J). (gr. 4-5). pap. 15.05 (978-1-4824-5972-2(8), ef854f9b-11a3-4155-8d98-1d265f20cd4a) Stevens, Gareth Publishing LLLP.

In Space. Michelle St Claire. 2022. (ENG.). 50p. (J). pap. 9.50 (978-1-945891-40-3(8)) May 3rd Bks., Inc.

In Spacious Times (Classic Reprint) Justin H. McCarthy. 2017. (ENG., Illus.). (J). 30.87 (978-0-266-16098-4(0)) Forgotten Bks.

In Spain & a Visit to Portugal (Classic Reprint) Hans Christian Anderson. (ENG., Illus.). (J). 2017. 30.17 (978-1-5280-6092-9(X)); 2016. pap. 13.57 (978-1-333-57176-4(3)) Forgotten Bks.

In Spite of Foes, or Ten Years' Trial (Classic Reprint) Charles King. 2017. (ENG., Illus.). 330p. (J). 30.72 (978-0-484-59558-2(X)) Forgotten Bks.

In Spite of It All: According to Mikey Volume 1. Mike Ricchio. 2019. (ENG., Illus.). 104p. (YA). pap. (978-0-2288-0860-2(X)) Tellwell Talent.

In Story-Land (Classic Reprint) Elizabeth Harrison. (ENG., Illus.). (J). 2018. 196p. 27.96 (978-0-484-30994-3(3)); 2016. pap. 10.57 (978-1-333-44714-4(0)) Forgotten Bks.

In Sugar-Cane Land (Classic Reprint) Eden Phillpotts. (ENG., Illus.). (J). 2018. 312p. 30.35 (978-0-428-30657-1(8)); 2016. pap. 13.57 (978-1-333-37409-9(7)) Forgotten Bks.

In Summer Shade: A Novel (Classic Reprint) Mary E. Mann. 2018. (ENG., Illus.). 250p. (J). 29.07 (978-0-332-40010-5(7)) Forgotten Bks.

In Summer Shade, Vol. 1 of 3 (Classic Reprint) Mary E. Mann. 2017. (ENG., Illus.). (J). 264p. 29.34 (978-0-332-77825-9(8)); pap. 11.97 (978-0-259-20887-7(6)) Forgotten Bks.

In Summer/en Verano. Susana Madinabeitia Manso. Illus. by Emily Hanako Momohara. 2018. (Seasons/Estaciones Ser.). (ENG.). 14p. (J). (— 1). bds. 7.99 (978-1-936669-64-6(1)) Blue Manatee Press.

In Sunflower Land. Roswell Martin Field. 2016. (ENG.). 254p. (J). pap. (978-3-7433-0887-9(8)) Creation Pubs.

In Sunflower Land: Stories of God's Own Country (Classic Reprint) Roswell Martin Field. 2017. (ENG., Illus.). 264p. (J). 29.34 (978-0-484-07056-0(8)) Forgotten Bks.

In Sunny Australia: A Novel (Classic Reprint) Nonine St Clair. 2018. (ENG., Illus.). 292p. (J). 29.94 (978-0-332-43846-7(5)) Forgotten Bks.

In Sunny Spain with Pilarica & Rafael (Classic Reprint) Katharine Lee Bates. 2018. (ENG., Illus.). 322p. (J). 30.54 (978-0-483-59356-5(7)) Forgotten Bks.

In Taunton Town: A Story of the Rebellion of James Duke of Monmouth in 1685 (Classic Reprint) E. Everett-Green. (ENG., Illus.). (J). 2017. 35.22 (978-0-266-82516-6(8)); 2016. pap. 19.57 (978-1-333-61826-1(3)) Forgotten Bks.

In Tent & Bungalow (Classic Reprint) Author Of. 2018. (ENG., Illus.). 188p. (J). 27.79 (978-0-666-35526-3(6)) Forgotten Bks.

In Tents in the Transvaal (Classic Reprint) Hutchinson. 2018. (ENG., Illus.). 232p. (J). 28.70 (978-0-267-22970-3(4)) Forgotten Bks.

In Texas with Davy Crockett: A Story of the Texas War of Independence (Classic Reprint) Everett McNeil. 2017. (ENG., Illus.). (J). 32.68 (978-0-260-48465-9(2)) Forgotten Bks.

In Thackeray's London: Pictures & Text (Classic Reprint) F Hopkinson Smith. 2017. (ENG., Illus.). (J). 28.39 (978-0-266-21363-5(4)) Forgotten Bks.

In That Autumn. Eun Sil Yu. 2018. (KOR.). (J). (978-89-364-5533-0(8)) Chang-jag and Bipyeong Co.

In That Very Spot. Suzanne Rothman. 2021. (ENG.). 34p. (J). pap. 12.99 (978-1-7361251-5-1(X)) Rothman, Suzanne.

In That Very Spot: With Little Marcus Aurelius. Suzanne Rothman. Illus. by Yuffie Yuliana. 2018. (ENG.). 32p. (J). pap. 10.00 (978-0-692-15187-7(7)) Rothman Editions.

In the 400 & Out (Classic Reprint) Charles Jay Taylor. 2018. (ENG., Illus.). (J). 58p. 25.11 (978-1-396-35549-3(9)); 60p. pap. 9.57 (978-1-390-92863-1(2)) Forgotten Bks.

In the 50th Ohio Serving Uncle Sam: Memoirs of One Who Wore the Blue, Battle of Perryville, Camp Scenes in Old Kentucky & Tennessee, the Atlanta Campaign, Back in Tennessee, Battle of Franklin, Captured by the Enemy, a Hot Place Between the Firing Lines. Erastus Winters. 2017. (ENG., Illus.). (J). 27.90 (978-0-331-38004-0(8)); pap. 10.57 (978-0-282-35558-6(8)) Forgotten Bks.

In the Acadian Land: Nature Studies (Classic Reprint) Robert Randall McLeod. (ENG., Illus.). (J). 2018. 184p. 27.69 (978-0-267-33160-4(6)); 2016. pap. 10.57 (978-1-333-57308-9(1)) Forgotten Bks.

In the African Bush: Band 08/Purple, Bd. 8. Simon Chapman. 2018. (Collins Big Cat Ser.). (ENG.). 24p. (J). pap. 7.99 (978-0-00-823035-7(8)) HarperCollins Pubs. Ltd. GBR. Dist: Independent Pubs. Group.

In the Afterlight (Bonus Content)-A Darkest Minds Novel, Book 3. Alexandra Bracken. 2018. (Darkest Minds Novel Ser.: 3). (ENG.). 624p. (YA). (gr. 7-12). pap. 10.99 (978-1-368-02247-7(2), Disney-Hyperion) Disney Publishing Worldwide.

In the Afternoon: Leveled Reader Green Non Fiction Level 14/15 Grade 1-2. Hmh Hmh. 2019. (Rigby PM Ser.). (ENG.). 16p. (J). (gr. 1-2). pap. 11.00 (978-0-358-12080-3(2)) Houghton Mifflin Harcourt Publishing Co.

In the Age of Dinosaurs: My Nature Sticker Activity Book. Olivia Cosneau. 2016. (ENG., Illus.). 24p. (J). (gr. k-3). 7.99 (978-1-61689-469-6(5)) Princeton Architectural Pr.

In the Air. John Allan. 2021. (Mighty Mechanics' Guide to Speed Ser.). (ENG., Illus.). 24p. (J). (gr. 1-3). lib. bdg. 26.65 (978-1-913440-65-7(6), 857dfec8-dcb4-4f31-9223-8b35c649084d, Hungry Tomato (r)) Lerner Publishing Group.

In the Air: A Breezy Comedy in Three Acts (Classic Reprint) John M. Gilbert. (ENG., Illus.). (J). 2018. 48p. 24.89 (978-0-483-15959-4(X)); 2016. pap. 9.57 (978-1-333-37848-6(3)) Forgotten Bks.

In the Air: a Book of Numbers. Jean Bello & Clever Publishing. Illus. by Lena Zolotareva. 2022. (Clever Early Concepts Ser.). (ENG.). 20p. (J). (gr. -1 — 1). bds. 9.99 (978-1-949998-78-8(9)) Clever Media Group.

In the Alamo (Classic Reprint) Opie Percival Read. 2018. (ENG., Illus.). 384p. (J). 31.84 (978-0-483-99112-5(0)) Forgotten Bks.

In the Animal World (Classic Reprint) Emma Serl. 2017. (ENG., Illus.). (J). 28.85 (978-0-260-98872-0(3)) Forgotten Bks.

In the Arctic. Laura K. Murray. 2019. (I'm the Biggest! Ser.). (ENG.). 24p. (J). (gr. 1-4). (978-1-64026-059-7(5), 18783); pap. 8.99 (978-1-62832-647-5(6), 18784, Creative Paperbacks) Creative Co., The.

In the Ardennes (Classic Reprint) Katharine S. Macquoid. 2018. (ENG., Illus.). 398p. (J). 32.13 (978-0-267-84136-3(1)) Forgotten Bks.

In the Arena: Stories of Political Life. Booth Tarkington. 2020. (ENG.). (J). 130p. 17.95 (978-1-64799-898-1(0)); 128p. pap. 9.95 (978-1-64799-897-4(2)) Bibliotech Pr.

In the Arena: Stories of Political Life (Classic Reprint) Booth Tarkington. 2018. (ENG., Illus.). 292p. (J). 29.94 (978-0-656-85977-1(6)) Forgotten Bks.

In the Ballroom with the Candlestick: A Clue Mystery, Book Three. Diana Peterfreund. (Clue Mystery Ser.). (ENG.). 336p. (YA). (gr. 7-17). 2022. pap. 9.99 (978-1-4197-3979-8(4), 1295003); 2021. 17.99 (978-1-4197-3978-1(6), 1295001) Abrams, Inc. (Amulet Bks.).

In the Barn. Pearl Markovics. 2019. (Farm Charm Ser.). (ENG.). 16p. (J). (gr. -1-1). 6.99 (978-1-64280-373-0(1)) Bearport Publishing Co., Inc.

In the Bear's Den & More Adventures of Little Shambu (Book 2) Reena Ittyerah Puri. 2023. (ENG.). 124p. (J). (gr. 2). pap. 8.99 (978-0-14-345899-9(X), Puffin) Penguin Bks. India PVT, Ltd IND. Dist: Independent Pubs. Group.

In the Beautiful Country. Jane Kuo. (ENG.). 320p. (J). (gr. 3-7). 2023. pap. 9.99 (978-0-06-311899-7(8)); 2022. 16.99 (978-0-06-311898-0(X)) HarperCollins Pubs. (Quill Tree Bks.).

In the Beginning. Susana Gay & Owen Gay. 2017. (ENG., Illus.). 16p. (J). (gr. -1 — 1). bds. 6.99 (978-0-8249-1992-4(0)) Worthy Publishing.

In the Beginning. Shirley Haydock. 2021. (Rainbow Ser.: Vol. 1). (ENG.). 72p. (J). pap. (978-1-83975-548-4(2)) Grosvenor Hse. Publishing Ltd.

In the Beginning. Cheryl Sadler. 2019. (ENG.). 38p. (J). pap. 19.99 (978-0-359-19912-9(7)) Lulu Pr., Inc.

In the Beginning: A Journey Through Genesis. Betty J. Schlichter. 2016. (ENG., Illus.). (J). 25.99 (978-1-4984-9107-5(3)); pap. 14.99 (978-1-4984-9106-8(5)) Salem Author Services.

In the Beginning: A Simple Story of Creation. Mandy Haynes. 2023. (ENG.). 24p. (J). 24.99. pap. 12.99 Author Solutions, LLC.

In the Beginning: Adam to Abraham. Pauline Shone. 2018. (ENG., Illus.). 48p. (J). (gr. k-4). 25.95 (978-1-941173-35-0(7)) Olive Pr. Pub.

In the Beginning: The Knights of Spring Lake Series. Stephen G. Kenny. 2023. (ENG.). 284p. (YA). 43.99 (978-1-6642-9647-3(6)); pap. 20.99 (978-1-6642-9646-6(8)) Author Solutions, LLC. (WestBow Pr.).

In the Beginning! The Truth of the Bible. Ed Pal. 2019. (ENG.). 80p. (YA). (gr. 8-12). pap. 9.95 (978-1-949483-35-2(5)) Strategic Book Publishing & Rights Agency (SBPRA).

In the Beginning (Classic Reprint) Bernice Bronson. 2018. (ENG., Illus.). 64p. (J). 25.24 (978-0-267-28065-0(3)) Forgotten Bks.

In the Beginning (Classic Reprint) Norman Douglas. 2017. (ENG., Illus.). (J). 30.19 (978-0-331-78841-9(1)); pap. 13.57 (978-0-259-29503-7(5)) Forgotten Bks.

In the Beginning, One Big Story Board Book. B&H Kids Editorial Staff. 2019. (ENG.). 16p. (J). bds. 7.99 (978-1-5359-5491-4(4), 005814537, B&H Kids) B&H Publishing Group.

In the Bishop's Carriage (Classic Reprint) Miriam Michelson. 2018. (ENG., Illus.). 316p. (J). 30.41 (978-0-364-08682-7(3)) Forgotten Bks.

In the Black Forest (Classic Reprint) Charles W. Wood. 2018. (ENG., Illus.). 362p. (J). 31.36 (978-0-332-86019-0(1)) Forgotten Bks.

In the Black Zone, or Frank Reade, Jr. 's Quest for the Mountain of Ivory (Classic Reprint) Luis Senarens. 2018. (ENG., Illus.). (J). 46p. 24.87 (978-1-391-93042-8(8)); 48p. pap. 9.57 (978-1-391-92956-9(X)) Forgotten Bks.

In the Blue Pike: A Romance of German Civilization at the Commencement of the Sixteenth Century (Classic Reprint) Georg Ebers. (ENG., Illus.). (J). 2018. 242p. 28.89 (978-0-483-26095-5(9)); 2017. pap. 11.57 (978-0-243-87100-1(7)) Forgotten Bks.

In the Blue Pike; a Question; the Elixir; the Greylock (Classic Reprint) Georg Ebers. 2018. (ENG., Illus.). 644p. (J). 37.20 (978-0-483-52100-1(0)) Forgotten Bks.

In the Border Country (Classic Reprint) Josephine Daskam Bacon. 2016. (ENG., Illus.). (J). pap. 9.57 (978-1-333-41407-8(2)) Forgotten Bks.

In the Boyhood of Lincoln. Hezekiah Butterworth. 2017. (ENG.). (J). 300p. pap. (978-3-337-34285-2(X)); 308p. pap. (978-3-337-34422-1(4)); 304p. pap. (978-3-337-33466-6(0)); 288p. pap. (978-3-337-08842-2(2)); 312p. pap. (978-3-337-08043-3(X)); 312p. pap. (978-3-337-12013-9(X)); 310p. pap. (978-3-337-13713-7(X)); 308p. pap. (978-3-337-17363-0(2)) Creation Pubs.

In the Boyhood of Lincoln: A Tale of the Tunker Schoolmaster & the Times of Black Hawk (Classic Reprint) Hezekiah Butterworth. 2018. (ENG., Illus.). (J). 306p. 30.21 (978-0-332-87630-6(6)); 320p. 30.41 (978-0-484-20766-9(0)) Forgotten Bks.

In the Brave Days of Old. Ruth Hall. 2017. (ENG.). 348p. (J). pap. (978-3-337-17719-5(0)) Creation Pubs.

In the Brave Days of Old: A Story of Adventure in the Time of King James the First (Classic Reprint) Ruth Hall. (ENG., Illus.). (J). 2018. 350p. 31.12 (978-0-483-30637-0(1)); 2016. pap. 13.57 (978-1-334-15538-3(0)) Forgotten Bks.

In the Brooding Wild (Classic Reprint) Ridgwell Cullum. 2018. (ENG., Illus.). 276p. (J). 29.59 (978-0-267-17912-1(X)) Forgotten Bks.

In the Bundle of Time (Classic Reprint) Arlo Bates. (ENG., Illus.). (J). 2017. 368p. 31.51 (978-0-484-75122-3(0)); 2016. pap. 13.97 (978-1-334-37481-4(3)) Forgotten Bks.

In the Bus Depot. John Allan. 2017. (ENG., Illus.). (J). pap. (978-1-907552-82-3(0), Nightingale Books) Pegasus Elliot Mackenzie Pubs.

In the Butterfly Kingdom There Is Kindness. Laura L. Thompson. 2019. (ENG.). 36p. (J). 24.95 (978-1-0980-0670-9(4)); pap. 14.95 (978-1-0980-0668-6(2)) Christian Faith Publishing.

In the Butterfly Kingdom There Is Love. Laura L. Thompson. 2016. (ENG., Illus.). (J). 22.95 (978-1-68197-396-8(0)); pap. 12.95 (978-1-63525-410-5(8)) Christian Faith Publishing.

In the C. P: Or Sketches in Prose in Verse, Descriptive of Scenes & Manners in the Central Provinces of India (Classic Reprint) Pekin Pekin. (ENG., Illus.). (J). 2018. 226p. 28.58 (978-0-483-23123-8(1)); 2016. pap. 10.97 (978-1-333-77033-4(2)) Forgotten Bks.

In the Cage (Classic Reprint) Henry James. 2017. (ENG., Illus.). (J). 28.33 (978-0-265-71813-1(9)) Forgotten Bks.

In the Camp of Cornwallis: Being the Story of Reuben Denton & His Experiences During the New (Classic Reprint) Everett Titsworth Tomlinson. 2018. (ENG., Illus.). 370p. (J). 31.53 (978-0-484-62262-2(5)) Forgotten Bks.

In the Canaries: With a Camera (Classic Reprint) Margaret D'Este. 2017. (ENG., Illus.). (J). 31.80 (978-0-260-78350-9(1)) Forgotten Bks.

In the Candle's Glow. Elizabeth Crispina Johnson. Illus. by Elizabeth Crispina Johnson & Amandine Wanert. Lt. ed. 2017. (ENG.). 32p. (J). 19.95 (978-1-944967-09-3(5)) Ancient Faith Publishing.

In the Car Activity Book: Includes Puzzles, Quizzes & Drawing Activities! Steve Martin & Putri Febriana. 2021. (ENG.). 64p. (J). (gr. 1-3). pap. (978-0-7112-5648-4(9), Wide Eyed Editions) Quarto Publishing Group UK.

In the Carquinez Woods (Classic Reprint) Bret Harte. 2018. (ENG., Illus.). 274p. (J). 29.55 (978-0-428-82754-0(3)) Forgotten Bks.

In the Catskills, Selections from the Writings of John Burroughs: With Illustrations from Photographs (Classic Reprint) John Burroughs. 2016. (ENG., Illus.). (J). pap. 13.57 (978-1-333-38786-0(5)) Forgotten Bks.

In the Catskills, Selections from the Writings of John Burroughs: With Illustrations from Photographs (Classic Reprint) John Burroughs. 2018. (ENG., Illus.). 314p. (J). 30.39 (978-0-656-29850-1(2)) Forgotten Bks.

In the Cause of Freedom (Classic Reprint) Arthur W. Marchmont. 2018. (ENG., Illus.). 322p. (J). 30.56 (978-0-484-25113-6(9)) Forgotten Bks.

In the Cheering-Up Business (Classic Reprint) Mary Catherine Lee. (ENG., Illus.). (J). 2018. 332p. 30.74 (978-0-428-83795-2(6)); 2016. pap. 13.57 (978-1-333-51264-4(3)) Forgotten Bks.

In the Child's World. Emilie Poulsson. 2017. (ENG.). 460p. (J). pap. (978-3-7447-2243-8(0)) Creation Pubs.

In the Child's World: Morning Talks & Stories for Kindergartens, Primary Schools & Homes (Classic Reprint) Emilie Poulsson. 2017. (ENG., Illus.). (J). 33.40 (978-0-266-21832-6(6)) Forgotten Bks.

In the Choir of Westminster Abbey. Emma (Martin) Marshall. 2017. (ENG.). 338p. (J). pap. (978-3-7446-6173-7(3)) Creation Pubs.

In the Choir of Westminster Abbey: A Story of Henry Purcell's Days (Classic Reprint) Emma (Martin) Marshall. 2017. (ENG., Illus.). (J). 30.97 (978-0-260-23809-2(0)) Forgotten Bks.

In the City. Finn Coyle. 2023. (ENG.). 20p. (J). (gr. -1-1). bds. 8.99 (978-1-4867-2632-5(1), da510979-13ef-4193-89c1-e8fd2faafb7e) Flowerpot Pr.

In the City & on the Farm (Classic Reprint) Eunice Katherine Crabtree. (ENG., Illus.). (J). 2018. 132p. 26.62 (978-0-267-90639-0(0)); 2016. pap. 9.57 (978-1-334-16921-2(7)) Forgotten Bks.

In the City by the Lake. Blanche Fearing. 2017. (ENG.). 196p. (J). pap. (978-3-7447-0874-6(8)) Creation Pubs.

In the City by the Lake: In Two Books, the Shadow & the Slave Girl. Blanche Fearing. 2017. (ENG., Illus.). (J). pap. (978-0-649-61200-0(0)) Trieste Publishing Pty Ltd.

In the City of Flowers. Emma Marshall. 2017. (ENG.). 432p. (J). pap. (978-3-337-11291-2(9)) Creation Pubs.

In the City of Flowers: Or, Adelaide's Awakening (Classic Reprint) Emma Marshall. 2018. (ENG., Illus.). 434p. (J). 32.85 (978-0-483-48686-7(8)) Forgotten Bks.

In the City of Time. Gwendolyn Clare. 2022. (In the City of Time Ser.: 1). (ENG.). 336p. (YA). 20.99 (978-1-250-23074-4(8), 900209507) Feiwel & Friends.

In the Claws of the German Eagle. Albert Rhys Williams. 2018. (ENG., Illus.). 136p. (J). pap. (978-93-5297-815-1(3)) Alpha Editions.

In the Claws of the German Eagle. Albert Rhys Williams. 2017. (ENG., Illus.). (J). 23.95 (978-1-374-97641-2(5)) Capital Communications, Inc.

In the Claws of the German Eagle (Classic Reprint) Albert Rhys Williams. 2018. (ENG., Illus.). 306p. (J). 30.23 (978-0-267-10312-6(3)) Forgotten Bks.

In the Clearings (Classic Reprint) Kate Gannett Wells. (ENG., Illus.). (J). 2018. 194p. 27.90 (978-0-332-05304-2(0)); 2017. pap. 10.57 (978-0-243-96005-7(0)) Forgotten Bks.

In the Closed Room (Classic Reprint) Frances Burnett. 2018. (ENG., Illus.). 152p. (J). 27.05 (978-0-666-42325-2(3)) Forgotten Bks.

In the Clouds. Elly MacKay. 2022. (Illus.). 44p. (J). (gr. -1-2). 18.99 (978-0-7352-6696-4(4), Tundra Bks.) Tundra Bks. CAN. Dist: Penguin Random Hse. LLC.

In the Clouds (Classic Reprint) Charles Egbert Craddock. 2018. (ENG., Illus.). 472p. (J). 33.63 (978-0-484-12254-2(1)) Forgotten Bks.

In the Club. Laurie Friedman. Illus. by Shane Crampton. 2022. (Piper & Chase Ser.). (ENG.). 48p. (J). (gr. 2-4). lib. bdg. (978-1-0396-6098-4(3), 21502); pap. (978-1-0396-6293-3(5), 21503) Crabtree Publishing Co. (Leaves Chapter Books).

In the Clutch (Set Of 4) Todd Kortemeier et al. 2022. (In the Clutch Ser.). (ENG.). (J). (gr. 3-4). pap. 31.96 (978-1-63163-659-2(6)); lib. bdg. 102.80 (978-1-63163-658-5(8)) North Star Editions. (Jolly Fish Pr.).

In the Cockpit! What's in an Aeroplane Cockpit - Technology for Kids - Children's Aviation Books. Professor Gusto. 2016. (ENG., Illus.). (J). pap. 10.81 (978-1-68321-973-6(2)) Mimaxion.

In the College Days: A Group of Monologues (Classic Reprint) Lindsey Barbee. 2018. (ENG., Illus.). 120p. (J). 26.39 (978-0-483-79258-6(6)) Forgotten Bks.

In the Confessional & the Following (Classic Reprint) Gustav Adolf Danziger. 2018. (ENG., Illus.). 288p. (J). 29.84 (978-0-332-96672-4(0)) Forgotten Bks.

In the Corner of My Room. Stork. Illus. by Len Peralta. 2022. (ENG.). 32p. (J). pap. 14.95 (978-1-64764-318-8(X)) Mad Stork Publishing, LLC.

In the Cot & Tim & Bill. Georgie Tennant. Illus. by Rosie Groom. 2023. (Level 2 - Red Set Ser.). (ENG.). 32p. (J). (gr. k-2). lib. bdg. 19.95 Bearport Publishing Co., Inc.

In the Counselor's House (Classic Reprint) Eugenie Marlitt. (ENG., Illus.). (J). 2018. 294p. 29.96 (978-0-483-89220-0(3)); 2016. pap. 13.57 (978-1-333-36548-6(9)) Forgotten Bks.

In the Country God Forgot: A Story of Today (Classic Reprint) Fannie A. Charles. 2018. (ENG., Illus.). 344p. (J). 30.99 (978-0-483-41412-9(3)) Forgotten Bks.

In the Country of Jesus (Classic Reprint) Matilde Serao. (ENG., Illus.). (J). 2018. 336p. 30.85 (978-0-666-48407-9(4)); 2016. pap. 13.57 (978-1-334-15191-0(1)) Forgotten Bks.

In the Country or the City: Buildings for Every Use Coloring Book. Activibooks For Kids. 2016. (ENG., Illus.). (J). pap. 9.20 (978-1-68321-790-9(X)) Mimaxion.

In the Court of Appeal: Appeal from the County Court of the County of Middlesex, Between Silas G. Moore (Appellant), Plaintiff, & the Grand Trunk Railway of Canada (Respondents), Defendants; Appeal Book (Classic Reprint) Ontario. Court Of Appeal. 2017. (ENG., Illus.). (J). 25.92 (978-0-265-76070-3(4)); pap. 9.57 (978-1-5277-3868-3(X)) Forgotten Bks.

In the Courts of Memory, 1858-1875: From Contemporary Letters (Classic Reprint) L. De Hegermann-Lindencrone. 2018. (ENG., Illus.). 528p. (J). 34.79 (978-0-484-83292-2(1)) Forgotten Bks.

1000

The check digit for ISBN-10 appears in parentheses after the full ISBN-13

In the Crucible: Tales from Real Life (Classic Reprint) Isabel Cecilia Williams. 2018. (ENG., Illus.). 180p. (J). 27.63 *(978-0-483-12315-1(3))* Forgotten Bks.

In the Current (Classic Reprint) William Bullock. 2018. (ENG., Illus.). 282p. (J). 29.71 *(978-0-267-25156-8(4))* Forgotten Bks.

In the Danger Zone: Leveled Reader Book 38 Level T 6 Pack. Hmh Hmh. 2021. (SPA.). 24p. (J). pap. 74.40 *(978-0-358-08101-2(7))* Houghton Mifflin Harcourt Publishing Co.

In the Dark. Kate Hoefler. Illus. by Corinna Luyken. 2023. 40p. (J). (gr. -1-2). 18.99 ***(978-0-593-37283-8(2))***; (ENG.). lib. bdg. 21.99 ***(978-0-593-37284-5(0))*** Random Hse. Children's Bks. (Knopf Bks. for Young Readers).

In the Dark: EJ12 Girl Hero. Susannah McFarlane. 2016. 128p. (J). pap. 5.99 *(978-1-61067-383-9(2))* Kane Miller.

In the Dark: The Science of What Happens at Night. Lisa Deresti Betik. Illus. by Josh Holinaty. 2020. (ENG.). 48p. (J). (gr. 3-7). 18.99 *(978-1-5253-0109-4(8))* Kids Can Pr., Ltd. CAN. Dist: Hachette Bk. Group.

In the Dark: What's Buried in Your Backyard? Little Paleontologist - Archaeology for Kids Edition - Children's Archaeology Books. Pfiffikus. 2016. (ENG., Illus.). (J). pap. 10.81 *(978-1-68377-589-8(9))* Whike, Traudl.

In the Dark 4-Copy Pre-Pack with Shelftalker. Kate Hoefler. 2023. (J). (gr. -1-2). 75.96 ***(978-0-593-78068-8(X)***, Knopf Bks. for Young Readers) Random Hse. Children's Bks.

In the Dark (Classic Reprint) Donald Richberg. (ENG., Illus.). (J). 2018. 310p. 30.31 *(978-0-483-36840-8(7))*; 2016. pap. 13.57 *(978-1-333-68067-1(8))* Forgotten Bks.

In the Dark Spaces. Cally Black. 2017. (ENG.). 328p. (YA). (gr. 7). pap. 18.99 *(978-1-76012-864-7(3))* Hardie Grant Children?s Publishing AUS. Dist: Independent Pubs. Group.

In the Dashing Days of Old: Or the World-Wide Adventures of Willie Grant (Classic Reprint) Gordon Stables. (ENG., Illus.). (J). 2018. 400p. 32.15 *(978-0-483-48406-1(7))*; 2016. pap. 16.57 *(978-1-333-63454-4(4))* Forgotten Bks.

In the Day of Battle: A Romance (Classic Reprint) John A. Steuart. 2018. (ENG., Illus.). 392p. (J). 31.98 *(978-0-484-73546-9(2))* Forgotten Bks.

In the Days of Alfred the Great (Classic Reprint) Eva March Tappan. 2018. (ENG., Illus.). 324p. (J). 30.58 *(978-0-483-20857-5(4))* Forgotten Bks.

In the Days of Audubon: A Tale of the Protector of Birds, with an Appendix on the Formation of Audubon Societies (Classic Reprint) Hezekiah Butterworth. 2018. (ENG., Illus.). 272p. (J). 29.51 *(978-0-483-62613-3(9))* Forgotten Bks.

In the Days of Brigham Young (Classic Reprint) Arthur Thomas. 2018. (ENG., Illus.). 116p. (J). 26.31 *(978-0-483-49472-5(0))* Forgotten Bks.

In the Days of Giants. Abbie Farwell Brown. 2018. (ENG.). 192p. (J). pap. *(978-0-359-01589-4(1))* Lulu Pr., Inc.

In the Days of Giants: A Book of Norse Tales (Classic Reprint) Abbie Farwell Brown. 2016. (ENG., Illus.). (J). pap. 10.97 *(978-1-333-31590-0(2))* Forgotten Bks.

In the Days of My Youth. Amelia B. Edwards. 2017. (ENG., Illus.). (J). 29.95 *(978-1-374-94291-2(X))*; pap. 19.95 *(978-1-374-94290-5(1))* Capital Communications, Inc.

In the Days of My Youth, Vol. 1 of 3 (Classic Reprint) Amelia Blanford Edwards. 2018. (ENG., Illus.). 310p. (J). 30.31 *(978-0-483-45585-6(7))* Forgotten Bks.

In the Days of My Youth, Vol. 2 of 3 (Classic Reprint) Amelia Blanford Edwards. (ENG., Illus.). (J). 2018. 328p. 30.66 *(978-0-267-39079-3(3))*; 2016. pap. 13.57 *(978-1-334-49995-1(0))* Forgotten Bks.

In the Days of My Youth, Vol. 3 of 3 (Classic Reprint) Amelia B. Edwards. (ENG., Illus.). (J). 2018. 346p. 31.03 *(978-0-483-41289-7(9))*; 2016. pap. 13.57 *(978-1-334-12415-0(9))* Forgotten Bks.

In the Days, of Poor Richard (Classic Reprint) Irving Bacheller. 2017. (ENG., Illus.). (J). 33.01 *(978-0-260-09184-0(7))* Forgotten Bks.

In the Days of Queen Elizabeth. Eva March Tappan. 2018. (ENG., Illus.). 162p. (J). *(978-3-7326-2594-9(X))* Klassik Literatur. ein Imprint der Salzwasser Verlag GmbH.

In the Days of Queen Elizabeth (Classic Reprint) Eva March Tappan. 2018. (ENG., Illus.). 322p. (J). 30.54 *(978-0-267-24673-1(0))* Forgotten Bks.

In the Days of Queen Victoria. Eva March Tappan. 2018. (ENG., Illus.). 174p. (J). *(978-3-7326-2598-7(2))* Klassik Literatur. ein Imprint der Salzwasser Verlag GmbH.

In the Days of Queen Victoria. Eva March Tappan. 2018. (ENG., Illus.). 160p. (J). 19.99 *(978-1-5154-3394-1(3))* Wilder Pubns., Corp.

In the Days of Queen Victoria (Classic Reprint) Eva March Tappan. 2018. (ENG., Illus.). 396p. (J). 32.06 *(978-0-656-01549-8(7))* Forgotten Bks.

In the Days of St. Clair: A Romance of the Muskingum Valley (Classic Reprint) James Ball Naylor. (ENG., Illus.). (J). 2017. 32.77 *(978-0-265-40326-6(X))*; 2016. pap. 16.57 *(978-1-333-38551-4(X))* Forgotten Bks.

In the Days of the Guild (Classic Reprint) L. Lamprey. 2018. (ENG., Illus.). 316p. (J). 30.41 *(978-0-267-48513-0(1))* Forgotten Bks.

In the Days of the Red River Rebellion: Life & Adventure in the Far West of Canada (1868-1872) (Classic Reprint) John McDougall. 2018. (ENG., Illus.). 324p. (J). 30.60 *(978-0-331-80823-0(4))* Forgotten Bks.

In the Dead of Night: The Mystique of the Demonic Igbo Mask. Gerard Mehnobi. 2019. (ENG.). 124p. (YA). (gr. 7-12). pap. 14.95 *(978-1-0980-0957-1(6))* Christian Faith Publishing.

In the Dead of Night, Vol. 3 Of 3: A Novel (Classic Reprint) Thomas Wilkinson Speight. (ENG., Illus.). (J). 2018. 308p. 30.25 *(978-0-483-41360-3(7))*; 2016. pap. 13.57 *(978-1-334-12095-4(1))* Forgotten Bks.

In the Dead of the Night. Arthur McBain. Illus. by Tom Knight. 2019. (ENG.). 32p. (J). (gr. -1-k). 17.99 *(978-1-76050-341-3(X))* Little Hare Bks. AUS. Dist: Independent Pubs. Group.

In the Deep Blue Sea. Abigail Mader. 2020. (ENG.). 20p. (J). *(978-0-2288-4588-1(2))*; pap. *(978-0-2288-4586-7(6))* Tellwell Talent.

In the Deep Blue Sea: Jack & the Geniuses Book #2. Bill Nye & Gregory Mone. 2017. (Jack & the Geniuses Ser.). (ENG., Illus.). 320p. (J). (gr. 3-7). 13.99 *(978-1-4197-2552-4(1)*, 1158001, Amulet Bks.) Abrams, Inc.

In the Deep Blue Sea: Jack & the Geniuses Book #2. Bill Nye & Gregory Mone. Illus. by Nicholas Iluzada. 2018. (Jack & the Geniuses Ser.). (ENG.). 336p. (J). (gr. 3-7). pap. 7.99 *(978-1-4197-3342-0(7)*, 1158003, Amulet Bks.) Abrams, Inc.

In the Deep of the Snow (Classic Reprint) Charles George Douglas Roberts. (ENG., Illus.). (J). 2018. 96p. 25.90 *(978-0-267-76160-9(0))*; 2017. pap. 9.57 *(978-0-259-50873-1(X))* Forgotten Bks.

In the Depths of the Sea (Classic Reprint) John Richard Houlding. 2018. (ENG., Illus.). 388p. (J). 31.90 *(978-0-267-24481-2(9))* Forgotten Bks.

In the Desert, 1 vol. Louise Spilsbury & Richard Spilsbury. 2016. (Science on Patrol Ser.). (ENG.). 48p. (J). (gr. 4-5). pap. 15.05 *(978-1-4824-5976-0(0)*, 3f48b1fb-c025-4d99-b568-3b148d35013a) Stevens, Gareth Publishing LLLP.

In the Desert. Michaela Weglinski. ed. 2021. (National Geographic Readers Ser.). (ENG., Illus.). 23p. (J). (gr. k-1). 15.46 *(978-1-68505-067-2(0))* Penworthy Co., LLC, The.

In the Deserts. Laura K. Murray. 2019. (I'm the Biggest! Ser.). (ENG.). 24p. (J). (gr. 1-4). *(978-1-64026-060-3(9)*, 18787); pap. 8.99 *(978-1-62832-648-2(4)*, 18788, Creative Paperbacks) Creative Co., The.

In the Distance: A Novel (Classic Reprint) George Parsons Lathrop. 2018. (ENG., Illus.). 390p. (J). 31.96 *(978-0-267-27675-2(3))* Forgotten Bks.

In the Dwellings of the Wilderness (Classic Reprint) C. Bryson Taylor. 2017. (ENG., Illus.). (J). 28.02 *(978-0-266-28746-9(8))* Forgotten Bks.

In the Eagle's Claws (Classic Reprint) Jeanne De Beir. 2017. (ENG., Illus.). (J). 27.98 *(978-0-260-50146-2(8))* Forgotten Bks.

In the Early Days along the Overland Trail in Nebraska Territory, in 1852 (Classic Reprint) Gilbert L. Cole. 2017. (ENG., Illus.). (J). 26.56 *(978-1-5279-6160-9(5))* Forgotten Bks.

In the Eastern Seas. William Henry Giles Kingston. 2017. (ENG., Illus.). (J). 28.95 *(978-1-374-86270-8(3))*; pap. 18.95 *(978-1-374-86269-2(X))* Capital Communications, Inc.

In the Enemy's Country: Being the Diary of a Little Tour in Germany Elsewhere During the Early Days of the War (Classic Reprint) Mary Houghton. 2018. (ENG., Illus.). 298p. (J). 30.06 *(978-0-267-26067-6(9))* Forgotten Bks.

In the Everglades. Howie Minsky. 2019. (Hello, Everglades! Ser.). (ENG.). 16p. (J). (gr. -1-2). pap. 11.36 *(978-1-5341-5728-6(X)*, 214159, Cherry Blossom Press) Cherry Lake Publishing.

In the Eyes of the East (Classic Reprint) Marjorie Latta Barstow Greenbie. 2018. (ENG., Illus.). 506p. (J). 34.33 *(978-0-483-08865-8(X))* Forgotten Bks.

In the Face of the World, Vol. 1: A Novel (Classic Reprint) St Aubyn. 2018. (ENG., Illus.). 228p. (J). 28.60 *(978-0-484-47272-2(0))* Forgotten Bks.

In the Face of the World, Vol. 2 Of 2: A Novel (Classic Reprint) Alan St. Aubyn. 2018. (ENG., Illus.). 250p. (J). 29.05 *(978-0-483-75052-4(2))* Forgotten Bks.

In the Fairyland of America: A Tale of the Pukwudjies (Classic Reprint) Herbert Quick. 2017. (ENG., Illus.). (J). 27.90 *(978-0-331-13191-8(9))*; pap. 10.57 *(978-1-5282-9998-5(1))* Forgotten Bks.

In the Fall. Christina Earley. 2023. (Words in My World Ser.). (ENG.). 12p. (J). (gr. -1-2). pap. ***(978-1-0396-9682-2(1)***, 33637) Crabtree Publishing Co.

In the Far East; Letters from Geraldine Guinness in China: Now Mrs. Howard Taylor (Classic Reprint) Howard Taylor. 2018. (ENG., Illus.). 204p. (J). 28.10 *(978-0-666-21150-7(7))* Forgotten Bks.

In the Farmhouse. Pearl Markovics. 2019. (Farm Charm Ser.). (ENG.). 16p. (J). (gr. -1-1). 6.99 *(978-1-64280-378-5(2))* Bearport Publishing Co., Inc.

In the Field. Pearl Markovics. 2019. (Farm Charm Ser.). (ENG.). 16p. (J). (gr. -1-1). 6.99 *(978-1-64280-374-7(X))* Bearport Publishing Co., Inc.

In the Field (1914-1915) The Impressions of an Officer of Light Cavalry (Classic Reprint) Marcel DuPont. 2018. (ENG., Illus.). 326p. (J). 30.62 *(978-0-267-65746-9(3))* Forgotten Bks.

In the Fire: And Other Fancies (Classic Reprint) Effie Johnson. 2018. (ENG., Illus.). 152p. (J). 27.03 *(978-0-267-47992-4(1))* Forgotten Bks.

In the Fire of the Forge: A Romance of Old Nuremberg (Classic Reprint) Georg Ebers. (ENG., Illus.). (J). 2018. 1028p. 45.10 *(978-0-267-00306-8(4))*; 2017. pap. 27.44 *(978-0-243-95173-4(6))* Forgotten Bks.

In the Fire of the Forge, Vol. 1: A Romance of Old Nuremberg; Translated from the German (Classic Reprint) Georg Ebers. 2017. (ENG., Illus.). (J). pap. 20.57 *(978-1-5276-9805-5(X))* Forgotten Bks.

In the Fire of the Forge, Vol. 1 Of 2: A Romance of Old Nuremberg (Classic Reprint) Georg Ebers. (ENG., Illus.). (J). 2018. 330p. 30.70 *(978-0-365-45147-1(9))*; 2017. pap. 13.57 *(978-1-5276-5752-6(3))* Forgotten Bks.

In the First Degree (Classic Reprint) Margaret Holmes Bates. 2018. (ENG., Illus.). 300p. (J). 30.08 *(978-0-365-23693-1(4))* Forgotten Bks.

In the First Person a Novel (Classic Reprint) Maria Louise Pool. 2018. (ENG., Illus.). 322p. (J). 30.56 *(978-0-267-16701-2(6))* Forgotten Bks.

In the Footprints of Heine (Classic Reprint) Henry James Forman. 2018. (ENG., Illus.). 290p. (J). 29.88 *(978-0-483-36433-2(9))* Forgotten Bks.

In the Footprints of the Padres (Classic Reprint) Charles Warren Stoddard. (ENG., Illus.). (J). 2018. 360p. 31.32 *(978-0-483-15580-0(2))*; 2017. pap. 13.97 *(978-0-282-29471-7(6))* Forgotten Bks.

In the Footsteps of Borrow & Fitzgerald (Classic Reprint) Morley Adams. (ENG., Illus.). (J). 2017. 324p. 30.58 *(978-0-332-01288-9(3))*; 2016. pap. 13.57 *(978-1-333-64806-0(5))* Forgotten Bks.

In the Footsteps of Pizarro: Or a Yanke's Five Years' Experience in the Klondike of South America (Classic Reprint) Wm C. Agle. 2017. (ENG., Illus.). (J). 31.47 *(978-0-331-08060-5(5))* Forgotten Bks.

In the Forbidden Land: An Account of a Journey into Tibet Capture by the Tibetan Lamas & Soldiers, Imprisonment, Torture & Ultimate Release (Classic Reprint) A. Henry Savage Landor. 2017. (ENG., Illus.). (J). 38.50 *(978-0-260-37480-6(6))* Forgotten Bks.

In the Forbidden Land, Vol. 1 Of 2: An Account of a Journey into Tibe, Capture by the Tibetan Lamas & Soldiers, Imprisonment, Torture & Ultimate Release Brought about by Dr. Wilson & the Political Peshkar Karak Sing-Pal (Classic Reprint) A. Henry Savage Landor. 2018. (ENG., Illus.). 396p. (J). 32.08 *(978-0-365-24818-7(5))* Forgotten Bks.

In the Forbidden Land, Vol. 2 Of 2: An Account of a Journey into Tibet Capture by the Tibetan Lamas & Soldiers, Imprisonment, Torture & Ultimate Release Brought about by Dr. Wilson & the Political Peshkar Karak Sing-Pal (Classic Reprint) A. Henry Savage Landor. (ENG., Illus.). (J). 2018. 344p. 30.99 *(978-0-267-72881-7(6))*; 2016. pap. 13.57 *(978-1-333-72014-8(9))* Forgotten Bks.

In the Foreign Legion (Classic Reprint) Erwin Rosen. 2018. (ENG., Illus.). 300p. (J). 30.10 *(978-0-267-64990-7(8))* Forgotten Bks.

In the Forest. Shira Evans. ed. 2018. (National Geographic Readers Ser.). (ENG.). 48p. (J). (gr. -1-1). 11.00 *(978-1-64310-613-7(9))* Penworthy Co., LLC, The.

In the Forest: 4 Large Flaps! Clever Publishing. Illus. by Ekaterina Guscha. 2023. (Clever Baby Animals Ser.). (ENG.). 10p. (J). (gr. -1 — 1). bds. 8.99 ***(978-1-954738-92-8(7))*** Clever Media Group.

In the Forest: Tales of Wood-Life (Classic Reprint) Maximilian Foster. (ENG., Illus.). (J). 2018. 364p. 31.40 *(978-0-484-62570-8(5))*; 2016. pap. 13.97 *(978-1-333-70005-8(9))* Forgotten Bks.

In the Forest - 6 Pack: Set of 6 Common Core Edition. Cynthia Swain. 2016. (Early Explorers Ser.). (J). (gr. k-1). 39.00 net. *(978-1-5125-8694-7(3))* Benchmark Education Co.

In the Forest (Classic Reprint) Catharine Parr Traill. 2017. (ENG., Illus.). (J). 28.25 *(978-0-331-46902-8(2))* Forgotten Bks.

In the Forest: My Nature Sticker Activity Book (127 Stickers, 29 Activities, 1 Quiz) Olivia Cosneau. 2019. (ENG.). (J). (gr. k-3). pap. 7.99 *(978-1-61689-785-7(6))* Princeton Architectural Pr.

In the Forest of Arden (Classic Reprint) Hamilton Wright Mabie. 2018. (ENG., Illus.). 146p. (J). 26.91 *(978-0-484-69036-2(1))* Forgotten Bks.

In the Forest (Yoga Animals) Christiane Kerr. Illus. by Julia Green. 2020. (ENG.). 32p. (J). *(978-1-78240-999-1(8))* Kane Miller.

In the Game. Kiki Thorpe. ed. 2016. (Never Girls Ser.: 12). lib. bdg. 16.00 *(978-0-606-38468-1(5))* Turtleback.

In the Garden. Emma Giuliani. 2020. (ENG., Illus.). 16p. (J). (gr. 3-7). 28.95 *(978-1-61689-893-9(3))* Princeton Architectural Pr.

In the Garden. Pearl Markovics. 2019. (Farm Charm Ser.). (ENG.). 16p. (J). (gr. -1-1). 6.99 *(978-1-64280-379-2(0))* Bearport Publishing Co., Inc.

In the Garden. Hunter Reid. Illus. by Alex Chiu. 2018. (Fluorescent Pop! Ser.). (ENG.). 14p. (J). (gr. -1-k). bds. 5.99 *(978-1-4998-0594-9(2))* Little Bee Books Inc.

In the Garden. Kate Riggs. Illus. by Monique Felix. 2020. 12p. (J). (gr. -1 — 1). bds. 9.99 *(978-1-56846-335-3(9)*, 18361, Creative Editions) Creative Co., The.

In the Garden. Noille Smit. 2021. (ENG., Illus.). 28p. (J). (gr. -1-k). 16.99 *(978-1-912417-49-0(9))* Little Island IRL. Dist: Consortium Bk. Sales & Distribution.

In the Garden - I Nanon Te Oonnaroka (Te Kiribati) Rachelle Sadler. Illus. by Tanya Maneki. 2023. (ENG.). 26p. (J). pap. ***(978-1-922844-83-5(7))*** Library For All Limited.

In the Garden of Charity (Classic Reprint) Basil King. 2017. (ENG., Illus.). (J). 30.97 *(978-0-266-19844-4(9))* Forgotten Bks.

In the Garden of Delight (Classic Reprint) L. H. Hammond. 2017. (ENG., Illus.). (J). 29.51 *(978-0-266-21263-8(8))* Forgotten Bks.

In the Garden of Memories. Tanya Lisle. 2020. (Looking Glass Saga Ser.: Vol. 10). (ENG.). 224p. (J). pap. *(978-1-988911-37-3(0))* Scrap Paper Entertainment.

In the Garden with Flori. Sonja Danowski. 2022. (ENG., Illus.). 56p. (J). (gr. -1-2). 19.95 *(978-0-7358-4458-2(5))* North-South Bks., Inc.

In the Gardens: The Story of Two Gardens As Witnessed by Shakespeare the Cat. Me Weldon. 2017. (ENG., Illus.). 268p. (J). pap. 11.99 *(978-1-58169-677-6(9)*, Evergreen Pr.) Genesis Communications, Inc.

In the Glorious Fields. Emily Hayse. 2022. (ENG.). 514p. (YA). pap. 21.99 *(978-1-7332428-5-1(6))* Hayse, Emily.

In the Glow of the Campfire: Stories of the Woods (Classic Reprint) A. K. P. Harvey. 2018. (ENG., Illus.). 170p. (J). 27.42 *(978-0-267-98085-7(X))* Forgotten Bks.

In the Golden East: An Illustrated Journey in Eastern Wonderlands; a Geographical Reader (Classic Reprint) Charlotte Chaffee Gibson. (ENG., Illus.). (J). 2018. 258p. 29.22 *(978-0-364-56728-9(7))*; 2017. pap. 11.57 *(978-0-259-41410-0(7))* Forgotten Bks.

In the Good Time Coming (Classic Reprint) Robert B. Holt. 2018. (ENG., Illus.). 94p. (J). 25.86 *(978-0-483-27202-6(7))* Forgotten Bks.

In the Gran Chaco, or Frank Reade, Jr., in Search of a Missing Man (Classic Reprint) Luis Senarens. 2018. (ENG., Illus.). (J). 20p. 24.33 *(978-1-396-68353-4(4))*; 22p. pap. 7.97 *(978-1-391-92994-1(2))* Forgotten Bks.

In the Graveyard Antemortem. Stephen Stromp. 2019. (ENG.). 302p. (YA). (gr. 7-12). pap. 11.99 *(978-0-692-71789-9(7))* W.O.P. Pr.

In the Green Leaf & the Sere (Classic Reprint) Denham Jordan. (ENG., Illus.). (J). 2018. 300p. 30.10 *(978-0-484-72638-2(2))*; 2016. pap. 13.57 *(978-1-333-49658-6(3))* Forgotten Bks.

In the Grip of the Barren Lands (Classic Reprint) Norman Blake. 2018. (ENG., Illus.). 218p. (J). 28.39 *(978-0-364-64741-7(8))* Forgotten Bks.

In the Grip of the Mormons: By an Escaped Wife of a Mormon Elder (Classic Reprint) Unknown Author. 2017. (ENG., Illus.). 158p. (J). 27.16 *(978-0-265-19225-2(0))* Forgotten Bks.

In the Guardianship of God (Classic Reprint) Flora Annie Steel. 2018. (ENG., Illus.). 352p. (J). 31.16 *(978-0-483-49885-3(8))* Forgotten Bks.

In the Half Room. Carson Ellis. Illus. by Carson Ellis. 2020. (ENG., Illus.). 32p. (J). (gr. -1-3). 16.99 *(978-1-5362-1456-7(6))* Candlewick Pr.

In the Hall with the Knife: A Clue Mystery, Book One. Diana Peterfreund. 2020. (Clue Mystery Ser.). (ENG.). 320p. (YA). (gr. 7-17). pap. 9.99 *(978-1-4197-4696-3(0)*, 1286803, Amulet Bks.) Abrams, Inc.

In the Halls of Valhalla from Asgard - Vikings for Kids Norse Mythology for Kids 3rd Grade Social Studies. Baby Professor. 2017. (ENG., Illus.). 64p. (J). pap. 9.52 *(978-1-5419-1735-4(9)*, Baby Professor (Education Kids)) Speedy Publishing LLC.

In the Hands of the Arabs (Classic Reprint) Zetton Buchanan. (ENG., Illus.). (J). 2018. 292p. 29.92 *(978-0-364-30468-6(5))*; 2016. pap. 13.57 *(978-1-333-54476-8(6))* Forgotten Bks.

In the Hands of the Cave-Dwellers (Classic Reprint) G. A. Henty. 2018. (ENG., Illus.). 200p. (J). 28.02 *(978-0-364-79099-1(7))* Forgotten Bks.

In the Headlines: Set, 12 vols. 2018. (In the Headlines Ser.). (ENG.). 224p. (YA). (gr. 9-9). lib. bdg. 329.58 *(978-1-64282-071-3(7)*, dd454d18-2bae-426a-92b0-ff23dea03436, New York Times Educational Publishing) Rosen Publishing Group, Inc., The.

In the Headlines: Set 3, 12 vols. 2019. (In the Headlines Ser.). (ENG.). 224p. (YA). (gr. 9-9). lib. bdg. 329.58 *(978-1-64282-278-6(7)*, af8d87a0-3546-4db3-94e9-1f0035d00cee, New York Times Educational Publishing) Rosen Publishing Group, Inc., The.

In the Headlines: Set 4, 24 vols. 2019. (In the Headlines Ser.). (ENG.). 224p. (YA). (gr. 9-9). lib. bdg. 659.16 *(978-1-64282-377-6(5)*, 6c9a725e-28aa-44bb-a894-421a72347829, New York Times Educational Publishing) Rosen Publishing Group, Inc., The.

In the Headlines: Sets 1 - 2. 2018. (In the Headlines Ser.). (ENG.). (YA). pap. 293.64 *(978-1-64282-192-5(6))*; (gr. 9-9). lib. bdg. 659.16 *(978-1-64282-160-4(8)*, 4138cfd2-fb61-4c06-af7f-7203a66e459b) Rosen Publishing Group, Inc., The. (New York Times Educational Publishing).

In the Headlines: Sets 1 - 3. 2019. (In the Headlines Ser.). (ENG.). (YA). pap. 440.46 *(978-1-64282-290-8(6))*; (gr. 9-9). lib. bdg. 988.74 *(978-1-64282-279-3(5)*, 3c325444-9b06-4f2e-92c8-5c6adaf5bda9) Rosen Publishing Group, Inc., The. (New York Times Educational Publishing).

In the Headlines: Sets 1 - 4. 2019. (In the Headlines Ser.). (ENG.). (YA). pap. 734.10 *(978-1-64282-382-0(1))*; (gr. 9-9). lib. bdg. 1647.90 *(978-1-64282-380-6(5)*, d8efd597-cde5-4638-8fd2-c5449c03ef73) Rosen Publishing Group, Inc., The. (New York Times Educational Publishing).

In the Headlines: Sets 1 - 5. 2020. (In the Headlines Ser.). (ENG.). (YA). pap. 1027.74 *(978-1-64282-429-2(1))*; (gr. 9-9). lib. bdg. 2307.06 *(978-1-64282-410-0(0)*, 58ccd9a5-ee7a-4ccc-8cec-41a75c3ee17a) Rosen Publishing Group, Inc., The. (New York Times Educational Publishing).

In the Heart of a Fool (Classic Reprint) William Allen White. 2018. (ENG., Illus.). 630p. (J). 36.91 *(978-0-483-85331-7(3))* Forgotten Bks.

In the Heart of Cape Ann. Charles E. Mann. 2017. (ENG., Illus.). (J). 80p. pap. *(978-3-7447-3518-6(4))*; pap. *(978-3-7447-3519-3(2))* Creation Pubs.

In the Heart of Cape Ann or the Story of Dogtown (Classic Reprint) Charles E. Mann. 2017. (ENG., Illus.). (J). 25.55 *(978-0-265-65868-0(3))* Forgotten Bks.

In the Heart of Cape Ann, or the Story of Dogtown (Classic Reprint) Charles E. Mann. (ENG., Illus.). (J). 2018. 118p. 26.35 *(978-0-666-74990-1(6))*; 2017. pap. 9.57 *(978-0-282-59417-6(5))* Forgotten Bks.

In the Heart of the Christmas Pines (Classic Reprint) Leona Dalrymple. (ENG., Illus.). (J). 2018. 144p. 26.89 *(978-0-267-61926-9(X))*; 2016. pap. 9.57 *(978-1-334-22106-4(5))* Forgotten Bks.

In the Heart of the COOP. Karla Lopez & Dana Blannon. 2016. (ENG., Illus.). (J). 25.95 *(978-1-4808-3373-9(8))*; pap. 16.95 *(978-1-4808-3371-5(1))* Archway Publishing.

In the Heart of the Tragedy (Classic Reprint) E. Gomez Carrillo. 2018. (ENG., Illus.). 150p. (J). 27.01 *(978-0-484-81618-2(7))* Forgotten Bks.

In the Heart, of the Vosges, & Other Sketches by a Devious Traveller (Classic Reprint) Miss Betham-Edwards. 2018. (ENG., Illus.). 374p. (J). 31.61 *(978-0-267-86594-9(5))* Forgotten Bks.

In the Heat of the Storm. Paige Trevisani. 2021. (ENG.). 366p. (YA). 31.95 *(978-1-63874-698-0(2))*; pap. 21.95 *(978-1-63874-696-6(6))* Christian Faith Publishing.

In the Henhouse. Pearl Markovics. 2019. (Farm Charm Ser.). (ENG.). 16p. (J). (gr. -1-1). 6.99 *(978-1-64280-376-1(6))* Bearport Publishing Co., Inc.

In the High Valley: Being the Fifth & Last Volume of the Katy Did Series. Susan Coolidge. 2018. (ENG., Illus.). 140p. (YA). pap. *(978-93-5329-241-6(7))* Alpha Editions.

In the HIGH VALLEY (Katy Karr Chronicles) Adventures of Katy, Clover & the Rest of the Carr Family (Including the Story Curly Locks) - What Katy Did Series. Susan Coolidge & Jessie McDermott. 2019. (ENG.). 100p. (J). pap. *(978-80-273-3138-3(2))* E-Artnow.

In the High Valley, Vol. 1: Being the Fifth & Last Volume of the Katy Did Series (Classic Reprint) Susan Coolidge. 2017. (ENG., Illus.). (J). 30.33 *(978-0-260-68444-8(9))* Forgotten Bks.

In the Hills of Arkansas. Sarah Stamps. Ed. by Rich Stamps. Illus. by Rella Ingram. 2016. (ENG.). (J). pap. 24.95 *(978-1-68394-328-0(7))* America Star Bks.

In the Holly Jolly North Pole: A Pop-Up Adventure. Joel Stern. Illus. by Nancy Leschnikoff. 2023. (ENG.). 14p. (J). (gr. -1-k). bds., bds. 12.99 ***(978-1-6659-3331-5(3)***, Little Simon) Little Simon.

In the Hospital at Elmridge (Classic Reprint) Ella Rodman Church. 2018. (ENG., Illus.). 300p. (J). 30.08 *(978-0-428-90154-7(9))* Forgotten Bks.

In the House. Some Cool Kids. 2017. (ENG., Illus.). 144p. (J). *(978-1-365-92104-9(2))* Lulu Pr., Inc.

In the House: Volume Two. Some Cool Kids. 2018. (ENG., Illus.). 206p. (J). *(978-1-387-77998-7(2))* Lulu Pr., Inc.

In the House of the Tiger (Classic Reprint) Jessie Juliet Knox. 2018. (ENG., Illus.). 316p. (J). 30.41 *(978-0-656-41378-2(6))* Forgotten Bks.

In the House Where Grandma Lives. Susan Lothrop. Illus. by Dane Thibeault. 2022. (ENG.). 40p. (J). ***(978-1-0391-4043-1(2))***; pap. ***(978-1-0391-4042-4(4))*** FriesenPress.

In the Jerusalem Forest. Devora Busheri. Illus. by Noa Kelner. 2019. (ENG.). 32p. (J). (gr. -1-3). 17.99 *(978-1-5415-3472-8(7)*, 44f7f14e-ddaf-4dfe-9235-7200edce6859, Kar-Ben Publishing) Lerner Publishing Group.

In the Jungle. Kirsteen Robson. ed. 2022. (Look & Find Puzzles Ser.). (ENG.). 32p. (J). (gr. k-1). 20.46 ***(978-1-68505-284-3(3))*** Penworthy Co., LLC, The.

In the Jungle: Create Amazing Pictures One Sticker at a Time! Karen Gordon Seed. Illus. by Michael Buxton. 2018. (Sticka-Pix Ser.). (ENG.). 36p. (J). (gr. 2-5). pap. 6.99 *(978-1-4380-1138-7(5))* Sourcebooks, Inc.

In the Jungle: Practicing the UL Sound, 1 vol. Timea Thompson. 2016. (Rosen Phonics Readers Ser.). (ENG.). 12p. (J). (gr. -1-2). pap. *(978-1-5081-3596-8(7)*, 4838c4b4-a5e5-40a0-9bc1-c9dfbc5390fc, Rosen Classroom) Rosen Publishing Group, Inc., The.

In the Key of Love: Pops Anthology V. Dennis Danziger. Ed. by Amy Friedman & Kate Zentall. 2018. (Pops the Club Anthologies Ser.: Vol. 5). (ENG., Illus.). 210p. (YA). pap. 21.50 *(978-0-9988382-0-5(9))* Popstheclub.com, Inc.

In the Key of Nira Ghani. Natasha Deen. (ENG.). 304p. (YA). (gr. 7-17). 2021. pap. 10.99 *(978-0-7624-6545-3(X))*; 2019. 17.99 *(978-0-7624-6547-7(6))* Running Pr. (Running Pr. Kids).

In the Key of Us. Mariama J. Lockington. 2022. (ENG., Illus.). 368p. (J). 17.99 *(978-0-374-31410-1(1)*, 900225223, Farrar, Straus & Giroux (BYR)) Farrar, Straus & Giroux.

In the Kingdom of Kerry & Other Stories (Classic Reprint) Bithia Mary Croker. (ENG., Illus.). (J). 2018. 262p. 29.30 *(978-0-484-73114-0(9))*; 2017. pap. 11.97 *(978-0-259-31306-9(8))* Forgotten Bks.

In the King's Country (Classic Reprint) Amanda M. Douglas. 2017. (ENG., Illus.). (J). 30.58 *(978-0-266-19710-2(8))* Forgotten Bks.

In the Kitchen. Laurie Friedman. Illus. by Shane Crampton. 2022. (Piper & Chase Ser.). (ENG.). 48p. (J). (gr. 2-4). lib. bdg. *(978-1-0396-6099-1(1)*, 21508); pap. *(978-1-0396-6294-0(3)*, 21509) Crabtree Publishing Co. (Leaves Chapter Books).

In the Kitchen: Bilingual Inuktitut & English Edition. Inhabit Education Books. 2021. (Nunavummi Reading Ser.). (ENG., Illus.). (J). pap. ***(978-1-77450-022-4(1))*** Inhabit Education Bks. Inc. CAN. Dist: Consortium Bk. Sales & Distribution.

In the Klondyke. Frederick Palmer. 2017. (ENG.). (J). 284p. pap. *(978-3-7447-4329-7(2))*; 280p. pap. *(978-3-7447-6165-9(7))* Creation Pubs.

In the Klondyke: Including an Account of a Winter's Journey to Dawson (Classic Reprint) Frederick Palmer. 2017. (ENG., Illus.). (J). 29.75 *(978-0-266-70674-8(6))* Forgotten Bks.

In the Know: Influencers & Trends (Set), 6 vols. Virginia Loh-Hagan. 2021. (In the Know: Influencers & Trends Ser.). (ENG., Illus.). 32p. (J). (gr. 4-8). 192.42 *(978-1-5341-7962-2(3)*, 218140); pap., pap., pap. 85.29 *(978-1-5341-8161-8(X)*, 218141) Cherry Lake Publishing. (45th Parallel Press).

In the Lab! Science Experiments for Kids Science & Nature for Kids. Baby Professor. 2017. (ENG., Illus.). (YA). pap. 7.89 *(978-1-68368-029-1(4)*, Baby Professor (Education Kids)) Speedy Publishing LLC.

In the Laboratory! Robot Research Coloring Book. Activity Attic Books. 2016. (ENG., Illus.). (J). pap. 7.74 *(978-1-68323-277-3(1))* Twin Flame Productions.

In the Labyrinth of the Wind & Other Stories see En el Laberinto del Viento y Otros Cuentos

In the Lamplight. Dianne Wolfer. Illus. by Brian Simmonds. 2018. (Lighthouse Girl Ser.). 120p. (J). (gr. 6). 14.99 *(978-1-925591-22-4(0))* Fremantle Pr. AUS. Dist: Independent Pubs. Group.

In the Land of Boxes. Kim Hebert. 2020. (ENG.). 36p. (J). *(978-1-5255-6442-0(0))*; pap. *(978-1-5255-6443-7(9))* FriesenPress.

In the Land of Death (Classic Reprint) Benjamin Vallotton. 2017. (ENG., Illus.). 68p. (J). 25.30 *(978-0-484-43827-8(1))* Forgotten Bks.

In the Land of Ebyam: The Dangers of the Shadow World Are Real. Rudy Platiel. 2019. (ENG.). 220p. (YA). pap. *(978-0-2288-0301-0(2))* Tellwell Talent.

In the Land of Elves, 25 vols. Daniela Drescher. Orig. Title: Im Zwergenland. (Illus.). 24p. (ENG.). 14.95 *(978-0-86315-484-3(0))*; 2nd rev. ed. 2016. (J). 15.95 *(978-1-78250-242-5(4))* Floris Bks. GBR. Dist: SteinerBooks, Inc., Consortium Bk. Sales & Distribution.

In the Land of Extremes (Classic Reprint) Marie Cottrell. 2018. (ENG., Illus.). 364p. (J). 31.40 *(978-0-483-49784-9(3))* Forgotten Bks.

In the Land of Happy Tears: Yiddish Tales for Modern Times. David Stromberg. 2022. (ENG.). 184p. (J). (gr. 5). pap. 14.95 ***(978-1-63292-230-4(4))*** Goodreads Pr.

In the Land of Junket & Cream (Classic Reprint) J. Henry Harris. 2018. (ENG., Illus.). 244p. (J). 28.93 *(978-0-267-22527-9(X))* Forgotten Bks.

In the Land of Leadale, Vol. 3 (light Novel) Ceez. 2021. (In the Land of Leadale (light Novel) Ser.: 3). (ENG., Illus.). 294p. (gr. 8-17). pap. 15.00 *(978-1-9753-2216-8(9)*, Yen Pr.) Yen Pr. LLC.

In the Land of Lorna Doone: And Other Pleasurable Excursions in England (Classic Reprint) William H. Rideing. 2018. (ENG., Illus.). 182p. (J). 27.67 *(978-0-365-38565-3(4))* Forgotten Bks.

In the Land of Marigolds. Kirsten Spiteri. 2019. (ENG.). 130p. (YA). (gr. 7-12). pap. *(978-99957-96-04-4(X))* Faraxa Publishing.

In the Land of Misfortune (Classic Reprint) Florence Dixie. (ENG., Illus.). (J). 2017. 33.88 *(978-0-260-11760-1(9))*; 2016. pap. 16.57 *(978-1-334-13943-7(1))* Forgotten Bks.

In the Land of Pagodas (Classic Reprint) Robert B. Thurber. 2018. (ENG., Illus.). 320p. (J). 30.50 *(978-0-364-81167-2(6))* Forgotten Bks.

In the Land of Shining Teeth. Simon Cooper. Tr. by Bracha Green. 2020. (ENG.). 24p. (J). *(978-1-5255-4297-8(4))*; pap. *(978-1-5255-4298-5(2))* FriesenPress.

In the Land of the Cherry Blossom (Classic Reprint) Maude Whitmore Madden. (ENG., Illus.). (J). 2017. 28.56 *(978-0-265-40768-4(0))*; 2016. pap. 10.97 *(978-1-333-47546-8(2))* Forgotten Bks.

In the Land of the Filipino (Classic Reprint) Ralph Kent Buckland. 2018. (ENG., Illus.). 312p. (J). 30.33 *(978-0-267-23481-3(3))* Forgotten Bks.

In the Land of the Gods: Some Stories of Japan (Classic Reprint) Alice Mabel Bacon. 2018. (ENG., Illus.). 306p. (J). 30.21 *(978-0-484-73043-3(6))* Forgotten Bks.

In the Land of the Lion & Sun, or Modern Persia: Being Experiences of Life in Persia During a Residence of Fifteen Years in Various Parts of That Country from 1866 to 1881 (Classic Reprint) Charles James Wills. (ENG., Illus.). (J). 2018. 470p. 33.59 *(978-0-365-21830-2(8))*; 2016. pap. 16.57 *(978-1-333-18989-1(3))* Forgotten Bks.

In the Land of the Living Dead, an Occult Story (Classic Reprint) Prentiss Tucker. 2018. (ENG., Illus.). 194p. (J). 27.90 *(978-0-666-88913-3(9))* Forgotten Bks.

In the Land of the Tui 1894: My Journal in New Zealand (Classic Reprint) Robert Wilson. 2018. (ENG., Illus.). 368p. (J). 31.49 *(978-0-267-24620-5(X))* Forgotten Bks.

In the Land of Words: New & Selected Poems. Eloise Greenfield. Illus. by Jan Spivey Gilchrist. 2016. (ENG.). 48p. (J). (gr. -1-3). pap. 7.99 *(978-0-06-443692-2(6)*, HarperCollins) HarperCollins Pubs.

In the Lick of Time. Pam Kumpe. Illus. by Ron Wheeler. 2019. (ENG.). 38p. (J). pap. 9.99 *(978-0-578-08096-3(6))* Hom, Jonathan.

In the Life & Journey of Enaved & Nava Book One. Thomas Devane. Ed. by Millicent Jackson. Illus. by Deandra Roy. 2021. (ENG.). 26p. (J). *(978-0-9705788-0-8(6))* Wordzworth Publishing.

In the Life & Journey of Enaved & Nava Book Two. Thomas Devane. Ed. by Millicent Jackson. Illus. by Deandra Roy. 2021. (ENG.). 20p. (J). 15.99 *(978-0-9705788-1-5(4))* DeVane, Thomas G.

In the Light of Other Days. Margaret O'Donoghue Sullivan. 2016. (ENG.). 148p. (J). 23.95 *(978-1-78629-649-8(7)*, 93f3a9da-7feb-4851-84fe-91d68f4890cc) Austin Macauley Pubs. Ltd. GBR. Dist: Baker & Taylor Publisher Services (BTPS).

In the Line (Classic Reprint) Albertus T. Dudley. 2018. (ENG., Illus.). 340p. (J). 30.93 *(978-0-483-36334-2(0))* Forgotten Bks.

In the Lonely Backwater. Valerie Nieman. 2022. (ENG.). 272p. (YA). (gr. 10). pap. 18.95 *(978-1-64603-179-5(2)*, Fitzroy Bks.) Regal Hse. Publishing, LLC.

In the Louisiana Lowlands: A Sketch of Plantation Life, Fishing & Camping Just after the Civil War, & Other Tales (Classic Reprint) Fred Mather. (ENG., Illus.). (J). 2018. 334p. 30.81 *(978-0-364-13047-6(4))*; 2017. pap. 13.57 *(978-0-259-30451-7(4))* Forgotten Bks.

In the Meadow of Fantasies. Hadi Mohammadi. Tr. by Sara Khalili. Illus. by Nooshin Safakhoo. 2021. 42p. (J). (gr. -1-2). 20.00 *(978-1-939810-90-8(6)*, Elsewhere Editions) Steerforth Pr.

In the Meshes, or a Drop of Boston Blue Blood (Classic Reprint) William Roscoe Thayer. (ENG., Illus.). (J). 2018. 72p. 25.38 *(978-0-364-05627-1(4))*; 2017. pap. 9.57 *(978-0-282-32041-6(5))* Forgotten Bks.

In the Middle of Fall. Kevin Henkes. Illus. by Laura Dronzek. (ENG.). 40p. (J). (gr. -1-3). 2019. pap. 8.99 *(978-0-06-274724-2(X))*; 2017. 18.99 *(978-0-06-257311-7(X))* HarperCollins Pubs. (Greenwillow Bks.).

In the Middle of Fall. Kevin Henkes. 2019. (ENG.). 32p. (J). (gr. k-1). 21.96 *(978-0-87617-751-8(8))* Penworthy Co., LLC, The.

In the Middle of Fall Board Book. Kevin Henkes. Illus. by Laura Dronzek. 2018. (ENG.). 36p. (J). (gr. -1 — 1). bds. 8.99 *(978-0-06-274726-6(6)*, Greenwillow Bks.) HarperCollins Pubs.

In the Middle of the Night: Poems from a Wide-Awake House. Laura Purdie Salas. Illus. by Angela Matteson. 2019. (ENG.). 32p. (J). (gr. -1-3). 17.95 *(978-1-62091-630-8(4)*, Wordsong) Highlights Pr., c/o Highlights for Children, Inc.

In the Midst. Janelle Simone. 2022. (ENG.). 84p. (YA). pap. 14.95 ***(978-1-68517-398-2(5))*** Christian Faith Publishing.

In the Midst of Alarms: A Novel (Classic Reprint) Robert Barr. 2018. (ENG., Illus.). 392p. (J). 31.98 *(978-0-484-15124-5(X))* Forgotten Bks.

In the Midst of Paris (Classic Reprint) Alphonse Daudet. 2018. (ENG., Illus.). 208p. (J). 28.21 *(978-0-365-25656-4(0))* Forgotten Bks.

In the Midst of Us. Susan E. Lewis. 2018. (ENG., Illus.). 220p. (YA). 33.95 *(978-1-9736-1727-3(7))*; pap. 17.95 *(978-1-9736-1726-6(9))* Author Solutions, LLC. (WestBow Pr.).

In the Mikado's Service: A Story of Two Battle Summers in China (Classic Reprint) William Elliot Griffis. 2018. (ENG., Illus.). 382p. (J). 31.78 *(978-0-364-06355-2(6))* Forgotten Bks.

In the Mind of Adolescence. Tammy Crumb. 2020. (ENG., Illus.). 38p. (J). pap. 10.95 *(978-1-6624-2178-5(8))* Page Publishing Inc.

In the Mist of the Mountains (Classic Reprint) Ethel Turner. 2018. (ENG., Illus.). 288p. (J). 29.84 *(978-0-484-86867-9(5))* Forgotten Bks.

In the Mix. Mandy Gonzalez. 2023. (Fearless Ser.: 3). (ENG.). 224p. (J). (gr. 3-7). 17.99 *(978-1-6659-2201-2(X)*, Aladdin) Simon & Schuster Children's Publishing.

In the Moonlight. Kathy Broderick. Illus. by Dean Gray. 2022. (Bilingual Bks.). (ENG.). 24p. (J). (gr. -1-3). pap. 9.50 ***(978-1-64996-736-7(5)***, 17097, Sequoia Kids Media) Sequoia Children's Bks.

In the Morning. Eileen Rhona Marita. Illus. by Valeria Korshunova. 2021. (ENG.). 28p. (J). pap. *(978-1-922647-20-7(9))* Library For All Limited.

In the Morning: Leveled Reader Green Non Fiction Level 14/15 Grade 1-2. Hmh Hmh. 2019. (Rigby PM Ser.). (ENG.). 16p. (J). (gr. 1-2). pap. 11.00 *(978-0-358-12081-0(0))* Houghton Mifflin Harcourt Publishing Co.

In the Morning Glow: Short Stories (Classic Reprint) Roy Rolfe Gilson. (ENG., Illus.). (J). 2018. 238p. 28.81 *(978-0-332-39985-0(0))*; 2016. pap. 11.57 *(978-1-334-13163-9(5))* Forgotten Bks.

In the Morning of Time (Classic Reprint) Charles George Douglas Roberts. 2018. (ENG., Illus.). 346p. (J). 31.05 *(978-0-267-64567-1(8))* Forgotten Bks.

In the Mountains. Laura K. Murray. 2019. (I'm the Biggest! Ser.). (ENG.). 24p. (J). (gr. 1-4). *(978-1-64026-061-0(7)*, 18791); pap. 8.99 *(978-1-62832-649-9(2)*, 18792, Creative Paperbacks) Creative Co., The.

In the Mountains (Classic Reprint) Unknown Author. 2018. (ENG., Illus.). 294p. (J). 29.98 *(978-0-267-46709-9(5))* Forgotten Bks.

In the Mountains of Ilaria: The Hidden Meadow. John T. Forehand. 2023. (ENG.). 103p. (J). pap. ***(978-1-4709-1858-3(7))*** Lulu Pr., Inc.

In the Mountains of Ilaria: The Lost Are Found. John Forehand. 2022. (ENG.). 108p. (YA). pap. 11.42 *(978-1-387-96244-0(2))* Lulu Pr., Inc.

In the Name of a Woman: A Romance (Classic Reprint) Arthur W. Marchmont. 2018. (ENG., Illus.). 388p. (J). 31.92 *(978-0-484-07972-3(7))* Forgotten Bks.

In the Name of Emmett Till: How the Children of the Mississippi Freedom Struggle Showed Us Tomorrow. Robert H. Mayer. 2021. (ENG., Illus.). 224p. (YA). (gr. 7-12). 19.95 *(978-1-58838-437-9(3)*, 8850, NewSouth Bks.) NewSouth, Inc.

In the Name of Jesus. Robert L. Campbell. 2018. (ENG., Illus.). 76p. (J). pap. 11.95 *(978-1-64349-020-5(6))* Christian Faith Publishing.

In the Nantahalas: A Novel (Classic Reprint) F. L. Townsend. 2018. (ENG., Illus.). 192p. (J). 27.86 *(978-0-267-41337-9(8))* Forgotten Bks.

In the Narrow Path (Classic Reprint) Paul Harboe. (ENG., Illus.). (J). 2018. 76p. 25.46 *(978-0-365-43670-6(4))*; 2017. pap. 9.57 *(978-0-259-10167-3(2))* Forgotten Bks.

In the News, 10 vols., Set 2. Incl. Climate Change. Corona Brezina. lib. bdg. 37.13 *(978-1-4042-1913-7(7)*, ce033f3b-9ebc-4b4f-bd33-927192731467); Darfur: African Genocide. John Xavier. lib. bdg. 37.13 *(978-1-4042-1912-0(9)*, c1460c9a-534c-4c82-b437-8f2e8043133d); Green Technology: Earth-Friendly Innovations. Geeta Sobha. lib. bdg. 37.13 *(978-1-4042-1914-4(5)*, cdb65425-01f2-4ef2-8139-bb82aaace90a); Nukes: The Spread of Nuclear Weapons. Steve Minneus. lib. bdg. 37.13 *(978-1-4042-1916-8(1)*, ba946ed1-9ee7-406e-b6ca-7ffd9b6ca863); Oil: The Economics of Fuel. Joann Jovinelly. lib. bdg. 37.13 *(978-1-4042-1915-1(3)*, a88f9a66-8373-458c-9781-2ad0f1d76ce7); (Illus.). 64p. (YA). (gr. 6-6). 2007. (In the News Ser.). (ENG.). 2007. Set lib. bdg. 185.65 *(978-1-4042-1112-4(8)*, 14a575df-1acb-45cf-a0fc-1aaf534c7153) Rosen Publishing Group, Inc., The.

In the News: Set 1, 10 vols. Incl. Domestic Spying & Wiretapping. Brad Lockwood. lib. bdg. 37.13 *(978-1-4042-0973-2(5)*, 34992d1a-509a-42ae-be2b-264c92b14e7d); Pandemics: Epidemics in a Shrinking World. Miriam Segall. lib. bdg. 37.13 *(978-1-4042-0975-6(1)*, 1b9a3f56-dfaf-4e57-baa7-6f0f736610e7); Suicide Bombers. Robert Greenberger. lib. bdg. 37.13 *(978-1-4042-0977-0(8)*, ae73cb14-a922-4a8c-975a-95283f6f5115); Tsunamis. Ann Malaspina. lib. bdg. 37.13 *(978-1-4042-0978-7(6)*, 0fd850f9-1111-4870-85e1-6b959e09c631); (Illus.). 64p. (YA). (gr. 6-6). 2007. (In the News Ser.). (ENG.). 2006. Set lib. bdg. 185.65 *(978-1-4042-0936-7(0)*, 6536bf60-eb05-4939-b2e4-f37a0b228b13) Rosen Publishing Group, Inc., The.

In the News: Set 4, 12 vols. Incl. Egg Donation: The Reasons & the Risks. Kristi Lew. lib. bdg. 37.13 *(978-1-4358-5276-1(1)*, b694e186-33be-41c9-a132-6a4f05b42fdf); Hunger: Food Insecurity in America. Michael R. Wilson. lib. bdg. 37.13 *(978-1-4358-5278-5(8)*, 8f391cba-f485-4ca9-a070-6b6339df07ad); (Illus.). 64p. (YA). (gr. 6-6). 2009. (In the News Ser.). (ENG.). 2009. Set lib. bdg. 222.78 *(978-1-4358-3310-4(4)*, ef423cfc-7f62-4e05-9607-51f7b8dcd9a1) Rosen Publishing Group, Inc., The.

In the News - The Election of Barak Obama: Race & Politics in America Set 5, 12 vols. Incl. Biofuels: Sustainable Energy in the 21st Century. Paula Johanson. lib. bdg. 37.13 *(978-1-4358-3584-9(0)*, 2cb1e4ee-621c-4dc3-831b-e4ea33bb5375); Election of Barack Obama: Race & Politics in America. Jason Porterfield. lib. bdg. 37.13 *(978-1-4358-3586-3(7)*, 78d62377-d582-4bf4-ba75-c91e7b718843); Illegal Immigration & Amnesty: Open Borders & National Security. Janey Levy. lib. bdg. 37.13 *(978-1-4358-3583-2(2)*, abfac7e0-03a2-401d-a399-95b132c4f399); Same-Sex Marriage: The Debate. Jeanne Nagle. lib. bdg. 37.13 *(978-1-4358-3582-5(4)*, 15aa3d3d-769f-45a5-a392-d8436f222377); Superbugs: The Rise of Drug-Resistant Germs. Stephanie Watson. lib. bdg. 37.13 *(978-1-4358-3585-6(9)*, 4059a9ef-83f8-4ce4-b01c-fc1d1cd0133f); (YA). (gr. 6-6). 2010. (In the News Ser.). (ENG., Illus.). 64p. 2009. Set lib. bdg. 222.78 *(978-1-4358-3612-9(X)*, 8aadd19b-d43d-46fd-bfad-85954d1ebf27) Rosen Publishing Group, Inc., The.

In the Nick of Time. Charlene Hemans. 2019. (Wmp Bapa Bks.: Vol. 1). (ENG.). 32p. (J). pap. *(978-1-9161701-3-1(7))* M, Marcia Publishing.

In the Night Kitchen: A Caldecott Honor Award Winner. Maurice Sendak. Illus. by Maurice Sendak. 25th anniv. rev. ed. 2023. (ENG., Illus.). 40p. (J). (gr. -1-3). 18.95 *(978-0-06-026668-4(6))*; pap. 9.95 *(978-0-06-443436-2(2))* HarperCollins Pubs. (HarperCollins).

In the North Countree: Annals & Anecdotes of Horse, Hound & Herd (Classic Reprint) William Scarth Dixon. 2018. (ENG., Illus.). 346p. (J). 31.05 *(978-0-364-79479-1(8))* Forgotten Bks.

In the North Woods. Daniel W. Fink. Illus. by Wallin Gesdahl & Carrie Margaret. 2023. (ENG.). 24p. (J). pap. 20.99 ***(978-1-6628-6859-7(6))*** Salem Author Services.

In the Northern Mists: A Grand Fleet Chaplain's Note Book (Classic Reprint) Montague Thomas Hainsselin. 2017. (ENG., Illus.). (J). 29.14 *(978-0-265-90711-5(X))* Forgotten Bks.

In the Nursery of My Bookhouse (Classic Reprint) Olive Beaupre Miller. 2017. (ENG., Illus.). (J). 33.26 *(978-0-331-76877-0(1))* Forgotten Bks.

In the Ocean. New Holland Publishers. 2023. (ENG.). 8p. (J). (— 1). bds. 9.99 ***(978-1-76079-534-4(8))*** New Holland Pubs. Pty, Ltd. AUS. Dist: Independent Pubs. Group.

In the Ocean. New Holland Publishers & New Holland Publishers. 2023. (ENG.). 6p. (J). (— 1). 9.99 ***(978-1-76079-559-7(3))*** New Holland Pubs. Pty, Ltd. AUS. Dist: Independent Pubs. Group.

In the Ocean. Debbie Rivers-Moore & Caroline Davis. 2017. (ENG.). 8p. (J). (gr. -1 — 1). 5.99 *(978-1-4380-7828-1(5))* Sourcebooks, Inc.

In the Ocean: Create Amazing Pictures One Sticker at a Time! Karen Gordon Seed. Illus. by Michael Buxton. 2018. (Sticka-Pix Ser.). (ENG.). 36p. (J). (gr. 2-5). pap. 6.99 *(978-1-4380-1139-4(3))* Sourcebooks, Inc.

In the Ocean: More Than 800 Things to Find! Clever Publishing. Illus. by Anastasia Druzhininskaya. 2022. (Look & Find Ser.). (ENG.). 24p. (J). (gr. -1-3). 10.99 *(978-1-951100-54-4(9))* Clever Media Group.

In the Ocean: Reusable Sticker & Activity Book. IglooBooks. Illus. by Noémie Gionet Landry. 2023. (ENG.). 10p. (J). (gr. -1). 12.99 ***(978-1-80368-369-0(4))*** Igloo Bks. GBR. Dist: Simon & Schuster, Inc.

In the Ocean Coloring Set: With 16 Stackable Crayons. IglooBooks. Illus. by Pamela Barbieri. 2023. (ENG.). 32p. (J). (gr. -1). pap. 14.99 ***(978-1-83771-548-0(3))*** Igloo Bks. GBR. Dist: Simon & Schuster, Inc.

In the Oceans. Laura K. Murray. 2019. (I'm the Biggest! Ser.). (ENG.). 24p. (J). (gr. 1-4). *(978-1-64026-062-7(5)*, 18795); pap. 8.99 *(978-1-62832-650-5(6)*, 18796, Creative Paperbacks) Creative Co., The.

In the Old Palazzo, Vol. 1 Of 3: A Novel (Classic Reprint) Gertrude Forde. 2018. (ENG., Illus.). 254p. (J). 29.14 *(978-0-267-15886-7(6))* Forgotten Bks.

In the Old Palazzo, Vol. 2 Of 3: A Novel (Classic Reprint) Gertrude Forde. 2018. (ENG., Illus.). 264p. (J). 29.34 *(978-0-428-94583-1(X))* Forgotten Bks.

In the Old Palazzo, Vol. 3 Of 3: A Novel (Classic Reprint) Gertrude Forde. 2018. (ENG., Illus.). 246p. (J). 28.97 *(978-0-483-87330-8(6))* Forgotten Bks.

In the Olden Time (Classic Reprint) Unknown Author. 2017. (ENG., Illus.). 368p. (J). 31.49 *(978-0-332-45872-4(5))* Forgotten Bks.

In the Olden Time, Vol. 1 of 2 (Classic Reprint) Margaret Roberts. (ENG., Illus.). (J). 2018. 290p. 29.88 *(978-0-428-24110-0(7))*; 2017. pap. 13.57 *(978-1-5276-5889-9(9))* Forgotten Bks.

In the Olden Time, Vol. 2 of 2 (Classic Reprint) Margaret Roberts. (ENG., Illus.). (J). 2018. 292p. 29.92 *(978-0-364-10846-8(0))*; 2017. pap. 13.57 *(978-0-259-24110-2(5))* Forgotten Bks.

In the Open: Stories of Outdoor Life (Classic Reprint) William O. Stoddard. (ENG., Illus.). (J). 2019. 220p. 28.43 *(978-0-365-12306-4(4))*; 2017. pap. 10.97 *(978-0-259-43125-1(7))* Forgotten Bks.

In the Orchard. Pearl Markovics. 2019. (Farm Charm Ser.). (ENG.). 16p. (J). (gr. -1-1). 6.99 *(978-1-64280-377-8(4))* Bearport Publishing Co., Inc.

In the Oregon Country: Out-Doors in Oregon, Washington, & California, Together with Some Legendary Lore, & Glimpses of the Modern West in the Making (Classic Reprint) George Palmer Putnam. 2017. (ENG., Illus.). (J). 29.20 *(978-0-331-61430-5(8))* Forgotten Bks.

In the Palace of the King: A Love Story of Old Madrid (Classic Reprint) F. Marion Crawford. 2017. (ENG., Illus.). (J). 32.11 *(978-1-5281-7513-5(1))* Forgotten Bks.

In the Palace of the King: A Love Story of Old Madrid (Classic Reprint) Francis Marion Crawford. 2017. (ENG., Illus.). (J). 37.45 *(978-0-265-66054-6(8))*; pap. 19.97 *(978-1-5276-3373-5(X))* Forgotten Bks.

In the Park. Clever Publishing. Illus. by Svetlana Shendrik. 2019. (Look & Find, Clever Baby Ser.). (ENG.). 22p. (J). (gr. -1 — 1). bds. 7.99 *(978-1-948418-15-7(0))* Clever Media Group.

In the Past: From Trilobites to Dinosaurs to Mammoths in More Than 500 Million Years. David Elliott. Illus. by Matthew Trueman. 2018. (ENG.). 48p. (J). (gr. -1-2). 17.99 *(978-0-7636-6073-4(6))* Candlewick Pr.

In the Path of a Hurricane. Sandy Heitmeier Thompson. 2019. (ENG., Illus.). 36p. (J). 23.95 *(978-1-63630-821-0(X))*; pap. 13.95 *(978-1-64471-008-1(0))* Covenant Bks.

In the Pathless West with Soldiers, Pioneers, Miners, & Savages (Classic Reprint) Frances Elizabeth Herring. (ENG., Illus.). (J). 2018. 300p. 30.10 *(978-0-267-61919-1(7))*; 2017. pap. 13.57 *(978-0-259-41456-8(5))* Forgotten Bks.

In the Permanent Way (Classic Reprint) Flora Annie Steel. 2018. (ENG., Illus.). 416p. (J). 32.48 *(978-0-332-75028-6(0))* Forgotten Bks.

In the Pink. Colin Thompson. 2017. (Watch This Space Ser.: 2). 224p. (J). (gr. 4-7). pap. 9.99 *(978-1-74275-618-9(2))*

The check digit for ISBN-10 appears in parentheses after the full ISBN-13

Random Hse. Australia AUS. Dist: Independent Pubs. Group.

In the Pit & Pop, Pop, Pop! Georgie Tennant. Illus. by Irene Renon. 2023. (Level 1 - Pink Set Ser.). (ENG.). 32p. (J). (gr. k-1). lib. bdg. 19.95 Bearport Publishing Co., Inc.

In the Pond. Pearl Markovics. 2019. (Farm Charm Ser.). (ENG.). 16p. (J). (gr. -1-1). 6.99 *(978-1-64280-375-4(8))* Bearport Publishing Co., Inc.

In the Pond. Aubre Andrus. ed. 2022. (National Geographic Readers Ser.). (ENG.). 23p. (J). (gr. k-1). 15.96 ***(978-1-68505-469-4(2))*** Penworthy Co., LLC, The.

In the Pond: A Magic Flaps Book. Will Millard. Illus. by Rachel Qiuqi. 2023. (Magic Flaps Ser.). (ENG.). 10p. (J). (gr. -1 — 1). bds., bds. 12.99 *(978-1-4197-6593-3(0),* 1796001) Magic Cat GBR. Dist: Abrams, Inc.

In the Potter's House (Classic Reprint) George Dyre Eldridge. (ENG., Illus.). (J). 2018. 348p. 31.07 *(978-0-484-30109-1(8));* 2016. pap. 13.57 *(978-1-333-26052-1(0))* Forgotten Bks.

In the Poverty Year: A Story of Life in New Hampshire in 1816 (Classic Reprint) Marian Douglas. 2017. (ENG., Illus.). (J). 25.59 *(978-0-266-71272-5(X));* pap. 9.57 *(978-1-5276-6643-6(3))* Forgotten Bks.

In the Prairies. Laura K. Murray. 2019. (I'm the Biggest! Ser.). (ENG.). 24p. (J). (gr. 1-4). *(978-1-64026-063-4(3),* 18799); pap. 8.99 *(978-1-62832-651-2(4),* 18800, Creative Paperbacks) Creative Co., The.

In the Quarter (Classic Reprint) Robert W. Chambers. 2017. (ENG., Illus.). (J). 30.50 *(978-0-265-36042-2(0))* Forgotten Bks.

In the Quiet, Noisy Woods. Michael J. Rosen. Illus. by Annie Won. 2019. 40p. (J). (gr. -1-2). 17.99 *(978-1-5247-6665-8(8),* Doubleday Bks. for Young Readers) Random Hse. Children's Bks.

In the Rain, 1 vol. Elizabeth Spurr. Illus. by Manelle Oliphant. 2018. (In the Weather Ser.). (ENG.). 22p. (J). (gr. -1 — 1). bds. 7.99 *(978-1-56145-853-0(8))* Peachtree Publishing Co. Inc.

In the Rainforest. Hunter Reid. Illus. by Alex Chiu. 2017. (Fluorescent Pop! Ser.). (ENG.). 14p. (J). (gr. -1-k). bds. 5.99 *(978-1-4998-0420-1(2))* Little Bee Books Inc.

In the Rainforest, 1 vol. Louise Spilsbury & Richard Spilsbury. 2016. (Science on Patrol Ser.). (ENG.). 48p. (J). (gr. 4-5). pap. 15.05 *(978-1-4824-5980-7(9),* 73ea7484-248e-4200-b760-78ace22521eb) Stevens, Gareth Publishing LLLP.

In the Ranks (Classic Reprint) Amanda M. Douglas. 2018. (ENG., Illus.). 292p. (J). 29.94 *(978-0-483-61707-0(5))* Forgotten Bks.

In the Ranks of the C. I. V: A Narrative & Diary of Personal Experiences with the C. I. V. Battery (Honourable Artillery Company) in South Africa (Classic Reprint) Erskine Childers. 2017. (ENG., Illus.). (J). 30.54 *(978-0-260-99580-3(0))* Forgotten Bks.

In the Ravenous Dark. A. M. Strickland. 2022. (ENG.). 400p. (YA). pap. 10.99 *(978-1-250-83327-3(2),* 900235146) Square Fish.

In the Red. Christopher Swiedler. (ENG.). (J). (gr. 3-7). 2021. 304p. pap. 7.99 *(978-0-06-289442-7(0));* 2020. 288p. 16.99 *(978-0-06-289441-0(2))* HarperCollins Pubs. (HarperCollins).

In the Red Canoe see Canot Rouge

In the Red Canoe. Leslie A. Davidson. Illus. by Laura Bifano. 2020. (ENG.). 32p. (J). (gr. -1-k). 12.95 *(978-1-4598-2447-8(4))* Orca Bk. Pubs. USA.

In the Red Hills: A Story of the Carolina Country (Classic Reprint) Elliott Crayton McCants. 2018. (ENG., Illus.). 358p. (J). 31.28 *(978-0-483-12505-6(9))* Forgotten Bks.

In the Red Zone. Jake Maddox. Illus. by Eduardo Garcia. 2020. (Jake Maddox Graphic Novels Ser.). (ENG.). 72p. (J). (gr. 3-8). pap. 6.95 *(978-1-4965-8455-7(4),* 140980); lib. bdg. 26.65 *(978-1-4965-8376-5(0),* 140675) Capstone. (Stone Arch Bks.).

In the Region of Boris: A Tale of Carpathia (Classic Reprint) Robert MacDonald. 2017. (ENG., Illus.). (J). pap. 13.57 *(978-1-5276-6124-0(5))* Forgotten Bks.

In the Reign of Coyote: Folklore from the Pacific Coast (Classic Reprint) Katherine Chandler. 2018. (ENG., Illus.). 176p. (J). 27.55 *(978-0-267-16075-4(5))* Forgotten Bks.

In the Reign of Queen Dick (Classic Reprint) Carolyn Wells. (ENG., Illus.). (J). 2018. 218p. 28.39 *(978-0-483-09214-3(2));* 2017. pap. 10.97 *(978-0-259-76688-9(7))* Forgotten Bks.

In the Reign of Terror. G. A. Henty. 2020. (ENG.). 180p. (J). pap. 7.99 *(978-1-4209-7012-8(7))* Digireads.com Publishing.

In the Reign of Terror: The Adventures of a Westminster Boy (Classic Reprint) G. A. Henty. 2018. (ENG., Illus.). 368p. (J). 31.51 *(978-0-666-89689-6(5))* Forgotten Bks.

In the Right Place. I. C. Swain. 2016. (ENG., Illus.). 32p. (J). pap. *(978-1-365-36715-1(0))* Lulu Pr., Inc.

In the Right Place, Coloring Book. I. C. Swain. 2016. (ENG., Illus.). (J). pap. 16.49 *(978-1-365-43694-9(2))* Lulu Pr., Inc.

In the Right Place the Beginning. I. C. Swain. 2016. (ENG., Illus.). 40p. (J). pap. *(978-1-365-43870-7(8))* Lulu Pr., Inc.

In the Ring, Vol. 1 Of 3: A Novel (Classic Reprint) Lily Tinsley. (ENG., Illus.). (J). 2018. 282p. 29.71 *(978-0-332-78316-1(2));* 2016. pap. 13.57 *(978-1-333-38214-8(6))* Forgotten Bks.

In the Ring, Vol. 2 Of 3: A Novel (Classic Reprint) Lily Tinsley. (ENG., Illus.). (J). 2018. 294p. 29.96 *(978-0-332-69200-5(0));* 2016. pap. 13.57 *(978-1-333-74718-3(7))* Forgotten Bks.

In the Ring, Vol. 3 Of 3: A Novel (Classic Reprint) Lily Tinsley. (ENG., Illus.). (J). 2018. 310p. 30.31 *(978-0-332-69630-0(8));* 2016. pap. 13.57 *(978-1-334-13790-7(0))* Forgotten Bks.

In the Rivers. Laura K. Murray. 2019. (I'm the Biggest! Ser.). (ENG.). 24p. (J). (gr. 1-4). *(978-1-64026-064-1(1),* 18803); pap. 8.99 *(978-1-62832-652-9(2),* 18804, Creative Paperbacks) Creative Co., The.

In the Roar of the Sea. Sabine Baring-Gould. 2017. (ENG.). (J). 272p. pap. *(978-3-7447-3460-8(9));* 260p. pap. *(978-3-7447-3462-2(5));* 260p. pap. *(978-3-7447-3461-5(7))* Creation Pubs.

In the Roar of the Sea: A Tale of the Cornish Coast (Classic Reprint) S. Baring-Gould. 2018. (ENG., Illus.). 406p. (J). 32.29 *(978-0-483-42440-1(4))* Forgotten Bks.

In the Roar of the Sea, Vol. 1 Of 3: A Tale of the Cornish Coast (Classic Reprint) S. Baring-Gould. 2018. (ENG., Illus.). 270p. (J). 29.47 *(978-0-267-17630-4(9))* Forgotten Bks.

In the Roar of the Sea, Vol. 2 Of 3: A Tale of the Cornish Coast (Classic Reprint) S. Baring-Gould. 2018. (ENG., Illus.). 258p. (J). 29.22 *(978-0-332-48411-2(4))* Forgotten Bks.

In the Roaring Fifties (Classic Reprint) Edward Dyson. 2017. (ENG., Illus.). (J). pap. 13.97 *(978-1-5276-3066-6(8))* Forgotten Bks.

In the Saddle with Gomez (Classic Reprint) Mario Carrillo. 2018. (ENG., Illus.). 200p. (J). 28.04 *(978-0-365-00864-4(8))* Forgotten Bks.

In the Same Boat. Holly Green. (ENG.). (gr. 9). 2023. 384p. (YA). pap. 12.99 *(978-1-338-72665-7(X));* 2021. 368p. (J). 18.99 *(978-1-338-72663-3(3))* Scholastic, Inc. (Scholastic Pr.).

In the San Benito Hills, etc (Classic Reprint) A. Gunnison. 2018. (ENG., Illus.). 44p. (J). 24.82 *(978-0-267-27052-1(6))* Forgotten Bks.

In the San Juan, Colorado: Sketches (Classic Reprint) J. J. Gibbons. 2017. (ENG., Illus.). (J). 28.31 *(978-0-260-45995-4(X))* Forgotten Bks.

In the Schillingscourt (Classic Reprint) E. Marlitt. 2019. (ENG., Illus.). 402p. (J). 32.21 *(978-0-483-96505-8(7))* Forgotten Bks.

In the Sea - Iha Tasi. Flávio Lourenco Da Costa. Illus. by Romulo Reyes, III. 2021. (TET.). 26p. (J). pap. *(978-1-922621-11-5(0))* Library For All Limited.

In the Sea: a Book of Colors: Lift the Flaps to Learn the Colors! Jean Bello & Clever Publishing. Illus. by Eva Maria Gey. 2022. (Clever Early Concepts Ser.). (ENG.). 10p. (J). (gr. -1 — 1). bds. 10.99 *(978-1-954738-20-1(X))* Clever Media Group.

In the Sea Red Band. Claire Llewellyn. Photos by Andy Belcher. ed. 2016. (Cambridge Reading Adventures Ser.). (ENG., Illus.). 16p. pap. 7.95 *(978-1-107-57578-3(8))* Cambridge Univ. Pr.

In the Serpent's Wake. Rachel Hartman. 2023. (ENG.). 512p. (YA). (gr. 7). pap. 12.99 *(978-1-101-93135-6(3),* Ember) Random Hse. Children's Bks.

In the Service of Dragons 2, Library Hardcover Edition: 20th Anniversary. Robert Stanek, pseud. Illus. by Robert Stanek. 6th ed. 2021. (Kingdoms & Dragons Fantasy Ser.: Vol. 6). (ENG.). 302p. (J). 34.99 *(978-1-62716-593-8(2),* Reagent Pr. Bks. for Young Readers) RP Media.

In the Service of Dragons 3, Library Hardcover Edition: 20th Anniversary. Robert Stanek, pseud. Illus. by Robert Stanek. 6th ed. 2021. (Kingdoms & Dragons Fantasy Ser.: Vol. 7). (ENG.). 282p. (J). 34.99 *(978-1-62716-594-5(0),* Reagent Pr. Bks. for Young Readers) RP Media.

In the Service of Dragons 4, Library Hardcover Edition: 20th Anniversary. Robert Stanek, pseud. Illus. by Robert Stanek. 6th ed. 2021. (Kingdoms & Dragons Fantasy Ser.: Vol. 8). (ENG.). 278p. (J). 34.99 *(978-1-62716-595-2(9),* Reagent Pr. Bks. for Young Readers) RP Media.

In the Service of Dragons, Library Hardcover Edition: 20th Anniversary. Robert Stanek, pseud. Illus. by Robert Stanek. 6th ed. 2021. (Kingdoms & Dragons Fantasy Ser.: Vol. 5). (ENG.). 294p. (J). 34.99 *(978-1-62716-592-1(4),* Reagent Pr. Bks. for Young Readers) RP Media.

In the Service of Rachel Lady Russell: A Story (Classic Reprint) Emma Marshall. (ENG., Illus.). (J). 2018. 390p. 31.94 *(978-0-666-31848-0(4));* 2017. pap. 16.57 *(978-0-259-46459-4(7))* Forgotten Bks.

In the Service of the King & Other Stories (Classic Reprint) Sophie A. Miller. (ENG., Illus.). (J). 2018. 258p. 29.22 *(978-0-656-08413-5(8));* 2017. pap. 11.57 *(978-0-259-21552-3(X))* Forgotten Bks.

In the Service of the Princess (Classic Reprint) Henry C. Rowland. (ENG., Illus.). (J). 2018. 358p. 31.30 *(978-0-483-33731-2(5));* 2016. pap. 13.97 *(978-1-334-14151-5(7))* Forgotten Bks.

In the Seven Woods: Being Poems Chiefly of the Irish Heroic Age (Classic Reprint) W. B. Yeats. 2017. (ENG., Illus.). (J). 25.90 *(978-0-260-71030-7(X))* Forgotten Bks.

In the Shade (Classic Reprint) Valentina Hawtrey. (ENG., Illus.). (J). 2018. 402p. 32.19 *(978-0-364-00790-7(7));* 2017. pap. 16.57 *(978-0-243-50411-4(X))* Forgotten Bks.

In the Shadow (Classic Reprint) Henry C. Rowland. 2018. (ENG., Illus.). 332p. (J). 30.76 *(978-0-484-90556-5(2))* Forgotten Bks.

In the Shadow of God (Classic Reprint) Guy Arthur Jamieson. 2017. (ENG., Illus.). 294p. (J). 29.96 *(978-0-332-10962-6(3))* Forgotten Bks.

In the Shadow of Great Peril (Classic Reprint) Horace Atkisson Wade. 2017. (ENG., Illus.). (J). 27.49 *(978-1-5282-8947-4(1))* Forgotten Bks.

In the Shadow of Islam (Classic Reprint) Demetra Vaka. (ENG., Illus.). (J). 2017. 30.87 *(978-0-260-72173-0(5));* 2016. pap. 13.57 *(978-1-334-00897-9(3))* Forgotten Bks.

In the Shadow of Lantern Street (Classic Reprint) Herbert G. Woodworth. 2018. (ENG., Illus.). 328p. (J). 30.66 *(978-0-483-50544-5(7))* Forgotten Bks.

In the Shadow of Liberty: The Hidden History of Slavery, Four Presidents, & Five Black Lives. Kenneth C. Davis. 2019. (ENG., Illus.). 304p. (J). pap. 12.99 *(978-1-250-14411-9(6),* 900180617) Square Fish.

In the Shadow of Mr. Lincoln. Melissa Zabower. 2018. (ENG., Illus.). 354p. (YA). pap. 20.95 *(978-1-64003-909-4(0))* Covenant Bks.

In the Shadow of Sinai: A Story of Travel & Research from 1895 To 1897. Agnes Smith Lewis. 2017. (ENG., Illus.). (J). pap. *(978-0-649-61430-1(5))* Trieste Publishing Pty Ltd.

In the Shadow of Sinai: A Story of Travel & Research from 1895 to 1897 (Classic Reprint) Agnes Smith Lewis. 2018. (ENG., Illus.). 288p. (J). 29.86 *(978-0-365-24835-4(5))* Forgotten Bks.

In the Shadow of the Alamo (Classic Reprint) Clara Driscoll. 2017. (ENG., Illus.). (J). 28.31 *(978-1-5279-7058-8(2))* Forgotten Bks.

In the Shadow of the Bush: A New Zealand Romance (Classic Reprint) John Bell. 2018. (ENG., Illus.). 328p. (J). 30.70 *(978-0-484-17428-2(2))* Forgotten Bks.

In the Shadow of the Drum Tower (Classic Reprint) Laura Delany Garst. 2018. (ENG., Illus.). 160p. (J). 27.20 *(978-0-364-62242-1(3))* Forgotten Bks.

In the Shadow of the Fallen Towers: The Seconds, Minutes, Hours, Days, Weeks, Months, & Years after the 9/11 Attacks. Don Brown. Illus. by Don Brown. 2021. (ENG., Illus.). 128p. (J). (gr. 8). 19.99 *(978-0-358-22357-3(1),* 1764970, Clarion Bks.) HarperCollins Pubs.

In the Shadow of the Hills (Classic Reprint) George C. Shedd. (ENG., Illus.). (J). 2018. 318p. 30.48 *(978-0-483-33485-4(5));* 2016. pap. 13.57 *(978-1-334-09153-7(6))* Forgotten Bks.

In the Shadow of the Lord (Classic Reprint) Hugh Fraser. (ENG., Illus.). (J). 2018. 404p. 32.23 *(978-0-365-47436-4(3));* 2017. pap. 16.57 *(978-0-259-54719-8(0))* Forgotten Bks.

In the Shadow of the Moon: America, Russia, & the Hidden History of the Space Race. Amy Cherrix. 2021. (ENG., Illus.). 336p. (YA). (gr. 8). 17.99 *(978-0-06-288875-4(7),* Balzer & Bray) HarperCollins Pubs.

In the Shadow of the Pagoda: Sketches of Burmese Life & Character (Classic Reprint) Edward Dirom Cuming. (ENG., Illus.). (J). 2018. 376p. 31.65 *(978-0-364-50072-9(7));* 2017. 406p. 32.27 *(978-0-332-63384-8(5));* 2017. 408p. pap. 16.57 *(978-0-282-23168-2(4));* 2017. pap. 16.57 *(978-0-282-12059-7(9))* Forgotten Bks.

In the Shadow of the Palace. J. A. Simpson. 2020. (ENG.). (YA). (Princess of Pushkar Ser.: Vol. 1). 344p. pap. *(978-0-6450602-0-1(8));* (In the Shadow of the Palace Ser.: Vol. 2). 392p. pap. *(978-0-6450602-2-5(4))* Simpson, Judith.

In the Shadow of the Purple: A Royal Romance (Classic Reprint) George Gilbert. (ENG., Illus.). (J). 2018. 424p. 32.64 *(978-0-484-14442-1(1));* 2016. pap. 16.57 *(978-1-334-14043-3(X))* Forgotten Bks.

In the Shadow of the Sun. Anne Sibley O'Brien. 2017. (ENG., Illus.). 336p. (YA). (gr. 3-7). 17.99 *(978-0-545-90574-9(5),* Levine, Arthur A. Bks.) Scholastic, Inc.

In the Shadows: A Story about Standing Strong Together. Carol Patricia Richardson. 2020. (ENG.). 244p. (YA). pap. 14.99 *(978-1-63337-428-7(9),* Proving Pr.) Columbus Pr.

In the Silver Age, Vol. 2 Of 2: That Is Dispersed Meditations (Classic Reprint) Holme Lee. 2018. (ENG., Illus.). 264p. (J). 29.34 *(978-0-484-58746-4(3))* Forgotten Bks.

In the Sixties & Seventies: Impressions of Literary People & Others (Classic Reprint) Laura Hain Friswell. 2017. (ENG., Illus.). (J). 30.97 *(978-0-260-79534-2(8))* Forgotten Bks.

In the Sixties (Classic Reprint) Harold Frederic. 2018. (ENG., Illus.). 334p. (J). 30.81 *(978-0-666-69745-5(0))* Forgotten Bks.

In the Sixties (Classic Reprint) Sarah B. Ricker. 2018. (ENG., Illus.). 252p. (J). 29.09 *(978-0-484-66850-7(1))* Forgotten Bks.

In the Sky. Rozanne Williams. 2017. (Learn-To-Read Ser.). (ENG., Illus.). (J). pap. 3.49 *(978-1-68310-337-0(8))* Pacific Learning, Inc.

In the Sky at Nighttime. Laura Deal. Illus. by Tamara Campeau. 2019. (ENG.). 28p. (J). (gr. -1 — 1). 16.95 *(978-1-77227-238-3(8))* Inhabit Media Inc. CAN. Dist: Consortium Bk. Sales & Distribution.

In the Sky-Garden (Classic Reprint) Lizzie W. Champney. 2018. (ENG., Illus.). 288p. (J). 29.86 *(978-0-483-75402-7(1))* Forgotten Bks.

In the Snow, 1 vol. Elizabeth Spurr. Illus. by Manelle Oliphant. 2017. (In the Weather Ser.). 22p. (J). (gr. -1 — 1). bds. 6.99 *(978-1-56145-855-4(4))* Peachtree Publishing Co. Inc.

In the Soldier's Service: War Experiences of Mary Dexter, England, Belguim, France, 1914-1918 (Classic Reprint) Mary Dexter. 2017. (ENG., Illus.). (J). 29.32 *(978-0-265-17362-6(0))* Forgotten Bks.

In the South Seas; Letters from Samoa, etc (Classic Reprint) Robert Louis Stevenson. 2017. (ENG., Illus.). (J). 33.98 *(978-0-265-40649-6(8))* Forgotten Bks.

In the Space: Our Planet. Eduardo Banqueri. 2017. (ENG.). 32p. (J). 7.99 *(978-1-910596-86-9(8),* 0f111f03-513c-438c-9c78-0ab8c7bbb7fd) Design Media Publishing Ltd. HKG. Dist: Baker & Taylor Publisher Services (BTPS).

In the Spine of a Book. Sonia Bluett. (ENG.). 57p. (J). 2022. pap. ***(978-1-4717-5648-1(3));*** 2021. pap. ***(978-1-4717-8617-4(X))*** Lulu Pr., Inc.

In the Spirit of a Dream: 13 Stories of American Immigrants of Color. Aida Salazar. Illus. by Alina Chau. 2021. (ENG.). 48p. (J). (gr. k-2). 18.99 *(978-1-338-55287-4(2),* Scholastic Pr.) Scholastic, Inc.

In the Spring. Christina Earley. 2023. (Words in My World Ser.). (ENG.). 12p. (J). (gr. -1-2). pap. ***(978-1-0396-9680-8(5),*** 33640) Crabtree Publishing Co.

In the Street: Book 64. William Ricketts. Illus. by Dean Maynard. 2023. (Tas & Friends Ser.). (ENG.). 20p. (J). (gr. -1-k). pap. 7.99 ***(978-1-76127-064-2(8),*** 9693e18f-25cc-42dd-892f-8fa5e8f685c6) Knowledge Bks. & Software AUS. Dist: Lerner Publishing Group.

In the Study with the Wrench: A Clue Mystery, Book Two. Diana Peterfreund. 2020. (Clue Mystery Ser.). (ENG.). 336p. (YA). (gr. 7-17). 17.99 *(978-1-4197-3976-7(X),* 1294901, Amulet Bks.) Abrams, Inc.

In the Summer. Christina Earley. 2023. (Words in My World Ser.). (ENG.). 12p. (J). (gr. -1-2). pap. ***(978-1-0396-9681-5(3),*** 33643) Crabtree Publishing Co.

In the Suntime of Her Youth, Vol. 1 of 3 (Classic Reprint) Beatrice Whitby. (ENG., Illus.). (J). 2018. 308p. 30.25 *(978-0-484-61041-4(4));* 2016. pap. 13.57 *(978-1-334-13651-1(3))* Forgotten Bks.

In the Suntime of Her Youth, Vol. 2 of 3 (Classic Reprint) Beatrice Whitby. (ENG., Illus.). (J). 2018. 292p. 29.92 *(978-0-483-84512-1(4));* 2016. pap. 13.57 *(978-1-334-13343-5(3))* Forgotten Bks.

In the Suntime of Her Youth, Vol. 3 of 3 (Classic Reprint) Beatrice Whitby. (ENG., Illus.). (J). 2018. 314p. 30.37 *(978-0-483-98312-0(8));* 2016. pap. 13.57 *(978-1-334-12006-0(4))* Forgotten Bks.

In the Sweet Dry & Dry (Classic Reprint) Christopher Morley. 2018. (ENG., Illus.). 180p. (J). 27.63 *(978-0-484-37683-9(7))* Forgotten Bks.

In the Sweet Spring-Time, Vol. 1 Of 3: A Love Story (Classic Reprint) Katharine Sarah Macquoid. (ENG., Illus.). (J). 2018. 312p. 30.35 *(978-0-483-74864-4(1));* 2016. pap. 13.57 *(978-1-333-75354-2(3))* Forgotten Bks.

In the Sweet Spring-Time, Vol. 2 Of 3: A Love Story (Classic Reprint) Katharine S. Macquoid. (ENG., Illus.). (J). 2018. 308p. 30.25 *(978-0-484-84940-1(9));* 2016. pap. 13.57 *(978-1-334-17075-1(4))* Forgotten Bks.

In the Sweet Spring Time, Vol. 3 Of 3: A Love Story (Classic Reprint) Katharine Sarah Macquoid. (ENG., Illus.). (J). 2018. 294p. 29.96 *(978-0-428-93205-3(3));* 2016. pap. 13.57 *(978-1-334-16486-6(X))* Forgotten Bks.

In the Swim: A Story of Currents & under-Currents in Gayest New York (Classic Reprint) Richard Henry Savage. 2018. (ENG., Illus.). 364p. (J). 31.42 *(978-0-483-41920-9(6))* Forgotten Bks.

In the Thick of It. Clarissa Brock. Illus. by Remi Bryant. 2022. (ENG.). 44p. (J). pap. 12.99 ***(978-1-954529-23-6(6))*** PlayPen Publishing.

In the Three Zones (Classic Reprint) F. J. Stimson. 2018. (ENG., Illus.). 210p. (J). 28.25 *(978-0-332-47793-0(2))* Forgotten Bks.

In the Tideway (Classic Reprint) Flora Annie Steel. 2018. (ENG., Illus.). 168p. (J). 27.38 *(978-0-483-06681-6(8))* Forgotten Bks.

In the Time of Drums, 1 vol. Kim L. Siegelson. Illus. by Brian Pinkney. 2016. (ENG.). 32p. (J). (gr. 1-5). pap. 11.95 *(978-1-62014-309-4(7),* leelowbooks) Lee & Low Bks., Inc.

In the Time of Joy & Wonder. Illus. by Paul Schexnayder. 2017. (J). *(978-1-946160-08-9(3))* Univ. of Louisiana at Lafayette Pr.

In the Time of Matthias Brakeley, (1730-1796) of Lopatcong (Classic Reprint) George Brakeley White. (ENG., Illus.). (J). 2018. 58p. 25.11 *(978-0-484-14459-9(6));* 2016. pap. 9.57 *(978-1-333-71254-9(5))* Forgotten Bks.

In the Time of Mission & Might. Illus. by Paul Schexnayder. 2019. (J). *(978-1-946160-50-8(4))* Univ. of Louisiana at Lafayette Pr.

In the Time of Shimmer & Light. Illus. by Paul Schexnayder. 2018. (J). *(978-1-946160-29-4(6))* Univ. of Louisiana at Lafayette Pr.

In the Toils. A. G. Paddock. 2017. (ENG.). 308p. (J). pap. *(978-3-7446-6584-1(4))* Creation Pubs.

In the Toils: Or Martyrs of the Latter Days (Classic Reprint) A. G. Paddock. 2018. (ENG., Illus.). 304p. (J). 30.19 *(978-0-484-88737-3(8))* Forgotten Bks.

In the Tool Shed. Pearl Markovics. 2019. (Farm Charm Ser.). (ENG.). 16p. (J). (gr. -1-1). 6.99 *(978-1-64280-380-8(4))* Bearport Publishing Co., Inc.

In the Track of the Garibaldians Through Italy & Sicily (Classic Reprint) Algernon Sidney Bicknell. (ENG., Illus.). (J). 2018. 372p. 31.59 *(978-0-365-16514-9(X));* 2017. pap. 13.97 *(978-0-282-02849-7(8))* Forgotten Bks.

In the Tree: A Magic Flaps Book. Will Millard. Illus. by Rachel Qiuqi. 2023. (Magic Flaps Ser.). (ENG.). 10p. (J). (gr. -1 — 1). bds., bds. 12.99 *(978-1-4197-6594-0(9),* 1796101) Magic Cat GBR. Dist: Abrams, Inc.

In the Trenches over There (Classic Reprint) Ragna B. Eskil. 2018. (ENG., Illus.). 40p. (J). 24.72 *(978-0-267-52040-4(9))* Forgotten Bks.

In the Tropics (Classic Reprint) Joseph Warren Fabens. (ENG., Illus.). (J). 2018. 310p. 30.29 *(978-0-365-24165-2(2));* 2016. pap. 13.57 *(978-1-333-58521-1(7))* Forgotten Bks.

In the Tundras, or Frank Reade, Jr. 's Latest Trip Through Northern Asia: A Strange Story of a Strange Land (Classic Reprint) Luis Senarens. 2018. (ENG., Illus.). (J). 20p. 24.31 *(978-1-391-93047-3(9));* 22p. pap. 7.97 *(978-1-391-92979-8(9))* Forgotten Bks.

In the Tunnel. Julie Lee. 2023. 304p. (J). (gr. 3-7). 18.99 *(978-0-8234-5039-8(2))* Holiday Hse., Inc.

In the Twilight Zone (Classic Reprint) Roger Carey Craven. 2018. (ENG., Illus.). 350p. (J). 31.14 *(978-0-483-27166-1(7))* Forgotten Bks.

In the Twinkling of an Eye. Amanda Ane. 2022. (ENG., Illus.). 36p. (J). pap. 18.95 *(978-1-68517-595-5(3))* Christian Faith Publishing.

In the Twinkling of an Eye (Classic Reprint) Sydney Watson. (ENG., Illus.). (J). 2017. 29.22 *(978-0-266-81693-5(2));* 2016. pap. 11.57 *(978-1-334-22180-4(4))* Forgotten Bks.

In the United States Circuit Court of Appeals for the Ninth Circuit: Sugarman Iron & Metal Company, a Corporation; Julius Gollober, I. Rosenberg & J. Rosenberg, Co-Partners, Doing Business under the Name of Rosenberg Iron & Metal Co. , Appellants Vs. United States. Court Of Appeals. (ENG., Illus.). (J). 2018. 806p. 40.52 *(978-0-364-76242-4(X));* 2017. pap. 23.57 *(978-0-259-96019-5(5))* Forgotten Bks.

In the United States Circuit Court of Appeals for the Ninth Circuit; Testimony Taken in U. S Court of Appeals, Vol. 1: J. F. Higgins, Appellant, vs; Charles H. Newman, Appellee, & J. F. Higgins & J. S. Goldsmith & F. M. Graham, Appellants, vs; Charl. U. S. Court of Appeals Ninth Circuit. (ENG., Illus.). (J). 2018. 662p. 37.57 *(978-0-364-63832-3(X));* 2016. pap. 19.97 *(978-1-333-11280-6(7))* Forgotten Bks.

In the Valley (Classic Reprint) Harold Frederic. 2017. (ENG., Illus.). (J). 33.69 *(978-1-5283-8517-6(9))* Forgotten Bks.

In the Valley of Havilah (Classic Reprint) Frederick Thickstun Clark. 2018. (ENG., Illus.). 286p. (J). 29.80 *(978-0-484-01890-6(6))* Forgotten Bks.

In the Valley of the Grand (Classic Reprint) Ernest Leaverton. 2018. (ENG., Illus.). 56p. (J). 25.07 *(978-0-483-85850-3(1))* Forgotten Bks.

In the Valley of Tophet (Classic Reprint) Henry W. Nevinson. 2018. (ENG., Illus.). 304p. (J). 30.17 *(978-0-484-08231-0(0))* Forgotten Bks.

In the Valley of Walnut Hills. Matasha Elaine Autrey. Illus. by Baobab Publishing. 2018. (ENG.). 34p. (J). pap. 12.99 *(978-1-947045-14-9(8))* Baobab Publishing.

In the Van: Or the Builders (Classic Reprint) Price-Brown Price-Brown. 2018. (ENG., Illus.). 364p. (J). 31.40 *(978-0-484-46200-6(8))* Forgotten Bks.

In the Van, or the Builders (Classic Reprint) J. Price-Brown. (ENG., Illus.). (J). 2018. 382p. 31.78 *(978-0-332-15662-0(1))*; 2017. pap. 16.57 *(978-0-243-28065-0(3))* Forgotten Bks.

In the Vegetable Garden: My Nature Sticker Activity Book (Ages 5 & up, with 102 Stickers, 24 Activities, & 1 Quiz) Olivia Cosneau. 2017. (ENG.). 24p. (J). (gr. k-3). pap. 7.99 *(978-1-61689-571-6(3))* Princeton Architectural Pr.

In the Vestibule Limited: Harper's Black & White Series (Classic Reprint) Brander Matthews. 2018. (ENG., Illus.). 96p. (J). 25.88 *(978-0-656-41456-7(1))* Forgotten Bks.

In the Village Of 'amal. Honesty Parker. 2019. (ENG.). 56p. (J). pap. 30.49 *(978-0-359-50711-5(5))* Lulu Pr., Inc.

In the Village of Viger (Classic Reprint) Duncan Campbell Scott. 2017. (ENG., Illus.). (J). 26.72 *(978-0-331-92778-8(0))* Forgotten Bks.

In the Vine Country (Classic Reprint) E. OE Somerville. 2018. (ENG., Illus.). 242p. (J). 28.89 *(978-0-666-96674-2(5))* Forgotten Bks.

In the Virginias: Stories & Sketches (Classic Reprint) Waitman Barbe. 2018. (ENG., Illus.). 188p. (J). 27.82 *(978-0-332-96963-3(0))* Forgotten Bks.

In the Wake of King James: Or Dun-Randal on the Sea (Classic Reprint) Standish O'Grady. 2018. (ENG., Illus.). (J). 29.09 *(978-0-260-18685-0(6))* Forgotten Bks.

In the Wake of King James or Dun-Randal on the Sea. Standish O'Grady. 2016. (ENG.). 254p. (J). pap. *(978-3-7433-9813-9(3))* Creation Pubs.

In the Wake of War: A Tale of the South, under Carpet-Bagger Administration (Classic Reprint) Verne S. Pease. 2018. (ENG., Illus.). 442p. (J). 33.01 *(978-0-267-18652-5(5))* Forgotten Bks.

In the War: Memoirs of V. Veresaev (Classic Reprint) Leo Wiener. 2018. (ENG., Illus.). 388p. (J). 31.92 *(978-0-483-15415-5(6))* Forgotten Bks.

In the Web of Life (Classic Reprint) Virginia Terhune Van De Water. (ENG., Illus.). (J). 2018. 366p. 31.47 *(978-0-267-96528-1(1))*; 2017. pap. 13.97 *(978-0-243-09615-2(1))* Forgotten Bks.

In the West Countrie, Vol. 1 of 3 (Classic Reprint) May Crommelin. 2018. (ENG., Illus.). 284p. (J). 29.75 *(978-0-483-59158-5(0))* Forgotten Bks.

In the West Countrie, Vol. 2 of 3 (Classic Reprint) May Crommelin. 2018. (ENG., Illus.). 280p. (J). 29.69 *(978-0-484-26296-5(3))* Forgotten Bks.

In the West Countrie, Vol. 3 of 3 (Classic Reprint) May Crommelin. 2018. (ENG., Illus.). 298p. (J). 30.04 *(978-0-267-19235-9(5))* Forgotten Bks.

In the West Countrie, Vol. I. May Crommelin. 2017. (ENG., Illus.). (J). pap. *(978-0-649-38810-3(0))* Trieste Publishing Pty Ltd.

In the Whirlpool of War (Classic Reprint) Isabelle Rimbaud. 2018. (ENG., Illus.). 262p. (J). 29.32 *(978-0-267-63259-6(2))* Forgotten Bks.

In the Wild. Ed. by Rainstorm Publishing. Illus. by Nikki Boetger. 2019. (Playful Shapes Ser.). (ENG.). 16p. (J). 8.99 *(978-1-926444-69-7(8))* Rainstorm Pr.

In the Wild: Practicing the W Sound, 1 vol. Novak Popovic. 2016. (Rosen Phonics Readers Ser.). (ENG.). 12p. (J). (gr. -1-2). pap. *(978-1-5081-3224-0(0)*, 49ee3b6e-3ea1-4e48-9cc4-cb1885d66ddb, Rosen Classroom) Rosen Publishing Group, Inc., The.

In the Wild & Do One Wild Thing. Michael A. Susko. 2019. (ENG.). 82p. (J). pap. 5.99 *(978-1-393-56204-7(3))* Draft2Digital.

In the Wild! Coloring Book of the Animal Kingdom. Speedy Kids. 2017. (ENG., Illus.). (J). pap. 9.20 *(978-1-5419-0949-6(6))* Speedy Publishing LLC.

In the Wild Light. Jeff Zentner. 2022. (ENG.). 448p. (YA). (gr. 9). pap. 12.99 *(978-1-5247-2027-8(5)*, Ember) Random Hse. Children's Bks.

In the Wilderness (Classic Reprint) Charles Dudley Warner. 2018. (ENG., Illus.). 148p. (J). 26.95 *(978-0-666-95152-6(7))* Forgotten Bks.

In the Wind, 1 vol. Elizabeth Spurr. Illus. by Manelle Oliphant. 2016. (In the Weather Ser.). 22p. (J). (gr. -1 — 1). bds. 6.99 *(978-1-56145-854-7(6))* Peachtree Publishing Co. Inc.

In the Winter. Christina Earley. 2023. (Words in My World Ser.). (ENG.). 12p. (J). (gr. -1-2). pap. ***(978-1-0396-9679-2(1)***, 33646) Crabtree Publishing Co.

In the Wolf's Lair: A Beastly Crimes Book. Anna Starinobets. Tr. by Jane Bugaeva. 2018. (ENG., Illus.). 112p. (gr. 2-6). 16.99 *(978-0-486-82762-9(3)*, 827623) Dover Pubns., Inc.

In the Woods see En el Bosque

In the Woods. David Elliott. Illus. by Rob Dunlavey. 2020. (ENG.). 40p. (J). (gr. -1-2). 17.99 *(978-0-7636-9783-9(4))* Candlewick Pr.

In the Woods. Carrie Jones & Steven E. Wedel. 2020. (ENG.). 352p. (YA). pap. 17.99 *(978-0-7653-3656-9(1)*, 900120886, Tor Teen) Doherty, Tom Assocs., LLC.

In the Woods. Thereza Rowe. 2017. (Illus.). 40p. (J). (gr. -1-3). 16.95 *(978-0-500-65105-6(1)*, 565105) Thames & Hudson.

In the Woods: A Book for the Young (Classic Reprint) M. K. M. 2018. (ENG., Illus.). 210p. (J). 28.23 *(978-0-483-37616-8(7))* Forgotten Bks.

In the Woods: An Adventure for Your Senses. Tr. by Susan Ouriou from SPA. Illus. by Mariona Tolosa Sisteré. 2023. (Walk in The Ser.: 1). Orig. Title: Un Paseo Por el Bosque. (ENG.). 48p. (J). (gr. 2). 18.95 ***(978-1-77147-605-8(2))*** Owlkids Bks. Inc. CAN. Dist: Publishers Group West (PGW).

In the Woods Finding Destiny. Mame Yaa. 2019. (ENG.). 36p. (J). pap. 14.99 *(978-1-950818-23-5(3))* Rushmore Pr. LLC.

In the Woods with Dear Dragon, 10 vols. Marla Conn. 2019. (Dear Dragon Developing Readers Ser.). (ENG., Illus.). 24p. (J). (gr. k-k). 23.94 *(978-1-68450-980-5(7))* Norwood Hse. Pr.

In the World (Classic Reprint) Maxim Gorky. 2017. (ENG., Illus.). (J). 34.48 *(978-0-266-21521-9(1))* Forgotten Bks.

In the Wrong Hands. Jane Cuff. 2017. (ENG., Illus.). 234p. (J). pap. *(978-0-9565601-3-1(X))* Grindstone Bk.

In the Wrong Paradise. Andrew Lang. 2017. (ENG., Illus.). (J). 23.95 *(978-1-374-95403-8(9))* Capital Communications, Inc.

In the Wrong Paradise: And Other Stories (Classic Reprint) Andrew Lang. 2017. (ENG., Illus.). (J). 30.74 *(978-0-266-21563-9(7))* Forgotten Bks.

In the Year 13: A Tale of Mecklenburg (Classic Reprint) Fritz Reuter. 2017. (ENG., Illus.). (J). 30.39 *(978-1-5284-7583-9(6))* Forgotten Bks.

In the Year 1800: Being the Relation of Sundry Events Occurring in the Life of Doctor Jonathan Brush During That Year (Classic Reprint) Samuel Walter Kelley. (ENG., Illus.). (J). 2018. 438p. 32.95 *(978-0-483-17451-1(3))*; 2016. pap. 16.57 *(978-1-334-57786-4(2))* Forgotten Bks.

In the Year of Jubilee, Vol. 1 of 3 (Classic Reprint) George Gissing. (ENG., Illus.). (J). 2018. 240p. 28.85 *(978-0-666-86858-9(1))*; 2017. pap. 11.57 *(978-0-259-37507-4(1))* Forgotten Bks.

In the Year of Jubilee, Vol. 2 of 3 (Classic Reprint) George Gissing. 2018. (ENG., Illus.). 272p. (J). 29.51 *(978-0-484-38012-6(5))* Forgotten Bks.

In the Year of the Boar & Jackie Robinson. Bette Bao Lord. Illus. by Marc Simont. 2019. (ENG.). 176p. (J). (gr. 3-7). pap. 7.99 *(978-0-06-440175-3(8)*, HarperCollins) HarperCollins Pubs.

In the Year of the Boar & Jackie Robinson Novel Units Teacher Guide. Novel Units. 2019. (ENG.). (J). pap. 12.99 *(978-1-56137-344-4(3)*, Novel Units, Inc.) Classroom Library Co.

In the Yule-Log Glow-Book III: Christmas Poems from 'Round the World. Harrison S. Morris. 2017. (ENG., Illus.). (J). 23.95 *(978-1-374-92902-9(6))*; pap. 13.95 *(978-1-374-92901-2(8))* Capital Communications, Inc.

In the Yule-Log Glow, Vol. 1 Of 4: Christmas Tales from 'Round the World (Classic Reprint) Harrison Smith Morris. (ENG., Illus.). (J). 2018. 260p. 29.26 *(978-0-484-77901-2(X))*; 2016. pap. 11.97 *(978-1-334-15533-8(X))* Forgotten Bks.

In the Yule-Log Glow, Vol. 2 Of 4: Christmas Tales from Around the World (Classic Reprint) Harrison Smith Morris. (ENG., Illus.). (J). 2017. 29.53 *(978-0-265-42105-5(5))*; 2016. pap. 11.97 *(978-1-333-72397-2(0))* Forgotten Bks.

In the Yule-Log Glow, Vol. 3 Of 4: Christmas Poems from Round the World (Classic Reprint) Harrison Smith Morris. 2016. (ENG., Illus.). (J). pap. 11.57 *(978-1-333-73775-7(0))* Forgotten Bks.

In the Zone. Alex Morgan. 2018. (Kicks Ser.). (ENG., Illus.). 128p. (J). (gr. 3-7). 17.99 *(978-1-4814-8153-3(3)*, Simon & Schuster Bks. For Young Readers) Simon & Schuster Bks. For Young Readers.

In the Zone. Alex Morgan. 2021. (Kicks Ser.). (ENG.). 128p. (J). (gr. 3-7). lib. bdg. 31.36 *(978-1-5321-4992-4(1)*, 36988, Chapter Bks.) Spotlight.

In the Zone. Bill Yu. Illus. by Eduardo and Sebastian Garcia. 2021. (Get in the Game Set 2 Ser.). (ENG.). 32p. (J). (gr. 3-3). pap. 9.95 *(978-1-64494-480-6(4)*, Graphic Planet) ABDO Publishing Co.

In the Zone. Bill Yu. Illus. by Eduardo Garcia & Sebastian Garcia. 2020. (Get in the Game Ser.). (ENG.). 24p. (J). (gr. 3-8). lib. bdg. 32.79 *(978-1-5321-3831-7(8)*, 35272, Graphic Planet - Fiction) Magic Wagon.

In the Zone, 7 vols., Set. Incl. Cheerleading. Don Wells. pap. 11.95 *(978-1-60596-896-4(X))*; Golf. Donald Wells. pap. 11.95 *(978-1-60596-899-5(4))*; Gymnastics. Arlene Worsley. pap. 11.95 *(978-1-60596-902-2(8))*; Lacrosse. Don Wells. pap. 11.95 *(978-1-61690-019-9(9))*; Martial Arts. Blaine Wiseman. pap. 11.95 *(978-1-60596-911-4(7))*; Tennis. Donald Wells. pap. 11.95 *(978-1-60596-905-3(2))*; Volleyball. Natasha Evdokimoff. pap. 11.95 *(978-1-60596-908-4(7))*; (Illus.). 32p. (J). (gr. 3-5). 2010. 2010. pap. *(978-1-61690-214-8(0))*; Set lib. bdg. 146.70 *(978-1-60596-670-0(3))* Weigl Pubs., Inc.

In the Zoo. Debbie Rivers-Moore & Caroline Davis. 2017. (ENG.). 8p. (J). (gr. -1 — 1). 4.99 *(978-1-4380-7829-8(3))* Sourcebooks, Inc.

In Their Eyes. Trent. 2023. (ENG.). 164p. (YA). pap. 16.95 ***(978-1-68498-061-1(5))*** Newman Springs Publishing, Inc.

In Those Days: A Story of Child Life Long Ago (Classic Reprint) Ella B. Hallock. (ENG., Illus.). (J). 2018. 172p. 27.44 *(978-0-365-45032-0(4))*; 2017. pap. 9.97 *(978-1-5276-3864-8(2))* Forgotten Bks.

In Those Days: The Story of an Old Man (Classic Reprint) Jehudah Steinberg. 2017. (ENG., Illus.). (J). 28.04 *(978-1-5283-6790-5(1))* Forgotten Bks.

In Three Legations (Classic Reprint) Charles De Bunsen. 2018. (ENG., Illus.). 490p. (J). 34.02 *(978-0-484-90596-1(1))* Forgotten Bks.

In Time of Trouble: A Novel about Second Chances. N. J. Lindquist. 2016. (ENG., Illus.). (YA). pap. *(978-1-927692-40-0(7))*; 282p. (J). pap. *(978-1-927692-24-0(5))* That's Life! Communications.

In Times Like These. Nellie L. McClung. 2017. (ENG., Illus.). (J). pap. *(978-0-649-12213-4(5))* Trieste Publishing Pty Ltd.

In Times Like These (Classic Reprint) Nellie L. McClung. 2017. (ENG., Illus.). (J). 28.64 *(978-0-265-20186-2(1))* Forgotten Bks.

In Times Long Ago. Renee Keeler. 2017. (Learn-To-Read Ser.). (ENG., Illus.). (J). pap. 3.49 *(978-1-68310-250-2(9))* Pacific Learning, Inc.

In Times of Peril: A Tale of India (Classic Reprint) George Henty. 2017. (ENG., Illus.). (J). pap. 16.57 *(978-0-282-54522-2(0))* Forgotten Bks.

In Too Deep, 1 vol. Andreas Oertel. 2018. (Shenanigans Ser.). (ENG.). 192p. (J). (gr. 4-7). pap. 9.95 *(978-1-77203-239-0(5)*, Wandering Fox) Heritage Hse. CAN. Dist: Orca Bk. Pubs. USA.

In Town Other Conversations (Classic Reprint) Janet Ayer Fairbank. 2018. (ENG., Illus.). 232p. (J). 28.68 *(978-0-483-02397-0(3))* Forgotten Bks.

In Treaty with Honor: A Romance of Old Quebec (Classic Reprint) Mary Catherine Crowley. 2017. (ENG., Illus.). (J). 30.54 *(978-0-331-84704-8(3))* Forgotten Bks.

In Trit Fun Di Farkhapte Kinder. R. Rozen. Illus. by E. Krishevski. 2018. (YID.). 58p. (J). *(978-1-68091-243-2(7))* Kinder Shpiel USA, Inc.

In Trust; or, Dr. Bertrand's Household (Classic Reprint) Amanda M. Douglass. 2018. (ENG., Illus.). 386p. (J). 31.88 *(978-0-483-87239-4(3))* Forgotten Bks.

In Truth & Ashes. Nicole Luiken. 2016. (ENG., Illus.). (YA). pap. 19.99 *(978-1-68281-388-1(6))* Entangled Publishing, LLC.

In Tuscany: Tuscan Towns, Tuscan Types & the Tuscan Tongue (Classic Reprint) Montgomery Carmichael. 2017. (ENG., Illus.). (J). 33.10 *(978-0-331-94012-1(4))* Forgotten Bks.

In Vacation America (Classic Reprint) Harrison Garfield Rhodes. 2018. (ENG., Illus.). 174p. (J). 27.51 *(978-0-332-80504-7(2))* Forgotten Bks.

In Vain (Classic Reprint) Henryk Sienkiewicz. 2018. (ENG., Illus.). 250p. (J). 29.05 *(978-0-484-81897-1(X))* Forgotten Bks.

In Vain They Worship Me: Teaching As Doctrines the Commandments of Men. Diane Covher. 2022. (ENG.). 202p. (J). pap. 25.45 ***(978-1-387-64026-3(7))*** Lulu Pr., Inc.

In Vallombrosa: A Sequence (Classic Reprint) Adeline Sergeant. (ENG., Illus.). (J). 2018. 310p. 30.29 *(978-0-483-20846-9(9))*; 2016. pap. 13.57 *(978-1-334-68039-7(6))* Forgotten Bks.

In Vanity Fair a Tale of Frocks & Femininity (Classic Reprint) Eleanor Hoyt Brainerd. 2018. (ENG., Illus.). 264p. (J). 29.34 *(978-0-267-17030-2(0))* Forgotten Bks.

In Varying Moods (Classic Reprint) Beatrice Harraden. 2017. (ENG., Illus.). (J). 30.04 *(978-1-5283-8954-9(9))* Forgotten Bks.

In Veronica's Garden (Classic Reprint) Alfred Austin. 2018. (ENG., Illus.). 202p. (J). 28.06 *(978-0-656-41826-8(5))* Forgotten Bks.

In Viking Land, or a Summer Tour in Norway (Classic Reprint) Johanna Weborg. 2017. (ENG., Illus.). (J). 162p. 27.26 *(978-0-332-87910-9(0))*; pap. 9.97 *(978-0-282-46072-3(1))* Forgotten Bks.

In Volo Col Narciso. Emma Maffucci. 2023. (ITA.). 106p. (YA). pap. ***(978-1-716-34499-2(9))*** Lulu Pr., Inc.

In Walked Jimmy (Classic Reprint) Minnie Zuckerberg Jaffa. 2018. (ENG., Illus.). 118p. (J). 26.33 *(978-0-666-64319-3(9))* Forgotten Bks.

In War Time (Classic Reprint) S. Weir Mitchell. 2017. (ENG., Illus.). (J). 33.03 *(978-0-265-20520-4(4))* Forgotten Bks.

In War Times at la Rose Blanche (Classic Reprint) M. E. M. Davis. 2018. (ENG., Illus.). 270p. (J). 29.47 *(978-0-483-68497-3(X))* Forgotten Bks.

In Waves. A. J. Dungo. 2019. (ENG., Illus.). 368p. (gr. 9). pap. 18.95 *(978-1-910620-63-2(7))* Nobrow Ltd. GBR. Dist: Penguin Random Hse. LLC.

In Whaling Days (Classic Reprint) Howland Tripp. 2017. (ENG., Illus.). (J). 31.84 *(978-0-331-84924-0(0))* Forgotten Bks.

In White & Black: A Story (Classic Reprint) W. W. Pinson. (ENG., Illus.). (J). 2018. 360p. 31.34 *(978-0-428-96497-9(4))*; 2016. pap. 13.97 *(978-1-333-57578-6(5))* Forgotten Bks.

In White Armor: The Life of Captain Arthur Ellis Hamm, 326th Infantry, United States Army (Classic Reprint) Elizabeth Creevey Hamm. 2018. (ENG., Illus.). 224p. (J). 28.54 *(978-0-483-26932-3(8))* Forgotten Bks.

In White Latitudes, or Frank Reade, Jr. 's Ten Thousand Mile Flight (Classic Reprint) Luis Senarens. 2018. (ENG., Illus.). (J). 40p. 24.74 *(978-1-396-67584-3(1))*; 42p. pap. 7.97 *(978-1-391-92225-6(5))* Forgotten Bks.

In Wicklow & West Kerry (Classic Reprint) John M. Synge. 2018. (ENG., Illus.). 146p. (J). 26.91 *(978-0-484-19873-8(4))* Forgotten Bks.

In Wicklow, West Kerry & Connemara (Classic Reprint) John M. Synge. 2017. (ENG., Illus.). (J). 29.53 *(978-0-266-73913-5(X))* Forgotten Bks.

In Wildcat Hollow. Ari D. 2020. (ENG.). 166p. (J). pap. 10.00 *(978-0-578-79738-0(0))* Pisteuo Pubns.

In Wink-A-Way Land (Classic Reprint) Eugene Field. 2018. (ENG., Illus.). 154p. (J). 27.07 *(978-0-666-11401-3(3))* Forgotten Bks.

In Winter / en Invierno. Susana Madinabeitia Manso. Illus. by Emily Hanako Momohara. 2018. (Seasons/Estaciones Ser.). (ENG.). 14p. (J). (— 1). bds. 7.99 *(978-1-936669-66-0(8))* Blue Manatee Press.

In Winter Quarters: From Dumbiedykes to Town & Back Again (Classic Reprint) Alvin Howard Sanders. 2018. (ENG., Illus.). 238p. (J). 28.81 *(978-0-365-14149-5(6))* Forgotten Bks.

In You I See: A Story That Celebrates the Beauty Within. Rachel Emily. Illus. by Jodie Howard. 2022. (ENG.). 32p. (J). (-k). 16.99 *(978-0-7440-4988-6(1)*, DK Children) Dorling Kindersley Publishing, Inc.

In Your Backyard: A Family Guide to Exploring the Outdoors. Howard Romack & Kathy Pike. 2018. (ENG., Illus.). 300p. (YA). (gr. 7-12). pap. 60.00 *(978-1-60571-434-9(8)*, Shires Press) Northshire Pr.

In Your Cozy Bed. Jo Witek. Illus. by Christine Roussey. 2021. (ENG.). 22p. (J). (gr. -1 — 1). bds. 9.99 *(978-1-4197-5195-0(6)*, 1722010, Abrams Appleseed) Abrams, Inc.

In Your Element: Experiments with Air & Water. Nick Arnold. 2019. (Hands-On Science Ser.). (ENG., Illus.). 24p. (J). (gr. 2-5). lib. bdg. 26.65 *(978-0-7112-4224-1(0)*, 1d033b12-c7b2-494c-a62b-dea32fb2f43c) QEB Publishing Inc.

In Your Eyes. Donna Claxton Garnto. 2019. (ENG., Illus.). 30p. (J). pap. 12.95 *(978-1-64471-263-4(6))* Covenant Bks.

In Your Hands. Carole Boston Weatherford. Illus. by Brian Pinkney. 2017. (ENG.). 32p. (J). (gr. -1-3). 17.99 *(978-1-4814-6293-8(8))* Simon & Schuster Children's Publishing.

In Your Heart & Soul. Kaitlyn King. 2020. (ENG.). 338p. (J). pap. 17.98 *(978-1-716-43647-5(8))* Lulu Pr., Inc.

In Your Heart Lives a Rainbow: Book 1. Karen Seader. Illus. by Valerie Lynn. 2018. (In Your Heart Lives a Rainbow Ser.: Vol. 1). (ENG.). 38p. (J). (gr. k-2). 18.95 *(978-0-9857824-3-6(9))* In Your Heart Lives a Rainbow.

In Your Shoes. Donna Gephart. (ENG.). 336p. (J). (gr. 4-7). 2020. 9.99 *(978-1-5247-1376-8(7)*, Yearling); 2018. 16.99 *(978-1-5247-1373-7(2)*, Delacorte Bks. for Young Readers) Random Hse. Children's Bks.

In Your Shoes: A Story of Empathy. Kristin Johnson. Illus. by Mike Byrne. 2018. (Cloverleaf Books (tm) — Stories with Character Ser.). (ENG.). 24p. (J). (gr. k-2). 25.32 *(978-1-5124-8647-6(7)*, 3a6b5902-dfce-4573-a535-73175869ba44); pap. 8.99 *(978-1-5415-1069-2(0)*, 8af75b15-7bb1-42c1-84c5-810232f6ad31) Lerner Publishing Group. (Millbrook Pr.).

In Your World: 10 Common Experiences of Youth & Young Adults, & How to Cope with Them. Laquayna Henley. l.t. ed. 2021. (ENG.). 36p. (YA). 30.00 *(978-1-0878-8199-7(4))* Indy Pub.

inaccessible Usufruit Ou Comment J'ai Appris le Monde. Theo THEO. 2023. (FRE.). 91p. (YA). pap. ***(978-1-4478-8012-7(9))*** Lulu Pr., Inc.

inaccessible Usufruit Ou Comment J'ai Appris le Monde. TheO Theo. 2023. (FRE.). 91p. (YA). pap. ***(978-1-4478-9539-8(8))*** Lulu Pr., Inc.

Inani-Mates. Steven Holmes. 2017. (ENG., Illus.). 66p. (J). *(978-1-77302-927-6(4))*; pap. *(978-1-77302-926-9(6))* Tellwell Talent.

Ina's Awakening. Kim Hsin. Illus. by Erika Busse. 2021. (ENG.). 50p. (J). 19.99 *(978-1-63337-485-0(8))*; pap. 14.99 *(978-1-63337-449-2(1))* Columbus Pr.

Inaugural Ballers: The True Story of the First US Women's Olympic Basketball Team. Andrew Maraniss. 2022. (Illus.). 352p. (YA). (gr. 7). 18.99 *(978-0-593-35124-6(X)*, Viking Books for Young Readers) Penguin Young Readers Group.

Inauguration of President Watterson: Gormanius, or the Battle of Reps-Demos; the Temple of Trusts, Honesty & Venality, & Other Travesties (Classic Reprint) T. C. De Leon. 2017. (ENG., Illus.). (J). 25.30 *(978-0-265-53770-1(3))*; pap. 9.57 *(978-0-282-74413-7(4))* Forgotten Bks.

Inca. Elizabeth Andrews. 2022. (Ancient Civilizations Ser.). (ENG., Illus.). 32p. (J). (gr. 2-5). lib. bdg. 32.79 *(978-1-0982-4328-9(5)*, 41231, DiscoverRoo) Pop!.

Inca Adventure: A Quest of Questions!, 1 vol. Lisa Regan. 2018. (Puzzle Adventure Stories Ser.). (ENG.). 32p. (J). (gr. 3-3). 30.27 *(978-1-5081-9630-3(3)*, 9e817263-aa2e-483f-b2d7-95fd8d03c476); pap. 12.75 *(978-1-5081-9546-7(3)*, f227e931-8920-4929-b995-b7e593093a65) Rosen Publishing Group, Inc., The. (Windmill Bks.).

Inca Civilization. Allison Lassieur. 2019. (Civilizations of the World Ser.). (ENG., Illus.). 32p. (J). (gr. 3-5). 31.35 *(978-1-64185-758-1(7)*, 1641857587, Focus Readers) North Star Editions.

Inca Curse: Artic Computing's Adventure B. Adapted by Stephen Harris. 2023. (Artic Adventures Ser.: Vol. 2). (ENG.). 196p. (YA). pap. 12.99 ***(978-1-83791-138-7(X))*** Oak Tree Publishing.

Inca Emerald (Classic Reprint) Samuel Scoville. 2018. (ENG., Illus.). (J). 30.58 *(978-0-331-06536-7(3))* Forgotten Bks.

Inca Government & Society - History Kids Books Children's History Books. Baby Professor. 2017. (ENG., Illus.). (J). pap. 9.55 *(978-1-5419-1217-5(9)*, Baby Professor (Education Kids)) Speedy Publishing LLC.

Inca Mummies. Joyce Markovics. 2021. (Unwrapped: Marvelous Mummies Ser.). (ENG., Illus.). 24p. (J). (gr. 2-4). lib. bdg. 30.64 *(978-1-5341-8043-7(5)*, 218452) Cherry Lake Publishing.

Inca Town. Fiona Macdonald. Illus. by Bergin Mark. 2017. (Time Traveler's Guide Ser.). 48p. (gr. 3-7). 37.10 *(978-1-911242-01-7(6))* Book Hse. GBR. Dist: Black Rabbit Bks.

Incandescent Lily: And Other Stories (Classic Reprint) Gouverneur Morris. (ENG., Illus.). (J). 2018. 316p. 30.41 *(978-0-365-47175-2(5))*; 2017. pap. 13.57 *(978-1-5276-7254-3(9))* Forgotten Bks.

Incans & Their Road System the Inca People Grade 4 Children's Ancient History. Baby Professor. 2020. (ENG.). 72p. (J). 24.99 *(978-1-5419-7985-7(0))*; pap. 14.99 *(978-1-5419-5358-1(4))* Speedy Publishing LLC. (Baby Professor (Education Kids)).

Incarcerated Youth. Stephanie Watson. 2016. (ENG.). 80p. (J). (gr. 5-12). lib. bdg. *(978-1-60152-982-4(1))* ReferencePoint Pr., Inc.

Incarceration & Families, Vol. 12. H. W. Poole. 2016. (Families Today Ser.). (Illus.). 48p. (J). (gr. 5). 20.95 *(978-1-4222-3618-5(8))* Mason Crest.

Incarceration Issues: Punishment, Reform, & Rehabilitation, 11 vols., Set. Incl. Alternatives to Prison: Rehabilitation & Other Programs. Craig Russell. 111p. 2008. lib. bdg. 22.95 *(978-1-59084-991-0(4))*; Incarceration Around the World. Craig Russell. 112p. 2008. lib. bdg. 22.95 *(978-1-59084-988-0(4))*; Political Prisoners. Roger Smith. 111p. 2008. lib. bdg. 22.95 *(978-1-59084-987-3(6))*; Prison Conditions: Overcrowding, Disease, Violence, & Abuse. Roger Smith. 111p. 2008. lib. bdg. 22.95 *(978-1-59084-986-6(8))*; Prisoner Rehabilitation: Success Stories & Failures. Joan Esherick. 111p. 2006. lib. bdg. 22.95 *(978-1-59084-994-1(9))*; Prisoners on Death Row. Roger Smith. 111p. 2006. lib. bdg. 22.95 *(978-1-59084-989-7(2))*; Social, Monetary, & Moral Costs of Prisons. Autumn Libal. 111p. 2008. lib. bdg. 22.95 *(978-1-59084-992-7(2))*; Youth in Prison. Roger Smith & Marsha & Smith McIntosh. 111p. 2008. lib. bdg. 22.95 *(978-1-59084-990-3(6))*; (YA). (gr. 7-18). (Incarceration Issues Ser.). (Illus.). 111p. 2007. 252.45 *(978-1-59084-984-2(1))* Mason Crest.

Incas, 1 vol. David West. 2016. (Discovering Ancient Civilizations Ser.). (ENG.). 32p. (gr. 3-3). pap. 11.50 *(978-1-4824-5051-4(8)*, 08bc8127-82bb-43a1-81cb-289b91a84c3d) Stevens, Gareth Publishing LLLP.

Incas, or the Destruction of the Empire of Peru, Vol. 1 of 2 (Classic Reprint) Jean François Marmontel. 2018. (ENG., Illus.). 300p. (J). 30.08 *(978-0-483-18893-8(X))* Forgotten Bks.

Incas, or the Destruction of the Empire of Peru, Vol. 2 (Classic Reprint) Jean François Marmontel. 2018. (ENG.,

1004

The check digit for ISBN-10 appears in parentheses after the full ISBN-13

Illus.). (J). 30.08 *(978-0-260-07888-9(3))*; pap. 13.57 *(978-1-5278-9347-4(2))* Forgotten Bks.

Incendiary. Zoraida Córdova. 2021. (Hollow Crown Ser.: 1). (ENG.). 480p. (YA). (gr. 9-17). pap. 10.99 *(978-0-7595-5604-1(0))* Little, Brown Bks. for Young Readers.

Incendiary (Classic Reprint) W. A. Leahy. 2017. (ENG., Illus.). (J). 32.44 *(978-0-260-02202-8(0))* Forgotten Bks.

Incendio Forestal: Leveled Reader Book 20 Level J 6 Pack. Hmh Hmh. 2021. (SPA.). 16p. (J). pap. 74.40 *(978-0-358-08332-0(X))* Houghton Mifflin Harcourt Publishing Co.

Incendio Forestal: Leveled Reader Book 71 Level S 6 Pack. Hmh Hmh. 2021. (SPA.). 48p. (J). pap. 74.40 *(978-0-358-08550-8(0))* Houghton Mifflin Harcourt Publishing Co.

Incentives in Infographics. Christina Hill. 2022. (21st Century Skills Library; Econo-Graphics Ser.). (ENG., Illus.). 32p. (J). (gr. 4-8). pap. 14.21 *(978-1-6689-1159-4(0)*, 221104); lib. bdg. 32.07 *(978-1-6689-0999-7(5)*, 220966) Cherry Lake Publishing.

Inch by Inch. Leo Lionni. 2019. (CHI.). (J). (gr. -1-2). pap. *(978-957-762-488-8(X))* Hsin Yi Pubns.

Inch by Inch. Leo Lionni. ed. 2018. lib. bdg. 18.40 *(978-0-606-40949-0(1))* Turtleback.

Inch by Inch: a Lift-The-Flap Book (Leo Lionni's Friends) Leo Lionni. Illus. by Jan Gerardi. 2022. (Leo Lionni's Friends Ser.: 8). 22p. (J). (— 1). 8.99 *(978-0-593-38066-6(5)*, Random Hse. Bks. for Young Readers) Random Hse. Children's Bks.

Incident. Avis M. Adams. 2022. (ENG.). 276p. (YA). pap. 15.99 *(978-1-5092-3848-4(4))* Wild Rose Pr., Inc., The.

Incident: And Other Happenings (Classic Reprint) Sarah Barnwell Elliott. 2017. (ENG., Illus.). (J). 29.96 *(978-0-331-29715-7(9))* Forgotten Bks.

Incident on Red Bear Mountain. Del Hayes. 2022. (Gideon Ten Adventure Ser.: Vol. 3). (ENG.). 144p. (YA). pap. 15.95 *(978-1-68570-513-8(8))* Christian Faith Publishing.

Incidentals Vol. 2: Balance of Power. Joe Casey. Illus. by Will Rosado. 2018. (ENG.). 144p. pap. 14.99 *(978-1-941302-82-8(3)*, 9948537d-bf60-42a8-9aeb-ba34bb7f1b28, Lion Forge) Oni Pr., Inc.

Incidentals Vol. 3: City of Demons. Ramón Slamet Govea & Brandon Easton. Illus. by Jose Jaro & Michael Shelfer. 2019. (ENG.). 144p. pap. 14.99 *(978-1-5493-0273-2(6)*, 4b2f36bd-b218-4d0a-9ac1-583a6c474d82, Lion Forge) Oni Pr., Inc.

Incidents & Accidents or a Matter of Life & Death. Keith Fielding. 2016. (ENG.). 57p. (J). pap. 14.95 *(978-1-78554-914-4(6)*, 08860972-90cd-4d52-a4c1-ab9d1f9287d8) Austin Macauley Pubs. Ltd. GBR. Dist: Baker & Taylor Publisher Services (BTPS).

Incidents at Alexander's Manor: The Kids & the Home Invaders. Sean Anthony. Illus. by Saga Sillanpää. 2019. (ENG.). 118p. (J). pap. 7.99 ***(978-1-0880-0958-1(1))*** Indy Pub.

Incidents in the Life of a Blind Girl: A Graduate of the Maryland Institution for the Blind (Classic Reprint) Mary L. Day. 2017. (ENG., Illus.). (J). 28.23 *(978-0-260-65764-0(6))* Forgotten Bks.

Incidents in the Life of a Mining Engineer (Classic Reprint) E. T. McCarthy. 2018. (ENG., Illus.). 396p. (J). 32.06 *(978-0-267-66541-9(5))* Forgotten Bks.

Incidents in the Life of a Slave Girl: Written by Herself (Classic Reprint) Harriet A. Jacobs. 2017. (ENG., Illus.). (J). 30.27 *(978-0-265-57840-7(X))* Forgotten Bks.

Incidents in the Life of Holy Ann (Classic Reprint) Eva M. Watson. 2017. (ENG., Illus.). (J). 24.62 *(978-0-331-94694-9(7))*; pap. 7.97 *(978-0-259-96855-9(2))* Forgotten Bks.

Incidents of a Collector's Rambles in Australia, New Zealand, & New Guinea. Sherman F. Denton. 2017. (ENG., Illus.). (J). pap. *(978-0-649-61192-8(6))* Trieste Publishing Pty Ltd.

Incidents of a Collector's Rambles in Australia, New Zealand, & New Guinea (Classic Reprint) Sherman F. Denton. 2018. (ENG., Illus.). 288p. (J). 29.84 *(978-0-365-23870-6(8))* Forgotten Bks.

Incidents of American Camp Life: Being Events Which Have Actually Transpired During the Present Rebellion (Classic Reprint) T. R. Dawley. 2018. (ENG., Illus.). 112p. (J). 26.21 *(978-0-484-31631-6(1))* Forgotten Bks.

Incidents of Childhood (Classic Reprint) Unknown Author. 2018. (ENG., Illus.). 198p. (J). 27.98 *(978-0-267-48900-8(5))* Forgotten Bks.

Incidents of Frontier Life, Vol. 1 Of 2: In Two Parts, Containing Religious Incidents & Moral Comment, Relating to Various Occurrences, Evils of Intemperance, & Historical & Biographical Sketches (Classic Reprint) Lois Lovina Abbott Murray. 2018. (ENG., Illus.). 280p. (J). 29.67 *(978-0-483-51756-1(9))* Forgotten Bks.

Incidents of Pioneer Days at Guelph & the County of Bruce (Classic Reprint) David Kennedy. 2018. (ENG., Illus.). 140p. (J). 26.80 *(978-0-666-80735-9(3))* Forgotten Bks.

Incidents of Social Life amid the European Alps: Translated from the German (Classic Reprint) Heinrich Zschokke. (ENG., Illus.). (J). 2018. 388p. 31.90 *(978-0-483-45345-6(5))*; 2016. pap. 16.57 *(978-1-334-15854-4(1))* Forgotten Bks.

Incidents of Travel in South Africa. Egerton K. Laird. 2017. (ENG.). 212p. (J). pap. *(978-3-7447-5582-5(7))* Creation Pubs.

Incidents of Travel in South Africa: Being an Account of a Three Month's Tour in the Cape Colony, Orange Free State, Natal, & a Ride into Zululand (Classic Reprint) Egerton K. Laird. 2018. (ENG., Illus.). 206p. (J). 28.17 *(978-0-267-51013-9(6))* Forgotten Bks.

Incidents on Land & Water, or Four Years on the Pacific Coast (Classic Reprint) D. B. Bates. 2018. (ENG., Illus.). 370p. (J). 31.53 *(978-0-666-29248-3(5))* Forgotten Bks.

Inclinations: Leur Role Dans la Psychologie des Sentiments (Classic Reprint) G. Revault D'Allonnes. 2017. (FRE., Illus.). (J). 28.72 *(978-0-265-49539-1(3))*; pap. 11.57 *(978-0-243-98764-1(1))* Forgotten Bks.

Inclinationum Appendix Seù to Geometriæ Pleroma (Classic Reprint) Antonio Santini. 2018. (LAT., Illus.). (J). 206p. 28.15 *(978-1-391-12947-1(4))*; 208p. pap. 10.57 *(978-1-390-82819-1(0))* Forgotten Bks.

Inclined Planes. Katie Marsico. 2017. (My First Look at Simple Machines Ser.). (ENG.). 24p. (J). lib. bdg. 22.99 *(978-1-5105-2061-5(9))* SmartBook Media, Inc.

Inclined Planes. Joanne Mattern. 2019. (Simple Machines Fun! Ser.). (ENG., Illus.). 24p. (J). (gr. k-3). lib. bdg. 26.95 *(978-1-62617-991-2(3)*, Blastoff! Readers) Bellwether Media.

Inclined Planes, 1 vol. Louise Spilsbury. 2018. (Technology in Action Ser.). (ENG.). 32p. (gr. 3-3). 27.93 *(978-1-5383-3749-3(5)*, b3befd4c-d216-42ec-8d36-79d156added7, PowerKids Pr.) Rosen Publishing Group, Inc., The.

Inclined Planes All Around. Trudy Becker. 2023. (Using Simple Machines Ser.). (ENG., Illus.). 24p. (J). pap. 8.95 ***(978-1-63739-654-4(6)***, Focus Readers) North Star Editions.

Inclined Planes All Around. Contrib. by Trudy Becker. 2023. (Using Simple Machines Ser.). (ENG., Illus.). 24p. (J). lib. bdg. 28.50 ***(978-1-63739-597-4(3)***, Focus Readers) North Star Editions.

Inclined Planes Are Machines see Planos Inclinados Son Máquinas

Inclined Planes Are Machines, 1 vol. Douglas Bender. 2022. (Simple Machines Ser.). (ENG.). 24p. (J). (gr. k-2). pap. *(978-1-0396-4642-1(5)*, 17311); lib. bdg. *(978-1-0396-4451-9(1)*, 16305) Crabtree Publishing Co. (Crabtree Roots).

Inclined Planes in My Makerspace. Tim Miller & Rebecca Sjonger. 2017. (Simple Machines in My Makerspace Ser.). (ENG., Illus.). 32p. (J). (gr. 3-4). *(978-0-7787-3370-6(X))* Crabtree Publishing Co.

Inclined to Love. Sara House. 2018. (ENG., Illus.). 278p. (YA). pap. 17.95 *(978-1-64298-391-3(8))* Page Publishing Inc.

Includas Coloring Book: With Disability Inclusive Activity Pages. Includas Publishing. Illus. by Includas Publishing. I.t. ed. 2021. (ENG., Illus.). 86p. (J). (gr. -1-4). pap. 12.00 *(978-1-949983-07-4(2))* INCLUDAS Publishing.

Included: A Book for All Children about Inclusion, Diversity, Disability, Equality & Empathy. Jayneen Sanders. Illus. by Camila Carrossine. 2022. (ENG.). 42p. (J). pap. ***(978-1-925089-79-0(7))*** UpLoad Publishing Pty, Ltd.

Included: A Book for ALL Children about Inclusion, Diversity, Disability, Equality & Empathy. Jayneen Sanders. Illus. by Camila Carrossine. 2022. (ENG.). 42p. (J). ***(978-1-925089-75-2(4))*** UpLoad Publishing Pty, Ltd.

Included Wipe Clean Pen see Pre-K Wipe-Clean Workbook: Scholastic Early Learners (Wipe-Clean)

Including a Description of the Lakes of Cumberland & Westmoreland, & a Part of South Wales, Vol. 2 of 3 (Classic Reprint) Catherine Hutton. 2018. (ENG., Illus.). 258p. (J). 29.24 *(978-0-483-31927-1(9))* Forgotten Bks.

Inclusion. Raman Sekhon. Illus. by Iqra Hayat. 2021. (ENG.). 30p. (J). *(978-0-2288-5057-1(6))*; pap. *(978-0-2288-5056-4(8))* Tellwell Talent.

Inclusion Island. Debra Sweeting. 2016. (ENG., Illus.). (J). pap. 10.99 *(978-0-9986891-1-1(4))* Admirable Publishing LLC.

Inclusive Ninja: An Anti-Bullying Children's Book about Inclusion, Compassion, & Diversity. Mary Nhin & Grow Grit Press. Illus. by Jelena Stupar. 2020. (Ninja Life Hacks Ser.: Vol. 17). (ENG.). 34p. (J). 18.00 *(978-1-953399-56-4(8))* Grow Grit Pr.

Inclusive Republic of Australia: A Climate Change Champion. Rod Williams. 2022. (ENG.). 91p. (YA). pap. ***(978-1-4709-6497-9(X))*** Lulu Pr., Inc.

Incognita, or Love & Duty Reconcil'd (Classic Reprint) William Congreve. 2018. (ENG., Illus.). 100p. (J). 25.96 *(978-0-483-98277-2(6))* Forgotten Bks.

INCÓGNITO. David Eagleman. 2018. (SPA.). 352p. pap. 13.95 *(978-84-339-6010-8(5))* Editorial Anagrama S.A. ESP. Dist: Spanish Pubs., LLC.

Incognito. Shelley Johannes. Illus. by Shelley Johannes. 2018. (Beatrice Zinker, Upside down Thinker Ser.: 2). (ENG., Illus.). 224p. (J). (gr. 1-5). 14.99 *(978-1-4847-6739-9(X))*; (gr. 2-5). pap. 5.99 *(978-1-4847-6815-0(9))* Hyperion Bks. for Children.

Incognito Visitor (a Collection of Stories Shared with an Office Visitor) Don Moeller. 2018. (ENG., Illus.). 250p. (YA). (gr. 7-12). 28.00 *(978-1-946540-43-0(9))* Strategic Book Publishing & Rights Agency (SBPRA).

Income Inequality & the Fight over Wealth Distribution. Elliott Smith. 2021. (Issues in Action (Read Woke (tm) Books) Ser.). (ENG., Illus.). 32p. (J). (gr. 4-8). pap. 10.99 *(978-1-7284-3136-9(0)*, 8ab3beda-e357-44e2-ac2b-94ffc5d97c3d); lib. bdg. 30.65 *(978-1-7284-2345-6(7)*, 4982c2bb-a5d3-4d10-94d5-6d68faba296c) Lerner Publishing Group. (Lerner Pubns.).

Incomparable Bellairs: Agnes & Egerton Castle (Classic Reprint) Agnes Castle. 2017. (ENG., Illus.). 296p. (J). 30.00 *(978-0-484-51505-4(5))* Forgotten Bks.

Incompleat Angler (Classic Reprint) F. C. Burnand. 2017. (ENG., Illus.). 110p. (J). 26.17 *(978-0-484-87120-4(X))* Forgotten Bks.

Incomplete Amorist. Edith. Nesbit. 2022. (ENG.). 246p. (J). pap. 33.54 *(978-1-4583-3121-2(0))* Lulu Pr., Inc.

Incomplete Amorist (Classic Reprint) E. Nesbit. 2017. (ENG., Illus.). (J). 31.90 *(978-1-5282-8165-2(9))* Forgotten Bks.

Incomplete Rory. Stuart Hardie. 2019. (ENG.). 22p. (J). *(978-1-78848-717-7(6))*; pap. *(978-1-78848-716-0(8))* Austin Macauley Pubs. Ltd.

Incomplete Sorcerer. Brian Ardel. 2018. (ENG., Illus.). 438p. (YA). (gr. 7-12). pap. *(978-4-902837-36-0(6))* Aoishima Kenkyusha.

Inconceivable Life of Quinn. Marianna Baer. (ENG.). (YA). (gr. 8-17). 2023. 400p. pap. 12.99 *(978-1-4197-4001-5(6)*, 1158203, Amulet Bks.); 2017. 384p. 18.95 *(978-1-4197-2302-5(2)*, 1158201) Abrams, Inc.

Inconsequent Lives (Classic Reprint) Joseph Henry Pearce. 2017. (ENG., Illus.). (J). 28.21 *(978-0-266-72478-0(7))*; pap. 10.57 *(978-1-5276-8464-5(4))* Forgotten Bks.

Inconvenient Alphabet: Ben Franklin & Noah Webster's Spelling Revolution. Beth Anderson. Illus. by Elizabeth Baddeley. 2018. (ENG.). 48p. (J). (gr. -1-3). 17.99 *(978-1-5344-0555-4(0)*, Simon & Schuster/Paula Wiseman Bks.) Simon & Schuster/Paula Wiseman Bks.

Inconvenient Attachment. Vincent Magnani. Ed. by Karlie Floyd. Illus. by Brian Cruz Perez. 2021. (ENG.). 226p. (J). pap. 25.00 *(978-1-105-52785-2(9))* Lulu Pr., Inc.

Inconvenient Attachment. Vincent Magnani. Ed. by Karlie Floyd. Illus. by Brian Perez. 2021. (ENG.). 226p. (J). 36.00 *(978-1-300-80156-6(5))* Lulu Pr., Inc.

Incorrigible Children of Ashton Place: Book V: The Unmapped Sea. Maryrose Wood. Illus. by Eliza Wheeler. 2016. (Incorrigible Children of Ashton Place Ser.: 5). (ENG.). 416p. (J). (gr. 3-7). pap. 8.99 *(978-0-06-211042-8(X)*, Balzer & Bray) HarperCollins Pubs.

Incorrigible Children of Ashton Place: Book VI: The Long-Lost Home. Maryrose Wood. Illus. by Eliza Wheeler. (Incorrigible Children of Ashton Place Ser.: 6). (ENG.). 448p. (J). (gr. 3-7). 2019. pap. 7.99 *(978-0-06-211045-9(4))*; 2018. 15.99 *(978-0-06-211044-2(6))* HarperCollins Pubs. (Balzer & Bray).

Incorrigible Dukane (Classic Reprint) George C. Shedd. (ENG., Illus.). (J). 2017. 31.63 *(978-0-266-40941-0(5))*; 2016. pap. 16.57 *(978-1-333-50845-6(X))* Forgotten Bks.

Incredibilia. Libby Hathorn. Illus. by Gaye Chapman. 2017. (ENG.). 40p. (J). (gr. -1-k). 19.99 *(978-1-76012-525-7(3))* Little Hare Bks. AUS. Dist: Independent Pubs. Group.

Incredible Adventure. Francesca Santana. 2017. (ENG., Illus.). (J). pap. *(978-93-86897-04-6(0))* Rehman, Mosiur.

Incredible Adventure of Hugh Hound. M. Geoff Payne. Illus. by Sarah Truman. 2019. (ENG.). 36p. (J). (gr. k-6). pap. 9.99 *(978-0-692-14407-7(2))* Payne, Michael G II.

Incredible Adventures of Absolutely Normal. Amanda Rotach Lamkin. Ed. by Vikki Becker. 2020. (Absolutely Normal Ser.: Vol. 1). (ENG.). 190p. (J). 16.95 *(978-1-948807-29-6(7)*, Line By Lion Pubns.) 3 Fates Pr.

Incredible Adventures of Cinnamon Girl. Melissa Keil. Illus. by Mike Lawrence. 2018. (ENG.). 352p. (YA). (gr. 7-12). pap. 9.95 *(978-1-68263-041-9(2))* Peachtree Publishing Co. Inc.

Incredible Adventures of Kokoho. Mauro Molina Navarro & Katherine Wheatley. 2020. (ENG.). 38p. (J). *(978-1-5289-7817-0(X))*; pap. *(978-1-5289-7816-3(1))* Austin Macauley Pubs. Ltd.

Incredible Adventures of Zazou Lerou: The Trouble with Bubbles. Alexandra Hyland. Illus. by Sakshi Mangal. 2020. (ENG.). 28p. (J). *(978-0-2288-1991-2(1))*; pap. *(978-0-2288-1990-5(3))* Tellwell Talent.

Incredible Animal Face-Offs (Set), 6 vols. 2019. (Incredible Animal Face-Offs Ser.). (ENG.). 24p. (J). (gr. k-4). lib. bdg. 196.74 *(978-1-5321-9191-6(X)*, 33556, Super SandCastle) ABDO Publishing Co.

Incredible Animal Migrations, 8 vols. 2022. (Incredible Animal Migrations Ser.). (ENG.). 24p. (J). (gr. 1-2). lib. bdg. 97.08 *(978-1-5382-8151-2(1)*, fa316b67-0fc2-4a0f-ba71-68ce47b57837) Stevens, Gareth Publishing LLLP.

Incredible Animal Trivia: Fun Facts & Quizzes. Eric Braun. 2018. (Trivia Time! (Alternator Books (r)) Ser.). (ENG., Illus.). 32p. (J). (gr. 3-6). lib. bdg. 29.32 *(978-1-5124-8330-7(3)*, 1412e299-c8ba-4962-9d84-301b6f0045cb, Lerner Pubns.) Lerner Publishing Group.

Incredible Beauty of the Great Wild Coloring Book. Jupiter Kids. 2017. (ENG., Illus.). (J). pap. 9.20 *(978-1-68305-730-7(9)*, Jupiter Kids (Childrens & Kids Fiction)) Speedy Publishing LLC.

Incredible Bugs. John Farndon. Illus. by Cristina Portolano. 2016. (Animal Bests Ser.). (ENG.). 32p. (J). (gr. 3-6). lib. bdg. 27.99 *(978-1-5124-0640-5(6)*, d5a42811-cac0-4ca5-b000-d4b9cf060eac, Hungry Tomato (r)) Lerner Publishing Group.

Incredible Carousel. Linda Flatau Hibbard. 2020. (ENG.). 96p. (J). pap. 15.49 *(978-1-63050-827-2(6))* Salem Author Services.

Incredible Coffee Adventures Around the World. Cambraia F. Fernandes. 34p. (J). 2023. 25.00 ***(978-1-6678-8937-5(0))***; 2021. (ENG.). 25.00 *(978-1-6678-0520-7(7))* BookBaby.

Incredible Dadventure 2: a Mumbelievable Challenge. Dave Lowe. Illus. by The Boy Fitz Hammond. 2017. (Incredible Dadventure Ser.: 2). (ENG.). 192p. (J). (gr. 2-4). pap. 8.99 *(978-1-84812-589-6(5))* Bonnier Publishing GBR. Dist: Independent Pubs. Group.

Incredible Dadventure 3: the Spectacular Holly-Day. Dave Lowe. Illus. by The Boy Fitz Hammond. 2018. (Incredible Dadventure Ser.: 3). (ENG.). 192p. (J). (gr. 2-4). pap. 8.99 *(978-1-84812-611-4(5))* Bonnier Publishing GBR. Dist: Independent Pubs. Group.

Incredible Dinosaurs Activity Book. David Antram. ed. 2017. (ENG., Illus.). 96p. (J). (gr. 2). pap. 7.95 *(978-1-912006-50-2(2))* Book Hse. GBR. Dist: Sterling Publishing Co., Inc.

Incredible Doom. Matthew Bogart. 2021. (Incredible Doom Ser.: 1). (ENG., Illus.). 288p. (J). (gr. 9). 24.99 *(978-0-06-306494-2(4)*, HarperAlley) HarperCollins Pubs.

Incredible Doom: Graphic Novel. Matthew Bogart. 2021. (Incredible Doom Ser.: 1). (ENG., Illus.). 288p. (J). (gr. 9). pap. 16.99 *(978-0-06-306493-5(6)*, HarperAlley) HarperCollins Pubs.

Incredible Doom: Volume 2, 2. Matthew Bogart & Jesse Holden. Illus. by Matthew Bogart. 2022. (Incredible Doom Ser.: 2). (ENG., Illus.). 304p. (J). (gr. 9). 25.99 *(978-0-06-306497-3(9))*; pap. 18.99 *(978-0-06-306496-6(0))* HarperCollins Pubs. (HarperAlley).

Incredible Dot 2 Dot for Bad Weather Days Activity Book Book. Activibooks For Kids. 2016. (ENG., Illus.). (J). pap. 7.55 *(978-1-68321-496-0(X))* Mimaxion.

Incredible Dot 2 Dot for Rainy Days Activity Book Book. Kreative Kids. 2016. (ENG., Illus.). (J). pap. 10.81 *(978-1-68377-073-2(0))* Whlke, Traudl.

Incredible Dot to Dot Animal Adventure Activity Book. Kreative Kids. 2016. (ENG., Illus.). (J). pap. 9.20 *(978-1-68377-056-5(0))* Whlke, Traudl.

Incredible Drawing! How to Draw Activity Book. Bobo's Children Activity Books. 2016. (ENG., Illus.). (J). pap. 9.33 *(978-1-68327-331-8(1))* Sunshine In My Soul Publishing.

Incredible Dreams: Your Light Guides the Way. Lii Young. 2020. (ENG.). 48p. (J). *(978-1-5255-3140-8(9))*; pap. *(978-1-5255-3141-5(7))* FriesenPress.

Incredible Drone Competitions. Thomas K. Adamson. 2017. (Cool Competitions Ser.). (ENG., Illus.). 32p. (J). (gr. 3-9). lib. bdg. 27.32 *(978-1-5157-7354-2(X)*, 135692, Capstone Pr.) Capstone.

Incredible Earth Science Experiments for 6th Graders - Science Book for Elementary School Children's Science Education Books. Baby Professor. 2017. (ENG., Illus.). (J). pap. 8.79 *(978-1-5419-1394-3(9)*, Baby Professor (Education Kids)) Speedy Publishing LLC.

Incredible Elastigirl. Natasha Bouchard. ed. 2018. (Step into Reading Ser.). (ENG.). 32p. (J). (gr. 2-3). 13.89 *(978-1-64310-242-9(7))* Penworthy Co., LLC, The.

Incredible Elastigirl (Disney/Pixar the Incredibles 2) Natasha Bouchard. Illus. by Disney Storybook Disney Storybook Art Team. 2018. (Step into Reading Ser.). (ENG.). 32p. (J). (gr. -1-1). pap. 5.99 *(978-0-7364-3857-5(2)*, RH/Disney) Random Hse. Children's Bks.

Incredible Emeralds. Amy B. Rogers. 2017. (Glittering World of Gems Ser.). 24p. (gr. 2-3). 49.50 *(978-1-5345-2296-1(4)*, KidHaven Publishing) Greenhaven Publishing LLC.

Incredible Escape. Martin Fournier & Peter McCambridge. 2016. (Adventures of Radisson Ser.). (ENG., Illus.). 200p. (gr. 7). pap. 16.95 *(978-1-77186-025-3(1)*, P497260) Baraka Bks. CAN. Dist: Eurospan Group, The.

Incredible History of the Indian Ocean. Sanyal Sanjeev. 2020. (ENG., Illus.). 256p. (J). pap. 8.99 *(978-0-14-344601-9(0)*, Puffin) Penguin Bks. India PVT, Ltd IND. Dist: Independent Pubs. Group.

Incredible History Trivia: Fun Facts & Quizzes. Eric Braun. 2018. (Trivia Time! (Alternator Books (r)) Ser.). (ENG., Illus.). 32p. (J). (gr. 3-6). 29.32 *(978-1-5124-8331-4(1)*, 2e792ab5-bcb0-4f11-8bd2-2e2868b4d4b9, Lerner Pubns.) Lerner Publishing Group.

Incredible Honeymoon (Classic Reprint) E. Nesbit. 2018. (ENG., Illus.). 322p. (J). 30.58 *(978-0-484-91005-7(1))* Forgotten Bks.

Incredible Hulk Epic Collection - Ghosts of the Future. Peter David et al. Illus. by Angel Medina. 2019. 504p. (gr. 4-17). pap. 39.99 *(978-1-302-91626-8(2)*, Marvel Universe) Marvel Worldwide, Inc.

Incredible Hulk Epic Collection - The Hulk Must Die. Gary Friedrich & Stan Lee. Illus. by Bill Everett & Gil Kane. 2017. 432p. (gr. -1-17). pap. 39.99 *(978-1-302-90445-6(0)*, Marvel Universe) Marvel Worldwide, Inc.

Incredible Hulk: My Mighty Marvel First Book. Marvel Entertainment. Illus. by Sal Buscema. 2021. (Mighty Marvel First Book Ser.). (ENG.). 24p. (J). (gr. -1-17). bds. 10.99 *(978-1-4197-4817-2(3)*, 1706310) Abrams, Inc.

Incredible Idioms (Fun with English) Sonia Mehta. 2019. (Fun with English Ser.). (ENG.). 48p. (J). pap. 8.99 *(978-0-14-344487-9(5)*, Puffin) Penguin Bks. India PVT, Ltd IND. Dist: Independent Pubs. Group.

Incredible Insects. Harriet Loy. 2022. (Amazing Animal Classes Ser.). (ENG., Illus.). 24p. (J). (gr. k-3). pap. 7.99 *(978-1-64834-834-1(3)*, 21688, Blastoff! Readers) Bellwether Media.

Incredible Insects (Set), 6 vols. Grace Hansen. 2021. (Incredible Insects Ser.). (ENG.). 24p. (J). (gr. -1-2). lib. bdg. 196.74 *(978-1-0982-0733-5(5)*, 37885, Abdo Kids) ABDO Publishing Co.

Incredible Insects (Set Of 6) Grace Hansen. 2021. (Incredible Insects Ser.). (ENG., Illus.). 144p. (J). (gr. 1-1). pap. 53.70 *(978-1-64494-553-7(3)*, Abdo Kids-Jumbo) ABDO Publishing Co.

Incredible Inventions: From the Wheel to Spacecraft, the First Written Word to the Internet. Matt Turner. Illus. by Sarah Connor. 2019. (ENG.). 96p. (J). (gr. 2-6). 19.99 *(978-1-913077-15-0(2)*, 2387a7fb-91c2-41ee-bdde-653a6eff0de8, Beetle Bks.) Hungry Tomato Ltd. GBR. Dist: Baker & Taylor Publisher Services (BTPS).

Incredible Inventors, 12 vols. 2022. (Incredible Inventors Ser.). (ENG.). 24p. (J). (gr. 1-2). lib. bdg. 145.62 *(978-1-5382-8152-9(X)*, cdd7a2f7-b1b9-4fdc-b13d-a101f35e87a9) Stevens, Gareth Publishing LLLP.

Incredible Inventors. Benjamin Proudfit. 2022. (Incredible Inventors Ser.). (ENG.). 24p. (J). pap. 51.90 *(978-1-5382-8207-6(0))* Stevens, Gareth Publishing LLLP.

Incredible Inventors, 6 vols. Jennifer Strand. 2016. (Incredible Inventors Ser.). (ENG.). 24p. (J). (gr. -1-2). 299.64 *(978-1-68079-394-9(2)*, 23015, Abdo Zoom-Launch) ABDO Publishing Co.

Incredible Jake Parker. Angelo Thomas. 2018. (ENG., Illus.). 134p. (YA). pap. 13.99 *(978-0-692-16926-1(1))* Thomas, Angelo.

Incredible Jobs You've (Probably) Never Heard Of. Natalie Labarre. Illus. by Natalie Labarre. 2020. (ENG., Illus.). 48p. (J). (gr. 5). 19.99 *(978-1-5362-1219-8(9))* Candlewick Pr.

Incredible Journey. Alicia Keefe. Ed. by NOAA Fisheries, West Coast Region (U.S.). Illus. by Anke Gladnick. 2018. (ENG.). 47p. (J). (gr. 2). pap. 13.00 *(978-0-16-094604-2(2)*, 003-017-0573-9, National Marine Fisheries Service) United States Government Printing Office.

Incredible Journey, from Mud Hut to Cambridge. John L. Shabaya. 2020. (ENG.). 362p. (YA). *(978-1-716-46786-8(1))* Lulu Pr., Inc.

Incredible Journey into the ABCs. a Baby's First Learning & Language Book. - Baby & Toddler Alphabet Books. Baby Professor. 2017. (ENG., Illus.). (J). pap. 7.89 *(978-1-68326-639-6(0)*, Baby Professor (Education Kids)) Speedy Publishing LLC.

Incredible Journey Novel Units Student Packet. Novel Units. 2019. (ENG.). (YA). pap. 13.99 *(978-1-56137-469-4(5)*, Novel Units, Inc.) Classroom Library Co.

I

Incredible Libby. Monica Lowe. 2022. (ENG.). 24p. (J). pap. 9.99 *(978-1-7372478-1-4(X))* sassyraspberry.

Incredible Life of Sir David Attenborough: Band 16/Sapphire, Bd. 16. Sally Morgan. 2017. (Collins Big Cat Ser.). (ENG.). 56p. (J). pap. 12.99 *(978-0-00-820889-9(1))* HarperCollins Pubs. Ltd. GBR. Dist: Independent Pubs. Group.

Incredible Little Man. Thomas M. Donily. 2020. (ENG.). 190p. (J). pap. *(978-1-008-92186-3(6))* Lulu Pr., Inc.

Incredible Magic of Being (Unabridged Edition), 5 vols. Kathryn Erskine. unabr. ed. 2017. (ENG.). 1p. (J). (gr. 3-7). audio compact disk 29.99 *(978-1-338-19153-0(5))* Scholastic, Inc.

Incredible Microbiome. Sean Fnp-C Davies & Tori Davies. Illus. by Blueberry Illustrations. 2018. (ENG.). 38p. (J). (gr. k-6). 18.00 *(978-0-692-96866-6(0))* Davies, Sean.

Incredible Monster Trucks Coloring Book: For Kid's Ages 4 Years Old & Up. Beatrice Harrison. 2017. (ENG., Illus.). (J). pap. 6.60 *(978-1-365-75077-9(9))* Lulu Pr., Inc.

Incredible Nadir's World 1. Nadir Durand. 2017. (ENG., Illus.). (J). pap. *(978-88-9327-198-1(2))* Soldiershop.

Incredible Nadir's World 2. Nadir Durand. 2017. (ENG., Illus.). (J). pap. *(978-88-9327-202-5(4))* Soldiershop.

Incredible Nature. Kristin Marciniak. 2018. (Unbelievable Ser.). (ENG., Illus.). 32p. (J). (gr. 3-6). 32.80 *(978-1-63235-421-1(7)*, 13769, 12-Story Library) Bookstaves, LLC.

Incredible Origami: 95 Amazing Paper-Folding Projects, Includes Origami Paper. Arcturus Publishing. 2017. (ENG.). 256p. pap. 16.99 *(978-1-78428-855-6(1)*, 8c299850-002d-498e-a27c-f17fbfe6bdff) Arcturus Publishing GBR. Dist: Baker & Taylor Publisher Services (BTPS).

Incredible Painting of Felix Clousseau. Jon Agee. Illus. by Jon Agee. 2021. (ENG., Illus.). 40p. (J). (gr. -1-3). 17.99 *(978-0-593-11265-6(2)*, Dial Bks) Penguin Young Readers Group.

Incredible Pirates Activity Book. David Antram. ed. 2017. (ENG., Illus.). 96p. (J). (gr. 2). pap. 7.95 *(978-1-912006-49-6(9))* Book Hse. GBR. Dist: Sterling Publishing Co., Inc.

Incredible Power of God's Word. Joyce Meyer. 2021. (ENG., Illus.). 96p. (J). (gr. 1-5). 16.99 *(978-1-5460-3444-5(7)*, Worthy Kids/Ideals) Worthy Publishing.

Incredible Puzzles: 150+ Timed Puzzles to Test Your Skill. Illus. by Giulia Lombardo & Marc Parchow. 2018. (ENG.). 196p. (J). (gr. 3-7). pap. 12.99 *(978-1-4380-1207-0(1))* Sourcebooks, Inc.

Incredible Rockhead: The Complete Comics Collection. Scott Nickel et al. Illus. by Christopher S. Jennings. ed. 2020. (Stone Arch Graphic Novels Ser.). (ENG.). 144p. (J). (gr. 3-6). pap., pap., pap. 8.95 *(978-1-4965-9321-4(9)*, 142351); 27.99 *(978-1-4965-8732-9(4)*, 141610) Capstone. (Stone Arch Bks.).

Incredible Rugby (Incredible Sports Stories, Book 3), Book 3. Clive Gifford. Illus. by Lu Andrade. 2023. (Incredible Sports Stories Ser.: 3). (ENG.). 176p. (J). 8.99 ***(978-0-00-860612-1(9)***, Red Shed) Farshore GBR. Dist: HarperCollins Pubs.

Incredible Science Trivia: Fun Facts & Quizzes. Heather E. Schwartz. 2018. (Trivia Time! (Alternator Books (r)) Ser.). (ENG., Illus.). 32p. (J). (gr. 3-6). 29.32 *(978-1-5124-8334-5(6)*, 311c19a1-6932-4844-bcbf-28b8b1916cd3, Lerner Pubns.) Lerner Publishing Group.

Incredible Scoobobell vs. Attila the Bully. Paolo Nana. 2018. (ENG.). 126p. (J). pap. 11.99 *(978-1-393-04234-1(1))* Draft2Digital.

Incredible Sea Mammals Children's Science & Nature. Baby Professor. 2017. (ENG., Illus.). (J). pap. 7.89 *(978-1-5419-0273-2(4)*, Baby Professor (Education Kids)) Speedy Publishing LLC.

Incredible Ship of Captain Skip. Alicia Acosta. Illus. by Cecilia Moreno. 2021. (ENG.). 40p. (J). 15.95 *(978-84-18133-16-9(3))* NubeOcho Ediciones ESP. Dist: Consortium Bk. Sales & Distribution.

Incredible Shrinking Horror. Brandon Terrell. Illus. by Eugenia Nobati. 2020. (Michael Dahl Presents: Mysteries Ser.). (ENG.). 72p. (J). (gr. 3-5). pap. 5.95 *(978-1-4965-9887-5(3)*, 201248); lib. bdg. 25.32 *(978-1-4965-9708-3(7)*, 199330) Capstone. (Stone Arch Bks.).

Incredible Snack Package Science, 2 vols. Tammy Enz & Jodi Wheeler-Toppen. 2016. (Recycled Science Ser.). (ENG.). (J). (gr. 3-4). 53.32 *(978-1-5157-5527-2(4))* Capstone.

Incredible Space Raiders from Space! Wesley King. ed. 2016. lib. bdg. 18.40 *(978-0-606-38276-2(3))* Turtleback.

Incredible Sports Trivia: Fun Facts & Quizzes. Eric Braun. 2018. (Trivia Time! (Alternator Books (r)) Ser.). (ENG., Illus.). 32p. (J). (gr. 3-6). 29.32 *(978-1-5124-8333-8(8)*, 77ce9daf-dd21-4869-8140-e707abe3570f, Lerner Pubns.) Lerner Publishing Group.

Incredible Steps to Drawing Activity Guide. Activibooks For Kids. 2016. (ENG., Illus.). (J). pap. 6.99 *(978-1-68321-364-2(5))* Mimaxion.

Incredible Tech Trivia: Fun Facts & Quizzes. Heather E. Schwartz. 2018. (Trivia Time! (Alternator Books (r)) Ser.). (ENG., Illus.). 32p. (J). (gr. 3-6). lib. bdg. 29.32 *(978-1-5124-8332-1(X)*, b604beb4-0a2a-4a42-82d4-26b3ef2e1d05, Lerner Pubns.) Lerner Publishing Group.

Incredible Technology. Meg Marquardt. 2018. (Unbelievable Ser.). (ENG., Illus.). 32p. (J). (gr. 3-6). 32.80 *(978-1-63235-422-8(5)*, 13770, 12-Story Library) Bookstaves, LLC.

Incredible True Story of the Making of the Eve of Destruction. Amy Brashear. 2019. (ENG., Illus.). 312p. (YA). (gr. 9). pap. 10.99 *(978-1-64129-048-7(X)*, Soho Teen) Soho Pr., Inc.

Incredible World of Plants - Cool Facts You Need to Know - Nature for Kids Children's Nature Books. Baby Professor. 2017. (ENG., Illus.). 64p. (J). pap. 9.52 *(978-1-5419-1485-8(6)*, Baby Professor (Education Kids)) Speedy Publishing LLC.

Incredible You. Rhys Brisenden. Illus. by Nathan Reed. 2019. (ENG.). 32p. (J). (gr. -1-3). 17.99 *(978-1-84976-626-5(6)*, 1364201) Tate Publishing, Ltd. GBR. Dist: Abrams, Inc.

Incredible You! 10 Ways to Let Your Greatness Shine Through. Wayne W. Dyer & Kristina Tracy. 2020. (Illus.). 28p. (J). (gr. -1-3). 16.99 *(978-1-4019-6102-2(9))* Hay Hse., Inc.

Incredibles. Gregory Ehrbar. Illus. by Giovanni Rigano. 2020. (Disney & Pixar Movies Ser.). (ENG.). 48p. (J). (gr. 2-6). lib. bdg. 32.79 *(978-1-5321-4551-3(9)*, 35198, Graphic Novels) Spotlight.

Incredibles 2. Alessandro Ferrari. Illus. by Marco Forcelloni. 2021. (Disney & Pixar Movies Ser.). (ENG.). 52p. (J). (gr. 2-6). lib. bdg. 32.79 *(978-1-5321-4811-8(9)*, 37022, Graphic Novels) Spotlight.

Incredibles 2 Little Golden Book (Disney/Pixar Incredibles 2) Illus. by Satoshi Hashimoto. 2018. (Little Golden Book Ser.). (ENG.). 24p. (J). (-k). 4.99 *(978-0-7364-3855-1(6)*, Golden/Disney) Random Hse. Children's Bks.

Incredibles 2 Look & Find. Riley Beck. ed. 2018. (Look & Find Ser.). (ENG.). 18p. (J). (gr. k-1). 22.36 *(978-1-64310-268-9(0))* Penworthy Co., LLC, The.

Incredibles Coffee Adventures Around the World. Cambraia F. Fernandes. 2021. (ENG.). 34p. (YA). 25.00 *(978-1-0983-5177-9(0))* BookBaby.

Incredibles (Disney/Pixar the Incredibles) John Sazaklis. Illus. by Don Clark. 2018. (Little Golden Book Ser.). (ENG.). 24p. (J). (-k). 5.99 *(978-0-7364-3863-6(7)*, Golden/Disney) Random Hse. Children's Bks.

Incredibles Mad Libs: World's Greatest Word Game. Mickie Matheis. ed. 2018. (Mad Libs Ser.). (ENG.). 48p. (J). (gr. 3-7). pap. 4.99 *(978-1-5247-8714-1(0)*, Mad Libs) Penguin Young Readers Group.

Incredibles Top 10s: No Guts, No Glory. Jennifer Boothroyd. 2019. (My Top 10 Disney Ser.). (ENG., Illus.). 32p. (J). (gr. 1-4). 27.99 *(978-1-5415-3908-2(7))*; pap. 8.99 *(978-1-5415-4663-9(6))* Lerner Publishing Group. (Lerner Pubns.).

Incredibly Dead Pets of Rex Dexter. Aaron Reynolds. 2022. (Incredibly Dead Pets of Rex Dexter Ser.). (ENG., Illus.). 240p. (J). (gr. 3-7). pap. 8.99 *(978-0-316-40780-9(1))* Little, Brown Bks. for Young Readers.

Incredibly Disgusting Food, 8 vols., Set. Incl. Carbonated Beverages: The Incredibly Disgusting Story. Adam Furgang. (YA). lib. bdg. 34.47 *(978-1-4488-1266-0(6)*, c0fcce05-4248-4419-8bab-46623bd01854); Fake Foods: Fried, Fast, & Processed: The Incredibly Disgusting Story. Paula Johanson. (YA). lib. bdg. 34.47 *(978-1-4488-1269-1(0)*, 6a036b2b-966d-4ba3-9a69-561d26844963); Mystery Meat: Hot Dogs, Sausages, & Lunch Meats. Stephanie Watson. (J). lib. bdg. 34.47 *(978-1-4488-1268-4(2)*, e646c131-08ce-42a9-aa74-cef761287444); Salty & Sugary Snacks: The Incredibly Disgusting Story. Adam Furgang. (YA). lib. bdg. 34.47 *(978-1-4488-1267-7(4)*, d5bb4c7d-9142-436e-8f91-6cb697ad4aa8); (gr. 5-8). 2011. (Incredibly Disgusting Food Ser.). (ENG., Illus.). 48p. 2010. Set lib. bdg. 137.88 *(978-1-4488-1390-2(5)*, eb80863f-13f3-4b51-9e7b-93175ab8a36b, Rosen Reference) Rosen Publishing Group, Inc., The.

Incredibly Hard to Dot 2 Dot for Rainy Days Activity Book. Kreative Kids. 2016. (ENG., Illus.). (J). pap. 10.81 *(978-1-68377-074-9(9))* Whlke, Traudl.

Incredibly Hard to Dot 2 Dot for Snowy Days Activity Book Book. Activibooks For Kids. 2016. (ENG., Illus.). (J). pap. 7.55 *(978-1-68321-886-9(8))* Mimaxion.

Incredibly Nosey Cat Flap Pony. Libby Lake. 2019. (ENG., Illus.). 30p. (J). pap. *(978-1-912850-54-9(0))* Clink Street Publishing.

Incredibly Scrumptious, Crunchily Delicious, Sweetly Ed-Chew-cational Chocolate-Covered Carrot. B. Sprouls. Illus. by B. Sprouls. 2022. (ENG.). 34p. (J). pap. 10.50 ***(978-0-578-31998-8(5))*** Sprouls, Bridget.

Incredibly True Adventures of Clyde the Betta Fish. T. Torrest. 2016. (ENG., Illus.). 24p. (J). *(978-1-329-99343-3(8))* Lulu Pr., Inc.

INCREÍBLE AUSTEN. Emma (Awesomely Austen. Emma - Spanish Edition) Katy Birchall. 2022. (SPA.). 224p. (J). pap. 8.99 *(978-84-18774-60-7(6)*, HarperCollins) HarperCollins Pubs.

INCREÍBLE AUSTEN. Orgullo y Prejuicio: (AWESOMELY AUSTEN. Pride & Prejudice - Spanish Edition) Katherine Woodfine. 2022. (SPA.). 224p. (J). pap. 8.99 *(978-84-18774-59-1(2)*, HarperCollins) HarperCollins Pubs.

Increíble Barco Del Capitán Marco. Alicia Acosta. Illus. by Cecilia Moreno. 2021. (SPA.). 40p. (J). 15.95 *(978-84-18133-15-2(5))* NubeOcho Ediciones ESP. Dist: Consortium Bk. Sales & Distribution.

Increíble Historia de... el Monstruo Del Palacio de Buckingham / the Beast of Buckingham Palace. David Walliams. 2021. (Increíble Historia De... Ser.). (SPA.). 496p. (J). (gr. 4-7). pap. 14.95 *(978-607-31-9597-3(4)*, Montena) Penguin Random House Grupo Editorial ESP. Dist: Penguin Random Hse. LLC.

Increíble Historia de... la Cosa Más Rara Del Mundo / Fing. David Walliams. Illus. by Tony Ross. 2020. (Increíble Historia De... Ser.). (SPA.). 416p. (J). (gr. 4-7). pap. 14.95 *(978-607-31-9023-7(9)*, Montena) Penguin Random House Grupo Editorial ESP. Dist: Penguin Random Hse. LLC.

Increíble Historia de la Operación Plátano / Code Name Bananas. David Walliams. 2022. (SPA.). 480p. (J). (gr. 4-7). pap. 15.95 *(978-607-38-1655-7(3)*, Montena) Penguin Random House Grupo Editorial ESP. Dist: Penguin Random Hse. LLC.

Increíble Historia... Del Monstruo de Hielo / the Ice Monster. David Walliams. 2019. (SPA.). 496p. (J). (gr. 4-7). pap. 14.95 *(978-607-31-7963-8(4)*, Montena) Penguin Random House Grupo Editorial ESP. Dist: Penguin Random Hse. LLC.

Increíble Leonardo Da Vinci y Sus Secretos. Renzo Barsotti. 2017. (SPA.). 40p. (J). (gr. 4-6). pap. 15.99 *(978-958-30-5229-3(9))* Panamericana Editorial COL. Dist: Lectorum Pubns., Inc.

¡Increíble pero Cierto! Animales (It Can't Be True! Animals!) DK. 2020. (DK 1,000 Amazing Facts Ser.). Orig. Title: Unbelievable Facts about Amazing Animals. (SPA.). 176p. (J). (gr. 4-7). 19.99 *(978-0-7440-2701-3(2)*, DK Children) Dorling Kindersley Publishing, Inc.

¡Increíble pero Cierto! Cuerpo Humano (1,000 Amazing Human Body Facts) Mil Curiosidades Sobre Tu Anatomía. DK. 2022. (DK 1,000 Amazing Facts Ser.). (SPA.). 176p. (J). (gr. 4-7). 19.99 *(978-0-7440-5960-1(7)*, DK Children) Dorling Kindersley Publishing, Inc.

Increíble Viaje de Los Faraones a la Otra Vida. Renzo Barsotti. 2017. (SPA.). 40p. (J). (gr. 4-6). pap. 15.99 *(978-958-30-5169-2(1))* Panamericana Editorial COL. Dist: Lectorum Pubns., Inc.

Incríble Historia de... el Slime Gigante / Slime. David Walliams. 2021. (SPA.). 256p. (J). (gr. 4-7). pap. 14.95 *(978-607-38-0312-0(5)*, Montena) Penguin Random House Grupo Editorial ESP. Dist: Penguin Random Hse. LLC.

Incroyables Aventures du Café Dans le Monde. Cambraia F. Fernandes. 2022. (FRE.). 34p. (J). 25.00 *(978-1-6678-2397-3(3))* BookBaby.

Incubator Baby (Classic Reprint) Ellis Parker Butler. 2018. (ENG., Illus.). 124p. (J). 26.47 *(978-0-666-99223-9(1))* Forgotten Bks.

Incurables. Stevie Claxton. 2020. (ENG.). 238p. (YA). pap. 13.99 *(978-1-0879-3178-4(9))* Indy Pub.

Incy's Adventure Begins. Mike Crescitelli & John Crescitelli. Illus. by Haley Paulsen. 2018. (ENG.). 134p. (J). pap. 8.99 *(978-1-947678-10-1(8))* Glass Onion Publishing.

Indelible: A Story of Life, Love, & Music in Five Movements (Classic Reprint) Elliot H. Paul. 2018. (ENG., Illus.). 308p. (J). 30.27 *(978-0-428-33315-7(X))* Forgotten Bks.

Indelible Ann: The Larger-Than-Life Story of Governor Ann Richards. Meghan P. Browne. Illus. by Carlynn Whitt. 2021. 44p. (J). (gr. -1-3). 18.99 *(978-0-593-17327-5(9))* Random Hse. Children's Bks.

Indelible Images. Robert Wood. 2016. (ENG.). 257p. (J). 21.95 *(978-1-78554-824-6(7)*, d05b4b77-2466-4526-91ec-ed21f926e067); pap. 11.95 *(978-1-78554-823-9(9)*, be7d28e1-fae0-445f-a9fa-e19c903820cf) Austin Macauley Pubs. Ltd. GBR. Dist: Baker & Taylor Publisher Services (BTPS).

Indelible Spot. Scott Miller. 2017. (ENG., Illus.). 28p. (J). *(978-1-387-42698-0(2))* Lulu Pr., Inc.

Independence Cake: A Revolutionary Confection Inspired by Amelia Simmons, Whose True History Is Unfortunately Unknown. Deborah Hopkinson. Illus. by Giselle Potter. 2017. 44p. (J). (gr. -1-3). 17.99 *(978-0-385-39017-0(3)*, Schwartz & Wade Bks.) Random Hse. Children's Bks.

Independence Day. Lori Dittmer. 2020. (Seedlings: Holidays Ser.). (ENG.). 24p. (J). (gr. -1-1). pap. 8.99 *(978-1-62832-863-9(0)*, 17883, Creative Paperbacks) Creative Co., The.

Independence Day. Rachel Grack. 2017. (Celebrating Holidays Ser.). (ENG.). 24p. (J). (gr. k-3). lib. bdg. 26.95 *(978-1-62617-622-5(1)*, Blastoff! Readers) Bellwether Media.

Independence Day. Contrib. by Rebecca Sabelko. 2023. (Happy Holidays! Ser.). (ENG., Illus.). (J). (gr. -1-2). pap. 7.99. lib. bdg. 25.95 Bellwether Media.

Independence Day Cookbook. Mary Lou Caswell & Deanna Caswell. 2021. (Holiday Recipe Box Ser.). (ENG.). 24p. (J). (gr. 4-6). *(978-1-62310-311-8(8)*, 13056, Hi Jinx) Black Rabbit Bks.

Independence Day Horror at Killsbury (Classic Reprint) Asenath Carver Coolidge. (ENG., Illus.). (J). 2017. 29.11 *(978-0-265-51066-7(X))*; 2016. pap. 11.57 *(978-1-334-31507-7(8))* Forgotten Bks.

Independence Day Resurgence Movie Novelization: Young Readers Edition. Adapted by Tracey West. 2016. (ENG., Illus.). 144p. (J). (gr. 3-7). pap. 6.99 *(978-1-4814-7858-8(3)*, Simon Spotlight) Simon Spotlight.

Independence Days, Vol. 10. Betsy Richardson. 2018. (Celebrating Holidays & Festivals Around the World Ser.). (Illus.). 112p. (J). (gr. 7). lib. bdg. 34.60 *(978-1-4222-4148-6(3))* Mason Crest.

Independence Hall. Aaron Carr. 2017. (Symbols of America Ser.). (ENG.). 24p. (J). lib. bdg. 22.99 *(978-1-5105-2161-2(5))* SmartBook Media, Inc.

Independence Hall. K. a Robertson. 2019. (Visiting U. S. Symbols Ser.). (ENG.). 16p. (J). (gr. -1-2). pap. 9.95 *(978-1-7316-0420-0(3)*, 9781731604200) Rourke Educational Media.

Independence Hall: All about the American Symbol. Jessica Gunderson. 2020. (Smithsonian Little Explorer: Little Historian American Symbols Ser.). (ENG., Illus.). 32p. (J). (gr. 1-3). lib. bdg. 31.32 *(978-1-9771-2586-6(7)*, 201127, Pebble) Capstone.

Independencia de Mexico. José Manuel Villalpando. 2020. (Historias de Verdad - México Ser.). (SPA.). 96p. (J). (gr. 4-7). pap. 13.95 *(978-607-8469-72-7(X))* Nostra Ediciones MEX. Dist: Independent Pubs. Group.

Independent Butterfly. Kareem Bernard. 2020. (ENG.). 16p. (J). *(978-1-6781-2913-2(5))* Lulu Pr., Inc.

Independent Classroom Library 2019. Hmh Hmh. 2019. (PM Generations Ser.). (ENG.). (J). (gr. 2-5). pap. 1332.00 *(978-0-358-17410-3(4))* Houghton Mifflin Harcourt Publishing Co.

Independent Daughter (Classic Reprint) Amy E. Blanchard. 2017. (ENG., Illus.). (J). 298p. 30.06 *(978-0-484-03961-1(X))*; pap. 13.57 *(978-0-259-29934-9(0))* Forgotten Bks.

Independent Fourth Reader: Containing a Practical Treatise on Elocution, Illustrated with Diagrams; Select & Classified Reading & Recitations; with Copious Notes, & Complete Supplementary Index (Classic Reprint) J. Madison Watson. (ENG., Illus.). (J). 2018. 240p. 28.85 *(978-0-267-00622-9(5))*; 2017. pap. 11.57 *(978-0-259-02487-3(2))* Forgotten Bks.

Independent Investigator, 3 bks., vol. Tahirih Lemon. 2019. (Independent Investigator Ser.: 1). (ENG.). 104p. (gr. 7-10). pap. *(978-0-6485851-0-7(7))* Lemon, Tahirih.

Independent Investigator III. Tahirih Lemon. 2022. (Independent Investigator Ser.: 3). (ENG.). 106p. (gr. 8-10). pap. *(978-0-6485851-5-2(8))* Lemon, Tahirih.

Indescribable. Lindsey Payton. 2022. (ENG.). 324p. (YA). pap. 22.95 *(978-1-63985-037-2(6))* Fulton Bks.

Indescribable: 100 Devotions for Kids about God & Science, 1 vol. Louie Giglio. 2017. (Indescribable Kids Ser.). (ENG., Illus.). 208p. (J). 17.99 *(978-0-7180-8610-7(4)*, Tommy Nelson) Nelson, Thomas Inc.

Indescribable Activity Book for Kids: 150+ Mind-Stretching & Faith-Building Puzzles, Crosswords, Stem Experiments, & More about God & Science! Louie Giglio. 2023. (Indescribable Kids Ser.). (ENG.). 192p. (J). 14.99 *(978-1-4002-3588-9(X)*, Tommy Nelson) Nelson, Thomas Inc.

Indescribable for Little Ones, 1 vol. Louie Giglio. Illus. by Nicola Anderson. 2021. (Indescribable Kids Ser.). (ENG.). 10p. (J). bds. 12.99 *(978-1-4002-2615-3(5)*, Tommy Nelson) Nelson, Thomas Inc.

Indestructible. C. McMaster. Illus. by Madeleine McMaster. 2019. (ENG.). 30p. (J). 19.90 *(978-0-9891166-4-0(6))* Pilgrim Voyage Pr.

Indestructible Tom Crean: Heroic Explorer of the Antarctic. Jennifer Thermes. Illus. by Jennifer Thermes. 2023. (ENG., Illus.). 56p. (J). (gr. -1-3). 19.99 *(978-0-593-11772-9(7)*, Viking Books for Young Readers) Penguin Young Readers Group.

Indestructibles: All Year Round: a Book of Seasons: Chew Proof · Rip Proof · Nontoxic · 100% Washable (Book for Babies, Newborn Books, Safe to Chew) Amy Pixton. Illus. by Carolina Búzio. 2020. (Indestructibles Ser.). (ENG.). 12p. (J). (gr. -1 — 1). pap. 5.99 *(978-1-5235-1113-6(3)*, 101113) Workman Publishing Co., Inc.

Indestructibles: Baby Animals: Chew Proof · Rip Proof · Nontoxic · 100% Washable (Book for Babies, Newborn Books, Safe to Chew) Illus. by Stephan Lomp. 2017. (Indestructibles Ser.). (ENG.). 12p. (J). (gr. -1 — 1). pap. 5.99 *(978-0-7611-9308-1(1)*, 19308) Workman Publishing Co., Inc.

Indestructibles: Baby, Find the Shapes! Chew Proof · Rip Proof · Nontoxic · 100% Washable (Book for Babies, Newborn Books, Safe to Chew) Illus. by Ekaterina Trukhan. 2019. (Indestructibles Ser.). (ENG.). 12p. (J). (gr. -1 — 1). pap. 5.99 *(978-1-5235-0624-8(5)*, 100624) Workman Publishing Co., Inc.

Indestructibles: Baby, Let's Count! Chew Proof · Rip Proof · Nontoxic · 100% Washable (Book for Babies, Newborn Books, Safe to Chew) Illus. by Ekaterina Trukhan. 2019. (Indestructibles Ser.). (ENG.). 12p. (J). (gr. -1 — 1). pap. 5.99 *(978-1-5235-0622-4(9)*, 100622) Workman Publishing Co., Inc.

Indestructibles: Baby, Let's Eat! Chew Proof · Rip Proof · Nontoxic · 100% Washable (Book for Babies, Newborn Books, Safe to Chew) Illus. by Stephan Lomp. 2018. (Indestructibles Ser.). (ENG.). 12p. (J). (gr. -1 — 1). pap. 5.99 *(978-1-5235-0207-3(X)*, 100207) Workman Publishing Co., Inc.

Indestructibles: Baby, See the Colors! Chew Proof · Rip Proof · Nontoxic · 100% Washable (Book for Babies, Newborn Books, Safe to Chew) Illus. by Ekaterina Trukhan. 2019. (Indestructibles Ser.). (ENG.). 12p. (J). (gr. -1 — 1). pap. 5.99 *(978-1-5235-0623-1(7)*, 100623) Workman Publishing Co., Inc.

Indestructibles: Baby's First Passover: Chew Proof · Rip Proof · Nontoxic · 100% Washable (Book for Babies, Newborn Books, Safe to Chew) Illus. by Ben Javens. 2023. (Indestructibles Ser.). (ENG.). 12p. (J). (gr. -1 — 1). pap. 5.99 *(978-1-5235-1774-9(3)*, 101774) Workman Publishing Co., Inc.

Indestructibles: Beach Baby: Chew Proof · Rip Proof · Nontoxic · 100% Washable (Book for Babies, Newborn Books, Safe to Chew) Illus. by Kate Merritt. 2016. (Indestructibles Ser.). (ENG.). 12p. (J). (gr. -1 — 1). pap. 5.99 *(978-0-7611-8732-5(4)*, 18732) Workman Publishing Co., Inc.

Indestructibles: Bebé, Vamos a Comer! / Baby, Let's Eat! Chew Proof · Rip Proof · Nontoxic · 100% Washable (Book for Babies, Newborn Books, Safe to Chew) Stephan Lomp. ed. 2018. (Indestructibles Ser.). (SPA., Illus.). 12p. (J). (gr. -1 — 1). pap. 5.99 *(978-1-5235-0318-6(1)*, 100318) Workman Publishing Co., Inc.

Indestructibles: Bebé, ¡ve Los Colores! / Baby, See the Colors! Chew Proof · Rip Proof · Nontoxic · 100% Washable (Book for Babies, Newborn Books, Safe to Chew) Amy Pixton. Illus. by Ekaterina Trukhan. ed. 2023. (Indestructibles Ser.). (SPA.). 12p. (J). pap. 5.99 ***(978-1-5235-1971-2(1))*** Workman Publishing Co., Inc.

Indestructibles: Big & Little: a Book of Opposites: Chew Proof · Rip Proof · Nontoxic · 100% Washable (Book for Babies, Newborn Books, Safe to Chew) Amy Pixton. Illus. by Carolina Búzio. 2020. (Indestructibles Ser.). (ENG.). 12p. (J). (gr. -1 — 1). pap. 5.99 *(978-1-5235-1114-3(1)*, 101114) Workman Publishing Co., Inc.

Indestructibles: Busy City: Chew Proof · Rip Proof · Nontoxic · 100% Washable (Book for Babies, Newborn Books, Safe to Chew) Illus. by Maddie Frost. 2018. (Indestructibles Ser.). (ENG.). 12p. (J). (gr. -1 — 1). pap. 5.95 *(978-1-5235-0468-8(4)*, 100468) Workman Publishing Co., Inc.

Indestructibles: Hanukkah Baby: Chew Proof · Rip Proof · Nontoxic · 100% Washable (Book for Babies, Newborn Books, Safe to Chew) Illus. by Ekaterina Trukhan. 2019. (Indestructibles Ser.). (ENG.). 12p. (J). (gr. -1 — 1). pap. 5.95 *(978-1-5235-0804-4(3)*, 100804) Workman Publishing Co., Inc.

Indestructibles: Happy & You Know It! Chew Proof · Rip Proof · Nontoxic · 100% Washable (Book for Babies, Newborn Books, Safe to Chew) Amy Pixton. Illus. by Vanja Kragulj. 2021. (Indestructibles Ser.). (ENG.). 12p. (J). (gr. -1 — 1). pap. 5.95 *(978-1-5235-1415-1(9)*, 101415) Workman Publishing Co., Inc.

Indestructibles: Happy Easter! Chew Proof · Rip Proof · Nontoxic · 100% Washable (Book for Babies, Newborn Books, Safe to Chew) Illus. by Vanja Kragulj. 2023. (Indestructibles Ser.). (ENG.). 12p. (J). (gr. -1 — 1). pap. 5.99 *(978-1-5235-1413-7(2)*, 101413) Workman Publishing Co., Inc.

Indestructibles: Hear the Sounds (High Color High Contrast) Chew Proof · Rip Proof · Nontoxic · 100%

Washable (Book for Babies, Newborn Books, Safe to Chew) Amy Pixton. Illus. by Lizzy Doyle. 2023. (Indestructibles Ser.). (ENG.). 12p. (J). pap. 5.99 ***(978-1-5235-1947-7(9))*** Workman Publishing Co., Inc.

Indestructibles: Hello, Farm! Chew Proof · Rip Proof · Nontoxic · 100% Washable (Book for Babies, Newborn Books, Safe to Chew) Illus. by Maddie Frost. 2018. (Indestructibles Ser.). (ENG.). 12p. (J). (gr. -1 — 1). pap. 5.99 *(978-1-5235-0467-1(6)*, 100467) Workman Publishing Co., Inc.

Indestructibles: ¡Hola, Granja! / Hello, Farm! Chew Proof · Rip Proof · Nontoxic · 100% Washable (Book for Babies, Newborn Books, Safe to Chew) Illus. by Maddie Frost. 2020. (Indestructibles Ser.). (SPA.). 12p. (J). (gr. -1 — 1). pap. 5.99 *(978-1-5235-0989-8(9)*, 100989) Workman Publishing Co., Inc.

Indestructibles: Home Sweet Home: Chew Proof · Rip Proof · Nontoxic · 100% Washable (Book for Babies, Newborn Books, Safe to Chew) Illus. by Stephan Lomp. 2018. (Indestructibles Ser.). (ENG.). 12p. (J). (gr. -1 — 1). pap. 5.99 *(978-1-5235-0208-0(8)*, 100208) Workman Publishing Co., Inc.

Indestructibles: It's Bath Time! Chew Proof · Rip Proof · Nontoxic · 100% Washable (Book for Babies, Newborn Books, Safe to Chew) Amy Pixton. Illus. by Carolina Búzio. 2021. (Indestructibles Ser.). (ENG.). 12p. (J). (gr. -1 — 1). pap. 5.99 *(978-1-5235-1275-1(X)*, 101275) Workman Publishing Co., Inc.

Indestructibles: Jingle Baby (baby's First Christmas Book) Chew Proof · Rip Proof · Nontoxic · 100% Washable (Book for Babies, Newborn Books, Safe to Chew) Kate Merritt. 2016. (Indestructibles Ser.). (ENG., Illus.). 12p. (J). (gr. -1 — 1). pap. 5.99 *(978-0-7611-8726-4(X)*, 18726) Workman Publishing Co., Inc.

Indestructibles: Let's Be Kind (a First Book of Manners) Chew Proof · Rip Proof · Nontoxic · 100% Washable (Book for Babies, Newborn Books, Safe to Chew) Illus. by Ekaterina Trukhan. 2020. (Indestructibles Ser.). (ENG.). 12p. (J). (gr. -1 — 1). pap. 5.99 *(978-1-5235-0987-4(2)*, 100987) Workman Publishing Co., Inc.

Indestructibles: Let's Go Outside! Chew Proof · Rip Proof · Nontoxic · 100% Washable (Book for Babies, Newborn Books, Safe to Chew) Illus. by Ekaterina Trukhan. 2020. (Indestructibles Ser.). (ENG.). 12p. (J). (gr. -1 — 1). pap. 5.99 *(978-1-5235-0986-7(4)*, 100986) Workman Publishing Co., Inc.

Indestructibles: Love You, Baby: Chew Proof · Rip Proof · Nontoxic · 100% Washable (Book for Babies, Newborn Books, Safe to Chew) Illus. by Stephan Lomp. 2017. (Indestructibles Ser.). (ENG.). 12p. (J). (gr. -1 — 1). pap. 5.99 *(978-1-5235-0122-9(7)*, 100122) Workman Publishing Co., Inc.

Indestructibles: My Neighborhood: Chew Proof · Rip Proof · Nontoxic · 100% Washable (Book for Babies, Newborn Books, Safe to Chew) Illus. by Maddie Frost. 2018. (Indestructibles Ser.). (ENG.). 12p. (J). (gr. -1 — 1). pap. 5.99 *(978-1-5235-0469-5(2)*, 100469) Workman Publishing Co., Inc.

Indestructibles: Old MacDonald Had a Farm: Chew Proof · Rip Proof · Nontoxic · 100% Washable (Book for Babies, Newborn Books, Safe to Chew) Amy Pixton. Illus. by Vanja Kragulj. 2022. (Indestructibles Ser.). (ENG.). 12p. (J). (gr. -1 — 1). pap. 5.99 *(978-1-5235-1773-2(5)*, 101773) Workman Publishing Co., Inc.

Indestructibles: Play in Any Weather (High Color High Contrast) Chew Proof · Rip Proof · Nontoxic · 100% Washable (Book for Babies, Newborn Books, Safe to Chew) Amy Pixton. Illus. by Lizzy Doyle. 2023. (Indestructibles Ser.). (ENG.). 12p. (J). pap. 5.99 ***(978-1-5235-1946-0(0))*** Workman Publishing Co., Inc.

Indestructibles: Rhyme with Me! Chew Proof · Rip Proof · Nontoxic · 100% Washable (Book for Babies, Newborn Books, Safe to Chew) Amy Pixton. Illus. by Carolina Búzio. 2021. (Indestructibles Ser.). (ENG.). 12p. (J). (gr. -1 — 1). pap. 5.99 *(978-1-5235-1274-4(1)*, 101274) Workman Publishing Co., Inc.

Indestructibles: Sesame Street: Elmo Says Surprise! Chew Proof · Rip Proof · Nontoxic · 100% Washable (Book for Babies, Newborn Books, Safe to Chew) Sesame Street. 2023. (Indestructibles Ser.). (ENG.). 12p. (J). (gr. -1 — 1). pap. 5.99 ***(978-1-5235-1975-0(4))*** Workman Publishing Co., Inc.

Indestructibles: Sesame Street: Starring Abby Cadabby! Chew Proof · Rip Proof · Nontoxic · 100% Washable (Book for Babies, Newborn Books, Safe to Chew) Sesame Street. 2023. (Indestructibles Ser.). (ENG.). 12p. (J). (gr. -1 — 1). pap. 5.99 ***(978-1-5235-1976-7(2))*** Workman Publishing Co., Inc.

Indestructibles: Taste the Fruit! (High Color High Contrast) Chew Proof · Rip Proof · Nontoxic · 100% Washable (Book for Babies, Newborn Books, Safe to Chew) Amy Pixton. Illus. by Lizzy Doyle. 2022. (Indestructibles Ser.). (ENG.). 12p. (J). (gr. -1 — 1). pap. 5.99 *(978-1-5235-1592-9(9)*, 101592) Workman Publishing Co., Inc.

Indestructibles: Te Amo, Bebé / Love You, Baby: Chew Proof · Rip Proof · Nontoxic · 100% Washable (Book for Babies, Newborn Books, Safe to Chew) Illus. by Stephan Lomp. ed. 2020. (Indestructibles Ser.). (SPA.). 12p. (J). (gr. -1 — 1). pap. 5.99 *(978-1-5235-0988-1(0)*, 100988) Workman Publishing Co., Inc.

Indestructibles: the Wheels on the Bus: Chew Proof · Rip Proof · Nontoxic · 100% Washable (Book for Babies, Newborn Books, Safe to Chew) Amy Pixton. Illus. by Vanja Kragulj. 2022. (Indestructibles Ser.). (ENG.). 12p. (J). (gr. -1 — 1). pap. 5.99 *(978-1-5235-1772-5(7)*, 101772) Workman Publishing Co., Inc.

Indestructibles: Things That Go! Chew Proof · Rip Proof · Nontoxic · 100% Washable (Book for Babies, Newborn Books, Vehicle Books, Safe to Chew) Amy Pixton. Illus. by Stephan Lomp. 2017. (Indestructibles Ser.). (ENG.). 12p. (J). (gr. -1 — 1). pap. 5.99 *(978-0-7611-9362-3(6)*, 19362) Workman Publishing Co., Inc.

Indestructibles: This Little Piggy: Chew Proof · Rip Proof · Nontoxic · 100% Washable (Book for Babies, Newborn Books, Safe to Chew) Amy Pixton. Illus. by Vanja Kragulj. 2021. (Indestructibles Ser.). (ENG.). 12p. (J). (gr. -1 — 1). pap. 5.95 *(978-1-5235-1414-4(0)*, 101414) Workman Publishing Co., Inc.

Indestructibles: Touch Your Nose! (High Color High Contrast) Chew Proof · Rip Proof · Nontoxic · 100% Washable (Book for Babies, Newborn Books, Safe to Chew) Amy Pixton. Illus. by Lizzy Doyle. 2022. (Indestructibles Ser.). (ENG.). 12p. (J). (gr. -1 — 1). pap. 5.99 *(978-1-5235-1591-2(0)*, 101591) Workman Publishing Co., Inc.

Indestructibles: Welcome, Baby: Chew Proof · Rip Proof · Nontoxic · 100% Washable (Book for Babies, Newborn Books, Safe to Chew) Illus. by Stephan Lomp. 2017. (Indestructibles Ser.). (ENG.). 12p. (J). (gr. -1 — 1). pap. 5.99 *(978-1-5235-0123-6(5)*, 100123) Workman Publishing Co., Inc.

Index, 1926 (Classic Reprint) Illinois State Normal University. 2017. (ENG., Illus.). (J). 30.68 *(978-0-260-04758-8(9))*; pap. 13.57 *(978-1-5284-5534-3(7))* Forgotten Bks.

Index Insects. Michael Dahl. Illus. by Patricio Clarey. 2020. (Secrets of the Library of Doom Ser.). (ENG.). 40p. (J). (gr. 3-5). pap. 5.95 *(978-1-4965-9902-5(0)*, 201279); lib. bdg. 23.99 *(978-1-4965-9724-3(9)*, 199358) Capstone. (Stone Arch Bks.).

Index Testaceologicus, or a Catalogue of Shells, British & Foreign, Arranged According to the Linnean System: With the Latin & English Names, References to Authors, & Places Where Found (Classic Reprint) William Wood. 2017. (ENG., Illus.). (J). 30.13 *(978-0-265-93826-3(0))* Forgotten Bks.

Index to Gmelin's Handbook of Chemistry (Classic Reprint) Henry Watts. (ENG., Illus.). (J). 2018. 340p. 30.91 *(978-1-396-73558-5(5))*; 2018. 342p. pap. 13.57 *(978-1-391-94230-8(2))*; 2017. pap. 13.57 *(978-0-331-53145-9(3))*; 2016. pap. 13.57 *(978-1-334-16587-0(4))* Forgotten Bks.

Index to Kindergarten Songs Including Singing Games & Folk Songs (Classic Reprint) Margery Closey Quigley. 2017. (ENG., Illus.). (J). 30.21 *(978-0-266-28036-1(6))* Forgotten Bks.

Index to Passages of Scripture Adduced in Controversies Respecting the Sabbath & the Lord's Day. Robert Cox. 2017. (ENG., Illus.). (J). pap. *(978-0-649-41697-4(X))* Trieste Publishing Pty Ltd.

Index to Short Stories (Classic Reprint) Ina Ten Eyck Firkins. 2018. (ENG., Illus.). 386p. (J). 31.86 *(978-0-656-12327-8(3))* Forgotten Bks.

Index to St. Nicholas: A Complete, Comprehensive Index & Dictionary Catalogue to the First Twenty-Seven Volumes of St. Nicholas; Containing 20, 000 References Arranged Analytically, Alphabetically, & Classified (Classic Reprint) Harriet Goss. 2017. (ENG., Illus.). (J). 28.85 *(978-0-266-81152-7(3))*; pap. 11.57 *(978-1-5278-2898-8(0))* Forgotten Bks.

Index to St. Nicholas: Volumes I-XLV, 1873-1918 (Classic Reprint) Anna Lorraine Guthrie. 2017. (ENG., Illus.). (J). 33.94 *(978-0-266-84834-9(6))*; pap. 16.57 *(978-1-5278-0483-8(6))* Forgotten Bks.

Indi-Alphabet. Shobha Tharoor Srinivasan. 2018. (ENG., Illus.). 38p. (J). (gr. -1-3). 24.95 *(978-1-68401-583-2(9))* Amplify Publishing Group.

India. Helen Lepp Friesen. 2017. (Illus.). 32p. (J). *(978-1-5105-0832-3(5))* SmartBook Media, Inc.

India. Tammy Gagne. 2022. (Essential Library of Countries Ser.). (ENG., Illus.). 112p. (J). (gr. 6-12). lib. bdg. 41.36 *(978-1-5321-9942-4(2)*, 40673, Essential Library) ABDO Publishing Co.

India. Emily Rose Oachs. 2017. (Country Profiles Ser.). (ENG., Illus.). 32p. (J). (gr. 3-8). lib. bdg. 27.95 *(978-1-62617-681-2(7)*, Blastoff! Discovery) Bellwether Media.

India, 1 vol. Anna Obiols. 2018. (On the Way to School Ser.). (ENG.). 32p. (gr. 3-3). 28.93 *(978-1-5081-9635-8(4)*, 2272f9ae-7234-4ba3-94ca-ba08a4c3f0bb); pap. 11.00 *(978-1-5081-9636-5(2)*, 8ecc8eef-c610-45f3-9dd5-77bda1d0277d) Rosen Publishing Group, Inc., The. (Windmill Bks.).

India. R. L. Van. 2022. (Countries (BBB) Ser.). (ENG., Illus.). 32p. (J). (gr. 2-5). lib. bdg. 34.21 *(978-1-5321-9963-9(5)*, 40715, Big Buddy Bks.) ABDO Publishing Co.

India. David Wilson. 2019. (Nations in the News Ser.). (Illus.). 112p. (J). (gr. 12). lib. bdg. 35.93 *(978-1-4222-4245-2(5))* Mason Crest.

India: Beloved of Heaven (Classic Reprint) Brenton Thoburn Badley. 2017. (ENG., Illus.). (J). 28.95 *(978-0-265-22099-3(8))* Forgotten Bks.

India: The Land & the People (Classic Reprint) James Caird. 2017. (ENG., Illus.). (J). 29.53 *(978-1-5281-7847-1(5))*; pap. 11.57 *(978-0-282-60007-5(8))* Forgotten Bks.

India: The Pearl of Pearl River (Classic Reprint) E. D. E. N. Southworth. (ENG., Illus.). (J). 2018. 422p. 32.60 *(978-0-483-30222-8(8))*; 2016. pap. 16.57 *(978-1-333-76011-3(6))* Forgotten Bks.

India (Follow Me Around) (Library Edition) Wiley Blevins. 2018. (Follow Me Around... Ser.). (ENG., Illus.). 32p. (J). (gr. 3-4). 27.00 *(978-0-531-23459-4(2)*, Children's Pr.) Scholastic Library Publishing.

India from the Sublime to the Ridiculous (Classic Reprint) W. J. Rogers. 2018. (ENG., Illus.). 116p. (J). 26.29 *(978-0-332-95123-2(5))* Forgotten Bks.

India in Ancient Times, 1 vol. Cecilia Jennings. 2017. (World History Ser.). (ENG.). 104p. (YA). (gr. 7-7). pap. 20.99 *(978-1-5345-6308-7(3)*, a03dd249-eb0c-42df-93a1-474a94c25c0f, Lucent Pr.) Greenhaven Publishing LLC.

India (India), 1 vol. Anna Obiols. 2018. (Camino a la Escuela (on the Way to School) Ser.). (SPA.). 32p. (gr. 3-3). 28.93 *(978-1-5081-9639-6(7)*, db356649-a99f-4e32-9721-5e1782aaa2b4); pap. 11.00 *(978-1-5081-9640-2(0)*, 382d1210-9d6b-4712-9121-818613902433) Rosen Publishing Group, Inc., The. (Windmill Bks.).

India Inklings the Story of a Blot (Classic Reprint) Margaret T. Applegarth. 2018. (ENG., Illus.). 172p. (J). 27.46 *(978-0-267-19311-0(4))* Forgotten Bks.

India What to Discover about This Country? Children's People & Places Book. Bold Kids. 2022. (ENG.). 42p. (J). pap. 14.99 ***(978-1-0717-1975-6(0))*** FASTLANE LLC.

Indian Alps & How We Crossed Them: Being a Narrative of Two Years Residence in the Eastern Himalaya & Two Months Tour into the Interior (Classic Reprint) Nina Elizabeth. 2017. (ENG., Illus.). 668p. (J). 37.67 *(978-0-484-23087-2(5))* Forgotten Bks.

Indian Americans. Elizabeth Andrews. 2021. (Our Neighbors Ser.). (ENG., Illus.). 32p. (J). (gr. 2-3). pap. 9.95 *(978-1-64494-597-1(5))*; lib. bdg. 32.79 *(978-1-0982-4003-5(0)*, 38067, DiscoverRoo) Pop!.

Indian & Scout. F. S Brereton. 2022. (ENG.). 284p. (J). pap. ***(978-1-387-69927-8(X))*** Lulu Pr., Inc.

Indian & Scout: A Tale of the Gold Rush to California (Classic Reprint) Frederick Sadleir Brereton. 2017. (ENG., Illus.). (J). 31.82 *(978-0-265-16930-8(5))* Forgotten Bks.

Indian Book (Classic Reprint) William John Hopkins. 2018. (ENG., Illus.). 304p. (J). 30.17 *(978-0-267-87189-6(9))* Forgotten Bks.

Indian Boyhood. Charles A. Eastman. 2017. (ENG., Illus.). (J). 23.95 *(978-1-374-95165-5(X))*; pap. 13.95 *(978-1-374-95164-8(1))* Capital Communications, Inc.

Indian Boyhood. Charles A. Eastman. 2018. (ENG., Illus.). 128p. (J). 14.99 *(978-1-5154-2995-1(4))* Wilder Pubns., Corp.

Indian Boyhood: The True Story of a Sioux Upbringing. Charles Eastman. Ed. by Michael Oren Fitzgerald. Illus. by Heidi M. Rasch. 2016. 40p. (J). (gr. k-3). 17.95 *(978-1-937786-56-4(0)*, Wisdom Tales) World Wisdom, Inc.

Indian Boyhood (Classic Reprint) Charles Alexander Eastman. 2018. (ENG., Illus.). 310p. (J). 30.31 *(978-0-365-53122-7(7))* Forgotten Bks.

Indian Chief (Classic Reprint) Mary Martha Sherwood. (ENG., Illus.). (J). 2018. 26p. 24.43 *(978-0-365-41648-7(7))*; 2017. pap. 7.97 *(978-0-259-90477-9(5))* Forgotten Bks.

Indian Child Life (Classic Reprint) Charles Alexander Eastman. 2017. (ENG., Illus.). 180p. (J). 27.63 *(978-0-484-78810-6(8))* Forgotten Bks.

Indian Children's Favorite Stories: Fables, Myths & Fairy Tales. Rosemarie Somaiah. Illus. by B. Ranjan Somaiah. 2020. (Favorite Children's Stories Ser.). 64p. (J). (gr. k-5). 14.99 *(978-0-8048-5016-2(X))* Tuttle Publishing.

Indian Cobra. Grace Hansen. 2020. (Asian Animals (AK) Ser.). (ENG., Illus.). 24p. (J). (gr. -1-2). lib. bdg. 32.79 *(978-1-0982-0595-9(2)*, 36377, Abdo Kids) ABDO Publishing Co.

Indian Countryside: A Calendar & Diary (Classic Reprint) Percival C. Scott O'Connor. (ENG., Illus.). (J). 2018. 364p. 31.42 *(978-0-267-34779-7(0))*; 2016. pap. 13.97 *(978-1-333-71905-0(1))* Forgotten Bks.

Indian Dance Show. Radhika Sen. 2022. (ENG.). 38p. (J). 18.95 *(978-1-64543-935-6(6))* Amplify Publishing Group.

Indian Days of the Long Ago. Edward S. Curtis. 2020. (ENG.). 152p. (J). pap. *(978-1-78987-281-1(2))* Pantianos Classics.

Indian Days of the Long Ago (Classic Reprint) Edward S. Curtis. 2017. (ENG., Illus.). (J). 28.87 *(978-1-5285-6057-3(4))* Forgotten Bks.

Indian Dust (Classic Reprint) Otto Rothfeld. 2018. (ENG., Illus.). 226p. (J). 28.56 *(978-0-483-45871-0(6))* Forgotten Bks.

Indian Fables (Classic Reprint) P. V. Ramaswami Raju. 2018. (ENG., Illus.). 174p. (J). 27.51 *(978-0-365-29850-2(6))* Forgotten Bks.

Indian Fairy Book. Cornelius Mathews. 2017. (ENG.). 342p. (J). pap. *(978-3-337-24551-1(X))* Creation Pubs.

Indian Fairy Book: From the Original Legends (Classic Reprint) Henry Rowe Schoolcraft. 2018. (ENG., Illus.). 330p. (J). 30.72 *(978-0-483-42742-6(X))* Forgotten Bks.

Indian Fairy Tales. Joseph Jacobs. 2018. (ENG., Illus.). 198p. (YA). (gr. 7-12). pap. *(978-93-5297-844-1(7))* Alpha Editions.

Indian Fairy Tales. Joseph Jacobs. 2017. (ENG.). (J). (gr. k-6). 288p. pap. *(978-3-337-24621-1(4))*; 294p. pap. *(978-3-337-07075-5(2))* Creation Pubs.

Indian Fairy Tales. Joseph Jacobs. Illus. by John D. Batten & Gloria Cardew. 2019. (ENG.). 312p. (J). (gr. k-6). *(978-605-7748-72-0(7))*; pap. *(978-605-7876-73-7(3))* Uhrayoglu, Murat E Kitap Projesi.

Indian Fairy Tales As Told to the Little Children of the Wigwam (Classic Reprint) Mary Hazelton Wade. 2017. (ENG., Illus.). (J). 29.36 *(978-0-331-82332-5(2))*; pap. 11.97 *(978-0-243-07789-2(0))* Forgotten Bks.

Indian Family Table, Vol. 11. Mari Rich. 2018. (Connecting Cultures Through Family & Food Ser.). (Illus.). 64p. (J). (gr. 7). 31.93 *(978-1-4222-4045-8(2))* Mason Crest.

Indian Folk Tales: Eighteen Stories of Magic, Fate, Bravery & Wonder. Caroline Ness & Neil Philip. Illus. by Jacqueline Mair. 2019. 128p. (J). (gr. -1-12). 15.00 *(978-1-86147-858-0(5)*, Armadillo) Anness Publishing GBR. Dist: National Bk. Network.

Indian Folklore: Being a Collection of Tales Illustrating the Customs & Manners of the Indian People (Classic Reprint) Ganeshji Jethabhai. 2018. (ENG., Illus.). 254p. (J). 29.14 *(978-0-483-19617-9(7))* Forgotten Bks.

Indian Folktales & Legends. Nath Pratibha. 2016. (ENG.). 176p. (J). 19.99 *(978-0-14-038087-3(6)*, Puffin) Penguin Bks. India PVT, Ltd IND. Dist: Independent Pubs. Group.

Indian Garden (Classic Reprint) Emilie Mary Eggar. 2018. (ENG., Illus.). 226p. (J). 28.58 *(978-0-331-85329-2(9))* Forgotten Bks.

Indian Girl Who Led Them, Sacajawea (Classic Reprint) Amy Jane Maguire. 2018. (ENG., Illus.). 90p. (J). 25.77 *(978-0-267-51017-7(9))* Forgotten Bks.

Indian Gods, Heroes, & Mythology. Tammy Gagne. 2018. (Gods, Heroes, & Mythology Ser.). (ENG.). 48p. (J). (gr. 4-8). lib. bdg. 35.64 *(978-1-5321-1783-1(3)*, 30854) ABDO Publishing Co.

Indian Heritage. Tamra Orr. 2018. (21st Century Junior Library: Celebrating Diversity in My Classroom Ser.). (ENG., Illus.). 24p. (J). (gr. 2-4). pap. 12.79 *(978-1-5341-0834-9(3)*, 210700); lib. bdg. 30.64 *(978-1-5341-0735-9(5)*, 210699) Cherry Lake Publishing.

Indian Horrors of the Fifties: Story & Life of the Only Known Living Captive of the Indian Horrors of Sixty Years Ago (Classic Reprint) Jesse H. Alexander. 2017. (ENG., Illus.). (J). 176p. 27.53 *(978-0-332-43736-1(1))*; pap. 9.97 *(978-0-259-41223-6(6))* Forgotten Bks.

Indian Idylls (Classic Reprint) An Idle Exile. 2017. (ENG., Illus.). (J). 29.75 *(978-0-266-98495-5(9))* Forgotten Bks.

Indian Immigrants: In Their Shoes. Jeanne Marie Ford. 2019. (Immigrant Experiences Ser.). (ENG.). 32p. (J). (gr. 3-6). lib. bdg. 35.64 *(978-1-5038-2798-1(4)*, 212605, MOMENTUM) Child's World, Inc, The.

Indian in the Cupboard Novel Units Student Packet. Novel Units. 2019. (Indian in the Cupboard Ser.: No. 1). (ENG.). (J). (gr. 4-7). pap. 13.99 *(978-1-56137-693-3(0)*, NU6930SP, Novel Units, Inc.) Classroom Library Co.

Indian in the Cupboard Novel Units Teacher Guide. Novel Units. 2019. (Indian in the Cupboard Ser.: No. 1). (ENG.). (J). (gr. 4-7). pap. 12.99 *(978-1-56137-225-6(0)*, Novel Units, Inc.) Classroom Library Co.

Indian Legends (Classic Reprint) Marion Foster Washburne. 2017. (ENG., Illus.). (J). 27.30 *(978-0-265-67484-0(0))*; pap. 9.97 *(978-1-5276-4488-5(X))* Forgotten Bks.

Indian Legends in Rhyme (Classic Reprint) Grace Purdie Moon. (ENG., Illus.). (J). 2018. 70p. 25.34 *(978-0-365-41506-0(5))*; 2017. pap. 9.57 *(978-0-259-82294-3(9))* Forgotten Bks.

Indian Legends Retold (Classic Reprint) Elaine Goodale Eastman. 2018. (ENG., Illus.). 194p. (J). 27.90 *(978-0-483-87144-1(3))* Forgotten Bks.

Indian Life in the Great North-West (Classic Reprint) Egerton R. Young. 2017. (ENG., Illus.). (J). 27.07 *(978-0-260-61172-7(7))* Forgotten Bks.

Indian Lily: And Other Stories (Classic Reprint) Hermann Sudermann. 2018. (ENG., Illus.). 334p. (J). 30.79 *(978-0-483-19825-8(0))* Forgotten Bks.

Indian Mandalas Coloring Book: Inspire Creativity, Reduce Stress & Bring Tranquility - Mandala Coloring Pages. Activibooks. 2016. (ENG., Illus.). (J). pap. 9.20 *(978-1-68321-096-2(4))* Mimaxion.

Indian Memories (Classic Reprint) W. S. Burrell. 2018. (ENG., Illus.). 316p. (J). 30.41 *(978-0-267-49285-5(5))* Forgotten Bks.

Indian Mouse Cricket Caper. Mark Trenowden. 2016. (Mouse Cricket Caper Ser.: Vol. 2). (ENG., Illus.). 277p. (YA). (gr. 7-10). pap. *(978-1-5272-0356-3(5))* Cambrian Way Trust.

Indian Nights' Entertainment. Charles Swynnerton. 2017. (ENG.). 410p. (J). pap. *(978-3-7447-6853-5(8))* Creation Pubs.

Indian Nights' Entertainment: Or, Folk-Tales from the Upper Indus; with Numerous Illustrations by Native Hands (Classic Reprint) Charles Swynnerton. 2017. (ENG., Illus.). (J). 32.27 *(978-0-265-83929-4(7))* Forgotten Bks.

Indian No More, 1 vol. Charlene McManis & Traci Sorell. 2019. (ENG., Illus.). 224p. (J). (gr. 4-8). 18.95 *(978-1-62014-839-6(0)*, leelowtu, Tu Bks.) Lee & Low Bks., Inc.

Indian Ocean. Helen Lepp Friesen. 2016. (Illus.). 32p. (J). *(978-1-4896-4737-5(6))* Weigl Pubs., Inc.

Indian Ocean. Lauren Gordon. 2022. (Oceans of the World Ser.). (ENG.). 24p. (J). (gr. k-2). pap. 8.95 *(978-1-63897-564-9(7)*, 21455); lib. bdg. 27.93 *(978-1-63897-449-9(7)*, 21454) Seahorse Publishing.

Indian Ocean. Helen Lepp Friesen. 2019. (Our Five Oceans Ser.). (ENG.). 32p. (J). lib. bdg. 29.99 *(978-1-5105-4374-4(0))* SmartBook Media, Inc.

Indian Ocean. Emily Rose Oachs. 2016. (Discover the Oceans Ser.). (ENG., Illus.). 24p. (J). (gr. k-3). pap. 7.99 *(978-1-61891-263-3(1)*, 12047); lib. bdg. 26.95 *(978-1-62617-332-3(X))* Bellwether Media. (Blastoff! Readers).

Indian Ocean. Juniata Rogers. 2018. (Oceans of the World Ser.). (ENG.). 24p. (J). (gr. -1-2). lib. bdg. 32.79 *(978-1-5038-2503-1(5)*, 212364) Child's World, Inc, The.

Indian Ocean Earthquake & Tsunami. Stephanie Bearce. 2019. (21st Century Disasters Ser.). (ENG., Illus.). 32p. (J). (gr. 2-3). pap. 9.95 *(978-1-64185-810-6(9)*, 1641858109); lib. bdg. 31.35 *(978-1-64185-741-3(2)*, 1641857412) North Star Editions. (Focus Readers).

Indian Old-Man Stories: More Sparks from War Eagle's Lodge-Fire. Frank B. Linderman. 2017. (ENG., Illus.). (J). pap. *(978-0-649-61262-8(0))*; pap. *(978-0-649-18249-7(9))* Trieste Publishing Pty Ltd.

Indian Old-Man Stories: More Sparks from War Eagle's Lodge-Fire (Classic Reprint) Frank B. Linderman. 2018. (ENG., Illus.). 218p. (J). 28.39 *(978-0-483-40215-7(X))* Forgotten Bks.

Indian Removal Act & the Trail of Tears. Susan E. Hamen. 2018. (Expansion of Our Nation Ser.). (ENG., Illus.). 32p. (J). (gr. 3-5). pap. 9.95 *(978-1-63517-982-8(3)*, 1635179823); lib. bdg. 31.35 *(978-1-63517-881-4(9)*, 1635178819) North Star Editions. (Focus Readers).

Indian Removal ACT & the Trail of Tears. Susan E. Hamen. 2018. (Illus.). 32p. (J). *(978-1-4896-9866-7(3)*, AV2 by Weigl) Weigl Pubs., Inc.

Indian Removal Act & the Trail of Tears. Duchess Harris & Kate Conley. 2019. (Freedom's Promise Set 3 Ser.). (ENG., Illus.). 48p. (J). (gr. 4-8). lib. bdg. 35.64 *(978-1-5321-9083-4(2)*, 33676) ABDO Publishing Co.

Indian Shoes. Cynthia Leitich Smith. Illus. by Timothy MaryBeth. 2021. (ENG.). 80p. (J). (gr. 1-5). pap. 6.99 *(978-0-06-442148-5(1)*, Heartdrum) HarperCollins Pubs.

Indian Special (Classic Reprint) Estelle Aubrey Armstrong. 2018. (ENG., Illus.). 210p. (J). 28.23 *(978-0-365-42984-5(8))* Forgotten Bks.

Indian Steps: And Other Pennsylvania Mountain Stories (Classic Reprint) Henry W. Shoemaker. (ENG., Illus.). (J). 2017. 33.16 *(978-0-331-65217-8(X))*; 2016. pap. 16.57 *(978-1-333-76446-3(4))* Forgotten Bks.

Indian Stories Retold from St. Nicholas. 2019. (ENG., Illus.). 108p. (YA). pap. *(978-93-5329-500-4(9))* Alpha Editions.

Indian Story Hour (Classic Reprint) Rilma Marion Browne. (ENG., Illus.). (J). 2018. 132p. 26.62 *(978-0-666-84020-2(2))*; 2017. pap. 9.57 *(978-0-259-40855-0(7))* Forgotten Bks.

Indian Summer (Classic Reprint) William D. Howells. 2017. (ENG., Illus.). (J). 32.21 *(978-1-5280-8877-0(8))* Forgotten Bks.

Indian Summer (Classic Reprint) Emily Grant Hutchings. (ENG., Illus.). (J). 2018. 306p. 30.23 *(978-0-332-91790-0(8))*; 2016. pap. 13.57 *(978-1-333-47793-6(7))* Forgotten Bks.

Indian Summer, Vol. 1 (Classic Reprint) William Dean Howells. (ENG., Illus.). (J). 2018. 288p. 29.86 *(978-0-428-97914-0(9))*; 2016. pap. 13.57 *(978-1-334-12290-3(3))* Forgotten Bks.

Indian Summer, Vol. 2 (Classic Reprint) William Dean Howells. 2018. (ENG., Illus.). 258p. (J). 29.24 *(978-0-483-79023-0(0))* Forgotten Bks.

Indian Tale or Two: Reprinted from the Blackheath Local Guide; with an Introduction (Classic Reprint) Robert Blair Swinton. (ENG., Illus.). (J). 2018. 54p. 25.01 *(978-0-267-72969-2(3))*; 2016. pap. 9.57 *(978-1-333-74523-3(0))* Forgotten Bks.

Indian Tales. Rudyard Kipling. 2017. (ENG., Illus.). (J). pap. 19.95 *(978-1-374-88225-6(9))* Capital Communications, Inc.

Indian Tales. Shenaaz Nanji. Illus. by Christopher Corr. 2017. (ENG.). 96p. (J). (gr. 2-5). pap. 16.99 *(978-1-78285-357-2(X))* Barefoot Bks., Inc.

Indian Tales (Classic Reprint) Frank W. Calkins. (ENG., Illus.). (J). 2018. 442p. 33.10 *(978-0-483-69647-1(1))*; 2016. pap. 16.57 *(978-1-334-16183-4(6))* Forgotten Bks.

Indian Tales (Classic Reprint) Rudyard Kipling. (ENG., Illus.). (J). 2018. 644p. 37.18 *(978-0-365-42863-3(9))*; 2017. 39.53 *(978-1-5280-6552-8(2))*; 2016. pap. 23.57 *(978-1-333-26979-1(X))* Forgotten Bks.

Indian Tales for Boys, or the Back-Woodsman, & True Stories of the Frontier: Fantastic War Dances, Mysterious Medicine Men, Desperate Indian Braves; Tortures of Prisoners; Adventures of the Chase, etc;; Together with Thrilling Incidents, Bloody Wars, St. Walter Spooner. (ENG., Illus.). (J). 2018. 616p. 36.60 *(978-0-666-93016-3(3))*; 2016. pap. 16.57 *(978-1-333-51141-8(8))* Forgotten Bks.

Indian Tales of the Great Ones among Men, Women, & Bird-People (Classic Reprint) Cornelia Sorabji. (ENG., Illus.). (J). 2017. 25.96 *(978-0-331-67987-8(6))*; 2016. pap. 9.57 *(978-1-334-13496-8(0))* Forgotten Bks.

Indian Ways of Yore - Fables & Fact. Larry W. Jones. 2021. (ENG.). 142p. (YA). 40.74 *(978-1-7947-8525-0(6))* Lulu Pr., Inc.

Indian Whirlpools: A Tale of Modern India (Classic Reprint) Roland Grimshaw. 2018. (ENG., Illus.). 306p. (J). 30.21 *(978-0-267-18262-6(7))* Forgotten Bks.

Indian Who Wasn't. Jackie Smith Ph D. 2021. (ENG.). 30p. (J). pap. 7.99 *(978-1-953537-53-9(7))* Bookwhip.

Indian Why Stories: Sparks from War Eagle's Lodge-Fire (Classic Reprint) Frank Bird Linderman. 2018. (ENG., Illus.). 272p. (J). 29.51 *(978-0-483-80728-0(1))* Forgotten Bks.

Indiana. Karen Durrie & Jennifer Nault. 2018. (Illus.). 24p. (J). *(978-1-4896-7429-6(2)*, AV2 by Weigl) Weigl Pubs., Inc.

Indiana, 1 vol. John Hamilton. 2016. (United States of America Ser.). (ENG., Illus.). 48p. (J). (gr. 5-9). 34.21 *(978-1-68078-316-2(5)*, 21617, Abdo & Daughters) ABDO Publishing Co.

Indiana. Ann Heinrichs. Illus. by Matt Kania. 2017. (U. S. A. Travel Guides). (ENG.). 40p. (J). (gr. 2-5). lib. bdg. 38.50 *(978-1-5038-1954-2(X)*, 211591) Child's World, Inc, The.

Indiana. Elsa Pelkola. 2022. (Core Library of US States Ser.). (ENG., Illus.). 48p. (J). (gr. 4-8). lib. bdg. 35.64 *(978-1-5321-9755-0(1)*, 39601) ABDO Publishing Co.

Indiana. Angie Swanson & Bridget Parker. 2016. (States Ser.). (ENG., Illus.). 32p. (J). (gr. 3-6). lib. bdg. 27.99 *(978-1-5157-0401-0(7)*, 132012, Capstone Pr.) Capstone.

Indiana: Children's American Local History Book. Bold Kids. 2022. (ENG.). 46p. (J). pap. 14.99 ***(978-1-0717-1026-5(5))*** FASTLANE LLC.

Indiana: The Hoosier State. Rennay Craats. 2016. (J). *(978-1-4896-4857-0(7))* Weigl Pubs., Inc.

Indiana (a True Book: My United States) (Library Edition) Tamra B. Orr. 2018. (True Book (Relaunch) Ser.). (ENG., Illus.). 48p. (J). (gr. 3-5). lib. bdg. 31.00 *(978-0-531-23164-7(X)*, Children's Pr.) Scholastic Library Publishing.

Indiana Authors: A Representative Collection for Young People (Classic Reprint) Minnie Olcott Williams. (ENG., Illus.). (J). 2018. 374p. 31.63 *(978-0-365-11684-4(X))*; 2017. pap. 16.57 *(978-1-5276-3881-5(2))* Forgotten Bks.

Indiana Bamboo: A Novel. Meira Rosenberg. 2017. 166p. (J). pap. *(978-1-60454-245-5(4)*, Iris Pr.) Iris Publishing Group, Inc., The.

Indiana Bones. Harry Heape. Illus. by Rebecca Bagley. 2021. (ENG.). 304p. (J). pap. 8.95 *(978-0-571-35350-7(9))* Faber & Faber, Inc.

Indiana Books for Kids Gift Set. Eric James & Steve Smallman. Illus. by Marcin Piwowarski. 2020. (ENG.). (J). (-3). 29.99 *(978-1-7282-4194-4(4))* Sourcebooks, Inc.

Indiana Pacers. Steph Giedd. 2023. (NBA All-Time Greats Set 3 Ser.). (ENG., Illus.). 24p. (J). lib. bdg. 28.50 ***(978-1-63494-662-9(6))*** Pr. Room Editions LLC.

Indiana Pacers. Contrib. by Steph Giedd. 2023. (NBA All-Time Greats Set 3 Ser.). (ENG., Illus.). 24p. (J). pap. 8.95 ***(978-1-63494-686-5(3))*** Pr. Room Editions LLC.

Indiana Pacers. Jim Gigliotti. 2019. (Insider's Guide to Pro Basketball Ser.). (ENG.). 32p. (J). (gr. 1-4). lib. bdg. 35.64 *(978-1-5038-2453-9(5)*, 212260) Child's World, Inc, The.

Indiana Pacers. Will Graves. 2022. (Inside the NBA (2023) Ser.). (ENG., Illus.). 48p. (J). (gr. 3-6). lib. bdg. 34.22 *(978-1-5321-9829-8(9)*, 39763, SportsZone) ABDO Publishing Co.

Indiana Pacers. Jim Whiting. 2017. (NBA: a History of Hoops Ser.). (ENG., Illus.). 48p. (J). (gr. 4-7). *(978-1-60818-846-8(9)*, 20243, Creative Education) Creative Co., The.

Indiana Pacers. Jim Whiting. 2nd ed. 2017. (NBA: a History of Hoops Ser.). (ENG., Illus.). 48p. (J). (gr. 4-7). pap. 12.00 *(978-1-62832-449-5(X)*, 20244, Creative Paperbacks) Creative Co., The.

Indiana State Series; Second Reader. Charles H. Allen. 2017. (ENG., Illus.). (J). pap. *(978-0-649-70016-5(3))* Trieste Publishing Pty Ltd.

Indianapolis Colts. Kenny Abdo. 2021. (NFL Teams Ser.). (ENG., Illus.). 32p. (J). (gr. 2-8). lib. bdg. 32.79 *(978-1-0982-2464-6(7)*, 37162, Abdo Zoom-Fly) ABDO Publishing Co.

Indianapolis Colts. Josh Anderson. 2022. (Professional Football Teams Ser.). (ENG.). 32p. (J). (gr. 2-5). lib. bdg. 35.64 *(978-1-5038-5764-3(6)*, 215738, Stride) Child's World, Inc, The.

Indianapolis Colts. Robert Cooper. 2019. (Inside the NFL Ser.). (ENG., Illus.). 48p. (J). (gr. 3-6). lib. bdg. 34.21 *(978-1-5321-1849-4(X)*, 32567, SportsZone) ABDO Publishing Co.

Indianapolis Colts. Contrib. by Kieran Downs. 2023. (NFL Team Profiles Ser.). (ENG., Illus.). (J). (gr. 3-7). lib. bdg. 26.95 Bellwether Media.

Indianapolis Colts, 1 vol. Todd Kortemeier. 2016. (NFL up Close Ser.). (ENG., Illus.). 32p. (J). (gr. 3-9). lib. bdg. 32.79 *(978-1-68078-219-6(3)*, 22039, SportsZone) ABDO Publishing Co.

Indianapolis Colts. Jim Whiting. 2019. (NFL Today Ser.). (ENG.). 48p. (J). (gr. 3-6). *(978-1-64026-143-3(5)*, 19039, Creative Education) Creative Co., The.

Indianapolis Colts. Jim Whiting. rev. ed. 2019. (NFL Today Ser.). (ENG.). 48p. (J). (gr. 4-7). pap. 12.00 *(978-1-62832-706-9(5)*, 19037, Creative Paperbacks) Creative Co., The.

Indianapolis Colts All-Time Greats. Ted Coleman. 2022. (NFL All-Time Greats Set 2 Ser.). (ENG., Illus.). 24p. (J). (gr. 3-3). pap. 8.95 *(978-1-63494-444-1(5))*; lib. bdg. 28.50 *(978-1-63494-427-4(5))* Pr. Room Editions LLC.

Indianapolis Colts Story. Thomas K. Adamson. 2016. (NFL Teams Ser.). (ENG., Illus.). 32p. (J). (gr. 3-7). lib. bdg. 26.95 *(978-1-62617-368-2(0)*, Torque Bks.) Bellwether Media.

Indianer Nordamerikas. Charlotte Von Troeltsch. 2021. (GER.). 203p. (YA). pap. *(978-1-008-95975-0(8))* Lulu Pr., Inc.

India's Space Odyssey. DK. 2022. (ENG., Illus.). 152p. (J). ***(978-0-241-53132-7(2))*** Dorling Kindersley Publishing, Inc.

India's Space Odyssey: From Ancient Skywatchers to Modern-Day Space Missions. DK. 2022. (ENG., Illus.). 152p. (J). (gr. 2-4). 24.99 *(978-0-7440-5456-9(7)*, DK Children) Dorling Kindersley Publishing, Inc.

India's Trident: Policies for Progress. Parthav Basu Shergill. 2018. (ENG., Illus.). 122p. (J). pap. 7.99 *(978-1-64429-694-3(2))* Notion Pr., Inc.

Indicator, 1820, Vol. 1 (Classic Reprint) Leigh Hunt. (ENG., Illus.). (J). 2018. 618p. 36.64 *(978-0-483-58364-1(2))*; 2017. 32.44 *(978-0-265-71272-6(6))*; 2017. pap. 16.57 *(978-1-5276-6656-6(5))*; 2017. pap. 19.57 *(978-1-334-91794-3(9))* Forgotten Bks.

Indicator, & the Companion, Vol. 1 Of 2: A Miscellany for the Fields & the Fire-Side (Classic Reprint) Leigh Hunt. 2018. (ENG., Illus.). 370p. (J). 31.55 *(978-0-428-82725-0(X))* Forgotten Bks.

Indicator, & the Companion, Vol. 1 Of 2: A Miscellany for the Fields & the Fireside (Classic Reprint) Leigh Hunt. 2018. (ENG., Illus.). 336p. (J). 30.83 *(978-0-484-31388-9(6))* Forgotten Bks.

Indicator, & the Companion, Vol. 2 Of 2: A Miscellany for the Fields & the Fire-Side (Classic Reprint) Leigh Hunt. 2017. (ENG., Illus.). (J). 31.36 *(978-0-266-17716-6(6))* Forgotten Bks.

Indicator (Classic Reprint) Leigh Hunt. (ENG., Illus.). (J). 2018. 612p. 36.52 *(978-0-483-37645-8(0))*; 2016. pap. 19.57 *(978-1-334-13381-7(6))* Forgotten Bks.

Indice Practico Moral, para Los Sacerdotes, Que Auxilian Moribundos (Classic Reprint) Francisco Javier Lazcano. 2018. (SPA., Illus.). (J). 146p. 26.91 *(978-0-364-83751-1(9))*; 148p. pap. 9.57 *(978-0-364-46196-9(9))* Forgotten Bks.

Indicem Lectionum in Universitate Litterarum Bernensi Inde a Die XV. Octobris Mensi 1844 Usque Ad Diem XXXI Martii Mensis Anni 1845 Habendarum Proponit Rector et Senatus (Classic Reprint) Karl Wilhelm Muller. 2018. (FRE., Illus.). (J). 32p. 24.56 *(978-0-364-48219-3(2))*; 34p. pap. 7.97 *(978-0-656-61625-1(3))* Forgotten Bks.

Indifference of Juliet (Classic Reprint) Grace Louise Smith Richmond. 2018. (ENG., Illus.). 328p. (J). 30.66 *(978-0-428-85506-2(7))* Forgotten Bks.

Indigenas de California. Ben Nussbaum. rev. ed. 2019. (Social Studies: Informational Text Ser.). (SPA., Illus.). 32p. (J). (gr. 3-5). pap. 11.99 *(978-1-64290-118-4(0))* Teacher Created Materials, Inc.

Indigenous America. Liam McDonald. 2022. (True History Ser.). (Illus.). 176p. (J). (gr. 5). pap. 8.99 *(978-0-593-38608-8(6)*, Penguin Workshop) Penguin Young Readers Group.

Indigenous Ingenuity: A Celebration of Traditional North American Knowledge. Deidre Havrelock & Edward Kay. 2023. (ENG., Illus.). 272p. (J). (gr. 3-7). 20.99 *(978-0-316-41333-6(X))* Little, Brown Bks. for Young Readers.

Indigenous Peoples Atlas of Canada. The Royal Canadian Geographical Society/Canadian Geographic. 2018. (ENG., Illus.). 322p. (YA). 99.99 *(978-0-9867516-2-2(6))* Canadian Geographic Enterprises CAN. Dist: Hachette Bk. Group.

Indigenous Peoples' Day. Rebecca Sabelko. 2022. (Happy Holidays! Ser.). (ENG., Illus.). 24p. (J). (gr. -1-2). pap. 7.99 *(978-1-64834-856-3(4)*, 21710, Blastoff! Readers) Bellwether Media.

Indigenous Peoples' History of the United States for Young People. Roxanne Dunbar-Ortiz. 2019. (ReVisioning History for Young People Ser.: 2). (ENG., Illus.). 272p. (YA). (gr. 7). pap. 18.95 *(978-0-8070-4939-6(5)*, Beacon Pr.) Beacon Pr.

Indigenous Peoples: Women Who Made a Difference (Super SHEroes of History) Katrina M. Phillips. 2022. (Super SHEroes of History Ser.). (ENG., Illus.). 48p. (J). (gr. 3-5). 29.00 *(978-1-338-84073-5(8))*; pap. 7.99 *(978-1-338-84074-2(6))* Scholastic Library Publishing. (Children's Pr.).

Indigenous Prosperity & American Conquest: Indian Women of the Ohio River Valley, 1690-1792. Susan Sleeper-Smith. 2020. (Published by the Omohundro Institute of Early American History & Culture & the University of North Carolina Press Ser.). (ENG., Illus.). 376p. pap. 35.95 *(978-1-4696-5916-9(6)*, 01PODPB) Univ. of North Carolina Pr.

Indigenous Rights. Virginia Loh-Hagan. 2021. (Stand up, Speak OUT Ser.). (ENG., Illus.). 32p. (J). (gr. 4-8). pap. 14.21 *(978-1-5341-8895-2(9)*, 219291); lib. bdg. 32.07 *(978-1-5341-8755-9(3)*, 219290) Cherry Lake Publishing. (45th Parallel Press).

Indigestions. Thomas King Chambers. 2017. (ENG.). 356p. (J). pap. *(978-3-337-03516-7(7))* Creation Pubs.

Indigo & Ida. Heather Murphy Capps. 2023. (ENG.). 312p. (J). (gr. 5-7). 19.99 *(978-1-7284-6768-9(3)*, e26e8b02-d7cb-49ec-a3db-04a2d7126103, Carolrhoda Bks.) Lerner Publishing Group.

Indigo Becomes a Big Brother. Wallene Frank. 2017. (ENG., Illus.). 30p. (J). pap. 13.95 *(978-1-9736-0836-3(7)*, WestBow Pr.) Author Solutions, LLC.

Indigo Bird. Helen Taylor. 2019. (Illus.). 28p. (J). (— 1). bds. 10.99 *(978-0-14-377347-4(X))* Penguin Group New Zealand, Ltd. NZL. Dist: Independent Pubs. Group.

Indigo Dreaming. Dinah Johnson. Illus. by Anna Cunha. 2022. (ENG.). 40p. (J). (gr. -1-3). 18.99 *(978-0-06-308020-1(6)*, HarperCollins) HarperCollins Pubs.

Indigo Ray. Pamela Blake-Wilson. 2018. (Colour Code Ser.: Vol. 6). (ENG., Illus.). 270p. (J). pap. *(978-1-921883-86-6(3))* Pick-a-Woo Woo Pubs.

Indigo Skye: The Hidden Truth. Natalie Harris. l.t. ed. 2023. (Indigo Skye Ser.: Vol. 2). (ENG.). 240p. (YA). pap. 14.99 ***(978-1-0880-7418-3(9))*** Indy Pub.

Indigo Skye: The Lost Rose. Natalie Harris. 2021. (Book Ser.: Vol. 1). (ENG.). 210p. (YA). pap. 12.99 *(978-1-0878-9353-2(4))* Indy Pub.

Indio No Más, 1 vol. Charlene Willing McManis & Traci Sorell. Tr. by Luisana Duarte Armendáriz. 2023. (SPA.). 240p. (J). (gr. 4-8). pap. 15.95 ***(978-1-64379-652-9(6)***, leelowtu, Tu Bks.) Lee & Low Bks., Inc.

Indiscretions (Classic Reprint) Cosmo Hamilton. 2018. (ENG., Illus.). 280p. (J). 29.67 *(978-0-484-49156-3(3))* Forgotten Bks.

Indiscretions of Archie (Classic Reprint) Pelham Grenville Wodehouse. (ENG., Illus.). (J). 2017. 30.19 *(978-0-331-50961-8(X))*; 2016. pap. 13.57 *(978-1-333-45021-2(4))* Forgotten Bks.

Indiscretions' of Lady Susan (Classic Reprint) Susan Townley. 2018. (ENG., Illus.). 370p. (J). 31.55 *(978-0-267-67465-7(1))* Forgotten Bks.

Indiscretions of Maister Redhorn (Classic Reprint) J. J. Bell. 2017. (ENG., Illus.). (J). 27.51 *(978-0-266-24137-9(9))* Forgotten Bks.

Individual & Society. Helen Dwyer. 2018. (Psychology Ser.). (ENG.). 48p. (YA). lib. bdg. 34.99 *(978-1-5105-3755-2(4))* SmartBook Media, Inc.

Individual Manipulatives Kit Grade 1. Hmh Hmh. 2017. (Math Expressions Ser.). (ENG.). (J). (gr. 1). pap. 14.20 *(978-1-328-73845-5(0))* Houghton Mifflin Harcourt Publishing Co.

Individual Manipulatives Kit Grade 2. Hmh Hmh. 2017. (Math Expressions Ser.). (ENG.). (J). (gr. 2). pap. 14.20 *(978-1-328-73846-2(9))* Houghton Mifflin Harcourt Publishing Co.

Individual Manipulatives Kit Grade 3. Hmh Hmh. 2017. (Math Expressions Ser.). (ENG.). (J). (gr. 3). pap. 14.20 *(978-1-328-73847-9(7))* Houghton Mifflin Harcourt Publishing Co.

Individual Manipulatives Kit Grade 4. Hmh Hmh. 2017. (Math Expressions Ser.). (ENG.). (J). (gr. 4). pap. 14.20 *(978-1-328-73848-6(5))* Houghton Mifflin Harcourt Publishing Co.

Individual Manipulatives Kit Grade 5. Hmh Hmh. 2017. (Math Expressions Ser.). (ENG.). (J). (gr. 5). pap. 14.20 *(978-1-328-73849-3(3))* Houghton Mifflin Harcourt Publishing Co.

Individual Manipulatives Kit Grade 6. Hmh Hmh. 2017. (Math Expressions Ser.). (ENG.). (J). (gr. 6). pap. 14.20 *(978-1-328-73850-9(7))* Houghton Mifflin Harcourt Publishing Co.

Individual Manipulatives Kit Grade K. Hmh Hmh. 2017. (Math Expressions Ser.). (ENG.). (J). (gr. k). pap. 14.20 *(978-1-328-73844-8(2))* Houghton Mifflin Harcourt Publishing Co.

Individual Rights & Liberties. Contrib. by Janie Havemeyer. 2023. (Understanding American Democracy Ser.). (ENG.). 64p. (YA). (gr. 6-12). 43.93 ***(978-1-6782-0696-3(2)***, BrightPoint Pr.) ReferencePoint Pr., Inc.

Individual Sports at the Paralympics. Matt Bowers. 2020. (Paralympic Sports Ser.). (ENG.). 32p. (J). (gr. 2-5). 32.80 *(978-1-68151-829-9(5)*, 10709); (Illus.). pap. 9.99 *(978-1-68152-557-0(7)*, 10756) Amicus.

Individual Sports of the Summer Games. Aaron Derr. 2020. (Gold Medal Games Ser.). (ENG., Illus.). 48p. (J). (gr. 2-5). lib. bdg. 31.99 *(978-1-63440-720-5(2)*, e53fd05e-53e2-4b72-80f1-c96a1b8ad176) Red Chair Pr.

Individualism. Abram Newkirk Littlejohn. 2017. (ENG.). 218p. (J). pap. *(978-3-337-08457-8(5))* Creation Pubs.

Individualist: A Novel (Classic Reprint) Philip Gibbs. (ENG., Illus.). (J). 2018. 322p. 30.54 *(978-0-483-36917-7(9))*; 2016. pap. 13.57 *(978-1-334-16982-3(9))* Forgotten Bks.

Indivisible. Daniel Aleman. (ENG.). (YA). (gr. 9-12). 2022. 416p. pap. 10.99 *(978-0-7595-5389-7(0))*; 2021. 400p. 18.99 *(978-0-7595-5605-8(9))* Little, Brown Bks. for Young Readers.

Indo-Malayan Musings in Verse (Classic Reprint) Cyril B. Holman-Hunt. (ENG., Illus.). (J). 2018. 128p. 26.54 *(978-0-267-37851-7(3))*; 2016. pap. 9.57 *(978-1-334-15558-1(5))* Forgotten Bks.

Indoctrination: The New Recruit Book Two. Elise Abram. 2018. (ENG., Illus.). 126p. (J). pap. *(978-1-988843-29-2(4))* EMSA Publishing.

Indomitable: A Leafy Tom Adventure. Robin Buckallew. 2021. (ENG.). 217p. (YA). pap. *(978-1-716-37236-0(4))* Lulu Pr., Inc.

Indonesia. Catrina Daniels-Cowart. 2019. (Asian Countries Today Ser.). (Illus.). 96p. (J). (gr. 12). lib. bdg. 34.60 *(978-1-4222-4265-0(X))* Mason Crest.

Indonesia, 1 vol. Alicia Z. Klepeis. 2018. (Exploring World Cultures (First Edition) Ser.). (ENG.). 32p. (gr. 3-3). pap. 12.16 *(978-1-5026-4334-6(0)*, e021708f-5d84-45f3-9771-4008fa32f485) Cavendish Square Publishing LLC.

Indonesia. Christina Leaf. 2019. (Country Profiles Ser.). (ENG., Illus.). 32p. (J). (gr. 3-8). lib. bdg. 27.95 *(978-1-64487-050-1(9)*, Blastoff! Discovery) Bellwether Media.

Indonesia. Rachel Rose. 2019. (Countries We Come From Ser.). (ENG., Illus.). 32p. (J). (gr. k-3). lib. bdg. 19.95 *(978-1-64280-525-3(4))* Bearport Publishing Co., Inc.

Indonesia. Blaine Wiseman. 2016. (Illus.). 32p. (J). *(978-1-4896-4611-8(6))* Weigl Pubs., Inc.

Indonesia a Variety of Facts 1st Grade Children's Book. Bold Kids. 2023. (ENG.). 42p. (J). pap. 14.99 ***(978-1-0717-1924-4(6))*** FASTLANE LLC.

Indonesian Children's Favorite Stories: Fables, Myths & Fairy Tales. Joan Suyenaga. Illus. by Salim Martowiredjo. 2020. (Favorite Children's Stories Ser.). 64p. (J). (gr. k-5). 14.99 *(978-0-8048-5150-3(6))* Tuttle Publishing.

Indoor Forest: Leveled Reader Silver Level 24. Rg Rg. 2016. (PM Ser.). (ENG.). 24p. (J). (gr. 3). pap. 11.00 *(978-0-544-89261-3(5))* Rigby Education.

Indoor Gardening: Growing Air Plants, Terrariums, & More. Lisa J. Amstutz. 2016. (Gardening Guides). (ENG., Illus.). 32p. (J). (gr. 3-9). lib. bdg. 28.65 *(978-1-4914-8236-0(2)*, 130702, Capstone Pr.) Capstone.

Indoor/Arena Soccer Coaching Notebook (Hardback) Plan, Prep, & Record Like Never Before! Solely Focused on the Unique Game of Indoor/Arena Soccer. Nick Elder. Ed. by Jessica Elder. 2021. (ENG.). 214p. (YA). 36.97 *(978-1-716-37165-3(1))* Lulu Pr., Inc.

Indra Nooyi: A Kid's Book about Trusting Your Decisions. Mary Nhin. Illus. by Yuliia Zolotova. 2021. (Mini Movers & Shakers Ser.). (ENG.). 36p. (J). 19.99 *(978-1-63731-165-3(6))* Grow Grit Pr.

Indra Nooyi: CEO of PepsiCo. Paige V. Polinsky. 2019. (Women Leading the Way Ser.). (ENG., Illus.). 24p. (J). (gr. k-3). lib. bdg. 26.95 *(978-1-62617-941-7(7)*, Blastoff! Readers) Bellwether Media.

Indra Nooyi: CEO of PepsiCo. Paige Polinsky. 2019. (Women Leading the Way Ser.). (ENG., Illus.). 24p. (J). (gr. k-3). pap. 7.99 *(978-1-61891-503-0(7)*, 12152, Blastoff! Readers) Bellwether Media.

Indus River Amazing & Intriguing Facts Children's History Book. Bold Kids. 2022. (ENG.). 42p. (J). pap. 14.99 ***(978-1-0717-1846-9(0))*** FASTLANE LLC.

Indus Valley. Ilona Aronovsky & Sujata Gopinath. rev. ed. 2016. (Excavating the Past Ser.). (ENG.). 48p. (J). (gr. 4-6). pap. 8.99 *(978-1-4846-3644-2(9)*, 134039, Heinemann) Capstone.

Industrial Architecture. Joyce Markovics. 2023. (Building Big Ser.). (ENG., Illus.). 32p. (J). (gr. 4-6). pap. 14.21 *(978-1-6689-2086-2(7)*, 222064); lib. bdg. 32.07 *(978-1-6689-1984-2(2)*, 221962) Cherry Lake Publishing.

Industrial Design: Leveled Reader Card Book 18 Level W. Hmh Hmh. 2019. (ENG.). (J). pap. 14.13 *(978-0-358-16187-5(8))* Houghton Mifflin Harcourt Publishing Co.

Industrial Design: Leveled Reader Card Book 18 Level W 6 Pack. Hmh Hmh. 2021. (J). (ENG.). pap. 69.33 *(978-0-358-18838-4(5))*; (SPA.). pap. 74.40 *(978-0-358-27318-9(8))* Houghton Mifflin Harcourt Publishing Co.

Industrial Design: Why Smartphones Aren't Round & Other Mysteries with Science Activities for Kids. Carla Mooney. 2018. (Build It Yourself Ser.). (ENG., Illus.). 128p. (J). (gr. 4-10). 22.95 *(978-1-61930-670-7(0)*, 0e33491c-3c43-431a-82e7-07802aa21e1f) Nomad Pr.

Industrial Education. James E. Russell. 2017. (ENG., Illus.). (J). pap. *(978-0-649-30347-2(4))*; pap. *(978-0-649-30697-8(X))* Trieste Publishing Pty Ltd.

Industrial Revolution, 1 vol. Enzo George. 2016. (Primary Sources in World History Ser.). (ENG.). 48p. (gr. 6-6). 33.07 *(978-1-5026-1817-7(6)*, 730124cb-4cc9-426a-a1d8-b9a6188c5c3c) Cavendish Square Publishing LLC.

Industrial Revolution. Lewis Helfand. Illus. by Naresh Kumar. 2017. (Campfire Graphic Novels Ser.). 92p. (YA). (gr. 7). pap. 14.99 *(978-93-81182-28-4(0)*, Campfire) Steerforth Pr.

Industrial Revolution, 1 vol. Seth Lynch. 2018. (Look at U. S. History Ser.). (ENG.). 32p. (gr. 2-2). 28.27 *(978-1-5382-2127-3(6)*, 1ecd8fa1-314d-442a-9e7b-21b76733adea) Stevens, Gareth Publishing LLLP.

Industrial Revolution, 1 vol. Nigel Smith. 2020. (Events & Outcomes Ser.). (Illus.). 80p. (J). (gr. 7). pap. 21.99 *(978-1-84234-958-8(9))* Cherrytree Bks. GBR. Dist: Independent Pubs. Group.

Industrial Revolution: Children's American History of 1800s Book. Bold Kids. 2022. (ENG.). 40p. (J). pap. 14.99 ***(978-1-0717-1027-2(3))*** FASTLANE LLC.

Industrial Revolution: The Birth of Modern America, 1 vol. Emily Mahoney. 2017. (American History Ser.). (ENG.). 104p. (gr. 7-7). lib. bdg. 41.03 *(978-1-5345-6133-5(1)*, 614f7d58-9e93-4a2e-bcbd-6b880ed31008, Lucent Pr.) Greenhaven Publishing LLC.

Industrial Revolution: The Rise of the Machines (Technology & Inventions) - History Book 6th Grade Children's History. Baby Professor. 2017. (ENG., Illus.). 64p. (J). pap. 9.52 *(978-1-5419-1538-1(0)*, Baby Professor (Education Kids)) Speedy Publishing LLC.

Industrial Revolution Changes the Nation - Railroads, Steel & Big Business - US Industrial Revolution - 6th Grade History - Children's American History. Baby Professor. 2020. (ENG.). 76p. (J). 25.05 *(978-1-5419-7670-2(3))*; pap. 15.06 *(978-1-5419-5055-9(0))* Speedy Publishing LLC. (Baby Professor (Education Kids)).

Industrial Revolution Primary Sources Pack. Created by Gallopade International. 2017. (Primary Sources Ser.). (ENG.). (J). 12.99 *(978-0-635-12603-0(6))* Gallopade International.

Industrial Revolution What Was the Impact Historically? Children's 6th Grade History Book. Bold Kids. 2023. (ENG.). 42p. (J). pap. 14.99 ***(978-1-0717-1859-9(2))*** FASTLANE LLC.

Industrial Robots. S. L. Hamilton. 2018. (Xtreme Robots Ser.). (ENG., Illus.). 32p. (J). (gr. 3-9). lib. bdg. 32.79 *(978-1-5321-1826-5(0)*, 30570, Abdo & Daughters) ABDO Publishing Co.

The check digit for ISBN-10 appears in parentheses after the full ISBN-13

Industrial Smile. Jason Shawn Alexander. 2016. (ENG., Illus.). 144p. (YA). pap. 17.99 *(978-1-63215-719-5(5),* c82aceac-7670-4bef-bf1b-869d792ed2e1) Image Comics.
Industrial Studies & Exercises. O. S. Reimold. 2017. (ENG., Illus.). (J). pap. *(978-0-649-46598-9(9))* Trieste Publishing Pty Ltd.
Industrialization & Empire 1783-1914. Tim Cook. 2017. (World History Ser.). (ENG.). 48p. (J). lib. bdg. 34.99 *(978-1-5105-2193-3(3))* SmartBook Media, Inc.
Industrialization in Infographics. Renae Gilles. 2020. (21st Century Skills Library: Enviro-Graphics Ser.). (ENG., Illus.). 32p. (J). (gr. 4-8). lib. bdg. 32.07 *(978-1-5341-6953-1(9),* 215699) Cherry Lake Publishing.
Industry & Factories in the Northeast American Economy & History Social Studies 5th Grade Children's Government Books. Biz Hub. 2022. (ENG.). 72p. (J). 31.99 ***(978-1-5419-8686-2(5))***; pap. 19.99 ***(978-1-5419-5000-9(3))*** Speedy Publishing LLC. (Biz Hub (Business & Investing)).
Industry & Factories Replace Farming U. S. Economy in the Mid-1800s Grade 5 Economics. Biz Hub. 2022. (ENG.). 72p. (J). 31.99 ***(978-1-5419-8689-3(X))***; pap. 19.99 ***(978-1-5419-6048-0(3))*** Speedy Publishing LLC. (Biz Hub (Business & Investing)).
Industry & Trade. Tammy Gagne. 2017. (World Geography Ser.). (ENG.). 32p. (J). lib. bdg. 34.99 *(978-1-5105-2175-9(5))* SmartBook Media, Inc.
Industry Entrepreneurs. James Bow. 2018. (Science & Technology Start-Up Stars Ser.). (ENG., Illus.). 32p. (J). (gr. 5-5). *(978-0-7787-4420-7(5))* Crabtree Publishing Co.
Industry Jobs (Set), 6 vols. 2023. (Industry Jobs Ser.). (ENG.). 48p. (J). (gr. 4-8). lib. bdg. 213.84 ***(978-1-0982-9085-6(2),*** 41951) ABDO Publishing Co.
Indy & Jenny. Charlie Griffin. Illus. by Rebecca Sampson. 2021. (ENG.). 38p. (J). 17.99 *(978-1-6629-1641-0(8))*; pap. 13.99 *(978-1-6629-1530-7(6))* Gatekeeper Pr.
Indy Cars see Autos Indy
Indy Cars. Thomas K. Adamson. 2019. (Full Throttle Ser.). (ENG., Illus.). 24p. (J). (gr. 3-7). lib. bdg. 26.95 *(978-1-62617-932-5(8),* Epic Bks.) Bellwether Media.
Indy Cars. Peter Bodensteiner. 2016. (Gearhead Garage Ser.). (ENG.). 32p. (J). (gr. 4-6). pap. 9.99 *(978-1-64466-126-0(8),* 10209); (Illus.). 31.35 *(978-1-68072-031-0(7),* 10208) Black Rabbit Bks. (Bolt).
Indy Cars. Peter Bodensteiner. 2018. (Gearhead Garage Ser.). (ENG., Illus.). 32p. (J). (gr. 2-7). pap. 9.95 *(978-1-68072-260-4(3))* RiverStream Publishing.
Indy Cars. Carrie A. Braulick. 2018. (Horsepower Ser.). (ENG., Illus.). 32p. (J). (gr. 3-9). pap. 7.95 *(978-1-5435-2474-1(5),* 137982); lib. bdg. 27.32 *(978-1-5435-2466-6(4),* 137974) Capstone. (Capstone Pr.).
Indy Cars. Wendy Hinote Lanier. 2017. (Let's Roll Ser.). (ENG., Illus.). 32p. (J). (gr. 2-3). pap. 9.95 *(978-1-63517-107-5(5),* 1635171075); lib. bdg. 31.35 *(978-1-63517-051-1(6),* 1635170516) North Star Editions. (Focus Readers).
Indy Cars. Alyssa Krekelberg. 2019. (Start Your Engines! Ser.). (ENG., Illus.). 32p. (J). (gr. 3-3). pap. 9.95 *(978-1-64494-214-7(3),* 1644942143) Bigfoot Bks. GBR. Dist: North Star Editions.
Indy Cars. Marysa Storm. 2020. (Wild Rides Ser.). (ENG.). 24p. (J). (gr. k-3). lib. bdg. *(978-1-62310-188-6(3),* 14474, Bolt Jr.) Black Rabbit Bks.
IndyCar Racing. Elizabeth Hobbs Voss. 2023. (Racing Sports Ser.). (ENG., Illus.). 32p. (J). pap. 9.95 ***(978-1-63738-591-3(9),*** Apex) North Star Editions.
Indycar Racing. Contrib. by Elizabeth Hobbs Voss. 2023. (Racing Sports Ser.). (ENG., Illus.). 32p. (J). lib. bdg. 31.35 ***(978-1-63738-537-1(4),*** Apex) North Star Editions.
Inebriate's Hut: Or the First Fruits of the Maine Law (Classic Reprint) S. A. Southworth. 2018. (ENG., Illus.). 242p. (J). 28.89 *(978-0-483-77100-0(7))* Forgotten Bks.
Inertia - the Unstoppable Power: A STEM Story for Young Readers (Perfect Book to Inspire Child's Curiosity about Science at Very Young Age) Shiva S. Mohanty. 2023. (ENG.). 24p. (J). pap. 14.99 ***(978-1-0881-3278-4(2))*** Indy Pub.
Inevitable & Only. Lisa Rosinsky. 2017. (ENG.). 276p. (J). (gr. 7). 17.95 *(978-1-62979-817-2(7),* Astra Young Readers) Astra Publishing Hse.
Inevitable Book (Classic Reprint) Lynn Harold Hough. 2018. (ENG., Illus.). 166p. (J). 27.34 *(978-0-483-25823-5(7))* Forgotten Bks.
Inevitable (Classic Reprint) Louis Couperus. 2018. (ENG., Illus.). 320p. (J). 30.50 *(978-0-365-46268-2(3))* Forgotten Bks.
Inevitable Highschool Heartbreak: A Book of Poems. Issey Sherman. 2023. (ENG.). 84p. (YA). pap. ***(978-1-312-62698-0(4))*** Lulu Pr., Inc.
Inevitable Loneliness. Deshaun Peoples. 2020. (ENG.). 142p. (YA). pap. *(978-1-64969-286-3(2))* Tablo Publishing.
Inexplicable Inventions! Hermione Redshaw. 2023. (Wacky World Of... Ser.). (ENG.). 24p. (J). (gr. 2-5). lib. bdg. 19.95 Bearport Publishing Co., Inc.
Inexplicable Logic of My Life. Benjamin Alire Saenz. 2017. (ENG.). 464p. (YA). (gr. 7). 17.99 *(978-0-544-58650-5(6),* 1614143, Clarion Bks.) HarperCollins Pubs.
Inez & Trilby May (Classic Reprint) Sewell Ford. 2018. (ENG., Illus.). 312p. (J). 30.35 *(978-0-332-56650-4(1))* Forgotten Bks.
Inez, Vol. 1 Of 8: A Tale of the Alamo (Classic Reprint) Augusta Evans Wilson. 2018. (ENG., Illus.). 306p. (J). 30.23 *(978-0-267-15301-5(5))* Forgotten Bks.
Infamous. Alyson Noel. 2018. (ENG.). 432p. (YA). (Beautiful Idols Ser.: 3). (gr. 9). 17.99 *(978-0-06-232458-0(6))*; *(978-0-06-279645-5(3))* HarperCollins Pubs. (Tegen, Katherine Bks).
Infamous Frankie Lorde 2: Going Wild. Brittany Geragotelis. (Infamous Frankie Lorde Ser.: 2). 304p. (J). (gr. 5). 2022. pap. 10.99 *(978-1-64595-058-5(1))*; 2021. 18.99 *(978-1-64595-057-8(3))* Pixel+Ink.
Infamous Frankie Lorde 3: No Admissions. Brittany Geragotelis. (Infamous Frankie Lorde Ser.: 3). 304p. (J). (gr. 5). 2022. 18.99 *(978-1-64595-123-0(5))*; Vol. 3. 2023. (ENG.). pap. 10.99 ***(978-1-64595-125-4(1))*** Pixel+Ink.
Infamous Pirates. Kenny Abdo. (Pirates Ser.). (ENG., Illus.). 24p. (J). (gr. 2-2). 2022. pap. 8.95 *(978-1-64494-701-2(3))*; 2021. lib. bdg. 31.36 *(978-1-0982-2686-2(0),* 38648) ABDO Publishing Co. (Abdo Zoom-Fly).
Infamous Prisons, Vol. 20. Joan Lock. Ed. by Manny Gomez. 2016. (Crime & Detection Ser.). (Illus.). 96p. (J). (gr. 7). 24.95 *(978-1-4222-3475-4(4))* Mason Crest.
Infamous Ratsos. Kara LaReau. Illus. by Matt Myers. 2017. (Infamous Ratsos Ser.). (ENG.). 64p. (J). (gr. k-3). pap. 6.99 *(978-0-7636-9875-1(X))* Candlewick Pr.
Infamous Ratsos Are Not Afraid. Kara LaReau. Illus. by Matt Myers. 2018. (Infamous Ratsos Ser.). (ENG.). 96p. (J). (gr. k-3). pap. 5.99 *(978-1-5362-0368-4(8))* Candlewick Pr.
Infamous Ratsos Are Tough, Tough, Tough! Three Books in One. Kara LaReau. Illus. by Matt Myers. 2021. (Infamous Ratsos Ser.). (ENG.). 256p. (J). (gr. k-3). pap. 8.99 *(978-1-5362-2299-9(2))* Candlewick Pr.
Infamous Ratsos Camp Out. Kara LaReau. Illus. by Matt Myers. (Infamous Ratsos Ser.). (ENG.). 80p. (J). (gr. k-3). 2021. pap. 6.99 *(978-1-5362-1903-6(7))*; 2020. 14.99 *(978-1-5362-0006-5(9))* Candlewick Pr.
Infamous Ratsos Live! in Concert! Kara LaReau. Illus. by Matt Myers. 2022. (Infamous Ratsos Ser.). (ENG.). 96p. (J). (gr. k-3). 15.99 *(978-1-5362-0747-7(0))* Candlewick Pr.
Infamous Ratsos: Project Fluffy. Kara LaReau. Illus. by Matt Myers. (Infamous Ratsos Ser.). (ENG.). 96p. (J). (gr. k-3). 2020. pap. 5.99 *(978-1-5362-0880-1(9))*; 2018. 14.99 *(978-1-5362-0005-8(0))* Candlewick Pr.
Infamous Ratsos: Ratty Tattletale. Kara LaReau. Illus. by Matt Myers. (Infamous Ratsos Ser.). (ENG.). 96p. (J). (gr. k-3). 2022. pap. 5.99 *(978-1-5362-2601-0(7))*; 2021. 14.99 *(978-1-5362-0746-0(2))* Candlewick Pr.
Infant: A Poem in Four Books (Classic Reprint) John Mines. (ENG., Illus.). (J). 2018. 268p. 29.42 *(978-0-365-15380-1(X))*; 2017. pap. 11.97 *(978-0-259-20477-0(3))* Forgotten Bks.
Infant Education from Two to Six Years of Age: Applicable to the Infant School & the Nursery (Classic Reprint) William Chambers. 2018. (ENG., Illus.). 216p. (J). 28.43 *(978-0-484-76580-0(9))* Forgotten Bks.
Infant Literature see Titanes de la Literatura Infantil
Infant Moralist (Classic Reprint) Helena Carnegie. (ENG., Illus.). (J). 2018. 34p. 24.60 *(978-0-267-54969-6(5))*; 2016. pap. 7.97 *(978-1-333-24199-5(2))* Forgotten Bks.
Infant Piety: Book for Little Children (Classic Reprint) W. Noel. (ENG., Illus.). (J). 2018. 108p. 26.14 *(978-0-656-34015-6(0))*; 2017. pap. 9.57 *(978-0-243-41030-9(1))* Forgotten Bks.
Infant School Manual, or Teacher's Assistant: Containing a View of the System of Infant Schools; Also a Variety of Useful Lessons; for the Use of Teachers (Classic Reprint) Howland. 2017. (ENG., Illus.). (J). 29.63 *(978-0-266-65585-5(8))*; pap. 13.57 *(978-1-5276-1041-5(1))* Forgotten Bks.
Infant School Manual, or Teacher's Assistant: Containing a View of the System of Infant Schools; Also a Variety of Useful Lessons, for the Use of Teachers (Classic Reprint) Mary W. Howland. (ENG., Illus.). (J). 2018. 280p. 29.67 *(978-0-364-15628-5(7))*; 2017. pap. 13.57 *(978-0-259-20002-4(6))* Forgotten Bks.
Infant's Annual, or a Mother's Offering (Classic Reprint) Unknown Author. 2017. (ENG., Illus.). (J). 176p. 27.53 *(978-0-332-12064-5(3))*; pap. 9.97 *(978-0-259-40165-0(X))* Forgotten Bks.
Infant's Friend, Vol. 2: Reading Lessons (Classic Reprint) Lovechild. (ENG., Illus.). (J). 2018. 184p. 27.69 *(978-0-428-37775-5(0))*; 2017. pap. 10.57 *(978-0-259-19305-0(4))* Forgotten Bks.
Infant's Skull: Or the End of the World, a Tale of the Millennium (Classic Reprint) Eugene Sue. 2018. (ENG., Illus.). 82p. (J). 25.59 *(978-0-484-10681-8(3))* Forgotten Bks.
Infatuation (Classic Reprint) Lloyd Osbourne. 2017. (ENG., Illus.). (J). 31.98 *(978-1-5282-7882-9(8))* Forgotten Bks.
Infected! Barbara Krasner et al. 2019. (Infected! Ser.). (ENG.). 32p. (J). (gr. 3-9). 245.20 *(978-1-5435-7246-9(4),* 29335) Capstone.
Infected: an AFK Book (Piggy Original Novel) Terrance Crawford. Illus. by Dan Widdowson. 2023. (Piggy Ser.). (ENG.). 176p. (J). (gr. 3-7). pap. 7.99 *(978-1-338-84812-0(7))* Scholastic, Inc.
Infected! How to Draw Zombies Activity Book. Activibooks. 2016. (ENG., Illus.). (J). pap. 6.99 *(978-1-68321-365-9(3))* Mimaxion.
Infectious Disease Prevention: Protecting Public Health. Carla Mooney. 2021. (Understanding Infectious Diseases Ser.). (ENG.). 64p. (YA). (gr. 6-12). 43.93 *(978-1-6782-0158-6(8))* ReferencePoint Pr., Inc.
Infelice: A Novel (Classic Reprint) Augusta Evans Wilson. 2018. (ENG., Illus.). 574p. (J). 35.74 *(978-0-483-96205-7(8))* Forgotten Bks.
Infelice: A Novel (Classic Reprint) Augusta J. Evans Wilson. (ENG., Illus.). (J). 2018. 508p. 34.39 *(978-0-484-12403-4(X))*; 2017. pap. 16.97 *(978-0-243-51868-5(4))* Forgotten Bks.
Infermieri: Libro Da Colorare per Bambini. Bold Illustrations. 2017. (ITA., Illus.). (J). pap. 8.35 *(978-1-64193-124-3(8),* Bold Illustrations) FASTLANE LLC.
Infernal Devices (Mortal Engines, Book 3) Philip Reeve. 2017. (Mortal Engines Ser.: 3). (ENG.). 352p. (YA). (gr. 7-7). pap. 9.99 *(978-1-338-20114-7(X),* Scholastic Pr.) Scholastic, Inc.
Infernal Quixote, Vol. 4 Of 4: A Tale of the Day (Classic Reprint) Charles Lucas. 2017. (ENG., Illus.). (J). 31.69 *(978-0-260-93870-1(X))*; pap. 16.57 *(978-1-5284-5930-3(X))* Forgotten Bks.
Infernal Wanderer: Or; the Devil Ranging upon Earth (Classic Reprint) Unknown Author. 2018. (ENG., Illus.). 20p. (J). 24.31 *(978-0-332-48743-4(1))* Forgotten Bks.
Inferno. Henri Barbusse. 2017.Tr. of enfer. (ENG., Illus.). (J). 22.95 *(978-1-374-84254-0(0))*; pap. 12.95 *(978-1-374-84253-3(2))* Capital Communications, Inc.
Inferno. Julie Kagawa. 2021. (Talon Saga Ser.: 5). (ENG.). 384p. (YA). pap. 11.99 *(978-1-335-42554-6(3))* Harlequin Enterprises ULC CAN. Dist: HarperCollins Pubs.
Inferno! Jim McCann. Illus. by Dario Brizuela & Chris Sotomayor. 2019. (Marvel Super Hero Adventures Graphic Novels Ser.). (ENG.). 24p. (J). (gr. 1-5). lib. bdg. 31.36 *(978-1-5321-4449-3(0),* 33853, Marvel Age) Spotlight.
Inferno (Classic Reprint) August Strindberg. 2017. (ENG., Illus.). (J). 28.95 *(978-0-265-86790-7(8))* Forgotten Bks.
Inferno in Tokyo. Marianne Hering. 2020. (AIO Imagination Station Bks.: 20). (ENG.). 144p. (J). pap. 5.99 *(978-1-58997-969-7(9),* 20_33948) Focus on the Family Publishing.
Inferno, the (Worldview Edition) Dante. 2019. (ENG.). (YA). pap. 11.95 *(978-1-944503-69-7(2))* Canon Pr.
Infestation. Heidi Lang & Kati Bartkowski. 2022. (Whispering Pines Ser.: 2). (ENG.). 352p. (J). (gr. 3-7). pap. 8.99 *(978-1-5344-6051-5(9),* McElderry, Margaret K. Bks.) McElderry, Margaret K. Bks.
Infestation. Precious McKenzie. 2023. (Sinkhole Ser.). (ENG.). 112p. (YA). (gr. 6-12). pap. 9.99 *(978-1-7284-7794-7(8),* 0cf07d1b-4f7e-49fe-a2db-8c3177ecffdb); lib. bdg. 29.32 *(978-1-7284-7547-9(3),* 5548a35e-dda6-44ad-b63d-9d70d09ff262) Lerner Publishing Group. (Darby Creek).
Infested. Angel Luis ón. 2023. (Fear Ser.). (ENG.). 304p. (YA). (gr. 9). 19.99 ***(978-1-6659-2841-0(7),*** MTV Bks.) MTV Books.
Infidel: A Romance (Classic Reprint) M. E. Braddon. 2018. (ENG., Illus.). 356p. (J). 31.24 *(978-0-267-15905-5(6))* Forgotten Bks.
Infidel Father, Vol. 1 of 3 (Classic Reprint) Unknown Author. 2018. (ENG., Illus.). 314p. (J). 30.37 *(978-0-483-36098-3(8))* Forgotten Bks.
Infidel Father, Vol. 2 of 3 (Classic Reprint) West. 2018. (ENG., Illus.). 356p. (J). 31.24 *(978-0-484-62727-6(9))* Forgotten Bks.
Infidel Father, Vol. 3 of 3 (Classic Reprint) West. 2018. (ENG., Illus.). 356p. (J). 31.24 *(978-0-332-88496-7(1))* Forgotten Bks.
Infidel Mother, or Three Winters in London, Vol. 1 of 3 (Classic Reprint) Charles Sedley. (ENG., Illus.). (J). 2018. 286p. 29.82 *(978-0-332-91599-9(9))*; 2016. pap. 13.57 *(978-1-333-43456-4(1))* Forgotten Bks.
Infidel Mother, or Three Winters in London, Vol. 2 of 3 (Classic Reprint) Charles Sedley. 2018. (ENG., Illus.). 290p. (J). 29.88 *(978-0-483-83885-7(3))* Forgotten Bks.
Infidel Mother, or Three Winters in London, Vol. 3 of 3 (Classic Reprint) Charles Sedley. (ENG., Illus.). (J). 2018. 242p. 28.89 *(978-0-267-31700-4(X))*; 2016. pap. 11.57 *(978-1-333-46413-4(4))* Forgotten Bks.
Infiltrate, 1 vol. Judith Graves. 2017. (Orca Soundings Ser.: 5). (ENG.). 160p. (YA). (gr. 8-12). pap. 9.95 *(978-1-4598-0723-5(5))* Orca Bk. Pubs. USA.
Infiltrators. Alison Ingleby. 2018. (Wall Ser.: Vol. 2). (ENG.). 366p. (YA). pap. *(978-1-9999022-1-6(1))* Windswept Writing.
Infinite Blue, 1 vol. Darren Groth & Simon Groth. 2018. (ENG.). 192p. (YA). (gr. 8-12). pap. 14.95 *(978-1-4598-1513-1(0))* Orca Bk. Pubs. USA.
Infinite Dark Volume 2. Ryan Cady. 2019. (ENG., Illus.). 128p. (YA). pap. 16.99 *(978-1-5343-1323-1(0),* 791216c9-9507-4f45-b9c6-83c661a8b531) Image Comics.
Infinite Dendrogram: Volume 1: Volume 1. Sakon Kaidou. Tr. by Nick Nomura & Andrew Hodgson. Illus. by Taiki. 2019. (Infinite Dendrogram (light Novel) Ser.: 1). 250p. pap. 14.99 *(978-1-7183-5500-2(9))* J-Novel Club.
Infinite Dendrogram: Volume 2: Volume 2. Sakon Kaidou. Tr. by Andrew Hodgson. Illus. by Taiki. 2019. (Infinite Dendrogram (light Novel) Ser.: 2). 250p. pap. 14.99 *(978-1-7183-5501-9(7))* J-Novel Club.
Infinite Dendrogram: Volume 3: Volume 3. Sakon Kaidou. Tr. by Andrew Hodgson. Illus. by Taiki. 2019. (Infinite Dendrogram (light Novel) Ser.: 3). 250p. pap. 14.99 *(978-1-7183-5502-6(5))* J-Novel Club.
Infinite Hope: A Black Artist's Journey from World War II to Peace. Ashley Bryan. Illus. by Ashley Bryan. 2019. (ENG., Illus.). 112p. (J). (gr. 5). 21.99 *(978-1-5344-0490-8(2),* Atheneum/Caitlyn Dlouhy Books) Simon & Schuster Children's Publishing.
Infinite Love. Jm Mercedes. 2020. (ENG.). 130p. (YA). pap. 12.99 *(978-1-386-07117-4(X))* Draft2Digital.
Infinite Noise: A Bright Sessions Novel. Lauren Shippen. (Bright Sessions Ser.: 1). (ENG.). (YA). 2020. 352p. pap. 10.99 *(978-1-250-29753-2(2),* 900195953); 2019. 336p. 17.99 *(978-1-250-29751-8(6),* 900195952) Doherty, Tom Assocs., LLC. (Tor Teen).
Infinite Notebook: Let Yourself Dream Beyound Infinite! Ally Foryou. 2021. (ENG.). 120p. (J). pap. *(978-1-291-60739-0(0))* Lulu Pr., Inc.
Infinite Pieces of Us. Rebekah Crane. 2018. (ENG.). 254p. (J). (gr. 7-12). pap. 9.99 *(978-1-5039-0396-8(6),* 9781503903968, Skyscape) Amazon Publishing.
Infinite Questions of Dottie Bing. Molly B. Burnham. 2023. (Illus.). 208p. (J). (gr. 3-7). 17.99 *(978-0-593-40666-3(4),* Dial Bks) Penguin Young Readers Group.
Infinite Regression (2022 Edition) Oh the Quines... Michael Gagnon. 2022. (ENG.). 66p. (YA). 100.00 ***(978-1-387-44797-8(1))*** Lulu Pr., Inc.
Infinite Seven: Volume 1. Dave Dwonch. 2017. (ENG., Illus.). 96p. (YA). pap. 14.99 *(978-1-63229-249-0(1),* 346e2f54-b5af-4fe8-8e3e-5508860c7272) Action Lab Entertainment.
Infinite Summer. Morgan Lee Miller. 2021. (ENG.). 254p. (YA). (gr. 9-17). pap. 13.95 *(978-1-63555-969-9(3))* Bold Strokes Bks.
Infinite Ways to Happiness. Sajjad Yazdanpanah. 2020. (ENG.). 168p. (J). pap. 32.00 *(978-1-942912-71-2(4))* Supreme Art.
Infinite Wilderness. Jeff Casalina. 2021. (ENG.). 208p. (J). pap. 10.00 *(978-1-7366617-1-0(X))* Casalina.
Infinite Worth. Tim Reardon. 2020. (ENG.). 264p. (J). pap. 16.99 *(978-1-7346855-7-2(3))* All Things That Matter Pr.
Infinity: Figuring Out Forever. Sarah C. Campbell. Photos by Sarah C. Campbell & Richard P. Campbell. 2022. (Illus.). 32p. (J). (gr. 2-5). 17.99 *(978-1-62979-875-2(4),* Astra Young Readers) Astra Publishing Hse.
Infinity: The Magical Cycles of the Universe, 3 vols. Soledad Romero Mariño. Illus. by Mariona Cabassa. 2022. (Cycles of the Universe Ser.: 1). (ENG.). 48p. (J). 18.99 *(978-0-7643-6511-9(8),* 26906) Schiffer Publishing, Ltd.
Infinity Charge. Tyler H. Jolley & Jolene Perry. 2022. (ENG.). 368p. (YA). pap. 10.99 *(978-1-7373296-3-3(8))* Jolley Chronicles.
Infinity Courts. Akemi Dawn Bowman. (Infinity Courts Ser.: 1). (ENG., Illus.). (YA). (gr. 7). 2022. 496p. pap. 12.99 *(978-1-5344-5650-1(3))*; 2021. 480p. 19.99 *(978-1-5344-5649-5(X))* Simon & Schuster Bks. For Young Readers. (Simon & Schuster Bks. For Young Readers).
Infinity Gauntlet Omnibus [new Printing]. Jim Starlin & Marvel Various. Illus. by Marvel Various & Ron Lim. 2020. 1248p. (gr. 4-17). 125.00 *(978-1-302-92638-0(1),* Marvel Universe) Marvel Worldwide, Inc.
Infinity Particle. Wendy Xu. Illus. by Wendy Xu. 2023. (ENG., Illus.). 272p. (J). (gr. 8). 26.99 ***(978-0-06-295577-7(2))***; pap. 18.99 ***(978-0-06-295576-0(4))*** HarperCollins Pubs. (Quill Tree Bks.).
Infinity Reaper. Adam Silvera. 2021. (Infinity Cycle Ser.: 2). (ENG.). 592p. (YA). (gr. 9). 17.99 *(978-0-06-288231-8(7),* Quill Tree Bks.) HarperCollins Pubs.
Infinity Reborn, 0 vols. S. Harrison. 2016. (Infinity Trilogy Ser.: 3). (ENG.). 364p. (gr. 7-12). pap. 9.99 *(978-1-5039-3346-0(6),* 9781503933460, Skyscape) Amazon Publishing.
Infinity Rises, 0 vols. S. Harrison. 2016. (Infinity Trilogy Ser.: 2). (ENG.). 272p. (YA). (gr. 9-13). pap. 9.99 *(978-1-5039-5225-6(8),* 9781503952256, Skyscape) Amazon Publishing.
Infinity Son. Adam Silvera. 2020. (Infinity Cycle Ser.: 1). (ENG.). (YA). (gr. 9). 384p. pap. 12.99 *(978-0-06-245783-7(7))*; 368p. 18.99 *(978-0-06-245782-0(9))* HarperCollins Pubs. (Quill Tree Bks.).
Infinity Son. Adam Silvera. 2019. (Infinity Cycle Ser.: Vol. 1). (ENG.). 384p. lib. bdg. 24.50 *(978-1-6636-3396-5(7))* Perfection Learning Corp.
Infinity Spirits. Sophie Gray. 2019. (ENG.). 118p. (J). pap. *(978-1-78623-664-7(8))* Grosvenor Hse. Publishing Ltd.
Infinity Spirits: Unlocking a Mystery. Sophie Gray. 2023. (ENG.). 108p. (J). pap. ***(978-1-80381-367-7(9))*** Grosvenor Hse. Publishing Ltd.
Infinity Times 1000. Leslie Hillman. 2019. (ENG., Illus.). 30p. (J). (gr. -1-3). pap. 13.95 *(978-1-64349-284-1(5))* Christian Faith Publishing.
Infinity Year of Avalon James. Dana Middleton. ed. 2018. (Penworthy Picks Middle School Ser.). (ENG.). 214p. (J). (gr. 5-7). 18.96 *(978-1-64310-584-0(1))* Penworthy Co., LLC, The.
Infirm. Cs Morales. 2017. (ENG., Illus.). 250p. (J). pap. 15.45 *(978-1-944428-23-5(2))* Inklings Publishing.
Infirmière Florence, Comment Nous Sentons-Nous étourdis? Michael Dow. Tr. by Fanny Chagnon. 2022. (FRE.). 44p. ***(978-1-387-70686-0(1))*** Lulu Pr., Inc.
Infirmière Florence, Dis-Moi des Choses à Propos du Coeur. Michael Dow. Tr. by Fanny Chagnon. 2021. (FRE.). 62p. (J). 27.49 *(978-1-7947-2753-3(1))* Lulu Pr., Inc.
Infirmière Florence(r) Livre de Coloriage: Pourquoi et Comment Respirons-Nous? Michael Dow. Tr. by Fanny Chagnon. 2023. (FRE.). 48p. (J). pap. ***(978-1-312-78915-9(8))*** Lulu Pr., Inc.
Infirmière Florence(R), Pourquoi et Comment Respirons-Nous? Michael Dow. Tr. by Fanny Chagnon. 2023. (FRE.). 51p. ***(978-1-312-80302-2(9))*** Lulu Pr., Inc.
Infirmieres: Livre Coloriage Pour Enfants. Bold Illustrations. 2017. (FRE., Illus.). (J). pap. 8.35 *(978-1-64193-050-5(0),* Bold Illustrations) FASTLANE LLC.
Infirmiers. Quinn M. Arnold. 2017. (Graines de Savoir Ser.). (FRE., Illus.). 24p. (J). (gr. -1-k). *(978-1-77092-388-1(8),* 20428) Creative Co., The.
Inflatables in Bad Air Day (the Inflatables #1) Beth Garrod & Jess Hitchman. Illus. by Chris Danger. 2022. (Inflatables Ser.). (ENG.). 128p. (J). (gr. 2-5). pap. 6.99 *(978-1-338-74897-0(1),* Scholastic Paperbacks) Scholastic, Inc.
Inflatables in Do-Nut Panic! (the Inflatables #3) Beth Garrod & Jess Hitchman. Illus. by Chris Danger. 2022. (Inflatables Ser.). (ENG.). 128p. (J). (gr. 2-5). pap. 6.99 *(978-1-338-74901-4(3),* Scholastic Paperbacks) Scholastic, Inc.
Inflatables in Mission un-Poppable (the Inflatables #2) Beth Garrod & Jess Hitchman. Illus. by Chris Danger. 2022. (Inflatables Ser.). (ENG.). 128p. (J). (gr. 2-5). pap. 6.99 *(978-1-338-74899-4(8),* Scholastic Paperbacks) Scholastic, Inc.
Inflatables in Splash of the Titans (the Inflatables #4) Beth Garrod & Jess Hitchman. Illus. by Chris Danger. 2023. (Inflatables Ser.). (ENG.). 128p. (J). (gr. 2-5). pap. 6.99 *(978-1-338-74902-1(1),* Scholastic Paperbacks) Scholastic, Inc.
Inflated Story of Noah. Dan Bellamy. 2016. (ENG., Illus.). (J). 24.99 *(978-0-9979039-1-1(0))* Bellamy, Christopher Daniel.
Inflating a Balloon. Brooke Rowe. Illus. by Jeff Bane. 2017. (My Early Library: My Science Fun Ser.). (ENG.). 24p. (J). (gr. k-1). lib. bdg. 30.64 *(978-1-63472-822-5(X),* 209714) Cherry Lake Publishing.
Inflation, Deflation, & Unemployment, 1 vol. Laura Loria. 2018. (Understanding Economics Ser.). (ENG.). 48p. (gr. 6-7). lib. bdg. 28.41 *(978-1-5383-0264-4(0),* 58c2c1db-afab-4f5f-abe4-0c62b62f551d, Britannica Educational Publishing) Rosen Publishing Group, Inc., The.
Inflation in Infographics. Christina Hill. 2022. (21st Century Skills Library: Econo-Graphics Ser.). (ENG., Illus.). 32p. (J). (gr. 4-8). pap. 14.21 *(978-1-6689-1155-6(8),* 221100); lib. bdg. 32.07 *(978-1-6689-0995-9(2),* 220962) Cherry Lake Publishing.
Inflicted. Katrina Cope. 2019. (Valkyrie Academy Dragon Alliance Ser.: Vol. 4). (ENG., Illus.). 122p. (YA). pap. ***(978-0-6486613-3-7(4))*** Cosy Burrow Bks.
Influence. Sara Shepard & Lilia Buckingham. 2022. (ENG.). 368p. (YA). (gr. 7). pap. 10.99 *(978-0-593-12156-6(2),* Ember) Random Hse. Children's Bks.
Influence a Moral Tale for Young People, Vol. 1 of 2 (Classic Reprint) Charlotte Anley. (ENG., Illus.). (J). 2018. 282p. 29.73 *(978-0-365-53505-8(2))*; 2017. pap. 13.57 *(978-1-5276-7349-6(9))* Forgotten Bks.
Influence de Quelques Aliments Minéraux Sur les Fonctions et la Structure des Végétaux: Thèse (Classic Reprint) Théodore Solacolu. 2018. (FRE., Illus.). (J). 104p.

I

26.04 *(978-0-366-08109-7(8))*; 106p. pap. 9.57 *(978-0-366-02745-3(X))* Forgotten Bks.

Influence of Mothers on the Character, Welfare & Destiny of Individuals, Families & Communities: Illustrated in a Series of Anecdotes; with a Preliminary Essay on the Same Subject (Classic Reprint) Charles A Goodrich. 2018. (ENG., Illus.). 196p. (J). 27.96 *(978-0-484-05685-4(9))* Forgotten Bks.

Influence, or the Evil Genius (Classic Reprint) Henry S. Mackarness. (ENG., Illus.). (J). 2018. 412p. 32.39 *(978-0-483-63040-6(3))*; 2017. pap. 16.57 *(978-0-243-30912-2(0))* Forgotten Bks.

Influencers & Streaming. Josh Gregory. 2020. (21st Century Skills Library: Esports LIVE Ser.). (ENG., Illus.). 32p. (J). (gr. 4-7). lib. bdg. 32.07 *(978-1-5341-6884-8(2)*, 215423) Cherry Lake Publishing.

Influential Asians, 12 vols. 2016. (Influential Asians Ser.). (ENG.). 128p. (gr. 6-7). lib. bdg. 233.58 *(978-0-7660-7506-1(0)*, 372eee5e-105d-4353-869a-01ef60131b6c) Enslow Publishing, LLC.

Influential Lives: Set 1, 12 vols. 2017. (Influential Lives Ser.). (ENG.). 128p. (gr. 7-7). lib. bdg. 241.62 *(978-0-7660-8571-8(6)*, 3fe2b188-5f3a-40d9-a45b-a47001105ba2) Enslow Publishing, LLC.

Influential Lives: Set 2, 12 vols. 2018. (Influential Lives Ser.). (ENG.). 128p. (gr. 7-7). lib. bdg. 241.62 *(978-0-7660-9232-7(1)*, b6300b5d-96b6-458f-980a-cc96f2e7dc4f) Enslow Publishing, LLC.

Influential Lives: Sets 1 - 3, 36 vols. 2018. (Influential Lives Ser.). (ENG.). (YA). (gr. 7-7). lib. bdg. 724.86 *(978-1-9785-0585-8(X)*, 71a2d204-6671-49a6-a0da-aaa2d7ca7022) Enslow Publishing, LLC.

Influential People. Laura Price Steele et al. 2020. (Influential People Ser.). (ENG.). 32p. (J). (gr. 4-6). 858.20 *(978-1-5435-9086-9(1)*, 29770); pap., pap., pap. 111.30 *(978-1-4966-6672-7(0)*, 30095) Capstone.

Influential Presidents (Set Of 6) 2023. (Influential Presidents Ser.). (ENG.). (J). (gr. 2-3). pap. 59.70 *(978-1-63739-499-1(3))*; lib. bdg. 188.10 *(978-1-63739-462-5(4))* North Star Editions. (Focus Readers).

Influenza. Lisa Bullard. 2021. (Deadly Diseases Ser.). (ENG., Illus.). 48p. (J). (gr. 4-8). lib. bdg. 35.64 *(978-1-5321-9659-1(8)*, 38330) ABDO Publishing Co.

Info Tech Careers. Stuart A. Kallen. 2018. (STEM Careers Ser.). (ENG.). 80p. (YA). (gr. 6-12). 39.93 *(978-1-68282-435-1(7))* ReferencePoint Pr., Inc.

Infographic Animals: Incredible Facts, Visually Presented. Alex Woolf. Illus. by Dan Crisp. 2021. (Arcturus Visual Guides: 2). (ENG.). 128p. (J). pap. 14.99 *(978-1-83857-598-4(7)*, f4e0a237-bb9b-489b-bf40-6311474813f7) Arcturus Publishing GBR. Dist: Baker & Taylor Publisher Services (BTPS).

Infographic Guide to London. Simon Holland. 2018. (Infographic Guide To Ser.). (ENG.). 64p. (J). (gr. 4-6). pap. 13.99 *(978-1-5263-6012-0(8)*, Wayland) Hachette Children's Group GBR. Dist: Hachette Bk. Group.

Infographic Guide to: London. Simon Holland. 2017. (Infographic Guide To Ser.). (ENG.). 64p. (J). (gr. 4-6). pap. 9.99 *(978-0-7502-9954-1(1)*, Wayland) Hachette Children's Group GBR. Dist: Hachette Bk. Group.

Infographic Human Body: Incredible Facts, Visually Presented. Kevin Pettman. Illus. by Martin Sanders. 2021. (Arcturus Visual Guides: 1). (ENG.). 128p. (J). pap. 14.99 *(978-1-83857-596-0(0)*, 74ea7ea6-4067-4fe3-894f-eff9fff52315) Arcturus Publishing GBR. Dist: Baker & Taylor Publisher Services (BTPS).

Infographics: How It Works, 12 vols. 2017. (Infographics: How It Works). (ENG.). 32p. (J). (gr. 4-5). lib. bdg. 169.62 *(978-1-5382-1431-2(8)*, 4e2976ad-426c-46b7-9886-ed6c5c826b50) Stevens, Gareth Publishing LLLP.

Infographics: Agriculture. Renae Gilles. 2022. (21st Century Junior Library: Enviro-Graphics Jr Ser.). (ENG., Illus.). 24p. (J). (gr. 2-5). pap. 12.79 *(978-1-6689-1076-4(4)*, 221021); lib. bdg. 30.64 *(978-1-6689-0916-4(2)*, 220883) Cherry Lake Publishing.

Infographics: Budgeting. Christina Hill. 2023. (21st Century Junior Library: Econo-Graphics Jr Ser.). (ENG., Illus.). 24p. (J). (gr. 2-5). lib. bdg. 30.64 *(978-1-6689-1926-2(5)*, 221904) Cherry Lake Publishing.

Infographics: Budgeting. Contrib. by Christina Hill. 2023. (21st Century Junior Library: Econo-Graphics Jr Ser.). (ENG., Illus.). 24p. (J). (gr. 2-5). pap. 12.79 *(978-1-6689-2028-2(X)*, 222006) Cherry Lake Publishing.

Infographics: Clean Water. Renae Gilles. 2022. (21st Century Junior Library: Enviro-Graphics Jr Ser.). (ENG., Illus.). 24p. (J). (gr. 2-5). pap. 12.79 *(978-1-6689-1080-1(2)*, 221025); lib. bdg. 30.64 *(978-1-6689-0920-1(0)*, 220887) Cherry Lake Publishing.

Infographics: Climate Change. Renae Gilles. 2022. (21st Century Junior Library: Enviro-Graphics Jr Ser.). (ENG., Illus.). 24p. (J). (gr. 2-5). pap. 12.79 *(978-1-6689-1075-7(6)*, 221020); lib. bdg. 30.64 *(978-1-6689-0915-7(4)*, 220882) Cherry Lake Publishing.

Infographics for Kids. Susan Martineau. Illus. by Vicky Barker. 2016. (ENG.). 48p. (J). (gr. 2-5). pap. 8.99 *(978-1-58089-723-5(1))* Charlesbridge Publishing, Inc.

Infographics: Incentives. Christina Hill. 2023. (21st Century Junior Library: Econo-Graphics Jr Ser.). (ENG., Illus.). 24p. (J). (gr. 2-5). lib. bdg. 30.64 *(978-1-6689-1927-9(3)*, 221905) Cherry Lake Publishing.

Infographics: Incentives. Contrib. by Christina Hill. 2023. (21st Century Junior Library: Econo-Graphics Jr Ser.). (ENG., Illus.). 24p. (J). (gr. 2-5). pap. 12.79 *(978-1-6689-2029-9(8)*, 222007) Cherry Lake Publishing.

Infographics: Industrialization. Renae Gilles. 2022. (21st Century Junior Library: Enviro-Graphics Jr Ser.). (ENG., Illus.). 24p. (J). (gr. 2-5). pap. 12.79 *(978-1-6689-1082-5(9)*, 221027); lib. bdg. 30.64 *(978-1-6689-0922-5(7)*, 220889) Cherry Lake Publishing.

Infographics: Inflation. Christina Hill. 2023. (21st Century Junior Library: Econo-Graphics Jr Ser.). (ENG., Illus.). 24p. (J). (gr. 2-5). lib. bdg. 30.64 *(978-1-6689-1923-1(0)*, 221901) Cherry Lake Publishing.

Infographics: Inflation. Contrib. by Christina Hill. 2023. (21st Century Junior Library: Econo-Graphics Jr Ser.). (ENG., Illus.). 24p. (J). (gr. 2-5). pap. 12.79 *(978-1-6689-2025-1(5)*, 222003) Cherry Lake Publishing.

Infographics: Invasive Species. Renae Gilles. 2022. (21st Century Junior Library: Enviro-Graphics Jr Ser.). (ENG., Illus.). 24p. (J). (gr. 2-5). pap. 12.79 *(978-1-6689-1077-1(2)*, 221022); lib. bdg. 30.64 *(978-1-6689-0917-1(0)*, 220884) Cherry Lake Publishing.

Infographics: Natural Disasters. Alexander Lowe. 2022. (21st Century Junior Library: Enviro-Graphics Jr Ser.). (ENG., Illus.). 24p. (J). (gr. 2-5). pap. 12.79 *(978-1-6689-1078-8(0)*, 221023); lib. bdg. 30.64 *(978-1-6689-0918-8(9)*, 220885) Cherry Lake Publishing.

Infographics: Pollution. Alexander Lowe. 2022. (21st Century Junior Library: Enviro-Graphics Jr Ser.). (ENG., Illus.). 24p. (J). (gr. 2-5). pap. 12.79 *(978-1-6689-1079-5(9)*, 221024); lib. bdg. 30.64 *(978-1-6689-0919-5(7)*, 220886) Cherry Lake Publishing.

Infographics: Renewable Energy. Alexander Lowe. 2022. (21st Century Junior Library: Enviro-Graphics Jr Ser.). (ENG., Illus.). 24p. (J). (gr. 2-5). pap. 12.79 *(978-1-6689-1081-8(0)*, 221026); lib. bdg. 30.64 *(978-1-6689-0921-8(9)*, 220888) Cherry Lake Publishing.

Infographics: Scarcity. Christina Hill. 2023. (21st Century Junior Library: Econo-Graphics Jr Ser.). (ENG., Illus.). 24p. (J). (gr. 2-5). lib. bdg. 30.64 *(978-1-6689-1925-5(7)*, 221903) Cherry Lake Publishing.

Infographics: Scarcity. Contrib. by Christina Hill. 2023. (21st Century Junior Library: Econo-Graphics Jr Ser.). (ENG., Illus.). 24p. (J). (gr. 2-5). pap. 12.79 *(978-1-6689-2027-5(1)*, 222005) Cherry Lake Publishing.

Infographics: Supply & Demand. Christina Hill. 2023. (21st Century Junior Library: Econo-Graphics Jr Ser.). (ENG., Illus.). 24p. (J). (gr. 2-5). lib. bdg. 30.64 *(978-1-6689-1922-4(2)*, 221900) Cherry Lake Publishing.

Infographics: Supply & Demand. Contrib. by Christina Hill. 2023. (21st Century Junior Library: Econo-Graphics Jr Ser.). (ENG., Illus.). 24p. (J). (gr. 2-5). pap. 12.79 *(978-1-6689-2024-4(7)*, 222002) Cherry Lake Publishing.

Infographics: Supply Chain. Christina Hill. 2023. (21st Century Junior Library: Econo-Graphics Jr Ser.). (ENG., Illus.). 24p. (J). (gr. 2-5). lib. bdg. 30.64 *(978-1-6689-1921-7(4)*, 221899) Cherry Lake Publishing.

Infographics: Supply Chain. Contrib. by Christina Hill. 2023. (21st Century Junior Library: Econo-Graphics Jr Ser.). (ENG., Illus.). 24p. (J). (gr. 2-5). pap. 12.79 *(978-1-6689-2023-7(9)*, 222001) Cherry Lake Publishing.

Infographics: the Stock Market. Christina Hill. 2023. (21st Century Junior Library: Econo-Graphics Jr Ser.). (ENG., Illus.). 24p. (J). (gr. 2-5). lib. bdg. 30.64 *(978-1-6689-1928-6(1)*, 221906) Cherry Lake Publishing.

Infographics: the Stock Market. Contrib. by Christina Hill. 2023. (21st Century Junior Library: Econo-Graphics Jr Ser.). (ENG., Illus.). 24p. (J). (gr. 2-5). pap. 12.79 *(978-1-6689-2030-5(1)*, 222008) Cherry Lake Publishing.

Infographics: Trade. Christina Hill. 2023. (21st Century Junior Library: Econo-Graphics Jr Ser.). (ENG., Illus.). 24p. (J). (gr. 2-5). lib. bdg. 30.64 *(978-1-6689-1924-8(9)*, 221902) Cherry Lake Publishing.

Infographics: Trade. Contrib. by Christina Hill. 2023. (21st Century Junior Library: Econo-Graphics Jr Ser.). (ENG., Illus.). 24p. (J). (gr. 2-5). pap. 12.79 *(978-1-6689-2026-8(3)*, 222004) Cherry Lake Publishing.

InfoPics, 8 vols. 2021. (InfoPics Ser.). (ENG.). 24p. (J). (gr. 2-3). lib. bdg. 97.08 *(978-1-5382-7096-7(X)*, 6d5c6003-007b-4d0f-9093-a1ba36133fc8) Stevens, Gareth Publishing LLLP.

Information & Action: Using Variables, 1 vol. Derek L. Miller. 2017. (Everyday Coding Ser.). (ENG.). 32p. (gr. 3-3). pap. 11.58 *(978-1-5026-2995-1(X)*, 31d9de25-4d15-4543-ba88-e487f06a3c89); lib. bdg. 30.21 *(978-1-5026-2997-5(6)*, 7fb3b0e5-df4b-4970-824d-2b624a846f5f) Cavendish Square Publishing LLC.

Information Explorer (Set), 16 vols., Set. Incl. Creating a Digital Portfolio. Suzy Rabbat. 2011. lib. bdg. 32.07 *(978-1-61080-121-8(0)*, 201128); Find the Right Site. Ann Truesdell. 2010. lib. bdg. 32.07 *(978-1-60279-638-6(6)*, 200341); Find Your Way Online. Suzy Rabbat. 2010. lib. bdg. 32.07 *(978-1-60279-639-3(4)*, 200342); Get Ready for a Winning Science Project. Sandra Buczynski. 2011. lib. bdg. 32.07 *(978-1-61080-124-9(5)*, 201134); Go Straight to the Source. Kristin Fontichiaro. 2010. lib. bdg. 32.07 *(978-1-60279-640-9(8)*, 200343); Hit the Books. Suzy Rabbat. 2010. lib. bdg. 32.07 *(978-1-60279-641-6(6)*, 200344); Make the Grade. Carol A. Gordon. 2010. lib. bdg. 32.07 *(978-1-60279-642-3(4)*, 200345); Online Etiquette & Safety. Phyllis Cornwall. 2010. lib. bdg. 32.07 *(978-1-60279-956-1(3)*, 200637); Podcasting 101. Kristin Fontichiaro. 2010. lib. bdg. 32.07 *(978-1-60279-953-0(9)*, 200631); Put It All Together. Phyllis Cornwall. 2010. lib. bdg. 32.07 *(978-1-60279-643-0(2)*, 200346); Shooting Video to Make Learning Fun. Julie Green. 2010. lib. bdg. 32.07 *(978-1-60279-955-4(5)*, 200635); Social Studies Projects That Shine. Sara Wilkie. 2011. lib. bdg. 32.07 *(978-1-61080-123-2(7)*, 201132); Team up Online. Vicki Pascaretti & Sara Wilkie. 2010. lib. bdg. 32.07 *(978-1-60279-644-7(0)*, 200347); Using Digital Images. Suzy Rabbat. 2010. lib. bdg. 32.07 *(978-1-60279-954-7(7)*, 200633); Write It Down. Julie Green. 2010. lib. bdg. 32.07 *(978-1-60279-645-4(9)*, 200348); Your Fascinating Family History. Mary J. Johnson. 2011. lib. bdg. 32.07 *(978-1-61080-122-5(9)*, 201130); 32p. (gr. 4-8). (Explorer Library: Information Explorer Ser.). (ENG., Illus.). 2011. 456.00 *(978-1-61080-149-2(0)*, 201014) Cherry Lake Publishing.

Information Glut: Sorting the Good from the Bad. Don Nardo. 2022. (ENG., Illus.). 64p. (J). (gr. 6-12). 43.93 *(978-1-6782-0342-9(4))* ReferencePoint Pr., Inc.

Information Literacy & Fake News. Diane Dakers. 2018. (Why Does Media Literacy Matter? Ser.). (ENG., Illus.). 48p. (J). (gr. 6-6). *(978-0-7787-4542-6(2))*; pap. *(978-0-7787-4546-4(5))* Crabtree Publishing Co.

Information Literacy in the Digital Age, 1 vol. Laura Perdew. 2016. (Essential Library of the Information Age Ser.). (ENG., Illus.). 112p. (J). (gr. 8-12). lib. bdg. 41.36 *(978-1-68078-285-1(1)*, 21725, Essential Library) ABDO Publishing Co.

Information Revolution. Stephanie Kraus. rev. ed. 2019. (Social Studies: Informational Text Ser.). (ENG., Illus.). 32p. (J). (gr. 4-8). pap. 11.99 *(978-1-4258-5077-7(4))* Teacher Created Materials, Inc.

Information Science, 4 vols. Ed. by Mary Lee Balice. 2016. (Study of Science Ser.). (ENG.). 144p. (gr. 8-8). 75.64 *(978-1-68048-231-7(9)*, 2adbb13a-9b79-4f4a-b6df-c10064946e87);1. (J). 37.82 *(978-1-68048-232-4(7)*, b7e67877-0370-47f4-bad4-55f9a4c123e3) Rosen Publishing Group, Inc., The. (Britannica Educational Publishing).

Information Technology. John Csiszar. 2019. (Stem Today Ser.). (ENG.). 48p. (J). lib. bdg. 29.99 *(978-1-5105-4473-4(9))* SmartBook Media, Inc.

Information Technology. Diane Lindsey Reeves. 2017. (Bright Futures Press: World of Work Ser.). (ENG., Illus.). 32p. (J). (gr. 4-7). lib. bdg. 32.07 *(978-1-63472-625-2(1)*, 209534) Cherry Lake Publishing.

Information Technology, Vol. 10. John Csiszar. 2016. (Stem in Current Events Ser.). (Illus.). 64p. (J). (gr. 7). 23.95 *(978-1-4222-3593-5(9))* Mason Crest.

Information Technology (IT) Professionals: A Practical Career Guide. Erik Dafforn. 2020. (Practical Career Guides). (Illus.). 130p. (YA). (gr. 8-17). pap. 39.00 *(978-1-5381-1177-2(2))* Rowman & Littlefield Publishers, Inc.

Informe de Investigación de Rafi: Fragmentar el Problema, 1 vol. Rachael Morlock. 2017. (Computación Científica en el Mundo Real (Computer Science for the Real World) Ser.). (SPA.). 24p. (J). (gr. 4-5). pap. *(978-1-5383-5821-4(2)*, 6e17ef60-a2ab-41d0-b072-d74d670df69b, Rosen Classroom) Rosen Publishing Group, Inc., The.

Informe de Investigación de Rafi: Fragmentar el Problema (Rafi's Research Paper: Breaking down the Problem), 1 vol. Rachael Morlock. 2017. (Niños Digitales: Superdotados con Pensamiento Computacional (Computer Kids: Powered by Computational Thinking) Ser.). (SPA.). 24p. (J). (gr. 4-5). 25.27 *(978-1-5383-2905-4(0)*, 9f12c8d7-da59-480a-82bb-f02dcccf3d2a, PowerKids Pr.) Rosen Publishing Group, Inc., The.

Informed! Eric Braun et al. 2020. (Informed! Ser.). (ENG.). 64p. (J). (gr. 5-9). 373.20 *(978-0-7565-6631-9(2)*, 199562); pap., pap., pap. 89.50 *(978-0-7565-6669-2(X)*, 201355) Capstone. (Compass Point Bks.).

Informer (Classic Reprint) Liam O'Flaherty. 2017. (ENG., Illus.). (J). 30.39 *(978-0-331-25356-6(9))*; pap. 13.57 *(978-0-265-10417-0(3))* Forgotten Bks.

Infrastructure of America's Airports. Joanne Mattern. 2018. lib. bdg. 29.95 *(978-1-68020-136-9(0))* Mitchell Lane Pubs.

Infrastructure of America's Bridges. Marty Gitlin. 2018. lib. bdg. 29.95 *(978-1-68020-140-6(9))* Mitchell Lane Pubs.

Infrastructure of America's Inland Waterways. Bonnie Hinman. 2018. lib. bdg. 29.95 *(978-1-68020-144-4(1))* Mitchell Lane Pubs.

Infrastructure of America's Ports, Harbors, & Dams. Marty Gitlin. 2018. lib. bdg. 29.95 *(978-1-68020-146-8(8))* Mitchell Lane Pubs.

Infrastructure of America's Tunnels. Marcia Amidon Lusted. 2018. lib. bdg. 29.95 *(978-1-68020-150-5(6))* Mitchell Lane Pubs.

Ingelheim, Vol. 1 of 3 (Classic Reprint) Beatrice May Butt. 2018. (ENG., Illus.). 336p. (J). 30.85 *(978-0-484-90667-8(4))* Forgotten Bks.

Ingelheim, Vol. 2 of 3 (Classic Reprint) Beatrice May Butt. (ENG., Illus.). (J). 2018. 346p. 31.03 *(978-0-483-97477-7(3))*; 2016. pap. 13.57 *(978-1-334-11862-3(0))* Forgotten Bks.

Ingelheim, Vol. 3 of 3 (Classic Reprint) Beatrice May Butt. 2018. (ENG., Illus.). 338p. (J). 30.89 *(978-0-484-75415-6(7))* Forgotten Bks.

Ingemisco (Classic Reprint) Marian Calhoun Legare Reeves. (ENG., Illus.). (J). 2018. 350p. 31.12 *(978-0-267-16030-3(5))*; 2017. pap. 13.57 *(978-0-259-39779-3(2))* Forgotten Bks.

Ingeniera Aeroespacial Aprille Ericsson (Aerospace Engineer Aprille Ericsson) Laura Hamilton Waxman. 2022. (Biografías de Pioneros STEM (STEM Trailblazer Bios) Ser.). (SPA., Illus.). 32p. (J). (gr. 2-5). pap. 8.99 *(978-1-7284-7514-1(7)*, adf6da00-a80d-4e6d-897d-bd7ba02769f2); lib. bdg. 26.65 *(978-1-7284-7442-7(6)*, 38409600-077b-4d00-b1e8-8c2c89936225) Lerner Publishing Group. (Ediciones Lerner).

Ingeniería Asombrosa: Figuras. Logan Avery. rev. ed. 2019. (Mathematics in the Real World Ser.). (SPA.). 20p. (J). (gr. k-1). 8.99 *(978-1-4258-2837-0(X))* Teacher Created Materials, Inc.

Ingenious. Lisa Karon Richardson. 2022. (ENG.). 316p. (YA). pap. 19.49 *(978-1-946531-23-0(5)*, WhiteSpark Publishing) WhiteFire Publishing.

Ingenious Abe: Stories from the Life of Abraham Lincoln. Ron L. Andersen. 2016. (ENG.). (J). pap. 8.99 *(978-1-4621-1789-5(9))* Cedar Fort, Inc./CFI Distribution.

Ingenious & Diverting Letters of the Lady Travels into Spain (Classic Reprint) Aulnoy Aulnoy. 2017. (ENG., Illus.). (J). 29.96 *(978-0-266-61864-5(2))* Forgotten Bks.

Ingenious Edie, Master Inventor of Tiny Town. Patrick Corrigan. 2023. (ENG.). 32p. (J). (gr. -1-2). 17.99 *(978-1-83874-880-7(6))* Flying Eye Bks. GBR. Dist: Penguin Random Hse. LLC.

Ingenious Ideas: Innovation & Imagination Coloring Book. Activity Attic Books. 2016. (ENG., Illus.). (J). pap. 7.74 *(978-1-68323-678-8(5))* Twin Flame Productions.

Ingenue, or the First Days of Blood (Classic Reprint) Dumas. 2016. (ENG., Illus.). (J). pap. 16.57 *(978-1-334-13312-1(3))* Forgotten Bks.

Ingenue, or the First Days of Blood (Classic Reprint) Alexandre Dumas. 2017. (ENG., Illus.). (J). 32.46 *(978-0-331-93546-2(5))* Forgotten Bks.

Ingham Papers: Some Memorials of the Life of Capt. Frederic Ingham, Sometime Pastor of the First Sandemanian Church in Naguadavick, & Major General by Brevet in the Patriot Service in Italy. Edward Everett Hale. 2017. (ENG., Illus.). (J). pap. *(978-0-649-04827-4(X))* Trieste Publishing Pty Ltd.

Ingham Papers: Some Memorials of the Life of Capt. Frederic Ingham, U. S. N. , Sometime Pastor of the First Sandemanian Church in Naguadavick, & Major General by Brevet in the Patriot Service in Italy (Classic Reprint) Edward Everett Hale. 2017. (ENG., Illus.). (J). 29.88 *(978-0-265-18249-9(2))* Forgotten Bks.

Inglaterra (England) Grace Hansen. 2019. (Países (Countries) Ser.). (SPA.). 24p. (J). (gr. -1-2). lib. bdg. 32.79 *(978-1-0982-0090-9(X)*, 33054, Abdo Kids) ABDO Publishing Co.

Inglenook, 1902, Vol. 4 (Classic Reprint) Unknown Author. (ENG., Illus.). (J). 2018. 640p. 37.10 *(978-0-484-10203-2(6))*; 2016. pap. 19.57 *(978-1-334-15502-4(X))* Forgotten Bks.

Inglenook, 1902, Vol. 4 (Classic Reprint) Brethren Publishing House. (ENG., Illus.). (J). 2018. 678p. 37.88 *(978-0-483-39453-7(X))*; 2016. pap. 20.57 *(978-1-334-16711-9(7))* Forgotten Bks.

Inglenook, 1904, Vol. 6: A Weekly Magazine (Classic Reprint) Unknown Author. 2018. (ENG., Illus.). 972p. (J). 43.94 *(978-0-483-48701-7(5))* Forgotten Bks.

Inglenook, Vol. 3: April 6, 1901 (Classic Reprint) Brethren Publishing House. (ENG., Illus.). (J). 2018. 954p. 43.57 *(978-0-483-55076-6(0))*; 2016. pap. 25.87 *(978-1-334-13762-4(5))* Forgotten Bks.

Inglenook, Vol. 5: A Weekly Magazine; January 3, 1903 (Classic Reprint) Brethren Publishing House. (ENG., Illus.). (J). 2018. 684p. 38.00 *(978-0-483-33430-4(8))*; 2016. pap. 20.57 *(978-1-334-16542-9(4))* Forgotten Bks.

Inglenook, Vol. 5: July 7, 1903 (Classic Reprint) Brethren Publishing House. (ENG., Illus.). (J). 2018. 658p. 37.47 *(978-0-484-39188-7(7))*; 2016. pap. 19.97 *(978-1-334-16735-5(4))* Forgotten Bks.

Inglenook, Vol. 8: A Weekly Magazine; July 3, 1906 (Classic Reprint) Brethren Publishing House. 2017. (ENG., Illus.). (J). pap. 25.63 *(978-0-259-49776-9(2))* Forgotten Bks.

Inglenook, Vol. 9: A Weekly Magazine; January 1, 1907 (Classic Reprint) Brethren Publishing House. (ENG., Illus.). (J). 2018. 900p. 42.50 *(978-0-332-98565-7(2))*; 2017. pap. 24.80 *(978-1-334-91451-5(6))* Forgotten Bks.

Ingoldsby Legends. Thomas Ingoldsby. 2017. (ENG.). 262p. (J). pap. *(978-3-337-15352-6(6))* Creation Pubs.

Ingoldsby Legends: Or Mirth & Marvels (Classic Reprint) Thomas Ingoldsby. (ENG., Illus.). (J). 2018. 384p. 31.82 *(978-0-484-48483-1(4))*; 2017. 35.86 *(978-0-331-72870-5(2))*; 2016. pap. 16.57 *(978-1-334-12890-5(1))* Forgotten Bks.

Ingoldsby Legends (Classic Reprint) Richard Harris Dalton Barham. 2017. (ENG., Illus.). (J). 32.44 *(978-0-265-74288-4(9))* Forgotten Bks.

Ingoldsby Legends (Classic Reprint) Thomas Ingoldsby. 2017. (ENG., Illus.). (J). 36.91 *(978-0-265-68372-9(6))* Forgotten Bks.

Ingoldsby Legends, or Mirth & Marvels (Classic Reprint) Thomas Ingoldsby. (ENG., Illus.). (J). 2018. 314p. 30.37 *(978-0-428-63092-8(8))*; 2017. 29.53 *(978-0-266-31566-7(6))*; 2017. pap. 13.57 *(978-0-259-20308-7(4))*; 2017. pap. 11.97 *(978-0-243-87116-2(3))* Forgotten Bks.

Ingoldsby Legends, Vol. 1: Or, Mirth & Marvels (Classic Reprint) Thomas Ingoldsby. 2017. (ENG., Illus.). (J). 33.71 *(978-0-265-16182-1(7))* Forgotten Bks.

Ingoldsby Legends, Vol. 2 Of 2: Or Mirth & Marvels (Classic Reprint) Thomas Ingoldsby. (ENG., Illus.). (J). 2018. 506p. 34.33 *(978-0-666-38468-3(1))*; 2017. pap. 16.57 *(978-0-259-22322-1(0))* Forgotten Bks.

Ingram Sparky? IngramSpark to Delete. Eric Desio. l.t. ed. 2020. (ENG., Illus.). 24p. (J). pap. 9.95 *(978-1-952637-23-0(6))* Be You Bks.

Inhalant, Whippet, & Popper Abuse, 1 vol. Carolyn DeCarlo. 2018. (Overcoming Addiction Ser.). (ENG., Illus.). 64p. (J). (gr. 7-7). 36.13 *(978-1-5081-7945-0(X)*, 38ca8157-55e1-40c0-87cc-156d3af20bd7) Rosen Publishing Group, Inc., The.

Inhalants: Affecting Lives. Amy C. Rea. 2021. (Affecting Lives: Drugs & Addiction Ser.). (ENG.). 32p. (J). (gr. 4-7). lib. bdg. 35.64 *(978-1-5038-4494-0(3)*, 214261, MOMENTUM) Child's World, Inc, The.

Inhalt und Methode des Planimetrischen Unterrichts: Eine Vergleichende Planimetrie (Classic Reprint) Heinrich Schotten. 2018. (GER., Illus.). 796p. (J). 40.33 *(978-0-364-35543-5(3))* Forgotten Bks.

Inhalt und Methode des Planimetrischen Unterrichts: Eine Vergleichendem Planimetrie (Classic Reprint) Heinrich Schotten. 2017. (GER., Illus.). (J). 31.73 *(978-0-265-73795-8(8))* Forgotten Bks.

Inheritance. T. S. Edwards. 2020. (ENG.). 338p. (YA). *(978-1-64378-721-3(7))*; pap. *(978-1-64378-722-0(5))* Austin Macauley Pubs. Ltd.

Inheritance: A Journey to Africa (Book 4) Zohra Sarwari. 2018. (ENG., Illus.). 164p. (J). pap. 13.95 *(978-1-935948-46-9(6))* Eman Publishing.

Inheritance: A Visual Poem. Elizabeth Acevedo. Illus. by Andrea Pippins. 2022. (ENG.). 48p. (YA). (gr. 8). 16.99 *(978-0-06-293194-8(6)*, Quill Tree Bks.) HarperCollins Pubs.

Inheritance a Novel (Classic Reprint) Edmund Pendleton. 2018. (ENG., Illus.). 306p. (J). 30.23 *(978-0-332-41490-4(6))* Forgotten Bks.

Inheritance & Variation of Traits, 1 vol. Rose Pemberton. 2016. (Spotlight on Ecology & Life Science Ser.). (ENG.). 24p. (J). (gr. 4-6). pap. 11.00 *(978-1-4994-2569-7(4)*, 1e005ee3-7806-4dee-b803-12ca50939062, PowerKids Pr.) Rosen Publishing Group, Inc., The.

Inheritance & Variation of Traits, 1 vol. Don Rauf. 2018. (Heredity & Genetics Ser.). (ENG.). 80p. (gr. 8-8). 37.60 *(978-0-7660-9935-7(0)*,

TITLE INDEX INNOCENT HEROES

6275d16b-34bc-4b58-95c7-529f3533a6de) Enslow Publishing, LLC.

Inheritance (Classic Reprint) Josephine Daskam Bacon. 2018. (ENG., Illus.). 374p. (J). 31.61 *(978-0-267-23820-0(7))* Forgotten Bks.

Inheritance (Classic Reprint) Susan Ferrier. (ENG., Illus.). (J). 2017. 470p. 33.59 *(978-0-331-85097-0(4))*; 2016. pap. 16.57 *(978-1-334-12419-8(1))* Forgotten Bks.

Inheritance (Classic Reprint) Harriet Prescott Spofford. 2018. (ENG., Illus.). 180p. (J). 27.61 *(978-0-484-73374-8(5))* Forgotten Bks.

Inheritance Games. Jennifer Lynn Barnes. (ENG.). (gr. 7-17). 2021. (Inheritance Games Ser.: 1). 400p. (YA). pap. 10.99 *(978-0-7595-5540-2(0))*; 2020. (Inheritance Games Ser.: 1). 384p. (YA). 18.99 *(978-1-368-05240-5(1))*; 1. 2021. (Inheritance Games Ser.). 400p. 28.69 *(978-1-5364-7447-3(9))* Little, Brown Bks. for Young Readers.

Inheritance Games Collection. Jennifer Lynn Barnes. 2022. (Inheritance Games Ser.). (ENG.). 1152p. (YA). (gr. 7-17). 57.00 *(978-0-316-44731-7(5))* Little, Brown Bks. for Young Readers.

Inheritance of Ash & Blood. Jamie Edmundson. 2022. (Heirs of War Ser.: Vol. 1). (ENG.). 438p. (YA). pap. *(978-1-912221-10-3(1))* Ram Publishing.

Inheritance, Vol. 1 of 3 (Classic Reprint) Susan Ferrier. (ENG., Illus.). (J). 2018. 388p. 31.92 *(978-0-428-34119-0(5))*; 2017. 33.40 *(978-0-266-20354-4(X))*; 2017. pap. 16.57 *(978-1-334-96907-2(8))* Forgotten Bks.

Inheritance, Vol. 2 of 3 (Classic Reprint) Susan Ferrier. 2017. (ENG., Illus.). (J). 32.58 *(978-0-265-32266-6(9))* Forgotten Bks.

Inherited. Freedom Matthews. 2016. (Curses of VIII Ser.: Vol. 1). (ENG., Illus.). (YA). (gr. 7-12). pap. *(978-0-9956792-4-5(X))* Oftomes Publishing.

Inheriting a Mafia. K. L Hart. 2020. (ENG.). 272p. (YA). 27.80 *(978-1-716-45027-3(6))* Lulu Pr., Inc.

Inheritors: A Play in Three Acts (Classic Reprint) Susan Glaspell. (ENG., Illus.). (J). 2018. 166p. 27.34 *(978-0-484-30217-3(5))*; 2018. 166p. 27.34 *(978-0-483-25019-2(8))*; 2017. pap. 9.97 *(978-0-259-24550-6(X))* Forgotten Bks.

Inheritors: An Extravagant Story. Joseph Conrad & Ford Hueffer. 2020. (ENG.). (J). 170p. 19.95 *(978-1-61895-926-3(3))*; 168p. pap. 9.95 *(978-1-61895-925-6(5))* Bibliotech Pr.

Inheritors: An Extravagant Story (Classic Reprint) Joseph Conrad. 2018. (ENG., Illus.). 328p. (J). 28.41 *(978-0-483-38088-2(1))* Forgotten Bks.

(in)Human. Britt Field. 2021. (ENG.). 268p. (YA). pap. 15.99 *(978-1-5092-3811-8(5))* Wild Rose Pr., Inc., The.

Inhumane Society. John J. Carello. Illus. by Blueberry Illustrations. 2020. (ENG.). 44p. (J). 19.99 *(978-1-7348516-0-1(0))* Carello, John.

Iniesta: From the Playground to the Pitch. Matt Oldfield. 2018. (Ultimate Football Heroes Ser.). (ENG., Illus.). 176p. (J). (gr. 2-7). pap. 11.99 *(978-1-78606-804-0(4))* Blake, John Publishing, Ltd. GBR. Dist: Independent Pubs. Group.

Iniquitous. Bianca Scardoni. 2017. (ENG., Illus.). (J). pap. *(978-0-9948651-9-9(8))* Scardoni, Bianca.

Initial Consonant Blends for 1st Grade Volume I - Reading Book for Kids Children's Reading & Writing Books. Baby Professor. 2017. (ENG., Illus.). (J). pap. 9.55 *(978-1-5419-2556-4(4))*, Baby Professor (Education Kids)) Speedy Publishing LLC.

Initial Consonant Blends for 1st Grade Volume II - Reading Book for Kids Children's Reading & Writing Books. Baby Professor. 2017. (ENG., Illus.). (J). pap. 9.55 *(978-1-5419-2557-1(2))*, Baby Professor (Education Kids)) Speedy Publishing LLC.

Initial Experience: And Other Stories (Classic Reprint) Charles King. 2018. (ENG., Illus.). 262p. (J). 29.32 *(978-0-484-35275-8(X))* Forgotten Bks.

Initial Insult. Mindy McGinnis. (ENG.). (YA). (gr. 9). 2022. 400p. pap. 15.99 *(978-0-06-298243-8(5))*; 2021. 384p. 19.99 *(978-0-06-298242-1(7))* HarperCollins Pubs. (Tegen, Katherine Bks).

Initial Understandings of the Violin. Daniel Pena. 2020. (ENG.). 52p. (YA). pap. ***(978-1-716-56539-7(1))*** Lulu Pr., Inc.

Initials: A Novel (Classic Reprint) Tautphoeus Tautphoeus. 2017. (ENG., Illus.). (J). 34.50 *(978-0-331-82547-3(3))* Forgotten Bks.

Initials, Vol. 2: A Story of Modern Life (Classic Reprint) Baroness Tautphoeus. 2017. (ENG., Illus.). (J). 32.68 *(978-0-266-99653-8(1))* Forgotten Bks.

Initiation (Classic Reprint) Robert Hugh Benson. (ENG., Illus.). (J). 2018. 414p. 32.46 *(978-0-483-63533-3(2))*; 2017. 33.18 *(978-0-331-87493-8(8))*; 2017. pap. 16.57 *(978-0-243-28044-5(0))*; 2016. pap. 16.57 *(978-1-334-14745-6(0))* Forgotten Bks.

Initiative, Grit & Perseverance, Vol. 7. Randy Charles. 2018. (Leadership Skills & Character Building Ser.). 64p. (J). (gr. 7). lib. bdg. 31.93 *(978-1-4222-3996-4(9))* Mason Crest.

Injured Fox Kit. Tina Nolan. Illus. by Anna Chernyshova. 2017. (Animal Rescue Center Ser.). (ENG.). 112p. (J). (gr. 1-4). pap. 4.99 *(978-1-58925-499-2(6))* Tiger Tales.

Injured Innocents: A Horrid Musical Drama in Three Acts, Founded on the Old English Ballad of Babes in the Woods (Classic Reprint) R. A. Barnet. (ENG., Illus.). (J). 2018. 36p. 24.66 *(978-0-364-75196-1(7))*; 2016. pap. 7.97 *(978-1-334-11972-9(4))* Forgotten Bks.

Injured Umbrella. Ryan Beane. 2020. (ENG.). 224p. (YA). pap. *(978-1-913264-63-5(7))* Mirador Publishing.

Injury & Insult (Classic Reprint) Fyodor Dostoevsky. 2018. (ENG., Illus.). 348p. (J). 31.07 *(978-0-483-93264-7(7))* Forgotten Bks.

Injustice. James Patterson. 2018. (ENG.). 336p. (YA). (gr. 10-17). pap. 9.99 *(978-0-316-47883-0(0)*, Jimmy Patterson) Little Brown & Co.

Injustice Against Women. Tammy Gagne. 2022. (Exploring Social Injustice Ser.). (ENG., Illus.). 64p. (J). (gr. 6-12). 43.93 *(978-1-6782-0398-6(X)*, BrightPoint Pr.) ReferencePoint Pr., Inc.

Injustice Gang & the Deadly Nightshade. Derek Fridolfs. Illus. by Tim Levins. 2017. (Justice League Ser.). (ENG.). 88p. (J). (gr. 2-6). lib. bdg. 26.65 *(978-1-4965-5158-0(3)*, 136171, Stone Arch Bks.) Capstone.

Ink. Alice Broadway. 2018. (ENG.). 336p. (YA). (gr. 9). 17.99 *(978-1-338-19699-3(5)*, Scholastic Pr.) Scholastic, Inc.

Ink. Louis Orozco Lopez. Ed. by Aeron Orozco Lopez. Illus. by Louis Orozco Lopez. 2023. (ENG.). 36p. (J). ***(978-1-387-13906-4(1))*** Lulu Pr., Inc.

Ink! 100 Fun Facts about Octopuses, Squid, & More. Stephanie Warren Drimmer. ed. 2020. (National Geographic Readers Ser.). (ENG.). 48p. (J). (gr. 2-3). 14.96 *(978-1-64697-287-6(2))* Penworthy Co., LLC, The.

Ink & Ivy. Sara Martin. 2021. (ENG.). 270p. (YA). (gr. 9-12). *(978-0-473-57895-4(6))* Westwell Pr.

Ink Designs: A Tattoo Coloring Book. Activity Book Zone. 2016. (ENG., Illus.). (J). pap. 9.20 *(978-1-68376-352-9(1))* Sabeels Publishing.

Ink Expressions: A Tattoo Coloring Book. Kreativ Entspannen. 2016. (ENG., Illus.). (J). pap. 9.20 *(978-1-68377-316-0(0))* Whlke, Traudl.

Ink Flings (Classic Reprint) Flora Carleton Fagnani. (ENG., Illus.). (J). 2018. 132p. 26.64 *(978-0-267-40717-0(3))*; 2016. pap. 9.57 *(978-1-334-11619-3(9))* Forgotten Bks.

Ink for the Beloved. R. C. Barnes. 2020. (Tattoo Teller Ser.: Vol. 1). (ENG., Illus.). 464p. (YA). pap. 16.99 *(978-1-0878-5518-9(7))* Stick & Poke Pr.

Ink Imprints: A Tattoo Coloring Book. Activibooks. 2016. (ENG., Illus.). (J). pap. 9.20 *(978-1-68321-791-6(8))* Mimaxion.

Ink in the Blood. Kim Smejkal. (Ink in the Blood Duology Ser.). (ENG.). (YA). (gr. 9). 2021. 464p. pap. 10.99 *(978-0-358-34893-1(5)*, 1782806); 2020. (Illus.). 448p. 17.99 *(978-1-328-55705-6(7)*, 1725524) HarperCollins Pubs. (Clarion Bks.).

Ink, Iron, & Glass. Gwendolyn Clare. 2019. (Ink, Iron, & Glass Ser.: 1). (ENG.). 352p. (YA). pap. 14.99 *(978-1-250-29455-5(X)*, 900170554) Square Fish.

Ink Knows No Borders: Poems of the Immigrant & Refugee Experience. Ed. by Patrice Vecchione & Alyssa Raymond. 2019. (Illus.). 208p. (YA). (gr. 7). pap. 16.95 *(978-1-60980-907-2(6)*, Triangle Square) Seven Stories Pr.

Ink Movement's Mississauga Youth Anthology Volume VI. Ed. by Emi Roni & Aleeza Qayyum. 2018. (ENG., Illus.). 164p. (YA). (gr. 7-12). pap. *(978-1-926926-92-6(7))* In Our Words.

Ink-Stain (Tache d'Encre) (Classic Reprint) René Bazin. 2018. (ENG., Illus.). 360p. (J). 31.38 *(978-0-484-15740-7(X))* Forgotten Bks.

Inka Terraces. Ben Nussbaum. rev. ed. 2018. (Smithsonian: Informational Text Ser.). (ENG., Illus.). 32p. (J). (gr. 4-8). pap. 11.99 *(978-1-4938-6710-3(5))* Teacher Created Materials, Inc.

Inkadink, 1 vol. Mark Andrew Poe. 2017. (ENG., Illus.). 180p. (YA). 24.95 *(978-1-943785-10-0(4)*, 5345b270-70ed-4c46-8d69-1a4aae46ba7a) Rabbit Pubs.

Inkberg Enigma. Jonathan King. Illus. by Jonathan King. 2020. (ENG., Illus.). 128p. (J). (gr. 2-5). pap. 14.99 *(978-1-77657-266-3(1)*, 5e8f5aaf-75ca-4e32-a4e1-1e37329d505d) Gecko Pr. NZL. Dist: Lerner Publishing Group.

Inkblot, Volume 2. Emma Kubert & Rusty Gladd. 2021. (ENG., Illus.). 144p. (YA). pap., pap. 16.99 *(978-1-5343-1990-5(5))* Image Comics.

Inked. Kristina Streva. 2022. (Inked Ser.: Vol. 1). (ENG.). 306p. (YA). pap. 17.99 *(978-1-5092-4381-5(X))* Wild Rose Pr., Inc., The.

Inkey Dinkey Land. Ellen Owen. 2016. (ENG.). 22p. (J). 21.95 *(978-1-78455-915-1(6)*, 7b03bc9c-ecc8-4a71-a108-3edadb644b4c); (Illus.). pap. 11.95 *(978-1-78455-914-4(8)*, d96be7e2-a5e5-44a4-83ac-ba786a161e49) Austin Macauley Pubs. Ltd. GBR. Dist: Baker & Taylor Publisher Services (BTPS).

Inkle & Yarico: An Opera, in Three Acts; As Performed at the Theatre-Royal in the Hay-Market; First Acted on Saturday, August 11th, 1787 (Classic Reprint) George Colman Jr. (ENG., Illus.). (J). 2018. 78p. 25.53 *(978-0-666-98026-7(8))*; 2017. pap. 9.57 *(978-0-243-46058-8(9))* Forgotten Bks.

Inkle & Yarico: An Opera, in Three Acts (Classic Reprint) George Colman. 2017. (ENG., Illus.). (J). pap. 9.57 *(978-0-243-43870-9(2))* Forgotten Bks.

Inkling. Kenneth Oppel. Illus. by Sydney Smith. 2020. (ENG.). 272p. (J). (gr. 3-7). 7.99 *(978-1-5247-7284-0(4)*, Yearling) Random Hse. Children's Bks.

Inklings Book 2021. Ed. by Naomi Kinsman. 2021. (ENG.). 324p. (J). pap. 16.99 *(978-1-956380-02-6(7))* Society of Young Inklings.

Inklings Book 2022. Ed. by Naomi Kinsman. 2022. (ENG.). 324p. (J). pap. 16.99 ***(978-1-956380-21-7(3))*** Society of Young Inklings.

Inklings Book Encore 2021. Ed. by Naomi Kinsman. 2021. (ENG.). 200p. (J). pap. 16.99 *(978-1-956380-04-0(3))* Society of Young Inklings.

Inklings of Adventure, Vol. 1 of 2 (Classic Reprint) Nathaniel Parker Willis. 2018. (ENG., Illus.). 254p. (J). 29.16 *(978-0-428-88283-9(8))* Forgotten Bks.

Inklings of Adventure, Vol. 2 of 2 (Classic Reprint) Nathaniel Parker Willis. 2018. (ENG., Illus.). 244p. (J). 28.93 *(978-0-428-95394-2(8))* Forgotten Bks.

Inklings on Philosophy & Worldview. Matthew Dominguez. 2020. (Engaged Schools Curriculum Ser.). (ENG., Illus.). 224p. (YA). pap. 12.99 *(978-1-4964-2896-7(X)*, 20_30866, Wander) Tyndale Hse. Pubs.

Inklings on Philosophy & Worldview Student Guidebook. Matthew Dominguez. 2020. (Engaged Schools Curriculum Ser.). (ENG.). 352p. (YA). pap. 17.99 *(978-1-4964-2892-9(7)*, 20_30846, Wander) Tyndale Hse. Pubs.

Inkmistress. Audrey Coulthurst. (ENG.). (YA). (gr. 8). 2019. 416p. pap. 9.99 *(978-0-06-243329-9(6))*; 2018. (Illus.). 400p. 17.99 *(978-0-06-243328-2(8))* HarperCollins Pubs. (Balzer & Bray).

Inkspice. Kaitlin Bellamy. 2018. (Mapweaver Chronicles Ser.: Vol. 2). (ENG., Illus.). 286p. (YA). 18.99 *(978-0-578-44576-2(X))* Bellamy, Kaitlin.

Inkwell Chronicles: Race to Krakatoa, Book 2. J. D. Peabody. 2023. (Inkwell Chronicles Ser.). (ENG.). 368p. (J). (gr. 3-7). 16.99 ***(978-1-5460-0417-2(3)***, Worthy Kids/Ideals) Worthy Publishing.

Inkwell Chronicles: the Ink of Elspet, Book 1. J. D. Peabody. (Inkwell Chronicles Ser.: 1). (ENG.). (J). (gr. 3-7). 2023. 400p. pap. 7.99 *(978-1-5460-0199-7(9))*; 2022. 384p. 16.99 *(978-1-5460-0198-0(0))* Worthy Publishing. (Worthy Kids/Ideals).

Inky Babble. Hannah Shewan-Friend. Illus. by Hannah Shewan-Friend. 2016. (ENG., Illus.). (J). pap. *(978-0-9954725-0-1(5))* Toil & Trouble Publishing.

INKY DINKY & DINKY DOO. Cleo J. Waters. 2022. (ENG.). 20p. (J). 15.99 ***(978-1-0880-4003-4(9))*** Indy Pub.

Inky the Octopus: Based on a Real-Life Aquatic Escape! Erin Guendelsberger. Illus. by David Leonard. 2020. 32p. (J). (gr. k-6). 8.99 *(978-1-7282-2301-8(6))* Sourcebooks, Inc.

Inky the Octopus: Bound for Glory. Erin Guendelsberger. Illus. by David Leonard. 2018. 32p. (J). (gr. k-6). 17.99 *(978-1-4926-5414-8(0))* Sourcebooks, Inc.

Inky's Amazing Escape. Sy Montgomery. ed. 2022. (ENG.). 32p. (J). (gr. k-1). 20.46 ***(978-1-68505-282-9(7))*** Penworthy Co., LLC, The.

Inky's Amazing Escape: How a Very Smart Octopus Found His Way Home. Sy Montgomery. Illus. by Amy Schimler-Safford. (ENG.). 32p. (J). (gr. -1-3). 2020. 8.99 *(978-1-5344-8044-5(7))*; 2018. 18.99 *(978-1-5344-0191-4(1))* Simon & Schuster/Paula Wiseman Bks. (Simon & Schuster/Paula Wiseman Bks.).

Inky's Great Escape! Supersmart Octopus. Sarah Eason. Illus. by Ludovic Salle. 2023. (Animal Masterminds Ser.). (ENG.). 24p. (J). (gr. 3-6). lib. bdg. 28.50 Bearport Publishing Co., Inc.

Inland City: A Poem & a Letter (Classic Reprint) Edmund Clarence Stedman. 2018. (ENG., Illus.). 32p. (J). 24.56 *(978-0-365-40175-9(7))* Forgotten Bks.

Inland Voyage & Travels with a Donkey (Classic Reprint) Robert Louis Stevenson. 2017. (ENG., Illus.). (J). 34.62 *(978-0-260-76227-6(X))* Forgotten Bks.

Inland Voyage (Classic Reprint) Robert Louis Stevenson. 2017. (ENG., Illus.). 254p. (J). 29.14 *(978-1-5283-8787-3(2))* Forgotten Bks.

Inland Voyage; Travels with a Donkey; Dr. Jekyll & Mr. Hyde: And Other Tales (Classic Reprint) Robert Louis Stevenson. (ENG., Illus.). (J). 2018. 518p. 34.60 *(978-0-483-63770-2(X))*; 2016. pap. 16.97 *(978-1-334-16024-0(4))* Forgotten Bks.

Inland Voyage; Travels with a Donkey; Edinburgh: And Other Papers (Classic Reprint) Robert Louis Stevenson. 2017. (ENG., Illus.). (J). 35.08 *(978-0-265-52022-2(3))* Forgotten Bks.

Inlander (Classic Reprint) Harrison Robertson. (ENG., Illus.). (J). 2018. 332p. 30.74 *(978-0-428-86973-1(4))*; 2017. pap. 13.57 *(978-0-243-28651-5(1))* Forgotten Bks.

Inlets & Outlets: Familiar Talks about the Five Senses (Classic Reprint) Charles Adam Smith. (ENG., Illus.). (J). 2018. 228p. 28.60 *(978-0-484-51308-1(7))*; 2017. pap. 10.97 *(978-0-243-23864-4(9))* Forgotten Bks.

Inmates of My House & Garden (Classic Reprint) Brightwen Brightwen. 2018. (ENG., Illus.). 290p. (J). 29.88 *(978-0-484-32234-7(1))* Forgotten Bks.

Inmigración, Refugiados y la Lucha Por una Vida Mejor (Immigration, Refugees, & the Fight for a Better Life) Elliott Smith. 2022. (Debates en Marcha (Issues in Action) (Read Woke (tm) Books en Español) Ser.). (SPA., Illus.). 32p. (J). (gr. 4-8). pap. 10.99 *(978-1-7284-7464-9(7)*, 67882b36-1ceb-496e-9035-9123c2939ab3); lib. bdg. 30.65 *(978-1-7284-7432-8(9)*, 8a6f8f6d-a47f-41aa-9251-70a99c41eabc) Lerner Publishing Group. (Ediciones Lerner).

Inmigrantes Pájaros de Alas Quebradas. Florabelth de la Garza. 2020. (SPA.). 134p. (YA). pap. 14.95 *(978-1-64334-698-4(9))* Page Publishing Inc.

Inn. Paul Fuhrmann. Illus. by Debi Pickler. 2019. (ENG.). 40p. (YA). (gr. 7-12). pap. 11.95 *(978-1-64416-048-0(X))* Christian Faith Publishing.

Inn Album (Classic Reprint) Robert Browning. 2018. (ENG., Illus.). 218p. (J). 28.39 *(978-0-267-43645-3(9))* Forgotten Bks.

Inn & Other Stories, Volume 4. Jean-Francois Kieffer. 2017. (Adventures of Loupio Ser.: 4). (ENG., Illus.). 44p. (J). (gr. 1-2). pap. 8.99 *(978-1-62164-177-3(5))* Ignatius Pr.

Inn at the Red Oak (Classic Reprint) Latta Griswold. 2018. (ENG., Illus.). 290p. (J). 29.88 *(978-0-483-72962-9(0))* Forgotten Bks.

Inn by the Sea (Classic Reprint) Charlotte E. Gray. 2018. (ENG., Illus.). 304p. (J). 30.17 *(978-0-483-23320-1(X))* Forgotten Bks.

Inn Keeper of Bethlehem, 1 vol. Nick Della Valle. 2019. (ENG.). 28p. (J). 20.99 *(978-1-4003-2689-1(3))*; pap. 5.99 *(978-1-4003-2688-4(5))* Elm Hill.

Inn Keeper's Album (Classic Reprint) W. F. Deacon. 2018. (ENG., Illus.). 452p. (J). 33.22 *(978-0-267-25539-8(5))* Forgotten Bks.

Inn Keeper's Wife Smiled. Miss Cherry Pie. 2018. (ENG., Illus.). 26p. (J). 22.95 *(978-1-64349-819-5(3))*; pap. 12.95 *(978-1-64349-817-1(7))* Christian Faith Publishing.

Inn of Rest: Divers Episodes in Hospital Life Relative to the Doctor, the Nurse, the Patient (Classic Reprint) Sheldon E. Ames. 2018. (ENG., Illus.). 290p. (J). 29.90 *(978-0-267-25637-2(X))* Forgotten Bks.

Inn of the Silver Moon (Classic Reprint) Herman Knickerbocker Viele. 2018. (ENG., Illus.). 226p. (J). 28.58 *(978-0-428-52138-7(X))* Forgotten Bks.

Inn of Tranquillity: Studies & Essays. John Galsworthy. 2017. (ENG., Illus.). (J). pap. *(978-0-649-61403-5(8))* Trieste Publishing Pty Ltd.

Inn of Tranquillity: Studies & Essays (Classic Reprint) John Galsworthy. 2018. (ENG., Illus.). 292p. (J). 29.94 *(978-0-483-33991-0(1))* Forgotten Bks.

Inn of Waking Shadows. Karla Brading. 2018. (ENG., Illus.). 226p. (J). pap. 10.50 *(978-1-78562-272-4(2))* Gomer Pr. GBR. Dist: Casemate Pubs. & Bk. Distributors, LLC.

Innate: A Chance Dawson Story. Eric Carter. 2021. (ENG.). 258p. (YA). pap. 13.95 *(978-1-0879-4063-2(X))* Indy Pub.

Inner Artist's How to Draw Activity Book. Activity Book Zone for Kids. 2016. (ENG., Illus.). (J). pap. 9.20 *(978-1-68376-201-0(0))* Sabeels Publishing.

Inner Child. Henry Blackshaw. 2020. (ENG., Illus.). 36p. (J). (gr. k). 14.95 *(978-1-908714-81-7(6))* Cicada Bks. GBR. Dist: Consortium Bk. Sales & Distribution.

Inner Door (Classic Reprint) Alan Sullivan. 2018. (ENG., Illus.). 402p. (J). 32.19 *(978-0-267-17116-3(1))* Forgotten Bks.

Inner Flame a Novel (Classic Reprint) Clara Louise Burnham. 2018. (ENG., Illus.). 516p. (J). 34.56 *(978-0-483-82194-1(2))* Forgotten Bks.

Inner House (Classic Reprint) Walter Besant. 2018. (ENG., Illus.). 212p. (J). 28.27 *(978-0-267-22078-6(2))* Forgotten Bks.

Inner Law a Novel (Classic Reprint) Will N. Harben. 2017. (ENG., Illus.). (J). 32.52 *(978-1-5281-7079-6(2))* Forgotten Bks.

Inner Life of Syria, Palestine, & the Holy Land, 1875, Vol. 1 Of 2: From My Private Journal (Classic Reprint) Isabel Burton. 2017. (ENG., Illus.). (J). 32.06 *(978-0-266-82863-1(9))* Forgotten Bks.

Inner Pixel. Brian D. Wilson. 2021. (ENG.). 30p. (J). 14.04 ***(978-1-0879-9780-3(1))*** Indy Pub.

Inner Planets, 1 vol. Nicholas Faulkner & Erik Gregersen. 2018. (Universe & Our Place in It Ser.). (ENG., Illus.). 128p. (YA). (gr. 10-10). pap. 20.95 *(978-1-5081-0607-4(X)*, e1e432dd-73fe-439a-b801-5ca0617acbb5, Britannica Educational Publishing) Rosen Publishing Group, Inc., The.

Inner Planets. Christina Leaf. 2022. (Journey into Space Ser.). (ENG., Illus.). 24p. (J). (gr. k-3). pap. 7.99 *(978-1-64834-839-6(4)*, 21693, Blastoff! Readers) Bellwether Media.

Inner Planets. Mary-Jane Wilkins. 2017. (Our Solar System Ser.). (ENG., Illus.). 24p. (J). (gr. 2-4). 28.50 *(978-1-78121-366-7(6)*, 16654) Brown Bear Bks.

Inner Sense of Trees. Tara Joy. Illus. by Tara Joy. 2016. (ENG., Illus.). (J). (gr. 2-6). pap. *(978-0-9956110-1-6(7))* Art of Joy Pubns.The.

Inner Shrine. Basil King. 2017. (ENG., Illus.). (J). 25.95 *(978-1-374-95653-7(8))*; pap. 15.95 *(978-1-374-95652-0(X))* Capital Communications, Inc.

Inner Shrine: A Novel of Today (Classic Reprint) Basil King. 2018. (ENG., Illus.). 382p. (J). 31.84 *(978-0-332-39546-3(4))* Forgotten Bks.

Inner Voice (Classic Reprint) Nina Wilcox Putnam. 2017. (ENG., Illus.). (J). 30.31 *(978-0-331-78653-8(2))*; pap. 13.57 *(978-0-243-43807-5(9))* Forgotten Bks.

Innes of Blairavon, Vol. 1 of 3 (Classic Reprint) Colin Middleton. 2018. (ENG., Illus.). 322p. (J). 30.56 *(978-0-483-20853-7(1))* Forgotten Bks.

Innes of Blairavon, Vol. 2 of 3 (Classic Reprint) Colin Middleton. 2018. (ENG., Illus.). 310p. (J). 30.29 *(978-0-483-64269-0(X))* Forgotten Bks.

Inni & Bobo Go to the Park: Inni & Bobo Adventures (Book 2) Soha ali Khan & Kunal Kemmu. 2023. (Inni & Bobo Adventures Ser.: 2). (ENG.). 32p. (J). (gr. -1-k). 17.99 *(978-0-14-345461-8(7)*, Puffin) Penguin Bks. India PVT, Ltd IND. Dist: Independent Pubs. Group.

Innis & Ernest: An Unlikely Friendship Between Young & Old. Carissa Shillito. Illus. by Carissa Shillito. 2022. (ENG., Illus.). 32p. (J). (gr. -1). 14.99 *(978-1-0877-6178-7(6)*, 005837022, B&H Kids) B&H Publishing Group.

Innisfail; or, Distant Days in Tipperary. P. Hickey. 2017. (ENG., Illus.). (J). pap. *(978-0-649-15812-6(1))* Trieste Publishing Pty Ltd.

Innisfail, or Distant Days in Tipperary (Classic Reprint) P. Hickey. (ENG., Illus.). (J). 2018. 296p. 30.00 *(978-0-484-11006-8(3))*; 2016. pap. 13.57 *(978-1-334-13315-2(8))* Forgotten Bks.

Innkeeper's Daughter. Calie Schmidt. 2022. (ENG.). 32p. (J). 16.99 *(978-1-4621-3817-3(9))* Cedar Fort, Inc./CFI Distribution.

Innkeeper's Song. Pamela Hathcox Thomas. 2017. (ENG., Illus.). 24p. (J). (gr. -1-3). pap. 12.95 *(978-1-64003-132-6(4))* Covenant Bks.

Innocence of Father Brown (Classic Reprint) G. K. Chesterton. 2017. (ENG., Illus.). (J). 31.20 *(978-0-265-21847-1(0))*; pap. 13.57 *(978-0-243-21438-9(3))* Forgotten Bks.

Innocence Treatment. Ari Goelman. 2018. (ENG.). 272p. (YA). pap. 17.99 *(978-1-250-18082-7(1)*, 900176503) Square Fish.

Innocencia: A Story of the Prairie Regions of Brazil (Classic Reprint) Sylvio Dinarte. 2018. (ENG., Illus.). 334p. (J). 30.79 *(978-0-483-40124-2(2))* Forgotten Bks.

Innocent. Alysha King. 2020. (ENG.). 416p. (YA). *(978-0-6485003-8-4(1))*; pap. *(978-0-6485003-6-0(5))* Alysha King.

Innocent: A Tale of Modern Life (Classic Reprint) Oliphant. 2017. (ENG., Illus.). (J). pap. 16.57 *(978-1-5276-7689-3(7))* Forgotten Bks.

Innocent: A Tale of Modern Life (Classic Reprint) Margaret O. W. Oliphant. 2017. (ENG., Illus.). 468p. (J). 33.55 *(978-0-484-63316-1(3))* Forgotten Bks.

Innocent Adventuress (Classic Reprint) Mary Hastings Bradley. 2018. (ENG., Illus.). (J). 254p. 29.16 *(978-1-391-42503-0(0))*; 256p. pap. 11.57 *(978-1-390-90160-3(2))* Forgotten Bks.

Innocent Beings. Barbara Thumann-Calderaro. 2016. (ENG.). (YA). 16.95 *(978-1-63177-786-8(6))* Amplify Publishing Group.

Innocent Blood. Susan Koehler. 2023. (Sinkhole Ser.). (ENG.). 112p. (YA). (gr. 6-12). pap. 9.99 *(978-1-7284-7796-1(4)*, aa787420-355e-4bb3-85c4-1f7360f65fb0); lib. bdg. 29.32 *(978-1-7284-7549-3(X)*, 56da7697-2ae2-4b30-9268-d91d98228546) Lerner Publishing Group. (Darby Creek).

Innocent Desperado: A Comedy in Three Acts (Classic Reprint) Vance C. Criss. 2018. (ENG., Illus.). 76p. (J). 25.46 *(978-0-332-92345-1(2))* Forgotten Bks.

Innocent, Her Fancy & His Fact: A Novel (Classic Reprint) Marie Corelli. 2017. (ENG., Illus.). (J). 33.01 *(978-1-5284-7686-7(7))* Forgotten Bks.

Innocent Heroes: Stories of Animals in the First World War. Sigmund Brouwer. (ENG.). 208p. (J). (gr. 4-7). 2020. pap. 10.99 *(978-0-7352-6797-8(9))*; 2017. (Illus.). 16.99 *(978-1-101-91846-3(2))* Tundra Bks. CAN. (Tundra Bks.). Dist: Penguin Random Hse. LLC.

Innocent, Vol. 1 Of 3: A Tale of Modern Life (Classic Reprint) Margaret O. W. Oliphant. 2017. (ENG., Illus.). 302p. (J). 30.13 *(978-0-484-26345-0(5))* Forgotten Bks.
Innocent, Vol. 2 Of 3: A Tale of Modern Life (Classic Reprint) Margaret O. W. Oliphant. 2018. (ENG., Illus.). 300p. (J). 30.08 *(978-0-483-87863-1(4))* Forgotten Bks.
Innocent, Vol. 3 Of 3: A Tale of Modern Life (Classic Reprint) Margaret O. W. Oliphant. 2018. (ENG., Illus.). 366p. (J). 31.47 *(978-0-483-19726-8(2))* Forgotten Bks.
Innocents: A Christmas Study (Classic Reprint) Allan Pearson Shatford. (ENG., Illus.). (J). 2018. 58p. 25.11 *(978-0-332-18204-9(5))*; 2017. pap. 9.57 *(978-0-243-50506-7(X))* Forgotten Bks.
Innocents: A Legend of War-Time (Classic Reprint) Alfred Machard. 2018. (ENG., Illus.). 122p. (J). 26.43 *(978-0-267-27098-9(4))* Forgotten Bks.
Innocents: A New Play (Classic Reprint) William Archibald. 2017. (ENG., Illus.). (J). 27.11 *(978-0-331-56097-8(6))*; pap. 9.57 *(978-0-243-41481-9(1))* Forgotten Bks.
Innocents: A Story for Lovers. Sinclair Lewis. 2022. (ENG.). 140p. (J). pap. 9.95 *(978-1-63637-724-7(6))* Bibliotech Pr.
Innocents: A Story for Lovers (Classic Reprint) Sinclair Lewis. 2018. (ENG., Illus.). 224p. (J). 28.54 *(978-0-666-55807-7(8))* Forgotten Bks.
Innocents Abroad (Classic Reprint) Mark Twain, pseud. 2017. (ENG., Illus.). (J). 31.92 *(978-0-265-24401-2(3))* Forgotten Bks.
Innocents Abroad or the New Pilgrims Progress, Being Some Account of the Steamship Quaker City's, Pleasure Excursion to Europe & the Holy Land, Vol. 1 of 2 (Classic Reprint) Mark Twain, pseud. 2017. (ENG., Illus.). (J). 38.15 *(978-0-266-70109-5(4))* Forgotten Bks.
Innocents Abroad, or the New Pilgrims' Progress, Vol. 2 Of 2: Being Some Account of the Steamship Quaker City's Pleasure Excursion to Europe & the Holy Land (Classic Reprint) Mark Twain, pseud. 2017. (ENG., Illus.). (J). 33.30 *(978-0-260-09362-2(9))* Forgotten Bks.
Innocents from Abroad (Classic Reprint) Tom's Wife. 2018. (ENG., Illus.). 278p. (J). 29.63 *(978-0-483-51058-6(0))* Forgotten Bks.
Innocents on the Broads (Classic Reprint) Ernest R. Suffling. 2017. (ENG., Illus.). (J). 30.95 *(978-0-266-84693-2(9))* Forgotten Bks.
Innovate 8: And the Original Adventures of Opal. Moorea Marchi. 2021. (ENG.). 58p. pap. *(978-1-716-22128-6(5))* Lulu Pr., Inc.
Innovation & Entrepreneurship, 1 vol. Lisa Idzikowski. 2018. (Understanding Economics Ser.). (ENG.). 48p. (gr. 6-7). lib. bdg. 28.41 *(978-1-5383-0267-5(5)*, eab5bdc3-b987-4317-b68b-1529b184233d, Britannica Educational Publishing) Rosen Publishing Group, Inc., The.
Innovation Nation: How Canadian Innovators Made the World Smarter, Smaller, Kinder, Safer, Healthier, Wealthier, Happier. David Johnston & Tom Jenkins. 2021. 128p. (J). (gr. 3-7). pap. 12.99 *(978-0-7352-7060-2(0)*, Tundra Bks.) Tundra Bks. CAN. Dist: Penguin Random Hse. LLC.
Innovations in Auto Racing. Douglas Hustad. 2021. (Sports Innovations Ser.). (ENG., Illus.). 48p. (J). (gr. 5-7). lib. bdg. 34.21 *(978-1-5321-9501-3(X)*, 38502, SportsZone) ABDO Publishing Co.
Innovations in Baseball. Douglas Hustad. 2021. (Sports Innovations Ser.). (ENG., Illus.). 48p. (J). (gr. 5-7). lib. bdg. 34.21 *(978-1-5321-9502-0(8)*, 38504, SportsZone) ABDO Publishing Co.
Innovations in Basketball. Chris Sheridan. 2021. (Sports Innovations Ser.). (ENG., Illus.). 48p. (J). (gr. 5-7). lib. bdg. 34.21 *(978-1-5321-9503-7(6)*, 38506, SportsZone) ABDO Publishing Co.
Innovations in Communication. Cynthia O'Brien. 2016. (Problem Solved! Your Turn to Think Big Ser.). (ENG., Illus.). 32p. (J). (gr. 3-6). *(978-0-7787-2672-2(X))* Crabtree Publishing Co.
Innovations in Entertainment. Lindsey Carmichael. 2016. (Problem Solved! Your Turn to Think Big Ser.). (ENG.). 32p. (J). (gr. 3-6). *(978-0-7787-2671-5(1))* Crabtree Publishing Co.
Innovations in Everyday Technologies. Larry Verstraete. 2016. (Problem Solved! Your Turn to Think Big Ser.). (ENG., Illus.). 32p. (J). (gr. 3-6). *(978-0-7787-2678-4(9))* Crabtree Publishing Co.
Innovations in Football. Douglas Hustad. 2021. (Sports Innovations Ser.). (ENG., Illus.). 48p. (J). (gr. 5-7). lib. bdg. 34.21 *(978-1-5321-9504-4(4)*, 38508, SportsZone) ABDO Publishing Co.
Innovations in Health. Lindsey Carmichael. 2016. (Problem Solved! Your Turn to Think Big Ser.). (ENG., Illus.). 32p. (J). (gr. 3-6). *(978-0-7787-2681-4(9))* Crabtree Publishing Co.
Innovations in Hockey. Douglas Hustad. 2021. (Sports Innovations Ser.). (ENG., Illus.). 48p. (J). (gr. 5-7). lib. bdg. 34.21 *(978-1-5321-9505-1(2)*, 38510, SportsZone) ABDO Publishing Co.
Innovations in Safety. Cynthia O'Brien. 2016. (Problem Solved! Your Turn to Think Big Ser.). (ENG., Illus.). 32p. (J). (gr. 3-6). *(978-0-7787-2679-1(7))* Crabtree Publishing Co.
Innovations in Soccer. Kristian R. Dyer. 2021. (Sports Innovations Ser.). (ENG., Illus.). 48p. (J). (gr. 5-7). lib. bdg. 34.21 *(978-1-5321-9506-8(0)*, 38512, SportsZone) ABDO Publishing Co.
Innovations in Transportation. Larry Verstraete. 2016. (Problem Solved! Your Turn to Think Big Ser.). (ENG., Illus.). 32p. (J). (gr. 3-6). *(978-0-7787-2680-7(0))* Crabtree Publishing Co.
Innovative Ninja: A STEAM Book for Kids about Ideas & Imagination. Mary Nhin. Illus. by Jelena Stupar. 2021. (Ninja Life Hacks Ser.: Vol. 57). (ENG.). 36p. (J). 19.99 *(978-1-63731-202-5(4))* Grow Grit Pr.
Innovative Solutions to Human-Wildlife Conflicts:National Wildlife Research Center Accomplishments 2016. Ed. by Animal and Plant Health Inspection Service (U.S.) et al. 2018. (ENG.). 60p. (YA). (gr. 9). pap. 18.00 *(978-0-16-093875-7(9))* United States Government Printing Office.
Innovators: The Stories Behind the People Who Shaped the World. Marcia Amidon Lusted. Illus. by Tom Casteel. 2017. (Build It Yourself Ser.). (ENG.). 128p. (J). (gr. 3-7). 22.95 *(978-1-61930-516-8(X)*, 0dcffff2-bd83-468c-ade8-3b68ba18c0b4) Nomad Pr.
Innovators Advancing Medicine, 1 vol. Robyn Hardyman. 2019. (Earth's Innovators Ser.). (ENG.). 48p. (gr. 6-6). pap. 15.05 *(978-1-5345-6542-5(6)*, 17fbcdc4-0fc3-446a-9056-370e9b5a102e); lib. bdg. 35.23 *(978-1-5345-6543-2(4)*, cd6bfcd9-1e2a-41a7-ad0f-554583143497) Greenhaven Publishing LLC. (Lucent Pr.).
Innovators Challenging Climate Change, 1 vol. Robyn Hardyman. 2019. (Earth's Innovators Ser.). (ENG.). 48p. (gr. 6-6). pap. 15.05 *(978-1-5345-6557-9(4)*, 7df84040-0ca3-44d2-a851-f8f52ce4f71e); lib. bdg. 35.23 *(978-1-5345-6558-6(2)*, be2145cc-bb27-416e-9a4a-837a842af36f) Greenhaven Publishing LLC. (Lucent Pr.).
Innovators Dealing with Natural Disasters, 1 vol. Robyn Hardyman. 2019. (Earth's Innovators Ser.). (ENG.). 48p. (gr. 6-6). pap. 15.05 *(978-1-5345-6548-7(5)*, 382f34e5-844d-41ce-8b8c-1f44f9c8d4dd); lib. bdg. 35.23 *(978-1-5345-6549-4(3)*, 2cbd15e9-5870-4c30-b891-ed5682e55e1b) Greenhaven Publishing LLC. (Lucent Pr.).
Innovators Feeding the Planet, 1 vol. Robyn Hardyman. 2019. (Earth's Innovators Ser.). (ENG.). 48p. (gr. 6-6). pap. 15.05 *(978-1-5345-6554-8(X)*, 816fd54d-98de-4a48-9119-aeb377c3d786); lib. bdg. 35.23 *(978-1-5345-6555-5(8)*, 1c534ab5-dd36-4139-83b4-8a3a69ec7c2e) Greenhaven Publishing LLC. (Lucent Pr.).
Innovators Improving Transportation, 1 vol. Robyn Hardyman. 2019. (Earth's Innovators Ser.). (ENG.). 48p. (gr. 6-6). pap. 15.05 *(978-1-5345-6551-7(5)*, cd7cdb7a-7c9c-4649-a39b-5e6444482b37); lib. bdg. 35.23 *(978-1-5345-6552-4(3)*, d2a4307a-c00f-4408-8019-dae4af430c98) Greenhaven Publishing LLC. (Lucent Pr.).
Innovators-Leaving DreamLand: Book 1, Leaving DreamLand, with B&W Photos. Greg R. Gillis-Smith. 2019. (Innovators Ser.: Vol. 1). (ENG., Illus.). 264p. (YA). pap. 14.99 *(978-1-7331652-0-4(7))* Gillis-Smith.
Innovators Tackling the Energy Crisis, 1 vol. Robyn Hardyman. 2019. (Earth's Innovators Ser.). (ENG.). 48p. (gr. 6-6). pap. 15.05 *(978-1-5345-6545-6(0)*, 54a297e8-ebb2-484c-b7ab-9cec12d12b98); lib. bdg. 35.23 *(978-1-5345-6546-3(9)*, 5b062414-4b97-4df5-bf21-2e4388be182b) Greenhaven Publishing LLC. (Lucent Pr.).
Inns & Taverns of Old London. Henry C. Shelley. 2018. (ENG.). 216p. (J). pap. *(978-93-5329-078-8(3))* Alpha Editions.
Inns & Taverns of Old London. Henry C. Shelley. 2017. (ENG., Illus.). (J). 24.95 *(978-1-374-90082-0(6))*; pap. 14.95 *(978-1-374-90081-3(8))* Capital Communications, Inc.
Inns & Taverns of Old London: Setting Forth the Historical & Literary Associations of Those Ancient Hostelries, Together with an Account of the Most Notable Coffee-Houses, Clubs, & Pleasure Gardens of the British Metropolis (Classic Reprint) Henry C. Shelley. 2018. (ENG., Illus.). 474p. (J). 33.67 *(978-0-666-26572-2(0))* Forgotten Bks.
Inns of Pickwick with Some Observations on Their Other Associations (Classic Reprint) B.W. Matz. 2018. (ENG., Illus.). 292p. (J). 29.98 *(978-0-267-30798-2(5))* Forgotten Bks.
Inn's Side. Charles B. Carson. 2019. (ENG., Illus.). 86p. (YA). pap. 15.99 *(978-1-950454-64-8(9))* Pen It Pubns.
Inondations en France Depuis le Vie Siecle Jusqu'a Nos Jours, Vol. 1: Recherches et Documents, Contenant les Relations Contemporaines, les Actes Administratifs, les Pieces Officielles, etc., de Toutes les Epoques; Avec Details Historiques Sur les Q. Maurice Champion. 2018. (FRE., Illus.). 512p. (J). pap. 16.97 *(978-0-428-38260-5(6))* Forgotten Bks.
Inondations en France Depuis le Vie Siècle Jusqu'à Nos Jours, Vol. 2: Recherches et Documents Contenant les Relations Contemporaines, les Actes Administratifs, les Pièces Officielles, etc., de Toutes les Époques; Avec détails Historiques Sur Le. Maurice Champion. 2018. (FRE., Illus.). 490p. (J). 34.00 *(978-0-364-38603-3(7))* Forgotten Bks.
Inondations en France Depuis le Vie Siecle Jusqu'a Nos Jours, Vol. 3: Recherches et Documents Contenant les Relations Contemporaines, les Actes Administratifs, les Pieces Officielles, etc., de Toutes les Epoques; Avec Details Historiques Sur Les. Maurice Champion. 2017. (FRE., Illus.). (J). pap. 16.57 *(978-0-282-91911-5(2))* Forgotten Bks.
Inondations en France Depuis le Vie Siecle Jusqu'a Nos Jours, Vol. 4: Recherches et Documents Contenant les Relations Contemporaines, les Actes Administratifs, les Pieces Efficielles, etc., de Toutes les Epoques; Avec Details Historiques Sur Les. Maurice Champion. 2017. (FRE., Illus.). (J). pap. 19.57 *(978-0-259-27283-0(3))* Forgotten Bks.
Inondations en France Depuis le Vie Siècle Jusqu'a Nos Jours, Vol. 5: Recherches et Documents Contenant les Relations Contemporaines, les Actes Administratifs, les Pièces Officielles, etc., de Toutes les Époques; Avec Details Historiques Sur les Qu. Maurice Champion. 2018. (FRE., Illus.). (J). 460p. 33.38 *(978-1-396-30529-0(7))*; 462p. pap. 16.57 *(978-1-390-23333-9(2))* Forgotten Bks.
Inondations en France, Depuis le Vie Siècle Jusqu'à Nos Jours, Vol. 6: Recherches et Documents; Tableaux Statistiques et Hydrographiques, Tables Générales (Classic Reprint) Maurice Champion. 2018. (FRE., Illus.). (J). 286p. 29.82 *(978-0-366-19473-5(9))*; 288p. pap. 13.57 *(978-0-366-06617-9(X))* Forgotten Bks.
Inquirendo Island (Classic Reprint) Hudor Genone. 2018. (ENG., Illus.). 364p. (J). 31.40 *(978-0-484-87431-1(4))* Forgotten Bks.
Inquiry & Investigation - 6 Pack: Set of 6 Bridges Edition with Common Core Teacher Materials. Ellen Ungaro. 2016. (Prime Ser.). (YA). (gr. 6-8). 69.00 *(978-1-5125-8839-2(3))* Benchmark Education Co.
Inquiry & Investigation - 6 Pack: Set of 6 with Common Core Teacher Materials. Ellen Ungaro. 2016. (Prime Ser.). (YA). (gr. 6-8). 69.00 *(978-1-5125-8821-7(0))* Benchmark Education Co.
Inquiry into the Human Mind: On the Principles of Common Sense (Classic Reprint) Thomas Reid. 2018. (ENG., Illus.). 342p. (J). pap. 13.57 *(978-1-391-59848-2(2))* Forgotten Bks.
Inquiry of PB: Not As Happy As Peanut Butter, but Just As Tasty. Pablo Vasquez Benitez. 2022. (ENG.). 80p. (YA). pap. ***(978-1-6780-0947-2(4))*** Lulu Pr., Inc.
Inquisidor. Philippa Gregory. 2016. (SPA.). 324p. (YA). (gr. 9-12). 19.99 *(978-958-30-5017-6(2))* Panamericana Editorial COL. Dist: Lectorum Pubns., Inc.
Inquisition. Taran Matharu. ed. 2017. (Summoner Ser.: 2). (YA). lib. bdg. 22.10 *(978-0-606-39945-6(3))* Turtleback.
Inquisition: Summoner: Book Two. Taran Matharu. 2017. (Summoner Trilogy Ser.: 2). (ENG.). 384p. (YA). pap. 10.99 *(978-1-250-11521-8(3)*, 900171654) Square Fish.
Inquisition: The Quest for Absolute Religious Power, 1 vol. Kenneth L. Bartolotta. 2016. (World History Ser.). (ENG.). 104p. (YA). (gr. 7-7). lib. bdg. 41.53 *(978-1-5345-6049-9(1)*, 59b23360-9c1d-42cf-9834-c17d189c6b6a, Lucent Pr.) Greenhaven Publishing LLC.
Inquisitive Destiny: The Importance of My Body. Dewayne Carrington-Jones. 2017. (ENG., Illus.). (J). pap. 5.88 *(978-0-244-00337-1(8))* Lulu Pr., Inc.
Inquisitive Island Iguanas: Hunger & Humans. Chloricia Lake Myers. Illus. by Lisa J. Michaels. 2021. (Inquisitive Island Iguanas Ser.). (ENG.). 36p. (J). 14.99 *(978-1-7371762-1-3(1))*; pap. 7.99 *(978-1-7371762-0-6(3))* R & R Reflection Stories LLC.
Inquisitive Jack: And His Aunt Mary (Classic Reprint) Peter Parley, pseud. 2018. (ENG., Illus.). 180p. (J). 27.61 *(978-0-332-90470-2(9))* Forgotten Bks.
Inquisitor. John Barrowman & Carole Barrowman. 2018. (Orion Chronicles Ser.: 3). (ENG.). 320p. (YA). (gr. 7). 19.99 *(978-1-78185-645-1(1))* Head of Zeus GBR. Dist: Independent Pubs. Group.
Inquisitor's Tale: Or, the Three Magical Children & Their Holy Dog. Adam Gidwitz. Illus. by Hatem Aly. (ENG.). (J). (gr. 5). 2018. 400p. 9.99 *(978-0-14-242737-8(3)*, Puffin Books); 2016. 384p. 18.99 *(978-0-525-42616-5(7)*, Dutton Books for Young Readers) Penguin Young Readers Group.
Inquisitor's Tale: Or, the Three Magical Children & Their Holy Dog. Adam Gidwitz. ed. 2018. lib. bdg. 20.85 *(978-0-606-40873-8(8))* Turtleback.
Ins & Outs, Dots & Knots Connect the Dots & Mazes. Educando Kids. 2019. (ENG.). 42p. (J). pap. 8.55 *(978-1-64521-695-7(0)*, Educando Kids) Editorial Imagen.
Ins & Outs of Paris, or Paris by Day & Night (Classic Reprint) Julie De Marguerittes. (ENG., Illus.). (J). 2017. 32.35 *(978-0-260-38420-1(8))*; 2016. pap. 16.57 *(978-1-333-25742-2(2))* Forgotten Bks.
Insane for Mazes! Kids Maze Activity Book. Bobo's Children Activity Books. 2016. (ENG., Illus.). (J). pap. 7.99 *(978-1-68327-332-5(X))* Sunshine In My Soul Publishing.
Insane Jane. Zach Hunchar. Illus. by Mendoza Mendoza. 2017. (Insane Jane Ser.). (ENG.). 128p. (YA). pap. 19.99 *(978-1-948216-75-3(2))* TidalWave Productions.
Insane Jane: Avenging Star. Zach Hunchar. 2017. (ENG., Illus.). 90p. (YA). pap. 19.99 *(978-1-948216-79-1(5))* TidalWave Productions.
Inscrutable Lovers: A Tragic Comedy (Classic Reprint) Alexander Macfarlan. 2018. (ENG., Illus.). 256p. (J). 29.18 *(978-0-267-25321-0(4))* Forgotten Bks.
Insect. Contrib. by Laurence Mound. 2023. (DK Eyewitness Ser.). (ENG.). 72p. (J). (gr. 3-7). pap. 9.99 ***(978-0-7440-8156-5(4)***, DK Children) Dorling Kindersley Publishing, Inc.
Insect Adventures (Classic Reprint) Jean-Henri Fabre. 2017. (ENG., Illus.). (J). 29.86 *(978-0-331-69724-7(6))*; pap. 13.57 *(978-0-282-26117-7(6))* Forgotten Bks.
Insect Choir. Deanna Loomis. 2022. (ENG., Illus.). 30p. (J). 27.95 *(978-1-68517-763-8(8))* Christian Faith Publishing.
Insect Enemies of the Spruce in the Northeast: A Popular Account of Results of Special Investigations, with Recommendations for Preventing Losses (Classic Reprint) A. D. Hopkins. (ENG., Illus.). (J). 2018. 112p. 26.31 *(978-0-266-52675-9(6))*; 2017. pap. 9.57 *(978-0-282-63831-3(8))* Forgotten Bks.
Insect Experts in the Rain Forest. Sue Fliess. Illus. by Mia Powell. 2022. (Kid Scientist Ser.). (ENG.). 32p. (J). (gr. -1-3). 17.99 *(978-0-8075-4147-0(8)*, 0807541478) Whitman, Albert & Co.
Insect Fossils, 1 vol. Barbara M. Linde. 2016. (Fossil Files Ser.). (ENG.). 32p. (J). (gr. 5-5). 27.93 *(978-1-4994-2860-5(X)*, acf46274-f255-4d7a-82d7-f12a9ba8703b); pap. 11.00 *(978-1-4994-2744-8(1)*, 899db17f-8d34-4f08-939c-abdce64107e4) Rosen Publishing Group, Inc., The. (PowerKids Pr.).
Insect Life Cycles, 1 vol. Bray Jacobson. 2017. (Look at Life Cycles Ser.). (ENG.). 32p. (J). (gr. 2-2). pap. 11.50 *(978-1-5382-1044-4(4)*, 569bc233-374f-4871-b4b0-93715c4c40dd) Stevens, Gareth Publishing LLLP.
Insect Migration. Shannon Anderson. 2023. (Animal Migrations Ser.). (ENG., Illus.). 32p. (J). pap. 9.95 ***(978-1-63739-665-0(1)***, Focus Readers) North Star Editions.
Insect Migration. Contrib. by Shannon Anderson. 2023. (Animal Migrations Ser.). (ENG., Illus.). 32p. (J). lib. bdg. 31.35 ***(978-1-63739-608-7(2)***, Focus Readers) North Star Editions.
Insect Stories (Classic Reprint) Vernon L. Kellogg. 2017. (ENG., Illus.). (J). 30.91 *(978-0-266-29098-8(1))* Forgotten Bks.
Insect Superpowers: 18 Real Bugs That Smash, Zap, Hypnotize, Sting, & Devour! (Insect Book for Kids, Book about Bugs for Kids) Kate Messner. Illus. by Jillian Nickell. 2019. (ENG.). 88p. (J). (gr. 3-7). 17.99 *(978-1-4521-3910-4(5))* Chronicle Bks. LLC.
Insect That Led the Way - Te Kaneebu Ae Kaira Te Kawai (Te Kiribati) Jeremy John. Illus. by James Pereda. 2023. (ENG.). 40p. (J). pap. ***(978-1-922844-06-4(3))*** Library For All Limited.
Insect, the Farmer, the Teacher, the Citizen & the State (Classic Reprint) Stephen Alfred Forbes. (ENG., Illus.). (J). 2018. 20p. 24.31 *(978-0-428-18794-1(3))*; 2016. pap. 7.97 *(978-1-334-58266-0(1))* Forgotten Bks.
Insectito y Yo: Leveled Reader Book 67 Level M 6 Pack. Hmh Hmh. 2020. (SPA.). 32p. (J). pap. 74.40 *(978-0-358-08375-7(3))* Houghton Mifflin Harcourt Publishing Co.
Insecto-Cide: And Other Amazing Tales. Mike Jallard. 2019. (ENG.). 146p. (J). pap. *(978-1-913136-26-0(4))* Clink Street Publishing.
Insecto en la Viga: Leveled Reader Book 80 Level N 6 Pack. Hmh Hmh. 2020. (SPA.). 32p. (J). pap. 74.40 *(978-0-358-08388-7(5))* Houghton Mifflin Harcourt Publishing Co.
Insecto-Theology: Or a Demonstration of the Being & Perfections of God, from a Consideration of the Structure & Economy of Insects (Classic Reprint) Friedrich Christian Lesser. 2017. (ENG., Illus.). (J). pap. 16.57 *(978-1-5276-9028-8(8))* Forgotten Bks.
Insectos: Conteo Salteado. Logan Avery. rev. ed. 2019. (Mathematics in the Real World Ser.). (SPA.). 20p. (gr. k-1). 8.99 *(978-1-4258-2820-2(5))* Teacher Created Materials, Inc.
Insectos en el Jardín: Leveled Reader Book 25 Level B 6 Pack. Hmh Hmh. 2021. (SPA.). 16p. (J). pap. 74.40 *(978-0-358-08154-8(8))* Houghton Mifflin Harcourt Publishing Co.
Insects. Heron Books. 2022. (ENG.). 84p. (J). pap. ***(978-0-89739-282-2(5)***, Heron Bks.) Quercus.
Insects. Beth Costanzo. 2022. (ENG.). 60p. (J). pap. 10.99 ***(978-1-0880-7026-0(4))*** Adventures of Scuba Jack Pubs., The.
Insects. Grace Jones. 2019. (Living Things & Their Habitats Ser.). (ENG.). 24p. (J). (gr. k-3). pap. 7.99 *(978-1-78637-639-8(3))* BookLife Publishing Ltd. GBR. Dist: Independent Pubs. Group.
Insects. Illus. by Sabine Krawczyk. 2023. (My First Discovery Paperbacks Ser.). (ENG.). 32p. (J). (gr. k-2). pap. 9.99 *(978-1-85103-760-5(8))* Moonlight Publishing, Ltd. GBR. Dist: Independent Pubs. Group.
Insects. Katie Marsico. 2016. (J). *(978-1-4896-5277-5(9))* Weigl Pubs., Inc.
Insects. Pamela McDowell. 2018. (Science Opposites Ser.). (ENG.). 24p. (J). pap. 13.95 *(978-1-4896-8479-0(4))*; lib. bdg. 31.41 *(978-1-4896-8478-3(6))* Weigl Pubs., Inc.
Insects, 1 vol. Heather Moore Niver. 2018. (Investigate Biodiversity Ser.). (ENG.). 24p. (gr. 2-2). 25.60 *(978-1-9785-0187-4(0)*, 5dc1ebc1-bce1-4c7a-8efc-7f175d350a0a) Enslow Publishing, LLC.
Insects. Julie Murray. 2018. (Animal Classes Ser.). (ENG., Illus.). 24p. (J). (gr. k-4). lib. bdg. 31.36 *(978-1-5321-2298-9(5)*, 28363, Abdo Zoom-Dash) ABDO Publishing Co.
Insects. Charlie Ogden. (Animal Classification Ser.). (J). (gr. 3-4). 2017. pap. 63.00 *(978-1-5345-2014-1(7))*; 2016. (ENG.). 32p. pap. 11.50 *(978-1-5345-2013-4(9)*, b1081c2a-e6da-4a9e-8cac-526895d42b4b); 2016. (ENG.). 32p. lib. bdg. 28.88 *(978-1-5345-2015-8(5)*, 37b25c15-2c18-4b3d-9b8a-b6f3876c74fd) Greenhaven Publishing LLC. (KidHaven Publishing).
Insects. Dalton Rains. 2023. (Animal Groups Ser.). (ENG., Illus.). 24p. (J). pap. 8.95 ***(978-1-64619-838-2(7))***; lib. bdg. 28.50 ***(978-1-64619-809-2(3))*** Little Blue Hse.
Insects. Seymour Simon. 2016. (ENG., Illus.). 40p. (J). (gr. 1-5). pap. 7.99 *(978-0-06-228914-8(4)*, HarperCollins) HarperCollins Pubs.
Insects. Emily Sohn & Karen Rothbardt. 2019. (IScience Ser.). (ENG., Illus.). 24p. (J). (gr. k-2). 23.94 *(978-1-68450-970-6(X))* Norwood Hse. Pr.
Insects: By the Numbers. Steve Jenkins. 2020. (By the Numbers Ser.). (ENG., Illus.). 40p. (J). (gr. -1-3). 14.99 *(978-1-328-85099-7(4)*, 1693462); pap. 8.99 *(978-1-328-85100-0(1)*, 1693464) HarperCollins Pubs. (Clarion Bks.).
Insects: Fold & Play, 1 vol. SK & IK. 2020. (Origanimo Ser.: 2). (ENG.). 32p. (J). (gr. -1-3). pap. 9.99 *(978-0-7643-5952-1(5)*, 20624) Schiffer Publishing, Ltd.
Insects: Six-Legged Nightmares, 12 vols. 2017. (Insects: Six-Legged Nightmares Ser.). (ENG.). 24p. (J). (gr. 2-3). lib. bdg. 145.62 *(978-1-5382-1282-0(X)*, d81f42f0-a743-44c5-91ea-6644da12b5bd) Stevens, Gareth Publishing LLLP.
Insects: The Most Fun Bug Book Ever. Sneed B. Collard, III & Sneed B. Collard. 2017. (Illus.). 48p. (J). (gr. 4-7). lib. bdg. 17.99 *(978-1-58089-642-9(1))* Charlesbridge Publishing, Inc.
Insects & Arachnids. Carla Mooney. 2021. (Field Guides). (ENG.). 112p. (J). (gr. 4-8). lib. bdg. 44.21 *(978-1-5321-9697-3(0)*, 38360) ABDO Publishing Co.
Insects & Arachnids: Animal Books for Kids Children's Animal Books. Baby Professor. 2017. (ENG., Illus.). 64p. (J). pap. 9.52 *(978-1-5419-3875-5(5)*, Baby Professor (Education Kids)) Speedy Publishing LLC.
Insects & Arachnids Explained, 1 vol. Laura Sullivan. 2016. (Distinctions in Nature Ser.). (ENG., Illus.). 32p. (gr. 3-3). pap. 11.58 *(978-1-5026-2189-4(4)*, 27a4e3b2-8015-4a40-9397-a7dba43d8ceb) Cavendish Square Publishing LLC.
Insects & Bugs for Kids. Jaret C. Daniels. ed. 2022. (Simple Introduction to Science Ser.). (ENG.). 128p. (J). (gr. 2-3). 23.46 ***(978-1-68505-481-6(1))*** Penworthy Co., LLC, The.
Insects & Bugs for Kids: An Introduction to Entomology. Jaret C. Daniels. 2021. (Simple Introductions to Science Ser.). (ENG., Illus.). 128p. (J). (gr. 1-7). pap. 12.95 *(978-1-64755-164-3(1)*, Adventure Pubns.) AdventureKEEN.
Insects & Human Welfare: An Account of the More Important Relations of Insects to the Health of Man, to Agriculture, & to Forestry (Classic Reprint) Charles Thomas Brues. 2018. (ENG., Illus.). 126p. (J). 26.50 *(978-0-331-69839-8(0))* Forgotten Bks.
Insects & Me A-Z. Melissa Smith. 2021. (ENG.). 58p. (J). pap. 14.75 *(978-0-578-97566-5(1))* Smith, Melissa.

1012 The check digit for ISBN-10 appears in parentheses after the full ISBN-13

TITLE INDEX INSIDE THE CIA

Insects & Other Land Animals Connect the Dots Books for Kids. Educando Kids. 2019. (ENG.). 42p. (J). pap. 8.55 *(978-1-64521-685-8(3),* Educando Kids) Editorial Imagen.

Insects & Spiders. DK. 2019. (Nature Explorers Ser.). (ENG., Illus.). 64p. (J). (gr. 1-3). 9.99 *(978-1-4654-7909-9(0),* DK Children) Dorling Kindersley Publishing, Inc.

Insects & Spiders, 1 vol. Dawn Titmus. 2018. (Cool Pets for Kids Ser.). (ENG.). 32p. (J). (gr. 3-3). 27.93 *(978-1-5383-3801-8(7),* 21a175d6-3feb-47b8-8e26-0fd93223c935, PowerKids Pr.) Rosen Publishing Group, Inc., The.

Insects & Their Habitations: A Book for Children (Classic Reprint) Society For Promoting Christi Knowledge. 2018. (ENG., Illus.). (J). 108p. 26.12 *(978-1-396-77679-3(6));* 110p. pap. 9.57 *(978-1-391-88495-0(7))* Forgotten Bks.

Insects Are Perfect, Too see Tambien Los Insectos Son Perfectos

Insects As Healers. Linden McNeilly. 2016. (Insects As... Ser.). (ENG.). 32p. (gr. 4-6). 32.79 *(978-1-68191-691-0(6),* 9781681916910) Rourke Educational Media.

Insects As Pollinators. Lyn Sirota. 2016. (Insects As... Ser.). (ENG.). 32p. (gr. 4-6). 32.79 *(978-1-68191-693-4(2),* 9781681916934) Rourke Educational Media.

Insects As Predators. Tara Haelle. 2016. (Insects As... Ser.). (ENG.). 32p. (gr. 4-6). 32.79 *(978-1-68191-695-8(9),* 9781681916958) Rourke Educational Media.

Insects Injurious to the Household & Annoying to Man (Classic Reprint) Glenn Washington Herrick. 2017. (ENG., Illus.). 514p. (J). 34.52 *(978-0-332-43914-3(3))* Forgotten Bks.

Insects Injurious to Young Trees on Tree Claims (Classic Reprint) Lawrence Bruner. 2016. (ENG., Illus.). (J). pap. 9.57 *(978-1-334-36247-7(5))* Forgotten Bks.

Insects of the Arctic: Bugs That Love the Cold: English Edition, 1 vol. Carolyn Mallory. 2017. (Nunavummi Reading Ser.). (ENG., Illus.). 32p. (J). (gr. 2-2). 7.95 *(978-1-77266-557-4(6))* Inhabit Education Bks. Inc. CAN. Dist: Consortium Bk. Sales & Distribution.

Insects of the Arctic: What Is an Insect? English Edition, 1 vol. Carolyn Mallory. Illus. by Amiel Sandland. 2017. (Nunavummi Reading Ser.). (ENG.). 32p. (J). (gr. 2-2). pap. 7.95 *(978-1-77266-548-2(7))* Inhabit Education Bks. Inc. CAN. Dist: Consortium Bk. Sales & Distribution.

Insects Play Hide & Seek Too. Leonard Rich. 2019. (ENG.). 24p. (J). *(978-0-359-48430-0(1))* Lulu Pr., Inc.

Insects, Spiders & Worms Children's Science & Nature. Baby Professor. 2017. (ENG., Illus.). (J). pap. 7.89 *(978-1-5419-0259-6(9),* Baby Professor (Education Kids)) Speedy Publishing LLC.

Insecurity Is a Seed. Lauren Martin. 2022. (ENG.). 22p. (J). 14.99 ***(978-1-0880-5800-8(0))*** Indy Pub.

Insefts of Frerberg: Walnut. Tania Shahid. 2021. (ENG.). 138p. (YA). pap. 11.99 *(978-1-954868-92-2(8))* Pen It Pubns.

Insefts of Frererg. Tania Shahid. 2020. (ENG.). 128p. (YA). pap. 11.99 *(978-1-952011-79-5(5))* Pen It Pubns.

Insegna Al Tuo Drago a Gestire I Cambiamenti: (Help Your Dragon Deal with Change) una Simpatica Storia per Bambini, per Educarli Ad Affrontare le Transizioni e Adattarsi Ai Cambiamenti Nella Vita. Steve Herman. 2020. (My Dragon Books Italiano Ser.: Vol. 27). (ITA.). 44p. (J). 18.95 *(978-1-64916-051-5(8));* pap. 12.95 *(978-1-64916-050-8(X))* Digital Golden Solutions LLC.

Insegna Al Tuo Drago il Pericolo Degli Sconosciuti: Una Simpatica Storia per Bambini, per Renderli Consapevoli Del Pericolo Rappresentato Dagli Sconosciuti Ed Educarli Sul Tema Della Sicurezza. Steve Herman. 2020. (My Dragon Books Italiano Ser.: Vol. 33). (ITA.). 44p. (J). 18.95 *(978-1-64916-065-2(8));* pap. 12.95 *(978-1-64916-064-5(X))* Digital Golden Solutions LLC.

Insegna Al Tuo Drago le Buone Maniere: (Teach Your Dragon Manners) una Simpatica Storia per Bambini, per Insegnare Loro le Buone Maniere, il Rispetto e il Giusto Modo Di Comportarsi. Steve Herman. 2020. (My Dragon Books Italiano Ser.: Vol. 23). (ITA.). 42p. (J). 18.95 *(978-1-64916-045-4(3));* pap. 12.95 *(978-1-64916-044-7(5))* Digital Golden Solutions LLC.

Insegna Al Tuo Drago le Conseguenze: (Teach Your Dragon to Understand Consequences) una Simpatica Storia per Bambini, per Educarli a Comprendere le Conseguenze Delle Proprie Scelte e Insegnare Loro a Compiere Scelte Positive. Steve Herman. 2020. (My Dragon Books Italiano Ser.: Vol. 14). (ITA.). 42p. (J). 18.95 *(978-1-950280-98-8(5));* pap. 12.95 *(978-1-950280-97-1(7))* Digital Golden Solutions LLC.

Insegna Al Tuo Drago L'empatia: (Teach Your Dragon Empathy) Aiuta il Tuo Drago a Capire l'empatia. una Simpatica Storia per Bambini, per Educarli All'empatia, Alla Compassione e Alla Gentilezza. Steve Herman. 2020. (My Dragon Books Italiano Ser.: Vol. 24). (ITA.). 40p. (J). 18.95 *(978-1-64916-047-8(X));* pap. 12.95 *(978-1-64916-046-1(1))* Digital Golden Solutions LLC.

Insegna una Corretta Igiene Al Tuo Drago: Aiuta il Tuo Drago a Sviluppare Delle Sane Abitudini Igieniche. una Simpatica Storia per Bambini, per Insegnare Loro Perché una Buona Igiene è Importante a Livello Sociale Ed Emotivo. Steve Herman. 2020. (My Dragon Books Italiano Ser.: Vol. 32). (ITA.). 42p. (J). 18.95 *(978-1-64916-063-8(1));* pap. 12.95 *(978-1-64916-062-1(3))* Digital Golden Solutions LLC.

Inseparables (Classic Reprint) John J. Kennedy. 2018. (ENG., Illus.). 236p. (J). 28.81 *(978-0-484-78057-5(3))* Forgotten Bks.

Insert Coin to Continue. John David Anderson. (ENG.). 336p. (J). (gr. 3-7). 2017. pap. 8.99 *(978-1-4814-4705-8(X));* 2016. (Illus.). 17.99 *(978-1-4814-4704-1(1))* Simon & Schuster Children's Publishing. (Aladdin).

Insetti Nocivi Ai Nostri Orti, Campi, Frutteti e Boschi, Loro Vita Danni e Modi per Prevenirli, Vol. 1: Parte Generale e Coleotteri (Classic Reprint) Agostino Lunardoni. 2018. (ITA., Illus.). (J). 874p. 41.94 *(978-1-391-32222-3(3));* 876p. pap. 24.28 *(978-1-391-11773-7(5))* Forgotten Bks.

Insetto Di Origami. Pindaro Periplo. 2022. (ITA.). 60p. (YA). pap. *(978-1-716-03059-8(5))* Lulu Pr., Inc.

Inside: A Chronicle of Secession (Classic Reprint) George F. Harrington. 2017. (ENG., Illus.). (J). 28.60 *(978-0-260-33350-6(6))* Forgotten Bks.

Inside 3D Printers. Yvette LaPierre. 2018. (Inside Technology Ser.). (ENG., Illus.). 48p. (J). (gr. 4-8). lib. bdg. 35.64 *(978-1-5321-1788-6(4),* 30864) ABDO Publishing Co.

Inside a Badger's Burrow. Rex Ruby. 2022. (Underground Animal Life Ser.). (ENG.). (J). (gr. 1-4). lib. bdg. 26.99 Bearport Publishing Co., Inc.

Inside a Chipmunk's Home. Rex Ruby. 2022. (Underground Animal Life Ser.). (ENG.). (J). (gr. 1-4). lib. bdg. 26.99 Bearport Publishing Co., Inc.

Inside a Fox's Den. Rex Ruby. 2022. (Underground Animal Life Ser.). (ENG.). (J). (gr. 1-4). lib. bdg. 26.99 Bearport Publishing Co., Inc.

Inside a Gaming PC, 1 vol. Russell Barnes. 2018. (Geek's Guide to Computer Science Ser.). (ENG.). 176p. (gr. 9-9). 41.47 *(978-1-5081-8111-8(X),* 1315bba4-c5e1-43f9-83a5-90bd95af9522, Rosen Young Adult) Rosen Publishing Group, Inc., The.

Inside a Groundhog's Burrow. Rex Ruby. 2022. (Underground Animal Life Ser.). (ENG.). (J). (gr. 1-4). lib. bdg. 26.99 Bearport Publishing Co., Inc.

Inside a Prairie Dog's Hideaway. Rex Ruby. 2022. (Underground Animal Life Ser.). (ENG.). (J). (gr. 1-4). lib. bdg. 26.99 Bearport Publishing Co., Inc.

Inside a Raspberry Pi 2, 1 vol. Gray Girling. 2018. (Geek's Guide to Computer Science Ser.). (ENG.). 184p. (gr. 9-9). 41.47 *(978-1-5081-8112-5(8),* 6e509697-2cca-44b1-9da4-798bdddcf68a, Rosen Young Adult) Rosen Publishing Group, Inc., The.

Inside Alcatraz. Heather E. Schwartz. 2023. (Top Secret (Alternator Books (r)) Ser.). (ENG., Illus.). 32p. (J). (gr. 3-6). pap. 9.99 *(978-1-7284-7831-9(6),* e914ba2f-707a-41e3-8808-2e51167de026); lib. bdg. 29.32 *(978-1-7284-7660-5(7),* 8485491d-c828-437e-bbc6-04907530d82f) Lerner Publishing Group. (Lerner Pubns.).

Inside an Armadillo's Burrow. Rex Ruby. 2022. (Underground Animal Life Ser.). (ENG.). (J). (gr. 1-4). lib. bdg. 26.99 Bearport Publishing Co., Inc.

Inside & Outside: A Sesame Street (r) Guessing Game. Marie-Therese Miller. 2023. (Sesame Street (r) Directional Words Ser.). (ENG., Illus.). 24p. (J). (gr. -1-2). pap. 8.99 Lerner Publishing Group.

Inside Animals, 12 vols. 2017. (Inside Animals Ser.). (ENG.). 24p. (J). (gr. 3-3). lib. bdg. 157.62 *(978-1-5081-9422-4(X),* 5e91605e-e930-488a-95b5-166b15fdb088, Windmill Bks.) Rosen Publishing Group, Inc., The.

Inside Animals. Barbara Taylor. Illus. by Margaux Carpentier. 2021. (ENG.). 64p. (J). (gr. -1-3). ***(978-0-7112-5508-1(3),*** Wide Eyed Editions) Quarto Publishing Group UK.

Inside Apollo 11, 1 vol. Christopher Riley & Phil Dolling. 2017. (Geek's Guide to Space Ser.). (ENG.). 192p. (J). (gr. 9-9). 46.27 *(978-1-4994-6696-6(X),* 079cca55-62a2-4f68-89b2-60cd0402a04b, Rosen Young Adult) Rosen Publishing Group, Inc., The.

Inside Art Movements. Emily Brooks. 2019. (Inside Art Movements Ser.). (ENG.). 48p. (J). (gr. 3-9). 183.90 *(978-0-7565-6242-7(2),* 29390, Compass Point Bks.) Capstone.

Inside Battle. Melanie Sumrow. 2020. (ENG.). 336p. (J). (gr. 6). 16.99 *(978-1-4998-0917-6(4),* Yellow Jacket) Bonnier Publishing USA.

Inside Big Events (Set), 6 vols. 2023. (Inside Big Events Ser.). (ENG.). (J). (gr. 3-6). lib. bdg. 213.84 *(978-1-5038-6996-7(2),* 216815, MOMENTUM) Child's World, Inc, The.

Inside Biosphere 2: Earth Science under Glass. Mary Kay Carson. 2021. (Scientists in the Field Ser.). (ENG., Illus.). 80p. (J). (gr. 5-7). pap. 9.99 *(978-0-358-36258-6(X),* 1784595, Clarion Bks.) HarperCollins Pubs.

Inside Birds. Cecilia Smith. Illus. by Jenna Palm. 2021. (Reading Stars Ser.). (ENG.). 28p. (J). (gr. k-2). 21.99 *(978-1-5324-1599-9(0));* pap. 12.99 *(978-1-5324-1598-2(2))* Xist Publishing.

Inside Coding, 1 vol. Mike Saunders. 2018. (Geek's Guide to Computer Science Ser.). (ENG.). 128p. (gr. 9-9). 41.47 *(978-1-5081-8110-1(1),* 94cfbb77-dedb-452d-9892-92ddd5fb49d0, Rosen Young Adult) Rosen Publishing Group, Inc., The.

Inside College Football, 8 vols. North Star North Star Editions. 2020. (Inside College Football Ser.). (ENG.). 384p. (J). (gr. 4-4). pap. 95.60 *(978-1-64494-463-9(4),* SportsZone) ABDO Publishing Co.

Inside College Football: Preparing for the Pros, Vol. 10. John Walters. 2016. (All about Professional Football Ser.: Vol. 10). (ENG., Illus.). 64p. (J). (gr. 7-12). 23.95 *(978-1-4222-3579-9(3))* Mason Crest.

Inside College Football (Set), 12 vols. 2020. (Inside College Football Ser.). (ENG.). 48p. (J). (gr. 4-6). lib. bdg. 410.64 *(978-1-5321-9239-5(8),* 35087, SportsZone) ABDO Publishing Co.

Inside College Football Set 3 (Set), 8 vols. 2018. (Inside College Football Ser.). (ENG.). 48p. (J). (gr. 3-6). lib. bdg. 273.76 *(978-1-5321-1456-4(7),* 29036, SportsZone) ABDO Publishing Co.

Inside Computers. Angie Smibert. 2018. (Inside Technology Ser.). (ENG., Illus.). 48p. (J). (gr. 4-8). lib. bdg. 35.64 *(978-1-5321-1789-3(2),* 30866) ABDO Publishing Co.

Inside Drones. Kate Conley. 2018. (Inside Technology Ser.). (ENG., Illus.). 48p. (J). (gr. 4-8). lib. bdg. 35.64 *(978-1-5321-1790-9(6),* 30868) ABDO Publishing Co.

Inside Drones, 1 vol. Alex Elliott. 2018. (Geek's Guide to Computer Science Ser.). (ENG.). 160p. (gr. 9-9). 41.47 *(978-1-5081-8582-6(4),* 1252b5d5-367b-4b0e-b972-59a254c28a39, Rosen Young Adult) Rosen Publishing Group, Inc., The.

Inside Electric Cars. Christina Eschbach. 2018. (Inside Technology Ser.). (ENG., Illus.). 48p. (J). (gr. 4-8). lib. bdg. 35.64 *(978-1-5321-1791-6(4),* 30870) ABDO Publishing Co.

Inside Gemini, 1 vol. David Woods & David M. Harland. 2017. (Geek's Guide to Space Ser.). (ENG., Illus.). 192p. (J). (gr. 9-9). 46.27 *(978-1-4994-6697-3(8),* 2b1d5611-5887-42ac-bc60-cb6ed128bacb, Rosen Young Adult) Rosen Publishing Group, Inc., The.

Inside GPS. Yvette LaPierre. 2018. (Inside Technology Ser.). (ENG., Illus.). 48p. (J). (gr. 4-8). lib. bdg. 35.64 *(978-1-5321-1792-3(2),* 30872) ABDO Publishing Co.

Inside Guide: Celebrating Hispanic Cultures, 12 vols. 2022. (Inside Guide: Celebrating Hispanic Cultures Ser.). (ENG.). 32p. (J). (gr. 4-5). lib. bdg. 181.26 *(978-1-5026-6646-8(4),* ace27c29-876e-4fbb-9648-64848f0c491b) Cavendish Square Publishing LLC.

Inside Guide: Celebrating Native American Cultures, 12 vols. 2022. (Inside Guide: Celebrating Native American Cultures Ser.). (ENG.). 32p. (J). (gr. 4-5). lib. bdg. 181.26 *(978-1-5026-6647-5(2),* 87366a62-a738-4e12-846f-2a734562f188) Cavendish Square Publishing LLC.

Inside Guide: Documents of Democracy, 12 vols. 2021. (Inside Guide: Documents of Democracy Ser.). (ENG.). 32p. (J). (gr. 4-5). lib. bdg. 181.26 *(978-1-5026-6140-1(3),* 5b24848f-420e-41f4-8cea-644ba0f71e98) Cavendish Square Publishing LLC.

Inside Guide: Earth's Four Spheres, 8 vols. 2022. (Inside Guide: Earth's Four Spheres Ser.). (ENG.). 32p. (J). (gr. 4-5). lib. bdg. 120.84 *(978-1-5026-6648-2(0),* cff484b1-bfdf-4505-8228-9924503144be) Cavendish Square Publishing LLC.

Inside High School Football: A Changing Tradition, Vol. 10. John Walters. 2016. (All about Professional Football Ser.: Vol. 10). (ENG., Illus.). 64p. (J). (gr. 7-12). 23.95 *(978-1-4222-3580-5(7))* Mason Crest.

Inside ICE, 1 vol. Mythili Sampathkumar. 2019. (Inside Law Enforcement Ser.). (ENG.). 48p. (J). (gr. 5-5). 29.60 *(978-1-9785-0737-1(2),* 445210dc-5825-48de-b11e-b311c7c4e9d5) Enslow Publishing, LLC.

Inside Job: (and Other Skills I Learned As a Superspy) Jackson Pearce. 2016. (ENG.). 272p. (J). 16.99 *(978-1-61963-420-6(1),* 900135729, Bloomsbury USA Childrens) Bloomsbury Publishing USA.

Inside Law Enforcement, 10 vols. 2019. (Inside Law Enforcement Ser.). (ENG.). 48p. (J). (gr. 5-5). lib. bdg. 148.00 *(978-1-9785-0739-5(9),* 6f2a44e2-5ffd-4f29-95e4-b2b01bda0325) Enslow Publishing, LLC.

Inside Machines, 12 vols. 2017. (Inside Machines Ser.). 24p. (ENG.). (gr. 3-3). 157.62 *(978-1-4994-8376-5(7),* aa1049e1-8627-4d90-a691-5e97f5f37777); (gr. 8-8). pap. 49.50 *(978-1-4994-8384-0(8))* Rosen Publishing Group, Inc., The. (Windmill Bks.).

Inside Matter: What Is It Made of? Matter for Kids Grade 5 Children's Science Education Books. Baby Professor. 2021. (ENG.). 72p. (J). 27.99 *(978-1-5419-8384-7(X));* pap. 16.99 *(978-1-5419-5996-5(5))* Speedy Publishing LLC. (Baby Professor (Education Kids)).

Inside Me, Sometimes. Gail Heath. 2021. (ENG.). 36p. (J). 18.95 *(978-1-931079-46-4(3))* Condor Publishing, Inc.

Inside Me, Sometimes / a Veces, Dentro de Mí. Gail Heath. 2021. (SPA.). 36p. (J). 18.95 *(978-1-931079-47-1(1))* Condor Publishing, Inc.

Inside MLB, 0 vols., Set. Bo Smolka. Incl. Florida Marlins. (ENG., Illus.). 48p. (YA). (gr. 3-6). 2011. 31.35 *(978-1-61714-044-0(9));* (Inside MLB Ser.). (ENG.). Illus.). 48p. 2011. Set lib. bdg. 885.33 *(978-1-61714-033-4(3),* 9806, SportsZone) ABDO Publishing Co.

Inside MLB (Set), 30 vols. 2022. (Inside MLB Ser.). (ENG.). 48p. (J). (gr. 3-6). lib. bdg. 1026.60 *(978-1-0982-9007-8(0),* 40771, SportsZone) ABDO Publishing Co.

Inside MLS (Set), 26 vols. Anthony K. Hewson et al. 2021. (Inside MLS Ser.). (ENG.). 48p. (J). (gr. 3-6). lib. bdg. 889.72 *(978-1-5321-9252-4(5),* 35113, SportsZone) ABDO Publishing Co.

Inside MLS (Set Of 12) 2021. (Inside MLS Ser.). (ENG., Illus.). 576p. (J). (gr. 4-4). pap. 143.40 *(978-1-64494-560-5(6),* SportsZone) ABDO Publishing Co.

Inside Modern Genetics: Set, 12 vols. 2021. (Inside Modern Genetics Ser.). (ENG.). 80p. (YA). (gr. 7-8). lib. bdg. 224.82 *(978-1-4994-7055-0(X),* 8ec93559-d507-460d-a834-2b52b808ae38) Rosen Publishing Group, Inc., The.

Inside My Brain: Living a Life with Chiari Malformation. Kiri Webb. 2021. (ENG.). 30p. (J). 22.47 ***(978-1-304-66241-5(1))*** Lulu Pr., Inc.

Inside My Colourful Rooms. Selina Antonio. 2022. (ENG., Illus.). 24p. (J). pap. *(978-1-83975-899-7(6))* Grosvenor Hse. Publishing Ltd.

Inside Noah's Ark 4 Kids. Becki Dudley. Illus. by Bill Looney. 2017. (ENG.). 12p. (J). bds. 12.99 *(978-1-68344-072-7(2),* Master Books) New Leaf Publishing Group.

Inside of a Dog — Young Readers Edition: What Dogs See, Smell, & Know. Alexandra Horowitz. Illus. by Sean Vidal Edgerton. (ENG.). (J). (gr. 3-7). 2017. 272p. pap. 7.99 *(978-1-4814-5094-2(8));* 2016. 256p. 16.99 *(978-1-4814-5093-5(X))* Simon & Schuster Bks. For Young Readers. (Simon & Schuster Bks. For Young Readers).

Inside of the Cup (Classic Reprint) Winston Churchill. 2017. (ENG., Illus.). (J). 35.10 *(978-0-266-19719-5(1))* Forgotten Bks.

Inside Our Gate (Classic Reprint) Christine Chaplin Brush. 2018. (ENG., Illus.). 318p. (J). 30.46 *(978-0-483-63375-9(5))* Forgotten Bks.

Inside Out. Alessandro Ferrari. Illus. by Arianna Rea et al. 2020. (Disney & Pixar Movies Ser.). (ENG.). 52p. (J). (gr. 2-6). lib. bdg. 32.79 *(978-1-5321-4552-0(7),* 35199, Graphic Novels) Spotlight.

Inside Out. Tyrika Johnson-McQuay. 2019. (ENG.). 124p. (YA). pap. 13.95 *(978-1-64462-291-9(2))* Page Publishing Inc.

Inside Out & Back Again: a Harper Classic. Thanhhà Lai. 2017. (Harper Classic Ser.). (ENG.). 288p. (J). (gr. 3-7). 16.99 *(978-0-06-257402-2(7),* HarperCollins) HarperCollins Pubs.

Inside Out (Disney/Pixar Inside Out) RH Disney. Illus. by Alan Batson. 2016. (Little Golden Book Ser.). (ENG.). 24p. (J). (-k). 5.99 *(978-0-7364-3629-8(4),* Golden/Disney) Random Hse. Children's Bks.

Inside Out Dragon. 2023. (Inside Out, Chartwell Ser.). (ENG.). 16p. (J). (gr. 2-5). 16.99 ***(978-0-7858-4297-2(7),*** 1173733, Chartwell) Book Sales, Inc.

Inside Out Human Body: Explore the World's Most Amazing Machine-You! Luann Columbo. 2017. (Inside Out Ser.). (ENG., Illus.). 16p. (J). (gr. 3-5). 14.99 *(978-0-7603-5531-2(2),* 171034) becker&mayer! books.

Inside Out Human Brain: Explore Inside Your Body's Super Computer. Editors of Chartwell Books. 2023. (Inside Out, Chartwell Ser.). (ENG.). 16p. (J). (gr. 2-7). 16.99 ***(978-0-7858-4295-8(0),*** 1173731, Chartwell) Book Sales, Inc.

Inside Out Jammies. Katherine Ruskey. Illus. by Sheneli de Silva. 2022. (ENG.). 30p. (J). 22.00 ***(978-1-0878-7952-9(3))*** Indy Pub.

Inside Out Outside In: A Book about Tolerance & Diversity for Young Children. Ruth Gordon. Illus. by Barbara Zohlman. 2022. (ENG.). 34p. (J). 23.95 *(978-1-63985-368-7(5));* pap. 12.95 *(978-1-63860-010-7(4))* Fulton Bks.

Inside Out Volcano. Editors of Chartwell Books. 2023. (Inside Out, Chartwell Ser.). (ENG.). 16p. (J). (gr. 2-7). 16.99 ***(978-0-7858-4296-5(9),*** 1173732, Chartwell) Book Sales, Inc.

Inside Outside. Anne-Margot Ramstein & Matthias Arégui. Illus. by Anne-Margot Ramstein & Matthias Arégui. 2019. (ENG., Illus.). 48p. (J). (gr. -1-3). 18.99 *(978-1-5362-0597-8(4))* Candlewick Pr.

Inside-Outside Dinosaurs. Roxie Munro. Illus. by Roxie Munro. 2018. (ENG., Illus.). 40p. (J). (gr. 4-6). pap. 9.99 *(978-1-5039-0242-8(0),* 9781503902428, Two Lions) Amazon Publishing.

Inside, Outside, Upside Down: Draw & Discover. Illus. by Yasmeen Ismail. 2017. (ENG.). 56p. (J). (gr. -1-2). pap. 9.99 *(978-1-78067-929-7(7),* King, Laurence Publishing) Orion Publishing Group, Ltd. GBR. Dist: Hachette Bk. Group.

Inside Pro Football Media, Vol. 10. Ted Brock. 2016. (All about Professional Football Ser.: Vol. 10). (ENG., Illus.). 64p. (J). (gr. 7-12). 23.95 *(978-1-4222-3581-2(5))* Mason Crest.

Inside Public Works: Understanding Government, 1 vol. Sonja Reyes. 2018. (Civics for the Real World Ser.). (ENG.). 12p. (gr. 1-2). pap. *(978-1-5081-3937-9(7),* e8077e17-f7f2-4ce1-ac65-543f6dd1d02a, Rosen Classroom) Rosen Publishing Group, Inc., The.

Inside Robotics, 1 vol. James Cooper. 2018. (Geek's Guide to Computer Science Ser.). (ENG.). 176p. (gr. 9-9). 41.47 *(978-1-5081-8580-2(8),* aa1cad08-ff61-40d7-aec4-f60b1e5a3a72, Rosen Young Adult) Rosen Publishing Group, Inc., The.

Inside Scenes of Atlanta's Black Week: A Series of Social Sensations & a Carnival of Crimes; Terminating with a Terrible Tale of Tragedies & Tears (Classic Reprint) Lee Langley. 2018. (ENG., Illus.). 108p. (J). 26.12 *(978-0-267-47021-1(5))* Forgotten Bks.

Inside Scoop: Kids' Sweet Journey to Investing Knowledge. Tal Boger. 2017. (ENG., Illus.). (J). pap. 11.99 *(978-1-936961-30-6(X),* Investing for Kids) LINX Corp.

Inside Smartphones. Jennifer Kaul. 2018. (Inside Technology Ser.). (ENG., Illus.). 48p. (J). (gr. 4-8). lib. bdg. 35.64 *(978-1-5321-1793-0(0),* 30874) ABDO Publishing Co.

Inside Story. Michael Buckley. ed. 2018. (Sisters Grimm Ser.: 8). (J). lib. bdg. 19.65 *(978-0-606-41063-2(5))* Turtleback.

Inside Story of the Jackrabbit & the Tortoise. Rachael Benson. Illus. by Krishana Griffith. 2018. (ENG.). 44p. (J). pap. 13.99 *(978-1-949609-78-3(2))* Pen It Pubns.

Inside Story of the Jackrabbit & the Tortoise. Rachael Benson. 2018. (ENG.). 42p. (J). pap. 12.99 *(978-1-949609-40-0(5))* Pen It Pubns.

Inside Story (the Sisters Grimm #8) 10th Anniversary Edition. Michael Buckley. 10th ed. 2018. (Sisters Grimm Ser.). (ENG., Illus.). 240p. (J). (gr. 3-7). pap. 9.99 *(978-1-4197-2006-2(6),* 660306, Amulet Bks.) Abrams, Inc.

Inside Tanks & Heavy Artillery. Chris Oxlade. 2017. (Inside Military Machines Ser.). (ENG., Illus.). 32p. (J). (gr. 3-6). lib. bdg. 27.99 *(978-1-5124-3226-8(1),* 5b03bbc1-aa54-4c2c-9909-b88b7e2be301, Hungry Tomato (r)) Lerner Publishing Group.

Inside Technology (Set), 8 vols. 2018. (Inside Technology Ser.). (ENG.). 48p. (J). (gr. 4-8). lib. bdg. 285.12 *(978-1-5321-1787-9(6),* 30862) ABDO Publishing Co.

Inside the Bermuda Triangle. Megan Harder. 2023. (Top Secret (Alternator Books (r)) Ser.). (ENG., Illus.). 32p. (J). (gr. 3-6). pap. 9.99 *(978-1-7284-7834-0(0),* 4e81be94-6928-4efe-a12f-55cf5612a6f3); lib. bdg. 29.32 *(978-1-7284-7662-9(3),* c9be9591-a338-4a95-af50-56659365153f) Lerner Publishing Group. (Lerner Pubns.).

Inside the Body. Pierre-Marie Valat. 2023. (My First Discovery Paperbacks Ser.). (ENG., Illus.). 36p. (J). (gr. k-2). pap. 9.99 *(978-1-85103-761-2(6))* Moonlight Publishing, Ltd. GBR. Dist: Independent Pubs. Group.

Inside the Body Anatomy & Physiology. Baby Professor. 2017. (ENG., Illus.). (J). pap. 7.89 *(978-1-5419-0234-3(3),* Baby Professor (Education Kids)) Speedy Publishing LLC.

Inside the Boston Celtics. David Stabler. 2023. (Super Sports Teams (Lerner (tm) Sports) Ser.). (ENG., Illus.). 32p. (J). (gr. 2-5). pap. 9.99 *(978-1-7284-7864-7(2),* 2d2cc2d8-d4c3-4bb2-adc7-af223f49a753); lib. bdg. 30.65 *(978-1-7284-7606-3(2),* 203e4636-5ef0-4950-a9ed-5496927aeb48) Lerner Publishing Group. (Lerner Pubns.).

Inside the Boston Red Sox. Jon M. Fishman. 2022. (Super Sports Teams (Lerner (tm) Sports) Ser.). (ENG., Illus.). 32p. (J). (gr. 2-5). pap. 9.99 *(978-1-7284-4944-9(8),* 700cbd47-5c2f-4c4a-9e54-b0ce82009347, Lerner Pubns.) Lerner Publishing Group.

Inside the Chicago Bears. Christina Hill. 2022. (Super Sports Teams (Lerner (tm) Sports) Ser.). (ENG., Illus.). 32p. (J). (gr. 2-5). pap. 9.99 *(978-1-7284-6339-1(4),* 59d21157-ccb9-4471-9be5-0d3d37ed3864); lib. bdg. 30.65 *(978-1-7284-5812-0(9),* ee234316-2ebd-4941-a463-a6ba934710a4) Lerner Publishing Group. (Lerner Pubns.).

Inside the CIA, 1 vol. Bridey Heing. 2019. (Inside Law Enforcement Ser.). (ENG.). 48p. (gr. 5-5). 29.60 *(978-1-9785-0738-8(0),* 539bfb1d-56b8-4ea0-abfb-152b4bc1475f) Enslow Publishing, LLC.

Inside the Civil Rights Movement, 1 vol. Kristen Rajczak Nelson. 2017. (Eyewitness to History Ser.). (ENG.). 32p. (J). (gr. 4-5). pap. 11.50 *(978-1-5382-1153-3(X)*, 954bf577-dbde-4334-b29e-a7dbb7261ac1) Stevens, Gareth Publishing LLLP.

Inside the Dallas Cowboys. Christina Hill. 2022. (Super Sports Teams (Lerner (tm) Sports) Ser.). (ENG., Illus.). 32p. (J). (gr. 2-5). pap. 9.99 *(978-1-7284-6340-7(8)*, b048afd3-d000-43d6-88aa-f1f7427d2bbe); lib. bdg. 30.65 *(978-1-7284-5807-6(2)*, ae6bc2e3-2859-4478-b807-24a458638d89) Lerner Publishing Group. (Lerner Pubns.).

Inside the Daytona 500. Todd Kortemeier & Josh Anderson. 2023. (Inside Big Events Ser.). (ENG.). 32p. (J). (gr. 3-6). lib. bdg. 35.64 *(978-1-5038-6515-0(0)*, 216454, MOMENTUM) Child's World, Inc, The.

Inside the DEA, 1 vol. Bridey Heing. 2019. (Inside Law Enforcement Ser.). (ENG.). 48p. (gr. 5-5). pap. 12.70 *(978-1-9785-0853-8(0)*, a64310d6-145a-4680-81d3-fdc7fcaf8e5d) Enslow Publishing, LLC.

Inside the Denver Broncos. Josh Anderson. 2023. (Super Sports Teams (Lerner (tm) Sports) Ser.). (ENG., Illus.). 32p. (J). (gr. 2-5). pap. 9.99 Lerner Publishing Group.

Inside the Department of Agriculture, 1 vol. Jennifer Peters. 2018. (Understanding the Executive Branch Ser.). (ENG.). 48p. (gr. 5-5). 29.60 *(978-0-7660-9884-8(2)*, b35baefa-80cd-4560-8596-6cbab2a7722e) Enslow Publishing, LLC.

Inside the Department of Commerce, 1 vol. Jennifer Peters. 2018. (Understanding the Executive Branch Ser.). (ENG.). 48p. (gr. 5-5). 29.60 *(978-0-7660-9887-9(7)*, c4ec719d-01b8-4e3b-8e34-781c2c7af4dc) Enslow Publishing, LLC.

Inside the Department of Energy, 1 vol. Jennifer Peters. 2018. (Understanding the Executive Branch Ser.). (ENG.). 48p. (gr. 5-5). 29.60 *(978-0-7660-9890-9(7)*, 16a06041-eea1-4dfc-a4fb-fea674c89069) Enslow Publishing, LLC.

Inside the Department of Homeland Security, 1 vol. Jennifer Peters. 2018. (Understanding the Executive Branch Ser.). (ENG.). 48p. (gr. 5-5). 29.60 *(978-0-7660-9893-0(1)*, c64646e4-c10f-49cb-8e4b-3f1a23675300) Enslow Publishing, LLC.

Inside the Department of Labor, 1 vol. Jennifer Peters. 2018. (Understanding the Executive Branch Ser.). (ENG.). 48p. (gr. 5-5). 29.60 *(978-0-7660-9896-1(6)*, 709e2d00-87e4-4abf-b0c7-86b2e1355650) Enslow Publishing, LLC.

Inside the Department of Transportation, 1 vol. Jennifer Peters. 2018. (Understanding the Executive Branch Ser.). (ENG.). 48p. (gr. 5-5). 29.60 *(978-0-7660-9899-2(0)*, be00994c-fc8a-4528-8617-2537323b01ee) Enslow Publishing, LLC.

Inside the Dreaming. Monica Nawrocki. 2023. (ENG.). 294p. (YA). pap. ***(978-1-7388062-0-1(0))*** LoGreco, Bruno.

Inside the e-Sports Industry. Carla Mooney. 2017. (ESports: Game On! Ser.). (ENG., Illus.). 48p. (J). (gr. 5-8). 29.27 *(978-1-59953-891-4(1))* Norwood Hse. Pr.

Inside the Earth's Atmosphere Atmospheric Science Textbook Grade 5 Children's Science Education Books. Baby Professor. 2021. (ENG.). 72p. (J). 27.99 *(978-1-5419-8395-3(5))*; pap. 16.99 *(978-1-5419-6019-0(X))* Speedy Publishing LLC. (Baby Professor (Education Kids)).

Inside the Environmental Movement, 1 vol. Janey Levy. 2017. (Eyewitness to History Ser.). (ENG.). 32p. (J). (gr. 4-5). pap. 11.50 *(978-1-5382-1157-1(2)*, fdf454d7-cb45-4d4a-88e9-a942c6fc5c76) Stevens, Gareth Publishing LLLP.

Inside the FBI, 1 vol. Mythili Sampathkumar. 2019. (Inside Law Enforcement Ser.). (ENG.). 48p. (gr. 5-5). lib. bdg. 29.60 *(978-1-9785-0735-7(6)*, 1474c731-ad6b-4779-8be2-6e10c8b590bd) Enslow Publishing, LLC.

Inside the Forest Kingdom - from Peculiar Plants to Interesting Animals - Nature Book for 8 Year Old Children's Forest & Tree Books. Baby Professor. 2017. (ENG., Illus.). 64p. (J). pap. 9.55 *(978-1-5419-1771-2(5)*, Baby Professor (Education Kids)) Speedy Publishing LLC.

Inside the Green Bay Packers. Josh Anderson. 2023. (Super Sports Teams (Lerner (tm) Sports) Ser.). (ENG., Illus.). 32p. (J). (gr. 2-5). pap. 9.99 Lerner Publishing Group.

Inside the House That Jack Built: The Story, Told in Conversation, of How Two Homes Were Furnished (Classic Reprint) George Leland Hunter. 2017. (ENG., Illus.). (J). 29.53 *(978-0-260-72912-5(4))* Forgotten Bks.

Inside the Human Body. Carla Mooney. Illus. by Tom Casteel. 2020. (Inquire & Investigate Ser.). 128p. (YA). (gr. 7-9). (ENG.). 22.95 *(978-1-61930-900-5(9)*, c338c253-0367-4018-ab55-903999fd1ef6); pap. 17.95 *(978-1-61930-903-6(3)*, ab16b640-42c9-4d82-840b-d0af72473254) Nomad Pr.

Inside the Human Body: Characteristics of Cells Science Literacy Grade 5 Children's Biology Books. Baby Professor. 2021. (ENG.). 72p. (J). 27.99 *(978-1-5419-8391-5(2))*; pap. 16.99 *(978-1-5419-6008-4(4))* Speedy Publishing LLC. (Baby Professor (Education Kids)).

Inside the International Space Station, 1 vol. David Baker. 2017. (Geek's Guide to Space Ser.). (ENG., Illus.). 192p. (J). (gr. 9-9). 46.27 *(978-1-4994-6698-0(6)*, cb95ac67-9c24-4e3c-a89a-80006984f2cf, Rosen Young Adult) Rosen Publishing Group, Inc., The.

Inside the Kansas City Chiefs. Josh Anderson. 2023. (Super Sports Teams (Lerner (tm) Sports) Ser.). (ENG., Illus.). 32p. (J). (gr. 2-5). pap. 9.99 Lerner Publishing Group.

Inside the Labor Movement, 1 vol. Therese M. Shea. 2017. (Eyewitness to History Ser.). (ENG.). 32p. (J). (gr. 4-5). pap. 11.50 *(978-1-5382-1161-8(0)*, ca740460-66c5-4d5e-870f-318142c38ed1) Stevens, Gareth Publishing LLLP.

Inside the Labor Movement. Therese Shea & Therese M. Shea. 2018. (Eyewitness to History Ser.). (ENG.). 32p. (J). (gr. 4-7). 21.30 *(978-1-5311-8907-5(5))* Perfection Learning Corp.

Inside the Las Vegas Aces. Anne E. Hill. 2023. (Super Sports Teams (Lerner (tm) Sports) Ser.). (ENG., Illus.). 32p. (J). (gr. 2-5). pap. 9.99 *(978-1-7284-7867-8(7)*, 375fb400-f4ca-40cc-9a75-7862c76755eb); lib. bdg. 30.65 *(978-1-7284-7609-4(7)*, 26aa1156-1ad0-437a-bdbc-749d8aa09a5b) Lerner Publishing Group. (Lerner Pubns.).

Inside the LGBTQ+ Movement, 1 vol. Jennifer Lombardo. 2017. (Eyewitness to History Ser.). (ENG.). 32p. (J). (gr. 4-5). pap. 11.50 *(978-1-5382-1165-6(3)*, 559cef7f-66b4-4b84-93f4-cf115fa411a7); lib. bdg. 29.27 *(978-1-5382-1167-0(X)*, ad325068-2eba-40b6-bbd6-147628979cda) Stevens, Gareth Publishing LLLP.

Inside the Lines (Classic Reprint) Earl Derr Biggers. (ENG., Illus.). (J). 2018. 358p. 31.30 *(978-0-666-98932-1(X))*; 2017. pap. 13.97 *(978-0-243-47799-9(6))* Forgotten Bks.

Inside the Lion's Den Coloring Book. Creative Playbooks. 2016. (ENG., Illus.). (J). pap. 7.74 *(978-1-68323-770-9(6))* Twin Flame Productions.

Inside the London Catacombs. Megan Harder. 2023. (Top Secret (Alternator Books (r)) Ser.). (ENG., Illus.). 32p. (J). (gr. 3-6). pap. 9.99 *(978-1-7284-7835-7(9)*, 51e86ccc-5af0-410b-8fd5-963f2884f33c); lib. bdg. 29.32 *(978-1-7284-7664-3(X)*, ff1b2d85-f979-47b2-9796-a234a2f76da3) Lerner Publishing Group. (Lerner Pubns.).

Inside the Los Angeles Lakers. David Stabler. 2023. (Super Sports Teams (Lerner (tm) Sports) Ser.). (ENG., Illus.). 32p. (J). (gr. 2-5). pap. 9.99 *(978-1-7284-7868-5(5)*, 61f5f5f0-2c61-4e79-bf2a-099bfed6fef0); lib. bdg. 30.65 *(978-1-7284-7610-0(0)*, e6250784-efef-4b2b-aca3-02a30af8f0ac) Lerner Publishing Group. (Lerner Pubns.).

Inside the Los Angeles Rams. Josh Anderson. 2023. (Super Sports Teams (Lerner (tm) Sports) Ser.). (ENG., Illus.). 32p. (J). (gr. 2-5). pap. 9.99 Lerner Publishing Group.

Inside the Lunar Rover, 1 vol. Christopher Riley & David Woods. 2017. (Geek's Guide to Space Ser.). (ENG., Illus.). 192p. (J). (gr. 9-9). 46.27 *(978-1-4994-6699-7(4)*, 8a368130-3c2c-4591-b07c-2d9629856238, Rosen Young Adult) Rosen Publishing Group, Inc., The.

Inside the Mars Rover, 1 vol. David Baker. 2017. (Geek's Guide to Space Ser.). (ENG., Illus.). 192p. (J). (gr. 9-9). 46.27 *(978-1-4994-6700-0(1)*, d3176c4b-251c-4d08-86a6-0b764dfce75d, Rosen Young Adult) Rosen Publishing Group, Inc., The.

Inside the Military (Set), 8 vols. 2019. (Inside the Military Ser.). (ENG.). 32p. (J). (gr. 2-5). lib. bdg. 262.32 *(978-1-5321-6381-4(9)*, 32077, DiscoverRoo) Pop!.

Inside the Military (Set Of 8) 2019. (Inside the Military Ser.). (ENG.). 256p. (J). (gr. 3-3). pap. 79.60 *(978-1-64494-054-9(X)*, 164494054X) North Star Editions.

Inside the Mind of a Wizard. Nathan Brown. 2021. (ENG.). 466p. (YA). pap. *(978-1-64969-614-4(0))* Tablo Publishing.

Inside the Minnesota Vikings. Josh Anderson. 2023. (Super Sports Teams (Lerner (tm) Sports) Ser.). (ENG., Illus.). 32p. (J). (gr. 2-5). pap. 9.99 Lerner Publishing Group.

Inside the Native American Rights Movement, 1 vol. Theresa Morlock. 2017. (Eyewitness to History Ser.). (ENG.). 32p. (J). (gr. 4-5). pap. 11.50 *(978-1-5382-1149-6(1)*, 966b4c10-a1dd-4904-bcf7-53943f086efc) Stevens, Gareth Publishing LLLP.

Inside the NBA Finals. Contrib. by Todd Kortemeier & Josh Anderson. 2023. (Inside Big Events Ser.). (ENG.). 32p. (J). (gr. 3-6). lib. bdg. 35.64 *(978-1-5038-6517-4(7)*, 216456, MOMENTUM) Child's World, Inc, The.

Inside the NBA (Set), 30 vols. 2022. (Inside the NBA (2023) Ser.). (ENG.). 48p. (J). (gr. 3-6). lib. bdg. 1026.60 *(978-1-5321-9817-5(5)*, 39739, SportsZone) ABDO Publishing Co.

Inside the New England Patriots. Christina Hill. 2022. (Super Sports Teams (Lerner (tm) Sports) Ser.). (ENG., Illus.). 32p. (J). (gr. 2-5). pap. 9.99 *(978-1-7284-6341-4(6)*, c36e65ae-f352-4551-b66a-7b6673d92c14); lib. bdg. 30.65 *(978-1-7284-5808-3(0)*, bf633771-a55f-491c-8448-1ed58c6d1f66) Lerner Publishing Group. (Lerner Pubns.).

Inside the New York Giants. Christina Hill. 2022. (Super Sports Teams (Lerner (tm) Sports) Ser.). (ENG., Illus.). 32p. (J). (gr. 2-5). pap. 9.99 *(978-1-7284-6342-1(4)*, 9814e9ee-0344-40e9-9319-ac60f6d34b19); lib. bdg. 30.65 *(978-1-7284-5809-0(9)*, 1b70fe26-798e-4f4e-a4cc-352bf34ce39e) Lerner Publishing Group. (Lerner Pubns.).

Inside the NFL (Set), 32 vols. 2019. (Inside the NFL Ser.). (ENG.). 48p. (J). (gr. 3-6). lib. bdg. 1095.04 *(978-1-5321-1835-7(X)*, 32539, SportsZone) ABDO Publishing Co.

Inside the Notebook. Peter Hodkinson. Illus. by Emma Hay. 2023. (ENG.). 116p. (J). pap. ***(978-1-922851-23-9(X))*** Shawline Publishing Group.

Inside the NSA, 1 vol. Chris Townsend. 2019. (Inside Law Enforcement Ser.). (ENG.). 48p. (gr. 5-5). 29.60 *(978-1-9785-0736-4(4)*, 66b8f446-6e9b-4479-b140-0f8262d27072) Enslow Publishing, LLC.

Inside the Olympics. Todd Kortemeier & Josh Anderson. 2023. (Inside Big Events Ser.). (ENG.). 32p. (J). (gr. 3-6). lib. bdg. 35.64 *(978-1-5038-6518-1(5)*, 216457, MOMENTUM) Child's World, Inc, The.

Inside the Philadelphia Eagles. Josh Anderson. 2023. (Super Sports Teams (Lerner (tm) Sports) Ser.). (ENG., Illus.). 32p. (J). (gr. 2-5). pap. 9.99. lib. bdg. 30.65 ***(978-1-7284-9103-5(7)***, 241163ca-9493-44de-85df-abb787acc8ae) Lerner Publishing Group. (Lerner Pubns.).

Inside the Pittsburgh Steelers. Christina Hill. 2022. (Super Sports Teams (Lerner (tm) Sports) Ser.). (ENG., Illus.). 32p. (J). (gr. 2-5). pap. 9.99 *(978-1-7284-6343-8(2)*, c1a0e1fc-b3ba-4de3-86c3-66eea7100d7b); lib. bdg. 30.65 *(978-1-7284-5810-6(2)*, c9fa9fa7-b6f5-4f71-96e2-f852a858098b) Lerner Publishing Group. (Lerner Pubns.).

Inside the San Francisco 49ers. Christina Hill. 2022. (Super Sports Teams (Lerner (tm) Sports) Ser.). (ENG., Illus.). 32p. (J). (gr. 2-5). pap. 9.99 *(978-1-7284-6344-5(0)*, 191ef9ea-9e99-4a7d-a4f6-4f4efbcae6c4); lib. bdg. 30.65 *(978-1-7284-5811-3(0)*, 60cb926c-ea93-43dc-9813-7a37871bee2a) Lerner Publishing Group. (Lerner Pubns.).

Inside the San Francisco Giants. Jon M. Fishman. 2022. (Super Sports Teams (Lerner (tm) Sports) Ser.). (ENG., Illus.). 32p. (J). (gr. 2-5). pap. 9.99 *(978-1-7284-4948-7(0)*, 14940e35-e8cd-4c68-bb8c-ca8294f8dc7b); lib. bdg. 30.65 *(978-1-7284-4176-4(5)*, d132ee04-83b0-4458-8f46-a6aa588fc840) Lerner Publishing Group. (Lerner Pubns.).

Inside the Seattle Seahawks. Josh Anderson. 2023. (Super Sports Teams (Lerner (tm) Sports) Ser.). (ENG., Illus.). 32p. (J). (gr. 2-5). pap. 9.99. lib. bdg. 30.65 ***(978-1-7284-9104-2(5)***, 598f3249-8150-48ef-b639-cc392e6eea03) Lerner Publishing Group. (Lerner Pubns.).

Inside the Seattle Storm. Anne E. Hill. 2023. (Super Sports Teams (Lerner (tm) Sports) Ser.). (ENG., Illus.). 32p. (J). (gr. 2-5). pap. 9.99 *(978-1-7284-7869-2(3)*, ac16c79d-9f0c-4519-a3eb-11c33df93862); lib. bdg. 30.65 *(978-1-7284-7611-7(9)*, 8510a3e8-2ca4-4dd7-9d7b-d90f237e274d) Lerner Publishing Group. (Lerner Pubns.).

Inside the Situation Room: How a Photograph Showed America Defeating Osama Bin Laden. Dan Elish. 2018. (Captured History Ser.). (ENG., Illus.). 64p. (J). (gr. 5-9). pap. 8.95 *(978-0-7565-5881-9(6)*, 138649); lib. bdg. 35.32 *(978-0-7565-5879-6(4)*, 138647) Capstone. (Compass Point Bks.).

Inside the Star: The Ultimate Dallas Cowboys Fan Guide. Barry Wilner. 2019. (Season Ticket: Teams Ser.). (ENG.). 112p. (J). (gr. 3-9). pap. 9.99 *(978-1-63494-058-0(X)*, 163494058X) Pr. Room Editions LLC.

Inside the Super Bowl. Todd Kortemeier & Josh Anderson. 2023. (Inside Big Events Ser.). (ENG.). 32p. (J). (gr. 3-6). lib. bdg. 35.64 *(978-1-5038-6519-8(3)*, 216458, MOMENTUM) Child's World, Inc, The.

Inside the Supreme Court, 1 vol. Jenna Tolli. 2020. (Rosen Verified: U. S. Government Ser.). (ENG.). 48p. (J). (gr. 3-3). lib. bdg. 33.47 *(978-1-4994-6864-9(4)*, 53f2a051-124b-44e0-b216-38a92659b28a) Rosen Publishing Group, Inc., The.

Inside the Text Classroom Bundle Grades 6-12 2017. Hmh Hmh. 2016. (Collections). (ENG.). (J). (gr. 6-12). pap. 1058.73 *(978-0-544-83806-2(8))* Houghton Mifflin Harcourt Publishing Co.

Inside the Tornado. Alexander Lowe. Illus. by Sebastian Kadlecik. 2021. (Norwood Discovery Graphics Ser.). (ENG.). 32p. (J). (gr. 2-3). pap. 14.60 *(978-1-68404-589-1(4))* Norwood Hse. Pr.

Inside the Tornado. Alexander Lowe. Illus. by Sebastian Kadlecik. 2020. (Norwood Discovery Graphics: Weather Warriors Ser.). (ENG.). 32p. (J). (gr. 2-3). 29.27 *(978-1-68450-858-7(4))* Norwood Hse. Pr.

Inside the UFO Archives, 1 vol. Robert Salas. 2017. (Alien Encounters Ser.). (ENG., Illus.). 248p. (J). (gr. 8-8). 41.47 *(978-1-5383-8010-9(2)*, 97c8ae2e-88e8-4f5a-b646-858b0faf6f8c, Rosen Young Adult) Rosen Publishing Group, Inc., The.

Inside the US Air Force. Jennifer Boothroyd. 2017. (Lightning Bolt Books (r) — US Armed Forces Ser.). (ENG., Illus.). 24p. (J). (gr. 1-3). lib. bdg. 29.32 *(978-1-5124-3392-0(6)*, 8b0bc4ec-8c37-4bf4-b9c0-0dfc7c1090a6, Lerner Pubns.) Lerner Publishing Group.

Inside the US Army. Jennifer Boothroyd. 2017. (Lightning Bolt Books (r) — US Armed Forces Ser.). (ENG., Illus.). 24p. (J). (gr. 1-3). 29.32 *(978-1-5124-3391-3(8)*, dd253bf8-0419-42b4-8f84-4daf51430d71, Lerner Pubns.); pap. 9.99 *(978-1-5124-5600-4(4)*, b9b4fd27-443a-4c9f-af4f-7d6a6a486755) Lerner Publishing Group.

Inside the US Marine Corps. Jennifer Boothroyd. 2017. (Lightning Bolt Books (r) — US Armed Forces Ser.). (ENG., Illus.). 24p. (J). (gr. 1-3). pap. 9.99 *(978-1-5124-3393-7(4)*, ee93620b-5e11-4add-aaba-5c03ca62d11a, Lerner Pubns.) Lerner Publishing Group.

Inside the US Navy. Jennifer Boothroyd. 2017. (Lightning Bolt Books (r) — US Armed Forces Ser.). (ENG., Illus.). 24p. (J). (gr. 1-3). pap. 9.99 *(978-1-5124-5602-8(0)*, 75bcb9e4-abb2-4a7a-8517-65f50560f3c4); lib. bdg. 29.32 *(978-1-5124-3394-4(2)*, fd1f5a79-43f3-4e75-833d-90c22703fb72, Lerner Pubns.) Lerner Publishing Group.

Inside the Villains. Clotilde Perrin. Illus. by Clotilde Perrin. 2018. (ENG., Illus.). 12p. (J). (gr. k-3). 24.99 *(978-1-77657-198-7(3)*, a3c42c40-9d9a-451e-af85-f14ff9b12ddb) Gecko Pr. NZL. Dist: Lerner Publishing Group.

Inside the Volcano: Michael Benson. Blake Hoena. Illus. by Alexandra Conkins. 2021. (True Survival Stories Ser.). (ENG.). 24p. (J). (gr. 3-8). pap. 8.99 *(978-1-64834-503-6(4)*, 21168, Black Sheep) Bellwether Media.

Inside the Washington Commanders. Josh Anderson. 2023. (Super Sports Teams (Lerner (tm) Sports) Ser.). (ENG., Illus.). 32p. (J). (gr. 2-5). pap. 9.99. lib. bdg. 30.65 ***(978-1-7284-9105-9(3)***, 4690da35-6777-48af-8733-893fde0d6db0) Lerner Publishing Group. (Lerner Pubns.).

Inside the White House in War Times (Classic Reprint) William O. Stoddard. 2018. (ENG., Illus.). 252p. (J). 29.09 *(978-0-483-28543-9(9))* Forgotten Bks.

Inside the Women's Rights Movement. Jill Keppeler. 2017. (Eyewitness to History Ser.). 32p. (J). (gr. 4-5). 63.00 *(978-1-5382-1170-0(X))*; (ENG.). pap. 11.50 *(978-1-5382-1169-4(6)*, 923a5efe-30ca-42b2-9031-35ce9e051895) Stevens, Gareth Publishing LLLP.

Inside the World Cup. Contrib. by Todd Kortemeier & Josh Anderson. 2023. (Inside Big Events Ser.). (ENG.). 32p. (J). (gr. 3-6). lib. bdg. 35.64 *(978-1-5038-6516-7(9)*, 216455, MOMENTUM) Child's World, Inc, The.

Inside the World of Drones, 12 vols. 2016. (Inside the World of Drones Ser.). (ENG.). 00064p. (J). (gr. 7-7). 216.78 *(978-1-5081-7369-4(9)*, d52e3b01-3ab6-4e3f-a913-082ad3ff240a, Rosen Young Adult) Rosen Publishing Group, Inc., The.

Inside the World Series. Todd Kortemeier & Josh Anderson. 2023. (Inside Big Events Ser.). (ENG.). 32p. (J). (gr. 3-6). lib. bdg. 35.64 *(978-1-5038-6520-4(7)*, 216459, MOMENTUM) Child's World, Inc, The.

Inside This Heart. Elizabeth Brown. 2019. (ENG.). 188p. (YA). pap. 12.99 *(978-1-386-91930-8(6))* Blue Dog Pr.

Inside Video Games. Meg Marquardt. 2018. (Inside Technology Ser.). (ENG., Illus.). 48p. (J). (gr. 4-8). lib. bdg. 35.64 *(978-1-5321-1794-7(9)*, 30876) ABDO Publishing Co.

Inside Wearable Technology. Brett S. Martin. 2018. (Inside Technology Ser.). (ENG., Illus.). 48p. (J). (gr. 4-8). lib. bdg. 35.64 *(978-1-5321-1795-4(7)*, 30878) ABDO Publishing Co.

Inside World. Saharra White-Wolf. 2016. (ENG., Illus.). (J). pap. 27.95 *(978-1-5043-4845-4(1)*, Balboa Pr.) Author Solutions, LLC.

Inside Your Body, 6 vols., Set. 2017. (Inside Your Body Ser.). (ENG.). 24p. (J). (gr. k-4). lib. bdg. 196.74 *(978-1-5321-1114-3(2)*, 25804, Super SandCastle) ABDO Publishing Co.

Inside Your Body Set 2 (Set), 6 vols. 2018. (Inside Your Body Ser.). (ENG.). 24p. (J). (gr. k-4). lib. bdg. 196.74 *(978-1-5321-1577-6(6)*, 29008, Super SandCastle) ABDO Publishing Co.

Inside Your Insides: A Guide to the Microbes That Call You Home. Claire Eamer. Illus. by Marie-Ève Tremblay & Marie-Ève Tremblay. 2016. (ENG.). 36p. (J). (gr. 3-7). 17.95 *(978-1-77138-332-5(1))* Kids Can Pr., Ltd. CAN. Dist: Hachette Bk. Group.

Insider Tips for Fishing in Lakes & Ponds, 1 vol. Jane Katirgis & Judy Monroe Peterson. 2019. (Ultimate Guide to Fishing Ser.). (ENG.). 64p. (gr. 5-5). pap. 13.95 *(978-1-7253-4724-3(5)*, 519f4d7c-cabc-4a59-b260-af944af9be56) Rosen Publishing Group, Inc., The.

Insider Tips for Fly Fishing, 1 vol. Jane Katirgis. 2019. (Ultimate Guide to Fishing Ser.). (ENG.). 64p. (gr. 5-5). pap. 13.95 *(978-1-7253-4727-4(X)*, 199540d9-96e4-49b2-b5e0-3b12b440f9fd) Rosen Publishing Group, Inc., The.

Insider Tips For Fly Fishing: The Ultimate Guide to Fishing (Set), 8 vols. 2019. (Ultimate Guide to Fishing Ser.). (ENG.). 64p. (J). (gr. 5-5). lib. bdg. 144.52 *(978-1-7253-4863-9(2)*, a8442b56-5a17-408c-8575-7b41df8b8fb5, Rosen Reference) Rosen Publishing Group, Inc., The.

Insider Tips for Hunting Big Game, 1 vol. Xina M. Uhl & Judy Monroe Peterson. 2018. (Ultimate Guide to Hunting Ser.). (ENG.). 64p. (gr. 5-5). 36.13 *(978-1-5081-8177-4(2)*, fbb78e6d-41b0-4ac7-b4e5-a30a450397ca, Rosen Reference) Rosen Publishing Group, Inc., The.

Insider Tips for Hunting Small Game, 1 vol. Xina M. Uhl & Judy Monroe Peterson. 2018. (Ultimate Guide to Hunting Ser.). (ENG.). 64p. (gr. 5-5). 36.13 *(978-1-5081-8180-4(2)*, 94a919a9-61a9-4cd2-9cd3-453c41b9346b, Rosen Reference) Rosen Publishing Group, Inc., The.

Insider Tips for Hunting Turkey, 1 vol. Xina M. Uhl & Kate Canino. 2018. (Ultimate Guide to Hunting Ser.). (ENG.). 64p. (gr. 5-5). 36.13 *(978-1-5081-8183-5(7)*, c5e81af8-96bd-45e2-983c-070980ade920, Rosen Reference) Rosen Publishing Group, Inc., The.

Insider Tips for Hunting Varmint, 1 vol. Xina M. Uhl & Judy Monroe Peterson. 2018. (Ultimate Guide to Hunting Ser.). (ENG.). 64p. (gr. 5-5). 36.13 *(978-1-5081-8186-6(1)*, 17f30f22-89e4-49a4-b9ef-c9277974da68, Rosen Reference) Rosen Publishing Group, Inc., The.

Insider Tips for Hunting Waterfowl, 1 vol. Xina M. Uhl & Philip Wolny. 2018. (Ultimate Guide to Hunting Ser.). (ENG.). 64p. (gr. 5-5). 36.13 *(978-1-5081-8189-7(6)*, b762fce1-b61f-4f86-96d3-e1722f7d6d6e, Rosen Reference) Rosen Publishing Group, Inc., The.

Insiders. Mark Oshiro. (ENG.). (J). (gr. 3-7). 2022. 400p. pap. 7.99 *(978-0-06-300811-3(4))*; 2021. 384p. 16.99 *(978-0-06-300810-6(6))* HarperCollins Pubs. (HarperCollins).

Insider's Guide to Pro Basketball (Set), 30 vols. 2019. (Insider's Guide to Pro Basketball Ser.). (ENG.). (J). (gr. 1-4). lib. bdg. 1069.20 *(978-1-5038-3997-7(4)*, 213616) Child's World, Inc, The.

Insidious Dr. Fu-Manchu. Sax Rohmer, pseud. 2018. (ENG., Illus.). 244p. (J). pap. *(978-93-5329-101-3(1))* Alpha Editions.

Insight. Lynette Ferreira. 2017. (ENG., Illus.). (J). pap. 11.79 *(978-0-244-61333-4(8))* Lulu Pr., Inc.

Insight. Terron James. 2018. (ENG., Illus.). 404p. (J). pap. 15.99 *(978-0-9997400-1-9(6))* Nypa Distributing, LLC.

Insightful World of Judy Blume. Jennifer Nault. 2016. (J). *(978-1-5105-1953-4(X))* SmartBook Media, Inc.

Insights & Heresies Pertaining to the Evolution of the Soul. Anna Bishop Scofield. 2017. (ENG., Illus.). (J). 23.95 *(978-1-374-81896-5(8))*; pap. 13.95 *(978-1-374-81895-8(X))* Capital Communications, Inc.

Insignificant Events in the Life of a Cactus. Dusti Bowling. (Life of a Cactus Ser.: 1). (J). (gr. 3-7). 2019. 288p. pap. 8.99 *(978-1-4549-3299-4(6))*; 2017. 272p. 16.95 *(978-1-4549-2345-9(8))* Sterling Publishing Co., Inc.

Insomnia. Nick Van Loy. 2021. (ENG.). 120p. (YA). pap. *(978-1-912964-47-5(3))* Cranthorpe Millner Pubs.

Insomnia Workbook for Teens: Skills to Help You Stop Stressing & Start Sleeping Better. Michael A. Tompkins & Monique A. Thompson. 2018. (ENG.). 176p. (YA). (gr. 6-12). pap. 23.95 *(978-1-68403-124-5(9)*, 41245, Instant Help Books) New Harbinger Pubns.

Insomniacs. Marit Weisenberg. (ENG.). (YA). 2022. 352p. pap. 11.99 *(978-1-250-25737-6(9)*, 900219430); 2020. 336p. 18.99 *(978-1-250-25735-2(2)*, 900219429) Flatiron Bks.

Insomniant: A Human Holiday Story. Neal Wooten. Illus. by Javier Duarte. 2017. (ENG.) (J). pap. 3.99 *(978-1-61225-389-3(X))* Mirror Publishing.

Inspecting Elements & the Periodic Table. Jessica Rusick. 2022. (Kid Chemistry Lab Ser.). (ENG., Illus.). 32p. (J). (gr. 3-6). lib. bdg. 32.79 *(978-1-5321-9901-1(5)*, 39567, Checkerboard Library) ABDO Publishing Co.

1014 The check digit for ISBN-10 appears in parentheses after the full ISBN-13

Inspector Brunswick: the Case of the Missing Eyebrow. Angela Keoghan. Illus. by Chris Sam Lam. 2017. (ENG.). 32p. (J). (gr. k-17). 16.95 *(978-1-84976-444-5(1)*, 1307001) Tate Publishing, Ltd. GBR. Dist: Hachette Bk. Group, Abrams, Inc.

Inspector Bugs. David Puetz. 2020. (ENG., Illus.). 30p. (J). pap. 13.95 *(978-1-64670-438-5(X))* Covenant Bks.

Inspector Croc's Emotion-O-Meter. Susanna Isern. Illus. by Mónica Carretero. 2018. (ENG.). 100p. (J). 22.95 *(978-84-17123-07-9(5))* NubeOcho Ediciones ESP. Dist: Consortium Bk. Sales & Distribution.

Inspector Flytrap in the Goat Who Chewed Too Much (Inspector Flytrap #3) Tom Angleberger. Illus. by Cece Bell. 2017. (Flytrap Files Ser.). (ENG.). 112p. (J). (gr. 1-4). 14.95 *(978-1-4197-0956-2(9)*, 1065101, Amulet Bks.) Abrams, Inc.

Inspector Flytrap in the President's Mane Is Missing (Inspector Flytrap #2), 2. Tom Angleberger. Illus. by Cece Bell. 2016. (Flytrap Files Ser.). (ENG.). 112p. (J). (gr. 1-4). 14.95 *(978-1-4197-0955-5(0)*, 1065001, Amulet Bks.) Abrams, Inc.

Inspector Flytrap (Inspector Flytrap #1) Tom Angleberger. Illus. by Cece Bell. 2016. (Flytrap Files Ser.). (ENG.). 112p. (J). (gr. 1-4). pap. 6.99 *(978-1-4197-0965-4(8)*, 1064903, Amulet Bks.) Abrams, Inc.

Inspector Fun & the Mystery Activity Book. Activibooks For Kids. 2016. (ENG., Illus.). (J). pap. 7.55 *(978-1-68321-366-6(1))* Mimaxion.

Inspector-General. Nikolai Gogol & Arthur Alkin Sykes. 2017. (ENG.). 212p. (J). pap. *(978-3-337-00680-8(9))* Creation Pubs.

Inspector-General: A Comedy in Five Acts (Classic Reprint) Nicolay Gogol. 2017. (ENG., Illus.). (J). 26.47 *(978-0-265-17736-5(7))* Forgotten Bks.

Inspector-General: Or Revizor a Russian Comedy (Classic Reprint) Nikolai Gogol. 2018. (ENG., Illus.). 212p. (J). 28.27 *(978-0-483-97605-4(9))* Forgotten Bks.

Inspector-General (or Revizor) A Russian Comedy (Classic Reprint) Nikolai Gogol. 2017. (ENG., Illus.). (J). 28.39 *(978-0-265-73008-9(2))*; pap. 10.97 *(978-1-5276-9076-9(8))* Forgotten Bks.

Inspector Josephine Black & the Case of the Missing Mona Lisa. Niki E. Carbajal. 2016. (ENG., Illus.). (J). pap. 17.45 *(978-1-4808-3828-4(4))* Archway Publishing.

In/Spectre 7, Vol. 7. Chasiba Katase. 2018. (In/Spectre Ser.: 7). (Illus.). 208p. (gr. 8-12). pap. 10.99 *(978-1-63236-486-9(7))* Kodansha America, Inc.

Inspirat per Càrcer. Enrique Hernandis Martínez. 2021. (CAT.). 209p. (J). pap. *(978-1-008-99439-3(1))* Lulu Pr., Inc.

Inspiration & Truth. Phillips Brooks. 2017. (ENG., Illus.). 84p. (J). pap. *(978-3-337-18403-2(0))* Creation Pubs.

Inspiration for Gen Z. Jaylen Alston-Taylor. 2019. (ENG.). 44p. (J). pap. ***(978-0-359-92507-0(3))*** Lulu Pr., Inc.

Inspiration Is in Here: Over 50 Creative Indoor Projects for Curious Minds. Welbeck Children's. Illus. by Tjarda Borsboom. 2021. (ENG.). 112p. (J). (gr. 3-7). 12.95 *(978-1-78312-646-0(9))* Welbeck Publishing Group Ltd. GBR. Dist: Two Rivers Distribution.

Inspirational Advanced Color by Number, Spiral Bound. Created by Bendon Publishing. 2021. (ENG.). (J). pap. 8.99 *(978-1-6902-0454-1(0))* Bendon, Inc.

Inspirational Adventures of Princess Jewels & Faceless: Dare2dream. Keith B. Oliver. 2019. (ENG.). 54p. (J). pap. 21.60 *(978-1-4834-9725-9(9))* Lulu Pr., Inc.

Inspirational Adventures of Rocco the Rescue Dog: Early Reader Children's Adventure Stories about Dogs & Friendship. Rachel Smith & Charlie Ford. Illus. by Rachel Hathaway. 2021. (Rocco the Rock Star Ser.). (ENG.). 120p. (J). pap. ***(978-1-9163488-5-1(8))*** Smith and Ford.

Inspirational African American Quotes Poster Set, Set. Scholastic. 2016. (ENG.). (J). (gr. 3-6). 9.99 *(978-1-338-10862-0(X)*, 810862) Teacher's Friend Pubns., Inc.

Inspirational & Fun Kids Activity Book. Activity Book Zone for Kids. 2016. (ENG., Illus.). (J). pap. 7.55 *(978-1-68376-222-5(3))* Sabeels Publishing.

Inspirational Coloring Book for Everyone: Be Fearless in the Pursuit of What Sets Your Soul on Fire. Rhea Stokes. 2021. (ENG.). 62p. (YA). pap. 9.65 *(978-0-306-33599-0(9))* Lulu Pr., Inc.

Inspirational Coloring Book for Girls: Inspiring Quotes to Color. Alisa Calder. 2019. (ENG.). 62p. (J). pap. 7.95 *(978-1-0878-1418-6(9))* Dylanna Publishing, Inc.

Inspirational Coloring Book for Girls (Do What You Love) 36 Coloring Pages to Boost Confidence in Girls. James Manning. 2019. (Inspirational Coloring Book for Girls Ser.: Vol. 1). (ENG., Illus.). 74p. (J). pap. *(978-1-83856-490-2(X))* Coloring Pages.

Inspirational Coloring Book for Young Adults & Teens (6x9 Coloring Book / Activity Book) Sheba Blake. 2020. (ENG.). 34p. (YA). pap. 9.99 *(978-1-222-28550-5(9))* Indy Pub.

Inspirational Coloring Book for Young Adults & Teens (8. 5x8. 5 Coloring Book / Activity Book) Sheba Blake. 2020. (ENG., Illus.). 34p. (YA). pap. 12.99 *(978-1-222-28794-3(3))* Indy Pub.

Inspirational Coloring Book for Young Adults & Teens (8x10 Coloring Book / Activity Book) Sheba Blake. 2020. (ENG., Illus.). 34p. (YA). pap. 14.99 *(978-1-222-28551-2(7))* Indy Pub.

Inspirational Coloring Book (Mysterious Mechanical Creatures) Advanced Coloring (Colouring) Books with 40 Coloring Pages: Mysterious Mechanical Creatures (Colouring (Coloring) Books) James Manning. 2019. (Inspirational Coloring Book Ser.: Vol. 11). (ENG., Illus.). 82p. (YA). pap. *(978-1-83856-596-1(5))* Coloring Pages.

Inspirational Coloring Books for Children (Do What You Love) 36 Coloring Pages to Boost Confidence in Girls. James Manning. 2019. (Inspirational Coloring Books for Children Ser.: Vol. 1). (ENG., Illus.). 74p. (J). pap. *(978-1-83856-497-1(7))* Coloring Pages.

Inspirational Fun for Kids Activity Book. Activity Book Zone for Kids. 2016. (ENG., Illus.). (J). pap. 7.55 *(978-1-68376-223-2(1))* Sabeels Publishing.

Inspirational Lives: David Attenborough. Sonya Newland. 2018. (Inspirational Lives Ser.). (ENG., Illus.). 32p. (J). (gr. 4-6). pap. 12.99 *(978-0-7502-9312-9(8)*, Wayland) Hachette Children's Group GBR. Dist: Hachette Bk. Group.

Inspirational Notebook. Adrienne Edwards. 2022. (ENG.). 100p. (J). pap. *(978-1-68471-946-4(1))* Lulu Pr., Inc.

Inspirational Planner. Madison Brown. 2021. (ENG.). 90p. (YA). pap. *(978-1-312-73613-9(5))* Lulu Pr., Inc.

Inspirational Quotes Coloring Book for Girls: A Kids Coloring Book with Positive Sayings & Motivational Affirmations for Relaxing & Building Confidence. Happy Harper. 2020. (ENG.). 96p. (J). pap. *(978-1-989543-72-6(3)*, Happy Harper) Gill, Karanvir.

Inspirational Quotes for Kids Coloring Book: Coloring Book for Kids with 38 Motivational Quotes about School, Life & Success - Made in the USA for USA Orders - 8. 5 X 11 In. Brotss Studio. 2020. (ENG.). 40p. (J). pap. 8.62 *(978-1-716-11330-7(X))* Lulu Pr., Inc.

Inspirational Quotes Poster Set. Scholastic. 2016. (ENG.). (J). (gr. 3-6). 9.99 *(978-1-338-10510-0(8)*, 810510) Teacher's Friend Pubns., Inc.

Inspirational Stories for the Young Reader. Bettina DiGiulio. 2020. (ENG.). 76p. 25.00 *(978-1-7252-7739-7(5))*; pap. 10.00 *(978-1-7252-7740-3(9))* Wipf & Stock Pubs. (Resource Pubns.(OR)).

Inspirational Word Search Puzzle: Looking for a Creative & Challenging Way to Pass the Time? Look No Further Than the Inspirational Word Search for Adults. Bulent Kusev. 2023. (ENG.). 122p. (YA). pap. ***(978-1-4478-8742-3(5))*** Lulu Pr., Inc.

Inspire. Cassandra Grimes. Illus. by Margi Freeland. 2019. (ENG.). 26p. (J). pap. 12.99 *(978-1-951178-02-4(5))* Hydra Productions Online LLC.

Inspire Bible for Girls NLT (LeatherLike, Pink) The Bible for Coloring & Creative Journaling. Created by Tyndale. ed. 2021. (ENG., Illus.). 1592p. (J). im. lthr. 44.99 *(978-1-4964-5495-9(2)*, 20_35763) Tyndale Hse. Pubs.

Inspire Your Power: An Inspirational Journal of Love & Joy for Kids with Dyslexia. Karlayna Platt. 2021. (ENG.). 58p. (YA). 19.99 *(978-1-63760-579-0(X))* Primedia eLaunch LLC.

Inspire Yourself. Vishwamitra Sharma. rev. ed. 2017. (HIN., Illus.). 48p. pap. *(978-93-5057-859-9(X))* V&S Pubs.

Inspired Art! How to Draw Activity Book. Bobo's Children Activity Books. 2016. (ENG., Illus.). (J). pap. 9.33 *(978-1-68327-333-2(8))* Sunshine In My Soul Publishing.

Inspired by Nature. Mary Boone et al. 2019. (Inspired by Nature Ser.). (ENG.). 24p. (J). (gr. 1-3). 111.96 *(978-1-9771-0840-1(7)*, 29308); pap., pap., pap. 31.80 *(978-1-9771-1088-6(6)*, 29541) Capstone. (Pebble).

Inspired by Saint Valentine Coloring Book. Activibooks For Kids. 2016. (ENG., Illus.). (J). pap. 9.20 *(978-1-68321-835-7(3))* Mimaxion.

Inspired to Action: How Young Changemakers Can Shape Their Communities & the World. Jean Rawitt. 2023. (ENG., Illus.). 152p. (YA). (gr. 8-17). 30.00 ***(978-1-5381-6935-3(5))*** Rowman & Littlefield Publishers, Inc.

Inspiring Colors & Moving Moments: A Stained Glass Coloring Book. Bobo's Adult Activity Books. 2016. (ENG., Illus.). (J). pap. 9.33 *(978-1-68327-475-9(X))* Sunshine In My Soul Publishing.

Inspiring Expressions! How to Draw Activity Book. Activibooks For Kids. 2016. (ENG., Illus.). (J). pap. 6.99 *(978-1-68321-367-3(X))* Mimaxion.

Inspiring Prayer Journal: A Day & Night Reflection Journal. Richard Roy DeVito. 2021. (ENG.). 122p. (J). pap. 8.97 *(978-1-7948-1722-7(0))* Lulu Pr., Inc.

Inspiring Rock Designs: Creative & Relaxing Craft Kit - Rock Painting for Teens & Adults. IglooBooks. 2023. (ENG.). 24p. (YA). (gr. 6). pap. 14.99 ***(978-1-80368-370-6(8))*** Igloo Bks. GBR. Dist: Simon & Schuster, Inc.

Inspiring Stories. Pamela Hill Nettleton et al. 2022. (Inspiring Stories Ser.). (ENG.). 112p. (J). 193.25 *(978-0-7565-7615-8(6)*, 257602, Compass Point Bks.) Capstone.

Inspiring Stories for Awesome Boys: A Motivational & Self-Affirmative Book for Boys Containing Collection of Inspiring Stories about Courage, Determination, Gratefulness, Friendship & Self-Confidence 20+ Whimsical Coloring Pages to Color. Melissa Bauer. 2022. (ENG.). 130p. (J). pap. 9.99 ***(978-1-956677-54-6(2))*** Great Liberty Pub.

Insta-Cool Winter Wonders Coloring Books Nature Activity for Kids. Educando Kids. 2019. (ENG.). 42p. (J). pap. 6.99 *(978-1-64521-047-4(2)*, Educando Kids) Editorial Imagen.

Insta-Journal: A Colorful, Fully-Illustrated, Activity Journal for Girls. M. Z. Andrews. 2019. (ENG., Illus.). 172p. (J). (gr. 4-6). pap. 14.99 *(978-0-578-55349-8(X))* Rock Paper Pen Pr.

Instafamous. Evan Jacobs. 2017. (Monarch Jungle Ser.). (ENG.). 88p. (YA). (gr. 9-12). pap. 10.95 *(978-1-68021-477-2(2))* Saddleback Educational Publishing, Inc.

Instafamous. Evan Jacobs. ed. 2018. (Monarch Jungle Ser.). lib. bdg. 19.60 *(978-0-606-41255-1(7))* Turtleback.

Instagram, 1 vol. Joanne Mattern. 2016. (Social Media Sensations Ser.). (ENG., Illus.). 32p. (J). (gr. 3-6). 32.79 *(978-1-68078-190-8(1)*, 21929, Checkerboard Library) ABDO Publishing Co.

Instagram, Vol. 6. Craig Ellenport. 2018. (Tech 2. 0: World-Changing Social Media Companies Ser.). (Illus.). 64p. (J). (gr. 7). 31.93 *(978-1-4222-4062-5(2))* Mason Crest.

Instano, 1914, Vol. 3 (Classic Reprint) Indiana State Normal School. 2018. (ENG., Illus.). (J). 326p. 30.62 *(978-1-396-10813-6(0))*; 328p. pap. 13.57 *(978-1-390-40841-6(8))* Forgotten Bks.

Instano, 1921, Vol. 10 (Classic Reprint) Pennsylvania State Normal School. (ENG., Illus.). (J). 2018. 224p. 28.54 *(978-0-483-97106-6(5))*; 2016. pap. 10.97 *(978-1-334-33214-2(2))* Forgotten Bks.

Instano, 1922, Vol. 11 (Classic Reprint) Indiana State Normal School. (ENG., Illus.). (J). 2018. 280p. 29.73 *(978-0-332-63803-4(0))*; 2016. pap. 13.57 *(978-1-334-16597-9(1))* Forgotten Bks.

Instano, 1923, Vol. 12 (Classic Reprint) Indiana State Normal School. (ENG., Illus.). (J). 2018. 292p. 29.94 *(978-0-666-76074-6(8))*; 2017. pap. 13.57 *(978-0-259-52063-4(2))* Forgotten Bks.

Instano, 1925, Vol. 14 (Classic Reprint) Indiana State Normal School. 2017. (ENG., Illus.). (J). 31.57 *(978-0-266-73229-7(1))*; pap. 13.97 *(978-1-5276-9411-8(9))* Forgotten Bks.

Instano, 1926, Vol. 15 (Classic Reprint) Indiana State Normal School. 2018. (ENG., Illus.). (J). 342p. 30.95 *(978-1-396-72488-6(5))*; 344p. pap. 13.57 *(978-1-396-06537-8(7))* Forgotten Bks.

Instant Bible Dramas: Easy Skits for Elementary Kids. Nick Ransom. 2016. (ENG.). 120p. pap. 19.99 *(978-1-5018-2110-3(5)*, 15038) Abingdon Pr.

Instant Bible Lessons for Preschoolers: A\to Z Thru the Bible. Lindsey Whitney. 2018. (Instant Bible Lessons for Preschoolers Ser.). (ENG.). 208p. pap. 19.99 *(978-1-62862-743-5(3)*, 20_41430) Tyndale Hse. Pubs.

Instant Karma. Marissa Meyer. 2020. (ENG., Illus.). 400p. (YA). 18.99 *(978-1-250-61881-8(9)*, 900222969) Feiwel & Friends.

Instant Karma. Marissa Meyer. 2022. (ENG., Illus.). 400p. (YA). pap. 11.99 *(978-1-250-80274-3(1)*, 900222970) Square Fish.

Instant Menace. Jerry B. Jenkins & Chris Fabry. 2020. (Red Rock Mysteries Ser.: 9). (ENG.). 240p. (J). pap. 7.99 *(978-1-4964-4251-2(2)*, 20_33660, Tyndale Kids) Tyndale Hse. Pubs.

Instante Amarillo. Bernardo Fernandez. 2019. (SPA.). 204p. (J). (gr. 4-7). pap. 16.95 *(978-607-527-269-6(0))* Editorial Oceano de Mexico MEX. Dist: Independent Pubs. Group.

Instead of the Thorn: A Novel (Classic Reprint) Clara Louise Burnham. 2017. (ENG., Illus.). (J). 32.19 *(978-1-5285-7261-3(0))* Forgotten Bks.

Instinct. Paul Ansel Chadbourne. 2017. (ENG.). 328p. (J). pap. *(978-3-337-03702-4(X))* Creation Pubs.

Instinct. Niki Cluff. 2019. (Breed Novel Ser.: Vol. 2). (ENG.). 254p. (J). pap. *(978-0-3695-0015-1(6))* Evernight Publishing.

Instinct: Its Office in the Animal Kingdom, & Its Relation to the Higher Powers in Man (Classic Reprint) Paul Ansel Chadbourne. (ENG., Illus.). (J). 2018. 330p. 30.72 *(978-0-364-05097-2(7))*; 2016. pap. 13.57 *(978-1-333-81254-6(X))* Forgotten Bks.

Instinct Displayed in a Collection of Well-Authenticated Facts: Exemplifying the Extraordinary Sagacity of Various Species of the Animal Creation (Classic Reprint) Priscilla Wakefield. 2018. (ENG., Illus.). 324p. (J). 30.58 *(978-0-364-84931-6(2))* Forgotten Bks.

Instinct of Step-Fatherhood (Classic Reprint) Lilian Bell. (ENG., Illus.). (J). 2018. 244p. 28.93 *(978-0-484-86004-8(6))*; 2016. pap. 11.57 *(978-1-334-14487-5(7))* Forgotten Bks.

Instituciones de Geometr-A Prctica para USO de Los Jvenes Artistas (Classic Reprint) Benito Bails. 2018. (SPA., Illus.). 154p. (J). 27.09 *(978-0-656-85374-8(3))* Forgotten Bks.

Instituciones de Geometria Practica para USO de Los Jovenes Artistas (Classic Reprint) Benito Bails. 2017. (SPA., Illus.). (J). pap. 9.57 *(978-0-259-36498-6(3))* Forgotten Bks.

Institute. Andrew Zellgert. Ed. by Sam Wright. 2023. (ENG.). 94p. (YA). pap. 12.99 ***(978-1-0881-2694-3(4))*** Indy Pub.

Instrucciones para Dominar el Mundo. Diario de un Supervillano / Instructions on How to Rule the World. Diary of a Supervillain. Begona Oro. Illus. by Marta Masana. 2023. (SPA.). 208p. (J). (gr. 2-5). pap. 12.95 *(978-607-38-2111-7(5))* Penguin Random House Grupo Editorial ESP. Dist: Penguin Random Hse. LLC.

Instruction & Amusement for the Young: A Series of Improving Tales; Embellished with Several Beautiful Engravings (Classic Reprint) Unknown Author. 2017. (ENG., Illus.). (J). 24.56 *(978-0-266-58650-0(3))* Forgotten Bks.

Instruction & Amusement Scottish Young Persons (Classic Reprint) Blackford. 2018. (ENG., Illus.). 206p. (J). 28.15 *(978-0-484-38334-9(5))* Forgotten Bks.

Instructional Children's Stories. Maudlyn Biso. 2019. (ENG., Illus.). 28p. (J). pap. *(978-1-4600-1015-0(9)*, Guardian Bks.) Essence Publishing.

Instructions for a Secondhand Heart. Tamsyn Murray. 2017. (ENG.). 320p. (YA). (gr. 9-17). 17.99 *(978-0-316-47178-7(X)*, Poppy) Little, Brown Bks. for Young Readers.

Instructions for Collecting & Preserving Valuable Lepidoptera for Scientific Purposes (Classic Reprint) James Sinclair. 2016. (ENG., Illus.). (J). pap. 9.57 *(978-1-333-81223-2(X))* Forgotten Bks.

Instructions for Collecting, Rearing, & Preserving British & Foreign Incects; Also for Collecting & Preserving Crustacea & Shells. Abel Ingpen. 2017. (ENG., Illus.). (J). pap. *(978-0-649-61451-6(8))* Trieste Publishing Pty Ltd.

Instructions for Dancing. Nicola Yoon. (ENG.). 304p. (gr. 7). 2022. (YA). pap. 12.99 *(978-1-5247-1899-2(8)*, Ember); 2022. 31.19 *(978-1-5364-7531-9(9)*, Ember); 2021. (YA). 19.99 *(978-1-5247-1896-1(3)*, Delacorte Pr.) Random Hse. Children's Bks.

Instructions for Managing Bees (Classic Reprint) Dublin Society. (ENG., Illus.). (J). 2018. 52p. 24.99 *(978-0-656-19619-7(X))*; 2016. pap. 9.57 *(978-1-333-30939-8(2))* Forgotten Bks.

Instructions for Parish Priests. John Mirk. 2018. (ENG.). 154p. (J). pap. *(978-3-337-42934-8(3))* Creation Pubs.

Instructions in Flesh. Marcus James. 2022. (ENG.). 364p. (YA). 29.95 ***(978-1-0880-4855-9(2))*** Indy Pub.

Instructive & Entertaining Fables of Pilpay: An Ancient Indian Philosopher; Containing a Number of Excellent Rules for the Conduct of Persons of All Ages & in All Stations: under Several Heads (Classic Reprint) Unknown Author. 2017. (ENG., Illus.). (J). 29.96 *(978-0-331-05219-0(9))* Forgotten Bks.

Instructive & Pleasing Stories: A Guide for Young Children (Classic Reprint) Unknown Author. 2018. (ENG., Illus.). 28p. (J). 24.47 *(978-0-332-49801-0(8))* Forgotten Bks.

Instructive Tales, for Young Persons, Intended to Amuse & Inform the Youthful Mind, Comprising Lascelles, or the Young Soldier: Leland, or the Wanderings of Youthful Romance (Classic Reprint) Trimmer. 2018. (ENG., Illus.). 250p. (J). 29.05 *(978-0-267-21208-8(9))* Forgotten Bks.

Instructor. Beverly Blackman-Mounce. 2018. (ENG., Illus.). 64p. (J). pap. 11.95 *(978-1-64298-471-2(X))* Page Publishing Inc.

Instructor, Vol. 65: April, 1930 (Classic Reprint) Heber J. Grant. 2018. (ENG., Illus.). 84p. (J). (gr. -1-3). 25.63 *(978-0-483-45157-5(6))* Forgotten Bks.

Instructora de Gallos (Rooster Instructor) Amy Cobb. Illus. by Alexandria Neonakis. 2018. (Libby Wimbley Ser.). (SPA.). 32p. (J). (gr. -1-3). lib. bdg. 32.79 *(978-1-5321-3474-6(6)*, 31201, Calico Chapter Bks) Magic Wagon.

Instructor's Syllabus for Personal Development Student Manual. Francene Hash. 2019. (ENG.). 142p. (J). pap. *(978-0-359-83799-1(9))* Lulu Pr., Inc.

Instrumentos. Xist Publishing. 2018. (Xist Kids Spanish Bks.). (SPA., Illus.). 28p. (J). (gr. -1-3). pap. 9.99 *(978-1-5324-0780-2(7))* Xist Publishing.

Instrumentos de Trabajo, 6 vols., Set. Dana Meachen Rau. Incl. Los Artistas (Artists) 2009. lib. bdg. 25.50 *(978-0-7614-2796-4(1)*, 383b66ef-88f5-4357-8c89-b580ca2b2786); Los Bibliotecarios (Librarians) 2009. lib. bdg. 25.50 *(978-0-7614-2802-2(X)*, a80f21fc-20bb-43bc-a89b-fcb114712bda); Los Chefs (Chefs) 2008. lib. bdg. 25.50 *(978-0-7614-2798-8(8)*, 9aa600bd-c7cf-4152-97e1-3c6201baf1b8); Los Constructores (Builders) 2009. lib. bdg. 25.50 *(978-0-7614-2797-1(X)*, aa288231-d51e-491c-adc2-85f236cf8417); Los Doctores (Doctors) 2009. lib. bdg. 25.50 *(978-0-7614-2799-5(6)*, 0489dfa7-b17d-49f5-86df-f85d36e15380); Los Paramédicos (EMTs) 2009. lib. bdg. 25.50 *(978-0-7614-2801-5(1)*, f7a96385-286d-471c-a3ff-51a4459246da); (Illus.). 32p. (gr. k-2). (Bookworms — Spanish Editions: Instrumentos de Trabajo Ser.). (SPA.). 2007. lib. bdg. *(978-0-7614-2795-7(3)*, Cavendish Square) Cavendish Square Publishing LLC.

Instruments for Scientific Investigation Scientific Method Investigation Grade 3 Children's Science Education Books. Baby Professor. 2021. (ENG.). 72p. (J). 27.99 *(978-1-5419-8092-1(1))*; pap. 16.99 *(978-1-5419-5885-2(3))* Speedy Publishing LLC. (Baby Professor (Education Kids)).

Insulinde: Experiences of a Naturalist's Wife in the Eastern Archipelago (Classic Reprint) Anna Forbes. 2017. (ENG., Illus.). (J). 31.07 *(978-0-331-79239-3(7))* Forgotten Bks.

Insurgent. Teri Polen. 2022. (Colony Ser.: Vol. 2). (ENG.). 190p. (YA). pap. 18.95 *(978-1-68433-953-2(7))* Black Rose Writing.

Insurgent Anniversary Edition. Veronica Roth. 2021. (Divergent Ser.: 2). (ENG.). 592p. (YA). (gr. 9). pap. 12.99 *(978-0-06-304052-6(2)*, Tegen, Katherine Bks) HarperCollins Pubs.

Insurgent Chief, or the Pikemen Of '98: A Romance of the Irish Rebellion (Classic Reprint) James McHenry. (ENG., Illus.). (J). 2017. 134p. 26.68 *(978-0-332-82130-6(7))*; 2016. pap. 9.57 *(978-1-334-15227-6(6))* Forgotten Bks.

Insurgent Mexico (Classic Reprint) John Reed. 2017. (ENG., Illus.). (J). 31.38 *(978-0-331-54522-7(5))*; pap. 13.97 *(978-0-259-42000-2(X))* Forgotten Bks.

Insurgents, Vol. 1 Of 2: An Historical Novel (Classic Reprint) Ralph Lockwood. (ENG., Illus.). (J). 2018. 294p. 29.96 *(978-0-666-42036-7(X))*; 2017. 35.41 *(978-0-331-92109-0(X))*; 2017. pap. 19.57 *(978-0-259-20562-3(1))*; 2017. pap. 13.57 *(978-0-259-26068-4(1))* Forgotten Bks.

Insurgents, Vol. 2 Of 2: An Historical Novel (Classic Reprint) Ralph Lockwood. (ENG., Illus.). (J). 2018. 274p. 29.55 *(978-0-483-72540-9(4))*; 2017. pap. 11.97 *(978-0-243-32605-1(X))* Forgotten Bks.

Insurrection. Sherrilyn Kenyon. 2021. (ENG.). 128p. (YA). pap. 9.99 *(978-1-64839-122-4(2))* Oliver-Heber Bks.

Intangible. C. A. Gray. 2020. (ENG.). 306p. (YA). (gr. 7-12). pap. 15.99 *(978-1-6781-6882-7(3))* Lulu Pr., Inc.

Intangible Tangerine. Matthew Hawkey. 2023. (ENG., Illus.). 62p. (YA). pap. 19.95 ***(978-1-64298-995-3(9))*** Page Publishing Inc.

Integer. Adelaide Thorne. Ed. by Darren Todd. 2018. (Whitewashed Ser.: Vol. 2). (ENG., Illus.). 348p. (YA). (gr. 7-12). pap. 16.95 *(978-1-62253-521-7(9))* Evolved Publishing.

Integral: Spring Term, 1922 (Classic Reprint) Tri-State College. (ENG., Illus.). (J). 2018. 104p. 26.04 *(978-0-365-35928-9(9))*; 2017. pap. 9.57 *(978-0-259-82914-0(5))* Forgotten Bks.

Integrated Math, Course 3, Student Edition. Created by McGraw Hill. 2022. (ENG., Illus.). 1056p. (gr. 10-11). 127.76 *(978-0-07-663852-9(9)*, 0076638529) McGraw-Hill Education.

Integrated Mathematics: Getting Ready for High-Stakes Assessment Integrated 2. Houghton Mifflin Harcourt. 2017. (Hmh Integrated Math 2 Ser.). (ENG.). 160p. (J). (gr. 9-12). pap. 9.50 *(978-1-328-93858-9(1))* Houghton Mifflin Harcourt Publishing Co.

Integrated Mathematics: Student Edition Hardcover Integrated 1 2018. Houghton Mifflin Harcourt. 2017. (Hmh Integrated Math 1 Ser.). (ENG.). 1232p. (J). (gr. 9-12). 100.60 *(978-1-328-90008-1(8))* Houghton Mifflin Harcourt Publishing Co.

Integrated Mathematics: Student Edition Hardcover Integrated 2 2018. Houghton Mifflin Harcourt. 2017. (Hmh Integrated Math 2 Ser.). (ENG.). 1168p. (J). (gr. 9-12). 100.60 *(978-1-328-90009-8(6))* Houghton Mifflin Harcourt Publishing Co.

Integrated Mathematics: Student Edition Hardcover Integrated 3 2018. Houghton Mifflin Harcourt. 2017. (Hmh Integrated Math 3 Ser.). (ENG.). 1152p. (J). (gr. 9-12). 100.60 *(978-1-328-90010-4(X))* Houghton Mifflin Harcourt Publishing Co.

For book reviews, descriptive annotations, tables of contents, cover images, author biographies & additional information, updated daily, subscribe to **www.booksinprint.com**

Integrated Phonics for Beginners. Nicolita Benjamin-Collins. 2018. (ENG., Illus.). 78p. (J). pap. 15.00 (978-976-96070-4-0(5)) Trinity Hills Publishing.

Integrated Robotics, 1 vol. Ian Chow-Miller. 2016. (Robotics Ser.). (ENG., Illus.). 128p. (YA). (gr. 9-9). 47.36 (978-1-5026-1936-5(9), 4cbeb077-0c34-49b5-b3f7-0ceed36af406) Cavendish Square Publishing LLC.

Integrity: Yonas' Exquisite Gift - the Hundred-Pound Sheep. Blue Orb Pvt Ltd. 2017. (ENG., Illus.). (J). pap. 11.99 (978-1-947349-65-0(1)) Notion Pr., Inc.

Integrity & Honesty, Vol. 7. Sarah Smith. 2018. (Leadership Skills & Character Building Ser.). 64p. (J). (gr. 7). lib. bdg. 31.93 (978-1-4222-3997-1(7)) Mason Crest.

Integrity Ninja: A Social, Emotional Children's Book about Being Honest & Keeping Your Promises. Mary Nhin. Illus. by Jelena Stupar. 2021. (Ninja Life Hacks Ser.: Vol. 61). (ENG.). 36p. (J). 19.99 (978-1-63731-231-5(8)) Grow Grit Pr.

Intel: A Waypoint Prequel Novella. Deborah Adams & Kimberley Perkins. 2018. (ENG.). 138p. (YA). pap. 7.99 (978-1-386-89255-7(6)) Rocket City Publishing.

Inteligencia Artificial: Computadoras y Maquinas Inteligentes (Artificial Intelligence: Clever Computers & Smart Machines), 1 vol. Joe Greek. Tr. by Alberto Jiménez. 2017. (Cultura Digital y de la Información (Digital & Information Literacy) Ser.). (SPA.). 48p. (J). (gr. 6-6). pap. 12.75 (978-1-4994-3975-5(X), 150d7263-4ec9-4e79-9335-ed221e13bba5); lib. bdg. 33.47 (978-1-4994-3967-0(9), 08458acb-24d5-4030-b827-2b8629e79957) Rosen Publishing Group, Inc., The. (Rosen Reference).

Intellectual Development. Andrew Solway. 2018. (Psychology Ser.). (ENG.). 48p. (YA). lib. bdg. 34.99 (978-1-5105-3749-1(X)) SmartBook Media, Inc.

Intellectual Miss. Lamb (Classic Reprint) Florence Morse Kingsley. 2018. (ENG., Illus.). 112p. (J). 26.21 (978-0-666-19014-7(3)) Forgotten Bks.

Intellectual Rise in Electricity: A History (Classic Reprint) Park Benjamin. 2018. (ENG., Illus.). 626p. (J). 36.83 (978-0-365-12748-2(5)) Forgotten Bks.

Intellectuals: A Friendly Satire (Classic Reprint) Mary Dixon Thayer. 2018. (ENG., Illus.). 196p. (J). 27.96 (978-0-364-28375-2(0)) Forgotten Bks.

Intellectuals: An Experiment in Irish Club-Life (Classic Reprint) Canon Sheehan. 2018. (ENG., Illus.). 396p. (J). 32.06 (978-0-428-82995-7(3)) Forgotten Bks.

Intelligence. Aditi Dinesh. 2021. (ENG.). 280p. (YA). pap. 16.99 (978-1-956380-00-2(0)) Society of Young Inklings.

Intelligent Animals You Need to Meet - Animal Books Age 8 Children's Animal Books. Baby Professor. 2017. (ENG., Illus.). 64p. (J). pap. 9.52 (978-1-5419-1484-1(8), Baby Professor (Education Kids)) Speedy Publishing LLC.

Intelligent Old Goose. Diep Comics Long. 2017. (VIE.). (J). pap. (978-604-1-09961-6(9)) Kim Dong Publishing Hse.

Intenders: We Must Tell the People. C. G. Rousing. Illus. by C. G. Rousing. 2019. (Intenders Ser.: Vol. 1). (ENG.). 36p. (J). pap. 11.11 (978-1-7340594-0-3(0)) Rousing Bks.

Intense World of a Pro Football Coach, Vol. 10. Jim Gigliotti. 2016. (All about Professional Football Ser.). (Illus.). 64p. (J). (gr. 7). 23.95 (978-1-4222-3582-9(3)) Mason Crest.

Intensifying Similes in English: Inaugural Dissertation (Classic Reprint) T. Hilding Svartengren. (ENG., Illus.). (J). 2018. 552p. 35.28 (978-0-267-88930-3(5)); 2016. pap. 19.57 (978-1-333-49592-3(7)) Forgotten Bks.

Intensity. Sherrilyn Kenyon. 2021. (ENG.). (YA). (gr. 7-12). 220p. 21.99 (978-1-64839-165-1(6)); 220p. pap. 11.99 (978-1-64839-186-6(9)); 246p. pap. 11.99 (978-1-64839-121-7(4)) Oliver-Heber Bks.

Inter Miami CF. Anthony K. Hewson. 2021. (Inside MLS Ser.). (ENG., Illus.). 48p. (J). (gr. 3-6). lib. bdg. 34.21 (978-1-5321-9473-3(0), 37458, SportsZone) ABDO Publishing Co.

Inter-State Journal & Advertiser, Vol. 1: An Illustrated Monthly Magazine; April, 1900 (Classic Reprint) Charles R. Cummings. (ENG., Illus.). (J). 2018. 456p. 33.32 (978-0-428-86332-6(9)); 2017. pap. 16.57 (978-1-334-92829-1(0)) Forgotten Bks.

Interactions of Living Things - 6 Pack: Set of 6 Bridges Edition with Common Core Teacher Materials. Laura McDonald. 2016. (Prime Ser.). (YA). (gr. 6-8). 69.00 (978-1-5125-8840-8(7)) Benchmark Education Co.

Interactions of Living Things - 6 Pack: Set of 6 with Common Core Teacher Materials. Laura McDonald. 2016. (Prime Ser.). (YA). (gr. 6-8). 69.00 (978-1-5125-8822-4(9)) Benchmark Education Co.

Interactions of Matter - 6 Pack: Set of 6 Bridges Edition with Common Core Teacher Materials. Christine Caputo. 2016. (Prime Ser.). (YA). (gr. 6-8). 69.00 (978-1-5125-8841-5(5)) Benchmark Education Co.

Interactions of Matter - 6 Pack: Set of 6 with Common Core Teacher Materials. Christine Caputo. 2016. (Prime Ser.). (YA). (gr. 6-8). 69.00 (978-1-5125-8823-1(7)) Benchmark Education Co.

Interactive Rides. Grace Hansen. 2018. (Amusement Park Rides Ser.). (ENG., Illus.). 24p. (J). (gr. -1-2). lib. bdg. 32.79 (978-1-5321-0803-7(6), 28167, Abdo Kids) ABDO Publishing Co.

Intercept. Andrew Zellgert. Ed. by Sam Wright. 2022. (Adventures of Randy Ser.: Vol. 2). (ENG.). 110p. (YA). pap. 11.95 **(978-1-0880-4677-7(0))** Indy Pub.

Intercepted Letters: Or the Twopenny Post-Bag; to Which Are Added Trifles Reprinted (Classic Reprint) Thomas Brown. (ENG., Illus.). (J). 2018. 130p. 26.58 (978-0-666-59815-8(0)); 2017. pap. 9.57 (978-1-5276-3907-2(X)) Forgotten Bks.

Intercepted Letters; or the Twopenny Post-Bag: To Which Are Added, Trifles Reprinted (Classic Reprint) Thomas Brown. 2018. (ENG., Illus.). 322p. (J). 30.54 (978-0-484-70772-5(8)) Forgotten Bks.

Interdependence of Species, 1 vol. Elliot Monroe. 2016. (Spotlight on Ecology & Life Science Ser.). (ENG.). 24p. (J). (gr. 4-6). pap. 11.00 (978-1-4994-2595-6(3), 602b79a3-25fd-4560-a112-daf3e8fdbfa2, PowerKids Pr.) Rosen Publishing Group, Inc., The.

Interdict, Vol. 1 Of 3: A Novel (Classic Reprint) Isabella Travers Steward. 2017. (ENG., Illus.). (J). 29.51 (978-0-331-59263-4(0)) Forgotten Bks.

Interdict, Vol. 2 Of 3: A Novel (Classic Reprint) Isabella Travers Steward. 2017. (ENG., Illus.). (J). 30.70 (978-0-331-59953-4(8)) Forgotten Bks.

Interdict, Vol. 3 Of 3: A Novel (Classic Reprint) Isabella Travers Steward. (ENG., Illus.). (J). 2017. 30.58 (978-0-260-10682-7(8)); 2016. pap. 13.57 (978-1-334-25621-9(7)) Forgotten Bks.

Interesting & Fun Dream Catchers Coloring Book. Activibooks. 2016. (ENG., Illus.). (J). pap. 9.20 (978-1-68321-792-3(6)) Mimaxion.

Interesting Anecdotes, Memoirs, Allegories, Essays, & Poetical Fragments: Tending to Amuse the Fancy, & Inculcate Morality (Classic Reprint) Addison Addison. (ENG., Illus.). (J). 2018. 580p. 35.88 (978-1-396-32924-1(2)); 2018. 582p. pap. 19.57 (978-1-390-89995-5(0)); 2018. 294p. 29.96 (978-0-483-13935-0(1)); 2018. 614p. 36.56 (978-0-483-55410-8(3)); 2018. 306p. 30.21 (978-0-483-84117-8(X)); 2018. 282p. 29.71 (978-0-267-24199-6(2)); 2017. 35.20 (978-0-265-72483-5(X)); 2017. pap. 19.57 (978-1-5276-8395-2(8)); 2017. pap. 19.57 (978-0-259-27347-9(3)); 2016. pap. 13.57 (978-1-333-60596-4(X)) Forgotten Bks.

Interesting Anecdotes, Memoirs, Allegories, Essays, & Poetical Fragments: Tending, to Amuse the Fancy, & Inculcate Morality (Classic Reprint) Addison Addison. 2017. (ENG., Illus.). (J). 35.82 (978-0-265-72513-9(5)); pap. 19.57 (978-1-5276-8409-6(1)) Forgotten Bks.

Interesting Anecdotes, Memoirs, Allegories, Essays, & Poetical Fragments: Tending to Amuse the Fancy, & Inculcate Morality (Classic Reprint) Joseph Addison. (ENG., Illus.). (J). 2018. 590p. 36.07 (978-0-364-17352-7(1)); 2018. 316p. 30.41 (978-0-483-28507-1(2)); 2018. 312p. 30.35 (978-0-483-29706-7(2)); 2018. 310p. 30.31 (978-0-483-78121-4(5)); 2016. pap. 13.57 (978-1-333-11934-8(8)) Forgotten Bks.

Interesting Anecdotes, Memoirs, Allegories, Essays, & Poetical Fragments, Tending to Amuse the Fancy, & Inculcate Morality (Classic Reprint) Addison Addison. 2018. (ENG., Illus.). 310p. (J). 30.29 (978-0-483-28743-3(1)) Forgotten Bks.

Interesting Anecdotes, Memoirs, Allegories, Essays, & Poetical Fragments; Tending to Amuse the Fancy, & Inculcate Morality (Classic Reprint) Joseph Addison. (ENG., Illus.). (J). 2018. 578p. 35.84 (978-0-484-19087-9(3)); 2017. pap. 19.57 (978-0-243-87716-4(1)) Forgotten Bks.

Interesting Anecdotes, Memoirs, Allegories, Essays, & Poetical Fragments, Vol. 8: Tending to Amuse the Fancy, & Inculcate Morality (Classic Reprint) Addison Addison. (ENG., Illus.). (J). 2018. 314p. 30.37 (978-0-483-55086-5(8)); 2016. pap. 13.57 (978-1-334-34495-4(7)) Forgotten Bks.

Interesting Anecdotes, Memoirs, Allegories, Essays, & Political Fragments: Tending to Amuse the Fancy, & Inculcate Morality (Classic Reprint) Addison Addison. (ENG., Illus.). (J). 2018. 240p. 28.87 (978-0-332-94092-2(6)); 2016. pap. 11.57 (978-1-333-15723-4(1)) Forgotten Bks.

Interesting Anecdotes, Memoirs, Allegories, Essays, & Political Fragments, Tending to Amuse the Fancy, & Inculcate Morality (Classic Reprint) Addison Addison. (ENG., Illus.). (J). 2018. 542p. 35.08 (978-0-428-98743-5(5)); 2017. pap. 19.57 (978-0-243-52230-9(4)) Forgotten Bks.

Interesting Animals (Set), 6 vols. 2022. (Interesting Animals Ser.). (ENG.). 24p. (J). (gr. -1-2). lib. bdg. 188.16 (978-1-0982-6411-6(8), 40921, Abdo Kids) ABDO Publishing Co.

Interesting Coloring & Activity Books for Little Girls to Have. Speedy Kids. 2017. (ENG., Illus.). (J). pap. 9.20 (978-1-5419-0985-4(2)) Speedy Publishing LLC.

Interesting Event (Classic Reprint) . Titmarsh. 2018. (ENG., Illus.). 38p. (J). 24.70 (978-0-267-19315-8(7)) Forgotten Bks.

Interesting Facts about Glaciers - Geology for Beginners Children's Geology Books. Baby Professor. 2017. (ENG., Illus.). (J). pap. 8.79 (978-1-5419-3818-2(6), Baby Professor (Education Kids)) Speedy Publishing LLC.

Interesting Facts about Homer's Odyssey - Greek Mythology Books for Kids Children's Greek & Roman Books. Baby Professor. 2017. (ENG., Illus.). (J). pap. 8.79 (978-1-5419-1308-0(6), Baby Professor (Education Kids)) Speedy Publishing LLC.

Interesting Facts about Sports Equipment - Sports Book Age 8-10 Children's Sports & Outdoors. Baby Professor. 2017. (ENG., Illus.). 64p. (J). pap. 9.52 (978-1-5419-1278-6(0), Baby Professor (Education Kids)) Speedy Publishing LLC.

Interesting Facts about the Ancient African Art - Art History for Kids Children's Art Books. Baby Professor. 2017. (ENG., Illus.). 64p. (J). pap. 8.79 (978-1-5419-3858-8(5), Baby Professor (Education Kids)) Speedy Publishing LLC.

Interesting Facts about the Collapse of the Soviet Union - History Book with Pictures Children's Military Books. Baby Professor. 2017. (ENG., Illus.). 64p. (J). pap. 9.52 (978-1-5419-1254-0(3), Baby Professor (Education Kids)) Speedy Publishing LLC.

Interesting Facts about the Empire State Building - Engineering Book for Kids Children's Engineering Books. Baby Professor. 2017. (ENG., Illus.). (J). pap. 9.55 (978-1-5419-1547-3(X), Baby Professor (Education Kids)) Speedy Publishing LLC.

Interesting Facts about US Presidents: Weird, Strange & Fun Facts of America's Greatest Presidents That Will Make You Rethink about History. Ben L. Orchard. 2019. (ENG., Illus.). 78p. (YA). pap. 14.99 (978-1-64615-504-0(1)) Bluesource & Friends.

Interesting Facts for Smart Kids Age 6-10: A General Knowledge-Based Facts & Quizzes about Science, Space, Math & Daily Life. Climax Publishers & K. Stephenson. 2022. (ENG.). 58p. (J). pap. 15.99 **(978-1-956223-41-5(X))** Services, Atom LLC.

Interesting Images to Draw: Drawing Books for Kids. Jupiter Kids. 2017. (ENG., Illus.). (J). pap. 9.20 (978-1-5419-3308-8(7), Jupiter Kids (Childrens & Kids Fiction)) Speedy Publishing LLC.

Interesting Intricacy: An Adult Maze Challenge Adventure Activity Book. Activibooks. 2016. (ENG., Illus.). (J). pap. 7.55 (978-1-68321-368-0(8)) Mimaxion.

Interesting Life. Katy Dee. Ed. by Alana Grace. 2022. (ENG.). 74p. (J). pap. 22.99 (978-1-7375115-8-8(4)) Zoe Life Christian Communications.

Interesting Memoirs, Vol. 1 of 2 (Classic Reprint) Unknown Author. 2018. (ENG., Illus.). 268p. (J). 29.42 (978-0-484-41292-6(2)) Forgotten Bks.

Interesting Moral Stories for Kids. Tsb Publications. 2022. (ENG.). 84p. (J). pap. 15.99 **(978-1-956223-51-4(7))** Services, Atom LLC.

Interesting Narrations in French: Consisting of Interesting Tales, Fables, & Ancedotes, Intended for Reading, Translation, & Particularly for Narration (Classic Reprint) Charles Picot. 2017. (FRE., Illus.). (J). 28.23 (978-0-265-34805-5(6)) Forgotten Bks.

Interesting Neighbors (Classic Reprint) Oliver P. Jenkins. 2017. (ENG., Illus.). 262p. (J). 29.30 (978-0-332-24948-3(4)) Forgotten Bks.

Interesting Puzzles for Young Kids to Do: Activity Book for Children. Speedy Kids. 2017. (ENG., Illus.). (J). pap. 8.33 (978-1-5419-3381-1(8)) Speedy Publishing LLC.

Interesting Scientific Facts for Kids. Atom Publications. 2022. (ENG.). 88p. (J). pap. 16.99 **(978-1-956223-10-1(X))** Services, Atom LLC.

Interesting Story of the Children in the Wood: An Historical Ballad (Classic Reprint) Unknown Author. (ENG., Illus.). (J). 2018. 20p. 24.33 (978-0-267-91043-4(6)); 2016. pap. 7.97 (978-1-334-16121-6(6)) Forgotten Bks.

Interesting Storybook for Inquisitive Kids Ages 6-10. Angela Jenkins & The Fox Books. 2022. (ENG.). 98p. (J). pap. 12.99 **(978-1-956223-93-4(2))** Services, Atom LLC.

Interesting! the Dictionary of Mystery Evolution. Tadaki Imaizumi. 2018. (JPN.). (J). (978-4-471-10369-9(5)) Takahashi Shoten.

Interesting Traits of Character: In Youth of Both Sexes (Classic Reprint) Ventum. 2018. (ENG., Illus.). 180p. (J). 27.61 (978-0-484-21796-5(8)) Forgotten Bks.

Interference: The Empatheia Saga, Book 2. Tessa Cox. 2022. (ENG.). 268p. (YA). pap. 16.95 (978-1-6624-5062-4(1)) Page Publishing Inc.

Interference of Patricia (Classic Reprint) Lilian Bell. 2018. (ENG., Illus.). 160p. (J). 27.22 (978-0-483-88835-7(4)) Forgotten Bks.

Interference, Vol. 1 Of 3: A Novel (Classic Reprint) B. M. Croker. 2018. (ENG., Illus.). 250p. (J). 29.05 (978-0-483-89284-2(X)) Forgotten Bks.

Interference, Vol. 2 (Classic Reprint) B. M. Croker. 2018. (ENG., Illus.). 262p. (J). 29.30 (978-0-484-18903-3(4)) Forgotten Bks.

Interference, Vol. 3 (Classic Reprint) B. M. Croker. 2018. (ENG., Illus.). 254p. (J). 29.14 (978-0-267-19968-6(6)) Forgotten Bks.

Intergalactic Adventures of the Rainy River Bees. Chris Kreuter. 2017. (ENG., Illus.). (J). 32.99 (978-1-387-28755-0(9)); 262p. pap. (978-1-387-28753-6(2)) Lulu Pr., Inc.

Intergalactic Choices. Julia a Terry. 2020. (ENG.). 210p. (YA). pap. 14.99 (978-1-7331295-0-3(2)); (Illus.). 24.95 (978-1-7331295-1-0(0)) Crossing the T Publishing Co.

Intergalactic Gypsy's Guide to the Universe. Olivia Choi. 2019. (ENG.). 64p. (YA). pap. 8.00 (978-0-578-61148-8(1)) Choi, Olivia.

Intergalactic Livestream: Canceled. Jason M. Burns. Illus. by Dustin Evans. 2022. (Declassified: the et Files Ser.). (ENG.). 32p. (J). (gr. 4-8). pap. 14.21 (978-1-6689-1151-8(5), 221096); lib. bdg. 32.07 (978-1-6689-0991-1(X), 220958) Cherry Lake Publishing. (Torch Graphic Press).

Intergalactic Moving Day. John F. Malta. 2022. (ENG., Illus.). 32p. (J). 18.99 (978-1-57687-995-5(X)) POW! Kids Bks.

Intergalactic P. S. 3: A Wrinkle in Time Story. Comment by Madeleine L'Engle. 2019. (ENG.). 106p. (J). (gr. 2-3). 16.96 (978-0-87617-792-1(5)) Penworthy Co., LLC, The.

Intergalactic P. S. 3: A Wrinkle in Time Story. Madeleine L'Engle. Illus. by Hope Larson. 2019. (Wrinkle in Time Quintet Ser.). (ENG.). 112p. (J). pap. 6.99 (978-1-250-30849-8(6), 900194249) Square Fish.

Intergalactic Troublemakers. John McCarrick. 2018. (Children's Fantasy Ser.: Vol. 1). (ENG., Illus.). 86p. (J). pap. 6.95 (978-1-943386-36-9(6)) Leaders Pr. SRL.

Intergalactic Wars: Rise of the Flame Order. Josh Zimmer. 2021. (Flame Order Ser.: Vol. 1). (ENG.). 20p. (YA). pap. 10.00 (978-1-0879-2876-0(1)) Indy Pub.

Intergalactic Wars: Taking down Sir Phantom. Josh Zimmer. 2021. (Flame Order Ser.: Vol. 2). (ENG.). 22p. (YA). pap. 10.00 (978-1-0879-4415-9(5)) Superstar Speedsters.

Interim (Classic Reprint) Dorothy M. Richardson. (ENG., Illus.). (J). 2017. 30.25 (978-0-331-28074-6(4)); 2016. pap. 13.57 (978-1-333-72625-6(2)) Forgotten Bks.

Interior Castle: A Boy's Journey into the Depths of His Heart. Éric Puybaret. 2020. (ENG.). 72p. (J). (gr. 2-8). 16.99 (978-1-62164-424-8(3)) Ignatius Pr.

Interior (Classic Reprint) Lindsay Russell. 2018. (ENG., Illus.). 322p. (J). 30.54 (978-0-484-02823-3(5)) Forgotten Bks.

Interior Design. Alix Wood. 2017. (Design It! Ser.). 32p. (gr. 3-4). pap. 63.00 (978-1-5382-0784-0(2)) Stevens, Gareth Publishing LLLP.

Interior Design Coloring Book: An Adult Coloring Book Features over 30 Pages of Giant Super Jumbo Large Designs of Charming Home Designs, Beautiful Decorated Houses, & Room Design for Stress Relief. Beatrice Harrison. 2020. (ENG.). 34p. (YA). pap. 7.86 (978-1-716-76004-4(6)) Lulu Pr., Inc.

Interior Design Coloring Book for Adults. Yka Bloomfield. 2021. (ENG.). 104p. (J). pap. 7.25 (978-1-716-18883-1(0)) Lulu Pr., Inc.

Interjections. Ann Heinrichs. 2019. (English Grammar Ser.). (ENG.). 32p. (J). (gr. 2-5). lib. bdg. 35.64 (978-1-5038-3242-8(2), 213001) Child's World, Inc, The.

Interjections. Ann Heinrichs. 2016. (Illus.). 24p. (J). (978-1-4896-5989-7(7), AV2 by Weigl) Weigl Pubs., Inc.

Interjections Say Yay! Michael Dahl. Illus. by Lauren Lowen. 2019. (Word Adventures: Parts of Speech Ser.). (ENG.). 32p. (J). (gr. k-3). pap. 7.95 (978-1-5158-4108-1(1), 140146); lib. bdg. 27.99 (978-1-5158-4100-5(6), 140140) Capstone. (Picture Window Bks.).

Interloper (Classic Reprint) Violet Jacob. 2017. (ENG., Illus.). (J). 30.70 (978-0-265-97908-2(0)) Forgotten Bks.

Interlopers: Massenden Chronicles. Emma Berry. 2017. (Massenden Chronicles Ser.: Vol. 8). (ENG., Illus.). 200p. (J). pap. (978-1-911596-47-9(0)) Spiderwize.

Interlopers a Novel (Classic Reprint) Griffing Bancroft. 2018. (ENG., Illus.). 414p. (J). 32.46 (978-0-332-65552-9(0)) Forgotten Bks.

Interlude. Chantele Sedgwick. 2018. (Love, Lucas Novel Ser.: 3). (ENG.). 284p. (YA). (gr. 7-13). 16.99 (978-1-5107-1515-8(0), Sky Pony Pr.) Skyhorse Publishing Co., Inc.

Interludes: Being Two Essays, a Farce, & Some Verses (Classic Reprint) Horace Smith. 2018. (ENG., Illus.). 136p. (J). 26.72 (978-0-483-34130-2(4)) Forgotten Bks.

Interludes: Being Two Essays, a Story, & Some Verses (Classic Reprint) Horace Smith. 2018. (ENG., Illus.). 162p. (J). 27.26 (978-0-656-67933-1(6)) Forgotten Bks.

Interludes in Verse & Prose (Classic Reprint) George Otto Trevelyan. 2017. (ENG., Illus.). (J). 30.56 (978-1-5285-7621-5(7)) Forgotten Bks.

Interludes (Third Series) Being Two Essays, a Ghost Story, & Some Verses (Classic Reprint) Horace Smith. 2018. (ENG., Illus.). 132p. (J). 26.62 (978-0-483-30974-6(5)) Forgotten Bks.

Intermediate Algebra Student Resource Pack with 1 Year Digital. Hmh Hmh. 2017. (Hmh Algebra 1 Ace Ser.). (ENG.). (YA). (gr. 9-12). pap. 54.73 (978-0-544-94383-4(X)) Houghton Mifflin Harcourt Publishing Co.

Intermediate Course in English (Classic Reprint) Everett William Lord. (ENG., Illus.). (J). 2017. 192p. 27.86 (978-0-484-77825-1(0)); 2016. pap. 10.57 (978-1-333-15577-3(8)) Forgotten Bks.

Intermediate Dot to Dot Kid's Activity Book. Creative. 2016. (ENG., Illus.). (J). pap. 10.81 (978-1-68323-479-1(0)) Twin Flame Productions.

Intermediate Reader: For the Use of Schools; with an Introductory Treatise on Reading & the Training of the Vocal Organs (Classic Reprint) George Stillman Hillard. (ENG., Illus.). (J). 2018. 248p. 29.01 (978-0-483-64644-5(X)); 2017. pap. 11.57 (978-0-243-21827-1(3)) Forgotten Bks.

Intermediate Reader: Or, Primary School First Class Book (Classic Reprint) David Bates Tower. 2018. (ENG., Illus.). 174p. (J). 27.49 (978-0-483-15834-4(8)) Forgotten Bks.

Intermediate Sunday School Reader: For the Use of Our Little Friends (Classic Reprint) Deseret Sunday School Union. 2018. (ENG., Illus.). 148p. (J). 26.95 (978-0-483-40810-4(7)) Forgotten Bks.

Intern Diaries Series: Books 1 To 3. D. C. Gomez. 2019. (ENG.). 742p. (J). pap. 25.95 (978-1-7321369-9-1(8)) Gomez Expeditions.

Internal Revenue Service. Jason Barousse. 2017. (Landmarks of Democracy: American Institutions Ser.). (ENG.). 24p. (J). (gr. 2-5). 19.05 (978-1-5311-7661-7(5)) Perfection Learning Corp.

Internal Revenue Service: Why U. S. Citizens Pay Taxes, 1 vol. Jason Barousse. 2017. (Landmarks of Democracy: American Institutions Ser.). (ENG.). 24p. (J). (gr. 3-3). pap. 9.25 (978-1-5081-6139-4(9), 7abe7069-8568-4393-8316-427d00f9c5c7, PowerKids Pr.) Rosen Publishing Group, Inc., The.

International Computing for Lower Secondary Student's Book Stage 7. Margaret Debbadi & Siobhan Matthewson. ed. 2020. 200p. (J). (gr. 6-6). pap. **(978-1-5104-8198-5(2))** Hodder Education Group.

International Computing for Lower Secondary Student's Book Stage 8. Margaret Debbadi & Siobhan Matthewson. ed. 2020. 200p. (J). (gr. 7-7). pap. **(978-1-5104-8199-2(0))** Hodder Education Group.

International Computing for Lower Secondary Student's Book Stage 9. Margaret Debbadi & Siobhan Matthewson. 2020. (ENG.). 224p. (J). (gr. 8-8). pap. **(978-1-5104-8200-5(8))** Hodder Education Group.

International Day of the Girl: Celebrating Girls Around the World. Jessica Dee Humphreys et al. Illus. by Simone Shin. 2020. (CitizenKid Ser.). (ENG.). 32p. (J). (gr. 2-5). 18.99 (978-1-5253-0058-5(X)) Kids Can Pr., Ltd. CAN. Dist: Hachette Bk. Group.

International Directory of Model & Talent Agencies & Schools see Model & Talent 2003 Directory: The International Directory of Model & Talent Agencies & Schools

International Episode (Classic Reprint) Henry James Jr. 2018. (ENG., Illus.). 136p. (J). 26.70 (978-0-483-12955-9(0)) Forgotten Bks.

International Episode, the Pension Beaurepas: The Point of View (Classic Reprint) Henry James. 2018. (ENG., Illus.). 226p. (J). 28.58 (978-0-483-96667-3(3)) Forgotten Bks.

International Fashionista's Lookbook Diary. Dana Lardner. Illus. by Deanna Kei. 2016. (ENG.). (J). (gr. 3-6). pap. 14.99 (978-1-61984-577-0(6)) Gatekeeper Pr.

International Fisheries Exhibition London, 1883; Apparatus for Fishing; Pp. 7-79. E. W. H. Holdsworth. 2017. (ENG., Illus.). (J). pap. (978-0-649-34394-2(8)) Trieste Publishing Pty Ltd.

International Joints Commission: Proceedings (Classic Reprint) Lawrence J. Burpee. 2017. (ENG., Illus.). (J). pap. 9.57 (978-0-259-82014-7(8)) Forgotten Bks.

International Library of Famous Literature, Vol. 10 Of 20: Selections from the World's Great Writers Ancient, Mediaeval, & Modern, with Biographical, & Explanatory Notes & with Introductions (Classic Reprint) Donald G. Mitchell. 2017. (ENG., Illus.). (J). 35.57 (978-1-5279-7779-2(X)) Forgotten Bks.

International Library of Famous Literature, Vol. 12 Of 20: Selections from the World's Great Writers (Classic Reprint) Richard Garnett. 2018. (ENG., Illus.). 578p. (J). 35.82 *(978-0-428-83669-6(0))* Forgotten Bks.

International Library of Famous Literature, Vol. 13 Of 20: Selections from the World's Great Writers, Ancient, Medieval, & Modern, with Biographical & Explanatory Notes & Critical Essays (Classic Reprint) Richard Garnett. (ENG., Illus.). (J). 2018. 570p. 35.65 *(978-0-483-68674-8(3))*; 2016. pap. 19.57 *(978-1-333-59461-9(5))* Forgotten Bks.

International Library of Famous Literature, Vol. 14 Of 20: Selections from the World's Great Writers, Ancient, Mediaeval, & Modern, with Biographical & Explanatory Notes & Introductions (Classic Reprint) Donald G. Mitchell. 2017. (ENG., Illus.). (J). 35.69 *(978-0-265-16893-6(7))* Forgotten Bks.

International Library of Famous Literature, Vol. 15 Of 20: Selections from the World's Great Writers (Classic Reprint) Many Eminent Writers. 2017. (ENG., Illus.). (J). 35.53 *(978-1-5285-7666-6(7))* Forgotten Bks.

International Library of Famous Literature, Vol. 16 Of 20: Selections from the World's Great Writers Ancient, Mediaeval, & Modern, with Biographical & Explanatory Notes & with Introductions (Classic Reprint) Donald G. Mitchell. 2017. (ENG., Illus.). (J). 35.65 *(978-1-5284-8260-8(3))* Forgotten Bks.

International Library of Famous Literature, Vol. 17 Of 20: Selections from the World's Great Witers Ancient, Mediaeval, & Modern, with Biographical & Explanatory Notes & Critical Essays (Classic Reprint) Many Eminent Writers. 2017. (ENG., Illus.). (J). 35.65 *(978-0-266-17229-1(6))* Forgotten Bks.

International Library of Famous Literature, Vol. 18 Of 20: Selection from the World's Great Writers Ancient, Mediaeval, & Modern, with Biographical & Explanatory Notes & Critical Essays (Classic Reprint) Richard Garnett. 2017. (ENG., Illus.). (J). 35.28 *(978-1-5280-8372-0(5))* Forgotten Bks.

International Library of Famous Literature, Vol. 19 Of 20: Selections from the World's Great Writers, Ancient, Mediaeval, & Modern, with Biographical & Explanatory Notes & with Introductions (Classic Reprint) Donald G. Mitchell. 2018. (ENG., Illus.). 554p. (J). 35.32 *(978-0-483-01612-5(8))* Forgotten Bks.

International Library of Famous Literature, Vol. 20 Of 20: Selections from the World's Great Writers, Ancient, with & Modern, with Notes, Graphical & Explanatory Notes & with Introductions (Classic Reprint) Donald G. Mitchell. 2018. (ENG., Illus.). 610p. (J). 36.48 *(978-0-483-20765-3(9))* Forgotten Bks.

International Library of Famous Literature, Vol. 3 Of 20: Selections from the World's Great Writers Ancient, Mediaeval, & Modern, with Biographical & Explanatory Notes & with Introductions (Classic Reprint) Donald G. Mitchell. 2018. (ENG., Illus.). 570p. (J). 35.65 *(978-0-428-97277-6(2))* Forgotten Bks.

International Library of Famous Literature, Vol. 5 Of 20: Selections from the World's Great Writers (Classic Reprint) Richard Garnett. 2018. (ENG., Illus.). 580p. (J). 35.86 *(978-0-365-30521-7(9))* Forgotten Bks.

International Library of Famous Literature, Vol. 7: Selections from the World's Great Writers, Ancient, Mediaeval, & Modern, with Biographical & Explanatory Notes & with Introductions (Classic Reprint) Andrew Lang. 2018. (ENG., Illus.). 572p. (J). 35.69 *(978-0-483-52879-6(X))* Forgotten Bks.

International Library of Famous Literature, Vol. 8 Of 20: Selection from the World's Great Writers, Ancient, Mediaeval, & Modern, with Biographical & Explanatory Notes, & Critical Essays (Classic Reprint) Many Eminent Writers. 2017. (ENG., Illus.). (J). 35.16 *(978-1-5280-5175-0(0))* Forgotten Bks.

International Library of Famous Literature, Vol. 9 Of 20: Selections from the Worlds Great Writers Ancient, Mediaeval, & Modern, with Biographical & Explanatory Notes & Critical Essays (Classic Reprint) Many Eminent Writers. 2017. (ENG., Illus.). (J). 35.41 *(978-1-5280-7902-0(7))* Forgotten Bks.

International Library of Masterpieces, Literature, Art & Rare Manuscripts, Vol. 22 Of 30: History, Biography, Science, Philosophy, Poetry, the Drama, Travel, Adventure, Fiction, & Rare & Little-Known Literature from the Archives of the Great Lib. Harry Thurston Peck. (ENG., Illus.). (J). 2018. 31.78 *(978-0-332-00990-2(4))*; 2017. pap. 16.57 *(978-0-243-17329-7(6))* Forgotten Bks.

International Library of Masterpieces, Literature, Art & Rare Manuscripts, Vol. 26 Of 30: History, Biography, Science, Philosophy, Poetry, the Drama, Travel, Adventure, Fiction, & Rare & Little-Known Literature from the Archives of the Great Lib. Harry Thurston Peck. (ENG., Illus.). (J). 2018. 424p. 32.64 *(978-0-365-04368-3(0))*; 2017. pap. 16.57 *(978-1-334-92013-4(3))* Forgotten Bks.

International Night. Ali Bovis. Illus. by Ada Abigael Aco. 2022. (Leela's Sweet Treats Ser.). (ENG.). 32p. (J). (gr. -1-3). lib. bdg. 32.79 *(978-1-0982-3582-6(7)*, 41145, Calico Chapter Bks) Magic Wagon.

International Photographer, Vol. 3: January, 1932 (Classic Reprint) George Blaisdell. (ENG., Illus.). (J). 2018. 580p. 35.88 *(978-0-267-34469-7(4))*; 2016. pap. 19.57 *(978-1-333-68009-1(0))* Forgotten Bks.

International Politics of Eurasia Vol. 7: Vol 7: Political Culture & Civil Society in Russia & the New States of Eurasia. Karen Dawisha & Bruce Parrott. 3rd rev. ed. 2017. (ENG., Illus.). 398p. (C). (gr. 13). 19.95 *(978-1-56324-364-6(4)*, Y184209) Routledge.

International Security & Keeping the Peace. Autumn Libal. 2018. (United Nations Ser.). (ENG.). 48p. (YA). lib. bdg. 34.99 *(978-1-5105-3965-5(4))* SmartBook Media, Inc.

International Short Stories: A New Collection of Famous Examples from the Literatures of England, France & America (Classic Reprint) William Patten. (ENG., Illus.). (J). 2018. 402p. 32.19 *(978-0-428-82662-8(8))*; 2017. pap. 16.57 *(978-0-243-55270-2(X))* Forgotten Bks.

International Short Stories: A New Collection of Famous Examples from the Literatures of England, France & America; English (Classic Reprint) William Patten. 2017. (ENG., Illus.). (J). 32.02 *(978-0-266-68134-2(4))*; pap. 16.57 *(978-1-5276-5242-2(4))* Forgotten Bks.

International Short Stories, Vol. 3: French (Classic Reprint) Francis J. Reynolds. (ENG., Illus.). (J). 2018. 390p. 31.96 *(978-0-483-15046-1(0))*; 2016. pap. 16.57 *(978-1-334-58463-3(X))* Forgotten Bks.

International Space Station. Clive Gifford. Illus. by Dan Schlitzkus. 2019. (ENG.), 32p. (J). (gr. 4-6). pap. 11.99 *(978-1-5263-0217-5(9)*, Wayland) Hachette Children's Group GBR. Dist: Hachette Bk. Group.

International Space Station. Kirsten Larson. 2017. (Engineering Wonders Ser.). (ENG.). 48p. (gr. 3-5). pap. 10.95 *(978-1-68342-459-8(X)*, 9781683424598) Rourke Educational Media.

International Space Station. Alla Morey. 2017. (Space Tech Ser.). (ENG., Illus.). 24p. (J). (gr. 3-7). lib. bdg. 26.95 *(978-1-62617-701-7(5)*, Epic Bks.) Bellwether Media.

International Space Station. Julie Murray. 2018. (Super Structures Ser.). (ENG., Illus.). 24p. (J). (gr. k-4). lib. bdg. 31.36 *(978-1-5321-2311-5(6)*, 28389, Abdo Zoom-Dash) ABDO Publishing Co.

International Space Station: An Interactive Space Exploration Adventure. Allison Lassieur. 2016. (You Choose: Space Ser.). (ENG., Illus.). 112p. (J). (gr. 3-7). lib. bdg. 32.65 *(978-1-4914-8104-2(8)*, 130588, Capstone Pr.) Capstone.

International Space Station: Band 11/Lime, Bd. 11. Anna Claybourne. 2018. (Collins Big Cat Ser.). (ENG., Illus.). 32p. (J). pap. 8.99 *(978-0-00-823041-8(2))* HarperCollins Pubs. Ltd. GBR. Dist: Independent Pubs. Group.

International Space Station: The Science Lab in Space. John Hamilton. 2017. (Xtreme Spacecraft Ser.). (ENG., Illus.). 32p. (J). (gr. 3-9). lib. bdg. 32.79 *(978-1-5321-1008-5(1)*, 25592, Abdo & Daughters) ABDO Publishing Co.

International Space Station (a True Book: Space Exploration) Rebecca Kraft Rector. 2022. (True Book (Relaunch) Ser.). (ENG.). 48p. (J). (gr. 3-5). 31.00 *(978-1-338-82522-0(4)*, Children's Pr.) Scholastic Library Publishing.

International Space Station (a True Book: Space Exploration) Rebecca Kraft Rector. 2022. (True Book (Relaunch) Ser.). (ENG.). 48p. (J). (gr. 3-5). pap. 7.99 *(978-1-338-82551-0(8))* Scholastic, Inc.

Internet. Sara Green & Sara Green. 2022. (Inventions That Changed the World Ser.). (ENG., Illus.). 32p. (J). (gr. 3-8). pap. 8.99 *(978-1-64834-678-1(2)*, 21390, Blastoff! Readers) Bellwether Media.

Internet. Angie Smibert. 2017. (How It Works). (ENG., Illus.). 32p. (J). (gr. 3-5). pap. 9.95 *(978-1-63517-300-0(0)*, 1635173000); lib. bdg. 31.35 *(978-1-63517-235-5(7)*, 1635172357) North Star Editions. (Focus Readers).

Internet, Vol. 6. Contrib. by Mason Crest Publishers Staff. 2019. (Science & Technology Ser.). 48p. (J). (gr. 8). 27.93 *(978-1-4222-4210-0(2))* Mason Crest.

Internet Career Biographies, 8 vols., Set. Incl. Jerry Yang & David Filo: The Founders of Yahoo! Michael R. Weston. lib. bdg. 39.80 *(978-1-4042-0718-9(X)*, 07612a6b-c6bc-4dbc-a375-8cdf71931386); Marc Andreessen & Jim Clark: The Founders of Netscape. Simone Payment. lib. bdg. 39.80 *(978-1-4042-0719-6(8)*, 66747450-0260-4401-a6bd-159a520b2fb8); Pierre Omidyar: The Founder of Ebay. Jennifer Viegas. lib. bdg. 39.80 *(978-1-4042-0715-8(5)*, fd0765ec-bed6-4232-abd0-8d2e3fbd01dc); Shawn Fanning: The Founder of Napster. Renee Ambrosek. lib. bdg. 39.80 *(978-1-4042-0720-2(1)*, ebe36c69-b4cf-482a-bd7c-c7f3324ae510); (Illus.). 112p. (YA). (gr. 8-8). 2006. (Internet Career Biographies Ser.). (ENG.). 2006. Set lib. bdg. 159.20 *(978-1-4042-1021-9(0)*, d91be032-7143-4d79-9c2e-ed0de7204c36) Rosen Publishing Group, Inc., The.

Internet Connects Us All. Duchess Harris Jd & Heather C. Hudak. 2018. (Perspectives on American Progress Ser.). (ENG., Illus.). 48p. (J). (gr. 4-8). lib. bdg. 35.64 *(978-1-5321-1491-5(5)*, 29114) ABDO Publishing Co.

Internet Entrepreneurs. Stuart A. Kallen. 2016. (ENG.). 80p. (J). (gr. 5-12). lib. bdg. *(978-1-68282-028-5(9))* ReferencePoint Pr., Inc.

Internet Famous. Danika Stone. 2017. (ENG.). 336p. (YA). pap. 17.99 *(978-1-250-11437-2(3)*, 900171419) Feiwel & Friends.

Internet for Children see Internet para Nino

Internet Is Like a Puddle. Shona Innes. Illus. by Írisz Agócs. 2nd ed. 2019. (Big Hug Book Ser.). (ENG.). 32p. (J). 15.99 *(978-1-76050-487-8(4))* Little Hare Bks. AUS. Dist: Independent Pubs. Group.

Internet Journalism & Fake News, 1 vol. Jonathan S. Adams. 2018. (Fourth Estate: Journalism in North America Ser.). (ENG.). 112p. (gr. 8-8). lib. bdg. 44.50 *(978-1-5026-3495-5(3)*, 182f1d1d-8d84-44ef-8af8-ae97a4b90417) Cavendish Square Publishing LLC.

Internet Journalism & Fake News, 1 vol. Ed. by Kathryn Roberts. 2017. (Introducing Issues with Opposing Viewpoints Ser.). (ENG.). 120p. (YA). (gr. 7-10). pap. 29.30 *(978-1-5345-0275-8(0)*, 436d1567-03c7-4c5e-b1d6-779c3ef3721b) Greenhaven Publishing LLC.

Internet of Things. Lisa J. Amstutz. 2019. (Science for the Future Ser.). (ENG., Illus.). 48p. (J). (gr. 5-6). pap. 11.95 *(978-1-64185-849-6(4)*, 1641858494); lib. bdg. 34.21 *(978-1-64185-780-2(3)*, 1641857803) North Star Editions. (Focus Readers).

Internet of Things. Carrie Clickard. 2018. (Tech Bytes Ser.). (ENG.). 48p. (J). (gr. 4-6). 26.60 *(978-1-59953-939-3(X))*; pap. 14.60 *(978-1-68404-218-0(6))* Norwood Hse. Pr.

Internet Surveillance & How to Protect Your Privacy, 1 vol. Kathy Furgang. 2016. (Digital & Information Literacy Ser.). (ENG., Illus.). 48p. (J). (gr. 6-6). pap. 12.75 *(978-1-4994-6519-8(X)*, 08c25593-7780-4658-ab0f-4083f2af7757) Rosen Publishing Group, Inc., The.

Internment. Samira Ahmed. (ENG.). 400p. (YA). (gr. 7-17). 2020. pap. 11.99 *(978-0-316-52270-0(8))*; 2019. 17.99 *(978-0-316-52269-4(4))* Little, Brown Bks. for Young Readers.

Internment Camps. Natalie Hyde. 2016. (Uncovering the Past: Analyzing Primary Sources Ser.). (ENG., Illus.). 48p. (J). (gr. 5-9). *(978-0-7787-2860-3(9))* Crabtree Publishing Co.

Internment: Japanese Americans in World War II, 1 vol. Ruth Bjorklund. 2016. (Public Persecutions Ser.). (ENG., Illus.). 128p. (J). (gr. 9-9). 47.36 *(978-1-5026-2323-2(4)*, 8ba43ff0-9098-489a-a112-40427750d362) Cavendish Square Publishing LLC.

Interplanetary Expedition of Mars Patel. Sheela Chari. (Mars Patel Ser.). (ENG.). (J). (gr. 3-7). 2022. 320p. pap. 8.99 *(978-1-5362-2820-5(6))*; 2021. 304p. 17.99 *(978-1-5362-0957-0(0))* Candlewick Pr.

Interplay (Classic Reprint) Beatrice Harraden. 2018. (ENG., Illus.). 386p. (J). 31.86 *(978-0-484-39235-8(2))* Forgotten Bks.

Interpret This! Commonly Used Idioms - Vocabulary Skills - Language Arts 5th Grade - Children's ESL Books. Baby Professor. 2020. (ENG.). 74p. (J). 24.88 *(978-1-5419-7685-6(1))*; pap. 14.89 *(978-1-5419-5071-9(2))* Speedy Publishing LLC. (Baby Professor (Education Kids)).

Interpretation of the Printed Page for Those Who Would Learn to Interpret Literature Silently or Through the Medium of the Voice (Classic Reprint) Solomon Henry Clark. 2018. (ENG., Illus.). 324p. (J). 30.60 *(978-0-364-50309-6(2))* Forgotten Bks.

Interpreter. G. J. Whyte-Melville. 2017. (ENG.). 356p. (J). pap. *(978-3-337-12222-5(1))* Creation Pubs.

Interpreter: A Tale of the War (Classic Reprint) G. J. Whyte-Melville. 2018. (ENG., Illus.). 414p. (J). 32.44 *(978-0-483-25679-8(X))* Forgotten Bks.

Interpreter's House, or Sermons to Children (Classic Reprint) Wm. Wilberforce Newton. (ENG., Illus.). (J). 2018. 362p. 31.38 *(978-0-483-84559-6(0))*; 2017. pap. 13.97 *(978-0-243-24038-8(4))* Forgotten Bks.

Interpreting Data about the Thirteen Colonies, 1 vol. Sarah Machajewski. 2018. (Project Learning Through American History Ser.). (ENG.). 32p. (gr. 4-5). 27.93 *(978-1-5383-3067-8(9)*, c9e55879-4df6-4eb6-87ac-f7c284624232); pap. 11.00 *(978-1-5383-3068-5(7)*, 232307c5-08d9-454e-a7eb-709c824eb45a) Rosen Publishing Group, Inc., The. (PowerKids Pr.).

Interpreting the Bill of Rights, 1 vol. Ed. by Avery Elizabeth Hurt. 2018. (Opposing Viewpoints Ser.). (ENG.). 200p. (gr. 10-12). 50.43 *(978-1-5345-0293-2(9)*, b69ed8e4-3ec4-4eab-bcf6-6c9ddb0058b3) Greenhaven Publishing LLC.

Interracial Marriage: Loving V. Virginia, 1 vol. Cathleen Small. 2018. (Courting History Ser.). (ENG.). 64p. (gr. 6-6). lib. bdg. 37.36 *(978-1-5026-3586-0(0)*, 800cb54f-b5cf-426f-8f48-1ad0a1ee4a2e) Cavendish Square Publishing LLC.

Interrupted (Classic Reprint) Pansy Pansy. (ENG., Illus.). (J). 2018. 456p. 33.30 *(978-0-483-97589-7(3))*; 2016. pap. 16.57 *(978-1-334-23320-3(9))* Forgotten Bks.

Interrupted Friendship (Classic Reprint) Ethel Lillian Voynich. 2017. (ENG., Illus.). (J). 32.29 *(978-0-260-93561-8(1))*; pap. 16.57 *(978-1-5282-5905-7(X))* Forgotten Bks.

Interrupted Wedding, or Marion Marlowe As a Maid of Honor (Classic Reprint) Grace Shirley. 2018. (ENG., Illus.). (J). 40p. 24.74 *(978-1-396-63991-3(8))*; 42p. pap. 7.97 *(978-1-391-90785-7(X))* Forgotten Bks.

Interrupting. Joy Berry. 2018. (Help Me Be Good Ser.). (ENG.). 34p. (J). pap. 8.99 *(978-0-7396-0322-2(1))* Inspired Studios Inc.

Interrupting Chicken. David Ezra Stein. 2016. (ENG.). 38p. (J). (gr. -1-2). 19.36 net. *(978-1-64310-039-5(4))* Penworthy Co., LLC, The.

Interrupting Chicken & the Elephant of Surprise. David Ezra Stein. Illus. by David Ezra Stein. (Interrupting Chicken Ser.). (ENG.). 40p. (J). (gr. -1-3). 2021. 7.99 *(978-1-5362-1209-9(1))*; 2018. (Illus.). 17.99 *(978-0-7636-8842-4(8))* Candlewick Pr.

Interrupting Chicken: Cookies for Breakfast. David Ezra Stein. Illus. by David Ezra Stein. 2021. (Interrupting Chicken Ser.). (ENG.). 40p. (J). (gr. -1-3). 17.99 *(978-1-5362-0778-1(0))* Candlewick Pr.

Interrupting Cow. Jane Yolen. ed. 2021. (Ready-To-Read Ser.). (ENG., Illus.). 30p. (J). (gr. 2-3). 13.96 *(978-1-64697-753-6(X))* Penworthy Co., LLC, The.

Interrupting Cow: Ready-To-Read Level 2. Jane Yolen. Illus. by Joëlle Dreidemy & Joëlle Dreidemy. 2020. (Interrupting Cow Ser.). (ENG.). 32p. (J). (gr. k-2). 17.99 *(978-1-5344-5424-8(1))*; pap. 4.99 *(978-1-5344-5423-1(3))* Simon Spotlight. (Simon Spotlight).

Interrupting Cow & the Chicken Crossing the Road. Jane Yolen. ed. 2021. (Ready-To-Read Ser.). (ENG., Illus.). 30p. (J). (gr. 2-3). 13.96 *(978-1-64697-754-3(8))* Penworthy Co., LLC, The.

Interrupting Cow & the Chicken Crossing the Road: Ready-To-Read Level 2. Jane Yolen. Illus. by Joëlle Dreidemy & Joëlle Dreidemy. 2020. (Interrupting Cow Ser.). (ENG.). 32p. (J). (gr. k-2). 17.99 *(978-1-5344-8160-2(5))*; pap. 4.99 *(978-1-5344-8159-6(1))* Simon Spotlight. (Simon Spotlight).

Interrupting Cow & the Horse of a Different Color: Ready-To-Read Level 2. Jane Yolen. Illus. by Joëlle Dreidemy & Joëlle Dreidemy. (Interrupting Cow Ser.). (ENG.). 32p. (J). (gr. k-2). 2023. 17.99 *(978-1-6659-1440-6(8))*; 2022. pap. 4.99 *(978-1-6659-1439-0(4))* Simon Spotlight. (Simon Spotlight).

Intersections. Shanelle O. Boluyt. 2019. (ENG.). 232p. (YA). (gr. 7-12). 19.99 *(978-1-947989-57-3(X))*; pap. 12.99 *(978-1-947989-58-0(8))* Ann Arbor District Library. (Fifth Avenue Pr.).

Interstate Monthly Primer: With Supplement, Designed for Supplementary Reading in the First Year of School, September, 1887 (Classic Reprint) Unknown Author. 2018. (ENG., Illus.). 364p. (J). 31.40 *(978-0-267-28078-0(5))* Forgotten Bks.

Interstate Primer & First Reader (Classic Reprint) Ellen M. Cyr. 2017. (ENG., Illus.). (J). 26.87 *(978-0-266-26060-8(8))*; pap. 9.57 *(978-0-259-94988-6(4))* Forgotten Bks.

Interstate Second Reader (Classic Reprint) Kate L. Brown. (ENG., Illus.). (J). 2018. 194p. 27.90 *(978-0-364-75274-6(2))*; 2017. pap. 10.57 *(978-0-259-18878-0(6))* Forgotten Bks.

Interstate Third Reader (Classic Reprint) Mary Isabella Lovejoy. 2018. (ENG., Illus.). 218p. (J). 28.39 *(978-0-483-32253-0(9))* Forgotten Bks.

Interstellar! Can You Explore Beyond the Solar System?, 1 vol. David Hawksett. 2017. (Be a Space Scientist! Ser.). (ENG.). 48p. (J). (gr. 5-5). 31.93 *(978-1-5383-2203-1(X)*, 03d76bc6-e3c8-4724-a1a4-02a910e3d059); pap. 12.75 *(978-1-5383-2296-3(X)*, fadc571d-a9dc-4eb2-8669-4dfa14612597) Rosen Publishing Group, Inc., The. (PowerKids Pr.).

Interstellar Manned Space Travel, 1 vol. Jeri Freedman. 2018. (Sci-Fi or STEM? Ser.). (ENG., Illus.). 64p. (gr. 7-7). 36.13 *(978-1-5081-8037-1(7)*, cffae283-98a5-4c46-859b-ed0bc8410878) Rosen Publishing Group, Inc., The.

Interstellar Terra. J. E Kirk. 2019. (ENG.). 740p. (J). pap. ***(978-0-244-84411-0(9))*** Lulu Pr., Inc.

Interstellar Terra. J. E Kirk. (ENG.). (J). 2020. 738p. pap. 29.11 ***(978-0-244-55250-3(9))***; 2019. 740p. pap. 29.14 ***(978-0-244-84449-3(6))*** Wright Bks.

Interstellar Terra. John E. Kirk. 2020. (ENG.). 738p. (J). pap. *(978-0-244-56296-0(2))* Lulu Pr., Inc.

Intervening Lady (Classic Reprint) Edgar Jepson. 2018. (ENG., Illus.). 420p. (J). 32.56 *(978-0-483-48185-5(8))* Forgotten Bks.

Intervention. Mia Kerick. 2016. (ENG., Illus.). (J). 24.99 *(978-1-63533-036-6(X)*, Harmony Ink Pr.) Dreamspinner Pr.

Intervention: Alexei, Accidental Angel Book 2. Morgan Bruce. 2016. (ENG., Illus.). (YA). (gr. 7-12). 32.50 *(978-1-68181-825-2(6))*; pap. 21.00 *(978-1-68181-824-5(8))* Strategic Book Publishing & Rights Agency (SBPRA).

Intervention & Recovery, Vol. 13. Michael Centore. Ed. by Sara Becker. 2016. (Drug Addiction & Recovery Ser.). (Illus.). 64p. (J). (gr. 7). 23.95 *(978-1-4222-3605-5(6))* Mason Crest.

Interventions (Classic Reprint) Georgia Wood Pangborn. 2018. (ENG., Illus.). 424p. (J). 32.64 *(978-0-483-36233-8(6))* Forgotten Bks.

Interview an Innerview: Job & Joy... . for You. V Chellappan Iyer. 2018. (ENG., Illus.). 200p. (J). pap. 15.00 *(978-1-64324-782-3(4))* Notion Pr., Inc.

Interview with a Kangaroo: And Other Marsupials Too. Andy Seed. Illus. by Nick East. 2022. (Q&a Ser.). (ENG.). 48p. (J). (gr. 1-3). 12.95 *(978-1-78312-856-3(9))* Welbeck Publishing Group Ltd. GBR. Dist: Two Rivers Distribution.

Interview with a Panda: And Other Endangered Animals Too. Andy Seed. Illus. by Nick East. 2023. (Q&a Ser.). (ENG.). 48p. (J). (gr. 1-3). pap. 12.95 *(978-1-80453-508-0(7))* Welbeck Publishing Group Ltd. GBR. Dist: Two Rivers Distribution.

Interview with a Shark: And Other Ocean Giants Too. Andy Seed. Illus. by Nick East. 2021. (Q&a Ser.). (ENG.). 48p. (J). (gr. 1-3). 12.95 *(978-1-78312-653-8(1))* Welbeck Publishing Group Ltd. GBR. Dist: Two Rivers Distribution.

Interview with a Tiger: And Other Clawed Beasts Too. Andy Seed. Illus. by Nick East. 2021. (Q&a Ser.). (ENG.). 48p. (J). (gr. 1-3). 12.95 *(978-1-78312-647-7(7))* Welbeck Publishing Group Ltd. GBR. Dist: Two Rivers Distribution.

Interview with an Elf. Mary C. Judy. 2020. (ENG.). 30p. (J). 19.95 *(978-1-64952-774-5(8))*; pap. 13.95 *(978-1-64654-159-1(6))* Fulton Bks.

Interview with Cleopatra & Other Famous Rulers. Andy Seed. Illus. by Gareth Conway. 2022. (Interview With Ser.: 1). (ENG.). 128p. (J). (gr. 3-7). pap. 12.95 *(978-1-78312-853-2(4))* Welbeck Publishing Group Ltd. GBR. Dist: Two Rivers Distribution.

Interview with Mother Goose. Gerda Brien Cristal. 2022. 28p. (J). pap. 12.95 *(978-1-6678-3283-8(2))* BookBaby.

Interview with My Grandma: An Interactive Journal to Investigate Our Family History. Courtney Littler. 2018. (ENG., Illus.). 96p. (J). spiral bd. 9.99 *(978-1-250-19057-4(6)*, 900192488) St. Martin's Pr.

Interview with Rumpelstiltskin Junior: The True Love Story. Lilly Frohlich. 2019. (ENG.). 380p. (J). pap. *(978-3-7407-6283-4(7))* VICOO International Pr.

Interview with the Vixen (Archie Horror, Book 2) Rebecca Barrow. 2020. (ENG.). 336p. (YA). (gr. 9-12). pap. 9.99 *(978-1-338-56913-1(9))* Scholastic, Inc.

Interviews. José Manuel. Ferro Veiga. 2020. (ENG.). 84p. (J). pap. 20.05 *(978-1-716-69855-2(3))* Lulu Pr., Inc.

Interviews, or Bright Bohemia: An American Comedy in Four Acts (Classic Reprint) Milton Nobles. (ENG., Illus.). (J). 2018. 80p. 25.57 *(978-0-483-97771-6(3))*; 2016. pap. 9.57 *(978-1-333-59884-6(X))* Forgotten Bks.

Interviews with Monster Girls 6. Petos. 2018. (Interviews with Monster Girls Ser.: 6). (Illus.). 160p. (gr. 8-12). pap. 12.99 *(978-1-63236-487-6(5))* Kodansha America, Inc.

Interviews with the Ghosts of Pirates. John Townsend. Illus. by Rory Walker. ed. 2022. (Live from the Crypt Ser.). (ENG.). 178p. (J). (gr. 4-7). pap. 9.99 *(978-1-913971-23-6(6))* Book Hse. GBR. Dist: Sterling Publishing Co., Inc.

Interwar Years, 12 vols. 2017. (Interwar Years Ser.). (ENG.). 128p. (gr. 9-9). lib. bdg. 284.16 *(978-1-5026-2880-0(5)*, 37411a28-ae2e-4647-8810-e02e3d17550d, Cavendish Square) Cavendish Square Publishing LLC.

Interweaving (Classic Reprint) Lida Abbie Churchill. (ENG., Illus.). (J). 2018. 272p. 29.53 *(978-0-484-13663-1(1))*; 2016. pap. 11.97 *(978-1-334-12750-2(6))* Forgotten Bks.

Intimate: The Skin Care Edition: Vajacials, Derriere, & Thigh Treatments. J. Harrell. 2021. (ENG.). 82p. (YA). 169.00 ***(978-1-304-80334-4(1))*** Lulu Pr., Inc.

Intimate Advanced: The Skin Care Edition Part Two. Jenise Marilyn Harrell. 2021. (ENG.). 170p. *(978-1-304-80406-8(2))* Lulu Pr., Inc.

Intimate Prussia (Classic Reprint) A. Raymond. 2018. (ENG., Illus.). 302p. (J). 30.13 *(978-0-484-61539-6(4))* Forgotten Bks.

Intimate Reflections. Camila Hojas. 2020. (ENG.). 150p. (YA). pap. *(978-1-716-63158-0(0))* Lulu Pr., Inc.

Intimidating Elephants, 1 vol. Mary Molly Shea. 2016. (Cutest Animals... That Could Kill You! Ser.). (ENG.). 24p. (J). (gr. 2-3). lib. bdg. 24.27 *(978-1-4824-4912-9(9))*, a32d6357-2067-48f5-bdea-19549901ff2b) Stevens, Gareth Publishing LLLP.

Intimidators. Keith Davis. 2021. (ENG.). 154p. (YA). pap. 15.95 *(978-1-6624-3401-3(4))* Page Publishing Inc.

Into Amethyst Mists: Book 5 of the Cryptozoology Series. Heather Hamel. 2016. (ENG., Illus.). (J). pap. 9.99 *(978-0-9972358-7-6(X))* Jakobi Publishing, LLC.

Into an Indian Tent: Native American Indian Homes - Us History Books Children's American History. Baby Professor. 2017. (ENG., Illus.). (J). pap. 9.55 *(978-1-5419-1172-7(5))*, Baby Professor (Education Kids)) Speedy Publishing LLC.

Into an Unknown World. John Strange Winter. 2017. (ENG.). 328p. (J). pap. *(978-3-7447-3007-5(7))* Creation Pubs.

Into an Unknown World: A Novel (Classic Reprint) John Strange Winter. 2018. (ENG., Illus.). 324p. (J). 30.60 *(978-0-267-16224-6(3))* Forgotten Bks.

Into Athome. Lyla Cannavo. 2022. (ENG.). 58p. (J). pap. 15.00 ***(978-1-953507-85-3(9))*** Brightlings.

Into Darkness-Stuffed, Book 2. Liz Braswell. 2022. (Stuffed Ser.). (ENG.). 400p. (J). (gr. 3-7). pap. 7.99 *(978-1-368-04538-4(3))*, Disney-Hyperion) Disney Publishing Worldwide.

Into His Own: The Story of an Airedale (Classic Reprint) Clarence Budington Kelland. 2017. (ENG., Illus.). (J). 50p. 24.93 *(978-0-332-44377-5(9))*; pap. 9.57 *(978-0-259-46122-7(9))* Forgotten Bks.

Into Light. T. D. Shields. 2018. (Shadow & Light Ser.: Vol. 2). (ENG., Illus.). 254p. (YA). pap. *(978-0-9957397-5-8(7))* Aelurus Publishing.

Into Reading Rigby PM Extension Package 1a Levels C-G Grades K-5. Hmh Hmh. 2019. (ENG.). (J). pap. 2653.33 *(978-0-358-21238-6(3))* Houghton Mifflin Harcourt Publishing Co.

Into Reading Rigby PM Extension Package 1b Levels G-K Grades K-5. Hmh Hmh. 2019. (ENG.). (J). pap. 2920.00 *(978-0-358-21239-3(1))* Houghton Mifflin Harcourt Publishing Co.

Into Reading Rigby PM Extension Package 2 Levels I-N Grades K-5. Hmh Hmh. 2019. (ENG.). (J). pap. 1786.67 *(978-0-358-21242-3(1))* Houghton Mifflin Harcourt Publishing Co.

Into Reading Rigby PM Extension Package K Levels C-E Grades K-5. Hmh Hmh. 2019. (ENG.). (J). pap. 1920.00 *(978-0-358-21236-2(7))* Houghton Mifflin Harcourt Publishing Co.

Into Reading Rigby PM Extension Package K3 Levels I-U Grades K-5. Hmh Hmh. 2019. (ENG.). (J). pap. 1066.67 *(978-0-358-21243-0(X))* Houghton Mifflin Harcourt Publishing Co.

Into Shadow. T. D. Shields. 2nd ed. 2017. (Shadow & Light Ser.: Vol. 1). (ENG., Illus.). (YA). pap. *(978-0-9956325-7-8(X))* Aelurus Publishing.

Into the Abyss. Stefanie Gaither. (ENG.). 352p. (YA). (gr. 7). 2017. pap. 11.99 *(978-1-4814-4996-0(6))*; 2016. (Illus.). 18.99 *(978-1-4814-4995-3(8))* Simon & Schuster Bks. For Young Readers. (Simon & Schuster Bks. For Young Readers).

Into the Arctic. Matthew Long. Illus. by Marlene Gerlyng. 2020. 32p. (J). (gr. 2-3). 14.95 *(978-1-76036-085-6(6))*, 63e7ffff-278d-4370-8b09-d06a4c50280f) Starfish Bay Publishing Pty Ltd. AUS. Dist: Baker & Taylor Publisher Services (BTPS).

Into the Black. Ava Jae. 2017. (Beyond the Red Trilogy Ser.: 2). (ENG., Illus.). 372p. (YA). (gr. 7-13). 17.99 *(978-1-5107-2236-1(X))*, Sky Pony Pr.) Skyhorse Publishing Co., Inc.

Into the Blizzard: Heroism at Sea During the Great Blizzard of 1978 [the Young Readers Adaptation]. Michael J. Tougias. 2019. (True Rescue Ser.). (ENG., Illus.). 288p. (J). 21.99 *(978-1-62779-283-7(X))*, 900145310, Holt, Henry & Co. Bks. For Young Readers) Holt, Henry & Co.

Into the Bloodred Woods, 1 vol. Martha Brockenbrough. 2021. (ENG.). 368p. (YA). (gr. 9-9). 18.99 *(978-1-338-67387-6(4))*, Scholastic Pr.) Scholastic, Inc.

Into the Bright Open: a Secret Garden Remix. Cherie Dimaline. 2023. (Remixed Classics Ser.: 8). (ENG.). 288p. (YA). 19.99 ***(978-1-250-84265-7(4))***, 900256065) Feiwel & Friends.

Into the Bright Unknown. Rae Carson. (Gold Seer Trilogy Ser.: 3). (ENG.). 368p. (YA). (gr. 8). 2018. pap. 9.99 *(978-0-06-224298-3(9))*; 2017. 17.99 *(978-0-06-224297-6(0))* HarperCollins Pubs. (Greenwillow Bks.).

Into the Cave, 1 vol. Jill Keppeler. 2020. (Unofficial Minecraft(r) Graphic Novel Ser.). (ENG.). 32p. (J). (gr. 5-5). pap. 11.60 *(978-1-7253-0717-9(0))*, 865073bd-ba61-4ee7-a9f1-38a018db45da); lib. bdg. 27.93 *(978-1-7253-0709-4(X))*, c40c3389-ee14-4f7b-b76f-0941f7c4bfd4) Rosen Publishing Group, Inc., The. (PowerKids Pr.).

Into the Cave with Mr. Mcdoogle. Marie Whitton. 2019. (ENG., Illus.). 30p. (J). 22.00 *(978-0-578-48825-7(6))* Whitton Bks., LLC.

Into the Clouds. Margo Gates. Illus. by Jeff Crowther. 2019. (Let's Look at Weather (Pull Ahead Readers — Fiction) Ser.). (ENG.). 16p. (J). (gr. -1-1). 27.99 *(978-1-5415-5840-3(5))*, 502ef064-f1f6-4054-ad17-b5b579637c44, Lerner Pubns.) Lerner Publishing Group.

Into the Crooked Place. Alexandra Christo. 2021. (Into the Crooked Place Ser.: 1). (ENG.). 400p. (YA). pap. 11.99 *(978-1-250-62086-6(4))*, 900200205) Square Fish.

Into the Darkwood: A Complete Fantasy Trilogy. Anthea Sharp. 2022. (Darkwood Chronicles Ser.). (ENG.). 686p. (YA). 34.99 *(978-1-68013-151-2(6))* Fiddlehead Pr.

Into the Deep: An Exploration of Our Oceans. Wolfgang Dreyer. Illus. by Annika Siems. 2019. (ENG.). 96p. (J). (gr. 2). 25.00 *(978-3-7913-7390-4(0))* Prestel Verlag GmbH & Co KG. DEU. Dist: Penguin Random Hse. LLC.

Into the Deep: Large Picture Coloring Books. Jupiter Kids. 2016. (ENG., Illus.). 106p. (J). pap. 12.55 *(978-1-68305-256-2(0))*, Jupiter Kids (Childrens & Kids Fiction)) Speedy Publishing LLC.

Into the Deep! Ready-To-Read Level 2. Maria Le. Illus. by Alison Hawkins. 2023. (Super Gross Ser.). (ENG.). 32p. (J). (gr. k-2). 17.99 ***(978-1-6659-3357-5(7))***; pap. 4.99 ***(978-1-6659-3356-8(9))*** Simon Spotlight. (Simon Spotlight).

Into the Deep: Science, Technology, & the Quest to Protect the Ocean. Christy Peterson. 2020. (ENG., Illus.). 152p. (YA). (gr. 6-12). lib. bdg. 39.99 *(978-1-5415-5555-6(4))*, 146760ff-0ad5-44c7-8434-6d8a84d3d8ab, Twenty-First Century Bks.) Lerner Publishing Group.

Into the Dim. Janet B. Taylor. ed. 2017. lib. bdg. 20.85 *(978-0-606-39929-6(1))* Turtleback.

Into the Dying Light. Katy Rose Pool. 2021. (Age of Darkness Ser.: 3). (ENG., Illus.). 512p. (YA). 19.99 *(978-1-250-21179-8(4))*, 900203660, Holt, Henry & Co. Bks. For Young Readers) Holt, Henry & Co.

Into the Emerald Dream. Autumn Allen. 2022. (ENG.). 508p. (J). pap. 17.50 *(978-1-63988-178-9(6))* Primedia eLaunch LLC.

Into the Faraway. Kimberly J. Smith. 2018. (ENG., Illus.). 186p. (J). pap. *(978-1-387-56921-2(X))* Lulu Pr., Inc.

Into the Fire. R. R. Busse. ed. 2018. (Marvel 8x8 Bks). (ENG.). 30p. (J). (gr. -1-1). 13.89 *(978-1-64310-606-9(6))* Penworthy Co., LLC, The.

Into the Fire #1. Jody Houser. Illus. by Ryan Kelly et al. 2020. (Stranger Things Ser.). (ENG.). 24p. (J). (gr. 6-12). lib. bdg. 31.36 *(978-1-5321-4767-8(8))*, 36762, Graphic Novels) Spotlight.

Into the Fire #2. Jody Houser. Illus. by Ryan Kelly et al. 2020. (Stranger Things Ser.). (ENG.). 24p. (J). (gr. 6-12). lib. bdg. 31.36 *(978-1-5321-4768-5(6))*, 36763, Graphic Novels) Spotlight.

Into the Fire #3. Jody Houser. Illus. by Ryan Kelly et al. 2020. (Stranger Things Ser.). (ENG.). 24p. (J). (gr. 6-12). lib. bdg. 31.36 *(978-1-5321-4769-2(4))*, 36764, Graphic Novels) Spotlight.

Into the Fire #4. Jody Houser. Illus. by Ryan Kelly et al. 2020. (Stranger Things Ser.). (ENG.). 24p. (J). (gr. 6-12). lib. bdg. 31.36 *(978-1-5321-4770-8(8))*, 36765, Graphic Novels) Spotlight.

Into the Fire: the Game Master. Jody Houser. Illus. by Ibrahim Moustafa et al. 2020. (Stranger Things Ser.). (ENG.). 24p. (J). (gr. 6-12). lib. bdg. 31.36 *(978-1-5321-4771-5(6))*, 36766, Graphic Novels) Spotlight.

Into the Forest. Christiane Dorion. Illus. by Jane McGuinness. 2020. (ENG.). 64p. (J). 23.99 *(978-1-5476-0457-9(3))*, 900223557, Bloomsbury Children's Bks.) Bloomsbury Publishing USA.

Into the Forest. Michelle Wilson. 2021. (ENG.). 186p. (YA). pap. 9.99 *(978-1-393-85034-2(0))* Draft2Digital.

Into the Forest & down the Tower. Ann T. Bugg. 2016. (ENG., Illus.). (J). pap. 8.99 *(978-1-365-25609-7(X))* Lulu Pr., Inc.

Into the Game! (Minecraft Woodsword Chronicles #1) Nick Eliopulos. 2019. (Minecraft Woodsword Chronicles Ser.). (ENG., Illus.). 144p. (J). (gr. 1-4). 9.99 *(978-1-9848-5045-4(8))*, Random Hse. Bks. for Young Readers) Random Hse. Children's Bks.

Into the Glades. Laura Sebastian. 2022. 240p. (J). ***(978-0-593-64491-1(3))***, Delacorte Pr) Random House Publishing Group.

Into the Glades. Laura Sebastian. 2022. 240p. (J). (gr. 3-7). 17.99 *(978-0-593-42958-7(3))*, Delacorte Pr.) Random Hse. Children's Bks.

Into the Gray. Kathleen Palm. 2023. (ENG.). 382p. (J). pap. 18.00 ***(978-1-959946-04-5(8))*** Spooky Hse.

Into the Great Marinara. Nicolas C. Day. 2021. (ENG.). 208p. (J). pap. 10.99 *(978-1-64949-247-0(2))* Elk Lake Publishing, Inc.

Into the Heartlands. Roseanne A. Brown. ed. 2022. (Black Panther Graphic Nvl Ser.). (ENG.). 115p. (J). (gr. 3-7). 24.96 ***(978-1-68505-707-7(1))*** Penworthy Co., LLC, The.

Into the Highways & Hedges (Classic Reprint) F. F. Montresor. 2017. (ENG., Illus.). (J). 33.55 *(978-0-331-56069-5(0))* Forgotten Bks.

Into the Hollow. Lynn Vroman. 2018. (ENG.). 310p. (YA). (gr. 7-12). pap. 14.95 *(978-1-945654-16-9(3))* Owl Hollow Pr.

Into the Hourglass. Emily R. King. 2019. (Evermore Chronicles Ser.: 2). 286p. (YA). (gr. 10-13). (ENG.). 16.99 *(978-1-5420-9225-8(6))*, 9781542092258); pap. 9.99 *(978-1-5420-4394-6(8))*, 9781542043946) Amazon Publishing. (Skyscape).

Into the Hurricane. Neil Connelly. 2017. (ENG.). 240p. (YA). (gr. 9). 17.99 *(978-0-545-85381-1(8))*, Levine, Arthur A. Bks.) Scholastic, Inc.

Into the Jaws of Death (Classic Reprint) Private Jack O'Brien. 2017. (ENG., Illus.). (J). 30.41 *(978-0-331-90408-6(X))* Forgotten Bks.

Into the Jungle: Stories for Mowgli. Katherine Rundell. Illus. by Kristjana S. Williams. 2018. (ENG.). 240p. (J). (gr. 3-7). 24.99 *(978-1-5362-0527-5(3))* Candlewick Pr.

Into the Kelp Forest. Cora Reef. Illus. by Jake McDonald. 2022. (Not-So-Tiny Tales of Simon Seahorse Ser.: 5). (ENG.). 128p. (J). (gr. k-4). 17.99 *(978-1-6659-1214-3(6))*; pap. 6.99 *(978-1-6659-1213-6(8))* Little Simon. (Little Simon).

Into the Labyrinth: An Amazing Maze Challenge Adult Activity Book. Activibooks. 2016. (ENG., Illus.). (J). pap. 7.55 *(978-1-68321-369-7(6))* Mimaxion.

Into the Light. Charity Brandsma. 2021. (ENG.). 294p. (YA). pap. 14.99 *(978-1-0879-5667-1(6))* Indy Pub.

Into the Light. Mark Oshiro. 2023. (ENG.). 448p. (YA). 19.99 *(978-1-250-81225-4(9))*, 900248045, Tor Teen) Doherty, Tom Assocs., LLC.

Into the Maidstone. Shane Trusz & Darryl Frayne. 2020. (Maidstone Chronicles Ser.: Vol. 3). (ENG.). 404p. (YA). *(978-1-9995495-8-9(9))*; pap. *(978-1-9995495-7-2(0))* Fairbay Publishing.

Into the Midnight Void. Mara Fitzgerald. 2022. (Beyond the Ruby Veil Ser.: 2). (ENG.). 272p. (YA). (gr. 7-17). 18.99 *(978-0-7595-5775-8(6))* Little, Brown Bks. for Young Readers.

Into the Mind of Anorexia. Adrienne Vie. 2021. (ENG.). 244p. (YA). pap. 9.99 *(978-1-946702-56-2(0))* Freeze Time Media.

Into the Night: A Story of New Orleans (Classic Reprint) Frances Nimmo Greene. (ENG., Illus.). (J). 2018. 394p. 32.02 *(978-0-656-94666-2(0))*; 2016. pap. 16.57 *(978-1-334-16089-9(9))* Forgotten Bks.

Into the Night with Scary Zombies & Black Cats. Bobo's Children Activity Books. 2016. (ENG., Illus.). (J). pap. 9.33 *(978-1-68327-334-9(6))* Sunshine In My Soul Publishing.

Into the Nightfell Wood. Kristin Bailey. 2018. (ENG.). 368p. (J). (gr. 3-7). 16.99 *(978-0-06-239860-4(1))*, Tegen, Katherine Bks) HarperCollins Pubs.

Into the No-Zone (Sign of One Trilogy) Eugene Lambert. 2017. (Sign of One Trilogy Ser.: 2). (ENG.). 368p. (J). (gr. 7). pap. 10.99 *(978-1-4052-7736-5(X))*, Electric Monkey) Farshore GBR. Dist: HarperCollins Pubs.

Into the Oblivion: Animal Tales of Peril & Perseverance for Young Readers by Young Writers. David a Wierth. Illus. by Nate P. Jensen. 2016. (ENG.). (J). pap. 16.99 *(978-1-945687-01-3(0))* Idle Winter Pr.

Into the Ocean. Laura Baker. Illus. by Nadia Taylor. 2020. (ENG.). 10p. (J). (gr. -1-k). bds. 9.99 *(978-1-4197-3355-0(9))*, 1259810, Abrams Appleseed) Abrams, Inc.

Into the Ocean. Debra Classen. 2017. (ENG., Illus.). (J). 19.99 *(978-1-61244-523-6(3))* Halo Publishing International.

Into the Pit: an AFK Book (Five Nights at Freddy's: Fazbear Frights #1), 1 vol., Vol. 1. Scott Cawthon & Elley Cooper. 2019. (Five Nights at Freddy's Ser.: 1). (ENG.). 224p. (J). (gr. 7-7). pap. 9.99 *(978-1-338-57601-6(1))* Scholastic, Inc.

Into the Primitive (Classic Reprint) Robert Ames Bennet. 2018. (ENG., Illus.). 318p. (J). 30.48 *(978-0-483-20094-4(8))* Forgotten Bks.

Into the Real. Zac Brewer. 2020. (ENG.). 432p. (YA). (gr. 8). 17.99 *(978-0-06-269138-5(4))*, Quill Tree Bks.) HarperCollins Pubs.

Into the Redwoods: A Knookerdoodle Adventure. Laura Henderson. 2nd ed. 2016. (Knookerdoodle Adventure Ser.: Vol. 1). (ENG., Illus.). (J). (gr. k-6). pap. 9.99 *(978-0-9976172-1-4(7))* 1105 West House.

Into the River. Ted Dawe. 2016. (ENG.). 304p. (J). (gr. 7). 17.99 *(978-1-943818-19-8(3))* Polis Bks.

Into the River of Angels. George R. Wolfe. 2023. (ENG.). 428p. (YA). pap. 21.00 ***(978-1-958861-02-8(2))*** Sager Group, The.

Into the Royal Mazes of Dedale: Maze Books for Kids. Jupiter Kids. 2017. (ENG., Illus.). (J). pap. 9.05 *(978-1-5419-3272-2(2))*, Jupiter Kids (Childrens & Kids Fiction)) Speedy Publishing LLC.

Into the Sand Castle: A Lift-The-Flap Book. Cindy Jin. Illus. by Allison Black. 2022. (ENG.). 14p. (J). (-k). bds. 8.99 *(978-1-6659-1756-8(3))*, Little Simon) Little Simon.

Into the Shadow Mist (Legends of Lotus Island #2) Christina Soontornvat. 2023. (Legends of Lotus Island Ser.). (ENG.). 160p. (J). (gr. 3-7). 16.99 *(978-1-338-75917-4(5))*, Scholastic Pr.) Scholastic, Inc.

Into the Shadows. Beatrice Delrow. 2016. (ENG., Illus.). (YA). (gr. 7-12). pap. 17.95 *(978-1-63491-886-2(X))* Booklocker.com, Inc.

Into the Skies. Hannah Conrad. 2020. (ENG.). 72p. (YA). pap. 8.99 *(978-1-393-75464-0(3))* Draft2Digital.

Into the Snow. Yuki Kaneko. Illus. by Masamitsu Saito. 2016. (ENG.). 32p. (J). (gr. -1-2). 16.95 *(978-1-59270-188-9(4))* Enchanted Lion Bks., LLC.

Into the Spiders' Lair: The Rise of the Warlords Book Three: an Unofficial Minecrafter's Adventure. Mark Cheverton. 2018. (Rise of the Warlords Ser.: 3). (ENG.). 264p. (J). (gr. 4-4). 16.99 *(978-1-5107-2833-2(3))*; pap. 9.99 *(978-1-5107-2739-7(6))* Skyhorse Publishing Co., Inc. (Sky Pony Pr.).

Into the Spotlight. Carrie Hope Fletcher. 2021. (Illus.). 256p. (J). (gr. 4-6). 14.99 ***(978-0-241-46211-9(8))***, Puffin) Penguin Bks., Ltd. GBR. Dist: Independent Pubs. Group.

Into the Storm: A Mermaid's Journey. Julie Gilbert. Illus. by Kirbi Fagan. 2017. (Dark Waters Ser.). (ENG.). 160p. (J). (gr. 5-9). lib. bdg. 26.65 *(978-1-4965-4171-0(5))*, 133769, Stone Arch Bks.) Capstone.

Into the Storm #3. Samuel P. Fortsch. Illus. by Manuel Gutierrez. 2020. (Pawtriot Dogs Ser.: 3). 96p. (J). (gr. 2-4). 5.99 *(978-0-593-22235-5(0))*, Grosset & Dunlap) Penguin Young Readers Group.

Into the Streets: A Young Person's Visual History of Protest in the United States. Marke Bieschke. 2020. (ENG., Illus.). 176p. (YA). (gr. 9-12). pap. 19.99 *(978-1-5415-7904-0(6))*, 9f14a024-e8c2-47fc-a048-30307a35e5b1); lib. bdg. 37.32 *(978-1-5415-7903-3(8))*, 66bd958f-fb67-4c68-b392-d78d2b6ea4a5) Lerner Publishing Group. (Zest Bks.).

Into the Sublime. Kate A. Boorman. 2022. (ENG.). 368p. (YA). 18.99 *(978-1-250-19170-0(X))*, 900192785, Holt, Henry & Co. Bks. For Young Readers) Holt, Henry & Co.

Into the Sublime. Kate A. Boorman. 2023. (ENG.). 368p. (YA). pap. 12.99 *(978-1-250-87895-3(0))*, 900192786) Square Fish.

Into the Tall, Tall Grass. Loriel Ryon. 2020. (ENG.). 336p. (J). (gr. 5). 17.99 *(978-1-5344-4967-1(1))*, McElderry, Margaret K. Bks.) McElderry, Margaret K. Bks.

Into the Unknown Weebee Book 18. R. M. Price-Mohr. 2021. (ENG.). 34p. (J). pap. *(978-1-913946-47-0(9))* Crossbridge Bks.

Into the Unknown Weebee Book 18a. R. M. Price-Mohr. 2021. (ENG.). 34p. (J). pap. *(978-1-913946-56-2(8))* Crossbridge Bks.

Into the Volcano. Chaman Simon. Illus. by Bruno St Aubin. 2020. (ENG.). 32p. (J). pap. *(978-1-922374-87-5(3))* Library For All Limited.

Into the Waves. Kiki Thorpe. 2016. (Never Girls Ser.: 11). lib. bdg. 16.00 *(978-0-606-38467-4(7))* Turtleback.

Into the Web. Simon Rose. 2017. (ENG., Illus.). (J). pap. *(978-0-9959403-4-5(7))* Simon/Rose.

Into the White: Scott's Antarctic Odyssey. Joanna Grochowicz. 2017. (ENG.). 288p. (J). (gr. 5-9). pap. 14.99 *(978-1-76029-365-9(2))* Allen & Unwin AUS. Dist: Independent Pubs. Group.

Into the Wild. Robert Vescio. Illus. by Mel Armstrong. 2021. (ENG.). 32p. (J). (gr. -1-1). 17.99 *(978-1-913639-16-7(9))*, 95d6b766-64a0-4e84-be49-940d924c7e8e) New Frontier Publishing AUS. Dist: Lerner Publishing Group.

Into the Wild. Doreen Cronin. ed. 2017. (Chicken Squad Ser.: 3). lib. bdg. 17.20 *(978-0-606-40204-0(7))* Turtleback.

Into the Wild: Yet Another Misadventure. Doreen Cronin. Illus. by Stephen Gilpin. (Chicken Squad Ser.: 3). (ENG.). 112p. (J). (gr. 2-5). 2017. pap. 7.99 *(978-1-4814-5047-8(6))*; 2016. 12.99 *(978-1-4814-5046-1(8))*, Atheneum/Caitlyn Dlouhy Books) Simon & Schuster Children's Publishing.

Into the Wild Puzzles! Mazes, Connect the Dot & Spot the Difference Puzzles for Kids - the Puzzles Nature Edition. Activibooks For Kids. 2016. (ENG., Illus.). (J). pap. 9.25 *(978-1-68321-126-6(X))* Mimaxion.

Into the Wind. William Loizeaux. Illus. by Laura Jacobsen. 2021. (ENG.). 192p. (J). (gr. 3-6). 16.99 *(978-1-947159-42-6(9))*, aeabbfae-998a-4be2-a51c-1794157f417e, One Elm Books) Red Chair Pr.

Into the Woods Children's European Folktales. Baby Professor. 2017. (ENG., Illus.). (J). pap. 7.89 *(978-1-5419-0338-8(2))*, Baby Professor (Education Kids)) Speedy Publishing LLC.

Into Thin Air: #4. Franklin Dixon. 2021. (Hardy Boys Adventures Ser.). (ENG.). 120p. (J). (gr. 3-7). lib. bdg. 31.36 *(978-1-0982-5004-1(4))*, 36982, Chapter Bks.) Spotlight.

Intombazana Ekwaziyo. Martha Lumatete. 2022. (XHO.). 36p. (J). 19.99 *(978-1-0880-2185-9(9))* Indy Pub.

Intorno Alla Balena Presa in Taranto Nel Febbrajo 1877: Memoria (Classic Reprint) Francesco Gasco. 2017. (ITA., Illus.). (J). 25.20 *(978-0-265-41195-7(5))*; pap. 9.57 *(978-0-282-43644-5(8))* Forgotten Bks.

Intoxicated Ghost, & Other Stories (Classic Reprint) Arlo Bates. 2017. (ENG., Illus.). (J). 30.50 *(978-0-265-54347-4(9))* Forgotten Bks.

Intoxicating Plants. Joyce Markovics. 2021. (Beware! Killer Plants Ser.). (ENG., Illus.). 24p. (J). (gr. 3-6). pap. 12.79 *(978-1-5341-8908-9(4))*, 219343); lib. bdg. 30.64 *(978-1-5341-8768-9(5))*, 219342) Cherry Lake Publishing.

Intra-Earth Chronicles: Book I: the Two Sisters. Kara Jacobson. 2022. (ENG.). 112p. (J). pap. 9.99 ***(978-1-63988-217-5(0))*** Primedia eLaunch LLC.

Intra Muros (Classic Reprint) Rebecca Ruter Springer. (ENG., Illus.). (J). 2017. 25.96 *(978-1-5280-3413-5(9))*; 2016. 16.57 *(978-1-334-99685-6(7))* Forgotten Bks.

Intrabit: One World. Melody Lily Jade. 2021. (ENG.). 294p. (YA). *(978-1-0391-2688-6(X))*; pap. *(978-1-0391-2687-9(1))* FriesenPress.

Intrepid Three: Animus Revealed. Brianna Penfold & Matthew Penfold. 2023. (ENG.). 134p. (YA). 24.95 ***(978-1-64663-981-6(2))***; pap. 16.95 ***(978-1-64663-979-3(0))*** Koehler Bks.

Intrepids: A Sci-Fi Fantasy Novel. Diana Huang. 2019. (ENG.). 166p. *(978-0-359-88949-5(2))* Lulu Pr., Inc.

Intrepids - a Sci-Fi Fantasy Novel. Diana Huang. 2019. (ENG.). 166p. pap. *(978-0-359-42847-2(9))* Lulu Pr., Inc.

Intricate & Beautiful Dream Catchers Coloring Book. Activity Book Zone. 2016. (ENG., Illus.). (J). pap. 9.20 *(978-1-68376-448-9(X))* Sabeels Publishing.

Intricate Animal Mandalas: Stained Glass Coloring Kit. Jupiter Kids. 2016. (ENG., Illus.). 106p. (YA). pap. 12.55 *(978-1-68305-257-9(9))*, Jupiter Kids (Childrens & Kids Fiction)) Speedy Publishing LLC.

Intricate Coloring Book (Mysterious Mechanical Creatures) Advanced Coloring (Colouring) Books with 40 Coloring Pages: Mysterious Mechanical Creatures (Colouring (Coloring) Books) James Manning. 2019. (Intricate Coloring Book Ser.: Vol. 11). (ENG., Illus.). 82p. (YA). pap. *(978-1-83856-594-7(9))* Coloring Pages.

Intricate Designs: Many Houses in Detail Coloring Book. Activity Attic Books. 2016. (ENG., Illus.). (J). pap. 7.74 *(978-1-68323-771-6(4))* Twin Flame Productions.

Intricate Mandala Coloring Sheets: Coloring Books for Adults. Activibooks. 2016. (ENG., Illus.). (J). pap. 9.20 *(978-1-68321-108-2(1))* Mimaxion.

Intricate Owl Pattern Coloring Book: Relaxing Designs for Calming, Stress & Meditation - Calming Coloring Books for Teens. Activibooks For Kids. 2016. (ENG., Illus.). (J). pap. 9.20 *(978-1-68321-023-8(9))* Mimaxion.

Intricate Relationship Between Force & Change Energy, Force & Motion Grade 3 Children's Physics Books. Baby Professor. 2021. (ENG.). 72p. (J). 27.99 *(978-1-5419-8335-9(1))*; pap. 16.99 *(978-1-5419-5910-1(8))* Speedy Publishing LLC. (Baby Professor (Education Kids)).

Intrigue: Or, Married Yesterday; a Comic Interlude, in One Act; As Performed at Theatre Royal, Drury Lane (Classic Reprint) John Poole. 2018. (ENG., Illus.). 30p. (J). 24.54 *(978-0-483-84757-6(7))* Forgotten Bks.

Intrigue at Buckden Towers. Linda Upham. 2022. (ENG.). 226p. (YA). pap. ***(978-1-80369-526-6(9))*** Authors OnLine, Ltd.

Intriguers, or Pevensel, Vol. 2 Of 3: A Romance of the Barons' War (Classic Reprint) Edward Turner. (ENG., Illus.). (J). 2018. 270p. 29.47 *(978-0-267-32008-0(6))*; 2016. pap. 11.97 *(978-1-333-48660-0(X))* Forgotten Bks.

Intriguers, or Pevensel, Vol. 3 Of 3: A Romance of the Barons' War (Classic Reprint) Edward Turner. (ENG., Illus.). (J). 2018. 242p. 28.89 *(978-0-483-83805-5(5))*; 2016. pap. 11.57 *(978-1-334-25610-3(1))* Forgotten Bks.

Intrigues du Cabinet de la Duchesse de Polignac, Piece Curieuse, Calque Sur la Narration d'un Valet-De-Chambre de Cette Duchesse, Qui a Tout Ecrit, Apres Avoir Tout Entendu: On Trouve a la Suite la Correspondance du Sieur Mounier Avec Quelques AR. Unknown Author. 2018. (FRE., Illus.). 36p. (J). pap. 7.97 *(978-0-428-18572-5(X))* Forgotten Bks.

Intrigues du Cabinet des Rats: Apologue National, Destine a l'Instruction de la Jeunesse, et a l'Amusement des Vieillards (Classic Reprint) Unknown Author. 2017. (FRE., Illus.). (J). 154p. 27.07 *(978-0-332-71962-7(6))*; 156p. pap. 9.57 *(978-0-332-45045-2(7))* Forgotten Bks.

Intro to Dressage. Whitney Sanderson. 2017. (Saddle Up! Ser.). (ENG., Illus.). 48p. (J). (gr. 3-6). lib. bdg. 34.21 *(978-1-5321-1339-0(0))*, 27637, SportsZone) ABDO Publishing Co.

TITLE INDEX INUNDATION

Intro to Eventing. Whitney Sanderson. 2017. (Saddle Up! Ser.). (ENG., Illus.). 48p. (J). (gr. 3-6). lib. bdg. 34.21 *(978-1-5321-1340-6(4),* 27638, SportsZone) ABDO Publishing Co.

Intro to Horse Polo. Marcia Amidon Lusted. 2017. (Saddle Up! Ser.). (ENG.). 48p. (J). (gr. 3-6). lib. bdg. 34.21 *(978-1-5321-1341-3(2),* 27639, SportsZone) ABDO Publishing Co.

Intro to Horse Racing. Whitney Sanderson. 2017. (Saddle Up! Ser.). (ENG., Illus.). 48p. (J). (gr. 3-6). lib. bdg. 34.21 *(978-1-5321-1342-0(0),* 27640, SportsZone) ABDO Publishing Co.

Intro to Rodeo. Molly Lauryssens. 2017. (Saddle Up! Ser.). (ENG., Illus.). 48p. (J). (gr. 3-6). lib. bdg. 34.21 *(978-1-5321-1343-7(9),* 27641, SportsZone) ABDO Publishing Co.

Intro to Show Jumping. Sarah Aswell. 2017. (Saddle Up! Ser.). (ENG., Illus.). 48p. (J). (gr. 3-6). lib. bdg. 34.21 *(978-1-5321-1344-4(7),* 27642, SportsZone) ABDO Publishing Co.

Introducing Banana Anna & Friends. Doris McKinney Jones. 2017. (ENG., Illus.). (J). pap. 17.99 *(978-1-5456-0807-4(5))* Salem Author Services.

Introducing Beatrice. Tammy Lynn Laird. 2017. (ENG., Illus.). 42p. (J). pap. 15.95 *(978-1-9736-1089-2(2),* WestBow Pr.) Author Solutions, LLC.

Introducing Famous Americans, 12 vols. 2019. (Introducing Famous Americans Ser.). (ENG.). 32p. (J). (gr. 3-4). lib. bdg. 161.58 *(978-1-9785-1146-0(9),* a6e7e837-6c4b-4952-a266-827ce638501b) Enslow Publishing, LLC.

Introducing Issues with Opposing Viewpoints (Fall 2018), 12 vols. 2018. (Introducing Issues with Opposing Viewpoints Ser.). (ENG.). 120p. (YA). (gr. 7-10). lib. bdg. 261.78 *(978-1-5345-0370-0(6),* 767e806f-3adc-4659-8acb-ced4be762f46) Greenhaven Publishing LLC.

Introducing Issues with Opposing Viewpoints (Fall 2019) 2019. (Introducing Issues with Opposing Viewpoints Ser.). (ENG.). 120p. (YA). pap. 169.80 *(978-1-5345-0586-5(5));* (gr. 7-10). lib. bdg. 261.78 *(978-1-5345-0582-7(2),* 8164d199-b978-4020-b7ed-136f6518cb36) Greenhaven Publishing LLC.

Introducing Issues with Opposing Viewpoints (Spring 2018), 12 vols. 2017. (Introducing Issues with Opposing Viewpoints Ser.). (ENG.). 120p. (YA). (gr. 7-10). lib. bdg. 261.78 *(978-1-5345-0245-1(9),* c903fbb7-adcb-4400-938b-08b2e156add6) Greenhaven Publishing LLC.

Introducing Issues with Opposing Viewpoints (Spring 2020), 12 vols. 2019. (Introducing Issues with Opposing Viewpoints Ser.). (ENG.). 120p. (YA). (gr. 7-10). lib. bdg. 261.78 *(978-1-5345-0673-2(X),* f878ff37-8762-4e1d-9084-b21c8930785a) Greenhaven Publishing LLC.

Introducing Primary Sources. Kathryn Clay. 2017. (Introducing Primary Sources Ser.). (ENG., Illus.). 32p. (J). (gr. -1-2). 275.85 *(978-1-5157-6357-4(9),* 26459, Capstone Pr.) Capstone.

Introducing Simone: An Early Teen Book Series. Key Thomas. 2022. (ENG.). 358p. (YA). pap. 20.00 ***(978-1-0880-6720-8(4))*** Indy Pub.

Introducing Supersonic Sam & Cal the Great & the Mystery of the Missing Hamster Laser Brown. Alita Guerrant. Illus. by Elisha Davis, II. 2021. (Supersonic Sam & Cal the Great Ser.: Vol. 1). (ENG.). 32p. (J). pap. 12.99 *(978-1-7367605-2-9(1))* read2yourchild LLC.

Introducing Supersonic Sam Cal the Great & the Mystery of the Missing Hamster Mr. Laser Brown. Alita Guerrant. Illus. by Elisha Davis, II. 2021. (ENG.). 32p. (J). 24.00 *(978-1-7367605-0-5(5))* read2yourchild LLC.

Introducing Teddy: A Gentle Story about Gender & Friendship. Jessica Walton. Illus. by Dougal MacPherson. 2016. (ENG.). 32p. (J). 17.99 *(978-1-68119-210-9(1),* 900164037); E-Book 12.59 *(978-1-68119-211-6(X))* Bloomsbury Publishing USA. (Bloomsbury USA Childrens).

Introducing the Poodle Named Oodle. Nyomi Pfeffer & Paul Pfeffer. 2019. (ENG.). 38p. (J). pap. 17.99 *(978-0-359-78975-7(7))* Lulu Pr., Inc.

Introduction of Sarah Collins Rudolph: The Story of the Fifth Little Girl Who Survived the 16th Street Baptist Church Bombing. Lavon Stennis-Williams. 2021. (ENG.). 44p. (J). 21.95 *(978-1-7322440-8-5(1))* LSW Strategies, LLC.

Introduction to Adulthood: Instructional Guide. A. J. Caleb. 2019. (Adulthood Ser.: Vol. 1). (ENG.). 52p. (J). pap. 16.88 ***(978-0-578-47026-9(8))*** J. R. Johnson.

Introduction to Algebra: Designed for Use in Our Public Schools, by Pupils Not Having Sufficient Maturity to Enter at Once upon the Author's Complete Algebra, & for Preparatory Departments of Colleges, Where This Book Can Be Followed Immediately by Th. Edward Olney. (ENG., Illus.). (J). 2018. 264p. 29.34 *(978-0-365-18575-8(2));* 2017. pap. 11.97 *(978-0-282-94459-9(1))* Forgotten Bks.

Introduction to Algebra: Designed for Use in Our Public Schools, by Pupils Not Having Sufficient Maturity to Enter at Once upon the Author's Complete School Algebra, & for Preparatory Departments of Colleges (Classic Reprint) Edward Olney. 2018. (ENG., Illus.). (J). 28.54 *(978-0-266-78922-2(6));* pap. 10.97 *(978-1-5278-6937-0(7))* Forgotten Bks.

Introduction to Anatomy & Physiology: Cardiovascular & Respiratory Systems, vols. 6, vol. 2. Tommy Mitchell. 2016. (Wonders of the Human Body Ser.: 2). (ENG., Illus.). 106p. (gr. 7-8). 17.99 *(978-0-89051-928-8(5),* Master Books) New Leaf Publishing Group.

Introduction to Astronomy, Geography, Navigation & Other Mathematical Sciences, Made Easie by the Description & Uses of the Coelestial & Terrestrial Globes: In Seven Parts (Classic Reprint) Robert Morden. 2016. (ENG., Illus.). (J). pap. 13.57 *(978-1-333-32987-7(3))* Forgotten Bks.

Introduction to Birds of America for Kids. Rachel Bubb. 2022. (ENG.). 52p. (J). pap. 13.40 *(978-1-4357-7541-1(4))* Lulu Pr., Inc.

Introduction to Economics Workbook. Hannah Kling. 2021. (ENG.). (YA). (gr. 9-12). pap. 24.95 *(978-1-5051-2186-5(8),* 3521) TAN Bks.

Introduction to Elementary Practical Biology: A Laboratory Guide for High-School & College Students (Classic Reprint) Charles Wright Dodge. 2018. (ENG., Illus.). 454p. (J). 33.26 *(978-0-656-28271-5(1))* Forgotten Bks.

Introduction to Fractions - Math Workbooks Grade 6 Children's Fraction Books. Baby Professor. 2017. (ENG., Illus.). (J). pap. 8.79 *(978-1-5419-4055-0(5),* Baby Professor (Education Kids)) Speedy Publishing LLC.

Introduction to Galaxies, Nebulaes & Black Holes Astronomy Picture Book Astronomy & Space Science. Baby Professor. 2017. (ENG., Illus.). (J). pap. 9.25 *(978-1-5419-0522-1(9),* Baby Professor (Education Kids)) Speedy Publishing LLC.

Introduction to General Biology. William Thompson Sedgwick. 2017. (ENG.). 248p. (J). pap. *(978-3-337-21490-6(8))* Creation Pubs.

Introduction to Geology: Comprising the Elements of the Science in Its Present Advanced State, & All the Recent Discoveries; with an Outline of the Geology of England & Wales (Classic Reprint) Robert Bakewell. (ENG., Illus.). (J). 2018. 564p. 35.53 *(978-0-666-63729-1(6));* 2018. 554p. 35.34 *(978-0-656-15215-5(X));* 2017. pap. 19.57 *(978-0-282-63606-7(4));* 2017. pap. 19.57 *(978-0-282-61180-4(0))* Forgotten Bks.

Introduction to Geology: Intended to Convey a Practical Knowledge of the Science, & Comprising the Most Important Recent Discoveries; with Explanations of the Facts & Phenomena Which Serve to Confirm or Invalidate Various Geological Theories. Robert Bakewell. (ENG., Illus.). (J). 2018. 636p. 37.01 *(978-0-365-46882-0(7));* 2017. 34.42 *(978-0-265-53134-1(9));* 2017. pap. 16.97 *(978-0-282-68778-6(5));* 2016. pap. 19.57 *(978-1-334-48248-9(9))* Forgotten Bks.

Introduction to Geology, Illustrative of the General Structure of the Earth: Comprising the Elements of the Science, & an Outline of the Geology & Mineral Geography of England (Classic Reprint) Robert Bakewell. (ENG., Illus.). (J). 2018. 540p. 35.03 *(978-0-483-77724-8(2));* 2016. pap. 19.57 *(978-1-333-14072-4(X))* Forgotten Bks.

Introduction to Geometric Shapes - Geometry Books for Kids Children's Math Books. Baby Professor. 2017. (ENG., Illus.). (J). pap. 9.25 *(978-1-5419-0414-9(1),* Baby Professor (Education Kids)) Speedy Publishing LLC.

Introduction to Geometry: A Manual of Exercises for Beginners (Classic Reprint) William Schoch. (ENG., Illus.). (J). 2018. 148p. 26.95 *(978-0-656-40697-5(6));* 2017. pap. 9.57 *(978-0-282-46059-4(4))* Forgotten Bks.

Introduction to Geometry: Containing the Most Useful Propositions in Euclid, & Other Authors; Demonstrated in a Clear & Easy Method, for the Use of Learners (Classic Reprint) William Payne. 2018. (ENG., Illus.). (J). 304p. 30.19 *(978-1-391-62722-9(9));* 306p. pap. 13.57 *(978-1-391-62710-6(5))* Forgotten Bks.

Introduction to Greek Mythology for Kids: A Fun Collection of the Best Heroes, Monsters, & Gods in Greek Myth. Richard Marcus et al. 2021. (Greek Myths Ser.). (Illus.). 200p. (J). (gr. 4). pap. 14.95 *(978-1-64604-191-6(7))* Ulysses Pr.

Introduction to Igbo Mythology for Kids: A Fun Collection of Heroes, Creatures, Gods, & Goddesses in West African Tradition. Chinelo Anyadiegwu. 2023. (Igbo Myths Ser.). (Illus.). 200p. (J). (gr. 4). pap. 14.95 *(978-1-64604-314-9(6))* Ulysses Pr.

Introduction to Infinite Series. William F. Osgood. 2017. (ENG., Illus.). (J). pap. *(978-0-649-33460-5(4))* Trieste Publishing Pty Ltd.

Introduction to Leaves from Nature's Story-Book: For Kindergarten & Primary Classes (Classic Reprint) M. A. B. Kelly. (ENG., Illus.). (J). 2019. 188p. 27.77 *(978-0-365-20369-8(6));* 2017. pap. 10.57 *(978-0-259-26230-5(7))* Forgotten Bks.

Introduction to Literature: A Text Book for Use in Grades VII & VIII of the Elementary Schools of Alberta (Classic Reprint) Canada Education Minister. (ENG., Illus.). (J). 2018. 424p. 32.64 *(978-0-483-77893-1(1));* 2017. pap. 16.57 *(978-0-243-31435-5(3))* Forgotten Bks.

Introduction to Mass & Weight 3rd Grade: Physics for Kids Children's Physics Books. Baby Professor. 2017. (ENG., Illus.). (YA). pap. 8.79 *(978-1-5419-3853-3(4),* Baby Professor (Education Kids)) Speedy Publishing LLC.

Introduction to Mensuration & Practical Geometry: To Which Are Added, a Treatise on Guaging, & Also the Most Important Problems in Mechanics (Classic Reprint) John Bonnycastle. (ENG., Illus.). (J). 2017. 30.17 *(978-0-331-71902-4(9));* 2016. pap. 13.57 *(978-1-333-29796-1(3))* Forgotten Bks.

Introduction to Microsoft Office 2016. Kathleen M. Austin & Lorraine N. Bergkvist. 2017. (ENG., Illus.). 448p. (gr. 9-12). pap. 118.40 *(978-1-63563-279-8(X))* Goodheart-Willcox Pub.

Introduction to Mobile Data see Introduction to Mobile Data, Circuit Switched, Packet Switched, Mobitex, CDPD, GPRS, EVDO & Cellular Packet Data, 2nd Edition

Introduction to Norse Mythology for Kids: A Fun Collection of the Greatest Heroes, Monsters, & Gods in Norse Myth. Peter Aperlo. 2021. (ENG., Illus.). 256p. (J). (gr. 4). pap. 14.95 *(978-1-64604-190-9(9))* Ulysses Pr.

Introduction to Number Logic - Sudoku Book for Kids. Senor Sudoku. 2019. (ENG.). 78p. (J). pap. 10.99 *(978-1-64521-515-8(6))* Editorial Imagen.

Introduction to Physical Science. Alfred Payson Gage. 2017. (ENG.). 380p. (J). pap. *(978-3-337-03610-2(4))* Creation Pubs.

Introduction to Prescribed Fire in Southern Ecosystems. Thomas A. Waldrop & Scott L. Goodrick. Ed. by Forest Service (U.S.) & Southern Research Station (U.S.). rev. ed. 2018. (ENG., Illus.). 84p. (gr. 13). pap. 18.00 *(978-0-16-094395-9(7),* Forest Service) United States Government Printing Office.

Introduction to Probability & Statistics Using Basic. Richard A. Groeneveld. 2020. (ENG.). 464p. (C). E-Book 290.00 *(978-1-000-11042-5(7),* 9781003065005, CRC Press) Taylor & Francis Group GBR. Dist: Taylor & Francis Group.

Introduction to Reading Maps & Globes Correctly Social Studies Grade 2 Children's Geography & Cultures Books. Baby Professor. 2022. (ENG.). 72p. (J). 31.99 ***(978-1-5419-9677-9(1));*** pap. 19.99 ***(978-1-5419-8744-9(6))*** Speedy Publishing LLC. (Baby Professor (Education Kids)).

Introduction to Renewable Energy Sources: Environment Books for Kids Children's Environment Books. Baby Professor. 2017. (ENG., Illus.). (J). pap. 8.79 *(978-1-5419-3844-1(5),* Baby Professor (Education Kids)) Speedy Publishing LLC.

Introduction to Security. Simon Houghton. 2016. (ENG., Illus.). 316p. (J). pap. 14.95 *(978-1-78612-693-1(1),* 7021fb90-a54b-4598-abf5-745aad5a4f4a) Austin Macauley Pubs. Ltd. GBR. Dist: Baker & Taylor Publisher Services (BTPS).

Introduction to the Ancient & Modern Geometry of Conics. Charles Taylor. 2017. (ENG.). 476p. (J). pap. *(978-3-337-01481-0(X))* Creation Pubs.

Introduction to the Art of Thinking: Fourth Edition, Enlarged with Additional Maxims & Illustrations (Classic Reprint) Henry Home. (ENG., Illus.). (J). 2018. 324p. 30.60 *(978-0-483-39460-5(2));* 2016. pap. 13.57 *(978-1-334-16055-4(4))* Forgotten Bks.

Introduction to the Art of Thinking (Classic Reprint) Henry Home. 2017. (ENG., Illus.). (J). 30.64 *(978-0-260-40554-8(X));* pap. 13.57 *(978-1-5284-1641-2(4))* Forgotten Bks.

Introduction to the Eclectic Reader: A Selection of Familiar Lessons, Designed for Common Schools (Classic Reprint) B. B. Edwards. (ENG., Illus.). (J). 2018. 172p. 27.44 *(978-0-428-50045-0(5));* 2016. pap. 9.97 *(978-1-333-27062-9(3))* Forgotten Bks.

Introduction to the English Reader, or a Selection of Pieces in Prose & Poetry: Calculated to Improve the Younger Classes of Learners in Reading, & to Imbue Their Minds with the Love of Virtue; with Rules & Observations for Assisting Children to Rea. Lindley Murray. 2018. (ENG., Illus.). 252p. (J). 29.11 *(978-0-483-07098-1(X))* Forgotten Bks.

Introduction to the Gradual Reader, or Primary School Enunciator, Vol. 2: The Child's Second Step, Taken at the Right Time (Classic Reprint) David Bates Tower. (ENG., Illus.). (J). 2019. 218p. 28.39 *(978-0-365-24390-8(6));* 2017. pap. 10.57 *(978-0-259-19683-9(5))* Forgotten Bks.

Introduction to the Italian Language: An Containing Specimens Both of Prose & Verse; Selected from Francesco Redi, Galileo Galilei, Eustachio Manfredi, Giampietro Zanotti, Annibale Caro, Antonmaria Salvini, Rafaello Da Urbino, Baldassare Castiglione. Giuseppe Baretti. (ENG., Illus.). (J). 2018. 480p. 33.82 *(978-0-656-66973-8(X));* 2016. pap. 16.57 *(978-1-333-30895-7(7))* Forgotten Bks.

Introduction to the Osteology of the Mammalia. William Henry Flower. 2017. (ENG.). 360p. (J). pap. *(978-3-337-15619-0(3))* Creation Pubs.

Introduction to the Periodic Table of Elements: Chemistry Textbook Grade 8 Children's Chemistry Books. Baby Professor. 2017. (ENG., Illus.). (YA). pap. 9.25 *(978-1-5419-0535-1(0),* Baby Professor (Education Kids)) Speedy Publishing LLC.

Introduction to the Study of English Fiction. William Edward Simonds. 2017. (ENG., Illus.). (J). pap. *(978-0-649-05610-1(8))* Trieste Publishing Pty Ltd.

Introduction to the Study of English Fiction (Classic Reprint) William Edward Simonds. (ENG., Illus.). (J). 2017. 28.97 *(978-1-5282-8167-6(5));* 2016. pap. 9.57 *(978-1-334-42521-9(3))* Forgotten Bks.

Introduction to the Study of Minerals: A Combined Text-Book & Pocket Manual (Classic Reprint) Austin Flint Rogers. 2018. (ENG., Illus.). 550p. (J). 35.24 *(978-0-331-60240-1(7))* Forgotten Bks.

Introduction to the Study of Minerals & Rocks: A Combined Text-Book & Pocket Manual (Classic Reprint) Austin Flint Rogers. 2017. (ENG., Illus.). (J). 35.22 *(978-0-266-50593-8(7))* Forgotten Bks.

Introduction to the Study of Zoology for Use in High Schools & Academies. 2017. (ENG., Illus.). (J). pap. *(978-0-649-61547-6(6))* Trieste Publishing Pty Ltd.

Introduction to the Wonderful World of Robotics - Science Book for Kids Children's Science Education Books. Baby Professor. 2017. (ENG., Illus.). 64p. (J). pap. 9.52 *(978-1-5419-1232-8(2),* Baby Professor (Education Kids)) Speedy Publishing LLC.

Introduction to Theatre Arts 1: Student Workbook. Suzi Zimmerman. 2nd ed. 2020. (ENG.). 238p. (YA). pap. 26.95 *(978-1-56608-262-4(5))* Meriwether Publishing, Ltd.

Introduction to Theatre Arts 1 Teacher's Guide. Suzi Zimmerman. 2nd ed. 2020. (ENG.). 354p. (YA). pap. 39.95 *(978-1-56608-263-1(3))* Meriwether Publishing, Ltd.

Introduction to Vertebrate Embryology: Based on the Study of the Frog & the Chick (Classic Reprint) Albert Moore Reese. 2017. (ENG., Illus.). (J). 30.39 *(978-0-331-33387-9(2))* Forgotten Bks.

Introduction to Waves Electromagnetic & Mechanical Waves . Self Taught Physics Science Grade 6 Children's Physics Books. Baby Professor. 2021. (ENG.). 72p. (J). 27.99 *(978-1-5419-7593-4(6));* pap. 16.99 *(978-1-5419-4952-2(8))* Speedy Publishing LLC. (Baby Professor (Education Kids)).

Introduction to Women's Collegiate Bowling. Heather Trapp & Wayne L. Davis. Illus. by Dawn M. Larder. 2020. (Bowling Ser.: Vol. 1). (ENG.). 116p. (YA). 27.99 *(978-1-940803-39-5(X));* pap. 18.99 *(978-1-940803-40-1(3))* LoGiudice Publishing.

Introduction to Yoga. Annie Besant. 2020. (ENG.). (J). 136p. 16.95 *(978-1-61895-984-3(0));* 134p. pap. 9.95 *(978-1-61895-983-6(2))* Bibliotech Pr.

Introduction to Yoga. Annie Besant. 2020. (ENG.). 84p. (J). *(978-1-77441-329-6(9))* Westland, Brian.

Introduction to Yoga. Annie Besant. 2019. (ENG.). 58p. (J). pap. *(978-1-912925-73-5(7))* Yesterday's World Publishing, A.

Introduction to Zoology: A Guide to the Study of Animals; for the Use of Secondary Schools (Classic Reprint) Charles Benedict Davenport. 2017. (ENG., Illus.). (J). 33.24 *(978-0-266-53444-0(9))* Forgotten Bks.

Introductory Book, Work & Play (Classic Reprint) Mary Elizabeth Laing. 2017. (ENG., Illus.). (J). pap. 9.57 *(978-0-259-60428-0(3))* Forgotten Bks.

Introductory Language Lessons (Classic Reprint) Lawton Bryan Evans. (ENG., Illus.). (J). 2018. 196p. 27.94 *(978-0-656-75264-5(5));* 2017. pap. 10.57 *(978-0-259-55023-5(X))* Forgotten Bks.

Introductory Modern Geometry of Point, Ray & Circle. William Benjamin Smith. 2017. (ENG.). 322p. (J). pap. *(978-3-337-28193-9(1))* Creation Pubs.

Introductory Physiology & Hygiene: For Use in Intermediate Grades (Classic Reprint) Herbert William Conn. (ENG., Illus.). (J). 2018. 296p. 30.00 *(978-0-365-45785-5(X));* 2017. pap. 13.57 *(978-0-259-31068-6(9))* Forgotten Bks.

Intruder: The Blind; the Seven Princesses; the Death of Tintagiles. Maurice Maeterlinck. 2017. (ENG., Illus.). (J). pap. *(978-0-649-61572-8(7))* Trieste Publishing Pty Ltd.

Intruder: The Blind; the Seven Princesses; the Death of Tintagiles (Classic Reprint) Maurice Maeterlinck. 2016. (ENG., Illus.). (J). 19.57 *(978-1-334-99716-7(0))* Forgotten Bks.

Intrusion (Classic Reprint) Beatrice Kean Seymour. (ENG., Illus.). (J). 2018. 386p. 31.86 *(978-0-332-79255-2(2));* 2017. 31.59 *(978-0-266-67188-6(8));* 2017. pap. 13.97 *(978-1-5276-4230-0(5))* Forgotten Bks.

Intrusion of Jimmy, Vol. 5 (Classic Reprint) Pelham Grenville Wodehouse. 2017. (ENG., Illus.). (J). 30.70 *(978-0-265-39708-4(1))* Forgotten Bks.

Intrusions of Peggy a Novel (Classic Reprint) Anthony Hope. 2017. (ENG., Illus.). 382p. (J). 31.78 *(978-0-484-41160-8(8))* Forgotten Bks.

Intruso en Mi Cuaderno. David Fernandez Sifres. 2019. (SPA.). 120p. (J). (gr. 3-5). pap. 13.99 *(978-84-140-1786-9(X))* Vives, Luis Editorial (Edelvives) ESP. Dist: Lectorum Pubns., Inc.

Intuition Girl: You Have Girl Power. Joan Marie Whelan. 2018. (ENG., Illus.). 78p. (YA). pap. 14.95 *(978-1-64349-372-5(8))* Christian Faith Publishing.

Intuition of Haruhi Suzumiya (light Novel) Nagaru Tanigawa. 2021. (Haruhi Suzumiya Ser.: 11). (ENG., Illus.). 280p. (gr. 11-17). 20.00 *(978-1-9753-2255-7(X));* pap., pap. 15.00 *(978-1-9753-2256-4(8))* Yen Pr. LLC. (Yen Pr.).

Intuitive Eating Workbook for Teens: A Non-Diet, Body Positive Approach to Building a Healthy Relationship with Food. Elyse Resch. 2019. (ENG., Illus.). 240p. (YA). (gr. 6-12). pap. 19.95 *(978-1-68403-144-3(3),* 41443, Instant Help Books) New Harbinger Pubns.

Inuit. Erinn Banting. 2018. (Canadian Aboriginal Art & Culture Ser.). (ENG.). 32p. (J). lib. bdg. 22.99 *(978-1-5105-3991-4(3))* SmartBook Media, Inc.

Inuit. Valerie Bodden. (First Peoples Ser.). (ENG.). (J). 2020. 24p. (gr. 1-3). 9.99 *(978-1-62832-789-2(8),* 18206, Creative Paperbacks); 2018. 48p. (gr. 4-7). *(978-1-60818-966-3(X),* 19902, Creative Education) Creative Co., The.

Inuit, 1 vol. Katie Lajiness. 2016. (Native Americans Ser.). (ENG., Illus.). 32p. (J). (gr. 2-5). 34.21 *(978-1-68078-199-1(5),* 21765, Big Buddy Bks.) ABDO Publishing Co.

Inuit. Leslie Strudwick. 2017. (World Cultures Ser.). (ENG.). 32p. (J). lib. bdg. 29.99 *(978-1-5105-2265-7(4))* SmartBook Media, Inc.

Inuit. Jim Whiting. 2020. (First Peoples Ser.). (ENG.). 24p. (J). (gr. 1-4). *(978-1-64026-226-3(1),* 18205, Creative Education) Creative Co., The.

Inuit: Ivory Carvers of the Far North. Rachel A. Koestler-Grack. rev. ed. 2016. (America's First Peoples Ser.). (ENG.). 32p. (J). (gr. 3-9). pap. 8.99 *(978-1-5157-4215-9(6),* 133978) Capstone.

Inuit Believe in Spirits: The Religious Beliefs of the People of the Arctic Region of Alaska 3rd Grade Social Studies Children's Geography & Cultures Books. Baby Professor. 2021. (ENG.). 72p. (J). 27.99 *(978-1-5419-8340-3(8));* pap. 16.99 *(978-1-5419-7848-5(X))* Speedy Publishing LLC. (Baby Professor (Education Kids)).

Inuit Games: English Edition. Thomas Anguti Johnston. Illus. by Sigmundur Thorgeirsson. ed. 2020. (Nunavummi Reading Ser.). (ENG.). 24p. (J). 18.95 *(978-1-77450-175-7(9))* Inhabit Education Bks. Inc. CAN. Dist: Consortium Bk. Sales & Distribution.

Inuit Indians. Caryn Yacowitz. rev. ed. 2016. (Native Americans Ser.). (ENG.). 32p. (J). (gr. 2-4). pap. 7.99 *(978-1-4846-3650-3(3),* 134045, Heinemann) Capstone.

Inuit Tools of the Western Arctic: English Edition. Barbara Olson. Illus. by Megan Kyak-Monteith. 2020. (Nunavummi Reading Ser.). (ENG.). 20p. (J). pap. 10.95 *(978-1-77450-058-3(2))* Inhabit Education Bks. Inc. CAN. Dist: Consortium Bk. Sales & Distribution.

Inuit Wayfinding: English Edition. John MacDonald. 2022. (Nunavummi Reading Ser.). (ENG., Illus.). 30p. (J). pap. 17.95 *(978-1-77450-082-8(5))* Inhabit Education Bks. Inc. CAN. Dist: Consortium Bk. Sales & Distribution.

Inuki's Birthday Party: Bilingual Inuktitut & English Edition. Aviaq Johnston. Illus. by Ali Hinch. 2020. (ENG.). 36p. (J). pap. 14.95 *(978-1-77450-047-7(7))* Inhabit Education Bks. Inc. CAN. Dist: Consortium Bk. Sales & Distribution.

Inukpak & His Son: English Edition. Neil Christopher. Illus. by Germaine Arnaktauyok. ed. 2021. (Nunavummi Reading Ser.). (ENG.). 36p. (J). 18.95 *(978-1-77450-199-3(6))* Inhabit Education Bks. Inc. CAN. Dist: Consortium Bk. Sales & Distribution.

Inuksuk Means Welcome. Mary Wallace. 2020. (ENG., Illus.). 32p. (J). (gr. -1-2). pap. 9.95 *(978-1-77147-435-1(1))* Owlkids Bks. Inc. CAN. Dist: Publishers Group West (PGW).

Inundation: Or, Pardon & Peace (Classic Reprint) Gore. 2017. (ENG., Illus.). (J). 29.09 *(978-0-331-72927-6(X))* Forgotten Bks.

I

Inuunira: My Story of Survival. Brian Koonoo. Illus. by Ben Shannon. 2022. 38p. (YA). (gr. 8-12). 18.95 *(978-1-77227-430-1(5))* Inhabit Media Inc. CAN. Dist: Consortium Bk. Sales & Distribution.

Invader from Mars: the Truth about Babies. Peggy Robbins Janousky. Illus. by Karen Obuhanych. 2023. (ENG.). 40p. (J). 18.99 *(978-1-250-81855-3(9)*, 900249866, Holt, Henry & Co. Bks. For Young Readers) Holt, Henry & Co.

Invader ZIM Vol. 1: Deluxe Edition, Vol. 1. Jhonen Vasquez. Illus. by Eric Trueheart & Aaron Alexovich. 2017. (Invader ZIM Ser.: 1). (ENG.). 328p. (J). 49.99 *(978-1-62010-413-2(X)*, 9781620104132, Lion Forge) Oni Pr., Inc.

Invader ZIM Vol. 3, Vol. 3. Jhonen Vasquez & Eric Trueheart. Illus. by Warren Wucinich. 2016. (Invader ZIM Ser.: 3). (ENG.). 136p. (J). pap. 19.99 *(978-1-62010-371-5(0)*, 9781620103715, Lion Forge) Oni Pr., Inc.

Invader ZIM Vol. 4: Deluxe Edition. Eric Trueheart & Sam Logan. Illus. by Kate Sherron & Fred C. Stresing. 2020. (Invader ZIM Ser.). (ENG.). 280p. (J). 49.99 *(978-1-62010-750-8(3)*, Lion Forge) Oni Pr., Inc.

Invader ZIM Vol. 5, Vol. 5. Eric Trueheart & Dave Crosland. Illus. by Dave Crosland et al. 2018. (Invader ZIM Ser.: 5). (ENG.). 128p. (J). pap. 19.99 *(978-1-62010-478-1(4)*, 9781620104781, Lion Forge) Oni Pr., Inc.

Invader ZIM Vol. 6. Eric Trueheart et al. Illus. by Sarah Graley et al. 2018. (Invader ZIM Ser.: 6). (ENG.). 128p. (J). pap. 19.99 *(978-1-62010-536-8(5)*, Lion Forge) Oni Pr., Inc.

Invader ZIM Vol. 8. Sam Logan & Eric Trueheart. Illus. by Kate Sherron & Fred C. Stresing. 2019. (Invader ZIM Ser.: 8). (ENG.). 128p. (J). (gr. 4-7). pap. 19.99 *(978-1-62010-681-5(7)*, Lion Forge) Oni Pr., Inc.

Invader ZIM Vol. 9. Sam Logan. Illus. by Warren Wucinich & Fred C. Stresing. 2020. (Invader ZIM Ser.: 9). (ENG.). 128p. (J). pap. 19.99 *(978-1-62010-692-1(2)*, Lion Forge) Oni Pr., Inc.

Invaders: A Story of the Hole-In-the-Wall Country (Classic Reprint) John Lloyd. 2017. (ENG., Illus.). (J). 460p. 33.38 *(978-0-484-32583-7(3))*; pap. 16.57 *(978-0-259-23851-5(1))* Forgotten Bks.

Invaders & Other Stories (Classic Reprint) Loyf N. Tolstoi. 2017. (ENG., Illus.). (J). 31.14 *(978-1-5279-8322-9(6))* Forgotten Bks.

Invaders & Raiders: the Anglo-Saxons Are Coming! Paul Mason. Illus. by Martin Bustamante. ed. 2022. (Invaders & Raiders Ser.). (ENG.). 32p. (J). (gr. 4-6). pap. 13.99 *(978-1-4451-5691-0(1)*, Franklin Watts) Hachette Children's Group GBR. Dist: Hachette Bk. Group.

Invaders & Raiders: the Greeks Are Coming! Paul Mason. Illus. by Martin Bustamante. ed. 2022. (Invaders & Raiders Ser.). (ENG.). 32p. (J). (gr. 4-6). pap. 13.99 *(978-1-4451-5689-7(X)*, Franklin Watts) Hachette Children's Group GBR. Dist: Hachette Bk. Group.

Invaders & Raiders: the Romans Are Coming! Paul Mason. Illus. by Martin Bustamante. ed. 2022. (Invaders & Raiders Ser.). (ENG.). 32p. (J). (gr. 4-6). pap. 13.99 *(978-1-4451-5617-0(2)*, Franklin Watts) Hachette Children's Group GBR. Dist: Hachette Bk. Group.

Invaders (Classic Reprint) Frances Newton Symmes Allen. 2017. (ENG., Illus.). (J). 31.90 *(978-0-331-30832-7(0))* Forgotten Bks.

Invaderz Pocket Edition ¡en Español! James Desborough. 2021. (SPA.). 118p. (YA). pap. *(978-1-008-97608-5(3))* Lulu Pr., Inc.

Invalid Stranger; Amantor & Emma; Don Salvador; Jack Easy; Theodore Courtney (Classic Reprint) William Henry Brooke. (ENG., Illus.). (J). 2018. 42p. 24.78 *(978-0-332-78090-0(2))*; 2016. pap. 7.97 *(978-1-334-16793-5(1))* Forgotten Bks.

Invasion: Animoprhs, Vol. 1. Josh Gregory. 2020. (Animorphs Ser.: 1). (ENG.). 48p. (J). (gr. 3-7). 18.99 *(978-1-338-64115-8(8))* Scholastic, Inc.

Invasion: a Graphic Novel (Animorphs #1) K. A. Applegate, pseud & Michael Grant. Illus. by Chris Grine. 2020. (Animorphs Graphic Novels Ser.: 1). (ENG.). 240p. (J). (gr. 3-7). pap. 12.99 *(978-1-338-53809-0(8))*; (gr. 4-7). 24.99 *(978-1-338-22648-5(7))* Scholastic, Inc. (Graphix).

Invasion of France in 1814 (Classic Reprint) Erckmann-Chatrian Erckmann-Chatrian. 2018. (ENG., Illus.). 366p. (J). 31.45 *(978-0-483-72738-0(5))* Forgotten Bks.

Invasion of Normandy: Epic Battle of World War II. Moira Rose Donohue. 2017. (Major Battles in US History Ser.). (ENG., Illus.). 32p. (J). (gr. 3-5). pap. 9.95 *(978-1-63517-080-1(X)*, 163517080X, Focus Readers) North Star Editions.

Invasion of the Insects. Ada Hopper. Illus. by Sam Ricks. 2017. (DATA Set Ser.: 6). (ENG.). 128p. (J). (gr. -1-4). 17.99 *(978-1-4814-7117-6(1)*, Little Simon) Little Simon.

Invasion of the Living Ted. Barry Hutchison. 2021. (Living Ted Ser.: 3). (ENG., Illus.). 208p. (J). (gr. 3-7). 9.99 *(978-0-593-17432-6(1)*, Delacorte Bks. for Young Readers) Random Hse. Children's Bks.

Invasion of the Sun People. Jeffrey Roy Ford. 2022. (ENG.). 28p. (YA). pap. 9.99 *(978-1-0880-5576-2(1))* Indy Pub.

Invasion of the Thistles. Barbara A. Fanson. 2020. (ENG.). 48p. (J). pap. *(978-1-989361-17-7(X))* Sterling Education Ctr. Inc.

Invasion of Tork: The Complete Collection. Claire Davis & Al Stewart. 2019. (ENG.). 250p. (YA). pap. *(978-1-78645-311-2(8))* Beaten Track Publishing.

Invasion on the Farm. Kimber Lee. 2019. (ENG.). 30p. (J). 24.95 *(978-1-64462-138-7(X))* Page Publishing Inc.

Invasion (the Call, Book 2) Peadar O'Guilin. 2018. (ENG.). 336p. (J). (gr. 7-7). 18.99 *(978-1-338-04562-8(8))* Scholastic, Inc.

Invasive Animal Species. Bobbie Kalman. 2016. (Big Science Ideas Ser.). (ENG., Illus.). 32p. (J). (gr. 3-6). *(978-0-7787-2783-5(1))* Crabtree Publishing Co.

Invasive Freshwater Species, 1 vol. Linda Ivancic. 2016. (Invasive Species Ser.). (ENG., Illus.). 48p. (gr. 4-4). 33.07 *(978-1-5026-1850-4(8)*, ff7ee44c-f6d5-4f0e-b2d1-27a78fe0e9bd) Cavendish Square Publishing LLC.

Invasive Insects & Diseases, 1 vol. Kaitlyn Duling. 2016. (Invasive Species Ser.). (ENG.). 48p. (gr. 4-4). 33.07 *(978-1-5026-1840-5(0)*, 2ee7d36f-9ccc-4517-9eb7-05ba561d7e16) Cavendish Square Publishing LLC.

Invasive Mammals, 1 vol. Susan Schafer. 2016. (Invasive Species Ser.). (ENG.). 48p. (gr. 4-4). 33.07 *(978-1-5026-1832-0(X)*, 956ebcc0-c427-44ec-b32a-e8eae0dc4f73) Cavendish Square Publishing LLC.

Invasive Plants & Birds, 1 vol. Alison Gaines. 2016. (Invasive Species Ser.). (ENG., Illus.). 48p. (gr. 4-4). 33.07 *(978-1-5026-1834-4(6)*, 255b9437-e088-4187-a2db-8ae2fa06ab7f) Cavendish Square Publishing LLC.

Invasive Reptiles & Amphibians, 1 vol. Susan Schafer. 2016. (Invasive Species Ser.). (ENG.). 48p. (gr. 4-4). 33.07 *(978-1-5026-1830-6(3)*, a5a22c0e-46c6-48fa-9125-d71c4d4ce3a1) Cavendish Square Publishing LLC.

Invasive Species, 10 vols. 2016. (Invasive Species Ser.). (ENG.). 48p. (gr. 4-4). lib. bdg. 165.35 *(978-1-5026-1820-7(6)*, 5e8e6c25-d543-4317-97b1-fc3791d1cce9, Cavendish Square) Cavendish Square Publishing LLC.

Invasive Species. Lisa J. Amstutz. 2017. (Ecological Disasters Ser.). (ENG., Illus.). 112p. (J). (gr. 6-12). lib. bdg. 41.36 *(978-1-5321-1024-5(3)*, 25624, Essential Library) ABDO Publishing Co.

Invasive Species in Infographics. Renae Gilles. 2020. (21st Century Skills Library: Enviro-Graphics Ser.). (ENG., Illus.). 32p. (J). (gr. 4-8). lib. bdg. 32.07 *(978-1-5341-6948-7(2)*, 215679) Cherry Lake Publishing.

Invasive Species Science: Tracking & Controlling (Set), 8 vols. Susan H. Gray. 2021. (21st Century Junior Library: Invasive Species Science: Tracking & Controlling Ser.). (ENG., Illus.). 24p. (J). (gr. 2-5). 245.12 *(978-1-5341-9280-5(8)*, 218890); pap., pap., pap. 102.29 *(978-1-5341-9298-0(0)*, 218891) Cherry Lake Publishing.

Invasive Species (Set Of 8) 2021. (Invasive Species Ser.). (ENG., Illus.). 256p. (J). (gr. 3-5). pap. 79.60 *(978-1-64493-898-0(7))*; lib. bdg. 250.80 *(978-1-64493-852-2(9))* North Star Editions. (Focus Readers).

Invasores Invadidos una Fábula Muy Real. Luis R. Trevino Garcia & Irene Dobarro. 2019. (SPA.). 120p. (J). pap. *(978-0-244-80774-0(4))* Lulu Pr., Inc.

Invent a Game! & More Coding & Strategy Challenges. Megan Borgert-Spaniol. 2020. (Super Simple Makerspace STEAM Challenge Ser.). (ENG.). 32p. (J). (gr. k-4). lib. bdg. 34.21 *(978-1-5321-9438-2(2)*, 36631, Super SandCastle) ABDO Publishing Co.

Invent-A-Pet. Vicky Fang. Illus. by Tidawan Thaipinnarong. 2020. 32p. (J). (gr. -1-2). 16.95 *(978-1-4549-3381-6(X))* Sterling Publishing Co., Inc.

Invent to Learn Guide to the Micro: Bit. Pauline Maas & Peter Heldens. 2023. (ENG.). 236p. (YA). 42.95 ***(978-1-955604-07-9(X))***; pap. 29.95 ***(978-1-955604-06-2(1))*** Constructing Modern Knowledge Pr.

Invented by Animals: Meet the Creatures Who Inspired Our Everyday Technology. Christiane Dorion. Illus. by Gosia Herba. 2021. (Designed by Nature Ser.). (ENG.). 80p. (J). (gr. 2-7). ***(978-0-7112-6067-2(2)***, Wide Eyed Editions) Quarto Publishing Group UK.

Inventing Airplanes. Allan Morey. 2022. (Amazing Inventions Ser.). (ENG., Illus.). 32p. (J). (gr. 2-3). pap. 9.95 *(978-1-63739-097-9(1))*; lib. bdg. 31.35 *(978-1-63739-043-6(2))* North Star Editions. (Focus Readers).

Inventing Cars. Allan Morey. 2022. (Amazing Inventions Ser.). (ENG., Illus.). 32p. (J). (gr. 2-3). pap. 9.95 *(978-1-63739-098-6(X))*; lib. bdg. 31.35 *(978-1-63739-044-3(0))* North Star Editions. (Focus Readers).

Inventing Computers. Racquel Foran. 2022. (Amazing Inventions Ser.). (ENG., Illus.). 32p. (J). (gr. 2-3). pap. 9.95 *(978-1-63739-099-3(8))*; lib. bdg. 31.35 *(978-1-63739-045-0(9))* North Star Editions. (Focus Readers).

Inventing Drones. Donna B. 2022. (Amazing Inventions Ser.). (ENG., Illus.). 32p. (J). (gr. 2-3). pap. 9.95 *(978-1-63739-100-6(5))*; lib. bdg. 31.35 *(978-1-63739-046-7(7))* North Star Editions. (Focus Readers).

Inventing GPS. Kristi Lew. 2022. (Amazing Inventions Ser.). (ENG., Illus.). 32p. (J). (gr. 2-3). pap. 9.95 *(978-1-63739-101-3(3))*; lib. bdg. 31.35 *(978-1-63739-047-4(5))* North Star Editions. (Focus Readers).

Inventing Refrigerators. Rebecca Donnelly. 2022. (Amazing Inventions Ser.). (ENG., Illus.). 32p. (J). (gr. 2-3). pap. 9.95 *(978-1-63739-102-0(1))*; lib. bdg. 31.35 *(978-1-63739-048-1(3))* North Star Editions. (Focus Readers).

Inventing Televisions. Janine Ungvarsky. 2022. (Amazing Inventions Ser.). (ENG., Illus.). 32p. (J). (gr. 2-3). pap. 9.95 *(978-1-63739-103-7(X))*; lib. bdg. 31.35 *(978-1-63739-049-8(1))* North Star Editions. (Focus Readers).

Inventing Vaccines. Matt Lilley. 2022. (Amazing Inventions Ser.). (ENG., Illus.). 32p. (J). (gr. 2-3). pap. 9.95 *(978-1-63739-104-4(8))*; lib. bdg. 31.35 *(978-1-63739-050-4(5))* North Star Editions. (Focus Readers).

Inventing Victoria. Tonya Bolden. (ENG.). (YA). 2020. 288p. pap. 10.99 *(978-1-5476-0317-6(8)*, 900211265); 2019. (Illus.). 272p. 17.99 *(978-1-68119-807-1(X)*, 900187338) Bloomsbury Publishing USA. (Bloomsbury Young Adult).

Inventing with LittleBits. Adrienne Matteson. 2018. (21st Century Skills Innovation Library: Makers As Innovators Junior Ser.). (ENG.). 24p. (J). (gr. 2-5). pap. 12.79 *(978-1-5341-0878-3(5)*, 210876); (Illus.). lib. bdg. 30.64 *(978-1-5341-0779-3(7)*, 210875) Cherry Lake Publishing.

Invention Hunters Discover How Electricity Works. Korwin Briggs. 2019. (ENG., Illus.). 48p. (J). E-Book *(978-0-316-43686-1(0))* Little Brown & Co.

Invention Hunters Discover How Light Works. Korwin Briggs. 2020. (Invention Hunters Ser.: 3). (ENG., Illus.). 48p. (J). (gr. -1-3). 18.99 *(978-0-316-46796-4(0))* Little, Brown Bks. for Young Readers.

Invention Hunters Discover How Machines Work. Korwin Briggs. (Invention Hunters Ser.: 1). (ENG., Illus.). 48p. (J). (gr. -1-3). 2021. 8.99 *(978-0-316-43683-0(6))*; 2019. 18.99 *(978-0-316-43679-3(8))* Little, Brown Bks. for Young Readers.

Invention of Facebook & Internet Privacy. Tamra B. Orr. 2017. (Perspectives Library: Modern Perspectives Ser.). (ENG., Illus.). 32p. (J). (gr. 4-7). lib. bdg. 32.07 *(978-1-63472-863-8(7)*, 209878) Cherry Lake Publishing.

Invention of the Airplane. Patricia Hutchison. 2017. (Engineering That Made America Ser.). (ENG.). 32p. (J). (gr. 3-6). lib. bdg. 35.64 *(978-1-5038-1639-8(7)*, 211155) Child's World, Inc, The.

Invention of the Airplane. Julie L. Sinclair & Lucy Beevor. 2018. (World-Changing Inventions Ser.). (ENG., Illus.). 32p. (J). (gr. 3-6). lib. bdg. 27.99 *(978-1-5157-9841-5(0)*, 136896, Capstone Pr.) Capstone.

Invention of the Assembly Line. Nikole Brooks Bethea. 2017. (Engineering That Made America Ser.). (ENG.). 32p. (J). (gr. 3-6). lib. bdg. 35.64 *(978-1-5038-1636-7(2)*, 211156) Child's World, Inc, The.

Invention of the Computer. Gayle Worland & Lucy Beevor. 2018. (World-Changing Inventions Ser.). (ENG., Illus.). 32p. (J). (gr. 3-6). lib. bdg. 27.99 *(978-1-5157-9842-2(9)*, 136897, Capstone Pr.) Capstone.

Invention of the Cotton Gin. Nikole Brooks Bethea. 2017. (Engineering That Made America Ser.). (ENG.). 32p. (J). (gr. 3-6). lib. bdg. 35.64 *(978-1-5038-1642-8(7)*, 211158) Child's World, Inc, The.

Invention of the Telephone. Marc Tyler Nobleman & Lucy Beevor. 2018. (World-Changing Inventions Ser.). (ENG., Illus.). 32p. (J). (gr. 3-6). lib. bdg. 27.99 *(978-1-5157-9843-9(7)*, 136898, Capstone Pr.) Capstone.

Invention of the Television. Marc Tyler Nobleman & Lucy Beevor. 2018. (World-Changing Inventions Ser.). (ENG., Illus.). 32p. (J). (gr. 3-6). lib. bdg. 27.99 *(978-1-5157-9844-6(5)*, 136899, Capstone Pr.) Capstone.

Invention of the Transistor. Clara MacCarald. 2017. (Engineering That Made America Ser.). (ENG.). 32p. (J). (gr. 3-6). lib. bdg. 35.64 *(978-1-5038-1638-1(9)*, 211159) Child's World, Inc, The.

Invention Riddles. Emma Huddleston. 2022. (Riddle Fun Ser.). (ENG.). 24p. (J). (gr. k-3). lib. bdg. 32.79 *(978-1-5038-4985-3(6)*, 214834) Child's World, Inc, The.

Inventional Geometry: A Series of Problems, Intended to Familiarize the Pupil (Classic Reprint) William George Spencer. 2018. (ENG., Illus.). 116p. (J). 26.29 *(978-0-365-00733-3(1))* Forgotten Bks.

Inventional Geometry: A Series of Problems Intended to Familiarize the Pupil with Geometrical Conceptions, & to Exercise His Inventive Faculty. William George Spencer. 2017. (ENG., Illus.). (J). pap. *(978-0-649-44310-9(1))* Trieste Publishing Pty Ltd.

Inventions. 2017. (J). *(978-0-7166-7948-6(5))* World Bk., Inc.

Inventions. Mark Bergin. 2016. (Wise Up Ser.). 32p. (gr. 2-6). 31.35 *(978-1-62588-341-4(2)*, Smart Apple Media) Black Rabbit Bks.

Inventions. Liz Kruesi. 2021. (Fascinating Facts Ser.). (ENG.). 24p. (J). (gr. 2-5). lib. bdg. 32.79 *(978-1-5038-4469-8(2)*, 214236) Child's World, Inc, The.

Inventions. Contrib. by World Book, Inc. Staff. 2019. (Illus.). 96p. (J). *(978-0-7166-3729-5(4))* World Bk., Inc.

Inventions: a Visual Encyclopedia. DK. 2018. (DK Children's Visual Encyclopedias Ser.). (ENG., Illus.). 304p. (J). (gr. 3-7). 29.99 *(978-1-4654-5838-4(7))*; pap. 19.99 *(978-1-4654-7369-1(6))* Dorling Kindersley Publishing, Inc. (DK Children).

Inventions & Discoveries: An Amzing Fact File & Hands-On Projcet Book. John Farndon. 2018. (Illus.). 64p. (J). (gr. -1-12). 12.99 *(978-1-86147-725-5(2)*, Armadillo) Anness Publishing GBR. Dist: National Bk. Network.

Inventions in Computing: From the Abacus to Personal Computers, 1 vol. Rachel Keranen. 2016. (Art & Invention Ser.). (ENG., Illus.). 112p. (J). (gr. 8-8). 44.50 *(978-1-5026-2301-0(3)*, 835cb868-c4be-4abd-8815-1d9ecececa50) Cavendish Square Publishing LLC.

Inventions in Fashion: From Rawhide to Rayon, 1 vol. Lisa Hiton. 2016. (Art & Invention Ser.). (ENG., Illus.). 112p. (YA). (gr. 8-8). lib. bdg. 44.50 *(978-1-5026-2305-8(6)*, 8d592c51-a072-4517-b6a8-613165fd6bcf) Cavendish Square Publishing LLC.

Inventions Inspired by Oceanic Animals. Tessa Miller. 2019. (J). *(978-1-7911-1820-4(8)*, AV2 by Weigl) Weigl Pubs., Inc.

Inventions That Changed the World Set. Various Authors. 2022. (ENG.). 32p. (J). (gr. 3-8). 279.50 *(978-1-64487-805-7(4)*, Blastoff! Readers) Bellwether Media.

Inventions That Could Have Changed the World... but Didn't! Joe Rhatigan. Illus. by Anthony Owsley. 2018. 80p. (J). (gr. 3-7). pap. 9.99 *(978-1-62354-101-9(8))* Charlesbridge Publishing, Inc.

Inventions That Shaped America US Industrial Revolution Books Grade 6 Children's Inventors Books. Tech Tron. 2021. (ENG.). 74p. (J). 27.99 *(978-1-5419-8361-8(0))*; pap. 16.99 *(978-1-5419-5492-2(0))* Speedy Publishing LLC.

Inventive Animals: My Nature Sticker Activity Book. Clèmentine Sourdais. 2020. (ENG.). 24p. (J). (gr. k-7). pap. 7.99 *(978-1-61689-898-4(4))* Princeton Architectural Pr.

Invento de Las Aves. Victor Olguin Loza. 2018. (SPA.). 68p. (J). (gr. 1-3). pap. 11.99 *(978-607-746-156-2(3))* Progreso, Editorial, S. A. MEX. Dist: Lectorum Pubns., Inc.

Inventor. Beverly Blackman-Mounce. 2018. (ENG., Illus.). 64p. (J). pap. 11.95 *(978-1-64138-712-5(2))* Page Publishing Inc.

Inventor, Engineer, & Physicist Nikola Tesla. Katie Marsico. 2017. (STEM Trailblazer Bios Ser.). (ENG., Illus.). 32p. (J). (gr. 2-5). 26.65 *(978-1-5124-3448-4(5)*, aa8b091d-2c4f-440b-8c18-e8195320b211, Lerner Pubns.) Lerner Publishing Group.

Inventor-In-Training Books 1-3: The Pirate's Booty, the Crystal Lair, Cyborgia (Inventor-In-Training Omnibus) D. M. Darroch. Illus. by Jennifer L. Hotes. 2020. (Inventor-In-Training Ser.). (ENG.). 572p. (J). pap. 30.00 *(978-1-890797-19-5(7))* Sleepy Cat Pr.

Inventor, Introducing the Wishing Box: A Christmas Play (Classic Reprint) Elsie Duncan Yale. 2018. (ENG., Illus.). 24p. (J). 24.39 *(978-0-267-51035-1(7))* Forgotten Bks.

Inventor Ninja: A Children's Book about Creativity & Where Ideas Come From. Mary Nhin & Grow Grit Press. Illus. by Jelena Stupar. 2020. (Ninja Life Hacks Ser.: Vol. 2). (ENG.). 34p. (J). 18.99 *(978-1-953399-57-1(6))* Grow Grit Pr.

Inventoras y Sus Inventos. Aitziber Lopez. 2018. (SPA.). 32p. (J). (gr. 2-4). 25.99 *(978-84-947432-3-8(6))* Editorial Flamboyant ESP. Dist: Lectorum Pubns., Inc.

Inventors, Vol. 10. Mari Rich. Ed. by Malinda Gilmore & Mel Pouson. 2016. (Black Achievement in Science Ser.). 64p. (J). (gr. 7). 23.95 *(978-1-4222-3560-7(2))* Mason Crest.

Inventors: Designing & Creating Tomorrow's World. Ruth Owen. 2016. (Get to Work with Science & Technology Ser.). (ENG., Illus.). 32p. (J). (gr. 2-7). 29.32 *(978-1-910549-91-9(6)*, 7d98d977-f1f9-42a2-be2e-aea0922fc40b) Ruby Tuesday Books Limited GBR. Dist: Lerner Publishing Group.

Inventors: Incredible Stories of the World's Most Ingenious Inventions. Robert Winston. Illus. by Jessamy Hawke. 2020. (DK Explorers Ser.). (ENG.). 144p. (J). (gr. 2-4). 21.99 *(978-1-4654-9228-9(3)*, DK Children) Dorling Kindersley Publishing, Inc.

Inventors & Inventions - Group 2, 6 bks., Set. Incl. Biotechnology. Donna K. Wells. (gr. 5-9). lib. bdg. 25.64 *(978-0-7614-0046-2(X))*; Nuclear Power. Gini Holland. (gr. 5-9). lib. bdg. 25.64 *(978-0-7614-0047-9(8))*; Radiology. Kathy Winkler. (gr. 8-8). lib. bdg. 28.50 *(978-0-7614-0075-2(3))*; Satellites. Mary Virginia Fox. (gr. 5-9). lib. bdg. 25.64 *(978-0-7614-0049-3(4))*; Television. Janet Riehecky. (gr. 5-9). lib. bdg. 25.64 *(978-0-7614-0045-5(1))*; Video. Jackie Biel. (gr. 5-9). lib. bdg. 25.64 *(978-0-7614-0048-6(6))*; 64p. (YA). 1996. (Illus.). Set lib. bdg. 153.86 *(978-0-7614-0044-8(3))* Marshall Cavendish Corp.

Inventors & the Lost Island. A. M. Morgen. 2019. (ENG., Illus.). 384p. (J). (gr. 3-7). 16.99 *(978-0-316-47153-4(4))* Little, Brown Bks. for Young Readers.

Inventors at No. 8. A. M. Morgen. (ENG., Illus.). (J). (gr. 3-7). 2019. 368p. pap. 7.99 *(978-0-316-47151-0(8))*; 2018. 352p. 16.99 *(978-0-316-47149-7(6))* Little, Brown Bks. for Young Readers.

Inventors, Bright Minds & Other Science Heroes of South Afrcia. Engela Duvenage. 2022. (ENG.). 376p. (J). pap. 22.00 *(978-0-6396-0803-7(5))* Penguin Random House South Africa ZAF. Dist: Casemate Pubs. & Bk. Distributors, LLC.

Inventors Journal: Footprints for the Future. Lj Kidd. 2020. (ENG.). 62p. (YA). *(978-0-9876410-1-4(8))* Kidd, LJ.

Inventors, Makers, Barrier Breakers. Pendred Noyce. (Illus.). (YA). (gr. 6). 2019. 320p. pap. 18.95 *(978-1-943431-43-4(4))*; 2018. (ENG., 300p. 22.95 *(978-1-943431-42-7(6))* Tumblehome Learning.

Inventors of Minecraft: Markus Notch Persson & His Coding Team, 1 vol. Jill Keppeler. 2017. (Breakout Biographies Ser.). (ENG.). 32p. (J). (gr. 4-5). pap. 11.00 *(978-1-5081-6062-5(7)*, 855789cf-dc7d-471c-afb0-3f6765f22789, PowerKids Pr.) Rosen Publishing Group, Inc., The.

Inventors Who Changed the World. Heidi Poelman. Illus. by Kyle Kershner. 2018. (People Who Changed the World Ser.). (ENG.). 20p. (J). (gr. -1-3). bds. 9.99 *(978-1-64170-035-1(1)*, 550035) Familius LLC.

Inventos Antiguos: Leveled Reader Book 34 Level T 6 Pack. Hmh Hmh. 2021. (SPA.). 40p. (J). pap. 74.40 *(978-0-358-08603-1(5))* Houghton Mifflin Harcourt Publishing Co.

inverno Dell'anima. Tommaso Martino. 2021. (ITA.). 240p. (YA). pap. *(978-1-312-31186-2(X))* Lulu Pr., Inc.

Invertebrates: A 4D Book. Melissa Ferguson. 2018. (Little Zoologist Ser.). (ENG., Illus.). 32p. (J). (gr. -1-2). lib. bdg. 30.65 *(978-1-5435-2645-5(4)*, 138105, Pebble) Capstone.

Invertebrates Educational Facts Children's Science Book. Bold Kids. 2022. (ENG.). 42p. (J). pap. 14.99 ***(978-1-0717-1650-2(6))*** FASTLANE LLC.

Inverted. C. I. Beaird. 2022. (ENG.). 484p. (YA). pap. 27.95 *(978-1-63881-953-0(X))* Newman Springs Publishing, Inc.

Invest Like an Aardvark for Kids. James M. Russo. 2023. (ENG.). 58p. (J). 18.95 ***(978-1-5069-1109-0(9))*** First Edition Design Publishing.

Invested in Me. Gabriel Hamilton. 2022. (ENG., Illus.). 34p. (J). 26.95 ***(978-1-6624-8727-9(4))*** Page Publishing Inc.

Investigate, 24 vols. 2019. (Investigate... Ser.). (ENG.). (J). (gr. 2-2). lib. bdg. 307.20 *(978-1-9785-1084-5(5)*, e7dcfcbc-0582-425a-8a06-8165f11d1bd0) Enslow Publishing, LLC.

Investigate Earth Science, 12 vols. 2019. (Investigate Earth Science Ser.). (ENG.). 24p. (J). (gr. 2-2). lib. bdg. 153.60 *(978-1-9785-0746-3(1)*, 414fb713-a927-4efb-91a4-7aee24e5dd20) Enslow Publishing, LLC.

Investigate Gems. Christine Petersen. 2019. (Geology Rocks! Ser.). (ENG., Illus.). 32p. (J). (gr. 3-6). lib. bdg. 32.79 *(978-1-5321-9174-9(X)*, 33522, Checkerboard Library) ABDO Publishing Co.

Investigate It! the Scientific Method in Detail 5th Grade General Science Textbook Science, Nature & How It Works. Baby Professor. 2021. (ENG.). 72p. (J). 27.99 *(978-1-5419-8046-4(8))*; pap. 16.99 *(978-1-5419-4935-5(8))* Speedy Publishing LLC. (Baby Professor (Education Kids)).

Investigate! Religions: The Jewish, Christian & Muslim Faiths. Sophie de Mullenheim. Illus. by Sophie Chaussade. ed. 2021. (ENG.). 80p. (J). (gr. 2-4). pap. 15.99 *(978-0-7459-7944-1(0)*, 141512d6-ae3c-4e69-8b6c-bd32a95ae9d1, Lion Children's) Lion Hudson PLC GBR. Dist: Baker & Taylor Publisher Services (BTPS).

Investigate the Human Body, 12 vols. 2019. (Investigate the Human Body Ser.). (ENG.). 24p. (J). (gr. 2-2). lib. bdg. 153.60 *(978-1-9785-1569-7(3)*, 5a546f5b-b404-45a6-9cea-360dc849cf5d) Enslow Publishing, LLC.

1020

The check digit for ISBN-10 appears in parentheses after the full ISBN-13

TITLE INDEX INVINCIBLE

Investigate the Seasons. Sarah L. Schuette. rev. ed. 2018. (Investigate the Seasons Ser.). (ENG.). 24p. (J). (gr. -1-2). 117.28 *(978-1-5435-0885-7(5)*, 27759, Capstone Pr.) Capstone.

Investigate! Understanding God: The Christian Faith. Sophie de Mullenheim. Illus. by Sophie Chaussade. ed. 2021. (ENG.). 80p. (J). (gr. 2-4). pap. 15.99 *(978-0-7459-7945-8(9)*, 8d703b0d-c68f-47f5-a9ff-d1f918d2838e, Lion Children's) Lion Hudson PLC GBR. Dist: Baker & Taylor Publisher Services (BTPS).

Investigating Agricultural Waste. Clara MacCarald. 2022. (Investigating Pollution Ser.). (ENG.). 32p. (J). (gr. 2-5). lib. bdg. 35.64 *(978-1-5038-5807-7(3)*, 215673, Wonder Books(r)) Child's World, Inc, The.

Investigating Atoms & Molecules. Jessica Rusick. 2022. (Kid Chemistry Lab Ser.). (ENG., Illus.). 32p. (J). (gr. 3-6). lib. bdg. 32.79 *(978-1-5321-9902-8(3)*, 39569, Checkerboard Library) ABDO Publishing Co.

Investigating Bones, 1 vol. Sara L. Latta. 2017. (Crime Scene Investigators Ser.). (ENG.). 104p. (gr. 6-6). 38.93 *(978-0-7660-9182-5(1)*, bee723c5-151e-4143-9444-2966c138dc58); pap. 20.95 *(978-0-7660-9542-7(8)*, 16ddd8a7-f652-44a5-8212-7c0e9528d11c) Enslow Publishing, LLC.

Investigating Cells, 1 vol., Set. Barbara A. Somervill. Incl. Animal Cells & Life Processes. (Illus.). 35.99 *(978-1-4329-3877-2(0)*, 112793); Plant Cells & Life Processes. 35.99 *(978-1-4329-3878-9(9)*, 112794); (J). (gr. 3-6). (Investigating Cells Ser.). (ENG.). 48p. 2010. 101.97 *(978-1-4329-3882-6(7)*, 14897, Heinemann) Capstone.

Investigating Continents. Christine Juarez. 2018. (Investigating Continents Ser.). (ENG.). 24p. (J). (gr. 1-3). 195.93 *(978-1-5435-2818-3(X)*, 28269, Capstone Pr.) Capstone.

Investigating Crop Circles. Emily O'Keefe. 2018. (Illus.). 24p. (J). *(978-1-4896-9991-6(0)*, AV2 by Weigl) Weigl Pubs., Inc.

Investigating Cybercrime, 1 vol. Sara L. Latta. 2017. (Crime Scene Investigators Ser.). (ENG.). 104p. (gr. 6-6). 38.93 *(978-0-7660-9183-2(X)*, 6536dd17-8ba4-4480-814a-520ad7cdd73d); pap. 20.95 *(978-0-7660-9543-4(6)*, 3bc44bbe-97a1-4d4f-823d-335db2b97c33) Enslow Publishing, LLC.

Investigating DNA & Blood, 1 vol. Sara L. Latta. 2017. (Crime Scene Investigators Ser.). (ENG.). 104p. (gr. 6-6). 38.93 *(978-0-7660-9184-9(8)*, 5aead482-622b-4b72-b3af-cdba3fd49735); pap. 20.95 *(978-0-7660-9544-1(4)*, a0f61d9c-8ede-4325-9893-b26f3b9470b7) Enslow Publishing, LLC.

Investigating Electricity. Richard Spilsbury. 2018. (Investigating Science Challenges Ser.). (ENG., Illus.). 32p. (J). (gr. 4-4). *(978-0-7787-4183-1(4))*; pap. *(978-0-7787-4210-4(5))* Crabtree Publishing Co.

Investigating Fingerprints, 1 vol. Chana Stiefel. 2017. (Crime Scene Investigators Ser.). (ENG.). 104p. (gr. 6-6). 38.93 *(978-0-7660-9185-6(6)*, e1705dd8-f76e-42b3-9024-9daf21c2c3a7); pap. 20.95 *(978-0-7660-9545-8(2)*, 7965a406-f51e-42cd-bb4f-900f57a28027) Enslow Publishing, LLC.

Investigating Floods. Elizabeth Elkins. 2017. (Investigating Natural Disasters Ser.). (ENG., Illus.). 32p. (J). (gr. 3-9). lib. bdg. 28.65 *(978-1-5157-4040-7(4)*, 133921, Capstone Pr.) Capstone.

Investigating Forces & Motion. Richard Spilsbury. 2018. (Investigating Science Challenges Ser.). (ENG., Illus.). 32p. (J). (gr. 4-4). *(978-0-7787-4205-0(9))*; pap. *(978-0-7787-4253-1(9))* Crabtree Publishing Co.

Investigating Forces & Motion Through Modeling, 1 vol. Kristin Thiel. 2019. (Science Investigators Ser.). (ENG.). 48p. (J). (gr. 5-5). pap. 13.93 *(978-1-5026-5243-0(9)*, 8765dffd-7790-459e-a224-3f5aac28a4be) Cavendish Square Publishing LLC.

Investigating Fossil Fuel Pollution. Sue Bradford Edwards. 2022. (Investigating Pollution Ser.). (ENG.). 32p. (J). (gr. 2-5). lib. bdg. 35.64 *(978-1-5038-5806-0(5)*, 215672, Wonder Books(r)) Child's World, Inc, The.

Investigating Gun Crimes, 1 vol. Michelle Faulk. 2017. (Crime Scene Investigators Ser.). (ENG.). 104p. (gr. 6-6). 38.93 *(978-0-7660-9186-3(4)*, 5bfb9116-a389-4232-8752-23c92ff44dd5); pap. 20.95 *(978-0-7660-9546-5(0)*, dabfbc0a-c14a-4ebf-97ef-90c038c099f1) Enslow Publishing, LLC.

Investigating Heat. Richard Spilsbury. 2018. (Investigating Science Challenges Ser.). (ENG., Illus.). 32p. (J). (gr. 4-4). *(978-0-7787-4206-7(7))*; pap. *(978-0-7787-4265-4(2))* Crabtree Publishing Co.

Investigating Household Waste Pollution. Sue Gagliardi. 2022. (Investigating Pollution Ser.). (ENG.). 32p. (J). (gr. 2-5). lib. bdg. 35.64 *(978-1-5038-5811-4(1)*, 215677, Wonder Books(r)) Child's World, Inc, The.

Investigating Light. Richard Spilsbury. 2018. (Investigating Science Challenges Ser.). (ENG., Illus.). 32p. (J). (gr. 4-4). *(978-0-7787-4207-4(5))*; pap. *(978-0-7787-4294-4(6))* Crabtree Publishing Co.

Investigating Light Pollution. Laura Perdew. 2022. (Investigating Pollution Ser.). (ENG.). 32p. (J). (gr. 2-5). lib. bdg. 35.64 *(978-1-5038-5808-4(1)*, 215674, Wonder Books(r)) Child's World, Inc, The.

Investigating Magic, 1 vol. Kathryn Horsley. 2016. (Understanding the Paranormal Ser.). (ENG., Illus.). 48p. (J). (gr. 5-5). lib. bdg. 28.41 *(978-1-68048-575-2(X)*, 389ccb8e-2b9e-4314-9d6f-f655953dc91e, Britannica Educational Publishing) Rosen Publishing Group, Inc., The.

Investigating Magnetism. Richard Spilsbury. 2018. (Investigating Science Challenges Ser.). (ENG., Illus.). 32p. (J). (gr. 4-4). *(978-0-7787-4208-1(3))*; pap. *(978-0-7787-4312-5(8))* Crabtree Publishing Co.

Investigating Manufacturing Pollution. Cynthia Kennedy Henzel. 2022. (Investigating Pollution Ser.). (ENG.). 32p. (J). (gr. 2-5). lib. bdg. 35.64 *(978-1-5038-5810-7(3)*, 215676, Wonder Books(r)) Child's World, Inc, The.

Investigating Mars. Margaret J. Goldstein. 2023. (Destination Mars (Alternator Books (r)) Ser.). (ENG., Illus.). 32p. (J). (gr. 3-6). pap. 10.99 Lerner Publishing Group.

Investigating Mass Shootings in the United States, 1 vol. Bridey Heing. 2017. (Terrorism in the 21st Century: Causes & Effects Ser.). (ENG., Illus.). 64p. (J). (gr. 6-6). lib. bdg. 36.13 *(978-1-5081-7462-8(2)*, f207921a-c863-4560-9ce2-26eb19249bfa, Rosen Young Adult) Rosen Publishing Group, Inc., The.

Investigating Matter & Weight Matter Physical Science Grade 3 Children's Science Education Books. Baby Professor. 2021. (ENG.). 72p. (J). 27.99 *(978-1-5419-8098-3(0))*; pap. 16.99 *(978-1-5419-5896-8(9))* Speedy Publishing LLC. (Baby Professor (Education Kids)).

Investigating Matter Through Modeling, 1 vol. Tatiana Ryckman. 2019. (Science Investigators Ser.). (ENG.). 48p. (gr. 5-5). pap. 13.93 *(978-1-5026-5249-2(8)*, fc4c65d7-1fe8-4df9-b53c-875ab9fd5bae) Cavendish Square Publishing LLC.

Investigating Miracles, 1 vol. Lewis M. Steinberg. 2016. (Understanding the Paranormal Ser.). (ENG.). 48p. (J). (gr. 5-5). lib. bdg. 28.41 *(978-1-5081-0223-6(6)*, d457ae97-405c-4e03-8a2c-3987f4e002a6, Britannica Educational Publishing) Rosen Publishing Group, Inc., The.

Investigating Nature: Women Who Led the Way (Super SHEroes of Science) Anita Dalal. 2022. (Super SHEroes of Science Ser.). (ENG.). 48p. (J). (gr. 3-5). 29.00 *(978-1-338-80047-0(7))*; pap. 7.99 *(978-1-338-80048-7(5))* Scholastic Library Publishing. (Children's Pr.).

Investigating Noise Pollution. Cynthia Kennedy Henzel. 2022. (Investigating Pollution Ser.). (ENG.). 32p. (J). (gr. 2-5). lib. bdg. 35.64 *(978-1-5038-5812-1(X)*, 215678, Wonder Books(r)) Child's World, Inc, The.

Investigating Nuclear Pollution. Clara MacCarald. 2022. (Investigating Pollution Ser.). (ENG.). 32p. (J). (gr. 2-5). lib. bdg. 35.64 *(978-1-5038-5809-1(X)*, 215675, Wonder Books(r)) Child's World, Inc, The.

Investigating Plastic Pollution. Laura Perdew. 2022. (Investigating Pollution Ser.). (ENG.). 32p. (J). (gr. 2-5). lib. bdg. 35.64 *(978-1-5038-5805-3(7)*, 215671, Wonder Books(r)) Child's World, Inc, The.

Investigating Pollution (Set), 8 vols. 2022. (Investigating Pollution Ser.). (ENG.). (J). (gr. 2-5). lib. bdg. 285.12 *(978-1-5038-6359-0(X)*, 216256, Wonder Books(r)) Child's World, Inc, The.

Investigating Sasquatch. Jamie Kallio. 2018. (Illus.). 24p. (J). pap. *(978-1-4896-9988-6(0)*, AV2 by Weigl) Weigl Pubs., Inc.

Investigating Sound. Richard Spilsbury. 2018. (Investigating Science Challenges Ser.). (ENG., Illus.). 32p. (J). (gr. 4-4). *(978-0-7787-4209-8(1))*; pap. *(978-0-7787-4380-4(2))* Crabtree Publishing Co.

Investigating Space Through Modeling, 1 vol. Derek Miller. 2019. (Science Investigators Ser.). (ENG.). 48p. (gr. 5-5). pap. 13.93 *(978-1-5026-5252-2(8)*, 9340a597-bebf-49fd-a1ea-f28470fde29f) Cavendish Square Publishing LLC.

Investigating the Attack on the Pentagon, 1 vol. Lena Koya & Carolyn Gard. 2017. (Terrorism in the 21st Century: Causes & Effects Ser.). (ENG., Illus.). 64p. (J). (gr. 6-6). 36.13 *(978-1-5081-7453-0(9)*, bc1e9ec9-7801-4ace-bd71-16cffa37ffa8, Rosen Young Adult) Rosen Publishing Group, Inc., The.

Investigating the Attacks on the World Trade Center, 1 vol. Lena Koya & Carolyn Gard. 2017. (Terrorism in the 21st Century: Causes & Effects Ser.). (ENG.). 64p. (J). (gr. 6-6). 36.13 *(978-1-5081-7455-4(5)*, d0bd35c2-5fcc-4264-bbc2-d1fdae8e1bd0, Rosen Young Adult) Rosen Publishing Group, Inc., The.

Investigating the Bermuda Triangle. Orlin Richard. 2018. (Illus.). 24p. (J). pap. *(978-1-4896-9984-8(8)*, AV2 by Weigl) Weigl Pubs., Inc.

Investigating the Boston Marathon Bombings, 1 vol. Greg Baldino. 2017. (Terrorism in the 21st Century: Causes & Effects Ser.). (ENG., Illus.). 64p. (J). (gr. 6-6). 36.13 *(978-1-5081-7457-8(1)*, d5e5c7f3-657d-47e1-8986-4f39d05d2147, Rosen Young Adult) Rosen Publishing Group, Inc., The.

Investigating the Crash of Flight 93, 1 vol. Lena Koya & Tonya Buell. 2017. (Terrorism in the 21st Century: Causes & Effects Ser.). (ENG., Illus.). 64p. (J). (gr. 6-6). 36.13 *(978-1-5081-7459-2(8)*, 6c0a7b54-6ade-4ce1-81cb-ae527e8a843a, Rosen Young Adult) Rosen Publishing Group, Inc., The.

Investigating the D.B. Cooper Hijacking. Thomas Streissguth. 2018. (Illus.). 24p. (J). pap. *(978-1-4896-9996-1(1)*, AV2 by Weigl) Weigl Pubs., Inc.

Investigating the Scientific Method with Max Axiom, Super Scientist: 4D an Augmented Reading Science Experience. Donald B. Lemke. Illus. by Tod Smith & Al Milgrom. 2019. (Graphic Science 4D Ser.). (ENG.). 32p. (J). (gr. 3-9). pap. 7.95 *(978-1-5435-6003-9(2)*, 140064); lib. bdg. 36.65 *(978-1-5435-5870-8(4)*, 139794) Capstone.

Investigating Tombs & Mummies. Jessie Alkire. 2018. (Excavation Exploration Ser.). (ENG., Illus.). 32p. (J). (gr. 3-6). lib. bdg. 32.79 *(978-1-5321-1526-4(1)*, 28906, Checkerboard Library) ABDO Publishing Co.

Investigating Tornadoes. Elizabeth Elkins. 2017. (Investigating Natural Disasters Ser.). (ENG., Illus.). 32p. (J). (gr. 3-9). lib. bdg. 28.65 *(978-1-5157-4037-7(4)*, 133918, Capstone Pr.) Capstone.

Investigating Trace Evidence, 1 vol. Stephen Eldridge. 2017. (Crime Scene Investigators Ser.). (ENG.). 104p. (J). (gr. 6-6). 38.93 *(978-0-7660-9187-0(2)*, 1c580da3-45be-45dd-a1ed-f5b7a709b4af); pap. 20.95 *(978-0-7660-9547-2(9)*, 08d6698a-d23f-4d8f-9d62-c941429af810) Enslow Publishing, LLC.

Investigating Unsolved Mysteries. Lori Hile et al. 2018. (Investigating Unsolved Mysteries Ser.). (ENG.). 32p. (J). (gr. 3-9). 122.60 *(978-1-5435-3579-2(8)*, 28641, Capstone Pr.) Capstone.

Investigation Boom: The Gastric Apocalypse. Delonte' Harris. 2022. (ENG.). 128p. (J). pap. 16.99 ***(978-1-0880-2916-9(7))*** Indy Pub.

Investigation Boom Volume 2. Delonte' Harris. 2020. (ENG.). 304p. (J). pap. 19.99 *(978-1-0879-2090-0(6))* Indy Pub.

Investigation into the Effects of Force on Objects Changes in Matter & Energy Grade 4 Children's Physics Books. Baby Professor. 2020. (ENG.). 72p. (J). 24.99 *(978-1-5419-8059-4(X))*; pap. 14.99 *(978-1-5419-7810-2(2))* Speedy Publishing LLC. (Baby Professor (Education Kids)).

Investigation into the Management & Discipline of the State Reform School at Westborough, Before the Committee on Public Charitable Institutions (Classic Reprint) Massachusetts Court. (ENG., Illus.). (J). 2018. 892p. 42.31 *(978-0-484-29632-8(9))*; 2017. pap. 24.66 *(978-0-282-58517-4(6))* Forgotten Bks.

Investigation of the Assassination of President John F. Kennedy, Vol. 10: Hearings Before the President's Commission on the Assassination of President Kennedy, Pursuant to Executive Order 11130 (Classic Reprint) Commission on Assassination of Kennedy. 2018. (ENG., Illus.). 436p. (J). 32.91 *(978-0-364-77648-3(X))* Forgotten Bks.

Investigation of the Assassination of President John F. Kennedy, Vol. 11: Hearings Before the President's Commission on the Assassination of President John F. Kennedy (Classic Reprint) President's Commission. 2017. (ENG., Illus.). (J). 34.13 *(978-0-266-27566-4(4))* Forgotten Bks.

Investigation of the Assassination of President John F. Kennedy, Vol. 12: Hearings Before the President's Commission on the Assassination of President John F. Kennedy (Classic Reprint) Commission on Assassination of Kennedy. 2018. (ENG., Illus.). 462p. (J). 33.45 *(978-0-484-19321-4(X))* Forgotten Bks.

Investigation of the Assassination of President John F. Kennedy, Vol. 13: Hearings Before the President's Commission on the Assassination of President Kennedy (Classic Reprint) Commission on Assassination of Kennedy. 2017. (ENG., Illus.). (J). 34.66 *(978-0-331-66408-9(9))* Forgotten Bks.

Investigation of the Assassination of President John F. Kennedy, Vol. 14: Hearings Before the President's Commission on the Assassination of President Kennedy (Classic Reprint) Unknown Author. 2018. (ENG., Illus.). 666p. (J). 37.65 *(978-0-331-72985-6(7))* Forgotten Bks.

Investigation of the Assassination of President John F. Kennedy, Vol. 15: Hearings Before the President's Commission on the Assassination of President John F. Kennedy (Classic Reprint) United States. United States Congress. 2017. (ENG., Illus.). (J). 41.22 *(978-0-331-60329-3(2))*; pap. 23.57 *(978-0-243-48170-5(5))* Forgotten Bks.

Investigation of the Assassination of President John F. Kennedy, Vol. 18: Hearings Before the President's Commission on the Assassination of President John F. Kennedy (Classic Reprint) Unknown Author. 2018. (ENG., Illus.). (J). 854p. 41.53 *(978-1-391-98694-4(6))*; 856p. pap. 23.97 *(978-1-390-53478-8(2))* Forgotten Bks.

Investigation of the Assassination of President John F. Kennedy, Vol. 19: Hearings Before the President's Commission on the Assassination of President Kennedy (Classic Reprint) Commission on the Assassination Kennedy. 2018. (ENG., Illus.). 796p. (J). 40.31 *(978-0-484-00554-8(5))* Forgotten Bks.

Investigation of the Assassination of President John F. Kennedy, Vol. 2: Hearings Before the President's Commission on the Assassination of President John F. Kennedy (Classic Reprint) Unknown Author. 2017. (ENG., Illus.). (J). 34.81 *(978-0-331-12157-5(3))* Forgotten Bks.

Investigation of the Assassination of President John F. Kennedy, Vol. 20: Hearings Before the President's Commission on the Assassination of President John F. Kennedy (Classic Reprint) Unknown Author. 2017. (ENG., Illus.). (J). 40.83 *(978-0-331-47341-4(0))* Forgotten Bks.

Investigation of the Assassination of President John F. Kennedy, Vol. 21: Hearings Before the President's Commission on the Assassination of President John F. Kennedy (Classic Reprint) Unknown Author. 2018. (ENG., Illus.). 810p. (J). 40.60 *(978-0-484-67953-4(8))* Forgotten Bks.

Investigation of the Assassination of President John F. Kennedy, Vol. 23: Hearings Before the President's Commission on the Assassination of President Kennedy; Exhibits 1513 to 1975 (Classic Reprint) Commission on Assassination of Kennedy. 2018. (ENG., Illus.). (J). 978p. 44.09 *(978-1-396-07096-9(6))*; 980p. pap. 26.43 *(978-1-390-45111-5(9))* Forgotten Bks.

Investigation of the Assassination of President John F. Kennedy, Vol. 25: Hearings Before the President's Commission on the Assassination of President Kennedy; Exhibits 2190 to 2651 (Classic Reprint) Commission on Assassination of Kennedy. 2018. (ENG., Illus.). (J). 964p. 43.80 *(978-1-396-06952-9(6))*; 966p. pap. 26.14 *(978-1-390-45251-8(4))* Forgotten Bks.

Investigation of the Assassination of President John F. Kennedy, Vol. 3: Hearings Before the President's Commission on the Assassination of President Kennedy (Classic Reprint) President's Commission on the as Kennedy. 2017. (ENG., Illus.). (J). 34.77 *(978-0-331-66743-1(6))* Forgotten Bks.

Investigation of the Assassination of President John F. Kennedy, Vol. 6: Hearings Before the President's Commission on the Assassination of President John F. Kennedy, Pursuant to Executive Order 11130, an Executive Order Creating a Commission to Ascertain. Unknown Author. 2017. (ENG., Illus.). (J). 33.84 *(978-0-331-20809-2(1))* Forgotten Bks.

Investigation of the Assassination of President John F. Kennedy, Vol. 7: Hearings Before the President's Commission on the Assassination of President John F. Kennedy (Classic Reprint) Commission on the Assassination Kennedy. 2017. (ENG., Illus.). (J). 36.44 *(978-0-265-61597-3(6))* Forgotten Bks.

Investigation of the Assassination of President John F. Kennedy, Vol. 8: Hearings Before the President's Commission on the Assassination of President Kennedy (Classic Reprint) Commission on the Assassination of J. K. (ENG., Illus.). (J). 2017. 33.88 *(978-0-331-67064-6(X))*; 2016. pap. 16.57 *(978-1-333-11603-3(9))* Forgotten Bks.

Investigation of the Assassination of President John F. Kennedy, Vol. 9: Hearings Before the President's Commission on the Assassination of President John F. Kennedy (Classic Reprint) President's Commission on the as Kennedy. 2018. (ENG., Illus.). 486p. (J). 33.92 *(978-0-364-48553-8(1))* Forgotten Bks.

Investigation Word Search for Kids Ages 6-8: 51 Page Word Search Puzzles (Search & Find) Figgy Farzan. 2021. (ENG.). 52p. (J). pap. 7.99 *(978-1-716-09352-4(X))* Lulu Pr., Inc.

InvestiGators. John Patrick Green. 2020. (InvestiGators Ser.: 1). (ENG., Illus.). 208p. (J). 12.99 *(978-1-250-21995-4(7)*, 900207525, First Second Bks.) Roaring Brook Pr.

InvestiGators: Agents of S. U. I. T. John Patrick Green & Christopher Hastings. Illus. by Pat Lewis. 2023. (InvestiGators Ser.). (ENG.). 208p. (J). 10.99 *(978-1-250-85256-4(0)*, 900258764, First Second Bks.) Roaring Brook Pr.

InvestiGators: All Tide Up. John Patrick Green. 2023. (InvestiGators Ser.: 7). (ENG., Illus.). 208p. (J). 12.99 ***(978-1-250-84989-2(6)***, 900258047, First Second Bks.) Roaring Brook Pr.

InvestiGators: Ants in Our P. A. N. T. S. John Patrick Green. 2021. (InvestiGators Ser.: 4). (ENG., Illus.). 208p. (J). 12.99 *(978-1-250-22005-9(X)*, 900207536, First Second Bks.) Roaring Brook Pr.

InvestiGators Boxed Set: InvestiGators, Take the Plunge, & off the Hook. John Patrick Green. 2021. (InvestiGators Ser.). (ENG.). (J). 29.97 *(978-1-250-82921-4(6)*, 900252471, First Second Bks.) Roaring Brook Pr.

InvestiGators: Braver & Boulder. John Patrick Green. 2022. (InvestiGators Ser.: 5). (ENG., Illus.). 208p. (J). 12.99 *(978-1-250-22006-6(8)*, 900207539, First Second Bks.) Roaring Brook Pr.

InvestiGators: Heist & Seek. John Patrick Green. 2022. (InvestiGators Ser.: 6). (ENG., Illus.). 208p. (J). 12.99 *(978-1-250-84988-5(8)*, 900258046, First Second Bks.) Roaring Brook Pr.

InvestiGators: off the Hook. John Patrick Green. 2021. (InvestiGators Ser.: 3). (ENG., Illus.). 208p. (J). 12.99 *(978-1-250-22000-4(9)*, 900207532, First Second Bks.) Roaring Brook Pr.

InvestiGators: Take the Plunge. John Patrick Green. 2020. (InvestiGators Ser.: 2). (ENG., Illus.). 208p. (J). 12.99 *(978-1-250-21998-5(1)*, 900207530, First Second Bks.) Roaring Brook Pr.

Investing. Jessica Morrison. 2017. (J). *(978-1-5105-1945-9(9))* SmartBook Media, Inc.

Investing. Ruth Owen. 2023. (Personal Finance: Need to Know Ser.). (ENG.). 32p. (J). (gr. 5-7). lib. bdg. 28.50 Bearport Publishing Co., Inc.

Investing. Christine Taylor-Butler. 2018. (Personal Finance Ser.). (ENG.). 32p. (J). lib. bdg. 22.99 *(978-1-5105-3678-4(7))* SmartBook Media, Inc.

Investing Uncle Ben's Legacy: A Tale of Mining & Matrimonial Speculations (Classic Reprint) Old Boomerang. 2018. (ENG., Illus.). 238p. (J). 28.83 *(978-0-483-71763-3(0))* Forgotten Bks.

Investor Ninja: A Children's Book about Investing. Mary Nhin. Illus. by Jelena Stupar. 2021. (Ninja Life Hacks Ser.: Vol. 52). (ENG.). 40p. (J). 19.99 *(978-1-63731-152-3(4))* Grow Grit Pr.

Invictor Detective y el Secuestro de Los Compas / Detective Invictor & the Kid Napping of the Compas. Invictor. 2023. (Invictor Detective Ser.: 1). (SPA.). 160p. (J). (gr. 5). pap. 14.95 *(978-607-38-1820-9(3)*, Altea) Penguin Random House Grupo Editorial ESP. Dist: Penguin Random Hse. LLC.

Invictor y Mayo en Busca de la Esmeralda Perdida / Invictor & Mayo in Search o F the Lost Emerald. Invictor & Mayo. 2021. (SPA.). 240p. (J). (gr. 5). pap. 12.95 *(978-607-38-0147-8(5)*, Altea) Penguin Random House Grupo Editorial ESP. Dist: Penguin Random Hse. LLC.

Invictus. Ryan Graudin. 2018. (ENG.). 480p. (YA). (gr. 9-17). pap. 10.99 *(978-0-316-50308-2(8))* Little, Brown Bks. for Young Readers.

Invictus. Ryan Graudin. l.t. ed. 2019. (ENG.). 660p. (YA). (gr. 9-17). pap. 12.99 *(978-1-4328-6451-4(3)*, Large Print Pr.) Thorndike Pr.

Invidious. Bianca Scardoni. 2016. (ENG., Illus.). (YA). pap. *(978-0-9948651-6-8(3))* Scardoni, Bianca.

Invierno. Aaron Carr. 2016. (Nuestras Cuatro Estaciones Ser.). (SPA.). 24p. (J). lib. bdg. 22.99 *(978-1-5105-2473-6(8))* SmartBook Media, Inc.

Invierno. Amy Culliford. Tr. by Pablo de la Vega. 2021. (Las Estaciones Del año (Seasons in a Year) Ser.). (SPA., Illus.). 16p. (J). (gr. -1-1). pap. *(978-1-4271-3306-9(9)*, 14521) Crabtree Publishing Co.

Invierno. Julie Murray. 2016. (Las Estaciones Ser.). (SPA.). 24p. (J). (gr. -1-2). pap. 7.95 *(978-1-4966-0713-3(9)*, 131746, Capstone Classroom) Capstone.

Invierno. Mari Schuh. 2019. (Estaciones Ser.). (SPA.). 16p. (J). (gr. -1-2). lib. bdg. *(978-1-68151-629-5(2)*, 14530) Amicus.

Invierno: Leveled Reader Book 45 Level K 6 Pack. Hmh Hmh. 2021. (SPA.). 16p. (J). pap. 74.40 *(978-0-358-08355-9(9))* Houghton Mifflin Harcourt Publishing Co.

Invierno Del Alma. Tommaso Martino. 2020. (SPA.). 240p. (YA). pap. 15.18 *(978-1-716-45465-3(4))*; pap. *(978-1-716-38502-5(4))* Lulu Pr., Inc.

Invierno/Winter. Child's Play. Tr. by Teresa Mlawer. Illus. by Ailie Busby. ed. 2019. (Spanish/English Bilingual Editions Ser.). (ENG.). 12p. (J). (gr. 1-1). bds. *(978-1-78628-306-1(9))* Child's Play International Ltd.

Invincible. Robert Kirkman. 2017. (ENG., Illus.). 304p. (YA). 39.99 *(978-1-5343-0045-3(7)*, f589b36b-a469-4340-9c25-488807e1be37) Image Comics.

Invincible: Finding the Light Beyond the Darkness of Chronic Illness. Anne Schober & Mollie Ayers. 2023.

I

(ENG.). 313p. (YA). pap. *(978-1-365-66988-0(2))* Lulu Pr., Inc.

Invincible - Ultimate Collection, Vol. 1. Robert Kirkman. 2021. (ENG., Illus.). 400p. (YA). (gr. 7-12). 39.99 *(978-1-58240-500-1(X),* dc532a14-5281-4539-aebb-5de08d6796a0) Image Comics.

Invincible Compendium Volume 3. Robert Kirkman. 2018. (ENG., Illus.). 1104p. (YA). pap. 64.99 *(978-1-5343-0686-8(2),* 383cd394-1d20-4347-b118-e535b356c53e) Image Comics.

Invincible Girls Club Unstoppable Collection (Boxed Set) Home Sweet Forever Home; Art with Heart; Back to Nature; Quilting a Legacy; Recess All-Stars. Rachele Alpine & Steph B. Jones. Illus. by Addy Rivera Sonda. ed. 2023. (Invincible Girls Club Ser.). (ENG.). 800p. (J). (gr. 2-5). pap. 34.99 *(978-1-6659-0442-1(9),* Aladdin) Simon & Schuster Children's Publishing.

Invincible Kingdom. Rob Ryan. 2023. (Invisible Kingdom Trilogy Ser.). (ENG.). 64p. (J). 19.95 *(978-1-62371-783-4(3),* Crocodile Bks.) Interlink Publishing Group, Inc.

Invincible Magic Book of Spells: Ancient Spells, Charms & Divination Rituals for Kids in Magic Training. Catherine Fet. 2018. (ENG., Illus.). 30p. (J). (gr. 2-5). pap. 12.99 *(978-0-578-44486-4(0))* Stratostream LLC.

Invincible Summer of Juniper Jones. Daven McQueen. 2020. (ENG.). 312p. (YA). pap. 10.99 *(978-1-989365-16-8(7),* 900222487) Wattpad Bks. CAN. Dist: Macmillan.

Invisi-Bull: Fun with Words, Valuable Lessons. Jacqui Shepherd. 2018. (Farm-Tastic Ser.). (ENG., Illus.). 42p. (J). (gr. k-6). pap. *(978-1-77008-969-3(1))* Awareness Publishing.

Invisibility. Blake Hoena. 2020. (Superhero Science Ser.). (ENG., Illus.). 32p. (J). (gr. 3-8). lib. bdg. 27.95 *(978-1-64487-260-4(9),* Blastoff! Readers) Bellwether Media.

Invisibility Cloaks, 1 vol. Holly Duhig. 2017. (Science Fiction to Science Fact Ser.). (ENG.). 32p. (J). (gr. 4-5). pap. 11.50 *(978-1-5382-1495-4(4),* c8780f9b-1f16-4b92-845b-576c887d67e9); lib. bdg. 28.27 *(978-1-5382-1384-1(2),* 5cd4c626-8077-41fc-9033-5275891500ac) Stevens, Gareth Publishing LLLP.

Invisible. Maria Baranda. Illus. by Alejandra Barba. 2019. (Torre Amarilla Ser.). (SPA.). 152p. (J). pap. *(978-958-776-499-4(4))* Norma Ediciones, S.A.

Invisible. Sophie L. Gold. 2020. (ENG.). 50p. (J). pap. 15.00 *(978-1-953507-28-0(X))* Brightlings.

Invisible: a Graphic Novel. Christina Diaz Gonzalez. Illus. by Gabriela Epstein. 2022. (ENG.). 208p. (J). (gr. 3-7). 24.99 *(978-1-338-19455-5(0));* pap. 12.99 *(978-1-338-19454-8(2))* Scholastic, Inc. (Graphix).

Invisible Alphabet. Joshua David Stein. Illus. by Ron Barrett. 2020. 40p. (J). (-k). 17.99 *(978-0-593-22277-5(6))* Penguin Young Readers Group.

Invisible Balance Sheet (Classic Reprint) Katrina Trask. 2018. (ENG., Illus.). 382p. (J). 31.78 *(978-0-364-05111-5(6))* Forgotten Bks.

Invisible Bear. Cecile Metzger. 2020. (ENG.). 40p. (J). (gr. -1-3). 17.99 *(978-0-7352-6687-2(5),* Tundra Bks.) Tundra Bks. CAN. Dist: Penguin Random Hse. LLC.

Invisible Boy. Alyssa Hollingsworth. Illus. by Deb Jj Lee. 2021. (ENG.). 336p. (J). pap. 8.99 *(978-1-250-79186-3(3),* 900184755) Square Fish.

Invisible Boys. Holden Sheppard. 2019. 344p. (J). (gr. 7). pap. 14.95 *(978-1-925815-56-6(0))* Fremantle Pr. AUS. Dist: Independent Pubs. Group.

Invisible Cloak. Diep Comics Long. 2017. (VIE.). (J). pap. *(978-604-1-09963-0(5))* Kim Dong Publishing Hse.

Invisible Elephant. Anna Anisimova. Tr. by Ruth Ahmedzai Kemp. Illus. by Yulia Sidneva. 2023. 112p. (J). (gr. 3-5). 22.00 *(978-1-63206-324-3(7))* Restless Bks.

Invisible Emmie. Terri Libenson. Illus. by Terri Libenson. 2017. (Emmie & Friends Ser.). (ENG., Illus.). 192p. (J). (gr. 3-7). 22.99 *(978-0-06-248494-9(X));* pap. 15.99 *(978-0-06-248493-2(1))* HarperCollins Pubs. (Balzer & Bray).

Invisible Emmie. Terri Libenson. ed. 2017. (ENG.). (J). lib. bdg. 22.10 *(978-0-606-40069-5(9))* Turtleback.

Invisible Enemies: A Handbook on Pandemics That Have Shaped Our World. Hwee Goh. Illus. by David Liew. 2023. (Change Makers Ser.). (ENG.). 96p. (J). (gr. 2-4). pap. 12.99 *(978-981-5044-99-7(0))* Marshall Cavendish International (Asia) Private Ltd. SGP. Dist: Independent Pubs. Group.

Invisible Enemy. Laurie S. Sutton. Illus. by James Nathan. 2017. (Bug Team Alpha Ser.). (ENG.). 112p. (J). (gr. 3-6). lib. bdg. 26.65 *(978-1-4965-5184-9(2),* 136187, Stone Arch Bks.) Capstone.

Invisible Enemy (Classic Reprint) George C. Shedd. 2018. (ENG., Illus.). 300p. (J). 30.10 *(978-0-332-87589-7(X))* Forgotten Bks.

Invisible Enemy; or the Mines of Wielitska, Vol. 2 Of 4: A Polish Legendary Romance (Classic Reprint) Thomas Pike Lathy. 2018. (ENG., Illus.). 272p. (J). 29.51 *(978-0-483-20840-7(X))* Forgotten Bks.

Invisible Enemy; or the Mines of Wielitska, Vol. 3 Of 4: A Polish Legendary Romance (Classic Reprint) Thomas Pike Lathy. 2018. (ENG., Illus.). 294p. (J). 29.92 *(978-0-666-86096-5(3))* Forgotten Bks.

Invisible Fault Lines. Kristen-Paige Madonia. 2016. (ENG.). 320p. (YA). (gr. 7). 17.99 *(978-1-4814-3071-5(8),* Simon & Schuster Bks. For Young Readers) Simon & Schuster Bks. For Young Readers.

Invisible Foe: A Story Adapted from the Play by Walter Hackett (Classic Reprint) Louise Jordan Miln. (ENG., Illus.). (J). 2018. 284p. 29.77 *(978-0-267-00687-8(X));* 2018. 302p. 30.13 *(978-0-364-00185-1(2));* 2017. pap. 13.57 *(978-0-259-06231-8(6));* 2017. pap. 13.57 *(978-0-243-49809-3(8))* Forgotten Bks.

Invisible GardenLe Jardin Invisible, 1 vol. Marianne Ferrer & Valérie Picard. 2019. Orig. Title: Le Jardin Invisible. (ENG., Illus.). 64p. (J). (gr. -1-k). 19.95 *(978-1-4598-2211-5(0))* Orca Bk. Pubs. USA.

Invisible Gentleman, Vol. 1 of 3 (Classic Reprint) James Dalton. (ENG., Illus.). (J). 2018. 30.85 *(978-0-331-98795-9(3));* 2016. pap. 13.57 *(978-1-334-12828-8(6))* Forgotten Bks.

Invisible Gentleman, Vol. 2 of 3 (Classic Reprint) James Dalton. 2018. (ENG., Illus.). 334p. (J). 30.79 *(978-0-483-85437-6(9))* Forgotten Bks.

Invisible Gentleman, Vol. 3 of 3 (Classic Reprint) James Dalton. (ENG., Illus.). (J). 2018. 332p. 30.74 *(978-0-267-34342-3(6));* 2016. pap. 13.57 *(978-1-333-66528-9(8))* Forgotten Bks.

Invisible Ghosts. Robyn Schneider. (ENG.). (YA). (gr. 8). 2020. 336p. pap. 10.99 *(978-0-06-256809-0(4));* 2018. 320p. 17.99 *(978-0-06-256808-3(6))* HarperCollins Pubs. (Tegen, Katherine Bks).

Invisible Girl in Room Thirteen. Stephen Simpson. 2020. (ENG.). 118p. (J). pap. 9.99 *(978-1-393-11936-4(0))* Draft2Digital.

Invisible Guide (Classic Reprint) C. Lewis Hind. 2017. (ENG., Illus.). (J). 28.23 *(978-0-260-83198-9(0))* Forgotten Bks.

Invisible Hand: Shakespeare's Moon, Act I. James Hartley. 2017. (ENG., Illus.). 168p. (J). (gr. 6-12). pap. 11.95 *(978-1-78535-498-4(1),* Lodestone Bks.) Hunt, John Publishing Ltd. GBR. Dist: National Bk. Network.

Invisible Ink. Michael Dahl. Illus. by Patricio Clarey. 2020. (Secrets of the Library of Doom Ser.). (ENG.). 40p. (J). (gr. 3-5). pap. 5.95 *(978-1-4965-9899-8(7),* 201276); lib. bdg. 23.99 *(978-1-4965-9720-5(6),* 199354) Capstone. (Stone Arch Bks.).

Invisible Invasion: the COVID-19 Pandemic Begins. Marie Bender. 2020. (Battling COVID-19 Ser.). (ENG., Illus.). 32p. (J). (gr. 3-6). lib. bdg. 32.79 *(978-1-5321-9429-0(3),* 36613, Checkerboard Library) ABDO Publishing Co.

Invisible Kingdom. Rob Ryan. 2016. (Invisible Kingdom Trilogy Ser.). (ENG., Illus.). 64p. (J). 19.95 *(978-1-56656-077-1(2),* Crocodile Bks.) Interlink Publishing Group, Inc.

Invisible Leash: An Invisible String Story about the Loss of a Pet. Patrice Karst. Illus. by Joanne Lew-Vriethoff. (Invisible String Ser.). (ENG.). 32p. (J). (gr. -1-3). 2021. 9.99 *(978-0-316-52489-6(1));* 2019. 18.99 *(978-0-316-52485-8(9))* Little, Brown Bks. for Young Readers.

Invisible Links (Classic Reprint) Pauline Bancroft Flach. 2018. (ENG., Illus.). 294p. (J). 29.96 *(978-0-364-95280-1(6))* Forgotten Bks.

Invisible Lion. Jerri Kay Lincoln. 2016. (ENG., Illus.). (J). (gr. k-3). 16.00 *(978-1-938322-36-5(3))* Ralston Store Publishing.

Invisible Lizard. Kurt Cyrus. Illus. by Andy Atkins. 2017. (ENG.). 32p. (J). (gr. k-2). 16.99 *(978-1-58536-378-0(2),* 204320) Sleeping Bear Pr.

Invisible Lizard in Love. Kurt Cyrus. Illus. by Andy Atkins. 2019. (ENG.). 32p. (J). (gr. k-2). 16.99 *(978-1-5341-1015-1(1),* 204754) Sleeping Bear Pr.

Invisible Man. Kenny Abdo. 2018. (Hollywood Monsters Ser.). (ENG., Illus.). 24p. (J). (gr. 2-8). lib. bdg. 31.36 *(978-1-5321-2319-1(1),* 28405, Abdo Zoom-Fly) ABDO Publishing Co.

Invisible Man. H. G. Wells. 2018. (ENG., Illus.). 172p. (YA). (gr. 7-13). 24.56 *(978-1-7317-0734-5(7));* 12.56 *(978-1-7317-0407-8(0));* pap. 12.48 *(978-1-7317-0735-2(5));* pap. 5.77 *(978-1-7317-0408-5(9))* Simon & Brown.

Invisible Man. H. G. Wells. (ENG.). (YA). (gr. 7-13). 2019. 180p. *(978-93-89440-45-4(9));* 2017. 170p. pap. *(978-81-935458-5-0(0))* Sumaiyah Distributors Pvt Ltd.

Invisible Man. H. G. Wells. 2020. (ENG.). 142p. (YA). pap. *(978-1-78982-248-9(3))* Andrews UK Ltd.

Invisible Man. H. G. Wells. 2022. (ENG.). 140p. (YA). pap. 29.10 *(978-1-4583-3114-4(8))* Lulu Pr., Inc.

Invisible Man. Herbert George. Wells. 2018. (CHI.). (J). pap. *(978-986-178-463-2(2))* How Do Publishing Inc.

Invisible Man: A Grotesque Romance (Classic Reprint) H. G. Wells. 2017. (ENG., Illus.). (J). 288p. 29.86 *(978-0-484-90711-8(5));* pap. 13.57 *(978-1-5276-0357-8(1))* Forgotten Bks.

Invisible Man: The Original 1897 Edition. H. G. Wells. 2020. (ENG.). 150p. (YA). 13.95 *(978-1-64594-093-7(4))* Athanatos Publishing Group.

Invisible Planet, 12. Gerónimo Stilton. ed. 2018. (Geronimo Stilton Ser.). (ENG.). 113p. (J). (gr. 2-3). 18.36 *(978-1-64310-224-5(9))* Penworthy Co., LLC, The.

Invisible Playmate: W. V. He'r Book in Memory (Classic Reprint) William Canton. 2018. (ENG., Illus.). 264p. (J). 29.34 *(978-0-483-31974-5(0))* Forgotten Bks.

Invisible Six (Set), 6 vols. Jim Corrigan. 2021. (Invisible Six Ser.). (ENG.). 112p. (J). (gr. 4-9). lib. bdg. 231.00 *(978-1-0982-3042-5(6),* 37701, Claw) ABDO Publishing Co.

Invisible Six (Set Of 6) Jim Corrigan. Illus. by Kev Hopgood. 2021. (Invisible Six Ser.). (ENG.). 672p. (J). (gr. 5-5). pap. 71.70 *(978-1-64494-573-5(8))* North Star Editions.

Invisible Spy (Classic Reprint) Eliza Haywood. (ENG., Illus.). (J). 2018. 250p. 29.07 *(978-0-428-80751-1(8));* 2016. pap. 11.57 *(978-1-333-13975-9(6))* Forgotten Bks.

Invisible Spy (the Forgotten Five, Book 2) Lisa McMann. (Forgotten Five Ser.: 2). (J). (gr. 3-7). 2023. 352p. 9.99 *(978-0-593-32544-5(3));* 2022. 336p. 17.99 *(978-0-593-32543-8(5))* Penguin Young Readers Group. (G.P. Putnam's Sons Books for Young Readers).

Invisible Spy, Vol. 1 of 4 (Classic Reprint) Exploralibus Exploralibus. 2018. (ENG., Illus.). 298p. (J). 30.04 *(978-0-483-31982-0(1))* Forgotten Bks.

Invisible Spy, Vol. 1 of 4 (Classic Reprint) Eliza Fowler Haywood. 2017. (ENG., Illus.). (J). 29.92 *(978-0-266-71563-4(X));* pap. 13.57 *(978-1-5276-7114-0(3))* Forgotten Bks.

Invisible Spy, Vol. 2 (Classic Reprint) Eliza Fowler Haywood. (ENG., Illus.). (J). 2018. 314p. 30.37 *(978-0-483-43740-1(9));* 2017. pap. 13.57 *(978-1-334-92603-7(4))* Forgotten Bks.

Invisible Spy, Vol. 3 (Classic Reprint) Eliza Fowler Haywood. 2018. (ENG., Illus.). (J). 324p. 30.58 *(978-0-483-99376-1(X));* 322p. 30.54 *(978-0-267-29655-2(X))* Forgotten Bks.

Invisible Spy, Vol. 4 (Classic Reprint) Eliza Fowler Haywood. (ENG., Illus.). (J). 2018. 298p. 30.04 *(978-0-365-31309-0(2));* 2017. pap. 13.57 *(978-0-259-19917-5(6))* Forgotten Bks.

Invisible String. Patrice Karst. Illus. by Joanne Lew-Vriethoff. 2023. (Invisible String Ser.: 1). (ENG.). 40p. (J). (gr. -1-3). 18.99 *(978-0-316-57087-9(7))* Little, Brown Bks. for Young Readers.

Invisible String Workbook: Creative Activities to Comfort, Calm, & Connect. Patrice Karst & Dana Wyss. Illus. by Joanne Lew-Vriethoff. 2019. (Invisible String Ser.). (ENG.). 112p. (J). (gr. -1-17). pap. 14.99 *(978-0-316-52491-9(3))* Little, Brown Bks. for Young Readers.

Invisible Sun. Anthony Stultz. 2019. (ENG.). 22p. (J). *(978-0-359-72016-3(1))* Lulu Pr., Inc.

Invisible Things. Andy J. Pizza & Sophie Miller. 2023. (ENG., Illus.). 52p. (J). (gr. k-3). 17.99 *(978-1-7972-1520-4(5))* Chronicle Bks. LLC.

Invisible Thread: A Young Readers' Edition. Laura Schroff & Alex Tresniowski. 2019. (ENG., Illus.). 224p. (J). (gr. 5). 17.99 *(978-1-5344-3727-2(4),* Simon & Schuster Bks. For Young Readers) Simon & Schuster Bks. For Young Readers.

Invisible Thread: How We Stay Connected by LOVE. Robin Lynne Gordon. Illus. by Sylvie Pham. 2022. (ENG.). 34p. (J). 25.99 *(978-0-9725118-4-1(9));* pap. 18.99 *(978-0-9725118-8-9(1))* Peaceful Thoughts Pr.

Invisible Tides (Classic Reprint) Beatrice Kean Seymour. 2018. (ENG., Illus.). 366p. (J). 31.47 *(978-0-483-44289-4(5))* Forgotten Bks.

Invisible Universe. Suresh Shetty. 2018. (ENG., Illus.). 548p. (J). pap. 21.99 *(978-1-64249-498-3(4))* Notion Pr., Inc.

Invisible Us. Dougie Arnold. 2019. (ENG.). 32p. (J). pap. *(978-1-912850-86-0(9))* Clink Street Publishing.

Invisible Visitors. N. J. Gauld. 2018. (ENG., Illus.). 202p. (YA). pap. *(978-1-77370-246-9(7))* Tellwell Talent.

Invisible Web: An Invisible String Story Celebrating Love & Universal Connection. Patrice Karst. Illus. by Joanne Lew-Vriethoff. (Invisible String Ser.: 4). (ENG.). 32p. (J). (gr. -1-3). 2022. 8.99 *(978-0-316-52492-6(1));* 2020. 17.99 *(978-0-316-52496-4(4))* Little, Brown Bks. for Young Readers.

Invisibles. Eleanor Chun. Illus. by Eugene Chun. 2019. (ENG.). 36p. (J). pap. *(978-1-5255-4818-5(2))* FriesenPress.

Invision: Chronicles of Nick. Sherrilyn Kenyon. 2017. (Chronicles of Nick Ser.: 7). (ENG.). 400p. (YA). pap. 14.99 *(978-1-250-06390-8(6),* 900143383, Wednesday Bks.) St. Martin's Pr.

Invitation. Nadeen Briggs. 2020. (ENG.). 58p. (YA). pap. 11.49 *(978-1-5456-8007-0(8))* Salem Author Services.

Invitation. Stacey May Fowles. Illus. by Marie Lafrance. 2023. 40p. (J). (gr. -1-1). 19.99 *(978-1-77306-661-5(7))* Groundwood Bks. CAN. Dist: Publishers Group West (PGW).

Invitation. Timo Parvela & Bjø Sortland. Tr. by Owen Witesman. Illus. by Pasi Pitkänen. 2023. (Kepler62 Ser.: 1). (ENG.). 128p. (J). 16.00 *(978-1-64690-033-6(2))* North-South Bks., Inc.

Invitation. Marcie Pysher. Illus. by Marcie Pysher. 2017. (ENG., Illus.). (J). (gr. k-3). 19.95 *(978-0-692-98452-9(6))* Pysher, Brock.

Invitation. Mary Allen. Illus. by Susan Thompson. l.t. ed. 2017. (ENG.). 25p. (J). 12.95 *(978-0-9887841-3-0(0))* Farrand Avenue Faith Publishing.

Invitation: An Orange Porange Story. Howard Pearlstein. Illus. by Rob Hardison. 2022. (Orange Porange Ser.: 2). (ENG.). 32p. (J). (gr. -1-k). 16.99 *(978-981-4974-07-3(2))* Marshall Cavendish International (Asia) Private Ltd. SGP. Dist: Independent Pubs. Group.

Invitation: An Orange Porange Story. Howard Pearlstein. Illus. by Rob Hardison. 2023. (Orange Porange Ser.). (ENG.). 32p. (J). (gr. -1-k). pap. 9.99 *(978-981-5044-85-0(0))* Marshall Cavendish International (Asia) Private Ltd. SGP. Dist: Independent Pubs. Group.

Invitation to a Family Dinner. Cheryl Cramer Briard. 2019. (ENG.). 46p. (J). pap. *(978-0-359-72625-7(9))* Lulu Pr., Inc.

Invitation to the Ball: A Comedy Sketch (Classic Reprint) Harry L. Newton. (ENG., Illus.). (J). 2018. 20p. 24.31 *(978-0-484-17459-6(2));* 2016. pap. 7.97 *(978-1-333-35931-7(4))* Forgotten Bks.

Invitation to the Ballet. Charlotte Guillain. Illus. by Helen Shoesmith. 2022. (ENG.). 48p. (J). (gr. 1-3). 19.95 *(978-1-80338-039-1(X))* Welbeck Publishing Group Ltd. GBR. Dist: Two Rivers Distribution.

Invitee. Beverly Blackman-Mounce. 2017. (ENG., Illus.). (J). pap. 11.95 *(978-1-63568-910-5(4))* Page Publishing Inc.

Inviting a Giraffe to Tea. Patty Huston-Holm. 2017. (ENG., Illus.). (J). 19.99 *(978-0-692-92156-2(7))* Patty Huston-Holm.

Inviting a Giraffe to Tea: Color Me Different. Patty Huston-Holm. Illus. by Gennai Sawvel & Josh Frink. 2017. (ENG.). 22p. (J). (gr. 1-4). pap. 9.99 *(978-0-692-04996-9(7))* Patty Huston-Holm.

Inviting a Giraffe to Tea: Teacher-Parent Guide. Patty Huston-Holm & Kathy McFerrin. Illus. by Gennai Sawvel. 2018. (ENG.). 80p. (J). (gr. 1-4). pap. 25.00 *(978-0-692-14271-4(1))* Patty Huston-Holm.

Inviting Harmony: A Story of Belonging in Australia. Cary Lee. Illus. by Alastair Laird. 2017. (ENG.). (J). (gr. k-2). *(978-0-6480084-0-8(1))* Creatively Sunny Moon.

Involuntary Chaperon (Classic Reprint) Margaret Cameron. 2017. (ENG., Illus.). (J). 31.94 *(978-1-5281-7851-8(3))* Forgotten Bks.

Invulnerability. Blake Hoena & Blake Hoena. 2022. (Superhero Science Ser.). (ENG., Illus.). 32p. (J). (gr. 3-8). pap. 8.99 *(978-1-64834-682-8(0),* 21394, Blastoff! Readers) Bellwether Media.

Io Credo in Te: Salvate la Scuola. Emanuela Molaschi. 2021. (ITA.). 60p. (YA). pap. *(978-1-300-21957-6(2))* Lulu Pr., Inc.

Ioannis Geraldini Hiberni Di Meteoris Tractatvs Lucidissimus in Quinque Partes Distinctus: Opus Omnium, Quae de Hac Materia Hactenus in Lucem Prodierunt Accuratißimum, Lectuque Iucundißimum; Cum Duplici Indice, Sectionum, Scilicet, et Rerum. Joannes Geraldinus. 2018. (LAT., Illus.). (J). 328p. 30.68 *(978-0-366-05215-8(2));* 330p. pap. 13.57 *(978-0-366-00576-5(6))* Forgotten Bks.

Iodine Chronicle: 29th March, 1918 (Classic Reprint) H. W. Whytock. (ENG., Illus.). (J). 2018. 20p. 24.31 *(978-0-484-09018-6(6));* 2017. pap. 7.97 *(978-0-259-86033-4(6))* Forgotten Bks.

Iodine Educational Facts Children's Science Book. Bold Kids. 2022. (ENG.). 42p. (J). pap. 14.99 *(978-1-0717-2120-9(8))* FASTLANE LLC.

Iola Leroy. Frances E. W. Harper. 2018. (ENG., Illus.). 228p. (J). 26.30 *(978-1-7317-0616-4(2));* pap. 14.22 *(978-1-7317-0617-1(0));* 13.54 *(978-1-7317-0187-9(X));* pap. 6.75 *(978-1-7317-0188-6(8));* 13.99 *(978-1-61382-534-1(X));* pap. 6.75 *(978-1-61382-535-8(8))* Simon & Brown.

Iola Leroy: Or Shadows Uplifted (Classic Reprint) Frances E. W. Harper. 2017. (ENG., Illus.). (J). 29.88 *(978-0-265-22870-8(0))* Forgotten Bks.

Iolanthe's Wedding (Classic Reprint) Hermann Sudermann. 2017. (ENG., Illus.). (J). 27.34 *(978-0-331-65283-3(8))* Forgotten Bks.

Iole (Classic Reprint) Robert W. Chambers. 2018. (ENG., Illus.). 164p. (J). 27.28 *(978-0-656-06746-6(2))* Forgotten Bks.

Iona Fay & the Fire Keepers: A Modern Fairy Tale Adventure. Gayvin Powers. 2017. (Iona Fay Ser.: Vol. 2). (ENG., Illus.). (J). (gr. 3-6). pap. 14.95 *(978-0-9983577-0-6(7))* 3,000 Letters.

Ione (Classic Reprint) Elizabeth Lynn Linton. (ENG., Illus.). (J). 2018. 356p. 31.24 *(978-0-364-09715-1(9));* 2017. pap. 13.97 *(978-0-282-05616-2(5))* Forgotten Bks.

Ione March (Classic Reprint) S. R. Crockett. 2017. (ENG., Illus.). (J). 31.98 *(978-1-5284-8939-3(X))* Forgotten Bks.

Ione, Vol. 1 of 2 (Classic Reprint) E. Lynn Linton. 2018. (ENG., Illus.). 286p. (J). 29.82 *(978-0-428-97934-8(3))* Forgotten Bks.

Iosephi Torelli Veronensis Geometrica (Classic Reprint) Giuseppe. Torelli. 2017. (LAT., Illus.). (J). 150p. 26.99 *(978-0-332-64313-7(1));* 152p. pap. 9.57 *(978-0-332-44622-6(0))* Forgotten Bks.

Iowa. Elaine Hadley. 2022. (Core Library of US States Ser.). (ENG., Illus.). 48p. (J). (gr. 4-8). lib. bdg. 35.64 *(978-1-5321-9756-7(X),* 39603) ABDO Publishing Co.

Iowa, 1 vol. John Hamilton. 2016. (United States of America Ser.). (ENG., Illus.). 48p. (J). (gr. 5-9). 34.21 *(978-1-68078-317-9(3),* 21619, Abdo & Daughters) ABDO Publishing Co.

Iowa. Angie Swanson & Bridget Parker. 2016. (States Ser.). (ENG., Illus.). 32p. (J). (gr. 3-6). lib. bdg. 27.99 *(978-1-5157-0402-7(5),* 132013, Capstone Pr.) Capstone.

Iowa: The Hawkeye State. Jay D. Winans. 2016. (J). *(978-1-4896-4860-0(7))* Weigl Pubs., Inc.

Iowa: The Hawkeye State, 1 vol. David C. King & Jackie F. King. 3rd rev. ed. 2016. (It's My State! (Third Edition)(r) Ser.). (ENG.). 80p. (gr. 4-4). 35.93 *(978-1-62713-238-1(4),* da69a28d-df0f-4f76-b645-4e7c92f340ff) Cavendish Square Publishing LLC.

Iowa (a True Book: My United States) (Library Edition) Ann O. Squire. 2018. (True Book (Relaunch) Ser.). (ENG., Illus.). 48p. (J). (gr. 3-5). 31.00 *(978-0-531-23559-1(9),* Children's Pr.) Scholastic Library Publishing.

Iowa State Fair a to Z. Ryan Sloth. 2018. (ENG.). 38p. (J). 14.95 *(978-1-68401-248-0(1))* Amplify Publishing Group.

Iowa Stories: Book One (Classic Reprint) Clarence Ray Aurner. (ENG., Illus.). (J). 2018. 140p. 26.78 *(978-0-267-12748-1(0));* 2017. pap. 9.57 *(978-0-282-27080-3(9))* Forgotten Bks.

¡Pedro Se Vuelve Salvaje! Fran Manushkin. Tr. by Aparicio Publishing Aparicio Publishing LLC. Illus. by Tammie Lyon. 2020. (Pedro en Español Ser.).Tr. of Pedro Goes Wild!. (SPA.). 32p. (J). (gr. k-2). pap. 5.95 *(978-1-5158-5724-2(7),* 142091); lib. bdg. 21.32 *(978-1-5158-5722-8(0),* 142089) Capstone. (Picture Window Bks.).

Iphigenia: A Modern Woman of Progress (Classic Reprint) Hugo Furst. (ENG., Illus.). (J). 2018. 388p. 31.90 *(978-0-666-31529-8(9));* 2017. pap. 16.57 *(978-0-259-29067-4(X))* Forgotten Bks.

Iphigenia at Aulis. Euripedes & Edward Einhorn. 2022. (ENG., Illus.). 136p. (YA). pap., pap. 16.99 *(978-1-5343-2215-8(9))* Image Comics.

IPhone 13 Pro Max Camera Mastering: Smart Phone Photography Taking Pictures Like a Pro Even As a Beginner. James Nino. 2021. (ENG.). 184p. (YA). pap. *(978-1-716-05865-3(1))* Lulu Pr., Inc.

Ippy the Centipede. Mary MacKinnon. 2017. (ENG., Illus.). (J). pap. *(978-1-4602-9352-2(5))* FriesenPress.

Ips That Pass in the Night (Classic Reprint) Beatrice Harraden. 2017. (ENG., Illus.). (J). 29.38 *(978-0-331-95529-3(6))* Forgotten Bks.

Ipswich Witch. Robinne L. Weiss. 2017. (ENG., Illus.). 236p. (J). pap. *(978-0-473-42258-5(1))* Weiss, Robinne.

Iqbal & His Ingenious Idea. Elizabeth Suneby. Illus. by Rebecca Green. 2022. (ENG.). 34p. (J). pap. *(978-1-5253-1075-1(5))* Kids Can Pr., Ltd.

Iqbal & His Ingenious Idea: How a Science Project Helps One Family & the Planet. Elizabeth Suneby. Illus. by Rebecca Green. 2018. (CitizenKid Ser.). (ENG.). 32p. (J). (gr. 3-7). 18.99 *(978-1-77138-720-0(3))* Kids Can Pr., Ltd. CAN. Dist: Hachette Bk. Group.

Ira Crumb Makes a Pretty Good Friend. Naseem Hrab. Illus. by Josh Holinaty. 2017. (Ira Crumb Ser.: 1). (ENG.). 32p. (J). (gr. 1-4). 17.95 *(978-1-77147-171-8(9))* Owlkids Bks. Inc. CAN. Dist: Publishers Group West (PGW).

Iran. Norm Geddis. 2019. (Nations in the News Ser.). (Illus.). 112p. (J). (gr. 12). lib. bdg. 35.93 *(978-1-4222-4246-9(3))* Mason Crest.

Iran. Joyce L. Markovics. 2016. (Countries We Come From Ser.). (ENG., Illus.). 32p. (J). (gr. -1-3). 28.50 *(978-1-68402-057-7(3))* Bearport Publishing Co., Inc.

Iran, 1 vol. Joanne Mattern. 2017. (Exploring World Cultures (First Edition) Ser.). (ENG., Illus.). 32p. (gr. 3-3). 31.64 *(978-1-5026-2494-9(X),* 544a4d90-9f1d-4099-b5c7-1ce3e0f04e20) Cavendish Square Publishing LLC.

Iran. Blaine Wiseman. 2016. (Illus.). 32p. *(978-1-4896-5411-3(9))* Weigl Pubs., Inc.

1022

The check digit for ISBN-10 appears in parentheses after the full ISBN-13

Iran. Nel Yomtov. 2018. (Follow Me Around Ser.). (J). pap. 7.95 *(978-0-531-13860-1(7))*; lib. bdg. 27.00 *(978-0-531-12918-0(7))* Scholastic Library Publishing. (Children's Pr.).

Iraq. Miriam Aronin. 2018. (Countries We Come From Ser.). (ENG.). 32p. (J). (gr. k-3). lib. bdg. 19.95 *(978-1-68402-476-6(5))* Bearport Publishing Co., Inc.

Iraq, 1 vol. Ruth Bjorklund. 2016. (Exploring World Cultures (First Edition) Ser.). (ENG.). 32p. (gr. 3-3). pap. 12.16 *(978-1-5026-2157-3(6)*, b9ba5b78-a6e5-41b6-bb5f-354f90067f0a) Cavendish Square Publishing LLC.

Iraq. Wiley Blevins. 2018. (Follow Me Around Ser.). (J). lib. bdg. 27.00 *(978-0-531-12921-0(7)*, Children's Pr.) Scholastic Library Publishing.

Iraq. Emily Rose Oachs. 2017. (Country Profiles Ser.). (ENG., Illus.). 32p. (J). (gr. 3-8). lib. bdg. 27.95 *(978-1-62617-682-9(5)*, Blastoff! Discovery) Bellwether Media.

Iraq (Enchantment of the World) (Library Edition) Nel Yomtov. 2018. (Enchantment of the World. Second Ser.). (ENG., Illus.). 144p. (J). (gr. 5-9). lib. bdg. 40.00 *(978-0-531-23590-4(4)*, Children's Pr.) Scholastic Library Publishing.

Iraq War, 1 vol. Claudia Martin. 2017. (I Witness War Ser.). (ENG.). 48p. (gr. 5-6). pap. 13.93 *(978-1-5026-3436-8(8)*, 2e11dbc7-f78e-4a63-a3a3-1709b30bbc25); lib. bdg. 33.07 *(978-1-5026-3259-3(4)*, 004a12cf-d9cd-43eb-8a6d-3c6ddcb1351b) Cavendish Square Publishing LLC.

Iraq War: 12 Things to Know. Jon Westmark. 2017. (America at War Ser.). (ENG., Illus.). 32p. (J). (gr. 3-6). 32.80 *(978-1-63235-266-8(4)*, 11705, 12-Story Library) Bookstaves, LLC.

Iraqi: Baghdad College Yearbook; June, 1942 (Classic Reprint) Jacob Thaddeus. (ENG., Illus.). (J). 2018. 48p. 24.91 *(978-0-365-42972-2(4))*; 2017. pap. 9.57 *(978-0-259-48141-6(6))* Forgotten Bks.

Ire of Iron Claw: Gadgets & Gears, Book 2. Kersten Hamilton. Illus. by James Hamilton. 2016. (Gadgets & Gears Ser.: 2). (ENG.). 192p. (J). (gr. 3-7). pap. 6.99 *(978-0-544-66854-6(5)*, 1625480, Clarion Bks.) HarperCollins Pubs.

Ireland. Wiley Blevins. 2017. (Geronimo Stilton Ser.). (ENG.). 32p. (J). (gr. 2-5). 41.99 *(978-1-338-24846-3(4))* Scholastic, Inc.

Ireland. Monika Davies. 2023. (Countries of the World Ser.). (ENG., Illus.). (J). (gr. k-3). lib. bdg. 26.95 Bellwether Media.

Ireland, 1 vol. Ann Poeschel. 2017. (Exploring World Cultures (First Edition) Ser.). (ENG.). 32p. (gr. 3-3). pap. 12.16 *(978-1-5026-3015-5(X)*, e9d189b5-ed58-42ff-bffa-9f2f87ec8704) Cavendish Square Publishing LLC.

Ireland. Amy Rechner. 2018. (Country Profiles Ser.). (ENG., Illus.). 32p. (J). (gr. 3-8). lib. bdg. 27.95 *(978-1-62617-733-8(3)*, Blastoff! Discovery) Bellwether Media.

Ireland. Janice Clark Rudolph. 2017. (Countries We Come From Ser.). (ENG., Illus.). 32p. (J). (gr. k-3). 19.95 *(978-1-68402-254-0(1))* Bearport Publishing Co., Inc.

Ireland. R. L. Van. 2022. (Countries (BBB) Ser.). (ENG., Illus.). 32p. (J). (gr. 2-5). lib. bdg. 34.21 *(978-1-5321-9964-6(3)*, 40717, Big Buddy Bks.) ABDO Publishing Co.

Ireland, Vol. 16. Dominic J. Ainsley. 2018. (European Countries Today Ser.). (Illus.). 96p. (J). (gr. 7). lib. bdg. 34.60 *(978-1-4222-3986-5(1))* Mason Crest.

Ireland (Follow Me Around) (Library Edition) Wiley Blevins. 2018. (Follow Me Around.., Ser.). (ENG., Illus.). 32p. (J). (gr. 3-4). 27.00 *(978-0-531-23460-0(6)*, Children's Pr.) Scholastic Library Publishing.

Ireland in Travail (Classic Reprint) Joice Mary Nankivell. 2017. (ENG., Illus.). (J). 30.62 *(978-0-331-86302-4(2))* Forgotten Bks.

Ireland Its Humour & Pathos: A Study (Classic Reprint) J. Irwin Brown. 2018. (ENG., Illus.). 144p. (J). 26.89 *(978-0-267-21873-8(7))* Forgotten Bks.

Irelandopedia: A Compendium of Map, Facts & Knowledge. John Burke & Fatti Burke. 2016. (ENG., Illus.). 96p. 46.00 *(978-0-7171-6938-2(3))* Gill Bks. IRL. Dist: Casemate Pubs. & Bk. Distributors, LLC.

Irelandopedia Activity Book. Fatti Burke & John Burke. 2016. (ENG., Illus.). 32p. (J). pap. 18.00 *(978-0-7171-7149-1(3))* Gill Bks. IRL. Dist: Casemate Pubs. & Bk. Distributors, LLC.

Irelandopedia Quiz Book: An 'Ask Me Questions' Book. Shauna Burke. 2017. (ENG., Illus.). 176p. (J). pap. 13.00 *(978-0-7171-7863-6(3))* Gill Bks. IRL. Dist: Casemate Pubs. & Bk. Distributors, LLC.

Ireland's Despair 1847. Rob Collins. 2019. (ENG.). 432p. (YA). (gr. 7-12). pap. 19.95 *(978-1-64438-510-4(4))* Booklocker.com, Inc.

Ireland's Welcome to the Stranger: Or an Excursion Through Ireland, in 1844& 1845, for the Purpose of Personally Investigating the Condition of the Poor (Classic Reprint) A. Nicholson. 2017. (ENG., Illus.). (J). 33.38 *(978-1-5279-8198-0(3))* Forgotten Bks.

Irena: Book Two: Children of the Ghetto. Jean-David Morvan & Séverine Tréfouël. Ed. by Mike Kennedy. 2020. (ENG., Illus.). 104p. (J). 19.99 *(978-1-5493-0680-8(4)*, b0db7915-3d2f-4559-97e0-6b95d2283350) Magnetic Pr.

Irena Book One: Wartime Ghetto. Jean-David Morvan & Séverine Tréfouël. 2020. (ENG., Illus.). 136p. (YA). 19.99 *(978-1-5493-0679-2(0)*, 65291df0-c590-4d5e-a668-86db7c7b3987) Magnetic Pr.

Irena Sendler: Get to Know the World War II Rescuer. Judy Greenspan. 2019. (People You Should Know Ser.). (ENG., Illus.). 32p. (J). (gr. 3-6). pap. 7.95 *(978-1-5435-7465-4(3)*, 140905); lib. bdg. 29.99 *(978-1-5435-7183-7(2)*, 140434) Capstone.

Irena's Children: Young Readers Edition; a True Story of Courage. Tilar J. Mazzeo. (ENG., Illus.). (J). (gr. 5). 2017. 288p. pap. 8.99 *(978-1-4814-4992-2(3))*; 2016. 272p. 17.99 *(978-1-4814-4991-5(5))* McElderry, Margaret K. Bks. (McElderry, Margaret K. Bks.).

Irene: A Musical Comedy in 2 Acts (Classic Reprint) James Montgomery. 2018. (ENG., Illus.). 110p. (J). 26.17 *(978-0-656-41820-6(6))* Forgotten Bks.

Irene: Or, the Autobiography of an Artist's Daughter; & Other Tales (Classic Reprint) Unknown Author. 2018. (ENG., Illus.). 386p. (J). 31.88 *(978-0-267-16318-2(5))* Forgotten Bks.

Irene, a Tale of Southern Life, and, Hathaway Strange (Classic Reprint) Unknown Author. 2018. (ENG., Illus.). (J). 70p. 25.36 *(978-1-396-43435-8(6))*; 72p. pap. 9.57 *(978-1-391-00930-8(4))* Forgotten Bks.

Irene Ashton, or the Stolen Child: Drama in Five Acts (Classic Reprint) Helen Beatrice Lochlan. (ENG., Illus.). (J). 2018. 20p. 24.33 *(978-0-484-56226-3(6))*; 2016. pap. 7.97 *(978-1-334-11834-0(5))* Forgotten Bks.

Irene Liscomb: A Story of the Old South (Classic Reprint) Mary E. Lamb. 2018. (ENG., Illus.). 276p. (J). 29.59 *(978-0-483-68901-5(7))* Forgotten Bks.

Irene of the Mountains: A Romance of Old Virginia (Classic Reprint) George Cary Eggleston. 2017. (ENG., Illus.). (J). 33.38 *(978-0-265-68129-9(4))*; pap. 16.57 *(978-1-5276-5647-5(0))* Forgotten Bks.

Irene the Missionary (Classic Reprint) John William De Forest. 2017. (ENG., Illus.). (J). 32.31 *(978-0-265-75034-6(2))*; pap. 16.57 *(978-1-5277-2034-3(9))* Forgotten Bks.

Irene to the Rescue: The Story of an English Girl's Fight for the Right (Classic Reprint) May Baldwin. 2018. (ENG., Illus.). 316p. (J). 30.43 *(978-0-267-20303-1(9))* Forgotten Bks.

Iridescent Fury. Zachary James. 2020. (Iridescent Fury Ser.: Vol. 1). (ENG., Illus.). (YA). (gr. 10-12). 500p. 21.99 *(978-0-578-58271-9(6))*; 502p. pap. 14.99 *(978-0-578-60205-9(9))* Zachary James Novels.

Iris. Josie Moon. 2022. (ENG.). 106p. (J). pap. 16.00 ***(978-0-9965609-1-7(2))*** Ingram Spark.

Iris, 1900 (Classic Reprint) Ward Seminary. (ENG., Illus.). (J). 2018. 164p. 27.28 *(978-0-267-32821-5(4))*; 2016. pap. 9.97 *(978-1-333-54447-8(2))* Forgotten Bks.

Iris, 1903 (Classic Reprint) Ward Seminary. 2018. (ENG., Illus.). 230p. (J). 28.64 *(978-0-484-85702-4(9))* Forgotten Bks.

Iris, 1904 (Classic Reprint) Ward Seminary. (ENG., Illus.). (J). 2018. 202p. 28.08 *(978-0-267-72472-7(1))*; 2016. pap. 10.57 *(978-1-333-60957-3(4))* Forgotten Bks.

Iris, 1905 (Classic Reprint) Ward Seminary. (ENG., Illus.). (J). 2018. 232p. 28.66 *(978-0-484-78935-6(X))*; 2016. pap. 11.57 *(978-1-333-42841-9(3))* Forgotten Bks.

Iris, 1908 (Classic Reprint) Ward Seminary. 2018. (ENG., Illus.). 246p. (J). 28.99 *(978-0-267-29035-2(7))* Forgotten Bks.

Iris 1909 (Classic Reprint) Ward Seminary. 2018. (ENG., Illus.). 228p. (J). 28.62 *(978-0-484-16880-9(0))* Forgotten Bks.

Iris, 1910 (Classic Reprint) Ward Seminary. (ENG., Illus.). (J). 2018. 242p. 28.89 *(978-0-428-96642-3(X))*; 2016. pap. 11.57 *(978-1-333-55017-2(0))* Forgotten Bks.

Iris, 1911 (Classic Reprint) Ward Seminary. 2017. (ENG., Illus.). (J). 28.64 *(978-0-260-91691-4(9))*; pap. 11.57 *(978-1-5282-5717-6(0))* Forgotten Bks.

Iris & Cora: Adventures of the Tall Cousins. Jennifer Paquette. Illus. by Krystan MacLean. 2021. (ENG.). 40p. (J). *(978-1-0391-2496-7(8))*; pap. *(978-1-0391-2495-0(X))* FriesenPress.

Iris Apfel. Maria Isabel Sanchez Vegara. Illus. by Kristen Barnhart. 2021. (Little People, BIG DREAMS Ser.: 64). (ENG.). 32p. (J). (gr. -1-2). 15.99 ***(978-0-7112-5900-3(3)***, Frances Lincoln Children's Bks.) Quarto Publishing Group UK GBR. Dist: Hachette Bk. Group.

Iris Apfel: a Little Golden Book Biography. Deborah Blumenthal. Illus. by Ellen Surrey. 2023. (Little Golden Book Ser.). 24p. (J). (gr. -1-3). 5.99 *(978-0-593-64376-1(3)*, Golden Bks.) Random Hse. Children's Bks.

Iris Gets a Lamb. Milissia Owens. 2020. (ENG.). 22p. (J). pap. 12.95 *(978-1-64468-174-9(9))* Covenant Bks.

Iris in Violet. Gretchen Hoffmann. 2022. (ENG.). 88p. (J). pap. 7.99 *(978-1-63988-334-9(7))* Primedia eLaunch LLC.

Iris Incredible. J. S. Frankel. 2021. (ENG.). 240p. (J). pap. *(978-1-4874-2837-2(5)*, Devine Destinies) eXtasy Bks.

Iris, Vol. 1 of 3 (Classic Reprint) Randolph. (ENG., Illus.). (J). 2018. 316p. 30.43 *(978-0-267-31488-1(4))*; 2016. pap. 13.57 *(978-1-333-44671-0(3))* Forgotten Bks.

Iris, Vol. 2 of 3 (Classic Reprint) Randolph. (ENG., Illus.). (J). 2018. 298p. 30.06 *(978-0-483-93054-4(7))*; 2016. pap. 13.57 *(978-1-334-13361-9(1))* Forgotten Bks.

Iris, Vol. 4 (Classic Reprint) Ward Seminary. 2018. (ENG., Illus.). 218p. (J). 28.41 *(978-0-484-12490-4(0))* Forgotten Bks.

Irish-American Play, Entitled: The Maid of Many Lovers (Classic Reprint) Morris Moriarty Murray. 2018. (ENG., Illus.). 24p. (J). 24.39 *(978-0-484-38240-3(3))* Forgotten Bks.

Irish Amy (Classic Reprint) Unknown Author. 2018. (ENG., Illus.). 324p. (J). 30.58 *(978-0-483-74937-5(0))* Forgotten Bks.

Irish Animal Folk Tales for Children. Doreen McBride. 2021. (ENG., Illus.). 192p. (J). (gr. 2-6). pap. 19.99 *(978-0-7509-9372-2(3))* History Pr. Ltd.,The GBR. Dist: Independent Pubs. Group.

Irish Attorney (Classic Reprint) William Bayle Bernard. 2018. (ENG., Illus.). 42p. (J). 24.76 *(978-0-428-20530-0(5))* Forgotten Bks.

Irish Blessings for Girls: Coloring Book. Agnes De Bezenac & Salem De Bezenac. Illus. by Agnes De Bezenac. 2018. (ENG., Illus.). 50p. (J). (gr. 4-6). pap. 5.00 *(978-1-63474-237-5(0)*, Kidible) iCharacter.org.

Irish Cousin (Classic Reprint) E. OE Somerville. 2018. (ENG., Illus.). 322p. (J). 30.54 *(978-0-484-15405-5(2))* Forgotten Bks.

Irish Cousin, Vol. 1 of 2 (Classic Reprint) Geilles Herring. 2018. (ENG., Illus.). 314p. (J). 30.37 *(978-0-483-63919-5(2))* Forgotten Bks.

Irish Cousin, Vol. 2 of 2 (Classic Reprint) Geilles Herring. 2018. (ENG., Illus.). 314p. (J). 30.39 *(978-0-484-16530-3(5))* Forgotten Bks.

Irish Crown Jewels Theft. Ashley Gish. 2023. (Unsolved Mysteries Ser.). (ENG., Illus.). 32p. (J). (gr. 2-3). pap. 9.95 *(978-1-63738-461-9(0)*, Apex) North Star Editions.

Irish Crown Jewels Theft. Contrib. by Ashley Gish. 2023. (Unsolved Mysteries Ser.). (ENG., Illus.). 32p. (J). (gr. 2-3). lib. bdg. 31.35 *(978-1-63738-434-3(3)*, Apex) North Star Editions.

Irish Dance. Wendy Hinote Lanier. 2017. (Shall We Dance? Ser.). (ENG., Illus.). 32p. (J). (gr. 2-3). pap. 9.95 *(978-1-63517-340-6(X)*, 163517340X); lib. bdg. 31.35 *(978-1-63517-275-1(6)*, 1635172756) North Star Editions. (Focus Readers).

Irish Dancing Girl. Karen Weaver. 2017. (ENG., Illus.). (J). pap. *(978-0-6481284-2-7(3))* Karen Mc Dermott.

Irish Dialect Recitations. George Melville Baker. 2017. (ENG.). 154p. (J). pap. *(978-3-7447-3784-5(5))* Creation Pubs.

Irish Dialect Recitations: Comprising a Series of the Most Popular Selections in Prose & Verse (Classic Reprint) George Melville Baker. 2017. (ENG., Illus.). (J). 26.99 *(978-0-331-17880-7(X))*; pap. 9.57 *(978-0-243-48810-0(6))* Forgotten Bks.

Irish Dove; or Faults on Both Sides: A Tale (Classic Reprint) Margaret Percival. (ENG., Illus.). (J). 2018. 322p. 30.56 *(978-0-666-90173-6(2))*; 2017. pap. 13.57 *(978-1-5276-5974-2(7))* Forgotten Bks.

Irish Emigrant: An Irish-American Drama, in Five Acts (Classic Reprint) Mary A. O'Loughlin. 2018. (ENG., Illus.). 34p. (J). 24.62 *(978-0-483-89396-2(X))* Forgotten Bks.

Irish-English Dictionary: Being a Thesaurus of the Words, Phrases & Idioms of the Modern Irish Language, with Explanations in English (Classic Reprint) Patrick Stephen Dinneen. (ENG., Illus.). (J). 2018. 832p. 41.06 *(978-0-365-24729-6(4))*; 2017. pap. 23.57 *(978-0-282-37285-9(7))* Forgotten Bks.

Irish-English Dictionary: Being a Thesaurus of Words, Phrases & Idioms of the Modern Irish Language, with Explanations in English (Classic Reprint) Patrick S. Dinneen. 2017. (ENG., Illus.). (J). 41.26 *(978-0-331-51456-8(7))*; pap. 23.97 *(978-0-331-49223-1(7))* Forgotten Bks.

Irish Fairy & Folk Tales (Classic Reprint) W. B. Yeats. 2017. (ENG., Illus.). (J). 33.14 *(978-1-5284-6141-2(X))* Forgotten Bks.

Irish Fairy Book (Classic Reprint) Alfred Perceval Graves. 2018. (ENG., Illus.). 376p. (J). (gr. -1-3). 31.65 *(978-0-332-91018-5(0))* Forgotten Bks.

Irish Fairy Tales. Edmund Leamy. 2022. (ENG.). 78p. (J). pap. ***(978-1-387-69880-6(X))*** Lulu Pr., Inc.

Irish Fairy Tales. James Stephens. Illus. by Arthur Rackhan. 2020. (ENG.). 214p. (J). (gr. k-3). 19.99 *(978-1-5154-4485-5(6))*; pap. 12.99 *(978-1-5154-4486-2(4))* Jorge Pinto Bks. (Illustrated Bks.).

Irish Fairy Tales. James Stephens. 2019. (ENG.). (J). (gr. k-3). 298p. *(978-605-7861-70-2(1))*; (Illus.). 296p. pap. *(978-605-7566-59-1(9))* Uhrayoglu, Murat E Kitap Projesi.

Irish Fairy Tales. William Butler Yeats & Jack Butler Yeats. 2017. (ENG.). 260p. (J). pap. *(978-3-7447-2952-9(4))* Creation Pubs.

Irish Fairy Tales: Edited with an Introduction (Classic Reprint) W. B. Yeats. 2017. (ENG., Illus.). (J). 29.34 *(978-0-266-41994-5(1))* Forgotten Bks.

Irish Fairy Tales: Sixteen Enchanting Myths & Legends from Ireland. Retold by Philip Wilson. 2020. (Illus.). 96p. (J). (gr. -1-12). 15.00 *(978-1-86147-871-9(2)*, Armadillo) Anness Publishing GBR. Dist: National Bk. Network.

Irish Farm Animals. Bex Sheridan & Glyn Evans. 2020. (ENG.). 48p. 19.99 *(978-1-78849-121-1(1))* O'Brien Pr., Ltd., The IRL. Dist: Casemate Pubs. & Bk. Distributors, LLC.

Irish Folk-History Plays: The Tragedies, Grania Kincora Dervorgilla (Classic Reprint) Augusta Gregory. 2017. (ENG., Illus.). 222p. (J). 28.50 *(978-0-332-56922-2(5))* Forgotten Bks.

Irish Folk-History Plays (Classic Reprint) Augusta Gregory. 2017. (ENG., Illus.). (J). 28.25 *(978-0-260-99142-3(2))* Forgotten Bks.

Irish Idylls (Classic Reprint) Jane Barlow. 2018. (ENG., Illus.). 390p. (J). 31.96 *(978-0-656-21023-7(0))* Forgotten Bks.

Irish Immigrants: In Their Shoes. Clara MacCarald. 2017. (Immigrant Experiences Ser.). (ENG.). 32p. (J). (gr. 3-6). lib. bdg. 35.64 *(978-1-5038-2028-9(9)*, 211847) Child's World, Inc, The.

Irish Legend, or Mcdonnell, & the Norman de Borgos: A Biographical Tale; with an Original Appendix, Containing Historical & Traditional Records of the Ancient Families of the North of Ulster (Classic Reprint) Archibald McSparran. 2017. (ENG., Illus.). (J). 29.59 *(978-0-266-73241-9(0))*; pap. 11.97 *(978-1-5276-9451-4(8))* Forgotten Bks.

Irish Legends: Newgrange, Tara & the Boyne Valley. Eithne Massey. Illus. by Lisa Jackson. 2016. (ENG.). 64p. (J). 20.00 *(978-1-84717-683-7(6))* O'Brien Pr., Ltd., The IRL. Dist: Casemate Pubs. & Bk. Distributors, LLC.

Irish Leprechaun Stories. Bairbre McCarthy. 2020. Orig. Title: Irish Leprechaun Stories. (ENG., Illus.). 160p. (J). pap. 10.99 *(978-1-78117-531-6(4))* Mercier Pr., Ltd., The IRL. Dist: Casemate Pubs. & Bk. Distributors, LLC.

Irish Life & Humour in Anecdote & Story (Classic Reprint) William Harvey. 2018. (ENG., Illus.). 538p. (J). 35.01 *(978-0-484-16073-5(7))* Forgotten Bks.

Irish Life Humour in Anecdote & Story (Classic Reprint) William Harvey. 2018. (ENG., Illus.). 226p. (J). 28.56 *(978-0-483-87562-3(7))* Forgotten Bks.

Irish Literature: Section Two, the Selected Writings of Charles Lever in Ten Volumes; Volume 1, the Knight of Gwynne, Part 1 (Classic Reprint) Justin McCarthy. (ENG., Illus.). (J). 2017. 32.62 *(978-0-266-39347-4(0))*; 2016. pap. 16.57 *(978-1-333-23389-1(2))* Forgotten Bks.

Irish Literature: Vols. III & IV (Classic Reprint) Justin McCarthy. (ENG., Illus.). (J). 2018. 968p. 43.86 *(978-0-483-37768-4(6))*; 2016. pap. 26.20 *(978-1-334-13893-5(1))* Forgotten Bks.

Irish Literature: Volumes I & II (Classic Reprint) Justin McCarthy. (ENG., Illus.). (J). 2018. 926p. 43.00 *(978-0-365-13407-7(4))*; 2017. pap. 25.36 *(978-1-334-89942-3(8))* Forgotten Bks.

Irish Literature: Volumes V & VI (Classic Reprint) Justin McCarthy. 2017. (ENG., Illus.). (J). 908p. 42.62 *(978-0-484-80322-9(0))*; pap. 24.97 *(978-0-259-17572-8(2))* Forgotten Bks.

Irish Literature: Volumes VII & VIII (Classic Reprint) Justin McCarthy. (ENG., Illus.). (J). 2018. 974p. 44.01 *(978-0-656-33984-6(5))*; 2017. pap. 26.35 *(978-0-243-39659-7(7))* Forgotten Bks.

Irish Literature 1904: Vols. IX & X (Classic Reprint) Justin McCarthy. (ENG., Illus.). (J). 2018. 906p. 42.60 *(978-0-483-54304-1(7))*; 2017. pap. 24.94 *(978-0-243-16719-7(9))* Forgotten Bks.

Irish Literature, Section One; Irish Authors & Their Writings, Vol. 8 Of 10: George Petrie, Street Songs, etc (Classic Reprint) Justin McCarthy. 2017. (ENG., Illus.). (J). 33.36 *(978-1-5281-7616-3(2))* Forgotten Bks.

Irish Literature, Section One, Vol. 5: Irish Authors & Their Writings in Ten Volumes; John Kells Ingram, Samuel Lover (Classic Reprint) Justin McCarth. (ENG., Illus.). (J). 2018. 448p. 33.16 *(978-0-332-69634-8(0))*; 2016. pap. 16.57 *(978-1-333-32550-3(9))* Forgotten Bks.

Irish Literature, Section Three; the Selected Writings of Samuel Lover, Vol. 7 Of 10: He Would Be a Gentleman, Part I (Classic Reprint) Samuel Lover. 2018. (ENG., Illus.). 340p. (J). 30.91 *(978-0-332-19103-4(6))* Forgotten Bks.

Irish Literature, Vol. 1 (Classic Reprint) Justin McCarthy. 2018. (ENG., Illus.). 454p. (J). 33.26 *(978-0-483-51362-4(8))* Forgotten Bks.

Irish Literature, Vol. 2 Of 10: Section One; Irish Authors & Their Writings; Sir William Francis Butler, and, George Darley (Classic Reprint) Justin McCarthy. (ENG., Illus.). (J). 2017. 32.77 *(978-0-331-41587-2(9))*; 2016. pap. 16.57 *(978-1-334-13933-8(4))* Forgotten Bks.

Irish Literature, Vol. 3 (Classic Reprint) Justin M'Carthy. 2017. (ENG., Illus.). (J). 34.72 *(978-1-5283-7965-6(9))* Forgotten Bks.

Irish Literature, Vol. 4 (Classic Reprint) Justin McGarthy. (ENG., Illus.). (J). 2018. 498p. 34.17 *(978-0-483-41925-4(7))*; 2016. pap. 16.57 *(978-1-333-46926-9(8))* Forgotten Bks.

Irish Literature, Vol. 9: McCarthy, Editor in Chief, Charles Welsh, Managing (Classic Reprint) Justin McCarthy. 2018. (ENG., Illus.). 338p. (J). 30.87 *(978-0-483-15711-8(2))* Forgotten Bks.

Irish Local Names Explained. P. W. Joyce. 2017. (ENG., Illus.). 122p. (J). pap. *(978-0-649-75451-9(4))* Trieste Publishing Pty Ltd.

Irish Memories (Classic Reprint) E. OE Somerville. 2017. (ENG., Illus.). (J). 31.94 *(978-0-331-34415-8(7))* Forgotten Bks.

Irish Metropolitan Magazine, Vol. 1: April to September, 1857 (Classic Reprint) Unknown Author. (ENG., Illus.). (J). 2018. 728p. 38.91 *(978-0-483-87429-9(9))*; 2017. pap. 23.57 *(978-0-243-58773-5(2))* Forgotten Bks.

Irish Metropolitan Magazine, Vol. 3: April to September, 1858 (Classic Reprint) Unknown Author. (ENG., Illus.). (J). 2018. 736p. 39.08 *(978-0-483-46470-4(8))*; 2017. pap. 23.57 *(978-1-334-95322-4(8))* Forgotten Bks.

Irish Monthly, 1880, Vol. 8: A Magazine of General Literature (Classic Reprint) Unknown Author. 2017. (ENG., Illus.). (J). 38.11 *(978-0-331-22445-0(3))*; pap. 20.57 *(978-0-265-99409-2(8))* Forgotten Bks.

Irish Monthly, 1882, Vol. 10: A Magazine of General Literature (Classic Reprint) Unknown Author. (ENG., Illus.). (J). 2018. 692p. 38.17 *(978-0-267-00364-8(1))*; 2017. pap. 20.57 *(978-0-243-95968-6(0))* Forgotten Bks.

Irish Monthly, 1889, Vol. 17: A Magazine of General Literature (Classic Reprint) Matthew Russell. (ENG., Illus.). (J). 2018. 674p. 37.80 *(978-0-428-56689-0(8))*; 2017. pap. 20.57 *(978-0-243-07873-8(0))* Forgotten Bks.

Irish Monthly, 1890, Vol. 18: A Magazine of General Literature (Classic Reprint) Matthew Russell. 2017. (ENG., Illus.). (J). 37.84 *(978-0-266-71217-6(7))*; pap. 20.57 *(978-1-5276-6559-0(3))* Forgotten Bks.

Irish Monthly, 1898, Vol. 26: A Magazine of General Literature (Classic Reprint) Matthew Russell. 2017. (ENG., Illus.). (J). 37.80 *(978-0-266-71790-4(X))*; pap. 20.57 *(978-1-5276-8006-7(1))* Forgotten Bks.

Irish Monthly, 1899, Vol. 27: A Magazine of General Literature (Classic Reprint) Matthew Russell. (ENG., Illus.). (J). 2018. 680p. 37.92 *(978-0-483-88740-4(4))*; 2017. pap. 20.57 *(978-0-243-90870-7(9))* Forgotten Bks.

Irish Monthly, 1904, Vol. 32: A Magazine of General Literature (Classic Reprint) Matthew Russell. 2017. (ENG., Illus.). (J). 720p. 38.75 *(978-0-332-34955-8(1))*; pap. 23.57 *(978-0-243-86724-0(7))* Forgotten Bks.

Irish Monthly Magazine, Vol. 1: Catholic Ireland;; July to December, 1873 (Classic Reprint) Unknown Author. 2018. (ENG., Illus.). 404p. (J). 32.23 *(978-0-483-32073-4(0))* Forgotten Bks.

Irish Monthly Magazine, Vol. 2: January to November, 1874 (Classic Reprint) Unknown Author. (ENG., Illus.). (J). 2018. 682p. 37.96 *(978-0-483-32878-5(2))*; 2017. pap. 20.57 *(978-0-243-60223-0(5))* Forgotten Bks.

Irish Monthly Magazine, Vol. 2: September to February (Classic Reprint) Unknown Author. (ENG., Illus.). (J). 2018. 504p. 34.29 *(978-0-483-25926-3(8))*; 2017. pap. 16.97 *(978-0-243-57717-0(6))* Forgotten Bks.

Irish Monthly, Vol. 33: A Magazine of General Literature; Thirty-Third Yearly Volume, 1905 (Classic Reprint) Matthew Russell. (ENG., Illus.). (J). 2018. 724p. 38.83 *(978-0-365-15275-0(7))*; 2017. pap. 23.57 *(978-1-5276-3868-6(5))* Forgotten Bks.

Irish Monthly, Vol. 35: A Magazine of General Literature (Classic Reprint) Matthew Russell. (ENG., Illus.). (J). 2018. 724p. 38.83 *(978-0-364-90811-2(4))*; 2017. pap. 23.57 *(978-0-259-28933-3(7))* Forgotten Bks.

Irish Neighbours (Classic Reprint) Jane Barlow. (ENG., Illus.). (J). 2018. 354p. 31.20 *(978-0-484-20555-9(2))*; 2017. pap. 13.57 *(978-1-5276-5665-9(9))* Forgotten Bks.

Irish Nuns at Ypres: An Episode of the War. D. M. C. 2017. (ENG., Illus.). (J). pap. *(978-0-649-08108-0(0))* Trieste Publishing Pty Ltd.

Irish Nuns at Ypres: An Episode of the War (Classic Reprint) D. M. C. 2018. (ENG., Illus.). 236p. (J). 28.78 *(978-0-267-99611-7(X))* Forgotten Bks.

Irish of Mulberry Hill. Lucille Chisham Campbell. 2017. (ENG., Illus.). (J). pap. 17.99 *(978-1-5456-1375-7(3))* Salem Author Services.

Irish Parish: Its Sunshine & Shadows (Classic Reprint) Thomas Cawley. 2018. (ENG., Illus.). 228p. (J). 28.62 *(978-0-484-82758-4(8))* Forgotten Bks.

Irish Pastorals (Classic Reprint) Shan F. Bullock. 2017. (ENG., Illus.). (J). 30.31 *(978-0-265-21732-0(6))* Forgotten Bks.

Irish Patriot (Classic Reprint) Walter Fortescue. 2018. (ENG., Illus.). 418p. (J). 32.52 *(978-0-483-45729-4(9))* Forgotten Bks.

Irish Penny Journal, 1840-41, Vol. 1: Containing Original Contributions by Several of the Most Eminent Irish Writers (Classic Reprint) Unknown Author. 2017. (ENG., Illus.). (J). 426p. 32.68 *(978-0-332-33928-3(9))*; pap. 16.57 *(978-0-243-06330-7(X))* Forgotten Bks.

Irish Potato Famine: A Cause-And-Effect Investigation. Jill Sherman. 2016. (Cause-And-Effect Disasters Ser.). (ENG., Illus.). 40p. (J). (gr. 4-6). lib. bdg. 30.65 *(978-1-5124-1119-5(1),* bfc4f987-3e1e-4b6e-92ac-16f404275a07); E-Book 46.65 *(978-1-5124-1131-7(0))* Lerner Publishing Group. (Lerner Pubns.).

Irish Republican Boy. Ann Murtagh. 2020. (ENG., Illus.). 240p. 12.99 *(978-1-78849-125-9(4))* O'Brien Pr., Ltd., The IRL. Dist: Casemate Pubs. & Bk. Distributors, LLC.

Irish School Dictionary: Trusted Support for Learning. Collins Dictionaries. 2016. (ENG.). 640p. (J). (gr. 5-10). pap. 10.99 *(978-0-00-819028-6(3))* HarperCollins Pubs. Ltd. GBR. Dist: Independent Pubs. Group.

Irish Sketch Book, Vol. 1 of 2 (Classic Reprint) William Makepeace Thackeray. 2019. (ENG., Illus.). (J). 430p. 32.77 *(978-1-396-39284-9(X))*; 432p. pap. 16.57 *(978-1-396-39257-3(2))* Forgotten Bks.

Irish Sketch-Book, Vol. 1 of 2 (Classic Reprint) M. A. Titmarsh. 2018. (ENG., Illus.). 322p. (J). 30.54 *(978-0-332-10971-8(2))* Forgotten Bks.

Irish Sketch Book, Vol. 2 Of 2: Character Sketches; Notes of a Journey from Cornhill to Grand Cairo (Classic Reprint) William Makepeace Thackeray. 2018. (ENG., Illus.). 440p. (J). 32.97 *(978-0-666-56829-8(4))* Forgotten Bks.

Irish Sketch-Book, Vol. 2 of 2 (Classic Reprint) M. A. Titmarsh. (ENG., Illus.). (J). 2018. 340p. 30.91 *(978-0-267-72950-0(2))*; 2016. pap. 13.57 *(978-1-333-73837-2(4))* Forgotten Bks.

Irish Society, Vol. 1: Partnership, Fraternity; January 14th, 1888 (Classic Reprint) Unknown Author. 2018. (ENG., Illus.). (J). 690p. 38.13 *(978-0-483-10394-8(2))*; 692p. pap. 20.57 *(978-0-483-10364-9(5))* Forgotten Bks.

Irish Sport of Yesterday (Classic Reprint) A. W. Long. 2017. (ENG., Illus.). (J). 30.29 *(978-0-266-51510-4(X))* Forgotten Bks.

Irish Tales (Classic Reprint) Michael Banim. (ENG., Illus.). (J). 2018. 590p. 36.07 *(978-0-483-71419-9(4))*; 2017. pap. 19.57 *(978-0-243-95957-0(5))* Forgotten Bks.

Irish the Fairy Baby - Hardcover. Aunya N. Robinson. Illus. by Aunya N. Robinson. 2018. (ENG., Illus.). 32p. (J). (gr. k-4). 15.99 *(978-1-7322949-8-1(4))* Rissarae Designs.

Irish Tourist, or the People & the Provinces of Ireland (Classic Reprint) Emily Taylor. (ENG., Illus.). (J). 2018. 288p. 29.86 *(978-0-267-57825-2(3))*; 2016. pap. 13.57 *(978-1-334-16079-0(1))* Forgotten Bks.

Irish Town. Matthew John Meagher. 2020. (ENG.). 210p. (YA). (gr. 7-12). 29.95 *(978-1-0878-7076-2(3))* Indy Pub.

Irish Twins (Classic Reprint) Lucy Fitch Perkins. 2018. (ENG., Illus.). 228p. (J). 28.62 *(978-0-483-67525-4(3))* Forgotten Bks.

Irish Ways (Classic Reprint) Jane Barlow. 2017. (ENG., Illus.). (J). 30.66 *(978-0-331-84241-6(6))* Forgotten Bks.

Irish Wit & Humor: Classified under Appropriate Subject Headings, with in Many Cases, a Reference to a Table of Authors (Classic Reprint) W.H. Howe. (ENG., Illus.). (J). 2017. 29.28 *(978-0-265-20004-9(0))*; 2016. pap. 11.97 *(978-1-334-33272-2(X))* Forgotten Bks.

Irish Wolfhounds. Blake Hoena. 2016. (Big Dogs Ser.). (ENG., Illus.). 24p. (J). (gr. -1-2). lib. bdg. 27.32 *(978-1-4914-7981-0(7),* 130478, Capstone Pr.) Capstone.

Irish Wolfhounds. Paige V. Polinsky. 2018. (Awesome Dogs Ser.). (ENG., Illus.). 24p. (J). (gr. k-3). lib. bdg. 26.95 *(978-1-62617-792-5(9),* Blastoff! Readers) Bellwether Media.

Irishman's Luck: A Tale of Manitoba (Classic Reprint) Edward A. Wharton Gill. 2018. (ENG., Illus.). 328p. (J). 30.66 *(978-0-483-51373-0(3))* Forgotten Bks.

Irishmen & Irishwomen (Classic Reprint) Unknown Author. 2018. (ENG., Illus.). 298p. (J). 30.04 *(978-0-483-63845-7(5))* Forgotten Bks.

Irishwoman in London, Vol. 1 Of 3: A Modern Novel, in Three Volumes (Classic Reprint) Ann Hamilton. 2018. (ENG., Illus.). 228p. (J). 28.60 *(978-0-267-09636-7(4))* Forgotten Bks.

Irishwoman in London, Vol. 2 Of 3: A Modern Novel (Classic Reprint) Ann Hamilton. 2018. (ENG., Illus.). 224p. (J). 28.52 *(978-0-483-46844-3(4))* Forgotten Bks.

Irishwoman in London, Vol. 3: A Modern Novel, in Three Volumes (Classic Reprint) Ann Hamilton. 2018. (ENG., Illus.). 242p. (J). 28.93 *(978-0-332-32768-6(X))* Forgotten Bks.

Irkdale, or the Odd House in the Hollow, Vol. 1 Of 2: A Lancashire Story (Classic Reprint) Benjamin Brierley. 2018. (ENG., Illus.). 314p. (J). 30.37 *(978-0-483-50510-0(2))* Forgotten Bks.

Irkdale; or the Odd House in the Hollow, Vol. 2 Of 2: A Lancashire Story (Classic Reprint) B. Brierly. 2018. (ENG., Illus.). 322p. (J). 30.56 *(978-0-483-85639-4(8))* Forgotten Bks.

Irma in Italy: A Travel Story (Classic Reprint) Helen Leah Reed. (ENG., Illus.). (J). 2018. 364p. 31.40 *(978-0-483-75815-5(9))*; 2016. pap. 13.97 *(978-1-334-12473-0(6))* Forgotten Bks.

Irma Rangel. Katie Marsico. Illus. by Jeff Bane. 2018. (My Early Library: My Itty-Bitty Bio Ser.). (ENG.). 24p. (J). (gr. k-1). lib. bdg. 30.64 *(978-1-5341-2889-7(1),* 211600) Cherry Lake Publishing.

Irmalinda's Doll: A Volume of Drawn Thoughts. Valerie Owen. 2017. (ENG., Illus.). (J). pap. 6.99 *(978-1-946854-81-0(6))* MainSpringBks.

Iroka: Tales of Japan (Classic Reprint) Adachi Kinnosuke. 2017. (ENG., Illus.). (J). 30.23 *(978-0-265-20856-4(4))* Forgotten Bks.

Iron, 1 vol. Henrietta Toth. 2018. (Exploring the Elements Ser.). (ENG.). 48p. (gr. 6-6). 29.60 *(978-0-7660-9914-2(8),* ac0a97aa-0bbe-41b3-9b6c-de0222484afc) Enslow Publishing, LLC.

Iron Age of Germany: Translated from the German (Classic Reprint) Franz Hoffmann. (ENG., Illus.). (J). 2018. 250p. 29.05 *(978-0-656-22302-2(2))*; 2017. pap. 11.57 *(978-0-259-54260-5(1))* Forgotten Bks.

Iron Ann: A Farce in One Act (Classic Reprint) Arthur Grahame. 2018. (ENG., Illus.). 44p. (J). 24.80 *(978-0-267-28082-7(3))* Forgotten Bks.

Iron Bones: Dragon Wars - Book 4. Craig Halloran. 2020. (Dragon Wars Ser.: Vol. 4). (ENG., Illus.). 276p. (YA). (gr. 7-12). 19.99 *(978-1-946218-73-5(1))* Two-Ten Bk. Pr., Inc.

Iron Brigade: A Story of the Army of the Potomac (Classic Reprint) Charles King. 2017. (ENG., Illus.). (J). 31.92 *(978-0-266-16553-8(2))* Forgotten Bks.

Iron Brooch. Yvonne Hendrie. 2022. (ENG.). 302p. (YA). pap. 18.00 ***(978-1-913432-54-6(8))*** Stairwell Bks.

Iron City (Classic Reprint) M. H. Hedges. 2018. (ENG., Illus.). 324p. (J). 30.58 *(978-0-483-82921-3(8))* Forgotten Bks.

Iron Cousin, or Mutual Influence (Classic Reprint) Mary Cowden Clarke. (ENG., Illus.). (J). 2017. 34.62 *(978-0-266-64313-5(2))*; 2016. pap. 16.97 *(978-1-333-68801-1(6))* Forgotten Bks.

Iron Cousins (Classic Reprint) Alfred Sidgwick. 2017. (ENG., Illus.). (J). 30.58 *(978-1-5283-8931-0(X))* Forgotten Bks.

Iron Crown: A Tale of the Great Republic (Classic Reprint) Thomas S. Denison. 2017. (ENG., Illus.). (J). 35.53 *(978-1-5284-7495-5(3))* Forgotten Bks.

Iron Daughter Special Edition. Julie Kagawa. 2020. (Iron Fey Ser.: 2). (ENG.). 432p. (YA). pap. 11.99 *(978-1-335-09040-9(1))* Harlequin Enterprises ULC CAN. Dist: HarperCollins Pubs.

Iron Educational Facts Children's Science Book. Bold Kids. 2022. (ENG.). 42p. (J). pap. 14.99 ***(978-1-0717-2112-4(7))*** FASTLANE LLC.

Iron Flower. Laurie Forest. (Black Witch Chronicles Ser.: 2). (ENG.). (YA). 2019. 672p. pap. 14.99 *(978-1-335-99582-7(X))*; 2018. (Illus.). 608p. 22.99 *(978-1-335-91739-3(X),* Harlequin Teen) Harlequin Enterprises ULC CAN. Dist: HarperCollins Pubs.

Iron! Foods That Give You Daily Iron - Healthy Eating for Kids - Children's Diet & Nutrition Books. Professor Gusto. 2016. (ENG., Illus.). (J). pap. 10.81 *(978-1-68321-940-8(6))* Mimaxion.

Iron Furrow (Classic Reprint) George C. Shedd. 2018. (ENG., Illus.). 294p. (J). 29.96 *(978-0-483-40419-9(5))* Forgotten Bks.

Iron Game. Henry F. Keenan. 2017. (ENG.). 420p. (J). pap. *(978-3-337-24289-3(8))* Creation Pubs.

Iron Game: A Tale of the War (Classic Reprint) Henry F. Keenan. 2018. (ENG., Illus.). 420p. (J). 32.56 *(978-0-483-91778-1(8))* Forgotten Bks.

Iron Grains. Jess Zepeda. 2020. (ENG.). 290p. (YA). pap. 18.95 *(978-1-64138-682-1(7))* Page Publishing Inc.

Iron Grins: Funny Robot Coloring Book. Activity Attic Books. 2016. (ENG., Illus.). (J). pap. 7.74 *(978-1-68323-680-1(7))* Twin Flame Productions.

Iron Hand: A Story of the Times. Howard Dean. 2017. (ENG., Illus.). (J). pap. *(978-0-649-61647-3(2))* Trieste Publishing Pty Ltd.

Iron Hand: A Story of the Times (Classic Reprint) Howard Dean. (ENG., Illus.). (J). 2018. 230p. 28.64 *(978-0-656-05238-7(4))*; 2017. pap. 11.57 *(978-0-259-19891-8(9))* Forgotten Bks.

Iron Heart. Nina Varela. (Crier's War Ser.: 2). (ENG.). 416p. (YA). (gr. 9). 2021. pap. 11.99 *(978-0-06-282398-4(1))*; 2020. (Illus.). 17.99 *(978-0-06-282397-7(3))* HarperCollins Pubs. (Quill Tree Bks.).

Iron Heart (Classic Reprint) William MacLeod Raine. 2019. (ENG., Illus.). (J). 306p. 30.21 *(978-1-397-28214-9(2))*; 308p. pap. 13.57 *(978-1-397-28112-8(X))* Forgotten Bks.

Iron Hearts & Dragon Magic. Day Leitao. 2022. (Of Fire & Fae Ser.: Vol. 1). (ENG.). 508p. (YA). ***(978-1-990790-06-5(2))***; pap. ***(978-1-990790-03-4(8))*** Sparkly Wave.

Iron Horse. Robert Michael Ballantyne. 2019. (ENG.). 252p. (J). pap. *(978-93-5329-705-3(2))* Alpha Editions.

Iron Island. Taylor Zajonc. Illus. by Geraldine Rodriguez. 2018. (Adventures of Samuel Oliver Ser.). (ENG.). 48p. (J). (gr. 3-7). lib. bdg. 34.21 *(978-1-5321-3373-2(1),* 31169, Spellbound) Magic Wagon.

Iron King. Julie Kagawa. Illus. by Lidia Chan. 2017. (Iron King Ser.). (SPA.). (YA). (gr. 7-12). pap. 19.99 *(978-1-948216-67-8(1))* TidalWave Productions.

Iron King Special Edition. Julie Kagawa. ed. 2020. (Iron Fey Ser.: 1). (ENG.). 432p. (YA). pap. 11.99 *(978-1-335-01603-4(1))* Harlequin Enterprises ULC CAN. Dist: HarperCollins Pubs.

Iron Knight Special Edition. Julie Kagawa. 2021. (Iron Fey Ser.). (ENG.). 448p. (YA). pap. 11.99 *(978-1-335-09062-1(2))* Harlequin Enterprises ULC CAN. Dist: HarperCollins Pubs.

Iron Magicians: the Search for the Magic Crystals: The Comic Book You Can Play. Cetrix. Illus. by Yuio. 2019. (Comic Quests Ser.: 5). 176p. (J). (gr. 3-7). pap. 9.99 *(978-1-68369-129-7(6))* Quirk Bks.

Iron Man, 2 vols., Set. Fred Van Lente. Incl. Bunker. Illus. by Graham Nolan. lib. bdg. 31.36 *(978-1-59961-771-8(4),* 10035); Kiber the Cruel. Illus. by Scott Koblish. lib. bdg. 31.36 *(978-1-59961-772-5(2),* 10036); (J). (gr. 2-6). (Iron Man Ser.: 4). (ENG.). 24p. 2010. Set lib. bdg. 62.72 *(978-1-59961-770-1(6),* 10034); Set lib. bdg. 125.44 *(978-1-59961-588-2(6),* 10029) Spotlight. (Marvel Age).

Iron Man: Invasion of the Space Phantoms. Steve Behling. ed. 2018. (Marvel Chapter Ser.). (ENG.). 119p. (J). (gr. 1-3). 11.00 *(978-1-64310-752-3(6))* Penworthy Co., LLC, The.

Iron Man: Invasion of the Space Phantoms. Steve Behling. ed. 2016. (Mighty Marvel Chapter Bks.). (J). lib. bdg. 16.00 *(978-0-606-38305-9(0))* Turtleback.

Iron Man: Read-Along Storybook & CD. Nolan North et al. 2016. (Illus.). 32p. (J). *(978-1-5182-1495-0(9))* Disney Pr.

Iron Man: Set, 4 vols. Fred Van Lente. Incl. Creeping Doom. Illus. by Ronan Cliquet. 31.36 *(978-1-59961-551-6(7),* 10025); Enter the Dragon. Illus. by James Cordeiro. 31.36 *(978-1-59961-552-3(5),* 10026); Heart of Steel. Illus. by James Cordeiro. 31.36 *(978-1-59961-553-0(3),* 10027); Hostile Takeover. Illus. by James Cordeiro. 31.36 *(978-1-59961-554-7(1),* 10028); (J). (gr. 2-6). (Iron Man Ser.: 4). (ENG.). 24p. 2008. Set lib. bdg. 125.44 *(978-1-59961-550-9(9),* 10024, Marvel Age) Spotlight.

Iron Man: The Gauntlet. Eoin Colfer. 2016. 288p. (J). pap. *(978-1-74381-176-4(4))* Disney Pr.

Iron Man & Thor, 3 vols., Set. Andy Lanning. Illus. by Dan Abnett & Scot Eaton. Incl. God Complex. 31.36 *(978-1-59961-944-6(X),* 10022); Pt. 4. God Complex. 31.36 *(978-1-59961-945-3(8),* 10023); Set. God Complex. 31.36 *(978-1-59961-943-9(1),* 10021); (Illus.). (J). (gr. 4-8). (Iron Man & Thor Ser.: 4). (ENG.). 24p. 2011. Set lib. bdg. 94.08 *(978-1-59961-941-5(5),* 10019, Marvel Age) Spotlight.

Iron Man Epic Collection - the Man Who Killed Tony Stark. Archie Goodwin. Illus. by George Tuska & Johnny Craig. 2019. 496p. (gr. 4-17). pap. 39.99 *(978-1-302-91630-5(0),* Marvel Universe) Marvel Worldwide, Inc.

Iron Man: Invasion of the Space Phantoms. Steve Behling. Illus. by Khoi Pham & Chris Sotomayor. 2018. (Mighty Marvel Chapter Bks.). (ENG.). 128p. (J). (gr. 2-7). lib. bdg. 31.36 *(978-1-5321-4217-8(X),* 28554, Chapter Bks.) Spotlight.

Iron Man: My Mighty Marvel First Book. Marvel Entertainment. Illus. by Bob Layton & John Romita. 2021. (Mighty Marvel First Book Ser.). (ENG.). 24p. (J). (gr. -1-17). bds. 10.99 *(978-1-4197-5258-2(8),* 1724710, Abrams Appleseed) Abrams, Inc.

Iron Pincers: Or Mylio & Karvel; a Tale of the Albigensian Crusades (Classic Reprint) Eugene Sue. 2018. (ENG., Illus.). 200p. (J). 28.04 *(978-0-483-21021-9(8))* Forgotten Bks.

Iron Prince Special Edition. Julie Kagawa. 2022. (Iron Fey Ser.: 5). (ENG.). 400p. (YA). pap. 11.99 *(978-1-335-42682-6(5))* Harlequin Enterprises ULC CAN. Dist: HarperCollins Pubs.

Iron Puddler: My Life in the Rolling Mills & What Came of It (Classic Reprint) James J. Davis. 2017. (ENG., Illus.). (J). 29.88 *(978-0-266-21905-7(5))* Forgotten Bks.

Iron Queen Special Edition. Julie Kagawa. 2020. (Iron Fey Ser.). (ENG.). 448p. (YA). pap. 11.99 *(978-1-335-09050-8(9))* Harlequin Enterprises ULC CAN. Dist: HarperCollins Pubs.

Iron Raven. Julie Kagawa. (Iron Fey: Evenfall Ser.: 1). (ENG.). (YA). 2022. 368p. pap. 11.99 *(978-1-335-41863-0(6))*; 2021. 336p. 19.99 *(978-1-335-09176-5(9))* Harlequin Enterprises ULC CAN. Dist: HarperCollins Pubs.

Iron River, 1 vol. Daniel Acosta. 2018. (ENG.). 224p. (YA). (gr. 9-12). 19.95 *(978-1-941026-93-9(1),* 23353382); pap. 13.95 *(978-1-941026-94-6(X),* 23353382) Lee & Low Bks., Inc. (Cinco Puntos Press).

Iron Sword. Julie Kagawa. (Iron Fey: Evenfall Ser.: 2). (ENG.). (YA). 2023. 320p. pap. 15.99 *(978-1-335-42916-2(6))*; 2022. 304p. 19.99 *(978-1-335-41864-7(4))* Harlequin Enterprises ULC CAN. Dist: HarperCollins Pubs.

Iron Tide Rising. Carrie Ryan & John Parke Davis. 2018. (Map to Everywhere Ser.: 4). (ENG., Illus.). 352p. (J). (gr. 3-7). 17.99 *(978-0-316-24093-2(1))* Little, Brown Bks. for Young Readers.

Iron Tomb. Peter Vegas. 2016. (Pyramid Hunters Ser.: 1). (ENG., Illus.). 304p. (J). (gr. 5-9). 16.99 *(978-1-4814-4578-8(2),* Aladdin) Simon & Schuster Children's Publishing.

Iron Trail: A Sketch. A. C. Wheeler. 2017. (ENG., Illus.). (J). pap. *(978-0-649-23513-1(4))* Trieste Publishing Pty Ltd.

Iron Trail: A Sketch (Classic Reprint) A. C. Wheeler. 2017. (ENG., Illus.). 50p. (J). 24.93 *(978-0-484-84552-6(7))* Forgotten Bks.

Iron Trail: An Alaskan Romance (Classic Reprint) Rex Beach. 2017. (ENG., Illus.). (J). 32.56 *(978-1-5285-7193-7(2))* Forgotten Bks.

Iron Traitor Special Edition. Julie Kagawa. 2022. (Iron Fey Ser.: 6). (ENG.). 368p. (YA). pap. 11.99 *(978-1-335-42683-3(3))* Harlequin Enterprises ULC CAN. Dist: HarperCollins Pubs.

Iron Trial, 1. Holly Black et al. ed. 2020. (Magisterium Ser.). (ENG.). 295p. (J). (gr. 6-8). 18.96 *(978-1-64697-042-1(X))* Penworthy Co., LLC, The.

Iron Vow. Julie Kagawa. 2023. (Iron Fey: Evenfall Ser.: 3). (ENG.). 400p. (YA). 19.99 *(978-1-335-45366-2(0))* Harlequin Enterprises ULC CAN. Dist: HarperCollins Pubs.

Iron War. Alex Linwood. (ENG.). (YA). 2021. 380p. pap. 16.99 *(978-1-951098-12-4(9))*; 2020. (Jack of Magic Ser.: Vol. 4). 314p. pap. 14.95 *(978-1-951098-08-7(0))* Greenlees Publishing.

Iron Warrior Special Edition. Julie Kagawa. 2022. (Iron Fey Ser.: 7). (ENG.). 352p. (YA). pap. 11.99 *(978-1-335-42684-0(1))* Harlequin Enterprises ULC CAN. Dist: HarperCollins Pubs.

Iron Way: A Tale of the Builders of the West (Classic Reprint) Sarah Pratt Carr. 2018. (ENG., Illus.). 376p. (J). 31.67 *(978-0-484-69737-8(4))* Forgotten Bks.

Iron Widow. Xiran Jay Zhao. (Iron Widow Ser.: 1). (ENG.). (YA). (gr. 9). 2023. 416p. pap. 11.99 *(978-0-7352-6995-8(5),* Tundra Bks.); 2021. (Illus.). 400p. 17.99 *(978-0-7352-6993-4(9),* Penguin Teen) PRH Canada Young Readers CAN. Dist: Penguin Random Hse. LLC.

Iron Will of Genie Lo. F. C. Yee. 2020. (Genie lo Novel Ser.). (ENG.). 304p. (YA). (gr. 7-17). 18.99 *(978-1-4197-3145-7(9),* 1180501, Amulet Bks.) Abrams, Inc.

Iron Wolf. Siri Pettersen. Tr. by Tara Chace from NOR. 2023. (Vardari Ser.). (ENG.). 400p. (YA). (gr. 8). 20.00 *(978-1-64690-015-2(4))* North-South Bks., Inc.

Iron Wolf: Collected Animal Poems Vol 1. Ted Hughes. 2019. (ENG., Illus.). 112p. 15.00 *(978-0-571-34939-5(0),* Faber & Faber Children's Bks.) Faber & Faber, Inc.

Iron Woman (Classic Reprint) Margaret Deland. 2017. (ENG., Illus.). 512p. (J). 34.48 *(978-0-332-07777-2(2))* Forgotten Bks.

Ironbark Splinters: From the Australian Bush (Classic Reprint) G. Herbert Gibson. 2018. (ENG., Illus.). 186p. (J). 27.73 *(978-0-483-98467-7(1))* Forgotten Bks.

Ironheart: Meant to Fly. Eve Ewing. 2020. (Ironheart Ser.: 2). (Illus.). 272p. (J). (gr. 5-9). pap. 12.99 ***(978-1-302-92352-5(8),*** Outreach/New Reader) Marvel Worldwide, Inc.

Ironica (Classic Reprint) Donald Evans. 2017. (ENG., Illus.). (J). 25.55 *(978-0-266-21292-8(1))* Forgotten Bks.

Ironman Novel Units Student Packet. Novel Units. 2019. (ENG.). (J). pap., stu. ed. 13.99 *(978-1-58130-561-6(3),* Novel Units, Inc.) Classroom Library Co.

Ironman Novel Units Teacher Guide. Novel Units. 2019. (ENG.). (J). pap., tchr. ed., wbk. ed. 12.99 *(978-1-58130-560-9(5),* Novel Units, Inc.) Classroom Library Co.

Ironside: A Modern Faerie Tale. Holly Black. 2020. (Modern Faerie Tales Ser.). (ENG.). 288p. (YA). (gr. 9). 19.99 *(978-1-5344-8455-9(8))*; pap. 11.99 *(978-1-5344-8454-2(X))* McElderry, Margaret K. Bks. (McElderry, Margaret K. Bks.).

Ironthorpe: The Pioneer Preacher (Classic Reprint) Paul Creyton. (ENG., Illus.). (J). 2018. 306p. 30.21 *(978-0-332-83123-7(X))*; 2017. pap. 13.57 *(978-0-243-17377-8(6))* Forgotten Bks.

Ironwood Tree. Tony DiTerlizzi & Holly Black. Illus. by Tony DiTerlizzi. 2023. (Spiderwick Chronicles Ser.: 4). (ENG., Illus.). (J). (gr. 1-5). 128p. 17.99 *(978-1-6659-2871-7(9))*; 128p. 13.99 *(978-1-6659-3001-7(2))*; 144p. pap. 8.99 *(978-1-6659-2872-4(7))* Simon & Schuster Bks. For Young Readers. (Simon & Schuster Bks. For Young Readers).

Irony of Life: The Polanetzki Family (Classic Reprint) Henryk Sienkiewicz. 2018. (ENG., Illus.). 592p. (J). 36.11 *(978-0-483-23161-0(4))* Forgotten Bks.

Iroquois. F. A. Bird. 2021. (Native American Nations Ser.). (ENG., Illus.). 32p. (J). (gr. 3-6). lib. bdg. 32.79 *(978-1-5321-9719-2(5),* 38450, Checkerboard Library) ABDO Publishing Co.

Iroquois. Valerie Bodden. 2018. (First Peoples Ser.). (ENG., Illus.). 24p. (J). (gr. 1-3). pap. 9.99 *(978-1-62832-519-5(4),* 19573, Creative Paperbacks); *(978-1-60818-903-8(1),* 19575, Creative Education) Creative Co., The.

Iroquois. Michelle Lomberg. 2017. (Native American Art & Culture Ser.). (ENG.). 32p. (J). lib. bdg. 22.99 *(978-1-5105-2342-5(1))* SmartBook Media, Inc.

Iroquois. Michelle Lomberg. 2018. (Canadian Aboriginal Art & Culture Ser.). (ENG.). 32p. (J). lib. bdg. 22.99 *(978-1-5105-3996-9(4))* SmartBook Media, Inc.

Iroquois: The Six Nations Confederacy. Mary Englar. rev. ed. 2016. (American Indian Nations Ser.). (ENG.). 48p. (J). (gr. 3-9). pap. 8.19 *(978-1-5157-3873-2(6),* 133774) Capstone.

Irralie's Bushranger: A Story of Australian Adventure (Classic Reprint) Ernest William Hornung. 2018. (ENG., Illus.). (J). 27.59 *(978-0-260-04368-9(0))* Forgotten Bks.

Irrational Treasure (a Dumb & Dumber Original Story) Steve Foxe. Illus. by Shadia Amin. 2022. (ENG.). 176p. (J). (gr. 3-7). 14.99 *(978-1-338-75654-8(0))* Scholastic, Inc.

Irregular at Magic High School, Vol. 4 (light Novel) Nine School Competition Arc, Part II. Tsutomu Sato. 2017. (Irregular at Magic High School Ser.: 4). (ENG., Illus.). 336p. (gr. 8-17). pap. 14.00 *(978-0-316-39031-6(3),* Yen Pr.) Yen Pr. LLC.

Irregular at Magic High School, Vol. 5 (light Novel) Summer Vacation Arc +1. Tsutomu Sato. 2017. (Irregular at Magic High School Ser.: 5). (ENG., Illus.). 272p. (YA). (gr. 8-17). pap. 14.00 *(978-0-316-39032-3(1),* Yen Pr.) Yen Pr. LLC.

Irregular at Magic High School, Vol. 6 (light Novel) Yokohama Disturbance Arc, Part I. Tsutomu Sato. 2017. (Irregular at Magic High School Ser.: 6). (ENG., Illus.). 264p. (YA). (gr. 8-17). pap. 14.00 *(978-0-316-39033-0(X),* Yen Pr.) Yen Pr. LLC.

Irregulars! A Sundered Marches Novel. Cynthia Skye. Illus. by Dainius Obcarskas & Elsavic_art. 2022. (Sundered Marches Ser.: Vol. 1). (ENG.). 362p. (YA). 27.99 ***(978-1-0880-2616-8(8))*** Indy Pub.

Irregulars! A Sundered Marches Novel. Cynthia S. Skye. Illus. by Dainius Obcarskas & Elsavic_art. 2022. (Sundered Marches Ser.: Vol. 1). (ENG.). 362p. (YA). pap. 19.99 ***(978-1-0880-2528-4(5))*** Indy Pub.

Irrelevant Elephant. Christy Roxburgh. 2020. (ENG.). 38p. (J). pap. *(978-1-913294-37-3(4))* TSL Pubns.

Irresistible Current (Classic Reprint) I. Lowenberg. 2018. (ENG., Illus.). 586p. (J). 35.98 *(978-0-364-84127-3(3))* Forgotten Bks.

Irresistible Mrs. Ferrers (Classic Reprint) Arabella Kenealy. (ENG., Illus.). (J). 2018. 358p. 31.28 *(978-0-483-52706-5(8))*; 2017. pap. 13.97 *(978-0-243-12433-6(3))* Forgotten Bks.

Irreversible. Chris Lynch. 2016. (ENG., Illus.). 352p. (YA). (gr. 7). 17.99 *(978-1-4814-2985-6(X),* Simon & Schuster Bks. For Young Readers) Simon & Schuster Bks. For Young Readers.

Irrlicht. Alina Bach. 2017. (GER., Illus.). (YA). pap. *(978-3-7407-2903-5(1))* VICOO International Pr.

Irving Berlin: The Immigrant Boy Who Made America Sing. Nancy Churnin. Illus. by James Rey Sanchez. 2018. (ENG.). 32p. (J). (gr. 2-5). 17.99 *(978-1-939547-44-6(X),* 1df1180d-2f36-4457-bfda-659435817043) Creston Bks.

Irving Magazine, Vol. 1: February, 1892 (Classic Reprint) Unknown Author. (ENG., Illus.). (J). 2018. 40p. 24.68 *(978-0-483-49313-1(9))*; 2016. pap. 7.97 *(978-1-334-12845-5(6))* Forgotten Bks.

Irving Offering: A Token of Affection, for 1851 (Classic Reprint) Washington. Irving. 2018. (ENG., Illus.). 298p. (J). 30.04 *(978-0-364-33921-3(7))* Forgotten Bks.

Irving Offering, for 1851 (Classic Reprint) Washington. Irving. 2017. (ENG., Illus.). (J). pap. 13.57 *(978-0-259-55516-2(9))* Forgotten Bks.

Irving Sketch Book: Regular Class Work of the Children of the Irving School, Minneapolis, Minnesota (Classic Reprint) Minneapolis Minneapolis. 2018. (ENG., Illus.). 64p. (J). 25.22 *(978-0-484-62233-2(1))* Forgotten Bks.

Irving Stories (Classic Reprint) Washington. Irving. 2017. (ENG., Illus.). (J). 28.08 *(978-0-331-70280-4(0))*; pap. 10.57 *(978-0-259-47018-2(X))* Forgotten Bks.

Irving Tales: Being Good Short Stories, Original & Selected (Classic Reprint) Unknown Author. (ENG., Illus.). (J). 2018. 168p. 27.36 *(978-0-483-78688-2(8))*; 2017. pap. 9.97 *(978-0-243-41744-5(6))* Forgotten Bks.

Irving's Icky Insects. Illus. by Gary Reed & Tony Miello. 2020. (ENG.). 52p. (J). pap. 9.99 *(978-1-63529-847-5(4))* Caliber Comics.

Irvington Stories (Classic Reprint) M. E. Dodge. 2018. (ENG., Illus.). 274p. (J). 29.55 *(978-0-267-22214-8(9))* Forgotten Bks.

Irwin Rocks with the Crocs. Neha Bhagat. 2021. (ENG.). 34p. (J). pap. 8.00 *(978-1-63640-300-7(X)*, White Falcon Publishing) White Falcon Publishing.

Is 2 a Lot? An Adventure with Numbers, 1 vol. Annie Watson. Illus. by Rebecca Evans. 2021. (ENG.). 32p. (J). (gr. -1-2). pap. 9.95 *(978-0-88448-716-6(4)*, 884716) Tilbury Hse. Pubs.

Is a Bird a Good Pet for Me?, 1 vol. Caitie McAneney. 2019. (Best Pet for Me Ser.). (ENG.). 24p. (J). (gr. 3-3). pap. 9.25 *(978-1-7253-0092-7(3)*, a03ee3a8-213d-4667-b9cc-90f4d3ce535e, PowerKids Pr.) Rosen Publishing Group, Inc., The.

Is a Cat a Good Pet for Me?, 1 vol. Theresa Emminizer. 2019. (Best Pet for Me Ser.). (ENG.). 24p. (J). (gr. 3-3). 25.27 *(978-1-7253-0098-9(2)*, 4df78702-e478-4ca1-83aa-60fce1961e17, PowerKids Pr.) Rosen Publishing Group, Inc., The.

Is a Dog a Good Pet for Me? Amanda Vink. 2019. (Best Pet for Me Ser.). (ENG.). 24p. (gr. 3-3). 49.50 *(978-1-7253-0101-6(6)*, PowerKids Pr.) Rosen Publishing Group, Inc., The.

Is a Fish a Good Pet for Me?, 1 vol. Jason Brainard. 2019. (Best Pet for Me Ser.). (ENG.). 24p. (J). (gr. 3-3). pap. 9.25 *(978-1-7253-0104-7(0)*, 7cd6a09c-4977-4e13-a7c2-e3a45df89329, PowerKids Pr.) Rosen Publishing Group, Inc., The.

Is a Guinea Pig a Good Pet for Me? Hannah Fields. 2019. (Best Pet for Me Ser.). (ENG.). 24p. (gr. 3-3). 49.50 *(978-1-7253-0109-2(1)*, PowerKids Pr.) Rosen Publishing Group, Inc., The.

Is a Hamster a Good Pet for Me?, 1 vol. Jason Brainard. 2019. (Best Pet for Me Ser.). (ENG.). 24p. (J). (gr. 3-3). 25.27 *(978-1-7253-0114-6(8)*, 0e78559d-efdd-43f3-abfa-6a6e92680520, PowerKids Pr.) Rosen Publishing Group, Inc., The.

Is a Smile Just a Smile? Jenny Lichty. 2022. (ENG.). 24p. (J). pap. *(978-0-2288-6694-7(4))* Tellwell Talent.

Is a Smile Just a Smile? Jenny Lichty. Illus. by Veronika Hipolito. 2022. (ENG.). 24p. (J). *(978-0-2288-6693-0(6))* Tellwell Talent.

Is a Turtle a Good Pet for Me? Therese M. Shea. 2019. (Best Pet for Me Ser.). (ENG.). 24p. (gr. 3-3). 49.50 *(978-1-7253-0121-4(0)*, PowerKids Pr.) Rosen Publishing Group, Inc., The.

Is Canada a Land of Sunshine or Snow? How Is Canada Important to the British Empire Both from a Political & Domestic Standpoint? (Classic Reprint) Unknown Author. 2017. (ENG., Illus.). (J). 22p. 24.37 *(978-0-332-50195-6(7))*; pap. 7.97 *(978-0-259-90640-7(9))* Forgotten Bks.

Is Catty Fast? Juliana O'Neill. Illus. by Alina Kralia. 2021. (Reading Stars Ser.). (ENG.). 24p. (J). (gr. k-2). 21.99 *(978-1-5324-3203-3(8))*; pap. 12.99 *(978-1-5324-3202-6(X))* Xist Publishing.

Is Daddy Coming Back in a Minute? Explaining (sudden) Death in Words Very Young Children Can Understand. Elke Barber & Alex Barber. 2020. (Illus.). 40p. (J). 19.95 *(978-1-78775-764-6(1)*, 797197) Kingsley, Jessica Pubs. GBR. Dist: Hachette UK Distribution.

Is Everybody Happy? The Untold Story of Kathy o'Dare a Hollywood Starlet & Her Struggles with Mental Illness. David F. D'Orazi. 2023. (ENG.). 114p. (YA). pap. 18.95 *(978-1-6624-7942-7(5))* Page Publishing Inc.

Is Everyone Ready for Fun? Classroom Edition. Jan Thomas. Illus. by Jan Thomas. 2020. (ENG., Illus.). 40p. (J). (gr. -1-3). 29.99 *(978-1-5344-5986-1(3)*, Beach Lane Bks.) Beach Lane Bks.

Is for Aaliyah: Now I Know My ABCs & 123s Coloring & Activity Book with Writing & Spelling Exercises (Age 2-6) 128 Pages. Crawford House Learning Books. 2020. (ENG.). 130p. (J). pap. *(978-1-989828-13-7(2))* Crawford Hse.

Is for Aberdeen. Kaitlyn R. Rowe. 2023. (ENG.). 40p. (J). 22.00 *(978-1-0880-8957-6(7))* Indy Pub.

Is for Aberdeen Activity & Coloring Book. Kaitlyn Rowe. 2023. (ENG.). 28p. (J). pap. 10.00 *(978-1-0881-3381-1(9))* Indy Pub.

Is for Abigail: Now I Know My ABCs & 123s Coloring & Activity Book with Writing & Spelling Exercises (Age 2-6) 128 Pages. Crawford House Learning Books. 2020. (ENG.). 130p. (J). pap. *(978-1-989828-55-7(8))* Crawford Hse.

Is for Affrilachia. Frank X. Walker & Ronald W. Davis. 2023. (ENG., Illus.). 64p. (J). 19.95 *(978-0-8131-9637-4(X)*, 978-0-8131-9637-4) Univ. Pr. of Kentucky.

Is for Aiden: Now I Know My ABCs & 123s Coloring & Activity Book with Writing & Spelling Exercises (Age 2-6) 128 Pages. Crawford House Learning Books. 2020. (ENG.). 130p. (J). pap. *(978-1-989828-11-3(6))* Crawford Hse.

Is for Alaska: Written by Kids for Kids. Boys and Girls Clubs Alaska. 2018. (See-My-State Alphabet Book Ser.). (ENG., Illus.). 32p. (J). (gr. -1-3). pap. 9.99 *(978-1-5132-6179-9(7)*, West Winds Pr.) West Margin Pr.

Is for Alexander: Now I Know My ABCs & 123s Coloring & Activity Book with Writing & Spelling Exercises (Age 2-6) 128 Pages. Crawford House Learning Books. 2020. (ENG.). 130p. (J). pap. *(978-1-989828-61-8(2))* Crawford Hse.

Is for All the Things You Are: A Joyful ABC Book. Anna Forgerson Hindley & Nat'l Mus Nat'l Mus Afr Am Hist Culture. Illus. by Keturah A. Bobo. 2019. 26p. (J). (— 1). bds. 9.95 *(978-1-58834-650-6(1)*, Smithsonian Bks.) Smithsonian Institution Scholarly Pr.

Is for Aloha: 2nd Edition. Stephanie Feeney & Eva Moravcik. Photos by Jeff Reese. 2nd ed. 2018. (ENG., Illus.). 64p. (J). 16.99 *(978-0-8248-7654-8(7)*, 2604, Latitude 20) Univ. of Hawaii Pr.

Is for Alpaca. James F. Park. 2017. (ENG.). 36p. (J). pap. *(978-0-244-33329-4(7))* Lulu Pr., Inc.

Is for Always: An Adoption Alphabet. Linda Cutting. Illus. by Leonie Little Lex. 2022. (ENG.). 32p. (J). (gr. -1-1). 16.99 *(978-1-64170-662-9(7)*, 550662) Familius LLC.

Is for Amara: Now I Know My ABCs & 123s Coloring & Activity Book with Writing & Spelling Exercises (Age 2-6) 128 Pages. Crawford House Learning Books. 2020. (ENG.). 130p. (J). pap. *(978-1-989828-33-5(7))* Crawford Hse.

Is for Amare Ant. Tracey Conley Bray. 2019. (ENG.). 44p. (J). pap. 18.95 *(978-0-359-96794-0(9))* Lulu Pr., Inc.

Is for Amazing. Charlotte Rose. 2022. (ENG.). 62p. (J). pap. *(978-1-80227-587-2(8))* Publishing Push Ltd.

Is for Amelia: Now I Know My ABCs & 123s Coloring & Activity Book with Writing & Spelling Exercises (Age 2-6) 128 Pages. Crawford House Learning Books. 2020. (ENG.). 130p. (J). pap. *(978-1-989828-15-1(9))* Crawford Hse.

Is for America Letter Tracing: 50 States of Fun ABC Practice. Editors of Editors of Ulysses Press. 2017. (9781612436654 Ser.). (ENG., Illus.). 112p. (J). (gr. -1-k). pap. 19.95 *(978-1-61243-665-4(X))* Ulysses Pr.

Is for Anemone: A First West Coast Alphabet. Roy Henry Vickers & Robert Budd. Illus. by Roy Henry Vickers. 2021. (First West Coast Bks.: 5). (Illus.). 28p. (J). (gr. -1 — 1). bds. 19.95 *(978-1-55017-947-7(0)*, 8ac0fbbd-24e9-4c1f-94a2-4ee05939a33c) Harbour Publishing Co., Ltd.

Is for Animals. Hugh A. Spires. 2020. (ENG.). 26p. (J). pap. 6.99 *(978-0-578-74937-2(8))* is for Animal, A.

Is for Another Rabbit. Hannah Batsel. Illus. by Hannah Batsel. 2020. (ENG., Illus.). 32p. (J). (gr. -1-2). 17.99 *(978-1-5415-2950-2(2)*, 560c7d12-c42e-4a7b-8ba7-b224ff9b6a7f, Carolrhoda Bks.) Lerner Publishing Group.

Is for Apple. Meg Gaertner. 2021. (Alphabet Fun Ser.). (ENG., Illus.). 24p. (J). (gr. k-1). pap. 8.95 *(978-1-64619-392-9(X))*; lib. bdg. 28.50 *(978-1-64619-365-3(2))* Little Blue Hse. (Little Blue Readers).

Is for Apple, a Horsey Alphabet: 2020 BIG Anniversary Edition. Ellen C. Maze. 2020. (ENG.). 60p. (J). pap. 12.99 *(978-1-7340474-6-2(1))* Little Roni Pubs. LLC.

Is for Apple Activity Book. Jupiter Kids. 2016. (ENG., Illus.). 108p. (J). pap. 16.55 *(978-1-68326-141-4(0)*, Jupiter Kids (Childrens & Kids Fiction)) Speedy Publishing LLC.

Is for Apple, I Is for Love: Becoming a Word Warrior: Programming Our New Humans Through Reflection & Intention. Laura Lee Livingston. 2022. (Illus.). 58p. (J). pap. 19.99 *(978-1-6678-5585-1(9))* BookBaby.

Is for Aretha. Leslie Kwan. Illus. by Rachelle Baker. 2023. 26p. (J). (— 1). bds. 9.99 *(978-0-593-40653-3(2)*, Kokila) Penguin Young Readers Group.

Is for Aria: Now I Know My ABCs & 123s Coloring & Activity Book with Writing & Spelling Exercises (Age 2-6) 128 Pages. Crawford House Learning Books. 2020. (ENG.). 130p. (J). pap. *(978-1-989828-32-8(9))* Crawford Hse.

Is for Arizona: A Grand Canyon State ABC Primer. Trish Madson. Illus. by David W. Miles. 2017. (ENG.). 20p. (J). (gr. -1 — 1). bds. 12.99 *(978-1-944822-78-1(X)*, 552278) Familius LLC.

Is for Artichoke: A Foodie Alphabet from Artichoke to Zest. America's Test Kitchen Kids & Maddie Frost. 2018. (ENG., Illus.). 26p. (J). (gr. -1-k). bds. 9.99 *(978-1-4926-7003-2(0))* Sourcebooks, Inc.

Is for Ashton: Now I Know My ABCs & 123s Coloring & Activity Book with Writing & Spelling Exercises (Age 2-6) 128 Pages. Crawford House Learning Books. 2020. (ENG.). 130p. (J). pap. *(978-1-989828-09-0(4))* Crawford Hse.

Is for Asian American: An Asian Pacific Islander Desi American Alphabet. Virginia Loh-Hagan. Illus. by Tracy Nishimura Bishop. 2022. (Arts & Culture Alphabet Ser.). (ENG.). 40p. (J). (gr. 1-4). 17.99 *(978-1-5341-1137-0(9)*, 205268) Sleeping Bear Pr.

Is for Astigmatism: The ABCs of Vision & Optics for Kids. Frederick Bloom. Ed. by Alex Bloom. Illus. by Jason Bloom. 2021. 38p. (J). pap. 11.95 *(978-1-0983-5794-8(9))* BookBaby.

Is for Astronaut: Blasting Through the Alphabet. Clayton Anderson. Illus. by Scott Brundage. 2018. (ENG.). 32p. (J). (gr. 1-4). 16.99 *(978-1-58536-396-4(0)*, 204409) Sleeping Bear Pr.

Is for Atom: A Midcentury Alphabet, 1 vol. Illus. by Greg Paprocki. 2016. (BabyLit Ser.). (ENG.). 32p. (J). (— 1). bds. 9.99 *(978-1-4236-4426-2(3))* Gibbs Smith, Publisher.

Is for Atom: Scientific Concepts for Young Minds. Kara Rutledge & Adam Durant. 2017. (ENG.). 38p. (J). pap. *(978-1-365-91836-0(X))* Lulu Pr., Inc.

Is for Aubrey: Now I Know My ABCs & 123s Coloring & Activity Book with Writing & Spelling Exercises (Age 2-6) 128 Pages. Crawford House Learning Books. 2020. (ENG.). 130p. (J). pap. *(978-1-989828-52-6(3))* Crawford Hse.

Is for Audra: Broadway's Leading Ladies from a to Z. John Robert Allman. Illus. by Peter Emmerich. 2019. 48p. (J). (gr. -1-2). 18.99 *(978-0-525-64540-5(3))*; (ENG.). lib. bdg. 21.99 *(978-0-525-64541-2(1))* Random Hse. Children's Bks. (Doubleday Bks. for Young Readers).

Is for Australian Reefs. Frané Lessac. Illus. by Frané Lessac. 2023. (ENG.). 48p. (J). (gr. k-3). 18.99 *(978-1-5362-2830-4(3))* Candlewick Pr.

Is for Avery: Now I Know My ABCs & 123s Coloring & Activity Book with Writing & Spelling Exercises (Age 2-6) 128 Pages. Crawford House Learning Books. 2020. (ENG.). 130p. (J). pap. *(978-1-989828-56-4(6))* Crawford Hse.

Is for Avocado: A Yummy First Words Book. Illus. by Jennifer Smith. 2022. (ENG.). 24p. (J). bds. 8.99 *(978-1-4867-2268-6(7)*, 8f814f16-f5c0-463f-919b-fccf31e915e6) Flowerpot Pr.

Is for Awesome! 23 Iconic Women Who Changed the World. Eva Chen. Illus. by Derek Desierto. 2019. (ENG.). 32p. (J). bds. 9.99 *(978-1-250-21599-4(4)*, 900206602) Feiwel & Friends.

Is for Awful: a Grumpy Cat ABC Book (Grumpy Cat) Christy Webster. Illus. by Steph Laberis. 2017. (Little Golden Book Ser.). 24p. (J). (gr. -1-1). 5.99 *(978-0-399-55783-5(0)*, Golden Bks.) Random Hse. Children's Bks.

Is for Axolotl: an Unusual Animal ABC. Catherine Macorol. Illus. by Catherine Macorol. 2022. (ENG., Illus.). 32p. (J). 19.99 *(978-1-250-10810-4(1)*, 900165035, Holt, Henry & Co. Bks. For Young Readers) Holt, Henry & Co.

Is for Elizabeth. Rachel Vail. Illus. by Paige Keiser. 2020. (Is for Elizabeth Ser.: 1). (ENG.). 144p. (J). pap. 7.99 *(978-1-250-25024-7(2)*, 900186213) Square Fish.

Is for Oboe: the Orchestra's Alphabet. Lera Auerbach & Marilyn Nelson. Illus. by Paul Hoppe. 2022. 40p. (J). (gr. 2-4). 17.99 *(978-0-525-55377-9(0)*, Dial Bks) Penguin Young Readers Group.

Is for the American Dream. Amelia Hamilton & Matt Beienburg. Illus. by Anthony Resto. 2023. 34p. (J). 23.99 *(978-1-6678-9875-9(2))* BookBaby.

Is God Still Awake? A Small Girl with a Big Question about God, 1 vol. Sheila Walsh. Illus. by Aleksandra Szmidt. 2021. (ENG.). 32p. (J). 18.99 *(978-1-4002-2963-5(4)*, Tommy Nelson) Nelson, Thomas Inc.

Is God Very Strong? Joanne Gilchrist. Illus. by David Kuiavskii. 2022. (Animals of Eden Valley Ser.). (ENG.). 36p. (J). (gr. k-4). pap. 8.99 *(978-1-915046-51-2(3)*, f88c9685-468a-4975-9024-a33bebede527, Sarah Grace Publishing) Malcolm Down Publishing Ltd. GBR. Dist: Baker & Taylor Publisher Services (BTPS).

Is He the Man? (Classic Reprint) W. Clark Russell. 2018. (ENG., Illus.). 396p. (J). 32.06 *(978-0-483-61093-4(3))* Forgotten Bks.

Is Heaven Farther Than the North Pole? Molly Rubesh. Illus. by Elly Kennec. 2022. (ENG.). 48p. (J). 24.99 *(978-1-6629-3171-0(9))*; pap. 13.99 *(978-1-6629-3172-7(7))* Gatekeeper Pr.

Is Human Cloning in Our Future? Theories about Genetics, 1 vol. Tom Jackson. 2018. (Beyond the Theory: Science of the Future Ser.). (ENG.). 48p. (gr. 5-6). lib. bdg. 33.60 *(978-1-5382-2670-4(7)*, 384fd9d9-56b4-4821-9fc3-70987001956O) Stevens, Gareth Publishing LLLP.

Is It a Bee or a Wasp? Gail Terp. 2019. (Can You Tell the Difference? Ser.). (ENG.). 24p. (J). (gr. 2-4). pap. 8.99 *(978-1-64466-052-2(0)*, 12901); (Illus.). (gr. 4-6). lib. bdg. *(978-1-68072-897-2(0)*, 12900) Black Rabbit Bks. (Hi Jinx).

Is It a Cattle Call? Early Cattle Ranching & Life on the Plains in Western US History Grade 6 Social Studies Children's American History. Baby Professor. 2022. (ENG.). 72p. (J). 31.99 *(978-1-5419-9439-3(6))*; pap. 19.99 *(978-1-5419-8301-4(7))* Speedy Publishing LLC. (Baby Professor (Education Kids)).

Is It a Cheetah or a Leopard? Gail Terp. 2019. (Can You Tell the Difference? Ser.). (ENG.). 24p. (J). (gr. 2-4). pap. 9.99 *(978-1-64466-053-9(9)*, 12905); (Illus.). (gr. 4-6). lib. bdg. *(978-1-68072-898-9(9)*, 12904) Black Rabbit Bks. (Hi Jinx).

Is It a Dolphin or a Porpoise? Gail Terp. 2019. (Can You Tell the Difference? Ser.). (ENG.). 24p. (J). (gr. 2-4). pap. 8.99 *(978-1-64466-054-6(7)*, 12909); (Illus.). (gr. 4-6). lib. bdg. *(978-1-68072-899-6(7)*, 12908) Black Rabbit Bks. (Hi Jinx).

Is It a Frog or a Toad? Gail Terp. 2019. (Can You Tell the Difference? Ser.). (ENG.). 24p. (J). (gr. 2-4). pap. 10.99 *(978-1-64466-055-3(5)*, 12913); (Illus.). (gr. 4-6). lib. bdg. *(978-1-68072-900-9(4)*, 12912) Black Rabbit Bks. (Hi Jinx).

Is It a Plant or an Animal? How Do Scientists Identify Plants & Animals? Compare & Contrast Biology Grade 3 Children's Biology Books. Baby Professor. 2021. (ENG.). 72p. (J). 27.99 *(978-1-5419-8379-3(3))*; pap. 16.99 *(978-1-5419-7893-5(5))* Speedy Publishing LLC. (Baby Professor (Education Kids)).

Is It a Turtle or a Tortoise? Gail Terp. 2019. (Can You Tell the Difference? Ser.). (ENG.). 24p. (J). (gr. 2-4). pap. 8.99 *(978-1-64466-057-7(1)*, 12921); (Illus.). (gr. 4-6). lib. bdg. *(978-1-68072-901-6(2)*, 12920) Black Rabbit Bks. (Hi Jinx).

Is It Alive? Kimberlee Graves. 2017. (Learn-To-Read Ser.). (ENG., Illus.). (J). (gr. k-2). pap. 3.49 *(978-1-68310-166-6(9))* Pacific Learning, Inc.

Is It an Alligator or a Crocodile? Gail Terp. 2019. (Can You Tell the Difference? Ser.). (ENG.). 24p. (J). (gr. 2-4). pap. 8.99 *(978-1-64466-056-0(3)*, 12917); (Illus.). (gr. 4-6). lib. bdg. *(978-1-68072-902-3(0)*, 12916) Black Rabbit Bks. (Hi Jinx).

Is It an Alligator or a Crocodile? Animal Book 6 Year Old Children's Animal Books. Baby Professor. 2017. (ENG., Illus.). (J). pap. 8.79 *(978-1-5419-1351-6(5)*, Baby Professor (Education Kids)) Speedy Publishing LLC.

Is It Big or Is It Small? an Opposites Book about Sizes for Kids - Baby & Toddler Size & Shape Books. Baby Professor. 2017. (ENG., Illus.). (J). pap. 7.89 *(978-1-68326-784-3(2)*, Baby Professor (Education Kids)) Speedy Publishing LLC.

Is It Enough a Romance of Musical Life: A Romance of Musical Life (Classic Reprint) Harriette Russell Campbell. 2018. (ENG., Illus.). 278p. (J). 29.63 *(978-0-483-20081-4(6))* Forgotten Bks.

Is It Even There? Find the Hidden Objects Activity Book. Activibooks For Kids. 2016. (ENG., Illus.). (J). pap. 7.55 *(978-1-68321-370-3(X))* Mimaxion.

Is It Fair? Raghid Shreih. 2023. (Hadi's Adventures Ser.). (ENG.). 30p. (J). pap. *(978-1-7779500-1-9(5))* Destination Excellence Publishing Co.

Is It for Ever?, Vol. 1 Of 3: A Novel (Classic Reprint) Kate Mainwaring. 2018. (ENG., Illus.). 312p. (J). 30.33 *(978-0-267-15630-6(8))* Forgotten Bks.

Is It for Ever?, Vol. 2 Of 3: A Novel (Classic Reprint) Kate Mainwaring. 2018. (ENG., Illus.). 324p. (J). 30.60 *(978-0-484-47536-5(3))* Forgotten Bks.

Is It for Ever?, Vol. 3 Of 3: A Novel (Classic Reprint) Kate Mainwaring. 2018. (ENG., Illus.). 322p. (J). 30.56 *(978-0-484-31661-3(3))* Forgotten Bks.

Is It Germany or Deutschland? Geography 4th Grade Children's Europe Books. Baby Professor. 2017. (ENG., Illus.). 64p. (J). pap. 9.52 *(978-1-5419-1594-7(1)*, Baby Professor (Education Kids)) Speedy Publishing LLC.

Is It Hanukkah Yet? Chris Barash. 2018. (2019 Av2 Fiction Ser.). (ENG.). 32p. (J). (gr. -1-2). lib. bdg. 34.28 *(978-1-4896-8241-3(4)*, AV2 by Weigl) Weigl Pubs., Inc.

Is It Hanukkah Yet? Nancy Krulik. ed. 2021. (Step into Reading Ser.). (ENG., Illus.). 31p. (J). (gr. 2-3). 16.46 *(978-1-68505-047-4(6))* Penworthy Co., LLC, The.

Is It Hot or Is It Cold? Senses for Kids! - Baby & Toddler Sense & Sensation Books. Baby Professor. 2017. (ENG., Illus.). (J). pap. 7.89 *(978-1-68326-780-5(X)*, Baby Professor (Education Kids)) Speedy Publishing LLC.

Is It Ice Cream Yet? Alison McLennan. Illus. by Barbosa Diego. 2019. (ENG.). 38p. (J). pap. *(978-1-925986-61-7(6))* Library For All Limited.

Is It Important to Buy American Goods?, 1 vol. Donna Reynolds. 2020. (Points of View Ser.). (ENG.). 24p. (J). (gr. 3-3). pap. 9.25 *(978-1-5345-3432-2(6)*, 253c1442-59ea-463d-ae72-c32505c1722c, KidHaven Publishing) Greenhaven Publishing LLC.

Is It Just? (Classic Reprint) Minnie Smith. (ENG., Illus.). (J). 2018. 148p. 26.97 *(978-0-332-11623-5(9))*; 2017. pap. 9.57 *(978-0-243-49906-9(X))* Forgotten Bks.

Is It Light or Dark? Mari Schuh. 2019. (Let's Look at Light Ser.). (ENG., Illus.). 24p. (J). (gr. -1-2). 29.32 *(978-1-9771-0893-7(8)*, 140500, Pebble) Capstone.

Is It Living or Non-Living? Ruth Owen. 2017. (Get Started with STEM Ser.). (ENG., Illus.). 32p. (J). (gr. k-3). 9.99 *(978-1-78856-116-7(3)*, 89dc4c11-46b9-4d34-b25c-65801a4d0441) Ruby Tuesday Books Limited GBR. Dist: Lerner Publishing Group.

Is It Love? Cecilia Castellon Vera & Michelle Santander. 2019. (ENG.). 98p. (YA). pap. *(978-1-5289-2627-0(7))* Austin Macauley Pubs. Ltd.

Is It Lunch Time? Is It Dinner Time? Hands on the Clock - Telling Time for Kids - Baby & Toddler Time Books. Baby Professor. 2017. (ENG., Illus.). (J). pap. 7.89 *(978-1-68326-820-8(2)*, Baby Professor (Education Kids)) Speedy Publishing LLC.

Is It Nat? Starter 2. Ladybird. 2019. (Ladybird Readers Ser.). (Illus.). 32p. (J). (gr. k). pap. 9.99 *(978-0-241-39368-0(X)*, Ladybird) Penguin Bks., Ltd. GBR. Dist: Independent Pubs. Group.

Is It Nat? Activity Book - Ladybird Readers Starter Level 2. Ladybird. 2019. (Ladybird Readers Ser.). 16p. (J). (gr. k). pap. 6.99 *(978-0-241-39386-4(8)*, Ladybird) Penguin Bks., Ltd. GBR. Dist: Independent Pubs. Group.

Is It Odd or Even? Sorting Numbers - 1st Grade Math Book Children's Math Books. Baby Professor. 2017. (ENG., Illus.). (J). pap. 9.55 *(978-1-5419-2620-2(X)*, Baby Professor (Education Kids)) Speedy Publishing LLC.

Is It OK to Cry? Winston Schepps. 2021. (ENG.). 24p. (J). 23.95 *(978-1-0983-0271-9(0))* BookBaby.

Is It Okay to Pee in the Ocean? The Fascinating Science of Our Waste & Our World. Ella Schwartz. Illus. by Lily Williams. 2023. (ENG.). 96p. (J). 21.99 *(978-1-68119-513-1(5)*, 900175606, Bloomsbury Children's Bks.) Bloomsbury Publishing USA.

Is It Our Job to Protect the Environment?, 1 vol. David Anthony. 2018. (Points of View Ser.). (ENG.). 24p. (J). (gr. 3-3). 26.23 *(978-1-5345-2571-9(8)*, e40c3096-e1cb-4e66-bcb1-0e03d15887fc, KidHaven Publishing) Greenhaven Publishing LLC.

Is It Over? Sandy Brehl. Illus. by Rebecca Hirsch. 2021. (ENG.). 34p. (J). 21.99 *(978-1-952894-32-9(8))*; pap. 13.99 *(978-1-954868-76-2(6))* Pen It Pubns.

Is It Purim Yet? Chris Barash. 2018. (2019 Av2 Fiction Ser.). (ENG.). 32p. (J). (gr. -1-1). lib. bdg. 34.28 *(978-1-4896-8267-3(8)*, AV2 by Weigl) Weigl Pubs., Inc.

Is It Purim Yet? Chris Barash. Illus. by Alessandra Psacharopulo. 2017. (Celebrate Jewish Holidays Ser.). (ENG.). 32p. (J). (gr. -1-3). 16.99 *(978-0-8075-3391-8(2)*, 807533912) Whitman, Albert & Co.

Is It Really an Emergency: 999 Or 101? Maria Sare. 2019. (ENG., Illus.). 36p. (J). (gr. k-6). pap. *(978-1-912021-07-9(2)*, Nightingale Books) Pegasus Elliot Mackenzie Pubs.

Is It Really Nearly Christmas? Joyce Dunbar. Illus. by Victoria Turnbull. 2020. (ENG.). 32p. (J). (gr. -1-k). pap. 10.99 *(978-1-4449-3173-0(3))* Hachette Children's Group GBR. Dist: Hachette Bk. Group.

Is It Rosh Hashanah Yet? Chris Barash. Illus. by Alessandra Psacharopulo. 2018. (Celebrate Jewish Holidays Ser.). (ENG.). 32p. (J). (gr. -1-3). 16.99 *(978-0-8075-3396-3(3)*, 807533963) Whitman, Albert & Co.

Is It Short or Long, More or Less? Comparisons for Kids - Math for Kindergarten Children's Math Books. Baby Professor. 2017. (ENG., Illus.). (J). pap. 8.79 *(978-1-5419-4059-8(8)*, Baby Professor (Education Kids)) Speedy Publishing LLC.

Is It Sukkot Yet? Chris Barash. Illus. by Alessandra Psacharopulo. 2016. (Celebrate Jewish Holidays Ser.). (ENG.). 32p. (J). (gr. -1-3). 16.99 *(978-0-8075-3388-8(2)*, 807533882) Whitman, Albert & Co.

Is It This Way or That? Following Directions for Kids Children's Basic Concepts Books. Baby Professor. 2017. (ENG., Illus.). (J). pap. 9.55 *(978-1-5419-2783-4(4)*, Baby Professor (Education Kids)) Speedy Publishing LLC.

Is It Time Yet? Chrissie Appleby. Illus. by Steven Huff Jr. 2019. (ENG.). 26p. (J). pap. 12.49 *(978-1-5456-6645-6(8))* Salem Author Services.

Is It True? (Classic Reprint) Dinah Maria Mulock Craik. 2017. (ENG., Illus.). (J). 230p. 28.64 *(978-0-332-84346-9(7))*; pap. 11.57 *(978-1-5276-5345-0(5))* Forgotten Bks.

Is It Tu B'Shevat Yet? Chris Barash. Illus. by Alessandra Psacharopulo. 2019. (Celebrate Jewish Holidays Ser.). (ENG.). 32p. (J). (gr. -1-3). 16.99 *(978-0-8075-6333-5(1)*, 807563331) Whitman, Albert & Co.

Is It Warm Enough for Ice Cream? DK. 2018. (ENG., Illus.). 18p. (J). (-k). bds. 9.99 *(978-1-4654-6786-7(6)*, DK Children) Dorling Kindersley Publishing, Inc.

Is It Warm Enough for Ice Cream? Dorling Kindersley Publishing Staff. 2018. (ENG., Illus.). 18p. (J). bds. *(978-0-241-31305-3(8))* Dorling Kindersley Publishing, Inc.

Is It Wrong to Ban Books?, 1 vol. Mary Austen. 2017. (Points of View Ser.). (ENG., Illus.). 24p. (J). (gr. 3-3). pap. 9.25 *(978-1-5345-2489-7(4)*, 5b112b10-a401-4c0a-9d67-255f283b5f60); lib. bdg. 26.23 *(978-1-5345-2427-9(4)*,

I

21e41b58-bb68-4614-af86-35910446c697) Greenhaven Publishing LLC.

Is It Wrong to Try to Pick up Girls in a Dungeon? Familia Chronicle, Vol. 1 (light Novel) Episode Lyu. Fujino Omori. 2018. (Is It Wrong to Try to Pick up Girls in a Dungeon? Familia Chronicle (light Novel) Ser.: 1). (ENG., Illus.). 224p. (gr. 8-17). pap. 14.00 *(978-0-316-44825-3(7),* Yen Pr.) Yen Pr. LLC.

Is It Wrong to Try to Pick up Girls in a Dungeon?, Vol. 16 (light Novel) Fujino Omori. Illus. by Suzuhito Yasuda. 2021. (Is It Wrong to Try to Pick up Girls in a Dungeon? (light Novel) Ser.: 16). (ENG.). 280p. (gr. 8-17). pap., pap. 15.00 *(978-1-9753-3351-5(9),* Yen Pr.) Yen Pr. LLC.

Is Lenny a Loser? M Reaves. 2016. (ENG., Illus.). (J). pap. 16.95 *(978-1-4808-3626-6(5))* Archway Publishing.

Is Life Worth Living? A Work Written to Show the Vicissitudes of Everyday Life, Particularly Such As Concerned the Author (Classic Reprint) Ernest Butland. 2017. (ENG., Illus.). (J). 27.32 *(978-1-5284-7415-3(5))*; pap. 9.97 *(978-0-243-51712-1(2))* Forgotten Bks.

Is Marijuana Harmful? Bradley Steffens. 2016. (ENG.). 80p. (J). (gr. 5-12). lib. bdg. *(978-1-68282-097-1(1))* ReferencePoint Pr., Inc.

Is Marriage a Lottery? 16547 (Classic Reprint) Evelyn Adams. (ENG., Illus.). (J). 2018. 138p. 26.74 *(978-0-484-00618-7(5))*; 2017. pap. 9.57 *(978-0-282-06103-6(7))* Forgotten Bks.

Is My Dad a Superhero? James J. Caparosa & Amanda Caparosa. Illus. by Gilbert Gilbert Manantan. 2023. (ENG.). 22p. (J). pap. ***(978-0-2288-9150-5(7))*** Tellwell Talent.

Is My Grandpa Santa's Elf? Heather Zivkovich. 2018. (ENG.). 38p. (J). 14.95 *(978-1-68401-707-2(6))* Amplify Publishing Group.

Is My Little Boy Blue Second Edition. Gail Holmes. 2021. (ENG.). 30p. (J). 20.00 *(978-1-7348113-5-3(8))* Lightning Fast Bk. Publishing.

Is Nuclear Energy Safe? -Nuclear Energy & Fission - Physics 7th Grade Children's Physics Books. Baby Professor. 2017. (ENG., Illus.). (YA). pap. 8.79 *(978-1-5419-1150-5(4),* Baby Professor (Education Kids)) Speedy Publishing LLC.

Is Our Moon the Only Moon in the Solar System? Astronomy for 9 Year Olds Children's Astronomy Books. Baby Professor. 2017. (ENG., Illus.). 64p. (J). pap. 9.52 *(978-1-5419-1644-9(1),* Baby Professor (Education Kids)) Speedy Publishing LLC.

Is Plastic Money Real? How Credit Cards Work - Math Book Nonfiction 9th Grade Children's Money & Saving Reference. Baby Professor. 2017. (ENG., Illus.). 64p. (J). pap. 9.52 *(978-1-5419-1284-7(5),* Baby Professor (Education Kids)) Speedy Publishing LLC.

Is Social Media Good for Society? Andrea C. Nakaya. 2016. (ENG.). 80p. (J). (gr. 5-12). lib. bdg. *(978-1-68282-068-1(8))* ReferencePoint Pr., Inc.

Is Social Media Helpful or Harmful?, 1 vol. Jennifer Lombardo. 2020. (Points of View Ser.). (ENG.). 24p. (J). (gr. 3-3). pap. 9.25 *(978-1-5345-3416-2(4),* 3f79e1f1-c4a0-4be6-9847-190e5f6945f5, KidHaven Publishing) Greenhaven Publishing LLC.

Is Suicide a Sin? Robert G. Ingersoll's Famous Letter. Robert G. Ingersoll. 2017. (ENG., Illus.). (J). pap. *(978-0-649-42033-9(0))* Trieste Publishing Pty Ltd.

Is Television Bad for Kids?, 1 vol. Katie Kawa. 2019. (Points of View Ser.). (ENG.). 24p. (gr. 3-3). 26.23 *(978-1-5345-3192-5(0),* 9a843c89-2ae3-4ea0-995c-547878f8c6af, KidHaven Publishing) Greenhaven Publishing LLC.

Is That a Fact?, 5 vols., Set. Incl. Can Lightning Strike the Same Place Twice? And Other Questions about Earth, Weather, & the Environment. Joanne Mattern. lib. bdg. 26.60 *(978-0-8225-9081-1(6))*; Is There Life on Other Planets? And Other Questions about Space. Gregory Vogt. lib. bdg. 26.60 *(978-0-8225-9082-8(4))*; 40p. (YA). (gr. 3-6). 2010. 2010. Set lib. bdg. 133.00 *(978-0-8225-9080-4(8))* Lerner Publishing Group.

Is That a Monster? Eddie Ivaneza. 2021. (ENG.). 30p. (J). pap. *(978-1-68583-093-9(5))* Tablo Publishing.

Is That a Skunk? Gary Bogue. Illus. by Chuck Todd. 2018. (ENG.). 40p. (J). 16.00 *(978-1-59714-399-8(5))* Heyday.

Is That All? (Classic Reprint) Harriet Waters Preston. 2018. (ENG., Illus.). 252p. (J). 29.11 *(978-0-364-41723-2(4))* Forgotten Bks.

Is That the Orange Cat? Joanne Meier & Cecilia Minden. Illus. by Bob Ostrom. 2022. (Bear Essential Readers Ser.). (ENG.). 32p. (J). (gr. -1-2). lib. bdg. 35.64 *(978-1-5038-5912-8(6),* 215810, First Steps) Child's World, Inc, The.

Is That Wise, Pig? Jan Thomas. Illus. by Jan Thomas. 2016. (ENG., Illus.). 40p. (J). (gr. -1-3). 17.99 *(978-1-4169-8582-2(4),* Beach Lane Bks.) Beach Lane Bks.

Is the Balance of Power in Government Balanced?, 1 vol. Christine Honders. 2018. (Key Questions in American History Ser.). (ENG.). 32p. (J). (gr. 4-5). 29.27 *(978-1-5081-6758-7(3),* 65702597-2924-4b35-a32e-3a2db9b0e76a, PowerKids Pr.) Rosen Publishing Group, Inc., The.

Is the Milky Way Made Out of Milk? World Book Answers Your Questions about Outer Space. Contrib. by World Book, Inc. Staff. 2019. (Illus.). 96p. (J). *(978-0-7166-3824-7(X))* World Bk., Inc.

Is the Tomb of King Tut Really Cursed? History Books for Kids 4th Grade Children's Ancient History. Baby Professor. 2017. (ENG., Illus.). (J). pap. 8.79 *(978-1-5419-1167-3(9),* Baby Professor (Education Kids)) Speedy Publishing LLC.

Is There a Mountain of Difference Between Us or 'Common Ground'? Richard B. Cook. 2016. (ENG., Illus.). (J). pap. 9.95 *(978-1-63568-092-8(1))* Page Publishing Inc.

Is There a Santa Claus? (Classic Reprint) Jacob August Riis. (ENG., Illus.). (J). 2018. 40p. 24.72 *(978-0-365-47609-2(9))*; 2016. pap. 7.97 *(978-1-333-51601-7(0))* Forgotten Bks.

Is There Anybody Else Like Me? Georgie Slater. 2019. (ENG., Illus.). 36p. (J). *(978-1-5289-0187-1(8))*; pap. *(978-1-5289-0186-4(X))* Austin Macauley Pubs. Ltd.

Is There Anybody up There? The Smart Kid's Guide to God. Bruce R. Daly. Illus. by Lumsden Glenn. 2017. (ENG.). (J). (gr. 1-5). *(978-0-9806020-0-5(9))* Dalten Media Pty Ltd.

Is There Life after Mars? Andrea J. Graham. 2020. (Life after Mars Ser.: Vol. 1). (ENG.). 192p. (YA). pap. 14.99 *(978-1-393-52718-3(3))* Draft2Digital.

Is There Life in Outer Space? Jan Leyssens. Illus. by Joachim Sneyers. 2021. (Marvelous but True Ser.: 3). (ENG.). 32p. (J). 16.95 *(978-1-60537-629-5(9))* Clavis Publishing.

Is There Life in the Arctic Tundra? Science Book Age for Kids 9-12 Children's Nature Books. Baby Professor. 2017. (ENG., Illus.). 64p. (J). pap. 9.52 *(978-1-5419-1517-6(8),* Baby Professor (Education Kids)) Speedy Publishing LLC.

Is There Life on Your Nose? Meet the Microbes. Christian Borstlap. 2021. (ENG., Illus.). 56p. (J). (gr. k-4). 17.95 *(978-3-7913-7497-0(4))* Prestel Verlag GmbH & Co KG. DEU. Dist: Penguin Random Hse. LLC.

Is This ... Winter? Helen Yoon. Illus. by Helen Yoon. 2023. (Helen Yoon's Is This ... ? Ser.). (ENG.). 32p. (J). (gr. -1-2). 10.99 ***(978-1-5362-2627-0(0))*** Candlewick Pr.

Is This a Career for You? Math Reader 9 Grade 6. Hmh Hmh. 2018. (SPA.). 12p. (J). pap. 9.27 *(978-1-328-57727-6(9))* Houghton Mifflin Harcourt Publishing Co.

Is This a Career for You? Math Reader Grade 6. Hmh Hmh. 2017. (Math Expressions Ser.). (ENG.). 12p. (J). (gr. 6). pap. 8.67 *(978-1-328-77214-5(4))* Houghton Mifflin Harcourt Publishing Co.

Is This Guy for Real? The Unbelievable Andy Kaufman. Box Brown. 2018. (ENG., Illus.). 272p. pap. 19.99 *(978-1-62672-316-0(8),* 900151361, First Second Bks.) Roaring Brook Pr.

Is This My Tail? Illus. by Christopher Embleton. 2017. (J). *(978-1-62885-286-8(0))* Kidsbooks, LLC.

Is This My Tail? Bear. YoYo YoYo Books. 2022. (ENG.). 10p. (J). bds. 7.99 *(978-94-6422-685-0(4))* YoYo Bks. BEL. Dist: Simon & Schuster, Inc.

Is This My Tail? Elephant. YoYo YoYo Books. 2022. (ENG.). 10p. (J). bds. 7.99 *(978-94-6422-686-7(2))* YoYo Bks. BEL. Dist: Simon & Schuster, Inc.

Is This My Train? Jack Lehnert. 2023. 40p. (J). (— 1). pap. 20.00 BookBaby.

Is This Panama? A Migration Story. Jan Thornhill. Illus. by Soyeon Kim. 2021. (ENG.). 40p. (J). (gr. 3-5). pap. 10.95 *(978-1-77147-447-4(5))* Owlkids Bks. Inc. CAN. Dist: Publishers Group West (PGW).

Is This Your Class Pet? Troy Cummings. 2022. (Illus.). 40p. (J). (gr. -1-2). 17.99 *(978-0-593-43216-7(9))*; (ENG., lib. bdg. 20.99 *(978-0-593-43217-4(7))* Random Hse. Children's Bks. (Random Hse. Bks. for Young Readers).

Is This Your Son, My Lord? A Novel (Classic Reprint) Helen H. Gardener. 2018. (ENG., Illus.). 286p. (J). 29.82 *(978-0-267-88317-2(X))* Forgotten Bks.

Is This Your Son, My Lord? a Novel. Helen H. Gardener. 2017. (ENG., Illus.). (J). pap. *(978-0-649-61694-7(4))* Trieste Publishing Pty Ltd.

Is Time Travel Possible? Theories about Time, 1 vol. Tom Jackson. 2018. (Beyond the Theory: Science of the Future Ser.). (ENG.). 48p. (gr. 5-6). lib. bdg. 33.60 *(978-1-5382-2661-2(8),* 3f937698-edc1-493a-b4cd-edd3f25da02c) Stevens, Gareth Publishing LLLP.

Is Time Travel Possible? Time Travel Twins. How to Time Travel. the Return of James Maxwell's Equations. S. C. Hamill. 2017. (ENG.). 228p. (J). pap. 11.99 *(978-1-393-71288-6(6))* Draft2Digital.

Is What I'm Thinking True? (the Power of Thought) Lynn McLaughlin & Amber Raymond. Illus. by Allysa Batin. 2022. (Power of Thought Ser.). (ENG.). 36p. (J). pap. ***(978-1-7750017-8-2(4))*** Steering Through It.

Is Writing (2023 Update) Matt Shaw. 2023. (ENG.). 150p. (J). pap. ***(978-1-312-69991-5(4))*** Lulu Pr., Inc.

Is Your Dad a Pirate? Tara McClary Reeves. 2017. (ENG., Illus.). (J). (gr. -1-3). 14.95 *(978-1-68401-319-7(4))* Amplify Publishing Group.

Is Your Doctor Awesome Like Mine? a Story of Immigration & Understanding. Hollie Davis Frick. 2023. (ENG.). 38p. (J). 18.95 ***(978-1-63755-646-7(2),*** Mascot Kids) Amplify Publishing Group.

Is Your Hair Stronger Than Steel? Questions about Hair, Skin, & Teeth, 1 vol. Thomas Canavan. 2016. (Human Body FAQ Ser.). (ENG., Illus.). 32p. (J). (gr. 3-3). pap. 11.00 *(978-1-4994-3168-1(6),* 34eece06-6e04-4113-8810-3ae52179b585, PowerKids Pr.) Rosen Publishing Group, Inc., The.

Is Your Mum a Bird? Josie Bergin. Illus. by John Maynard Balinggao. 2022. (ENG.). 38p. (J). pap. ***(978-1-922827-36-4(3))*** Library For All Limited.

Is Your Name Smith? a Comedy in One Act (Classic Reprint) Edith K. Dunton. 2018. (ENG., Illus.). 44p. (J). 24.80 *(978-0-267-19509-1(5))* Forgotten Bks.

Isaac & Izzy's Magical Maples. Angela Henderson. Illus. by Rachael Koppendrayer. 2021. (ENG.). 40p. (J). 20.99 *(978-1-941720-72-1(2))*; pap. 8.49 *(978-1-941720-70-7(6))* WhiteFire Publishing. (WhiteSpark Publishing).

Isaac & Ned: The Bully? Melody S. Scott. 2022. (ENG.). 148p. (J). pap. 16.95 *(978-1-68517-968-7(1))* Christian Faith Publishing.

Isaac Asimov's Biblioteca Del Universo Del Siglo XXI (Isaac Asimov's 21st Century Library of the Universe), 24 vols., Set. Richard Hantula & Isaac Asimov. Incl. Asteroides (Asteroids) lib. bdg. 28.67 *(978-0-8368-3853-4(X),* e7081b8a-3755-4cd1-a05e-618a7dc0d3be); Júpiter (Jupiter) lib. bdg. 28.67 *(978-0-8368-3854-1(8),* f7ba75eb-ea29-476f-90e2-126821ed266e); Luna (the Moon) lib. bdg. 28.67 *(978-0-8368-3855-8(6),* e186285f-763c-407c-b6e7-c647e44523d1); Marte (Mars) lib. bdg. 28.67 *(978-0-8368-3856-5(4),* e4c4282c-98b2-4093-a7fb-af1ed9e982f0); Mercurio (Mercury) lib. bdg. 28.67 *(978-0-8368-3857-2(2),* 08ce5c1c-4855-4a1b-a429-f6b6072454a7); Neptuno (Neptune) lib. bdg. 28.67 *(978-0-8368-3858-9(0),* c23dcb68-cd60-4e2d-b4f2-f06c3c7f3c3e); Plutón y Caronte (Pluto & Charon) lib. bdg. 28.67 *(978-0-8368-3859-6(9),* 3ae2196b-697f-47c9-b87e-33d46b0492ac); Saturno (Saturn) lib. bdg. 28.67 *(978-0-8368-3860-2(2),* 7cabdd3e-00cc-44df-a42c-237e34e0fb1c); Sol (the Sun) lib. bdg. 28.67 *(978-0-8368-3861-9(0),* 9f699839-5c2c-4a78-add1-2139c0ea36ea); Tierra (Earth) lib. bdg. 28.67 *(978-0-8368-3862-6(9),* e4466647-832c-4d71-bc0e-015bd32caceb); Urano (Uranus) lib. bdg. 28.67 *(978-0-8368-3863-3(7),* 0961b1a9-ec0c-484d-912c-d85c5b782d39); Venus (Venus) lib. bdg. 28.67 *(978-0-8368-3864-0(5),* a8d10885-563a-47ee-a670-50eedf2e8c38); (gr. 3-5). (Isaac Asimov's Biblioteca Del Universo Del Siglo XXI (Isaac Asimov's 21st Century Library of the Universe) Ser.). (SPA., Illus.). 32p. 2003. Set lib. bdg. 344.04 *(978-0-8368-3852-7(1),* a67ac4cc-33bb-4103-bfdb-560d38317a0b, Gareth Stevens Learning Library) Stevens, Gareth Publishing LLLP.

Isaac Bickerstaff: Physician & Astrologer; Papers from Steele's Tatler (Classic Reprint) Unknown Author. 2018. (ENG., Illus.). 200p. (J). 28.02 *(978-0-332-94553-8(7))* Forgotten Bks.

Isaac I Love You All Ways. Marianne Richmond. Illus. by Dubravka Kolanovic. 2023. (I Love You All Ways Ser.). (ENG.). 32p. (J). (gr. -1-3). 8.99 ***(978-1-7282-7371-6(4))*** Sourcebooks, Inc.

Isaac Newton, 1 vol. Susan Meyer. 2017. (Leaders of the Scientific Revolution Ser.). (ENG., Illus.). 112p. (J). (gr. 8-8). 38.80 *(978-1-5081-7470-7(9),* 66a1cb61-49f7-483d-9294-4756e72496bc, Rosen Young Adult) Rosen Publishing Group, Inc., The.

Isaac Newton. Wonder House Books. 2023. (Illustrated Biography for Kids Ser.). (ENG.). 32p. (J). (gr. 3-7). 9.99 ***(978-93-5856-200-2(5))*** Prakash Bk. Depot IND. Dist: Independent Pubs. Group.

Isaac Newton, Vol. 11. Paul M. Nittany. 2018. (Scientists & Their Discoveries Ser.). (Illus.). 96p. (J). (gr. 7). lib. bdg. 34.60 *(978-1-4222-4031-1(2))* Mason Crest.

Isaac Newton: The Smartest Person That Ever Lived - Biography of Famous People Grade 3 Children's Biography Books. Baby Professor. 2017. (ENG., Illus.). (J). pap. 8.79 *(978-1-5419-1388-2(4),* Baby Professor (Education Kids)) Speedy Publishing LLC.

Isaac Newton & Gravity. Alex Woolf. Illus. by Annaliese Stoney. ed. 2020. (Eureka Moment! Ser.). (ENG.). 128p. (J). (gr. 4). pap. 8.95 *(978-1-912904-05-1(5))* Book Hse. GBR. Dist: Sterling Publishing Co., Inc.

Isaac Newton y Sus Leyes Del Movimiento: Set of 6 Common Core Edition. Mona Chiang & Benchmark Education Company, LLC Staff. 2016. (Navigators Ser.). (SPA.). (J). (gr. 6). 60.00 net. *(978-1-5125-0799-7(7))* Benchmark Education Co.

Isaac on the North Pole Express. J. D. Green. 2019. (North Pole Express Ser.). (ENG.). 32p. (J). (gr. -1-3). 7.99 ***(978-1-7282-0343-0(0))*** Sourcebooks, Inc.

Isaac Santa's Secret Elf. Put Me In The Story & Katherine Sully. Illus. by Julia Seal. 2018. (Santa's Secret Elf Ser.). (ENG.). 32p. (J). (gr. k-3). 5.99 *(978-1-4926-8147-2(4))* Sourcebooks, Inc.

Isaac the Alchemist: Secrets of Isaac Newton, Reveal'd. Mary Losure. 2018. (ENG.). 176p. (J). (gr. 5). pap. 12.99 *(978-1-5362-0363-9(7))* Candlewick Pr.

Isaac 'Twas the Night Before Christmas. Illus. by Lisa Alderson. 2019. (Night Before Christmas Ser.). (ENG.). 32p. (J). (gr. -1-3). 7.99 ***(978-1-7282-0236-5(1))*** Sourcebooks, Inc.

Isaacs: Some Chapters in the Life of David Isaacs, General Merchant (Classic Reprint) Joseph Gee. (ENG., Illus.). (J). 2018. 322p. 30.56 *(978-0-365-33677-8(7))*; 2017. pap. 13.57 *(978-0-259-29302-6(4))* Forgotten Bks.

Isaac's Christmas Wish. Put Me In The Story & J. D. Green. Illus. by Julia Seal. 2018. (Christmas Wish Ser.). (ENG.). 32p. (J). (gr. k-3). 6.99 ***(978-1-4926-8332-2(9))*** Sourcebooks, Inc.

Isabel & Cloud, 4. Julie Sykes. ed. 2019. (Unicorn Academy Ser.). (ENG.). 106p. (J). (gr. 2-3). 16.36 *(978-1-64697-079-7(9))* Penworthy Co., LLC, The.

Isabel & Her Colores Go to School. Alexandra Alessandri. Illus. by Courtney Dawson. 2021. (ENG.). 40p. (J). (gr. k-3). 16.99 *(978-1-5341-1063-2(1),* 205105) Sleeping Bear Pr.

Isabel & Siofra: The Heist Of 2098. K. D. Blackwall. 2017. (Isabel & Siofra Ser.: Vol. 1). (ENG., Illus.). (YA). (gr. 7-12). pap. 12.35 *(978-0-9990324-0-4(2))* Galactic Bookforge.

Isabel & the Blue Dragonfly: Lost in Sunshine Forest. Kari Litscher Debruin. 2017. (Sunshine Forest Friends Ser.: Vol. 1). (ENG., Illus.). (J). pap. 6.99 *(978-0-9981307-6-7(1))* Mabela Publishing.

Isabel & the Dragon Queen. Kenneth Hillyard. Illus. by Peter Kjaergaard. 2018. (ENG.). 314p. (J). pap. *(978-1-84897-964-2(9))* Olympia Publishers.

Isabel & the Invisible World. Alan Lightman. Illus. by Ramona Kaulitzki. 2023. (ENG.). 40p. (J). (gr. -1-1). 18.99 *(978-1-5362-2333-0(6),* MIT Kids Press) Candlewick Pr.

Isabel Clarendon, Vol. 1 of 2 (Classic Reprint) George Gissing. (ENG., Illus.). (J). 2017. 30.06 *(978-0-331-85336-0(1))*; 2016. pap. 13.57 *(978-1-333-39028-0(9))* Forgotten Bks.

Isabel Clarendon, Vol. 2 of 2 (Classic Reprint) George Gissing. (ENG., Illus.). (J). 2018. 346p. 31.05 *(978-0-483-91560-2(2))*; 2016. pap. 13.57 *(978-1-333-46259-8(X))* Forgotten Bks.

Isabel Feeney, Star Reporter. Beth Fantaskey. ed. 2017. (ENG.). (J). (gr. 5-7). lib. bdg. 18.40 *(978-0-606-39809-1(0))* Turtleback.

Isabel Leicester: A Romance. Clotilda Jennings. 2017. (ENG., Illus.). (J). 24.95 *(978-1-374-92860-2(7))*; pap. 14.95 *(978-1-374-92859-6(3))* Capital Communications, Inc.

Isabel Stirling (Classic Reprint) Evelyn Schuyler Schaeffer. 2018. (ENG., Illus.). 420p. (J). 32.56 *(978-0-365-25407-2(X))* Forgotten Bks.

Isabel the Frog. Diane Mann Hurston. Illus. by Sherry B. Brown. 2022. (ENG.). 46p. (J). 24.95 ***(978-1-957479-37-8(X))***; pap. 17.95 ***(978-1-957479-35-4(3))*** Vabella Publishing.

Isabel, the Young Wife & the Old Love (Classic Reprint) John Cordy Jeaffreson. 2017. (ENG., Illus.). (J). 458p. 33.34 *(978-0-484-25739-8(0))*; pap. 16.57 *(978-0-243-98323-0(9))* Forgotten Bks.

Isabela & the Missing Red Shoes. Kelly Cerami & Annamaria Cerami. 2022. (ENG.). 34p. (J). pap. 8.99 ***(978-1-0880-7393-3(X))*** Indy Pub.

Isabela: Girl in Charge. Jennifer Fosberry. Illus. by Mike Litwin. (ENG.). 32p. (J). (gr. k-4). 2020. 8.99 *(978-1-7282-2146-5(3))*; 2016. 16.99 *(978-1-4926-4173-5(1),* 9781492641735) Sourcebooks, Inc. (Sourcebooks Jabberwocky).

Isabela: Star of the Story. Jennifer Fosberry. Illus. by Mike Litwin. 2020. (ENG.). 32p. (J). (-3). 8.99 *(978-1-7282-2303-2(2),* Sourcebooks Jabberwocky) Sourcebooks, Inc.

Isabella #4. Maggie Wells. 2016. (ENG., Illus.). (YA). (gr. 8-12). pap. 12.99 *(978-1-68076-641-7(4),* Epic Pr.) ABDO Publishing Co.

Isabella Encuentra el Balance. Laurie Friedman. Illus. by Gal Weizman. 2022. (Las Superestrellas (the Super Starz) Ser.). (SPA.). 48p. (J). (gr. 2-4). pap. *(978-1-0396-5011-4(2),* 20261); lib. bdg. *(978-1-0396-4884-5(3),* 20260) Crabtree Publishing Co. (Leaves Chapter Books).

Isabella for Real. Margie Palatini. Illus. by LeUyen Pham. 2018. (ENG.). 208p. (J). (gr. 5-7). pap. 6.99 *(978-1-328-90014-2(2),* 1700045, Clarion Bks.) HarperCollins Pubs.

Isabella for Real. Margie Palatini. ed. 2018. lib. bdg. 17.20 *(978-0-606-40994-0(7))* Turtleback.

Isabella I Love You All Ways. Marianne Richmond. Illus. by Dubravka Kolanovic. 2023. (I Love You All Ways Ser.). (ENG.). 32p. (J). (gr. -1-3). 8.99 ***(978-1-7282-7372-3(2))*** Sourcebooks, Inc.

Isabella Learns to Balance, 1 vol. Laurie Friedman. Illus. by Gal Weizman. 2022. (Super Starz Ser.). (ENG.). 48p. (J). (gr. 2-4). lib. bdg. *(978-1-0396-4598-1(4),* 16325); pap. *(978-1-0396-4725-1(1),* 17331) Crabtree Publishing Co. (Leaves Chapter Books).

Isabella on the North Pole Express. J. D. Green. Illus. by Joanne Partis. 2022. (North Pole Express Bears Ser.). (ENG.). 32p. (J). (gr. -1-3). 7.99 ***(978-1-7282-6944-3(X))*** Sourcebooks, Inc.

Isabella on the North Pole Express. J. D. Green. 2019. (North Pole Express Ser.). (ENG.). 32p. (J). (gr. -1-3). 7.99 ***(978-1-7282-0344-7(9))*** Sourcebooks, Inc.

Isabella Santa's Secret Elf. Put Me In The Story & Katherine Sully. Illus. by Julia Seal. 2018. (Santa's Secret Elf Ser.). (ENG.). 32p. (J). (gr. k-3). 5.99 *(978-1-4926-8148-9(2))* Sourcebooks, Inc.

Isabella the Original. Mary Petrini. Illus. by Davina Perl. 2021. (ENG.). 40p. (J). *(978-1-716-41818-1(6))*; pap. *(978-1-716-41814-3(3))* Lulu Pr., Inc.

Isabella 'Twas the Night Before Christmas. Illus. by Lisa Alderson. 2019. (Night Before Christmas Ser.). (ENG.). 32p. (J). (gr. -1-3). 7.99 ***(978-1-7282-0237-2(X))*** Sourcebooks, Inc.

Isabella's Adventures in Numberland. Peta Rainford. 2016. (Isabella, Rotten Speller Ser.: Vol. 2). (ENG., Illus.). 30p. (J). (gr. k-5). pap. *(978-0-9956465-0-6(3))* Dogpigeon Bks.

Isabella's Aviary. Kristen Zajac. Photos by Trisha Delaurent. 2016. (ENG., Illus.). (J). 19.95 *(978-1-61633-820-6(2))*; pap. 11.95 *(978-1-61633-821-3(0))* Guardian Angel Publishing, Inc.

Isabella's Bird. Gloria Hernandez. 2019. (ENG.). 24p. (J). 22.95 *(978-1-64492-548-5(6))* Christian Faith Publishing.

Isabella's Christmas Wish. Put Me In The Story & J. D. Green. Illus. by Julia Seal. 2018. (Christmas Wish Ser.). (ENG.). 32p. (J). (gr. k-3). 6.99 ***(978-1-4926-8333-9(7))*** Sourcebooks, Inc.

Isabella's Special Wish. Deborah Belica. 2017. (ENG., Illus.). 34p. (J). (gr. k-6). 16.95 *(978-1-61244-192-4(0))* Halo Publishing International.

Isabelle & Santa's Little Helper. John Kennedy. 2016. (ENG.). 38p. (J). pap. ***(978-1-326-81556-1(3))*** Lulu Pr., Inc.

Isabelle Day Refuses to Die of a Broken Heart. Jane St. Anthony. 2018. (ENG.). 152p. (YA). pap. 9.95 *(978-0-8166-9922-3(4))* Univ. of Minnesota Pr.

Isabelle the IBD Warrior. Claire Moore & Kendra Moore. Illus. by Allie-Marie Piggott. 2022. (Claire Shares Ser.). (ENG.). 52p. (J). pap. *(978-1-990336-13-3(2))* Rusnak, Alanna.

Isabelle's Climbing Adventure. Tracilyn George. 2020. (ENG.). 22p. (J). pap. 11.00 *(978-1-990153-11-2(9))* Lulu Pr., Inc.

Isabelle's Climbing Adventure. Tracilyn George. Illus. by Aria Jones. 2020. (ENG.). 20p. (J). pap. 15.78 *(978-1-716-47950-2(9))* Lulu Pr., Inc.

Isabel's School Adventure. Sara Miller. ed. 2018. (World of Reading Ser.). (ENG.). 28p. (J). (gr. -1-1). 13.89 *(978-1-64310-642-7(2))* Penworthy Co., LLC, The.

Isabel's Whiskers. Peggy McGookin. 2019. (ENG.). 64p. (YA). pap. 17.95 *(978-1-64424-910-9(3))* Page Publishing Inc.

Isadora. Christiane Corazzi. Ed. by Livio Editions. 2018. (FRE.). 204p. (J). pap. *(978-2-35455-008-0(1))* Livio Informatique.

Isadora Interviews. Katie Cross. 2019. (Network Ser.: Vol. 15). (ENG.). 68p. (YA). pap. 9.99 *(978-1-0878-1112-3(0))* Indy Pub.

Isadora Moon & the Shooting Star. Oxford Editor & Harriet Muncaster. 2022. (Isadora Moon Ser.: 14). (Illus.). 128p. (J). (gr. k-2). pap. 6.99 ***(978-0-19-278345-5(9))*** Oxford Univ. Pr., Inc.

Isadora Moon Gets the Magic Pox. Harriet Muncaster. 2022. (Isadora Moon Ser.: 15). (Illus.). 128p. (J). (gr. k-2). pap. 6.99 ***(978-0-19-277356-2(9))*** Oxford Univ. Pr., Inc.

Isadora Moon Goes Camping. Harriet Muncaster. 2017. (Isadora Moon Ser.: 2). (ENG., Illus.). 128p. (J). (gr. 1-4). 6.99 *(978-0-399-55827-6(6),* Random Hse. Bks. for Young Readers) Random Hse. Children's Bks.

Isadora Moon Goes on a Field Trip. Harriet Muncaster. 2019. (Isadora Moon Ser.: 5). (ENG., Illus.). 128p. (J). (gr. 1-4). 5.99 *(978-1-9848-5172-7(1),* Random Hse. Bks. for Young Readers) Random Hse. Children's Bks.

Isadora Moon Goes on Holiday. Harriet Muncaster. 2020. (Isadora Moon Ser.: 11). (Illus.). 128p. (J). (gr. k-2). pap. 6.99 ***(978-0-19-277164-3(7))*** Oxford Univ. Pr., Inc.

Isadora Moon Goes to a Wedding PB. Harriet Muncaster. 2021. (Isadora Moon Ser.: 12). (Illus.). 128p. (J). (gr. k-2). pap. 6.99 *(978-0-19-277953-3(2))* Oxford Univ. Pr., Inc.

Isadora Moon Goes to School. Harriet Muncaster. 2017. (Isadora Moon Ser.: 1). (ENG., Illus.). 128p. (J). (gr. 1-4). 6.99 *(978-0-399-55823-8(3)*, Random Hse. Bks. for Young Readers) Random Hse. Children's Bks.

Isadora Moon Goes to the Ballet. Harriet Muncaster. 2018. (Isadora Moon Ser.: 3). (ENG., Illus.). 128p. (J). (gr. 1-4). 5.99 *(978-0-399-55831-3(4)*, Random Hse. Bks. for Young Readers) Random Hse. Children's Bks.

Isadora Moon Has a Birthday. Harriet Muncaster. 2018. (Isadora Moon Ser.: 4). (ENG., Illus.). 128p. (J). (gr. 1-4). 6.99 *(978-0-399-55835-1(7))*; 14.99 *(978-0-399-55833-7(0))* Random Hse. Children's Bks. (Random Hse. Bks. for Young Readers).

Isadora Moon Makes Winter Magic. Harriet Muncaster. 2019. (Isadora Moon Ser.: 8). (Illus.). 128p. (J). (gr. k-2). pap. 6.99 *(978-0-19-277257-2(0))* Oxford Univ. Pr., Inc.

Isadora Moon Meets the Tooth Fairy, Vol. 13. Harriet Muncaster. 2021. (Isadora Moon Ser.: 13). (ENG., Illus.). 128p. (J). (gr. k-2). pap. 6.99 *(978-0-19-277354-8(2))* Oxford Univ. Pr., Inc.

Isadora Moon Puts on a Show. Harriet Muncaster. 2020. (Isadora Moon Ser.: 10). (Illus.). 128p. (J). (gr. k-2). pap. 6.99 *(978-0-19-277718-8(1))* Oxford Univ. Pr., Inc.

Isadora Moon Saves the Carnival. Harriet Muncaster. 2019. (Isadora Moon Ser.: 6). (ENG., Illus.). 128p. (J). (gr. 1-4). 5.99 *(978-1-9848-5174-1(8)*, Random Hse. Bks. for Young Readers) Random Hse. Children's Bks.

Isadora Moon Va de Viaje / Isadora Moon Goes on Holiday. Harriet Muncaster. 2021. (Isadora Moon Ser.). (SPA.). 240p. (J). (gr. 1-4). pap. 10.95 *(978-607-31-9672-7(5)*, Alfaguara) Penguin Random House Grupo Editorial ESP. Dist: Penguin Random Hse. LLC.

Isadora Moon y el Hada de Los Dientes / Isadora Moon Meets the Tooth Fairy. Harriet Muncaster. 2022. (Isadora Moon Ser.). (SPA.). 128p. (J). (gr. k-4). pap. 10.95 *(978-607-38-0561-2(6)*, Alfaguara) Penguin Random House Grupo Editorial ESP. Dist: Penguin Random Hse. LLC.

Isadora Moon y la Poción Rosa / Isadora Moon Gets the Magic Pox. Harriet Muncaster. 2023. (Isadora Moon Ser.). (SPA.). 128p. (J). (gr. 1-4). pap. 10.95 *(978-607-38-2716-4(4)*, Alfaguara) Penguin Random House Grupo Editorial ESP. Dist: Penguin Random Hse. LLC.

Isaiah: A Prophet's Prophet Vol. 2. Robert Miller. 2021. (ENG.). (J). pap. 15.99 *(978-1-4621-4206-4(0))* Cedar Fort, Inc./CFI Distribution.

Isaiah - a Prophet's Prophet Vol. 1. Robert Miller. 2021. (ENG.). 376p. (J). pap. 24.99 *(978-1-4621-3901-9(9))* Cedar Fort, Inc./CFI Distribution.

Isaiah & the Worry Pack. Ruth Goring. Illus. by Pamela C. Rice. 2021. (ENG.). 32p. (J). 18.00 *(978-1-5140-0106-6(3)*, IVP Kids) InterVarsity Pr.

Isaiah Dunn Is My Hero. Kelly J. Baptist. 2021. (Isaiah Dunn Ser.). (Illus.). 208p. (J). (gr. 3-5). 8.99 *(978-0-593-12139-9(2)*, Yearling) Random Hse. Children's Bks.

Isaiah Dunn Saves the Day. Kelly J. Baptist. 2022. (Isaiah Dunn Ser.). (Illus.). 192p. (J). (gr. 3-5). 16.99 *(978-0-593-42921-1(4))*; (ENG., lib. bdg. 19.99 *(978-0-593-42922-8(2))* Random Hse. Children's Bks. (Crown Books For Young Readers).

Isaiah Has a Stomachache, 1 vol. Nancy Anderson. 2016. (Rosen REAL Readers: Social Studies Nonfiction / Fiction: Myself, My Community, My World Ser.). (ENG.). 8p. (gr. k-1). pap. 5.46 *(978-1-5081-2479-5(5)*, 1eb86cb1-3d35-4692-910c-4ef1bcbbd28e, Rosen Classroom) Rosen Publishing Group, Inc., The.

Isaiah Tree. Anna Lea Cannon. 2022. (ENG.). 36p. (J). pap. 17.95 *(978-1-68526-014-9(4))* Covenant Bks.

Isaiah's Christmas Wish. Put Me In The Story & J. D. Green. Illus. by Julia Seal. 2018. (Christmas Wish Ser.). (ENG.). 32p. (J). (gr. k-3). 6.99 *(978-1-4926-8525-8(9))* Sourcebooks, Inc.

Isaiah's Dragon. Debbie Rider. 2021. (ENG.). 120p. (J). 26.95 *(978-1-63630-086-3(3))*; pap. 14.95 *(978-1-63630-085-6(5))* Covenant Bks.

Isaiah's Moments in Time. Sakinah Z. Mustafa. 2021. (ENG.). 28p. (YA). pap. 20.00 *(978-0-578-34413-3(0))* JHAMS Media Legacy.

Isan. Mary Ting. 2023. (International Sensory Assassin Network Ser.: 1). (ENG.). 296p. (YA). (gr. 7). 23.95 *(978-1-64548-022-8(4))* Vesuvian Bks.

Isa's Big Move. Fotini Chandrika Walton. 2017. (ENG., Illus.). 20p. (J). pap. 11.39 *(978-1-365-80619-3(7))* Lulu Pr., Inc.

Isasnora Snores. Carol L. Paur. 2019. (ENG., Illus.). 188p. (J). (gr. k-3). 22.95 *(978-1-944715-57-1(6))*; pap. 17.95 *(978-1-68433-414-8(4))* Black Rose Writing.

Isban-Israel: A South African Story (Classic Reprint) George Cossins. (ENG., Illus.). (J). 2018. 312p. 30.33 *(978-0-484-72994-9(2))*; 2016. pap. 13.57 *(978-1-334-12411-2(6))* Forgotten Bks.

Isbjörnarnas Resa: Swedish Edition of the Polar Bears' Journey. Tuula Pere. Tr. by Angelika Nikolowski-Bogomoloff. Illus. by Roksolana Panchyshyn. 2018. (SWE.). 40p. (J). (gr. k-4). pap. *(978-952-7107-38-6(5))* Wickwick oy.

Ish-Ish Ishbochemay. L. Sydney Abel. 2018. (ENG., Illus.). 54p. (J). pap. 9.95 *(978-1-62815-301-9(6))* Speaking Volumes, LLC.

Ishcabibble Encounter. Peter Harkness. 2017. (ENG.). 372p. (YA). 20.95 *(978-1-78629-643-6(8)*, 87391b60-9001-46ca-a43b-188cad4958b7) Austin Macauley Pubs. Ltd. GBR. Dist: Baker & Taylor Publisher Services (BTPS).

Ishi: Simple Tips from a Solid Friend. Akiko Yabuki. 2016. (ENG., Illus.). 40p. (J). (-k). 14.95 *(978-1-57687-816-3(3)*, powerHouse Bks.) powerHse. Bks.

Ishkabibble Unafraid. Cindi Handley Goodeaux. Illus. by Jack Foster. 2021. (ENG.). 38p. (J). pap. 9.99 *(978-1-68160-743-6(3))* Crimson Cloak Publishing.

Ishmael. Mary Elizabeth Braddon. 2017. (ENG.). (J). 328p. pap. *(978-3-337-05262-1(2))*; 340p. pap. *(978-3-337-05263-8(0))*; 308p. pap. *(978-3-337-05264-5(9))*; 452p. pap. *(978-3-337-03258-6(3))* Creation Pubs.

Ishmael: A Novel (Classic Reprint) Mary Elizabeth Braddon. 2017. (ENG., Illus.). (J). 33.18 *(978-0-331-75073-7(2))* Forgotten Bks.

Ishmael, or in the Depths (Classic Reprint) E. D. E. N. Southworth. 2017. (ENG., Illus.). (J). 36.15 *(978-0-265-45667-5(3))* Forgotten Bks.

Ishmael, or in the Depths (Classic Reprint) E. D. E. N. Southworth. 2017. (ENG., Illus.). (J). 38.46 *(978-0-331-90688-2(0))*; pap. 20.97 *(978-0-259-35033-0(8))* Forgotten Bks.

Ishmael, Vol. 1 Of 3: A Novel (Classic Reprint) Mary Elizabeth Braddon. (ENG., Illus.). (J). 2018. 332p. 30.76 *(978-0-483-68679-3(4))*; 2016. pap. 13.57 *(978-1-334-16717-1(6))* Forgotten Bks.

Ishmael, Vol. 2 (Classic Reprint) M. E. Braddon. 2018. (ENG., Illus.). 336p. (J). 30.85 *(978-0-332-12375-2(8))* Forgotten Bks.

Ishmael, Vol. 3: A Novel (Classic Reprint) M. E. Braddon. 2018. (ENG., Illus.). 306p. (J). 30.21 *(978-0-484-43451-5(9))* Forgotten Bks.

Ishy, Squishy, Messy, Messy! Nadine Turner Jordan. 2020. (ENG., Illus.). 30p. (J). 23.95 *(978-1-64701-970-9(2))*; pap. 13.95 *(978-1-6624-0002-5(0))* Page Publishing Inc.

Isidro (Classic Reprint) Mary Hunter Austin. 2018. (ENG., Illus.). 450p. (J). 33.18 *(978-0-483-62868-7(9))* Forgotten Bks.

Isis. Alyssa Krekelberg. 2022. (Egyptian Mythology Ser.). (ENG., Illus.). 32p. (J). (gr. 2-5). lib. bdg. 34.22 *(978-1-5321-9868-7(X)*, 39729, Kids Core) ABDO Publishing Co.

Isis. Alyssa Krekelberg. 2022. (Egyptian Mythology Ser.). (ENG., Illus.). 32p. (J). (gr. 3-3). pap. 9.95 *(978-1-64494-776-0(5))* North Star Editions.

Isis. Virginia Loh-Hagan. 2019. (Gods & Goddesses of the Ancient World Ser.). (ENG., Illus.). 32p. (J). (gr. 4-8). pap. 14.21 *(978-1-5341-5061-4(7)*, 213551); lib. bdg. 32.07 *(978-1-5341-4775-1(6)*, 213550) Cherry Lake Publishing. (45th Parallel Press).

Isis: An Egyptian Pilgrimage, Vol. 1 of 2 (Classic Reprint) James Augustus St. John. 2018. (ENG., Illus.). 340p. (J). 30.91 *(978-0-483-43839-2(1))* Forgotten Bks.

Isis: Queen of the Egyptian Gods. Amie Jane Leavitt. 2019. (Legendary Goddesses Ser.). (ENG., Illus.). 32p. (J). (gr. 3-9). pap. 7.95 *(978-1-5435-7554-5(4)*, 141086); lib. bdg. 28.65 *(978-1-5435-7414-2(9)*, 140707) Capstone.

Isis: The Global Face of Terrorism. Brendan January. 2017. (ENG., Illus.). 104p. (YA). (gr. 8-12). 37.32 *(978-1-5124-2998-5(8)*, 42e58d57-c5ab-47ce-b577-346d107e9285, Twenty-First Century Bks.) Lerner Publishing Group.

ISIS Brides, 1 vol. Bridey Heing. 2017. (Crimes of ISIS Ser.). (ENG.). 104p. (gr. 8-8). 38.93 *(978-0-7660-9213-6(5)*, 45dd4a6e-487c-4514-b402-10bf802ec914); pap. 20.95 *(978-0-7660-9582-3(7)*, 47b8c129-0f0c-469b-a38f-7a6fe1852fdf) Enslow Publishing, LLC.

ISIS Hostages, 1 vol. Chris Townsend. 2017. (Crimes of ISIS Ser.). (ENG.). 104p. (gr. 8-8). 38.93 *(978-0-7660-9217-4(8)*, 1636f9e9-8124-405f-ab42-d347c1af4dca); pap. 20.95 *(978-0-7660-9585-4(1)*, c7ac1790-ab33-4e8e-9c40-1ae65bc8d081) Enslow Publishing, LLC.

Isis Meets Isis. Isis Damali. Illus. by Bryony Dick. 2023. (ENG.). 36p. (J). pap. *(978-1-915522-15-3(3))* Conscious Dreams Publishing.

Isla & Buttercup, 12. Julie Sykes. ed. 2022. (Unicorn Academy Ser.). (ENG.). 105p. (J). (gr. 1-4). 18.96 *(978-1-68505-703-9(9))* Penworthy Co., LLC, The.

Isla & Pickle: Best Friends, 30 vols. Kate McLelland. 2017. (Isla & Pickle Ser.). (Illus.). 24p. (J). 11.95 *(978-1-78250-421-4(4)*, Kelpies) Floris Bks. GBR. Dist: Consortium Bk. Sales & Distribution.

Isla & Pickle: the Highland Show, 25 vols. Kate McLelland. 2018. (Isla & Pickle Ser.). (Illus.). 24p. (J). pap. 11.95 *(978-1-78250-509-9(1)*, Kelpies) Floris Bks. GBR. Dist: Consortium Bk. Sales & Distribution.

Isla & Pickle: the Pony Party, 30 vols. Kate McLelland. 2019. (Isla & Pickle Ser.). (Illus.). 24p. (J). 11.95 *(978-1-78250-591-4(1)*, Kelpies) Floris Bks. GBR. Dist: Consortium Bk. Sales & Distribution.

Isla de la Doctora Chu Desaparece: Leveled Reader Book 70 Level V 6 Pack. Hmh Hmh. 2021. (SPA.). 32p. (J). pap. 74.40 *(978-0-358-08635-2(3))* Houghton Mifflin Harcourt Publishing Co.

Isla de Las Nubes. Rosie Banks. 2017. (Secret Kingdom Ser.). (SPA.). 128p. (YA). (gr. 2-4). pap. 12.50 *(978-607-527-106-4(6))* Editorial Oceano de Mexico MEX. Dist: Independent Pubs. Group.

Isla de Las Sorpresas (Surprice Island) Gertrude Chandler Warner. ed. 2016. (Boxcar Children Ser.: 2). (SPA.). (J). lib. bdg. 16.00 *(978-0-606-40333-7(7))* Turtleback.

Isla de Leones (Lion Island) El Guerrero Cubano de Las Palabras. Margarita Engle. Tr. by Alexis Romay. 2019. (SPA.). (J). (gr. 5). 176p. 17.99 *(978-1-5344-4647-2(8))*; 192p. pap. 7.99 *(978-1-5344-2928-4(X))* Simon & Schuster Children's Publishing. (Atheneum Bks. for Young Readers).

Isla de Los Delfines Azules (Island of the Blue Dolphin) Novel Units Teacher Guide. Novel Units. 2019. (ENG., Illus.). (YA). (gr. 5-8). pap. 12.99 *(978-1-56137-541-7(1)*, NU5722, Novel Units, Inc.) Classroom Library Co.

Isla de Los Mocos. Alicia Acosta. Illus. by Mónica Carretero. 2019. (ENG.). 40p. (J). 15.95 *(978-84-17123-90-1(3))* NubeOcho Ediciones ESP. Dist: Consortium Bk. Sales & Distribution.

Isla Del Tesoro. Robert L Stevenson. 2017. (SPA., Illus.). 128p. (J). pap. *(978-9978-18-170-6(9))* Radmandi Editorial, Compania Ltd.

Isla Del Tesoro. Robert Louis Stevenson. 2018. (Brújula y la Veleta Ser.). (SPA.). 64p. (J). (gr. 4-7). pap. 9.95 *(978-987-718-492-1(3))* Ediciones Lea S.A. ARG. Dist: Independent Pubs. Group.

Isla Del Tesoro. Robert Louis Stevenson & Jesús Cortes. 2018. (SPA.). (J). pap. *(978-84-9142-025-5(8))* Algar Editorial, Feditres, S.L.

Isla Del Tesoro TD. Robert Louis Stevenson. 2022. (SPA.). 336p. (YA). 16.95 *(978-607-07-8483-5(9))* Editorial Planeta, S. A. ESP. Dist: Two Rivers Distribution.

Isla Heron. Laura E. Richards. 2018. (ENG., Illus.). 72p. (YA). (gr. 7-12). pap. *(978-93-5329-347-5(2))* Alpha Editions.

Isla Heron (Classic Reprint) Laura E. Richards. 2018. (ENG., Illus.). 112p. (J). 26.23 *(978-0-483-39239-7(1))* Forgotten Bks.

Isla I Love You All Ways. Marianne Richmond. Illus. by Dubravka Kolanovic. 2023. (I Love You All Ways Ser.). (ENG.). 32p. (J). (gr. -1-3). 8.99 *(978-1-7282-7373-0(0))* Sourcebooks, Inc.

Isla Misteriosa. Julio Verne. 2019. (SPA.). 176p. (YA). (gr. 9-12). pap. 6.95 *(978-607-453-641-6(4))* Selector, S.A. de C.V. MEX. Dist: Spanish Pubs., LLC.

Islam. Contrib. by Elizabeth Andrews. 2023. (World Religions Ser.). (ENG.). 32p. (J). (gr. 2-5). lib. bdg. 32.79 *(978-1-0982-4446-0(X)*, 42515, DiscoverRoo) Pop!.

Islam. Rita Faelli. 2018. (Religion Studies). (ENG.). 32p. (J). lib. bdg. 22.99 *(978-1-5105-3785-9(6))* SmartBook Media, Inc.

Islam. Katie Marsico. 2017. (21st Century Skills Library: Global Citizens: World Religions Ser.). (ENG., Illus.). 32p. (J). (gr. 4-7). lib. bdg. 32.07 *(978-1-63472-156-1(X)*, 209196) Cherry Lake Publishing.

Islam, 1 vol. Tayyaba Syed. 2018. (Let's Find Out! Religion Ser.). (ENG.). 32p. (gr. 2-3). lib. bdg. 26.06 *(978-1-5081-0686-9(X)*, b89e6474-7e47-42d3-9a2d-e2c21b62c527, Britannica Educational Publishing) Rosen Publishing Group, Inc., The.

Islam: Core Beliefs & Practices, Vol. 8. Nasreen Mahdi. Ed. by Camille Pecastaing. 2016. (Understanding Islam Ser.: Vol. 8). (ENG., Illus.). 112p. (J). (gr. 7-12). 25.95 *(978-1-4222-3672-7(2))* Mason Crest.

Islamic Aqidah (Beliefs) for Children: What Every Muslim Must Believe about Allah! Ali Elsayed. 2022. (ENG.). 60p. (J). 20.00 *(978-1-7780706-0-0(4))* Itsy Bitsy Muslims.

Islamic Arabs Conquer the Middle East Children's Middle Eastern History Books. Baby Professor. 2017. (ENG., Illus.). (J). pap. 7.89 *(978-1-5419-0497-2(4)*, Baby Professor (Education Kids)) Speedy Publishing LLC.

Islamic Beginnings Part 1. Tabassum Nafsi. 2020. (ENG.). 28p. (J). 13.99 *(978-1-0878-9829-2(3))* Indy Pub.

Islamic Beginnings Part 2. Tabassum Nafsi. 2020. (ENG.). 28p. (J). 13.99 *(978-1-0878-8776-0(3))* Indy Pub.

Islamic Beginnings Part 4. Tabassum Nafsi. 2020. (ENG.). 28p. (J). 13.99 *(978-1-0879-0551-8(6))* Indy Pub.

Islamic Caliphate, 1 vol. Ed. by Carolyn DeCarlo. 2017. (Empires in the Middle Ages Ser.). (ENG., Illus.). 48p. (J). (gr. 6-7). 28.41 *(978-1-68048-783-1(3)*, 8888d3b5-e536-4114-af1d-c0eb77ba4109, Britannica Educational Publishing) Rosen Publishing Group, Inc., The.

Islamic Faith. Ed. by Lyndsey Eksili & Semra Demir. 2019. (Illus.). 240p. (J). (gr. 8-11). pap. 24.95 *(978-1-59784-939-5(1)*, Tughra Bks.) Blue Dome, Inc.

Islamic Sight Word Stories for Beginning Readers. Rasheedah Abdul-Hakeem. 2022. (ENG.). 125p. (J). pap. *(978-1-387-72275-4(1))* Lulu Pr., Inc.

Islamic State. Earle Rice Jr. 2017. (J). lib. bdg. 29.95 *(978-1-68020-055-3(0))* Mitchell Lane Pubs.

Islamic World, 6 vols., Set. Incl. Islamic: Art, Literature, & Culture. Ed. by Kathleen Kuiper. 240p. lib. bdg. 38.59 *(978-1-61530-019-8(8)*, a3db59e8-ec37-4bf6-b8d2-a4ef623f2a1e); Islamic History. Ed. by Laura S. Etheredge. 232p. lib. bdg. 38.59 *(978-1-61530-021-1(X)*, 9d203d4e-897e-4f91-b23e-5161125149a7); (YA). (gr. 10-10). (Islamic World Ser.). (ENG., Illus.). 240p. 2010. Set lib. bdg. 115.77 *(978-1-61530-033-4(3)*, f22be3f0-5d45-4ba8-9e15-b06152a1f316) Rosen Publishing Group, Inc., The.

Islamophobia: Deal with It in the Name of Peace. Safia Saleh. Illus. by Hana Shafi. 2021. (Lorimer Deal with It Ser.). (ENG.). 32p. (J). (gr. 4-9). 25.32 *(978-1-4594-1538-6(8)*, 01306006-773c-4bff-af2f-a06de600df5e) James Lorimer & Co. Ltd., Pubs. CAN. Dist: Lerner Publishing Group.

Islamophobia: Religious Intolerance Against Muslims Today, 1 vol. Alison Morretta. 2016. (Public Persecutions Ser.). (ENG., Illus.). 128p. (YA). (gr. 9-9). lib. bdg. 47.36 *(978-1-5026-2331-7(5)*, fc4f0f25-3902-4e2e-a456-7987d2492172) Cavendish Square Publishing LLC.

Island, 1 vol. Lori Doody. 2023. (ENG., Illus.). 44p. (J). (gr. -1-k). 12.95 *(978-1-927917-96-1(4))* Running the Goat, Bks. & Broadsides CAN. Dist: Orca Bk. Pubs. USA.

Island. D. A. Graham. 2019. (Reality Show Ser.). (ENG.). 112p. (YA). (gr. 6-12). 26.65 *(978-1-5415-4028-6(X)*, e3805319-9caa-4001-aac1-c88c098367dc, Darby Creek) Lerner Publishing Group.

Island. Olivia Levez. 2016. (ENG.). 336p. (J). (gr. 7). pap. 11.99 *(978-1-78074-859-7(0)*, 1780748590, Rock the Boat) Oneworld Pubns. GBR. Dist: Grantham Bk. Services.

Island. Natasha Preston. 2023. 336p. (YA). (gr. 7). pap. 12.99 *(978-0-593-48149-3(6)*, Delacorte Pr.) Random Hse. Children's Bks.

Island. Richard Whiteing. 2017. (ENG.). 318p. (J). pap. *(978-3-337-34129-9(2))* Creation Pubs.

Island: A Story of the Galápagos. Jason Chin. Illus. by Jason Chin. 2021. (ENG., Illus.). 40p. (J). pap. 9.99 *(978-1-250-79993-7(7)*, 900240513) Square Fish.

Island: Adventures on Matinicus Isle. Stephen Cronin & David Jones. 2021. (ENG.). 206p. (YA). 21.99 *(978-1-940105-17-8(X))*; pap. 15.99 *(978-1-940105-16-1(1))* Envision Berlin, e.V.

Island: Or, Playing at Robinson Crusoe (Classic Reprint) Unknown Author. 2018. (ENG., Illus.). 56p. (J). 25.07 *(978-0-484-92044-5(8))* Forgotten Bks.

Island: Or the Adventures of a Person of Quality (Classic Reprint) Richard Whiteing. 2017. (ENG., Illus.). (J). 30.41 *(978-0-265-31900-0(5))* Forgotten Bks.

Island: Rhymes & Sketches (Classic Reprint) Estelle Muriel Kerr. (ENG., Illus.). (J). 2018. 24p. 24.41 *(978-0-365-23338-1(2))*; 2017. pap. 7.97 *(978-0-259-84786-1(0))* Forgotten Bks.

Island Adventures of Paul Stedman: The Rose Island Lighthouse Series. Lynne Heinzmann. Illus. by Robin Roraback. 2021. (Rose Island Lighthouse Ser.). 62p. (J). (gr. 2-4). pap. 19.95 *(978-1-949116-47-2(6))* Woodhall Pr.

Island & the Bear, 50 vols. Louise Greig. Illus. by Vanya Nastanlieva. 2017. 24p. (J). 11.95 *(978-1-78250-368-2(4)*, Kelpies) Floris Bks. GBR. Dist: Consortium Bk. Sales & Distribution.

Island at the End of Everything. Kiran Millwood Hargrave. 2018. (ENG.). 256p. (J). (gr. 5). lib. bdg. 19.99 *(978-0-553-53533-4(1)*, Knopf Bks. for Young Readers) Random Hse. Children's Bks.

Island at War: Spirits of Cape Hatteras Island. Jeanette Finnegan Jr. 2019. (Lighthouse Kids Ser.: Vol. 5). (ENG.). 234p. (J). (gr. 2-6). pap. 14.95 *(978-0-578-46566-1(3))* Finnegan, Jeanette Gray Jr.

Island Book. Evan Dahm. 2019. (Island Book Ser.: 1). (ENG., Illus.). 288p. (J). 22.99 *(978-1-62672-950-6(6)*, 900178447, First Second Bks.) Roaring Brook Pr.

Island Book: the Infinite Land. Evan Dahm. 2021. (Island Book Ser.: 2). (ENG., Illus.). 288p. (J). 24.99 *(978-1-250-23629-6(0)*, 900210497, First Second Bks.) Roaring Brook Pr.

Island Book: the Rising Tide. Evan Dahm. 2022. (Island Book Ser.: 3). (ENG., Illus.). 288p. (J). 26.99 *(978-1-250-23631-9(2)*, 900210499, First Second Bks.) Roaring Brook Pr.

Island Boy. Roderick J. Smith. 2020. (ENG.). 108p. (J). *(978-1-716-91904-6(5))*; 120p. pap. *(978-1-716-80194-5(X))* Lulu Pr., Inc.

Island Boy & the Unforgettables. Roderick J. Smith. 2020. (ENG.). 120p. (J). pap. 8.00 *(978-1-0879-0576-1(1))* Indy Pub.

Island Cabin (Classic Reprint) Arthur Henry. 2017. (ENG., Illus.). 306p. (J). 30.23 *(978-0-331-82681-4(X))* Forgotten Bks.

Island Cure (Classic Reprint) Grace Blanchard. 2018. (ENG., Illus.). 204p. (J). 28.10 *(978-0-483-51357-0(1))* Forgotten Bks.

Island Dream. Susan Connelly. Illus. by Teri Smith. 2018. (ENG.). 16p. (J). pap. *(978-1-78623-240-3(5))* Grosvenor Hse. Publishing Ltd.

Island Endurance see Resiliencia de la Isla (Island Endurance)

Island Endurance. Bill Yu. Illus. by Dal Bello. 2019. (Survive! Ser.). (ENG.). 32p. (J). (gr. 3-8). lib. bdg. 32.79 *(978-1-5321-3513-2(0)*, 31945, Graphic Planet - Fiction) Magic Wagon.

Island Family. Mike Wilkins. 2017. (ENG., Illus.). 178p. (J). pap. *(978-1-77370-230-8(0))* Tellwell Talent.

Island Girl: A Triumph of the Spirit, 1 vol. Norma Joyce Dougherty. 2018. (ENG.). 364p. (YA). pap. 18.99 *(978-1-59554-093-5(8))* Elm Hill.

Island Girls: Free the Sea of Plastic. Blair Northen Williamson. Illus. by Svitlana Holovchenko. 2022. (ENG.). 34p. (J). 19.99 *(978-1-6629-3247-2(2))* Gatekeeper Pr.

Island Gold (Classic Reprint) Valentine Williams. 2019. (ENG., Illus.). (J). 314p. 30.37 *(978-1-397-29005-2(6))*; 316p. pap. 13.57 *(978-1-397-29001-4(3))* Forgotten Bks.

Island Heroine: The Story of a Daughter of the Revolution (Classic Reprint) Mary Breck Sleight. 2018. (ENG., Illus.). 454p. (J). 33.26 *(978-0-484-00684-2(3))* Forgotten Bks.

Island Hunters: The Legend of Brown Eyed James, bks. 2, vol. 2. N. E. Walford. 2016.Tr. of Leyenda de Brown Eyed James. (ENG., Illus.). 196p. (J). pap. 16.99 *(978-0-9818347-3-3(6))* N Gallerie Pr. LLC.

Island Hunters - Book I: The Backyard Pirate Adventure. N. E. Walford. 2016. (ENG.). 130p. (J). 24.99 *(978-0-9818347-4-0(4))* N Gallerie Pr. LLC.

Island Hunters - Book II: Trail of the Tomb Robbers. N. E. Walford. 2016. (ENG.). 130p. (J). 24.99 *(978-0-9818347-5-7(2))* N Gallerie Pr. LLC.

Island Hunters - Book III: The Legend of Brown Eyed James. N. E. Walford. Illus. by N Gallerie Studios. 2016. 180p. (J). 26.99 *(978-0-9818347-6-4(0))* N Gallerie Pr. LLC.

Island Hunters Book II: Trail of the Tomb Robbers, vols. 2, vol. 2. Illus. N Gallerie Studios. 2nd ed. 2016.Tr. of Los Cazadores de la Isla. (ENG.). 130p. (J). 14.99 *(978-0-9818347-7-1(9))* N Gallerie Pr. LLC.

Island Hunters Book III: The Legend of Brown Eyed James, vols. 2, vol. 2. Illus. N Gallerie Studios. 2nd ed. 2016.Tr. of Los Cazadores de la Isla. (ENG.). 196p. (J). 16.99 *(978-0-9818347-8-8(7))* N Gallerie Pr. LLC.

Island Impossible (Classic Reprint) Harriet Morgan. (ENG., Illus.). (J). 2018. 234p. 28.72 *(978-0-267-36355-1(9))*; 2016. pap. 11.57 *(978-1-334-16698-3(6))* Forgotten Bks.

Island in the Air: A Story of Singular Adventures, in the Mesa Country (Classic Reprint) Ernest Ingersoll. 2017. (ENG., Illus.). 314p. (J). 30.37 *(978-0-484-08730-8(4))* Forgotten Bks.

Island in the Air, or Frank Reade, Jr. 's Trip to the Tropics (Classic Reprint) Luis Senarens. 2018. (ENG., Illus.). (J). 40p. 24.74 *(978-1-396-67585-0(X))*; 42p. pap. 7.97 *(978-1-391-92226-3(3))* Forgotten Bks.

Island in the Sun. Stella Blackstone. Illus. by Nicoletta Ceccoli. 2020. (ENG.). 24p. (J). (gr. -1-k). pap. 9.99 *(978-1-78285-994-9(2))* Barefoot Bks., Inc.

Island in the Sun. Stella Blackstone. 2016. (ENG.). 32p. (J). (gr. -1-k). bds. 14.99 *(978-1-78285-285-8(9))* Barefoot Bks., Inc.

Island Life. Maggie Bowden. 2020. (ENG.). 168p. (J). pap. *(978-0-6488544-0-1(X))* Bowden, Maggie.

Island Mystery (Classic Reprint) Unknown Author. 2018. (ENG., Illus.). 316p. (J). 30.41 *(978-0-483-26931-6(X))* Forgotten Bks.

Island Nights' Entertainments. Robert Louis Stevenson. 2020. (ENG.). (J). 142p. 17.95 *(978-1-64799-529-4(9))*; 140p. pap. 9.95 *(978-1-64799-528-7(0))* Bibliotech Pr.

Island Nights' Entertainments. Robert Louis Stevenson. 2017. (ENG.). 312p. (J). pap. *(978-3-7447-2830-0(7))* Creation Pubs.

Island Nights' Entertainments. Robert Louis Stevenson. 2017. (ENG., Illus.). (J). pap. *(978-0-649-38565-2(9))* Trieste Publishing Pty Ltd.

Island Nights' Entertainments: Consisting of the Beach of Falesa, the Bottle Imp, the Isle of Voices (Classic Reprint) Robert Louis Stevenson. 2017. (ENG., Illus.). (J). 31.98 *(978-0-266-37886-0(2))*; pap. 16.57 *(978-0-243-29266-0(X))* Forgotten Bks.

I

Island Nights Entertainments (Classic Reprint) Robert Louis Stevenson. 2017. (ENG., Illus.). (J). 29.84 *(978-1-5280-6690-7(1))* Forgotten Bks.

Island of Adventures: Fun Things to Do All Around Ireland. Jennifer Farley. 2018. (ENG., Illus.). 48p. 16.99 *(978-1-84717-971-5(1))* O'Brien Pr., Ltd., The IRL. Dist: Casemate Pubs. & Bk. Distributors, LLC.

Island of Appledore (Classic Reprint) Adair Aldon. 2018. (ENG., Illus.). (J). 238p. 28.81 *(978-1-396-68383-1(6))*; 240p. pap. 11.57 *(978-1-391-59298-5(0))* Forgotten Bks.

Island of Beyond. Elizabeth Atkinson. 2016. (ENG.). 288p. (J). (gr. 4-7). 17.99 *(978-1-4677-8116-9(9),* 539633b9-07e2-43f2-93bc-a3051aefa161); E-Book 27.99 *(978-1-4677-9557-9(7))* Lerner Publishing Group. (Carolrhoda Bks.).

Island of Birds: Book Two in the Dark Sea Trilogy. Austin Hackney. 2016. (Dark Sea Trilogy Ser.: Vol. 2). (ENG., Illus.). 214p. (J). pap. *(978-0-9935367-3-1(5))* Clockwork Pr.

Island of Doctor Moreau. H. G. Wells. 2020. (ENG.). 134p. (J). pap. *(978-1-77426-114-9(6))* East India Publishing Co.

Island of Doctor Moreau: The Original 1896 Edition. H. G. Wells. 2020. (ENG.). 152p. (J). 13.95 *(978-1-64594-092-0(6))* Athanatos Publishing Group.

Island of Dr. Libris. Chris Grabenstein. 2016. (ENG.). 272p. (J). (gr. 3-7). 8.99 *(978-0-385-38845-0(4),* Yearling) Random Hse. Children's Bks.

Island of Dr. Libris. Chris Grabenstein & Ronny Venable. 2018. 93p. *(978-1-61959-190-5(1))* Dramatic Publishing Co.

Island of Dragons. Lisa McMann. (Unwanteds Ser.: 7). (ENG., Illus.). 544p. (J). (gr. 3-7). 2017. pap. 9.99 *(978-1-4424-9338-4(0))*; 2016. 19.99 *(978-1-4424-9337-7(2))* Simon & Schuster Children's Publishing. (Aladdin).

Island of Dragons. Lisa McMann. ed. 2017. (Unwanteds Ser.: 7). lib. bdg. 19.65 *(978-0-606-39761-2(2))* Turtleback.

Island of Dragons (Geronimo Stilton & the Kingdom of Fantasy #12) Geronimo Stilton. 2019. (Geronimo Stilton & the Kingdom of Fantasy Ser.: 12). (ENG., Illus.). 320p. (J). (gr. 2-5). 14.99 *(978-1-338-54693-4(7),* Scholastic Paperbacks) Scholastic, Inc.

Island of Elcadar: A Pilgrimage to Novel-Land (Classic Reprint) Icarus de Plume. 2018. (ENG., Illus.). 112p. (J). 26.23 *(978-0-484-49563-9(1))* Forgotten Bks.

Island of Faith (Classic Reprint) Margaret Elizabeth Sangster. 2018. (ENG., Illus.). 182p. (J). 27.65 *(978-0-483-77363-9(8))* Forgotten Bks.

Island of Fantasy. Fergus Hume. 2017. (ENG.). (J). 452p. pap. *(978-3-337-34215-9(9))*; 308p. pap. *(978-3-337-05295-9(9))*; 304p. pap. *(978-3-337-05296-6(7))*; 294p. pap. *(978-3-337-06446-4(9))* Creation Pubs.

Island of Fantasy: A Romance (Classic Reprint) Fergus Hume. (ENG., Illus.). (J). 2018. 456p. 33.30 *(978-0-332-38634-8(1))*; 2016. pap. 16.57 *(978-1-333-74929-3(5))* Forgotten Bks.

Island of Fantasy, Vol. 1 Of 3: A Romance (Classic Reprint) Fergus Hume. 2018. (ENG., Illus.). 306p. (J). 30.21 *(978-0-483-83988-5(4))* Forgotten Bks.

Island of Fantasy, Vol. 1 Of 3: A Romance (Classic Reprint) Fergus Hume. 2018. (ENG., Illus.). 292p. (J). 29.92 *(978-0-267-29891-4(9))* Forgotten Bks.

Island of Fantasy, Vol. 2 Of 3: A Romance (Classic Reprint) Fergus Hume. 2018. (ENG., Illus.). 304p. (J). 30.19 *(978-0-483-59437-1(7))* Forgotten Bks.

Island of Fear: The Adventures of Letty Parker. Misha Herwin. 2020. (Adventures of Letty Parker Ser.: Vol. 3). (ENG.). 274p. (J). pap. *(978-1-9164373-8-8(9))* Penkhull Pr.

Island of Graves. Lisa McMann. 2016. (Unwanteds Ser.: 6). lib. bdg. 19.65 *(978-0-606-38497-1(9))* Turtleback.

Island of Horses. Eilis Dillon. 2018. (ENG.). 224p. (J). (gr. 4-7). pap. 11.99 *(978-1-68137-306-5(8),* NYRB Kids) New York Review of Bks., Inc., The.

Island of Intrigue (Classic Reprint) Isabel Ostrander. 2018. (ENG., Illus.). 322p. (J). 30.54 *(978-0-483-52763-8(7))* Forgotten Bks.

Island of Legends. Don Bosco. 2016. (ENG., Illus.). 96p. (J). pap. 16.95 *(978-981-4751-36-0(7))* Marshall Cavendish International (Asia) Private Ltd. SGP. Dist: Independent Pubs. Group.

Island of Misfit Toys. Brendan Deneen. Illus. by George Kambadais. 2023. (ENG.). 80p. (J). pap. 9.99 *(978-1-949514-20-9(X))* Scout Comics.

Island of No More. Salley K. Ayad. 2018. (ENG., Illus.). 46p. (J). 19.95 *(978-1-7323493-2-2(0))*; pap. 14.95 *(978-1-7323493-0-8(4))* No Name.

Island of Sheep (Classic Reprint) Cadmus Cadmus. 2017. (ENG., Illus.). (J). 27.57 *(978-0-331-94877-6(X))* Forgotten Bks.

Island of Spies. Sheila Turnage. 2022. (ENG.). 384p. (J). (gr. 4-7). 18.99 *(978-0-7352-3125-2(7),* Dial Bks) Penguin Young Readers Group.

Island of Spirits. Nancy Lou Deane. 2017. (ENG., Illus.). (J). (gr. 3-6). pap. *(978-1-78507-892-7(5))* Authors OnLine, Ltd.

Island of Stone Money: Uap of the Carolines (Classic Reprint) William Henry Furness. 2017. (ENG., Illus.). (J). 30.85 *(978-1-5279-8056-3(1))* Forgotten Bks.

Island of Storms. Adriana N. T. M. Mancuso. 2023. (ENG.). 114p. (YA). pap. ***(978-0-2288-2837-2(6))*** Tellwell Talent.

Island of the Blue Dolphins: The Complete Reader's Edition. Sara L. Schwebel & Scott O'Dell. 2016. (ENG., Illus.). 224p. 29.95 *(978-0-520-28937-6(4))* Univ. of California Pr.

Island of the Mighty. Padraic Colum. Illus. by Wilfred Jones. 2019. (ENG.). 240p. (J). (gr. 5-9). 18.99 *(978-1-5344-4561-1(7))*; pap. 9.99 *(978-1-5344-4560-4(9))* Simon & Schuster Children's Publishing. (Aladdin).

Island of the Saints: A Pilgrimage Through Ireland (Classic Reprint) Julius Rodenberg. 2017. (ENG., Illus.). (J). 30.97 *(978-0-260-75927-6(9))*; pap. 13.57 *(978-0-243-26312-7(0))* Forgotten Bks.

Island of the Weird: What Is the Brooklyn Triangle & How Can Danny & His Friends Get Out of It? Mel Gilden. Illus. by John Pierard. 2021. (Fifth Grade Monsters Ser.: Vol. 11). (ENG.). 96p. (J). pap. 11.95 *(978-1-59687-788-7(X))* ibooks, Inc.

Island of Tomorrow (Geometry) Jonathan Litton. Illus. by Sam LeDoyen. 2017. (Mission Math Ser.). (ENG.). 48p. (J). (gr. 2-4). lib. bdg. 31.99 *(978-1-68297-189-5(9),* 6e8976f8-0969-4af3-aabb-e38f190dbe6e) QEB Publishing Inc.

Island of Tranquil Delights: A South Sea Idyl & Others (Classic Reprint) Charles Warren Stoddard. 2018. (ENG., Illus.). 318p. (J). 30.46 *(978-0-483-32210-3(5))* Forgotten Bks.

Island of Youth: And Other Stories (Classic Reprint) Donn Byrne. (ENG., Illus.). (J). 2018. 292p. 29.92 *(978-0-656-34173-3(4))*; 2017. pap. 13.57 *(978-0-243-38970-4(1))* Forgotten Bks.

Island Pharisees (Classic Reprint) John Galsworthy. (ENG., Illus.). (J). 2018. 338p. 30.87 *(978-0-483-59104-2(1))*; 2017. 316p. 30.43 *(978-0-484-72733-4(8))*; 2016. pap. 13.57 *(978-1-334-48152-9(0))* Forgotten Bks.

Island Picnic: Leveled Reader Green Fiction Level 14 Grade 1-2. Hmh Hmh. 2019. (Rigby PM Ser.). (ENG.). 16p. (J). (gr. 1-2). pap. 11.00 *(978-0-358-12066-7(7))* Houghton Mifflin Harcourt Publishing Co.

Island Plant: A Nantucket Story (Classic Reprint) Mary Catherine Lee. 2018. (ENG., Illus.). 94p. (J). 25.86 *(978-0-483-10133-3(8))* Forgotten Bks.

Island Plant: A Nantucket Story, Pp. 3-81. Mary Catherine Lee. 2017. (ENG., Illus.). (J). pap. *(978-0-649-40102-4(6))* Trieste Publishing Pty Ltd.

Island Providence (Classic Reprint) Frederick Niven. 2018. (ENG., Illus.). 316p. (J). 30.41 *(978-0-428-80081-9(5))* Forgotten Bks.

Island Queen. Robert Michael Ballantyne. 2019. (ENG.). 168p. (J). pap. *(978-93-5329-706-0(0))* Alpha Editions.

Island Queen. Robert Michael Ballantyne. 2017. (ENG.). 276p. (J). pap. *(978-3-337-08846-0(5))* Creation Pubs.

Island Queen: Or Dethroned by Fire & Water; a Tale of the Southern Hemisphere (Classic Reprint) R. M. Ballantyne. 2018. (ENG., Illus.). 278p. (J). 29.63 *(978-0-267-64872-6(3))* Forgotten Bks.

Island School: An Original, Thrilling, & Absorbing Story of School Life & Adventure (Classic Reprint) Edwin Harcourt Burrage. (ENG., Illus.). (J). 2018. 712p. 38.58 *(978-0-484-54483-2(7))*; 2016. pap. 20.97 *(978-1-334-16750-8(8))* Forgotten Bks.

Island Solstice. Susan K. Jensen. 2019. (ENG., Illus.). 48p. (J). pap. 15.00 *(978-0-578-47160-0(4))* Jensen Creative.

Island War. Patricia Reilly Giff. 208p. (J). (gr. 3-7). 2020. pap. 7.99 *(978-0-8234-4540-0(2))*; 2018. 16.99 *(978-0-8234-3954-6(2))* Holiday Hse., Inc.

Island Where Dinosaurs Roamed. David Blakesley. Illus. by David Dean & Tharada Blakesley. 2022. (ENG.). 162p. (J). pap. *(978-0-9954882-4-3(X))* Skirinish Publishing.

Island X. Benjamin Hulme-Cross. 2018. (Mission Alert Ser.). (ENG., Illus.). 72p. (J). (gr. 5-8). pap. 7.99 *(978-1-5415-2633-4(3),* ac1afa40-f139-4730-918c-fb6bac75511b, Darby Creek) Lerner Publishing Group.

Islandborn. Junot Díaz. 2019. (CHI.). (J). (gr. k-3). *(978-957-13-7696-7(5))* China Times Publishing Co.

Islandborn. Junot Díaz. Illus. by Leo Espinosa. 2018. (ENG.). 48p. (J). (gr. k-3). 17.99 *(978-0-7352-2986-0(4),* Dial Bks) Penguin Young Readers Group.

Islanders. Mary Alice Monroe. (Islanders Ser.: 1). (ENG.). (J). (gr. 3-7). 2022. 320p. pap. 8.99 *(978-1-5344-2728-0(7))*; 2021. (Illus.). 304p. 17.99 *(978-1-5344-2727-3(9))* Simon & Schuster Children's Publishing. (Aladdin).

Islands. Lisa J. Amstutz. 2020. (Earth's Landforms Ser.). (ENG.). 24p. (J). (gr. k-2). 6.95 *(978-1-9771-2632-0(4),* 201612); (Illus.). lib. bdg. 27.99 *(978-1-9771-2456-2(9),* 200467) Capstone. (Pebble).

Islands. Laura Perdew. 2018. (Landforms Ser.). (ENG., Illus.). 32p. (J). (gr. 2-3). pap. 9.95 *(978-1-63517-994-1(7),* 1635179947); lib. bdg. 31.35 *(978-1-63517-893-7(2),* 1635178932) North Star Editions. (Focus Readers).

Islands: Explore the World's Most Unique Places. Ben Lerwill. Illus. by Li Zhang. 2022. (ENG.). 48p. (J). (gr. 1-3). 14.95 *(978-1-913519-22-3(8))* Welbeck Publishing Group Ltd. GBR. Dist: Two Rivers Distribution.

Islands & Archipelagos, 1 vol. Michael Salaka. 2016. (Spotlight on Earth Science Ser.). (ENG.). 24p. (J). (gr. 4-6). pap. 11.00 *(978-1-4994-2517-8(1),* f87d22e5-2f09-463c-b07d-bc8c41324000, PowerKids Pr.) Rosen Publishing Group, Inc., The.

Islands & Enemies. Marianne Hering. 2022. (AIO Imagination Station Bks.: 28). (ENG.). 160p. (J). 11.99 *(978-1-64607-014-5(3),* 20_36380) Focus on the Family Publishing.

Islands Far Away: Fijian Pictures with Pen & Brush (Classic Reprint) Agnes Gardner King. 2018. (ENG., Illus.). 308p. (J). 30.25 *(978-0-332-18890-4(6))* Forgotten Bks.

Islands of Adventure (Classic Reprint) Theodore Goodridge Roberts. 2018. (ENG., Illus.). (J). 336p. 30.83 *(978-0-366-56784-3(5))*; 338p. pap. 13.57 *(978-0-366-41593-9(X))* Forgotten Bks.

Islands of Elsewhere. Heather Fawcett. 2023. 224p. (J). (gr. 3-7). 17.99 *(978-0-593-53052-8(7),* Rocky Pond Bks.) Penguin Young Readers Group.

Islands of Fortune & Misfortune. Winston Clarke. 2016. (ENG., Illus.). (YA). *(978-1-4602-9156-6(5))*; pap. *(978-1-4602-9157-3(3))* FriesenPress.

Isla's Adventure. Evan Bergen & Tedi Gilmartin. Illus. by Q. Yoneda. 2021. (ENG.). 64p. (J). *(978-1-0391-0901-8(2))*; pap. *(978-1-0391-0900-1(4))* FriesenPress.

Islas Galápagos (Galapagos) DK. 2023. (SPA.). 144p. (J). (gr. 2-4). 19.99 *(978-0-7440-7917-3(9),* DK Children) Dorling Kindersley Publishing, Inc.

Isle. Jordana Frankel. 2016. (ENG.). 384p. (YA). (gr. 8). 17.99 *(978-0-06-209537-4(4),* Tegen, Katherine Bks) HarperCollins Pubs.

Isle Grae. Ondria Ferrell. 2021. (ENG.). 26p. (YA). pap. 10.95 *(978-1-64670-932-8(2))* Covenant Bks.

Isle in the Water (Classic Reprint) Katharine Tynan. 2017. (ENG., Illus.). (J). 28.76 *(978-0-265-20232-6(9))* Forgotten Bks.

Isle of Blood & Stone. Makiia Lucier. (Tower of Winds Ser.). (ENG.). (YA). (gr. 7). 2019. 416p. pap. 9.99 *(978-1-328-60429-3(2),* 1731502); 2018. 400p. 17.99 *(978-0-544-96857-8(3),* 1662274) HarperCollins Pubs. (Clarion Bks.).

Isle of Bones. Humphrey Quinn. 2016. (ENG.). 160p. (YA). pap. 7.99 *(978-1-386-19561-0(8))* Draft2Digital.

Isle of Dreams (Classic Reprint) Myra Kelly. 2018. (ENG., Illus.). 226p. (J). 28.56 *(978-0-267-22574-3(1))* Forgotten Bks.

Isle of Gulls. Ian Bloor. 2017. (ENG.). 426p. (J). ***(978-0-244-64781-0(X))*** Lulu Pr., Inc.

Isle of Intrigue. Aaron M. Zook Jr. 2018. (ENG., Illus.). 346p. (J). pap. 15.99 *(978-1-946708-31-1(3))* Bold Vision Bks.

Isle of Life: A Romance (Classic Reprint) Stephen French Whitman. 2018. (ENG., Illus.). 506p. (J). 34.33 *(978-0-428-98505-9(X))* Forgotten Bks.

Isle of Man. a Guide to the Isle of Man with the Means of Access Thereto & an Introduction to Its Scenery. Joseph George Cumming. 2017. (ENG., Illus.). (J). pap. *(978-0-649-04071-1(6))* Trieste Publishing Pty Ltd.

Isle of Misfits 1: First Class. Jamie Mae. Illus. by Freya Hartas. 2019. (Isle of Misfits Ser.: 1). (ENG.). 112p. (J). (gr. k-3). 16.99 *(978-1-4998-0822-3(4))*; pap. 5.99 *(978-1-4998-0821-6(6))* Little Bee Books Inc.

Isle of Misfits 2: the Missing Pot of Gold. Jamie Mae. Illus. by Freya Hartas. 2019. (Isle of Misfits Ser.: 2). (ENG.). 112p. (J). (gr. k-3). 16.99 *(978-1-4998-0825-4(9))*; pap. 5.99 *(978-1-4998-0824-7(0))* Little Bee Books Inc.

Isle of Misfits 3: Prank Wars! Jamie Mae. Illus. by Freya Hartas. 2019. (Isle of Misfits Ser.: 3). (ENG.). 112p. (J). (gr. k-3). 16.99 *(978-1-4998-0853-7(4))*; pap. 5.99 *(978-1-4998-0852-0(6))* Little Bee Books Inc.

Isle of Misfits: 4 Books In 1! Jamie Mae. Illus. by Freya Hartas. 2019. (Isle of Misfits Ser.: 1). (ENG.). 416p. (J). (gr. k-3). 14.99 *(978-1-4998-0999-2(9))* Little Bee Books Inc.

Isle of Misfits 4: the Candy Cane Culprit. Jamie Mae. Illus. by Freya Hartas. 2019. (Isle of Misfits Ser.: 4). (ENG.). 112p. (J). (gr. k-3). 16.99 *(978-1-4998-0856-8(9))*; pap. 5.99 *(978-1-4998-0855-1(0))* Little Bee Books Inc.

Isle of Pagody. Cassandra Lee Greenwell. Illus. by Geraldine Oliva. 2020. (ENG.). 40p. (J). pap. *(978-0-6489654-0-4(6))* Cassandra Lee Greenwell.

Isle of Seven Moons: A Romance of Uncharted Seas & Untrodden Shores (Classic Reprint) Robert Gordon Anderson. 2018. (ENG., Illus.). 410p. (J). 32.35 *(978-0-483-62362-0(8))* Forgotten Bks.

Isle of Storms. S. J. Saunders. 2018. (Future's Birth Ser.: Vol. 2). (ENG.). 258p. (YA). pap. 10.99 *(978-1-0879-3805-9(8))* Indy Pub.

Isle of Surrey, Vol. 1 Of 3: A Novel (Classic Reprint) Richard Dowling. (ENG., Illus.). (J). 2018. 258p. 29.22 *(978-0-483-44376-1(X))*; 2016. pap. 11.57 *(978-1-333-39706-7(2))* Forgotten Bks.

Isle of Surrey, Vol. 2: A Novel (Classic Reprint) Richard Dowling. 2018. (ENG., Illus.). 256p. (J). 29.18 *(978-0-483-51219-1(2))* Forgotten Bks.

Isle of Surrey, Vol. 3 Of 3: A Novel (Classic Reprint) Richard Dowling. 2018. (ENG., Illus.). 266p. (J). 29.38 *(978-0-483-58133-3(X))* Forgotten Bks.

Isle of Tatsu. Susan Foust. 2021. 148p. (J). pap. 12.99 *(978-1-0983-5553-1(9))* BookBaby.

Isle of the Lake: An Outing Story for Boys (Classic Reprint) Willard Goss. (ENG., Illus.). (J). 2018. 96p. 25.90 *(978-0-483-57173-0(3))*; 2017. pap. 9.57 *(978-0-259-56894-0(5))* Forgotten Bks.

Isle of the Lost. Melissa De la Cruz. ed. 2017. (Descendants Ser.: 1). (J). lib. bdg. 20.85 *(978-0-606-41118-9(6))* Turtleback.

Isle of the Lost, the-A Descendants Novel, Book 1: A Descendants Novel. Melissa de la Cruz. 2017. (Descendants Ser.: 1). (ENG.). 336p. (J). (gr. 3-7). pap. 9.99 *(978-1-4847-2544-3(1),* Disney-Hyperion) Disney Publishing Worldwide.

Isle of the Lost: the Graphic Novel (a Descendants Novel) Melissa de la Cruz & Robert Venditti. Illus. by Kat Fajardo. 2018. (Descendants Ser.). (ENG.). 128p. (J). (gr. 3-7). pap. 12.99 *(978-1-368-04051-8(9),* Disney-Hyperion) Disney Publishing Worldwide.

Isle of the Lost: the Graphic Novel (the Descendants Series) Melissa de la Cruz & Robert Venditti. Illus. by Kat Fajardo. 2018. (Descendants Ser.). (ENG.). 128p. (J). (gr. 3-7). 21.99 *(978-1-368-03981-9(2),* Disney-Hyperion) Disney Publishing Worldwide.

Isle of the Shamrock (Classic Reprint) Clifton Johnson. 2018. (ENG., Illus.). 368p. (J). 31.49 *(978-0-483-05690-9(1))* Forgotten Bks.

Isle of Whims (Classic Reprint) Carol Hoyt Powers. (ENG., Illus.). (J). 2018. 124p. 26.47 *(978-0-483-59792-1(9))*; 2017. pap. 9.57 *(978-0-259-02202-2(0))* Forgotten Bks.

Isle of Whispers: A Tale of the New England Seas (Classic Reprint) E. Lawrence Dudley. (ENG., Illus.). (J). 2018. 322p. 30.54 *(978-0-483-45796-6(5))*; 2017. pap. 13.57 *(978-0-243-10599-1(1))* Forgotten Bks.

Isle of You. David LaRochelle. Illus. by Jaime Kim. 2018. (ENG.). 32p. (J). (gr. -1-2). 16.99 *(978-0-7636-9116-5(X))* Candlewick Pr.

Isles in Summer Seas: Beautiful Bermuda (Classic Reprint) J. Law Redman. 2018. (ENG., Illus.). 252p. (J). 29.09 *(978-0-484-81921-3(6))* Forgotten Bks.

Isles of Mist. Anushka Sikdar. 2018. (ENG., Illus.). 110p. (YA). pap. 10.00 *(978-1-62880-166-8(2))* Published by Westview, Inc.

Isles of Scilly: Their Story, Their Folk & Their Flowers (Classic Reprint) Jessie Mothersole. 2017. (ENG., Illus.). (J). 28.93 *(978-0-260-56356-9(0))* Forgotten Bks.

Isles of Shoals in Summer Time (Classic Reprint) William Leonard Gage. (ENG., Illus.). (J). 2018. 28p. 24.47 *(978-0-267-31232-0(6))*; 2016. pap. 7.97 *(978-1-333-41166-4(9))* Forgotten Bks.

Isles of Stone: The Complete Trilogy: Emerald's Fracture, Sunstone's Secret, & Obsidian's Legacy. Kate Kennelly. 2019. (ENG.). 584p. (J). pap. 31.99 *(978-0-9990977-7-9(6))* Emerald Light Pr.

Isles of Storm & Sorrow: Venom: Book 2. Bex Hogan. 2022. (Isles of Storm & Sorrow Ser.). (ENG., Illus.). 464p. (J). (gr. 7-17). 13.99 *(978-1-5101-0585-0(9),* Orion Children's Bks.) Hachette Children's Group GBR. Dist: Hachette Bk. Group.

Isles of Storm & Sorrow: Viper: Book 1. Bex Hogan. 2022. (Isles of Storm & Sorrow Ser.). (ENG., Illus.). 400p. (J). (gr. 7-17). 13.99 *(978-1-5101-0583-6(2),* Orion Children's Bks.) Hachette Children's Group GBR. Dist: Hachette Bk. Group.

Isles of Storm & Sorrow: Vulture: Book 3. Bex Hogan. 2022. (Isles of Storm & Sorrow Ser.). (ENG., Illus.). 432p. (J). (gr. 7-17). 13.99 *(978-1-5101-0587-4(5),* Orion Children's Bks.) Hachette Children's Group GBR. Dist: Hachette Bk. Group.

Isles of the Gods. Amie Kaufman. 2023. (Isles of the Gods Ser.: 1). (ENG., Illus.). 464p. (YA). (gr. 7). 19.99 *(978-0-593-47928-5(9))*; lib. bdg. 22.99 *(978-0-593-47929-2(7))* Random Hse. Children's Bks. (Knopf Bks. for Young Readers).

Isles of Xandaeren. Kenzi Macabee. 2023. (ENG.). 210p. (YA). pap. ***(978-1-80016-799-5(7),*** Vanguard Press) Pegasus Elliot Mackenzie Pubs.

Isley's Invite. A. W. J. Pilgrim. Ed. by Joyce Pocock. Illus. by A. W. J. Pilgrim. 2018. (Isley Adventure Chronicles Ser.: Vol. 20). (ENG., Illus.). 76p. (J). pap. *(978-1-78926-213-1(5))* Independent Publishing Network.

Ismay's Children (Classic Reprint) May Laffan. (ENG., Illus.). (J). 2017. 34.42 *(978-0-265-43087-3(9))*; 2016. pap. 16.97 *(978-1-334-16104-9(6))* Forgotten Bks.

Ismeer, or Smyrna & Its British Hospital in 1855 (Classic Reprint) Martha C. Nicol. (ENG., Illus.). (J). 2017. 31.86 *(978-0-331-31023-8(6))*; 2016. pap. 16.57 *(978-1-334-16533-7(5))* Forgotten Bks.

Isn't Easter All about Eggs?! Steven J. Corner. 2016. (ENG., Illus.). 76p. (J). pap. *(978-1-326-86855-0(1))* Lulu Pr., Inc.

Isn't God Great ? Umara K. Campbell. 2019. (ENG.). 30p. (J). pap. 12.49 *(978-1-5456-6913-6(9))* Salem Author Services.

Isn't It Odd?, Vol. 1 of 3 (Classic Reprint) Marmaduke Merrywhistle. 2017. (ENG., Illus.). (J). 30.08 *(978-0-260-43246-9(6))* Forgotten Bks.

Isn't It Odd?, Vol. 2 of 3 (Classic Reprint) Marmaduke Merrywhistle. 2018. (ENG., Illus.). 252p. (J). 29.09 *(978-0-483-27386-3(4))* Forgotten Bks.

Isn't It Odd?, Vol. 3 of 3 (Classic Reprint) Marmaduke Merrywhistle. (ENG., Illus.). (J). 2018. 318p. 30.48 *(978-0-483-42127-1(8))*; 2016. pap. 13.57 *(978-1-334-22762-2(4))* Forgotten Bks.

Isn't It Time You Went to Bed? Emily Dyson. Illus. by Carla Gebhard. 2019. (ENG.). 26p. (J). (gr. -1-3). ***(978-1-912677-32-0(6))*** Ainslie & Fishwick Pub.

Isoaidin Lasiprojekti. Kaarina Brooks. 2017. (FIN., Illus.). (J). pap. 9.95 *(978-1-988763-05-7(3))* Villa Wisteria Pubns.

Isobel: A Romance of the Northern Trail. James Oliver Curwood. 2017. (ENG., Illus.). (J). 23.95 *(978-1-374-90096-7(6))*; pap. 13.95 *(978-1-374-90095-0(8))* Capital Communications, Inc.

Isobel: A Romance of the Northern Trail (Classic Reprint) James Oliver Curwood. 2017. (ENG., Illus.). (J). 30.04 *(978-1-5282-7854-6(2))* Forgotten Bks.

Isobel Adds It Up. Kristy Everington. Illus. by A. G. Ford. 40p. (J). (gr. -1-2). 2022. pap. 8.99 *(978-0-593-56911-5(3),* Dragonfly Bks.); 2021. 17.99 *(978-0-593-17810-2(6))*; 2021. (ENG.). lib. bdg. 20.99 *(978-0-593-17811-9(4))* Random Hse. Children's Bks.

Isobel & Butch. Christine Girolomini. 2019. (ENG., Illus.). 56p. (J). pap. *(978-1-78830-317-0(2))* Olympia Publishers.

Isobel's Cats. Joey Kay & Louise Taylor. 2020. (ENG., Illus.). 22p. (J). pap. *(978-1-5289-8149-1(9))* Austin Macauley Pubs. Ltd.

ISobrevivir! (Survive!) (Set Of 4) Bill Yu. 2022. (¡Sobrevivir! Ser.). (SPA.). 128p. (J). (gr. 3-3). pap. 39.80 *(978-1-64494-750-0(1),* Graphic Planet) ABDO Publishing Co.

Isoka from Sarakawa. Afi P. Bokor. 2022. (ENG.). 28p. (J). pap. 9.99 *(978-1-0879-5383-0(9))* Indy Pub.

Isola Degli Amori: Ballo Fantastico in 5 Atti (Classic Reprint) F. A. N. Dos Santos Pinto. 2018. (ITA., Illus.). 20p. (J). 24.31 *(978-1-391-97004-2(7))*; pap. 7.97 *(978-1-390-54682-8(9))* Forgotten Bks.

Isola Volume 1. Brenden Fletcher & Karl Kerschl. 2018. (ENG., Illus.). 144p. (YA). pap. 9.99 *(978-1-5343-0922-7(5),* e3d71245-ff99-4e1e-8ced-7b3d783214d4) Image Comics.

Isola Volume 2. Brenden Fletcher & Karl Kerschl. 2020. (ENG., Illus.). 144p. (YA). pap. 16.99 *(978-1-5343-1353-8(2),* 6df81292-86d9-438b-aae9-55400f2747ef) Image Comics.

Isolated Islands, 1 vol. Alix Wood. 2019. (World's Scariest Places Ser.). (ENG.). 32p. (J). (gr. 4-5). pap. 11.50 *(978-1-5382-4259-9(1),* 8331acfa-134f-45e5-b401-f757cc111ff0); lib. bdg. 28.27 *(978-1-5382-4202-5(8),* 0bcf7f40-3c1e-494e-aa15-abc7cd7e8f61) Stevens, Gareth Publishing LLLP.

Isolation: The Story of Isabella Rose-Eccleby. Joshua Meeking. 2020. (ENG.). 164p. (YA). pap. *(978-1-83975-248-3(3))* Grosvenor Hse. Publishing Ltd.

Isolation Boredom Busters. Zewlan Moor. Illus. by Clarice Masajo. 2022. (ENG.). 36p. (J). pap. ***(978-1-922827-27-2(4))*** Library For All Limited.

Isolation Island: A Pandemic Story. Zoe Argento & Heather Workman. 2021. (ENG.). 32p. (J). 15.99 *(978-0-578-85063-4(X))* Argento, Zoe.

Isopel Berners (Classic Reprint) George Borrow. 2018. (ENG., Illus.). 382p. (J). 31.71 *(978-0-267-53521-7(X))* Forgotten Bks.

Isopo Laurenziano. Murray Peabody Brush. 2017. (ENG.). 200p. (J). pap. *(978-3-337-10154-1(2))* Creation Pubs.

Isopo Laurenziano: Edited with Notes & an Introduction Treating of the Interrelation of Italian Fable Collections (Classic Reprint) Murray Peabody Brush. 2017. (ENG., Illus.). (J). 27.92 *(978-0-266-35172-6(7))* Forgotten Bks.

Isora's Child (Classic Reprint) Harriet A. Hinsdale Olcott. (ENG., Illus.). (J). 2018. 510p. 34.42 *(978-0-267-57533-6(5))*; 2016. pap. 16.97 *(978-1-334-16308-1(1))* Forgotten Bks.

Ispík Kákí Péyakoyak/When We Were Alone. David A. Robertson. Tr. by Alderick Leask. Illus. by Julie Flett. ed. 2020. (ENG & CRE.). 32p. (J). (gr. 1-3). 21.95 *(978-1-55379-905-4(4),* HighWater Pr.) Portage & Main Pr. CAN. Dist: Orca Bk. Pubs. USA.

1028

The check digit for ISBN-10 appears in parentheses after the full ISBN-13

Israel. Contrib. by Rachael Barnes. 2023. (Countries of the World Ser.). (ENG., Illus.). (J). (gr. k-3). lib. bdg. 26.95 Bellwether Media.

Israel, 1 vol. Alicia Z. Klepeis. 2016. (Exploring World Cultures (First Edition) Ser.). (ENG., Illus.). 32p. (gr. 3-3). pap. 12.16 *(978-1-5026-2154-2(1)*, b7785730-7147-4bf1-9cbe-05b3eccd129b) Cavendish Square Publishing LLC.

Israel. Thomas Persano & Marjorie Faulstich Orellana. 2018. (Countries We Come From Ser.). (ENG., Illus.). 32p. (J). (gr. k-3). 19.95 *(978-1-68402-475-9(7))* Bearport Publishing Co., Inc.

Israel. Amy Rechner. 2018. (Country Profiles Ser.). (ENG., Illus.). 32p. (J). (gr. 3-8). lib. bdg. 27.95 *(978-1-62617-734-5(1)*, Blastoff! Discovery) Bellwether Media.

Israel. Liz Sonneborn. 2022. (Essential Library of Countries Ser.). (ENG., Illus.). 112p. (YA). (gr. 6-12). lib. bdg. 41.36 *(978-1-5321-9943-1(0)*, 40675, Essential Library) ABDO Publishing Co.

Israel. R. L. Van. 2022. (Countries (BBB) Ser.). (ENG., Illus.). 32p. (J). (gr. 2-5). lib. bdg. 34.21 *(978-1-5321-9965-3(1)*, 40719, Big Buddy Bks.) ABDO Publishing Co.

Israel... It's Complicated. Behrman House. 2019. (ENG., Illus.). 104p. (J). pap. 15.95 *(978-0-87441-982-5(4)*, c776970a-c6b2-4115-84d2-91070213557f) Behrman Hse., Inc.

Israel Mort, Overman, Vol. 1 Of 3: A Story of the Mine (Classic Reprint) John Saunders. (ENG., Illus.). (J). 2018. 908p. 42.62 *(978-0-484-26979-7(8))*; 2017. pap. 24.97 *(978-1-334-92488-0(0))*; 2016. pap. 13.97 *(978-1-333-46764-7(8))* Forgotten Bks.

Israel Mort, Overman, Vol. 2 Of 3: A Story of the Mine (Classic Reprint) John Saunders. (ENG., Illus.). (J). 2018. 308p. 30.27 *(978-0-484-79429-9(9))*; 2016. pap. 13.57 *(978-1-333-54542-0(8))* Forgotten Bks.

Israel Mort, Overman, Vol. 3 Of 3: A Story of the Mine (Classic Reprint) John Saunders. (ENG., Illus.). (J). 2018. 312p. 30.33 *(978-0-484-37122-3(3))*; 2016. pap. 13.57 *(978-1-333-35722-1(2))* Forgotten Bks.

Israel-Palestine Border Conflict, 1 vol. Kate Shoup. 2018. (Redrawing the Map Ser.). (ENG.). 112p. (YA). (gr. 9-9). lib. bdg. 45.93 *(978-1-5026-3571-6(2)*, 10132a5f-e571-4f40-9475-be88571b791d) Cavendish Square Publishing LLC.

Israel Putnam (Old Put) A Story for Young People (Classic Reprint) Louise Seymour Zimm. 2017. (ENG., Illus.). (J). 29.90 *(978-0-266-17690-9(9))* Forgotten Bks.

Israeli-Palestinian Conflict. Marcia Amidon Lusted. 2017. (Special Reports Set 3 Ser.). (ENG., Illus.). 112p. (J). (gr. 6-12). lib. bdg. 41.36 *(978-1-5321-1333-8(1)*, 27541, Essential Library) ABDO Publishing Co.

Israeli-Palestinian Conflict: The Struggle for Middle East Peace, 1 vol. Tamra B. Orr. annot. ed. 2019. (World History Ser.). (ENG.). 104p. (gr. 7-7). pap. 20.99 *(978-1-5345-6787-0(9)*, 4e13267b-5282-45d0-a2ad-c8bcedb2e6c3); lib. bdg. 41.53 *(978-1-5345-6716-0(X)*, a6519c5c-7629-4f24-89e5-568541214f1d) Greenhaven Publishing LLC. (Lucent Pr.).

Israhell e il Dominio Sul Mondo. Maurizio Rossetti. 2023. (ITA.). 36p. (YA). pap. 13.00 ***(978-1-4476-6225-9(3))*** Lulu Pr., Inc.

Iss: The International Space Station. Kim Etingoff. 2016. (ENG., Illus.). (J). (gr. 3-7). pap. 17.99 *(978-1-62524-401-7(0)*, Village Earth Pr.) Harding Hse. Publishing Sebice Inc.

Iss Niemals ein Kaktus Sandwich (Never Eat a Cactus Sandwich) Alexander Prezioso. Tr. by Martin Rinab. Illus. by James G. Petropoulos. 2022. (GER.). 45p. (J). pap. ***(978-1-387-56267-1(3))*** Lulu Pr., Inc.

Issie & the Christmas Pony: Christmas Special (Pony Club Secrets) Stacy Gregg. 2017. (Pony Club Secrets Ser.). (ENG.). 176p. (J). 6.99 *(978-0-00-825118-5(5)*, HarperCollins Children's Bks.) HarperCollins Pubs. Ltd. GBR. Dist: HarperCollins Pubs.

Issue: A Story of the River Thames (Classic Reprint) Edward Noble. (ENG., Illus.). (J). 2017. 32.58 *(978-0-266-40755-3(2))*; 2016. pap. 16.57 *(978-1-333-47322-8(2))* Forgotten Bks.

Issue (Classic Reprint) George Morgan. (ENG., Illus.). (J). 2018. 440p. 33.05 *(978-0-656-39546-0(X))*; 2017. pap. 16.57 *(978-0-243-58688-2(4))* Forgotten Bks.

Issues Facing the Young American Republic: Post US Revolutionary War & the Role of Congress Grade 7 American History. Universal Politics. 2022. (ENG.). 72p. (J). 31.99 ***(978-1-5419-9696-0(8))***; pap. 19.99 ***(978-1-5419-5563-9(3))*** Speedy Publishing LLC. (Universal Politics (Politics & Social Sciences)).

Issues of Life: A Novel of the American Woman of to-Day (Classic Reprint) John Van Vorst. (ENG., Illus.). (J). 2018. 358p. 31.28 *(978-0-656-46492-0(5))*; 2017. pap. 13.97 *(978-1-5276-7458-5(4))* Forgotten Bks.

Issues That Concern You, 12 vols. 2017. (Issues That Concern You Ser.). (ENG.). 112p. (YA). (gr. 7-10). lib. bdg. 261.78 *(978-1-5345-0246-8(7)*, 5f842a69-db6e-4e39-a078-6c934745aad3) Greenhaven Publishing LLC.

Istanbul. Ken Lake & Angie Lake. Illus. by Vishnu Madhav. 2016. (Diaries of Robin's Travels Ser.). (ENG.). 96p. (J). (gr. 1-5). 5.99 *(978-1-78226-250-3(4)*, b44f18b6-c428-4ef6-9db7-80a83f559613) Sweet Cherry Publishing GBR. Dist: Baker & Taylor Publisher Services (BTPS).

Istanbul a to Z. Mahvash Fahd. 2018. (ENG.). 34p. (J). pap. 9.13 *(978-0-692-08230-0(1))* Gifted Kids Bks.

Istep Student Assessment Guide Package Grade 10 2015. Hrw Hrw. 2016. (Hmh High School Math, Geometry Ser.). (ENG.). (YA). (gr. 9-12). pap. 29.27 *(978-0-544-87475-6(7))* Holt McDougal.

Istoriia Staroi Kvartiry. Aleksandra Litvina. 2017. (RUS.). 55p. *(978-5-91759-484-2(8))* Izdatel'skij Dom "Samokat".

It? Etienne Delessert. 2019. (ENG.). 32p. (J). (gr. 1-3). 19.99 *(978-1-56846-345-2(6)*, 18900, Creative Editions) Creative Co., The.

It: A Children's Book about Encouragement & Discovering One's Gifts. Mark Hattas. Illus. by Aubrey Foster. 2020. (ENG.). 40p. (J). pap. 12.95 *(978-1-949001-71-6(7))* Waterside Pr.

It: Being Our Individual Magneto (Classic Reprint) Elizabeth Snowden Nichols Watrous. (ENG., Illus.). (J). 2018. 366p. 31.47 *(978-0-332-82730-8(5))*; 2016. pap. 13.97 *(978-1-334-13306-0(9))* Forgotten Bks.

It Ain't So Awful, Falafel. Firoozeh Dumas. 2017. (ENG.). 384p. (J). (gr. 5-7). pap. 7.99 *(978-1-328-74096-0(X)*, 1677144, Clarion Bks.) HarperCollins Pubs.

It All Begins with Jelly Beans. Nova Weetman. 2021. (ENG.). 256p. (J). (gr. 3-7). 17.99 *(978-1-5344-9431-2(6)*, McElderry, Margaret K. Bks.) McElderry, Margaret K. Bks.

It All Begins with You: Be the Change Our World Needs. Valandou Contzonis. 2018. (ENG.). 108p. (YA). pap. 8.99 *(978-1-5043-1098-7(5)*, Balboa Pr.) Author Solutions, LLC.

It All Comes Back to You. Farah Naz Rishi. (ENG.). (YA). (gr. 8). 2023. 448p. pap. 12.99 *(978-0-06-274149-3(7))*; 2021. 432p. 17.99 *(978-0-06-274148-6(9))* HarperCollins Pubs. (Quill Tree Bks.).

It All Comes down to This. Karen English. (ENG.). 368p. (J). (gr. 5-7). 2019. pap. 7.99 *(978-0-358-09853-9(X)*, 1748314); 2017. 16.99 *(978-0-544-83957-1(9)*, 1646119) HarperCollins Pubs. (Clarion Bks.).

It All Matters to Jesus (boys) Prayers for Boys. Glenn Hascall. 2023. (ENG.). 192p. (YA). pap. 5.99 *(978-1-63609-480-9(5))* Barbour Publishing, Inc.

It All Matters to Jesus (girls) Prayers for Girls. Jean Fischer. 2023. (ENG.). 192p. (J). pap. 5.99 *(978-1-63609-486-1(4))* Barbour Publishing, Inc.

It All Started with a Lie. Lily L. 2019. (ENG.). 166p. (YA). pap. 15.95 *(978-1-64531-164-5(3))* Newman Springs Publishing, Inc.

It, & Other Stories (Classic Reprint) Gouverneur Morris. 2018. (ENG., Illus.). 400p. (J). 32.15 *(978-0-483-51260-3(5))* Forgotten Bks.

It Began with a Page: How Gyo Fujikawa Drew the Way. Kyo Maclear. Illus. by Julie Morstad. 2019. (ENG.). 48p. (J). (gr. -1-3). 19.99 *(978-0-06-244762-3(9)*, HarperCollins) HarperCollins Pubs.

It Began with Lemonade. Gideon Sterer. Illus. by Lian Cho. 2021. 40p. (J). (gr. -1-3). 18.99 *(978-0-7352-2828-3(0)*, Dial Bks) Penguin Young Readers Group.

It Came from the Cupboard. LaTricia Morris. 2016. (ENG., Illus.). (J). pap. 16.95 *(978-1-5127-5104-8(9)*, WestBow Pr.) Author Solutions, LLC.

It Came from the Deep. Maria Lewis. 2018. (ENG., Illus.). 276p. (YA). (gr. 10-12). pap. *(978-1-925579-87-1(5))* Critical Mass.

It Came from the Science Lab!!! T. Melissa Madian. Illus. by Lan Nguyen. 2020. (ENG.). 38p. (J). *(978-0-2288-3520-2(8))*; pap. *(978-0-2288-3518-9(6))* Tellwell Talent.

It Came from the Sky. Chelsea Sedoti. 2020. 512p. (YA). (gr. 8-12). 17.99 *(978-1-4926-7302-6(1))* Sourcebooks, Inc.

It Came from under the High Chair - Salió de Debajo de la Silla para Comer: A Mystery (in English & Spanish) Karl Beckstrand. Illus. by Jeremy Higginbotham. 2019. (Mini-Mysteries for Minors Ser.: Vol. 5). (ENG.). 38p. (J). pap. 9.85 *(978-0-692-22099-3(2))* Premio Publishing & Gozo Bks., LLC.

It Came in the Mail. Ben Clanton. ed. 2020. (ENG.). 38p. (J). (gr. k-1). 18.96 *(978-1-64697-057-5(8))* Penworthy Co., LLC, The.

It Came in the Mail. Ben Clanton. Illus. by Ben Clanton. (ENG., Illus.). 40p. (J). (gr. -1-3). 2019. 8.99 *(978-1-5344-5321-0(0))*; 2016. 18.99 *(978-1-4814-0360-3(5))* Simon & Schuster Bks. For Young Readers. (Simon & Schuster Bks. For Young Readers).

It Can Rain Frogs & Fish: And Other Facts about Planet Earth, 1 vol. Jan Payne & Steven Wilder. 2016. (True or False? Ser.). (ENG.). 48p. (gr. 3-3). pap. 12.70 *(978-0-7660-7732-4(2)*, 247dbf0b-29ff-4fa8-9009-8b4fac0bf708) Enslow Publishing, LLC.

It Can't Be True! Animals: Unbelievable Facts about Amazing Animals. DK. 2019. (Illus.). 176p. (J). *(978-0-241-34068-4(3))* Dorling Kindersley Publishing, Inc.

It Can't Be True! Animals! Unbelievable Facts about Amazing Animals. DK. 2020. (DK 1,000 Amazing Facts Ser.). (ENG., Illus.). 176p. (J). (gr. 4-7). 19.99 *(978-1-4654-8243-3(1)*, DK Children) Dorling Kindersley Publishing, Inc.

It Can't Be True! Poo: Packed with Pootastic Facts. DK. 2019. (DK 1,000 Amazing Facts Ser.). (ENG., Illus.). 64p. (J). (gr. 4-7). pap. 9.99 *(978-1-4654-8869-5(3)*, DK Children) Dorling Kindersley Publishing, Inc.

It Could Be Worse. Genene Stradling. 2020. (ENG.). 76p. (J). pap. 12.95 *(978-1-64952-052-4(2))* Fulton Bks.

It Could Be Worse. Einat Tsarfati. Illus. by Einat Tsarfati. 2021. (ENG., Illus.). 40p. (J). (gr. -1-3). 17.99 *(978-1-5362-1791-9(3))* Candlewick Pr.

It Disappears! Magical Animals That Hide in Plain Sight. Nikki Potts. 2018. (Magical Animals Ser.). (ENG., Illus.). 32p. (J). (gr. -1-2). pap. 7.95 *(978-1-5157-9469-1(5)*, 136687); lib. bdg. 27.99 *(978-1-5157-9465-3(2)*, 136683) Capstone. (Capstone Pr.).

It Doesn't Cost a Million to Look a Million: A Young Man's Guide to Leveling the Playing Field. Carl H. Becker, III. 2021. (ENG., Illus.). 324p. (YA). pap. 33.95 *(978-1-6624-4082-3(0))* Page Publishing Inc.

It Doesn't Grow on Trees: Sources of Income. Diane Dakers. 2017. (Financial Literacy for Life Ser.). (ENG.). 48p. (J). (gr. 5-5). *(978-0-7787-3096-5(4))*; pap. *(978-0-7787-3105-4(7))* Crabtree Publishing Co.

It Doesn't Have to Be Awkward: Dealing with Relationships, Consent, & Other Hard-To-Talk-about Stuff. Drew Pinsky. 2022. (ENG.). 384p. (YA). (gr. 7). pap. 14.99 *(978-0-358-43965-3(5)*, Clarion Bks.) HarperCollins Pubs.

It Doesn't Have to Be Awkward: Dealing with Relationships, Consent, & Other Hard-To-Talk-about Stuff. Drew Pinsky & Paulina Pinsky. 2021. (ENG., Illus.). 384p. (YA). (gr. 7). 19.99 *(978-0-358-39603-1(4)*, 1788741, Clarion Bks.) HarperCollins Pubs.

It Eats Its Skin Six Times. Jane Keuler. 2020. (ENG.). 38p. (J). pap. *(978-1-78830-540-2(X))* Olympia Publishers.

It Ends in Fire. Andrew Shvarts. 2021. (ENG.). 384p. (YA). (gr. 9-17). 18.99 *(978-1-368-05795-0(0)*, Jimmy Patterson) Little Brown & Co.

It Ends in Fire. Andrew Shvarts. 2022. (ENG.). 384p. (YA). (gr. 9-17). pap. 10.99 *(978-0-316-38144-4(6))* Little, Brown Bks. for Young Readers.

It Ends with You. S. K. Wright. 2019. (ENG.). 384p. (YA). (gr. 7-17). 12.99 *(978-0-349-00317-7(3)*, Atom Books) Little, Brown Book Group Ltd. GBR. Dist: Hachette Bk. Group.

It Factor. Jude Warne. 2017. (Crushing Ser.). (ENG.). 192p. (YA). (gr. 5-12). lib. bdg. 31.42 *(978-1-68076-718-6(6)*, 25384, Epic Escape) EPIC Pr.

It Feels Good to Be Yourself: A Book about Gender Identity. Theresa Thorn. Illus. by Noah Grigni. 2019. (ENG.). 40p. (J). 18.99 *(978-1-250-30295-3(1)*, 900197013, Holt, Henry & Co. Bks. For Young Readers) Holt, Henry & Co.

It Found Us. Lindsay Currie. 2023. (ENG.). 288p. (J). (gr. 5-8). 16.99 ***(978-1-7282-5949-9(5))*** Sourcebooks, Inc.

It Girl. Katy Birchall. 2016. (It Girl Ser.: 1). (ENG., Illus.). 352p. (J). (gr. 4-8). 16.99 *(978-1-4814-6362-1(4)*, Aladdin) Simon & Schuster Children's Publishing.

It Girl in Rome. Katy Birchall. (It Girl Ser.: 3). (ENG.). (J). (gr. 4-8). 2019. 336p. pap. 8.99 *(978-1-4814-6367-6(5))*; 2018. (Illus.). 320p. 16.99 *(978-1-4814-6368-3(3))* Simon & Schuster Children's Publishing. (Aladdin).

It Glows! Magical Animals That Give off Light. Nikki Potts. 2018. (Magical Animals Ser.). (ENG., Illus.). 32p. (J). (gr. -1-2). pap. 7.95 *(978-1-5157-9470-7(9)*, 136688); lib. bdg. 27.99 *(978-1-5157-9466-0(0)*, 136684) Capstone. (Capstone Pr.).

It Goes Like This. Miel Moreland. 2021. (ENG.). 352p. (YA). 18.99 *(978-1-250-76748-6(2)*, 900232701) Feiwel & Friends.

It Goes Like This. Miel Moreland. 2023. (ENG.). 368p. (YA). pap. 11.99 *(978-1-250-83328-0(0)*, 900232702) Square Fish.

It Grows: But Can You Grow a Pizza? Agnes De Bezenac & Salem De Bezenac. Illus. by Agnes De Bezenac. 2017. (Eat Right Ser.: Vol. 2). (ENG., Illus.). (J). (gr. k-2). 11.49 *(978-1-63474-056-2(4)*, Kidible) iCharacter.org.

It Had Been a Mild, Delicate Night (Classic Reprint) Barrington Kaye. 2017. (ENG., Illus.). (J). 26.64 *(978-0-266-56608-3(1))*; pap. 9.57 *(978-0-243-29102-1(7))* Forgotten Bks.

It Had to Be You: A High Contrast Book for Newborns. Loryn Brantz. Illus. by Loryn Brantz. 2021. (Love Poem Your Baby Can See Ser.). (ENG., Illus.). 22p. (J). (gr. -1 — 1). bds. 8.99 *(978-0-06-308633-3(6)*, HarperFestival) HarperCollins Pubs.

It Happened on Saturday. Sydney Dunlap. 2023. (ENG.). 256p. (J). (gr. 5-9). 19.99 *(978-1-63163-694-3(4)*, Jolly Fish Pr.) North Star Editions.

It Happened on Sweet Street. Caroline Adderson & Stéphane Jorisch. 2020. (Illus.). 44p. (J). (gr. -1-3). 17.99 *(978-1-101-91885-2(3)*, Tundra Bks.) Tundra Bks. CAN. Dist: Penguin Random Hse. LLC.

It Happened on Thunder Road. Susan Antony. 2021. (ENG.). 292p. (YA). pap. 16.99 *(978-1-5092-3532-2(9))* Wild Rose Pr., Inc., The.

It Happened Yesterday: A Novel (Classic Reprint) Frederick Marshall. (ENG., Illus.). (J). 2018. 276p. 29.59 *(978-0-483-60106-2(3))*; 2016. pap. 11.97 *(978-1-334-12881-3(2))* Forgotten Bks.

IT HURTS (from a Child's Perspective) Adela Ames-Lopez. 2021. (ENG., Illus.). 46p. (J). pap. 15.95 *(978-1-0980-5042-9(8))* Christian Faith Publishing.

It Is A... & Big Fin & Kid Ben. Rod Barkman & Gemma McMullen. Illus. by Danielle and Shah Webster-Jones. 2023. (Level 1 - Pink Set Ser.). (ENG.). 32p. (J). (gr. k-1). lib. bdg. 19.95 Bearport Publishing Co., Inc.

It Is a Good Day. Bela Davis. 2022. (Spot the Sight Words Ser.). (ENG., Illus.). 24p. (J). (gr. -1-2). lib. bdg. 31.36 *(978-1-0982-6162-7(3)*, 39489, Abdo Kids) ABDO Publishing Co.

... it Is a Red Tree. Michele Perrault. 2022. (ENG., Illus.). 22p. (J). 20.95 *(978-1-63692-092-4(6))* Newman Springs Publishing, Inc.

It Is a Tree. Susan Batori. (I Like to Read Ser.). (Illus.). 32p. (J). (gr. -1-3). 2021. pap. 7.99 *(978-0-8234-5136-4(4))*; 2020. 15.99 *(978-0-8234-4531-8(3))* Holiday Hse., Inc.

It Is Brin: Book 58. William Ricketts. Illus. by Dean Maynard. 2023. (Tas & Friends Ser.). (ENG.). 20p. (J). (gr. -1-k). pap. 7.99 ***(978-1-76127-058-1(3)***, f7f2000a-f8c2-4aba-b7b3-9f3a25b9a18c) Knowledge Bks. & Software AUS. Dist: Lerner Publishing Group.

It Is Friday: The Sound of FR. Cynthia Amoroso & Bob Noyed. 2017. (Consonant Blends Ser.). (ENG.). 24p. (J). (gr. -1-2). lib. bdg. 32.79 *(978-1-5038-1936-8(1)*, 211539) Child's World, Inc, The.

It Is Hot. Tora Stephenchel. 2021. (Learning Sight Words Ser.). (ENG.). 24p. (J). (gr. -1-2). lib. bdg. 32.79 *(978-1-5038-4504-6(4)*, 214271) Child's World, Inc, The.

It Is Nat! - Read It Yourself with Ladybird Level 0. Ladybird Books Staff. 2018. (Read It Yourself with Ladybird Ser.). 32p. (J). (gr. -1-1). 4.99 *(978-0-241-31254-4(X))* Penguin Bks., Ltd. GBR. Dist: Independent Pubs. Group.

It Is Never to Late to Mend (Classic Reprint) Charles Reade. 2018. (ENG., Illus.). 568p. (J). 35.63 *(978-0-483-53080-5(8))* Forgotten Bks.

It Is Never Too Late to Mend. Charles Reade. 2017. (ENG.). 412p. (J). pap. *(978-3-337-01940-2(4))* Creation Pubs.

It Is Never Too Late to Mend (Classic Reprint) Charles Reade. 2017. (ENG., Illus.). (J). 42.46 *(978-0-265-51983-7(7))*; pap. 24.80 *(978-0-243-28128-2(5))* Forgotten Bks.

It Is Never Too Late to Mend, Vol. 1 Of 2: A Matter of Fact Romance (Classic Reprint) Charles Reade. 2017. (ENG., Illus.). (J). 32.70 *(978-0-266-73242-6(9))*; pap. 16.57 *(978-1-5276-9450-7(X))* Forgotten Bks.

It Is Never Too Late to Mend, Vol. 1 Of 3: A Matter of Fact Romance (Classic Reprint) Charles Reade. (ENG., Illus.). (J). 2018. 422p. 32.56 *(978-0-484-89078-6(6))*; 2016. pap. 16.57 *(978-1-334-15248-1(9))* Forgotten Bks.

It Is Never Too Late to Mend, Vol. 2 Of 3: A Matter of Fact Romance (Classic Reprint) Charles Reade. (ENG., Illus.). (J). 2018. 372p. 31.57 *(978-0-483-59879-9(8))*; 2016. pap. 13.97 *(978-1-334-15467-6(8))* Forgotten Bks.

It Is Never Too Late to Mend, Vol. 3 Of 3: A Matter of Fact Romance (Classic Reprint) Charles Reade. 2018. (ENG., Illus.). 372p. (J). 31.61 *(978-0-332-77901-0(7))* Forgotten Bks.

It Is No Wonder, Vol. 1 Of 3: A Story of Bohemian Life (Classic Reprint) J. Fitzgerald Molloy. 2018. (ENG., Illus.). 318p. (J). 30.46 *(978-0-483-90434-7(1))* Forgotten Bks.

It Is No Wonder, Vol. 2 Of 3: A Story of Bohemian Life (Classic Reprint) J. Fitzgerald Molloy. 2018. (ENG., Illus.). 324p. (J). 30.60 *(978-0-332-78660-5(9))* Forgotten Bks.

It Is No Wonder, Vol. 3 Of 3: A Story of Bohemian Life (Classic Reprint) J. Fitzgerald Molloy. 2018. (ENG., Illus.). 300p. (J). 30.08 *(978-0-428-77291-8(9))* Forgotten Bks.

It Is Not Perfect. Anna Kang. Illus. by Christopher Weyant. 2020. (You Are Not Small Ser.: 5). (ENG.). 32p. (J). (gr. -1-2). 17.99 *(978-1-5420-1662-9(2)*, 9781542016629, Two Lions) Amazon Publishing.

It Is Not Time for Sleeping. Lisa Graff. Illus. by Lauren Castillo. 2016. (ENG.). 40p. (J). (gr. -1-3). 16.99 *(978-0-544-31930-1(3)*, 1582434, Clarion Bks.) HarperCollins Pubs.

It Is Not Time for Sleeping Padded Board Book. Lisa Graff. Illus. by Lauren Castillo. 2022. (ENG.). 28p. (J). (— 1). bds. 10.99 *(978-0-358-66797-1(6)*, 1822855, Clarion Bks.) HarperCollins Pubs.

It Is Okay to Feel. Amanda Marie Cottrell. Illus. by Amanda Marie Cottrell. 2017. (ENG., Illus.). 50p. (J). pap. *(978-1-7751434-0-6(6))* Art Mindfulness & Creativity.

It Is Okay to Feel How You Feel. R. Joy Stephens. 2022. (ENG.). 22p. (J). pap. 19.95 ***(978-1-7329989-5-7(7))*** Sunny's Light Enterprises, LLC.

It Is True!! 2. Judy M. Hamm. 2017. (ENG., Illus.). (J). pap. 16.95 *(978-1-9736-0115-9(X)*, WestBow Pr.) Author Solutions, LLC.

It Is Written. Ali Leonard. 2023. (ENG.). 260p. (J). pap. 10.39 ***(978-1-7342841-6-4(1))*** Dancing With Bear Publishing.

It Isnt Nice to Be Angry (Dealing with Feelings) Sonia Mehta. 2018. (Dealing with Feelings Ser.). (ENG., Illus.). 48p. (J). pap. 8.99 *(978-0-14-344066-6(7)*, Puffin) Penguin Bks. India PVT, Ltd IND. Dist: Independent Pubs. Group.

It Isn't Rude to Be Nude. Rosie Haine. 2021. (ENG., Illus.). 32p. (J). (gr. 1-4). 16.99 *(978-1-84976-700-2(9))* Tate Publishing, Ltd. GBR. Dist: Abrams, Inc.

It Just Isn't the Same! a Kid's Spot the Difference Activity Book. Bobo's Children Activity Books. 2016. (ENG., Illus.). (J). pap. 7.99 *(978-1-68327-335-6(4))* Sunshine In My Soul Publishing.

It Looks Like This. Rafi Mittlefehldt. (ENG.). 336p. (YA). (gr. 9). 2018. pap. 8.99 *(978-1-5362-0043-0(3))*; 2016. 16.99 *(978-0-7636-8719-9(7))* Candlewick Pr.

It Looks the Same, but It's Not the Same Activity Book. Activibooks For Kids. 2016. (ENG., Illus.). (J). pap. 7.55 *(978-1-68321-372-7(6))* Mimaxion.

It Looks the Same Spotting Game Activity Book. Activibooks For Kids. 2016. (ENG., Illus.). (J). pap. 7.55 *(978-1-68321-371-0(8))* Mimaxion.

It Makes Me Feel Good. Jeanne Hager Burth. 2022. (ENG.). 36p. (J). pap. *(978-1-83875-359-7(1)*, Nightingale Books) Pegasus Elliot Mackenzie Pubs.

It Makes Sense to Me. Cynthia Griffin. 2021. (ENG.). 32p. (J). pap. 14.95 *(978-1-64952-680-9(6))*; (Illus.). 24.95 *(978-1-63985-300-7(6))* Fulton Bks.

It Matters What You Do & Don't Do! Penelope Dyan. Illus. by Penelope Dyan. l.t. ed. 2022. (ENG.). 34p. (J). pap. 12.60 *(978-1-61477-578-2(8))* Bellissima Publishing, LLC.

It May Be True. Henry Wood. 2017. (ENG.). (J). 324p. pap. *(978-3-337-04392-6(5))*; 342p. pap. *(978-3-337-04394-0(1))* Creation Pubs.

It May Be True, Vol. 1 Of 3: A Novel (Classic Reprint) Henry Wood. (ENG., Illus.). (J). 2018. 324p. 30.58 *(978-0-483-73923-9(5))*; 2016. pap. 13.57 *(978-1-333-31679-2(8))* Forgotten Bks.

It May Be True, Vol. 2 Of 3: A Novel (Classic Reprint) Henry Wood. (ENG., Illus.). (J). 2018. 328p. 30.66 *(978-0-484-28336-6(7))*; 2016. pap. 13.57 *(978-1-333-32635-7(1))* Forgotten Bks.

It May Be True, Vol. 3 Of 3: A Novel (Classic Reprint) Henry Wood. (ENG., Illus.). (J). 2018. 344p. 30.99 *(978-0-483-78316-4(1))*; 2016. pap. 13.57 *(978-1-334-12073-2(0))* Forgotten Bks.

It Might Be: A Story of the Future Progress of the Sciences, the Wonderful Advancement in the Methods, of Government & the Happy, State of the People (Classic Reprint) H. E. Swan. 2018. (ENG., Illus.). 188p. (J). 27.79 *(978-0-332-91484-8(4))* Forgotten Bks.

It Might Have Been Worse: A Motor Trip from Coast to Coast (Classic Reprint) Beatrice (Larned) Massey. 2017. (ENG., Illus.). (J). 27.20 *(978-0-331-23416-9(5))* Forgotten Bks.

It Might Have Happened to You a Contemporary Portrait of Central & Eastern Europe (Classic Reprint) Coningsby Dawson. (ENG., Illus.). (J). 2018. 170p. 27.42 *(978-0-484-65674-0(0))*; 2017. pap. 9.97 *(978-0-259-36334-7(0))* Forgotten Bks.

It Must Be the Money! Influence of Income on Choices & the Impact of Unemployment Grade 5 Social Studies Children's Economic Books. Baby Professor. 2022. (ENG.). 72p. (J). 31.99 ***(978-1-5419-9438-6(8))***; pap. 19.99 ***(978-1-5419-8196-6(0))*** Speedy Publishing LLC. (Baby Professor (Education Kids)).

It Must Have Been Moonglow. Shirley Spires Baechtold. 2017. (ENG., Illus.). (YA). (gr. 9-12). pap. 11.95 *(978-1-59330-926-8(0))* Aventine Pr.

It Never Can Happen Again (Classic Reprint) William De Morgan. 2018. (ENG., Illus.). (J). 718p. 38.71 *(978-0-484-50953-4(5))*; 714p. 38.75 *(978-0-428-70747-7(5))* Forgotten Bks.

It Never Can Happen Again, Vol. 1 of 2 (Classic Reprint) William De Morgan. (ENG., Illus.). (J). 2018. 432p. 32.72 *(978-0-332-18208-7(8))*; 2018. 440p. 32.99 *(978-0-428-73205-9(4))*; 2017. pap. 16.57 *(978-1-334-90528-5(2))*; 2016. pap. 16.57 *(978-1-333-72853-3(0))* Forgotten Bks.

It Never Can Happen Again, Vol. 2 of 2 (Classic Reprint) William De Morgan. (ENG., Illus.). (J). 2018. 402p. 32.21

I

(978-0-428-88759-9(7)); 2017. 32.35 *(978-0-331-61997-3(0))*; 2017. pap. 16.57 *(978-1-334-93443-8(6))*; 2016. pap. 16.57 *(978-1-334-14006-8(5))* Forgotten Bks.

It Never Did Run Smooth: A Novel (Classic Reprint) Jane G. Austin. 2017. (ENG., Illus.). (J). 26.47 *(978-0-260-39446-0(7))* Forgotten Bks.

It Only Happens in the Movies. Holly Bourne. 2022. (ENG.). 368p. (YA). (gr. 9). pap. 11.99 *(978-0-358-73298-3(0)*, Clarion Bks.) HarperCollins Pubs.

It Only Takes a Minute. Bracha Goetz. Illus. by Bill Bolton. 2017. (ENG.). 22p. (J). 11.95 *(978-1-945560-02-6(9))* Hachai Publishing.

It Pays to Advertise: A Farcical Fact in Three Acts (Classic Reprint) Roi Cooper Megrue. 2017. (ENG., Illus.). (J). 31.49 *(978-0-266-73622-6(X))* Forgotten Bks.

It Pays to Smile (Classic Reprint) Nina Wilcox Putnam. 2018. (ENG., Illus.). 290p. (J). 29.88 *(978-0-483-22039-3(6))* Forgotten Bks.

It Rained Warm Bread: Moishe Moskowitz's Story of Hope. Gloria Moskowitz-Sweet & Hope Anita Smith. Illus. by Lea Lyon. 2019. (ENG.). 160p. (J). 16.99 *(978-1-250-16572-5(5)*, 900187113, Holt, Henry & Co. Bks. For Young Readers) Holt, Henry & Co.

It Rained Warm Bread: Moishe Moskowitz's Story of Hope. Gloria Moskowitz-Sweet & Hope Anita Smith. Illus. by Lea Lyon. 2021. (ENG.). 160p. (J). pap. 8.99 *(978-1-250-76274-0(X)*, 900187114) Square Fish.

It Sounded Better in My Head. Nina Kenwood. (ENG.). 272p. (YA). 2021. pap. 11.99 *(978-1-250-21928-2(0)*, 900207329); 2020. 18.99 *(978-1-250-21926-8(4)*, 900207328) Flatiron Bks.

It Sounds Like Halloween! Maggie Fischer. Illus. by Gareth Williams. 2022. (4-Button Sound Bks.). (ENG.). 12p. (J). (gr. -1-k). bds. 11.99 *(978-1-6672-0032-3(1)*, Silver Dolphin Bks.) Printers Row Publishing Group.

It Sounds Like This. Anna Meriano. 2022. 400p. (YA). (gr. 7). 19.99 *(978-0-593-11690-6(9)*, Viking Books for Young Readers) Penguin Young Readers Group.

It Spells Z-O-M-B-I-e! P. J. Night. 2017. (You're Invited to a Creepover Ser.: 22). (ENG., Illus.). 160p. (J). (gr. 3-7). pap. 7.99 *(978-1-5344-0082-5(6)*, Simon Spotlight) Simon Spotlight.

It Spells Z-O-M-B-I-E! P. J. Night. 2017. 138p. (J). *(978-1-5182-4688-3(5)*, Simon Spotlight) Simon Spotlight.

It Started As a Seed. Alden Kelley. 2017. (Learn-To-Read Ser.). (ENG., Illus.). (J). pap. 3.49 *(978-1-68310-309-7(2))* Pacific Learning, Inc.

It Started As an Egg. Kimberlee Graves. 2017. (Learn-To-Read Ser.). (ENG., Illus.). (J). (gr. k-1). pap. 3.49 *(978-1-68310-310-3(6))* Pacific Learning, Inc.

It Started with a Big Bang: The Origin of Earth, You & Everything Else. Floor Bal. Illus. by Sebastiaan Van Doninck. 2019. (ENG.). 34p. (J). (gr. k-3). 18.99 *(978-1-5253-0255-8(8))* Kids Can Pr., Ltd. CAN. Dist: Hachette Bk. Group.

It Started with a Pumpkin Seed. Jesse Rogers & Seaweed Rogers. 2019. (ENG.). 46p. (J). pap. 6.95 *(978-0-359-62808-7(7))* Lulu Pr., Inc.

It Started with Goodbye, 1 vol. Christina June. 2017. (ENG.). 272p. (YA). pap. 12.99 *(978-0-310-75866-2(1))* Blink.

It Starts with a Raindrop: Comienza con una Gota de Lluvia. Michael Smith. Illus. by Jonathon Goley & Angela Alvarenga. 2016. (ENG & SPA.). 33p. (J). *(978-0-9973947-1-9(4))* East West Discovery Pr.

It Starts with a Seed. Laura Knowles. Illus. by Jennie Webber. 2017. (It Starts with A Ser.). (ENG.). 32p. (J). (gr. 1-4). 22.99 *(978-1-910277-26-3(6)*, Words & Pictures) Quarto Publishing Group UK GBR. Dist: Hachette Bk. Group.

It Starts with ME! How Do I Treat Relationships? Ja'shanna Graves. 2022. (ENG.). 74p. (YA). pap. *(978-1-6671-0636-6(8))* Lulu Pr., Inc.

It Takes a Village: Picture Book. Hillary Rodham Clinton. Illus. by Marla Frazee. 2017. (ENG.). 40p. (J). (gr. -1-3). 19.99 *(978-1-4814-3087-6(4)*, Simon & Schuster/Paula Wiseman Bks.) Simon & Schuster/Paula Wiseman Bks.

It Takes a Village, a Heroic Fairy Tale. Cindy Flood. Illus. by Haley Passmore. 2021. (ENG.). 30p. (J). pap. *(978-1-7778196-0-6(1))* PageMaster Publication Services, Inc.

It Takes Teamwork! Margaret Green. ed. 2016. (Dinotrux 8X8 Ser.). (J). lib. bdg. 14.75 *(978-0-606-38319-6(0))* Turtleback.

It Takes Two. Cardwell. 2023. (ENG.). 34p. (J). pap. 12.99 *(978-1-7377407-4-2(5))* Cardwell, Robert K.

It Takes Two: Volume 2: Fundza Celebrates Young Writers. Compiled by Rosamund Haden. 2016. (Fundza It Takes Two Ser.: Vol. 2). (ENG., Illus.). (YA). (gr. 7-12). pap. *(978-1-928346-03-6(0))* Cover2Cover Bks.

It Takes Two: Volume 3: Fundza Celebrates Young Writers. Compiled by Rosamund Haden. 2016. (Fundza It Takes Two Ser.: Vol. 3). (ENG., Illus.). (YA). (gr. 7-12). pap. *(978-1-928346-43-2(X))* Cover2Cover Bks.

IT Technician, 1 vol. B. Keith Davidson. 2022. (Top Trade Careers Ser.). (ENG.). 32p. (J). (gr. 3-9). pap. *(978-1-0396-4739-8(1)*, 17343); lib. bdg. *(978-1-0396-4612-4(3)*, 16337) Crabtree Publishing Co. (Crabtree Branches).

It Tickled Him: Around the World with George Hoyt Allen (Classic Reprint) George Hoyt Allen. 2018. (ENG., Illus.). 148p. (J). 26.95 *(978-0-484-40786-1(4))* Forgotten Bks.

It Ticks Then Tocks! - Telling Time Books for Kids: Children's Money & Saving Reference. Baby Professor. 2016. (ENG., Illus.). 40p. (J). pap. 11.65 *(978-1-68326-392-0(8)*, Baby Professor (Education Kids)) Speedy Publishing LLC.

It Transforms! Magical Animals That Change Before Your Eyes. Nikki Potts. 2018. (Magical Animals Ser.). (ENG., Illus.). 32p. (J). (gr. -1-2). lib. bdg. 27.99 *(978-1-5157-9464-6(4)*, 136682, Capstone Pr.) Capstone.

It Was a Lover & His Lass (Classic Reprint) Margaret O. W. Oliphant. 2018. (ENG., Illus.). 330p. (J). 30.72 *(978-0-332-66654-5(9))* Forgotten Bks.

It Was a Lover & His Lass, Vol. 1 of 3 (Classic Reprint) Margaret O. W. Oliphant. 2018. (ENG., Illus.). 330p. (J). 30.70 *(978-0-483-85903-6(6))* Forgotten Bks.

It Was a Lover & His Lass, Vol. 2 of 3 (Classic Reprint) Margaret O. W. Oliphant. 2018. (ENG., Illus.). 338p. (J). 30.91 *(978-0-484-80409-7(X))* Forgotten Bks.

It Was a Lover & His Lass, Vol. 3 of 3 (Classic Reprint) Margaret O. W. Oliphant. 2018. (ENG., Illus.). 358p. (J). 31.28 *(978-0-267-48121-7(7))* Forgotten Bks.

It Was an Accident. Joy Borden. Illus. by Stacy Rose Besco. 2020. (ENG.). 18p. (J). pap. 12.49 *(978-1-63050-806-7(3))* Salem Author Services.

It Was Not My Own Idea (Classic Reprint) Robinson Pierce. 2017. (ENG., Illus.). (J). 26.58 *(978-0-331-48946-0(5))*; pap. 9.57 *(978-0-260-88161-8(9))* Forgotten Bks.

It Was Supposed to Be Sunny. Samantha Cotterill. Illus. by Samantha Cotterill. 2021. (Little Senses Ser.). (Illus.). 32p. (J). (gr. -1-2). 18.99 *(978-0-525-55347-2(9)*, Dial Bks) Penguin Young Readers Group.

It Was the Dutch (Classic Reprint) William Giles. 2016. (ENG., Illus.). (J). pap. 7.97 *(978-1-333-70560-2(3))* Forgotten Bks.

It Was the Night Before Christmas at Abbotsford Cove. Pamela Lillian Valemont. 2019. (ENG.). 24p. (J). pap. 32.47 *(978-0-244-54336-5(4))* Lulu Pr., Inc.

It Was the Night Before Christmas (Let's Not Forget) Jason Holloway. 2021. (ENG., Illus.). 30p. (J). 21.95 *(978-1-0980-8911-5(1))* Christian Faith Publishing.

It Was the Night Before Christ's Birth. Vivian E. Wulf. 2017. (ENG., Illus.). (J). pap. 10.95 *(978-1-5127-7602-7(5)*, WestBow Pr.) Author Solutions, LLC.

It Was Us. Christine Robinson. 2019. (ENG.). 32p. (J). pap. *(978-1-7947-7380-6(0))* Lulu Pr., Inc.

It Was You, Blue Kangaroo (Blue Kangaroo) Emma Chichester Clark. Illus. by Emma Chichester Clark. 2018. (Blue Kangaroo Ser.). (ENG., Illus.). 32p. pap. 6.99 *(978-0-00-826626-4(3)*, HarperCollins Children's Bks.) HarperCollins Pubs. Ltd. GBR. Dist: HarperCollins Pubs.

It Wasn't Always Like This. Joy Preble. 2017. 256p. (YA). (gr. 9). pap. 10.99 *(978-1-61695-777-3(8)*, Soho Teen) Soho Pr., Inc.

It Wasn't Me! Daniel Fehr. Illus. by Pauline Reeves. 2019. (ENG.). 40p. (J). 15.95 *(978-84-17123-94-9(6))* NubeOcho Ediciones ESP. Dist: Consortium Bk. Sales & Distribution.

It Wasn't Me! Melissa Jakeman. 2020. (ENG.). 34p. (J). pap. *(978-0-6485504-1-9(9))* Jakeman, Melissa.

It Wasn't Me. Dana Alison Levy. 2020. (ENG.). 336p. (J). (gr. 5). 8.99 *(978-1-5247-6646-7(1)*, Yearling) Random Hse. Children's Bks.

It Wasn't Me: Fun Children's Book. Anya Mun. 2021. (ENG.). 32p. (J). *(978-1-312-31041-4(3))* Lulu Pr., Inc.

It Will All Hurt. Farel Dalrymple. 2018. (ENG., Illus.). 176p. (YA). pap. 18.99 *(978-1-5343-0672-1(2)*, 27fab8c3-c80f-4429-9c5b-fd72f89b8a54) Image Comics.

It Will Always Be You! — a Love Letter for Children of Teen Moms. Claudette Davis. Illus. by Brooke Burhans O'Neil. 2022. (ENG.). 32p. (J). pap. 12.95 *(978-1-948238-42-7(X))* Silver Tree Communications.

It Will Be OK: A Story of Empathy, Kindness, & Friendship. Lisa Katzenberger. Illus. by Jaclyn Sinquett. 2021. (ENG.). 40p. (J). (gr. k-3). 17.99 *(978-1-7282-2255-4(9))* Sourcebooks, Inc.

It Will Be Okay. Wendy Taylor Townsend. 2017. (ENG., Illus.). (J). 21.95 *(978-1-63575-043-0(1))*; pap. 12.95 *(978-1-63575-041-6(5))* Christian Faith Publishing.

It Will End Like This. Kyra Leigh. 2022. 352p. (YA). (gr. 9). 18.99 *(978-0-593-37552-5(1)*, Delacorte Pr.) Random Hse. Children's Bks.

It Will Get Brighter. Keyana Jaji. Illus. by Cameron Wilson. 2021. (ENG.). 38p. (J). pap. 12.99 *(978-1-0879-8566-4(8))* Indy Pub.

Itacate de Cuentos Mexicanos. Emilio Ángel Lome & Alfredo Nuñez Lanz. 2022. (SPA.). 120p. (YA). pap. 14.95 *(978-607-07-3877-7(2))* Editorial Planeta, S. A. ESP. Dist: Two Rivers Distribution.

Italia. Tracy Vonder Brink. 2022. (Explorando Países (Exploring Countries) Ser.). (SPA.). 24p. (J). (gr. k-2). pap. *(978-1-0396-4934-7(3)*, 19898); lib. bdg. *(978-1-0396-4807-4(X)*, 19897) Crabtree Publishing Co.

Italian Alphabet & Numbers Coloring Book. Stunning Educational Book. Contains; Color the Letters & Trace the Numbers. Cristie Publishing. 2021. (ENG.). 66p. (J). pap. 10.99 *(978-1-006-87937-1(4))* Lulu Pr., Inc.

Italian Alphabet Coloring Book: Color & Learn Italian Alphabet & Floral Letters (53 Pages Pictures to Color) for Kids & Toddlers & Adult. Personaldev Books1. 2021. (ENG.). 54p. (YA). pap. 8.99 *(978-1-716-34372-8(0))* Lulu Pr., Inc.

Italian & Northern Renaissance, 1 vol. Kelly Roscoe. 2017. (Power & Religion in Medieval & Renaissance Times Ser.). (ENG., Illus.). 112p. (J). (gr. 10-10). 37.82 *(978-1-68048-627-8(6)*, 7d2c7363-c50b-44da-928d-ab5554f63d01, Britannica Educational Publishing) Rosen Publishing Group, Inc., The.

Italian Companion & Interpreter for the English Student & Tourist: Containing Words & Phrases of Every Day Use (Classic Reprint) Emma Bertini. (ENG., Illus.). (J). 2018. 146p. 26.93 *(978-0-267-59800-7(9))*; 2016. pap. 9.57 *(978-1-334-14523-0(7))* Forgotten Bks.

Italian Companion & Interpreter for the English Student & Tourist: Containing Words & Phrases of Every Day Use, Compiled upon a New System; Together with the Most Essential Grammatical Elements of the Language (Classic Reprint) Emma Bertini. 2017. (ENG., Illus.). (J). 146p. 26.93 *(978-0-484-71749-6(9))*; pap. 9.57 *(978-0-259-30851-5(X))* Forgotten Bks.

Italian Days & Ways (Classic Reprint) Anne Hollingsworth Wharton. 2018. (ENG., Illus.). 330p. (J). 30.70 *(978-0-364-26436-2(5))* Forgotten Bks.

Italian Explorers. Marty Gitlin & Maria Koran. 2016. 32p. (J). *(978-1-5105-1869-8(X))* SmartBook Media, Inc.

Italian Fairy Book (Classic Reprint) Anne Macdonell. 2017. (ENG., Illus.). (J). 30.60 *(978-0-331-32536-2(5))* Forgotten Bks.

Italian Family Table, Vol. 11. Diane Bailey. 2018. (Connecting Cultures Through Family & Food Ser.). (Illus.). 64p. (J). (gr. 7). 31.93 *(978-1-4222-4046-5(0))* Mason Crest.

Italian for Everyone Junior: 5 Words a Day. DK. 2021. (DK 5-Words a Day Ser.). (ENG.). 240p. (J). (gr. 1-4). pap. 19.99 *(978-0-7440-3679-4(8)*, DK Children) Dorling Kindersley Publishing, Inc.

Italian for Everyone Junior First Words Flash Cards. DK. 2023. (ENG.). 105p. (J). (gr. k-4). 9.99 *(978-0-7440-7380-5(4)*, DK Children) Dorling Kindersley Publishing, Inc.

Italian for the Traveller (Classic Reprint) J. S. Keyworth. (ENG., Illus.). (J). 2018. 114p. 26.25 *(978-0-666-19480-0(7))*; 2016. pap. 9.57 *(978-1-334-13007-6(8))* Forgotten Bks.

Italian Girl (Classic Reprint) Katharine Sedgwick Washburn. 2018. (ENG., Illus.). 390p. (J). 31.94 *(978-0-483-98003-7(X))* Forgotten Bks.

Italian Immigrants: In Their Shoes. Tyler Omoth. 2017. (Immigrant Experiences Ser.). (ENG.). 32p. (J). (gr. 3-6). lib. bdg. 35.64 *(978-1-5038-2029-6(7)*, 211848) Child's World, Inc, The.

Italian Journeys (Classic Reprint) W. D. Howells. 2017. (ENG., Illus.). 402p. (J). 32.19 *(978-0-484-88569-0(3))* Forgotten Bks.

Italian Journeys, Vol. 1 (Classic Reprint) William Dean Howells. 2018. (ENG., Illus.). 272p. (J). 29.51 *(978-0-267-46221-6(2))* Forgotten Bks.

Italian Novelists: Translated from the Originals with Critical & Biographical Notices (Classic Reprint) Thomas Roscoe. (ENG., Illus.). (J). 2018. 648p. 37.28 *(978-0-483-39568-8(4))*; 2016. pap. 19.97 *(978-1-334-13637-5(8))* Forgotten Bks.

Italian Novelists, Vol. 1 (Classic Reprint) W. G. Waters. 2018. (ENG., Illus.). 460p. (J). 33.34 *(978-0-428-38881-2(7))* Forgotten Bks.

Italian Novelists, Vol. 3 Of 4: Selected from the Most Approved Authors in That Language; from the Earliest Period down to the Close of the Eighteenth Century; Arranged in an Historical & Chronological Series; Second Edition (Classic Reprint) Thomas Roscoe. (ENG., Illus.). (J). 2017. 370p. 31.53 *(978-0-484-58359-6(X))*; 2016. pap. 13.97 *(978-1-332-70910-6(9))* Forgotten Bks.

Italian Novelists, Vol. 4 of 4 (Classic Reprint) Thomas Roscoe. 2017. (ENG., Illus.). (J). 31.82 *(978-0-331-50347-0(6))*; pap. 16.57 *(978-0-243-94546-7(9))* Forgotten Bks.

Italian Pocket Dictionary: In Two Parts; I. Italian & English; II. English & Italian; Preceded by an Italian Grammar (Classic Reprint) C. Graglia. (ENG., Illus.). (J). 2018. 496p. 34.13 *(978-0-267-33530-5(X))*; 2016. pap. 16.57 *(978-1-333-59352-0(X))* Forgotten Bks.

Italian Pocket Dictionary: In Two Parts, I. Italian & English, II. English & Italian; Preceded by an Italian Grammar (Classic Reprint) C. Graglia. 2017. (ENG., Illus.). (J). 33.69 *(978-0-265-54695-6(8))*; pap. 16.57 *(978-0-282-77315-1(0))* Forgotten Bks.

Italian Pocket Dictionary: In Two Parts; I. Italian & English; II. English & Italian; Preceded by an Italian Grammar (Classic Reprint) Giuspanio Graglia. (ENG., Illus.). (J). 2018. 484p. 33.88 *(978-0-666-97919-3(7))*; 2017. pap. 16.57 *(978-0-259-90310-9(8))* Forgotten Bks.

Italian Pocket Dictionary: In Two Parts: I. Italian & English, English & Italian; Preceded by an Italian Grammar (Classic Reprint) Giuspanio Graglia. 2017. (ENG., Illus.). (J). 488p. 33.96 *(978-0-484-37486-6(9))*; pap. 16.57 *(978-0-259-86821-7(3))* Forgotten Bks.

Italian Popular Tales (Classic Reprint) Thomas Frederick Crane. 2017. (ENG., Illus.). (J). 32.66 *(978-1-5280-6334-0(1))* Forgotten Bks.

Italian Sketches (Classic Reprint) Sophie Jewett. 2017. (ENG., Illus.). (J). 26.12 *(978-0-266-22203-3(X))* Forgotten Bks.

Italian Supercars: Ferrari, Lamborghini, Maserati, 1 vol. Paul Mason. 2018. (Supercars Ser.). (ENG.). 32p. (J). (gr. 4-5). 27.93 *(978-1-5383-3890-2(4)*, 696ca01a-f563-4dfc-8012-e751f142d515, PowerKids Pr.) Rosen Publishing Group, Inc., The.

Italiana Che Salvò Il Mondo. Emanuela Molaschi. 2022. (ITA.). 93p. (YA). pap. *(978-1-4710-2811-3(9))* Lulu Pr., Inc.

Italians. Frances Elliot. 2017. (ENG., Illus.). (J). 27.95 *(978-1-374-83654-9(0))*; pap. 17.95 *(978-1-374-83653-2(2))* Capital Communications, Inc.

Italians. Frances Elliot. 2017. (ENG.). 414p. (J). pap. *(978-3-337-00062-2(2))* Creation Pubs.

Italians: A Novel (Classic Reprint) Frances Elliot. 2018. (ENG., Illus.). 408p. (J). 32.33 *(978-0-364-03727-0(X))* Forgotten Bks.

Italians, Vol. 2 of 2 (Classic Reprint) Frances Minto Dickinson Elliot. 2018. (ENG., Illus.). 302p. (J). 30.19 *(978-0-483-06353-2(3))* Forgotten Bks.

Italy, 1 vol. Tracy Vonder Brink. 2022. (Exploring Countries Ser.). (ENG.). 24p. (J). (gr. k-2). lib. bdg. *(978-1-0396-4457-1(0)*, 16262); (Illus.). pap. *(978-1-0396-4648-3(4)*, 17204) Crabtree Publishing Co. (Crabtree Seedlings).

Italy. Joy Gregory. 2016. (Illus.). 32p. (J). *(978-1-4896-5414-4(3))* Weigl Pubs., Inc.

Italy, 1 vol. Alicia Z. Klepeis. 2016. (Exploring World Cultures (First Edition) Ser.). (ENG., Illus.). 32p. (gr. 3-3). pap. 12.16 *(978-1-5026-2138-2(X)*, 81ee7d7c-a65b-47f2-9f88-bded3f0f1900) Cavendish Square Publishing LLC.

Italy. Joyce L. Markovics. 2016. (Countries We Come From Ser.). (ENG., Illus.). 32p. (J). (gr. -1-3). 28.50 *(978-1-68402-058-4(1))* Bearport Publishing Co., Inc.

Italy. Carla Mooney. 2022. (Essential Library of Countries Ser.). (ENG., Illus.). 112p. (YA). (gr. 6-12). lib. bdg. 41.36 *(978-1-5321-9944-8(9)*, 40677, Essential Library) ABDO Publishing Co.

Italy. Julie Murray. 2022. (Countries Ser.). (ENG., Illus.). 24p. (J). (gr. -1-2). lib. bdg. 32.79 *(978-1-0982-6169-6(0)*, 39405, Abdo Kids) ABDO Publishing Co.

Italy. Amy Rechner. 2017. (Country Profiles Ser.). (ENG., Illus.). 32p. (J). (gr. 3-8). lib. bdg. 27.95 *(978-1-62617-683-6(3)*, Blastoff! Discovery) Bellwether Media.

Italy. R. L. Van. 2022. (Countries (BBB) Ser.). (ENG., Illus.). 32p. (J). (gr. 2-5). lib. bdg. 34.21 *(978-1-5321-9966-0(X)*, 40721, Big Buddy Bks.) ABDO Publishing Co.

Italy. Rachael Bell. 2nd rev. ed. 2016. (Visit To Ser.). (ENG.). 32p. (J). (gr. k-2). pap. 8.29 *(978-1-4846-3874-3(3)*, 134815, Heinemann) Capstone.

Italy, Vol. 16. Dominic J. Ainsley. 2018. (European Countries Today Ser.). (Illus.). 96p. (J). (gr. 7). lib. bdg. 34.60 *(978-1-4222-3987-2(X))* Mason Crest.

Italy: With Sketches of Spain & Portugal, in Two Volumes, Vol. I. William Beckford. 2017. (ENG., Illus.). (J). pap. *(978-0-649-61707-4(X))* Trieste Publishing Pty Ltd.

Italy: With Sketches of Spain & Portugal, Vol. 2 of 2 (Classic Reprint) William Beckford. 2017. (ENG., Illus.). (J). 32.19 *(978-0-265-79052-6(2))* Forgotten Bks.

Italy at War (Classic Reprint) Herbert Vivian. 2018. (ENG., Illus.). 412p. (J). 32.39 *(978-0-656-12311-7(7))* Forgotten Bks.

Italy (Follow Me Around) (Library Edition) Wiley Blevins. 2018. (Follow Me Around... Ser.). (ENG., Illus.). 32p. (J). (gr. 3-4). 27.00 *(978-0-531-23455-6(X)*, Children's Pr.) Scholastic Library Publishing.

Italy Old & New (Classic Reprint) Elizabeth Hazelton Haight. 2019. (ENG., Illus.). 274p. (J). 29.55 *(978-0-365-18276-4(1))* Forgotten Bks.

Italy, Spain, & Portugal, Vol. 1 Of 2: With an Excursion to the Monasteries of Alcobaca & Batalha (Classic Reprint) William Beckford. (ENG., Illus.). (J). 2018. 602p. 36.33 *(978-0-483-44056-2(6))*; 2016. pap. 19.57 *(978-1-334-19748-2(2))* Forgotten Bks.

Italy, Vol. 1 Of 2: With Sketches of Spain & Portugal (Classic Reprint) William Beckford. 2017. (ENG., Illus.). (J). 34.23 *(978-0-265-52265-3(X))*; pap. 23.57 *(978-0-259-41528-2(6))* Forgotten Bks.

Its Cool to Respect Others (My Book of Values) Sonia Mehta. 2017. (My Book of Values Ser.). (ENG.). 48p. (J). (gr. 2-4). pap. 8.99 *(978-0-14-344054-3(3)*, Puffin) Penguin Bks. India PVT, Ltd IND. Dist: Independent Pubs. Group.

Its Good to Be Different. N. Bernier. Illus. by J. Johnson. 2022. (ENG.). 26p. (J). pap. 11.99 *(978-1-0983-7195-1(X))* BookBaby.

Its Great to Be a Fan in California. Todd Kortemeier. 2018. (Sports Nation Ser.). (ENG., Illus.). 48p. (J). (gr. 5-6). pap. 11.95 *(978-1-64185-028-5(0)*, 1641850280); lib. bdg. 34.21 *(978-1-63517-926-2(2)*, 1635179262) North Star Editions. (Focus Readers).

Its Great to Be a Fan in Colorado. Todd Kortemeier. 2018. (Sports Nation Ser.). (ENG., Illus.). 48p. (J). (gr. 5-6). pap. 11.95 *(978-1-64185-029-2(9)*, 1641850299); lib. bdg. 34.21 *(978-1-63517-927-9(0)*, 1635179270) North Star Editions. (Focus Readers).

Its Great to Be a Fan in Florida. Matthew McCabe. 2018. (Sports Nation Ser.). (ENG., Illus.). 48p. (J). (gr. 5-6). pap. 11.95 *(978-1-64185-030-8(2)*, 1641850302); lib. bdg. 34.21 *(978-1-63517-928-6(9)*, 1635179289) North Star Editions. (Focus Readers).

Its Great to Be a Fan in Illinois. Todd Kortemeier. 2018. (Sports Nation Ser.). (ENG., Illus.). 48p. (J). (gr. 5-6). pap. 11.95 *(978-1-64185-031-5(0)*, 1641850310); lib. bdg. 34.21 *(978-1-63517-929-3(7)*, 1635179297) North Star Editions. (Focus Readers).

Its Great to Be a Fan in Massachusetts. Sam Moussavi. 2018. (Sports Nation Ser.). (ENG., Illus.). 48p. (J). (gr. 5-6). pap. 11.95 *(978-1-64185-032-2(9)*, 1641850329); lib. bdg. 34.21 *(978-1-63517-930-9(0)*, 1635179300) North Star Editions. (Focus Readers).

Its Great to Be a Fan in Michigan. Tom Streissguth. 2018. (Sports Nation Ser.). (ENG., Illus.). 48p. (J). (gr. 5-6). pap. 11.95 *(978-1-64185-033-9(7)*, 1641850337); lib. bdg. 34.21 *(978-1-63517-931-6(9)*, 1635179319) North Star Editions. (Focus Readers).

Its Great to Be a Fan in Minnesota. Matthew McCabe. 2018. (Sports Nation Ser.). (ENG., Illus.). 48p. (J). (gr. 5-6). pap. 11.95 *(978-1-64185-034-6(5)*, 1641850345); lib. bdg. 34.21 *(978-1-63517-932-3(7)*, 1635179327) North Star Editions. (Focus Readers).

Its Great to Be a Fan in New York. Joanne Mattern. 2018. (Sports Nation Ser.). (ENG., Illus.). 48p. (J). (gr. 5-6). pap. 11.95 *(978-1-64185-035-3(3)*, 1641850353); lib. bdg. 34.21 *(978-1-63517-933-0(5)*, 1635179335) North Star Editions. (Focus Readers).

Its Great to Be a Fan in North Carolina. Donna B. McKinney. 2018. (Sports Nation Ser.). (ENG., Illus.). 48p. (J). (gr. 5-6). pap. 11.95 *(978-1-64185-036-0(1)*, 1641850361); lib. bdg. 34.21 *(978-1-63517-934-7(3)*, 1635179343) North Star Editions. (Focus Readers).

Its Great to Be a Fan in Ohio. Todd Kortemeier. 2018. (Sports Nation Ser.). (ENG., Illus.). 48p. (J). (gr. 5-6). pap. 11.95 *(978-1-64185-037-7(X)*, 164185037X); lib. bdg. 34.21 *(978-1-63517-935-4(1)*, 1635179351) North Star Editions. (Focus Readers).

Its Great to Be a Fan in Pennsylvania. Joanne Mattern. 2018. (Sports Nation Ser.). (ENG., Illus.). 48p. (J). (gr. 5-6). pap. 11.95 *(978-1-64185-038-4(8)*, 1641850388); lib. bdg. 34.21 *(978-1-63517-936-1(X)*, 163517936X) North Star Editions. (Focus Readers).

Its Just So. Brenda Faatz. Illus. by Peter Trimarco. Lt. ed. 2016. (ENG.). 40p. (J). (gr. -1-2). 16.95 *(978-0-9970851-0-5(X))* Notable Kids Publishing.

Its Not Nice to Be Jealous (Dealing with Feelings) Sonia Mehta. 2018. (Dealing with Feelings Ser.). (ENG., Illus.). 48p. (J). (gr. k-2). pap. 8.99 *(978-0-14-344071-0(3)*, Puffin) Penguin Bks. India PVT, Ltd IND. Dist: Independent Pubs. Group.

Its Okay to Be Confused (Dealing with Feelings) Sonia Mehta. 2018. (Dealing with Feelings Ser.). (ENG., Illus.). 48p. (J). (gr. k-2). pap. 8.99 *(978-0-14-344072-7(1)*, Puffin) Penguin Bks. India PVT, Ltd IND. Dist: Independent Pubs. Group.

Itani Finds His Way: English Edition. Emily Jackson. Illus. by Jesus Lopez. 2021. (Nunavummi Reading Ser.). 34p. (J). pap. 12.95 *(978-1-77450-286-0(0))* Inhabit Education Bks. Inc. CAN. Dist: Consortium Bk. Sales & Distribution.

Itch. Polly Farquhar. (ENG.). (J). (gr. 3-7). 2021. 240p. pap. 9.99 *(978-0-8234-4845-6(2))*; 2020. 256p. 17.99 *(978-0-8234-4552-3(6))* Holiday Hse., Inc.

Itch! Everything You Didn't Want to Know about What Makes You Scratch. Anita Sanchez. Illus. by Gilbert Ford. 2018. (ENG.). 80p. (J). (gr. 3-7). 17.99

1030 The check digit for ISBN-10 appears in parentheses after the full ISBN-13

(978-0-544-81101-0(1), 1641759, Clarion Bks.) HarperCollins Pubs.

Itch! Everything You Didn't Want to Know about What Makes You Scratch. Anita Sanchez & Gilbert Ford. 2022. (ENG., Illus.). 80p. (J). (gr. 3-7). pap. 10.99 (978-0-358-73287-7(5), Clarion Bks.) HarperCollins Pubs.

Itch-Ish. Dustin Schneider. Illus. by Steve Feldman. 2022. (ENG.). 26p. (J). 20.35 **(978-1-0879-3051-0(0))** Indy Pub.

Itchy Book!-Elephant & Piggie Like Reading! Mo Willems. 2018. (Elephant & Piggie Like Reading! Ser.: 5). 50p. (J). (gr. 1-3). 9.99 **(978-1-368-00564-7(0)**, Hyperion Books for Children) Disney Publishing Worldwide.

Itchy, Red, & Dry. Christopher J. Yao. 2021. (ENG.). 20p. (J). pap. 9.99 (978-1-0879-0281-4(9)) Indy Pub.

Itchy Round Rash: Health Promotion for Children. Farah Alam-Mirza. Illus. by Yunzila Mirza. 2019. (ENG.). 34p. (J). pap. (978-1-9160945-3-6(8)) Puffin Hse.

Itchy Twitchy Nose. Daniel Roberts. 2017. (ENG., Illus.). 34p. (J). pap. (978-0-359-02614-2(1)) Lulu Pr., Inc.

Itchy Witch: Learn 5 Ways to Spell the Short I Sound. Karen Sandelin & Amber Williams. 2019. (ENG., Illus.). 50p. (J). pap. (978-0-6484321-0-4(6)) Clever Speller Pty, Limited.

Itchy's Itch. Martina Pfaff. 2018. (ENG., Illus.). 52p. (J). pap. 13.99 (978-1-949609-08-0(1)) Pen It Pubns.

Ithuriel's Spear (Classic Reprint) William Henry Fitchett. (ENG., Illus.). (J). 2018. 466p. 33.51 (978-0-483-38801-7(7)); 2016. pap. 16.57 (978-1-333-24384-5(7)) Forgotten Bks.

Itinerant Horse Physician (Classic Reprint) Mart R. Steffen. 2018. (ENG., Illus.). 198p. (J). 27.98 (978-0-267-17717-2(8)) Forgotten Bks.

Itinerant House, & Other Stories (Classic Reprint) Emma Frances Dawson. 2018. (ENG., Illus.). 354p. (J). 31.20 (978-0-666-52495-9(5)) Forgotten Bks.

Itinerant in Scotland, Vol. 3 of 3 (Classic Reprint) S. W. Ryley. 2018. (ENG., Illus.). 326p. (J). 30.62 (978-0-483-96878-3(1)) Forgotten Bks.

Itinerant, in Scotland, Vol. 7 (Classic Reprint) S. W. Ryley. 2018. (ENG., Illus.). 326p. (J). 30.66 (978-0-484-23255-5(X)) Forgotten Bks.

Itinerant, in Scotland, Vol. 7 (Classic Reprint) Samuel William Ryley. (ENG., Illus.). (J). 2018. 352p. 31.16 (978-0-267-31430-0(2)); 2016. pap. 13.57 (978-1-333-43984-2(9)) Forgotten Bks.

Itinerant, or Memoirs of an Actor, Vol. 1 (Classic Reprint) S. W. Ryley. (ENG., Illus.). (J). 2018. 288p. 29.84 (978-0-484-33022-0(5)); 2016. pap. 13.57 (978-1-334-33138-1(3)) Forgotten Bks.

Itinerant, or Memoirs of an Actor, Vol. 1 of 2 (Classic Reprint) S. W. Ryley. (ENG., Illus.). (J). 2018. 288p. 29.86 (978-0-483-33772-5(2)); 2016. pap. 13.57 (978-1-334-14892-7(9)) Forgotten Bks.

Itinerant, or Memoirs of an Actor, Vol. 2: Part II (Classic Reprint) S. W. Ryley. 2018. (ENG., Illus.). 260p. (J). 29.26 (978-0-484-22898-5(6)) Forgotten Bks.

Itinerant, or Memoirs of an Actor, Vol. 3: Part 2 (Classic Reprint) Samuel William Ryley. (ENG., Illus.). (J). 2018. 244p. 28.93 (978-0-332-18063-2(8)); 2016. pap. 11.57 (978-1-333-12956-9(4)) Forgotten Bks.

Itinerant, or Memoirs of an Actor, Vol. 3 of 3 (Classic Reprint) Samuel William Ryley. 2018. (ENG., Illus.). 388p. (J). 31.90 (978-0-484-70855-5(4)) Forgotten Bks.

Itinerant, Vol. 1 Of 3: Or, Memoirs of an Actor (Classic Reprint) S. W. Ryley. 2018. (ENG., Illus.). 324p. (J). 30.58 (978-0-484-58380-0(8)) Forgotten Bks.

Itinerant, Vol. 2 Of 3: Or Memoirs of an Actor (Classic Reprint) S. W. Ryley. 2018. (ENG., Illus.). 328p. (J). 30.66 (978-0-483-88875-3(3)) Forgotten Bks.

Itinerant, Vol. 4: Or Memoirs of an Actor (Classic Reprint) S. W. Ryley. 2018. (ENG., Illus.). 336p. (J). 30.87 (978-0-484-82007-3(9)) Forgotten Bks.

Itinerant, Vol. 5: Or Memoirs of an Actor (Classic Reprint) S. W. Ryley. 2018. (ENG., Illus.). 378p. (J). 31.71 (978-0-484-51274-9(9)) Forgotten Bks.

Itinerant, Vol. 6: Or Memoirs of an Actor (Classic Reprint) S. W. Ryley. 2018. (ENG., Illus.). 454p. (J). 33.26 (978-0-267-21113-5(9)) Forgotten Bks.

Itinerary of Azariah Frejolity, or What Becomes of Old Barbers (Classic Reprint) William Azariah Augustine. (ENG., Illus.). (J). 2018. 234p. 28.74 (978-0-483-45886-4(4)); 2016. pap. 11.57 (978-1-334-23539-9(2)) Forgotten Bks.

It'll Be Okay, Lucy. Starla Criser. Illus. by Sharon Revell. 2017. (ENG.). (J). (gr. k-3). 15.95 (978-0-692-96659-4(5)); pap. 10.99 (978-0-692-94596-4(2)) Starla Enterprises, Inc.

It'll Get Better for Ages 8 &up. Mea Holywood. 2018. (ENG., Illus.). 52p. (J). (978-0-359-13040-5(2)) Lulu Pr., Inc.

It'll Never Work: Cars, Trucks & Trains: An Accidental History of Inventions. Jon Richards. 2019. (It'll Never Work Ser.). (ENG., Illus.). 32p. (J). (gr. 4-6). pap. 10.99 (978-1-4451-5023-9(9), Franklin Watts) Hachette Children's Group GBR. Dist: Hachette Bk. Group.

It'll Never Work: in the Home: An Accidental History of Inventions. Jon Richards. 2019. (It'll Never Work Ser.). (ENG., Illus.). 32p. (J). (gr. 4-6). pap. 10.99 (978-1-4451-5032-1(8), Franklin Watts) Hachette Children's Group GBR. Dist: Hachette Bk. Group.

It'll Never Work: Rockets & Space Travel: An Accidental History of Inventions. Jon Richards. 2019. (It'll Never Work Ser.). (ENG., Illus.). 32p. (J). (gr. 4-6). pap. 10.99 (978-1-4451-5027-7(1), Franklin Watts) Hachette Children's Group GBR. Dist: Hachette Bk. Group.

It'll Never Work: Weapons & Warfare: An Accidental History of Inventions. Jon Richards. ed. 2017. (It'll Never Work Ser.). (ENG., Illus.). 32p. (J). (gr. 4-6). 16.99 (978-1-4451-5030-7(1), Franklin Watts) Hachette Children's Group GBR. Dist: Hachette Bk. Group.

It'll Take Many Days to Explore Russia! the Biggest Country in the World! Geography Book for Children Children's Travel Books. Baby Professor. 2017. (ENG., Illus.). 64p. (J). pap. 9.52 (978-1-5419-1590-9(9), Baby Professor (Education Kids)) Speedy Publishing LLC.

Itoshi No Inu Hachi. Yoko Imoto. 2016. (CHI.). (J). (978-7-5056-3211-0(6)) Picture-story Publishing Hse.

It's 6 P. M. Fay Robinson. 2016. (Spring Forward Ser.). (J). (gr. 1). (978-1-4900-9370-3(2)) Benchmark Education Co.

It's a Beautiful Night. Deborah Kitt. 2021. (ENG.). 32p. (J). 23.95 (978-1-63630-332-1(3)); pap. 13.95 (978-1-63630-331-4(5)) Covenant Bks.

It's a Big Eyed World! Animals Coloring Book. Creative Playbooks. 2016. (ENG., Illus.). (J). pap. 7.74 (978-1-68323-810-2(9)) Twin Flame Productions.

It's a Big World: Take It to the Top, by Giving It All You Got. Rosa Pearl Johnson. Illus. by Larry D. Griggs Jr. 2016. (ENG.). (J). (978-1-4602-8666-1(9)); pap. (978-1-4602-8667-8(7)) FriesenPress.

It's a Big World Out There! Lizzy a Pea. 2019. (ENG., Illus.). 32p. (J). pap. (978-0-6481709-0-7(X)) Editions NIL.

It's a Bird, It's a Plane, It's Toiletman! Nancy Krulik. ed. 2016. (George Brown, Class Clown Ser.: 17). lib. bdg. 14.75 (978-0-606-38417-9(0)) Turtleback.

It's a Bird, It's a Plane, It's Toiletman! #17. Nancy Krulik. Illus. by Aaron Blecha. 2016. (George Brown, Class Clown Ser.: 17). 128p. (J). (gr. 1-3). bds. 6.99 (978-0-448-48285-9(1), Grosset & Dunlap) Penguin Young Readers Group.

It's a Boa Constrictor! Tessa Kenan. 2017. (Bumba Books (r) — Rain Forest Animals Ser.). (ENG., Illus.). 24p. (J). (gr. -1-1). 26.65 (978-1-5124-2567-3(2), bf7034c0-4674-4698-add0-b1fd87b4b303); E-Book 39.99 (978-1-5124-2757-8(8)); E-Book 4.99 (978-1-5124-3747-8(6), 9781512437478); E-Book 39.99 (978-1-5124-3746-1(8), 9781512437461) Lerner Publishing Group. (Lerner Pubns.).

It's a Bunch of a Lot of Us: But Its Not All of Us Said Papa Hippopotamus. Lisa Wilson. Illus. by SarahRose Nave. 2nd ed. 2023. (ENG.). 50p. (J). (— 1). 24.95 BookBaby.

It's a Caribou! Kerry Dinmont. 2018. (Bumba Books (r) — Polar Animals Ser.). (ENG., Illus.). 24p. (J). (gr. -1-1). pap. 8.99 (978-1-5415-2693-8(7), 9ec080e0-214a-45a2-9777-c19c805128b7); lib. bdg. 26.65 (978-1-5124-8278-2(1), 11bd5f4b-6515-42b2-ad79-3f8a2f71aef0, Lerner Pubns.) Lerner Publishing Group.

It's a Celebration! Jumbo Coloring Party. Jupiter Kids. 2016. (ENG., Illus.). 106p. (J). pap. 12.55 (978-1-68305-260-9(9), Jupiter Kids (Childrens & Kids Fiction)) Speedy Publishing LLC.

It's a Chameleon! Tessa Kenan. 2017. (Bumba Books (r) — Rain Forest Animals Ser.). (ENG., Illus.). 24p. (J). (gr. -1-1). 26.65 (978-1-5124-2568-0(0), 64513cfe-1916-454e-8509-8582c99584be); E-Book 4.99 (978-1-5124-3750-8(6), 9781512437508); E-Book 39.99 (978-1-5124-2758-5(6)); E-Book 39.99 (978-1-5124-3749-2(2), 9781512437492) Lerner Publishing Group. (Lerner Pubns.).

It's a Chimpanzee! Tessa Kenan. 2017. (Bumba Books (r) — Rain Forest Animals Ser.). (ENG., Illus.). 24p. (J). (gr. -1-1). 26.65 (978-1-5124-2572-7(9), b0fb42d2-8baa-4fad-af42-a1dabdfdffed); E-Book 39.99 (978-1-5124-3752-2(2), 9781512437522); E-Book 39.99 (978-1-5124-2759-2(4)); E-Book 4.99 (978-1-5124-3753-9(0), 9781512437539) Lerner Publishing Group. (Lerner Pubns.).

It's a Cold, Cold Day. Tom Lamkin. Illus. by Oli Rainwater. (ENG.). 32p. (J). 2023. 20.95 **(978-1-948807-53-1(X))**; 2022. 18.95 **(978-1-948807-18-0(1))** 3 Fates Pr. (Line By Lion Pubns.).

It's a Cold, Cold Day. Tom Lamkin. 2021. (ENG.). 32p. (J). 15.95 (978-1-948807-06-7(8), Line By Lion Pubns.) 3 Fates Pr.

It's a Color Of.... Yael Manor. Illus. by Benny Rahdiana. 2018. (ENG.). 28p. (J). pap. 9.50 (978-1-64204-630-4(2)) Primedia eLaunch LLC.

It's a Dad's Thing: Part 2 - the Cruel Dad. Adam Atcha. 2020. (ENG.). 34p. (J). pap. 15.95 (978-1-5043-2299-7(1), Balboa Pr.) Author Solutions, LLC.

It's a Dad's Thing: Part 3 - the Crazy Dad. Adam Atcha. 2020. (ENG.). 34p. (J). pap. 15.95 (978-1-5043-2301-7(7), Balboa Pr.) Author Solutions, LLC.

It's a Digital World! (Set), 6 vols. 2018. (It's a Digital World! Ser.). (ENG.). 32p. (J). (gr. 3-6). lib. bdg. 196.74 (978-1-5321-1529-5(6), 28912, Checkerboard Library) ABDO Publishing Co.

It's a Dog's Life. John R. Erickson. Illus. by Gerald L. Holmes. 2017. (Hank the Cowdog Ser.: Vol. 3). (ENG.). 120p. (J). (gr. 3-6). 15.99 (978-1-59188-203-9(6)) Maverick Bks., Inc.

It's a Dog's Life (Reading Ladder Level 2) Michael Morpurgo. Illus. by Hannah George. 2016. (Reading Ladder Level 2 Ser.). (ENG.). 48p. (gr. k-2). pap. 4.99 (978-1-4052-8256-7(8), Reading Ladder) Farshore GBR. Dist: HarperCollins Pubs.

It's a Field Trip, Busy Bus! Jody Jensen Shaffer. Illus. by Claire Messer. 2019. (Busy Bus Ser.). (ENG.). 40p. (J). (gr. -1-3). 17.99 (978-1-5344-4081-4(X), Beach Lane Bks.) Beach Lane Bks.

It's a Funny Old World: Twenty Poems for Teenage Readers. Nigel Tetley. 2019. (ENG.). 48p. (YA). (gr. 7-12). pap. (978-1-78963-048-0(7), Choir Pr., The) Action Publishing Technology Ltd.

It's a Great, Big Colorful World. Tom Schamp. 2020. (ENG.). 48p. (J). (-k). 19.95 (978-3-7913-7424-6(9)) Prestel Verlag GmbH & Co KG. DEU. Dist: Penguin Random Hse. LLC.

It's a Great Fucking Day to Save Lives: A Swear Word Coloring Book for Nurses. Colton Byrd. 2023. (ENG.). 36p. (J). pap. **(978-1-312-74400-4(6))** Lulu Pr., Inc.

It's a Hit! Arin Cole Barth & Marika Barth. 2022. (ENG.). 150p. (J). (gr. 4-8). pap. 12.95 (978-1-9991562-9-9(3)) Flamingo Rampant! CAN. Dist: Orca Bk. Pubs. USA.

It's a Jaguar! Tessa Kenan. ed. 2017. (Bumba Books (r) — Rain Forest Animals Ser.). (ENG., Illus.). 24p. (J). (gr. -1-1). E-Book 39.99 (978-1-5124-3755-3(7), 9781512437553); E-Book 4.99 (978-1-5124-3756-0(5), 9781512437560); E-Book 39.99 (978-1-5124-2760-8(8)) Lerner Publishing Group. (Lerner Pubns.).

Its a Jungle! Animal Dot to Dots: Connect the Dot Books. Jupiter Kids. 2016. (ENG., Illus.). 76p. (J). pap. 13.75 (978-1-68305-443-6(1), Jupiter Kids (Childrens & Kids Fiction)) Speedy Publishing LLC.

It's a Jungle in Here. Kristie Wilde. Illus. by Kristie Wilde. 2018. (Joyful Creation Ser.: Vol. 3). (ENG., Illus.). 28p. (J). pap. 12.99 (978-0-9974828-2-9(6)) Wilde Art.

It's a Jungle Out There! Jungle Animals for Kids Children's Environment Books. Baby Professor. 2017. (ENG., Illus.). 64p. (J). pap. 9.52 (978-1-5419-1714-9(6), Baby Professor (Education Kids)) Speedy Publishing LLC.

It's a Jungle up There. Joshua Huggett. 2021. (ENG.). 54p. (J). 21.50 (978-1-6624-0226-5(0)); pap. 15.95 (978-1-6624-4945-1(3)) Page Publishing Inc.

It's a Letter Jacuzzi! Find the Letter Activity Book for Kids. Jupiter Kids. 2017. (ENG., Illus.). (J). pap. 8.33 (978-1-5419-3307-1(9), Jupiter Kids (Childrens & Kids Fiction)) Speedy Publishing LLC.

It's a Long Way to Aunty May: The Story of an Epic Journey. Shirley Burgess. 2017. (ENG., Illus.). (YA). pap. (978-1-925595-71-0(4)) MoshPit Publishing.

It's a Marvelous Mystery! Ryan Kaji. 2020. (Ryan's Mystery Playdate Ser.). (ENG.). 16p. (J). (gr. -1-2). pap. 6.99 (978-1-5344-6241-0(4), Simon Spotlight) Simon Spotlight.

Its a Match! Matching Games for Kids: Kids Activity Book. Jupiter Kids. 2016. (ENG., Illus.). 76p. (J). pap. 13.75 (978-1-68305-406-1(7), Jupiter Kids (Childrens & Kids Fiction)) Speedy Publishing LLC.

It's a-Maze-Ing!!! Fun Maze Games for Kids: Pre-School Activity Book. Jupiter Kids. 2016. (ENG., Illus.). 76p. (J). pap. 13.75 (978-1-68305-405-4(9), Jupiter Kids (Childrens & Kids Fiction)) Speedy Publishing LLC.

It's a Mitig! Bridget George. 2021. (ENG., Illus.). 32p. (J). 16.95 (978-1-77162-273-8(3)) Douglas and McIntyre (2013) Ltd. CAN. Dist: Publishers Group West (PGW).

It's a Mystery, Pig Face! Wendy McLeod MacKnight. 2017. (ENG.). 352p. (J). (gr. 2-7). 15.99 (978-1-5107-0621-7(6)); pap. 8.99 (978-1-5107-2280-4(7)) Skyhorse Publishing Co., Inc. (Sky Pony Pr.).

It's a Narwhal! Mari Schuh. 2018. (Bumba Books (r) — Polar Animals Ser.). (ENG., Illus.). 24p. (J). (gr. -1-1). pap. 8.99 (978-1-5415-2694-5(5), 876f51ae-5f03-4204-8b62-d844b86caea3); lib. bdg. 26.65 (978-1-5124-8282-9(X), 236cfa20-dc4d-47e4-9609-1de10ab706d2, Lerner Pubns.) Lerner Publishing Group.

It's a Numbers Game! Baseball: The Math Behind the Perfect Pitch, the Game-Winning Grand Slam, & So Much More! James Buckley, Jr. 2021. (It's a Numbers Game! Ser.). (ENG.). 128p. (J). (gr. 3-7). 14.99 (978-1-4263-7156-1(X), National Geographic Kids) Disney Publishing Worldwide.

It's a Numbers Game! Baseball: The Math Behind the Perfect Pitch, the Game-Winning Grand Slam, & So Much More! Jr, James Buckley. 2021. (It's a Numbers Game! Ser.). (ENG.). 128p. (J). (gr. 3-7). lib. bdg. 24.90 (978-1-4263-7157-8(8), National Geographic Kids) Disney Publishing Worldwide.

It's a Numbers Game! Basketball: The Math Behind the Perfect Bounce Pass, the Buzzer-Beating Bank Shot, & So Much More! James Buckley, Jr. 2020. (It's a Numbers Game! Ser.). (Illus.). 128p. (J). (gr. 3-7). 14.99 (978-1-4263-3689-8(6)); (ENG., 24.90 (978-1-4263-3690-4(X)) Disney Publishing Worldwide. (National Geographic Kids).

It's a Numbers Game! Soccer: The Math Behind the Perfect Goal, the Game-Winning Save, & So Much More! James Buckley, Jr. 2020. (It's a Numbers Game! Ser.). (ENG., Illus.). 128p. (J). (gr. 3-7). 14.99 (978-1-4263-3923-3(2), National Geographic Kids) Disney Publishing Worldwide.

It's a Numbers Game! Soccer: The Math Behind the Perfect Goal, the Game-Winning Save, & So Much More! Jr, James Buckley. 2020. (It's a Numbers Game! Ser.). (ENG.). 128p. (J). (gr. 3-7). 24.90 (978-1-4263-3924-0(0), National Geographic Kids) Disney Publishing Worldwide.

It's a PanDA Thing - a Visit to the World of PDA: A Visit to the World of Pathological Demand Avoidance. Rachel Jackson. Illus. by Zeke Clough. 2019. (Thing Ser.: Vol. 3). (ENG.). 38p. (J). pap. (978-1-9996769-4-0(7)) Changing Things Publishing.

It's a Party for Your Brain! Fun & Challenging Super Kids Activity Book. Activity Book Zone for Kids. 2016. (ENG., Illus.). (J). pap. 7.55 (978-1-68376-224-9(X)) Sabeels Publishing.

It's a Penguin! Kerry Dinmont. 2018. (Bumba Books (r) — Polar Animals Ser.). (ENG., Illus.). 24p. (J). (gr. -1-1). pap. 8.99 (978-1-5415-2695-2(3), 5fae717c-1cb1-4cc4-969e-42289fd6547f) Lerner Publishing Group.

It's a Polar Bear! Kerry Dinmont. 2018. (Bumba Books (r) — Polar Animals Ser.). (ENG., Illus.). 24p. (J). (gr. -1-1). pap. 8.99 (978-1-5415-2696-9(1), e9aa540e-17bb-444f-8d08-804d12da1434); lib. bdg. 26.65 (978-1-5124-8281-2(1), 3c0d7f8b-a574-463c-a624-f8ddd5eec088, Lerner Pubns.) Lerner Publishing Group.

It's a Powerful Thing. Rebecka Andersson. 2021. (ENG.). 152p. (J). pap. (978-1-78465-849-6(9), Vanguard Press) Pegasus Elliot Mackenzie Pubs.

It's a Prince Thing (the Princess Rules) Philippa Gregory. Illus. by Chris Chatterton. 2021. (Princess Rules Ser.). (ENG.). 256p. (J). 6.99 (978-0-00-843873-9(0), HarperCollins Children's Bks.) HarperCollins Pubs. Ltd. GBR. Dist: HarperCollins Pubs.

It's a Pumpkin! Wendy McClure. Illus. by Kate Kronreif. 2020. (ENG.). 32p. (J). (gr. -1-3). 16.99 (978-0-8075-1216-6(8), 807512168) Whitman, Albert & Co.

Its a Purple Patch! Phoenicians Tyrian Purple Dye Grade 5 Social Studies Children's Books on Ancient History. Baby Professor. 2022. (ENG.). 74p. (J). 31.99 **(978-1-5419-8660-2(1))**; pap. 20.99 **(978-1-5419-8151-5(0))** Speedy Publishing LLC. (Baby Professor (Education Kids)).

It's a Question of Space: An Ordinary Astronaut's Answers to Sometimes Extraordinary Questions. Clayton C. Anderson. 2018. (ENG., Illus.). 224p. (YA). (gr. 7). pap. 16.95 (978-1-4962-0508-7(1)) Univ. of Nebraska Pr.

It's a Red-Eyed Tree Frog! Tessa Kenan. ed. 2017. (Bumba Books (r) — Rain Forest Animals Ser.). (ENG., Illus.). 24p. (J). (gr. -1-1). E-Book 39.99 (978-1-5124-2761-5(6)); E-Book 4.99 (978-1-5124-3759-1(X), 9781512437591); E-Book 39.99 (978-1-5124-3758-4(1), 9781512437584) Lerner Publishing Group. (Lerner Pubns.).

It's a Shark: Practicing the SH Sound, 1 vol. Amber King. 2016. (Rosen Phonics Readers Ser.). (ENG.). 12p. (J). (gr. -1-2). pap. (978-1-5081-3228-8(3), b9f95e6e-0c2d-439b-8aac-95c39a8fe327, Rosen Classroom) Rosen Publishing Group, Inc., The.

It's a Sign!-Elephant & Piggie Like Reading! Jarrett Pumphrey. 2022. (Elephant & Piggie Like Reading! Ser.). 20p. (J). (gr. 1-3). 10.99 **(978-1-368-07584-8(3)**, Hyperion Books for Children) Disney Publishing Worldwide.

It's a Small World (Disney Classic) Golden Books. Illus. by Golden Books. 2021. (Little Golden Book Ser.). (ENG., Illus.). 24p. (J). (-k). 5.99 (978-0-7364-4131-5(X), Golden/Disney) Random Hse. Children's Bks.

Its a Snowflake! Kids Coloring Book. Bold Illustrations. 2017. (ENG., Illus.). (J). pap. 8.35 (978-1-64193-024-6(1), Bold Illustrations) FASTLANE LLC.

It's a Snowy Owl! Kerry Dinmont. 2018. (Bumba Books (r) — Polar Animals Ser.). (ENG., Illus.). 24p. (J). (gr. -1-1). pap. 8.99 (978-1-5415-2697-6(X), 12d23341-f85c-464f-99bc-61b5bc5608a0) Lerner Publishing Group.

It's a Sunny Day on My First Day of School. Millie Cricket. 2018. (ENG., Illus.). 36p. (J). pap. (978-1-78830-272-2(9)) Olympia Publishers.

It's a Tea Party! Cupcakes, Desserts & Other Girly Stuff Coloring Books Girls Edition. Creative Playbooks. 2016. (ENG., Illus.). (J). pap. 7.74 (978-1-68323-005-2(1)) Twin Flame Productions.

It's a Teen Thing. Gratitude Journal for Teens. @ Journals and Notebooks. 2016. (ENG., Illus.). 106p. (J). pap. 12.25 (978-1-68326-493-4(2)) Speedy Publishing LLC.

Its a Triangle! Kindergarten Coloring Book of Shapes - Book 2. Bold Illustrations. 2017. (ENG., Illus.). (J). pap. 8.35 (978-1-64193-020-8(9), Bold Illustrations) FASTLANE LLC.

Its a Triangle! Toddler Coloring Book of Shapes - Book 1. Bold Illustrations. 2017. (ENG., Illus.). (J). pap. 8.35 (978-1-64193-019-2(5), Bold Illustrations) FASTLANE LLC.

It's a Unicorn Thing. Make Believe Ideas. 2018. (ENG.). (J). (gr. 3-7). pap. 9.99 (978-1-78843-429-4(3)) Make Believe Ideas GBR. Dist: Scholastic, Inc.

It's a Vampire Bat! Tessa Kenan. 2017. (Bumba Books (r) — Rain Forest Animals Ser.). (ENG., Illus.). 24p. (J). (gr. -1-1). 26.65 (978-1-5124-2570-3(2), 94f4bc18-493a-4f57-a589-03b3eae680ab); E-Book 4.99 (978-1-5124-3762-1(X), 9781512437621); E-Book 39.99 (978-1-5124-3761-4(1), 9781512437614); E-Book 39.99 (978-1-5124-2762-2(4)) Lerner Publishing Group. (Lerner Pubns.).

It's a Wild, Wild World in the Park Activity Book. Bobo's Children Activity Books. 2016. (ENG., Illus.). (J). pap. 7.99 (978-1-68327-336-3(2)) Sunshine In My Soul Publishing.

It's a Wild World. S. Bear Bergman. Illus. by K. D. Diamond. 2019. (ENG.). 28p. (J). (gr. 1-3). 15.95 (978-1-7750840-6-8(X)) Flamingo Rampant! CAN. Dist: Orca Bk. Pubs. USA.

It's a Witchy, Witchy World! Coloring Book. Bobo's Children Activity Books. 2016. (ENG., Illus.). (J). pap. 9.33 (978-1-68327-597-8(7)) Sunshine In My Soul Publishing.

It's a Wonderful Life in the Garden. T. A. Kuepper. Illus. by Brett Bednorz. 2018. (Adventures of Archie Artichoke: Vol. 3). (ENG.). 64p. (J). (gr. k-4). 25.95 (978-0-9977327-6-4(8)); pap. 15.95 (978-0-9977327-5-7(X)) TK Enterprises.

It's a Wonderful Wacky World Word Searches Activity Book. Activity Book Zone For Kids. 2016. (ENG., Illus.). (J). pap. 9.43 (978-1-68376-225-6(8)) Sabeels Publishing.

It's a Wonderful World: How to Protect the Planet & Change the Future. Jess French. 2022. (Protect the Planet Ser.). (ENG., Illus.). 72p. (J). (gr. 2-4). 16.99 (978-0-7440-5018-9(9), DK Children) Dorling Kindersley Publishing, Inc.

It's about Time. Mickey Bridges. 2022. 200p. (YA). pap. 14.91 (978-1-6678-3752-9(4)) BookBaby.

It's about Time! A Discussion on Reading & Recording Historical Times History Book Grade 3 Children's History. Baby Professor. 2021. (ENG.). 72p. (J). 27.99 (978-1-5419-8377-9(7)); pap. 16.99 (978-1-5419-7859-1(5)) Speedy Publishing LLC. (Baby Professor (Education Kids)).

It's about Time: Untangling Everything You Need to Know about Time. Pascale Estellon. 2018. (ENG., Illus.). 48p. (J). (gr. k-4). pap. 9.95 (978-1-77147-342-2(8)) Owlkids Bks. Inc. CAN. Dist: Publishers Group West (PGW).

It's Alive! It's Alive!, 7. R. L. Stine. 2019. (Goosebumps SlappyWorld Ser.). (ENG.). 134p. (J). (gr. 4-5). 16.49 (978-0-87617-665-8(1)) Penworthy Co., LLC, The.

It's Alive! It's Alive! (Goosebumps SlappyWorld #7) R. L. Stine. 2019. (Goosebumps SlappyWorld Ser.: 7). (ENG.). 160p. (J). (gr. 3-7). pap. 6.99 (978-1-338-22303-3(8), Scholastic Paperbacks) Scholastic, Inc.

It's Alive! Robotic Machines Coloring Book. Bobo's Children Activity Books. 2016. (ENG., Illus.). (J). pap. 9.33 (978-1-68327-476-6(8)) Sunshine In My Soul Publishing.

It's All about. . . Speedy Trains. Editors of Kingfisher. 2016. (It's All About... Ser.). (ENG.). 32p. (J). pap. 5.99 (978-0-7534-7287-3(2), 900160780, Kingfisher) Roaring Brook Pr.

It's All about ... Beastly Bugs: Everything You Want to Know about Minibeasts in One Amazing Book. Editors of Kingfisher. 2016. (It's All About... Ser.). (ENG., Illus.). 32p. (J). pap. 6.99 (978-0-7534-7260-6(0), 900156421, Kingfisher) Roaring Brook Pr.

It's All about 10! You'll Find the Answer Then! Math Activity Book. Jupiter Kids. 2017. (ENG., Illus.). (J). pap. 9.20 (978-1-5419-3335-4(4), Jupiter Kids (Childrens & Kids Fiction)) Speedy Publishing LLC.

It's All about... Beastly Bugs: Everything You Want to Know about Minibeasts in One Amazing Book. Editors of Kingfisher. 2021. (It's All About... Ser.). (ENG.). 32p. (J). pap. 4.99 (978-0-7534-7663-5(0), 900233883, Kingfisher) Roaring Brook Pr.

It's All about Being Smart. Rebecca Klar Lusk. 2016. (ENG., Illus.). (J). pap. 12.45 (978-1-5127-6804-6(9), WestBow Pr.) Author Solutions, LLC.

It's All about Being Strong. Rebecca Klar Lusk. 2017. (ENG., Illus.). 24p. (J). pap. 12.45 *(978-1-9736-1252-0(6)*, WestBow Pr.) Author Solutions, LLC.

It's All about Bodd. Lindy Wheeler & Tom Lawley. 2019. (ENG., Illus.). 64p. (J). pap. *(978-1-9993624-0-9(3))* Human Toolbox Co. Ltd., the.

It's All about Bodd Parent Guide. Lindy Wheeler. 2019. (ENG., Illus.). 52p. (J). pap. *(978-1-9993624-1-6(1))* Human Toolbox Co. Ltd., the.

It's All about... Cats & Kittens. Editors of Kingfisher. 2021. (It's All About... Ser.). (ENG.). 32p. (J). pap. 4.99 *(978-0-7534-7715-1(7)*, 900237402, Kingfisher) Roaring Brook Pr.

It's All about... Dangerous Dinosaurs: Everything You Want to Know about These Prehistoric Giants in One Amazing Book. Editors of Kingfisher. 2020. (It's All About... Ser.). (ENG., Illus.). 32p. (J). pap. 4.99 *(978-0-7534-7616-1(9)*, 900223957, Kingfisher) Roaring Brook Pr.

It's All about... Dogs & Puppies. Editors of Kingfisher. 2021. (It's All About... Ser.). (ENG.). 32p. (J). pap. 4.99 *(978-0-7534-7716-8(5)*, 900237406, Kingfisher) Roaring Brook Pr.

It's All about Family! Fiona Poojara. 2018. (ENG., Illus.). 40p. (J). pap. 11.99 *(978-1-64249-222-4(1))* Notion Pr., Inc.

It's All about... Fast Cars. Editors of Kingfisher. 2021. (It's All About... Ser.). (ENG.). 32p. (J). pap. 4.99 *(978-0-7534-7671-0(1)*, 900233919, Kingfisher) Roaring Brook Pr.

It's All about Jesus Bible Storybook, Padded Hardcover: 100 Bible Stories. B&H Kids Editorial Staff. Illus. by Heath McPherson. 2016. (One Big Story Ser.). (ENG.). 320p. (J). (gr. k-5). 16.99 *(978-1-4336-9165-2(5)*, 006103095, B&H Kids) B&H Publishing Group.

It's All about Me-Ow: A Young Cat's Guide to the Good Life. Hudson Talbott. 2022. 32p. (J). (gr. -1-2). 16.99 *(978-1-5107-7134-5(4)*, Sky Pony Pr.) Skyhorse Publishing Co., Inc.

It's All about Melinda. Rhona Dunwoodie. 2018. (ENG., Illus.). 210p. (YA). (gr. 7-12). pap. *(978-1-78830-090-2(4))* Olympia Publishers.

It's All about My Mindset! Your Mindset. Jasi Jai Jai Planner Ideas & Art Sunny Store. 2022. (ENG.). 102p. (J). pap. 14.99 *(978-1-4357-8607-3(6))* Lulu Pr., Inc.

It's All about... Riotous Rain Forests: Everything You Want to Know about the World's Rain Forest Regions in One Amazing Book. Editors of Kingfisher. 2021. (It's All About... Ser.). (ENG.). 32p. (J). pap. 4.99 *(978-0-7534-7662-8(2)*, 900233882, Kingfisher) Roaring Brook Pr.

It's All about Sam or Is It? All about Grace. Nicole Housenick. Illus. by Jane Counseller. 2019. (ENG.). 38p. (J). pap. 15.95 *(978-1-9822-3492-8(X)*, Balboa Pr.) Author Solutions, LLC.

It's All about... Scary Spiders. Editors of Kingfisher. (It's All About... Ser.). (ENG.). 32p. (J). 2021. pap. 4.99 *(978-0-7534-7719-9(X)*, 900237427); 2016. (Illus.). pap. 5.99 *(978-0-7534-7265-1(1)*, 900156433) Roaring Brook Pr. (Kingfisher).

It's All about... Slithering Snakes. Editors of Kingfisher. 2021. (It's All About... Ser.). (ENG.). 32p. (J). pap. 4.99 *(978-0-7534-7718-2(1)*, 900237423, Kingfisher) Roaring Brook Pr.

It's All about... Slithering Snakes: Everything You Want to Know about Snakes in One Amazing Book. Editors of Kingfisher. 2017. (It's All About... Ser.). (ENG.). 32p. (J). pap. 5.99 *(978-0-7534-7369-6(0)*, 900178395, Kingfisher) Roaring Brook Pr.

It's All about... Snappy Sharks: Everything You Want to Know about These Sea Creatures in One Amazing Book. Editors of Kingfisher. 2020. (It's All About... Ser.). (ENG., Illus.). 32p. (J). pap. 4.99 *(978-0-7534-7615-4(0)*, 900223861, Kingfisher) Roaring Brook Pr.

It's All about... Speedy Trains. Editors of Kingfisher. 2021. (It's All About... Ser.). (ENG.). 32p. (J). pap. 4.99 *(978-0-7534-7669-7(X)*, 900233918, Kingfisher) Roaring Brook Pr.

It's All about... Super Solar System: Everything You Want to Know about Our Solar System in One Amazing Book. Editors of Kingfisher. 2020. (It's All About... Ser.). (ENG.). 32p. (J). pap. 4.99 *(978-0-7534-7618-5(5)*, 900223990, Kingfisher) Roaring Brook Pr.

It's All about the Maze: Activity Book for 4 Year Old Girls. Jupiter Kids. 2018. (ENG., Illus.). 106p. (J). pap. 12.55 *(978-1-5419-3709-3(0)*, Jupiter Kids (Childrens & Kids Fiction)) Speedy Publishing LLC.

It's All about... Wild Weather: Everything You Want to Know about Our Weather in One Amazing Book. Editors of Kingfisher. 2020. (It's All About... Ser.). (ENG.). 32p. (J). pap. 4.99 *(978-0-7534-7617-8(7)*, 900223989, Kingfisher) Roaring Brook Pr.

It's All Art! From Drawing to Dress-Up with Sesame Street (r). Marie-Therese Miller. 2021. (ENG., Illus.). 32p. (J). (gr. -1-2). pap. 8.99 *(978-1-7284-3141-3(7)*, 93c1f49a-4103-493d-ba5a-4b309637c864, Lerner Pubns.) Lerner Publishing Group.

It's All Downhill from Here. P. J. Night. 2019. (You're Invited to a Creepover Ser.: 10). (ENG.). 160p. (J). (gr. 3-7). 17.99 *(978-1-5344-4564-2(1)*, Simon Spotlight) Simon Spotlight.

It's All F*cking Fun & Games. 2022. (ENG.). 64p. pap. 5.99 *(978-1-4413-3805-1(5)*, dde4a9dd-1d81-40ed-ad28-1023b610710b) Peter Pauper Pr. Inc.

It's All in Our Culture! The Importance of Nubian Culture Grade 5 Social Studies Children's Books on Ancient History. Baby Professor. 2022. (ENG.). 76p. (J). 32.99 ***(978-1-5419-8704-3(7))***; pap. 20.99 ***(978-1-5419-8155-3(3))*** Speedy Publishing LLC. (Baby Professor (Education Kids)).

It's All in Your Head. Keith Blanchard. 2017. (ENG., Illus.). 208p. pap. 27.95 *(978-0-692-91823-4(X)*, 5456caf5-7910-4cc4-8b05-530b13100d4c) Wicked Cow Studios.

It's All Love: Reflections for Your Heart & Soul. Jenna Ortega. 2021. 240p. (YA). (gr. 7). 17.99 *(978-0-593-17456-2(9)*, Random Hse. Bks. for Young Readers) Random Hse. Children's Bks.

It's All Magic to Me. Sasha Hanton. 2022. (ENG.). 184p. (J). pap. *(978-1-7781315-5-4(7))* Saga Pr. & Little Bird Bks.

It's All on Us. Joshua Guillaume. 2021. (ENG.). 198p. (YA). pap. 14.99 *(978-1-6657-1415-0(8))* Archway Publishing.

Its All or Nothing Vol 15 Searching for Happiness. Dimitri Coley. 2021. (ENG.). 35p. (J). ***(978-1-716-30680-8(9))*** Lulu Pr., Inc.

It's All Silly... . Says Tilly. Sharmaine Bernard. 2016. (ENG., Illus.). (J). pap. 13.95 *(978-1-68197-504-7(1))* Christian Faith Publishing.

It's All Your Fault. Paul Rudnick. (ENG.). 304p. (YA). (gr. 9-9). 2017. pap. 10.99 *(978-0-545-46429-1(3))*; 2016. 19.99 *(978-0-545-46428-4(5)*, Scholastic Pr.) Scholastic, Inc.

It's Already Been Done Before. Shae Owens Holley. 2022. (ENG.). 36p. (J). 22.99 *(978-1-6653-0266-1(6))*; pap. 12.99 *(978-1-6653-0267-8(4))* BookLogix. (Lanier Pr.).

It's Already Yours Adversity=success. Cheryl Zhang et al. 2022. (ENG.). 176p. (YA). pap. ***(978-1-387-37814-2(7))*** Lulu Pr., Inc.

Its an Amazing World! Dot to Dot for Kids. Speedy Kids. 2017. (ENG., Illus.). (J). pap. 9.20 *(978-1-5419-0944-1(5))* Speedy Publishing LLC.

Its an Awesome Amazing Unbelievable Universe Coloring Book. Creative Playbooks. 2016. (ENG., Illus.). (J). pap. 7.74 *(978-1-68323-851-5(6))* Twin Flame Productions.

It's an Ill Wind (Classic Reprint) Douglas Goldring. 2018. (ENG., Illus.). 324p. (J). 30.58 *(978-0-483-48886-1(0))* Forgotten Bks.

It's an Invitation to Treat! Factors Affecting Consumers in an Economic System Grade 5 Social Studies Children's Economic Books. Baby Professor. 2022. (ENG.). 72p. (J). 31.99 ***(978-1-5419-9447-8(7))***; pap. 19.99 ***(978-1-5419-8189-8(8))*** Speedy Publishing LLC. (Baby Professor (Education Kids)).

It's an Ocean of Counting Adventures under the Sea! Connect the Dots Activity Book. Bobo's Children Activity Books. 2016. (ENG., Illus.). (J). pap. 7.99 *(978-1-68327-337-0(0))* Sunshine In My Soul Publishing.

It's an Orca! Mari Schuh. 2018. (Bumba Books (r) — Polar Animals Ser.). (ENG., Illus.). 24p. (J). (gr. -1-1). pap. 8.99 *(978-1-5415-2698-3(8)*, 9a034ec5-40b1-46e6-9f47-ca0ccd397817) Lerner Publishing Group.

It's As Clear As a Bell! (and Other Curious Things We Say) Contrib. by Cynthia Amoroso. 2023. (Understanding Idioms Ser.). (ENG.). 24p. (J). (gr. 2-5). lib. bdg. 32.79 *(978-1-5038-6562-4(2)*, 216433, Wonder Books(r)) Child's World, Inc, The.

Its Baby Time! - Telling Time Kindergarten: Children's Money & Saving Reference. Baby Professor. 2016. (ENG., Illus.). 42p. (J). pap. 11.65 *(978-1-68326-427-9(4)*, Baby Professor (Education Kids)) Speedy Publishing LLC.

It's Baby's First Christmas. Leona V. Adams. Ed. by Mary Garretson. 2018. (ENG., Illus.). 32p. (J). 22.95 *(978-1-64471-156-9(7))*; pap. 12.95 *(978-1-64300-123-4(X))* Covenant Bks.

It's Back to School ... Way Back! Karen M. Graves & Shelley Swanson Sateren. 2016. (It's Back to School ... Way Back! Ser.). (ENG.). 32p. (J). (gr. 3-6). 119.96 *(978-1-5157-2116-1(7)*, 25061, Capstone Pr.) Capstone.

It's Back to School ... Way Back! Shelley Swanson Sateren et al. 2016. (It's Back to School ... Way Back! Ser.). (ENG.). 32p. (J). (gr. 3-6). pap., pap., pap. 31.80 *(978-1-5157-2117-8(5)*, 25062, Capstone Pr.) Capstone.

It's Backward Day! Jane O'Connor & Robin Preiss Glasser. Illus. by Ted Enik. 2016. 32p. (J). *(978-1-4806-9929-8(2))* Harper & Row Ltd.

It's Backward Day! Jane O'Connor. ed. 2016. (Fancy Nancy - I Can Read! Ser.). (Illus.). 32p. (J). lib. bdg. 13.55 *(978-0-606-38175-8(9))* Turtleback.

It's Because of Boys Like You... Kelly Cazzetto. 2017. (ENG., Illus.). (J). pap. 12.50 *(978-1-365-63649-3(6))* Lulu Pr., Inc.

It's Bedtime: New Edition. Elyse Woellner. 2019. (ENG.). 24p. (J). pap. 8.99 *(978-1-64550-586-0(3))* Matchstick Literary.

It's Bedtime, Little Critter! (Little Critter) Mercer Mayer. 2018. (Illus.). 48p. (J). (gr. -1-2). pap. 5.99 *(978-1-5247-6900-0(2)*, Random Hse. Bks. for Young Readers) Random Hse. Children's Bks.

It's Been a Good Day Ha Sido un Buen Dia: English & in Spanish. Bessie T. Wilkerson. 2019. (ENG.). 30p. (J). 29.99 *(978-1-5456-7194-8(X))*; pap. 19.99 *(978-1-5456-7193-1(1))* Salem Author Services.

It's Been a While, River Nile: The Most Important River in All of Ancient Egypt - History 4th Grade Children's Ancient History. Baby Professor. 2017. (ENG., Illus.). (J). pap. 8.79 *(978-1-5419-1160-4(1)*, Baby Professor (Education Kids)) Speedy Publishing LLC.

It's Beginning to Look a Lot Like Christmas: Seek & Find Activity Book. Activibooks For Kids. 2016. (ENG., Illus.). (J). pap. 7.55 *(978-1-68321-373-4(4))* Mimaxion.

It's Belinda's Birthday - Ana Rekenibong Belinda (Te Kiribati) Caroline Evari. Illus. by Ayan Saha. 2023. (ENG.). 22p. (J). pap. ***(978-1-922849-14-4(6))*** Library For All Limited.

It's Better When You Sing It. ed. 2018. (Disney Activity Ser.). (ENG.). 32p. (J). (gr. -1-1). 22.96 *(978-1-64310-519-2(1))* Penworthy Co., LLC, The.

It's Big Brother Time! Nandini Ahuja. Illus. by Catalina Echeverri. 2021. (My Time Ser.). (ENG.). 32p. (J). (gr. -1-3). 7.99 *(978-0-06-288437-4(9)*, HarperFestival) HarperCollins Pubs.

It's Big Sister Time! Nandini Ahuja. Illus. by Catalina Echeverri. 2021. (My Time Ser.). (ENG.). 32p. (J). (gr. -1-3). 7.99 *(978-0-06-288438-1(7)*, HarperFestival) HarperCollins Pubs.

It's Boba Time for Pearl Li! Nicole Chen. 2023. (ENG.). 368p. (J). (gr. 3-7). 19.99 *(978-0-06-322861-0(0)*, Quill Tree Bks.) HarperCollins Pubs.

It's Bumpy at the Back of the Bus. Kimberly Prey. 2021. (ENG.). 24p. (J). pap. 12.99 *(978-1-954095-10-6(4))* Yorkshire Publishing Group.

It's Called Fishing, Not Catching. Joseph Keith Heywood. Illus. by Rani Bean. 2017. (ENG.). (J). (gr. k-3). pap. 12.99 *(978-0-692-82719-2(6))* Heywood, Joseph.

It's Challah Time! 20th Anniversary Edition. Latifa Berry Kropf. Photos by Moshe Shai. rev. ed. 2020. (ENG., Illus.). 24p. (J). (gr. -1-1). pap. 7.99 *(978-1-5415-7460-1(5)*, 8993349e-8b6a-4a86-9fde-acac9cc85883, Kar-Ben Publishing) Lerner Publishing Group.

It's Chinese New Year! Amy Culliford. 2022. (My Favorite Holiday Ser.). (ENG.). 16p. (J). (gr. -1-1). pap. *(978-1-0396-6168-4(8)*, 20735); lib. bdg. *(978-1-0396-5973-5(X)*, 20734) Crabtree Publishing Co.

It's Chinese New Year! Richard Sebra. 2016. (Bumba Books (r) — It's a Holiday! Ser.). (ENG., Illus.). 24p. (J). (gr. -1-1). 26.65 *(978-1-5124-1425-7(5)*, 237470de-fe3e-4800-8131-f70fccbec532, Lerner Pubns.) Lerner Publishing Group.

It's Chinese New Year, Curious George! H. A. Rey & Maria Wen Adcock. 2023. (Curious George Ser.). (ENG., Illus.). 16p. (J). (gr. -1 — 1). bds. 8.99 *(978-0-358-68364-3(5)*, Clarion Bks.) HarperCollins Pubs.

It's Christmas! Tracey Corderoy. Illus. by Tim Warnes. 2017. (ENG.). 32p. (J). (gr. -1-2). 16.99 *(978-1-68010-067-9(X))* Tiger Tales.

It's Christmas! Amy Culliford. 2022. (My Favorite Holiday Ser.). (ENG.). 16p. (J). (gr. -1-1). pap. *(978-1-0396-6163-9(7)*, 20741); lib. bdg. *(978-1-0396-5968-1(3)*, 20740) Crabtree Publishing Co.

It's Christmas! Set, 16 vols. 2019. (It's Christmas! Ser.). (ENG.). 24p. (J). (gr. 2-2). lib. bdg. 202.16 *(978-1-7253-0177-1(6)*, 1ca40efa-62c8-4c39-85f8-4b62248dd11d, PowerKids Pr.) Rosen Publishing Group, Inc., The.

It's Christmas Everywhere: Celebrations from Around the World. Hannah Barnaby. 2022. (ENG., Illus.). 26p. (gr. -1-k). bds. 19.95 *(978-1-83866-539-5(0))* Phaidon Pr., Inc.

Its Christmas Time! Rudolph Coloring Books. Jupiter Kids. 2016. (ENG., Illus.). 106p. (J). pap. 12.55 *(978-1-68305-261-6(7)*, Jupiter Kids (Childrens & Kids Fiction)) Speedy Publishing LLC.

It's Christmas Time! Seek & Find Activity Book. Activibooks For Kids. 2016. (ENG., Illus.). (J). pap. 9.43 *(978-1-68321-374-1(2))* Mimaxion.

It's Christmastime, Little One. Ashley Brandt Jarrel. 2019. (ENG.). 24p. (J). pap. 12.97 *(978-0-578-56421-0(1))* Jarrel, Ashley Creations Inc.

It's Cinco de Mayo! Richard Sebra. ed. 2017. (Bumba Books (r) — It's a Holiday! Ser.). (ENG., Illus.). 24p. (J). (gr. -1-1). E-Book 39.99 *(978-1-5124-3692-1(5)*, 9781512436921); E-Book 39.99 *(978-1-5124-2745-5(4))*; E-Book 4.99 *(978-1-5124-3693-8(3)*, 9781512436938) Lerner Publishing Group. (Lerner Pubns.).

It's Circus Time, Dear Dragon see Vamos Al Circo, Querido Dragón

It's Circus Time, Dear Dragon. Margaret Hillert. Illus. by Jack Pullan. 2016. (BeginningtoRead Ser.). (ENG.). 32p. (J). (-2). lib. bdg. 22.60 *(978-1-59953-772-6(9))* Norwood Hse. Pr.

It's Circus Time, Dear Dragon. Margaret Hillert. Illus. by Jack Pullan. 2016. (Beginning-To-Read Ser.). (ENG.). 32p. (J). (gr. k-2). pap. 13.26 *(978-1-60357-885-1(4))* Norwood Hse. Pr.

It's Cold Outside! I See Snowmen & Snowflakes: Winter Coloring Book. Jupiter Kids. 2016. (ENG., Illus.). 106p. (J). pap. 12.55 *(978-1-68280-991-4(9)*, Jupiter Kids (Childrens & Kids Fiction)) Speedy Publishing LLC.

It's Cold Outside! Where Is Your Jacket? A de Good Life Farm Book. Diane Orr. 2021. (De Good Life Farm Ser.: Vol. 6). (ENG.). 32p. (J). 20.99 *(978-1-63984-003-8(6))* Pen It Pubns.

It's Considerate to Be Literate about Religion: Poetry & Prose about Religion, Conflict, & Peace in Our World. Steven Cunningham. Illus. by Susan Detwiler. 2022. (ENG.). 102p. (YA). 25.99 ***(978-1-64538-413-7(6))*** Orange Hat Publishing.

It's Cool to Be Kind. Linnea McFadden. 2017. (ENG., Illus.). (J). (gr. 3-6). pap. 6.99 *(978-0-9984681-0-5(X))* McFadden, Linnea.

It's Cool to Learn about Countries (Set), 4 vols., Set. Incl. It's Cool to Learn about Countries: Egypt. Katie Marsico. lib. bdg. 34.93 *(978-1-61080-100-3(8)*, 201094); It's Cool to Learn about Countries: Ethiopia. Barbara A. Somervill. lib. bdg. 34.93 *(978-1-61080-099-0(0)*, 201092); It's Cool to Learn about Countries: Germany. Vicky Franchino. lib. bdg. 34.93 *(978-1-61080-098-3(2)*, 201090); It's Cool to Learn about Countries: Vietnam. Dana Meachen Rau. lib. bdg. 34.93 *(978-1-61080-097-6(4)*, 201088); 48p. (gr. 4-8). (Explorer Library: Social Studies Explorer Ser.). (ENG., Illus.). 2011. 125.44 *(978-1-61080-148-5(2)*, 201010) Cherry Lake Publishing.

It's Cool to Learn about the United States (Set), 5 vols., Set. Incl. It's Cool to Learn about the United States: Midwest. Tamra B. Orr. lib. bdg. 34.93 *(978-1-61080-179-9(2)*, 201152); It's Cool to Learn about the United States: Northeast. Vicky Franchino. lib. bdg. 34.93 *(978-1-61080-180-5(6)*, 201154); It's Cool to Learn about the United States: Southeast. Katie Marsico. lib. bdg. 34.93 *(978-1-61080-181-2(4)*, 201156); It's Cool to Learn about the United States: Southwest. Tamra B. Orr. lib. bdg. 34.93 *(978-1-61080-183-6(0)*, 201160); It's Cool to Learn about the United States: West. Barbara A. Somervill. lib. bdg. 34.93 *(978-1-61080-182-9(2)*, 201158); (gr. 4-8). (Explorer Library: Social Studies Explorer Ser.). (ENG., Illus.). 48p. 2011. 174.65 *(978-1-61080-191-1(1)*, 201012) Cherry Lake Publishing.

It's Diwali! Richard Sebra. 2017. (Bumba Books (r) — It's a Holiday! Ser.). (ENG., Illus.). 24p. (J). (gr. -1-1). 26.65 *(978-1-5124-2563-5(X)*, 62c922f1-fd51-40fa-979a-9f8ef7d35dcd, Lerner Pubns.) Lerner Publishing Group.

It's Diwali! Kabir Sehgal & Surishtha Sehgal. Illus. by Archana Sreenivasan. 2022. (ENG.). 32p. (J). (-3). 18.99 *(978-1-5344-5365-4(2)*, Beach Lane Bks.) Beach Lane Bks.

It's Diwali! Richard Sebra. ed. 2017. (Bumba Books (r) — It's a Holiday! Ser.). (ENG., Illus.). 24p. (J). (gr. -1-1). E-Book 39.99 *(978-1-5124-2742-4(X))*; E-Book 4.99 *(978-1-5124-3696-9(8)*, 9781512436969); E-Book 39.99 *(978-1-5124-3695-2(X)*, 9781512436952) Lerner Publishing Group. (Lerner Pubns.).

It's Earth Day, Cookie Monster! Mary Lindeen. 2020. (Go Green with Sesame Street (r) Ser.). (ENG., Illus.). 32p. (J). (gr. -1-2). 27.99 *(978-1-5415-7260-7(2)*, fa825d75-ac16-436f-9ea2-0a87d8885eda); pap. 7.99 *(978-1-5415-8902-5(5)*, 7af01022-406b-4fc1-a85e-8549cd68b6a8) Lerner Publishing Group. (Lerner Pubns.).

It's Earth Day, Tiny! Cari Meister. Illus. by Rich Davis. 2022. (Tiny Ser.). 32p. (J). (-k). 8.99 *(978-0-593-09747-2(5))*; pap. 4.99 *(978-0-593-09746-5(7))* Penguin Young Readers Group. (Penguin Workshop).

It's Easter! Richard Sebra. 2017. (Bumba Books (r) — It's a Holiday! Ser.). (ENG., Illus.). 24p. (J). (gr. -1-1). 26.65 *(978-1-5124-2564-2(8)*, 6bae8c14-7142-4f40-90f1-764c584fa254); E-Book 4.99 *(978-1-5124-3699-0(2)*, 9781512436990); E-Book 39.99 *(978-1-5124-3698-3(4)*, 9781512436983); E-Book 39.99 *(978-1-5124-2743-1(8))* Lerner Publishing Group. (Lerner Pubns.).

It's Easter, Chloe Zoe! Jane Smith. Illus. by Jane Smith. 2016. (Chloe Zoe Ser.). (ENG., Illus.). 32p. (J). (gr. -1-3). 12.99 *(978-0-8075-2460-2(3)*, 807524603) Whitman, Albert & Co.

It's Easy As ABC! Ancient Greek & Phoenician Alphabet Grade 5 Social Studies Children's Books on Ancient History. Baby Professor. 2022. (ENG.). 72p. (J). 31.99 ***(978-1-5419-8700-5(4))***; pap. 19.99 ***(978-1-5419-8159-1(6))*** Speedy Publishing LLC. (Baby Professor (Education Kids)).

It's Electric! Electrical Devices at Home - How to Stay Safe - Electricity for Kids - Children's Electricity & Electronics. Bobo's Little Brainiac Books. 2016. (ENG., Illus.). (J). pap. 7.99 *(978-1-68327-803-0(8))* Sunshine In My Soul Publishing.

It's Electric! (Set), 6 vols. 2023. (It's Electric! Ser.). (ENG.). 32p. (J). (gr. 2-5). lib. bdg. 205.32 ***(978-1-0982-9150-1(6)***, 41846, Big Buddy Bks.) ABDO Publishing Co.

It's Fall, 1 vol. Celeste Bishop. 2016. (Four Seasons Ser.). (ENG., Illus.). 24p. (gr. 1-1). pap. 9.25 *(978-1-5081-5179-1(2)*, 321f863f-a0f5-4b35-8bac-5406d551092c, PowerKids Pr.) Rosen Publishing Group, Inc., The.

It's Father's Day! Maddie Spalding. 2018. (Welcoming the Seasons Ser.). (ENG.). 24p. (J). (gr. -1-2). lib. bdg. 32.79 *(978-1-5038-2380-8(6)*, 212223) Child's World, Inc, The.

It's Fun to Be a Furmaid. Rosie Greening. Illus. by Stuart Lynch. 2018. (ENG.). 12p. (J). (gr. -1 — 1). bds. 10.99 *(978-1-78692-965-5(1))* Make Believe Ideas GBR. Dist: Scholastic, Inc.

It's Fun to Be Kind. Joseph DeLuca. 2018. (ENG., Illus.). 62p. (J). pap. 19.95 *(978-1-949483-14-7(2))* Strategic Book Publishing & Rights Agency (SBPRA).

It's Fun to Count & Learn: A Busy Picture Book Full of Fabulous Facts & Things to Do! Arianne Holden. 2016. (Illus.). 32p. (J). (gr. -1-12). 9.99 *(978-1-86147-702-6(3)*, Armadillo) Anness Publishing GBR. Dist: National Bk. Network.

It's Fun to Draw Fairies, Mermaids, Princesses, & Ballerinas. Mark Bergin. 2019. (ENG.). 64p. (J). (gr. 1-5). pap. 9.99 *(978-1-5107-4362-5(6)*, Sky Pony Pr.) Skyhorse Publishing Co., Inc.

It's Fun to Draw Monsters, Ghosts, & Ghouls. Mark Bergin. 2019. (ENG.). 64p. (J). (gr. 1-5). pap. 9.99 *(978-1-5107-4363-2(4)*, Sky Pony Pr.) Skyhorse Publishing Co., Inc.

It's Fun to Learn about Animals: A Busy Picture Book Full of Fabulous Facts & Things to Do! Claire Llewellyn. 2016. (Illus.). 32p. (J). (gr. -1-12). 9.99 *(978-1-86147-701-9(5)*, Armadillo) Anness Publishing GBR. Dist: National Bk. Network.

It's Fun to Learn about Colors: A Busy Picture Book Full of Fabulous Facts & Things to Do! Arianne Holden. 2016. (Illus.). 32p. (J). (gr. -1-12). 9.99 *(978-1-86147-710-1(4)*, Armadillo) Anness Publishing GBR. Dist: National Bk. Network.

It's Fun to Learn about My Body: A Busy Picture Book Full of Fabulous Facts & Things to Do! Arianne Holden. 2016. (Illus.). 32p. (J). (gr. -1-12). pap. 9.99 *(978-1-86147-730-9(9))* Anness Publishing, Inc.

It's Fun to Learn about Science: A Busy Picture Book Full of Fabulous Facts & Things to Do! Arianne Holden. 2016. (Illus.). 32p. (J). (gr. -1-12). 9.99 *(978-1-86147-742-2(2)*, Armadillo) Anness Publishing GBR. Dist: National Bk. Network.

It's Fun to Learn about Shapes: A Busy Picture Book Full of Fabulous Facts & Things to Do! Arianne Holden. 2016. (Illus.). 32p. (J). (gr. -1-12). 9.99 *(978-1-86147-709-5(0)*, Armadillo) Anness Publishing GBR. Dist: National Bk. Network.

It's Fun to Learn about Sizes: A Busy Picture Book Full of Fabulous Facts & Things to Do! Claire Llewellyn. 2016. (Illus.). 32p. (J). (gr. -1-12). 9.99 *(978-1-86147-761-3(9)*, Armadillo) Anness Publishing GBR. Dist: National Bk. Network.

It's Fun to Learn about Sums: A Busy Picture Book Full of Fabulous Facts & Things to Do! Claire Llewellyn. 2016. (Illus.). 32p. (J). (gr. -1-12). 9.99 *(978-1-86147-762-0(7)*, Armadillo) Anness Publishing GBR. Dist: National Bk. Network.

It's Fun to Learn about Time: A Busy Picture Book Full of Fabulous Facts & Things to Do! Arianne Holden. 2016. (Illus.). 32p. (J). (gr. -1-12). pap. 9.99 *(978-1-86147-729-3(5))* Anness Publishing, Inc.

It's Fun to Learn about Words: A Busy Picture Book Full of Fabulous Facts & Things to Do! Claire Llewellyn. 2016. (Illus.). 32p. (J). (gr. -1-12). 9.99 *(978-1-86147-743-9(0)*, Armadillo) Anness Publishing GBR. Dist: National Bk. Network.

It's Fun to See What Is So Silly about That. Doctor Joe. 2023. (ENG.). 38p. (J). pap. 16.00 ***(978-1-68235-740-8(6)***, Strategic Bk. Publishing) Strategic Book Publishing & Rights Agency (SBPRA).

It's Game Time! Laurie Friedman. Illus. by Shane Crampton. 2022. (Piper & Chase Ser.). (ENG.). 48p. (J). (gr. 2-4). lib. bdg. *(978-1-0396-6097-7(5)*, 21514); pap. *(978-1-0396-6292-6(7)*, 21515) Crabtree Publishing Co. (Leaves Chapter Books).

It's Game Time! Activity Book 7-9 Year Old. Educando Kids. 2019. (ENG.). 42p. (J). pap. 8.55 *(978-1-64521-745-9(0),* Educando Kids) Editorial Imagen.
It's Getting Hot in Here: The Past, Present, & Future of Climate Change. Bridget Heos. 2016. (ENG., Illus.). 240p. (YA). (gr. 7). 17.99 *(978-0-544-30347-8(4),* 1580559, Clarion Bks.) HarperCollins Pubs.
It's Girls Like You, Mickey. Patti Kim. (ENG.). (J). (gr. 5). 2021. 256p. pap. 7.99 *(978-1-5344-4346-4(0));* 2020. 240p. 17.99 *(978-1-5344-4345-7(2))* Simon & Schuster Children's Publishing. (Atheneum Bks. for Young Readers).
It's Gonna Be a Great Day Today! Danielle Dorival. 2017. (ENG., Illus.). (J). pap. 10.95 *(978-1-4808-5415-4(8))* Archway Publishing.
It's Good to Be a Boy! Joseph R. Spurgeon. l.t. ed. 2020. (ENG.). 26p. (J). 18.95 *(978-1-7349194-0-0(X))* Lawson, Joseph.
It's Good to Be a Girl! Joseph R. Spurgeon & Rowina D. Spurgeon. l.t. ed. 2020. (It's Good to Be Ser.). (ENG.). 30p. (J). 18.95 *(978-1-7349194-1-7(8))* Lawson, Joseph.
It's Good to Have a Grandma. Maryann Macdonald. Illus. by Priscilla Burris. 2019. (ENG.). 32p. (J). (gr. -1-3). 16.99 *(978-0-8075-3676-6(8),* 807536768) Whitman, Albert & Co.
It's Good to Have a Grandpa. Maryann Macdonald. Illus. by Priscilla Burris. 2019. (ENG.). 32p. (J). (gr. -1-3). 16.99 *(978-0-8075-3675-9(X),* 080753675X) Whitman, Albert & Co.
It's Great Being a Dad. Dan Bar-el. Illus. by Gina Perry. 2017. 32p. (J). (gr. -1-3). 16.99 *(978-1-77049-605-7(X),* Tundra Bks.) Tundra Bks. CAN. Dist: Penguin Random Hse. LLC.
It's Great to Be a Baton Rouge Kid: An a-Z Coloring Book, 1 vol. Melissa Wallace. 2017. (It's Great to Be Ser.). (ENG., Illus.). 32p. pap. 4.95 *(978-1-4556-2373-0(3),* Pelican Publishing) Arcadia Publishing.
It's Great to Be a Fan in Florida. Matthew Mccabe. 2019. (Illus.). 48p. (J). *(978-1-64185-131-2(7),* Focus Readers) North Star Editions.
It's Great to Be a Fan in North Carolina. Donna B. McKinney. 2019. (Illus.). 48p. (J). *(978-1-64185-137-4(6),* Focus Readers) North Star Editions.
It's Great to Be a Girl! A Guide to Your Changing Body. Dannah Gresh & Suzy Weibel. 2020. (True Girl Ser.). (ENG.). 128p. (J). (gr. 2-6). pap. 12.99 *(978-0-7369-8185-9(3),* 6981859) Harvest Hse. Pubs.
It's Great to Be a Guy! God Has a Plan for You... & Your Body! Bob Gresh et al. 2016. (ENG., Illus.). 128p. (J). (gr. 2-6). pap. 12.99 *(978-0-7369-6278-0(6),* 6962780) Harvest Hse. Pubs.
It's GREAT to Be LOVED! Courtney Gonzalez & Diana Karczmarczyk. Illus. by Cristal Baldwin. 2020. (ENG.). 32p. (J). *(978-1-5255-7600-3(3));* pap. *(978-1-5255-7601-0(1))* FriesenPress.
It's Great to Be You! Courtney Gonzalez & Diana Karczmarczyk. Illus. by Cristal Baldwin. 2018. (ENG.). 24p. (J). *(978-1-5255-2898-9(X));* pap. *(978-1-5255-2899-6(8))* FriesenPress.
It's Great to Keep Calm (Let's Get along!) (Library Edition) Jordan Collins. Illus. by Stuart Lynch. 2020. (Let's Get Along Ser.). (ENG.). 32p. (J). (gr. -1-2). 25.00 *(978-0-531-13252-4(8),* Children's Pr.) Scholastic Library Publishing.
It's Great to Share (Let's Get along!) (Library Edition) Jordan Collins. Illus. by Stuart Lynch. 2020. (Let's Get Along Ser.). (ENG.). 32p. (J). (gr. -1-2). 25.00 *(978-0-531-13253-1(6),* Children's Pr.) Scholastic Library Publishing.
It's Great to Work Together (Let's Get along!) (Library Edition) Jordan Collins. Illus. by Stuart Lynch. 2020. (Let's Get Along Ser.). (ENG.). 32p. (J). (gr. -1-2). 25.00 *(978-0-531-13254-8(4),* Children's Pr.) Scholastic Library Publishing.
It's Halloween! Amy Culliford. 2022. (My Favorite Holiday Ser.). (ENG.). 16p. (J). (gr. -1-1). pap. *(978-1-0396-6164-6(5),* 20747); lib. bdg. *(978-1-0396-5969-8(1),* 20746) Crabtree Publishing Co.
It's Halloween, Chloe Zoe! Jane Smith. Illus. by Jane Smith. 2017. (Chloe Zoe Ser.). (ENG., Illus.). 32p. (J). (gr. -1-3). 12.99 *(978-0-8075-1210-4(9),* 807512109) Whitman, Albert & Co.
It's Halloween, Dear Dragon see Es Halloween, Querido Dragón
It's Halloween, Dear Dragon. Margaret Hillert. Illus. by Jack Pullan. 2016. (BeginningtoRead Ser.). (ENG.). 32p. (J). (-2). lib. bdg. 22.60 *(978-1-59953-773-3(7))* Norwood Hse. Pr.
It's Halloween, Dear Dragon. Margaret Hillert. Illus. by Jack Pullan. 2016. (Beginning-To-Read Ser.). (ENG.). 32p. (J). (gr. k-2). pap. 13.26 *(978-1-60357-886-8(2))* Norwood Hse. Pr.
It's Halloween, Little Monster. Helen Ketteman. Illus. by Bonnie Leick. 2020. (Little Monster Ser.: 3). (ENG.). 32p. (J). (gr. -1-2). 17.99 *(978-1-5420-9208-1(6),* 9781542092081, Two Lions) Amazon Publishing.
It's Halloween! What Will We Be? Sebastian Smith. 2021. (I Read-N-Rhyme Ser.). (ENG., Illus.). 24p. (J). (gr. -1-3). pap. *(978-1-4271-2937-6(1),* 11024); lib. bdg. *(978-1-4271-2926-0(6),* 11012) Crabtree Publishing Co.
It's Hanukkah! Amy Culliford. 2022. (My Favorite Holiday Ser.). (ENG.). 16p. (J). (gr. -1-1). pap. *(978-1-0396-6166-0(1),* 20753); lib. bdg. *(978-1-0396-5971-1(3),* 20752) Crabtree Publishing Co.
It's Hanukkah! Richard Sebra. 2016. (Bumba Books (r) — It's a Holiday! Ser.). (ENG., Illus.). 24p. (J). (gr. -1-1). 26.65 *(978-1-5124-1427-1(1),* 1add5040-47a1-4b5e-b357-2631123d4d76, Lerner Pubns.) Lerner Publishing Group.
It's Hanukkah! (Sesame Street) Andrea Posner-Sanchez. Illus. by Barry Goldberg. 2023. (ENG.). 26p. (J). (— 1). bds. 10.99 ***(978-0-593-64892-6(7),*** Random Hse. Bks. for Young Readers) Random Hse. Children's Bks.
Its Happened in Egypt (Classic Reprint) Charles Norris Williamson. 2017. (ENG., Illus.). (J). 34.54 *(978-0-260-48937-1(9));* pap. 19.57 *(978-1-4510-1746-5(4))* Forgotten Bks.
It's Hard Being Five. Lee Ann Gray. 2018. (ENG.). 38p. (J). 14.95 *(978-1-68401-586-3(3))* Amplify Publishing Group.
It's Hard to Be Good (Ellie the Wienerdog Series) Life's Little Lessons by Ellie the Wienerdog - Lesson #1. K. J. Hales. 2016. (Ellie the Wienerdog Ser.: 1). (ENG., Illus.). 36p. (gr. -1-k). 17.95 *(978-1-942264-02-6(X))* Open Door Pr.
It's Haunted! Megan Cooley Peterson et al. 2017. (It's Haunted! Ser.). (ENG.). 32p. (J). (gr. 3-9). 122.60 *(978-1-5157-3879-4(5),* 25516, Capstone Pr.) Capstone.
It's Her Story Dolly Parton a Graphic Novel. Emily Skwish. Illus. by Lidia Fernández Abril. 2021. (ENG.). 48p. (J). 10.99 *(978-1-5037-6007-3(3),* 3889, Sunbird Books) Phoenix International Publications, Inc.
It's Her Story Ida B. Wells a Graphic Novel. Anastasia Magloire Williams. Illus. by Alleanna Harris. 2021. (ENG.). 48p. (J). 10.99 *(978-1-5037-6008-0(1),* 3890, Sunbird Books) Phoenix International Publications, Inc.
It's Her Story Marie Curie a Graphic Novel. Kaara Kallen. Illus. by Rosie Baker. 2021. (ENG.). 48p. (J). 10.99 *(978-1-5037-5293-1(3),* 3578, PI Kids) Phoenix International Publications, Inc.
It's Her Story Rosa Parks a Graphic Novel. Lauren Burke. Illus. by Shane Clester. 2021. (ENG.). 48p. (J). 10.99 *(978-1-5037-5294-8(1),* 3579, PI Kids) Phoenix International Publications, Inc.
It's Hockey Season. Jayne J. Jones Beehler. Illus. by Cory Jones. 2021. (Drop the Puck Ser.: 1). (ENG.). 64p. (J). (gr. 2-6). 12.99 *(978-1-64123-664-5(7),* 771292) Whitaker Hse.
It's Hockey Time, Franklin! Charles M. Schulz. Illus. by Scott Jeralds. 2017. (Peanuts Ser.). (ENG.). 24p. (J). (gr. -1-2). pap. 4.99 *(978-1-4814-8011-6(1),* Simon Spotlight) Simon Spotlight.
It's How We Survive: The Tale of an American Dreamer. Susan Streetman. 2019. (ENG.). 132p. (YA). *(978-1-5255-5508-4(1));* pap. *(978-1-5255-5509-1(X))* FriesenPress.
It's Important: Teaching the Importance of Kindness, Empathy, Inclusivity, Difference & Compassion. John Goncalves. 2018. (ENG., Illus.). 26p. (J). (gr. k-5). 21.99 *(978-0-692-09746-5(5))* Goncalves, John.
It's Impossible! Tracey Corderoy. ed. 2020. (ENG.). 25p. (J). (gr. k-1). 19.96 *(978-0-87617-723-5(2))* Penworthy Co., LLC, The.
It's Impossible! Tracey Corderoy. Illus. by Tony Neal. 2020. (ENG.). 32p. (J). (gr. -1-2). 17.99 *(978-1-68010-191-1(9))* Tiger Tales.
It's in the Petal! Daisy Game for Young Word Geniuses - Activity Book Volume 1. Speedy Kids. 2017. (ENG., Illus.). (J). pap. 9.20 *(978-1-5419-3415-3(6))* Speedy Publishing LLC.
It's in the Petal! Daisy Game for Young Word Geniuses - Activity Book Volume 2. Speedy Kids. 2017. (ENG., Illus.). (J). pap. 9.20 *(978-1-5419-3416-0(4))* Speedy Publishing LLC.
It's in the Petal! Daisy Game for Young Word Geniuses - Activity Book Volume 3. Speedy Kids. 2017. (ENG., Illus.). (J). pap. 9.20 *(978-1-5419-3417-7(2))* Speedy Publishing LLC.
It's in Your DNA! What Is DNA? - Biology Book 6th Grade Children's Biology Books. Baby Professor. 2017. (ENG., Illus.). (J). pap. 9.55 *(978-1-5419-3890-8(9),* Baby Professor (Education Kids)) Speedy Publishing LLC.
It's Just a Heart. Kathy Kay. 2022. (ENG.). 34p. (J). 21.99 *(978-1-63988-322-6(3))* Primedia eLaunch LLC.
It's Just a Plant: A Children's Story about Marijuana, Updated Edition. Ricardo Cortes. 2020. (ENG., Illus.). 48p. (J). 17.95 *(978-1-61775-800-3(0),* Black Sheep) Akashic Bks.
It's Just Hair. Debbie Wood. 2023. (ENG.). 26p. (J). pap. 9.99 ***(978-1-0881-6930-8(9))*** Debra L. Wood.
It's Just Me. Michelle R. Morano. Illus. by Angelo C. Petullo, Jr. 2021. (ENG.). 32p. (J). pap. 12.95 *(978-1-7354684-1-9(X))* Susso.
It's Just Nice to Be Nice. Yolanda V. Wiggins. 2023. (ENG.). 24p. (J). pap. 14.99 ***(978-1-0881-3225-8(1))*** Indy Pub.
It's LearnTime! Frederick & Sharon Gooding. 2018. (ENG.). 110p. (J). pap. 14.95 *(978-0-9778048-3-2(6))* On the Reelz Pr.
It's LifeTime! The Young Adult's Roadmap to a Successful Life. Sharon Gooding & Frederick Gooding, Jr. 2020. (ENG.). 164p. (J). pap. 9.99 *(978-0-9778048-2-5(8))* On the Reelz Pr.
It's Like a Fairytale! a Kid's Guide to Wick, Scotland. Penelope Dyan. l.t. ed. 2018. (ENG., Illus.). 34p. (J). (gr. k-4). pap. 12.60 *(978-1-61477-315-3(7))* Bellissima Publishing, LLC.
It's Like This, Cat. Emily Neville. Illus. by Emil Weiss. 2017. (ENG.). 192p. (gr. 2-6). pap. 5.95 *(978-0-486-81478-0(5),* 814785) Dover Pubns., Inc.
It's Like This, Cat. Emily Neville. Illus. by Emil Weiss. 2019. (ENG.). 190p. (J). (gr. 2-6). pap. 5.85 *(978-1-68422-363-3(6))* Martino Fine Bks.
It's Like This, Cat: A Newbery Award Winner. Emily Cheney Neville. Illus. by Emil Weiss. 2019. (ENG.). 176p. (J). (gr. 5-9). pap. 7.99 *(978-0-06-440073-2(5),* HarperCollins) HarperCollins Pubs.
It's Like This, Cat Novel Units Teacher Guide. Novel Units. 2019. (ENG.). (J). pap. 12.99 *(978-1-56137-101-3(7),* Novel Units, Inc.) Classroom Library Co.
It's Me. Jim Benton. 2019. (Catwad Ser.). (ENG., Illus.). 125p. (J). (gr. 2-3). 19.26 *(978-0-87617-927-7(8))* Penworthy Co., LLC, The.
It's Me - It's Only down Syndrome (Female Version) C. M. West. Ed. by Iris M. Williams. 2016. (ENG., Illus.). (J). pap. 15.95 *(978-1-942022-47-3(6))* Butterfly Typeface, The.
It's Me - It's Only down Syndrome (Male Version) C. M. West. Ed. by Iris M. Williams. 2016. (ENG., Illus.). (J). pap. 15.95 *(978-1-942022-46-6(8))* Butterfly Typeface, The.
It's Me. a Graphic Novel (Catwad #1) Jim Benton. Illus. by Jim Benton. 2019. (Catwad Ser.: 1). (ENG., Illus.). 128p. (J). (gr. 3-7). pap. 8.99 *(978-1-338-32602-4(3),* Graphix) Scholastic, Inc.
It's Me, Ernie: The Life & Adventures of a Rescue Dog Who Found His Forever Home. Belinda Green. 2022. (ENG., Illus.). 36p. (J). pap. 14.95 *(978-1-63692-462-5(X))* Newman Springs Publishing, Inc.
It's Me, Henry! Stéphanie Deslauriers. Tr. by Charles Simard from FRE. Illus. by Geneviève Després. 2022. Orig. Title: Laurent, C'est Moi!. (ENG.). 32p. (J). (gr. -1-k). 19.95 *(978-1-4598-3083-7(0))* Orca Bk. Pubs. USA.
It's Me, Little Sister. J. Helen Bonessi. 2018. (ENG., Illus.). 38p. (J). 23.95 *(978-1-64028-173-8(8));* pap. 13.95 *(978-1-64028-171-4(1))* Christian Faith Publishing.
It's Me, Two. Jim Benton. 2019. (Catwad Ser.). (ENG., Illus.). 122p. (J). (gr. 2-3). 19.26 *(978-0-87617-928-4(6))* Penworthy Co., LLC, The.
It's Me, Two. a Graphic Novel (Catwad #2) Jim Benton. Illus. by Jim Benton. 2019. (Catwad Ser.: 2). (ENG., Illus.). 128p. (J). (gr. 3-7). pap. 8.99 *(978-1-338-32603-1(1),* Graphix) Scholastic, Inc.
It's Me, Zoey! Alexis Cannon Hale. Illus. by Jason Lam. 2020. (ENG.). 32p. (J). pap. 9.95 *(978-1-7360830-0-0(7))* Southampton Publishing.
It's Melting! Rozanne Williams. 2017. (Learn-To-Read Ser.). (ENG., Illus.). (J). pap. 3.49 *(978-1-68310-175-8(8))* Pacific Learning, Inc.
It's Mighty Strange: Or the Older, the Newer (Classic Reprint) James A. Duncan. 2018. (ENG., Illus.). 334p. (J). 30.81 *(978-0-483-69338-8(3))* Forgotten Bks.
It's Milking Time. Phyllis Alsdurf. Illus. by Steve Johnson & Lou Fancher. 2019. (ENG.). 32p. (J). 17.95 *(978-1-68134-139-2(5))* Minnesota Historical Society Pr.
It's Mine see Eric & Julieta: Es Mío / It's Mine (Bilingual) (Bilingual Edition)
It's Monkey Time! - Meet Murray! Gary Dufner & Phil Avelli. 2022. (ENG.). 40p. (J). 19.99 *(978-1-7358368-7-4(7))* Monarch Comics, LLC.
It's More Fun When Everyone Plays Together. Frann Preston Gannon. 2018. (CHI.). (J). *(978-7-5496-2462-1(3))* Wenhui Chubanshe.
It's More Than Hockey. Neil and Nancy Whiteford. Illus. by Noorpreet Jandu. 2023. (Adventures with Sassafrass Ser.: 2). 34p. (J). pap. 10.99 ***(978-1-6678-9548-2(6))*** BookBaby.
It's Much Too Early! Ian Whybrow. Illus. by Laura Watson. ed. 2016. (Cambridge Reading Adventures Ser.). (ENG.). 16p. pap. 7.95 *(978-1-107-56032-1(2))* Cambridge Univ. Pr.
It's My Birthday! Maria Hoskins. Ed. by Rose Williams. Illus. by Necla Yildirim Unal. 2023. (ENG.). 32p. (J). 19.99 ***(978-1-7358388-1-6(0))*** C&V 4 Seasons Publishing.
It's My Birthday. Autism Learners. 2019. (ENG.). 12p. (J). pap. 14.99 *(978-0-359-87724-9(9))* Lulu Pr., Inc.
It's My Birthday: With Super Sliders to Reveal Hidden Surprises. IglooBooks. Illus. by Isabel Perez. 2023. (ENG.). 10p. (J). (-k). bds. 10.99 ***(978-1-83771-537-4(8))*** Igloo Bks. GBR. Dist: Simon & Schuster, Inc.
It's My Birthday! a Maze Activity Book. Smarter Activity Books for Kids. 2016. (ENG., Illus.). (J). pap. 8.99 *(978-1-68374-220-3(6))* Examined Solutions PTE. Ltd.
It's My Birthday! a Party Themed Activity Book for Kids. Speedy Kids. 2017. (ENG., Illus.). (J). pap. 8.33 *(978-1-5419-3383-5(4))* Speedy Publishing LLC.
It's My Birthday! (Dinosaur) Illus. by Hazel Quintanilla. 2020. (It's My Birthday Ser.). (ENG.). 32p. (J). (gr. -1-3). 9.99 *(978-1-7282-2200-4(1))* Sourcebooks, Inc.
It's My Birthday! Unicorn. Illus. by Hazel Quintanilla. 2020. (It's My Birthday Ser.). (ENG.). 32p. (J). (gr. -1-3). 9.99 *(978-1-7282-2199-1(4))* Sourcebooks, Inc.
It's My Body, Can't You See? Science Book of Experiments Children's Science Education Books. Baby Professor. 2017. (ENG., Illus.). (J). pap. 8.79 *(978-1-5419-1399-8(X),* Baby Professor (Education Kids)) Speedy Publishing LLC.
It's My Choice. Amanda Brown. Illus. by Stacy Hummel. 2021. (ENG.). 28p. (J). pap. 7.77 *(978-1-7375754-0-5(X))* Madala, Amanda.
It's My Duty: Understanding Citizenship, 1 vol. Sadie Silva. 2018. (Civics for the Real World Ser.). (ENG.). 8p. (gr. k-1). pap. *(978-1-5383-6367-6(4),* 8a53646b-78da-4d05-8934-e5b17e2b5411, Rosen Classroom) Rosen Publishing Group, Inc., The.
It's My Hair! Volume 02. It's My Hair! Magazine. 2017. (ENG., Illus.). (J). pap. 25.00 *(978-0-692-88297-9(9))* It's My Hair! Magazine.
It's My Hair! Volume Two Kids Edition. It's My Hair! Magazine. 2016. (ENG., Illus.). (J). pap. 25.00 *(978-0-692-77197-6(2))* It's My Hair! Magazine.
It's My Life. Stacie Ramey. 2020. (ENG.). 336p. (YA). (gr. 8-12). pap. 10.99 *(978-1-4926-9452-6(5))* Sourcebooks, Inc.
It's My Party & I Don't Want to Go. Amanda Panitch. 2020. (ENG.). 224p. (J). (gr. 3-7). 17.99 *(978-1-338-62120-4(3));* pap. *(978-0-7023-0492-7(1))* Scholastic, Inc. (Scholastic Pr.).
It's My Purr-Ty & a Berryworks Mystery. Penguin Young Readers Licenses. 2023. (Strawberry Shortcake Ser.). (ENG.). 24p. (J). (-k). pap. 6.99 ***(978-0-593-65984-7(8),*** Penguin Young Readers Licenses) Penguin Young Readers Group.
It's MY Sausage. Alex Willmore. Illus. by Alex Willmore. 2020. (ENG., Illus.). 32p. (J). (gr. -1-3). 17.99 *(978-1-84886-473-3(6),* 87c2ffd5-addc-4161-b476-369163b36142) Maverick Arts Publishing GBR. Dist: Lerner Publishing Group.
It's My State!, 36 vols., Set. 2nd rev. ed. Incl. California. Michael Burgan & William McGeveran. lib. bdg. 34.07 *(978-1-60870-045-5(3),* 01b9dc44-0ad7-4b7e-92ed-cc9018a042f6); Colorado. Linda Jacobs Altman & Stephanie Fitzgerald. lib. bdg. 34.07 *(978-1-60870-046-2(1),* f98f5fdb-441b-4d6a-8fd7-7b9f8e59c7e9); Connecticut. Michael Burgan & Stephanie Fitzgerald. lib. bdg. 34.07 *(978-1-60870-047-9(X),* 2e560650-23a9-4f2e-9d4e-88e60034a979); Delaware. David C. King & Brian Fitzgerald. lib. bdg. 34.07 *(978-1-60870-048-6(8),* 29dd62a4-b660-460a-a145-8ec2f62171fe); Florida. Debra Hess & Jo P. Wiesenfeld. lib. bdg. 34.07 *(978-1-60870-049-3(6),* cac47481-858e-4d6b-b1e0-d9da7df06be8); Illinois. Claire Price-Groff & Elizabeth Kaplan. lib. bdg. 34.07 *(978-1-60870-050-9(X),* 184bd5e0-e61f-45a1-8b61-69dae92d87c4); Louisiana. Ruth Bjorklund & Andy Steinitz. lib. bdg. 34.07 *(978-1-60870-051-6(8),* a756c5c7-d344-4cbd-8312-f2cdb2e92728); Maryland. Steven Otfinoski & Andy Steinitz. lib. bdg. 34.07 *(978-1-60870-052-3(6),* 973de8b9-fdb9-46d2-a87d-64f6b7f4beae); Massachusetts. Ruth Bjorklund & Stephanie Fitzgerald. lib. bdg. 34.07 *(978-1-60870-053-0(4),* 237a2166-2825-40ef-b466-a8155ccf2bab); Minnesota. Marlene Targ Brill & Elizabeth Kaplan. lib. bdg. 34.07 *(978-1-60870-054-7(2),* 8ad030f8-87fd-42ed-9ab2-a05d8c3ecfe5); New Jersey. David C. King & William McGeveran. lib. bdg. 34.07 *(978-1-60870-055-4(0),* 7ed34966-1ff2-4a8a-9359-a61ffd712fa1); New York. Dan Elish & Stephanie Fitzgerald. lib. bdg. 34.07 *(978-1-60870-056-1(9),* 09295635-a487-47bb-b479-872716533eef); North Carolina. Andy Steinitz & Ann Graham Gaines. lib. bdg. 34.07 *(978-1-60870-057-8(7),* ff33e2dd-3df2-459d-aabc-42904fd41252); Pennsylvania. Joyce Hart & Richard Hantula. lib. bdg. 34.07 *(978-1-60870-058-5(5),* 9547320c-641d-4b01-bfa3-9d2c0391d89d); Texas. Linda Jacobs Altman & Tea Benduhn. lib. bdg. 34.07 *(978-1-60870-059-2(3),* 4e440bc3-cef2-49ef-b843-c744ceb3790c); Virginia. David C. King & Stephanie Fitzgerald. lib. bdg. 34.07 *(978-1-60870-060-8(7),* 60e30ab9-13b1-45d9-a151-c846a39a4f7b); Washington. Steven Otfinoski & Tea Benduhn. lib. bdg. 34.07 *(978-1-60870-061-5(5),* 2f85ab4b-6161-404e-97e2-b9ed868a1385); Wisconsin. Margaret Dornfeld & Richard Hantula. lib. bdg. 34.07 *(978-1-60870-062-2(3),* 38ebdd80-c72f-4b9a-b477-30e86af04a96); 80p. (gr. 4-4). (It's My State! (Second Edition)(r) Ser.). (ENG.). 2011. Set lib. bdg. 613.26 *(978-1-60870-044-8(5),* b63891e8-1cf4-4e50-a747-67feb4902eaf, Cavendish Square) Cavendish Square Publishing LLC.
It's My State! - Group 6, 12 vols. Illus. by Christopher Santoro. Incl. Georgia. Karen Diane Haywood. lib. bdg. 34.07 *(978-0-7614-1862-7(8),* c387b796-fb96-4994-b1e0-943c2e5e5ae1); Louisiana. Ruth Bjorklund. lib. bdg. 34.07 *(978-0-7614-1863-4(6),* 793379b3-5746-4c17-a57a-166a1cb8cbd4); Michigan. Johannah Haney. lib. bdg. 34.07 *(978-0-7614-1861-0(X),* 2d007384-5db7-456e-915f-6a3d00fdca6d); Nevada. Terry Allan Hicks. lib. bdg. 34.07 *(978-0-7614-1860-3(1),* 5122d465-0b42-447f-8d17-ca24fa1547aa); Rhode Island. Rick Petreycik. lib. bdg. 34.07 *(978-0-7614-1859-7(8),* 2d28ca89-1f74-4420-8edc-15875fe7dbd8); Vermont. Margaret Dornfeld. lib. bdg. 34.07 *(978-0-7614-1864-1(4),* e164a437-fb40-4016-a3f5-abd2e3cb74a0); (Illus.). 80p. (gr. 4-4). 2005. (It's My State! (First Edition)(r) Ser.). (ENG.). 2006. 204.42 *(978-0-7614-1858-0(X),* 6c4d8f9f-020d-4c8b-aa18-960748875f89, Cavendish Square) Cavendish Square Publishing LLC.
It's My State! (Fourth Edition, Group 3)(r), 10 vols. 2019. (It's My State! (Fourth Edition)(r) Ser.). (ENG.). 80p. (J). (gr. 4-4). lib. bdg. 179.65 *(978-1-5026-4365-0(0),* 0d907dd6-a644-416d-bf35-43d10119d022) Cavendish Square Publishing LLC.
It's My State! (Fourth Edition, Group 3) (R) 2019. (It's My State! (Fourth Edition)(R) Ser.). (ENG.). 80p. (J). pap. 88.20 *(978-1-5026-4460-2(6))* Cavendish Square Publishing LLC.
It's My State! (Fourth Edition, Group 4)(r), 10 vols. 2019. (It's My State! (Fourth Edition)(r) Ser.). (ENG.). 80p. (J). (gr. 4-4). lib. bdg. 179.65 *(978-1-5026-4366-7(9),* ec0ef10b-e1b1-4ca1-913b-fdeb5ababde3) Cavendish Square Publishing LLC.
It's My State! (Fourth Edition, Group 4) (R) 2019. (It's My State! (Fourth Edition)(R) Ser.). (ENG.). 80p. (J). pap. 88.20 *(978-1-5026-4461-9(4))* Cavendish Square Publishing LLC.
It's My State! (Fourth Edition, Groups 1 - 4)(r), 40 vols. 2019. (It's My State! (Fourth Edition)(r) Ser.). (ENG.). (J). (gr. 4-4). lib. bdg. 718.60 *(978-1-5026-4367-4(7),* e624f852-55f1-487e-8fd6-a9ac6832a662) Cavendish Square Publishing LLC.
It's My State! (Fourth Edition, Groups 1 - 4)(R) 2019. (It's My State! (Fourth Edition)(R) Ser.). (ENG.). (J). pap. 372.80 *(978-1-5026-4462-6(2))* Cavendish Square Publishing LLC.
It's My State Group 8, 12 vols., Set. Illus. by Christopher Santoro. Incl. Alabama. Joyce Hart. lib. bdg. 34.07 *(978-0-7614-1925-9(X),* e1f911a7-a685-4f84-b96d-74698a515b1c); Hawaii. Carmen Bredeson & Ann Graham Gaines. lib. bdg. 34.07 *(978-0-7614-1926-6(8),* 6e86b3a8-59f2-4dfa-860e-b0512d1fab27); Indiana. Kathleen Derzipilski. lib. bdg. 34.07 *(978-0-7614-1927-3(6),* 657bce5d-d09d-457c-8868-e0819ddc2c42); Iowa. David C. King. lib. bdg. 34.07 *(978-0-7614-1928-0(4),* 35ae66ac-e0d7-4380-a106-2c2e7b720da9); Washington, D. C. Terry Allan Hicks. lib. bdg. 34.07 *(978-0-7614-1929-7(2),* 5d74eef8-f9a1-4fba-b36d-90a794674429); Wyoming. Rick Petreycik. lib. bdg. 34.07 *(978-0-7614-1930-3(6),* 25ee087a-c9a1-4c2f-ac20-ddadacc99001); (Illus.). 80p. (gr. 4-4). (It's My State! (First Edition)(r) Ser.). (ENG.). 2007. Set lib. bdg. 204.42 *(978-0-7614-1924-2(1),* 41543b62-0268-4139-89f5-dcff5f032701, Cavendish Square) Cavendish Square Publishing LLC.
It's My State! (Third Edition, Groups 1 - 10)(r), 104 vols. 2016. (It's My State! (Third Edition)(r) Ser.). (ENG.). (J). (gr. 4-4). lib. bdg. 1868.36 *(978-1-5026-2805-3(8),* 96c509d5-f06c-47da-a470-db1db748d6dc) Cavendish Square Publishing LLC.
It's My Time to Fly: The Story of Caterpillar Number Five. Julie Conner. Illus. by Emily Row. 2021. (ENG.). 32p. (J). (gr. -1-3). 22.95 *(978-1-951565-83-1(5));* pap. 12.95 *(978-1-951565-84-8(3))* Brandylane Pubs., Inc.
It's MY Tree. Olivier Tallec. Illus. by Olivier Tallec. 2020. (ENG., Illus.). 36p. (J). (gr. -1-2). 17.99 *(978-1-5253-0547-4(6))* Kids Can Pr., Ltd. CAN. Dist: Hachette Bk. Group.
Its My Wedding! Look & Find Games: Wedding Activity Book for Kids. Jupiter Kids. 2016. (ENG., Illus.). 76p. (J). pap. 13.75 *(978-1-68305-407-8(5),* Jupiter Kids (Childrens & Kids Fiction)) Speedy Publishing LLC.
It's Neat to Compete! Understanding Competition in an Economic System Grade 5 Social Studies Children's Economic Books. Baby Professor. 2022. (ENG.). 72p. (J).

31.99 *(978-1-5419-9427-0(2)*, Baby Professor (Education Kids)) Speedy Publishing LLC.

It's Never Too Late to Learn Good Manners. Evelyn Jones. 2018. (ENG., Illus.). 54p. (J). pap. 13.95 *(978-1-64214-728-5(1))* Page Publishing Inc.

It's New Year's Day! Richard Sebra. ed. 2017. (Bumba Books (r) — It's a Holiday! Ser.). (ENG., Illus.). 24p. (J). (gr. -1-1). E-Book 39.99 *(978-1-5124-2744-8(6))*; E-Book 4.99 *(978-1-5124-3702-7(6)*, 9781512437027); E-Book 39.99 *(978-1-5124-3701-0(8)*, 9781512437010) Lerner Publishing Group. (Lerner Pubns.).

It's Nice to Be a Kit Fox. Molly Woodward. Photos by Donald Quintana. 2019. 20p. (J). bds. 8.99 *(978-1-59714-401-8(0))* Heyday.

It's Nice to Be a Mountain Lion. Molly Woodward. Photos by Pat and Tom Leeson. 2018. (ENG.). 20p. (J). bds. 8.99 *(978-1-59714-429-2(0))* Heyday.

It's Nice to Be a Narwhal! Rosie Greening. Illus. by Stuart Lynch. 2019. (ENG.). 12p. (J). (gr. -1-7). bds. 10.99 *(978-1-78843-998-5(8))* Make Believe Ideas GBR. Dist: Scholastic, Inc.

It's Nice to Be an Otter. Molly Woodward. Photos by Tom and Pat Leeson. 2016. (ENG., Illus.). 20p. (J). bds. 8.99 *(978-1-59714-335-6(9))* Heyday.

It's Nice to Be Nice. April Allen. 2019. (ENG., Illus.). 26p. (J). (gr. k-4). pap. 13.95 *(978-1-61244-760-5(0))* Halo Publishing International.

It's Nighttime. Maria Eloisa C. Quiambao. Illus. by Nikolai C. Quiambao. 2019. (ENG.). 24p. (J). pap. 21.00 *(978-1-5437-4799-7(X))* Partridge Pub.

It's Not a Bed, It's a Time Machine. Mickey Rapkin. Illus. by Teresa Martinez. 2019. (It's Not a Book Series, It's an Adventure Ser.). (ENG.). 32p. (J). 17.99 *(978-1-250-16762-0(0)*, 900187570) Imprint IND. Dist: Macmillan.

It's Not a Mess, It's a Masterpiece. Sarah Mathies. 2022. (ENG.). 38p. (J). *(978-0-2288-7190-3(5))*; pap. *(978-0-2288-7189-7(1))* Tellwell Talent.

It's Not a Perfect World, but I'll Take It: 50 Life Lessons for Teens Like Me Who Are Kind of (You Know) Autistic. Jennifer Rose. 2016. (ENG.). 136p. (gr. 6-6). 12.99 *(978-1-5107-0549-4(X))* Skyhorse Publishing Co., Inc.

It's Not a School Bus, It's a Pirate Ship. Mickey Rapkin. Illus. by Teresa Martinez. 2020. (It's Not a Book Series, It's an Adventure Ser.). (ENG.). 32p. (J). 18.99 *(978-1-250-22977-9(4)*, 900209272) Imprint IND. Dist: Macmillan.

It's Not about You, Little Hoo! / ¡No Se Trata de Ti, Buhito! Brenda Ponnay. Illus. by Brenda Ponnay. 2021. (Little Hoo Ser.). (ENG.). 32p. (J). (gr. -1-2). 24.99 *(978-1-5324-3099-2(X))*; pap. 12.99 *(978-1-5324-3098-5(1))* Xist Publishing.

It's Not about You, Mr. Easter Bunny: A Love Letter about the True Meaning of Easter. Soraya Coffelt. Illus. by Tea Seroya. 2017. (Love Letters Book Ser.). (ENG.). 36p. (J). pap. 8.99 *(978-1-68350-063-6(6))* Morgan James Publishing.

It's Not Bragging If It's True: How to Be Awesome at Life, from a Winner of the Scripps National Spelling Bee. Zaila Avant-garde. 2023. (ENG., Illus.). 144p. (J). (gr. 3-7). 17.99 *(978-0-593-56899-6(0))*; lib. bdg. 20.99 *(978-0-593-56900-9(8))* Random Hse. Children's Bks. (Random Hse. Bks. for Young Readers).

It's Not 'cuz of Me. Daphne L. McFee. 2018. (ENG., Illus.). 20p. (J). pap. *(978-1-5255-0878-3(4))* FriesenPress.

It's Not Destiny. Kelsey Abrams. Illus. by Jomike Tejido. 2018. (Second Chance Ranch Ser.). (ENG.). 120p. (J). (gr. 3-4). pap. 7.99 *(978-1-63163-145-0(4)*, 1631631454, Jolly Fish Pr.) North Star Editions.

It's Not Destiny: An Abby Story. Kelsey Abrams. Illus. by Jomike Tejido. 2018. (Second Chance Ranch Ser.). (ENG.). 120p. (J). (gr. 3-4). lib. bdg. 27.13 *(978-1-63163-144-3(6)*, 1631631446, Jolly Fish Pr.) North Star Editions.

It's Not Easy Being a Bunny. Marilyn Sadler. Illus. by Roger Bollen. 2020. (ENG.). 26p. (J). (— 1). bds. 8.99 *(978-1-9848-9510-3(9)*, Random Hse. Bks. for Young Readers) Random Hse. Children's Bks.

It's Not Easy Being Mimi. Linda Davick. Illus. by Linda Davick. (Mimi's World Ser.: 1). (ENG., Illus.). (J). (gr. 1-4). 2019. 192p. pap. 7.99 *(978-1-4424-5890-1(9))*; 2018. 176p. 13.99 *(978-1-4424-5889-5(5))* Beach Lane Bks. (Beach Lane Bks.).

It's Not Easy to Be a Pioneer! Women Rights Leaders Elizabeth Blackwell & Susan Anthony Grade 5 Social Studies Children's Women Biographies. Dissected Lives. 2022. (ENG.). 72p. (J). 31.99 *(978-1-5419-8672-5(5))*; pap. 19.99 *(978-1-5419-8416-5(1))* Speedy Publishing LLC. (Dissected Lives (Auto Biographies)).

It's Not Fair! Christie Hainsby. Illus. by Stuart Lynch. 2022. (ENG.). 12p. (J). (— 1). 9.99 *(978-1-80337-454-3(3))* Make Believe Ideas GBR. Dist: Scholastic, Inc.

It's Not Fair! A Book about Having Enough. Caryn Rivadeneira. Illus. by Isabel Muñoz. 2018. 32p. (J). 14.99 *(978-1-5064-4680-6(9)*, Beaming Books) 1517 Media.

It's Not Hansel & Gretel. Josh Funk. Illus. by Edwardian Taylor. 2019. (It's Not a Fairy Tale Ser.: 2). (ENG.). 40p. (J). (gr. k-3). 17.99 *(978-1-5039-0294-7(3)*, 9781503902947, Two Lions) Amazon Publishing.

It's Not Like It's a Secret. Misa Sugiura. (ENG.). 400p. (YA). (gr. 8). 2018. pap. 10.99 *(978-0-06-247342-4(5))*; 2017. 18.99 *(978-0-06-247341-7(7))* HarperCollins Pubs. (HarperTeen).

It's Not Little Red Riding Hood. Josh Funk. Illus. by Edwardian Taylor. 2020. (It's Not a Fairy Tale Ser.: 3). (ENG.). 40p. (J). (gr. k-3). 17.99 *(978-1-5420-0666-8(X)*, 9781542006668, Two Lions) Amazon Publishing.

It's Not Me, It's You (Point Paperbacks) Stephanie Kate Strohm. 2018. (ENG.). 288p. (J). (gr. 7-7). pap. 9.99 *(978-1-338-29177-3(7))* Scholastic, Inc.

It's Not My Fault! Ryn King. 2019. (ENG., Illus.). 28p. (J). 21.95 *(978-1-64471-955-8(X))* Covenant Bks.

It's Not So Lonely after All. Melodie Austria. 2016. (ENG., Illus.). (J). pap. 15.95 *(978-1-4808-3607-5(9))* Archway Publishing.

It's Not Summer Without You. 2021. (ENG.). lib. bdg. 22.80 *(978-1-6636-0563-4(7))* Perfection Learning Corp.

It's Not That Complicated! Mazes & More: Activity Book for Adults. Speedy Publishing LLC. 2016. (ENG., Illus.). 108p. (J). pap. 12.55 *(978-1-68305-408-5(3))* Speedy Publishing LLC.

It's Not That Nose upon Your Face. Barbara Guidotti. 2021. (ENG.). (J). 40p. 16.99 *(978-1-0878-7727-3(X))*; 48p. pap. 9.99 *(978-1-0879-6104-0(1))* Indy Pub.

It's Not the Baby. J. Patrick Lewis & Leigh Lewis. Illus. by Maddie Frost. 2017. 14p. (J). (gr. -1 — 1). bds. 9.99 *(978-1-68152-194-7(6)*, 14725) Amicus.

It's Not the Puppy. J. Patrick Lewis & Leigh Lewis. Illus. by Maddie Frost. 2019. 14p. (J). (gr. -1-k). bds. 9.99 *(978-1-68152-409-2(0)*, 17589) Amicus.

It's Not the Three Little Pigs. Josh Funk. Illus. by Edwardian Taylor. 2022. (It's Not a Fairy Tale Ser.: 4). (ENG.). 40p. (J). (gr. k-3). 17.99 *(978-1-5420-3243-8(1)*, 9781542032438, Two Lions) Amazon Publishing.

It's Not Turkey for Dinner, It's Turkey the Country! Geography Education for Kids Children's Explore the World Books. Baby Professor. 2017. (ENG., Illus.). 64p. (J). pap. 9.52 *(978-1-5419-1585-5(2)*, Baby Professor (Education Kids)) Speedy Publishing LLC.

It's Not What You're Eating, It's What's Eating You: A Teenager's Guide to Preventing Eating Disorders — And Loving Yourself. Shari Brady. 2018. (ENG.). 192p. (gr. 5-5). pap. 14.99 *(978-1-5107-2262-0(9))* Skyhorse Publishing Co., Inc.

It's OK! Daniel Harris. 2017. (ENG.). 30p. (J). *(978-1-716-72976-8(9))* Lulu Pr., Inc.

It's Ok. Jayne Lively. 2021. (ENG., Illus.). 28p. (J). pap. 13.95 *(978-1-6624-3719-9(6))* Page Publishing Inc.

It's OK Little Rain Cloud to Cry. Charlie Shull. Illus. by Charlie Shull. 2021. (ENG.). 26p. (J). 21.99 *(978-1-0879-9875-6(1))* Indy Pub.

It's OK Not to Be OK. Emily Stewart. 2021. (ENG.). 28p. (J). 18.99 *(978-1-6629-1997-8(2))* Gatekeeper Pr.

It's OK, Slow Lizard. Yeorim Yoon. Tr. by Chi-Young Kim. Illus. by Jian Kim. 2021. 42p. (J). 18.95 *(978-1-63206-277-2(1))* Restless Bks.

It's Ok to Ask: What Is That Sticking Out of Your Neck? Lady Madelyn Patterson. 2022. (ENG., Illus.). 20p. (J). pap. 13.95 *(978-1-68570-336-3(4))* Christian Faith Publishing.

It's Ok to Be a Unicorn Coloring Book: Jumbo Sized Colouring Book for Children. Wonder House Books. 2020. (Giant Book Ser.). (ENG.). 32p. (J). (gr. -1-2). pap. 5.99 *(978-93-90183-57-9(X))* Prakash Bk. Depot IND. Dist: Independent Pubs. Group.

It's OK to Be Different: A Children's Picture Book about Diversity & Kindness. Sharon Purtill. Illus. by Saha Sujata. 2019. (ENG.). 30p. (J). (gr. k-3). *(978-0-9734104-5-7(0))* Dunhill-Clare Publishing.

It's OK to Be Different: A Children's Picture Book about Diversity & Kindness. Sharon Purtill. Illus. by Sujata Saha. 2019. (ENG.). 30p. (J). (gr. k-3). *(978-0-9734104-4-0(2))* Dunhill-Clare Publishing.

It's OK to Be Me! Sherry J. Kubalsky. Illus. by Natalia Starikova. 2021. (ENG.). 32p. (J). *(978-1-5255-8508-1(8))*; pap. *(978-1-5255-8509-8(6))* FriesenPress.

It's OK to Be Scared. Sue Wright. 2021. (ENG.). 36p. (J). *(978-1-9993617-5-4(X))* Wright, Sue.

It's OK to Cry. Kimm Reid. Illus. by Taralee Tilma. 2020. (ENG.). 50p. (J). pap. *(978-1-988001-49-4(8))* Ahelia Publishing, Inc.

It's OK to Feel Your Feelings: Childrens Emotions Journal. samantha fowler. 2023. (ENG.). 49p. (J). pap. *(978-1-4709-1288-8(0))* Lulu Pr., Inc.

It's Ok to Have Feelings. Aileen Pound & Michaela Keane. 2021. (ENG.). 22p. (J). *(978-0-2288-6330-4(9))*; pap. *(978-0-2288-5262-9(5))* Tellwell Talent.

It's Ok to Idk: The Teenager's Guide to Go from I Don't Know to I Know. Anekia Boatwright-McGhee. 2018. (ENG., Illus.). 122p. (J). pap. *(978-1-988925-26-4(6))* Doyle-Ingram, Suzanne.

It's Ok to Make Mistakes. AnneliesDraws. 2021. (Little Brown Bear Ser.). (ENG.). 24p. (J). (gr. -1-1). *(978-0-7112-5200-4(9)*, Wide Eyed Editions) Quarto Publishing Group UK.

It's Ok to Need a Friend. AnneliesDraws. 2021. (Little Brown Bear Ser.). (ENG.). 24p. (J). (gr. -1-1). *(978-0-7112-5204-2(1)*, Wide Eyed Editions) Quarto Publishing Group UK.

It's Okay. Sarah Sowaid. Illus. by Sarah Sowaid. 2020. (ENG., Illus.). 34p. (J). (gr. k-2). pap. *(978-0-6487842-0-3(7))* Sowaid, Sarah.

It's Okay: A Story of a Young Family Learning It's Okay to Not Always Be Perfect. M. S. Freire. 2021. (ENG.). 26p. (J). pap. *(978-0-2288-5463-0(6))* Tellwell Talent.

It's Okay If My Mommy Changes: I Still Love Her. Jill Lowe. 2017. (ENG., Illus.). (J). 25.95 *(978-1-4808-4296-0(6))*; pap. 16.95 *(978-1-4808-4297-7(4))* Archway Publishing.

It's Okay to Ask: a Book about Disabilities. Abigail Isaac. 2023. (ENG.). 38p. (J). 18.95 *(978-1-63755-483-8(4)*, Mascot Kids) Amplify Publishing Group.

It's Okay to Be a Pumpkin. Daisy Mellifont. 2019. (ENG., Illus.). 28p. (J). pap. *(978-1-913340-18-6(X))* Clink Street Publishing.

It's Okay to Be a Unicorn! Jason Tharp. Illus. by Jason Tharp. 2020. (ENG., Illus.). 40p. (J). 17.99 *(978-1-250-31132-0(2)*, 900198865) Imprint IND. Dist: Macmillan.

It's Okay to Be Different. Josalyn Ironette Holiday. Illus. by Mariya Stoyanova. 2017. (ENG.). (J). 19.99 *(978-0-9985781-1-8(8))* Mindstir Media.

It's Okay to Be Different. todd Parr. Illus. by todd Parr. 2019. (Todd Parr Picture Bks.). (ENG., Illus.). 32p. (J). (gr. -1-2). 31.36 *(978-1-5321-4374-8(5)*, 31824, Picture Bk.) Spotlight.

It's Okay to Be Different. Nicola a Samuels. 2020. (ENG., Illus.). 20p. (J). (gr. k-4). 17.99 *(978-1-0878-7028-1(3))* Indy Pub.

It's Okay to Be Shy. Katherine Gardner. 2021. (ENG., Illus.). 30p. (J). pap. 13.95 *(978-1-6624-2146-4(X))* Page Publishing Inc.

It's Okay to Feel This Way. Sara Biviano. 2021. (Illus.). 36p. (J). (gr. k-3). 16.95 *(978-1-76036-110-5(0)*, 8f4c8d1e-ad52-469f-b1e8-92ea242886e5) Starfish Bay Publishing Pty Ltd. AUS. Dist: Baker & Taylor Publisher Services (BTPS).

It's Okay to Make Mistakes. todd Parr. Illus. by todd Parr. 2019. (Todd Parr Picture Bks.). (ENG., Illus.). 32p. (J). (gr. -1-2). 31.36 *(978-1-5321-4375-5(3)*, 31825, Picture Bk.) Spotlight.

It's Okay to Not Be Okay: Adults Get Big Feelings Too. Danielle Sherman-Lazar. Illus. by Vicky Kuhn. 2021. (ENG.). 32p. (J). pap. *(978-1-913615-45-1(6))*; *(978-1-915680-56-3(5))* Trigger Publishing.

It's Okay to Smell Good! Jason Tharp. 2021. (ENG., Illus.). 40p. (J). 18.99 *(978-1-250-31133-7(0)*, 900198866) Imprint IND. Dist: Macmillan.

It's One Whale of a Tale. Rie Lamarr. 2020. (ENG.). 44p. (J). 25.95 *(978-1-68456-965-6(6))*; pap. 15.95 *(978-1-64701-807-8(2))* Page Publishing Inc.

It's Only One! Tracey Corderoy. Illus. by Tony Neal. (ENG.). 32p. (J). (gr. -1-2). 2023. pap. 8.99 *(978-1-6643-4049-7(1))*; 2020. 17.99 *(978-1-68010-227-7(3))* Tiger Tales.

It's Only One Semester Spring 2018: 6 Month College/High School Student Planner. Prioritize Classes & Activities. Calendars, Blank Lists, Graphs, Schedule. Class Pages-Projects, Labs, Exams, Contacts, vol. 3. Joy L. Kieffer. 2018. (ENG., Illus.). 110p. (J). pap. 8.99 *(978-0-9981078-3-7(2))* Hidden Cache Media.

It's Only the Wind. Mindy Dwyer. 2017. (ENG., Illus.). 32p. (J). (gr. k-3). 16.99 *(978-1-5132-6074-7(X)*, West Winds Pr.) West Margin Pr.

It's Optimus Prime Time! Ready-To-Read Level 2. Adapted by Patty Michaels. 2023. (Transformers: EarthSpark Ser.). (ENG.). 32p. (J). (gr. k-2). 17.99 *(978-1-6659-3951-5(6))*; pap. 4.99 *(978-1-6659-3950-8(8))* Simon Spotlight. (Simon Spotlight).

It's Outta Here! The Might & Majesty of the Home Run. Matt Doeden. 2022. (Spectacular Sports Ser.). (ENG., Illus.). 64p. (J). (gr. 5-8). pap. 12.99 *(978-1-7284-5985-1(0)*, 8374ac01-ebcc-4b73-8a11-3a7f43f4988d, Millbrook Pr.) Lerner Publishing Group.

It's Owl Good. Renée Treml. Illus. by Renée Treml. 2022. (Super Adventures of Ollie & Bea Ser.). (ENG., Illus.). 64p. (J). 23.99 *(978-1-6639-7717-5(8)*, 220231); pap. 7.99 *(978-1-6663-3084-7(1)*, 220225) Capstone. (Picture Window Bks.).

It's Passover, Grover! (Sesame Street) Jodie Shepherd. Illus. by Joe Mathieu. 2019. (Pictureback(R) Ser.). (ENG.). 24p. (J). (-k). pap. 7.99 *(978-0-525-64722-5(8)*, Random Hse. Bks. for Young Readers) Random Hse. Children's Bks.

It's Perfectly Normal: Changing Bodies, Growing up, Sex, Gender, & Sexual Health. Robie H. Harris. Illus. by Michael Emberley. 2021. (Family Library). (ENG.). 128p. (J). (gr. 5). 24.99 *(978-1-5362-0720-0(9))*; pap. 14.99 *(978-1-5362-0721-7(7))* Candlewick Pr.

It's Phonics Time 1. Toyosi Niyi-Olowu. 2016. (It's Phonics Time Ser.: Vol. 1). (ENG., Illus.). (J). (gr. k-3). pap. *(978-0-9933500-8-5(9))* Cerint Media Hse.

It's Picnic Time - e a Boo Tain Te Bikiniki (Te Kiribati) Ruiti Tumoa. Illus. by Giward Musa. 2023. (ENG.). 28p. (J). pap. *(978-1-922895-79-0(2))* Library For All Limited.

It's Pi(e) Day. Jamye Curry Savage. 2022. (ENG., Illus.). 36p. (J). 22.95 *(978-1-63985-304-5(9))* Fulton Bks.

It's Pool Time! Meredith Rusu. ed. 2019. (Clifford 8x8 Bks). (ENG.). 24p. (J). (gr. k-1). 13.96 *(978-0-87617-578-1(7))* Penworthy Co., LLC, The.

It's Pool Time! (Clifford the Big Red Dog Storybook) Meredith Rusu. Illus. by Remy Simard. 2019. (ENG.). 24p. (J). (gr. -1-k). pap. 4.99 *(978-1-338-53067-4(4))* Scholastic, Inc.

It's Possum Time: Southern Short Stories. John Lanhamsr. 2018. (ENG., Illus.). 136p. (YA). pap. 15.95 *(978-1-64424-418-0(7))* Page Publishing Inc.

It's Potty Time for Boys. Ron Berry. Ed. by Smart Kidz. Illus. by Chris Sharp & Gary Currant. 2019. (Time To... Book Ser.). (ENG.). 12p. (J). (gr. -1-2). bds. 14.99 *(978-1-64123-198-5(X)*, 770978) Smart Kidz Media, Inc.

It's Potty Time for Girls. Ed. by Smart Kidz. Illus. by Chris Sharp. 2019. (Time To... Book Ser.). (ENG.). 12p. (J). (gr. -1-2). bds. 9.99 *(978-1-64123-266-1(8)*, 771081) Smart Kidz Media, Inc.

It's Potty Time for Girls. Ed. by Smart Kidz. Illus. by Chris Sharp & Gary Currant. 2019. (Time To... Book Ser.). (ENG.). 12p. (J). (gr. -1-2). bds. 14.99 *(978-1-64123-199-2(8)*, 770979) Smart Kidz Media, Inc.

It's Prime Time, to Sleep. T. 2016. (ENG.). 26p. (J). *(978-1-326-79534-4(1))* Lulu Pr., Inc.

It's Pumpkin Day, Mouse! Laura Numeroff. Illus. by Felicia Bond. 2019. (If You Give... Ser.). (ENG.). 24p. (J). (gr. -1 — 1). 9.99 *(978-0-694-01429-3(X)*, HarperFestival) HarperCollins Pubs.

It's Raining, 1 vol. Celeste Bishop. 2016. (What's the Weather Like? Ser.). (ENG.). 24p. (gr. 1-1). pap. 9.25 *(978-1-4994-2351-8(9)*, 7700f540-cbaa-4c5c-bbb3-e63b80bd55f8, PowerKids Pr.) Rosen Publishing Group, Inc., The.

It's Raining! (1 Hardcover/1 CD) Gail Gibbons. 2016. (ENG.). (J). (gr. k-3). audio compact disk 29.95 *(978-1-4301-2179-4(3))* Live Oak Media.

It's Raining! (1 Paperback/1 CD) Gail Gibbons. 2016. (ENG.). (J). (gr. k-3). audio compact disk 19.95 *(978-1-4301-2178-7(5))* Live Oak Media.

It's Raining! (4 Paperbacks/1 CD) Gail Gibbons. 2016. (ENG.). (J). (gr. k-3). audio compact disk 44.95 *(978-1-4301-2180-0(7))* Live Oak Media.

It's Raining & I'm Okay: A Calming Story to Help Children Relax When They Go Out & About. Adele Devine. Illus. by Quentin Devine. 2017. 40p. (J). 15.95 *(978-1-78592-319-7(6)*, 696556) Kingsley, Jessica Pubs. GBR. Dist: Hachette UK Distribution.

It's Raining Bats & Frogs! Joe McGee. Illus. by Ethan Long. 2020. (Junior Monster Scouts Ser.: 3). (ENG.). 112p. (J). (gr. 2-5). 16.99 *(978-1-5344-3683-1(9))*; pap. 6.99 *(978-1-5344-3682-4(0))* Simon & Schuster Children's Publishing. (Aladdin).

It's Raining Cats & Dogs: Seek & Find Activity Book. Activibooks For Kids. 2016. (ENG., Illus.). (J). pap. 9.43 *(978-1-68321-375-8(0))* Mimaxion.

It's Raining Dogs & Cats Colouring Book for Kids Aged 3+ B. A. Publications. 2023. (ENG.). 32p. (J). pap. *(978-1-4478-6976-4(1))* Lulu Pr., Inc.

It's Raining Fish & Other Cool Weather Facts. Kaitlyn Duling. 2019. (Mind-Blowing Science Facts Ser.). (ENG., Illus.). 32p. (J). (gr. 4-6). lib. bdg. 28.65 *(978-1-5435-5770-1(8)*, 139726) Capstone.

It's Raining, It's Pouring. Poppy Green. Illus. by Jennifer A. Bell. 2017. (Adventures of Sophie Mouse Ser.: 10). (ENG.). 128p. (J). (gr. k-4). 17.99 *(978-1-4814-8590-6(3)*, Little Simon) Little Simon.

It's Raining Tacos! Parry Gripp. Illus. by Peter Emmerich. 2021. (ENG.). 32p. (J). (gr. -1-3). 17.99 *(978-0-06-300647-8(2)*, HarperCollins) HarperCollins Pubs.

It's Ramadan! Amy Culliford. 2022. (My Favorite Holiday Ser.). (ENG.). 16p. (J). (gr. -1-1). pap. *(978-1-0396-6167-7(X)*, 20759); lib. bdg. *(978-1-0396-5972-8(1)*, 20758) Crabtree Publishing Co.

It's Ramadan & Eid Al-Fitr! Richard Sebra. 2016. (Bumba Books (r) — It's a Holiday! Ser.). (ENG., Illus.). 24p. (J). (gr. -1-1). 26.65 *(978-1-5124-1428-8(X)*, f28057 88-e8b1-4244-abc5-3c53d22c3a73, Lerner Pubns.) Lerner Publishing Group.

It's Ramadan, Curious George. H. A. Rey & Hena Khan. 2016. (Curious George Ser.). (ENG., Illus.). 14p. (J). (— 1). bds. 7.99 *(978-0-544-65226-2(6)*, 1622329, Clarion Bks.) HarperCollins Pubs.

It's See You Later Not Goodbye: A Children's Story of Love, Loss & Coping. Catherine Fish & Roger Jeffries. 2022. (ENG.). 46p. (J). *(978-0-2288-7738-7(5))*; pap. *(978-0-2288-7737-0(7))* Tellwell Talent.

It's Shoe Time! Mo Willems. 2017. (Elephant & Piggie Like Reading! Ser.: 4). 12p. (J). (gr. 1-3). 9.99 *(978-1-4847-2647-1(2)*, Hyperion Books for Children) Disney Publishing Worldwide.

It's Showtime! Colin Hosten. ed. 2020. (I Can Read Ser.). (ENG., Illus.). 32p. (J). (gr. k-1). 14.96 *(978-1-64697-336-1(4))* Penworthy Co., LLC, The.

It's Showtime, Kavi. Varsha Bajaj. Illus. by Pavarti Pillai. 2023. (American Girl(r) Girl of the Year(tm) Ser.). (ENG.). 160p. (J). 16.99 *(978-1-68337-225-7(5))* American Girl Publishing, Inc.

It's Snack Time. Majida Conteh et al. 2021. (ENG.). 38p. (J). pap. 14.99 *(978-1-7361688-1-3(9))* Journal Joy, LLC.

It's Snot Fair: And Other Gross & Disgusting Jokes. Brenda Ponnay. Illus. by Brenda Ponnay. 2017. (Illustrated Jokes Ser.). (ENG., Illus.). 32p. (J). (gr. -1-2). pap. 9.99 *(978-1-5324-0224-1(4))* Xist Publishing.

It's Snowing, 1 vol. Celeste Bishop. 2016. (What's the Weather Like? Ser.). (ENG.). 24p. (gr. 1-1). pap. 9.25 *(978-1-4994-2355-6(1)*, a43d408e-545f-4680-baaa-b80d0ddc7c23, PowerKids Pr.) Rosen Publishing Group, Inc., The.

It's Snowing, Leonard! Jessie James. Illus. by Tamara Anegon. 2023. (Look! It's Leonard! Ser.). (ENG.). 32p. (J). (-k). 16.99 *(978-0-7440-8462-7(8)*, DK Children) Dorling Kindersley Publishing, Inc.

It's So Fluffy! Kid's Guide to Caring for Rabbits & Bunnies - Pet Books for Kids - Children's Animal Care & Pets Books. Left Brain Kids. 2016. (ENG., Illus.). (J). pap. 7.51 *(978-1-68376-604-9(0))* Sabeels Publishing.

It's So Quiet: A Not-Quite-Going-To-Bed Book. Sherri Duskey Rinker. Illus. by Tony Fucile. 2021. (ENG.). 56p. (J). (gr. -1-k). 17.99 *(978-1-4521-4544-0(X))* Chronicle Bks. LLC.

It's Someone's Birthday Every Day! a Coloring Book. Kreative Kids. 2016. (ENG., Illus.). (J). pap. 9.20 *(978-1-68377-317-7(9))* Whlke, Traudl.

It's Spring, 1 vol. Jackie Heckt. 2016. (Four Seasons Ser.). (ENG., Illus.). 24p. (gr. 1-1). pap. 9.25 *(978-1-5081-5183-8(0)*, 882f4666-01a7-4420-aefc-22c6aa034c92, PowerKids Pr.) Rosen Publishing Group, Inc., The.

It's Spring! (a StoryPlay Book) Samantha Berger & Pamela Chanko. 2017. (StoryPlay Ser.). (ENG., Illus.). 40p. (J). (gr. -1-k). 5.99 *(978-1-338-23218-9(5))* Scholastic, Inc.

It's Spring! & It's Time to Clean! Penelope Dyan. Illus. by Penelope Dyan. l.t. ed. 2022. (ENG.). 34p. (J). pap. 12.60 *(978-1-61477-581-2(8))* Bellissima Publishing, LLC.

It's Spring! It's Spring! Brie Smalldon. Illus. by Victor Moore. 2022. (ENG.). 36p. (J). *(978-1-0391-3366-2(5))*; pap. *(978-1-0391-3365-5(7))* FriesenPress.

It's Spring Time! Spot the Difference Activities for Kids. Jupiter Kids. 2017. (ENG., Illus.). (J). pap. 9.05 *(978-1-5419-3284-5(6)*, Jupiter Kids (Childrens & Kids Fiction)) Speedy Publishing LLC.

It's Spring Tyme. Gwen Gates. 2022. (ENG.). 33p. (J). pap. *(978-1-4583-0686-9(0))* Lulu Pr., Inc.

It's Springtime Maple. Joyce. 2022. (ENG., Illus.). 42p. (J). pap. 15.95 *(978-1-63985-491-2(6))* Fulton Bks.

It's Springtime, Mr. Squirrel. Sebastian Meschenmoser. 2018. (ENG., Illus.). 64p. (J). (gr. -1-3). 18.95 *(978-0-7358-4310-3(4))* North-South Bks., Inc.

It's Springtime, Snoopy! Charles M. Schulz. Illus. by Scott Jeralds. 2021. (Peanuts Ser.). (ENG.). 22p. (J). (gr. -1 — 1). bds. 8.99 *(978-1-5344-8175-6(3)*, Simon Spotlight) Simon Spotlight.

It's St. Patrick's Day! Richard Sebra. ed. 2017. (Bumba Books (r) — It's a Holiday! Ser.). (ENG., Illus.). 24p. (J). (gr. -1-1). E-Book 4.99 *(978-1-5124-3705-8(0)*, 9781512437058); E-Book 39.99 *(978-1-5124-2740-0(3))*; E-Book 39.99 *(978-1-5124-3704-1(2)*, 9781512437041) Lerner Publishing Group. (Lerner Pubns.).

It's Steve the Snail. Nancy Le Maistre. 2022. (ENG.). 62p. (J). *(978-0-2288-6903-0(X))*; pap. *(978-0-2288-6902-3(1))* Tellwell Talent.

It's Still Alive! Magical Animals That Regrow Parts. Nikki Potts. 2018. (Magical Animals Ser.). (ENG., Illus.). 32p. (J). (gr. -1-2). pap. 7.95 *(978-1-5157-9467-7(9)*, 136685); lib. bdg. 27.99 *(978-1-5157-9463-9(6)*, 136681) Capstone. (Capstone Pr.).

It's Still Me! Rachyl Worsfold. 2023. (ENG.). 26p. (J). pap. *(978-1-7779347-6-7(1))* LoGreco, Bruno.

It's Summer, 1 vol. Alana Olsen. 2016. (Four Seasons Ser.). (ENG., Illus.). 24p. (gr. 1-1). pap. 9.25 *(978-1-5081-5187-6(3)*,

1034
The check digit for ISBN-10 appears in parentheses after the full ISBN-13

b1948dad-5778-49b1-9019-95773aaba471, PowerKids Pr.) Rosen Publishing Group, Inc., The.

It's Sunny, 1 vol. Celeste Bishop. 2016. (What's the Weather Like? Ser.). (ENG.). 24p. (gr. 1-1). pap. 9.25 (978-1-4994-2359-4(4), 52804292-377c-4bd7-9298-91acdc0f5ed0, PowerKids Pr.) Rosen Publishing Group, Inc., The.

It's Thanksgiving! Amy Culliford. 2022. (My Favorite Holiday Ser.). (ENG.). 16p. (J). (gr. -1-1). pap. (978-1-0396-6165-3(3), 20765); lib. bdg. (978-1-0396-5970-4(5), 20764) Crabtree Publishing Co.

It's Thanksgiving, Chloe Zoe! Jane Smith. Illus. by Jane Smith. 2017. (Chloe Zoe Ser.). (ENG., Illus.). 32p. (J). (gr. -1-3). 12.99 (978-0-8075-1212-8(5), 807512125) Whitman, Albert & Co.

It's That Time of Year! Diwali Is Here! A Fun Way to Teach Your Child about the Significance of the Days of Diwali. Vanessa Kapadia. Illus. by Vanessa Kapadia. 2021. (ENG.). 26p. (J). (978-0-2288-5177-6(7)); pap. (978-0-2288-5175-2(0)) Tellwell Talent.

It's the Art I Love! Coloring Book. Smarter Activity Books. 2016. (ENG., Illus.). (J). pap. 9.22 (978-1-68374-537-2(X)) Examined Solutions PTE. Ltd.

It's the Biggest Booger in the World! Daniel Roberts. 2019. (ENG.). 34p. (J). pap. (978-0-359-93736-3(5)) Lulu Pr., Inc.

It's the Biggest Booger in the World. Daniel Roberts. 2020. (ENG.). 34p. (J). (978-1-716-66128-0(5)) Lulu Pr., Inc.

It's... the... Cold. Larry J. Gray Sr. 2016. (ENG., Illus.). (J). 21.95 (978-1-63525-169-2(9)) Christian Faith Publishing.

It's the Easter Beagle, Charlie Brown. Charles M. Schulz. Illus. by Vicki Scott. 2016. (Peanuts Ser.). (ENG.). 32p. (J). (gr. -1). 7.99 (978-1-4814-6159-7(1), Simon Spotlight) Simon Spotlight.

It's the End of the World & I'm in My Bathing Suit. Justin A. Reynolds. (ENG.). 304p. (J). (gr. 3-7). 2023. pap. 7.99 (978-1-338-74023-3(7)); 2022. 17.99 (978-1-338-74022-6(9)) Scholastic, Inc. (Scholastic Pr.).

It's the End of the World As I Know It. Matthew Landis. 2019. 320p. (J). (gr. 5-9). 17.99 (978-0-7352-2801-6(9), Dial Bks) Penguin Young Readers Group.

It's the End of the World! Set. Various Authors. 2022. (ENG.). 24p. (J). (gr. 3-7). 215.60 (978-1-64487-806-4(2)) Bellwether Media.

It's the First Day of Kindergarten, Chloe Zoe! Jane Smith. Illus. by Jane Smith. 2016. (Chloe Zoe Ser.). (ENG., Illus.). 32p. (J). (gr. -1-3). 12.99 (978-0-8075-2458-9(1), 807524581) Whitman, Albert & Co.

It's the First Day of Preschool, Chloe Zoe! Jane Smith. Illus. by Jane Smith. 2016. (Chloe Zoe Ser.). (ENG., Illus.). 32p. (J). (gr. -1-3). 12.99 (978-0-8075-2456-5(5), 807524565) Whitman, Albert & Co.

It's the Great Pumpkin, Charlie Brown. Charles M. Schulz. Illus. by Scott Jeralds. 2023. (Peanuts Ser.). (ENG.). 32p. (J). (gr. -1). bds., bds. 14.99 **(978-1-6659-3495-4(6)**, Simon Spotlight) Simon Spotlight.

It's the Great Pumpkin, Charlie Brown: Deluxe Edition. Charles M. Schulz. Illus. by Vicki Scott. 2018. (Peanuts Ser.). (ENG.). 48p. (J). (gr. -1). 19.99 (978-1-5344-1394-8(4), Simon Spotlight) Simon Spotlight.

It's the Grumpy Old Troll! Coloring Books Trolls & Other Magical Creatures. Educando Kids. 2019. (ENG.). 42p. (J). pap. 6.99 (978-1-64521-059-7(6), Educando Kids) Editorial Imagen.

It's the Troll: Lift-The-Flap Book. Sally Grindley. 2017. (ENG., Illus.). 32p. (J). (gr. -1-k). 16.99 (978-1-4449-3783-1(9)) Hachette Children's Group GBR. Dist: Hachette Bk. Group.

It's the Twiins for Me!! Kirsten Robinson. Illus. by Cameron Wilson. 2022. (ENG.). 32p. (J). 21.00 **(978-1-0880-4824-5(2))**; pap. 13.99 **(978-1-0880-4850-4(1))** Indy Pub.

It's Time. 2016. (It's Time Ser.). 24p. (gr. 1-1). pap. 33.00 (978-1-4994-2488-1(4), PowerKids Pr.) Rosen Publishing Group, Inc., The.

It's Time: Set 1, 8 vols. 2016. (It's Time Ser.). (ENG.). 24p. (gr. 1-1). 101.08 (978-1-4994-2431-7(0), 612c4aec-d156-42dd-bd72-ec1622f23936, PowerKids Pr.) Rosen Publishing Group, Inc., The.

It's Time: Set 2, 8 vols. 2017. (It's Time Ser.). (ENG.). (J). (gr. 1-1). lib. bdg. 101.08 (978-1-5081-6319-0(7), 50bbac0f-311a-40cf-97a2-4a74766cce3b, PowerKids Pr.) Rosen Publishing Group, Inc., The.

It's Time for a Birthday Party, 1 vol. Thomas Kennedy. 2017. (It's Time Ser.). (ENG., Illus.). 24p. (J). (gr. 1-1). 25.27 (978-1-5081-6364-0(2), d9a84b51-f732-4381-bfd3-e5af6fe02968, PowerKids Pr.) Rosen Publishing Group, Inc., The.

It's Time for a Field Trip, 1 vol. Gabriel Merrick. 2017. (Let's Tell Time Ser.). (ENG.). 24p. (J). (gr. 1-1). 25.27 (978-1-5081-5724-3(3), e1a3d030-a3c6-4ea8-a462-f5492daf5c91, PowerKids Pr.) Rosen Publishing Group, Inc., The.

It's Time for a Haircut, 1 vol. Cathryn Summers. 2017. (It's Time Ser.). (ENG., Illus.). 24p. (J). (gr. 1-1). 25.27 (978-1-5081-6366-4(9), fb702d31-088f-492f-90e0-8d1b23832283, PowerKids Pr.) Rosen Publishing Group, Inc., The.

It's Time for a Picnic, 1 vol. Richard Moore. 2017. (It's Time Ser.). (ENG.). 24p. (J). (gr. 1-1). 25.27 (978-1-5081-6363-3(4), 38d1e140-7612-4904-bc9f-64acc10ee457, PowerKids Pr.) Rosen Publishing Group, Inc., The.

It's Time for a Sleepover, 1 vol. Jennifer Brown. 2017. (It's Time Ser.). (ENG.). 24p. (J). (gr. 1-1). 25.27 (978-1-5081-6365-7(0), ce2a4ba3-8dda-4dda-bfbd-11821fb4dc3b, PowerKids Pr.) Rosen Publishing Group, Inc., The.

It's Time for Bed, 1 vol. Ceporah Mearns & Jeremy Debicki. Illus. by Tim Mack. 2019. 36p. (J). (gr. -1-k). 16.95 (978-1-77227-227-7(2)) Inhabit Media Inc. CAN. Dist: Consortium Bk. Sales & Distribution.

It's Time for Berries! Ceporah Mearns & Jeremy Debicki. Illus. by Tindur Peturs. 2023. 28p. (J). (gr. -1-k). 17.95 (978-1-77227-465-3(8)) Inhabit Media Inc. CAN. Dist: Consortium Bk. Sales & Distribution.

It's Time for Christmas: Coloring Activity Books] Christmas — 8-10. Warner Press. l.t. ed. 2019. (ENG., Illus.). 16p. (J). pap. 2.39 (978-1-68434-162-7(0)) Warner Pr., Inc.

It's Time for School, 1 vol. Rosaura Esquivel. 2017. (Let's Tell Time Ser.). (ENG.). 24p. (J). (gr. 1-1). 25.27 (978-1-5081-5725-0(1), 6176e84c-af4d-4851-8416-254ee45f3d8e, PowerKids Pr.) Rosen Publishing Group, Inc., The.

It's Time for Summer Camp, 1 vol. Marigold Brooks. 2017. (Let's Tell Time Ser.). (ENG., Illus.). 24p. (J). (gr. 1-1). 25.27 (978-1-5081-5726-7(X), 62e8be9a-2c86-4d23-b470-92b111935f91, PowerKids Pr.) Rosen Publishing Group, Inc., The.

It's Time for the Soccer Game, 1 vol. Sadie Woods. 2017. (Let's Tell Time Ser.). (ENG., Illus.). 24p. (J). (gr. 1-1). 25.27 (978-1-5081-5727-4(8), 5055753c-f6e5-48fe-8669-c681efe6d2fa, PowerKids Pr.) Rosen Publishing Group, Inc., The.

It's Time for Tricks! Seven African Tales. Deborah Duncan. Illus. by Toby Newsome. 2023. (ENG.). 52p. (J). pap. **(978-1-0391-4123-0(4))** FriesenPress.

It's Time for You to Get to Bed & Rest Your Head! Claire Adelle Greene. Illus. by Claire Adelle Greene & Anniella Ragaza. 2023. (ENG.). 18p. (J). **(978-0-2288-9697-5(5))**; pap. **(978-0-2288-9318-9(6))** Tellwell Talent.

It's Time: Sets 1 - 2. 2017. (It's Time Ser.). (ENG.). (J). pap. 74.00 (978-1-5081-6561-3(0)); (gr. 1-1). lib. bdg. 202.16 (978-1-5081-6392-3(8), 7b3a816b-bc8e-4e90-b488-673748a12c09) Rosen Publishing Group, Inc., The. (PowerKids Pr.).

It's Time to Comb Your Hair. Veriteady Thompson & Klere Kado Thompson. Illus. by Jamil Burton. 2021. (ENG.). 32p. (J). pap. 15.00 (978-0-578-87445-6(8)) Southampton Publishing.

It's Time to Dream: a Lift-The-Flap Book. Tr. by Joann Egar. Illus. by Valeria Branca. 2019. 10p. (J). (gr. -1). bds. 7.99 (978-2-924786-93-2(2), CrackBoom! Bks.) Chouette Publishing CAN. Dist: Publishers Group West (PGW).

It's Time to GO! - on Vacation. Torre a Stocker & Torian A. Stocker. 2022. (ENG.). 34p. (J). pap. 10.00 (978-0-578-37938-8(4)) Indy Pub.

It's Time to GO! - to Church. Torre a Stocker & Torian A. Stocker. 2022. (ENG.). 34p. (J). pap. 10.00 (978-0-578-33839-2(4)) Indy Pub.

It's Time to GO! - to School. Torre a Stocker & Torian A. Stocker. 2022. (ENG.). 32p. (J). pap. 10.00 (978-0-578-37939-5(2)) Indy Pub.

It's Time to Listen. Joanne Meier & Cecilia Minden. Illus. by Bob Ostrom. 2022. (Bear Essential Readers Ser.). (ENG.). 32p. (J). (gr. -1-2). lib. bdg. 35.64 (978-1-5038-5924-1(X), 215822, First Steps) Child's World, Inc, The.

It's Time to Play! Interactive Activity Book 2nd Grade. Speedy Kids. 2017. (ENG., Illus.). (J). pap. 9.05 (978-1-5419-3903-5(4)) Speedy Publishing LLC.

It's Time to Read Time - Math Book Kindergarten Children's Math Books. Baby Professor. 2018. (ENG., Illus.). 64p. (J). pap. 12.99 (978-1-5419-2702-5(8), Baby Professor (Education Kids)) Speedy Publishing LLC.

It's Time to Save the Day! Natalie Shaw. 2017. (PJ Masks Ser.). (ENG., Illus.). 14p. (J). (gr. -1-k). bds. 10.99 (978-1-5344-0423-6(6), Simon Spotlight) Simon Spotlight.

It's Time to Take a Shower!? Wendy Harbour. 2018. (ENG., Illus.). 28p. (J). 22.95 (978-1-64191-835-0(7)); pap. 12.95 (978-1-64191-833-6(0)) Christian Faith Publishing.

It's Time to Wake, Jake! Amanda Beth Connolly. 2019. (ENG., Illus.). 26p. (J). (978-0-2288-0439-0(6)); pap. (978-0-2288-0438-3(8)) Tellwell Talent.

It's Too Hard to Pet a Porcupine. Nancy Singleton. 2019. (ENG., Illus.). 34p. (J). pap. 15.95 (978-1-64531-693-0(9)) Newman Springs Publishing, Inc.

It's Too Hot! Jason Garner & Tony Fu. 2020. (ENG.). 40p. (J). (978-1-5255-8457-2(X)); pap. (978-1-5255-8458-9(8)) FriesenPress.

It's Too Late to Meet Me: A Quick List of Extinct Animals & What They Looked Like Extinction Evolution Grade 3 Children's Biology Books. Baby Professor. 2021. (ENG.). 72p. (J). 27.99 (978-1-5419-8337-3(8)); pap. 16.99 (978-1-5419-7892-8(7)) Speedy Publishing LLC. (Baby Professor (Education Kids)).

It's Too Noisy! Robert Rosen. Illus. by Marcin Piworski. 2017. (All about Me Ser.). (ENG.). 24p. (gr. -1-2). pap. 9.95 (978-1-68342-770-4(X), 9781683427704) Rourke Educational Media.

It's Totally Normal! An LGBTQIA+ Guide to Puberty, Sex, & Gender. Monica Gupta Mehta & Asha Lily Mehta. 2023. (Illus.). 208p. (J). pap. 18.95 **(978-1-83997-355-0(2)**, 863261) Kingsley, Jessica Pubs. GBR. Dist: Hachette UK Distribution.

It's Tough to Be Tiny: The Secret Life of Small Creatures. Kim Ryall Woolcock. Illus. by Stacey Thomas. 2022. (ENG.). 48p. (J). (gr. k-2). 20.99 (978-1-83874-853-1(9)) Flying Eye Bks. GBR. Dist: Penguin Random Hse. LLC.

It's Treason, by George! Chris Kientz & Steve Hockensmith. Illus. by Lee Nielsen. 2017. (Secret Smithsonian Adventures Ser.: 3). 64p. (gr. 3-7). pap. 10.95 (978-1-58834-586-8(6), Smithsonian Bks.) Smithsonian Institution Scholarly Pr.

It's Trevor Noah: Born a Crime: Stories from a South African Childhood (Adapted for Young Readers) Trevor Noah. 2019. (ENG.). 304p. (J). (gr. 5). 17.99 (978-0-525-58216-8(9), Delacorte Bks. for Young Readers) Random House Publishing Group.

It's Trevor Noah: Born a Crime: Stories from a South African Childhood (Adapted for Young Readers) Trevor Noah. (ENG.). 304p. (J). (gr. 5). 2020. 8.99 (978-0-525-58219-9(3), Yearling); 2019. lib. bdg. 20.99 (978-0-525-58217-5(7), Delacorte Bks. for Young Readers) Random Hse. Children's Bks.

It's True. Penelope Dyan. Illus. by Penelope Dyan. l.t. ed. 2022. (ENG.). 34p. (J). pap. 12.60 **(978-1-61477-618-5(0))** Bellissima Publishing, LLC.

It's Tummy Time! Elise Parsley. 2023. (ENG., Illus.). 22p. (J). (gr. -1 — 1). bds. 7.99 (978-0-316-39471-0(8)) Little, Brown Bks. for Young Readers.

It's up to Us: Building a Brighter Future for Nature, People & Planet (the Children's Terra Carta) His Royal Highness King Charles III & Christopher Lloyd. Illus. by Peter Sís et al. 2022. (ENG.). 64p. (J). (gr. 1-5). 21.99 (978-1-913750-56-5(6)) What on Earth Books.

It's Valentine's Day! Richard Sebra. 2017. (Bumba Books (r) — It's a Holiday! Ser.). (ENG., Illus.). 24p. (J). (gr. -1-1). 26.65 (978-1-5124-2562-8(1), c2e0bd87-3db5-47d4-b5a6-c9e78fe6c5fe, Lerner Pubns.) Lerner Publishing Group.

It's Valentine's Day! Richard Sebra. ed. 2017. (Bumba Books (r) — It's a Holiday! Ser.). (ENG., Illus.). 24p. (J). (gr. -1-1). E-Book 39.99 (978-1-5124-3707-2(7), 9781512437072); E-Book 39.99 (978-1-5124-2741-7(1)); E-Book 4.99 (978-1-5124-3708-9(5), 9781512437089) Lerner Publishing Group. (Lerner Pubns.).

It's Valentine's Day, Chloe Zoe! Jane Smith. Illus. by Jane Smith. 2016. (Chloe Zoe Ser.). (ENG., Illus.). 32p. (J). (gr. -1-3). 12.99 (978-0-8075-2462-6(X), 080752462X) Whitman, Albert & Co.

It's Windy, 1 vol. Celeste Bishop. 2016. (What's the Weather Like? Ser.). (ENG.). 24p. (gr. 1-1). pap. 9.25 (978-1-4994-2363-1(2), 884d3570-3d48-40dc-946d-8eef2bc92f26, PowerKids Pr.) Rosen Publishing Group, Inc., The.

It's Winter, 1 vol. Joyce Jeffries. 2016. (Four Seasons Ser.). (ENG., Illus.). 24p. (gr. 1-1). pap. 9.25 (978-1-5081-5191-3(1), 364db628-3177-4083-bec6-3aa2c311e6da, PowerKids Pr.) Rosen Publishing Group, Inc., The.

It's Worth It Because of God's Love for You. Martin Dunne. 2021. (ENG.). 38p. (YA). 18.95 (978-1-64999-967-2(4)) Waldorf Publishing.

It's You I Like! Rose Nestling. Ed. by Cottage Door Press. 2019. (ENG.). 10p. (J). (gr. -1-k). bds. 10.99 (978-1-68052-354-6(6), 1003260) Cottage Door Pr.

It's You I Like: A Mister Rogers Poetry Book. Fred Rogers. Illus. by Luke Flowers. 2020. (Mister Rogers Poetry Bks.: 3). 24p. (J). (-k). bds. 9.99 (978-1-68369-201-0(2)) Quirk Bks.

It's Your Bedtime Phie & Boz. Brett MacKenzie. Illus. by Bonnie Lemaire. 2021. (ENG.). 28p. (J). (978-0-2288-3511-0(9)); pap. (978-0-2288-3510-3(0)) Tellwell Talent.

It's Your First Day of School, Busy Bus! Jody Jensen Shaffer. Illus. by Claire Messer. 2018. (Busy Bus Ser.). (ENG.). 32p. (J). (gr. -1-3). 18.99 (978-1-4814-9467-0(8), Beach Lane Bks.) Beach Lane Bks.

It's Your Funeral. Emily Riesbeck. Illus. by Ellen Kramer. 2020. 200p. (YA). pap. 15.00 (978-1-945820-52-6(7)) Iron Circus Comics.

It's Your Time to Shine, Little Einstein! Activity Book for Baby. Speedy Kids. 2017. (ENG., Illus.). (J). pap. 9.20 (978-1-5419-0991-5(7)) Speedy Publishing LLC.

It's Your Year, Baby Rabbit. Little Bee Books. Illus. by Ariel Hsu. 2022. (It's Your Year, Baby Ser.: 1). (ENG.). 20p. (J). (— 1). bds. 8.99 (978-1-4998-1342-5(2)) Little Bee Books Inc.

Itsy Bitsy Angel. Jeffrey Burton. Illus. by Sanja Rescek. 2019. (Itsy Bitsy Ser.). (ENG.). 16p. (J). (gr. -1 — 1). bds. 5.99 (978-1-5344-4340-2(1), Little Simon) Little Simon.

Itsy Bitsy Bunny. Jeffrey Burton. Illus. by Sanja Rescek. 2016. (Itsy Bitsy Ser.). (ENG.). 16p. (J). (gr. -1 — 1). bds. 5.99 (978-1-4814-5621-0(0), Little Simon) Little Simon.

Itsy Bitsy Christmas: A Reimagined Nativity Story for Advent & Christmas, 1 vol. Max Lucado. Illus. by Bruno Merz. 2016. (ENG.). 26p. (J). bds. 8.99 (978-0-7180-8887-3(5), Tommy Nelson) Nelson, Thomas Inc.

Itsy Bitsy Dreidel. Jeffrey Burton & Chani Tornow. Illus. by Sanja Rescek. 2017. (Itsy Bitsy Ser.). (ENG.). 16p. (J). (gr. -1 — 1). bds. 5.99 (978-1-5344-0022-1(2), Little Simon) Little Simon.

Itsy Bitsy Girly Activity Book 3-5 Years Old. Educando Kids. 2019. (ENG.). 42p. (J). pap. 8.55 (978-1-64521-736-7(1), Educando Kids) Editorial Imagen.

Itsy-Bitsy I Love You! (heart-Felt Books) Heartfelt Stories. Sandra Magsamen. Illus. by Sandra Magsamen. 2016. (Heart-Felt Bks.). (ENG., Illus.). 10p. (J). (— 1). 7.99 (978-0-545-46841-1(8), Cartwheel Bks.) Scholastic, Inc.

Itsy Bitsy Leprechaun. Jeffrey Burton. Illus. by Sanja Rescek. 2018. (Itsy Bitsy Ser.). (ENG.). 16p. (J). (gr. -1 — 1). bds. 6.99 (978-1-5344-0024-5(9), Little Simon) Little Simon.

Itsy Bitsy Pilgrim. Jeffrey Burton. Illus. by Sanja Rescek. 2016. (Itsy Bitsy Ser.). (ENG.). 16p. (J). (gr. -1 — 1). bds. 5.99 (978-1-4814-6852-7(9), Little Simon) Little Simon.

Itsy Bitsy Reindeer. Jeffrey Burton. Illus. by Sanja Rescek. 2016. (Itsy Bitsy Ser.). (ENG.). 16p. (J). (gr. -1 — 1). bds. 5.99 (978-1-4814-6855-8(3), Little Simon) Little Simon.

Itsy Bitsy Rooster. Barbara Cosgriff. 2020. (ENG.). 17p. (J). (978-1-716-49975-3(5)) Lulu Pr., Inc.

Itsy Bitsy School Bus. Jeffrey Burton. Illus. by Sanja Rescek. 2018. (Itsy Bitsy Ser.). (ENG.). 16p. (J). (gr. -1 — 1). bds. 5.99 (978-1-5344-1695-6(1), Little Simon) Little Simon.

Itsy Bitsy Spider. Luisa Adam. Illus. by Wendy Straw. 2020. (Wendy Straw's Nursery Rhyme Collection). (ENG.). 12p. (J). (— 1). pap. 4.99 (978-1-921756-79-5(9), Brolly Bks.) Borghesi & Adam Pubs. Pty Ltd AUS. Dist: Independent Pubs. Group.

Itsy Bitsy Spider. Illus. by Emily Bannister. 2016. (Touch & Trace Nursery Rhymes Ser.). (ENG.). 10p. (J). (gr. -1 — 1). bds. 7.99 (978-1-62686-764-2(X), Silver Dolphin Bks.) Printers Row Publishing Group.

Itsy Bitsy Spider. Ed. by Cottage Door Press. 2018. (ENG.). 12p. (J). (gr. -1 — 1). bds. 7.99 (978-1-68052-434-5(8), 2000330) Cottage Door Pr.

Itsy Bitsy Spider. Illus. by Nora Hilb. 2017. (Classic Books with Holes 8x8 with CD Ser.). (ENG.). 16p. (J). (978-1-78628-079-4(5)); pap. (978-1-84643-974-2(4)) Child's Play International Ltd.

Itsy Bitsy Spider. Sharon Lane Holm. Illus. by Sharon Lane Holm. 2023. (Classic Children's Songs Ser.). (ENG.). 16p. (J). (gr. -1-2). 29.93 (978-1-5038-6540-2(1), 216439) Child's World, Inc, The.

Itsy Bitsy Spider. IglooBooks. 2017. (ENG.). 14p. (J). (gr. -1-k). bds. 6.99 (978-1-4998-8070-0(7)) Igloo Bks. GBR. Dist: Simon & Schuster, Inc.

Itsy Bitsy Spider. Kidsbooks. 2020. (Heads, Tails & Noses Ser.). (ENG.). (J). bds. 8.99 (978-1-62885-794-8(3)) Kidsbooks, LLC.

Itsy Bitsy Spider. Rose Nestling. Ed. by Cottage Door Press. Illus. by Rob McClurkan. 2023. (ENG.). 12p. (J). (gr. -1-k). bds. 10.99 (978-1-64638-762-5(7), 1008720) Cottage Door Pr.

Itsy Bitsy Spider. Liz Pope & Kate Pope. 2020. (Slide to See Ser.). (ENG.). 10p. (J). (gr. -1-1). bds. 10.99 (978-1-4867-1807-8(8), d334726e-2a9e-4557-bed8-45d7553177c9) Flowerpot Pr.

Itsy Bitsy Spider. Hazel Quintanilla. 2018. (Hazel Q Nursery Rhymes Ser.). (ENG., Illus.). 14p. (J). (gr. -1-k). bds. 7.99 (978-1-4867-1565-7(6), 0a2cab51-393c-4ff9-8846-07526b1bd0d9) Flowerpot Pr.

Itsy Bitsy Spider: Big Button Sound Book. IglooBooks. 2019. (Big Button for Little Hands Sound Book Ser.). (ENG.). 10p. (J). (— 1). bds. 10.99 (978-1-83852-574-3(2)) Igloo Bks. GBR. Dist: Simon & Schuster, Inc.

Itsy Bitsy Spider: Hand Puppet Book. IglooBooks. 2018. (ENG.). 10p. (J). (gr. -1-k). 9.99 (978-1-4998-8051-9(0)) Igloo Bks. GBR. Dist: Simon & Schuster, Inc.

Itsy Bitsy Spider: Nursery Rhyme Board Book. IglooBooks. 2021. (ENG.). 12p. (J). (-k). bds., bds. 6.99 (978-1-83852-888-1(1)) Igloo Bks. GBR. Dist: Simon & Schuster, Inc.

Itsy Bitsy Spider: Sing along with Me! Illus. by Yu-Hsuan Huang. 2022. (Sing along with Me! Ser.). (ENG.). 8p. (J). (— 1). bds. 9.99 (978-1-5362-2403-0(0)) Candlewick Pr.

Itsy Bitsy Sweetheart. Jeffrey Burton. Illus. by Sanja Rescek. 2018. (Itsy Bitsy Ser.). (ENG.). 16p. (J). (gr. -1 — 1). bds. 5.99 (978-1-5344-2689-4(2), Little Simon) Little Simon.

Itsy Bitsy Teddy Bear's Adventure. Marilyn Van Wagoner. Illus. by Traci Van Wagoner. 2020. (ENG.). 34p. (J). 19.99 (978-0-578-77344-5(9)) Imagine That Design.

Itsy-Bitsy's Science Adventure. J Douglas. Illus. by R. Simmons. 2018. (Itsy-Bitsy Science Ser.). (ENG.). 24p. (J). (978-1-5255-3191-0(3)); pap. (978-1-5255-3192-7(1)) FriesenPress.

Itt' N' Ott's Vacation Journey. Bill Simonson. 2020. (ENG.). 52p. (J). 18.99 (978-1-7358186-2-7(3)) Mindstir Media.

Itterashai! Navigating the Manga Store Maze Activity Book. Activibooks For Kids. 2016. (ENG., Illus.). (J). pap. 7.55 (978-1-68321-376-5(9)) Mimaxion.

Itty Bit - Gen: Salvation Activity Book. Created by Warner Press. 2019. (ENG.). (J). 13.74 (978-1-68434-053-8(5)) Warner Pr., Inc.

Itty Bitty. Cece Bell. Illus. by Cece Bell. 2017. (ENG., Illus.). 24p. (J). (gr. -1-2). bds. 6.99 (978-0-7636-9313-8(8)) Candlewick Pr.

Itty Bitty - Easter: Easter Week Word Puzzle Book. Created by Warner Press. 2019. (ENG.). (J). 13.74 (978-1-68434-232-7(5)) Warner Pr., Inc.

Itty Bitty Acres: The Team That Could. Rina Puska. 2021. (ENG.). 40p. (J). (978-0-2288-5339-8(7)); pap. (978-0-2288-5338-1(9)) Tellwell Talent.

Itty Bitty ACT Bk Aog 6pk, 6 vols. Warner Press. 2017. (ENG.). 48p. (J). pap. 11.94 (978-1-59317-955-7(3)) Warner Pr., Inc.

Itty Bitty & the Lion Day. Karen S Nowicki. 2019. (ENG.). 30p. (J). 22.95 (978-1-64544-736-8(7)) Page Publishing Inc.

Itty-Bitty Bentlee. Julie Wagg. 2022. (ENG.). 38p. (J). 18.95 (978-1-63755-438-8(9), Mascot Kids) Amplify Publishing Group.

Itty Bitty Christmas. Karen S. 2018. (ENG., Illus.). 30p. (J). 22.95 (978-1-64138-839-9(0)) Page Publishing Inc.

Itty Bitty Christmas. Warner Press. 2019. (ENG.). 48p. (J). pap. 13.74 (978-1-68434-166-5(3)) Warner Pr., Inc.

Itty-Bitty Christmas & Advent Activity Book. Warner Press. 2018. (ENG.). 48p. (J). pap. 13.74 (978-1-68434-054-5(3)) Warner Pr., Inc.

Itty-Bitty, I Love You. Debora Bosco Macp B Ed. 2020. (ENG.). 24p. (J). 19.95 (978-1-4808-8979-8(2)); pap. 12.95 (978-1-4808-8980-4(6)) Archway Publishing.

Itty Bitty... Is That You? Victoria Martín. 2018. (ENG.). 38p. (J). 14.95 (978-1-68401-006-6(3)) Amplify Publishing Group.

Itty Bitty Kitty. Catherine Follestad. 2019. (ENG., Illus.). 26p. (J). (gr. -1-3). pap. 5.99 (978-1-64640-061-4(5)) McNaughton Publishing.

Itty Bitty Kitty. Catherine Follestad. 2017. (ENG., Illus.). (J). (gr. -1-3). 17.99 (978-1-946977-56-4(X)); pap. 9.99 (978-1-946977-51-9(9)) Yorkshire Publishing Group.

Itty Bitty Kitty: Firehouse Fun. Joan Holub. Illus. by James Burks. 2016. 32p. (J). (978-1-5182-1953-5(5)) Harper & Row Ltd.

Itty Bitty Kitty: Firehouse Fun. Joan Holub. Illus. by James Burks. 2016. (My First I Can Read Ser.). (ENG.). 32p. (J). (gr. -1-3). pap. 4.99 (978-0-06-232221-0(4), HarperCollins) HarperCollins Pubs.

Itty Bitty Kitty & the Fun Day. Catherine Follestad. 2019. (ENG., Illus.). 28p. (J). (gr. k-6). pap. 5.99 (978-1-64640-063-8(1)) McNaughton Publishing.

Itty Bitty Kitty & the Fun Day. Catherine Follestad. 2017. (ENG., Illus.). (J). 17.99 (978-1-946977-57-1(8)); pap. 10.95 (978-1-946977-52-6(7)) Yorkshire Publishing Group.

Itty Bitty Kitty & the Rainy Play Day. Joan Holub. Illus. by James Burks. 2016. (ENG.). 32p. (J). (gr. -1-3). 17.99 (978-0-06-232220-3(6), HarperCollins) HarperCollins Pubs.

Itty-Bitty Kitty-Corn. Shannon Hale. Illus. by LeUyen Pham. 2021. (J). (978-1-4197-5092-2(5), Abrams Bks. for Young Readers); (ENG.). 48p. (gr. -1-3). 18.99 (978-1-4197-5091-5(7), 1713701) Abrams, Inc.

Itty Bitty Possum. J. McNally. Illus. by Elettra Cudignotto. 2021. 40p. (J). pap. 14.99 (978-1-0983-5122-9(3)) BookBaby.

Itty Bitty Possum. Judy McNally. Illus. by Elettra Cudignotto. 2021. 40p. (J). 24.99 (978-1-0983-6450-2(3)) BookBaby.

Itty Bitty Princess Kitty Collection #2 (Boxed Set) The Cloud Race; the un-Fairy; Welcome to Wagmire; the Copycat. Melody Mews. Illus. by Ellen Stubbings. ed. 2021. (Itty Bitty Princess Kitty Ser.). (ENG.). 512p. (J). (gr. k-4). pap. 23.99 (978-1-5344-8550-1(3), Little Simon) Little Simon.

Itty Bitty Princess Kitty Collection #3 (Boxed Set) Tea for Two; Flower Power; the Frost Festival; Mystery at

Mermaid Cove. Melody Mews. Illus. by Ellen Stubbings. ed. 2023. (Itty Bitty Princess Kitty Ser.). (ENG.). 512p. (J). (gr. k-4). pap. 27.99 ***(978-1-6659-3366-7(6)***, Little Simon) Little Simon.

Itty Bitty Princess Kitty Collection (Boxed Set) The Newest Princess; the Royal Ball; the Puppy Prince; Star Showers. Melody Mews. Illus. by Ellen Stubbings. ed. 2020. (Itty Bitty Princess Kitty Ser.). (ENG.). 512p. (J). (gr. k-4). pap. 23.99 *(978-1-5344-6908-2(7)*, Little Simon) Little Simon.

Itty Bitty Princess Kitty Ten-Book Collection (Boxed Set) The Newest Princess; the Royal Ball; the Puppy Prince; Star Showers; the Cloud Race; the un-Fairy; Welcome to Wagmire; the Copycat; Tea for Two; Flower Power. Melody Mews. Illus. by Ellen Stubbings. ed. 2022. (Itty Bitty Princess Kitty Ser.). (ENG.). 1280p. (J). (gr. k-4). pap. 59.99 *(978-1-6659-1693-6(1)*, Little Simon) Little Simon.

Itty-Bitty, Teeny-Tiny Tumblers Go to School. Shannon Kiebler. 2020. (ENG.). 40p. (J). 18.95 *(978-1-61244-912-8(3))*; pap. 13.95 *(978-1-61244-911-1(5))* Halo Publishing International.

Itty-Bitty Witch. Trisha Speed Shaskan. Illus. by Xindi Yan. 2019. (ENG.). 32p. (J). (gr. -1-2). 17.99 *(978-1-5420-4123-2(6)*, 9781542041232, Two Lions) Amazon Publishing.

Itty Bitty Yeti. Brick Puffinton. Ed. by Cottage Door Press. Illus. by Vanessa Port. 2020. (ENG.). 12p. (J). (gr. -1 — 1). bds. 7.99 *(978-1-68052-804-6(1)*, 1005170) Cottage Door Pr.

Ittybitty Activity Book - Jelly Bean Prayer: 6-Pack Ittybitty Activity Books. Warner Press. 2017. (ENG.). (J). pap. 11.94 *(978-1-59317-918-2(9))* Warner Pr., Inc.

Ittybitty Activity Book - Psalms of David Word Search: 6-Pack Ittybitty Activity Books. Warner Press. 2017. (ENG.). (J). pap. 11.94 *(978-1-59317-919-9(7))* Warner Pr., Inc.

Itzel & the Ocelot. Rachel Katstaller. Illus. by Rachel Katstaller. 2022. (ENG., Illus.). 40p. (J). (gr. -1-2). 18.99 *(978-1-5253-0506-1(9))* Kids Can Pr., Ltd. CAN. Dist: Hachette Bk. Group.

Itzhak: A Boy Who Loved the Violin. Tracy Newman. Illus. by Abigail Halpin. 2020. (ENG.). 40p. (J). (gr. -1-3). 18.99 *(978-1-4197-4110-4(1)*, 1214301, Abrams Bks. for Young Readers) Abrams, Inc.

IV Primer the Three Bears (Classic Reprint) Mara L. Pratt-Chadwick. 2017. (ENG., Illus.). (J). 25.71 *(978-0-266-25504-8(3))*; pap. 9.57 *(978-0-282-63233-5(6))* Forgotten Bks.

Iva Kildare: A Matrimonial Problem (Classic Reprint) L. B. Walford. (ENG., Illus.). (J). 2018. 340p. 30.91 *(978-0-483-59132-5(7))*; 2017. pap. 13.57 *(978-0-243-28434-4(9))* Forgotten Bks.

Ivan: a Gorilla's True Story. Katherine Applegate. Illus. by G. Brian Karas. 2020. (ENG.). 40p. (J). (gr. -1-3). 10.99 *(978-0-358-41746-0(5)*, 1791037, Clarion Bks.) HarperCollins Pubs.

Ivan & Friends 2-Book Collection: The One & Only Ivan & the One & Only Bob. Katherine Applegate. 2020. (One & Only Ser.). (ENG.). 640p. (J). (gr. 3-7). 37.98 *(978-0-06-302958-3(8)*, HarperCollins) HarperCollins Pubs.

Ivan & Friends Paperback 2-Book Box Set: The One & Only Ivan, the One & Only Bob. Katherine Applegate. 2022. (One & Only Ser.). (ENG.). 704p. (J). (gr. 3-7). pap. 17.98 *(978-0-06-327853-0(7)*, HarperCollins) HarperCollins Pubs.

Ivan the Entlebucher Mountain Dog: Learns His ABCs. Tara Barnett. 2018. (ENG., Illus.). 64p. (J). *(978-1-5255-1776-1(7))*; pap. *(978-1-5255-1777-8(5))* FriesenPress.

Ivan the Fool, or the Old Devil & the Three Small Devils: Also a Lost Opportunity & Polikushka (Classic Reprint) Leo Tolstoi. 2017. (ENG., Illus.). (J). 27.53 *(978-0-331-56098-5(4))*; pap. 9.97 *(978-0-259-46047-3(8))* Forgotten Bks.

Ivan the Giant. Philip a Creurer. 2019. (ENG.). 178p. (YA). *(978-0-2288-1398-9(0))*; pap. *(978-0-2288-1397-2(2))* Tellwell Talent.

Ivan the Inventor. Thomas L. Hendrickson. 2017. (ENG., Illus.). (J). pap. 10.95 *(978-0-9817011-2-7(4))* Hendrickson, Thomas L.

Ivan the Terrible: Terrifying Tyrant of Russia, 1 vol. Ryan Nagelhout. 2016. (History's Most Murderous Villains Ser.). (ENG., Illus.). 32p. (J). (gr. 4-5). pap. 11.50 *(978-1-4824-4794-1(0)*, 92f30fa1-6cf8-4e3a-890c-b3f7655d9e04) Stevens, Gareth Publishing LLLP.

Ivan Turgenieff's Spring Floods, & a Lear of the Steppe (Classic Reprint) Sophie Michell Butts. 2018. (ENG., Illus.). 224p. (J). 28.54 *(978-0-483-50109-6(3))* Forgotten Bks.

Ivan Vejeeghen, or Life in Russia, Vol. 1 of 2 (Classic Reprint) Thaddeus Bulgarin. 2018. (ENG., Illus.). 316p. (J). 30.41 *(978-0-483-28751-8(2))* Forgotten Bks.

Ivan Vejeeghen, or Life in Russia, Vol. 2 of 2 (Classic Reprint) Thaddeus Bulgarin. 2018. (ENG., Illus.). 302p. (J). 30.13 *(978-0-484-01914-9(7))* Forgotten Bks.

Ivanhoe. Walter Scott. 2017. (ENG., Illus.). (J). pap. 21.95 *(978-1-374-90171-1(7))* Capital Communications, Inc.

Ivanhoe: A Romance (Classic Reprint) Walter Scott. 2017. (ENG., Illus.). (J). 38.13 *(978-0-260-05248-3(5))* Forgotten Bks.

Ivanhoe Swift Left Home at Six. Jane Godwin. Illus. by A. Yi. 2020. (ENG.). 32p. (J). (gr. -1-k). 18.99 *(978-1-76063-186-4(8)*, A&U Children's) Allen & Unwin AUS. Dist: Independent Pubs. Group.

Ivanhoe y Robin Hood. Walter Scott. 2018. (SPA.). 160p. (J). (gr. 1-7). pap. 8.95 *(978-607-453-131-2(5))* Selector, S.A. de C.V. MEX. Dist: Spanish Pubs., LLC.

Ivanka Trump: A Brand of Her Own. Matt Doeden. 2017. (Gateway Biographies Ser.). (ENG., Illus.). 48p. (J). (gr. 4-8). lib. bdg. 31.99 *(978-1-5124-8624-7(8)*, 464aeefc-51dd-4d37-9a2c-9fc1d4a7f19b, Lerner Pubns.) Lerner Publishing Group.

Ivanka Trump: Businesswoman & Political Activist. Bonnie Hinman. 2017. (Newsmakers Set 2 Ser.). (ENG., Illus.). 48p. (J). (gr. 4-8). lib. bdg. 35.64 *(978-1-5321-1186-0(X)*, 25948) ABDO Publishing Co.

Ivanka Trump: Entrepreneur & First Daughter, 1 vol. Megan Mills Hoffman. 2017. (Leading Women Ser.). (ENG.). 112p. (YA). (gr. 7-7). 41.64 *(978-1-5026-2701-8(9)*, 07b0a821-6abe-4edf-b762-2d76a5de3781) Cavendish Square Publishing LLC.

Ivanka Trump: Businesswoman & Political Activist. Bonnie Hinman. 2017. (Newsmakers Set 2 Ser.). (ENG., Illus.). 48p. (J). (gr. 4-8). 55.65 *(978-1-68078-971-3(6)*, 26372) ABDO Publishing Co.

Ivan's Choice. Hilary Walker. 2019. (ENG.). 204p. (YA). pap. 7.99 *(978-1-393-25452-2(7))* Draft2Digital.

I've an Idea! Carol M. Kearns. 2018. (ENG., Illus.). 32p. (J). pap. *(978-0-244-41223-4(5))* Lulu Pr., Inc.

I've Been Killing Slimes for 300 Years & Maxed Out My Level, Vol. 3. Kisetsu Morita. 2018. (I've Been Killing Slimes for 300 Years & Maxed Out My Level Ser.: 3). (ENG., Illus.). 208p. (J). (gr. 8-17). pap. 14.00 *(978-1-9753-2931-0(7)*, 9781975329310, Yen Pr.) Yen Pr. LLC.

I've Been Searching for Magic. Gabriele Corti. 2020. (ENG.). 229p. (YA). pap. *(978-1-716-82978-9(X))* Lulu Pr., Inc.

I've Been Thinking (Classic Reprint) Charles Battell Loomis. 2018. (ENG., Illus.). 226p. (J). 28.56 *(978-0-483-27153-1(5))* Forgotten Bks.

I've Danced All over the World Coloring Book. Bobo's Children Activity Books. 2016. (ENG., Illus.). (J). pap. 9.33 *(978-1-68327-092-8(4))* Sunshine In My Soul Publishing.

I've Got a Fast Car: Muscle Car Coloring Book. Jupiter Kids. 2016. (ENG., Illus.). 106p. (J). pap. 12.55 *(978-1-68305-263-0(3)*, Jupiter Kids (Childrens & Kids Fiction)) Speedy Publishing LLC.

I've Got a Secret. Briana C. Cabell. 2018. (ENG., Illus.). 26p. (J). *(978-1-387-47893-4(1))* Lulu Pr., Inc.

I've Got a Secret! Wendy Francis. Illus. by Joy Weatherall. 2021. (ENG.). 38p. (J). pap. *(978-1-922449-39-9(3))* Connor Court Publishing Pty Ltd.

I've Got a Tail! Terrific Tales of the Animal World. Julie Murphy & Murphy Julie. Illus. by Hannah Tolson. 2020. 32p. (J). (gr. -1-1). 17.99 *(978-1-68152-501-3(1)*, 10715) Amicus.

I've Got an Angel Now. Maya J. McNeary. Illus. by K-Shaniece M. Smith. 2020. (ENG.). 32p. (J). pap. 16.99 *(978-0-578-81096-6(4))* Indy Pub.

I've Got Eyes! Exceptional Eyes of the Animal World. Julie Murphy. Illus. by Hannah Tolson. 2018. 32p. (J). (gr. k-3). 17.99 *(978-1-68152-404-7(X)*, 15234) Amicus.

I've Got Feet!: Fantastical Feet of the Animal World. Julie Murphy. Illus. by Hannah Tolson. 2017. 32p. (J). (gr. -1-1). 17.99 *(978-1-68152-195-4(4)*, 14726) Amicus.

I've Got Maze Mania! Kids Activity Book. Smarter Activity Books for Kids. 2016. (ENG., Illus.). (J). pap. 8.99 *(978-1-68374-221-0(4))* Examined Solutions PTE. Ltd.

I've Got My Glasses On! The Wiggles. 2023. (Wiggles Ser.). (ENG.). 10p. (J). (gr. -1-3). bds. 12.99 ***(978-1-922857-49-1(1))*** Bonnier Publishing GBR. Dist: Independent Pubs. Group.

I've Got This! Jeff White. Illus. by Drew Krevi. 2017. (Best of Buddies Ser.). (ENG.). 32p. (J). 12.99 *(978-1-4707-4855-5(X))* Group Publishing, Inc.

I've Got to Move. Lisa Musall. 2019. (ENG.). 30p. (J). (gr. k-6). pap. 7.49 *(978-1-950425-10-5(X))* Liber Publishing Hse.

I've Heard of a Herd: But How about a Homophone? Martin P. Nally. Illus. by Adrien Terblanche. 2018. (ENG.). 32p. (J). pap. *(978-0-6484131-0-3(1))* Incharge Investments.

I've Lost My Special Power! Molly Whalen. 2017. (ENG., Illus.). (J). (gr. k-6). 19.95 *(978-1-63498-539-0(7))* Bookstand Publishing.

I've Loved You since Forever. Hoda Kotb. Illus. by Suzie Mason. 2018. (ENG.). 32p. (J). (gr. -1-3). 18.99 *(978-0-06-284174-2(2)*, HarperCollins) HarperCollins Pubs.

I've Loved You since Forever Board Book. Hoda Kotb. Illus. by Suzie Mason. 2019. (ENG.). 32p. (J). (gr. -1-3). bds. 8.99 *(978-0-06-284175-9(0)*, HarperFestival) HarperCollins Pubs.

I've Never Met a Dragon I Didn't Like, 1 vol. Sebastian Smith. 2021. (I Read-N-Rhyme Ser.). (ENG., Illus.). 24p. (J). (gr. -1-3). pap. *(978-1-4271-2933-8(9)*, 11020); lib. bdg. *(978-1-4271-2922-2(3)*, 11008) Crabtree Publishing Co.

I've Never Met a Monster I Didn't Like, 1 vol. Sebastian Smith. 2021. (I Read-N-Rhyme Ser.). (ENG., Illus.). 24p. (J). (gr. -1-3). pap. *(978-1-4271-2934-5(7)*, 11021); lib. bdg. *(978-1-4271-2923-9(1)*, 11009) Crabtree Publishing Co.

I've Never Met a Robot I Didn't Like. Craig Lopetz. 2021. (I Read-N-Rhyme Ser.). (ENG., Illus.). 24p. (J). (gr. -1-3). pap. *(978-1-4271-2936-9(3)*, 11022); lib. bdg. *(978-1-4271-2925-3(8)*, 11010) Crabtree Publishing Co.

I've Never Met an Alien I Didn't Like. Craig Lopetz. 2021. (I Read-N-Rhyme Ser.). (ENG., Illus.). 24p. (J). (gr. -1-3). pap. *(978-1-4271-2935-2(5)*, 11023); lib. bdg. *(978-1-4271-2924-6(X)*, 11011) Crabtree Publishing Co.

I've Never Seen a Tiger in a Tutu! Christie Hainsby. Illus. by Edward Miller. 2023. (ENG.). 10p. (J). (— 1). bds. 10.99 ***(978-1-80058-283-5(8))*** Make Believe Ideas GBR. Dist: Scholastic, Inc.

Iveliz Explains It All: (Newbery Honor Award Winner) Andrea Beatriz Arango. Illus. by Alyssa Bermudez. (ENG.). (J). (gr. 5-9). 2023. 288p. 8.99 ***(978-0-593-56400-4(6)***, Yearling); 2022. 272p. 16.99 *(978-0-593-56397-7(2)*, Random Hse. Bks. for Young Readers); 2022. 272p. lib. bdg. 19.99 *(978-0-593-56398-4(0)*, Random Hse. Bks. for Young Readers) Random Hse. Children's Bks.

Iveliz lo Explica Todo / Iveliz Explains It All. Andrea Beatriz Arango. 2023. (SPA.). 272p. (J). (gr. 4-7). pap. 14.95 *(978-1-64473-609-8(8))* Penguin Random House Grupo Editorial ESP. Dist: Penguin Random Hse. LLC.

Iver & Ellsworth. Casey W. Robinson. Illus. by Melissa Larson. 2018. (ENG.). 40p. (J). (gr. k-2). 18.99 *(978-0-9990249-1-1(4))* Ripple Grove Pr.

Ivo & Verena: Or, the Snowdrop (Classic Reprint) Mary Ann Dyson. (ENG., Illus.). (J). 2018. 170p. 27.42 *(978-0-267-26969-3(2))*; 2017. pap. 9.97 *(978-0-282-99577-5(3))* Forgotten Bks.

Ivors Noble Thought! Daniel Harris. 2021. (ENG.). 32p. (J). pap. *(978-1-6780-7194-3(3))* Lulu Pr., Inc.

Ivory & Bone. Julie Eshbaugh. 2016. (ENG.). 384p. (YA). (gr. 9). 17.99 *(978-0-06-239925-0(X)*, HarperTeen) HarperCollins Pubs.

Ivory Ball (Classic Reprint) Chauncey C. Hotchkiss. 2017. (ENG., Illus.). (J). 30.70 *(978-1-5285-8412-8(0))* Forgotten Bks.

Ivory Butterflies. Campbell Colby. 2021. (ENG.). 288p. (YA). pap. 15.99 *(978-1-6657-0506-6(X))* Archway Publishing.

Ivory Cross (Classic Reprint) Forester Clarke. 2018. (ENG., Illus.). 258p. (J). 29.22 *(978-0-483-26529-5(2))* Forgotten Bks.

Ivory Gate. Walter Besant. 2017. (ENG.). 374p. (J). pap. *(978-3-337-04486-2(7))* Creation Pubs.

Ivory Gate: A Novel (Classic Reprint) Walter Besant. 2018. (ENG., Illus.). 402p. (J). 32.19 *(978-0-483-02581-3(X))* Forgotten Bks.

Ivory Gate, Vol. 1 of 3 (Classic Reprint) Walter Besant. 2018. (ENG., Illus.). 332p. (J). 30.74 *(978-0-483-63783-2(1))* Forgotten Bks.

Ivory Gate, Vol. 2 of 2 (Classic Reprint) Mortimer Collins. (ENG., Illus.). (J). 2019. 332p. 30.74 *(978-0-483-67084-6(7))*; 2017. pap. 13.57 *(978-0-243-41154-2(5))* Forgotten Bks.

Ivory Gate, Vol. 2 of 3 (Classic Reprint) Walter Besant. 2018. (ENG., Illus.). 310p. (J). 30.31 *(978-0-666-33657-6(1))* Forgotten Bks.

Ivory Idol (Classic Reprint) Hugh F. Frame. 2018. (ENG., Illus.). 268p. (J). 29.44 *(978-0-267-66438-2(9))* Forgotten Bks.

Ivory Key. Akshaya Raman. 2022. (Ivory Key Duology Ser.). (ENG., Illus.). 384p. (YA). (gr. 7). 18.99 *(978-0-358-46833-2(7)*, 1798381, Clarion Bks.) HarperCollins Pubs.

Ivory Key Owl Crate Edition. Akshaya Raman. 2022. (Ivory Key Duology Ser.). (ENG., Illus.). 384p. (YA). (gr. 7). 7.03 *(978-0-358-72301-1(9)*, Clarion Bks.) HarperCollins Pubs.

Ivory Key Signed Edition. Akshaya Raman. 2022. (Ivory Key Duology Ser.). (ENG., Illus.). 384p. (YA). (gr. 7). 18.99 *(978-0-358-61331-2(0)*, Clarion Bks.) HarperCollins Pubs.

Ivory Lace Shawl. George Anne Ballard. Illus. by Melody James. l.t. ed. 2016. (Ballard Family Ser.: Vol. 1). (ENG.). (J). (gr. k-1). pap. 10.00 *(978-1-68418-336-4(7))* Primedia eLaunch LLC.

Ivory Raiders (Classic Reprint) Walter Dalby. (ENG., Illus.). (J). 2018. 334p. 30.81 *(978-0-365-34601-2(2))*; 2017. pap. 13.57 *(978-1-5276-4881-4(8))* Forgotten Bks.

Ivory Tower. Fiona Price. 2019. (ENG.). 346p. (YA). pap. *(978-0-6486948-8-5(7))* Karen Mc Dermott.

Ivory's Hope: A Poem (Classic Reprint) George Augustus Baker. 2017. (ENG., Illus.). 22p. (J). 24.37 *(978-0-332-90925-7(5))* Forgotten Bks.

Ivo's Adventures with Luna the Library Van - Pirates. Sally Miall. 2018. (ENG., Illus.). 48p. (J). pap. *(978-1-78710-617-8(9))* Austin Macauley Pubs. Ltd.

Ivry & the Cute Elephant. Sylva Nnaekpe. 2020. (ENG., Illus.). 34p. (J). (gr. k-4). 22.95 *(978-1-951792-76-3(9))*; pap. 11.95 *(978-1-951792-75-6(0))* SILSNORRA LLC.

Ivry's Costume Party. Sylva Nnaekpe. 2020. (ENG., Illus.). 40p. (J). (gr. k-4). 22.95 *(978-1-951792-79-4(3))*; pap. 11.95 *(978-1-951792-80-0(7))* SILSNORRA LLC.

Ivy. Katherine Coville. 2017. (Illus.). 144p. (J). (gr. 2-5). 16.99 *(978-0-553-53975-2(2)*, Knopf Bks. for Young Readers) Random Hse. Children's Bks.

Ivy Aberdeen's Letter to the World. Ashley Herring Blake. (ENG.). (J). (gr. 3-7). 2019. 336p. pap. 7.99 *(978-0-316-51547-4(7))*; 2018. 320p. 16.99 *(978-0-316-51546-7(9))* Little, Brown Bks. for Young Readers.

Ivy & Bean Boxed Set: Books 10-12, 1 vol. Illus. by Sophie Blackall. 2022. (Ivy & Bean Ser.). (ENG.). 400p. (J). (gr. 1-4). pap. 17.97 *(978-1-7972-1070-4(X))* Chronicle Bks. LLC.

Ivy & Bean Get to Work! (Book 12) Annie Barrow. Illus. by Sophie Blackall. 2022. (Ivy & Bean Ser.). (ENG.). 136p. (J). (gr. 1-4). pap. 5.99 *(978-1-7972-1502-0(7))* Chronicle Bks. LLC.

Ivy & Bean Make the Rules: #9. Annie Barrows. Illus. by Sophie Blackall. 2020. (Ivy & Bean Ser.). (ENG.). 128p. (J). (gr. 1-4). lib. bdg. 31.36 *(978-1-5321-4485-1(7)*, 35175, Chapter Bks.) Spotlight.

Ivy & Bean: No News Is Good News: #8. Annie Barrows. Illus. by Sophie Blackall. 2020. (Ivy & Bean Ser.). (ENG.). 128p. (J). (gr. 1-4). lib. bdg. 31.36 *(978-1-5321-4484-4(9)*, 35174, Chapter Bks.) Spotlight.

Ivy & Bean: One Big Happy Family: #11. Annie Barrows. Illus. by Sophie Blackall. 2020. (Ivy & Bean Ser.). (ENG.). 128p. (J). (gr. 1-4). lib. bdg. 31.36 *(978-1-5321-4487-5(3)*, 35177, Chapter Bks.) Spotlight.

Ivy & Bean One Big Happy Family (Book 11) Annie Barrows. Illus. by Sophie Blackall. (ENG.). (J). (gr. 1-4). 2020. 128p. pap. 5.99 *(978-1-4521-6910-1(1))*; 2018. (Ivy & Bean Ser.: 11). 124p. 14.99 *(978-1-4521-6400-7(2))* Chronicle Bks. LLC.

Ivy & Bean Set 2 (Set), 4 vols. Annie Barrows. Illus. by Sophie Blackall. 2020. (Ivy & Bean Ser.). (ENG.). 128p. (J). (gr. 1-4). lib. bdg. 125.44 *(978-1-5321-4483-7(0)*, 35173, Chapter Bks.) Spotlight.

Ivy & Bean Take the Case: #10. Annie Barrows. Illus. by Sophie Blackall. 2020. (Ivy & Bean Ser.). (ENG.). 128p. (J). (gr. 1-4). lib. bdg. 31.36 *(978-1-5321-4486-8(5)*, 35176, Chapter Bks.) Spotlight.

Ivy & Catalina Visit Cellville. Cydnee Corujo & Shaneen Dials-Corujo. 2020. (ENG.). 42p. (J). 19.99 *(978-1-7351725-0-7(2))* Dials-Corujo, Shaneen.

Ivy & Catalina Visit Cellville. Cydnee Corujo. l.t. ed. 2020. (ENG.). 42p. (J). pap. 15.99 *(978-1-7351725-1-4(0))* Dials-Corujo, Shaneen.

Ivy Ann Marie. Tiffany Lovelace. 2018. (ENG., Illus.). 30p. (J). 22.95 *(978-1-64416-231-6(8))*; pap. 12.95 *(978-1-64191-258-7(8))* Christian Faith Publishing.

Ivy Bird. Tania McCartney. Illus. by Jess Racklyeft. 2020. (ENG.). 32p. (J). 17.95 *(978-1-7331212-1-7(8))* Blue Dot Pubns. LLC.

Ivy Elf's Magical Mission. Elisabeth Kelly. Illus. by Damian Kelly. 2022. (ENG.). 28p. (J). pap. 12.00 ***(978-1-913432-64-5(5))*** Stairwell Bks.

Ivy Fennhaven, or Womanhood in Christ: A Story of Processes (Classic Reprint) Unknown Author. (ENG., Illus.). (J). 2018. 204p. 28.10 *(978-0-332-81410-0(6))*; 2017. pap. 10.57 *(978-0-282-46617-6(7))* Forgotten Bks.

Ivy Hedge (Classic Reprint) Maurice Francis Egan. (ENG., Illus.). (J). 2018. 350p. 31.12 *(978-0-365-29200-5(1))*; 2017. pap. 13.57 *(978-0-259-36149-7(6))* Forgotten Bks.

Ivy Hero: The Brave Life of Sergeant William Shemin. Sara Shemin Cass & Dan Burstein. 2022. (ENG.). 120p. (J). (gr. 3-6). pap. 19.99 *(978-1-947951-64-8(5))* City Point Bks.

Ivy Jones' Incredible Adventure. Jolene Rose. 2022. (ENG.). 136p. (YA). pap. 8.99 ***(978-1-954518-11-7(0))*** Thriller Publishing Group, Inc.

Ivy Lost & Found. September Sparrow. Illus. by Svieta. 2016. (Ivy Stories Ser.: Vol. 1). (ENG.). (J). 14.95 *(978-0-9978198-0-9(4))*; pap. 8.95 *(978-0-9978198-1-6(2))* Colby Studio.

Ivy Makes a Craft: A Book about Measuring. Charly Haley. 2018. (My Day Readers Ser.). (ENG.). 24p. (J). (gr. -1-2). lib. bdg. 32.79 *(978-1-5038-2492-8(6)*, 212355) Child's World, Inc, The.

Ivy Moon: Last Girl on Earth. William Charles Furney. 2022. (Ivy Moon Chronicals Ser.: Vol. 1). (ENG.). 294p. (YA). pap. 13.99 ***(978-0-9988921-3-9(0))*** Black Hearts Publishing.

Ivy the Innovator. Cassie D. Furlow. 2022. (ENG., Illus.). 34p. (J). 27.95 *(978-1-63903-923-4(6))* Christian Faith Publishing.

Ivy Wreath (Classic Reprint) Mary Hughs. (ENG., Illus.). (J). 2018. 178p. 27.59 *(978-0-484-86989-8(2))*; 2016. pap. 9.97 *(978-1-333-77752-4(3))* Forgotten Bks.

Ivy's Wild Dream. Celine Peloquin. 2023. (ENG.). 32p. (J). ***(978-0-2288-8525-2(6))***; pap. ***(978-0-2288-8524-5(8))*** Tellwell Talent.

Iwalani's Tree. Constance Hale. Illus. by Kathleen Peterson. 2016. (ENG.). 32p. (J). (gr. k-3). 14.95 *(978-1-933067-80-3(2))* Beachhouse Publishing, LLC.

Ixchel Menchu: El Nacimiento de una Nueva Superheroína de la Tribu Maya. Janet Rios. 2022. (SPA.). 556p. (YA). pap. 31.95 ***(978-1-6624-9323-2(1))*** Page Publishing Inc.

Ixodia Escape. T. A. Sankar. 2nd ed. 2021. (ENG.). 274p. (J). pap. 16.95 *(978-1-970109-77-1(7)*, AnewPr., Inc.) 2Nimble.

Iyenae. Evvie Grey. 2022. (ENG.). 273p. (YA). pap. *(978-1-387-91386-2(7))* Lulu Pr., Inc.

Iyla & Friends Celebrate Charlie the Goose's Birthday! Bernadette A. Bohan. Illus. by Sofie Engström Von Alten. 2022. (ENG.). 40p. (J). pap. 12.99 ***(978-1-6629-2701-0(0))***; 19.99 ***(978-1-6629-2600-6(6))*** Gatekeeper Pr.

Iyla & Friends Clean up the Beach. Bernadette A. Bohan. 2022. (ENG.). 38p. (J). pap. 12.99 ***(978-1-6629-2661-7(8))***; 19.99 ***(978-1-6629-1448-5(2))*** Gatekeeper Pr.

Iyla & Friends Learn Yoga. Bernadette A. Bohan. Illus. by Sofie Engström Von Alten. 2022. (ENG.). 44p. (J). 19.99 ***(978-1-6629-2599-3(9))***; pap. 12.99 ***(978-1-6629-1970-1(0))*** Gatekeeper Pr.

Iyla Goes to the Dentist. Batool Kazmi. Illus. by Jupiters Muse. 2021. (ENG.). 24p. (J). *(978-0-2288-5473-9(3))*; pap. *(978-0-2288-5474-6(1))* Tellwell Talent.

Iyla y Amigx Limpian la Playa. Bernadette A. Bohan. Illus. by Sofie Engström Von Alten. 2023. (SPA.). 38p. (J). 19.99 ***(978-1-6629-3549-7(8))***; pap. 12.99 ***(978-1-6629-3550-3(1))*** Gatekeeper Pr.

Iz the Apocalypse. Susan Currie. 2023. (ENG.). 230p. (YA). (gr. 7-12). pap. 12.95 ***(978-1-988761-84-8(0))*** Common Deer Pr. CAN. Dist: National Bk. Network.

Iza & Her Magic Seashell. Mikel Adrian. Illus. by Sue Cotton. 2018. (ENG.). 28p. (J). (gr. k-2). pap. 15.95 *(978-1-61493-631-2(5))* Peppertree Pr., The.

Iza & the Magic Suitcase. Mikel Adrian. Illus. by Sue Cotton. 2018. (ENG.). 24p. (J). (gr. k-3). pap. 14.95 *(978-1-61493-632-9(3))* Peppertree Pr., The.

Izabrana Djela. Ivana Brlic-Mazuranic. 2019. (HRV.). 664p. (J). *(978-0-359-96549-6(0))*; pap. *(978-0-359-96548-9(2))* Lulu Pr., Inc.

Izilda: A Story of Brazil (Classic Reprint) Annie Maria Barnes. 2017. (ENG., Illus.). (J). 28.12 *(978-1-5282-6247-7(6))* Forgotten Bks.

Iznogoud's Nightmares. René Goscinny. Illus. by Tabary Goscinny. 2017. (Iznogoud Ser.: 14). 56p. (J). (gr. -1-12). pap. 13.95 *(978-1-84918-360-4(0))* CineBook GBR. Dist: National Bk. Network.

Izolda: A Magyar Romance (Classic Reprint) James William Fuller. 2017. (ENG., Illus.). 234p. (J). 28.72 *(978-0-332-93268-2(0))* Forgotten Bks.

Izquierda y Derecha. Taylor Farley. Tr. by Pablo de la Vega. 2021. (Primeros Conceptos (Early Learning Concepts) Ser.). (SPA., Illus.). 24p. (J). (gr. -1-1). pap. *(978-1-4271-3086-0(8)*, 15210); lib. bdg. *(978-1-4271-3078-5(7)*, 15201) Crabtree Publishing Co.

Izz of Zia: Skullsdoom. Tom Icon. Illus. by Tom Icon. 2020. (ENG., Illus.). 388p. (YA). (gr. 7-12). pap. 31.95 *(978-0-9987089-6-6(8))* Tom Icon.

Izz of Zia: The Forbidden Ascent. Tom Icon. 2nd ed. 2017. (Izz of Zia Ser.: Vol. 2). (ENG., Illus.). (YA). (gr. 7-12). 23.95 *(978-0-9987089-4-2(1))* Tom Icon.

Izz of Zia: The Good the Bad & the Noble. Tom Icon. 2017. (ENG., Illus.). (YA). (gr. 7-12). 24.95 *(978-0-9987089-3-5(3))* Tom Icon.

Izzie Miracle Wish. Patricia E. Sandoval. 2022. (ENG.). 50p. (J). pap. 9.95 ***(978-1-958518-50-2(6))*** Indy Pub.

Izzie's Adventures: Diversity. Kevin Murdock. 2023. (ENG.). 26p. (J). 23.00 ***(978-1-312-49061-1(6))*** Lulu Pr., Inc.

Izzie's Incredible Imagination. Kennedy Malveaux. 2022. (ENG.). 38p. (J). pap. 9.99 *(978-1-63616-088-7(3))* Opportune Independent Publishing Co.

Izzy + Tristan. Shannon Dunlap. 2019. (ENG.). 336p. (YA). (gr. 9-17). 17.99 *(978-0-316-41538-5(3)*, Poppy) Little, Brown Bks. for Young Readers.

Izzy & Frank. Katrina Lehman. Illus. by Sophie Beer. 2020. (ENG.). 32p. (J). (gr. -1-2). 16.99 *(978-1-950354-23-8(7))* Scribe Pubns. AUS. Dist: Consortium Bk. Sales & Distribution.

Izzy & Kate's Melon Head Halloween. Pete Iussig. 2018. (ENG.). 42p. (J). pap. 12.99 *(978-1-949609-35-6(9))* Pen It Pubns.

1036 The check digit for ISBN-10 appears in parentheses after the full ISBN-13

Izzy & Rubes Practice Kindness. Marlaina Mannella. 2023. (ENG.). 38p. (J). 19.95 ***(978-1-63755-774-7(4)***, Mascot Kids) Amplify Publishing Group.

Izzy & the Golden Star. Linda Blackham. 2019. (ENG.). 32p. (J). pap. *(978-1-5289-1192-4(X))* Austin Macauley Pubs. Ltd.

Izzy & the Lost Butterfly. Lindsay Barlow & Lisa Becker. Illus. by Fuuji Takashi. 2021. (ENG.). 26p. (J). 19.99 *(978-1-7356291-0-0(3))* Wisdom Hse. Bks.

Izzy Asks Why? Susan Farrow Milner. Illus. by Susan Farrow Milner. 2017. (ENG., Illus.). 44p. (J). (gr. 4-6). *(978-1-77354-047-4(5))* PageMaster Publication Services, Inc.

Izzy at the End of the World. K. A. Reynolds. 2023. (ENG.). 352p. (J). (gr. 3-7). 19.99 *(978-0-358-46777-9(2)*, HarperCollins) HarperCollins Pubs.

Izzy Bizzy Goes to the Zoo. Penney Jack. 2018. (ENG., Illus.). 26p. (J). pap. 12.95 ***(978-1-7323308-0-1(8))*** Jack, Penney.

Izzy Busy Bee. Sheila C. Morgan. 2020. (ENG.). 42p. (J). 20.99 *(978-1-63129-071-8(1))*; pap. 10.49 *(978-1-63129-070-1(3))* Salem Author Services.

Izzy Comes Home. Megan Roth. ed. 2022. (I Can Read Comics Ser.). (ENG.). 32p. (J). (gr. k-1). 15.96 ***(978-1-68505-452-6(8))*** Penworthy Co., LLC, The.

Izzy Gizmo. Pip Jones. Illus. by Sara Ogilvie. (ENG.). 32p. (J). (gr. -1-3). 2020. 8.99 *(978-1-68263-232-1(6))*; 2018. 17.99 *(978-1-68263-021-1(8))* Peachtree Publishing Co. Inc.

Izzy Gizmo & the Invention Convention. Pip Jones. Illus. by Sara Ogilvie. (ENG.). 32p. (J). (gr. -1-3). 2022. pap. 8.99 *(978-1-68263-415-8(9))*; 2020. 17.99 *(978-1-68263-164-5(8))* Peachtree Publishing Co. Inc.

Izzy in the Doghouse. Caroline Adderson. Illus. by Kelly Collier. 2020. (Izzy Ser.). (ENG.). 168p. (J). (gr. 1-4). 15.99 *(978-1-77138-732-3(7))* Kids Can Pr., Ltd. CAN. Dist: Hachette Bk. Group.

Izzy Is Me: Adventures in Autism. Vincent Michael Dela Luna. 2020. (Adventures in Autism Ser.: Vol. 1). (ENG.). 38p. (J). *(978-0-2288-2964-5(X))*; pap. *(978-0-2288-2963-8(1))* Tellwell Talent.

Izzy Kline Has Butterflies. Beth Ain. 2018. (ENG.). 192p. (J). (gr. 3-7). pap. 7.99 *(978-0-399-55083-6(6)*, Yearling) Random Hse. Children's Bks.

Izzy Newton & the S. M. A. R. T. Squad: Absolute Hero (Book 1) Valerie Tripp. Illus. by Geneva Bowers. 2021. (S. M. A. R. T. Squad Ser.). (ENG.). 192p. (J). (gr. 3-7). pap. 7.99 *(978-1-4263-7303-9(1)*, Under the Stars) Disney Publishing Worldwide.

Izzy Newton & the S. M. A. R. T. Squad: Newton's Flaw (Book 2) Valerie Tripp. Illus. by Geneva Bowers. 2021. (S. M. A. R. T. Squad Ser.). (ENG.). 192p. (J). (gr. 3-7). 22.90 *(978-1-4263-7154-7(3))*; 12.99 *(978-1-4263-7153-0(5))* Disney Publishing Worldwide. (Under the Stars).

Izzy Newton & the S. M. A. R. T. Squad: the Law of Cavities (Book 3) Valerie Tripp. 2022. (S. M. A. R. T. Squad Ser.). (Illus.). 192p. (J). (gr. 3-7). (ENG.). lib. bdg. 22.90 *(978-1-4263-7304-6(X))*;Book 3. 12.99 *(978-1-4263-7302-2(3))* Disney Publishing Worldwide. (Under the Stars).

Izzy Paints. Tim Miller. 2022. (ENG., Illus.). 40p. (J). (gr. -1-3). 17.99 *(978-0-06-311975-8(7)*, Balzer & Bray) HarperCollins Pubs.

Izzy the Honeybee. Samantha Di Luccio. 2020. (ENG.). 28p. (J). (gr. k-3). 17.99 *(978-1-0878-8669-5(4))* Indy Pub.

Izzy the Interjection. Coert Voorhees & Grammaropolis. 2019. (Meet the Parts of Speech Ser.: 8). (ENG., Illus.). 32p. (J). (gr. 1-6). 6.99 *(978-1-64442-012-6(0))* Six Foot Pr., LLC.

Izzy the Invisible. Louise Gray. Illus. by Laura Ellen Anderson. 2016. (ENG.). 144p. (J). (gr. 2-4). pap. 8.99 *(978-1-84812-509-4(7))* Bonnier Publishing GBR. Dist: Independent Pubs. Group.

Izzy the Very Bad Burglar. Illus. by Amy Proud. 2016. (ENG.). 32p. (J). (gr. -1-k). 16.99 *(978-1-63450-174-3(8)*, Sky Pony Pr.) Skyhorse Publishing Co., Inc.

Izzy, Willy-Nilly Novel Units Teacher Guide. Novel Units. 2019. (ENG.). (J). (gr. 6-9). pap. 12.99 *(978-1-56137-202-7(1)*, Novel Units, Inc.) Classroom Library Co.

Izzy! Wizzy! Elizabeth Dale. Illus. by Louise Forshaw. 2019. (Early Bird Readers — Yellow (Early Bird Stories (tm)) Ser.). (ENG.). 32p. (J). (gr. -1-2). 30.65 *(978-1-5415-4168-9(5)*, 2354fe56-b64a-4c1d-b804-7c3af26990dc, Lerner Pubns.) Lerner Publishing Group.

Izzy's Dog Days of Summer. Caroline Adderson. Illus. by Kelly Collier. 2023. (Izzy Ser.). (ENG.). 168p. (J). (gr. 1-4). 15.99 ***(978-1-77138-734-7(3))*** Kids Can Pr., Ltd. CAN. Dist: Hachette Bk. Group.

Izzy's Tail of Trouble. Caroline Adderson. Illus. by Kelly Collier. 2022. (Izzy Ser.). (ENG.). 168p. (J). (gr. 1-4). 15.99 *(978-1-77138-733-0(5))* Kids Can Pr., Ltd. CAN. Dist: Hachette Bk. Group.

J

J. Xist Publishing. 2019. (Discover the Alphabet Ser.). (ENG.). 20p. (J). (gr. -1-1). pap. 24.99 *(978-1-5324-1362-9(9))* Xist Publishing.

J. Xist Publishing & Xist Publishing. 2019. (Discover the Alphabet Ser.). (ENG.). 22p. (J). (gr. -1-1). 22.99 *(978-1-5324-1308-7(4))* Xist Publishing.

J & R Gumshoe Kids: The Lost Boy. Laurel Bromfield. 2019. (ENG.). 98p. (J). pap. 12.95 *(978-1-64531-210-9(0))* Newman Springs Publishing, Inc.

J & R Gumshoe Kids - Time to Go. Laurel Bromfield. 2020. (ENG.). 190p. (YA). pap. 16.95 *(978-1-64801-515-1(8))* Newman Springs Publishing, Inc.

J. C. Penney: The Man with a Thousand Partners. Jason Offutt. 2017. (ENG., Illus.). 48p. (J). lib. bdg. 27.00 *(978-1-61248-208-8(2))* Truman State Univ. Pr.

J. C. Rohlings Deutschlands Flora, Vol. 1: In Zwei Abtheilungen (Classic Reprint) Johann Christoph Rohling. 2017. (GER., Illus.). (J). 43.00 *(978-0-260-96769-5(6))* Forgotten Bks.

J. Cole. Emma Gellibrand. 2017. (ENG., Illus.). (J). pap. *(978-0-649-33825-2(1))* Trieste Publishing Pty Ltd.

J. Cole. Bradley Steffens. 2020. (ENG.). 64p. (J). (gr. 6-12). 41.27 *(978-1-68282-777-2(1))* ReferencePoint Pr., Inc.

J. Cole: Chart-Topping Rapper. Alicia Z. Klepeis. 2017. (Hip-Hop Artists Ser.). (ENG., Illus.). 112p. (J). (gr. 6-12). lib. bdg. 41.36 *(978-1-5321-1326-0(9)*, 27534, Essential Library) ABDO Publishing Co.

J. Cole (Classic Reprint) Emma Gellibrand. (ENG., Illus.). (J). 2017. 156p. 27.13 *(978-0-484-59394-6(3))*; 2016. pap. 9.57 *(978-1-334-16280-0(8))* Forgotten Bks.

J. Cole the Story of a Boy (Classic Reprint) Emma Gellibrand. 2017. (ENG., Illus.). (J). 27.51 *(978-1-5281-6428-3(8))* Forgotten Bks.

J. Comyns Carr: Stray Memories (Classic Reprint) Alice VanSittart Carr. 2017. (ENG., Illus.). (J). 28.04 *(978-0-331-65107-2(6))* Forgotten Bks.

J. D. & the Family Business see J. D. y el Negocio Familiar

J. D. & the Family Business. J. Dillard. Illus. by Akeem S. Roberts. 2021. (J. D. the Kid Barber Ser.: 2). 160p. (J). (gr. 1-3). 15.99 *(978-0-593-11155-0(9))*; pap. 6.99 *(978-0-593-11157-4(5))* Penguin Young Readers Group. (Kokila).

J. D. & the Great Barber Battle see J. D. y la Gran Batalla de Barberos

J. D. & the Great Barber Battle. J. Dillard. Illus. by Akeem S. Roberts. 2021. (J. D. the Kid Barber Ser.: 1). 128p. (J). (gr. 1-3). 16.99 *(978-0-593-11152-9(4))*; pap. 7.99 *(978-0-593-11154-3(0))* Penguin Young Readers Group. (Kokila).

J. D. & the Hair Show Showdown. J. Dillard. Illus. by Akeem S. Roberts. 2021. (J. D. the Kid Barber Ser.: 3). 128p. (J). (gr. 1-3). 15.99 *(978-0-593-11158-1(3))*; pap. 7.99 *(978-0-593-11160-4(5))* Penguin Young Readers Group. (Kokila).

J. D. Drool Monkey's Big Day. Jeffrey A. Dougherty. 2016. (ENG., Illus.). (J). pap. 12.95 *(978-1-68409-617-6(0))* Page Publishing Inc.

J. D. y el Negocio Familiar. J. Dillard. Tr. by Omayra Ortiz. Illus. by Akeem S. Roberts. 2023. (J. D. el niño Barbero Ser.: 2). Orig. Title: J. D. & the Family Business. 176p. (J). (gr. 1-3). pap. 7.99 *(978-0-593-61746-5(0)*, Kokila) Penguin Young Readers Group.

J. D. y la Gran Batalla de Barberos. J. Dillard. Tr. by Omayra Ortiz. Illus. by Akeem S. Roberts. 2022. (J. D. el niño Barbero Ser.: 1). Orig. Title: J. D. & the Great Barber Battle. 144p. (J). (gr. 1-3). pap. 6.99 *(978-0-593-61744-1(4)*, Kokila) Penguin Young Readers Group.

J. Devlin Boss: A Romance of American Politics (Classic Reprint) Francis Churchill Williams. 2018. (ENG., Illus.). 530p. (J). 34.83 *(978-0-332-80892-5(0))* Forgotten Bks.

J. Henle's Grundriss der Anatomie des Menschen (Classic Reprint) Jacob Henle. 2018. (GER., Illus.). 454p. (J). 33.28 *(978-0-364-18130-0(3))* Forgotten Bks.

J. Henle's Grundriss der Anatomie des Menschen, Vol. 2: Atlas (Classic Reprint) Jacob Henle. 2017. (GER., Illus.). (J). pap. 16.97 *(978-0-243-85032-7(8))* Forgotten Bks.

J Is for Jack: Now I Know My ABCs & 123s Coloring & Activity Book with Writing & Spelling Exercises (Age 2-6) 128 Pages. Crawford House Learning Books. 2020. (ENG.). 130p. (J). pap. *(978-1-989828-23-6(X))*; pap. *(978-1-989828-80-9(9))* Crawford Hse.

J Is for Jackson: Now I Know My ABCs & 123s Coloring & Activity Book with Writing & Spelling Exercises (Age 2-6) 128 Pages. Crawford House Learning Books. 2020. (ENG.). 130p. (J). pap. *(978-1-989828-10-6(8))* Crawford Hse.

J Is for Jacob: Now I Know My ABCs & 123s Coloring & Activity Book with Writing & Spelling Exercises (Age 2-6) 128 Pages. Crawford House Learning Books. 2020. (ENG.). 130p. (J). pap. *(978-1-989828-49-6(3))* Crawford Hse.

J Is for Jalebi: Hindi Alphabets for Little Foodies! Chitwan Mittal. Illus. by Ambika Karandikar. 2023. (ENG.). 40p. (J). bds. 14.99 *(978-81-953886-3-9(9)*, Adidev Pr.) Mittal, Chitwan IND. Dist: Independent Pubs. Group.

J Is for Jam. Meg Gaertner. 2021. (Alphabet Fun Ser.). (ENG., Illus.). 24p. (J). (gr. k-1). pap. 8.95 *(978-1-64619-401-8(2))*; lib. bdg. 28.50 *(978-1-64619-374-5(1))* Little Blue Hse. (Little Blue Readers).

J Is for James: Now I Know My ABCs & 123s Coloring & Activity Book with Writing & Spelling Exercises (Age 2-6) 128 Pages. Crawford House Learning Books. 2020. (ENG.). 130p. (J). pap. *(978-1-989828-54-0(X))* Crawford Hse.

J Is for Januca. Melanie Romero. Illus. by Cassie Gonzales. 2022. 32p. (J). (gr. -1-5). 19.99 *(978-1-948066-42-6(4))* Little Libros, LLC.

J Is for Jasper: Now I Know My ABCs & 123s Coloring & Activity Book with Writing & Spelling Exercises (Age 2-6) 128 Pages. Crawford House Learning Books. 2020. (ENG.). 130p. (J). pap. *(978-1-989828-22-9(1))* Crawford Hse.

J Is for Jaxon: Now I Know My ABCs & 123s Coloring & Activity Book with Writing & Spelling Exercises (Age 2-6) 128 Pages. Crawford House Learning Books. 2020. (ENG.). 130p. (J). pap. *(978-1-989828-82-3(5))* Crawford Hse.

J Is for Jayce: Now I Know My ABCs & 123s Coloring & Activity Book with Writing & Spelling Exercises (Age 2-6) 128 Page. Crawford House Learning Books. 2020. (ENG.). 130p. (J). pap. *(978-1-989828-01-4(9))* Crawford Hse.

J Is for Jayden: Now I Know My ABCs & 123s Coloring & Activity Book with Writing & Spelling Exercises (Age 2-6) 128 Pages. Crawford House Learning Books. 2020. (ENG.). 130p. (J). pap. *(978-1-989828-57-1(4))* Crawford Hse.

J Is for John: Now I Know My ABCs & 123s Coloring & Activity Book with Writing & Spelling Exercises (Age 2-6) 128 Pages. Crawford House Learning Books. 2020. (ENG.). 130p. (J). pap. *(978-1-989828-83-0(3))* Crawford Hse.

J Is for Jordy: Now I Know My ABCs & 123s Coloring & Activity Book with Writing & Spelling Exercises (Age 2-6) 128 Pages. Crawford House Learning Books. 2020. (ENG.). 130p. (J). pap. *(978-1-989828-64-9(7))* Crawford Hse.

J Is for Joseph: Now I Know My ABCs & 123s Coloring & Activity Book with Writing & Spelling Exercises (Age 2-6) 128 Pages. Crawford House Learning Books. 2020. (ENG.). 130p. (J). pap. *(978-1-989828-84-7(1))* Crawford Hse.

J Is for Joshua: Now I Know My ABCs & 123s Coloring & Activity Book with Writing & Spelling Exercises (Age 2-6) 128 Pages. Crawford House Learning Books. 2020. (ENG.). 130p. (J). pap. *(978-1-989828-85-4(X))* Crawford Hse.

J Is for Joshua - J Is for Jasper. Irina Wooden Heisey. 2021. (ENG., Illus.). 50p. (J). 28.95 *(978-1-0980-8692-3(9))*; pap. 18.95 *(978-1-0980-8693-0(7))* Christian Faith Publishing.

J Is for Julian: Now I Know My ABCs & 123s Coloring & Activity Book with Writing & Spelling Exercises (Age 2-6) 128 Pages. Crawford House Learning Books. 2020. (ENG.). 130p. (J). pap. *(978-1-989828-86-1(8))* Crawford Hse.

J Is for Justice. Alero Afejuku et al. 2017. (ENG., Illus.). 44p. (J). pap. 9.99 *(978-0-692-84463-2(5))* Good Beginnings Publishing, LLC.

J. J. 's Adventures: Fun Story for Young Children. Rosemary Fontenla. Illus. by Rosemary Fontenla. 2022. (ENG.). 32p. (J). pap. ***(978-0-2288-7356-3(8))*** Tellwell Talent.

J. J. Sánchez y el Cocodrilo Que Lloró de Noche. Mónica Beltrán Brozon. 2019. (SPA.). 252p. (J). (gr. 4-7). pap. 15.50 *(978-607-527-633-5(5))* Editorial Oceano de Mexico MEX. Dist: Independent Pubs. Group.

J. J. Sánchez y el último Sábado Fantástico. Mónica Beltrán Brozon. 2019. (J. J. Sánchez Ser.: 1). (SPA.). 252p. (J). (gr. 4-7). pap. 15.50 *(978-607-527-531-4(2))* Editorial Oceano de Mexico MEX. Dist: Independent Pubs. Group.

J. J. Sánchez y la Turbulenta Travesía Del Alacrán. Mónica Beltrán Brozon. 2019. (J. J. Sánchez Ser.: 2). (SPA.). 252p. (J). (gr. 4-7). pap. 15.50 *(978-607-527-530-7(4))* Editorial Oceano de Mexico MEX. Dist: Independent Pubs. Group.

J. J. Watt. K. C. Kelley. 2016. (Football Stars up Close Ser.). (ENG., Illus.). 24p. (J). (gr. k-5). 26.99 *(978-1-943553-37-2(8))* Bearport Publishing Co., Inc.

J. J. Watt. Elizabeth Raum. 2017. (Pro Sports Biographies Ser.). (ENG., Illus.). 24p. (J). (gr. 1-4). lib. bdg. 20.95 *(978-1-68151-136-8(3)*, 14679) Amicus.

J. J. Watt. Katlin Sarantou. Illus. by Jeff Bane. 2020. (My Early Library: My Itty-Bitty Bio Ser.). (ENG.). 24p. (J). (gr. k-1). pap. 12.79 *(978-1-5341-6108-5(2)*, 214432); lib. bdg. 30.64 *(978-1-5341-5878-8(2)*, 214431) Cherry Lake Publishing.

J. J. Watt. Vol. 9. Joe L. Morgan. 2018. (Gridiron Greats: Pro Football's Best Players Ser.). 80p. (J). (gr. 7). lib. bdg. 33.27 *(978-1-4222-4071-7(1))* Mason Crest.

J. K. Rowling: Author of the Harry Potter Series. Jennifer Hunsicker. 2016. (Famous Female Authors Ser.). (ENG., Illus.). 32p. (J). (gr. 3-9). lib. bdg. 28.65 *(978-1-5157-1328-9(8)*, 132361, Capstone Pr.) Capstone.

J. K. Rowling's Wizarding World: a Pop-Up Gallery of Curiosities. Illus. by Sergio Gómez Silván. ed. 2016. (J. K. Rowling's Wizarding World Ser.). (ENG.). 10p. (J). (gr. 3-7). 27.99 *(978-0-7636-9588-0(2))* Candlewick Pr.

J. K. Rowling's Wizarding World: Magical Film Projections: Creatures. Compiled by Insight Editions. ed. 2017. (J. K. Rowling's Wizarding World Ser.). (ENG.). 16p. (J). (gr. 2-5). 16.99 *(978-0-7636-9585-9(8))* Candlewick Pr.

J. K. Rowling's Wizarding World: Movie Magic Volume One: Extraordinary People & Fascinating Places. Jody Revenson. ed. 2016. (J. K. Rowling's Wizarding World Ser.). (ENG., Illus.). 96p. (J). (gr. 5). 29.99 *(978-0-7636-9582-8(3))* Candlewick Pr.

J. K. Rowling's Wizarding World: Movie Magic Volume Three: Amazing Artifacts. Bonnie Burton. ed. 2017. (J. K. Rowling's Wizarding World Ser.). (ENG., Illus.). 96p. (J). (gr. 5). 29.99 *(978-0-7636-9584-2(X))* Candlewick Pr.

J. K. Rowling's Wizarding World: Movie Magic Volume Two: Curious Creatures. Ramin Zahed. ed. 2017. (J. K. Rowling's Wizarding World Ser.). (ENG., Illus.). 104p. (J). (gr. 5). 29.99 *(978-0-7636-9583-5(1))* Candlewick Pr.

J. K. Rowling's Wizarding World: the Dark Arts: a Movie Scrapbook. Jody Revenson. ed. 2017. (J. K. Rowling's Wizarding World Ser.). (ENG., Illus.). 48p. (J). (gr. 5). 19.99 *(978-0-7636-9591-0(2))* Candlewick Pr.

J. P. & the Stinky Monster. Ana Crespo. 2018. (2019 Av2 Fiction Ser.). (ENG.). 32p. (J). lib. bdg. 34.28 *(978-1-4896-8271-0(6)*, AV2 by Weigl) Weigl Pubs., Inc.

J. P. Dunbar: A Story of Wall Street (Classic Reprint) William Cadwalader Hudson. (ENG., Illus.). (J). 2018. 448p. 33.16 *(978-0-365-15706-9(6))*; 2017. pap. 16.57 *(978-1-5276-7405-9(3))* Forgotten Bks.

J. Poindexter, Colored (Classic Reprint) Irvin S. Cobb. 2018. (ENG., Illus.). 274p. (J). 29.55 *(978-0-365-46269-9(1))* Forgotten Bks.

J. R. R. Tolkien for Kids: His Life & Writings, with 21 Activities. Simonetta Carr. 2021. (For Kids Ser.). (Illus.). 144p. (J). (gr. 4-7). pap. 18.99 *(978-1-64160-346-1(1))* Chicago Review Pr., Inc.

J. Theobald & Company's Extra Special Illustrated Catalogue of Magic Lanterns, Slides & Apparatus (from the Smallest Toy Lanterns & Slides to the Most Elaborate Professional Apparatus), 1900 (Classic Reprint) J. Theobald and Company. 2017. (ENG., Illus.). (J). 29.36 *(978-0-331-15575-4(3))*; pap. 11.97 *(978-0-260-11981-0(4))* Forgotten Bks.

J. Wilkes Booth. Thomas A. Jones. 2017. (ENG.). 132p. (J). pap. *(978-3-337-25422-3(5))* Creation Pubs.

J. Wilkes Booth. Thomas A. Jones. 2017. (ENG., Illus.). (J). pap. *(978-0-649-46529-3(6))* Trieste Publishing Pty Ltd.

J. Wilkes Booth: An Account of His Sojourn in Southern Maryland after the Assassination of Abraham Lincoln, His Passage Across the Potomac, & His Death in Virginia (Classic Reprint) Thomas A. Jones. 2017. (ENG., Illus.). (J). 26.62 *(978-1-5283-8034-8(7))* Forgotten Bks.

Ja Morant: Basketball Star. Hubert Walker. 2021. (Biggest Names in Sports Set 6 Ser.). (ENG., Illus.). 32p. (J). (gr. 3-5). pap. 9.95 *(978-1-64493-738-9(7))*; lib. bdg. 31.35 *(978-1-64493-702-0(6))* North Star Editions. (Focus Readers).

Ja Zhizn' Svoju Zhivu Vpervye. Milla Henrich. 2023. (RUS.). 320p. (YA). pap. ***(978-1-4478-7115-6(4))*** Lulu Pr., Inc.

Jaadeh! Robtel Neajai Pailey. Tr. by Amos W. Gbaa Sr. Illus. by Chase Walker. 2019. (ENG.). 58p. (J). (gr. 3-5). pap. 12.00 *(978-1-7335161-0-5(7))* One Moore Bk.

Jääkarhujen Matka: Finnish Edition of the Polar Bears' Journey. Tuula Pere. Illus. by Roksolana Panchyshyn. 2018. (FIN.). 40p. (J). (gr. k-4). pap. *(978-952-7107-37-9(7))* Wickwick oy.

Jabari Jumps. Gaia Cornwall. Illus. by Gaia Cornwall. (ENG., Illus.). 32p. (J). (gr. -1-3). 2020. 7.99 *(978-1-5362-0290-8(8))*; 2017. 17.99 *(978-0-7636-7838-8(4))* Candlewick Pr.

Jabari Likes Vegetables... Now. Maya Kristi. 2022. (ENG.). 24p. (J). 22.95 ***(978-1-6657-3127-0(3))***; pap. 10.95 ***(978-1-6657-3126-3(5))*** Archway Publishing.

Jabari Salta. Gaia Cornwall. Illus. by Gaia Cornwall. 2020. (SPA., Illus.). 32p. (J). (gr. -1-3). 7.99 *(978-1-5362-1254-9(7))* Candlewick Pr.

Jabari Trata. Gaia Cornwall. Illus. by Gaia Cornwall. 2022. (SPA.). 32p. (J). (gr. -1-3). 7.99 *(978-1-5362-2801-4(X))* Candlewick Pr.

Jabari Tries. Gaia Cornwall. Illus. by Gaia Cornwall. 2020. (ENG., Illus.). 32p. (J). (gr. -1-3). 17.99 *(978-1-5362-0716-3(0))* Candlewick Pr.

Jabari's Dreamy Star. Erika Baylor & Jasmine Richardson. 2023. (ENG.). 38p. (J). pap. 15.00 ***(978-1-950861-72-9(4))*** His Glory Creations Publishing, LLC.

Jabber the Steller's Jay. Sylvester Allred. Illus. by Diane Iverson. 2017. (ENG.). 32p. (J). (gr. k-3). 16.99 *(978-1-943328-89-5(7)*, West Winds Pr.) West Margin Pr.

Jabberwalking. Juan Felipe Herrera. Illus. by Juan Felipe Herrera. 2018. (ENG., Illus.). 144p. (J). (gr. 5). 22.99 *(978-1-5362-0140-6(5))*; pap. 14.99 *(978-0-7636-9264-3(6))* Candlewick Pr.

Jabberwocky. Lewis Carroll, pseud. Illus. by Charles Santore. 2020. (ENG.). 32p. (J). (gr. -1-3). 17.99 *(978-0-7624-6543-9(3)*, Running Pr. Kids) Running Pr.

Jabberwocky Princess. Cece Louise. 2020. (ENG.). 296p. (YA). pap. 12.99 *(978-1-7330636-1-6(7))* Czech, Cassandra.

Jabberwocky's Book: Looking Glass Saga. Tanya Lisle. 2017. (ENG., Illus.). (J). pap. *(978-0-9918846-8-1(X))* Scrap Paper Entertainment.

Jabez Oliphant; or the Modern Prince, Vol. 1 Of 3: A Novel (Classic Reprint) John Holme Burrow. 2018. (ENG., Illus.). 332p. (J). 30.74 *(978-0-483-54064-4(1))* Forgotten Bks.

Jabez Oliphant; or the Modern Prince, Vol. 2 Of 3: A Novel (Classic Reprint) John Holme Burrow. 2018. (ENG., Illus.). 334p. (J). 30.79 *(978-0-483-92227-3(7))* Forgotten Bks.

Jabez Oliphant; or the Modern Prince, Vol. 3 Of 3: A Novel (Classic Reprint) John Holme Burrow. 2018. (ENG., Illus.). 316p. (J). 30.43 *(978-0-267-16875-0(6))* Forgotten Bks.

Jabie Kins. Rhonda Dobson. 2021. (ENG.). 44p. (J). 27.95 *(978-1-63692-664-3(9))* Newman Springs Publishing, Inc.

Jabulani. Jonathan J. Stotler. 2017. (Childrens Picture Books by Age 6-8 Christian Child Ser.). (ENG., Illus.). (J). pap. 13.95 *(978-1-5127-7638-6(6)*, WestBow Pr.) Author Solutions, LLC.

Jace's Adventure at Children's Hospital. D. W. Harper. Illus. by Diane Harper. 2018. (Jace Adventure Ser.: Vol. 3). (ENG.). 116p. (J). (gr. 1-5). pap. 7.99 *(978-0-9848736-2-3(7))* HayMarBks., LLC.

Jacey the Jeep. Shari Riggins. 2021. (ENG.). 30p. (J). 23.95 *(978-1-63630-336-9(6))* Covenant Bks.

Jacinda Ardern: Prime Minister of New Zealand: Prime Minister of New Zealand. Cynthia Kennedy Henzel. 2019. (World Leaders Set 2 Ser.). (ENG., Illus.). 48p. (J). (gr. 5-6). 34.21 *(978-1-64185-361-3(1)*, 1641853611, Focus Readers) North Star Editions.

Jacinda, the Magician. Jennifer Price Davis. 2021. (ENG.). 42p. (J). pap. 20.00 *(978-1-7947-6170-4(5))* Lulu Pr., Inc.

Jacintha Learns about Angus MacAskill. Tracilyn George. 2021. (ENG.). 22p. (J). pap. 11.00 *(978-1-77475-320-0(0))* Lulu Pr., Inc.

Jack. Dorothy Cristantiello. 2021. (ENG., Illus.). 32p. (J). pap. 14.95 *(978-1-6624-2828-9(6))* Page Publishing Inc.

Jack. Alphonse Daudet. 2017. (ENG.). (J). 372p. pap. *(978-3-337-32263-2(8))*; 352p. pap. *(978-3-337-32264-9(6))* Creation Pubs.

Jack. Bianca Farrell. Illus. by Rachel Darling. 2019. (ENG.). (J). 22p. *(978-1-925952-01-8(0))*; 20p. pap. *(978-1-925952-02-5(9))* Vivid Publishing.

Jack. Norman Whaler. Illus. by Nina Mkhoiani. 2018. (ENG.). 32p. (J). (gr. 1-2). 19.99 *(978-1-948131-15-5(3))* Whaler, Norman / Beneath Another Sky Bks.

Jack: An Ancient Celtic Tradition. Bryan Molloy. 2018. (ENG.). 30p. (J). *(978-1-716-49629-5(2))* Lulu Pr., Inc.

Jack: From the French of Alphonse Daudet, Author of Sidonie, Robert Helmont, etc (Classic Reprint) Mary (Neal) Sherwood. 2018. (ENG., Illus.). 394p. (J). 32.04 *(978-0-332-93074-9(2))* Forgotten Bks.

Jack: The Ice Dog. Lauren Vanbeek. 2019. (ENG.). 78p. (J). 25.00 *(978-1-4834-9958-1(8))*; pap. 8.99 *(978-1-4834-9956-7(1))* Lulu Pr., Inc.

Jack Alden. Warren Lee Goss & Richard Wilmer. 2017. (ENG.). 452p. (J). pap. *(978-3-337-34092-6(X))* Creation Pubs.

Jack Alden: A Story of Adventures in the Virginia Campaigns, '61-'65 (Classic Reprint) Warren Lee Goss. (ENG., Illus.). (J). 2018. 448p. 33.14 *(978-0-364-05606-6(1))*; 2016. pap. 16.57 *(978-1-334-12529-4(5))* Forgotten Bks.

Jack among the Indians: Or a Boy's Summer on the Buffalo Plains (Classic Reprint) George Bird Grinnell. 2018. (ENG., Illus.). 336p. (J). 30.83 *(978-0-267-24022-7(8))* Forgotten Bks.

Jack & Aimee: The Jesters' Castle & Magic Red Stone of the Nixies' Drindle. Dave Scott Greasley. 2018. (ENG., Illus.). 306p. (J). pap. *(978-1-84897-925-3(8))* Olympia Publishers.

J

Jack & Angus: Up, up & Away, Oh No! Debbie Rider. 2020. (ENG.). 44p. (J). pap. 14.95 (978-1-64468-596-9(5)) Covenant Bks.

Jack & His Black Backpack: Word Family Adventures. Ernesto Patiño, Jr. 2023. (ENG.). 34p. (J). pap. 7.00 (978-1-312-43565-0(8)) Lulu Pr., Inc.

Jack & His Rugby Ball - Tiaeki Ma Ana Booro N Urakibii (Te Kiribati) Caroline Evari. Illus. by Kimberly Pacheco. 2023. (ENG.). 26p. (J). pap. (978-1-922849-09-0(X)) Library For All Limited.

Jack & Janet in the Philippines: A Sequel to the Around the World with Jack & Janet (Classic Reprint) Norma Waterbury Thomas. (ENG., Illus.). (J). 2018. 168p. 27.36 (978-0-365-47441-8(X)); 2017. pap. 9.97 (978-0-259-56535-2(0)) Forgotten Bks.

Jack & Jen. Ladybird Books Staff. 2018. (Read It Yourself with Ladybird Ser.). 32p. (J). (gr. -1-1). 4.99 (978-0-241-31244-5(2)) Penguin Bks., Ltd. GBR. Dist: Independent Pubs. Group.

Jack & Jill. Louisa Alcott. 2020. (ENG.). (J). 212p. 19.95 (978-1-64799-237-8(0)); 210p. pap. 10.95 (978-1-64799-236-1(2)) Bibliotech Pr.

Jack & Jill. Louisa Alcott. 2017. (ENG., Illus.). (J). 25.95 (978-1-374-83904-5(3)) Capital Communications, Inc.

Jack & Jill. Louisa Alcott. 2020. (ENG.). 190p. (J). pap. (978-1-6780-1985-3(2)) Lulu Pr., Inc.

Jack & Jill. Louisa Alcott. 2018. (ENG., Illus.). 214p. (J). 24.99 (978-1-5154-2651-6(3)) Wilder Pubns., Corp.

Jack & Jill. Louisa May Alcott. 2023. (Louisa May Alcott Hidden Gems Collection). (ENG.). 352p. (J). (gr. 3). 17.99 (978-1-6659-2622-5(8)); pap. 7.99 (978-1-6659-2621-8(X)) Simon & Schuster Children's Publishing. (Aladdin).

Jack & Jill. Hazel Quintanilla. 2019. (Hazel Q Nursery Rhymes Ser.). (ENG.). 14p. (J). (gr. -1-k). bds. 7.99 (978-1-4867-1668-5(7), ea423f7c-4baa-474f-80d2-0fbdd86fc0fa) Flowerpot Pr.

Jack & Jill. Liza Woodruff. Illus. by Liza Woodruff. 2022. (Classic Mother Goose Rhymes Ser.). (ENG.). 16p. (J). (gr. -1-2). 29.93 (978-1-5038-5717-9(4), 215611) Child's World, Inc, The.

Jack & Jill: A Fairy Story (Classic Reprint) Greville MacDonald. 2018. (ENG., Illus.). (J). 29.30 (978-0-260-64204-2(5)) Forgotten Bks.

Jack & Jill: A Village Story (Classic Reprint) Louisa Alcott. 2017. (ENG., Illus.). 364p. (J). 31.40 (978-0-484-45738-5(1)) Forgotten Bks.

Jack & Jill: For Old & Young (Classic Reprint) L. A. Gobright. (ENG., Illus.). (J). 2018. 40p. 24.74 (978-0-484-77562-5(6)); 2017. pap. 7.97 (978-0-259-84381-8(4)) Forgotten Bks.

Jack & Jill: The Little Man & His Little Gun (Classic Reprint) William Philip Nimmo. 2017. (ENG., Illus.). (J). 24.35 (978-0-265-76592-0(7)); pap. 7.97 (978-1-5278-7329-2(3)) Forgotten Bks.

Jack & Jill & Old Dame Gill (Classic Reprint) Unknown Author. 2018. (ENG., Illus.). 36p. (J). 24.64 (978-0-484-00526-5(X)) Forgotten Bks.

Jack & Jill & Place Called Phill. P. P. J. Van Der Berg. 2023. (ENG.). 326p. (J). pap. (978-1-80016-643-1(5), Vanguard Press) Pegasus Elliot Mackenzie Pubs.

Jack & Jill & T-Ball Bill. Terry Pierce. ed. 2019. (Step into Reading Ser.). (ENG.). 32p. (J). (gr. k-1). 14.96 (978-0-87617-966-6(9)) Penworthy Co., LLC, The.

Jack & Jill & T-Ball Bill. Terry Pierce. Illus. by Sue DiCicco. 2018. (Step into Reading Ser.). 32p. (J). (gr. -1-1). pap. 4.99 (978-1-5247-1413-0(5), Random Hse. Bks. for Young Readers) Random Hse. Children's Bks.

Jack & Jill (Children's Classic) Louisa Alcott. 2018. (ENG.). 140p. (J). pap. (978-80-268-9194-9(5)) E-Artnow.

Jack & Judy. Sherry Stanton. Illus. by Ambadikumar. 2019. (ENG.). 34p. (J). (gr. k-2). pap. (978-1-9995566-0-0(7)) Stanton, Sherry.

Jack & Me & His Little G. G. A Halloween Romance. Lou Reitemeier. Ed. by Sue Vanvonderen. 2019. (ENG., Illus.). 42p. (J). (gr. 2-7). pap. 15.99 (978-1-7333107-0-3(3)) VanVonderen, Susan.

Jack & Rat's Great Adventures: The Search for the Spirit Bear. Jenny Lamb. Illus. by Isabelle Henderson. 2022. (ENG.). 40p. (J). (978-1-0391-2487-5(9)); pap. (978-1-0391-2486-8(0)) FriesenPress.

Jack & Rebie. Cameron Pendergraft. Ed. by Lynn Berner Coble. Illus. by Jennifer Tipton Cappoen. 2020. (ENG.). 50p. (J). pap. 13.99 (978-1-946198-24-2(2)) Paws and Claws Publishing, LLC.

Jack & Santa. Mac Barnett. Illus. by Greg Pizzoli. 2020. (Jack Book Ser.: 7). 80p. (J). (gr. -1-3). 9.99 (978-0-593-11398-1(5), Viking Books for Young Readers) Penguin Young Readers Group.

Jack & the Bean Sprouts. Cynthia D. Howard. 2020. (ENG.). 34p. (J). pap. 9.99 (978-0-9845303-5-9(5)) Ancestor Anderson Publishing.

Jack & the Bean Stalk see **Jacques et le Haricot Magique**

Jack & the Beanpole: A Sonny & Breanne Mystery. James C. Paavola. 2019. (Sonny & Breanne Mystery Ser.: Vol. 1). (ENG.). 300p. (YA). (gr. 7-12). pap. 12.95 (978-0-9964571-4-9(3)) J&M Pubs.

Jack & the Beanstalk. Child's Play. Illus. by Tatsiana Burgaud. 2023. (Flip-Up Fairy Tales Ser.). (ENG.). 24p. (J). (gr. 1-2). (978-1-78628-841-7(9)) Child's Play International Ltd.

Jack & the Beanstalk. Nina Crews. Illus. by Nina Crews. 2020. (ENG., Illus.). 34p. (J). (gr. -1-2). pap. 13.50 (978-0-578-67097-3(6)) Crews, Nina Studio.

Jack & the Beanstalk. DK. Illus. by Giuseppe Di Lernia. 2019. (Storytime Lap Bks.). (ENG.). 30p. (J). (-k). bds. 12.99 (978-1-4654-8279-2(2), DK Children) Dorling Kindersley Publishing, Inc.

Jack & the Beanstalk. Illus. by Carly Gledhill. 2020. (Penguin Bedtime Classics Ser.). 18p. (J). (— 1). bds. 7.99 (978-0-593-11543-5(0), Viking Books for Young Readers) Penguin Young Readers Group.

Jack & the Beanstalk. Joseph Jacobs. 2019. (ENG., Illus.). 26p. (J). pap. 8.99 (978-0-7396-0469-4(4)) Inspired Studios Inc.

Jack & the Beanstalk. Jenna Mueller. Illus. by Roxanne Rainville. 2020. (Fairy Tales As Told by Clementine Ser.). (ENG.). 32p. (J). (gr. -1-4). 32.79 (978-1-5321-3810-2(5), 35230, Looking Glass Library) Magic Wagon.

Jack & the Beanstalk. Tony Ross. 2016. (ENG., Illus.). 10p. (J). (-k). bds. 9.99 (978-1-78344-410-6(X)) Andersen Pr. GBR. Dist: Independent Pubs. Group.

Jack & the Beanstalk, 2 vols. Stephen Tucker. Illus. by Nick Sharratt. 2016. (Lift-The-Flap Fairy Tales Ser.). (ENG.). 24p. (J). (gr. -1-k). bds. 12.99 (978-1-5098-1714-6(X)) Pan Macmillan GBR. Dist: Independent Pubs. Group.

Jack & the Beanstalk. Richard Walker. Illus. by Niamh Sharkey. 2019. (ENG.). 40p. (J). (gr. -1-2). pap. 9.99 (978-1-78285-416-6(9)) Barefoot Bks., Inc.

Jack & the Beanstalk: A Discover Graphics Fairy Tale. Renee Biermann. Illus. by Miguel Díaz Rivas. 2021. (Discover Graphics: Fairy Tales Ser.). (ENG.). 32p. (J). 21.32 (978-1-6639-0906-0(7), 212506); pap. 6.95 (978-1-6639-2093-5(1), 212500) Capstone. (Picture Window Bks.).

Jack & the Beanstalk: A Favorite Story in Rhythm & Rhyme. Jonathan Peale. Illus. by Villie Karabatzia. 2020. (Fairy Tale Tunes Ser.). (ENG.). 20p. (J). (gr. -1-3). bds. 7.99 (978-1-5158-6096-9(5), 142376) Cantata Learning.

Jack & the Beanstalk: A Folktale. Nina Töwe. Illus. by Nina Töwe. 2017. (Illus.). 38p. (J). (gr. k-2). 18.99 (978-988-8341-36-8(7), Minedition) Penguin Young Readers Group.

Jack & the Beanstalk: A Little Apple Classic. Gabhor Utomo. 2021. (Little Apple Bks.). (ENG., Illus.). 28p. (J). 5.99 (978-1-64643-184-7(7), Applesauce Pr.) Cider Mill Pr. Bk. Pubs., LLC.

Jack & the Beanstalk: Chart Your Magic Bean's Life Cycle! Jasmine Brooke. 2017. (Fairy Tale Fixers: Fixing Fairy Tale Problems with STEM Ser.). 32p. (gr. 3-4). pap. 63.00 (978-1-5382-0666-9(8)) Stevens, Gareth Publishing LLLP.

Jack & the Beanstalk: a Nosy Crow Fairy Tale. Illus. by Ed Bryan. 2017. (ENG.). 32p. (J). (gr. -1-2). 9.99 (978-0-7636-9332-9(4)) Candlewick Pr.

Jack & the Beanstalk & the French Fries. Mark Teague. Illus. by Mark Teague. 2017. (ENG., Illus.). 40p. (J). (gr. -1-k). 18.99 (978-0-545-91431-4(0), Orchard Bks.) Scholastic, Inc.

Jack & the Beanstalk (Book & Downloadable App!) Little Grasshopper Books. Illus. by Stacy Peterson. 2020. (ENG.). 24p. (J). (gr. -1-k). bds. 5.98 (978-1-64030-988-3(8), 6115200, Little Grasshopper Bks.) Publications International, Ltd.

Jack & the Beanstalk Coloring Book for Children (6x9 Coloring Book / Activity Book) Sheba Blake. 2021. (ENG.). 34p. (J). pap. 9.99 (978-1-222-29290-9(4)) Indy Pub.

Jack & the Beanstalk Coloring Book for Children (8. 5x8. 5 Coloring Book / Activity Book) Sheba Blake. 2021. (ENG.). 34p. (J). pap. 12.99 (978-1-222-30110-6(5)) Indy Pub.

Jack & the Beanstalk Coloring Book for Children (8x10 Coloring Book / Activity Book) Sheba Blake. 2021. (ENG.). 34p. (J). pap. 14.99 (978-1-222-29291-6(2)) Indy Pub.

Jack & the Bloody Beanstalk. Wiley Blevins. Illus. by Steve Cox. 2016. (Scary Tales Retold Ser.). (ENG.). 24p. (J). (gr. k-3). lib. bdg. 27.99 (978-1-63440-099-2(2), 0a9b4164-d9db-40ec-9e2c-fdb082ac7993) Red Chair Pr.

Jack & the Boody Monster. Marion Gamble. 2018. (ENG., Illus.). 38p. (J). (978-1-5289-2449-8(5)); pap. (978-1-5289-2450-4(9)) Austin Macauley Pubs. Ltd.

Jack & the Boody Monster. Marion Gamble. 2018. (ENG., Illus.). 38p. (J). pap. 14.95 (978-1-78629-874-4(0), cd46df8c-a858-4ee3-baff-887bae3968d1) Austin Macauley Pubs. Ltd. GBR. Dist: Baker & Taylor Publisher Services (BTPS).

Jack & the Check Book (Classic Reprint) John Kendrick Bangs. 2017. (ENG., Illus.). (J). 29.09 (978-1-5283-8522-0(5)) Forgotten Bks.

Jack & the Creekside Miracle. Sandy McClure. 2018. (ENG., Illus.). 80p. (J). 19.99 (978-1-5456-5497-2(2)); pap. 11.49 (978-1-5456-5086-8(1)) Salem Author Services.

Jack & the Fantastical Circus. Ariel Tyson & Michael Tyson. Illus. by Mary Manning. 2021. (ENG.). 32p. (J). (gr. 1-5). 24.95 (978-1-7370796-6-8(6), GT9668) Good & True Media.

Jack & the Friendly Aliens. Debbie Brewer. 2018. (ENG., Illus.). 100p. (J). pap. 8.51 (978-0-244-13246-0(1)) Lulu Pr., Inc.

Jack & the Geniuses: At the Bottom of the World. Bill Nye & Gregory Mone. Illus. by Nicholas Iluzada. (ENG.). (J). (gr. 3-7). 2018. 272p. pap. 8.99 (978-1-4197-3288-1(9), 1152603); 2017. 256p. 13.95 (978-1-4197-2303-2(0), 1152601, Amulet Bks.) Abrams, Inc.

Jack & the Korner Princess: New Jack Tales. A. L. Collins. 2017. (ENG., Illus.). 160p. (J). pap. 14.99 (978-1-945330-92-6(9)) Telemachus Pr., LLC.

Jack & the Lean Stalk. Raven Howell. 2020. (ENG.). 36p. (J). (gr. k-4). pap. 12.99 (978-1-64764-667-7(7)) Primedia eLaunch LLC.

Jack & the Magic Soccer Ball. Peter Costa. 2019. (ENG.). 26p. (J). 23.95 (978-1-64628-662-1(6)); pap. 13.95 (978-1-68456-370-8(4)) Page Publishing Inc.

Jack & the Magical Portal. K. M. Ellis & J. C. Ellis. Illus. by Rachel Shead. 2021. (ENG.). 40p. (J). (978-1-0391-2547-6(6)); pap. (978-1-0391-2546-9(8)) FriesenPress.

Jack & the Snowdrop Faerie & William Walnut. P. J. Roscoe. Illus. by Elizabeth Monks. 2019. (Adventures of the Faerie Folk Ser.: Vol. 4). (ENG.). 46p. (J). pap. 10.99 (978-1-68160-705-4(0)) Crimson Cloak Publishing.

Jack & the Stinky Cheese. Cooper Hails. 2018. (ENG., Illus.). 60p. (J). pap. (978-1-387-76507-2(8)) Lulu Pr., Inc.

Jack & the Wood Pile: A Christmas Story. Jennifer Tappin et al. 2018. (ENG., Illus.). 28p. (J). 22.95 (978-1-64003-565-2(6)) Covenant Bks.

Jack & Three Jills: A Novel (Classic Reprint) F. C. Philips. 2018. (ENG., Illus.). 294p. (J). 29.96 (978-0-483-10361-0(6)) Forgotten Bks.

Jack & Too Many Goats. B. M. Howell. Illus. by Tina McGilp. 2019. (ENG.). 34p. (J). pap. (978-1-989027-11-0(3)) Cavern of Dreams Publishing Hse.

Jack & Trin on a Misson: Helping in the Garden. Brianna L. Hastings. 2018. (ENG., Illus.). 30p. (J). pap. 12.95 (978-1-64003-500-3(1)) Covenant Bks.

Jack at Bat. Mac Barnett. Illus. by Greg Pizzoli. 2020. (Jack Book Ser.: 3). 80p. (J). (gr. -1-3). 9.99 (978-0-593-11382-0(9), Viking Books for Young Readers) Penguin Young Readers Group.

Jack at Eton: Or the Adventures of Two College Chums (Classic Reprint) Unknown Author. 2017. (ENG., Illus.). (J). 28.70 (978-0-331-02909-3(X)) Forgotten Bks.

Jack at the Zoo. Mac Barnett. Illus. by Greg Pizzoli. 2020. (Jack Book Ser.: 5). 80p. (J). (gr. -1-3). 9.99 (978-0-593-11391-2(8), Viking Books for Young Readers) Penguin Young Readers Group.

Jack Ballington Forester (Classic Reprint) John Trotwood Moore. (ENG., Illus.). (J). 2018. 380p. 31.75 (978-0-483-62989-9(8)); 2017. pap. 16.57 (978-0-243-30397-7(1)) Forgotten Bks.

Jack Bates & the Wizard's Spell. Leslie Grantham. Illus. by Richard Tate. 2nd ed. 2016. (ENG.). 362p. (J). pap. (978-1-9993063-2-8(5)) Mambi Bks. Ltd.

Jack Bean Grows Up. Lucy; Grudzina Kimball. Ed. by Rebecca Grudzina. 2016. (Spring Forward Ser.). (ENG.). (J). (gr. k). 7.02 net. (978-1-4900-6018-7(9)) Benchmark Education Co.

Jack Bell & the Emperor's Necklace. Becky Allred. 2016. (ENG., Illus.). (YA). pap. 12.95 (978-1-63525-666-6(6)) Christian Faith Publishing.

Jack Blasts Off. Mac Barnett. Illus. by Greg Pizzoli. 2019. (Jack Book Ser.: 2). 80p. (J). (gr. -1-3). 9.99 (978-0-593-11385-1(3), Viking Books for Young Readers) Penguin Young Readers Group.

Jack Brag (Classic Reprint) Theodore Edward Hook. 2018. (ENG., Illus.). 458p. (J). 33.36 (978-0-267-48296-2(5)) Forgotten Bks.

Jack Brag, Vol. 1 of 3 (Classic Reprint) Theodore Edward Hook. 2018. (ENG., Illus.). 356p. (J). 31.26 (978-0-484-77444-4(1)) Forgotten Bks.

Jack Brag, Vol. 2 of 3 (Classic Reprint) Theodore Edward Hook. 2018. (ENG., Illus.). 332p. (J). 30.70 (978-0-484-69454-4(5)) Forgotten Bks.

Jack Brag, Vol. 3 of 3 (Classic Reprint) Theodore Edward Hook. 2019. (ENG., Illus.). 342p. (J). 30.95 (978-0-483-91454-4(1)) Forgotten Bks.

Jack Brainard: A Romance of the Cherokee Hills (Classic Reprint) John Wesley Yoes. 2017. (ENG., Illus.). (J). 30.95 (978-1-5283-7189-6(5)); pap. 13.57 (978-0-259-17170-6(0)) Forgotten Bks.

Jack Breaks the Beanstalks: A Story about Honesty. Sue Nicholson. Illus. by Flavia Sorrentino. 2019. (Fairytale Friends Ser.). (ENG.). 24p. (J). (gr. -1-k). lib. bdg. 27.99 (978-1-78603-568-4(5), aa35a867-c923-4fcf-9a20-a9fb512e4d8b) QEB Publishing Inc.

Jack Brereton's Three Months' Service (Classic Reprint) Maria McIntosh Cox. (ENG., Illus.). (J). 2018. 286p. 29.80 (978-0-484-82278-7(0)); 2016. pap. 13.57 (978-1-333-71695-0(8)) Forgotten Bks.

Jack Chanty: A Story of Athabasca (Classic Reprint) Hulbert Footner. 2018. (ENG., Illus.). 396p. (J). 32.06 (978-0-483-51581-9(7)) Forgotten Bks.

Jack Charlton. H. Harrison. 2020. (ENG.). 156p. (YA). pap. 18.91 (978-1-716-73316-1(2)) Lulu Pr., Inc.

Jack (Classic Reprint) Coventry Dane. 2018. (ENG., Illus.). 96p. (J). 25.88 (978-0-364-21371-1(X)) Forgotten Bks.

Jack Colin: The Adventures of Jack Colin. Aahan Arora. 2021. (ENG.). 76p. (J). pap. 9.99 (978-1-68487-226-8(X)) Notion Pr., Inc.

Jack Comes Back: Tales of the Eternal Dog, Volumes 1-4. Alec Rowell. 2022. (Tales of the Eternal Dog Ser.). (ENG.). 484p. (YA). pap. 15.99 (978-0-9728919-0-5(0)) Sound Volumes.

Jack Curzon: Being a Portion of the Records of the Managing Clerk of Martin, Thompson & Co., English Merchants Doing Business in Hong Kong, Manila, Cebu & the Straits Settlements; a Novel (Classic Reprint) Arcmbald Clavering Gunter. (ENG., Illus.). (J). 2018. 358p. 31.28 (978-0-666-82371-7(5)); 2016. pap. 13.97 (978-1-334-12896-7(0)) Forgotten Bks.

Jack Daw at Home (Classic Reprint) Young Lady Of Rank. 2018. (ENG., Illus.). 28p. (J). 24.47 (978-0-267-52135-7(9)) Forgotten Bks.

Jack Death. M. L. Windsor. 2016. (ENG., Illus.). 163p. (J). (gr. 4-6). 12.99 (978-1-939547-28-6(8), 21f8be44-e783-4b5f-86f7-2ee741f8b21) Creston Bks.

Jack Downing's Letters (Classic Reprint) Jack Downing. 2018. (ENG., Illus.). 130p. (J). 26.58 (978-0-332-99136-8(9)) Forgotten Bks.

Jack Doyle's Daughter, Vol. 1 of 3 (Classic Reprint) R. E. Francillon. 2018. (ENG., Illus.). 328p. (J). 30.68 (978-0-267-19466-7(8)) Forgotten Bks.

Jack Doyle's Daughter, Vol. 2 of 3 (Classic Reprint) R. E. Francillon. 2018. (ENG., Illus.). 316p. (J). 30.41 (978-0-267-24477-5(0)) Forgotten Bks.

Jack Doyle's Daughter, Vol. 3 of 3 (Classic Reprint) R. E. Francillon. 2018. (ENG., Illus.). 346p. (J). 31.03 (978-0-267-20576-9(7)) Forgotten Bks.

Jack Feels Angry: A Fully Illustrated Children's Story about Self-Regulation, Anger Awareness & Mad Children Age 2 to 6, 3 To 5. Adrian Laurent. 2022. (Feeling Big Emotions Picture Bks.). (ENG.). 32p. (J). pap. (978-0-473-58760-4(2)) Bradem Press.

Jack Fly. Jessica Lambert & Tredel Lambert. Illus. by Tredel Lambert. 2018. (Hip-Hop Heroz Ser.: Vol. 1). (ENG., Illus.). 48p. (J). (gr. k-5). pap. (978-0-9808886-0-7(3)) Platinum Rouge.

Jack Fortune: And the Search for the Hidden Valley. Sue Purkiss. 2017. (ENG.). 224p. (J). pap. 10.00 (978-1-84688-428-3(4), 367215) Alma Bks. GBR. Dist: Bloomsbury Publishing Plc.

Jack Frost: The End Becomes the Beginning. William Joyce. Illus. by William Joyce. 2020. (Guardians Ser.: 5). (ENG., Illus.). 400p. (J). (gr. 2-6). pap. 8.99 (978-1-4424-3057-0(5), Atheneum Bks. for Young Readers) Simon & Schuster Children's Publishing.

Jack Frost & His Magic Paintbrush. Janet Hall. Illus. by Kira Schnitzler. 2022. (ENG.). 26p. (J). 19.99 (978-1-0879-7667-9(7)); pap. 8.99 (978-1-0880-5045-3(X)) Indy Pub.

Jack Gets Zapped! Mac Barnett. Illus. by Greg Pizzoli. 2021. (Jack Book Ser.: 8). 80p. (J). (gr. -1-3). 9.99 (978-0-593-11401-8(9), Viking Books for Young Readers) Penguin Young Readers Group.

Jack Giorgio: Future Priest. Katie Warner. Illus. by Amy Rodriguez. 2022. (ENG.). 32p. (J). 16.95 (978-1-5051-2018-9(7), 2949) TAN Bks.

Jack Goes West. Mac Barnett. Illus. by Greg Pizzoli. 2020. (Jack Book Ser.: 4). 80p. (J). (gr. -1-3). 9.99 (978-0-593-11388-2(8), Viking Books for Young Readers) Penguin Young Readers Group.

Jack Gordon: Knight Errant, Gotham, 1883 (Classic Reprint) W. C. Hudson. 2018. (ENG., Illus.). 254p. (J). 29.16 (978-0-267-65901-2(6)) Forgotten Bks.

Jack Hall. Robert Grant. 2017. (ENG.). 406p. (J). pap. (978-3-337-32155-0(0)) Creation Pubs.

Jack Hall: Or the School Days of an American (Classic Reprint) Robert Grant. 2018. (ENG., Illus.). 408p. (J). 32.31 (978-0-365-15281-1(1)) Forgotten Bks.

Jack Hardin's Rendering of the Arabian Nights: Being a New Translation in up-To-Date English; with Wise Comments, Explanations, by This Eminent Linguist (Classic Reprint) James W. Scott. (ENG., Illus.). (J). 2018. 276p. 29.61 (978-0-267-47871-2(2)); 2016. pap. 11.97 (978-1-334-37383-1(3)) Forgotten Bks.

Jack Harkaway after Schooldays (Classic Reprint) Bracebridge Hemyng. 2018. (ENG., Illus.). 308p. (J). 30.25 (978-0-483-42374-9(2)) Forgotten Bks.

Jack Harkaway among the Brigands (Classic Reprint) Bracebridge Hemyng. 2018. (ENG., Illus.). 292p. (J). 29.92 (978-0-267-29245-5(7)) Forgotten Bks.

Jack Harkaway & His Son's, Adventures in Australia (Classic Reprint) Bracebridge Hemyng. 2018. (ENG., Illus.). 338p. (J). 30.87 (978-0-484-08780-3(0)) Forgotten Bks.

Jack Harkaway & His Son's Adventures Round the World (Classic Reprint) Bracebridge Hemyng. 2018. (ENG., Illus.). 306p. (J). 30.17 (978-0-484-90206-9(7)) Forgotten Bks.

Jack Harkaway & His Son's Escape from the Brigand's of Greece. Bracebridge Hemyng. 2018. (ENG., Illus.). 396p. (YA). (gr. 7-12). pap. (978-93-5297-417-7(4)) Alpha Editions.

Jack Harkaway & His Son's Escape from the Brigands of Greece: Being the Continuation of Jack Harkaway & His Son's Adventures in Greece (Classic Reprint) Bracebridge Hemyng. 2018. (ENG., Illus.). 306p. (J). 30.21 (978-0-267-28781-9(X)) Forgotten Bks.

Jack Harkaway at Oxford (Classic Reprint) Bracebridge Hemyng. 2017. (ENG., Illus.). (J). 30.52 (978-0-331-29635-8(7)) Forgotten Bks.

Jack Harkaway in China (Classic Reprint) Bracebridge Hemyng. 2018. (ENG., Illus.). 292p. (J). 29.92 (978-0-484-09752-9(0)) Forgotten Bks.

Jack Harkaway in Greece (Classic Reprint) Bracebridge Hemyng. 2018. (ENG., Illus.). 260p. (J). 29.26 (978-0-332-95098-3(0)) Forgotten Bks.

Jack Harkaway's Adventures Afloat & Ashore: A Sequel to Jack Harkaway after Schooldays (Classic Reprint) Bracebridge Hemyng. (ENG., Illus.). (J). 2017. 30.00 (978-0-265-71681-6(0)); 2016. pap. 13.57 (978-1-334-31886-3(7)) Forgotten Bks.

Jack Harkaway's Adventures at Oxford (Classic Reprint) Bracebridge Hemyng. 2018. (ENG., Illus.). 274p. (J). 29.55 (978-0-483-93425-2(9)) Forgotten Bks.

Jack Harkaway's Adventures in America & Cuba, Being a Continuation of Adventures Around the World (Classic Reprint) Hemyng Hemyng. 2018. (ENG., Illus.). 274p. (J). 29.55 (978-0-483-98083-9(8)) Forgotten Bks.

Jack Harkaway's Boy Tinker among the Turks: Being the Conclusion of the Adventures of Young Jack Harkaway & His Boy Tinker (Classic Reprint) Bracebridge Hemyng. 2018. (ENG., Illus.). 276p. (J). 29.59 (978-0-484-53647-9(8)) Forgotten Bks.

Jack Harkaway's Boy Tinker among the Turks Book Number Fifteen in the Jack Harkaway Series. Bracebridge Hemyng. 2018. (ENG., Illus.). 352p. (YA). (gr. 7-12). pap. (978-93-5297-418-4(2)) Alpha Editions.

Jack Harkaway's Escape from the Brigands Being the Conclusion of Jack Harkaway among the Brigands (Classic Reprint) Bracebridge Hemyng. 2018. (ENG., Illus.). 324p. (J). 30.58 (978-0-483-67215-4(7)) Forgotten Bks.

Jack Harvey. James Hewlett. 2023. (ENG.). 114p. (YA). pap. (978-1-7396309-9-7(8)) Burton Mayers Bks.

Jack Hazard: His Fortunes (Classic Reprint) John Townsend Trowbridge. 2017. (ENG., Illus.). (J). 29.34 (978-0-331-13028-7(9)) Forgotten Bks.

Jack Hinton: The Guardsman (Classic Reprint) Charles Lever. 2018. (ENG., Illus.). 524p. (J). 34.72 (978-0-364-31479-1(6)) Forgotten Bks.

Jack Hinton, the Guardsman, Vol. 1 of 2 (Classic Reprint) Charles Lever. (ENG., Illus.). (J). 2018. 340p. 30.93 (978-0-483-37558-1(6)); 2016. pap. 13.57 (978-1-334-13559-0(2)) Forgotten Bks.

Jack Hinton, the Guardsman, Vol. 2 Of 2: With Illustrations by Phiz (Classic Reprint) Charles James Lever. (ENG., Illus.). (J). 2018. 342p. 30.97 (978-0-484-09615-7(X)); 2016. pap. 13.57 (978-1-333-57802-2(4)) Forgotten Bks.

Jack Hoffa Journey Across the Globe. Kyell Zhanganak. 2020. (ENG.). 326p. (J). pap. (978-1-5272-6545-5(5)) Lane, Betty.

Jack Hopeton, or the Adventures of a Georgian (Classic Reprint) William Wilberforce Turner. (ENG., Illus.). (J). 2018. 366p. 31.45 (978-0-483-04445-6(8)); 2017. pap. 13.97 (978-0-259-20184-7(7)) Forgotten Bks.

Jack Horner: A Novel (Classic Reprint) Mary Spear Tiernan. 2018. (ENG., Illus.). 392p. (J). 31.98 (978-0-656-22748-8(6)) Forgotten Bks.

Jack Horner, Dinosaur Hunter! Sophia Gholz. Illus. by Dave Shephard. 2021. (ENG.). 32p. (J). (gr. 1-4). 16.99 (978-1-5341-1119-6(0), 205109) Sleeping Bear Pr.

Jack I Love You All Ways. Marianne Richmond. Illus. by Dubravka Kolanovic. 2023. (I Love You All Ways Ser.).

1038

The check digit for ISBN-10 appears in parentheses after the full ISBN-13

(ENG.). 32p. (J). (gr. -1-3). 8.99 **(978-1-7282-7374-7(9))** Sourcebooks, Inc.

Jack in a Land Where Giants Live. Glenn Brotherton. 2022. (ENG.). 44p. (J). 24.95 **(978-1-63885-892-8(6))**; pap. 14.95 **(978-1-63885-890-4(X))** Covenant Bks.

Jack in Goal: Band 08/Purple (Collins Big Cat) Catherine MacPhail. Illus. by Mike Phillips. 2019. (Collins Big Cat Ser.). (ENG.). 24p. (J). (gr. k-2). pap. 8.99 *(978-0-00-833896-1(5))* HarperCollins Pubs. Ltd. GBR. Dist: Independent Pubs. Group.

Jack in the Box; or, Harlequin, Little Tom Tucker & the Three Wise Men of Gotham: Grand Comic Christmas Pantomime (Classic Reprint) E. L. Blanchard. 2018. (ENG., Illus.). 70p. (J). 25.42 *(978-0-267-63341-8(6))* Forgotten Bks.

Jack in the Bush. Robert Grant. 2016. (ENG., Illus.). (J). pap. *(978-3-7433-0318-8(3))* Creation Pubs.

Jack in the Bush: A Summer on a Salmon River (Classic Reprint) Robert Grant. 2018. (ENG., Illus.). 378p. (J). 31.69 *(978-0-267-43020-8(5))* Forgotten Bks.

Jack in the Pulpit (Classic Reprint) Arthur Gray Staples. 2017. (ENG., Illus.). 296p. (J). 30.02 *(978-0-331-27162-1(1))* Forgotten Bks.

Jack in the Rockies or a Boy's Adventures with a Pack Train (Classic Reprint) George Bird Grinnell. 2018. (ENG., Illus.). 282p. (J). 29.71 *(978-0-267-15180-6(2))* Forgotten Bks.

Jack in the Wallows. Shalbey Bellaman. 2016. (ENG., Illus.). (J). pap. *(978-0-9935279-0-6(6))* Crystal Pear Publishing.

Jack James & Lilly Mae's Halloween Counting Book. Aaron Beebe. 2020. (ENG.). 32p. (J). pap. 14.95 *(978-1-64584-015-2(8))* Page Publishing Inc.

Jack Janson & the Storm Caller. Andrew Marsh. 2019. (ENG.). 234p. (YA). (gr. 9-13). pap. *(978-0-9547336-5-0(7))*; 2nd ed. pap. *(978-0-9547336-7-4(3))* Marsh, Andrew.

Jack Jumps. Tracilyn George. 2021. (ENG.). 20p. (J). pap. 11.00 *(978-1-77475-322-4(7))* Lulu Pr., Inc.

Jack Kerouac Is Dead to Me: A Novel. Gae Polisner. 2020. (ENG.). 288p. (YA). 18.99 *(978-1-250-31223-5(X)*, 900198438, Wednesday Bks.) St. Martin's Pr.

Jack-Knife Man (Classic Reprint) Ellis Parker Butler. (ENG., Illus.). (J). 2017. 340p. 30.91 *(978-0-484-73313-7(3))*; 2016. pap. 13.57 *(978-1-333-90556-9(4))* Forgotten Bks.

Jack Knight's Brave Flight: How One Gutsy Pilot Saved the US Air Mail Service. Jill Esbaum. Illus. by Stacy Innerst. 2022. (ENG.). 40p. (J). (gr. 2-5). 18.99 *(978-1-68437-981-1(4)*, Calkins Creek) Highlights Pr., c/o Highlights for Children, Inc.

Jack Lafaience Book (Classic Reprint) James J. McLoughlin. (ENG., Illus.). (J). 2018. 200p. 27.77 *(978-0-656-35850-2(5))*; 2016. pap. 10.57 *(978-1-333-34001-8(X))* Forgotten Bks.

Jack Likes Baseball. Cecilia Minden. Illus. by Sam Loman. 2023. (In Bloom Ser.). (ENG.). (J). (gr. 2-4). 24p. pap. 12.79 *(978-1-6689-1898-2(6)*, 221876); 23p. lib. bdg. 30.64 **(978-1-6689-2645-1(8)**, 222622) Cherry Lake Publishing. (Cherry Blossom Press).

Jack London, Vol. 5. Jack London et al. Ed. by Tom Pomplun. 2nd ed. 2016. (ENG., Illus.). 144p. (YA). pap. 11.95 *(978-0-9746648-8-0(X)*, f15f1145-02af-40a6-b1ba-ae052b080997) Eureka Productions.

Jack London for Kids - Breathtaking Adventure Tales & Animal Stories (Illustrated Edition) The Call of the Wild, White Fang, Jerry of the Islands, the Cruise of the Dazzler, Michael & Before Adam. Jack London & Berthe Morisot. 2019. (ENG.). 552p. (YA). pap. *(978-80-273-3170-3(6))* E-Artnow.

Jack London: the Call of the Wild. Gemma Barder. Illus. by Arianna Bellucci. 2023. (ENG.). 120p. (J). pap. 6.95 *(978-1-78226-989-2(4)*, 6a3a76fd-5abe-48f9-88ee-394f7c59805d) Sweet Cherry Publishing GBR. Dist: Baker & Taylor Publisher Services (BTPS).

Jack London, Vol. 2 (Classic Reprint) Charmian London. 2017. (ENG., Illus.). (J). 34.13 *(978-1-5280-7744-6(X))* Forgotten Bks.

Jack Lorimer's Champions, or Sports on Land & Lake (Classic Reprint) Winn Standish. (ENG., Illus.). (J). 2018. 340p. 30.91 *(978-0-267-00377-8(3))*; 2017. pap. 13.57 *(978-0-243-96917-3(1))* Forgotten Bks.

Jack Mason: The Old Sailor; with Illustrations (Classic Reprint) Francis Channing Woodworth. 2017. (ENG., Illus.). (J). 98p. 25.92 *(978-0-332-18864-5(7))*; pap. 9.57 *(978-0-259-52812-8(9))* Forgotten Bks.

Jack Mason, the Old Sailor. Francis C. Woodworth. 2017. (ENG., Illus.). (J). pap. 5.99 *(978-1-63391-547-3(6))* Westphalia Press.

Jack Miner & the Birds: And Some Things I Know about Nature (Classic Reprint) Jack Miner. 2017. (ENG., Illus.). (J). 28.23 *(978-0-331-53020-9(1))*; pap. 10.57 *(978-0-259-49872-8(6))* Forgotten Bks.

Jack Miner on Current Topics (Classic Reprint) Jack Miner. (ENG., Illus.). (J). 2018. 126p. 26.52 *(978-0-364-43847-3(9))*; 2017. pap. 9.57 *(978-0-259-81785-7(6))* Forgotten Bks.

Jack Montgomery: World War II: Gallantry at Anzio. Michael P. Spradlin. 2019. (Medal of Honor Ser.: 1). (ENG., Illus.). 112p. (J). pap. 8.99 *(978-1-250-15707-2(2)*, 900185139, Farrar, Straus & Giroux (BYR)) Farrar, Straus & Giroux.

Jack My Mechanic & What He Does to Your Car. Neva Westcott. 2019. (ENG.). 32p. (J). *(978-1-5255-4880-2(8))*; pap. *(978-1-5255-4881-9(6))* FriesenPress.

Jack North's Treasure Hunt: Daring Adventures in South America. Roy Rockwood. 2018. (ENG., Illus.). 146p. (J). pap. *(978-93-5329-016-0(3))* Alpha Editions.

Jack North's Treasure Hunt: Or Daring Adventures in South America (Classic Reprint) Roy Rockwood. 2018. (ENG., Illus.). 252p. (J). 29.09 *(978-0-267-21153-1(8))* Forgotten Bks.

Jack (Not Jackie) Erica Silverman. Illus. by Holly Hatam. 2018. (ENG.). 40p. (J). (gr. -1-3). 17.99 *(978-1-4998-0731-8(7))* Little Bee Books Inc.

Jack o Hearts (Classic Reprint) Edith M. Burrows. 2018. (ENG., Illus.). 30p. (J). 24.54 *(978-0-483-72131-9(X))* Forgotten Bks.

Jack-O'-Lantern (Classic Reprint) Mary Theresa Waggaman. (ENG., Illus.). (J). 2018. 182p. 27.65 *(978-0-364-32501-8(1))*; 2017. pap. 10.57 *(978-0-259-85641-2(X))* Forgotten Bks.

Jack Odoon a Novel (Classic Reprint) Maria Taylor Beale. 2018. (ENG., Illus.). 298p. (J). 30.04 *(978-0-484-80068-6(X))* Forgotten Bks.

Jack of All Trades. Lauren Trickey. 2019. (ENG.). 236p. (YA). pap. 16.99 *(978-1-5043-1928-7(1)*, Balboa Pr.) Author Solutions, LLC.

Jack-Of-All-Trades (Classic Reprint) Margaret Tyson Applegarth. 2017. (ENG., Illus.). (J). 102p. 26.00 *(978-0-484-30282-1(5))*; pap. 9.57 *(978-0-259-30910-9(9))* Forgotten Bks.

Jack of Hearts (and Other Parts) L. C. Rosen. 2020. (ENG.). 384p. (YA). (gr. 9-17). pap. 10.99 *(978-0-316-48051-2(7))* Little, Brown Bks. for Young Readers.

Jack o'Health & Peg Ojoy a Fairy-Tale (Classic Reprint) Beatrice Slayton Herben. 2018. (ENG., Illus.). 52p. (J). 24.99 *(978-0-267-28762-8(8))* Forgotten Bks.

Jack on the North Pole Express. J. D. Green. Illus. by Joanne Partis. 2022. (North Pole Express Bears Ser.). (ENG.). 32p. (J). (gr. -1-3). 7.99 **(978-1-7282-6945-0(8))** Sourcebooks, Inc.

Jack on the North Pole Express. J. D. Green. 2019. (North Pole Express Ser.). (ENG.). 32p. (J). (gr. -1-3). 7.99 **(978-1-7282-0345-4(7))** Sourcebooks, Inc.

Jack Racer (Classic Reprint) Mary Gay Humphreys. (ENG., Illus.). (J). 2018. 464p. 33.47 *(978-0-483-81341-0(9))*; 2016. pap. 16.57 *(978-1-334-18971-5(4))* Forgotten Bks.

Jack Ranger's Schooldays: Or the Rivals of Washington Hall (Classic Reprint) Clarence Young. (ENG., Illus.). (J). 2018. 334p. 30.79 *(978-0-656-34245-7(5))*; 2017. pap. 13.57 *(978-0-243-39825-6(5))* Forgotten Bks.

Jack Raymond (Classic Reprint) E. L. Voynich. 2018. (ENG., Illus.). 310p. (J). 30.29 *(978-0-656-47790-6(3))* Forgotten Bks.

Jack Shelby: A Story of the Indiana Backwoods (Classic Reprint) George Cary Eggleston. 2018. (ENG., Illus.). 364p. (J). 31.42 *(978-0-484-34071-7(9))* Forgotten Bks.

Jack Sheppard: Drama, in Four Acts (Classic Reprint) John Baldwin Buckstone. 2017. (ENG., Illus.). (J). 96p. 25.88 *(978-0-332-43455-1(9))*; pap. 9.57 *(978-0-259-27664-7(2))* Forgotten Bks.

Jack Sheppard a Romance (Classic Reprint) William Harrison Ainsworth. 2018. (ENG., Illus.). (J). 32.27 *(978-0-331-98076-9(2))* Forgotten Bks.

Jack Sheppard, Vol. 1 Of 3: A Romance (Classic Reprint) William Harrison Ainsworth. 2017. (ENG., Illus.). (J). 29.63 *(978-1-5279-7209-4(7))* Forgotten Bks.

Jack Sheppard, Vol. 2 Of 3: A Romance (Classic Reprint) William Harrison Ainsworth. (ENG., Illus.). (J). 2018. 324p. 30.58 *(978-0-483-38869-7(6))*; 2016. pap. 13.57 *(978-1-333-76680-1(7))* Forgotten Bks.

Jack Sheppard, Vol. 3 Of 3: A Romance (Classic Reprint) William Harrison Ainsworth. 2018. (ENG., Illus.). 344p. (J). 30.97 *(978-0-483-94146-5(8))* Forgotten Bks.

Jack Shepperd: In One Volume (Classic Reprint) Obediah Throttle. (ENG., Illus.). (J). 2017. 266p. 29.40 *(978-0-332-95528-5(1))*; 2016. pap. 11.97 *(978-1-334-16687-7(0))* Forgotten Bks.

Jack Sprat's Wife. Terri Kelleher. 2017. (ENG., Illus.). 40p. (J). pap. *(978-1-326-95182-5(3))* Lulu Pr., Inc.

Jack Spurlock-Prodigal (Classic Reprint) George Horace Lorimer. 2018. (ENG., Illus.). 362p. (J). 31.38 *(978-0-332-04706-5(7))* Forgotten Bks.

Jack Staples & the City of Shadows. Mark Batterson & Joel N. Clark. 2018. (Jack Staples Ser.: 2). (ENG.). 256p. (J). (gr. 4-7). pap. 9.99 *(978-0-8307-7596-5(X)*, 145317) Cook, David C.

Jack Staples & the Poet's Storm. Mark Batterson & Joel N. Clark. 2018. (Jack Staples Ser.: 3). (ENG.). 256p. (J). (gr. 4-7). pap. 9.99 *(978-0-8307-7597-2(8)*, 145318) Cook, David C.

Jack Staples & the Ring of Time. Mark Batterson & Joel N. Clark. 2018. (Jack Staples Ser.: 1). (ENG.). 224p. (J). (gr. 4-7). pap. 9.99 *(978-0-8307-7598-9(6)*, 145319) Cook, David C.

Jack Stays in a Hotel. Kevin Small, Jr. 2021. (ENG., Illus.). 30p. (J). pap. 13.95 *(978-1-64952-250-4(9))* Fulton Bks.

Jack Stellar: The Galactic Misadventure. Jeremy P. Bickham. 2021. (Jack Stellar Ser.). (ENG.). 40p. (J). pap. 5.99 *(978-1-0879-3491-4(5))* Indy Pub.

Jack Templar & the Last Battle. Jeff Gunhus. 2016. (ENG., Illus.). (J). pap. 12.95 *(978-0-9982177-9-6(4))* Seven Guns Pr.

Jack Tench: Or the Midshipman Turned Idler (Classic Reprint) Blowhard Blowhard. 2017. (ENG., Illus.). (J). 312p. 30.33 *(978-0-484-79436-7(1))*; pap. 13.57 *(978-0-282-25431-5(5))* Forgotten Bks.

Jack the Cat: An Angel's Tale. Bradlee Snow. 2019. (ENG.). 60p. (J). pap. 9.99 *(978-1-945446-55-9(2))* Babypie Publishing.

Jack the Cat & Ms. Sunny. Alice On. Illus. by Wathmi de Zoysa. 2023. 26p. (J). (gr. k-7). 23.00 BookBaby.

Jack the Conqueror, or Difficulties Overcome (Classic Reprint) C. e. Bowen. 2017. (ENG., Illus.). (J). 29.63 *(978-0-331-22871-7(8))* Forgotten Bks.

Jack the Dog & Mr. Frog. Tara Griffith. Illus. by Shikia Hall. 2016. (ENG.). (J). pap. 8.00 *(978-0-692-83481-7(8))* Griffith, Tara.

Jack, the Fire Dog. Lily F. Wesselhoeft. 2019. (ENG.). 146p. (YA). (gr. 7-12). pap. *(978-93-5329-501-1(7))* Alpha Editions.

Jack, the Fire Dog (Classic Reprint) Lily F. Wesselhoeft. 2018. (ENG., Illus.). 302p. (J). 30.13 *(978-0-332-63309-1(8))* Forgotten Bks.

Jack the Fisherman (Classic Reprint) Elizabeth Stuart Phelps. (ENG., Illus.). (J). 2018. 72p. 25.40 *(978-0-428-97870-9(3))*; 2017. pap. 9.57 *(978-0-243-15000-7(8))* Forgotten Bks.

Jack the Giant Killer (Classic Reprint) Unknown Author. 2018. (ENG., Illus.). 22p. (J). 24.35 *(978-0-267-51686-5(X))* Forgotten Bks.

Jack the Giant Killer (Classic Reprint) Percival Leigh. 2018. (ENG., Illus.). 88p. (J). 25.71 *(978-0-332-88819-4(3))* Forgotten Bks.

Jack the Giant-Killer (Classic Reprint) Anne Thackeray Ritchie. 2018. (ENG., Illus.). 62p. (J). 25.18 *(978-0-365-44311-7(5))* Forgotten Bks.

Jack, the Giant Killers & the Bodacious Beanstalk Adventure: Book Two: Flight to the Northern Kingdom. Frank Wood. 2022. (Jack, the Giant Killers & the Bodacious Beanstalk Adventure Ser.: 2). 236p. (YA). pap. 15.00 *(978-1-6678-5054-2(7))* BookBaby.

Jack, the Giant Killers & the Bodacious Beanstalk Adventure, Book Two. Frank Wood. 2020. (ENG.). 328p. (YA). pap. 19.95 *(978-1-4999-0609-7(9))* FastPrncil, Inc.

Jack the Hunchback: A Story of Adventure on the Coast of Maine (Classic Reprint) James Otis. (ENG., Illus.). (J). 2017. 30.54 *(978-0-331-86702-2(8))*; 2016. pap. 13.57 *(978-1-334-16220-6(4))* Forgotten Bks.

Jack the Husky. Shannon Carlson. 2017. (ENG., Illus.). (J). pap. *(978-1-5255-0263-7(8))* FriesenPress.

Jack the Husky Gets a Sister. Shannon Carlson. Illus. by Natalia Stankova. 2021. (ENG.). 32p. (J). *(978-1-5255-8869-3(9))*; pap. *(978-1-5255-8868-6(0))* FriesenPress.

Jack the Jackrabbit. K. Wendt. Illus. by Zorana Tadic. 2021. (ENG.). 26p. (J). pap. 12.00 *(978-1-941345-93-1(X))* Erin Go Bragh Publishing.

Jack the Library Cat. Marietta Apollonio. Illus. by Marietta Apollonio. 2023. (ENG., Illus.). 32p. (J). (gr. -1-3). 18.99 *(978-0-8075-3751-0(9)*, 0807537519) Whitman, Albert & Co.

Jack the Magic. Taylor McCart. 2020. (ENG.). 362p. (YA). pap. *(978-1-716-75362-6(7))* Lulu Pr., Inc.

Jack the Reindeer Saves the Day. Deirdre Sparrow. 2022. (ENG.). 26p. (J). pap. **(978-1-3984-8256-2(0))** Austin Macauley Pubs. Ltd.

Jack the Ripper. Virginia Loh-Hagan. 2018. (Urban Legends: Don't Read Alone! Ser.). (ENG., Illus.). 32p. (J). (gr. 4-8). pap. 14.21 *(978-1-5341-0864-6(5)*, 210820); lib. bdg. 32.07 *(978-1-5341-0765-6(7)*, 210819) Cherry Lake Publishing. (45th Parallel Press).

Jack the Runaway Terrier. Gill McLean. Illus. by Gill McLean. 2023. (ENG.). (J). (gr. -1-2). 19.99 *(978-1-63163-698-1(7)*, Jolly Fish Pr.) North Star Editions.

Jack the Unicorn. Joe Borda. Illus. by The Ople. 2021. (ENG.). 30p. (J). 14.70 **(978-1-0880-0019-9(3))** Indy Pub.

Jack the Vet: Book 14. Carole Crimeen & Suzanne Fletcher. 2023. (Comic Decoders Ser.). (ENG., Illus.). 16p. (J). (gr. -1-k). pap. 7.99 **(978-1-76127-094-9(X)**, 6059ab60-b2fd-4da5-a573-3ba067ae899a) Knowledge Bks. & Software AUS. Dist: Lerner Publishing Group.

Jack the Village Cat. David Horrix. 2023. (ENG.). 39p. (YA). pap. **(978-1-4478-4775-5(X))** Lulu Pr., Inc.

Jack the Whaleboy. Lloyd Esler. 2022. (ENG.). 78p. (YA). pap. *(978-1-5289-8461-4(7))* Austin Macauley Pubs. Ltd.

Jack, the Young Canoeman: An Eastern Boy's Voyage in a Chinook Canoe (Classic Reprint) George Bird Grinnell. 2018. (ENG., Illus.). 304p. (J). 30.17 *(978-0-267-47935-1(2))* Forgotten Bks.

Jack the Young Cowboy: An Eastern Boy's Experience on a Western Round-Up (Classic Reprint) George Bird Grinnell. 2018. (ENG., Illus.). 298p. (J). 30.04 *(978-0-267-47991-7(3))* Forgotten Bks.

Jack the Young Explorer: A Boy's Experiences in the Unknown Northwest (Classic Reprint) George Bird Grinnell. 2018. (ENG., Illus.). 330p. (J). 30.70 *(978-0-267-67005-5(2))* Forgotten Bks.

Jack, the Young Ranchman: Or a Boy's Adventures in the Rockies (Classic Reprint) George Bird Grinnell. 2018. (ENG., Illus.). 320p. (J). 30.50 *(978-0-267-23389-2(2))* Forgotten Bks.

Jack, the Young Ranchman, or a Boy's Adventures in the Rockies (Classic Reprint) George Bird Grinnell. 2018. (ENG., Illus.). 320p. (J). 30.50 *(978-0-267-29841-9(2))* Forgotten Bks.

Jack the Young Trapper: An Eastern Boy's Fur Hunting in the Rocky Mountains (Classic Reprint) George Bird Grinnell. 2018. (ENG., Illus.). 300p. (J). 30.08 *(978-0-332-85898-2(7))* Forgotten Bks.

Jack Through Time: A Middle-Grade Time-Travelling Storyline Adventure (Book 3) Peter B. Dunfield. 2022. (ENG.). 318p. (J). **(978-0-2288-8275-6(3))**; pap. **(978-0-2288-8274-9(5))** Tellwell Talent.

Jack Turner: Truth in the Arctic. David Luckman. 2022. (ENG., Illus.). 144p. (J). pap. 9.99 *(978-1-5271-0792-2(2)*, 3413b75b-b765-4291-9420-20b8cea5c69d, CF4Kids) Christian Focus Pubns. GBR. Dist: Baker & Taylor Publisher Services (BTPS).

Jack 'Twas the Night Before Christmas. Illus. by Lisa Alderson. 2019. (Night Before Christmas Ser.). (ENG.). 32p. (J). (gr. -1-3). 7.99 **(978-1-7282-0238-9(8))** Sourcebooks, Inc.

Jack Versus Veto: Match Five. Jim Eldridge. Illus. by Jan Bielecki. 2016. (Wrestling Trolls Ser.: 5). (ENG.). 176p. (YA). (gr. k-3). pap. 9.99 *(978-1-4714-0267-8(3))* Bonnier Publishing GBR. Dist: Independent Pubs. Group.

Jack, Vol. 1 of 2 (Classic Reprint) Alphonse Daudet. (ENG., Illus.). (J). 2018. 378p. 31.71 *(978-0-332-92885-2(3))*; 2016. pap. 16.57 *(978-1-334-15378-5(7))* Forgotten Bks.

Jack, Vol. 2 (Classic Reprint) Alphonse Daudet. (ENG., Illus.). (J). 2018. 356p. 31.26 *(978-0-267-45917-9(3))*; 2017. 32.91 *(978-0-266-38428-1(5))* Forgotten Bks.

Jack Wants a Pet. Marion Gamble. 2018. (ENG., Illus.). 42p. (J). (gr. 1-2). pap. *(978-1-5289-2536-5(X))* Austin Macauley Pubs. Ltd.

Jack Warleigh, Vol. 1 Of 2: A Tale of the Turf & the Law (Classic Reprint) Dalrymple J. Belgrave. 2018. (ENG., Illus.). 304p. (J). 30.17 *(978-0-483-40964-4(2))* Forgotten Bks.

Jack Warleigh, Vol. 2 Of 2: A Tale of the Turf & the Law (Classic Reprint) Dalrymple J. Belgrave. 2018. (ENG., Illus.). 300p. (J). 30.08 *(978-0-332-55380-1(9))* Forgotten Bks.

Jack Westropp, Vol. 1 Of 2: An Autobiography (Classic Reprint) Unknown Author. 2018. (ENG., Illus.). 214p. (J). 28.33 *(978-0-483-09778-0(0))* Forgotten Bks.

Jack Winters' Gridiron Chums. Mark Overton. 2018. (ENG., Illus.). 120p. (YA). (gr. 7-12). pap. *(978-93-5297-419-1(0))* Alpha Editions.

Jack Winthrop of Old 15: A Story of School-Life in a New-York City Public School (Classic Reprint) A. W. Moynihan. 2018. (ENG., Illus.). 70p. (J). 25.34 *(978-0-267-23554-4(2))* Forgotten Bks.

Jack y Jill y el Gran Perro Bill (Jack & Jill & Big Dog Bill Spanish Edition) Martha Weston. 2021. (LEYENDO a PASOS (Step into Reading) Ser.). 32p. (J). (gr. -1-1). pap. 4.99 *(978-0-593-37976-9(4))*; (SPA.). lib. bdg. 14.99 *(978-0-593-37977-6(2))* Random Hse. Children's Bks. (Random Hse. Bks. for Young Readers).

Jack y Las Habichuelas Magicas. Nina Filipek & Bruno Merz. 2017. (SPA.). 32p. (J). (gr. -1-2). 9.95 *(978-84-9145-006-1(8))* Ediciones Obelisco ESP. Dist: Spanish Pubs., LLC.

Jack y Las Habichuelas Mágicas (Jack & the Beanstalk) Jenna Mueller. Illus. by Roxanne Rainville. 2022. (Cuentos de Hadas Contados Por Clementina (Fairy Tales As Told by Clementine) Ser.). (SPA.). 32p. (J). (gr. -1-4). 32.79 *(978-1-0982-3477-5(4)*, 39907, Looking Glass Library) Magic Wagon.

Jackaby. William Ritter. ed. 2023. (Jackaby Ser.: 1). (ENG.). 320p. (YA). (gr. 7-12). pap. 10.99 **(978-1-5235-2398-6(0))** Algonquin Young Readers.

Jackal (Classic Reprint) Coulson Kernahan. 2018. (ENG., Illus.). 360p. (J). 31.32 *(978-0-666-93370-6(7))* Forgotten Bks.

Jackals, 1 vol. David Lee. 2016. (Wild Canines Ser.). (ENG., Illus.). 24p. (J). (gr. 3-3). pap. 9.25 *(978-1-4994-2027-2(7)*, f91ee940-a43d-4966-bb3c-3b40d28a789f, PowerKids Pr.) Rosen Publishing Group, Inc., The.

Jackals: Nature's Cleanup Crew. Sandra Markle. 2023. (Animal Scavengers in Action Ser.). (ENG., Illus.). 32p. (J). (gr. 3-6). pap. 10.99 **(978-1-7284-9991-8(7)**, 83c73e27-358e-4309-8a93-230f037bcf28, Lerner Pubns.) Lerner Publishing Group.

Jackanapes, and, the Story of a Short Life (Classic Reprint) Juliana Horatia Ewing. 2018. (ENG., Illus.). 298p. (J). 30.04 *(978-0-483-43244-4(X))* Forgotten Bks.

Jackanapes (Classic Reprint) Juliana Horatia Ewing. (ENG., Illus.). (J). 2018. 140p. 26.78 *(978-0-267-68362-8(6))*; 2017. pap. 9.57 *(978-0-259-51166-3(8))* Forgotten Bks.

Jackanapes (Classic Reprint) Juliana Horatia Gatty Ewing. 2017. (ENG., Illus.). 50p. (J). 24.95 *(978-0-266-32398-3(7))* Forgotten Bks.

Jackanapes, Daddy Darwin's Dovecot: And Other Stories (Classic Reprint) Juliana Horatia Ewing. 2017. (ENG., Illus.). (J). 28.76 *(978-0-266-21489-2(4))* Forgotten Bks.

Jackanapes; Daddy Darwin's Dovecot; the Story of a Short Life (Classic Reprint) Juliana Horatia Ewing. 2017. (ENG., Illus.). (J). 31.24 *(978-0-331-91134-3(5))* Forgotten Bks.

Jackdaw of Rheims: From the Ingoldsby Legends (Classic Reprint) Thomas Ingoldsby. (ENG., Illus.). (J). 2018. 46p. 24.85 *(978-0-267-77425-8(7))*; 2016. pap. 7.97 *(978-1-334-12455-6(8))* Forgotten Bks.

Jackdaw of Rheims (Classic Reprint) Thomas Ingoldsby. (ENG., Illus.). (J). 2017. 24.91 *(978-0-260-48467-3(9))*; 2016. pap. 9.57 *(978-1-333-65990-5(3))* Forgotten Bks.

Jackdaws of Danneberg Park: The Little Girl Who Wouldn't Speak. Kathryn Platzer. Illus. by Bunny Duffy. 2018. (ENG.). 44p. (J). 25.95 *(978-1-942209-50-8(9))* Bellastoria Pr.

Jacke Gets a Bath. Penney Jack. 2018. (ENG., Illus.). 30p. (J). pap. 12.95 **(978-1-7323308-1-8(6))** Jack, Penney.

Jacked Up. Erica Sage. (YA). (gr. 9-9). 2020. 288p. pap. 8.99 *(978-1-5107-5440-9(7))*; 2018. (ENG.). 280p. 16.99 *(978-1-5107-3005-2(2))* Skyhorse Publishing Co., Inc. (Sky Pony Pr.).

Jackee. Frank J. Campanelli, Jr. 2022. (ENG.). 454p. (YA). pap. 24.49 *(978-1-6628-4299-3(6))* Salem Author Services.

Jackets for All Seasons Coloring Book. Activity Attic Books. 2016. (ENG., Illus.). (J). pap. 7.74 *(978-1-68323-772-3(2))* Twin Flame Productions.

Jackie: A Dog's Tale. Joan Lucas. 2017. (ENG., Illus.). 20p. (J). 20.95 *(978-1-64138-262-5(7))* Page Publishing Inc.

Jackie & Jesse & Joni & Jae. Chris Barash. Illus. by Christine Battuz. 2019. (ENG.). 24p. (J). 17.95 *(978-1-68115-550-0(8)*, c49a0776-fd1b-45cd-90ac-a5a0d78ce718, Apples & Honey Pr.) Behrman Hse., Inc.

Jackie & Mona Lisa: How the First Lady of the United States Shared the First Lady of Art with a Nation. Nina Gruener. Illus. by Heidi Smith. 2019. (J). *(978-1-338-16233-2(0)*, Orchard Bks.) Scholastic, Inc.

Jackie & the Mona Lisa. Debbie Rovin Murphy. Illus. by Jen Bricking. 2022. (ENG.). 40p. (J). (gr. 1-4). 17.99 *(978-1-5341-1117-2(4)*, 205243) Sleeping Bear Pr.

Jackie (Classic Reprint) Marguerite Florence Laura Jarvis. 2017. (ENG., Illus.). (J). 318p. 30.46 *(978-0-332-11949-6(1))*; pap. 13.57 *(978-0-259-27665-4(0))* Forgotten Bks.

Jackie Jamis: Jumping in the Hay! Gloria Raven. Illus. by Gloria Raven. 2019. (Jackie Jamis Ser.). (ENG., Illus.). 50p. (J). (gr. k-3). 19.95 *(978-0-578-42837-6(7))* Mrs. Raven's World.

Jackie Kennedy. Meeg Pincus. Illus. by Jeff Bane. 2021. (My Early Library: My Itty-Bitty Bio Ser.). (ENG.). 24p. (J). (gr. k-1). lib. bdg. 30.64 *(978-1-5341-7997-4(6)*, 218268) Cherry Lake Publishing.

Jackie Morris Book of Classic Nursery Rhymes. Jackie Morris. 3rd ed. 2021. (ENG., Illus.). 64p. (J). (gr. -1-1). 24.99 *(978-1-913074-05-0(6))* Otter-Barry Bks. GBR. Dist: Independent Pubs. Group.

Jackie Ormes Draws the Future: The Remarkable Life of a Pioneering Cartoonist. Liz Montague. 2023. (Illus.). 40p. (J). (gr. -1-3). 18.99 *(978-0-593-42654-8(1))*; (ENG.). lib. bdg. 21.99 *(978-0-593-42655-5(X))* Random Hse. Children's Bks.

Jackie Robinson. Emma E. Haldy. Illus. by Jeff Bane. 2016. (My Early Library: My Itty-Bitty Bio Ser.). (ENG.). 24p. (J). (gr. k-1). 30.64 *(978-1-63471-021-3(5)*, 208164) Cherry Lake Publishing.

Jackie Robinson. Heather C. Hudak. 2021. (Groundbreaker Bios Ser.). (ENG., Illus.). 32p. (J). (gr. 2-5). lib. bdg. 34.21 *(978-1-5321-9686-7(5)*, 38404, Kids Core) ABDO Publishing Co.

J

Jackie Robinson. Heather C. Hudak. 2022. (Groundbreaker Bios Ser.). (ENG., Illus.). 32p. (J). (gr. 2-3). pap. 9.95 *(978-1-64494-670-1(X))* North Star Editions.

Jackie Robinson, 1 vol. Katie Kawa. 2018. (Heroes of Black History Ser.). (ENG.). 32p. (gr. 3-4). 28.27 *(978-1-5382-3018-3(6),* 5f73de87-babd-4dc2-8d32-64e934389036) Stevens, Gareth Publishing LLLP.

Jackie Robinson. Jennifer Strand. 2016. (Trailblazing Athletes Ser.). (ENG.). 24p. (J). (gr. -1-2). 49.94 *(978-1-68079-419-9(1),* 23040, Abdo Zoom-Launch) ABDO Publishing Co.

Jackie Robinson. Heather Williams. 2018. (21st Century Skills Library: Sports Unite Us Ser.). (ENG., Illus.). 32p. (J). (gr. 3-6). lib. bdg. 32.07 *(978-1-5341-2958-0(8),* 211876) Cherry Lake Publishing.

Jackie Robinson: A Kid's Book about Using Grit & Grace to Change the World. Mary Nhin. Illus. by Yuliia Zolotova. 2022. (Mini Movers & Shakers Ser.: Vol. 30). (ENG.). 36p. (J). 19.99 ***(978-1-63731-645-0(3))*** Grow Grit Pr.

Jackie Robinson: Barrier-Breaking Baseball Legend, 1 vol. Avery Elizabeth Hurt. 2019. (African American Trailblazers Ser.). (ENG.). 128p. (gr. 9-9). lib. bdg. 47.36 *(978-1-5026-4552-4(1),* 517c433a-b77b-4b0f-8aa4-c8deb4851f62) Cavendish Square Publishing LLC.

Jackie Robinson: Hometown Hero. Dona Herweck Rice. rev. ed. 2016. (Social Studies: Informational Text Ser.). (ENG., Illus.). 32p. (gr. 2-4). pap. 10.99 *(978-1-4938-2560-8(7))* Teacher Created Materials, Inc.

Jackie Robinson: Leyenda Del Beisbol. Grace Hansen. 2017. (Biografías: Personas Que Han Hecho Historia Ser.). (SPA.). 24p. (J). (gr. -1-2). pap. 7.95 *(978-1-4966-1238-0(8),* 134994, Capstone Classroom) Capstone.

Jackie Robinson: Leyenda Del Béisbol (Spanish Version) Grace Hansen. 2016. (Biografías: Personas Que Han Hecho Historia (History Maker Biographies) Ser.). (SPA., Illus.). 24p. (J). (gr. -1-2). lib. bdg. 32.79 *(978-1-68080-738-7(2),* 22638, Abdo Kids) ABDO Publishing Co.

Jackie Robinson: Professional Baseball Player. Contrib. by Tony De Marco. 2023. (Black American Journey Ser.). (ENG.). 32p. (J). (gr. 4-7). lib. bdg. 35.64 ***(978-1-5038-8063-4(X),*** 216967) Child's World, Inc, The.

Jackie Robinson Breaks Barriers. Duchess Harris Jd & Tom Streissguth. 2018. (Perspectives on American Progress Ser.). (ENG., Illus.). 48p. (J). (gr. 4-8). lib. bdg. 35.64 *(978-1-5321-1492-2(3),* 29116) ABDO Publishing Co.

Jackie Robinson: He Led the Way. April Jones Prince. Illus. by Robert Casilla. 2021. (Step into Reading Ser.). 48p. (J). (gr. k-3). pap. 5.99 *(978-0-593-43270-9(3),* Random Hse. Bks. for Young Readers) Random Hse. Children's Bks.

Jackie the Brave: Faces Darkness. Susan Serena Marie. 2021. (ENG., Illus.). 32p. (J). pap. 14.95 *(978-1-0980-8875-0(1))* Christian Faith Publishing.

Jackie the Penguin Goes on Safari. Alex Shaland. 2022. (ENG.). 34p. (J). 15.99 ***(978-1-7336245-8-9(9))*** GTA Bks.

Jacko & Jumpo Kinkytail: Funny Monkey the Funny Monkey Boys (Classic Reprint) Howard R. Garis. 2017. (ENG., Illus.). (J). 28.58 *(978-0-266-96849-8(X))* Forgotten Bks.

Jackpot. Nic Stone. (ENG.). (YA). (gr. 9). 2020. 384p. pap. 10.99 *(978-1-9848-2965-8(3),* Ember); 2019. 368p. lib. bdg. 20.99 *(978-1-9848-2963-4(7),* Crown Books For Young Readers) Random Hse. Children's Bks.

Jackpot: An Aldo Zelnick Comic Novel. Karla Oceanak. Illus. by Kendra Spanjer. 2016. (Aldo Zelnick Comic Novel Ser.: 10). (ENG.). 160p. (J). (gr. 1-8). pap. 8.95 *(978-1-934649-74-9(0))* Bailiwick Pr.

Jack's Amazing Shadow. Tom Percival. 2023. (ENG., Illus.). 32p. (J). pap. 9.99 ***(978-0-00-861522-2(5),*** Pavilion Children's Books) Pavilion Bks. GBR. Dist: HarperCollins Pubs.

Jack's Backyard. Scott P. Smith. Illus. by Jennifer Smith & Dipali Dutta. 2016. (ENG.) (J). pap. 9.49 *(978-0-9986381-0-2(2))* Glass Onion Publishing.

Jack's Brother's Sister: A Sketch in One Act (Classic Reprint) Pauline Phelps. 2018. (ENG., Illus.). 24p. (J). 24.39 *(978-0-484-60322-5(1))* Forgotten Bks.

Jack's Christmas Wish. Put Me In The Story & J. D. Green. Illus. by Julia Seal. 2018. (Christmas Wish Ser.). (ENG.). 32p. (J). (gr. k-3). 6.99 ***(978-1-4926-8526-5(7))*** Sourcebooks, Inc.

Jack's Courtship, Vol. 1 Of 3: A Sailor's Yarn of Love & Shipwreck (Classic Reprint) W. Clark Russell. 2018. (ENG., Illus.). 370p. (J). 31.53 *(978-0-484-38321-9(3))* Forgotten Bks.

Jack's Courtship, Vol. 2 Of 3: A Sailor's Yarn of Love & Shipwreck (Classic Reprint) William Clark Russell. 2018. (ENG., Illus.). 366p. (J). 31.45 *(978-0-332-93643-7(0))* Forgotten Bks.

Jack's Garage: Tire Maintenance for Kids. Jack Scudder. Illus. by Nita Candra. 2022. (ENG.). 32p. (J). pap. 10.99 ***(978-1-0879-7158-2(6))*** Indy Pub.

Jack's Pink Duck. Dale Reich. 2022. (ENG.). 38p. (J). pap. 9.95 *(978-1-954163-46-1(0),* Grid Pr.) L & R Publishing, LLC.

Jack's Story (Classic Reprint) Gertrude Lefferts Vanderbilt. (ENG., Illus.). (J). 2018. 256p. 29.20 *(978-0-364-54823-3(1));* 2017. pap. 11.57 *(978-0-259-30103-5(5))* Forgotten Bks.

Jack's Visit to Cowra. Lusi Austin. Illus. by Lusi Austin. 2021. (ENG.). 30p. (J). ***(978-0-6453063-0-9(4))*** That HomeSchl. Life.

Jack's Ward: Or, the Boy Guardian (Classic Reprint) Horatio Alger Jr. 2018. (ENG., Illus.). 346p. (J). 31.03 *(978-0-365-46480-8(5))* Forgotten Bks.

Jack's Ward: The Boy Guardian. Horatio Alger. 2019. (ENG.). 180p. (YA). (gr. 7-12). pap. *(978-93-5329-598-1(X))* Alpha Editions.

Jack's Ward; or, the Boy Guardian. Horatio Alger, Jr. 2019. (ENG.). 342p. (J). pap. 13.95 *(978-1-63391-867-2(X))* Westphalia Press.

Jack's Well. Alan McClure. 2020. (ENG.). 212p. (YA). pap. *(978-1-78645-439-3(4))* Beaten Track Publishing.

Jack's Wife Arrives: A Lively Farce-Comedy in Two Acts (Classic Reprint) Alice Chaplin. (ENG., Illus.). (J). 2018. 52p. 24.99 *(978-0-267-32218-3(6));* 2016. pap. 9.57 *(978-1-333-13883-7(0))* Forgotten Bks.

Jackson & Fluffy. Karim Farah. Illus. by Ella Erskine. 2021. 34p. (J). pap. 14.99 *(978-1-0983-8277-3(3))* BookBaby.

Jackson & Franklin. Shawn Sprague. 2017. (ENG., Illus.). (J). pap. *(978-1-893038-39-4(4))* Innovative Publishing.

Jackson & Liam's Fishing Adventure. Kimberley Mabe. 2022. (ENG., Illus.). 28p. (J). pap. 13.95 *(978-1-63961-272-7(6))* Christian Faith Publishing.

Jackson Children & the Dragon Hunt. MacKenzie Keeble. 2017. (ENG., Illus.). 180p. (J). pap. *(978-0-9957906-0-5(4))* PJK Publishing.

Jackson Defeats Covid! Tawanda Marbury. 2021. (ENG.). 38p. (J). 19.99 *(978-1-7367719-4-5(9));* pap. 13.49 *(978-1-7367719-3-8(0))* Marbury, Tawanda.

Jackson I Love You All Ways. Marianne Richmond. Illus. by Dubravka Kolanovic. 2023. (I Love You All Ways Ser.). (ENG.). 32p. (J). (gr. -1-3). 8.99 ***(978-1-7282-7375-4(7))*** Sourcebooks, Inc.

Jackson on the North Pole Express. J. D. Green. Illus. by Joanne Partis. 2022. (North Pole Express Bears Ser.). (ENG.). 32p. (J). (gr. -1-3). 7.99 ***(978-1-7282-6946-7(6))*** Sourcebooks, Inc.

Jackson on the North Pole Express. J. D. Green. 2019. (North Pole Express Ser.). (ENG.). 32p. (J). (gr. -1-3). 7.99 ***(978-1-7282-0346-1(5))*** Sourcebooks, Inc.

Jackson Pollock Splashed Paint & Wasn't Sorry. Fausto Gilberti. 2019. (ENG., Illus.). 48p. (gr. -1-2). 17.95 *(978-0-7148-7908-6(8))* Phaidon Pr., Inc.

Jackson Santa's Secret Elf. Put Me In The Story & Katherine Sully. Illus. by Julia Seal. 2018. (Santa's Secret Elf Ser.). (ENG.). 32p. (J). (gr. k-3). 5.99 *(978-1-4926-8149-6(0))* Sourcebooks, Inc.

Jackson Sundown: Native American Bronco Buster, 1 vol. Doris Fisher. Illus. by Sarah Cotton. 2018. (ENG.). 32p. (gr. -1-3). 16.99 *(978-1-4556-2361-7(X),* Pelican Publishing) Arcadia Publishing.

Jackson 'Twas the Night Before Christmas. Illus. by Lisa Alderson. 2019. (Night Before Christmas Ser.). (ENG.). 32p. (J). (gr. -1-3). 7.99 ***(978-1-7282-0239-6(6))*** Sourcebooks, Inc.

Jacksonian Democracy: The Life & Times of US President Andrew Jackson Grade 7 American History & Children's Biographies. Dissected Lives. 2022. (ENG.). 72p. (J). 31.99 ***(978-1-5419-8913-9(9));*** pap. 19.99 ***(978-1-5419-5096-2(8))*** Speedy Publishing LLC. (Dissected Lives (Auto Biographies)).

Jackson's Adventures with Harry & Flick. Terri Dill. 2018. (ENG., Illus.). 22p. (J). 21.95 *(978-1-64214-946-3(2))* Page Publishing Inc.

Jackson's Blanket / Chiec Chan Cua Jackson: Babl Children's Books in Vietnamese & English. Nancy Cote. l.t. ed. 2017. (ENG., Illus.). (J). 14.99 *(978-1-68304-221-1(2))* Babl Books, Incorporated.

Jackson's Blanket / Tagalog Edition: Babl Children's Books in Tagalog & English. Nancy Cote. l.t. ed. 2016. (ENG., Illus.). (J). 14.99 *(978-1-68304-194-8(1))* Babl Books, Incorporated.

Jackson's Blanket / Traditional Chinese Edition: Babl Children's Books in Chinese & English. Nancy Cote. l.t. ed. 2016. (ENG., Illus.). (J). 14.99 *(978-1-68304-191-7(7))* Babl Books, Incorporated.

Jackson's Christmas Wish. Put Me In The Story & J. D. Green. Illus. by Julia Seal. 2018. (Christmas Wish Ser.). (ENG.). 32p. (J). (gr. k-3). 6.99 ***(978-1-4926-8334-6(5))*** Sourcebooks, Inc.

Jacksonville Jaguars. Kenny Abdo. 2021. (NFL Teams Ser.). (ENG., Illus.). 32p. (J). (gr. 2-8). lib. bdg. 32.79 *(978-1-0982-2465-3(5),* 37164, Abdo Zoom-Fly) ABDO Publishing Co.

Jacksonville Jaguars. Josh Anderson. 2022. (Professional Football Teams Ser.). (ENG.). 32p. (J). (gr. 2-5). lib. bdg. 35.64 *(978-1-5038-5779-7(4),* 215753, Stride) Child's World, Inc, The.

Jacksonville Jaguars, 1 vol. Todd Kortemeier. 2016. (NFL up Close Ser.). (ENG., Illus.). 32p. (J). (gr. 3-9). lib. bdg. 32.79 *(978-1-68078-220-2(7),* 22041, SportsZone) ABDO Publishing Co.

Jacksonville Jaguars. Katie Lajiness. 2016. (NFL's Greatest Teams Set 3 Ser.). (ENG., Illus.). 32p. (J). (gr. 2-5). lib. bdg. 34.21 *(978-1-68078-535-7(4),* 23633, Big Buddy Bks.) ABDO Publishing Co.

Jacksonville Jaguars. Contrib. by Joanne Mattern. 2023. (NFL Team Profiles Ser.). (ENG., Illus.). (J). (gr. 3-7). lib. bdg. 26.95 Bellwether Media.

Jacksonville Jaguars. William Meier. 2019. (Inside the NFL Ser.). (ENG., Illus.). 48p. (J). (gr. 3-6). lib. bdg. 34.21 *(978-1-5321-1850-0(3),* 32569, SportsZone) ABDO Publishing Co.

Jacksonville Jaguars. Jim Whiting. rev. ed. 2019. (NFL Today Ser.). (ENG.). 48p. (J). (gr. 4-7). pap. 12.00 *(978-1-62832-707-6(3),* 19040, Creative Paperbacks) Creative Co., The.

Jacksonville Jaguars All-Time Greats. Ted Coleman. 2022. (NFL All-Time Greats Set 2 Ser.). (ENG., Illus.). 24p. (J). (gr. 3-3). pap. 8.95 *(978-1-63494-445-8(3));* lib. bdg. 28.50 *(978-1-63494-428-1(3))* Pr. Room Editions LLC.

Jacksonville Jaguars Story. Thomas K. Adamson. 2016. (NFL Teams Ser.). (ENG., Illus.). 32p. (J). (gr. 3-7). lib. bdg. 26.95 *(978-1-62617-369-9(9),* Torque Bks.) Bellwether Media.

Jacktacular & the Magic Dreamcatcher. Colleen Marot Mrowka. 2018. (ENG., Illus.). 36p. (J). 24.99 *(978-1-5456-1151-7(3))* Salem Author Services.

Jacky Dandy's Delight, or the History of Birds & Beasts: In Prose & Verse (Classic Reprint) Unknown Author. 2018. (ENG., Illus.). 20p. (J). 24.31 *(978-0-267-52636-9(9))* Forgotten Bks.

Jacky Ha-Ha. James Patterson & Chris Grabenstein. Illus. by Kerascoët. (Jacky Ha-Ha Ser.: 1). (ENG.). 384p. (J). (gr. 3-7). 2017. pap. 7.99 *(978-0-316-43253-5(9));* 2016. 36.99 *(978-0-316-26249-1(8))* Little Brown & Co. (Jimmy Patterson).

Jacky Ha-Ha. James Patterson & Chris Grabenstein. Illus. by Kerascoët. 2023. (Jacky Ha-Ha Ser.: 1). (ENG.). 384p. (J). (gr. 3-7). pap. 7.99 *(978-0-316-50834-6(9),* Jimmy Patterson) Little Brown & Co.

Jacky Ha-Ha. James Patterson & Chris Grabenstein. ed. 2017. (Jacky Ha-Ha Ser.: 1). (J). lib. bdg. 18.40 *(978-0-606-40732-8(4))* Turtleback.

Jacky Ha-Ha: a Graphic Novel, 232 vols. James Patterson & Chris Grabenstein. Illus. by Betty Tang. ed. 2020. (Jacky Ha-Ha Graphic Novel Ser.: 1). (ENG.). 240p. (J). (gr. 3-9). pap. 12.99 *(978-0-316-49195-2(0),* Jimmy Patterson) Little Brown & Co.

Jacky Ha-Ha: My Life Is a Joke. James Patterson & Chris Grabenstein. Illus. by Kerascoët. 2017. (Jacky Ha-Ha Ser.: 2). (ENG.). 352p. (J). (gr. 3-7). 13.99 *(978-0-316-43376-1(4),* Jimmy Patterson) Little Brown & Co.

Jacky Ha-Ha: My Life Is a Joke. James Patterson & Chris Grabenstein. Illus. by Kerascoët. 2023. (Jacky Ha-Ha Ser.: 2). (ENG.). 368p. (J). (gr. 3-7). pap. 8.99 *(978-0-316-50837-7(3),* Jimmy Patterson) Little Brown & Co.

Jacky Ha-Ha: My Life Is a Joke (a Graphic Novel) James Patterson & Chris Grabenstein. Illus. by Betty Tang. 2021. (Jacky Ha-Ha Graphic Novel Ser.: 2). (ENG.). 256p. (J). (gr. 3-7). 24.99 *(978-0-316-33888-2(5));* pap. 12.99 *(978-0-316-49789-3(4))* Little Brown & Co. (Jimmy Patterson).

Jaclyn & the Beanstalk. Mary Ting. 2018. (Tangled Fairy Tale Ser.). (ENG.). 275p. (YA). (gr. 7). pap. 14.95 *(978-1-944109-74-5(9))* Vesuvian Bks.

Jaclyn Hyde. Annabeth Bondor-Stone. 2020. (ENG.). 240p. (J). (gr. 3-7). pap. 7.99 *(978-0-06-267146-2(4),* HarperCollins) HarperCollins Pubs.

Jaclyn Hyde. Annabeth Bondor-Stone & Connor White. 2019. (ENG.). 240p. (J). (gr. 3-7). 16.99 *(978-0-06-267145-5(6),* HarperCollins) HarperCollins Pubs.

Jacob & Bunny: The Magic Easter Bunny Comes to Passover Seder. Leslie Sandler. 2023. (ENG., Illus.). 40p. (J). 25.95 ***(978-1-68526-600-4(2));*** pap. 14.95 ***(978-1-63885-996-3(5))*** Covenant Bks.

Jacob & His Out of the Ordinary Playground. Emma Schneider & Rebecca Holland. 2018. (ENG., Illus.). 36p. (J). (gr. k-2). *(978-0-6480281-2-3(7))* Kleine Bks.

Jacob & the Bully Kid. Diane Ng. 2017. (ENG., Illus.). 28p. (J). 21.95 *(978-1-64114-503-9(X));* pap. 12.95 *(978-1-64114-501-5(3))* Christian Faith Publishing.

Jacob & the Magic Fish, a Bedtime Story. Debbie Brewer. 2021. (ENG.). 63p. (J). pap. *(978-1-008-96613-0(4))* Lulu Pr., Inc.

Jacob & the Mandolin Adventure. Anne Dublin. 2021. (ENG.). 232p. (J). (gr. 4-8). pap. 10.95 *(978-1-77260-162-6(4))* Second Story Pr. CAN. Dist: Orca Bk. Pubs. USA.

Jacob Elthorne: A Chronicle of a Life (Classic Reprint) Darrell Figgis. 2017. (ENG., Illus.). (J). 33.14 *(978-0-260-34227-0(0))* Forgotten Bks.

Jacob Elthorne: A Chronicle of a Life; in Five Parts (Classic Reprint) Darrell Figgis. (ENG., Illus.). (J). 2018. 460p. 33.40 *(978-0-428-79098-1(4));* 2017. pap. 16.57 *(978-1-334-91052-4(9))* Forgotten Bks.

Jacob Faithful: The Mission, or Scenes in Africa (Classic Reprint) Frederick Marryat. 2018. (ENG., Illus.). 696p. (J). 38.27 *(978-0-428-35272-1(3))* Forgotten Bks.

Jacob Faithful (Classic Reprint) Frederick Marryat. 2017. (ENG., Illus.). (J). 33.40 *(978-0-266-20054-3(0))* Forgotten Bks.

Jacob Faithful, Vol. 1 of 3 (Classic Reprint) Frederick Marryat. 2017. (ENG., Illus.). (J). 30.50 *(978-0-265-21196-0(4))* Forgotten Bks.

Jacob Faithful, Vol. 2 of 3 (Classic Reprint) Frederick Marryat. 2018. (ENG., Illus.). 310p. (J). 30.29 *(978-0-483-23302-7(1))* Forgotten Bks.

Jacob Faithful, Vol. 3 of 3 (Classic Reprint) Frederick Marryat. (ENG., Illus.). (J). 2018. 316p. 30.41 *(978-0-483-65102-9(8));* 2016. pap. 13.57 *(978-1-334-52498-1(X))* Forgotten Bks.

Jacob Have I Loved: A Newbery Award Winner. Katherine Paterson. 2020. (ENG.). 272p. (YA). (gr. 8-8). pap. 7.99 *(978-0-06-440368-9(8),* HarperCollins) HarperCollins Pubs.

Jacob Have I Loved Novel Units Student Packet. Novel Units. 2019. (ENG.). (YA). pap. 13.99 *(978-1-56137-836-4(4),* Novel Units, Inc.) Classroom Library Co.

Jacob Have I Loved Novel Units Teacher Guide. Novel Units. 2019. (ENG.). (YA). pap. 12.99 *(978-1-56137-126-6(2),* Novel Units, Inc.) Classroom Library Co.

Jacob Henderson. Anthony Barillas. 2023. (ENG.). 126p. (YA). pap. 19.98 ***(978-1-312-54227-3(6))*** Lulu Pr., Inc.

Jacob Hunter & the Seven Deadly Sins. J. P. Lewis. 2022. (ENG.). 220p. (YA). 27.95 *(978-1-63885-291-9(X));* pap. 17.95 *(978-1-63885-289-6(8))* Covenant Bks.

Jacob I Love You All Ways. Marianne Richmond. Illus. by Dubravka Kolanovic. 2023. (I Love You All Ways Ser.). (ENG.). 32p. (J). (gr. -1-3). 8.99 ***(978-1-7282-7376-1(5))*** Sourcebooks, Inc.

Jacob Lane. Gruber Ron. 2020. (ENG.). 94p. (YA). pap. 16.00 *(978-1-7774462-0-8(1))* CanamBks. Pubs.

Jacob Lawrence: Painter, 1 vol. Stephanie E. Dickinson. 2016. (Artists of the Harlem Renaissance Ser.). (ENG.). 128p. (YA). (gr. 9-9). 47.36 *(978-1-5026-1070-6(1),* 0395c066-77ae-4d79-b463-433e205eaf7e) Cavendish Square Publishing LLC.

Jacob on the North Pole Express. J. D. Green. Illus. by Joanne Partis. 2022. (North Pole Express Bears Ser.). (ENG.). 32p. (J). (gr. -1-3). 7.99 ***(978-1-7282-6947-4(4))*** Sourcebooks, Inc.

Jacob on the North Pole Express. J. D. Green. 2019. (North Pole Express Ser.). (ENG.). 32p. (J). (gr. -1-3). 7.99 ***(978-1-7282-0347-8(3))*** Sourcebooks, Inc.

Jacob Riis's Camera: Bringing Light to Tenement Children. Alexis O'Neill. Illus. by Gary Kelley. 2020. (ENG.). 48p. (J). (gr. 2-5). 18.99 *(978-1-62979-866-0(5),* Calkins Creek) Highlights Pr., c/o Highlights for Children, Inc.

Jacob Santa's Secret Elf. Put Me In The Story & Katherine Sully. Illus. by Julia Seal. 2018. (Santa's Secret Elf Ser.). (ENG.). 32p. (J). (gr. k-3). 5.99 *(978-1-4926-8150-2(4))* Sourcebooks, Inc.

Jacob Starke Loves the Dark. Peta Rainford. 2018. (ENG., Illus.). 34p. (J). pap. *(978-0-9956465-2-0(X))* Dogpigeon Bks.

Jacob the Angel. Penny Gautier. 2019. (ENG.). 38p. (J). 24.95 *(978-1-64515-074-9(7));* pap. 14.95 *(978-1-64515-072-5(0))* Christian Faith Publishing.

Jacob 'Twas the Night Before Christmas. Illus. by Lisa Alderson. 2019. (Night Before Christmas Ser.). (ENG.). 32p. (J). (gr. -1-3). 7.99 ***(978-1-7282-0240-2(X))*** Sourcebooks, Inc.

Jacob Valmont, Manager: A Novel (Classic Reprint) George A. Wall. 2018. (ENG., Illus.). (J). 384p. 31.82 *(978-0-366-53096-0(8));* 386p. pap. 16.57 *(978-0-366-53086-1(0))* Forgotten Bks.

Jacobi Vanierii Prædium Rusticum (Classic Reprint) Jacques Vaniere. 2018. (FRE., Illus.). (J). 418p. 32.52 *(978-0-364-58061-5(5));* 420p. pap. 16.57 *(978-0-666-24472-7(3))* Forgotten Bks.

Jacobite Exile: Being the Adventures of a Young Englishman in the Service of Charles XII, of Sweden (Classic Reprint) G. A. Henty. 2017. (ENG., Illus.). (J). 32.25 *(978-0-331-22320-0(1))* Forgotten Bks.

Jacobo, el Constructor: Jack the Builder (Spanish Edition) Stuart J. Murphy. Illus. by Michael Rex. 2020. (MathStart 1 Ser.). (SPA.). 40p. (J). (gr. -1-3). pap. 6.99 *(978-0-06-298324-4(5),* HarperCollins) HarperCollins Pubs.

Jacob's Backyard Safari. Carl Solomon Sr. 2018. (ENG., Illus.). 34p. (J). pap. 13.95 *(978-1-64191-628-8(1))* Christian Faith Publishing.

Jacob's Christmas Wish. Put Me In The Story & J. D. Green. Illus. by Julia Seal. 2018. (Christmas Wish Ser.). (ENG.). 32p. (J). (gr. k-3). 6.99 ***(978-1-4926-8335-3(3))*** Sourcebooks, Inc.

Jacob's Day at the Zoo. Wanda Kay Knight. 2020. (ENG.). 42p. (J). pap. 5.99 *(978-1-64970-746-8(0))* Waldorf Publishing.

Jacob's Dilemma, 1 vol. Daphne Greer. 2023. (ENG.). 232p. (J). pap. 10.95 ***(978-1-77471-152-1(4),*** 5c9fdba9-40a0-4233-8417-e17bd66a39b7) Nimbus Publishing, Ltd. CAN. Dist: Baker & Taylor Publisher Services (BTPS).

Jacob's Fantastic Flight. Philip Waechter. Tr. by Elisabeth Lauffer. 2020. (Illus.). 32p. (J). 17.95 *(978-1-7331212-6-2(9))* Blue Dot Pubns. LLC.

Jacob's Journey: The Boy Born Early. Sandy Moniz. 2019. (ENG.). 52p. (J). *(978-1-5255-6241-9(X));* pap. *(978-1-5255-6242-6(8))* FriesenPress.

Jacob's Ladder: Prepare to Be Born Anew. Charlie Pike. 2019. (ENG.). 320p. (YA). pap. 12.99 *(978-1-78849-040-5(1))* O'Brien Pr., Ltd., The IRL. Dist: Casemate Pubs. & Bk. Distributors, LLC.

Jacob's Ladder (Classic Reprint) E. Phillips Oppenheim. 2017. (ENG., Illus.). (J). 30.41 *(978-0-266-21502-8(5))* Forgotten Bks.

Jacob's New Dress. Sarah Hoffman & Ian Hoffman. Illus. by Chris Case. 2020. (ENG.). 32p. (J). (gr. -1-3). pap. 8.99 *(978-0-8075-6375-5(7),* 807563757) Whitman, Albert & Co.

Jacob's Pony. Jan Duecker. 2019. (ENG.). 34p. (J). pap. 13.95 *(978-1-64258-442-4(8))* Christian Faith Publishing.

Jacob's Room (Classic Reprint) Virginia Woolf. 2017. (ENG., Illus.). (J). 27.61 *(978-0-266-72096-6(X))* Forgotten Bks.

Jacob's Room to Choose. Sarah Hoffman & Ian Hoffman. Illus. by Chris Case. 2019. 32p. (J). *(978-1-4338-3073-0(6),* Magination Pr.) American Psychological Assn.

Jacob's Wings. Ashley Ross. 2019. (ENG.). 64p. (J). pap. 22.60 *(978-0-359-86314-3(0))* Lulu Pr., Inc.

Jaconetta Stories (Classic Reprint) Fannie Heaslip Lea. (ENG., Illus.). (J). 2018. 218p. 28.39 *(978-0-428-81844-9(7));* 2017. pap. 10.97 *(978-0-259-25950-3(0))* Forgotten Bks.

Jacqueline & the Beanstalk: A Tale of Facing Giant Fears. Susan D. Sweet et al. 2017. (ENG., Illus.). 32p. (J). 15.95 *(978-1-4338-2682-5(8),* Magination Pr.) American Psychological Assn.

Jacqueline (Classic Reprint) John Ayscough. (ENG., Illus.). (J). 2018. 32.06 *(978-0-331-97487-4(8));* 2017. pap. 16.57 *(978-0-243-42122-0(2))* Forgotten Bks.

Jacqueline (Classic Reprint) Th Bentzon. 2017. (ENG., Illus.). (J). 30.87 *(978-1-5284-8537-1(8))* Forgotten Bks.

Jacqueline Kennedy. Jennifer Strand. 2017. (First Ladies (Launch!) Ser.). (ENG., Illus.). 24p. (J). (gr. -1-2). lib. bdg. 31.36 *(978-1-5321-2016-9(8),* 25282, Abdo Zoom-Launch) ABDO Publishing Co.

Jacqueline of Holland, Vol. 1 Of 2: A Historical Tale (Classic Reprint) Thomas Colley Grattan. (ENG., Illus.). (J). 2019. 220p. 28.45 *(978-0-483-67081-5(2));* 2017. pap. 10.97 *(978-0-243-41153-5(7))* Forgotten Bks.

Jacqueline of Holland, Vol. 1 Of 3: A Historical Tale (Classic Reprint) Thomas Colley Grattan. 2017. (ENG., Illus.). (J). 30.50 *(978-1-5285-7929-2(1))* Forgotten Bks.

Jacqueline of Holland, Vol. 2 Of 3: A Historical Tale (Classic Reprint) Thomas Colley Grattan. 2018. (ENG., Illus.). 316p. (J). 30.43 *(978-0-484-72982-6(9))* Forgotten Bks.

Jacqueline Woodson. Julie Murray. 2021. (Children's Authors Ser.). (ENG., Illus.). 24p. (J). (gr. -1-2). lib. bdg. 32.79 *(978-1-0982-0722-9(X),* 38206, Abdo Kids) ABDO Publishing Co.

Jacqueline Woodson. Lisa M. Bolt Simons. Illus. by Michael Byers. 2017. (Your Favorite Authors Ser.). (ENG.). 24p. (J). (gr. 1-3). pap. 7.95 *(978-1-5157-3563-2(X),* 133575); lib. bdg. 27.99 *(978-1-5157-3558-8(3),* 133570) Capstone. (Capstone Pr.).

Jacquerie, Vol. 2 Of 3: Or the Lady (Classic Reprint) George Payne Rainsford James. 2018. (ENG., Illus.). 306p. (J). 30.21 *(978-0-483-36108-9(9))* Forgotten Bks.

Jacques Bonneval: Or, the Days of the Dragonnades (Classic Reprint) Unknown Author. 2018. (ENG., Illus.). 202p. (J). 28.06 *(978-0-428-93058-5(1))* Forgotten Bks.

Jacques Cartier, 1 vol. Corona Brezina. 2016. (Spotlight on Explorers & Colonization Ser.). (ENG., Illus.). 48p. (J). (gr. 6-6). pap. 12.75 *(978-1-5081-7206-2(4),* b0f9f322-0784-4faf-b187-1e434032aa69) Rosen Publishing Group, Inc., The.

1040

The check digit for ISBN-10 appears in parentheses after the full ISBN-13

Jacques Cartier. Henri-Émile Chevalier. 2017. (FRE., Illus.). (J). 24.95 (978-1-374-84778-1(X)); pap. 14.95 (978-1-374-84777-4(1)) Capital Communications, Inc.

Jacques Cartier. Kristin Petrie. 2021. (World Explorers Ser.). (ENG., Illus.). 32p. (J). (gr. 3-6). lib. bdg. 32.79 (978-1-5321-9726-0(8), 38578, Checkerboard Library) ABDO Publishing Co.

Jacques Cousteau. Kristin Petrie. 2021. (World Explorers Ser.). (ENG., Illus.). 32p. (J). (gr. 3-6). lib. bdg. 32.79 (978-1-5321-9727-7(6), 38580, Checkerboard Library) ABDO Publishing Co.

Jacques Cousteau. Jennifer Strand. 2016. (Pioneering Explorers Ser.). (ENG.). 24p. (J). (gr. -1-2). 49.94 (978-1-68079-410-6(8), 23031, Abdo Zoom-Launch) ABDO Publishing Co.

Jacques Cousteau: Biografías para Montar. Daniel Balmaceda. Illus. by Pablo Bernasconi. 2023. (Puzzle Bks.). (SPA.). 64p. (J). (gr. 4-7). pap. 14.95 (978-987-637-779-9(5)) Catapulta Pr.

Jacques Cousteau Goes with the Flow: A Strictly Unauthorized Tale. Cynthia Cato. 2018. (ENG., Illus.). 42p. (J). pap. 11.55 (978-0-578-41460-7(0)) Salty Doll Studios.

Jacques Damour: Madame Neigeon, Nantas, How We Die, the Coqueville Spree, the Attack on the Mill (Classic Reprint) Emile Zola. 2017. (ENG., Illus.). (J). 31.67 (978-0-265-66897-9(2)); pap. 16.57 (978-1-5276-4075-7(2)) Forgotten Bks.

Jacques Learns about Jacques Cartier. Tracilyn George. 2023. (ENG.). 26p. (J). pap. 13.99 (978-1-77475-440-5(1)) Draft2Digital.

Jacquetta: And Other Stories (Classic Reprint) S. Baring Gould. 2018. (ENG., Illus.). 308p. (J). 30.27 (978-0-484-34013-7(1)) Forgotten Bks.

Jacquou the Rebel (Jacquou le Croquant) (Classic Reprint) Eugène Le Roy. (ENG., Illus.). (J). 2017. 32.79 (978-0-266-51104-5(X)); 2016. pap. 16.57 (978-1-334-32747-6(5)) Forgotten Bks.

Jacs, Jellybeans & Joey. Carolyn Bagnall. (Australian Kitchen Cleaning Adventures Ser.: Vol. 3). (ENG.). (J). 2019. 38p. (978-0-2288-1084-1(1)); 2017. (Illus.). pap. (978-1-77302-620-6(8)) Tellwell Talent.

Jada & the Monster. Taylor Monique. Ed. by Taylor Fay. 2018. (ENG., Illus.). 26p. (J). (gr. k-6). 15.00 (978-0-9800468-3-0(1)) Taylor's Production.

Jada Sly, Artist & Spy. Sherri Winston. (ENG., Illus.). (J). (gr. 3-7). 2020. 304p. pap. 8.99 (978-0-316-50533-8(1)); 2019. 272p. 32.99 (978-0-316-50536-9(6)) Little, Brown Bks. for Young Readers.

Jada 'Twas the Night Before Christmas. Illus. by Lisa Alderson. 2021. (Night Before Christmas Ser.). (ENG.). 32p. (J). (gr. -1-3). 7.99 (978-1-7282-5212-4(1)) Sourcebooks, Inc.

Jada's Adventures: The Rabbit with Good Habits. Jada Crutchfield & Jay Crutchfield. 2021. (ENG.). 26p. (J). pap. 14.97 (978-1-7378687-0-5(9)) CrutchfieldPublishing.com.

Jada's Summer Project: Organizing Data, 1 vol. Naomi Wells. 2017. (Computer Kids: Powered by Computational Thinking Ser.). (ENG., Illus.). 24p. (J). (gr. 3-4). 25.27 (978-1-5383-2404-2(0), e1770724-7fa0-4d05-bbea-700f3fe2f65a, PowerKids Pr.); pap. (978-1-5081-3788-7(9), c3dc7985-bb88-40bf-9cfc-6d86fc9fbd9e, Rosen Classroom) Rosen Publishing Group, Inc., The.

J'additionne les Insectes. Martha E. H. Rustad. 2016. (1, 2, 3 Compte Avec Moi Ser.). (FRE., Illus.). 24p. (J). (gr. k-2). (978-1-77092-352-2(7), 17627) Amicus.

Jade: And Other Stories. Hugh Wiley. 2017. (ENG., Illus.). (J). pap. (978-0-649-25318-0(3)) Trieste Publishing Pty Ltd.

Jade Elephant - 3rd Edition - Paperback. Sylvia Medina. Illus. by Andreas Wessel-Therhorn. 2021. (ENG.). 44p. (J). pap. 17.99 (978-1-955023-88-7(3)) Green Kids Club, Inc.

Jade Fire Gold. June CL Tan. (ENG.). 464p. (YA). (gr. 8). 2022. pap. 12.99 (978-0-06-305637-4(2)); 2021. 17.99 (978-0-06-305636-7(4)) HarperCollins Pubs. (HarperTeen).

Jade Lake. Wallace C. Kamens. 2022. (Adventures of Puff Ser.: 3). 258p. (J). pap. 36.87 (978-1-6678-1959-4(3)) BookBaby.

Jade Stone: A Chinese Folktale, 1 vol. Adapted by Caryn Yacowitz. 2019. (ENG., Illus.). 34p. (J). (gr. k-3). 11.95 (978-1-4556-2467-6(5), Pelican Publishing) Arcadia Publishing.

Jade the Mediator Part 2. Brittany Wilson. Illus. by Cameron Wilson. 2021. (ENG.). 26p. (J). pap. 14.99 (978-1-0879-4645-0(X)) Indy Pub.

Jaden Smith. Golriz Golkar. 2018. (Influential People Ser.). (ENG., Illus.). 32p. (J). (gr. 4-6). lib. bdg. 28.65 (978-1-5435-4133-5(X), 139087, Capstone Pr.) Capstone.

Jaden's Christmas Story. Sharon Hunt. 2019. (ENG.). 30p. (J). pap. 12.95 (978-1-64416-193-7(1)) Christian Faith Publishing.

Jade's Journey. Julieann T. Randall. Illus. by Carol Ada. 2018. (Newness Ser.: Vol. 1). (ENG.). 84p. (J). (gr. 4-6). pap. 9.99 (978-1-7323622-0-8(3)) Finding the JEMS.

Jade's Journey: The New Normal. Julieann T. Randall. Illus. by Carol Ada. 2021. (New Normal Ser.: Vol. 2). (ENG.). 94p. (J). pap. 9.99 (978-1-7323622-2-2(X)) Finding the JEMS.

Jade's Trip Around Town: A Book about Community Helpers. Meg Gaertner. 2018. (My Day Readers Ser.). (ENG.). 24p. (J). (gr. -1-2). lib. bdg. 32.79 (978-1-5038-2752-3(6), 212580) Child's World, Inc, The.

Jadie in Five Dimensions. Dianne K. Salerni. 2023. (ENG.). 288p. (J). (gr. 4-7). pap. 9.99 (978-0-8234-5338-2(3)) Holiday Hse., Inc.

J'adore L'automne: I Love Autumn - French Language Children's Book. Shelley Admont & Kidkiddos Books. 2019. (French Bedtime Collection). (FRE., Illus.). 34p. (J). (gr. k-2). pap. (978-1-5259-1876-6(1)); (978-1-5259-1877-3(X)) Kidkiddos Bks.

J'adore l'automne I Love Autumn: French English Bilingual Book. Shelley Admont & Kidkiddos Books. 2020. (French English Bilingual Collection). (FRE., Illus.). 34p. (J). (gr. k-2). (978-1-5259-2568-9(7)); pap. (978-1-5259-2567-2(9)) Kidkiddos Bks.

J'adore Me Brosser les Dents: I Love to Brush My Teeth (French Children's Book) Shelley Admont & Kidkiddos Books. 2nd ed. 2019. (French Bedtime Collection). (FRE.). 36p. (J). (gr. k-3). pap. (978-1-5259-1166-8(X)) Kidkiddos Bks.

J'adore Partager: I Love to Share - French Edition. Shelley Admont & Kidkiddos Books. 2nd ed. 2019. (French Bedtime Collection). (FRE., Illus.). 34p. (J). (gr. k-3). pap. (978-1-5259-1718-9(8)) Kidkiddos Bks.

J'adore Partager I Love to Share: French English Bilingual Book. Shelley Admont & Kidkiddos Books. 2nd ed. 2019. (French English Bilingual Collection). (FRE., Illus.). 34p. (J). (gr. k-3). pap. (978-1-5259-1678-6(5)) Kidkiddos Bks.

Jadwiga's Ring. Dawn Ibrahim. 2020. (ENG., Illus.). 344p. (YA). pap. 35.95 (978-1-0980-0712-6(3)) Christian Faith Publishing.

Jaekeal: The Hunter Boy. Elizabeth Johnson. 2017. (ENG., Illus.). (J). pap. (978-0-9954711-6-0(9)) Aldage Bks. Publishing.

Jaelyn's Puppet Show. Tracilyn George. 2020. (ENG.). 22p. (J). pap. 11.00 (978-1-990153-12-9(7)) Lulu Pr., Inc.

Jaelyn's Puppet Show. Tracilyn George. Illus. by Aria Jones. 2020. (ENG.). 24p. (J). pap. 17.14 (978-1-716-62100-0(3)) Lulu Pr., Inc.

Ja'far Escapes. Hannah Morris. Ed. by Kit Duncan. Illus. by Alex Bjelica. 2017. (Adventures of the Four Bankieteers Ser.: Vol. 4). (ENG.). 38p. (J). pap. (978-1-912274-09-3(4)) ActiveMindCare Publishing.

Jaffery (Classic Reprint) William J. Locke. 2018. (ENG., Illus.). 386p. (J). 31.86 (978-0-484-59557-5(1)) Forgotten Bks.

Jag: A Special Painted Pony. J. R. Martin. 2022. (ENG.). 24p. (J). 16.99 (978-1-6629-2815-4(7)) Gatekeeper Pr.

Jag Alskar Min Pappa I Love My Dad: Swedish English Bilingual Edition. Shelley Admont. 2017. (Swedish English Bilingual Collection). (SWE., Illus.). (J). (gr. k-3). (978-1-5259-0312-0(8)); pap. (978-1-5259-0311-3(X)) Kidkiddos Bks.

Jagarcho: The Greatfang Tests. Dakota Hawk. 2021. (ENG., Illus.). 278p. (J). pap. 15.95 (978-1-63814-069-6(3)) Covenant Bks.

Jagd Auf Den Grimm(sch)en Schnitter: Wahle Den Weg Abenteuer. Katharina Gerlach. 2017. (GER., Illus.). (J). pap. (978-3-95681-086-2(4)) Kolata, Katharina. Independent Bookworm.

Jagged Circle: A Jockey Girl Book. Shelley Peterson. 2020. (Jockey Girl Ser.: 2). (ENG.). 352p. (YA). pap. 12.99 (978-1-4597-4694-7(5)) Dundurn Pr. CAN. Dist: Publishers Group West (PGW).

Jagged Little Pill: the Novel. Eric Smith et al. 2022. (ENG.). 304p. (YA). (gr. 9-17). 19.99 (978-1-4197-5798-3(9), 1756001) Abrams, Inc.

Jagged Little Pill: the Novel 6-Copy Prepack with Merchandising Kit. Abrams Books. 2022. (ENG.). (gr. 9-17). 119.94 (978-1-4197-6135-5(8)) Abrams, Inc.

Jaguar. C. A. Gray. 2020. (ENG.). 274p. (J). pap. (978-1-6781-6114-9(4)) Lulu Pr., Inc.

Jaguar. Ellen Lawrence. 2016. (Apex Predators of the Amazon Rain Forest Ser.). (ENG., Illus.). 24p. (J). (gr. -1-3). 26.99 (978-1-68402-030-0(1)) Bearport Publishing Co., Inc.

Jaguar. Julie Murray. 2020. (Animals with Bite Ser.). (ENG., Illus.). 24p. (J). (gr. k-4). lib. bdg. 31.36 (978-1-0982-2300-7(4), 36237, Abdo Zoom-Dash) ABDO Publishing Co.

Jaguar: A Tradition of Luxury & Style. Paul H. Cockerham. 2017. (Speed Rules! Inside the World's Hottest Cars Ser.: Vol. 8). (ENG., Illus.). (YA). (gr. 7-12). 25.95 (978-1-4222-3832-5(6)) Mason Crest.

Jaguar Cubs. Susan H. Gray. 2020. (21st Century Basic Skills Library: Level 3: Babies at the Zoo Ser.). (ENG., Illus.). 24p. (J). (gr. k-3). pap. 12.79 (978-1-5341-6124-5(4), 214496); lib. bdg. 30.64 (978-1-5341-5894-8(4), 214495) Cherry Lake Publishing.

Jaguar F-Type. Nathan Sommer. 2019. (Car Crazy Ser.). (ENG., Illus.). 24p. (J). (gr. 3-7). lib. bdg. 26.95 (978-1-64487-010-5(X), Torque Bks.) Bellwether Media.

Jaguar vs. Skunk. Jerry Pallotta. ed. 2020. (Who Would Win Ser.). (ENG., Illus.). 32p. (J). (gr. 2-3). 14.36 (978-1-64697-528-0(6)) Penworthy Co., LLC, The.

Jaguar vs. Skunk. Jerry Pallotta. Illus. by Rob Bolster. 2017. 32p. (J). (978-1-338-20629-6(X)) Scholastic, Inc.

Jaguar vs. Skunk. Jerry Pallotta. Illus. by Rob Bolster. 2023. (Who Would Win? Ser.). (ENG.). 32p. (J). (gr. 1-4). lib. bdg. 32.79 (978-1-0982-5253-3(5), 42622) Spotlight.

Jaguar vs. Skunk (Who Would Win?) Jerry Pallotta. Illus. by Rob Bolster. 2020. (Who Would Win? Ser.: 18). (ENG.). 32p. (J). (gr. 1-4). pap. 4.99 (978-0-545-94608-7(5)) Scholastic, Inc.

Jaguars. Quinn M. Arnold. 2016. (Seedlings Ser.). (ENG.). 24p. (J). (gr. -1-k). pap. 7.99 (978-1-62832-334-4(5), 20725, Creative Paperbacks); (Illus.). (978-1-60818-738-6(1), 20727, Creative Education) Creative Co., The.

Jaguars. Sophie Geister-Jones. 2021. (Wild Cats Ser.). (ENG., Illus.). 32p. (J). (gr. 2-3). pap. 9.95 (978-1-63738-066-6(6)); lib. bdg. 31.35 (978-1-63738-030-7(5)) North Star Editions. (Apex).

Jaguars. Golriz Golkar. 2018. (Rain Forest Animals Ser.). (ENG., Illus.). 24p. (J). (gr. 1-1). pap. 8.95 (978-1-63517-822-7(3), 1635178223) North Star Editions.

Jaguars. Golriz Golkar. 2018. (Rain Forest Animals (Cody Koala) Ser.). (ENG., Illus.). 24p. (J). (gr. k-3). lib. bdg. 31.36 (978-1-5321-6027-1(5), 28686, Pop! Cody Koala) Pop!.

Jaguars. Rachel Grack. 2019. (Animals of the Rain Forest Ser.). (ENG., Illus.). 24p. (J). (gr. k-3). lib. bdg. 26.95 (978-1-62617-950-9(6), Blastoff! Readers) Bellwether Media.

Jaguars. Julie Murray. 2019. (Animal Kingdom Ser.). (ENG., Illus.). 32p. (J). (gr. 2-5). lib. bdg. 34.21 (978-1-5321-1640-7(3), 32391, Big Buddy Bks.) ABDO Publishing Co.

Jaguars. Leo Statts. 2016. (Rain Forest Animals Ser.). (ENG.). 24p. (J). (gr. -1-2). 49.94 (978-1-68079-362-8(4), 22983, Abdo Zoom-Launch) ABDO Publishing Co.

Jaguars, 1 vol. Amanda Vink. 2019. (Killers of the Animal Kingdom Ser.). (ENG.). 24p. (gr. 3-3). pap. 9.25 (978-1-7253-0609-7(3), 103355e6-74d9-4b41-803f-34904cee8b58, PowerKids Pr.) Rosen Publishing Group, Inc., The.

Jaguars: Killers of the Animal Kingdom (Set), 12 vols. 2019. (Killers of the Animal Kingdom Ser.). (ENG.). 24p. (J). (gr. 3-3). lib. bdg. 151.62 (978-1-7253-0625-7(5), 01915d9f-bea3-4096-8c8b-071364d0b680, PowerKids Pr.) Rosen Publishing Group, Inc., The.

Jaguar's Jewel. Michael Dahl. Illus. by Luciano Vecchio. 2018. (Batman Tales of the Batcave Ser.). (ENG.). 40p. (J). (gr. 4-8). lib. bdg. 24.65 (978-1-4965-5984-5(3), 137333, Stone Arch Bks.) Capstone.

Jahresbericht Uber Die Fortschritte der Chemie und Verwandter Theile Anderer Wissenschaften: Fur 1857 (Classic Reprint) Hermann Kopp. 2017. (GER., Illus.). (J). pap. 23.57 (978-0-265-66659-3(7)) Forgotten Bks.

Jahzaras' Animal Adventures. Michael Devinci. 2017. (ENG., Illus.). 34p. (J). pap. (978-1-387-13633-9(X)) Lulu Pr., Inc.

J'ai des Choix. Lynn McLaughlin & Amber Raymond. Illus. by Allysa Batin. 2022. (FRE.). 36p. (J). pap. (978-1-7780741-4-1(6)) Steering Through It.

J'Ai Peur du Noir - Ich Habe Angst VOR der Dunkelheit: Livre Bilingue en Français - Allemand. Dominique Curtiss. Tr. by Walpurga Lusser. Illus. by Muriel Gestin. 2018. (FRE.). 30p. (J). pap. (978-2-89687-749-2(5)) chouetteditions.com.

J'Ai Peur du Noir. - Tengo Miedo a la Oscuridad. (Livre Bilingue Fran. Dominique Curtiss. Tr. by Guadalupe Rodriguez. Illus. by Muriel Gestin. 2018. (FRE.). 30p. (J). pap. (978-2-89687-746-1(0)) chouetteditions.com.

J'Ai Peur du Noir. - YA Boyus' Temnoty. Dominique Curtiss. Tr. by Prokofyev Dmitry. Illus. by Muriel Gestin. 2018. (FRE.). 30p. (J). (gr. k-2). pap. (978-2-89687-748-5(7)) chouetteditions.com.

Jail Notes (Classic Reprint) Timothy Leary. 2017. (ENG., Illus.). (J). 27.16 (978-0-265-33008-1(4)) Forgotten Bks.

Jail Notes (Classic Reprint) Timothy Francis Leary. 2016. (ENG., Illus.). (J). pap. 9.57 (978-1-334-13851-5(6)) Forgotten Bks.

Jail with Feathers. Virginia Castleman. 2022. (ENG.). 250p. (YA). pap. 17.99 (978-1-6657-0095-5(5)) Archway Publishing.

Jailed by Lust - Released by Love. Gerard C. Cole, Sr. 2022. (ENG.). 332p. (YA). pap. 19.95 (978-1-4566-3928-0(5)) eBookit.com.

J'aime Aider les Autres: I Love to Help - French Edition. Shelley Admont & Kidkiddos Books. 2nd ed. 2019. (French Bedtime Collection). (FRE., Illus.). 32p. (J). (gr. k-3). pap. (978-1-5259-1779-0(X)) Kidkiddos Bks.

J'Aime Aider les Autres: I Love to Help (French Edition) Shelley Admont & S. a Publishing. 2016. (French Bedtime Collection). (FRE., Illus.). (J). (gr. k-3). (978-1-77268-811-5(8)); pap. (978-1-77268-810-8(X)) Shelley Admont Publishing.

J'aime Aider les Autres I Love to Help: French English Bilingual Book. Shelley Admont & Kidkiddos Books. 2nd ed. 2019. (French English Bilingual Collection). (FRE., Illus.). 32p. (J). (gr. k-3). pap. (978-1-5259-1624-3(6)) Kidkiddos Bks.

J'Aime Aider les Autres I Love to Help: French English Bilingual Edition. Shelley Admont & S. a Publishing. 2016. (French English Bilingual Collection). (FRE., Illus.). (J). (gr. k-3). (978-1-77268-898-6(3)); pap. (978-1-77268-897-9(5)) Shelley Admont Publishing.

Jaime & the Golden Apple. Edward Shearls. Illus. by Kathy Lee. 2021. (ENG.). 32p. (J). (978-1-387-40043-0(6)) Lulu Pr., Inc.

J'aime Dieu. Elias Zapple. Tr. by Blanche Kalbfeis. Illus. by Crisanto Etorma. 2020. (J'Aime les Contes du Soir Ser.: Vol. 3). (FRE.). 36p. (J). pap. (978-1-912704-67-5(6)) Heads or Tales Pr.

J'aime Dire la Vérité: I Love to Tell the Truth (French Edition) Shelley Admont & Kidkiddos Books. 2nd ed. 2019. (French Bedtime Collection). (FRE., Illus.). 34p. (J). (gr. k-3). pap. (978-1-5259-1283-2(6)) Kidkiddos Bks.

J'aime Dormir Dans Mon Lit: I Love to Sleep in My Own Bed (French Edition) Shelley Admont & Kidkiddos Books. 2nd ed. 2019. (French Bedtime Collection). (FRE.). 36p. (J). (gr. k-3). pap. (978-1-5259-1293-1(3)) Kidkiddos Bks.

J'aime Dormir Dans Mon Lit I Love to Sleep in My Own Bed: French English Bilingual Book. Shelley Admont & Kidkiddos Books. 2nd ed. 2019. (French English Bilingual Collection). (FRE., Illus.). 36p. (J). (gr. k-3). (978-1-5259-1724-0(2)); pap. (978-1-5259-1656-4(4)) Kidkiddos Bks.

J'aime écouter (I Like to Listen) Brian Moses. 2022. (Communiquons (Let's Communicate) Ser.). (FRE.). 32p. (J). (gr. 1-3). pap. (978-1-0396-8823-0(3), 19605, Crabtree Classics) Crabtree Publishing Co.

J'aime écrire see J'aime écrire (I Like to Write)

J'aime écrire (I Like to Write) Brian Moses. 2022. (Communiquons (Let's Communicate) Ser.).Tr. of J'aime écrire. (FRE.). 32p. (J). (gr. 1-3). pap. (978-1-0396-8824-7(1), 19610, Crabtree Classics) Crabtree Publishing Co.

J'aime Garder Ma Chambre Propre: I Love to Keep My Room Clean - French Edition. Shelley Admont & Kidkiddos Books. 2nd ed. 2019. (French Bedtime Collection). (FRE., Illus.). 34p. (J). (gr. k-3). pap. (978-1-5259-1635-9(1)) Kidkiddos Bks.

J'aime Garder Ma Chambre Propre I Love to Keep My Room Clean: French English Bilingual Book. Shelley Admont & Kidkiddos Books. 2nd ed. 2019. (French English Bilingual Collection). (FRE., Illus.). 34p. (J). (gr. k-3). pap. (978-1-5259-1701-1(3)) Kidkiddos Bks.

J'aime Lire (I Like to Read) Brian Moses. 2022. (Communiquons (Let's Communicate) Ser.).Tr. of J'aime Lire. (FRE.). 32p. (J). (gr. 1-3). pap. (978-1-0396-8826-1(8), 19615, Crabtree Classics) Crabtree Publishing Co.

J'aime Ma Maman. Elias Zapple. Tr. by Jean-Francois Blanchet. Illus. by Ero Aguilar. 2020. (J'Aime... Ser.). (FRE.). 32p. (J). pap. (978-1-912704-38-5(2)) Heads or Tales Pr.

J'aime Ma Maman: I Love My Mom - French Edition. Shelley Admont & Kidkiddos Books. 2nd ed. 2019. (French Bedtime Collection). (FRE., Illus.). 32p. (J). (gr. k-3). pap. (978-1-5259-1692-2(0)) Kidkiddos Bks.

J'Aime Ma Maman (French Language Children's Book) I Love My Mom (French Edition) Shelley Admont & S. a Publishing. 2018. (French Bedtime Collection). (FRE., Illus.). 32p. (J). (gr. k-3). (978-1-5259-0797-5(2)) Shelley Admont Publishing.

J'aime Ma Maman I Love My Mom: French English Bilingual Book. Shelley Admont & Kidkiddos Books. 3rd ed. 2019. (French English Bilingual Collection). (FRE., Illus.). 32p. (J). (gr. k-3). pap. (978-1-5259-1687-8(4)) Kidkiddos Bks.

J'aime Manger des Fruits et des Legumes: I Love to Eat Fruits & Vegetables (French Edition) Shelley Admont & Kidkiddos Books. 2nd ed. 2019. (French Bedtime Collection). (FRE., Illus.). 32p. (J). (gr. k-3). pap. (978-1-5259-1509-3(6)) Kidkiddos Bks.

J'aime Manger des Fruits et des Legumes I Love to Eat Fruits & Vegetables: French English Bilingual Book. Shelley Admont & Kidkiddos Books. 2nd ed. 2019. (French English Bilingual Collection). (FRE., Illus.). 32p. (J). (gr. k-3). pap. (978-1-5259-1839-1(7)) Kidkiddos Bks.

J'Aime Mes Mamans. Elias Zapple. Tr. by Fardeen Hajee Sheriff. Illus. by Crisanto Etorma. 2020. (J'Aime les Contes du Soir Ser.: Vol. 5). (FRE.). 32p. (J). pap. (978-1-912704-60-6(9)) Heads or Tales Pr.

J'aime Mon Papa. Elias Zapple. Tr. by Jean-François Blanchet. Illus. by Xenia Basova. 2020. (J'Aime les Contes du Soir Ser.: Vol. 4). (FRE.). 32p. (J). pap. (978-1-912704-48-4(X)) Heads or Tales Pr.

J'aime Mon Papa: I Love My Dad - French Edition. Shelley Admont & Kidkiddos Books. 2nd ed. 2019. (French Bedtime Collection). (FRE., Illus.). 34p. (J). (gr. k-3). pap. (978-1-5259-1756-1(0)) Kidkiddos Bks.

J'aime Mon Papa I Love My Dad: French English Bilingual Book. Shelley Admont & Kidkiddos Books. 2nd ed. 2019. (French English Bilingual Collection). (FRE., Illus.). 34p. (J). (gr. k-3). pap. (978-1-5259-1819-3(2)) Kidkiddos Bks.

J'aime Parler (I Like to Talk) Brian Moses. 2022. (Communiquons (Let's Communicate) Ser.). (FRE.). 32p. (J). (gr. 1-3). pap. (978-1-0396-8825-4(X), 19620, Crabtree Classics) Crabtree Publishing Co.

Jaimie & the Bison Hunt. Janine Tougas. Illus. by Alexis Flower. 2017. (Voyage Collection). (ENG.). 158p. (J). pap. (978-1-77222-491-7(X)) Apprentissage Illimite, Inc.

Jajangku Ka Karlami - Nana Dig. Margaret James. Illus. by Wendy Paterson. 2021. (AUS.). 24p. (J). pap. (978-1-922647-11-5(X)) Library For All Limited.

Jajangku Ka Karlami Kanunju Yalyu-Yalyu Walya - Nana Digs in the Red Sand. Margaret James. Illus. by Wendy Paterson. 2021. (AUS.). 32p. (J). pap. (978-1-922647-12-2(8)) Library For All Limited.

Jak & the Magic Nano-Beans: A Graphic Novel. Carl Bowen. Illus. by Omar Lozano. 2016. (Far Out Fairy Tales Ser.). (ENG.). 40p. (J). (gr. 3-6). lib. bdg. 26.65 (978-1-4965-2510-9(8), 130480, Stone Arch Bks.) Capstone.

Jak Jak Goes to School. Greta Gates-Lumpkin. (ENG., 24p. (J). 2021. Illus.). pap. 11.95 (978-1-63710-484-2(7)); 2020. 23.95 (978-1-64654-482-0(X)) Fulton Bks.

Jak N Gilly. Erika Skudin Gillis. 2021. (ENG., Illus.). 30p. (J). 23.95 (978-1-63885-075-5(5)); pap. 13.95 (978-1-63885-074-8(7)) Covenant Bks.

Jak of the Bushveld. Marius Oelschig. 2018. (ENG., Illus.). 176p. (J). pap. (978-0-9948479-1-1(2)) Marius Oelschig.

Jake. Eleanor Long. 2018. (ENG., Illus.). 20p. (J). 21.95 (978-1-64003-861-5(2)); pap. 12.95 (978-1-64003-860-8(4)) Covenant Bks.

Jake. Ellen Miles. ed. 2018. 85p. (J). (gr. 1-4). 16.36 (978-1-64310-123-1(4)) Penworthy Co., LLC, The.

Jake: Fur Person Extraordinare. Ellie Emery. 2017. (ENG., Illus.). (J). pap. 11.95 (978-1-68409-560-5(3)) Page Publishing Inc.

Jake & Ava: a Boy & a Fish. Jonathan Balcombe. Illus. by Rebecca Evans. 2021. (ENG.). 24p. (J). 17.99 (978-0-940719-46-0(0)) Gryphon Pr., The.

Jake & Bobby's Magical Christmas. Ann Hattan. l.t. ed. 2022. (ENG.). 34p. (J). 17.00 (978-1-954368-29-3(1)) Diamond Media Pr.

Jake & Bobby's Magical Christmas. Ann Hattan. l.t. ed. 2022. (ENG.). 34p. (J). pap. 13.00 (978-1-954368-19-4(4)) Diamond Media Pr.

Jake & Gavin the Great. Sarah Jo Smith. 2018. (ENG., Illus.). 26p. (J). 22.95 (978-1-64458-178-0(7)); pap. 12.95 (978-1-64349-936-9(X)) Christian Faith Publishing.

Jake & Ling Ling: Part 1. R. S. Carter. 2017. (ENG., Illus.). (J). pap. 12.95 (978-1-947491-28-1(8)) Yorkshire Publishing Group.

Jake & Mia: A Journey of Martial Arts Mastery. Donald Mathews. 2023. (ENG.). 83p. (YA). pap. (978-1-329-31456-6(5)) Lulu Pr., Inc.

Jake & the Big Machine. Nick Weber. 2021. (ENG.). 24p. (J). pap. 10.95 (978-1-6642-4062-9(4), WestBow Pr.) Author Solutions, LLC.

Jake & the Dragons of Asheville. Brian Kacica. 2017. (ENG., Illus.). (J). pap. 11.99 (978-0-9982777-9-0(7)) Magic Penny Pr.

Jake & the Gentle Dog. Lynn E. Kupkee. 2020. (ENG., Illus.). 64p. (J). pap. 19.95 (978-1-393-30669-6(1)) Draft2Digital.

Jake & the Jungle Gems. Phil Roiz. 2017. (Mr. Weeley's Boat Ser.: Vol. 1). (ENG., Illus.). (YA). pap. 12.95 (978-0-692-84235-5(7)) Weeley Pr.

Jake & the Never Land Pirates: Surfin' Turf. Melinda LaRose & Nicole Dubuc. Illus. by Character Building Studio & Disney Storybook Art Team. 2018. (World of Reading Level 1 Ser.). (ENG.). 32p. (J). (gr. -1-3). lib. bdg. 31.36 (978-1-5321-4189-8(0), 31065) Spotlight.

Jake & the Quake. Cary I. Sneider. 2018. (ENG.). 208p. (gr. 5-8). (J). 16.95 (978-1-943431-39-7(6)); (YA). pap. 12.95 (978-1-943431-40-3(X)) Tumblehome Learning.

Jake & the Unexpected Smile. Kim Temple. 2020. (ENG.). 74p. (J). (978-1-5289-8128-6(6)); pap. (978-1-5289-8127-9(8)) Austin Macauley Pubs. Ltd.

Jake (Classic Reprint) Eunice Tietjens. 2018. (ENG., Illus.). 218p. (J). 28.39 (978-0-332-57531-5(4)) Forgotten Bks.

Jake! Don't Shake! Kylie Mulcahy. Illus. by Gabe Peters. 2017. (ENG.). 36p. (J). pap. (978-0-646-97904-5(3)) Mulcahy, Kylie.

Jake Drue the Guardian. Ed. by Anastassia Fletcher. Illus. by Eric Tammons. 2020. (ENG.). 36p. (J). pap. 15.00 (978-1-63732-603-9(3)) Primedia eLaunch LLC.

Jake Goes to Soccer Practice: A Book about Telling Time. Charly Haley. 2018. (My Day Readers Ser.). (ENG.). 24p. (J). (gr. -1-2). lib. bdg. 32.79 (978-1-5038-2491-1(8), 212357) Child's World, Inc, The.

Jake Is a Dog Doctor. Charles J. Labelle. Illus. by Jake Stories Publishing. 2016. (ENG.). (J). pap. (978-1-896710-51-8(4)) Storyteller.

Jake Is a Fisherman. Charles J. Labelle. Illus. by Jake Stories Publishing. 2016. (ENG.). (J). pap. (978-1-896710-58-7(1)) Storyteller.

Jake Is a Gotchabird Watcher. Charles Labelle. Illus. by Jake Stories Publishing. 2016. (ENG.). (J). pap. (978-1-896710-49-5(2)) Storyteller.

Jake Is a Head Bumper. Charles J. Labelle. Illus. by Jake Stories Publishing. 2016. (ENG.). (J). pap. (978-1-896710-53-2(0)) Storyteller.

Jake Is a Magic Carpet Pilot. Charles J. Labelle. Illus. by Jake Stories Publishing. 2016. (ENG.). (J). pap. (978-1-896710-50-1(6)) Storyteller.

Jake Is a Missing Glasses Detective. Charles J. Labelle. Illus. by Jake Stories Publishing. 2017. (ENG.). (J). pap. (978-1-896710-57-0(3)) Storyteller.

Jake Is a Rabbit Tamer. Charles J. Labelle. Illus. by Jake Stories Publishing. 2016. (ENG.). (J). pap. (978-1-896710-59-4(X)) Storyteller.

Jake Is a Space Pirate Part One. Charles J. Labelle. Illus. by Jake Stories Publishing. 2017. (ENG.). (J). pap. (978-1-896710-60-0(3)) Storyteller.

Jake Is a Space Pirate Part Three. Charles J. Labelle. Illus. by Jake Stories Publishing. 2017. (ENG.). 32p. (J). pap. (978-1-896710-62-4(X)) Storyteller.

Jake Is a Space Pirate Part Two. Charles J. Labelle. Illus. by Jake Stories Publishing. 2017. (ENG.). (J). pap. (978-1-896710-61-7(1)) Storyteller.

Jake Is a Time Changer. Charles J. Labelle. Illus. by Jake Stories Publishing. 2016. (ENG.). (J). pap. (978-1-896710-52-5(2)) Storyteller.

Jake, Lucid Dreamer. David J. Naiman. 2018. (ENG., Illus.). 188p. (J). pap. (978-84-948787-0-1(0)) Kwill.

Jake Maddox en Español. Jake Maddox. Illus. by Jesus Aburto & Katie Wood. 2023. (Jake Maddox en Español Ser.). (SPA.). 72p. (J). 233.91 (978-1-6690-0735-7(9), 247645, Stone Arch Bks.) Capstone.

Jake Maddox Girl Sports Stories. Jake Maddox. Illus. by Katie Wood. (Jake Maddox Girl Sports Stories Ser.). (ENG.). 72p. (J). 2023. 1195.54 (978-1-6690-0737-1(5), 247646); 2021. 1114.08 (978-1-6663-4177-5(0), 237969) Capstone. (Stone Arch Bks.).

Jake Maddox Graphic Novels see Jake Maddox Novelas Gráficas

Jake Maddox Graphic Novels. Jake Maddox. Illus. by Berenice Muñiz et al. (Jake Maddox Graphic Novels Ser.). (ENG.). 72p. (J). 2023. 783.72 (978-1-6663-4861-3(9), 238811); 2023. pap., pap., pap. 198.76 (978-1-6663-4862-0(7), 238812); 2022. 671.76 (978-1-6663-3379-4(4), 235162); 2022. pap., pap., pap. 166.80 (978-1-6663-3378-7(6), 235163) Capstone. (Stone Arch Bks.).

Jake Maddox JV. Jake Maddox. Illus. by Michael Ray. 2020. (Jake Maddox JV Ser.). (ENG.). 96p. (J). (gr. 4-8). 675.74 (978-1-4965-9768-7(0), 199572, Stone Arch Bks.) Capstone.

Jake Maddox JV Mysteries. Jake Maddox & Jake Maddox. 2022. (Jake Maddox JV Mysteries Ser.). (ENG.). 96p. (J). 159.92 (978-1-6663-3375-6(1), 235153, Stone Arch Bks.) Capstone.

Jake Maddox Novelas Gráficas. Jake Maddox. Illus. by Jesus Aburto & Mel Joy San Juan. 2020. (Jake Maddox Novelas Gráficas Ser.).Tr. of Jake Maddox Graphic Novels. (SPA.). 72p. (J). (gr. 3-8). 223.92 (978-1-4965-9186-9(0), 29930); pap., pap., pap. 55.60 (978-1-4965-9335-1(9), 30083) Capstone. (Stone Arch Bks.).

Jake Maddox Sports Stories. Jake Maddox. Illus. by Alan Brown & Sean Tiffany. 2023. (Jake Maddox Sports Stories Ser.). (ENG.). 72p. (J). 1637.37 (978-1-6690-0739-5(1), 247647); pap., pap., pap. 376.93 (978-1-6690-0740-1(5), 247650) Capstone. (Stone Arch Bks.).

Jake Makes a Cake: Long Vowel Sounds. Brian P. Cleary. Illus. by Jason Miskimins. 2022. (Phonics Fun Ser.). (ENG.). 24p. (J). (gr. -1-2). pap. 8.99 (978-1-7284-4850-3(6), 1164d823-2cd7-4d6a-bdea-f5d1b32004ef); lib. bdg. 27.99 (978-1-7284-4127-6(7), 9daa0fa5-e85f-45c0-8d23-91baa494f3ea) Lerner Publishing Group. (Lerner Pubns.).

Jake or Sam (Classic Reprint) Bruno Lessing. 2018. (ENG., Illus.). 46p. (J). 24.87 (978-0-484-10630-6(9)) Forgotten Bks.

Jake Owen. Tammy Gagne. 2018. lib. bdg. 25.70 (978-1-68020-162-8(X)) Mitchell Lane Pubs.

Jake, Reinvented. Gordon Korman. rev. ed. 2017. (ENG.). 192p. (J). (gr. 5-9). pap. 8.99 (978-1-4847-9842-3(2)) Little, Brown Bks. for Young Readers.

Jake, Sam, & the Snowman. Kiandra Eden. 2021. (ENG., Illus.). 28p. (J). pap. 14.95 (978-1-0980-6561-4(1)) Christian Faith Publishing.

Jake Show. Joshua S. Levy. 2023. (ENG.). 240p. (J). (gr. 3-7). 18.99 (978-0-06-324819-9(0), Tegen, Katherine Bks) HarperCollins Pubs.

Jake the Adjective. Coert Voorhees & Grammaropolis. 2019. (Meet the Parts of Speech Ser.: 3). (ENG., Illus.). 34p. (J). (gr. 1-6). pap. 6.99 (978-1-64442-013-3(9)) Six Foot Pr., LLC.

Jake the Beer-Belly Kitty or Supercat: Encounters of Evil. Deborah Midkiff. 2018. (ENG., Illus.). 208p. (J). (gr. 3-6). pap. 15.95 (978-1-63263-656-0(5)) Booklocker.com, Inc.

Jake the Cake. Luke Miller. 2019. (ENG., Illus.). 56p. (J). pap. (978-1-78710-962-9(3)) Austin Macauley Pubs. Ltd.

Jake the Fake Goes for Laughs. Craig Robinson & Adam Mansbach. Illus. by Keith Knight. (Jake the Fake Ser.: 2). (J). (gr. 3-7). 2020. 192p. pap. 7.99 (978-0-553-52358-4(9), Yearling); 2019. 176p. 16.99 (978-0-553-52355-3(4), Crown Books For Young Readers); 2019. (ENG.). 176p. lib. bdg. 19.99 (978-0-553-52356-0(2), Crown Books For Young Readers) Random Hse. Children's Bks.

Jake the Fake Keeps His Cool. Craig Robinson & Adam Mansbach. Illus. by Keith Knight. (Jake the Fake Ser.: 3). (J). (gr. 3-7). 2021. 176p. 6.99 (978-0-553-52362-1(7), Yearling); 2020. 240p. 16.99 (978-0-553-52359-1(7), Crown Books For Young Readers) Random Hse. Children's Bks.

Jake the Fake Keeps It Real. Craig Robinson & Adam Mansbach. Illus. by Keith Knight. 2018. (Jake the Fake Ser.: 1). 160p. (J). (gr. 3-7). 7.99 (978-0-553-52354-6(6), Yearling) Random Hse. Children's Bks.

Jake the Service Dog: Day in, Day Out. Jamie R. Cole. 2023. (Jake the Service Dog Ser.: Vol. 2). (ENG.). 46p. (J). pap. 15.99 (978-1-6629-3824-5(1)); 26.99 (978-1-6629-3823-8(3)) Gatekeeper Pr.

Jake the Super Snake. Amy Zopp. 2022. (ENG., Illus.). 30p. (J). pap. 14.95 (978-1-68570-321-9(6)) Christian Faith Publishing.

Jake Walks Away. Wanda Kay Knight. 2020. (ENG.). 46p. (J). pap. 5.99 (978-1-64970-756-7(8)) Waldorf Publishing.

Jake/Geek: Quest for Oshi. Reonne Haslett. 2021. (ENG.). 244p. (YA). pap. 14.99 (978-1-7370573-0-7(1)) Expansive Pr.

Jake's Book: Book III of the Princess Gardener Series. Michael Strelow. 2019. (ENG., Illus.). 168p. (J). (gr. -1-12). pap. 11.95 (978-1-78904-232-0(1), Our Street Bks.) Hunt, John Publishing Ltd. GBR. Dist: National Bk. Network.

Jake's Golden Handbook. Robin Adolphs et al. 2017. (Aussie Collection). (ENG., Illus.). (J). pap. (978-0-9942121-8-4(6)) Butternut Bks.

Jake's Jet: Practicing the J Sound, 1 vol. Victoria Vinci. 2016. (Rosen Phonics Readers Ser.). (ENG.). 8p. (J). (gr. -1-2). pap. (978-1-5081-3210-3(0), b2c81d64-c52f-49fb-a3a7-64bc855fe7e4, Rosen Classroom) Rosen Publishing Group, Inc., The.

Jakin Stands up to the Bully. Donna Boone. Illus. by Amy-Lynn Dorsch. 2022. (ENG.). 54p. (J). pap. (978-1-77354-123-5(4)) PageMaster Publication Services, Inc.

Jakin's School Adventure. Donna Boone. Illus. by Amy-Lynn Dorsch. 2022. (ENG.). 46p. (J). pap. (978-1-77354-121-1(8)) PageMaster Publication Services, Inc.

Jakobi & Me. Ashequka Lacey. Illus. by Andrese Lavonne. 2021. (ENG.). 40p. (J). (gr. k-5). pap. 14.99 (978-0-578-89958-9(2)) Kre8u, LLC.

Jalen on the Go. Dorothy H. Price. Illus. by Shiane Salabie. ed. 2023. (Jalen's Big City Life Ser.). (ENG.). 96p. (J). pap., pap., pap. 7.99 (978-1-4846-7180-1(5), 248346, Picture Window Bks.) Capstone.

Jalen's Burger. Kyra Cathcart. 2022. (ENG.). 64p. (J). pap. 15.31 (978-0-578-34428-7(9)) Kyra.

Jam Guy Discovers the Great Outdoors. Matthew Benedick. Illus. by Christina Michalos. 2022. 28p. (J). pap. 12.99 (978-1-6678-5221-8(3)) BookBaby.

Jam Jar Genie (Reading Ladder Level 2) Sam Hay. Illus. by Richard Watson. 2017. (Reading Ladder Level 2 Ser.). (ENG.). 48p. (J). (gr. k-2). pap. 4.99 (978-1-4052-8310-6(6), Reading Ladder) Farshore GBR. Dist: HarperCollins Pubs.

Jam Sesh! Illus. by Alex Cho. 2021. (Vivo Ser.). (ENG.). 16p. (J). (gr. -1-2). pap. 6.99 (978-1-5344-8526-6(0), Simon Spotlight) Simon Spotlight.

Jam Spots. Joan Weissman. 2023. (ENG.). 32p. (J). (978-1-0391-7222-7(9)); pap. (978-1-0391-7221-0(0)) FriesenPress.

Jamaica, 1 vol. Alicia Z. Klepeis. 2018. (Exploring World Cultures (First Edition) Ser.). (ENG.). 32p. (gr. 3-3). 31.64 (978-1-5026-3805-2(3), 2aefb1d9-711f-44c7-b9ef-b6987225da67) Cavendish Square Publishing LLC.

Jamaica. Jessica Rudolph. 2016. (Countries We Come From Ser.). (ENG., Illus.). 32p. (J). (gr. -1-3). 28.50 (978-1-944102-72-2(8)) Bearport Publishing Co., Inc.

Jamaica Anansi Stories (Classic Reprint) Martha Warren Beckwith. (ENG., Illus.). (J). 2018. 312p. 30.35 (978-0-331-59500-0(1)); 2017. pap. 13.57 (978-0-259-42211-2(8)) Forgotten Bks.

Jamaica, Here We Come. Michelle M. Henley. 2021. (ENG.). 24p. (J). pap. 13.95 (978-1-63692-638-4(X)) Newman Springs Publishing, Inc.

Jamaica in My Tummy. Jean Hawthorn-Dacosta. 2017. (ENG., Illus.). (J). pap. 12.99 (978-0-9990698-1-3(0)) Mindstir Media.

Jamaica Johnny (Classic Reprint) Berta Hader. 2017. (ENG., Illus.). (J). 25.86 (978-0-332-02652-7(3)); pap. 9.57 (978-0-259-45964-4(X)) Forgotten Bks.

Jamaica Wants to Know: Will You Still Love Me? T. J. Thomas. Illus. by Angel Claiborne. 2022. (ENG.). 28p. (J). pap. 12.99 (978-1-6653-0459-7(6)) Sprout Printing.

Jamaica What Are the Facts about This Country? Bold Kids. 2023. (ENG.). 42p. (J). pap. 14.99 (978-1-0717-1962-6(9)) FASTLANE LLC.

Jamaican Mi Seh Mi ABCs. Valrie Kemp-Davis. Illus. by Michael Talbot. 2017. (ENG.). 62p. (J). (gr. k-6). 22.00 (978-0-578-53389-6(8)) Carradice Collection.

Jamaican Song & Story: Annancy Stories, Digging Sings, Ring Tunes, & Dancing Tunes. Walter Jekyll. 2020. (ENG.). 330p. (J). pap. (978-93-5395-611-0(0)) Alpha Editions.

Jamaican Song & Story: Annancy Stories, Digging Sings, Ring Tunes, & Dancing Tunes. Ed. by Walter Jekyll. 2019. (ENG.). 330p. (J). pap. (978-93-5395-535-9(1)) Alpha Editions.

Jamaican Song & Story: Annancy Stories, Digging Sings, Ring Tunes, & Dancing Tunes (Classic Reprint) Walter Jekyll. 2017. (ENG., Illus.). (J). 31.20 (978-0-266-36677-5(5)) Forgotten Bks.

Jamal Loves Numbers. C. Cherie Hardy. Illus. by Suzanne Horwitz. 2019. (ENG.). 32p. (J). pap. 10.95 (978-1-946753-37-3(8)) Avant-garde Bks.

Jamal's Journey. Michael Foreman. Illus. by Michael Foreman. 2017. (ENG., Illus.). 32p. (J). (gr. -1-3). 17.99 (978-1-5124-3949-6(5), 657cf22d-1744-4c55-95d5-1d1aa6435430) Lerner Publishing Group.

Jamal's Wagon, 1 vol. Lasean Ramirez. 2016. (Rosen REAL Readers: STEM & STEAM Collection). (ENG.). 8p. (gr. k-1). pap. 5.46 (978-1-5081-2580-8(5), c137e669-9919-4c69-8d74-054de5fb11a8, Rosen Classroom) Rosen Publishing Group, Inc., The.

Jamar 'Twas the Night Before Christmas. Illus. by Lisa Alderson. 2021. (Night Before Christmas Ser.). (ENG.). 32p. (J). (gr. -1-3). 7.99 (978-1-7282-5213-1(X)) Sourcebooks, Inc.

Ja'Marr Chase. Ciara O'Neal. 2023. (Sports Superstars Ser.). (ENG., Illus.). 32p. (J). lib. bdg. 31.35 (978-1-63738-553-1(6), Apex) North Star Editions.

Ja'Marr Chase. Contrib. by Ciara O'Neal. 2023. (Sports Superstars Ser.). (ENG., Illus.). 32p. (J). pap. 9.95 (978-1-63738-607-1(9), Apex) North Star Editions.

Jamberry Padded Board Book. Bruce Degen. Illus. by Bruce Degen. 2017. (ENG., Illus.). 34p. (J). (gr. -1 — 1). bds. 10.99 (978-0-06-264379-7(7), HarperFestival) HarperCollins Pubs.

Jambo Rafiki: Hello, My Friend. Figen Gunduz Letaconnoux. 2016. (ENG., Illus.). (J). pap. (978-605-83475-1-9(3)) Yazardan Direkt.

Jameer Blasts Off! What Will Happen?, 1 vol. Sloane Gould. 2017. (Computer Science for the Real World Ser.). (ENG.). 16p. (gr. 2-3). pap. (978-1-5383-5210-6(9), 5d608f5b-7154-4671-a879-56cf36c6e4c9, Rosen Classroom) Rosen Publishing Group, Inc., The.

¡Jameer Despega! ¿Qué Ocurrirá?, 1 vol. Sloane Gould. 2017. (Computación Científica en el Mundo Real (Computer Science for the Real World) Ser.). (SPA.). 16p. (J). (gr. 2-3). pap. (978-1-5383-5612-8(0), 62a8734a-6c3c-4c33-98f2-4d49485d0ea8, Rosen Classroom) Rosen Publishing Group, Inc., The.

James A. Garfield. Megan M. Gunderson. (United States Presidents Ser.). (ENG., Illus.). (J). 2020. 48p. (gr. 3-6). lib. bdg. 35.64 (978-1-5321-9350-7(5), 34857, Checkerboard Library); 2016. 40p. (gr. 2-5). 35.64 (978-1-68078-094-9(8), 21805, Big Buddy Bks.) ABDO Publishing Co.

James A. Garfield: Our 20th President. Carol Brunelli. 2020. (United States Presidents Ser.). (ENG.). 48p. (J). (gr. 3-6). lib. bdg. 41.36 (978-1-5038-4412-4(9), 214189) Child's World, Inc, The.

James A. Garfield: The Backwoods Boy Who Became President. Frank Mundell. 2016. (ENG., Illus.). (J). pap. 9.95 (978-1-63391-382-0(1)) Westphalia Press.

James & Charles: And Other Tales for Children (Classic Reprint) P. Daniels. 2018. (ENG., Illus.). 28p. (J). 24.49 (978-0-364-11000-3(7)) Forgotten Bks.

James & Cooper Finger Puppet Book. Mariska Vermeulen. Illus. by Deborah van de Liejgraaf. 2016. (My Best Friend & Me Ser.). (ENG.). 10p. (J). (gr. -1-k). bds. 6.99 (978-0-7641-6830-7(4)) Sourcebooks, Inc.

James & John: A Play in One Act (Classic Reprint) Gilbert Cannan. 2018. (ENG., Illus.). 36p. (J). 24.64 (978-0-267-49284-8(7)) Forgotten Bks.

James & the Beautiful Gift. Debbie Wood. 2023. (ENG.). 18p. (YA). pap. 6.99 (978-1-0879-4623-8(9)) Debra L. Wood.

James & the Chick. Williams Kay. 2019. (ENG., Illus.). 28p. (J). pap. 7.61 (978-1-913165-12-3(4)) TinydragonBks.

James & the Fireburn: An Anti-Bullying & Human Rights Story Inspired by Caribbean History. Angela Golden Bryan. 2019. (ENG., Illus.). 48p. (J). (gr. 2-5). pap. 12.95 (978-1-939237-71-2(8)) Suncoast Digital Pr., Inc.

James & the Giant Peach see James und der Riesenpfirsich: (Das Buch zum Film)

James & the Giant Peach: The Scented Peach Edition. Roald Dahl. Illus. by Quentin Blake. 2018. (ENG.). 176p. (J). (gr. 3-7). 8.99 (978-0-451-48079-8(1), Puffin Books) Penguin Young Readers Group.

James & the Giant Peach Novel Units Student Packet. Novel Units. 2019. (ENG.). (J). pap. 13.99 (978-1-56137-487-8(3), Novel Units, Inc.) Classroom Library Co.

James & the Kindergartener: The Lion & the Mouse Remixed. Connie Colwell Miller. Illus. by Victoria Assanelli. 2016. (Aesop's Fables Remixed Ser.). (ENG.). 24p. (J). (gr. 1-4). lib. bdg. 20.95 (978-1-60753-954-4(3), 15614) Amicus.

James & the Missing Superpower. Rachael Berringer. Illus. by Kate Hubaidulina. 2022. 28p. (J). (gr. 1-3). pap. 13.99 BookBaby.

James & the Runaway Water & Bubbles. Jennifer N Hibbert. 2020. (ENG.). 22p. (J). (978-1-5289-4139-6(X)); pap. (978-1-5289-4138-9(1)) Austin Macauley Pubs. Ltd.

James & the Sandals of Peace. Terrica Joseph. Illus. by Maryna Kovinka. 2018. (ENG.). 36p. (J). (gr. k-4). pap. 9.99 (978-1-970016-35-2(3)) Fruit Springs, LLC.

James & the Shield of Faith. Terrica Joseph. Illus. by Maryna Kovinka. 2018. (ENG.). 34p. (J). (gr. 1-4). 14.99 (978-1-970016-36-9(1)) Fruit Springs, LLC.

James & the Sword of the Spirit. Terrica Joseph. Illus. by Maryna Kovinka. 2018. (Armor of God Ser.: Vol. 2). (ENG.). 34p. (J). (gr. 2-3). 15.99 (978-1-970016-38-3(8)) Fruit Springs, LLC.

James Baldwin: Cambridge Debate Speech. Rebecca Sjonger. 2019. (Deconstructing Powerful Speeches Ser.). 48p. (J). (gr. 6-6). pap. (978-0-7787-5254-7(2)) Crabtree Publishing Co.

James Baldwin: Novelist & Critic, 1 vol. Glynnis Reed. 2019. (Celebrating Black Artists Ser.). (ENG.). 104p. (gr. 7-7). pap. 20.95 (978-1-9785-1479-9(4), 90941bec-ffd6-4611-95e9-8c41189e32a7); lib. bdg. 38.93 (978-1-9785-1480-5(8), 2482a5e6-4875-4481-8329-0902e8d8408e) Enslow Publishing, LLC.

James Bevanwood Baronet (Classic Reprint) Henry St. John Cooper. 2018. (ENG., Illus.). 256p. (J). 29.18 (978-0-483-84743-9(7)) Forgotten Bks.

James Bowie. Katlin Sarantou. Illus. by Jeff Bane. 2019. (My Early Library: My Itty-Bitty Bio Ser.). (ENG.). 24p. (J). (gr. k-1). pap. 12.79 (978-1-5341-4991-5(0), 213271); lib. bdg. 30.64 (978-1-5341-4705-8(5), 213270) Cherry Lake Publishing.

James Boys, Deeds of Daring: A Complete Record of Their Lives & Deaths, Narrating Many of Their Stirring Adventures, Which Have Only Recently Come to Light, & Which Have Never Appeared in Print Before (Classic Reprint) James Edgar. (ENG., Illus.). (J). 2018. 166p. 27.32 (978-0-484-60339-3(6)); 2016. pap. 9.97 (978-1-334-15687-8(5)) Forgotten Bks.

James Boys Deeds of Daring: A Complete Record of Their Lives & Deaths, Narrating Many of Their Stirring Adventures, Which Have Only Recently Come to Light, & Which Have Never Appeared in Print Before; Compiled in Their Home State-Missouri. James Edgar. 2017. (ENG., Illus.). (J). 27.32 (978-0-265-66206-9(0)); pap. 9.97 (978-1-5276-3469-5(8)) Forgotten Bks.

James Buchanan. Megan M. Gunderson. (United States Presidents Ser.). (ENG., Illus.). (J). 2020. 48p. (gr. 3-6). lib. bdg. 35.64 (978-1-5321-9340-8(8), 34837, Checkerboard Library); 2016. 40p. (gr. 2-5). lib. bdg. 35.64 (978-1-68078-084-0(0), 21785, Big Buddy Bks.) ABDO Publishing Co.

James Buchanan: Our 15th President. Gerry Souter & Janet Souter. 2020. (United States Presidents Ser.). (ENG.). 48p. (J). (gr. 3-6). lib. bdg. 41.36 (978-1-5038-4407-0(2), 214184) Child's World, Inc, The.

James Charles. Jessica Rusick. (YouTubers Ser.). (ENG., Illus.). 32p. (J). 2020. (gr. 4-4). pap. 9.95 (978-1-64494-357-1(3), 1644943573); 2019. (gr. 3-6). lib. bdg. 32.79 (978-1-5321-9179-4(0), 33532) ABDO Publishing Co. (Checkerboard Library).

James Cook, 1 vol. Susan Meyer. 2016. (Spotlight on Explorers & Colonization Ser.). (ENG., Illus.). 48p. (J). (gr. 6-6). pap. 12.75 (978-1-5081-7232-1(3), 6b2fa5b7-cbba-4f01-95ea-8ee9b14c5c12) Rosen Publishing Group, Inc., The.

James Cope: The Confessions of an United States District Attorney (Classic Reprint) Cuthbert Barmby. 2017. (ENG., Illus.). (J). 30.15 (978-0-260-97439-6(0)) Forgotten Bks.

James Does Pay Attention. Miranda Felice & Cori Hoston. 2022. (ENG.). 26p. (J). pap. 12.99 (978-1-63751-186-2(8)) Cadmus Publishing.

James Dreadful & the Tomb of Forgotten Secrets. Alan Creed. 2021. (Dreadful Ser.: Vol. 2). (ENG.). 332p. (YA). pap. 11.99 (978-1-7357809-2-4(8)) Creed Publishing.

James Earl Carter: Our 39th President. Lori Hobkirk. 2020. (United States Presidents Ser.). (ENG.). 48p. (J). (gr. 3-6). lib. bdg. 41.36 (978-1-5038-4430-8(7), 214207) Child's World, Inc, The.

James: Faith/Works Teen Bible Study Leader Kit: Faith/Works. Matt Chandler. 2018. (ENG.). 176p. (YA). (gr. 7-12). 59.99 (978-1-5359-0920-4(X)) Lifeway Christian Resources.

James Farmer, Vol. 9. Judy Schermerhorn. 2018. (Civil Rights Leaders Ser.). 128p. (J). (gr. 7). lib. bdg. 35.93 (978-1-4222-4005-2(3)) Mason Crest.

James Fenimore Cooper: the Last of the Mohicans. Gemma Barder. Illus. by Arianna Bellucci. 2023. (ENG.). 120p. (J). pap. 6.95 (978-1-78226-990-8(8), a0436048-69d4-414a-8d05-93ab97f4e197) Sweet Cherry Publishing GBR. Dist: Baker & Taylor Publisher Services (BTPS).

James' Frames: Math Reader 3 Grade 3. Hmh Hmh. 2018. (SPA.). 8p. (J). pap. 9.00 (978-1-328-57698-9(1)) Houghton Mifflin Harcourt Publishing Co.

James' Frames: Math Reader Grade 3. Hmh Hmh. 2017. (Math Expressions Ser.). (ENG.). 8p. (J). (gr. 3). pap. 3.53 (978-1-328-77196-4(2)) Houghton Mifflin Harcourt Publishing Co.

James Gilmour & His Boys (Classic Reprint) Richard Lovett. 2018. (ENG., Illus.). 288p. (J). 29.84 (978-0-483-90877-2(0)) Forgotten Bks.

James Gordon's Wife: A Novel (Classic Reprint) F. E. G. Brock. (ENG., Illus.). (J). 2018. 178p. 27.57 (978-0-656-13795-4(9)); 2017. pap. 9.97 (978-0-259-20684-2(9)) Forgotten Bks.

James Harden. Anthony K. Hewson. 2019. (Sports All-Stars (Lerner (tm) Sports) Ser.). (ENG., Illus.). 32p. (J). (gr. 2-5). pap. 9.99 (978-1-5415-7449-6(4), c532139b-4a89-4abc-b220-7709882bf289); lib. bdg. 29.32 (978-1-5415-5613-3(5), 71485c6a-7e99-4381-806f-5c851b044f1d) Lerner Publishing Group. (Lerner Pubns.).

James Harden. Joanne Mattern. 2017. lib. bdg. 25.70 (978-1-68020-122-2(0)) Mitchell Lane Pubs.

James Harden. Donald Parker. 2019. (Hardwood Greats: Pro Basketball's Best Players Ser.). (Illus.). 80p. (J). (gr. 12). lib. bdg. 34.60 (978-1-4222-4347-3(8)) Mason Crest.

James Harden. Brian Trusdell. 2016. (Basketball's Greatest Stars Ser.). (ENG., Illus.). 32p. (J). (gr. 3-9). lib. bdg. 32.79 (978-1-68078-545-6(1), 23769, SportsZone) ABDO Publishing Co.

James Harden: Basketball Star. Matt Scheff. 2018. (Biggest Names in Sports Set 2 Ser.). (ENG., Illus.). 32p. (J). (gr. 3-5). pap. 9.95 (978-1-63517-559-2(3), 1635175593); lib. bdg. 31.35 (978-1-63517-487-8(2), 1635174872) North Star Editions. (Focus Readers).

James Hatfield & the Beauty of Buttermere, Vol. 1 Of 3: A Story of Modern Times (Classic Reprint) Robert Cruikshank. 2018. (ENG., Illus.). 390p. (J). 31.94 (978-0-483-20373-0(4)) Forgotten Bks.

James Hatfield & the Beauty of Buttermere, Vol. 2 Of 3: A Story of Modern Times (Classic Reprint) Robert Cruikshank. 2018. (ENG., Illus.). 360p. (J). 31.32 (978-0-267-19776-7(4)) Forgotten Bks.

James Hatfield & the Beauty of Buttermere, Vol. 3 Of 3: A Story of Modern Times (Classic Reprint) Robert Cruikshank. 2018. (ENG., Illus.). 342p. (J). 30.95 (978-0-483-15391-2(5)) Forgotten Bks.

James Hepburn: Free Church Minister (Classic Reprint) Sophie F. F. Veitch. 2018. (ENG., Illus.). 422p. (J). 32.60 (978-0-483-00124-4(4)) Forgotten Bks.

James I Love You All Ways. Marianne Richmond. Illus. by Dubravka Kolanovic. 2023. (I Love You All Ways Ser.). (ENG.). 32p. (J). (gr. -1-3). 8.99 (978-1-7282-7377-8(3)) Sourcebooks, Inc.

James in Quarantine. Julie Adair & Kaitlyn Boddez. 2020. (ENG.). 20p. (J). (978-1-922405-77-7(9)); pap. (978-1-922405-76-0(0)) Tablo Publishing.

James Ingleton: The History of a Social State, 2000 (Classic Reprint) Dick. 2018. (ENG., Illus.). 454p. (J). 33.26 (978-0-428-96758-1(2)) Forgotten Bks.

James Joyce: Portrait of a Dubliner?a Graphic Biography. Alfonso Zapico. 2018. (ENG.). 240p. (gr. 10-10). pap. 16.99 (978-1-62872-908-5(2), Arcade Publishing) Skyhorse Publishing Co., Inc.

James Joyce's Ulysses: A Study (Classic Reprint) Stuart Gilbert. 2017. (ENG., Illus.). (J). 32.39

(978-0-266-52375-8(7)); pap. 16.57 *(978-0-243-96173-3(1))* Forgotten Bks.

James K. Polk. BreAnn Rumsch. (United States Presidents Ser.). (ENG., Illus.). (J). 2020. 48p. (gr. 3-6). lib. bdg. 35.64 *(978-1-5321-9369-9(6)*, 34895, Checkerboard Library); 2016. 40p. (gr. 2-5). lib. bdg. 35.64 *(978-1-68078-113-7(8)*, 21843, Big Buddy Bks.) ABDO Publishing Co.

James K. Polk: The 11th President. Diane Bailey & Philip Nash. 2016. (First Look at America's Presidents Ser.). (ENG., Illus.). 24p. (J). (gr. -1-3). 26.99 *(978-1-944102-66-1(3))* Bearport Publishing Co., Inc.

James Madison. Megan M. Gunderson. (United States Presidents Ser.). (ENG., Illus.). (J). 2020. 48p. (gr. 3-6). lib. bdg. 35.64 *(978-1-5321-9363-7(7)*, 34883, Checkerboard Library); 2016. 40p. (gr. 2-5). lib. bdg. 35.64 *(978-1-68078-107-6(3)*, 21831, Big Buddy Bks.) ABDO Publishing Co.

James Madison. Pamela McDowell. 2019. (Founding Fathers Ser.). (ENG.). 24p. (J). lib. bdg. 22.99 *(978-1-5105-4611-0(1))* SmartBook Media, Inc.

James Madison. Laura K. Murray. 2020. (Biographies Ser.). (ENG.). 32p. (J). (gr. 1-3). pap. 6.95 *(978-1-9771-2656-6(1)*, 201640); (Illus.). lib. bdg. 31.32 *(978-1-9771-2331-2(7)*, 199508) Capstone. (Pebble).

James Madison. Candice Ransom. 2018. (Founding Fathers Ser.). (ENG., Illus.). 24p. (J). (gr. 1-1). pap. 8.95 *(978-1-63517-816-6(9)*, 1635178169) North Star Editions.

James Madison. Candice Ransom. 2018. (Founding Fathers Ser.). (ENG., Illus.). 24p. (J). (gr. k-3). lib. bdg. 31.36 *(978-1-5321-6021-9(6)*, 28674, Pop! Cody Koala) Pop!.

James Madison: Father of the Constitution Biographies of Presidents Grade 4 Children's Biographies. Dissected Lives. 2020. (ENG.). 84p. (J). 25.99 *(978-1-5419-7724-2(6))*; pap. 15.99 *(978-1-5419-5369-7(X))* Speedy Publishing LLC. (Dissected Lives (Auto Biographies)).

James Madison: Our 4th President. Ann Graham Gaines. 2020. (United States Presidents Ser.). (ENG.). 48p. (J). (gr. 3-6). lib. bdg. 41.36 *(978-1-5038-4396-7(3)*, 214173) Child's World, Inc, The.

James Madison & the Making of the United States. Torrey Maloof. rev. ed. 2017. (Social Studies: Informational Text Ser.). (ENG., Illus.). 32p. (gr. 4-8). pap. 11.99 *(978-1-4938-3795-3(8))* Teacher Created Materials, Inc.

James Madison's Presidency. Erika Wittekind. 2016. (Presidential Powerhouses Ser.). (ENG., Illus.). 104p. (YA). (gr. 6-12). 35.99 *(978-1-4677-7929-6(6)*, e13b2ba0-3b43-4bfa-ba26-961be1313ce5); E-Book 54.65 *(978-1-4677-8599-0(7))* Lerner Publishing Group. (Lerner Pubns.).

James Manners, Little John, & Their Dog Bluff (Classic Reprint) Elizabeth Helme. 2018. (ENG., Illus.). 154p. (J). 27.11 *(978-0-484-37299-2(8))* Forgotten Bks.

James Merle: An Autobiography (Classic Reprint) William Black. (ENG., Illus.). (J). 2018. 268p. 29.44 *(978-0-483-51315-0(6))*; 2016. pap. 11.97 *(978-1-334-36578-2(4))* Forgotten Bks.

James Monroe. Megan M. Gunderson. (United States Presidents Ser.). (ENG., Illus.). (J). 2020. 48p. (gr. 3-6). lib. bdg. 35.64 *(978-1-5321-9365-1(3)*, 34887, Checkerboard Library); 2016. 40p. (gr. 2-5). lib. bdg. 35.64 *(978-1-68078-109-0(X)*, 21835, Big Buddy Bks.) ABDO Publishing Co.

James Monroe: Our 5th President. Ann Graham Gaines. 2020. (United States Presidents Ser.). (ENG.). 48p. (J). (gr. 3-6). lib. bdg. 41.36 *(978-1-5038-4397-4(1)*, 214174) Child's World, Inc, The.

James Monroe: The 5th President. K. C. Kelley. 2016. (First Look at America's Presidents Ser.). (ENG., Illus.). 24p. (J). (gr. -1-3). 26.99 *(978-1-944102-64-7(7))* Bearport Publishing Co., Inc.

James Monroe & the Monroe Doctrine World Leader Biographies Grade 5 Children's Historical Biographies. Dissected Lives. 2021. (ENG.). 72p. (J). 27.99 *(978-1-5419-8458-5(7))*; pap. 16.99 *(978-1-5419-5426-7(2))* Speedy Publishing LLC. (Dissected Lives (Auto Biographies)).

James Montjoy, or I've Been Thinking (Classic Reprint) Azel Stevens Roe. (ENG., Illus.). (J). 2018. 338p. 30.89 *(978-0-332-11056-1(7))*; 2016. pap. 13.57 *(978-1-333-58368-2(0))* Forgotten Bks.

James Naismith - the Canadian Who Invented Basketball Canadian History for Kids True Canadian Heroes - True Canadian Heroes Edition. Professor Beaver. 2021. (ENG.). 80p. (J). 25.99 *(978-0-2282-3614-6(2))*; pap. 14.99 *(978-0-2282-3582-8(0))* Speedy Publishing LLC. (Professor Beaver).

James Oglethorpe: Not for Self, but for Others. Torrey Maloof. rev. ed. 2016. (Social Studies: Informational Text Ser.). (ENG., Illus.). 32p. (gr. 2-4). pap. 10.99 *(978-1-4938-2555-4(0))* Teacher Created Materials, Inc.

James on the North Pole Express. J. D. Green. Illus. by Joanne Partis. 2022. (North Pole Express Bears Ser.). (ENG.). 32p. (J). (gr. -1-3). 7.99 ***(978-1-7282-6948-1(2))*** Sourcebooks, Inc.

James on the North Pole Express. J. D. Green. 2019. (North Pole Express Ser.). (ENG.). 32p. (J). (gr. -1-3). 7.99 ***(978-1-7282-0348-5(1))*** Sourcebooks, Inc.

James, or Virtue Rewarded (Classic Reprint) John Charles Tarver. 2017. (ENG., Illus.). (J). 30.00 *(978-0-266-21078-8(3))*; pap. 13.57 *(978-1-5281-9164-7(1))* Forgotten Bks.

James Polk: Our 11th President. Ann Graham Gaines. 2020. (United States Presidents Ser.). (ENG.). 48p. (J). (gr. 3-6). lib. bdg. 41.36 *(978-1-5038-4403-2(X)*, 214180) Child's World, Inc, The.

James' Reading Rescue. Dianna Wilson-Sirkovsky. Illus. by Sara Casilda. 2021. (ENG.). 32p. (J). 17.95 *(978-1-60537-611-0(6))* Clavis Publishing.

James Santa's Secret Elf. Put Me In The Story & Katherine Sully. Illus. by Julia Seal. 2018. (Santa's Secret Elf Ser.). (ENG.). 32p. (J). (gr. k-3). 5.99 *(978-1-4926-8151-9(2))* Sourcebooks, Inc.

James Stop Lion! Rhonda Knight & Kayla Knight. Illus. by Rhonda Knight. 2019. (Helpville Learner Series 1 Ser.: Vol. 5). (ENG., Illus.). 46p. (J). pap. 12.99 *(978-0-9980263-5-0(2))* Lady Knight Enterprises Publishing.

James Talbot, or the Importance of Recollecting God Sees Me at All Times (Classic Reprint) Society For Promoting Christi Knowledge. 2018. (ENG., Illus.). 62p. (J). 25.18 *(978-0-484-47788-8(9))* Forgotten Bks.

James the Incredible Number 10. Michael Part. 2017. (ENG., Illus.). (J). pap. 9.99 *(978-1-938591-38-9(0))* Sole Bks.

James till & Ernest McCulloch: The Team That Discovered Stem Cells. Elissa Thompson. 2019. (J). pap. *(978-1-9785-1452-2(2))* Enslow Publishing, LLC.

James to the Rescue. Elise Broach. ed. 2017. (Masterpiece Adventures Ser.: 2). (J). lib. bdg. 16.00 *(978-0-606-39583-0(0))* Turtleback.

James Tries Sushi. Tracilyn George. 2023. (ENG.). 22p. (J). pap. 12.99 ***(978-1-77475-769-7(9))*** Draft2Digital.

James 'Twas the Night Before Christmas. Illus. by Lisa Alderson. 2019. (Night Before Christmas Ser.). (ENG.). 32p. (J). (gr. -1-3). 7.99 ***(978-1-7282-0241-9(8))*** Sourcebooks, Inc.

James Visits His Woodland Friends: Part 2 of a Very Special Gift. Bette Kennedy. 2022. (Very Special Gift Ser.: Vol. 2). (ENG.). 24p. (J). pap. 11.95 *(978-1-6629-2271-8(X))* Gatekeeper Pr.

James Vraille, Vol. 1 Of 2: The Story of a Life (Classic Reprint) Jeffery C. Jeffery. (ENG., Illus.). (J). 2018. 254p. 29.14 *(978-0-483-94165-6(4))*; 2017. pap. 11.57 *(978-0-243-44006-1(5))* Forgotten Bks.

James Vraille, Vol. 2 Of 2: The Story of a Life (Classic Reprint) Jeffery C. Jeffery. (ENG., Illus.). (J). 2018. 240p. 28.85 *(978-0-666-98473-9(5))*; 2017. pap. 11.57 *(978-0-243-46347-3(2))* Forgotten Bks.

James Watson, Francis Crick, Rosalind Franklin, & Maurice Wilkins: The Scientists Who Revealed the Structure of DNA. Audrey Borus. 2019. (J). pap. *(978-1-9785-1455-3(7))* Enslow Publishing, LLC.

James Watson, Francis Crick, Rosalind Franklin, & Maurice Wilkins: the Scientists Who Revealed the Structure of DNA, 1 vol. Audrey Borus. 2020. (Scientific Collaboration Ser.). (ENG.). 80p. (gr. 7-7). lib. bdg. 37.47 *(978-1-7253-4232-3(4)*, f8525746-391a-4d80-8322-23359958a4d1) Rosen Publishing Group, Inc., The.

James Woodford, Carpenter & Chartist, Vol. 2 of 2 (Classic Reprint) Henry Solly. (ENG., Illus.). (J). 2018. 334p. 30.79 *(978-0-483-42125-7(1))*; 2016. pap. 13.57 *(978-1-334-22653-3(9))* Forgotten Bks.

James Woodford, Vol. 1 Of 2: Carpenter & Chartist (Classic Reprint) Henry Solly. 2018. (ENG., Illus.). 338p. (J). 30.89 *(978-0-484-29518-5(7))* Forgotten Bks.

James y el Melocoton Gigante (James & the Giant Peach) Novel Units Teacher Guide. Novel Units. 2019.Tr. of James & the Giant Peach. (ENG.). (YA). (gr. 5-8). pap. 12.99 *(978-1-56137-543-1(8)*, NU5724, Novel Units, Inc.) Classroom Library Co.

James y la Trompa Complicada: Leveled Reader Card Book 25 Level P 6 Pack. Hmh Hmh. 2021. (SPA.). (J). pap. 74.40 *(978-0-358-08507-2(1))* Houghton Mifflin Harcourt Publishing Co.

Jamesie (Classic Reprint) Ethel Sidgwick. 2018. (ENG., Illus.). 274p. (J). 29.55 *(978-0-267-24476-8(2))* Forgotten Bks.

Jamesons (Classic Reprint) Mary E. Wilkins. 2018. (ENG., Illus.). 196p. (J). 27.96 *(978-0-666-09296-0(6))* Forgotten Bks.

James's Christmas Wish. Put Me In The Story & J. D. Green. Illus. by Julia Seal. 2018. (Christmas Wish Ser.). (ENG.). 32p. (J). (gr. k-3). 6.99 ***(978-1-4926-8336-0(1))*** Sourcebooks, Inc.

Jamestown: Discover Pictures & Facts about Jamestown for Kids! Bold Kids. 2021. (ENG.). 34p. (J). pap. 11.99 *(978-1-0717-0821-7(X))* FASTLANE LLC.

Jamestown & the Settlement of Virginia, 1 vol. Ruth Bjorklund. 2017. (Primary Sources of Colonial America Ser.). (ENG.). 64p. (gr. 6-6). 35.93 *(978-1-5026-3138-1(5)*, b8ff73bc-bc0e-4cf7-97b7-81316ef123cb); pap. 16.28 *(978-1-5026-3456-6(2)*, 0877bab9-7963-4c03-b922-8455571ec491) Cavendish Square Publishing LLC.

Jamestown Colony Disaster: A Cause-And-Effect Investigation. Marcia Amidon Lusted. 2016. (Cause-And-Effect Disasters Ser.). (ENG., Illus.). 40p. (J). (gr. 4-6). lib. bdg. 30.65 *(978-1-5124-1116-4(7)*, f85d6eae-20ea-4efb-8904-88c496b2fadb); E-Book 46.65 *(978-1-5124-1127-0(2))* Lerner Publishing Group. (Lerner Pubns.).

Jamestown Colony Time Capsule: Artifacts of the Early American Colony. Jessica Freeburg. 2020. (Time Capsule History Ser.). (ENG., Illus.). 48p. (J). (gr. 3-5). pap. 8.95 *(978-1-4966-6629-1(1)*, 142337); lib. bdg. 31.99 *(978-1-5435-9231-3(7)*, 141596) Capstone. (Capstone Pr.).

Jamestowne: Tesla's Time Travelers, #3. Tim Black. 2018. (Tesla's Time Travelers Ser.: 3). (ENG., Illus.). 216p. (YA). (gr. 7-12). 25.00 *(978-1-949135-08-4(X))*; pap. 18.00 *(978-1-949135-07-7(1))* Untreed Reads Publishing, LLC.

Jamey Guy Private Eye. Rod Martinez. 2018. (ENG., Illus.). 80p. (J). pap. *(978-0-359-03979-1(0))* Lulu Pr., Inc.

Jamie Drake Equation. Christopher Edge. (ENG.). (J). (gr. 4-7). 2019. 208p. 6.99 *(978-1-5247-1364-5(3)*, Yearling); 2018. 192p. 16.99 *(978-1-5247-1361-4(9)*, Delacorte Bks. for Young Readers) Random Hse. Children's Bks.

Jamie Is Jamie: A Book about Being Yourself & Playing Your Way. Afsaneh Moradian. Illus. by Maria Bogade. 2018. (Jamie Is Jamie Ser.). (ENG.). 32p. (J). (gr. -1-3). 15.99 *(978-1-63198-139-5(0)*, 81395) Free Spirit Publishing Inc.

Jamie Lee's Birthday Treat. Sally Rippin. ed. 2022. (School of Monsters Ser.). (ENG.). 33p. (J). (gr. k-1). 19.46 ***(978-1-68505-431-1(5))*** Penworthy Co., LLC, The.

Jamie Oliver, 1 vol. Don Rauf. 2016. (Celebrity Chefs Ser.). (ENG., Illus.). 128p. (gr. 6-6). 38.93 *(978-0-7660-7760-7(8)*, 38057dc6-4123-4048-8ac1-2e0e38a4e80f) Enslow Publishing, LLC.

Jamie Parker: The Fugitive (Classic Reprint) Emily Catharine Pierson. 2017. (ENG., Illus.). (J). 27.94 *(978-0-260-36411-1(8))* Forgotten Bks.

Jamie Sharpe & the Seas of Treachery. Gary R. Bush. 2019. (Jamie Sharpe Ser.: Vol. 1). (ENG., Illus.). 316p. (YA). pap. *(978-1-988915-17-3(1))* Three Ocean Pr.

Jamie the Germ Slayer in a Place Called Little While. Suzanne DeWitt Hall. Illus. by Dan Hayes. 2020. (ENG.). 40p. (J). pap. 9.99 *(978-1-7347427-0-1(4))* DH Strategies.

Jamie Wraps It up in Rio. Naomi Jean Williams. 2016. (ENG., Illus.). 80p. (J). pap. *(978-1-365-30639-6(9))* Lulu Pr., Inc.

Jamies Garden. Steve Copley. Illus. by Edie Jiang. 2021. 24p. (J). pap. 11.99 *(978-1-0983-7143-2(7))* BookBaby.

Jamie's Extraordinary Adventures. Brian Robinson. 2021. (ENG.). 266p. (YA). pap. 14.00 *(978-1-7366722-3-5(1))* BlueInk Scribbe.

Jamie's Gift: A Young Teen's Guide to Fears, Worries, & Other Life Challenges (Like Being Irritated by Other People) Jenifer Trivelli & Brinsley Hammond-Brouwer. 2016. (ENG., Illus.). (YA). (gr. 7-9). pap. 19.99 *(978-0-692-78691-8(0))* WiseMind Educational Services LLC.

Jamie's Journey: The Mountain. Susan M. Ebbers. Illus. by Cory Godbey. 2019. (ENG.). 46p. (J). (gr. k-4). 22.00 *(978-1-939054-88-3(5))*; pap. 12.00 *(978-1-939054-89-0(3))* Rowe Publishing.

Jamie's Pet. Ramona Morrow. 2019. (ENG.). 30p. (J). pap. 12.95 *(978-1-64462-106-6(1))* Page Publishing Inc.

Jamila Does Not Want a Bat in Her House. Phyllis Edgerly Ring. Illus. by Leona Hosack. 2016. 30p. (J). *(978-0-87743-718-5(1))* Baha'i Publishing Trust, U.S.

Jamila Finds a Friend. Alison Hawes. Illus. by Marcin Piwowarski. ed. 2016. (Cambridge Reading Adventures Ser.). (ENG.). 16p. pap. 7.95 *(978-1-107-54963-0(9))* Cambridge Univ. Pr.

Jamilah at the End of the World. Mary-Lou Zeitoun. 2022. (ENG.). 152p. (YA). (gr. 9-12). pap. 9.99 *(978-1-4594-1648-2(1)*, 8d2e74bc-2864-418a-9ee5-68da60ae85fc); lib. bdg. 27.99 *(978-1-4594-1660-4(0)*, 7036fd27-926e-4ce8-8175-de93e1488df1) James Lorimer & Co. Ltd., Pubs. CAN. Dist: Lerner Publishing Group.

Jamison! a Shark Returns. Consie Berghausen. Illus. by Nina Berghausen. 2018. (ENG.). 42p. (J). (gr. k-6). 22.99 *(978-0-9988773-6-5(0))* Richer Life, LLC.

Jamison! a Shark Returns. Berghausen Consie. Illus. by Berghausen Nina. 2018. (ENG.). 42p. (J). pap. 14.99 *(978-0-9988773-5-8(2))* Richer Life, LLC.

Jamlo Walks. Tarique Aziz. 2021. (ENG.). 32p. (J). (gr. 2-4). pap. 9.99 *(978-0-14-345317-8(3)*, Puffin) Penguin Bks. India PVT, Ltd IND. Dist: Independent Pubs. Group.

Jammer Star, 1 vol. Kate Hargreaves. 2019. (Orca Sports Ser.). (ENG.). 152p. (J). (gr. 4-7). pap. 9.95 *(978-1-4598-1718-0(4))* Orca Bk. Pubs. USA.

Jammyblob & Friends. Mary Mellish. 2020. (ENG.). 58p. (J). pap. *(978-1-914195-05-1(1))* UK Bk. Publishing.

Jan: A Drama in Three Acts (Classic Reprint) John Steven McGroarty. (ENG., Illus.). (J). 2018. 70p. 25.34 *(978-0-267-53780-8(8))*; 2016. pap. 9.57 *(978-1-333-34104-6(0))* Forgotten Bks.

Jan: A Tale of the Early History of Brooklyn (Classic Reprint) A. L. O. B. 2018. (ENG., Illus.). 156p. (J). 27.13 *(978-0-267-18756-0(4))* Forgotten Bks.

Jan & Her Job (Classic Reprint) L. Allen Harker. (ENG., Illus.). (J). 2018. 386p. 31.86 *(978-0-483-58629-1(3))*; 2016. pap. 16.57 *(978-1-334-29294-1(9))* Forgotten Bks.

Jan & Quin (Classroom & Home) Sound-Out Phonics Reader (Letter Group 6 of a Systematic Decodable Series) Pamela Brookes. Ed. by Nancy Mather. 2022. (Dog on a Log (Blue) Get Ready! Readers Ser.: Vol. 6). (ENG., Illus.). 72p. (J). 15.99 ***(978-1-64831-097-3(4)***, DOG ON A LOG Bks.) Jojoba Pr.

Jan Brett's Animal Treasury. Jan Brett. Illus. by Jan Brett. 2017. (Illus.). 144p. (J). (gr. -1-3). 29.99 *(978-1-5247-3802-0(6)*, G.P. Putnam's Sons Books for Young Readers) Penguin Young Readers Group.

Jan Brett's Christmas Treasury. Jan Brett. Illus. by Jan Brett. 2018. (Illus.). 256p. (J). (gr. -1-3). 42.00 *(978-0-525-51718-4(9)*, G.P. Putnam's Sons Books for Young Readers) Penguin Young Readers Group.

Jan Brett's the Nutcracker. Jan Brett. Illus. by Jan Brett. 2021. (Illus.). 32p. (J). (gr. -1-3). 18.99 *(978-0-593-10982-3(1)*, G.P. Putnam's Sons Books for Young Readers) Penguin Young Readers Group.

Jan (Classic Reprint) M. Morgan Gibbon. (ENG., Illus.). (J). 2018. 314p. 30.39 *(978-0-483-92054-5(1))*; 2016. pap. 13.57 *(978-1-334-25551-9(2))* Forgotten Bks.

Jan of the Windmill: A Story of the Plains. Juliana Horatia Gatty Ewing. 2017. (ENG., Illus.). (J). 25.95 *(978-1-374-85456-7(5))*; pap. 15.95 *(978-1-374-85455-0(7))* Capital Communications, Inc.

Jan of the Windmill: A Story of the Plains (Classic Reprint) Juliana Horatia Gatty Ewing. 2018. (ENG., Illus.). 358p. (J). 31.30 *(978-0-483-15381-3(8))* Forgotten Bks.

Jan of the Windmill (Yesterday's Classics) Juliana Horatia Ewing. 2018. (ENG., Illus.). 362p. (YA). (gr. 7-12). pap. 14.95 *(978-1-63334-059-6(7))* Yesterday's Classics.

Jan Oxber (Classic Reprint) Orme Agnus. (ENG., Illus.). (J). 2019. 170p. 27.42 *(978-0-365-25373-0(1))*; 2017. pap. 9.97 *(978-1-5276-0783-5(6))* Forgotten Bks.

Jan, Son of Finn (Classic Reprint) A. J. Dawson. 2017. (ENG., Illus.). (J). 31.49 *(978-0-331-26895-9(7))* Forgotten Bks.

Jan the Butterfly. David Baer. 2020. (ENG., Illus.). 30p. (J). pap. 12.95 *(978-1-68456-852-9(8))* Page Publishing Inc.

Jan Vedder's Wife (Classic Reprint) Amelia E. Barr. 2018. (ENG., Illus.). 336p. (J). 30.85 *(978-0-666-12751-8(4))* Forgotten Bks.

Janae #2. L. J. Alonge. Illus. by Raul Allen. 2016. (Blacktop Ser.: 2). 144p. (YA). (gr. 7). mass mkt. 7.99 *(978-1-101-99564-8(5)*, Grosset & Dunlap) Penguin Young Readers Group.

Janae Visits the Art Gallery - Our Yarning. Jennifer Kemarre Martiniello. Illus. by Keishart. 2023. (ENG.). 26p. (J). pap. ***(978-1-922991-03-4(1))*** Library For All Limited.

Janay's Wishes. O'Brien. 2023. (ENG.). 32p. (J). ***(978-1-80031-678-2(X))*** Authors OnLine, Ltd.

Janay's Wishes. Gemma O'Brien. 2023. (ENG.). 32p. (J). pap. ***(978-1-80031-679-9(8))*** Authors OnLine, Ltd.

Jane Against the World: Roe V. Wade & the Fight for Reproductive Rights. Karen Blumenthal. 2020. (ENG., Illus.). 384p. (YA). 19.99 *(978-1-62672-165-4(3)*, 900141057) Roaring Brook Pr.

Jane Against the World: Roe V. Wade & the Fight for Reproductive Rights. Karen Blumenthal. 2022. (ENG.). 400p. (YA). pap. 13.99 *(978-1-250-82060-0(X)*, 900250380) Square Fish.

Jane Allen: Junior. Edith Bancroft. 2018. (ENG., Illus.). 182p. (YA). (gr. 12). pap. *(978-93-5297-420-7(4))* Alpha Editions.

Jane Allen: Right Guard. Edith Bancroft. 2018. (ENG., Illus.). 188p. (YA). (gr. 7-12). pap. *(978-93-5297-421-4(2))* Alpha Editions.

Jane Allen: Right Guard. Edith Bancroft. 2017. (ENG., Illus.). (J). 23.95 *(978-1-374-97329-9(7))*; pap. 13.95 *(978-1-374-97328-2(9))* Capital Communications, Inc.

Jane Allen: Right Guard (Classic Reprint) Edith Bancroft. 2018. (ENG., Illus.). 328p. (J). 30.68 *(978-0-483-82585-7(9))* Forgotten Bks.

Jane Allen Center (Classic Reprint) Edith Bancroft. 2017. (ENG., Illus.). 322p. (J). 30.54 *(978-0-484-87426-7(8))* Forgotten Bks.

Jane Allen of the Sub-Team (Classic Reprint) Edith Bancroft. 2018. (ENG., Illus.). 314p. (J). 30.37 *(978-0-267-25543-6(8))* Forgotten Bks.

Jane Allen Series: Jane Allen of the Sub-Team; Jane Allen: Right Guard; Jane Allen: Center; Jane Allen: Junior; Jane Allen: Senior (Classic Reprint) Edith Bancroft. 2017. (ENG., Illus.). (J). 30.50 *(978-0-331-38811-4(1))* Forgotten Bks.

Jane & I (Classic Reprint) Unknown Author. 2018. (ENG., Illus.). 44p. (J). 24.82 *(978-0-484-91948-7(2))* Forgotten Bks.

Jane & Me Care. Jaye Garnett. Ed. by Cottage Door Press. Illus. by Taia Morley. 2021. (ENG.). 24p. (J). (gr. -1 — 1). bds. 7.99 *(978-1-64638-070-1(3)*, 1006330) Cottage Door Pr.

Jane & Me Cheetahs (the Jane Goodall Institute) Jaye Garnett. Ed. by Cottage Door Press. Illus. by Jennifer Bricking. 2021. (Jane Goodall Institute Ser.). (ENG.). 14p. (J). (gr. -1 — 1). bds. 9.99 *(978-1-64638-072-5(X)*, 1006350) Cottage Door Pr.

Jane & Me Chimpanzee Family (the Jane Goodall Institute) Jaye Garnett. Ed. by Cottage Door Press. Illus. by Steph Lew. 2021. (Jane Goodall Institute Ser.). (ENG.). 14p. (J). (gr. -1 — 1). bds. 8.99 *(978-1-64638-074-9(6)*, 1006370) Cottage Door Pr.

Jane & Me Chimpanzees (the Jane Goodall Institute) Jaye Garnett. Ed. by Cottage Door Press. Illus. by Jennifer Bricking. 2021. (Jane Goodall Institute Ser.). (ENG.). 14p. (J). (gr. -1 — 1). bds. 9.99 *(978-1-64638-073-2(8)*, 1006360) Cottage Door Pr.

Jane & Me Family. Jaye Garnett. Ed. by Cottage Door Press. Illus. by Melanie Mikecz. 2021. (ENG.). 24p. (J). (gr. -1 — 1). bds. 7.99 *(978-1-64638-071-8(1)*, 1006340) Cottage Door Pr.

Jane & Me Hippopotamus Family (the Jane Goodall Institute) Jaye Garnett. Ed. by Cottage Door Press. Illus. by Jenny Palmer. 2021. (Jane Goodall Institute Ser.). (ENG.). 12p. (J). (gr. -1 — 1). bds. 8.99 *(978-1-64638-075-6(4)*, 1006380) Cottage Door Pr.

Jane & Me Koala Family (the Jane Goodall Institute) Jaye Garnett. Ed. by Cottage Door Press. Illus. by Stephanie Lew. 2021. (Jane Goodall Institute Ser.). (ENG.). 14p. (J). (gr. -1 — 1). bds. 8.99 *(978-1-64638-290-3(0)*, 1007170) Cottage Door Pr.

Jane & Me Sea Turtle Family (the Jane Goodall Institute) Jaye Garnett. Ed. by Cottage Door Press. Illus. by Bao Luu. 2021. (Jane Goodall Institute Ser.). (ENG.). 14p. (J). (gr. -1 — 1). bds. 8.99 *(978-1-64638-291-0(9)*, 1007180) Cottage Door Pr.

Jane & Me Where's Jane? (the Jane Goodall Institute) Jaye Garnett. Ed. by Cottage Door Press. 2021. (ENG.). 14p. (J). (gr. -1 — 1). bds. 9.99 *(978-1-64638-076-3(2)*, 1006390) Cottage Door Pr.

Jane Anonymous: A Novel. Laurie Faria Stolarz. 2020. (ENG.). 320p. (YA). 18.99 *(978-1-250-30370-7(2)*, 900197163, Wednesday Bks.) St. Martin's Pr.

Jane Austen, 1 vol. Anita Croy. 2019. (Writers Who Changed the World Ser.). (ENG.). 64p. (gr. 6-7). pap. 16.28 *(978-1-5345-6584-5(1)*, 1e8dbbb3-99e4-4907-9762-5813e0e9eaca); lib. bdg. 36.56 *(978-1-5345-6585-2(X)*, e75bce31-09f9-4f71-81a8-ac853beebb58) Greenhaven Publishing LLC. (Lucent Pr.).

Jane Austen. Maria Isabel Sanchez Vegara. Illus. by Katie Wilson. 2018. (Little People, BIG DREAMS Ser.: Vol. 12). (ENG.). 32p. (J). (gr. -1-2). ***(978-1-78603-120-4(5)***, Frances Lincoln Children's Bks.) Quarto Publishing Group UK.

Jane Austen: Her Homes Her Friends (Classic Reprint) Constance Hill. 2017. (ENG., Illus.). (J). 30.64 *(978-0-260-08731-7(9))* Forgotten Bks.

Jane Austen: My First Jane Austen [BOARD BOOK]. Maria Isabel Sanchez Vegara. Illus. by Katie Wilson. 2019. (Little People, BIG DREAMS Ser.: 12). (ENG.). 24p. (J). (gr. -1 — 1). bds. 9.99 ***(978-0-7112-4307-1(7)***, Frances Lincoln Children's Bks.) Quarto Publishing Group UK GBR. Dist: Hachette Bk. Group.

Jane Austen Children's Stories: Emma. Jane. Austen. 2020. (Sweet Cherry Easy Classics Ser.). (ENG., Illus.). 96p. (J). 6.95 *(978-1-78226-752-2(2)*, 4a86fe79-3b84-4e62-9048-16c10d8db2cb) Sweet Cherry Publishing GBR. Dist: Baker & Taylor Publisher Services (BTPS).

Jane Austen Children's Stories: Love & Friendship. Jane. Austen. 2021. (Sweet Cherry Easy Classics Ser.: 7). (ENG., Illus.). 96p. (J). 6.95 *(978-1-78226-758-4(1)*, ee402f92-a47b-46f1-8af9-8a07cb446afe) Sweet Cherry Publishing GBR. Dist: Baker & Taylor Publisher Services (BTPS).

Jane Austen Children's Stories: Mansfield Park. Jane. Austen. 2020. (Sweet Cherry Easy Classics Ser.: 2). (ENG., Illus.). 96p. (J). pap. 6.95 *(978-1-78226-753-9(0)*, 2f16f91d-eeeb-4e18-84f4-8dfb62a10c24) Sweet Cherry Publishing GBR. Dist: Baker & Taylor Publisher Services (BTPS).

Jane Austen Children's Stories: Northanger Abbey. Jane. Austen. 2020. (Sweet Cherry Easy Classics Ser.: 5). (ENG., Illus.). 96p. (J). (gr. 2-3). 6.95 *(978-1-78226-756-0(5),* 244fe660-74a1-43d8-9780-1e6f5fb3bc74) Sweet Cherry Publishing GBR. Dist: Baker & Taylor Publisher Services (BTPS).

Jane Austen Children's Stories: Persuasion. Jane. Austen. 2020. (Sweet Cherry Easy Classics Ser.: 6). (ENG., Illus.). 96p. (J). 6.95 *(978-1-78226-757-7(3),* becf0eda-9ce4-4b18-af41-d951175fb510) Sweet Cherry Publishing GBR. Dist: Baker & Taylor Publisher Services (BTPS).

Jane Austen Children's Stories: Pride & Prejudice. Jane. Austen. 2020. (Sweet Cherry Easy Classics Ser.: 4). (ENG., Illus.). 96p. (J). 6.95 *(978-1-78226-755-3(7),* 68dcec08-a934-4643-9a12-c8863befe1a6) Sweet Cherry Publishing GBR. Dist: Baker & Taylor Publisher Services (BTPS).

Jane Austen Children's Stories: Sense & Sensibility. Jane. Austen. 2020. (Sweet Cherry Easy Classics Ser.: 3). (ENG., Illus.). 96p. (J). 6.95 *(978-1-78226-754-6(9),* e987433e-eb59-4d50-be5f-c805b369c7d2) Sweet Cherry Publishing GBR. Dist: Baker & Taylor Publisher Services (BTPS).

Jane Austen for Kids: Her Life, Writings, & World, with 21 Activities. Nancy I. Sanders. 2019. (For Kids Ser.: 68). (ENG., Illus.). 144p. (J). (gr. 4). pap. 16.99 *(978-1-61373-853-5(6))* Chicago Review Pr., Inc.

Jane Austen Investigates: The Abbey Mystery. Julia Golding. ed. 2021. (Jane Austen Investigates Ser.). (ENG.). 192p. (J). (gr. 4). pap. 11.99 *(978-1-78264-334-0(6),* 613ce065-a3a4-499a-8e3d-3ea70bf2e8f8, Lion Fiction) Lion Hudson PLC GBR. Dist: Baker & Taylor Publisher Services (BTPS).

Jane Austen Investigates: The Burglar's Ball. Julia Golding. ed. 2021. (Jane Austen Investigates Ser.). (ENG., Illus.). 176p. (J). pap. 11.99 *(978-1-78264-345-6(1),* d9a74380-b75d-48f2-8150-306cfa9219d6, Lion Fiction) Lion Hudson PLC GBR. Dist: Baker & Taylor Publisher Services (BTPS).

Jane Austen: Novelist, 1 vol. Caroline Sanderson. 2016. (History Makers Ser.). (ENG., Illus.). 128p. (YA). (gr. 9-9). lib. bdg. 47.36 *(978-1-5026-2445-1(1),* 40859400-eabe-4e19-a0c9-9b0ed1eef0eb) Cavendish Square Publishing LLC.

Jane Austen's Emma. Katy Birchall. Illus. by Eglantine Ceulemans. 2022. (Awesomely Austen - Illustrated & Retold Ser.). (ENG.). 240p. (J). (gr. 3-17). 13.99 *(978-1-4449-6265-9(5))* Hachette Children's Group GBR. Dist: Hachette Bk. Group.

Jane Austen's Northanger Abbey. Steven Butler. Illus. by Eglantine Ceulemans. 2022. (Awesomely Austen - Illustrated & Retold Ser.). (ENG.). 240p. (J). (gr. 3-17). 13.99 *(978-1-4449-6269-7(8))* Hachette Children's Group GBR. Dist: Hachette Bk. Group.

Jane Austen's Persuasion. Narinder Dhami. Illus. by Eglantine Ceulemans. 2022. (Awesomely Austen - Illustrated & Retold Ser.). (ENG.). 240p. (J). (gr. 3-17). 13.99 *(978-1-4449-6264-2(7))* Hachette Children's Group GBR. Dist: Hachette Bk. Group.

Jane Austen's Pride & Prejudice. Katherine Woodfine. Illus. by Eglantine Ceulemans. 2022. (Awesomely Austen - Illustrated & Retold Ser.). (ENG.). 256p. (J). (gr. 3-17). 13.99 *(978-1-4449-6266-6(3))* Hachette Children's Group GBR. Dist: Hachette Bk. Group.

Jane Austen's Pride & Prejudice & Quiz Book: Complete Novel Plus: Quizzes, Crosswords & Word Searches. Jane. Austen & K. Carpenter. 2019. (ENG., Illus.). 430p. (YA). pap. *(978-0-473-50667-4(X))* Forever Classic Pr.

Jane Austen's Persuasion. Narinder Dhami. Illus. by Eglantine Ceulemans. 2022. (Awesomely Austen - Illustrated & Retold Ser.). (ENG.). 240p. (J). (gr. 3-17). 17.99 ***(978-1-4449-5063-2(0))*** Hachette Children's Group GBR. Dist: Hachette Bk. Group.

Jane Belk Moncure's Sound Box Books (Set), 26 vols. 2018. (Jane Belk Moncure's Sound Box Bks.). (ENG.). (J). (gr. -1-2). 926.64 *(978-1-5038-3088-2(8),* 212672) Child's World, Inc, The.

Jane C. Wright & Chemotherapy. Virginia Loh-Hagan. 2018. (21st Century Junior Library: Women Innovators Ser.). (ENG., Illus.). 24p. (J). (gr. 2-5). lib. bdg. 29.21 *(978-1-5341-2910-8(3),* 211684) Cherry Lake Publishing.

Jane Cable (Classic Reprint) George Barr McCutcheon. (ENG., Illus.). (J). 2018. 370p. 31.53 *(978-0-483-60376-9(7))*; 2017. 31.36 *(978-0-265-19720-2(1))*; 2017. pap. 13.97 *(978-0-243-27504-5(8))* Forgotten Bks.

Jane (Classic Reprint) Anna Alice Chapin. (ENG., Illus.). (J). 2018. 380p. 31.75 *(978-0-483-30698-1(3))*; 2017. pap. 16.57 *(978-0-243-91660-3(4))* Forgotten Bks.

Jane Clegg: A Play in Three Acts (Classic Reprint) St. John G. Ervine. 2017. (ENG., Illus.). (J). 26.41 *(978-0-265-22701-5(1))* Forgotten Bks.

Jane Dawson: A Novel (Classic Reprint) Will N. Harben. 2017. (ENG., Illus.). (J). 31.69 *(978-1-5279-5222-5(3))* Forgotten Bks.

Jane de Dunstanville, or Characters As They Are, Vol. 1 Of 4: A Novel (Classic Reprint) Isabella Kelly. 2018. (ENG., Illus.). 246p. (J). 28.97 *(978-0-483-92435-2(0))* Forgotten Bks.

Jane de Dunstanville, or Characters As They Are, Vol. 2 Of 4: A Novel (Classic Reprint) Isabella Kelly. 2018. (ENG., Illus.). 238p. (J). 28.81 *(978-0-483-74712-8(2))* Forgotten Bks.

Jane Doe & the Cradle of All Worlds. Jeremy Lachlan. 2019. (Jane Doe Chronicles Ser.). (ENG.). 368p. (J). (gr. 5-8). 17.99 *(978-1-5415-3921-1(4),* 7388032b-4194-4abb-ac2b-c114416b8d37, Carolrhoda Bks.) Lerner Publishing Group.

Jane Doe & the Key of All Souls. Jeremy Lachlan. 2021. (Jane Doe Chronicles Ser.). (ENG.). 368p. (J). (gr. 5-8). 17.99 *(978-1-5415-3922-8(2),* a3f71b58-a692-4a0f-a961-09a9be0eb88d, Carolrhoda Bks.) Lerner Publishing Group.

Jane Does Not Fit the Mould! Maryam Golchoobian. 2019. (ENG.). 86p. (J). pap. *(978-1-5289-0122-2(3))* Austin Macauley Pubs. Ltd.

Jane et John. Kalysta Twin. 2017. (FRE., Illus.). 46p. (J). pap. *(978-0-244-90239-1(9))* Lulu Pr., Inc.

Jane Eyre. Charlotte Brontë. 2017. (ENG., Illus.). (YA). (gr. 6-16). 29.95 *(978-1-374-82842-1(4))*; pap. 20.95 *(978-1-374-82841-4(6))* Capital Communications, Inc.

Jane Eyre. Charlotte Brontë. Illus. by H. J. Kihl. 2016. (Classics Illustrated Ser.). (ENG.). 51p. (gr. 12). 12.95 *(978-1-911238-03-4(5))* Classic Comic Store, Ltd. GBR. Dist: Casemate Pubs. & Bk. Distributors, LLC.

Jane Eyre. Charlotte Bronte. 2019. (ENG.). 372p. (YA). (gr. 7). pap. 14.95 *(978-1-61895-541-8(1))* Bibliotech Pr.

Jane Eyre. Charlotte Bronte. 2019. (ENG.). 284p. (YA). (gr. 7). pap. *(978-80-273-3363-9(6))* E-Artnow.

Jane Eyre. Charlotte Bronte. 2018. (Faber Young Adult Classics Ser.). (ENG.). 672p. (YA). (gr. 6-16). pap. 8.95 *(978-0-571-33709-5(0))* Faber & Faber, Inc.

Jane Eyre. Charlotte Bronte. 2020. (Be Classic Ser.). 688p. (J). (gr. 3-7). pap. 9.99 *(978-0-593-11808-5(1),* Puffin Books) Penguin Young Readers Group.

Jane Eyre: An Autobiography (Classic Reprint) Charlotte Brontë. (ENG., Illus.). (J). 2018. 532p. 35.03 *(978-0-484-48792-4(2))*; 2017. 35.90 *(978-0-265-45951-5(6))*; 2017. pap. 19.57 *(978-1-334-95435-1(6))* Forgotten Bks.

Jane Eyre: An Autobiography (Classic Reprint) Jane Eyre. 2017. (ENG., Illus.). (J). 38.07 *(978-0-260-05741-9(X))*; pap. 20.57 *(978-1-5278-8527-1(5))* Forgotten Bks.

Jane Eyre: Les Memoires d'une Institutrice. Charlotte Brontë. 2017. (FRE., Illus.). (YA). (gr. 6-16). pap. 21.95 *(978-1-374-93917-2(X))* Capital Communications, Inc.

Jane Eyre (Classic Reprint) Charlotte Brontë. 2017. (ENG., Illus.). (J). 36.04 *(978-0-266-73822-0(2))*; pap. 19.57 *(978-1-5277-0203-5(0))* Forgotten Bks.

Jane Eyre Novel Units Student Packet. Novel Units. 2019. (ENG.). (YA). pap. 13.99 *(978-1-56137-463-2(6),* NU4636SP, Novel Units, Inc.) Classroom Library Co.

Jane Eyre Novel Units Teacher Guide. Novel Units. 2019. (ENG.). (YA). pap. 12.99 *(978-1-56137-462-5(8),* Novel Units, Inc.) Classroom Library Co.

Jane Eyre the Graphic Novel: Original Text. Charlotte Bronte & Charlotte Bronte. Illus. by John M. Burns. 2017. (ENG.). 144p. (gr. 3). lib. bdg. 24.95 *(978-1-907127-41-0(0))* Classical Comics GBR. Dist: Publishers Group West (PGW).

Jane Eyre, Vol. 1 (Classic Reprint) Charlotte Brontë. 2018. (ENG., Illus.). 374p. (J). 31.61 *(978-0-332-64083-9(3))* Forgotten Bks.

Jane Eyre, Vol. 1 Of 3: An Autobiography (Classic Reprint) Charlotte Brontë. 2017. (ENG., Illus.). (J). 30.29 *(978-0-331-75644-9(7))* Forgotten Bks.

Jane Eyre, Vol. 2 (Classic Reprint) Charlotte Brontë. 2017. (ENG., Illus.). (J). 30.29 *(978-1-5284-5018-8(3))* Forgotten Bks.

Jane Field. Mary Wilkins Freeman. 2017. (ENG., Illus.). (J). 22.95 *(978-1-374-82628-1(6))*; pap. 12.95 *(978-1-374-82627-4(8))* Capital Communications, Inc.

Jane Field: A Novel (Classic Reprint) Mary Wilkins Freeman. 2018. (ENG., Illus.). 308p. (J). 30.25 *(978-0-267-17413-3(6))* Forgotten Bks.

Jane Foster's Cities: Paris. Jane Foster. 2017. (Jane Foster Bks.). (ENG., Illus.). 26p. (J). (gr. -1 — 1). bds. 8.99 *(978-1-4998-0600-7(0))* Little Bee Books Inc.

Jane Foster's Cities: Washington, D. C. Jane Foster. 2017. (Jane Foster Bks.). (ENG., Illus.). 26p. (J). (gr. -1 — 1). bds. 8.99 *(978-1-4998-0601-4(9))* Little Bee Books Inc.

Jane Foster's Dinosaurs. Jane Foster. 2019. (Jane Foster Bks.). (ENG.). 26p. (J). (gr. -1 — 1). bds. 8.99 *(978-1-4998-0905-3(0))* Little Bee Books Inc.

Jane Foster's Easter. Jane Foster. 2018. (Jane Foster Bks.). (ENG.). 24p. (J). (gr. -1 — 1). bds. 8.99 *(978-1-4998-0686-1(8))* Little Bee Books Inc.

Jane Foster's Halloween. Jane Foster. 2018. (Jane Foster Bks.). (ENG.). 24p. (J). (gr. -1 — 1). bds. 8.99 *(978-1-4998-0705-9(8))* Little Bee Books Inc.

Jane Foster's Pets. Jane Foster. 2019. (Jane Foster Bks.). (ENG.). 26p. (J). (gr. -1 — 1). bds. 8.99 *(978-1-4998-0906-0(9))* Little Bee Books Inc.

Jane Goodall. Emma E. Haldy. Illus. by Jeff Bane. 2016. (My Early Library: My Itty-Bitty Bio Ser.). (ENG.). 24p. (J). (gr. k-1). 30.64 *(978-1-63471-022-0(3),* 208168) Cherry Lake Publishing.

Jane Goodall. Alicia Z. Klepeis. 2021. (Groundbreaker Bios Ser.). (ENG., Illus.). 32p. (J). (gr. 2-5). lib. bdg. 34.21 *(978-1-5321-9687-4(3),* 38406, Kids Core) ABDO Publishing Co.

Jane Goodall. Alicia Z. Klepeis. 2022. (Groundbreaker Bios Ser.). (ENG., Illus.). 32p. (J). (gr. 2-3). pap. 9.95 *(978-1-64494-671-8(8))* North Star Editions.

Jane Goodall, 1 vol. Joan Stoltman. 2018. (Little Biographies of Big People Ser.). (ENG.). 24p. (gr. 1-2). 24.27 *(978-1-5382-2895-1(5),* 36fd3933-ef13-4e38-ba6f-089630b2e707) Stevens, Gareth Publishing LLLP.

Jane Goodall. Jennifer Strand. 2016. (Great Women Ser.). (ENG.). 24p. (J). (gr. -1-2). 49.94 *(978-1-68079-389-5(6),* 23010, Abdo Zoom-Launch) ABDO Publishing Co.

Jane Goodall. Christine Webster. 2019. (J). pap. *(978-1-7911-1131-1(9),* AV2 by Weigl) Weigl Pubs., Inc.

Jane Goodall: A Kid's Book about Conserving the Natural World We All Share. Mary Nhin. Illus. by Yuliia Zolotova. 2021. (ENG.). 34p. (J). 19.99 *(978-1-63731-306-0(3))* Grow Grit Pr.

Jane Goodall: Activista y Experta en Chimpancés (Spanish Version) Grace Hansen. 2016. (Biografías: Personas Que Han Hecho Historia (History Maker Biographies) Ser.). (SPA., Illus.). 24p. (J). (gr. -1-2). lib. bdg. 32.79 *(978-1-68080-739-4(0),* 22640, Abdo Kids) ABDO Publishing Co.

Jane Goodall: Aprender de Los Chimpancés. Irene Duch-Latorre. Illus. by Joan Negrescolor. 2022. (Akiparla Ser.: 7). (SPA.). 80p. (YA). (gr. 7). pap. 12.95 *(978-84-17440-99-2(2))* Akiara Bks. ESP. Dist: Independent Pubs. Group.

Jane Goodall: Chimpanzee Expert & Activist. Grace Hansen. 2017. (History Maker Biographies Ser.). (ENG.). 24p. (J). (gr. -1-2). pap. 7.95 *(978-1-4966-1225-0(6),* 134989, Capstone Classroom) Capstone.

Jane Goodall: My First Jane Goodall [BOARD BOOK]. Maria Isabel Sanchez Vegara. Illus. by Beatrice Cerocchi. 2019. (Little People, BIG DREAMS Ser.: Vol. 19). (ENG.). 24p. (gr. -1 — 1). bds. 9.99 ***(978-0-7112-4317-0(4)***, Frances Lincoln Children's Bks.) Quarto Publishing Group UK GBR. Dist: Hachette Bk. Group.

Jane Goodall: Primatologist & Conservationist. Michael Capek. 2017. (Women in Science Ser.). (ENG., Illus.). 112p. (J). (gr. 6-12). lib. bdg. 41.36 *(978-1-5321-1043-6(X),* 25662, Essential Library) ABDO Publishing Co.

Jane Goodall: a Champion of Chimpanzees. Sarah Albee. Illus. by Gustavo Mazali. 2020. (I Can Read Level 2 Ser.). (ENG.). 32p. (J). (gr. -1-3). 16.99 *(978-0-06-243279-7(6))*; pap. 4.99 *(978-0-06-243278-0(8))* HarperCollins Pubs. (HarperCollins).

Jane Goodall (Spanish Edition) Maria Isabel Sanchez Vegara. Illus. by Beatrice Cerocchi. 2023. (Little People, Big Dreams en Español Ser.: Vol. 21). (SPA.). 32p. (J). (gr. -1-2). pap. ***(978-0-7112-8471-5(7))*** Frances Lincoln Childrens Bks.

Jane Goodall (Women in Science) (Library Edition) Alex Woolf. Illus. by Isobel Lundie. 2019. (Women in Science Ser.). (ENG.). 32p. (J). (gr. 2-3). lib. bdg. 29.00 *(978-0-531-23535-5(1),* Watts, Franklin) Scholastic Library Publishing.

Jane Hudson the American Girl, or Exert Yourself (Classic Reprint) Helen C. Knight. 2018. (ENG., Illus.). 128p. (J). 26.54 *(978-0-483-39003-4(8))* Forgotten Bks.

Jane Jones, & Some Others (Classic Reprint) Ben King. (ENG., Illus.). (J). 2018. 128p. 26.54 *(978-0-656-09386-1(2))*; 2016. pap. 9.57 *(978-1-333-58194-7(7))* Forgotten Bks.

Jane, Joseph John: Their Book of Verses (Classic Reprint) Ralph Bergengren. 2018. (ENG., Illus.). 68p. (J). 25.32 *(978-0-666-39128-5(9))* Forgotten Bks.

Jane Journeys on (Classic Reprint) Ruth Comfort Mitchell. 2018. (ENG., Illus.). 316p. (J). 30.46 *(978-0-332-88291-8(8))* Forgotten Bks.

Jane Lends a Hand (Classic Reprint) Shirley Watkins. 2018. (ENG., Illus.). (J). 30.43 *(978-0-260-17450-5(5))* Forgotten Bks.

Jane Lomax, or a Mother's Crime, Vol. 1 of 3 (Classic Reprint) Horace Smith. (ENG., Illus.). (J). 2018. 326p. 30.62 *(978-0-483-83806-2(3))*; 2016. pap. 13.57 *(978-1-334-25614-1(4))* Forgotten Bks.

Jane Lomax, or a Mother's Crime, Vol. 3 of 3 (Classic Reprint) Horace Smith. 2018. (ENG., Illus.). 298p. (J). 30.04 *(978-0-332-89948-0(9))* Forgotten Bks.

Jane Lomax, Vol. 2 Of 3: Or a Mother's Crime (Classic Reprint) Horace Smith. (ENG., Illus.). (J). 2018. 312p. 30.35 *(978-0-484-65805-8(0))*; 2016. pap. 13.57 *(978-1-333-43210-2(0))* Forgotten Bks.

Jane of Lantern Hill. Lucy Maud Montgomery. 2020. (ENG.). 178p. (YA). (gr. 4-7). pap. *(978-1-6780-1982-2(8))* Lulu Pr., Inc.

Jane Oglander (Classic Reprint) Belloc Lowndes. 2017. (ENG., Illus.). (J). 30.58 *(978-1-5285-8591-0(7))* Forgotten Bks.

Jane-Our Stranger: A Novel (Classic Reprint) Mary. Borden. 2018. (ENG., Illus.). 362p. (J). 31.38 *(978-0-484-72713-6(3))* Forgotten Bks.

Jane Sin Límites. Kristin Cashore. 2018. (SPA.). 582p. (YA). (gr. 9-12). pap. 19.99 *(978-607-8614-00-4(2))* V&R Editoras.

Jane Sinclair: Or, the Fawn of Springvale. William Carleton. 2017. (ENG., Illus.). (J). 23.95 *(978-1-374-85528-1(6))*; pap. 13.95 *(978-1-374-85527-4(8))* Capital Communications, Inc.

Jane Sinclair: Or the Fawn of Springvale (Classic Reprint) William Carleton. (ENG., Illus.). (J). 2018. 434p. 32.85 *(978-0-483-56166-3(5))*; 2016. pap. 16.57 *(978-1-334-14368-7(4))* Forgotten Bks.

Jane, Social Incident (Classic Reprint) Marie Corelli. 2017. (ENG., Illus.). (J). 27.36 *(978-0-265-34100-1(0))* Forgotten Bks.

Jane Street of Gopher Prarie (Classic Reprint) James Stetson Metcalfe. 2018. (ENG., Illus.). 68p. (J). 25.32 *(978-0-483-99812-4(5))* Forgotten Bks.

Jane Talbot, Vol. 5 (Classic Reprint) Charles Brockden Brown. 2017. (ENG., Illus.). (J). 28.91 *(978-0-331-27833-0(2))* Forgotten Bks.

Jane, Unlimited. Kristin Cashore. 2018. (Illus.). 480p. (YA). (gr. 9). pap. 10.99 *(978-0-14-751310-6(3),* Speak) Penguin Young Readers Group.

Jane Welsh Carlyle & Elizabeth Newton Paulet: This Book Is Inscribed (Classic Reprint) Unknown Author. 2017. (ENG., Illus.). (J). 30.35 *(978-0-260-91094-3(5))* Forgotten Bks.

Jane Withers & the Hidden Room: An Original Story Featuring Jane Withers, Famous Motion-Picture Star As the Heroine (Classic Reprint) Eleanor Packer. 2017. (ENG., Illus.). (J). 29.07 *(978-0-331-92973-7(2))*; pap. 11.57 *(978-0-243-40464-3(6))* Forgotten Bks.

Jane's Blanket. Arthur Miller. Illus. by Al Parker. 2017. (ENG.). 64p. (J). (gr. -1-3). 24.95 *(978-3-89955-786-2(7))* Die Gestalten Verlag DEU. Dist: Ingram Publisher Services.

Janet: A Novel (Classic Reprint) Millicent Garrett Fawcett. (ENG., Illus.). (J). 2018. 324p. 30.60 *(978-0-428-60418-9(8))*; 2017. pap. 13.57 *(978-0-243-31815-5(4))* Forgotten Bks.

Janet: A Poor Heiress (Classic Reprint) Sophia May. 2018. (ENG., Illus.). 372p. (J). 31.59 *(978-0-484-15524-3(5))* Forgotten Bks.

Janet: Her Winter in Quebec (Classic Reprint) Anna Chapin Ray. 2018. (ENG., Illus.). 392p. (J). 31.98 *(978-0-483-82587-1(5))* Forgotten Bks.

Janet at Odds (Classic Reprint) Anna Chapin Ray. (ENG., Illus.). (J). 2018. 342p. 30.95 *(978-0-483-98577-3(5))*; 2016. pap. 13.57 *(978-1-333-48515-3(8))* Forgotten Bks.

Janet Hamilton, & Other Tales, Vol. 1 of 2 (Classic Reprint) Mary Boddington. (ENG., Illus.). (J). 2018. 208p. 28.19 *(978-0-483-75867-4(1))*; 2017. pap. 10.57 *(978-0-243-43006-2(X))* Forgotten Bks.

Janet M'Laren: Or, the Faithful Nurse (Classic Reprint) William Henry Giles Kingston. 2018. (ENG., Illus.). 136p. (J). 26.70 *(978-0-483-76028-8(5))* Forgotten Bks.

Janet of Kootenay: Life, Love, & Laughter in an Arcady of the West (Classic Reprint) Evah McKowan. (ENG., Illus.). (J). 2017. 29.69 *(978-0-266-50481-8(7))*; 2016. pap. 13.57 *(978-1-334-11615-5(6))* Forgotten Bks.

Janet of the Dunes (Classic Reprint) Harriet T. Comstock. 2018. (ENG., Illus.). 328p. (J). 30.66 *(978-0-428-74652-0(7))* Forgotten Bks.

Janet, or Glances at Human Nature, Vol. 1 Of 3: The Second of a Series of Tales on the Passions (Classic Reprint) Julia Rattray Waddington. (ENG., Illus.). (J). 2018. 336p. 30.83 *(978-0-267-61565-0(5))*; 2016. pap. 13.57 *(978-1-334-11762-6(4))* Forgotten Bks.

Janet, or Glances at Human Nature, Vol. 2 Of 3: The Second of a Series of Tales on the Passions (Classic Reprint) Julia Rattray Waddington. (ENG., Illus.). (J). 2018. 306p. 30.21 *(978-0-483-81285-7(4))*; 2016. pap. 13.57 *(978-1-334-15765-3(0))* Forgotten Bks.

Janet or the Christmas Stockings (Classic Reprint) Louise Elise Gibbons. 2017. (ENG., Illus.). (J). 24.93 *(978-0-331-90276-1(1))* Forgotten Bks.

Janet Strong (Classic Reprint) Virginia F. Townsend. (ENG., Illus.). (J). 2018. 318p. 30.46 *(978-0-483-71280-5(9))*; 2017. pap. 13.57 *(978-0-243-38652-9(4))* Forgotten Bks.

Janet Ward: A Daughter of the Manse (Classic Reprint) Margaret E. Sangster. 2018. (ENG., Illus.). 306p. (J). 30.21 *(978-0-483-45172-8(X))* Forgotten Bks.

Janet Yellen: Challenge Accepted. Emily Engel & Lauren Fredericks. 2022. (ENG.). 30p. (J). 16.99 ***(978-1-6629-1507-9(1))***; pap. 9.99 ***(978-1-6629-1508-6(X))*** Gatekeeper Pr.

Janet's Choice, Vol. 1 of 3 (Classic Reprint) Mary Charlotte Phillpotts. (ENG., Illus.). (J). 2018. 306p. 30.21 *(978-0-267-55434-8(6))*; 2016. pap. 13.57 *(978-1-333-62212-1(0))* Forgotten Bks.

Janet's Choice, Vol. 2 of 3 (Classic Reprint) Mary Charlotte Phillpotts. (ENG., Illus.). (J). 2018. 310p. 30.29 *(978-0-483-37638-0(8))*; 2016. pap. 13.57 *(978-1-334-13363-3(8))* Forgotten Bks.

Janet's Choice, Vol. 3 of 3 (Classic Reprint) Mary Charlotte Phillpotts. (ENG., Illus.). (J). 2018. 308p. 30.25 *(978-0-483-70126-7(2))*; 2016. pap. 13.57 *(978-1-333-83999-4(5))* Forgotten Bks.

Janet's Home (Classic Reprint) Annie Keary. (ENG., Illus.). (J). 2018. 434p. 32.85 *(978-0-364-08503-5(7))*; 2017. pap. 16.57 *(978-1-5276-5720-5(5))* Forgotten Bks.

Janey Canuck in the West (Classic Reprint) Emily Ferguson. (ENG., Illus.). (J). 2018. 234p. 28.72 *(978-0-366-55993-0(1))*; 2018. 236p. pap. 11.57 *(978-0-366-05699-6(9))*; 2017. 30.33 *(978-0-265-49938-2(0))* Forgotten Bks.

Janey Monarch Seed. Julie Dunlap. Illus. by Dana Simson. 2021. (ENG.). 32p. (J). (gr. k-2). 19.95 *(978-1-7336534-8-0(1))* Green Writers Pr.

Janice & the Special Breakfast. Britt Harcus. 2016. (ENG., Illus.). (J). (gr. k-3). pap. *(978-0-9954748-0-2(X))* Harcus, Britt.

Janice Day at Poketown. Helen Beecher Long. 2018. (ENG., Illus.). 210p. (YA). (gr. 7-12). pap. *(978-93-5297-423-8(9))* Alpha Editions.

Janice Day (Classic Reprint) Helen Beecher Long. (ENG., Illus.). (J). 2018. 326p. 30.62 *(978-0-267-53151-6(6))*; 2017. pap. 13.57 *(978-0-259-39571-3(4))* Forgotten Bks.

Janice Jean the Homecoming Queen. Lisa Larson Gorum. 2021. (ENG., Illus.). 44p. (J). 21.95 *(978-1-64801-157-3(8))* Newman Springs Publishing, Inc.

Janice Jean the Swimming Swine. Lisa Larson Gorum. 2019. (ENG., Illus.). 44p. (J). (gr. -1-3). 24.95 *(978-1-64531-481-3(2))* Newman Springs Publishing, Inc.

Janice Meredith: A Story of the American Revolution (Classic Reprint) Paul Leicester Ford. 2017. (ENG., Illus.). (J). 35.49 *(978-0-331-24677-3(5))* Forgotten Bks.

Janice Meredith, Vol. 1: A Story of the American Revolution (Classic Reprint) Paul Leicester Ford. 2018. (ENG., Illus.). 354p. (J). 31.20 *(978-0-484-91923-4(7))* Forgotten Bks.

Janice Meredith, Vol. 2: A Story of the American Revolution (Classic Reprint) Paul Leicester Ford. (ENG., Illus.). (J). 2018. 342p. 30.97 *(978-0-428-37367-2(4))*; 2017. pap. 13.57 *(978-0-243-56397-5(3))* Forgotten Bks.

Janice VanCleave's Crazy, Kooky, & Quirky Astronomy Experiments, 1 vol. Janice Pratt VanCleave. 2018. (Janice VanCleave's Crazy, Kooky, & Quirky Science Experiments Ser.). (ENG.). 64p. (gr. 5-5). 38.47 *(978-1-5081-8095-1(4),* fb9de193-8c08-4f21-8f4d-d03b3ac21a58, Rosen Reference) Rosen Publishing Group, Inc., The.

Janice VanCleave's Crazy, Kooky, & Quirky Biology Experiments, 1 vol. Janice Pratt VanCleave. 2018. (Janice VanCleave's Crazy, Kooky, & Quirky Science Experiments Ser.). (ENG.). 64p. (gr. 5-5). 38.47 *(978-1-5081-8096-8(2),* 3f6b11a8-86bc-431c-b6a2-f3d3f75a7ee2, Rosen Reference) Rosen Publishing Group, Inc., The.

Janice VanCleave's Crazy, Kooky, & Quirky Chemistry Experiments, 1 vol. Janice Pratt VanCleave. 2018. (Janice VanCleave's Crazy, Kooky, & Quirky Science Experiments Ser.). (ENG.). 64p. (gr. 5-5). 38.47 *(978-1-5081-8097-5(0),* c62203c0-f548-4999-87a4-ade206a3f216, Rosen Reference) Rosen Publishing Group, Inc., The.

Janice VanCleave's Crazy, Kooky, & Quirky Earth Science Experiments, 1 vol. Janice Pratt VanCleave. 2018. (Janice VanCleave's Crazy, Kooky, & Quirky Science Experiments Ser.). (ENG.). 64p. (gr. 5-5). 38.47 *(978-1-5081-8098-2(9),* 73472e8f-c09c-436b-a742-d85794979ad3, Rosen Reference) Rosen Publishing Group, Inc., The.

Janice Vancleave's Crazy, Kooky, & Quirky Physics Experiments, 1 vol. Janice Pratt VanCleave. 2018. (Janice VanCleave's Crazy, Kooky, & Quirky Science Experiments Ser.). (ENG.). 64p. (gr. 5-5). 38.47 *(978-1-5081-8094-4(6),* f84e0f2f-e70e-4cb4-a34a-7294e30236dc, Rosen Reference) Rosen Publishing Group, Inc., The.

Janice Vancleave's Crazy, Kooky, & Quirky Science Experiments: Set 1, 10 vols. 2018. (Janice VanCleave's Crazy, Kooky, & Quirky Science Experiments Ser.). (ENG., Illus.). 64p. (gr. 5-5). lib. bdg. 192.35 *(978-1-5081-8099-9(7),* 5414b051-0c4a-4d53-b621-a251d1884a9f, Rosen Reference) Rosen Publishing Group, Inc., The.

1044

The check digit for ISBN-10 appears in parentheses after the full ISBN-13

TITLE INDEX JAR FULL OF EYES

Janice Vancleave's Science Experiments: Sets 1 - 5, 50 vols. 2018. (Janice VanCleave's Science Experiments Ser.). (ENG.). (J). (gr. 5-5). lib. bdg. 961.75 *(978-1-4994-4003-4(0)*, 41a5fb5d-2867-470b-845e-c99ab33f4f17, Rosen Reference) Rosen Publishing Group, Inc., The.

Janice Vancleave's Science Experiments: Sets 1 - 5. 2018. (Janice Vancleave's Science Experiments Ser.). (ENG.). (J). pap. 363.25 *(978-1-4994-4012-6(X)*, Rosen Reference) Rosen Publishing Group, Inc., The.

Janice VanCleave's Wild, Wacky, & Weird Astronomy Experiments, 1 vol. Janice Pratt VanCleave. 2016. (Janice VanCleave's Wild, Wacky, & Weird Science Experiments Ser.). (ENG., Illus.). 64p. (J). (gr. 5-5). pap. 14.53 *(978-1-4777-8961-2(8)*, b33123ea-a65e-43b8-bb6e-47ea292afd3e, Rosen Reference) Rosen Publishing Group, Inc., The.

Janice Vancleave's Wild, Wacky, & Weird Biology Experiments, 1 vol. Janice Pratt VanCleave. 2016. (Janice VanCleave's Wild, Wacky, & Weird Science Experiments Ser.). (ENG., Illus.). 64p. (J). (gr. 5-5). pap. 14.53 *(978-1-4777-8965-0(0)*, c61b6d4d-022a-4188-b8e0-b40d1fb0a853, Rosen Reference) Rosen Publishing Group, Inc., The.

Janice VanCleave's Wild, Wacky, & Weird Chemistry Experiments, 1 vol. Janice Pratt VanCleave. 2016. (Janice VanCleave's Wild, Wacky, & Weird Science Experiments Ser.). (ENG.). 64p. (YA). (gr. 5-5). pap. 14.53 *(978-1-4777-8969-8(3)*, fcbc665d-3aa2-419e-a862-6a406c22e9bc, Rosen Reference) Rosen Publishing Group, Inc., The.

Janice VanCleave's Wild, Wacky, & Weird Earth Science Experiments, 1 vol. Janice Pratt VanCleave. 2016. (Janice VanCleave's Wild, Wacky, & Weird Science Experiments Ser.). (ENG., Illus.). 64p. (J). (gr. 5-5). pap. 14.53 *(978-1-4777-8973-5(1)*, eeaef485-9961-48ec-b4f6-7c2c6727ecbb, Rosen Reference) Rosen Publishing Group, Inc., The.

Janice VanCleave's Wild, Wacky, & Weird Physics Experiments, 1 vol. Janice Pratt VanCleave. 2016. (Janice VanCleave's Wild, Wacky, & Weird Science Experiments Ser.). (ENG.). 64p. (J). (gr. 5-5). pap. 14.53 *(978-1-4777-8977-3(4)*, 94f9a9a5-8103-4513-a7e3-2552962aa058, Rosen Reference) Rosen Publishing Group, Inc., The.

Janice VanCleave's Wild, Wacky, & Weird Science Experiments: Set 1, 10 vols. 2016. (Janice VanCleave's Wild, Wacky, & Weird Science Experiments Ser.). 64p. (gr. 5-5). (ENG.). 192.35 *(978-1-4777-8960-5(X)*, 5b8eece7-503b-4a81-9ada-570f2ee82d79); pap. 64.75 *(978-1-4994-3841-3(9))* Rosen Publishing Group, Inc., The. (Rosen Central).

Janice VanCleave's Wild, Wacky, & Weird Science Experiments: Set 2. 2016. (Janice VanCleave's Wild, Wacky, & Weird Science Experiments Ser.). 00064p. (J). (gr. 5-5). pap. 64.75 *(978-1-4994-6560-0(2)*, Rosen Young Adult) Rosen Publishing Group, Inc., The.

Janice Vancleave's Wild, Wacky, & Weird Science Experiments: Set 3. 2017. (Janice VanCleave's Wild, Wacky, & Weird Science Experiments Ser.). 64p. (gr. 10-10). pap. 64.75 *(978-1-4994-6701-7(X))*; (ENG.). (gr. 5-5). 192.35 *(978-1-4994-6662-1(5)*, 479f9562-4389-4ffd-9253-54c5ea16ca24) Rosen Publishing Group, Inc., The. (Rosen Central).

Janice VanCleave's Wild, Wacky, & Weird Science Experiments: Set 4, 10 vols. 2017. (Janice VanCleave's Wild, Wacky, & Weird Science Experiments Ser.). (ENG., Illus.). (J). (gr. 5-5). lib. bdg. 192.35 *(978-1-4994-3961-8(X)*, 9d9eed13-aa90-4aae-a704-31d5717b754c, Rosen Reference) Rosen Publishing Group, Inc., The.

Janice Vancleave's Wild, Wacky, & Weird Science Experiments: Sets 1 - 4, 8 vols. 2017. (Janice VanCleave's Wild, Wacky, & Weird Science Experiments Ser.). (ENG.). (J). (gr. 5-5). lib. bdg. 769.40 *(978-1-4777-8996-4(0)*, 40b42f03-6d63-4897-9293-701c7c05d57b, Rosen Reference) Rosen Publishing Group, Inc., The.

Janice Vancleave's Wild, Wacky, & Weird Science Experiments: Sets 1 - 4. 2017. (Janice VanCleave's Wild, Wacky, & Weird Science Experiment Ser.). (ENG.). (J). pap. 290.60 *(978-1-4994-3998-4(9)*, Rosen Reference) Rosen Publishing Group, Inc., The.

Janie Gregg Strong: Born, September 28th, 1873, Died, July 27th, 1875 (Classic Reprint) Unknown Author. 2018. (ENG., Illus.). 20p. (J). 24.31 *(978-0-484-84679-0(5))* Forgotten Bks.

Janine. Maryann Cocca-Leffler. Illus. by Maryann Cocca-Leffler. 2020. (ENG., Illus.). 32p. (J). (gr. -1-3). pap. 7.99 *(978-0-8075-3759-6(4)*, 807537594) Whitman, Albert & Co.

Janine & the Field Day Finish. Maryann Cocca-Leffler. 2018. (AV2 Fiction Ser.). (ENG.). 32p. (J). (gr. -1-2). lib. bdg. 34.28 *(978-1-4896-8269-7(4)*, AV2 by Weigl) Weigl Pubs., Inc.

Janita's Cross, Vol. 1 (Classic Reprint) Unknown Author. 2018. (ENG., Illus.). 320p. (J). 30.50 *(978-0-428-76176-9(3))* Forgotten Bks.

Janita's Cross, Vol. 2 of 3 (Classic Reprint) Eliza Tabor. (ENG., Illus.). (J). 2018. 346p. 31.05 *(978-0-484-13069-1(2))*; 2016. pap. 13.57 *(978-1-334-22771-4(3))* Forgotten Bks.

Janita's Cross, Vol. 3 of 3 (Classic Reprint) Eliza Tabor. (ENG., Illus.). (J). 2018. 378p. 31.69 *(978-0-483-96277-4(5))*; 2016. pap. 16.57 *(978-1-333-46280-2(8))* Forgotten Bks.

Janitor's Boy Novel Units Student Packet. Novel Units. 2019. (ENG.). (J). (gr. 3-4). pap., stu. ed. 13.99 *(978-1-58130-813-6(2)*, Novel Units, Inc.) Classroom Library Co.

Janitor's Boy Novel Units Teacher Guide. Novel Units. 2019. (ENG.). (J). pap. 12.99 *(978-1-58130-812-9(4)*, Novel Units, Inc.) Classroom Library Co.

Janjak & Freda Go to the Citadelle. Elizabeth Turnbull. Illus. by Addy Rivera Sonda. 2021. (ENG.). 30p. (J). 19.95 *(978-1-61153-193-0(4))*; pap. 9.95 *(978-1-61153-191-6(8))* Light Messages Publishing. (Torchflame Bks.).

January. Julie Murray. 2017. (Months Ser.). (ENG., Illus.). 24p. (J). (gr. -1-2). lib. bdg. 31.36 *(978-1-5321-0015-4(9)*, 25112, Abdo Kids) ABDO Publishing Co.

January: A Farmhouse Victory Garden Calendar for Kids. Compiled by Farmhouse Book Co. 2nd ed. 2022. (Farmhouse Victory Garden Calendar for Kids Ser.: Vol. 1). (ENG.). 92p. (J). pap. 10.99 ***(978-1-0880-2372-3(X))*** Indy Pub.

January Girl (Classic Reprint) Joslyn Gray. 2018. (ENG., Illus.). 228p. (J). 28.62 *(978-0-267-25501-6(2))* Forgotten Bks.

Janucá. Lori Dittmer. 2021. (Semillas Del Saber Ser.). (SPA.). 24p. (J). (gr. -1-k). pap. 8.99 *(978-1-62832-979-7(3)*, 17927, Creative Paperbacks) Creative Co., The.

Janucá: Suma. Joseph Otterman. rev. ed. 2019. (Mathematics in the Real World Ser.). (SPA.). 24p. (gr. 1-2). pap. 9.99 *(978-1-4258-2841-7(8))* Teacher Created Materials, Inc.

Janus: A Novel (Classic Reprint) Edward Irenaeus Stevenson. 2018. (ENG., Illus.). 184p. (J). 27.69 *(978-0-483-61849-7(7))* Forgotten Bks.

Jap Herron: A Novel Written from the Ouija Board (Classic Reprint) Emily Grant Hutchings. 2017. (ENG., Illus.). 240p. (J). 28.85 *(978-0-331-80815-5(3))* Forgotten Bks.

Jap Herron; a Novel Written from the Ouija Board; with an Introduction, the Coming of Jap Herron. Emily Grant Hutchings. 2017. (ENG., Illus.). (J). pap. *(978-0-649-09787-6(4))* Trieste Publishing Pty Ltd.

Japan, 1 vol. Tracy Vonder Brink. 2022. (Exploring Countries Ser.). (ENG.). 24p. (J). (gr. k-2). lib. bdg. *(978-1-0396-4455-7(4)*, 16263); (Illus.). pap. *(978-1-0396-4646-9(8)*, 17205) Crabtree Publishing Co. (Crabtree Seedlings).

Japan, 1 vol. Susie Brooks. 2016. (Land & the People Ser.). (ENG.). 48p. (gr. 5-5). pap. 15.05 *(978-1-4824-5103-0(4)*, c9715751-5988-405f-887f-7c64e0d853bd) Stevens, Gareth Publishing LLLP.

Japan, 1 vol. Harriet Brundle. 2017. (World Adventures Ser.). (ENG.). 24p. (J). (gr. 1-2). pap. 9.25 *(978-1-5345-2398-2(7)*, 30d1bbd0-7ec1-4c8f-8f96-4a7c9ee1f2ba); lib. bdg. 26.23 *(978-1-5345-2396-8(0)*, 3331f13d-7b7a-4394-b5e5-5acec7d84bab) Greenhaven Publishing LLC.

Japan. Alexis Burling. 2022. (Essential Library of Countries Ser.). (ENG., Illus.). 112p. (J). (gr. 6-12). lib. bdg. 41.36 *(978-1-5321-9945-5(7)*, 40679, Essential Library) ABDO Publishing Co.

Japan. Catrina Daniels-Cowart. 2019. (Asian Countries Today Ser.). (Illus.). 96p. (J). (gr. 12). lib. bdg. 34.60 *(978-1-4222-4266-7(8))* Mason Crest.

Japan. Marty Gitlin. 2017. (Country Profiles Ser.). (ENG., Illus.). 32p. (J). (gr. 3-8). lib. bdg. 27.95 *(978-1-62617-684-3(1)*, Blastoff! Discovery) Bellwether Media.

Japan. Grace Hansen. 2019. (Countries Ser.). (ENG., Illus.). 24p. (J). (gr. -1-2). lib. bdg. 32.79 *(978-1-5321-8552-6(9)*, 31442, Abdo Kids) ABDO Publishing Co.

Japan, 1 vol. Joanne Mattern. 2018. (Exploring World Cultures (First Edition) Ser.). (ENG.). 32p. (gr. 3-3). pap. 12.16 *(978-1-5026-4338-4(3)*, a8aa18be-637e-41bd-9c79-9716b7f6b56a) Cavendish Square Publishing LLC.

Japan. Pamela McDowell. 2016. (Illus.). 32p. (J). *(978-1-5105-1903-9(3))* SmartBook Media, Inc.

Japan, 1 vol. Anna Obiols. 2018. (On the Way to School Ser.). (ENG.). 32p. (gr. 3-3). 28.93 *(978-1-5081-9579-5(X)*, 599d2d54-62b1-478b-9465-54e4d73bb9f1); pap. 11.00 *(978-1-5081-9580-1(3)*, 15496eb3-5ea7-45e8-ac18-de045ba37f22) Rosen Publishing Group, Inc., The. (Windmill Bks.).

Japan. Thomas Persano. 2017. (Countries We Come From Ser.). (ENG., Illus.). 32p. (J). (gr. k-3). 19.95 *(978-1-68402-253-3(3))* Bearport Publishing Co., Inc.

Japan. R. L. Van. 2022. (Countries (BBB) Ser.). (ENG., Illus.). 32p. (J). (gr. 2-5). lib. bdg. 34.21 *(978-1-5321-9967-7(8)*, 40723, Big Buddy Bks.) ABDO Publishing Co.

Japan. Peter Roop & Connie Roop. 2nd rev. ed. 2016. (Visit To Ser.). (ENG.). 32p. (J). (gr. k-2). pap. 8.29 *(978-1-4846-3873-6(5)*, 134814, Heinemann) Capstone.

Japan Day by Day, Vol. 1 Of 2: 1877, 1878-79, 1882-83 (Classic Reprint) Edward S. Morse. 2017. (ENG., Illus.). (J). 33.49 *(978-1-5285-5436-7(1))* Forgotten Bks.

Japan (Enchantment of the World) (Library Edition) Ruth Bjorklund. 2017. (Enchantment of the World. Second Ser.). (ENG., Illus.). 144p. (J). (gr. 5-9). lib. bdg. 40.00 *(978-0-531-23569-0(6)*, Children's Pr.) Scholastic Library Publishing.

Japan (Follow Me Around) (Library Edition) Wiley Blevins. 2017. (Follow Me Around... Ser.). (ENG., Illus.). 32p. (J). (gr. 3-4). lib. bdg. 27.00 *(978-0-531-23705-2(2)*, Children's Pr.) Scholastic Library Publishing.

Japan in Days of Yore (Classic Reprint) Walter Dening. (ENG., Illus.). (J). 2018. 212p. 28.43 *(978-0-428-52123-3(1))*; 2018. 698p. 38.29 *(978-0-267-23726-5(X))*; 2017. pap. 20.97 *(978-0-259-49508-6(5))* Forgotten Bks.

Japan in Days of Yore, Vol. 1 (Classic Reprint) Walter Dening. (ENG., Illus.). (J). 2018. 394p. 32.02 *(978-0-267-59075-9(X))*; 2016. pap. 16.57 *(978-1-334-15477-5(5))* Forgotten Bks.

Japan in Days of Yore, Vol. 3 (Classic Reprint) Walter Dening. 2017. (ENG., Illus.). (J). 458p. 33.36 *(978-0-332-39672-9(X))*; pap. 16.57 *(978-0-259-52288-1(0))* Forgotten Bks.

Japan Pop-Up Book: The Comic Adventures of Neko the Cat. Sam Ita. 2021. (Illus.). 12p. (gr. k-5). 22.99 *(978-4-8053-1649-8(7))* Tuttle Publishing.

Japan the Japanese (Classic Reprint) Walter Tyndale. 2018. (ENG., Illus.). 392p. (J). 32.00 *(978-0-364-23556-0(X))* Forgotten Bks.

Japanese Aggression in the Pacific. Christopher Chant. 2017. (World War II Ser.: Vol. 5). (ENG., Illus.). 80p. (YA). (gr. 7-12). 24.95 *(978-1-4222-3896-7(2))* Mason Crest.

Japanese American Imprisonment During World War II. Duchess Harris & Marne Ventura. 2019. (Freedom's Promise Set 3 Ser.). (ENG., Illus.). 48p. (J). (gr. 4-8). lib. bdg. 35.64 *(978-1-5321-9084-1(0)*, 33678) ABDO Publishing Co.

Japanese American Incarceration. Virginia Loh-Hagan. 2022. (21st Century Skills Library: Racial Justice in America: AAPI Histories Ser.). (ENG., Illus.). 32p. (J). (gr. 5-8). pap. 14.21 *(978-1-6689-1090-0(X)*, 221035); lib. bdg. 32.07 *(978-1-6689-0930-0(8)*, 220897) Cherry Lake Publishing.

Japanese American Internment. Michael Burgan. 2017. (Eyewitness to World War II Ser.). (ENG., Illus.). 112p. (J). (gr. 5-9). lib. bdg. 38.65 *(978-0-7565-5581-8(7)*, 135466, Compass Point Bks.) Capstone.

Japanese American Internment: Prisoners in Their Own Land. Steven Otfinoski. 2019. (Tangled History Ser.). (ENG., Illus.). 112p. (J). (gr. 3-9). pap. 6.95 *(978-1-5435-7557-6(9)*, 141089); lib. bdg. 32.65 *(978-1-5435-7257-5(X)*, 140593) Capstone.

Japanese American Internment Camps. Laura Hamilton Waxman. 2023. (Heroes of World War II (Alternator Books (r)) Ser.). (ENG., Illus.). 32p. (J). (gr. 3-6). pap. 9.99 *(978-1-7284-7697-1(6)*, ee478b77-18c1-41e1-bfa8-e54dcc47973b, Lerner Pubns.) Lerner Publishing Group.

Japanese & English Nursery Rhymes: Carp Streamers, Falling Rain & Other Favorite Songs & Rhymes (Audio Disc of Rhymes in Japanese Included) Danielle Wright. Illus. by Helen Acraman. 2019. (ENG.). 32p. (J). (gr. -1-3). 12.99 *(978-4-8053-1459-3(1))* Tuttle Publishing.

Japanese Art for the Beginner Anime Cartoonist. Activibooks For Kids. 2016. (ENG., Illus.). (J). pap. 6.99 *(978-1-68321-377-2(7))* Mimaxion.

Japanese Artist in London (Classic Reprint) Yoshio Markino. 2017. (ENG., Illus.). (J). 29.11 *(978-0-265-52389-6(3))* Forgotten Bks.

Japanese Beetle. August Hoeft. 2022. (I See Insects Ser.). (ENG.). (J). 20p. pap. 12.99 ***(978-1-5324-4146-2(0))***; 16p. (gr. -1-2). 24.99 ***(978-1-5324-3347-4(6))***; 16p. (gr. -1-2). pap. 12.99 ***(978-1-5324-2839-5(1))*** Xist Publishing.

Japanese Blossom (Classic Reprint) Onoto Watanna. 2017. (ENG., Illus.). 284p. (J). 29.75 *(978-0-332-23474-8(6))* Forgotten Bks.

Japanese Bobtails. Betsy Rathburn. 2017. (Cool Cats Ser.). (ENG., Illus.). 24p. (J). (gr. k-3). lib. bdg. 26.95 *(978-1-62617-562-4(4)*, Blastoff! Readers) Bellwether Media.

Japanese Boy (Classic Reprint) Shiukichi Shigemi. 2017. (ENG., Illus.). (J). 26.62 *(978-0-331-74841-3(X))* Forgotten Bks.

Japanese Celebrations for Children: Festivals, Holidays & Traditions. Betty Reynolds. 2023. (Illus.). 48p. (J). (gr. 2-5). 16.99 *(978-4-8053-1738-9(8))* Tuttle Publishing.

Japanese Coloring Book for Kids Ages 8 - 12: Fun & Easy Coloring Pages with Anime, Mandalas, Samurais, Dragons & More with Our Activity Book for Kids. Lizeth Smith. 2022. (ENG.). 92p. (J). pap. 9.95 ***(978-1-0881-2656-1(1))*** Indy Pub.

Japanese Coloring Book for Kids! Discover & Enjoy a Variety of Coloring Pages. Bold Illustrations. 2021. (ENG.). 82p. (J). pap. 11.99 *(978-1-0717-0631-2(4)*, Bold Illustrations) FASTLANE LLC.

Japanese Episodes (Classic Reprint) Edward Howard House. 2018. (ENG., Illus.). 250p. (J). 29.07 *(978-0-483-35967-3(X))* Forgotten Bks.

Japanese Essential Dictionary: All the Words You Need, Every Day. Collins Dictionaries. 2nd rev. ed. 2018. (Collins Essential Editions Ser.). (ENG.). 480p. 12.95 *(978-0-00-827071-1(6))* HarperCollins Pubs. Ltd. GBR. Dist: Independent Pubs. Group.

Japanese Fairy Book. Yei Theodora Ozaki & Take Sato. 2017. (ENG., Illus.). (J). (gr. 3-3). pap. *(978-0-649-61747-0(9))* Trieste Publishing Pty Ltd.

Japanese Fairy Book (Classic Reprint) Yei Theodora Ozaki. 2017. (ENG., Illus.). (J). 30.33 *(978-0-265-57477-5(3))* Forgotten Bks.

Japanese Fairy Tale Series, Vol. 2: The Tongue Cut Sparrow (Classic Reprint) David Thomson. 2018. (ENG., Illus.). 22p. (J). 24.37 *(978-0-267-29942-3(7))* Forgotten Bks.

Japanese Fairy Tales (Classic Reprint) Lafcadio Hearn. 2017. (ENG., Illus.). (J). pap. 9.97 *(978-0-243-07238-5(4))* Forgotten Bks.

Japanese Fairy Tales (Classic Reprint) Lafcadio Hearn. 2017. (ENG., Illus.). (J). 27.24 *(978-0-266-19023-3(5))* Forgotten Bks.

Japanese Fairy Tales (Classic Reprint) Teresa Peirce Williston. (ENG., Illus.). (J). 2018. 86p. 25.69 *(978-0-364-78266-8(8))*; 2017. 26.00 *(978-0-260-10678-6(X))*; 2016. pap. 9.57 *(978-1-333-27333-0(9))* Forgotten Bks.

Japanese Fairy World. William Elliot Griffis. 2017. (ENG.). (J). 336p. pap. *(978-3-7447-1593-5(0))*; 340p. pap. *(978-3-7447-2817-1(X))* Creation Pubs.

Japanese Fairy World: Stories from the Wonder-Lore of Japan (Classic Reprint) William Elliot Griffis. 2017. (ENG., Illus.). (J). 31.32 *(978-0-331-39278-4(X))* Forgotten Bks.

Japanese Folk Stories & Fairy Tales (Classic Reprint) Mary F. Nixon-Roulet. 2017. (ENG., Illus.). (J). 27.92 *(978-1-5282-7128-8(9))* Forgotten Bks.

Japanese Folktales. Kathie Goodale. Ed. by William Prendergast. Illus. by Dan Murphy. 2022. (ENG.). 48p. (J). 19.99 ***(978-0-578-63490-6(2))*** Paulisich, Laura.

Japanese Giant Hornets Horrify!, 1 vol. Jill Keppeler. 2017. (Insects: Six-Legged Nightmares Ser.). (ENG.). 24p. (J). (gr. 2-3). pap. 9.15 *(978-1-5382-1263-9(3)*, b620d305-1580-427a-949e-9a96901ba934); lib. bdg. 24.27 *(978-1-5382-1265-3(X)*, 399f25bd-d680-41bd-9060-647a975597f2) Stevens, Gareth Publishing LLLP.

Japanese Girls & Women. Alice Mabel Bacon. 2017. (ENG.). 352p. (J). pap. *(978-3-337-17087-5(0))* Creation Pubs.

Japanese Gods, Heroes, & Mythology. Tammy Gagne. 2018. (Gods, Heroes, & Mythology Ser.). (ENG., Illus.). 48p. (J). (gr. 4-8). lib. bdg. 35.64 *(978-1-5321-1784-8(1)*, 30856) ABDO Publishing Co.

Japanese Hitory Explained by Professors from University of Tokyo. Wajin Hongo. 2018. (ENG.). (J). *(978-4-478-10395-1(X))* Diamond Co. Ltd.

Japanese House-Party (Classic Reprint) Sadi Grant. (ENG., Illus.). (J). 2018. 332p. 30.74 *(978-0-365-27566-4(2))*; 2017. pap. 13.57 *(978-1-5276-1717-9(3))* Forgotten Bks.

Japanese Immigrants: In Their Shoes. Clara MacCarald. 2017. (Immigrant Experiences Ser.). (ENG.). 32p. (J). (gr. 3-6). lib. bdg. 35.64 *(978-1-5038-2027-2(0)*, 211849) Child's World, Inc, The.

Japanese Interior (Classic Reprint) Alice Mabel Bacon. 2017. (ENG., Illus.). (J). 30.29 *(978-0-266-55906-1(9))* Forgotten Bks.

Japanese Journey (Classic Reprint) Natalie B. Grinnell. 2018. (ENG., Illus.). 120p. (J). 26.37 *(978-0-332-82427-7(6))* Forgotten Bks.

Japanese Life, Love, & Legend: A Visit to the Empire of the Rising Sun, from le Japon of or Maurice Dubard (Classic Reprint) William Conn. 2018. (ENG., Illus.). 360p. (J). 31.34 *(978-0-666-94678-2(7))* Forgotten Bks.

Japanese Marriage (Classic Reprint) Douglas Sladen. 2018. (ENG., Illus.). 440p. (J). 32.97 *(978-0-483-82334-1(1))* Forgotten Bks.

Japanese Memories (Classic Reprint) Ethel Howard. (ENG., Illus.). (J). 2018. 332p. 30.74 *(978-0-267-72718-6(6))*; 2016. pap. 13.57 *(978-1-332-71249-6(5))* Forgotten Bks.

Japanese Myths, Legends & Folktales: Bilingual English & Japanese Edition (12 Folktales) Yuri Yasuda. Tr. by Yumi Matsunari & Yumi Yamaguchi. Illus. by Yoshinobu Sakakura. ed. 2019. 128p. (J). (gr. k-9). 17.99 *(978-4-8053-1473-9(7))* Tuttle Publishing.

Japanese Nightingale (Classic Reprint) Onoto Watanna. 2017. (ENG., Illus.). 240p. (J). 28.85 *(978-1-5285-8787-7(1))* Forgotten Bks.

Japanese Romance: Illustrated in Colours by Arthur G. Dove (Classic Reprint) Clive Holland. 2018. (ENG., Illus.). 364p. (J). 31.40 *(978-0-483-44531-4(2))* Forgotten Bks.

Japanese Spider Crabs. Emma Bassier. (Weird & Wonderful Animals Ser.). (ENG., Illus.). 32p. (J). 2020. (gr. 3-3). pap. 9.95 *(978-1-64494-335-9(2)*, 1644943352); 2019. (gr. 2-5). lib. bdg. 32.79 *(978-1-5321-6605-1(2)*, 33312, DiscoverRoo) Pop!.

Japanese Spider Crabs. Wendy Perkins. (Weird & Unusual Animals Ser.). (ENG., Illus.). 24p. (J). (gr. 1-4). 2018. pap. 8.99 *(978-1-68152-189-3(X)*, 16101); 2017. 20.95 *(978-1-68151-158-0(4)*, 14701) Amicus.

Japanese Twins. Lucy Fitch Perkins. 2018. (ENG., Illus.). 66p. (YA). (gr. 7-12). pap. *(978-93-5297-565-5(0))* Alpha Editions.

Japanese Twins (Classic Reprint) Lucy Fitch Perkins. 2018. (ENG., Illus.). (J). 186p. 27.73 *(978-0-365-06394-0(0))*; 188p. pap. 10.57 *(978-0-656-75210-2(6))* Forgotten Bks.

Japanische Märchen. Karl Alberti. 2017. (GER., Illus.). 120p. (J). pap. *(978-3-337-35235-6(9))* Creation Pubs.

Japapa. Gary Schmelz. 2023. (ENG.). 270p. (YA). pap. 16.95 ***(978-1-954396-46-3(5))*** Barringer Publishing.

Japhet: In Search of a Father (Classic Reprint) Frederick Marryat. 2017. (ENG., Illus.). (J). 32.29 *(978-0-265-20813-7(0))* Forgotten Bks.

Japhet in Search of a Father (Classic Reprint) Frederick Marryat. (ENG., Illus.). (J). 2018. 230p. 28.66 *(978-0-666-61164-2(5))*; 2017. pap. 11.57 *(978-0-259-24527-8(5))* Forgotten Bks.

Japhet, in Search of a Father, Vol. 1 of 3 (Classic Reprint) Frederick Marryat. 2018. (ENG., Illus.). 316p. (J). 30.41 *(978-0-484-71011-4(7))* Forgotten Bks.

Japhet, in Search of a Father, Vol. 2 of 3 (Classic Reprint) Frederick Marryat. (ENG., Illus.). (J). 2018. 310p. 30.31 *(978-0-364-91820-3(9))*; 2017. pap. 13.57 *(978-1-5276-3169-4(9))* Forgotten Bks.

Japhet, Vol. 3 Of 3: In Search of a Father (Classic Reprint) Frederick Marryat. (ENG., Illus.). (J). 2018. 336p. 30.83 *(978-0-483-78302-7(1))*; 2017. pap. 13.57 *(978-0-259-00625-1(4))* Forgotten Bks.

Japón. Tracy Vonder Brink. 2022. (Explorando Países (Exploring Countries) Ser.). (SPA.). 24p. (J). (gr. k-2). pap. *(978-1-0396-4932-3(7)*, 19904); lib. bdg. *(978-1-0396-4805-0(3)*, 19903) Crabtree Publishing Co.

Japón (Japan) Grace Hansen. 2019. (Países (Countries) Ser.). (SPA.). 24p. (J). (gr. -1-2). lib. bdg. 32.79 *(978-1-0982-0091-6(8)*, 33056, Abdo Kids) ABDO Publishing Co.

Japón (Japan), 1 vol. Anna Obiols. 2018. (Camino a la Escuela (on the Way to School) Ser.). (SPA.). 32p. (gr. 3-3). 28.93 *(978-1-5081-9583-2(8)*, 0fd1a058-44ee-4e5b-becf-32f7954a2c17); pap. 11.00 *(978-1-5081-9584-9(6)*, c645a036-622c-464f-9858-90a83258215f) Rosen Publishing Group, Inc., The. (Windmill Bks.).

Japonette (Classic Reprint) Robert W. Chambers. 2018. (ENG., Illus.). 400p. (J). 32.17 *(978-0-332-17811-0(0))* Forgotten Bks.

Japonette (Classic Reprint) Robert William Chambers. 2017. (ENG., Illus.). (J). 32.50 *(978-0-265-73041-6(4))*; pap. 16.57 *(978-1-5276-9121-6(7))* Forgotten Bks.

J'apprends à Aider: Ne Rien Faire Ou Intervenir? Connie Colwell Miller. Illus. by Victoria Assanelli. 2020. (Faire le Bon Choix Ser.). (FRE.). 24p. (J). (gr. k-3). lib. bdg. *(978-1-77092-512-0(0)*, 11370) Amicus.

J'apprends à Gérer Mon Argent: Dépenser Ou économiser? Connie Colwell Miller. Illus. by Victoria Assanelli. 2020. (Faire le Bon Choix Ser.). (FRE.). 24p. (J). (gr. k-3). lib. bdg. *(978-1-77092-515-1(5)*, 11373) Amicus.

J'apprends la Persévérance: Abandonner Ou Continuer? Connie Colwell Miller. Illus. by Victoria Assanelli. 2020. (Faire le Bon Choix Ser.). (FRE.). 24p. (J). (gr. k-3). lib. bdg. *(978-1-77092-514-4(7)*, 11372) Amicus.

J'apprends la Politesse: être Impoli Ou Avoir du Tact? Connie Colwell Miller. Illus. by Victoria Assanelli. 2020. (Faire le Bon Choix Ser.). (FRE.). 24p. (J). (gr. k-3). lib. bdg. *(978-1-77092-513-7(9)*, 11371) Amicus.

Japs at Home (Classic Reprint) Douglas Sladen. 2017. (ENG., Illus.). 368p. (J). 31.49 *(978-0-484-84110-8(6))* Forgotten Bks.

Jar Full of Angel Feathers. Susan Russell. 2017. (ENG., Illus.). (J). pap. *(978-0-9956006-5-2(1))* Blossom Spring Publishing.

Jar Full of Eyes. Print on Demand. 2021. (ENG.). 22p. (J). pap. *(978-0-6398324-2-5(3))* Pro Christo Publications.

J

Jar of Honey from Mount Hybla. Leigh Hunt. 2017. (ENG.). 280p. (J). pap. (978-3-337-31731-7(6)); pap. (978-3-337-28877-8(4)) Creation Pubs.

Jar of Honey from Mount Hybla (Classic Reprint) Leigh Hunt. 2017. (ENG., Illus.). (J). 29.75 (978-0-265-20812-0(2)) Forgotten Bks.

Jar of Yellow Pencils. Shalynn Mellerup. 2018. (ENG., Illus.). 34p. (J). 22.95 (978-1-64003-700-7(4)); pap. 13.95 (978-1-64003-699-4(7)) Covenant Bks.

Jar That Holds the Universe: Book 1. C. S. Tjandra. 2023. (Alkaa Ser.). 324p. (J). (gr. 4-7). pap. 16.99 BookBaby.

Jaradee's Legacy. (Unfolding Trilogy Ser.: Vol. 5). (ENG., Illus.). 298p. (YA). 2018. 29.99 (978-0-9834761-9-1(5)); 2017. pap. 11.99 (978-0-9834761-4-6(4)) CheeTrann Creations LLC.

Jardin D'Armoiries: Contenant les Armes de Plusieurs Nobles Royaumes et Maisons de Germanie Inferieure (Classic Reprint) Jean Lautte. 2017. (FRE., Illus.). (J). 31.78 (978-0-331-82487-2(6)); pap. 16.57 (978-0-282-47006-7(9)) Forgotten Bks.

Jardin de Abdul Gazasi. Chris Van Allsburg. 2017. (Especiales de a la Orilla Del Viento Ser.). (SPA.). 40p. (J). 12.99 (978-607-16-5220-1(0)) Fondo de Cultura Economica USA.

Jardin de Jules. Hélène Drouart. 2020. (FRE.). 32p. (J). pap. (978-1-716-44595-8(7)) Lulu Pr., Inc.

Jardin de Nina. Azucena Ordonez Rodas. (SPA.). (J). 2019. 46p. pap. (978-0-359-40368-4(9)); 2018. (Illus.). 40p. pap. (978-0-359-07707-6(2)) Lulu Pr., Inc.

Jardin de Plaisance et Fleur de Rethorique: Reproduction en Fac-Similé (Classic Reprint) Antoine Verard. 2018. (FRE., Illus.). 544p. (J). 35.12 (978-0-656-46843-0(2)) Forgotten Bks.

Jardín Del Señor Soto: Leveled Reader Book 21 Level M 6 Pack. Hmh Hmh. 2021. (SPA.). 32p. (J). pap. 74.40 (978-0-358-08418-1(0)) Houghton Mifflin Harcourt Publishing Co.

Jardin des Racines Greques, Mises en Vers Francois: Avec un Traite des Prepositions, et Autres Particules Indeclinables, et un Recueil Alphabetique des Mots Francois Tirez de la Langue Greque, Soit Par Allusion, Soit Par Etymologie. Claude Lancelot. 2017. (FRE., Illus.). (J). pap. 16.57 (978-0-282-47958-9(9)) Forgotten Bks.

Jardin des Racines Greques, Mises en Vers François: Avec un Traité des PRépositions, et Autres Particules Indeclinables, et un Recueil Alphabetique des Mots François Tirez de la Langue Greque, Soit Par Allusion, Soit Par Étymologie. Claude Lancelot. 2018. (FRE., Illus.). 414p. (J). 32.44 (978-0-666-40842-6(4)) Forgotten Bks.

Jardín en la Cocina: Set of 6 Common Core Edition. Natalie Lunis & Benchmark Education Company, LLC Staff. 2016. (Navigators Ser.). (SPA.). (J). (gr. 3). 54.00 net. (978-1-5125-0841-3(1)) Benchmark Education Co.

Jardin Interior. Maureen Garth. (SPA.). 120p. 7.70 (978-84-89920-73-6(7), 87108) Ediciones Oniro S.A. ESP. Dist: Lectorum Pubns., Inc.

Jardin Invisible see Invisible GardenLe Jardin Invisible

Jardín Secreto de Akiko. Nadja. 2019. 32p. (J). (gr. 1-3). pap. 7.99 (978-607-8614-12-7(6)) V&R Editoras.

Jardines: Leveled Reader Book 10 Level I 6 Pack. Hmh Hmh. 2021. (SPA.). 16p. (J). pap. 74.40 (978-0-358-08315-3(X)) Houghton Mifflin Harcourt Publishing Co.

Jardinière des Océans. Sarah Lalonde. Illus. by France Cormier. 2022. (FRE.). 32p. (J). (gr. 1-3). 19.95 (978-2-7644-4629-4(2)) Quebec Amerique CAN. Dist: Orca Bk. Pubs. USA.

Jared & the Sacred Emerald. Tamara Trotman. 2019. (ENG.). 88p. (J). (gr. k-2). pap. 18.95 (978-1-988736-54-9(4)) Floating Castles Media Inc. CAN. Dist: Independent Pubs. Group.

Jared Goff. Derek Moon. 2020. (PrimeTime: Superstar Quarterbacks Ser.). (ENG.). 32p. (J). (gr. 3-4). pap. 9.95 (978-1-63494-228-7(0), 1634942280); lib. bdg. 31.35 (978-1-63494-210-2(8), 1634942108) Pr. Room Editions LLC.

Jared Learns about Belfast. Tracilyn George. 2021. (ENG.). 26p. (J). pap. 11.00 (978-1-77475-324-8(3)) Lulu Pr., Inc.

Jarhedz - the Jam Jar Busters. Paul Pond. 2016. (ENG., Illus.). (J). pap. (978-0-9956760-3-9(8)) Mode 2 Enterprise Ltd.

Jaro & Frog. Kara Rutledge. 2017. (ENG., Illus.). 32p. (J). pap. (978-1-365-86544-2(4)) Lulu Pr., Inc.

Jarod & the Mystery of the Utah Arches: A National Park Adventure Series Book. Illus. by Janice J. Beaty & Lillian C. Beaty. 2016. 118p. (J). pap. (978-1-63293-122-1(2)) Sunstone Pr.

Jars. Jesse Lipscombe. 2023. (ENG.). 168p. (YA). (978-1-0391-6475-8(7)); pap. (978-1-0391-6474-1(9)) FriesenPress.

JAS & the Fundraiser. Shaquana Jackson. l.t. ed. 2021. (ENG.). 34p. (J). pap. 12.95 (978-1-7347985-9-3(9)) Author Pubns.

Jasiah & Grandma. Stephanie Reddick-Washington. 2021. (ENG., Illus.). 28p. (J). 24.95 (978-1-63885-407-4(6)) Covenant Bks.

Jasmine #3. Maggie Wells. 2016. (ENG., Illus.). (YA). (gr. 8-12). pap. 12.99 (978-1-68076-640-0(6), Epic Pr.) ABDO Publishing Co.

Jasmine Green Rescues: a Collie Called Sky. Helen Peters. Illus. by Ellie Snowdon. 2020. (Jasmine Green Ser.). (ENG.). 160p. (J). (gr. 2-4). 14.99 (978-1-5362-1026-2(9)); pap. 6.99 (978-1-5362-1571-7(6)) Candlewick Pr.

Jasmine Green Rescues: a Donkey Called Mistletoe. Helen Peters. Illus. by Ellie Snowdon. 2021. (Jasmine Green Ser.). (ENG.). 160p. (J). (gr. 2-4). 14.99 (978-1-5362-2245-6(3)); pap. 6.99 (978-1-5362-2246-3(1)) Candlewick Pr.

Jasmine Green Rescues: a Duckling Called Button. Helen Peters. Illus. by Ellie Snowdon. 2020. (Jasmine Green Ser.). (ENG.). 160p. (J). (gr. 2-4). 14.99 (978-1-5362-1025-5(0)); pap. 6.99 (978-1-5362-1458-1(2)) Candlewick Pr.

Jasmine Green Rescues: a Foal Called Storm. Helen Peters. Illus. by Ellie Snowdon. 2022. (Jasmine Green Ser.). (ENG.). 144p. (J). (gr. 2-4). 14.99 (978-1-5362-2271-5(2)); pap. 6.99 (978-1-5362-2272-2(0)) Candlewick Pr.

Jasmine Green Rescues: a Goat Called Willow. Helen Peters. Illus. by Ellie Snowdon. 2021. (Jasmine Green Ser.). (ENG.). 160p. (J). (gr. 2-4). 14.99 (978-1-5362-1029-3(3)); pap. 6.99 (978-1-5362-1605-9(4)) Candlewick Pr.

Jasmine Green Rescues: a Kitten Called Holly. Helen Peters. Illus. by Ellie Snowdon. 2020. (Jasmine Green Ser.). (ENG.). 160p. (J). (gr. 2-4). 14.99 (978-1-5362-1027-9(7)); pap. 6.99 (978-1-5362-1572-4(4)) Candlewick Pr.

Jasmine Green Rescues: a Lamb Called Lucky. Helen Peters. Illus. by Ellie Snowdon. 2021. (Jasmine Green Ser.). (ENG.). 144p. (J). (gr. 2-4). 14.99 (978-1-5362-1028-6(5)); pap. 6.99 (978-1-5362-1604-2(6)) Candlewick Pr.

Jasmine Green Rescues: a Piglet Called Truffle. Helen Peters. Illus. by Ellie Snowdon. 2020. (Jasmine Green Ser.). (ENG.). 160p. (J). (gr. 2-4). 14.99 (978-1-5362-1024-8(2)); pap. 6.99 (978-1-5362-1459-8(0)) Candlewick Pr.

Jasmine Hates Wash Hair Days! Caroline Reme. 2016. (ENG., Illus.). 26p. (J). pap. 10.99 (978-0-9964615-0-4(7)) Mindstir Media.

Jasmine Toguchi, Brave Explorer. Debbi Michiko Florence. Illus. by Elizabet Vukovic. 2023. (Jasmine Toguchi Ser.: 5). (ENG.). 128p. (J). pap. 7.99 (978-1-250-82460-8(5), 900251358) Square Fish.

Jasmine Toguchi, Bridge Builder. Debbi Michiko Florence. Illus. by Elizabet Vukovic. 2023. (Jasmine Toguchi Ser.: 7). (ENG.). 128p. (J). 16.99 (978-0-374-38936-9(5), 900251363, Farrar, Straus & Giroux (BYR)) Farrar, Straus & Giroux.

Jasmine Toguchi, Drummer Girl. Debbi Michiko Florence. Illus. by Elizabet Vukovic. 2018. (Jasmine Toguchi Ser.: 3). (ENG.). 128p. (J). pap. 5.99 (978-0-374-30836-0(5), 900185579, Farrar, Straus & Giroux (BYR)) Farrar, Straus & Giroux.

Jasmine Toguchi, Flamingo Keeper. Debbi Michiko Florence. Illus. by Elizabet Vukovic. 2018. (Jasmine Toguchi Ser.: 4). (ENG.). 128p. (J). pap. 5.99 (978-0-374-30837-7(3), 900185590, Farrar, Straus & Giroux (BYR)) Farrar, Straus & Giroux.

Jasmine Toguchi, Great Gardener. Debbi Michiko Florence. Illus. by Elizabet Vukovic. 2023. (Jasmine Toguchi Ser.: 8). (ENG.). 128p. (J). 16.99 (978-0-374-38938-3(1), 900251366, Farrar, Straus & Giroux (BYR)) Farrar, Straus & Giroux.

Jasmine Toguchi, Mochi Queen. Debbi Michiko Florence. 2017. (J). pap. (978-0-374-30411-9(4)) Farrar, Straus & Giroux.

Jasmine Toguchi, Mochi Queen. Debbi Michiko Florence. Illus. by Elizabet Vukovic. 2017. (Jasmine Toguchi Ser.: 1). (ENG.). 128p. (J). 15.99 (978-0-374-30410-2(6), 900158910); pap. 5.99 (978-0-374-30834-6(9), 900185577) Farrar, Straus & Giroux. (Farrar, Straus & Giroux (BYR)).

Jasmine Toguchi, Peace-Maker. Debbi Michiko Florence. Illus. by Elizabet Vukovic. 2023. (Jasmine Toguchi Ser.: 6). (ENG.). 128p. (J). 15.99 (978-0-374-38934-5(9), 900251360, Farrar, Straus & Giroux (BYR)) Farrar, Straus & Giroux.

Jasmine Toguchi, Super Sleuth. Debbi Michiko Florence. Illus. by Elizabet Vukovic. 2017. (J). pap. (978-0-374-30414-0(9)) Farrar, Straus & Giroux.

Jasmine Toguchi, Super Sleuth. Debbi Michiko Florence. Illus. by Elizabet Vukovic. 2017. (Jasmine Toguchi Ser.: 2). (ENG.). 128p. (J). 16.99 (978-0-374-30413-3(0), 900158913); pap. 5.99 (978-0-374-30835-3(7), 900185578) Farrar, Straus & Giroux. (Farrar, Straus & Giroux (BYR)).

Jasmine Zumideh Needs a Win: A Novel. Susan Azim Boyer. 2022. (ENG., Illus.). 336p. (YA). 18.99 (978-1-250-83368-6(X), 900253768, Wednesday Bks.) St. Martin's Pr.

Jasmine's Big Dreams. Renee Thomas & Jasmine Thomas. Illus. by Stephanie de la Cruz. 2021. (ENG.). 26p. (J). pap. 10.00 (978-1-0878-8022-8(X)) Indy Pub.

Jasmine's Curly Twirly Hair: A Story of Self Love & Aspirations. Shaquela Leslie. 2021. (ENG.). 26p. (J). 18.99 (978-1-7365502-2-9(5)) SML Bks.

Jasmine's Curly Twirly Hair: A Story of Self Love & Aspirations. Shaquela Monique Leslie. 2021. (ENG.). 26p. (J). pap. 13.99 (978-1-7365502-0-5(9)) leslie, shaquela.

Jasmine's New School. Gretel Matawan. 2021. (ENG.). 38p. (J). pap. (978-1-922621-24-5(2)) Library For All Limited.

Jasmine's Story. Melissa Lagonegro. 2019. (Disney 8x8 Ser.). (ENG.). 24p. (J). (gr. k-1). 15.96 (978-1-64310-989-3(8)) Penworthy Co., LLC, The.

Jason: Second Adventure. Howard Blaine. 2020. (ENG., Illus.). 120p. (YA). pap. 11.95 (978-1-5069-0887-8(X)) First Edition Design Publishing.

Jason & the Junk Monster. Mutz Marie. 2021. (ENG., Illus.). 24p. (J). 24.95 (978-1-63881-330-9(2)); pap. 13.95 (978-1-63881-042-1(7)) Newman Springs Publishing, Inc.

Jason & the Totally Funky Fleece. Blake Hoena. Illus. by Ivica Stevanovic. 2019. (Michael Dahl Presents: Gross Gods Ser.). (ENG.). 64p. (J). (gr. 3-5). pap. 6.95 (978-1-4965-8461-8(9), 140986); lib. bdg. 21.99 (978-1-4965-8360-4(4), 140649) Capstone. (Stone Arch Bks.).

Jason Edwards: An Average Man (Classic Reprint) Hamlin Garland. 2018. (ENG., Illus.). 226p. (J). 28.56 (978-0-332-54986-6(0)) Forgotten Bks.

Jason Hildreth's Identity (Classic Reprint) Virna Woods. 2017. (ENG., Illus.). (J). 25.42 (978-0-265-67798-8(X)); pap. 9.57 (978-1-5276-4771-8(4)) Forgotten Bks.

Jason Learns about Fruits & Vegetables. Felice S C. l.t. ed. 2023. (ENG.). 44p. (J). pap. 9.99 (978-1-955050-16-6(3)) Right Side Publishing.

Jason, Lizzy & the Snowman Village. Charity Marie. Illus. by Mikey Brooks. 2020. (ENG.). 114p. (J). pap. 9.99 (978-1-7349369-8-8(3)) Texas Pride Publishing.

Jason, Lizzy, & the Snowman Village. Charity Marie. 2020. (ENG.). 114p. (J). 19.99 (978-1-7349369-9-5(1)) Texas Pride Publishing.

Jason Momoa. Martha London. 2020. (Superhero Superstars Ser.). (ENG., Illus.). 32p. (J). (gr. 2-3). pap. 9.95 (978-1-64493-449-4(3), 1644934493); lib. bdg. 31.35 (978-1-64493-373-2(X), 164493373X) North Star Editions. (Focus Readers).

Jason Reynolds's Track Series (Boxed Set) Ghost; Patina; Sunny; Lu. Jason Reynolds. ed. 2018. (Track Ser.). (ENG.). 832p. (J). (gr. 5). 69.99 (978-1-5344-3979-5(X), Atheneum/Caitlyn Dlouhy Books) Simon & Schuster Children's Publishing.

Jason Reynolds's Track Series Paperback Collection (Boxed Set) Ghost; Patina; Sunny; Lu. Jason Reynolds. ed. 2019. (Track Ser.). (ENG.). 896p. (J). (gr. 5). pap. 31.99 (978-1-5344-6243-4(0), Atheneum/Caitlyn Dlouhy Books) Simon & Schuster Children's Publishing.

Jason Sherlock: Great Irish Sports Stars. Donny Mahoney. 2021. (Great Irish Sports Stars Ser.: 5). (ENG.). 208p. (J). pap. 13.99 (978-1-78849-252-2(8)) O'Brien Pr., Ltd., The IRL. Dist: Casemate Pubs. & Bk. Distributors, LLC.

Jason, the Argonauts, & the Golden Fleece: An Interactive Mythological Adventure. Blake Hoena. Illus. by James Nathan. 2016. (You Choose: Ancient Greek Myths Ser.). (ENG.). 112p. (J). (gr. 3-7). lib. bdg. 32.65 (978-1-4914-8113-4(7), 130604, Capstone Pr.) Capstone.

Jason... visits the Museum! Jason E. Williams. Illus. by Cameron Wilson. 2021. (ENG.). 58p. (J). 30.00 (978-1-0880-0205-6(6)); pap. 20.00 (978-1-0879-9046-0(7)) Indy Pub.

Jason Voorhees. Kenny Abdo. 2019. (Hollywood Monsters Ser.). (ENG., Illus.). 32p. (J). (gr. 2-8). lib. bdg. 31.36 (978-1-5321-2746-5(4), 31699, Abdo Zoom-Fly) ABDO Publishing Co.

Jason's First Grade Homework! Terrie Hall. 2022. (ENG.). 32p. (J). pap. 10.99 (978-1-6629-0587-2(4)) Gatekeeper Pr.

Jason's Gift. Kysha M. Williams. 2022. (ENG.). 32p. (J). pap. 14.95 (978-1-68517-808-6(1)) Christian Faith Publishing.

Jason's Journey. Jacqueline D. Price. 2017. (ENG., Illus.). (J). (978-0-9939107-2-2(6)); pap. (978-0-9939107-1-5(8)) Kilcoe Energy Ltd.

Jason's Present. Patsy Stackhouse. 2019. (ENG., Illus.). 46p. (J). pap. 15.99 (978-1-951263-40-9(5)) Pen It Pubns.

Jason's Seven Magical Night Rides see Jason's Wonderful Week of Fabulous Night Rides

Jason's Story: My Private Space. Sabrina Kirkland. Illus. by Tiffany Smith. 2021. (ENG.). 40p. (J). pap. 15.95 (978-1-0980-8764-7(X)) Christian Faith Publishing.

Jaspa's Journey 2: The Pride of London. Rich Meyrick. 2016. (ENG., Illus.). (J). (gr. 4-6). pap. 15.95 (978-1-62815-315-6(6)) Speaking Volumes, LLC.

Jaspa's Journey 4: The Hermit of Kennecott. Rich Meyrick. 2020. (Jaspa's Journey Ser.: Vol. 4). (ENG.). 374p. (J). pap. 17.95 (978-1-62815-319-4(9)) Speaking Volumes, LLC.

Jasper - in - 4th of July Fireworks. Nick Bonomo. 2016. (ENG., Illus.). 32p. (J). pap. (978-1-365-15594-9(3)) Lulu Pr., Inc.

Jasper - in - the Garbage Can. Nick Bonomo. 2016. (ENG., Illus.). 32p. (J). pap. (978-1-365-04763-3(6)) Lulu Pr., Inc.

Jasper & Ollie. Alex Willan. 2019. (Illus.). 40p. (J). (gr. -1-2). 18.99 (978-0-525-64521-4(7), Doubleday Bks. for Young Readers) Random Hse. Children's Bks.

Jasper & Pearl. Barbara Crisp. 2023. (ENG.). 36p. (J). (978-1-0391-8349-0(2)); pap. (978-1-0391-8348-3(4)) FriesenPress.

Jasper & the Christmas Faeries. Paul Entrekin & Lisa Entrekin. Illus. by Jane Brobst. 2022. (Tales of Rufus the Rocky Creek Ranch Dog Ser.). (ENG.). 28p. (J). 19.99 (978-1-63337-632-8(X)) Columbus Pr.

Jasper & the Riddle of Riley's Mine. Caroline Starr Rose. (Illus.). (J). (gr. 5). 2022. 336p. 8.99 (978-0-14-751188-1(7)); 2017. 304p. 16.99 (978-0-399-16811-6(7)) Penguin Young Readers Group. (G.P. Putnam's Sons Books for Young Readers).

Jasper & the Sacred Sceptre. K. C. Lee. 2018. (Mogwog Wars Ser.: Vol. 1). (ENG.). 394p. (J). pap. (978-1-9993370-1-8(8)) Cherry Blossom Publishing.

Jasper & the Well of Wizdom. Linda McNabb. 2020. (ENG.). 246p. (YA). pap. 10.99 (978-1-393-19892-5(9)) Draft2Digital.

Jasper & the Yeti. Grant Olsen. Illus. by Mike Carpenter. 2022. (ENG.). 32p. (J). (gr. -1-3). 16.99 (978-1-4621-4525-6(6), Sweetwater Bks.) Cedar Fort, Inc./CFI Distribution.

Jasper & the Yeti. Grant Olsen. 2022. (ENG.). 32p. (J). pap. 12.99 (978-1-4621-4326-9(1), Sweetwater Bks.) Cedar Fort, Inc./CFI Distribution.

Jasper at Plumrose Farm. Lilli Sutherland. 2016. (ENG., Illus.). 25p. (J). pap. 13.95 (978-1-78612-614-6(1), 4375b497-e400-4b09-8651-7b3faeac1554) Austin Macauley Pubs. Ltd. GBR. Dist: Baker & Taylor Publisher Services (BTPS).

Jasper Crowe (Classic Reprint) John H. Mancur. (ENG., Illus.). (J). 2018. 72p. 25.38 (978-0-666-18481-8(X)); 2016. pap. 9.57 (978-1-333-41713-0(6)) Forgotten Bks.

Jasper Fabulous. Allison McWood. Illus. by Terry Castellani. 2019. (ENG.). 28p. (J). pap. (978-1-9994377-3-2(X)) Annelid Pr.

Jasper Has Left the Building! Donald W. Kruse. Illus. by Crank Donny. 2016. (ENG.). (J). (gr. k-5). pap. 14.95 (978-0-9969964-7-1(8)) Zaccheus Entertainment Co.

Jasper Has Returned! Donald W. Kruse. Illus. by Donny Crank. 2016. (ENG.). (J). (gr. k-5). pap. 14.95 (978-0-9969964-8-8(6)) Zaccheus Entertainment Co.

Jasper Hunnicutt of Jimpsonhurst (Classic Reprint) Clarence Ely Votaw. (ENG., Illus.). (J). 2018. 190p. 27.82 (978-0-267-37952-1(8)); 2016. pap. 10.57 (978-1-334-15485-0(6)) Forgotten Bks.

Jasper Lizard Wants to Stay Home: A Separation Anxiety Story, Volume 4. Ashley Bartley. Illus. by Brian Martin. ed. 2023. (Diamond, Opal & Friends Ser.). (ENG.). 31p. (J). (gr. -1-5). pap. 11.95 (978-0-938510-95-6(9), 67-004) Boys Town Pr.

Jasper Meets the Martians! Donald W. Kruse. 2017. (ENG., Illus.). (J). (gr. k-4). pap. 14.95 (978-0-9981972-5-8(4)) Zaccheus Entertainment Co.

Jasper Nose Best. Kandice Bowe. 2017. (ENG., Illus.). (J). pap. 11.95 (978-1-946047-14-4(7), DoodleCake) Irresistible Pr., LLC.

Jasper Rabbit's Creepy Tales! Creepy Carrots!; Creepy Pair of Underwear!; Creepy Crayon! Aaron Reynolds. Illus. by Peter Brown. ed. 2022. (Creepy Tales! Ser.). (ENG.). 136p. (J). (gr. -1-3). 56.99 (978-1-6659-1424-6(6), Simon & Schuster Bks. For Young Readers) Simon & Schuster Bks. For Young Readers.

Jasper the Bold(ish) Krystal Fernandes. 2018. (ENG., Illus.). 30p. (J). pap. 12.95 (978-1-64214-448-2(7)) Page Publishing Inc.

Jasper Thorn: A Story of New York Life (Classic Reprint) Maurice Francis Egan. (ENG., Illus.). (J). 2018. 306p. 30.23 (978-0-428-98563-9(7)); 2017. pap. 13.57 (978-1-334-96212-7(X)) Forgotten Bks.

Jasper's Barn. Rosemary Shojaie. 2023. (Illus.). 40p. (J). (gr. k-4). 18.95 (978-1-76036-168-6(2), 06f28d25-34dd-465f-aa49-2b61dd097b3f) Starfish Bay Publishing Pty Ltd. AUS. Dist: Baker & Taylor Publisher Services (BTPS).

Jasper's Big Adventure: An Illustrated Chapter Book. William E. Boone. 2020. (ENG., Illus.). 50p. (J). pap. 12.99 (978-1-7352150-0-6(7)) Palmetto Publishing.

Jasper's Giant Imagination: I'm Sick. Laura J. Wellington. 2019. (ENG., Illus.). 48p. (J). (gr. k-1). pap. 15.99 (978-1-940310-88-6(1)); 21.99 (978-1-940310-89-3(X)) 4RV Pub.

Jasper's Long Journey Home. Suzanne Hill. 2019. (ENG.). 66p. (YA). pap. 9.99 (978-1-951263-46-1(4)) Pen It Pubns.

Jasper's World: Jasper to the Rescue. Sarah Gunn. 2017. (ENG.). (J). 16.95 (978-1-63177-735-6(1)) Amplify Publishing Group.

Jataka Tales: Re-Told (Classic Reprint) Ellen C. Babbitt. 2017. (ENG., Illus.). 108p. (J). 26.12 (978-0-265-32247-5(2)) Forgotten Bks.

Jataka Tales I & II. Ellen C. Babbitt. 2018. (ENG., Illus.). 80p. (J). 12.99 (978-1-5154-3500-6(8)) Wilder Pubns., Corp.

Jataka, Vol. 1: Or Stories of the Buddha's Former Births (Classic Reprint) Edward B. Cowell. 2018. (ENG., Illus.). 358p. (J). 31.28 (978-0-267-15640-5(5)) Forgotten Bks.

Jataka, Vol. 6: Or Stories of the Buddha's Former Births; Translated from the Pali by Various Hands (Classic Reprint) E. B. Cowell. 2018. (ENG., Illus.). 330p. (J). 30.70 (978-0-484-87565-3(5)) Forgotten Bks.

Jatakas: Seis cuentos budistas. Marta Millà Salinas. 2018. (Pequeño Fragmenta Ser.). (SPA., Illus.). 40p. (J). (gr. 2-4). pap. 17.95 (978-84-15518-66-2(8)) Fragmenta Editorial ESP. Dist: Independent Pubs. Group.

Jatakas Tales of India. Ellen C. Babbitt & Ellsworth Young. 2017. (ENG., Illus.). (J). pap. (978-0-649-61761-6(4)) Trieste Publishing Pty Ltd.

Jatinho: E Os Guerreiros Marcianos. Cambraia F. Fernandes. 2021. (POR.). 24p. (J). 22.00 (978-1-0983-4944-8(X)) BookBaby.

Jaula Del Rey: Todo Arderá. Victoria Aveyard. 2018. (Reina Roja Ser.). (SPA.). 600p. (YA). (gr. 7). pap. 22.00 (978-607-527-141-5(4)) Editorial Oceano de Mexico MEX. Dist: Independent Pubs. Group.

Jaune. Amy Culliford. Tr. by Claire Savard. 2021. (Ma Couleur Préférée (My Favorite Color) Ser.). (FRE., Illus.). 16p. (J). (gr. -1-1). pap. (978-1-4271-3639-8(4), 13247) Crabtree Publishing Co.

Jaune comme un Citron see Yellow as a Lemon/Jaune comme un Citron

Jaunt Through Java. Edward Sylvester Ellis. 2017. (ENG.). 268p. (J). pap. (978-3-7447-9810-5(0)) Creation Pubs.

Jaunt Through Java: The Story of a Journey to the Sacred Mountain by Two American Boys (Classic Reprint) Edward Sylvester Ellis. (ENG., Illus.). (J). 2017. 30.06 (978-0-260-94858-8(6)); 2016. pap. 13.57 (978-1-333-63096-6(4)) Forgotten Bks.

Jaunty Adventure Team. Julie Cote & Emma Kent. 2017. (ENG., Illus.). 40p. (J). (978-1-387-30630-5(8)) Lulu Pr., Inc.

Jaunty in Charge (Classic Reprint) George Wemyss. 2018. (ENG., Illus.). 258p. (J). 29.24 (978-0-483-84364-6(4)) Forgotten Bks.

Jaunty Jock & Other Stories (Classic Reprint) Neil Munro. 2018. (ENG., Illus.). 320p. (J). 30.50 (978-0-267-24748-6(6)) Forgotten Bks.

Java for Kids: NetBeans 11 Programming Tutorial. Philip Conrod & Lou Tylee. 11th ed. 2019. (ENG., Illus.). 460p. (J). pap. 74.95 (978-1-937161-08-8(0)) Kidware Software, LLC.

Java Head (Classic Reprint) Joseph Hergesheimer. 2018. (ENG., Illus.). 262p. (J). 29.30 (978-0-484-78391-0(2)) Forgotten Bks.

Java Ho! The Adventures of Four Boys amid Fire, Storm & Shipwreck (Classic Reprint) Johan Wigmore Fabricius. (ENG., Illus.). (J). 2017. 32.15 (978-0-266-26440-8(9)); 2016. pap. 16.57 (978-1-334-11676-6(8)) Forgotten Bks.

Javelin of Fate (Classic Reprint) Jeanie Thomas Gould Lincoln. 2017. (ENG., Illus.). (J). 30.29 (978-1-5282-8613-8(8)) Forgotten Bks.

Javi Takes a Bow, 1 vol. Elizabeth Gordon. 2019. (Club Ser.). (ENG.). 88p. (J). (gr. 2-3). 24.55 (978-1-5383-8246-2(6), ef51cdd4-a2e5-4210-9514-095ef579ee66); pap. 14.85 (978-1-5383-8245-5(8), 0304245c-9eab-4007-b427-4dc4ac3d3b15) Enslow Publishing, LLC. (West 44 Bks.).

Javier's Hummingbird. Laura Driscoll. Illus. by Bob Ostrom. 2018. (Science Solves It! Ser.). 32p. (J). (gr. k-2). pap. 5.95 (978-1-63592-007-9(8), 19d0aab2-6e56-44d2-8590-2abf9e7fa6f2, Kane Press) Astra Publishing Hse.

Javi's Opportunity Manual Soft Cover: A Kid's Guide to Making Things Happen. Maria Flores Letelier & J. L. Flores. 2016. (ENG., Illus.). (J). pap. 12.95 (978-0-9977110-2-8(7)) Conversations for Action and Listening Pubn.

Javon 'Twas the Night Before Christmas. Illus. by Lisa Alderson. 2021. (Night Before Christmas Ser.). (ENG.). 32p. (J). (gr. -1-3). 7.99 (978-1-7282-5214-8(8)) Sourcebooks, Inc.

Javotte: Ballet en 1 Acte et 3 Tableaux (Classic Reprint) Camille Saint-Saens. 2018. (FRE., Illus.). (J). 112p. 26.21 (978-1-391-87066-3(2)); 114p. pap. 9.57 (978-1-390-61405-3(0)) Forgotten Bks.

Jawed Karim. Virginia Loh-Hagan. Illus. by Jeff Bane. 2023. (My Early Library: My Itty-Bitty Bio Ser.). (ENG.). 24p. (J). (gr. k-1). pap. 12.79 (978-1-6689-2021-3(2), 221999); lib.

bdg. 30.64 *(978-1-6689-1919-4(2)*, 221897) Cherry Lake Publishing.

Jaws! - the Biggest Bite! Sharks for Kids (Fun Facts & Trivia) Children's Marine Life Books. Baby Professor. 2017. (ENG., Illus.). 64p. (J). pap. 9.52 *(978-1-5419-1715-6(4)*, Baby Professor (Education Kids)) Speedy Publishing LLC.

JAWS: Big Shark, Little Boat! a Book of Opposites (Funko Pop!) Geof Smith. Illus. by Kaysi Smith. 2023. (Little Golden Book Ser.). 24p. (J). (-k). 5.99 *(978-0-593-57061-6(8)*, Golden Bks.) Random Hse. Children's Bks.

Jaws of Death. Grant Allen. 2017. (ENG., Illus.). 122p. (J). pap. *(978-3-337-03672-0(4))* Creation Pubs.

Jaws of Death. Grant Allen. 2017. (ENG., Illus.). (J). pap. *(978-0-649-61763-0(0))* Trieste Publishing Pty Ltd.

Jaws of Death: A Novel (Classic Reprint) Grant Allen. 2018. (ENG., Illus.). 122p. (J). 26.41 *(978-0-267-15518-7(2))* Forgotten Bks.

Jaws of Death (Classic Reprint) Grant Allen. (ENG., Illus.). (J). 2018. 246p. 28.97 *(978-0-483-88288-1(7))*; 2017. pap. 11.57 *(978-0-243-89645-5(X))* Forgotten Bks.

Jax & Sheba Get Messy. Chris Lewis. Illus. by Gabriela Gadli. 2021. (ENG.). 32p. (J). pap. *(978-1-912948-33-8(8))* Crystal Peake Publisher.

Jax & the Bus Bully. Christa L Moore & Jaxson B Moore. 2021. (ENG., Illus.). 24p. (J). 23.95 *(978-1-6624-0837-3(4))*; pap. 13.95 *(978-1-6624-0835-9(8))* Page Publishing Inc.

Jax' House. John Kitchen. 2016. (ENG.). 260p. (YA). pap. 13.95 *(978-1-78308-569-9(X)*, 178308569X, Union Bridge Books) Anthem Pr. GBR. Dist: Books International, Inc.

Jax L. Jones & the Pesky I Problem. Eliza Shire. 2017. (ENG., Illus.). (J). pap. 12.95 *(978-1-63575-563-3(8))* Christian Faith Publishing.

Jax the Young Dinosaur: Making New Friends. Cindy Lou Lovell. 2020. (ENG., Illus.). 32p. (J). 23.95 *(978-1-64559-818-3(7))*; pap. 13.95 *(978-1-64559-817-6(9))* Covenant Bks.

Jaxon & the Naughty Secret Monster. Madeline M. Pratchler. 2021. (ENG.). 104p. (J). pap. *(978-0-2288-5491-3(1))* Tellwell Talent.

Jaxon I Love You All Ways. Marianne Richmond. Illus. by Dubravka Kolanovic. 2023. (I Love You All Ways Ser.). (ENG.). 32p. (J). (gr. -1-3). 8.99 ***(978-1-7282-7378-5(1))*** Sourcebooks, Inc.

Jaxon Learns a Lesson. Regina Smith. Illus. by D. G. 2021. (ENG.). 34p. (J). 17.99 *(978-1-0879-4518-7(6))* Indy Pub.

Jaxon on the North Pole Express. J. D. Green. Illus. by Joanne Partis. 2022. (North Pole Express Bears Ser.). (ENG.). 32p. (J). (gr. -1-3). 7.99 ***(978-1-7282-6949-8(0))*** Sourcebooks, Inc.

Jaxon on the North Pole Express. J. D. Green. 2019. (North Pole Express Ser.). (ENG.). 32p. (J). (gr. -1-3). 7.99 ***(978-1-7282-0349-2(X))*** Sourcebooks, Inc.

Jaxon Santa's Secret Elf. Put Me In The Story & Katherine Sully. Illus. by Julia Seal. 2018. (Santa's Secret Elf Ser.). (ENG.). 32p. (J). (gr. k-3). 5.99 *(978-1-4926-8556-2(9))* Sourcebooks, Inc.

Jaxon 'Twas the Night Before Christmas. Illus. by Lisa Alderson. 2019. (Night Before Christmas Ser.). (ENG.). 32p. (J). (gr. -1-3). 7.99 ***(978-1-7282-0242-6(6))*** Sourcebooks, Inc.

Jaxon's Christmas Wish. Put Me In The Story & J. D. Green. Illus. by Julia Seal. 2018. (Christmas Wish Ser.). (ENG.). 32p. (J). (gr. k-3). 6.99 ***(978-1-4926-8557-9(7))*** Sourcebooks, Inc.

Jaxon's Glory Story: A Glorified Heart. Tamela Sue Wies "gigi". 2019. (ENG.). 24p. (J). 23.95 *(978-1-64191-203-7(0))* Christian Faith Publishing.

Jax's Tail Twitches: When You Are Angry. David Powlison. Illus. by Joe Hox. 2018. 32p. (J). 16.99 *(978-1-948130-24-0(6))* New Growth Pr.

Jaxson Bear Goes to Black Belt: The Adventures of Wise Owl. Adam Forest. 2022. (ENG.). 36p. (J). *(978-0-2288-6138-6(1))*; pap. *(978-0-2288-6137-9(3))* Tellwell Talent.

Jaxson Really Likes Ice Cream. Jodi-Ann Brown Rdn LD. 2021. (ENG.). 38p. (J). 14.99 *(978-1-7374014-1-4(X))*; pap. 12.99 *(978-1-7374014-0-7(1))* Islandrdjodib.

Jaxx & the Beanstalkers: Once after a Time. G. M. Acorn. 2022. (ENG.). 222p. (YA). pap. 15.95 *(978-1-63860-799-1(0))* Fulton Bks.

Jay Gould Harmon with Maine Folks: A Picture of Life in the Maine Woods (Classic Reprint) George Selwyn Kimball. 2018. (ENG., Illus.). 476p. (J). 33.71 *(978-0-483-26952-1(2))* Forgotten Bks.

Jay-Hawkers: A Story of Free Soil & Border Ruffian Days (Classic Reprint) Adela E. Orpen. 2017. (ENG., Illus.). (J). 30.62 *(978-0-265-99180-0(3))* Forgotten Bks.

Jay Is Calm, Anywhere, Anytime. Michelle Wanasundera. Illus. by Begum Manav. (ENG.). 30p. (J). 2023. pap. ***(978-1-922991-86-7(4))***; 2022. pap. ***(978-1-922895-37-0(7))*** Library For All Limited.

Jay Is Calm, Anywhere, Anytime! - Jay Huwa Mtulivu, Mahali Popote, Wakati Wowote! Michelle Wanasundera. Illus. by Begum Manav. 2023. (SWA.). 30p. (J). pap. ***(978-1-922951-26-7(9))*** Library For All Limited.

Jay-Jay & His Island Adventure. Sue Wickstead. 2017. (ENG., Illus.). 35p. (J). (gr. 1-5). pap. *(978-0-9930737-1-7(9))* Wickstead, Sue.

Jay-Jay & the Carnival. Sue Wickstead. 2018. (ENG., Illus.). 40p. (J). (gr. k-3). pap. *(978-0-9930737-5-5(1))* Wickstead, Sue.

Jay Says Grace. Sylvia Woods. Ed. by J. Mark Woods. Illus. by Tamar Davis. 2021. (ENG.). 24p. (J). pap. 9.99 *(978-1-6628-3243-7(5))* Salem Author Services.

Jay the Jet Seed: Book 2 of the Earth Whispers Series. Cathy Cyr. Illus. by Cathy Cyr. 2018. (ENG., Illus.). 46p. (J). pap. *(978-1-987982-30-5(4))* Artistic Warrior Publishing.

Jay Versus the Saxophone of Doom. Kara Kootstra. Illus. by Kim Smith. 2020. 192p. (J). (gr. 3-7). pap. 8.99 *(978-0-7352-6869-2(X)*, Puffin Canada) PRH Canada Young Readers CAN. Dist: Penguin Random Hse. LLC.

Jay Wise in I Can't Do It, Yet! T. L. Sumter. 2022. (ENG., Illus.). 36p. (J). 22.95 ***(978-1-6624-8752-1(5))*** Page Publishing Inc.

Jay-Z, Vol. 11. Summer Bookout. 2018. (Hip-Hop & R & B: Culture, Music & Storytelling Ser.). (Illus.). 80p. (J). (gr. 7). lib. bdg. 33.27 *(978-1-4222-4181-3(5))* Mason Crest.

Jay-Z: Building a Hip-Hop Empire, 1 vol. Vanessa Oswald. 2018. (People in the News Ser.). (ENG.). 104p. (gr. 7-7). 41.03 *(978-1-5345-6335-3(0)*, 106ca4de-a619-4c9d-a69a-f4d6be10a467, Lucent Pr.) Greenhaven Publishing LLC.

Jay-Z: Excelling in Music & Business. Eileen Lucas. 2019. (Hip-Hop Revolution Ser.). (ENG.). 32p. (gr. 5-5). 63.18 *(978-1-9785-1019-7(5))* Enslow Publishing, LLC.

Jay-Z: Hitmaker & Business Leader. Eileen Lucas. 2019. (Stars of Hip-Hop Ser.). (ENG.). 32p. (gr. 2-2). 63.18 *(978-1-9785-1018-0(7))* Enslow Publishing, LLC.

Jaya & the Magic Flower: Beware What You Wish For. Tammy Lewis. 2023. (Jaya Ser.: Vol. 1). (ENG.). 40p. (J). pap. ***(978-0-2288-8971-7(5))*** Tellwell Talent.

Jaya & the Magic Flower: Beware What You Wish For. Tammy Lewis. Illus. by Hannah May. 2023. (ENG.). 40p. (J). ***(978-0-2288-8972-4(3))*** Tellwell Talent.

Jaybird That Jumped down a Chimney. Doug Doukat. 2020. (Adventures of Jimmy Jay Ser.: Vol. 1). (ENG., Illus.). 42p. (J). (gr. 1-6). pap. 8.99 ***(978-1-7344327-0-1(5))*** Wisebison Pr.

Jayce: A Bee Adventure. Calvin Reynolds. Illus. by Calvin Reynolds. 2017. (ENG., Illus.). (J). pap. 11.99 *(978-0-9986630-1-2(8))*; (gr. 3-5). 19.99 *(978-0-9986630-2-9(6))* Concepts Redefined.

Jayce the Bee: Journey to the Polka-Dot Village. Calvin Reynolds. Illus. by Calvin Reynolds. 2017. (ENG., Illus.). (J). (gr. k-5). 20.99 *(978-0-9986630-3-6(4))* Concepts Redefined.

Jayce the Bee Activities & Coloring Book. Calvin Reynolds. Illus. by Calvin Reynolds. 2019. (ENG.). 40p. (J). pap. 6.99 *(978-1-7330938-4-2(2))* Concepts Redefined.

Jayce's Journey. Bev Beck. 2022. (ENG.). 38p. (J). pap. 15.00 ***(978-1-64883-170-6(2)***, ExamWise) Total Recall Learning, Inc.

Jayden & Friends: Making Sense of Cents. Trevor D. Illus. by Christina Rudenko. 2021. (Jayden & Friends Ser.: Vol. 3). (ENG.). 54p. (J). pap. 12.99 *(978-1-953237-21-7(5))* Kia Harris, LLC (Publishing Co.).

Jayden & Friends Making Sense of Cents. Trevor D. Illus. by Christina Rudenko. 2021. (I Am Me Ser.: Vol. 3). (ENG.). 54p. (J). 18.99 *(978-1-953237-22-4(3))* Kia Harris, LLC (Publishing Co.).

Jayden & Zora's Crown. Trevor D. Illus. by Christina Rudenko. 2020. (I Am Me Ser.: Vol. 2). (ENG.). 58p. (J). pap. 13.99 *(978-1-953237-06-4(1))* Kia Harris, LLC (Publishing Co.).

Jayden & Zora's Crown. Trevor D & Christina Rudenko. 2020. (I Am Me Ser.: Vol. 2). (ENG.). 58p. (J). 18.99 *(978-1-953237-08-8(8))* Kia Harris, LLC (Publishing Co.).

Jayden Goes to the Circus. James Laurence Folliott. 2019. (ENG., Illus.). 36p. (J). *(978-0-2288-0437-6(X))*; pap. *(978-0-2288-0436-9(1))* Tellwell Talent.

Jayden I Love You All Ways. Marianne Richmond. Illus. by Dubravka Kolanovic. 2023. (I Love You All Ways Ser.). (ENG.). 32p. (J). (gr. -1-3). 8.99 ***(978-1-7282-7379-2(X))*** Sourcebooks, Inc.

Jayden on the North Pole Express. J. D. Green. 2019. (North Pole Express Ser.). (ENG.). 32p. (J). (gr. -1-3). 7.99 ***(978-1-7282-0350-8(3))*** Sourcebooks, Inc.

Jayden Santa's Secret Elf. Put Me In The Story & Katherine Sully. Illus. by Julia Seal. 2018. (Santa's Secret Elf Ser.). (ENG.). 32p. (J). (gr. k-3). 5.99 *(978-1-4926-8152-6(0))* Sourcebooks, Inc.

Jayden Saves the Day. Cecilia Minden. Illus. by Rob Parkinson. 2022. (Little Blossom Stories Ser.). (ENG.). 16p. (J). (gr. -1-2). pap. 11.36 *(978-1-5341-9863-0(6)*, 220068, Cherry Blossom Press) Cherry Lake Publishing.

Jayden, Tie Your Shoes! Tracie T. Harden. Illus. by Vladimir Cebu. 2021. (ENG.). 30p. (J). pap. 14.99 *(978-0-578-95508-7(3))* Tracie T. Harden.

Jayden 'Twas the Night Before Christmas. Illus. by Lisa Alderson. 2019. (Night Before Christmas Ser.). (ENG.). 32p. (J). (gr. -1-3). 7.99 ***(978-1-7282-0243-3(4))*** Sourcebooks, Inc.

Jayden's Christmas Wish. Put Me In The Story & J. D. Green. Illus. by Julia Seal. 2018. (Christmas Wish Ser.). (ENG.). 32p. (J). (gr. k-3). 6.99 ***(978-1-4926-8337-7(X))*** Sourcebooks, Inc.

Jayden's New Adventures. Ilene Goff Kaufmann. 2017. (Jayden & Rylee Ser.: Vol. 1). (ENG., Illus.). (J). 23.95 *(978-1-63575-246-5(9))*; pap. 12.95 *(978-1-63525-195-1(8))* Christian Faith Publishing.

Jayden's Secret Ingredient. Melina Mangal. Illus. by Ken Daley. 2023. (ENG.). 40p. (J). (gr. -1-5). 18.99 ***(978-1-63198-602-4(3)***, 899877) Free Spirit Publishing Inc.

Jayla Cooper & the Starlighter: A Middle Grade Christmas Adventure at the End of the World. Christoffer Petersen. 2018. (Jayla Cooper Ser.: Vol. 1). (ENG., Illus.). 264p. (J). pap. *(978-87-93680-13-5(9))* Aarluuk Pr.

Jayla Jumps In. Joy Jones. 2021. (ENG.). 208p. (J). (gr. 3-7). pap. 9.99 *(978-0-8075-6079-2(0)*, 807560790) Whitman, Albert & Co.

Jayla the Number Navigator: Two Jumps To 100. Lynda Brennan. Illus. by Richard H. Walsh. 2018. (Math Milemarkers Ser.: Vol. 4). (ENG.). 52p. (J). pap. 12.95 *(978-1-7328503-0-9(5))* Math4Minors LLC.

Jayla 'Twas the Night Before Christmas. Illus. by Lisa Alderson. 2021. (Night Before Christmas Ser.). (ENG.). 32p. (J). (gr. -1-3). 7.99 ***(978-1-7282-5215-5(6))*** Sourcebooks, Inc.

Jayla Wins a Flag, 1 vol. Dewayne Hotchkins. 2016. (Rosen REAL Readers: Social Studies Nonfiction / Fiction: Myself, My Community, My World Ser.). (ENG.). 8p. (gr. k-1). pap. 5.46 *(978-1-5081-2473-3(6)*, d2fb2d07-f680-4106-b8ac-08565188974c, Rosen Classroom) Rosen Publishing Group, Inc., The.

Jaylen Learns to Love Himself: Learning Self-Love. Amari Smith. 2022. (ENG.). 20p. (J). 24.99 ***(978-1-0880-8144-0(4))*** Indy Pub.

Jaylon's Story: Living with Sturge-Weber Syndrome. Dietra Fleming. 2022. (ENG., Illus.). 30p. (J). pap. 14.95 ***(978-1-68517-690-7(9))*** Christian Faith Publishing.

Jayne's Endeavour. Lauren Compton. 2020. (Joy Ser.: Vol. 1). (ENG.). 276p. (YA). pap. *(978-0-9942139-6-9(4))* Long Gully Pr.

Jay's Bugs. Cheryl Lee Player. 2018. (ENG., Illus.). 44p. (J). pap. *(978-1-78830-145-9(5))* Olympia Publishers.

Jay's Gay Agenda. Jason June. (ENG.). (YA). (gr. 9). 2022. 384p. pap. 11.99 *(978-0-06-301516-6(1))*; 2021. 368p. 17.99 *(978-0-06-301515-9(3))* HarperCollins Pubs. (HarperTeen).

Jaysens Story, 1 vol. Jaysen Flett-Paul. Illus. by Chloe Bluebrird Mustooche. 2020. (Finding Wakâ Ser.). (ENG.). 36p. (J). pap. 9.95 *(978-1-926696-82-9(4)*, 0ff3b740-f46f-4f0b-958f-4def244d1123) Eschia Bks. CAN. Dist: Lone Pine Publishing USA.

Jayson Goes for It! Brayden Harrington & David Ritz. 2023. (ENG.). 224p. (J). (gr. 3-7). 19.99 ***(978-0-06-309893-0(8)***, HarperCollins) HarperCollins Pubs.

Jayson Tatum. Mary Boone. 2023. (Sports Superstars Ser.). (ENG., Illus.). 32p. (J). pap. 9.95 ***(978-1-63738-614-9(1))***; lib. bdg. 31.35 ***(978-1-63738-560-9(9))*** North Star Editions. (Apex).

Jayson Tatum. Jon M. Fishman. 2021. (Sports All-Stars (Lerner (tm) Sports) Ser.). (ENG., Illus.). 32p. (J). (gr. 2-5). pap. 9.99 *(978-1-7284-2310-4(4)*, c9890ade-045a-402b-b84d-7c8baf55e706, Lerner Pubns.) Lerner Publishing Group.

Jayylen's Christmas Wish. Lavaille Lavette. Illus. by David Wilkerson. 2023. (Little Golden Book Ser.). 24p. (J). (-k). 5.99 ***(978-0-593-56808-8(7)***, Golden Bks.) Random Hse. Children's Bks.

Jayylen's Juneteenth Surprise. Lavaille Lavette. Illus. by David Wilkerson. 2023. (Little Golden Book Ser.). 24p. (J). (-k). 5.99 *(978-0-593-56814-9(1)*, Golden Bks.) Random Hse. Children's Bks.

Jazmin Loves Rabbits. Tracilyn George. 2021. (ENG.). 22p. (J). pap. 11.00 *(978-1-77475-326-2(X))* Lulu Pr., Inc.

Jazz. Aaron Carr. 2016. (Me Encanta la Música Ser.). (SPA.). 24p. (J). pap. 31.41 *(978-1-4896-4348-3(6))* Weigl Pubs., Inc.

Jazz Dance. Candice Ransom. 2017. (Shall We Dance? Ser.). (ENG., Illus.). 32p. (J). (gr. 2-3). pap. 9.95 *(978-1-63517-341-3(8)*, 1635173418); lib. bdg. 31.35 *(978-1-63517-276-8(4)*, 1635172764) North Star Editions. (Focus Readers).

Jazz Fly 3: The Caribbean Sea. Matthew Gollub. Illus. by Karen Hanke. 2020. (Jazz Fly Ser.: 3). (ENG.). 40p. (J). (gr. 2-4). 18.95 *(978-1-889910-54-3(6))* Tortuga Pr.

Jazz Jennings: Voice for LGBTQ Youth. Ellen Rodger. 2017. (Remarkable Lives Revealed Ser.). (Illus.). 32p. (J). (gr. 3-3). *(978-0-7787-3419-2(6))* Crabtree Publishing Co.

Jazz Music History. Kenny Abdo. 2019. (Musical Notes Ser.). (ENG., Illus.). 24p. (J). (gr. 2-8). lib. bdg. 31.36 *(978-1-5321-2941-4(6)*, 33164, Abdo Zoom-Fly) ABDO Publishing Co.

Jazz of Patriotism: An Anti-War Play (Classic Reprint) Fanny Bixby Spencer. 2018. (ENG., Illus.). 128p. (J). 26.56 *(978-0-484-87660-5(0))* Forgotten Bks.

Jazz Owls: A Novel of the Zoot Suit Riots. Margarita Engle. Illus. by Rudy Gutierrez. 2018. (ENG.). 192p. (YA). (gr. 7). 17.99 *(978-1-5344-0943-9(2))* Simon & Schuster Children's Publishing.

Jazz Sax & Yum, Yum! Emilie Dufresne. Illus. by Amy Li. 2023. (Level 2 - Red Set Ser.). (ENG.). 32p. (J). (gr. k-2). lib. bdg. 19.95 Bearport Publishing Co., Inc.

Jazz the Vet: Starter 8. Ladybird. 2019. (Ladybird Readers Ser.). (Illus.). 32p. (gr. k). pap. 9.99 *(978-0-241-39374-1(4)*, Ladybird) Penguin Bks., Ltd. GBR. Dist: Independent Pubs. Group.

Jazz the Vet Activity Book - Ladybird Readers Starter Level 8. Ladybird. 2019. (Ladybird Readers Ser.). 16p. (gr. k). pap. 6.99 *(978-0-241-39392-5(2)*, Ladybird) Penguin Bks., Ltd. GBR. Dist: Independent Pubs. Group.

Jazzi's Journey: When I Grow up, What Will I Be? a Doctor, a Teacher, Maybe an MC: When I G. Margaret J. Starkes. Illus. by Michael Ragland. 2021. (ENG.). 26p. (J). pap. 12.95 ***(978-1-0880-0277-3(3))*** Indy Pub.

Jazzlyn & the Coco Coated Coconut Candy. S Risi. 2017. (ENG., Illus.). (J). pap. 15.95 *(978-1-5043-7119-3(4)*, Balboa Pr.) Author Solutions, LLC.

Jazzy Bear & the Hurtful Words. Nicole Donoho. Illus. by Jason Velazquez. 2021. (ENG.). 32p. (J). pap. 12.99 *(978-1-7372768-3-8(6))* Publify Consulting.

Jazzy Joy, Our Miracle Dog. Caroline Joy Quinn. 2022. (ENG.). 44p. (J). pap. 13.00 *(978-1-6678-1164-2(9))* BookBaby.

JB & the Big Red Truck. Matt Kluge. Illus. by Blueberry Illustrations. 2019. (ENG.). 26p. (J). (gr. k-6). 15.99 ***(978-0-578-51574-8(1))*** Kluge, Matt.

Jb Learns about Investing. Jonathan B. Jackson. Illus. by Cameron Wilson. 2021. (ENG.). 26p. (J). 16.99 ***(978-1-0880-2038-8(0))*** Indy Pub.

JB's Big Day: Illustrated by Kela Matthews. Jameka McCullough. Illus. by Kela Matthews. 2021. (ENG.). 20p. (J). pap. 14.00 *(978-1-0879-3199-9(1))* McCullough, Jameka.

JC the Farm Boy: Welcome to the Farm: Book One. R. Staab. 2021. (ENG.). 30p. (J). pap. 12.95 *(978-1-63630-916-3(X))* Covenant Bks.

JD's Superhero Day at Home: Fighting Baddy Germs. Angeles Fisher. 2020. (ENG., Illus.). 38p. (J). *(978-0-2288-3222-5(5))*; pap. *(978-0-2288-3221-8(7))* Tellwell Talent.

Je Colorie J'apprends Sur L'OI. Bscn Miranda Harrington. Ed. by Argerie Tsimicalis. Illus. by Bscn Miranda Harrington. 4th ed. 2023. (FRE.). 42p. (J). pap. ***(978-0-2288-4710-6(9))*** Tellwell Talent.

Je Compte 100 Flocons en Hiver. Martha E. H. Rustad. 2016. (1, 2, 3 Compte Avec Moi Ser.). (FRE., Illus.). 24p. (J). (gr. k-2). *(978-1-77092-347-8(0)*, 17622) Amicus.

Je Compte 20 Moyens de Transport. Martha E. H. Rustad. 2016. (1, 2, 3 Compte Avec Moi Ser.). (FRE., Illus.). 24p. (J). (gr. k-2). *(978-1-77092-348-5(9)*, 17623) Amicus.

Je Compte Par 10 Au Football. Martha E. H. Rustad. 2016. (1, 2, 3 Compte Avec Moi Ser.). (FRE., Illus.). 24p. (J). (gr. k-2). *(978-1-77092-350-8(0)*, 17625) Amicus.

Je Compte Par 2 les Bébés Animaux. Martha E. H. Rustad. 2016. (1, 2, 3 Compte Avec Moi Ser.). (FRE., Illus.). 24p. (J). (gr. k-2). *(978-1-77092-349-2(7)*, 17624) Amicus.

Je Compte Par 5 les Animaux D'Afrique. Martha E. H. Rustad. 2016. (1, 2, 3 Compte Avec Moi Ser.). (FRE., Illus.). 24p. (J). (gr. k-2). *(978-1-77092-351-5(9)*, 17626) Amicus.

Je Découvre le Blanc de la Neige. Amy Culliford. Illus. by Srimalie Bassani. 2021. (Je découvre Avec Mon Petit Oeil (I Spy with My Little Eye) Ser.).Tr. of I Spy White in the Snow. (FRE.). 16p. (J). (gr. -1-3). pap. *(978-1-0396-0193-2(6)*, 12678) Crabtree Publishing Co.

Je Découvre le Bleu Dans l'océan. Amy Culliford. Illus. by Srimalie Bassani. 2021. (Je découvre Avec Mon Petit Oeil (I Spy with My Little Eye) Ser.).Tr. of I Spy Blue in the Ocean. (FRE.). 16p. (J). (gr. -1-3). pap. *(978-1-0396-0190-1(1)*, 12679) Crabtree Publishing Co.

Je Découvre le Gris d'Un Château. Amy Culliford. Illus. by Srimalie Bassani. 2021. (Je découvre Avec Mon Petit Oeil (I Spy with My Little Eye) Ser.).Tr. of I Spy Gray in a Castle. (FRE.). 16p. (J). (gr. -1-3). pap. *(978-1-0396-0191-8(X)*, 12680) Crabtree Publishing Co.

Je Découvre le Jaune du Désert. Amy Culliford. Illus. by Srimalie Bassani. 2021. (Je découvre Avec Mon Petit Oeil (I Spy with My Little Eye) Ser.).Tr. of I Spy Yellow in the Desert. (FRE.). 16p. (J). (gr. -1-3). pap. *(978-1-0396-0194-9(4)*, 12681) Crabtree Publishing Co.

Je Découvre le Noir d'Une Caverne. Amy Culliford. Illus. by Srimalie Bassani. 2021. (Je découvre Avec Mon Petit Oeil (I Spy with My Little Eye) Ser.).Tr. of I Spy Black in a Cave. (FRE.). 16p. (J). (gr. -1-3). pap. *(978-1-0396-0189-5(8)*, 12682) Crabtree Publishing Co.

Je Découvre le Vert de la Jungle. Amy Culliford. Illus. by Srimalie Bassani. 2021. (Je découvre Avec Mon Petit Oeil (I Spy with My Little Eye) Ser.).Tr. of I Spy Green in the Jungle. (FRE.). 16p. (J). (gr. -1-3). pap. *(978-1-0396-0192-5(8)*, 12683) Crabtree Publishing Co.

Je déteste la Bouillabaisse! D. J. Vandor. Illus. by Stefanie St Denis. 2023. 38p. (J). (ENG.). ***(978-0-2288-8775-1(5))***; (FRE.). pap. ***(978-0-2288-8774-4(7))*** Tellwell Talent.

Je?ek in Princeska. Aleksander Jakopic et al. 2019. (SLV.). 36p. (J). pap. 23.00 *(978-0-359-30348-9(X))* Lulu Pr., Inc.

Je Ne Veux Vraiment VRAIMENT Pas de Bagues. Sophie Jupillat Posey. Illus. by Mary Claire Hoffmann. 2023. (FRE.). 36p. (J). pap. 9.99 ***(978-1-0881-2515-1(8))*** Indy Pub.

Je Peux Faire Huit. Christina Earley. Tr. by Annie Evearts. 2021. (Je Peux Faire des Ensembles (I Can Make Sets) Ser.).Tr. of I Can Make Eight. (FRE., Illus.). 16p. (J). (gr. -1-1). pap. *(978-1-0396-0448-3(X)*, 12752) Crabtree Publishing Co.

Je Peux Changer la Matière. Francis Spencer. Tr. by Claire Savard. 2021. (Mes Premiers Livres de Science (My First Science Books) Ser.). (FRE.). 24p. (J). (gr. k-2). pap. *(978-1-4271-3682-4(3)*, 13367) Crabtree Publishing Co.

Je Peux Changer la Matière (I Can Change Matter) Francis Spencer. Tr. by Claire Savard. 2021. (FRE.). 24p. (J). (gr. k-2). lib. bdg. ***(978-1-4271-5062-2(1))*** Crabtree Publishing Co.

Je Peux Consulter Mes Sensations (le Pouvoir de la Pensée) Lynn McLaughlin & Amber Raymond. Illus. by Allysa Batin. 2023. (FRE.). 46p. (J). pap. ***(978-1-7388582-0-0(0))*** Steering Through It.

Je Peux Enlever Deux. Christina Earley. Tr. by Annie Evearts. 2021. (Je Peux Enlever (I Can Take Away) Ser.). (FRE.). 16p. (J). (gr. -1-1). pap. *(978-1-0396-0479-7(X)*, 12728) Crabtree Publishing Co.

Je Peux Enlever Trois. Christina Earley. Tr. by Annie Evearts. 2021. (Je Peux Enlever (I Can Take Away) Ser.). (FRE.). 16p. (J). (gr. -1-1). pap. *(978-1-0396-0480-3(3)*, 12729) Crabtree Publishing Co.

Je Peux Enlever Un. Christina Earley. Tr. by Annie Evearts. 2021. (Je Peux Enlever (I Can Take Away) Ser.). (FRE.). 16p. (J). (gr. -1-1). pap. *(978-1-0396-0478-0(1)*, 12730) Crabtree Publishing Co.

Je Peux Enlever Zéro. Christina Earley. Tr. by Annie Evearts. 2021. (Je Peux Enlever (I Can Take Away) Ser.). (FRE., Illus.). 16p. (J). (gr. -1-1). pap. *(978-1-0396-0477-3(3)*, 12731) Crabtree Publishing Co.

Je Peux Faire Cinq. Christina Earley. Tr. by Annie Evearts. 2021. (Je Peux Faire des Ensembles (I Can Make Sets) Ser.). (FRE., Illus.). 16p. (J). (gr. -1-1). pap. *(978-1-0396-0447-6(1)*, 12749) Crabtree Publishing Co.

Je Peux Faire Dix. Christina Earley. Tr. by Annie Evearts. 2021. (Je Peux Faire des Ensembles (I Can Make Sets) Ser.). (FRE., Illus.). 16p. (J). (gr. -1-1). pap. *(978-1-0396-0449-0(8)*, 12750) Crabtree Publishing Co.

Je Peux Faire Douze. Christina Earley. Tr. by Annie Evearts. 2021. (Je Peux Faire des Ensembles (I Can Make Sets) Ser.). (FRE., Illus.). 16p. (J). (gr. -1-1). pap. *(978-1-0396-0450-6(1)*, 12751) Crabtree Publishing Co.

Je Peux Faire Quinze. Christina Earley. Tr. by Annie Evearts. 2021. (Je Peux Faire des Ensembles (I Can Make Sets) Ser.). (FRE., Illus.). 16p. (J). (gr. -1-1). pap. *(978-1-0396-0451-3(X)*, 12753) Crabtree Publishing Co.

Je Peux Faire Vingt. Christina Earley. Tr. by Annie Evearts. 2021. (Je Peux Faire des Ensembles (I Can Make Sets) Ser.). (FRE., Illus.). 16p. (J). (gr. -1-1). pap. *(978-1-0396-0452-0(8)*, 12754) Crabtree Publishing Co.

Je Pourrais Être un Chef! Amy Culliford. Illus. by John Joseph. 2021. (Qu'est-Ce Que Je Peux être? (What Can I Bee?) Ser.). (FRE.). 16p. (J). (gr. -1-3). pap. *(978-1-0396-0279-3(7)*, 13586) Crabtree Publishing Co.

Je Pourrais Être un Enseignant! Amy Culliford. Illus. by John Joseph. 2021. (Qu'est-Ce Que Je Peux être? (What Can I Bee?) Ser.). (FRE.). 16p. (J). (gr. -1-3). pap. *(978-1-0396-0280-9(0)*, 13587) Crabtree Publishing Co.

Je Serai Peut-Être un Médecin! Amy Culliford. Illus. by John Joseph. 2021. (Qu'est-Ce Que Je Peux être? (What Can I Bee?) Ser.). (FRE.). 16p. (J). (gr. -1-3). pap. *(978-1-0396-0282-3(7)*, 13588) Crabtree Publishing Co.

Je Suis Aime. Kevin Qamaniq-Mason & Mary Qamaniq-Mason. Illus. by Hwei Lim. 2021. (FRE.). 30p. (J). (gr. 1-3). 12.95 *(978-1-77227-304-5(X))* Inhabit Media Inc. CAN. Dist: Consortium Bk. Sales & Distribution.

Je Suis Enfin Fière de Mes Cheveux. Dawn Doig. 2020. (FRE.). 50p. (J). 22.99 *(978-1-954004-23-8(0))* Pen It Pubns.

J

Je Suis Enfin Fière de Mes Cheveux. Dawn Doig. Illus. by Savannah Horton. 2020. (FRE.). 50p. (J). pap. 13.99 (978-1-954004-71-9(0)) Pen It Pubns.
Je Suis un Leader, Mamie. Wayne Watson. Illus. by Brigitte Gourdeau. 2019. (FRE.). 38p. (J). pap. (978-1-9994753-1-4(3)) W2 Executive Coaching.
Je Suis Unique! Jennifer D. Vassel. Illus. by Penny Weber. 2018. (FRE.). 30p. (J). pap. 14.99 (978-0-9915556-8-0(6)) BuddingRose Pubns.
Je T'aimais Déjà see Because I Already Loved You
Je T'aimerai Toujours. Robert Munsch. Illus. by Sheila McGraw. 2019. (FRE.). 32p. (J). (gr. -1-1). bds. 9.95 (978-0-2281-0185-7(9), ad0efcc5-b5a7-483d-91ed-dbd1508ac95c) Firefly Bks., Ltd.
Je Veux Être un Pompier! Amy Culliford. Illus. by John Joseph. 2021. (Qu'est-Ce Que Je Peux être? (What Can I Bee?) Ser.). (FRE.). 16p. (J). (gr. -1-3). pap. (978-1-0396-0281-6(9), 13589) Crabtree Publishing Co.
Je Veux un Bisou! I Want a Kiss! Vanessa Lim. 2021. (FRE.). 62p. (J). pap. (978-1-4717-9392-9(3)) Lulu Pr., Inc.
Je Vois la Lumière. Francis Spencer. Tr. by Claire Savard. 2021. (Mes Premiers Livres de Science (My First Science Books) Ser.). (FRE.). 24p. (J). (gr. k-2). pap. (978-1-4271-3684-8(X), 13368) Crabtree Publishing Co.
Je Vois la Lumière (I See Light) Francis Spencer. Tr. by Claire Savard. 2021. (FRE.). 24p. (J). (gr. k-2). lib. bdg. (978-1-4271-5064-6(8)) Crabtree Publishing Co.
Je, Yesu Kristo Ndie Isa Bin Maryam? Maxwell Shimba. 2023. (SWA.). 132p. (YA). pap. (978-1-312-77332-5(4)) Lulu Pr., Inc.
Jealous. Kerry Dinmont. 2019. (Learning about Emotions Ser.). (ENG.). 24p. (J). (gr. -1-2). lib. bdg. 32.79 (978-1-5038-2810-0(7), 212617) Child's World, Inc, The.
Jealous. Moira Harvey. Illus. by Holly Sterling. 2020. (Everybody Feels ... Ser.). (ENG.). 24p. (J). (gr. -1-2). lib. bdg. (978-0-7112-5019-2(7), QED Publishing) Quarto Publishing Group UK.
Jealous Anansi. Ghanaian Folktale. Illus. by Wiehan de Jager. 2022. (ENG.). 32p. (J). pap. (978-1-922918-07-9(5)) Library For All Limited.
Jealous Anansi - Anansi Mwenye Wivu. Ghanaian Folktale. Illus. by Wiehan de Jager. 2023. (SWA.). 32p. (J). pap. (978-1-922876-27-0(5)) Library For All Limited.
Jealous Jaguar. Sandra Wilson. 2018. (Emotional Animal Alphabet Ser.: Vol. 10). (ENG.). 40p. (J). pap. (978-1-988215-36-5(6)) words ... along the path.
Jealous Ninja: A Social, Emotional Children's Book about Helping Kid Cope with Jealousy & Envy. Mary Nhin. Illus. by Jelena Stupar. 2021. (Ninja Life Hacks Ser.: Vol. 57). (ENG.). 34p. (J). 19.99 (978-1-63731-213-1(X)) Grow Grit Pr.
Jealous of Feathers, 1 vol. Amy Culliford. Illus. by John Joseph. 2022. (Phoenix & Goose Ser.). (ENG.). 24p. (J). (gr. -1-3). lib. bdg. (978-1-0396-4495-3(3), 16302); pap. (978-1-0396-4686-5(7), 17308) Crabtree Publishing Co. (Crabtree Blossoms).
Jealous of Josie. Barbara M. Linde. Illus. by Helen Poole. 2023. (ENG.). 16p. (J). (gr. -1-1). pap. 5.25 (978-1-4788-0465-9(3), 02032b3b-6829-4c83-803e-820513c00086); pap. 33.00 (978-1-4788-0502-1(1), eed22a30-3194-46b2-9354-e13a8413524c) Newmark Learning LLC.
Jealousy. Betty Lou Rogers. 2017. (ENG., Illus.). (J). pap. 12.95 (978-0-9985225-7-9(0)) Skookum Bks.
Jealousy: A Toy Story Tale. Isabelle Filliozat. 2020. (J). (978-1-5415-9859-1(8)) Lerner Publishing Group.
Jealousy Is the Moon. Lauren Martin. 2022. (ENG.). 20p. (J). 14.99 (978-1-0880-5878-7(7)) Indy Pub.
Jealousy Monsters Dyslexic Edition. Marnie Atwell. 2020. (Starlight Investigations Dyslexic Ser.: Vol. 1). (ENG.). 322p. (YA). pap. (978-0-6450281-0-2(X)) Molloy, Marnie.
Jean: Our Little Australian Cousin (Classic Reprint) Mary F. Nixon-Roulet. 2018. (ENG., Illus.). (J). 178p. 27.57 (978-0-366-56849-9(3)); 180p. pap. 9.97 (978-0-366-45689-5(X)) Forgotten Bks.
Jean at the Beach. Cecilia Minden. Illus. by Anna Jones. 2022. (Little Blossom Stories Ser.). (ENG.). 16p. (J). (gr. -1-2). pap. 11.36 (978-1-6689-0875-4(1), 220842, Cherry Blossom Press) Cherry Lake Publishing.
Jean Baptiste: A Story of French Canada (Classic Reprint) J. E. Le Rossignol. 2018. (ENG., Illus.). 252p. (J). 29.11 (978-0-364-00810-2(5)) Forgotten Bks.
Jean Bateese at the Carnival (Classic Reprint) William MacKay Mackeracher. 2018. (ENG., Illus.). (J). 24p. 24.41 (978-1-396-18653-0(0)); 26p. pap. 7.97 (978-1-390-36642-6(1)) Forgotten Bks.
Jean Bodels Saxenlied, Vol. 1: Unter Zugrundelegung der Turiner Handschrift Von Neuem Herausgegeben (Classic Reprint) F. Menzel. 2018. (GER., Illus.). (J). 426p. 32.68 (978-1-396-62528-2(3)); 428p. pap. 16.57 (978-1-391-41703-5(8)) Forgotten Bks.
Jean Cabot at Ashton (Classic Reprint) Gertrude Fisher Scott. 2018. (ENG., Illus.). 386p. (J). 31.86 (978-0-483-87883-9(9)) Forgotten Bks.
Jean Can Teach: The Sound of EA. Jody Jensen Shaffer. 2020. (Vowel Blends Ser.). (ENG.). 24p. (J). (gr. -1-2). lib. bdg. 32.79 (978-1-5038-3536-8(7), 213431) Child's World, Inc, The.
Jean Carroll: A Tale of the the Ozark Hills (Classic Reprint) John Homer Case. (ENG., Illus.). (J). 2018. 406p. 32.27 (978-0-365-37875-4(5)); 2017. pap. 16.57 (978-0-282-01965-5(0)) Forgotten Bks.
Jean-Christophe: L'Aube (Classic Reprint) Romain Rolland. 2018. (FRE., Illus.). 238p. (J). 28.83 (978-0-484-39499-4(1)) Forgotten Bks.
Jean-Christophe in Paris: The Market Place; Antoinette; the House (Classic Reprint) Romain Rolland. 2017. (ENG., Illus.). (J). 32.50 (978-0-265-72102-5(4)); pap. 16.57 (978-1-5276-7775-3(3)) Forgotten Bks.
Jean-Christophe in Paris: The Market-Place, Antoinette, the House (Classic Reprint) Romain Rolland. 2018. (ENG., Illus.). 480p. (J). 33.82 (978-0-483-46401-8(5)) Forgotten Bks.
Jean-Christophe Journey's End Love & Friendship the Burning Bush the New Dawn (Classic Reprint) Romain Rolland. 2018. (ENG., Illus.). 522p. (J). 34.66 (978-0-483-48396-5(6)) Forgotten Bks.
Jean Christophf: Dawn Morning, Youth Revolt (Classic Reprint) Romain Rolland. 2017. (ENG., Illus.). (J). 36.56 (978-1-5281-7872-3(6)) Forgotten Bks.
Jean Gilles Schoolboy (Classic Reprint) André Lafon. (ENG., Illus.). (J). 2018. 250p. 29.05 (978-0-483-90554-2(2)); 2017. pap. 11.57 (978-0-282-31931-1(X)) Forgotten Bks.
Jean-Jacques Rousseau & the Social Contract. Corona Brezina. 2016. (J). lib. bdg. (978-1-5081-0227-4(9)) Rosen Publishing Group, Inc., The.
Jean le Chasseur et Ses Chiens, 1 vol. Barry Jean Ancelet. Illus. by Denise Gallagher. 2016. (FRE & ENG.). 32p. (J). pap. (978-1-935754-81-7(5)) Univ. of Louisiana at Lafayette Pr.
Jean-Michel Basquiat. Maria Isabel Sanchez Vegara. Illus. by Luciano Lozano. 2020. (Little People, BIG DREAMS Ser.: Vol. 42). (ENG.). 32p. (J). (gr. -1-2). 15.99 (978-0-7112-4580-8(0), Frances Lincoln Children's Bks.) Quarto Publishing Group UK GBR. Dist: Hachette Bk. Group.
Jean-Michel Basquiat (Little People, Big Dreams) Maria Isabel Sanchez Vegara. Illus. by Luciano Lozano. 2020. (Little People, BIG DREAMS Ser.: 41). (ENG.). 32p. (J). (gr. k-2). 14.99 (978-0-7112-4579-2(7), 329398, Frances Lincoln Children's Bks.) Quarto Publishing Group UK GBR. Dist: Hachette UK Distribution.
Jean-Michel Cousteau Présente les ORQUES: Esprits de la Mer. Dominique Serafini. 2021. (FRE.). 82p. (J). pap. (978-1-990238-94-9(7)) Love of the Sea Publishing.
Jean-Michel Cousteau Présente les ORQUES: Esprits de la Mer. Dominique Serafini & Cathy Salisbury. 2021. (FRE.). 80p. (J). (978-1-990238-93-2(9)) Love of the Sea Publishing.
Jean-Michel Cousteau Presents ORCAS: Spirits of the Seas. Dominique Serafini. 2021. (ENG.). (J). 80p. (978-1-990238-90-1(4)); 82p. pap. (978-1-990238-91-8(2)) Love of the Sea Publishing.
Jean Mitchell's School (Classic Reprint) Angelina W. Wray. 2017. (ENG., Illus.). 258p. (J). 29.22 (978-0-484-04434-9(6)) Forgotten Bks.
Jean Monteith (Classic Reprint) Mary Greenway McClelland. 2017. (ENG., Illus.). (J). 260p. 29.26 (978-0-484-51390-6(7)); pap. 11.97 (978-0-282-99474-7(2)) Forgotten Bks.
Jean of the Lazy (Classic Reprint) B. M. Bower. 2018. (ENG., Illus.). 338p. (J). 30.87 (978-0-365-32765-3(4)) Forgotten Bks.
Jean, Vol. 1 (Classic Reprint) Charles Paul De Kock. 2017. (ENG., Illus.). (J). 29.98 (978-0-266-38326-0(2)) Forgotten Bks.
Jean, Vol. 1 of 2 (Classic Reprint) Mary Newman. (ENG., Illus.). (J). 2018. 324p. 30.58 (978-0-483-93402-3(X)); 2016. pap. 13.57 (978-1-333-61284-9(2)) Forgotten Bks.
Jean, Vol. 2 (Classic Reprint) Charles Paul De Kock. 2017. (ENG., Illus.). (J). 29.80 (978-0-265-38017-8(0)) Forgotten Bks.
Jean, Vol. 2 (Classic Reprint) Newman. 2018. (ENG., Illus.). 288p. (J). 29.86 (978-0-267-18535-1(9)) Forgotten Bks.
Jeanie & Genie Collection (Boxed Set) The First Wish; Relax to the Max; Follow Your Art; Not-So-Happy Camper. Trish Granted. Illus. by Manuela Lopez. ed. 2022. (Jeanie & Genie Ser.). (ENG.). 512p. (J). (gr. k-4). pap. 23.99 (978-1-6659-0525-1(5), Little Simon) Little Simon.
Jeanie Nairn's Wee Laddie: A Simple Story of the Old Town (Classic Reprint) Maria Grant. 2018. (ENG., Illus.). 296p. (J). 30.02 (978-0-483-39166-6(2)) Forgotten Bks.
Jeanie's Quiet Life: A Novel (Classic Reprint) Eliza tabor Stephenson. (ENG., Illus.). (J). 2018. 130p. 26.58 (978-0-666-67228-5(8)); 2017. pap. 9.57 (978-0-259-41438-4(7)) Forgotten Bks.
Jeanie's Quiet Life, Vol. 3 of 3 (Classic Reprint) Tabor Tabor. 2018. (ENG., Illus.). 338p. (J). 30.87 (978-0-483-85222-8(8)) Forgotten Bks.
Jeanna Giraffe Explores Snow. Patti Bowman. Illus. by Patti Bowman. 2019. (Journaling Giraffes Ser.). (ENG., Illus.). 76p. (J). (gr. 1-3). pap. 10.99 (978-0-9981354-7-2(X)) Silver Linden Pr.
Jeannette Isabelle, Vol. 1 Of 3: A Novel (Classic Reprint) Unknown Author. 2018. (ENG., Illus.). 290p. (J). 29.88 (978-0-428-86210-7(1)) Forgotten Bks.
Jeannie Houdini: A Hamster's Tale. Mary-Ann Stouck. Illus. by Rebecca Evans. 2019. (ENG.). 25p. (J). 17.95 (978-0-940719-40-8(1)) Gryphon Pr., The.
Jeb Ralston: Relucant Gun Fighter. Thomas Slothower. 2021. (ENG.). 74p. (J). 22.95 (978-1-63903-293-8(2)); pap. 12.95 (978-1-0980-9905-3(2)) Christian Faith Publishing.
Jeb Scarecrow's Pumpkin Patch, 1 vol. Jana Dillon. 2016. (ENG., Illus.). 34p. (J). (gr. k-3). pap. 9.95 (978-1-4556-2181-1(1), Pelican Publishing) Arcadia Publishing.
Jed, the Poorhouse Boy (Classic Reprint) Horatio Alger. 2017. (ENG., Illus.). (J). 31.78 (978-0-265-71509-3(1)); pap. 16.57 (978-1-5276-6999-4(8)) Forgotten Bks.
Jeddo's Suitcase. Amal Abou-Eid. Illus. by Cara King. 2022. (ENG.). 34p. (J). (978-0-6487113-8-4(2)) Abou-Eid, Amal.
Jedi Academy. Jeffrey Brown. ed. 2019. (Star Wars: Jedi Academy Ser.). (ENG.). 160p. (J). (gr. 4-5). 16.96 (978-0-87617-580-4(9)) Penworthy Co., LLC, The.
Jedidiah the Donor Dog Hero. Eva Bailey. 2018. (ENG., Illus.). 46p. (J). pap. 20.45 (978-1-4808-6068-1(9)) Archway Publishing.
Jed's Big Adventure: The Shark Guardian Series Book Two. Gail Clarke. 2019. (Shark Guardian Ser.: Vol. 2). (ENG., Illus.). 36p. (J). (gr. 1-4). (978-1-912406-33-3(0)); pap. (978-1-912406-31-9(4)) Gupole Pubns.
Jedwood Justice, Vol. 1 Of 3: A Novel (Classic Reprint) Albany De Grenier Fonblanque, Jr. 2018. (ENG., Illus.). (J). 29.63 (978-0-331-97780-6(X)) Forgotten Bks.
Jedwood Justice, Vol. 2 Of 3: A Novel (Classic Reprint) Albany De Fonblanque. 2016. (ENG., Illus.). (J). pap. 13.57 (978-1-333-46488-2(6)) Forgotten Bks.
Jedwood Justice, Vol. 2 Of 3: A Novel (Classic Reprint) Albany De Grenier Fonblanque, Jr. 2018. (ENG., Illus.). 292p. (J). 29.92 (978-0-483-44326-6(3)) Forgotten Bks.
Jedwood Justice, Vol. 3 Of 3: A Novel (Classic Reprint) Albany De Grenier Fonblanque, Jr. 2018. (ENG., Illus.). 300p. (J). 30.08 (978-0-332-49685-6(6)) Forgotten Bks.
Jee the Ninja Pants Detective. Peter Clarke. 2019. (ENG.). 26p. (J). pap. (978-1-5289-1836-7(3)) Austin Macauley Pubs. Ltd.
Jeen the Tween. Charles K. Campbell. Illus. by S. a Tyre. 2021. (ENG.). 108p. (YA). pap. 24.95 (978-0-578-94397-8(2)) UnmistakablyCKC.
Jeep Wranglers. Kenny Abdo. 2017. (Off Road Vehicles Ser.). (ENG., Illus.). 24p. (J). (gr. 2-8). lib. bdg. 31.36 (978-1-5321-2102-9(4), 26785, Abdo Zoom-Fly) ABDO Publishing Co.
Jeepers & Creepers: A Tale of Two Sisters. Bradley J. Bidell. 2021. (ENG.). 62p. (J). pap. 12.95 (978-1-63874-411-5(4)) Christian Faith Publishing.
Jeepers Creepers. David C. Staves Jr. 2019. (ENG., Illus.). 38p. (J). pap. 12.99 (978-0-9600739-2-4(2)) Staves Creations.
Jeet & Fudge: Forever Friends. Amandeep S. Kochar. Illus. by Weaverbird Interactive. 2022. 1. (ENG.). 32p. (J). pap. 5.99 (978-1-223-18346-6(7), 1a123d62-17fa-47b7-8aa7-1d5c0df2b382, Paw Prints) Baker & Taylor, CATS.
Jeet y Choco: ¡a Divertirse en el Parque Acuático! (Jeet & Fudge: Fun at the Waterpark) Amandeep S. Kochar. Tr. by Candy Rodó. 2022. 2. (SPA.). 32p. (J). (gr. k-2). pap. 5.99 (978-1-223-18352-7(1), 77f4f4bc-6146-4373-a416-005ad8865dd7, Paw Prints) Baker & Taylor, CATS.
Jeet y Choco: ¡a Divertirse en el Parque Acuático! (Jeet & Fudge: Fun at the Waterpark) (Library Edition) Amandeep S. Kochar. Tr. by Candy Rodó. 2022. 2. (SPA.). 32p. (J). (gr. k-2). lib. bdg. 15.99 (978-1-5182-6299-9(6), 8faf09b3-b638-4747-8202-178e93aed193, Paw Prints) Baker & Taylor, CATS.
Jeet y Choco: Amigos para Siempre (Jeet & Fudge: Forever Friends) Amandeep S. Kochar. Tr. by Candy Rodó. 2022. 1. (SPA.). 32p. (J). (gr. k-2). pap. 5.99 (978-1-223-18348-0(3), 8570d7ad-c902-4102-a778-cb1e41828894); lib. bdg. 15.99 (978-1-5182-6297-5(X), 81b23f33-83d7-41aa-84d1-d9f651882462) Baker & Taylor, CATS. (Paw Prints).
Jeet y Choco: la Biblioteca Amorosa (Jeet & Fudge: the Loving Library) Amandeep S. Kochar. Tr. by Candy Rodó. 2022. 3. (SPA.). 32p. (J). (gr. k-2). pap. 5.99 (978-1-223-18356-5(4), d4853e46-bdb5-4bc4-be4b-001907d87ddb, Paw Prints) Baker & Taylor, CATS.
Jeet y Choco: la Biblioteca Amorosa (Jeet & Fudge: the Loving Library) (Library Edition) Amandeep S. Kochar. Tr. by Candy Rodó. 2022. 3. (SPA.). 32p. (J). (gr. k-2). lib. bdg. 15.99 (978-1-5182-6301-9(1), 333d4bde-08e2-4691-9804-f3c33372ff22, Paw Prints) Baker & Taylor, CATS.
Jefe de Obras. B. Keith Davidson. 2022. (Las Mejores Carreras Profesionales (Top Trade Careers) Ser.). (SPA.). 32p. (J). (gr. 3-9). pap. (978-1-0396-5027-5(9), 20237); lib. bdg. (978-1-0396-4900-2(9), 20236) Crabtree Publishing Co. (Crabtree Branches).
Jeff Allen vs. the Time Suck Vampire. Justina Ireland. Illus. by Tyler Champion. 2017. (Devils' Pass Ser.). (ENG.). 128p. (J). (gr. 4-8). lib. bdg. 25.99 (978-1-4965-4986-0(4), 135878, Stone Arch Bks.) Capstone.
Jeff Bezos: Tech Entrepreneur & Businessman, 1 vol. Adam Furgang. 2018. (Influential Lives Ser.). (ENG.). 128p. (gr. 7-7). 40.27 (978-0-7660-9785-0340-3(7), 7771638e-7767-4305-8c4e-fbdd5a2ae641) Enslow Publishing, LLC.
Jeff Elrod: ESP. Jeff Elrod. 2016. (ENG., Illus.). 36p. 50.00 (978-3-935567-79-4(0)) Holzwarth Pubns. DEU. Dist: D.A.P./Distributed Art Pubs.
Jeff Goes Wild. Angela Rozelaar. 2022. (ENG., Illus.). 40p. (J). (gr. -1-3). 17.99 (978-0-06-284056-1(8), Tegen, Katherine Bks) HarperCollins Pubs.
Jeff Gordon. Kenny Abdo. (NASCAR Biographies Ser.). (ENG., Illus.). 24p. (J). (gr. 2-2). 2022. pap. 8.95 (978-1-64494-684-8(X)); 2021. lib. bdg. 31.36 (978-1-0982-2681-7(X), 38638) ABDO Publishing Co. (Abdo Zoom-Fly).
Jeff Kinney: Children's Book Author & Cartoonist, 1 vol. Kathy Furgang. 2017. (Junior Biographies Ser.). (ENG.). 24p. (J). (gr. 3-4). pap. 10.35 (978-0-7660-9061-3(2), 4e2421ca-6474-4575-8ee0-2492cefba734) Enslow Publishing, LLC.
Jeff the Janitor. Calvin Denson. 2021. (ENG.). 30p. (J). pap. 12.99 (978-1-954095-50-2(3)) Yorkshire Publishing Group.
Jefferson at Monticello: The Private Life of Thomas Jefferson, from Entirely New Materials (Classic Reprint) Hamilton W. Pierson. (ENG., Illus.). (J). 2018. 160p. 27.22 (978-0-365-51085-7(8)); 2017. pap. 9.57 (978-0-259-46610-9(7)) Forgotten Bks.
Jefferson Davis: Leader of the Confederacy, 1 vol. Kristen Rajczak Nelson. 2018. (Junior Biographies Ser.). (ENG.). 24p. (gr. 3-4). 24.27 (978-1-9785-0203-1(6), 66549cc9-3003-4fbb-98d8-fdcc793ef11e) Enslow Publishing, LLC.
Jefferson Davis Abraham Lincoln Bowe (Classic Reprint) Ben Blow. 2017. (ENG., Illus.). (J). 38p. 24.68 (978-0-332-06837-4(4)); pap. 7.97 (978-0-259-85232-2(5)) Forgotten Bks.
Jefferson Memorial. Aaron Carr. 2017. (Symbols of America Ser.). (ENG.). 24p. (J). lib. bdg. 22.99 (978-1-5105-2163-6(1)) SmartBook Media, Inc.
Jefferson Memorial: An Essay (Classic Reprint) Merrill D. Peterson. 2017. (ENG., Illus.). (YA). (gr. 5). 44p. 24.82 (978-0-332-03839-1(4)); pap. 7.97 (978-0-259-98321-7(7)) Forgotten Bks.
Jeffrey Loves Blue. Loretta Garbutt. Illus. by Lily Snowden-Fine. 2023. (ENG.). 32p. (J). (gr. 1). 18.95 (978-1-77147-561-7(7)) Owlkids Bks. Inc. CAN. Dist: Publishers Group West (PGW).
Jeffrey on the Job. Betsy Murden Loeb. 2017. (ENG., Illus.). 28p. (J). (978-1-387-13294-2(6)) Lulu Pr., Inc.
Jeff's Adventures. Kate Lovering. 2019. (ENG.). 88p. (J). (978-1-5289-0607-4(1)); pap. (978-1-5289-0606-7(3)) Austin Macauley Pubs. Ltd.
Jeff's Trip to Holland, 1 vol. Nancy Anderson. 2016. (Rosen REAL Readers: STEM & STEAM Collection). (ENG.). 12p. (gr. 1-2). pap. 6.33 (978-1-5081-2679-9(8), a15ab0b7-d567-4e08-b4cc-2c81570e4813, Rosen Classroom) Rosen Publishing Group, Inc., The.
Jeg Elsker at Dele: I Love to Share (Danish Edition) Shelley Admont & S. a Publishing. 2016. (Danish Bedtime Collection). (DAN., Illus.). (J). (gr. k-3). (978-1-77268-894-8(0)); pap. (978-1-77268-895-5(9)) Shelley Admont Publishing.
Jeg Elsker at Dele - I Love to Share: Danish English Bilingual Edition. Shelley Admont. 2017. (Danish English Bilingual Collection). (DAN., Illus.). (J). (gr. k-3). (978-1-5259-0252-9(0)) Kidkiddos Bks.
Jeg Elsker at Dele- I Love to Share: Danish English Bilingual Edition. Shelley Admont. 2017. (Danish English Bilingual Collection). (DAN., Illus.). (J). (gr. k-3). pap. (978-1-5259-0251-2(2)) Kidkiddos Bks.
Jeg Elsker at Sove I Min Egen Seng: I Love to Sleep in My Own Bed - Danish Edition. Shelley Admont & Kidkiddos Books. 2nd ed. 2020. (Danish Bedtime Collection). (DAN., Illus.). 36p. (J). (gr. k-3). pap. (978-1-5259-2364-7(1)) Kidkiddos Bks.
Jeg Elsker Min Far: I Love My Dad (Danish Edition) Shelley Admont & Kidkiddos Books. 2nd ed. 2019. (Danish Bedtime Collection). (DAN., Illus.). 34p. (J). (gr. k-3). pap. (978-1-5259-1707-3(2)) Kidkiddos Bks.
Jeg Elsker Min Mor: I Love My Mom - Danish Edition. Shelley Admont & Kidkiddos Books. 2nd ed. 2019. (Danish Bedtime Collection). (DAN., Illus.). 32p. (J). (gr. k-3). pap. (978-1-5259-1783-7(8)) Kidkiddos Bks.
Jeg Elsker Min Mor: I Love My Mom (Danish Edition) Shelley Admont & S. a Publishing. 2016. (Danish Bedtime Collection). (DAN., Illus.). (J). (gr. k-3). (978-1-77268-776-7(6)); pap. (978-1-77268-775-0(8)) Shelley Admont Publishing.
Jeg Elsker Min Mor I Love My Mom: Danish English Bilingual Edition. Shelley Admont & S. a Publishing. 2016. (Danish English Bilingual Collection). (DAN., Illus.). (J). (gr. k-3). (978-1-77268-929-7(7)); pap. (978-1-77268-928-0(9)) Shelley Admont Publishing.
Jeg Elsker Min Mor I Love My Mom (Bilingual Danish Kids Book) Danish English Bilingual Children's Book. Shelley Admont & S. a Publishing. 2017. (English Portuguese Bilingual Collection). (DAN., Illus.). 32p. (J). (gr. k-3). pap. (978-1-5259-0862-0(6)) Kidkiddos Bks.
Jeg, Pappa Og Teddy: Glade Minner. Luthon Hagvinprice & Ofelia Hagvinprice Farstad. 2023. (NOR.). 50p. (J). 38.94 (978-1-4476-7438-2(3)); 38.94 (978-1-4476-6397-3(7)) Lulu Pr., Inc.
Jeg Smiler for Farfar: En Hjertevarm Historie Om Demens Skrevet Til Mindre Børn. Jaclyn Guenette. Tr. by Anne-Marie Hall. Illus. by Kathryn Harrison. 2021. (DAN.). 34p. (J). pap. (978-0-9949467-9-9(1)) Flipturn Publishing.
Jehane of the Forest (Classic Reprint) L. A. Talbot. 2017. (ENG., Illus.). (J). 30.76 (978-0-265-51708-6(7)); pap. 13.57 (978-1-334-91153-8(3)) Forgotten Bks.
Jehosophat the Cat. Faith McClain Staneart. 2018. (ENG., Illus.). 36p. (J). pap. 13.95 (978-1-64258-865-1(2)) Christian Faith Publishing.
Jehovah: Old Testament Bible Volume 30: Psalms. Ruth B. Greiner & Bible Visuals International. 2019. (Visualized Bible Ser.: Vol. 2030). (ENG.). 34p. (J). pap. 15.00 (978-1-64104-034-1(3)) Bible Visuals International, Inc.
Jehovah-Nissi: The Life-Story of Hatashil-Masha-Kathish (Classic Reprint) Hatashil Masha Kathish. (ENG., Illus.). (J). 2017. 25.53 (978-0-265-56505-6(7)); 2016. pap. 9.57 (978-1-334-11730-5(6)) Forgotten Bks.
Jeiri Nadura & the Royal Ruby of India. Diana Hill. 2018. (ENG., Illus.). 38p. (J). pap. 13.95 (978-1-63575-055-3(5)) Christian Faith Publishing.
Jellicle Girl. Stevie Mikayne. 2nd ed. 2020. (ENG.). 266p. (YA). (gr. 7-12). pap. 18.95 (978-1-63555-691-9(0)) Bold Strokes Bks.
Jellies & the Crunchers. Matt Bell. 2020. (ENG., Illus.). 32p. (J). 23.95 (978-1-64468-989-9(8)); pap. 13.95 (978-1-64670-854-3(7)) Covenant Bks.
Jelly. Jo Cotterill. 2020. (ENG., Illus.). 272p. (J). (gr. 4-9). 16.99 (978-1-4998-1006-6(7), Yellow Jacket) Bonnier Publishing USA.
Jelly. Clare Rees. 2021. (ENG.). 304p. (YA). (gr. 7-17). 18.99 (978-1-4197-4556-0(5), 1696001) Abrams, Inc.
Jelly Bean Blessings, 1 vol. Illus. by Maddie Frost. 2019. (Sweet Blessings Ser.). (ENG.). 20p. (J). bds. 8.99 (978-1-4002-0932-3(3), Tommy Nelson) Nelson, Thomas Inc.
Jelly Bean Dean. Tracy Stanaway. 2020. (ENG.). 32p. (J). 24.95 (978-1-64654-336-6(X)); pap. 14.95 (978-1-64952-267-2(3)) Fulton Bks.
Jelly Bean Dean & the Bubble Machine. Tracy Stanaway. 2021. (ENG., Illus.). 34p. (J). 24.95 (978-1-63860-050-3(3)); pap. 14.95 (978-1-64654-828-6(0)) Fulton Bks.
Jelly Bean Green Thing. Deb Klingel. 2017. (ENG., Illus.). (J). pap. 9.95 (978-1-947491-73-1(3)) Yorkshire Publishing Group.
Jelly Bean Hunt. Patricia D. Lucas. 2021. (ENG.). 36p. (J). pap. (978-1-83875-236-1(6), Nightingale Books) Pegasus Elliot Mackenzie Pubs.
Jelly Bean Prayer Ittybitty Activity Book (Pk Of 6) Itty-Bitty Activity Book Easter. Created by Warner Press. 2021. (ENG.). 48p. (J). pap. 13.74 (978-1-68434-281-5(3)) Warner Pr., Inc.
Jelly Bean Story. Whitney R. Joseph. 2021. (ENG., Illus.). 30p. (J). pap. 13.95 (978-1-63844-047-5(6)) Christian Faith Publishing.
Jelly Bean Summer. Joyce Magnin. 272p. (J). (gr. 3-7). 2018. pap. 7.99 (978-1-4926-6084-2(1)); 2017. (ENG.). 16.99 (978-1-4926-4672-3(5)) Sourcebooks, Inc.
Jelly Bean Trail. Timothy Hooks Chtm Cres CBET. Illus. by Asiya Morris. 2021. (ENG.). 38p. (J). pap. 14.95 (978-1-0983-9113-3(6)) BookBaby.
Jelly Beans & Reds & Greens, a Candy Coloring Book. Creative. 2016. (ENG., Illus.). (J). pap. 7.74 (978-1-68323-853-9(2)) Twin Flame Productions.

Jelly Fish Bit My Bum. Russell Whitehead. Illus. by Martin Gillespie. 2019. (ENG.). 42p. (J). pap. *(978-0-6485812-0-8(9))* Whitehead, Russell.

Jelly in Japan. Michael Coupland. 2018. (ENG.). 248p. (J). pap. ***(978-0-244-74282-9(0))*** Lulu Pr., Inc.

Jelly Roll. Mere Joyce. 2020. (Orca Currents Ser.). (ENG.). 120p. (J). (gr. 4-7). pap. 10.95 *(978-1-4598-2629-8(9))* Orca Bk. Pubs. USA.

Jelly Spacemen: Cruise to Earth. Sallie Moss. 2019. (ENG., Illus.). 52p. (J). *(978-1-78848-998-0(5))*; pap. *(978-1-78848-982-9(9))* Austin Macauley Pubs. Ltd.

Jellybean & Her Amazing Adventures. Savanna R. Floyd. 2021. (ENG., Illus.). 28p. (J). pap. 13.95 *(978-1-63844-010-9(7))* Christian Faith Publishing.

Jellybean Kid. Tim J. Huff & Margie Timpson. Illus. by Tim J. Huff. 2022. (ENG., Illus.). 38p. (J). pap. *(978-1-988928-49-4(4))* BayRidge Bks.

Jellybean the Dragon. Elias Zapple. Illus. by Ilaeira Misirlou. 2018. (Jellybean the Dragon Stories American-English Ser.: Vol. 1). (ENG.). 82p. (J). (gr. 4-6). pap. *(978-1-912704-14-9(5))*; pap. *(978-1-912704-15-6(3))* Heads or Tales Pr.

Jellyfish. Emma Bassier. 2019. (Ocean Animals Ser.). (ENG., Illus.). 24p. (J). (gr. 1-1). pap. 8.95 *(978-1-64494-012-9(4), 1644940124)* North Star Editions.

Jellyfish. Emma Bassier. 2019. (Ocean Animals (POP) Ser.). (ENG., Illus.). 24p. (J). (gr. k-3). lib. bdg. 31.36 *(978-1-5321-6339-5(8), 31993, Pop! Cody Koala)* Pop!.

Jellyfish. Valerie Bodden. 2017. (Amazing Animals Ser.). (ENG., Illus.). 24p. (J). (gr. 1-4). *(978-1-60818-755-3(1), 20041, Creative Education)* Creative Co., The.

Jellyfish. Robbie Byerly. 2016. (2G Marine Life Ser.). (ENG., Illus.). 24p. (J). pap. 8.00 *(978-1-61406-042-0(8))* American Reading Co.

Jellyfish! Ginjer L. Clarke. 2021. (Penguin Young Readers, Level 4 Ser.). (Illus.). 48p. (J). (gr. 3-4). 15.99 *(978-0-593-09308-5(9))*; pap. 5.99 *(978-0-593-09307-8(0))* Penguin Young Readers Group. (Penguin Young Readers).

Jellyfish. Grace Hansen. 2017. (Ocean Life Ser.). (ENG.). 24p. (J). (gr. -1-2). pap. 7.95 *(978-1-4966-1253-3(1), 135001, Capstone Classroom)* Capstone.

Jellyfish. August Hoeft. (I See Animals Ser.). (ENG.). (J). 2022. 20p. 24.99 ***(978-1-5324-3419-8(7))***; 2022. 20p. pap. 12.99 ***(978-1-5324-4222-3(X))***; 2020. 12p. pap. 5.99 *(978-1-5324-1725-2(X))* Xist Publishing.

Jellyfish. Heather Kissock. 2017. (Illus.). 24p. (J). *(978-1-5105-0584-1(9))* SmartBook Media, Inc.

Jellyfish. Kara L. Laughlin. 2017. (In the Deep Blue Sea Ser.). (ENG.). 24p. (J). (gr. k-3). lib. bdg. 32.79 *(978-1-5038-1686-2(9), 211520)* Child's World, Inc, The.

Jellyfish. Christina Leaf. 2016. (Ocean Life up Close Ser.). (ENG., Illus.). 24p. (J). (gr. k-3). 26.95 *(978-1-62617-418-4(0))*; pap. 7.99 *(978-1-61891-266-4(6), 12056)* Bellwether Media. (Blastoff! Readers).

Jellyfish. Joyce Markovics. 2022. (Lights on! Animals That Glow Ser.). (ENG., Illus.). 24p. (J). (gr. 4-6). pap. 12.79 *(978-1-6689-0075-8(0), 220166)*; lib. bdg. 30.64 *(978-1-5341-9961-3(6), 220022)* Cherry Lake Publishing.

Jellyfish. Jody S. Rake. 2016. (Faceless, Spineless, & Brainless Ocean Animals Ser.). (ENG., Illus.). 24p. (J). (gr. 1-3). lib. bdg. 27.99 *(978-1-5157-2141-3(8), 132715, Capstone Pr.)* Capstone.

Jellyfish. Mari Schuh. 2018. (Spot Ocean Animals Ser.). (ENG.). 16p. (J). (gr. -1-2). pap. 7.99 *(978-1-68152-300-2(0), 15002)*; lib. bdg. *(978-1-68151-380-5(3), 14996)* Amicus.

Jellyfish. Derek Zobel. 2020. (Ocean Animals Ser.). (ENG., Illus.). 24p. (J). (gr. -1-2). pap. 7.99 *(978-1-68103-812-4(9), 12901)*; lib. bdg. 25.95 *(978-1-64487-325-0(7))* Bellwether Media. (Blastoff! Readers).

Jellyfish & Octopuses: Leveled Reader Gold Level 21. Rg Rg. 2016. (PM Ser.). (ENG.). 24p. (J). (gr. 2-3). pap. 11.00 *(978-0-544-89233-0(X))* Rigby Education.

Jellyfish Are Brainless!, 1 vol. Amanda Vink. 2019. (Animals Without Brains! Ser.). (ENG.). 24p. (J). (gr. 1-2). pap. 9.15 *(978-1-5382-4582-8(5), ca749043-34fd-4a94-8a81-b713f5f59beb)* Stevens, Gareth Publishing LLLP.

Jellyfish Feels Jealous. Katie Woolley. Illus. by David Arumi. 2022. (Emotion Ocean Ser.). (ENG.). 32p. (J). (gr. k-3). pap. 9.99 *(978-1-7284-6409-1(9), d4033680-786e-47a3-b5cf-47aa7dd71cc1)*; lib. bdg. 29.32 *(978-1-7284-4601-1(5), dcc8f91e-286e-469b-84bf-79589e20ef6b)* Lerner Publishing Group. (Lerner Pubns.).

Jellyfish in the Water, 1 vol. Clara O. Coleman. 2017. (Critters by the Sea Ser.). (ENG.). 24p. (J). (gr. 3-3). 25.27 *(978-1-5383-2515-5(2), a57ba419-3094-41a6-a894-c06c06a75cff, PowerKids Pr.)* Rosen Publishing Group, Inc., The.

Jellyfish Jellyfish. Jennifer Jayne Scobie. 2018. (ENG., Illus.). 40p. (J). pap. 14.33 *(978-1-387-86957-2(4))* Lulu Pr., Inc.

Jellyfish Kite. James Murray. Ed. by Emalie Moniz. Illus. by Sage Duran. 2022. (ENG.). 26p. (J). 37.26 ***(978-1-716-67588-1(X))*** Lulu Pr., Inc.

Jem, a Foreigner in Philadelphia. Delaney Green. 2018. (ENG., Illus.). 370p. (J). pap. 14.95 *(978-0-9982633-1-1(1))* Delaney Green.

Jem Bunt: A Tale of the Lord & the Ocean (Classic Reprint) Robert Cruikshank. (ENG., Illus.). (J). 2018. 376p. 31.65 *(978-0-483-52338-8(0))*; 2016. pap. 16.57 *(978-1-333-65836-6(2))* Forgotten Bks.

Jem Morrison: The Fisher-Boy (Classic Reprint) Lamb. 2018. (ENG., Illus.). 202p. (J). 28.06 *(978-0-483-92115-3(7))* Forgotten Bks.

Jem Strikes Gold, 1 vol. Susan K. Marlow. 2019. (Goldtown Beginnings Ser.: 1). (Illus.). 80p. (J). (gr. 1-3). pap. 5.99 *(978-0-8254-4625-2(2))* Kregel Pubns.

Jemima Placid, or the Advantage of Good-Nature: Exemplified in a Variety of Familiar Incidents (Classic Reprint) Mary Ann Kilner. 2018. (ENG., Illus.). 94p. (J). 25.86 *(978-0-484-31170-0(0))* Forgotten Bks.

Jem's Frog Fiasco, 1 vol. Susan K. Marlow. 2019. (Goldtown Beginnings Ser.: 2). (Illus.). 80p. (J). (gr. 1-3). pap. 5.99 *(978-0-8254-4626-9(0))* Kregel Pubns.

Jena or Sedan? (Classic Reprint) Franz Adam Beyerlein. 2018. (ENG., Illus.). 368p. (J). 31.51 *(978-0-483-45248-0(3))* Forgotten Bks.

Jenakis. Isaiah Spikes. 2021. (ENG.). 156p. (YA). 28.95 *(978-1-6624-1134-2(0))* Page Publishing Inc.

Jenelyn's Journey: The Werewolf of Wittlich. E. E. Byrnes. 2021. (ENG.). 282p. (J). pap. *(978-1-912494-80-4(9))* Book Bubble Pr.

Jenifer (Classic Reprint) Lucy Meacham Thruston. (ENG., Illus.). (J). 2018. 318p. 30.46 *(978-0-483-29954-2(5))*; 2016. pap. 13.57 *(978-1-333-58427-6(X))* Forgotten Bks.

Jenlania: Jennifer's Little World. Jennifer Selvan. 2018. (ENG., Illus.). 112p. (J). pap. 7.99 *(978-1-948473-41-5(0))* Notion Pr., Inc.

Jenna Marbles, 1 vol. Adam Furgang. 2019. (Top YouTube Stars Ser.). (ENG.). 48p. (gr. 5-5). pap. 12.75 *(978-1-7253-4624-6(9), 24c38bdf-2c9e-45d0-8a40-f5b979479eec, Rosen Reference)* Rosen Publishing Group, Inc., The.

Jenna's Job: Practicing the J Sound, 1 vol. Serena Snyder. 2016. (Rosen Phonics Readers Ser.). (ENG., Illus.). 8p. (J). (gr. -1-2). pap. *(978-1-5081-3032-1(9), f4f507fd-12df-4920-8ceb-f27c26a944b0, Rosen Classroom)* Rosen Publishing Group, Inc., The.

Jenna's Journey. Karen Kelly Boyce. 2021. (Hope Trilogy Ser.: Vol. 1). (ENG.). 212p. (YA). pap. 12.99 *(978-1-954004-64-1(8))* Pen It Pubns.

Jenna's Truth. N. L. King. 2018. (ENG., Illus.). 98p. (YA). pap. *(978-0-6482127-6-8(9))* Karen Mc Dermott.

Jennie Baxter Journalist, 1899 (Classic Reprint) Robert Barr. 2018. (ENG., Illus.). 352p. (J). 31.18 *(978-0-332-20318-8(2))* Forgotten Bks.

Jennie the Plow Horse Has a Dream. Mike Schmidke. 2021. (ENG., Illus.). 26p. (J). pap. 14.95 *(978-1-63881-407-8(4))* Newman Springs Publishing, Inc.

Jennifer Chan Is Not Alone. Tae Keller. (ENG.). (J). (gr. 3-7). 2023. 304p. 8.99 *(978-0-593-31055-7(1), Yearling)*; 2022. 288p. 17.99 *(978-0-593-31052-6(7), Random Hse. Bks. for Young Readers)*; 2022. 288p. lib. bdg. 20.99 *(978-0-593-31053-3(5), Random Hse. Bks. for Young Readers)* Random Hse. Children's Bks.

Jennifer Hudson: Singer, Actress, & Voice for Change, 1 vol. Edna McPhee. annot. ed. 2019. (People in the News Ser.). (ENG.). 104p. (gr. 7-7). pap. 20.99 *(978-1-5345-6831-0(X), 3bbac595-f7bd-4948-a44c-2c012b1cdbca)*; lib. bdg. 41.03 *(978-1-5345-6832-7(8), 2628cafe-df08-4841-aa35-50783e69cc46)* Greenhaven Publishing LLC. (Lucent Pr.).

Jennifer Lawrence: Academy Award-Winning Actress, 1 vol. David M. Kelly. 2016. (Leading Women Ser.). (ENG.). 112p. (YA). (gr. 7-7). 41.64 *(978-1-5026-1985-3(7), d51524df-8341-4b8a-8727-a6b8d9ad1edb)* Cavendish Square Publishing LLC.

Jennifer Lawrence: Movie Star. Tyler Omoth. 2017. (Superstar Stories Ser.). (ENG.). 24p. (J). (gr. 3-6). lib. bdg. 32.79 *(978-1-5038-1994-8(9), 211870)* Child's World, Inc, The.

Jennifer the Brave. Cynthia MacGregor. 2017. (ENG., Illus.). (J). (gr. k-5). pap. 9.99 *(978-1-68160-251-6(2))* Crimson Cloak Publishing.

Jennings-Yager Camp-Fire (Classic Reprint) Emma Jennings Clark. 2018. (ENG., Illus.). 90p. (J). 25.77 *(978-0-267-67426-8(0))* Forgotten Bks.

Jenny: A Novel (Classic Reprint) Roy Horniman. 2018. (ENG., Illus.). 342p. (J). 30.95 *(978-0-483-85094-1(2))* Forgotten Bks.

Jenny & the Birds (Classic Reprint) Unknown Author. 2018. (ENG., Illus.). 338p. (J). 30.87 *(978-0-267-28594-5(9))* Forgotten Bks.

Jenny & the Dragon's Egg. Dennis McCabe. 2018. (ENG., Illus.). 26p. (J). 22.95 *(978-1-64349-214-8(4))*; pap. 12.95 *(978-1-64299-384-4(0))* Christian Faith Publishing.

Jenny & the Hummingbird Faeries: Jenny & Her Magic Cat, Ms. Po. S. R. Zales. 2022. 152p. (J). pap. 10.99 *(978-1-6678-5362-8(7))* BookBaby.

Jenny Be Good (Classic Reprint) Wilbur Finley Fauley. (ENG., Illus.). (J). 2019. 324p. 30.58 *(978-0-365-23652-8(7))*; 2017. pap. 13.57 *(978-0-259-27269-4(8))* Forgotten Bks.

Jenny Bear: A Journey Towards Healthy Grieving. Caleb Potter. Illus. by Alexandra Hall. 2022. (ENG.). 34p. (J). pap. 13.99 *(978-1-63988-127-7(1))* Primedia eLaunch LLC.

Jenny de la Selva: Leveled Reader Book 69 Level M 6 Pack. Hmh Hmh. 2020. (SPA.). 32p. (J). pap. 74.40 *(978-0-358-08377-1(X))* Houghton Mifflin Harcourt Publishing Co.

Jenny Essenden (Classic Reprint) Anthony Pryde. 2018. (ENG., Illus.). 318p. (J). 30.46 *(978-0-483-44347-1(6))* Forgotten Bks.

Jenny Giraffe Visits the Beach: A Drawing, Coloring, Writing Journal for Kids. Patti Bowman. Illus. by Patti Bowman. 2016. (Illus.). (J). (gr. 2-3). pap. 11.95 *(978-0-9981354-2-7(9))* Silver Linden Pr.

Jenny Giraffe's Mardi Gras Ride, 1 vol. Cecilia Dartez. Illus. by Cecilia Dartez & Andy Green. 2018. (Jenny Giraffe Ser.). (ENG.). 32p. (gr. -1-3). 8.99 *(978-1-4556-2387-7(3), Pelican Publishing)* Arcadia Publishing.

Jenny J's Travels Away: Nepal: the Himalayas. Jennifer Jennings Goolsby. 2021. (ENG., Illus.). 30p. (J). pap. 14.95 *(978-1-63860-619-2(6))* Fulton Bks.

Jenny Mei Is Sad. Tracy Subisak. 2021. (ENG., Illus.). 40p. (J). (gr. -1-3). 17.99 *(978-0-316-53771-1(3))* Little, Brown Bks. for Young Readers.

Jenny Saves the Day. Cheryl Moss. 2016. (ENG.). (J). 14.95 *(978-1-63177-783-7(1))* Amplify Publishing Group.

Jenny the Chimpanzee. Lotus Kay. Illus. by Chey Diehl. 2020. (ENG.). 26p. (J). 14.99 *(978-1-63233-248-6(5))*; pap. 9.99 *(978-1-63233-247-9(7))* Eifrig Publishing.

Jenny Two-Tails & Her Special Friends. James F. Frayne. 2016. (ENG., Illus.). 140p. (J). pap. *(978-1-326-86608-2(7))* Lulu Pr., Inc.

Jennyanydots: The Old Gumbie Cat. T. S. Eliot. Illus. by Arthur Robins. 2020. (ENG.). 32p. (J). pap. 8.95 *(978-0-571-35280-7(4))* Faber & Faber, Inc.

Jenny's Geranium, or the Prize Flower of a London Court (Classic Reprint) Unknown Author. (ENG., Illus.). (J). 2018. 170p. 27.42 *(978-0-483-48137-4(8))*; 2016. pap. 9.97 *(978-1-334-15513-0(5))* Forgotten Bks.

Jenny's Red Toolbox. Wanda Kay Knight. 2020. (ENG.). 42p. (J). pap. 5.99 *(978-1-64970-750-5(9))* Waldorf Publishing.

Jen's Red Hen. Cecilia Minden. Illus. by Nadia Gunawan. 2023. (Little Blossom Stories Ser.). (ENG.). 16p. (J). (gr. -1-2). pap. 11.36 *(978-1-6689-1887-6(0), 221865, Cherry Blossom Press)* Cherry Lake Publishing.

Jensen Cleans His Room. Coby Greif. Illus. by Haley Moss. 2022. (ENG.). 34p. (J). 26.99 *(978-1-6628-3765-4(8))*; pap. 14.99 *(978-1-6628-3764-7(X))* Salem Author Services.

Jenteguden. Trista Hendren. Tr. by Oddvin Alfarnes. Illus. by Elisabeth Slettnes. 2019.Tr. of Girl God. (NOR.). 46p. (J). (gr. k-6). *(978-82-93725-04-6(4))* Hendren, Trista.

J'entends des Sons. Francis Spencer. Tr. by Claire Savard. 2021. (Mes Premiers Livres de Science (My First Science Books) Ser.).Tr. of I Hear Sound. (FRE.). 24p. (J). (gr. k-2). pap. *(978-1-4271-3683-1(1), 13366)* Crabtree Publishing Co.

J'Entends des Sons (I Hear Sound) Francis Spencer. Tr. by Claire Savard. 2021. (FRE.). 24p. (J). (gr. k-2). lib. bdg. ***(978-1-4271-5063-9(X))*** Crabtree Publishing Co.

Jeremiah: A Man with a Message. Carine MacKenzie. 2017. (Bible Wise Ser.). (ENG., Illus.). 32p. (J). pap. 4.50 *(978-1-78191-972-9(0), 7cded02a-413d-4432-96df-2ba8e448e4cd, CF4Kids)* Christian Focus Pubns. GBR. Dist: Baker & Taylor Publisher Services (BTPS).

Jeremiah Furry Puppopavich. Polly Jo Canfield. 2020. (ENG.). 36p. (YA). 19.99 *(978-1-63050-746-6(6))*; pap. 9.99 *(978-1-63050-745-9(8))* Salem Author Services.

Jeremiah Giraffe Explores Art: A Drawing, Coloring, Writing Journal for Kids. Patti Bowman. Illus. by Patti Bowman. 2016. (Journaling Giraffes Ser.). (Illus.). (J). (gr. 2-3). pap. 11.95 *(978-0-9981354-0-3(2))* Silver Linden Pr.

Jeremiah Jambalaya. Michael Newton. 2020. (ENG.). 70p. (J). 25.99 *(978-1-952894-70-1(0))* Pen It Pubns.

Jeremiah Jambalaya. Michael Newton. Illus. by Savannah Horton. 2020. (ENG.). 70p. (J). pap. 17.99 *(978-1-952894-83-1(2))* Pen It Pubns.

Jeremiah Jambalaya & the Big Bend Bayou Bully. Michael Newton. 2021. (ENG.). 38p. (J). 22.99 *(978-1-954868-87-8(1))* Pen It Pubns.

Jeremiah Jambalaya & the Big Bend Bayou Bully. Michael Newton. Illus. by Savannah Horton. 2021. (ENG.). 38p. (J). pap. 14.99 *(978-1-954868-48-9(0))* Pen It Pubns.

Jeremiah the Cat: Keeper of the Faith. Mary Saczyk. 2020. (ENG.). 24p. (J). pap. 13.95 *(978-1-64584-922-3(8))* Page Publishing Inc.

Jeremiah the Donkey & the Day of Palms: An Adventure to Jerusalem. Pastor Hammons. Illus. by Robin T. Nelson. 2018. (Biblical Adventures for Children Ser.: 1). (ENG.). 38p. (J). (gr. -1-2). 16.95 *(978-0-9998744-0-0(3))* Leaning Rock Pr.

Jeremiah the Donkey & the Day of Palms: An Adventure to Jerusalem. Pastor Danny R. Hammons & Robin T. Nelson. 2018. (Biblical Adventures for Children Ser.: Vol. 1). (ENG., Illus.). 38p. (J). (gr. k-2). pap. 12.95 *(978-0-9998744-1-7(1))* Leaning Rock Pr.

Jeremiah's Christmas Wish. Put Me In The Story & J. D. Green. Illus. by Julia Seal. 2018. (Christmas Wish Ser.). (ENG.). 32p. (J). (gr. k-3). 6.99 ***(978-1-4926-8527-2(5))*** Sourcebooks, Inc.

Jeremiah's Mighty Big to-Do List. Wanda Mukherjee. Illus. by David Blackmond. 2018. (ENG.). 76p. (J). (gr. 2-6). pap. 16.95 *(978-0-9824741-1-2(3))* Sojourner Publishing, Inc.

Jeremy & Red Jeep Car Show. Debra Lenser. Illus. by Kim Sponaugle. 2019. (ENG.). 34p. (J). (gr. k-2). 21.95 *(978-1-938796-58-6(6))* Fruitbearer Publishing, LLC.

Jeremy & the Magic Shelf. Pmc Smy. 2019. (ENG.). 204p. (J). (gr. 5-6). pap. *(978-1-9990437-0-4(7))* Itsmy Bk.

Jeremy Austin & Miervaldis. Rod C. Spence. 2020. (Jeremy Austin Ser.: Vol. 3). (ENG.). 602p. (J). pap. 20.95 *(978-1-952553-01-1(6))* Gallant Pr.

Jeremy Austin & the Paladin, bk. 2. Rod C. Spence. 2019. (Jeremy Austin Ser.: 2). (ENG., Illus.). 453p. (YA). (gr. 7-12). 26.99 *(978-0-9990879-3-0(2))* Gallant Pr.

Jeremy (Classic Reprint) Hugh Walpole. 2017. (ENG., Illus.). (J). 31.07 *(978-0-260-63067-4(5))* Forgotten Bks.

Jeremy Cutler & the Torch of Time. Michael Faix. (ENG., Illus.). (YA). (gr. 7-12). 2018. 264p. 24.95 *(978-1-944715-26-7(6))*; 2017. 24.95 *(978-1-944715-24-3(X))*; 2017. pap. 19.95 *(978-1-61296-964-0(X))* Black Rose Writing.

Jeremy Loves Treacle Delight. Jo Lee. 2020. (ENG., Illus.). 34p. (J). (gr. k-1). pap. *(978-1-78830-676-8(7))* Olympia Publishers.

Jeremy Peters: True Lies & Confessions of a High School All-American. Ricky L. Brewer. 2019. (ENG.). 242p. (YA). pap. 17.95 *(978-1-64559-272-3(3))* Covenant Bks.

Jeremy Steadfast Told a Lie. Rachel Ralph. Illus. by Emily Burt. 2020. (ENG.). 34p. (J). pap. 13.99 *(978-1-952894-90-9(5))* Pen It Pubns.

Jeremy Thatcher, Dragon Hatcher Novel Units Student Packet. Novel Units. 2019. (Magic Shop Bks.). (ENG.). (J). pap., stu. ed., wbk. ed. 13.99 *(978-1-56137-878-4(X), Novel Units, Inc.)* Classroom Library Co.

Jeremy Thatcher, Dragon Hatcher Novel Units Teacher Guide. Novel Units. 2019. (Magic Shop Bks.). (ENG.). (J). pap. 12.99 *(978-1-56137-840-1(2), Novel Units, Inc.)* Classroom Library Co.

Jeremy Worried about the Wind. Pamela Butchart. Illus. by Kate Hindley. 2021. (ENG.). 32p. (J). (gr. -1-2). 17.99 *(978-1-5362-2018-6(3))* Candlewick Pr.

Jeremy's Big Role: The Big Bad Wolf Helps a Boy Manage His Stutter. Matthew Silvestri. Illus. by Weaverbird Interactive. 2022. 1. (ENG.). 32p. (J). pap. 9.99 *(978-1-223-18359-6(9), 07ecd98b-377b-4b1e-a1b9-72026736ff7b)*; lib. bdg. 21.99 *(978-1-5182-6302-6(X), fe666807-c68c-4161-b155-06b133d9eda3)* Baker & Taylor, CATS. (Paw Prints).

Jeremy's Search for a Four Leaf Clover. Shari V. Lawder. 2022. (ENG.). 48p. (J). *(978-0-2288-6948-1(X))*; pap. *(978-0-2288-6947-4(1))* Tellwell Talent.

Jeremy's Treasure Hunt. Sandra L. Bell. Ed. by Patrice Rodricks. Illus. by Nastassia Mkrtychan. 2022. (ENG.). 104p. (J). *(978-1-5255-7873-1(1))*; pap. *(978-1-5255-7874-8(X))* FriesenPress.

Jeremy—hards. Rivka Kaplan-Peck. 2020. (ENG.). 8p. (YA). ***(978-1-6781-7592-4(7))*** Lulu Pr., Inc.

Jericho Alley. Lisa Colodny. 2020. (ENG.). 30p. (J). 19.99 *(978-1-64533-269-5(1))*; pap. 9.99 *(978-1-64533-687-7(5))* Kingston Publishing Co.

Jericho Road. John Habberton. 2017. (ENG.). (J). 228p. pap. *(978-3-7447-2322-0(4))*; 230p. pap. *(978-3-7447-2818-8(8))* Creation Pubs.

Jericho Road: A Story of Western Life (Classic Reprint) John Habberton. 2017. (ENG., Illus.). (J). 28.64 *(978-1-5279-8186-7(X))* Forgotten Bks.

Jericho's Adventures in Navajoland: Sinking Sand. John Clark. 2020. (ENG.). 36p. (J). pap. 14.95 *(978-1-64654-549-0(4))* Fulton Bks.

Jerico Papers: A Quaint & Amusing Side of Early New England Life (Classic Reprint) Joseph Vahle. 2018. (ENG., Illus.). 278p. (J). 29.65 *(978-0-267-47821-7(6))* Forgotten Bks.

Jerkbait. Mia Siegert. 2016. (ENG.). 350p. (YA). (gr. 9-12). pap. 14.99 *(978-1-63163-066-8(0), 1631630660, Jolly Fish Pr.)* North Star Editions.

Jermaine Peterman & the Haunted House. Mark T. Briggs. 2019. (Jermaine Peterman Ser.: Vol. 1). (ENG.). 158p. (J). (gr. 2-6). pap. 8.98 *(978-1-7343345-0-0(9))* Briggs, Mark.

Jerningham, Vol. 1 Of 2: A Story (Classic Reprint) John William Kaye. 2017. (ENG., Illus.). (J). 340p. 30.91 *(978-0-332-98751-4(5))*; pap. 13.57 *(978-1-5276-7501-8(7))* Forgotten Bks.

Jerningham, Vol. 2 Of 2: A Story (Classic Reprint) John William Kaye. (ENG., Illus.). (J). 2018. 358p. 31.28 *(978-0-332-52927-1(4))*; 2017. pap. 13.97 *(978-0-259-06147-2(6))* Forgotten Bks.

Jeroentje en de Olibeer. Carmen De Vries. 2017. (DUT., Illus.). (J). pap. *(978-3-7103-1142-0(X))* united p.c. Verlag.

Jerome a Poor Man: A Novel (Classic Reprint) Mary E. Wilkins. 2018. (ENG., Illus.). 540p. (J). 35.05 *(978-0-365-39554-6(4))* Forgotten Bks.

Jerome by Heart. Tr. by Claudia Bedrick. 2018. (ENG., Illus.). 32p. (J). 16.95 *(978-1-59270-250-3(3))* Enchanted Lion Bks., LLC.

Jerome Finds a Home. Kristin Wilson. Illus. by Michael Bennett. 2018. (ENG.). 48p. (J). pap. 12.99 *(978-0-9998115-1-1(7))* Wilson, Kristin.

Jerome Lemelson: The Man Behind Industrial Robots. Lucia Raatma. 2020. (Little Inventor Ser.). (ENG., Illus.). 32p. (J). (gr. 1-3). pap. 6.95 *(978-1-9771-1787-8(2), 142147)*; lib. bdg. 30.65 *(978-1-9771-1412-9(1), 141529)* Capstone. (Pebble).

Jerome Roams from Home / Jerome Roams Back Home. Patricia Maness. 2020. (ENG., Illus.). 54p. (J). 24.95 *(978-1-949711-58-5(7))* Bluewater Pubns.

Jerome the Gnome. Denise Smith. 2018. (ENG., Illus.). 66p. (J). (gr. k-6). pap. *(978-1-911589-76-1(8), Choir Pr., The)* Action Publishing Technology Ltd.

Jeron & John. Salim K. Luke. 2021. (ENG.). 36p. (J). 15.00 *(978-1-63640-373-1(5))*; pap. 8.00 *(978-1-63640-374-8(3))* White Falcon Publishing. (White Falcon Publishing).

Jerrie Mock Story: The First Woman to Fly Solo Around the World. Nancy Roe Pimm. 2016. (Biographies for Young Readers Ser.). (ENG., Illus.). 152p. (J). (gr. 1-6). 32.95 *(978-0-8214-2215-1(4))* Ohio Univ. Pr.

Jerry. Jean Webster. 2019. (ENG.). 134p. (J). pap. *(978-1-5287-1169-2(6))* Freeman Pr.

J

JERRY & MICHAEL - Adventures of Two Dogs (Children's Book Classic) The Complete Series, Including Jerry of the Islands & Michael, Brother of Jerry. Jack. London. 2019. (ENG.). 268p. (J). pap. *(978-80-268-9209-0(7))* E-Artnow.

Jerry C. Elliott High Eagle. June Thiele. Illus. by Jeff Bane. 2022. (My Early Library: My Itty-Bitty Bio Ser.). (ENG.). 24p. (J). (gr. k-1). pap. 12.79 *(978-1-6689-0007-9(6), 220098)*; lib. bdg. 30.64 *(978-1-5341-9893-7(8), 219954)* Cherry Lake Publishing.

Jerry Giraffe & Feather Bird on Safari: The Adventures Continue! Sherry Lynn Wofford. 2019. (ENG.). 38p. pap. 16.95 *(978-1-4808-7773-3(5))* Archway Publishing.

Jerry Giraffe & Friends: The Christmas Tree. H. M. Seiber. 2021. (ENG.). 36p. (J). 24.95 *(978-1-63692-571-4(5))*; pap. 14.95 *(978-1-63692-570-7(7))* Newman Springs Publishing, Inc.

Jerry Pinkney. Lisa M. Bolt Simons. Illus. by Michael Byers. 2017. (Your Favorite Authors Ser.). (ENG.). 24p. (J). (gr. 1-3). lib. bdg. 27.99 *(978-1-5157-3557-1(5), 133571, Capstone Pr.)* Capstone.

Jerry Swift & Chiron's Pride. Nick Korolev. 2023. (ENG.). 234p. (YA). pap. 17.99 ***(978-1-63984-385-5(X))*** Pen It Pubns.

Jerry Tarbot: The Living Unknown Soldier (Classic Reprint) Jerry Tarbot. 2017. (ENG., Illus.). (J). 28.02 *(978-0-331-47660-6(6))*; pap. 10.57 *(978-0-260-85461-2(1))* Forgotten Bks.

Jerry the Squirrel: Hat Squirrel's Revenge. Shawn P. B. Robinson. 2020. (Arestana Ser.: Vol. 4). (ENG., Illus.). 238p. (J). (gr. 2-5). *(978-1-989296-36-3(X))*; pap. *(978-1-989296-35-6(1))* BrainSwell Publishing.

Jerry the Squirrel: Volume One. Shawn P. B. Robinson. 2018. (Arestana Ser.: Vol. 10). (ENG., Illus.). 134p. (J). (gr. k-6). pap. *(978-1-7751903-5-6(8))*; pap. *(978-1-7751903-7-0(4))* BrainSwell Publishing.

Jerry the Squirrel: Volume One. Robinson P. B. Shawn. 2019. (Arestana Ser.: Vol. 1). (ENG., Illus.). 142p. (J). (gr. 2-5). *(978-1-989296-12-7(2))* BrainSwell Publishing.

Jerry the Squirrel: Volume Three. Shawn P. B. Robinson. 2022. (Arestana Ser.: Vol. 3). (ENG.). 142p. (J). *(978-1-989296-52-3(1))*; pap. *(978-1-989296-50-9(5))* BrainSwell Publishing.

Jerry the Squirrel: Volume Two. Shawn P. B. Robinson. 2019. (Arestana Ser.: Vol. 2). (ENG., Illus.). 130p. (J). (gr. 2-5). *(978-1-989296-13-4(0))*; (gr. k-6). pap. *(978-1-989296-02-8(5))* BrainSwell Publishing.

Jerry the Squirrel Activity Book. Shawn P. B. Robinson. 2022. (ENG.). 116p. (J). pap. *(978-1-989296-49-3(1))* BrainSwell Publishing.

Jerry Todd & the Bob-Tailed Elephant (Classic Reprint) Leo Edwards. 2018. (ENG., Illus.). (J). 264p. 29.34 *(978-1-396-78661-7(9))*; 266p. pap. 11.97 *(978-1-396-37639-9(9))* Forgotten Bks.

Jerry Todd & the Buffalo Bill Bathtub (Classic Reprint) Leo Edwards. 2019. (ENG., Illus.). (J). 256p. 29.18 *(978-1-397-25469-6(6))*; 258p. pap. 11.57 *(978-1-397-25403-0(3))* Forgotten Bks.

Jerry Todd & the Talking Frog (Classic Reprint) Leo Edwards. 2018. (ENG., Illus.). (J). 248p. 29.01 *(978-1-396-63642-4(0))*; 250p. pap. 11.57 *(978-1-391-66004-2(8))* Forgotten Bks.

Jerry Todd & the Whispering Mummy (Classic Reprint) Leo Edwards. 2018. (ENG., Illus.). (YA). (gr. 7-11). 268p. 29.42 *(978-1-396-65653-8(7))*; 270p. pap. 11.97 *(978-1-391-91203-5(9))* Forgotten Bks.

Jerry Todd, Editor-In-Grief (Classic Reprint) Leo Edwards. 2018. (ENG., Illus.). (YA). (gr. 7-11). 280p. 29.67 *(978-1-396-60224-5(0))*; 282p. pap. 13.57 *(978-1-391-70773-0(7))* Forgotten Bks.

Jerry Todd in the Whispering Cave (Classic Reprint) Leo Edwards. 2018. (ENG., Illus.). (J). 260p. 29.26 *(978-1-396-65723-8(1))*; 262p. pap. 11.97 *(978-1-391-91480-0(5))* Forgotten Bks.

Jerry Todd's up-The-Ladder Club (Classic Reprint) Leo Edwards. 2019. (ENG., Illus.). (J). 258p. 29.22 *(978-1-397-25496-2(3))*; 260p. pap. 11.57 *(978-1-397-25418-4(1))* Forgotten Bks.

Jerry's Family: A Story of a Street Waif of New York (Classic Reprint) James Otis. 2018. (ENG., Illus.). 198p. (J). 28.00 *(978-0-267-65829-9(X))* Forgotten Bks.

Jerry's Magnificence. W. W. Rowe. 2017. (ENG.). 117p. (J). (gr. 3-7). pap. 8.95 *(978-1-936012-82-4(0))* Larson Pubns.

Jerry's Mastery. W. W. Rowe. 2017. (ENG.). 103p. (YA). (gr. 8-17). pap. 8.95 *(978-1-936012-80-0(4))* Larson Pubns.

Jerry's Mystery. W. W. Rowe. 2016. (ENG., Illus.). 96p. (J). (gr. 6-9). pap. 8.95 *(978-1-936012-70-1(7))* Larson Pubns.

Jersey. Jennifer Degenhardt. 2018. (ENG., Illus.). 56p. (J). pap. 6.95 *(978-0-9993479-9-7(3))* Puentes.

Jersey Shore Shark Attacks Of 1916. Virginia Loh-Hagan. 2021. (Surviving History Ser.). (ENG., Illus.). 32p. (J). (gr. 4-8). lib. bdg. 32.07 *(978-1-5341-8032-1(X)*, 218408, 45th Parallel Press) Cherry Lake Publishing.

Jersey Sires with Their Tested Daughters: Tests Received from Apr; 1, 1909, to Mar; 31, 1910 (Classic Reprint) American Jersey Cattle Club. (ENG., Illus.). (J). 2018. 32p. 24.58 *(978-0-267-55579-6(2))*; 2016. pap. 7.97 *(978-1-333-45338-1(8))* Forgotten Bks.

Jersey Street & Jersey Lane: Urban & Suburban Sketches. H. C. Bunner. 2017. (ENG., Illus.). (J). pap. *(978-0-649-22341-1(1))* Trieste Publishing Pty Ltd.

Jersey Street & Jersey Lane: Urban & Suburban Sketches (Classic Reprint) H. C. Bunner. 2018. (ENG., Illus.). 222p. (J). 28.48 *(978-0-666-39241-1(2))* Forgotten Bks.

Jersey's Spots: Dyslexic Font. Sally Lotz. Illus. by Steve Page. 2019. (ENG.). 30p. (J). (gr. k-6). 19.99 *(978-1-64372-055-5(4))*; pap. 15.99 *(978-1-64372-301-3(4))* MacLaren-Cochrane Publishing.

Jerusalem: A Novel (Classic Reprint) Selma Lagerlöf. 2017. (ENG., Illus.). (J). 31.26 *(978-0-266-45845-6(9))* Forgotten Bks.

Jerusalem (Classic Reprint) Selma Lagerlöf. 2017. (ENG., Illus.). (J). 32.27 *(978-0-266-67486-3(0))*; pap. 16.57 *(978-1-5276-4494-6(4))* Forgotten Bks.

Jerusalem the Golden: An Historical Novel of the Finger Lake Country of New York (Classic Reprint) Robert Porter St. John. (ENG., Illus.). (J). 2018. 328p. 30.66 *(978-0-364-16200-2(7))*; 2017. pap. 13.57 *(978-0-259-51823-5(9))* Forgotten Bks.

Jervaise Comedy (Classic Reprint) J. D. Beresford. 2017. (ENG., Illus.). (J). 30.04 *(978-0-260-68618-3(2))* Forgotten Bks.

J'espère. Monique Gray Smith. Tr. by Rachel Martinez. Illus. by Gabrielle Grimard. 2022. Orig. Title: I Hope. (FRE.). 32p. (J). (gr. -1-k). 21.95 *(978-1-4598-3193-3(4))* Orca Bk. Pubs. USA.

Jess & James, the Time Travel Paper Dolls. Linda Paul. Illus. by Linda Paul. 2018. (ENG., Illus.). 40p. (J). (gr. 2-6). pap. 12.99 *(978-1-68160-591-3(0))* Crimson Cloak Publishing.

Jess & the Mess. Ann Harris. 2022. (ENG., Illus.). 36p. (J). pap. 16.95 ***(978-1-68570-189-5(2))*** Christian Faith Publishing.

Jess & the Pirate Hat. Anna Luciano. 2018. (ENG., Illus.). 34p. (J). pap. *(978-1-9996089-4-1(1))* Wrate's Publishing.

Jess, Chunk, & the Road Trip to Infinity. Kristin Elizabeth Clark. 2016. (ENG.). 272p. (YA). 21.00 *(978-0-374-38006-9(6)*, 900096882, Farrar, Straus & Giroux (BYR)) Farrar, Straus & Giroux.

Jess (Classic Reprint) H. Rider Haggard. 2018. (ENG., Illus.). 354p. (J). 31.20 *(978-0-483-86530-3(3))* Forgotten Bks.

Jess Co (Classic Reprint) J. J. Bell. 2018. (ENG., Illus.). 308p. (J). 30.25 *(978-0-666-66513-3(3))* Forgotten Bks.

Jess Needs to Shine! Claire Louise. Illus. by I. Cenizal. 2022. (ENG.). 32p. (J). pap. *(978-0-2288-4547-8(5))* Tellwell Talent.

Jess of Harbor Hill (Classic Reprint) Ramie A. Sheridan. 2018. (ENG., Illus.). 330p. (J). 30.72 *(978-0-267-22812-6(0))* Forgotten Bks.

Jess of the Rebel Trail (Classic Reprint) H. a. Cody. (ENG., Illus.). (J). 2018. 284p. 29.77 *(978-0-483-58272-9(7))*; 2016. pap. 13.57 *(978-1-334-15865-0(7))* Forgotten Bks.

Jessamine: A Novel (Classic Reprint) Marion Harland. (ENG., Illus.). (J). 2017. 396p. 32.08 *(978-0-332-86338-2(7))*; 2016. pap. 16.57 *(978-1-333-24064-6(3))* Forgotten Bks.

Jessamines: A New Story of the Old South (Classic Reprint) C. E. Broyles. (ENG., Illus.). (J). 2018. 260p. 29.26 *(978-0-483-77671-5(8))*; 2017. pap. 11.97 *(978-1-5276-1671-4(1))* Forgotten Bks.

Jesse 2. 0. Annabelle Jay. 2018. (ENG., Illus.). 180p. (YA). (gr. 7-12). pap. 14.99 *(978-1-64080-195-0(2)*, Harmony Ink Pr.) Dreamspinner Pr.

Jesse & Red to the Rescue. Bob O'Neil. 2022. (ENG.). 36p. (J). ***(978-1-0391-4028-8(9))***; pap. ***(978-1-0391-4027-1(0))*** FriesenPress.

Jesse & the Elves. Fred Ash. Illus. by Kristina Shvedai. 2022. (ENG.). 38p. (J). pap. ***(978-1-988983-46-2(0))*** Siretona Creative.

Jesse Can't Say No. Yvonne G. Williams. 2019. (Anna's Friends Ser.: Vol. 6). (ENG.). 182p. (J). pap. 10.95 *(978-1-7325002-6-6(6))* Anna's Friends.

Jesse Jackson, Vol. 9. Randolph Jacoby. 2018. (Civil Rights Leaders Ser.). 144p. (J). (gr. 7). lib. bdg. 35.93 *(978-1-4222-4006-9(1))* Mason Crest.

Jesse James & His Band of Notorious Outlaws. Welche Gordon. 2017. (ENG.). 210p. (J). pap. *(978-3-337-33751-3(1))* Creation Pubs.

Jesse James & His Band of Notorious Outlaws (Classic Reprint) Welche Gordon. 2018. (ENG., Illus.). (J). 208p. 28.19 *(978-0-366-51105-1(X))*; 210p. pap. 10.57 *(978-0-365-83016-0(X))* Forgotten Bks.

Jesse James, My Father: The First & Only True Story of His Adventures Ever Written (Classic Reprint) Jesse James. 2017. (ENG., Illus.). (J). 27.96 *(978-1-5285-6194-5(5))* Forgotten Bks.

Jesse James: Outlaw, 1 vol. Meghan Engsberg Cunningham. Illus. by Matías Lapegüe. 2016. (American Legends & Folktales Ser.). (ENG.). 32p. (gr. 3-3). 30.21 *(978-1-5026-2197-9(5)*, e7040c0a-5b11-44f5-88ee-79d91f517313) Cavendish Square Publishing LLC.

Jesse Owens. Heather Williams. 2018. (21st Century Skills Library: Sports Unite Us Ser.). (ENG., Illus.). 32p. (J). (gr. 3-6). lib. bdg. 32.07 *(978-1-5341-2959-7(6)*, 211880) Cherry Lake Publishing.

Jesse Owens: Fastest Man Alive. Carole Boston Weatherford. Illus. by Eric Velasquez. 2022. (ENG.). 32p. (J). pap. 9.99 *(978-1-5476-0898-0(6)*, 900251520, Bloomsbury Children's Bks.) Bloomsbury Publishing USA.

Jesse Owens: Ready-To-Read Level 3. Laurie Calkhoven. Illus. by Elizabet Vukovic. 2017. (You Should Meet Ser.). (ENG.). 48p. (J). (gr. 1-3). pap. 4.99 *(978-1-4814-8095-6(2)*, Simon Spotlight) Simon Spotlight.

Jesse Owens (Little People, Big Dreams) Maria Isabel Sanchez Vegara. Illus. by Anna Katharina Jansen. ed. 2020. (Little People, BIG DREAMS Ser.: 42). (ENG.). 32p. (J). (gr. -1-2). 14.99 *(978-0-7112-4582-2(7)*, 329404, Frances Lincoln Children's Bks.) Quarto Publishing Group UK GBR. Dist: Hachette UK Distribution.

Jessi: The Everyday Adventures of a Nature-Loving South African Girl. Marius Oelschig. 2018. (ENG., Illus.). 162p. (J). pap. *(978-0-9948479-0-4(4))* Marius Oelschig.

Jessi Ramsey, Pet-Sitter (the Baby-Sitters Club #22) Ann M. Martin. 2022. (Baby-Sitters Club Ser.).Tr. of #22. (ENG.). 160p. (J). (gr. 3-7). pap. 6.99 *(978-1-338-81478-1(8)*, Scholastic Paperbacks) Scholastic, Inc.

Jessica & Jewel. Kelly McKain. ed. 2021. (Pony Camp Diaries). (ENG., Illus.). 99p. (J). (gr. 2-3). 15.49 *(978-1-64697-562-4(6))* Penworthy Co., LLC, The.

Jessica & Jewel. Kelly McKain. Illus. by Mandy Stanley. 2020. (Pony Camp Diaries). (ENG.). 128p. (J). (gr. 1-4). pap. 5.99 *(978-1-68010-452-3(7))* Tiger Tales.

Jessica Jingles Bells. Tracilyn George. 2021. (ENG.). 18p. (J). pap. 11.00 *(978-1-77475-283-8(2))* Lulu Pr., Inc.

Jessica Simpson: All-American Fashion Entrepreneur. Jessica Rusick. 2019. (Fashion Figures Ser.). (ENG.). 32p. (J). (gr. 3-6). lib. bdg. 32.79 *(978-1-5321-1954-5(2)*, 32493, Checkerboard Library) ABDO Publishing Co.

Jessica's Dream Job. Reena Patel. 2020. (ENG., Illus.). 36p. (J). *(978-1-78878-313-2(1))*; pap. *(978-1-78878-312-5(3))* Austin Macauley Pubs. Ltd.

Jessica's First Prayer. Hesba Stretton. 2017. (ENG., Illus.). 100p. (J). pap. *(978-3-337-28352-0(7))* Creation Pubs.

Jessica's First Prayer. Hesba Stretton. 2017. (ENG., Illus.). 106p. (J). pap. *(978-0-649-74394-0(6))* Trieste Publishing Pty Ltd.

Jessica's First Prayer: Jessica's Mother (Classic Reprint) Hesba Stretton. (ENG., Illus.). (J). 2017. 27.82 *(978-0-331-70428-0(5))*; 2016. pap. 10.57 *(978-1-334-16064-6(3))* Forgotten Bks.

Jessica's First Prayer (Classic Reprint) Hesba Stretton. 2017. (ENG., Illus.). (J). 24.95 *(978-0-266-97263-1(2))* Forgotten Bks.

Jessie: Queen of the Road. Lindsay Ward. Illus. by Lindsay Ward. 2023. (ENG., Illus.). 48p. (J). (gr. -1-3). 17.99 *(978-1-5420-3422-7(1)*, 9781542034227, Two Lions) Amazon Publishing.

Jessie Alexander's Platform Sketches: Original & Adapted (Classic Reprint) Jessie Alexander. (ENG., Illus.). (J). 2018. 274p. 29.57 *(978-0-267-00172-9(X))*; 2017. pap. 11.97 *(978-0-243-50894-5(8))* Forgotten Bks.

Jessie Alexander's Platform Sketches: Original & Adapted (Classic Reprint) Jessie (Alexander) Roberts. 2018. (ENG., Illus.). 264p. (J). 29.36 *(978-0-267-52747-2(0))* Forgotten Bks.

Jessie & the Kindness Beads. Jessenia L. Torres. 2021. (ENG.). 36p. (J). 23.00 *(978-1-0879-6340-2(0))*; pap. 12.00 *(978-1-0878-7207-0(3))* Indy Pub.

Jessie Burton: Or, Danger in Delay (Classic Reprint) Unknown Author. 2017. (ENG., Illus.). (J). 30.74 *(978-0-266-26914-4(1))* Forgotten Bks.

Jessie Carlton. Daniel Wise. 2017. (ENG.). 256p. (J). pap. *(978-3-7447-4957-2(6))* Creation Pubs.

Jessie Carlton: The Story of a Girl Who Fought with the Little Impulse, the Wizard, & Conquered Him (Classic Reprint) Daniel Wise. 2018. (ENG., Illus.). 268p. (J). 29.44 *(978-0-483-63987-4(7))* Forgotten Bks.

Jessie Die Kameelperd Soek Werk. Malie Olivier. Illus. by Busisiwe Ndlovu. 2019. (AFR.). 48p. (J). pap. *(978-1-928348-50-4(5))* Verity Pubs.

Jessie Graham: Or, Friends Dear, but Truth Dearer (Classic Reprint) Maria Jane McIntosh. (ENG., Illus.). (J). 2018. 130p. 26.58 *(978-0-656-65682-0(4))*; 2017. pap. 9.57 *(978-0-259-57072-1(9))* Forgotten Bks.

Jessie Grey; or, the Discipline of Life. L. G. 2017. (ENG., Illus.). (J). pap. *(978-3-337-07307-7(7))* Creation Pubs.

Jessie Grey or the Discipline of Life: A Canadian Tale (Classic Reprint) L. G. 2018. (ENG., Illus.). 126p. (J). 26.50 *(978-0-483-87673-6(9))* Forgotten Bks.

Jessie Lou Learns to Ride. Jessica Edwards. 2020. (ENG.). 22p. (J). 14.99 *(978-1-63760-931-6(0))* Primedia eLaunch LLC.

Jessie Morrison, or the Mission Flowers (Classic Reprint) Harriet Burn McKeever. 2017. (ENG., Illus.). (J). pap. 9.97 *(978-0-259-51595-1(7))* Forgotten Bks.

Jessie of Boulogne, Vol. 2 Of 3: Or the History of a Few Minutes (Classic Reprint) C. Gillmor. 2018. (ENG., Illus.). 294p. (J). 29.98 *(978-0-483-45254-1(8))* Forgotten Bks.

Jessie of Boulogne, Vol. 3 Of 3: Or the History of a Few Minutes (Classic Reprint) C. Gillmor. 2018. (ENG., Illus.). 282p. (J). 29.71 *(978-0-331-97309-9(X))* Forgotten Bks.

Jessie, or Trying to Be Somebody (Classic Reprint) Walter Aimwell. 2018. (ENG., Illus.). 322p. (J). 30.54 *(978-0-483-47134-4(8))* Forgotten Bks.

Jessie Pete's First Car. Michael L Owens Ma. 2019. (ENG.). 30p. (J). pap. 13.95 *(978-1-64350-304-2(9))* Page Publishing Inc.

Jessie Rees Foundation: Charities Started by Kids! Melissa Sherman Pearl & David A. Sherman. 2017. (Community Connections: How Do They Help? Ser.). (ENG., Illus.). 24p. (J). (gr. 2-5). lib. bdg. 29.21 *(978-1-63472-844-7(0)*, 209802) Cherry Lake Publishing.

Jessie Says So: A Story for Girls (Classic Reprint) Unknown Author. 2018. (ENG., Illus.). 290p. (J). 29.88 *(978-0-267-17066-1(1))* Forgotten Bks.

Jessie Trim, Vol. 1: A Novel (Classic Reprint) B. L. Farjeon. 2018. (ENG., Illus.). 304p. (J). 30.19 *(978-0-484-85653-9(7))* Forgotten Bks.

Jessie Trim, Vol. 2: A Novel (Classic Reprint) Benjamin Leopold Farjeon. (ENG., Illus.). (J). 2017. 29.92 *(978-0-331-66672-4(3))*; 2016. pap. 13.57 *(978-1-334-12456-3(6))* Forgotten Bks.

Jessie Trim, Vol. 3: A Novel (Classic Reprint) B. L. Farjeon. 2018. (ENG., Illus.). 310p. (J). 30.29 *(978-0-428-88518-2(7))* Forgotten Bks.

Jessie Woodchuck Gives a Party. Roberta Fiske-Rusciano. 2021. (ENG.). 50p. (J). pap. 14.00 *(978-1-60571-600-8(6)*, Shires Press) Northshire Pr.

Jessie You're So Messy. Janet Lynn Normandin. 2016. (ENG., Illus.). (J). pap. *(978-1-4602-7945-8(X))* FriesenPress.

Jessie's Acquisition: Or a Summer at the Old Homestead (Classic Reprint) Luana E. Burgess. 2018. (ENG., Illus.). 130p. (J). 26.58 *(978-0-483-67357-1(9))* Forgotten Bks.

Jessie's Acquisition; or, a Summer at the Old Homestead. Luana E. Burgess. 2017. (ENG., Illus.). (J). pap. *(978-0-649-52421-1(7))* Trieste Publishing Pty Ltd.

Jessie's Expiation, Vol. 1 Of 3: A Novel (Classic Reprint) Alfred Austin. (ENG., Illus.). (J). 2018. 326p. 30.64 *(978-0-483-39397-4(5))*; 2016. pap. 13.57 *(978-1-333-32805-4(2))* Forgotten Bks.

Jessie's Expiation, Vol. 2 Of 3: A Novel (Classic Reprint) Alfred Austin. (ENG., Illus.). (J). 2018. 322p. 30.52 *(978-0-332-45151-0(8))*; 2016. pap. 13.57 *(978-1-333-42484-8(1))* Forgotten Bks.

Jessie's Expiation, Vol. 3 Of 3: A Novel (Classic Reprint) Oswald Boyle. (ENG., Illus.). (J). 2018. 316p. 30.41 *(978-0-483-88551-6(7))*; 2016. pap. 13.57 *(978-1-334-15431-7(7))* Forgotten Bks.

Jessie's Flirtations (Classic Reprint) Harriot F. Curtis. 2017. (ENG., Illus.). (J). 114p. 26.25 *(978-0-484-41049-6(0))*; pap. 9.57 *(978-0-259-19229-9(5))* Forgotten Bks.

Jessie's Parrot (Classic Reprint) Joanna H. Mathews. (ENG., Illus.). (J). 2018. 266p. 29.38 *(978-0-483-87626-2(7))*; 2016. pap. 11.97 *(978-1-332-71045-4(X))* Forgotten Bks.

Jessie's Yellow Bike. Christine Hunt Daniell. Illus. by Pauline Bellamy. 2021. (ENG.). 34p. (J). 22.00 *(978-1-6629-0661-9(7))*; pap. 13.00 *(978-1-6629-0662-6(5))* Gatekeeper Pr.

Jessi's Gold Medal (the Baby-Sitters Club #55) Ann M. Martin. 2017. (Scholastic Reader, Level 1 Ser.: 55). (ENG.). 160p. (J). (gr. -1-k). E-Book 4.99 *(978-0-545-69049-2(8))* Scholastic, Inc.

Jessi's Secret Language. Ann M. Martin. 2019. (Baby-Sitters Club Ser.). (ENG.). 160p. (J). (gr. 3-7). lib. bdg. 17.80 *(978-1-6636-3335-4(5))* Perfection Learning Corp.

Jessi's Secret Language, 12. Chan Chau. ed. 2022. (Baby-Sitters Club Ser.). (ENG.). 134p. (J). (gr. 3-7). 24.96 ***(978-1-68505-706-0(3))*** Penworthy Co., LLC, The.

Jessi's Secret Language: a Graphic Novel (the Baby-Sitters Club #12), Vol. 12. Ann M. Martin. Illus. by Chan Chau. adapted ed. 2022. (Baby-Sitters Club Graphix Ser.). (ENG.). 144p. (J). (gr. 3-7). 24.99 *(978-1-338-61608-8(0))*; pap. 12.99 *(978-1-338-61607-1(2))* Scholastic, Inc. (Graphix).

Jessi's Secret Language (the Baby-Sitters Club #16) Ann M. Martin. 2021. (Baby-Sitters Club Ser.: 16). (ENG.). 160p. (J). (gr. 3-7). 25.99 *(978-1-338-75548-0(X))*; pap. 6.99 *(978-1-338-75546-6(3))* Scholastic, Inc.

Jessy y Las Cuentecillas de la Bondad. Jessenia L. Torres. 2021. (SPA.). 36p. (J). pap. 12.00 *(978-1-0879-6405-8(9))* Indy Pub.

Jest & Earnest, Vol. 1 Of 2: A Collection of Essays & Reviews (Classic Reprint) George Webbe Dasent. (ENG., Illus.). (J). 2018. 362p. 31.36 *(978-0-267-73244-9(9))*; 2016. pap. 13.97 *(978-1-334-15272-6(1))* Forgotten Bks.

Jest Book: The Choicest Anecdotes & Sayings (Classic Reprint) Mark Lemon. 2018. (ENG., Illus.). 410p. (J). 32.35 *(978-0-267-17807-0(7))* Forgotten Bks.

Jester: Containing Nearly One Thousand Anecdotes, Conundrums, & Witticisms (Classic Reprint) John L. Clark. 2017. (ENG., Illus.). (J). 26.91 *(978-0-265-72862-8(2))*; pap. 9.57 *(978-1-5276-8929-9(8))* Forgotten Bks.

Jester, Vol. 12: March 20, 1912 (Classic Reprint) Columbia University. (ENG., Illus.). (J). 2018. 32p. 24.56 *(978-0-332-94266-7(X))*; 2017. pap. 7.97 *(978-1-334-93572-5(6))* Forgotten Bks.

Jester's Magazine 1767: Or the Monthly Merrymaker (Classic Reprint) Unknown Author. (ENG., Illus.). (J). 2018. 472p. 33.63 *(978-0-267-11604-1(7))*; 2017. pap. 16.57 *(978-0-259-17595-7(1))* Forgotten Bks.

Jester's Sword: How Aldebaran, the King's Son, Wore the Sheathed Sword of Conquest. Annie Fellows Johnston. 2018. (ENG.). 96p. (J). pap. 7.25 *(978-1-63391-641-8(3))* Westphalia Press.

Jestine Needs to Clean. A. D. Storm. 2018. (ENG., Illus.). 30p. (J). 25.95 *(978-1-4808-5901-2(X))*; pap. 16.95 *(978-1-4808-5903-6(6))* Archway Publishing.

Jests, New & Old: Containing Anecdotes of Celebrities, Living & Deceased (Classic Reprint) William Carew Hazlitt. (ENG., Illus.). (J). 2018. 30.21 *(978-0-332-01868-3(7))*; 2017. pap. 13.57 *(978-1-333-72250-0(8))* Forgotten Bks.

Jests of Hierocles & Philagrius. Charles Clinch Bubb. 2017. (ENG., Illus.). (J). pap. *(978-0-649-46770-9(1))* Trieste Publishing Pty Ltd.

Jests of Hierocles & Philagrius: Newly Translated from the Greek (Classic Reprint) Charles Clinch Bubb. (ENG., Illus.). (J). 2018. 116p. 26.29 *(978-0-483-23667-7(5))*; 2016. pap. 9.57 *(978-1-334-48364-6(7))* Forgotten Bks.

Jesuit (Classic Reprint) Felicia Buttz Clark. 2018. (ENG., Illus.). 290p. (J). 29.88 *(978-0-483-93532-7(8))* Forgotten Bks.

Jesuit of to-Day (Classic Reprint) Orange McNeill. 2018. (ENG., Illus.). 160p. (J). 27.20 *(978-0-483-52883-3(8))* Forgotten Bks.

Jesuit Relations & Allied Documents, Vol. 13 (Classic Reprint) Reuben Gold Thwaites. 2018. (FRE., Illus.). 284p. (J). 29.75 *(978-0-331-62996-5(8))* Forgotten Bks.

Jesuit Relations & Allied Documents, Vol. 17: Travels & Explorations of the Jesuit Missionaries in New France, 1610-1791 (Classic Reprint) Jesuits Jesuits. 2017. (FRE., Illus.). 258p. (J). 29.24 *(978-0-332-58379-2(1))* Forgotten Bks.

Jesuit Relations & Allied Documents, Vol. 51: Travels & Explorations of the Jesuit Missionaries in New France, 1610-1791; Ottawas, Lower Canada, Iroquois, 1666-1668 (Classic Reprint) Reuben Gold Thwaites. 2017. (FRE., Illus.). (J). 30.17 *(978-0-265-36404-8(3))* Forgotten Bks.

Jesuit's Ring: A Romance of Mount Desert (Classic Reprint) Augustus Allen Hayes. 2018. (ENG., Illus.). 318p. (J). 30.48 *(978-0-483-34448-8(6))* Forgotten Bks.

Jesus. Devon Provencher. Illus. by Jessica Provencher. 2020. (Big Theology for Little Hearts Ser.). (ENG.). 22p. (J). bds. 9.99 *(978-1-4335-6524-3(2))* Crossway.

Jesus: A 365-Day Devotional, 1 vol. 2016. (ENG.). 384p. (J). 15.99 *(978-0-310-75809-9(2))* Zonderkidz.

Jesus: The Best Baby. Catherine MacKenzie. rev. ed. 2017. (ENG., Illus.). 16p. (J). bds. 3.99 *(978-1-78191-981-1(X)*, 030e5fad-48e4-47e3-8f14-2b16315da96b, CF4Kids) Christian Focus Pubns. GBR. Dist: Baker & Taylor Publisher Services (BTPS).

Jesus: The Best Story. Catherine MacKenzie. rev. ed. 2018. (ENG., Illus.). 16p. (J). bds. 3.99 *(978-1-5271-0113-5(4)*, 0bf70b25-eb66-46a9-892b-16bd50334dbe, CF4Kids) Christian Focus Pubns. GBR. Dist: Baker & Taylor Publisher Services (BTPS).

Jesús - Nuestro Gran Samurái: Gana Todas Las Batallas Que Enfrentes Usando la Espada y la Armadura de Dios. Tammy Sorg M a. 2022. (SPA.). 310p. (YA). pap. 18.99 *(978-1-6628-5006-6(9))* Salem Author Services.

Jesus - Our Great Samurai. Tammy Sorg M a. 2021. (ENG.). 310p. (YA). pap. 17.99 *(978-1-6628-1375-7(9))* Salem Author Services.

Jesus - the Best Friend. Catherine MacKenzie. rev. ed. 2019. (ENG., Illus.). 16p. (J). bds. 3.99 *(978-1-5271-0116-6(9)*, 83260d78-8e87-4547-a3ad-35c997ef165a, CF4Kids) Christian Focus Pubns. GBR. Dist: Baker & Taylor Publisher Services (BTPS).

Jesus - the Best Love. Catherine MacKenzie. rev. ed. 2019. (ENG., Illus.). 16p. (J). bds. 3.99 *(978-1-5271-0207-1(6)*, f12ad647-1368-49e9-bf04-715b6f5d2517, CF4Kids) Christian Focus Pubns. GBR. Dist: Baker & Taylor Publisher Services (BTPS).

Jesus a Real Life Super Hero. Luis Ramos. 2017. (ENG., Illus.). 80p. (J). pap. *(978-1-365-72350-6(X))* Lulu Pr., Inc.

Jesus Always: 365 Devotions for Kids, 1 vol. Sarah Young. 2017. (Jesus Always Ser.). (ENG.). 400p. (J). 18.99 *(978-0-7180-9688-5(6)*, Tommy Nelson) Nelson, Thomas Inc.

Jesus & His Friends. Patricia A. Pingry. Illus. by Joseph Cowman. 2017. (ENG.). 24p. (J). (gr. -1-k). bds. 9.99 *(978-1-945470-24-0(0))* Worthy Publishing.

Jesus & Little Children. Gloria Smith. 2017. (ENG., Illus.). (J). pap. 12.95 *(978-1-5127-8404-6(4)*, WestBow Pr.) Author Solutions, LLC.

Jesus & Malina Marie. Wendi Coleman. 2023. (ENG.). 42p. (J). pap. 10.99 ***(978-1-6628-7434-5(0))*** Salem Author Services.

Jesus & Me. Petra Guillaume. 2019. (ENG.). 36p. (J). pap. 24.49 *(978-0-359-59561-7(8))* Lulu Pr., Inc.

Jesus & Me. Katherine Walker. Illus. by Danielle Mudd. 2021. (ENG.). 44p. (J). (— 1). bds. 9.99 *(978-1-78947-843-3(X))* Make Believe Ideas GBR. Dist: Scholastic, Inc.

Jesus & Me: Talking with My Greatest Friend. Contrib. by Melissa Kirking. 2023. (ENG.). (J). 24.95 ***(978-1-954881-79-2(7))*** Ascension Pr.

Jesus & Princesses. Jessica McGraw. 2021. (ENG., Illus.). 26p. (J). pap. 14.95 *(978-1-0980-8966-5(9))* Christian Faith Publishing.

Jesus & the 12 Disciples Children's Christianity Books. Baby Professor. 2017. (ENG., Illus.). (J). pap. 7.89 *(978-1-5419-0268-8(8)*, Baby Professor (Education Kids)) Speedy Publishing LLC.

Jesus & the Apostles Coloring Book. Creative. 2016. (ENG., Illus.). (J). pap. 7.74 *(978-1-68323-854-6(0))* Twin Flame Productions.

Jesus & the Characters of Christmas: Who's Who in God's Great Plan for Redemption. Daniel Darling. 2023. (Christmas Book for Kids Ser.). (ENG.). 32p. (J). (gr. -1-3). 17.99 ***(978-0-7369-8794-3(0)***, 6987943, Harvest Kids) Harvest Hse. Pubs.

Jesus & the Children. Andrew McDonough. 2019. (Lost Sheep Ser.: 11). (ENG., Illus.). 32p. (J). (gr. k-3). pap. 7.99 *(978-1-910786-95-6(0)*, f9799a7e-8545-42fe-b328-e9d0817e0fca, Sarah Grace Publishing) Malcolm Down Publishing Ltd. GBR. Dist: Baker & Taylor Publisher Services (BTPS).

Jesus & the Lions' Den: A True Story about How Daniel Points Us to Jesus. Alison Mitchell. Illus. by Catalina

1050

The check digit for ISBN-10 appears in parentheses after the full ISBN-13

TITLE INDEX JETHRO'S VOLCANO

Echeverri. 2019. (Tales That Tell the Truth Ser.). (ENG.). 32p. (J). *(978-1-78498-433-5(7))* Good Bk. Co., The.

Jesus & the Lions' Den Colouring & Activity Book: Colouring, Puzzles, Mazes & More. Alison Mitchell. Illus. by Catalina Echeverri. 2020. (Tales That Tell the Truth Ser.). (ENG.). (J). *(978-1-78498-435-9(3))* Good Bk. Co., The.

Jesus & the Meaning of Easter Children's Christianity Books. Baby Professor. 2017. (ENG., Illus.). (J). pap. 7.89 *(978-1-5419-0247-3(5),* Baby Professor (Education Kids)) Speedy Publishing LLC.

Jesus & the Storm. Andrew McDonough. 2019. (Lost Sheep Ser.: 10). (ENG., Illus.). 32p. (J). pap. 7.99 *(978-1-910786-94-9(2),* 19935766-3bb8-498c-87a6-b485807ce3d7) Malcolm Down Publishing Ltd. GBR. Dist: Baker & Taylor Publisher Services (BTPS).

Jesus & the Very Big Surprise: A True Story about Jesus, His Return, & How to Be Ready. Randall Goodgame. Illus. by Catalina Echeverri. 2020. (Tales That Tell the Truth Ser.). (ENG.). (J). *(978-1-78498-441-0(8))* Good Bk. Co., The.

Jesus & the Very Big Surprise Activity Book: Packed with Puzzles & Activities. Randall Goodgame. 2021. (Tales That Tell the Truth Ser.). (ENG.). (J). *(978-1-78498-632-2(1))* Good Bk. Co., The.

Jesus' Beach Breakfast - Arch Books. Illus. by Dave Hill. 2017. (Arch Books Ser.). (ENG.). (J). pap. 2.99 *(978-0-7586-5737-4(4))* Concordia Publishing Hse.

Jesus Bible for Kids. Janice Emmerson. 2016. (ENG.). 256p. (J). (gr. k-3). 19.99 *(978-0-7369-6721-1(4),* 6967211) Harvest Hse. Pubs.

Jesus' Birthday Party: Book Three of the Church House Mouse Series. Chrissy Thompson. 2020. (Church House Mouse Ser.: Vol. 3). (ENG., Illus.). 32p. (J). pap. 12.95 *(978-1-64559-665-3(6))* Covenant Bks.

Jesus, Born in a Stable. Senamarie DeJesus. Illus. by Michelle Miller. 2021. (ENG.). 44p. (J). pap. 18.95 *(978-1-0980-9207-8(4))* Christian Faith Publishing.

Jesus Calling: 365 Devotions for Kids, 1 vol. Sarah Young. 2019. (Jesus Calling(r) Ser.). (ENG.). 392p. (J). 18.99 *(978-1-4002-1676-5(1),* Tommy Nelson) Nelson, Thomas Inc.

Jesus Calling: 365 Devotions for Kids (Boys Edition), 1 vol. Sarah Young & Tama Fortner. 2020. (Jesus Calling(r) Ser.). (ENG.). 392p. (J). 18.99 *(978-1-4002-1862-2(4),* Tommy Nelson) Nelson, Thomas Inc.

Jesus Calling: 50 Devotions for a Thankful Heart, 1 vol. Sarah Young. 2019. (Jesus Calling(r) Ser.). (ENG.). 128p. (YA). 12.99 *(978-1-4003-2436-1(X),* Tommy Nelson) Nelson, Thomas Inc.

Jesus Calling: 50 Devotions for Busy Days, 1 vol. Sarah Young. 2019. (Jesus Calling(r) Ser.). (ENG.). 128p. (YA). 12.99 *(978-1-4003-2438-5(6),* Tommy Nelson) Nelson, Thomas Inc.

Jesus Calling: 50 Devotions to Grow in Your Faith, 1 vol. Sarah Young. 2019. (Jesus Calling(r) Ser.). (ENG.). 128p. (YA). 12.99 *(978-1-4003-2439-2(4),* Tommy Nelson) Nelson, Thomas Inc.

Jesus Calling: Family Devotional: 100 Devotions for Families to Enjoy Peace in His Presence. Sarah Young. 2017. 205p. *(978-1-4041-0582-9(4))* Nelson, Thomas Inc.

Jesus Calling: The Story of Christmas, 1 vol. Sarah Young. Illus. by Katya Longhi. 2018. (Jesus Calling(r) Ser.). (ENG.). (J). 32p. 17.99 *(978-1-4002-1029-9(1));* 24p. bds. 12.99 *(978-1-4002-1030-5(5))* Nelson, Thomas Inc. (Tommy Nelson).

Jesus Calling: The Story of Easter, 1 vol. Sarah Young. Illus. by Katya Longhi. 2020. (Jesus Calling(r) Ser.). (ENG.). (J). 32p. 17.99 *(978-1-4002-1032-9(1));* 24p. bds. 12.99 *(978-1-4002-1034-3(8))* Nelson, Thomas Inc. (Tommy Nelson).

Jesus Calling Easter Prayers. Sarah Young. Illus. by Katya Longhi & Kristen Humphrey. 2022. (Jesus Calling(r) Ser.). (ENG.). 20p. (J). bds. 9.99 *(978-1-4002-3446-2(8),* Tommy Nelson) Nelson, Thomas Inc.

Jesus Calling Little Book of Prayers, 1 vol. Sarah Young. Illus. by Carolina Farias. 2018. (Jesus Calling(r) Ser.). (ENG.). 26p. (J). bds. 8.99 *(978-0-7180-9753-0(X),* Tommy Nelson) Nelson, Thomas Inc.

Jesus Calling My First Bible Storybook, 1 vol. Sarah Young. 2016. (Jesus Calling(r) Ser.). (ENG., Illus.). 40p. (J). bds. 9.99 *(978-0-7180-7605-4(2),* Tommy Nelson) Nelson, Thomas Inc.

Jesus Christ: The One. Lynne R. O'Quinn. 2017. (ENG., Illus.). (J). pap. 16.99 *(978-0-9990698-8-2(8))* Mindstir Media.

Jesus Christmas: Explore God's Amazing Plan for Christmas. Barbara Reaoch. 2018. (ENG., Illus.). 80p. (J). pap. *(978-1-78498-227-0(X))* Good Bk. Co., The.

Jesus Coming Again. Margo Holmes. 2019. (ENG.). 24p. (J). (gr. -1). pap. 9.99 *(978-1-949297-04-1(7),* 159215) Deeper Revelation Bks.

Jesus Delaney: A Novel (Classic Reprint) Joseph Gordon Doneelly. 2018. (ENG., Illus.). 348p. (J). 31.07 *(978-0-364-74978-4(4))* Forgotten Bks.

Jesus Delusion: How the Christians Created Their God: the Demystification of a World Religion Through Scientific Research. Heinz-Werner Kubitza. 2016. (ENG., Illus.). 281p. pap. *(978-3-8288-3538-2(4))* Tectum Verlag.

Jesus Detective: A Puzzle Search Book. Peter Martin. Illus. by Peter Kent. ed. 2022. (ENG.). 48p. (J). pap. 9.99 *(978-0-7459-7973-1(4),* d2482e22-48c3-44ad-9a0b-894cd4627702, Lion Children's) Lion Hudson PLC GBR. Dist: Baker & Taylor Publisher Services (BTPS).

Jesus Each Day for Teen Girls: A 365-Day Devotional. Compiled by Compiled by Barbour Staff. 2023. (ENG.). 384p. (YA). 16.99 *(978-1-63609-461-8(9))* Barbour Publishing, Inc.

Jesus Each Day for Teen Guys: A 365-Day Devotional. Compiled by Compiled by Barbour Staff. 2023. (ENG.). 384p. (YA). 16.99 *(978-1-63609-462-5(7))* Barbour Publishing, Inc.

Jesus Easter: Explore God's Amazing Rescue Plan. Barbara Reaoch. 2022. (ENG.). (J). pap. *(978-1-78498-703-9(4))* Good Bk. Co., The.

Jesús Escucha: 365 Oraciones para Niños: Un Libro de Oración de Jesús Te Llama para Lectores Jóvenes. Sarah Young. 2023. (SPA.). 400p. (J). pap. 14.99 ***(978-1-4003-3578-7(7))*** Grupo Nelson.

Jesus Has an Awesome Fun Life for Me! Book 3 - Wisdom. Patricia Brown. 2021. (Jesus Has an Awesome, Fun Life for Me! Ser.: Vol. 3). (ENG.). 70p. (J). pap. 16.00 *(978-0-9859551-3-7(9))* Brown, Pat Dr.

Jesus Heals: 2 Stories in 1 Book. Evan Camacho. 2022. (ENG., Illus.). 20p. (J). pap. 12.95 *(978-1-63903-864-0(7))* Christian Faith Publishing.

Jesus Heals: An Anatomy Primer. Danielle Hitchen. 2020. (Baby Believer Ser.). (ENG., Illus.). 20p. (J). (— 1). bds. 12.99 *(978-0-7369-7944-3(1),* 6979443) Harvest Hse. Pubs.

Jesus Heals a Man on a Stretcher. Dawn Brookes. Illus. by William Fong. 2017. (ENG.). 37p. (J). pap. *(978-0-9955561-3-3(X))* Brookes, Dawn Publishing.

Jesus Helps Santa & Saves Christmas Day. Nayla Burns. 2016. (ENG., Illus.). (J). (gr. k-5). pap. 19.99 *(978-1-4984-8932-4(X))* Salem Author Services.

Jesus, I Adore You: Children Praying Before the Blessed Sacrament. Sabine du Mesnil. 2021. (ENG.). 64p. (J). (gr. k-6). 14.99 *(978-1-62164-419-4(7))* Ignatius Pr.

Jesus, I Love You: My First Words to Pray to God. Augustine Gadient. Illus. by Mizuho Fujisawa. 2020. (ENG.). 20p. (J). (gr. -1-k). bds. 12.99 *(978-1-62164-357-9(3))* Ignatius Pr.

Jesus in the Manger. Linda Ward. 2016. (ENG., Illus.). (J). pap. 12.95 *(978-1-63525-093-0(5))* Christian Faith Publishing.

Jesus in Town. Magdalene Pagratis. Illus. by Mel Casipit. 2018. (ENG.). 32p. (J). pap. *(978-1-77335-085-1(4));* *(978-1-77335-084-4(6))* Magdalene Pr.

Jesus Invites Me to Mass. Sabine Du Mesnil. Illus. by Gemma Roman. 2019. (ENG.). 20p. (J). (gr. -1-k). 7.99 *(978-1-62164-265-7(8))* Ignatius Pr.

Jesus Is. Kevin M. Benejam. Illus. by Leremy Gan & Bnp Design Studio. 2021. (ENG.). 24p. (J). 13.95 ***(978-0-578-96276-4(4))*** Indy Pub.

Jesus Is a Superhero! Lisa Feeney. 2018. (ENG., Illus.). 28p. (J). pap. 12.95 *(978-1-64028-526-2(1))* Christian Faith Publishing.

Jesus Is Alive. Debby Anderson. 2017. (Cuddle & Sing Ser.). (ENG., Illus.). 18p. (J). bds. 6.99 *(978-1-4347-1115-1(3),* 139847) Cook, David C.

Jesus Is Alive! According to Solomon. Jane M. Cordero. 2019. (ENG.). 38p. (J). pap. 13.95 *(978-1-0980-0295-4(4))* Christian Faith Publishing.

Jesus Is Bae: A 31 Day Interactive Devotional to Discover What It Means to Be in a Relationship with Christ, 1 vol. Hanha Hobson and Jemeia Kollie. 2018. (ENG.). 136p. (YA). pap. 14.99 *(978-1-59555-926-5(4))* Elm Hill.

Jesus Is Born see Ha Nacido Jesus (Vida de Cristo)

Jesus Is Born. Debby Anderson. 2017. (Cuddle & Sing Ser.). (ENG., Illus.). 18p. (J). (gr. -1 — 1). bds. 6.99 *(978-1-4347-1116-8(1),* 139848) Cook, David C.

Jesus Is Born. Ronald A. Beers & V. Gilbert Beers. 2019. (ENG., Illus.). 42p. (J). pap. 9.99 *(978-0-7396-0360-4(4))* Inspired Studios Inc.

Jesus Is Born. Sophie Piper. Illus. by Anne Yvonne Gilbert. 2016. (ENG.). 32p. (J). (gr. -1-3). 16.99 *(978-1-68099-187-1(6),* Good Bks.) Skyhorse Publishing Co., Inc.

Jesus Is Born! A Flashlight Discovery Book. Shauna Gibby. 2018. (Illus.). (J). 16.99 *(978-1-62972-469-0(6))* Deseret Bk. Co.

Jesus Is Risen! An Easter Pop-Up Book. Illus. by Agostino Traini. 2018. (Agostino Traini Pop-Ups Ser.). 14p. (J). (gr. -1-3). 19.99 *(978-1-5064-3340-0(5),* Sparkhouse Family) 1517 Media.

Jesus Is the Mastermind Behind the Candy Cane Design. Jacqueline L. Campbell. Illus. by Brittany N. Deanes. l.t. ed. 2020. (ENG.). 26p. (J). pap. 14.99 *(978-1-951300-19-7(X))* Liberation's Publishing.

Jesus Is the Reason for the Season: Itty Bitty Activity Book (Pk Of 6) Created by Warner Press. 2023. (Ittybitty Activity Bks.). (ENG.). 48p. (J). pap. 15.54 ***(978-1-68434-465-9(4))*** Warner Pr., Inc.

Jesus Is Waiting for Me. Massiel Arreola. 2021. (ENG.). 28p. (J). 19.95 *(978-1-0980-8375-5(X))* Christian Faith Publishing.

Jesus! It's Me Pamela. I Have a Problem! Pamela, I Have an Answer: Book 1. Lucendah Burns. 2021. (ENG.). 44p. (J). pap. 10.95 *(978-1-63885-529-3(3))* Covenant Bks.

Jesus Jingles. Sandra McGraw. 2018. (ENG., Illus.). 32p. (J). pap. 13.95 *(978-1-64028-383-1(8))* Christian Faith Publishing.

Jesus Listens: 365 Prayers for Kids: a Jesus Calling Prayer Book for Young Readers. Sarah Young. 2022. (ENG.). 400p. (J). 18.99 *(978-1-4002-3663-3(0),* Tommy Nelson) Nelson, Thomas Inc.

Jesus Lives in Texas. Nancy Tawil. Illus. by Gus Tawil. 2021. (ENG.). 20p. (J). 23.95 *(978-1-0980-9489-8(1));* pap. 13.95 *(978-1-0980-9487-4(5))* Christian Faith Publishing.

Jesus Loves Me, 1 vol. Gynux. 2017. (Sing-Along Book Ser.). (ENG., Illus.). 20p. (J). bds. 8.99 *(978-0-310-75894-5(7))* Zonderkidz.

Jesus Loves Me. Illus. by Jerry Pittenger. 2019. (VeggieTales Ser.). (ENG.). 16p. (J). (gr. -1-k). bds. 13.99 *(978-0-8249-1697-8(2),* Worthy Kids/Ideals) Worthy Publishing.

Jesus Loves Me. Ginger Swift. Ed. by Cottage Door Press. Illus. by Maria Mola. 2020. (Little Sunbeams Ser.). (ENG.). 10p. (J). (gr. -1-k). bds. 4.99 *(978-1-68052-802-2(5),* 1005150) Cottage Door Pr.

Jesus Loves Me! Ginger Swift. Ed. by Cottage Door Press. Illus. by Monique Dong. 2019. (Little Sunbeams Ser.). (ENG.). 12p. (J). (gr. -1-2). bds. 17.99 *(978-1-68052-371-3(6),* 1003360) Cottage Door Pr.

Jesus Loves Me: Coloring Book. Gwen Gates. 2022. (ENG.). 34p. (J). pap. 8.00 *(978-1-4583-0171-0(0))* Lulu Pr., Inc.

Jesus Loves Me: Sketchbook & Journal. Ed. by Paul Kent. 2017. (ENG., Illus.). (J). (gr. k-3). pap. 11.99 *(978-0-9793911-5-6(6))* Old Hundredth Pr.

Jesus Loves Me (Bible Bb's) Scholastic. 2018. (ENG.). 32p. (J). (gr. -1-k). 5.99 *(978-1-338-21749-0(6),* Little Shepherd) Scholastic, Inc.

Jesus Loves Me Prayer Journal. Rayshelle Richardson. 2023. (ENG.). 60p. (J). pap. 16.49 ***(978-1-6628-7160-3(0))*** Salem Author Services.

Jesus Loves Me, This I Know! Church Fun Coloring Book. Activity Book Zone for Kids. 2016. (ENG., Illus.). (J). pap. 9.20 *(978-1-68376-449-6(8))* Sabeels Publishing.

Jesus Loves My Mommy: All about Location Jesus Aime Ma Maman: Tout Au Sujet de L'Emplacement. Nicole Benoit-Roy. 2016. (ENG., Illus.). (J). pap. 10.95 *(978-1-5127-5259-5(2),* WestBow Pr.) Author Solutions, LLC.

Jesus Loves the Little Children, 1 vol. Elina Ellis. 2019. (Sing-Along Book Ser.). (ENG., Illus.). 20p. (J). bds. 8.99 *(978-0-310-75928-7(5))* Zonderkidz.

Jesus Loves the Little Children: Activity & Coloring Book, Vol. 8. Karen Jean Matsko Hood. Ed. by Whispering Pine Press International. Illus. by Artistic Design Service Staff. ed. 2016. (Educational Activity & Coloring Book Ser.). (ENG & SPA.). (J). spiral bd. 21.95 *(978-1-59434-087-1(0))* Whispering Pine Pr. International, Inc.

Jesus Loves the Little Children Church Fun Coloring Book. Activibooks For Kids. 2016. (ENG., Illus.). (J). pap. 9.20 *(978-1-68321-793-0(4))* Mimaxion.

Jesus Loves the World, 1 vol. Zonderkidz. 2018. (Beginner's Bible Ser.). (ENG., Illus.). 18p. (J). bds. 9.99 *(978-0-310-76004-7(6))* Zonderkidz.

Jesus Loves Us Activity Book: Coloring Activity Books Easter (5-7) Created by Warner Press. 2021. (ENG.). 16p. (J). pap. 2.39 *(978-1-68434-280-8(5))* Warner Pr., Inc.

Jesus Loves You see Jesus Te Ama Libro

Jesus Loves You. Ree Magee. 2019. (ENG.). 32p. (J). 23.95 *(978-1-0980-1557-2(6));* pap. 14.95 *(978-1-63575-729-3(0))* Christian Faith Publishing.

Jesus Loves You: Biblical Stories for Children. Noah Jacobson. Illus. by Bonnie J. Jacobson. 2022. (ENG.). 32p. (J). pap. 14.95 ***(978-0-578-39015-4(9))*** Lion of Judah Publishing.

Jesus Loves You, Don't You Know? William Bevins. 2022. (ENG., Illus.). 30p. (J). pap. 12.95 ***(978-1-68517-095-0(1))*** Christian Faith Publishing.

Jesus Makes Me Fruit-Tabulous. Wendy Burke. 2020. (ENG., Illus.). 26p. (J). 17.95 *(978-1-64471-764-6(6));* pap. 12.95 *(978-1-64670-044-8(9))* Covenant Bks.

Jesus Makes the Difference. Lauren L. Merryfield. 2018. (ENG., Illus.). 264p. (J). pap. 23.99 *(978-1-5456-3687-9(7))* Salem Author Services.

Jesus' Miracles, One Big Story Board Book. B&H Kids Editorial Staff. 2019. (ENG.). 16p. (J). bds. 7.99 *(978-1-5359-5493-8(0),* 005814541, B&H Kids) B&H Publishing Group.

Jesus, My All in All, Symbols. Ida Stiles-Brown. 2021. (ENG.). 112p. (J). pap. 23.95 *(978-1-4796-0906-2(4))* TEACH Services, Inc.

Jesus, My All in All, Symbols: Activity Book & Teacher's Guide. Ida Stiles-Brown. 2021. (ENG.). 84p. (J). pap. 13.95 *(978-1-4796-1191-1(3))* TEACH Services, Inc.

JESUS My Forever Friend Jesus, Mi Amigo para Siempre: Bible Truths for Toddlers & Preschoolers. Beth Bascom. Illus. by Jason Velazquez. 2023. (ENG.). 28p. (J). pap. 14.99 Author Solutions, LLC.

Jesus My Friend. Kristina Inzerillo. Illus. by Joe Inzerillo. 2019. (ENG.). 28p. (J). *(978-1-7340735-1-5(9));* pap. *(978-1-7340735-0-8(0))* Tellwell Talent.

Jesus My Hero. Shantel Murphy. 2019. (ENG., Illus.). 40p. (J). 24.95 *(978-1-64300-974-2(5));* pap. 14.95 *(978-1-64300-973-5(7))* Covenant Bks.

Jesus of Nazareth: The Story of His Life Simply Told (Classic Reprint) Mary Loyola. 2017. (ENG., Illus.). (J). 32.44 *(978-0-265-56534-6(0))* Forgotten Bks.

Jesus on Leadership: Discovering the Secrets of Servant Leadership from the Life of Christ. C. Gene Wilkes. 2016. (ENG., Illus.). 272p. pap. 16.99 *(978-0-8423-1863-1(1),* 751863) Tyndale Hse. Pubs.

Jesus Once Was a Little Child. Susan Evans McCloud. 2023. (ENG.). 32p. (J). 16.99 ***(978-1-4621-4373-3(3))*** Cedar Fort, Inc./CFI Distribution.

Jesus Our Savior: The Story of God's Son for Children. Patricia Szczebak & Mary Joseph Peterson. 2018. (ENG., Illus.). 64p. (J). pap. 8.95 *(978-0-8198-4023-3(8))* Pauline Bks. & Media.

Jesus over Rome. Elliott Christy. 2022. (ENG.). 212p. (J). pap. ***(978-1-68583-547-7(3))*** Tablo Publishing.

Jesus Remedy: Correcting the Common Mistakes Christians Make in Their Search for Healing. Melanie Varner. 2021. (ENG.). 248p. (YA). pap. 16.99 *(978-1-6628-1718-2(5))* Salem Author Services.

Jesus Said, Come Follow Me. Molly Carter. Illus. by Karina Matkevych. 2021. (ENG.). 32p. (J). pap. 12.99 *(978-1-4621-4071-8(8))* Cedar Fort, Inc./CFI Distribution.

Jesus Said, Come Follow Me. Molly McNamara Carter. 2020. (ENG., Illus.). (J). pap. 16.99 *(978-1-4621-3783-1(0),* Horizon Pubs.) Cedar Fort, Inc./CFI Distribution.

Jesus Shows Love Inside & Out. Jennifer Roberson. 2019. (ENG., Illus.). 28p. (J). pap. 10.95 *(978-1-64559-616-5(8))* Covenant Bks.

Jesus Stories from the Bible. Charlotte Grossetête et al. Illus. by Sibylle Delacroix. 2018. (ENG.). 48p. (J). (gr. k-4). 15.99 *(978-1-62164-226-8(7))* Ignatius Pr.

Jesus Storybook Bible a Christmas Collection: Stories, Songs, & Reflections for the Advent Season, 1 vol. Sally Lloyd-Jones. Illus. by Jago. 2020. (Jesus Storybook Bible Ser.). (ENG.). 24p. (J). 24.99 *(978-0-310-76990-3(6))* Zonderkidz.

Jesus Storybook Bible Coloring Book: Every Story Whispers His Name, 1 vol. Sally Lloyd-Jones. Illus. by Jago. 2020. (Jesus Storybook Bible Ser.). (ENG.). 64p. (J). pap. 9.99 *(978-0-310-76930-9(2))* Zonderkidz.

Jesus Storybook Bible Complete Activity Handouts, 1 vol. Sally Lloyd-Jones & Sam Shammas. 2020. (Jesus Storybook Bible Ser.). (ENG.). 44p. (J). 12.99 *(978-0-310-13244-8(4))* Zondervan.

Jesus Storybook Bible New Testament Curriculum Resources, 1 vol. Sally Lloyd-Jones & Sam Shammas. 2020. (Jesus Storybook Bible Ser.). (ENG.). 176p. (J). 39.99 *(978-0-310-13243-1(6))* Zondervan.

Jesus Storybook Bible Old Testament Curriculum Resources, 1 vol. Sally Lloyd-Jones & Sam Shammas. 2020. (Jesus Storybook Bible Ser.). (ENG.). 166p. (J). 39.99 *(978-0-310-13242-4(8))* Zondervan.

Jesus Taught in Parables Three Bible Stories for Children Children's Jesus Books. One True Faith. 2020. (ENG.). 64p. (J). 23.99 *(978-1-5419-7752-5(1));* pap. 13.99 *(978-1-5419-7750-1(5))* Speedy Publishing LLC. (One True Faith (Religion & Spirituality)).

Jesús Te Llama: la Historia de Navidad, 1 vol. Sarah Young. Illus. by Katya Longhi. 2021. (Jesus Calling(r) Ser.). (SPA.). 32p. (J). 15.99 *(978-1-4002-3248-2(1))* Grupo Nelson.

Jesus, the Carpenter of Nazareth (Classic Reprint) A. Layman. 2018. (ENG., Illus.). 516p. (J). 34.54 *(978-0-364-09414-3(1))* Forgotten Bks.

Jesus the Child see Jesus Niño

Jesus, the Four Friends & Me. Martha Yamnitz. 2019. (ENG., Illus.). 34p. (J). pap. 15.95 *(978-1-0980-0028-8(5))* Christian Faith Publishing.

Jesus, the Gate Keeper. Neal R Mercier. 2019. (ENG.). 30p. (J). pap. 13.95 *(978-1-64492-975-9(9))* Christian Faith Publishing.

Jesus the Way, or the Child's Guide to Heaven: Teaching Little Children How to Find Jesus, Who Says I Am the Way (Classic Reprint) Edward Payson Hammond. 2017. (ENG., Illus.). (J). 26.25 *(978-0-266-35888-6(8))* Forgotten Bks.

Jesus Today Devotions for Kids, 1 vol. Sarah Young. 2016. (Jesus Today Ser.). (ENG.). 368p. (J). 16.99 *(978-0-7180-3805-2(3),* Tommy Nelson) Nelson, Thomas Inc.

Jesus Today Teen Cover: Experience Hope in His Presence, 1 vol. Sarah Young. 2016. (Jesus Today Ser.). (ENG.). 384p. (YA). 16.99 *(978-0-7180-8681-7(3),* Tommy Nelson) Nelson, Thomas Inc.

Jesus Visits Mary & Martha. Illus. by Erika Lebarre. 2017. (ENG.). (J). pap. 2.99 *(978-0-7586-5738-1(2))* Concordia Publishing Hse.

Jesus Was Just Like Me. Heidi Doxey. Illus. by Josh Talbot. 2017. (ENG.). (J). (gr. -1-k). bds. 12.99 *(978-1-4621-2120-5(9))* Cedar Fort, Inc./CFI Distribution.

Jesus Was Just Like Me. Heidi Doxey. 2017. (ENG.). (J). bds. 10.99 *(978-1-4621-1925-7(5))* Cedar Fort, Inc./CFI Distribution.

Jesus Was with Me All Along: A Book about Autism. Julie Mastel. 2017. (ENG., Illus.). (J). pap. 10.95 *(978-1-5127-7091-9(4),* WestBow Pr.) Author Solutions, LLC.

Jesus, Who Are You? Names of Jesus. Janna Arndt & Kay Arthur. 2020. (Beginner Inductive Bible Study Ser.). (ENG., Illus.). 176p. (J). (gr. -1-2). pap. 12.99 *(978-0-7369-7899-6(2),* 6978996) Harvest Hse. Pubs.

Jesus, Who Is Christmas Is Born. Linda Tarver. 2019. (ENG.). 24p. (J). pap. 19.99 *(978-1-63050-320-8(7))* Salem Author Services.

Jesus, Will Heaven Be Boring? Jodi Stuckey Benedict. 2022. (ENG., Illus.). 30p. (J). pap. 13.95 *(978-1-63885-929-1(9))* Covenant Bks.

Jesus Worked Miracles. Heidi Poelman. Illus. by Jason Pruett. 2018. (ENG.). 32p. (J). (gr. k-3). 14.99 *(978-1-4621-2277-6(9))* Cedar Fort, Inc./CFI Distribution.

Jesus Worked Miracles. Heidi Poleman. Illus. by Jason Pruett. 2020. (ENG.). 32p. (J). pap. 12.99 *(978-1-4621-3991-0(4))* Cedar Fort, Inc./CFI Distribution.

Jet Can Fly: Leveled Reader Yellow Fiction Level 6 Grade 1. Hmh Hmh. 2019. (Rigby PM Ser.). (ENG.). 16p. (J). (gr. 1). pap. 11.00 *(978-0-358-12152-7(3))* Houghton Mifflin Harcourt Publishing Co.

Jet Dragsters. Kenny Abdo. 2023. (Motor Mayhem Ser.). (ENG.). 24p. (J). (gr. 2-8). lib. bdg. 31.36 ***(978-1-0982-8144-1(6),*** 42407, Abdo Zoom-Fly) ABDO Publishing Co.

Jet-Powered Justice. Michael Dahl. Illus. by Omar Lozano. 2018. (Wonder Woman Tales of Paradise Island Ser.). (ENG.). 40p. (J). (gr. 4-8). lib. bdg. 24.65 *(978-1-5158-3023-8(3),* 138653, Stone Arch Bks.) Capstone.

Jet Setters! Airplanes & Flying Machines Dot to Dot. Smarter Activity Books for Kids. 2016. (ENG., Illus.). (J). pap. 8.99 *(978-1-68374-222-7(2))* Examined Solutions PTE. Ltd.

Jet Skis. Quinn M. Arnold. 2019. (Seedlings: on the Go Ser.). (ENG.). 24p. (J). (gr. -1-1). pap. 8.99 *(978-1-62832-732-8(4),* 19127, Creative Paperbacks) Creative Co., The.

Jet Stream Steering the Winds!, 1 vol. Ed. by Joanne Randolph. 2017. (Weather Report). (ENG.). 32p. (gr. 3-3). pap. 11.52 *(978-0-7660-9017-0(5),* d21f363a-b4f7-4271-b99e-92bdce070772) Enslow Publishing, LLC.

Jet the Cat (Is Not a Cat) Phaea Crede. Illus. by Terry Runyan. 2021. (ENG.). 32p. (J). (gr. -1-2). 16.99 *(978-1-64686-166-8(3));* pap. 9.99 *(978-1-64686-167-5(1))* Barefoot Bks., Inc.

Jeté Journal. Danielle Rathey. 2019. (ENG.). 232p. (YA). spiral bd. *(978-0-359-96705-6(1))* Lulu Pr., Inc.

Jethou or Crusoe Life in the Channel Isles. E. R. Suffling. 2017. (ENG., Illus.). (J). pap. *(978-0-649-61824-8(6))* Trieste Publishing Pty Ltd.

Jethou, or Crusoe Life in the Channel Isles (Classic Reprint) E. R. Suffling. (ENG., Illus.). (J). 2018. 290p. 29.88 *(978-0-483-44331-0(X));* 2016. pap. 13.57 *(978-1-334-11980-4(5))* Forgotten Bks.

Jethro Bacon of Sandwich: The Weaker Sex (Classic Reprint) F. J. Stimson. 2017. (ENG., Illus.). (J). 29.09 *(978-1-5284-9042-9(8))* Forgotten Bks.

Jethro Knows Animal Facts. Tracilyn George. 2021. (ENG.). 26p. (J). pap. 11.00 *(978-1-77475-328-6(6))* Lulu Pr., Inc.

Jethro's Journey Back to Grandmommy's Ocean. Susan Shaw Rhyne. 2020. (ENG.). 40p. (J). pap. 12.49 *(978-1-63129-096-1(7))* Salem Author Services.

Jethro's Volcano. Bill Meiklejohn. 2018. (ENG., Illus.). 62p. (J). *(978-0-6483780-1-3(2));* pap. *(978-0-6483780-0-6(4))* Willyabrup Dreaming.

J

Jetpack Attack. Clarion Clarion Books. 2019. (Carmen Sandiego Chase-Your-Own Capers Ser.). (ENG., Illus.). 160p. (J). (gr. 3-7). 14.99 *(978-1-328-62908-1(2)*, 1734816, Clarion Bks.) HarperCollins Pubs.

Jetpack Attack. Houghton Mifflin Harcourt. 2019. (Carmen Sandiego Chase-Your-Own Capers Ser.). (ENG., Illus.). 160p. (J). (gr. 3-7). pap. 7.99 *(978-1-328-62909-8(0)*, 1734818, Clarion Bks.) HarperCollins Pubs.

Jets & Flashes (Classic Reprint) Henry Clay Lukens. 2017. (ENG., Illus.). (J). 28.10 *(978-0-266-71426-2(9))*; pap. 10.57 *(978-1-5276-6916-1(5))* Forgotten Bks.

Jet's Story: Finding My Forever Home. Karen Mork & Jaime Shae. 2017. (ENG., Illus.). (J). (gr. 3-6). pap. *(978-1-925595-45-1(5))* MoshPit Publishing.

Jetsun Punk's Unforeseen Journey to Shambhala. R. A. Edwards. 2016. (ENG., Illus.). (J). pap. *(978-1-78697-250-7(6))* FeedARead.com.

Jett Jamison & the Secret Storm: Brave Girls Collection. Kimberly Behre Kenna. 2023. (Brave Girls Collection). (ENG.). 174p. (J). pap. 16.95 ***(978-1-68513-243-9(X))*** Black Rose Writing.

Jett Ryder (Set Of 4) Sean Petrie. Illus. by Carl Pearce. 2021. (Jett Ryder Ser.). (ENG.). 288p. (J). (gr. 3-4). pap. 23.96 *(978-1-63163-543-4(3))*; lib. bdg. 91.37 *(978-1-63163-542-7(5))* North Star Editions. (Jolly Fish Pr.).

Jett the Spy. Mia Kelly & Emma Bonardi. 2021. (ENG.). 30p. (J). pap. 11.99 *(978-1-970109-60-3(2)*, AnewPr., Inc.) 2Nimble.

Jetta Dog Goes to the Beach. Kristi Forbes. Illus. by Pooh Day. 2018. (ENG.). 24p. (J). 22.95 *(978-1-4808-5038-5(1))*; pap. 12.45 *(978-1-4808-5037-8(3))* Archway Publishing.

Jettson's Space Adventure. Gary Alan Shockley. 2023. (ENG.). 22p. (J). pap. 17.99 ***(978-1-0879-8557-2(9))*** Indy Pub.

Jetty Jumping, Volume 1. Andrea Rowe. Illus. by Hannah Sommerville. 2021. (ENG.). 32p. (J). (gr. -1-k). 20.99 ***(978-1-76050-065-8(8))*** Little Hare Bks. AUS. Dist: Independent Pubs. Group.

Jeu de Cartes. Anne Mounier. 2022. (FRE.). 76p. (YA). pap. ***(978-1-4716-6139-6(3))*** Lulu Pr., Inc.

Jeune Coq Stupide: French-Arabic Edition. Idries Shah. Illus. by Jeff Jackson. 2018. (Hoopoe Teaching-Stories Ser.). (FRE.). 40p. (J). (gr. k-2). pap. 9.99 *(978-1-949358-51-3(8)*, Hoopoe Bks.) I S H K.

Jeunes Étoiles de la Gymnastique. Taylor Farley. Tr. by Claire Savard. 2021. (Jeunes étoiles (Little Stars) Ser.).Tr. of Little Stars Gymnastics. (FRE.). 24p. (J). (gr. k-2). pap. *(978-1-4271-3668-8(8)*, 13000) Crabtree Publishing Co.

Jeunes Étoiles de la Gymnastique (Little Stars Gymnastics) Taylor Farley. Tr. by Claire Savard. 2021. (FRE.). 24p. (J). (gr. k-2). lib. bdg. ***(978-1-4271-5026-4(5))*** Crabtree Publishing Co.

Jeunes Étoiles de la Natation. Taylor Farley. Tr. by Claire Savard. 2021. (Jeunes étoiles (Little Stars) Ser.).Tr. of Little Stars Swimming. (FRE.). 24p. (J). (gr. k-2). pap. *(978-1-4271-3677-0(7)*, 13001) Crabtree Publishing Co.

Jeunes Étoiles de la Natation (Little Stars Swimming) Taylor Farley. Tr. by Claire Savard. 2021. (FRE.). 24p. (J). (gr. k-2). lib. bdg. ***(978-1-4271-5035-6(4))*** Crabtree Publishing Co.

Jeunes Étoiles de la Pêche (Little Stars Fishing) Taylor Farley. Tr. by Claire Savard. 2021. (FRE.). 24p. (J). (gr. k-2). lib. bdg. ***(978-1-4271-5024-0(9))*** Crabtree Publishing Co.

Jeunes Étoiles de la Planche À Roulettes (Little Stars Skateboarding) Taylor Farley. Tr. by Claire Savard. 2021. (FRE.). 24p. (J). (gr. k-2). lib. bdg. ***(978-1-4271-5031-8(1))*** Crabtree Publishing Co.

Jeunes Étoiles de Paintball (Little Stars Paintball) Taylor Farley. Tr. by Claire Savard. 2021. (FRE.). 24p. (J). (gr. k-2). lib. bdg. ***(978-1-4271-5029-5(X))*** Crabtree Publishing Co.

Jeunes Étoiles du Ballet. Taylor Farley. Tr. by Claire Savard. 2021. (Jeunes étoiles (Little Stars) Ser.).Tr. of Little Stars Ballet. (FRE.). 24p. (J). (gr. k-2). pap. *(978-1-4271-3662-6(9)*, 13005) Crabtree Publishing Co.

Jeunes Étoiles du Ballet (Little Stars Ballet) Taylor Farley. Tr. by Claire Savard. 2021. (FRE.). 24p. (J). (gr. k-2). lib. bdg. ***(978-1-4271-5020-2(6))*** Crabtree Publishing Co.

Jeunes Étoiles du Baseball. Taylor Farley. Tr. by Claire Savard. 2021. (Jeunes étoiles (Little Stars) Ser.).Tr. of Little Stars Baseball. (FRE.). 24p. (J). (gr. k-2). pap. *(978-1-4271-3663-3(7)*, 13006) Crabtree Publishing Co.

Jeunes Étoiles du Baseball (Little Stars Baseball) Taylor Farley. Tr. by Claire Savard. 2021. (FRE.). 24p. (J). (gr. k-2). lib. bdg. ***(978-1-4271-5021-9(4))*** Crabtree Publishing Co.

Jeunes étoiles du Bi-Cross. Taylor Farley. Tr. by Claire Savard. 2021. (Jeunes étoiles (Little Stars) Ser.). (FRE.). 24p. (J). (gr. k-2). pap. *(978-1-4271-3664-0(5)*, 13007) Crabtree Publishing Co.

Jeunes Étoiles du Bi-Cross (Little Stars BMX Bikes) Taylor Farley. Tr. by Claire Savard. 2021. (FRE.). 24p. (J). (gr. k-2). lib. bdg. ***(978-1-4271-5022-6(2))*** Crabtree Publishing Co.

Jeunes Étoiles du Camping. Taylor Farley. Tr. by Claire Savard. 2021. (Jeunes étoiles (Little Stars) Ser.).Tr. of Little Stars Camping. (FRE.). 24p. (J). (gr. k-2). pap. *(978-1-4271-3665-7(3)*, 13008) Crabtree Publishing Co.

Jeunes Étoiles du Camping (Little Stars Camping) Taylor Farley. Tr. by Claire Savard. 2021. (FRE.). 24p. (J). (gr. k-2). lib. bdg. ***(978-1-4271-5023-3(0))*** Crabtree Publishing Co.

Jeunes Étoiles du Golf. Taylor Farley. Tr. by Claire Savard. 2021. (Jeunes étoiles (Little Stars) Ser.).Tr. of Little Stars Golf. (FRE.). 24p. (J). (gr. k-2). pap. *(978-1-4271-3667-1(X)*, 13009) Crabtree Publishing Co.

Jeunes Étoiles du Golf (Little Stars Golf) Taylor Farley. Tr. by Claire Savard. 2021. (FRE.). 24p. (J). (gr. k-2). lib. bdg. ***(978-1-4271-5025-7(7))*** Crabtree Publishing Co.

Jeunes Étoiles du Hockey. Buffy Silverman. Tr. by Claire Savard. 2021. (Jeunes étoiles (Little Stars) Ser.).Tr. of Little Stars Hockey. (FRE.). 24p. (J). (gr. k-2). pap. *(978-1-4271-3669-5(6)*, 13010) Crabtree Publishing Co.

Jeunes Étoiles du Hockey (Little Stars Hockey) Buffy Silverman. Tr. by Claire Savard. 2021. (FRE.). 24p. (J). (gr. k-2). lib. bdg. ***(978-1-4271-5027-1(3))*** Crabtree Publishing Co.

Jeunes Étoiles Du Patinage Artistique. Taylor Farley. Tr. by Claire Savard. 2021. (Jeunes étoiles (Little Stars) Ser.).Tr. of Little Stars Ice Skating. (FRE.). 24p. (J). (gr. k-2). pap. *(978-1-4271-3670-1(X)*, 13011) Crabtree Publishing Co.

Jeunes Étoiles du Patinage Artistique (Little Stars Ice Skating) Taylor Farley. Tr. by Claire Savard. 2021. (FRE.). 24p. (J). (gr. k-2). lib. bdg. ***(978-1-4271-5028-8(1))*** Crabtree Publishing Co.

Jeunes Étoiles du Rodéo. Taylor Farley. Tr. by Claire Savard. 2021. (Jeunes étoiles (Little Stars) Ser.).Tr. of Little Stars Rodeo. (FRE.). 24p. (J). (gr. k-2). pap. *(978-1-4271-3672-5(6)*, 13012) Crabtree Publishing Co.

Jeunes Étoiles du Rodéo (Little Stars Rodeo) Taylor Farley. Tr. by Claire Savard. 2021. (FRE.). 24p. (J). (gr. k-2). lib. bdg. ***(978-1-4271-5030-1(3))*** Crabtree Publishing Co.

Jeunes Étoiles du Ski (Little Stars Skiing) Taylor Farley. Tr. by Claire Savard. 2021. (FRE.). 24p. (J). (gr. k-2). lib. bdg. ***(978-1-4271-5032-5(X))*** Crabtree Publishing Co.

Jeunes Étoiles du Soccer. Taylor Farley. Tr. by Claire Savard. 2021. (Jeunes étoiles (Little Stars) Ser.).Tr. of Little Stars Soccer. (FRE.). 24p. (J). (gr. k-2). pap. *(978-1-4271-3676-3(9)*, 13014) Crabtree Publishing Co.

Jeunes Étoiles du Soccer (Little Stars Soccer) Taylor Farley. Tr. by Claire Savard. 2021. (FRE.). 24p. (J). (gr. k-2). lib. bdg. ***(978-1-4271-5034-9(6))*** Crabtree Publishing Co.

Jeunes Étoiles du Surf des Neiges (Little Stars Snowboarding) Buffy Silverman. Tr. by Claire Savard. 2021. (FRE.). 24p. (J). (gr. k-2). lib. bdg. ***(978-1-4271-5033-2(8))*** Crabtree Publishing Co.

Jeunes Étoiles du Taekwondo (Little Stars Taekwondo) Taylor Farley. Tr. by Claire Savard. 2021. (FRE.). 24p. (J). (gr. k-2). lib. bdg. ***(978-1-4271-5036-3(2))*** Crabtree Publishing Co.

Jeunes Étoiles du Yoga. Taylor Farley. Tr. by Claire Savard. 2021. (Jeunes étoiles (Little Stars) Ser.).Tr. of Little Stars Yoga. (FRE.). 24p. (J). (gr. k-2). pap. *(978-1-4271-3679-4(3)*, 13017) Crabtree Publishing Co.

Jeunes Étoiles du Yoga (Little Stars Yoga) Taylor Farley. Tr. by Claire Savard. 2021. (FRE.). 24p. (J). (gr. k-2). lib. bdg. ***(978-1-4271-5037-0(0))*** Crabtree Publishing Co.

Jeunes Étoiles: Pêche. Taylor Farley. Tr. by Claire Savard. 2021. (Jeunes étoiles (Little Stars) Ser.). (FRE.). 24p. (J). (gr. k-2). pap. *(978-1-4271-3666-4(1)*, 13002) Crabtree Publishing Co.

Jeunes Étoiles: Planche À Neige. Buffy Silverman. Tr. by Claire Savard. 2021. (Jeunes étoiles (Little Stars) Ser.). (FRE.). 24p. (J). (gr. k-2). pap. *(978-1-4271-3675-6(0)*, 13015) Crabtree Publishing Co.

Jeunes Étoiles: Planche À Roulettes. Taylor Farley. Tr. by Claire Savard. 2021. (Jeunes étoiles (Little Stars) Ser.). (FRE.). 24p. (J). (gr. k-2). pap. *(978-1-4271-3673-2(4)*, 13003) Crabtree Publishing Co.

Jeunes Étoiles: Ski. Taylor Farley. Tr. by Claire Savard. 2021. (Jeunes étoiles (Little Stars) Ser.). (FRE.). 24p. (J). (gr. k-2). pap. *(978-1-4271-3674-9(2)*, 13013) Crabtree Publishing Co.

Jeunes Étoiles: Taekwondo. Taylor Farley. Tr. by Claire Savard. 2021. (Jeunes étoiles (Little Stars) Ser.). (FRE.). 24p. (J). (gr. k-2). pap. *(978-1-4271-3678-7(5)*, 13016) Crabtree Publishing Co.

Jeunesse de Florian, Ou Mémoires d'un Jeune Espagnol, Ouvrage Posthume (Classic Reprint) Jean Pierre Claris De Florian. 2018. (FRE., Illus.). (J). 526p. 34.75 *(978-1-391-48185-2(2))*; 528p. pap. 19.57 *(978-1-390-55940-8(8))* Forgotten Bks.

Jeux d'Esprit (Classic Reprint) Henry S. Leigh. 2018. (ENG., Illus.). 342p. (J). 30.97 *(978-0-484-12539-0(7))* Forgotten Bks.

Jevons Block: A Book of Sex Enmity (Classic Reprint) Kate Buss. 2018. (ENG., Illus.). 54p. (J). 25.03 *(978-0-484-80579-7(7))* Forgotten Bks.

Jew & Human Sacrifice; [Human Blood & Jewish Ritual]. an Historical & Sociological Inquiry. Hermann L. Strack. 2017. (ENG., Illus.). (J). pap. *(978-0-649-61826-2(2))* Trieste Publishing Pty Ltd.

Jew of Verona, Vol. 1: An Historical Tale of the Italian Revolutions of 1846-9 (Classic Reprint) Antonio Bresciani. (ENG., Illus.). (J). 2018. 406p. 32.29 *(978-0-483-84103-1(X))*; 2017. pap. 16.57 *(978-0-243-85962-7(7))* Forgotten Bks.

Jew, Vol. 1 of 3 (Classic Reprint) Carl Spindler. 2017. (ENG., Illus.). (J). 31.24 *(978-0-265-68433-7(1))*; pap. 13.97 *(978-1-5276-5970-4(4))* Forgotten Bks.

Jewel: A Chapter in Her Life. Clara Louise Burnham. 2017. (ENG., Illus.). (J). pap. 15.95 *(978-1-374-83895-6(0))* Capital Communications, Inc.

Jewel: A Chapter in Her Life (Classic Reprint) Clara Louise Burnham. 2018. (ENG., Illus.). 362p. (J). 31.36 *(978-0-484-69548-0(7))* Forgotten Bks.

Jewel Eye Crown: Tzu Kingdom Book 4. Karen Chilvers. 2022. (ENG.). 256p. (J). pap. *(978-1-80369-240-1(5))* Authors OnLine, Ltd.

Jewel for Royals (a Throne for Sisters-Book Five) Morgan Rice. 2018. (Throne for Sisters Ser.: Vol. 5). (ENG., Illus.). 168p. (YA). (gr. 7-12). 18.99 *(978-1-64029-334-2(5))*; pap. 13.99 *(978-1-64029-333-5(7))* Morgan Rice Bks.

Jewel in the Lotus & Other Stories (Classic Reprint) Unknown Author. 2017. (ENG., Illus.). (J). 28.45 *(978-0-260-93234-1(5))* Forgotten Bks.

Jewel of Death (Classic Reprint) Huan Mee. 2018. (ENG., Illus.). 138p. (J). 26.74 *(978-0-483-80846-1(6))* Forgotten Bks.

Jewel of the Seas (Classic Reprint) Jessie Kaufman. 2018. (ENG., Illus.). 344p. (J). 30.99 *(978-0-267-22885-0(6))* Forgotten Bks.

Jewel of Their Souls (Classic Reprint) Susan Taber. (ENG., Illus.). (J). 2018. 358p. 31.28 *(978-0-364-87486-8(4))*; 2017. pap. 13.97 *(978-1-5276-5088-6(X))* Forgotten Bks.

Jewel on Sapphire. Catherine Fitzsimmons. Illus. by Catherine Fitzsimmons. 2019. (Adventures in Space Ser.: Vol. 1). (ENG., Illus.). 96p. (J). (gr. 1-4). pap. *(978-1-928011-27-9(6))* Brain Lag.

Jewel Sowers: A Novel (Classic Reprint) Edith Allonby. 2017. (ENG., Illus.). (J). 31.20 *(978-0-266-71233-6(9))*; pap. 13.57 *(978-1-5276-6593-4(3))* Forgotten Bks.

Jewel Wasps Take Over!, 1 vol. Caitie McAneney. 2017. (Insects: Six-Legged Nightmares Ser.). (ENG.). 24p. (J). (gr. 2-3). pap. 9.15 *(978-1-5382-1267-7(6)*, 7ee8616b-17a9-4b74-bbec-7d3fee6104ba) Stevens, Gareth Publishing LLLP.

Jewel Weed (Classic Reprint) Alice Ames Winter. 2018. (ENG., Illus.). 456p. (J). 33.30 *(978-0-365-41425-4(5))* Forgotten Bks.

Jeweled Hearts (Classic Reprint) Chalmers C. Brown. 2018. (ENG., Illus.). 32p. (J). 24.58 *(978-0-267-26197-0(7))* Forgotten Bks.

Jewelle the Novice Witch. Charles E. Morris. 2021. (ENG.). 158p. (J). pap. *(978-1-913802-78-3(7))* Markosia Enterprises, Ltd.

Jewelled Ball (Classic Reprint) Flora Bigelow Guest. 2017. (ENG., Illus.). 334p. (J). 30.79 *(978-0-484-22917-3(6))* Forgotten Bks.

Jewelled Lizard (Classic Reprint) W. Dingwall Fordyce. 2018. (ENG., Illus.). 276p. (J). 29.61 *(978-0-267-64365-3(9))* Forgotten Bks.

Jewelry of the Native Americans Coloring Book. Activity Attic Books. 2016. (ENG., Illus.). (J). pap. 7.74 *(978-1-68323-682-5(3))* Twin Flame Productions.

Jewels from the Orient (Classic Reprint) Lucy Seaman Bainbridge. (ENG., Illus.). (J). 2018. 138p. 26.76 *(978-0-484-86370-4(3))*; 2017. pap. 9.57 *(978-0-243-23052-5(4))* Forgotten Bks.

Jewels of the Madonna: Opera in Three Acts on Neapolitan Life (Classic Reprint) Ermanno Wolf-Ferrari. 2018. (ENG., Illus.). 66p. (J). 25.28 *(978-0-656-39145-5(6))* Forgotten Bks.

Jewels of the Viking Princess Coloring Book. Kreative Kids. 2016. (ENG., Illus.). (J). pap. 9.20 *(978-1-68377-318-4(7))* Whlke, Traudl.

Jewel's Story Book. Clara Louise Burnham. 2017. (ENG., Illus.). (J). 25.95 *(978-1-374-81424-0(5))* Capital Communications, Inc.

Jewel's Story Book, Vol. 1 (Classic Reprint) Clara Louise Burnham. 2018. (ENG., Illus.). 362p. (J). 31.36 *(978-0-428-26276-1(7))* Forgotten Bks.

Jewels' Treasure Hunt. Samantha Williams. 2016. (ENG.). (J). 14.95 *(978-1-63177-850-6(1))* Amplify Publishing Group.

Jewish Boy, or the History of Joseph Lamar (Classic Reprint) Unknown Author. (ENG., Illus.). (J). 2018. 138p. 26.76 *(978-0-484-63763-3(0))*; 2016. pap. 9.57 *(978-1-333-46366-3(9))* Forgotten Bks.

Jewish Carol & the Insuperable Barrier. Emily Ruth Calvin. 2017. (ENG., Illus.). (J). pap. *(978-0-649-34046-0(9))* Trieste Publishing Pty Ltd.

Jewish Carol & the Insuperable Barrier (Classic Reprint) Emily Ruth Calvin. (ENG., Illus.). (J). 2018. 72p. 25.38 *(978-0-483-69568-9(8))*; 2016. pap. 9.57 *(978-1-334-12531-7(7))* Forgotten Bks.

Jewish Children (Classic Reprint) Sholom Aleichem. (ENG., Illus.). (J). 2017. 29.47 *(978-1-5279-8825-5(2))*; 2016. pap. 11.97 *(978-1-334-16887-1(3))* Forgotten Bks.

Jewish Fairy Book (Classic Reprint) Gerald Friedlander. 2018. (ENG., Illus.). 212p. (J). 28.27 *(978-0-365-46420-4(1))* Forgotten Bks.

Jewish Fairy Tales & Fables (Classic Reprint) Gertrude Landa. (ENG., Illus.). (J). 2017. 27.44 *(978-0-331-83360-7(3))*; 2016. pap. 9.97 *(978-1-333-49797-2(0))* Forgotten Bks.

Jewish Fairy Tales & Stories (Classic Reprint) Gerald Friedlander. 2017. (ENG., Illus.). (J). 26.27 *(978-0-331-82404-9(3))* Forgotten Bks.

Jewish Flavours of Italy: A Family Cookbook. Silvia Nacamulli. 2023. (ENG., Illus.). 336p. (J). 39.95 *(978-1-78438-778-5(9))* Greenhill Bks. GBR. Dist: Casemate Pubs. & Bk. Distributors, LLC.

Jewish Girls Who Dreamed Big & Changed the World. Janice Baryshnik. 2019. (ENG., Illus.). 102p. (YA). *(978-0-2288-1402-3(2))*; pap. *(978-0-2288-1401-6(4))* Tellwell Talent.

Jewish Holyday Stories, Modern Tales of the American Jewish Youth (Classic Reprint) Elma Ehrlich Levinger. 2017. (ENG., Illus.). (J). 27.98 *(978-0-260-63719-2(X))* Forgotten Bks.

Jewish Immigrants: In Their Shoes. Barbara Krasner. 2019. (Immigrant Experiences Ser.). (ENG.). 32p. (J). (gr. 3-6). lib. bdg. 35.64 *(978-1-5038-2799-8(2)*, 212606, MOMENTUM) Child's World, Inc, The.

Jewish Twins (Classic Reprint) Aunt Friendly. 2017. (ENG., Illus.). (J). 28.52 *(978-0-331-92110-6(3))* Forgotten Bks.

Jew's Daughter, or the Witch of the Water-Side: A Story of the Thirteenth Century (Classic Reprint) Mary E. Bennett. (ENG., Illus.). (J). 2017. 29.92 *(978-0-331-70989-6(9))*; 2016. pap. 13.57 *(978-1-333-31462-0(0))* Forgotten Bks.

Jews of Barnow: Stories (Classic Reprint) Karl Emil Franzos. 2018. (ENG., Illus.). 350p. (J). 31.12 *(978-0-267-23704-3(9))* Forgotten Bks.

Jews of Barnow: Stories. Translated from the German by M. W. Macdowall. Karl Emil Franzos & M. W. Macdowall. 2017. (ENG., Illus.). 360p. (J). pap. *(978-0-649-74302-5(4))* Trieste Publishing Pty Ltd.

Jeysalin Learns to Love Herself: Learning Self-Love. Amari Smith. 2022. (ENG.). 20p. (J). 24.99 ***(978-1-0880-8247-8(5))*** Indy Pub.

Jezebel's Daughter, Vol. 2 of 3 (Classic Reprint) Wilkie Collins. 2018. (ENG., Illus.). 288p. (J). 29.86 *(978-0-483-85669-1(X))* Forgotten Bks.

Jezebel's Daughter, Vol. 3 of 3 (Classic Reprint) Wilkie Collins. 2018. (ENG., Illus.). 302p. (J). 30.13 *(978-0-483-85832-9(3))* Forgotten Bks.

JGirl's Guide: The Young Jewish Woman's Essential Survival Guide for Growing up Jewish. Ellen Golub et al. 2nd ed. 2017. (ENG.). 224p. (J). 29.99 *(978-1-68336-758-1(8)*, Jewish Lights Publishing) LongHill Partners, Inc.

Jianjian's Wish: A Bilingual Traditional Chinese & English Story. Yuet-Wan Lo. Ed. by Qi Wang & Danielle Taylor-Burr. 2017. (CHI., Illus.). 36p. (J). (gr. 3-6). pap. *(978-1-912381-01-2(X))* Ming Yi Chinese Pubn. Ltd.

Jib & the Old Boston Lighthouse: The Tricentennial Celebration. Patrice Hersh. 2017. (ENG., Illus.). (J). (gr. k-2). 18.95 *(978-0-692-76668-2(5))* hersh, patrice.

Jibber-Jabber. Randall Enos. Illus. by Randall Enos. 2018. (Illus.). 14p. (J). (gr. -1-k). bds. 8.99 *(978-1-56846-315-5(4)*, 19576, Creative Editions) Creative Co., The.

Jicarilla Apache Texts (Classic Reprint) Pliny Earle Goddard. 2017. (ENG., Illus.). (J). pap. 13.57 *(978-0-282-28750-4(7))* Forgotten Bks.

Jickle & Other Curious Pets. Seymour Chwast. 2018. (ENG., Illus.). 34p. (J). pap. 13.95 *(978-1-64138-227-4(9))* Page Publishing Inc.

Jiddy Vardy - High Tide. Ruth Estevez. 2021. (ENG.). 362p. (YA). pap. *(978-1-78645-492-8(0))* Beaten Track Publishing.

Jig Weebee Book 5. R. M. Price-Mohr. 2020. (ENG., Illus.). 34p. (J). pap. *(978-1-913946-04-3(5))* Crossbridge Bks.

Jig Weebee Book 5a. R. M. Price-Mohr. 2020. (ENG.). 34p. (J). pap. *(978-1-913946-13-5(4))* Crossbridge Bks.

Jigger of Paint. Cynthia Van Eyk. Illus. by Jennifer Turner. 2019. (ENG.). 20p. (J). *(978-1-5255-4258-9(3))*; pap. *(978-1-5255-4259-6(1))* FriesenPress.

Jigging for Halibut with Tsinii. Sara Florence Davidson & Robert Davidson. Illus. by Janine Gibbons. 2021. (Sk'ad'a Stories Ser.: 1). (ENG.). 40p. (J). (gr. 1-3). 21.95 *(978-1-55379-981-8(X)*, HighWater Pr.) Portage & Main Pr. CAN. Dist: Orca Bk. Pubs. USA.

Jiggs, the Beginning: A Story for Children & Cat Lovers. Murray M. Smith. 2020. (ENG., Illus.). 32p. (J). 24.95 *(978-1-64718-766-8(4))* Booklocker.com, Inc.

Jigsaw: Mystery in the Mail. Bob Graham. Illus. by Bob Graham. 2022. (ENG.). 40p. (J). (gr. -1-2). 18.99 *(978-1-5362-2499-3(5))* Candlewick Pr.

Jigsaw Jones: the Case from Outer Space. James Preller. 2017. (Jigsaw Jones Mysteries Ser.). (ENG., Illus.). 96p. (J). pap. 6.99 *(978-1-250-11017-6(3)*, 900165779) Feiwel & Friends.

Jigsaw Jones: the Case of the Bear Scare. James Preller. 2019. (Jigsaw Jones Mysteries Ser.). (ENG., Illus.). 96p. (J). pap. 6.99 *(978-1-250-20754-8(1)*, 900201643) Feiwel & Friends.

Jigsaw Jones: the Case of the Best Pet Ever. James Preller. 2017. (Jigsaw Jones Mysteries Ser.). (ENG., Illus.). 96p. (J). pap. 6.99 *(978-1-250-11093-0(9)*, 900169788) Feiwel & Friends.

Jigsaw Jones: the Case of the Bicycle Bandit. James Preller. 2017. (Jigsaw Jones Mysteries Ser.). (ENG., Illus.). 96p. (J). pap. 6.99 *(978-1-250-11084-8(X)*, 900169772) Feiwel & Friends.

Jigsaw Jones: the Case of the Buried Treasure. James Preller. 2017. (Jigsaw Jones Mysteries Ser.). (ENG., Illus.). 112p. (J). pap. 6.99 *(978-1-250-11086-2(6)*, 900169774) Feiwel & Friends.

Jigsaw Jones: the Case of the Disappearing Dinosaur. James Preller. 2017. (Jigsaw Jones Mysteries Ser.). (ENG., Illus.). 96p. (J). pap. 6.99 *(978-1-250-11088-6(2)*, 900169776) Feiwel & Friends.

Jigsaw Jones: the Case of the Glow-In-the-Dark Ghost. James Preller. 2017. (Jigsaw Jones Mysteries Ser.). (ENG., Illus.). 96p. (J). pap. 6.99 *(978-1-250-11020-6(3)*, 900165781) Feiwel & Friends.

Jigsaw Jones: the Case of the Golden Key. James Preller. 2019. (Jigsaw Jones Mysteries Ser.). (ENG., Illus.). 96p. (J). pap. 6.99 *(978-1-250-20761-6(4)*, 900201649) Feiwel & Friends.

Jigsaw Jones: the Case of the Hat Burglar. James Preller. Illus. by R. W. Alley. 2019. (Jigsaw Jones Mysteries Ser.). (ENG.). 96p. (J). pap. 6.99 *(978-1-250-20768-5(1)*, 900201639) Feiwel & Friends.

Jigsaw Jones: the Case of the Haunted Scarecrow. James Preller. 2019. (Jigsaw Jones Mysteries Ser.). (ENG., Illus.). 96p. (J). pap. 6.99 *(978-1-250-20764-7(9)*, 900201651) Feiwel & Friends.

Jigsaw Jones: the Case of the Million-Dollar Mystery. James Preller. 2017. (Jigsaw Jones Mysteries Ser.). (ENG., Illus.). 112p. (J). pap. 6.99 *(978-1-250-11095-4(5)*, 900169793) Feiwel & Friends.

Jigsaw Jones: the Case of the Mummy Mystery. James Preller. 2017. (Jigsaw Jones Mysteries Ser.). (ENG., Illus.). 96p. (J). pap. 6.99 *(978-1-250-11082-4(3)*, 900169770) Feiwel & Friends.

Jigsaw Jones: the Case of the Smelly Sneaker. James Preller. 2017. (Jigsaw Jones Mysteries Ser.). (ENG., Illus.). 96p. (J). pap. 6.99 *(978-1-250-11080-0(7)*, 900169768) Feiwel & Friends.

Jigsaw Jones: the Case of the Vanishing Painting. James Preller. 2019. (Jigsaw Jones Mysteries Ser.). (ENG., Illus.). 96p. (J). pap. 6.99 *(978-1-250-20765-4(7)*, 900201654) Feiwel & Friends.

Jigsaw Jungle. Kristin Levine. 2021. 400p. (J). (gr. 5). 8.99 *(978-0-14-751623-7(4)*, Puffin Books) Penguin Young Readers Group.

Jigsaw Puzzle King. Gina McMurchy-Barber. 2020. (ENG.). 176p. (J). pap. 8.99 *(978-1-4597-4606-0(6))* Dundurn Pr. CAN. Dist: Publishers Group West (PGW).

Jilda's Ark. Verity Croker. 2018. (ENG., Illus.). 180p. (YA). pap. 14.99 *(978-1-64080-601-6(6)*, Harmony Ink Pr.) Dreamspinner Pr.

Jili Jalan Ke Kota. Samantha Fin. Illus. by Bayu Sadewo. 2021. (IND.). 36p. (J). *(978-0-6486974-9-7(5))* Fin-ish, The.

Jill: A Flower Girl (Classic Reprint) L. T. Meade. (ENG., Illus.). (J). 2018. 260p. 29.26 *(978-0-364-43465-9(1))*; 2017. pap. 11.97 *(978-0-259-29866-3(2))* Forgotten Bks.

Jill & Dragon. Lesley Barnes. 2016. (ENG., Illus.). 32p. (J). (gr. k-2). 17.95 *(978-1-84976-340-0(2)*, 1648001) Tate Publishing, Ltd. GBR. Dist: Hachette Bk. Group.

Jill & Lion. Lesley Barnes. 2017. (ENG., Illus.). 32p. (J). (gr. -1-2). 17.95 *(978-1-84976-437-7(9)*, 1644401) Tate Publishing, Ltd. GBR. Dist: Hachette Bk. Group.

Jill Biden: Educadora, Primera Dama de Los Estados Unidos. Elizabeth Andrews. 2022. (Biografías: Personas Que Han Hecho Historia Ser.). (SPA.). 24p. (J). (gr. -1-2). lib. bdg. 32.79 *(978-1-0982-6540-3(8)*, 41025, Abdo Kids) ABDO Publishing Co.

Jill Biden: Educator. Elizabeth Neuenfeldt & Elizabeth Neuenfeldt. 2022. (Women Leading the Way Ser.). (ENG., Illus.). 24p. (J). (gr. k-3). pap. 7.99 *(978-1-64834-669-9(3)*, 21381, Blastoff! Readers) Bellwether Media.

Jill Biden: Educator & First Lady of the United States. Elizabeth Andrews. 2021. (History Maker Biographies (Abdo Kids Jumbo) Ser.). (ENG., Illus.). 24p. (J). (gr. -1-2). lib. bdg. 32.79 *(978-1-0982-0890-5(0)*, 37877, Abdo Kids) ABDO Publishing Co.

TITLE INDEX

JINGLE BELLS

Jill (Classic Reprint) Elizabeth Amy Dillwyn. 2017. (ENG., Illus.). (J). 32.27 *(978-0-266-71092-9(1))*; pap. 16.57 *(978-1-5276-6293-3(4))* Forgotten Bks.

Jill Helps & Sings. Esta Mast & Evelyn Hege. Illus. by Ada Moreno. 2016. (ENG.). 32p. (J). (gr. -1). 2.95 *(978-0-7399-2541-6(5))* Rod & Staff Pubs., Inc.

Jill, Vol. 1 of 2 (Classic Reprint) E. A. Dillwyn. 2018. (ENG., Illus.). 256p. (J). 29.18 *(978-0-483-87160-1(5))* Forgotten Bks.

Jill, Vol. 2 of 2 (Classic Reprint) E. A. Dillwyn. 2018. (ENG., Illus.). 242p. (J). 28.91 *(978-0-483-26892-0(5))* Forgotten Bks.

Jillian vs Parasite Planet. Nicole Kornher-Stace. Illus. by Scott Brown. 2021. (ENG.). 224p. (J). 17.95 *(978-1-61696-354-5(9)*, d692e49b-fd79-4569-9539-0eee8606f675) Tachyon Pubns.

Jill's Pig. Cecilia Minden. Illus. by Lucy Neale. 2023. (Little Blossom Stories Ser.). (ENG.). 16p. (J). (gr. -1-2). pap. 11.36 *(978-1-6689-1890-6(0)*, 221868, Cherry Blossom Press) Cherry Lake Publishing.

Jilly's Brat 'n' Cat Daycare. Janette Renata. 2022. (ENG.). 204p. (J). pap. 14.99 ***(978-1-63988-740-8(7))*** Primedia eLaunch LLC.

Jilt: A Novel (Classic Reprint) Charles Reade. (ENG., Illus.). (J). 2017. 26.78 *(978-0-266-40325-8(5))*; 2016. pap. 9.57 *(978-1-333-38554-5(4))* Forgotten Bks.

Jilt & Other Stories (Classic Reprint) Charles Reade. 2018. (ENG., Illus.). 292p. (J). 29.92 *(978-0-483-10051-0(X))* Forgotten Bks.

Jilt, &C: Good Stories of Man & Other Animals (Classic Reprint) Charles Reade. 2017. (ENG., Illus.). (J). 32.37 *(978-1-5282-7496-8(2))* Forgotten Bks.

Jilted: Or, My Uncle's Scheme (Classic Reprint) Unknown Author. 2018. (ENG., Illus.). 234p. (J). 28.72 *(978-0-483-73211-7(7))* Forgotten Bks.

Jilted! or, My Uncle's Scheme: A Novel, in Three Volumes, Vol. I. William Clark Russell. 2017. (ENG., Illus.). (J). pap. *(978-0-649-61835-4(1))* Trieste Publishing Pty Ltd.

Jilted! or My Uncle's Scheme, Vol. 2: A Novel (Classic Reprint) William Clark Russell. 2018. (ENG., Illus.). 234p. (J). 28.72 *(978-0-483-31225-8(8))* Forgotten Bks.

Jilted, Vol. 3 Of 3: Or, My Uncle's Scheme; a Novel, in Three Vols (Classic Reprint) William Clark Russell. 2018. (ENG., Illus.). 290p. (J). 29.96 *(978-0-483-81461-5(X))* Forgotten Bks.

Jilt's Journal: A Novel (Classic Reprint) Rita Rita. 2018. (ENG., Illus.). 382p. (J). 31.78 *(978-0-483-10345-0(4))* Forgotten Bks.

Jim: The Story of a Backwoods Police Dog (Classic Reprint) Charles G. D. Roberts. 2017. (ENG., Illus.). (J). 28.52 *(978-0-266-15697-0(5))* Forgotten Bks.

Jim & His Soul (Classic Reprint) W. J. Dawson. 2018. (ENG., Illus.). 98p. (J). 25.94 *(978-0-483-07844-4(1))* Forgotten Bks.

Jim & Nell; a Dramatic Poem: In the Dialect of North Devon (Classic Reprint) A. Devonshire Man. 2018. (ENG., Illus.). 60p. (J). 25.13 *(978-0-365-03316-5(2))* Forgotten Bks.

Jim & Peggy at Meadowbrook Farm (Classic Reprint) Walter Collins O'Kane. 2017. (ENG., Illus.). (J). 28.97 *(978-0-331-18054-1(5))* Forgotten Bks.

Jim & the Ants. N. J. Nance. 2018. (ENG., Illus.). 66p. (J). pap. 10.99 *(978-1-5456-3355-7(X)*, Mill City Press, Inc) Salem Author Services.

Jim & the Red Tails. Jeremy P. Amick. 2022. (ENG.). 26p. (J). pap. 14.99 ***(978-1-957262-46-8(X))*** Yorkshire Publishing Group.

Jim & Wally (Classic Reprint) Mary Grant Bruce. 2017. (ENG., Illus.). (J). 29.80 *(978-0-260-79252-5(7))*; pap. 13.57 *(978-0-243-29120-5(5))* Forgotten Bks.

Jim at the Corner. Eleanor Farjeon. Illus. by Edward Ardizzone. 2017. (ENG.). 96p. (J). (gr. 2-4). 15.95 *(978-1-68137-164-1(2)*, NYR Children's Collection) New York Review of Bks., Inc., The.

Jim Bullseye in Boston. Albert Bradburn Barrows. 2017. (ENG., Illus.). 84p. (J). pap. *(978-3-337-40903-6(2))* Creation Pubs.

Jim Bullseye in Boston: A Dialect Poem (Classic Reprint) Albert Bradburn Barrows. (ENG., Illus.). (J). 2017. 25.57 *(978-0-331-57767-9(4))*; 2016. pap. 9.57 *(978-1-334-13674-0(2))* Forgotten Bks.

Jim (Classic Reprint) J. J. Bell. 2018. (ENG., Illus.). 160p. (J). 27.20 *(978-0-483-98812-5(X))* Forgotten Bks.

Jim (Classic Reprint) Reginald Wright Kauffman. 2018. (ENG., Illus.). 426p. (J). 32.68 *(978-0-483-23105-4(3))* Forgotten Bks.

Jim Crow: Segregation & the Legacy of Slavery. Elliott Smith. 2022. (American Slavery & the Fight for Freedom (Read Woke (tm) Books) Ser.). (ENG., Illus.). 32p. (J). (gr. 4-8). pap. 10.99 *(978-1-7284-4818-3(2)*, d66d4b33-cc34-4ce9-a0e7-6631676d7d89, Lerner Pubns.) Lerner Publishing Group.

Jim Crow & Policing. Kevin P. Winn & Kelisa Wing. 2021. (21st Century Skills Library: Racial Justice in America: Histories Ser.). (ENG., Illus.). 32p. (J). (gr. 5-8). pap. 14.21 *(978-1-5341-8887-7(8)*, 219259); lib. bdg. 32.07 *(978-1-5341-8747-4(2)*, 219258) Cherry Lake Publishing.

Jim Crow (Jim Crow) La Segregación y el Legado de la Esclavitud (Segregation & the Legacy of Slavery) Elliott Smith. 2023. (Esclavitud en Estados Unidos y la Lucha Por la Libertad (American Slavery & the Fight for Freedom) (Read Woke (tm) Books en Español) Ser.). (SPA., Illus.). 32p. (J). (gr. 4-8). pap. 10.99. lib. bdg. 30.65 ***(978-1-7284-9186-8(X)***, 9ffba9cd-c603-4733-be9d-a12f748cd539) Lerner Publishing Group. (Ediciones Lerner).

Jim Crow Tales (Classic Reprint) Burton Stoner. 2017. (ENG., Illus.). (J). 188p. 27.77 *(978-0-332-75287-7(9))*; 190p. pap. 10.57 *(978-0-332-55104-3(0))* Forgotten Bks.

Jim Crow's Language Lessons & Other Stories of Birds & Animals (Classic Reprint) Julia Darrow Cowles. 2018. (ENG., Illus.). 138p. (J). 26.74 *(978-0-484-85379-8(1))* Forgotten Bks.

Jim Curious & the Jungle Journey: A 3-D Voyage into the Jungle. Editions Editions 2024 & Matthias Picard. 2021. (ENG.). 60p. (J). (gr. -1-3). 19.99 *(978-1-4197-3620-9(5)*, 1271201, Abrams Bks. for Young Readers) Abrams, Inc.

Jim Davis (Classic Reprint) John Masefield. 2018. (ENG., Illus.). (J). 30.10 *(978-0-260-02170-0(9))* Forgotten Bks.

Jim Elliot: He Is No Fool. Irene Howat. rev. ed. 2019. (Trail Blazers Ser.). (ENG., Illus.). 160p. (J). pap. 8.99 *(978-1-5271-0465-5(6)*, 1a27d3c1-bdaf-4570-b4f3-ce5db530e2aa, CF4Kids) Christian Focus Pubns. GBR. Dist: Baker & Taylor Publisher Services (BTPS).

Jim Hands (Classic Reprint) Richard Washburn Child. 2017. (ENG., Illus.). 374p. (J). 31.61 *(978-0-332-42493-4(6))* Forgotten Bks.

Jim Henson, 1 vol. Joan Stoltman. 2018. (Little Biographies of Big People Ser.). (ENG.). 24p. (gr. 1-2). 24.27 *(978-1-5382-1847-1(X)*, 3412525d-97de-46bb-b0d1-9b225d6ecf97) Stevens, Gareth Publishing LLLP.

Jim Henson: Puppeteer & Producer, 1 vol. Hannah Isbell. 2017. (Junior Biographies Ser.). (ENG.). 24p. (gr. 3-4). pap. 10.35 *(978-0-7660-9053-8(1)*, dec1e1b1-a3d9-4057-96d4-29112bf6ffd9) Enslow Publishing, LLC.

Jim Henson: Cineasta y Titiritero de Los Muppets (Jim Henson: Master Muppets Puppeteer & Filmmaker) Grace Hansen. 2020. (Biografías: Personas Que Han Hecho Historia (History Maker Biographies) Ser.). (SPA.). 24p. (J). (gr. -1-2). lib. bdg. 32.79 *(978-1-0982-0438-9(7)*, 35366, Abdo Kids) ABDO Publishing Co.

Jim Henson: Master Muppets Puppeteer & Filmmaker. Grace Hansen. 2019. (History Maker Biographies Ser.). (ENG., Illus.). 24p. (J). (gr. -1-2). lib. bdg. 32.79 *(978-1-5321-8899-2(4)*, 32966, Abdo Kids) ABDO Publishing Co.

Jim Henson's Fraggle Rock: Mokey Loses Her Muse. Jared Cullum. 2018. (Fraggle Rock Ser.). (ENG., Illus.). 32p. (J). 9.99 *(978-1-68415-262-9(3)*, Archaia Entertainment) BOOM! Studios.

Jim Henson's Fraggle Rock Omnibus. Jeffrey Brown et al. Illus. by Cory Godbey. 2018. (Fraggle Rock Ser.: 1). (ENG.). 240p. (gr. 3). pap. 19.99 *(978-1-68415-118-9(X)*, Archaia Entertainment) BOOM! Studios.

Jim Henson's Fraggle Rock: Where Is It? Art Baltazar. 2019. (Fraggle Rock Ser.). (ENG., Illus.). 32p. (J). 9.99 *(978-1-68415-397-8(2)*, Archaia Entertainment) BOOM! Studios.

Jim Henson's Labyrinth: a Discovery Adventure. Illus. by Kate Sherron. 2019. (ENG.). 24p. (J). 14.99 *(978-1-68415-238-4(0)*, Archaia Entertainment) BOOM! Studios.

Jim Henson's the Dark Crystal: a Discovery Adventure. Ann Marcellino. 2018. (Dark Crystal Ser.). (ENG., Illus.). 24p. (J). 14.99 *(978-1-68415-169-1(4)*, Archaia Entertainment) BOOM! Studios.

Jim Henson's the Power of the Dark Crystal Vol. 3. Created by Jim Henson. 2020. (Dark Crystal Ser.: 3). (ENG., Illus.). 112p. pap. 16.99 *(978-1-68415-493-7(6)*, Archaia Entertainment) BOOM! Studios.

Jim Hickey: A Story of the One-Night Stands (Classic Reprint) George V. Hobart. 2018. (ENG., Illus.). 134p. (J). 26.68 *(978-0-267-20671-1(2))* Forgotten Bks.

Jim Jack Learns to Track: A Bunny Hill Adventure. Taama Marti Forasiepi. Ed. by Donatelle Mascari. Illus. by Taama Marti Forasiepi. 2022. (Bunny Hill Ser.: Vol. 2). (ENG.). 42p. (J). pap. 19.97 *(978-0-9977253-9-1(7))* Sans Soucie Studio.

Jim Jam (the College Collection Set 1 - for Reluctant Readers), 6, 1. Georgina Jonas. 2016. (College Collection). (ENG., Illus.). 64p. (YA). pap. 4.95 *(978-1-78583-102-7(X))* Crown Hse. Publishing LLC.

Jim Lawson's Dinosaurs Coloring Book. Jim Lawson. 2016. (Dover Dinosaur Coloring Bks.). (ENG.). 32p. (J). (gr. 2-5). pap. 3.99 *(978-0-486-80503-0(4)*, 805034) Dover Pubns., Inc.

Jim Lives: the Mystery of the Lead Singer of the Doors & the 27 Club. Paolo Baron. 2021. (ENG., Illus.). 128p. (YA). pap. 16.99 *(978-1-5343-1963-9(8))* Image Comics.

Jim Lofton: American (Classic Reprint) George Brydges Rodney. (ENG., Illus.). (J). 2018. 290p. 29.88 *(978-0-666-72924-8(7))*; 2017. pap. 13.57 *(978-0-259-20919-5(8))* Forgotten Bks.

Jim Maitland (Classic Reprint) Sapper Sapper. 2018. (ENG., Illus.). 322p. (J). 30.56 *(978-0-483-77262-5(3))* Forgotten Bks.

Jim Miller's Girls (Classic Reprint) Lewis Erwin Finney. (ENG., Illus.). (J). 2018. 302p. 30.15 *(978-0-484-19711-3(8))*; 2016. pap. 13.57 *(978-1-333-36981-1(6))* Forgotten Bks.

Jim of Hellas or in Durance Vile: Bethesda Pool (Classic Reprint) Laura E. Richards. 2018. (ENG., Illus.). 78p. (J). 25.51 *(978-0-483-22050-8(7))* Forgotten Bks.

Jim of the Hills: A Story in Rhyme (Classic Reprint) C. J. Dennis. 2017. (ENG., Illus.). (J). 25.96 *(978-0-331-78752-8(0))* Forgotten Bks.

Jim of the Ranges (Classic Reprint) G. B. Lancaster. (ENG., Illus.). (J). 2018. 392p. 32.00 *(978-0-332-88103-4(2))*; 2017. pap. 16.57 *(978-0-243-29852-5(8))* Forgotten Bks.

Jim Rickey's Monologues: Some Rag-Time Observations on Persons & Events, with a Few Flashes of Foot-Light Fun (Classic Reprint) Christian Dane Hagerty. 2017. (ENG., Illus.). (J). 122p. 26.43 *(978-0-484-38883-2(5))*; pap. 9.57 *(978-0-259-21539-4(2))* Forgotten Bks.

Jim Skaggs of Skaggsville: A Sierran Sketch (Classic Reprint) Laurence Legif. 2017. (ENG., Illus.). (J). 25.30 *(978-0-265-67038-5(1))*; pap. 9.57 *(978-1-5276-4153-2(8))* Forgotten Bks.

Jim Thorpe: Versatile Athlete & Olympian. Grace Hansen. 2022. (Historical Biographies Ser.). (ENG., Illus.). 32p. (J). (gr. 2-5). lib. bdg. 32.79 *(978-1-0982-4339-5(0)*, 41253, DiscoverRoo) Pop!.

Jim Wardner, of Wardner, Idaho. James F. Wardner. 2017. (ENG., Illus.). (J). pap. *(978-0-649-24389-1(7))* Trieste Publishing Pty Ltd.

Jim Wardner, of Wardner, Idaho (Classic Reprint) James F. Wardner. 2018. (ENG., Illus.). 192p. (J). 27.86 *(978-0-364-93155-4(8))* Forgotten Bks.

Jim Weiss Curious Creatures Bundle (the Jim Weiss Audio Collection) Jim Weiss. 2020. (Jim Weiss Audio Collection: 70). (ENG.). (J). 59.90 *(978-1-945841-83-5(4)*, 458483) Well-Trained Mind Pr.

Jim Weiss Dragon Trilogy Bundle: My Father's Dragon; the Reluctant Dragon & the Dragon Diaries. Jim Weiss et al. 2021. (ENG.). (J). (gr. 2-12). 44.85 *(978-1-945841-98-9(2)*, 458498) Well-Trained Mind Pr.

Jimena Pérez Puede Volar / Jimena Pérez Can Fly. Jorge Argueta & Elizabeth Bell. 2019. (ENG.). 80p. (J). (gr. 5-8). pap. 10.95 *(978-1-55885-889-3(X)*, Piñata Books) Arte Publico Pr.

Jiminy (Classic Reprint) Gilbert Wolf Gabriel. 2018. (ENG., Illus.). 274p. (J). 29.57 *(978-0-483-49300-1(7))* Forgotten Bks.

Jimmie Johnson. Kenny Abdo. (NASCAR Biographies Ser.). (ENG., Illus.). 24p. (J). (gr. 2-2). 2022. pap. 8.95 *(978-1-64494-685-5(8))*; 2021. lib. bdg. 31.36 *(978-1-0982-2682-4(8)*, 38640) ABDO Publishing Co. (Abdo Zoom-Fly).

Jimmie Moore of Bucktown (Classic Reprint) Melvin E. Trotter. (ENG., Illus.). (J). 2018. 240p. 28.87 *(978-0-483-02957-6(2))*; 2017. pap. 11.57 *(978-0-259-46199-9(7))* Forgotten Bks.

Jimmy & His Super Wheels. Nakia Dillard. 2021. (ENG.). 32p. (J). pap. ***(978-1-365-59777-0(6))*** Lulu Pr., Inc.

Jimmy & Jane & the Tale of the Yellow Moon. Ian Sadler. Illus. by Adrienne Brown. 2021. (ENG.). 34p. (J). pap. 12.95 *(978-1-7345226-2-4(3))* Gelos Pubns.

Jimmy & the Case of the Missing Daniel. Nakia Dillard. 2021. (ENG.). 32p. (J). pap. *(978-1-716-05473-0(7))* Lulu Pr., Inc.

Jimmy & the Tree. Ron Oceros. Illus. by Beverly Almy. 2021. (ENG.). 46p. (J). pap. 14.95 *(978-1-64468-942-4(1))* Covenant Bks.

Jimmy Bean & the Hair Wash. Ann Joyes. 2020. (ENG., Illus.). 24p. (J). pap. *(978-1-913179-44-1(3))* UK Bk. Publishing.

Jimmy Bottoms. Mary Anastasiou. Illus. by Alex Patrick. 2023. (ENG.). 32p. (J). (gr. 1-5). 24.99 ***(978-1-922857-36-1(X))*** Bonnier Publishing GBR. Dist: Independent Pubs. Group.

Jimmy Boy. Sophie May. 2018. (ENG., Illus.). 80p. (YA). (gr. 7-12). pap. *(978-93-5329-298-0(0))* Alpha Editions.

Jimmy Boy (Classic Reprint) Sophie May. 2016. (ENG., Illus.). (J). pap. 9.97 *(978-1-333-58323-1(0))* Forgotten Bks.

Jimmy Butler: NBA Star. Douglas Lynne. 2020. (Pro Sports Stars Ser.). (ENG.). 24p. (J). (gr. 3-3). pap. 8.95 *(978-1-63494-236-2(1)*, 1634942361); lib. bdg. 28.50 *(978-1-63494-218-8(3)*, 1634942183) Pr. Room Editions LLC.

Jimmy Carter. Heidi Elston. (United States Presidents Ser.). (ENG., Illus.). (J). 2020. 48p. (gr. 3-6). lib. bdg. 35.64 *(978-1-5321-9343-9(2)*, 34843, Checkerboard Library); 2016. 40p. (gr. 2-5). lib. bdg. 35.64 *(978-1-68078-087-1(5)*, 21791, Big Buddy Bks.) ABDO Publishing Co.

Jimmy Carter. Emma E. Haldy. Illus. by Jeff Bane. 2016. (My Early Library: My Itty-Bitty Bio Ser.). (ENG.). 24p. (J). (gr. k-1). 30.64 *(978-1-63471-014-5(2)*, 208006) Cherry Lake Publishing.

Jimmy Carter: For the People. Dona Herweck Rice. rev. ed. 2016. (Social Studies: Informational Text Ser.). (ENG., Illus.). 32p. (gr. 2-4). pap. 10.99 *(978-1-4938-2561-5(5))* Teacher Created Materials, Inc.

Jimmy Chu & the Barn Danceathon. J. Humann. Illus. by Sharon G. Smith. 2022. (Barnhof Adventures Ser.: Vol. 2). (ENG.). 32p. (J). 16.99 ***(978-1-6629-3310-3(X))***; pap. 12.99 ***(978-1-6629-3311-0(8))*** Gatekeeper Pr.

Jimmy Comes Home. Robert Checkwitch. 2021. (Green Star Lake Ser.: Vol. 1). (ENG.). 86p. (J). pap. *(978-0-9730475-1-6(8))* Checkwitch, Bob.

Jimmy Do, Jimmy Don't. Rebecca Maddaford. 2017. (ENG., Illus.). 24p. (J). pap. 12.45 *(978-1-5043-1126-7(4)*, Balboa Pr.) Author Solutions, LLC.

Jimmy Don: Or, Judy & Her Baby (Classic Reprint) F. B. Griswold. 2018. (ENG., Illus.). 142p. (J). 26.83 *(978-0-483-32114-4(1))* Forgotten Bks.

Jimmy Fallon's DADA, MAMA, & BABY Board Book Boxed Set. Jimmy Fallon. Ed. by Anna Roberto. Illus. by Miguel Ordóñez. 2022. (ENG.). (J). bds., bds., bds. 23.97 *(978-1-250-85238-0(2)*, 900258771) Feiwel & Friends.

Jimmy Fallon's MAMA & DADA Boxed Set. Jimmy Fallon. Illus. by Miguel Ordonez. 2018. (ENG.). (J). 33.98 *(978-1-250-29784-6(2)*, 900196047) Feiwel & Friends.

Jimmy Fincher Saga Set. James Dashner. 2017. (ENG.). (J). 44.99 *(978-1-4621-2022-2(9)*, Sweetwater Bks.) Cedar Fort, Inc./CFI Distribution.

Jimmy Garoppolo. Ted Coleman. 2020. (PrimeTime: Superstar Quarterbacks Ser.). (ENG.). 32p. (J). (gr. 3-4). pap. 9.95 *(978-1-63494-227-0(2)*, 1634942272); lib. bdg. 31.35 *(978-1-63494-209-6(4)*, 1634942094) Pr. Room Editions LLC.

Jimmy Gets a Pet Passport. Margaret Scott. 2018. (ENG., Illus.). 36p. (J). (gr. 1-5). *(978-1-5289-2440-5(1))*; pap. *(978-1-5289-2439-9(8))* Austin Macauley Pubs. Ltd.

Jimmy Gold-Coast, or the Story of a Monkey & His Friends (Classic Reprint) Marshall Saunders. (ENG., Illus.). (J). 2018. 326p. 30.64 *(978-0-267-37230-0(2))*; 2016. pap. 13.57 *(978-1-334-15908-4(4))* Forgotten Bks.

Jimmy Greaves: It's a Funny Old Game. G. Hurst. 2021. (ENG.). 112p. (J). pap. 19.13 ***(978-1-387-92560-5(1))*** Lulu Pr., Inc.

Jimmy James & the Pirate Perils: A Dream School Adventure. Winifred Williams. 2017. (ENG., Illus.). (J). pap. 8.47 *(978-1-910853-19-1(4))* Lioness Publishing.

Jimmy Jumper. Domokos György Varga. 2018. (ENG., Illus.). 380p. (J). pap. *(978-1-78465-403-0(5)*, Vanguard Press) Pegasus Elliot Mackenzie Pubs.

Jimmy Kimmel: Late-Night Talk Show Host, 1 vol. David Fischer. 2018. (Influential Lives Ser.). (ENG.). 128p. (gr. 7-7). 40.27 *(978-1-9785-0342-7(3)*, 1b3e9b01-b665-414d-a5c9-73bf083ac3dc) Enslow Publishing, LLC.

Jimmy Kirkland of the Shasta Boys Team (Classic Reprint) Hugh S. Fullerton. 2018. (ENG., Illus.). 282p. (J). 29.71 *(978-0-666-56892-2(8))* Forgotten Bks.

Jimmy Learns to Use His Super Powers. Nakia Dillard. 2021. (ENG.). 32p. (J). pap. ***(978-1-7948-3617-4(9))*** Lulu Pr., Inc.

Jimmy of Murrumbar: A Story of the Amazing Ability & Fidelity of an Australian Black Tracker (Classic Reprint) E. D. Oakley. (ENG., Illus.). (J). 2018. 188p. 27.77 *(978-0-484-15033-0(2))*; 2017. pap. 10.57 *(978-0-259-44276-9(3))* Forgotten Bks.

Jimmy Sirloin, Can You Ask a Friend to Join? Carra Robertson. Illus. by Kelson Steele. 2022. (Superhero Social Skills Ser.). (ENG.). 36p. (J). pap. 11.99 ***(978-1-7354435-4-6(9))*** Robertson, Carra.

Jimmy the Crab's Christmas. Cathleen Burrows. 2022. (ENG., Illus.). 26p. (J). 23.95 *(978-1-6624-7734-8(1))*; pap. 13.95 *(978-1-6624-7728-7(7))* Page Publishing Inc.

Jimmy the Giraffe. Mark Albini. 2020. (ENG.). 30p. (J). pap. 7.99 *(978-1-952309-53-3(0))* INFORMA INC.

Jimmy Threepwood & the Echoes of the Past. Rich Pitman. 2021. (ENG.). 236p. (YA). pap. 11.99 *(978-1-68160-733-7(6))* Crimson Cloak Publishing.

Jimmy Threepwood & the Elixir of Light. Rich Pitman. 2018. (Jimmy Threepwood Ser.: Vol. 2). (ENG., Illus.). 234p. (J). (gr. 4-6). pap. 11.99 *(978-1-68160-601-9(1))* Crimson Cloak Publishing.

Jimmy Threepwood & the Veil of Darkness. Rich Pitman. 2017. (Jimmy Threepwood Ser.: Vol. 1). (ENG., Illus.). (J). (gr. 4-6). pap. 11.99 *(978-1-68160-426-8(4))* Crimson Cloak Publishing.

Jimmy Versus the Bank Robber. Nakia Dillard. 2021. (ENG.). 34p. (J). pap. 12.99 *(978-1-4717-7773-8(1))* Lulu Pr., Inc.

Jimmy Wheelz & the Minilights. Tony Torres Vanga. 2019. (ENG., Illus.). 92p. (J). (gr. 4-6). pap. 13.95 *(978-1-61244-810-7(0))* Halo Publishing International.

Jimmy-Why & Noel Polchies: Their Adventures in the Great Woods. George Frederick Clarke. Ed. by Mary Bernard. 2016. (ENG., Illus.). (J). (gr. 2-6). pap. *(978-1-988299-02-0(0))* Chapel Street Editions.

Jimmyjohn Boss, & Other Stories (Classic Reprint) Owen Wister. 2017. (ENG., Illus.). (J). 31.59 *(978-0-266-36365-1(2))* Forgotten Bks.

Jimmyjohns: And Other Stories (Classic Reprint) Abby Morton Diaz. (ENG., Illus.). (J). 2018. 268p. 29.44 *(978-0-484-57543-0(0))*; 2016. pap. 11.97 *(978-1-334-12525-6(2))* Forgotten Bks.

Jimmy's Answer. Grace E. Jones. Illus. by Hugh John Stockton. 2020. (ENG.). 28p. (J). 19.99 *(978-1-7359608-0-7(2))* Graph Publishing.

Jimmy's Bastards TPB Vol. 1. Garth Ennis. Ed. by Mike Marts. 2018. (ENG., Illus.). 120p. (YA). pap. 14.99 *(978-1-935002-71-0(6)*, a9d86561-3cdb-43d6-b111-b86811110858) AfterShock Comics.

Jimmy's Gentility (Classic Reprint) Henry Francis Dryden. (ENG., Illus.). (J). 2018. 386p. 31.88 *(978-0-483-19454-0(9))*; 2016. pap. 16.57 *(978-1-334-12207-1(5))* Forgotten Bks.

Jimmy's Got a Gun: The Crash Brothers Forever. Melvin Douglas Wilson. 2017. (ENG., Illus.). (J). 18.95 *(978-1-947825-35-2(6))* Yorkshire Publishing Group.

Jimmy's Magic Turtle. Cynthia Lee de Boer. 2019. (ENG., Illus.). 40p. (J). (gr. k-3). pap. 14.95 *(978-1-7321384-2-1(7))* De Boer, Cynthia L. Author/Speaker.

Jimmy's Magical Red Hoodie. Rochelle Blee. 2021. (ENG., Illus.). 38p. (J). 26.95 *(978-1-64584-856-1(6))*; pap. 16.95 *(978-1-64584-854-7(X))* Page Publishing Inc.

Jimmy's Mudslide. Helene Vandeloo. Illus. by Nicholas Murphy. 2020. (ENG.). 20p. (J). *(978-1-5255-7462-7(0))*; pap. *(978-1-5255-7463-4(9))* FriesenPress.

Jim's Western Gems (Classic Reprint) J. J. Somers. 2018. (ENG., Illus.). 118p. (J). 26.33 *(978-0-483-94856-3(X))* Forgotten Bks.

Jimty, & Others (Classic Reprint) Margaret Sutton Briscoe. 2017. (ENG., Illus.). (J). 31.20 *(978-1-5284-8523-4(8))* Forgotten Bks.

Jin Ko-Niu: A Brief Sketch of the Life of Jessie M. Johnston for Eighteen Years W. M. A. Missionary in Amoy, China (Classic Reprint) Meta Johnston. 2018. (ENG., Illus.). 214p. (J). 28.33 *(978-0-332-12834-4(2))* Forgotten Bks.

Jindo & the Mailman. Nancy L. Palumbo. Illus. by John Fraser. 2019. (ENG.). 24p. (J). (gr. -1-2). pap. 12.95 *(978-1-59152-248-5(X)*, Sweetgrass Bks.) Farcountry Pr.

Jinete Del Dragon: La Pluma de un Grifo. Funke Cornelia. 2017. (la Orilla Del Viento Ser.). (SPA.). 446p. (J). pap. 11.95 *(978-607-16-5319-2(3))* Fondo de Cultura Economica USA.

Jing. Chuanjia Zhou. Illus. by Pangbudun'er. 2022. (Introduction to Peking Opera Ser.). (ENG.). 48p. (J). (gr. k-2). 19.95 *(978-1-4878-0913-3(1))* Royal Collins Publishing Group Inc. CAN. Dist: Independent Pubs. Group.

Jing Ao Qin Bi (Fu: Sheng Yin Guang Die + Zhe Ye Hai Bao) Zhiren Chen. 2016. (CHI.). 48p. (J). *(978-986-04-7928-7(3))* Linking Publishing Co., Ltd.

Jingle All the Way Santa Claus Coloring Book. Creative Playbooks. 2016. (ENG., Illus.). (J). pap. 7.74 *(978-1-68323-857-7(5))* Twin Flame Productions.

Jingle & Jangle: And Other Verses for & about Children (Classic Reprint) William S. Lord. 2018. (ENG., Illus.). 60p. (J). 25.18 *(978-0-484-30158-9(6))* Forgotten Bks.

Jingle & Joy. Holly Berry Byrd. 2019. (ENG., Illus.). 10p. (J). (gr. -1-k). bds. 10.99 *(978-1-68052-128-3(4)*, 1001211) Cottage Door Pr.

Jingle Bell Pups. Disney Books. Illus. by Disney Storybook Art Team. 2019. (ENG.). 12p. (J). (gr. -1-k). bds. 7.99 *(978-1-368-04839-2(0)*, Disney Press Books) Disney Publishing Worldwide.

Jingle Bells. Holly Berry Byrd. Ed. by Cottage Door Press. Illus. by Miriam Bos. 2017. (ENG.). 12p. (J). (gr. -1-k). bds. 10.99 *(978-1-68052-230-3(2)*, 1002160) Cottage Door Pr.

Jingle Bells. Ron Berry. Ed. by Smart Kidz. Illus. by Chris Sharp. 2019. (Christmas Carol Book Ser.). (ENG.). 12p. (J). (gr. -1-2). bds. 14.99 *(978-1-64123-246-3(3))* Smart Kidz Media, Inc.

Jingle Bells. Nick Butterworth. Illus. by Nick Butterworth. 2022. (ENG., Illus.). 32p. (J). 18.99 *(978-0-00-849971-6(3)*,

J

For book reviews, descriptive annotations, tables of contents, cover images, author biographies & additional information, updated daily, subscribe to **www.booksinprint.com**

HarperCollins Children's Bks.) HarperCollins Pubs. Ltd. GBR. Dist: HarperCollins Pubs.

Jingle Bells. James Pierpont. Illus. by Jade Goegebuer. 2018. (ENG.). 32p. (J). (gr. k-3). pap. 9.99 *(978-1-5324-0818-2(8))* Xist Publishing.

Jingle Bells. James Lord Pierpont. 2018. (ENG., Illus.). 24p. (J). (gr. k-2). pap. 8.99 *(978-0-7396-0252-2(7))* Inspired Studios Inc.

Jingle Bells: A Christmas Holiday Book for Kids. Susan Jeffers. Illus. by Susan Jeffers. 2017. (ENG., Illus.). 40p. (J). (gr. -1-3). 17.99 *(978-0-06-236020-5(5),* HarperCollins) HarperCollins Pubs.

Jingle Bells: Sing along with Me! James Lord Pierpont. Illus. by Yu-Hsuan Huang. 2022. (Sing along with Me! Ser.). (ENG.). 8p. (J). (— 1). bds. 8.99 *(978-1-5362-2745-1(5))* Candlewick Pr.

Jingle Bells: a Musical Instrument Song Book. James Lord Pierpont. Illus. by Nicola Slater. 2021. (ENG.). 10p. (J). (gr. -1 — 1). bds. 17.99 *(978-1-5362-2203-6(8))* Candlewick Pr.

Jingle Bells & Snowy Sleigh Rides! Christmas Coloring Book. Creative Playbooks. 2016. (ENG., Illus.). (J). pap. 7.74 *(978-1-68323-858-4(3))* Twin Flame Productions.

Jingle Bells & Tinsel Tales: Festive Fiction for All Ages. Whittlesey Wordsmiths. 2021. (ENG.). 110p. (J). pap. *(978-1-9168926-3-7(9))* Whittlesey Wordsmiths.

Jingle Bells at the Zoo. Jeffrey Burton. Illus. by Emma Trithart. 2018. (ENG.). 14p. (J). (gr. -1 — 1). bds. 8.99 *(978-1-5344-2034-2(7),* Little Simon) Little Simon.

Jingle Bells, Something Smells! Rosie Greening. Illus. by Clare Fennell. 2019. (ENG.). 14p. (J). (gr. -1-7). bds. 9.99 *(978-1-78947-051-2(X))* Make Believe Ideas GBR. Dist: Scholastic, Inc.

Jingle Book (Classic Reprint) Carolyn Wells. 2018. (ENG., Illus.). 136p. (J). 26.70 *(978-0-484-04602-2(0))* Forgotten Bks.

Jingle Bows & Mistletoe (JoJo & BowBow Super Special) JoJo Siwa. 2020. (JoJo & BowBow Ser.). (ENG.). 160p. (J). (gr. 1-4). 12.99 *(978-1-4197-4864-6(5),* 1708501, Amulet Bks.) Abrams, Inc.

Jingle Dancer. Cynthia Leitich Smith. Illus. by Cornelius Van Wright & Ying-Hwa Hu. 2021. (ENG.). 32p. (J). (gr. -1-3). pap. 8.99 *(978-0-06-301811-2(5),* Heartdrum) HarperCollins Pubs.

Jingle in the Jungle: A Molly & Grainne Story (Book 3) Gail E. Notestine. 2021. (Molly & Grainne Ser.: Vol. 3). (ENG.). 208p. (J). 18.99 *(978-1-63944-772-5(5));* pap. 9.99 *(978-1-63944-773-2(3))* Primedia eLaunch LLC.

Jingle Jangle: the Invention of Jeronicus Jangle: (Movie Tie-In) Lyn Sisson-Talbert & David E. Talbert. ed. 2020. (Illus.). 176p. (J). (gr. 3-7). pap. 7.99 *(978-0-593-20380-4(1),* Razorbill) Penguin Young Readers Group.

Jingle! Jingle! I'm a Reindeer! Jo Lodge. 2023. (ENG.). 8p. (J). (— 1). bds. 9.99 ***(978-1-914912-84-9(5))*** Boxer Bks., Ltd. GBR. Dist: Sterling Publishing Co., Inc.

Jingle, Jingle, Little Reindeer. Ed. by Cottage Door Press. 2018. (ENG.). 12p. (J). (gr. -1 — 1). bds. 7.99 *(978-1-68052-421-5(6),* 2000200) Cottage Door Pr.

Jingle Primer, Vol. 5: A First Book in Reading (Classic Reprint) Clara L. Brown. 2018. (ENG., Illus.). 132p. (J). 26.62 *(978-0-484-87193-8(5))* Forgotten Bks.

Jingle Pups (PAW Patrol) Random House. Illus. by Random House. 2017. (ENG., Illus.). 12p. (J). (— 1). bds. 8.99 *(978-1-5247-6397-8(7),* Random Hse. Bks. for Young Readers) Random Hse. Children's Bks.

Jingle Smells!: a Scratch-And-Sniff Adventure (PAW Patrol) Random House. Illus. by Random House. 2018. (ENG., Illus.). 24p. (J). (gr. -1-2). 10.99 *(978-0-525-58188-8(X),* Random Hse. Bks. for Young Readers) Random Hse. Children's Bks.

Jingle Squirrels. Mike Nawrocki. Illus. by Luke Séguin-Magee. 2021. (Dead Sea Squirrels Ser.: 9). (ENG.). 144p. (J). pap. 6.99 *(978-1-4964-4981-8(9),* 20_34949, Tyndale Kids) Tyndale Hse. Pubs.

Jingle (Swindle #8) Gordon Korman. 2017. (Swindle Ser.: 8). (ENG.). 208p. (J). (gr. 3-7). pap. 7.99 *(978-0-545-86144-1(6))* Scholastic, Inc.

Jinglebella. Pamela Groom. 2021. (ENG., Illus.). 32p. (J). pap. 14.95 *(978-1-6624-4084-7(7))* Page Publishing Inc.

Jingles & Rhymes for Nursery & Playroom (Classic Reprint) Caroline (Starr) Morgan. 2018. (ENG., Illus.). 72p. (J). 25.40 *(978-0-484-00962-1(1))* Forgotten Bks.

Jingles of a Happy Mother Goose (Classic Reprint) Emma S. Seale. (ENG., Illus.). (J). 2018. 58p. 25.09 *(978-0-267-77993-2(3));* 2016. pap. 9.57 *(978-1-333-93461-3(0))* Forgotten Bks.

Jingles of a Jester (Classic Reprint) Charles T. Grilley. 2018. (ENG., Illus.). 138p. (J). 26.74 *(978-0-267-45006-0(0))* Forgotten Bks.

Jingles the Christmas Clown. Myrtle Howell. 2016. (ENG., Illus.). (J). pap. 16.95 *(978-1-5127-5676-0(8),* WestBow Pr.) Author Solutions, LLC.

Jingles Written for Dear Friends (Classic Reprint) Winifred Sackville Stoner. 2018. (ENG., Illus.). 66p. (J). 25.26 *(978-0-484-50429-4(0))* Forgotten Bks.

Jingling Rhymes (Classic Reprint) Charles Edward Hammond. 2018. (ENG., Illus.). 104p. (J). 26.04 *(978-0-483-97108-0(1))* Forgotten Bks.

Jingo (Classic Reprint) George R. Chester. 2017. (ENG., Illus.). (J). 32.97 *(978-1-5285-8856-0(8));* pap. 16.57 *(978-0-243-27583-0(8))* Forgotten Bks.

Jing's Family. Elliot Riley. Illus. by Srimalie Bassani. 2017. (All Kinds of Families Ser.). (ENG.). 24p. (gr. -1-1). 28.50 *(978-1-68342-145-0(0),* 9781683421450) Rourke Educational Media.

Jingwei Tries to Fill the Sea. Red Fox. 2022. (Chinese Myths & Legends Ser.). (ENG.). 40p. (J). (gr. k-2). 19.95 *(978-1-4878-0930-0(1))* Royal Collins Publishing Group Inc. CAN. Dist: Independent Pubs. Group.

Jinks & Betty (Classic Reprint) Myra G. Reed. (ENG., Illus.). (J). 2018. 200p. 28.04 *(978-0-656-06538-7(9));* 2017. pap. 10.57 *(978-0-259-44024-6(8))* Forgotten Bks.

Jinks' Inside (Classic Reprint) Harriet Malone Hobson. (ENG., Illus.). (J). 2018. 256p. 29.18 *(978-0-483-78643-1(8));* 2016. pap. 11.57 *(978-1-333-43099-3(X))* Forgotten Bks.

Jinni Key: A Little Mermaid Retelling. Bethany Atazadeh. 2nd ed. 2020. (Stolen Kingdom Ser.: Vol. 2). (ENG., Illus.). 272p. (YA). 19.99 *(978-1-7332888-5-9(6))* Grace Hse. Pr.

Jinny the Carrier: A Folk-Comedy of Rural England (Classic Reprint) Israel Zangwill. 2017. (ENG., Illus.). (J). pap. 19.57 *(978-0-243-28886-1(7))* Forgotten Bks.

Jinny the Carrier: A Folk-Comedy of Rural England (Classic Reprint) Israel Zangwill. 2018. (ENG., Illus.). 608p. (J). 36.44 *(978-0-483-62218-0(4))* Forgotten Bks.

Jinny the Carrier (Classic Reprint) Israel Zangwill. 2017. (ENG., Illus.). (J). 36.15 *(978-0-265-20448-1(8))* Forgotten Bks.

Jinny the Dreamy Giraffe / Jini y Jiraff Fach Freuddwydiol. Kevin Rh John. 2022. (MUL.). 34p. (J). pap. ***(978-1-80227-742-5(0))*** Publishing Push Ltd.

Jinx: A 2-In-1 Sisters of Salem Collection. P.c. Cast & Kristin Cast. 2023. (Sisters of Salem Ser.). (ENG.). 640p. (YA). pap. 15.99 *(978-1-250-85602-9(7),* 900259584, Wednesday Bks.) St. Martin's Pr.

Jinx: Stories of the Diamond (Classic Reprint) Allen Sangree. 2017. (ENG., Illus.). (J). 30.13 *(978-0-266-66896-1(8));* pap. 13.57 *(978-1-5276-4068-9(X))* Forgotten Bks.

Jinx & the Doom Fight Crime! Lisa Mantchev. Illus. by Samantha Cotterill. 2018. (ENG.). 32p. (J). (gr. -1-3). 16.99 *(978-1-4814-6701-8(8),* Simon & Schuster/Paula Wiseman Bks.) Simon & Schuster/Paula Wiseman Bks.

Jinx Birthright. Brett a Cramer. 2020. (ENG., Illus.). 230p. (YA). 31.95 *(978-1-6624-1619-4(9));* pap. 17.95 *(978-1-64334-992-3(9))* Page Publishing Inc.

Jinx Thinks Valentine's Day Stinks. Suzanne Hill. 2020. (ENG., Illus.). 48p. (J). pap. 15.99 *(978-1-952011-98-6(1))* Pen It Pubns.

Jinx Vademecum: Il Mentalismo Dalla Storica Rivista Di Annemann. Theodore Annemann. 2021. (ITA.). 232p. pap. ***(978-1-387-92658-9(6))*** Lulu Pr., Inc.

Jinxed. Amy McCulloch. 2020. (Jinxed Ser.: 1). (ENG.). 352p. (J). (gr. 3-7). pap. 7.99 *(978-1-7282-1637-9(0))* Sourcebooks, Inc.

Jinxerypokery 3: Poisoned with Evil. J. M. Kelly. 2016. (ENG., Illus.). 168p. (J). pap. *(978-1-326-78349-5(1))* Lulu Pr., Inc.

Jinxerypokery 4. J. M. Kelly. 2019. (ENG.). 146p. (J). pap. *(978-0-244-76929-1(X))* Lulu Pr., Inc.

Jinx's Journey. Nana K. 2016. (Wee Folk of Norfolk Ser.: Vol. 2). (ENG., Illus.). (J). pap. *(978-1-4602-9805-3(5))* FriesenPress.

Jirafa. Valerie Bodden. 2020. (Planeta Animal Ser.). (SPA.). 24p. (J). (gr. 1-4). *(978-1-64026-261-4(X),* 18121, Creative Education) Creative Co., The.

Jirafa Rafa. Caracolino. Illus. by Canizales. 2020. 18p. (J). bds. 9.95 *(978-84-17673-44-4(X))* NubeOcho Ediciones ESP. Dist: Consortium Bk. Sales & Distribution.

Jirafas (Giraffes) Grace Hansen. 2016. (Especies Extraordinarias (Super Species) Ser.). (SPA.). 24p. (J). (gr. -1-2). lib. bdg. 32.79 *(978-1-62402-694-2(X),* 24892, Abdo Kids) ABDO Publishing Co.

Jirtdan's Halloween. Darya Hodaei. Ed. by Rebecca Klempner. Lt. ed. 2021. (ENG.). 46p. (J). pap. 14.99 ***(978-1-0880-2774-5(1))*** Indy Pub.

Jirvania: Book 2 in the Julu Series. Jan Anderegg. 2021. (Julu Ser.: Vol. 2). (ENG.). 504p. (YA). pap. 14.95 *(978-1-6629-0804-0(0))* Gatekeeper Pr.

Jist Huntin' Tales of the Forest, Field & Stream. Ozark Ripley. 2017. (ENG., Illus.). (J). pap. *(978-0-649-61838-5(6))* Trieste Publishing Pty Ltd.

Jist Huntin: Tales of the Forest, Field & Stream (Classic Reprint) Ozark Ripley. 2017. (ENG., Illus.). (J). 214p. 28.31 *(978-0-332-36984-6(6));* pap. 10.97 *(978-1-5276-8136-1(X))* Forgotten Bks.

Jitterbug. Kai Lüftner. Tr. by Marshall Yarbrough. Illus. by Wiebke Rauers. 2023. (ENG.). 32p. (J). (gr. k-2). 19.95 *(978-0-7358-4499-5(2))* North-South Bks., Inc.

Jittery Jake Conquers Stage Fright. Marne Ventura. Illus. by Leo Trinidad. 2016. (Worry Warriors Ser.). (ENG.). 96p. (J). (gr. 2-4). lib. bdg. 25.99 *(978-1-4965-3612-9(6),* 132818, Stone Arch Bks.) Capstone.

Jittery Jostled Journey of Morley the Mouse. Lyndsay Stonecrek & Liuba Syrotiuk. 2020. (ENG.). 54p. (J). pap. 20.74 *(978-1-716-75725-9(8))* Lulu Pr., Inc.

Jiu Er's Star. Ryusuke Saito. 2018. (CHI.). (J). *(978-986-96460-5-5(0))* Heryin Cultural Co., Ltd.

Jiu GE 104 Nian Tong Hua Xuan. Yaoping Zhou. 2016. (CHI.). 320p. (J). pap. *(978-986-450-047-5(3))* Chiu Ko Publishing Co., Ltd.

Jiu-Jitsu. Barry Cole. 2019. (Ready for Sports Ser.). (ENG.). 16p. (J). (gr. -1-2). 28.50 *(978-1-7316-0412-5(2),* 9781731604125); pap. 9.95 *(978-1-7316-0418-7(1),* 9781731604187) Rourke Educational Media.

Jiu Jitsu Chick: How to Live, Laugh, & Love, Your Own Happy Ending. L. Dawn. 2020. (ENG.). 200p. (YA). pap. 19.88 *(978-1-7360418-4-0(3))* LDawn.

Jiu-Jitsu Girl. Jennifer Dutton. 2023. (ENG.). 256p. (J). (gr. 3-7). pap. 14.99 *(978-1-63163-692-9(8),* Jolly Fish Pr.) North Star Editions.

Jj. Bela Davis. 2016. (Alphabet Ser.). (ENG., Illus.). 24p. (J). (gr. -1-2). lib. bdg. 31.36 *(978-1-68080-886-5(9),* 23247, Abdo Kids) ABDO Publishing Co.

Jj. Val Lynn Tine. 2020. (ENG.). 362p. (YA). pap. 22.99 *(978-1-4808-9092-3(8))* Archway Publishing.

Jj & the Big Bend. Chris Spicer. 2019. (ENG., Illus.). 152p. (J). (gr. 3-7). pap. 12.99 *(978-1-912863-02-0(2),* bb79ac5d-10dc-47d7-ac41-22eeb5a4a137, Sarah Grace Publishing) Malcolm Down Publishing Ltd. GBR. Dist: Baker & Taylor Publisher Services (BTPS).

Jj Finds Everlasting Life. Wanda Hawkins. 2017. (ENG., Illus.). (J). pap. 12.95 *(978-1-64028-342-8(0))* Christian Faith Publishing.

JJ Goes to the Northwoods. Jaime Hardgrove. Ed. by Gail Kearns. Illus. by Lea Embeli. 2019. (ENG.). 26p. (J). (gr. k-3). 15.99 *(978-1-7334509-0-4(4))* Hardgrove, Jaime.

JJ Goes to the Northwoods. Jaime Hardgrove & Gail Kearns. Illus. by Lea Embeli. 2019. (ENG.). 26p. (J). (gr. k-3). pap. 13.99 *(978-1-7334509-1-1(2))* Hardgrove, Jaime.

JJ Goes to the Potty. Adapted by Tina Gallo. 2023. (CoComelon Ser.). (ENG.). 16p. (J). (gr. -1-k). pap. 7.99 ***(978-1-6659-3542-5(1),*** Simon Spotlight) Simon Spotlight.

JJ Jellyfish Ashore. Tracy Peters. Illus. by Daniel Vizcarra. 2019. (Many Adventures of Jj Jellyfish Ser.). (ENG.). 36p. (J). (gr. k-3). 14.00 *(978-1-970079-71-5(1))* Opportune Independent Publishing Co.

JJ Jellyfish Heartless. Tracy Peters. Illus. by Daniel Vizcarra. 2019. (Many Adventures of Jj Jellyfish Ser.). (ENG.). 32p. (J). (gr. k-3). 14.00 *(978-1-970079-69-2(X))* Opportune Independent Publishing Co.

JJ Jellyfish Performs. Tracy Peters. Illus. by Daniel Vizcarra. 2019. (Many Adventures of Jj Jellyfish Ser.). (ENG.). 32p. (J). (gr. k-3). 14.00 *(978-1-970079-67-8(3))* Opportune Independent Publishing Co.

Jj (Spanish Language) Maria Puchol. 2017. (Abecedario (the Alphabet) Ser.).Tr. of Jj. (SPA.). 24p. (J). (gr. -1-2). lib. bdg. 31.36 *(978-1-5321-0309-4(3),* 27184, Abdo Kids) ABDO Publishing Co.

J.J. Watt. Jim Gigliotti. 2018. (Amazing Americans: Football Stars Ser.). (ENG.). 24p. (J). (gr. -1-3). lib. bdg. 17.95 *(978-1-68402-453-7(6))* Bearport Publishing Co., Inc.

JJ's Busy Day. Adapted by Maria Le. 2023. (CoComelon Ser.). (ENG.). 12p. (J). (gr. -1-k). bds., bds. 16.99 *(978-1-6659-2610-2(4),* Simon Spotlight) Simon Spotlight.

Jj's Stinking Thinking. Monica Johnson. 2019. (ENG.). 28p. (J). pap. 12.95 *(978-1-64458-163-6(9))* Christian Faith Publishing.

JK Haru Is a Sex Worker in Another World. Ko Hiratori. Ed. by Aimee Zink. Tr. by Emily Balistrieri. 2019. (JK Haru Is a Sex Worker in Another World Ser.). 275p. pap. 14.99 *(978-1-7183-5110-3(0))* J-Novel Club.

Jo: A Telegraphic Tale (Classic Reprint) E. J. Smith Co Edward J. Smith. 2018. (ENG., Illus.). 218p. (J). 28.45 *(978-0-332-99036-1(2))* Forgotten Bks.

Jo: An Adaptation of Little Women (Sort Of) Kathleen Gros. 2020. (ENG., Illus.). 272p. (J). (gr. 3-7). 22.99 *(978-0-06-287597-6(3),* Quill Tree Bks.) HarperCollins Pubs.

Jo: An Adaptation of Little Women (Sort of) Graphic Novel. Kathleen Gros. 2020. (ENG., Illus.). 272p. (J). (gr. 3-7). pap. 12.99 *(978-0-06-287596-9(5),* Quill Tree Bks.) HarperCollins Pubs.

Jo & Alex Best Friends Forever. L. S. Winters. 2021. (ENG.). 106p. (J). pap. 7.99 *(978-1-0879-6864-3(X))* Indy Pub.

Jo & Alex Meet for the First Time. L. S. Winters. 2019. (ENG.). 60p. (J). (gr. 2-6). pap. 7.99 *(978-1-0878-5483-0(0))* Indy Pub.

Jo & Alex Summer Adventures. Ls Winters. 2021. (ENG.). 78p. (J). pap. 7.99 *(978-1-0879-6857-5(7))* Indy Pub.

Jo & Her Blue Block. Bryce Barfield. 2017. (ENG., Illus.). (J). pap. 9.95 *(978-1-947491-83-0(0))* Yorkshire Publishing Group.

Jo & Her Bright-Green Chair. Bryce Barfield. 2017. (ENG., Illus.). (J). pap. 9.95 *(978-1-947491-82-3(2))* Yorkshire Publishing Group.

Jo & Laurie. Margaret Stohl & Melissa de la Cruz. (YA). (gr. 7). 2022. 400p. pap. 11.99 *(978-1-9848-1203-2(3));* 2020. 384p. 18.99 *(978-1-9848-1201-8(7))* Penguin Young Readers Group. (G.P. Putnam's Sons Books for Young Readers).

Jo & Rus. Audra Winslow. 2021. (ENG., Illus.). 208p. (J). pap. 12.99 *(978-1-68415-610-8(6))* BOOM! Studios.

Jo & the Not-So-Little Lie: A Book about Telling the Truth. Lucy Bell. Illus. by Michael Garton. 2018. (Frolic First Faith Ser.). 32p. (J). (gr. -1-3). 12.99 *(978-1-5064-2503-0(8),* Sparkhouse Family) 1517 Media.

Jo & the Slow Soup: A Book about Patience. Elias Carr. Illus. by Natasha Rimmington. 2016. (Frolic First Faith Ser.). 32p. (J). (gr. -1-k). 12.99 *(978-1-5064-1048-7(0),* Sparkhouse Family) 1517 Media.

Jo Habsburgit Aloittivat Kaaoksen (2022a) Sven Laakso. 2022. (FIN.). 532p. (J). pap. ***(978-1-4710-2008-7(8))*** Lulu Pr., Inc.

Jo Jo Makoons: Fancy Pants. Dawn Quigley. Illus. by Tara Audibert. 2022. (Jo Jo Ser.: 2). (ENG.). 96p. (J). (gr. 1-5). 15.99 *(978-0-06-301540-1(4));* pap. 5.99 *(978-0-06-301541-8(2))* HarperCollins Pubs. (Heartdrum).

Jo Jo Makoons: Snow Day. Dawn Quigley. Illus. by Tara Audibert. 2023. (Jo Jo Ser.: 3). (ENG.). 96p. (J). (gr. 1-5). 17.99 ***(978-0-06-301543-2(9));*** pap. 6.99 ***(978-0-06-301544-9(7))*** HarperCollins Pubs. (Heartdrum).

Jo Jo Makoons: the Used-To-Be Best Friend. Dawn Quigley. Illus. by Tara Audibert. 2021. (Jo Jo Ser.: 1). (ENG.). 80p. (J). (gr. 1-5). 15.99 *(978-0-06-301537-1(4));* pap. 5.99 *(978-0-06-301538-8(2))* HarperCollins Pubs. (Heartdrum).

Jo y la Sopa Lenta. Elias Carr. Illus. by Michael Garton. 2016. (SPA.). (J). *(978-1-5064-2097-4(4),* Sparkhouse Pr.) Spark Hse.

Joan. Rhoda Broughton. 2017. (ENG.). 316p. (J). pap. *(978-3-337-07912-3(1))* Creation Pubs.

Joan: A Tale (Classic Reprint) Rhoda Broughton. (ENG., Illus.). (J). 2018. 222p. 28.48 *(978-0-484-10491-3(8));* 2017. pap. 16.57 *(978-0-259-00767-8(6))* Forgotten Bks.

Joan: A Tale, Vol. 1 of 3 (Classic Reprint) Rhoda Broughton. 2018. (ENG., Illus.). 314p. (J). 30.39 *(978-0-484-87085-6(8))* Forgotten Bks.

Joan: A Tale, Vol. 2 of 3 (Classic Reprint) Rhoda Broughton. 2018. (ENG., Illus.). 288p. (J). 29.84 *(978-0-483-73345-9(8))* Forgotten Bks.

Joan: A Tale, Vol. 3 of 3 (Classic Reprint) Rhoda Broughton. 2018. (ENG., Illus.). 324p. (J). 30.58 *(978-0-483-10109-8(5))* Forgotten Bks.

Joan & Co (Classic Reprint) Frederick Orin Bartlett. 2018. (ENG., Illus.). 398p. (J). 32.11 *(978-0-484-25642-1(4))* Forgotten Bks.

Joan & Peter: The Story of an Education (Classic Reprint) H. G. Wells. 2017. (ENG., Illus.). (J). 36.44 *(978-1-5282-4884-6(8))* Forgotten Bks.

Joan & the Babies & I Being Certain Chapters from the Autobiography of John Mainwaring the Novelist (Classic Reprint) Cosmo Hamilton. 2018. (ENG., Illus.). 144p. (J). 26.87 *(978-0-483-58452-5(5))* Forgotten Bks.

Joan & the Secrets of the Universe. Jennifer Tzivia MacLeod. Illus. by Alice Brereton. 2018. (J). *(978-1-5124-4437-7(5),* Kar-Ben Publishing) Lerner Publishing Group.

Joan at Halfway (Classic Reprint) Grace McLeod Rogers. 2018. (ENG., Illus.). 414p. (J). 32.46 *(978-0-484-00300-1(3))* Forgotten Bks.

Joan Carisbroke (Classic Reprint) Emma Jane Worboise. 2018. (ENG., Illus.). 568p. (J). 35.61 *(978-0-267-47142-3(4))* Forgotten Bks.

Joan Haste (Classic Reprint) H. Rider Haggard. 2017. (ENG., Illus.). 508p. (J). 34.39 *(978-0-484-34316-9(5))* Forgotten Bks.

Joan of Arc. Christine Platt. 2020. (Sheroes Ser.). (ENG., Illus.). 32p. (J). (gr. 2-2). pap. 9.95 *(978-1-64494-309-0(3),* 1644943093, Calico Kid) ABDO Publishing Co.

Joan of Arc. Christine Platt. Illus. by Addy Rivera. 2019. (Sheroes Ser.). (ENG.). 32p. (J). (gr. -1-3). lib. bdg. 32.79 *(978-1-5321-3643-6(9),* 33732, Calico Chapter Bks) Magic Wagon.

Joan of Arc, 1 vol. Kristin Thiel. 2017. (Great Military Leaders Ser.). (ENG.). 128p. (YA). (gr. 9-9). 47.36 *(978-1-5026-2791-9(4),* 61492b8d-dfdd-49d4-9b3c-8b9f9c6129f2) Cavendish Square Publishing LLC.

Joan of Arc: French Soldier & Saint, 1 vol. Philip Wolny. 2017. (Women Who Changed History Ser.). (ENG., Illus.). 48p. (J). (gr. 6-7). pap. 15.05 *(978-1-68048-645-2(4),* 025bb447-f7cc-45bc-a107-9d8c97a0ee00, Britannica Educational Publishing) Rosen Publishing Group, Inc., The.

Joan of Arc: The Peasant Girl Who Led the French Army - Biography of Famous People Children's Biography Books. Baby Professor. 2017. (ENG., Illus.). (J). pap. 9.55 *(978-1-5419-1197-0(0),* Baby Professor (Education Kids)) Speedy Publishing LLC.

Joan of Arc: The Warrior Maid (Classic Reprint) Lucy Foster Madison. 2017. (ENG., Illus.). (J). 32.29 *(978-0-260-61619-7(2))* Forgotten Bks.

Joan of Arc (Classic Reprint) Laura E. Richards. 2017. (ENG., Illus.). (J). 29.65 *(978-0-260-65657-5(7))* Forgotten Bks.

Joan of Arkansas: Awakening to the World. Madeleine Herrmann. 2018. (ENG., Illus.). 228p. (YA). (gr. 7-12). pap. 18.95 *(978-1-63210-038-2(X))* Plain View Pr.

Joan of Garioch (Classic Reprint) Albert Kinross. (ENG., Illus.). (J). 2018. 364p. 31.42 *(978-0-484-53964-7(7));* 2017. pap. 13.97 *(978-0-243-60151-6(4))* Forgotten Bks.

Joan of Juniper Inn (Classic Reprint) Caroline E. Jacobs. 2018. (ENG., Illus.). 398p. (J). 32.13 *(978-0-332-78026-9(0))* Forgotten Bks.

Joan of Orc. Olivia Pantoja. 2016. (ENG., Illus.). (J). pap. 18.00 *(978-1-365-27773-3(9))* Lulu Pr., Inc.

Joan of Overbarrow (Classic Reprint) Anthony Wharton. 2017. (ENG., Illus.). (J). 31.36 *(978-0-265-75358-3(9));* pap. 13.97 *(978-1-5277-2618-5(5))* Forgotten Bks.

Joan of the Everglades. David Athey. 2017. (ENG., Illus.). (YA). (gr. 9-12). pap. 15.99 *(978-1-63213-384-7(9))* eLectio Publishing.

Joan Procter, Dragon Doctor: The Woman Who Loved Reptiles. Patricia Valdez. Illus. by Felicita Sala. 40p. (J). (gr. -1-3). 2023. (ENG.). pap. 8.99 *(978-0-593-56885-9(0),* Dragonfly Bks.); 2018. 18.99 *(978-0-399-55725-5(3),* Knopf Bks. for Young Readers) Random Hse. Children's Bks.

Joan Seaton: A Story of Percival-Dion in the Yorkshire Dales (Classic Reprint) Mary Beaumont. (ENG., Illus.). (J). 2018. 314p. 30.37 *(978-0-483-63690-3(8));* 2017. pap. 13.57 *(978-0-243-90938-4(1))* Forgotten Bks.

Joan the Head Stuck Giraffe. Julie Ingles. Illus. by Lacey Bellette. 2021. (ENG.). 22p. (J). pap. *(978-1-922444-23-3(5))* Shawline Publishing Group.

Joan the Maid, Deliverer of France & England: A Story of the Fifteenth Century, Done into Modern English (Classic Reprint) Elizabeth Rundle Charles. 2017. (ENG., Illus.). (J). 358p. 31.30 *(978-0-484-29040-1(1));* pap. 13.97 *(978-0-259-99534-0(7))* Forgotten Bks.

Joan!!!, Vol. 1 Of 4: A Novel (Classic Reprint) Matilda Fitz John. (ENG., Illus.). (J). 2018. 564p. 35.53 *(978-0-483-33433-5(2));* 2016. pap. 19.57 *(978-1-334-16315-9(4))* Forgotten Bks.

Joan!!!, Vol. 3 Of 4: A Novel (Classic Reprint) Matilda Fitzjohn. (ENG., Illus.). (J). 2018. 654p. 37.41 *(978-0-483-04905-5(0));* 2016. pap. 19.97 *(978-1-334-16505-4(X))* Forgotten Bks.

Joanna Banana. Megan Mears. 2019. (ENG.). 32p. (J). 14.95 *(978-1-64307-032-2(0))* Amplify Publishing Group.

Joanna Builds a Nest (Classic Reprint) Juliet Wilbor Tompkins. 2017. (ENG., Illus.). (J). 29.32 *(978-0-331-26551-4(6))* Forgotten Bks.

Joanna Gaines. Paige V. Polinsky. 2019. (Checkerboard Biographies Ser.). (ENG., Illus.). 32p. (J). (gr. 3-6). lib. bdg. 32.79 *(978-1-5321-1993-4(3),* 32453, Checkerboard Library) ABDO Publishing Co.

Joanna Goanna: Learn 9 Ways to Spell the Long o Sound. Karen Sandelin & Lavinia Letheby. 2019. (ENG., Illus.). 46p. (J). pap. *(978-0-6484321-1-1(4))* Clever Speller Pty, Limited.

Joanna Godden (Classic Reprint) Sheila Kaye-Smith. 2017. (ENG., Illus.). (J). 31.38 *(978-1-5280-7817-7(9))* Forgotten Bks.

Joannis Kepleri Astronomi Opera Omnia, Vol. 2 (Classic Reprint) Johannes Kepler. 2018. (LAT., Illus.). (J). 878p. 42.03 *(978-1-391-48844-8(X));* 880p. pap. 24.37 *(978-1-390-62426-7(9))* Forgotten Bks.

Joannis Kepleri Astronomi Opera Omnia, Vol. 3 (Classic Reprint) Johannes Kepler. 2018. (LAT., Illus.). (J). 754p. 39.47 *(978-1-396-78740-9(2));* 756p. pap. 23.57 *(978-1-396-37063-2(3))* Forgotten Bks.

Joannis Kepleri Astronomi Opera Omnia, Vol. 4 (Classic Reprint) Johannes Kepler. 2018. (GER., Illus.). 692p. (J). pap. 20.57 *(978-1-390-69047-7(4))* Forgotten Bks.

Joannis Kepleri Astronomi Opera Omnia, Vol. 5 (Classic Reprint) Johannes Kepler. 2018. (LAT., Illus.). (J). 662p. 37.55 *(978-1-396-78702-7(X));* 664p. pap. 19.97 *(978-1-396-32863-3(7))* Forgotten Bks.

Joannis Kepleri Astronomi Opera Omnia, Vol. 6 (Classic Reprint) Johannes Kepler. 2018. (LAT., Illus.). (J). 786p. 40.13 *(978-1-396-79037-9(3));* 788p. pap. 23.57 *(978-1-396-42098-6(3))* Forgotten Bks.

Joan's Green Year: Letters from the Manor Farm to Her Brother in India (Classic Reprint) E. L. Doon. 2018.

1054

The check digit for ISBN-10 appears in parentheses after the full ISBN-13

(ENG., Illus.). 392p. (J). 32.02 *(978-0-332-29951-8(1))* Forgotten Bks.
João by a Thread. Roger Mello. Tr. by Daniel Hahn. Illus. by Roger Mello. 2022. (Illus.). 37p. (J). (gr. k-3). 18.95 *(978-1-953861-34-4(2),* Elsewhere Editions) Steerforth Pr.
Joaquin Has a Broken Arm. Tracilyn George. 2021. (ENG.). 22p. (J). pap. 11.00 *(978-1-77475-330-9(8))* Lulu Pr., Inc.
Joaquin Miller's Poems, Vol. 1 Of 6: An Introduction, etc (Classic Reprint) Joaquin Miller. 2017. (ENG., Illus.). (J). 29.20 *(978-1-5285-5075-8(7))* Forgotten Bks.
Joaquin Miller's Poems, Vol. 5 Of 6: Songs of the American Seas (Classic Reprint) Joaquin Miller. 2018. (ENG., Illus.). 234p. (J). 28.72 *(978-0-483-72276-7(6))* Forgotten Bks.
Joaquin Miller's Poems, Vol. 6 of 6 (Classic Reprint) Joaquin Miller. 2018. (ENG., Illus.). 258p. (J). 29.24 *(978-0-656-09032-7(4))* Forgotten Bks.
Joaquín Murrieta: Robin Hood of the California Gold Rush, 1 vol. Avery Elizabeth Hurt. 2019. (Our Voices: Spanish & Latino Figures of American History Ser.). (ENG.). 48p. (gr. 6-6). pap. 12.75 *(978-1-5081-8483-6(6),* 248299b8-6e5f-409b-a46a-f17623bb55ec) Rosen Publishing Group, Inc., The.
Joaquin, (the Claude Duval of California), or the Marauder of the Mines: A Romance Founded on Truth (Classic Reprint) Henry Llewellyn Williams. 2018. (ENG., Illus.). 168p. (J). 27.36 *(978-0-483-40334-5(2))* Forgotten Bks.
Joash: Book 2 of the Young yet Chosen! Series. M. A. M. S. Miller-Henderson. 2020. (ENG.). 32p. (J). pap. 12.49 *(978-1-63221-840-7(2))* Salem Author Services.
Job: An American Novel (Classic Reprint) Sinclair Lewis. 2017. (ENG., Illus.). (J). 30.87 *(978-0-266-66341-6(9))* Forgotten Bks.
Job: The Struggles of an Unconventional Woman in a Man's World. Sinclair Lewis. 2019. (ENG.). 156p. (J). pap. *(978-80-268-9242-7(9))* E-Artnow.
Job As a Judge: Understanding Government, 1 vol. Mitchell Allen. 2018. (Civics for the Real World Ser.). (ENG.). 12p. (gr. 1-2). pap. *(978-1-5383-6430-7(1),* fcf053ff-d948-43fd-adf1-c43e4d73941c, Rosen Classroom) Rosen Publishing Group, Inc., The.
Job Basics: Getting the Job You Need: Set 2, 14 vols. 2016. (Job Basics: Getting the Job You Need Ser.). (ENG.). 80p. (gr. 8-8). 268.87 *(978-1-4777-8550-8(7),* 37a23a4b-df95-4f2b-a562-77b01fb5fb9a, Rosen Young Adult) Rosen Publishing Group, Inc., The.
Job Basics: Getting the Job You Need: Sets 1 - 2, 30 vols. 2016. (Job Basics: Getting the Job You Need Ser.). (ENG.). (YA). (gr. 8-8). lib. bdg. 576.15 *(978-1-4777-8555-3(8),* 749aa195-462a-4acf-967b-c77fa2299d1e) Rosen Publishing Group, Inc., The.
Job for Kingsley. Gabriel Evans. 2023. (ENG.). 32p. (J). (gr. -1-k). 17.99 ***(978-1-76121-021-1(1))*** Little Hare Bks. AUS. Dist: Independent Pubs. Group.
Job for Max. Cathi Huff & Kathy Duffy. 2021. (Atlantis Dream Farm Ser.: 1). (ENG.). 32p. (J). pap. 15.99 *(978-1-0983-9483-7(6))* BookBaby.
Job for Tabitha. Gloria Koehler & Donna Eastman. 2020. (ENG.). 48p. (J). pap. 15.95 *(978-1-950613-38-0(0))* Taylor and Seale Publishing.
Job in a Shop: Practicing the Short o Sound, 1 vol. Dylan Karsten. 2016. (Rosen Phonics Readers Ser.). (ENG.). 8p. (J). (gr. -1-2). pap. *(978-1-5081-3257-8(7),* 8fa390e7-a48c-4f83-b4bc-b787ef68ef78, Rosen Classroom) Rosen Publishing Group, Inc., The.
Job Search. Diane Lindsey Reeves & Connie Hansen. Illus. by Ruth Bennett. 2020. (Bright Futures Press: Soft Skills Sleuths: Investigating Life Skills Success Ser.). (ENG.). 32p. (J). (gr. 4-7). lib. bdg. 32.07 *(978-1-5341-6980-7(6),* 215807) Cherry Lake Publishing.
Job Secretary: An Impression (Classic Reprint) Wilfrid Ward. (ENG., Illus.). (J). 2018. 280p. 29.69 *(978-0-365-33417-0(0));* 2017. pap. 13.57 *(978-0-259-18325-9(3))* Forgotten Bks.
Job Squad: We Are Chefs: A Pull, Turn & Press-Out Board Book. Pat-a-Cake. Illus. by Carlo Beranek. 2022. (Job Squad Ser.). (ENG.). 10p. (J). (gr. -1-k). bds. 10.99 *(978-1-5263-8266-5(0),* Pat-a-Cake) Hachette Children's Group GBR. Dist: Hachette Bk. Group.
Job Trotter (Classic Reprint) Sylvester Field. 2018. (ENG., Illus.). 90p. (J). 25.77 *(978-0-483-74839-2(0))* Forgotten Bks.
Jobear. Sarah Hawkes Valente & George W. Hawkes Jr. Illus. by Viktoriia Mykhalevych. 2018. (ENG.). 44p. (J). pap. 12.95 *(978-1-948384-03-2(5))* Whatever Is Lovely Pubns. LLC.
Jobi Says Love Is the Most Important Thing: Jobi the Lab. David Kozich. Illus. by Karen Light. 2021. (ENG.). 42p. (J). 24.99 *(978-1-7375520-1-7(9))* Infinity Bks. USA.
Jobs: A Look at Then & Now. Percy Leed. 2023. (Read about the Past (Read for a Better World (tm)) Ser.). (ENG., Illus.). 24p. (J). (gr. k-2). pap. 9.99 Lerner Publishing Group.
Jobs & Careers Coloring Book for Kids over 40 Jobs Illustrated Children Ages 5-12. Raz McOvoo. 2021. (ENG.). 90p. (J). pap. 10.99 *(978-1-716-17366-0(3))* Lulu Pr., Inc.
Jobs & Economy. Mark R. Whittington. 2019. (Contemporary Issues Ser.). (Illus.). 112p. (J). (gr. 12). lib. bdg. 35.93 *(978-1-4222-4395-4(8))* Mason Crest.
Jobs & Money. Jennifer Colby. Illus. by Jeff Bane. 2018. (My Early Library: My Guide to Money Ser.). (ENG.). 24p. (J). (gr. k-1). lib. bdg. 30.64 *(978-1-5341-2897-2(2),* 211632) Cherry Lake Publishing.
Jobs Around the World, 1 vol. Mary Pat Ehmann. 2018. (Adventures in Culture Ser.). (ENG.). 24p. (gr. 1-2). 24.27 *(978-1-5382-1871-6(2),* 267d46b9-1ba5-499f-9286-e05dc1c1f036) Stevens, Gareth Publishing LLLP.
Jobs for Rebuilding America (Set), 16 vols. 2018. (Jobs for Rebuilding America Ser.). (ENG.). 80p. (gr. 6-6). lib. bdg. 310.40 *(978-1-5081-8088-3(1),* 89a195a5-9e05-44d7-ba79-535e66fcd883) Rosen Publishing Group, Inc., The.
Jobs in a Community - 6 Pack: Set of 6 Common Core Edition. Cynthia Swain. 2016. (Early Explorers Ser.). (J). (gr. k-1). 39.00 net. *(978-1-5125-8697-8(8))* Benchmark Education Co.
Jobs in Agriculture. Cynthia Kennedy Henzel. 2023. (Industry Jobs Ser.). (ENG.). 48p. (J). (gr. 4-8). lib. bdg. 35.64 ***(978-1-0982-9086-3(0),*** 41954) ABDO Publishing Co.
Jobs in Computer Science. Contrib. by George Anthony Kulz. 2023. (Industry Jobs Ser.). (ENG.). 48p. (J). (gr. 4-8). lib. bdg. 35.64 ***(978-1-0982-9087-0(9),*** 41957) ABDO Publishing Co.
Jobs in Health Care. Contrib. by Marie-Therese Miller. 2023. (Industry Jobs Ser.). (ENG.). 48p. (J). (gr. 4-8). lib. bdg. 35.64 ***(978-1-0982-9088-7(7),*** 41960) ABDO Publishing Co.
Jobs in Our Community. (Jobs in Our Community Ser.). (ENG.). (J). 2017. 297.00 *(978-1-5345-2163-6(1));* 2016. 24p. (gr. 1-1). lib. bdg. 157.38 *(978-1-5345-2161-2(5),* 3cc30ce7-ddb0-42c8-b857-63a0b57ca68a) Greenhaven Publishing LLC. (KidHaven Publishing).
Jobs in Our Community (Set) 2017. (Jobs in Our Community Ser.). (ENG.). (J). pap. 49.50 *(978-1-5345-2164-3(X),* KidHaven Publishing) Greenhaven Publishing LLC.
Jobs in Sports. Contrib. by A. W. Buckey. 2023. (Industry Jobs Ser.). (ENG.). 48p. (J). (gr. 4-8). lib. bdg. 35.64 ***(978-1-0982-9089-4(5),*** 41963) ABDO Publishing Co.
Jobs in Town, 12 vols., Set. Dana Meachen Rau. Incl. Baker. lib. bdg. 25.50 *(978-0-7614-2623-3(X),* c6257c3d-6ea0-434f-bdfa-9c1ede4eaf68); Firefighter. Nanci Reginelli Vargus. lib. bdg. 25.50 *(978-0-7614-2617-2(5),* 07dd17a3-82fb-445d-a178-8f1def6c4f65); Grocer. lib. bdg. 25.50 *(978-0-7614-2720-9(1),* ea0a4810-343f-4d4b-b6a4-51904b124ae0); Mail Carrier. lib. bdg. 25.50 *(978-0-7614-2620-2(5),* 2e12060d-0fc2-4d32-b5d5-49264fd65210); Police Officer. Nanci Reginelli Vargus. lib. bdg. 25.50 *(978-0-7614-2618-9(3),* cdb8220e-dea8-4f92-ae49-c0fb219df403, Cavendish Square); Veterinarian. lib. bdg. 25.50 *(978-0-7614-2622-6(1),* 8cc34403-68fb-46e0-80b5-33a44f94a29e, Cavendish Square); (Illus.). 24p. (gr. k-1). (Jobs in Town Ser.). (ENG.). 2008. Set lib. bdg. 153.00 *(978-0-7614-2616-5(7),* 0a703bd0-599c-4845-81ff-42e08a5b2bf5, Cavendish Square) Cavendish Square Publishing LLC.
Jobs in Transportation. Contrib. by Karen Maserjian Shan. 2023. (Industry Jobs Ser.). (ENG.). 48p. (J). (gr. 4-8). lib. bdg. 35.64 ***(978-1-0982-9090-0(9),*** 41966) ABDO Publishing Co.
Job's Jemima. Nicole Mangum. Illus. by Brittany Deanes. 3rd l.t. ed. 2022. (Jemima Love Bible Stories Ser.). (ENG.). 32p. (J). 21.99 ***(978-1-951300-67-8(X))*** Liberation's Publishing.
Jobs of the Future: Imaginative Careers for Forward-Thinking Kids. Sofia E. Rossi & Carlo. Canepa. Illus. by Luca Poli. 2022. (ENG.). 80p. (J). 14.99 *(978-1-5248-7095-9(1))* Andrews McMeel Publishing.
Jobs People Do. Emily Raij & Mary Meinking. 2020. (Jobs People Do Ser.). (ENG.). 32p. (J). (gr. 1-3). 438.48 *(978-1-9771-2358-9(9),* 199543); pap., pap., pap. 97.30 *(978-1-9771-2721-1(5),* 201786) Capstone. (Pebble).
Jobs to Do. 2017. (J). *(978-0-7166-7949-3(3));* *(978-0-7166-7945-5(0))* World Bk., Inc.
Job's Victory over Satan. Vicki Martin. Illus. by Sergio Drumond. 2020. (ENG.). 50p. (J). (gr. k-5). 23.99 *(978-1-7336214-0-3(7))* Martin, Vicki.
Jobs with Animals. Contrib. by Tammy Gagne. 2023. (Industry Jobs Ser.). (ENG.). 48p. (J). (gr. 4-8). lib. bdg. 35.64 ***(978-1-0982-9091-7(7),*** 41969) ABDO Publishing Co.
Jobs with Animals. Lisa Harkrader et al. 2019. (Jobs with Animals Ser.). (ENG.). 32p. (J). (gr. 4-6). pap., pap., pap. 63.60 *(978-1-5435-6051-0(2),* 29188); 245.20 *(978-1-5435-5831-9(3),* 28915) Capstone.
Jobs, Women & Slaves - Colonial America History Book 5th Grade Children's American History. Baby Professor. 2017. (ENG., Illus.). 64p. (J). pap. 9.52 *(978-1-5419-1571-8(2),* Baby Professor (Education Kids)) Speedy Publishing LLC.
Jobsiad: A Grotesco-Comico-Heroic Poem. from the German of Dr. Carl Arnold Fortum. [Philadelphia-1863]. Charles T. Brooks. 2017. (ENG., Illus.). (J). pap. *(978-0-649-39841-6(5))* Trieste Publishing Pty Ltd.
Jobsiad: A Grotesco-Comico-Heroic Poem from the German of Dr. Carl Arnold Kortum (Classic Reprint) Charles T. Brooks. 2018. (ENG., Illus.). 198p. (J). 28.00 *(978-0-332-97880-2(X))* Forgotten Bks.
Jocasta the Famished Cat (Classic Reprint) Anatole France. 2017. (ENG., Illus.). (J). 29.84 *(978-0-331-79531-8(0))* Forgotten Bks.
Jocelyn Bell Burnell: Discovering Pulsars. Megan Borgert-Spaniol. 2017. (STEM Superstar Women Ser.). (ENG., Illus.). 32p. (J). (gr. 3-6). lib. bdg. 32.79 *(978-1-5321-1278-2(5),* 27602, Checkerboard Library) ABDO Publishing Co.
Jocelyn West a Tale of the Grand Canon (Classic Reprint) Katharine Sharp. 2018. (ENG., Illus.). 192p. (J). 27.88 *(978-0-483-40572-1(8))* Forgotten Bks.
Jocelyn's Box of Socks, 1 vol. Kristen L. Jackson. Illus. by Tino Santanach. 2019. (ENG.). 48p. (J). 16.99 *(978-0-7643-5693-3(3),* 9878) Schiffer Publishing, Ltd.
Jock & I & the Hydra (Classic Reprint) M. Ellen Thonger. (ENG., Illus.). (J). 2018. 354p. 31.20 *(978-0-332-96523-9(6));* 2016. pap. 13.57 *(978-1-334-14296-3(3))* Forgotten Bks.
Jock o' Dreams (Classic Reprint) Julie Mathilde Lippmann. 2018. (ENG., Illus.). (J). 238p. 28.81 *(978-1-396-41090-1(2));* 240p. pap. 11.57 *(978-1-390-90106-1(8))* Forgotten Bks.
Jock o' Rippon (Classic Reprint) Charles Swinton. 2018. (ENG., Illus.). (J). 332p. 30.74 *(978-0-366-56785-0(3));* 334p. pap. 13.57 *(978-0-366-41617-2(0))* Forgotten Bks.
Jock of the Bushveld. Phillida Brooke Simons. 2016. (ENG., Illus.). 32p. pap. 12.00 *(978-0-86978-477-8(3))* Penguin Random House South Africa ZAF. Dist: Casemate Pubs. & Bk. Distributors, LLC.
Jock of the Bushveld. Percy Fitzpatrick. 2018. (ENG., Illus.). (J). (gr. 4-7). 214p. 19.95 *(978-1-61895-322-3(2));* 212p. pap. 9.95 *(978-1-61895-321-6(4))* Bibliotech Pr.
Jock of the Bushveld. Percy Fitzpatrick. 2018. (ENG., Illus.). 274p. (J). *(978-0-244-05883-8(0))* Lulu Pr., Inc.
Jock of the Bushveld (Classic Reprint) Percy Fitzpatrick. (ENG., Illus.). (J). 2017. 28.23 *(978-0-265-17064-9(8));* 2017. 35.08 *(978-0-266-24071-6(2));* 2016. pap. 19.57 *(978-1-333-70795-8(9))* Forgotten Bks.
Jockey Girl. Shelley Peterson. 2016. (Jockey Girl Ser.: 1). (ENG.). 320p. (YA). pap. 12.99 *(978-1-4597-3434-0(3))* Dundurn Pr. CAN. Dist: Publishers Group West (PGW).
Jocki Mactavish. Albert Marsolais. 2019. (ENG., Illus.). 104p. (J). pap. *(978-1-7751061-5-9(2))* Albert Anthony Marsolais.
Jocki MacTavish. Albert Marsolais. 2019. (Jocki Mactavish Ser.: Vol. 1). (ENG., Illus.). 120p. (J). pap. *(978-1-7751061-9-7(5))* Albert Anthony Marsolais.
Jocki MacTavish. Albert A. Marsolais. 2020. (Jocki Mactavish Ser.: Vol. 1). (ENG.). 146p. (J). *(978-1-989752-08-1(X))* Albert Anthony Marsolais.
Jocki MacTavish & the Refugees. Albert Marsolais. 2019. (Jocki Mactavish Ser.: Vol. 2). (ENG.). 186p. (J). pap. *(978-1-7751061-8-0(7));* (Illus.). pap. *(978-1-989752-00-5(4))* Albert Anthony Marsolais.
Jocki MacTavish & the Refugees. Albert A. Marsolais. 2020. (Jocki Mactavish Ser.: Vol. 2). (ENG.). 224p. (J). *(978-1-989752-09-8(8))* Albert Anthony Marsolais.
Jocko in London (Classic Reprint) Unknown Author. 2018. (ENG., Illus.). 20p. (J). 24.31 *(978-0-483-12113-3(4))* Forgotten Bks.
Jodie & the Book of the Rose. Julie Hodgson. 2017. (ENG., Illus.). (J). pap. *(978-91-88045-48-5(X))* Chave AB.
Jodie & the Library Card. Julie Hodgson. 2017. (ENG., Illus.). (J). pap. *(978-91-88045-44-7(7))* Chave AB.
Jodie & the Library Card /Jodie y la Tarjeta de la Biblioteca (Bilingual Version) Julie Hodgson. 2018. (SPA., Illus.). 252p. (J). pap. *(978-91-88045-61-4(7))* Chave AB.
Jodie & the Library Card (Super Large Print) Julie Hodgson. 2018. (ENG.). 564p. (J). pap. *(978-91-88831-00-2(0))* Chave AB.
Jodie Broom Och Rosenboken. Julie Hodgson. 2017. (SWE., Illus.). (J). pap. *(978-91-88045-51-5(X))* Chave AB.
Jodie e o Cartão Da Biblioteca. Julie Hodgson. 2018. (POR., Illus.). 126p. (J). pap. *(978-91-88831-01-9(9))* Chave AB.
Jodie und der Bibliotheksausweis. Julie Hodgson. 2017. (GER., Illus.). (J). pap. *(978-91-88045-47-8(1))* Chave AB.
Jodie y el Libro de la Rosa. Julie Hodgson. 2018. (SPA., Illus.). 116p. (J). pap. *(978-0-244-97771-9(2))* Lulu Pr., Inc.
Jody & the Monsters. Cindy Mackey. Illus. by Susan Young. 2019. (ENG.). 42p. (J). (gr. k-3). pap. 11.99 *(978-1-7322739-1-7(X))* Cyrano Bks.
Jody the Dizzy Squirrel. Bonnie Lacy. 2019. (ENG.). 26p. (J). pap. 12.95 *(978-1-64416-344-3(6))* Christian Faith Publishing.
Joe. 2020. (ENG., Illus.). 38p. (J). pap. 13.95 *(978-1-64670-704-1(4))* Covenant Bks.
Joe. Rosemarie Davis. Illus. by Autumn Davis. 2020. (ENG.). 38p. (J). 23.95 *(978-1-64670-705-8(2))* Covenant Bks.
Joe. Joan Lake. Illus. by Gabhor Utomo. 2019. (ENG.). 40p. (J). 21.95 *(978-1-64471-777-6(8))* Covenant Bks.
Joe: A Boy in the War-Times (Classic Reprint) R. W. Bigham. (ENG., Illus.). (J). 2018. 234p. 28.72 *(978-0-484-52953-2(6));* 2016. pap. 11.57 *(978-1-334-16205-3(0))* Forgotten Bks.
Joe: A Comedy of Child Life in Two Acts (Classic Reprint) Charles Barnard. 2018. (ENG., Illus.). 28p. (J). 24.47 *(978-0-484-74862-9(9))* Forgotten Bks.
Joe All Alone. Joanna Nadin. 2020. (ENG.). 240p. (J). (gr. 5-17). pap. 10.99 *(978-0-349-12455-1(8))* Little, Brown Bks. for Young Readers.
Joe & His Friends! Coloring Book. Creative Playbooks. 2016. (ENG., Illus.). (J). pap. 7.74 *(978-1-68323-801-0(X))* Twin Flame Productions.
Joe & Me: A Love Story of a Guitar & Her Boy. Carolyn V. Ayres. 2021. (ENG.). 202p. (YA). pap. 13.99 *(978-1-935807-66-7(8))* Stansbury Publishing.
Joe & Pam Make Jam. Jerilynn Henrikson. 2017. (ENG., Illus.). (J). (gr. k-2). 20.00 *(978-1-939054-80-7(X))* Rowe Publishing.
Joe & Sparky, Party Animals! Jamie Michalak. Illus. by Frank Remkiewicz. (Candlewick Sparks Ser.). (ENG.). 48p. (J). (gr. k-4). 2018. pap. 5.99 *(978-1-5362-0327-1(0));* 2017. 15.99 *(978-0-7636-8206-4(3))* Candlewick Pr.
Joe & the Blue Elephant. Nick Bonomo. 2017. (ENG., Illus.). 34p. (J). pap. *(978-1-365-79979-2(4))* Lulu Pr., Inc.
Joe Anderson & Old Jim Bayley (Classic Reprint) Unknown Author. (ENG., Illus.). (J). 2018. 20p. 24.31 *(978-0-483-70342-1(7));* 2017. pap. 7.97 *(978-0-243-39986-4(3))* Forgotten Bks.
Joe at the Show. Cecilia Minden. Illus. by Anna Jones. 2022. (Little Blossom Stories Ser.). (ENG.). 16p. (J). (gr. -1-2). pap. 11.36 *(978-1-5341-9875-3(X),* 220080, Cherry Blossom Press) Cherry Lake Publishing.
Joe Baker, or the One Church (Classic Reprint) Unknown Author. 2018. (ENG., Illus.). 100p. (J). 25.98 *(978-0-484-88106-7(X))* Forgotten Bks.
Joe Bear Finds a Home. Joseph Francis. 2019. (ENG., Illus.). 26p. (J). (gr. -1-3). 22.95 *(978-1-64531-528-5(2));* pap. 12.95 *(978-1-64531-526-1(6))* Newman Springs Publishing, Inc.
Joe Bently: Naval Cadet (Classic Reprint) Henry Howard Clark. 2017. (ENG., Illus.). (J). 33.22 *(978-0-260-95436-7(5));* pap. 16.57 *(978-1-5284-6169-6(X))* Forgotten Bks.
Joe Biden. Tamara L. Britton. 2021. (United States Presidents Ser.). (ENG., Illus.). 40p. (J). (gr. 2-5). lib. bdg. 35.64 *(978-1-5321-9612-6(1),* 38122, Big Buddy Bks.) ABDO Publishing Co.
Joe Biden. Grace Hansen. 2020. (United States President Biographies Ser.). (ENG., Illus.). 24p. (J). (gr. -1-2). lib. bdg. 32.79 *(978-1-0982-0693-2(2),* 36385, Abdo Kids) ABDO Publishing Co.
Joe Biden. Luna Thomas. 2021. (United States Presidents Ser.). (ENG.). 48p. (J). (gr. 4-4). pap. 11.95 *(978-1-64494-526-1(6),* Checkerboard Library) ABDO Publishing Co.
Joe Biden. Rachael L. Thomas. 2020. (United States Presidents Ser.). (ENG., Illus.). 48p. (J). (gr. 3-6). lib. bdg. 35.64 *(978-1-5321-9381-1(5),* 36923, Checkerboard Library) ABDO Publishing Co.
Joe Biden: From Scranton to the White House. Heather E. Schwartz. 2021. (Gateway Biographies Ser.). (ENG., Illus.). 48p. (J). (gr. 4-8). pap. 11.99 *(978-1-7284-4088-0(2),* 83b9057c-026c-4e7c-90aa-7401d1528519); lib. bdg. 31.99 *(978-1-7284-2059-2(8),* 1e24e42a-5b49-4aea-8624-1c10956c3491) Lerner Publishing Group. (Lerner Pubns.).
Joe Biden: Our 46th President. Beatrice Gormley. 2021. (ENG.). 256p. (J). (gr. 3-7). 17.99 *(978-1-5344-7932-6(5));* pap. 6.99 *(978-1-5344-7931-9(7))* Simon & Schuster Children's Publishing. (Aladdin).
Joe Biden: a Little Golden Book Biography. Shana Corey. Illus. by Lauren Gallegos. 2022. (Little Golden Book Ser.). 24p. (J). (gr. -1-3). 5.99 *(978-0-593-47938-4(6),* Golden Bks.) Random Hse. Children's Bks.
Joe Biden: *pending Upcoming Election. Ryan Gale. 2020. (Essential Lives Ser.). (ENG., Illus.). 112p. (J). (gr. 6-12). lib. bdg. 41.36 *(978-1-5321-9410-8(2),* 36571, Essential Library) ABDO Publishing Co.
Joe Biden (Set), 0 vols. Grace Hansen. 2022. (Biografías de Los Presidentes de Los Estados Unidos Ser.). (SPA.). 24p. (J). (gr. -1-2). lib. bdg. 32.79 *(978-1-0982-6544-1(0),* 41033, Abdo Kids) ABDO Publishing Co.
Joe Biden Who Is America's 46th President? Easy Reader for Children- Level 2. R. L. Margolin. 2020. (ENG.). (J). 34p. 17.99 *(978-1-0879-2866-1(4));* 36p. pap. 7.99 *(978-1-0879-1448-0(5))* Indy Pub.
Joe Burrow. Kenny Abdo. 2022. (Sports Biographies Ser.). (ENG., Illus.). 24p. (J). (gr. 2-8). lib. bdg. 31.36 *(978-1-0982-8025-3(3),* 41085, Abdo Zoom-Fly) ABDO Publishing Co.
Joe Burrow. Thomas K. Adamson. 2023. (Sports Superstars Ser.). (ENG., Illus.). (J). (gr. 3-7). lib. bdg. 26.95 Bellwether Media.
Joe Burrow. Jon M. Fishman. 2021. (Sports All-Stars (Lerner (tm) Sports) Ser.). (ENG., Illus.). 32p. (J). (gr. 2-5). pap. 9.99 *(978-1-7284-2314-2(7),* 84b58d84-66a4-4cfc-93ce-2c09dd518699, Lerner Pubns.) Lerner Publishing Group.
Joe Burrow: Football Star. TBD & Harold P. Cain. 2022. (Biggest Names in Sports Set 7 Ser.). (ENG., Illus.). 32p. (J). (gr. 3-5). pap. 9.95 *(978-1-63739-439-7(X));* lib. bdg. 31.35 *(978-1-63739-438-0(1))* North Star Editions. (Focus Readers).
Joe Finds a New Home. Pa Brown. 2019. (ENG.). 30p. (J). pap. 13.95 *(978-1-64492-058-9(1))* Christian Faith Publishing.
Joe Finds His Way Home: A Good Children's Kindle Book for Little Boys & Girls Ages 1-3 3-5 6-8 Keep Calm Don't Give Up. K. a Mulenga. 2021. (ENG., Illus.). 26p. (J). pap. *(978-0-620-92509-9(4))* ALZuluBelle.
Joe Joe & the Lion Prince. Bobby Van Der Wurff. 2019. (ENG., Illus.). 52p. (J). *(978-1-913179-15-1(X))* UK Bk. Publishing.
Joe Miller's Complete Jest Book: Being a Collection of the Most Excellent Bon Mots, Brilliant Jests, & Striking Anecdotes, in the English Language (Classic Reprint) Joe Miller. 2017. (ENG., Illus.). (J). 34.33 *(978-0-331-81386-9(6))* Forgotten Bks.
Joe Miller's Jests: Or the Wits Vade-Mecum (Classic Reprint) John Mottley. 2018. (ENG., Illus.). 76p. (J). 25.46 *(978-0-428-97954-6(8))* Forgotten Bks.
Joe Miller's Jests: With Copious Additions. Joe Miller. 2017. (ENG., Illus.). (J). pap. *(978-0-649-61847-7(5))* Trieste Publishing Pty Ltd.
Joe Miller's Jests: With Copious Editions (Classic Reprint) Joe Miller. (ENG., Illus.). (J). 2018. 300p. 30.08 *(978-0-484-47389-7(1));* 2016. pap. 13.57 *(978-1-333-73620-0(7))* Forgotten Bks.
Joe Quinn's Poltergeist. David Almond. Illus. by Dave McKean. 2019. (ENG.). 80p. (J). (gr. 7). 17.99 *(978-1-5362-0160-4(X))* Candlewick Pr.
Joe SAP's Tales (Classic Reprint) Hal B. Crandall. 2017. (ENG., Illus.). (J). pap. 11.97 *(978-0-259-44487-9(1))* Forgotten Bks.
Joe Sap's Tales (Classic Reprint) Hal B. Crandall. 2018. (ENG., Illus.). 264p. (J). 29.34 *(978-0-365-12280-7(7))* Forgotten Bks.
Joe Smith His Waxworks (Classic Reprint) Bill Smith. 2018. (ENG., Illus.). 304p. (J). 30.19 *(978-0-332-97398-2(0))* Forgotten Bks.
Joe Strong on the Trapeze: Or the Daring Feats of a Young Circus Performer (Classic Reprint) Vance Barnum. 2018. (ENG., Illus.). 218p. (J). 28.41 *(978-0-484-83136-9(4))* Forgotten Bks.
Joe Strong the Boy Wizard: Or the Mysteries of Magic Exposed (Classic Reprint) Vance Barnum. (ENG., Illus.). (J). 2018. 220p. 28.45 *(978-0-365-38325-3(2));* 2017. pap. 10.97 *(978-1-5276-1405-5(0))* Forgotten Bks.
Joe Taylor Barnstormer: His Travels, Troubles & Triumphs During Fifty Years in Footlight Flashes (Classic Reprint) J. H. Taylor. 2018. (ENG., Illus.). 306p. (J). 30.21 *(978-0-483-46792-7(8))* Forgotten Bks.
Joe, the Book Farmer: Making Good on the Land (Classic Reprint) Garrard Harris. (ENG., Illus.). (J). 2017. 31.63 *(978-0-331-03913-9(3));* 2016. pap. 16.57 *(978-1-334-13550-7(9))* Forgotten Bks.
Joe the Elf. Marirose. 2019. (ENG., Illus.). 28p. (J). pap. *(978-1-78830-394-1(6))* Olympia Publishers.
Joe the Hotel Boy: Or, Winning Out by Pluck. Jr. Horatio Alger. 2017. (ENG., Illus.). (J). 23.95 *(978-1-374-91868-9(7));* pap. 13.95 *(978-1-374-91867-2(9))* Capital Communications, Inc.
Joe the Hotel Boy: Winning Out. Horatio Alger. 2019. (ENG.). 166p. (YA). (gr. 7-12). pap. *(978-93-5329-600-1(5))* Alpha Editions.
Joe the Hotel Boy, or Winning Out by Pluck (Classic Reprint) Horatio Alger Jr. (ENG., Illus.). (J). 2018. 292p. 29.92 *(978-0-332-40284-0(3));* 2016. pap. 13.57 *(978-1-334-16344-9(8))* Forgotten Bks.
Joe Wayring at Home: Or the Adventures of a Fly-Rod (Classic Reprint) Harry Castlemon. 2018. (ENG., Illus.). 424p. (J). 32.64 *(978-0-267-21998-8(9))* Forgotten Bks.

J

Joe Wilson & His Mates (Classic Reprint) Henry Lawson. 2017. (ENG., Illus.). (J). 31.75 *(978-0-331-89271-0(5))* Forgotten Bks.

Joel: A Boy of Galilee. Annie Fellows Johnston. 2018. (ENG., Illus.). 158p. (YA). (gr. 7-12). pap. *(978-93-5329-274-4(3))* Alpha Editions.

Joel: A Boy of Galilee (Classic Reprint) Annie Fellows Johnston. 2017. (ENG., Illus.). (J). 29.96 *(978-0-331-11828-5(9))* Forgotten Bks.

Joel: The Amazing Fisher of Men. Gloria M. Harrison. Illus. by Maryna Kovinka. 2018. (ENG.). 36p. (J). pap. 9.99 *(978-1-949185-01-0(X))* Harrison, Gloria M.

Joel & the Locusts: The Minor Prophets, Book 7. Brian J. Wright & John Robert Brown. 2023. (ENG.). 40p. (J). 10.99 *(978-1-5271-0946-9(1),* 91828aa7-6a3f-4099-b127-e67100096481, CF4Kids) Christian Focus Pubns. GBR. Dist: Baker & Taylor Publisher Services (BTPS).

Joel Chandler Harris & His Home: A Sketch (Classic Reprint) Myrta Lockett Avary. (ENG., Illus.). (J). 2018. 38p. 24.68 *(978-0-484-72315-2(4))*; 2016. pap. 7.97 *(978-1-333-42104-5(4))* Forgotten Bks.

Joel Embiid. Jon M. Fishman. 2020. (Sports All-Stars (Lerner (tm) Sports) Ser.). (ENG., Illus.). 32p. (J). (gr. 2-5). pap. 9.99 *(978-1-5415-8954-4(8),* 3ebee820-bf9b-4a7e-a8f0-3e7d8ce6f311); lib. bdg. 29.32 *(978-1-5415-7729-9(9),* f4738cc9-7877-4d70-85ed-39dd29d6c72e) Lerner Publishing Group. (Lerner Pubns.).

Joëlle Se Gratte la Tète: Poux. Nicole Audet. Illus. by Mylène Villeneuve. 2018. (FRE.). 30p. (J). pap. *(978-1-989041-21-5(3))* Dr. Nicole Publishing.

Joëlle Va Chez le Docteur: Vaccination. Dre Nicole Audet. Illus. by Mylene Villeuve. 2018. (FRE.). 30p. (J). pap. *(978-1-989041-22-2(1))* Dr. Nicole Publishing.

Joel's Excursion: A Poem (Classic Reprint) A. P. Pichereau. (ENG., Illus.). (J). 2018. 36p. 24.66 *(978-0-656-34891-6(7))*; 2017. pap. 7.97 *(978-0-243-43992-8(X))* Forgotten Bks.

Joe's Adventures: Fun on the River. Joseph J. Dougherty. 2019. (ENG., Illus.). 146p. (YA). (gr. 7-12). pap. 8.99 *(978-1-64376-571-6(X))* PageTurner: Pr. & Media.

Joe's Jungle Hair. Paul Aldridge. Illus. by Jon Cooper. 2020. (ENG.). 36p. (J). pap. 13.99 *(978-1-910903-16-2(7))* AudioGO.

Joe's Luck. Horatio Alger. 2017. (ENG.). 324p. (J). pap. *(978-3-337-33969-2(7))* Creation Pubs.

Joe's Luck: Or, a Boy's Adventures in California (Classic Reprint) Horatio Alger. 2018. (ENG., Illus.). 234p. (J). 28.72 *(978-0-484-71422-8(8))* Forgotten Bks.

Joe's Luck Always Wide Awake. Horatio Alger. 2019. (ENG.). 184p. (YA). (gr. 7-12). pap. *(978-93-5329-599-8(8))* Alpha Editions.

Joe's Luck, or a Boy's Adventures in California (Classic Reprint) Horatio Alger Jr. (ENG., Illus.). (J). 2018. 322p. 30.56 *(978-0-484-88664-2(9))*; 2016. pap. 13.57 *(978-1-333-65374-3(3))* Forgotten Bks.

Joe's New World: A Me & Mr. P Adventure. Maria Farrer. Illus. by Daniel Rieley. 2019. (Me & Mister P. Ser.: 3). (ENG.). 288p. (J). (gr. 3-7). pap. 8.99 *(978-1-5107-3911-6(4),* Sky Pony Pr.) Skyhorse Publishing Co., Inc.

Joe's Place: A Life Story (Classic Reprint) John Rosslyn. (ENG., Illus.). (J). 2018. 212p. 28.29 *(978-0-483-64580-6(X))*; 2017. pap. 10.97 *(978-0-243-07566-9(9))* Forgotten Bks.

Joe's the Cat with a Glow! Coloring Book. Bobo's Children Activity Books. 2016. (ENG., Illus.). (J). pap. 9.33 *(978-1-68327-477-3(6))* Sunshine In My Soul Publishing.

Joey: Leveled Reader Green Fiction Level 14 Grade 1-2. Hmh Hmh. 2019. (Rigby PM Ser.). (ENG.). 16p. (J). (gr. 1-2). pap. 11.00 *(978-0-358-12067-4(5))* Houghton Mifflin Harcourt Publishing Co.

Joey: The Early Years. Alan Eggleston. 2017. (ENG., Illus.). (J). pap. 19.95 *(978-0-9986060-5-7(7))* Lexingford Publishing.

Joey: The Story of Joe Biden. Jill Biden. Illus. by Amy June Bates. 2020. (ENG.). 48p. (J). (gr. -1-3). 19.99 *(978-1-5344-8053-7(6),* Simon & Schuster/Paula Wiseman Bks.) Simon & Schuster/Paula Wiseman Bks.

Joey: a Baby Koala & His Mother. Nic Bishop. Illus. by Nic Bishop. 2020. (ENG., Illus.). 32p. (J). (gr. -1-3). 16.99 *(978-0-545-20640-2(5),* Scholastic Pr.) Scholastic, Inc.

Joey & His Friend Water. Ellen J. Lewinberg. Illus. by Raymund James Dakay. 2023. (ENG.). 96p. (J). pap. ***(978-0-2288-8169-8(2))*** Tellwell Talent.

Joey & Jenny Kid Detectives: The Creepy Old House. Yvonne J. Pettiford. 2021. (ENG.). 36p. (J). pap. *(978-1-64969-775-2(9))* Tablo Publishing.

Joey & Johnny, the Ninjas: Epic Fail. Kevin Serwacki & Chris Pallace. Illus. by Kevin Serwacki & Chris Pallace. 2016. (Joey & Johnny, the Ninjas Ser.: 2). (ENG., Illus.). 384p. (J). (gr. 3-7). 12.99 *(978-0-06-229935-2(2),* Balzer & Bray) HarperCollins Pubs.

Joey & the Jelly Beans. Carolyn Grassmick. 2022. (ENG., Illus.). 30p. (J). 23.95 *(978-1-68526-822-0(6))*; pap. 13.95 *(978-1-63885-316-9(9))* Covenant Bks.

Joey & the Unchained Tides in the Potter's Vessel. Tesha Watkins. 2nd ed. 2019. (J. A. T. A. h Ser.: Vol. 2). (ENG., Illus.). 74p. (J). (gr. 4-6). pap. 20.00 *(978-0-9762788-2-5(0))* Great I-AM Publishing Co., The.

Joey Counts to Ten. Sally Morgan. Illus. by Ambelin Kwaymullina. 2018. (ENG.). 24p. (J). (gr. -1-k). pap. 15.99 *(978-1-76050-294-2(4))* Little Hare Bks. AUS. Dist: Independent Pubs. Group.

Joey Drew Studios Employee Handbook: an AFK Book (Bendy) Cala Spinner. 2019. (ENG., Illus.). 208p. (J). (gr. 7-7). pap. 14.99 *(978-1-338-34392-2(0))* Scholastic, Inc.

Joey Finds His Jump! Once Upon A. A Dance. Illus. by Olha Tkachenko. 2021. (ENG.). 40p. (J). pap. 9.99 *(978-1-7363536-1-5(6))* Once Upon a Dance.

Joey Goes to Sea. Alan Villiers. Illus. by Victor J. Dowling. 2022. 70p. (J). (gr. 4-6). pap. 9.95 *(978-1-4930-6848-7(2),* Lyons Pr.) Globe Pequot Pr., The.

Joey Loves Playing in the Park - e Taatangira Te Takaakaro Joey N Te Tabo ni Kamaangang (Te Kiribati) Lorrie Tapora. Illus. by Jhunny Moralde. 2023. (ENG.). 18p. (J). pap. ***(978-1-922844-69-9(1))*** Library For All Limited.

Joey Plays Baseball. David Wylie. 2018. (ENG., Illus.). 22p. (J). pap. 11.95 *(978-1-64299-328-8(X))* Christian Faith Publishing.

Joey the Blue Monkey. John Osback. 2022. (ENG., Illus.). 26p. (J). pap. 14.95 ***(978-1-68498-410-7(6))*** Newman Springs Publishing, Inc.

Joey the Dancing Turkey. Kristi Argyle. 2021. (ENG.). 20p. (J). pap. 19.99 *(978-1-6628-0693-3(0))* Salem Author Services.

Joey the Dreamer: A Tale of Clay Court (Classic Reprint) Henry Oyen. 2017. (ENG., Illus.). 320p. (J). 30.50 *(978-0-332-45681-2(1))* Forgotten Bks.

Joey the Glowing Sea Turtle. Sophia R. Decatiff. 2021. (ENG., Illus.). 28p. (J). 23.95 *(978-1-63692-939-2(7))*; pap. 12.95 *(978-1-63692-938-5(9))* Newman Springs Publishing, Inc.

Joey the Snowman. Gwen Shuttleworth. 2021. (ENG.). 24p. (J). pap. *(978-0-2288-5721-1(X))* Tellwell Talent.

Joey's Buddy: A Foster Care Story. Aida Waserstein. Illus. by Jason Olney. 2021. (ENG.). 66p. (J). pap. 12.99 *(978-0-578-87444-9(X))* Escritora.

Joey's Christmas. Samantha L. Douglas. Illus. by Stephanie Maddy. 2022. (ENG.). 56p. (J). ***(978-0-2288-7505-5(6))***; pap. ***(978-0-2288-7504-8(8))*** Tellwell Talent.

Joey's Christmas. Tom Hutchison. 2018. (ENG., Illus.). 76p. (J). pap. 9.95 *(978-1-64299-128-4(7))* Christian Faith Publishing.

Joey's Sleepover. Samantha L. Douglas. Illus. by Stef. 2021. (ENG.). 52p. (J). *(978-0-2288-4816-5(4))*; pap. *(978-0-2288-4815-8(6))* Tellwell Talent.

Joffre Chaps & Some Others (Classic Reprint) Pierre Mille. 2018. (ENG., Illus.). 228p. (J). 28.62 *(978-0-365-18911-4(1))* Forgotten Bks.

Jogging Round the World: Riders & Drivers, with Curious Steeds or Vehicles, in Strange Lands & at Home, with Stories & Descriptions (Classic Reprint) Edith Dunham. 2017. (ENG., Illus.). (J). 25.53 *(978-0-331-19496-8(1))*; pap. 9.57 *(978-0-265-01199-7(X))* Forgotten Bks.

Joh. Amos Comenii Orbis Sensualium Pictus, Hoc Est Omnium Principalium in Mundo Rerum, et in Vita Actionum, Pictura et Nomenclatura: Joh. Amos Comenius's Visible World, or a Nomenclature, & Pictures, of All the Chief Things That Are in the World & Of. Johann Amos Comenius. 2017. (ENG., Illus.). (J). 28.41 *(978-0-331-55912-5(9))*; pap. 10.97 *(978-0-243-92464-6(X))* Forgotten Bks.

Joh. Amos Comenii Orbis Sensualium Pictus, Hoc Est, Omnium Principalium in Mundo Rerum, et in Vita Actionum, Pictura et Nomenclatura: Joh. Amos Comenius's Visible World, or a Nomenclature, & Pictures of All the Chief Things That Are in the World, & Of. Johann Amos Comenius. (ENG., Illus.). (J). 2018. 224p. 28.52 *(978-0-365-23233-9(5))*; 2017. pap. 10.97 *(978-0-259-50014-8(3))* Forgotten Bks.

Joh. Amos Comenii Orbis Sensualium Pictus, Hoc Est Omnium Principalium in Mundo Rerum, et in Vita Actionum, Pictura et Nomenclatura: Joh. Amos Comenius's Visible World, or a Nomenclature, & Pictures, of All the Chief Things That Are in the World, & Of. Johann Amos Comenius. 2017. (ENG., Illus.). (J). 226p. 28.56 *(978-0-266-74874-8(0))*; 228p. pap. 10.97 *(978-1-5277-1630-8(9))* Forgotten Bks.

Joh. Amos Comenius's Visible World: Or a Nomenclature, & Pictures of All the Chief Things in the World, & of Men's Employments Therein (Classic Reprint) Johann Amos Comenius. (ENG., Illus.). (J). 2018. 226p. 28.58 *(978-0-267-10625-7(4))*; 2017. pap. 10.97 *(978-0-259-89956-3(9))* Forgotten Bks.

Joh. Amos Comenius's Visible World: Or a Nomenclature, & Pictures of All the Chief Things That Are in the World, & of Men's Employments Therein (Classic Reprint) Johann Amos Comenius. (ENG., Illus.). (J). 2017. 28.54 *(978-0-265-40479-9(7))*; 2016. pap. 10.97 *(978-1-334-15468-3(6))* Forgotten Bks.

Joh. Amos Comenius's Visible World, or a Nomenclature, & Pictures, of All the Chief Things That Are in the World, & of Men's Employments Therein: In above 150 Cuts (Classic Reprint) Johann Amos Comenius. (ENG., Illus.). (J). 2018. 222p. 28.50 *(978-0-332-89032-6(5))*; 2017. pap. 10.97 *(978-0-259-51125-0(0))* Forgotten Bks.

Joh; Amos Commenii Orbis Sensualium Pictus; Hoc Est, Omnium Principalium in Mundo Rerum, et in Vita Actionum, Pictura et Nomenclatura; Joh; Amos Commenius's Visible World, or a Nomenclature, & Pictures of All the Chief Things That Are in the World, And. Johann Amos Commenius. (ENG., Illus.). (J). 2018. 218p. 28.39 *(978-0-365-07750-3(X))*; 2016. pap. 10.97 *(978-1-333-69051-9(7))* Forgotten Bks.

Johan & the Whale. A. Simioni. 2022. (ENG.). 50p. (J). pap. ***(978-1-989716-75-5(X))*** Greer, Sabrina.

Johan et Pirlouit: la Flute a Six Schtroumpfs see Pitufos, Vol. 1, La Flauta de los Pitufos

Johana & Sparky. S E Genberg. 2021. (ENG.). 24p. (J). 18.99 ***(978-1-956373-54-7(3))***; pap. 7.99 ***(978-1-956373-53-0(5))*** Ideopage Pr. Solutions.

Johann Andreas Naumann's Naturgeschichte der Vögel Deutschlands, Nach Einigen Eigenhändig Entworfen, Vol. 11: Durchaus Umgearbeitet, Systematisch Geordnet, Sehr Vermehrt, Vervollständigt, und Mit Getreu Nach der Natur Eigenhändig Gezeichneten und Gesto. Johann Andreas Naumann. 2018. (GER., Illus.). 784p. (J). 40.09 *(978-0-656-77638-2(2))* Forgotten Bks.

Johann Andreas Naumann's Naturgeschichte der Vogel Deutschlands, Nach Einigen Eigenhandig Entworfen, Vol. 6: Durchaus Umgearbeitet, Systematisch Geordnet, Sehr Vermehrt, Vervollstandigt, und Mit Getreu Nach der Natur Eigenhandig Gezeichneten und Gestoche. Johann Andreas Naumann. 2017. (GER., Illus.). (J). 36.77 *(978-0-331-71374-9(8))*; pap. 19.57 *(978-0-282-34558-7(2))* Forgotten Bks.

Johann Sebastian Bach. George Upton. 2019. (ENG.). 122p. (J). pap. *(978-0-359-78683-1(9))* Lulu Pr., Inc.

Johanna (Classic Reprint) B. M. Croker. 2018. (ENG., Illus.). 322p. (J). 30.56 *(978-0-483-21311-1(X))* Forgotten Bks.

Johannes Brenz: Leben und Ausgewählte Schriften (Classic Reprint) Julius Hartmann. 2018. (GER., Illus.). (J). 350p. 31.12 *(978-0-364-24414-2(3))*; 354p. 31.22 *(978-0-364-68661-4(8))*; 352p. pap. 13.57 *(978-0-267-56242-8(X))* Forgotten Bks.

Johannes Gutenberg: Inventor & Craftsman. Mary Boone. 2018. (STEM Scientists & Inventors Ser.). (ENG.). 24p. (J). pap. 47.70 *(978-1-5435-0675-4(5),* 27701); (Illus.). (gr. 1-3). lib. bdg. 27.99 *(978-1-5435-0648-8(8),* 137411) Capstone. (Capstone Pr.).

Johannes Kepler, 1 vol. Daniel E. Harmon. 2017. (Leaders of the Scientific Revolution Ser.). (ENG., Illus.). 112p. (J). (gr. 8-8). 38.80 *(978-1-5081-7472-1(5),* 63e6f89d-004b-4e5d-b701-bf2a915009c6, Rosen Young Adult) Rosen Publishing Group, Inc., The.

John: A Love Story (Classic Reprint) Margaret Oliphant. 2018. (ENG., Illus.). 326p. (J). 30.64 *(978-0-483-92271-6(4))* Forgotten Bks.

John: A Love Story (Classic Reprint) Margaret O. W. Oliphant. 2016. (ENG., Illus.). (J). pap. 13.57 *(978-1-333-41212-8(6))* Forgotten Bks.

John 1-3 - Teen Bible Study Book: The Word Became Flesh. Matt Chandler. 2021. (ENG.). 160p. (YA). pap. 21.00 *(978-1-0877-5236-5(1))* Lifeway Christian Resources.

John 1-3 - Teen Bible Study Leader Kit: The Word Became Flesh. Matt Chandler. 2021. (ENG.). 144p. (YA). 59.99 *(978-1-0877-5238-9(8))* Lifeway Christian Resources.

John Adams. Ruth Daly. 2019. (Founding Fathers Ser.). (ENG.). 24p. (J). lib. bdg. 22.99 *(978-1-5105-4614-1(6))* SmartBook Media, Inc.

John Adams. Heidi Elston. (United States Presidents Ser.). (ENG., Illus.). (J). 2020. 48p. (gr. 3-6). lib. bdg. 35.64 *(978-1-5321-9337-8(8),* 34831, Checkerboard Library); 2016. 40p. (gr. 2-5). lib. bdg. 35.64 *(978-1-68078-081-9(6),* 21779, Big Buddy Bks.) ABDO Publishing Co.

John Adams. Ellis M. Reed. 2018. (Founding Fathers Ser.). (ENG., Illus.). 24p. (J). (gr. 1-1). pap. 8.95 *(978-1-63517-812-8(6),* 1635178126) North Star Editions.

John Adams. Ellis M. Reed. 2018. (Founding Fathers Ser.). (ENG., Illus.). 24p. (J). (gr. k-3). lib. bdg. 31.36 *(978-1-5321-6017-2(8),* 28666, Pop! Cody Koala) Pop!.

John Adams: Our 2nd President. Ann Graham Gaines. 2020. (United States Presidents Ser.). (ENG.). 48p. (J). (gr. 3-6). lib. bdg. 41.36 *(978-1-5038-4394-3(7),* 214171) Child's World, Inc, The.

John Adams & the Magic Bobblehead: John Adams & the Magic Bobblehead, 1 vol. Deborah Kalb. Illus. by Robert Lunsford. 2018. (President & Me Ser.: 2). (ENG.). 144p. (gr. 3-6). pap. 12.99 *(978-0-7643-5556-1(2),* 9948) Schiffer Publishing, Ltd.

John Adney, Ambulance Driver (Classic Reprint) Dillon Wallace. 2018. (ENG., Illus.). 326p. (J). 30.62 *(978-0-332-83934-9(6))* Forgotten Bks.

John & Betty Stam: Missionary Martyrs to China. Karen E. Weitzel & Bible Visuals International. 2020. (Flashcard Format 5190-Acs Ser.: Vol. 5190). (ENG.). 56p. (J). pap. 19.00 *(978-1-64104-110-2(2))* Bible Visuals International, Inc.

John & Betty Stam: To Die Is Gain. Rachel Lane. 2020. (Trail Blazers Ser.). (ENG.). 176p. (J). pap. 8.99 *(978-1-5271-0530-0(X),* 7d445498-81b4-4b85-b0c8-e4cd3a8d873b, CF4Kids) Christian Focus Pubns. GBR. Dist: Baker & Taylor Publisher Services (BTPS).

John & Betty's History Visit (Classic Reprint) Margaret Williamson. 2018. (ENG., Illus.). 350p. (J). 31.14 *(978-0-364-04041-6(6))* Forgotten Bks.

John & Betty's Scotch History Visit (Classic Reprint) Margaret Williamson. (ENG., Illus.). (J). 2018. 364p. 31.40 *(978-0-267-53944-4(4))*; 2016. pap. 13.97 *(978-1-333-36690-2(6))* Forgotten Bks.

John & I & the Church (Classic Reprint) Elizabeth Grinnell. (ENG., Illus.). (J). 2018. 224p. 28.54 *(978-0-483-97790-7(X))*; 2016. pap. 11.57 *(978-1-334-11736-7(5))* Forgotten Bks.

John & I, Vol. 1 of 3 (Classic Reprint) Matilda Betham-Edwards. 2018. (ENG., Illus.). 316p. (J). 30.41 *(978-0-483-95105-1(6))* Forgotten Bks.

John & I, Vol. 2 of 3 (Classic Reprint) M. Betham-Edwards. 2018. (ENG., Illus.). 330p. (J). 30.70 *(978-0-483-91871-9(7))* Forgotten Bks.

John & Mary, or the Fugitive Slaves: A Tale of South-Eastern Pennsylvania (Classic Reprint) Ellwood Griest. (ENG., Illus.). (J). 2018. 230p. 28.64 *(978-0-484-91732-2(3))*; 2017. pap. 11.57 *(978-0-259-49862-9(9))* Forgotten Bks.

John & the Jumping Bean. Tracilyn George. 2020. (ENG.). 24p. (J). pap. 11.00 *(978-1-990153-13-6(5))* Lulu Pr., Inc.

John & the Jumping Bean. Tracilyn George. Illus. by Aria Jones. 2020. (ENG.). 24p. (J). pap. 17.82 *(978-1-716-61597-9(6))* Lulu Pr., Inc.

John Andross (Classic Reprint) Rebecca Harding Davis. (ENG., Illus.). (J). 2018. 328p. 30.66 *(978-0-267-30433-2(1))*; 2016. pap. 13.57 *(978-1-333-27282-1(0))* Forgotten Bks.

John Angelo: At the Water Color Exhibition (Classic Reprint) Lizzie W. Champney. 2018. (ENG., Illus.). 36p. (J). 24.66 *(978-0-332-93463-1(2))* Forgotten Bks.

John Armstrong: The Story of a Life (Classic Reprint) Greenwood. 2018. (ENG., Illus.). 330p. (J). 30.74 *(978-0-428-28181-6(8))* Forgotten Bks.

John Arrowsmith Planter (Classic Reprint) Belle Bushnell. (ENG., Illus.). (J). 2018. 478p. 33.78 *(978-0-365-14240-9(9))*; 2017. pap. 16.57 *(978-0-282-42224-0(2))* Forgotten Bks.

John Audubon & the World of Birds for Kids: His Life & Works, with 21 Activities. Michael Elsohn Ross. 2022. (For Kids Ser.: 76). (Illus.). 144p. (J). (gr. 4-7). pap. 18.99 *(978-1-64160-618-9(5))* Chicago Review Pr., Inc.

John Ayscough's Letters to His Mother During 1914, 1915, & 1916 (Classic Reprint) John Ayscough. 2017. (ENG., Illus.). (J). 32.91 *(978-0-265-42490-2(9))* Forgotten Bks.

John Balguy: An English Moralist of the 18th Century. Hugh David Jones. 2017. (ENG., Illus.). (J). pap. *(978-0-649-42059-9(4))* Trieste Publishing Pty Ltd.

John Barleycorn. Jack. London. 2020. (ENG.). 128p. (J). pap. *(978-1-6780-1977-8(1))* Lulu Pr., Inc.

John Barleycorn (Classic Reprint) Jack. London. (ENG., Illus.). (J). 2018. 368p. 31.51 *(978-0-666-93701-8(X))*; 2018. 330p. 30.70 *(978-0-332-87912-3(7))*; 2017. pap. 13.97 *(978-0-282-54956-5(0))* Forgotten Bks.

John Beedle's Sleigh Ride, Courtship, & Marriage (Classic Reprint) William L. M'Clintock. (ENG., Illus.). (J). 2017. 25.03 *(978-0-331-74967-0(X))*; 2016. pap. 7.97 *(978-1-334-14172-0(X))* Forgotten Bks.

John Birks Dizzy Gillespie. Susan Engle. Illus. by Luthando Mazibuko. 2020. (Change Maker Ser.). (ENG.). 90p. (J). (gr. 4-7). pap. 9.95 *(978-1-61851-153-9(X))* Baha'i Publishing.

John Birks Dizzy Gillespie: A Man, a Trumpet, & a Journey to Bebop. Susan Engle. Illus. by Luthando Mazibuko. 2020. (Change Maker Ser.). (ENG.). 90p. (J). pap. 9.95 *(978-1-61851-155-3(6))* Baha'i Publishing.

John Bodewin's Testimony (Classic Reprint) Mary Hallock Foote. 2017. (ENG., Illus.). (J). 31.07 *(978-0-265-19309-9(5))* Forgotten Bks.

John Bogardus: A Novel (Classic Reprint) George Agnew Chamberlain. 2018. (ENG., Illus.). 362p. (J). 31.36 *(978-0-484-52288-5(4))* Forgotten Bks.

John Brent (Classic Reprint) Theodore Winthrop. 2018. (ENG., Illus.). 376p. (J). 31.65 *(978-0-364-95005-0(6))* Forgotten Bks.

John Brown: Armed Abolitionist, 1 vol. Alison Morretta. 2018. (Hero or Villain? Claims & Counterclaims Ser.). (ENG.). 112p. (YA). (gr. 8-8). lib. bdg. 45.93 *(978-1-5026-3520-4(8),* 974225df-4747-47c6-848c-ef5bfe691eff) Cavendish Square Publishing LLC.

John Brown: Confessions of a New Army Cadet (Classic Reprint) R. W. Campbell. 2018. (ENG., Illus.). 272p. (J). 29.53 *(978-0-267-45795-3(2))* Forgotten Bks.

John Brown & the Harpers Ferry Raid. Kelsey Jopp. 2020. (Civil War Ser.). (ENG., Illus.). 48p. (J). (gr. 5-6). 34.21 *(978-1-64493-082-3(X),* 164493082X, Focus Readers) North Star Editions.

John Brown the Hero: Personal Reminiscences (Classic Reprint) J. W. Winkley. 2017. (ENG., Illus.). (J). 26.62 *(978-0-331-72481-3(2))* Forgotten Bks.

John Brownlow's Folks (Classic Reprint) Willis Boyd Allen. 2018. (ENG., Illus.). 278p. (J). 29.59 *(978-0-483-45642-6(X))* Forgotten Bks.

John Brown's Body (Classic Reprint) Stephen Vincent Benet. 2017. (ENG., Illus.). (J). 31.84 *(978-0-266-52507-3(5))*; pap. 16.57 *(978-0-243-38832-5(2))* Forgotten Bks.

John Bull, 1903, Vol. 1 (Classic Reprint) Arthur William À Beckett. 2017. (ENG., Illus.). (J). 27.77 *(978-0-266-68214-1(6))*; pap. 10.57 *(978-1-5276-5564-5(4))* Forgotten Bks.

John Bull in France: Or French As It Is Spoken (Classic Reprint) Léon Delgos. 2018. (ENG., Illus.). 216p. (J). 28.35 *(978-0-332-85432-8(9))* Forgotten Bks.

John Bull, Junior: Or French As She Is Traduced (Classic Reprint) Max O'Rell. 2018. (ENG., Illus.). 190p. (J). 27.82 *(978-0-332-09972-9(5))* Forgotten Bks.

John Bull, Limited (Classic Reprint) George W. Hills. 2018. (ENG., Illus.). 322p. (J). 30.54 *(978-0-483-79750-5(2))* Forgotten Bks.

John Bull Still in His Senses: Being the Third Part of Law Is a Bottomless-Pit (Classic Reprint) John Arbuthnot. (ENG., Illus.). (J). 2018. 534p. 34.93 *(978-0-483-11880-5(X))*; 2016. pap. 19.57 *(978-1-333-58237-1(4))* Forgotten Bks.

John Bull, Uncle Sam & Johnny Crapaud (Classic Reprint) James Edwards. 2017. (ENG., Illus.). (J). 364p. 31.40 *(978-0-484-56766-4(7))*; pap. 13.97 *(978-0-259-55017-4(5))* Forgotten Bks.

John Bull's Adventures in the Fiscal Wonderland (Classic Reprint) Charles Geake. 2018. (ENG., Illus.). 200p. (J). 28.04 *(978-0-656-47136-2(0))* Forgotten Bks.

John Bull's Land (Through a Telescope) from a Canadian Point of View (Classic Reprint) Unknown Author. (ENG., Illus.). (J). 2018. 188p. 27.90 *(978-0-484-88277-4(5))*; 2017. pap. 10.57 *(978-1-334-93419-3(3))* Forgotten Bks.

John Bull's Other Island. George Bernard Shaw. 2022. (ENG.). (J). 134p. 19.95 *(978-1-63637-787-2(4))*; 132p. pap. 9.95 *(978-1-63637-786-5(6))* Bibliotech Pr.

John Bull's Other Island. George Bernard Shaw. 2017. (ENG., Illus.). (J). 22.95 *(978-1-374-91884-9(9))* Capital Communications, Inc.

John Bull's Other Island, and, Major Barbara (Classic Reprint) George Bernard Shaw. 2017. (ENG., Illus.). (J). 31.71 *(978-0-260-70292-0(7))* Forgotten Bks.

John Bunyan's Dream Story: The Pilgrim's Progress Retold for Children & Adapted to School Reading (Classic Reprint) James Baldwin. 2017. (ENG., Illus.). (J). 28.06 *(978-0-266-56533-8(6))* Forgotten Bks.

John Burnet of Barns: A Romance (Classic Reprint) John Buchan. 2018. (ENG., Illus.). 514p. (J). 34.50 *(978-0-483-34000-8(6))* Forgotten Bks.

John Burroughs: Boy & Man (Classic Reprint) Clara Barrus. 2018. (ENG., Illus.). (J). 414p. 32.46 *(978-0-364-27681-5(9))*; 416p. 32.48 *(978-0-332-08305-6(5))* Forgotten Bks.

John Burroughs Talks (Classic Reprint) John Burroughs. 2017. (ENG., Illus.). (J). 32.23 *(978-0-265-18826-2(1))* Forgotten Bks.

John Burt (Classic Reprint) Frederick Upham Adams. 2018. (ENG., Illus.). 486p. (J). 33.94 *(978-0-483-25807-5(5))* Forgotten Bks.

John Burton's Stage Yarns (Classic Reprint) Annie B. Cooper. (ENG., Illus.). (J). 2018. 182p. 27.65 *(978-0-267-39383-1(0))*; 2016. pap. 10.57 *(978-1-334-13431-9(6))* Forgotten Bks.

John Cabot. Kristin Petrie. 2021. (World Explorers Ser.). (ENG., Illus.). 32p. (J). (gr. 3-6). lib. bdg. 32.79 *(978-1-5321-9725-3(X),* 38576, Checkerboard Library) ABDO Publishing Co.

John Caldigate (Classic Reprint) Anthony Trollope. 2017. (ENG., Illus.). (J). 33.20 *(978-0-266-28720-9(4))* Forgotten Bks.

John Caldigate, Vol. 1 (Classic Reprint) Anthony Trollope. 2018. (ENG., Illus.). 362p. (J). 31.38 *(978-0-483-71147-1(0))* Forgotten Bks.

John Carruthers, Indian Policeman (Classic Reprint) Sir Edmund C. Cox. 2017. (ENG., Illus.). (J). 30.79 *(978-0-266-22501-0(2))* Forgotten Bks.

John Carter of Mars. Edgar Burroughs. 2021. (ENG.). 204p. (J). 35.95 *(978-1-64720-350-4(3))*; pap. 16.95 *(978-1-64720-349-8(X))* Fiction Hse. Pr.

John Cave (Classic Reprint) B. Trites. 2018. (ENG., Illus.). 304p. (J). 30.19 *(978-0-483-81542-1(X))* Forgotten Bks.

John Cena. Tammy Gagne. 2019. (Wrestling Superstars Ser.). (ENG., Illus.). 32p. (J). (gr. 3-3). pap. 9.95 *(978-1-64494-225-3(9)*, 1644942259) Bigfoot Bks. GBR. Dist: North Star Editions.

John Cena. Contrib. by Alex Monnig. 2023. (Xtreme Wrestling Royalty Ser.). (ENG.). 48p. (J). (gr. 3-9). lib. bdg. 34.21 ***(978-1-0982-9144-0(1)***, 41759, Abdo & Daughters) ABDO Publishing Co.

John Cena: Hustle. Loyalty. Respect. Teddy Borth. 2017. (Wrestling Biographies Ser.). (ENG., Illus.). 24p. (J). (gr. 2-8). lib. bdg. 31.36 *(978-1-5321-2109-8(1)*, 26792, Abdo Zoom-Fly) ABDO Publishing Co.

John Charity: A Romance of Yesterday, Containing Certin Adventures & Love-Passages in Alta California of John Charity, Yeoman of Cranberry-Orcas in the County of Hampshire, England, As Set down by Himself (Classic Reprint) Horace Annesley Vachell. 2018. (ENG., Illus.). 300p. (J). 30.13 *(978-0-484-06482-8(7))* Forgotten Bks.

John Chrysostom: The Preacher in the Emperor's Court. Dayspring MacLeod. rev. ed. 2019. (Trail Blazers Ser.). (ENG., Illus.). 192p. (J). pap. 8.99 *(978-1-5271-0308-5(0)*, 93f84eb2-f790-4425-9b74-fbcd7bf77db4, CF4Kids) Christian Focus Pubns. GBR. Dist: Baker & Taylor Publisher Services (BTPS).

John Cook's Civil War Story. Katie Marsico. Illus. by David Belmonte. 2018. (Narrative Nonfiction: Kids in War Ser.). (ENG.). 32p. (J). (gr. 2-4). 27.99 *(978-1-5124-5680-6(2)*, 5f6f9e26-2fd6-4442-9c13-4ea16f171ba8, Lerner Pubns.); pap. 9.99 *(978-1-5415-1191-0(3)*, 22ac3d17-499b-4ec8-b3fc-10cf1dced47f) Lerner Publishing Group.

John Danny Olivas, 2 vols. Christine Juarez. 2016. (Great Hispanic & Latino Americans Ser.). (ENG.). (J). (gr. k-1). 53.32 *(978-1-5157-5661-3(0))*; (Illus.). 24p. (gr. -1-2). lib. bdg. 24.65 *(978-1-5157-1890-1(5)*, 132589, Pebble) Capstone.

John Darker: A Novel (Classic Reprint) Aubrey Lee. 2018. (ENG., Illus.). 478p. (J). 33.80 *(978-0-484-90630-2(5))* Forgotten Bks.

John de Lancaster, Vol. 1 Of 2: A Novel (Classic Reprint) Richard Cumberland. (ENG., Illus.). (J). 2018. 582p. 35.90 *(978-0-484-15258-7(0))*; 2017. pap. 19.57 *(978-0-259-59065-1(7))* Forgotten Bks.

John de Lancaster, Vol. 1 Of 3: A Novel (Classic Reprint) Richard Cumberland. 2018. (ENG., Illus.). 308p. (J). 30.25 *(978-0-483-72050-3(X))* Forgotten Bks.

John de Lancaster, Vol. 2 Of 3: A Novel (Classic Reprint) Richard Cumberland. 2018. (ENG., Illus.). 298p. (J). 30.04 *(978-0-483-61954-8(X))* Forgotten Bks.

John de Lancaster, Vol. 3 Of 3: A Novel (Classic Reprint) Richard Cumberland. 2018. (ENG., Illus.). 298p. (J). 30.04 *(978-0-267-16752-4(0))* Forgotten Bks.

John Deacon (Queen) Complete & in-Depth Study of a Magnificent Musician: This Book Is the Continuation of My Collection of John 185 Bass Transcriptions - Biography - Complete & Detailed Instrumentation - the Sound (and How to Get It) - His Techniques - Analysis & Deepen. Igor Sardi. 2022. (ENG.). 97p. pap. ***(978-1-387-92750-0(7))*** Lulu Pr., Inc.

John Deere. Sara Green. 2016. (Brands We Know Ser.). (ENG., Illus.). 24p. (J). (gr. 3-8). lib. bdg. 27.95 *(978-1-62617-348-4(6)*, Pilot Bks.) Bellwether Media.

John Deere Kids 100 First Words. Jack Redwing. Ed. by Cottage Door Press. Illus. by Bao Lu. 2020. (ENG.). 22p. (J). (gr. -1-k). bds. 9.99 *(978-1-68052-937-1(4)*, 1005800) Cottage Door Pr.

John Deere Kids Around the Farm. Jack Redwing. Ed. by Cottage Door Press. Illus. by Alexandra Bye. 2020. (ENG.). 12p. (J). (gr. -1 — 1). bds. 9.99 *(978-1-64638-048-0(7)*, 1006220) Cottage Door Pr.

John Deere Kids Busy Green Tractor. Jack Redwing. Ed. by Cottage Door Press. Illus. by Jen Taylor. 2022. (2 in 1 Read & Play Ser.). (ENG.). 12p. (J). (gr. -1-k). bds. 16.99 *(978-1-64638-634-5(5)*, 1008300) Cottage Door Pr.

John Deere Kids Dirt. Jack Redwing. Ed. by Cottage Door Press. Illus. by Jen Taylor. 2020. (Peek-A-Flap Ser.). (ENG.). 12p. (J). (gr. -1-1). bds. 9.99 *(978-1-68052-810-7(6)*, 1005230) Cottage Door Pr.

John Deere Kids Early Learning Activity Pad. Rose Nestling. Ed. by Cottage Door Press. Illus. by Alexandra Bye. 2022. (ENG.). 16p. (J). (gr. -1-3). 34.99 *(978-1-64638-451-8(2)*, 1007810) Cottage Door Pr.

John Deere Kids Farm: 500 Stickers & Puzzle Activities: Fold Out & Play! Jack Redwing. Ed. by Parragon Books. Illus. by Craig Shuttlewood. 2022. (ENG.). 50p. (J). (gr. -1-3). pap. 7.99 *(978-1-64638-017-6(7)*, 2003780, Parragon Books) Cottage Door Pr.

John Deere Kids Farm Friends. Jack Redwing. Ed. by Cottage Door Press. Illus. by Brianna Gooch. 2020. (ENG.). 12p. (J). (gr. -1 — 1). bds. 7.99 *(978-1-68052-809-1(2)*, 1005220) Cottage Door Pr.

John Deere Kids Farms, Fields & Forests (Colorforms) Ed. by Cottage Door Press. Illus. by Yi-Hsuan Wu. 2021. (Colorforms Ser.). (ENG.). 12p. (J). (gr. -1-2). bds. 16.99 *(978-1-64638-180-7(7)*, 1006820) Cottage Door Pr.

John Deere Kids Happy Little Farm. Jack Redwing. Ed. by Cottage Door Press. Illus. by Tommy Doyle. 2021. (ENG.). 10p. (J). (gr. -1-2). bds. 19.99 *(978-1-64638-187-6(4)*, 1006890) Cottage Door Pr.

John Deere Kids Hello, Farm! (a Tuffy Book) Ed. by Cottage Door Press. Illus. by Takako Fisher. 2023. (Tuffy Book Ser.). (ENG.). 10p. (J). 8.99 *(978-1-64638-785-4(6)*, 1008880) Cottage Door Pr.

John Deere Kids: How Tractors Work. Jack Redwing. Ed. by Cottage Door Press. 2023. (ENG.). 10p. (J). (gr. -1 — 1). bds. 6.99 *(978-1-64638-822-6(4)*, 1009080) Cottage Door Pr.

John Deere Kids I Am a Tractor. Jack Redwing. Ed. by Cottage Door Press. Illus. by Wenjia Tang. 2020. (ENG.). 12p. (J). (gr. -1 — 1). bds. 7.99 *(978-1-68052-806-0(8)*, 1005190) Cottage Door Pr.

John Deere Kids Machines at Work. Jack Redwing. Ed. by Cottage Door Press. Illus. by Katie Melrose. 2021. (ENG.). 10p. (J). (gr. -1-k). bds. 10.99 *(978-1-64638-184-5(X)*, 1006860) Cottage Door Pr.

John Deere Kids Mega Machines Activity Book. Jack Redwing. Ed. by Cottage Door Press. Illus. by Steven Wood. 2021. (ENG.). 128p. (J). (gr. -1-3). pap. 8.99 *(978-1-64638-179-1(3)*, 1006810, Parragon Books) Cottage Door Pr.

John Deere Kids My First Storyteller. Jack Redwing. Illus. by Katie Hickey & Brianna Gooch. 2021. (ENG.). 72p. (J). (gr. -1-k). 26.99 *(978-1-64638-405-1(9)*, 1007660) Cottage Door Pr.

John Deere Kids Plant & Grow. Jack Redwing. Ed. by Cottage Door Press. Illus. by Katie Hickey. 2020. (ENG.). 12p. (J). (gr. -1 — 1). bds. 7.99 *(978-1-68052-815-2(7)*, 1005280) Cottage Door Pr.

John Deere Kids Pop-Up Surprise Good Night, Tractor. Jack Redwing. Ed. by Cottage Door Press. Illus. by Bao Lu. 2022. (Pop-Up Surprise Ser.). (ENG.). 10p. (J). (gr. -1-1). bds. 12.99 *(978-1-64638-651-2(5)*, 1008170) Cottage Door Pr.

John Deere Kids Tractor Tales. Jack Redwing. Ed. by Cottage Door Press. Illus. by Joy Steuerwald. 2020. (ENG.). 24p. (J). (gr. -1-k). bds. 19.99 *(978-1-68052-951-7(X)*, 1005940) Cottage Door Pr.

John Deere Kids When I Grow Up. Jack Redwing. Ed. by Cottage Door Press. Illus. by Takako Fisher. 2020. (ENG.). 10p. (J). (gr. -1-k). bds. 12.99 *(978-1-68052-930-2(7)*, 1005720) Cottage Door Pr.

John Deere Kids Write & Erase Writing & Tracing Skills for Kids. Ed. by Cottage Door Press. 2023. (ENG.). 56p. (J). (gr. -1-1). spiral bd. 12.99 *(978-1-64638-633-8(7)*, 1008290) Cottage Door Pr.

John Deere, That's Who! Tracy Nelson Maurer; illustrated by Tim Zeltner. 2017. (ENG., Illus.). 40p. (J). 19.99 *(978-1-62779-129-8(9)*, 900136043, Holt, Henry & Co. Bks. For Young Readers) Holt, Henry & Co.

John Deere Word Search. Ed. by Parragon Books. Illus. by Levente Szabo. 2022. (Brain Busters Ser.). (ENG.). 320p. (gr. -1-3). pap. 10.99 *(978-1-64638-590-4(X)*, 1007840, Parragon Books) Cottage Door Pr.

John Dene of Toronto: A Comedy of Whitehall (Classic Reprint) Herbert Jenkins. 2018. (ENG., Illus.). 324p. (J). 30.58 *(978-0-484-81396-9(X))* Forgotten Bks.

John Doe & Richard Roe, or Episodes of Life in New York (Classic Reprint) Edward Sherman Gould. (ENG., Illus.). (J). 2018. 314p. 30.37 *(978-0-483-14865-9(2))*; 2016. pap. 13.57 *(978-1-333-22221-5(1))* Forgotten Bks.

John Dorrien: A Novel (Classic Reprint) Julia Kavanagh. 2017. (ENG., Illus.). 514p. (J). 34.50 *(978-0-484-07697-5(3))* Forgotten Bks.

John Dough & the Cherub (Classic Reprint) L. Frank Baum. 2017. (ENG., Illus.). (J). 30.70 *(978-0-265-89114-8(0))* Forgotten Bks.

John Drayton, Vol. 1 Of 2: Being a History of the Early Life & Development of a Liverpool Engineer (Classic Reprint) Margaret Oliphant. 2018. (ENG., Illus.). 290p. (J). 29.88 *(978-0-332-47743-5(6))* Forgotten Bks.

John Drayton, Vol. 1 Of 2: Being a History of the Early Life & Development of a Liverpool Engineer (Classic Reprint) Margaret O. W. Oliphant. 2016. (ENG., Illus.). (J). pap. 13.57 *(978-1-334-15489-8(9))* Forgotten Bks.

John Drayton, Vol. 2: Being a History of the Early Life & Development of a Liverpool Engineer (Classic Reprint) Margaret O. W. Oliphant. 2018. (ENG., Illus.). 276p. (J). 29.61 *(978-0-332-48216-3(2))* Forgotten Bks.

John Eax & Mamelon: Or the South Without the Shadow (Classic Reprint) Albion W. Tourgee. 2018. (ENG., Illus.). 316p. (J). 30.41 *(978-0-483-73666-5(X))* Forgotten Bks.

John Ellard the Newsboy (Classic Reprint) William S. Alfred Martien. 2018. (ENG., Illus.). 196p. (J). 27.94 *(978-0-483-05577-3(8))* Forgotten Bks.

John Epps (Classic Reprint) Frank Prentice Rand. 2018. (ENG., Illus.). 80p. (J). 25.57 *(978-0-483-89561-4(X))* Forgotten Bks.

John Ermine of the Yellowstone (Classic Reprint) Frederic Remington. 2017. (ENG., Illus.). (J). 29.80 *(978-0-265-18347-2(2))* Forgotten Bks.

John F. Kennedy. Megan M. Gunderson. (United States Presidents Ser.). (ENG., Illus.). (J). 2020. 48p. (gr. 3-6). lib. bdg. 35.64 *(978-1-5321-9361-3(0)*, 34879, Checkerboard Library); 2016. 40p. (gr. 2-5). lib. bdg. 35.64 *(978-1-68078-105-2(7)*, 21827, Big Buddy Bks.) ABDO Publishing Co.

John F. Kennedy. Emma Huddleston. 2023. (Influential Presidents Ser.). (ENG., Illus.). 32p. (J). (gr. 2-3). pap. 9.95 *(978-1-63739-501-1(9))*; lib. bdg. 31.35 *(978-1-63739-464-9(0))* North Star Editions. (Focus Readers).

John F. Kennedy: Our 35th President. Judith E. Harper. 2020. (United States Presidents Ser.). (ENG.). 48p. (J). (gr. 3-6). lib. bdg. 41.36 *(978-1-5038-4426-1(9)*, 214203) Child's World, Inc, The.

John F. Kennedy Assassination: The Shooting That Shook America, 1 vol. Joseph Stanley. 2017. (Crime Scene Investigations Ser.). (ENG.). 112p. (gr. 7-7). 42.03 *(978-1-5345-6087-1(4)*, 397f78e7-e868-44b6-8a14-7732ab298bb5, Lucent Pr.) Greenhaven Publishing LLC.

John F. Kennedy the Brave. Sheila Keenan. Illus. by Chin Ko. 2017. 25p. (J). *(978-1-5182-4585-5(4))* Harper & Row Ltd.

John F. Kennedy the Brave. Sheila Keenan. Illus. by Chin Ko. 2017. (I Can Read Level 2 Ser.). (ENG.). 32p. (J). (gr. -1-3). pap. 4.99 *(978-0-06-243258-2(3)*, HarperCollins) HarperCollins Pubs.

John F. Kennedy the Brave. Sheila Keenan. ed. 2018. (I Can Read Ser.). (ENG.). 25p. (J). (gr. -1-1). 13.89 *(978-1-64310-664-9(3))* Penworthy Co., LLC, The.

John F. Kennedy's Assassination Rocks America. Shannon Baker Moore. 2018. (Events That Changed America Ser.). (ENG.). 32p. (J). (gr. 3-6). lib. bdg. 35.64 *(978-1-5038-2518-5(3)*, 212325, MOMENTUM) Child's World, Inc, The.

John F. Kennedy's Moon Shot. Tamra Orr. 2020. (21st Century Skills Library: Front Seat of History: Famous Speeches Ser.). (ENG., Illus.). 32p. (J). (gr. 4-7). lib. bdg. 32.07 *(978-1-5341-6880-0(X)*, 215407) Cherry Lake Publishing.

John F. Kennedy's Presidency. Rebecca Rowell. ed. 2016. (Presidential Powerhouses Ser.). (ENG., Illus.). 104p. (YA). (gr. 6-12). E-Book 54.65 *(978-1-4677-8600-3(4)*, Lerner Pubns.) Lerner Publishing Group.

John Ferguson: A Play in Four Acts (Classic Reprint) St. John G. Ervine. 2018. (ENG., Illus.). 134p. (J). 26.66 *(978-0-484-47582-2(7))* Forgotten Bks.

John Forsyth's Aunts (Classic Reprint) Eliza Orne White. 2018. (ENG., Illus.). 286p. (J). 29.80 *(978-0-267-22211-7(4))* Forgotten Bks.

John Gabriel Borkman. Henrik Ibsen. 2017. (ENG., Illus.). (J). 23.95 *(978-1-374-84280-9(X))* Capital Communications, Inc.

John Gabriel Borkman. Henrik. Ibsen. 2017. (ENG.). 224p. (J). pap. *(978-3-337-18630-2(0))* Creation Pubs.

John Gabriel Borkman: A Play in Four Acts (Classic Reprint) Henrik Ibsen. 2018. (ENG., Illus.). 226p. (J). 28.56 *(978-0-365-37112-0(2))* Forgotten Bks.

John Gay; or, Work for Boys: Work for Spring (Classic Reprint) Jacob Abbott. (ENG., Illus.). (J). 2018. 212p. 28.29 *(978-0-267-27613-4(3))*; 2016. pap. 10.97 *(978-1-333-14720-4(1))* Forgotten Bks.

John Gay; or, Work for Boys. in Four Voulumes, Vol. 3. Jacob Abbott. 2017. (ENG., Illus.). (J). pap. *(978-0-649-13080-1(4))* Trieste Publishing Pty Ltd.

John Gay, or Work for Boys, Vol. 1 Of 4: Work for Winter (Classic Reprint) Jacob Abbott. 2016. (ENG., Illus.). (J). pap. 10.57 *(978-1-333-81362-8(7))* Forgotten Bks.

John Gay; or, Work for Boys, Vol. 3 of 4 (Classic Reprint) Jacob Abbott. 2018. (ENG., Illus.). 200p. (J). 28.02 *(978-0-483-68461-4(9))* Forgotten Bks.

John Gay; or, Work for Boys. Work for Spring. in Four Volumes. Jacob Abbott. 2017. (ENG., Illus.). (J). pap. *(978-0-649-61872-9(6))* Trieste Publishing Pty Ltd.

John Gentleman, Tramp (Classic Reprint) Jessie A. Norquay Forbes. (ENG., Illus.). (J). 2018. 210p. 28.23 *(978-0-428-37979-7(6))*; 2017. pap. 10.57 *(978-0-259-27332-5(5))* Forgotten Bks.

John Gilley: Maine Farmer & Fisherman. Charles W. Eliot. 2017. (ENG., Illus.). (J). pap. *(978-0-649-37295-9(6))* Trieste Publishing Pty Ltd.

John Gilley: Maine Farmer & Fisherman (Classic Reprint) Charles W. Eliot. 2017. (ENG., Illus.). (J). 25.55 *(978-0-331-13056-0(4))* Forgotten Bks.

John Glynn: A Novel of Social Work (Classic Reprint) Arthur Paterson. 2017. (ENG., Illus.). (J). 31.16 *(978-1-5279-5364-2(5))*; pap. 13.57 *(978-1-5276-1629-5(0))* Forgotten Bks.

John Godfrey's Fortunes; Related by Himself: A Story of American Life (Classic Reprint) Bayard Taylor. (ENG., Illus.). (J). 2018. 528p. 34.79 *(978-0-364-30951-3(2))*; 2018. 532p. 34.87 *(978-0-428-88665-3(5))*; 2017. pap. 19.57 *(978-0-243-58136-8(X))* Forgotten Bks.

John Gower's Minnesang und Ehezuchtbüchlein: LXXII Anglonormannische Balladen (Classic Reprint) John Gower. 2018. (FRE., Illus.). 38p. (J). pap. 7.97 *(978-1-391-27469-0(5))* Forgotten Bks.

John Gray: A Kentucky Tale of the Olden Time (Classic Reprint) James Lane Allen. (ENG., Illus.). (J). 2018. 230p. 28.66 *(978-0-656-18537-5(6))*; 2017. 230p. 28.64 *(978-0-331-63774-8(X))*; 2017. pap. 11.57 *(978-0-259-91892-9(X))* Forgotten Bks.

John Green: the Complete Collection Box Set, 5 vols. John Green. 2019. (ENG.). 1552p. (YA). (gr. 9). pap., pap., pap. 62.95 *(978-0-525-55518-6(8)*, Penguin Books) Penguin Young Readers Group.

John Guilderstring's Sin: A Novel (Classic Reprint) C. French Richards. 2018. (ENG., Illus.). 254p. (J). 29.14 *(978-0-483-96639-0(8))* Forgotten Bks.

John Gutenberg: First Master Printer, His Acts, & Most Remarkable Discourses & His Death (Classic Reprint) C. O. W. 2018. (ENG., Illus.). 150p. (J). 27.01 *(978-0-428-77694-7(9))* Forgotten Bks.

John H. Haaren's Complete Famous Men Series. John H. Haaren. 2018. (ENG., Illus.). 424p. (J). 24.99 *(978-1-5154-3488-7(5))* Wilder Pubns., Corp.

John Halifax: Gentleman. Dinah Maria Mulock Craik. 2017. (ENG., Illus.). (J). 30.95 *(978-1-374-95149-5(8))*; pap. 21.95 *(978-1-374-95148-8(X))* Capital Communications, Inc.

John Halifax, Gentleman (Classic Reprint) D. M. Mulock. 2017. (ENG., Illus.). (J). 34.66 *(978-0-331-69889-3(7))* Forgotten Bks.

John Halifax, Gentleman, Vol. 1 of 3 (Classic Reprint) Unknown Author. 2018. (ENG., Illus.). 330p. (J). 30.70 *(978-0-332-55382-5(5))* Forgotten Bks.

John Halifax, Gentleman, Vol. 2 of 3 (Classic Reprint) Unknown Author. 2018. (ENG., Illus.). 338p. (J). 30.87 *(978-0-484-01290-4(8))* Forgotten Bks.

John Halifax, Gentleman, Vol. 3 of 3 (Classic Reprint) Unknown Author. 2018. (ENG., Illus.). 318p. (J). 30.50 *(978-0-332-08386-5(1))* Forgotten Bks.

John Heathlyn of the Otway (Classic Reprint) Lynn Ferris. 2018. (ENG., Illus.). 306p. (J). 30.21 *(978-0-483-47000-2(7))* Forgotten Bks.

John Henry. Emily Dolbear. Illus. by Kathleen Petelinsek. 2021. (Tall Tales Ser.). (ENG.). 24p. (J). (gr. k-3). 32.79 *(978-1-5038-5005-7(6)*, 214854) Child's World, Inc, The.

John Henry. Christine Platt. Illus. by Evelt Yanait. (Cuentos Folclóricos Ser.). 32p. (J). (gr. -1-3). 2022. (SPA.). lib. bdg. 32.79 *(978-1-0982-3540-6(1)*, 41117); 2021. (ENG.). lib. bdg. 32.79 *(978-1-0982-3025-8(6)*, 37667) Magic Wagon. (Calico Chapter Bks).

John Henry (Classic Reprint) Hugh McHugh. 2018. (ENG., Illus.). 110p. (J). 26.17 *(978-0-332-98887-0(2))* Forgotten Bks.

John Henry Smith: A Humorous Romance of Outdoor Life (Classic Reprint) Frederick Upham Adams. 2018. (ENG., Illus.). 362p. (J). 31.36 *(978-0-267-96245-7(2))* Forgotten Bks.

John Henry, Steel-Drivin' Elf: A Graphic Novel. Benjamin Harper. Illus. by Álex López. 2019. (Far Out Folktales Ser.). (ENG.). 40p. (J). (gr. 3-6). lib. bdg. 25.32 *(978-1-4965-7844-0(9)*, 139310, Stone Arch Bks.) Capstone.

John Herkner (Classic Reprint) Ernest Rosner. (ENG., Illus.). (J). 2018. 88p. 25.71 *(978-0-365-00642-8(4))*; 2017. pap. 9.57 *(978-0-259-37358-2(3))* Forgotten Bks.

John Herring. Sabine Baring-Gould. 2017. (ENG.). (J). 318p. pap. *(978-3-7447-8038-4(4))*; 456p. pap. *(978-3-7447-7994-4(7))*; 300p. pap. *(978-3-7447-8037-7(6))*; 328p. pap. *(978-3-7447-8039-1(2))* Creation Pubs.

John Herring: A West of England Romance (Classic Reprint) S. Baring-Gold. 2018. (ENG., Illus.). 458p. (J). 33.34 *(978-0-483-31175-6(8))* Forgotten Bks.

John Herring: A West of England Romance (Classic Reprint) S. Baring-Gould. 2018. (ENG., Illus.). 302p. (J). 30.13 *(978-0-332-42750-8(1))* Forgotten Bks.

John Herring, Vol. 1 Of 2: A West of England Romance (Classic Reprint) Sabine Baring-Gould. (ENG., Illus.). (J). 2018. 340p. 30.91 *(978-0-365-32113-2(3))*; 2017. pap. 13.57 *(978-0-243-88327-1(7))* Forgotten Bks.

John Herring, Vol. 2: A West of England Romance (Classic Reprint) S. Baring-Gould. 2018. (ENG., Illus.). 332p. (J). 30.74 *(978-0-483-42988-8(0))* Forgotten Bks.

John Herring, Vol. 3: A West of England Romance (Classic Reprint) S. Baring-Gould. 2018. (ENG., Illus.). 316p. (J). 30.41 *(978-0-483-13540-6(2))* Forgotten Bks.

John Herschel Glenn, Jr: Space Pioneer & Senator, Dedicated Public Servant & Family Man. Compiled by Annie Laura Smith & Steve Gierhart. l.t. ed. 2021. (ENG.). 62p. (J). pap. 11.95 *(978-1-64066-119-6(0))* Ardent Writer Pr., LLC, The.

John Holbrook's Lessons (Classic Reprint) M. E. P. 2018. (ENG., Illus.). 176p. (J). 27.53 *(978-0-483-53117-8(0))* Forgotten Bks.

John Holden, Unionist: A Romance of the Days of Destruction & Reconstruction (Classic Reprint) T. C. De Leon. 2018. (ENG., Illus.). 366p. (J). 31.45 *(978-0-483-76002-8(1))* Forgotten Bks.

John Holdsworth Chief Mate (Classic Reprint) William Clark Russell. 2018. (ENG., Illus.). (J). 426p. 32.68 *(978-0-366-56114-8(6))*; 428p. pap. 16.57 *(978-0-366-06326-0(X))* Forgotten Bks.

John Hopkins's: Notions on Political Economy (Classic Reprint) Unknown Author. 2017. (ENG., Illus.). (J). 27.82 *(978-0-331-93457-1(4))* Forgotten Bks.

John Horsleydown, or the Confessions of a Thief: Written by Himself (Classic Reprint) Thomas Littleton Holt. (ENG., Illus.). (J). 2018. 320p. 30.50 *(978-0-484-73658-9(2))*; 2017. pap. 13.57 *(978-0-243-87359-3(X))* Forgotten Bks.

John Hughes, Eagle of the Church. Doran Hurley. 2017. (ENG., Illus.). (J). (gr. 4-6). pap. 14.95 *(978-0-9976647-2-0(X))* Hillside Education.

John I Love You All Ways. Marianne Richmond. Illus. by Dubravka Kolanovic. 2023. (I Love You All Ways Ser.). (ENG.). 32p. (J). (gr. -1-3). 8.99 ***(978-1-7282-7380-8(3))*** Sourcebooks, Inc.

John Ingerfield, & Other Stories (Classic Reprint) Jerome Jerome. 2017. (ENG., Illus.). (J). 29.09 *(978-0-260-08588-7(X))* Forgotten Bks.

John J Hammerlink & the Really Big Think. Bette Slater Seres. 2021. (ENG.). 34p. (J). pap. 13.95 *(978-1-63630-803-6(1))* Covenant Bks.

John-Jack (Classic Reprint) Lynde Palmer. (ENG., Illus.). (J). 2018. 328p. 30.66 *(978-0-666-91600-6(4))*; 2017. pap. 13.57 *(978-0-259-20198-4(7))* Forgotten Bks.

John Jerningham's Journal, 1871 (Classic Reprint) Fanny Wheeler John Jerningham Hart. 2018. (ENG., Illus.). 138p. (J). 26.76 *(978-0-267-98370-4(0))* Forgotten Bks.

John Jerome: His Thoughts & Ways: a Book Without Beginning (Classic Reprint) Jean Ingelow. 2017. (ENG., Illus.). (J). 29.57 *(978-1-5281-8939-2(6))*; pap. 11.97 *(978-0-243-58937-1(9))* Forgotten Bks.

John Jonathan & Company (Classic Reprint) James Milne. 2018. (ENG., Illus.). 258p. (J). 29.22 *(978-0-267-23575-9(5))* Forgotten Bks.

John Joseph Pershing: A Story & a Play (Classic Reprint) Ruth Hill. 2018. (ENG., Illus.). 80p. (J). 25.55 *(978-0-267-18516-0(2))* Forgotten Bks.

John Justified: A Reply to the Fight in Dame Europa S School, Showing That There Are Always Two Sides to Every Question (Classic Reprint) C. W. Grant. 2018. (ENG., Illus.). 24p. (J). 24.39 *(978-0-365-17490-5(4))* Forgotten Bks.

John Kenadie: Being the Story of His Perplexing Inheritance (Classic Reprint) Ripley Dunlap Saunders. 2017. (ENG., Illus.). (J). 302p. 30.15 *(978-0-484-45263-2(0))*; pap. 13.57 *(978-0-259-22635-2(1))* Forgotten Bks.

John Kendry's Idea (Classic Reprint) Chester Bailey Fernald. 2018. (ENG., Illus.). 360p. (J). 31.32 *(978-0-484-89377-0(7))* Forgotten Bks.

John Kinzie, the Father of Chicago: A Sketch (Classic Reprint) Eleanor Lytle Kinzie Gordon. (ENG., Illus.). (J). 2018. 50p. 24.93 *(978-0-331-79972-9(3))*; 2016. pap. 9.57 *(978-1-334-14195-9(9))* Forgotten Bks.

John Law, Vol. 1: The Projector (Classic Reprint) William Harrison Ainsworth. (ENG., Illus.). (J). 2018. 312p. 30.33 *(978-0-666-74004-5(6))*; 2017. pap. 13.57 *(978-0-259-20697-2(0))* Forgotten Bks.

John Lee Johnson Must Die. Conn Hamlett. 2020. (ENG.). 264p. (YA). pap. 17.99 *(978-1-4582-2279-4(9)*, Abbott Pr.) Author Solutions, LLC.

John Leech, Vol. 1 Of 2: His Life & Work (Classic Reprint) William Powell Frith. 2018. (ENG., Illus.). 292p. (J). 29.92 *(978-0-484-34217-9(7))* Forgotten Bks.

John Leech's Pictures of Life & Character: From the Collection of Mr. Punch (Classic Reprint) John Leech. (ENG., Illus.). (J). 2018. 258p. 29.22 *(978-0-365-46811-0(8))*; 2018. 290p. 29.90 *(978-0-666-89280-5(6))*; 2016. pap. 11.57 *(978-1-334-37443-2(0))*; 2016. pap. 13.57 *(978-1-333-16221-4(9))* Forgotten Bks.

John Legend. Carlie Lawson. 2019. (Hip-Hop & R&B: Culture, Music & Storytelling Ser.). (Illus.). 80p. (J). (gr. 12). lib. bdg. 34.60 *(978-1-4222-4364-0(8))* Mason Crest.

J

John Lennon. Maria Isabel Sanchez Vegara. Illus. by Octavia Bromell. 2020. (Little People, Big Dreams Ser.: Vol. 52). (ENG.). 32p. (J). (gr. -1-2). *(978-0-7112-5767-2(1))* Frances Lincoln Childrens Bks.

John Lennon: Fighting for World Peace, 1 vol. Jeff Burlingame. 2017. (Rebels with a Cause Ser.). (ENG.). 128p. (gr. 8-8). 38.93 *(978-0-7660-9260-0(7), 2fac6fb8-4cad-44f6-b30a-6f7f4e799187)*; pap. 20.95 *(978-0-7660-9564-9(9), 357c1e29-2022-4086-8779-5216383c67ed)* Enslow Publishing, LLC.

John Lewis. Stephanie Gaston. 2022. (Biographies of Diverse Heroes Ser.). (ENG.). 24p. (J). (gr. k-2). lib. bdg. *(978-1-0396-5997-1(7), 19331)*; (Illus.). pap. *(978-1-0396-6192-9(0), 19332)* Crabtree Publishing Co.

John Lewis. Meeg Pincus. Illus. by Jeff Bane. 2021. (My Early Library: My Itty-Bitty Bio Ser.). (ENG.). 24p. (J). (gr. k-1). lib. bdg. 30.64 *(978-1-5341-8636-1(0), 218746)* Cherry Lake Publishing.

John Lewis: American Politician & Civil Rights Icon, 1 vol. Caitie McAneney. 2017. (Breakout Biographies Ser.). (ENG.). 32p. (J). (gr. 4-5). 27.93 *(978-1-5383-2549-0(7), aa0cdba1-9d33-4f93-894b-c22362442961*, PowerKids Pr.) Rosen Publishing Group, Inc., The.

John Lewis: Civil Rights Champion & Congressman, 1 vol. Alison Morretta. 2019. (African American Trailblazers Ser.). (ENG.). 128p. (gr. 9-9). pap. 22.16 *(978-1-5026-4548-7(3), eec318ac-b171-4d0d-a4cc-1624eff3acc4)* Cavendish Square Publishing LLC.

John Lewis: Civil Rights Champion & Politician. Golriz Golkar. 2021. (Black American Journey Ser.). (ENG.). 32p. (J). (gr. 4-7). lib. bdg. 35.64 *(978-1-5038-5446-8(9), 215323)* Child's World, Inc, The.

John Lewis: Courage in Action. Matt Doeden. 2018. (Gateway Biographies Ser.). (ENG., Illus.). 48p. (J). (gr. 4-8). 31.99 *(978-1-5415-1238-2(3), c3bd6e6c-7a71-4a92-a1fb-b9894d102410*, Lerner Pubns.) Lerner Publishing Group.

John Lewis: Diputado, Activista Por Los Derechos Civiles. Grace Hansen. 2022. (Biografías: Personas Que Han Hecho Historia Ser.). (SPA.). 24p. (J). (gr. -1-2). lib. bdg. 32.79 *(978-1-0982-6541-0(6), 41027*, Abdo Kids) ABDO Publishing Co.

John Lewis: Get to Know the Statesman Who Marched for Civil Rights. Jehan Jones-Radgowski. 2019. (People You Should Know Ser.). (ENG., Illus.). 32p. (J). (gr. 3-6). pap. 7.95 *(978-1-5435-5924-8(7), 139902*, Capstone Pr.) Capstone.

John Lewis: Ready-To-Read Level 3. Denise Lewis Patrick. Illus. by Steffi Walthall. 2021. (You Should Meet Ser.). (ENG.). 48p. (J). (gr. 1-3). 17.99 *(978-1-6659-0788-0(6))*; pap. 4.99 *(978-1-6659-0787-3(8))* Simon Spotlight. (Simon Spotlight).

John Lewis & Desegregation, 1 vol. Gerry Boehme. 2016. (Primary Sources of the Civil Rights Movement Ser.). (ENG., Illus.). 64p. (gr. 6-6). 35.93 *(978-1-5026-1868-9(0), dbee6433-90ac-49d9-ba9d-b207631cbf14)* Cavendish Square Publishing LLC.

John Lewis: Civil Rights Leader & Congressman. Duchess Harris & Tammy Gagne. 2019. (Freedom's Promise Set 3 Ser.). (ENG., Illus.). 48p. (J). (gr. 4-8). lib. bdg. 35.64 *(978-1-5321-9085-8(9), 33680)* ABDO Publishing Co.

John Lewis: Congressman & Civil Rights Activist. Grace Hansen. 2021. (History Maker Biographies (Abdo Kids Jumbo) Ser.). (ENG., Illus.). 24p. (J). (gr. -1-2). lib. bdg. 32.79 *(978-1-0982-0891-2(9), 37879*, Abdo Kids) ABDO Publishing Co.

John Littlejohn, of J: Being in Particular an Account of His Remarkable Entanglement with the King's Intrigues Against General Washington (Classic Reprint) George Morgan. 2017. (ENG., Illus.). (J). 29.88 *(978-0-265-74827-5(5))*; pap. 13.57 *(978-1-5277-1628-5(7))* Forgotten Bks.

John Locke & the Second Treatise of Civil Government. Jonathan Lord. 2016. (J). lib. bdg. *(978-1-68048-548-6(2))* Rosen Publishing Group, Inc., The.

John Lyon, or from the Depths (Classic Reprint) Ruth Elliott. (ENG., Illus.). (J). 2018. 568p. 35.63 *(978-0-428-90380-0(0))*; 2016. pap. 19.57 *(978-1-334-14318-2(8))* Forgotten Bks.

John Maidment (Classic Reprint) Julian Sturgis. (ENG., Illus.). (J). 2018. 276p. 29.59 *(978-0-364-26483-6(7))*; 2017. pap. 11.97 *(978-0-259-37516-6(0))* Forgotten Bks.

John Maidment, Vol. 1 of 2 (Classic Reprint) Julian Sturgis. (ENG., Illus.). (J). 2018. 286p. 29.82 *(978-0-483-83700-3(8))*; 2016. pap. 13.57 *(978-1-334-17093-5(2))* Forgotten Bks.

John Maidment, Vol. 2 of 2 (Classic Reprint) Julian Sturgis. (ENG., Illus.). (J). 2018. 292p. 29.92 *(978-0-428-76305-3(7))*; 2016. pap. 13.57 *(978-1-333-29917-0(6))* Forgotten Bks.

John Manesty, the Liverpool Merchant, Vol. 2 of 2 (Classic Reprint) Late William Maginn. 2018. (ENG., Illus.). 302p. (J). 30.15 *(978-0-484-18080-1(0))* Forgotten Bks.

John Manesty, Vol. 1 Of 2: The Liverpool Merchant (Classic Reprint) Late William Maginn. 2018. (ENG., Illus.). 306p. (J). 30.23 *(978-0-483-85381-2(X))* Forgotten Bks.

John March: Southerner (Classic Reprint) George W. Cable. 2017. (ENG., Illus.). 566p. (J). 35.59 *(978-0-484-81603-8(9))* Forgotten Bks.

John Marchmont's Legacy (Classic Reprint) Mary Elizabeth Braddon. (ENG., Illus.). (J). 2018. 420p. 32.52 *(978-0-484-11296-3(1))*; 2016. pap. 16.57 *(978-1-334-16281-7(6))* Forgotten Bks.

John Marmaduke: A Romance of the English Invasion of Ireland in 1649 (Classic Reprint) Samuel Harden Church. 2017. (ENG., Illus.). (J). 31.07 *(978-0-331-60365-1(9))* Forgotten Bks.

John Marsh's Millions: A Novel (Classic Reprint) Charles Klein. 2018. (ENG., Illus.). 352p. (J). 31.18 *(978-0-666-09397-4(0))* Forgotten Bks.

John Marvel, Assistant (Classic Reprint) Thomas Nelson Page. 2018. (ENG., Illus.). 604p. (J). 36.35 *(978-0-365-12806-9(6))* Forgotten Bks.

John Marvel, Assistant, Vol. 2 (Classic Reprint) Thomas Nelson Page. (ENG., Illus.). (J). 2018. 380p. 31.75 *(978-0-483-66585-9(1))*; 2016. pap. 16.57 *(978-1-333-60345-8(2))* Forgotten Bks.

John Mccain: An American Hero. Beatrice Gormley. 2018. (ENG.). 224p. (J). (gr. 3-7). 17.99 *(978-1-5344-4386-0(X))*; (Illus.). pap. 7.99 *(978-1-5344-4385-3(1))* Simon & Schuster Children's Publishing. (Aladdin).

John Mccain: Get to Know the Brave POW & Senator. Dani Gabriel. 2019. (People You Should Know Ser.). (ENG., Illus.). 32p. (J). (gr. 3-6). pap. 7.95 *(978-1-5435-7466-1(1), 140906)*; lib. bdg. 27.99 *(978-1-5435-7184-4(0), 140435)* Capstone.

John Mccain: The Courage of Conviction. Heather E. Schwartz. 2018. (Gateway Biographies Ser.). (ENG., Illus.). 48p. (J). (gr. 4-8). lib. bdg. 31.99 *(978-1-5415-3839-9(0), 1189939d-de06-4a0c-a070-19dbd43e5cbf*, Lerner Pubns.) Lerner Publishing Group.

John Mccain: a Little Golden Book Biography. Gram Adams. Illus. by John Joven. 2023. (Little Golden Book Ser.). 24p. (J). (gr. -1-3). 5.99 ***(978-0-593-64508-6(1)***, Golden Bks.) Random Hse. Children's Bks.

John Milton - Paradise Lost & Paradise Regained: Innocence, Once Lost, Can Never Be Regained. Darkness, Once Gazed upon, Can Never Be Lost. John Milton. 2017. (ENG., Illus.). (YA). (gr. 8-12). pap. *(978-1-78737-470-6(X))* Copyright Group Ltd.

John Montcalm, Heretic: A Tale of the Maryland Hills (Classic Reprint) Frederick Augustine Rupp. (ENG., Illus.). (J). 2018. 284p. 29.75 *(978-0-332-90768-0(6))*; 2017. pap. 13.57 *(978-0-259-18856-8(5))* Forgotten Bks.

John Motson: The Shocking Truth! B. Davies. 2023. (ENG.). 126p. (J). pap. 15.33 ***(978-1-4478-0793-3(6))*** Lulu Pr., Inc.

John Muir. Czeena Devera. Illus. by Jeff Bane. 2017. (My Early Library: My Itty-Bitty Bio Ser.). (ENG.). 24p. (J). (gr. k-1). lib. bdg. 30.64 *(978-1-63472-814-0(9), 209682)* Cherry Lake Publishing.

John Newton. Simonetta Carr. 2018. (J). *(978-1-60178-616-6(6))* Reformation Heritage Bks.

John Noakes & Mary Styles, or an Essex Calf's Visit to Tiptree Races: A Poem, Exhibiting Some of the Most Striking Lingual Localisms Peculiar to Essex; with a Glossary (Classic Reprint) Charles Clark. 2017. (ENG., Illus.). (J). 52p. 24.99 *(978-0-265-79568-2(0))*; 54p. pap. 9.57 *(978-1-5278-5427-7(2))* Forgotten Bks.

John Norton's Thanksgiving Party, & Other Stories (Classic Reprint) William Henry Harrison Murray. (ENG., Illus.). (J). 2018. 238p. 28.81 *(978-0-365-47572-9(6))*; 2017. pap. 11.57 *(978-1-5276-8701-1(5))* Forgotten Bks.

John o' Jamestown (Classic Reprint) Vaughan Kester. (ENG., Illus.). (J). 2018. 302p. 30.13 *(978-0-267-23767-8(7))*; 2016. pap. 13.57 *(978-1-334-23771-3(9))* Forgotten Bks.

John o' Partlett's' A Tale of Strife & Courage (Classic Reprint) Jean Edgerton Hovey. (ENG., Illus.). (J). 2017. 30.91 *(978-0-265-51455-9(X))*; 2016. pap. 13.57 *(978-1-334-59258-4(6))* Forgotten Bks.

John of Daunt (Classic Reprint) Ethel Turner. 2018. (ENG., Illus.). 288p. (J). 29.84 *(978-0-483-31992-9(9))* Forgotten Bks.

John of the Woods (Classic Reprint) Abbie Farwell Brown. 2018. (ENG., Illus.). (J). 234p. 28.74 *(978-0-366-49981-6(5))*; 236p. pap. 11.57 *(978-0-365-78389-3(7))* Forgotten Bks.

John o'May & Other Stories (Classic Reprint) Maxwell Struthers Burt. 2018. (ENG., Illus.). 282p. (J). 29.71 *(978-0-428-29577-6(0))* Forgotten Bks.

John on the North Pole Express. J. D. Green. 2019. (North Pole Express Ser.). (ENG.). 32p. (J). (gr. -1-3). 7.99 ***(978-1-7282-0351-5(1))*** Sourcebooks, Inc.

John Oriel's Start in Life (Classic Reprint) Mary Howitt. (ENG., Illus.). (J). 2018. 120p. 26.37 *(978-0-365-42388-1(2))*; 2017. pap. 9.57 *(978-0-259-86257-4(6))* Forgotten Bks.

John Park & Dr. Dott's Doings: A Moral Play in Six Scenes Ending with a Grand Tableaux; Scene of Action: New York City in the Year 1872 (Classic Reprint) Louis Lesaulnier. (ENG., Illus.). (J). 2018. 40p. 24.74 *(978-0-332-08846-4(4))*; 2016. pap. 7.97 *(978-1-334-11809-8(4))* Forgotten Bks.

John Parmelee's Curse (Classic Reprint) Julian Hawthorne. (ENG., Illus.). (J). 2017. 29.63 *(978-0-266-48137-9(X))*; 2016. pap. 13.57 *(978-1-334-13700-6(5))* Forgotten Bks.

John Paul Jones: The Pirate Patriot. Armstrong Sperry. 2017. (Great Leaders & Events Ser.). (ENG.). (J). (gr. 4-8). lib. bdg. 35.99 *(978-1-942875-42-0(8))* Quarto Publishing Group USA.

John Paul's Book: Moral & Instructive: Consisting of Travels, Tales, Poetry, & Like Fabrications (Classic Reprint) John Paul. 2017. (ENG., Illus.). (J). 38.00 *(978-1-5281-9031-2(9))* Forgotten Bks.

John Paul's Rock. Frank Parker Day. 2021. (ENG.). 114p. (YA). pap. *(978-1-989788-28-8(9))* Frizzle, Douglas R.

John Percyfield: The Anatomy of Cheerfulness (Classic Reprint) Charles Hanford Henderson. 2017. (ENG., Illus.). (J). 32.11 *(978-1-5284-8925-6(X))* Forgotten Bks.

John Peters. Aella Greene. 2017. (ENG.). (J). 232p. pap. *(978-3-337-04136-6(1))*; 210p. pap. *(978-3-337-04137-3(X))* Creation Pubs.

John Peters: A Novel (Classic Reprint) Aella Greene. 2018. (ENG., Illus.). 230p. (J). 28.66 *(978-0-267-30131-7(6))* Forgotten Bks.

John Philip Sousa (Revised Edition) (Getting to Know the World's Greatest Composers) (Library Edition) Mike Venezia. Illus. by Mike Venezia. 2018. (Getting to Know the World's Greatest Composers Ser.). (ENG., Illus.). 40p. (J). (gr. 3-4). 29.00 *(978-0-531-22869-2(X)*, Children's Pr.) Scholastic Library Publishing.

John Pierpont Morgan & the Banking Industry, 1 vol. David Machajewski. 2016. (Great Entrepreneurs in U. S. History Ser.). (ENG., Illus.). 32p. (J). (gr. 5-5). pap. 12.75 *(978-1-4994-2127-9(3), a608e4a5-ecdb-406e-b49a-8f003ae82c8f*, PowerKids Pr.) Rosen Publishing Group, Inc., The.

John Ploughman's Pictures (Classic Reprint) Charles H. Spurgeon. 2017. (ENG., Illus.). 236p. (J). 28.78 *(978-0-484-37743-0(4))* Forgotten Bks.

John Ploughman's Talk (Classic Reprint) Charles Spurgeon. 2017. (ENG., Illus.). (J). 28.93 *(978-1-5280-6028-8(8))* Forgotten Bks.

John Quincy Adams. Heidi Elston. (United States Presidents Ser.). (ENG., Illus.). (J). 2020. 48p. (gr. 3-6). lib. bdg. 35.64 *(978-1-5321-9338-5(6), 34833*, Checkerboard Library); 2016. 40p. (gr. 2-5). lib. bdg. 35.64 *(978-1-68078-082-6(4), 21781*, Big Buddy Bks.) ABDO Publishing Co.

John Quincy Adams: Our 6th President. Gerry Souter & Janet Souter. 2020. (United States Presidents Ser.). (ENG.). 48p. (J). (gr. 3-6). lib. bdg. 41.36 *(978-1-5038-4398-1(X), 214175)* Child's World, Inc, The.

John Quincy Adams: The 6th President. Diane Bailey & Philip Nash. 2016. (First Look at America's Presidents Ser.). (ENG., Illus.). 24p. (J). (gr. -1-3). 26.99 *(978-1-944102-65-4(5))* Bearport Publishing Co., Inc.

John Randolph, of Roanoke, & Other Sketches of Character, Including William Wirt: Together with Tales of Real Life (Classic Reprint) Frederick W. Thomas. 2018. (ENG., Illus.). 380p. (J). 31.73 *(978-0-483-40003-0(3))* Forgotten Bks.

John Rawn: Prominent Citizen (Classic Reprint) Emerson Hough. 2018. (ENG., Illus.). 414p. (J). 32.50 *(978-0-484-54089-6(0))* Forgotten Bks.

John Reed (Classic Reprint) Steffens Steffens. 2017. (ENG., Illus.). (J). 24.31 *(978-0-331-71716-7(6))* Forgotten Bks.

John Ronald's Dragons. Caroline McAlister. 2017. (ENG., Illus.). 48p. (J). 21.99 *(978-1-62672-092-3(4), 900135560)* Roaring Brook Pr.

John Rous, a Queen Anne Story in an Australian Setting: Showing in Simple Words the Passage of a Not Uneventful Life Animated Throughout by an Inborn & Unconquerable Love of the Sea & a Most Ardent Patriotism (Classic Reprint) George Gordon McCrae. 2018. (ENG., Illus.). 316p. (J). 30.41 *(978-0-332-89698-4(6))* Forgotten Bks.

John Rutland's Romance (Classic Reprint) J. Percival Bessell. (ENG., Illus.). (J). 2018. 256p. 29.20 *(978-0-365-16141-7(1))*; 2017. pap. 11.57 *(978-0-259-30698-6(3))* Forgotten Bks.

John Sanderson the First: Or, a Pioneer Preacher at Home. Camilla Sanderson. 2017. (ENG., Illus.). (J). pap. *(978-0-649-11039-1(0))* Trieste Publishing Pty Ltd.

John Sanderson the First: Or, a Pioneer Preacher at Home (Classic Reprint) Camilla Sanderson. 2018. (ENG., Illus.). 240p. (J). 28.87 *(978-0-483-71383-3(X))* Forgotten Bks.

John Santa's Secret Elf. Put Me In The Story & Katherine Sully. Illus. by Julia Seal. 2018. (Santa's Secret Elf Ser.). (ENG.). 32p. (J). (gr. k-3). 5.99 *(978-1-4926-8153-3(9))* Sourcebooks, Inc.

John Scarlett, Ganger (Classic Reprint) Donald MacLean. (ENG., Illus.). (J). 2018. 314p. 30.37 *(978-0-428-82451-8(X))*; 2016. pap. 13.57 *(978-1-333-69653-5(1))* Forgotten Bks.

John Scroggin's First Visit at Chautauqua: A Poem with Illustrations (Classic Reprint) George F. Beasley. (ENG., Illus.). (J). 2018. 28p. 24.47 *(978-0-656-07531-7(7))*; 2016. pap. 7.97 *(978-1-333-64436-9(1))* Forgotten Bks.

John Seneschal's Margaret (Classic Reprint) Agnes Castle. (ENG., Illus.). (J). 2018. 324p. 30.58 *(978-0-428-86752-2(9))*; 2017. pap. 13.57 *(978-0-243-31578-9(3))* Forgotten Bks.

John Sherman & Dhoya (Classic Reprint) W. B. Yeats. 2018. (ENG., Illus.). 186p. (J). 27.73 *(978-0-365-16892-8(0))* Forgotten Bks.

John Sherwood, Ironmaster (Classic Reprint) S. Weir Mitchell. 2018. (ENG., Illus.). 326p. (J). 30.62 *(978-0-483-26904-0(2))* Forgotten Bks.

John Smith, Democrat; His Two Days' Canvass (Sunday Included) For the Office of Mayor of the City of Bunkumville (Classic Reprint) Unknown Author. 2018. (ENG., Illus.). 250p. (J). 29.07 *(978-0-428-49817-7(5))* Forgotten Bks.

John Smith's Funny Adventures on a Crutch, or the Remarkable Peregrinations of an One-Legged Soldier after the War (Classic Reprint) Ashbel Fairchild Hill. (ENG., Illus.). (J). 2018. 380p. 31.73 *(978-0-267-35581-5(5))*; 2016. pap. 16.57 *(978-1-334-04149-5(0))* Forgotten Bks.

John Splendid: The Tale of a Poor Gentleman; & the Little Wars. Neil Munro. 2017. (ENG., Illus.). (J). 26.95 *(978-1-374-86798-7(5))*; pap. 16.95 *(978-1-374-86797-0(7))* Capital Communications, Inc.

John Splendid: The Tale of a Poor Gentleman & the Little Wars of Lorn (Classic Reprint) Neil Munro. 2018. (ENG., Illus.). 484p. (J). 33.90 *(978-0-483-64605-6(9))* Forgotten Bks.

John St. John: A Story of Missouri & Illinois (Classic Reprint) Nephi Anderson. 2018. (ENG., Illus.). 232p. (J). 28.64 *(978-0-332-36826-9(2))* Forgotten Bks.

John Standish: Or the Harrowing of London (Classic Reprint) Edward Gilliat. (ENG., Illus.). (J). 2019. 408p. 32.31 *(978-0-365-16029-8(6))*; 2017. pap. 16.57 *(978-0-243-33101-7(0))* Forgotten Bks.

John Steinbeck, 1 vol. Anita Croy. 2019. (Writers Who Changed the World Ser.). (ENG.). 64p. (gr. 6-7). pap. 16.28 *(978-1-5345-6593-7(0), e7e71faa-30e3-4b2b-8657-8109e3921cbd)*; lib. bdg. 36.56 *(978-1-5345-6594-4(9), 1b4325c0-2202-4a24-8300-ed2b4f5006f2)* Greenhaven Publishing LLC. (Lucent Pr.).

John Steinbeck's Molly Morgan (Classic Reprint) Reginald Lawrence. 2018. (ENG., Illus.). 112p. (J). 26.21 *(978-0-267-65515-1(0))* Forgotten Bks.

John Stuyvesant Ancestor: And Other People (Classic Reprint) Alvin Johnson. 2018. (ENG., Illus.). 260p. (J). 29.26 *(978-0-483-35013-7(3))* Forgotten Bks.

John Tavares: Hockey Superstar. Ryan Williamson. 2019. (PrimeTime: Hockey Superstars Ser.). (ENG.). 32p. (J). (gr. 3-4). pap. 9.95 *(978-1-63494-114-3(4), 1634941144)*; (Illus.). lib. bdg. 31.35 *(978-1-63494-105-1(5), 1634941055)* Pr. Room Editions LLC.

John the Fool: An American Romance (Classic Reprint) Charles Tenney Jackson. (ENG., Illus.). (J). 2017. 31.01 *(978-0-266-40681-5(5))*; 2016. pap. 13.57 *(978-1-333-45913-0(0))* Forgotten Bks.

John the Forgotten... Gary Wayne Clark. 2022. (ENG.). 96p. (YA). pap. 13.95 *(978-1-68517-974-8(6))* Christian Faith Publishing.

John the Raptor. Matthew Carson. 2018. (ENG., Illus.). 46p. (J). pap. 14.95 *(978-1-64214-666-0(8))* Page Publishing Inc.

John Thisselton (Classic Reprint) Marian Bower. 2018. (ENG., Illus.). 410p. (J). 32.35 *(978-0-483-48095-7(9))* Forgotten Bks.

John Thompson, Blockhead: And Companion Portraits (Classic Reprint) Louisa Parr. (ENG., Illus.). (J). 2018. 428p. 32.74 *(978-0-656-69941-4(8))*; 2017. pap. 16.57 *(978-0-259-33919-9(9))* Forgotten Bks.

John Thorn's Folks. Angeline Teal. 2017. (ENG.). 196p. (J). pap. *(978-3-7447-6684-5(5))* Creation Pubs.

John Thorn's Folks: A Study of Western Life (Classic Reprint) Angeline Teal. 2018. (ENG., Illus.). 192p. (J). 27.88 *(978-0-267-21739-7(0))* Forgotten Bks.

John Todd & How He Stirred His Own Broth-Pot: A Tale Worth Telling (Classic Reprint) John Allan. 2018. (ENG., Illus.). 104p. (J). 26.04 *(978-0-267-67664-4(6))* Forgotten Bks.

John Tregenoweth, His Mark (Classic Reprint) Mark Guy Pearse. 2018. (ENG., Illus.). 102p. (J). 26.02 *(978-0-267-26145-1(4))* Forgotten Bks.

John 'Twas the Night Before Christmas. Illus. by Lisa Alderson. 2019. (Night Before Christmas Ser.). (ENG.). 32p. (J). (gr. -1-3). 7.99 ***(978-1-7282-0244-0(2))*** Sourcebooks, Inc.

John Tyler. Megan M. Gunderson. (United States Presidents Ser.). (ENG., Illus.). (J). 2020. 48p. (gr. 3-6). lib. bdg. 35.64 *(978-1-5321-9377-4(7), 34911*, Checkerboard Library); 2016. 40p. (gr. 2-5). lib. bdg. 35.64 *(978-1-68078-120-5(0), 21857*, Big Buddy Bks.) ABDO Publishing Co.

John Tyler: Our 10th President. Steven Ferry. 2020. (United States Presidents Ser.). (ENG.). 48p. (J). (gr. 3-6). lib. bdg. 41.36 *(978-1-5038-4402-5(1), 214179)* Child's World, Inc, The.

John Varholm's Heir, or the Denwold Mills (Classic Reprint) Ellen Elizabeth Armes Sentinel Company. (ENG., Illus.). (J). 2018. 246p. 28.99 *(978-0-666-63744-4(X))*; 2017. pap. 11.57 *(978-1-5276-3873-0(1))* Forgotten Bks.

John Verney (Classic Reprint) Horace Annesley Vachell. 2018. (ENG., Illus.). (J). 346p. 31.03 *(978-1-391-20002-6(0))*; 348p. pap. 13.57 *(978-1-390-95971-0(6))* Forgotten Bks.

John Vianney: Saint for Holy Orders. Barbara Yoffie. 2018. (Saints & Me Ser.). (ENG.). 32p. (J). pap. 6.49 *(978-0-7648-2795-2(2))* Liguori Pubns.

John, Vol. 2 Of 2: A Love Story (Classic Reprint) Margaret O. W. Oliphant. 2018. (ENG., Illus.). 334p. (J). 30.81 *(978-0-483-79216-6(0))* Forgotten Bks.

John Ward, Preacher (Classic Reprint) Margaret Wade Deland. (ENG., Illus.). (J). 2017. 494p. 34.09 *(978-0-332-10009-8(X))*; 2016. pap. 16.57 *(978-1-333-39244-4(3))* Forgotten Bks.

John Ward's Governess: A Novel (Classic Reprint) Annie Lyndsay MacGregor. (ENG., Illus.). (J). 2018. 314p. 30.37 *(978-0-267-00697-7(7))*; 2017. pap. 13.57 *(978-0-259-06234-9(0))* Forgotten Bks.

John Webb's End: Australian Bush Life (Classic Reprint) Francis Adams. 2017. (ENG., Illus.). (J). 30.23 *(978-0-266-67236-4(1))*; pap. 13.57 *(978-1-5276-4263-8(1))* Forgotten Bks.

John Whopper: The Newsboy, with Illustrations (Classic Reprint) Unknown Author. 2018. (ENG., Illus.). 136p. (J). 26.72 *(978-0-483-45095-0(2))* Forgotten Bks.

John Winterbourne's Family (Classic Reprint) Alice Brown. 2017. (ENG., Illus.). (J). 33.43 *(978-1-5281-8753-4(9))* Forgotten Bks.

John Winthrop, First Governor of the Massachusetts Colony. Joseph Hopkins Twichell. 2017. (ENG., Illus.). (J). pap. *(978-0-649-09993-1(1))* Trieste Publishing Pty Ltd.

John Worthington's Name. Frank Lee Benedict. 2017. (ENG.). 214p. (J). pap. *(978-3-337-00065-3(7))* Creation Pubs.

John Worthington's Name: A Novel (Classic Reprint) Frank Lee Benedict. 2018. (ENG., Illus.). 212p. (J). 28.27 *(978-0-484-91309-6(3))* Forgotten Bks.

John Yancey. Morris Fenris. 2021. (ENG.). 114p. (J). pap. 12.99 *(978-1-393-12215-9(9))* Draft2Digital.

Johnnie: With Illustrations from Photographs Taken from Life (Classic Reprint) E. O. Laughlin. 2018. (ENG., Illus.). 306p. (J). 30.23 *(978-0-483-47763-6(X))* Forgotten Bks.

Johnnie Kelly (Classic Reprint) Wilbur Sarles Boyer. (ENG., Illus.). (J). 2018. 338p. 30.89 *(978-0-364-00995-6(0))*; 2017. pap. 13.57 *(978-0-243-50753-5(4))* Forgotten Bks.

Johnnie's Letters Home: The Record of a College Freshman (Classic Reprint) Franklin Cummings. (ENG., Illus.). (J). 2018. 36p. 24.64 *(978-0-332-12425-4(8))*; 2016. pap. 7.97 *(978-1-333-39039-6(4))* Forgotten Bks.

Johnnie's War Diary: Being the Adventures of a Cavalry Trooper (Classic Reprint) Franklin Cummings. (ENG., Illus.). (J). 2018. 64p. 25.22 *(978-0-428-73935-5(0))*; 2016. pap. 9.57 *(978-1-333-70568-8(9))* Forgotten Bks.

Johnny & Corky. Dennis B. Burch. 2023. (ENG., Illus.). 36p. (J). pap. 15.95 ***(978-1-6624-8017-1(2))*** Page Publishing Inc.

Johnny & Dad & the Red Canoe. Yarns By the Kentucky Girl Webb. 2020. (ENG., Illus.). 36p. (J). 24.95 *(978-1-64531-277-2(1))*; pap. 14.95 *(978-1-64531-273-4(9))* Newman Springs Publishing, Inc.

Johnny & Daddy. Sandy & Billy. 2021. (ENG., Illus.). 22p. (J). 19.95 *(978-1-63710-392-0(1))*; pap. 12.95 *(978-1-63710-390-6(5))* Fulton Bks.

Johnny & Frankie's Summer Sleepover. Michael H. Lester. Ed. by Christine L. Villa. Illus. by George Franco. 2020. (ENG.). 58p. (J). pap. 12.95 *(978-1-7329897-8-8(8))* Purple Cotton Candy Arts.

Johnny & the Thingamajigs. Marco Bester. 2016. (ENG., Illus.). (J). pap. 19.95 *(978-1-63508-994-3(8))* America Star Bks.

Johnny Apple Seed in the 20th Century. M. John Apple. 2022. (ENG., Illus.). 38p. (J). pap. 15.95 *(978-1-0980-7631-3(1))* Christian Faith Publishing.

Johnny Appleseed. Janeen R. Adil. 2018. (Illus.). 24p. (J). *(978-1-4896-9558-1(3)*, AV2 by Weigl) Weigl Pubs., Inc.

Johnny Appleseed. M. J. York. Illus. by Michael Garland. 2021. (Tall Tales Ser.). (ENG.). 24p. (J). (gr. k-3). 32.79 *(978-1-5038-5000-2(5),* 214849) Child's World, Inc, The.

Johnny Appleseed: A Pioneer Hero (Classic Reprint) W. D. Haley. 2017. (ENG., Illus.). (J). 24.49 *(978-0-331-56527-0(7))* Forgotten Bks.

Johnny Appleseed: The Romance of the Sower (Classic Reprint) Eleanor Atkinson. (ENG., Illus.). (J). 2018. 368p. 31.51 *(978-0-267-53282-7(2));* 2016. pap. 13.97 *(978-1-333-11348-3(X))* Forgotten Bks.

Johnny Appleseed by One Who Knew Him (Classic Reprint) W. M. Glines. 2018. (ENG., Illus.). (J). 20p. 24.31 *(978-1-391-12003-4(5));* 22p. pap. 7.97 *(978-1-333-57603-5(X))* Forgotten Bks.

Johnny Be Good. Cathy Kaiser. 2018. (ENG., Illus.). 46p. (J). 24.95 *(978-1-64349-078-6(8));* pap. 14.95 *(978-1-64349-076-2(1))* Christian Faith Publishing.

Johnny Bear, & Other Stories from Lives of the Hunted. Ernest Thompson Seton. 2018. (ENG., Illus.). 74p. (J). pap. *(978-1-5287-0271-3(9))* Freeman Pr.

Johnny Blossom: From the Norwegian of Dikken Zwilgmeyer (Classic Reprint) Dikken Zwilgmeyer. 2017. (ENG., Illus.). (J). 27.63 *(978-0-260-55135-1(X))* Forgotten Bks.

Johnny Boo & the Ice Cream Computer (Johnny Boo Book 8) James Kochalka. 2018. (Johnny Boo Ser.: 8). (Illus.). 40p. (J). (gr. -1-3). 9.99 *(978-1-60309-435-1(0))* Top Shelf Productions.

Johnny Boo & the Midnight Monsters (Johnny Boo Book 10) James Kochalka. 2019. (Johnny Boo Ser.: 10). (Illus.). 40p. (J). (gr. -1-3). 9.99 *(978-1-60309-457-3(1))* Top Shelf Productions.

Johnny Boo & the Silly Blizzard (Johnny Boo Book 12) James Kochalka. 2021. (Johnny Boo Ser.: 12). (Illus.). 40p. (J). (gr. -1-1). 9.99 *(978-1-60309-485-6(7))* Top Shelf Productions.

Johnny Boo Finds a Clue (Johnny Boo Book 11) James Kochalka. 2020. (Johnny Boo Ser.: 11). (Illus.). 40p. (J). (gr. -1-3). 9.99 *(978-1-60309-476-4(8))* Top Shelf Productions.

Johnny Boo Goes to School (Johnny Boo Book 13) James Kochalka. 2022. (Johnny Boo Ser.: 13). (Illus.). 40p. (J). (gr. -1-1). 9.99 *(978-1-60309-503-7(9))* Top Shelf Productions.

Johnny Boo Is King (Johnny Boo Book 9) James Kochalka. 2019. (Johnny Boo Ser.: 9). (Illus.). 40p. (J). (gr. -1-3). 9.99 *(978-1-60309-443-6(1))* Top Shelf Productions.

Johnny Cash: Fighting for the Underdog, 1 vol. Edward Willett. 2017. (Rebels with a Cause Ser.). (ENG.). 128p. (gr. 8-8). 38.93 *(978-0-7660-9257-0(7),* aae449b8-b42c-43b5-9b3d-305e8dd97f72); pap. 20.95 *(978-0-7660-9565-6(7),* 7bad3686-2af4-44f5-8edf-ec48047aa239) Enslow Publishing, LLC.

Johnny Cat: The Cat in Black. Timothy James Rozon. Illus. by Gb Faelnar. 2022. (ENG.). 24p. (J). ***(978-0-2288-8266-4(4));*** pap. ***(978-0-2288-8267-1(2))*** Tellwell Talent.

Johnny Crepeaud: A Legend of Bygone Days (Classic Reprint) Thomas Ingoldsby. (ENG., Illus.). (J). 2018. 20p. 24.31 *(978-0-666-52942-8(6));* 2017. pap. 7.97 *(978-0-259-83834-0(9))* Forgotten Bks.

Johnny Crow's Garden: A Picture Book (Classic Reprint) L. Leslie Brooke. 2017. (ENG., Illus.). (J). 25.26 *(978-0-331-53355-2(3))* Forgotten Bks.

Johnny Crow's Party: Another Picture Book (Classic Reprint) Leonard Leslie Brooke. (ENG., Illus.). (J). 2018. 25.44 *(978-0-331-89309-0(6));* 2016. pap. 9.57 *(978-1-333-36514-1(4))* Forgotten Bks.

Johnny Gaudreau: Hockey Superstar. Erin Nicks. 2019. (PrimeTime: Hockey Superstars Ser.). (ENG.). 32p. (J). (gr. 3-4). pap. 9.95 *(978-1-63494-107-5(1),* 1634941071); (Illus.). lib. bdg. 31.35 *(978-1-63494-098-6(9),* 1634940989) Pr. Room Editions LLC.

Johnny Gibb of Gushetneuk in the Parish of Pyketillim. William Alexander. 2017. (ENG.). 388p. (J). pap. *(978-3-337-07575-0(4))* Creation Pubs.

Johnny Gibb of Gushetneuk in the Parish of Pyketillim: With Glimpses of the Parish Politics about 1843 (Classic Reprint) William Alexander. 2018. (ENG., Illus.). 460p. (J). 33.40 *(978-0-484-00615-6(0))* Forgotten Bks.

Johnny Gibb of Gushetneuk in the Parish of Pyketillim, with Glimpses of the Parish Politics about A. D. 1843. William Alexander. 2017. (ENG., Illus.). 390p. (J). pap. *(978-0-649-74837-2(9))* Trieste Publishing Pty Ltd.

Johnny Has Fun at the Zoo. Terri-Lee Sharma. 2016. (ENG., Illus.). (J). pap. 20.99 *(978-1-5043-0468-9(3),* Balboa Pr.) Author Solutions, LLC.

Johnny Hazard the Newspaper Dailies, Vol. 9. Frank Robbins. 2023. (ENG., Illus.). 272p. (YA). 50.00 *(978-1-61345-226-4(8),* 3da210bc-dfe4-4cec-9a97-b51b64981d3b) Hermes Pr.

Johnny Hazard the Newspaper Dailies 1956-1957, Vol. 8. Frank Robbins. 2020. (ENG., Illus.). 288p. (YA). 50.00 *(978-1-61345-195-3(4),* ec58ba61-4eba-4033-a8b1-f40a4de10efa) Hermes Pr.

Johnny Headstrong's Trip to Coney Island (Classic Reprint) McLoughlin Bros. 2017. (ENG., Illus.). (J). 22p. 24.37 *(978-0-484-28591-9(2));* pap. 7.97 *(978-0-259-88228-2(3))* Forgotten Bks.

Johnny Joo's Adventure. Andrew Carter McCaney. 2018. (ENG., Illus.). 26p. (J). pap. 10.95 *(978-0-692-09204-0(8))* McCaney Publishing, Inc.

Johnny Junior & the Little Puppy. Joel Adria. 2017. (ENG., Illus.). (J). pap. *(978-0-9938215-3-0(7))* Cardinal Imprints.

Johnny Ludlow: Third Series (Classic Reprint) Henry Wood. (ENG., Illus.). (J). 2018. 484p. 33.90 *(978-0-267-53274-2(1));* 2016. pap. 16.57 *(978-1-333-11229-5(7))* Forgotten Bks.

Johnny Ludlow (Classic Reprint) Henry Wood. 2018. (ENG., Illus.). (J). 472p. 33.63 *(978-0-484-62295-0(1));* 482p. 33.84 *(978-0-428-80606-4(6));* 480p. 33.82 *(978-0-483-80276-6(X));* 416p. 32.48 *(978-0-484-26992-6(5))* Forgotten Bks.

Johnny Ludlow, Vol. 1 of 3 (Classic Reprint) Henry Wood. (ENG., Illus.). (J). 2018. 300p. 30.08 *(978-0-483-41649-9(5));* 2018. 322p. 30.56 *(978-0-483-43997-9(5));* 2018. 308p. 30.27 *(978-0-483-99414-0(6));* 2016. pap. 13.57 *(978-1-334-16429-3(0));* 2016. pap. 13.57 *(978-1-333-49500-8(5));* 2016. pap. 13.57 *(978-1-333-12635-3(2))* Forgotten Bks.

Johnny Ludlow, Vol. 2 of 3 (Classic Reprint) Henry Wood. (ENG., Illus.). (J). 2018. 332p. 30.74 *(978-0-332-98084-3(7));* 2018. 320p. 30.52 *(978-0-428-73675-0(0));* 2018. 298p. 30.04 *(978-0-483-33733-6(1));* 2016. pap. 13.57 *(978-1-333-63191-8(X));* 2016. pap. 13.57 *(978-1-333-27453-5(X))* Forgotten Bks.

Johnny Ludlow, Vol. 3 of 3 (Classic Reprint) Henry Wood. 2018. (ENG., Illus.). (J). 318p. 30.46 *(978-0-484-57537-9(6));* 308p. 30.31 *(978-0-484-71222-4(5))* Forgotten Bks.

Johnny Ludlow, Vol. 5 (Classic Reprint) Henry Wood. 2017. (ENG., Illus.). (J). 32.62 *(978-0-265-38065-9(0))* Forgotten Bks.

Johnny Magory Journal: 3 Year Journal. One Question a Week for Kids. Emma-Jane Leeson. 2020. (ENG.). 110p. (J). *(978-1-716-71397-2(8))* Lulu Pr., Inc.

Johnny Magory Song's of Ireland. Emma-Jane Leeson. Illus. by Kim Shaw. 2022. (Adventures of Johnny Magory Ser.). (ENG & GLE.). 24p. (J). pap. 14.99 ***(978-1-8382152-0-0(4))*** Johnny Magory Business IRL. Dist: Casemate Pubs. & Bk. Distributors, LLC.

Johnny Miller: Or, Truth & Perseverance (Classic Reprint) Felix Weiss. 2017. (ENG., Illus.). (J). 27.16 *(978-0-260-66959-9(8))* Forgotten Bks.

Johnny Nelson: How an One-Time Pupil of Hopalong Cassidy of the Famous Bar-20 Ranch in the Pecos Valley Performed an Act of Knight-Errantry & What Came of It (Classic Reprint) Clarence Edward Mulford. (ENG., Illus.). (J). 2018. 354p. 31.20 *(978-0-365-50568-6(4));* 2017. pap. 13.57 *(978-0-259-42047-7(6))* Forgotten Bks.

Johnny Nut & the Golden Goose (Classic Reprint) Charles Deulin. (ENG., Illus.). (J). 2018. 90p. 25.77 *(978-0-656-06613-1(X));* 2017. pap. 9.57 *(978-0-259-46069-5(9))* Forgotten Bks.

Johnny Peppertoes. Rita H Joyce. (ENG.). (J). 2023. 100p. 14.99 ***(978-1-959182-45-0(5));*** 2021. 90p. 14.99 *(978-1-956010-64-0(5));* 2021. 90p. pap. 9.99 *(978-1-956010-63-3(7))* Rushmore Pr. LLC.

Johnny Peppertoes: The Adventures Of. Rita H Joyce. 2023. (ENG.). 100p. (J). pap. 9.99 ***(978-1-959182-44-3(7))*** Rushmore Pr. LLC.

Johnny Pryde (Classic Reprint) J. J. Bell. 2018. (ENG., Illus.). 186p. (J). 27.73 *(978-0-267-28084-1(X))* Forgotten Bks.

Johnny Pumpernickel & the Earth Take Over. Gillian Charles. Illus. by Gillian Charles. 2021. (ENG.). 78p. (J). pap. ***(978-1-329-97271-1(6))*** Lulu Pr., Inc.

Johnny Ringo: Mortem Sibi Consciscere (Death by Suicide) Michael C. Mike Parrish. 2022. (ENG.). 302p. (YA). pap. 25.00 *(978-1-4583-9617-4(7))* Lulu Pr., Inc.

Johnny Robinson, Vol. 1 Of 2: The Story of the Childhood & Schooldays of an Intelligent Artisan (Classic Reprint) Journeyman Engineer. 2018. (ENG., Illus.). 342p. (J). 30.95 *(978-0-483-41549-2(9))* Forgotten Bks.

Johnny Robinson, Vol. 2: The Story of the Childhood & Schooldays of an Intelligent Artisan (Classic Reprint) Wright Engineer. 2018. (ENG., Illus.). 294p. (J). 29.96 *(978-0-483-28334-3(7))* Forgotten Bks.

Johnny Rocket. Daryl Hemmerich. 2020. (ENG.). 202p. (YA). pap. 13.95 *(978-1-6624-0672-0(X))* Page Publishing Inc.

Johnny Skip 2 - Coloring Book: The Amazing Adventures of Johnny Skip 2 in Australia (Multicultural Book Series for Kids 3-To-6-Years Old) Quentin Holmes. 2017. (Johnny Skip 2 Ser.: Vol. 1). (ENG., Illus.). (J). (gr. k-2). pap. 5.99 *(978-0-9992369-8-7(9))* Holmes Investments & Holdings LLC.

Johnny Skip 2 - Picture Book: The Amazing Adventures of Johnny Skip 2 in Australia (Multicultural Book Series for Kids 3-To-6-Years Old) Quentin Holmes. 2017. (Johnny Skip 2 Ser.: Vol. 1). (ENG., Illus.). (J). (gr. k-2). 21.99 *(978-0-9962102-7-0(X));* pap. 10.99 *(978-0-9992369-9-4(7))* Holmes Investments & Holdings LLC.

Johnny Slimeseed & the Freaky Forest: A Graphic Novel. Stephanie True Peters. Illus. by Berenice Muñiz. 2019. (Far Out Folktales Ser.). (ENG.). 40p. (J). (gr. 3-6). lib. bdg. 26.65 *(978-1-4965-7843-3(0),* 139309, Stone Arch Bks.) Capstone.

Johnny the Inventor. Terri-Lee Sharma. 2016. (ENG., Illus.). (J). pap. 20.99 *(978-1-5043-0380-4(6),* Balboa Pr.) Author Solutions, LLC.

Johnny the Leprechaun: Breaking School Rules! Aly Bannister. 2018. (ENG., Illus.). 32p. (J). ***(978-0-6484525-8-4(1));*** pap. ***(978-0-6484525-9-1(X))*** Karen Mc Dermott.

Johnny Tornado. Windy Samaria. 2020. (ENG., Illus.). 22p. (J). pap. 11.95 *(978-1-64801-285-3(X))* Newman Springs Publishing, Inc.

Johnny Tremain Novel Units Student Packet. Novel Units. 2019. (ENG.). (YA). pap., stu. ed., wbk. ed. 13.99 *(978-1-56137-530-1(6),* Novel Units, Inc.) Classroom Library Co.

Johnny Tremain Novel Units Teacher Guide. Novel Units. 2019. (ENG.). (J). pap. 12.99 *(978-1-56137-127-3(0),* Novel Units, Inc.) Classroom Library Co.

Johnny Winters. Brittney Davis. Illus. by Amanda Iglesias. 2019. (ENG.). 30p. (J). (gr. 2-6). pap. 19.99 *(978-0-578-47171-6(X))* Davis, Brittney.

Johnnykin & the Goblins. Charles Godfrey Leland. 2022. (ENG.). 214p. (J). pap. 16.95 *(978-1-60864-226-7(7))* Rebel Satori Pr.

Johnnykin & the Goblins (Classic Reprint) Charles G. Leland. 2017. (ENG., Illus.). (J). 28.41 *(978-0-266-67886-1(6));* pap. 10.97 *(978-1-5276-4822-7(2))* Forgotten Bks.

Johnny's Christmas Chocolate Bar. Scot Savage. 2017. (ENG., Illus.). 16p. (J). *(978-1-387-23011-2(5))* Lulu Pr., Inc.

Johnny's Mini Monster Truck Tows a Train Ride. Cliff Fictor. 2016. (ENG., Illus.). (J). pap. 9.99 *(978-0-9980946-3-2(3))* Coolbular Inc.

Johnny's Mommy's Magic Words. Tracie Main. 2018. (ENG.). 38p. (J). 16.95 *(978-1-64307-144-2(0))* Amplify Publishing Group.

Johnny's New Suit: A Comedy Baker; in Two Acts (Classic Reprint) Mary G. Balch. 2018. (ENG., Illus.). 32p. (J). 24.56 *(978-0-267-44914-9(3))* Forgotten Bks.

Johnny's Pheasant. Cheryl Minnema. Illus. by Julie Flett. 2019. (ENG.). 32p. (J). (gr. -1-3). 16.95 *(978-1-5179-0501-9(X))* Univ. of Minnesota Pr.

Johnny's Quest. Ellen M Stewart. 2016. (ENG., Illus.). (J). (gr. 3-6). pap. *(978-0-9934548-5-1(2))* Swain and Nephew.

Johnny's World: Special Edition: a Collection of Short Stories. John Sangwin. 2021. (Johnny's World Ser.: Vol. 3). (ENG.). 46p. (YA). pap. 11.99 *(978-1-63837-026-0(5))* Palmetto Publishing.

John's Best Day Ever. Apara Mahal Sylvester. Illus. by Abira Das. 2021. (ENG.). 38p. (J). 22.99 *(978-1-954868-26-7(X));* pap. 14.99 *(978-1-954868-96-0(0))* Pen It Pubns.

John's Camping Adventures: A Young Boy Experiencing Camping, Nature, Family Time & New Adventures. JoAnn M. Dickinson. Illus. by Daria Shamolina. l.t. ed. 2022. (John's Camping Adventures Ser.: Vol. 1). (ENG.). 32p. (J). 16.99 ***(978-1-7378041-4-7(X))*** Two Sweet Peas Publishing.

John's Christmas Wish. Put Me In The Story & J. D. Green. Illus. by Julia Seal. 2018. (Christmas Wish Ser.). (ENG.). 32p. (J). (gr. k-3). 6.99 ***(978-1-4926-8338-4(8))*** Sourcebooks, Inc.

John's Governor Visits Dame Europa's School: The Result of Which Is among Things That yet Remain to Be Seen, Being a Rejoinder to 'the Fight' (Classic Reprint) Unknown Author. 2018. (ENG., Illus.). 36p. (J). 24.64 *(978-0-267-23160-7(1))* Forgotten Bks.

Johns Hopkins University Circular, No. 10, December 1908; in Memoriam Daniel Coit Gilman 1831-1908. Johns Hopkins University. 2017. (ENG., Illus.). (J). pap. *(978-0-649-33020-1(X))* Trieste Publishing Pty Ltd.

John's Secret Dreams: The Life of John Lennon. Doreen Rappaport. Illus. by Bryan Collier. 2016. (Big Words Book Ser.: 2). (ENG.). 48p. (J). (gr. 1-3). pap. 8.99 *(978-1-4847-4962-3(6))* Little, Brown Bks. for Young Readers.

John's Turn. Mac Barnett. Illus. by Kate Berube. 2022. (ENG.). 32p. (J). (gr. -1-3). 17.99 *(978-1-5362-0395-0(5))* Candlewick Pr.

Johnson & Johnson. Blaine Wiseman. 2017. (J). *(978-1-5105-3494-0(6))* SmartBook Media, Inc.

Johnson Bear. John Vincent. 2016. (ENG.). 34p. (J). pap. ***(978-1-326-80645-3(9))*** Lulu Pr., Inc.

Johnson House Mystery. T. H. Martin. 2017. (ENG., Illus.). (J). pap. 9.95 *(978-1-61984-631-9(4))* Gatekeeper Pr.

Johnson's Dictionary of the English Language, in Miniature: To Which Are Added, an Alphabetical Account of the Heathen Deities, a List of the Cities, Boroughs, & Market Towns, in England & Wales; the Days on Which the Markets Are Held, & How Far Dis. Samuel Johnson. (ENG., Illus.). (J). 2018. 292p. 29.92 *(978-0-666-67248-3(2));* 2017. pap. 13.57 *(978-0-259-42720-9(9))* Forgotten Bks.

Johnson's Dictionary of the English Language, in Miniature: To Which Are Added, an Alphabetical Account of the Heathen Deities, & a Copious Chronological Table of Remarkable Events, Discoveries, & Inventions (Classic Reprint) Samuel Johnson. 2017. (ENG., Illus.). (J). 280p. 29.67 *(978-0-484-39116-0(X));* pap. 13.57 *(978-0-259-44093-2(0))* Forgotten Bks.

Johnson's Dictionary of the English Language in Miniature: To Which Are Added, an Alphabetical Account of the Heathen Deities, & a Copious Chronological Table of Remarkable Events, Discoveries & Inventions in Europe (Classic Reprint) Samuel Johnson. 2017. (ENG., Illus.). (J). pap. 13.57 *(978-0-259-30921-5(4))* Forgotten Bks.

Johnson's Dictionary of the English Language, in Miniature: With Many Additional Words from Todd, & Other Authors; Containing Also a Collection of Phrases, from the Latin, French, Italian, & Spanish (Classic Reprint) Samuel Johnson. 2018. (ENG., Illus.). 384p. (J). 31.82 *(978-0-365-33732-4(3))* Forgotten Bks.

Johnson's First Reader (Classic Reprint) Henrietta H. Richardson. (ENG., Illus.). (J). 2018. 106p. 26.08 *(978-0-666-84212-1(4));* 2017. pap. 9.57 *(978-0-259-52039-9(X))* Forgotten Bks.

Johnson's First Reader (Classic Reprint) Blanche Wynne Johnson. abr. ed. 2018. (ENG., Illus.). 396p. (J). 32.02 *(978-0-332-49477-7(2))* Forgotten Bks.

Johnson's Fourth Reader: Illustrated (Classic Reprint) E. C. Branson. (ENG., Illus.). (J). 2018. 324p. 30.58 *(978-0-666-89316-1(0));* 2017. pap. 13.57 *(978-0-259-26069-1(X))* Forgotten Bks.

Johnson's Natural Philosophy, & Key to Philosophical Charts: Illustrated with 500 Cuts; Being Reduced Photographic Copies of All the Diagrams Contained in the Author's Philosophical Series of Indestructible School Charts; for the Use of Schools & Fami. Frank G. Johnson. 2018. (ENG., Illus.). 500p. (J). 34.21 *(978-0-364-10051-6(6))* Forgotten Bks.

Johnson's Primer (Classic Reprint) H. H. Richardson. (ENG., Illus.). (J). 2018. 50p. 24.95 *(978-0-656-25272-5(3));* 2017. pap. 9.57 *(978-0-259-85827-0(7))* Forgotten Bks.

Johnson's Second Reader: Illustrated (Classic Reprint) Henrietta H. Richardson. 2017. (ENG., Illus.). (J). 27.18 *(978-0-266-72283-0(0));* pap. 9.57 *(978-1-5276-8049-4(5))* Forgotten Bks.

Johnstone's Farm (Classic Reprint) Susan Blagge Caldwell Samuels. 2018. (ENG., Illus.). 182p. (J). 27.67 *(978-0-483-53210-6(X))* Forgotten Bks.

Johnstown Flood. Emma Huddleston. 2019. (Engineering Disasters Ser.). (ENG., Illus.). 48p. (J). (gr. 4-8). lib. bdg. 35.64 *(978-1-5321-9073-5(5),* 33656) ABDO Publishing Co.

Johnsville in the Olden Time: Other Stories (Classic Reprint) Nathan J. Bailey. 2017. (ENG., Illus.). (J). 29.20 *(978-0-332-00883-7(5))* Forgotten Bks.

Joie. Amy Culliford. Tr. by Annie Evearts. 2021. (Mes émotions (My Emotions) Ser.). (FRE., Illus.). 16p. (J). (gr. -1-1). pap. *(978-1-0396-0530-5(3),* 13323) Crabtree Publishing Co.

Join in & Play / Participa y Juega. Cheri J. Meiners. Illus. by Meredith Johnson. 2019. (Learning to Get Along(r) Ser.). (ENG.). 48p. (J). pap. 12.99 *(978-1-63198-440-2(3),* 84402) Free Spirit Publishing Inc.

Join Me on the Road: In Texas. Austin P. Roadman. 2021. (ENG.). 26p. (J). pap. 14.95 *(978-1-64719-466-6(0))* Booklocker.com, Inc.

Join the Air Force. P. P. Mitchell. 2017. (U. S. Armed Forces Ser.). 32p. (J). (gr. 1-2). pap. 63.00 *(978-1-5382-0540-2(8))* Stevens, Gareth Publishing LLLP.

Join the Army, 1 vol. P. P. Mitchell. 2017. (U. S. Armed Forces Ser.). (ENG., Illus.). 32p. (J). (gr. 1-2). 28.27 *(978-1-5382-0536-5(X),* e1804b40-7613-4542-b30b-bcac8f82b508) Stevens, Gareth Publishing LLLP.

Join the Club. Lisa J. Amstutz et al. 2022. (Join the Club Ser.). (ENG.). 32p. (J). 187.92 *(978-1-6663-1620-9(2),* 233633, Capstone Pr.) Capstone.

Join the Club! (L. O. L. Surprise!) Golden Books. Illus. by Golden Books. 2023. (Little Golden Book Ser.). (ENG., Illus.). 24p. (J). (-k). 5.99 *(978-0-593-64818-6(8),* Golden Bks.) Random Hse. Children's Bks.

Join the Club, Maggie Diaz. Nina Moreno. Illus. by Courtney Lovett. 2022. (ENG.). 240p. (J). (gr. 3-7). 17.99 *(978-1-338-74061-5(X),* Scholastic Pr.) Scholastic, Inc.

Join the Coast Guard, 1 vol. P. P. Mitchell. 2017. (U. S. Armed Forces Ser.). (ENG.). 32p. (gr. 1-2). pap. 11.50 *(978-1-5382-0538-9(6),* b71e2da8-f111-491f-ab24-2b835bc4eff0) Stevens, Gareth Publishing LLLP.

Join the Dots Game: 48 Dot to Dot Puzzles for Kids Aged 4 To 6. James Manning. 2018. (Join the Dots Game Ser.: Vol. 2). (ENG., Illus.). 52p. (J). (gr. k-1). pap. *(978-1-78917-660-5(3))* Sketchbook, Sketch Pad, Art Bk., Drawing Paper, and Writing Paper Publishing Co., The.

Join the K. L. U. B. - No Bullying Allowed: Activity Book for Kids Age 4-8. April M. Cox & Haryo Ariwibowo. 2020. (ENG., Illus.). 62p. (J). (gr. k-3). pap. 8.99 *(978-1-0878-7068-7(2))* Little Labradoodle Publishing, LLC.

Join the Marines, 1 vol. P. P. Mitchell. 2017. (U. S. Armed Forces Ser.). (ENG.). 32p. (gr. 1-2). pap. 11.50 *(978-1-5382-0544-0(0),* 684280e3-cd3f-4653-a6ce-ea3d7935a6e6) Stevens, Gareth Publishing LLLP.

Join the Monster MASH Coloring Book. Activity Book Zone for Kids. 2016. (ENG., Illus.). (J). pap. 9.20 *(978-1-68376-450-2(1))* Sabeels Publishing.

Join the National Guard. P. P. Mitchell. 2017. (U. S. Armed Forces Ser.). 32p. (gr. 1-2). pap. 63.00 *(978-1-5382-0552-5(1))* Stevens, Gareth Publishing LLLP.

Join the Navy, 1 vol. P. P. Mitchell. 2017. (U. S. Armed Forces Ser.). (ENG.). 32p. (gr. 1-2). pap. 11.50 *(978-1-5382-0548-8(3),* e4976ae0-082a-48a6-a877-74f352372433) Stevens, Gareth Publishing LLLP.

Join the No-Plastic Challenge! A First Book of Reducing Waste. Scot Ritchie. Illus. by Scot Ritchie. 2019. (Exploring Our Community Ser.). (ENG., Illus.). 32p. (J). (gr. -1-2). 16.99 *(978-1-5253-0240-4(X))* Kids Can Pr., Ltd. CAN. Dist: Hachette Bk. Group.

Join the Noise: The Sound of Ol. Kara L. Laughlin. 2020. (Vowel Blends Ser.). (ENG.). 24p. (J). (gr. -1-2). lib. bdg. 32.79 *(978-1-5038-3543-6(X),* 213436) Child's World, Inc, The.

Join the Team! Courtney Carbone. ed. 2019. (Step into Reading Ser.). (ENG.). 24p. (J). (gr. k-1). 14.96 *(978-0-87617-967-3(7))* Penworthy Co., LLC, The.

Join the Team! Tex Huntley. ed. 2021. (Step into Reading Ser.). (ENG., Illus.). 22p. (J). (gr. 2-3). 15.96 *(978-1-64697-835-9(8))* Penworthy Co., LLC, The.

Join the Team! (Space Jam: a New Legacy) Random House. Illus. by Random House. 2021. (Step into Reading Ser.). (ENG., Illus.). 24p. (J). (gr. -1-1). 14.99 *(978-0-593-38234-9(X));* 5.99 *(978-0-593-38233-2(1))* Random Hse. Children's Bks. (Random Hse. Bks. for Young Readers).

Join the Team! (Sunny Day) Courtney Carbone. Illus. by Susan Hall. 2019. (Step into Reading Ser.). (ENG.). 24p. (J). (gr. -1-1). 12.99 *(978-0-525-64736-2(8));* 4.99 *(978-0-525-64735-5(X))* Random Hse. Children's Bks. (Random Hse. Bks. for Young Readers).

Join Up. Tudor Robins. Ed. by Hilary Smith. 2016. (Island Ser.: Vol. 3). (ENG., Illus.). (YA). (gr. 7-12). pap. *(978-0-9936837-7-0(0))* Robins, Tudor.

Join Up: A Happy-Ending Story of Summer Camp & Summer Love. Tudor Robins. 2016. (Island Ser.: Vol. 3). (ENG.). 308p. (YA). ***(978-1-990802-11-9(7))*** Robins, Tudor.

Join Us: Math Reader 4 Grade 1. Hmh Hmh. 2018. (SPA.). 8p. (J). pap. 9.00 *(978-1-328-57684-2(1))* Houghton Mifflin Harcourt Publishing Co.

Join Us: Math Reader Grade 1. Hmh Hmh. 2017. (Math Expressions Ser.). (ENG.). 8p. (J). (gr. 1). pap. 3.07 *(978-1-328-77226-8(8))* Houghton Mifflin Harcourt Publishing Co.

Joining. Nina Oram. 2019. (Carrowkeel Ser.: Vol. 1). (ENG.). 214p. (YA). (gr. 12). pap. *(978-1-911143-84-0(0))* Luna Pr. Publishing.

Joining Materials in My Makerspace. Rebecca Sjonger. 2018. (Matter & Materials in My Makerspace Ser.). 32p. (J). (gr. 2-3). *(978-0-7787-4620-1(8))* Crabtree Publishing Co.

Joining the California Gold Rush: A This or That Debate. Jessica Rusick. 2020. (This or That?: History Edition Ser.). (ENG., Illus.). 32p. (J). (gr. 3-5). pap. 7.95 *(978-1-4966-8790-6(6),* 201675); lib. bdg. 29.32 *(978-1-4966-8392-2(7),* 200264) Capstone. (Capstone Pr.).

Joining the Dots: The Art of Seurat. In-Sook Kim. Illus. by Se-Yeon Jeong. 2017. (Stories of Art Ser.). (ENG.). 36p. (J). (gr. 3-5). lib. bdg. 29.32 *(978-1-925235-29-6(7),* af419e10-7df6-49ef-ae29-2b6683e1e9d4, Big and SMALL) ChoiceMaker Pty. Ltd., The AUS. Dist: Lerner Publishing Group.

Joining the Militia: Or, Comic Adventures of a Recruit (Classic Reprint) Bricktop Bricktop. 2017. (ENG., Illus.). (J). 70p. 25.34 *(978-0-332-15849-5(7));* pap. 9.57 *(978-0-259-75919-5(8))* Forgotten Bks.

J

Joining Up. Tom Gray. 2021. (ENG.). 124p. (YA). pap. *(978-1-9163622-8-4(1))* 1889 Bks.

Jojo & Bayou Billyfrog. Gina Ann. 2017. (ENG., Illus.). (J). pap. 13.95 *(978-1-5043-7634-1(X)*, Balboa Pr.) Author Solutions, LLC.

JoJo & BowBow Box Set (Books 1-8) JoJo Siwa. 2021. (ENG.). 1056p. (J). (gr. k-5). pap. 54.99 *(978-1-4197-5844-7(6)*, Amulet Bks.) Abrams, Inc.

JoJo & Daddy Bake a Cake. Jane O'Connor & Robin Preiss Glasser. Illus. by Rick Whipple. 2017. 32p. (J). *(978-1-5182-4989-1(2))* Harper & Row Ltd.

Jojo & Daddy Bake a Cake. Jane O'Connor. ed. 2017. (Fancy Nancy - I Can Read! Ser.). (Illus.). 32p. (J). lib. bdg. 13.55 *(978-0-606-40413-6(9))* Turtleback.

Jojo & Her Solo. D. Green. Illus. by D. Green. 2018. (Picture Book Ser.). (ENG., Illus.). 32p. (J). (gr. 1-2). pap. *(978-1-9997407-0-2(X))* Green, D.

JoJo & the Adinkroes. Jodi Twum-Barima. 2021. (ENG., Illus.). 40p. (J). pap. *(978-1-913674-71-7(1))* Conscious Dreams Publishing.

JoJo & the Big Mess. Jane O'Connor. ed. 2017. (Fancy Nancy - I Can Read! Ser.). (J). lib. bdg. 13.55 *(978-0-606-39639-4(X))* Turtleback.

Jojo & the Food Fight! Didier Levy. Illus. by Nathalie Dieterie. 2018. (ENG.). 32p. (J). (gr. -1-2). 16.99 *(978-1-78285-409-8(6))*; pap. 9.99 *(978-1-78285-410-4(X))* Barefoot Bks., Inc.

Jojo & the Food Fight! Didier Levy. ed. 2019. (ENG.). 32p. (J). (gr. k-1). 17.96 *(978-1-64310-946-6(4))* Penworthy Co., LLC, The.

JoJo & the Magic Trick. Jane O'Connor. ed. 2017. (Fancy Nancy - I Can Read! Ser.). (J). lib. bdg. 13.55 *(978-0-606-39638-7(1))* Turtleback.

JoJo & the Twins. Jane O'Connor. ed. 2019. (I Can Read Ser.). (ENG., Illus.). 32p. (J). (gr. k-1). 14.59 *(978-1-64310-907-7(3))* Penworthy Co., LLC, The.

Jojo a'r Adinkrarwyr. Jodi Twum-Barima. Tr. by Lily Translates. Illus. by Michael Harper. 2022. (WEL.). 38p. (J). pap. *(978-1-915522-05-4(6))* Conscious Dreams Publishing.

Jojo G. I. Gorilla Spiritual Warrior. Don Goodman. 2018. (ENG., Illus.). 38p. (J). pap. 11.95 *(978-1-64299-205-2(4))* Christian Faith Publishing.

Jojo Lost Her Confidence. Cassandra Gaisford. 2020. (ENG.). 36p. (YA). (gr. 7-12). pap. *(978-1-990020-30-8(5))* Blue Giraffe Publishing.

JoJo Loves BowBow: A Day in the Life of the World's Cutest Canine. JoJo Siwa. 2018. (ENG., Illus.). 64p. (J). (gr. 3-7). 14.99 *(978-1-4197-3207-2(2)*, 1250101, Amulet Bks.) Abrams, Inc.

Jojo Meets Cristo. Gina Ann. 2017. (ENG., Illus.). (J). pap. 10.95 *(978-1-5043-8054-6(1)*, Balboa Pr.) Author Solutions, LLC.

JoJo Siwa. Jessica Rusick. (YouTubers Ser.). (ENG., Illus.). 32p. (J). 2020. (gr. 4-4). pap. 9.95 *(978-1-64494-361-8(1)*, 1644943611); 2019. (gr. 3-6). lib. bdg. 32.79 *(978-1-5321-9183-1(9)*, 33540) ABDO Publishing Co. (Checkerboard Library).

JoJo Siwa: Fan Favorite. Heather E. Schwartz. 2020. (Boss Lady Bios (Alternator Books (r)) Ser.). (ENG., Illus.). 32p. (J). (gr. 3-6). 30.65 *(978-1-5415-9710-5(9)*, e8e014b2-1960-467d-bd38-d64aa5659332, Lerner Pubns.) Lerner Publishing Group.

JoJo Siwa: Things I Love: A Fill-In Friendship Book. JoJo Siwa. 2018. (ENG., Illus.). 128p. (J). (gr. 8-17). 14.99 *(978-1-4197-2963-8(2)*, 1200003, Amulet Bks.) Abrams, Inc.

Jojo Talks about the Three Bell Jars. Mary Orelaru-Oyalowo. 2022. (ENG.). 46p. (J). pap. 14.95 *(978-1-63765-168-1(6))* Halo Publishing International.

JoJo, Where Did You Go? Nute. 2022. (ENG., Illus.). 32p. (J). pap. 12.95 ***(978-1-63881-683-6(2))*** Newman Springs Publishing, Inc.

Jojo Wonders: A Quest to Find God. Giovanna Quinney. 2021. (ENG.). 34p. (J). *(978-0-2288-6031-0(8))*; pap. *(978-0-2288-6030-3(X))* Tellwell Talent.

Jojo's Christmas. George Spain. Illus. by Peg Richie Fredi. 2017. (ENG.). (J). 29.95 *(978-1-62880-129-3(8))*; pap. 17.95 *(978-1-62880-128-6(X))* Published by Westview, Inc.

JoJo's Guide to Making Your Own Fun: #DoItYourself. JoJo Siwa. 2018. (ENG., Illus.). 192p. (J). (gr. 3-7). 18.99 *(978-1-4197-3208-9(0)*, 1250203, Amulet Bks.) Abrams, Inc.

JoJo's Guide to Making Your Own Fun (B&N Exclusive Signed Edition) #DoItYourself. JoJo Siwa. 2018. (JoJo Siwa Ser.). (ENG.). 192p. (J). (gr. 3-7). 18.99 *(978-1-4197-3649-0(3)*, Amulet Bks.) Abrams, Inc.

JoJo's Guide to the Sweet Life: #PeaceOutHaterz. JoJo Siwa. 2020. (ENG.). 256p. (J). (gr. 5-17). pap. 12.99 *(978-1-4197-4865-3(3)*, 1206303, Amulet Bks.) Abrams, Inc.

Jojo's Journey: Little Stories, Big Lessons. Jacqui Shepherd. 2018. (Animal Adventures Ser.). (ENG., Illus.). 32p. (J). (gr. k-6). pap. *(978-1-77008-951-8(9))* Awareness Publishing.

Joke & Riddle Gold Mine. Michael J. Pellowski. 2017. (Illus.). 96p. (J). (gr. k-7). pap. 6.95 *(978-1-4549-2228-5(1))* Sterling Publishing Co., Inc.

Joke Book Note Book (Classic Reprint) Ethel Watts Mumford. 2017. (ENG., Illus.). 84p. (J). 25.65 *(978-0-484-46244-0(X))* Forgotten Bks.

Joke Books, 8 vols., Set. Judy A. Winter. Incl. Jokes about Bugs. (ENG.). 24p. (J). (gr. -1-2). 2010. lib. bdg. 24.65 *(978-1-4296-4997-1(6)*, 112943, Pebble); (Joke Bks.). (ENG.). 24p. 2010. 135.90 *(978-1-4296-5272-8(1)*, 170505, Pebble) Capstone.

Joke Collector's Notebook. Tom E. Moffatt. Illus. by Paul Beavis. 2021. (ENG.). 232p. (J). *(978-0-9951210-7-2(9))*; pap. *(978-0-9951210-6-5(0))* Write Laugh.

Joke Puzzles Big Fun Activity Pad. Created by Highlights. 2020. (Highlights Big Fun Activity Pads Ser.). 192p. (J). (gr. 1-4). pap. 9.99 *(978-1-64472-128-5(7)*, Highlights) Highlights Pr., c/o Highlights for Children, Inc.

Joke-Tionary Jokes, 1 vol. Thomas Nelson. 2019. (Knock-Knock Rocks Ser.). (ENG.). 128p. (J). pap. 4.99 *(978-1-4002-1437-2(8)*, Tommy Nelson) Nelson, Thomas Inc.

Jokelopedia: The Biggest, Best, Silliest, Dumbest Joke Book Ever! Et Al. Weitzman & Ilana Weitzman. ed. 2016. lib. bdg. 20.80 *(978-0-606-39012-5(X))* Turtleback.

Jokelopedia: The Biggest, Best, Silliest, Dumbest Joke Book Ever! Eva Blank et al. Illus. by Mike Wright. 3rd ed. 2016. (ENG.). 288p. (J). (gr. 2-7). pap. 10.99 *(978-0-7611-8997-8(1)*, 18997) Workman Publishing Co., Inc.

Joker & Harley Quinn's Justice League Jailhouse. Louise Simonson. Illus. by Tim Levins. 2018. (Justice League Ser.). (ENG.). 88p. (J). (gr. 2-6). lib. bdg. 27.32 *(978-1-4965-5980-7(0)*, 137329, Stone Arch Bks.) Capstone.

Joker & Our Filters. Neris Dipsov. 2021. (ENG.). 294p. (J). pap. 33.22 *(978-1-326-59448-0(6))* Lulu Pr., Inc.

Joker Hideout Heist. Steve Brezenoff. Illus. by Sara Foresti. 2022. (Harley Quinn's Madcap Capers Ser.). (ENG.). 72p. 27.32 *(978-1-6639-7525-6(6)*, 221407); pap. 6.95 *(978-1-6663-2840-0(5)*, 221401) Capstone. (Stone Arch Bks.).

Jokes & Riddles for Kids: The Smart Collection of Jokes, Riddles, Tongue Twisters, & Funniest Knock-Knock Jokes Ever (ages 7-9 8-12) Johnny B. Good. 2021. (Jokes for Kids Book Ser.: Vol. 2). (ENG.). 100p. (J). pap. 8.99 *(978-1-6904-3725-3(1))* IIG Pub.

Jokes, Episodes, & Poems (Classic Reprint) Erwin E. Harder. 2018. (ENG., Illus.). 38p. (J). 24.68 *(978-0-267-28789-5(5))* Forgotten Bks.

Jokes for 7 Year Olds: Awesome Jokes for 7 Year Olds: Birthday - Christmas Gifts for 7 Year Olds. Linda Summers. 2019. (ENG.). 52p. (J). pap. *(978-1-913485-04-7(8))* Lion & Mane Pr.

Jokes for All Occasions: Selected & Edited by One of the America's Foremost Public Speakers (Classic Reprint) Unknown Author. (ENG., Illus.). (J). 2018. 378p. 31.71 *(978-0-483-63877-8(3))*; 2016. pap. 16.57 *(978-1-334-15716-5(2))* Forgotten Bks.

Jokes for Crescent City Kids, 1 vol. Michael Strecker. Illus. by Vernon Smith. 2018. (ENG.). 64p. (gr. k-2). pap. 8.95 *(978-1-4556-2427-0(6)*, Pelican Publishing) Arcadia Publishing.

Jokes for Funny Kids: 6 Year Olds. Andrew Pinder & Jonny Leighton. 2021. (Buster Laugh-A-lot Bks.). (ENG.). 128p. (J). (gr. 3-4). pap. 8.99 *(978-1-78055-626-0(8)*, Buster Bks.) O'Mara, Michael Bks., Ltd. GBR. Dist: Independent Pubs. Group.

Jokes for Funny Kids: 7 Year Olds. Andrew Pinder & Imogen Currell-Williams. 2021. (Buster Laugh-A-lot Bks.). (ENG., Illus.). 128p. (J). (gr. 2-3). pap. 8.99 *(978-1-78055-624-6(1)*, Buster Bks.) O'Mara, Michael Bks., Ltd. GBR. Dist: Independent Pubs. Group.

Jokes for Funny Kids: 8 Year Olds. Andrew Pinder & Amanda Learmonth. 2021. (Buster Laugh-A-lot Bks.). (ENG., Illus.). 128p. (J). (gr. 3-4). pap. 8.99 *(978-1-78055-625-3(X)*, Buster Bks.) O'Mara, Michael Bks., Ltd. GBR. Dist: Independent Pubs. Group.

Jokes for Kids. Sally Lindley & Joe Fullman. 2019. (ENG.). 176p. (J). pap. 7.99 *(978-1-78950-607-5(7)*, 246e174b-f41f-4cb3-9898-9ba24fe58218) Arcturus Publishing GBR. Dist: Baker & Taylor Publisher Services (BTPS).

Jokes for Kids about Their Favorite Days: Calendar Series Volume 2. Jerry Harwood. 2017. (ENG., Illus.). (J). (gr. 1-6). pap. 9.95 *(978-1-63498-550-5(8))* Bookstand Publishing.

Jokes for Kids about Their School Days: Calendar Series Volume 3. Jerry Harwood. Illus. by Jerry Harwood. 2019. (Calendar Ser.: Vol. 3). (ENG., Illus.). 28p. (J). (gr. 1-6). pap. 9.95 *(978-1-63498-864-3(7))* Bookstand Publishing.

Jokes for Kids for All Their Days: Calendar Series Volume 1. Jerry Harwood. Illus. by Jerry Harwood. 2017. (Calendar Ser.: Vol. 1). (ENG., Illus.). (J). (gr. k-6). pap. 9.95 *(978-1-63498-460-7(9))* Bookstand Publishing.

Jokes for Minecrafters: Booby Traps, Bombs, Boo-Boos, & More. Michele C. Hollow et al. 2016. (Jokes for Minecrafters Ser.). (ENG., Illus.). 176p. (J). (gr. k). pap. 7.99 *(978-1-5107-0633-0(X)*, Sky Pony Pr.) Skyhorse Publishing Co., Inc.

Jokes for Very Funny Kids (Ages 3 To 7) Funny Jokes, Riddles & More. Team Golfwell. 2019. (Jokes for Very Funny Kids (Ages 3 To 7) Ser.: Vol. 1). (ENG., Illus.). 84p. (J). (gr. k-3). pap. *(978-0-473-48222-0(3))* Rare Design Ltd.

JOKES for VERY FUNNY KIDS (Big & Little) A Treasury of Funny Jokes & Riddles Ages 9 - 12 & Up. Team Golfwell. 2019. (ENG., Illus.). 172p. (J). (gr. 4-6). pap. *(978-0-473-48224-4(X))* Rare Design Ltd.

Jokes from the Back Seat: Humor for Kids! Jobo Jobo Jobo. 2019. (Illus.). 128p. (J). (gr. 2-6). pap. 4.99 *(978-1-947597-14-3(0))* Walnut Street Bks.

Jokes Jokes & More Jokes for Kids. Mike Artell. Illus. by Mike Artell. 2020. (ENG., Illus.). 34p. (J). (gr. k-6). pap. 4.99 *(978-1-7324180-2-8(0))* MJA Creative, LLC.

Jokes Shouldn't Hurt Others. Ophelia S. Lewis. Illus. by Shabamukama Osbert. 2020. (Adventures at Camp Pootie-Cho Ser.). (ENG.). 38p. (J). pap. 10.95 *(978-1-945408-59-5(6))* Village Tales Publishing.

Jokes, Tricks, & Other Funny Stuff. Michael Dahl & Alesha Sullivan. 2018. (Jokes, Tricks, & Other Funny Stuff Ser.). (ENG.). 32p. (J). (gr. 3-9). 117.28 *(978-1-5435-0360-9(8)*, 27632, Capstone Pr.) Capstone.

Jokiest Joking Bathroom Joke Book Ever Written ... No Joke! 1,001 Hilarious Potty Jokes to Make You Laugh While You Go. May Roche. Illus. by Amanda Brack. 2018. (Jokiest Joking Joke Bks.). (ENG.). 240p. (J). pap. 19.99 *(978-1-250-19003-1(7)*, 900192349) St. Martin's Pr.

Jokiest Joking Christmas Joke Book Ever Written ... No Joke! 525 Yuletide Gags, Santa Sillies, & Frosty Funnies. Brian Boone. Illus. by Amanda Brack. 2023. (Jokiest Joking Joke Bks.: 6). (ENG.). 144p. (J). pap. 13.00 ***(978-1-250-28905-6(X)***, 900291115) St. Martin's Pr.

Jokiest Joking Puns Book Ever Written ... No Joke! 1,001 Brand-New Wisecracks That Will Keep You Laughing Out Loud. Brian Boone. Illus. by Amanda Brack. 2019. (Jokiest Joking Joke Bks.). (ENG.). 240p. (J). pap. 11.00 *(978-1-250-20199-7(3)*, 900193005) St. Martin's Pr.

Jokiest Joking Riddles Book Ever Written ... No Joke! 1,001 All-New Brain Teasers That Will Keep You Laughing Out Loud. Brian Boone. Illus. by Amanda Brack. 2020. (Jokiest Joking Joke Bks.: 4). (ENG.). 240p. (J). pap. 11.99 *(978-1-250-24047-7(6)*, 900211550) St. Martin's Pr.

Jokiest Joking Spooky Joke Book Ever Written ... No Joke: 1,001 Giggling Gags about Goblins, Ghosts, & Ghouls. Brian Boone. Illus. by Amanda Brack. 2023. (Jokiest Joking Joke Bks.: 5). (ENG.). 256p. (J). pap. 13.00 *(978-1-250-28723-6(5)*, 900287772) St. Martin's Pr.

Jokiest Joking Trivia Book Ever Written ... No Joke! 1,001 Surprising Facts to Amaze Your Friends. Brian Boone. Illus. by Amanda Brack. 2018. (Jokiest Joking Joke Bks.). (ENG.). 272p. (J). pap. 12.99 *(978-1-250-19976-8(X)*, 900195020) St. Martin's Pr.

Joking Apart (Classic Reprint) Dowdall. 2018. (ENG., Illus.). 358p. (J). 31.28 *(978-0-267-22884-3(8))* Forgotten Bks.

Joking Around (Set), 12 vols. 2018. (Joking Around Ser.). (ENG., Illus.). 32p. (J). (gr. 2-3). lib. bdg. 173.58 *(978-1-5081-9672-3(9)*, a061f554-be63-431a-83ca-2e5104b0670e, Windmill Bks.) Rosen Publishing Group, Inc., The.

Joking, Rhyming Animals Ready-To-Read Value Pack: Interrupting Cow; Interrupting Cow & the Chicken Crossing the Road; School of Fish; Friendship on the High Seas; Racing the Waves; Rocking the Tide. Jane Yolen. Illus. by Joëlle Dreidemy et al. 2022. (Ready-To-Read Ser.). (ENG.). 192p. (J). (gr. -1-2). pap. 17.96 *(978-1-6659-1548-9(X)*, Simon Spotlight) Simon Spotlight.

Jól Vigyázz Mit Kívánsz! Erika M. Szabo. 2022. (HUN.). 47p. (J). pap. ***(978-1-387-66429-0(8))*** Lulu Pr., Inc.

Jolene, the Disability Awareness Chicken. Karen Finnegan. 2022. 28p. (J). 21.00 *(978-1-6678-4640-8(X))* BookBaby.

Jolley-Rogers & the Cave of Doom. Jonny Duddle. Illus. by Jonny Duddle. 2016. (Jolley-Rogers Ser.). (ENG., Illus.). 160p. (J). (gr. 1-4). 6.99 *(978-0-7636-8909-4(2)*, Templar) Candlewick Pr.

Jolley-Rogers & the Pirate Piper. Jonny Duddle. Illus. by Jonny Duddle. 2020. (Jolley-Rogers Ser.). (ENG., Illus.). 160p. (J). (gr. 1-4). pap. 7.99 *(978-1-5362-1236-5(9)*, Templar) Candlewick Pr.

Jollier, 1907 (Classic Reprint) Joliet Township High School. 2018. (ENG., Illus.). 130p. (J). 26.60 *(978-0-656-34834-3(8))* Forgotten Bks.

Jollier, 1910 (Classic Reprint) Joliet Township High School. 2017. (ENG., Illus.). (J). 234p. 28.72 *(978-0-484-61587-7(4))*; pap. 11.57 *(978-0-259-98076-6(5))* Forgotten Bks.

Jolliest School of All. Angela Brazil. 2019. (ENG., Illus.). 218p. (YA). (gr. 7-12). pap. *(978-93-5329-453-3(3))* Alpha Editions.

Jolliest School of All. Angela Brazil. 2017. (ENG., Illus.). (J). 24.95 *(978-1-374-85154-2(X))*; pap. 14.95 *(978-1-374-85153-5(1))* Capital Communications, Inc.

Jolliest School of All (Classic Reprint) Angela Brazil. 2019. (ENG., Illus.). (J). 340p. 30.93 *(978-1-397-29039-7(0))*; 342p. pap. 13.57 *(978-1-397-29004-5(8))* Forgotten Bks.

Jolly. Holly Berry-Byrd. Ed. by Cottage Door Press. Illus. by Kathrin Fherl. 2022. (Peek-A-Flap Ser.). (ENG.). 12p. (J). (gr. -1-1). bds. 9.99 *(978-1-64638-661-1(2)*, 1008550) Cottage Door Pr.

Jolly Activities. 2018. (96-Page Workbooks Ser.). (ENG.). 96p. (J). (gr. -1-k). pap. 6.99 *(978-1-68147-288-1(0))* School Zone Publishing Co.

Jolly Adventure with Mommy's Big, Red Monster Truck. Alison Paul Klakowicz. Illus. by Anthony Santos. 2022. (Mommy's Big Red Monster Truck Ser.). (ENG.). 32p. (J). ***(978-1-0391-4091-2(2))***; pap. ***(978-1-0391-4090-5(4))*** FriesenPress.

Jolly Bloodbath: UK Version. The Brothers Quinn. 2022. (ENG.). 186p. (J). pap. ***(978-1-912587-72-8(6))*** Phoenix Pr. Ltd.

Jolly Calle & Other Swedish Fairy Tales. Helena Nyblom. 2017. (ENG., Illus.). (J). pap. *(978-0-649-10286-0(X))* Trieste Publishing Pty Ltd.

Jolly Calle Other Swedish Fairy Tales (Classic Reprint) Helena Nyblom. 2017. (ENG., Illus.). (J). 29.03 *(978-0-266-57478-1(5))* Forgotten Bks.

Jolly Christmas Postman see **Cartero Simpatico o Unas Cartas Especiales**

Jolly Color by Number. Ed. by School Zone. 2018. (ENG.). 48p. (J). (gr. -1-k). pap. 4.49 *(978-1-68147-222-5(8)*, 0a2096fa-f0a0-46df-a641-84142c9eac69) School Zone Publishing Co.

Jolly Dot to Dots. Ed. by School Zone. 2018. (ENG.). 48p. (J). (gr. -1-k). pap. 4.49 *(978-1-68147-220-1(1)*, b8670f96-eb9b-46ab-9127-bbe4e7811fc3) School Zone Publishing Co.

Jolly Family (Classic Reprint) Nikol Nosov. 2017. (ENG., Illus.). (J). 29.26 *(978-0-265-80096-6(X))* Forgotten Bks.

Jolly Fellowship. Frank R. Stockton. 2019. (ENG., Illus.). 222p. (YA). pap. *(978-93-5329-471-7(1))* Alpha Editions.

Jolly Fellowship (Classic Reprint) Frank R. Stockton. 2018. (ENG., Illus.). 326p. (J). 30.64 *(978-0-483-75534-5(6))* Forgotten Bks.

Jolly Foul Play. Robin Stevens. (Murder Most Unladylike Mystery Ser.). (ENG.). (J). (gr. 5). 2019. 384p. pap. 8.99 *(978-1-4814-8910-2(0))*; 2018. (Illus.). 368p. 19.99 *(978-1-4814-8909-6(7))* Simon & Schuster Bks. For Young Readers. (Simon & Schuster Bks. For Young Readers).

Jolly Good Santa. Jeannie Shaffer. 2021. (ENG., Illus.). 20p. (J). 19.95 *(978-1-6624-5730-2(8))* Page Publishing Inc.

Jolly Grammar Glossary. Louise Van-Pottelsberghe. 2021. (ENG., Illus.). 48p. (J). pap. 5.00 *(978-1-84414-877-6(7)*, Jolly Grammar) Jolly Learning, Ltd. GBR. Dist: American International Distribution Corp.

Jolly Hallowe'en Book (Classic Reprint) Dorothy Middlebrook Shipman. (ENG., Illus.). (J). 2017. 26.14 *(978-0-331-17681-0(5))*; 2016. pap. 9.57 *(978-1-334-14269-7(6))* Forgotten Bks.

Jolly Hidden Pictures. Ed. by School Zone. 2018. (ENG.). 48p. (J). (gr. -1-k). pap. 4.49 *(978-1-68147-219-5(8)*, f8640066-d7d6-4254-a4fe-861e10b656ab) School Zone Publishing Co.

Jolly Jingle Christmas: With Carry Handle & Jingle Bells. IglooBooks. Illus. by James Newman Gray. 2019. (ENG.). 10p. (J). (-k). bds. 12.99 *(978-1-78905-596-2(2))* Igloo Bks. GBR. Dist: Simon & Schuster, Inc.

Jolly Jinks Song Book (Classic Reprint) Leroy F. Jackson. 2017. (ENG., Illus.). (J). 24.43 *(978-0-265-83243-1(8))*; pap. 7.97 *(978-1-5282-2808-4(1))* Forgotten Bks.

Jolly Joker, Vol. 1: April 1, 1866 (Classic Reprint) Unknown Author. 2017. (ENG., Illus.). (J). 24.35 *(978-0-266-54899-7(7))*; pap. 7.97 *(978-0-282-77754-8(7))* Forgotten Bks.

Jolly Loves Jelly. Lorella Pacey & Eryu Edwards. 2022. (ENG.). 28p. (J). pap. ***(978-1-912472-64-2(3))*** Wordcatcher Publishing Group Ltd.

Jolly Mazes. Ed. by School Zone. 2018. (ENG.). 48p. (J). (gr. -1-k). pap. 4.49 *(978-1-68147-218-8(X)*, 155e9535-2252-4b87-8228-87ca35baba4e) School Zone Publishing Co.

Jolly Monologues (Classic Reprint) Mary Moncure Parker. 2017. (ENG., Illus.). (J). pap. 9.57 *(978-0-243-50975-1(8))* Forgotten Bks.

Jolly Music Player: Beginners: (Physical CD) Cyrilla Rowsell & David Vinden. Illus. by Karen Lamb. 2018. (ENG.). (J). cd-rom 43.95 *(978-1-84414-491-4(7)*, Jolly Music) Jolly Learning, Ltd. GBR. Dist: American International Distribution Corp.

Jolly Music Player: Level 1: (Physical CD) Cyrilla Rowsell & David Vinden. Illus. by Karen Lamb. 2018. (ENG.). (J). cd-rom 43.95 *(978-1-84414-492-1(5)*, Jolly Music) Jolly Learning, Ltd. GBR. Dist: American International Distribution Corp.

Jolly Music Player: Level 2. Cyrilla Rowsell & David Vinden. Illus. by Karen Lamb. 2018. (ENG.). (J). cd-rom 43.95 *(978-1-84414-493-8(3)*, Jolly Music) Jolly Learning, Ltd. GBR. Dist: American International Distribution Corp.

Jolly Music Player: Level 3. Cyrilla Rowsell & David Vinden. Illus. by Karen Lamb. 2018. (ENG.). (J). cd-rom 43.95 *(978-1-84414-494-5(1)*, Jolly Music) Jolly Learning, Ltd. GBR. Dist: American International Distribution Corp.

Jolly Old Shadow Man (Classic Reprint) Gertrude Alice Kay. 2018. (ENG., Illus.). (J). 44p. 24.80 *(978-0-428-52879-9(1))*; 46p. pap. 7.97 *(978-0-428-13645-1(1))* Forgotten Bks.

Jolly Olde Teenage ALIEN. Jane Greenhill. 2021. (Teenage Alien Ser.: Vol. 3). (ENG.). 204p. (YA). pap. 14.99 *(978-1-5092-3675-6(9))* Wild Rose Pr., Inc., The.

Jolly Phonic Little Word Books: In Print Letters (AE) Sara Wernham. Illus. by Stu McLellan. 2020. (ENG.). (J). pap. 31.25 *(978-1-84414-714-4(2)*, Jolly Phonics) Jolly Learning, Ltd. GBR. Dist: American International Distribution Corp.

Jolly Phonics Class Set: In Print Letters (American English Edition) Sara Wernham & Sue Lloyd. 2021. (ENG.). (J). pap. 540.00 *(978-1-84414-892-9(0)*, Jolly Phonics) Jolly Learning, Ltd. GBR. Dist: American International Distribution Corp.

Jolly Phonics Handbook: In Print Letters (American English Edition) Sue Lloyd & Sara Wernham. Illus. by Sarah Wade. 2022. (ENG.). 224p. (J). spiral bd. 52.75 *(978-1-84414-844-8(0)*, Jolly Phonics) Jolly Learning, Ltd. GBR. Dist: American International Distribution Corp.

Jolly Phonics Letter Sound Strips: In Print Letters. Sue Lloyd & Sara Wernham. 2022. (ENG.). (J). 16.00 *(978-1-84414-698-7(7)*, Jolly Phonics) Jolly Learning, Ltd. GBR. Dist: American International Distribution Corp.

Jolly Phonics Orange Level Readers Complete Set: In Print Letters (American English Edition) Louise Van-Pottelsberghe. Illus. by Jan Smith. 2019. (ENG.). (J). pap. 54.60 *(978-1-84414-589-8(1)*, Jolly Phonics) Jolly Learning, Ltd. GBR. Dist: American International Distribution Corp.

Jolly Phonics Read & See, Pack 2: In Print Letters (American English Edition) Sue Lloyd & Sara Wernham. Illus. by Sarah Wade. 2022. (ENG.). (J). pap. 37.50 ***(978-1-84414-247-7(7)***, Jolly Phonics) Jolly Learning, Ltd. GBR. Dist: American International Distribution Corp.

Jolly Phonics Readers Level 1, Our World. Sara Wernham. 2021. (ENG.). 8p. (J). pap. 13.50 *(978-1-84414-891-2(2)*, Jolly Phonics) Jolly Learning, Ltd. GBR. Dist: American International Distribution Corp.

Jolly Phonics Readers Level 2, Our World. Sara Wernham. 2021. (ENG., Illus.). 12p. (J). pap. 15.00 *(978-1-84414-910-0(2)*, Jolly Phonics) Jolly Learning, Ltd. GBR. Dist: American International Distribution Corp.

Jolly Phonics Readers Level 3, Our World, Complete Set: In Print Letters (American English Edition) Louise Van-Pottelsberghe. 2023. (ENG.). (J). pap. 16.50 ***(978-1-84414-955-1(2)***, Jolly Learning) Jolly Learning, Ltd. GBR. Dist: American International Distribution Corp.

Jolly Phonics Readers Level 4, Our World, Complete Set: In Print Letters (American English Edition) Louise Van-Pottelsberghe. 2023. (ENG.). (J). pap. 16.50 ***(978-1-84414-930-8(7)***, Jolly Learning) Jolly Learning, Ltd. GBR. Dist: American International Distribution Corp.

Jolly Phonics Readers Level 5, Our World: In Print Letters (AE) Ed. by Louise Van-Pottelsberghe. 2020. (ENG.). (J). pap. 16.50 *(978-1-84414-712-0(6)*, Jolly Learning) Jolly Learning, Ltd. GBR. Dist: American International Distribution Corp.

Jolly Phonics Student Book 1: In Print Letters (American English Edition) Sue Lloyd & Sara Wernham. 2023. (ENG.). (J). pap. 9.00 ***(978-1-84414-988-9(9)***, Jolly Learning) Jolly Learning, Ltd. GBR. Dist: American International Distribution Corp.

Jolly Phonics Student Book 1: In Print Letters (American English Edition) Sara Wernham & Sue Lloyd. 2021. (ENG.). (J). pap. 6.00 *(978-1-84414-722-9(3)*, Jolly Phonics) Jolly Learning, Ltd. GBR. Dist: American International Distribution Corp.

Jolly Phonics Student Book 2: In Print Letters (American English Edition) Sue Lloyd & Sara Wernham. 2023. (ENG.). (J). pap. 9.00 ***(978-1-84414-989-6(7)***, Jolly Learning) Jolly Learning, Ltd. GBR. Dist: American International Distribution Corp.

Jolly Phonics Student Book 2: In Print Letters (American English Edition) Sara Wernham & Sue Lloyd. 2021. (ENG.). (J). pap. 6.00 *(978-1-84414-723-6(1)*, Jolly Phonics) Jolly Learning, Ltd. GBR. Dist: American International Distribution Corp.

Jolly Phonics Student Book 3: In Print Letters (American English Edition) Wernham & Sue Lloyd. 2021. (ENG.). (J). pap. 6.00 *(978-1-84414-724-3(X)*, Jolly Phonics) Jolly

1060

The check digit for ISBN-10 appears in parentheses after the full ISBN-13

Learning, Ltd. GBR. Dist: American International Distribution Corp.

Jolly Phonics Teacher's Book: In Print Letters (American English Edition) Sue Lloyd & Sara Wernham. 2023. (ENG.). (J). pap. 15.00 ***(978-1-84414-990-2(0)***, Jolly Learning) Jolly Learning, Ltd. GBR. Dist: American International Distribution Corp.

Jolly Phonics Teacher's Book: In Print Letters (American English Edition) Sara Wernham & Sue Lloyd. 2021. (ENG., Illus.). 48p. (J). pap. 15.00 *(978-1-84414-727-4(4)*, Jolly Phonics) Jolly Learning, Ltd. GBR. Dist: American International Distribution Corp.

Jolly Phonics Word Bank. Sara Wernham & Sue Lloyd. 2021. (ENG.). (J). pap. 5.00 *(978-1-84414-876-9(9)*, Jolly Phonics) Jolly Learning, Ltd. GBR. Dist: American International Distribution Corp.

Jolly Phonics Workbook 1: In Print Letters (American English Edition) Sue Lloyd & Sara Wernham. 2020. (Jolly Phonics Workbooks, Set Of 1-7 Ser.). (ENG.). (J). pap. 4.20 *(978-1-84414-675-8(8)*, Jolly Phonics) Jolly Learning, Ltd. GBR. Dist: American International Distribution Corp.

Jolly Phonics Workbook 2: In Print Letters (American English Edition) Sue Lloyd & Sara Wernham. 2020. (Jolly Phonics Workbooks, Set Of 1-7 Ser.). (ENG.). (J). pap. 4.20 *(978-1-84414-676-5(6)*, Jolly Phonics) Jolly Learning, Ltd. GBR. Dist: American International Distribution Corp.

Jolly Phonics Workbook 3: In Print Letters (American English Edition) Sue Lloyd & Sara Wernham. 2020. (Jolly Phonics Workbooks, Set Of 1-7 Ser.). (ENG.). (J). pap. 4.20 *(978-1-84414-677-2(4)*, Jolly Phonics) Jolly Learning, Ltd. GBR. Dist: American International Distribution Corp.

Jolly Phonics Workbook 4: In Print Letters (American English Edition) Sue Lloyd & Sara Wernham. 2020. (Jolly Phonics Workbooks, Set Of 1-7 Ser.). (ENG.). (J). pap. 4.20 *(978-1-84414-678-9(2)*, Jolly Phonics) Jolly Learning, Ltd. GBR. Dist: American International Distribution Corp.

Jolly Phonics Workbook 5: In Print Letters (American English Edition) Sue Lloyd & Sara Wernham. 2020. (Jolly Phonics Workbooks, Set Of 1-7 Ser.). (ENG.). (J). pap. 4.20 *(978-1-84414-679-6(0)*, Jolly Phonics) Jolly Learning, Ltd. GBR. Dist: American International Distribution Corp.

Jolly Phonics Workbook 6: In Print Letters (American English Edition) Sue Lloyd & Sara Wernham. 2020. (Jolly Phonics Workbooks, Set Of 1-7 Ser.). (ENG.). (J). pap. 4.20 *(978-1-84414-680-2(4)*, Jolly Phonics) Jolly Learning, Ltd. GBR. Dist: American International Distribution Corp.

Jolly Phonics Workbook 7: In Print Letters (American English Edition) Sue Lloyd & Sara Wernham. 2020. (Jolly Phonics Workbooks, Set Of 1-7 Ser.). (ENG.). (J). pap. 4.20 *(978-1-84414-681-9(2)*, Jolly Phonics) Jolly Learning, Ltd. GBR. Dist: American International Distribution Corp.

Jolly Phonics Workbooks 1-7: In Print Letters (American English Edition) Sue Lloyd & Sara Wernham. 2020. (ENG.). (J). pap. 29.40 *(978-1-84414-682-6(0)*, Jolly Phonics) Jolly Learning, Ltd. GBR. Dist: American International Distribution Corp.

Jolly Plays. Louise Van-Pottelsberghe. 2021. (ENG.). 112p. (J). pap. 33.50 *(978-1-84414-894-3(7)*, Jolly Phonics) Jolly Learning, Ltd. GBR. Dist: American International Distribution Corp.

Jolly Quickly the Jumping Bean Goes under the Sea. Susan Lacey. 2017. (ENG., Illus.). 36p. (J). pap. *(978-1-78623-085-0(2))* Grosvenor Hse. Publishing Ltd.

Jolly Regina (the Unintentional Adventures of the Bland Sisters Book 1) Kara LaReau. Illus. by Jen Hill. 2018. (Unintentional Adventures of the Bland Sisters Ser.). (ENG.). 184p. (J). (gr. 3-7). pap. 7.99 *(978-1-4197-2605-7(6)*, 1138303, Amulet Bks.) Abrams, Inc.

Jolly Roger & the Fish: Leveled Reader Blue Fiction Level 10 Grade 1. Hmh Hmh. 2019. (Rigby PM Ser.). (ENG.). 16p. (J). (gr. 1). pap. 11.00 *(978-0-358-00081-5(5))* Houghton Mifflin Harcourt Publishing Co.

Jolly Roger, the Pirate: Leveled Reader Yellow Fiction Level 6 Grade 1. Hmh Hmh. 2019. (Rigby PM Ser.). (ENG.). 16p. (J). (gr. 1). pap. 11.00 *(978-0-358-12153-4(1))* Houghton Mifflin Harcourt Publishing Co.

Jolly Santa: A Finger Puppet Board Book IglooBooks. Illus. by Natasha Rimmington. 2021. (ENG.). 10p. (J). (— 1). bds. 6.99 *(978-1-80022-841-2(4))* Igloo Bks. GBR. Dist: Simon & Schuster, Inc.

Jolly Santa's Guessing Game. Edward Miller, III. 2022. (Illus.). 18p. (J). (— 1). bds. 8.99 *(978-0-593-48668-9(4)*, Random Hse. Bks. for Young Readers) Random Hse. Children's Bks.

Jolly Song Book of the Queen's Own Rifles of Canada, Toronto (Classic Reprint) Unknown Author. 2017. (ENG., Illus.). (J). 25.38 *(978-0-266-52078-8(2))*; pap. 9.57 *(978-0-243-48189-7(6))* Forgotten Bks.

Jolly Talker. Firouzeh Razavi. Illus. by Firouzeh Razavi. 2018. (ENG., Illus.). 38p. (J). pap. 9.95 *(978-0-578-42265-7(4))* Razavi, Firouzeh Bks.

Joloano Moro (Classic Reprint) Katharine Gough Buffum. (ENG., Illus.). (J). 2018. 140p. 26.80 *(978-0-484-85201-2(9))*; 2016. pap. 9.57 *(978-1-333-34829-8(0))* Forgotten Bks.

Jolo's Two Bedrooms: A Book for Children in Family Separation. Rae Fox et al. 2017. (Small Shift Ser.). (ENG.). 44p. (J). pap. ***(978-1-926643-14-4(3))*** Small Shifts Bks. & Media, Inc.

Jolt Felt Around the World. Susanna Shetley. 2019. (ENG., Illus.). 34p. (J). (gr. k-5). 18.99 *(978-1-7336573-0-3(4))* Wisdom Hse. Bks.

Jolts & Jars of Amanda Hunter, and, a Family Jar (Classic Reprint) Christine Crosby Whelen. (ENG., Illus.). (J). 2018. 62p. 25.18 *(978-0-656-51595-0(3))*; 2017. pap. 9.57 *(978-0-282-13266-8(X))* Forgotten Bks.

Jòn. Amy Culliford. Tr. by Jean Pierre Gaston. 2021. (Koulè Mwen Pi Renmen Yo (My Favorite Color) Ser.). (CRP., Illus.). 16p. (J). (gr. -1-1). pap. *(978-1-4271-3785-2(4)*, 10104) Crabtree Publishing Co.

Jon Duan: A Twofold Journey with Manifold Purposes (Classic Reprint) Samuel Orchart Beeton. (ENG., Illus.). (J). 2018. 108p. 26.12 *(978-0-428-90577-4(3))*; 2018. 154p. 27.07 *(978-0-483-06905-3(1))*; 2017. pap. 9.57 *(978-0-243-01957-1(2))*; 2016. pap. 9.57 *(978-1-334-12252-1(0))* Forgotten Bks.

Jon Klassen's Hat Box, 3 vols. Jon Klassen. Illus. by Jon Klassen. 2019. (Hat Trilogy Ser.). (ENG., Illus.). 136p. (J). (gr. -1-3). 56.97 *(978-0-7636-6697-2(1))* Candlewick Pr.

Jona. Trinity Taylor Davis. 2022. (ENG.). 190p. (YA). pap. 14.99 ***(978-1-0880-6697-3(6))*** Indy Pub.

Jona: Eine Untersuchung Zur Vergleichenden Religionsgeschichte (Classic Reprint) Hans Schmidt. 2017. (GER., Illus.). (J). pap. 10.57 *(978-1-332-63615-0(2))* Forgotten Bks.

Jona en Die Vis. Print on Demand. 2021. (AFR.). 22p. (J). pap. *(978-0-6398324-1-8(5))* Pro Christo Publications.

Jonah. Sharon J. Miller. Illus. by Nomer Adona. 2016. (ENG.). 26p. (J). pap. 9.97 *(978-0-9774756-3-6(8))* Miller, Sharon.

Jonah. Lenie Nilsen. Illus. by Emma Weakley. 2018. (ENG.). 42p. (J). 19.99 *(978-1-940473-65-9(9))* Rise Up.

Jonah. Lenie Nilsen & Emma Weakley. 2018. (ENG., Illus.). 42p. (J). pap. 9.99 *(978-1-940473-66-6(7))* Rise Up.

Jonah & the Big Fish. Sila Grimm. 2020. (ENG.). 26p. (J). 23.95 *(978-1-6624-0122-0(1))*; pap. 13.95 *(978-1-6624-0120-6(5))* Page Publishing Inc.

Jonah & the Big Fish. Katherine Walker. Illus. by Jayne Schofield. 2021. (ENG.). 12p. (J). bds. 6.99 *(978-1-80058-244-6(7))* Make Believe Ideas GBR. Dist: Scholastic, Inc.

Jonah & the Big Fish: Be Obedient. Ruth Billingsley. Illus. by Jason Velazquez. (Journeys of Faith Ser.: Vol. 2). (ENG.). 30p. (J). 2023. 26.99 ***(978-1-6628-6814-6(6))***; 2022. pap. 14.99 ***(978-1-6628-5791-1(8))*** Salem Author Services.

Jonah & the Big Fish (5-7) Warner Press. 2018. (ENG.). 16p. (J). pap. 2.39 *(978-1-68434-046-0(2))* Warner Pr., Inc.

Jonah & the Big Fish Activity Book. Created by Bible Pathway Adventures & Pip Reid. 2020. (Beginners Ser.: Vol. 1). (ENG.). 92p. (J). pap. *(978-1-988585-78-9(3))* Bible Pathway Adventures.

Jonah & the Big Fish Activity Book. Pip Reid. 2020. (ENG.). 92p. (J). pap. *(978-1-7771601-5-9(4))* Bible Pathway Adventures.

Jonah & the Big Fish & Other Favorite Bible Stories. Make Believe Ideas. Illus. by Jayne Schofield. 2023. (ENG.). 28p. (J). (gr. -1-k). 9.99 *(978-1-80337-175-7(7))* Make Believe Ideas GBR. Dist: Scholastic, Inc.

Jonah & the Fish. Print on Demand. 2021. (ENG.). 22p. (J). pap. *(978-0-6398324-3-2(1))* Pro Christo Publications.

Jonah & the Very Big Fish. Tim Thornborough. Illus. by Jennifer Davison. 2019. (Very Best Bible Stories Ser.). (ENG.). 24p. (J). *(978-1-78498-379-6(9))* Good Bk. Co., The.

Jonah & the Whale. Barbara Egel. 2019. (ENG.). 10p. (J). bds. 7.99 *(978-1-64269-170-2(4)*, 4025, Sequoia Publishing & Media LLC) Phoenix International Publications, Inc.

Jonah & the Whale. Erwin Grosche. Illus. by Karsten Teich. 2016. 28p. (J). (gr. k-3). 12.99 *(978-1-5064-0882-8(6)*, Sparkhouse Family) 1517 Media.

Jonah & the Whale. Denny Kaltreider. 2016. (ENG., Illus.). 32p. (J). pap. *(978-1-365-17275-5(9))* Lulu Pr., Inc.

Jonah & the Whale. Andrew McDonough. 2018. (Lost Sheep Ser.: 7). (ENG., Illus.). 32p. (J). (gr. k-2). pap. 7.99 *(978-1-912863-00-6(6)*, b6dd8ae3-09a0-43a0-a525-59732018334e, Sarah Grace Publishing) Malcolm Down Publishing Ltd. GBR. Dist: Baker & Taylor Publisher Services (BTPS).

Jonah & the Whale: A Version in Verse for Children. Sandy Knapp. 2022. (ENG.). 32p. (J). pap. *(978-1-4716-6568-4(2))* Lulu Pr., Inc.

Jonah (Classic Reprint) E. Lawrence Dudley. 2018. (ENG., Illus.). 96p. (J). 25.88 *(978-0-483-87441-1(8))* Forgotten Bks.

Jonah in the Smelly Belly of the Fish. Luisette Kraal. 2021. (ENG.). 78p. (J). 18.50 *(978-1-7370056-0-5(3))* Kraal, Luisette.

Jonah, Little Bible Heroes Board Book. B&H Kids Editorial Staff. 2020. (Little Bible Heroes(tm) Ser.). (ENG.). 16p. (J). (-k). bds. 7.99 *(978-1-5359-5434-1(5)*, 005814408, B&H Kids) B&H Publishing Group.

Jonah Loves Summer Activities. Tracilyn George. 2023. (ENG.). 22p. (J). pap. 12.99 ***(978-1-77475-639-3(0))*** Draft2Digital.

Jonah, My Friend. Debbie McGrath. 2018. (ENG.). 24p. (J). pap. 12.45 *(978-1-9736-3336-5(1)*, WestBow Pr.) Author Solutions, LLC.

Jonah of Lucky Valley: And Other Stories (Classic Reprint) Howard Seely. (ENG., Illus.). (J). 2018. 262p. 29.32 *(978-0-332-92709-1(1))*; 2017. pap. 11.97 *(978-0-259-59521-2(7))* Forgotten Bks.

Jonah, the Fearful Prophet. Janice D. Green. Illus. by Janice D. Green & Kimberly Merritt. 2020. (Honeycomb Adventures Book Ser.: Vol. 4). (ENG.). 36p. (J). pap. 10.95 *(978-0-9836808-8-8(4))* Honeycomb Adventures Pr., LLC.

Jonah, the Fearful Prophet: Color Your Own Pictures. Janice D. Green. Illus. by Janice D. Green & Kimberly Merritt. 2020. (Honeycomb Adventures Coloring Book Ser.: Vol. 1). (ENG.). 36p. (J). pap. 7.95 *(978-0-9836808-5-7(X))* Honeycomb Adventures Pr., LLC.

Jonah's Big Fish Adventure, 1 vol. Zonderkidz. 2018. (Beginner's Bible Ser.). (ENG., Illus.). 18p. (J). bds. 9.99 *(978-0-310-75994-2(3))* Zonderkidz.

Jonah's Journeys: The Minor Prophets, Book 6. Brian J. Wright & John Robert Brown. 2023. (ENG.). 40p. (J). 10.99 *(978-1-5271-0945-2(3)*, 8e3611c8-2d80-4e2e-8ea3-4b5cbce74a8c, CF4Kids) Christian Focus Pubns. GBR. Dist: Baker & Taylor Publisher Services (BTPS).

Jonah's Whale of a Tale. Eva Ellis Thorburn. Illus. by Corbin Hillam. 2021. (ENG.). 28p. (J). 20.99 *(978-1-6628-0998-9(0))*; pap. 10.49 *(978-1-6628-0997-2(2))* Salem Author Services.

Jonas a Judge: Or Law among the Boys (Classic Reprint) Jacob Abbott. 2018. (ENG., Illus.). 194p. (J). 27.90 *(978-0-483-49381-0(3))* Forgotten Bks.

Jonas a Judge; or, Law among the Boys. Jacob Abbott. 2017. (ENG., Illus.). (J). pap. *(978-0-649-61909-2(9))* Trieste Publishing Pty Ltd.

Jonas Abroad (Classic Reprint) Robert C. Givins. (ENG., Illus.). (J). 2018. 526p. 34.75 *(978-0-483-96988-9(5))*; 2017. pap. 19.57 *(978-0-243-92657-2(X))* Forgotten Bks.

Jonas Astronautensohn: Ein Scifi Fantasy Abenteuer Für Junge Leser. C. Harry Kahn. 2018. (GER., Illus.). 248p. (J). pap. *(978-3-9820033-0-6(X))* Yildiz Ilkin.

Jonas Baby. Tennille Barrett. 2019. (ENG.). 8p. (J). *(978-1-7947-2777-9(9))* Lulu Pr., Inc.

Jonas Brothers. Kristin J. Russo. 2021. (Families of Fame & Fortune Ser.). (ENG., Illus.). 32p. (J). (gr. 5-8). lib. bdg. 27.99 *(978-1-62920-847-3(7)*, 5515bcac-b483-4c46-b3fa-82878d3370c8) Full Tilt Pr. NZL. Dist: Lerner Publishing Group.

Jonas on a Farm in Summer (Classic Reprint) Jacob Abbott. 2018. (ENG., Illus.). 182p. (J). 27.65 *(978-0-656-52768-7(4))* Forgotten Bks.

Jonas on a Farm in Winter (Classic Reprint) Jacob Abbott. 2018. (ENG., Illus.). 186p. (J). 27.73 *(978-0-267-27614-1(1))* Forgotten Bks.

Jonás y el Gran Pez. Sila Grimm. 2021. (SPA., Illus.). 26p. (J). 23.95 *(978-1-6624-3562-1(2))*; pap. 13.95 *(978-1-6624-3560-7(6))* Page Publishing Inc.

Jonas's Stories: Related to Rollo & Lucy (Classic Reprint) Jacob Abbott. (ENG., Illus.). (J). 2018. 178p. 27.57 *(978-0-267-56463-7(5))*; 2016. pap. 9.97 *(978-1-333-75987-2(8))* Forgotten Bks.

Jonathan: A Novel (Classic Reprint) C. C. Fraser-Tytler. 2018. (ENG., Illus.). 446p. (J). 33.12 *(978-0-483-57439-7(2))* Forgotten Bks.

Jonathan & David (Classic Reprint) Elizabeth Stuart Phelps. (ENG., Illus.). (J). 2018. 66p. 25.26 *(978-0-484-27946-8(7))*; 2017. pap. 9.57 *(978-0-259-01334-1(X))* Forgotten Bks.

Jonathan & the Giant Eagle. Danny Christopher. 2021. (Illus.). 32p. (J). 15.95 *(978-1-7770817-5-1(0))* Eye of Newt, The.

Jonathan Clarkson Gibbs: Reconstruction Revolutionary. Stephanie Herweck Paris. rev. ed. 2016. (Social Studies: Informational Text Ser.). (ENG.). 32p. (J). (gr. 4-8). pap. 11.99 *(978-1-4938-3540-9(8))* Teacher Created Materials, Inc.

Jonathan Cleaned up ... Then He Heard a Sound. Robert Munsch. Illus. by Michael Martchenko. 2018. (Classic Munsch Ser.). (ENG.). 32p. (J). (gr. k-2). 7.95 *(978-1-77321-088-9(2))* Annick Pr., Ltd. CAN. Dist: Publishers Group West (PGW).

Jonathan Giraffe Visits a Pumpkin Farm: A Drawing, Coloring, Writing Journal for Kids. Patti Bowman. Illus. by Patti Bowman. 2016. (Illus.). 76p. (J). (gr. 2-3). pap. 11.95 *(978-0-9981354-1-0(0))* Silver Linden Pr.

Jonathan Green & the Elevator Machine: Book One. Christopher Mills. 2020. (ENG.). 106p. (J). pap. *(978-1-922409-29-4(4))* Vivid Publishing.

Jonathan Papers (Classic Reprint) Elisabeth Woodbridge. 2018. (ENG., Illus.). 250p. (J). 29.07 *(978-0-428-73248-6(8))* Forgotten Bks.

Jonathan Swift, Vol. 1 Of 3: A Novel (Classic Reprint) Unknown Author. (ENG., Illus.). (J). 2018. 310p. 30.29 *(978-0-483-94469-5(6))*; 2016. pap. 13.57 *(978-1-333-44342-9(0))* Forgotten Bks.

Jonathan Swift, Vol. 2 Of 3: A Novel (Classic Reprint) Unknown Author. (ENG., Illus.). (J). 2018. 316p. 30.41 *(978-0-484-00342-1(9))*; 2016. pap. 13.57 *(978-1-334-44575-0(3))* Forgotten Bks.

Jonathan Toews. Todd Kortemeier. 2016. (Illus.). 32p. (J). *(978-1-62143-289-0(0))* Pr. Room Editions LLC.

Jonathan's Gift: The Christmas Story from a Child's Eyes. Cindy Willis. 2017. (ENG., Illus.). (J). pap. 12.45 *(978-1-9736-0493-8(0)*, WestBow Pr.) Author Solutions, LLC.

Jonathan's Workshop. Barbara Spilman Lawson. 2016. (Spring Forward Ser.). (J). (gr. 2). *(978-1-4900-9471-7(7))* Benchmark Education Co.

Jones & Parker Case Files. Christopher P. N. Maselli & Bob Hoose. 2022. (Jones & Parker Case Files Ser.: 1). (ENG., Illus.). 128p. (J). pap. 10.99 *(978-1-58997-806-5(4)*, 4622352) Focus on the Family Publishing.

Jones & Parker Case Files Book 2. Focus on the Family. 2022. (Jones & Parker Case Files Ser.: 2). (ENG.). 144p. (J). pap. 10.99 *(978-1-64607-092-3(5)*, 20_44074) Focus on the Family Publishing.

Jones First Reader (Classic Reprint) Lewis Henry Jones. (ENG., Illus.). (J). 2018. 168p. 27.38 *(978-0-267-61735-7(6))*; 2016. pap. 9.97 *(978-1-334-11561-5(3))* Forgotten Bks.

Jones Fourth Reader (Classic Reprint) L. H Jones. (ENG., Illus.). (J). 2018. 428p. 32.72 *(978-0-483-60421-6(6))*; 2017. pap. 16.57 *(978-0-243-89537-3(2))* Forgotten Bks.

Jones Readers by Grades, Vol. 4 (Classic Reprint) L. H Jones. 2018. (ENG., Illus.). 296p. (J). 30.00 *(978-0-483-44057-9(4))* Forgotten Bks.

Jones Readers by Grades, Vol. 5 (Classic Reprint) Lewis Henry Jones. (ENG., Illus.). (J). 2018. 292p. 29.98 *(978-0-484-86909-6(4))*; 2017. pap. 13.57 *(978-0-243-98790-0(0))* Forgotten Bks.

Jones Readers by Grades, Vol. 6: Book Six (Classic Reprint) L. H Jones. (ENG., Illus.). (J). 2018. 296p. 30.00 *(978-0-666-90662-5(9))*; 2016. pap. 13.57 *(978-1-334-71697-3(8))* Forgotten Bks.

Jones Second Reader (Classic Reprint) L. H Jones. 2018. (ENG., Illus.). 222p. (J). 28.48 *(978-0-428-39280-2(6))* Forgotten Bks.

Jones Third Reader (Classic Reprint) L. H Jones. (ENG., Illus.). (J). 2017. 30.08 *(978-1-5282-8931-3(5))*; 2016. pap. 13.57 *(978-1-334-38999-3(3))* Forgotten Bks.

Jones Wister's Reminiscences (Classic Reprint) Jones Wister. 2017. (ENG., Illus.). (J). 496p. 34.15 *(978-0-484-45979-2(1))*; pap. 16.57 *(978-0-259-56915-2(1))* Forgotten Bks.

Jonesville Board of Assessors: A Rural Comedy in One Act (Classic Reprint) Harry M. Doty. (ENG., Illus.). (J). 2018. 20p. 24.31 *(978-0-267-31299-3(7))*; 2016. pap. 7.97 *(978-1-333-42134-2(6))* Forgotten Bks.

Jonesville Grange Initiation: A Rural Play in One Act (Classic Reprint) Harry M. Doty. (ENG., Illus.). (J). 2018. 24p. 24.39 *(978-0-267-95415-5(8))*; 2016. pap. 7.97 *(978-1-334-11954-5(6))* Forgotten Bks.

Joni: the Lyrical Life of Joni Mitchell. Selina Alko. Illus. by Selina Alko. 2020. (ENG., Illus.). 48p. (J). (gr. -1-3). 18.99 *(978-0-06-267129-5(4)*, HarperCollins) HarperCollins Pubs.

Joni's Wish. Jon Phillips. Illus. by Candace Camling. 2023. (ENG.). 32p. (J). 19.95 *(978-1-947305-43-4(3)*, e34c1583-25cd-4932-88a9-50b5047af8ce) BookPress Publishing.

Jonna & the Unpossible Monsters Vol. 1. Chris Samnee & Laura Samnee. 2021. (Jonna & the Unpossible Monsters Ser.: 1). (ENG., Illus.). 112p. (J). pap. 12.99 *(978-1-62010-784-3(8)*, Lion Forge) Oni Pr., Inc.

Jonna & the Unpossible Monsters Vol. 2. Chris Samnee & Laura Samnee. 2022. (Jonna & the Unpossible Monsters Ser.: 2). (ENG., Illus.). 112p. (J). pap. 12.99 *(978-1-63715-021-4(0))* Oni Pr., Inc.

Jonna & the Unpossible Monsters Vol. 3. Chris Samnee & Laura Samnee. 2023. (Jonna & the Unpossible Monsters Ser.: 3). (ENG.). 120p. (J). pap. 12.99 *(978-1-63715-089-4(X))* Oni Pr., Inc.

Jonni Plays Netball - Our Yarning. Helen Ockerby. Illus. by Michael Magpantay. 2022. (ENG.). 30p. (J). pap. ***(978-1-922895-76-9(8))*** Library For All Limited.

Jonny-Cake Papers of Shepherd Tom Together with Reminiscences of Narragansett Schools of Former Days (Classic Reprint) Thomas Robinson Hazard. 2018. (ENG., Illus.). 476p. (J). 33.71 *(978-0-365-28037-8(2))* Forgotten Bks.

Jonny Jakes Investigates the Old School Ghoul. Malcolm Judge. Illus. by Alan Brown. 2016. (Middle-Grade Novels Ser.). (ENG.). 240p. (J). (gr. 4-7). lib. bdg. 25.99 *(978-1-4965-2829-2(8)*, 131698, Stone Arch Bks.) Capstone.

Jonny Lambert's Animal 123. Jonny Lambert. Illus. by Jonny Lambert. 2018. (Jonny Lambert Illustrated Ser.). (ENG., Illus.). 24p. (J). (— 1). bds. 12.99 *(978-1-4654-7845-0(0)*, DK Children) Dorling Kindersley Publishing, Inc.

Jonny Lambert's Animal ABC. Jonny Lambert. Illus. by Jonny Lambert. 2018. (Jonny Lambert Illustrated Ser.). (ENG., Illus.). 24p. (J). (— 1). bds. 12.99 *(978-1-4654-7571-8(0)*, DK Children) Dorling Kindersley Publishing, Inc.

Jonny Lambert's Bear & Bird: Find a Footprint: A Woodland Search & Find Adventure. Jonny Lambert. 2023. (Bear & the Bird Ser.). (ENG.). 32p. (J). (-k). 17.99 ***(978-0-7440-8581-5(0)***, DK Children) Dorling Kindersley Publishing, Inc.

Jonny Lambert's Bear & Bird: Learn to Share. Jonny Lambert. 2021. (Bear & the Bird Ser.). (ENG., Illus.). 24p. (J). (— 1). bds. 12.99 *(978-0-7440-2768-6(3)*, DK Children) Dorling Kindersley Publishing, Inc.

Jonny Lambert's Bear & Bird: Lend a Helping Hand. Jonny Lambert. 2022. (Bear & the Bird Ser.). (ENG., Illus.). 24p. (J). (— 1). bds. 12.99 *(978-0-7440-5004-2(9)*, DK Children) Dorling Kindersley Publishing, Inc.

Jonny Lambert's Bear & Bird: Make Friends: Even Bears Get Nervous Before Starting School. Jonny Lambert. 2022. (Bear & the Bird Ser.). (ENG., Illus.). 24p. (J). (-k). bds. 12.99 *(978-0-7440-5675-4(6)*, DK Children) Dorling Kindersley Publishing, Inc.

Jonny Lambert's Bear & Bird: Try, Try Again. Jonny Lambert. 2023. (Bear & the Bird Ser.). (ENG.). 24p. (J). (-k). bds. 12.99 *(978-0-7440-6261-8(6)*, DK Children) Dorling Kindersley Publishing, Inc.

Jonny Lambert's Construction Site. Jonny Lambert. 2020. (Jonny Lambert Illustrated Ser.). (ENG., Illus.). 24p. (J). (— 1). bds. 12.99 *(978-1-4654-9094-0(9)*, DK Children) Dorling Kindersley Publishing, Inc.

Jonny Lambert's on the Farm. Jonny Lambert. 2020. (Jonny Lambert Illustrated Ser.). (ENG., Illus.). 24p. (J). (— 1). bds. 12.99 *(978-1-4654-9992-9(X)*, DK Children) Dorling Kindersley Publishing, Inc.

Jonny Lambert's Ten Little Reindeer. Jonny Lambert. 2020. (Jonny Lambert Illustrated Ser.). (ENG., Illus.). 24p. (J). (— 1). bds. 12.99 *(978-1-4654-9976-9(8)*, DK Children) Dorling Kindersley Publishing, Inc.

Jonny Tomate. Mara Haynes. 2017. (GER., Illus.). (J). pap. *(978-3-7103-0636-5(1))* united p.c. Verlag.

Jonny und der Geheimnisvolle Schatten. Hanna Von Dorff. 2018. (GER., Illus.). 104p. (J). *(978-3-7469-0939-4(2))*; pap. *(978-3-7469-0938-7(4))* tredition Verlag.

Jonny's Neighborhood. Hannah Ko. Illus. by Nina de Polonia. 2017. (All about Me Ser.). (ENG.). 24p. (gr. -1-2). pap. 9.95 *(978-1-68342-778-0(5)*, 9781683427780) Rourke Educational Media.

Jonquille, or the Swiss Smuggler: Translated from the French of T. Combe (Classic Reprint) Beatrix L. Tollemache. 2017. (ENG., Illus.). (J). 29.86 *(978-0-260-41973-6(7))* Forgotten Bks.

Jonrón (Home Run) Christine Platt. Illus. by Anuki López. 2022. (Ana & Andrew Ser.). (SPA.). 32p. (J). (gr. -1-3). lib. bdg. 32.79 *(978-1-0982-3483-6(9)*, 39835, Calico Chapter Bks) Magic Wagon.

Jon's Football Team: Ladybird Readers Level 1. Ladybird. 2016. (Ladybird Readers Ser.). (Illus.). 48p. (J). (gr. 2-4). pap. 9.99 *(978-0-241-25411-0(6))* Penguin Bks., Ltd. GBR. Dist: Independent Pubs. Group.

Jon's Tricky Journey: A Story for Inuit Children with Cancer & Their Families, 1 vol. Patricia McCarthy. Illus. by Hwei Lim. ed. 2017. (ENG & IKU.). 70p. (J). (gr. 1-3). pap. 19.95 *(978-1-77227-145-4(4))* Inhabit Media Inc. CAN. Dist: Consortium Bk. Sales & Distribution.

Jonte SOM Sommargäst: Swedish Edition of the Best Summer Guest. Tuula Pere. Tr. by Angelika Nikolowski-Bogomoloff. Illus. by Milena Radeva. 2018. (Jonty Ser.: Vol. 1). (SWE.). 44p. (J). (gr. k-4). pap. *(978-952-7107-71-3(7))* Wickwick oy.

Jonttu Kesävieraana: Finnish Edition of the Best Summer Guest. Tuula Pere. Illus. by Milena Radeva. 2018. (Jonttu Ser.: Vol. 1). (FIN.). 44p. (J). (gr. k-4). pap. *(978-952-7107-70-6(9))* Wickwick oy.

Joojoo Wants to Eat - e Kan Amwarake Joojoo (Te Kiribati) Tebatoki Taawetia. Illus. by Romulo Reyes, III. 2023. (ENG.). 26p. (J). pap. ***(978-1-922795-86-1(0))*** Library For All Limited.

Joosh's Juice Bar: The Blue Banana Berry Adventure. Josh Gottsegen. Illus. by Sehreen Shahzad-Naqvi. 2016. (ENG.). (J). 19.99 *(978-0-9909270-3-7(2))* OneLight Publishing.

Joosh's Juice Bar: The Snackbook Adventure. Josh Gottsegen. Illus. by Sehreen Shahzad-Naqvi. annot. ed.

2016. (ENG.). (J). 21.99 *(978-0-9909270-2-0(4))* OneLight Publishing.

Joosh's Juice Bar: The Tropland Tee-Off. Josh Gottsegen. Illus. by Sehreen Shahzad-Naqvi. 2016. (ENG.). (J). 19.99 *(978-0-9909270-9-9(1))* OneLight Publishing.

Joost Avelingh. Maarten Maartens. 2017. (ENG.). 328p. (J). pap. *(978-3-337-30116-3(9))* Creation Pubs.

Joost Avelingh: A Dutch Story (Classic Reprint) Maarten Maartens. 2018. (ENG., Illus.). 328p. (J). 30.68 *(978-0-483-26105-1(X))* Forgotten Bks.

Jop & Blip Wanna Know #1: Can You Hear a Penguin Fart on Mars?: & Other Excellent Questions Graphic Novel. Jim Benton. 2021. (Jop & Blip Wanna Know Ser.: 1). (ENG., Illus.). 96p. (J). (gr. 1-5). #1. 12.99 *(978-0-06-297292-7(8))*; Vol. 1. pap. 7.99 *(978-0-06-297293-4(6))* HarperCollins Pubs. (HarperAlley).

Joplin, Wishing. Diane Stanley. (ENG.). 272p. (J). (gr. 3-7). 2020. pap. 7.99 *(978-0-06-242371-9(1))*; 2017. 16.99 *(978-0-06-242370-2(3))* HarperCollins Pubs. (HarperCollins).

Jordan. Amy Rechner. 2018. (Country Profiles Ser.). (ENG., Illus.). 32p. (J). (gr. 3-8). lib. bdg. 27.95 *(978-1-62617-843-4(7)*, Blastoff! Discovery) Bellwether Media.

Jordan, 1 vol. Coleman South & Joel Newsome. 2017. (Cultures of the World (Third Edition)(r) Ser.). (ENG.). 144p. (gr. 5-5). 48.79 *(978-1-5026-2608-0(X)*, 1d155058-6abe-46eb-a2de-1456e2c2ed5e) Cavendish Square Publishing LLC.

Jordan: The Grandchildren Series Book Two. Susan Kay. 2018. (ENG., Illus.). 60p. (J). pap. 10.95 *(978-1-64298-046-2(3))* Page Publishing Inc.

Jordan & Max, Field Trip! Suzanne Sutherland. Illus. by Michelle Simpson. 2022. (Orca Echoes Ser.). (ENG.). 96p. (J). (gr. 1-3). pap. 7.95 *(978-1-4598-3199-5(3))* Orca Bk. Pubs. USA.

Jordan & Max, Showtime. Suzanne Sutherland. Illus. by Michelle Simpson. 2021. (Orca Echoes Ser.). (ENG.). 96p. (J). (gr. 1-3). pap. 7.95 *(978-1-4598-2695-3(7))* Orca Bk. Pubs. USA.

Jordan Blue. Danielle Martin. 2019. (ENG., Illus.). 424p. (YA). (gr. 9-12). pap. 14.00 *(978-0-578-41023-4(0))* Martin, Danielle.

Jordan (Enchantment of the World) (Library Edition) Liz Sonneborn. 2019. (Enchantment of the World. Second Ser.). (ENG., Illus.). 144p. (J). (gr. 5-9). lib. bdg. 40.00 *(978-0-531-12698-1(6)*, Children's Pr.) Scholastic Library Publishing.

Jordan J & the Truth about Jordan J: The Kids under the Stairs. K. A. Holt. 2022. (ENG., Illus.). 296p. (J). (gr. 3-7). 17.99 *(978-1-7972-0609-7(5))* Chronicle Bks. LLC.

Jordan, Mac & the Mustard Seed. Iris M. Williams. 2016. (ENG., Illus.). (J). pap. 10.95 *(978-1-942022-68-8(9))*; 15.95 *(978-1-942022-73-2(5))* Butterfly Typeface, The.

Jordan Peele. Samantha S. Bell. 2019. (Influential People Ser.). (ENG., Illus.). 32p. (J). (gr. 4-6). pap. 7.95 *(978-1-5435-6038-1(5)*, 140084); lib. bdg. 28.65 *(978-1-5435-5793-0(7)*, 139749) Capstone.

Jordan Peele. Shasta Clinch. 2022. (Black Voices on Race Ser.). (ENG., Illus.). 32p. (J). (gr. 3-5). pap. 9.95 *(978-1-63739-319-2(9))*; lib. bdg. 31.35 *(978-1-63739-267-6(2))* North Star Editions. (Focus Readers).

Jordan Peele. Joyce Markovics & Alrick A. Brown. 2023. (Groundbreakers: Black Moviemakers Ser.). (ENG., Illus.). 24p. (J). (gr. 3-6). pap. 12.79 *(978-1-6689-2081-7(6)*, 222059); lib. bdg. 30.64 *(978-1-6689-1979-8(6)*, 221957) Cherry Lake Publishing.

Jordan Peele & Keegan-Michael Key, 1 vol. Vanessa Oswald. 2019. (Giants of Comedy Ser.). (ENG.). 112p. (gr. 7-7). 38.80 *(978-1-5081-8864-3(5)*, e5c71e80-26b2-4fa7-9818-a244e2557fc0, Rosen Young Adult) Rosen Publishing Group, Inc., The.

Jordan Says Good Job. Megan Borgert-Spaniol. Illus. by Lisa Hunt. 2022. (Be a Good Sport (Pull Ahead Readers People Smarts — Fiction) Ser.). (ENG.). 16p. (J). (gr. -1-1). pap. 8.99 *(978-1-7284-4801-5(8)*, d082402b-7fa9-4853-9493-278905f67ee3, Lerner Pubns.) Lerner Publishing Group.

Jordan Spieth: Golf Sensation. Tyler Mason. 2017. (Playmakers Set 6 Ser.). (ENG., Illus.). 32p. (J). (gr. 2-6). lib. bdg. 32.79 *(978-1-5321-1151-8(7)*, 25878, SportsZone) ABDO Publishing Co.

Jordan Spieth: Golf Star. Marty Gitlin. 2017. (Biggest Names in Sports Ser.). (ENG., Illus.). 32p. (J). (gr. 3-5). pap. 9.95 *(978-1-63517-101-3(6)*, 1635171016); lib. bdg. 31.35 *(978-1-63517-045-0(1)*, 1635170451) North Star Editions. (Focus Readers).

Jordan the Jellyfish: A Chesapeake Bay Adventure. Cynthia R. Freland. 2019. (ENG., Illus.). 54p. (J). (gr. k-4). pap. 12.00 *(978-1-948747-30-1(8))* Maryland Secretarial Services, Inc.

Jordan vs. All the Boys. John Goode. 2019. (ENG., Illus.). 180p. (YA). pap. 14.99 *(978-1-64080-988-8(0)*, Harmony Ink Pr.) Dreamspinner Pr.

Jordan's Christmas Wish. Put Me In The Story & J. D. Green. Illus. by Julia Seal. 2018. (Christmas Wish Ser.). (ENG.). 32p. (J). (gr. k-3). 6.99 ***(978-1-4926-8528-9(3))*** Sourcebooks, Inc.

Jordan's Guest. Davy Liu. 2016. (ENG., Illus.). (J). 12.99 *(978-1-937212-28-5(9))* Three Sixteen Publishing.

Jordan's Joyous & Jolly Walrus School Day. Lorie Spohn. 2019. (ENG.). 34p. (J). pap. 15.00 *(978-0-359-72526-7(0))* Lulu Pr., Inc.

Jorge & the Lost Cookie Jar. Marta Arroyo. Illus. by Penny Weber. 2017. (ENG.). (J). (gr. k-3). 14.99 *(978-0-9970032-4-6(3))*; 34p. pap. 9.95 *(978-0-9970032-6-0(X))* Dayton Publishing.

Jorge el Curioso (Curious George) Novel Units Teacher Guide. Novel Units. 2019. (ENG., Illus.). (J). (gr. k-2). pap. 12.99 *(978-1-56137-558-5(6)*, NU6112, Novel Units, Inc.) Classroom Library Co.

Jorge, the Gift. Darlene Eichler. Illus. by Betty Wyles. 2016. (ENG.). (J). 16.95 *(978-1-941069-63-9(0))*; pap. 10.95 *(978-1-941069-62-2(2))* ProsePress.

Jorge y el Jarro de Galletas Perdido. Marta Arroyo. Illus. by Penny Weber. (SPA.). 34p. (J). (gr. k-3). 2019. pap. 9.95 *(978-0-9970032-7-7(8))*; 2018. 14.99 *(978-0-9970032-9-1(4))* Dayton Publishing.

Joris in Het Bos. Marieke Groeneweg. 2018. (DUT., Illus.). 40p. (J). pap. *(978-0-244-43389-5(5))* Lulu Pr., Inc.

Jorn Uhl (Classic Reprint) Gustav Frenssen. 2017. (ENG., Illus.). (J). 32.35 *(978-0-265-17355-8(8))*; 31.18 *(978-0-331-34229-1(4))*; 354p. pap. 13.57 *(978-0-331-34200-0(6))* Forgotten Bks.

Joro Spiders Don't Scare Me. Christen M. Jeschke. 2022. (ENG.). 20p. (J). 22.99 *(978-1-956267-53-2(0))*; pap. 14.99 *(978-1-956267-52-5(2))* Freiling Publishing.

Jorobado de Notre Dame. Victor Hugo & Michael Ford. 2019. (SPA.). 52p. (J). (gr. 6-8). pap. 16.99 *(978-958-30-5730-4(4))* Panamericana Editorial COL. Dist: Lectorum Pubns., Inc.

Jorobado de Notre Dame y Los Miserables. Victor Hugo. 2018. (SPA.). 160p. (YA). pap. 8.95 *(978-607-453-085-8(8))* Selector, S.A. de C.V. MEX. Dist: Spanish Pubs., LLC.

Jorrocks on 'Unting (Classic Reprint) Robert Smith Surtees. (ENG., Illus.). (J). 2018. 48p. 24.89 *(978-0-484-89648-1(2))*; 2016. pap. 9.57 *(978-1-334-16523-8(8))* Forgotten Bks.

Jorrocks's Jaunts & Jollities: Being the Hunting, Shooting, Racing, Driving, Sailing, Eating, Eccentric & Extravagant Exploits of That Renowned Sporting Citizen, Mr. John Jorrocks (Classic Reprint) R. S. Surtees. 2017. (ENG., Illus.). 342p. (J). 30.95 *(978-0-332-05791-0(7))* Forgotten Bks.

Jory the Terror. Melia Neal. (ENG., Illus.). (J). 2018. 30p. pap. 12.95 *(978-1-64258-715-9(X))*; 2017. 22.95 *(978-1-63575-403-2(8))* Christian Faith Publishing.

Joryn Looked Up. Karla Moeller. 2016. (ENG., Illus.). (J). pap. 17.45 *(978-1-4808-3955-7(8))* Archway Publishing.

Jo's Book of Birds for Kids. Josephine Gerweck. 2019. (ENG.). 32p. (J). pap. 16.95 *(978-1-64628-549-5(2))* Page Publishing Inc.

Jo's Boys see Muchachos de Jo

Jo's Boys. Louisa Alcott. 2020. (ENG.). (J). (gr. 3-7). 220p. 19.95 *(978-1-64799-509-6(4))*; 218p. pap. 10.95 *(978-1-64799-508-9(6))* Bibliotech Pr.

Jo's Boys. Louisa Alcott. 2018. (ENG., Illus.). 228p. (J). 24.99 *(978-1-5154-2948-7(2))* Wilder Pubns., Corp.

Jo's Boys. Louisa May Alcott. 2019. (Little Women Series,Virago Modern Classi Ser.). (ENG.). 368p. (J). (gr. 3-7). 15.99 *(978-0-349-01185-1(0)*, Virago Press) Little, Brown Book Group Ltd. GBR. Dist: Hachette Bk. Group.

Jo's Boys. Louisa May Alcott. 2019. (Little Women Collection: 4). (ENG.). 368p. (J). (gr. 3). 17.99 *(978-1-5344-6227-4(9))*; pap. 7.99 *(978-1-5344-6226-7(0))* Simon & Schuster Children's Publishing. (Aladdin).

Jo's Boys: A Comedy in Three Acts, Adapted from Louisa May Alcott's Story of the Same Title, by Special Arrangement with the Trustees of the Alcott Estate (Classic Reprint) Alma Johnson. 2017. (ENG., Illus.). (J). 26.10 *(978-0-331-68730-9(5))*; pap. 9.57 *(978-0-243-45820-2(7))* Forgotten Bks.

Jo's Boys, & How They Turned Out: A Sequel to Little Men (Classic Reprint) Louisa Alcott. 2017. (ENG., Illus.). (J). 31.94 *(978-0-265-27173-5(8))* Forgotten Bks.

Jo's Charm. William Brady & Laurie Brady. 2020. (ENG.). 42p. (J). pap. 15.95 *(978-1-64531-996-2(2))* Newman Springs Publishing, Inc.

Joscelyn Cheshire: A Story of Revolutionary Days in the Carolinas (Classic Reprint) Sara Beaumont Kennedy. 2017. (ENG., Illus.). (J). 31.45 *(978-1-5280-6984-7(6))* Forgotten Bks.

Joscelyn Vernon a Story of the Days of King, Charles the First (Classic Reprint) Archibald Campbell Knowles. 2018. (ENG., Illus.). 144p. (J). 26.87 *(978-0-484-01229-4(0))* Forgotten Bks.

Joschi und der Schwarzrote Drache. Jorg P. Damerau. 2018. (GER., Illus.). 200p. (J). *(978-3-7469-1175-5(3))*; pap. *(978-3-7469-1174-8(5))* tredition Verlag.

Jose' - Hombres y Mujeres de la Biblia. Contrib. by Casscom Media. 2017. (Men & Women of the Bible - Revised Ser.). (ENG & SPA.). (J). pap. *(978-87-7132-617-8(0))* Scandinavia Publishing Hse.

José Altuve. Kenny Abdo. 2018. (Sports Biographies Ser.). (ENG., Illus.). 24p. (J). (gr. 2-8). lib. bdg. 31.36 *(978-1-5321-2479-2(1)*, 28431, Abdo Zoom-Fly) ABDO Publishing Co.

Jose Altuve. Jon M. Fishman. 2017. (Sports All-Stars (Lerner (tm) Sports) Ser.). (ENG., Illus.). 32p. (J). (gr. 2-5). pap. 9.99 *(978-1-5124-5615-8(2)*, 01d63f78-d430-4686-9f1a-0c448ca6a6de); lib. bdg. 29.32 *(978-1-5124-3923-6(1)*, 9a542d7f-68c0-430d-8184-fea00d309e87, Lerner Pubns.) Lerner Publishing Group.

Jose Altuve. Josh Leventhal. 2016. (Béisbol! Latino Heroes of Major League Baseball Ser.). (ENG., Illus.). 32p. (J). (gr. 4-6). 31.35 *(978-1-68072-044-0(9)*, 10373, Bolt) Black Rabbit Bks.

José Altuve: Baseball Star. Matt Tustison. 2018. (Biggest Names in Sports Set 3 Ser.). (ENG., Illus.). 32p. (J). (gr. 3-5). pap. 9.95 *(978-1-63517-966-8(1)*, 1635179661); lib. bdg. 31.35 *(978-1-63517-865-4(7)*, 1635178657) North Star Editions. (Focus Readers).

José Altuve: Champion Baseball Star, 1 vol. David Aretha. 2017. (Sports Star Champions Ser.). (ENG.). 48p. (gr. 5-6). lib. bdg. 29.60 *(978-0-7660-8690-6(9)*, 57be6a8f-93dd-4d06-bece-997975b68931) Enslow Publishing, LLC.

Jose Altuve: Baseball Superstar. Brian Sandalow. 2019. (Star Athletes Ser.). (ENG.). 112p. (J). (gr. 6-12). lib. bdg. 41.36 *(978-1-5321-1987-3(9)*, 32323, Essential Library) ABDO Publishing Co.

José & el Perro. Susan Rose & Silvia López. Illus. by Gloria Félix. 2023. (José & el Perro Ser.). 48p. (J). (gr. k-2). 5.99 *(978-0-593-52116-8(1))*; 9.99 *(978-0-593-52117-5(X))* Penguin Young Readers Group. (Penguin Workshop).

José Antonio Navarro. Christine Juarez. 2016. (Great Hispanic & Latino Americans Ser.). (ENG., Illus.). 24p. (J). (gr. -1-2). lib. bdg. 24.65 *(978-1-5157-1889-5(1)*, 132588, Pebble) Capstone.

Jose (Classic Reprint) Armando Palacio Valdes. 2018. (ENG., Illus.). 290p. (J). 29.90 *(978-0-484-36129-3(5))* Forgotten Bks.

José (Classic Reprint) Armando Palacio Valdes. 2018. (SPA., Illus.). (J). 302p. 30.13 *(978-0-366-06126-6(7))*; 304p. pap. 13.57 *(978-0-366-01264-0(9))* Forgotten Bks.

Jose (Classic Reprint) Armando Palacio Valdes. annot. ed. 2018. (ENG., Illus.). 656p. (J). 37.47 *(978-0-332-85373-4(X))* Forgotten Bks.

José Juan y el Monstruo Ysi. Michelle Nelson-Schmidt. Illus. by Michelle Nelson-Schmidt. 2019.Tr. of Jonathan James & the Whatif Monster. (SPA., Illus.). (J). pap. 6.99 *(978-1-61067-924-4(5))* Kane Miller.

José Mujica: Soy Del Sur, Vengo Del Sur. Esquina Del Atlántico y el Plata. Dolors Camats. Illus. by Raúl Gurìdi. 2020. (Akiparla Ser.: 4). (SPA.). 64p. (YA). (gr. 7). pap. 12.95 *(978-84-17440-55-8(0))* Akiara Bks. ESP. Dist: Independent Pubs. Group.

¡José! Nacido para Bailar (Jose! Born to Dance) La Historia de José Limón. Susanna Reich. Tr. by Alexis Romay. Illus. by Raúl ón. 2022. (SPA.). 32p. (J). (gr. k-3). 18.99 *(978-1-6659-0614-2(6))*; pap. 8.99 *(978-1-6659-0613-5(8))* Simon & Schuster/Paula Wiseman Bks. (Simon & Schuster/Paula Wiseman Bks.).

Jose Policarpo Rodriguez, the Old Guide 1898: Surveyor, Scout, Hunter, Indian Fighter, Ranchman, Preacher; His Life in His Own Words (Classic Reprint) Jose Policarpo Rodriguez. 2017. (ENG., Illus.). (J). 26.52 *(978-1-5284-4771-3(9))* Forgotten Bks.

José Saves the Day. Jennifer Connell. 2021. (ENG.). 20p. (J). pap. 14.95 *(978-1-63881-480-1(5))* Newman Springs Publishing, Inc.

Jose the Reindeer: Jose el Venadito. Ernest Olivarez. Illus. by Blueberry Illustrations. 2019. (ENG.). 62p. (J). (gr. k-6). 29.99 *(978-1-7328080-0-3(7))* Ernest Michael Olivarez Publishing LLC.

José, un Joven Como Tú. Ana M. Hernandez Gonzalez. Ed. by Frank J. Ortiz Bello. Illus. by Ana M. Hernandez Gonzalez. 2019. (SPA., Illus.). 42p. (J). pap. 15.00 *(978-1-881741-90-9(7))* Ediciones Eleos.

Jose y Su Viaje a Casa. Robin Bee Owens. 2017. (SPA., Illus.). (J). pap. 12.99 *(978-1-946841-07-0(2))* Inknbeans Pr.

José y Sus Plantas de Frijol: Leveled Reader Book 83 Level e 6 Pack. Hmh Hmh. 2021. (SPA.). 16p. (J). pap. 74.40 *(978-0-358-08209-5(9))* Houghton Mifflin Harcourt Publishing Co.

Josefina Cannot Make Round Tortillas. Miguel Sepulveda. 2017. (ENG., Illus.). 66p. (J). pap. 9.99 *(978-1-4834-6840-2(2))* Lulu Pr., Inc.

Josefina's Habichuelas / Las Habichuelas de Josefina. Jasminne Mendez. Illus. by Flor de Vita. 2021. (MUL.). 32p. (J). 18.95 *(978-1-55885-923-4(3)*, Piñata Books) Arte Publico Pr.

Joselyn's Snowventure. Tennille Barrett & Kristy Townes. 2020. (ENG.). 11p. (J). *(978-1-716-64807-6(6))* Lulu Pr., Inc.

Joseph: A Dancing Bear (Classic Reprint) John Barnett. 2017. (ENG., Illus.). (J). 30.62 *(978-1-5283-8562-6(4))* Forgotten Bks.

Joseph - Men & Women of the Bible Revised. Contrib. by Casscom Media. 2017. (Men & Women of the Bible - Revised Ser.). (ENG., Illus.). (J). pap. *(978-87-7132-583-6(2))* Scandinavia Publishing Hse.

Joseph & His Friend. Bayard Taylor. 2016. (ENG.). 372p. (J). pap. *(978-3-7433-9995-2(4))* Creation Pubs.

Joseph & His Friend: A Story of Pennsylvania (Classic Reprint) Bayard Taylor. 2017. (ENG., Illus.). (J). 31.61 *(978-0-266-16556-9(7))* Forgotten Bks.

Joseph & His Friends. Bayard Taylor. 2018. (ENG., Illus.). 258p. (J). *(978-3-7326-2677-9(6))* Klassik Literatur. ein Imprint der Salzwasser Verlag GmbH.

Joseph & His Three Friends. Joseph Odedele. 2019. (ENG.). 42p. (J). pap. *(978-0-244-77971-9(6))* Lulu Pr., Inc.

Joseph & the Coat of Many Colors. Christin Ditchfield. Illus. by Leandra La Rosa. 2021. (Little Golden Book Ser.). 24p. (J). (-k). 4.99 *(978-1-9848-9515-8(X)*, Golden Bks.) Random Hse. Children's Bks.

Joseph & the Fearful Family. Fiona Veitch Smith. 2018. (ENG., Illus.). 32p. (J). pap. 12.99 *(978-0-281-07473-0(9)*, ce45791b-1851-4bb1-a171-2c067d51c720) SPCK Publishing GBR. Dist: Baker & Taylor Publisher Services (BTPS).

Joseph & the Hidden Cup. Fiona Veitch Smith. 2018. (ENG., Illus.). 32p. (J). pap. 12.99 *(978-0-281-07474-7(7)*, 74dde451-a4b2-4770-80da-760cf517666f) SPCK Publishing GBR. Dist: Baker & Taylor Publisher Services (BTPS).

Joseph & the Jealous Brothers. Fiona Veitch Smith. 2016. (ENG., Illus.). 32p. (J). pap. 12.99 *(978-0-281-07469-3(0)*, 3f67d757-302a-428a-9f25-c9504186fcf4) SPCK Publishing GBR. Dist: Baker & Taylor Publisher Services (BTPS).

Joseph & the Lying Lady. Fiona Veitch Smith. 2016. (ENG., Illus.). 32p. (J). pap. 9.00 *(978-0-281-07470-9(4)*, 59d8279c-fad6-4d42-921c-7f06b72bf0e9) SPCK Publishing GBR. Dist: Baker & Taylor Publisher Services (BTPS).

Joseph & the Rainbow Robe. Fiona Veitch Smith. 2016. (ENG., Illus.). 32p. (J). pap. 12.99 *(978-0-281-07468-6(2)*, fe2a3c7a-048d-450b-80a4-4b9b1c275f40) SPCK Publishing GBR. Dist: Baker & Taylor Publisher Services (BTPS).

Joseph Andrews (Classic Reprint) Henry Fielding. 2018. (ENG., Illus.). (J). 32.97 *(978-0-266-84100-5(7))* Forgotten Bks.

Joseph Greer & His Daughter: A Novel (Classic Reprint) Henry Kitchell Webster. 2018. (ENG., Illus.). 502p. (J). 34.25 *(978-0-483-26275-1(7))* Forgotten Bks.

Joseph Had a Little Overcoat. Simms Taback. Illus. by Simms Taback. 2021. (Illus.). 40p. (J). (gr. -1-2). pap. 8.99 *(978-0-14-056358-0(X)*, Puffin Books) Penguin Young Readers Group.

Joseph Haydn: The Story of His Life (Classic Reprint) Franz von Seeburg. (ENG., Illus.). (J). 2018. 352p. 31.18 *(978-0-483-43357-1(8))*; 2017. pap. 13.57 *(978-0-243-43150-2(3))* Forgotten Bks.

Joseph I Love You All Ways. Marianne Richmond. Illus. by Dubravka Kolanovic. 2023. (I Love You All Ways Ser.). (ENG.). 32p. (J). (gr. -1-3). 8.99 ***(978-1-7282-7381-5(1))*** Sourcebooks, Inc.

Joseph II: And His Court; an Historical Novel (Classic Reprint) L. Muhlbach. 2018. (ENG., Illus.). 686p. (J). 38.05 *(978-0-656-69067-1(4))* Forgotten Bks.

Joseph in Jeopardy (Classic Reprint) Frank Danby. 2017. (ENG., Illus.). (J). 32.77 *(978-0-265-19862-9(3))* Forgotten Bks.

Joseph Jenkins, Vol. 2 Of 3: Or Leaves from the Life of a Literary Man (Classic Reprint) James Grant. 2018. (ENG., Illus.). 304p. (J). 30.17 *(978-0-267-64565-7(1))* Forgotten Bks.

Joseph Meister & the Final Wish: In All of History, No One Had Ever Survived the Ancient Virus. Patrick Moyer. 2019. (ENG.). 210p. (YA). (gr. 7-12). pap. 14.95 *(978-0-578-43754-5(6))* Patrick Edward Moyer.

Joseph Noirel's Revenge (Classic Reprint) Victor Cherbuliez. 2017. (ENG., Illus.). (J). 30.60 *(978-0-331-90458-1(6))* Forgotten Bks.

Joseph on the North Pole Express. J. D. Green. 2019. (North Pole Express Ser.). (ENG.). 32p. (J). (gr. -1-3). 7.99 ***(978-1-7282-0352-2(X))*** Sourcebooks, Inc.

Joseph Rushbrook, or the Poacher, Vol. 3 of 3 (Classic Reprint) Frederick Marryat. (ENG., Illus.). (J). 2018. 290p. 29.88 *(978-0-483-29009-9(2))*; 2016. pap. 13.57 *(978-1-333-32520-6(7))* Forgotten Bks.

Joseph Rushbrook, Vol. 2 Of 3: Or, the Poacher (Classic Reprint) Unknown Author. 2018. (ENG., Illus.). 308p. (J). 30.25 *(978-0-484-20463-7(7))* Forgotten Bks.

Joseph Santa's Secret Elf. Put Me In The Story & Katherine Sully. Illus. by Julia Seal. 2018. (Santa's Secret Elf Ser.). (ENG.). 32p. (J). (gr. k-3). 5.99 *(978-1-4926-8154-0(7))* Sourcebooks, Inc.

Joseph Smith: The Boy ... the Prophet. Jay A. Parry. Illus. by Steve Songer. 2019. (ENG.). 48p. (J). (gr. k-6). pap. 14.95 *(978-1-62730-119-0(4))* Stonewell Pr.

Joseph the Dreamer. Becky Laff. Illus. by Becky Laff. 2016. (ENG., Illus.). 48p. (J). (gr. k-4). 17.99 *(978-1-4677-7845-9(1)*, 0ba032c2-b4b4-4b62-83f1-f362a8415f75, Kar-Ben Publishing) Lerner Publishing Group.

Joseph the Jew: The Story of an Old House (Classic Reprint) Virginia W. Johnson. 2017. (ENG., Illus.). (J). 26.87 *(978-1-5285-7055-8(3))* Forgotten Bks.

Joseph 'Twas the Night Before Christmas. Illus. by Lisa Alderson. 2019. (Night Before Christmas Ser.). (ENG.). 32p. (J). (gr. -1-3). 7.99 ***(978-1-7282-0245-7(0))*** Sourcebooks, Inc.

Joseph Vance: An Ill-Written Autobiography (Classic Reprint) William De Morgan. (ENG., Illus.). (J). 2018. 35.20 *(978-0-331-97419-5(3))*; 2017. pap. 19.57 *(978-0-243-30255-0(X))* Forgotten Bks.

Joseph Vance (Classic Reprint) William De Morgan. 2018. (ENG., Illus.). 548p. (J). 35.20 *(978-0-365-39377-1(0))* Forgotten Bks.

Joseph Wilmot, or the Memoirs of a Man-Servant, Vol. 1 (Classic Reprint) George W. M. Reynolds. (ENG., Illus.). (J). 2018. 426p. 32.70 *(978-0-267-31940-4(1))*; 2016. pap. 16.57 *(978-1-333-48086-8(5))* Forgotten Bks.

Joseph Wilmot, or the Memoirs of a Man-Servant, Vol. 2 (Classic Reprint) George W. M. Reynolds. 2018. (ENG., Illus.). 428p. (J). 32.72 *(978-0-364-80821-4(7))* Forgotten Bks.

Joseph Yead, or the Story of the Beast That Was, Is Not, & yet Is (Classic Reprint) David R. Mosher. (ENG., Illus.). (J). 2018. 146p. 26.93 *(978-0-365-13132-8(6))*; 2017. pap. 9.57 *(978-0-259-54767-9(0))* Forgotten Bks.

Joseph Zalmonah. Edward King. 2017. (ENG.). 376p. (J). pap. *(978-3-337-00141-4(6))* Creation Pubs.

Joseph Zalmonah: A Novel (Classic Reprint) Edward King. 2018. (ENG., Illus.). 372p. (J). 31.59 *(978-0-484-44759-1(9))* Forgotten Bks.

Josephine Against the Sea. Shakirah Bourne. (ENG.). 304p. (J). (gr. 3-7). 2023. pap. 8.99 *(978-1-338-64210-0(3)*, Scholastic Pr.); 2021. 17.99 *(978-1-338-64208-7(1))* Scholastic, Inc.

Josephine Gallery (Classic Reprint) Alice Cary. (ENG., Illus.). (J). 2018. 312p. 30.35 *(978-0-484-82258-9(6))*; 2017. pap. 13.57 *(978-0-243-44559-2(8))* Forgotten Bks.

Josephine Gn. Kevin Sacco. 2017. (ENG., Illus.). 132p. (YA). pap. 12.95 *(978-1-59362-286-2(4)*, 6bac539e-8a3e-4d54-9b4d-aef48f7cf443) Slave Labor Bks.

Josephine, or the Advantages of a Summer: Intended for the Instruction & Amusement of Young Ladies (Classic Reprint) Fordyce. 2018. (ENG., Illus.). 162p. (J). 27.26 *(978-0-484-48999-7(2))* Forgotten Bks.

Josephine's First Day of School. Signe Rain Boutch. Illus. by Norris Hall. 2021. (ENG.). 34p. (J). pap. 9.95 *(978-1-7326634-9-7(1))* SBA Bks., LLC.

Josephine's Journey. Frank English. 2019. (ENG., Illus.). 78p. (J). (gr. 2-4). pap. *(978-1-913071-17-2(0))* Andrews UK Ltd.

Joseph's Big Grin. Mary Bale. 2018. (ENG., Illus.). 24p. (J). pap. 11.99 *(978-1-64255-152-5(X))* Mary Sunshine Bks.

Joseph's Big Ride. Terry Farish. Illus. by Ken Daley. 2017. (ENG.). 32p. (J). (gr. -1-2). pap. 9.95 *(978-1-55451-805-0(9))* Annick Pr., Ltd. CAN. Dist: Publishers Group West (PGW).

Joseph's Christmas Wish. Put Me In The Story & J. D. Green. Illus. by Julia Seal. 2018. (Christmas Wish Ser.). (ENG.). 32p. (J). (gr. k-3). 6.99 ***(978-1-4926-8339-1(6))*** Sourcebooks, Inc.

Joseph's City Beautiful: A Story of Old Nauvoo on the Mississippi (Classic Reprint) Mabel Adelina Sanford. 2017. (ENG., Illus.). (J). 28.21 *(978-0-331-76216-7(1))*; pap. 10.57 *(978-0-259-50541-9(2))* Forgotten Bks.

Joseph's Coat of Many Colors- la Tunica de Muchos Colores de Jose. Grace Marie Swift. Illus. by Jose Trinidad. 2017. (Sonship Ser.: Vol. 2). (ENG.). (J). 18.00 *(978-0-9703270-6-2(4))* Dimensions.

Joseph's Coat, Vol. 1 of 3 (Classic Reprint) David Christie Murray. 2018. (ENG., Illus.). 334p. (J). 30.81 *(978-0-484-11648-0(7))* Forgotten Bks.

Joseph's Coat, Vol. 2 of 3 (Classic Reprint) David Christie Murray. 2018. (ENG., Illus.). 296p. (J). 30.00 *(978-0-428-25327-1(X))* Forgotten Bks.

Joseph's Coat, Vol. 3 of 3 (Classic Reprint) David Christie Murray. (ENG., Illus.). (J). 2018. 366p. 31.45

(978-0-483-90740-9(5)); 2016. pap. 13.97 (978-1-333-77478-3(8)) Forgotten Bks.

Joseph's Dreamcoat & Other Stories. Juliet David. Illus. by Elina Ellis. ed. 2019. (ENG.). 48p. (J). (gr. -1-k). 7.99 (978-1-78128-356-1(7), abddccea-3344-4352-b747-de3e73b05a91, Candle Bks.) Lion Hudson PLC GBR. Dist: Baker & Taylor Publisher Services (BTPS).

Joseph's First Prayer. Scott Hoopes. 2017. (ENG.). (J). bds. 12.99 (978-1-4621-2033-8(4)) Cedar Fort, Inc./CFI Distribution.

José's Bad Day. Amy Culliford. 2022. (Imagine That! Adventures Ser.). (ENG.). 24p. (J). (gr. -1-2). pap. 8.50 (978-1-63897-609-7(0), 20042); lib. bdg. 27.33 (978-1-63897-494-9(2), 20041) Seahorse Publishing.

Josey Johnson's Hair & the Holy Spirit. Esau McCaulley. Illus. by LaTonya Jackson. 2022. (ENG.). 32p. (J). 18.00 (978-1-5140-0357-2(0), IVP Kids) InterVarsity Pr.

Josey's Hillbilly Heaven. Bev Beck. 2021. (ENG.). 64p. (YA). pap. 14.99 (978-1-64883-092-1(7), ExamWise) Total Recall Learning, Inc.

Josh Allen. Ted Coleman. 2020. (PrimeTime: Superstar Quarterbacks Ser.). (ENG.). 32p. (J). (gr. 3-4). pap. 9.95 (978-1-63494-226-3(4), 1634942264); lib. bdg. 31.35 (978-1-63494-208-9(6), 1634942086) Pr. Room Editions LLC.

Josh Allen. Contrib. by Anthony K. Hewson. 2023. (SportsZone Biographies Ser.). (ENG.). 32p. (J). (gr. 3-9). lib. bdg. 32.79 **(978-1-0982-9167-9(0)**, 42955, SportsZone) ABDO Publishing Co.

Josh Allen. Alexander Lowe. 2022. (Sports All-Stars (Lerner (tm) Sports) Ser.). (ENG., Illus.). 32p. (J). (gr. 2-5). pap. 9.99 (978-1-7284-4942-5(1), 3b47c0c9-07a6-41e9-be9d-d83d8d4bb574); lib. bdg. 29.32 (978-1-7284-4119-1(6), b65f10df-ef31-4841-8979-7183f8bdfd92) Lerner Publishing Group. (Lerner Pubns.).

Josh Allen. Contrib. by Rebecca Pettiford. 2023. (Sports Superstars Ser.). (ENG., Illus.). (J). (gr. 3-7). lib. bdg. 26.95 Bellwether Media.

Josh & Joey's Incredible Museum Adventure. Steven Piriano. (ENG.). (J). (gr. 3-5). 2021. 68p. pap. 7.99 (978-1-7340080-3-6(2)); 2019. (Illus.). 52p. pap. 5.99 (978-0-578-55405-1(4)) InspireGrowth Enterprises, LLC.

Josh & the Great American Flag. Mary Parker Donaldson. Illus. by Carlos Lemos. 2020. (ENG.). 28p. (J). pap. 12.99 (978-1-61225-441-8(1)) Mirror Publishing.

Josh & the Magic Balloon: A Children's Book about Anger Management, Emotional Management, & Making Good Choices Dealing with Social Issues. Jennifer L. Trace. 2021. (ENG.). 36p. (J). 15.99 (978-1-956397-36-9(1)) Kids Activity Publishing.

Josh & the Magic Hat. Michele M. Tucci. 2017. (ENG., Illus.). (J). (gr. k-3). 19.99 (978-0-9778932-7-0(8)) Art&Media Communications LLC.

Josh & the River. Robert Maciejewski, Jr. 2022. (ENG., Illus.). 56p. (YA). pap. 18.95 **(978-1-63874-988-2(4))** Christian Faith Publishing.

Josh Baxter Levels Up. Gavin Brown. 2016. (ENG., Illus.). 192p. (J). (gr. 3-7). 12.99 (978-0-545-77294-5(X), Scholastic Pr.) Scholastic, Inc.

Josh Billings' Farmer's Allminax: For the Year 1870 (Classic Reprint) Josh Billings, pseud. 2017. (ENG., Illus.). (J). 24.64 (978-0-265-54143-2(3)) Forgotten Bks.

Josh Billings' Farmer's Allminax for the Year 1871 (Classic Reprint) Josh Billings, pseud. 2018. (ENG., Illus.). 30p. (J). 24.58 (978-0-484-37284-8(X)) Forgotten Bks.

Josh Billings, Hiz Sayings: With Comic Illustrations (Classic Reprint) Unknown Author. 2018. (ENG., Illus.). 262p. (J). 29.32 (978-0-267-85395-3(5)) Forgotten Bks.

Josh Billings' Old Farmer's Allminax, 1870-1879: With Comic Illustrations (Classic Reprint) Josh Billings, pseud. 2017. (ENG., Illus.). (J). 30.54 (978-0-260-04075-6(4)) Forgotten Bks.

Josh Billings on Ice, & Other Things: With Comic Illustrations by J. H. Howard (Classic Reprint) Josh Billings, pseud. 2018. (ENG., Illus.). 274p. (J). 29.57 (978-0-656-89367-6(2)) Forgotten Bks.

Josh Climbs the Tree of Life. Lee Vranna. 2020. (ENG.). 126p. (YA). pap. 12.99 (978-1-0879-3905-6(4)) Indy Pub.

Josh Cody. R. A. Gill. 2016. (ENG., Illus.). vi, 250p. (J). pap. (978-1-78148-375-6(2)) Grosvenor Hse. Publishing Ltd.

Josh Gibson: Catcher & Power Hitter, 1 vol. Hallie Murray. 2019. (Stars of the Negro Leagues Ser.). (ENG.). 104p. (gr. 7-7). 38.93 (978-1-9785-1053-1(5), 3a0aa345-7bb5-4e0b-b427-f6a019c7ea10) Enslow Publishing, LLC.

Josh Goes Fishing. Joshua Weisman. Illus. by Milan Samadder. 2022. 38p. (J). pap. 10.99 (978-0-578-29334-9(X)) BookBaby.

Josh Hayseed in New York (Classic Reprint) William Timothy Call. 2018. (ENG., Illus.). 126p. (J). 26.50 (978-0-483-28354-1(1)) Forgotten Bks.

Josh Jokes. Tracilyn George. 2023. (ENG.). 22p. (J). pap. 12.99 **(978-1-77475-444-3(4))** Draft2Digital.

Josh Loves Football. Joanne Marziani. Illus. by James Nuzum. 2021. (ENG.). 44p. (J). 14.99 (978-1-7361053-1-3(0)) Bk. Woman & Friends.

Josh the Anteater. Anne McRae & Neil Morris. Illus. by Daniela De Luca. 2017. 31p. (J). (978-0-7166-3525-3(9)) World Bk., Inc.

Josh the Frog & the Missing Lily Pads. Carlos Gonzalez. 2022. (ENG., Illus.). 36p. (J). 24.95 (978-1-63985-835-4(0)) Fulton Bks.

Josh's Scooter: Leveled Reader Yellow Fiction Level 8 Grade 1. Hmh Hmh. 2019. (Rigby PM Ser.). (ENG.). 16p. (J). (gr. 1). pap. 11.00 (978-0-358-12172-5(8)) Houghton Mifflin Harcourt Publishing Co.

Joshua. Phyllis J. Stevens. 2021. (ENG.). 84p. (J). pap. 14.99 (978-1-947360-74-7(4)) Illumify Media Group.

Joshua: A Biblical Picture; & the Burgomaster's Wife; a Romance (Classic Reprint) George Ebers. 2018. (ENG., Illus.). 516p. (J). 34.54 (978-0-483-33336-9(0)) Forgotten Bks.

Joshua: Between Two Worlds. Patricia Miller. 2020. (ENG.). 252p. (YA). pap. 16.95 (978-1-64719-195-5(5)) Booklocker.com, Inc.

Joshua: Breaking Free. Patricia Miller. 2019. (Joshua Trilogy Ser.: Vol. 2). (ENG.). 224p. (YA). pap. 17.95 (978-1-64438-527-2(9)) Booklocker.com, Inc.

Joshua - the Polar Bear. He Can Foresee the Future & the Right Answers. Alan J. Porter. 2016. (ENG., Illus.). 468p. (J). pap. (978-1-326-88583-0(9)) Lulu Pr., Inc.

Joshua & Katerina & the Magical Broken Ornament. Tina Kobylinski. Ed. by Katrina Shelton. Illus. by Nicholas Brewton. 2020. (ENG.). 20p. (J). 22.99 (978-1-6628-0017-7(7)); pap. 12.49 (978-1-6628-0016-0(9)) Salem Author Services.

Joshua & the Animus. Conor Scott. 2021. (ENG.). 126p. (YA). pap. (978-0-2288-6503-2(4)) Tellwell Talent.

Joshua & the Magical Islands: Portallas Book 2. Christopher D. Morgan. 2017. (Portallas Ser.: 2). (ENG., Illus.). (YA). (gr. 7-12). 256p. (978-0-9945257-8-9(8)); 260p. pap. (978-0-9945257-7-2(X)) Morgan, Christopher.

Joshua & the Magical Temples: Portallas Book 3. Christopher D. Morgan. 2017. (Portallas Ser.: 3). (ENG., Illus.). 216p. (YA). (gr. 7-12). (978-0-6482145-1-9(6)); pap. (978-0-6482145-0-2(8)) Morgan, Christopher.

Joshua Cleans Up. Laura Yeva. 2017. (ENG., Illus.). 36p. (J). 23.95 (978-1-78693-649-3(6), 6faeec75-b5ec-4846-b561-f059efaf41c4) Austin Macauley Pubs. Ltd. GBR. Dist: Baker & Taylor Publisher Services (BTPS).

Joshua Giraffe Goes Camping: A Drawing, Coloring, Writing Journal for Kids. Patti Bowman. Illus. by Patti Bowman. 2016. (Illus.). (J). (gr. 2-3). pap. 11.95 (978-0-9981354-3-4(7)) Silver Linden Pr.

Joshua, God's General. Barbara T. Sena. 2017. (Faith Heroes Ser.: Vol. 3). (ENG., Illus.). (J). (gr. k-6). 24.99 (978-0-692-90381-0(X)); pap. 15.99 (978-0-692-91765-7(9)) BTSena Pubns.

Joshua Haggard's Daughter. M. E. (Mary Elizabeth) Braddon. 2017. (ENG.). 308p. (J). pap. (978-3-337-05055-9(7)) Creation Pubs.

Joshua Haggard's Daughter: A Novel (Classic Reprint) M. E. Braddon. 2017. (ENG., Illus.). (J). 27.61 (978-0-331-38615-8(1)) Forgotten Bks.

Joshua Haggard's Daughter, Vol. 2 Of 3: A Novel (Classic Reprint) M. E. Braddon. 2018. (ENG., Illus.). 318p. (J). 30.56 (978-0-484-89756-3(X)) Forgotten Bks.

Joshua Haggard's Daughter, Vol. 3 Of 3: A Novel (Classic Reprint) Mary Elizabeth Braddon. (ENG., Illus.). (J). 2018. 308p. 30.25 (978-0-484-14573-2(8)); 2016. pap. 13.57 (978-1-333-74046-7(8)) Forgotten Bks.

Joshua Haggarus Daughter, Vol. 1 (Classic Reprint) M. E. Braddon. 2018. (ENG., Illus.). 328p. (J). 30.66 (978-0-483-51960-2(X)) Forgotten Bks.

Joshua Humble a Tale of Old St. Louis (Classic Reprint) Edgar Rice Beach. 2018. (ENG., Illus.). 332p. (J). 30.74 (978-0-267-44576-9(8)) Forgotten Bks.

Joshua, Little Bible Heroes Board Book. B&H Kids Editorial Staff. 2020. (Little Bible Heroes(tm) Ser.). (ENG.). 16p. (J). (-k). bds. 7.99 (978-1-5359-5435-8(3), 005814409, B&H Kids) B&H Publishing Group.

Joshua Marvel (Classic Reprint) B. I. Farjeon. 2018. (ENG., Illus.). 226p. (J). 28.56 (978-0-484-38561-9(5)) Forgotten Bks.

Joshua Marvel, Vol. 1 of 3 (Classic Reprint) B. I. Farjeon. 2018. (ENG., Illus.). 336p. (J). 30.83 (978-0-483-89438-9(9)) Forgotten Bks.

Joshua Marvel, Vol. 2 of 3 (Classic Reprint) B. I. Farjeon. 2018. (ENG., Illus.). 338p. (J). 30.87 (978-0-483-48027-8(4)) Forgotten Bks.

Joshua Marvel, Vol. 3 of 3 (Classic Reprint) B. I. Farjeon. 2018. (ENG., Illus.). 304p. (J). 30.17 (978-0-483-26881-4(X)) Forgotten Bks.

Joshua Meets the Good Shepherd. Rosemary Kuhn. Illus. by Rosemary Kuhn. l.t. ed. 2018. (ENG., Illus.). 24p. (J). (gr. k-4). pap. 10.95 (978-1-61633-958-6(6)) Guardian Angel Publishing, Inc.

Joshua Nooverdod: Prince of Winsford. Clinton Clark. Illus. by Lexi Loyd. 2023. (ENG.). 174p. (J). pap. 14.99 **(978-1-329-00557-0(0))** Lulu Pr., Inc.

Joshua on the North Pole Express. J. D. Green. 2019. (North Pole Express Ser.). (ENG.). 32p. (J). (gr. -1-3). 7.99 **(978-1-7282-0353-9(8))** Sourcebooks, Inc.

Joshua Piecrust & His Alphabet of Rhymes. Richard Anthony Evans. Illus. by Lyn Stone. 2020. (ENG.). 42p. (J). pap. (978-1-83975-237-7(8)) Grosvenor Hse. Publishing Ltd.

Joshua Santa's Secret Elf. Put Me In The Story & Katherine Sully. Illus. by Julia Seal. 2018. (Santa's Secret Elf Ser.). (ENG.). 32p. (J). (gr. k-3). 5.99 (978-1-4926-8155-7(5)) Sourcebooks, Inc.

Joshua Tree (a True Book: National Parks) (Library Edition) Jodie Shepherd. 2018. (True Book (Relaunch) Ser.). (ENG., Illus.). 48p. (J). (gr. 3-5). lib. bdg. 31.00 (978-0-531-17591-0(X), Children's Pr.) Scholastic Library Publishing.

Joshua Tree National Park (Rookie National Parks) (Library Edition) Jodie Shepherd. 2018. (Rookie National Parks Ser.). (ENG., Illus.). 32p. (J). (gr. 1-2). lib. bdg. 25.00 (978-0-531-12650-9(1), Children's Pr.) Scholastic Library Publishing.

Joshua 'Twas the Night Before Christmas. Illus. by Lisa Alderson. 2019. (Night Before Christmas Ser.). (ENG.). 32p. (J). (gr. -1-3). 7.99 **(978-1-7282-0246-4(9))** Sourcebooks, Inc.

Joshua, Vol. 2 Of 2: A Story of Biblical Life (Classic Reprint) Georg Ebers. (ENG., Illus.). (J). 2018. 266p. 29.40 (978-0-666-78201-4(6)); 2017. pap. 11.97 (978-1-5276-5212-5(2)) Forgotten Bks.

Joshua Wonders: What Does the Tooth Fairy Do with My Teeth? Ruth Teakle. Illus. by Hannah Teakle. 2020. (ENG.). 32p. (J). (978-1-5255-6811-4(6)); pap. (978-1-5255-6812-1(4)) FriesenPress.

Joshua Wong: Student Activist for Democracy. Linda Barghoorn. 2018. (Remarkable Lives Revealed Ser.). (Illus.). 32p. (J). (gr. 3-3). pap. (978-0-7787-4873-1(1)) Crabtree Publishing Co.

Joshua's Amazing Adventures. Dietrich Thompson. 2017. (ENG.). 30p. (J). pap. 10.00 (978-0-9977395-1-0(7)) ARTIFEX SOUL PUBLISHING.

Joshua's Christmas Wish. Put Me In The Story & J. D. Green. Illus. by Julia Seal. 2018. (Christmas Wish Ser.). (ENG.). 32p. (J). (gr. k-3). 6.99 **(978-1-4926-8340-7(X))** Sourcebooks, Inc.

Joshua's Rabbit. Created by Denham E. Gemma. 2016. (ENG., Illus.). (J). pap. (978-0-9935579-0-3(2)) Elizabeth Pubns.

Joshua's Song. Cheryl Dobson. 2018. (ENG., Illus.). 28p. (J). pap. 12.95 (978-1-64350-253-3(0)) Page Publishing Inc.

Joshy & the Queen's Guard: A Trip to London. Brent C. Brown. Illus. by Debbie Bryant. 2022. (ENG.). 42p. **(978-1-387-97519-8(6))** Lulu Pr., Inc.

Josiah Allen on the Woman Question (Classic Reprint) Marietta Holley. (ENG., Illus.). (J). 2017. 28.31 (978-0-331-55850-0(5)); 2016. pap. 10.57 (978-1-334-37262-9(4)) Forgotten Bks.

Josiah Allen's Wife As a P. an; & P. I. , & Samantha at the Centennial: Designed As a Bright & Shining Light, to Pierce the Fogs of Error & Injustice That Surround Society & Josiah, & to Bring More Clearly to View the Path That Leads Straight O. Unknown Author. 2018. (ENG., Illus.). 588p. (J). 36.02 (978-0-332-77877-8(0)) Forgotten Bks.

Josiah in New York. James Otis. 2018. (ENG.). 272p. (J). pap. (978-3-337-41911-0(9)) Creation Pubs.

Josiah in New York: Or, a Coupon from the Fresh Air Fund (Classic Reprint) James Otis. 2018. (ENG., Illus.). 268p. (J). 29.44 (978-0-483-23570-0(9)) Forgotten Bks.

Josiah's Christmas Wish. Put Me In The Story & J. D. Green. Illus. by Julia Seal. 2018. (Christmas Wish Ser.). (ENG.). 32p. (J). (gr. k-3). 6.99 **(978-1-4926-8529-6(1))** Sourcebooks, Inc.

Josiah's Secret: A Play by Josiah Allen's Wife (Classic Reprint) Marietta Holley. 2018. (ENG., Illus.). 22p. (J). 24.35 (978-0-267-27808-4(X)) Forgotten Bks.

Josie & Her Spoon. Michael Finnigan. 2019. (ENG.). 78p. (J). pap. 29.95 (978-1-4834-9255-1(9)) Lulu Pr., Inc.

Josie & the Trouble with Trash. Beth Handman et al. 2017. (Josie Goes Green Ser.: 3). (ENG., Illus.). 106p. (J). (gr. 1-5). pap. 6.95 (978-0-9990766-6-8(3)) Green Writers Pr.

Josie Bloom & the Emergency of Life. Susan Hill Long. 2020. (ENG., Illus.). 288p. (J). (gr. 3-7). 17.99 (978-1-5344-4427-0(0)) Simon & Schuster.

Josie Bloom & the Emergency of Life. Susan Hill Long. 2021. (ENG.). 288p. (J). (gr. 3-7). pap. 7.99 (978-1-5344-4428-7(9), Simon & Schuster/Paula Wiseman Bks.) Simon & Schuster/Paula Wiseman Bks.

Josie, Ellie & Niijii. Paul J. Harvey. 2019. (ENG., Illus.). 48p. (J). pap. (978-0-2288-0607-3(0)) Tellwell Talent.

Josie James & the Teardrops of Summer. Lily Mae Walters. 2018. (Josie James Ser.: Vol. 1). (ENG., Illus.). 266p. (J). (gr. 3-6). pap. 12.99 (978-1-68160-535-7(X)) Crimson Cloak Publishing.

Josie James & the Velvet Knife. Lily Mae Walters. 2019. (Josie James Ser.: Vol. 2). (ENG., Illus.). 194p. (J). (gr. 3-6). pap. 11.99 (978-1-68160-199-1(0)) Crimson Cloak Publishing.

Josie M. Davidson: Her Life & Work (Classic Reprint) Josephine Martin Davidson. (ENG., Illus.). (J). 2017. 29.75 (978-0-331-53941-7(1)); 2016. pap. 13.57 (978-1-333-71014-9(3)) Forgotten Bks.

Josie Meets a Jaguar. Kenny Bruno & Janet Pedersen. 2017. (Josie Goes Green Ser.: 2). (ENG., Illus.). 96p. (J). (gr. 3-5). pap. 6.95 (978-0-9974528-6-0(2)) Green Writers Pr.

Josie the Christmas Saving Cat. Chris Quigley. 2019. (ENG., Illus.). 24p. (J). (978-0-2288-2240-0(8)); pap. (978-0-2288-2239-4(4)) Tellwell Talent.

Josie the Giraffe & the Starry Night. Nicola Baxter. Illus. by Lisa Fox. 2016. (ENG.). 16p. (J). (gr. -1-12). 7.99 (978-0-85723-526-8(5), Armadillo) Anness Publishing GBR. Dist: National Bk. Network.

Josie the Great. Pam Saxelby. 2016. (ENG., Illus.). (J). 23.95 (978-1-4808-3233-6(2)); pap. 14.95 (978-1-4808-3232-9(4)) Archway Publishing.

Josie's Coat: & Drowned Silence. Amy McNulty. 2017. (ENG., Illus.). (J). pap. (978-1-927940-88-4(5)) Patchwork Pr.

Josie's Coat: Short Story Sampler. Amy McNulty. 2021. (ENG.). 140p. (J). pap. 8.99 (978-1-952667-38-1(0)) Snowy Wings Publishing.

Josie's Lost Tooth. Jennifer K. Mann. Illus. by Jennifer K. Mann. 2018. (ENG., Illus.). 40p. (J). (gr. k-3). 16.99 (978-0-7636-9694-8(3)) Candlewick Pr.

Josie's Story: God's Unending Love. Rhonda Gambill. 2018. (ENG.). 124p. (YA). pap. 11.95 (978-1-9736-2348-9(X), WestBow Pr.) Author Solutions, LLC.

Josie's Surprise. Sharon Beachy. 2016. (Little Jewel Book Ser.). (ENG., Illus.). 32p. (J). (gr. -1). pap. 3.20 (978-0-7399-2543-0(1)) Rod & Staff Pubs., Inc.

Josselyn's Wife (Classic Reprint) Kathleen Norris. 2018. (ENG., Illus.). 324p. (J). 30.58 (978-0-656-12393-3(1)) Forgotten Bks.

Jottings from Russia (Classic Reprint) Charles Palache. (ENG., Illus.). (J). 2018. 22p. 24.37 (978-0-267-32176-6(7)); 2016. pap. 7.97 (978-1-333-14597-2(7)) Forgotten Bks.

Jottings of a Year's Sojourn in the South, or First Impressions of the Country & Its People: With a Glimpse at School-Teaching in That Southern Land, & Reminiscences of Distinguished Men (Classic Reprint) A. De Puy Van Buren. 2017. (ENG., Illus.). (J). 30.58 (978-0-260-52819-3(6)) Forgotten Bks.

Joue du Tambour Avec Coeur. Ren Louie. Illus. by Karlene Harvey. 2022. Orig. Title: Drum from the Heart. (FRE.). 32p. (J). (gr. 1-3). 16.99 (978-1-989122-91-4(4)) Medicine Wheel Education CAN. Dist: Orca Bk. Pubs. USA.

Joufrois: Altfranzosisches Rittergedicht (Classic Reprint) Konrad Hofmann. (FRE., Illus.). (J). 2018. 144p. 26.89 (978-0-428-33397-3(4)); 2017. pap. 9.57 (978-0-282-92868-1(5)) Forgotten Bks.

Jouney of a Humpback Whale. Contrib. by Caryn Jenner. 2023. (DK Super Readers Ser.). (ENG., Illus.). 32p. (J). (gr. 2-4). pap. 4.99 (978-0-7440-7225-9(5), DK Children) Dorling Kindersley Publishing, Inc.

Jour Devient la Nuit. Patricia Armentrout. Tr. by Annie Evearts. 2021. (Mes Premiers Livres de Science (My First Science Books) Ser.). (FRE.). 24p. (J). (gr. k-2). pap. (978-1-0396-0886-3(8), 13373) Crabtree Publishing Co.

Jour du Souvenir Au Canada. David Pallister. 2018. (FRE., Illus.). 32p. (J). **(978-0-2288-0442-0(6))**; pap. **(978-0-2288-0441-3(8))** Tellwell Talent.

Jour Je Pourrais Être un Pilote! Amy Culliford. Illus. by John Joseph. 2021. (Qu'est-Ce Que Je Peux être? (What Can I Bee?) Ser.). (FRE.). 16p. (J). (gr. -1-3). pap. (978-1-0396-0283-0(5), 13590) Crabtree Publishing Co.

Jour O. Sam Lawrence & Ben Jackson. 2016. (ENG., Illus.). 34p. (J). pap. 12.99 (978-0-9952340-0-0(0)) Indie Publishing Group.

Journal. Bad Rock Designs. 2023. (ENG.). 164p. (J). pap. 21.99 **(978-1-312-48693-5(7))** Lulu Pr., Inc.

Journal. Jazmin Headley. 2022. (ENG.). 42p. (YA). (978-0-2288-7039-5(9)); pap. (978-0-2288-7038-8(0)) Tellwell Talent.

Journal. Lynda L. Jewell. 2020. (ENG.). 174p. (YA). pap. 15.95 (978-1-64654-088-4(3)) Fulton Bks.

Journal. Aretha Lashley. 2023. (ENG.). 102p. (J). pap. 11.00 **(978-1-312-46503-9(4))**; pap. 11.74 **(978-1-312-46522-0(0))** Lulu Pr., Inc.

Journal. C. E. Rivetto. 2022. (ENG.). 248p. (YA). pap. 19.95 **(978-1-68526-978-4(8))** Covenant Bks.

Journal. Helen C. Seventh. 2020. (ENG.). 104p. (YA). pap. 4.99 (978-1-716-27860-0(0)) Lulu Pr., Inc.

Journal. R. D. Stevens. 2022. (ENG.). 322p. (YA). pap. 13.99 (978-1-83919-210-4(0)) Vulpine Pr.

Journal. William Tatters. 2023. (ENG.). 102p. (YA). pap. 14.00 **(978-1-4477-1401-9(6))** Lulu Pr., Inc.

Journal. Stacey Taylor. 2022. (ENG.). (YA). 182p. 30.00 **(978-1-4710-4523-3(4))**; 263p. **(978-1-4710-4530-1(7))**; 263p. **(978-1-4716-5870-9(8))** Lulu Pr., Inc.

Journal. Deepika Viswanath. 2020. (ENG.). 100p. (YA). pap. 10.21 (978-1-716-36867-7(7)) Lulu Pr., Inc.

Journal: 120 Dot Grid/Bullet Pages - 6 X 9 - Planner / Christmas Journal / Bullet Journal / Christmas Composition Book / Christmas Diary & Creative Writing / Sketchbook / Dot Grid Journal. Barclay Moss. l.t. ed. 2020. (ENG.). 124p. (YA). pap. 8.29 (978-1-716-33928-8(6)) Lulu Pr., Inc.

Journal: Blank Journal. Peace Of Mind Press. 2022. (ENG.). 102p. (YA). 27.00 (978-1-4357-9458-0(3)) Lulu Pr., Inc.

Journal: Me & My Cat Purple Hardcover 124 Pages 6X9 Inches. Pappel20. 2021. (ENG.). 124p. (J). 16.99 (978-1-716-19968-4(9)) Lulu Pr., Inc.

Journal: Me & My Cat Yellow Hardcover 124 Pages 6X9 Inches. Pappel20. 2021. (ENG.). 124p. (J). 15.99 (978-1-716-19971-4(9)) Lulu Pr., Inc.

Journal: Me & My Dog -Purple Hardcover -124 Pages- 6X9 Inches. Pappel20. 2021. (ENG.). 124p. (J). 15.99 (978-1-716-19966-0(2)) Lulu Pr., Inc.

Journal: Me & My Dog -Yellow Hardcover -124 Pages- 6X9. Pappel20. 2021. (ENG.). 124p. (J). 15.99 (978-1-716-19967-7(0)) Lulu Pr., Inc.

Journal: Self Care, Journaling, & Planning Out Your Day/week. Deepika Viswanath. 2020. (ENG.). 95p. (YA). pap. (978-1-716-28560-8(7)); pap. (978-1-716-48045-4(0)) Lulu Pr., Inc.

Journal | Notebook | Workout & Meal Tracker: Diet & Exercise Planner. Pixie Publishing House. 2023. (ENG.). 63p. (YA). pap. **(978-1-312-73181-3(8))** Lulu Pr., Inc.

Journal, 1835, Vol. 1 of 2 (Classic Reprint) Fanny Kemble. 2018. (ENG., Illus.). 258p. (J). 29.22 (978-0-666-05198-1(4)) Forgotten Bks.

Journal (Classic Reprint) Fanny Kemble. 2017. (ENG., Illus.). (J). 29.38 (978-0-331-56431-0(9)) Forgotten Bks.

Journal d'un Enfant Ninja: Nuageux Avec une Chance de Zombies. Caroline A. Treanor & Indy Dosanjh. Illus. by Bex Sutton. 2020. (FRE.). 80p. (J). 19.99 (978-1-64970-676-8(2)) Primedia eLaunch LLC.

Journal d'un Garçon (Peu) Ordinaire. Vieville Maryam. 2018. (FRE., Illus.). 71p. (J). pap. (978-1-387-73607-2(8)) Lulu Pr., Inc.

Journal for Boys - Amazing Journal for Kids, 148 Journal Pages Both Lined & Blank, Draw & Write Notebook 5. 75 X 8. Angels Forever. 2020. (ENG.). 150p. (J). pap. 10.00 (978-1-716-33059-9(9)) Lulu Pr., Inc.

Journal for Girls. Ally Bill. 2020. (ENG.). 122p. (YA). pap. 12.98 (978-1-716-28375-8(2)) Mr. Cal Cumin.

Journal for Girls Ages 10+-Girl Diary -Journal for Teenage Girl - Dot Grid Journal - Hardcover - Purple Cover - 122 Pages -6x9 Inches. Pappel20. 2021. (ENG.). 124p. (J). 15.99 (978-1-716-20364-0(3)) Lulu Pr., Inc.

Journal for Girls Ages 10+Girl Diary Journal for Teenage Girl Dot Grid Journal Hardcover Yellow LOVE Cover 122 Pages 6x9 Inches. Pappel20. 2021. (ENG.). 124p. (J). 15.99 (978-1-716-20356-5(2)) Lulu Pr., Inc.

Journal for Girls Ages 6+-Girl Diary -Journal for Teenage Girl - Dot Grid Journal. Pappel20 & Sierra L. Davis. 2022. (ENG.). 92p. (J). pap. (978-1-716-20369-5(4)) Lulu Pr., Inc.

Journal for Girls Ages 6+-Girl Diary -Journal for Teenage Girl - Dot Grid Journal - Hardcover - Yellow Cover - 122 Pages -6x9 Inches. Pappel20. 2021. (ENG.). 124p. (J). 15.99 (978-1-716-20370-1(8)) Lulu Pr., Inc.

Journal for Girls Ages 8+-Girl Diary -Journal for Teenage Girl - Dot Grid Journal - Hardcover - Green Balloons Cover- 122 Pages -6x9 Inches. Pappel20. 2021. (ENG.). 124p. (J). 15.99 (978-1-716-20353-4(8)) Lulu Pr., Inc.

Journal for Girls Ages 8+-Girl Diary -Journal for Teenage Girl - Dot Grid Journal - Hardcover -Yellow Balloons Cover- 122 Pages -6x9 Inches. Pappel20. 2021. (ENG.). 124p. (J). 15.99 (978-1-716-20351-0(1)) Lulu Pr., Inc.

Journal for Girls Ages 8+Girl Diary Journal for Teenage Girl Dot Grid Journal Hardcover Purple Bird Cover 122 Pages 6x9 Inches. Pappel20. 2021. (ENG.). 124p. (J). 15.99 (978-1-716-20355-8(4)) Lulu Pr., Inc.

Journal for Girls Ages 8+Girl Diary Journal for Teenage Girl Dot Grid Journal Hardcover Yellow Bird Cover 122 Pages 6x9 Inches. Pappel20. 2021. (ENG.). 124p. (J). 15.99 (978-1-716-20354-1(6)) Lulu Pr., Inc.

Journal for Kids. Ally Bill. 2020. (ENG.). 122p. (YA). pap. 8.97 (978-1-716-28358-1(2)); pap. 7.97 (978-1-716-28364-2(7)) Mr. Cal Cumin.

Journal for My Future: Possibilities: Anything Is Possible —-If You Believe. Books with Soul. 2018. (ENG., Illus.).

J

112p. (J). pap. 11.99 (978-1-949325-44-7(X)) Bks. With Soul.

Journal for Super Dads Blue Hardcover 124 Pages 6X9 Inches. Pappel20. 2021. (ENG.). 124p. (J). 13.99 (978-1-716-20844-7(0)) Lulu Pr., Inc.

Journal for the Emotionally Awkward. Illus. by O. M. Osborn. 2022. (ENG.). 102p. (YA). pap. (978-1-387-96160-3(8)) Lulu Pr., Inc.

Journal from Japan: A Daily Record of Life As Seen by a Scientist (Classic Reprint) Marie C. Stopes. 2017. (ENG., Illus.). (J). 30.33 (978-0-266-39918-6(5)) Forgotten Bks.

Journal Kept by Miss. Sarah Foote (Mrs. Sarah Foote Smith) While Journeying with Her People from Wellington, Ohio, to Footeville, Town of Nepeuskun, Winnebago County, Wisconsin, April 15 to May 10, 1846 (Classic Reprint) Unknown Author. 2018. (ENG., Illus.). 32p. (J). 24.56 (978-0-267-51041-2(1)) Forgotten Bks.

Journal Kept During a Summer Tour, for the Children of a Village School, Vol. 1 Of 3: From Ostend to the Lake of Constance (Classic Reprint) Elizabeth Missing Sewell. (ENG., Illus.). (J). 2018. 534p. 34.93 (978-0-332-95646-6(6)); 2017. pap. 19.57 (978-0-259-74639-3(8)) Forgotten Bks.

Journal... My Own Personal Story: Cute Notebook or Attractive Journal with Lined Pages |Gift for Girlfriend| 8. 5x11 Large Journal | Interesting Notebook | Artistic Cover | 96 Numbered Pages | Perfect for Using at Home, School or Office. Alexandra Coca. 2021. (ENG.). 100p. (YA). pap. (978-1-291-71601-6(7)) Lulu Pr., Inc.

Journal of a Canteen Worker (Classic Reprint) Herbert Mason Sears. 2017. (ENG., Illus.). (J). 29.11 (978-0-266-27467-4(6)); pap. 11.57 (978-0-259-40935-9(9)) Forgotten Bks.

Journal of a Country Woman (Classic Reprint) Emma Winner Rogers. (ENG., Illus.). (J). 2018. 156p. 27.11 (978-0-483-00245-6(3)); 2017. pap. 9.57 (978-1-331-81589-1(4)) Forgotten Bks.

Journal of a Disappointed Man (Classic Reprint) W. N. P. Barbellion. 2017. (ENG., Illus.). (J). 30.95 (978-1-5283-5211-6(4)) Forgotten Bks.

Journal of a Few Months' Residence in Portugal: And Glimpses of the South of Spain (Classic Reprint) Dora Wordsworth. 2017. (ENG., Illus.). (J). 30.91 (978-0-265-41108-7(4)) Forgotten Bks.

Journal of a Few Months' Residence in Portugal, Vol. 2 Of 2: And Glimpses of the South of Spain (Classic Reprint) Dorothy Wordsworth Quillinan. (ENG., Illus.). (J). 2018. 256p. 29.18 (978-0-331-84337-8(4)); 2017. pap. 11.57 (978-0-282-55036-3(4)) Forgotten Bks.

Journal of a Grandfather (Classic Reprint) William Edgar Hughes. 2017. (ENG., Illus.). (J). 29.53 (978-0-266-61602-3(X)) Forgotten Bks.

Journal of a Neglected Bull Dog: Being Impressions of His Master's Love Affairs (Classic Reprint) Barbara Blair. 2018. (ENG., Illus.). 204p. (J). 28.12 (978-0-428-45961-1(7)) Forgotten Bks.

Journal of a Neglected Wife, 1909 (Classic Reprint) Mabel Herbert Urner. 2017. (ENG., Illus.). (J). 256p. 29.20 (978-0-484-13746-1(8)); pap. 11.57 (978-1-5276-9099-8(7)) Forgotten Bks.

Journal of a Recluse: Translated from the Original French (Classic Reprint) Mary Fisher. 2018. (ENG., Illus.). 354p. (J). 31.20 (978-0-484-28382-3(0)) Forgotten Bks.

Journal of a Residence among the Negroes in the West Indies (Classic Reprint) Matthew Gregory Lewis. 2018. (ENG., Illus.). 542p. (J). 35.08 (978-0-267-48064-7(4)) Forgotten Bks.

Journal of a Residence in America (Classic Reprint) Frances Anne Butler. 2018. (ENG., Illus.). 338p. (J). 30.87 (978-0-484-60904-3(1)) Forgotten Bks.

Journal of a Residence in Georgia (Classic Reprint) Fanny Kemble. 2018. (ENG., Illus.). (J). 240p. 28.87 (978-0-483-70318-6(4)); 242p. pap. 11.57 (978-0-483-70260-8(9)) Forgotten Bks.

Journal of a Residence on a Georgian Plantation: 1838-1839. Frances Anne Kemble. 2017. (ENG., Illus.). (J). 25.95 (978-1-374-94269-1(3)) Capital Communications, Inc.

Journal of a Residence on a Georgian Plantation: In 1838 1839 (Classic Reprint) Frances Anne Kemble. 2017. (ENG., Illus.). (J). 31.16 (978-0-331-05746-1(8)) Forgotten Bks.

Journal of a Residence on a Georgian Plantation in 1838-1839 (Classic Reprint) Frances Anne Kemble. 2017. (ENG., Illus.). (J). 28.23 (978-0-331-93990-3(8)); pap. 10.57 (978-0-259-26115-5(7)) Forgotten Bks.

Journal of a Tour: In the Netherlands in the Autumn of 1815 (Classic Reprint) Robert Southey. 2018. (ENG., Illus.). 286p. (J). 29.82 (978-0-666-85999-0(X)) Forgotten Bks.

Journal of a Tour in Iceland, in the Summer of 1809, Vol. 1 (Classic Reprint) William Jackson Hooker. (ENG., Illus.). (J). 2018. 494p. 34.11 (978-0-428-24815-4(2)); 2016. pap. 16.57 (978-1-333-88138-2(X)) Forgotten Bks.

Journal of a Tour in Iceland, in the Summer of 1809, Vol. 2 (Classic Reprint) William Jackson Hooker. 2017. (ENG., Illus.). (J). pap. 16.57 (978-0-282-39710-4(8)); pap. 16.57 (978-0-282-21558-3(1)) Forgotten Bks.

Journal of a Tour Made by Sen or Juan de Vega, Vol. 1 Of 2: The Spanish Minstrel of 1828-9, Through Great Britain & Ireland, a Character Assumed by an English Gentleman (Classic Reprint) Unknown Author. 2016. (ENG., Illus.). (J). pap. 16.57 (978-1-333-99699-4(3)) Forgotten Bks.

Journal of a Tour Made by Senor Juan de Vega, Vol. 1 Of 2: The Spanish Minstrel of 1828-9, Through Great Britain & Ireland, a Character Assumed by an English Gentleman (Classic Reprint) Unknown Author. 2018. (ENG., Illus.). 432p. (J). 32.81 (978-0-483-15484-1(9)) Forgotten Bks.

Journal of a Tour Made by Senor Juan de Vega, Vol. 2: The Spanish Minstrel of 1828-9, Through Great Britain & Ireland, a Character Assumed by an English Gentleman (Classic Reprint) Charles Cochrane. 2018. (ENG., Illus.). 416p. (J). 32.48 (978-0-483-67033-4(2)) Forgotten Bks.

Journal of a Tour to the Hebrides, with Samuel Johnson, LL. d (Classic Reprint) James Boswell. 2017. (ENG., Illus.). (J). 33.49 (978-0-266-66898-5(4)); pap. 16.57 (978-1-5276-4084-9(1)) Forgotten Bks.

Journal of a Travelling Girl. Nadine Neema. Illus. by Archie Beaverho. 2020. (ENG.). 144p. (J). (gr. 4-7). pap. 12.95 (978-1-77203-317-5(0)) Heritage Hse. CAN. Dist: Orca Bk. Pubs. USA.

Journal of a Trip to Iceland: By a Fellow of the Royal Geographical Society (Classic Reprint) Great Britain Royal Geographica Society. 2017. (ENG., Illus.). (J). 25.26 (978-0-265-24152-3(9)) Forgotten Bks.

Journal of a Visit to Egypt, Constantinople, the Crimea, Greece, &C: In the Suite of the Prince & Princess of Wales (Classic Reprint) William Grey. 2017. (ENG., Illus.). (J). 28.35 (978-0-331-58215-4(5)); pap. 10.97 (978-0-259-46137-1(7)) Forgotten Bks.

Journal of a Visit to Egypt, Constantinople, the Crimea, Greece, &C. in the Suite of the Prince & Princess of Wales. William Grey. 2017. (ENG., Illus.). (J). pap. (978-0-649-61948-1(X)); pap. (978-0-649-61949-8(8)) Trieste Publishing Pty Ltd.

Journal of a Voyage to Lisbon; Volume 1. Henry Fielding. 2017. (ENG., Illus.). (J). 22.95 (978-1-374-90952-6(1)); pap. 12.95 (978-1-374-90951-9(3)) Capital Communications, Inc.

Journal of a West-India Proprietor: Kept During a Residence in the Island of Jamaica (Classic Reprint) Matthew Gregory Lewis. 2017. (ENG., Illus.). (J). 32.48 (978-1-5284-7339-2(6)) Forgotten Bks.

Journal of a Young Lady of Virginia, 1782 (Classic Reprint) Lucinda Lee Orr. 2017. (ENG., Illus.). (J). 25.09 (978-0-260-97012-1(3)) Forgotten Bks.

Journal of an Awesome Kid - 4 Minutes Notebook to Write down All the Great Memories That Will Remain Forever. A&i Dream Big. 2021. (ENG.). 100p. (J). pap. 8.99 (978-1-716-06413-5(9)) Lulu Pr., Inc.

Journal of an Exile, Vol. 1 of 2 (Classic Reprint) Thomas Alexander Boswell. (ENG., Illus.). (J). 2018. 668p. 37.67 (978-0-428-87172-7(0)); 2018. 336p. 30.83 (978-0-484-40314-6(1)); 2017. pap. 13.57 (978-0-243-11995-0(X)); 2016. pap. 20.57 (978-1-333-28365-0(2)) Forgotten Bks.

Journal of an Exile, Vol. 2 of 2 (Classic Reprint) Thomas Alexander Boswell. (ENG., Illus.). (J). 2018. 334p. 30.79 (978-0-483-43784-5(0)); 2017. pap. 13.57 (978-1-334-92437-8(6)) Forgotten Bks.

Journal of Angela Ashby. Liana Gardner. Illus. by Sam Shearon. 2018. (ENG.). 282p. (J). (gr. 4-7). pap. 12.99 (978-1-944109-69-1(2)) Vesuvian Bks.

Journal of Anxious Izzy Parker. Alma Fullerton. 2023. (ENG., Illus.). 90p. (J). (gr. 1-3). pap. 10.95 (978-1-77260-316-3(3)) Second Story Pr. CAN. Dist: Orca Bk. Pubs. USA.

Journal of Countess Francoise Krasinska: Great Grandmother of Victor Emmanuel (Classic Reprint) Kasimir Dziekonska. 2018. (ENG., Illus.). 204p. (J). 28.10 (978-0-365-13051-2(6)) Forgotten Bks.

Journal of Emily Shore (Classic Reprint) Emily Shore. 2017. (ENG., Illus.). (J). 32.02 (978-0-266-19437-8(0)); pap. 16.57 (978-0-243-23896-5(7)) Forgotten Bks.

Journal of Eugénie de Guérin (Classic Reprint) G. S. Trebutien. 2018. (ENG., Illus.). 470p. (J). 33.65 (978-0-484-36275-7(5)) Forgotten Bks.

Journal of Eugenie de Guerin, Vol. 1 of 2 (Classic Reprint) G. S. Trebutien. 2018. (ENG., Illus.). 290p. (J). 29.90 (978-0-483-22757-6(9)) Forgotten Bks.

Journal of Faculty Development, Volume 30, Number 2. Russell Carpenter Ph D. 2016. (ENG., Illus.). 118p. pap. 18.00 (978-1-58107-296-9(1)) New Forums Pr.

Journal of Further Explorations in the Kuru Region & in the Kukukuku Country, Eastern Highlands of Eastern New Guinea & of a Return to West New Guinea: December 25, 1963 to May 4, 1964 (Classic Reprint) D. Carleton Gajdusek. 2018. (ENG., Illus.). 328p. (J). 30.68 (978-0-656-03413-0(0)) Forgotten Bks.

Journal of Henry David Thoreau, Vol. 11: July 2, 1858 February 28, 1859 (Classic Reprint) Henry D. Thoreau. 2018. (ENG., Illus.). 488p. (J). 33.96 (978-0-666-44462-2(5)) Forgotten Bks.

Journal of Henry David Thoreau, Vol. 12: March 2, 1859 November 30, 1859 (Classic Reprint) Henry D. Thoreau. 2018. (ENG., Illus.). 494p. (J). 34.09 (978-0-331-83249-5(6)) Forgotten Bks.

Journal of Henry David Thoreau, Vol. 13: December 1, 1859 July 31, 1860 (Classic Reprint) Henry D. Thoreau. 2018. (ENG., Illus.). 464p. (J). 33.47 (978-0-656-14567-6(6)) Forgotten Bks.

Journal of Henry David Thoreau, Vol. 2: 1850 September 15, 1851 (Classic Reprint) Henry D. Thoreau. 2017. (ENG., Illus.). (J). 34.95 (978-0-260-08048-6(9)) Forgotten Bks.

Journal of Henry David Thoreau, Vol. 9: August 16, 1856 August 7, 1857 (Classic Reprint) Henry D. Thoreau. 2017. (ENG., Illus.). (J). 35.18 (978-0-266-38389-5(0)) Forgotten Bks.

Journal of Impressions in Belgium, 1915 (Classic Reprint) May Sinclair. 2017. (ENG., Illus.). (J). 30.48 (978-0-266-19337-1(4)) Forgotten Bks.

Journal of Incidents Connected with the Travels of the Twenty-Second Regiment Conn; Volunteers: For Nine Months, in Verse by an Orderly Sergeant (Classic Reprint) Elizur W. Waters. 2018. (ENG., Illus.). 34p. (J). 24.60 (978-0-267-68980-4(2)) Forgotten Bks.

Journal of John James Audubon: Made During His Trip to New Orleans in 1820-1821 (Classic Reprint) John James Audubon. 2017. (ENG., Illus.). (J). 28.99 (978-0-331-39175-6(9)); pap. 11.57 (978-0-282-50852-4(X)) Forgotten Bks.

Journal of Lieutenant John Mchenry Hollingsworth of the First New York Volunteers (Stevenson's Regiment), September 1846-August 1849: Being a Recital of the Voyage of the Susan Drew to California; the Arrival of the Regiment in 1847; Its Military Move. John McHenry Hollingsworth. (ENG., Illus.). (J). 2018. 74p. 25.44 (978-0-365-01575-8(X)); 2017. pap. 9.57 (978-0-282-32640-1(5)) Forgotten Bks.

Journal of Llewellin Penrose, a Seaman (Classic Reprint) William Williams. (ENG., Illus.). (J). 2018. 464p. 33.47 (978-0-365-05287-6(6)); 2016. pap. 16.57 (978-1-334-13850-8(8)) Forgotten Bks.

Journal of Llewellin Penrose, a Seaman, Vol. 2 of 4 (Classic Reprint) William Williams. (ENG., Illus.). (J). 2018. 222p. 28.50 (978-0-483-28866-9(7)); 2016. pap. 10.97 (978-1-333-21687-0(4)) Forgotten Bks.

Journal of Llewellin Penrose, Vol. 3 Of 4: A Seaman (Classic Reprint) Unknown Author. 2017. (ENG., Illus.). 220p. (J). 28.45 (978-0-484-31352-0(5)) Forgotten Bks.

Journal of Marie Bashkirtseff: Translated, with an Introduction (Classic Reprint) Marie Bashkirtseff. 2017. (ENG., Illus.). (J). 39.37 (978-0-331-77373-6(2)); pap. 23.57 (978-0-243-33649-4(7)) Forgotten Bks.

Journal of Marie Bashkirtseff (Classic Reprint) Marie Bashkirtseff. (In the Headlines Ser.). (J). 2018. 832p. 41.06 (978-0-656-77804-1(0)); 2017. pap. 23.57 (978-0-243-27669-1(9)) Forgotten Bks.

Journal of Martha Pintard Bayard: London, 1794-1797 (Classic Reprint) Martha Pintard Bayard. 2018. (ENG., Illus.). 154p. (J). 27.09 (978-0-365-38375-8(9)) Forgotten Bks.

Journal of Me: A Safekeep of Growth & Values. Agnes De Bezenac & Salem De Bezenac. Illus. by Agnes De Bezenac. 2019. (ENG., Illus.). 98p. (J). 28.50 (978-1-63474-300-6(8)); (gr. 1-4). pap. 17.00 (978-1-63474-290-0(7)) iCharacter.org. (Kidible).

Journal of Mrs. Fenton: A Narrative of Her Life in India, the Isle of France (Mauritius), & Tasmania During the Years 1826-1830 (Classic Reprint) Bessie Knox Fenton. 2017. (ENG., Illus.). (J). 32.27 (978-0-265-23184-5(1)) Forgotten Bks.

Journal of Sentimental Travels in the Southern Provinces of France: Shortly Before the Revolution; Embellished with Seventeen Coloured Engravings (Classic Reprint) T. Rowlandson. 2017. (ENG., Illus.). (J). 30.83 (978-1-5280-7932-7(9)); pap. 13.57 (978-1-5278-0025-0(3)) Forgotten Bks.

Journal of Small Things (Classic Reprint) Helen MacKay. 2017. (ENG., Illus.). (J). 30.00 (978-0-266-63754-7(X)) Forgotten Bks.

Journal of Solomon Sidesplitter: A Collection of Witticisms (Classic Reprint) Unknown Author. 2018. (ENG., Illus.). 204p. (J). 28.10 (978-0-483-55956-1(3)) Forgotten Bks.

Journal of the Discovery of the Source of the Nile (Classic Reprint) John Hanning Speke. (ENG., Illus.). (J). 2017. 752p. 39.41 (978-0-332-79073-2(8)); 2016. pap. 23.57 (978-1-333-56153-6(9)) Forgotten Bks.

Journal of the Lady Beatrix Graham (Classic Reprint) Jane Mary Smith. 2018. (ENG., Illus.). 274p. (J). 29.55 (978-0-656-64151-2(7)) Forgotten Bks.

Journal of the Plague Year. Daniel Dafoe. 2019. (ENG.). (J). 224p. 19.95 (978-1-61895-540-1(3)); 222p. pap. 11.95 (978-1-61895-539-5(X)) Bibliotech Pr.

Journal of the Plague Year. Daniel Defoe. 2020. (ENG.). 174p. (J). (978-1-78943-096-7(8)); pap. (978-1-78943-094-3(1)) Benediction Classics.

Journal of the Plague Year: Being Observations or Memorials, of the Most Remarkable Occurrences, As Well As Publick As Private, Which Happened in London During the Last Great Visitation in 1665 (Classic Reprint) Daniel Dafoe. 2018. (ENG., Illus.). 294p. (J). 29.96 (978-0-666-67697-9(6)) Forgotten Bks.

Journal of the Plague Year: Being Observations or Memorials of the Most Remarkable Occurrences, As Well Public As Private, Which Happened in London During the Last Great Visitation In 1665. Written by a CITIZEN Who Continued All the While in London. Daniel Defoe. 2020. (ENG., Illus.). 214p. (J). pap. 11.95 (978-1-4341-0441-0(9), Waking Lion Press) The Editorium, LLC.

Journal of the Waterloo Campaign, Kept Throughout the Campaign of 1815, Vol. 2 of 2 (Classic Reprint) Cavalie Mercer. (ENG., Illus.). (J). 2017. 31.26 (978-0-266-93007-5(7)); 2016. pap. 13.97 (978-1-333-37192-0(6)) Forgotten Bks.

Journal of the Waterloo Campaign, Vol. 1 Of 2: Kept Throughout the Campaign of 1815 (Classic Reprint) Cavali Mercer. 2018. (ENG., Illus.). 384p. (J). 31.84 (978-0-656-86467-6(2)) Forgotten Bks.

Journal of the Waterloo Campaign, Vol. 1 Of 2: Kept Throughout the Campaign of 1815 (Classic Reprint) Cavalie Mercer. 2016. (ENG., Illus.). (J). pap. 16.57 (978-1-334-12385-6(3)) Forgotten Bks.

Journal of Transactions & Events, During a Residence of Nearly Sixteen Years on the Coast of Labrador, Vol. 1 Of 3: Containing Many Interesting Particulars, Both of the Country & Its Inhabitants, Not Hitherto Known (Classic Reprint) George Cartwright. (ENG., Illus.). (J). 2018. 324p. 30.60 (978-0-666-68246-8(1)); 2017. pap. 13.57 (978-0-282-63296-0(4)) Forgotten Bks.

Journal of Transactions & Events, During a Residence of Nearly Sixteen Years on the Coast of Labrador, Vol. 3 Of 3: Containing Many Interesting Particulars, Both of the Country & Its Inhabitants, Not Hitherto Known (Classic Reprint) George Cartwright. 2018. (ENG., Illus.). 280p. (J). 29.67 (978-0-666-73886-8(6)) Forgotten Bks.

Journal of William Jefferay, Gentleman: Being Some Account of Divers People, Places & Happenings, Chiefly in New England, a Diary That Might Have Been. John Osborne Austin. 2017. (ENG., Illus.). (J). pap. (978-0-649-18328-9(2)) Trieste Publishing Pty Ltd.

Journal of William Jefferay, Gentleman: Being Some Account of Divers People, Places & Happenings, Chiefly in New England. a Diary That Might Have Been. John Osborne Austin. 2017. (ENG., Illus.). (J). pap. (978-0-649-62017-3(8)) Trieste Publishing Pty Ltd.

Journal of William Jefferay, Gentleman: Being Some Account of Divers People, Places & Happenings, Chiefly in New England; a Diary That Might Have Been (Classic Reprint) John Osborne Austin. 2017. (ENG., Illus.). (J). 28.25 (978-0-265-21681-1(8)) Forgotten Bks.

Journal of William Jefferay, Gentleman: Born at Chiddingly, Old England, in the Year 1591, Died at Newport, New England, in the Year 1675. John Osborne Austin. 2017. (ENG., Illus.). (J). pap. (978-0-649-62016-6(X)) Trieste Publishing Pty Ltd.

Journal of William Jefferay, Gentleman. Born at Chiddingly, Old England 1591; Died at Newport, New England 1675. Being Some Account of Divers People, Places & Happenings, Chiefly in New England. a Diary That Might Have Been. John Osborne Austin. 2017. (ENG., Illus.). (J). pap. (978-0-649-13761-9(2)) Trieste Publishing Pty Ltd.

Journaling Is Cool. LaToya Cheek-Winston. 2023. (ENG.). 120p. (J). pap. (978-1-312-26195-2(1)) Lulu Pr., Inc.

Journaling Through the Bible: A Devotional Journal for Teens. Weatherley Cooper. 2018. (ENG., Illus.). 208p. (YA). (gr. 7-12). 25.99 (978-1-7323301-4-6(X)) Lucky Jenny Publishing.

Journalism: The Need for a Free Press, 1 vol. Ed. by he New York Times. 2019. (In the Headlines Ser.). (ENG.). 224p. (gr. 9-9). 54.93 (978-1-64282-324-0(4), 95983680-eaf3-4bfd-a471-48c89db435d4, New York Times Educational Publishing) Rosen Publishing Group, Inc., The.

Journalism: The Need for a Free Press, 1 vol. Ed. by The New York Times Editorial Staff. 2019. (In the Headlines Ser.). (ENG.). 224p. (gr. 9-9). pap. 24.47 (978-1-64282-323-3(6), 41b39a11-d002-4409-8578-86b231124e5f, New York Times Educational Publishing) Rosen Publishing Group, Inc., The.

Journalist in the Holy Land: Glimpses of Egypt & Palestine (Classic Reprint) Arthur Edward Copping. 2017. (ENG., Illus.). (J). 346p. 31.03 (978-0-484-24947-8(9)); pap. 13.57 (978-0-282-31226-8(9)) Forgotten Bks.

Journalistic Method of Eugene o'Neill (Classic Reprint) Russell Ira Thackrey. 2017. (ENG., Illus.). (J). 25.53 (978-0-265-56221-5(X)); pap. 9.57 (978-0-282-82402-0(2)) Forgotten Bks.

Journalists: Comedy in Four Acts (Classic Reprint) Gustav Freytag. (ENG., Illus.). (J). 2018. 110p. 26.17 (978-0-483-30456-7(5)); 2016. pap. 9.57 (978-1-334-16130-8(5)) Forgotten Bks.

Journals: And Letters of Hugh Stanley Head (Classic Reprint) Hugh Stanley Head. 2018. (ENG., Illus.). 222p. (J). 28.50 (978-0-267-46449-4(5)) Forgotten Bks.

Journals Kept by Mr. Gully & Capt. Denham: During a Captivity in China in the Year 1842 (Classic Reprint) Gully Gully. 2017. (ENG., Illus.). (J). 28.17 (978-0-260-92914-3(X)) Forgotten Bks.

Journals of Dorothy Wordsworth, 1897, Vol. 2 (Classic Reprint) Dorothy Wordsworth. 2017. (ENG., Illus.). 306p. (J). 30.23 (978-0-265-23976-6(1)) Forgotten Bks.

Journals of Dorothy Wordsworth, Vol. 1 (Classic Reprint) Dorothy Wordsworth. 2017. (ENG., Illus.). (J). 29.67 (978-1-5284-6181-8(9)) Forgotten Bks.

Journals of Dorothy Wordsworth. Vol. II. Dorothy Wordsworth & William Knight. 2017. (ENG., Illus.). (J). pap. (978-0-649-61998-6(6)) Trieste Publishing Pty Ltd.

Journals of Josephine Young (Classic Reprint) Josephine Young. 2017. (ENG., Illus.). (J). pap. 10.57 (978-0-259-52130-3(2)) Forgotten Bks.

Journals of Madam Knight, & REV. Mr. Buckingham: From the Original Manuscripts, Written in 1704 & 1710 (Classic Reprint) Sarah Kemble Knight. 2017. (ENG., Illus.). (J). 26.76 (978-0-331-61453-4(7)) Forgotten Bks.

Journals of Madam Knight, & REV. Mr. Buckingham: From the Original Manuscripts, Written in 1704& 1710 (Classic Reprint) Sarah Kemble Knight. 2018. (ENG., Illus.). 132p. (J). 26.64 (978-0-267-68981-1(0)) Forgotten Bks.

Journals of Washington Irving: From July, 1815, to July, 1842 (Classic Reprint) William P. Trent. 2018. (ENG., Illus.). 234p. (J). 28.72 (978-0-666-50001-4(0)) Forgotten Bks.

Journals of Washington Irving (Classic Reprint) Washington. Irving. (ENG., Illus.). (J). 2018. 274p. 29.55 (978-0-364-82342-2(9)); 2017. pap. 11.97 (978-0-259-80703-2(6)) Forgotten Bks.

Journ'e de Petit Jean (Classic Reprint) Elise de Pressens'. 2018. (FRE., Illus.). 56p. (J). 25.07 (978-0-428-24264-0(2)) Forgotten Bks.

Journée Dans un Milieu Humide Boisé. Kevin Kurtz. Tr. by Sophie Troff. Illus. by Sherry Neidigh. 2019. (FRE.). 32p. (J). 11.95 (978-1-64351-593-9(4)) Arbordale Publishing.

Journée de Maya. Martine Latulippe. Illus. by Fabrice Boulanger. 2020. (Mondes de Maya Ser.: 2). (FRE.). 24p. (J). (gr. -1 — 1). 19.95 (978-2-7644-3916-6(4)) Quebec Amerique CAN. Dist: Orca Bk. Pubs. USA.

Journee de Petit Jean (Classic Reprint) Elise De Pressense. 2017. (FRE., Illus.). (J). pap. 9.57 (978-0-282-84739-5(1)) Forgotten Bks.

Journey. Ruth Brown. 2020. (ENG., Illus.). 166p. (YA). pap. 25.95 (978-1-64003-298-9(3)) Covenant Bks.

Journey. Alyssa Buzbee-Good. 2019. (ENG., Illus.). 32p. (YA). (gr. 7-12). pap. 7.00 (978-0-578-49766-2(2)) Literary Legacies Publishing.

Journey. Francesca Sanna. 2016. (ENG., Illus.). 48p. (J). (gr. k-2). 17.99 (978-1-909263-99-4(0)) Flying Eye Bks. GBR. Dist: Penguin Random Hse. LLC.

Journey. Boyd Slemmer. 2017. (ENG., Illus.). (YA). pap. 15.95 (978-1-64028-805-8(8)) Christian Faith Publishing.

Journey: A Story of Triumphant Faith. Paula Womack. 2020. (ENG., Illus.). 30p. (J). 23.95 (978-1-64468-114-5(5)); pap. 13.95 (978-1-64468-113-8(7)) Covenant Bks.

Journey: Based on the True Story of OR7, the Most Famous Wolf in the West. Emma Bland Smith. Illus. by Robin James. 2020. (ENG.). 32p. (J). (gr. k-4). pap. 10.99 (978-1-63217-337-9(9), Little Bigfoot) Sasquatch Bks.

Journey ... the Healer. Rebecca Conaty Bruce. 2021. (ENG.). 260p. (YA). pap. 13.99 (978-1-0879-9280-8(X)) Indy Pub.

Journey Across the Hidden Islands. Sarah Beth Durst. 2017. (ENG., Illus.). 352p. (J). (gr. 5-7). 16.99 (978-0-544-70679-8(X), 1628641, Clarion Bks.) HarperCollins Pubs.

Journey Advenia. Aiden Kinder. 2021. (ENG.). 248p. (YA). (gr. 11-12). pap. (978-0-6489889-1-5(0)) Kinder, Aiden.

Journey Around the Sun: The Story of Halley's Comet. James Gladstone. Illus. by Yaara Eshet. 2021. (ENG.). 32p.

(J). (gr. 3-7). 17.95 *(978-1-77147-371-2(1))* Owlkids Bks. Inc. CAN. Dist: Publishers Group West (PGW).

Journey Begins Weebee Book 19. R. M. Price-Mohr. 2021. (ENG.). 34p. (J). pap. *(978-1-913946-48-7(7))* Crossbridge Bks.

Journey Begins Weebee Book 19a. R. M. Price-Mohr. 2021. (ENG.). 34p. (J). pap. *(978-1-913946-57-9(6))* Crossbridge Bks.

Journey Beyond. Jr Jason Gray. 2018. (ENG., Illus.). 258p. (YA). pap. 16.95 *(978-1-64298-834-5(0))* Page Publishing Inc.

Journey Beyond the Burrow. Rina Heisel. (ENG.). 288p. (J). (gr. 3-7). 2022. pap. 7.99 *(978-0-06-301604-0(4))*; 2021. (Illus.). 16.99 *(978-0-06-301603-3(6))* HarperCollins Pubs. (HarperCollins).

Journey Beyond the Circle Floor. Marilyn D. Beaton. 2020. (ENG., Illus.). 26p. (J). 23.95 *(978-1-64801-911-1(0))*; pap. 14.95 *(978-1-64531-318-2(2))* Newman Springs Publishing, Inc.

Journey (Classic Reprint) Lillian Smith. 2017. (ENG., Illus.). (J). 29.36 *(978-0-331-09423-7(1))*; pap. 11.97 *(978-0-243-27779-7(2))* Forgotten Bks.

Journey (Classic Reprint) American Tract Society. 2018. (ENG., Illus.). 38p. (J). 24.68 *(978-0-483-93850-2(5))* Forgotten Bks.

Journey Continues: Adventures Through the Bible with Caravan Bear & Friends. Avril Rowlands. Illus. by Kay Widdowson. ed. 2019. (Animals' Caravan Ser.). (ENG.). 144p. (J). (gr. 1-3). pap. 10.99 *(978-0-7459-7811-6(8),* 70772489-c573-4869-96a4-1cfc38a67d1f, Lion Children's) Lion Hudson PLC GBR. Dist: Baker & Taylor Publisher Services (BTPS).

Journey Due North: Being Notes of a Residence in Russia (Classic Reprint) George Augustus Sala. 2017. (ENG., Illus.). 484p. (J). 33.90 *(978-0-484-22411-6(5))* Forgotten Bks.

Journey for a Better Future: Colniezy Rong. Chua Chang Rong. 2018. (ENG.). 190p. (YA). pap. 16.08 *(978-1-5437-4346-3(3))* Partridge Pub.

Journey for Peace. Mark D. Donnelly. Illus. by Sam Iseto. 2021. (ENG.). 26p. (J). 16.95 *(978-1-7349144-5-0(9))* Primedia eLaunch LLC.

Journey for Sol. E. D. Poulsen. 2017. (Crystal Chronicles Ser.: Vol. 1). (ENG., Illus.). 179p. (J). (gr. 7-12). pap. 17.95 *(978-1-61296-891-9(0))* Black Rose Writing.

Journey from Beginning to End: Connect the Dots Activities. Activibooks For Kids. 2016. (ENG., Illus.). (J). pap. 6.99 *(978-1-68321-378-9(5))* Mimaxion.

Journey from London to Genoa, Through England, Portugal, Spain, & France, Vol. 1 of 4 (Classic Reprint) Joseph Baretti. 2017. (ENG., Illus.). (J). 30.46 *(978-0-265-66315-8(6))* Forgotten Bks.

Journey from London to Genoa, Through England, Portugal, Spain & France, Vol. 2 (Classic Reprint) Joseph Baretti. 2017. (ENG., Illus.). (J). 30.62 *(978-0-331-85303-2(5))* Forgotten Bks.

Journey from London to Genoa, Through England, Portugal, Spain, & France, Vol. 2 of 4 (Classic Reprint) Joseph Baretti. (ENG., Illus.). (J). 2018. 326p. 30.62 *(978-0-484-08655-4(3))*; 2017. pap. 13.57 *(978-0-259-50677-5(X))* Forgotten Bks.

Journey from London to Genoa, Through England, Portugal, Spain, & France, Vol. 3 (Classic Reprint) Joseph Baretti. 2017. (ENG., Illus.). (J). 30.60 *(978-0-266-68114-4(X))* Forgotten Bks.

Journey from London to Genoa, Through England, Portugal, Spain, & France, Vol. 3 of 4 (Classic Reprint) Joseph Baretti. 2017. (ENG., Illus.). (J). 30.43 *(978-0-331-92004-8(2))*; pap. 13.57 *(978-1-333-30229-0(0))* Forgotten Bks.

Journey from London to Genoa, Through England, Portugal, Spain, & France, Vol. 4 (Classic Reprint) Joseph Baretti. (ENG., Illus.). (J). 2018. 328p. 30.66 *(978-0-483-76704-1(2))*; 2017. pap. 13.57 *(978-0-259-45643-8(8))* Forgotten Bks.

Journey from London to Genoa, Vol. 1 Of 4: Through England, Portugal, Spain & France (Classic Reprint) Giuseppe Marco Antonio Baretti. (ENG., Illus.). (J). 2018. 318p. 30.46 *(978-0-428-45769-3(X))*; 2017. pap. 13.57 *(978-0-259-10210-6(5))* Forgotten Bks.

Journey from London to Genoa, Vol. 2: Through England, Portugal, Spain, & France (Classic Reprint) Joseph Baretti. 2018. (ENG., Illus.). 326p. (J). 30.62 *(978-0-267-18288-6(0))* Forgotten Bks.

Journey from London to Genoa, Vol. 3: Through England, Portugal, Spain, & France (Classic Reprint) Joseph Baretti. 2017. (ENG., Illus.). (J). 30.60 *(978-0-260-54302-8(0))* Forgotten Bks.

Journey from London to Genoa, Vol. 4: Through England, Portugal, Spain & France (Classic Reprint) Joseph Baretti. 2018. (ENG., Illus.). 330p. (J). 30.70 *(978-0-483-39438-4(6))* Forgotten Bks.

Journey from the Abacus to the Smartphone Children's Modern History. Baby Professor. 2017. (ENG., Illus.). (J). pap. 7.89 *(978-1-5419-0484-2(2),* Baby Professor (Education Kids)) Speedy Publishing LLC.

Journey Home. E. M. Joyce. 2018. (ENG., Illus.). 116p. (J). pap. 12.49 *(978-1-5456-4047-0(5))* Salem Author Services.

Journey Home. Brandon Wallace. (Wilder Boys Ser.). (ENG., Illus.). 208p. (J). 2017. (gr. 4-8). pap. 8.99 *(978-1-4814-3266-5(4))*; 2016. (gr. 3-7). 17.99 *(978-1-4814-3267-2(2))* Simon & Schuster Children's Publishing. (Aladdin).

Journey Home: 10th Anniversary Edition. Frann Preston-Gannon. 10th ed. 2022. (ENG., Illus.). 40p. (J). 17.99 *(978-1-84365-516-9(0),* Pavilion Children's Books) Pavilion Bks. GBR. Dist: HarperCollins Pubs.

Journey Home Weebee Book 24. R. M. Price-Mohr. 2021. (ENG.). 34p. (J). pap. *(978-1-913946-53-1(3))* Crossbridge Bks.

Journey Home Weebee Book 24a. R. M. Price-Mohr. 2021. (ENG.). 34p. (J). pap. *(978-1-913946-62-3(2))* Crossbridge Bks.

Journey in Our Family's Chinese Garden: A Story Told in English & Chinese. Illus. by Jian Li. 2019. (ENG.). 36p. (gr. -1-3). 16.95 *(978-1-60220-455-3(1))* SCPG Publishing Corp.

Journey in Search of Christmas (Classic Reprint) Owen Wister. 2017. (ENG., Illus.). (J). 26.14 *(978-0-266-22114-2(9))* Forgotten Bks.

Journey in Southeastern Mexico: Narrative of Experiences & Observations (Classic Reprint) Henry Howard Harper. 2018. (ENG., Illus.). 116p. (J). 26.31 *(978-0-365-36294-4(8))* Forgotten Bks.

Journey in Southern Siberia: The Mongols, Their Religion & Their Myths (Classic Reprint) Jeremiah Curtin. 2017. (ENG., Illus.). 396p. (J). 32.08 *(978-0-484-67357-0(2))* Forgotten Bks.

Journey in the Back Country, Vol. 1 Of 2: In the Winter of 1853-4 (Classic Reprint) Frederick Law Olmsted. 2018. (ENG., Illus.). 298p. (J). 30.06 *(978-0-483-32335-3(7))* Forgotten Bks.

Journey into Adaptation with Max Axiom, Super Scientist: 4D an Augmented Reading Science Experience. Agnieszka Biskup. Illus. by Cynthia Martin. 2019. (Graphic Science 4D Ser.). (ENG.). 32p. (J). (gr. 3-9). pap. 7.95 *(978-1-5435-6002-2(4),* 140063); lib. bdg. 36.65 *(978-1-5435-5869-2(0),* 139792) Capstone.

Journey into Life. -Me-. 2022. (ENG.). 122p. (YA). pap. 15.95 ***(978-1-6624-8263-2(9))*** Page Publishing Inc.

Journey into Space, 1 vol. Michael Bright. 2017. (Planet Earth Ser.). (ENG.). 32p. (gr. 5-5). 27.93 *(978-1-5081-5393-1(0),* 9957189a-809e-433e-9c58-a44b80a877cd, PowerKids Pr.) Rosen Publishing Group, Inc., The.

Journey Jensen: Dream Explorer. Marykate Vadala. Illus. by Vanessa Kaliwo. 2022. (ENG.). 36p. (J). 24.99 ***(978-1-0880-7512-8(6))***; pap. 15.99 ***(978-1-0880-7920-1(2))*** Indy Pub.

Journey Journal. Trena J. Myers. 2021. (ENG.). 72p. (J). *(978-1-716-23627-3(4))* Lulu Pr., Inc.

Journey Joy: A Tale of a Sevice Dog & Her School Friends. Jackie Lanoue. Illus. by Elizabeth Eichelberger. 2021. (ENG.). 38p. (J). pap. 12.08 *(978-1-6671-0240-5(0))* Lulu Pr., Inc.

Journey Jumper Junior - North Pole Detective - Where's Santa? (Choose from 9 Different Endings) Journey Jumper Junior. J. B. Dean. 2022. (ENG.). 63p. (J). pap. ***(978-1-387-49964-9(5))*** Lulu Pr., Inc.

Journey Novel Units Teacher Guide. Novel Units. 2019. (ENG.). (YA). pap. 12.99 *(978-1-56137-485-4(7),* Novel Units, Inc.) Classroom Library Co.

Journey of 600 Inches. Zhang Xiaoling. Illus. by Yan Qing. 2020. (Hopeful Picture Bks.). (ENG.). 32p. (J). (gr. k-2). lib. bdg. 27.29 *(978-1-64996-002-3(6),* 4092, Sequoia Publishing & Media LLC) Phoenix International Publications, Inc.

Journey of a Coconut - Ana Borau Te Nii (Te Kiribati) Rimeta Sambo. Illus. by Clarice Masajo. 2023. (ENG.). 42p. (J). pap. ***(978-1-922795-76-2(3))*** Library For All Limited.

Journey of a Feather. Dean Woodland. 2016. (ENG., Illus.). 36p. (J). pap. 10.95 *(978-1-78629-341-1(2),* ca1efc82-bb5b-4266-9c89-f4457abd5491) Austin Macauley Pubs. Ltd. GBR. Dist: Baker & Taylor Publisher Services (BTPS).

Journey of a Law: Understanding Government, 1 vol. Sommer Conway. 2018. (Civics for the Real World Ser.). (ENG.). 16p. (gr. 2-3). pap. *(978-1-5383-6530-4(8),* 2d08692a-0478-44cf-8789-038a59957df1, Rosen Classroom) Rosen Publishing Group, Inc., The.

Journey of a Lifetime: Discovering the Unique Adventure God Has for You. Taylor Bennett. 2022. (ENG.). 272p. (YA). 14.99 *(978-1-4964-5618-2(1),* 20_35753, Wander) Tyndale Hse. Pubs.

Journey of an Apple Tree. Amber Collins. 2022. (ENG., Illus.). 58p. (J). pap. 16.95 *(978-1-68517-206-0(7))* Christian Faith Publishing.

Journey of Beginning, Volume 1. Compiled by Beth Lottig. 2020. (ENG.). 468p. (YA). pap. 19.95 *(978-1-950685-34-9(9))* Inspire Bks.

Journey of Beginning, Volume 2. Compiled by Beth Lottig. 2020. (ENG.). 484p. (YA). pap. 19.95 *(978-1-950685-35-6(7))* Inspire Bks.

Journey of Bet. Steven Hammond. 2018. (Staffs of Omia Ser.: Vol. 2). (ENG., Illus.). 310p. (YA). pap. 14.99 *(978-0-9986234-3-6(1))* RockhopperBooks.

Journey of Discovery - Animals. YoYo YoYo Books. Illus. by Jordan Wray. 2022. (ENG.). 22p. (J). (gr. -1). 14.99 *(978-94-6454-060-4(5))* YoYo Bks. BEL. Dist: Simon & Schuster, Inc.

Journey of Discovery - Dinosaurs. YoYo YoYo Books. Illus. by Jordan Wray. 2022. (ENG.). 22p. (J). (gr. -1). 14.99 *(978-94-6454-061-1(3))* YoYo Bks. BEL. Dist: Simon & Schuster, Inc.

Journey of Discovery Activity Book: 92 Pages of Fun-Filled Fun Word Tracing, Word Search, & More. Hayde Miller. 2023. (ENG.). 96p. (J). pap. 15.99 ***(978-1-312-51858-2(8))*** Lulu Pr., Inc.

Journey of Discovery Through Big Blue. Alexandra Macare. 2021. (ENG.). 76p. (J). pap. *(978-0-2288-5281-0(1))* Tellwell Talent.

Journey of Forest Friends. Colleen A. McGarr. Illus. by Stefanie St Denis. 2021. (ENG.). 28p. (J). pap. *(978-0-2288-3857-9(6))* Tellwell Talent.

Journey of Franki the Photon. Kevin Bourke. 2020. (ENG.). 34p. (J). 19.95 *(978-1-64654-069-3(7))* Fulton Bks.

Journey of Heart & Mind. Kurt Robinson. 2020. (ENG.). 342p. (YA). pap. 16.99 *(978-1-386-97779-7(9))* Draft2Digital.

Journey of Jason. David Campiti. 2022. (Greek Mythology Ser.). (ENG., Illus.). 32p. (J). (gr. 3-3). pap. 9.95 *(978-1-64494-662-6(9),* Graphic Planet) ABDO Publishing Co.

Journey of Jason. David Campiti. Illus. by Lelo Alves. 2021. (Greek Mythology (Magic Wagon) Ser.). (ENG.). 32p. (J). (gr. 3-8). lib. bdg. 32.79 *(978-1-0982-3180-4(5),* 38702, Graphic Planet - Fiction) Magic Wagon.

Journey of Jiggles. Nina Leipold. Ed. by Nina Leipold. 2023. (ENG.). 40p. (J). pap. 12.99 ***(978-1-0881-0359-3(6))*** Indy Pub.

Journey of Life (Classic Reprint) Rhoda T. Carter. 2018. (ENG., Illus.). 102p. (J). 26.02 *(978-0-483-26968-2(9))* Forgotten Bks.

Journey of Little Charlie. Christopher Paul Curtis. 2018. (ENG.). 256p. (J). (gr. 4-7). 19.99 *(978-0-545-15666-0(1),* Scholastic Pr.) Scholastic, Inc.

Journey of Little Charlie (Scholastic Gold) Christopher Paul Curtis. 2021. (ENG.). 272p. (J). (gr. 3-7). pap. 8.99 *(978-0-545-15667-7(X))* Scholastic, Inc.

Journey of My PJ: An Environmental Awareness Rhyming Book & Poem for Kids: an Environmental Awareness Rhyming Book for Kids. Shiva S. Mohanty. 2023. (ENG.). 24p. (J). pap. 12.99 ***(978-1-0881-3281-4(2))*** Indy Pub.

Journey of Neil the Great Dixter Cat. Honey Moga. Illus. by Dabin Han. 2022. (ENG.). 72p. (J). (gr. -1). 19.99 *(978-1-68245-193-9(3))* Regan Arts.

Journey of Odysseus: Band 15/Emerald (Collins Big Cat) Hawys Morgan. Illus. by Martin Bustamante. 2017. (Collins Big Cat Tales Ser.). (ENG.). 48p. (J). (gr. 3-4). pap. 12.99 *(978-0-00-817941-0(7))* HarperCollins Pubs. Ltd. GBR. Dist: Independent Pubs. Group.

Journey of Pumpkin & Pretzel. P. J. Pumpkin. 2021. (ENG., Illus.). 28p. (J). pap. 13.95 *(978-1-6624-3423-5(5))* Page Publishing Inc.

Journey of Recurring Proofs: Kidville to Adulthood. Carson I. Fulton. 2018. (ENG., Illus.). 40p. (YA). 20.95 *(978-1-64300-538-6(3))*; pap. 10.95 *(978-1-64300-537-9(5))* Covenant Bks.

Journey of Reflection: Who Do You See When You Look in the Mirror? Mavis Sybil. 2021. (ENG.). 52p. (J). pap. 8.99 *(978-1-0878-7362-6(2))* Indy Pub.

Journey of Revenge. Siddha Smaran. 2021. (ENG.). 26p. (YA). pap. 9.99 *(978-1-68487-270-1(7))* Notion Pr., Inc.

Journey of Searching for Pictures Activity Book. Jupiter Kids. 2016. (ENG., Illus.). 106p. (J). pap. 16.55 *(978-1-68326-142-1(9),* Jupiter Kids (Childrens & Kids Fiction)) Speedy Publishing LLC.

Journey of Tastes. Hasina Knox. 2021. (ENG.). 38p. (J). 29.97 *(978-1-365-52572-8(4))* Lulu Pr., Inc.

Journey of Tastes. Hasina Knox. 2021. (ENG.). 38p. (J). pap. 9.97 *(978-1-008-91826-9(1))* Wright Bks.

Journey of Teardrop & Sniffles. Charles A. Lewis. 2021. (ENG.). 42p. (YA). pap. 15.95 *(978-1-63630-069-6(3))* Covenant Bks.

Journey of the Bats, 1 vol. Benjamin O. Samuelson. 2018. (Massive Animal Migrations Ser.). (ENG.). 24p. (gr. 2-3). pap. 9.15 *(978-1-5382-1240-0(4),* e106b354-fe2d-4798-85ac-7b62143ecd58) Stevens, Gareth Publishing LLLP.

Journey of the Caribou, 1 vol. Benjamin O. Samuelson. 2018. (Massive Animal Migrations Ser.). (ENG.). 24p. (gr. 2-3). 24.27 *(978-1-5382-1653-8(1),* 3a774752-fd90-4c90-b48a-7d21d3d5178d) Stevens, Gareth Publishing LLLP.

Journey of the Dragonflies, 1 vol. AnneReneé Goyette. 2018. (Massive Animal Migrations Ser.). (ENG.). 24p. (gr. 2-3). 24.27 *(978-1-5382-1649-1(3),* 5187bce4-b656-4b69-a407-e708391b74bd) Stevens, Gareth Publishing LLLP.

Journey of the Elephant Seals, 1 vol. AnneReneé Goyette. 2018. (Massive Animal Migrations Ser.). (ENG.). 24p. (gr. 2-3). 24.27 *(978-1-5382-1645-3(0),* c6d64198-8ade-4c0f-978d-22b89577881e) Stevens, Gareth Publishing LLLP.

Journey of the Hummingbirds, 1 vol. AnneReneé Goyette. 2018. (Massive Animal Migrations Ser.). (ENG.). 24p. (gr. 2-3). 24.27 *(978-1-5382-1641-5(8),* 17b319e1-c10d-4598-9800-e79f887398a9) Stevens, Gareth Publishing LLLP.

Journey of the Little Brown Boy. Earnest J. Lewis. 2020. (ENG.). 62p. (J). 14.99 *(978-1-6662-0061-4(1))* Barnes & Noble Pr.

Journey of the Midnight Sun. Shazia Afzal. Illus. by Aliya Ghare. 2022. (ENG.). 32p. (J). (gr. -1-k). 21.95 *(978-1-4598-2760-8(0))* Orca Bk. Pubs. USA.

Journey of the Pale Bear. Susan Fletcher. 2018. (ENG., Illus.). 304p. (J). (gr. 3-7). 18.99 *(978-1-5344-2077-9(0),* McElderry, Margaret K. Bks.) McElderry, Margaret K. Bks.

Journey of the Polar Bear. Cécile Alix. Illus. by Antoine Guilloppé. 2021. (First Steps in ART Ser.: 3). (ENG.). 14p. (J). bds. 8.99 *(978-0-7643-6227-9(5),* 24679) Schiffer Publishing, Ltd.

Journey of the Prophets. Serena Yates. 2020. (ENG.). 146p. (J). ***(978-1-913704-07-0(6))*** Publishing Push Ltd.

Journey of the Wildebeests, 1 vol. Benjamin O. Samuelson. 2018. (Massive Animal Migrations Ser.). (ENG.). 24p. (gr. 2-3). 24.27 *(978-1-5382-1637-8(X),* d24f14c2-dc00-412b-a389-16b1a56cf5db) Stevens, Gareth Publishing LLLP.

Journey of the Wolves Coloring Book. Kreative Kids. 2016. (ENG., Illus.). (J). pap. 9.20 *(978-1-68377-319-1(5))* Whike, Traudl.

Journey of Three Grapes. Jenny Hill. 2021. (ENG.). 32p. (J). 18.95 *(978-1-6629-0995-5(0))*; pap. 12.95 *(978-1-6629-0996-2(9))* Gatekeeper Pr.

Journey of Water: An Environmental Awareness Rhyming & Poem Book for Kids. Shiva S. Mohanty. 2023. (ENG.). 24p. (J). pap. 12.99 ***(978-1-0881-3282-1(0))*** Indy Pub.

Journey of York: The Unsung Hero of the Lewis & Clark Expedition. Hasan Davis. Illus. by Alleanna Harris. (ENG.). 40p. (J). (gr. 3-4). 2021. pap. 7.95 *(978-1-5435-1286-1(0),* 137749); 2019. lib. bdg. 17.95 *(978-1-5435-1282-3(8),* 137748) Capstone. (Capstone Editions).

Journey on a Plank from Kiev to Eaux-Bonnes 1859. Charlotte Pepys. 2017. (RUS., Illus.). (J). pap. *(978-0-649-21913-1(9))* Trieste Publishing Pty Ltd.

Journey on a Plank from Kiev to Eaux-Bonnes, 1859, Vol. 1 of 2 (Classic Reprint) Charlotte Pepys. (ENG., Illus.). (J). 2018. 318p. 30.48 *(978-0-332-85995-8(9))*; 2017. pap. 13.57 *(978-0-243-41357-7(2))* Forgotten Bks.

Journey on a Plank from Kiev to Eaux-Bonnes, 1859, Vol. 2 of 2 (Classic Reprint) Charlotte Pepys. 2017. (ENG., Illus.). (J). 280p. 29.69 *(978-0-484-68746-1(8))*; pap. 13.57 *(978-0-243-20459-5(0))* Forgotten Bks.

Journey on a Runaway Train. Illus. by Anthony VanArsdale. 2017. (Boxcar Children Great Adventure Ser.: 1). (ENG.). 160p. (J). (gr. 2-5). 6.99 *(978-0-8075-0696-7(6),* 807506966); 12.99 *(978-0-8075-0695-0(8),* 807506958) Random Hse. Children's Bks. (Random Hse. Bks. for Young Readers).

Journey on a Runaway Train. Gertrude Chandler Warner. ed. 2017. (Boxcar Children Great Adventure Ser.: 1). (J). lib. bdg. 17.20 *(978-0-606-40315-3(9))* Turtleback.

Journey Out of Season. Mary Hansen. Illus. by Camille Meehan. 2nd ed. 2021. (ENG.). 158p. (J). pap. 15.00 *(978-1-7377635-0-5(8))* Desiana Pubns.

Journey Round My Room (Classic Reprint) Xavier de Maistre. 2017. (ENG., Illus.). (J). 27.46 *(978-1-5285-8336-7(1))* Forgotten Bks.

Journey That Saved Curious George Young Readers Edition: The True Wartime Escape of Margret & H. A. Rey. Louise Borden. Illus. by Allan Drummond. 2016. (Curious George Ser.). (ENG.). 96p. (J). (gr. 3-7). pap. 7.99 *(978-0-544-76345-6(9),* 1635105, Clarion Bks.) HarperCollins Pubs.

Journey Through a Desert. K. C. Kelley. 2018. (Amazing Adventures Ser.). (ENG.). 16p. (J). (gr. k-2). pap. 7.99 *(978-1-68152-269-2(1),* 14890) Amicus.

Journey Through Africa: Coloring the Continent. Activibooks For Kids. 2016. (ENG., Illus.). (J). pap. 9.20 *(978-1-68321-794-7(2))* Mimaxion.

Journey Through Art: A Global Art Adventure. Aaron Rosen & Lucy Dalzell. 2018. (ENG., Illus.). 144p. (J). (gr. 4-8). 22.95 *(978-0-500-65101-8(9),* 565101) Thames & Hudson.

Journey Through Ash & Smoke. Kate Messner. ed. 2017. (Ranger in Time Ser.: 5). lib. bdg. 16.00 *(978-0-606-39723-0(X))* Turtleback.

Journey Through Ash & Smoke (Ranger in Time #5) Kate Messner. Illus. by Kelley McMorris. 2017. (Ranger in Time Ser.: 5). (ENG.). 160p. (J). (gr. 2-5). pap. 5.99 *(978-0-545-90978-5(3),* Scholastic Pr.) Scholastic, Inc.

Journey Through Black History. Shakeema D. Funchess. 2nd I.t. ed. 2023. (ENG.). 34p. (J). pap. 15.00 ***(978-1-0880-1085-3(7))*** Indy Pub.

Journey Through: Brazil. Liz Gogerly & Rob Hunt. 2018. (Journey Through Ser.). (ENG.). 32p. (J). (gr. 4-6). pap. 12.99 *(978-1-4451-3670-7(8),* Franklin Watts) Hachette Children's Group GBR. Dist: Hachette Bk. Group.

Journey Through: China. Liz Gogerly. 2019. (Journey Through Ser.). (ENG.). 32p. (J). (gr. 4-6). pap. 11.99 ***(978-1-4451-3682-0(1),*** Franklin Watts) Hachette Children's Group GBR. Dist: Hachette Bk. Group.

Journey Through Cuba Cruise with Jace. Jace Fennell. 2018. (Fennell Adventures Ser.: Vol. 4). (ENG.). 24p. (J). pap. 14.99 *(978-1-7324796-6-1(6))* Fennell Adventures.

Journey Through Darkness. L. a Kirchheimer. 2019. (ENG.). 202p. (YA). pap. 13.95 *(978-1-64424-918-5(9))* Page Publishing Inc.

Journey Through Flowerland. John Garteiz. Illus. by Ginger Nielson. 2018. (ENG.). 34p. (J). (gr. k-5). 19.99 *(978-0-578-40228-4(9))* Garteiz, John.

Journey Through Flowerland II. John Garteiz. Illus. by Ginger Nielson. 2021. (ENG.). 32p. (J). 22.99 *(978-1-7337634-0-0(6))* Garteiz, John.

Journey Through Flowerland III. John Garteiz. Illus. by Ginger Nielson. 2023. (ENG.). 36p. (J). 22.00 ***(978-1-7337634-2-4(2))*** Garteiz, John.

Journey Through: France. Liz Gogerly & Rob Hunt. 2017. (Journey Through Ser.). (ENG.). 32p. (J). (gr. 4-6). pap. 12.99 *(978-1-4451-3661-5(9),* Franklin Watts) Hachette Children's Group GBR. Dist: Hachette Bk. Group.

Journey Through Greek Myths. Marchella Ward. Illus. by Sander Berg. 2020. (ENG.). 166p. (J). (gr. 3-7). 19.95 *(978-1-911171-57-7(7))* Flying Eye Bks. GBR. Dist: Penguin Random Hse. LLC.

Journey Through: India. Anita Ganeri. 2018. (Journey Through Ser.). (ENG.). 32p. (J). (gr. 4-6). pap. 11.99 ***(978-1-4451-3679-0(1),*** Franklin Watts) Hachette Children's Group GBR. Dist: Hachette Bk. Group.

Journey Through: Italy. Anita Ganeri. 2018. (Journey Through Ser.). (ENG.). 32p. (J). (gr. 4-6). pap. 11.99 *(978-1-4451-3667-7(8),* Franklin Watts) Hachette Children's Group GBR. Dist: Hachette Bk. Group.

Journey Through Jerusalem. Amanda Benjamin. Illus. by Tamar Blumenfeld. 2017. (ENG.). 24p. (J). 17.95 *(978-1-68115-531-9(1),* f58f9449-5f98-48e5-b246-fca39f6395c3) Behrman Hse., Inc.

Journey Through: Kenya. Liz Gogerly. 2019. (Journey Through Ser.). (ENG.). 32p. (J). (gr. 3-7). pap. 11.99 ***(978-1-4451-3688-2(0),*** Franklin Watts) Hachette Children's Group GBR. Dist: Hachette Bk. Group.

Journey Through Nature. Steve Parker. Illus. by John Haslam. 2022. (Journey Through Ser.). (ENG.). 48p. (J). (gr. k-2). lib. bdg. 31.99 *(978-0-7112-8003-8(7),* 1f610b80-23f0-46c0-988e-1a4bfb9764ac) QEB Publishing Inc.

Journey Through New Orleans with Merl. Merl Fennell. 2018. (Fennell Adventures Ser.: Vol. 3). (ENG.). 30p. (J). pap. 14.99 *(978-1-7324796-4-7(X))* Fennell Adventures.

Journey Through Old Holland (Classic Reprint) J. J. De Gelder. (ENG., Illus.). (J). 2018. 66p. 25.26 *(978-0-267-39333-6(4))*; 2016. pap. 9.57 *(978-1-334-13534-7(7))* Forgotten Bks.

Journey Through Pennsylvania Farmlands (Classic Reprint) Lewis E. Theiss. 2018. (ENG., Illus.). 172p. (J). 27.46 *(978-0-484-43877-3(8))* Forgotten Bks.

Journey Through: Russia. Anita Ganeri. ed. 2017. (Journey Through Ser.). (ENG., Illus.). 32p. (J). (gr. 4-6). 16.99 *(978-1-4451-5620-0(2),* Franklin Watts) Hachette Children's Group GBR. Dist: Hachette Bk. Group.

Journey Through: South Africa. Anita Ganeri. (Journey Through Ser.). (ENG.). 32p. (J). 2019. (gr. 5-7). pap. 11.99 ***(978-1-4451-3685-1(6))***; 2016. (gr. 4-6). 16.99 *(978-1-4451-3684-4(8))* Hachette Children's Group GBR. (Franklin Watts). Dist: Hachette Bk. Group.

Journey Through Space. Steve Parker. Illus. by John Haslam. 2022. (Journey Through Ser.). (ENG.). 48p. (J). (gr. k-2). lib. bdg. 31.99 *(978-0-7112-8006-9(1),* fe6cc176-d5e4-4903-83b3-3fc5cc5fe579) QEB Publishing Inc.

Journey Through the Bible: An Advanced Coloring Book to Inspire & Relax - Relaxing Coloring Book Christian

J

Edition. Activibooks. 2016. (ENG., Illus.). (J). pap. 9.20 *(978-1-68321-025-2(5))* Mimaxion.

Journey Through the Digestive System with Max Axiom, Super Scientist: 4D an Augmented Reading Science Experience. Emily Sohn. Illus. by Cynthia Martin & Barbara Schulz. 2019. (Graphic Science 4D Ser.). (ENG.). 32p. (J). (gr. 3-9). pap. 7.95 *(978-1-5435-6031-2(8)*, 140078); lib. bdg. 36.65 *(978-1-5435-5876-0(3)*, 139801) Capstone.

Journey Through the Human Body. Steve Parker. Illus. by John Haslam. 2022. (Journey Through Ser.). (ENG.). 48p. (J). (gr. k-2). lib. bdg. 31.99 *(978-0-7112-7992-6(6)*, f6d24f43-d76e-4b77-8e84-e95350f8fafb) QEB Publishing Inc.

Journey Through the Night: The Rescue. Marlene Crawley. 2020. (ENG.). 286p. (YA). (gr. 7-12). pap. 14.95 *(978-1-0980-0664-8(X))* Christian Faith Publishing.

Journey Through the Unified Field, 1 vol. Cassie Barlow & Sue Norrod. Illus. by Amy Gantt. 2019. (ENG.). 128p. (J). (gr. 3-7). pap. 9.95 *(978-1-4556-2478-2(0)*, Pelican Publishing) Arcadia Publishing.

Journey Through the Weather. Steve Parker. Illus. by John Haslam. 2022. (Journey Through Ser.). (ENG.). 48p. (J). (gr. k-2). lib. bdg. 31.99 *(978-0-7112-8009-0(6)*, 77e18a14-22a6-45b5-aaae-d408de2e435b) QEB Publishing Inc.

Journey Through Transport. Chris Oxlade. Illus. by John Haslam. 2022. (Journey Through Ser.). (ENG.). 48p. (J). (gr. k-2). lib. bdg. 31.99 *(978-0-7112-8012-0(6)*, 765af540-434a-4168-9cd8-d69b97b74d4d) QEB Publishing Inc.

Journey to a Promised Land: A Story of the Exodusters. Allison Lassieur. Illus. by Eric Freeberg. 2019. (I Am America Ser.). (ENG.). 160p. (J). (gr. 3-4). pap. 8.99 *(978-1-63163-276-1(0)*, 1631632760); lib. bdg. 28.50 *(978-1-63163-275-4(2)*, 1631632752) North Star Editions. (Jolly Fish Pr.).

Journey to Advamal. Leon A. Jackson. 2020. (ENG.). 160p. (YA). pap. 13.95 *(978-1-61244-922-7(0))* Halo Publishing International.

Journey to Alaska. Cade Norris. 2018. (ENG., Illus.). 34p. (J). 21.95 *(978-1-64300-426-6(3))* Covenant Bks.

Journey to America: Escaping the Holocaust to Freedom/50th Anniversary Edition with a New Afterword from the Author. Sonia Levitin. ed. 2020. (ENG.). 224p. (J). (gr. 3-7). 17.99 *(978-1-5344-6464-3(6))*; pap. 7.99 *(978-1-5344-6463-6(8))* Simon & Schuster Children's Publishing. (Aladdin).

Journey to America in 1834 (Classic Reprint) Robert Heywood. (ENG., Illus.). (J). 2018. 124p. 26.45 *(978-0-267-32713-3(7))*; 2016. pap. 9.57 *(978-1-333-53814-9(6))* Forgotten Bks.

Journey to America the Immigrants of Ellis Island. Julie Anne Savage. 2022. (ENG.). 20p. (J). pap. 12.95 ***(978-1-0879-8507-7(2))*** Green Apple Lessons, Inc.

Journey to Callisto 3 Explorers. Mauritz DeRidder. Illus. by Jon Stuart. ed. 2017. (Cambridge Reading Adventures Ser.). (ENG.). 40p. pap. 11.00 *(978-1-108-40581-2(9))* Cambridge Univ. Pr.

Journey to Central Africa, or Life & Landscapes from Egypt to the Negro Kingdoms of the White Nile (Classic Reprint) Bayard Taylor. 2017. (ENG., Illus.). (J). 42.44 *(978-0-266-51913-3(X))*; pap. 24.70 *(978-0-243-19724-8(1))* Forgotten Bks.

Journey to Christmas (Viaje a la Navidad) Kimberly Cordoves. 2016. (MUL., Illus.). (J). pap. 13.95 *(978-1-68197-593-1(9))* Christian Faith Publishing.

Journey to Crete, Constantinople, Naples, & Florence. Anna Vivanti. 2017. (ENG.). (J). 200p. pap. *(978-3-7447-5569-6(X))*; 198p. pap. *(978-3-7447-2956-7(7))* Creation Pubs.

Journey to Crete, Constantinople, Naples, & Florence: Three Months Abroad (Classic Reprint) Anna Vivanti. 2018. (ENG., Illus.). 200p. (J). 28.04 *(978-0-484-41246-9(9))* Forgotten Bks.

Journey to Everywhere. Julianne Weinmann & Andrea Weston. 2020. (ENG.). 39p. (J). *(978-1-716-95333-0(2))* Lulu Pr., Inc.

Journey to Find the Mythical Sea Creatures Hidden Picture Activity Book. Activibooks For Kids. 2016. (ENG., Illus.). (J). pap. 9.43 *(978-1-68321-379-6(3))* Mimaxion.

Journey to Italy in 1826 (Classic Reprint) Robert Heywood. (ENG., Illus.). (J). 2017. 26.00 *(978-0-260-69266-5(2))*; 2016. pap. 9.57 *(978-1-334-16063-9(5))* Forgotten Bks.

Journey to Jo'burg: A South African Story. Beverley Naidoo. Illus. by Eric Velasquez. 2019. (ENG.). 112p. (J). (gr. 3-7). pap. 7.99 *(978-0-06-288179-3(5)*, HarperCollins) HarperCollins Pubs.

Journey to Jo'burg Novel Units Student Packet. Novel Units. 2019. (ENG.). (J). pap. 13.99 *(978-1-58130-838-9(8)*, Novel Units, Inc.) Classroom Library Co.

Journey to Jo'burg Novel Units Teacher Guide. Novel Units. 2019. (ENG.). (J). pap. 12.99 *(978-1-58130-837-2(X)*, Novel Units, Inc.) Classroom Library Co.

Journey to Joona: Book 1. Kim Engelmann. 2019. (ENG.). 172p. (J). (gr. 1-6). pap. 16.95 *(978-1-949888-52-2(5))* Parsons Porch Bks.

Journey to Jumbalot. Ryan Wakefield. 2021. (ENG.). 198p. (J). *(978-1-716-10763-4(6))* Lulu Pr., Inc.

Journey to Kindergarten. Jennifer Guy. 2017. (ENG.). 32p. (J). pap. ***(978-1-387-47830-9(3))*** Lulu Pr., Inc.

Journey to Lake Taupo & Australian & New Zealand Tales & Sketches. Percy Russell. 2017. (ENG.). 244p. (J). pap. *(978-3-7447-4569-7(4))* Creation Pubs.

Journey to Lake Taupo & Australian & New Zealand Tales & Sketches (Classic Reprint) Percy Russell. 2018. (ENG., Illus.). 246p. (J). 28.97 *(978-0-483-75641-0(5))* Forgotten Bks.

Journey to Mars. John Allan. 2019. (Math Adventures (Step 1) Ser.). (ENG., Illus.). 32p. (J). (gr. 1-3). lib. bdg. 29.32 *(978-1-912108-23-7(2)*, ff5cfee6-9b6a-4353-b54c-fa4a04ca2719, Hungry Tomato (r)) Lerner Publishing Group.

Journey to Mars. Mari Bolte. 2022. (21st Century Skills Library: Mission: Mars Ser.). (ENG., Illus.). 32p. (J). (gr. 4-8). pap. 14.21 *(978-1-6689-0098-7(X)*, 220189); lib. bdg. 32.07 *(978-1-5341-9984-2(5)*, 220045) Cherry Lake Publishing.

Journey to Marta's Faith: A Story of Determination & Resolution. Beth Torres Johnson. 2021. (ENG.). 294p. (YA). 37.95 *(978-1-6642-2571-8(4))*; pap. 22.95 *(978-1-6642-2570-1(6))* Author Solutions, LLC. (WestBow Pr.).

Journey to Me: A 21-Day Mindfulness Workbook for Kids. Lauren Pax. 2020. (ENG.). 50p. (J). pap. 15.99 *(978-1-970063-86-8(6))* Braughler Bks. LLC.

Journey to Miami! Ready-To-Read Level 2. Illus. by Derek Ortega. 2021. (Vivo Ser.). (ENG.). 32p. (J). (gr. k-2). 17.99 *(978-1-5344-7376-8(9))*; pap. 4.99 *(978-1-5344-7375-1(0))* Simon Spotlight. (Simon Spotlight).

Journey to Nature (Classic Reprint) J. P. Mowbray. 2017. (ENG., Illus.). (J). 30.60 *(978-1-5281-5087-3(2))* Forgotten Bks.

Journey to New Salem. Mark Rosendorf. 2021. (Witches of Vegas Ser.: Vol. 2). (ENG.). 294p. (YA). pap. 16.99 *(978-1-5092-3534-6(5))* Wild Rose Pr., Inc., The.

Journey to No Man's Land. Andrew Jia. 2019. (ENG., Illus.). 152p. (J). (gr. 4-6). 12.45 *(978-1-0878-1580-0(0))* Indy Pub.

Journey to Ohio In 1810: As Recorded in the Journal of Margaret Van Horn Dwight (Classic Reprint) Max Farrand. 2018. (ENG., Illus.). 76p. (J). 25.48 *(978-0-365-45284-3(X))* Forgotten Bks.

Journey to Paris: In the Year 1698 (Classic Reprint) Martin Lister. 2018. (ENG., Illus.). (J). 320p. 30.50 *(978-1-396-73432-8(5))*; 322p. pap. 13.57 *(978-1-391-93960-5(3))* Forgotten Bks.

Journey to Paris in the Year 1698. Martin Lister. 2017. (ENG.). 322p. (J). pap. *(978-3-337-01118-5(7))* Creation Pubs.

Journey to Paris in the Year 1698 (Classic Reprint) Martin Lister. (ENG., Illus.). (J). 2018. 258p. 29.24 *(978-0-364-52774-0(9))*; 2017. pap. 11.57 *(978-1-334-91518-5(0))* Forgotten Bks.

Journey to Pluto. Jordan D. Brown. ed. 2019. (Ready-To-Read Ser.). (ENG.). 40p. (J). (gr. k-1). 13.96 *(978-0-87617-587-3(6))* Penworthy Co., LLC, The.

Journey to Pluto: Ready-To-Read Level 2. Adapted by Jordan D. Brown. 2019. (Ready Jet Go! Ser.). (ENG., Illus.). 40p. (J). (gr. k-2). 17.99 *(978-1-5344-3056-3(3))*; pap. 4.99 *(978-1-5344-3055-6(5))* Simon Spotlight. (Simon Spotlight).

Journey to Russia. Catherine Mayo. 2021. (ENG.). 112p. (YA). pap. *(978-1-365-23348-7(0))* Lulu Pr., Inc.

Journey to Star Wars the Last Jedi Look & Find. Erin Rose Wage. ed. 2018. (Look & Find Ser.). (ENG.). 20p. (J). (gr. -1-1). 22.36 *(978-1-64310-781-3(X))* Penworthy Co., LLC, The.

Journey to Star Wars: the Rise of Skywalker: a Finn & Poe Adventure. Cavan Scott. 2019. (Choose Your Destiny Chapter Book Ser.). (ENG., Illus.). 144p. (J). (gr. 1-3). pap. 5.99 *(978-1-368-04338-0(0)*, Disney Lucasfilm Press) Disney Publishing Worldwide.

Journey to Star Wars: the Rise of Skywalker: First Order Villains-Level 2 Reader. Michael Siglain. 2019. (World of Reading Ser.). (ENG., Illus.). 32p. (J). (gr. 1-3). pap. 4.99 *(978-1-368-05244-3(4)*, Disney Lucasfilm Press) Disney Publishing Worldwide.

Journey to Star Wars: the Rise of Skywalker: Force Collector. Kevin Shinick. 2019. (ENG., Illus.). 384p. (YA). (gr. 7-12). 17.99 *(978-1-368-04558-2(8)*, Disney Lucasfilm Press) Disney Publishing Worldwide.

Journey to the Center of the Earth. Jules Vern. 2018. (CHI.). (J). (gr. 3-7). *(978-986-384-296-5(6))* Yen Ren Publishing Hse.

Journey to the Center of the Earth. Jules Vern. Ed. by Sheba Blake. 2020. (ENG.). 240p. (J). (gr. k-2). pap. 13.99 *(978-1-222-29313-5(7))* Indy Pub.

Journey to the Center of the Earth. Jules Verne. Illus. by Francesca. Rossi. 2018. (ENG.). 96p. (J). (gr. 1). 14.95 *(978-88-544-1292-7(9))* White Star Publishers ITA. Dist: Sterling Publishing Co., Inc.

Journey to the Center of the Earth. Jules Verne. Tr. by Frederic Amadeus Malleson. 2021. (ENG.). 168p. (J). (gr. 3-7). pap. 8.99 *(978-1-4209-7617-5(6))* Digireads.com Publishing.

Journey to the Center of the Earth. Jules Verne. 2023. (ENG.). 248p. (J). (gr. 3-7). pap. 18.99 ***(978-1-0881-5301-7(1))*** Indy Pub.

Journey to the Center of the Earth (100 Copy Collector's Edition) Jules Vern. 2019. (ENG., Illus.). 254p. (YA). (gr. 7-12). *(978-1-77226-856-0(9))* AD Classic.

Journey to the Center of the Earth (100 Copy Limited Edition) Jules Vern. (ENG., Illus.). 254p. (YA). (gr. 7-12). 2019. *(978-1-77226-740-2(6))*; 2018. *(978-1-77226-569-9(1))* Engage Bks. (SF Classic).

Journey to the Center of the Earth (Royal Collector's Edition) (Case Laminate Hardcover with Jacket) Jules Verne. Tr. by A. r. Roumanis. Illus. by Édouard Riou. 2020. (ENG.). 254p. (YA). *(978-1-77476-089-5(4))* AD Classic.

Journey to the Center of Town. Dan Yaccarino. ed. 2017. (Class Pet Squad Ser.: 1). (J). lib. bdg. 17.20 *(978-0-606-39943-2(7))* Turtleback.

Journey to the Centre of the Earth. Jules Vern. 2019. (ENG.). 336p. (J). (gr. 3-7). pap. *(978-93-5386-708-9(8))* Alpha Editions.

Journey to the Centre of the Earth. Jules Vern. 2017. (ENG., Illus.). (J). pap. 15.95 *(978-1-374-84337-0(7))* Capital Communications, Inc.

Journey to the Centre of the Earth. Jules Vern. Tr. by Frederick Amadeus Malleson. 2018. (ENG., Illus.). 212p. (J). (gr. 3-7). pap. 9.49 *(978-1-5154-2366-9(2))* Wilder Pubns., Corp.

Journey to the Centre of the Earth: A Sci-Fi Adventure. Jules Vern. 2018. (Classics with Ruskin Ser.: Vol. 4). (ENG., Illus.). 280p. (YA). (gr. 7-12). pap. *(978-93-87693-39-5(2))* Speaking Tiger Publishing.

Journey to the Centre of the Earth: By Jules Verne. Jules Verne. 2022. (ENG.). 208p. (YA). pap. ***(978-1-387-90955-1(X))*** Lulu Pr., Inc.

Journey to the Crystal Cave. Poppy Green. Illus. by Jennifer A. Bell. 2017. (Adventures of Sophie Mouse Ser.: 12). (ENG.). 128p. (J). (gr. k-4). 17.99 *(978-1-4814-9986-6(6))*; pap. 6.99 *(978-1-4814-9985-9(8))* Little Simon. (Little Simon).

Journey to the Edge of the Earth: True Adventure of Naval Officer Abhilash Tomy: (Full-Colour Biography) Joeanna Rebello Fernandes. 2022. (ENG.). 224p. (J). pap. 14.99 *(978-0-14-345013-9(1)*, Penguin Enterprise) Penguin Bks. India PVT, Ltd IND. Dist: Independent Pubs. Group.

Journey to the Enchanted Forest with Little Jimmy. Daryon Sharp. 2020. (ENG.). 52p. (J). 23.95 *(978-1-64701-017-1(9))* Page Publishing Inc.

Journey to the End: Secrets of an Overworld Survivor, Book Six. Greyson Mann. Illus. by Grace Sandford. 2018. (Secrets of an Overworld Survivor Ser.). 112p. (J). (gr. 1-3). (ENG.). 13.99 *(978-1-5107-3385-5(X))*; pap. 4.99 *(978-1-5107-3384-8(1))* Skyhorse Publishing Co., Inc. (Sky Pony Pr.).

Journey to the End of the Earth: Introducing William Seymour. Dave Jackson & Neta Jackson. 2016. (ENG., Illus.). (J). pap. 7.99 *(978-1-939445-35-3(3))* Castle Rock Creative, Inc.

Journey to the Eye of Newt. Renée Holliday Zeide. 2022. (ENG.). 148p. (J). 22.95 *(978-1-6678-0302-9(6))* BookBaby.

Journey to the Forbidden City. Deepa Agarwal. 2020. (ENG.). 152p. (J). pap. 8.99 *(978-0-14-344991-1(5)*, Puffin) Penguin Bks. India PVT, Ltd IND. Dist: Independent Pubs. Group.

Journey to the Future of Transportation: A Max Axiom Super Scientist Adventure. Contrib. by Ailynn Collins. 2023. (Max Axiom & the Society of Super Scientists Ser.). (ENG.). 32p. (J). pap. 7.99 ***(978-1-6690-1724-0(9)***, 248485, Capstone Pr.) Capstone.

Journey to the Glass Hill. D. Marie. 2019. (ENG.). 218p. (J). 33.95 *(978-1-9736-4065-3(1))*; pap. 17.95 *(978-1-9736-4066-0(X))* Author Solutions, LLC. (WestBow Pr.).

Journey to the Highlands of Scotland: With Occasional Remarks on Dr. Johnson's Tour (Classic Reprint) Mary Anne Hanway. 2018. (ENG., Illus.). 190p. (J). 27.82 *(978-0-267-65338-6(7))* Forgotten Bks.

Journey to the Last River. Unknown Adventurer & Teddy Keen. 2021. (ENG., Illus.). 128p. (J). (gr. 2-7). ***(978-0-7112-5449-7(4))*** Frances Lincoln Childrens Bks.

Journey to the Light: The Quest for Happiness & Love... Through Faith. Jamie Grayson. 2017. (ENG., Illus.). (YA). 32.95 *(978-1-63575-613-5(8))*; pap. 18.95 *(978-1-63575-611-1(1))* Christian Faith Publishing.

Journey to the Moon, 2 vols. Raymond Bean. 2016. (Out of This World Ser.). (ENG.). (J). (gr. 2-5). 53.32 *(978-1-4965-4543-5(5)*, Stone Arch Bks.) Capstone.

Journey to the Moon #1. Cathy Hapka, pseud & Ellen Vandenberg. Illus. by Gillian Reid. 2021. (Astronaut Girl Ser.: 1). 96p. (J). (gr. 1-3). 6.99 *(978-0-593-09571-3(5))*; 15.99 *(978-0-593-09572-0(3))* Penguin Young Readers Group. (Penguin Workshop).

Journey to the Mother of the Sea. Mâliâraq Vebæk. Illus. by Aka Høegh. 2019. (ENG.). 32p. (J). (gr. 4-8). 16.95 *(978-1-77227-251-2(5))* Inhabit Media Inc. CAN. Dist: Consortium Bk. Sales & Distribution.

Journey to the Never-Ending Sea. Robin Rogers. (Pippins World Ser.). (ENG.). 28p. (J). 2023. pap. 9.99 *(978-1-922418-10-4(2))*; 2021. (gr. -1-k). 19.99 *(978-1-922418-05-0(6))* Borghesi & Adam Pubs. Pty Ltd AUS. (Brolly Bks.). Dist: Independent Pubs. Group.

Journey to the Ocean's End: An Unofficial Graphic Novel for Minecrafters. Megan Miller. 2021. (S. Q. U. I. D. Squad Ser.: 5). (Illus.). 192p. (J). (gr. 2-6). pap. 11.99 *(978-1-5107-6500-9(X)*, Sky Pony Pr.) Skyhorse Publishing Co., Inc.

Journey to the Orange Islands (Pokémon: Chapter Book) Tracey West. 2017. (Pokémon Chapter Bks.). (ENG.). 96p. (J). (gr. 2-5). pap. 4.99 *(978-1-338-17565-3(3))* Scholastic, Inc.

Journey to the Parallels. Marcie Roman. 2022. 172p. (J). (gr. 3-6). pap. 15.95 *(978-1-64603-218-1(7)*, Fitzroy Bks.) Regal Hse. Publishing, LLC.

Journey to the Past: Investigating Primary Sources, 12 vols. 2019. (Journey to the Past: Investigating Primary Sources Ser.). (ENG.). 32p. (J). (gr. 4-5). lib. bdg. 169.62 *(978-1-5382-4164-6(1)*, d3672398-e566-437d-a986-f0c5e4d08451) Stevens, Gareth Publishing LLLP.

Journey to the Presidency: Biography of Donald Trump Children's Biography Books. Baby Professor. 2017. (ENG., Illus.). (J). pap. 9.55 *(978-1-5419-1190-1(3)*, Baby Professor (Education Kids)) Speedy Publishing LLC.

Journey to the Presidency: Biography of Donald Trump Revised Edition Children's Biography Books. Dissected Lives. 2019. (ENG.). 52p. (J). 23.55 *(978-1-5419-6841-7(7))*; pap. 10.99 *(978-1-5419-6827-1(1))* Speedy Publishing LLC. (Dissected Lives (Auto Biographies)).

Journey to the Promised Land. Nancy J. Blackburn. 2018. (ENG., Illus.). 516p. (J). 70.95 *(978-1-68197-783-6(4))* Christian Faith Publishing.

Journey to the Sea Islands: Gullah Geechee Good! Angel Harriott. 2019. (ENG.). 64p. (J). pap. *(978-0-359-72593-9(7))* Lulu Pr., Inc.

Journey to the Sea Islands: Gullah Geechie Good! Angel Harriott. 2019. (ENG.). 68p. (J). pap. 30.00 *(978-0-359-31130-9(X))* Lulu Pr., Inc.

Journey to the Secrets: Hidden Picture Activity Book. Smarter Activity Books for Kids. 2016. (ENG., Illus.). (J). pap. 8.99 *(978-1-68374-223-4(0))* Examined Solutions PTE. Ltd.

Journey to the Son: An Unconventional Quest of Mother & Son to Love, Light & Hope. Carla A. Carlisle. 2019. (ENG., Illus.). 146p. (J). pap. 18.99 *(978-1-7329441-9-0(9))* Lee's Pr. and Publishing Co.

Journey to the Unknown Valley. Rachel Kaplan. 2023. (ENG.). 56p. (J). pap. ***(978-1-312-72654-3(7))*** Lulu Pr., Inc.

Journey to the Western Islands of Scotland. Sameul Johnson. 2019. (ENG.). 250p. (J). pap. *(978-0-359-92720-3(3))* Lulu Pr., Inc.

Journey to the Winter Camp: English Edition, 1 vol. Caleb MacDonald. Illus. by Sean Bigham. 2017. (Nunavummi Reading Ser.). (ENG.). 48p. (J). (gr. 3-3). 7.95 *(978-1-77266-572-7(X))* Inhabit Education Bks. Inc. CAN. Dist: Consortium Bk. Sales & Distribution.

Journey to Wakanda, Black Panther & Beyond .... The LIFE & LEGACY of CHADWICK BOSEMAN. Tony Rose & Yvonne Rose. 2022. (ENG.). 148p. (YA). pap. 16.95 ***(978-1-0880-0015-1(0)***, Colossus Bks.) Amber Bks.

Journey to You. Luz Marie Jackson. Illus. by Shelly Stoye. 2021. (ENG.). 26p. (J). pap. 15.00 *(978-0-578-89371-6(1))* Independent Pub.

Journey to You. Natasha Bouchard. ed. 2020. (Step into Reading Ser.). (ENG., Illus.). 29p. (J). (gr. 2-3). 14.96 *(978-1-64697-510-5(3))* Penworthy Co., LLC, The.

Journey to You (Disney/Pixar Soul) RH Disney. Illus. by RH Disney. 2020. (Step into Reading Ser.). (ENG., Illus.). 32p. (J). (gr. 1-3). 5.99 *(978-0-7364-4099-8(2))*; 12.99 *(978-0-7364-8294-3(6))* Random Hse. Children's Bks. (RH/Disney).

Journey to Your Destination Coloring Book. Activity Attic Books. 2016. (ENG., Illus.). (J). pap. 7.74 *(978-1-68323-684-9(X))* Twin Flame Productions.

Journey Together & Apart. R. J. Cregg. 2019. (Level up! Readers Ser.). (ENG & SPA.). 32p. (J). (gr. 2-3). 13.89 *(978-0-87617-748-8(8))* Penworthy Co., LLC, The.

Journey Together & Apart / un Viaje Juntos y Separados (English-Spanish) (Disney Frozen 2) (Level up! Readers) R. J. Cregg. Tr. by Laura Collado Píriz. Illus. by Disney Storybook Art Team. 2019. (Disney Bilingual Ser.: 28). (ENG.). 32p. (J). (gr. -1-2). pap. 3.99 *(978-1-4998-0877-3(1))*; 16.99 *(978-1-4998-0878-0(X))* Little Bee Books Inc. (BuzzPop).

Journey under the Arctic. Fabien Cousteau & James O. Fraioli. Illus. by Joe St.Pierre. 2020. (Fabien Cousteau Expeditions Ser.). (ENG.). 112p. (J). (gr. 3-7). 12.99 *(978-1-5344-2090-8(8))*; 19.99 *(978-1-5344-2091-5(6))* McElderry, Margaret K. Bks. (McElderry, Margaret K. Bks.).

Journey under the Sea. Craig Foster. 2022. (ENG., Illus.). 56p. (J). (gr. -1-3). 18.99 *(978-0-358-67786-4(6)*, Clarion Bks.) HarperCollins Pubs.

Journey Whales Take: The Exciting Coloring Book. Smarter Activity Books. 2016. (ENG., Illus.). (J). pap. 9.22 *(978-1-68374-476-4(4))* Examined Solutions PTE. Ltd.

Journey With 7. Yvette Cupeles. 2023. (ENG.). 130p. (YA). pap. 19.99 ***(978-1-0880-8193-8(2))*** Indy Pub.

Journey with Christopher Columbus. Stuart A. Kallen. 2017. (Primary Source Explorers Ser.). (ENG., Illus.). 40p. (J). (gr. 3-5). lib. bdg. 30.65 *(978-1-5124-0772-3(0)*, a4e6d874-7e43-4bd3-91fb-6f8d4860869f, Lerner Pubns.) Lerner Publishing Group.

Journey with Cocoa. Yokima Arias-Lisenby. l.t. ed. 2022. (ENG.). 42p. (J). 22.50 *(978-1-0880-3274-9(5))* Indy Pub.

Journey with Francisco Vázquez de Coronado. Stuart A. Kallen. 2017. (Primary Source Explorers Ser.). (ENG., Illus.). 40p. (J). (gr. 3-5). 30.65 *(978-1-5124-0773-0(9)*, 00dada2b-13ed-46e8-8664-e70d648f35ed, Lerner Pubns.) Lerner Publishing Group.

Journey with Henry Hudson. Laura Hamilton Waxman. 2017. (Primary Source Explorers Ser.). (ENG., Illus.). 40p. (J). (gr. 3-5). 30.65 *(978-1-5124-0774-7(7)*, 8f1bbb83-0e22-4579-89e1-b7f075680f82, Lerner Pubns.) Lerner Publishing Group.

Journey with Hernán Cortés. Lisa L. Owens. 2017. (Primary Source Explorers Ser.). (ENG., Illus.). 40p. (J). (gr. 3-5). 30.65 *(978-1-5124-0777-8(1)*, 1a7f988c-a4ce-4b11-a824-160a4148d5c3, Lerner Pubns.) Lerner Publishing Group.

Journey with Jesus. Tricia Craib. 2019. (ENG.). 130p. (J). 14.99 *(978-1-912522-55-2(1)*, 8f064c76-5c83-479b-b3e8-d6d4e06c93b4) Ritchie, John Ltd. GBR. Dist: Baker & Taylor Publisher Services (BTPS).

Journey with Jesus: The Gospel As Seen Through the Eyes of a Child. Patti Dansereau. 2020. (ENG.). 134p. (J). pap. *(978-0-9959582-6-5(2))* Washer Women.

Journey with Joseph Through Advent. Samuel G. Schaefer. Illus. by Kyla Wiebe. 2022. (ENG.). 64p. (J). ***(978-1-988983-66-0(5))***; pap. ***(978-1-988983-71-4(1))*** Siretona Creative.

Journey with Mr. Genorace. Johanna Clark. Ed. by Iris M. Williams. Illus. by Ashley Renee. 2016. (ENG.). 60p. (J). (gr. k-3). 20.00 *(978-1-942022-43-5(3))* Butterfly Typeface, The.

Journey with Sieur de la Salle. Lisa L. Owens. 2017. (Primary Source Explorers Ser.). (ENG., Illus.). 40p. (J). (gr. 3-5). 30.65 *(978-1-5124-0775-4(5)*, 6ffa2a44-c9c5-4023-aa81-e9e9b293546f, Lerner Pubns.) Lerner Publishing Group.

Journey with the Vikings Coloring Book. Activibooks For Kids. 2016. (ENG., Illus.). (J). pap. 9.20 *(978-1-68321-795-4(0))* Mimaxion.

Journeying Together Family Devotional: For Families with Preschool & Elementary Kids. Matt Guevara. 2017. (Kidz Devotionals Ser.: Vol. 2). (ENG.). 224p. pap. 16.99 *(978-1-62862-501-1(5)*, 20_41344, Tyndale Kids) Tyndale Hse. Pubs.

Journeys: Cuarderno de Práctica Grade 1. Houghton Mifflin Harcourt. 2017. (Journeys Ser.). (SPA.). 72p. (J). (gr. 1). pap. 12.95 *(978-1-328-77020-2(6))* Houghton Mifflin Harcourt Publishing Co.

Journeys: Cuarderno de Práctica Grade 2. Houghton Mifflin Harcourt. 2017. (Journeys Ser.). (SPA.). 104p. (J). (gr. 2). pap. 12.95 *(978-1-328-77021-9(4))* Houghton Mifflin Harcourt Publishing Co.

Journeys: Cuarderno de Práctica Grade 3. Houghton Mifflin Harcourt. 2017. (Journeys Ser.). (SPA.). 80p. (J). (gr. 3). pap. 12.95 *(978-1-328-77022-6(2))* Houghton Mifflin Harcourt Publishing Co.

Journeys: Cuarderno de Práctica Grade 4. Houghton Mifflin Harcourt. 2017. (Journeys Ser.). (SPA.). 56p. (J). (gr. 4). pap. 12.95 *(978-1-328-77023-3(0))* Houghton Mifflin Harcourt Publishing Co.

Journeys: Cuarderno de Práctica Grade 5. Houghton Mifflin Harcourt. 2017. (Journeys Ser.). (SPA.). 64p. (J). (gr. 5). pap. 12.95 *(978-1-328-77024-0(9))* Houghton Mifflin Harcourt Publishing Co.

Journeys: Cuarderno de Práctica Grade 6. Houghton Mifflin Harcourt. 2017. (Journeys Ser.). (SPA.). 64p. (J). (gr. 6). pap. 12.95 *(978-1-328-77025-7(7))* Houghton Mifflin Harcourt Publishing Co.

Journeys: Cuarderno de Práctica Grade K. Houghton Mifflin Harcourt. 2017. (Journeys Ser.). (SPA.). 88p. (J). (gr. k). pap. 12.95 *(978-1-328-77019-6(2))* Houghton Mifflin Harcourt Publishing Co.

1066

The check digit for ISBN-10 appears in parentheses after the full ISBN-13

Journeys: Pathways to Biliteracy Practice Book Grade 1. Houghton Mifflin Harcourt. 2017. (Journeys Ser.). (ENG.). 96p. (J). (gr. 1). pap. 12.95 *(978-1-328-77013-4(3))* Houghton Mifflin Harcourt Publishing Co.

Journeys: Pathways to Biliteracy Practice Book Grade 2. Houghton Mifflin Harcourt. 2017. (Journeys Ser.). (ENG.). 112p. (J). (gr. 2). pap. 12.95 *(978-1-328-77014-1(1))* Houghton Mifflin Harcourt Publishing Co.

Journeys: Pathways to Biliteracy Practice Book Grade 3. Houghton Mifflin Harcourt. 2017. (Journeys Ser.). (ENG.). 88p. (J). (gr. 3). pap. 12.95 *(978-1-328-77015-8(X))* Houghton Mifflin Harcourt Publishing Co.

Journeys: Pathways to Biliteracy Practice Book Grade 4. Houghton Mifflin Harcourt. 2017. (Journeys Ser.). (ENG.). 56p. (J). (gr. 4). pap. 12.95 *(978-1-328-77016-5(8))* Houghton Mifflin Harcourt Publishing Co.

Journeys: Pathways to Biliteracy Practice Book Grade 5. Houghton Mifflin Harcourt. 2017. (Journeys Ser.). (ENG.). 56p. (J). (gr. 5). pap. 12.95 *(978-1-328-77017-2(6))* Houghton Mifflin Harcourt Publishing Co.

Journeys: Pathways to Biliteracy Practice Book Grade 6. Houghton Mifflin Harcourt. 2017. (Journeys Ser.). (ENG.). 64p. (J). (gr. 6). pap. 12.95 *(978-1-328-77018-9(4))* Houghton Mifflin Harcourt Publishing Co.

Journeys: Pathways to Biliteracy Practice Book Grade K. Houghton Mifflin Harcourt. 2017. (Journeys Ser.). (ENG.). 88p. (J). (gr. k). pap. 12.95 *(978-1-328-77012-7(5))* Houghton Mifflin Harcourt Publishing Co.

Journeys: Student Edition Grade 4 2017. Houghton Mifflin Harcourt. 2016. (Journeys Ser.). (ENG.). 808p. (J). (gr. 4). 49.75 *(978-0-544-54405-5(6))* Houghton Mifflin Harcourt Publishing Co.

Journeys: Student Edition Grade 5 2017. Houghton Mifflin Harcourt. 2016. (Journeys Ser.). (ENG.). 816p. (J). (gr. 5). 49.75 *(978-0-544-54406-2(4))* Houghton Mifflin Harcourt Publishing Co.

Journeys: Student Edition Grade 6 2017. Houghton Mifflin Harcourt. 2016. (Journeys Ser.). (ENG.). 800p. (J). (gr. 6). 49.75 *(978-0-544-84740-8(7))* Houghton Mifflin Harcourt Publishing Co.

Journeys: Student Edition, Volume 1 Grade 1 2017. Houghton Mifflin Harcourt. 2016. (Journeys Ser.). (ENG.). 176p. (J). (gr. 1). 21.20 *(978-0-544-53855-9(2))* Houghton Mifflin Harcourt Publishing Co.

Journeys: Student Edition, Volume 1 Grade 2 2017. Houghton Mifflin Harcourt. 2016. (Journeys Ser.). (ENG.). 584p. (J). (gr. 2). 37.55 *(978-0-544-54401-7(3))* Houghton Mifflin Harcourt Publishing Co.

Journeys: Student Edition, Volume 1 Grade 3 2017. Houghton Mifflin Harcourt. 2016. (Journeys Ser.). (ENG.). 600p. (J). (gr. 3). 38.40 *(978-0-544-54403-1(X))* Houghton Mifflin Harcourt Publishing Co.

Journeys: Student Edition, Volume 1 Grade K 2017. Houghton Mifflin Harcourt. 2016. (Journeys Ser.). (ENG.). 176p. (J). (gr. k). 18.35 *(978-0-544-54394-2(7))* Houghton Mifflin Harcourt Publishing Co.

Journeys: Student Edition, Volume 2 Grade 1 2017. Houghton Mifflin Harcourt. 2016. (Journeys Ser.). (ENG.). 192p. (J). (gr. 1). 21.20 *(978-0-544-54396-6(3))* Houghton Mifflin Harcourt Publishing Co.

Journeys: Student Edition, Volume 2 Grade 2 2017. Houghton Mifflin Harcourt. 2016. (Journeys Ser.). (ENG.). 584p. (J). (gr. 2). 37.55 *(978-0-544-54402-4(1))* Houghton Mifflin Harcourt Publishing Co.

Journeys: Student Edition, Volume 2 Grade 3 2017. Houghton Mifflin Harcourt. 2016. (Journeys Ser.). (ENG.). 392p. (J). (gr. 3). 38.40 *(978-0-544-54404-8(8))* Houghton Mifflin Harcourt Publishing Co.

Journeys: Student Edition, Volume 2 Grade K 2017. Houghton Mifflin Harcourt. 2016. (Journeys Ser.). (ENG.). 288p. (J). (gr. k). 18.35 *(978-0-544-54395-9(5))* Houghton Mifflin Harcourt Publishing Co.

Journeys: Student Edition, Volume 3 Grade 1 2017. Houghton Mifflin Harcourt. 2016. (Journeys Ser.). (ENG.). 224p. (J). (gr. 1). 21.20 *(978-0-544-54397-3(1))* Houghton Mifflin Harcourt Publishing Co.

Journeys: Student Edition, Volume 4 Grade 1 2017. Houghton Mifflin Harcourt. 2016. (Journeys Ser.). (ENG.). 208p. (J). (gr. 1). 21.20 *(978-0-544-54398-0(X))* Houghton Mifflin Harcourt Publishing Co.

Journeys: Student Edition, Volume 6 Grade 1 2017. Houghton Mifflin Harcourt. 2016. (Journeys Ser.). (ENG.). 208p. (J). (gr. 1). 21.20 *(978-0-544-54400-0(5))* Houghton Mifflin Harcourt Publishing Co.

Journeys 2017: Professional Learning Guide. Houghton Mifflin Harcourt. 2017. (Journeys 2017 Ser.). (ENG.). 96p. (J). (gr. k-6). pap. 7.50 *(978-1-328-84624-2(5))*; pap. 10.00 ***(978-1-328-84623-5(7))*** Houghton Mifflin Harcourt Publishing Co.

Journeys End a Romance of to-Day (Classic Reprint) Justus Miles Forman. 2018. (ENG., Illus.). 286p. (J). 29.82 *(978-0-332-91747-4(9))* Forgotten Bks.

Journey's Grand Adventure. Tamya Valentine. 2023. 50p. (J). pap. 12.75 ***(978-1-6678-8199-7(X))*** BookBaby.

Journeys into the Moon, Several Plants & the Sun: History of a Female Somnambulist, of Weilheim on the Teck, in the Kingdom of Wuertemberg, in the Years 1832 & 1833; a Book in Which All Persons Will Find Important Discoveries, Concerning Their Fate He. Unknown Author. (ENG., Illus.). (J). 2019. 210p. 28.25 *(978-0-365-18548-2(5))*; 2017. pap. 10.97 *(978-0-282-44095-4(X))* Forgotten Bks.

Journeys Literacy Workshop 2017: Professional Learning Guide. Houghton Mifflin Harcourt. 2017. (Journeys Literacy Workshop 2017 Ser.). (ENG.). 32p. (J). (gr. k-6). pap. 1.33 ***(978-1-328-48976-0(0))*** Houghton Mifflin Harcourt Publishing Co.

Journeys of Faith David & Goliath: Be Brave. Ruth Billingsley. Illus. by Jason Velazquez. (Journeys of Faith Ser.: Vol. 1). (ENG.). 32p. (J). 2023. 26.99 ***(978-1-6628-6799-6(9))***; 2022. pap. 14.99 *(978-1-6628-4719-6(X))* Salem Author Services.

Journeys of Simon Beauregard. Charles Coyne. 2020. (ENG.). 142p. (YA). pap. *(978-1-5289-3014-7(2))* Austin Macauley Pubs. Ltd.

Journeys Through Bookland, Vol. 1: A New & Original Plan for Reading Applied to the World's Best Literature for Children (Classic Reprint) Charles Herbert Sylvester. (ENG., Illus.). (J). 2018. 510p. 34.44 *(978-0-267-40176-5(0))*; 2016. pap. 16.97 *(978-1-334-12158-6(3))* Forgotten Bks.

Journeys Through Bookland, Vol. 2: A New & Original Plan for Reading Applied to the World's Best Literature for Children (Classic Reprint) Charles H. Sylvester. (ENG., Illus.). (J). 2018. 506p. 34.35 *(978-0-483-68725-7(1))*; 2016. pap. 16.97 *(978-1-333-50549-3(3))* Forgotten Bks.

Journeys Through Bookland, Vol. 3: A New & Original Plan for Reading Applied to the World's Best Literature for Children (Classic Reprint) Charles H. Sylvester. (ENG., Illus.). (J). 2018. 502p. 34.25 *(978-0-484-29865-0(8))*; 2016. pap. 16.97 *(978-1-333-70383-7(X))* Forgotten Bks.

Journeys Through Bookland, Vol. 4: A New & Original Plan for Reading Applied to the World's Best Literature for Children (Classic Reprint) Charles Herbert Sylvester. 2017. (ENG., Illus.). (J). pap. 16.97 *(978-0-243-21513-3(4))* Forgotten Bks.

Journeys Through Bookland, Vol. 6: A New & Original Plan for Reading Applied to the World's Best Literature for Children (Classic Reprint) Charles H. Sylvester. (ENG., Illus.). (J). 2018. 506p. 34.33 *(978-0-483-40899-9(9))*; 2016. pap. 16.97 *(978-1-333-47168-2(8))* Forgotten Bks.

Journeys Through Bookland, Vol. 7: A New & Original Plan for Reading Applied to the World's Best Literature for Children (Classic Reprint) Charles H. Sylvester. (ENG., Illus.). (J). 2017. 34.79 *(978-0-265-41120-9(3))*; 2016. pap. 19.57 *(978-1-333-53896-5(0))* Forgotten Bks.

Journeys Through Bookland, Vol. 8: A New & Original Plan for Reading Applied to the World's Best Literature for Children (Classic Reprint) Charles H. Sylvester. (ENG., Illus.). (J). 2018. 530p. 34.83 *(978-0-267-31888-9(X))*; 2016. pap. 19.57 *(978-1-333-47769-1(4))* Forgotten Bks.

Journeys Through Bookland, Vol. 9: A New & Original Plan for Reading Applied to the World's Best Literature for Children (Classic Reprint) Charles H. Sylvester. (ENG., Illus.). (J). 2018. 34.64 *(978-0-331-99090-4(3))*; 2016. pap. 16.97 *(978-1-334-13461-6(8))* Forgotten Bks.

Journeys Through France: Being Impressions of the Provinces (Classic Reprint) H. A. Taine. 2018. (ENG., Illus.). (J). 30.58 *(978-0-260-67542-2(3))* Forgotten Bks.

Journeys Through France: Being Impressions of the Provinces (Classic Reprint) Hippolyte Adolphe Taine. (ENG., Illus.). (J). 2018. 320p. 30.50 *(978-0-365-02441-5(4))*; 2017. pap. 13.57 *(978-0-259-54631-3(3))* Forgotten Bks.

Journeys Through Louvre Abu Dhabi. Beatrice Fontanel. 2021. (ENG., Illus.). 96p. (J). (gr. 3-5). 24.95 *(978-1-4197-5283-4(9))* Abrams, Inc.

Journeys to Bagdad (Classic Reprint) Charles S. Brooks. 2018. (ENG., Illus.). 152p. (J). 27.05 *(978-0-483-84232-8(X))* Forgotten Bks.

Journeys to Outer Space. Megan Kopp. 2019. (Mission: Space Science Ser.). (Illus.). 48p. (J). (gr. 5-5). *(978-0-7787-5393-3(X))*; pap. *(978-0-7787-5404-6(9))* Crabtree Publishing Co.

Journeys with Fancy Through the World Beautiful & Its Fairy Folk for Little Folk (Classic Reprint) Herbert Lampe. 2018. (ENG., Illus.). 64p. (J). 25.18 *(978-0-332-02517-9(9))* Forgotten Bks.

Journeys: Young Readers' Letters to Authors Who Changed Their Lives. Library of Congress & Library of Congress. 2017. (ENG., Illus.). 240p. (J). (gr. 5). 18.99 *(978-0-7636-8101-2(6))* Candlewick Pr.

Journeys: Young Readers' Letters to Authors Who Changed Their Lives: Library of Congress Center for the Book. Library of Congress. 2017. (ENG., Illus.). 240p. (J). (gr. 5). pap. 12.00 *(978-0-7636-9578-1(5))* Candlewick Pr.

Joust in Times. Jane Greenhill. 2021. (ENG.). 214p. (J). pap. 14.99 *(978-1-5092-3678-7(3))* Wild Rose Pr., Inc., The.

Jousts, Tournaments, & War Training, 1 vol. Margaux Baum & Andrea Hopkins. 2016. (Life in the Middle Ages Ser.). (ENG., Illus.). 64p. (J). (gr. 5-5). 36.13 *(978-1-4994-6474-0(6),* ec601171-e572-426b-b6dc-05dcff48d913) Rosen Publishing Group, Inc., The.

Joven Aviadora (the Flying Girl) Aida de Acosta Sube Muy Alto. Margarita Engle. Tr. by Teresa Mlawer. Illus. by Sara Palacios. 2021. (SPA.). 40p. (J). (gr. -1-3). pap. 8.99 *(978-1-5344-9475-6(8),* Atheneum Bks. for Young Readers) Simon & Schuster Children's Publishing.

Joven Rey Arturo. Josep Antoni Fluixa. 2018. (SPA.). 24p. (J). pap. 10.99 *(978-84-9142-027-9(4))* Algar Editorial, Feditres, S.L. ESP. Dist: Lectorum Pubns., Inc.

Jovenes Sobre Espinas. Jose Milton Vargas. 2020. (SPA.). 92p. (J). pap. 7.00 *(978-1-716-83961-0(0))* Lulu Pr., Inc.

Jovi Giraffe Learns to Look: A Lesson in Eye Contact. Patricia Bardina & Joanne Burgess. Illus. by Paul Sharp. 2019. (Ducky Friends Ser.: Vol. 1). (ENG.). 36p. (J). (gr. k-2). 18.99 *(978-1-64237-717-0(1))* Gatekeeper Pr.

Jovita Llevaba Pantalones: la Historia de una Mexicana Que Luchó Por la Libertad (Jovita Wore Pants) Aida Salazar. Illus. by Molly Mendoza. 2023. (SPA.). 40p. (J). (gr. 1-4). pap. 8.99 *(978-1-338-84912-7(3),* Scholastic en Espanol) Scholastic, Inc.

Jovita Wore Pants: the Story of a Mexican Freedom Fighter. Aida Salazar. Illus. by Molly Mendoza. 2023. (ENG.). 48p. (J). (gr. 1-4). 19.99 *(978-1-338-28341-9(3),* Scholastic Pr.) Scholastic, Inc.

Joy. Yasmeen Ismail. Illus. by Jenni Desmond. 2020. (ENG.). 32p. (J). (gr. -1-2). 16.99 *(978-1-5362-0934-1(1))* Candlewick Pr.

Joy. Tamra B. Orr. 2016. (21st Century Basic Skills Library: Feelings Ser.). (ENG., Illus.). 24p. (J). (gr. k-3). 26.35 *(978-1-63471-044-2(4),* 208256) Cherry Lake Publishing.

Joy. Audrey Kai Yoon. 2019. (ENG.). 38p. (J). 14.95 *(978-1-64307-225-8(0))* Amplify Publishing Group.

Joy: A Celebration of Mindfulness. Katie Wilson. 2020. (Celebration of Mindfulness Ser.). (ENG.). 20p. (J). (gr. -1-2). bds. 8.99 *(978-1-4867-1814-6(0),* c8d4cf08-ecc4-4901-a301-4aa9c1171278) Flowerpot Pr.

Joy: Three Stories about Sharing Joy. Gaelle Tertrais et al. Illus. by Caroline Modeste. 2022. (How to Handle My Emotions Ser.). (ENG.). 56p. (J). (gr. 2-6). pap. 11.99 *(978-1-62164-602-0(5))* Ignatius Pr.

Joy after Sorrow: A Novel (Classic Reprint) J. H. Riddell. 2018. (ENG., Illus.). 388p. (J). 31.90 *(978-0-267-47794-4(5))* Forgotten Bks.

Joy & Finley: The Italian Race. Rachel Ingram & Keith Ingram. 2017. (ENG., Illus.). (J). (gr. -1-3). 14.95 *(978-1-63177-727-1(0))* Amplify Publishing Group.

Joy & Jesus: Learn about the Bible Through Coloring & Activities. Davia Boston. 2022. (ENG.). 24p. (J). ***(978-0-2288-7630-4(3))***; pap. ***(978-0-2288-7629-8(X))*** Tellwell Talent.

Joy & Sadness - Furaha Na Huzuni. Madhav Chavan. Illus. by Rijuta Ghate. 2023. (SWA.). 32p. (J). pap. ***(978-1-922910-12-7(0))*** Library For All Limited.

Joy Comes: A Story of Fatherhood. Dedrick L. Moone. Ed. by Haelee P. Moone. Illus. by Arsalan Khan. 2023. (ENG.). 50p. (J). pap. 17.99 ***(978-1-7379620-9-0(8))*** Rules of a Big Boss LLC, The.

Joy Comes in the Morning. Lora Elrod. 2020. (ENG.). 32p. (J). 29.99 *(978-1-63221-804-9(6))*; pap. 19.99 *(978-1-63221-803-2(8))* Salem Author Services.

Joy for All, 1 vol. Elaine Pauley. 2019. (ENG.). 28p. (J). pap. 12.99 *(978-1-4003-2613-6(3))* Elm Hill.

Joy in Mount Dora. Carla Melick. Illus. by Daniel Melick. 2022. (ENG.). 28p. (J). pap. 12.95 *(978-1-7352525-8-2(1))* Barringer Publishing.

Joy in the Morning (Classic Reprint) Mary Raymond Shipman Andrews. (ENG., Illus.). (J). 2018. 360p. 31.32 *(978-0-364-08237-9(2))*; 2017. pap. 13.97 *(978-0-259-02855-0(X))* Forgotten Bks.

Joy in Work: Ten Short Stories of Today (Classic Reprint) Mary Augusta Laselle. (ENG., Illus.). (J). 2018. 200p. 28.02 *(978-0-484-22232-7(5))*; 2016. pap. 10.57 *(978-1-333-43677-3(7))* Forgotten Bks.

Joy in You. Cat Deeley. Illus. by Rosie Butcher. (J). 2022. 26p. (— 1). bds. 8.99 *(978-0-593-30172-2(2))*; 2020. 32p. (gr. -1-3). 18.99 *(978-0-593-18141-6(7))* Random Hse. Children's Bks. (Random Hse. Bks. for Young Readers).

Joy Luck Club Novel Units Student Packet. Novel Units. 2019. (ENG.). (YA). pap. 13.99 *(978-1-56137-895-1(X),* Novel Units, Inc.) Classroom Library Co.

Joy Monster. Henry Lihn. Illus. by Elizabeth Valle. 2018. (ENG.). 42p. (J). 19.99 *(978-0-692-15867-8(7))* Hank of America Consulting LLC.

Joy of Being Adopted. Hubert Nett. 2021. (ENG.). 48p. (J). pap. 12.95 *(978-1-63630-373-4(0))* Covenant Bks.

Joy of Captain Ribot: Authorized Translation from the Original A. Palacio Valdes (Classic Reprint) Minna Caroline Smith. 2017. (ENG., Illus.). (J). 29.84 *(978-1-5283-8404-9(0))* Forgotten Bks.

Joy of Christmas. Precious Moments & Jamie Calloway-Hanauer. Illus. by Kim Lawrence. 2023. 40p. (J). (gr. k-2). 9.99 ***(978-1-7282-6515-5(0))*** Sourcebooks, Inc.

Joy of Colouring by Numbers. Felicity French & Lauren Farnsworth. 2023. (ENG.). 64p. pap. 16.99 ***(978-1-78929-503-0(3))*** O'Mara, Michael Bks., Ltd. GBR. Dist: Independent Pubs. Group.

Joy of Easter. Precious Moments & Jamie Calloway-Hanauer. Illus. by Kim Lawrence. 2018. 40p. (J). (gr. k-2). 9.99 *(978-1-4926-5692-0(5))* Sourcebooks, Inc.

Joy of Gus. Angela LeBlanc. 2018. (ENG., Illus.). 34p. (J). 19.95 *(978-1-949231-03-8(8))*; pap. 10.95 *(978-1-948282-89-5(5))* Yorkshire Publishing Group.

Joy of Jumping in Puddles: A Tale of Breathtaking Stupidity in the Name of Childhood Adventure. Glenn Bartel. 2022. (AUS.). 310p. (J). ***(978-1-4709-2350-1(5))*** Lulu Pr., Inc.

Joy of Life: La Joie de Vivre (Classic Reprint) Emile Zola. 2017. (ENG., Illus.). (J). 30.66 *(978-1-5285-4613-3(X))* Forgotten Bks.

Joy of Public Speaking. Laura Crockett. 2023. (ENG.). 63p. (YA). pap. ***(978-1-365-85834-5(0))*** Lulu Pr., Inc.

Joy of the I V: A Three-ACT Comedy for Twelve Characters (Classic Reprint) Alice Cook Fuller. (ENG., Illus.). (J). 2018. 52p. 24.97 *(978-0-267-54191-1(0))*; 2016. pap. 9.57 *(978-1-333-40707-0(6))* Forgotten Bks.

Joy of Thinking: Mathematical & Scientific Thinking Skills for Young Minds. Glenn Dee. 2022. (ENG.). 92p. (J). pap. ***(978-1-0391-1029-8(0))*** FriesenPress.

Joy of Traditional Tales. 2023. (ENG.). 28p. (J). pap. ***(978-1-83934-560-9(8))*** Olympia Publishers.

Joy of Tyrol: A Human Revelation (Classic Reprint) J. m. Blake. 2018. (ENG., Illus.). 282p. (J). 29.71 *(978-0-483-50211-6(1))* Forgotten Bks.

Joy of Youth (Classic Reprint) Eden Phillpotts. 2017. (ENG., Illus.). (J). 30.97 *(978-1-5279-9006-7(0))* Forgotten Bks.

Joy, or New Dramatical Charades for Home Performance (Classic Reprint) Annemina De Younge. (ENG., Illus.). (J). 2018. 216p. 28.37 *(978-0-332-39618-7(5))*; 2016. pap. 10.97 *(978-1-334-17908-2(5))* Forgotten Bks.

JOY Prayer Journal - Coloring Craze: Journaling Collection. Agnes De Bezenac. Illus. by Agnes De Bezenac. 2018. (Pretty Joys Ser.: Vol. 5). (ENG., Illus.). 110p. (J). (gr. 4-6). 12.00 *(978-1-63474-326-6(1))* iCharacter.org.

Joy Reaper Checks Out. Patrick Fibbs. 2021. (Joy Reaper Ser.: Vol. 1). (ENG.). 118p. (J). pap. 9.99 *(978-1-890096-94-6(6))* Padwolf Publishing Inc.

Joy Ride. Sherri Duskey Rinker. Illus. by Ana Ramírez González. 2022. (ENG.). 40p. (J). (gr. -1-3). 18.99 *(978-1-5362-0774-3(8))* Candlewick Pr.

Joy Takes Root. Gwendolyn Wallace. Illus. by Ashleigh Corrin. 2023. 32p. (J). (gr. -1-3). 18.99 *(978-0-593-40678-6(8),* Kokila) Penguin Young Readers Group.

Joy the Elf. Carmen. Gil. Illus. by Zurine Aguirre. 2018. (ENG.). 40p. (J). 15.95 *(978-84-946926-1-1(5))* NubeOcho Ediciones ESP. Dist: Consortium Bk. Sales & Distribution.

Joy Thief: A Story of Trauma & Hope. Sean McCallum. 2022. (ENG.). 32p. (J). 27.95 *(978-1-61599-667-4(2))*; pap. 16.95 *(978-1-61599-666-7(4))* Loving Healing Pr., Inc.

Joy to the World! Kate DePalma. Illus. by Sophie Fatus. 2021. (World of Celebrations Ser.). (ENG.). 40p. (J). (gr. -1-5). 17.99 *(978-1-64686-297-9(X))* Barefoot Bks., Inc.

Joy to the World. Pamela Kennedy. 2022. (VeggieTales Ser.). (ENG., Illus.). 20p. (J). (gr. -1-k). bds. 7.99 *(978-1-5460-0285-7(5),* Worthy Kids/Ideals) Worthy Publishing.

Joy, to the World. Kai Shappley. 2023. (ENG.). 240p. (J). (gr. 3-7). 19.99 *(978-0-06-324275-3(3),* Clarion Bks.) HarperCollins Pubs.

Joy to the World: 25 Days of Christmas on Sesame Street. Sesame Workshop. 2022. (Sesame Street Scribbles Ser.). (ENG.). 40p. (J). (gr. k-3). 10.99 *(978-1-7282-5035-9(8))* Sourcebooks, Inc.

Joy! You Find What You Look For, Volume 1. Gina Prosch. Illus. by Kyle Merriman. 2023. (Holly's Choice Ser.). (ENG.). 31p. (J). (gr. k-5). pap. 11.95 Boys Town Pr.

Joya. Amy Ewing. 2016. (SPA.). 400p. (YA). (gr. 9-12). pap. 17.99 *(978-987-747-121-2(3))* V&R Editoras.

JOYA DE MEDIANOCHE. Richelle Mead. 2017. (SPA.). 416p. (YA). (gr. 7-12). pap. 18.95 *(978-84-16700-65-3(6))* Roca Editorial ESP. Dist: Spanish Pubs., LLC.

Joyas Voladoras: Leveled Reader Book 67 Level I 6 Pack. Hmh Hmh. 2021. (SPA.). 16p. (J). pap. 74.40 *(978-0-358-08284-2(6))* Houghton Mifflin Harcourt Publishing Co.

Joyce Banda: A Beacon of Light. Letitia Degraft Okyere. 2023. (ENG.). 60p. (J). 24.99 ***(978-1-956776-20-1(6))*** Letitia de Graft-Johnson.

Joyce (Classic Reprint) Oliphant. 2017. (ENG., Illus.). (J). 33.43 *(978-0-265-18339-7(1))* Forgotten Bks.

Joyce of the Jasmines (Classic Reprint) Ralph Henry Barbour. 2018. (ENG., Illus.). 218p. (J). 28.41 *(978-0-483-84856-6(5))* Forgotten Bks.

Joyce of the North Woods (Classic Reprint) Harriet T. Comstock. 2018. (ENG., Illus.). 406p. (J). 32.27 *(978-0-332-65039-5(1))* Forgotten Bks.

Joyce of the Secret Squadron: A Captain Midnight Adventure (Classic Reprint) Russell Robert Winterbotham. 2017. (ENG., Illus.). (J). 29.84 *(978-0-331-55858-6(0))*; pap. 13.57 *(978-0-259-46991-9(2))* Forgotten Bks.

Joyeuse Fête des Mères! Lindsay B. 2021. (FRE.). 34p. (J). pap. *(978-1-7775761-3-4(X))* LoGreco, Bruno.

Joyeuse Saint-Valentin, Tacheté et Mouchetée! (Happy Valentine's Day, Spots & Stripes!) Laurie Friedman. Tr. by Annie Evearts. Illus. by Srimalie Bassani. 2021. (Tacheté et Mouchetée (Spots & Stripes) Ser.). (FRE.). (J). (gr. -1-3). pap. ***(978-1-0396-0244-1(4)***, 13655, Crabtree Blossoms) Crabtree Publishing Co.

Joyful Book. todd Parr. (ENG., Illus.). (J). (gr. -1 — 1). 2022. 22p. bds., bds. 7.99 *(978-0-316-42785-2(3))*; 2020. 32p. 17.99 *(978-0-316-42789-0(6))* Little, Brown Bks. for Young Readers.

Joyful Butterfly. Brogan Augusta. 2020. (ENG.). 20p. (J). 20.00 *(978-1-0879-3155-5(X))* Indy Pub.

Joyful Heatherby (Classic Reprint) Payne Erskine. (ENG., Illus.). (J). 2018. 482p. 33.86 *(978-0-366-56883-3(3))*; 2018. 484p. pap. 16.57 *(978-0-366-46995-6(9))*; 2018. 474p. 33.67 *(978-0-656-94350-0(5))*; 2016. pap. 16.57 *(978-1-333-48657-0(X))* Forgotten Bks.

Joyful Jumble of Poems. Patricia Buck. 2018. (ENG., Illus.). 42p. (J). pap. 7.19 *(978-0-244-09412-6(8))* Lulu Pr., Inc.

Joyful Kingdom. Susan Serena Marie. 2022. (ENG., Illus.). 98p. (J). pap. 17.95 *(978-1-63885-245-2(6))* Covenant Bks.

Joyful Lily Tilly: Rabbit Wisdom from Heart to Brush. Donna Huss. 2019. (ENG.). 34p. (J). pap. 15.60 *(978-1-68470-257-2(7))* Lulu Pr., Inc.

Joyful Mysteries: An Illustrated Rosary Book for Kids & Their Families. Jerry Windley-Daoust. 2019. (ENG.). 96p. (J). pap. 19.95 *(978-1-68192-510-3(9))* Our Sunday Visitor, Publishing Div.

Joyful Noise: A Newbery Award Winner. Paul Fleischman. Illus. by Eric Beddows. rev. ed. 2019. (ENG.). 64p. (J). (gr. 3-7). pap. 6.99 *(978-0-06-446093-4(2),* HarperCollins) HarperCollins Pubs.

Joyful Physics Volume I: Learning by Experiencing. Gunjan Raizada. 2022. (ENG.). 120p. (YA). *(978-0-2288-7241-2(3))*; pap. *(978-0-2288-7240-5(5))* Tellwell Talent.

Joyful Years: A Novel (Classic Reprint) F. Wawn. 2018. (ENG., Illus.). 480p. (J). 33.80 *(978-0-364-44503-7(3))* Forgotten Bks.

Joyfully Ready: A Sketch of the Life of Harry MacInnes (Classic Reprint) Unknown Author. 2017. (ENG., Illus.). (J). 27.79 *(978-0-260-41598-1(7))* Forgotten Bks.

Joyous Adventures of Aristide Pujol (Classic Reprint) William J. Locke. 2017. (ENG., Illus.). (J). 31.80 *(978-0-331-77467-2(4))* Forgotten Bks.

Joyous Christmas. Catholic Book Publishing Corp. 2017. (ENG.). 6p. bds. 8.95 *(978-0-88271-401-1(5),* RG14620) Regina Pr., Malhame & Co.

Joyous Dot to Dot Kid's Activity Book. Kreative Kids. 2016. (ENG., Illus.). (J). pap. 10.81 *(978-1-68377-097-8(8))* Whike, Traudl.

Joyous Jayden. Medicus Christine. Illus. by Bob O'Brien. 2019. (ENG.). 34p. (J). (gr. k-6). 18.95 *(978-1-941069-93-6(2))* ProsePress.

Joyous Jayden. Christine Medicus. Illus. by Bob O'Brien. 2019. (Wingman Ser.: Vol. 1). (ENG.). 34p. (J). (gr. k-6). pap. 12.95 *(978-1-941069-92-9(4))* ProsePress.

Joyous Jayden - Coloring - Story Book. Christine Medicus. Illus. by Bob O'Brien. 2020. (ENG.). 30p. (J). (gr. k-6). pap. 6.95 *(978-1-950768-12-7(0))* ProsePress.

Joyous Life. Leslie Sanders. Illus. by Michelle Sanders. 2016. (ENG.). (J). pap. 12.95 *(978-1-63525-076-3(5))* Christian Faith Publishing.

Joyous Miracle (Classic Reprint) Frank Norris. 2018. (ENG., Illus.). 38p. (J). 24.68 *(978-0-666-65352-9(6))* Forgotten Bks.

Joyous Story of Toto (Classic Reprint) Laura Elizabeth Howe Richards. 2018. (ENG., Illus.). 236p. (J). 28.76 *(978-0-483-48092-6(4))* Forgotten Bks.

Joyous Travelers, Vol. 1 (Classic Reprint) Maud McKnight Lindsay. 2018. (ENG., Illus.). 158p. (J). 27.18 *(978-0-267-18452-1(2))* Forgotten Bks.

Joyous Trouble Maker (Classic Reprint) Jackson Gregory. (ENG., Illus.). (J). 2018. 352p. 31.16 *(978-0-483-01440-4(0))*; 2016. pap. 13.57 *(978-1-334-15388-4(4))* Forgotten Bks.

J

Joyous Wayfarer (Classic Reprint) Humfrey Jordan. 2018. (ENG., Illus.). 402p. (J). 32.19 *(978-0-484-79716-0(6))* Forgotten Bks.
Joy's Adventures: Joy & Theo. Scott and Shelby Ewing. 2018. (ENG., Illus.). 88p. (J). *(978-0-2288-0480-2(9))*; pap. *(978-0-2288-0479-6(5))* Tellwell Talent.
Joys & Glooms: A Book of Drawings (Classic Reprint) Tom E. Powers. 2017. (ENG., Illus.). (J). 25.30 *(978-0-260-70357-6(5))*; pap. 9.57 *(978-1-5279-9955-8(6))* Forgotten Bks.
Joys & Sorrows of Home. Anna Leland. 2017. (ENG.). 370p. (J). pap. *(978-3-337-01338-7(4))* Creation Pubs.
Joy's Journey: Grapes on Toast. Susan Brown. Illus. by Quinten Harms. 2019. (ENG.). 46p. (J). *(978-0-2288-1481-8(2))*; pap. *(978-0-2288-1480-1(4))* Tellwell Talent.
Joy's Journey: Part 2 Squashed Tomatoes. Susan Brown. Illus. by Quinten Harms. 2021. (Joy's Journey Ser.: Vol. 2). (ENG.). 58p. (J). pap. *(978-0-2288-4290-3(5))* Tellwell Talent.
Joys of Being a Woman: And Other Papers (Classic Reprint) Winifred Kirkland. 2018. (ENG., Illus.). 298p. (J). 30.04 *(978-0-483-59305-3(2))* Forgotten Bks.
Joys of Spring: Spring Celebrations Around the World. Heather Conrad. 2018. (ENG., Illus.). 32p. (J). (gr. k-3). pap. 12.95 *(978-0-9712425-9-3(3))* Lightport Bks.
Joys of the Road: A Little Anthology in Praise of Walking (Classic Reprint) W. R. B. 2017. (ENG., Illus.). (J). 26.17 *(978-1-5280-7474-2(2))* Forgotten Bks.
Joy's Playground. Lizzy Shortall. 2021. (ENG.). 38p. (J). pap. *(978-1-912964-91-8(0))* Cranthorpe Millner Pubs.
Joys Sorrows of Home: An Autobiography (Classic Reprint) Anna Leland. (ENG., Illus.). (J). 2018. 370p. 31.53 *(978-0-483-92052-1(5))*; 2016. pap. 13.97 *(978-1-334-25058-3(8))* Forgotten Bks.
Jp & His Animal Detectives - African Series - Book Three - Bobbejaan - Team Building. Len Nourse. 2016. (ENG., Illus.). (J). (gr. 3-6). pap. 12.95 *(978-1-63491-739-1(1))* Booklocker.com, Inc.
Jp & His Animal Detectives African Series - Book Four - Team Building - Gorilli. Len Nourse. 2017. (ENG., Illus.). (J). (gr. 3-6). pap. 12.95 *(978-1-63492-336-1(7))* Booklocker.com, Inc.
JP & the Bossy Dinosaur: Feeling Unhappy. Ana Crespo. Illus. by Erica Sirotich. 2016. (My Emotions & Me Ser.). (ENG.). 32p. (J). (gr. -1-3). 16.99 *(978-0-8075-3981-1(3)*, 807539813) Whitman, Albert & Co.
JP & the Stinky Monster: Feeling Jealous. Ana Crespo. Illus. by Erica Sirotich. 2016. (My Emotions & Me Ser.). (ENG.). 32p. (J). (gr. -1-3). 16.99 *(978-0-8075-3979-8(1)*, 807539791) Whitman, Albert & Co.
JP Max Rider. Zbigniew Kaspruk. 2021. (FRE.). 46p. (YA). 19.99 *(978-1-0879-5736-4(2))* Indy Pub.
JP Max Rider. Lake Mahopec. Zbigniew Kaspruk. Illus. by Rime Tazi. 2021. (ENG.). 80p. (YA). 19.99 *(978-1-0879-0927-1(9))* Indy Pub.
JP Max Rider und Sein Gutes Handeln VERHUNGERTE FELSEN. Zbigniew Kaspruk. Illus. by Rime Tazi. 2021. (GMH.). 46p. (YA). 20.00 *(978-1-0879-4101-1(6))* Indy Pub.
J.P. Morgan Chase. Tammy Gagne. 2017. (J). *(978-1-5105-3496-4(2))* SmartBook Media, Inc.
Jr. Graphic Biographies, 10 vols., Set. Dan Abnett. Incl. Abraham Lincoln & the Civil War. lib. bdg. 28.93 *(978-1-4042-3392-8(X)*, 92e3c8e5-f3e2-4a55-954a-8ef3b235e069); Christopher Columbus & the Voyage Of 1492. lib. bdg. 28.93 *(978-1-4042-3390-4(3)*, d84bba85-3b79-4445-a67f-e180efd44190); George Washington & the American Revolution. lib. bdg. 28.93 *(978-1-4042-3395-9(4)*, f5ebb962-806c-4e30-beef-2ed75efa306a); Harriet Tubman & the Underground Railroad. lib. bdg. 28.93 *(978-1-4042-3393-5(8)*, faf3f8b3-291f-45bf-a467-b7772adb82ea); Hernan Cortes & the Fall of the Aztec Empire. lib. bdg. 28.93 *(978-1-4042-3391-1(1)*, 8dd7d5ac-b879-43a8-962f-3015d0941234); Sitting Bull & the Battle of the Little Bighorn. lib. bdg. 28.93 *(978-1-4042-3394-2(6)*, f0e34536-71fb-4966-826f-56f539643bb7); (Illus.). (J). (gr. 2-3). 2006. (Jr. Graphic Biographies Ser.). (ENG.). 24p. 2006. Set lib. bdg. 144.65 *(978-1-4042-3550-2(7)*, 2bee43b0-dccd-408a-8002-bc515651b66b) Rosen Publishing Group, Inc., The.
Jr. Graphic Environmental Dangers, 12 vols., Set. Incl. After Earth: Living on a Different Planet. Daniel R. Faust. lib. bdg. 28.93 *(978-1-4042-4229-6(5)*, d052a105-52f5-4a02-974d-8cb31a0e1439); Collision Course: Asteroids & Earth. Daniel R. Faust. lib. bdg. 28.93 *(978-1-4042-4228-9(7)*, 11fc33eb-7a12-4cd5-988c-b2dc198fe7b2); Energy Crisis: The Future of Fossil Fuels. Daniel R. Faust. lib. bdg. 28.93 *(978-1-4042-4231-9(7)*, efd1c6ec-b591-4b55-a0d5-a7ca0761f88f); Global Warming: Greenhouse Gases & the Ozone Layer. Daniel R. Faust. lib. bdg. 28.93 *(978-1-4042-4260-9(0)*, 36da9601-9e3b-43b5-b8b8-d379b14bc02f); Polar Ice Caps in Danger: Expedition to Antarctica. John Nelson. lib. bdg. 28.93 *(978-1-4042-4227-2(9)*, ac33ec7f-2b80-47c4-8b97-183a208ca330, PowerKids Pr.); Sinister Sludge: Oil Spills & the Environment. Daniel R. Faust. lib. bdg. 28.93 *(978-1-4042-4230-2(9)*, 90f6b70c-8c3d-4b5c-b49e-ec5997b8e911, PowerKids Pr.); (Illus.). (J). (gr. 4-4). (Jr. Graphic Environmental Dangers Ser.). (ENG.). 24p. 2007. Set lib. bdg. 173.58 *(978-1-4358-2555-0(1)*, a09a8a24-b5d0-42ac-b862-bcd5266eac90) Rosen Publishing Group, Inc., The.
Jr. Graphic Mysteries, 8 vols., Set. Jack DeMolay. Incl. Atlantis: The Mystery of the Lost City. (YA). lib. bdg. 28.93 *(978-1-4042-3407-9(1)*, 9cec3ca2-41a1-4e2e-829a-04f5db17ccd2); Bermuda Triangle: The Disappearance of Flight 19. (J). lib. bdg. 28.93 *(978-1-4042-3404-8(7)*, 1330768f-6944-4e62-8621-cb2014b47624); Bigfoot: A North American Legend. (J). lib. bdg. 28.93 *(978-1-4042-3405-5(5)*, 779a8d11-3fc6-43da-8244-b7ff52373540); Ghosts in Amityville: The Haunted House. (J). lib. bdg. 28.93 *(978-1-4042-3402-4(0)*, 738b1ece-1c5c-4b83-8b80-aa3ee3be3b9f); Loch Ness Monster: Scotland's Mystery Beast. (J). lib. bdg. 28.93 *(978-1-4042-3406-2(3)*, f4db3b74-b5c7-4df7-a2c1-5aaea83e2e19); UFOs: The Roswell Incident. (J). lib. bdg. 28.93 *(978-1-4042-3403-1(9)*, 60e4da8d-0bd5-473e-a525-40f4aded4a5e); (Illus.). (gr. 2-3). 2006. (Jr. Graphic Mysteries Ser.). (ENG.). 24p. 2006. Set lib. bdg. 115.72 *(978-1-4042-3552-6(3)*, 7ce81155-2365-47f3-9ce2-e000dee4fd03) Rosen Publishing Group, Inc., The.
Jr. Graphic Mythologies, 8 vols., Set. Incl. Egyptian Mythology: Osiris & Isis. Tom Daning. lib. bdg. 28.93 *(978-1-4042-3399-7(7)*, 1ed6b5cf-961d-4992-be0e-a5fea100f312); Greek Mythology: Jason & the Golden Fleece. Glenn Herdling. lib. bdg. 28.93 *(978-1-4042-3396-6(2)*, 225c1f43-e5d9-4fe4-be6d-9330439a4fab); Mesoamerican Mythology: Quetzalcoatl. Tom Daning. lib. bdg. 28.93 *(978-1-4042-3401-7(2)*, 8fd8cb62-7446-41eb-b798-11ec0af510a8); Roman Mythology: Romulus & Remus. Tom Daning. lib. bdg. 28.93 *(978-1-4042-3397-3(0)*, a6131d89-6894-4339-ba74-879c71059bd6); (Illus.). (J). (gr. 2-3). 2006. (Jr. Graphic Mythologies Ser.). (ENG.). 24p. 2006. Set lib. bdg. 115.72 *(978-1-4042-3551-9(5)*, 5c248a84-a353-4aef-b1f1-7b60c3c5bc74) Rosen Publishing Group, Inc., The.
J's Diner Children's Worship Program Guide. Second Baptist Church Houston. 2019. (28nineteen Ser.). (ENG.). 134p. (J). pap. 29.99 *(978-1-62862-845-6(6)*, 20_37516) Tyndale Hse. Pubs.
J's Diner Children's Worship Program Kit. Second Baptist Church Houston. 2019. (28nineteen Ser.). (ENG.). (J). 44.99 *(978-1-62862-852-4(9)*, 20_37491) Tyndale Hse. Pubs.
J's Diner Children's Worship Resource Disc. Second Baptist Church Houston. 2019. (28nineteen Ser.). (ENG.). (J). cd-rom 19.99 *(978-1-62862-846-3(4)*, 20_37511) Tyndale Hse. Pubs.
J's Diner Leader Resource Pack. Second Baptist Church Houston. 2019. (28nineteen Ser.). (ENG.). (J). cd-rom 19.99 *(978-1-62862-844-9(8)*, 20_37486) Tyndale Hse. Pubs.
J's Diner Lower Elementary Kit. Second Baptist Church Houston. 2019. (28nineteen Ser.). (ENG.). (J). 39.99 *(978-1-62862-850-0(2)*, 20_37488) Tyndale Hse. Pubs.
J's Diner Lower Elementary Leader Guide. Second Baptist Church Houston. 2019. (28nineteen Ser.). (ENG.). (J). pap. 19.99 *(978-1-62862-842-5(1)*, 20_37525) Tyndale Hse. Pubs.
J's Diner Upper Elementary Kit. Second Baptist Church Houston. 2019. (28nineteen Ser.). (ENG.). (J). 39.99 *(978-1-62862-851-7(0)*, 20_37502) Tyndale Hse. Pubs.
Jths Memory Book, 1917 (Classic Reprint) Joliet Township High School. 2017. (ENG., Illus.). (J). 25.32 *(978-0-260-38820-9(3))*; pap. 9.57 *(978-0-266-09493-7(7))* Forgotten Bks.
Juan & Juanita (Classic Reprint) Frances Courtenay Baylor. 2017. (ENG., Illus.). (J). 29.71 *(978-0-331-27169-0(9))* Forgotten Bks.
Juan Hormiga. Gustavo Roldan. Tr. by Robert Croll. Illus. by Gustavo Roldan. 2021. (ENG., Illus.). 64p. (J). (gr. k-3). 22.00 *(978-1-939810-82-3(5)*, Elsewhere Editions) Steerforth Pr.
Juan José Arreola: Iconografía. 2018. (Tezontle Ser.). (SPA.). 181p. (J). pap. 21.99 *(978-607-16-5847-0(0))* Fondo de Cultura Economica USA.
Juan Pablo & the Butterflies. J. J. Flowers. 2017. (ENG., Illus.). 224p. (YA). (gr. 9-12). 17.99 *(978-1-5072-0214-2(8)*, Simon Pulse) Simon Pulse.
Juan Pico (Classic Reprint) Will R. Halpin. 2018. (ENG., Illus.). 278p. (J). 29.63 *(978-0-483-40136-5(6))* Forgotten Bks.
Juan Rodriguez Cabrillo: Explorer of the American West Coast, 1 vol. Xina M. Uhl. 2019. (Our Voices: Spanish & Latino Figures of American History Ser.). (ENG.). 48p. (gr. 6-6). pap. 12.75 *(978-1-5081-8489-8(5)*, 93868cb8-550e-4ae6-8344-ef48fffb23a0, Rosen Reference) Rosen Publishing Group, Inc., The.
Juan Silbador en la Copa de un Pino. Illus. by Saeta Hernando. 2018. (SPA.). 48p. (J). (gr. 2-4). pap. 11.00 *(978-607-8469-43-7(6))* Nostra Ediciones MEX. Dist: Independent Pubs. Group.
Juan Soto. Thomas K. Adamson. 2023. (Sports Superstars Ser.). (ENG., Illus.). (J). (gr. 3-7). lib. bdg. 26.95 Bellwether Media.
Juan Soto. Christina Hill. 2022. (Sports All-Stars (Lerner (tm) Sports) Ser.). (ENG., Illus.). 32p. (J). (gr. 2-5). pap. 9.99 *(978-1-7284-4941-8(3)*, 379fd832-bfd8-45e9-980e-f575c6cc94ff); lib. bdg. 29.32 *(978-1-7284-4118-4(8)*, 2db6de7a-6292-4f9d-b04a-aea67f764522) Lerner Publishing Group. (Lerner Pubns.).
Juana & Lucas. Juana Medina. Illus. by Juana Medina. (Juana & Lucas Ser.: 1). (ENG., Illus.). 96p. (J). (gr. k-3). 2019. pap. 8.99 *(978-1-5362-0639-5(3))*; 2016. 15.99 *(978-0-7636-7208-9(4))* Candlewick Pr.
Juana & Lucas: Big Problemas. Juana Medina. Illus. by Juana Medina. (Juana & Lucas Ser.: 2). (ENG.). 96p. (J). (gr. k-3). 2022. pap. 7.99 *(978-1-5362-2305-7(0))*; 2019. (Illus.). 14.99 *(978-1-5362-0131-4(6))* Candlewick Pr.
Juana & Lucas: Muchos Changes. Juana Medina. Illus. by Juana Medina. (Juana & Lucas Ser.: 3). (ENG.). 96p. (J). 2023. (gr. k-3). pap. 7.99 *(978-1-5362-3043-7(X))*; 2021. (gr. 1-4). 14.99 *(978-0-7636-7209-6(2))* Candlewick Pr.
Juana la Futbolista: Que Nada Te Detenga / Juana the Soccer Player. Don´t Let an Ything Stand in Your Way. Evelina Cabrera. 2022. (SPA.). 112p. (J). (gr. 3-7). pap. 12.95 *(978-607-38-0588-9(8)*, Montena) Penguin Random House Grupo Editorial ESP. Dist: Penguin Random Hse. LLC.
Juana the Clown. Zoe Frances. Illus. by Zoe Frances. 2022. (ENG.). 28p. (J). pap. 10.99 ***(978-1-0880-1992-4(7))*** Indy Pub.
Juana y Lucas. Juana Medina. Illus. by Juana Medina. 2021. (Juana & Lucas Ser.: 1). (SPA.). 96p. (J). (gr. k-3). 14.99 *(978-1-5362-2426-9(X))*; pap. 8.99 *(978-1-5362-1813-8(8))* Candlewick Pr.
Juanita: A Romance of Real Life in Cuba Fifty Years Ago (Classic Reprint) Mary Mann. 2018. (ENG., Illus.). (J). 33.18 *(978-0-260-53643-3(1))* Forgotten Bks.
Juanita: The Girl Who Counted the Stars. Lola Walder. Illus. by Martina Peluso. 2021. (ENG.). 24p. (J). (gr. k-3). 16.95 *(978-84-18302-05-3(4))* Cuento de Luz SL ESP. Dist: Publishers Group West (PGW).
Juanita & Other Sketches (Classic Reprint) Jennie L. Hopkins. 2018. (ENG., Illus.). 276p. (J). 29.75 *(978-0-332-94513-2(8))* Forgotten Bks.
Juanita, Freedom Seeker: Volume 1. Juan Cenon Marasigan. 2019. (ENG.). 162p. (YA). pap. *(978-1-5255-4989-2(8))* FriesenPress.
Juanita, Freedom Seeker: Volume 2. Juan Cenon Marasigan. 2019. (ENG.). 204p. (YA). *(978-1-5255-4985-4(5))*; pap. *(978-1-5255-4986-1(3))* FriesenPress.
Juanita y el Conejo Perdido. Norma Huidobro. Illus. by Roberto Cubillas. 2019. (Torre Roja Ser.). (SPA.). 86p. (J). pap. *(978-987-545-475-0(3))* Norma Ediciones, S.A.
Juanito Sobrasadas. Luis Tome Ariz. 2019. (SPA.). 32p. (J). pap. *(978-0-244-84878-1(5))* Lulu Pr., Inc.
JuAnna & the Sad Little Bubble Fairy. Patricia McLaughlin. Illus. by Jenny Zhu. 2021. (ENG.). 32p. (J). 15.99 *(978-1-63790-954-6(3))*; pap. 9.99 *(978-1-955691-38-3(X))* Matchstick Literary.
Juan's Story: An Encounter with Xenophobia in Trinidad & Tobago. Sharlene Andrews-Alexander. 2020. (ENG.). 42p. (J). pap. 15.00 *(978-976-8290-09-0(9))* Trinity Hills Publishing.
Jub: Underwater Superhero. Philomena Marshmallow. 2019. (ENG.). 74p. (J). pap. *(978-1-78830-408-5(X))* Olympia Publishers.
Jubilant Jeremy Johnson. Doreen Harrison. 2019. (ENG., Illus.). 32p. pap. 9.00 *(978-1-5326-6938-5(0)*, Wipf and Stock) Wipf & Stock Pubs.
JUBILATION! I Am Being ADOPTED! DRAFTED from PERSONAL EXPERIENCE with QR Audio Links. Peter Houghton. 2022. (ENG.). 84p. (YA). pap. ***(978-1-4710-1785-8(0))*** Lulu Pr., Inc.
Jubilee. Patricia Reilly Giff. 2017. (ENG.). 160p. (J). (gr. 3-7). 6.99 *(978-0-385-74489-8(7)*, Yearling) Random Hse. Children's Bks.
Jubilee. Patricia Reilly Giff. ed. 2018. (Penworthy Picks Middle School Ser.). (ENG.). 149p. (J). (gr. 5-7). 17.36 *(978-1-64310-462-1(4))* Penworthy Co., LLC, The.
Jubilee: The First Therapy Horse & an Olympic Dream. K. T. Johnston. Illus. by Anabella Ortiz. 2022. (ENG.). 32p. (J). 17.99 *(978-1-68446-255-1(X)*, 202662, Capstone Editions) Capstone.
Jubilee & the Legend of the Donkey's Cross: An Easter Story. Holli Worthington. 2019. (ENG.). 54p. (J). pap. 15.95 *(978-1-64462-348-0(X))* Page Publishing Inc.
Jubilee & the Magical Meadow. Joy Kirkwood. 2021. (ENG.). 28p. (J). 16.95 *(978-1-58930-321-8(0))* Selah Publishing Group, LLC.
Jubilee Gems (Classic Reprint) Geneva Vernon. 2018. (ENG., Illus.). 202p. (J). 28.06 *(978-0-483-88135-8(X))* Forgotten Bks.
Jubilee Girl (Classic Reprint) Arthur Preston Hankins. (ENG., Illus.). (J). 2018. 332p. 30.74 *(978-0-484-45908-2(2))*; 2017. pap. 13.57 *(978-0-243-94453-8(5))* Forgotten Bks.
Jubilosa Jayden. Christine Medicus. 2021. (SPA.). 34p. (J). 16.95 *(978-1-950768-48-6(1))* ProsePress.
Jubilosa Jayden Colorear - Libro de Cuentos. Christine Medicus. Tr. by Maricel Gonzalez. Illus. by Bob O'Brien. 2021. (SPA.). 30p. (J). pap. 5.95 *(978-1-950768-49-3(X))* ProsePress.
Jucklins: A Novel (Classic Reprint) Opie Read. (ENG., Illus.). (J). 2018. 292p. 29.92 *(978-0-483-42031-1(X))*; 2016. pap. 13.57 *(978-1-334-19395-8(9))* Forgotten Bks.
Judah & the Giant Cow Patty: Adventures with Papa Clif. Papa Clif. 2018. (ENG.). (J). 34p. ***(978-1-387-93142-2(3))***; (Illus.). 36p. pap. 17.00 *(978-1-4834-9075-5(0))* Lulu Pr., Inc.
Judah Bear's Beary Scary Night. Nelson K. Henry Jr. Illus. by Nelson K. Henry Jr. 2018. (ENG., Illus.). 48p. (J). 20.00 *(978-0-578-43221-2(8))* Henry, Nelson K. Jr.
Judah Maccabee Goes to the Doctor: a Story for Hanukkah. Ann Koffsky. Illus. by Talitha Shipman. 2017. (ENG.). 32p. (J). 17.95 *(978-1-68115-522-7(2)*, 57a5ddfc-cab2-49df-bc22-faffffeb5edf) Behrman Hse., Inc.
Judah Touro Didn't Want to Be Famous. Audrey Ades. Illus. by Vivien Mildenberger. 2020. (ENG.). 32p. (J). (gr. k-3). 17.99 *(978-1-5415-4561-8(3)*, 35256b85-1e87-4c96-b654-f9cca58b6dcc, Kar-Ben Publishing) Lerner Publishing Group.
Judah's Promise. Robert Flynn. 2017. (ENG.). (J). 14.95 *(978-1-63177-393-8(3))* Amplify Publishing Group.
Judaism. Contrib. by Elizabeth Andrews. 2023. (World Religions Ser.). (ENG.). 32p. (J). (gr. 2-5). 32.79 ***(978-1-0982-4447-7(8)***, 42518, DiscoverRoo) Pop!.
Judaism. Rita Faelli. 2018. (Religion Studies). (ENG.). 32p. (J). lib. bdg. 22.99 *(978-1-5105-3787-3(2))* SmartBook Media, Inc.
Judaism, 1 vol. Michael Hessel-Mial. 2018. (Let's Find Out! Religion Ser.). (ENG.). 32p. (gr. 2-3). 26.06 *(978-1-5081-0687-6(8)*, 9acdb0a0-e891-4798-b0c5-4f5cb6024dca) Rosen Publishing Group, Inc., The.
Judaism. Adam Lewinsky. 2017. (Illus.). 64p. (J). *(978-1-4222-3820-2(2))* Mason Crest.
Judaism. Andy Lewis. ed. 2017. (ENG., Illus.). 40p. (J). (gr. 6-9). pap. 15.95 *(978-0-00-822771-5(3))* HarperCollins Pubs. Ltd. GBR. Dist: Independent Pubs. Group.
Judas Iscariot: Read Before the Witenagemote on Good Friday Night, 1891 (Classic Reprint) James Cossiett Smith. 2017. (ENG., Illus.). 44p. (J). 24.80 *(978-0-332-01350-3(2))* Forgotten Bks.
Jude - Teen Girls' Bible Study Book: Contending for the Faith in Today's Culture. Jackie Hill Perry. 2019. (ENG.). 176p. (YA). (gr. 7-12). pap. 13.99 *(978-1-5359-5144-9(3))* Lifeway Christian Resources.
Jude & Jiji Make a Pizza. Daniella Osman. 2020. (ENG.). 26p. (J). *(978-1-716-31123-9(3))* Lulu Pr., Inc.
Jude Banks, Superhero. Ann Hood. 2021. (Illus.). 320p. (J). (gr. 3-7). 16.99 *(978-0-593-09407-5(7)*, Penguin Workshop) Penguin Young Readers Group.
Jude Saves the World. Ronnie Riley. 2023. (ENG.). 272p. (J). (gr. 3-7). 18.99 *(978-1-338-85587-6(5)*, Scholastic Pr.) Scholastic, Inc.
Jude Shine. Debra Collins. 2019. (ENG., Illus.). 32p. (J). 23.95 *(978-1-64300-885-1(4))*; pap. 13.95 *(978-1-64300-884-4(6))* Covenant Bks.
Jude the Obscure. Thomas Hardy. 2018. (ENG., Illus.). 454p. (J). 33.22 *(978-1-7317-0612-6(X))*; pap. 21.16 *(978-1-7317-0613-3(8))*; 17.44 *(978-1-7317-0177-0(2))*; pap. 10.65 *(978-1-7317-0178-7(0))* Simon & Brown.
Jude the Obscure. Thomas Hardy. Ed. by Margaret Elvy. 2020. (Thomas Hardy Studies). (ENG., Illus.). 420p. (J). pap. *(978-1-86171-158-8(1))* Crescent Moon Publishing.
Jude the Obscure. Thomas Hardy. 2020. (ENG.). 330p. (J). pap. *(978-1-6780-1974-7(7))* Lulu Pr., Inc.
Jude the Obscure (Classic Reprint) Thomas Hardy. 2017. (ENG., Illus.). (J). 34.75 *(978-0-265-28329-5(9))* Forgotten Bks.
Jude's Amazing Journey. Alanna Betambeau. Illus. by Ellen Barker. 2022. (ENG.). 34p. (J). pap. *(978-1-9196261-3-0(1))* Utility Fog Pr.
Judge. Contrib. by Stephanie Gaston. 2023. (Job of a Civic Leader Ser.). (ENG.). 24p. (J). (gr. k-2). lib. bdg. 27.93 ***(978-1-63897-969-2(3)***, 33497) Seahorse Publishing.
Judge. Stephanie Gaston. 2023. (Job of a Civic Leader Ser.). (ENG., Illus.). (J). (gr. k-2). pap. 8.95 Seahorse Publishing.
Judge: May 9, 1925 (Classic Reprint) Unknown Author. (ENG., Illus.). (J). 2018. 38p. 24.68 *(978-0-484-42970-2(1))*; 2017. pap. 7.97 *(978-0-243-47486-8(5))* Forgotten Bks.
Judge Burnham's Daughters (Classic Reprint) Pansy Pansy. 2018. (ENG., Illus.). 358p. (J). 31.28 *(978-0-267-23125-6(3))* Forgotten Bks.
Judge by the Cover. Melissa Abigail. 3rd ed. 2019. (Half Sans Halo Ser.: Vol. 1). (ENG., Illus.). 292p. (YA). pap. *(978-0-9953001-9-4(4))* Abielle-à-Miel.
Judge by the Cover: High School, Drama & Deadly Vices. Melissa Abigail. 2017. (Hafu Sans Halo Ser.: Vol. 1). (ENG., Illus.). (YA). pap. *(978-0-9953001-0-1(0))* Abielle-à-Miel.
Judge by the Cover: High School, Drama & Deadly Vices. Melissa Abigail. 2nd ed. 2017. (Hafu Sans Halo Ser.: Vol. 1). (ENG., Illus.). (YA). pap. *(978-0-9953001-6-3(X))* Abielle-à-Miel.
Judge (Classic Reprint) Elia Wilkinson Peattie. (ENG., Illus.). (J). 2018. 288p. 29.84 *(978-0-267-84487-6(5))*; 2017. pap. 13.57 *(978-1-334-92439-2(2))* Forgotten Bks.
Judge (Classic Reprint) Rebecca West. 2018. (ENG., Illus.). 490p. (J). 34.02 *(978-0-332-99785-8(5))* Forgotten Bks.
Judge Elbridge (Classic Reprint) Opie Read. 2018. (ENG., Illus.). 310p. (J). 30.31 *(978-0-365-46434-1(1))* Forgotten Bks.
Judge Haliburton's Yankee Stories: With Illustrations (Classic Reprint) Thomas Haliburton. 2018. (ENG., Illus.). 374p. (J). 31.63 *(978-0-267-48736-3(3))* Forgotten Bks.
Judge Haliburton's Yankee Stories with Illustrations (Classic Reprint) Thomas Haliburton. 2018. (ENG., Illus.). 236p. (J). 28.78 *(978-0-365-33432-3(4))* Forgotten Bks.
Judge Havisham's Will (Classic Reprint) I. T. Hopkins. (ENG., Illus.). (J). 2018. 330p. 30.70 *(978-0-428-79674-7(5))*; 2016. pap. 13.57 *(978-1-334-23523-8(6))* Forgotten Bks.
Judge Judy. Rebecca Felix. 2019. (Checkerboard Biographies Ser.). (ENG., Illus.). 32p. (J). (gr. 3-6). lib. bdg. 32.79 *(978-1-5321-1937-8(2)*, 32457, Checkerboard Library) ABDO Publishing Co.
Judge Lynch: A Tale of the California Vineyards (Classic Reprint) George Henry Jessop. 2018. (ENG., Illus.). 246p. (J). 28.97 *(978-0-267-44995-8(X))* Forgotten Bks.
Judge Me Now. Cheurlie Pierre-Russell. 2020. (ENG., Illus.). 128p. (YA). (gr. 7-12). pap. 19.99 *(978-1-0878-6088-6(1))* J3Russell, LLC.
Judge Not a Book by Its Cover: A Few Proverbs Illustrated in the Spirit of Fun (Classic Reprint) John Averill. 2017. (ENG., Illus.). (J). 25.20 *(978-0-260-87384-2(5))*; pap. 9.57 *(978-1-5284-4034-9(X))* Forgotten Bks.
Judgement (Classic Reprint) Mary R. H. King. 2018. (ENG., Illus.). 270p. (J). 29.47 *(978-0-484-80019-8(1))* Forgotten Bks.
Judgement of Illingborough (Classic Reprint) R. E. Vernede. 2018. (ENG., Illus.). 372p. (J). 31.59 *(978-0-483-10055-8(2))* Forgotten Bks.
Judges. Kieran Downs. 2020. (Community Helpers Ser.). (ENG., Illus.). 24p. (J). (gr. k-3). pap. 7.99 *(978-1-68103-818-6(8)*, 12907); lib. bdg. 26.95 *(978-1-64487-194-2(7))* Bellwether Media. (Blastoff! Readers).
Judges Cave: Being a Romance of the New Haven Colony in the Days of the Regicides, 1661 (Classic Reprint) Margaret Sidney. (ENG., Illus.). (J). 2018. 420p. 32.56 *(978-0-267-88003-4(0))*; 2017. pap. 16.57 *(978-0-259-51308-7(3))* Forgotten Bks.
Judge's Chair (Classic Reprint) Eden Phillpotts. 2018. (ENG., Illus.). 388p. (J). 31.90 *(978-0-484-41070-0(9))* Forgotten Bks.
Judge's Decision (Classic Reprint) Josephine Segal. 2018. (ENG., Illus.). 52p. (J). 24.99 *(978-0-484-72930-7(6))* Forgotten Bks.
Judge's Library, Vol. 82: January, 1896 (Classic Reprint) Unknown Author. (ENG., Illus.). (J). 2018. 244p. 28.95 *(978-0-332-15817-4(9))*; 2017. pap. 11.57 *(978-0-243-40130-7(2))* Forgotten Bks.
Judge's Pets: Stories of a Family & Its Dumb Friends. Johnson. 2017. (ENG., Illus.). (J). pap. *(978-0-649-62042-5(9))* Trieste Publishing Pty Ltd.
Judge's Pets: Stories of a Family & Its Dumb Friends (Classic Reprint) Johnson. 2018. (ENG., Illus.). 216p. (J). 28.35 *(978-0-484-25307-9(7))* Forgotten Bks.
Judging Maggie Marie. Tammy Bartley. 2020. (ENG., Illus.). 30p. (J). pap. 12.95 *(978-1-64559-261-7(8))* Covenant Bks.

Judgment. Melissa A. Craven. 2020. (ENG.). 360p. (YA). 21.99 *(978-1-970052-08-4(2))* United Bks. Publishing.
Judgment: A Novel (Classic Reprint) Alice Brown. 2019. (ENG., Illus.). 226p. (J). 28.56 *(978-0-365-27356-1(2))* Forgotten Bks.
Judgment: A Play in Two Acts (Classic Reprint) Joseph Campbell. 2017. (ENG., Illus.). (J). 24.95 *(978-0-265-27405-7(2))* Forgotten Bks.
Judgment Books: A Story (Classic Reprint) E. F. Benson. 2018. (ENG., Illus.). 188p. (J). 27.77 *(978-0-483-63606-4(1))* Forgotten Bks.
Judgment House. Gilbert Parker. 2017. (ENG., Illus.). (J). 29.95 *(978-1-375-00103-8(5))* Capital Communications, Inc.
Judgment House: A Novel (Classic Reprint) Gilbert Parker. (ENG., Illus.). (J). 2018. 512p. 34.46 *(978-0-483-56284-4(X))*; 2016. pap. 16.97 *(978-1-334-53366-2(0))* Forgotten Bks.
Judgment of Charis (Classic Reprint) Baillie Reynolds. 2018. (ENG., Illus.). 310p. (J). 30.29 *(978-0-666-98835-5(8))* Forgotten Bks.
Judgment of Eve (Classic Reprint) May Sinclair. (ENG., Illus.). (J). 2018. 154p. 27.07 *(978-0-483-83255-8(3))*; 2018. 150p. 27.01 *(978-0-483-99949-7(0))*; 2017. 146p. 26.93 *(978-0-332-69445-0(3))*; 2017. pap. 9.57 *(978-0-259-28591-5(9))*; 2017. pap. 9.57 *(978-0-259-20241-7(X))* Forgotten Bks.
Judgment of Helen (Classic Reprint) Thomas Cobb. (ENG., Illus.). (J). 2018. 324p. 30.58 *(978-0-483-45109-4(6))*; 2017. pap. 13.57 *(978-0-259-21889-0(8))* Forgotten Bks.
Judgment of Jane (Classic Reprint) Robert Rudd Whiting. 2017. (ENG., Illus.). (J). 202p. 28.06 *(978-0-484-14214-4(3))*; pap. 10.57 *(978-1-5276-6669-6(7))* Forgotten Bks.
Judgment of Peace: A Novel (Classic Reprint) Andreas Latzko. 2017. (ENG., Illus.). (J). 29.88 *(978-0-260-55860-2(5))* Forgotten Bks.
Judgment of the Dragon. Craig Halloran. 2017. (ENG., Illus.). 228p. (J). pap. 9.99 *(978-1-941208-94-6(0))* Two-Ten Bk. Pr., Inc.
Judgmental Flower, Volume 8. Julia Cook. Illus. by Anita DuFalla. ed. 2016. (Building Relationships Ser.). (ENG.). 32p. (J). (gr. k-6). pap. 11.95 *(978-1-944882-05-1(7))* Boys Town Pr.
Judicial Branch: Evaluating & Interpreting Laws, 1 vol. Ed. by Brian Duignan & Carolyn DeCarlo. 2018. (Checks & Balances in the U. S. Government Ser.). (ENG.). 128p. (gr. 10-10). lib. bdg. 39.00 *(978-1-5383-0167-8(9)*, a5909be8-8644-4ad0-a3d0-6da8c846c43b) Rosen Publishing Group, Inc., The.
Judith: A Chronicle of Old Virginia (Classic Reprint) Marion Harland. 2018. (ENG., Illus.). 406p. (J). 32.29 *(978-0-483-54227-3(X))* Forgotten Bks.
Judith a Story of the Candle-Lit Fifties (Classic Reprint) Grace Alexander Grace Carolin Alexander. (ENG., Illus.). (J). 2018. 482p. 33.86 *(978-0-267-19146-8(4))*; 2017. pap. 16.57 *(978-0-243-28214-2(1))* Forgotten Bks.
Judith Kerr's Creatures: a Celebration of Her Life & Work. Judith Kerr. 2023. (ENG., Illus.). 176p. (J). 39.99 *(978-0-00-751321-5(6)*, HarperCollins Children's Bks.) HarperCollins Pubs. Ltd. GBR. Dist: HarperCollins Pubs.
Judith of Blue Lake Ranch. Jackson Gregory. 2017. (ENG., Illus.). (J). 25.95 *(978-1-374-97255-1(X))* Capital Communications, Inc.
Judith of Blue Lake Ranch (Classic Reprint) Jackson Gregory. (ENG., Illus.). (J). 2018. 406p. 32.29 *(978-0-483-22508-4(8))*; 2017. pap. 16.57 *(978-0-243-90486-0(X))* Forgotten Bks.
Judith of the Cumberlands (Classic Reprint) Alice Macgowan. 2018. (ENG., Illus.). 430p. (J). 32.79 *(978-0-484-46155-9(9))* Forgotten Bks.
Judith of the Godless Valley (Classic Reprint) Honore Willsie. 2018. (ENG., Illus.). 362p. (J). 31.36 *(978-0-267-26296-0(5))* Forgotten Bks.
Judith of the Plains. Marie Manning. 2017. (ENG., Illus.). (J). 24.95 *(978-1-374-96407-5(7))* Capital Communications, Inc.
Judith of the Plains: A Novel (Classic Reprint) Marie Manning. 2018. (ENG., Illus.). 344p. (J). 31.01 *(978-0-267-14355-9(9))* Forgotten Bks.
Judith Shakespeare. William Black. 2017. (ENG.). 410p. (J). pap. *(978-3-337-06338-2(1))* Creation Pubs.
Judith Shakespeare: Her Love Affairs & Other Adventures (Classic Reprint) William Black. 2018. (ENG., Illus.). 410p. (J). 32.35 *(978-0-364-48122-6(6))* Forgotten Bks.
Judith Shakespeare, Vol. 2: A Romance (Classic Reprint) William Black. (ENG., Illus.). (J). 2018. 284p. 29.77 *(978-0-483-40024-5(6))*; 2017. pap. 13.57 *(978-0-243-56619-8(0))* Forgotten Bks.
Judith Shakespeare, Vol. 3: A Romance (Classic Reprint) William Black. 2018. (ENG., Illus.). 264p. (J). 29.34 *(978-0-483-55894-6(X))* Forgotten Bks.
Judith Trachtenberg: A Novel (Classic Reprint) Karl Emil Franzos. (ENG., Illus.). (J). 2018. 238p. 28.81 *(978-0-332-79828-8(3))*; 2017. pap. 11.57 *(978-0-243-90152-4(6))* Forgotten Bks.
Judith's Garden (Classic Reprint) Mary E. Stone Bassett. (ENG., Illus.). (J). 2018. 348p. 31.09 *(978-0-483-46452-0(X))*; 2017. pap. 13.57 *(978-0-243-25604-4(3))* Forgotten Bks.
Judo. Rennay Craats. 2019. (For the Love of Sports Ser.). (ENG.). 24p. (J). (gr. 3-6). pap. 12.95 *(978-1-7911-0573-0(4))*; (Illus.). lib. bdg. 28.55 *(978-1-7911-0014-8(7))* Weigl Pubs., Inc.
Judo, 1 vol. Greg Roza. 2019. (Enter the Dojo! Martial Arts for Kids Ser.). (ENG.). 24p. (gr. 3-4). pap. 9.25 *(978-1-7253-1010-0(4)*, 670a95f6-7a72-453f-b110-64f3c8372875, PowerKids Pr.) Rosen Publishing Group, Inc., The.
JUDO for Kids Coloring Book (over 70 Pages) Blue Digital Media Group. 2020. (ENG.). 78p. (J). pap. 18.99 ***(978-1-952524-60-8(1))*** Smith Show Media Group.
Judy. Temple Bailey. 2017. (ENG., Illus.). (J). 23.95 *(978-1-374-85796-4(3))*; pap. 13.95 *(978-1-374-85795-7(5))* Capital Communications, Inc.
Judy & the Beast, 15. R. L. Stine. ed. 2022. (Goosebumps SlappyWorld Ser.). (ENG.). 130p. (J). (gr. 4-5). 17.96 ***(978-1-68505-358-1(0))*** Penworthy Co., LLC, The.
Judy & the Beast (Goosebumps SlappyWorld #15) R. L. Stine. 2021. (Goosebumps SlappyWorld Ser.: 15). (ENG.). 160p. (J). (gr. 3-7). pap. 6.99 *(978-1-338-75214-4(6)*, Scholastic Paperbacks) Scholastic, Inc.
Judy Blume. Julie Murray. 2021. (Children's Authors Ser.). (ENG., Illus.). 24p. (J). (gr. -1-2). lib. bdg. 32.79 *(978-1-0982-0723-6(8)*, 38208, Abdo Kids) ABDO Publishing Co.
Judy Moody: Book Quiz Whiz, 15. Megan McDonald. ed. 2020. (Judy Moody & Stink Ser.). (ENG., Illus.). 164p. (J). (gr. 2-3). 15.96 *(978-1-64697-500-6(6))* Penworthy Co., LLC, The.
Judy Moody Adivina el Futuro. Megan McDonald. 2021. (Judy Moody Ser.). (SPA.). 168p. (J). lib. bdg. 21.75 *(978-1-6636-2844-2(0))* Perfection Learning Corp.
Judy Moody Adivina el Futuro / Judy Moody Predicts the Future. Megan McDonald. 2021. (Judy Moody Ser.: 4). (SPA.). 168p. (J). (gr. 3-7). pap. 10.95 *(978-1-64473-338-7(2)*, Alfaguara) Penguin Random House Grupo Editorial ESP. Dist: Penguin Random Hse. LLC.
Judy Moody & Friends: Countdown to Trouble. Megan McDonald. Illus. by Erwin Madrid. 2019. (Judy Moody & Friends Ser.). (ENG.). 200p. (J). (gr. -1-1). pap. 8.99 *(978-1-5362-0553-4(2))* Candlewick Pr.
Judy Moody & Friends: Izzy Azumi, F. D. O. (Future Dog Owner) Megan McDonald. Illus. by Erwin Madrid. 2023. (Judy Moody & Friends Ser.: 14). (ENG.). 64p. (J). (gr. -1-1). 14.99 *(978-1-5362-2472-6(3))*; pap. 5.99 *(978-1-5362-2473-3(1))* Candlewick Pr.
Judy Moody & Friends: Judy Moody & the Missing Mood Ring. Megan McDonald. Illus. by Erwin Madrid. 2022. (Judy Moody & Friends Ser.: 13). (ENG.). 64p. (J). (gr. -1-1). 14.99 *(978-1-5362-0975-4(9))*; pap. 4.99 *(978-1-5362-1014-9(5))* Candlewick Pr.
Judy Moody & Friends: Judy Moody, Tooth Fairy. Megan McDonald. Illus. by Erwin Madrid. 2017. (Judy Moody & Friends Ser.: 9). (ENG.). 64p. (J). (gr. -1-1). pap. 5.99 *(978-0-7636-9168-4(2))* Candlewick Pr.
Judy Moody & Friends: Mrs. Moody in the Birthday Jinx. Megan McDonald. Illus. by Erwin Madrid. 2016. (Judy Moody & Friends Ser.: 7). (ENG.). 64p. (J). (gr. -1-1). 12.99 *(978-0-7636-8198-2(9))* Candlewick Pr.
Judy Moody & Friends: Not-So-Lucky Lefty. Megan Mcdonald. Illus. by Erwin Madrid. 2018. (Judy Moody & Friends Ser.: 10). (ENG.). 64p. (J). (gr. -1-1). 12.99 *(978-0-7636-9605-4(6))* Candlewick Pr.
Judy Moody & Friends: Not-So-Lucky Lefty. Megan Mcdonald. Illus. by Erwin Madrid. 2018. (Judy Moody & Friends Ser.: 10). (ENG.). 64p. (J). (gr. -1-1). pap. 5.99 *(978-0-7636-9847-8(4))* Candlewick Pr.
Judy Moody & Friends: One, Two, Three, ROAR! Books 1-3. Megan McDonald. Illus. by Erwin Madrid. 2017. (Judy Moody & Friends Ser.). (ENG.). 200p. (J). (gr. -1-1). pap. 8.99 *(978-0-7636-9576-7(9))* Candlewick Pr.
Judy Moody & Friends: Prank You Very Much. Megan McDonald. Illus. by Erwin Madrid. 2020. (Judy Moody & Friends Ser.: 12). (ENG.). 64p. (J). (gr. -1-1). 12.99 *(978-1-5362-0007-2(7))*; pap. 5.99 *(978-1-5362-0008-9(5))* Candlewick Pr.
Judy Moody & Friends: Searching for Stinkodon. Megan McDonald. Illus. by Erwin Madrid. 2019. (Judy Moody & Friends Ser.: 11). (ENG.). 64p. (J). (gr. -1-1). 12.99 *(978-0-7636-9997-0(7))*; pap. 5.99 *(978-0-7636-9998-7(5))* Candlewick Pr.
Judy Moody & Friends: Three Cheers for Good Times! Megan McDonald. Illus. by Erwin Madrid. 2023. (Judy Moody & Friends Ser.). (ENG.). 200p. (J). (gr. -1-1). pap. 9.99 ***(978-1-5362-3313-1(7))*** Candlewick Pr.
Judy Moody & the Bad Luck Charm. Megan McDonald. Illus. by Peter H. Reynolds. 2018. (Judy Moody Ser.: 11). (ENG.). 176p. (J). (gr. 1-4). pap. 5.99 *(978-1-5362-0080-5(8))* Candlewick Pr.
Judy Moody & the Bad Luck Charm. Megan Mcdonald. ed. 2018. (Judy Moody Ser.: 11). lib. bdg. 16.00 *(978-0-606-41201-8(8))* Turtleback.
Judy Moody & the Bucket List. Megan McDonald. Illus. by Peter H. Reynolds. (Judy Moody Ser.: 13). (ENG.). 176p. (J). (gr. 1-4). 2018. pap. 5.99 *(978-1-5362-0082-9(4))*; 2016. 15.99 *(978-0-7636-7995-8(X))* Candlewick Pr.
Judy Moody & the NOT Bummer Summer. Megan McDonald. Illus. by Peter H. Reynolds. 2018. (Judy Moody Ser.: 10). (ENG.). 208p. (J). (gr. 1-4). pap. 5.99 *(978-1-5362-0084-3(0))* Candlewick Pr.
Judy Moody & the Right Royal Tea Party. Megan McDonald. Illus. by Peter H. Reynolds. (Judy Moody Ser.: 14). (ENG.). 160p. (J). (gr. 1-4). 2019. pap. 5.99 *(978-1-5362-0332-5(7))*; 2018. 15.99 *(978-0-7636-9567-5(X))* Candlewick Pr.
Judy Moody & the Right Royal Tea Party, 14. Megan Mcdonald. ed. 2019. (Judy Moody & Stink Ser.). (ENG.). 142p. (J). (gr. 2-3). 15.96 *(978-1-64697-076-6(4))* Penworthy Co., LLC, The.
Judy Moody, Book Quiz Whiz. Megan McDonald. Illus. by Peter H. Reynolds. 2020. (Judy Moody Ser.: 15). (ENG.). 176p. (J). (gr. 1-4). pap. 5.99 *(978-1-5362-1399-7(3))* Candlewick Pr.
Judy Moody, Book Quiz Whiz. Megan McDonald. Illus. by Peter H. Reynolds. 2019. (Judy Moody Ser.: 15). (ENG.). 176p. (J). (gr. 1-4). 15.99 *(978-1-5362-0484-1(6))* Candlewick Pr.
Judy Moody Declares Independence: #6. Megan Mcdonald. Illus. by Peter H. Reynolds. 2019. (Judy Moody Ser.). (ENG.). 152p. (J). (gr. 1-5). lib. bdg. 31.36 *(978-1-5321-4310-6(9)*, 31840, Chapter Bks.) Spotlight.
Judy Moody Double-Rare Collection: Books 4-6, 3 vols. Megan McDonald. Illus. by Peter H. Reynolds. 2019. (Judy Moody Ser.). (ENG.). 496p. (J). (gr. 1-4). pap. 17.97 *(978-1-5362-0951-8(1))* Candlewick Pr.
Judy Moody Es Detective / Judy Moody, Girl Detective. Megan McDonald. Illus. by Peter H. Reynolds. 2021. (Judy Moody Ser.: 9). (SPA.). 192p. (J). (gr. 3-7). pap. 10.95 *(978-1-64473-343-1(9)*, Alfaguara) Penguin Random House Grupo Editorial ESP. Dist: Penguin Random Hse. LLC.
Judy Moody Es Doctora / Judy Moody, M. D., the Doctor Is In! Megan McDonald. Illus. by Peter H. Reynolds. 2021. (Judy Moody Ser.: 5). (SPA.). 200p. (J). (gr. 3-7). pap. 10.95 *(978-1-64473-339-4(0)*, Alfaguara) Penguin Random House Grupo Editorial ESP. Dist: Penguin Random Hse. LLC.
Judy Moody Es Experta en Libros / Judy Moody Book Quiz Whiz. Megan McDonald. Illus. by Peter H. Reynolds. 2021. (Judy Moody Ser.: 15). (SPA.). 176p. (J). (gr. 2-4). pap. 10.95 *(978-1-64473-355-4(2)*, Alfaguara) Penguin Random House Grupo Editorial ESP. Dist: Penguin Random Hse. LLC.
Judy Moody Está de Humor Marciano/ Judy Moody Mood Martian. Megan McDonald. Illus. by Peter H. Reynolds. 2022. (Judy Moody Ser.). (SPA.). 208p. (J). (gr. 3-7). pap. 10.95 *(978-1-64473-352-3(8)*, Alfaguara) Penguin Random House Grupo Editorial ESP. Dist: Penguin Random Hse. LLC.
Judy Moody Está de Mal Humor / Judy Moody Was in a Mood. Megan McDonald. 2022. (Judy Moody Ser.: 1). (SPA.). 168p. (J). (gr. 2-5). pap. 10.95 *(978-1-64473-335-6(8)*, Alfaguara) Penguin Random House Grupo Editorial ESP. Dist: Penguin Random Hse. LLC.
Judy Moody Gets Famous!: #2. Megan Mcdonald. Illus. by Peter H. Reynolds. 2019. (Judy Moody Ser.). (ENG.). 136p. (J). (gr. 1-5). lib. bdg. 31.36 *(978-1-5321-4306-9(0)*, 31836, Chapter Bks.) Spotlight.
Judy Moody, Girl Detective. Megan McDonald. Illus. by Peter H. Reynolds. 2018. (Judy Moody Ser.: 9). (ENG.). 192p. (J). (gr. 1-4). pap. 5.99 *(978-1-5362-0079-9(4))* Candlewick Pr.
Judy Moody, Girl Detective. Megan Mcdonald. ed. 2018. (Judy Moody Ser.: 9). lib. bdg. 16.00 *(978-0-606-41199-8(2))* Turtleback.
Judy Moody Goes to College. Megan McDonald. Illus. by Peter H. Reynolds. 2018. (Judy Moody Ser.: 8). (ENG.). 176p. (J). (gr. 1-4). pap. 5.99 *(978-1-5362-0078-2(6))* Candlewick Pr.
Judy Moody: in a Monday Mood. Megan McDonald. Illus. by Peter H. Reynolds. (Judy Moody Ser.). (ENG.). 144p. (J). (gr. 1-4). 2022. pap. 5.99 *(978-1-5362-2346-0(8))*; 2021. 15.99 *(978-1-5362-1391-1(8))* Candlewick Pr.
Judy Moody, M. D. The Doctor Is In! Megan McDonald. Illus. by Peter H. Reynolds. 2018. (Judy Moody Ser.: 5). (ENG.). 176p. (J). (gr. 1-4). pap. 5.99 *(978-1-5362-0074-4(3))* Candlewick Pr.
Judy Moody, M. D. The Doctor Is In! Megan Mcdonald. ed. 2018. (Judy Moody Ser.: 5). lib. bdg. 16.00 *(978-0-606-41195-0(X))* Turtleback.
Judy Moody, M. D.: the Doctor Is In!: #5. Megan Mcdonald. Illus. by Peter H. Reynolds. 2019. (Judy Moody Ser.). (ENG.). 160p. (J). (gr. 1-5). lib. bdg. 31.36 *(978-1-5321-4309-0(5)*, 31839, Chapter Bks.) Spotlight.
Judy Moody, Mood Martian. Megan McDonald. Illus. by Peter H. Reynolds. 2018. (Judy Moody Ser.: 12). (ENG.). 208p. (J). (gr. 1-4). pap. 5.99 *(978-1-5362-0081-2(6))* Candlewick Pr.
Judy Moody, Mood Martian. Megan Mcdonald. ed. 2018. (Judy Moody Ser.: 12). lib. bdg. 16.00 *(978-0-606-41202-5(6))* Turtleback.
Judy Moody Most Mood-Tastic Collection Ever: Books 1-12, 12 vols. Megan McDonald. Illus. by Peter H. Reynolds. 2018. (Judy Moody Ser.). (ENG.). 2080p. (J). (gr. 1-4). pap. 71.88 *(978-1-5362-0359-2(9))* Candlewick Pr.
Judy Moody Predicts the Future. Megan McDonald. Illus. by Peter H. Reynolds. 2018. (Judy Moody Ser.: 4). (ENG.). 160p. (J). (gr. 1-4). pap. 5.99 *(978-1-5362-0075-1(1))* Candlewick Pr.
Judy Moody Predicts the Future: #4. Megan Mcdonald. Illus. by Peter H. Reynolds. 2019. (Judy Moody Ser.). (ENG.). 152p. (J). (gr. 1-5). lib. bdg. 31.36 *(978-1-5321-4308-3(7)*, 31838, Chapter Bks.) Spotlight.
Judy Moody Salva el Planeta/ Judy Moody Saves the World! Megan McDonald. Illus. by Peter H. Reynolds. 2022. (Judy Moody Ser.: 3). (SPA.). 176p. (J). (gr. 3-7). pap. 10.95 *(978-1-64473-337-0(4)*, Alfaguara) Penguin Random House Grupo Editorial ESP. Dist: Penguin Random Hse. LLC.
Judy Moody Saves the World!: #3. Megan Mcdonald. Illus. by Peter H. Reynolds. 2019. (Judy Moody Ser.). (ENG.). 152p. (J). (gr. 1-5). lib. bdg. 31.36 *(978-1-5321-4307-6(9)*, 31837, Chapter Bks.) Spotlight.
Judy Moody Se Vuelve Famosa / Judy Moody Gets Famous! Megan McDonald. Illus. by Peter H. Reynolds. 2021. (Judy Moody Ser.: 2). (SPA.). 134p. (J). (gr. 3-7). pap. 10.95 *(978-1-64473-336-3(6)*, Alfaguara) Penguin Random House Grupo Editorial ESP. Dist: Penguin Random Hse. LLC.
Judy Moody (Set), 6 vols. Megan Mcdonald. Illus. by Peter H. Reynolds. 2019. (Judy Moody Ser.). (ENG.). 136p. (J). (gr. 1-5). lib. bdg. 188.16 *(978-1-5321-4304-5(4)*, 31834, Chapter Bks.) Spotlight.
Judy Moody Star-Studded Collection: Books 1-3, 3 vols. Megan McDonald. Illus. by Peter H. Reynolds. 2018. (Judy Moody Ser.). (ENG.). 480p. (J). (gr. 1-4). pap. 17.97 *(978-1-5362-0360-8(2))* Candlewick Pr.
Judy Moody: the Mad Rad Collection: Books 7-9, 3 vols. Megan McDonald. Illus. by Peter H. Reynolds. 2019. (Judy Moody Ser.). (ENG.). 512p. (J). (gr. 1-4). pap. 17.97 *(978-1-5362-0952-5(X))* Candlewick Pr.
Judy Moody Va a la Universidad / Judy Moody Goes to College. Megan McDonald. 2022. (Judy Moody Ser.: 8). (SPA.). 144p. (J). (gr. 2-5). pap. 10.95 *(978-1-64473-342-4(0)*, Alfaguara) Penguin Random House Grupo Editorial ESP. Dist: Penguin Random Hse. LLC.
Judy Moody Was in a Mood. Megan Mcdonald. ed. 2018. (Judy Moody Ser.: 1). lib. bdg. 16.00 *(978-0-606-41191-2(7))* Turtleback.
Judy Moody Was in a Mood: #1. Megan Mcdonald. Illus. by Peter H. Reynolds. 2019. (Judy Moody Ser.). (ENG.). 160p. (J). (gr. 1-5). lib. bdg. 31.36 *(978-1-5321-4305-2(2)*, 31835, Chapter Bks.) Spotlight.
Judy Moody y el Amuleto de la Mala Suerte / Judy Moody & the Bad Luck Charm. Megan McDonald. 2022. (Judy Moody Ser.: 11). (SPA.). 168p. (J). (gr. 2-5). pap. 10.95 *(978-1-64473-351-6(X)*, Alfaguara) Penguin Random House Grupo Editorial ESP. Dist: Penguin Random Hse. LLC.
Judy Moody y la Declaración de Independencia / Judy Moody Declares Independence. Megan McDonald. Illus. by Peter H. Reynolds. 2021. (Judy Moody Ser.: 6). (SPA.). 184p. (J). (gr. 2-5). pap. 10.95 *(978-1-64473-340-0(4)*, Alfaguara) Penguin Random House Grupo Editorial ESP. Dist: Penguin Random Hse. LLC.
Judy Moody y la Fiesta de Té Real / Judy Moody & the Right Royal Tea Party. Megan McDonald. Illus. by Peter H. Reynolds. 2021. (Judy Moody Ser.: 14). (SPA.). 160p. (J). (gr. 2-4). pap. 10.95 *(978-1-64473-354-7(4)*, Alfaguara) Penguin Random House Grupo Editorial ESP. Dist: Penguin Random Hse. LLC.
Judy Moody y la Lista de Deseos / Judy Moody & the Bucket List. Megan McDonald & Peter H. Reynolds. 2022. (Judy Moody Ser.: 13). (SPA.). 176p. (J). (gr. 2-5). pap. 10.95 *(978-1-64473-353-0(6)*, Alfaguara) Penguin Random House Grupo Editorial ESP. Dist: Penguin Random Hse. LLC.
Judy Moody y la Vuelta Al Mundo en Ocho días y Medio / Judy Moody Around the World in 8 1/2 Days. Megan McDonald. 2021. (Judy Moody Ser.: 7). (SPA.). 192p. (J). (gr. 2-4). pap. 10.95 *(978-1-64473-341-7(2)*, Alfaguara) Penguin Random House Grupo Editorial ESP. Dist: Penguin Random Hse. LLC.
Judy Moody y Stink: el Hueso de los Deseos / Judy Moody & Stink: the Wishbone Wi Sh. Megan McDonald. Illus. by Peter H. Reynolds. 2021. (Judy Moody & Stink Ser.: 4). (SPA.). 128p. (J). (gr. 2-4). pap. 14.95 *(978-1-64473-362-2(5)*, Alfaguara) Penguin Random House Grupo Editorial ESP. Dist: Penguin Random Hse. LLC.
Judy Moody y Stink: el Terrible Apagón /Judy Moody & Stink: the Big Bad Blackout. Megan McDonald. Illus. by Peter H. Reynolds. 2021. (SPA.). 144p. (J). (gr. 2-4). pap. 14.95 *(978-1-64473-361-5(7)*, Alfaguara) Penguin Random House Grupo Editorial ESP. Dist: Penguin Random Hse. LLC.
Judy Moody y un Verano Que Promete / Judy Moody & the NOT Bummer Summer. Megan McDonald. Illus. by Peter H. Reynolds. 2021. (Judy Moody Ser.: 10). (SPA.). 232p. (J). (gr. 3-7). pap. 10.95 *(978-1-64473-344-8(7)*, Alfaguara) Penguin Random House Grupo Editorial ESP. Dist: Penguin Random Hse. LLC.
Judy of York Hill. Ethel Hume Bennett. 2017. (ENG., Illus.). (J). 23.95 *(978-1-374-99157-6(0))* Capital Communications, Inc.
Judy of York Hill. Ethel Hume Patterson Bennett. 2019. (ENG., Illus.). 164p. (YA). pap. *(978-93-5329-502-8(5))* Alpha Editions.
Judy of York Hill (Classic Reprint) Ethel Hume Bennett. (ENG., Illus.). (J). 2018. 298p. 30.06 *(978-0-267-36962-1(X))*; 2016. pap. 13.57 *(978-1-334-16184-1(4))* Forgotten Bks.
Judy, or the London Serio-Comic Journal, 1876 (Classic Reprint) Unknown Author. 2017. (ENG., Illus.). (J). 29.57 *(978-0-260-44005-1(1))*; pap. 11.97 *(978-1-5280-1748-0(X))* Forgotten Bks.
Judy, or the London Serio-Comic Journal, 1877, Vol. 21 (Classic Reprint) Chas H. Ross. (ENG., Illus.). (J). 2018. 282p. 29.71 *(978-0-364-42469-8(9))*; 2017. pap. 13.57 *(978-1-334-95506-8(9))* Forgotten Bks.
Judy, or the London Serio-Comic Journal, 1878 (Classic Reprint) Unknown Author. (ENG., Illus.). (J). 2019. 290p. 29.88 *(978-0-365-19487-3(5))*; 2017. pap. 13.57 *(978-0-259-25923-7(3))* Forgotten Bks.
Judy, Prisoner of War. Laurie Calkhoven. ed. 2018. (G. I. Dogs Ser.: 1). lib. bdg. 16.00 *(978-0-606-41055-7(4))* Turtleback.
Judy the Magic Rocking Horse. 2021. (ENG.). 30p. (J). pap. 13.95 *(978-1-6624-3666-6(1))* Page Publishing Inc.
Juega Conmigo. Mary Lindeen. 2016. (Early Rising Readers Ser.). (SPA.). 16p. (J). (gr. 1). 6.67 *(978-1-4788-3765-7(9))* Newmark Learning LLC.
Juega Conmigo - 6 Pack. Mary Lindeen. 2016. (Early Rising Readers Ser.). (SPA.). (J). (gr. 1). 40.00 net. *(978-1-4788-4708-3(5))* Newmark Learning LLC.
Juego de Ninos (Child's Play) Ramiro Jose Peralta. Illus. by Blanca Millan. 2020. 28p. (J). (gr. k-3). 16.95 *(978-84-16733-75-0(9))* Cuento de Luz SL ESP. Dist: Publishers Group West (PGW).
Juego de Pensar. Cristina Nunez Pereira & Rafael R. Valcarcel. 2019. (SPA.). 110p. (J). 20.99 *(978-987-747-487-9(5))* V&R Editoras.
Juego y Recojo. Esther Burgueño. 2022. (Pasito a Pasito Me Hago Grandecito Ser.). (SPA.). 10p. (J). (— 1). bds. 7.99 *(978-84-17210-90-8(3))* Editorial el Pirata ESP. Dist: Independent Pubs. Group.
Juegos con Pelota: Leveled Reader Book 5 Level C 6 Pack. Hmh Hmh. 2021. (SPA.). 16p. (J). pap. 74.40 *(978-0-358-08221-7(8))* Houghton Mifflin Harcourt Publishing Co.
Juegos de Vincent, Los: Una Novela Que Retrata a la Generación Que Ha Llegado para Comandar el Mundo: Los Millennial. Jordi Mariscal. 2017.Tr. of Games of Vincent. (SPA.). 256p. (J). pap. 21.95 *(978-1-68165-504-8(7))* Trialtea USA, LLC.
Juegos Para Sobresalir en Calculo. R. Rougier. 2017. (ENG & SPA.). 64p. (J). pap. 7.95 *(978-84-16972-13-5(3))* Ediciones Urano S. A. ESP. Dist: Spanish Pubs., LLC.
Jueguero. Valentín Rincón. Illus. by Alejandro Magallanes. 2020. (Recreo Ser.). (SPA.). 108p. (J). (gr. 4-7). pap. 16.95 *(978-607-8237-73-9(X))* Nostra Ediciones MEX. Dist: Independent Pubs. Group.
Jueguero. Valentín Rincón. Illus. by Alejandro Magallanes. 2022. (Recreo Bolsillo Ser.). (SPA.). 144p. (J). (gr. 2-4). pap. 7.95 *(978-607-8756-59-9(1))* Nostra Ediciones MEX. Dist: Independent Pubs. Group.
Juell Demming: A Story (Classic Reprint) Albert Lathrop Lawrence. (ENG., Illus.). (J). 2018. 386p. 31.86 *(978-0-666-24090-3(6))*; 2017. pap. 16.57 *(978-1-5276-5726-7(4))* Forgotten Bks.

J

Jug O'Fun: 708 Choice Scraps for after Dinner Speakers (Classic Reprint) Ora Shankland. (ENG., Illus.). (J). 2018. 92p. 25.81 (978-0-332-90473-3(3)); 2017. pap. 9.57 (978-0-243-42965-3(7)) Forgotten Bks.

Jugada Doble. Jake Maddox. Tr. by Aparicio Publishing Aparicio Publishing LLC. Illus. by Jesus Aburto. 2019. (Jake Maddox Novelas Gráficas Ser.). (SPA.). 72p. (J). (gr. 3-8). pap. 6.95 (978-1-4965-8589-9(5), 141330); lib. bdg. 27.99 (978-1-4965-8578-3(X), 141312) Capstone. (Stone Arch Bks.).

Jugador Grabar Libro: Grabe Sus Mejores Victorias, Juegos y Recuerdos. Petal Publishing Co. 2021. (SPA.). 32p. (YA). pap. (978-1-922568-51-9(1)) Life Graduate, The.

Jugamos? Ilan Brenman. 2018. (SPA.). (J). (978-84-9142-064-4(9)) Algar Editorial, Feditres, S.L.

Jugamos Al Escondite. Verónica Fabregat. 2023. (Akimira Ser.). (SPA.). 34p. (J). (gr. -1-k). pap. 20.00 (978-84-18972-11-9(4)) Akiara Bks. ESP. Dist: Independent Pubs. Group.

Jugamos en la Nieve: Leveled Reader Book 18 Level d 6 Pack. Hmh Hmh. 2021. (SPA.). 16p. (J). pap. 74.40 (978-0-358-08233-0(1)) Houghton Mifflin Harcourt Publishing Co.

Jugar con el Baston. Gianni Rodari & Francesco Molly. 2017. (SPA.). 40p. (J). 9.95 (978-84-16648-74-0(3)) Ediciones Obelisco ESP. Dist: Spanish Pubs., LLC.

Jugar con Mas Numeros. Bernardo Recaman. 2018. (SPA.). 136p. (YA). (gr. 4-7). pap. 6.95 (978-607-453-043-8(2)) Selector, S.A. de C.V. MEX. Dist: Spanish Pubs., LLC.

Jugar con Zita. Katrina Streza & Ariana Vargas. Illus. by Brenda Ponnay. 2023. (Little Lectores Ser.: Vol. 13). (SPA.). 20p. (J). 24.99 (978-1-5324-3477-8(4)); pap. 12.99 (978-1-5324-3260-6(7)) Xist Publishing.

Jugar Sin Pantallas. Esther Burgueño. 2022. (Pasito a Pasito Me Hago Grandecito Ser.). (SPA.). 10p. (J). (— 1). bds. 7.99 (978-84-17210-89-2(X)) Editorial el Pirata ESP. Dist: Independent Pubs. Group.

Jugenderziehung Im Mittelalter, Dargestellt Nach Den Altfranzösischen Artus-Und Abenteuerromanen: Wissenschaftliche Beilage Zum 31. Jahresbericht der Städtischen Realschule und des Progymnasiums Zu Solingen (Classic Reprint) Fritz Meyer. 2018. (FRE., Illus.). 36p. (J). 24.66 (978-0-666-54365-3(8)) Forgotten Bks.

Juggernaut. Laurie S. Sutton. Illus. by Patricio Clarey. 2018. (Bug Team Alpha Ser.). (ENG.). 112p. (J). (gr. 3-6). lib. bdg. 26.65 (978-1-4965-5958-6(4), 137178, Stone Arch Bks.) Capstone.

Juggernaut a Veiled Record (Classic Reprint) George Cary Eggleston. 2017. (ENG., Illus.). 356p. (J). 31.24 (978-1-5282-8316-8(3)) Forgotten Bks.

Juggernaut (Classic Reprint) E. F. Benson. 2018. (ENG., Illus.). 354p. (J). 31.18 (978-0-484-08139-9(X)) Forgotten Bks.

Juggle Book. Stephanie True Peters. Illus. by Omar Lozano. 2022. (Far Out Classic Stories Ser.). (ENG.). 40p. (J). 25.32 (978-1-6639-7709-0(7), 229060); pap. 5.95 (978-1-6663-3020-5(5), 229042) Capstone. (Stone Arch Bks.).

Juggler. Craig M. Child. 2020. (ENG.). 30p. (YA). pap. 13.95 (978-1-64628-176-3(4)) Page Publishing Inc.

Juggler. Charles Egbert Craddock. 2017. (ENG.). (J). 414p. pap. (978-3-7447-1019-0(X)); 416p. pap. (978-3-7447-0454-0(8)) Creation Pubs.

Juggler: A Story (Classic Reprint) Charles Egbert Craddock. 2017. (ENG., Illus.). (J). 32.48 (978-1-5285-5282-0(2)) Forgotten Bks.

Juggler of Notre Dame. Anatole France. Tr. by Jan M. Ziolkowski. Illus. by Maurice Lalau. 2018. (Juggling the Middle Ages Ser.). (ENG.). 40p. (J). 14.95 (978-0-88402-435-4(0), 30440) Dumbarton Oaks.

Juggler of Our Lady. Anatole France. Tr. by Jan M. Ziolkowski. Illus. by Malatesta. 2018. (Juggling the Middle Ages Ser.). (ENG.). 78p. (J). 19.95 (978-0-88402-434-7(2), 30447) Dumbarton Oaks.

Jugglers (Classic Reprint) Ezra Brudno. (ENG., Illus.). (J). 2018. 266p. 29.38 (978-0-483-54611-0(9)); 2017. pap. 11.97 (978-1-5276-4370-3(0)) Forgotten Bks.

Juggling, Rapping Buzzard & Friends: They Love Animals & Are Loyal to Them. Nancy Hall Jones. 2023. (ENG.). 52p. (J). pap. 11.50 (978-1-68235-674-6(4), Strategic Bk. Publishing) Strategic Book Publishing & Rights Agency (SBPRA).

Juggling the Middle Ages: A Medieval Coloring Book. Trustees for Harvard University Dumbarton Oaks. Illus. by Maurice Lalau et al. 2018. (Juggling the Middle Ages Ser.). (ENG.). 32p. (J). pap. 9.95 (978-0-88402-438-5(5), 30449) Dumbarton Oaks.

Jughead's Time Police. Archie Superstars. 2018. (Illus.). 224p. (J). (gr. 4-7). pap. 10.99 (978-1-68255-913-0(0)) Archie Comic Pubns., Inc.

Jugo de Pecas (Freckle Juice) Novel Units Teacher Guide. Novel Units. 2019.Tr. of Freckle Juice. (ENG.). (J). (gr. 3-5). pap. 12.99 (978-1-56137-447-2(4), Novel Units, Inc.) Classroom Library Co.

Jugo Slav Stories: Translated from the Original & Edited with an Introduction (Classic Reprint) Pavle Popovic. 2017. (ENG., Illus.). (J). 29.42 (978-1-5283-8875-7(5)) Forgotten Bks.

Juguemos Play. Joshua Lawrence Patel Deutsch. 2020. (SPA., Illus.). 24p. (J). pap. 11.00 (978-0-578-68520-5(5)) Indy Pub.

Juguetes: Partición de Figuras. Logan Avery. rev. ed. 2019. (Mathematics in the Real World Ser.). (SPA., Illus.). 24p. (J). (gr. 1-2). pap. 9.99 (978-1-4258-2857-8(4)) Teacher Created Materials, Inc.

Juice Truck. Tate Wolf & Mike Avitabile. 2020. (ENG.). 30p. (J). 19.99 (978-1-7345497-2-0(6)) Lumberloft Pr.

Juices for Kids **see Juguitos para Ninos**

Jujijk: Mi'kmaw Insects, 1 vol. Illus. by Gerald Gloade. 2019. (ENG.). 40p. (J). pap. 10.95 (978-1-77108-757-5(9), 9d0ab50d-cb81-4f0c-936c-4dd092d75d02) Nimbus Publishing, Ltd. CAN. Dist: Baker & Taylor Publisher Services (BTPS).

JuJu Loves Popcorn. Yahaira Lopez. 2021. (ENG.). 32p. (J). pap. (978-1-6780-7173-8(0)) Lulu Pr., Inc.

Juju 'round the World: Japan. Jennifer Boston. Illus. by Fuuji Takashi. 2018. (ENG.). 28p. (J). (gr. 2-5). (978-1-78222-579-9(X)) Paragon Publishing, Rothersthorpe.

JuJu Smith-Schuster: Football Star. Anthony K. Hewson. 2020. (Biggest Names in Sports Set 5 Ser.). (ENG., Illus.). 32p. (J). (gr. 3-5). pap. 9.95 (978-1-64493-134-9(6), 1644931346, Focus Readers) North Star Editions.

JuJu Smith-Schuster: Football Star. Chrös McDougall. 2020. (Biggest Names in Sports Set 5 Ser.). (ENG., Illus.). 32p. (J). (gr. 3-5). lib. bdg. 31.35 (978-1-64493-055-7(2), 1644930552, Focus Readers) North Star Editions.

Jujube & Willow. Youjun Sun. Illus. by Shifang Zhu. 2019. (ENG.). 32p. (J). 17.95 (978-1-4788-6792-0(2)) Newmark Learning LLC.

Jujube & Willow. Illus. by Youjun Sun & Shifang Zhu. 2019. (ENG.). 32p. (J). pap. 8.95 (978-1-4788-6875-0(9)) Newmark Learning LLC.

Juju's Birthday Wish. Silvia Di Iorio. 2021. (ENG.). 22p. (J). (978-0-2288-3487-8(2)); pap. (978-0-2288-3486-1(4)) Tellwell Talent.

Jukebox. Nidhi Chanani. Illus. by Nidhi Chanani. 2021. (ENG., Illus.). 224p. (J). 21.99 (978-1-250-15636-5(X), 900184888); pap. 14.99 (978-1-250-15637-2(8), 900184889) Roaring Brook Pr. (First Second Bks.).

Juko's First Day of School: Raising Awareness for down Syndrome. Elisa Noriega. Illus. by Adrian Reevers. 2023. (Juko Ser.). 26p. (J). (-7). pap. 19.99 BookBaby.

Jule-Bytteri: Danish Edition of Christmas Switcheroo. Tuula Pere. Tr. by Merete Lundbeck. 2018. (DAN., Illus.). 56p. (J). (gr. k-6). (978-952-357-038-2(2)); pap. (978-952-357-037-5(4)) Wickwick oy.

Jule the Mule: Long Vowel U Sound. Stephanie Marie Bunt. 2020. (ENG.). 32p. (J). pap. 10.49 (978-1-948863-68-1(5)) Bunt, Stephanie.

Juleps & Clover (Classic Reprint) M. Vaughan Wilde. 2017. (ENG., Illus.). (J). 28.56 (978-0-331-28722-6(6)) Forgotten Bks.

Jules Loves Dragons. Tracilyn George. 2020. (ENG.). 26p. (J). pap. 11.00 (978-1-990153-65-5(8)) Lulu Pr., Inc.

Jules of the Great Heart Free Trapper & Outlaw in the Hudson Bay Region, in the Early Days (Classic Reprint) Lawrence Mott. 2018. (ENG., Illus.). 298p. (J). 30.04 (978-0-364-85023-7(X)) Forgotten Bks.

Jules, the Lightning Bug. Amulya Singh. Illus. by Patrick Lutz & Lindsay Neal. 2019. (ENG.). 18p. (J). (gr. k-4). pap. 7.00 (978-0-578-53459-6(2)) Singh, Amulya.

Jules Verne Prophecy. Larry Schwarz & Iva-Marie Palmer. 2023. (Jules Verne Prophecy Ser.: 1). (ENG., Illus.). 368p. (J). (gr. 5-9). 16.99 (978-0-316-34981-9(X)) Little, Brown Bks. for Young Readers.

Juletty: A Story of Old Kentucky (Classic Reprint) Lucy Cleaver McElroy. 2017. (ENG., Illus.). (J). 30.41 (978-1-5279-4630-9(4)) Forgotten Bks.

Julia & Fanny: The Two Friends; or, the Pleasure of Kindness & Reward of Industry (Classic Reprint) Miss Horwood. 2018. (ENG., Illus.). 24p. (J). 24.41 (978-0-267-51688-9(6)) Forgotten Bks.

Julia & I in Canada (Classic Reprint) Anne Topham. (ENG., Illus.). (J). 2018. 322p. 30.54 (978-0-666-05312-1(X)); 2017. pap. 13.57 (978-0-259-38871-5(8)) Forgotten Bks.

Julia & the Letter. Michelle Wanasundera. Illus. by Carissa Harris. 2023. (ENG.). 32p. (J). pap. (978-1-922991-35-5(X)) Library For All Limited.

Julia & the Letter. Michelle Wanasundera. Illus. by Begum Manav. 2022. (ENG.). 32p. (J). pap. (978-1-922895-15-8(6)) Library For All Limited.

Julia & the Letter - Akinyi Na Barua. Michelle Wanasundera. Illus. by Carissa Harris. 2023. (SWA.). 32p. (J). pap. (978-1-922951-41-0(2)) Library For All Limited.

Julia & the Pet-Lamb: Or, Good Temper & Compassion Rewarded (Classic Reprint) Unknown Author. 2018. (ENG., Illus.). 198p. (J). 27.98 (978-0-483-47822-0(9)) Forgotten Bks.

Julia & the Shark. Kiran Millwood Hargrave. Illus. by Tom de Freston. 2023. (ENG.). 224p. (J). (gr. 5). 18.99 (978-1-4549-4868-1(X)); pap. 9.99 (978-1-4549-4869-8(8)) Sterling Publishing Co., Inc. (Union Square Pr.).

Julia Bops to the Beat'. Felisha Bradshaw. Ed. by Raymundo Osio. Illus. by Aveira Studios. 2018. (Julia Learns Knows & Grows Ser.: Vol. 1). (ENG.). 42p. (J). pap. 12.99 (978-0-692-19898-8(9)) Brand New Happy moon Pub.

Julia Bride (Classic Reprint) Henry James. 2018. (ENG., Illus.). 102p. (J). 26.00 (978-0-483-80524-8(6)) Forgotten Bks.

Julia Cary & Her Kitten (Classic Reprint) M. E. Miller. 2018. (ENG., Illus.). 66p. (J). 25.26 (978-0-267-49664-8(8)) Forgotten Bks.

Julia Coughs a Lot. Jo Oliver-Yeager. 2022. (ENG.). 32p. (J). pap. 11.95 (978-1-7358815-8-4(9)) Kind Word Publishing.

Julia Defiant. Catherine Egan. 2018. (Witch's Child Ser.). (Illus.). 464p. (YA). (gr. 9). 10.99 (978-0-553-53338-5(X), Ember) Random Hse. Children's Bks.

Julia Gonzaga. Simonetta Carr. 2018. (Christian Biographies for Young Readers Ser.). (ENG., Illus.). 63p. (J). (gr. 3-7). 18.00 (978-1-60178-678-4(6)) Reformation Heritage Bks.

Julia Greeley: Secret Angel to the Poor. Maura Roan McKeegan. Illus. by Gina Capaldi. 2022. (ENG.). 40p. (J). (gr. 2-6). 15.99 (978-1-62164-583-2(5)) Ignatius Pr.

Julia Howard, Vol. 2 Of 3: A Romance (Classic Reprint) Martin Bell. 2018. (ENG., Illus.). 308p. (J). 30.25 (978-0-483-64816-6(7)) Forgotten Bks.

Julia Howard, Vol. 3 Of 3: A Romance (Classic Reprint) Martin Bell. 2018. (ENG., Illus.). 272p. (J). 29.51 (978-0-267-17065-4(3)) Forgotten Bks.

Julia Makes Mistakes. Jamie Lynn Estrada. 2021. (ENG.). 32p. (J). 24.95 (978-1-63630-221-8(1)) Covenant Bks.

Julia Rothman's Nature Anatomy Activity Book: Match-Ups, Word Puzzles, Quizzes, Mazes, Projects, Secret Codes + Lots More. Julia Rothman. 2023. (Anatomy Ser.). (ENG.). 64p. (J). (gr. 3-7). pap. 12.99 (978-1-63586-768-8(1)) Storey Publishing, LLC.

Julia (Sesame Street Friends) Andrea Posner-Sanchez. Illus. by Random House. 2022. (Sesame Street Friends Ser.). (ENG.). 26p. (J). (— 1). bds. 7.99 (978-0-593-42636-4(3), Random Hse. Bks. for Young Readers) Random Hse. Children's Bks.

Julia Takes Her Chance (Classic Reprint) Concordia Merrel. (ENG., Illus.). (J). 2018. 296p. 30.00 (978-0-484-22647-9(9)); 2017. pap. 13.57 (978-0-243-33074-4(X)) Forgotten Bks.

Julia the Raindrop / la Gota Julia: A Windy Day / un día de Viento. Kaira Pérez Aguada. 2019. (ENG & SPA., Illus.). 44p. (J). (gr. k-2). pap. 10.95 (978-0-89556-285-2(5)) Gateways Bks. & Tapes.

Julia the Sleeping Beauty Fairy. Daisy Meadows. 2016. (Illus.). 65p. (J). (978-0-545-88737-3(2)) Scholastic, Inc.

Julia, the Sunday School Girl (Classic Reprint) Unknown Author. 2018. (ENG., Illus.). 22p. (J). 24.35 (978-0-267-22626-9(8)) Forgotten Bks.

Julia Unbound. Catherine Egan. 2018. (Witch's Child Ser.: 3). (Illus.). 480p. (YA). (gr. 9). 17.99 (978-0-553-52488-8(7), Knopf Bks. for Young Readers) Random Hse. Children's Bks.

Julia Vanishes. Catherine Egan. 2017. (Witch's Child Ser.: 1). 400p. (YA). (gr. 9). pap. 9.99 (978-0-553-52487-1(9), Ember) Random Hse. Children's Bks.

Julia vs Olympics: A Novellette. Maciej Wojtkiewicz. 2018. (Julia vs Synchro Ser.: Vol. 1). (ENG., Illus.). 180p. (YA). (gr. 7-12). pap. 5.99 (978-83-950497-0-5(6)) Arte Publico Pr.

Julia Wainright: Girl in Two Worlds. Pamela Wayne. 2017. (ENG., Illus.). (J). pap. 11.95 (978-0-9862942-9-7(2)) Gametasia.

Julian & the Magical Treehouse. Danielle Robyn Douros. Illus. by Maryana Kachmar. 2016. (ENG.). (J). pap. 10.99 (978-1-68160-183-0(4)) Crimson Cloak Publishing.

Julian Assange: Founder of WikiLeaks. Rachel Moritz. 2017. (Newsmakers Set 2 Ser.). (ENG., Illus.). 48p. (J). (gr. 4-8). lib. bdg. 35.64 (978-1-5321-1179-2(7), 25934) ABDO Publishing Co.

Julian Assange: Founder of WikiLeaks, 1 vol. Kristin Thiel. 2018. (Hero or Villain? Claims & Counterclaims Ser.). (ENG.). 112p. (YA). (gr. 8-8). 45.93 (978-1-5026-3517-4(8), 5be1ea0f-2c81-4fce-a120-c8d68cd4e649) Cavendish Square Publishing LLC.

Julian Assange: Founder of WikiLeaks. Rachel Moritz. 2017. (Newsmakers Set 2 Ser.). (ENG.). 48p. (J). (gr. 4-8). 55.65 (978-1-68078-964-5(3), 26365) ABDO Publishing Co.

Julián at the Wedding. Jessica Love. Illus. by Jessica Love. 2020. (ENG.). 40p. (J). (gr. -1-3). 17.99 (978-1-5362-1238-9(5)) Candlewick Pr.

Julian der Abtrünnige (Historischer Roman) - Gesamtausgabe in 3 Bänden. Felix Dahn. 2017. (GER., Illus.). 348p. (YA). pap. (978-80-268-5766-2(6)) E-Artnow.

Julian Grenfell (Classic Reprint) Viola Meynell. (ENG., Illus.). (J). 2018. 24p. 24.39 (978-0-484-56709-1(8)); 2016. pap. 7.97 (978-1-334-14927-6(5)) Forgotten Bks.

Julian Home: A Tale of College Life (Classic Reprint) F. W. Farrar. 2018. (ENG., Illus.). 422p. (J). 32.60 (978-0-484-21751-4(8)) Forgotten Bks.

Julian I Love You All Ways. Marianne Richmond. Illus. by Dubravka Kolanovic. 2023. (I Love You All Ways Ser.). (ENG.). 32p. (J). (gr. -1-3). 8.99 (978-1-7282-7382-2(X)) Sourcebooks, Inc.

Julián Is a Mermaid. Jessica Love. Illus. by Jessica Love. 2018. (ENG., Illus.). 40p. (J). (gr. -1-3). 17.99 (978-0-7636-9045-8(7)) Candlewick Pr.

Julian Karslake's Secret: A Novel (Classic Reprint) John Hodder Needell. 2017. (ENG., Illus.). (J). 30.89 (978-1-5280-5247-4(1)); pap. 13.57 (978-1-5282-0198-8(1)) Forgotten Bks.

Julian Lennon White Feather Flier 3-Book Box Set. Julian Lennon & Bart Davis. Illus. by Smiljana Coh. 2019. (Julian Lennon's Children's Adventures Ser.). (ENG.). 120p. (J). (gr. -1-1). 35.00 (978-1-5107-4673-2(0), Sky Pony Pr.) Skyhorse Publishing Co., Inc.

Julian Mortimer: A Brave Boy's Struggle for Home & Fortune (Classic Reprint) Harry Castlemon. 2018. (ENG., Illus.). 310p. (J). 30.27 (978-0-484-34412-8(9)) Forgotten Bks.

Julian on the North Pole Express. J. D. Green. Illus. by Joanne Partis. 2022. (North Pole Express Bears Ser.). (ENG.). 32p. (J). (gr. -1-3). 7.99 (978-1-7282-6950-4(4)) Sourcebooks, Inc.

Julian on the North Pole Express. J. D. Green. 2019. (North Pole Express Ser.). (ENG.). 32p. (J). (gr. -1-3). 7.99 (978-1-7282-0354-6(6)) Sourcebooks, Inc.

Julian the Gymnast: And the High Bar Debacle. Amir Muhammad. 2022. (ENG.). 24p. (J). (978-1-387-94074-5(0)) Lulu Pr., Inc.

Julian 'Twas the Night Before Christmas. Illus. by Lisa Alderson. 2019. (Night Before Christmas Ser.). (ENG.). 32p. (J). (gr. -1-3). 7.99 (978-1-7282-0247-1(7)) Sourcebooks, Inc.

Juliana Horatia Ewing & Her Books (Classic Reprint) Horatia K. F. Eden. (ENG., Illus.). (J). 2018. 348p. 31.07 (978-0-483-90965-6(3)); 2016. pap. 13.57 (978-1-334-25814-5(7)) Forgotten Bks.

Juliana Horatia Ewing, & Her Books (Classic Reprint) Horatia K. F. Gatty. 2018. (ENG., Illus.). 98p. (J). 25.92 (978-0-484-41719-8(3)) Forgotten Bks.

Juliana Oakley: A Tale (Classic Reprint) Mary Martha Sherwood. (ENG., Illus.). (J). 2018. 84p. 25.65 (978-0-483-60042-3(3)); 2016. pap. 9.57 (978-1-333-13960-5(8)) Forgotten Bks.

Juliane Koepcke: Lost in Peru. Virginia Loh-Hagan. 2018. (True Survival Ser.). (ENG., Illus.). 32p. (J). (gr. 4-8). pap. 14.21 (978-1-5341-0869-1(6), 210840); lib. bdg. 32.07 (978-1-5341-0770-0(3), 210839) Cherry Lake Publishing. (45th Parallel Press).

Juliane's Story: A Real-Life Account of Her Journey from Zimbabwe. Andy Glynne. 2017. (Seeking Refuge Ser.). (ENG., Illus.). 32p. (J). (gr. k-5). 27.99 (978-1-5158-1414-6(9), 135356, Picture Window Bks.) Capstone.

Julianne: Queen of the Ruins. Howard Jones. 2022. (ENG.). 166p. (YA). pap. (978-1-4583-1746-9(3)) Lulu Pr., Inc.

Julian's Christmas Wish. Put Me In The Story & J. D. Green. Illus. by Julia Seal. 2018. (Christmas Wish Ser.). (ENG.). 32p. (J). (gr. k-3). 6.99 (978-1-4926-8530-2(5)) Sourcebooks, Inc.

Julian's Jam: Strings of Joy. Shakeema Funchess. 2023. (ENG.). 38p. (J). pap. 15.00 (978-1-0881-3805-2(5)) Indy Pub.

Julia's Adventures with Harvey & Tinker Belle: Christmas in the Nutty Forest. Cecil McCrory. 2017. (ENG., Illus.). (J). pap. 13.95 (978-1-63525-786-1(7)) Christian Faith Publishing.

Julia's Adventures with Harvey & Tinker Belle: Julia Meets Harvey. Cecil McCrory. 2017. (ENG., Illus.). (J). pap. 13.95 (978-1-63575-175-8(6)) Christian Faith Publishing.

Julia's Happy Heart. Ma Julia Ross. 2021. (ENG., Illus.). 38p. (J). 24.95 (978-1-0980-6727-4(4)); pap. 15.95 (978-1-68570-135-2(3)) Christian Faith Publishing.

Julia's House Goes Home. Ben Hatke. 2021. (Julia's House Ser.). (ENG., Illus.). 48p. (J). 18.99 (978-1-250-76932-9(9), 900233371, First Second Bks.) Roaring Brook Pr.

Julia's House Moves On. Ben Hatke. Illus. by Ben Hatke. 2020. (Julia's House Ser.). (ENG., Illus.). 40p. (J). 19.99 (978-1-250-19137-3(8), 900192707, First Second Bks.) Roaring Brook Pr.

Julia's Mending. Kathy Lynn Emerson. 2020. (ENG.). 104p. (J). pap. 9.99 (978-1-393-59464-2(6)) Draft2Digital.

Julie. Jean Craighead George. Illus. by Wendell Minor. 2019. (Julie of the Wolves Ser.: 2). (ENG.). 256p. (J). (gr. 3-7). pap. 9.99 (978-0-06-288431-2(X), HarperCollins) HarperCollins Pubs.

Julie: A Study of a Girl by a Man (Classic Reprint) Unknown Author. 2017. (ENG., Illus.). (J). 250p. 29.05 (978-0-484-12062-3(X)); pap. 11.57 (978-0-259-17228-4(6)) Forgotten Bks.

Julie & the Mango Tree. Sade Smith. Illus. by Sayada Ramdial. 2023. (ENG.). 32p. (J). 18.99 (978-1-250-80634-5(8), 900244285) Feiwel & Friends.

Julie & the Monster in the Sea. Gwendolyn Burko. 2020. (ENG.). 60p. (J). (978-1-5255-7672-0(0)); pap. (978-1-5255-7673-7(9)) FriesenPress.

Julie Andrews: a Little Golden Book Biography. Christy Webster. Illus. by Sue Cornelison. 2023. (Little Golden Book Ser.). 24p. (J). (gr. -1-3). 5.99 (978-0-593-56419-6(7), Golden Bks.) Random Hse. Children's Bks.

Julie Dash. Joyce Markovics & Alrick A. Brown. 2023. (Groundbreakers: Black Moviemakers Ser.). (ENG., Illus.). 24p. (J). (gr. 3-6). pap. 12.79 (978-1-6689-2077-0(8), 222055); lib. bdg. 30.64 (978-1-6689-1975-0(3), 221953) Cherry Lake Publishing.

Julie Ertz, 1 vol. Benjamin Burdett. 2018. (Soccer Stars Ser.). (ENG.). 24p. (J). (gr. 3-3). 25.27 (978-1-5383-4349-4(5), e3255336-ded3-40ee-b590-e607c40d6324, PowerKids Pr.) Rosen Publishing Group, Inc., The.

Julie Loves to Dance. Nadia Famiano. 2023. (ENG.). 38p. (J). pap. (978-1-83934-657-6(4)) Olympia Publishers.

Julie Malloy Gang & the Smugglers. Michael Davies. Illus. by Sue Aherne. 2019. (ENG.). 160p. (J). (gr. 4-6). pap. (978-0-6484702-9-8(6)) Dalton, Mickie Foundation, The.

Julie of the Wolves Novel Units Student Packet. Novel Units. 2019. (ENG.). (J). (gr. 4-7). pap. 13.99 (978-1-56137-821-0(6), Novel Units, Inc.) Classroom Library Co.

Julie y Los Lobos (Julie of the Wolves) Novel Units Teacher Guide. Novel Units. 2019.Tr. of Julie & the Wolves. (ENG.). (YA). (gr. 5-8). pap. 12.99 (978-1-56137-555-4(1), NU5729, Novel Units, Inc.) Classroom Library Co.

Julie's Big Day. Pauli Rose Libsohn. 2022. (ENG., Illus.). 88p. (J). 26.95 (978-1-6624-3520-1(7)); pap. 18.95 (978-1-6624-8538-1(7)) Page Publishing Inc.

Julie's Diary: A Personal Record (Classic Reprint) Julie Mathilde Magens. 2018. (ENG., Illus.). 308p. (J). 30.27 (978-0-483-39204-5(9)) Forgotten Bks.

Julie's Magical Forest. Dora Elia. 2021. (ENG., Illus.). 176p. (YA). 38.95 (978-1-0980-8194-2(3)); pap. 28.95 (978-1-0980-8193-5(5)) Christian Faith Publishing.

Julie's Wolf Pack. Jean Craighead George. 2019. (Julie of the Wolves Ser.: 3). (ENG.). 208p. (J). (gr. 3-7). pap. 7.99 (978-0-06-288432-9(8), HarperCollins) HarperCollins Pubs.

Juliet Jones & the Ginger Pig. Sue Reardon Smith. 2018. (ENG.). 80p. (J). pap. 8.95 (978-1-78562-283-0(8)) Gomer Pr. GBR. Dist: Casemate Pubs. & Bk. Distributors, LLC.

Juliet, Nearly a Vet: Collection One: 4 Books in One. Rebecca Johnson. Illus. by Kyla May. 2018. (Juliet, Nearly a Vet Ser.: 1). 384p. (J). (gr. 3-5). pap. 19.99 (978-0-14-378691-7(1)) Random Hse. Australia AUS. Dist: Independent Pubs. Group.

Juliet, Nearly a Vet, Collection Two, 4 Bks. Rebecca Johnson. Illus. by Kyla May. 2018. (Juliet, Nearly a Vet Ser.: 2). 368p. (J). (gr. 3-5). pap. 16.99 (978-0-14-378692-4(X)) Random Hse. Australia AUS. Dist: Independent Pubs. Group.

Juliet Saves the Day! Ready-To-Read Level 2. Illus. by Kelly Kennedy & Scott Burroughs. 2018. (Sherlock Gnomes Ser.). (ENG.). 32p. (J). (gr. k-2). pap. 3.99 (978-1-5344-1094-7(5), Simon Spotlight) Simon Spotlight.

Juliet Takes a Breath. Gabby Rivera. (ENG.). 320p. (YA). (gr. 9). 2021. pap. 11.99 (978-0-593-10819-2(1), Penguin Books); 2019. 17.99 (978-0-593-10817-8(5), Dial Bks) Penguin Young Readers Group.

Juliet, Vol. 1 of 3 (Classic Reprint) Mary Elizabeth Carter. (ENG., Illus.). (J). 2018. 304p. 30.17 (978-0-483-30172-6(8)); 2016. pap. 13.57 (978-1-333-71554-0(4)) Forgotten Bks.

Julieta & the Diamond Enigma, 1 vol. Luisana Duarte Armendariz. 2020. (ENG., Illus.). 240p. (J). (gr. 3-7). 19.95 (978-1-64379-046-6(3), leelowtu, Tu Bks.) Lee & Low Bks., Inc.

Julieta & the Romeos. Maria E. Andreu. 2023. (ENG.). 400p. (YA). (gr. 9). 19.99 (978-0-06-299654-1(1), Balzer & Bray) HarperCollins Pubs.

Juliette: Or, Now & Forever (Classic Reprint) Madeline Leslie. 2017. (ENG., Illus.). 424p. (J). 32.64 (978-0-484-53358-4(4)) Forgotten Bks.

Juliette et les Loukakas. Emmanuel D'Affry. 2016. (FRE., Illus.). 60p. (J). pap. (978-1-326-79848-2(0)) Lulu Pr., Inc.

Juliette Gordon Low: The First Girl Scout. Dona Herweck Rice. rev. ed. 2018. (Social Studies: Informational Text Ser.). (ENG., Illus.). 32p. (J). (gr. 2-4). pap. 11.99 (978-1-4938-8781-1(5)) Teacher Created Materials, Inc.

1070

The check digit for ISBN-10 appears in parentheses after the full ISBN-13

Juliette's Christmas Adventure. Dawn Cardin. 2018. (Juliette's Adventures Ser.: Vol. 2). (ENG., Illus.). 22p. (J). (gr. 2-5). pap. 9.99 *(978-1-64370-688-7(8))* Juliette's Adventures.

Julio. Julie Murray. 2017. (Los Meses (Months) Ser.).Tr. of July. (SPA.). 24p. (J). (gr. -1-2). lib. bdg. 31.36 *(978-1-5321-0634-7(3)*, 27225, Abdo Kids) ABDO Publishing Co.

Julio Jones, Vol. 9. Joe L. Morgan. 2018. (Gridiron Greats: Pro Football's Best Players Ser.). 80p. (J). (gr. 7). lib. bdg. 33.27 *(978-1-4222-4072-4(X))* Mason Crest.

Julio Verne. Julio Verne. 2019. (Coleccion Aventuras Ser.). (SPA.). 184p. (J). (gr. 2-4). 25.99 *(978-84-677-5679-1(9))* Susaeta Ediciones, S.A. ESP. Dist: Independent Pubs. Group.

Julius. Angela Johnson. Illus. by Dav Pilkey. 2023. (ENG.). 32p. (J). (gr. -1-3). 14.99 *(978-1-338-89833-0(7))* Scholastic, Inc.

Julius & Little Nero. Jill Marie Drury et al. 2019. (Cats of Rome Ser.). (ENG., Illus.). 32p. (J). (gr. -1-3). *(978-1-5255-4976-2(6))*; pap. *(978-1-5255-4977-9(4))* FriesenPress.

Julius & Macy: A Very Brave Night. Annelouise Mahoney. Illus. by Annelouise Mahoney. 2021. (ENG.). 32p. (J). (gr. -1-2). 17.99 *(978-1-5420-0716-0(X)*, 9781542007160, Two Lions) Amazon Publishing.

Julius, & Other Tales from the German (Classic Reprint) W. H. Furness. (ENG., Illus.). (J). 2018. 306p. 30.23 *(978-0-267-11845-8(7))*; 2017. pap. 13.57 *(978-0-282-43237-9(X))* Forgotten Bks.

Julius Caesar, 1 vol. Margaux Baum & James Thorne. 2016. (Leaders of the Ancient World Ser.). (ENG.). 112p. (J). (gr. 6-6). 38.80 *(978-1-5081-7248-2(X)*, b53a547f-12b4-427f-ba2a-deee59e5451e) Rosen Publishing Group, Inc., The.

Julius Caesar. Joanne Mattern. 2017. (Junior Biography From Ancient Civilization Ser.). (Illus.). 48p. (J). (gr. 4-6). 29.95 *(978-1-68020-024-9(0))* Mitchell Lane Pubs.

Julius Caesar. William Shakespeare. 2019. (ENG.). 124p. (J). pap. *(978-1-989201-54-1(7))* East India Publishing Co.

Julius Caesar. William Shakespeare. 2016. (ENG., Illus.). 90p. (J). pap. *(978-1-365-31617-3(3))* Lulu Pr., Inc.

Julius Caesar. William Shakespeare. 2021. (ENG.). 110p. (J). pap. 6.99 *(978-1-4209-7585-7(4))* Digireads.com Publishing.

Julius Caesar. William Shakespeare. 2020. (ENG.). 126p. (J). pap. *(978-1-77426-041-8(7))* East India Publishing Co.

Julius Caesar. William Shakespeare & August Wilhelm Von Schlegel. 2017. (GER.). 132p. (J). pap. *(978-3-337-35212-7(X))* Creation Pubs.

Julius Caesar: A Tragedy, As It Is Acted at the Theatre Royal in Drury-Lane by His Majesty's Servants (Classic Reprint) William Shakespeare. 2016. (ENG., Illus.). (J). pap. 9.57 *(978-1-333-27227-2(8))* Forgotten Bks.

Julius Caesar: A Tragedy, As It Is Now Acted at the Theatre Royal (Classic Reprint) William Shakespeare. 2017. (ENG., Illus.). (J). pap. 9.57 *(978-0-259-38247-8(7))* Forgotten Bks.

Julius Caesar: A Tragedy in Five Acts (Classic Reprint) William Shakespeare. 2016. (ENG., Illus.). (J). pap. 9.57 *(978-1-333-58820-5(8))* Forgotten Bks.

Julius Caesar: Roman General, 1 vol. T. P. Wiseman. 2017. (History Makers Ser.). (ENG.). 144p. (YA). (gr. 9-9). 47.36 *(978-1-5026-3296-8(9)*, ac73812c-9e80-4d07-8353-252aab53d723) Cavendish Square Publishing LLC.

Julius Caesar: The Roman General & Dictator Who Was Loved by His People - Biography of Famous People Children's Biography Books. Baby Professor. 2017. (ENG., Illus.). (J). pap. 9.55 *(978-1-5419-1188-8(1)*, Baby Professor (Education Kids)) Speedy Publishing LLC.

Julius Caesar: a Shakespeare Children's Story. Illus. by Macaw Books. adapted abr. ed. 2020. (Sweet Cherry Easy Classics Ser.). (ENG.). 64p. (J). 5.99 *(978-1-78226-665-5(8)*, 7dcf8bec-4bb7-48a9-9f37-6036e3c72434); 8.99 *(978-1-78226-672-3(0)*, d0ef73c8-b84e-4206-9cd1-40e1956d6efd) Sweet Cherry Publishing GBR. Dist: Baker & Taylor Publisher Services (BTPS).

Julius Caesar Novel Units Student Packet. Novel Units. 2019. (ENG.). (YA). pap. 13.99 *(978-1-56137-304-8(4)*, NU3044SP, Novel Units, Inc.) Classroom Library Co.

Julius Caesar: Shakespeare's Greatest Stories: With Review Questions & an Introduction to the Themes in the Story. Wonder House Books. 2019. (Illustrated Classics Ser.). (ENG.). 88p. (YA). (gr. 9). pap. 3.99 ***(978-93-89567-42-7(4))*** Prakash Bk. Depot IND. Dist: Independent Pubs. Group.

Julius Courtney: Or, Master of His Fate (Classic Reprint) J. Mac Laren Cobban. (ENG., Illus.). (J). 2018. 196p. 27.94 *(978-0-267-10706-3(4))*; 2017. pap. 10.57 *(978-1-5276-3794-8(8))* Forgotten Bks.

Julius, el Rey de la Casa. Kevin Henkes. 2017.Tr. of Julius, the Baby of the World. (SPA., Illus.). 31p. (J). pap. 9.99 *(978-1-63245-668-7(0))* Lectorum Pubns., Inc.

Julius Julii: Book 1: the Power of the Julii. James Creighton. 2021. (ENG.). 368p. (YA). pap. 23.95 *(978-1-63692-078-8(0))* Newman Springs Publishing, Inc.

Julius the Street Boy or Out West (Classic Reprint) Horatio Alger. 2018. (ENG., Illus.). 260p. (J). 29.26 *(978-0-483-87025-3(0))* Forgotten Bks.

Julius Zebra: Battle with the Britons! Gary Northfield. Illus. by Gary Northfield. (Julius Zebra Ser.: 2). (ENG., Illus.). 288p. (J). (gr. 2-5). 2019. pap. 7.99 *(978-1-5362-0636-4(9))*; 2018. 15.99 *(978-0-7636-7854-8(6))* Candlewick Pr.

Julius Zebra: Entangled with the Egyptians! Gary Northfield. Illus. by Gary Northfield. (Julius Zebra Ser.). (ENG.). 320p. (J). (gr. 2-5). 2021. pap. 8.99 *(978-1-5362-2335-4(2))*; 2019. (Illus.). 15.99 *(978-1-5362-0523-7(0))* Candlewick Pr.

Julius Zebra: Grapple with the Greeks! Gary Northfield. Illus. by Gary Northfield. 2021. (Julius Zebra Ser.). (ENG., Illus.). 320p. (J). (gr. 2-5). pap. 8.99 *(978-1-5362-1988-3(6))*; 16.99 *(978-1-5362-1514-4(7))* Candlewick Pr.

Julius Zebra: Rumble with the Romans! Gary Northfield. Illus. by Gary Northfield. (Julius Zebra Ser.: 1). (ENG., Illus.). 288p. (J). (gr. 2-5). 2018. pap. 7.99 *(978-0-7636-9846-1(6))*; 2016. 15.99 *(978-0-7636-7853-1(8))* Candlewick Pr.

Julu. Jan Anderegg. 2018. (Julu Ser.: Vol. 1). (ENG., Illus.). 334p. (YA). 24.95 *(978-1-64237-204-5(8))*; pap. 12.95 *(978-1-64237-076-8(2))* Gatekeeper Pr.

July see Julio

July. Julie Murray. 2017. (Months Ser.). (ENG., Illus.). 24p. (J). (gr. -1-2). lib. bdg. 31.36 *(978-1-5321-0021-5(3)*, 25124, Abdo Kids) ABDO Publishing Co.

July & August of 1914 (Classic Reprint) Mary Raymond Williams. 2018. (ENG., Illus.). 278p. (J). 29.63 *(978-0-332-17849-3(8))* Forgotten Bks.

July Holiday in Saxony, Bohemia, & Silesia (Classic Reprint) Walter White. (ENG., Illus.). (J). 2018. 324p. 30.58 *(978-0-656-31985-5(2))*; 2016. pap. 13.57 *(978-1-334-28054-2(1))* Forgotten Bks.

July Lights. Kathleen Souza. Illus. by Hannah Robidoux. 2020. (ENG.). 32p. (J). 19.95 *(978-1-944715-78-6(9))*; pap. 14.95 *(978-1-68433-597-8(3))* Black Rose Writing.

Juma & the Leopard. Michelle Inda. 2020. (ENG.). 28p. (J). 19.99 *(978-1-0879-2616-2(5))* Inda, Michelle.

Juma the Giraffe. Monica L. Bond. Illus. by Kayla Harren. 2018. (ENG.). 34p. (J). pap. 12.00 *(978-0-9898182-9-2(2))* Wild Nature Institute.

Jumalan Lapsena. Pertti Pietarinen. Illus. by Pertti Pietarinen. 2018. (Jumalan Lapsena Ser.: Vol. 1). (FIN., Illus.). 40p. (J). (gr. k-6). *(978-952-7304-02-0(4))* Papan Publishing.

Jumanji Novel Units Teacher Guide. Novel Units. 2019. (ENG.). (J). pap. 12.99 *(978-1-56137-331-4(1)*, Novel Units, Inc.) Classroom Library Co.

Jumble: A Collection of Pieces in Prose & Rhyme for the Silver Lake Stories (Classic Reprint) Lorentz Lermont. (ENG., Illus.). (J). 2018. 154p. 27.07 *(978-0-483-94993-5(0))*; 2016. pap. 9.57 *(978-1-334-29962-9(5))* Forgotten Bks.

Jumble Book: A Jumble of Good Things. David Cory. 2018. (ENG., Illus.). 196p. (YA). pap. *(978-93-5329-246-1(8))* Alpha Editions.

Jumble Book: A Jumble of Good Things. David Cory. 2017. (ENG., Illus.). (J). pap. *(978-0-649-21700-7(4))* Trieste Publishing Pty Ltd.

Jumble Book: A Jumble of Good Things (Classic Reprint) David Cory. 2018. (ENG., Illus.). 268p. (J). 29.42 *(978-0-483-39313-4(4))* Forgotten Bks.

Jumble Book of Rhymes Recited by the Jumbler (Classic Reprint) Frank R. Heine. 2018. (ENG., Illus.). 92p. (J). 25.81 *(978-0-484-88771-7(8))* Forgotten Bks.

Jumble Trouble! How Many Can You See? Hidden Picture Activity Books. Jupiter Kids. 2017. (ENG., Illus.). (J). pap. 8.33 *(978-1-5419-3460-3(1)*, Jupiter Kids (Childrens & Kids Fiction)) Speedy Publishing LLC.

Jumble Trouble Says the Billie Bumble! Activity Book Kindergarten. Speedy Kids. 2018. (ENG., Illus.). 106p. (J). pap. 12.55 *(978-1-5419-3692-8(2))* Speedy Publishing LLC.

Jumblies, & Other Nonsense Verses (Classic Reprint) Edward Lear. 2017. (ENG., Illus.). (J). 25.57 *(978-0-265-20357-6(0))* Forgotten Bks.

Jumbo: The Making of the Boeing 747. Chris Gall. Illus. by Chris Gall. 2020. (ENG., Illus.). 48p. (J). 19.99 *(978-1-250-15580-1(0)*, 900184775) Roaring Brook Pr.

Jumbo Activity Book for Kids: Over 321 Fun Activities for Kids Ages 4-8 - Workbook Games for Daily Learning, Tracing, Coloring, Counting, Mazes, Matching, Word Search, Dot to Dot, & More! Jennifer L. Trace. 2020. (ENG.). 324p. (J). 19.99 *(978-1-946525-33-8(2))* Kids Activity Publishing.

Jumbo Activity Book for Kids: Over 321 Fun Activities for Kids Ages 4-8 - Workbook Games for Daily Learning, Tracing, Coloring, Counting, Mazes, Matching, Word Search, Dot to Dot, & More!: over 321 Fun Activities for Kids Ages 4-8 - Workbook Games for D. Jennifer L. Trace. 2020. (ENG.). 324p. (J). pap. 13.97 *(978-1-946525-21-5(9))* Kids Activity Publishing.

Jumbo Activity Book for Kids Ages 4-8: 500 Different Activities. Tony R. Smith. 2020. (ENG.). 402p. (J). pap. 32.99 ***(978-1-952524-44-8(X))*** Smith Show Media Group.

Jumbo Activity Book for Kids! Color by Number, Tracing Fun & Tic Tac Toe Games! Bye Bye Boredom! Vol 3. Baby Professor. 2017. (ENG., Illus.). (J). pap. 13.00 *(978-1-5419-1037-9(0)*, Baby Professor (Education Kids)) Speedy Publishing LLC.

Jumbo Activity Book for Kids! Coloring, Dot to Dot & Matching Games Bye Bye Boredom! Vol 1. Baby Professor. 2017. (ENG., Illus.). (J). pap. 13.00 *(978-1-5419-1035-5(4)*, Baby Professor (Education Kids)) Speedy Publishing LLC.

Jumbo Activity Book for Kids! Hidden Pictures, Mazes & Guessing Games Bye Bye Boredom! Vol 2. Baby Professor. 2017. (ENG., Illus.). (J). pap. 13.00 *(978-1-5419-1036-2(2)*, Baby Professor (Education Kids)) Speedy Publishing LLC.

Jumbo Alphabet Book Practice Book Prek-Grade 1 - Ages 4 To 7. Bobo's Little Brainiac Books. 2016. (ENG., Illus.). (J). pap. 7.99 *(978-1-68327-813-9(5))* Sunshine In My Soul Publishing.

Jumbo Blue Whales, 1 vol. Francis MacIntire. 2017. (Great Big Animals Ser.). (ENG.). 24p. (J). (gr. k-k). pap. 9.15 *(978-1-5382-0907-3(1)*, 3d83fdc0-cc4c-4b08-baf4-bc42b958e811) Stevens, Gareth Publishing LLLP.

Jumbo Book of Amazing Mazes. Created by Highlights. 2017. (Highlights Jumbo Books & Pads Ser.). (ENG.). 256p. (J). (gr. 1-4). pap. 12.99 *(978-1-62979-884-4(3)*, Highlights) Highlights Pr., c/o Highlights for Children, Inc.

Jumbo Book of Fun for Kids. 2017. (ENG., Illus.). 320p. (J). (gr. 1-2). pap. 10.99 *(978-1-338-21834-3(4)*, 821834) Scholastic, Inc.

Jumbo Book of Hidden Pictures. Created by Highlights. 2017. (Highlights Jumbo Books & Pads Ser.). (ENG.). 256p. (J). (gr. 1-4). pap. 12.99 *(978-1-62979-826-4(6)*, Highlights) Highlights Pr., c/o Highlights for Children, Inc.

Jumbo Book of Kindergarten Fun. 2017. (ENG., Illus.). 320p. (J). (gr. k-k). pap. 10.99 *(978-1-338-16944-7(0))* Scholastic, Inc.

Jumbo Book of My First Hidden Pictures. Created by Highlights. 2021. (Highlights Jumbo Books & Pads Ser.). 256p. (J). (-k). pap. 12.99 *(978-1-64472-506-1(1)*, Highlights) Highlights Pr., c/o Highlights for Children, Inc.

Jumbo Book of Pre-K Fun. 2017. (ENG., Illus.). 320p. (J). (gr. -1 — 1). pap. 10.99 *(978-1-338-16943-0(2)*, 816943) Scholastic, Inc.

Jumbo Book of Sticker Puzzles. Created by Highlights. 2022. (Highlights Jumbo Books & Pads Ser.). 176p. (J). (gr. -1-3). pap. 12.99 *(978-1-64472-678-5(5)*, Highlights) Highlights Pr., c/o Highlights for Children, Inc.

Jumbo Book of Toddler Fun. Scholastic Teaching Resources. 2023. (ENG.). 320p. (J). pap. 10.99 *(978-1-338-89107-2(3))* Scholastic, Inc.

Jumbo Christmas Activity Book. Twin Sisters(r) et al. 2017. (ENG.). 64p. (J). pap. 9.99 *(978-1-68322-283-5(0))* Barbour Publishing, Inc.

Jumbo Christmas Coloring Book for Kids: The Ultimate Gift Book of Christmas Coloring for Boys & Girls - over 50 Fun, Easy & Relaxing High Quality Children's Coloring Pages Including Color by Number. Happy Harper. 2020. (ENG.). 116p. (J). pap. *(978-1-989543-52-8(9)*, Happy Harper) Gill, Karanvir.

Jumbo Coloring: Classic Cars. Activibooks For Kids. 2016. (ENG., Illus.). (J). pap. 9.20 *(978-1-68321-796-1(9))* Mimaxion.

Jumbo Coloring Book! a Unique Collection of Pages. Bold Illustrations. 2018. (ENG., Illus.). 64p. (J). pap. 6.92 *(978-1-64193-973-7(7)*, Bold Illustrations) FASTLANE LLC.

Jumbo Coloring Book for Kids: 300 Pages of Activities: Ages 4-8 300 Pages, Special Edition Includes Activities. Tony R. Smith. 2020. (ENG.). 330p. (J). pap. 29.99 ***(978-1-952524-32-5(6))*** Smith Show Media Group.

Jumbo Coloring Book for Kids: Dinosaurs & Unicorns (80 Coloring Pages) Happy Harper. 2019. (ENG., Illus.). 162p. (J). pap. *(978-1-989543-20-7(0)*, Happy Harper) Gill, Karanvir.

Jumbo Coloring Book with Easter Eggs: Beautiful Collection of 125 Unique Easter Egg Designs, Most Beautiful Mandalas for Stress Relief & Relaxation. Elli Steele. 2021. (ENG.). 250p. (YA). pap. 16.59 *(978-1-008-99451-5(0))* Lulu Pr., Inc.

Jumbo Dinosaur Coloring Book: Big Dinosaur Coloring Book, Dinosaur Designs for Boys & Girls, Including T-Rex, Velociraptor, Triceratops, Stegosaurus, & More, Dinosaur Coloring Book for Boys, Girls, Toddlers. Lenard Vinci Press. 2020. (ENG.). 154p. (J). pap. 12.99 *(978-1-716-29605-5(6))* Lulu Pr., Inc.

Jumbo Dinosaur Coloring Book for Kids! a Variety of Unique Coloring Pages for Children. Bold Illustrations. 2022. (ENG.). 82p. (J). pap. 15.99 ***(978-1-0717-0694-7(2)***, Bold Illustrations) FASTLANE LLC.

Jumbo Dinosaurier: Big Dinosaur Malbuch, Dinosaurier Designs Für Jungen und Mädchen, Einschließlich T-Rex, Velociraptor, Triceratops, Stegosaurus und Mehr, Dinosaurier Malbuch Für Jungen, Mädchen, Kleinkinder. Lenard Vinci Press. 2020. (GER.). 154p. (J). pap. 12.99 *(978-1-716-29593-5(9))* Lulu Pr., Inc.

Jumbo Easter Activity Book for Kids: This Beautiful Activity Book Includes Mazes, Word Search, Drawing, Dot-To-Dot, Picture Puzzles, & Coloring. Elli Steele. 2021. (ENG.). 172p. (J). pap. 13.98 *(978-1-008-99008-1(6))* Lulu Pr., Inc.

Jumbo Edition: Golden Books Coloring Book. Jupiter Kids. 2016. (ENG., Illus.). 106p. (J). pap. 12.55 *(978-1-68305-264-7(1)*, Jupiter Kids (Childrens & Kids Fiction)) Speedy Publishing LLC.

Jumbo Jack-O'-Lantern Mad Libs: 4 Mad Libs In 1! World's Greatest Word Game. Mad Libs. 2022. (Mad Libs Ser.). 192p. (J). (gr. 3-7). pap. 8.99 *(978-0-593-52271-4(0)*, Mad Libs) Penguin Young Readers Group.

Jumbo Jamboree of Mazes! Kids Maze Activity Book. Bobo's Children Activity Books. 2016. (ENG., Illus.). (J). pap. 7.99 *(978-1-68327-274-8(9))* Sunshine In My Soul Publishing.

Jumbo Joke Book for Funny Kids. Andrew Pinder. 2020. (Buster Laugh-A-lot Bks.). (ENG., Illus.). 256p. (J). (gr. 2-4). pap. 10.99 *(978-1-78055-716-8(7)*, Buster Bks.) O'Mara, Michael Bks., Ltd. GBR. Dist: Independent Pubs. Group.

Jumbo-Malbuch: Malbuch Für Mädchen - Blumen, Meerestiere, Früchte, Gemüse - Schönes Malbuch Für Kinder Von 4-10 Jahren - Activity Book Für Kinder. Lena Bidden. l.t. ed. 2021. (GER.). 36p. (J). pap. 9.99 *(978-0-07-573815-2(5))* Lulu Pr., Inc.

Jumbo Maze Jamboree: Kids Activity Book. Activity Book Zone for Kids. 2016. (ENG., Illus.). (J). pap. 7.55 *(978-1-68376-202-7(9))* Sabeels Publishing.

Jumbo Pad of Brain Teasers. Created by Highlights. 2020. (Highlights Jumbo Books & Pads Ser.). 256p. (J). (gr. 1-4). pap. 12.99 *(978-1-68437-919-4(9)*, Highlights) Highlights Pr., c/o Highlights for Children, Inc.

Jumbo Pad of My First Puzzles. Created by Highlights. 2020. (Highlights Jumbo Books & Pads Ser.). 240p. (J). (-k). pap. 12.99 *(978-1-68437-918-7(0)*, Highlights) Highlights Pr., c/o Highlights for Children, Inc.

Jumbo Pad of Number Puzzles. Created by Highlights. 2022. (Highlights Jumbo Books & Pads Ser.). 256p. (J). (gr. 1-4). pap. 12.99 *(978-1-64472-847-5(8)*, Highlights) Highlights Pr., c/o Highlights for Children, Inc.

Jumbo Pad of Picture Puzzles. Created by Highlights. 2019. (Highlights Jumbo Books & Pads Ser.). 256p. (J). (gr. 1-4). pap. 12.99 *(978-1-68437-247-8(X)*, Highlights) Highlights Pr., c/o Highlights for Children, Inc.

Jumbo Pad of Puzzling Fun. Created by Highlights. 2016. (Highlights Jumbo Books & Pads Ser.). (ENG.). 256p. (J). (gr. 1-4). pap. 12.99 *(978-1-62979-617-8(4)*, Highlights) Highlights Pr., c/o Highlights for Children, Inc.

Jumbo Pad of Word Puzzles. Created by Highlights. 2019. (Highlights Jumbo Books & Pads Ser.). 256p. (J). (gr. 1-4). pap. 12.99 *(978-1-68437-654-4(8)*, Highlights) Highlights Pr., c/o Highlights for Children, Inc.

Jumbo Stickers for Little Hands: Dinosaurs: Includes 75 Stickers. Jomike Tejido. 2017. (Jumbo Stickers for Little Hands Ser.). (ENG., Illus.). 24p. (J). (gr. -1-k). pap. 7.95 *(978-1-63322-231-1(4)*, 224909, Moondance) Quarto Publishing Group USA.

Jumbo Stickers for Little Hands: Fairy Tale Adventures: Includes 75 Stickers. Jomike Tejido. 2018. (Jumbo Stickers for Little Hands Ser.). (ENG., Illus.). 24p. (J). (gr. -1-k). pap. 7.95 *(978-1-63322-546-6(1)*, 301717, Moondance) Quarto Publishing Group USA.

Jumbo Stickers for Little Hands: Farm Animals: Includes 75 Stickers. Jomike Tejido. 2016. (Jumbo Stickers for Little Hands Ser.). (ENG.). 24p. (J). (gr. -1-k). pap. 7.95 *(978-1-63322-122-2(9)*, 223940, Moondance) Quarto Publishing Group USA.

Jumbo Stickers for Little Hands: Jungle Animals: Includes 75 Stickers. Jomike Tejido. 2016. (Jumbo Stickers for Little Hands Ser.). (ENG.). 24p. (J). (gr. -1-k). pap. 7.95 *(978-1-63322-119-2(9)*, 223807, Moondance) Quarto Publishing Group USA.

Jumbo Stickers for Little Hands: Outer Space: Includes 75 Stickers. Jomike Tejido. 2018. (Jumbo Stickers for Little Hands Ser.). (ENG., Illus.). 24p. (J). (gr. -1-k). pap. 7.95 *(978-1-63322-547-3(X)*, 302045, Moondance) Quarto Publishing Group USA.

Jumbo Stickers for Little Hands: Things That Go: Includes 75 Stickers. Illus. by Jomike Tejido. 2017. (Jumbo Stickers for Little Hands Ser.). (ENG.). 24p. (J). (gr. -1-k). pap. 7.95 *(978-1-63322-157-4(1)*, 224361, Moondance) Quarto Publishing Group USA.

Jumbo Stickers for Little Hands: under the Sea: Includes 75 Stickers. Illus. by Jomike Tejido. 2017. (Jumbo Stickers for Little Hands Ser.). (ENG.). 24p. (J). (gr. -1-k). pap. 7.95 *(978-1-63322-156-7(3)*, 224360, Moondance) Quarto Publishing Group USA.

Jumbo Vehicles Hard at Work Coloring Book for Boys. Educando Kids. 2019. (ENG.). 42p. (J). pap. 6.99 *(978-1-64521-013-9(8)*, Educando Kids) Editorial Imagen.

Jumeaux D'Atlantide. A-L Ferrer. 2017. (FRE., Illus.). (J). pap. 24.90 *(978-1-365-82146-2(3))* Lulu Pr., Inc.

Jumo the Unicorn. Amanda Young & Melody Pendlebury. l.t. ed. 2021. (ENG.). 38p. (J). 18.00 ***(978-1-0880-0281-0(1))*** Indy Pub.

Jump! Tatsuhide Matsuoka. Illus. by Tatsuhide Matsuoka. 2019. (ENG., Illus.). 36p. (J). (gr. -1-1). bds. 12.99 *(978-1-77657-231-1(9)*, 33f250c8-e979-4ae1-bffa-9a3c96ca796b) Gecko Pr. NZL. Dist: Lerner Publishing Group.

Jump. David McPhail. 2018. (I Like to Read Ser.). (Illus.). 32p. (J). (gr. -1-3). 14.99 *(978-0-8234-3889-1(9))* Holiday Hse., Inc.

Jump. Brittney Morris. 2023. (ENG.). 256p. (YA). (gr. 7). 19.99 *(978-1-6659-0398-1(8)*, Simon & Schuster Bks. For Young Readers) Simon & Schuster Bks. For Young Readers.

Jump! Jg Nolan. Illus. by Carina Roberts. 2022. (ENG.). 162p. (J). pap. *(978-1-80042-129-5(X))* SilverWood Bks.

Jump. Delanie Tiedemann. 2023. (ENG.). 198p. (YA). ***(978-1-0391-6952-4(X))***; pap. ***(978-1-0391-6951-7(1))*** FriesenPress.

Jump! Rozanne Williams. 2017. (Learn-To-Read Ser.). (ENG., Illus.). (J). pap. 3.49 *(978-1-68310-342-4(4))* Pacific Learning, Inc.

Jump. David McPhail. ed. 2020. (I Like to Read Ser.). (ENG.). 25p. (J). (gr. k-1). 17.96 *(978-1-64697-277-7(5))* Penworthy Co., LLC, The.

Jump: A Medieval Adventure. Jessica DiPalma. 2018. (Jump Ser.: Vol. 2). (ENG., Illus.). 136p. (J). pap. 14.95 *(978-1-7326981-9-2(8))* NFB Publishing.

Jump & Say Boo! Cathy McGough. 2021. (Jump! Ser.: Vol. 4). (ENG.). 32p. (J). pap. *(978-1-988201-86-3(1))* McGough, Cathy.

Jump & Say P. U. Jump Jump Jump. Cathy McGough. 2021. (Jump! Ser.: Vol. 5). (ENG.). 32p. (J). pap. *(978-1-988201-82-5(9))* McGough, Cathy.

Jump & Say Valentine's Day Is for Kids Too! Cathy McGough. 2021. (Jump! Ser.: Vol. 7). (ENG.). 32p. (J). pap. *(978-1-988201-87-0(X))* McGough, Cathy.

Jump & Say Who-Who! Cathy McGough. 2021. (Jump! Ser.: Vol. 9). (ENG.). 32p. (J). pap. *(978-1-988201-90-0(X))* McGough, Cathy.

Jump at the Sun: The True Life Tale of Unstoppable Storycatcher Zora Neale Hurston. Alicia D. Williams. Illus. by Jacqueline Alcántara. 2021. (ENG.). 48p. (J). (gr. -1-3). 17.99 *(978-1-5344-1913-1(6))* Simon & Schuster Children's Publishing.

Jump at the Zoo! Cathy McGough. 2021. (Jump! Ser.: Vol. 3). (ENG.). 38p. (J). pap. *(978-1-988201-85-6(3))* McGough, Cathy.

Jump Boys: Sos. Ali Banks Cross. 2016. (Jump Boys Ser.: Vol. 1). (ENG., Illus.). (J). (gr. 3-6). *(978-1-927847-14-5(1))* Novel Ninjutsu.

Jump for Everything Blue! Cathy McGough. 2021. (Jump! Ser.: Vol. 6). (ENG.). 32p. (J). pap. *(978-1-988201-88-7(8))* McGough, Cathy.

Jump In! Shadra Strickland. 2023. (ENG.). 32p. (J). 18.99 *(978-1-61963-580-7(1)*, 900140980, Bloomsbury Children's Bks.) Bloomsbury Publishing USA.

Jump in the Pool. Cecilia Minden. 2018. (Little Blossom Stories Ser.). (ENG.). 16p. (J). (gr. -1-2). pap. 11.36 *(978-1-5341-2864-4(6)*, 211513, Cherry Blossom Press) Cherry Lake Publishing.

Jump into Genre Classroom Set. Newmark Learning, LLC. 2016. (Jump into Genre Ser.). (J). (gr. 2). 58.00 *(978-1-4788-4792-2(1))*; (gr. 3). 58.00 *(978-1-4788-4793-9(X))* Newmark Learning LLC.

Jump into Genre Grades 2-3 Classroom Set. 2016. (Jump into Genre Ser.). (ENG.). (J). (gr. 2-3). 116.00 *(978-1-4788-4791-5(3))* Newmark Learning LLC.

Jump into Science: Coral Reefs. Sylvia A. Earle. 2016. (Jump into Science Ser.). (Illus.). 32p. (J). (gr. -1-k). pap. 7.99 *(978-1-4263-2364-5(6)*, National Geographic Kids) Disney Publishing Worldwide.

Jump into Science!: Dirt. Steve Tomecek. 2016. (Jump into Science Ser.). (Illus.). 32p. (J). (gr. -1-k). pap. 7.99 *(978-1-4263-2362-1(X)*, National Geographic Kids) Disney Publishing Worldwide.

Jump into Science!: Sun. Steve Tomecek. 2016. (Jump into Science Ser.). (Illus.). 32p. (J). (gr. -1-k). pap. 7.99 *(978-1-4263-2368-3(9)*, National Geographic Kids) Disney Publishing Worldwide.

Jump, Leap, Count Sheep! A Canadian Wildlife 123. Geraldo Valério & Geraldo Valério. 2017. (Canadian Concepts Ser.). (ENG., Illus.). 24p. (J). (gr. -1-2). 16.95 *(978-1-77147-289-0(8))* Owlkids Bks. Inc. CAN. Dist: Publishers Group West (PGW).

Jump Like a Caribou! Cathy McGough. 2021. (Jump! Ser.: Vol. 1). (ENG.). 32p. (J). pap. *(978-1-988201-84-9(5))* McGough, Cathy.

Jump Like a Kangaroo! Cathy McGough. 2021. (Jump! Ser.: Vol. 2). (ENG.). 32p. (J). pap. *(978-1-988201-83-2(7))* McGough, Cathy.

JUMP News Children's Children's Worship Program Guide. Second Baptist Church Houston. 2019. (28nineteen Ser.). (ENG.). 134p. (J). pap. 29.99 *(978-1-62862-877-7(4)*, 20_37533) Tyndale Hse. Pubs.

JUMP News Children's Worship Program Kit. Second Baptist Church Houston. 2019. (28nineteen Ser.). (ENG.). (J). 44.99 *(978-1-62862-883-8(9)*, 20_37504) Tyndale Hse. Pubs.

JUMP News Children's Worship Resource Disc. Second Baptist Church Houston. 2019. (28nineteen Ser.). (ENG.). (J). 19.99 ***(978-1-62862-878-4(2)***, 20_37515) Tyndale Hse. Pubs.

JUMP News Lower Elementary Kit. Second Baptist Church Houston. 2019. (28nineteen Ser.). (ENG.). (J). 39.99 *(978-1-62862-881-4(2)*, 20_37507) Tyndale Hse. Pubs.

JUMP News Lower Elementary Leader's Guide. Second Baptist Church Houston. 2019. (28nineteen Ser.). (ENG.). 136p. (J). pap. 19.99 *(978-1-62862-874-6(X)*, 20_37523) Tyndale Hse. Pubs.

JUMP News Upper Elementary Kit. Second Baptist Church Houston. 2019. (28nineteen Ser.). (ENG.). (J). 39.99 *(978-1-62862-882-1(0)*, 20_37485) Tyndale Hse. Pubs.

JUMP News Upper Elementary Leader's Guide. Second Baptist Church Houston. 2019. (28nineteen Ser.). (ENG.). 112p. (J). pap. 19.99 *(978-1-62862-875-3(8)*, 20_37518) Tyndale Hse. Pubs.

Jump Rope. Dorothy Able Scholl Nicholas. 2016. (ENG., Illus.). (YA). pap. 10.95 *(978-1-5043-6948-0(3)*, Balboa Pr.) Author Solutions, LLC.

Jump Rope with Foxes. Kimiko Aman. 2018. (KOR.). (J). *(978-89-6635-086-5(0))* Bookbank Publishing Co.

Jump Shot: Ready-To-Read Level 2. David Sabino. Illus. by Charles Lehman. 2018. (Game Day Ser.). (ENG.). 40p. (J). (gr. k-2). 17.99 *(978-1-5344-3245-1(0))*; pap. 4.99 *(978-1-5344-3244-4(2))* Simon Spotlight. (Simon Spotlight).

Jump Skip Stand, God's Great Plan: Exploring ACTIONS Through the Story of Easter. Karen Rosario Ingerslev. Illus. by Kristina Abbott. 2023. (Bible Explorers Ser.). (ENG.). 26p. (J). pap. ***(978-1-915699-01-5(0))*** Pure and Fire.

Jump Start: EJ12 Girl Hero. Susannah McFarlane. 2016. 128p. (J). pap. 5.99 *(978-1-61067-382-2(4))* Kane Miller.

Jump-Starting a Career in Dentistry, 1 vol. Carol Hand. 2018. (Health Care Careers in 2 Years Ser.). (ENG.). 80p. (gr. 7-7). pap. 16.30 *(978-1-5081-8495-9(X)*, f3620817-463c-4ebf-985e-55e500442d6d, Rosen Young Adult) Rosen Publishing Group, Inc., The.

Jump-Starting a Career in Optometry & Ophthalmology, 1 vol. Daniel E. Harmon. 2018. (Health Care Careers in 2 Years Ser.). (ENG.). 80p. (gr. 7-7). pap. 16.30 *(978-1-5081-8504-8(2)*, 8978eba1-0332-4a90-8108-cbb25cff9e82, Rosen Young Adult) Rosen Publishing Group, Inc., The.

Jump-Starting a Career in Radiology, 1 vol. Jason Porterfield. 2018. (Health Care Careers in 2 Years Ser.). (ENG.). 80p. (gr. 7-7). pap. 16.30 *(978-1-5081-8507-9(7)*, 81494c42-5a45-4a77-8a73-9d3dcf0a10bc, Rosen Young Adult) Rosen Publishing Group, Inc., The.

Jump-Starting a Career in Ultrasound & Sonography, 1 vol. Corona Brezina. 2018. (Health Care Careers in 2 Years Ser.). (ENG.). 80p. (gr. 7-7). pap. 16.30 *(978-1-5081-8510-9(7)*, 95ae93c3-4cca-4f41-8789-db6c0fef47fd, Rosen Young Adult) Rosen Publishing Group, Inc., The.

Jump Through Time. Tanya Gilford. 2021. (ENG.). 138p. (YA). *(978-1-6671-2050-8(6))* Lulu Pr., Inc.

Jumped. Rita Williams-Garcia. 2021. (ENG.). 192p. (YA). (gr. 8). pap. 10.99 *(978-0-06-307928-1(3)*, Quill Tree Bks.) HarperCollins Pubs.

Jumper. Melanie Crowder. 2022. 336p. (YA). (gr. 9). 18.99 *(978-0-593-32696-1(2)*, Viking Books for Young Readers) Penguin Young Readers Group.

Jumper: A Day in the Life of a Backyard Jumping Spider. Jessica Lanan. Illus. by Jessica Lanan. 2023. (ENG., Illus.). 48p. (J). 19.99 *(978-1-250-81036-6(1)*, 900245505) Roaring Brook Pr.

Jumpin' Through Jupiter in a Special Spaceship Coloring Book. Creative Playbooks. 2016. (ENG., Illus.). (J). pap. 7.74 *(978-1-68323-773-0(0))* Twin Flame Productions.

Jumping Fish. Jennifer Wrzosek. Illus. by Stephanie Malekoff & Chalene Warner. 2020. (ENG.). 36p. (J). pap. *(978-1-5255-7126-8(5))*; *(978-1-5255-7125-1(7))* FriesenPress.

Jumping for Junk Food. John Sazaklis. Illus. by Lee Robinson. 2016. (Billy Burger, Model Citizen Ser.). (ENG.). 96p. (J). (gr. 2-4). lib. bdg. 22.65 *(978-1-4965-2586-4(8)*, 130715, Stone Arch Bks.) Capstone.

Jumping Frog: In English, Then in French, Then Clawed Back into a Civilized Language Once More by Patient, Unremunerated Toil (Classic Reprint) Mark Twain, pseud. 2017. (ENG., Illus.). 96p. (J). 25.88 *(978-0-332-63567-5(8))* Forgotten Bks.

Jumping in Puddles. Penelope Crow. 2017. (ENG., Illus.). (J). pap. 12.99 *(978-0-9989598-3-2(9))* Uncle Dave's Bks.

Jumping into the Pool. Joanne Meier & Cecilia Minden. Illus. by Bob Ostrom. 2022. (Bear Essential Readers Ser.). (ENG.). 32p. (J). (gr. -1-2). lib. bdg. 35.64 *(978-1-5038-5934-0(7)*, 215832, First Steps) Child's World, Inc, The.

Jumping Jacks Coloring Book for Girls. Creative Playbooks. 2016. (ENG., Illus.). (J). pap. 7.74 *(978-1-68323-859-1(1))* Twin Flame Productions.

Jumping Joe - Rhyming Poem for 4-8 Year Kids. Asif Javed. 2023. (ENG.). 32p. (J). pap. ***(978-1-312-39321-9(1))*** Lulu Pr., Inc.

Jumping Jonny. Glennyce Eckersley. Illus. by Patsy Allen & Gill Smith. 2021. (ENG.). 44p. (J). pap. 6.99 *(978-1-68160-739-9(5))* Crimson Cloak Publishing.

Jumping Josey: Book # 10. Linda C. Mason. Ed. by Nona J. Mason. Illus. by Jessica Mulles. 2018. (Spirit of Truth Storybook Ser.: Vol. 10). (ENG.). 36p. (J). pap. 9.75 *(978-1-5356-1560-0(5))* Lulu Pr., Inc.

Jumping Journey. Nikki Welch. 2021. (ENG.). 34p. (J). pap. 14.99 *(978-1-62952-980-6(X))* Salem Author Services.

Jumping Jungle Joey. K. S. Newlin. 2018. (ENG., Illus.). 34p. (J). pap. 13.95 *(978-1-64349-394-7(9))* Christian Faith Publishing.

Jumping Monkeys: Lap Book Edition. Carrie Smith. Illus. by Kate Daubney. 2016. (My First Reader's Theater Tales Ser.). (J). (gr. k). *(978-1-5021-5507-8(9))* Benchmark Education Co.

Jumping Monkeys: Small Book Edition. Carrie Smith. Illus. by Kate Daubney. 2016. (My First Reader's Theater Tales Ser.). (J). (gr. k). *(978-1-5021-5512-2(5))* Benchmark Education Co.

Jumping-Off Place. Marian Hurd McNeely. Illus. by William Siegel. 2017. (ENG.). 320p. (J). pap. 9.95 *(978-0-486-81568-8(4)*, 815684) Dover Pubns., Inc.

Jumping-Off Place (Classic Reprint) Ethel Shackelford. 2018. (ENG., Illus.). 308p. (J). 30.27 *(978-0-484-52069-0(5))* Forgotten Bks.

Jumping Spider Tea Party Coloring Book. Smarter Activity Books for Kids. 2016. (ENG., Illus.). (J). pap. 9.22 *(978-1-68374-360-6(1))* Examined Solutions PTE. Ltd.

Jumping Spiders: An Augmented Reality Experience. Sandra Markle. 2021. (Creepy Crawlers in Action: Augmented Reality Ser.). (ENG., Illus.). 32p. (J). (gr. 3-6). lib. bdg. 31.99 *(978-1-7284-0269-7(7)*, beb0520b-e4d1-4f1e-9940-bcc3c642cb8b, Lerner Pubns.) Lerner Publishing Group.

Jumping the Stream: The Adventures of Cat & Hamster. Joe Woods. 2021. (Adventures of Cat & Hamster Ser.: 1). 42p. (J). pap. 11.50 *(978-1-0983-6479-3(1))* BookBaby.

Jumping Through Tenses & Timelines: A Guide to Understanding Simple, Continuous & Perfect Tense. Yorick Francis. 2022. (Tricky Ideas for All Ages Ser.: Vol. 1). (ENG.). 32p. (J). pap. ***(978-0-6454590-0-5(3))*** Ng, Thomas.

Jumping to Conclusions: Honesty Is the Best Policy. Josh Anderson & Gil Conrad. Illus. by Turner Lange. 2021. (Alien Invasion: Sports Edition Ser.). (ENG.). 32p. (J). (gr. 5-8). pap. 14.21 *(978-1-5341-8935-5(1)*, 219451); lib. bdg. 32.07 *(978-1-5341-8795-5(2)*, 219450) Cherry Lake Publishing. (Torch Graphic Press).

Jump!/¡Salta! Carol Thompson. Tr. by Teresa Mlawer. Illus. by Carol Thompson. ed. 2020. (Little Movers (Bilingual) Ser.: 4). (ENG., Illus.). 12p. (J). bds. *(978-1-78628-490-7(1))* Child's Play International Ltd.

Junction of Laughter & Tears. De Keller Stamey. 2017. (ENG., Illus.). (J). pap. *(978-0-649-54057-0(3))* Trieste Publishing Pty Ltd.

Junction of Sunshine & Lucky. Holly Schindler. 2021. (ENG.). 232p. (J). (gr. 3-7). 16.00 *(978-1-950514-07-6(2))*; pap. 8.99 *(978-1-950514-06-9(4))* InToto Bks.

Junction of Sunshine & Lucky Activity Book. Holly Schindler. 2021. (ENG.). 68p. (J). pap. 6.00 *(978-1-950514-05-2(6))* InToto Bks.

June see Junio

June. Julie Murray. 2017. (Months Ser.). (ENG., Illus.). 24p. (J). (gr. -1-2). lib. bdg. 31.36 *(978-1-5321-0020-8(5)*, 25122, Abdo Kids) ABDO Publishing Co.

June Almeida. Suzanne Slade. Illus. by Jeff Bane. 2021. (My Early Library: My Itty-Bitty Bio Ser.). (ENG.). 24p. (J). (gr. k-1). pap. 12.79 *(978-1-5341-8824-2(X)*, 219031); lib. bdg. 30.64 *(978-1-5341-8684-2(0)*, 219030) Cherry Lake Publishing.

June Almeida, Virus Detective! The Woman Who Discovered the First Human Coronavirus. Suzanne Slade. Illus. by Elisa Paganelli. 2021. (ENG.). 40p. (J). (gr. 1-4). 16.99 *(978-1-5341-1132-5(8)*, 205013) Sleeping Bear Pr.

June Boys, 1 vol. Court Stevens. 2020. (ENG., Illus.). (YA). 384p. pap. 12.99 *(978-0-7852-2194-4(8))*; 368p. 18.99 *(978-0-7852-2190-6(5))* Nelson, Thomas Inc.

June Brown: Aka Dot Cotton. L. Dean. 2022. (ENG.). 76p. (J). pap. 14.87 *(978-1-4717-2451-0(4))* Lulu Pr., Inc.

June Bug, 1913 (Classic Reprint) East Technical High School. (ENG., Illus.). (J). 2018. 228p. 28.60 *(978-0-483-97910-9(4))*; 2017. pap. 10.97 *(978-0-243-46372-5(3))* Forgotten Bks.

June Bug, Vol. 2: The Annual of the Technical High School, Cleveland, Ohio; May, 1911 (Classic Reprint) Cleveland East Technical High School. (ENG., Illus.). (J). 2019. 208p. 28.19 *(978-0-483-86990-5(2))*; 2017. pap. 10.57 *(978-0-243-39570-5(1))* Forgotten Bks.

June Bugs Everywhere. Lisa Honeycutt. 2018. (ENG.). 38p. (J). 14.95 *(978-1-68401-419-4(0))* Amplify Publishing Group.

June (Classic Reprint) Edith Barnard Delano. 2018. (ENG., Illus.). 266p. (J). 29.38 *(978-0-332-96043-2(9))* Forgotten Bks.

June (Classic Reprint) Forrester. 2018. (ENG., Illus.). 322p. (J). 30.54 *(978-0-483-67485-1(0))* Forgotten Bks.

June Days on Alaska Waters (Classic Reprint) One of the Twelve. 2018. (ENG., Illus.). 34p. (J). 24.60 *(978-0-267-98312-4(3))* Forgotten Bks.

June Gold (Classic Reprint) Waldron Baily. 2018. (ENG., Illus.). 288p. (J). 29.86 *(978-0-484-62505-0(5))* Forgotten Bks.

June Is Junie B. Jones Month 6-Copy Clip Strip. Barbara Park. 2023. (J). (gr. 1-4). 29.94 ***(978-0-593-57694-6(2)***, Random Hse. Bks. for Young Readers) Random Hse. Children's Bks.

June Jeopardy (Classic Reprint) Inez Haynes Gillmore. (ENG., Illus.). (J). 2018. 350p. 31.12 *(978-0-428-76328-2(6))*; 2017. pap. 13.57 *(978-0-243-53964-2(9))* Forgotten Bks.

June Memories: Memory Stones of June, the Mutt. Christine Hwang Panzer. 2020. (ENG.). (J). 76p. 26.99 *(978-1-954868-54-0(5))*; 68p. pap. 19.99 *(978-1-954004-27-6(3))* Pen It Pubns.

June Moon. Kathleen Souza. 2017. (ENG., Illus.). (J). (gr. k-6). 18.95 *(978-1-944715-19-9(3))*; pap. 14.95 *(978-1-61296-871-1(6))* Black Rose Writing.

June, Reimagined: A Novel. Rebekah Crane. 2022. 304p. (gr. 15-17). 16.99 *(978-1-5420-3611-5(9)*, 9781542036115); pap. 9.99 *(978-1-5420-3612-2(7)*, 9781542036122) Amazon Publishing. (Skyscape).

June Romance (Classic Reprint) Norman Gale. 2017. (ENG., Illus.). (J). 26.21 *(978-0-266-66332-4(X))*; pap. 9.57 *(978-1-5276-3584-5(8))* Forgotten Bks.

June Sparrow & the Million-Dollar Penny. Rebecca Chace. Illus. by Kacey Schwartz. 2017. (ENG.). 352p. (J). (gr. 3-7). 16.99 *(978-0-06-246498-9(1)*, Balzer & Bray) HarperCollins Pubs.

JuneBug Finds Her Forever Home. Brenda L. Johnson. 2022. (ENG.). 32p. (J). 18.99 ***(978-1-6629-2919-9(6))***; pap. 10.99 ***(978-1-6629-2920-5(X))*** Gatekeeper Pr.

JuneBug the Brave: Saves the Day. Tracey Rose. 2021. (ENG.). 30p. (J). *(978-0-557-94671-6(9))* Lulu Pr., Inc.

Juneteenth. Emily Dolbear. 2021. (Black American Journey Ser.). (ENG.). 32p. (J). (gr. 4-7). lib. bdg. 35.64 *(978-1-5038-5379-9(9)*, 215268) Child's World, Inc, The.

Juneteenth. Van G. Garrett. Illus. by Reginald C. Adams. 2023. (ENG.). 40p. (J). (gr. -1-3). 19.99 *(978-0-358-57432-3(3)*, Versify) HarperCollins Pubs.

Juneteenth. Rachel Grack. 2018. (Celebrating Holidays Ser.). (ENG., Illus.). 24p. (J). (gr. k-3). lib. bdg. 26.95 *(978-1-62617-788-8(0)*, Blastoff! Readers) Bellwether Media.

Juneteenth, 1 vol. Angela Leeper & Joanna Ponto. 2016. (Story of Our Holidays Ser.). (ENG., Illus.). 32p. (J). (gr. 3-3). pap. 11.52 *(978-0-7660-8336-3(5)*, a60a88c4-fa4d-455e-8601-12855e11b6ae) Enslow Publishing, LLC.

Juneteenth. Rebecca Sabelko. 2023. (Happy Holidays! Ser.). (ENG., Illus.). (J). (gr. -1-2). pap. 7.99 Bellwether Media.

Juneteenth. Contrib. by Rebecca Sabelko. 2023. (Happy Holidays! Ser.). (ENG., Illus.). (J). (gr. -1-2). lib. bdg. 25.95 Bellwether Media.

Juneteenth. Kevin P. Winn & Kelisa Wing. 2021. (21st Century Skills Library: Racial Justice in America: Histories Ser.). (ENG., Illus.). 32p. (J). (gr. 5-8). pap. 14.21 *(978-1-5341-8888-4(6)*, 219263); lib. bdg. 32.07 *(978-1-5341-8748-1(0)*, 219262) Cherry Lake Publishing.

Juneteenth Story. Dana McCall. 2023. (ENG.). 36p. (J). pap. 12.99 ***(978-1-7372458-6-5(8))*** Legacy of Negasi.

Juneteenth Story: Celebrating the End of Slavery in the United States. Alliah L. Agostini. Illus. by Sawyer Cloud. 2022. (ENG.). 32p. (J). (gr. 1-4). pap. 9.99 *(978-0-7603-8199-1(2)*, 1169138); 18.99 *(978-0-7603-7514-3(3)*, 347417) becker&mayer! books.

Junette: Or Are Women Just to One Another? (Classic Reprint) Irene Roy. 2018. (ENG., Illus.). 298p. (J). 30.04 *(978-0-484-09964-6(7))* Forgotten Bks.

Jung Kook: BTS Singer & Beyond: BTS Singer & Beyond. Contrib. by Elizabeth Andrews. 2023. (Pop Biographies Ser.). (ENG.). 32p. (J). (gr. 2-5). lib. bdg. 32.79 ***(978-1-0982-4437-8(0)***, 42488, DiscoverRoo) Pop!.

Jungah. Cal Devney. Illus. by Veronika Hipolito. 2023. (Zoom Barrier Reef Ser.: Vol. 3). (ENG.). 106p. (J). ***(978-0-2288-8423-1(3))***; pap. ***(978-0-2288-8422-4(5))*** Tellwell Talent.

Junge Declamator, Vol. 2: Eine Sammlung Poetischer und Prosaischer Stücke Aus der Neuern Deutschen und Englischen Literatur (Classic Reprint) H. Werz. 2018. (ENG., Illus.). (J). 254p. 29.14 *(978-0-366-57864-1(2))*; 256p. pap. 11.57 *(978-0-366-57861-0(8))* Forgotten Bks.

Junge Ohne Namen: Zweisprachige Ausgabe Deutsch-Dari. Idries. Shah. Illus. by Mona Caron. 2022. (Lehrgeschichten Ser.). (GER.). 40p. (J). (gr. 1-6). pap. 11.90 ***(978-1-953292-61-2(5)***, Hoopoe Bks.) I S H K.

Jungen Handwerk 28 Schneeflockenvorlagen - Schwierige Kunst- und Handwerksaktivitäten Für Kinder: Kunsthandwerk Für Kinder. James Manning & Christabelle Manning. 2019. (Jungen Handwerk 28 Schneeflockenvorlagen Ser.: Vol. 4). (GER., Illus.). 58p. (J). (gr. 4-6). pap. *(978-1-83900-763-7(X))* West Suffolk CBT Service Ltd., The.

Jungla Del Acuario: Leveled Reader Card Book 5 Level o 6 Pack. Hmh Hmh. 2021. (SPA.). (J). pap. 74.40 *(978-0-358-08488-4(1))* Houghton Mifflin Harcourt Publishing Co.

Jungle. Illus. by Helen Borten. 2018. (ENG.). 40p. (J). (gr. -1-4). 16.95 *(978-1-59270-230-5(9))* Enchanted Lion Bks., LLC.

Jungle. Illus. by Abi Hall. 2020. (Making Tracks 2 Ser.: 4). 12p. (J). bds. *(978-1-78628-413-6(8))* Child's Play International Ltd.

Jungle. Natalie Marshall. 2019. (ENG.). 12p. (J). (gr. -1 — 1). bds. 9.99 *(978-1-4380-5070-6(4))* Sourcebooks, Inc.

Jungle. Illus. by René Mettler. 2023. (My First Discovery Paperbacks Ser.). (ENG.). 32p. (J). (gr. k-2). pap. 9.99 *(978-1-85103-762-9(4))* Moonlight Publishing, Ltd. GBR. Dist: Independent Pubs. Group.

Jungle. Ed. by Rainstorm Publishing. Illus. by Gabriel Antonini. 2018. (First Animal Facts Ser.). (ENG.). 20p. (J). bds. 7.99 *(978-1-989219-81-2(0))* Rainstorm Pr.

Jungle: A Photicular Book. Dan Kainen & Kathy Wollard. 2016. (Photicular Ser.). (ENG., Illus.). 24p. 26.99 *(978-0-7611-8953-4(X)*, 18953) Workman Publishing Co., Inc.

Jungle: A Soft Book & Mirror for Baby! Illus. by Francesca Ferri. 2016. 6p. (J). (gr. -1 — 1). 10.99 *(978-1-4380-7759-8(9))* Sourcebooks, Inc.

Jungle: Fold-Out Flaps Book. IglooBooks. Illus. by Jennie Bradley. 2019. (ENG.). 12p. (J). (-k). bds. 9.99 *(978-1-78905-761-4(2))* Igloo Bks. GBR. Dist: Simon & Schuster, Inc.

Jungle: Who Could It Be? (Series) Jungle Animals for Toddlers, Forest Animals, Safari Animals, Ages 0-3, Book Size 8. 5x8. 5, Karin Collado. l.t. ed. 2021. (ENG.). 28p. (J). pap. 7.99 *(978-1-7377598-0-5(2))* DELICATE STAYS LLC.

Jungle - Activity Workbook. Beth Costanzo. 2022. (ENG.). 82p. (J). pap. 11.99 ***(978-1-0880-0614-6(0))*** Adventures of Scuba Jack Pubs., The.

Jungle 123. Ed. by Rainstorm Publishing. Illus. by Laila Hills. 2019. (Early Learning Rhymes Ser.). (ENG.). 20p. (J). bds. 7.99 *(978-1-989219-61-4(6))* Rainstorm Pr.

Jungle ABC. Michael Roberts. ed. 2017. (ENG., Illus.). 64p. (J). (gr. -1-1). 24.95 *(978-0-935112-15-3(4))* Callaway Editions, Inc.

Jungle Adventure. Lily Murray. 2022. (Let's Tell a Story Ser.). (ENG., Illus.). 32p. (J). (gr. -1-2). 17.99 ***(978-0-7112-7610-9(2)***, Wide Eyed Editions) Quarto Publishing Group UK GBR. Dist: Hachette Bk. Group.

Jungle Adventure Fart Book: Funny Book for Kids Age 6-10 with Smelly Fart Jokes & Flatulent Illustrations - Color Version. T. J. Gusman. 2018. (Kid Fart Book Ser.). (ENG., Illus.). 32p. (J). pap. *(978-3-7439-9718-9(5))* Baum, Inge.

Jungle Adventures: Friends for Waterlily. Bml Hillen-Keene. (ENG.). (J). 2020. 24p. pap. 10.46 *(978-0-244-44949-0(X))*; 2016. (Illus.). pap. 9.89 *(978-1-326-74940-8(4))* Lulu Pr., Inc.

Jungle Adventures: Plants & Animals-Baby & Toddler Color Books. Baby Iq Builder Books. 2016. (ENG., Illus.). (J). pap. 8.99 *(978-1-68374-787-1(9))* Examined Solutions PTE. Ltd.

Jungle Air: Based on a True Story. Karlene Petitt. Illus. by Kayla Wopschall. 2018. (ENG.). 98p. (J). (gr. 3-6). pap. 11.99 *(978-1-944738-06-8(1))* BLLE Creative.

Jungle & Stream: Or the Adventures of Two Boys in Siam (Classic Reprint) Geo Manville Fenn. 2018. (ENG., Illus.). 424p. (J). 32.64 *(978-0-484-32674-2(0))* Forgotten Bks.

Jungle Animal Ornaments for the Holidays Coloring Book. Bobo's Children Activity Books. 2016. (ENG., Illus.). (J). pap. 9.33 *(978-1-68327-093-5(2))* Sunshine In My Soul Publishing.

Jungle Animals. Contrib. by Camilla Gersh. 2023. (DK Super Readers Ser.). (ENG., Illus.). 32p. (J). (gr. 1-3). pap. 4.99 *(978-0-7440-7123-8(2)*, DK Children) Dorling Kindersley Publishing, Inc.

Jungle Animals. Mels Mackey. 2020. (ENG., Illus.). 52p. (J). *(978-1-5289-1908-1(4))*; pap. *(978-1-5289-1907-4(6))* Austin Macauley Pubs. Ltd.

Jungle Animals, 1 vol. William Potter. Illus. by Juan Calle. 2018. (All-Action Animal Art Ser.). (ENG.). 32p. (J). (gr. 3-3). 29.27 *(978-1-5383-4738-6(5)*, cf94e938-6107-4284-a72a-f5a22672b860); pap. 12.75 *(978-1-5383-4736-2(9)*, e6aef3c0-3109-4c71-9896-c1ff3bc72de7) Rosen Publishing Group, Inc., The. (PowerKids Pr.).

Jungle Animals: A Spotter's Guide. Jane Wilsher. 2021. (Spotter's Guide Ser.). (ENG.). 176p. (J). 19.99 *(978-1-68188-766-1(5))* Weldon Owen, Inc.

Jungle Animals Coloring Book: Funny Jungle Animals Coloring Book - Jungle Animals Coloring Pages for Kids -25 Incredibly Cute & Lovable Jungle Animals. Welove Coloringbooks. 2021. (ENG., Illus.). 106p. (J). pap. 11.49 *(978-1-716-21721-0(0))* Lulu Pr., Inc.

Jungle Animals Coloring Book for Kids: Fantastic Coloring & Activity Book with Wild Animals & Jungle Animals for Children, Toddlers & Kids, Fun with Cute Jungle Animals, Unique Wild Animals Coloring Pages for Boys & Girls. Happy Coloring. 2021. (ENG.). 80p. (J). pap. 11.99 *(978-1-008-94369-8(X))* McGraw-Hill Education.

Jungle Animals to Color Coloring Book. Smarter Activity Books for Kids. 2016. (ENG., Illus.). (J). pap. 9.22 *(978-1-68374-009-4(2))* Examined Solutions PTE. Ltd.

Jungle Babies. Mary Elizabeth Salzmann. 2019. (Animal Babies Ser.). (ENG., Illus.). 24p. (J). (gr. -1-3). lib. bdg. 29.93 *(978-1-5321-1959-0(3)*, 32503, SandCastle) ABDO Publishing Co.

Jungle Baby (Classic Reprint) G. E. Farrow. 2018. (ENG., Illus.). 98p. (J). 25.92 *(978-0-656-69424-2(6))* Forgotten Bks.

Jungle Bingo. Illus. by Caroline Selmes. 2019. (ENG.). (J). (gr. -1-5). 19.99 *(978-1-78627-501-1(5)*, King, Laurence Publishing) Orion Publishing Group, Ltd. GBR. Dist: Hachette Bk. Group.

Jungle Book see Libro de la Selva

Jungle Book. Annette Chaudet. 2020. (ENG., Illus.). 64p. (J). 24.00 *(978-1-941052-49-5(5))* Pronghorn Pr.

Jungle Book. Rudyard Kipling. 2019. (Arcturus Children's Classics Ser.). (ENG.). 192p. (J). pap. 6.99 *(978-1-78950-474-3(0)*, 3cf8edfc-ed95-4f41-865a-75ea532f7420) Arcturus Publishing GBR. Dist: Baker & Taylor Publisher Services (BTPS).

Jungle Book. Rudyard Kipling. 2017. (ENG., Illus.). (J). pap. 13.95 *(978-1-374-94816-7(0))*; (gr. 2-4). 23.95 *(978-1-374-94817-4(9))* Capital Communications, Inc.

Jungle Book. Rudyard Kipling. (ENG.). (J). (gr. -1). 2019. 294p. pap. *(978-3-337-72574-7(0))*; 2017. 328p. pap. *(978-3-337-31131-5(8))* Creation Pubs.

Jungle Book. Rudyard Kipling. 2021. (ENG.). 134p. (J). (gr. 3-9). pap. 7.99 *(978-1-4209-7541-3(2))* Digireads.com Publishing.

Jungle Book. Rudyard Kipling. 2019. (Faber Children's Classics Ser.). (ENG.). 272p. pap. 8.95 *(978-0-571-33490-2(3)*, Faber & Faber Children's Bks.) Faber & Faber, Inc.

Jungle Book. Rudyard Kipling. 2017. (ENG., Illus.). (J). (gr. 2-4). pap. *(978-3-95940-265-1(1))* Henkea.

Jungle Book. Rudyard Kipling. (ENG.). (J). 2018. 146p. (gr. 3-9). ***(978-0-359-28299-9(7))***; 2017. (Illus.). 110p. (gr. k-2). pap. *(978-1-387-29886-0(0))* Lulu Pr., Inc.

Jungle Book. Rudyard Kipling. 2016. (ENG., Illus.). (J). (gr. 4-7). pap. 7.77 *(978-1-62910-056-2(0))* Peach Tree Pr.

Jungle Book. Rudyard Kipling. 2020. (Green Puffin Classics Ser.). (Illus.). 240p. (J). pap. 15.99 *(978-0-241-44075-9(0)*, Puffin) Penguin Bks., Ltd. GBR. Dist: Independent Pubs. Group.

Jungle Book. Rudyard Kipling. (ENG., 202p. (J). 2018. Illus.). *(978-93-87669-33-8(5))*; 2017. (gr. -1). pap. *(978-81-935458-6-7(9))* Sumaiyah Distributors Pvt Ltd.

Jungle Book. Rudyard Kipling. 2018. (ENG., Illus.). 124p. (J). 12.99 *(978-1-5154-2892-3(3))* Wilder Pubns., Corp.

Jungle Book. Rudyard Kipling. (ENG.). (J). (gr. 3-9). 2020. 170p. pap. *(978-1-77426-042-5(5))*; 2019. 142p. pap. *(978-1-77426-002-9(6))* East India Publishing Co.

Jungle Book. Rudyard Kipling. 2023. (ENG.). 146p. (J). (gr. 3-9). pap. 16.98 ***(978-1-312-57805-0(X))*** Lulu Pr., Inc.

Jungle Book. Illus. by Jenny Thorne. 2016. 24p. (J). (gr. -1-12). pap. 7.99 *(978-1-86147-814-6(3)*, Armadillo) Anness Publishing GBR. Dist: National Bk. Network.

Jungle Book: A BabyLit Storybook, 1 vol. Illus. by Annabel Tempest. 2018. (BabyLit Ser.). 28p. (J). (gr. -1-k). 12.99 *(978-1-4236-4922-9(2))* Gibbs Smith, Publisher.

Jungle Book: Illustrated Abridged Children Classics English Novel with Review Questions (Hardback) Rudyard Kipling & Wonder House Books. 2020. (Illustrated Classics Ser.). (ENG.). 240p. (J). (gr. 3-7). 6.99 ***(978-93-90093-04-5(X))*** Prakash Bk. Depot IND. Dist: Independent Pubs. Group.
Jungle Book: The Original Illustrated 1894 Edition. Rudyard Kipling. 2018. (ENG., Illus.). 186p. (J). (gr. -1). 14.95 *(978-1-947844-67-4(9))* Athanatos Publishing Group.
Jungle Book (100 Copy Limited Edition) Rudyard Kipling. 2019. (ENG., Illus.). 124p. (J). *(978-1-77226-586-6(1)*, SF Classic) Engage Bks.
Jungle Book (1000 Copy Limited Edition) Rudyard Kipling. 2016. (ENG., Illus.). (J). (gr. k-6). *(978-1-77226-294-0(3))* AD Classic.
Jungle Book: a Coloring Book. Rudyard Kipling. 2016. (ENG., Illus.). 96p. (J). (gr. k). pap. 12.99 *(978-1-62686-702-4(X)*, Silver Dolphin Bks.) Readerlink Distribution Services, LLC.
Jungle Book & Four Tales More see Libro de la Selva y Cuatro Cuentos Mas
Jungle Book (Classic Reprint) Rudyard Kipling. 2017. (ENG., Illus.). (J). 28.10 *(978-1-5279-4561-6(8))* Forgotten Bks.
Jungle Book (HarperCollins Children's Classics) Rudyard Kipling. 2022. (HarperCollins Children's Classics Ser.). (ENG.). 240p. (J). 7.99 *(978-0-00-854269-6(4)*, HarperCollins Children's Bks.) HarperCollins Pubs. Ltd. GBR. Dist: HarperCollins Pubs.
Jungle Book (PREMIUM PAPERBACK, PENGUIN INDIA) Kipling Rudyard. 2022. (ENG.). 244p. (J). pap. 14.95 *(978-0-14-345753-4(5)*, Penguin Enterprise) Penguin Bks. India PVT, Ltd IND. Dist: Independent Pubs. Group.
Jungle Book: Rikki-Tikki-Tavi: A Robert Ingpen Illustrated Classic. Rudyard Kipling. Illus. by Robert Ingpen. 2023. (Robert Ingpen Illustrated Classics Ser.). (ENG.). 48p. (J). (gr. 1-3). 16.99 ***(978-1-913519-56-8(2))*** Welbeck Publishing Group Ltd. GBR. Dist: Two Rivers Distribution.
Jungle Book (Royal Collector's Edition) (Case Laminate Hardcover with Jacket) Rudyard Kipling. 2021. (ENG.). 124p. (J). *(978-1-77476-608-8(6))* AD Classic.
Jungle Book Stories. Rudyard Kipling. 2019. (ENG.). 168p. (J). (gr. -1-7). pap. *(978-93-89231-81-6(7))* Speaking Tiger Publishing.
Jungle Book (with the Original Illustrations by John Lockwood Kipling) Classic of Children's Literature from One of the Most Popular Writers in England, Known for Kim, Just So Stories, Captain Courageous, Stalky & Co, Plain Tales from the Hills, Soldier's Three. Rudyard Kipling & John Lockwood Kipling. 2018. (ENG.). 120p. (J). pap. *(978-80-268-9159-8(7))* E-Artnow.
Jungle Book (World Classics, Unabridged) Rudyard Kipling. 2016. (ENG., Illus.). (YA). (gr. 7-12). pap. *(978-93-86019-13-4(2))* Alpha Editions.
Jungle Books. Rudyard Kipling. 2019. (ENG.). 240p. (J). (gr. -1). pap. 8.99 *(978-1-4209-6219-2(1))* Digireads.com Publishing.
Jungle Bugs & Vegetation, Vol. 4. Lori Vetere. 2018. (Into the World's Amazing Jungles Ser.). (Illus.). 80p. (J). (gr. 7). lib. bdg. 33.27 *(978-1-4222-4094-6(0))* Mason Crest.
Jungle Cat. Andrew Larsen. Illus. by Udayana Lugo. 2023. (ENG.). 32p. (J). (gr. -1-k). 21.95 *(978-1-4598-3464-4(X))* Orca Bk. Pubs. USA.
Jungle Challenge. Bear Grylls. Illus. by Emma McCann. 2017. 117p. (J). *(978-1-61067-768-4(4))* Kane Miller.
Jungle (Classic Reprint) Upton Sinclair. 2017. (ENG., Illus.). (J). 32.66 *(978-0-266-33341-8(9))* Forgotten Bks.
Jungle Color by Numbers. Isobel Lundie. 2017. (ENG.). 40p. (J). (gr. -1-3). pap. 8.95 *(978-1-912006-77-9(4)*, Scribblers) Book Hse. GBR. Dist: Sterling Publishing Co., Inc.
Jungle Colors. Compiled by Kidsbooks. 2023. (Peekaboo Stories Ser.). (ENG.). 12p. (J). bds. 8.99 ***(978-1-63854-190-5(6))*** Kidsbooks, LLC.
Jungle Critters to the Rescue. Candy Moore Myers. 2021. (ENG.). 36p. (J). 14.99 *(978-1-0878-9346-4(1))* Indy Pub.
Jungle Cruise (Disney Classic) Brooke Vitale. Illus. by Paul Conrad. 2021. (Little Golden Book Ser.). (ENG.). 24p. (J). (gr. -1-2). 5.99 *(978-0-7364-4078-3(X)*, Golden/Disney) Random Hse. Children's Bks.
Jungle Days: Being the Experiences of an American Woman Doctor in India (Classic Reprint) Arley Munson. 2017. (ENG., Illus.). (J). 31.03 *(978-0-260-27490-8(9))* Forgotten Bks.
Jungle Days (Classic Reprint) William Beebe. 2017. (ENG., Illus.). (J). 28.70 *(978-0-260-70519-8(5))*; pap. 11.57 *(978-0-243-38284-2(7))* Forgotten Bks.
Jungle Dreams. Tracy Blom. Illus. by Sudipta Dasgupta. 2018. (ENG.). 36p. (J). pap. 10.00 *(978-0-9906871-9-1(8))* Blom Pubns.
Jungle Facts & Figures, Vol. 4. Lori Vetere. 2018. (Into the World's Amazing Jungles Ser.). (Illus.). 80p. (J). (gr. 7). lib. bdg. 33.27 *(978-1-4222-4093-9(2))* Mason Crest.
Jungle Fighters: A Firsthand Account of the Forgotten New Guinea Campaign. Jules Archer. 2016. (Jules Archer History for Young Readers Ser.). (ENG., Illus.). 224p. (J). (gr. 6-6). 16.99 *(978-1-63450-175-0(6)*, Sky Pony Pr.) Skyhorse Publishing Co., Inc.
Jungle Friends: 5-Minute Stories about Friendship, Kindness & Sharing. Laure K. Fossi. 2018. (ENG., Illus.). 114p. (J). 27.95 *(978-1-7328925-1-4(2))*; pap. 24.95 *(978-1-7328925-0-7(4))* Novarena.
Jungle Friends: Read & Play Bath Book with Finger Puppet. IglooBooks. 2020. (ENG.). 8p. (J). (-k). 15.99 *(978-1-83852-569-9(6))* Igloo Bks. GBR. Dist: Simon & Schuster, Inc.
Jungle Fun, 6 vols. 2017. (Jungle Fun Ser.). 24p. (ENG.). (gr. 1-1). 75.81 *(978-1-5081-6182-0(8)*, 188592bc-f925-4efa-9d08-37e27ce6a746); (gr. 4-6). pap. 24.75 *(978-1-5081-6184-4(4))* Rosen Publishing Group, Inc., The. (PowerKids Pr.).
Jungle Fun (Fiction) 2017. (Animal Friends Ser.). (ENG.). (J). pap. 27.75 *(978-1-5081-6122-6(4)*, PowerKids Pr.) Rosen Publishing Group, Inc., The.
Jungle Girl (Classic Reprint) Gordon Casserly. 2018. (ENG., Illus.). 284p. (J). 29.75 *(978-0-483-50166-9(2))* Forgotten Bks.
Jungle Gods (Classic Reprint) Carl Von Hoffman. 2017. (ENG., Illus.). (J). 30.97 *(978-0-331-48480-9(3))*; pap. 13.57 *(978-0-260-85617-3(7))* Forgotten Bks.
Jungle Gym. Anton Cobb. Illus. by Joan Coleman. 2018. (ENG.). 26p. (J). (gr. k-2). pap. 11.99 *(978-0-578-42236-7(0))* JUNGLE Gym, The.
Jungle Gym. Jennifer Sattler. Illus. by Jennifer Sattler. 2018. (ENG., Illus.). 22p. (J). (gr. -1-k). bds. 7.99 *(978-1-58536-390-2(1)*, 204398) Sleeping Bear Pr.
Jungle in Your Living Room: A Guide to Creating Your Own Houseplant Collection. Michael Holland. Illus. by Philip Giordano. 2023. (ENG.). 128p. (J). (gr. 2-6). 23.99 ***(978-1-83874-863-0(6))*** Flying Eye Bks. GBR. Dist: Penguin Random Hse. LLC.
Jungle Island (Classic Reprint) Warder Clyde Allee. (ENG., Illus.). (J). 2018. 228p. 28.62 *(978-0-365-42009-5(3))*; 2017. pap. 10.97 *(978-0-282-63388-2(X))* Forgotten Bks.
Jungle Jam Match up! Kids' Match-Making Activity Book. Activibooks For Kids. 2016. (ENG., Illus.). (J). pap. 7.55 *(978-1-68321-380-2(7))* Mimaxion.
Jungle Jitters. Lisa Dalrymple. 2nd ed. 2021. (Orca Currents Ser.). (ENG.). 128p. (J). (gr. 4-7). pap. 10.95 *(978-1-4598-3085-1(7))* Orca Bk. Pubs. USA.
Jungle Journey: a Push-And-Pull Adventure. Ladybird. Illus. by Allison Black. 2021. (Little World Ser.). (ENG.). 8p. (J). (— 1). bds. 8.99 *(978-0-241-50096-5(6)*, Ladybird) Penguin Bks., Ltd. GBR. Dist: Penguin Random Hse. LLC.
Jungle Junglets: The Tweecher Cat Trilogy. Karen N. Master. 2022. (ENG.). 66p. (J). ***(978-1-387-55141-5(8))***; pap. ***(978-1-387-55145-3(0))*** Lulu Pr., Inc.
Jungle Junk: Re-Use, Recycle... Reimagine! Richard Turner. Illus. by Giulia Lombardo. 2023. 40p. (J). (gr. 1-3). 17.95 *(978-1-76036-112-9(7)*, ea8952e5-79ed-44f1-a82b-d997e63b3b23) Starfish Bay Publishing Pty Ltd. AUS. Dist: Baker & Taylor Publisher Services (BTPS).
Jungle Mastermind. Jake Maddox. Illus. by Francisco Bueno Capeáns. 2022. (Jake Maddox ESports Ser.). (ENG.). 72p. (J). 25.99 *(978-1-6663-4460-8(5)*, 238320); pap. 5.95 *(978-1-6663-5331-0(0)*, 238305) Capstone. (Stone Arch Bks.).
Jungle Night. Sandra Boynton. Illus. by Sandra Boynton. 2023. (ENG., Illus.). 18p. (J). (gr. -1-k). bds., bds. 8.99 ***(978-1-6659-2519-8(1))*** Simon & Schuster Children's Publishing.
Jungle Novel Units Student Packet. Novel Units. 2019. (ENG.). (YA). pap., stu. ed. 13.99 *(978-1-58130-901-0(5)*, Novel Units, Inc.) Classroom Library Co.
Jungle Novel Units Teacher Guide. Novel Units. ed. 2019. (ENG.). (YA). pap. 12.99 *(978-1-58130-900-3(7)*, Novel Units, Inc.) Classroom Library Co.
Jungle of Joy: Sock Monkey Train Song Verse 3. Scott Fagan & Todd Train Brandt. 2017. (ENG., Illus.). 36p. (J). pap. *(978-1-365-18635-6(0))* Lulu Pr., Inc.
Jungle of Virtues. Chelsea Lee Smith. Illus. by Constanze von Kitzing. 2019. (Tender Years Ser.). (ENG.). 12p. (J). (— 1). bds. 12.00 *(978-1-61851-148-5(3))* Baha'i Publishing.
Jungle Olympics - 800 Metres Sprint. Aqkay. 2016. (Jungle Olympics Ser.: Vol. 1). (ENG., Illus.). (J). (gr. k-5). pap. 8.75 *(978-0-9935428-1-7(6))* Galaxy Bks.
Jungle Olympics - Cricket. Aqkay. 2016. (Jungle Olympics Ser.: Vol. 3). (ENG., Illus.). (J). (gr. k-6). pap. 12.49 *(978-0-9935428-3-1(2))* Galaxy Bks.
Jungle Olympics-Wrestling Free Style. Aqkay. 2016. (Jungle Olympics Ser.: Vol. 2). (ENG., Illus.). (J). (gr. k-6). pap. 9.69 *(978-0-9935428-2-4(4))* Galaxy Bks.
Jungle Origami, 1 vol. Joe Fullman. 2016. (Amazing Origami Ser.). (ENG.). 32p. (J). (gr. 2-3). pap. 11.50 *(978-1-4824-5928-9(0)*, cfd76b26-d785-4e39-92e3-5e2b65a1904a) Stevens, Gareth Publishing LLLP.
Jungle, Peak, & Plain: A Boy's Book of Adventure (Classic Reprint) Gordon Stables. 2018. (ENG., Illus.). 202p. (J). 28.02 *(978-0-332-87155-4(X))* Forgotten Bks.
Jungle Picture Puzzle Book. Kirsteen Robson. 2018. (Picture Puzzle Bks.). (ENG.). 32p. (J). 14.99 *(978-0-7945-4118-7(6)*, Usborne) EDC Publishing.
Jungle Play Pad. Kirsteen Robson. 2019. (Play Pads* Ser.). (ENG.). 32ppp. (J). pap. 9.99 *(978-0-7945-4676-2(5)*, Usborne) EDC Publishing.
Jungle Promenade: A Poem for Childhood. Ran Whitley. Illus. by Alexandra Aiken. 2021. (ENG.). 28p. (J). 26.99 *(978-1-6628-2237-7(5))*; pap. 20.99 *(978-1-6628-2236-0(7))* Salem Author Services.
Jungle School. Roz Davison. Illus. by Elizabeth Laird & David Sim. 2nd ed. 2016. (Reading Ladder Level 1 Ser.). (ENG.). 48p. (gr. k-2). pap. 7.99 *(978-1-4052-8226-0(6)*, Reading Ladder) Farshore GBR. Dist: Independent Pubs. Group, HarperCollins Pubs.
Jungle Show. Charlotte Brightwell. Illus. by Charlotte Brightwell. 2017. (ENG., Illus.). 28p. (J). pap. *(978-0-9956006-9-0(4))* Blossom Spring Publishing.
Jungle Sounds. Sam Taplin. 2023. (Sound Bks.). (ENG.). (J). 19.99 ***(978-1-80531-813-2(6))*** Usborne Publishing, Ltd. GBR. Dist: HarperCollins Pubs.
Jungle Stink. Clare Helen Welsh. Illus. by Kelly Breemer. 2021. (Early Bird Readers — Gold (Early Bird Stories (tm)) Ser.). (ENG.). 32p. (J). (gr. k-3). pap. 9.99 *(978-1-7284-1328-0(1)*, 95b69b8a-1ac6-4a23-a024-c5e9f0163af7); lib. bdg. 30.65 *(978-1-5415-9004-5(X)*, bf4273e9-ebe4-4087-aa7f-b0dcd4f02b51) Lerner Publishing Group. (Lerner Pubns.).
Jungle Stories see Cuentos de la Selva
Jungle Stories & Small Tales of Tooma Boo the Tiny Elephant. T. P. Bevins III. 2017. (ENG.). 184p. (J). pap. 10.15 *(978-0-692-95299-3(3))* TPBMedia.
Jungle Tales. Andy C. Yiangou. 2016. (ENG., Illus.). 148p. (YA). (gr. 7-12). pap. *(978-93-86019-0-5(1))* Kingdom Pub.
Jungle Tales: Adventures in India (Classic Reprint) Howard Anderson Musser. 2018. (ENG., Illus.). 150p. (J). 27.01 *(978-0-267-99563-9(6))* Forgotten Bks.
Jungle Tales (Classic Reprint) B. M. Croker. 2018. (ENG., Illus.). 246p. (J). 28.97 *(978-0-483-42987-1(2))* Forgotten Bks.
Jungle Terror (Classic Reprint) Harvey Wickham. 2018. (ENG., Illus.). 252p. (J). 29.09 *(978-0-428-74633-9(0))* Forgotten Bks.
Jungle Trails: Stories for Little Wild Ones. Sumona Bagchi Ravishankar. 2019. (ENG., Illus.). 54p. (YA). 20.00 *(978-93-89085-54-9(3)*, White Falcon Publishing) White Falcon Publishing.
Jungle Trappers: A Tale of the Indian Jungle (Classic Reprint) William Murray Graydon. 2018. (ENG., Illus.). 360p. (J). 31.32 *(978-0-267-81502-9(6))* Forgotten Bks.
Jungle Tribes. Lori Vetere. 2018. (J). *(978-1-4222-4092-2(4))* Mason Crest.
Jungle Walk. L. Ray Deaton. Illus. by Susan Blakeslee. 2018. (ENG.). 28p. (J). pap. 12.95 *(978-1-64349-383-1(3))* Christian Faith Publishing.
Jungle Wildlife, Vol. 4. Lori Vetere. 2018. (Into the World's Amazing Jungles Ser.). (Illus.). 80p. (J). (gr. 7). lib. bdg. 33.27 *(978-1-4222-4096-0(7))* Mason Crest.
JungleGirl Mia. Karien van Ditzhuijzen. 2022. (ENG.). 192p. (J). (gr. 4-7). pap. 9.99 *(978-981-4974-72-1(2))* Marshall Cavendish International (Asia) Private Ltd. SGP. Dist: Independent Pubs. Group.
Jungles - BBC Do You Know...? Level 1. Ladybird. 2020. (Illus.). 32p. (J). (gr. 1-3). pap. 9.99 *(978-0-241-38279-0(3)*, Ladybird) Penguin Bks., Ltd. GBR. Dist: Independent Pubs. Group.
Juniata Memories: Legends Collected in Central Pennsylvania (Classic Reprint) Henry W. Shoemaker. 2018. (ENG., Illus.). 436p. (J). 32.91 *(978-0-267-66954-7(2))* Forgotten Bks.
Junie B. Jones Bestest Box Set Ever (Books 1-10) Barbara Park. Illus. by Denise Brunkus. 2021. (Junie B. Jones Ser.). (ENG.). 800p. (J). (gr. 1-4). 49.90 *(978-0-593-37565-5(3)*, Random Hse. Bks. for Young Readers) Random Hse. Children's Bks.
Junie B. Jones Deluxe Holiday Edition: Jingle Bells, Batman Smells! (P. S. So Does May.) Barbara Park. Illus. by Denise Brunkus. 2019. (Junie B. Jones Ser.: 25). 144p. (J). (gr. 1-4). 18.99 *(978-1-9848-9269-0(X)*, Random Hse. Bks. for Young Readers) Random Hse. Children's Bks.
Junie's Love Test (Classic Reprint) Laura Jean Libbey. (ENG., Illus.). (J). 2018. 244p. 28.93 *(978-0-364-45907-2(7))*; 2017. pap. 11.57 *(978-0-259-19807-9(2))* Forgotten Bks.
Junio. Julie Murray. 2017. (Los Meses (Months) Ser.).Tr. of June. (SPA.). 24p. (J). (gr. -1-2). lib. bdg. 31.36 *(978-1-5321-0633-0(5)*, 27224, Abdo Kids) ABDO Publishing Co.
Junior Adventures: The Unknown City. Catherine J. Bellam. 2019. (ENG., Illus.). 64p. (YA). pap. *(978-0-2288-0088-0(9))* Tellwell Talent.
Junior & Tipper Learn to Deal with the Bully. Jordan Weiner. 2017. (ENG., Illus.). 30p. (J). pap. 14.95 *(978-1-946151-07-0(6))* Mindstir Media.
Junior Astrologer's Handbook: A Kid's Guide to Astrological Signs, the Zodiac, & More. Nikki Van De Car. Illus. by Uta Krogmann. 2021. (Junior Handbook Ser.). (ENG.). 168p. (J). (gr. 3-7). 14.99 *(978-0-7624-9955-7(9)*, Running Pr. Kids) Running Pr.
Junior Astrologer's Oracle Deck & Guidebook: 44 Cards for Budding Mystics. Nikki Van De Car. Illus. by Uta Krogmann. 2023. (Junior Handbook Ser.). (ENG.). 96p. (J). (gr. 3-9). 18.99 ***(978-0-7624-8318-1(0)***, Running Pr. Kids) Running Pr.
Junior Authors' Collections. Ed. by Allison L. Mauldin. 2022. (ENG.). 142p. (J). pap. 10.00 *(978-1-4357-7569-5(4))* Lulu Pr., Inc.
Junior Authors' Story Collection #2. Ed. by Allison Mauldin. Illus. by Addison Snyder. 2023. (ENG.). 230p. (J). pap. ***(978-1-312-72655-0(5))*** Lulu Pr., Inc.
Junior Bailey- the Brown Bear. Jaiden Rado. 2021. (Junior Bailey-The Brown Bear Ser.: 1). (ENG.). 26p. (J). pap. 12.86 *(978-1-0983-4622-5(X))* BookBaby.
Junior Biographies. 2017. (Junior Biographies Ser.). (ENG.). 24p. (J). pap. 336.60 *(978-0-7660-8387-5(X))* Enslow Publishing, LLC.
Junior Biographies: Set 1, 12 vols. 2016. (Junior Biographies Ser.). (ENG.). 24p. (J). (gr. 3-4). lib. bdg. 145.62 *(978-0-7660-8386-8(1)*, 2ae0c9ea-e8a2-4444-b06b-c508456da054) Enslow Publishing, LLC.
Junior Biographies: Set 2. 2017. (Junior Biographies Ser.). 24p. (gr. 3-4). pap. 56.10 *(978-0-7660-8811-5(1))*; (ENG.). lib. bdg. 145.62 *(978-0-7660-8594-7(5)*, 08616f12-d90f-44e7-af2b-1430d1997323) Enslow Publishing, LLC.
Junior Biographies: Set 3, 12 vols. 2017. (Junior Biographies Ser.). (ENG.). (J). (gr. 3-4). lib. bdg. 145.62 *(978-0-7660-9154-2(6)*, d6ae6df5-b4e9-4945-8f42-cea1742d03e9) Enslow Publishing, LLC.
Junior Biographies: Set 4, 18 vols. 2018. (Junior Biographies Ser.). (ENG.). 24p. (gr. 3-4). lib. bdg. 218.43 *(978-1-9785-0022-8(X)*, b2091099-0d73-4337-8d8c-c44f309a0082) Enslow Publishing, LLC.
Junior Biographies: Set 6, 16 vols. 2019. (Junior Biographies Ser.). (ENG.). 24p. (J). (gr. 3-4). lib. bdg. 194.16 *(978-1-9785-0751-7(8)*, 3e7c439b-f560-4e81-aa6a-5b9a2726a328) Enslow Publishing, LLC.
Junior Biographies: Sets 1 - 4. 2018. (Junior Biographies Ser.). (ENG.). (J). pap. 279.45 *(978-1-9785-0058-7(0))*; (gr. 3-4). lib. bdg. 655.29 *(978-1-9785-0023-5(8)*, 5389da8a-b6f3-4521-83d6-13c7c1aef990) Enslow Publishing, LLC.
Junior Biographies: Sets 1 - 5. 2018. (Junior Biographies Ser.). (ENG.). (J). pap. 362.25 *(978-1-9785-0626-8(0))*; (gr. 3-4). lib. bdg. 849.45 *(978-1-9785-0212-3(5)*, 0f88879f-44c1-4b2e-ab5a-6b81ca72cea8) Enslow Publishing, LLC.
Junior Biographies: Sets 1 - 6. 2019. (Junior Biographies Ser.). (ENG.). (J). pap. 445.05 *(978-1-9785-1102-6(7))*; (gr. 3-4). lib. bdg. 1043.61 *(978-1-9785-0752-4(6)*, 470eb224-d544-43a0-8cfe-c3897fb95591) Enslow Publishing, LLC.
Junior Bios: Set 3, 12 vols. 2021. (Junior Bios Ser.). (ENG.). 24p. (J). (gr. 3-4). lib. bdg. 145.62 *(978-1-9785-2586-3(9)*, e9190e96-a942-4cb4-b4af-c83f9fbe68a1) Enslow Publishing, LLC.
Junior Bios: Sets 1 - 3, 38 vols. 2021. (Junior Bios Ser.). (ENG.). (J). (gr. 3-4). lib. bdg. 461.13 *(978-1-9785-2587-0(7)*, 282c0042-28d0-4bcd-9787-fea1f80d2276) Enslow Publishing, LLC.
Junior Chef Cookbook. Williams - Williams - Sonoma Test Kitchen. 2016. (ENG., Illus.). 56p. 14.95 *(978-1-68188-024-2(5))* Weldon Owen, Inc.
Junior Citizen: A Week-Day Course in World Helpfulness for Boys & Girls Nine, Ten, & Eleven Years of Age (Classic Reprint) Joyce Constance Manuel. (ENG., Illus.). (J). 2017. 28.74 *(978-0-260-16124-6(1))*; 2016. pap. 11.57 *(978-1-333-52681-8(4))* Forgotten Bks.
Junior Classics: Animal & Nature Stories. William Patten. 2017. (ENG., Illus.). (YA). (gr. 7-12). pap. *(978-93-86367-66-2(1))* Alpha Editions.
Junior Classics: Fairy & Wonder Tales. William Neilson. 2017. (ENG., Illus.). (YA). (gr. 7-12). pap. *(978-93-86367-67-9(X))* Alpha Editions.
Junior Classics: Heroes & Heroines of Chivalry. William Patten. 2017. (ENG., Illus.). (YA). (gr. 7-12). pap. *(978-93-86367-69-3(6))* Alpha Editions.
Junior Classics: Old-Fashioned Tales. William Patten. 2017. (ENG., Illus.). (YA). (gr. 7-12). pap. *(978-93-86367-70-9(X))* Alpha Editions.
Junior Classics: Stories of Courage & Heroism. William Patten. 2017. (ENG., Illus.). (YA). (gr. 7-12). pap. *(978-93-86367-68-6(8))* Alpha Editions.
Junior Classics: Stories That Never Grow Old. William Patten. 2017. (ENG., Illus.). (YA). (gr. 7-12). pap. *(978-93-86367-65-5(3))* Alpha Editions.
Junior Classics, Vol. 6: Old-Fashioned Tales (Classic Reprint) William Patten. (ENG., Illus.). (J). 2018. 536p. 34.91 *(978-0-484-31339-1(8))*; 2016. pap. 19.57 *(978-1-333-52849-2(3))* Forgotten Bks.
Junior Classics; Volume 4. William Patten. 2017. (ENG., Illus.). (J). 27.95 *(978-1-374-89974-2(7))* Capital Communications, Inc.
Junior Classics; Volume 5. William Patten. 2017. (ENG., Illus.). (J). 27.95 *(978-1-374-89978-0(X))*; pap. 17.95 *(978-1-374-89977-3(1))* Capital Communications, Inc.
Junior Classics; Volume 8. William Patten. 2017. (ENG., Illus.). (J). 28.95 *(978-1-374-87868-6(5))*; pap. 18.95 *(978-1-374-87867-9(7))* Capital Communications, Inc.
Junior Co-Ed (Classic Reprint) Alice Louise Lee. 2018. (ENG., Illus.). 376p. (J). 31.67 *(978-0-483-40784-8(4))* Forgotten Bks.
Junior Congregation: A Series of Object Sermons Preached to the Junior Congregation of Summit Presbyterian Church, Germantown, Pa;, by the Pastor (Classic Reprint) Robinson P. D. Bennett. 2018. (ENG., Illus.). 176p. (J). 27.55 *(978-0-483-32424-4(8))* Forgotten Bks.
Junior Dean, Vol. 1 Of 3: A Novel (Classic Reprint) Alan St. Aubyn. 2018. (ENG., Illus.). 302p. (J). 30.13 *(978-0-267-29916-4(8))* Forgotten Bks.
Junior Dean, Vol. 2 Of 3: A Novel (Classic Reprint) Alan St. Aubyn. 2018. (ENG., Illus.). 290p. (J). 29.88 *(978-0-332-83654-6(1))* Forgotten Bks.
Junior Dean, Vol. 3 Of 3: A Novel (Classic Reprint) Alan St. Aubyn. 2018. (ENG., Illus.). 292p. (J). 29.94 *(978-0-484-01494-6(3))* Forgotten Bks.
Junior Dictionary. Miles Kelly & Richard Kelly. 2017. (Illus.). 192p. (J). pap. 21.95 *(978-1-78209-968-0(9))* Miles Kelly Publishing, Ltd. GBR. Dist: Parkwest Pubns., Inc.
Junior Field Guide: Birds of Nunavut: English Edition. Carolyn Mallory. Illus. by Merle Harley. 2022. (Junior Field Guides). 32p. (J). (gr. 2-4). pap. 14.95 *(978-1-77450-562-5(2))* Inhabit Education Bks. Inc. CAN. Dist: Consortium Bk. Sales & Distribution.
Junior Field Guide: Fishes of Nunavut: English Edition. Jordan Hoffman. 2020. (Junior Field Guides). (ENG., Illus.). 32p. (J). pap. 12.95 *(978-1-77450-052-1(3))* Inhabit Education Bks. Inc. CAN. Dist: Consortium Bk. Sales & Distribution.
Junior Field Guide: Insects of Nunavut: English Edition. Jordan Hoffman. Illus. by Athena Gubbe. 2021. (Junior Field Guides). 32p. (J). (gr. 2-4). pap. 12.95 *(978-1-77450-474-1(X))* Inhabit Education Bks. Inc. CAN. Dist: Consortium Bk. Sales & Distribution.
Junior Field Guide: Land Mammals: English Edition. Jordan Hoffman. Illus. by Lenny Lishchenko. 2020. (Junior Field Guides). (ENG.). 32p. (J). pap. 12.95 *(978-1-77450-054-5(X))* Inhabit Education Bks. Inc. CAN. Dist: Consortium Bk. Sales & Distribution.
Junior Field Guide: Plants of Nunavut: English Edition. Carolyn Mallory. Illus. by Amiel Sandland. 2022. (Junior Field Guides). (ENG.). 32p. (J). (gr. 3-4). pap. 12.95 *(978-1-77450-288-4(7))* Inhabit Education Bks. Inc. CAN. Dist: Consortium Bk. Sales & Distribution.
Junior Field Guide: Sea Mammals of Nunavut: English Edition. Jordan Hoffman. 2023. (Junior Field Guides). (ENG., Illus.). 32p. (J). (gr. 3-4). pap. 14.95 *(978-1-77450-585-4(1))* Inhabit Education Bks. Inc. CAN. Dist: Consortium Bk. Sales & Distribution.
Junior Hero Blues. J. K. Pendragon. 2021. (ENG.). 240p. (YA). pap. 14.99 *(978-1-64890-240-6(5))* NineStar Pr.
Junior High Drama, 4 vols. Louise Simonson & Jane Mason. Illus. by Sumin Cho. 2018. (Junior High Drama Ser.). (ENG.). 64p. (J). (gr. 3-6). 106.60 *(978-1-4965-4754-5(3)*, 26528); pap., pap., pap. 27.80 *(978-1-4965-7419-0(2)*, 28679) Capstone. (Stone Arch Bks.).
Junior High School: Its Feasibility in the Catholic Educational System. Dissertation. Joseph E. Hamill. 2017. (ENG., Illus.). (J). pap. *(978-0-649-44966-8(5))* Trieste Publishing Pty Ltd.
Junior High School: Its Feasibility in the Catholic Educational System. Dissertation, Pp. 1-105. Joseph E. Hamill. 2017. (ENG., Illus.). (J). pap. *(978-0-649-44882-1(0))* Trieste Publishing Pty Ltd.
Junior High School Literature, Vol. 1 (Classic Reprint) William Harris Elson. 2018. (ENG., Illus.). 648p. (J). 37.26 *(978-0-656-73572-3(4))* Forgotten Bks.

J

Junior Ladies' Reader: A Choice & Varied Collection of Prose & Verse, with a Synopsis of the Elementary Principles of Elocution, Expressly Adapted for the Use of the Young, & Designed As an Introduction to the Ladies' Reader (Classic Reprint) John William Stanhope Hows. 2017. (ENG., Illus.). (J). 30.37 *(978-0-265-61250-7(0))*; pap. 13.57 *(978-0-282-98551-6(4))* Forgotten Bks.

Junior Language Lessons: For First, Second & Third Classes (Classic Reprint) Unknown Author. 2018. (ENG., Illus.). 104p. (J). 26.04 *(978-0-267-14965-0(4))* Forgotten Bks.

Junior Library of Money, 14 vols., Set. Incl. Earning Money: Jobs. James Fischer. pap. 9.95 *(978-1-4222-1882-2(1))*; Entrepreneurship. Rae Simons. pap. 9.95 *(978-1-4222-1883-9(X))*; Guide to Teaching Young Adults about Money. Rae Simons. pap. 9.95 *(978-1-4222-1884-6(8))*; Investing Money. Helen Thompson. pap. 9.95 *(978-1-4222-1885-3(6))*; Money & Relationships. Rae Simons. pap. 9.95 *(978-1-4222-1886-0(4))*; Planning for Your Education. James Fischer. pap. 9.95 *(978-1-4222-1887-7(2))*; Power to Do Good: Money & Charity. James Fischer. pap. 9.95 *(978-1-4222-1888-4(0))*; Sustainable Lifestyles in a Changing Economy. Rae Simons. pap. 9.95 *(978-1-4222-1890-7(2))*; 64p. (YA). (gr. 7-18). 2010. 2011. Set pap. 139.30 *(978-1-4222-1878-5(3))*; Set lib. bdg. 321.30 *(978-1-4222-1759-7(0))* Mason Crest.

Junior Makers 4D, 4 vols. Tammy Enz & Rachel Grant. Illus. by Dario Brizuela. 2018. (Junior Makers 4D Ser.). (ENG.). 48p. (J). (gr. 3-9). 135.96 *(978-1-5157-9504-9(7)*, 27386, Capstone Classroom) Capstone.

Junior Miles & the Junkman. Kevin Carey. 2023. 204p. (J). (gr. 4-7). pap. 15.95 ***(978-1-64603-367-6(1)**, Fitzroy Bks.)* Regal Hse. Publishing, LLC.

Junior Missionary Stories: Fifty-Two Junior Missionary Stories (Classic Reprint) Margaret T. Applegarth. 2018. (ENG., Illus.). 410p. (J). 32.35 *(978-0-484-66853-8(6))* Forgotten Bks.

Junior Monster Scouts 4 Books In 1! The Monster Squad; Crash! Bang! Boo!; It's Raining Bats & Frogs!; Monster of Disguise. Joe McGee. Illus. by Ethan Long. 2021. (Junior Monster Scouts Ser.). (ENG.). 432p. (J). (gr. 2-5). 14.99 *(978-1-6659-0757-6(6)*, Aladdin) Simon & Schuster Children's Publishing.

Junior Monster Scouts Not-So-Scary Collection Books 1-4 (Boxed Set) The Monster Squad; Crash! Bang! Boo!; It's Raining Bats & Frogs!; Monster of Disguise. Joe McGee. Illus. by Ethan Long. ed. 2020. (Junior Monster Scouts Ser.). (ENG.). 464p. (J). (gr. 2-5). pap. 23.99 *(978-1-5344-7139-9(1)*, Aladdin) Simon & Schuster Children's Publishing.

Junior Munsey, Vol. 10: April to September, 1901 (Classic Reprint) Unknown Author. 2018. (ENG., Illus.). (J). 1082p. 46.21 *(978-0-332-63001-4(3))*; 1084p. pap. 28.55 *(978-0-243-85695-4(4))* Forgotten Bks.

Junior Ninja Champion: The Competition Begins. Catherine Hapka, pseud. 2018. (Junior Ninja Champion Ser.). (ENG.). 160p. (J). (gr. 5-7). 13.99 *(978-1-328-71058-1(0)*, 1673403, Clarion Bks.) HarperCollins Pubs.

Junior Ninja Champion: the Fastest Finish. Catherine Hapka, pseud. 2019. (Junior Ninja Champion Ser.). (ENG.). 176p. (J). (gr. 5-7). 13.99 *(978-1-328-85901-3(0)*, 1694502, Clarion Bks.) HarperCollins Pubs.

Junior Novel. Jeanette Lane. 2016. (LEGO Batman Movie Ser.). (ENG.). 176p. (J). (gr. 2-5). pap. 6.99 *(978-1-338-11221-4(X))* Scholastic, Inc.

Junior Novel (the LEGO(R) MOVIE 2(TM)) Kate Howard. 2018. (LEGO Movie 2 Ser.). (ENG., Illus.). 80p. (J). (gr. 2-5). pap. 6.99 *(978-1-338-30759-7(2))* Scholastic, Inc.

Junior Parish (Classic Reprint) Herbert William Lathe. (ENG., Illus.). (J). 2018. 292p. 29.92 *(978-0-267-30730-2(6))*; 2016. pap. 13.57 *(978-1-333-34090-2(7))* Forgotten Bks.

Junior Partners (Classic Reprint) Abel M. Rawson. (ENG., Illus.). (J). 2018. 436p. 32.91 *(978-0-484-78670-6(9))*; 2016. pap. 16.57 *(978-1-333-36632-2(9))* Forgotten Bks.

Junior Patrollers (PAW Patrol: the Mighty Movie) Mei Nakamura. Illus. by Dave Aikins. 2023. (Pictureback(R) Ser.). (ENG.). 24p. (J). (gr. -1-2). 5.99 ***(978-0-593-30553-9(1)**, Random Hse. Bks. for Young Readers)* Random Hse. Children's Bks.

Junior Picture Dictionary. Miles Kelly. Ed. by Richard Kelly. 2017. (Illus.). 192p. (J). pap. 21.95 *(978-1-78209-970-3(0))* Miles Kelly Publishing, Ltd. GBR. Dist: Parkwest Pubns., Inc.

Junior Ranger Activity Book: Puzzles, Games, Facts, & Tons More Fun Inspired by the U. S. National Parks! National Geographic Kids. 2016. (Illus.). 160p. (J). (gr. 3-7). pap., act. bk. ed. 14.99 *(978-1-4263-2304-1(2)*, National Geographic Kids) Disney Publishing Worldwide.

Junior Ranger Underwater Explorer: An Explorer's Activity Guide to the Underwater World. National Park Service (U.S.) & National Park Service (U.S.), Submerged Resources Center. 2018. (ENG.). 35p. (J). (gr. 1-8). pap. 13.00 *(978-0-16-094615-8(8))* National Park Service Div. of Pubns.

Junior Rangers Activity Book! (Spirit Rangers) Golden Books. Illus. by Golden Books. 2023. (Illus.). 48p. (J). (gr. -1-2). pap. 7.99 *(978-0-593-64722-6(X)*, Golden Bks.) Random Hse. Children's Bks.

Junior Tarot Reader's Deck & Guidebook: 78 Cards for Budding Mystics. Nikki Van De Car. Illus. by Uta Krogmann. 2023. (Junior Handbook Ser.). (ENG.). 96p. (J). (gr. 3-9). 18.99 ***(978-0-7624-8317-4(2)**, Running Pr. Kids)* Running Pr.

Junior Tarot Reader's Handbook: A Kid's Guide to Reading Cards. Nikki Van De Car. Illus. by Uta Krogmann. 2022. (Junior Handbook Ser.). (ENG.). 184p. (J). (gr. 3-7). 14.99 *(978-0-7624-7904-7(3)*, Running Pr. Kids) Running Pr.

Junior Topics Outlined 1902: A Lesson for Every Meeting, Illustrated by Object-Lessons, Chalk-Talks, Illustrative Stories, & Missionary Plans (Classic Reprint) Ella N. Wood. (ENG., Illus.). (J). 2018. 152p. 27.05 *(978-0-267-40990-7(7))*; 2016. pap. 9.57 *(978-1-334-23757-7(3))* Forgotten Bks.

Junior Topics Outlined 1903: A Lesson for Every Meeting, Illustrated by Object-Lessons, Chalk-Talks, Illustrative Stories, & Missionary Plans (Classic Reprint) Ella N. Wood. (ENG., Illus.). (J). 2018. 138p. 26.74 *(978-0-267-96681-3(4))*; 2017. pap. 9.57 *(978-0-243-09208-6(3))* Forgotten Bks.

Junior Witch's Handbook: A Kid's Guide to White Magic, Spells, & Rituals. Nikki Van De Car. Illus. by Uta Krogmann. 2020. (Junior Handbook Ser.). (ENG.). 120p. (J). (gr. 3-7). 14.99 *(978-0-7624-6930-7(7)*, Running Pr. Kids) Running Pr.

Junior Braves of the Apocalypse Vol. 2: Out of the Woods, Bk. 2. Greg Smith & Michael Tanner. Illus. by Zach Lehner. 2018. (Junior Braves of the Apocalypse Ser.: 2). (ENG.). 192p. 19.99 *(978-1-62010-519-1(5)*, Lion Forge) Oni Pr., Inc.

Junior's Lost Tooth (Alma's Way: Scholastic Reader, Level 2) (Media Tie-In) Gabrielle Reyes. ed. 2023. (Alma's Way Ser.). (ENG.). 32p. (J). (gr. -1-3). pap. 5.99 *(978-1-338-86255-3(3))* Scholastic, Inc.

Juniper & Rose: Sisters First, & Best Friends Forever. Reea Rodney. Illus. by Alexandra Gold. 2016. (ENG.). (J). pap. 12.99 *(978-0-9975059-0-0(7))* Dara Publishing LLC.

Juniper & Rose: We Will Always Come Back. Reea Rodney. Illus. by Alexandra Gold. 2020. (Juniper & Rose Ser.: Vol. 3). (ENG.). 46p. (J). pap. 14.99 *(978-1-7321362-3-6(8))* Dara Publishing LLC.

Juniper & Rose Coloring & Activity Book. Reea Rodney. 2016. (ENG., Illus.). (J). pap. 9.99 *(978-0-9975059-3-1(1))* Dara Publishing LLC.

Juniper Harvey & the Vanishing Kingdom. Nina Varela. 2023. (ENG.). 320p. (J). (gr. 3-7). 16.99 *(978-0-316-70678-0(7))* Little, Brown Bks. for Young Readers.

Juniper Kai: Super Spy. Laura Gehl. Illus. by Alexandria Neonakis. 2019. (ENG.). 32p. (J). (gr. -1-3). 17.99 *(978-1-5420-4332-8(8)*, 9781542043328, Two Lions) Amazon Publishing.

Juniper Mae: Knight of Tykotech City. Sarah Soh. 2023. (ENG., Illus.). 64p. (J). (gr. 2-4). pap. 12.99 *(978-1-912497-45-4(X))* Flying Eye Bks. GBR. Dist: Penguin Random Hse. LLC.

Juniper Mouse & the Very, Very Angry President. Garth S. Croft. Illus. by Carolyn Frank. 2020. (ENG.). 38p. (J). pap. 9.95 *(978-1-0879-1627-9(5))* Indy Pub.

Juniper the Magic Caravan & the Adventures of Izzie & Ozzie: Finding Juniper. Paul Green. 2018. (ENG.). 26p. (J). pap. *(978-1-78823-068-1(X))*; (Illus.). *(978-1-5289-3572-2(1))* Austin Macauley Pubs. Ltd.

Juniper y Rose: Primero Hermanas y Mejores Amigas Por Siempre. Reea Rodney. Illus. by Alexandra Gold. 2016. (SPA.). (J). pap. 12.99 *(978-0-9975059-2-4(3))* Dara Publishing LLC.

Juniper y Rose un Bocado Mas, Por Favor. Reea Rodney. 2017. (SPA., Illus.). (J). pap. 12.99 *(978-0-9975059-1-7(5))* Dara Publishing LLC.

Junipero Serra: A Spanish Missionary. Ben Nussbaum. rev. ed. 2017. (Social Studies: Informational Text Ser.). (ENG., Illus.). 32p. (J). (gr. 3-5). pap. 11.99 *(978-1-4258-3235-3(0))* Teacher Created Materials, Inc.

Junius Unmasked: Or, Thomas Paine. Joel Moody. 2017. (ENG.). 326p. (J). pap. *(978-3-337-13271-2(5))* Creation Pubs.

Junk: a Spectacular Tale of Trash: A Spectacular Tale of Trash. Nicholas Day. Illus. by Tom Disbury. 2018. (ENG.). 32p. (J). (gr. k-3). 16.99 *(978-1-58536-400-8(2)*, 204586) Sleeping Bear Pr.

Junk Boy. Tony Abbott. 2020. (ENG.). 368p. (YA). (gr. 9). 19.99 *(978-0-06-249125-1(3)*, Tegen, Katherine Bks) HarperCollins Pubs.

Junk Drawer. Ryan Karten. Illus. by Sabrina Symington. 2017. (ENG.). 34p. (J). (gr. 2-6). 13.99 *(978-0-9987424-1-0(4))* Karten, Ryan.

Junk Drawer Algebra: 50 Awesome Activities That Dont Cost a Thing. Bobby Mercer. 2019. (Junk Drawer Science Ser.: 5). (ENG., Illus.). 176p. (J). (gr. 4-7). pap. 14.99 *(978-1-64160-098-9(5))* Chicago Review Pr., Inc.

Junk Drawer Biology: 50 Awesome Experiments That Don't Cost a Thing. Bobby Mercer. 2020. (Junk Drawer Science Ser.: 6). (ENG., Illus.). 224p. (J). (gr. 4-7). pap. 14.99 *(978-1-64160-289-1(9))* Chicago Review Pr., Inc.

Junk Drawer Ecology: 50 Awesome Experiments That Don't Cost a Thing. Bobby Mercer. 2021. (Junk Drawer Science Ser.: 7). (Illus.). 272p. (J). (gr. 4-7). pap. 16.99 *(978-1-64160-549-6(9))* Chicago Review Pr., Inc.

Junk Drawer Engineering: 25 Construction Challenges That Don't Cost a Thing. Bobby Mercer. 2017. (Junk Drawer Science Ser.: 3). (ENG., Illus.). 224p. (J). (gr. 4). pap. 16.99 *(978-1-61373-716-3(5))* Chicago Review Pr., Inc.

Junk Drawer Geometry: 50 Awesome Activities That Dont Cost a Thing. Bobby Mercer. 2018. (Junk Drawer Science Ser.: 4). (ENG., Illus.). 192p. (J). (gr. 4). pap. 14.99 *(978-0-912777-79-5(6))* Chicago Review Pr., Inc.

Junk in My Trunk. Avra Davidoff. Illus. by Bonnie Lemaire. 2021. (ENG.). 20p. (J). *(978-0-2288-3794-7(4))*; pap. *(978-0-2288-3793-0(6))* Tellwell Talent.

Junk Is My Art. Catherine Lee. 2017. (Text Connections Guided Close Reading Ser.). (J). (gr. k-1). *(978-1-4900-1793-8(3))* Benchmark Education Co.

Junk Kids: A Ghost Story. S. K. Holder. 2021. (ENG.). 228p. (J). pap. *(978-0-9932937-7-1(8))* Holder, S.K.

Junk Lot Cat: (Step 3) Sound Out Books (systematic Decodable) Help Developing Readers, Including Those with Dyslexia, Learn to Read with Phonics. Pamela Brookes. 2020. (Dog on a Log Let's Go! Books: Vol. 12). (ENG., Illus.). 38p. (J). 14.99 *(978-1-64831-062-1(1)*, DOG ON A LOG Bks.) Jojoba Pr.

Junk Lot Cat Chapter Book: (Step 3) Sound Out Books (systematic Decodable) Help Developing Readers, Including Those with Dyslexia, Learn to Read with Phonics. Pamela Brookes. 2020. (Dog on a Log Chapter Books: Vol. 12). (ENG., Illus.). 58p. (J). 14.99 *(978-1-64831-019-5(2)*, DOG ON A LOG Bks.) Jojoba Pr.

Junk Magic & Guitar Dreams. T. James Logan. 2020. (ENG.). 310p. (YA). (gr. 7-12). pap. 15.99 *(978-1-62225-433-0(3))* Publishing Consortium, LLC, The.

Junk Yard Dog. Daniel K. O'Neill. 2019. (ENG., Illus.). 24p. (J). (gr. k-1). pap. *(978-1-4866-1854-5(5))* Word Alive Pr.

Junko Tabei. Virginia Loh-Hagan. Illus. by Jeff Bane. 2022. (My Early Library: My Itty-Bitty Bio Ser.). (ENG.). 24p. (J). (gr. k-1). pap. 12.79 *(978-1-6689-1047-4(0)*, 220992); lib. bdg. 30.64 *(978-1-6689-0887-7(5)*, 220854) Cherry Lake Publishing.

Junko Tabei Masters the Mountains. Rebel Girls & Nancy Ohlin. 2020. (Rebel Girls Chapter Bks.). (Illus.). 128p. (J). (gr. 3-7). 12.99 *(978-1-7333292-0-0(X))* Rebel Girls.

Junkwraith. Ellinor Richey. 2022. (Illus.). 280p. (YA). (gr. 8-12). pap. 24.99 *(978-1-60309-500-6(4))* Top Shelf Productions.

Junkyard Bot. C. J. Richards. ed. 2016. (Robots Rule Ser.: 1). lib. bdg. 17.20 *(978-0-606-37980-9(0))* Turtleback.

Junkyard Bot: Robots Rule, Book 1. C. J. Richards. Illus. by Goro Fujita. 2016. (Robots Rule Ser.). (ENG.). 208p. (J). (gr. 5-7). pap. 9.99 *(978-0-544-66843-0(X)*, 1625458, Clarion Bks.) HarperCollins Pubs.

Junkyard Boys. Hadley Vega. 2023. (ENG.). 186p. (YA). 30.95 ***(978-1-6657-3875-0(8))**; pap. 13.99 **(978-1-6657-3876-7(6))*** Archway Publishing.

Junkyard Dogs. Katherine Higgs-Coulthard. 2023. 336p. (YA). (gr. 9). 18.99 *(978-1-68263-540-7(6))* Peachtree Publishing Co. Inc.

Junkyard Dogs. Brad Swift & W. Bradford Swift. 2021. (ENG.). 160p. (J). pap. 9.85 *(978-1-930328-16-7(8))* Porpoise Publishing.

Junkyard Jack & the Horse That Talked. Adrian Edmondson. 2018. (Illus.). 256p. (J). (gr. 2-4). 13.99 *(978-0-14-137249-5(4)*, Puffin) Penguin Bks., Ltd. GBR. Dist: Independent Pubs. Group.

Junkyard Umbrella. Dorothy Dawn Thurston. Illus. by Vicki Walker. 2017. (ENG.). 54p. (J). 22.99 *(978-0-692-97524-4(1))* Thurston, Dorothy Dawn.

Juno Clifford: A Tale (Classic Reprint) Louise Chandler Moulton. (ENG., Illus.). (J). 2018. 416p. 32.48 *(978-0-267-00738-7(8))*; 2017. pap. 16.57 *(978-0-259-06287-5(1))* Forgotten Bks.

Juno Stories, Vol. 4: Hubert (Classic Reprint) Jacob Abbott. 2016. (ENG., Illus.). (J). pap. 13.57 *(978-1-334-15576-5(3))* Forgotten Bks.

Juno Valentine & the Fantastic Fashion Adventure. Eva Chen. Illus. by Derek Desierto. 2019. (Juno Valentine Ser.). (ENG.). 32p. (J). 18.99 *(978-1-250-29730-3(3)*, 900195909) Feiwel & Friends.

Juno Valentine & the Magical Shoes. Eva Chen. Illus. by Derek Desierto. 2018. (Juno Valentine Ser.). (ENG.). 32p. (J). 18.99 *(978-1-250-29726-6(5)*, 900195905) Feiwel & Friends.

Juno's Lucky Day. Arjun Supramaniam. 2022. (ENG.). 24p. (J). 20.99 ***(978-1-6629-3393-6(2))**; pap. 12.99 **(978-1-6629-3394-3(0))*** Gatekeeper Pr.

Junto a Ti. Victoria Reggiani. 2022. (SPA.). 400p. (YA). pap. ***(978-1-387-65213-6(3))*** Lulu Pr., Inc.

Juntos a Medianoche. Jennifer Castle. 2019. (SPA.). 296p. (YA). pap. 14.99 *(978-607-8614-04-2(5))* V&R Editoras.

Juntos Somos Magia. Arianne Martin. 2022. (SPA.). 328p. (YA). (gr. 9-12). pap. 23.99 ***(978-84-19147-16-5(8))*** Ediciones Kiwi S.L. ESP. Dist: Lectorum Pubns., Inc.

Jupiter. Quinn M. Arnold. 2018. (Semillas Del Saber Ser.). 24p. (J). (SPA.). (gr. -1-k). *(978-1-60818-948-9(1)*, 19582, Creative Education); (FRE., Illus.). *(978-1-77092-406-2(X)*, 19695); (ENG., Illus.). (gr. -1-k). *(978-1-60818-914-4(7)*, 19580, Creative Education); (ENG., Illus.). (gr. -1-k). pap. 7.99 *(978-1-62832-530-0(5)*, 19578, Creative Paperbacks) Creative Co., The.

Jupiter. Emma Bassier. 2020. (Planets Ser.). (ENG., Illus.). 24p. (J). (gr. k-3). lib. bdg. 31.36 *(978-1-5321-6908-3(6)*, 36437, Pop! Cody Koala) Pop!.

Jupiter. J. P. Bloom. 2017. (Planets Ser.). (ENG.). 24p. (J). (gr. -1-2). pap. 7.95 *(978-1-4966-1281-6(7)*, 135013, Capstone Classroom) Capstone.

Júpiter. J. P. Bloom. 2017. (Planetas Ser.). (SPA.). 24p. (J). (gr. -1-2). pap. 7.95 *(978-1-4966-1299-1(X)*, 135021, Capstone Classroom) Capstone.

Jupiter. Czeena Devera. Illus. by Jeff Bane. 2020. (My Early Library: My Guide to the Planets Ser.). (ENG.). 24p. (J). (gr. k-1). pap. 12.79 *(978-1-5341-6118-4(X)*, 214472); lib. bdg. 30.64 *(978-1-5341-5888-7(X)*, 214471) Cherry Lake Publishing.

Jupiter. Steve Foxe. 2020. (Planets in Our Solar System Ser.). (ENG., Illus.). 32p. (J). (gr. 1-3). pap. 7.95 *(978-1-9771-2695-5(2)*, 201729); lib. bdg. 29.32 *(978-1-9771-2395-4(3)*, 200405) Capstone. (Pebble).

Jupiter. Ellen Lawrence. 2022. (Zoom into Space Ser.). (ENG.). 24p. (J). (gr. 3-6). pap. 9.50 ***(978-1-64996-767-1(5)**,* 17152, Sequoia Kids Media) Sequoia Children's Bks.

Jupiter. Kerri Mazzarella. 2023. (Our Amazing Solar System Ser.). (ENG.). (J). (gr. 3-6). 24p. lib. bdg. 27.93 ***(978-1-63897-973-9(1)**,* 33385); (Illus.). pap. 8.95 Seahorse Publishing.

Jupiter. Julie Murray. 2018. (Planets (Dash!) Ser.). (ENG., Illus.). 24p. (J). (gr. k-4). lib. bdg. 31.36 *(978-1-5321-2527-0(5)*, 30063, Abdo Zoom-Dash) ABDO Publishing Co.

Jupiter. Betsy Rathburn. 2019. (Space Science Ser.). (ENG., Illus.). 24p. (J). (gr. 3-7). lib. bdg. 26.95 *(978-1-62617-972-1(7)*, Torque Bks.) Bellwether Media.

Jupiter. Susan Ring & Alexis Roumanis. 2016. (Illus.). 24p. (J). *(978-1-5105-0974-0(7))* SmartBook Media, Inc.

Jupiter. Alexis Roumanis. 2016. *(978-1-5105-2047-9(3))* SmartBook Media, Inc.

Júpiter. Alexis Roumanis. 2018. (Descubre Los Planetas Ser.). (SPA.). 24p. (J). lib. bdg. 22.99 *(978-1-5105-3386-8(9))* SmartBook Media, Inc.

Júpiter. Alexis Roumanis. 2016. (Los Planetas Ser.). (SPA.). 24p. (J). pap. 31.41 *(978-1-4896-4441-1(5))* Weigl Pubs., Inc.

Jupiter. Alissa Thielges. 2023. 16p. (J). (gr. 1-3). (ENG.). pap. 9.99 ***(978-1-68152-790-1(1))**;* (SPA.). pap. 9.99 ***(978-1-68152-908-0(4))*** Amicus.

Jupiter & Mars: Borrowed Gods?- Children's Greek & Roman Myths. Baby Professor. 2017. (ENG., Illus.). (J). pap. 7.89 *(978-1-5419-0185-8(1)*, Baby Professor (Education Kids)) Speedy Publishing LLC.

Jupiter Eight (Classic Reprint) Francis Pollock. 2018. (ENG., Illus.). 286p. (J). 29.80 *(978-0-428-22483-7(0))* Forgotten Bks.

Jupiter Jet & the Forgotten Radio. Jason Inman & Ashley Victoria Robinson. 2020. (ENG., Illus.). 120p. (J). pap. 14.99 *(978-1-63229-582-8(2)*, 82e18f86-a82f-4c53-8e5c-a99439115434) Action Lab Entertainment.

Jupiter Jet Volume 1. Jason Inman & Ashley Victoria Robinson. 2018. (ENG., Illus.). 160p. (J). pap. 14.99 *(978-1-63229-364-0(1)*, 0ceed4af-4722-46fd-92ee-607eb42e5f50) Action Lab Entertainment.

Jupiter (Jupiter), 1 vol. J. P. Bloom. 2016. (Planetas (Planets) Ser.). (SPA., Illus.). 24p. (J). (gr. -1-2). lib. bdg. 32.79 *(978-1-68080-753-0(6)*, 22668, Abdo Kids) ABDO Publishing Co.

Jupiter King of the Gods, God of Sky & Storms. Teri Temple. 2019. (Gods & Goddesses of Ancient Rome Ser.). (ENG., Illus.). 32p. (J). (gr. 3-6). pap. 13.95 *(978-1-4896-9496-6(X))*; lib. bdg. 29.99 *(978-1-4896-9495-9(1))* Weigl Pubs., Inc.

Jupiter Lights (Classic Reprint) Constance Fenimore Woolson. 2019. (ENG., Illus.). 358p. (J). 31.28 *(978-0-365-11907-4(5))* Forgotten Bks.

Jupiter Pirates #2: Curse of the Iris. Jason Fry. 2016. (Jupiter Pirates Ser.: 2). (ENG.). 368p. (J). (gr. 3-7). pap. 6.99 *(978-0-06-223024-9(7)*, HarperCollins) HarperCollins Pubs.

Jupiter Storm. Marti Dumas. 2017. (Illus.). 194p. (J). (gr. 4-7). 24.99 *(978-1-943169-32-0(2))* Plum Street Press.

Jupiter Storm. Illus. by Stephanie Parcus. gif. ltd. ed. 2017. 256p. (J). (gr. 3-6). pap. 14.99 *(978-1-943169-31-3(4))* Plum Street Press.

Jupiter's Daughters. C. Jenkin. 2017. (ENG.). 288p. (J). pap. *(978-3-337-03222-7(2))* Creation Pubs.

Jupiter's Daughters: A Novel (Classic Reprint) C. Jenkin. 2018. (ENG., Illus.). 290p. (J). 29.88 *(978-0-483-34107-4(X))* Forgotten Bks.

Juramento de Lealtad. Aaron Carr. 2018. (Los Símbolos Estadounidenses Ser.). (SPA.). 24p. (J). lib. bdg. 22.99 *(978-1-5105-3380-6(X))* SmartBook Media, Inc.

Juramento de Lealtad. Aaron Carr. 2016. (Iconos Americanos Ser.). (SPA.). 24p. (J). pap. 31.41 *(978-1-4896-4270-7(6))* Weigl Pubs., Inc.

Jurassic Bark! (PAW Patrol) Hollis James. Illus. by Fabrizio Petrossi. 2017. (Little Golden Book Ser.). (ENG.). 24p. (J). (-k). 5.99 *(978-0-399-55880-1(2)*, Golden Bks.) Random Hse. Children's Bks.

Jurassic Book of Mazes! a Dinosaur Fan's Activity Book. Kreative Kids. 2016. (ENG., Illus.). (J). pap. 10.81 *(978-1-68377-057-2(9))* Whlke, Traudl.

Jurassic Carp: My Big Fat Zombie Goldfish. Mo O'Hara. Illus. by Marek Jagucki. 2017. (My Big Fat Zombie Goldfish Ser.: 6). (ENG.). 224p. (J). 12.99 *(978-1-250-06357-1(4)*, 900142809) Feiwel & Friends.

Jurassic Carp: My Big Fat Zombie Goldfish. Mo O'Hara. Illus. by Marek Jagucki. 2017. (My Big Fat Zombie Goldfish Ser.: 6). (ENG.). 224p. (J). pap. 6.99 *(978-1-250-10260-7(X)*, 900163247) Square Fish.

Jurassic Dinosaurs. Camilla de la Bedoyere. 2020. (In Focus: Dinosaurs Ser.). (ENG., Illus.). 32p. (J). (gr. 2-5). lib. bdg. 29.32 *(978-0-7112-4809-0(5)*, ddb0c466-5224-453b-a43f-11423a50515d) QEB Publishing Inc.

Jurassic Jeff: Space Invader (Jurassic Jeff Book 1) (a Graphic Novel) Royden Lepp. 2023. (Jeff in the Jurassic Ser.: 1). (Illus.). 224p. (J). (gr. 2-5). 13.99 *(978-0-593-56539-1(8))*; (ENG.). lib. bdg. 16.99 *(978-0-593-56540-7(1))* Penguin Random Hse. LLC.

Jurassic Park. Michael Crichton & David Koepp. Illus. by Josh Holtsclaw. 2018. (J). *(978-1-5444-0887-3(0)*, Golden Bks.) Random Hse. Children's Bks.

Jurassic Park Little Golden Book (Jurassic Park) Arie Kaplan. Illus. by Josh Holtsclaw. 2018. (Little Golden Book Ser.). (ENG.). 24p. (J). (-k). 5.99 *(978-0-525-58068-3(9)*, Golden Bks.) Random Hse. Children's Bks.

Jurassic Peck, 5. Cyndi Marko. ed. 2021. (Branches Early Ch Bks). (ENG., Illus.). 72p. (J). (gr. 2-3). 15.86 *(978-1-64697-914-1(1))* Penworthy Co., LLC, The.

Jurassic Period: Dinosaur Adventures (Engaging Readers, Level 1) Ashley Lee. l.t. ed. 2021. (ENG., Illus.). 32p. (J). *(978-1-77476-490-9(3))*; pap. *(978-1-77476-491-6(1))* AD Classic.

Jurassic Smarts: A Jam-Packed Fact Book for Dinosaur Superfans! Stephanie Drimmer. 2023. (ENG.). 216p. (J). (gr. 3-7). lib. bdg. 19.90 ***(978-1-4263-7580-4(8)**,* National Geographic Kids) Disney Publishing Worldwide.

Jurassic Smarts: A Jam-Packed Fact Book for Dinosaur Superfans! Stephanie Drimmer & Jen Agresta. 2023. (ENG.). 216p. (J). (gr. 3-7). pap. 9.99 ***(978-1-4263-7374-9(0)**,* National Geographic Kids) Disney Publishing Worldwide.

Jurassic World: Look & Find. PI Kids. 2018. (ENG.). 24p. (J). 10.99 *(978-1-5037-3751-8(9)*, 2940, PIL Kids) Phoenix International Publications, Inc.

Jurassic World: Dinosaur Rivals! Marilyn Easton. 2022. (ENG., Illus.). 48p. (J). (gr. 2-5). 12.99 *(978-1-338-72667-1(6))* Scholastic, Inc.

Jurassic World: Dinosaurs in Your World a Field Guide Sound Book. PI Kids. 2019. (ENG., Illus.). 34p. (J). 29.99 *(978-1-5037-4597-1(X)*, 3260, PI Kids) Phoenix International Publications, Inc.

Jurassic World: Dinosaurs Uncovered! Marilyn Easton. 2021. (ENG.). 64p. (J). (gr. 2-5). pap. 12.99 *(978-1-338-72668-8(4))* Scholastic, Inc.

Jurassic World Dominion: Danger: Dinosaur Sightings: Coloring & Activity Book with Pull-Out Poster. Cara Stevens. 2022. (ENG.). 32p. (J). (gr. 1-3). pap. 8.99 *(978-0-7944-4730-4(9)*, Studio Fun International) Printers Row Publishing Group.

Jurassic World Dominion: Keep Your Distance. Maggie Fischer. 2022. (Magnetic Hardcover Ser.). (ENG.). 10p. (J). (gr. -1-k). 12.99 *(978-0-7944-4727-4(9)*, Studio Fun International) Printers Row Publishing Group.

1074 The check digit for ISBN-10 appears in parentheses after the full ISBN-13

Jurassic World Dominion Official Activity Book (Jurassic World Dominion) Rachel Chlebowski. Illus. by Random House. 2022. (ENG.). 48p. (J). (gr. -1-2). pap. 7.99 *(978-0-593-31066-3(7)*, Random Hse. Bks. for Young Readers) Random Hse. Children's Bks.

Jurassic World Dominion: the Deluxe Junior Novelization (Jurassic World Dominion) Random House. 2022. (ENG.). 144p. (J). (gr. 3-7). 9.99 *(978-0-593-31063-2(2)*, Random Hse. Bks. for Young Readers) Random Hse. Children's Bks.

Jurassic World Dominion: the Junior Novelization (Jurassic World Dominion) Random House. 2022. (ENG.). 144p. (J). (gr. 3-7). 6.99 *(978-0-593-31064-9(0)*, Random Hse. Bks. for Young Readers) Random Hse. Children's Bks.

Jurassic World: Fallen Kingdom Poster Book (Jurassic World: Fallen Kingdom) Rachel Chlebowski. Illus. by Random House. 2018. (ENG.). 48p. (J). (gr. -1-2). pap. 5.99 *(978-0-525-58086-7(7)*, Random Hse. Bks. for Young Readers) Random Hse. Children's Bks.

Jurassic World Imagine Ink Magic Ink Pictures. Des. by Bendon. 2020. (ENG.). (J). 4.99 ***(978-1-6902-0963-8(1))*** Bendon, Inc.

Jurassic World Look & Find. Riley Beck. ed. 2018. (Look & Find Ser.). (ENG.). (J). (gr. k-1). 22.36 *(978-1-64310-271-9(0))* Penworthy Co., LLC, The.

Jurassic World: Look, Listen, ROAR Sound Book. PI Kids. 2022. (ENG.). 10p. (J). bds. 16.99 *(978-1-5037-6287-9(4)*, 4679, PIL Kids) Phoenix International Publications, Inc.

Jurassic World Pocket Expert: All the Facts You Need to Know. Catherine Saunders. 2022. (Pocket Expert Ser.). (ENG., Illus.). 80p. (J). (gr. 2-4). pap. 7.99 *(978-0-7440-5460-6(5)*, DK Children) Dorling Kindersley Publishing, Inc.

Jurassic World: Roll with the Dinosaurs Sound Book. PI Kids. 2020. (ENG., Illus.). 12p. (J). bds. 14.99 *(978-1-5037-5501-7(0)*, 3685, PI Kids) Phoenix International Publications, Inc.

Jurassic World: the Very Hungry Dinosaur: (Concepts Board Books for Kids, Educational Board Books for Kids, PlayPop) Insight Insight Kids. Illus. by Monica Garofalo. 2022. (PlayPop Ser.). (ENG.). 20p. (J). bds. 12.99 *(978-1-64722-667-1(8))* Insight Editions.

Juris P. Prudence's Holiday Gift. J. N. Childress. 2018. (ENG.). 40p. (J). pap. 9.13 *(978-1-946456-05-2(5))* Juris Prudence LLC.

Juris P. Prudence's Kindness Contracts. J. N. Childress. 2018. (ENG., Illus.). 32p. (J). pap. 9.13 *(978-1-946456-04-5(7))* Juris Prudence LLC.

Jurnalul Bebelusului, Primii 2 Ani de Viata: Memorii, Nastere, Maternitate, Dezvoltare, Cadou, Jurnal. Maria Cristina Serban. 2021. (ROA.). 74p. (J). pap. 17.00 *(978-1-008-96837-0(4))* Lulu Pr., Inc.

Jury Duty - Us Government & Politics Children's Government Books. Baby Professor. 2017. (ENG., Illus.). (J). pap. 8.79 *(978-1-5419-1300-4(0)*, Baby Professor (Education Kids)) Speedy Publishing LLC.

Jury of Your Peers: A Look at the Sixth & Seventh Amendments, 1 vol. Rachael Morlock. 2018. (Our Bill of Rights Ser.). (ENG.). 32p. (gr. 5-5). pap. 11.00 *(978-1-5383-4304-3(5)*, 210dddbd-1351-46b1-91cb-579ec469e60d, PowerKids Pr.) Rosen Publishing Group, Inc., The.

Jusqu'au Sommet de L'arbre see Jusqu'au Sommet de l'arbre (up a Tree)

Jusqu'au Sommet de l'arbre (up a Tree) Laurie Friedman. Illus. by Rea Zhai. 2022. (Sunshine Picture Bks.).Tr. of Jusqu'au Sommet de L'arbre. (FRE.). 32p. (J). (gr. k-3). pap. *(978-1-0396-8806-3(3)*, 21765, Sunshine Picture Books) Crabtree Publishing Co.

Just a Baby Bird. Mercer Mayer. 2016. (Illus.). 32p. (J). *(978-1-4242-6469-8(3))* Harper & Row Ltd.

Just a Baby Bird. Mercer Mayer. ed. 2016. (Little Critter: I Can Read! Ser.). (J). lib. bdg. 13.55 *(978-0-606-38158-1(9))* Turtleback.

Just a Bad Day. Mercer Mayer. 2019. (Little Golden Book Ser.). (Illus.). 24p. (J). (-k). 4.99 *(978-1-9848-3085-2(6)*, Golden Bks.) Random Hse. Children's Bks.

Just a Boy & a Girl in a Little Canoe. Sarah Mlynowski. (ENG.). (YA). (gr. 9). 2021. 368p. pap. 10.99 *(978-0-06-239711-9(7))*; 2020. 352p. 18.99 *(978-0-06-239710-2(9))* HarperCollins Pubs. (HarperTeen).

Just a Duck? Carin Bramsen. 2018. (Illus.). 34p. (J). (— 1). bds. 7.99 *(978-1-5247-6600-9(3)*, Random Hse. Bks. for Young Readers) Random Hse. Children's Bks.

Just a Few Words, Mr. Lincoln: The Story of the Gettysburg Address. Jean Fritz. Illus. by Charles Robinson. 2021. (Step into Reading Ser.). 48p. (J). (gr. 2-4). pap. 4.99 *(978-0-593-43278-5(9))*; (ENG.). lib. bdg. 14.99 *(978-0-593-43279-2(7))* Random Hse. Children's Bks. (Random Hse. Bks. for Young Readers).

Just a Girl: A True Story of World War II. Lia Levi. Illus. by Jess Mason. 2022. (ENG.). 144p. (J). (gr. 3-7). 18.99 *(978-0-06-306508-6(8)*, HarperCollins) HarperCollins Pubs.

Just a Girl (Classic Reprint) Charles Garvice. (ENG., Illus.). (J). 2018. 356p. 31.24 *(978-0-267-36813-6(5))*; 2016. pap. 13.97 *(978-1-334-16188-9(7))* Forgotten Bks.

Just a Kid, 1 vol. Rie Charles. 2020. (ENG.). 104p. (J). (gr. 3-7). 12.95 *(978-0-88995-582-0(4)*, 5e57fbed-b160-4316-8575-a8e0110aa6bd) Red Deer Pr. CAN. Dist: Firefly Bks., Ltd.

Just a Little Blue, 2. Andy Runton. ed. 2020. (Owly Ser.). (ENG., Illus.). 118p. (J). (gr. 2-3). 21.59 *(978-1-64697-374-3(7))* Penworthy Co., LLC, The.

Just a Little Blue: a Graphic Novel (Owly #2) Andy Runton. Illus. by Andy Runton. 2020. (Owly Ser.: 2). (ENG., Illus.). 128p. (J). (gr. 2-5). 22.99 *(978-1-338-30068-0(7))*; pap. 10.99 *(978-1-338-30067-3(9))* Scholastic, Inc. (Graphix).

Just a Little Chocolate. Glen Kennedy & Marianne Kennedy. 2021. (ENG.). 100p. (J). *(978-1-5255-9950-7(X))*; pap. *(978-1-5255-9949-1(6))* FriesenPress.

Just a Little More Christmas. Katherine Ybarra. 2019. (ENG.). 52p. (J). pap. 15.95 *(978-1-64028-606-1(3))* Christian Faith Publishing.

Just a Lucky So & So: The Story of Louis Armstrong. Lesa Cline-Ransome. Illus. by James E. Ransome. 40p. (J). (gr. 1-4). 2022. pap. 8.99 *(978-0-8234-5240-8(9))*; 2016. (ENG.). 18.99 *(978-0-8234-3428-2(1))* Holiday Hse., Inc.

Just a Mask. Josefina M. Bernal-Gurrola. Illus. by Eva Gomez. 2020. (ENG.). (J). 30p. 18.99 *(978-1-7356287-1-4(9))*; 32p. pap. 8.99 *(978-1-7356287-0-7(0))* Wind & Rain Pr.

Just a Minute: A Trickster Tale & Counting Book. Yuyi Morales. 2016. (ENG., Illus.). 36p. (J). (gr. k-3). pap. 7.99 *(978-0-8118-6483-1(9))* Chronicle Bks. LLC.

Just a Minute More. J. P. Little. Illus. by Monique Machut. 2022. (ENG.). 24p. (J). 16.99 ***(978-1-64538-340-6(7))***; pap. 11.99 ***(978-1-64538-420-5(9))*** Orange Hat Publishing.

Just a Piggy Bank (Little Critter) Mercer Mayer. 2022. (Pictureback(R) Ser.). (ENG.). 24p. (J). (gr. -1-2). pap. 6.99 *(978-1-9848-3073-9(2)*, Random Hse. Bks. for Young Readers) Random Hse. Children's Bks.

Just a Position. Robey S. Stothart. 2023. (ENG.). 40p. (J). ***(978-1-0391-6582-3(6))***; pap. ***(978-1-0391-6581-6(8))*** FriesenPress.

Just a Rimey Few (Classic Reprint) Jay Grotius Voss. (ENG., Illus.). (J). 2018. 114p. 26.29 *(978-0-332-87653-5(5))*; 2016. pap. 9.57 *(978-1-333-54102-6(3))* Forgotten Bks.

Just a Second. Steve Jenkins. Illus. by Steve Jenkins. 2017. (ENG., Illus.). 32p. (J). (gr. -1-3). pap. 7.99 *(978-1-328-74086-1(2)*, 1677123, Clarion Bks.) HarperCollins Pubs.

Just a Second Kiwi Edition. Steve Jenkins. 2021. (ENG.). 40p. (J). (gr. -1-3). pap. 7.99 *(978-0-358-66988-3(X)*, 1823059, Clarion Bks.) HarperCollins Pubs.

Just a Sip of Nonsense. Luke Spink. 2021. (ENG.). 92p. (J). pap. *(978-1-64969-827-8(5))* Tablo Publishing.

Just a Snowy Vacation. Gina Mayer et al. 2019. (Little Critter 8x8 Bks). (ENG.). 24p. (J). (gr. k-1). 15.96 *(978-0-87617-763-1(1))* Penworthy Co., LLC, The.

Just a Snowy Vacation. Mercer Mayer. 2019. (Pictureback(R) Ser.). (ENG.). 24p. (J). (gr. -1-2). pap. 6.99 *(978-1-9848-3077-7(5)*, Random Hse. Bks. for Young Readers) Random Hse. Children's Bks.

Just a Stage. Marilyn Ludwig. 2021. (ENG.). 350p. (YA). pap. 12.99 ***(978-0-9967422-9-0(8))*** Zafa Publishing.

Just a Story. Jeff Mack. 2020. (Illus.). 32p. (J). (gr. -1-2). 18.99 *(978-0-8234-4663-6(8)*, Neal Porter Bks) Holiday Hse., Inc.

Just a Toy (Little Critter) Mercer Mayer. 2023. (Pictureback(R) Ser.). (ENG.). 24p. (J). (gr. -1-2). pap. 5.99 *(978-1-9848-3067-8(8)*, Random Hse. Bks. for Young Readers) Random Hse. Children's Bks.

Just a Tweak. Rose Dyer. 2019. (ENG., Illus.). 32p. (J). (gr. k-4). 17.99 *(978-0-9600123-0-5(3))* Funnel Time Bks.

Just a Worm. Marie Boyd. Illus. by Marie Boyd. 2023. (ENG., Illus.). 32p. (J). (gr. -1-3). 17.99 *(978-0-06-321256-5(0)*, Greenwillow Bks.) HarperCollins Pubs.

Just about a Boy (Classic Reprint) Walter S. Phillips. 2018. (ENG., Illus.). 244p. (J). 28.95 *(978-0-484-75960-1(4))* Forgotten Bks.

Just Achieve It! A Daily Planner for the Driven & Confident Guy. Gracelyn Leath. 2017. (ENG., Illus.). (J). pap. 24.54 *(978-0-9796546-2-6(9))* Inward Core, Inc.

Just Add Color: Construction Toys Coloring Book. Kreative Kids. 2016. (ENG., Illus.). (J). pap. 9.20 *(978-1-68377-320-7(9))* Whlke, Traudl.

Just Add Glitter. Angela DiTerlizzi. Illus. by Samantha Cotterill. 2018. (ENG.). 32p. (J). (gr. -1-3). 18.99 *(978-1-4814-0967-4(0)*, Beach Lane Bks.) Beach Lane Bks.

Just an Adventure at Sea. Mercer Mayer. 2017. (Illus.). 32p. (J). *(978-1-5182-3868-0(8))* Harper & Row Ltd.

Just an Adventure at Sea. Mercer Mayer. ed. 2017. (Little Critter: I Can Read! Ser.). (J). lib. bdg. 13.55 *(978-0-606-40062-6(1))* Turtleback.

Just & the Unjust (Classic Reprint) Vaughan Kester. 2017. (ENG., Illus.). 418p. (J). 32.52 *(978-0-265-21930-0(2))* Forgotten Bks.

Just Another Christmas Story. Harry Bloss. 2018. (ENG., Illus.). 32p. (J). 22.95 *(978-1-64138-901-3(X))*; pap. 12.95 *(978-1-64138-899-3(4))* Page Publishing Inc.

Just Another Happy Easter Legend. Breddan Budderman. 2021. (ENG.). 26p. (J). 27.95 *(978-0-578-84657-6(8))*; pap. 17.95 *(978-0-578-84656-9(X))* Reaching Higher Pr. LLC.

Just As I Am. IglooBooks. 2018. (ENG.). 24p. (J). 12.99 *(978-1-78810-223-0(1))* Igloo Bks. GBR. Dist: Simon & Schuster, Inc.

Just As I Am: The Autobiography of Billy Graham. Billy Graham. 10th ed. 2018. (ENG., Illus.). 912p. pap. 21.99 *(978-0-06-117106-2(9)*, HarperOne) HarperCollins Pubs.

Just As I Am, Vol. 1 Of 2: A Novel (Classic Reprint) M. E. Braddon. 2018. (ENG., Illus.). 630p. (J). 36.89 *(978-0-267-15913-0(7))* Forgotten Bks.

Just As the Lord Planned: A Story about Trusting in God's Perfect Plans... Amanda Wood. 2021. (ENG.). 42p. (J). pap. 7.99 *(978-1-6629-1263-4(3))* Gatekeeper Pr.

Just As You Are. Alyssa Catzman. 2021. (ENG.). 38p. (J). pap. *(978-0-2288-5232-2(3))* Tellwell Talent.

Just As You Are. Whitney Kaupke. 2022. (ENG., Illus.). 30p. (J). 24.95 *(978-1-63710-629-7(7))* Fulton Bks.

Just As You Are: A Teen's Guide to Self-Acceptance & Lasting Self-Esteem. Michelle Skeen & Kelly Skeen. 2018. (Instant Help Solutions Ser.). (ENG.). 176p. (YA). pap. 17.95 *(978-1-62625-590-6(3)*, 35906) New Harbinger Pubns.

Just As You Are: Celebrating the Wonder of Unconditional Love. Jen Harrison. Illus. by Michelle Catanach. 2019. (ENG.). 42p. (J). (gr. k-2). *(978-1-9162504-1-3(6))* Inside Out Publishing.

Just Ask! Be Different, Be Brave, Be You. Sonia Sotomayor. Illus. by Rafael López & Rafael López. 2019. (ENG.). 32p. (J). (gr. -1-3). 17.99 *(978-0-525-51412-1(0)*, Philomel Bks.) Penguin Young Readers Group.

Just Be! Gary Alan Shockley. 2020. (ENG.). 30p. (J). pap. 12.99 ***(978-1-0878-9415-7(8))*** Indy Pub.

Just Be a Kid. Harmoni M. Cunningham. 2017. (ENG., Illus.). (J). (gr. 3-7). pap. 9.99 *(978-0-692-86807-2(0))* Speak Out Ministry.

Just Be Claus: A Christmas Story. Barbara Joosse. Illus. by Kimberley Barnes. 2021. (ENG.). 32p. (J). (gr. k-3). 16.99 *(978-1-5341-1101-1(8)*, 205113) Sleeping Bear Pr.

Just Be Cool, Jenna Sakai. Debbi Michiko Florence. (ENG.). 304p. (J). (gr. 3-7). 2022. pap. 8.99 *(978-1-338-67157-5(X))*; 2021. 17.99 *(978-1-338-67156-8(1)*, Scholastic Pr.) Scholastic, Inc.

Just Be Kids / Vele Ube Nje. Malandiswe Mbatha. 2022. (ZUL.). 26p. (J). pap. *(978-0-620-91979-1(5))* Pro Christo Publications.

Just Be Me. Contrib. by Jerelyn Sneed. 2017. (ENG., Illus.). (J). 22.95 *(978-1-63111-308-6(9))* Books-A-Million, Inc.

Just Be There. Colleen M. Sheridan. Illus. by Patti Englebrecht. 2019. (ENG.). 18p. (J). pap. 9.99 *(978-0-578-61833-3(8))* sheridan, colleen.

Just Be with Bizzy Bee. Hilary Hawkes. 2018. (ENG., Illus.). 30p. (J). (gr. k-2). pap. *(978-1-910257-20-3(6))* Strawberry Jam Bks.

Just Be You. Kim V. Lehman. Illus. by Anna Scott. 2018. (ENG.). 48p. (J). pap. 12.99 *(978-1-944759-15-5(8))* Lucky Stars Publishing, LLC.

Just Be You: Ask Questions, Set Intentions, Be Your Special Self, & More. Mallika Chopra. Illus. by Brenna Vaughan. 2021. (Just Be Ser.). (ENG.). 120p. (J). (gr. 3-7). pap. 12.99 *(978-0-7624-7122-5(0)*, Running Pr. Kids) Running Pr.

Just Be Yourself: A Ladybug's Journey. Karen Stone. 2017. (ENG., Illus.). (J). pap. 12.45 *(978-1-5043-9017-0(2)*, Balboa Pr.) Author Solutions, LLC.

Just Be Yourself, Dragon! Bianca Schulze & Clever Publishing. Illus. by Samara Hardy. 2021. (Clever Storytime Ser.). (ENG.). 32p. (J). (gr. -1-2). 13.99 *(978-1-951100-88-9(3))* Clever Media Group.

Just Bea. Lena Awad. 2019. (ENG.). 24p. (J). pap. 12.95 *(978-1-64416-808-0(1))* Christian Faith Publishing.

Just Bea. Kari-Lynn Winters. Illus. by Nahid Kazemi. 2022. (ENG.). 32p. (J). (gr. 1-3). 18.95 *(978-1-926890-32-6(9))* Tradewind Bks. CAN. Dist: Orca Bk. Pubs. USA.

Just Because. Mac Barnett. Illus. by Isabelle Arsenault. 2019. (ENG.). 40p. (J). (gr. -1-3). 18.99 *(978-0-7636-9680-1(3))* Candlewick Pr.

Just Because. Matthew McConaughey. Illus. by Renée Kurilla. 2023. (ENG.). 32p. (J). (gr. -1-3). 19.99 ***(978-0-593-62203-2(0)***, Viking Books for Young Readers) Penguin Young Readers Group.

Just Because (Classic Reprint) Margaret Peterson. 2018. (ENG., Illus.). 322p. (J). 30.54 *(978-0-483-49012-3(1))* Forgotten Bks.

Just Because I Am / Solo Porque Soy Yo: A Child's Book of Affirmation / un Libro de Afirmaciones para Ninos. Lauren Murphy Payne. Illus. by Melissa Iwai. 2018. (ENG.). 44p. (J). (gr. -1-3). pap. 12.99 *(978-1-63198-335-1(0)*, 83351) Free Spirit Publishing Inc.

Just Because Signed 8c Floor Display W/ Riser. Matthew McConaughey. 2023. (J). (gr. -1-3). 159.92 ***(978-0-593-72016-5(4)***, Viking Books for Young Readers) Penguin Young Readers Group.

Just Being Dalí: The Story of Artist Salvador Dalí. Amy Guglielmo. Illus. by Brett Helquist. 2021. 40p. (J). (gr. -1-3). 18.99 *(978-1-9848-1658-0(6)*, G.P. Putnam's Sons Books for Young Readers) Penguin Young Readers Group.

Just Being Fred. Julia Coldicott. 2021. (ENG.). 36p. (J). *(978-1-912765-39-3(X))* Blue Falcon Publishing.

Just Being Jackie. Margaret Cardillo. Illus. by Julia Denos. 2018. (ENG.). 32p. (J). (gr. -1-3). 17.99 *(978-0-06-248502-1(4)*, Balzer & Bray) HarperCollins Pubs.

Just Being Ted. Lisa Sheehan. 2022. (ENG., Illus.). 32p. (J). (gr. -1-k). pap. 9.99 *(978-1-78055-702-1(7)*, Buster Bks.) O'Mara, Michael Bks., Ltd. GBR. Dist: Independent Pubs. Group.

Just Being You. Dulcie Winston. 2019. (ENG.). 22p. (J). pap. *(978-1-5289-2156-5(9))* Austin Macauley Pubs. Ltd.

Just Between Themselves (Classic Reprint) Anne Warner. 2018. (ENG., Illus.). 320p. (J). 30.50 *(978-0-484-02719-9(0))* Forgotten Bks.

Just Between Us: Interactive Mother & Daughter Journal. Meredith Jacobs & Sofie Jacobs. 2021. (Just Between Us Ser.). (ENG., Illus.). 48p. (J). (gr. 5-9). 16.95 *(978-1-4521-7484-6(9))* Chronicle Bks. LLC.

Just Between Us: Mother & Daughter Revised Edition: The Original Bestselling No-Stress, No-Rules Journal. Meredith Jacobs & Sofie Jacobs. 2023. (Just Between Us Ser.). (ENG.). 144p. (J). (gr. 5-17). 16.95 *(978-1-7972-2221-9(X))* Chronicle Bks. LLC.

Just Beyond: Monstrosity. R. L. Stine. Illus. by Irene Flores. 2021. (Just Beyond Ser.). (ENG.). 144p. (J). pap. 10.99 *(978-1-68415-697-9(1))* BOOM! Studios.

Just Beyond OGN Gift Set: (Books 1-4) R. L. Stine. 2022. (ENG., Illus.). 576p. (J). pap. 39.99 *(978-1-68415-878-2(8))* BOOM! Studios.

Just Beyond (Set), 4 vols. R. L. Stine. 2020. (Just Beyond Ser.). (ENG.). 24p. (J). (gr. 4-8). lib. bdg. 125.44 *(978-1-5321-4488-2(1)*, 35217, Graphic Novels) Spotlight.

Just Beyond Set 2 (Set), 4 vols. R. L. Stine. Illus. by Kelly Matthews & Nichole Matthews. 2020. (Just Beyond Ser.). (ENG.). 24p. (J). (gr. 4-8). lib. bdg. 125.44 *(978-1-5321-4754-8(6)*, 36749, Graphic Novels) Spotlight.

Just Beyond Set 3 (Set), 4 vols. R. L. Stine. Illus. by Kelly Matthews & Nichole Matthews. 2021. (Just Beyond Ser.). (ENG.). 24p. (J). (gr. 2-6). lib. bdg. 125.44 *(978-1-5321-4827-9(5)*, 37038, Graphic Novels) Spotlight.

Just Beyond Set 4 (Set), 5 vols. 2022. (Just Beyond Ser.). (ENG.). 24p. (J). (gr. 4-8). lib. bdg. 163.95 *(978-1-0982-5166-6(0)*, 40113, Graphic Novels) Spotlight.

Just Beyond: the Scare School. R. L. Stine. Illus. by Nichole Matthews & Kelly Matthews. 2019. (Just Beyond Ser.). (ENG.). 144p. (J). pap. 9.99 *(978-1-68415-416-6(2))* BOOM! Studios.

Just Beyond the Very, Very Far North. Dan Bar-el. Illus. by Kelly Pousette. 2021. (Very, Very Far North Ser.). (ENG.). 272p. (J). (gr. 3-7). pap. 7.99 *(978-1-5344-3345-8(7)*, Atheneum Bks. for Young Readers) Simon & Schuster Children's Publishing.

Just Beyond: Welcome to Beast Island. R. L. Stine. Illus. by Kelly & Nichole Matthews. 2020. (Just Beyond Ser.). (ENG.). 144p. (J). pap. 9.99 *(978-1-68415-612-2(2))* BOOM! Studios.

Just BOO It! Laurie Friedman. Illus. by Mariano Epelbaum. 2022. (Scare Squad Ser.). (ENG.). 32p. (J). (gr. -1-3). pap. *(978-1-0396-6284-1(6)*, 21923, Crabtree Blossoms) Crabtree Publishing Co.

Just Boo It! Laurie Friedman. Illus. by Mariano Epelbaum. 2022. (Scare Squad Ser.). (ENG.). 32p. (J). (gr. -1-3). lib. bdg. *(978-1-0396-6089-2(4)*, 21922, Crabtree Blossoms) Crabtree Publishing Co.

Just Breathe. Cammie McGovern. (ENG.). (YA). (gr. 9). 2021. 368p. pap. 10.99 *(978-0-06-246336-4(5))*; 2020. 352p. 18.99 *(978-0-06-246335-7(7))* HarperCollins Pubs. (HarperTeen).

Just Breathe: A Journey Through Grief. Wendy Archard. Illus. by Michelle Angela. 2023. (ENG.). 34p. (J). ***(978-0-2288-8729-4(1))***; pap. ***(978-0-2288-8730-0(5))*** Tellwell Talent.

Just Breathe: A Mindfulness Adventure. Jen Sievers. 2019. (ENG., Illus.). 32p. (J). 17.95 *(978-0-473-45536-1(6))* Redleaf Pr.

Just Breathe: Meditation, Mindfulness, Movement, & More. Mallika Chopra. Illus. by Brenna Vaughan. 2018. (Just Be Ser.). (ENG.). 128p. (J). (gr. 3-7). pap. 12.99 *(978-0-7624-9158-2(2)*, Running Pr. Kids) Running Pr.

Just Breathe (Set), 8 vols. 2020. (Just Breathe Ser.). (ENG., Illus.). 32p. (J). (gr. 4-8). 256.56 *(978-1-5341-6333-1(6)*, 214356); pap., pap., pap. 113.71 *(978-1-5341-6353-9(0)*, 214357) Cherry Lake Publishing. (45th Parallel Press).

Just Brew It Coffee Quotes Coloring Book. Mary Bowie. 2022. (ENG.). 80p. (J). pap. *(978-1-4583-8515-4(9))* Lulu Pr., Inc.

Just Call Me Sam. Andrea Pagac. 2018. (ENG., Illus.). 28p. (YA). pap. 12.95 *(978-1-64350-364-6(2))* Page Publishing Inc.

Just Claire. Jean Ann Williams. 2019. (ENG.). 294p. (YA). (gr. 7-12). pap. 15.00 *(978-0-9977016-4-7(1))* Love Truth.

Just Common Folks (Classic Reprint) Dick Posey. 2018. (ENG., Illus.). 66p. (J). 25.28 *(978-0-483-49892-1(0))* Forgotten Bks.

Just Dad & Me - a Father Son Journal. Onefam. 2nd ed. 2019. (ENG., Illus.). 146p. (J). (gr. k-6). pap. *(978-1-913366-22-3(7))* OneFam.

Just Dance. Patricia MacLachlan. (ENG.). 128p. (J). (gr. 2). 2018. pap. 7.99 *(978-1-4814-7253-1(4))*; 2017. (Illus.). 15.99 *(978-1-4814-7252-4(6))* McElderry, Margaret K. Bks. (McElderry, Margaret K. Bks.).

Just Dance. Paige V. Polinsky. (Game On! Ser.). (ENG.). 32p. (J). 2020. (gr. 4-4). pap. 9.95 *(978-1-64494-280-2(1)*, 1644942801); 2019. (gr. 3-6). lib. bdg. 32.79 *(978-1-5321-9165-7(0)*, 33504) ABDO Publishing Co. (Checkerboard Library).

Just David. Eleanor Porter. 2019. (ENG.). 144p. (J). 19.95 *(978-1-61895-525-8(X))* Bibliotech Pr.

Just David. Eleanor H. Porter. 2019. (ENG.). 142p. (J). pap. 10.95 *(978-1-61895-524-1(1))* Bibliotech Pr.

Just David (Classic Reprint) Eleanor Hodgman Porter. (ENG., Illus.). (J). 2018. 360p. 31.32 *(978-0-483-68741-7(3))*; 2016. pap. 13.57 *(978-1-334-11990-3(2))* Forgotten Bks.

Just Don't Fall (Adapted for Young Readers) A Hilariously True Story of Childhood Cancer & Olympic Greatness. Josh Sundquist. 2023. 176p. (J). (gr. 3-7). 17.99 ***(978-0-593-62199-8(9)***, Viking Books for Young Readers) Penguin Young Readers Group.

Just Don't Mention It. Estelle Maskame. 2019. (ENG.). 496p. (YA). (gr. 8-12). pap. 10.99 *(978-1-4926-8295-0(0))* Sourcebooks, Inc.

Just Ducky! Stickers. Janet Skiles. 2017. (Dover Little Activity Books Stickers Ser.). (ENG., Illus.). 8p. (J). (gr. k-3). pap. 2.50 *(978-0-486-81455-1(6)*, 814556) Dover Pubns., Inc.

Just Feel: How to Be Stronger, Happier, Healthier, & More. Mallika Chopra. Illus. by Brenna Vaughan. 2019. (Just Be Ser.). (ENG.). 128p. (J). (gr. 3-7). pap. 12.99 *(978-0-7624-9474-3(3)*, Running Pr. Kids) Running Pr.

Just Fly Away. Andrew McCarthy. 2018. (ENG.). 272p. (gr. 9-12). pap. 10.95 *(978-1-61620-800-4(7)*, 73800) Algonquin Young Readers.

Just Fly Away. Andrew McCarthy. ed. 2018. lib. bdg. 22.05 *(978-0-606-40972-8(6))* Turtleback.

Just Folks (Classic Reprint) Clara E. Laughlin. (ENG., Illus.). (J). 2018. 394p. 32.02 *(978-0-364-94950-4(3))*; 2016. pap. 16.57 *(978-1-334-17178-9(5))* Forgotten Bks.

Just Foolishness: A Hodge Podge Vaudeville ACT for Two Male Comedians (Classic Reprint) Arvan Carl. (ENG., Illus.). (J). 2018. 20p. 24.31 *(978-0-484-26873-8(2))*; 2017. pap. 7.97 *(978-0-243-09165-2(6))* Forgotten Bks.

Just for Boys! Fun Activity Book. Smarter Activity Books for Kids. 2016. (ENG., Illus.). (J). pap. 8.99 *(978-1-68374-224-1(9))* Examined Solutions PTE. Ltd.

Just for Clicks. Kara McDowell. 2019. (ENG.). 250p. (YA). pap. 12.99 *(978-1-948705-19-6(2))* Amberjack Publishing Co.

Just for Fun (Classic Reprint) Helen Johnson Currier. 2018. (ENG., Illus.). 174p. (J). 27.51 *(978-0-332-84531-9(1))* Forgotten Bks.

Just for Kids Activity Book Ages 4 To 8: Travel Activity Book with 54 Fun Coloring, What's Different, Logic, Maze & Other Activities (Great for Four to Eight Year Old Boys & Girls) Created by Journal Jungle Publishing. 2017. (Kids Activity Bks.: Vol. 1). (ENG., Illus.). (J). (gr. k-3). pap. *(978-1-988245-75-1(3))* Mindful Word, The.

Just for Kids Vol 1: Weird Wacky & Wild Facts. Compiled by Ripleys Believe It Or Not!. 2020. (Just for Kids Ser.: 1). (ENG., Illus.). 112p. (J). 16.95 *(978-1-60991-393-9(0))* Ripley Entertainment, Inc.

Just for Me. Jennifer Hansen Rolli. 2019. (Illus.). 40p. (J). (-k). 17.99 *(978-1-9848-3527-7(0)*, Viking Books for Young Readers) Penguin Young Readers Group.

Just for My Baby! Kindergarten Coloring Book. Bold Illustrations. 2017. (ENG., Illus.). (J). pap. 8.35 *(978-1-64193-018-5(7)*, Bold Illustrations) FASTLANE LLC.

Just for Two (Classic Reprint) Mary Stewart Cutting. (ENG., Illus.). (J). 2018. 260p. 29.28 *(978-0-267-10040-8(X))*; 2017. pap. 11.97 *(978-0-259-37239-4(0))* Forgotten Bks.

Just Friends. Tiffany Pitcock. 2017. (ENG.). 320p. (YA). pap. 11.99 *(978-1-250-08405-7(9)*, 900156550) Feiwel & Friends.

Just Friends. Dyan Sheldon. 2018. (ENG.). 288p. (YA). (gr. 7). 16.99 *(978-0-7636-9354-1(5))* Candlewick Pr.

Just Go to Bed (Little Critter) Mercer Mayer. 2021. (ENG., Illus.). 40p. (J). (gr. -1-2). 8.99 (978-0-593-37623-2(4), Random Hse. Bks. for Young Readers) Random Hse. Children's Bks.

Just Grace Again! Box Set: Books 4-6. Charise Mericle Harper. 2021. (Just Grace Ser.). (ENG., Illus.). 672p. (J). (gr. 1-4). pap. 20.99 (978-0-358-65910-5(8), 1821699, Clarion Bks.) HarperCollins Pubs.

Just Grandma, Grandpa, & Me. Mercer Mayer. 2016. (Little Critter Ser.). lib. bdg. 16.00 (978-0-606-38482-7(0)) Turtleback.

Just Grandma, Grandpa, & Me (Little Critter) Mercer Mayer. 2016. (Pictureback(R) Ser.). (Illus.). 48p. (J). (gr. -1-2). 5.99 (978-0-553-53986-8(8), Random Hse. Bks. for Young Readers) Random Hse. Children's Bks.

Just Harriet. Elana K. Arnold. (ENG., Illus.). (J). (gr. 1-5). 2023. 224p. pap. 9.99 (978-0-06-309205-1(0)); 2022. 208p. 19.99 (978-0-06-309204-4(2)) HarperCollins Pubs. (Waldon Pond Pr.).

Just Help! How to Build a Better World. Sonia Sotomayor. Illus. by Angela Dominguez. 2022. 32p. (J). (gr. -1-3). 17.99 (978-0-593-20626-3(6), Philomel Bks.) Penguin Young Readers Group.

Just His Luck (Classic Reprint) Oliver Optic, pseud. (ENG., Illus.). (J). 2018. 384p. 31.84 (978-0-483-50629-9(X)); 2016. pap. 16.57 (978-1-334-15261-0(6)) Forgotten Bks.

Just Hit Different. Xavier Thomas & Darshaun McAway. 2021. (ENG.). 66p. (J). pap. 12.99 (978-1-7948-7374-2(0)) Lulu Pr., Inc.

Just Horses (Classic Reprint) Sewell Ford. 2017. (ENG., Illus.). (J). 28.29 (978-0-331-73839-1(2)); pap. 10.97 (978-0-243-26052-2(0)) Forgotten Bks.

Just How: Suggestive Points for the Teacher, to Be Used with a Reading Chart for First Year's Work (Classic Reprint) Mary E. Tooke. (ENG., Illus.). (J). 2018. 46p. 24.85 (978-0-267-37796-1(7)); 2016. pap. 7.97 (978-1-334-15671-7(9)) Forgotten Bks.

Just Imagine. Monge Lippa. 2020. (ENG.). 32p. (J). pap. (978-1-78830-807-6(7)) Olympia Publishers.

Just Imagine a Story about Imagination & the Power of Persistence. Sharon Giannini. Illus. by Christen Pratt. l.t. ed. 2020. (ENG.). 34p. (J). 21.99 (978-1-7351440-1-6(0)) Klein, Sharon.

Just Imagine Alice. Suzette McCusker. 2018. (ENG., Illus.). 30p. (J). pap. 14.95 (978-1-64096-031-2(7)) Newman Springs Publishing, Inc.

Just Imagine... What If There Were No Black People in the World? Jaxon & Kevin's Black History Trip Downtown. Tamara Shiloh. Ed. by Karin Fisher-Golton. Illus. by Jo Ann Kairys. 2020. (ENG.). 96p. (J). (gr. 2-5). pap. 9.99 (978-0-9989696-8-8(0)) Just Imagine Bks. & Services, LLC.

Just in Case. Stephen Krensky. Illus. by Ioana Hobai. 2017. (J). (978-0-7680-8422-1(9)) SAE Intl.

Just in Case: A Trickster Tale & Spanish Alphabet Book. Yuyi Morales. Illus. by Yuyi Morales. 2018. (ENG., Illus.). 40p. (J). pap. 8.99 (978-1-250-18849-6(0), 900192100) Square Fish.

Just in Case ... School Sucks: Tools for Transformation. Ph D. Michelle Donah. 2017. (ENG., Illus.). (YA). pap. 24.45 (978-1-5043-8729-3(5), Balboa Pr.) Author Solutions, LLC.

Just in Case You Ever Wonder, 1 vol. Max Lucado. Illus. by Eve Tharlet. 2019. (Just in Case Ser.). (ENG.). (J). 30p. bds. 8.99 (978-0-7180-7539-2(0)); 32p. 19.99 (978-0-7180-7538-5(2)) Nelson, Thomas Inc. (Tommy Nelson).

Just in Case You Want to Fly. Julie Fogliano. Illus. by Christian Robinson. 2019. (ENG.). 40p. (J). (gr. -1-2). 18.99 (978-0-8234-4344-4(2), Neal Porter Bks) Holiday Hse., Inc.

Just in Time: A Tale of the L. & N. W. R (Classic Reprint) Unknown Author. (ENG., Illus.). (J). 2018. 58p. 25.11 (978-0-332-09106-8(6)); 2017. pap. 9.57 (978-0-259-30705-1(X)) Forgotten Bks.

Just Irish (Classic Reprint) Charles Battell Loomis. 2018. (ENG., Illus.). 172p. (J). 27.46 (978-0-364-32919-1(X)) Forgotten Bks.

Just Jaime. Terri Libenson. Illus. by Terri Libenson. 2019. (Emmie & Friends Ser.). (ENG., Illus.). 256p. (J). (gr. 3-7). 24.99 (978-0-06-285107-9(1)); pap. 15.99 (978-0-06-285106-2(3)) HarperCollins Pubs. (Balzer & Bray).

Just Jemima (Classic Reprint) John Joy Bell. (ENG., Illus.). (J). 2018. 192p. 27.88 (978-0-364-88742-4(7)); 2017. pap. 10.57 (978-0-259-94997-8(3)) Forgotten Bks.

Just Jerry: How Drawing Shaped My Life. Jerry Pinkney. 2023. (ENG., Illus.). 160p. (J). (gr. 3-7). 17.99 (978-0-316-38385-1(6)) Little, Brown Bks. for Young Readers.

Just Joking, 12 vols. 2016. (Just Joking Ser.). 48p. (ENG.). (gr. 2-3). 197.58 (978-1-4994-8094-8(6), 61c16fca-e6ca-488f-8d7b-f5503aed9bed); (gr. 3-2). pap. 70.50 (978-1-5081-9277-0(4)) Rosen Publishing Group, Inc., The. (Windmill Bks.).

Just Joking 7. National Geographic. 2022. 208p. (J). (gr. 2-5). (ENG.). lib. bdg. 18.90 (978-1-4263-7507-1(7)); (Illus.). pap. 8.99 (978-1-4263-7352-7(X)) Disney Publishing Worldwide. (National Geographic Kids).

Just Joking Dogs. National Geographic Kids. 2020. (Just Joking Ser.). (Illus.). 208p. (J). (gr. 2-5). pap. 7.99 (978-1-4263-3691-1(8)); (ENG., (gr. 3-7). lib. bdg. 17.90 (978-1-4263-3692-8(6)) Disney Publishing Worldwide. (National Geographic Kids).

Just Joking Funny Animals 2. National Geographic Kids. 2020. (Just Joking Ser.). (Illus.). 208p. (J). (gr. 3-7). (ENG.). lib. bdg. 18.90 (978-1-4263-3688-1(8)); pap. 8.99 (978-1-4263-3687-4(X)) Disney Publishing Worldwide. (National Geographic Kids).

Just Joking: Jumbo: 1,000 Giant Jokes & 1,000 Funny Photos Add up to Big Laughs. National Geographic Kids. 2017. (Just Joking Ser.). (ENG., Illus.). 288p. (J). (gr. 3-7). lib. bdg. 24.90 (978-1-4263-2880-0(X), National Geographic Kids) Disney Publishing Worldwide.

Just Joking Jumbo: 1,000 Giant Jokes & 1,000 Funny Photos Add up to Big Laughs. National Geographic Kids. 2017. (Just Joking Ser.). (Illus.). 288p. (J). (gr. 3-7). pap. 14.99 (978-1-4263-2879-4(6), National Geographic Kids) Disney Publishing Worldwide.

Just Joking: Jumbo 2. National Geographic Kids. 2018. (Illus.). 288p. (J). (gr. 3-7). pap. 14.99 (978-1-4263-3168-8(1)); (ENG., lib. bdg. 24.90 (978-1-4263-3169-5(X)) Disney Publishing Worldwide. (National Geographic Kids).

Just Joking LOL. National Geographic Kids. 2017. (Just Joking Ser.). (Illus.). 208p. (J). (gr. 3-7). pap. 7.99 (978-1-4263-2845-9(1), National Geographic Kids) Disney Publishing Worldwide.

Just Joking Science. National Geographic Kids. 2022. (Just Joking Ser.). (ENG.). 208p. (J). (gr. 2-5). 18.90 (978-1-4263-7152-3(7), National Geographic Kids) Disney Publishing Worldwide.

Just Joking Science. National Geographic. 2022. (Just Joking Ser.). (ENG.). 208p. (J). (gr. 2-5). pap. 8.99 (978-1-4263-7151-6(9), National Geographic Kids) Disney Publishing Worldwide.

Just Joking Sidesplitters. National Geographic Kids. 2019. (Just Joking Ser.). 208p. (J). (gr. 3-7). (ENG.). lib. bdg. 17.90 (978-1-4263-3311-8(0)); (Illus.). pap. 7.99 (978-1-4263-3310-1(2)) Disney Publishing Worldwide. (National Geographic Kids).

Just Joking Sports. National Geographic Kids. 2018. (Just Joking Ser.). (Illus.). 208p. (J). (gr. 3-7). pap. 7.99 (978-1-4263-2979-1(2), National Geographic Kids) Disney Publishing Worldwide.

Just Joking Sports. National Geographic Kids. 2018. (Just Joking Ser.). (ENG., Illus.). 208p. (J). (gr. 3-7). lib. bdg. 17.90 (978-1-4263-2980-7(6), National Geographic Kids) Disney Publishing Worldwide.

Just Judy: A Citizen & Leader for Illinois. Joseph Baar Topinka. 2017. (ENG.). (J). pap. 16.95 (978-0-9983282-2-5(7)) Hilton Publishing Co.

Just Julian. Markus Harwood-Jones. 2018. (Lorimer Real Love Ser.). (ENG.). 168p. (YA). (gr. 9-12). lib. bdg. 27.99 (978-1-4594-1294-1(X), ea07da06-8715-4654-9960-395dd835c5aa) James Lorimer & Co. Ltd., Pubs. CAN. Dist: Lerner Publishing Group.

Just Jump In! Christine Davis. 2022. (ENG.). 38p. (J). 18.95 (978-1-63755-061-8(8), Mascot Kids) Amplify Publishing Group.

Just Kate. B. Grace Alford & Frances C. Milazzo. 2022. (ENG.). 40p. (J). 26.95 (978-1-6657-1622-2(3)); pap. 14.99 (978-1-6657-1623-9(1)) Archway Publishing.

Just Keep Swimming - Underwater Volcanoes, Trenches & Ridges - Geography for Kids Patterns in the Physical Environment. Professor Beaver. 2017. (ENG., Illus.). 64p. (J). pap. 9.52 (978-0-2282-2870-7(0), Professor Beaver) Speedy Publishing LLC.

Just Keep Swimming! Fish Book for 4 Year Olds Children's Animal Books. Baby Professor. 2017. (ENG., Illus.). (J). pap. 9.55 (978-1-5419-3881-6(X), Baby Professor (Education Kids)) Speedy Publishing LLC.

Just Kid's Stories: Or Are They? P. Clauss. 2020. (ENG., Illus.). 30p. (J). (gr. k-6). pap. 11.99 (978-1-7334090-8-7(4)) Alpha Ink, LLC, The.

Just Like a Mama. Alice Faye Duncan. Illus. by Charnelle Pinkney Barlow. 2020. (ENG.). 40p. (J). (gr. -1-3). 17.99 (978-1-5344-6183-3(3)) Simon & Schuster, Inc.

Just Like an Astronaut. Jodie Antypas. 2022. (ENG.). 38p. (J). 18.95 (978-1-63755-078-6(2), Mascot Kids) Amplify Publishing Group.

Just Like Beverly: A Biography of Beverly Cleary. Vicki Conrad. Illus. by David Hohn. 2019. (Growing to Greatness Ser.). 48p. (J). (gr. k-4). 18.99 (978-1-63217-222-8(4), Little Bigfoot) Sasquatch Bks.

Just Like Brothers. Elizabeth Baguley. Illus. by Aurélie Blanz. 2018. (ENG.). 32p. (J). (gr. -1-2). 16.99 (978-1-78285-345-9(6)) Barefoot Bks., Inc.

Just Like Caesar. Gloria Grant. Illus. by Cayla Justine Barrett. 2019. (ENG.). 32p. (J). pap. (978-0-9879634-6-8(5)) BODA reLEAF Consulting.

Just Like Dad. Mercer Mayer. 2020. (Little Golden Book Ser.). (ENG., Illus.). 24p. (J). (-k). 5.99 (978-1-9848-3087-6(2), Golden Bks.) Random Hse. Children's Bks.

Just Like Dad - Bon Aekakin Tamana (Te Kiribati) Alan Nichols. Illus. by Katerina More. 2023. (ENG.). 28p. (J). pap. (978-1-922844-62-0(4)) Library For All Limited.

Just Like Daddy. Matthew Hall. 2019. (ENG., Illus.). 26p. (J). (978-1-78710-632-1(2)); pap. (978-1-78710-631-4(4)) Austin Macauley Pubs. Ltd.

Just Like Daddy. Amy Valela. 2022. (ENG., Illus.). 30p. (J). 25.95 (978-1-0980-9154-5(X)) Christian Faith Publishing.

Just Like Flowers. Jenny Jiang. 2021. (ENG.). 34p. (J). 11.99 (978-1-0879-2639-1(4)) Indy Pub.

Just Like Grandma. Kim Rogers. Illus. by Julie Flett. 2023. (ENG.). 32p. (J). (gr. -1-3). 19.99 (978-0-06-304924-6(4), Heartdrum) HarperCollins Pubs.

Just Like Gulliver. Janet Squires. 2016. (ENG., Illus.). (J). pap. 14.99 (978-0-9973575-8-5(4)) Mindstir Media.

Just Like Jackie. Lindsey Stoddard. 2018. (ENG.). (J). (gr. 3-7). 272p. pap. 6.99 (978-0-06-265292-8(3)); 256p. 16.99 (978-0-06-265291-1(5)) HarperCollins Pubs. (HarperCollins).

Just Like Jesse Owens. Andrew Young. Illus. by Gordon C. James. 2022. (ENG.). 40p. (J). (gr. 1-3). 17.99 (978-0-545-55465-7(9)) Scholastic, Inc.

Just Like Jesus. Laura Richie. Illus. by Ian Dale. 2022. (Bible Storybook Ser.). (ENG.). 14p. (J). (— 1). bds. 8.99 (978-0-8307-8416-5(0), 152860) Cook, David C.

Just Like Magic. Lili Chantel Laurent. 2018. (ENG., Illus.). 48p. (J). pap. (978-1-911596-79-0(9)) Spiderwize.

Just Like Me. Vanessa Brantley-Newton. 2022. (Illus.). 40p. (J). (gr. -1-3). pap. 8.99 (978-0-593-56879-8(6), Dragonfly Bks.) Random Hse. Children's Bks.

Just Like Me. Nancy J. Cavanaugh. 2016. (ENG.). 256p. (J). (gr. 3-7). 16.99 (978-1-4926-0427-3(5), 9781492604273) Sourcebooks, Inc.

Just Like Me. Cheryl V. Hampton & Zakiya A. Wilson. Illus. by Adrienne D. Clayton. 2020. (ENG.). 32p. (J). pap. 12.99 (978-1-7356492-0-7(1)) Big Hoops Production LLC.

Just Like Me. Christine Hood. 2017. (Learn-To-Read Ser.). (ENG., Illus.). (J). pap. 3.49 (978-1-68310-252-6(5)) Pacific Learning, Inc.

Just Like Me. Julia Moerman. 2018. (ENG., Illus.). 28p. (J). (978-1-5255-3050-0(X)); pap. (978-1-5255-3051-7(8)) FriesenPress.

Just Like Me. Vickie Whitehead. Illus. by Vickie Whitehead. 2018. (ENG., Illus.). 58p. (J). (gr. k-3). 24.95 (978-1-63498-676-2(8)); pap. 14.95 (978-1-63498-675-5(X)) Bookstand Publishing.

Just Like Me. Nancy J. Cavanaugh. ed. 2018. (Penworthy Picks Middle School Ser.). (ENG.). 246p. (J). (gr. 5-7). 19.96 (978-1-64310-288-7(5)) Penworthy Co., LLC, The.

Just Like Me! A Book about a Girl with a Rare Disease. Anne Rugari. 2018. (ENG., Illus.). 22p. (YA). 23.99 (978-0-9822187-1-6(0)); pap. 15.99 (978-1-945091-93-3(2)) Braughler Bks. LLC.

Just Like Me? A Frozen Story. Vickie Saxon. Illus. by Disney Storybook Artists. 2018. (Disney Learning Everyday Stories Ser.). (ENG.). 32p. (J). (gr. k-3). pap. 8.99 (978-1-5415-3292-2(9), Lerner Pubns.) Lerner Publishing Group.

Just Like Me? A Frozen Story. Vickie Saxon. Illus. by Disney Storybook Disney Storybook Artists. 2018. (Disney Learning Everyday Stories Ser.). (ENG.). 32p. (J). (gr. k-3). lib. bdg. 31.99 (978-1-5415-3251-9(1), Lerner Pubns.) Lerner Publishing Group.

Just Like Me: Twelve South Asian Women Who Inspire, Aspire, Empow-Her! Luckshmi Nirmalananda. Illus. by Praveeni Chamathka & Alisha Saiyed. 2022. (ENG.). (J). bds. (978-0-6455124-0-3(0)) Heritage Supply Co., The.

Just Like Me! Board Book Set Of 4. Illus. by Ailie Busby. 2020. (Social & Emotional Learning Sets Ser.). (ENG.). 48p. (J). bds., bds., bds. (978-1-78628-528-7(2)) Child's Play International Ltd.

Just Like Me Too! Anne Rugari. (ENG.). 22p. (YA). 2022. pap. 16.99 (978-1-955791-43-4(0)); 2020. 23.99 (978-1-970063-37-0(8)) Braughler Bks. LLC.

Just Like Mommy. Tempestt Aisha. Illus. by Valeria Leonova. 2017. (Maddy Ser.: Vol. 1). (ENG.). 34p. (J). (gr. k-2). 20.00 (978-0-692-12044-6(0)) ImaginAISHAn Media LLC.

Just Like My Brother. Gianna Marino. 2019. (Illus.). 32p. (J). (-k). 17.99 (978-0-425-29060-6(3), Viking Books for Young Readers) Penguin Young Readers Group.

Just Like My Dad. Tricia Gardella. Illus. by Margot Apple. 2023. (ENG.). 38p. (J). 17.99 (978-1-959412-07-6(8)); pap. 12.00 (978-1-959412-08-3(6)) Write 'em Cowgirl Publishing.

Just Like My Dad. Tyrell Plair & Elizabeth Johnson. 2021. (ENG.). 64p. (YA). 20.00 (978-1-7369686-9-7(6)) Indy Pub.

Just Like My Dad - Our Yarning. Jayde Frail. Illus. by Jason Lee. 2023. (ENG.). 26p. (J). pap. (978-1-922991-99-7(6)) Library For All Limited.

Just Like Rube Goldberg: The Incredible True Story of the Man Behind the Machines. Sarah Aronson. Illus. by Robert Neubecker. 2019. (ENG.). 48p. (J). (gr. -1-3). 18.99 (978-1-4814-7668-3(8), Beach Lane Bks.) Beach Lane Bks.

Just Like That. Gary D. Schmidt. (ENG.). (J). (gr. 5). 2023. 416p. pap. 9.99 (978-0-358-69720-6(4)); 2021. 400p. 16.99 (978-0-544-08477-3(2), 1537925) HarperCollins Pubs. (Clarion Bks.).

Just Like That F&g. Schmidt. 2021. (ENG.). (J). 16.99 (978-0-544-08481-0(0), HarperCollins) HarperCollins Pubs.

Just. Like. Us. Rosie Guss. 2016. (ENG.). 374p. (J). pap. (978-1-365-40057-5(3)) Lulu Pr., Inc.

Just Like Us. Naila Suraiya. 2022. (ENG.). 50p. (J). (978-1-63829-291-3(4)); pap. (978-1-63829-290-6(6)) Austin Macauley Pubs. Ltd.

Just Like Us: What a Miracle You Are. Emma Campbell. Illus. by Jess Ranieri. 2023. (ENG.). 32p. (J). pap. 21.35 (978-1-9822-8692-7(X), Balboa Pr.) Author Solutions, LLC.

Just Like Us! Ants. Bridget Heos. Illus. by David Clark. 2019. (Just Like Us! Ser.). (ENG.). 32p. (J). (gr. -1-3). pap. 7.99 (978-0-358-00385-4(7), 1736314, Clarion Bks.) HarperCollins Pubs.

Just Like Us! Birds. Bridget Heos. Illus. by David Clark. (Just Like Us! Ser.). (ENG.). 32p. (J). (gr. -1-3). 2019. pap. 7.99 (978-0-358-00386-1(5), 1736316); 2017. 14.99 (978-0-544-57044-3(8), 1612570) HarperCollins Pubs. (Clarion Bks.).

Just Like Us! Cats. Bridget Heos. Illus. by David Clark. 2019. (Just Like Us! Ser.). (ENG.). 32p. (J). (gr. -1-3). pap. 7.99 (978-0-358-00389-2(X), 1736322); 14.99 (978-1-328-79184-9(X), 1685035) HarperCollins Pubs. (Clarion Bks.).

Just Like Us! Crocs. Bridget Heos. Illus. by David Clark. 2019. (Just Like Us! Ser.). (ENG.). 32p. (J). (gr. -1-3). pap. 7.99 (978-0-358-00390-8(3), 1736324, Clarion Bks.) HarperCollins Pubs.

Just Like Us! Fish. Bridget Heos. Illus. by David Clark. (Just Like Us! Ser.). (ENG.). 32p. (J). (gr. -1-3). 2019. pap. 7.99 (978-0-358-00387-8(3), 1736318); 2018. 14.99 (978-0-544-57095-5(2), 1612572) HarperCollins Pubs. (Clarion Bks.).

Just Like Us! Plants. Bridget Heos. Illus. by David Clark. (Just Like Us! Ser.). (ENG.). 32p. (J). (gr. -1-3). 2019. pap. 7.99 (978-0-358-00388-5(1), 1736320); 2018. 14.99 (978-0-544-57094-8(4), 1612571) HarperCollins Pubs. (Clarion Bks.).

Just Like You. Marilyn Joy Anderson. Illus. by Angela Gooliaff. 2022. (ENG.). 44p. (J). (978-1-0391-0019-0(8)); pap. (978-1-0391-0018-3(X)) FriesenPress.

Just Like You. Keosha Sath. 2018. (ENG.). 38p. (J). 14.95 (978-1-64307-053-7(3)) Amplify Publishing Group.

Just. Like. You. Meredith Steiner. Illus. by Avneet Sandhu. 2022. (ENG.). 32p. (J). 17.99 (978-1-57687-985-6(2)) POW! Kids Bks.

Just Like You. Sarah J. Dodd. Illus. by Giusi Capizzi. ed. 2019. (ENG.). 32p. (J). (gr. -1-k). pap. 10.99 (978-0-7459-7713-3(8), 88a5578b-4f37-4883-89aa-e44f7ef3ec8b, Lion Children's) Lion Hudson PLC GBR. Dist: Baker & Taylor Publisher Services (BTPS).

Just Like You & Me. Jim Gaven. 2016. (ENG.). 32p. (J). pap. (978-1-365-28119-8(1)) Lulu Pr., Inc.

Just Like You & Me: A Tale of Understanding. L. J. Onzo. 2022. (Illus.). 36p. (J). 27.39 (978-1-6678-5127-3(6)) BookBaby.

Just Like You Except a Little Bit Different: A Story about Me. Jd Henry. 2019. (ENG., Illus.). 36p. (J). (978-0-2288-1736-9(6)); pap. (978-0-2288-1735-2(8)) Tellwell Talent.

Just Listen. Erin May. Ed. by Lauren May. 2022. (ENG.). 50p. (J). 24.95 (978-1-950621-39-2(1)) LightHse. Global Publishing & PR LLC.

Just Lookin' Around (Classic Reprint) Cleve Wilkie. (ENG., Illus.). (J). 2018. 236p. 28.76 (978-0-484-32609-4(0)); 2017. pap. 11.57 (978-0-259-45022-1(7)) Forgotten Bks.

Just Looking for a Friend. Denise Laura Voshell. 2019. (ENG., Illus.). 78p. (J). 30.95 (978-1-64559-612-7(5)); pap. 21.95 (978-1-64559-611-0(7)) Covenant Bks.

Just Lost! Mercer Mayer. 2022. (Pictureback(R) Ser.). (ENG.). 24p. (J). (gr. -1-2). pap. 5.99 (978-1-9848-3069-2(4), Random Hse. Bks. for Young Readers) Random Hse. Children's Bks.

Just Lucky, 1 vol. Melanie Florence. 2019. (ENG.). 248p. (YA). (gr. 8-12). pap. 13.95 (978-1-77260-104-6(7)) Second Story Pr. CAN. Dist: Orca Bk. Pubs. USA.

Just Maria. Jay Hardwig. 2022. 140p. (J). (gr. 4-7). pap. 15.95 (978-1-64603-082-8(6), Fitzroy Bks.) Regal Hse. Publishing, LLC.

Just Maybe, 1 vol. Cyn Bermudez. 2021. (Brothers Ser.). (ENG.). 88p. (J). (gr. 2-3). 24.55 (978-1-5383-8236-3(9), 3a9801e9-53e4-4674-a30a-660438cb6856); pap. 14.85 (978-1-5383-8235-6(0), 16e85f40-4ff8-4ce6-a063-a0c20222fcd8) Enslow Publishing, LLC. (West 44 Bks.).

Just Me. Brenda Bjai Clayburn. Illus. by Sergio Drumond. 2020. (Adventures with Kaleigha Ser.: Vol. 1). (ENG.). 34p. (J). pap. 10.00 (978-1-948747-78-3(2)) J2B Publishing LLC.

Just Me. Roxas James et al. 2020. (ENG.). 254p. (J). pap. (978-0-3695-0200-1(0)) Evernight Publishing.

Just Me & My Buddies (Little Critter) Mercer Mayer. 2017. (Pictureback(R) Ser.). (Illus.). 48p. (J). (gr. -1-2). 5.99 (978-0-399-55376-9(2), Random Hse. Bks. for Young Readers) Random Hse. Children's Bks.

Just Me & My Dad (Little Critter) An Inspirational Gift Book. Mercer Mayer. 2021. (Illus.). 40p. (J). (gr. -1-2). 6.99 (978-0-593-37624-9(2), Random Hse. Bks. for Young Readers) Random Hse. Children's Bks.

Just Me (Classic Reprint) Pearl White. 2017. (ENG., Illus.). (J). 27.69 (978-0-331-59152-1(9)); pap. 10.57 (978-0-259-52850-0(1)) Forgotten Bks.

Just Me! for the Love of Boys. B. Illus. by Vladicreative. 2022. (ENG.). 24p. (J). 20.00 (978-1-0879-3958-2(5)) Indy Pub.

Just Me! for the Love of Girls. B. Illus. by Vladicreative. 2022. (ENG.). 24p. (J). 20.00 (978-1-0879-4001-4(X)) Indy Pub.

Just Me. Morley. Jacquelyn Johnson. 2021. (Morley Stories Ser.: Vol. 1). (ENG.). 224p. (YA). pap. (978-1-989595-59-6(6)) Crimson Hill Bks.

Just Me. Morley: A Coming of Age Book for Girls 10 To 13. Jacquelyn Johnson. 2020. (ENG.). 224p. (YA). pap. (978-1-989595-35-0(9)); (Morley Stories Ser.: Vol. 1). (978-1-989595-36-7(7)) Crimson Hill Bks.

Just Mercy (Adapted for Young Adults) A True Story of the Fight for Justice. Bryan Stevenson. 288p. (YA). (gr. 7). 2019. pap. 11.99 (978-0-525-58006-5(9), Ember); 2018. 18.99 (978-0-525-58003-4(4), Delacorte Pr.); 2018. (ENG.). lib. bdg. 21.99 (978-0-525-58004-1(2), Delacorte Pr.) Random Hse. Children's Bks.

Just Mercy (Movie Tie-In Edition, Adapted for Young Adults) A True Story of the Fight for Justice. Bryan Stevenson. ed. 2019. (ENG.). 288p. (YA). (gr. 7). pap. 12.99 (978-0-593-17704-4(5), Ember) Random Hse. Children's Bks.

Just Mommy & Me & Not Baby E! Missy Clifton. 2023. (ENG.). 32p. (J). pap. 12.95 (978-1-63066-558-6(4)) Indigo Sea Pr., LLC.

Just My Best Friend. Mercer Mayer. ed. 2020. (I Can Read Ser.). (ENG.). 32p. (J). (gr. k-1). 14.96 (978-1-64697-011-7(X)) Penworthy Co., LLC, The.

Just My Daddy & Me. Gerry Boone. Illus. by Jason Velazquez. 2021. (ENG.). 32p. (J). pap. 14.99 (978-1-6628-2899-7(3)) Salem Author Services.

Just My Luck. Mary Kafka. 2021. (ENG.). 26p. (J). 22.99 (978-1-7363754-0-2(7)) South Seas Family Publishing.

Just My Luck. Cammie McGovern. 2016. (ENG.). 240p. (J). (gr. 3-7). 16.99 (978-0-06-233065-9(9), HarperCollins) HarperCollins Pubs.

Just My Style. Diane Z. Shore & Jessica Alexander Fairbanks. Illus. by Kelly Canby. 2018. 32p. (J). (gr. -1-2). 17.99 (978-1-68152-202-9(0), 14935) Amicus.

Just My Type: Understanding Personality Profiles. Daniel Carlson & Michael J. Rosen. ed. 2016. (ENG., Illus.). 80p. (YA). (gr. 6-12). E-Book 51.99 (978-1-4677-9579-1(8), Twenty-First Century Bks.) Lerner Publishing Group.

Just Nana & Me. Linda Gutman. Illus. by Afton Jane. 2023. (ENG.). 32p. (J). pap. (978-1-0391-4875-8(1)); (978-1-0391-4876-5(X)) FriesenPress.

Just Narwhal. Rosie Greening. Illus. by Lara Ede. (ENG.). 32p. (J). (gr. -1-7). 2020. 14.99 (978-1-78947-558-6(9)); 2019. 6.99 (978-1-78843-754-7(3)); 2019. pap. 8.99 (978-1-78843-666-3(0)) Make Believe Ideas GBR. Dist: Scholastic, Inc.

Just Norman: Revised Edition 2022. Daphne R. Foster. 2022. (ENG.). 66p. (J). 23.99 (978-1-63767-766-7(9)) Bk.Trail Agency.

Just North. Leonna Jackson. 2018. (ENG., Illus.). 148p. (YA). pap. 13.95 (978-1-64140-528-7(7)) Christian Faith Publishing.

Just off the Avenue: A Play in Three Acts (Classic Reprint) Charles Frederic Nirdlinger. 2018. (ENG., Illus.). 166p. (J). 27.34 (978-0-267-27748-3(2)) Forgotten Bks.

Just One. Kelly Bell & Ashley Welch. 2017. (ENG., Illus.). 28p. (J). (978-1-365-70087-3(9)) Lulu Pr., Inc.

Just One... Includes Just One Day, Just One Year, & Just One Night. Gayle Forman. 2017. (ENG., Illus.). 768p. (YA). (gr. 9). pap. 13.99 (978-0-451-47879-5(7), Speak) Penguin Young Readers Group.

Just One Blue Bonnet: The Life Story of ADA Florence Kinton, Artist & Salvationist, Told Mostly by Herself with Pen & Pencil (Classic Reprint) Ada Florence Kinton. 2017. (ENG., Illus.). (J). 27.98 (978-0-266-89966-2(8)) Forgotten Bks.

1076

The check digit for ISBN-10 appears in parentheses after the full ISBN-13

Just One Child: Starting a Plastic-Free & Litter-free Journey. Debbie Bartlett. Illus. by Rachel Wallis. 2019. (ENG.). 34p. (J). pap. (978-1-78623-619-7(2)) Grosvenor Hse. Publishing Ltd.
Just One Day. Fannette Brown. 2018. (ENG., Illus.). 134p. (YA). 16.57 (978-1-63111-430-4(1)) Books-A-Million, Inc.
Just One Goal! Robert Munsch. Illus. by Michael Martchenko. (ENG.). (J). 2021. 26p. bds. 9.99 (978-1-4431-7506-7(4)); 2020. 32p. pap. 8.99 (978-0-545-99035-6(1)) Scholastic Canada, Ltd. CAN. Dist: Publishers Group West (PGW).
Just One Itsy Bitsy Little Bite / Sólo un Mordadita Chiquitita. Xavier Garza. Illus. by Flor de Vita. 2018. (ENG & SPA.). 32p. (J). (gr. -1-3). 17.95 (978-1-55885-872-5(5), Piñata Books) Arte Publico Pr.
Just One Little Light. Isabelle Arsenault. Illus. by Kat Yeh. 2023. (ENG.). 32p. (J). (gr. -1-3). 19.99 (978-0-06-309496-3(7), Balzer & Bray) HarperCollins Pubs.
Just One Mo. Mark T. Sneed. 2021. (ENG.). 218p. (YA). pap. 14.99 (978-1-7366698-0-8(X)) ABM Pubns. Inc.
... Just One More. John Trembath. 2019. (ENG., Illus.). 52p. (J). pap. (978-0-244-80437-4(0)) Lulu Pr., Inc.
Just One More Page: A Book about a Tame Dragon Gone Wild. Peter Staadecker. Illus. by Peter Staadecker. 2017. (ENG., Illus.). 68p. (J). pap. (978-0-9959251-4-4(3)) Staadecker, Robert Peter.
Just One More Second. Tony Song. 2021. (ENG., Illus.). 32p. (J). (gr. -1-3). 16.95 (978-1-76036-142-6(9), ddc68c8a-9e19-46aa-b6d0-b3d62f7a323d) Starfish Bay Publishing Pty Ltd. AUS. Dist: Baker & Taylor Publisher Services (BTPS).
Just One Pebble. One Boy's Quest to End Hunger. Dianna Wilson Sirkovsky. Illus. by Sara Casilda. 2023. (ENG.). 32p. (J). 18.95 **(978-1-60537-767-4(8))** Clavis Publishing.
Just One Thing!, 1 vol. Nancy Viau. Illus. by Timothy Young. 2016. (ENG.). 144p. (gr. 3-6). 12.99 (978-0-7643-5162-4(1), 7556) Schiffer Publishing, Ltd.
Just One Wish! Brad Bott. 2018. (ENG., Illus.). 46p. (J). 22.99 (978-1-948390-98-9(1)); pap. 12.99 (978-1-948390-21-7(3)) Pen It Pubns.
Just One You! A Joyful Celebration of the Differences That Make Us All Special. Sesame Workshop. 2021. (Sesame Street Scribbles Ser.). (ENG., Illus.). 40p. (J). (gr. -1-k). 14.99 (978-1-7282-3727-5(0)) Sourcebooks, Inc.
Just Only Adina. Rebecca Johnston-Garvin. 2016. (ENG., Illus.). (J). pap. 22.00 (978-1-4834-5645-4(5)) Lulu Pr., Inc.
Just Our Luck. Julia Walton. 2021. 288p. (YA). (gr. 7). pap. 9.99 (978-0-399-55095-9(X), Ember) Random Hse. Children's Bks.
Just Our Mom. Alanna Sanford & Erin Montgomery. 2021. (ENG.). 36p. (J). (gr. k-2). pap. 18.95 (978-1-989819-02-9(8)) Floating Castles Media Inc. CAN. Dist: Independent Pubs. Group.
Just Our Tony. Maureen Rose Wilkie. Illus. by Rebecca Bender. 2023. (ENG.). 24p. (J). **(978-1-0391-6212-9(6))**; pap. **(978-1-0391-6211-2(8))** FriesenPress.
Just Out of Their Shell: Baby Reptiles Coloring Book. Kreative Kids. 2016. (ENG., Illus.). (J). pap. 9.20 (978-1-68377-321-4(7)) Whlke, Traudl.
Just Outside (Classic Reprint) Stacy Aumonier. 2018. (ENG., Illus.). 354p. (J). 31.20 (978-0-483-82657-1(X)) Forgotten Bks.
Just Patty. Jean Webster & C. M. Relyea. 2019. (ENG., Illus.). 174p. (J). pap. (978-1-5287-1173-9(4)) Freeman Pr.
Just Patty (Classic Reprint) Jean Webster. 2018. (ENG., Illus.). 372p. (J). 31.59 (978-0-364-29352-2(7)) Forgotten Bks.
Just Pick Us, Please! Mercer Mayer. ed. 2017. (Little Critter: I Can Read! Ser.). (Illus.). 32p. (J). lib. bdg. 13.55 (978-0-606-40406-8(6)) Turtleback.
Just Plain Folks: A Comedy Drama of Rural Life in Three Acts (Classic Reprint) Anthony E. Wills. (ENG., Illus.). (J). 2018. 56p. 25.05 (978-0-483-98047-1(1)); 2017. pap. 9.57 (978-1-333-34804-5(5)) Forgotten Bks.
Just Plain Gabriella. Linda Kay Hilbert. 2018. (ENG., Illus.). 36p. (J). pap. 13.95 (978-1-64349-815-7(0)) Christian Faith Publishing.
Just Plain Jones: A Rural Comedy in One Act (Classic Reprint) Harry M. Doty. (ENG., Illus.). (J). 2018. 24p. 24.39 (978-0-267-61508-7(6)); 2016. pap. 7.97 (978-1-334-11839-5(6)) Forgotten Bks.
Just Plain Peter (Classic Reprint) Janet Prentiss. 2018. (ENG., Illus.). 32p. (J). 24.56 (978-0-332-95356-4(4)) Forgotten Bks.
Just Play: Easy Beginner Guitar Lessons for Kids. Jonny Blackwood. Illus. by Halah M. 2022. (ENG.). 98p. (J). pap. (978-1-989514-05-4(7)) Ventures, J.Haven.
Just Play: Easy Beginner Guitar Lessons for Kids: with Online Video Access. Jonny Blackwood. Illus. by Halah M. 2022. (ENG.). 98p. (J). pap. (978-1-989514-03-0(0)) Ventures, J.Haven.
Just Princesses. Crystal Velasquez. 2016. (ENG., Illus.). 160p. (J). (gr. 1-6). pap. 9.99 (978-1-942275-34-3(X), 86bfdf4e-5050-4cf2-91fd-631051a61f48) Zenescope Entertainment.
Just Read! Lori Degman. Illus. by Victoria Tentler-Krylov. 2019. 32p. (J). (gr. -1). 17.99 (978-1-4549-2572-9(8)) Sterling Publishing Co., Inc.
Just Right Cat (Animal Time: Time to Read, Level 1) Lori Haskins Houran. Illus. by Alex Willmore. (Time to Read Ser.). (ENG.). 32p. (J). (gr. k-2). 2021. pap. 3.99 (978-0-8075-7191-0(1), 807571911); 2020. 12.99 (978-0-8075-7196-5(2), 0807571962) Whitman, Albert & Co.
Just Right Family: An Adoption Story. Silvia Lopez. Illus. by Ziyue Chen. 2018. (ENG.). 32p. (J). (gr. -1-3). 16.99 (978-0-8075-4082-4(X), 080754082X) Whitman, Albert & Co.
Just Right Jillian. Nicole D. Collier. (ENG.). 224p. (J). (gr. 3-7). 2023. pap. 9.99 (978-0-358-75530-2(1)); 2022. 16.99 (978-0-358-43461-0(0), 1793090) HarperCollins Pubs. (Versify).
Just Right: Searching for the Goldilocks Planet. Curtis Manley. Illus. by Jessica Lanan. 2019. (ENG.). 48p. (J). 19.99 (978-1-250-15533-7(9), 900184622) Roaring Brook Pr.
Just Right Time. Susanna Isem Iñigo. Illus. by Marco Somà. 2019. (ENG.). 32p. (J). (— 1). 16.95 (978-84-16566-52-5(6)) Ediciones La Fragatina ESP. Dist: Independent Pubs. Group.
Just Right Words: Fighting Fair (Level 3) Vickie An. 2017. (TIME for KIDS(r): Informational Text Ser.). (ENG., Illus.). 32p. (J). (gr. 3-4). pap. 12.99 (978-1-4258-4975-7(X)) Teacher Created Materials, Inc.
Just Right Words: Revising the Constitution (Level 5) Margaret King. 2017. (TIME for KIDS(r): Informational Text Ser.). (ENG., Illus.). 48p. (J). (gr. 4-8). pap. 13.99 (978-1-4258-4992-4(X)) Teacher Created Materials, Inc.
Just Right Words: Slam Poetry (Level 4) Siris Elizabeth Winchester. 2017. (TIME for KIDS(r): Informational Text Ser.). (ENG., Illus.). 32p. (gr. 3-5). pap. 10.99 (978-1-4258-4981-8(4)) Teacher Created Materials, Inc.
Just Roll with It: (a Graphic Novel) Veronica Agarwal & Lee Durfey-Lavoie. 2021. (Just Roll with It Ser.: 1). (Illus.). 336p. (J). (gr. 3-7). 20.99 (978-0-593-12541-0(X)); pap. 12.99 (978-1-9848-9699-5(7)) Penguin Random Hse. LLC.
Just Say No Because Every Story Needs a Hero: Includes a Promise Agreement to Earn Added Rewards for Saying No to Binge Drinking, Drug Use, & Smoking in High School. Garrett K. Scanlon. 2017. (ENG., Illus.). (J). pap. 10.00 (978-0-9961943-2-7(0)) Ballylongford Bks.
Just Sing It! Bruce Jenkins, Jr. Illus. by I Cenizal. 2023. (ENG.). 60p. (J). **(978-0-2288-5598-9(5))**; pap. **(978-0-2288-5597-2(7))** Tellwell Talent.
Just Sixteen (Classic Reprint) Susan Coolidge. 2018. (ENG., Illus.). 326p. (J). 30.64 (978-0-483-65769-4(7)) Forgotten Bks.
Just Small Enough: Instigating a Life of Prayer for Children. Sarah Ann Vanderslice. 2021. (ENG.). 30p. (J). 28.95 (978-1-6642-2636-4(2)); pap. 26.95 (978-1-6642-2634-0(6)) Author Solutions, LLC. (WestBow Pr.).
Just So Stories. Rudyard Kipling. Illus. by Rudyard Kipling. 2017. (Alma Junior Classics Ser.). (ENG., Illus.). 224p. (J). pap. 9.99 (978-1-84749-637-9(7), 900184066, Alma Classics) Bloomsbury Publishing USA.
Just So Stories. Rudyard Kipling. 2021. (ENG.). 128p. (J). pap. 7.99 (978-1-4209-7539-0(0)) Digireads.com Publishing.
Just So Stories. Rudyard Kipling. 2016. (ENG., Illus.). (J). (gr. 4). pap. (978-1-911224-13-6(1)) Emma Stern Publishing.
Just So Stories. Rudyard Kipling. 2022. (ENG.). 134p. (J). pap. **(978-1-387-69555-3(X))** Lulu Pr., Inc.
Just So Stories. Rudyard Kipling. Illus. by Paul Bransom & J. M. Gleeson. 2016. (ENG.). 256p. (J). (gr. 1-1). 16.99 (978-1-944686-44-4(4), Racehorse Publishing) Skyhorse Publishing Co., Inc.
Just So Stories. Rudyard Kipling. 2018. (ENG., Illus.). 78p. (J). 12.99 (978-1-5154-2872-5(9)) Wilder Pubns., Corp.
Just So Stories: For Little Children (Classic Reprint) Rudyard Kipling. 2017. (ENG., Illus.). (J). 29.90 (978-0-266-41079-9(0)) Forgotten Bks.
Just So Stories -Illustrated. Rudyard Kipling. 2018. (ENG., Illus.). 90p. (J). 12.99 (978-1-5154-2831-2(1)) Wilder Pubns., Corp.
Just So Stories for Little Children. Rudyard Kipling. Illus. by Rudyard Kipling. 2021. (ENG.). 256p. (J). pap. 10.95 (978-1-68422-527-9(2)) Martino Fine Bks.
Just So Stories for Little Children. Anna Milbourne. 2019. (Stories for Bedtime Ser.). (ENG.). 160ppp. (J). 14.99 (978-0-7945-4389-1(8), Usborne) EDC Publishing.
Just So Stories (Royal Collector's Edition) (Illustrated) (Case Laminate Hardcover with Jacket) Rudyard Kipling. Illus. by Joseph Michael Gleeson. 2021. (ENG.). 100p. (J). (978-1-77476-555-5(1)) AD Classic.
Just South of Home. Karen Strong. 2019. (ENG., Illus.). 320p. (J). (gr. 3-7). 17.99 (978-1-5344-1938-4(1), Simon & Schuster Bks. For Young Readers) Simon & Schuster Bks. For Young Readers.
Just Stand by Me: Working Together in Groups. Fred Wills. Illus. by Fred Wills. 2020. (Just Jessica's Life Lessons Ser.: Vol. 4). (ENG., Illus.). 32p. (J). (gr. k-6). 24.95 (978-0-578-63563-7(1)) Just Jessica, L.L.C.
Just Start! A Practical Guide to Learning. Meaghan Mcneill. 2020. (ENG.). 192p. (YA). 30.51 (978-1-9822-8232-5(0)); pap. 18.24 (978-1-9822-8230-1(4)) Author Solutions, LLC. (Balboa Pr.).
Just Steward (Classic Reprint) Richard Dehan. (ENG., Illus.). (J). 2018. 588p. 36.04 (978-0-483-81287-1(0)); 2016. pap. 19.57 (978-1-334-15167-5(9)) Forgotten Bks.
Just Stories (Classic Reprint) Gertrude M. O'Reilly. (ENG., Illus.). (J). 2018. 248p. 29.01 (978-0-483-18897-6(2)); 2017. pap. 11.57 (978-0-243-12069-7(9)) Forgotten Bks.
Just Sweethearts: A Christmas Love Story (Classic Reprint) Harry Stillwell Edwards. 2017. (ENG., Illus.). (J). 25.92 (978-0-266-80852-7(2)) Forgotten Bks.
Just Talks on Common Themes. Arthur G. Staples. 2017. (ENG., Illus.). (J). pap. (978-0-649-17891-9(2)) Trieste Publishing Pty Ltd.
Just Talks on Common Themes (Classic Reprint) Arthur G. Staples. 2017. (ENG., Illus.). (J). 30.17 (978-0-265-19002-9(9)) Forgotten Bks.
Just the Opposite (Exactamente lo Opuesto), 6 bks., Set. Sharon Gordon. Incl. Arriba, Abajo / up, Down. lib. bdg. 25.50 (978-0-7614-2449-9(0), 9075ad88-93a7-4103-b890-72201cb69161); Duro, Blando / Hard, Soft. lib. bdg. 25.50 (978-0-7614-2448-2(2), e7a0b9fe-3b20-4d53-8a86-dbe4029fea9e); Grande, Pequeno / Big, Small. lib. bdg. 25.50 (978-0-7614-2445-1(8), c7e50626-85f5-4c65-948e-adb87f3dfcc2); Mojado, Seco / Wet, Dry. lib. bdg. 25.50 (978-0-7614-2450-5(4), 7dce8a20-236b-4a2f-8c91-c1712ceda405); Rapido, Lento / Fast, Slow. lib. bdg. 25.50 (978-0-7614-2447-5(4), c9a1db90-b7b1-4bb7-8403-86a7dd0b0861); Sucio, Limpio / Dirty, Clean. lib. bdg. 25.50 (978-0-7614-2446-8(6), 19c2fad5-e8a7-44c5-98f5-b9843f68b624); (Illus.). 24p. (gr. k-1). 2008. (Bookworms — Bilingual Editions: Just the Opposite/Exactamente lo Opuesto Ser.). (SPA.). 2006. lib. bdg. (978-0-7614-2443-7(1), Cavendish Square) Cavendish Square Publishing LLC.
Just the Right Cake. Christina Tosi. Illus. by Emily Balsley. 2023. 32p. (J). (gr. -1-3). 18.99 (978-0-593-11071-3(4), Rocky Pond Bks.) Penguin Young Readers Group.
Just the Right Size. Bonnie Grubman. Illus. by Suzanne Diederen. 2018. (ENG.). 32p. (J). 17.95 (978-1-60537-365-2(6)); 9.95 (978-1-60537-428-4(8)) Clavis Publishing.
Just the Way I Am. Sean Covey. ed. 2021. (Ready-To-Read Ser.). (ENG., Illus.). 32p. (J). (gr. 2-3). 13.96 (978-1-64697-584-6(7)) Penworthy Co., LLC, The.
Just the Way I Am: Habit 1 (Ready-To-Read Level 2) Sean Covey. Illus. by Stacy Curtis. 2019. (7 Habits of Happy Kids Ser.: 1). (ENG.). 32p. (J). (gr. k-2). 17.99 (978-1-5344-4445-4(9)); pap. 4.99 (978-1-5344-4444-7(0)) Simon Spotlight. (Simon Spotlight).
Just the Way That I Am. Tanya Fraser. 2018. (ENG., Illus.). 36p. (J). pap. (978-1-78823-043-8(4)) Austin Macauley Pubs. Ltd.
Just the Way We Are. Claire Robertson & Jessica Shirvington. 2020. 24p. pap. 6.99 (978-0-7333-3164-0(5)) ABC Bks. AUS. Dist: HarperCollins Pubs.
Just the Way You Are. Emma Dodd. Illus. by Emma Dodd. 2022. (Emma Dodd's Love You Bks.). (ENG.). 24p. (J). (-k). 16.99 (978-1-5362-2665-2(3), Templar) Candlewick Pr.
Just Then Something Happened (Classic Reprint) Edmund Vance Cooke. 2017. (ENG., Illus.). (J). 31.57 (978-0-266-78134-9(9)); pap. 13.97 (978-1-5277-6295-4(5)) Forgotten Bks.
Just Think Performance Task - Grade 6 for the Primary Exit Profile Examination: Strategic & Extended Thinking. Christine Levene. Ed. by Adrian Mandara. 2019. (ENG., Illus.). 154p. (J). (gr. 6). pap. (978-976-8245-80-9(8)) LMH Pubs.
Just Thoughts: Now & Then (Classic Reprint) Edward Bellamy. (ENG., Illus.). (J). 2018. 32p. 24.58 (978-0-483-86932-5(5)); 2017. pap. 7.97 (978-0-243-09475-2(2)) Forgotten Bks.
Just Three, 1 vol. Lorna Schultz Nicholson. 2019. (Orca Currents Ser.). (ENG.). 144p. (J). (gr. 4-7). pap. 9.95 (978-1-4598-2169-9(6)) Orca Bk. Pubs. USA.
Just to See. Morgane de Cadier. Illus. by Florian Pig+. 2022. 40p. (J). 18.95 (978-1-7376032-0-7(9)) Blue Dot Pubns. LLC.
Just Too Fancy. Kaitlynn Sebald. 2021. (ENG.). 24p. (J). 22.95 (978-1-6657-0720-6(8)); pap. 10.95 (978-1-6657-0719-0(4)) Archway Publishing.
Just Try One Bite. Adam Mansbach & Camila Alves McConaughey. Illus. by Mike Boldt. 2022. 40p. (J). (gr. -1-2). 17.99 (978-0-593-32414-1(5), Dial Bks) Penguin Young Readers Group.
Just Two More Minutes Please. Alissa Goudy. 2023. (ENG.). 42p. (J). pap. **(978-1-988001-75-3(7))** Ahelia Publishing, Inc.
Just under the Clouds. Melissa Sarno. 2019. (ENG.). 256p. (J). (gr. 3-7). pap. 8.99 (978-1-5247-2011-7(9), Yearling) Random Hse. Children's Bks.
Just Unicorns Coloring Book. Smarter Activity Books for Kids. 2016. (ENG., Illus.). (J). pap. 9.22 (978-1-68374-477-1(2)) Examined Solutions PTE. Ltd.
Just Us 3. Tiffany Bence. 2023. (ENG.). 38p. (J). 19.95 **(978-1-63755-715-0(9)**, Mascot Kids) Amplify Publishing Group.
Just Wait: A Lesson in Patience. Diane Roure Pleasant. 2022. 24p. (J). pap. 10.99 (978-1-6678-3633-1(1)) BookBaby.
Just Watch Me. Erin Silver. 2020. (Illus.). 135p. (J). (gr. 4-6). pap. 11.95 (978-1-988761-54-1(9)) Common Deer Pr. CAN. Dist: National Bk. Network.
Just What I Needed. Bradley Vaughn. 2021. (ENG.). 94p. (YA). pap. 12.49 (978-1-6628-2379-4(7)) Salem Author Services.
Just Wild Enough: Mireya Mayor, Primatologist. Marta Magellan. Illus. by Clémentine Rocheron. 2022. (She Made History Ser.). (ENG.). 32p. (J). (gr. -1-3). 17.99 (978-0-8075-4085-5(4), 0807540854) Whitman, Albert & Co.
Just Words Unless... A Kids' Guide to Creating a Kinder World. Cheryl Klein Slebioda. 2020. (ENG.). 188p. (J). pap. 12.95 (978-1-7353023-9-3(2)); 18.75 (978-1-7353023-0-0(9)) Warren Publishing, Inc.
Just Wreck It All. N. Griffin. 2018. (ENG., Illus.). 336p. (YA). (gr. 7). 18.99 (978-1-4814-6518-2(X), Atheneum/Caitlyn Dlouhy Books) Simon & Schuster Children's Publishing.
Just You & Me: Padded Board Book. IglooBooks. Illus. by Lee Holland. 2022. (ENG.). 24p. (J). (gr. -1). bds. 9.99 (978-1-80108-655-4(9)) Igloo Bks. GBR. Dist: Simon & Schuster, Inc.
Just Your Average Girl. Raz Rix. 2017. (ENG., Illus.). 280p. (J). pap. (978-1-365-37810-2(1)) Lulu Pr., Inc.
Just Your Local Bisexual Disaster. Andrea Mosqueda. 2022. (ENG.). 352p. (YA). 18.99 (978-1-250-82205-5(X), 900250662) Feiwel & Friends.
#Justachicken Coloring Book. Thorne Preston & Moore Langston. 2016. (ENG., Illus.). (J). (gr. -1-3). 12.00 (978-1-63177-776-9(9)) Amplify Publishing Group.
#justachickenlittle. Langston Moore & Preston Thorne. 2019. (ENG.). 38p. (J). 20.01 (978-1-63177-777-6(7)) Amplify Publishing Group.
#justagobbler. Henry Taylor et al. 2018. (ENG.). 38p. (J). 14.95 (978-1-63177-925-1(7)) Amplify Publishing Group.
Justice, 1 vol. Kymbali Craig. 2019. (YA Prose Ser.). (ENG.). 96p. (J). (gr. 2-3). 25.80 (978-1-5383-8423-7(X), ecd0add3-8d10-425f-bb29-260e94b1fe04); pap. 16.35 (978-1-5383-8422-0(1), 356a3da2-8ec8-49d4-8929-ee3aba27d114) Enslow Publishing, LLC. (West 44 Bks.).
Justice: A Tragedy in Four Acts (Classic Reprint) John Galsworthy. 2017. (ENG., Illus.). (J). 26.43 (978-0-331-48254-6(1)) Forgotten Bks.
Justice Buried. Hilary Thompson. 2016. (Starbright Ser.: Vol. 1). (ENG., Illus.). (YA). (gr. 7-12). pap. (978-0-9956792-0-7(7)) Oftomes Publishing.
Justice Farm. Brian Vallery. Illus. by Jamie Sale. 2022. (ENG.). (J). 83p. pap. **(978-1-4710-4161-7(1))**; 32p. pap. 16.00 (978-1-4583-3052-9(4)) Lulu Pr., Inc.
Justice for a Texas Marshall: Marshall Morris Is at It Again! First Editing Ira & Robert John DeLuca. Illus. by Mbil Art Lee Ann. 2018. (ENG.). 168p. (J). pap. 8.99 (978-1-7320596-0-3(8)) Alliance Publishing & Media, LLC.
Justice for George Floyd. Duchess Harris. 2021. (Core Library Guide to Racism in Modern America Ser.). (ENG., Illus.). 48p. (J). (gr. 4-5). pap. 11.95 (978-1-64494-508-7(8), Core Library) ABDO Publishing Co.
Justice for George Floyd. Duchess Harris Jd & Tammy Gagne. 2020. (Core Library Guide to Racism in Modern America Ser.). (ENG., Illus.). 48p. (J). (gr. 4-8). lib. bdg. 35.64 (978-1-5321-9465-8(X), 36653) ABDO Publishing Co.
Justice for Vietnam. Bright Quang. 2022. (ENG., Illus.). 672p. (YA). pap. 62.95 (978-1-6624-6387-7(1)) Page Publishing Inc.
Justice in Our Society, 1 vol. Julia McMeans. 2017. (Civic Values Ser.). (ENG.). 32p. (gr. 3-3). pap. 11.58 (978-1-5026-3193-0(8), 2f6afba1-2027-40ee-8e9b-506f7d8396c6) Cavendish Square Publishing LLC.
Justice in the By-Ways: A Tale of Life (Classic Reprint) Francis Colburn Adams. (ENG., Illus.). (J). 2018. 456p. 33.30 (978-0-365-03286-1(7)); 2017. pap. 16.57 (978-0-259-40008-0(4)) Forgotten Bks.
Justice Is... A Guide for Young Truth Seekers. Preet Bharara. Illus. by Sue Cornelison. 2022. (ENG.). 40p. (J). (gr. -1-3). 17.99 (978-0-593-17662-7(6)); lib. bdg. 20.99 (978-0-593-17666-5(9)) Random Hse. Children's Bks. (Crown Books For Young Readers).
Justice Ketanji: the Story of US Supreme Court Justice Ketanji Brown Jackson. Denise Lewis Patrick. Illus. by Kim Holt. 2023. (ENG.). 32p. (J). (gr. -1-3). 18.99 **(978-1-338-88529-3(4)**, Orchard Bks.) Scholastic, Inc.
Justice League & the False Destiny. Michael Anthony Steele. Illus. by Leonel Castellani. 2020. (DC Super Hero Adventures Ser.). (ENG.). 72p. (J). (gr. 3-5). pap. 6.95 (978-1-4965-9200-2(X), 142228); lib. bdg. 26.65 (978-1-4965-8722-0(7), 141590) Capstone. (Stone Arch Bks.).
Justice League Classic: Battle of the Power Ring. Donald Lemke. Illus. by Patrick Spaziante. 2016. (I Can Read Level 2 Ser.). 32p. (J). (gr. -1-3). pap. 3.99 (978-0-06-234494-6(3)) HarperCollins Pubs.
Justice League Classic: Storm Surge. Donald Lemke. Illus. by Patrick Spaziante. 2017. 24p. (J). (gr. -1-3). pap. 3.99 (978-0-06-236079-3(5), HarperFestival) HarperCollins Pubs.
Justice League Reading Collection. Illus. by Andie Tong. 2017. (I Can Read Level 2 Ser.). (ENG.). 160p. (J). (gr. -1-3). pap. 16.99 (978-0-06-229187-5(4)) HarperCollins Pubs.
Justice League Saves Christmas! (DC Justice League) Steve Foxe. Illus. by Pernille Orum. 2022. (ENG.). 24p. (J). (gr. -1-2). 12.99 (978-0-593-38082-6(7), Random Hse. Bks. for Young Readers) Random Hse. Children's Bks.
Justice League Unlimited: Girl Power. 2021. (Illus.). 152p. (J). (gr. 2). pap. 9.99 (978-1-77951-015-0(2)) DC Comics.
Justice of Gideon (Classic Reprint) Eleanor Gates. 2018. (ENG., Illus.). 348p. (J). 31.09 (978-0-332-95013-6(1)) Forgotten Bks.
Justice of the Peace (Classic Reprint) Frederick Niven. (ENG., Illus.). (J). 2018. 450p. 33.20 (978-0-483-62480-1(2)); 2017. pap. 16.57 (978-0-243-29546-3(4)) Forgotten Bks.
Justice or Injustice? You Decide: True Life of Big Jim Pitman. James Pitman. 2020. (ENG.). 352p. (YA). pap. 21.95 (978-1-64584-064-0(6)) Page Publishing Inc.
Justice over Innocence: A Road to Redemption. Nikki McCavenna-King. 2022. (ENG.). 638p. (YA). pap. 28.95 (978-1-63881-233-3(0)) Newman Springs Publishing, Inc.
Justice, Policing, & the Rule of Law, Vol. 8. Tom Lansford. Ed. by Tom Lansford. 2016. (Foundations of Democracy Ser.). (Illus.). 64p. (J). (gr. 7). 23.95 (978-1-4222-3630-7(7)) Mason Crest.
Justice, Policing, & the Rule of Law. Tom Lansford. 2018. (Foundations of Democracy Ser.). (ENG.). 48p. (J). lib. bdg. 34.99 (978-1-5105-3875-7(5)) SmartBook Media, Inc.
Justice Project, 1 vol. Michael Betcherman. 2019. (ENG.). 256p. (YA). (gr. 8-12). pap. 14.95 (978-1-4598-2250-4(1)) Orca Bk. Pubs. USA.
Justice Rising: 12 Amazing Black Women in the Civil Rights Movement. Katheryn Russell-Brown. Illus. by Kim Holt. 2023. 40p. (J). (gr. -1-3). 18.99 (978-0-593-40354-9(1), Viking Books for Young Readers) Penguin Young Readers Group.
Justice Unending. Elizabeth Spencer. 2016. (ENG., Illus.). (J). pap. (978-1-77339-109-0(7)) Evernight Publishing.
Justice/Loneliness. L. C. Mawson. 2017. (ENG.). 226p. (YA). pap. 8.99 (978-1-393-42720-9(0)) Draft2Digital.
Justified Bitch: A Las Vegas Mystery. H. G. McKinnis. 2017. (ENG.). 311p. (gr. 10). pap. 15.00 (978-0-9972369-5-8(7)) Imbrifex Bks.
Justin #1. L. J. Alonge. Illus. by Raul Allen. 2016. (Blacktop Ser.: 1). 144p. (YA). (gr. 7). mass mkt. 7.99 (978-1-101-99562-4(9), Grosset & Dunlap) Penguin Young Readers Group.
Justin & Jessica & the Nation of Elation: a Bedtime Adventure. Jordan Farrell. 2022. (ENG.). 76p. (J). 34.99 (978-1-6678-1962-4(3)) BookBaby.
Justin & the Smallest Time Machine. Jeff Barnard. 2018. (ENG., Illus.). 262p. (J). pap. (978-1-78623-263-2(4)) Grosvenor Hse. Publishing Ltd.
Justin Bieber. Katie Lajiness. 2017. (Big Buddy Pop Biographies Set 2 Ser.). (ENG., Illus.). 32p. (J). (gr. 2-5). lib. bdg. 34.21 (978-1-5321-1059-7(6), 25694, Big Buddy Bks.) ABDO Publishing Co.
Justin Fights Sleep. Ashley Vien. Illus. by Murray Stenton. 2018. (J). pap. (978-1-61599-376-5(2)); (978-1-61599-383-3(5)) Loving Healing Pr., Inc.
Justin Jaguar Goes to School. Archie Klawah. 2022. (ENG.). 36p. (J). pap. 14.99 **(978-1-5243-1828-4(0))** Lantia LLC.
Justin Jefferson. Bo Mitchell. 2023. (Sports Superstars Ser.). (ENG., Illus.). 32p. (J). pap. 9.95 **(978-1-63738-610-1(9))**; lib. bdg. 31.35 **(978-1-63738-556-2(0))** North Star Editions. (Apex).
Justin Morgan Founder of His Race: The Romantic History of a Horse (Classic Reprint) Eleanor Waring Burnham. 2017. (ENG., Illus.). (J). 27.49 (978-0-331-32364-1(8)) Forgotten Bks.

J

Justin the Jaguar: A Tale of Victory over the Tube! Kimberley Den Bleyker & Melissa Weidenmiller. Illus. by Sara Jade Underwood. 2022. 28p. (J). pap. 17.99 ***(978-1-6678-7506-4(X))*** BookBaby.

Justin Timberlake. Jennifer Strand. 2016. (Stars of Music Ser.). (ENG.). 24p. (J). (gr. -1-2). lib. bdg. 31.36 *(978-1-68079-921-7(5),* 24146, Abdo Zoom-Launch) ABDO Publishing Co.

Justin Timberlake: Musical Megastar, 1 vol. Nicole Horning. 2019. (People in the News Ser.). (ENG.). 104p. (gr. 7-7). pap. 20.99 *(978-1-5345-6837-2(9),* 34102f88-b22f-409a-8ac8-d64b0c63fdbf, Lucent Pr.) Greenhaven Publishing LLC.

Justin Trudeau: Prime Minister of Canada, 1 vol. Kathy Furgang. 2018. (Junior Biographies Ser.). (ENG.). 24p. (gr. 3-4). 24.27 *(978-0-7660-9743-8(9),* 9c07704b-0bda-4f54-908f-50bd70d322b9) Enslow Publishing, LLC.

Justin Trudeau: Prime Minister of Canada. J. J. Stewart. 2018. (World Leaders Ser.). (ENG., Illus.). 48p. (J). (gr. 5-6). pap. 11.95 *(978-1-63517-624-7(7),* 1635176247); lib. bdg. 34.21 *(978-1-63517-552-3(6),* 1635175526) North Star Editions. (Focus Readers).

Justin Verlander. Greg Bach. 2020. (Ballpark Greats: Pro Baseball's Best Players Ser.). (ENG.). (J). (gr. 3-7). 25.95 *(978-1-4222-4438-8(5))* Mason Crest.

Justin Wingate Ranchman (Classic Reprint) John H. Whitson. 2018. (ENG., Illus.). 340p. (J). 30.91 *(978-0-483-50739-5(3))* Forgotten Bks.

Justina (Classic Reprint) Unknown Author. 2017. (ENG., Illus.). (J). 29.32 *(978-0-265-93863-8(5))* Forgotten Bks.

Justinian I: The Peasant Boy Who Became Emperor - Biography for Kids Children's Biography Books. Baby Professor. 2017. (ENG., Illus.). 64p. (J). pap. 9.55 *(978-1-5419-1629-6(8),* Baby Professor (Education Kids)) Speedy Publishing LLC.

Justin's Angel. Lois Crooks et al. 2018. (ENG.). 24p. (J). pap. 12.49 *(978-1-5456-4940-4(5))* Salem Author Services.

Justo en el Blanco. Mercedes Helnwein. 2022. (SPA.). 399p. (YA). pap. 13.95 *(978-607-07-8072-1(8))* Editorial Planeta, S. A. ESP. Dist: Two Rivers Distribution.

Jute Industry: From Seed to Finished Cloth. T. Woodhouse. 2017. (ENG., Illus.). (J). 22.95 *(978-1-374-94293-6(6));* pap. 12.95 *(978-1-374-94292-9(8))* Capital Communications, Inc.

Jutland Battle (Classic Reprint) Two Who Took Part in It. (ENG., Illus.). (J). 2018. 26p. 24.45 *(978-0-365-53264-4(9));* 2017. pap. 7.97 *(978-0-282-63166-6(6))* Forgotten Bks.

Juvenal & Persius: Literally Translated for the Use of Students (Classic Reprint) Juvenal Juvenal. (ENG., Illus.). (J). 2018. 210p. 28.25 *(978-0-483-92163-4(7));* 2017. pap. 10.97 *(978-0-243-04775-8(4))* Forgotten Bks.

Juvenal & Persius, Vol. 2 Of 2: Literally Translated, with Copious Explanatory Notes, by Which These Difficult Satirists Are Rendered Easy & Familiar to the Reader (Classic Reprint) Juvenal Juvenal. 2017. (ENG., Illus.). (J). 32.72 *(978-0-266-37826-6(9))* Forgotten Bks.

Juvenal, Persius, Martial, & Catullus: An Experiment in Translation (Classic Reprint) William Francis Shaw. 2017. (ENG., Illus.). (J). 30.10 *(978-0-265-71111-8(8));* pap. 13.57 *(978-1-5276-6349-7(3))* Forgotten Bks.

Juvenescence. Kate M. Colomé. 2021. (ENG.). 45p. (YA). pap. ***(978-1-7948-8605-6(2))*** Lulu Pr., Inc.

Juvenile Album: Or Tales from Far & near (Classic Reprint) R. Lee. 2018. (ENG., Illus.). 94p. (J). 25.84 *(978-0-483-14423-1(1))* Forgotten Bks.

Juvenile Artist: From the German of the REV. C. G. Barth (Classic Reprint) Samuel Jackson. 2017. (ENG., Illus.). (J). 26.04 *(978-0-260-73242-2(7))* Forgotten Bks.

Juvenile Budget Opened, Vol. 4: Being Selections from the Writings of Doctor (Classic Reprint) John Aikin. 2018. (ENG., Illus.). 480p. (J). (gr. -1-3). 33.80 *(978-0-483-46180-2(6))* Forgotten Bks.

Juvenile Budget Reopened: Being Further Selections from the Writings of Doctor John Aikin, with Copious Notes (Classic Reprint) John Aikin. 2017. (ENG., Illus.). (J). 29.16 *(978-0-266-19670-9(5))* Forgotten Bks.

Juvenile Casket: With Engravings (Classic Reprint) Unknown Author. 2018. (ENG., Illus.). 30p. (J). 24.52 *(978-0-484-83238-0(7))* Forgotten Bks.

Juvenile Companion & Fireside Reader: Consisting of Historical & Biographical Anecdotes, & Selection in Poetry (Classic Reprint) J. L. Blake. (ENG., Illus.). (J). 2017. 28.95 *(978-0-265-39985-9(8));* 2016. pap. 13.57 *(978-1-333-32218-2(6))* Forgotten Bks.

Juvenile Correspondence, or Letters, Suited to Children, from Four to above Ten Years of Age: In Three Sets (Classic Reprint) Lovechild. (ENG., Illus.). (J). 2018. 134p. 26.66 *(978-0-484-56893-7(0));* 2016. pap. 9.57 *(978-1-334-16454-5(1))* Forgotten Bks.

Juvenile Excitement, or a Series of Tales for Sabbath & Every-Day Reading: With Notices & Descriptions of Sports for Every Season of the Year (Classic Reprint) Thomas Street Millington. (ENG., Illus.). (J). 2018. 354p. 31.20 *(978-0-484-69988-4(1));* 2016. pap. 13.57 *(978-1-334-13298-8(4))* Forgotten Bks.

Juvenile Fairy Spectacle Arcticania, or Columbia's Trip to the North Pole: An Operetta in Two Acts (Classic Reprint) Harry C. Eldridge. (ENG., Illus.). (J). 2018. 40p. 24.74 *(978-0-364-92306-1(7));* 2017. pap. 7.97 *(978-0-259-86684-8(9))* Forgotten Bks.

Juvenile Forget-Me-Not: A Christmas & New Year's Gift, or Birth-Day Present, 1833 (Classic Reprint) S. C. Hall. 2018. (ENG., Illus.). 242p. (J). 28.89 *(978-0-483-35845-4(2))* Forgotten Bks.

Juvenile Forget Me Not: A Christmas & New Year's Gift, or Birthday Present (Classic Reprint) S. C. Hall. 2018. (ENG., Illus.). 258p. (J). 29.22 *(978-0-483-52185-8(X))* Forgotten Bks.

Juvenile Forget Me Not, or Cabinet of Entertainment & Instruction (Classic Reprint) Agnes Strickland. (ENG., Illus.). (J). 2018. 150p. 26.99 *(978-0-483-81940-5(9));* 2017. pap. 9.57 *(978-0-243-31971-8(1))* Forgotten Bks.

Juvenile Gardener: Written by a Lady, for the Use of Her Own Children, with a View of Giving Them an Early Taste for the Pleasures of a Garden, & the Study of Botany (Classic Reprint) Unknown Author. 2018. (ENG., Illus.). 130p. (J). 26.58 *(978-0-484-60869-5(X))* Forgotten Bks.

Juvenile Guide: In a Series of Letters, on Various Subjects, Addressed to Young Ladies (Classic Reprint) Unknown Author. (ENG., Illus.). (J). 2018. 144p. 26.87 *(978-0-267-73507-5(3));* 2016. pap. 9.57 *(978-1-334-16350-0(2))* Forgotten Bks.

Juvenile Incidents, or the Studies & Amusements of a Day: Embellished with Nineteen Neautiful Engravings on Wood (Classic Reprint) Unknown Author. (ENG., Illus.). (J). 2018. 96p. 25.90 *(978-0-332-97137-7(6));* 2016. pap. 9.57 *(978-1-333-74200-3(2))* Forgotten Bks.

Juvenile Inspector, Vol. 32: March 1, 1897 (Classic Reprint) George Quayle Cannon. (ENG., Illus.). (J). 2018. 48p. 24.89 *(978-0-483-98290-1(3));* 2016. pap. 9.57 *(978-1-334-17166-6(1))* Forgotten Bks.

Juvenile Instructer, Vol. 37: Designed for the Advancement of the Young; October 1, 1902 (Classic Reprint) Joseph F. Smith. 2018. (ENG., Illus.). 54p. (J). 25.01 *(978-0-267-35766-6(4))* Forgotten Bks.

Juvenile Instructor: May 1, 1908 (Classic Reprint) Deseret Sunday School Union. (ENG., Illus.). (J). 2018. 56p. 25.05 *(978-0-267-40119-2(1));* 2016. pap. 9.57 *(978-1-334-12502-7(3))* Forgotten Bks.

Juvenile Instructor, 1885, Vol. 20: An Illustrated Magazine, Designed Expressly for the Education & Elevation of the Young (Classic Reprint) George Quayle Cannon. (ENG., Illus.). (J). 2018. 22p. 24.37 *(978-0-484-48178-6(9));* 2017. pap. 7.97 *(978-0-243-25224-4(2))* Forgotten Bks.

Juvenile Instructor, 1885, Vol. 20: June 1, 1885 (Classic Reprint) George Quayle Cannon. (ENG., Illus.). (J). 2018. 24p. 24.41 *(978-0-484-00210-3(4));* 2016. pap. 7.97 *(978-1-334-16665-5(X))* Forgotten Bks.

Juvenile Instructor, 1893, Vol. 28: An Illustrated Magazine (Classic Reprint) George Quayle Cannon. 2018. (ENG., Illus.). (J). 42p. 24.76 *(978-0-366-52938-4(2));* 44p. pap. 7.97 *(978-0-365-85822-5(6))* Forgotten Bks.

Juvenile Instructor, 1906, Vol. 41: An Illustrated Semi-Monthly Magazine, Designed Expressly for the Education & Elevation of the Young (Classic Reprint) Joseph F. Smith. 2018. (ENG., Illus.). 48p. (J). 24.89 *(978-0-267-53271-1(7))* Forgotten Bks.

Juvenile Instructor, 1916, Vol. 51: An Illustrated Monthly Magazine, Designed Expressly for the Education & Elevation of the Young (Classic Reprint) Joseph F. Smith. (ENG., Illus.). (J). 2018. 82p. 25.59 *(978-0-267-35958-5(6));* 2016. pap. 9.57 *(978-1-334-07374-8(0))* Forgotten Bks.

Juvenile Instructor, Vol. 11: An Illustrated Paper, (Published Semi-Monthly), Designed Expressly for the Education & Elevation of the Youth; for the Year 1876 (Classic Reprint) George Quayle Cannon. (ENG., Illus.). (J). 2018. 20p. 24.31 *(978-0-484-23059-9(X));* 2017. pap. 7.97 *(978-0-282-54823-0(8))* Forgotten Bks.

Juvenile Instructor, Vol. 14: An Illustrated Magazine, Designed Expressly for the Education & Elevation of the Young, June 1, 1879 (Classic Reprint) George Q. Cannon. 2017. (ENG., Illus.). 20p. (J). 24.33 *(978-0-332-09197-6(X))* Forgotten Bks.

Juvenile Instructor, Vol. 14: An Illustrated Magazine, Designed Expressly for the Education & Elevation of the Young; September 1, 1879 (Classic Reprint) George Q. Cannon. 2017. (ENG., Illus.). (J). 24.31 *(978-0-331-90488-8(8));* pap. 7.97 *(978-0-243-46478-4(9))* Forgotten Bks.

Juvenile Instructor, Vol. 18: December 15, 1883 (Classic Reprint) George Quayle Cannon. 2018. (ENG., Illus.). 20p. (J). 24.33 *(978-0-483-59726-6(0))* Forgotten Bks.

Juvenile Instructor, Vol. 18: January 1, 1883 (Classic Reprint) George Quayle Cannon. 2017. (ENG., Illus.). (J). pap. 7.97 *(978-1-334-98431-0(X))* Forgotten Bks.

Juvenile Instructor, Vol. 18: Organ for Young Latter-Day Saints; July 15, 1883 (Classic Reprint) George Quayle Cannon. 2017. (ENG., Illus.). (J). pap. 7.97 *(978-1-334-91767-7(1))* Forgotten Bks.

Juvenile Instructor, Vol. 19: August 15, 1884 (Classic Reprint) George Quayle Cannon. (ENG., Illus.). (J). 2018. 22p. 24.37 *(978-0-483-60194-9(2));* 2016. pap. 7.97 *(978-1-334-16933-5(0))* Forgotten Bks.

Juvenile Instructor, Vol. 19: May 15, 1884 (Classic Reprint) George Q. Cannon. (ENG., Illus.). (J). 2018. 20p. 24.33 *(978-0-483-61761-2(X));* 2017. pap. 7.97 *(978-0-243-28395-8(4))* Forgotten Bks.

Juvenile Instructor, Vol. 19: Organ for Young Latter-Day Saints; December 15, 1884 (Classic Reprint) George Quayle Cannon. (ENG., Illus.). (J). 2018. 20p. 24.33 *(978-0-483-99848-3(6));* 2016. pap. 7.97 *(978-1-334-04019-1(2))* Forgotten Bks.

Juvenile Instructor, Vol. 19: Organ for Young Latter-Day Saints; June 1, 1884 (Classic Reprint) George Quayle Cannon. 2018. (ENG., Illus.). 20p. (J). 24.31 *(978-0-483-60064-5(4))* Forgotten Bks.

Juvenile Instructor, Vol. 19: Organ for Young Latter-Day Saints; October 15, 1884 (Classic Reprint) George Quayle Cannon. 2018. (ENG., Illus.). 22p. (J). 24.35 *(978-0-483-62210-4(9))* Forgotten Bks.

Juvenile Instructor, Vol. 19: Published Semi-Monthly; September 1, 1884 (Classic Reprint) George Q. Cannon. (ENG., Illus.). (J). 2018. 22p. 24.37 *(978-0-483-80375-6(8));* 2017. pap. 7.97 *(978-0-243-25704-1(X))* Forgotten Bks.

Juvenile Instructor, Vol. 20: April 1, 1885 (Classic Reprint) George Quayle Cannon. 2018. (ENG., Illus.). 22p. (J). 24.37 *(978-0-483-41709-0(2))* Forgotten Bks.

Juvenile Instructor, Vol. 20: April 15, 1885 (Classic Reprint) George Quayle Cannon. 2018. (ENG., Illus.). 24p. (J). 24.39 *(978-0-483-41185-2(X))* Forgotten Bks.

Juvenile Instructor, Vol. 20: May 1, 1885 (Classic Reprint) George Q. Cannon. 2018. (ENG., Illus.). 22p. (J). 24.37 *(978-0-483-43887-3(1))* Forgotten Bks.

Juvenile Instructor, Vol. 20: November 15, 1885 (Classic Reprint) George Q. Cannon. (ENG., Illus.). (J). 2018. 22p. 24.37 *(978-0-483-67395-3(1));* 2016. pap. 7.97 *(978-1-334-32130-6(2))* Forgotten Bks.

Juvenile Instructor, Vol. 20: October 15, 1885 (Classic Reprint) George Quayle Cannon. (ENG., Illus.). (J). 2018. 22p. 24.37 *(978-0-484-84614-1(0));* 2016. pap. 7.97 *(978-1-333-74112-9(X))* Forgotten Bks.

Juvenile Instructor, Vol. 20: Organ for Young Latter-Day Saints; January 15, 1885 (Classic Reprint) George Quayle Cannon. 2018. (ENG., Illus.). 24p. (J). 24.39 *(978-0-483-30274-7(0))* Forgotten Bks.

Juvenile Instructor, Vol. 20: Organ for Young Latter-Day Saints; May 15, 1885 (Classic Reprint) George Q. Cannon. 2016. (ENG., Illus.). (J). pap. 7.97 *(978-1-334-06574-3(8))* Forgotten Bks.

Juvenile Instructor, Vol. 20: Published Semi-Monthly an Illustrated Magazine, Designed Expressly for the Education & Elevation of the Young; January 1, 1885 (Classic Reprint) George Q. Cannon. (ENG., Illus.). (J). 2018. 26p. 24.43 *(978-0-483-54090-3(0));* 2016. pap. 7.97 *(978-1-333-75267-5(9))* Forgotten Bks.

Juvenile Instructor, Vol. 20: Published Semi-Monthly; July 1, 1885 (Classic Reprint) George Quayle Cannon. 2018. (ENG., Illus.). 22p. (J). 24.37 *(978-0-483-41722-9(X))* Forgotten Bks.

Juvenile Instructor, Vol. 20: September 1, 1885 (Classic Reprint) George Quayle Cannon. 2018. (ENG., Illus.). (J). 24p. 24.39 *(978-0-366-50297-4(2));* 26p. pap. 7.97 *(978-0-365-81866-3(6))* Forgotten Bks.

Juvenile Instructor, Vol. 21: An Illustrated Magazine Published Semi-Monthly; Designed Expressly for the Education & Elevation of the Young (Classic Reprint) George Q. Cannon. 2018. (ENG., Illus.). 24p. (J). 24.39 *(978-0-483-45981-6(X))* Forgotten Bks.

Juvenile Instructor, Vol. 21: An Illustrated Magazine Published Semi-Monthly; Designed Expressly for the Education & Elevation of the Young; December 1, 1886 (Classic Reprint) George Q. Cannon. 2018. (ENG., Illus.). (J). 24p. 24.39 *(978-0-366-23084-6(0));* 26p. pap. 7.97 *(978-0-365-87072-2(2))* Forgotten Bks.

Juvenile Instructor, Vol. 21: An Illustrated Magazine Published Semi-Monthly; Designed Expressly for the Education & Elevation of the Young; February 15, 1886 (Classic Reprint) George Quayle Cannon. 2018. (ENG., Illus.). 24p. (J). 24.39 *(978-0-483-57076-4(1))* Forgotten Bks.

Juvenile Instructor, Vol. 21: An Illustrated Magazine, Published Semi-Monthly, Designed Expressly for the Education & Elevation of the Young; September 15, 1886 (Classic Reprint) George Quayle Cannon. 2018. (ENG., Illus.). 24p. (J). 24.39 *(978-0-483-48742-0(2))* Forgotten Bks.

Juvenile Instructor, Vol. 21: July 1, 1886 (Classic Reprint) George Quayle Cannon. 2018. (ENG., Illus.). 22p. (J). 24.35 *(978-0-483-62622-5(8))* Forgotten Bks.

Juvenile Instructor, Vol. 21: Organ for Young Latter-Day Saints; August 1, 1886 (Classic Reprint) George Quayle Cannon. 2018. (ENG., Illus.). 22p. (J). 24.37 *(978-0-483-48812-0(7))* Forgotten Bks.

Juvenile Instructor, Vol. 21: Organ for Young Latter-Day Saints; November 15, 1886 (Classic Reprint) George Quayle Cannon. (ENG., Illus.). (J). 2018. 24.35 *(978-0-332-01164-6(X));* 2017. pap. 7.97 *(978-0-243-26897-9(1))* Forgotten Bks.

Juvenile Instructor, Vol. 22: An Illustrated Magazine Published Semi-Monthly; Designed Expressly for the Education & Elevation of the Young (Classic Reprint) George Q. Cannon. 2018. (ENG., Illus.). 22p. (J). 24.39 *(978-0-484-85510-5(7))* Forgotten Bks.

Juvenile Instructor, Vol. 22: December 15, 1887 (Classic Reprint) George Quayle Cannon. 2016. (ENG., Illus.). (J). pap. 7.97 *(978-1-334-16943-4(8))* Forgotten Bks.

Juvenile Instructor, Vol. 22: Designed Expressly for the Education & Elevation of the Young; December 1, 1887 (Classic Reprint) George Quayle Cannon. (ENG., Illus.). (J). 2018. 24p. 24.39 *(978-0-483-39437-7(8));* 2016. pap. 7.97 *(978-1-334-17183-3(1))* Forgotten Bks.

Juvenile Instructor, Vol. 22: November 1, 1887 (Classic Reprint) George Q. Cannon. (ENG., Illus.). (J). 2018. 22p. 24.35 *(978-0-365-14656-8(0));* 2016. pap. 7.97 *(978-1-334-17158-1(0))* Forgotten Bks.

Juvenile Instructor, Vol. 22: November 15, 1887 (Classic Reprint) George Quayle Cannon. 2016. (ENG., Illus.). (J). pap. 7.97 *(978-1-334-11690-2(3))* Forgotten Bks.

Juvenile Instructor, Vol. 22: October 1, 1887 (Classic Reprint) George Quayle Cannon. 2016. (ENG., Illus.). (J). pap. 7.97 *(978-1-333-77370-0(6))* Forgotten Bks.

Juvenile Instructor, Vol. 22: October 15, 1887 (Classic Reprint) George Quayle Cannon. (ENG., Illus.). (J). 2018. 24p. 24.39 *(978-0-332-48400-6(9));* 2016. pap. 7.97 *(978-1-333-77386-1(2))* Forgotten Bks.

Juvenile Instructor, Vol. 22: September, 1887 (Classic Reprint) George Quayle Cannon. 2016. (ENG., Illus.). (J). pap. 7.97 *(978-1-334-11286-7(X))* Forgotten Bks.

Juvenile Instructor, Vol. 23: An Illustrated Magazine Published Semi-Monthly; June 1, 1888 (Classic Reprint) George Quayle Cannon. 2016. (ENG., Illus.). (J). pap. 7.97 *(978-1-333-78144-6(X))* Forgotten Bks.

Juvenile Instructor, Vol. 23: August 15, 1888 (Classic Reprint) George Quayle Cannon. (ENG., Illus.). (J). 2018. 22p. 24.35 *(978-0-483-92749-0(X));* 2016. pap. 7.97 *(978-1-333-75950-6(9))* Forgotten Bks.

Juvenile Instructor, Vol. 23: December 1, 1888 (Classic Reprint) George Quayle Cannon. 2016. (ENG., Illus.). (J). pap. 7.97 *(978-1-334-11624-7(5))* Forgotten Bks.

Juvenile Instructor, Vol. 23: February 1, 1888 (Classic Reprint) George Quayle Cannon. (ENG., Illus.). (J). 2018. 22p. 24.35 *(978-0-483-41710-6(6));* 2016. pap. 7.97 *(978-1-334-11682-7(2))* Forgotten Bks.

Juvenile Instructor, Vol. 23: January 1, 1888 (Classic Reprint) George Quayle Cannon. 2018. (ENG., Illus.). 26p. (J). 24.43 *(978-0-483-40704-6(6))* Forgotten Bks.

Juvenile Instructor, Vol. 23: January 1888 (Classic Reprint) George Quayle Cannon. 2018. (ENG., Illus.). 24p. (J). 24.39 *(978-0-267-53205-6(9))* Forgotten Bks.

Juvenile Instructor, Vol. 23: October 15, 1888 (Classic Reprint) George Quayle Cannon. (ENG., Illus.). (J). 2018. 22p. 24.35 *(978-0-483-45755-3(8));* 2016. pap. 7.97 *(978-1-333-11193-9(2))* Forgotten Bks.

Juvenile Instructor, Vol. 23: Organ for Young Latter-Day Saints; December 15, 1888 (Classic Reprint) George Quayle Cannon. (ENG., Illus.). (J). 2018. 22p. 24.37 *(978-0-483-59566-8(7));* 2017. pap. 7.97 *(978-0-243-25616-7(7))* Forgotten Bks.

Juvenile Instructor, Vol. 23: Organ for Young Latter-Day Saints; October 1, 1888 (Classic Reprint) George Quayle Cannon. (ENG., Illus.). (J). 2018. 24p. 24.39 *(978-0-332-18556-9(7));* 2016. pap. 7.97 *(978-1-334-09541-2(8))* Forgotten Bks.

Juvenile Instructor, Vol. 23: September 15, 1888 (Classic Reprint) George Quayle Cannon. (ENG., Illus.). (J). 2018. 22p. 24.35 *(978-0-483-46599-2(2));* 2016. pap. 7.97 *(978-1-333-17434-7(9))* Forgotten Bks.

Juvenile Instructor, Vol. 24: A Semi-Monthly Magazine, Devoted to the Education & Elevation of the Young; May 1, 1889 (Classic Reprint) George Quayle Cannon. 2018. (ENG., Illus.). 36p. (J). 24.64 *(978-0-483-48479-5(2))* Forgotten Bks.

Juvenile Instructor, Vol. 24: An Illustrated Magazine, Published Semi-Monthly, Designed Expressly for the Education & Elevation of the Young; June 15, 1889 (Classic Reprint) George Quayle Cannon. 2018. (ENG., Illus.). 36p. (J). 24.64 *(978-0-267-60591-0(9))* Forgotten Bks.

Juvenile Instructor, Vol. 24: An Illustrated Magazine, Published Semi-Monthly; February 1, 1889 (Classic Reprint) George Quayle Cannon. (ENG., Illus.). (J). 2018. 32p. 24.56 *(978-0-483-50187-4(5));* 2016. pap. 7.97 *(978-1-333-14326-8(5))* Forgotten Bks.

Juvenile Instructor, Vol. 24: April 1, 1889 (Classic Reprint) George Quayle Cannon. 2016. (ENG., Illus.). (J). pap. 7.97 *(978-1-333-75352-8(7))* Forgotten Bks.

Juvenile Instructor, Vol. 24: December 1, 1889 (Classic Reprint) George Quayle Cannon. 2016. (ENG., Illus.). (J). pap. 7.97 *(978-1-334-11376-5(9))* Forgotten Bks.

Juvenile Instructor, Vol. 24: December 15, 1889 (Classic Reprint) George Quayle Cannon. (ENG., Illus.). (J). 2018. 56p. 25.13 *(978-0-484-13174-2(5));* 2016. pap. 9.57 *(978-1-334-16509-2(2))* Forgotten Bks.

Juvenile Instructor, Vol. 24: Designed Expressly for the Education & Elevation of the Young; October 15, 1889 (Classic Reprint) George Quayle Cannon. (ENG., Illus.). (J). 2018. 36p. 24.62 *(978-0-483-64791-6(8));* 2016. pap. 7.97 *(978-1-334-17184-0(X))* Forgotten Bks.

Juvenile Instructor, Vol. 24: January 15, 1889 (Classic Reprint) George Quayle Cannon. (ENG., Illus.). (J). 2018. 32p. (gr. -1-3). 24.56 *(978-0-483-45875-8(9));* 2016. pap. 7.97 *(978-1-334-17132-1(7))* Forgotten Bks.

Juvenile Instructor, Vol. 24: July 1, 1889 (Classic Reprint) George Quayle Cannon. 2016. (ENG., Illus.). (J). pap. 7.97 *(978-1-334-11359-8(9))* Forgotten Bks.

Juvenile Instructor, Vol. 24: June 1, 1889 (Classic Reprint) George Quayle Cannon. (ENG., Illus.). (J). 2018. 32p. 24.56 *(978-0-483-56282-0(3));* 2016. pap. 7.97 *(978-1-334-11752-7(7))* Forgotten Bks.

Juvenile Instructor, Vol. 24: March 15, 1889 (Classic Reprint) George Quayle Cannon. 2016. (ENG., Illus.). (J). pap. 7.97 *(978-1-333-86885-7(5))* Forgotten Bks.

Juvenile Instructor, Vol. 24: May 15, 1889 (Classic Reprint) George Quayle Cannon. (ENG., Illus.). (J). 2018. 36p. 24.64 *(978-0-483-90903-8(3));* 2016. pap. 7.97 *(978-1-334-17177-2(7))* Forgotten Bks.

Juvenile Instructor, Vol. 24: November 1, 1889 (Classic Reprint) George Quayle Cannon. (ENG., Illus.). (J). 2018. 34p. 24.62 *(978-0-483-40880-7(8));* 2016. pap. 7.97 *(978-1-333-11169-4(X))* Forgotten Bks.

Juvenile Instructor, Vol. 24: November 15, 1889 (Classic Reprint) George Quayle Cannon. 2016. (ENG., Illus.). (J). pap. 7.97 *(978-1-333-11273-8(4))* Forgotten Bks.

Juvenile Instructor, Vol. 24: September 1, 1889 (Classic Reprint) George Quayle Cannon. 2018. (ENG., Illus.). 32p. (J). 24.58 *(978-0-267-30136-2(7))* Forgotten Bks.

Juvenile Instructor, Vol. 24 Of 16: August 15, 1889 (Classic Reprint) Unknown Author. 2018. (ENG., Illus.). 34p. (J). 24.60 *(978-0-332-94780-8(7))* Forgotten Bks.

Juvenile Instructor, Vol. 25: An Illustrated Magazine; April 1, 1890 (Classic Reprint) George Quayle Cannon. (ENG., Illus.). (J). 2018. 42p. 24.78 *(978-0-267-35121-3(6));* 2017. pap. 7.97 *(978-1-333-25127-7(0))* Forgotten Bks.

Juvenile Instructor, Vol. 25: An Illustrated Magazine, Published Semi Monthly; July 15, 1890 (Classic Reprint) George Quayle Cannon. 2016. (ENG., Illus.). (J). pap. 7.97 *(978-1-333-78222-1(5))* Forgotten Bks.

Juvenile Instructor, Vol. 25: April 15, 1890 (Classic Reprint) George Quayle Cannon. (ENG., Illus.). (J). 2018. 42p. 24.76 *(978-0-483-57843-2(6));* 2016. pap. 7.97 *(978-1-334-11698-8(9))* Forgotten Bks.

Juvenile Instructor, Vol. 25: August 1, 1890 (Classic Reprint) George Q. Cannon. 2018. (ENG., Illus.). 44p. (J). 24.80 *(978-0-483-82604-5(9))* Forgotten Bks.

Juvenile Instructor, Vol. 25: August 15, 1890 (Classic Reprint) George Quayle Cannon. (ENG., Illus.). (J). 2018. 42p. 24.76 *(978-0-484-76210-6(9));* 2016. pap. 7.97 *(978-1-334-17014-0(2))* Forgotten Bks.

Juvenile Instructor, Vol. 25: December 1, 1890 (Classic Reprint) George Quayle Cannon. 2018. (ENG., Illus.). 42p. (J). 24.76 *(978-0-483-49432-9(1))* Forgotten Bks.

Juvenile Instructor, Vol. 25: January 1, 1890 (Classic Reprint) George Quayle Cannon. (ENG., Illus.). (J). 2018. 40p. 24.72 *(978-0-267-57225-0(5));* 2016. pap. 7.97 *(978-1-334-16574-0(2))* Forgotten Bks.

Juvenile Instructor, Vol. 25: June 15, 1890 (Classic Reprint) George Quayle Cannon. (ENG., Illus.). (J). 2018. 42p. 24.76 *(978-0-483-71317-8(1));* 2016. pap. 7.97 *(978-1-334-16808-6(3))* Forgotten Bks.

Juvenile Instructor, Vol. 25: March 15, 1890 (Classic Reprint) George Quayle Cannon. (ENG., Illus.). (J). 2018. 42p. 24.78 *(978-0-267-35199-2(2));* 2016. pap. 7.97 *(978-1-333-75572-0(4))* Forgotten Bks.

Juvenile Instructor, Vol. 25: May 15, 1890 (Classic Reprint) George Quayle Cannon. (ENG., Illus.). (J). 2018. 40p. 24.72 *(978-0-483-39448-3(3));* 2016. pap. 7.97 *(978-1-334-17482-7(2))* Forgotten Bks.

Juvenile Instructor, Vol. 25: May, 1890 (Classic Reprint) George Q. Cannon. (ENG., Illus.). (J). 2018. 42p. 24.76 *(978-0-483-59910-9(7));* 2016. pap. 7.97 *(978-1-334-34225-7(3))* Forgotten Bks.

Juvenile Instructor, Vol. 25: November 1, 1890 (Classic Reprint) George Quayle Cannon. 2018. (ENG., Illus.). 44p. (J). 24.80 *(978-0-483-49015-4(6))* Forgotten Bks.

1078 The check digit for ISBN-10 appears in parentheses after the full ISBN-13

Juvenile Instructor, Vol. 25: November 15, 1890 (Classic Reprint) George Quayle Cannon. (ENG., Illus.). (J). 2018. 72p. 25.40 *(978-0-483-78438-3(9))*; 2016. pap. 9.57 *(978-1-334-16709-6(5))*; 2016. pap. 9.57 *(978-1-334-11538-7(9))* Forgotten Bks.

Juvenile Instructor, Vol. 25: October 1, 1890 (Classic Reprint) George Quayle Cannon. (ENG., Illus.). (J). 2018. 44p. 24.80 *(978-0-483-93059-9(8))*; 2016. pap. 7.97 *(978-1-334-12996-4(7))* Forgotten Bks.

Juvenile Instructor, Vol. 25: October 15, 1890 (Classic Reprint) George Quayle Cannon. (ENG., Illus.). (J). 2018. 42p. 24.76 *(978-0-484-60577-9(1))*; 2016. pap. 7.97 *(978-1-333-75299-6(7))* Forgotten Bks.

Juvenile Instructor, Vol. 25: Organ for the Young Latter-Day Saints; January 15, 1890 (Classic Reprint) George Quayle Cannon. (ENG., Illus.). (J). 2018. 38p. 24.70 *(978-0-483-59166-0(1))*; 2016. pap. 7.97 *(978-1-334-17063-8(0))* Forgotten Bks.

Juvenile Instructor, Vol. 25: Organ for Young Latter-Day Saints; February 15, 1890 (Classic Reprint) George Quayle Cannon. 2018. (ENG., Illus.). 42p. (J). 24.78 *(978-0-484-52024-9(5))* Forgotten Bks.

Juvenile Instructor, Vol. 25: September 1, 1890 (Classic Reprint) George Quayle Cannon. (ENG., Illus.). (J). 2018. 42p. 24.76 *(978-0-267-35772-7(9))*; 2016. pap. 7.97 *(978-1-334-17151-2(3))* Forgotten Bks.

Juvenile Instructor, Vol. 25: September 15, 1890 (Classic Reprint) George Quayle Cannon. (ENG., Illus.). (J). 2018. 42p. 24.76 *(978-0-483-83780-5(6))*; 2016. pap. 7.97 *(978-1-333-11536-4(9))* Forgotten Bks.

Juvenile Instructor, Vol. 25 (Classic Reprint) George Quayle Cannon. 2018. (ENG., Illus.). 42p. (J). 24.76 *(978-0-483-40218-8(4))* Forgotten Bks.

Juvenile Instructor, Vol. 26: An Illustrated Magazine, May 1, 1891 (Classic Reprint) George Quayle Cannon. 2018. (ENG., Illus.). 40p. (J). 24.72 *(978-0-483-67756-2(6))* Forgotten Bks.

Juvenile Instructor, Vol. 26: An Illustrated Magazine Published Semi Monthly, Designed Expressly for the Education & Elevation of the Young; May 15, 1891 (Classic Reprint) George Quayle Cannon. (ENG., Illus.). (J). 2018. 46p. 24.85 *(978-0-483-95711-4(9))*; 2016. pap. 7.97 *(978-1-334-16490-3(8))* Forgotten Bks.

Juvenile Instructor, Vol. 26: An Illustrated Magazine, Published Semi Monthly; March 15, 1891 (Classic Reprint) George Quayle Cannon. (ENG., Illus.). (J). 2018. 42p. 24.78 *(978-0-483-55789-5(7))*; 2016. pap. 7.97 *(978-1-333-75973-5(8))* Forgotten Bks.

Juvenile Instructor, Vol. 26: An Illustrated Magazine Published Semi-Monthly; November 1, 1891 (Classic Reprint) George Quayle Cannon. 2018. (ENG., Illus.). 44p. (J). 24.80 *(978-0-483-57110-5(5))* Forgotten Bks.

Juvenile Instructor, Vol. 26: April 1, 1891 (Classic Reprint) George Quayle Cannon. (ENG., Illus.). (J). 2018. 38p. 24.70 *(978-0-483-76924-3(X))*; 2016. pap. 7.97 *(978-1-334-16609-9(9))* Forgotten Bks.

Juvenile Instructor, Vol. 26: April 15, 1891 (Classic Reprint) George Quayle Cannon. 2018. (ENG., Illus.). 44p. (J). 24.80 *(978-0-267-36853-2(4))* Forgotten Bks.

Juvenile Instructor, Vol. 26: August 1, 1891 (Classic Reprint) George Quayle Cannon. 2018. (ENG., Illus.). 44p. (J). 24.80 *(978-0-483-46798-9(7))* Forgotten Bks.

Juvenile Instructor, Vol. 26: August 15, 1891 (Classic Reprint) George Qyale Cannon. (ENG., Illus.). (J). 2018. 42p. 24.76 *(978-0-483-59309-1(5))*; 2016. pap. 7.97 *(978-1-334-16942-7(X))* Forgotten Bks.

Juvenile Instructor, Vol. 26: December 15, 1891 (Classic Reprint) George Quayle Cannon. (ENG., Illus.). (J). 2018. 80p. 25.53 *(978-0-483-15349-3(4))*; 2016. pap. 9.57 *(978-1-334-17015-7(0))* Forgotten Bks.

Juvenile Instructor, Vol. 26: February 1, 1891 (Classic Reprint) George Quayle Cannon. 2018. (ENG., Illus.). 44p. (J). 24.80 *(978-0-483-48132-9(7))* Forgotten Bks.

Juvenile Instructor, Vol. 26: February 15, 1891 (Classic Reprint) George Quayle Cannon. (ENG., Illus.). (J). 2018. 42p. 24.76 *(978-0-483-46679-1(4))*; 2016. pap. 7.97 *(978-1-334-02967-7(9))* Forgotten Bks.

Juvenile Instructor, Vol. 26: January, 1, 1891 (Classic Reprint) George Quayle Cannon. 2018. (ENG., Illus.). 48p. (J). 24.91 *(978-0-267-58819-0(4))* Forgotten Bks.

Juvenile Instructor, Vol. 26: July 15, 1891 (Classic Reprint) George Quayle Cannon. (ENG., Illus.). (J). 2018. 44p. 24.80 *(978-0-267-59348-4(1))*; 2016. pap. 7.97 *(978-1-334-15266-5(7))* Forgotten Bks.

Juvenile Instructor, Vol. 26: March 1, 1891 (Classic Reprint) George Quayle Cannon. (ENG., Illus.). (J). 2018. 44p. 24.80 *(978-0-483-55603-4(3))*; 2016. pap. 7.97 *(978-1-333-75911-7(8))* Forgotten Bks.

Juvenile Instructor, Vol. 26: October 15, 1891 (Classic Reprint) George Quayle Cannon. 2018. (ENG., Illus.). 42p. (J). 24.76 *(978-0-483-46516-9(X))* Forgotten Bks.

Juvenile Instructor, Vol. 26: Organ for Young Latter-Day Saints; June 1, 1891 (Classic Reprint) George Quayle Cannon. (ENG., Illus.). (J). 2018. 44p. 24.80 *(978-0-483-81451-6(2))*; 2016. pap. 7.97 *(978-1-334-04122-8(9))* Forgotten Bks.

Juvenile Instructor, Vol. 26: September 1, 1891 (Classic Reprint) George Quayle Cannon. (ENG., Illus.). (J). 2018. 46p. 24.85 *(978-0-483-79644-7(1))*; 2016. pap. 7.97 *(978-1-332-70888-8(9))* Forgotten Bks.

Juvenile Instructor, Vol. 26: September 15, 1891 (Classic Reprint) George Quayle Cannon. (ENG., Illus.). (J). 2018. 42p. 24.76 *(978-0-483-47189-4(5))*; 2016. pap. 7.97 *(978-1-333-75047-3(1))* Forgotten Bks.

Juvenile Instructor, Vol. 26 (Classic Reprint) George Quayle Cannon. 2018. (ENG., Illus.). 38p. (J). 24.70 *(978-0-332-82477-2(2))* Forgotten Bks.

Juvenile Instructor, Vol. 27: An Illustrated Magazine Published Semi Monthly; December 1, 1892 (Classic Reprint) George Quayle Cannon. 2018. (ENG., Illus.). 40p. (J). 24.72 *(978-0-483-55903-5(2))* Forgotten Bks.

Juvenile Instructor, Vol. 27: An Illustrated Magazine Published Semi Monthly; November 15, 1892 (Classic Reprint) George Quayle Cannon. 2018. (ENG., Illus.). 42p. (J). 24.76 *(978-0-483-59929-1(8))* Forgotten Bks.

Juvenile Instructor, Vol. 27: July 1, 1892 (Classic Reprint) George Quayle Cannon. (ENG., Illus.). (J). 2018. 42p. 24.76 *(978-0-267-53276-6(8))*; 2016. pap. 7.97 *(978-1-333-11240-0(8))* Forgotten Bks.

Juvenile Instructor, Vol. 27: July 15, 1892 (Classic Reprint) George Quayle Cannon. (ENG., Illus.). (J). 2018. 44p. 24.76 *(978-0-484-87098-6(X))*; 2016. pap. 7.97 *(978-1-334-17100-0(9))* Forgotten Bks.

Juvenile Instructor, Vol. 27: June 1, 1892 (Classic Reprint) George Quayle Cannon. (ENG., Illus.). (J). 2018. 42p. 24.76 *(978-0-484-91132-0(5))*; 2016. pap. 7.97 *(978-1-333-20978-0(9))* Forgotten Bks.

Juvenile Instructor, Vol. 27: June 15, 1892 (Classic Reprint) George Q. Cannon. 2018. (ENG., Illus.). 42p. (J). 24.76 *(978-0-483-90651-8(4))* Forgotten Bks.

Juvenile Instructor, Vol. 27: March 1, 1892 (Classic Reprint) George Quayle Cannon. 2018. (ENG., Illus.). 42p. (J). 24.78 *(978-0-483-47190-0(9))* Forgotten Bks.

Juvenile Instructor, Vol. 27: March 15, 1892 (Classic Reprint) George Quayle Cannon. 2018. (ENG., Illus.). 42p. (J). 24.76 *(978-0-483-49518-0(2))* Forgotten Bks.

Juvenile Instructor, Vol. 27: Organ for Young Latter-Day Saints; December 15, 1892 (Classic Reprint) George Quayle Cannon. 2018. (ENG., Illus.). 68p. (J). 25.32 *(978-0-483-97214-8(2))* Forgotten Bks.

Juvenile Instructor, Vol. 27: Organ for Young Latter-Day Saints; November 1, 1892 (Classic Reprint) George Quayle Cannon. 2018. (ENG., Illus.). 42p. (J). 24.76 *(978-0-483-49515-9(8))* Forgotten Bks.

Juvenile Instructor, Vol. 27: Organ for Young Latter-Day Saints; September 1, 1892 (Classic Reprint) George Quayle Cannon. 2018. (ENG., Illus.). 44p. (J). 24.80 *(978-0-483-49513-5(1))* Forgotten Bks.

Juvenile Instructor, Vol. 27: Organ for Young Latter-Day Saints; September 15, 1892 (Classic Reprint) George Quayle Cannon. (ENG., Illus.). (J). 2018. 42p. 24.76 *(978-0-483-49516-6(6))*; 2016. pap. 7.97 *(978-1-334-09681-5(3))* Forgotten Bks.

Juvenile Instructor, Vol. 27 (Classic Reprint) George Quayle Cannon. 2018. (ENG., Illus.). 42p. (J). 24.76 *(978-0-267-44645-2(4))* Forgotten Bks.

Juvenile Instructor, Vol. 28: An Illustrated Magazine Published Semi Monthly, Designed Expressly for the Education & Elevation of the Young; September 1, 1893 (Classic Reprint) George Quayle Cannon. 2018. (ENG., Illus.). 44p. (J). 24.80 *(978-0-267-53209-4(1))* Forgotten Bks.

Juvenile Instructor, Vol. 28: April 15, 1893 (Classic Reprint) George Quayle Cannon. 2016. (ENG., Illus.). (J). pap. 7.97 *(978-1-333-75058-9(7))* Forgotten Bks.

Juvenile Instructor, Vol. 28: August 1, 1893 (Classic Reprint) George Quayle Cannon. 2018. (ENG., Illus.). 44p. (J). 24.80 *(978-0-267-53211-7(3))* Forgotten Bks.

Juvenile Instructor, Vol. 28: August 15, 1892 (Classic Reprint) George Quayle Cannon. (ENG., Illus.). (J). 2018. 42p. 24.76 *(978-0-483-58490-7(8))*; 2016. pap. 7.97 *(978-1-334-11658-2(X))* Forgotten Bks.

Juvenile Instructor, Vol. 28: August 15, 1893 (Classic Reprint) George Quayle Cannon. (ENG., Illus.). (J). 2018. 42p. 24.76 *(978-0-483-68069-2(9))*; 2016. pap. 7.97 *(978-1-334-16426-2(6))* Forgotten Bks.

Juvenile Instructor, Vol. 28: December 1, 1893 (Classic Reprint) George Quayle Cannon. 2016. (ENG., Illus.). (J). pap. 7.97 *(978-1-334-11440-3(4))* Forgotten Bks.

Juvenile Instructor, Vol. 28: December 15, 1893 (Classic Reprint) George Quayle Cannon. (ENG., Illus.). (J). 2018. 60p. 25.13 *(978-0-483-53693-7(8))*; 2016. pap. 9.57 *(978-1-333-11368-1(4))* Forgotten Bks.

Juvenile Instructor, Vol. 28: February 1, 1893 (Classic Reprint) George Quayle Cannon. (ENG., Illus.). (J). 2018. 40p. 24.74 *(978-0-483-58087-9(2))*; 2016. pap. 7.97 *(978-1-334-15197-2(0))* Forgotten Bks.

Juvenile Instructor, Vol. 28: January 15, 1893 (Classic Reprint) George Quayle Cannon. (ENG., Illus.). (J). 2018. 44p. 24.80 *(978-0-483-97889-8(2))*; 2016. pap. 7.97 *(978-1-334-16840-6(7))* Forgotten Bks.

Juvenile Instructor, Vol. 28: July 1, 1893 (Classic Reprint) George Quayle Cannon. 2018. (ENG., Illus.). 42p. (J). 24.76 *(978-0-483-38621-1(9))* Forgotten Bks.

Juvenile Instructor, Vol. 28: July 15, 1893 (Classic Reprint) George Quayle Cannon. (ENG., Illus.). (J). 2018. 44p. 24.80 *(978-0-484-82843-7(6))*; 2016. pap. 7.97 *(978-1-334-16924-3(1))* Forgotten Bks.

Juvenile Instructor, Vol. 28: June 1, 1893 (Classic Reprint) George Quayle Cannon. 2018. (ENG., Illus.). 44p. (J). 24.80 *(978-0-267-53204-9(0))* Forgotten Bks.

Juvenile Instructor, Vol. 28: June 15, 1893 (Classic Reprint) George Quayle Cannon. (ENG., Illus.). (J). 2018. 42p. 24.76 *(978-0-267-35197-8(6))*; 2016. pap. 7.97 *(978-1-333-75521-8(X))* Forgotten Bks.

Juvenile Instructor, Vol. 28: March 1, 1893 (Classic Reprint) George Quayle Cannon. 2016. (ENG., Illus.). (J). pap. 7.97 *(978-1-333-76424-1(3))* Forgotten Bks.

Juvenile Instructor, Vol. 28: May 1, 1893 (Classic Reprint) George Quayle Cannon. (ENG., Illus.). (J). 2018. 44p. 24.76 *(978-0-484-87868-5(9))*; 2016. pap. 7.97 *(978-1-334-12877-6(4))* Forgotten Bks.

Juvenile Instructor, Vol. 28: May 15, 1893 (Classic Reprint) George Quayle Cannon. 2018. (ENG., Illus.). 44p. (J). 24.76 *(978-0-332-15686-6(9))* Forgotten Bks.

Juvenile Instructor, Vol. 28: November 1, 1893 (Classic Reprint) George Quayle Cannon. 2018. (ENG., Illus.). 42p. (J). 24.76 *(978-0-267-35091-9(0))* Forgotten Bks.

Juvenile Instructor, Vol. 28: November 15, 1893 (Classic Reprint) George Quayle Cannon. (ENG., Illus.). (J). 2018. 42p. 24.76 *(978-0-483-87275-2(X))*; 2016. pap. 7.97 *(978-1-333-11556-2(3))* Forgotten Bks.

Juvenile Instructor, Vol. 28: October 1, 1893 (Classic Reprint) George Quayle Cannon. 2018. (ENG., Illus.). 42p. (J). 24.76 *(978-0-267-36495-4(4))* Forgotten Bks.

Juvenile Instructor, Vol. 28: October 15, 1893 (Classic Reprint) George Quayle Cannon. (ENG., Illus.). (J). 2018. 42p. 24.76 *(978-0-332-77504-3(6))*; 2016. pap. 7.97 *(978-1-333-12421-2(X))* Forgotten Bks.

Juvenile Instructor, Vol. 28: Organ for Young Latter Day Saints; April 1, 1893 (Classic Reprint) George Quayle Cannon. (ENG., Illus.). (J). 2018. 44p. 24.80 *(978-0-666-90651-9(3))*; 2016. pap. 7.97 *(978-1-333-86316-6(0))* Forgotten Bks.

Juvenile Instructor, Vol. 28: September 15, 1893 (Classic Reprint) George Quayle Cannon. (ENG., Illus.). (J). 2018. 42p. 24.76 *(978-0-332-11602-0(6))*; 2016. pap. 7.97 *(978-1-333-20829-5(4))* Forgotten Bks.

Juvenile Instructor, Vol. 29: December 15, 1894 (Classic Reprint) George Quayle Cannon. (ENG., Illus.). (J). 2018. 62p. 25.18 *(978-0-267-36243-1(9))*; 2016. pap. 9.57 *(978-1-334-16839-0(3))* Forgotten Bks.

Juvenile Instructor, Vol. 29: January 1, 1894 (Classic Reprint) George Quayle Cannon. (ENG., Illus.). (J). 2018. 42p. 24.76 *(978-0-483-68819-3(3))*; 2016. pap. 7.97 *(978-1-334-16595-5(5))* Forgotten Bks.

Juvenile Instructor, Vol. 29: January 15, 1894 (Classic Reprint) George Quayle Cannon. (ENG., Illus.). (J). 2018. 42p. 24.82 *(978-0-483-05722-7(3))*; 2016. pap. 7.97 *(978-1-334-16455-2(X))* Forgotten Bks.

Juvenile Instructor, Vol. 29: July 1, 1894 (Classic Reprint) George Quayle Cannon. 2018. (ENG., Illus.). 40p. (J). 24.72 *(978-0-483-46206-9(3))* Forgotten Bks.

Juvenile Instructor, Vol. 29: July 15, 1894 (Classic Reprint) George Quayle Cannon. 2018. (ENG., Illus.). 42p. (J). 24.76 *(978-0-483-59141-7(6))* Forgotten Bks.

Juvenile Instructor, Vol. 29: March 1, 1894 (Classic Reprint) George Quayle Cannon. 2018. (ENG., Illus.). 42p. (J). 24.76 *(978-0-484-08867-1(X))* Forgotten Bks.

Juvenile Instructor, Vol. 29: May 1, 1894 (Classic Reprint) George Quayle Cannon. 2016. (ENG., Illus.). (J). pap. 7.97 *(978-1-333-19140-5(5))* Forgotten Bks.

Juvenile Instructor, Vol. 29: November 1, 1894 (Classic Reprint) George Quayle Cannon. 2018. (ENG., Illus.). 44p. (J). 24.80 *(978-0-483-58667-3(6))* Forgotten Bks.

Juvenile Instructor, Vol. 29: November 15, 1894 (Classic Reprint) George Quayle Cannon. 2018. (ENG., Illus.). 44p. (J). 24.76 *(978-0-484-75549-8(8))* Forgotten Bks.

Juvenile Instructor, Vol. 29: October 1, 1894 (Classic Reprint) George Quayle Cannon. (ENG., Illus.). (J). 2018. 42p. 24.76 *(978-0-428-77168-3(8))*; 2016. pap. 7.97 *(978-1-333-11157-1(6))* Forgotten Bks.

Juvenile Instructor, Vol. 29: September 1, 1894 (Classic Reprint) George Quayle Cannon. 2018. (ENG., Illus.). 44p. (J). 24.80 *(978-0-267-30105-8(7))* Forgotten Bks.

Juvenile Instructor, Vol. 30: An Illustrated Magazine Published Semi Monthly; March 1, 1895 (Classic Reprint) George Quayle Cannon. (ENG., Illus.). (J). 2018. 40p. 24.76 *(978-0-332-84169-4(3))*; 2016. pap. 7.97 *(978-1-333-74073-3(5))* Forgotten Bks.

Juvenile Instructor, Vol. 30: An Illustrated Magazine, Published Semi Monthly; October 15, 1895 (Classic Reprint) George Quayle Cannon. (ENG., Illus.). (J). 2018. 46p. 24.85 *(978-0-483-47338-6(3))*; 2016. pap. 7.97 *(978-1-333-75090-9(0))* Forgotten Bks.

Juvenile Instructor, Vol. 30: An Illustrated Magazine, Published Semi Monthly; September 15, 1895 (Classic Reprint) George Quayle Cannon. (ENG., Illus.). (J). 2018. 44p. 24.82 *(978-0-267-35148-0(8))*; 2016. pap. 7.97 *(978-1-333-75088-6(9))* Forgotten Bks.

Juvenile Instructor, Vol. 30: April 15, 1895 (Classic Reprint) George Quayle Cannon. 2018. (ENG., Illus.). 44p. (J). 24.80 *(978-0-267-40588-6(X))* Forgotten Bks.

Juvenile Instructor, Vol. 30: August 1, 1895 (Classic Reprint) George Quayle Cannon. (ENG., Illus.). (J). 2018. 42p. 24.76 *(978-0-483-53724-8(1))*; 2016. pap. 7.97 *(978-1-334-12876-9(6))* Forgotten Bks.

Juvenile Instructor, Vol. 30: December 1, 1895 (Classic Reprint) George Quayle Cannon. (ENG., Illus.). (J). 2018. 44p. 24.82 *(978-0-483-87294-3(6))*; 2016. pap. 7.97 *(978-1-334-16236-7(0))* Forgotten Bks.

Juvenile Instructor, Vol. 30: December, 1895 (Classic Reprint) George Quayle Cannon. (ENG., Illus.). (J). 2018. 62p. 25.18 *(978-0-483-95518-9(3))*; 2017. pap. 9.57 *(978-0-243-25795-9(3))* Forgotten Bks.

Juvenile Instructor, Vol. 30: February, 1895 (Classic Reprint) George Quayle Cannon. (ENG., Illus.). (J). 2018. 40p. 24.72 *(978-0-483-46678-4(6))*; 2016. pap. 7.97 *(978-1-333-75046-6(3))* Forgotten Bks.

Juvenile Instructor, Vol. 30: January 15, 1895 (Classic Reprint) George Quayle Cannon. (ENG., Illus.). (J). 2018. 40p. 24.74 *(978-0-483-99642-7(4))*; 2016. pap. 7.97 *(978-1-333-75008-4(0))* Forgotten Bks.

Juvenile Instructor, Vol. 30: July 1, 1895 (Classic Reprint) George Quayle Cannon. (ENG., Illus.). (J). 2018. 42p. 24.76 *(978-0-483-40483-0(7))*; 2016. pap. 7.97 *(978-1-333-11160-1(6))* Forgotten Bks.

Juvenile Instructor, Vol. 30: June 15, 1895 (Classic Reprint) George Quayle Cannon. 2018. (ENG., Illus.). 42p. (J). 24.76 *(978-0-483-91752-1(4))* Forgotten Bks.

Juvenile Instructor, Vol. 30: May 1, 1895 (Classic Reprint) George Quayle Cannon. (ENG., Illus.). (J). 2018. 42p. 24.78 *(978-0-332-79783-0(X))*; 2016. pap. 7.97 *(978-1-333-74069-6(7))* Forgotten Bks.

Juvenile Instructor, Vol. 30: May 15, 1895 (Classic Reprint) George Q. Cannon. (ENG., Illus.). (J). 2018. 42p. 24.76 *(978-0-267-35957-8(8))*; 2016. pap. 7.97 *(978-1-334-17072-0(X))* Forgotten Bks.

Juvenile Instructor, Vol. 30: November 1, 1895 (Classic Reprint) George Quayle Cannon. 2018. (ENG., Illus.). 48p. (J). 24.91 *(978-0-483-03136-4(4))* Forgotten Bks.

Juvenile Instructor, Vol. 30: November 15, 1895 (Classic Reprint) George Quayle Cannon. 2018. (ENG., Illus.). 48p. (J). 24.89 *(978-0-483-55766-6(8))* Forgotten Bks.

Juvenile Instructor, Vol. 30: October 1, 1895 (Classic Reprint) Deseret Sunday School Union. 2018. (ENG., Illus.). 44p. (J). 24.87 *(978-0-332-88226-0(8))* Forgotten Bks.

Juvenile Instructor, Vol. 30: Organ for Young Later Day Saints; July 15, 1895 (Classic Reprint) George Quayle Cannon. (ENG., Illus.). (J). 2018. 42p. 24.76 *(978-0-484-12745-5(4))*; 2016. pap. 7.97 *(978-1-334-17057-7(6))* Forgotten Bks.

Juvenile Instructor, Vol. 30: Organ for Young Latter Day Saints; August 15, 1895 (Classic Reprint) George Quayle Cannon. (ENG., Illus.). (J). 2018. 42p. 24.76 *(978-0-267-36173-1(4))*; 2016. pap. 7.97 *(978-1-334-07432-5(1))* Forgotten Bks.

Juvenile Instructor, Vol. 30: Organ for Young Latter Day Saints (Classic Reprint) George Quayle Cannon. 2018. (ENG., Illus.). 42p. (J). 24.76 *(978-0-332-89058-6(9))* Forgotten Bks.

Juvenile Instructor, Vol. 30: Organ for Young Latter Day Saints; January 1, 1895 (Classic Reprint) George Quayle Cannon. (ENG., Illus.). (J). 2018. 40p. 24.72 *(978-0-483-49517-3(4))*; 2016. pap. 7.97 *(978-1-334-07399-1(6))* Forgotten Bks.

Juvenile Instructor, Vol. 30: September 1, 1895 (Classic Reprint) George Quayle Cannon. 2018. (ENG., Illus.). 44p. (J). 24.80 *(978-0-483-47168-9(2))* Forgotten Bks.

Juvenile Instructor, Vol. 31: An Illustrated Magazine; February 15, 1896 (Classic Reprint) George Quayle Cannon. (ENG., Illus.). (J). 2018. 48p. 24.87 *(978-0-484-87643-8(0))*; 2016. pap. 9.57 *(978-1-334-30561-0(7))* Forgotten Bks.

Juvenile Instructor, Vol. 31: An Illustrated Magazine; November 15, 1896 (Classic Reprint) George Q. Cannon. 2018. (ENG., Illus.). (J). 52p. 24.97 *(978-1-396-69279-6(7))*; 54p. pap. 9.57 *(978-1-391-59402-6(9))* Forgotten Bks.

Juvenile Instructor, Vol. 31: An Illustrated Magazine, Published Semi-Monthly, Designed Expressly for the Education & Elevation of the Young; February 1, 1896 (Classic Reprint) George Quayle Cannon. (ENG., Illus.). (J). 2018. 48p. 24.89 *(978-0-267-35771-0(0))*; 2016. pap. 9.57 *(978-1-333-80328-5(1))* Forgotten Bks.

Juvenile Instructor, Vol. 31: An Illustrated Magazine Published Semi Monthly; Designed Expressly for the Education & Elevation of the Young; June 1, 1896 (Classic Reprint) George Quayle Cannon. (ENG., Illus.). (J). 2018. 46p. 24.87 *(978-0-267-53318-3(7))*; 2016. pap. 7.97 *(978-1-333-21101-1(5))* Forgotten Bks.

Juvenile Instructor, Vol. 31: An Illustrated Magazine Published Semi Monthly, Designed Expressly for the Education & Elevation of the Young; September 1, 1896 (Classic Reprint) George Quayle Cannon. 2018. (ENG., Illus.). 52p. (J). 24.97 *(978-0-483-47417-8(7))* Forgotten Bks.

Juvenile Instructor, Vol. 31: An Illustrated Magazine, Published Semi-Monthly, Designed Expressly for the Education & Elevation of the Young; September 15, 1896 (Classic Reprint) George Quayle Cannon. (ENG., Illus.). (J). 2018. 52p. 24.97 *(978-0-483-38871-0(8))*; 2016. pap. 9.57 *(978-1-333-80395-7(8))* Forgotten Bks.

Juvenile Instructor, Vol. 31: An Illustrated Magazine Published Semi Monthly; July 15, 1896 (Classic Reprint) George Quayle Cannon. (ENG., Illus.). (J). 2018. 48p. 24.89 *(978-0-332-63097-7(8))*; 2016. pap. 9.57 *(978-1-333-74074-0(3))* Forgotten Bks.

Juvenile Instructor, Vol. 31: August 1, 1896 (Classic Reprint) George Quayle Cannon. (ENG., Illus.). (J). 2018. 48p. 24.91 *(978-0-483-40481-6(0))*; 2016. pap. 9.57 *(978-1-333-11147-2(9))* Forgotten Bks.

Juvenile Instructor, Vol. 31: August 15, 1896 (Classic Reprint) George Quayle Cannon. 2018. (ENG., Illus.). 50p. (J). 24.93 *(978-0-483-49514-2(X))* Forgotten Bks.

Juvenile Instructor, Vol. 31: December 1, 1896 (Classic Reprint) George Quayle Cannon. (ENG., Illus.). (J). 2018. 54p. 25.01 *(978-0-483-85518-2(9))*; 2016. pap. 9.57 *(978-1-334-16752-2(4))* Forgotten Bks.

Juvenile Instructor, Vol. 31: December 15, 1896 (Classic Reprint) George Quayle Cannon. (ENG., Illus.). (J). 2018. 72p. 25.34 *(978-0-484-51804-8(6))*; 2016. pap. 9.57 *(978-1-333-75300-9(4))* Forgotten Bks.

Juvenile Instructor, Vol. 31: Designed Expressly for the Education & Elevation of the Young; March 15, 1896 (Classic Reprint) George Quayle Cannon. (ENG., Illus.). (J). 2018. 46p. 24.87 *(978-0-267-35773-4(7))*; 2016. pap. 9.57 *(978-1-334-17160-4(2))* Forgotten Bks.

Juvenile Instructor, Vol. 31: January 15, 1896 (Classic Reprint) George Quayle Cannon. (ENG., Illus.). (J). 2018. 40p. 24.72 *(978-0-483-46600-5(X))*; 2016. pap. 7.97 *(978-1-334-16504-7(1))* Forgotten Bks.

Juvenile Instructor, Vol. 31: July 1, 1896 (Classic Reprint) George Quayle Cannon. (ENG., Illus.). (J). 2018. 46p. 24.85 *(978-0-483-91673-9(0))*; 2016. pap. 9.57 *(978-1-334-16853-6(9))* Forgotten Bks.

Juvenile Instructor, Vol. 31: June 15, 1896 (Classic Reprint) George Quayle Cannon. (ENG., Illus.). (J). 2018. 46p. 24.87 *(978-0-483-85351-5(8))*; 2016. pap. 9.57 *(978-1-333-11960-7(7))* Forgotten Bks.

Juvenile Instructor, Vol. 31: March 1, 1896 (Classic Reprint) George Quayle Cannon. (ENG., Illus.). (J). 2018. 46p. 24.87 *(978-0-267-36362-9(1))*; 2016. pap. 9.57 *(978-1-334-16699-0(4))* Forgotten Bks.

Juvenile Instructor, Vol. 31: May 1, 1896 (Classic Reprint) George Quayle Cannon. (ENG., Illus.). (J). 2018. 46p. 24.87 *(978-0-332-47957-6(9))*; 2016. pap. 7.97 *(978-1-333-74068-9(9))* Forgotten Bks.

Juvenile Instructor, Vol. 31: May 15, 1896 (Classic Reprint) George Quayle Cannon. (ENG., Illus.). (J). 2018. 46p. 24.87 *(978-0-483-60944-0(7))*; 2017. pap. 7.97 *(978-0-243-28218-0(4))* Forgotten Bks.

Juvenile Instructor, Vol. 31: November 1, 1896 (Classic Reprint) George Quayle Cannon. 2018. (ENG., Illus.). 52p. (J). 24.97 *(978-0-483-96599-7(5))* Forgotten Bks.

Juvenile Instructor, Vol. 31: October 15, 1896 (Classic Reprint) George Quayle Cannon. 2018. (ENG., Illus.). 52p. (J). 24.97 *(978-0-483-49431-2(3))* Forgotten Bks.

Juvenile Instructor, Vol. 31: Organ for Young Later Day Saints; April 15, 1896 (Classic Reprint) George Quayle Cannon. (ENG., Illus.). (J). 2018. 46p. 24.87 *(978-0-267-35872-4(5))*; 2016. pap. 9.57 *(978-1-334-17064-5(9))* Forgotten Bks.

Juvenile Instructor, Vol. 31: Organ for Young Latter Day Saints; January 1, 1896 (Classic Reprint) George Q. Cannon. (ENG., Illus.). (J). 2018. 764p. 39.65 *(978-0-656-34331-7(1))*; 2017. pap. 23.57 *(978-0-243-39955-0(3))* Forgotten Bks.

Juvenile Instructor, Vol. 31 (Classic Reprint) George Quayle Cannon. 2017. (ENG., Illus.). 46p. (J). 24.85 *(978-0-332-62673-4(3))* Forgotten Bks.

Juvenile Instructor, Vol. 32: An Illustrated Magazine, Published Semi-Monthly; Designed Expressly for the Education & Elevation of the Young; May 15, 1897 (Classic Reprint) George Quayle Cannon. (ENG., Illus.).

J

(J). 2018. 46p. 24.85 *(978-0-484-45484-1(6))*; 2016. pap. 7.97 *(978-1-333-80555-5(1))* Forgotten Bks.

Juvenile Instructor, Vol. 32: An Illustrated Magazine, Published Semi Monthly; February 1, 1897 (Classic Reprint) George Quayle Cannon. (ENG., Illus.). (J). 2018. 46p. 24.85 *(978-0-483-91658-6(7))*; 2016. pap. 7.97 *(978-1-333-75971-1(1))* Forgotten Bks.

Juvenile Instructor, Vol. 32: April 1, 1897 (Classic Reprint) George Quayle Cannon. 2016. (ENG., Illus.). (J). pap. 7.97 *(978-1-334-11772-5(1))* Forgotten Bks.

Juvenile Instructor, Vol. 32: August 1, 1897 (Classic Reprint) George Quayle Cannon. (ENG., Illus.). (J). 2018. 52p. 24.97 *(978-0-483-63216-5(3))*; 2016. pap. 9.57 *(978-1-334-16732-4(X))* Forgotten Bks.

Juvenile Instructor, Vol. 32: August 15, 1897 (Classic Reprint) George Quayle Cannon. (ENG., Illus.). (J). 2018. 50p. 24.93 *(978-0-483-66655-9(6))*; 2016. pap. 9.57 *(978-1-334-16895-6(4))* Forgotten Bks.

Juvenile Instructor, Vol. 32: February 15, 1897 (Classic Reprint) George Quayle Cannon. (ENG., Illus.). (J). 2018. 48p. 24.89 *(978-0-483-46343-1(4))*; 2016. pap. 7.97 *(978-1-333-75021-3(8))* Forgotten Bks.

Juvenile Instructor, Vol. 32: January 1, 1897 (Classic Reprint) George Quayle Cannon. (ENG., Illus.). (J). 2018. 48p. 24.89 *(978-0-483-52476-7(X))*; 2016. pap. 7.97 *(978-1-334-16908-3(X))* Forgotten Bks.

Juvenile Instructor, Vol. 32: January 15, 1897 (Classic Reprint) George Quayle Cannon. (ENG., Illus.). (J). 2018. 48p. 24.89 *(978-0-267-35955-4(1))*; 2016. pap. 9.57 *(978-1-334-17071-3(1))* Forgotten Bks.

Juvenile Instructor, Vol. 32: November 1, 1897 (Classic Reprint) George Quayle Cannon. (ENG., Illus.). (J). 2018. 54p. 25.01 *(978-0-267-75016-0(1))*; 2016. pap. 9.57 *(978-1-334-15211-5(X))* Forgotten Bks.

Juvenile Instructor, Vol. 32: November 15, 1897 (Classic Reprint) George Quayle Cannon. (ENG., Illus.). (J). 2018. 56p. 25.05 *(978-0-267-35403-0(7))*; 2016. pap. 9.57 *(978-1-333-77596-4(2))* Forgotten Bks.

Juvenile Instructor, Vol. 32: October 1, 1897 (Classic Reprint) George Quayle Cannon. 2018. (ENG., Illus.). 52p. (J). 24.97 *(978-0-267-35776-5(1))* Forgotten Bks.

Juvenile Instructor, Vol. 32: October 15, 1897 (Classic Reprint) George Q. Cannon. (ENG., Illus.). (J). 2018. 50p. 24.95 *(978-0-267-35374-3(X))*; 2016. pap. 9.57 *(978-1-333-77349-6(8))* Forgotten Bks.

Juvenile Instructor, Vol. 32: Organ for Young Latter Day Saints; June 1, 1897 (Classic Reprint) George Quayle Cannon. (ENG., Illus.). (J). 2018. 46p. 24.85 *(978-0-483-39445-2(9))*; 2016. pap. 7.97 *(978-1-333-86858-1(8))* Forgotten Bks.

Juvenile Instructor, Vol. 32: Organ for Young Latter Day Saints; March 15, 1897 (Classic Reprint) George Quayle Cannon. (ENG., Illus.). (J). 2018. 46p. 24.85 *(978-0-483-48273-9(0))*; 2016. pap. 7.97 *(978-1-333-79388-3(X))* Forgotten Bks.

Juvenile Instructor, Vol. 32 (Classic Reprint) George Quayle Cannon. 2018. (ENG., Illus.). 58p. (J). 25.09 *(978-0-267-49462-0(9))* Forgotten Bks.

Juvenile Instructor, Vol. 33: August 1, 1898 (Classic Reprint) George Quayle Cannon. (ENG., Illus.). (J). 2018. 50p. 24.93 *(978-0-267-35769-7(9))*; 2016. pap. 9.57 *(978-1-334-12204-0(0))* Forgotten Bks.

Juvenile Instructor, Vol. 33: August 15, 1898 (Classic Reprint) George Quayle Cannon. 2016. (ENG., Illus.). (J). pap. 9.57 *(978-1-334-05033-6(3))* Forgotten Bks.

Juvenile Instructor, Vol. 33: December 15, 1898 (Classic Reprint) George Quayle Cannon. (ENG., Illus.). (J). 2018. 76p. 25.48 *(978-0-483-96282-8(1))*; 2016. pap. 9.57 *(978-1-334-16790-4(7))* Forgotten Bks.

Juvenile Instructor, Vol. 33: February 1, 1898 (Classic Reprint) George Quayle Cannon. (ENG., Illus.). (J). 2018. 50p. 24.93 *(978-0-483-86824-3(8))*; 2016. pap. 9.57 *(978-1-334-16644-0(7))* Forgotten Bks.

Juvenile Instructor, Vol. 33: February 15, 1898 (Classic Reprint) George Quayle Cannon. (ENG., Illus.). (J). 2018. 52p. 24.97 *(978-0-332-43722-4(1))*; 2016. pap. 9.57 *(978-1-332-71358-5(0))* Forgotten Bks.

Juvenile Instructor, Vol. 33: January 1, 1898 (Classic Reprint) George Quayle Cannon. (ENG., Illus.). (J). 2018. 70p. 25.34 *(978-0-483-94262-2(6))*; 2016. pap. 9.57 *(978-1-334-11808-1(6))* Forgotten Bks.

Juvenile Instructor, Vol. 33: January 15, 1898 (Classic Reprint) George Quayle Cannon. (ENG., Illus.). (J). 2018. 66p. 25.28 *(978-0-483-99855-1(9))*; 2016. pap. 9.57 *(978-1-334-16590-0(4))* Forgotten Bks.

Juvenile Instructor, Vol. 33: July 1, 1898 (Classic Reprint) George Quayle Cannon. 2016. (ENG., Illus.). (J). pap. 9.57 *(978-1-333-77260-4(2))* Forgotten Bks.

Juvenile Instructor, Vol. 33: July 15, 1898 (Classic Reprint) George Quayle Cannon. (ENG., Illus.). (J). 2019. 50p. 24.93 *(978-0-267-53273-5(3))*; 2016. pap. 9.57 *(978-1-333-11166-3(5))* Forgotten Bks.

Juvenile Instructor, Vol. 33: June 1, 1898 (Classic Reprint) George Quayle Cannon. (ENG., Illus.). (J). 2018. 52p. 24.97 *(978-0-484-78296-8(7))*; 2016. pap. 9.57 *(978-1-333-80542-5(X))* Forgotten Bks.

Juvenile Instructor, Vol. 33: June 15, 1898 (Classic Reprint) George Quayle Cannon. 2018. (ENG., Illus.). 52p. (J). 24.97 *(978-0-483-08605-0(3))* Forgotten Bks.

Juvenile Instructor, Vol. 33: March 1, 1898 (Classic Reprint) George Quayle Cannon. (ENG., Illus.). (J). 2018. 52p. 24.99 *(978-0-332-53434-3(0))*; 2016. pap. 9.57 *(978-1-334-17191-8(2))* Forgotten Bks.

Juvenile Instructor, Vol. 33: May 1, 1898 (Classic Reprint) George Quayle Cannon. (ENG., Illus.). (J). 2018. 56p. 25.05 *(978-0-483-05960-3(9))*; 2016. pap. 9.57 *(978-1-333-11991-1(7))* Forgotten Bks.

Juvenile Instructor, Vol. 33: October 15, 1898 (Classic Reprint) George Quayle Cannon. 2016. (ENG., Illus.). (J). pap. 9.57 *(978-1-334-11278-2(9))* Forgotten Bks.

Juvenile Instructor, Vol. 33: Organ for Young Latter Day Sains; November 15, 1898 (Classic Reprint) George Quayle Cannon. (ENG., Illus.). (J). 2018. 52p. 24.97 *(978-0-428-89538-9(7))*; 2016. pap. 9.57 *(978-1-333-23948-0(3))* Forgotten Bks.

Juvenile Instructor, Vol. 33: Organ for Young Latter Day Saints; April 1, 1898 (Classic Reprint) George Quayle Cannon. 2016. (ENG., Illus.). (J). pap. 9.57 *(978-1-332-71396-7(3))* Forgotten Bks.

Juvenile Instructor, Vol. 33: Organ for Young Latter Day Saints; March 15, 1898 (Classic Reprint) George Quayle Cannon. 2016. (ENG., Illus.). (J). pap. 9.57 *(978-1-334-07643-5(X))* Forgotten Bks.

Juvenile Instructor, Vol. 33: September 15, 1898 (Classic Reprint) George Quayle Cannon. 2018. (ENG., Illus.). 50p. (J). 24.93 *(978-0-483-52195-7(7))* Forgotten Bks.

Juvenile Instructor, Vol. 34: April 1, 1899 (Classic Reprint) George Quayle Cannon. (ENG., Illus.). (J). 2018. 46p. 24.85 *(978-0-483-42858-4(2))*; 2016. pap. 7.97 *(978-1-334-32835-0(8))* Forgotten Bks.

Juvenile Instructor, Vol. 34: April 15, 1899 (Classic Reprint) George Quayle Cannon. (ENG., Illus.). (J). 2018. 44p. 24.80 *(978-0-484-75876-5(4))*; 2016. pap. 7.97 *(978-1-333-75286-6(5))* Forgotten Bks.

Juvenile Instructor, Vol. 34: August 1, 1899 (Classic Reprint) George Quayle Cannon. 2018. (ENG., Illus.). 46p. (J). 24.87 *(978-0-484-60201-3(2))* Forgotten Bks.

Juvenile Instructor, Vol. 34: August 15, 1899 (Classic Reprint) George Quayle Cannon. (ENG., Illus.). (J). 2018. 50p. 24.93 *(978-0-267-40585-5(5))*; 2016. pap. 9.57 *(978-1-334-11768-8(3))* Forgotten Bks.

Juvenile Instructor, Vol. 34: December 1, 1899 (Classic Reprint) George Quayle Cannon. 2018. (ENG., Illus.). 52p. (J). 24.97 *(978-0-483-99787-5(0))* Forgotten Bks.

Juvenile Instructor, Vol. 34: December 15, 1899 (Classic Reprint) George Quayle Cannon. (ENG., Illus.). (J). 2018. 54p. 25.01 *(978-0-483-46246-5(2))*; 2016. pap. 9.57 *(978-1-333-11110-6(X))* Forgotten Bks.

Juvenile Instructor, Vol. 34: February 1, 1899 (Classic Reprint) George Quayle Cannon. (ENG., Illus.). (J). 2018. 44p. 24.85 *(978-0-332-79968-1(9))*; 2016. pap. 7.97 *(978-1-334-11740-4(3))* Forgotten Bks.

Juvenile Instructor, Vol. 34: February 15, 1889 (Classic Reprint) George Quayle Cannon. (ENG., Illus.). (J). 2018. 46p. 24.85 *(978-0-267-35415-3(0))*; 2016. pap. 7.97 *(978-1-333-78038-8(9))* Forgotten Bks.

Juvenile Instructor, Vol. 34: January 15, 1899 (Classic Reprint) George Quayle Cannon. (ENG., Illus.). (J). 2018. 48p. 24.89 *(978-0-267-35157-2(7))*; 2016. pap. 7.97 *(978-1-333-75263-7(6))* Forgotten Bks.

Juvenile Instructor, Vol. 34: July 1, 1898 (Classic Reprint) George Quayle Cannon. (ENG., Illus.). (J). 2018. 46p. 24.85 *(978-0-483-95966-8(9))*; 2016. pap. 7.97 *(978-1-333-11936-2(4))* Forgotten Bks.

Juvenile Instructor, Vol. 34: July 15, 1899 (Classic Reprint) George Quayle Cannon. (ENG., Illus.). (J). 2018. 44p. 24.80 *(978-0-483-90902-1(5))*; 2016. pap. 7.97 *(978-1-333-78181-1(4))* Forgotten Bks.

Juvenile Instructor, Vol. 34: June 1, 1899 (Classic Reprint) George Quayle Cannon. (ENG., Illus.). (J). 2018. 46p. 24.85 *(978-0-483-53218-2(5))*; 2016. pap. 7.97 *(978-1-333-11702-3(7))* Forgotten Bks.

Juvenile Instructor, Vol. 34: June 15, 1899 (Classic Reprint) George Quayle Cannon. 2018. (ENG., Illus.). 48p. (J). 24.89 *(978-0-483-59016-8(9))* Forgotten Bks.

Juvenile Instructor, Vol. 34: March 1, 1899 (Classic Reprint) George Quayle Cannon. (ENG., Illus.). (J). 2018. 46p. 24.85 *(978-0-483-07006-6(8))*; 2016. pap. 7.97 *(978-1-334-16193-3(3))* Forgotten Bks.

Juvenile Instructor, Vol. 34: March 15, 1899 (Classic Reprint) George Quayle Cannon. (ENG., Illus.). (J). 2018. 24.80 *(978-0-332-02789-0(9))*; 2016. pap. 7.97 *(978-1-332-71387-5(4))* Forgotten Bks.

Juvenile Instructor, Vol. 34: May 1, 1899 (Classic Reprint) George Quayle Cannon. (ENG., Illus.). (J). 2018. 46p. 24.85 *(978-0-267-35092-6(9))*; 2016. pap. 7.97 *(978-1-333-74151-8(0))* Forgotten Bks.

Juvenile Instructor, Vol. 34: May 15, 1899 (Classic Reprint) George Quayle Cannon. (ENG., Illus.). (J). 2017. 48p. 24.89 *(978-0-484-75973-1(6))*; 2016. pap. 9.57 *(978-1-334-11776-3(4))* Forgotten Bks.

Juvenile Instructor, Vol. 34: October 1, 1899 (Classic Reprint) George Quayle Cannon. (ENG., Illus.). (J). 2018. 44p. 24.82 *(978-0-484-14630-2(0))*; 2016. pap. 7.97 *(978-1-333-75310-8(1))* Forgotten Bks.

Juvenile Instructor, Vol. 34: October 15, 1899 (Classic Reprint) George Quayle Cannon. (ENG., Illus.). (J). 2018. 38p. 24.70 *(978-0-267-57398-1(7))*; 2016. pap. 7.97 *(978-1-334-16500-9(9))* Forgotten Bks.

Juvenile Instructor, Vol. 34: Organ for Young Latter Day Saints; September 1, 1899 (Classic Reprint) George Quayle Cannon. (ENG., Illus.). (J). 2018. 44p. 24.80 *(978-0-483-93869-4(6))*; 2016. pap. 7.97 *(978-1-333-88444-4(3))* Forgotten Bks.

Juvenile Instructor, Vol. 34: Organ for Young Latter Saints; January 1, 1899 (Classic Reprint) George Quayle Cannon. 2018. (ENG., Illus.). 48p. (J). 24.89 *(978-0-267-22497-5(4))* Forgotten Bks.

Juvenile Instructor, Vol. 34: September 15, 1899 (Classic Reprint) George Quayle Cannon. (ENG., Illus.). (J). 2018. 42p. 24.78 *(978-0-483-63588-3(X))*; 2016. pap. 7.97 *(978-1-333-11984-3(4))* Forgotten Bks.

Juvenile Instructor, Vol. 34 (Classic Reprint) George Quayle Cannon. 2018. (ENG., Illus.). 46p. (J). 24.85 *(978-0-267-20975-0(4))* Forgotten Bks.

Juvenile Instructor, Vol. 35: April 1, 1900 (Classic Reprint) George Quayle Cannon. (ENG., Illus.). (J). 2018. 42p. 24.76 *(978-0-332-53944-7(X))*; 2016. pap. 7.97 *(978-1-334-16917-5(9))* Forgotten Bks.

Juvenile Instructor, Vol. 35: April 15, 1900 (Classic Reprint) George Quayle Cannon. (ENG., Illus.). (J). 2018. 42p. 24.76 *(978-0-365-34583-1(0))*; 2016. pap. 7.97 *(978-1-334-16225-1(5))* Forgotten Bks.

Juvenile Instructor, Vol. 35: July 15, 1900 (Classic Reprint) George Quayle Cannon. (ENG., Illus.). (J). 2018. 54p. 25.03 *(978-0-267-36239-4(0))*; 2016. pap. 9.57 *(978-1-334-16916-8(0))* Forgotten Bks.

Juvenile Instructor, Vol. 36: Designed for the Advancement of the Young; December 1, 1901 (Classic Reprint) George Quayle Cannon. 2017. (ENG., Illus.). (J). 56p. 25.05 *(978-0-332-44650-9(6))*; pap. 9.57 *(978-0-259-80402-4(9))* Forgotten Bks.

Juvenile Instructor, Vol. 37: December 15, 1902 (Classic Reprint) George Quayle Cannon. 2018. (ENG., Illus.). 60p. (J). 25.22 *(978-0-484-05390-7(6))* Forgotten Bks.

Juvenile Instructor, Vol. 37: Designed for the Advancement of the Young; August 1, 1902 (Classic Reprint) Joseph F. Smith. 2018. (ENG., Illus.). 52p. (J). 24.97 *(978-0-267-35576-1(9))* Forgotten Bks.

Juvenile Instructor, Vol. 37: Designed for the Advancement of the Young; December 1, 1902 (Classic Reprint) Joseph F. Smith. (ENG., Illus.). (J). 2018. 48p. 24.87 *(978-0-332-16290-4(7))*; 2016. pap. 9.57 *(978-1-333-82793-9(8))* Forgotten Bks.

Juvenile Instructor, Vol. 37: Designed for the Advancement of the Young; January 15, 1902 (Classic Reprint) Joseph F. Smith. 2018. (ENG., Illus.). 54p. (J). 25.01 *(978-0-267-36380-3(X))* Forgotten Bks.

Juvenile Instructor, Vol. 37: Designed for the Advancement of the Young; June 1, 1902 (Classic Reprint) Joseph F. Smith. (ENG., Illus.). (J). 2018. 58p. 25.09 *(978-0-484-14552-7(5))*; 2016. pap. 9.57 *(978-1-333-73463-3(8))* Forgotten Bks.

Juvenile Instructor, Vol. 37: July 1, 1902 (Classic Reprint) Joseph F. Smith. (ENG., Illus.). (J). 2018. 44p. 24.82 *(978-0-484-69240-3(2))*; 2016. pap. 9.57 *(978-1-333-73912-6(5))* Forgotten Bks.

Juvenile Instructor, Vol. 37: Organ of the Deseret Sunday School Union; February 15, 1902 (Classic Reprint) Joseph F. Smith. (ENG., Illus.). (J). 2018. 48p. 24.95 *(978-0-332-97446-0(4))*; 2016. pap. 9.57 *(978-1-334-08432-4(7))* Forgotten Bks.

Juvenile Instructor, Vol. 37: Organ of the Deseret Sunday School Union; September 1, 1902 (Classic Reprint) Joseph F. Smith. 2018. (ENG., Illus.). 52p. (J). 24.97 *(978-0-267-35528-0(9))* Forgotten Bks.

Juvenile Instructor, Vol. 38: April 1, 1903 (Classic Reprint) Joseph Fielding Smith. 2016. (ENG., Illus.). (J). pap. 7.97 *(978-1-334-32600-4(2))* Forgotten Bks.

Juvenile Instructor, Vol. 38: August 1, 1903 (Classic Reprint) Deseret Sunday School Union. (ENG., Illus.). (J). 2018. 40p. 24.74 *(978-0-483-47191-7(7))*; 2016. pap. 7.97 *(978-1-333-78253-5(5))* Forgotten Bks.

Juvenile Instructor, Vol. 38: August 15, 1903 (Classic Reprint) Deseret Sunday School Union. 2016. (ENG., Illus.). (J). pap. 7.97 *(978-1-334-11288-1(6))* Forgotten Bks.

Juvenile Instructor, Vol. 38: December 1, 1903 (Classic Reprint) Joseph F. Smith. (ENG., Illus.). (J). 2018. 40p. (gr. -1-3). 24.72 *(978-0-484-36696-0(3))*; 2016. pap. 7.97 *(978-1-334-06556-9(X))* Forgotten Bks.

Juvenile Instructor, Vol. 38: December 15, 1903 (Classic Reprint) Deseret Sunday School Union. (ENG., Illus.). (J). 2018. 70p. 25.34 *(978-0-483-44416-4(2))*; 2016. pap. 9.57 *(978-1-333-78129-3(6))* Forgotten Bks.

Juvenile Instructor, Vol. 38: Design for the Advancement of the Young; May 1, 1903 (Classic Reprint) Joseph F. Smith. (ENG., Illus.). (J). 2018. 38p. 24.68 *(978-0-267-35123-7(2))*; 2016. pap. 7.97 *(978-1-333-74731-2(4))* Forgotten Bks.

Juvenile Instructor, Vol. 38: Designed for the Advancement of the Young; July 15, 1903 (Classic Reprint) Joseph Fielding Smith. 2018. (ENG., Illus.). 40p. (J). 24.72 *(978-0-267-78393-9(0))* Forgotten Bks.

Juvenile Instructor, Vol. 38: February 1, 1903 (Classic Reprint) Joseph F. Smith. 2016. (ENG., Illus.). (J). pap. 7.97 *(978-1-334-05021-3(X))* Forgotten Bks.

Juvenile Instructor, Vol. 38: February 15, 1903 (Classic Reprint) Deseret Sunday School Union. (ENG., Illus.). (J). 2018. 40p. 24.72 *(978-0-483-44327-3(1))*; 2016. pap. 7.97 *(978-1-333-78044-9(3))* Forgotten Bks.

Juvenile Instructor, Vol. 38: January 1, 1903 (Classic Reprint) Joseph F. Smith. (ENG., Illus.). (J). 2018. 40p. 24.72 *(978-0-483-47229-7(8))*; 2016. pap. 7.97 *(978-1-333-76990-1(3))* Forgotten Bks.

Juvenile Instructor, Vol. 38: January 15, 1903 (Classic Reprint) Deseret Sunday School Union. (ENG., Illus.). (J). 2018. 40p. 24.72 *(978-0-267-40578-7(2))*; 2016. pap. 7.97 *(978-1-334-11769-5(1))* Forgotten Bks.

Juvenile Instructor, Vol. 38: March 1, 1903 (Classic Reprint) Deseret Sunday School Union. 2016. (ENG., Illus.). (J). pap. 7.97 *(978-1-333-75006-0(4))* Forgotten Bks.

Juvenile Instructor, Vol. 38: March 15, 1903 (Classic Reprint) Joseph F. Smith. (ENG., Illus.). (J). 2018. 40p. 24.72 *(978-0-484-10832-4(8))*; 2016. pap. 7.97 *(978-1-334-16696-9(X))* Forgotten Bks.

Juvenile Instructor, Vol. 38: November 1, 1903 (Classic Reprint) Joseph F. Smith. 2018. (ENG., Illus.). 40p. (J). 24.72 *(978-0-267-35524-2(6))* Forgotten Bks.

Juvenile Instructor, Vol. 38: November 15, 1903 (Classic Reprint) Joseph F. Smith. 2016. (ENG., Illus.). (J). pap. 7.97 *(978-1-333-78263-4(2))* Forgotten Bks.

Juvenile Instructor, Vol. 38: October 15, 1903 (Classic Reprint) Joseph F. Smith. (ENG., Illus.). (J). 2018. 40p. 24.72 *(978-0-267-36198-4(X))*; 2016. pap. 7.97 *(978-1-334-16930-4(6))* Forgotten Bks.

Juvenile Instructor, Vol. 38: September 15, 1903 (Classic Reprint) Joseph F. Smith. 2018. (ENG., Illus.). 38p. (J). 24.68 *(978-0-484-69686-9(6))* Forgotten Bks.

Juvenile Instructor, Vol. 39: April 1, 1904 (Classic Reprint) Joseph F. Smith. (ENG., Illus.). (J). 2018. 40p. 24.72 *(978-0-267-40590-9(1))*; 2016. pap. 7.97 *(978-1-334-11779-4(9))* Forgotten Bks.

Juvenile Instructor, Vol. 39: April 15, 1904 (Classic Reprint) Joseph F. Smith. (ENG., Illus.). (J). 2018. 40p. 24.68 *(978-0-332-81903-7(5))*; 2016. pap. 7.97 *(978-1-334-15505-5(4))* Forgotten Bks.

Juvenile Instructor, Vol. 39: August 1, 1904 (Classic Reprint) George Quayle Cannon. 2018. (ENG., Illus.). 40p. (J). 24.72 *(978-0-332-68392-8(3))* Forgotten Bks.

Juvenile Instructor, Vol. 39: December 1, 1904 (Classic Reprint) Deseret Sunday School Union. (ENG., Illus.). (J). 2018. 44p. 24.80 *(978-0-267-38316-0(9))*; 2016. pap. 7.97 *(978-1-334-15295-5(0))* Forgotten Bks.

Juvenile Instructor, Vol. 39: December 15, 1904 (Classic Reprint) Joseph F. Smith. 2018. (ENG., Illus.). 56p. (J). 25.05 *(978-0-484-57991-9(6))* Forgotten Bks.

Juvenile Instructor, Vol. 39: February 15, 1904 (Classic Reprint) Joseph F. Smith. (ENG., Illus.). (J). 2018. 38p. 24.68 *(978-0-365-25604-5(8))*; 2017. pap. 7.97 *(978-0-259-42279-2(7))* Forgotten Bks.

Juvenile Instructor, Vol. 39: July 1, 1904 (Classic Reprint) Joseph F. Smith. (ENG., Illus.). (J). 2018. 40p. 24.72 *(978-0-267-36202-8(1))*; 2016. pap. 7.97 *(978-1-334-16938-0(1))* Forgotten Bks.

Juvenile Instructor, Vol. 39: July 15, 1904 (Classic Reprint) George Quayle Cannon. 2018. (ENG., Illus.). 40p. (J). 24.72 *(978-0-365-42511-3(7))* Forgotten Bks.

Juvenile Instructor, Vol. 39: June 15, 1904 (Classic Reprint) Joseph F. Smith. 2018. (ENG., Illus.). (J). 38p. 24.70 *(978-0-366-54444-9(0))*; 40p. pap. 7.97 *(978-0-365-86657-2(1))* Forgotten Bks.

Juvenile Instructor, Vol. 39: May 1, 1904 (Classic Reprint) Joseph F. Smith. 2018. (ENG., Illus.). 40p. (J). 24.72 *(978-0-332-16211-9(7))* Forgotten Bks.

Juvenile Instructor, Vol. 39: November 1, 1904 (Classic Reprint) Joseph F. Smith. (ENG., Illus.). (J). 2018. 40p. 24.72 *(978-0-267-36637-8(X))*; 2017. pap. 7.97 *(978-0-243-25948-9(4))* Forgotten Bks.

Juvenile Instructor, Vol. 39: November 15, 1904 (Classic Reprint) George Quayle Cannon. 2018. (ENG., Illus.). 40p. (J). 24.72 *(978-0-483-97452-4(8))* Forgotten Bks.

Juvenile Instructor, Vol. 39: October 15, 1904 (Classic Reprint) Joseph F. Smith. 2018. (ENG., Illus.). 40p. (J). 24.72 *(978-0-267-40580-0(4))* Forgotten Bks.

Juvenile Instructor, Vol. 39: September 1, 1904 (Classic Reprint) Deseret Sunday School Union. 2018. (ENG., Illus.). 38p. (J). 24.68 *(978-0-332-77912-6(2))* Forgotten Bks.

Juvenile Instructor, Vol. 39: September 15, 1904 (Classic Reprint) Joseph F. Smith. 2018. (ENG., Illus.). 38p. (J). 24.68 *(978-0-267-35526-6(2))* Forgotten Bks.

Juvenile Instructor, Vol. 40: April 15, 1905 (Classic Reprint) Joseph F. Smith. 2016. (ENG., Illus.). (J). pap. 7.97 *(978-1-334-16915-1(2))* Forgotten Bks.

Juvenile Instructor, Vol. 40: August 1, 1905 (Classic Reprint) Joseph Fielding Smith. (ENG., Illus.). (J). 2018. 38p. 24.68 *(978-0-483-61300-3(2))*; 2016. pap. 7.97 *(978-1-334-16909-0(8))* Forgotten Bks.

Juvenile Instructor, Vol. 40: December 15, 1905 (Classic Reprint) Joseph F. Smith. (ENG., Illus.). (J). 2018. 46p. 24.87 *(978-0-267-35495-5(9))*; 2016. pap. 9.57 *(978-1-334-08629-8(X))* Forgotten Bks.

Juvenile Instructor, Vol. 40: Designed for the Advancement of the Young; August 15, 1905 (Classic Reprint) Joseph F. Smith. (ENG., Illus.). (J). 2018. 40p. 24.72 *(978-0-332-43355-4(2))*; 2016. pap. 7.97 *(978-1-334-17136-9(X))* Forgotten Bks.

Juvenile Instructor, Vol. 40: February 1, 1905 (Classic Reprint) Joseph F. Smith. (ENG., Illus.). (J). 2018. 38p. 24.70 *(978-0-483-54244-0(X))*; 2016. pap. 7.97 *(978-1-333-75264-4(4))* Forgotten Bks.

Juvenile Instructor, Vol. 40: February 15, 1905 (Classic Reprint) Joseph F. Smith. (ENG., Illus.). (J). 2018. 38p. 24.72 *(978-0-484-44762-1(9))*; 2017. pap. 7.97 *(978-0-243-25607-5(8))* Forgotten Bks.

Juvenile Instructor, Vol. 40: January 1, 1905 (Classic Reprint) Joseph F. Smith. 2018. (ENG., Illus.). 40p. (J). 24.72 *(978-0-483-49027-7(X))* Forgotten Bks.

Juvenile Instructor, Vol. 40: January 15, 1905 (Classic Reprint) Joseph F. Smith. (ENG., Illus.). (J). 2018. 40p. 24.72 *(978-0-483-59143-1(2))*; 2016. pap. 7.97 *(978-1-334-11694-0(6))* Forgotten Bks.

Juvenile Instructor, Vol. 40: July 1, 1905 (Classic Reprint) George Quayle Cannon. 2018. (ENG., Illus.). 40p. (J). 24.68 *(978-0-332-42025-7(6))* Forgotten Bks.

Juvenile Instructor, Vol. 40: July 15, 1905 (Classic Reprint) Deseret Sunday School Union. (ENG., Illus.). (J). 2018. 40p. 24.72 *(978-0-483-42078-6(6))*; 2016. pap. 7.97 *(978-1-334-16259-6(X))* Forgotten Bks.

Juvenile Instructor, Vol. 40: June 15, 1905 (Classic Reprint) Deseret Sunday School Union. (ENG., Illus.). (J). 2018. 40p. 24.72 *(978-0-267-38227-9(8))*; 2016. pap. 7.97 *(978-1-334-15376-1(0))* Forgotten Bks.

Juvenile Instructor, Vol. 40: March 1, 1905 (Classic Reprint) Joseph F. Smith. 2016. (ENG., Illus.). (J). pap. 7.97 *(978-1-334-17150-5(5))* Forgotten Bks.

Juvenile Instructor, Vol. 40: March 15, 1905 (Classic Reprint) Joseph F. Smith. (ENG., Illus.). (J). 2018. 38p. 24.68 *(978-0-483-97793-8(4))*; 2016. pap. 7.97 *(978-1-334-35189-1(9))* Forgotten Bks.

Juvenile Instructor, Vol. 40: November 1, 1905 (Classic Reprint) Joseph F. Smith. (ENG., Illus.). (J). 2018. 40p. 24.72 *(978-0-483-45873-4(2))*; 2016. pap. 7.97 *(978-1-333-11196-0(7))* Forgotten Bks.

Juvenile Instructor, Vol. 40: November 15, 1905 (Classic Reprint) Joseph F. Smith. (ENG., Illus.). (J). 2018. 40p. 24.72 *(978-0-267-35840-3(7))*; 2016. pap. 7.97 *(978-1-334-04697-1(2))* Forgotten Bks.

Juvenile Instructor, Vol. 40: October 1, 1905 (Classic Reprint) Joseph F. Smith. 2016. (ENG., Illus.). (J). pap. 7.97 *(978-1-333-84426-4(3))* Forgotten Bks.

Juvenile Instructor, Vol. 40: October 15, 1905 (Classic Reprint) Deseret Sunday School Union. (ENG., Illus.). (J). 2018. 40p. 24.72 *(978-0-483-55524-2(X))*; 2016. pap. 7.97 *(978-1-334-15101-9(6))* Forgotten Bks.

Juvenile Instructor, Vol. 40: Organ of the Deseret Sunday School Union; April 1, 1905 (Classic Reprint) Joseph F. Smith. (ENG., Illus.). (J). 2018. 40p. 24.72 *(978-0-483-99644-1(0))*; 2016. pap. 7.97 *(978-1-334-04026-9(5))* Forgotten Bks.

Juvenile Instructor, Vol. 40: Organ of the Deseret Sunday School Union; December 1, 1905 (Classic Reprint) Joseph F. Smith. (ENG., Illus.). (J). 2018. 40p. 24.72 *(978-0-483-94796-2(2))*; 2016. pap. 7.97 *(978-1-333-73577-7(4))* Forgotten Bks.

Juvenile Instructor, Vol. 40: Organ of the Deseret Sunday School Union; May 1, 1905 (Classic Reprint) Joseph F. Smith. (ENG., Illus.). (J). 2018. 38p. 24.68 *(978-0-483-60135-2(7))*; 2017. pap. 7.97 *(978-0-243-26413-1(5))* Forgotten Bks.

Juvenile Instructor, Vol. 40: Organ of the Deseret Sunday School Union; May 15, 1905 (Classic Reprint) Joseph F. Smith. 2018. (ENG., Illus.). 40p. (J). 24.72 *(978-0-483-95212-6(5))* Forgotten Bks.

1080 The check digit for ISBN-10 appears in parentheses after the full ISBN-13

Juvenile Instructor, Vol. 40: September 1, 1905 (Classic Reprint) Deseret Sunday School Union. (ENG., Illus.). (J). 2018. 40p. 24.72 *(978-0-267-61656-5(2))*; 2016. pap. 7.97 *(978-1-334-11757-2(8))* Forgotten Bks.

Juvenile Instructor, Vol. 40 (Classic Reprint) George Quayle Cannon. 2018. (ENG., Illus.). 40p. (J). 24.72 *(978-0-267-22669-6(1))* Forgotten Bks.

Juvenile Instructor, Vol. 41: April 1, 1906 (Classic Reprint) Joseph F. Smith. (ENG., Illus.). (J). 2018. 38p. 24.68 *(978-0-267-56980-9(7))*; 2016. pap. 7.97 *(978-1-334-16941-0(1))* Forgotten Bks.

Juvenile Instructor, Vol. 41: April 15, 1906 (Classic Reprint) Joseph F. Smith. (ENG., Illus.). (J). 2018. 38p. 24.68 *(978-0-267-39941-3(3))*; 2016. pap. 7.97 *(978-1-334-12446-4(9))* Forgotten Bks.

Juvenile Instructor, Vol. 41: December 1, 1906 (Classic Reprint) Deseret Sunday School Union. 2018. (ENG., Illus.). 40p. (J). 24.72 *(978-0-267-36358-2(3))* Forgotten Bks.

Juvenile Instructor, Vol. 41: Designed for the Advancement of the Young; July 1, 1906 (Classic Reprint) Joseph F. Smith. 2018. (ENG., Illus.). 40p. (J). 24.72 *(978-0-267-29441-1(7))* Forgotten Bks.

Juvenile Instructor, Vol. 41: February 1, 1906 (Classic Reprint) Deseret Sunday School Union. (ENG., Illus.). (J). 2018. 40p. 24.72 *(978-0-267-38311-5(8))*; 2016. pap. 7.97 *(978-1-333-29030-6(6))* Forgotten Bks.

Juvenile Instructor, Vol. 41: January 1, 1906 (Classic Reprint) Joseph F. Smith. (ENG., Illus.). (J). 2018. 38p. 24.68 *(978-0-483-85792-6(0))*; 2016. pap. 7.97 *(978-1-333-21485-2(5))* Forgotten Bks.

Juvenile Instructor, Vol. 41: January 15, 1906 (Classic Reprint) Joseph Fielding Smith. (ENG., Illus.). (J). 2018. 38p. 24.68 *(978-0-332-20783-4(8))*; 2016. pap. 7.97 *(978-1-334-11695-7(4))* Forgotten Bks.

Juvenile Instructor, Vol. 41: July 15, 1906 (Classic Reprint) Joseph F. Smith. 2016. (ENG., Illus.). (J). pap. 7.97 *(978-1-333-76856-0(7))* Forgotten Bks.

Juvenile Instructor, Vol. 41: June 1, 1906 (Classic Reprint) Joseph F. Smith. (ENG., Illus.). (J). 2018. 42p. 24.76 *(978-0-484-46594-6(5))*; 2016. pap. 7.97 *(978-1-334-12599-7(6))* Forgotten Bks.

Juvenile Instructor, Vol. 41: June 15, 1906 (Classic Reprint) Joseph F. Smith. (ENG., Illus.). (J). 2018. 42p. 24.76 *(978-0-483-98941-2(X))*; 2016. pap. 7.97 *(978-1-334-17108-6(4))* Forgotten Bks.

Juvenile Instructor, Vol. 41: March 1, 1906 (Classic Reprint) Unknown Author. (ENG., Illus.). (J). 2018. 38p. 24.68 *(978-0-483-35908-6(4))*; 2016. pap. 7.97 *(978-1-333-33138-2(X))* Forgotten Bks.

Juvenile Instructor, Vol. 41: May 1, 1906 (Classic Reprint) Joseph F. Smith. (ENG., Illus.). (J). 2018. 36p. 24.66 *(978-0-484-30365-1(1))*; 2016. pap. 7.97 *(978-1-334-17065-2(7))* Forgotten Bks.

Juvenile Instructor, Vol. 41: May 15, 1906 (Classic Reprint) Joseph F. Smith. (ENG., Illus.). (J). 2018. 42p. 24.76 *(978-0-483-39443-8(2))*; 2016. pap. 7.97 *(978-1-334-17140-6(8))* Forgotten Bks.

Juvenile Instructor, Vol. 41: November 1, 1906 (Classic Reprint) Deseret Sunday School Union. (ENG., Illus.). (J). 2018. 40p. 24.72 *(978-0-484-56120-4(0))*; 2016. pap. 7.97 *(978-1-333-73849-5(8))* Forgotten Bks.

Juvenile Instructor, Vol. 41: November 15, 1906 (Classic Reprint) Deseret Sunday School Union. (ENG., Illus.). (J). 2018. 40p. 24.72 *(978-0-484-39639-4(0))*; 2016. pap. 7.97 *(978-1-333-26583-0(2))* Forgotten Bks.

Juvenile Instructor, Vol. 41: October 15, 1906 (Classic Reprint) Deseret Sunday School Union. (ENG., Illus.). (J). 2018. 38p. 24.68 *(978-0-484-17018-5(X))*; 2016. pap. 7.97 *(978-1-333-78220-7(9))* Forgotten Bks.

Juvenile Instructor, Vol. 41: Organ of the Deseret Sunday School Union (Classic Reprint) George Quayle Cannon. 2018. (ENG., Illus.). 38p. (J). 24.68 *(978-0-267-26689-0(8))* Forgotten Bks.

Juvenile Instructor, Vol. 41: Organ of the Deseret Sunday School Union; February 15, 1906 (Classic Reprint) Joseph F. Smith. (ENG., Illus.). (J). 2018. 38p. 24.68 *(978-0-484-70019-1(7))*; 2016. pap. 7.97 *(978-1-334-27568-5(8))* Forgotten Bks.

Juvenile Instructor, Vol. 41: Organ of the Deseret Sunday School Union; March 15, 1906 (Classic Reprint) Joseph F. Smith. (ENG., Illus.). (J). 2018. 40p. 24.72 *(978-0-332-43531-2(8))*; 2016. pap. 7.97 *(978-1-333-87701-9(3))* Forgotten Bks.

Juvenile Instructor, Vol. 41: Organ of the Deseret Sunday School Union; October 1, 1906 (Classic Reprint) Joseph F. Smith. (ENG., Illus.). (J). 2018. 38p. 24.68 *(978-0-483-45964-9(X))*; 2016. pap. 7.97 *(978-1-333-89967-7(X))* Forgotten Bks.

Juvenile Instructor, Vol. 41: September 1, 1906 (Classic Reprint) Deseret Sunday School Union. (ENG., Illus.). (J). 2018. 38p. 24.68 *(978-0-332-02213-0(7))*; 2016. pap. 7.97 *(978-1-334-11728-2(4))* Forgotten Bks.

Juvenile Instructor, Vol. 41: September 15, 1906 (Classic Reprint) Deseret Sunday School Union. (ENG., Illus.). (J). 2018. 38p. 24.68 *(978-0-483-92136-8(X))*; 2016. pap. 7.97 *(978-1-333-75963-6(0))* Forgotten Bks.

Juvenile Instructor, Vol. 42: An Illustrated Semi-Monthly Magazine, Designed Expressly for the Education & Elevation of the Young; Organ of the Deseret Sunday School Union; for the Year 1907 (Classic Reprint) Joseph F. Smith. (ENG., Illus.). (J). 2018. 48p. 24.89 *(978-0-483-03912-4(8))*; 2016. pap. 9.57 *(978-1-333-73904-1(4))* Forgotten Bks.

Juvenile Instructor, Vol. 42: April 15, 1907 (Classic Reprint) Joseph F. Smith. (ENG., Illus.). (J). 2018. 40p. 24.72 *(978-0-483-92641-7(8))*; 2016. pap. 7.97 *(978-1-333-77866-8(X))* Forgotten Bks.

Juvenile Instructor, Vol. 42: August 1, 1907 (Classic Reprint) Joseph F. Smith. (ENG., Illus.). (J). 2018. 40p. 24.72 *(978-0-483-61282-2(0))*; 2016. pap. 7.97 *(978-1-333-76470-8(7))* Forgotten Bks.

Juvenile Instructor, Vol. 42: December 1, 1907 (Classic Reprint) Joseph F. Smith. (ENG., Illus.). (J). 2018. 40p. 24.72 *(978-0-483-16917-3(X))*; 2016. pap. 7.97 *(978-1-334-16337-1(5))* Forgotten Bks.

Juvenile Instructor, Vol. 42: February 1, 1907 (Classic Reprint) Deseret Sunday School Union. (ENG., Illus.). (J). 2018. 40p. 24.72 *(978-0-428-77799-9(6))*; 2016. pap. 7.97 *(978-1-333-99629-1(2))* Forgotten Bks.

Juvenile Instructor, Vol. 42: February 15, 1907 (Classic Reprint) Deseret Sunday School Union. (ENG., Illus.). (J). 2018. 40p. 24.72 *(978-0-267-56816-1(9))*; 2016. pap. 7.97 *(978-1-334-11464-9(1))* Forgotten Bks.

Juvenile Instructor, Vol. 42: January 15, 1907 (Classic Reprint) Deseret Sunday School Union. 2016. (ENG., Illus.). (J). pap. 7.97 *(978-1-333-76889-8(3))* Forgotten Bks.

Juvenile Instructor, Vol. 42: July 5, 1907 (Classic Reprint) Joseph Smith. (ENG., Illus.). (J). 2018. 40p. 24.72 *(978-0-364-84685-8(2))*; 2017. pap. 7.97 *(978-0-259-24910-8(6))* Forgotten Bks.

Juvenile Instructor, Vol. 42: June 1, 1907 (Classic Reprint) Joseph F. Smith. (ENG., Illus.). (J). 2018. 42p. 24.76 *(978-0-484-08543-4(3))*; 2016. pap. 7.97 *(978-1-334-16898-7(9))* Forgotten Bks.

Juvenile Instructor, Vol. 42: June 15, 1907 (Classic Reprint) Deseret Sunday School Union. (ENG., Illus.). (J). 2018. 40p. 24.72 *(978-0-484-08197-9(7))*; 2016. pap. 7.97 *(978-1-333-76068-7(X))* Forgotten Bks.

Juvenile Instructor, Vol. 42: March 1, 1907 (Classic Reprint) Joseph F. Smith. (ENG., Illus.). (J). 2018. 40p. 24.72 *(978-0-267-36219-6(6))*; 2016. pap. 7.97 *(978-1-334-16949-6(7))* Forgotten Bks.

Juvenile Instructor, Vol. 42: March 15, 1907 (Classic Reprint) Joseph Fielding Smith. (ENG., Illus.). (J). 2018. 40p. 24.72 *(978-0-428-72501-3(5))*; 2016. pap. 7.97 *(978-1-334-16854-3(7))* Forgotten Bks.

Juvenile Instructor, Vol. 42: May 1, 1907 (Classic Reprint) Joseph F. Smith. 2018. (ENG., Illus.). 42p. (J). 24.76 *(978-0-332-88848-4(7))* Forgotten Bks.

Juvenile Instructor, Vol. 42: November 1, 1907 (Classic Reprint) Deseret Sunday School Union. (ENG., Illus.). (J). 2018. 40p. 24.72 *(978-0-484-91203-7(8))*; 2016. pap. 7.97 *(978-1-333-74111-2(1))* Forgotten Bks.

Juvenile Instructor, Vol. 42: November 15, 1907 (Classic Reprint) Joseph F. Smith. (ENG., Illus.). (J). 2018. 40p. 24.72 *(978-0-484-51721-8(X))*; 2016. pap. 7.97 *(978-1-333-73441-1(7))* Forgotten Bks.

Juvenile Instructor, Vol. 42: October 15, 1907 (Classic Reprint) Joseph F. Smith. (ENG., Illus.). (J). 2018. 40p. 24.72 *(978-0-267-36070-3(3))*; 2016. pap. 7.97 *(978-1-334-16976-2(4))* Forgotten Bks.

Juvenile Instructor, Vol. 42: Organ of the Deseret Sunday School Union; April 1, 1907 (Classic Reprint) Joseph F. Smith. 2016. (ENG., Illus.). (J). pap. 7.97 *(978-1-334-04118-1(0))* Forgotten Bks.

Juvenile Instructor, Vol. 42: Organ of the Deseret Sunday School Union; August 15, 1907 (Classic Reprint) Joseph F. Smith. 2018. (ENG., Illus.). 40p. (J). 24.72 *(978-0-483-57263-8(2))* Forgotten Bks.

Juvenile Instructor, Vol. 42: Organ of the Deseret Sunday School Union; July 1, 1907 (Classic Reprint) Joseph F. Smith. (ENG., Illus.). (J). 2018. 40p. 24.72 *(978-0-484-32416-8(0))*; 2016. pap. 7.97 *(978-1-334-04101-3(6))* Forgotten Bks.

Juvenile Instructor, Vol. 42: Organ of the Deseret Sunday School Union; October 1, 1907 (Classic Reprint) Joseph F. Smith. (ENG., Illus.). (J). 2018. 40p. 24.72 *(978-0-483-99321-1(2))*; 2016. pap. 7.97 *(978-1-334-17212-0(9))* Forgotten Bks.

Juvenile Instructor, Vol. 42: September 15, 1907 (Classic Reprint) Joseph F. Smith. (ENG., Illus.). (J). 2018. 40p. 24.72 *(978-0-483-90751-5(0))*; 2016. pap. 7.97 *(978-1-333-19695-0(4))* Forgotten Bks.

Juvenile Instructor, Vol. 43: A Monthly Magazine Devoted to the Interest of the Child, the Progress of the Sunday School & the Enlightenment of the Home; August, 1908 (Classic Reprint) Deseret Sunday School Union. (ENG., Illus.). (J). 2018. 56p. 25.05 *(978-0-484-21647-0(3))*; 2016. pap. 9.57 *(978-1-334-11364-2(5))* Forgotten Bks.

Juvenile Instructor, Vol. 43: A Monthly Magazine Devoted to the Interest of the Child, the Progress of the Sunday School & the Enlightenment of the Home; July 1, 1908 (Classic Reprint) Deseret Sunday School Union. 2016. (ENG., Illus.). (J). pap. 9.57 *(978-1-333-74333-8(5))* Forgotten Bks.

Juvenile Instructor, Vol. 43: A Monthly Magazine Devoted to the Interest of the Child, the Progress of the Sunday School & the Enlightenment of the Home; March 1, 1908 (Classic Reprint) Deseret Sunday School Union. (ENG., Illus.). (J). 2018. 56p. 25.05 *(978-0-267-35381-1(2))*; 2016. pap. 9.57 *(978-1-333-77524-7(5))* Forgotten Bks.

Juvenile Instructor, Vol. 43: A Monthly Magazine Devoted to the Interest of the Child, the Progress of the Sunday School & the Enlightenment of the Home; November 1, 1908 (Classic Reprint) Deseret Sunday School Union. (ENG., Illus.). (J). 2018. 56p. 25.01 *(978-0-332-69414-6(3))*; 2016. pap. 9.57 *(978-1-333-82890-5(X))* Forgotten Bks.

Juvenile Instructor, Vol. 43: A Monthly Magazine Devoted to the Interests of the Child, the Progress of the Sunday School & the Enlightenment of the Home; October 1, 1908 (Classic Reprint) Deseret Sunday School Union. 2018. (ENG., Illus.). (J). 54p. 25.03 *(978-0-366-34986-9(4))*; 56p. pap. 9.57 *(978-0-366-09136-2(0))* Forgotten Bks.

Juvenile Instructor, Vol. 43: A Mothly Magazine Devoted to the Interest of the Child, the Progress of the Sunday School & the Enlightenment of the Home, April 1, 1908 (Classic Reprint) Joseph F. Smith. (ENG., Illus.). (J). 2018. 54p. 25.01 *(978-0-267-35071-1(6))*; 2016. pap. 9.57 *(978-1-333-73988-1(5))* Forgotten Bks.

Juvenile Instructor, Vol. 43: An Illustrated Monthly Magazine Designed Expressly for the Education & Elevation of the Young, Organ of the Desert Sunday School Union; for the Year 1908 (Classic Reprint) Joseph F. Smith. (ENG., Illus.). (J). 2018. 56p. 25.05 *(978-0-484-89293-3(2))*; 2016. pap. 9.57 *(978-1-334-17117-8(3))* Forgotten Bks.

Juvenile Instructor, Vol. 43: June, 1908 (Classic Reprint) Deseret Sunday School Union. (ENG., Illus.). (J). 2018. 56p. 25.05 *(978-0-483-76489-7(2))*; 2016. pap. 9.57 *(978-1-333-84431-8(X))* Forgotten Bks.

Juvenile Instructor, Vol. 43: Organ of the Deseret Sunday School Union; February 1908 (Classic Reprint) Deseret Sunday School Union. 2016. (ENG., Illus.). (J). pap. 9.57 *(978-1-334-04108-2(3))* Forgotten Bks.

Juvenile Instructor, Vol. 43: September, 1908 (Classic Reprint) Deseret Sunday School Union. (ENG., Illus.). (J). 2018. 56p. 25.05 *(978-0-267-39574-3(4))*; 2016. pap. 9.57 *(978-1-334-13162-2(7))* Forgotten Bks.

Juvenile Instructor, Vol. 44: A Monthly Magazine Devoted to the Interest of the Child, the Progress of the Sunday School & the Enlightenment of the Home; November 1, 1909 (Classic Reprint) Deseret Sunday School Union. (ENG., Illus.). (J). 2018. 56p. 25.05 *(978-0-332-77622-4(0))*; 2016. pap. 9.57 *(978-1-333-74077-1(8))* Forgotten Bks.

Juvenile Instructor, Vol. 44: A Monthly Magazine; June 1, 1909 (Classic Reprint) Deseret Sunday School Union. (ENG., Illus.). (J). 2018. 56p. 25.05 *(978-0-332-86364-1(6))*; 2016. pap. 9.57 *(978-1-333-75889-9(8))* Forgotten Bks.

Juvenile Instructor, Vol. 44: August 1, 1909 (Classic Reprint) Joseph F. Smith. (ENG., Illus.). (J). 2018. 58p. 25.09 *(978-0-267-36815-0(1))*; 2016. pap. 9.57 *(978-1-334-16187-2(9))* Forgotten Bks.

Juvenile Instructor, Vol. 44: December 1, 1909 (Classic Reprint) Deseret Sunday School Union. (ENG., Illus.). (J). 2018. 62p. 25.18 *(978-0-483-33285-0(2))*; 2016. pap. 9.57 *(978-1-333-76122-6(8))* Forgotten Bks.

Juvenile Instructor, Vol. 44: February, 1909 (Classic Reprint) Deseret Sunday School Union. (ENG., Illus.). (J). 2018. 56p. 25.05 *(978-0-483-89937-7(2))*; 2016. pap. 9.57 *(978-1-334-11696-4(2))* Forgotten Bks.

Juvenile Instructor, Vol. 44: January, 1909 (Classic Reprint) Joseph F. Smith. (ENG., Illus.). (J). 2018. 56p. 25.05 *(978-0-332-99017-0(6))*; 2016. pap. 9.57 *(978-1-334-15848-3(7))* Forgotten Bks.

Juvenile Instructor, Vol. 44: July 1, 1909 (Classic Reprint) Joseph F. Smith. (ENG., Illus.). (J). 2018. 56p. 25.09 *(978-0-484-58657-3(2))*; 2016. pap. 9.57 *(978-1-334-17074-4(6))* Forgotten Bks.

Juvenile Instructor, Vol. 44: March 1, 1909 (Classic Reprint) Joseph F. Smith. (ENG., Illus.). (J). 2018. 56p. 25.05 *(978-0-483-34916-2(X))*; 2016. pap. 9.57 *(978-1-334-16932-8(2))* Forgotten Bks.

Juvenile Instructor, Vol. 44: May 1, 1909 (Classic Reprint) Deseret Sunday School Union. (ENG., Illus.). (J). 2018. 56p. 25.05 *(978-0-484-00121-2(3))*; 2016. pap. 9.57 *(978-1-334-13260-5(7))* Forgotten Bks.

Juvenile Instructor, Vol. 44: October, 1909; a Monthly Magazine Devoted to the Interest of the Child, the Progress of the Sunday School & the Enlightenment of the Home (Classic Reprint) Deseret Sunday School Union. (ENG., Illus.). (J). 2018. 56p. 25.05 *(978-0-483-95450-2(0))*; 2016. pap. 9.57 *(978-1-334-11693-3(8))* Forgotten Bks.

Juvenile Instructor, Vol. 44: Organ of the Deseret Sunday School Union; April 1, 1909 (Classic Reprint) Deseret Sunday School Union. (ENG., Illus.). (J). 2018. 56p. 25.05 *(978-0-267-35570-9(X))*; 2016. pap. 9.57 *(978-1-334-04113-6(X))* Forgotten Bks.

Juvenile Instructor, Vol. 44: September 1, 1909 (Classic Reprint) Deseret Sunday School Union. (ENG., Illus.). (J). 2018. 54p. 25.01 *(978-0-332-19650-3(X))*; 2016. pap. 9.57 *(978-1-334-16027-1(9))* Forgotten Bks.

Juvenile Instructor, Vol. 45: A Monthly Magazine Devoted to the Interest of the Child, the Progress of the Sunday School & the Enlightenment of the Home; March, 1910 (Classic Reprint) Joseph F. Smith. 2018. (ENG., Illus.). 68p. (J). 25.30 *(978-0-267-52557-7(5))* Forgotten Bks.

Juvenile Instructor, Vol. 45: August, 1910 (Classic Reprint) Deseret Sunday School Union. (ENG., Illus.). (J). 2018. 74p. 25.46 *(978-0-484-89077-9(8))*; 2016. pap. 9.57 *(978-1-333-75927-8(4))* Forgotten Bks.

Juvenile Instructor, Vol. 45: February, 1910 (Classic Reprint) Joseph F. Smith. (ENG., Illus.). (J). 2018. 62p. 25.18 *(978-0-267-39843-0(3))*; 2016. pap. 9.57 *(978-1-334-12605-5(4))* Forgotten Bks.

Juvenile Instructor, Vol. 45: For the Year 1910 (Classic Reprint) Deseret Sunday School Union. (ENG., Illus.). (J). 2018. 78p. 25.51 *(978-0-483-94001-7(1))*; 2016. pap. 9.57 *(978-1-334-15287-0(X))* Forgotten Bks.

Juvenile Instructor, Vol. 45: January, 1910 (Classic Reprint) Joseph F. Smith. (ENG., Illus.). (J). 2018. 66p. 25.30 *(978-0-483-19358-1(5))*; 2016. pap. 9.57 *(978-1-333-11699-6(3))* Forgotten Bks.

Juvenile Instructor, Vol. 45: July, 1910 (Classic Reprint) Joseph F. Smith. (ENG., Illus.). (J). 2018. 76p. 25.46 *(978-0-483-94258-5(8))*; 2016. pap. 9.57 *(978-1-334-16918-2(7))* Forgotten Bks.

Juvenile Instructor, Vol. 45: June, 1910 (Classic Reprint) Joseph F. Smith. (ENG., Illus.). (J). 2018. 70p. 25.34 *(978-0-484-24022-2(6))*; 2016. pap. 9.57 *(978-1-334-16746-1(X))* Forgotten Bks.

Juvenile Instructor, Vol. 45: May, 1910 (Classic Reprint) Deseret Sunday School Union. (ENG., Illus.). (J). 2018. 70p. 25.34 *(978-0-484-19191-3(8))*; 2016. pap. 9.57 *(978-1-334-09986-1(3))* Forgotten Bks.

Juvenile Instructor, Vol. 45: November, 1910 (Classic Reprint) Joseph F. Smith. (ENG., Illus.). (J). 2018. 68p. 25.30 *(978-0-483-50439-4(4))*; 2016. pap. 9.57 *(978-1-333-13480-8(0))* Forgotten Bks.

Juvenile Instructor, Vol. 45: October, 1910 (Classic Reprint) Deseret Sunday School Union. (ENG., Illus.). (J). 2018. 74p. 25.42 *(978-0-483-96617-8(7))*; 2016. pap. 9.57 *(978-1-334-16279-4(4))* Forgotten Bks.

Juvenile Instructor, Vol. 45: Organ of the Deseret Sunday School Union; April, 1910 (Classic Reprint) Joseph F. Smith. (ENG., Illus.). (J). 2018. 70p. 25.34 *(978-0-267-35145-9(3))*; 2016. pap. 9.57 *(978-1-333-75027-5(7))* Forgotten Bks.

Juvenile Instructor, Vol. 45: September, 1910 (Classic Reprint) Joseph Fielding Smith. 2017. (ENG., Illus.). (J). 72p. 25.38 *(978-0-332-96444-7(2))*; pap. 9.57 *(978-1-5276-5451-8(6))* Forgotten Bks.

Juvenile Instructor, Vol. 46: An Illustrated Monthly Magazine Designed Expressly for the Education & Elevation of the Young; December, 1911 (Classic Reprint) Joseph F. Smith. (ENG., Illus.). (J). 2018. 84p. 25.63 *(978-0-484-36566-6(5))*; 2016. pap. 9.57 *(978-1-333-75317-7(9))* Forgotten Bks.

Juvenile Instructor, Vol. 46: August, 1911 (Classic Reprint) Deseret Sunday School Union. (ENG., Illus.). (J). 2018. 70p. 25.38 *(978-0-484-84634-9(5))*; 2016. pap. 9.57 *(978-1-333-74438-0(2))* Forgotten Bks.

Juvenile Instructor, Vol. 46: February, 1911 (Classic Reprint) Joseph F. Smith. (ENG., Illus.). (J). 2018. 68p. 25.30 *(978-0-483-57238-6(1))*; 2016. pap. 9.57 *(978-1-333-73881-5(1))* Forgotten Bks.

Juvenile Instructor, Vol. 46: January, 1911 (Classic Reprint) Joseph F. Smith. (ENG., Illus.). (J). 2018. 72p. 25.38 *(978-0-483-93870-0(X))*; 2016. pap. 9.57 *(978-1-334-16334-0(0))* Forgotten Bks.

Juvenile Instructor, Vol. 46: July 1911 (Classic Reprint) Deseret Sunday School Union. (ENG., Illus.). (J). 2018. 78p. 25.53 *(978-0-364-40498-0(1))*; 2017. pap. 9.57 *(978-0-282-54072-2(5))* Forgotten Bks.

Juvenile Instructor, Vol. 46: March 1911 (Classic Reprint) Joseph Fielding Smith. (ENG., Illus.). (J). 2018. 76p. 25.46 *(978-0-483-40508-0(6))*; 2017. pap. 9.57 *(978-1-5276-5450-1(8))* Forgotten Bks.

Juvenile Instructor, Vol. 46: May, 1911 (Classic Reprint) Joseph F. Smith. (ENG., Illus.). (J). 2018. 72p. 25.40 *(978-0-483-50075-4(5))*; 2016. pap. 9.57 *(978-1-334-15370-9(1))* Forgotten Bks.

Juvenile Instructor, Vol. 46: October 1911 (Classic Reprint) Deseret Sunday School Union. (ENG., Illus.). (J). 2018. 66p. 25.26 *(978-0-483-56569-2(5))*; 2016. pap. 9.57 *(978-1-334-11770-1(5))* Forgotten Bks.

Juvenile Instructor, Vol. 46: Organ of the Deseret Sunday School Union; April, 1911 (Classic Reprint) Deseret Sunday School Union. (ENG., Illus.). (J). 2018. 76p. 25.46 *(978-0-483-46753-8(7))*; 2016. pap. 9.57 *(978-1-334-11660-5(1))* Forgotten Bks.

Juvenile Instructor, Vol. 46: Organ of the Deseret Sunday School Union; June, 1911 (Classic Reprint) Joseph F. Smith. (ENG., Illus.). (J). 2018. 74p. 25.44 *(978-0-483-53701-9(2))*; 2016. pap. 9.57 *(978-1-333-79944-1(6))* Forgotten Bks.

Juvenile Instructor, Vol. 46: Organ of the Deseret Sunday School Union; November, 1911 (Classic Reprint) Joseph F. Smith. (ENG., Illus.). (J). 2018. 70p. 25.34 *(978-0-483-61614-1(1))*; 2016. pap. 9.57 *(978-1-333-73677-4(0))* Forgotten Bks.

Juvenile Instructor, Vol. 46: September, 1911 (Classic Reprint) Joseph F. Smith. (ENG., Illus.). (J). 2018. 72p. 25.38 *(978-0-483-90956-4(4))*; 2016. pap. 9.57 *(978-1-334-11618-6(0))* Forgotten Bks.

Juvenile Instructor, Vol. 47: April, 1912 (Classic Reprint) Joseph F. Smith. (ENG., Illus.). (J). 2018. 72p. 25.34 *(978-0-332-89737-0(0))*; 2016. pap. 9.57 *(978-1-334-16724-9(9))* Forgotten Bks.

Juvenile Instructor, Vol. 47: August, 1912 (Classic Reprint) Joseph F. Smith. (ENG., Illus.). (J). 2018. 72p. 25.38 *(978-0-267-35515-0(7))*; 2016. pap. 9.57 *(978-1-334-17190-1(4))* Forgotten Bks.

Juvenile Instructor, Vol. 47: December, 1912 (Classic Reprint) Joseph F. Smith. (ENG., Illus.). (J). 2018. 92p. 25.79 *(978-0-267-36578-4(0))*; 2016. pap. 9.57 *(978-1-334-16470-5(3))* Forgotten Bks.

Juvenile Instructor, Vol. 47: February, 1912 (Classic Reprint) Deseret Sunday School Union. (ENG., Illus.). (J). 2018. 76p. 25.46 *(978-0-483-60521-3(2))*; 2016. pap. 9.57 *(978-1-334-16269-5(7))* Forgotten Bks.

Juvenile Instructor, Vol. 47: March, 1912 (Classic Reprint) Joseph F. Smith. (ENG., Illus.). (J). 2018. 70p. 25.36 *(978-0-483-62296-8(6))*; 2016. pap. 9.57 *(978-1-334-16894-9(6))* Forgotten Bks.

Juvenile Instructor, Vol. 47: May, 1912 (Classic Reprint) Joseph F. Smith. (ENG., Illus.). (J). 2018. 70p. 25.38 *(978-0-332-16430-4(6))*; 2016. pap. 9.57 *(978-1-333-84411-0(5))* Forgotten Bks.

Juvenile Instructor, Vol. 47: October, 1912 (Classic Reprint) Joseph F. Smith. (ENG., Illus.). (J). 2017. 25.38 *(978-0-331-98171-1(8))*; 2016. pap. 9.57 *(978-1-333-76558-3(4))* Forgotten Bks.

Juvenile Instructor, Vol. 47: Organ of the Deseret Sunday School Union; June, 1912 (Classic Reprint) Joseph F. Smith. (ENG., Illus.). (J). 2018. 72p. 25.38 *(978-0-483-97624-5(5))*; 2016. pap. 9.57 *(978-1-334-16474-3(6))* Forgotten Bks.

Juvenile Instructor, Vol. 47: September, 1912 (Classic Reprint) Deseret Sunday School Union. (ENG., Illus.). (J). 2018. 72p. 25.38 *(978-0-484-71673-4(5))*; 2016. pap. 9.57 *(978-1-334-17590-9(X))* Forgotten Bks.

Juvenile Instructor, Vol. 48: August, 1913 (Classic Reprint) Deseret Sunday School Union. 2016. (ENG., Illus.). (J). pap. 9.57 *(978-1-334-11382-6(3))* Forgotten Bks.

Juvenile Instructor, Vol. 48: February, 1913 (Classic Reprint) Joseph F. Smith. (ENG., Illus.). (J). 2018. 86p. 25.67 *(978-0-483-44415-7(4))*; 2016. pap. 9.57 *(978-1-333-74699-5(7))* Forgotten Bks.

Juvenile Instructor, Vol. 48: March 1913; Organ of the Deseret Sunday School Union (Classic Reprint) Deseret Sunday School Union. 2016. (ENG., Illus.). (J). pap. 9.57 *(978-1-334-07805-7(X))* Forgotten Bks.

Juvenile Instructor, Vol. 48: May, 1913 (Classic Reprint) Deseret Sunday School Union. (ENG., Illus.). (J). 2018. 88p. 25.71 *(978-0-483-51488-1(8))*; 2016. pap. 9.57 *(978-1-334-33134-3(0))* Forgotten Bks.

Juvenile Instructor, Vol. 48: October, 1913 (Classic Reprint) Deseret Sunday School Union. (ENG., Illus.). (J). 2018. 88p. 25.71 *(978-0-483-43349-6(7))*; 2016. pap. 9.57 *(978-1-334-11606-3(7))* Forgotten Bks.

Juvenile Instructor, Vol. 48: Organ of the Deseret Sunday School Union; for the Year 1913 (Classic Reprint) Joseph Fielding Smith. (ENG., Illus.). (J). 2018. 88p. 25.71 *(978-0-267-36394-0(X))*; 2016. pap. 9.57 *(978-1-334-16576-4(9))* Forgotten Bks.

Juvenile Instructor, Vol. 48: Organ of the Deseret Sunday School Union; July, 1913 (Classic Reprint) Joseph F. Smith. (ENG., Illus.). (J). 2018. 88p. 25.71 *(978-0-483-39446-9(7))*; 2016. pap. 9.57 *(978-1-334-04154-9(7))* Forgotten Bks.

Juvenile Instructor, Vol. 48: Organ of the Deseret Sunday School Union; June, 1913 (Classic Reprint) Deseret

Sunday School Union. (ENG., Illus.). (J). 2018. 86p. 25.67 *(978-0-483-55332-3(8))*; 2016. pap. 9.57 *(978-1-334-04116-7(4))* Forgotten Bks.

Juvenile Instructor, Vol. 48: Organ of the Deseret Sunday School Union; September, 1913 (Classic Reprint) Deseret Sunday School Union. (ENG., Illus.). (J). 2018. 88p. 25.71 *(978-0-483-53702-6(0))*; 2016. pap. 9.57 *(978-1-333-79943-4(8))* Forgotten Bks.

Juvenile Instructor, Vol. 49: April, 1914 (Classic Reprint) Deseret Sunday School Union. (ENG., Illus.). (J). 2018. 86p. 25.67 *(978-0-428-18942-6(3))*; 2016. pap. 9.57 *(978-1-334-34376-6(4))* Forgotten Bks.

Juvenile Instructor, Vol. 49: January, 1914 (Classic Reprint) Joseph F. Smith. (ENG., Illus.). (J). 2018. 88p. 25.71 *(978-0-484-87053-5(X))*; 2016. pap. 9.57 *(978-1-334-17133-8(5))* Forgotten Bks.

Juvenile Instructor, Vol. 49: July, 1914 (Classic Reprint) Deseret Sunday School Union. (ENG., Illus.). (J). 2018. 84p. 25.63 *(978-0-267-36322-3(2))*; 2016. pap. 9.57 *(978-1-334-16772-0(9))* Forgotten Bks.

Juvenile Instructor, Vol. 49: June, 1914 (Classic Reprint) Deseret Sunday School Union. (ENG., Illus.). (J). 2018. 84p. 25.63 *(978-0-428-62358-6(1))*; 2016. pap. 9.57 *(978-1-333-74681-0(4))* Forgotten Bks.

Juvenile Instructor, Vol. 49: March, 1914 (Classic Reprint) Deseret Sunday School Union. (ENG., Illus.). (J). 2018. 82p. 25.61 *(978-0-483-89741-0(8))*; 2016. pap. 9.57 *(978-1-333-74227-0(4))* Forgotten Bks.

Juvenile Instructor, Vol. 49: November, 1914 (Classic Reprint) Deseret Sunday School Union. 2016. (ENG., Illus.). (J). pap. 9.57 *(978-1-333-78046-3(X))* Forgotten Bks.

Juvenile Instructor, Vol. 49: October, 1914 (Classic Reprint) Deseret Sunday School Union. 2016. (ENG., Illus.). (J). pap. 9.57 *(978-1-334-11269-0(X))* Forgotten Bks.

Juvenile Instructor, Vol. 49: Organ of the Deseret Sunday School Union; August, 1914 (Classic Reprint) Deseret Sunday School Union. (ENG., Illus.). (J). 2018. 78p. 25.53 *(978-0-267-35574-7(2))*; 2016. pap. 9.57 *(978-1-333-80096-3(7))* Forgotten Bks.

Juvenile Instructor, Vol. 49: September, 1914 (Classic Reprint) Joseph F. Smith. (ENG., Illus.). (J). 2018. 78p. 25.53 *(978-0-267-36744-3(9))*; 2016. pap. 9.57 *(978-1-334-16325-8(1))* Forgotten Bks.

Juvenile Instructor, Vol. 50: August, 1915 (Classic Reprint) Joseph F. Smith. (ENG., Illus.). (J). 2018. 78p. 25.53 *(978-0-484-60841-1(X))*; 2016. pap. 9.57 *(978-1-334-17073-7(8))* Forgotten Bks.

Juvenile Instructor, Vol. 50: For 1915 (Classic Reprint) Deseret Sunday School Union. (ENG., Illus.). (J). 2018. 102p. 26.02 *(978-0-484-87703-9(8))*; 2016. pap. 9.57 *(978-1-334-33210-4(X))* Forgotten Bks.

Juvenile Instructor, Vol. 50: Jubilee Year, March, 1915 (Classic Reprint) Deseret Sunday School Union. 2016. (ENG., Illus.). (J). pap. 9.57 *(978-1-334-11527-1(3))* Forgotten Bks.

Juvenile Instructor, Vol. 50: Jubilee Year; September, 1915 (Classic Reprint) Deseret Sunday School Union. (ENG., Illus.). (J). 2018. 78p. 25.51 *(978-0-484-24099-4(4))*; 2016. pap. 9.57 *(978-1-334-16567-2(X))* Forgotten Bks.

Juvenile Instructor, Vol. 50: June, 1915 (Classic Reprint) Deseret Sunday School Union. (ENG., Illus.). (J). 2018. 86p. 25.69 *(978-0-483-50941-2(8))*; 2016. pap. 9.57 *(978-1-333-87832-0(X))* Forgotten Bks.

Juvenile Instructor, Vol. 50: November, 1915 (Classic Reprint) Joseph F. Smith. (ENG., Illus.). (J). 2018. 86p. 25.69 *(978-0-332-10285-6(8))*; 2016. pap. 9.57 *(978-1-334-16297-8(2))* Forgotten Bks.

Juvenile Instructor, Vol. 50: October, 1915 (Classic Reprint) Deseret Sunday School Union. (ENG., Illus.). (J). 2018. 78p. 25.53 *(978-0-267-36566-1(7))*; 2016. pap. 9.57 *(978-1-334-16510-8(6))* Forgotten Bks.

Juvenile Instructor, Vol. 51: April, 1916 (Classic Reprint) Joseph F. Smith. (ENG., Illus.). (J). 2018. 86p. 25.67 *(978-0-483-50940-5(X))*; 2016. pap. 9.57 *(978-1-334-16977-9(2))* Forgotten Bks.

Juvenile Instructor, Vol. 51: August, 1916 (Classic Reprint) Deseret Sunday School Union. 2018. (ENG., Illus.). 86p. (J). 25.71 *(978-0-483-04611-5(6))* Forgotten Bks.

Juvenile Instructor, Vol. 51: February, 1916 (Classic Reprint) Deseret Sunday School Union. (ENG., Illus.). (J). 2018. 86p. 25.67 *(978-0-483-89936-0(4))*; 2016. pap. 9.57 *(978-1-334-12505-8(8))* Forgotten Bks.

Juvenile Instructor, Vol. 51: January, 1916 (Classic Reprint) Joseph F. Smith. (ENG., Illus.). (J). 2018. 80p. 25.55 *(978-0-483-95179-2(X))*; 2016. pap. 9.57 *(978-1-334-17196-3(3))* Forgotten Bks.

Juvenile Instructor, Vol. 51: July, 1916 (Classic Reprint) Deseret Sunday School Union. (ENG., Illus.). (J). 2018. 88p. 25.71 *(978-0-483-41190-6(6))*; 2016. pap. 9.57 *(978-1-334-16317-3(0))* Forgotten Bks.

Juvenile Instructor, Vol. 51: March, 1916 (Classic Reprint) Deseret Sunday School Union. 2016. (ENG., Illus.). (J). pap. 9.57 *(978-1-334-29768-7(1))* Forgotten Bks.

Juvenile Instructor, Vol. 51: May, 1916 (Classic Reprint) Joseph F. Smith. (ENG., Illus.). (J). 2018. 88p. 25.71 *(978-0-267-36608-8(6))*; 2016. pap. 9.57 *(978-1-334-16421-7(5))* Forgotten Bks.

Juvenile Instructor, Vol. 52: April, 1917 (Classic Reprint) Deseret Sunday School Union. (ENG., Illus.). (J). 2018. 70p. 25.34 *(978-0-267-78414-1(7))*; 2016. pap. 9.57 *(978-1-334-29292-7(2))* Forgotten Bks.

Juvenile Instructor, Vol. 52: August, 1917 (Classic Reprint) Joseph F. Smith. (ENG., Illus.). (J). 2018. 70p. 25.38 *(978-0-484-00251-6(1))*; 2016. pap. 9.57 *(978-1-334-07728-9(2))* Forgotten Bks.

Juvenile Instructor, Vol. 52: February, 1917 (Classic Reprint) Deseret Sunday School Union. (ENG., Illus.). (J). 2018. 72p. 25.38 *(978-0-428-27195-4(2))*; 2016. pap. 9.57 *(978-1-333-76253-7(4))* Forgotten Bks.

Juvenile Instructor, Vol. 52: January, 1917 (Classic Reprint) Joseph F. Smith. 2018. (ENG., Illus.). 72p. (J). 25.38 *(978-0-484-36175-0(9))* Forgotten Bks.

Juvenile Instructor, Vol. 52: July, 1917 (Classic Reprint) Joseph F. Smith. (ENG., Illus.). (J). 2018. 68p. 25.30 *(978-0-267-39791-4(7))*; 2016. pap. 9.57 *(978-1-334-07516-2(6))* Forgotten Bks.

Juvenile Instructor, Vol. 52: June, 1917 (Classic Reprint) Deseret Sunday School Union. (ENG., Illus.). (J). 2018. 70p. 25.34 *(978-0-267-35569-3(6))*; 2016. pap. 9.57 *(978-1-334-04115-0(6))* Forgotten Bks.

Juvenile Instructor, Vol. 52: March, 1917 (Classic Reprint) Joseph F. Smith. 2016. (ENG., Illus.). (J). pap. 9.57 *(978-1-333-73434-3(4))* Forgotten Bks.

Juvenile Instructor, Vol. 52: May, 1917 (Classic Reprint) Joseph F. Smith. 2016. (ENG., Illus.). (J). pap. 9.57 *(978-1-334-12582-9(1))* Forgotten Bks.

Juvenile Instructor, Vol. 52: November, 1917 (Classic Reprint) Joseph F. Smith. 2016. (ENG., Illus.). (J). pap. 9.57 *(978-1-334-10919-5(2))* Forgotten Bks.

Juvenile Instructor, Vol. 52: October, 1917 (Classic Reprint) Joseph F. Smith. (ENG., Illus.). (J). 2018. 70p. 25.34 *(978-0-267-36528-9(4))*; 2016. pap. 9.57 *(978-1-334-16552-8(1))* Forgotten Bks.

Juvenile Instructor, Vol. 52: September, 1917 (Classic Reprint) Joseph F. Smith. (ENG., Illus.). (J). 2018. 68p. 25.30 *(978-0-428-93598-6(2))*; 2016. pap. 9.57 *(978-1-333-17040-0(8))* Forgotten Bks.

Juvenile Instructor, Vol. 53: December, 1918 (Classic Reprint) Heber J. Grant. (ENG., Illus.). (J). 2018. 80p. 25.51 *(978-0-484-58277-3(1))*; 2016. pap. 9.57 *(978-1-334-15506-2(2))* Forgotten Bks.

Juvenile Instructor, Vol. 53: March, 1918 (Classic Reprint) Joseph F. Smith. (ENG., Illus.). (J). 2018. 70p. 25.34 *(978-0-666-97540-9(X))*; 2017. pap. 9.57 *(978-0-243-45451-8(1))* Forgotten Bks.

Juvenile Instructor, Vol. 53: May, 1918 (Classic Reprint) Joseph F. Smith. (ENG., Illus.). (J). 2018. 70p. 25.34 *(978-0-483-44563-5(0))*; 2016. pap. 9.57 *(978-1-334-16950-2(0))* Forgotten Bks.

Juvenile Instructor, Vol. 53: October, 1918 (Classic Reprint) Deseret Sunday School Union. (ENG., Illus.). (J). 2018. 72p. 25.30 *(978-0-483-15319-6(2))*; 2016. pap. 9.57 *(978-1-334-11402-1(1))* Forgotten Bks.

Juvenile Instructor, Vol. 53: Organ of the Deseret Sunday School Union; April, 1918 (Classic Reprint) Joseph F. Smith. 2018. (ENG., Illus.). 68p. (J). 25.30 *(978-0-267-35962-2(4))* Forgotten Bks.

Juvenile Instructor, Vol. 53: Organ of the Deseret Sunday School Union; January, 1918 (Classic Reprint) Joseph F. Smith. (ENG., Illus.). (J). 2018. 72p. 25.38 *(978-0-483-54336-2(5))*; 2016. pap. 9.57 *(978-1-334-15384-6(1))* Forgotten Bks.

Juvenile Instructor, Vol. 53: Organ of the Deseret Sunday School Union; July, 1918 (Classic Reprint) Deseret Sunday School Union. (ENG., Illus.). (J). 2018. 70p. 25.34 *(978-0-483-93868-7(8))*; 2016. pap. 9.57 *(978-1-333-87859-7(1))* Forgotten Bks.

Juvenile Instructor, Vol. 54: April, 1919 (Classic Reprint) Heber J. Grant. (ENG., Illus.). (J). 2018. 70p. 25.34 *(978-0-483-99323-5(9))*; 2016. pap. 9.57 *(978-1-334-16864-2(4))* Forgotten Bks.

Juvenile Instructor, Vol. 54: August, 1919 (Classic Reprint) Deseret Sunday School Union. (ENG., Illus.). (J). 2018. 72p. 25.38 *(978-0-365-17691-6(5))*; 2016. pap. 9.57 *(978-1-334-36946-9(1))* Forgotten Bks.

Juvenile Instructor, Vol. 54: December, 1919 (Classic Reprint) Deseret Sunday School Union. (ENG., Illus.). (J). 2018. 80p. 25.55 *(978-0-267-35120-6(8))*; 2016. pap. 9.57 *(978-1-333-74658-2(X))* Forgotten Bks.

Juvenile Instructor, Vol. 54: February, 1919 (Classic Reprint) Heber J. Grant. (ENG., Illus.). (J). 2018. 68p. 25.34 *(978-0-428-31648-8(4))*; 2016. pap. 9.57 *(978-1-334-16436-1(3))* Forgotten Bks.

Juvenile Instructor, Vol. 54: March, 1919 (Classic Reprint) Heber J. Grant. (ENG., Illus.). (J). 2018. 68p. 25.32 *(978-0-483-94749-8(0))*; 2016. pap. 9.57 *(978-1-334-33426-9(9))* Forgotten Bks.

Juvenile Instructor, Vol. 54: May, 1919 (Classic Reprint) Heber J. Grant. (ENG., Illus.). (J). 2018. 70p. 25.34 *(978-0-484-13409-5(4))*; 2016. pap. 9.57 *(978-1-334-37874-4(6))* Forgotten Bks.

Juvenile Instructor, Vol. 54: November, 1919 (Classic Reprint) Heber J. Grant. 2018. (ENG., Illus.). 78p. (J). 25.55 *(978-0-484-50659-5(5))* Forgotten Bks.

Juvenile Instructor, Vol. 54: October, 1919 (Classic Reprint) Deseret Sunday School Union. 2018. (ENG., Illus.). 62p. (J). 25.18 *(978-0-484-23901-1(5))* Forgotten Bks.

Juvenile Instructor, Vol. 55: April, 1920 (Classic Reprint) Deseret Sunday School Union. 2016. (ENG., Illus.). (J). pap. 9.57 *(978-1-333-99426-6(5))* Forgotten Bks.

Juvenile Instructor, Vol. 55: August, 1920 (Classic Reprint) Heber J. Grant. (ENG., Illus.). (J). 2018. 70p. 25.38 *(978-0-332-31122-7(8))*; 2016. pap. 9.57 *(978-1-334-15270-2(5))* Forgotten Bks.

Juvenile Instructor, Vol. 55: February, 1920 (Classic Reprint) Deseret Sunday School Union. (ENG., Illus.). (J). 2018. 68p. 25.30 *(978-0-267-35414-6(2))*; 2016. pap. 9.57 *(978-1-333-78037-1(0))* Forgotten Bks.

Juvenile Instructor, Vol. 55: January, 1920 (Classic Reprint) Heber Jeddy Grant. 2018. (ENG., Illus.). (J). 66p. 25.26 *(978-0-366-53636-8(2))*; 68p. pap. 9.57 *(978-0-365-87316-7(0))* Forgotten Bks.

Juvenile Instructor, Vol. 55: July, 1920 (Classic Reprint) Heber J. Grant. (ENG., Illus.). (J). 2018. 70p. 25.36 *(978-0-483-99318-1(2))*; 2016. pap. 9.57 *(978-1-333-74284-3(3))* Forgotten Bks.

Juvenile Instructor, Vol. 55: March, 1920 (Classic Reprint) Heber J. Grant. (ENG., Illus.). (J). 2018. 70p. 25.34 *(978-0-267-36285-1(4))*; 2016. pap. 9.57 *(978-1-333-99486-0(9))* Forgotten Bks.

Juvenile Instructor, Vol. 55: November, 1920 (Classic Reprint) Deseret Sunday School Union. (ENG., Illus.). (J). 2018. 70p. 25.34 *(978-0-267-39805-8(0))*; 2016. pap. 9.57 *(978-1-334-12794-6(8))* Forgotten Bks.

Juvenile Instructor, Vol. 55: October, 1920 (Classic Reprint) Heber J. Grant. 2016. (ENG., Illus.). (J). pap. 9.57 *(978-1-334-10918-8(4))* Forgotten Bks.

Juvenile Instructor, Vol. 55: Organ of the Deseret Sunday School Union; December, 1920 (Classic Reprint) Heber Jeddy Grant. (ENG., Illus.). (J). 2018. 80p. 25.51 *(978-0-483-02239-3(X))*; 2016. pap. 9.57 *(978-1-334-12645-1(3))* Forgotten Bks.

Juvenile Instructor, Vol. 55: Organ of the Deseret Sunday School Union; May, 1920 (Classic Reprint) Deseret Sunday School Union. 2016. (ENG., Illus.). (J). pap. 9.57 *(978-1-333-89814-4(2))* Forgotten Bks.

Juvenile Instructor, Vol. 55: September, 1920 (Classic Reprint) Deseret Sunday School Union. (ENG., Illus.). (J). 2018. 72p. 25.38 *(978-0-267-36574-6(8))*; 2016. pap. 9.57 *(978-1-334-11090-0(5))* Forgotten Bks.

Juvenile Instructor, Vol. 56: An Illustrated Monthly Magazine Designed Expressly for the Education & Elevation of the Young; for 1921 (Classic Reprint) Heber J. Grant. (ENG., Illus.). (J). 2018. 78p. 25.51 *(978-0-267-12373-5(6))*; 2016. pap. 9.57 *(978-1-334-53051-7(3))* Forgotten Bks.

Juvenile Instructor, Vol. 56: August, 1921 (Classic Reprint) Heber J. Grant. (ENG., Illus.). (J). 2018. 70p. 25.32 *(978-0-483-55053-7(1))*; 2016. pap. 9.57 *(978-1-334-06563-7(2))* Forgotten Bks.

Juvenile Instructor, Vol. 56: February, 1921 (Classic Reprint) Heber J. Grant. (ENG., Illus.). (J). 2018. 66p. 25.26 *(978-0-267-59761-1(4))*; 2016. pap. 9.57 *(978-1-334-14605-3(5))* Forgotten Bks.

Juvenile Instructor, Vol. 56: January, 1921 (Classic Reprint) Heber J. Grant. (ENG., Illus.). (J). 2018. 72p. 25.40 *(978-0-483-93174-9(8))*; 2016. pap. 9.57 *(978-1-333-28954-6(5))* Forgotten Bks.

Juvenile Instructor, Vol. 56: July, 1921 (Classic Reprint) Heber J. Grant. (ENG., Illus.). (J). 2018. 66p. 25.28 *(978-0-267-39804-1(2))*; 2016. pap. 9.57 *(978-1-334-13785-3(4))* Forgotten Bks.

Juvenile Instructor, Vol. 56: June, 1921 (Classic Reprint) Heber J. Grant. 2018. (ENG., Illus.). (J). 70p. 25.34 *(978-0-366-53395-4(9))*; 72p. pap. 9.57 *(978-0-365-86525-4(7))* Forgotten Bks.

Juvenile Instructor, Vol. 56: May, 1921 (Classic Reprint) Deseret Sunday School Union. (ENG., Illus.). (J). 2018. 66p. 25.28 *(978-0-483-91830-6(X))*; 2016. pap. 9.57 *(978-1-334-15369-3(8))* Forgotten Bks.

Juvenile Instructor, Vol. 56: October, 1921 (Classic Reprint) Heber J. Grant. (ENG., Illus.). (J). 2018. 58p. 25.22 *(978-0-332-20635-6(1))*; 2016. pap. 9.57 *(978-1-334-15265-8(9))* Forgotten Bks.

Juvenile Instructor, Vol. 56: Organ of the Deseret Sunday School Union; April, 1920 (Classic Reprint) Heber Jeddy Grant. (ENG., Illus.). (J). 2018. 72p. 25.38 *(978-0-483-92150-4(5))*; 2016. pap. 9.57 *(978-1-334-34489-3(2))* Forgotten Bks.

Juvenile Instructor, Vol. 56: Organ of the Deseret Sunday School Union; March, 1921 (Classic Reprint) Heber J. Grant. (ENG., Illus.). (J). 2018. 68p. 25.30 *(978-0-483-98939-9(8))*; 2016. pap. 9.57 *(978-1-333-75633-8(X))* Forgotten Bks.

Juvenile Instructor, Vol. 56: Organ of the Deseret Sunday School Union; September, 1921 (Classic Reprint) Heber J. Grant. (ENG., Illus.). (J). 2018. 68p. 25.30 *(978-0-267-57293-9(X))*; 2016. pap. 9.57 *(978-1-334-16522-1(X))* Forgotten Bks.

Juvenile Instructor, Vol. 57: April, 1922 (Classic Reprint) Heber J. Grant. 2018. (ENG., Illus.). 72p. (J). 25.34 *(978-0-483-44154-5(6))* Forgotten Bks.

Juvenile Instructor, Vol. 57: August, 1922 (Classic Reprint) Deseret Sunday School Union. (ENG., Illus.). (J). 2018. 68p. 25.34 *(978-0-332-54281-2(5))*; 2016. pap. 9.57 *(978-1-334-16596-2(3))* Forgotten Bks.

Juvenile Instructor, Vol. 57: February, 1922 (Classic Reprint) Deseret Sunday School Union. 2017. (ENG., Illus.). (J). pap. 9.57 *(978-0-243-24639-7(0))* Forgotten Bks.

Juvenile Instructor, Vol. 57: January, 1922 (Classic Reprint) Heber J. Grant. (ENG., Illus.). (J). 2018. 70p. 25.34 *(978-0-484-14935-8(0))*; 2016. pap. 9.57 *(978-1-334-16978-6(0))* Forgotten Bks.

Juvenile Instructor, Vol. 57: June, 1922 (Classic Reprint) Heber J. Grant. (ENG., Illus.). (J). 2018. 70p. 25.34 *(978-0-267-39074-8(2))*; 2016. pap. 9.57 *(978-1-334-13781-5(1))* Forgotten Bks.

Juvenile Instructor, Vol. 57: March, 1922 (Classic Reprint) Deseret Sunday School Union. 2016. (ENG., Illus.). (J). pap. 9.57 *(978-1-333-75266-8(0))* Forgotten Bks.

Juvenile Instructor, Vol. 57: October, 1922 (Classic Reprint) Heber J. Grant. (ENG., Illus.). (J). 2018. 70p. 25.34 *(978-0-484-85425-2(9))*; 2016. pap. 9.57 *(978-1-334-13259-9(3))* Forgotten Bks.

Juvenile Instructor, Vol. 57: Organ of the Deseret Sunday School Union; November, 1922 (Classic Reprint) Deseret Sunday School Union. (ENG., Illus.). (J). 2018. 70p. 25.34 *(978-0-267-35549-5(1))*; 2016. pap. 9.57 *(978-1-333-86763-8(8))* Forgotten Bks.

Juvenile Instructor, Vol. 57: September, 1922 (Classic Reprint) Deseret Sunday School Union. (ENG., Illus.). (J). 2018. 72p. 25.38 *(978-0-267-36743-6(0))*; 2016. pap. 9.57 *(978-1-334-16318-0(9))* Forgotten Bks.

Juvenile Instructor, Vol. 58: August, 1923 (Classic Reprint) Deseret Sunday School Union. (ENG., Illus.). (J). 2018. 70p. 25.34 *(978-0-484-91216-7(X))*; 2017. pap. 9.57 *(978-1-333-25128-4(9))* Forgotten Bks.

Juvenile Instructor, Vol. 58: December, 1923 (Classic Reprint) Deseret Sunday School Union. (ENG., Illus.). (J). 2018. 78p. 25.51 *(978-0-267-78433-2(3))*; 2016. pap. 9.57 *(978-1-334-29548-5(4))* Forgotten Bks.

Juvenile Instructor, Vol. 58: February, 1923 (Classic Reprint) Deseret Sunday School Union. (ENG., Illus.). (J). 2018. 70p. 25.34 *(978-0-267-38246-0(4))*; 2016. pap. 9.57 *(978-1-334-15379-2(5))* Forgotten Bks.

Juvenile Instructor, Vol. 58: July, 1923 (Classic Reprint) Heber Jeddy Grant. (ENG., Illus.). (J). 2018. 70p. 25.34 *(978-0-484-76320-2(2))*; 2016. pap. 9.57 *(978-1-334-13630-6(0))* Forgotten Bks.

Juvenile Instructor, Vol. 58: March, 1923 (Classic Reprint) Heber J. Grant. (ENG., Illus.). (J). 2018. 72p. 25.38 *(978-0-267-36533-3(0))*; 2016. pap. 9.57 *(978-1-334-16461-3(4))* Forgotten Bks.

Juvenile Instructor, Vol. 58: October, 1923 (Classic Reprint) Heber J. Grant. (ENG., Illus.). (J). 2018. 68p. 25.30 *(978-0-483-93281-4(7))*; 2016. pap. 9.57 *(978-1-334-17070-6(3))* Forgotten Bks.

Juvenile Instructor, Vol. 58: Organ of the Deseret Sunday School Union; April, 1923 (Classic Reprint) Heber J. Grant. (ENG., Illus.). (J). 2018. 70p. 25.34 *(978-0-332-79590-4(X))*; 2016. pap. 9.57 *(978-1-334-15665-6(4))* Forgotten Bks.

Juvenile Instructor, Vol. 58: Organ of the Deseret Sunday School Union; January, 1923 (Classic Reprint) George D. Pyper. (ENG., Illus.). (J). 2018. 70p. 25.34 *(978-0-267-53084-7(6))*; 2017. pap. 9.57 *(978-0-259-22276-7(3))* Forgotten Bks.

Juvenile Instructor, Vol. 58: September, 1923 (Classic Reprint) Deseret Sunday School Union. 2018. (ENG., Illus.). 68p. (J). 25.34 *(978-0-483-55408-5(1))* Forgotten Bks.

Juvenile Instructor, Vol. 59: August, 1924 (Classic Reprint) Heber Jeddy Grant. (ENG., Illus.). (J). 2018. 70p. 25.34 *(978-0-267-36235-6(8))*; 2016. pap. 9.57 *(978-1-333-83099-1(8))* Forgotten Bks.

Juvenile Instructor, Vol. 59: December, 1924 (Classic Reprint) Heber J. Grant. (ENG., Illus.). (J). 2018. 78p. 25.51 *(978-0-267-35571-6(8))*; 2016. pap. 9.57 *(978-1-334-04110-5(5))* Forgotten Bks.

Juvenile Instructor, Vol. 59: February, 1924 (Classic Reprint) Deseret Sunday School Union. (ENG., Illus.). (J). 2018. 72p. 25.38 *(978-0-483-88111-2(2))*; 2016. pap. 9.57 *(978-1-333-77141-6(X))* Forgotten Bks.

Juvenile Instructor, Vol. 59: January, 1924 (Classic Reprint) Deseret Sunday School Union. 2018. (ENG., Illus.). 70p. (J). 25.34 *(978-0-267-35762-8(1))* Forgotten Bks.

Juvenile Instructor, Vol. 59: July, 1924 (Classic Reprint) Heber J. Grant. (ENG., Illus.). (J). 2018. 72p. 25.38 *(978-0-483-93867-0(X))*; 2016. pap. 9.57 *(978-1-333-87902-0(4))* Forgotten Bks.

Juvenile Instructor, Vol. 59: June, 1924 (Classic Reprint) Deseret Sunday School Union. (ENG., Illus.). (J). 2018. 72p. 25.38 *(978-0-267-35542-6(4))*; 2016. pap. 9.57 *(978-1-333-25262-5(5))* Forgotten Bks.

Juvenile Instructor, Vol. 59: May, 1924 (Classic Reprint) Deseret Sunday School Union. 2018. (ENG., Illus.). 70p. (J). 25.34 *(978-0-483-93462-7(3))* Forgotten Bks.

Juvenile Instructor, Vol. 59: November, 1924 (Classic Reprint) Deseret Sunday School Union. (ENG., Illus.). (J). 2018. 72p. 25.38 *(978-0-267-35961-5(6))*; 2016. pap. 9.57 *(978-1-334-07404-2(6))* Forgotten Bks.

Juvenile Instructor, Vol. 59: October, 1924 (Classic Reprint) Heber J. Grant. (ENG., Illus.). (J). 2018. 66p. 25.28 *(978-0-365-18908-4(1))*; 2017. pap. 9.57 *(978-0-259-46714-4(6))* Forgotten Bks.

Juvenile Instructor, Vol. 59: September, 1924 (Classic Reprint) George Quayle Cannon. (ENG., Illus.). (J). 2018. 80p. 25.55 *(978-0-332-86472-3(3))*; 2016. pap. 9.57 *(978-1-333-18729-3(7))* Forgotten Bks.

Juvenile Instructor, Vol. 60: April, 1925 (Classic Reprint) Heber J. Grant. (ENG., Illus.). (J). 2018. 68p. 25.30 *(978-0-267-36071-0(1))*; 2016. pap. 9.57 *(978-1-334-16979-3(9))* Forgotten Bks.

Juvenile Instructor, Vol. 60: August, 1925 (Classic Reprint) Heber J. Grant. (ENG., Illus.). (J). 2018. 72p. 25.38 *(978-0-484-75936-6(1))*; 2016. pap. 9.57 *(978-1-333-76665-8(3))* Forgotten Bks.

Juvenile Instructor, Vol. 60: December, 1925 (Classic Reprint) Deseret Sunday School Union. (ENG., Illus.). (J). 2018. 78p. 25.51 *(978-0-483-97469-2(2))*; 2016. pap. 9.57 *(978-1-334-16268-8(9))* Forgotten Bks.

Juvenile Instructor, Vol. 60: February, 1925 (Classic Reprint) Deseret Sunday School Union. (ENG., Illus.). (J). 2018. 72p. 25.38 *(978-0-267-36778-8(3))*; 2016. pap. 9.57 *(978-1-334-16298-5(0))* Forgotten Bks.

Juvenile Instructor, Vol. 60: January, 1925 (Classic Reprint) Deseret Sunday School Union. 2017. (ENG., Illus.). (J). pap. 9.57 *(978-0-243-45639-0(5))* Forgotten Bks.

Juvenile Instructor, Vol. 60: July, 1925 (Classic Reprint) Heber J. Grant. (ENG., Illus.). (J). 2018. 70p. 25.34 *(978-0-267-36351-3(6))*; 2016. pap. 9.57 *(978-1-334-16863-5(6))* Forgotten Bks.

Juvenile Instructor, Vol. 60: June, 1925 (Classic Reprint) Unknown Author. (ENG., Illus.). (J). 2018. 78p. 25.51 *(978-0-483-90975-5(0))*; 2016. pap. 9.57 *(978-1-334-33909-7(0))* Forgotten Bks.

Juvenile Instructor, Vol. 60: March, 1925 (Classic Reprint) Heber J. Grant. (ENG., Illus.). (J). 2018. 72p. 25.38 *(978-0-484-67446-1(3))*; 2016. pap. 9.57 *(978-1-334-16893-2(8))* Forgotten Bks.

Juvenile Instructor, Vol. 60: May, 1925 (Classic Reprint) Heber J. Grant. (ENG., Illus.). (J). 2018. 70p. 25.34 *(978-0-483-99418-8(9))*; 2017. pap. 9.57 *(978-0-243-46161-5(5))* Forgotten Bks.

Juvenile Instructor, Vol. 60: October, 1925 (Classic Reprint) Heber J. Grant. (ENG., Illus.). (J). 2018. 70p. 25.38 *(978-0-483-32816-7(2))*; 2016. pap. 9.57 *(978-1-333-74235-5(5))* Forgotten Bks.

Juvenile Instructor, Vol. 60: September, 1925 (Classic Reprint) Heber J. Grant. (ENG., Illus.). (J). 2018. 72p. 25.38 *(978-0-267-40563-3(4))*; 2016. pap. 9.57 *(978-1-334-05511-9(4))* Forgotten Bks.

Juvenile Instructor, Vol. 61: December, 1926 (Classic Reprint) Deseret Sunday School Union. 2017. (ENG., Illus.). (J). 25.34 *(978-0-266-72631-9(3))*; pap. 9.57 *(978-1-5276-8622-9(1))* Forgotten Bks.

Juvenile Instructor, Vol. 61: March, 1926 (Classic Reprint) Unknown Author. 2018. (ENG., Illus.). 72p. (J). pap. 9.57 *(978-1-396-01038-5(6))* Forgotten Bks.

Juvenile Instructor, Vol. 61: November, 1926 (Classic Reprint) Deseret Sunday School Union. 2018. (ENG., Illus.). (J). 70p. 25.36 *(978-1-391-60766-5(X))*; 72p. pap. 9.57 *(978-1-391-59394-4(4))* Forgotten Bks.

Juvenile Instructor, Vol. 61: October, 1926 (Classic Reprint) Deseret Sunday School Union. 2017. (ENG., Illus.). (J). 25.42 *(978-0-331-22446-7(1))*; pap. 9.57 *(978-0-265-03546-7(5))* Forgotten Bks.

Juvenile Instructor, Vol. 62: August, 1927 (Classic Reprint) Deseret Sunday School Union. (ENG., Illus.). (J). 2018. 76p. 25.48 *(978-0-483-35832-4(0))*; 2017. pap. 9.57 *(978-0-259-50966-0(3))* Forgotten Bks.

Juvenile Instructor, Vol. 62: December, 1927 (Classic Reprint) Deseret Sunday School Union. 2017. (ENG., Illus.). (J). pap. 9.57 *(978-0-243-52065-7(4))* Forgotten Bks.

1082

The check digit for ISBN-10 appears in parentheses after the full ISBN-13

TITLE INDEX KAFKA & THE DOLL

Juvenile Instructor, Vol. 62: February, 1927 (Classic Reprint) Heber J. Grant. 2018. (ENG., Illus.). (J). 68p. 25.30 *(978-1-396-33663-8(X))*; 70p. pap. 9.57 *(978-1-391-59578-8(5))* Forgotten Bks.

Juvenile Instructor, Vol. 62: January, 1927 (Classic Reprint) Deseret Sunday School Union. (ENG., Illus.). (J). 2018. 76p. 25.46 *(978-0-656-34695-0(7))*; 2017. pap. 9.57 *(978-0-243-43614-9(9))* Forgotten Bks.

Juvenile Instructor, Vol. 62: July, 1927 (Classic Reprint) Heber J. Grant. 2017. (ENG., Illus.). (J). 70p. 25.36 *(978-0-484-41598-9(0))*; pap. 9.57 *(978-0-259-80436-9(3))* Forgotten Bks.

Juvenile Instructor, Vol. 62: June, 1927 (Classic Reprint) Deseret Sunday School Union. (ENG., Illus.). (J). 2018. 78p. 25.51 *(978-0-656-34717-9(1))*; 2017. pap. 9.57 *(978-0-243-43541-8(X))* Forgotten Bks.

Juvenile Instructor, Vol. 62: March 1927 (Classic Reprint) Heber J. Grant. 2018. (ENG., Illus.). (J). 70p. 25.36 *(978-1-396-76975-7(7))*; 72p. pap. 9.57 *(978-1-396-00977-8(9))* Forgotten Bks.

Juvenile Instructor, Vol. 62: November, 1927 (Classic Reprint) Heber J. Grant. (ENG., Illus.). (J). 2018. 70p. 25.34 *(978-0-484-45602-9(4))*; 2017. pap. 9.57 *(978-0-259-40353-1(9))* Forgotten Bks.

Juvenile Instructor, Vol. 62: October, 1927 (Classic Reprint) Heber J. Grant. 2017. (ENG., Illus.). (J). 70p. 25.34 *(978-0-484-21655-5(4))*; pap. 9.57 *(978-0-259-40686-0(4))* Forgotten Bks.

Juvenile Instructor, Vol. 63: March, 1928 (Classic Reprint) Deseret Sunday School Union. 2017. (ENG., Illus.). (J). 25.32 *(978-0-331-24845-6(X))*; pap. 9.57 *(978-0-265-08984-2(0))* Forgotten Bks.

Juvenile Instructor, Vol. 9: An Illustrated Paper, (Published Every Alternate Saturday) Designed Expressly for the Education & Elevation of the Youth; for the Year 1874 (Classic Reprint) George Quayle Cannon. (ENG., Illus.). (J). 2018. 20p. (gr. -1-3). 24.31 *(978-0-332-83344-6(5))*; 2017. pap. 7.97 *(978-1-334-91636-6(5))* Forgotten Bks.

Juvenile Instructors, Vol. 29: October 15, 1894 (Classic Reprint) George Q. Cannon. (ENG., Illus.). (J). 2018. 42p. 24.76 *(978-0-483-61985-2(X))*; 2016. pap. 7.97 *(978-1-334-13782-2(X))* Forgotten Bks.

Juvenile Justice System. Duchess Harris & Carla Mooney. 2019. (History of Crime & Punishment Ser.). (ENG.). 112p. (J). (gr. 6-12). lib. bdg. 41.36 *(978-1-5321-1921-7(6)*, 32307, Essential Library) ABDO Publishing Co.

Juvenile Keepsake (Classic Reprint) Clara Arnold. 2018. (ENG., Illus.). 174p. (J). 27.49 *(978-0-483-66072-4(8))* Forgotten Bks.

Juvenile Lavater, or a Familiar Explanation of the Passions of le Brun: Calculated for the Instruction & Entertainment of Young Persons; Interspersed with Moral & Amusing Tales, Illustrated with 19 Plates (Classic Reprint) George Brewer. (ENG., Illus.). (J). 2018. 226p. 28.56 *(978-0-483-59207-0(2))*; 2017. pap. 10.97 *(978-0-243-24586-4(6))* Forgotten Bks.

Juvenile Lessons: Or the Child's First Reading Book (Classic Reprint) J. K. Smith. 2018. (ENG., Illus.). 90p. (J). 25.77 *(978-0-483-91183-3(6))* Forgotten Bks.

Juvenile Mentor, or American School Class-Book No. 3: Being the Third Part of the Juvenile Spelling-Book, Containing Progressive Reading Lessons, in Prose & Verse, Adapted to the Comprehension of Youth (Classic Reprint) Albert Picket. 2017. (ENG., Illus.). (J). 28.60 *(978-0-266-66903-6(4))*; pap. 10.97 *(978-1-5276-4096-2(5))* Forgotten Bks.

Juvenile Mirror: Containing Moral & Instructive Tales, Interspersed with Interesting Biography; Designed for the Use of Youth of Both Sexes (Classic Reprint) T. Hurst. (ENG., Illus.). (J). 2018. 184p. 27.69 *(978-0-483-99319-8(0))*; 2016. pap. 10.57 *(978-1-333-75012-1(9))* Forgotten Bks.

Juvenile Miscellany (Classic Reprint) D. L. Child. 2018. (ENG., Illus.). 328p. (J). 30.66 *(978-0-483-26861-6(5))* Forgotten Bks.

Juvenile Miscellany, Vol. 2 (Classic Reprint) Lydia Maria Child. (ENG., Illus.). (J). 2018. 340p. 30.91 *(978-0-483-29570-4(1))*; 2017. 30.91 *(978-0-331-84754-3(X))*; 2016. pap. 13.57 *(978-1-334-13354-1(9))*; 2016. pap. 13.57 *(978-1-333-23200-9(4))* Forgotten Bks.

Juvenile Miscellany, Vol. 3: September, 1829 (Classic Reprint) Lydia Maria Child. (ENG., Illus.). (J). 2018. 332p. 30.76 *(978-0-483-88897-5(4))*; 2016. pap. 13.57 *(978-1-333-25519-0(5))* Forgotten Bks.

Juvenile Offenders. William Douglas Morrison. 2017. (ENG.). 340p. (J). pap. *(978-3-337-36691-9(0))* Creation Pubs.

Juvenile Philosophy: Or, Philosophy in Familiar Conversations; Designed to Teach Young Children to Think (Classic Reprint) Richard G. Parker. (ENG., Illus.). (J). 2019. 156p. 27.13 *(978-0-365-13666-8(2))*; 2017. pap. 9.57 *(978-0-259-51908-9(1))* Forgotten Bks.

Juvenile Poems (Classic Reprint) Unknown Author. 2018. (ENG., Illus.). 22p. (J). 24.35 *(978-0-365-02286-2(1))* Forgotten Bks.

Juvenile Scrap-Book, & Youth's Annual (Classic Reprint) Unknown Author. (ENG., Illus.). (J). 2018. 208p. 28.19 *(978-0-267-35410-8(X))*; 2016. pap. 10.57 *(978-1-333-77891-0(0))* Forgotten Bks.

Juvenile Scrap-Book For 1849: A Christmas & New Year's Present for Young People (Classic Reprint) Unknown Author. (ENG., Illus.). (J). 2018. 244p. 28.93 *(978-0-365-40867-3(0))*; 2017. pap. 11.57 *(978-1-5276-6386-2(8))* Forgotten Bks.

Juvenile Spectator: Being Observations on the Tempers, Manners, & Foibles of Various Young Persons, Interspersed with Such Lively Matter, As It Is Presumed Will Amuse As Well As Instruct (Classic Reprint) Arabella Argus. 2018. (ENG., Illus.). 248p. (J). 29.01 *(978-0-483-98869-9(3))* Forgotten Bks.

Juvenile Story Book (Classic Reprint) D. C. Colesworthy. 2018. (ENG., Illus.). 90p. (J). 25.75 *(978-0-267-17490-4(X))* Forgotten Bks.

Juvenile Tales: To Entertain Good Children (Classic Reprint) Unknown Author. 2018. (ENG., Illus.). 34p. (J). 24.62 *(978-0-656-03414-7(9))* Forgotten Bks.

Juvenile Tales & Stories (Classic Reprint) Mary Howitt. (ENG., Illus.). (J). 2018. 592p. 36.11 *(978-0-483-09383-6(1))*; 2016. pap. 19.57 *(978-1-333-73730-6(0))* Forgotten Bks.

Juvenile Tales for Boys & Girls: Designed to Amuse, Instruct, & Entertain Those Who Are in the Morning of Life (Classic Reprint) E. Riley. 2018. (ENG., Illus.). 164p. (J). 27.30 *(978-0-483-42726-6(8))* Forgotten Bks.

Juvenile Temperance Reciter, No. 5: A Collection of Choice Recitations & Declamations, in Prose & Verse (Classic Reprint) L. Penney. (ENG., Illus.). (J). 2018. 72p. 25.38 *(978-0-666-97029-9(7))*; 2017. pap. 9.57 *(978-0-243-44730-5(2))* Forgotten Bks.

Juvenile Temperance Reciter, Vol. 3: A Collection of Choice Recitations & Declamations, in Prose & Verse, for Use in Sunday-Schools, Day-Schools, Bands of Hope, Juvenile Temples, Loyal Temperance Legions, & All Juvenile Organizations. Lizzie Penney. (ENG., Illus.). (J). 2018. 72p. 25.38 *(978-0-656-34132-0(7))*; 2017. pap. 9.57 *(978-0-243-38695-6(8))* Forgotten Bks.

Juvenile Temperance Reciter, Vol. 4: A Collection of Choice Recitations & Declamations in Prose & Verse, for Use in Sunday-Schools, Day-Schools, Bands of Hope, Juvenile Temples, Loyal Temperance Legions, & All Juvenile Organizations. L. Penney. (ENG., Illus.). (J). 2018. 72p. 25.38 *(978-0-484-60345-4(0))*; 2017. pap. 9.57 *(978-0-243-42545-7(7))* Forgotten Bks.

Juvenile Trials, for Telling Fibs, Robbing Orchards, & Other Offences (Classic Reprint) Richard Johnson. 2019. (ENG., Illus.). 112p. (J). 26.21 *(978-0-365-14255-3(7))* Forgotten Bks.

Juveniles Growing up in Prison. Roger Smith & Martha McIntosh. 2017. (Illus.). 80p. (J). *(978-1-4222-3783-0(4))* Mason Crest.

Juvenilia: Being a Second Series of Essays on Sundry Aesthetical Questions. Vol. I. Vernon Lee. 2017. (ENG., Illus.). (J). pap. *(978-0-649-62116-3(6))* Trieste Publishing Pty Ltd.

Juvenilia: Being a Second Series of Essays on Sundry Aesthetical Questions. Vol. II. Vernon Lee. 2017. (ENG., Illus.). (J). pap. *(978-0-649-62115-6(8))* Trieste Publishing Pty Ltd.

Juvenilia de Théodore de Bèze (Classic Reprint) Theodore de Beze. 2018. (FRE., Illus.). (J). 362p. 31.36 *(978-1-391-07785-7(7))*; 364p. pap. 13.97 *(978-1-391-02189-8(4))* Forgotten Bks.

Juventus FC. Thomas Carothers. 2017. (Europe's Best Soccer Clubs Ser.). (ENG., Illus.). 48p. (J). (gr. 3-6). lib. bdg. 34.21 *(978-1-5321-1134-1(7)*, 25844, SportsZone) ABDO Publishing Co.

Juvie Three. Gordon Korman. rev. ed. 2017. (ENG.). 256p. (J). (gr. 7-17). pap. 8.99 *(978-1-4847-9843-0(0))* Hyperion Bks. for Children.

Juxta Salices (Classic Reprint) R. A. Knox. (ENG., Illus.). (J). 2018. 102p. 26.00 *(978-0-483-84500-8(0))*; 2016. pap. 9.57 *(978-1-334-14630-5(6))* Forgotten Bks.

Juxtapose & Sarsaparilla Jump to the Moon. Isaac Aeppli. 2019. (ENG., Illus.). 34p. (J). pap. 13.95 *(978-1-64471-076-0(5))* Covenant Bks.

Jwala Kumar & the Gift of Fire: Adventures in Champakbagh. Hansda Sowvendra Shekhar. Illus. by Krishna Bala Shenoi. 2018. (ENG.). 128p. (J). (gr. 4-6). pap. *(978-93-88070-43-0(7))* Speaking Tiger Publishing.

Jyll 'N' Jak: It's Who We Are Inside. V. Pinto & Andre Groft. Illus. by Jim Colao. 2019. (ENG.). 30p. (J). pap. 9.13 ***(978-0-578-48648-2(2))*** Pinto, Vincent.

K

K. Xist Publishing. 2019. (Discover the Alphabet Ser.). (ENG.). 20p. (J). (gr. -1-1). pap. 24.99 *(978-1-5324-1363-6(7))* Xist Publishing.

K. Xist Publishing & Xist Publishing. 2019. (Discover the Alphabet Ser.). (ENG.). 22p. (J). (gr. -1-1). 22.99 *(978-1-5324-1309-4(2))* Xist Publishing.

K-2 Inclusive Fiction: Classroom Library. 2018. (ENG.). (gr. k-2). pap. 473.18 *(978-1-4965-8211-9(X)*, Stone Arch Bks.) Capstone.

K 32. Oscar Nimoy. 2021. (SPA.). 38p. (YA). pap. ***(978-1-312-67917-7(4))*** Lulu Pr., Inc.

K-9 & Deputy Heroes of the Laramie County Sheriff's Department. Karen O. Cotton. 2017. (ENG., Illus.). (J). (gr. -1-3). 18.95 *(978-0-692-85154-8(2))* Cotton, Karen O.

K-9 Cops. Meish Goldish. 2016. (Police: Search & Rescue! Ser.). (ENG., Illus.). 32p. (J). (gr. 2-7). 28.50 *(978-1-943553-13-6(0))* Bearport Publishing Co., Inc.

K-9 Flash: A Hero's Hero! Jason K. Johnson. Illus. by Kerry Willey. 2020. (Stories from Project K-9 Hero Ser.: Vol. 2). (ENG.). 44p. (J). pap. 9.95 *(978-0-9968906-3-2(7)*, Social Motion Publishing) Social Motion Publishing.

K-9 Flash Becomes a Hero! Jason K. Johnson. 2016. (ENG., Illus.). (J). pap. 9.95 *(978-0-9704379-8-3(6)*, Social Motion Publishing) Social Motion Publishing.

K-9 Viper: The Veteran's Story. Rada Jones. Illus. by Marian Josten. 2021. (ENG.). 184p. (YA). pap. 9.99 *(978-1-0879-9742-1(9))* Indy Pub.

K, a Novel (Classic Reprint) Mary Roberts Rinehart. 2017. (ENG., Illus.). (J). 32.77 *(978-0-265-18142-3(9))* Forgotten Bks.

K. C. & Kayla's Science Corner: A Matter of State. Carol Basdeo. 2020. (ENG.). 34p. (J). 19.99 *(978-1-7344892-4-8(3))*; pap. 12.99 *(978-1-7344892-2-4(7))* Mindstir Media.

K. C. & Kayla's Science Corner: Matter! What's the Matter? Carol Basdeo. 2018. (ENG., Illus.). 26p. (J). 19.99 *(978-1-7326291-5-8(3))*; pap. 14.99 *(978-1-7321371-9-6(6))* Mindstir Media.

K. C. & Kayla's Science Corner: The Apple Experiment. Carol Basdeo. 2018. (ENG., Illus.). 22p. (J). 19.99 *(978-1-7326291-3-4(7))*; pap. 14.99 *(978-1-7321371-7-2(X))* Mindstir Media.

K. C. & Kayla's Science Corner: The Life Cycle of an Apple. Carol Basdeo. 2018. (ENG., Illus.). 22p. (J). 19.99 *(978-1-7326291-4-1(5))*; pap. 14.99 *(978-1-7321371-8-9(8))* Mindstir Media.

K C Shares Her Faith. Kathy Mikic. 2018. (ENG., Illus.). 24p. (J). pap. 12.95 *(978-1-64299-674-6(2))* Christian Faith Publishing.

K Dorm in 90 Days. Scott Block. 2020. (ENG.). 130p. (YA). pap. 14.95 *(978-1-6624-2072-6(2))* Page Publishing Inc.

K-Girls: First in the Kylemore Abbey School Series. Lydia Little. 2018. (Kylemore Abbey School Ser.: Vol. 1). (ENG., Illus.). 312p. (J). pap. *(978-0-9576582-6-4(5))* Lane, Betty.

K-Girls Plus One. Lydia Little. 2018. (Kylemore Abbey School (K-Girls) Ser.: Vol. 2). (ENG., Illus.). 442p. (J). pap. *(978-0-9576582-4-0(9))* Lane, Betty.

K Is for Kaiya: Now I Know My ABCs & 123s Coloring & Activity Book with Writing & Spelling Exercises (Age 2-6) 128 Pages. Crawford House Learning Books. 2020. (ENG.). 130p. (J). pap. *(978-1-989828-67-0(1))* Crawford Hse.

K Is for Karl: Now I Know My ABCs & 123s Coloring & Activity Book with Writing & Spelling Exercises (Age 2-6) 128 Pages. Crawford House Learning Books. 2020. (ENG.). 130p. (J). pap. *(978-1-989828-87-8(6))* Crawford Hse.

K Is for Kaylee: Now I Know My ABCs & 123s Coloring & Activity Book with Writing & Spelling Exercises (Age 2-6) 128 Pages. Crawford House Learning Books. 2020. (ENG.). 130p. (J). pap. *(978-1-989828-60-1(4))* Crawford Hse.

K Is for Kidney Transplant. Simon Howell & Anita Howell. Illus. by Sue Roche. 2019. (Meet Lucy & Jack & Friends Ser.: Vol. 3). (ENG.). 36p. (J). pap. *(978-1-9993136-5-4(8))* Meet Lucy & Jack Publishing.

K Is for Kidney Transplant: With Notes for Parents & Professionals. Simon Howell & Anita Howell. Illus. by Sue Roche. 2019. (Meet Lucy & Jack & Friends Ser.: Vol. 7). (ENG.). 42p. (J). pap. *(978-1-9993136-6-1(6))* Meet Lucy & Jack Publishing.

K Is for Kindergarten. Erin Dealey. Illus. by Joseph Cowman. 2017. (ENG.). 32p. (J). (gr. -1-1). 16.99 *(978-1-58536-995-9(0)*, 204326) Sleeping Bear Pr.

K Is for Kindness. Christie Hainsby & Katherine Walker. Illus. by Stuart Lynch. 2022. (ENG.). 26p. (J). (— 1). 9.99 *(978-1-80337-255-6(9))* Make Believe Ideas GBR. Dist: Scholastic, Inc.

K Is for Kindness. Rina Horiuchi. Illus. by Risa Horiuchi. 2022. 32p. (J). (gr. -1-2). 17.99 *(978-0-593-35162-8(2)*, Viking Books for Young Readers) Penguin Young Readers Group.

K Is for Kindness. Illus. by Make Believe Ideas. 2021. (ENG.). 26p. (J). (— 1). bds. 12.99 *(978-1-80058-242-2(0))* Make Believe Ideas GBR. Dist: Scholastic, Inc.

K Is for Kinsley: Now I Know My ABCs & 123s Coloring & Activity Book with Writing & Spelling Exercises (Age 2-6) 128 Pages. Crawford House Learning Books. 2020. (ENG.). 130p. (J). pap. *(978-1-989828-02-1(7))* Crawford Hse.

K Is for Kite. Nick Rebman. 2021. (Alphabet Fun Ser.). (ENG., Illus.). 24p. (J). (gr. k-1). pap. 8.95 *(978-1-64619-402-5(0))*; lib. bdg. 28.50 *(978-1-64619-375-2(X))* Little Blue Hse. (Little Blue Readers).

K Is for Krishna. Pratibha Sarkar. 2016. (ENG., Illus.). (J). pap. *(978-0-9950684-2-1(9))* Blossoms Bks.

K Is for Kyra: Now I Know My ABCs & 123s Coloring & Activity Book with Writing & Spelling Exercises (Age 2-6) 128 Pages. Crawford House Learning Books. 2020. (ENG.). 130p. (J). pap. *(978-1-989828-66-3(3))* Crawford Hse.

K. J. the Whistling Turtle. Armando D'Andrea & Alex Sefakakis. 2020. (ENG., Illus.). 24p. (J). 22.95 *(978-1-64531-817-0(6))* Newman Springs Publishing, Inc.

K. K. K (Classic Reprint) C. W. Tyler. 2018. (ENG., Illus.). 366p. (J). 31.47 *(978-0-365-19593-1(6))* Forgotten Bks.

K. Lamity's Texas Tales (Classic Reprint) John Sturgis Bonner. (ENG., Illus.). (J). 2018. 262p. 29.32 *(978-0-484-90220-5(2))*; 2017. pap. 11.97 *(978-0-259-99034-5(5))* Forgotten Bks.

K. N. Pepper, & Other Condiments: Put up for General Use (Classic Reprint) Jacques Maurice. (ENG., Illus.). (J). 2018. 266p. 29.40 *(978-0-484-38230-4(6))*; 2016. pap. 11.97 *(978-1-333-13277-4(8))* Forgotten Bks.

K-Pop. Stuart A. Kallen. 2019. (Music Scene Ser.). (ENG.). 80p. (J). (gr. 6-12). 41.27 *(978-1-68282-643-0(0))* ReferencePoint Pr., Inc.

K-Pop Confidential, 1 vol. Stephan Lee. 2020. (ENG., Illus.). (YA). 336p. (gr. 7). pap. 9.99 *(978-1-338-63993-3(5))*; 368p. pap. ***(978-1-913322-29-8(7))*** Scholastic, Inc.

K-Pop Confidential (Library Edition) Stephan Lee. 2020. (ENG., Illus.). 336p. (YA). (gr. 7). lib. bdg. 26.99 *(978-1-338-64002-1(X))* Scholastic, Inc.

K-Pop Revolution, 1 vol. Stephan Lee. 2022. (ENG.). 368p. (YA). (gr. 7-7). pap. 10.99 *(978-1-338-75113-0(1))* Scholastic, Inc.

K-Pop: the Ultimate Fan Book: Your Essential Guide to All the Hottest K-Pop Bands. Sterling Sterling Children's & Sterling Children's. 2019. (ENG.). 64p. (J). (gr. 5). 12.95 *(978-1-4549-3951-1(6))* Sterling Publishing Co., Inc.

K2-18b. Planeta Habitado. Alberte Momán. 2022. (GLG.). 96p. (YA). pap. ***(978-1-4710-0174-1(1))*** Lulu Pr., Inc.

K9. John Hamilton. 2021. (Law Enforcement Ser.). (ENG., Illus.). 48p. (J). (gr. 5-9). lib. bdg. 34.21 *(978-1-5321-9386-6(6)*, 34775, Abdo & Daughters) ABDO Publishing Co.

K9 & Military Dogs. Parker Holmes. 2018. (Canine Athletes Ser.). (ENG., Illus.). 32p. (J). (gr. 3-6). lib. bdg. 32.79 *(978-1-5321-1739-8(6)*, 30766, SportsZone) ABDO Publishing Co.

K9 Arty Saves the Day!! Paul Scott Markette. 2020. (ENG.). 32p. (J). *(978-0-2288-3050-4(8))*; pap. *(978-0-2288-3049-8(4))* Tellwell Talent.

Ka-Ching Ideas for Kids! Business for Kids Children's Money & Saving Reference Books. Biz Hub. 2017. (ENG., Illus.). 64p. (J). pap. 9.52 *(978-1-5419-1707-1(3)*, Biz Hub (Business & Investing)) Speedy Publishing LLC.

KAA of the Great Kalahari. Lydia Du Toit. Illus. by Sanette Strydom. 2019. (ENG.). 40p. (J). pap. *(978-0-9922302-3-4(3))* Mirror Word Publishing.

Kaagaz Pe Zindagi: Jaha Shabdo Ko Panaah Mil Jaati Hai. Ankur Shrivasav. 2018. (HIN., Illus.). 120p. (J). pap. 9.99 *(978-1-64249-883-7(1))* Notion Pr., Inc.

Kaah Taak'in. Terry Godfrey. 2021. (ENG., Illus.). 174p. (YA). pap. 16.95 *(978-1-63885-447-0(5))* Covenant Bks.

Kaakuluk: Bearded Seals! Ed. by Inhabit Media. ed. 2018. (Kaakuluk Ser.: 6). (ENG & IKU.). 36p. (J). (gr. 1-3). 8.95 *(978-1-77227-240-6(X))* Inhabit Media Inc. CAN. Dist: Consortium Bk. Sales & Distribution.

Kaakuluk: Greenland Sharks! Ed. by Inhabit Media. ed. 2020. (Kaakuluk Ser.: 8). (ENG & IKU.). 36p. (J). (gr. 1-3). pap. 8.95 *(978-1-77227-288-8(4))* Inhabit Media Inc. CAN. Dist: Consortium Bk. Sales & Distribution.

Kaakuluk: Snow Geese! Ed. by Inhabit Media. ed. 2019. (Kaakuluk Ser.: 7). (ENG & IKU.). 36p. (J). (gr. 1-3). 8.95 *(978-1-77227-247-5(7))* Inhabit Media Inc. CAN. Dist: Consortium Bk. Sales & Distribution.

Kaakuluk: Wolverine! Ed. by Inhabit Media. ed. 2020. (Kaakuluk Ser.: 9). (ENG & IKU.). 36p. (J). (gr. 1-3). 8.95 *(978-1-77227-301-4(5))* Inhabit Media Inc. CAN. Dist: Consortium Bk. Sales & Distribution.

Kaari & Kree's Ultimate Coloring & Activity Book. Kadre Dixon. 2023. (ENG.). 42p. (J). 12.99 ***(978-1-0880-8500-4(8))*** Indy Pub.

Kabay & Monok. Mohibullah Zegham. 2020. (ENG.). 118p. (YA). pap. 10.99 *(978-1-952894-54-1(9))* Pen It Pubns.

Kabelo, a Silly Little Rhino - Hardback. Sylvia M. Medina. Illus. by Morgan Spicer. 2021. (ENG.). 48p. (J). 33.00 *(978-1-955023-99-3(9))* Green Kids Club, Inc.

Kabelo, a Silly Little Rhino - Paperback. Sylvia M. Medina. Illus. by Morgan Spicer. 2021. (Environmental Heroes Ser.). (ENG.). 48p. (J). pap. 22.50 *(978-1-955023-96-2(4))* Green Kids Club, Inc.

Kaboojie Day Replay: A Bug Finds Joy. Marita Connelly. 2021. (Kaboojies Ser.: 2). (Illus.). 36p. (J). pap. 17.99 *(978-0-473-59358-2(0))* BookBaby.

Kaboojies Hide in Small, Dark Spaces: A Bug's Brave Journey for a Meaningful Life. Marita Connelly. 2021. (Kaboojies Ser.: 1). (Illus.). 32p. (J). pap. 16.99 *(978-0-473-54578-9(0))* BookBaby.

Kaboom! Wile E. Coyote Experiments with Chemical Reactions. Mark Weakland. Illus. by Loic Billiau. 2017. (Wile E. Coyote, Physical Science Genius Ser.). (ENG.). 32p. (J). (gr. 3-5). lib. bdg. 33.32 *(978-1-5157-3733-9(0)*, 133677, Capstone Pr.) Capstone.

Kaboom! a Volcano Erupts. Jessica Kulekjian. Illus. by Zoe Si. 2023. (ENG.). 32p. (J). (gr. k-3). 19.99 ***(978-1-5253-0649-5(9))*** Kids Can Pr., Ltd. CAN. Dist: Hachette Bk. Group.

Kaboom! What Happens When Volcanoes Erupt? Geology for Beginners Children's Geology Books. Baby Professor. 2017. (ENG., Illus.). (J). pap. 8.79 *(978-1-5419-3819-9(4)*, Baby Professor (Education Kids)) Speedy Publishing LLC.

Kabouter Puntmuts en de Heksen. J. Ties Havinga. 2018. (DUT., Illus.). 54p. (J). pap. *(978-0-244-07135-6(7))* Lulu Pr., Inc.

Kaboutertje Klok Vertelt 24 Verhaaltjes. Mechtild Henkelman. Illus. by E. A. J. Boer. 2018. (DUT.). 164p. (J). pap. *(978-90-824973-9-7(5))* Henkelman, Mechtild.

Kabrit. Amy Culliford. Tr. by Jean Pierre Gaston. 2021. (Zannimo Pak Yo (Farm Animal Friends) Ser.). (CRP., Illus.). 16p. (J). (gr. -1-1). pap. *(978-1-4271-3813-2(3)*, 10220) Crabtree Publishing Co.

Kabumpo in Oz (Classic Reprint) Ruth Plumly Thompson. 2017. (ENG., Illus.). (J). 30.39 *(978-0-331-13671-5(6))*; pap. 13.57 *(978-0-265-00115-8(3))* Forgotten Bks.

Kabuto, Daisho & Wakazashi Coloring Book. Activity Book Zone for Kids. 2016. (ENG., Illus.). (J). pap. 9.20 *(978-1-68376-353-6(X))* Sabeels Publishing.

Kacey Musgraves. Tammy Gagne. 2018. lib. bdg. 25.70 *(978-1-68020-160-4(3))* Mitchell Lane Pubs.

Kacey's Question: Who Will I Marry? Peggy Miracle Consolver. Illus. by Barbara Jones. 2018. (ENG.). 32p. (J). 15.99 *(978-1-945507-57-1(8))* Clovercroft Publishing.

Kachi the Handyman. Uchechi Theresa Ezeuko. 2017. (ENG., Illus.). (J). pap. *(978-0-9948277-5-3(X))* Ezeuko, Uchechi Theresa.

Kachimayichasuw: The Sneaks Who Stole the Sugar. John Peastitute. 2020. (ENG.). 48p. (J). pap. 13.30 *(978-0-359-00980-0(8))* Lulu Pr., Inc.

Kachimayichasuw: The Sneaks Who Stole the Sugar (2. 0) John Peastitute. 2020. (ENG.). 48p. (J). pap. 13.30 *(978-1-7948-6370-5(2))* Lulu Pr., Inc.

Kadance: Kingdom of the Shattered Mirror. J. N. Dutton. 2020. (ENG.). 132p. (YA). pap. 14.95 *(978-1-64670-936-6(5))* Covenant Bks.

Kadek Swims with the Fish. Theresa Saxon. 2022. (ENG.). 32p. (J). 16.99 *(978-1-6629-2572-6(7))*; pap. 9.99 *(978-1-6629-2573-3(5))* Gatekeeper Pr.

Kaden Michaels: The Rise of Yencom. Brian Lonidier. 2022. (Kaden Michaels vs Yencom Ser.: Vol. 1). (ENG.). 342p. (YA). pap. 16.99 *(978-1-0879-3295-8(5))* Indy Pub.

Kaden's Shells. Jeanie Gould. 2019. (ENG., Illus.). 50p. (J). (gr. k-6). pap. 15.95 *(978-0-578-50878-8(8))* Paige, Sharyn.

Kadir Nelson. Lisa M. Bolt Simons. Illus. by Michael Byers. 2017. (Your Favorite Authors Ser.). (ENG.). 24p. (J). (gr. 1-3). lib. bdg. 27.99 *(978-1-5157-3556-4(7)*, 133569, Capstone Pr.) Capstone.

Kady of Quid. K. Hutson Warrington. 2021. (ENG.). 358p. (YA). pap. 18.95 *(978-0-578-95494-3(X))* William Hutson.

Kadyia & the Dragon Tamers: Book One the Academy: the Academy. Taylor Staples. 2022. (ENG.). 258p. (YA). 24.95 *(978-1-952976-45-2(6))* Kirk Hse. Pubs.

Kaedin Secret. A. K. Lee. 2017. (Kaedin Ser.: Vol. 1). (ENG., Illus.). 336p. (YA). (gr. 10-12). pap. *(978-981-11-4447-9(8))* Firewords.

Kafka & the Doll. Larissa Theule. Illus. by Rebecca Green. 2021. 48p. (J). (gr. -1-3). 18.99 *(978-0-593-11632-6(1)*, Viking Books for Young Readers) Penguin Young Readers Group.

K

Kah-Lan the Adventurous Sea Otter, 1 vol. Karen Autio. Illus. by Sheena Lott. 2016. (ENG.). 64p. (J). (gr. 1-3). 9.95 *(978-1-55039-244-9(1))* Sono Nis Pr. CAN. Dist: Orca Bk. Pubs. USA.

Kahlo's Koalas: 1, 2, 3, Count Art with Me. Grace Helmer. 2019. (ENG.). 24p. (J). bds. 8.99 *(978-1-4494-9728-6(4))* Andrews McMeel Publishing.

Kahoot! Quiz Time Animals: Test Yourself Challenge Your Friends. DK. 2023. (Kahoot! Quiz Time Ser.). (ENG.). 128p. (J). (gr. 4-7). pap. 9.99 ***(978-0-7440-7664-6(1)***, DK Children) Dorling Kindersley Publishing, Inc.

Kahoot! Quiz Time Human Body: Test Yourself Challenge Your Friends. DK. 2023. (Kahoot! Quiz Time Ser.). (ENG.). 128p. (J). (gr. 4-7). pap. 9.99 ***(978-0-7440-7661-5(7)***, DK Children) Dorling Kindersley Publishing, Inc.

Kahoot! Quiz Time Space: Test Yourself Challenge Your Friends. DK. 2023. (Kahoot! Quiz Time Ser.). (ENG.). 128p. (J). (gr. 4-7). pap. 9.99 ***(978-0-7440-7662-2(5)***, DK Children) Dorling Kindersley Publishing, Inc.

Kahuna Kid: Happy in Hawaii. Robert Temple Frost. 2017. (ENG., Illus.). 146p. (YA). (gr. 7-12). pap. 11.95 *(978-1-68181-828-3(0))* Strategic Book Publishing & Rights Agency (SBPRA).

Kahwallawallapoopoo: Maynard's Big, Bad Adventure. Lisa Osgard. 2018. (ENG.). 206p. pap. 14.95 *(978-1-62023-514-0(5)*, ef89d9c4-ce85-4c9b-8b5d-98f4f0a13c48) Atlantic Publishing Group, Inc.

Kai & Gaia Discover the Gyre. Kristal Ambrose. 2022. (ENG.). 60p. (J). pap. ***(978-1-83934-458-9(X))*** Olympia Publishers.

Kai & Jai Are Having a Grand Time Coloring Book of Good Vibes for Teens. Educando Kids. 2019. (ENG.). 42p. (J). pap. 6.99 *(978-1-64521-034-4(0)*, Educando Kids) Editorial Imagen.

Kai & the Daddyman. Michelle Person. 2017. (ENG., Illus.). 10p. (J). *(978-1-387-23584-1(2))* Lulu Pr., Inc.

Kai & the Monkey King: Brownstone's Mythical Collection 3. Joe Todd-Stanton. (Brownstone's Mythical Collection: 3). (ENG.). 56p. (J). (gr. k-4). 2021. pap. 12.99 *(978-1-912497-52-2(2))*; 2019. (Illus.). 18.95 *(978-1-912497-11-9(5))* Flying Eye Bks. GBR. Dist: Penguin Random Hse. LLC.

Kai & Ty Go to Hawaii. Adam T. Newman. Illus. by Susan G. Young. 2018. (ENG.). 46p. (J). pap. 14.95 *(978-0-9910909-6-9(9))* MiLo Ink Bks.

Kai Can Do! Kathy Tran. Illus. by Tran Aiki. 2019. (ENG.). (J). (gr. k-4). 30p. 16.95 *(978-1-61704-161-7(0))*; 28p. pap. 12.99 *(978-1-61704-159-4(9))* River Styx Publishing Co.

Kai Gets Earrings. Michelle Person. 2017. (ENG., Illus.). 14p. (J). *(978-1-387-38168-5(7))* Lulu Pr., Inc.

Kai Makes Money. Leah Jones. Illus. by Laura Acosta. 2022. (ENG.). 38p. (J). pap. 10.99 *(978-1-6678-2049-1(4))* BookBaby.

Kai the Dancing Butterfly. Crystal Z. Lee. Illus. by Allie Su. 2022. (ENG.). 38p. (J). *(978-1-913891-17-6(8))*; pap. *(978-1-913891-18-3(6))* Balestier Pr.

Kaia & the Bees. Maribeth Boelts. Illus. by Angela Dominguez. 2020. (ENG.). 40p. (J). (gr. -1-3). 16.99 *(978-1-5362-0105-5(7))* Candlewick Pr.

Kaia y Las Abejas. Maribeth Boelts. Illus. by Angela Dominguez. 2020. (SPA.). 40p. (J). (gr. -1-3). 16.99 *(978-1-5362-1413-0(2))* Candlewick Pr.

Kaia's Big Felines. Aura Lewis. 2023. (Illus.). 32p. (J). 18.99 ***(978-1-5064-8822-6(6)***, Beaming Books) 1517 Media.

Kaia's Kingdom: A Child's Journey into a Wild, Climate-Changed Future. Charles Joynson. 2022. (ENG.). 212p. (J). pap. ***(978-0-9956741-8-9(3))*** Lane, Betty.

Kaibab: Family Ties, 2. P.E. VanderMey. 2016. (Kaibab: Family Ties Ser.: 2). 203p. (YA). pap. 14.00 *(978-0-9860251-2-9(7))* Pathlight Bks.

Kaibab: The Quest. Paula VanderMey. 2017. (Kaibab Ser.: Bk. 3). 202p. (YA). pap. 14.00 *(978-0-9860251-3-6(5))* Pathlight Bks.

Kaichu Daitanken: Shinkai Rokusengohyaku de Iku Shinkai Eno Tabi. Yoko Inoue. 2016. (CHI.). 44p. (J). *(978-986-211-609-8(9))* Hsaio Lu Publishing Co., Ltd.

Kaidron the Warrior. A. A. Mullins. 2022. (ENG.). 112p. (YA). 14.95 *(978-1-990089-41-1(0))* Birch Tree Publishing.

Kaipara or Experiences of a Settler in North New Zealand (Classic Reprint) Peter W. Barlow. 2017. (ENG., Illus.). 234p. (J). 28.74 *(978-0-332-31914-8(8))* Forgotten Bks.

Kairo's Mystical Kaleidoscope. Jason Jones & Jason Lee. 2022. (ENG.). 84p. (J). pap. ***(978-1-915522-06-1(4))*** Conscious Dreams Publishing.

Kai's Pie. June a Oliver. Illus. by Andrea Montano. 2018. (ENG.). 34p. (J). pap. 14.95 *(978-0-692-63587-2(4))* Kai Adventures.

Kaiser's Guest (Classic Reprint) Frank C. Macdonald. 2017. (ENG., Illus.). (J). 29.77 *(978-0-331-67393-7(2))* Forgotten Bks.

Kaitlyn & the Competition. D. L. Green. 2016. (Babysitter Chronicles Ser.). (ENG.). 160p. (J). (gr. 4-7). pap. 6.95 *(978-1-4914-8861-4(1)*, 131486, Stone Arch Bks.) Capstone.

Kaitlyn Shows Compassion. Joy Rose. Illus. by Valerie Bouthyette. I.t. ed. 2021. (ENG.). 72p. (J). pap. 10.99 *(978-1-63073-385-8(7))* Faithful Life Pubs.

Kaiuolani, a Princess of Hawaii (Classic Reprint) I. William Adams. 2018. (ENG., Illus.). 298p. (J). 30.04 *(978-0-484-74333-2(4))* Forgotten Bks.

Kaiya's Wild Journey. Keith Jensen. 2017. (ENG., Illus.). (J). pap. *(978-1-5255-1200-1(5))* FriesenPress.

Kaiyo Learns to Forgive. R. M. Price-Mohr. 2021. (ENG., Illus.). 34p. (J). pap. *(978-1-913946-64-7(9))* Crossbridge Bks.

Kaiyo the Lost Nation. Cliff Cochran. 2018. (ENG., Illus.). 264p. (YA). pap. 22.95 *(978-1-64114-841-2(1))* Christian Faith Publishing.

Kaj Krabba Blir Förälskad: Swedish Edition of Colin the Crab Falls in Love. Tuula Pere. Tr. by Elisabeth Torstensson. Illus. by Roksolana Panchyshyn. 2018. (Colin the Crab Ser.: Vol. 3). (SWE.). 50p. (J). (gr. k-4). pap. *(978-952-7107-56-0(3))* Wickwick oy.

Kaj Krabba Finner en Skatt: Swedish Edition of Colin the Crab Finds a Treasure. Tuula Pere. Tr. by Elisabeth Torstensson. Illus. by Roksolana Panchyshyn. 2018. (Colin the Crab Ser.: Vol. 2). (SWE.). 48p. (J). (gr. k-4). pap. *(978-952-7107-53-9(9))* Wickwick oy.

Kaj Krabba Gifter Sig: Swedish Edition of Colin the Crab Gets Married. Tuula Pere. Tr. by Elisabeth Torstensson. Illus. by Roksolana Panchyshyn. 2nd ed. 2019. (Kaj Krabba Ser.: Vol. 4). (SWE.). 48p. (J). (gr. k-4). *(978-952-357-086-3(2))*; pap. *(978-952-357-085-6(4))* Wickwick oy.

Kakapo & the Rimu Tree. Leslie Brazier Smit. Illus. by Romi Caron. 2023. (ENG.). 36p. (J). pap. ***(978-1-0391-5279-3(1))***; ***(978-1-0391-5280-9(5))*** FriesenPress.

Kakapo Dance. Helen Taylor. 2019. 14p. (J). (— 1). bds. 10.99 *(978-0-14-377222-4(8))* Penguin Group New Zealand, Ltd. NZL. Dist: Independent Pubs. Group.

Kakapos. Joyce Markovics. 2021. (On the Trail: Study of Secretive Animals Ser.). (ENG., Illus.). 32p. (J). (gr. 4-6). lib. bdg. 32.07 *(978-1-5341-8047-5(8)*, 218468) Cherry Lake Publishing.

Kakemonos: Tales of the Far East. W. Carlton Dawe. 2017. (ENG., Illus.). (J). pap. *(978-0-649-25199-5(7))* Trieste Publishing Pty Ltd.

Kakemonos: Tales of the Far East (Classic Reprint) W. Carlton Dawe. 2017. (ENG., Illus.). (J). 29.20 *(978-0-331-08057-5(5))* Forgotten Bks.

Kakurasu for Kids Ages 8+ Metamorfosec Metamorfosec. 2023. (ENG.). 68p. (J). pap. ***(978-1-312-33581-3(5))*** Lulu Pr., Inc.

Kalamata's Kitchen. Sarah Thomas. Illus. by Jo Kosmides Edwards. 2021. 40p. (J). (gr. -1-3). 17.99 *(978-0-593-30791-5(7))*; (ENG.). lib. bdg. 20.99 *(978-0-593-30792-2(5))* Random Hse. Children's Bks. (Random Hse. Bks. for Young Readers).

Kalamata's Kitchen: Taste Buds in Harmony. Sarah Thomas. Illus. by Jo Kosmides Edwards. 2022. 40p. (J). (gr. -1-3). 17.99 *(978-0-593-30795-3(X))*; (ENG.). lib. bdg. 20.99 *(978-0-593-30796-0(8))* Random Hse. Children's Bks. (Random Hse. Bks. for Young Readers).

Kalami-I Urdu: Revised; Being Selections for the Urdu Proficiency Examination (Classic Reprint) Muhammad Yusuf Jafari. 2018. (ENG., Illus.). 248p. (J). 29.01 *(978-0-484-59393-9(5))* Forgotten Bks.

Kalani & Avas Big Wish. Jeanine Long - Tuohy. Illus. by Kayla Lamb. 2021. (ENG.). 40p. (J). pap. 11.99 *(978-1-0983-6058-0(3))* BookBaby.

Kalani Goes on Safari! Willow Willis. 2022. (ENG.). 30p. (J). pap. *(978-1-915161-13-0(4))* Tamarind Hill Pr.

Kalculus for Kats. John Finneran. 2023. (ENG.). 128p. (YA). pap. 10.00 ***(978-1-312-33825-8(3))*** Lulu Pr., Inc.

Kale, My Ex, & Other Things to Toss in a Blender. Lisa Greenwald. 2017. (ENG.). 272p. (YA). (gr. 7). 17.99 *(978-0-399-55638-8(9))*, Random Hse. Bks. for Young Readers) Random Hse. Children's Bks.

KALEB's FAT, BLUE PIG! Ursie Wursie. 2021. (Caregivers Have Other Jobs Ser.). (ENG.). 36p. (J). 14.99 *(978-1-949917-02-4(9))*; pap. 9.99 *(978-1-949917-03-1(7))* Ursie Wursie.

Kaleema (Classic Reprint) Marion McClelland. 2017. (ENG., Illus.). (J). 29.96 *(978-0-265-20981-3(1))* Forgotten Bks.

Kalee's Shrine (Classic Reprint) Grant Allen. (ENG., Illus.). (J). 2018. 256p. 29.18 *(978-0-484-90838-2(3))*; 2017. pap. 11.57 *(978-0-243-29107-6(8))* Forgotten Bks.

Kaleido-Cope Love: A Coloring Book by Alaina Perry. Alaina Perry. 2022. (ENG.). 71p. (J). pap. *(978-1-6781-1672-9(6))* Lulu Pr., Inc.

Kaleidoscope. Brian Selznick. 2021. (ENG.). 208p. (J). (gr. 4). 19.99 *(978-1-338-77724-6(6)*, Scholastic Pr.) Scholastic, Inc.

Kaleidoscope: The Images of 1988/1989 (Classic Reprint) Spring Hill College. 2017. (ENG., Illus.). (J). 26.89 *(978-0-266-97817-6(7))*; pap. 9.57 *(978-1-5279-0350-0(8))* Forgotten Bks.

Kaleidoscope: Thirteen Stories & Novelettes (Classic Reprint) Stefan Zweig. 2017. (ENG., Illus.). (J). 33.07 *(978-0-331-17091-7(4))*; pap. 16.57 *(978-0-260-06978-8(7))* Forgotten Bks.

Kaleidoscope Coloring: Neon. Editors of Silver Dolphin Books. 2021. (Kaleidoscope Ser.). (ENG.). 64p. (J). (gr. 1-3). pap. 14.99 *(978-1-64517-756-2(4)*, Silver Dolphin Bks.) Printers Row Publishing Group.

Kaleidoscope Coloring: Purrmaids, Llamacorns, & More! Editors of Silver Dolphin Books. 2020. (Kaleidoscope Ser.). (ENG.). 64p. (J). (gr. 1-3). pap. 14.99 *(978-1-68412-650-7(9)*, Silver Dolphin Bks.) Printers Row Publishing Group.

Kaleidoscope: Fabulous Gel Pen Coloring Kit. Editors of Silver Dolphin Books. 2018. (Kaleidoscope Ser.). (ENG.). 48p. (J). (gr. 1-3). pap. 14.99 *(978-1-68412-307-0(0)*, Silver Dolphin Bks.) Printers Row Publishing Group.

Kaleidoscope Hope. Lynn M. George. 2022. (ENG.). 34p. (J). pap. 14.99 ***(978-0-578-34807-0(1))*** Lynn Schulman George.

Kaleidoscope Mandalas: An Intricate Mandala Coloring Book. Coloring Therapist. 2016. (ENG., Illus.). 62p. (YA). pap. 10.55 *(978-1-68305-950-9(6))* Speedy Publishing LLC.

Kaleidoscope Natural Disasters Group 1, 4 bks., Set. Joe Thoron. Incl. Earthquakes. lib. bdg. 32.64 *(978-0-7614-2102-3(5)*, 5fcaed5c-46f0-4e11-b281-5264ba038905); Hurricanes. lib. bdg. 32.64 *(978-0-7614-2103-0(3)*, c1a07c2f-7950-4d04-8919-73375cdb80e7); Tornadoes. lib. bdg. 32.64 *(978-0-7614-2104-7(1)*, 4e144da4-5aa7-4d0f-b6b3-7f0abdc14d79); Volcanoes. lib. bdg. 32.64 *(978-0-7614-2105-4(X)*, a9afe808-91dd-44d9-a334-77ac9f454931); (Illus.). 48p. (gr. 4-4). 2007. lib. bdg. *(978-0-7614-2101-6(7)*, Cavendish Square) Cavendish Square Publishing LLC.

Kaleidoscope of Butterflies (Learn about: Animals) Eric Geron. 2023. (Learn About Ser.). (ENG.). 32p. (J). (gr. k-2). 25.00 *(978-1-338-85334-6(1))*; pap. 6.99 *(978-1-338-85335-3(X))* Scholastic Library Publishing. (Children's Pr.).

Kaleidoscope of Dinosaurs & Prehistoric Life: Their Colors & Patterns Explained. Greer Stothers. 2022. (ENG., Illus.). 64p. (J). (gr. 3-6). 26.00 ***(978-0-7112-6691-9(3)***, Wide Eyed Editions) Quarto Publishing Group UK GBR. Dist: Hachette Bk. Group.

Kaleidoscope Sisters. Ronnie K. Stephens. 2018. (ENG.). 266p. (YA). 37.95 *(978-1-61775-703-7(9)*, Jones, Kaylie Books) Akashic Bks.

Kaleidoscope Song. Fox Benwell. 2018. (ENG.). 416p. (YA). (gr. 9). pap. 12.99 *(978-1-4814-7768-0(4))* Simon & Schuster.

Kaleidoscope Song. Fox Benwell. 2017. (ENG.). 416p. (YA). (gr. 9). 17.99 *(978-1-4814-7767-3(6)*, Simon & Schuster Bks. For Young Readers) Simon & Schuster Bks. For Young Readers.

Kaleidoscope Space Gorup 2, 4 bks., Set. Dan Elish. Incl. Galaxies. 32.64 *(978-0-7614-2047-7(9)*, 132cdea3-d223-4344-86ea-7ce04501ced6); NASA. lib. bdg. 32.64 *(978-0-7614-2046-0(0)*, 7d2c4392-852c-4109-8304-40daa8b73ba5); Satellites. lib. bdg. 32.64 *(978-0-7614-2098-9(3)*, 622d009d-5c37-410e-8c56-c4e7dfa0043b); Sun. lib. bdg. 32.64 *(978-0-7614-2048-4(7)*, 667aed39-e166-4330-9f9f-e25201fd813e); (Illus.). 48p. (gr. 4-4). 2007. lib. bdg. *(978-0-7614-2045-3(2)*, Cavendish Square) Cavendish Square Publishing LLC.

Kaleidoscope: Too Cute! Coloring. Editors of Silver Dolphin Books. Illus. by Lizzy Doyle. 2019. (Kaleidoscope Ser.). (ENG.). 64p. (J). (gr. 1-3). pap. 14.99 *(978-1-68412-697-2(5)*, Silver Dolphin Bks.) Printers Row Publishing Group.

Kaleidoscope's Light. Angela Hilario. 2020. (ENG.). 264p. (YA). pap. 13.99 *(978-1-393-21001-6(5))* Draft2Digital.

Kaleidoscopic Lives: A Companion Book to Frontier & Indian Life (Classic Reprint) Joseph Henry Taylor. 2018. (ENG., Illus.). 148p. (J). 26.95 *(978-0-365-42783-4(7))* Forgotten Bks.

Kaleo Helps. Megan Borgert-Spaniol. Illus. by Steve Brown. 2022. (I Care (Pull Ahead Readers People Smarts — Fiction) Ser.). (ENG.). 16p. (J). (gr. -1-1). pap. 8.99 *(978-1-7284-6298-1(3)*, 00235b0f-099d-45fc-8f18-80e095e0142b, Lerner Pubns.) Lerner Publishing Group.

Kalevala, the Land of Heroes, Vol. 1 (Classic Reprint) W. F. Kirby. 2017. (ENG., Illus.). (J). 30.95 *(978-1-5279-5196-9(0))* Forgotten Bks.

Kalevala, the Land of Heroes, Vol. 2 (Classic Reprint) W. F. Kirby. 2017. (ENG., Illus.). (J). 30.29 *(978-1-5283-6190-3(3))* Forgotten Bks.

Kali; la Dea Oscura: La Storia, il Culto, le Invocazioni. Richard Reuss. 2023. (ITA.). 61p. (YA). pap. ***(978-1-4478-1253-1(0))*** Lulu Pr., Inc.

Kaliah's Club. Tanika J. Baker. Illus. by Wade Williams. 2022. (ENG.). 28p. (J). *(978-0-2288-6769-2(X))*; pap. *(978-0-2288-6768-5(1))* Tellwell Talent.

Kalico Jack. Mike Nahorniak. 2016. (ENG., Illus.). (J). 16.95 *(978-1-5069-0333-0(9))*; pap. 14.95 *(978-1-5069-0290-6(1))* First Edition Design Publishing.

Kalik: The Demon Souls Series. Josh Brookes. 2018. (Demon Souls Ser.: Vol. 2). (ENG., Illus.). 420p. (YA). pap. *(978-1-912663-02-6(3))* Evil Bunny, The.

Kalinka & Grakkle, 1 vol. Julie Paschkis. 2018. (Illus.). 32p. (J). (gr. -1-3). 17.95 *(978-1-68263-030-3(7))* Peachtree Publishing Co. Inc.

Kali's Jewels (Classic Reprint) Helen M. Fairley. 2018. (ENG., Illus.). 316p. (J). 30.41 *(978-0-483-60679-1(0))* Forgotten Bks.

Kali's Travels. Marlene Norgard. 2019. (ENG., Illus.). 38p. (J). pap. 15.95 *(978-1-64531-671-8(8))* Newman Springs Publishing, Inc.

Kalle und Die Nachtjäger der Eifel. Rainer Nahrendorf. 2018. (GER., Illus.). 86p. (J). pap. *(978-3-7469-2070-2(1))* tredition Verlag.

Kalli & the Cants. Kimberly Tillmar. 2018. (ENG., Illus.). 34p. (J). *(978-0-2288-0580-9(5))*; pap. *(978-0-2288-0579-3(1))* Tellwell Talent.

Kalli Wermaus. I. L. Krau. 2018. (GER., Illus.). 400p. (J). pap. *(978-3-7407-5214-9(9))* VICOO International Pr.

Kalm (Calm) Amy Culliford. Tr. by Jean Pierre Gaston. 2021. (Emosyon Mwen Yo (My Emotions) Ser.). (CRP., Illus.). (J). (gr. -1-1). pap. ***(978-1-0396-2223-4(2)***, 10071, Crabtree Roots) Crabtree Publishing Co.

Kalm (Calm) Bilingual. Amy Culliford. 2022. (Emosyon Mwen Yo (My Emotions) Bilingual Ser.).Tr. of Kalm. (CRP.). 16p. (J). (gr. -1-1). pap. *(978-1-0396-2457-3(X)*, 19782) Crabtree Publishing Co.

Kalmiera: Crisis: Loss of a System. Mark Garnett & Susan. 2023. (ENG., Illus.). 702p. (YA). pap. 52.95 ***(978-1-6624-5566-7(6))*** Page Publishing Inc.

Kaloomte: Book 1, Vol 2: Q'eqchi': Li Xwaklijik Awa'b'ejilal Re Li K'anti' E. K. Bolles. Tr. by Senaida Esperanza Ba Mucu. Illus. by NamSuny Bolles. 2022. (MYN.). 74p. (J). pap. ***(978-1-387-64331-8(2))*** Lulu Pr., Inc.

Kalpana Chawla. Virginia Loh-Hagan. Illus. by Jeff Bane. 2022. (My Early Library: My Itty-Bitty Bio Ser.). (ENG.). 24p. (J). (gr. k-1). pap. 12.79 *(978-1-6689-1046-7(2)*, 220991); lib. bdg. 30.64 *(978-1-6689-0886-0(7)*, 220853) Cherry Lake Publishing.

Kamala: A Story of Hindu Life (Classic Reprint) S. Satthianadhan. 2018. (ENG., Illus.). 258p. (J). 29.24 *(978-0-483-09435-2(8))* Forgotten Bks.

Kamala: Feminist Folktales from Around the World. Ed. by Ethel Johnston Phelps. Illus. by Suki Boynton. 2016. (Feminist Folktales Ser.: 2). (ENG.). 192p. (J). (gr. 2-7). 14.95 *(978-1-55861-940-1(2))* Feminist Pr. at The City Univ. of New York.

Kamala & Maya's Big Idea. Meena Harris. Illus. by Ana Ramírez González. 2020. (ENG.). 32p. (J). (gr. -1-3). 18.99 *(978-0-06-293740-7(5)*, Balzer & Bray) HarperCollins Pubs.

Kamala Counts To 10. Saachi Mehta. 2021. (ENG.). 30p. (J). 22.29 *(978-1-0983-9829-3(7))* BookBaby.

Kamala Harris. Megan Borgert-Spaniol. 2021. (Checkerboard Biographies Ser.). (ENG., Illus.). 32p. (J). (gr. 3-6). lib. bdg. 32.79 *(978-1-5321-9600-3(8)*, 37414, Checkerboard Library) ABDO Publishing Co.

Kamala Harris, 1 vol. Janis Campbell & Catherine Collison. 2018. (Women Who Won't Be Silenced: the Stories of Strong Women Ser.). (ENG.). 64p. (gr. 6-7). pap. 16.28 *(978-1-5345-6650-3(4)*, 0372c2a2-5aaf-4fed-b5a5-01d49d6daa27); lib. bdg. 36.56 *(978-1-5345-6651-4(1)*, f757e831-53c4-4006-9e89-6f6d8b29a009) Greenhaven Publishing LLC. (Lucent Pr.).

Kamala Harris. Stephanie Gaston. 2022. (Biographies of Diverse Heroes Ser.). (ENG.). 24p. (J). (gr. k-2). lib. bdg. *(978-1-0396-6001-4(0)*, 19337); (Illus.). pap. *(978-1-0396-6196-7(3)*, 19338) Crabtree Publishing Co.

Kamala Harris. Kelsey Jopp. 2020. (Groundbreaking Women in Politics Ser.). (ENG., Illus.). 48p. (J). (gr. 5-6). pap. 11.95 *(978-1-64493-167-7(2)*, 1644931672); lib. bdg. 34.21 *(978-1-64493-088-5(9)*, 1644930889) North Star Editions. (Focus Readers).

Kamala Harris. Maria Isabel Sanchez Vegara. Illus. by Lauren Semmer. 2021. (Little People, BIG DREAMS Ser.: 68). (ENG.). 32p. (J). (gr. -1-2). 15.99 ***(978-0-7112-6582-0(8)***, Frances Lincoln Children's Bks.) Quarto Publishing Group UK GBR. Dist: Hachette Bk. Group.

Kamala Harris. Katlin Sarantou. Illus. by Jeff Bane. 2021. (My Early Library: My Itty-Bitty Bio Ser.). (ENG.). 24p. (J). (gr. k-1). pap. 12.79 *(978-1-5341-8831-0(2)*, 219059); lib. bdg. 30.64 *(978-1-5341-8691-0(3)*, 219058) Cherry Lake Publishing.

Kamala Harris. Kristen Susienka. 2019. (African American Leaders of Courage Ser.). (ENG.). 24p. (gr. 1-2). 49.50 *(978-1-7253-1107-7(0))*; 25.27 *(978-1-7253-1108-4(9)*, 4e2109a4-d349-47c8-a8b5-44023ed065f5); pap. 9.25 *(978-1-7253-1106-0(2)*, ee39cad4-ad14-4571-a791-f352a4c007b4) Rosen Publishing Group, Inc., The. (PowerKids Pr.).

Kamala Harris: Madam Vice President. Heather E. Schwartz. 2021. (Gateway Biographies Ser.). (ENG., Illus.). 48p. (J). (gr. 4-8). pap. 11.99 *(978-1-7284-4089-7(0)*, 493463f0-8452-4335-ad33-37cb757f6978); lib. bdg. 31.99 *(978-1-7284-2782-9(7)*, 519146cd-7383-4464-b882-4db6de7686ab) Lerner Publishing Group. (Lerner Pubns.).

Kamala Harris: Primera Mujer Vicepresidenta de Los Estados Unidos. Grace Hansen. 2022. (Biografías: Personas Que Han Hecho Historia Ser.). (SPA.). 24p. (J). (gr. -1-2). lib. bdg. 32.79 *(978-1-0982-6542-7(4)*, 41029, Abdo Kids) ABDO Publishing Co.

Kamala Harris: Rooted in Justice. Nikki Grimes. Illus. by Laura Freeman. 2020. (ENG.). 40p. (J). (gr. -1-3). 17.99 *(978-1-5344-6267-0(8)*, Atheneum Bks. for Young Readers) Simon & Schuster Children's Publishing.

Kamala Harris: Vice President. Elizabeth Neuenfeldt & Elizabeth Neuenfeldt. 2022. (Women Leading the Way Ser.). (ENG., Illus.). 24p. (J). (gr. k-3). pap. 7.99 *(978-1-64834-670-5(7)*, 21382, Blastoff! Readers) Bellwether Media.

Kamala Harris: First Female US Vice President. Laura K. Murray. 2021. (Essential Lives Ser.). (ENG.). 112p. (J). (gr. 6-12). lib. bdg. 41.36 *(978-1-5321-9594-5(X)*, 37356, Essential Library) ABDO Publishing Co.

Kamala Harris: First Female Vice President of the United States. Grace Hansen. 2021. (History Maker Biographies (Abdo Kids Jumbo) Ser.). (ENG., Illus.). 24p. (J). (gr. -1-2). lib. bdg. 32.79 *(978-1-0982-0892-9(7)*, 37881, Abdo Kids) ABDO Publishing Co.

Kamala Harris (Spanish Edition) Maria Isabel Sanchez Vegara. Illus. by Lauren Semmer. 2023. (Little People, Big Dreams en Español Ser.: Vol. 68). (SPA.). 32p. (J). (gr. -1-2). pap. ***(978-0-7112-8481-4(4))*** Frances Lincoln Childrens Bks.

Kamala Is Speaking: Vice President for the People. Shasta Clinch. Illus. by Kamala Nair. 2021. (Step into Reading Ser.). 32p. (J). (gr. -1-1). pap. 4.99 *(978-0-593-43029-3(8))*; (ENG.). lib. bdg. 14.99 *(978-0-593-43030-9(1))* Random Hse. Children's Bks. (Random Hse. Bks. for Young Readers).

Kamala Khan: Ms. Marvel Little Golden Book (Marvel Ms. Marvel) Nadia Shammas. Illus. by Golden Books. 2022. (Little Golden Book Ser.). (ENG.). 24p. (J). (-k). 5.99 *(978-0-593-31032-8(2)*, Golden Bks.) Random Hse. Children's Bks.

Kamal's Different World. Timothy D. Jones. Illus. by Takara M. Carter. 2022. (ENG.). 27p. (J). ***(978-1-387-59666-9(7))*** Lulu Pr., Inc.

Kamari Goes to the Dentist. Kendra C. Thomas. 2022. (ENG.). 28p. (J). pap. 12.97 ***(978-1-0880-4302-8(X))*** Indy Pub.

Kamari Loses a Tooth. Kendra Correl Thomas. 2022. (ENG.). 26p. (J). 18.97 ***(978-1-0880-2076-0(3))***; pap. 12.97 ***(978-1-0880-2175-0(1))*** Indy Pub.

Kamari's First Plane Ride. Kendra C. Thomas. 2022. (ENG.). 28p. (J). pap. 12.95 ***(978-1-0880-5850-3(7))*** Indy Pub.

Kameko & the Monkey-King. Melissa Addey. Illus. by Claire Loescher. 2018. (ENG.). 48p. (J). (gr. k-1). *(978-1-910940-65-5(8))* Letterpress Publishing.

Kameko & the Monkey-King. Melissa Addey. Illus. by Claire Loescher. 2018. (ENG.). 48p. (J). pap. *(978-1-910940-66-2(6))* Letterpress Publishing.

Kameryn's Lost Lucky Charm. Kim Kirkland. Illus. by Sergio Drumond. 2020. (ENG.). 26p. (J). pap. 10.00 *(978-1-948747-80-6(4))* J2B Publishing LLC.

Kami Koala Goes to the Zoo. Teydon Rae. 2018. (ENG., Illus.). 30p. (J). 22.95 *(978-1-64003-967-4(8))* Covenant Bks.

Kamik Joins the Pack, 1 vol. Darryl Baker. Illus. by Qin Leng. 2016. (Kamik Ser.: 3). (ENG.). 32p. (J). (gr. 1-3). pap. 12.95 *(978-1-77227-125-6(X))* Inhabit Media Inc. CAN. Dist: Consortium Bk. Sales & Distribution.

Kamik Takes the Lead. Darryl Baker. Illus. by Ali Hinch. 2020. (Kamik Ser.: 4). (ENG.). 32p. (J). (gr. 1-3). 11.95 *(978-1-77227-266-6(3))* Inhabit Media Inc. CAN. Dist: Consortium Bk. Sales & Distribution.

Kamikaze Boys. Jay Bell. 2019. (ENG.). 328p. (YA). pap. 19.99 *(978-1-7338597-3-8(X))* Bell, Jay Bks.

Kamille's Quest of Courage. Jenica Harshbarger. 2020. (ENG., Illus.). 30p. (J). pap. 12.95 *(978-1-64559-978-4(7))* Covenant Bks.

Kamilu Tjawani - Nana Dig. Margaret James. 2021. (AUS.). 24p. (J). pap. *(978-1-922647-02-3(0))* Library For All Limited.

Kamilu Tjawani - Nana Dig. Margaret James. Illus. by Wendy Paterson. 2021. (AUS.). 24p. (J). pap.

(978-1-922647-08-5(X)); pap. *(978-1-922647-17-7(9))* Library For All Limited.

Kamilu Tjawani Talingka - Nana Digs in the Red Sand. Margaret James. Illus. by Wendy Paterson. 2021. (AUS.). 32p. (J). pap. *(978-1-922647-03-0(9))*; pap. *(978-1-922647-09-2(8))*; pap. *(978-1-922647-18-4(7))* Library For All Limited.

Kammi, la Novia Del Sisimite: Cuentos Hondureños. Azucena Ordoñez Rodas. 2022. (SPA.). 40p. (J). pap. ***(978-1-387-41412-3(7))*** Lulu Pr., Inc.

Kammie & Me. Shekira B. 2021. (ENG.). 20p. (J). pap. 10.99 *(978-1-0878-6829-5(7))* Indy Pub.

Kammie's Dream. Kimberly Thomas. 2019. (ENG.). 30p. (J). pap. 13.95 *(978-1-63338-906-9(5))* Fulton Bks.

Kamo: Pact with the Spirit World, Volume 1: Pact with the Spirit World. Illus. by Ban Zarbo. 2018. (Kamo: Pact with the Spirit World Manga Ser.: 1). 208p. (gr. 7-1). pap. 10.99 *(978-1-4278-5867-2(5)*, 3f3163e2-23bd-4298-87b8-5048acd48cfb, TOKYOPOP Manga) TOKYOPOP, Inc.

Kamo: Pact with the Spirit World, Volume 2: Pact with the Spirit World. Illus. by Ban Zarbo. 2018. (Kamo: Pact with the Spirit World Manga Ser.: 2). (ENG.). 210p. (YA). (gr. 7-1). pap. 10.99 *(978-1-4278-5871-9(3)*, 8e243a28-6fa3-4e4c-af80-d19b0d54eeb3, TOKYOPOP Manga) TOKYOPOP, Inc.

Kamo: Pact with the Spirit World, Volume 3: Pact with the Spirit World. Illus. by Ban Zarbo. 2020. (Kamo: Pact with the Spirit World Manga Ser.: 3). (ENG.). 210p. (YA). (gr. 7-1). pap. 10.99 *(978-1-4278-5929-7(9)*, a06c0581-e237-4a7f-bec5-8c434fcfeeb3, TOKYOPOP Manga) TOKYOPOP, Inc.

Kamp Koral Joke Book (Kamp Koral: SpongeBob's under Years) David Lewman. 2021. (ENG.). 128p. (J). (gr. k-4). 6.99 *(978-0-593-37404-7(5)*, Random Hse. Bks. for Young Readers) Random Hse. Children's Bks.

Kampf Mit Dem Riesen: Die Abenteuer Von David und Goliath. Pip Reid. 2020. (Verteidiger des Glaubens Ser.: Vol. 3). (GER.). 42p. (J). pap. *(978-1-989961-06-3(1))* Bible Pathway Adventures.

Kan & Ken Are Best Friends: (Book 5) Kan & Ken Do Things Together & Show How They Are Best Friends. Willa L. Holmon. Illus. by Kandra L. Mallory. 2023. (ENG.). 24p. (J). pap. 10.95 ***(978-1-0880-9264-4(0))*** Indy Pub.

Kan & Ken Are Two Special Girls: (Book Six) Kan & Ken Like Who They Are Regardless of Their Differences. Willa L. Holmon. Illus. by Kandra L. Mallory. 2023. (ENG.). 28p. (J). pap. 10.95 ***(978-1-0880-9190-6(3))*** Indy Pub.

Kan & Ken Have Jobs to Do: Kan & Ken Work Together to Get Their Jobs Done. Willa L. Holmon. 2022. (Kan & Ken Ser.: Vol. 2). (ENG.). 30p. (J). pap. 10.95 ***(978-1-0879-0961-5(9))*** Indy Pub.

Kan & Ken Play Games & Learn How to Share. Willa L. Holmon. 2022. (ENG.). 26p. (J). pap. 10.95 ***(978-1-0880-5836-7(1))*** Indy Pub.

Kan Helps Ken Have Confidence: Kan Encourages Ken to Tie Her Shoes & Not Give Up. Willa L. Holmon. 2022. (ENG.). 30p. (J). pap. 10.95 ***(978-1-0879-0784-0(5))*** Indy Pub.

Kan Jian. Mingzu Li. 2016. (CHI.). 44p. (J). *(978-986-211-610-4(2))* Hsaio Lu Publishing Co., Ltd.

Kanata's True North: Middle Grade Fiction. Lorna Faith. 2023. (Red Maple Creek Ser.: Vol. 1). (ENG.). 238p. (J). pap. ***(978-1-7781079-6-2(6))*** Trees In The Mist.

Kanchil y Los Cocodrilos. Jeffrey B. Fuerst. Illus. by Gary Freeman. 2016. (Jump into Genre Ser.). (SPA.). (J). (gr. 3). 5.25 *(978-1-4788-3622-3(9))* Newmark Learning LLC.

Kancil the Mouse Deer. Marie McLisky. 2017. (ENG., Illus.). 31p. (J). 20.95 *(978-1-78554-254-1(0)*, 5f04ea0e-0eee-4985-b366-95640a5abe1f); pap. 13.95 *(978-1-78554-253-4(2)*, 9f5a01d4-04a9-47af-920d-b2fae74c771b) Austin Macauley Pubs. Ltd. GBR. Dist: Baker & Taylor Publisher Services (BTPS).

Kandake Amanirenas: Defender of Kush. Letitia Degraft Okyere. 2023. (ENG.). 36p. (J). 21.99 ***(978-1-956776-14-0(1))*** Letitia de Graft-Johnson.

Kandi's Story. Sheron Steward. 2020. (ENG.). 26p. (J). pap. 7.99 *(978-1-64858-602-6(3))* Matchstick Literary.

Kandi's Story: Forever Home (New Edition) Sheron Steward. 2020. (ENG.). 26p. (J). 14.99 *(978-1-63790-028-4(7))* Matchstick Literary.

Kandy Hamm & the Lost White Owl. Michelle Path. 2016. (ENG., Illus.). (J). pap. *(978-1-910832-31-8(6))* Rowanvale Bks.

Kane. Harry Coninx. 2023. (Tales from the Pitch Ser.). (ENG.). 120p. (YA). pap. 9.95 *(978-1-948585-85-9(5))* Leapfrog Pr.

Kane Chronicles, the, Book One: Red Pyramid, the-The Kane Chronicles, Book One. Rick Riordan. 2018. (Kane Chronicles Ser.: 1). (ENG., Illus.). 576p. (J). (gr. 5-9). pap. 9.99 *(978-1-368-01358-1(9)*, Disney-Hyperion) Disney Publishing Worldwide.

Kane Chronicles, the, Book Three: Serpent's Shadow: the Graphic Novel, the-Kane Chronicles, the, Book Three. Rick Riordan. 2017. (Kane Chronicles Ser.). (ENG., Illus.). 160p. (J). (gr. 5-9). 21.99 *(978-1-4847-8132-6(5))*; pap. 14.99 *(978-1-4847-8234-7(8))* Disney Publishing Worldwide. (Disney-Hyperion).

Kane Chronicles, the Book Three: Serpent's Shadow, the-Kane Chronicles, the Book Three. Rick Riordan. 2018. (Kane Chronicles Ser.: 3). (ENG., Illus.). 496p. (J). (gr. 5-9). pap. 9.99 *(978-1-368-01357-4(0)*, Disney-Hyperion) Disney Publishing Worldwide.

Kane Chronicles, the Paperback Box Set (the Kane Chronicles Box Set with Graphic Novel Sampler) Rick Riordan. Illus. by Matt Griffin. 2018. (Kane Chronicles Ser.). (ENG.). 1472p. (J). (gr. 3-7). pap. 27.99 *(978-1-368-01361-1(9)*, Disney-Hyperion) Disney Publishing Worldwide.

Kanga Creek: An Australian Idyll (Classic Reprint) Havelock Ellis. 2018. (ENG., Illus.). 64p. (J). 25.22 *(978-0-484-84763-6(5))* Forgotten Bks.

Kangaroo, 1 vol. Meredith Costain. Illus. by Stuart Jackson-Carter. 2016. (Wild World Ser.). (ENG.). 32p. (J). (gr. 1-2). pap. 11.00 *(978-1-4994-8212-6(4)*, 0e3fb7ef-2d94-46a3-9d4c-9bf948459a06, Windmill Bks.) Rosen Publishing Group, Inc., The.

Kangaroo. August Hoeft. (I See Animals Ser.). (ENG.). (J). 2022. 20p. pap. 12.99 ***(978-1-5324-4223-0(8))***; 2021. 12p. pap. 5.99 *(978-1-5324-1500-5(1))* Xist Publishing.

Kangaroo: Wildlife 3D Puzzle & Book. Kathy Broderick. 2018. (ENG.). (J). 9.99 *(978-1-64269-016-3(3)*, 4721, Sequoia Publishing & Media LLC) Phoenix International Publications, Inc.

Kangaroo: Wildlife 3D Puzzle & Books, 4 vols. Kathy Broderick. 2019. (ENG.). 20p. (J). 9.99 *(978-1-64269-120-7(8)*, 4750, Sequoia Publishing & Media LLC) Phoenix International Publications, Inc.

Kangaroo & Crocodile. Bronwyn Bancroft. 2019. (ENG., Illus.). 48p. (J). (— 1). pap. 12.99 *(978-1-921714-98-6(0))* Little Hare Bks. AUS. Dist: Independent Pubs. Group.

Kangaroo at the Zoo IR. 2017. (Phonics Readers Ser.). (ENG.). (J). pap. 6.99 *(978-0-7945-3716-6(2)*, Usborne) EDC Publishing.

Kangaroo (Classic Reprint) David Herbert Lawrence. 2017. (ENG., Illus.). (J). 32.58 *(978-0-331-93822-7(7))*; pap. 16.57 *(978-0-243-33554-1(7))* Forgotten Bks.

Kangaroo Crush. Ian Worboys. Illus. by Silke Diehl. 2nd ed. 2022. (Crush Ser.). (ENG.). 36p. (J). (gr. -1-k). 17.99 *(978-80-907532-9-7(9)*, Crush Series) Crush Publishing CZE. Dist: Independent Pubs. Group.

Kangaroo Hunters: Or, Adventures in the Bush (Classic Reprint) Anne Bowman. 2018. (ENG., Illus.). 482p. (J). 33.84 *(978-0-267-21992-6(X))* Forgotten Bks.

Kangaroo in the Cupboard. Kristin Hubbard & Marcia Hubbard. 2018. (ENG., Illus.). 34p. (J). (gr. k-1). 19.99 *(978-1-949558-05-0(3))* Khalexandra Bks.

Kangaroo Jane. Staci J. Allen. 2016. (ENG., Illus.). (J). 22.95 *(978-1-4808-4153-6(6))*; pap. 16.95 *(978-1-4808-4155-0(2))* Archway Publishing.

Kangaroo Journal: 6x9 Notebook with 120 Pages. Korey's World. 2022. (ENG.). 120p. (YA). pap. *(978-1-4357-6316-6(5))* Lulu Pr., Inc.

Kangaroo Rats. Martha London. 2021. (Desert Animals (POP!) Ser.). (ENG., Illus.). 24p. (J). (gr. k-3). lib. bdg. 31.36 *(978-1-5321-6970-0(1)*, 38017, Pop! Cody Koala) Pop!.

Kangaroo Sue & Her Baby Roo: an IVF Journey. Susan K. Anderson DC & Ann B. Anderson Ba. 2022. (ENG.). 38p. (J). 18.95 *(978-1-64307-480-1(6)*, Mascot Kids) Amplify Publishing Group.

Kangaroo, the Rabbit & the Cricket. Graeme Gilmour. 2018. (ENG., Illus.). 30p. (J). pap. *(978-1-7752747-1-1(3))* Gilmour, Graeme.

Kangaroo Who Couldn't Stop. Robert Cox. 2020. (ENG.). 32p. (J). (gr. -1-k). 19.99 *(978-1-925630-25-1(0))* Redback Publishing AUS. Dist: Independent Pubs. Group.

Kangaroos. Nicki Clausen-Grace. 2018. (Wild Animal Kingdom (Continuation) Ser.). (ENG.). 32p. (gr. 2-7). 9.95 *(978-1-68072-735-7(4))*; (J). (gr. 4-6). pap. 9.99 *(978-1-64466-288-5(4)*, 12405); (J). (gr. 4-6). lib. bdg. *(978-1-68072-441-7(X)*, 12404) Black Rabbit Bks. (Bolt).

Kangaroos. Rose Davin. 2017. (Meet Desert Animals Ser.). (ENG., Illus.). 24p. (J). (gr. -1-2). lib. bdg. 27.32 *(978-1-5157-4604-1(6)*, 134288, Capstone Pr.) Capstone.

Kangaroos. Kaitlyn Duling. 2020. (Animals of the Grasslands Ser.). (ENG., Illus.). 24p. (J). (gr. k-3). lib. bdg. 26.95 *(978-1-64487-227-7(7)*, Blastoff! Readers) Bellwether Media.

Kangaroos: A 4D Book. Sara Louise Kras. rev. ed. 2018. (Australian Animals Ser.). (ENG., Illus.). 24p. (J). (gr. -1-2). lib. bdg. 29.32 *(978-1-9771-0000-9(7)*, 138163, Capstone Pr.) Capstone.

Kangaroo's World. Katie Gillespie. 2018. (Illus.). 24p. (J). *(978-1-4896-5668-1(5)*, AV2 by Weigl) Weigl Pubs., Inc.

Kanjundu, or from Fear of the Enemy (Classic Reprint) Helen Lida Willcox. (ENG., Illus.). (J). 2018. 44p. 24.80 *(978-0-483-44641-0(6))*; 2016. pap. 7.97 *(978-1-333-33478-9(8))* Forgotten Bks.

Kannada-English School-Dictionary: Chiefly Based on the Labours of the Rev. Dr. F. Kittel (Classic Reprint) J. Bucher. 2018. (ENG., Illus.). 470p. (J). 33.59 *(978-0-364-67316-4(8))* Forgotten Bks.

Kannada-English School-Dictionary: Chiefly Based on the Labours of the REV. Dr. F. Kittel (Classic Reprint) Ferdinand Kittel. 2017. (ENG., Illus.). (J). pap. 16.57 *(978-0-282-47329-7(7))* Forgotten Bks.

Kannada-English School-Dictionary: Chiefly Based on the Labours of the Rev. Dr. F. Kittel (Classic Reprint) Ferdinand Kittel. 2018. (ENG., Illus.). 468p. (J). 33.55 *(978-0-365-42610-3(5))* Forgotten Bks.

Kannada-English School-Dictionary Chiefly Based on the Labours of the Reverend Doctor F. Kittel. J. Bucher. 2019. (ENG.). 472p. (J). pap. *(978-3-337-85947-3(X))* Creation Pubs.

Kanon der Physik: Die Begrieffe, Principien, Sätze, Formeln, Dimensionsformeln und Konstanten der Physik (Classic Reprint) Felix Auerbach. 2018. (GER., Illus.). (J). 540p. 35.03 *(978-1-391-37061-3(9))*; 542p. pap. 19.57 *(978-1-390-19656-6(9))* Forgotten Bks.

Kansas, 1 vol. John Hamilton. 2016. (United States of America Ser.). (ENG., Illus.). 48p. (J). (gr. 5-9). 34.21 *(978-1-68078-318-6(1)*, 21621, Abdo & Daughters) ABDO Publishing Co.

Kansas. Ann Heinrichs. Illus. by Matt Kania. 2017. (U. S. A. Travel Guides). (ENG.). 40p. (J). (gr. 2-5). lib. bdg. 38.50 *(978-1-5038-1956-6(6)*, 211593) Child's World, Inc, The.

Kansas. Emma Huddleston. 2022. (Core Library of US States Ser.). (ENG., Illus.). 48p. (J). (gr. 4-8). lib. bdg. 35.64 *(978-1-5321-9757-4(8)*, 39605) ABDO Publishing Co.

Kansas. Angie Swanson & Bridget Parker. 2016. (States Ser.). (ENG., Illus.). 32p. (J). (gr. 3-6). lib. bdg. 27.99 *(978-1-5157-0403-4(3)*, 132014, Capstone Pr.) Capstone.

Kansas: The Sunflower State. Jennifer Nault. 2016. (J). *(978-1-4896-4863-1(1))* Weigl Pubs., Inc.

Kansas (a True Book: My United States) (Library Edition) Josh Gregory. 2018. (True Book (Relaunch) Ser.). (ENG., Illus.). 48p. (J). (gr. 3-5). 31.00 *(978-0-531-23560-7(2)*, Children's Pr.) Scholastic Library Publishing.

Kansas City: War with Russia. Wayne Adams. 2021. (ENG.). 29p. (J). *(978-1-300-95210-7(5))* Lulu Pr., Inc.

Kansas City Chiefs. Kenny Abdo. 2021. (NFL Teams Ser.). (ENG., Illus.). 32p. (J). (gr. 2-8). lib. bdg. 32.79 *(978-1-0982-2466-0(3)*, 37166, Abdo Zoom-Fly) ABDO Publishing Co.

Kansas City Chiefs. Josh Anderson. 2022. (Professional Football Teams Ser.). (ENG.). 32p. (J). (gr. 2-5). lib. bdg. 35.64 *(978-1-5038-5780-3(8)*, 215754, Stride) Child's World, Inc, The.

Kansas City Chiefs. Nate Cohn. 2018. (Illus.). 24p. (J). *(978-1-4896-5522-6(0)*, AV2 by Weigl) Weigl Pubs., Inc.

Kansas City Chiefs. Tony Hunter. 2019. (Inside the NFL Ser.). (ENG.). 48p. (J). (gr. 3-6). lib. bdg. 34.21 *(978-1-5321-1851-7(1)*, 32571, SportsZone) ABDO Publishing Co.

Kansas City Chiefs, 1 vol. Todd Kortemeier. 2016. (NFL up Close Ser.). (ENG.). 32p. (J). (gr. 3-9). lib. bdg. 32.79 *(978-1-68078-221-9(5)*, 22043, SportsZone) ABDO Publishing Co.

Kansas City Chiefs. Katie Lajiness. 2016. (NFL's Greatest Teams Set 3 Ser.). (ENG., Illus.). 32p. (J). (gr. 2-5). lib. bdg. 34.21 *(978-1-68078-536-4(2)*, 23635, Big Buddy Bks.) ABDO Publishing Co.

Kansas City Chiefs. Contrib. by Joanne Mattern. 2023. (NFL Team Profiles Ser.). (ENG., Illus.). (J). (gr. 3-7). lib. bdg. 26.95 Bellwether Media.

Kansas City Chiefs. Jim Whiting. rev. ed. 2019. (NFL Today Ser.). (ENG.). 48p. (J). (gr. 4-7). pap. 12.00 *(978-1-62832-708-3(1)*, 19043, Creative Paperbacks) Creative Co., The.

Kansas City Chiefs ABC: My First Alphabet Book. Brad M. Epstein. 2019. (Major League Baseball ABC Board Bks.). (ENG.). (J). bds. 12.95 *(978-1-60730-165-3(2))* Michaelson Entertainment.

Kansas City Chiefs All-Time Greats. Ted Coleman. 2021. (NFL All-Time Greats Ser.). (ENG., Illus.). 24p. (J). (gr. 3-3). pap. 8.95 *(978-1-63494-374-1(0))*; lib. bdg. 28.50 *(978-1-63494-357-4(0))* Pr. Room Editions LLC.

Kansas City Chiefs Story. Allan Morey. 2016. (NFL Teams Ser.). (ENG., Illus.). 32p. (J). (gr. 3-7). lib. bdg. 26.95 *(978-1-62617-370-5(2)*, Torque Bks.) Bellwether Media.

Kansas City Royals. David J. Clarke. 2022. (Inside MLB Ser.). (ENG., Illus.). 48p. (J). (gr. 3-6). lib. bdg. 34.21 *(978-1-0982-9019-1(4)*, 40795, SportsZone) ABDO Publishing Co.

Kansas City Royals. K. C. Kelley. 2019. (Major League Baseball Teams Ser.). (ENG.). 32p. (J). (gr. 2-5). lib. bdg. 35.64 *(978-1-5038-2825-4(5)*, 212632) Child's World, Inc, The.

Kansas City Royals. Dennis St. Sauver. 2018. (MLB's Greatest Teams Ser.). (ENG., Illus.). 32p. (J). (gr. 2-5). lib. bdg. 34.21 *(978-1-5321-1809-8(0)*, 30664, Big Buddy Bks.) ABDO Publishing Co.

Kansas City Royals. Jim Whiting. (Creative Sports: Major League Baseball Ser.). (ENG.). 32p. (J). 2021. (gr. 4-7). *(978-1-64026-305-5(5)*, 17778, Creative Education); 2020. (gr. 3-5). pap. 9.99 *(978-1-62832-837-0(1)*, 17779, Creative Paperbacks) Creative Co., The.

Kansas Folklore (Classic Reprint) S. J. Sackett. (ENG., Illus.). (J). 2019. 266p. 29.40 *(978-0-365-21200-3(8))*; 2017. pap. 11.97 *(978-0-259-53031-2(X))* Forgotten Bks.

Kansas Magazine, Vol. 5: January, 1911 (Classic Reprint) F. Dumont Smith. (ENG., Illus.). (J). 2018. 110p. 26.19 *(978-0-483-81499-8(7))*; 2017. pap. 9.57 *(978-0-243-28682-9(1))* Forgotten Bks.

Kansas Magazine, Vol. 6: January, 1912 (Classic Reprint) Unknown Author. 2017. (ENG., Illus.). (J). 25.96 *(978-0-266-98697-3(8))*; pap. 9.57 *(978-0-243-33561-9(X))* Forgotten Bks.

Kansas Magazine, Vol. 6: November, 1911 (Classic Reprint) Unknown Author. (ENG., Illus.). (J). 2018. 102p. 26.00 *(978-0-483-64176-1(6))*; 2017. pap. 9.57 *(978-0-259-09323-7(8))* Forgotten Bks.

Kansas Surgeon in Karlsbad (Classic Reprint) John Calhoun McClintock. 2017. (ENG., Illus.). (J). 126p. 26.50 *(978-0-484-91802-2(8))*; pap. 9.57 *(978-0-259-53159-3(6))* Forgotten Bks.

Kansas Zephyrs (Classic Reprint) Ed Blair. (ENG., Illus.). (J). 2018. 206p. 28.15 *(978-0-483-06563-5(3))*; 2017. pap. 10.57 *(978-1-334-95897-7(1))* Forgotten Bks.

Kantara: The Traveler. Stephen Weller & Mary Weller. 2023. (Kantara Ser.: Vol. 1). (ENG.). 242p. (YA). 30.99 ***(978-1-957723-99-0(8))***; pap. 16.99 ***(978-1-960146-00-7(9))*** Warren Publishing, Inc.

Kanter Girls (Classic Reprint) Mary Lydia Branch. 2018. (ENG., Illus.). 232p. (J). 28.70 *(978-0-365-30005-2(5))* Forgotten Bks.

Kantiga Finds the Perfect Name. Mabel Mnensa. Illus. by Chantelle and Burgen Thorne. 2023. (ENG.). 32p. (J). 18.95 ***(978-1-62371-743-8(4)***, Crocodile Bks.) Interlink Publishing Group, Inc.

Kanye West: Conquering Music & Fashion. Tom Head & Deirdre Head. 2019. (Hip-Hop Revolution Ser.). (ENG.). 32p. (gr. 5-5). 63.18 *(978-1-9785-1025-8(X))* Enslow Publishing, LLC.

Kanye West: Music Industry Influencer. Contrib. by Alicia Z. Klepeis. 2017. (Hip-Hop Artists Ser.). (ENG., Illus.). 112p. (J). (gr. 6-12). lib. bdg. 41.36 *(978-1-5321-1330-7(7)*, 27538, Essential Library) ABDO Publishing Co.

Kanye West: Rap Superstar & Fashion Designer, 1 vol. Tom Head & Deirdre Head. 2019. (Stars of Hip-Hop Ser.). (ENG.). 32p. (gr. 2-2). 26.93 *(978-1-9785-0962-7(6)*, c4716e87-71ce-4f4e-b8a4-b416b8432820) Enslow Publishing, LLC.

Kanzi Learns Language! Supersmart Ape. Sarah Eason. Illus. by Ludovic Salle. 2023. (Animal Masterminds Ser.). (ENG.). 24p. (J). (gr. 3-6). lib. bdg. 28.50 Bearport Publishing Co., Inc.

Kaoo Da More Moj Zivot Nosi: Abridged. Stjepan Petricevic. 2021. (SCR.). 155p. (J). pap. *(978-1-300-89419-3(9))* Lulu Pr., Inc.

Kaos. Merche Albert Marin. 2017. (SPA., Illus.). (J). pap. *(978-84-697-2556-6(4))* Organismo Autonomo Imprenta Regional.

Kapaemahu. Hinaleimoana Wong-Kalu et al. Illus. by Daniel Sousa. 2022. 40p. (J). (gr. -1-3). 17.99 *(978-0-593-53006-1(3)*, Kokila) Penguin Young Readers Group.

Kaparlilu Parna Tjitim-Tjitimpangka Tjawara - Nana Digs in the Red Sand. Margaret James. Illus. by Wendy Paterson. 2021. (AUS.). 28p. (J). pap. *(978-1-922647-06-1(3))* Library For All Limited.

Kaparlilu Tjawara - Nana Is Digging. Margaret James. Illus. by Wendy Paterson. 2021. (AUS.). 24p. (J). pap. *(978-1-922647-05-4(5))* Library For All Limited.

Kapt'n Windpocke. Volker Schowald. 2017. (GER., Illus.). (J). pap. *(978-3-7407-2994-3(5))* VICOO International Pr.

Kara Es una Química: Probar y Verificar, 1 vol. Amanda Vink. 2017. (Computación Científica en el Mundo Real (Computer Science for the Real World) Ser.). (SPA.). 24p. (J). (gr. 4-5). pap. *(978-1-5383-5833-7(6)*, 0eae608e-66c6-453a-8192-6129692deb1f, Rosen Classroom) Rosen Publishing Group, Inc., The.

Kara Es una Química: Probar y Verificar (Kara Is a Chemist: Testing & Checking), 1 vol. Amanda Vink. 2017. (Niños Digitales: Superdotados con Pensamiento Computacional (Computer Kids: Powered by Computational Thinking) Ser.). (SPA.). 24p. (J). (gr. 4-5). 25.27 *(978-1-5383-2909-2(3)*, 161bd36c-fb74-4cca-bac2-baffe3c420af, PowerKids Pr.) Rosen Publishing Group, Inc., The.

Kara Finds Sunshine on a Rainy Day. Caroline Brewer. 6th ed. 2019. (ENG., Illus.). 44p. (J). (gr. 2-6). pap. 14.99 *(978-0-9717790-5-1(8))* Unchained Spirit Enterprises.

Kara Goes to Fairyland Fairies Book of Coloring for 6 Year Old Girls. Educando Kids. 2019. (ENG.). 42p. (J). pap. 6.99 *(978-1-64521-106-8(1)*, Educando Kids) Editorial Imagen.

Kara Is a Chemist: Testing & Checking, 1 vol. Amanda Vink. 2017. (Computer Kids: Powered by Computational Thinking Ser.). (ENG.). 24p. (J). (gr. 4-5). 25.27 *(978-1-5383-2405-9(9)*, 245d6212-7498-4e53-a451-9dd15d59f058, PowerKids Pr.); pap. *(978-1-5081-3758-0(7)*, 65577954-4ad8-4e79-97a3-5d059494b5db, Rosen Classroom) Rosen Publishing Group, Inc., The.

Kara Smith & the Realm of Dusk & Dawn. Stella Palmaymesa. 2020. (ENG.). 70p. (J). pap. 15.00 *(978-1-953507-22-8(0))* Brightlings.

Karakuri: Paper Made to Move. Megan Borgert-Spaniol. 2019. (Cool Paper Art Ser.). (ENG.). 32p. (J). (gr. 3-6). lib. bdg. 34.21 *(978-1-5321-1944-6(5)*, 32473, Checkerboard Library) ABDO Publishing Co.

Karate. Kieran Downs. 2021. (Let's Play Sports! Ser.). (ENG., Illus.). 24p. (J). (gr. k-3). lib. bdg. 26.95 *(978-1-64487-425-7(3)*, Blastoff! Readers) Bellwether Media.

Karate Coloring Book for Kids: Perfect Coloring Book for Boys & Girls Ages 2-4, 4-8. Pa Publishing. 2021. (ENG.). 30p. (J). pap. 8.99 *(978-1-63998-413-8(5))* Brumby Kids.

Karate Kalli Takes the Lead: PAWS (Positive Attitude We Succeed) Cynthia Cox. 2021. (ENG., Illus.). 32p. (J). pap. 13.95 *(978-1-63630-685-8(3))* Covenant Bks.

Karate Kick. Matt Christopher. 2018. (Matt Christopher: the #1 Sports Series for Kids Ser.). (ENG.). 128p. (J). (gr. 3-7). lib. bdg. 31.36 *(978-1-5321-4268-0(4)*, 31078, Chapter Bks.) Spotlight.

Karate Kid. Rosanne L. Kurstedt. Illus. by Mark Chambers. 2019. (ENG.). 40p. (J). (gr. -1-3). 14.99 *(978-0-7624-9343-2(7)*, Running Pr. Kids) Running Pr.

Karate Kid: The Classic Illustrated Storybook. Illus. by Kim Smith. 2019. (Pop Classics Ser.: 6). 40p. (J). (gr. -1-3). 18.99 *(978-1-68369-092-4(3))* Quirk Bks.

Karate Kid Saga Continues: Johnny's Story #1. Denton J. Tipton. Illus. by Kagan McLeod & Luis Antonio Delgado. 2021. (Cobra Kai Ser.). (ENG.). 24p. (J). (gr. 6-8). lib. bdg. 31.36 *(978-1-0982-5015-7(X)*, 37004, Graphic Novels) Spotlight.

Karate Kid Saga Continues: Johnny's Story #2. Denton J. Tipton. Illus. by Kagan McLeod & Luis Antonio Delgado. 2021. (Cobra Kai Ser.). (ENG.). 24p. (J). (gr. 6-8). lib. bdg. 31.36 *(978-1-0982-5016-4(8)*, 37005, Graphic Novels) Spotlight.

Karate Kid Saga Continues: Johnny's Story #3. Denton J. Tipton. Illus. by Kagan McLeod & Luis Antonio Delgado. 2021. (Cobra Kai Ser.). (ENG.). 24p. (J). (gr. 6-8). lib. bdg. 31.36 *(978-1-0982-5017-1(6)*, 37006, Graphic Novels) Spotlight.

Karate Kid Saga Continues: Johnny's Story #4. Denton J. Tipton. Illus. by Kagan McLeod & Luis Antonio Delgado. 2021. (Cobra Kai Ser.). (ENG.). 24p. (J). (gr. 6-8). lib. bdg. 31.36 *(978-1-0982-5018-8(4)*, 37007, Graphic Novels) Spotlight.

Karate Kids. Holly Sterling. Illus. by Holly Sterling. 2020. (ENG., Illus.). 32p. (J). (gr. -1-2). 16.99 *(978-1-5362-1457-4(4))* Candlewick Pr.

Karate Monster. Abida Ripley. 2018. (ENG., Illus.). 30p. (J). (gr. k-6). 12.00 *(978-1-949808-07-0(6))* Bk.worm.

Karate Rebels. Jake Maddox. Illus. by Diego Diaz (Beehive Illustration). 2020. (Jake Maddox Girl Sports Stories Ser.). (ENG.). 72p. (J). (gr. 3-6). pap. 5.95 *(978-1-4965-9914-8(4)*, 201325); lib. bdg. 25.32 *(978-1-4965-9709-0(5)*, 199331) Capstone. (Stone Arch Bks.).

Karatemagic und der Buzzerpilz. Betty Schiebel. 2018. (GER., Illus.). 54p. (J). pap. *(978-3-7103-3539-6(6))* united p.c. Verlag.

Kardashians. Kristin J. Russo. 2021. (Families of Fame & Fortune Ser.). (ENG., Illus.). 32p. (J). (gr. 5-8). lib. bdg. 27.99 *(978-1-62920-844-2(2)*, 232f990c-f54a-4ea4-8225-ddc12e641a1d) Full Tilt Pr. NZL. Dist: Lerner Publishing Group.

Kardoo, the Hindoo Girl (Classic Reprint) Harriette G. Brittan. 2017. (ENG., Illus.). (J). 27.79 *(978-1-5283-8807-8(0))* Forgotten Bks.

Kareem's Birthday Ride. Kimaada Le Gendre. Illus. by Antonella Cammarano. 2019. (Naturebella's Kids Books: Multicultural Ser.: Vol. 3). (ENG.). 36p. (J). pap. 10.99 *(978-1-7326320-4-2(9))* Le Gendre, Kimaada.

Karel en de Elementen. Wim Verveen. 2016. (DUT., Illus.). (J). pap. *(978-90-826381-0-3(X))* Verveen, Wim.

Karen. James F. Park. 2018. (ENG.). 106p. (J). pap. ***(978-0-244-72066-7(5))*** Lulu Pr., Inc.

Karen (Classic Reprint) Alfred Sidgwick. 2017. (ENG., Illus.). (J). 30.52 *(978-0-266-18099-9(X))* Forgotten Bks.

Karen M. Mcmanus 2-Book Box Set: One of Us Is Lying & One of Us Is Next, 2 vols. Karen M. McManus. 2020. (ENG.). 752p. (YA). (gr. 9). 37.98 *(978-0-593-17875-1(0)*, Delacorte Pr.) Random Hse. Children's Bks.

K

Karen M. Mcmanus 2-Book Paperback Boxed Set: One of Us Is Lying, One of Us Is Next. Karen M. McManus. 2023. (ENG.). 800p. (YA). (gr. 9). pap., pap. 25.98 *(978-0-593-64547-5(2),* Delacorte Pr.) Random Hse. Children's Bks.

Karen Taker's House: A Parable for All Ages. Ethel Henderson Walker. 2021. (ENG.). 50p. (J). 28.49 *(978-1-6628-3609-1(0));* pap. 16.49 *(978-1-6628-3608-4(2))* Salem Author Services.

Karen's Birthday, 6. Katy Farina. ed. 2023. (Baby-Sitters Club Ser.). (ENG.). 151p. (J). (gr. 2-5). 23.96 ***(978-1-68505-866-1(3))*** Penworthy Co., LLC, The.

Karen's Birthday: a Graphic Novel (Baby-Sitters Little Sister #6), Vol. 6. Ann M. Martin. Illus. by Katy Farina. adapted ed. 2023. (Baby-Sitters Little Sister Graphix Ser.). (ENG.). 160p. (J). (gr. 2-5). 22.99 *(978-1-338-76259-4(1));* pap. 11.99 *(978-1-338-76258-7(3))* Scholastic, Inc. (Graphix).

Karen's Birthday (Baby-Sitters Little Sister #7) Ann M. Martin. Illus. by Christine Almeda. 2022. (Baby-Sitters Little Sister Ser.). (ENG.). 112p. (J). (gr. 2-5). pap. 6.99 *(978-1-338-77661-4(4))* Scholastic, Inc.

Karen's Brain Teasers: Riddles, Lateral Thinking & Logic Puzzles That Destroy Brain Cells. Karen J. Bun. 2019. (ENG., Illus.). 262p. (J). pap. 14.99 *(978-1-64615-460-9(6))* Bluesource & Friends.

Karen's Dad Jokes: The Bad, Funny, Clean & LOL Jokes for the Cool Dad. Karen J. Bun. 2019. (ENG., Illus.). 82p. (J). pap. 14.99 *(978-1-64615-462-3(2))* Bluesource & Friends.

Karen's Garden. Andrew Kranichfeld. 2017. (ENG., Illus.). (J). (gr. k-2). 14.99 *(978-0-692-84206-5(3))* Kranichfeld, Andrew.

Karen's Ghost (Baby-Sitters Little Sister #12) Ann M. Martin. 2023. (Baby-Sitters Little Sister Ser.). (ENG.). 112p. (J). (gr. 2-5). pap. 6.99 *(978-1-338-81512-2(1),* Scholastic Paperbacks) Scholastic, Inc.

Karen's Grandmothers (Baby-Sitters Little Sister #10) Ann M. Martin. Illus. by Christine Almeda. 2022. (Baby-Sitters Little Sister Ser.). (ENG.). 112p. (J). (gr. 2-5). pap. 6.99 *(978-1-338-77667-6(3))* Scholastic, Inc.

Karen's Haircut: a Graphic Novel (Baby-Sitters Little Sister #7) Ann M. Martin. Illus. by Katy Farina. 2023. (Baby-Sitters Little Sister Graphix Ser.). (ENG.). 144p. (J). (gr. 2-5). 22.99 *(978-1-338-76264-8(8));* pap. 12.99 *(978-1-338-76262-4(1))* Scholastic, Inc. (Graphix).

Karen's Haircut (Baby-Sitters Little Sister #8) Ann M. Martin. Illus. by Christine Almeda. 2022. (Baby-Sitters Little Sister Ser.). (ENG.). 112p. (J). (gr. 2-5). pap. 6.99 *(978-1-338-77663-8(0))* Scholastic, Inc.

Karen's Heart: The True Story of a Brave Baby Orangutan. Georgeanne Irvine. 2018. (Illus.). (J). *(978-1-943198-04-7(7))* Southwestern Publishing Hse., Inc.

Karen's Kittycat Club, 4. Martin Ann M. ed. 2021. (Baby-Sitters Club Ser.). (ENG., Illus.). 132p. (J). (gr. 2-3). 22.46 *(978-1-64697-958-5(3))* Penworthy Co., LLC, The.

Karen's Kittycat Club: a Graphic Novel (Baby-Sitters Little Sister #4) (Adapted Edition), Vol. 4. Ann M. Martin. Illus. by Katy Farina. adapted ed. 2021. (Baby-Sitters Little Sister Graphix Ser.: 4). (ENG.). 144p. (J). (gr. 2-5). 22.99 *(978-1-338-35622-9(4));* pap. 10.99 *(978-1-338-35621-2(6))* Scholastic, Inc. (Graphix).

Karen's Kittycat Club (Baby-Sitters Little Sister #4) Ann M. Martin. Illus. by Christine Almeda. 2021. (Baby-Sitters Little Sister Ser.: 4). (ENG.). 112p. (J). (gr. 2-5). pap. 6.99 *(978-1-338-76303-4(2))* Scholastic, Inc.

Karen's Knock Knock Jokes for Kids: The Unbreakable Door That No One Ever Got Past. Karen J. Bun. 2019. (ENG., Illus.). 260p. (J). pap. 14.99 *(978-1-64615-464-7(9))* Bluesource & Friends.

Karen's Little Sister (Baby-Sitters Little Sister #6) Ann M. Martin. Illus. by Christine Almeda. 2021. (Baby-Sitters Little Sister Ser.: 6). (ENG.). 112p. (J). (gr. 2-5). pap. 6.99 *(978-1-338-77659-1(2))* Scholastic, Inc.

Karen's LOL Jokes Collection: The 2 Books Compilation Set for Kids. Karen J. Bun. 2019. (ENG., Illus.). 164p. (J). pap. 28.99 *(978-1-64615-519-4(X))* Bluesource & Friends.

Karen's LOL, OMG & Knock Knock Jokes Collection: The 4 Fun Joke Compilation for Kids. Karen J. Bun. 2019. (ENG., Illus.). 528p. (J). pap. 38.99 *(978-1-64615-522-4(X))* Bluesource & Friends.

Karen's OMG Joke Books for Kids: Funny, Silly, Dumb Jokes That Will Make Children Roll on the Floor Laughing. Karen J. Bun. 2019. (ENG., Illus.). 82p. (J). pap. 14.99 *(978-1-64615-461-6(4))* Bluesource & Friends.

Karen's Prize (Baby-Sitters Little Sister #11) Ann M. Martin. 2022. (Baby-Sitters Little Sister Ser.). (ENG.). 112p. (J). (gr. 2-5). pap. 6.99 *(978-1-338-81509-2(1),* Scholastic Paperbacks) Scholastic, Inc.

Karen's Riddles for Kids: Trick Questions & Fun Facts for the Young Ones. Karen J. Bun. 2019. (ENG., Illus.). 76p. (J). pap. 14.99 *(978-1-64615-478-4(9))* Bluesource & Friends.

Karen's Roller Skates, 2. Ann M. Martin. ed. 2020. (Baby-Sitters Club Ser.). (ENG., Illus.). 125p. (J). (gr. 2-3). 21.96 *(978-1-64697-366-8(6))* Penworthy Co., LLC, The.

Karen's Roller Skates: a Graphic Novel (Baby-Sitters Little Sister #2) (Adapted Edition), Vol. 2. Ann M. Martin. Illus. by Katy Farina. adapted ed. 2020. (Baby-Sitters Little Sister Graphix Ser.: 2). (ENG.). 128p. (J). (gr. 2-5). 22.99 *(978-1-338-35616-8(X));* pap. 10.99 *(978-1-338-35614-4(3))* Scholastic, Inc. (Graphix).

Karen's Roller Skates (Baby-Sitters Little Sister #2) Ann M. Martin. Illus. by Christine Almeda. 2021. (Baby-Sitters Little Sister Ser.: 2). (ENG.). 112p. (J). (gr. 2-5). 25.99 *(978-1-338-76291-4(5));* pap. 6.99 *(978-1-338-76289-1(3))* Scholastic, Inc.

Karen's School Picture, 5. Ann M. Martin. ed. 2022. (Baby-Sitters Club Ser.). (ENG.). 119p. (J). (gr. 2-3). 23.46 ***(978-1-68505-255-3(X))*** Penworthy Co., LLC, The.

Karen's School Picture: a Graphic Novel (Baby-Sitters Little Sister #5), Vol. 5. Ann M. Martin. Illus. by Katy Farina. adapted ed. 2022. (Baby-Sitters Little Sister Graphix Ser.). (ENG.). 128p. (J). (gr. 2-5). pap. 10.99 *(978-1-338-76251-8(6),* Graphix) Scholastic, Inc.

Karen's School Picture: a Graphic Novel (Baby-Sitters Little Sister #5) (Adapted Edition), Vol. 5. Ann M. Martin. Illus. by Katy Farina. adapted ed. 2022. (Baby-Sitters Little Sister Graphix Ser.). (ENG.). 128p. (J). (gr. 2-5). 22.99 *(978-1-338-76252-5(4),* Graphix) Scholastic, Inc.

Karen's School Picture (Baby-Sitters Little Sister #5) Ann M. Martin. Illus. by Christine Almeda. 2021. (Baby-Sitters Little Sister Ser.: 5). (ENG.). 112p. (J). (gr. 2-5). pap. 6.99 *(978-1-338-77649-2(5))* Scholastic, Inc.

Karen's Sleepover (Baby-Sitters Little Sister #9) Ann M. Martin. Illus. by Christine Almeda. 2022. (Baby-Sitters Little Sister Ser.). (ENG.). 112p. (J). (gr. 2-5). pap. 6.99 *(978-1-338-77665-2(7))* Scholastic, Inc.

Karen's Surprise (Baby-Sitters Little Sister #13) Ann M. Martin. 2023. (Baby-Sitters Little Sister Ser.). (ENG.). 112p. (J). (gr. 2-5). pap. 6.99 ***(978-1-338-87563-8(9),*** Scholastic Paperbacks) Scholastic, Inc.

Karen's Unicorn Knock Knock Jokes: The Magical Door That Spurts Rainbow Endlessly. Karen J. Bun. 2019. (ENG., Illus.). 150p. (J). pap. 14.99 *(978-1-64615-465-4(7))* Bluesource & Friends.

Karen's What Am I? Riddles: The Challenging Riddle Book That Will Arouse Brain Cells. Karen J. Bun. 2019. (ENG., Illus.). 100p. (J). pap. 14.99 *(978-1-64615-479-1(7))* Bluesource & Friends.

Karen's Witch, 1. Ann M. Martin. ed. 2020. (Baby-Sitters Club Ser.). (ENG., Illus.). 139p. (J). (gr. 2-3). 21.96 *(978-1-64697-367-5(4))* Penworthy Co., LLC, The.

Karen's Witch: a Graphic Novel (Baby-Sitters Little Sister #1) (Adapted Edition), Vol. 1. Ann M. Martin. Illus. by Katy Farina. adapted ed. 2019. (Baby-Sitters Little Sister Graphix Ser.: 1). (ENG.). 144p. (J). (gr. 2-5). pap. 10.99 *(978-1-338-31519-6(6),* Graphix) Scholastic, Inc.

Karen's Witch: a Graphic Novel (Baby-Sitters Little Sister #1) (Adapted Edition), Vol. 1. Ann M. Martin. Illus. by Katy Farina. adapted ed. 2019. (Baby-Sitters Little Sister Graphix Ser.: 1). (ENG.). 144p. (J). (gr. 2-5). lib. bdg. 22.99 *(978-1-338-35611-3(9),* Graphix) Scholastic, Inc.

Karen's Witch (Baby-Sitters Little Sister #1) Ann M. Martin. Illus. by Christine Almeda. 2021. (Baby-Sitters Little Sister Ser.: 1). (ENG.). 112p. (J). (gr. 2-5). 25.99 *(978-1-338-76284-6(2));* pap. 6.99 *(978-1-338-76282-2(6))* Scholastic, Inc.

Karen's Worst Day, 3. Martin Ann M. ed. 2021. (Baby-Sitters Club Ser.). (ENG., Illus.). 134p. (J). (gr. 2-3). 22.46 *(978-1-64697-959-2(1))* Penworthy Co., LLC, The.

Karen's Worst Day: a Graphic Novel (Baby-Sitters Little Sister #3) (Adapted Edition), Vol. 3. Ann M. Martin. Illus. by Katy Farina. adapted ed. 2020. (Baby-Sitters Little Sister Graphix Ser.: 3). (ENG.). 144p. (J). (gr. 2-5). 22.99 *(978-1-338-35619-9(4));* pap. 10.99 *(978-1-338-35618-2(6))* Scholastic, Inc. (Graphix).

Karen's Worst Day (Baby-Sitters Little Sister #3) Ann M. Martin. Illus. by Christine Almeda. 2021. (Baby-Sitters Little Sister Ser.: 3). (ENG.). 112p. (J). (gr. 2-5). 25.99 *(978-1-338-76297-6(4));* pap. 6.99 *(978-1-338-76295-2(8))* Scholastic, Inc.

Kari the Elephant (Classic Reprint) Dhan Gopal Mukerji. 2017. (ENG., Illus.). (J). 27.26 *(978-0-331-44067-6(9))* Forgotten Bks.

Karibu Rafiki: Welcome, My Friend. Figen Gunduz Letaconnoux. 2016. (ENG.). 26p. (J). pap. *(978-605-83475-5-7(6))* Yazardan Direkt.

Karin Garcia's Next-Level DIY Slime. Karina Garcia. ed. 2018. (Karina Garcia's DIYs Ser.). (ENG.). 80p. (J). (gr. 4-5). 17.96 *(978-1-64310-264-1(8))* Penworthy Co., LLC, The.

Karina Garcia's DIY Slime. Karina Garcia. 2017. (ENG., Illus.). 80p. (J). (gr. 4-9). pap. 7.99 *(978-1-4998-0660-1(4))* Little Bee Books Inc.

Karina Garcia's DIY Slime. Wendy Wax. ed. 2018. (Karina Garcia's DIYs Ser.). (ENG.). 79p. (J). (gr. 3-5). 17.96 *(978-1-64310-291-7(5))* Penworthy Co., LLC, The.

Karina Garcia's DIYs (2 Book Set) Karina Garcia. ed. 2018. (ENG.). (J). (gr. 4-5). 35.92 *(978-1-64310-262-7(1))* Penworthy Co., LLC, The.

Karina Garcia's Must-Try DIYs. Karina Garcia. ed. 2018. (Karina Garcia's DIYs Ser.). (ENG.). 109p. (J). (gr. 4-5). 17.96 *(978-1-64310-263-4(X))* Penworthy Co., LLC, The.

Karina Garcia's Must-Try DIYs: 20 Crafts & Life Hacks. Karina Garcia. 2017. (ENG., Illus.). 112p. (J). (gr. 4). pap. 9.99 *(978-1-4998-0700-4(7))* Little Bee Books Inc.

Karina Garcia's Next-Level DIY Slime. Karina Garcia. 2018. (ENG., Illus.). 80p. (J). (gr. 4). pap. 7.99 *(978-1-4998-0799-8(6))* Little Bee Books Inc.

Karina Garcia's Next-Level DIY Slime. Karina Garcia. 2018. (Illus.). 80p. (J). pap. *(978-1-78741-373-3(X))* Templar Publishing.

Karina Kitten's Life Rewritten: A Battle with PTSD. Carissa Church. Illus. by Carissa Church. 2021. (ENG.). 24p. (J). 15.95 *(978-1-950323-48-7(X));* pap. 9.95 *(978-1-950323-49-4(8))* Leaning Rock Pr.

Karis & Brook Stories Lakeside Friends: A Story about Cancer. A. B. Namy. 2022. (ENG.). 38p. (J). 16.95 *(978-1-64543-597-6(0))* Amplify Publishing Group.

Karis & Brook Stories: the Costume Party: a Story about Food Allergies. A. B. Namy. 2023. (ENG.). 38p. (J). 19.95 ***(978-1-63755-447-0(8),*** Mascot Kids) Amplify Publishing Group.

Karkulka Puppet Theatre Presents: The Ice Queen. Dana Velan & Tom Velan. 2021. (ENG.). 32p. (J). *(978-1-5255-9533-2(4));* pap. *(978-1-5255-9532-5(6))* FriesenPress.

Karl & Mr. Kraddle: Two Slow Friends Have a Great Day! John M. Felton. Illus. by Peter Cox & Ken Young. 2021. (ENG.). 34p. (J). pap. 16.95 *(978-1-6642-1930-4(7),* WestBow Pr.) Author Solutions, LLC.

Karl & the Queen of Queer-Land (Classic Reprint) Elizabeth T. Corbett. 2018. (ENG., Illus.). (J). 202p. 28.06 *(978-1-396-41618-7(8));* 204p. pap. 10.57 *(978-1-390-90132-0(7))* Forgotten Bks.

Karl, Get Out of the Garden! Carolus Linnaeus & the Naming of Everything. Anita Sanchez. Illus. by Catherine Stock. 2017. 48p. (J). (gr. 2-5). lib. bdg. 17.99 *(978-1-58089-606-1(5))* Charlesbridge Publishing, Inc.

Karl Grier: The Strange Story of a Man with a Sixth Sense (Classic Reprint) Louis Tracy. (ENG., Illus.). (J). 2018. 344p. 31.01 *(978-0-483-62927-1(8));* 2017. pap. 13.57 *(978-0-243-30298-7(3))* Forgotten Bks.

Karl Kiegler: Or, the Fortunes of a Foundling (Classic Reprint) Unknown Author. (ENG., Illus.). (J). 2018. 116p. 26.29 *(978-0-267-46145-5(3));* 2017. pap. 9.57 *(978-0-259-29244-9(3))* Forgotten Bks.

Karl Krinken, His Christmas Stocking. Susan Warner et al. 2019. (ENG., Illus.). 166p. (YA). pap. *(978-93-5329-503-5(3))* Alpha Editions.

Karl Marx: A Reference Guide to His Life & Works. Frank W. Elwell et al. 2020. (Significant Figures in World History Ser.). (Illus.). 326p. (YA). (gr. 8-17). 67.00 *(978-1-5381-2289-1(8))* Rowman & Littlefield Publishers, Inc.

Karl of Erbach: A Tale of Lichtenstein & Solgau (Classic Reprint) Henry Christopher Bailey. 2018. (ENG., Illus.). 336p. (J). 30.83 *(978-0-332-94698-6(3))* Forgotten Bks.

Karla Learns to Pray Like Mommy. Nisha B. 2021. (ENG.). 32p. (J). pap. 13.99 *(978-0-578-92345-1(9))* Nishaelia Burks.

Karlene Hoy, or in Need of a Guide & Guard (Classic Reprint) Emma Young Prewitt. 2018. (ENG., Illus.). (J). 256p. 29.20 *(978-0-483-34935-3(6));* 258p. pap. 11.57 *(978-0-483-34146-3(0))* Forgotten Bks.

Karlie Kloss. Samantha S. Bell. 2019. (Influential People Ser.). (ENG., Illus.). 32p. (J). (gr. 4-6). pap. 7.95 *(978-1-5435-6041-1(5,* 140087); lib. bdg. 28.65 *(978-1-5435-5796-1(1),* 139752) Capstone.

Karloz & the Amazing Animals from the Amazon. Tanya Turner. 2019. (ENG.). 62p. (J). pap. *(978-1-7947-3931-4(9))* Lulu Pr., Inc.

Karl's Journey to the Moon (Classic Reprint) Maja Lindberg. 2018. (ENG., Illus.). 30p. (J). 24.56 *(978-0-484-49941-5(6))* Forgotten Bks.

Karl's New Beak: 3-D Printing Builds a Bird a Better Life. Lela Nargi. Illus. by Harriet Popham. (ENG.). 32p. 2023. pap. 9.99 *(978-1-68446-798-3(5),* 255032); 2019. (gr. -1-2). 17.95 *(978-1-68446-026-7(3),* 139699) Capstone. (Capstone Editions).

Karma Al Instante. Marissa Meyer. 2021. (SPA.). 520p. (YA). (gr. 9-12). pap. 22.99 *(978-987-747-750-4(5))* V&R Editoras.

Karma Chip: Jace Judson Series. Shiv Nirula. 2017. (ENG., Illus.). (J). pap. 11.43 *(978-1-946641-79-3(0))* Notion Pr., Inc.

Karma Khullar's Mustache. Kristi Wientge. (ENG., Illus.). (J). (gr. 3-7). 2018. 288p. pap. 8.99 *(978-1-4814-7771-0(4));* 2017. 272p. 16.99 *(978-1-4814-7770-3(6))* Simon & Schuster Bks. For Young Readers. (Simon & Schuster Bks. For Young Readers).

Karma Khullar's Mustache. Kristi Wientge. ed. 2018. lib. bdg. 18.40 *(978-0-606-41410-4(X))* Turtleback.

Karma Map: A Novel. Nisha Sharma. 2023. (Illus.). 256p. (YA). 28.99 *(978-1-6625-0077-0(7),* 9781662500770); pap. 16.99 *(978-1-6625-0078-7(5),* 9781662500787) Amazon Publishing. (Skyscape).

Karma Moon — Ghost Hunter. Melissa Savage. 2021. (Illus.). 352p. (J). (gr. 3-7). lib. bdg. 19.99 *(978-0-593-30280-4(X),* Crown Books For Young Readers) Random Hse. Children's Bks.

Karma the Peace Maker Dog. Janice Emma-Alessi. 2020. (ENG.). (J). 20p. pap. 11.40 *(978-1-68471-921-1(6));* 16p. pap. 20.00 *(978-1-7948-6981-3(6))* Lulu Pr., Inc.

Karma vs the Evil Twin. Evan Purcell. 2021. (ENG.). 144p. (J). (gr. 5-7). pap. 9.99 *(978-0-14-345094-8(8))* Penguin Bks. India PVT, Ltd IND. Dist: Independent Pubs. Group.

Karmali Kitty & Mikhial Monkey Are Best Friends. Pat M. Moore. 2023. (ENG.). 34p. (J). pap. 11.95 ***(978-1-0881-4681-1(3))*** Indy Pub.

Karma's Children: Discovery. Maverick Moses. 2019. (Karma's Children Ser.: Vol. 1). (ENG.). 336p. (YA). pap. 14.99 *(978-1-7333883-0-6(3))* Mastermind Resource Group.

Karma's World #1: the Great Shine-A-Thon Showcase! Halcyon Person. Illus. by Yesenia Moises. 2022. (ENG.). 144p. (J). (gr. 3-7). pap. 6.99 *(978-1-338-58073-0(6))* Scholastic, Inc.

Karma's World Creativity Journal: Freestyling with Friends (Media Tie-In) Terrance Crawford. ed. 2022.Tr. of (Media Tie-In). (ENG.). 112p. (J). (gr. 3-7). 12.99 *(978-1-338-58077-8(9))* Scholastic, Inc.

Karma's World: Follow the Beat of Your Heart: Book with Microphone. Naibe Reynoso. 2023. (Book with Microphone Ser.). (ENG.). 28p. (J). (gr. 1-3). 17.99 ***(978-0-7944-5057-1(1),*** Studio Fun International) Printers Row Publishing Group.

Karma's World: Time to Freestyle! Activity Book. Grace Baranowski. Illus. by MJ Illustrations. 2023. (ENG.). 128p. (J). (gr. 1-3). pap. 10.99 *(978-0-7944-5056-4(3),* Studio Fun International) Printers Row Publishing Group.

Karma's World: Viral Video Showdown. Jehan Madhani. Illus. by Yesenia Moises. 2022. (ENG.). 144p. (J). (gr. 1-3). pap. 6.99 *(978-1-338-58075-4(2))* Scholastic, Inc.

Karmel the Scout, or the Rebel of the Jerseys: A Story of the American Revolution (Classic Reprint) Sylvanus Cobb. 2018. (ENG., Illus.). 306p. (J). 30.21 *(978-0-483-99680-9(7))* Forgotten Bks.

Karmic: Is Born. Terri-Lyne Gedanitz. 2022. (ENG.). 64p. (YA). pap. *(978-1-7778165-1-3(3))* Tellwell Talent.

Karneval, Vol. 12. Touya Mikanagi. 2021. (Karneval Ser.: 12). (ENG., Illus.). 326p. (gr. 13-17). pap., pap. 20.00 *(978-1-9753-2315-8(7),* Yen Pr.) Yen Pr. LLC.

Karrie's Little Farm. Karolyn Sue. 2020. (ENG.). 62p. (YA). 27.95 *(978-1-64654-769-2(1))* Fulton Bks.

Karrie's Thorn. Cheryl Anne Kincaid. 2021. (ENG.). 180p. (YA). 24.99 *(978-1-64960-234-3(0))* Emerald Hse. Group, Inc.

Karrington the Kangaroo Visits a Farm. Thomas Mitchem. 2022. (ENG., Illus.). 36p. (J). pap. 9.99 ***(978-1-64350-677-7(3))*** Page Publishing Inc.

Karsona, Princess of the Universe. Cindy Hennig. Illus. by Manu Anand. 2022. (Adventures of Woodsboy Ser.: 2). 98p. (J). pap. 9.99 ***(978-1-6678-6464-8(5))*** BookBaby.

Kart Racing. Mary Maxwell. 2023. (Racing Sports Ser.). (ENG., Illus.). 32p. (J). pap. 9.95 ***(978-1-63738-592-0(7),*** Apex) North Star Editions.

Kart Racing. Contrib. by Mary Maxwell. 2023. (Racing Sports Ser.). (ENG., Illus.). 32p. (J). lib. bdg. 31.35 ***(978-1-63738-538-8(2),*** Apex) North Star Editions.

Kart Rival. Jake Maddox. 2019. (Jake Maddox JV Ser.). (ENG.). 96p. (J). (gr. 4-6). pap. 5.95 *(978-1-4965-7526-5(1),* 139147, Stone Arch Bks.) Capstone.

Kartega. A. N. Sage. 2020. (Kartega Chronicles Ser.: Vol. 1). (ENG.). 498p. (YA). pap. *(978-1-989868-00-3(2))* Radostin, Inessa.

Karthik Delivers. Sheela Chari. (ENG.). 272p. (gr. 5-9). 2023. (J). pap. 8.99 ***(978-1-4197-5523-1(4),*** 1737603); 2022. (YA). 17.99 *(978-1-4197-5522-4(6),* 1737601) Abrams, Inc. (Amulet Bks.).

Karts. Thomas K. Adamson. 2019. (Full Throttle Ser.). (ENG., Illus.). 24p. (J). (gr. 3-7). lib. bdg. 26.95 *(978-1-62617-933-2(6),* Epic Bks.) Bellwether Media.

Karts. Ashley Gish. 2022. (Amazing Racing Cars Ser.). (ENG., Illus.). 24p. (J). (gr. 1-4). *(978-1-64026-288-1(1),* 18468, Creative Education) Creative Co., The.

Karts. Emma Huddleston. 2019. (Start Your Engines! Ser.). (ENG., Illus.). 32p. (J). (gr. 3-3). pap. 9.95 *(978-1-64494-215-4(1),* 1644942151) Bigfoot Bks. GBR. Dist: North Star Editions.

Karts Ashley Gish. 2020. (Amazing Machines: Racing Cars Ser.). (ENG., Illus.). 24p. (J). (gr. 1-3). pap. 9.99 *(978-1-62832-820-2(7),* 18469, Creative Paperbacks) Creative Co., The.

Karuk Indian Myths (Classic Reprint) John P. Harrington. 2017. (ENG., Illus.). (J). 24.80 *(978-0-331-53943-1(8));* 28.78 *(978-0-265-19471-3(7));* pap. 7.97 *(978-0-282-55358-6(4))* Forgotten Bks.

Kasanova - Lost in Love. Royal Baysinger. Illus. by Tamzon Olmstead. (ENG.). 32p. (J). 2023. pap. 10.99 *(978-1-956357-76-9(9));* 2022. 17.99 *(978-1-956357-74-5(2))* Lawley Enterprises.

Kasba (White Partridge) A Story of Hudson Bay (Classic Reprint) George R. Ray. (ENG., Illus.). (J). 2018. 264p. 29.36 *(978-0-483-97217-9(7));* 2016. pap. 11.97 *(978-1-334-16002-8(3))* Forgotten Bks.

Kasba (White Partridge) A Story of Hudson Bay (Classic Reprint) George Raymond Ray. (ENG., Illus.). (J). 2018. 272p. 29.53 *(978-0-656-34002-6(9));* 2017. pap. 11.97 *(978-0-243-38300-9(2))* Forgotten Bks.

Kasey & Ivy, 1 vol. Alison Hughes. 2018. (ENG.). 192p. (J). (gr. 4-7). pap. 10.95 *(978-1-4598-1574-2(2))* Orca Bk. Pubs. USA.

Kasey Rainbow: Way down Low. Kasey Rainbow. 2022. (ENG.). 14p. (J). (— 1). bds. 13.99 ***(978-1-922677-66-2(3))*** Bonnier Publishing GBR. Dist: Independent Pubs. Group.

Kasey Rainbow: Way up High. Kasey Rainbow. 2022. (ENG.). 14p. (J). (— 1). bds. 13.99 ***(978-1-922677-65-5(5))*** Bonnier Publishing GBR. Dist: Independent Pubs. Group.

Kasey's Poodle Skirt. Sandy De Young. 2018. (ENG., Illus.). 30p. (J). (gr. -1-3). pap. 9.15 *(978-1-948227-01-8(0))* Colorfield Creative, LLC.

Kashmir: The Land of Streams & Solitudes. P. Pirie. 2019. (ENG.). 272p. (J). pap. *(978-93-5329-814-2(8))* Alpha Editions.

Kashmir: The Land of Streams & Solitudes (Classic Reprint) P. Pirie. 2017. (ENG., Illus.). (J). 29.53 *(978-0-265-55908-6(1))* Forgotten Bks.

Kash's COVID Adventures at the Lake. Toni Perry. 2022. (ENG.). 24p. (J). pap. 10.99 ***(978-1-0880-1811-8(4))*** Indy Pub.

Kash's COVID Adventures Fun Around Town. Toni Perry. l.t. ed. 2022. (ENG.). 24p. (J). pap. 9.99 ***(978-1-0880-2469-0(6))*** Indy Pub.

Kash's COVID Adventures Fun at Home. Toni Perry. l.t. ed. 2022. (ENG.). 24p. (J). pap. 9.99 ***(978-1-0880-2479-9(3))*** Indy Pub.

Kasish: The Attraction. Kumar Nayak. 2021. (ENG.). 32p. (YA). pap. 7.99 *(978-1-68487-007-3(0))* Notion Pr., Inc.

Kasper und Stella. Ines Kristina Dunkel. 2019. (GER.). 76p. (J). *(978-3-7497-0135-3(0));* pap. *(978-3-7497-0134-6(2))* tredition Verlag.

Kassie with a K. Jaè Lee & Ajae Lee. 2020. (Kassie with a K Ser.: Vol. 1). (ENG., Illus.). 36p. (J). pap. 21.99 *(978-0-578-67814-6(4))* Kingdom Builders Pubn.

Kassy o'Roarke, Cub Reporter. Kelly Oliver. 2020. (Pet Detective Mysteries Ser.: Vol. 1). (ENG., Illus.). 226p. (J). (gr. 4-6). pap. 13.95 *(978-0-578-58895-7(1))* Beaver's Pond Pr., Inc.

Kassy o'Roarke Pet Detective Activities Book. Kelly Oliver. 2020. (ENG.). 42p. (J). pap. 9.99 ***(978-1-0879-1528-9(7))*** KAOS PR.

Kat & Izzie a Love Story in It's Purest Form. Emily O'Malley. 2017. (ENG., Illus.). (J). pap. 14.95 *(978-1-387-02491-9(4))* Lulu Pr., Inc.

Kat & Juju. Kataneh Vahdani. 2020. (Kat & Juju Ser.). (ENG., Illus.). 40p. (J). (gr. -1-2). 17.99 *(978-1-5420-4328-1(X),* 9781542043281, Two Lions) Amazon Publishing.

Kat & Meg Conquer the World. Anna Priemaza. 2019. (ENG.). 384p. (YA). (gr. 8). pap. 10.99 *(978-0-06-256082-7(4),* HarperTeen) HarperCollins Pubs.

Kat Goes. Brenda Ponnay. Illus. by Brenda Ponnay. (We Can Readers Ser.). (ENG.). (J). 2022. 20p. pap. 12.99 ***(978-1-5324-4105-9(3));*** 2019. 16p. (gr. -1-2). 24.99 ***(978-1-5324-3535-5(5));*** 2019. (Illus.). 16p. (gr. -1-2). pap. 7.99 *(978-1-5324-1123-6(5));* 2019. (Illus.). 16p. (gr. -1-2). pap. 12.99 *(978-1-5324-1122-9(7))* Xist Publishing.

Kat Greene Comes Clean. Melissa Roske. 2017. 192p. (J). (gr. 4-7). lib. bdg. 16.99 *(978-1-58089-776-1(2))* Charlesbridge Publishing, Inc.

Kat Hats. Daniel M. Pinkwater. Illus. by Aaron Renier. 2022. (ENG.). 40p. (J). (gr. -1-3). 17.99 *(978-1-4197-5194-3(8),* 1721901, Abrams Bks. for Young Readers) Abrams, Inc.

Kat Keeps the Beat. Greg Foley. Illus. by Greg Foley. 2019. (ENG., Illus.). 18p. (J). (gr. -1 — 1). bds. 7.99 *(978-1-5344-0682-7(4),* Little Simon) Little Simon.

Kat Likes. Brenda Ponnay. Illus. by Brenda Ponnay. (We Can Readers Ser.). (ENG.). (J). 2022. 20p. pap. 12.99 ***(978-1-5324-4106-6(1));*** 2019. 16p. (gr. -1-2). 24.99 ***(978-1-5324-3536-2(3));*** 2019. (Illus.). 8p. (gr. -1-2). pap. 7.99 *(978-1-5324-1112-0(X));* 2019. (Illus.). 16p. (gr. -1-2). pap. 12.99 *(978-1-5324-1111-3(1))* Xist Publishing.

Kat Makes. Brenda Ponnay. Illus. by Brenda Ponnay. (We Can Readers Ser.). (ENG.). (J). 2022. 20p. pap. 12.99 ***(978-1-5324-4107-3(X));*** 2019. 16p. (gr. -1-2). 24.99 ***(978-1-5324-3537-9(1));*** 2019. (Illus.). 8p. (gr. -1-2). pap.

1086 The check digit for ISBN-10 appears in parentheses after the full ISBN-13

TITLE INDEX KATHY & THE GIANT

7.99 *(978-1-5324-1114-4(6))*; 2019. (Illus.). 16p. (gr. -1-2). pap. 12.99 *(978-1-5324-1113-7(8))* Xist Publishing.

Kat Needs a Nap. Greg Foley. Illus. by Greg Foley. 2020. (ENG., Illus.). 20p. (J). (gr. -1-k). bds. 7.99 *(978-1-5344-0684-1(0)*, Little Simon) Little Simon.

Kat Reads. Brenda Ponnay. Illus. by Brenda Ponnay. (We Can Readers Ser.). (ENG.). (J). (gr. -1-2). 2022. 20p. pap. 12.99 ***(978-1-5324-4108-0(8))***; 2019. 16p. pap. 24.99 ***(978-1-5324-3538-6(X))***; 2019. (Illus.). 8p. pap. 7.99 *(978-1-5324-1331-5(9))*; 2019. (Illus.). 16p. pap. 12.99 *(978-1-5324-1330-8(0))* Xist Publishing.

Kat Rides. Brenda Ponnay. Illus. by Brenda Ponnay. (We Can Readers Ser.). (ENG.). (J). 2022. 20p. pap. 12.99 ***(978-1-5324-4109-7(6))***; 2020. 8p. (gr. -1-2). pap. 7.99 *(978-1-5324-2713-8(1))*; 2020. 16p. (gr. -1-2). 24.99 ***(978-1-5324-3539-3(8))***; 2020. 16p. (gr. -1-2). pap. 12.99 ***(978-1-5324-2712-1(3))*** Xist Publishing.

Kat Wears. Brenda Ponnay. Illus. by Brenda Ponnay. (We Can Readers Ser.). (ENG.). (J). 2022. 20p. pap. 12.99 ***(978-1-5324-4110-3(X))***; 2019. 16p. (gr. -1-2). 24.99 ***(978-1-5324-3540-9(1))***; 2019. (Illus.). 8p. (gr. -1-2). pap. 7.99 *(978-1-5324-0945-5(1))*; 2019. (Illus.). 16p. (gr. -1-2). pap. 12.99 *(978-1-5324-0944-8(3))* Xist Publishing.

Kat Wolfe Investigates: A Wolfe & Lamb Mystery. Lauren St John. 2019. (Wolfe & Lamb Mysteries Ser.: 1). (ENG.). 320p. (J). pap. 13.99 *(978-1-250-21117-0(4)*, 900190911) Square Fish.

Kat Wolfe Takes the Case: A Wolfe & Lamb Mystery. Lauren St John. 2019. (Wolfe & Lamb Mysteries Ser.: 2). (ENG.). 304p. (J). 17.99 *(978-0-374-30961-9(2)*, 900190915, Farrar, Straus & Giroux (BYR)) Farrar, Straus & Giroux.

Kat Writes a Song. Greg Foley. Illus. by Greg Foley. 2018. (ENG., Illus.). 40p. (J). (gr. -1-2). 14.99 *(978-1-5344-0680-3(8)*, Little Simon) Little Simon.

Katanagatari 1: Sword Tale, Vol. 1. NISIOISIN. Tr. by Sam Bett. 2018. (Katanagatari Ser.: 1). (Illus.). 320p. (YA). (gr. 8-12). 29.95 *(978-1-947194-32-8(1)*, Vertical) Kodansha America, Inc.

Katanas, Armor & Honor Coloring Book. Jupiter Kids. 2016. (ENG., Illus.). 106p. (J). pap. 12.55 *(978-1-68326-330-2(8)*, Jupiter Kids (Childrens & Kids Fiction)) Speedy Publishing LLC.

Katarina Ballerina. Tiler Peck & Kyle Harris. Illus. by Sumiti Collina. (Katarina Ballerina Ser.: 1). (ENG.). 192p. (J). (gr. 3-7). 2021. pap. 7.99 *(978-1-5344-5277-0(X))*; 2020. 16.99 *(978-1-5344-5276-3(1))* Simon & Schuster Children's Publishing. (Aladdin).

Katarina Ballerina & the Victory Dance. Tiler Peck & Kyle Harris. Illus. by Sara Luna. (Katarina Ballerina Ser.: 2). (ENG.). (J). (gr. 3-7). 2022. 192p. pap. 7.99 *(978-1-5344-5280-0(X))*; 2021. 176p. 16.99 *(978-1-5344-5279-4(6))* Simon & Schuster Children's Publishing. (Aladdin).

Katastrophe: The Dramatic Actions of Kat Morgan. Sylvia M. DeSantis. 2020. (ENG.). 232p. (YA). (gr. 7-12). pap. 14.99 *(978-1-64669-347-4(7))* Primedia eLaunch LLC.

Kate. Chris Rembert. 2021. (ENG.). 278p. (J). pap. 19.95 *(978-1-6624-1098-7(0))* Page Publishing Inc.

Kate & Abby's Favorite Things. Nana. Illus. by Ryan Churchill. 2017. (ENG.). (J). 22.95 *(978-1-64028-743-3(4))*; pap. 12.95 *(978-1-64028-741-9(8))* Christian Faith Publishing.

Kate & CICI: Build a Sandcastle. Cary Zierenberg-Senge. Illus. by Cara Gregor. 2018. (Kate & CICI Ser.: Vol. 1). (ENG.). 26p. (J). pap. 10.99 *(978-1-7329722-0-9(6))* Emilia, Cara Pr.

Kate & Dr. Amos - a Dentist Story. G. 2018. (ENG., Illus.). 32p. (J). pap. *(978-3-86196-791-0(X))* Meier, Martina Papierfresserchens MTM-Verlag GbR.

Kate & Ethan: Amores Platónicos, 1. Ines Garber. 2023. (SPA.). 400p. (YA). pap. 22.95 ***(978-607-39-0513-8(0))*** Editorial Planeta, S. A. ESP. Dist: Two Rivers Distribution.

Kate & the Nightlight. Tracey Magee. 2023. (ENG.). 24p. (J). pap. ***(978-1-0358-1933-1(3))*** Austin Macauley Pubs. Ltd.

Kate Beaumont (Classic Reprint) John William De Forest. 2017. (ENG., Illus.). (J). 27.59 *(978-0-265-70786-9(2))* Forgotten Bks.

Kate Bonnet: The Romance of a Pirate's Daughter (Classic Reprint) Frank R. Stockton. 2017. (ENG., Illus.). (J). 33.28 *(978-0-266-37799-3(8))* Forgotten Bks.

Kate Byrne, Vol. 1 Of 2: A Novel (Classic Reprint) S. Howard-Taylor. (ENG., Illus.). (J). 2018. 266p. 29.47 *(978-0-483-77701-9(3))*; 2016. pap. 11.97 *(978-1-334-13389-3(1))* Forgotten Bks.

Kate Byrne, Vol. 2 Of 2: A Novel (Classic Reprint) S. Howard Taylor. 2018. (ENG., Illus.). 228p. (J). 28.60 *(978-0-483-93415-3(1))* Forgotten Bks.

Kate Carlton: The Story of a Proud, Vain Girl (Classic Reprint) Daniel Wise. 2018. (ENG., Illus.). 278p. (J). 29.65 *(978-0-267-20053-5(6))* Forgotten Bks.

Kate Carnegie & Those Ministers. Ian MacLaren. 2017. (ENG., Illus.). (J). 25.95 *(978-1-374-93088-9(1))*; pap. 15.95 *(978-1-374-93087-2(3))* Capital Communications, Inc.

Kate Clarendon: Or Necromancy in the Wilderness (Classic Reprint) Emerson Bennett. 2018. (ENG., Illus.). 260p. (J). 29.26 *(978-0-483-33959-0(8))* Forgotten Bks.

Kate Coventry: An Autobiography (Classic Reprint) G. J. Whyte-Melville. 2018. (ENG., Illus.). 354p. (J). 31.20 *(978-0-484-05823-0(1))* Forgotten Bks.

Kate Danton: Or, Captain Danton's Daughters. May Agnes Fleming. 2017. (ENG., Illus.). (J). 26.95 *(978-1-374-84574-9(4))*; pap. 16.95 *(978-1-374-84573-2(6))* Capital Communications, Inc.

Kate Dicamillo. Christina Leaf. 2016. (Children's Storytellers Ser.). (ENG., Illus.). 24p. (J). (gr. 2-5). lib. bdg. 26.95 *(978-1-62617-339-2(7)*, Blastoff! Readers) Bellwether Media.

Kate Dicamillo: Six Classic Novels, 6 vols. Kate DiCamillo. 2020. (ENG.). 1344p. (J). (gr. 3-7). pap. 47.94 *(978-1-5362-1578-6(3))* Candlewick Pr.

Kate Earns Her MBA-1. Betty Lou Rogers. 2016. (ENG., Illus.). (J). pap. 12.95 *(978-0-9983078-9-3(0))* Skookum Bks.

Kate Finds a Caterpillar: A Book about the Life Cycle of a Butterfly. Kerry Dinmont. 2017. (My Day Readers Ser.). (ENG.). 24p. (J). (gr. -1-2). lib. bdg. 32.79 *(978-1-5038-2015-9(7)*, 211863) Child's World, Inc, The.

Kate Greenaway (Classic Reprint) M. H. Spielmann. 2018. (ENG., Illus.). 580p. (J). 35.86 *(978-0-483-95607-0(4))* Forgotten Bks.

Kate Greenaway's Birthday Book: With Verses (Classic Reprint) Kate Greenaway. (ENG., Illus.). (J). 2017. 29.77 *(978-0-260-58488-5(6))*; 2016. pap. 11.97 *(978-1-334-29806-6(8))* Forgotten Bks.

Kate Grenville (Classic Reprint) Lord Monkswell. (ENG., Illus.). (J). 2018. 310p. 30.29 *(978-0-332-66625-9(5))*; 2017. pap. 13.57 *(978-0-243-39917-8(0))* Forgotten Bks.

Kate Hudson: Fashionable Fitness Co-Founder. Jessica Rusick. 2019. (Fashion Figures Ser.). (ENG., Illus.). 32p. (J). (gr. 3-6). lib. bdg. 32.79 *(978-1-5321-1951-4(8)*, 32487, Checkerboard Library) ABDO Publishing Co.

Kate in Between. Claire Swinarski. (ENG.). (J). (gr. 3-7). 2022. 320p. pap. 7.99 *(978-0-06-291271-8(2))*; 2021. 304p. 16.99 *(978-0-06-291270-1(4))* HarperCollins Pubs. (Quill Tree Bks.).

Kate in Waiting. Becky Albertalli. (ENG.). 400p. (YA). (gr. 9). 2022. pap. 12.99 *(978-0-06-264384-1(3))*; 2021. 18.99 *(978-0-06-264383-4(5))* HarperCollins Pubs. (Balzer & Bray).

Kate Kate & the Bizzy Girls: The Queen. Deborah Kanafani. Ed. by Kirsten Anderson. Illus. by Renee Bently. 2016. (ENG.). (J). pap. 10.00 *(978-0-9833532-6-3(3))* Bizzy Girls Publishing.

Kate Learns to Swim. Diny Robinson. 2022. (ENG.). 624p. (YA). pap. 34.00 ***(978-1-63867-561-7(9)***, RoseDog Bks.) Dorrance Publishing Co., Inc.

Kate Leslie, Vol. 1 of 2 (Classic Reprint) Thomas Haynes Bayly. (ENG., Illus.). (J). 2018. 212p. 28.29 *(978-0-365-24758-6(8))*; 2017. pap. 10.97 *(978-0-259-17140-9(9))* Forgotten Bks.

Kate Marstone, or Happy Hearts Make Happy Homes: A Fireside Story (Classic Reprint) Unknown Author. (ENG., Illus.). (J). 2018. 316p. 30.41 *(978-0-484-71784-7(7))*; 2017. pap. 13.57 *(978-0-259-35509-0(7))* Forgotten Bks.

Kate McKinnon, 1 vol. C. R. McKay. 2019. (Giants of Comedy Ser.). (ENG.). 112p. (J). (gr. 7-7). 38.80 *(978-1-5081-8867-4(X)*, e1cb4503-b477-4c29-b68e-8f0ad72e9f57) Rosen Publishing Group, Inc., The.

Kate Meredith Financier (Classic Reprint) C. J. Cutcliffe Hyne. 2017. (ENG., Illus.). 328p. (J). 30.68 *(978-0-332-54211-9(4))* Forgotten Bks.

Kate Middleton. Petrice Custance. 2018. (Superstars! Ser.). (ENG., Illus.). 32p. (J). (gr. 4-4). *(978-0-7787-4831-1(6))*; pap. *(978-0-7787-4846-5(4))* Crabtree Publishing Co.

Kate Middleton: Duchess of Cambridge, 1 vol. Portia Summers. 2017. (Junior Biographies Ser.). (ENG., Illus.). 24p. (gr. 3-4). pap. 10.35 *(978-0-7660-8781-1(6)*, d159fb85-35ae-4564-8f37-9c2882ba19cf); lib. bdg. 24.27 *(978-0-7660-8672-2(0)*, f76c4301-d564-474e-ba07-1519728c1a0c) Enslow Publishing, LLC.

Kate Middleton & Prince William, 1 vol. Angie Timmons. 2019. (Power Couples Ser.). (ENG.). 112p. (gr. 7-7). pap. 18.65 *(978-1-5081-8884-1(X)*, 8c1b23b5-9e74-412b-9e2a-73d11cf6791f) Rosen Publishing Group, Inc., The.

Kate Morgan & Her Soldiers (Classic Reprint) Richard Hooker Wilmer. (ENG., Illus.). (J). 2018. 202p. 28.06 *(978-0-483-40600-1(7))*; 2016. pap. 10.57 *(978-1-333-75153-1(2))* Forgotten Bks.

Kate Sinclair, or Home Is Home: A Domestic Tale of Cottage Life (Classic Reprint) Unknown Author. (ENG., Illus.). (J). 2018. 300p. 30.10 *(978-0-483-85868-8(4))*; 2016. pap. 13.57 *(978-1-334-15695-3(6))* Forgotten Bks.

Kate Spade: Bold & Bright Handbag Designer. Rebecca Felix. 2019. (Fashion Figures Ser.). (ENG., Illus.). 32p. (J). (gr. 3-6). lib. bdg. 32.79 *(978-1-5321-1955-2(0)*, 32495, Checkerboard Library) ABDO Publishing Co.

Kate the Chemist: The Awesome Book of Edible Experiments for Kids. Kate Biberdorf. ed. 2022. (Kate the Chemist Ser.). (ENG.). 103p. (J). (gr. 3-7). 25.96 ***(978-1-68505-694-0(6))*** Penworthy Co., LLC, The.

Kate the Chemist: the Awesome Book of Edible Experiments for Kids. Kate Biberdorf. (ENG.). 112p. (J). (gr. 3-7). 2022. pap. 12.99 *(978-0-593-11621-0(6))*; 2021. 17.99 *(978-0-593-11619-7(4))* Penguin Young Readers Group. (Philomel Bks.).

Kate the Chemist: the Big Book of Experiments. Kate Biberdorf. 2020. (ENG., Illus.). 112p. (J). (gr. 3-7). 17.99 *(978-0-593-11616-6(X)*, Philomel Bks.) Penguin Young Readers Group.

Kate the Great: Winner Takes All. Suzy Becker. Illus. by Suzy Becker. 2016. (Kate the Great Ser.: 2). (Illus.). 256p. (J). (gr. 3-7). 12.99 *(978-0-385-38880-1(2)*, Crown Books For Young Readers) Random Hse. Children's Bks.

Kate Thurston's Chautauqua Circles (Classic Reprint) Mary H. Field. 2017. (ENG., Illus.). (J). 28.74 *(978-0-260-08983-0(4))* Forgotten Bks.

Kate Vernon, Vol. 1 Of 3: A Tale (Classic Reprint) Alexander. 2018. (ENG., Illus.). (J). 278p. 29.63 *(978-0-267-15226-1(4))*; 280p. pap. 13.57 *(978-0-267-15212-4(4))* Forgotten Bks.

Kate Vernon, Vol. 2 Of 3: A Tale (Classic Reprint) Alexander. 2018. (ENG., Illus.). 318p. (J). 30.41 *(978-0-332-51923-4(6))* Forgotten Bks.

Kate Vernon, Vol. 3: A Tale (Classic Reprint) Alexander. 2018. (ENG., Illus.). 412p. (J). 32.41 *(978-0-267-15043-4(1))* Forgotten Bks.

Kate Visits the U. S. Capitol! Understanding Government, 1 vol. Anna McDougal. 2018. (Civics for the Real World Ser.). (ENG.). 16p. (gr. 2-3). pap. *(978-1-5081-3939-3(3)*, ef44d662-df3c-4d87-ba1d-82b06c3e46c8, Rosen Classroom) Rosen Publishing Group, Inc., The.

Kate Weston, or to Will & to Do (Classic Reprint) Jennie De Witt. (ENG., Illus.). (J). 2018. 488p. 33.96 *(978-0-483-38527-6(1))*; 2016. pap. 16.57 *(978-1-333-53574-2(0))* Forgotten Bks.

Kate Wetherill: An Earth Comedy (Classic Reprint) Jennette Lee. 2018. (ENG., Illus.). 22p. (J). 24.37 *(978-0-656-01960-1(3))* Forgotten Bks.

Kate, Who Tamed the Wind. Liz Garton Scanlon. Illus. by Lee White. 2018. 40p. (J). (gr. -1-3). 18.99 *(978-1-101-93479-1(4)*, Schwartz & Wade Bks.) Random Hse. Children's Bks.

Katerfelto: A Story of Exmoor (Classic Reprint) G. J. Whyte-Melville. 2018. (ENG., Illus.). 418p. (J). 32.52 *(978-0-267-62151-4(5))* Forgotten Bks.

Kateri o'Leary & the Computer Mouse. Shirley Martin. Illus. by Crevel Helena. 2019. (ENG.). 156p. (J). (gr. 3-6). pap. *(978-0-9920615-2-4(0))* Martin, Shirley.

Kateri o'Leary & the Show Dog Scene. Shirley Martin. Illus. by Helena Crevel. 2020. (ENG.). 158p. (J). pap. *(978-0-9920615-4-8(7))* Martin, Shirley.

Kateri o'Leary Goes to Creativity Camp. Shirley Martin. Illus. by Helena Crevel. 2021. (ENG.). 170p. (J). pap. *(978-0-9920615-6-2(3))* Martin, Shirley.

Kateri Tekakwitha: The Lily of the Mohawks (Classic Reprint) Julia Pember. 2017. (ENG., Illus.). (J). 24.64 *(978-0-265-58260-2(1))*; pap. 7.97 *(978-0-243-28141-1(2))* Forgotten Bks.

Kateri Tekakwitha - the First Aboriginal Woman Saint Who Died Beautiful - Canadian History for Kids - True Canadian Heroes - Indigenous People of Canada Edition. Professor Beaver. 2021. (ENG.). 72p. (J). 24.99 *(978-0-2282-3593-4(6)*, Professor Beaver) Speedy Publishing LLC.

Kateri Tekakwitha - the First Aboriginal Woman Saint Who Died Beautiful Canadian History for Kids True Canadian Heroes - Indigenous People of Canada Edition. Professor Beaver. 2021. (ENG.). 72p. (J). pap. 14.99 *(978-0-2282-3540-8(5)*, Professor Beaver) Speedy Publishing LLC.

Katerina Cruickshanks. Daniel Gray-Barnett. 2022. (ENG., Illus.). 32p. (J). 18.99 *(978-1-950354-61-0(X))* Scribe Pubns. AUS. Dist: Consortium Bk. Sales & Distribution.

Kate's Camp Friends: Putting Data in Order, 1 vol. Leonard Clasky. 2017. (Computer Science for the Real World Ser.). (ENG.). 16p. (gr. 2-3). pap. *(978-1-5383-5196-3(X)*, 9508e576-3f3e-4ee9-b192-3d839abdee46, Rosen Classroom) Rosen Publishing Group, Inc., The.

Kate's Dream. Howard A. Berelson. 2020. (ENG.). 32p. (J). 18.99 *(978-1-0879-2432-8(4))* Indy Pub.

Kate's First Face Paint: A Day at the Fair. Veronica Picone. 2019. (ENG.). 34p. (J). pap. 16.50 *(978-1-68470-562-7(2))* Lulu Pr., Inc.

Kate's Light: Kate Walker at Robbins Reef Lighthouse. Elizabeth Spires. Illus. by Emily Arnold McCully. 40p. (J). (gr. 1-3). 2023. pap. 8.99 *(978-0-8234-5127-2(5))*; 2021. 18.99 *(978-0-8234-4348-2(5))* Holiday Hse., Inc. (Margaret Ferguson Books).

Kate's Ring, 1 vol. Donna Grassby. 2019. (ENG.). 276p. (YA). (gr. 7-10). pap. 14.95 *(978-0-88995-567-7(0)*, 0bbdbac0-19f0-475a-8fb7-70d07bd82793) Red Deer Pr. CAN. Dist: Firefly Bks., Ltd.

Katey's Voyage: The Swallow (Classic Reprint) Unknown Author. 2018. (ENG., Illus.). 28p. (J). 24.49 *(978-0-364-85643-7(2))* Forgotten Bks.

Katfish. Zeph Prince. 2020. (ENG.). 88p. (YA). pap. 6.56 *(978-1-716-27638-5(1))* Lulu Pr., Inc.

Katfish. Obert Skye. Illus. by Obert Skye. 2018. (Creature from My Closet Ser.: 4). (ENG., Illus.). 272p. (J). pap. 12.99 *(978-1-250-14367-9(5)*, 900180541) Square Fish.

Katha Chest. Radhiah Chowdhury. Illus. by Lavanya Naidu. 2022. (ENG.). 40p. (J). (gr. -1-3). 17.99 *(978-1-6659-0390-5(2)*, Salaam Reads) Simon & Schuster Bks. For Young Readers.

Katharine Ashton, Vol. 1 of 2 (Classic Reprint) Elizabeth Missing Sewell. 2018. (ENG., Illus.). 392p. (J). 31.98 *(978-0-267-46787-7(7))* Forgotten Bks.

Katharine Beresford, or the Shade & Sunshine of Woman's Life: A Romantic Story (Classic Reprint) Hannah Maria Jones. (ENG., Illus.). (J). 2018. 1014p. 44.81 *(978-0-483-93541-9(7))*; 2017. pap. 27.15 *(978-0-243-42722-2(0))* Forgotten Bks.

Katharine Blodgett & Invisible Glass. Virginia Loh-Hagan. 2018. (21st Century Junior Library: Women Innovators Ser.). (ENG., Illus.). 24p. (J). (gr. 2-5). lib. bdg. 29.21 *(978-1-5341-2916-0(2)*, 211708) Cherry Lake Publishing.

Katharine North: A Novel (Classic Reprint) Maria Louise Pool. 2018. (ENG., Illus.). 322p. (J). 30.58 *(978-0-332-63271-1(7))* Forgotten Bks.

Katharine Regina (Classic Reprint) Walter Besant. 2018. (ENG., Illus.). 228p. (J). 28.60 *(978-0-428-43475-5(4))* Forgotten Bks.

Katharine Seward (Classic Reprint) Mary Martha Sherwood. (ENG., Illus.). (J). 2018. 40p. 24.72 *(978-0-484-40070-1(3))*; 2016. pap. 7.97 *(978-1-334-12571-3(6))* Forgotten Bks.

Katharine Von Bora, Dr. Martin Luther's Wife: A Picture from Life (Classic Reprint) Armin Stein. 2017. (ENG., Illus.). (J). 30.08 *(978-0-266-91369-6(5))*; pap. 13.57 *(978-0-243-19658-6(X))* Forgotten Bks.

Katharine Walton, or the Rebel of Dorchester (Classic Reprint) William Gilmore Simms. (ENG., Illus.). (J). 2018. 490p. 34.00 *(978-0-365-22556-0(8))*; 2018. 954p. 43.57 *(978-0-483-63532-6(4))*; 2017. pap. 25.91 *(978-0-243-26467-4(4))*; 2016. pap. 16.57 *(978-1-334-15041-8(9))* Forgotten Bks.

Katherine (Classic Reprint) E. Temple Thurston. 2018. (ENG., Illus.). 344p. (J). 31.01 *(978-0-428-96649-2(7))* Forgotten Bks.

Katherine Day (Classic Reprint) Anna Fuller. (ENG., Illus.). (J). 2018. 626p. 36.81 *(978-0-332-91566-1(2))*; 2016. pap. 19.57 *(978-1-334-13078-6(7))* Forgotten Bks.

Katherine Earle (Classic Reprint) Miss Adeline Trafton. 2018. (ENG., Illus.). 352p. (J). 31.18 *(978-0-428-76126-4(7))* Forgotten Bks.

Katherine Johnson. Anita Nahta Amin. 2020. (STEM Superstars Ser.). (ENG.). 24p. (J). (gr. k-2). 22.60 *(978-1-68450-836-5(3))*; pap. 11.94 *(978-1-68404-632-4(7))* Norwood Hse. Pr.

Katherine Johnson. Thea Feldman. Illus. by Alyssa Petersen. 2017. 47p. (J). *(978-1-5182-5284-6(2)*, Simon Spotlight) Simon Spotlight.

Katherine Johnson. Virginia Loh-Hagan. Illus. by Jeff Bane. 2018. (Mi Mini Biografía (My Itty-Bitty Bio): My Early Library). (ENG.). 24p. (J). (gr. k-1). pap. 12.79 *(978-1-5341-0809-7(2)*, 210600); lib. bdg. 30.64 *(978-1-5341-0710-6(X)*, 210599) Cherry Lake Publishing.

Katherine Johnson. Thea Feldman. ed. 2019. (Ready-To-Read Ser.). (ENG.). 47p. (J). (gr. 2-3). 13.89 *(978-1-64310-883-4(2))* Penworthy Co., LLC, The.

Katherine Johnson: Guiding Spacecraft. Megan Borgert-Spaniol. 2017. (STEM Superstar Women Ser.). (ENG., Illus.). 32p. (J). (gr. 3-6). lib. bdg. 32.79 *(978-1-5321-1281-2(5)*, 27605, Checkerboard Library) ABDO Publishing Co.

Katherine Johnson: NASA Mathematician. Grace Hansen. 2022. (Historical Biographies Ser.). (ENG.). 32p. (J). (gr. 2-5). lib. bdg. 32.79 *(978-1-0982-4340-1(4)*, 41255, DiscoverRoo) Pop!.

Katherine Johnson: Ready-To-Read Level 3. Thea Feldman. Illus. by Alyssa Petersen. 2017. (You Should Meet Ser.). (ENG.). 48p. (J). (gr. 1-3). 17.99 *(978-1-5344-0341-3(8))*; pap. 4.99 *(978-1-5344-0340-6(X))* Simon Spotlight. (Simon Spotlight).

Katherine Somerville: Or the Southland Before & after the Civil War (Classic Reprint) Annie Somers Gilchrist. (ENG., Illus.). (J). 2018. 356p. 31.26 *(978-0-656-36205-9(7))*; 2017. pap. 13.97 *(978-1-5276-4880-7(X))* Forgotten Bks.

Katherine's Magical Vacation. Maryna Wilson. Ed. by Eldon Wilson. 2021. (ENG.). 22p. (J). 12.00 *(978-1-7334828-4-4(9))* Mareldon.

Katherine's Rainbow Dress. Christchurch Fisher. 2019. (First Reader Ser.: Vol. 4). (ENG., Illus.). 26p. (J). (gr. 1-3). pap. *(978-0-473-49829-0(4))* Kingfisher Publishing.

Katherine's Sheaves (Classic Reprint) Georgie Sheldon. (ENG., Illus.). (J). 2018. 382p. 31.78 *(978-0-483-86391-0(2))*; 2016. pap. 16.57 *(978-1-334-13600-9(9))* Forgotten Bks.

Katherine's Trial (Classic Reprint) Holme Lee. 2018. (ENG., Illus.). 312p. (J). 30.35 *(978-0-483-51980-0(4))* Forgotten Bks.

Kathi of Skenesborough (Classic Reprint) May Belle Curtis. 2018. (ENG., Illus.). 276p. (J). 29.59 *(978-0-483-51149-1(8))* Forgotten Bks.

Kathie Brande: A Fireside History of a Quiet Life (Classic Reprint) Holme Lee. (ENG., Illus.). (J). 2018. 342p. 30.97 *(978-0-428-78969-5(2))*; 2016. pap. 13.97 *(978-1-334-15564-2(X))* Forgotten Bks.

Kathie Brande, Vol. 1 Of 2: A Fireside History of a Quiet Life (Classic Reprint) Holme Lee. 2018. (ENG., Illus.). 346p. (J). 31.07 *(978-0-483-96103-6(5))* Forgotten Bks.

Kathie Brande, Vol. 2 Of 2: A Fireside History of a Quiet Life (Classic Reprint) Holme Lee. 2018. (ENG., Illus.). 328p. (J). 30.66 *(978-0-484-38776-7(6))* Forgotten Bks.

Kathie's Aunt Ruth (Classic Reprint) Amanda M. Douglas. 2017. (ENG., Illus.). (J). 29.42 *(978-0-331-98505-4(5))* Forgotten Bks.

Kathie's Harvest Days (Classic Reprint) Amanda M. Douglas. 2018. (ENG., Illus.). 276p. (J). 29.59 *(978-0-332-81162-8(X))* Forgotten Bks.

Kathie's Peculiar Views (Classic Reprint) Adah E. Smith. 2017. (ENG., Illus.). (J). 282p. 29.71 *(978-0-332-88092-1(3))*; pap. 13.57 *(978-0-259-35091-0(5))* Forgotten Bks.

Kathie's Soldiers. Amanda Minnie Douglas. 2018. (ENG., Illus.). 154p. (YA). (gr. 7-12). pap. *(978-93-5329-258-4(1))* Alpha Editions.

Kathie's Soldiers. Amanda Minnie Douglas. 2017. (ENG.). 276p. (YA). (gr. 7-12). pap. *(978-3-337-30801-8(5))* Creation Pubs.

Kathie's Soldiers (Classic Reprint) Amanda M. Douglas. 2018. (ENG., Illus.). 276p. (J). 29.59 *(978-0-267-21652-9(1))* Forgotten Bks.

Kathie's Three Wishes (Classic Reprint) Amanda M. Douglas. 2018. (ENG., Illus.). 270p. (J). 29.47 *(978-0-267-48529-1(8))* Forgotten Bks.

Kathlamet Texts (Classic Reprint) Franz Boas. 2019. (ENG., Illus.). 266p. (J). 29.40 *(978-0-365-15609-3(4))* Forgotten Bks.

Kathleen: A Love Story (Classic Reprint) Frances Burnett. (ENG., Illus.). (J). 2018. 214p. 28.33 *(978-0-267-39699-3(6))*; 2016. pap. 10.97 *(978-1-334-12951-3(7))* Forgotten Bks.

Kathleen (Classic Reprint) Christopher Morley. (ENG., Illus.). (J). 2018. 188p. 27.77 *(978-0-484-07040-9(1))*; 2017. 27.67 *(978-0-331-29940-3(2))* Forgotten Bks.

Kathleen (Classic Reprint) Ross Neil. (ENG., Illus.). (J). 2018. 184p. 27.71 *(978-0-666-61599-2(3))*; 2017. pap. 10.57 *(978-0-259-49810-0(6))* Forgotten Bks.

Kathleen in Ireland (Classic Reprint) Etta Blaisdell McDonald. 2018. (ENG., Illus.). 148p. (J). 26.95 *(978-0-267-25792-8(9))* Forgotten Bks.

Kathleen Kennedy: Movie Producer. Kate Moening. 2019. (Women Leading the Way Ser.). (ENG., Illus.). 24p. (J). (gr. k-3). pap. 7.99 *(978-1-61891-723-2(4)*, 12304); lib. bdg. 26.95 *(978-1-64487-100-3(9))* Bellwether Media. (Blastoff! Readers).

Kathleen Mavourneen: A Romantic Irish Drama, in Four Acts; This Famous Drama, Revised & Re-Written, with New Material & Full Stage Directions for Production on the Professional & Amateur Stage (Classic Reprint) Marie Doran. 2017. (ENG., Illus.). 88p. (J). 25.71 *(978-0-332-65209-2(2))* Forgotten Bks.

Kathleen Mavourneen: An Australian Tale (Classic Reprint) P. E. S. Scott. 2018. (ENG., Illus.). 182p. (J). 27.65 *(978-0-428-92402-7(6))* Forgotten Bks.

Kathleen o'Connor of Paris. Amanda Curtin. 2019. (Illus.). 320p. 19.95 *(978-1-925591-64-4(6))* Fremantle Pr. AUS. Dist: Independent Pubs. Group.

Kathleen Works on a Farm. Tracilyn George. 2020. (ENG.). 24p. (J). pap. 11.00 *(978-1-990153-66-2(6))* Lulu Pr., Inc.

Kathryn the Gym Fairy. Daisy Meadows. ed. 2018. 65p. (J). (gr. 1-4). 15.36 *(978-1-64310-186-6(2))* Penworthy Co., LLC, The.

Kathryn the Gym Fairy. Daisy Meadows. ed. 2016. (Rainbow Magic — the School Day Fairies Ser.: 4). lib. bdg. 14.75 *(978-0-606-38792-7(7))* Turtleback.

Kathy & the Giant. Jasmyn Wattenhofer. Illus. by Naomi Wattenhofer. 2022. (ENG.). 32p. (J). 15.00 *(978-1-6629-1413-3(X))* Gatekeeper Pr.

K

Kathy's Adventure. Ricci Ivers Casserly. 2020. (ENG.). 24p. (J). pap. 7.99 *(978-1-950596-50-8(8))* Bookwhip.

Kati & Cody's Fall Adventure. Geri Gilstrap. 2019. (ENG., Illus.). 30p. (J). pap. 9.99 *(978-1-950034-18-5(6))* Yorkshire Publishing Group.

Kati Helps Avoid Hunger, 100 vols. Claire Culliford. Illus. by Emma Allen. 2022. (Little Helpers Ser.). (ENG.). 16p. (J). (gr. k-2). pap. 9.99 *(978-1-80031-560-0(0))* Univ. of Buckingham Pr., The GBR. Dist: Independent Pubs. Group.

Katie: A Daughter of the King (Classic Reprint) Mary A. Gilmore. 2018. (ENG., Illus.). 88p. (J). 25.71 *(978-0-483-61391-1(6))* Forgotten Bks.

Katie: Just Desserts. Coco Simon. ed. 2016. (Cupcake Diaries: 29). (ENG.). 160p. (J). (gr. 3-7). 17.20 *(978-0-606-39235-8(1))* Turtleback.

Katie & Beauty. Kareemah Mustafa. Ed. by Farheen Tahir. Illus. by Tayyaba Arshad. 2022. (ENG.). 39p. (J). pap. ***(978-1-387-62377-8(X))*** Lulu Pr., Inc.

Katie & Beauty. Ed. by Farheen Tahir. Illus. by Tayyaba Arshad. 2022. (ENG.). 40p. (J). 24.32 ***(978-1-387-60402-9(3))*** Lulu Pr., Inc.

Katie & Best Friends. Natalia Agafitei Seidel. 2023. (ENG.). 32p. (J). pap. ***(978-1-0358-1012-3(3))*** Austin Macauley Pubs. Ltd.

Katie & Spirit Wolf. Littlewolf Griffith. 2022. (ENG.). 76p. (YA). pap. 10.95 ***(978-1-68235-745-3(7)***, Strategic Bk. Publishing) Strategic Book Publishing & Rights Agency (SBPRA).

Katie & the Bathers. James Mayhew. 2016. (Katie Ser.). (ENG., Illus.). 32p. (J). (gr. k-17). pap. 9.99 *(978-1-4083-3189-7(6)*, Orchard Bks.) Hachette Children's Group GBR. Dist: Hachette Bk. Group.

Katie & the Cupcake Cure, 1. Coco Simon. ed. 2022. (Cupcake Diaries). (ENG.). 149p. (J). (gr. 3-7). 22.96 ***(978-1-68505-723-7(3))*** Penworthy Co., LLC, The.

Katie & the Cupcake Cure: #1. Coco Simon. Illus. by Laura Roode & Abigail Halpin. 2023. (Cupcake Diaries). (ENG.). 144p. (J). (gr. 3-7). lib. bdg. 32.79 ***(978-1-0982-5191-8(1)***, 42650, Chapter Bks.) Spotlight.

Katie & the Cupcake Cure the Graphic Novel. Coco Simon. Illus. by Glass House Glass House Graphics. 2022. (Cupcake Diaries: the Graphic Novel Ser.: 1). (ENG.). 160p. (J). (gr. 3-7). 20.99 *(978-1-6659-1403-1(3))*; pap. 11.99 *(978-1-6659-1402-4(5))* Simon Spotlight. (Simon Spotlight).

Katie & the Cupcake War: #9. Coco Simon. Illus. by Laura Roode & Abigail Halpin. 2023. (Cupcake Diaries). (ENG.). 144p. (J). (gr. 3-7). lib. bdg. 32.79 ***(978-1-0982-5199-4(7)***, 42658, Chapter Bks.) Spotlight.

Katie, Batter Up!: #5. Coco Simon. Illus. by Laura Roode & Abigail Halpin. 2023. (Cupcake Diaries). (ENG.). 144p. (J). (gr. 3-7). lib. bdg. 32.79 ***(978-1-0982-5195-6(4)***, 42654, Chapter Bks.) Spotlight.

Katie Blows Her Top. Fran Manushkin. Illus. by Tammie Lyon. 2018. (Katie Woo Ser.). (ENG.). 32p. (J). (gr. k-2). lib. bdg. 22.65 *(978-1-5158-2265-3(6)*, 136884, Picture Window Bks.) Capstone.

Katie Can't Eat Nuts: The Ordinary Extraordinary Life of a Girl with Food Allergies. Katherine Kise. Illus. by Alex Ferror. 2021. (ENG.). 40p. (J). 21.00 *(978-1-950306-31-2(3))* KWE Publishing LLC.

Katie Careful & the Very Sad Smile: A Story about Anxious & Clingy Behaviour. Sarah Naish & Rosie Jefferies. Illus. by Megan Evans. 2017. (Therapeutic Parenting Bks.). (ENG.). 32p. (C). pap. 17.95 *(978-1-78592-304-3(8)*, 696532) Kingsley, Jessica Pubs. GBR. Dist: Hachette UK Distribution.

Katie Caterpillar Coloring Book. Jennifer Sheehan. 2021. (ENG.). 34p. (J). pap. 7.99 *(978-0-578-25468-5(9))* Bumples.

Katie Caterpillar Learns How to Swim. Jennifer E. Sheehan. 2021. (ENG.). 34p. (J). pap. 11.95 *(978-0-578-83575-4(4))* Bumples.

Katie Cox Goes Viral. Marianne Levy. 2017. (ENG.). 368p. (J). (gr. 5-9). pap. 12.99 *(978-1-4926-4250-3(9)*, 9781492642503) Sourcebooks, Inc.

Katie Cox vs. the Boy Band. Marianne Levy. 2018. (ENG.). 336p. (J). (gr. 5-9). pap. 7.99 *(978-1-4926-4608-2(3))* Sourcebooks, Inc.

Katie Cupcakes & Wedding Bells. Coco Simon. 2020. (Cupcake Diaries: 33). (ENG.). 160p. (J). (gr. 3-7). 17.99 *(978-1-5344-6538-1(3))*; pap. 6.99 *(978-1-5344-6537-4(5))* Simon Spotlight. (Simon Spotlight).

Katie: Discover Art with Katie: A National Gallery Sticker Activity Book. James Mayhew. 150th anniv. ed. 2017. (Katie Ser.). (ENG.). 16p. (J). (gr. -1-k). pap. 6.99 *(978-1-4083-4982-3(5)*, Orchard Bks.) Hachette Children's Group GBR. Dist: Hachette Bk. Group.

Katie Flies a Kite. Tracilyn George. 2023. (ENG.). 22p. (J). pap. 12.99 ***(978-1-77475-448-1(7))*** Draft2Digital.

Katie: Get Colouring with Katie: A National Gallery Book. James Mayhew. 2017. (Katie Ser.). (ENG.). 16p. (J). (gr. -1-k). pap. 6.99 *(978-1-4083-4981-6(7)*, Orchard Bks.) Hachette Children's Group GBR. Dist: Hachette Bk. Group.

Katie Just Desserts. Coco Simon. 2016. (Cupcake Diaries: 29). (ENG., Illus.). 160p. (J). (gr. 3-7). 17.99 *(978-1-4814-6879-4(0)*, Simon Spotlight) Simon Spotlight.

Katie: Katie & the Mona Lisa. James Mayhew. 2016. (Katie Ser.). (ENG., Illus.). 32p. (J). (gr. -1-k). pap. 10.99 *(978-1-4083-3194-1(2)*, Orchard Bks.) Hachette Children's Group GBR. Dist: Hachette Bk. Group.

Katie: Katie's London Christmas. James Mayhew. 2016. (Katie Ser.). (ENG., Illus.). 32p. (J). (gr. -1-k). pap. 10.99 *(978-1-4083-2642-8(6)*, Orchard Bks.) Hachette Children's Group GBR. Dist: Hachette Bk. Group.

Katie Kicks a Goal - e Karin Booro Katie (Te Kiribati) Holly Gray. Illus. by Bojana Simic. 2023. (ENG.). 30p. (J). pap. ***(978-1-922844-50-7(0))*** Library For All Limited.

Katie, Kristie, & Kevin Go to Camp Meeting. Carolyn Zacharias. 2016. (ENG., Illus.). 32p. (J). (gr. k-3). pap. 22.95 *(978-1-4796-0764-8(9))* TEACH Services, Inc.

Katie: Learn to Draw with Katie: A National Gallery Book. James Mayhew. 2017. (Katie Ser.). (ENG., Illus.). 16p. (J). (gr. -1-k). pap. 6.99 *(978-1-4083-4983-0(3)*, Orchard Bks.) Hachette Children's Group GBR. Dist: Hachette Bk. Group.

Katie Ledecky. James Buckley. 2017. (Amazing Americans: Olympians Ser.). (ENG.). 24p. (J). (gr. -1-3). 26.99 *(978-1-68402-240-3(1))* Bearport Publishing Co., Inc.

Katie Ledecky. Jon M. Fishman. 2020. (Sports All-Stars (Lerner (tm) Sports) Ser.). (ENG., Illus.). 32p. (J). (gr. 2-5). 29.32 *(978-1-5415-9750-1(8)*, 32a444bc-57c0-49f9-8263-7f9d3d9a6721); pap. 9.99 *(978-1-7284-1401-0(6)*, 3f439df8-303a-47a0-b4ba-0dbd2e9579e2) Lerner Publishing Group. (Lerner Pubns.).

Katie Ledecky. Katie Lajiness. 2016. (Big Buddy Olympic Biographies Ser.). (ENG., Illus.). 32p. (J). (gr. 2-5). lib. bdg. 34.21 *(978-1-68078-553-1(2)*, 23593, Big Buddy Bks.) ABDO Publishing Co.

Katie Ledecky. Matt Scheff. 2016. (Olympic Stars Ser.). (ENG., Illus.). 32p. (J). (gr. 3-9). lib. bdg. 32.79 *(978-1-68078-559-3(1)*, 23801, SportsZone) ABDO Publishing Co.

Katie Mouse & the Christmas Door. Anne L. Watson. 2017. (Katie Mouse Ser.: Vol. 2). (ENG., Illus.). (J). (gr. k-3). 20.00 *(978-1-62035-551-0(5))*; pap. 10.00 *(978-1-62035-549-7(3))* Shepard Pubns. (Skyhook Pr.).

Katie Mouse & the Perfect Wedding. Anne L. Watson. 2017. (Katie Mouse Ser.: Vol. 1). (ENG., Illus.). (J). (gr. k-3). 20.00 *(978-1-62035-550-3(7))*; pap. 10.00 *(978-1-62035-548-0(5))* Shepard Pubns. (Skyhook Pr.).

Katie of Birdland: An Idyl of the Aviary in Golden Gate Park (Classic Reprint) Edith Kinney Stellmann. 2018. (ENG., Illus.). 46p. (J). 24.87 *(978-0-267-15627-6(8))* Forgotten Bks.

Katie Robertson, or in All Thy Ways Acknowledge Him: A Tale of Factory Life (Classic Reprint) Margaret E. Winslow. 2018. (ENG., Illus.). 344p. (J). 30.99 *(978-0-267-28780-2(1))* Forgotten Bks.

Katie Stewart, a True Story: And Other Tales (Classic Reprint) Margaret Oliphant. 2017. (ENG., Illus.). (J). 31.67 *(978-0-265-17282-7(9))* Forgotten Bks.

Katie the Camel's Christmas Surprise. Paula Ault. Illus. by Teriann Lukehart. 2017. (ENG.). (J). pap. 12.95 *(978-1-64079-500-6(6))* Christian Faith Publishing.

Katie the Caterpillar. Kelly Lewis. 2016. (Spring Forward Ser.). (J). (gr. 2). *(978-1-4900-3732-5(2))* Benchmark Education Co.

Katie the Catsitter. Colleen AF Venable. ed. 2021. (Katie the Catsitter Graphic Nvls Ser.). (ENG., Illus.). 205p. (J). (gr. 4-5). 25.96 *(978-1-64697-950-9(8))* Penworthy Co., LLC, The.

Katie the Catsitter: (a Graphic Novel) Colleen A. F. Venable. Illus. by Stephanie Yue. 2021. (Katie the Catsitter Ser.: 1). 224p. (J). (gr. 3-7). 20.99 *(978-0-593-30632-1(5))* Penguin Random Hse. LLC.

Katie the Catsitter: (a Graphic Novel) Colleen AF Venable. Illus. by Stephanie Yue. 2021. (Katie the Catsitter Ser.: 1). 224p. (J). (gr. 3-7). pap. 13.99 *(978-1-9848-9563-9(X))* Penguin Random Hse. LLC.

Katie the Catsitter: More Cats, More Fun! Boxed Set (Books 1 And 2) (a Graphic Novel Boxed Set) Colleen AF Venable. Illus. by Stephanie Yue. 2022. (Katie the Catsitter Ser.). (ENG.). 448p. (J). (gr. 3-7). pap., pap. 27.98 *(978-0-593-64561-1(8))* Penguin Random Hse. LLC.

Katie, the Curious Kitty. J. Upton. Illus. by A. Victoria. 2017. (ENG.). (J). pap. 9.25 *(978-0-9983202-0-5(X))* Heritage National Publishing.

Katie the Kitten. Kathryn Jackson. Illus. by Martin Provensen & Alice Provensen. 2018. (Little Golden Book Ser.). 24p. (J). (-k). 5.99 *(978-1-101-93925-3(7)*, Golden Bks.) Random Hse. Children's Bks.

Katie the Rockhound. Lynn Milburn Lansford. 2021. (ENG.). 42p. (J). pap. 8.99 *(978-1-64237-458-2(X))* Gatekeeper Pr.

Katie Watson & the Caged Canary. Mez Blume. 2019. (Katie Watson Mysteries in Time Ser.: Vol. 3). (ENG., Illus.). 268p. (J). (gr. 3-6). pap. *(978-1-9999242-6-3(6))* River Otter Bks.

Katie Watson & the Painter's Plot: Katie Watson Mysteries in Time, Book 1. Mez Blume. 2017. (Katie Watson Mysteries in Time Ser.: Vol. 1). (ENG., Illus.). 218p. (J). (gr. 3-6). pap. *(978-1-9999242-0-1(7))* River Otter Bks.

Katie Watson & the Serpent Stone. Mez Blume. 2018. (ENG., Illus.). 376p. (J). (gr. 2-6). pap. *(978-1-9999242-2-5(3))* River Otter Bks.

Katie Woo. Fran Manushkin. Illus. by Tammie Lyon. 2022. (Katie Woo Ser.). (ENG.). 32p. (J). 543.68 *(978-1-4846-8774-1(4)*, 256463, Picture Window Bks.) Capstone.

Katie Woo, Set. Fran Manushkin. Illus. by Tammie Lyon. Incl. Big Lie. 21.32 *(978-1-4048-5497-0(5)*, 95720); Goodbye to Goldie. 21.32 *(978-1-4048-5495-6(9)*, 95718); Too Much Rain. 21.32 *(978-1-4048-5494-9(0)*, 95717); (J). (gr. k-2). (Katie Woo Ser.). (ENG., Illus.). 32p. 2009. 127.92 *(978-1-4048-5679-0(X)*, 13549, Picture Window Bks.) Capstone.

Katie Woo & Pedro Mysteries. Fran Manushkin. Illus. by Tammie Lyon. (Katie Woo & Pedro Mysteries Ser.). (ENG.). 32p. (J). 2023. 226.50 *(978-1-4846-7391-1(3)*, 249088); 2023. pap., pap., pap. 61.58 *(978-1-4846-7392-8(1)*, 249089); 2022. 181.20 *(978-1-6663-5242-9(X)*, 239301) Capstone. (Picture Window Bks.).

Katie Woo Collection. Fran Manushkin. Illus. by Tammie Lyon. ed. 2016. (Katie Woo Ser.). (ENG.). 288p. (J). (gr. k-2). pap., pap., pap. 9.99 *(978-1-4795-9318-7(4)*, 131700, Picture Window Bks.) Capstone.

Katie Woo Spring 2010, 6 vols., Set. Fran Manushkin. Illus. by Tammie Lyon. Incl. Best Season Ever. lib. bdg. 21.32 *(978-1-4048-5730-8(3)*, 102308); Katie Goes Camping. lib. bdg. 21.32 *(978-1-4048-5731-5(1)*, 102309); Katie in the Kitchen. lib. bdg. 21.32 *(978-1-4048-5724-7(9)*, 102301); Make-Believe Class. lib. bdg. 21.32 *(978-1-4048-5732-2(X)*, 102311); Nervous Night. lib. bdg. 21.32 *(978-1-4048-5725-4(7)*, 102302); (J). (gr. k-2). (Katie Woo Ser.). (ENG., Illus.). 32p. 2010. 127.92 *(978-1-4048-5973-9(X)*, 13889, Picture Window Bks.) Capstone.

Katie Woo, We Love You! Fran Manushkin. Illus. by Tammie Lyon. ed. 2018. (Katie Woo Ser.). (ENG.). 96p. (J). (gr. k-2). pap., pap., pap. 4.95 *(978-1-5158-2277-6(X)*, 136893, Picture Window Bks.) Capstone.

Katie Woo's Crazy Critter Jokes. Fran Manushkin. 2017. (Katie Woo's Joke Bks.). (ENG., Illus.). 32p. (J). (gr. k-2). pap. 5.95 *(978-1-5158-0975-3(7)*, 134783); lib. bdg. 21.32 *(978-1-5158-0971-5(4)*, 134779) Capstone. (Picture Window Bks.).

Katie Woo's Funny Friends & Family Jokes. Fran Manushkin. 2017. (Katie Woo's Joke Bks.). (ENG., Illus.). 32p. (J). (gr. k-2). lib. bdg. 21.32 *(978-1-5158-0973-9(0)*, 134781, Picture Window Bks.) Capstone.

Katie Woo's Hilarious Holiday Jokes. Fran Manushkin. 2017. (Katie Woo's Joke Bks.). (ENG., Illus.). 32p. (J). (gr. k-2). lib. bdg. 21.32 *(978-1-5158-0972-2(2)*, 134780, Picture Window Bks.) Capstone.

Katie Woo's Joke Books. Fran Manushkin. 2017. (Katie Woo's Joke Bks.). (ENG.). 32p. (J). (gr. k-2). pap., pap., pap. 23.80 *(978-1-5158-0992-0(7)*, 26126, Picture Window Bks.) Capstone.

Katie Woo's Neighborhood. Fran Manushkin. Illus. by Laura Zarrin. 2019. (Katie Woo's Neighborhood Ser.). (ENG.). 96p. (J). (gr. k-2). pap., pap., pap. 5.95 *(978-1-5158-4668-0(7)*, 141306, Picture Window Bks.) Capstone.

Katie Woo's Silly School Jokes. Fran Manushkin. 2017. (Katie Woo's Joke Bks.). (ENG., Illus.). 32p. (J). (gr. k-2). pap. 5.95 *(978-1-5158-0978-4(1)*, 134786, Picture Window Bks.) Capstone.

Katie's Kind Words. Jenna Joy. Illus. by Sümeyye Demir. 2022. (ENG.). 20p. (J). pap. 12.99 ***(978-1-0880-2962-6(0))*** Indy Pub.

Katie's Krops: Charities Started by Kids! Melissa Sherman Pearl. 2018. (Community Connections: How Do They Help? Ser.). (ENG.). 24p. (J). (gr. 2-5). pap. 12.79 *(978-1-5341-0831-8(9)*, 210688); (Illus.). lib. bdg. 29.21 *(978-1-5341-0732-8(0)*, 210687) Cherry Lake Publishing.

Katie's New Hat: A Farce (Classic Reprint) Alice C. Thompson. (ENG., Illus.). (J). 2018. 24p. 24.37 *(978-0-428-91864-4(6))*; 2016. pap. 7.97 *(978-1-334-15312-9(4))* Forgotten Bks.

Katie's New Home. Renee Filippucci-Kotz. 2022. (ENG.). 26p. (J). 19.95 ***(978-1-0880-4032-4(2))***; pap. 12.95 ***(978-1-0880-6634-8(8))*** Filippucci-Kotz, Renee.

Katie's Spooky Sleepover. Fran Manushkin. Illus. by Tammie Lyon. 2016. (Katie Woo Ser.). (ENG.). 32p. (J). (gr. k-2). lib. bdg. 21.32 *(978-1-4795-9640-9(X)*, 131859, Picture Window Bks.) Capstone.

Katie's Story. Madeline Elizabeth Ayzenberg. 2021. (ENG.). 38p. (J). pap. 15.00 *(978-1-953507-32-7(8))* Brightlings.

Katie's Vet Loves Pets. Fran Manushkin. Illus. by Laura Zarrin. 2020. (Katie Woo's Neighborhood Ser.). (ENG.). 32p. (J). (gr. k-2). pap. 5.95 *(978-1-5158-5876-8(6)*, 142132); lib. bdg. 21.32 *(978-1-5158-4816-5(7)*, 141500) Capstone. (Picture Window Bks.).

Katiktaak & Kaviksaak. Eelonqa K. Harris. Illus. by Eelonqa K. Harris. 2019. (ENG.). 52p. (J). pap. *(978-1-7752783-6-8(0))* TaleFeather Publishing.

Katiktaak und Kaviksaak. Eelonqa K. Harris. Illus. by Eelonqa K. Harris. 2019. (GER.). 52p. (J). pap. *(978-1-7752783-8-2(7))* TaleFeather Publishing.

Katina Von Silly. Katina Corrao. 2020. 26p. (J). pap. 8.99 *(978-1-0983-2126-0(X))* BookBaby.

Katinka's Tail. Judith Kerr. 2018. (ENG.). 32p. (J). 17.99 *(978-0-00-826912-8(2)*, HarperCollins Children's Bks.) HarperCollins Pubs. Ltd. GBR. Dist: HarperCollins Pubs.

Katniss Everdeen: the Hunger Games Tribute Turned Heroine. Kenny Abdo. 2020. (Fierce Females of Fiction Ser.). (ENG., Illus.). 24p. (J). (gr. 2-8). lib. bdg. 31.36 *(978-1-0982-2313-7(6)*, 36263, Abdo Zoom-Fly) ABDO Publishing Co.

Kato Texts (Classic Reprint) Pliny Earle Goddard. (ENG., Illus.). (J). 2018. 184p. 27.69 *(978-0-267-71967-9(1))*; 2016. pap. 9.97 *(978-1-333-46980-1(2))* Forgotten Bks.

Katrina: A Story (Classic Reprint) Roy Rolfe Gilson. 2018. (ENG., Illus.). 332p. (J). 30.74 *(978-0-484-55739-9(4))* Forgotten Bks.

Katrina & Jan (Classic Reprint) Alice Cooper Bailey. 2018. (ENG., Illus.). 94p. (J). 25.86 *(978-0-483-40408-3(X))* Forgotten Bks.

Katrina Cantina: Katch-A-Kan Cannery. Isaac Edward Adams. Illus. by Nattanan Doungploy. 2016. (ENG.). (J). (gr. 2-4). 20.00 *(978-0-692-80001-0(8))* Edward, Isaac Adams.

Katrina (Classic Reprint) Ellen Douglas Deland. (ENG., Illus.). (J). 2018. 356p. 31.24 *(978-0-483-90833-8(9))*; 2016. pap. 13.97 *(978-1-334-14350-2(1))* Forgotten Bks.

Katrine a Novel (Classic Reprint) Elinor Macartney Lane. 2018. (ENG., Illus.). 334p. (J). 30.81 *(978-0-483-25917-1(9))* Forgotten Bks.

Katrinka the Story of a Russian Child (Classic Reprint) Helen Eggleston Haskell. (ENG., Illus.). (J). 2018. 358p. 31.28 *(978-0-365-44677-4(7))*; 2017. pap. 13.97 *(978-0-282-97305-6(2))* Forgotten Bks.

Kat's Community Garden: Taking Civic Action, 1 vol. Corina Jeffries. 2018. (Civics for the Real World Ser.). (ENG.). 8p. (gr. k-1). pap. 5.46 *(978-1-5383-6397-3(6)*, f4c8da2f-6d45-444c-b551-180ba4861858, Rosen Classroom) Rosen Publishing Group, Inc., The.

Katt Loves Dogg. James Patterson & Chris Grabenstein. Illus. by Anuki López. 2021. (Katt vs. Dogg Ser.: 2). (ENG.). 352p. (J). (gr. 3-7). 14.99 *(978-0-316-50017-3(8)*, Jimmy Patterson) Little Brown & Co.

Katt vs. Dogg. James Patterson & Chris Grabenstein. Illus. by Anuki López. (ENG.). (J). (gr. 3-7). 2021. (Katt vs. Dogg Ser.: 1). 336p. pap. 8.99 *(978-0-316-39712-4(1))*; 2019. 320p. 13.99 *(978-0-316-41156-1(6))* Little Brown & Co. (Jimmy Patterson).

Katten Gottis: Swedish Edition of the Healer Cat. Tuula Pere. Tr. by Angelika Nikolowski-Bogomoloff. Illus. by Klaudia Bezak. 2018. (SWE.). 40p. (J). (gr. k-4). pap. *(978-952-7107-59-1(8))* Wickwick oy.

Katten Har Händer. Beverly Lau. Ed. by Joakim Bång. 2022. (SWE.). 43p. (J). pap. ***(978-1-387-91300-8(X))*** Lulu Pr., Inc.

Katu Sendatzailea: Basque Edition of the Healer Cat. Tuula Pere. Tr. by Galder Ibarra. Illus. by Klaudia Bezak. 2019. (BAQ.). 40p. (J). (gr. k-4). *(978-952-357-148-8(6))*; pap. *(978-952-357-149-5(4))* Wickwick oy.

Katy & Lizzy (a Tale of Two Cats) K. E. Bancroft. 2021. (ENG., Illus.). 28p. (J). pap. *(978-1-78830-672-0(4))* Olympia Publishers.

KATY CARR Complete Series: What Katy Did, What Katy Did at School, What Katy Did Next, Clover, in the High Valley & Curly Locks (Illustrated): Children's Classics Collection. Susan Coolidge et al. 2019. (ENG.). 428p. (YA). pap. *(978-80-273-3135-2(8))* E-Artnow.

Katy Gaumer (Classic Reprint) Elsie Singmaster. 2018. (ENG., Illus.). 356p. (J). 31.24 *(978-0-483-67221-5(1))* Forgotten Bks.

Katy Is a Cat. Daniel King. 2023. (ENG.). 22p. (J). 19.99 ***(978-1-0881-2118-4(7))*** Royalty Pr.

Katy Keene. Archie Superstars. 2019. (Archie Comics Presents Ser.). (ENG., Illus.). 224p. (J). (gr. 4-7). pap. 10.99 *(978-1-68255-785-3(5))* Archie Comic Pubns., Inc.

Katy of Catoctin or the Chain-Breakers: A National Romance (Classic Reprint) George Alfred Townsend. 2018. (ENG., Illus.). 582p. (J). 35.92 *(978-0-483-51049-4(1))* Forgotten Bks.

Katy Perry. C. F. Earl. 2016. (ENG., Illus.). (J). (gr. 3-7). pap. 15.99 *(978-1-62524-390-4(1)*, Village Earth Pr.) Harding Hse. Publishing Sebice Inc.

Katy Perry. Jennifer Strand. 2016. (Stars of Music Ser.). (ENG.). 24p. (J). (gr. -1-2). lib. bdg. 31.36 *(978-1-68079-919-4(3)*, 24142, Abdo Zoom-Launch) ABDO Publishing Co.

Katy Perry: Purposeful Pop Icon, 1 vol. Vanessa Oswald. 2018. (People in the News Ser.). (ENG.). 104p. (gr. 7-7). pap. 20.99 *(978-1-5345-6323-0(7)*, c8c4229e-ba6c-46ab-8a1a-7fc3c704e658, Lucent Pr.) Greenhaven Publishing LLC.

Katya's Book of Mushrooms: Fungi, Fauna, Facts & Folklore. Katya Arnold & Sam Swope. 2023. (ENG., Illus.). 48p. (J). 12.99 *(978-1-250-89356-7(9)*, 900288521) Square Fish.

Katydid. August Hoeft. 2022. (I See Insects Ser.). (ENG.). (J). 20p. pap. 12.99 ***(978-1-5324-4142-4(8))***; 16p. (gr. -1-2). 24.99 ***(978-1-5324-3348-1(4))***; 16p. (gr. -1-2). pap. 12.99 ***(978-1-5324-2840-1(5))*** Xist Publishing.

Katyn Forest Massacre: Hearings Before the Select Committee to Conduct an Investigation of the Facts, Evidence & Circumstances of the Katyn Forest Massacre, Eighty-Second Congress, First Session on Investigation of the Murder of Thousands of Polish. United States Facts. 2017. (ENG., Illus.). (J). 24.66 *(978-1-5285-6218-8(6))* Forgotten Bks.

Katy's Pony Summer: Katy's Exmoor Ponies 5. Victoria Eveleigh. 2016. (Katy's Exmoor Ponies Ser.). (ENG., Illus.). 112p. (J). (gr. 4-6). 7.99 *(978-1-4440-1453-2(6)*, Orion Children's Bks.) Hachette Children's Group GBR. Dist: Hachette Bk. Group.

Katzenjammer. Francesca Zappia. (ENG.). 304p. (YA). (gr. 9). 2023. pap. 15.99 *(978-0-06-316170-2(2))*; 2022. (Illus.). 17.99 *(978-0-06-316165-8(6))* HarperCollins Pubs. (Greenwillow Bks.).

Kavanagh: A Tale (Classic Reprint) Henry Longfellow. 2017. (ENG., Illus.). (J). 28.06 *(978-1-5283-6516-1(X))* Forgotten Bks.

Kavisha's Dino Book: Welcome to Kavisha's Mystique Dino World. Let's Jump into the Book & Travel Back in Time to the World of Dinosaurs! Kavisha Fernando. 2017. (ENG., Illus.). (J). pap. 20.06 *(978-1-4828-8250-6(7))* Partridge Pub.

Kawaii. Connie Isaacs. Illus. by Bethany Carr. 2023. (Neon Scratch Art Ser.). (ENG.). 48p. (J). (gr. k-2). 12.99 ***(978-1-80105-635-9(8))*** Top That! Publishing PLC GBR. Dist: Independent Pubs. Group.

Kawaii Christmas Girls: A Giant Jumbo Children's Coloring Book Features 80 Pages Kawaii Christmas. Beatrice Harrison. 2022. (ENG.). 82p. (J). pap. 14.56 ***(978-1-387-42823-6(3))*** Lulu Pr., Inc.

Kawaii Coloring Book: Cute Coloring Pages for All Ages Cute Kawaii Kawaii Food Kawaii Animals 40 Kawaii Designs. Penciol Press. 2020. (ENG.). 84p. (J). pap. 9.00 *(978-1-716-16451-4(6))* Lulu Pr., Inc.

Kawaii Cuties: Scratch Magic. Becky HERRICK. Illus. by Jannie Ho. 2021. (ENG.). 64p. (J). (gr. k-2). 12.99 *(978-1-338-73393-8(1))* Scholastic, Inc.

Kawaii Food & Beagle Coloring Book: Coloring Books for Adults, Coloring Book with Food Menu & Funny Beagle, Dog Lover Coloring Page. Illus. by Paperland Online Store. 2021. (ENG.). 62p. (YA). pap. *(978-1-329-73326-8(6))* Lulu Pr., Inc.

Kawaii Food & Capybara Coloring Book: Adult Coloring Pages, Painting Food Menu & Animal Pictures, Gifts for Capybara Lovers. Illus. by Paperland Online Store. 2022. (ENG.). 62p. (J). pap. *(978-1-387-79713-4(1))* Lulu Pr., Inc.

Kawaii Food & Otter Coloring Book: Coloring Book for Adult, Coloring Book with Food Menu & Funny Otter, Otter Coloring Page, Otter Lover. Illus. by Paperland Online Store. 2021. (ENG.). 62p. (YA). pap. *(978-1-008-93269-2(8))* Lulu Pr., Inc.

Kawaii Pencil Toppers. Editors of Silver Dolphin Books. 2020. (Pencil Toppers Ser.). (ENG.). 64p. (J). (gr. 1-3). pap. 9.99 *(978-1-68412-699-6(1)*, Silver Dolphin Bks.) Printers Row Publishing Group.

Kawasaki. Julie Murray. 2018. (Motorcycles Ser.). (ENG., Illus.). 24p. (J). (gr. k-4). lib. bdg. 31.36 *(978-1-5321-2305-4(1)*, 28377, Abdo Zoom-Dash) ABDO Publishing Co.

Kawasaki Dirt Bikes. R. L. Van. 2019. (Dirt Bike Crazy Ser.). (ENG., Illus.). 32p. (J). (gr. 3-3). pap. 9.95 *(978-1-64494-153-9(8)*, 1644941538) Bigfoot Bks. GBR. Dist: North Star Editions.

Kawhi Leonard. Jon M. Fishman. 2018. (Sports All-Stars (Lerner (tm) Sports) Ser.). (ENG., Illus.). 32p. (J). (gr. 2-5). pap. 9.99 *(978-1-5415-1203-0(0)*, 83f6f79d-f1fd-43c5-80ed-56693dc5050e) Lerner Publishing Group.

Kawhi Leonard: Basketball Superstar. Todd Kortemeier. 2019. (PrimeTime Ser.). (ENG.). 32p. (J). (gr. 3-4). pap. 9.95 *(978-1-63494-146-4(2)*, 1634941462); lib. bdg. 31.35 *(978-1-63494-145-7(4)*, 1634941454) Pr. Room Editions LLC.

Kawhi Leonard: Pro Basketball Champion. Shane Frederick. 2020. (Sports Illustrated Kids Stars of Sports Ser.). (ENG., Illus.). 32p. (J). (gr. 3-5). lib. bdg. 31.32 *(978-1-4966-8379-3(X)*, 200251, Capstone Pr.) Capstone.

Kawich's Gold Mine: An Historical Narrative of Mining in the Grand Canyon of the Colorado & of Love & Adventure among the Polygamous Mormons of Southern Utah (Classic Reprint) Josiah F. Gibbs. 2018.

(ENG., Illus.). (J). 236p. 28.76 *(978-1-396-35136-5(1))*; 238p. pap. 11.57 *(978-1-390-97372-3(7))* Forgotten Bks.

Kawotchou Bis la/the Wheels on the Bus. Tr. by The Language Banc. Illus. by Annie Kubler & Sarah Dellow. 2023. (Baby Rhyme Time (Haitian Creole/English) Ser.). (ENG.). 12p. (J). bds. *(978-1-78628-752-6(8))* Child's Play International Ltd.

Kay, 1923 (Classic Reprint) Kirklin High School. 2017. (ENG., Illus.). (J). 26.12 *(978-0-260-32538-9(4))*; pap. 9.57 *(978-0-265-11037-9(8))* Forgotten Bks.

Kay Aitch Ess, 1923, Vol. 11 (Classic Reprint) Kendallville High School. (ENG., Illus.). (J). 2018. 126p. 26.52 *(978-0-365-22059-6(0))*; 2017. pap. 9.57 *(978-0-259-84014-5(9))* Forgotten Bks.

Kay & Ray Help a Neighbor: The Good Samaritan. Debbie Henderson Maestas. 2017. (ENG., Illus.). (J). pap. 13.95 *(978-1-5127-8201-1(7)*, WestBow Pr.) Author Solutions, LLC.

Kay, Ellie & Ari: Two Scientific Girls & an Exceptional Bird. Joel Hariton. 2019. (ENG.). 34p. (J). pap. 8.95 *(978-1-7947-7915-0(9))* Lulu Pr., Inc.

Kaya Cleans the Park: Taking Civic Action, 1 vol. Ava Beasley. 2018. (Civics for the Real World Ser.). (ENG.). 12p. (gr. 1-2). pap. *(978-1-5383-6472-7(7)*, f496f54b-eaec-4c0d-81d2-3a9f50defa1c, Rosen Classroom) Rosen Publishing Group, Inc., The.

Kaya Rides to the Rescue. Emma Carlson Berne. ed. 2022. (Step into Reading Ser.). (ENG.). 31p. (J). (gr. 2-3). 16.96 ***(978-1-68505-400-7(5))*** Penworthy Co., LLC, The.

Kaya Rides to the Rescue (American Girl) Emma Carlson Berne. Illus. by Emma Gillette. 2022. (Step into Reading Ser.). (ENG.). 32p. (J). (gr. k-3). 5.99 *(978-0-593-48328-2(6)*, Random Hse. Bks. for Young Readers) Random Hse. Children's Bks.

Kayak Fishing. Elizabeth Dee. 2021. (Guides to Fishing Ser.). (ENG.). (YA). (gr. 7-12). 34.60 *(978-1-4222-4498-2(9))* Mason Crest.

Kayak Jack & Amigo Go to Baja. Susan Diorio. 2019. (ENG.). 30p. (J). 23.95 *(978-1-64544-167-0(9))*; pap. 13.95 *(978-1-64544-165-6(2))* Page Publishing Inc.

Kayak Jack & Amigo Go to the Amazon. Susan B. Diorio. 2020. (ENG.). 32p. (J). 24.95 *(978-1-64628-924-0(2))*; pap. 14.95 *(978-1-64628-922-6(6))* Page Publishing Inc.

Kayaking. Contrib. by Lisa Owings. 2023. (Let's Get Outdoors! Ser.). (ENG., Illus.). (J). (gr. k-3). lib. bdg. 26.95 Bellwether Media.

Kaya's Farm: The Koi. Bela Sharma Bratch. 2022. (ENG.). 30p. (J). pap. ***(978-0-2288-7525-3(0))*** Tellwell Talent.

Kaya's Farm: The Visit. Bela Sharma Bratch. Illus. by Jupiters Muse. 2022. (ENG.). 26p. (J). pap. ***(978-0-2288-7524-6(2))*** Tellwell Talent.

Kaya's Farm: Welcome to the Country. Bela Sharma Bratch. Illus. by Jupiters Muse. 2022. (ENG.). 28p. (J). pap. ***(978-0-2288-7523-9(4))*** Tellwell Talent.

Kaya's Heart Song, 1 vol. Diwa Tharan Sanders. Illus. by Nerina Canzi. 2018. (ENG.). 32p. (J). (gr. -1-2). 17.99 *(978-1-911373-22-3(6)*, 8d62c7ce-89dd-4ba4-b4a8-1a608c4aa361) Lantana Publishing GBR. Dist: Lerner Publishing Group.

Kayda-Bug. K. Lee. 2022. (ENG.). 100p. (J). pap. 24.99 *(978-1-945066-30-6(X))* Krystal Lee Enterprises (KLE Publishing).

Kaydan Claymore & the Chaos Ring. Kendrek Clayborn. 2021. (ENG.). 108p. (YA). pap. 13.95 *(978-1-63710-889-5(3))* Fulton Bks.

Kaydra's Cornrows: Over & over Again, 1 vol. Sloane Gould. 2017. (Computer Science for the Real World Ser.). (ENG.). 12p. (gr. 1-2). pap. *(978-1-5383-5166-6(8)*, 103c9640-0302-4b91-89b3-435a00eb4643, Rosen Classroom) Rosen Publishing Group, Inc., The.

Kaye's Quilt. Julie Palmer. 2019. (ENG., Illus.). 38p. (J). (gr. -1-3). 14.95 *(978-1-68401-273-2(2))* Amplify Publishing Group.

Kayla & Her Ministering Angels. Thomas L. Lloyd. 2017. (ENG., Illus.). (J). pap. 16.95 *(978-1-5127-9877-7(0)*, WestBow Pr.) Author Solutions, LLC.

Kayla & Kugel's Almost-Perfect Passover. Ann Koffsky. Illus. by Ann Koffsky. 2016. (ENG., Illus.). 24p. (J). pap. 9.95 *(978-1-68115-508-1(7)*, 0906bbb7-cde0-459e-99ff-9087c1fb3317) Behrman Hse., Inc.

Kayla & Kugel's Silly Sukkot. Ann D. Koffsky. 2023. 24p. (J). 18.95 ***(978-1-68115-626-2(1)***, Apples & Honey Pr.) Behrman Hse., Inc.

Kayla & Kyle the Walking Dictionaries: Election Day. Nicholas Buamah. I.t. ed. 2018. 1. (ENG., Illus.). 36p. (J). (gr. 2-4). pap. 12.98 *(978-0-692-18722-7(7)*, Mother Hubbard & Co. LLC) Mother Hubbard & Co., LLC.

Kayla Goes Camping: Practicing the Hard C & K Sound, 1 vol. Novak Popovic. 2016. (Rosen Phonics Readers Ser.). (ENG., Illus.). 8p. (J). (gr. -1-2). pap. *(978-1-5081-3083-3(3)*, 4a8dd317-a6e4-41cf-a4b8-66fb20f3691a, Rosen Classroom) Rosen Publishing Group, Inc., The.

Kayla Koala & Her Mama: Ages 3-5. Ha-Le Thai. Illus. by Chuileng Muivah. 2020. (ENG.). 38p. (J). pap. *(978-0-6488098-6-9(2))* Thai, Ha-Le.

Kayla Koala Và Mama. Ha-Le Thai. Illus. by Chuileng Muivah. 2020. (VIE.). 40p. (J). pap. ***(978-0-6488098-0-7(3))*** Thai, Ha-Le.

Kayla Meets Lizzy Bear. Liz Bias. Illus. by Hannah Gloria Levi. 2021. (ENG.). 34p. (J). pap. 14.99 *(978-1-6628-3370-0(9))* Salem Author Services.

Kaylee & the Kidnapped Kiwi. Stacey Jayne. 2020. (ENG.). 90p. (J). pap. *(978-0-473-52418-0(X))* Broadbent, Stacey.

Kaylee's Christmas Wish. Put Me In The Story & J. D. Green. Illus. by Julia Seal. 2018. (Christmas Wish Ser.). (ENG.). 32p. (J). (gr. k-3). 6.99 ***(978-1-4926-8531-9(3))*** Sourcebooks, Inc.

Kayles of Bushy Lodge: An Australian Story (Classic Reprint) Vera G. Dwyer. (ENG., Illus.). (J). 2018. 288p. 29.84 *(978-0-483-81342-7(7))*; 2016. pap. 13.57 *(978-1-334-18974-6(9))* Forgotten Bks.

Kaylie's Magical Ballet Slippers. Celene Bailey. 2018. (ENG.). 24p. (J). pap. 19.91 *(978-1-5437-4736-2(1))* Partridge Pub.

Kayoo, the Eskimo Boy (Classic Reprint) Margaret C. Swenson. 2017. (ENG., Illus.). (J). 26.21 *(978-0-331-96895-8(9))*; pap. 9.57 *(978-0-282-56860-3(3))* Forgotten Bks.

Kay's Anatomy: A Complete (and Completely Disgusting) Guide to the Human Body. Adam Kay. Illus. by Henry Paker. 2023. (ENG.). 416p. (J). (gr. 3-7). 9.99 ***(978-0-593-48342-8(1)***, Yearling) Random Hse. Children's Bks.

Kayte the Magical Milk Cow. Linda Hamilton. 2020. (ENG., Illus.). 90p. (J). pap. 20.95 *(978-1-64544-899-0(1))* Page Publishing Inc.

Kayum Mapache. Luis Antonio Rincón García. 2020. (Mirador Bolsillo Ser.). (SPA.). 80p. (J). (gr. 2-4). pap. 9.95 *(978-607-8469-86-4(X))* Nostra Ediciones MEX. Dist: Independent Pubs. Group.

Kazan. James Curwood. 2019. (FRE.). 180p. (J). (gr. 4-7). pap. *(978-2-37976-046-4(2))* Prodinnova.

Kazan. James Oliver Curwood. 2018. (ENG., Illus.). 172p. (J). (gr. 4-7). pap. *(978-93-5297-093-3(4))* Alpha Editions.

Kazan. James Oliver Curwood. 2017. (ENG., Illus.). (J). 23.95 *(978-1-374-89006-0(5))* Capital Communications, Inc.

Kazan (Classic Reprint) James Oliver Curwood. 2017. (ENG., Illus.). (J). 31.20 *(978-0-331-74063-9(X))* Forgotten Bks.

Kazan, the Wolf Dog (Children's Classics) James Oliver Curwood. 2019. (ENG.). 104p. (YA). pap. *(978-80-273-3296-0(6))* E-Artnow.

Kazi: Book 1 of the Adventures of the Turtles Crossing Gang Series. J. K. Pinsel. 2022. (ENG.). 232p. (J). pap. 17.95 *(978-1-63755-251-3(3))* Amplify Publishing Group.

Kazu Jones & the Comic Book Criminal. Shauna Holyoak. (Kazu Jones Ser.: 2). (ENG.). 320p. (J). (gr. 3-7). 2021. pap. 7.99 *(978-0-7595-5606-5(7))*; 2020. (Illus.). 16.99 *(978-1-368-02267-5(7))* Little, Brown Bks. for Young Readers.

Kazuko & the Gardens of Manzanar. Veda Webb Davis. Illus. by Zoe E. Thomas. 2022. (ENG.). 46p. (J). pap. 9.99 ***(978-1-6629-2843-7(2))***; 18.99 ***(978-1-6629-2842-0(4))*** Gatekeeper Pr.

KC's New Friend. Estelle Herndon. Illus. by Samantha Bell. 2020. (Kc the Mouse Ser.: Vol. 2). (ENG.). 28p. (J). pap. 14.99 *(978-1-948026-64-2(3))* Write Integrity Pr.

Ke Alo o Kona Moi see Face of Her King

Ke Kamalii Wahine o Huilua a me Kamapuaa see Princess Huilua & Kamapuaa

Ke Kino see Ke Kino - The Body

Kealaula. Kim Cope Tait. 2019. (ENG.). 244p. (YA). (gr. 7-12). pap. 14.99 *(978-1-64204-608-3(6))* Primedia eLaunch LLC.

Kearren & Her Dad. Bob Tripodi. 2022. (ENG.). 66p. (J). pap. 6.00 *(978-1-63988-389-9(4))* Primedia eLaunch LLC.

Keaton's Carrots. Sandra R. Pound. Illus. by Emily Grace Watson. 2019. (ENG.). 24p. (J). 21.95 *(978-1-64471-863-6(4))*; pap. 12.95 *(978-1-64471-862-9(6))* Covenant Bks.

Keble's Lectures on Poetry, 1832-1841, Vol. 1 of 2 (Classic Reprint) John Keble. 2017. (ENG., Illus.). (J). 32.89 *(978-0-331-72404-2(9))* Forgotten Bks.

Keddy: A Story of Oxford (Classic Reprint) Humphrey Neville Dickinson. (ENG., Illus.). (J). 2018. 340p. 30.93 *(978-0-483-12064-8(2))*; 2017. pap. 13.57 *(978-0-243-87977-9(6))* Forgotten Bks.

Keddy the Biggest Little Giggle Bee! Tyhesia White. 2022. (ENG., Illus.). 30p. (J). 27.95 *(978-1-6624-6459-1(2))*; pap. 16.95 *(978-1-6624-6457-7(6))* Page Publishing Inc.

Keedle, the Great: And All You've Ever Wanted to Know about Fascism. William Conselman & Deirdre Conselman. Ed. by Jack Zipes. 2020. (ENG.). 40p. (J). 19.00 *(978-1-7332232-3-2(1))* Little Mole & Honey Bear.

Keegan Plays Football. Tracilyn George. 2021. (ENG.). 22p. (J). pap. 11.00 *(978-1-77475-495-5(9))* Lulu Pr., Inc.

Keeleys: On the Stage & at Home (Classic Reprint) Walter Goodman. (ENG., Illus.). (J). 2018. 410p. 32.37 *(978-0-267-32788-1(9))*; 2016. pap. 16.57 *(978-1-333-54206-1(2))* Forgotten Bks.

Keelic & the Space Pirates: The Keelic Travers Chronicles, Book 1. Alexander Edlund. 2017. (ENG., Illus.). (J). pap. 12.99 *(978-0-9969936-9-2(X))* Landstrider Pr.

Keenah's First Speech: Our Blackness Will Never Fade. Dianna L. Grayer Ph D. 2021. (ENG.). 46p. (J). pap. 14.99 *(978-0-9660507-7-6(0))* Southampton Publishing.

Keeney Eagleye: Naughty/Nice List Manager. Joseph Moore. Illus. by Mary Moore. 2016. (Santa's Elf Ser.: Vol. 4). (ENG.). (J). (gr. k-4). pap. 12.50 *(978-0-9787129-4-5(3))* North Pole Pr.

Keep a Golden Secret: Ella & Gareth. Illus. by Ghazaleh Salamati. 2nd ed. 2021. (ENG.). 48p. (J). pap. *(978-1-989880-39-5(8))* KidsOcado.

Keep a Good Heart. Cousin Carrie. 2017. (ENG.). 224p. (J). pap. *(978-3-7447-2765-5(3))* Creation Pubs.

Keep a Good Heart: A the Merry Christmas Time (Classic Reprint) Cousin Carrie. 2018. (ENG., Illus.). 226p. (J). 28.56 *(978-0-267-28791-8(7))* Forgotten Bks.

Keep a Pocket in Your Poem: Classic Poems & Playful Parodies. J. Patrick Lewis. Illus. by Johanna Wright. 2017. (ENG.). 32p. (J). (gr. k-4). 17.99 *(978-1-59078-921-6(0)*, Wordsong) Highlights Pr., c/o Highlights for Children, Inc.

Keep an Eye on Ivy. Barroux. 2020. (ENG., Illus.). 32p. (J). (gr. k-3). 18.95 *(978-0-500-65253-4(8)*, 565253) Thames & Hudson.

Keep Antioch Beautiful! Wade Harper. Illus. by Sergio Drumond. 2020. (ENG.). 36p. (J). 19.95 *(978-0-578-79216-3(8))* Indy Pub.

Keep Believing. Sarena J. Smith. 2018. (ENG., Illus.). 124p. (YA). pap. 12.49 *(978-1-5456-4375-4(X))* Salem Author Services.

Keep Calm & Carry on, Children. Sharon K. Mayhew. 2019. (ENG., Illus.). 158p. (YA). (gr. 7-12). pap. 16.95 *(978-1-68433-341-7(5))* Black Rose Writing.

Keep Calm & Sparkle on! (the Wish List #2) Sarah Aronson. 2017. (Wish List Ser.: 2). (ENG.). 192p. (J). (gr. 3-7). 14.99 *(978-0-545-94159-4(8)*, Scholastic Pr.) Scholastic, Inc.

Keep Calm & Wash Your Hand. Coloring Mandala LLC. 2020. (ENG.). 120p. (J). pap. *(978-1-716-99588-0(4))* Lulu Pr., Inc.

Keep Calm Dream Catcher Coloring Book. Activity Attic Books. 2016. (ENG., Illus.). (J). pap. 7.74 *(978-1-68323-207-0(0))* Twin Flame Productions.

Keep Calm Turtle on Coloring Book. Activity Book Zone for Kids. 2016. (ENG., Illus.). (J). pap. 9.20 *(978-1-68376-451-9(X))* Sabeels Publishing.

Keep Curious & Carry a Banana. 2016. (Curious George Ser.). (ENG., Illus.). 80p. (J). (gr. 7). 12.99 *(978-0-544-65648-2(2)*, 1622858, Clarion Bks.) HarperCollins Pubs.

Keep Dancing, Lizzie Chu. Maisie Chan. 2023. (ENG.). 256p. (J). (gr. 3-7). 18.99 *(978-1-4197-5992-5(2)*, 1764301, Amulet Bks.) Abrams, Inc.

Keep Feeding Your Spark: A Collection of Children's Poems to Nurture Critical Thinking, Curiosity, Gratitude & Humor. Susan Turfle. Illus. by Susan Turfle. 2021. (ENG., Illus.). 80p. 23.99 Making Ripples Publishing.

Keep Fucking Going 52 Week Fitness & Wellness Planner: One Year Fitness Journal with Daily Workout & Food Trackers. Maxim The Badass. 2021. (ENG.). 122p. (J). pap. 9.99 *(978-1-716-06346-6(9))* Lulu Pr., Inc.

Keep in a Cold, Dark Place. Michael F. Stewart. 2017. (ENG., Illus.). (J). (gr. 4-6). pap. *(978-0-9937579-2-1(8))* Non Sequitur Pr.

Keep It Real No. 2. Aleesah Darlison. 2016. (Netball Gems Ser.: 6). (Illus.). 160p. (J). (gr. 3-6). pap. 8.99 *(978-0-14-378115-8(4))* Random Hse. Australia AUS. Dist: Independent Pubs. Group.

Keep It Safe. Calee M. Lee. Illus. by Cartoon Saloon. 2023. (Secret of Kells Readers Ser.). (ENG.). 30p. (J). pap. 12.99 ***(978-1-5324-3229-3(1))*** Xist Publishing.

Keep It Safe: The Secret of Kells Beginning Reader. Calee M. Lee. Illus. by Cartoon Saloon. 2023. (Secret of Kells Readers Ser.). (ENG.). 28p. (J). (gr. -1-2). 24.99 ***(978-1-5324-4369-5(2))***; pap. 12.99 ***(978-1-5324-3228-6(3))*** Xist Publishing.

Keep It Simple, Rapunzel! The Fairy-Tale Physics of Simple Machines. Thomas Kingsley Troupe. Illus. by Jomike Tejido. 2018. (STEM-Twisted Fairy Tales Ser.). (ENG.). 32p. (J). (gr. k-3). pap. 7.95 *(978-1-5158-2899-0(9)*, 138421); lib. bdg. 27.99 *(978-1-5158-2895-2(6)*, 138417) Capstone. (Picture Window Bks.).

Keep Kids Busy! Spot the Difference Activity Book. Activibooks For Kids. 2016. (ENG., Illus.). (J). pap. 7.55 *(978-1-68321-381-9(5))* Mimaxion.

Keep Kids Smiling Kids Activity Book. Activity Book Zone for Kids. 2016. (ENG., Illus.). (J). pap. 7.55 *(978-1-68376-227-0(4))* Sabeels Publishing.

Keep Me Safe at Home & in My Community: A Handbook on Safety for Young Children & Their Families. Rebecca Adler. 2021. (ENG.). 58p. (J). pap. 12.99 *(978-1-954673-10-6(8))* GoldTouch Pr.

Keep Moving Forward, Henry! An Inspiring Story of Perseverance in the Face of Racism. Ayanna Murray. 2021. (ENG.). 42p. (J). pap. 9.99 *(978-1-954781-00-9(8))* Power of the Pen, LLC.

Keep Moving Forward, Henry! An Inspiring Story of Perseverance in the Face of Racism. Ayanna Murray. Illus. by Estefania Razo. 2021. (ENG.). 42p. (J). 19.99 *(978-1-954781-03-0(2))* Power of the Pen, LLC.

Keep Moving Forward, Henry! Coloring & Activity Book: For Kids Ages 8-12; Fun Activities for Teaching Empathy, Compassion, Self-Empowerment Including Coloring, Mazes, Word Search & More! Ayanna Murray. 2021. (ENG.). 50p. (J). pap. 8.99 *(978-1-954781-01-6(6))* Power of the Pen, LLC.

Keep My Heart in San Francisco. Amelia Diane Coombs. 2021. (ENG.). 416p. (YA). (gr. 9). pap. 12.99 *(978-1-5344-5298-5(2)*, Simon & Schuster Bks. For Young Readers) Simon & Schuster Bks. For Young Readers.

Keep My Money (Classic Reprint) David Patrick MacMillan. 2018. (ENG., Illus.). (J). 144p. 26.89 *(978-0-428-61671-7(2))*; 146p. pap. 9.57 *(978-0-428-14554-5(X))* Forgotten Bks.

Keep of Shadows. S. J. Saunders. 2019. (Future's Birth Ser.: Vol. 3). (ENG.). 268p. (YA). pap. 10.99 *(978-1-0879-3807-3(4))* Indy Pub.

Keep on Flossing! Amazing Dentist Coloring Book. Activity Book Zone for Kids. 2016. (ENG., Illus.). (J). pap. 9.20 *(978-1-68376-452-6(8))* Sabeels Publishing.

Keep on Keepin' On: Helping Kids to Never Give Up! Dian Layton. Illus. by Jd Hornbacher. 2020. (ENG.). 32p. (J). (gr. k-3). 24.99 *(978-0-7684-5246-4(5))* Destiny Image Pubs.

Keep on Looking. Jenna Proctor. 2019. (ENG.). 138p. (J). pap. 9.99 *(978-1-63111-480-9(8))* Books-A-Million, Inc.

Keep Pushing. Esther L. Parker Barnes. 2022. (ENG.). 48p. (J). pap. 12.00 ***(978-1-0880-6351-4(9))*** Indy Pub.

Keep Smiling. Jenny Meier. Illus. by Austin Baechle. 2019. (ENG.). 24p. (J). (gr. -1-3). 10.95 *(978-1-4808-8272-0(0))* Archway Publishing.

Keep Smiling! Super Dentist Coloring Book. Jupiter Kids. 2017. (ENG., Illus.). (J). pap. 9.20 *(978-1-68326-810-9(5)*, Jupiter Kids (Childrens & Kids Fiction)) Speedy Publishing LLC.

Keep Styling! (Sunny Day) Golden Books. Illus. by Lisa A. Workman. 2018. (ENG.). 128p. (J). (gr. -1-2). pap. 7.99 *(978-1-5247-6854-6(5)*, Golden Bks.) Random Hse. Children's Bks.

Keep the Change: Transformation from the Inside-Out. Thaabit Hedgepeth. 2019. (ENG., Illus.). 100p. (J). pap. 19.99 ***(978-0-578-42865-9(2))*** Hedgepeth, Thaabit.

Keep the Faith - la Bruja Que Quer'a Volar. Lydia Gimenez Llort. 2018. (SPA., Illus.). 58p. (J). *(978-1-387-76233-0(8))* Lulu Pr., Inc.

Keep the Lights Burning, Abbie. Connie Roop & Peter Roop. Illus. by Peter E. Hanson. 2016. (On My Own History Ser.). (ENG.). 40p. (J). (gr. 2-4). 38.65 *(978-1-5124-1862-0(5)*, Millbrook Pr.) Lerner Publishing Group.

Keep This to Yourself. Tom Ryan. (ENG.). 320p. (YA). (gr. 8-12). 2020. pap. 9.99 *(978-0-8075-4149-4(4)*, 0807541494); 2019. 17.99 *(978-0-8075-4151-7(6)*, 807541516) Whitman, Albert & Co.

Keep Trying, Aladdin! A Story about Perseverance. Sue Nicholson. Illus. by Laura Brenlla. 2021. (Fairytale Friends Ser.). (ENG.). 24p. (J). (gr. -1-k). lib. bdg. 27.99 *(978-0-7112-4470-2(7)*, 23a72bb6-2bad-4a20-981f-955b14b39b6a) QEB Publishing Inc.

Keep Trying with Abby: A Book about Persistence. Jill Colella. 2021. (Sesame Street (r) Character Guides). (ENG., Illus.). 24p. (J). (gr. -1-2). pap. 8.99 *(978-1-7284-2378-4(3)*, 0f35597e-364a-40dd-a966-6bf0bce6903c, Lerner Pubns.) Lerner Publishing Group.

Keep up the Dot Work! Dot to Dot Books for Adults. Jupiter Kids. 2016. (ENG., Illus.). 76p. (J). pap. 13.75 *(978-1-68305-444-3(X)*, Jupiter Kids (Childrens & Kids Fiction)) Speedy Publishing LLC.

Keep Walking. Will Mason. 2019. (ENG.). 46p. (J). 16.95 *(978-1-64307-424-5(5))* Amplify Publishing Group.

Keep-Well Stories for Little Folks. May Farinholt-Jones. 2017. (ENG., Illus.). (J). pap. *(978-0-649-51799-2(7))* Trieste Publishing Pty Ltd.

Keep-Well Stories for Little Folks. May Farinholt Jones. 2019. (ENG., Illus.). 108p. (YA). pap. *(978-93-5329-504-2(1))* Alpha Editions.

Keep-Well Stories for Little Folks (Classic Reprint) May Farinholt-Jones. (ENG., Illus.). (J). 2018. 156p. 27.11 *(978-0-656-14106-7(9))*; 2016. pap. 9.57 *(978-1-333-54188-0(0))* Forgotten Bks.

Keep What Remains. Carrie Beamer. 2020. (ENG.). 238p. (J). pap. *(978-0-3695-0174-5(8))* Evernight Publishing.

Keep Your Daughter Safe: Ways Young Women Can Prevent Sexual Assault. Richard Hart. 3rd ed. 2018. (ENG., Illus.). 154p. (YA). (gr. 7-12). pap. 14.99 *(978-0-692-10816-1(5))* Verum Publishing.

Keep Your Enemies Close... but Your Friends Closer. Charlene McRae. 2019. (ENG.). 328p. (YA). pap. 20.95 *(978-1-64628-410-8(0))* Page Publishing Inc.

Keep Your Eye on Mervy. Betty Harman. 2021. (ENG.). 140p. (J). pap. 8.00 *(978-0-9981800-8-3(4))* Southampton Publishing.

Keep Your Eye on the Puck. David Roth. Illus. by Wes Tyrell. 2021. (Sports Friends Ser.). (ENG.). 32p. (J). (gr. k-4). pap. *(978-1-4271-5902-1(5)*, 12127); lib. bdg. *(978-1-4271-5739-3(1)*, 12123) Crabtree Publishing Co.

Keep Your Eyes Open! Seek & Find Activity Book. Activibooks For Kids. 2016. (ENG., Illus.). (J). pap. 9.43 *(978-1-68321-382-6(3))* Mimaxion.

Keep Your Eyes Peeled! (and Other Odd Things We Say) Contrib. by Cynthia Amoroso. 2023. (Understanding Idioms Ser.). (ENG.). 24p. (J). (gr. 2-5). lib. bdg. 32.79 *(978-1-5038-6564-8(9)*, 216435, Wonder Books(r)) Child's World, Inc, The.

Keep Your Head Down. Walter Bernstein. 2017. (ENG., Illus.). (J). pap. *(978-0-649-08767-9(4))* Trieste Publishing Pty Ltd.

Keep Your Head down (Classic Reprint) Walter Bernstein. 2017. (ENG., Illus.). (J). 28.60 *(978-0-265-38170-0(3))* Forgotten Bks.

Keep Your Heart. Liz Rigby. 2019. (ENG.). 216p. (YA). pap. 17.95 *(978-1-0980-2091-0(X))* Christian Faith Publishing.

Keep Your Plans Private, 1 vol. Nancy Greenwood. 2017. (Keep Yourself Safe on the Internet Ser.). (ENG.). 24p. (J). (gr. 1-2). 25.27 *(978-1-5383-2507-0(1)*, 75ec08b5-90c6-403b-8415-666eefe8b737); pap. 9.25 *(978-1-5383-2579-7(9)*, eb320c30-993a-4092-bb86-a0dd70d1fc5c) Rosen Publishing Group, Inc., The. (PowerKids Pr.).

Keep Your Secret. Diana Mond. 2017. (GER.). 374p. (YA). pap. *(978-3-7407-3266-0(0))* VICOO International Pr.

Keep Yourself Safe: Being Safe Out & About. Honor Head. 2022. (Keep Yourself Safe Ser.). (ENG.). 24p. (J). (gr. k-2). pap. 13.99 *(978-1-4451-4438-2(7)*, Franklin Watts) Hachette Children's Group GBR. Dist: Hachette Bk. Group.

Keep Yourself Safe: Being Safe with People. Honor Head. 2019. (Keep Yourself Safe Ser.). (ENG., Illus.). 24p. (J). (gr. 1-5). pap. 11.99 *(978-1-4451-4437-5(9)*, Franklin Watts) Hachette Children's Group GBR. Dist: Hachette Bk. Group.

Keep Yourself Safe on the Internet, 12 vols. 2017. (Keep Yourself Safe on the Internet Ser.). (ENG.). (J). (gr. 1-2). lib. bdg. 151.62 *(978-1-5081-6281-0(6)*, 4113c3fe-1e36-4b87-882a-bde63b7ac2e8, PowerKids Pr.) Rosen Publishing Group, Inc., The.

Keeper. Kim Chance. 2018. (Keeper Duology Ser.). (ENG.). 408p. (YA). (gr. 9-12). pap. 14.99 *(978-1-63583-012-5(5)*, 1635830125, Flux) North Star Editions.

Keeper. Guadalupe Garcia McCall. 2022. (ENG.). 288p. (J). (gr. 3-7). 16.99 *(978-0-06-307692-1(6)*, HarperCollins) HarperCollins Pubs.

Keeper. David Baldacci. ed. 2016. (Vega Jane Ser.: 2). (ENG.). 428p. (J). (gr. 5-9). 20.85 *(978-0-606-39127-6(4))* Turtleback.

Keeper. Kim Chance. ed. 2018. lib. bdg. 26.95 *(978-0-606-41244-5(1))* Turtleback.

Keeper Courage. Michelle L. Brown. 2022. (In the Clutch Ser.). (ENG.). 72p. (J). (gr. 3-4). pap. 7.99 *(978-1-63163-670-7(7))*; lib. bdg. 25.70 *(978-1-63163-669-1(3))* North Star Editions. (Jolly Fish Pr.).

Keeper of Dragons: The Elven Alliance. J. A. Culican. 2017. (Keeper of Dragons Ser.: Vol. 2). (ENG., Illus.). (J). 24.99 *(978-0-692-98866-4(1))* Dragon Realm Pr.

Keeper of Dragons: The Mere Treaty. J. A. Culican. 2018. (Keeper of Dragons Ser.: Vol. 3). (ENG., Illus.). 256p. (YA). (gr. 7-12). 24.99 *(978-0-692-09895-0(X))* Dragon Realm Pr.

Keeper of Magical Creatures. K. C. Logan. 2017. (Kmc Chronicles Ser.: Vol. 1). (ENG., Illus.). (YA). (gr. 7-12). 24.47 *(978-0-9992724-1-1(1))*; pap. 10.07 *(978-0-9992724-2-8(X))* Moonstone Lily Publishing.

Keeper of Myths. Jasmine Richards. 2018. (Secrets of Valhalla Ser.: 2). (ENG.). 256p. (J). (gr. 3-7). pap. 6.99 *(978-0-06-201012-4(3)*, HarperCollins) HarperCollins Pubs.

Keeper of Night. Kylie Lee Baker. (Keeper of Night Duology Ser.: 1). (ENG.). (YA). 2022. 384p. pap. 11.99 *(978-1-335-91579-5(6))*; 2021. 400p. 18.99 *(978-1-335-40566-1(6))* Harlequin Enterprises ULC CAN. Dist: HarperCollins Pubs.

Keeper of Souls. Raven M. Stevens. 2021. (ENG.). 314p. (YA). 28.99 ***(978-1-0880-0790-7(2))***; pap. 13.99 *(978-1-0880-1313-7(9))* Indy Pub.

Keeper of the Bees. Meg Kassel. (Black Bird of the Gallows Ser.: 2). (ENG.). 2019. 304p. (YA). pap. 9.99 *(978-1-64063-734-4(6)*, 900211126); 2018. 400p. (J). 17.99

K

(978-1-64063-408-4(8), 900194439) Entangled Publishing, LLC.

Keeper of the Books. Nikki Kurland. 2022. (ENG., Illus.). 46p. (J). 30.95 *(978-1-6624-1341-4(6))* Page Publishing Inc.

Keeper of the Crock of Gold: Irish Leprechaun Tales. Bairbre McCarthy. ed. 2017. (ENG., Illus.). 96p. (J). 16.99 *(978-1-85635-564-3(0))* Mercier Pr., Ltd., The IRL. Dist: Casemate Pubs. & Bk. Distributors, LLC.

Keeper of the Gate, or the Sleeping Giant of Lake Superior (Classic Reprint) Sara Stafford. (ENG., Illus.). (J). 2018. 88p. 25.73 *(978-0-267-43867-9(2));* 2016. pap. 9.57 *(978-1-333-55815-4(5))* Forgotten Bks.

Keeper of the Gems. Jordan Quinn. Illus. by Robert McPhillips. 2023. (Kingdom of Wrenly Ser.: 19). (ENG.). 128p. (J). (gr. k-4). 17.99 *(978-1-6659-1932-6(9));* pap. 6.99 *(978-1-6659-1931-9(0))* Little Simon. (Little Simon).

Keeper of the Hourglass: Apius's Revenge. G. L. Garrett. 2021. (Keeper of the Hourglass Ser.: Vol. 2). (ENG.). 194p. (YA). (gr. 7-12). 22.95 *(978-1-944715-90-8(8));* pap. 17.95 *(978-1-68433-712-5(7))* Black Rose Writing.

Keeper of the Hourglass: The Crimson Manifest. G. L. Garrett. 2022. (Keeper of the Hourglass Ser.: Vol. 3). (ENG.). 252p. (YA). pap. 21.95 *(978-1-68513-061-9(5))* Black Rose Writing.

Keeper of the Hourglass: The Life & Death of Peter Nichols. G. L. Garrett. 2019. (ENG., Illus.). 182p. (YA). (gr. 7-12). 22.95 *(978-1-944715-55-7(X));* pap. 17.95 *(978-1-68433-390-5(3))* Black Rose Writing.

Keeper of the Lost Cities Collection Books 1-5 (Boxed Set) Exile; Everblaze; Neverseen; Lodestar. Shannon Messenger. ed. 2018. (Keeper of the Lost Cities Ser.). (ENG.). 3072p. (J). (gr. 3-7). 99.99 *(978-1-5344-4514-7(5),* Aladdin) Simon & Schuster Children's Publishing.

Keeper of the Lost Cities Collection Books 1-5 (Boxed Set) Keeper of the Lost Cities; Exile; Everblaze; Neverseen; Lodestar. Shannon Messenger. ed. 2018. (Keeper of the Lost Cities Ser.). (ENG.). 3136p. (J). (gr. 3-7). pap. 48.99 *(978-1-5344-2850-8(X),* Aladdin) Simon & Schuster Children's Publishing.

Keeper of the Lost Cities Collector's Set (Includes a Sticker Sheet of Family Crests) (Boxed Set) Keeper of the Lost Cities; Exile; Everblaze. Shannon Messenger. ed. 2020. (Keeper of the Lost Cities Ser.). (ENG.). 1744p. (J). (gr. 3-7). pap. 29.99 *(978-1-5344-7985-2(6),* Aladdin) Simon & Schuster Children's Publishing.

Keeper of the Lost Cities Illustrated & Annotated Edition: Book One. Shannon Messenger. annot. ed. 2020. (Keeper of the Lost Cities Ser.). (ENG., Illus.). 544p. (J). (gr. 3-7). 21.99 *(978-1-5344-8675-1(5));* pap. 9.99 *(978-1-5344-7984-5(8))* Simon & Schuster Children's Publishing. (Aladdin).

Keeper of the Mirror: The Book of Peter. Theresa Nellis. 2021. (ENG.). 232p. (J). pap. 17.99 *(978-1-63752-812-9(4))* Primedia eLaunch LLC.

Keeper of the Mirror: The Nosy Neighbor. Theresa Nellis. 2022. (ENG.). 222p. (YA). pap. 17.99 *(978-1-63988-737-8(7))* Primedia eLaunch LLC.

Keeper of the Mirror: The Portly Lady. Theresa Nellis. 2022. (ENG.). 234p. (YA). pap. 12.99 *(978-1-63988-368-4(1))* Primedia eLaunch LLC.

Keeper of the Shell. Eileen Bell. Illus. by Norma Hoyle. 2019. (ENG.). 68p. (J). (gr. 3-6). *(978-1-989092-18-7(7))* Celticfrog Publishing.

Keeper of the Stars. Carol Lovelace. 2021. (ENG.). 20p. (J). pap. 19.99 *(978-1-6628-1171-5(3))* Salem Author Services.

Keeper of the Stars. Amy Lynn Shepherd. Illus. by Darlee Orcullo Urbiztondo. 2021. (ENG.). 240p. (J). pap. 16.99 *(978-1-0879-2093-1(0))* Indy Pub.

Keeper of the Sword: The Legend of Ziems. James Tierney. 2016. (Legend of Ziems Ser.: Vol. 1). (ENG., Illus.). (J). (gr. 4-6). pap. 11.95 *(978-1-943789-39-9(8))* Taylor and Seale Publishing.

Keeper of the Vineyard: A Tale of the Ozarks (Classic Reprint) Caroline Abbot Stanley. 2017. (ENG., Illus.). (J). 31.40 *(978-0-331-95551-4(2));* pap. 13.97 *(978-0-259-20588-3(5))* Forgotten Bks.

Keeper of the Watch. Kristen L. Jackson. 2018. (Dimension 7 Ser.: Vol. 1). (ENG.). 203p. (YA). (gr. 7-12). pap. 18.95 *(978-1-61296-981-7(X))* Black Rose Writing.

Keeper of Wild Words: (Nature for Kids, Exploring Nature with Children) Brooke Smith. Illus. by Madeline Kloepper. 2020. (ENG.). 62p. (J). (gr. k-3). 18.99 *(978-1-4521-7073-2(8))* Chronicle Bks. LLC.

Keeper (Vega Jane, Book 2) David Baldacci. 2016. (Vega Jane Ser.: 2). (ENG.). 448p. (J). (gr. 5-9). pap. 10.99 *(978-0-545-83195-6(4),* Scholastic Pr.) Scholastic, Inc.

Keepers. Sacha Black. (Eden East Novels Ser.). (ENG.). (YA). 2021. 254p. *(978-1-913236-14-4(5));* 2017. (Illus.). pap. *(978-1-9997225-0-0(7))* Atlas Black Publishing.

Keepers #2: the Harp & the Ravenvine. Ted Sanders. Illus. by Iacopo Bruno. 2017. (Keepers Ser.: 2). (ENG.). 688p. (J). (gr. 3-7). pap. 7.99 *(978-0-06-227586-8(0),* HarperCollins) HarperCollins Pubs.

Keepers #3: the Portal & the Veil. Ted Sanders. Illus. by Iacopo Bruno. 2017. (Keepers Ser.: 3). (ENG.). 592p. (J). (gr. 3-7). 16.99 *(978-0-06-227588-2(7),* HarperCollins) HarperCollins Pubs.

Keepers #4: the Starlit Loom. Ted Sanders. Illus. by Iacopo Bruno. (Keepers Ser.: 4). (ENG.). 448p. (J). (gr. 3-7). 2019. pap. 7.99 *(978-0-06-227592-9(5));* 2018. 16.99 *(978-0-06-227591-2(7))* HarperCollins Pubs. (HarperCollins).

Keepers of the Empire (Geronimo Stilton & the Kingdom of Fantasy #14) Geronimo Stilton. 2021. (Geronimo Stilton & the Kingdom of Fantasy Ser.: 14). (ENG.). 320p. (J). (gr. 2-5). 14.99 *(978-1-338-75692-0(3),* Scholastic Paperbacks) Scholastic, Inc.

Keepers of the Keys (Bears of the Ice #3) Kathryn Lasky. 2019. (Bears of the Ice Ser.: 3). (ENG., Illus.). 288p. (J). (gr. 3-7). 16.99 *(978-0-545-83689-0(1),* Scholastic Pr.) Scholastic, Inc.

Keepers of the Pact. Karen Kelloway. 2023. (ENG.). 208p. (J). pap. 12.95 *(978-1-77471-222-1(9),* cb152d3e-3724-4776-8ac7-176b7062729a) Nimbus Publishing, Ltd. CAN. Dist: Baker & Taylor Publisher Services (BTPS).

Keepers of the People (Classic Reprint) Edgar Jepson. 2018. (ENG., Illus.). (J). 368p. 31.49 *(978-1-397-20168-3(1));* 370p. pap. 13.97 *(978-1-397-20098-3(7))* Forgotten Bks.

Keeper's Travels in Search of His Master (Classic Reprint) Edward Augustus Kendall. 2018. (ENG., Illus.). 124p. (J). 26.45 *(978-0-267-27027-9(5))* Forgotten Bks.

Keepin' It 100: Young Man's Journal to Success. Shanna Carter. 2018. (ENG., Illus.). 130p. (J). pap. *(978-1-387-90773-1(5))* Lulu Pr., Inc.

Keeping Active, a Kung Fu Kid Coloring Book. Activity Book Zone for Kids. 2016. (ENG., Illus.). (J). pap. 9.20 *(978-1-68376-453-3(6))* Sabeels Publishing.

Keeping Active: Read It Yourself with Ladybird Level 1. Ladybird. 2019. (Read It Yourself with Ladybird Ser.). 32p. (J). (gr. k-2). 5.99 *(978-0-241-36120-7(6))* Penguin Random Hse. AUS. Dist: Independent Pubs. Group.

Keeping Busy with Kids Activity Book. Activity Book Zone for Kids. 2016. (ENG., Illus.). (J). pap. 7.55 *(978-1-68376-228-7(2))* Sabeels Publishing.

Keeping Calm & Focused: Stress Management: Spotlight on Social & Emotional Learning: Set 1, 24 vols. 2019. (Spotlight on Social & Emotional Learning Ser.). (ENG.). 24p. (J). (gr. 4-6). lib. bdg. 335.16 *(978-1-7253-0249-5(7),* ba85194d-5b98-4a05-bffa-d52e424aca45, PowerKids Pr.) Rosen Publishing Group, Inc., The.

Keeping Chickens: A Kid's Guide to Everything You Need to Know about Breeds, Coops, Behavior, Eggs, & More! Mindie Dittemore. 2019. (ENG., Illus.). 256p. (J). (gr. 2-8). pap. 17.99 *(978-1-5107-4583-4(1),* Sky Pony Pr.) Skyhorse Publishing Co., Inc.

Keeping Clean. Kirsten Chang & Kirsten Chang. 2022. (Healthy Life Ser.). (ENG., Illus.). 24p. (J). (gr. k-3). pap. 7.99 *(978-1-64834-665-1(0),* 21377, Blastoff! Readers) Bellwether Media.

Keeping Clean at Home. Katlin Sarantou. 2020. (Healthy Living Ser.). (ENG., Illus.). 16p. (J). (gr. -1-2). pap. 11.36 *(978-1-5341-6098-9(1),* 214396, Cherry Blossom Press) Cherry Lake Publishing.

Keeping Football in the Family. Jake Maddox & Jake Maddox. Illus. by Berenice Muñiz. 2023. (Jake Maddox Graphic Novels Ser.). (ENG.). 72p. (J). 27.99 *(978-1-6663-4118-8(5),* 237679); pap. 7.99 *(978-1-6663-4122-5(3),* 237673) Capstone. (Stone Arch Bks.).

Keeping It Real. Paula Chase. (ENG.). 368p. (J). (gr. 3-7). 2022. pap. 7.99 *(978-0-06-296570-7(0));* 2021. (Illus.). 16.99 *(978-0-06-296569-1(7))* HarperCollins Pubs. (Greenwillow Bks.).

Keeping It Wacky! Kooky & Creative Super Kids Activity Book. Activity Book Zone for Kids. 2016. (ENG., Illus.). (J). pap. 7.55 *(978-1-68376-229-4(0))* Sabeels Publishing.

Keeping Me Busy Book: A Super Fun Activity Book for Kids. Activity Book Zone for Kids. 2016. (ENG., Illus.). (J). pap. 7.55 *(978-1-68376-230-0(4))* Sabeels Publishing.

Keeping My Balance. Lynette Hess. 2019. (ENG., Illus.). 32p. (J). pap. 14.95 *(978-1-64531-572-8(X))* Newman Springs Publishing, Inc.

Keeping Myself Clean. Katlin Sarantou. 2020. (Healthy Living Ser.). (ENG., Illus.). 16p. (J). (gr. -1-2). pap. 11.36 *(978-1-5341-6097-2(3),* 214393, Cherry Blossom Press) Cherry Lake Publishing.

Keeping of Christmas at Bracebridge Hall (Classic Reprint) Washington. Irving. 2017. (ENG., Illus.). (J). 30.66 *(978-0-265-6158-6(3))* Forgotten Bks.

Keeping One Cow. Anonymous. 2017. (ENG.). 136p. (J). pap. *(978-3-337-17688-4(7))* Creation Pubs.

Keeping Physically Healthy, Vol. 10. Robert Rodi & Laura Ross. Ed. by Kevin Jennings. 2016. (Living Proud! Growing up LGBTQ Ser.). (Illus.). 64p. (J). (gr. 7). 23.95 *(978-1-4222-3506-5(8))* Mason Crest.

Keeping Physically Healthy: Growing up LGBTQ. Robert Rodi & Laura Ross. 2017. (Illus.). 63p. (J). *(978-1-4222-3501-0(7))* Mason Crest.

Keeping Safe & Well (Classic Reprint) C. E. Turner. 2018. (ENG., Illus.). 224p. (J). 28.56 *(978-0-484-63070-2(9))* Forgotten Bks.

Keeping Secrets. Hannah G. Kunkle. 2018. (ENG.). 78p. (J). *(978-0-359-27566-3(4))* Lulu Pr., Inc.

Keeping Secrets. Ophelia S. Lewis. Illus. by Shabamukama Osbert. 2018. (Ian & Applecat Ser.: Vol. 101). (ENG.). 46p. (J). pap. 10.95 *(978-1-945408-34-2(0))* Village Tales Publishing.

Keeping the Beat. Marie Powell & Jeff Norton. 2017. (ENG.). 368p. (YA). (gr. 8-17). 17.95 *(978-1-77138-730-9(0))* Kids Can Pr., Ltd. CAN. Dist: Hachette Bk. Group.

Keeping the City Going. Brian Floca. Illus. by Brian Floca. 2021. (ENG., Illus.). 40p. (J). (gr. -1-3). 17.99 *(978-1-5344-9377-3(8),* Atheneum/Caitlyn Dlouhy Books) Simon & Schuster Children's Publishing.

Keeping Track of the Weather, 1 vol. Jill Andersen. 2016. (Rosen REAL Readers: STEM & STEAM Collection). (ENG.). 12p. (gr. k-1). pap. 6.33 *(978-1-5081-2422-1(1),* ec3a340c-f4a1-4c04-9e63-83b6fdfdcc110, Rosen Classroom) Rosen Publishing Group, Inc., The.

Keeping Tryst: A Tale of King Arthur's Time (Classic Reprint) Annie Fellows Johnston. (ENG., Illus.). (J). 2018. 74p. 25.42 *(978-0-364-09097-8(9));* 2017. pap. 9.57 *(978-0-259-53126-5(X))* Forgotten Bks.

Keeping Tummies Happy. Erin Meadows. Illus. by Evgeniya Khomutskaya. 2023. 26p. (J). (-7). pap. 14.99 BookBaby.

Keeping up Appearances: A Farce in One Act (Classic Reprint) W. W. Jacobs. 2017. (ENG., Illus.). (J). 24.35 *(978-0-260-47628-9(5))* Forgotten Bks.

Keeping up Appearances (Classic Reprint) Maximilian Foster. 2018. (ENG., Illus.). 294p. (J). 29.98 *(978-0-428-45188-2(8))* Forgotten Bks.

Keeping up with Lizzie (Classic Reprint) Irving Bacheller. 2018. (ENG., Illus.). 200p. (J). 28.04 *(978-0-364-78519-5(5))* Forgotten Bks.

Keeping up with the Joneses (Classic Reprint) Pop Momand. (ENG., Illus.). (J). 2018. 56p. 25.05 *(978-0-364-72429-3(3));* 2017. 25.09 *(978-0-331-88000-7(8));* 2017. pap. 9.57 *(978-0-282-29672-8(7));* 2016. pap. 9.57 *(978-1-334-14244-4(0))* Forgotten Bks.

Keeping up with William: In Which the Honorable Socrates Potter Talks of the Relative Merits of Sense Common & Preferred (Classic Reprint) Irving Bacheller. 2017. (ENG., Illus.). (J). 26.85 *(978-0-266-21998-9(5))* Forgotten Bks.

Keeping Warm with Fur & Fat, 1 vol. Hannah Fields. 2017. (How Animals Adapt to Survive Ser.). (ENG.). 24p. (J). (gr. 3-3). 25.27 *(978-1-5081-6432-6(0),* 2e8441c9-a798-43f2-be2b-77df88f54b5e, PowerKids Pr.) Rosen Publishing Group, Inc., The.

Keeping Your Cool: A Book about Anger. Carolyn Larsen. Illus. by Tim O'Connor. 2016. (Growing God's Kids Ser.). (ENG.). 32p. (J). pap. 5.99 *(978-0-8010-0912-9(X))* Baker Bks.

Keeping Your Germs to Yourself a Children's Disease Book (Learning about Diseases) Baby Professor. 2017. (ENG., Illus.). (J). pap. 7.89 *(978-1-5419-0288-6(2),* Baby Professor (Education Kids)) Speedy Publishing LLC.

Keeping Your Teeth Clean. Nicole A. Mansfield. 2023. (My Teeth Ser.). (ENG.). 24p. (J). 29.99 *(978-0-7565-7116-0(2),* 244961); pap. 6.99 *(978-0-7565-7112-2(X),* 244946) Capstone. (Pebble).

Keepsake: A Gift for the Holidays (Classic Reprint) Unknown Author. (ENG., Illus.). (J). 2018. 322p. 30.54 *(978-0-666-70654-6(9));* 2017. pap. 13.57 *(978-0-259-19895-6(1))* Forgotten Bks.

Keepsake: Or, Poems & Pictures for Childhood & Youth (Classic Reprint) Unknown Author. 2018. (ENG., Illus.). 88p. (J). 25.71 *(978-0-332-78018-4(X))* Forgotten Bks.

Keepsake, 1851 (Classic Reprint) Marguerite A. Power. (ENG., Illus.). (J). 2018. 320p. 30.50 *(978-0-483-77590-9(8));* 2016. pap. 13.57 *(978-1-334-12987-2(8))* Forgotten Bks.

Keepsake Christmas: Director Guide. Group. 2017. (ENG.). (J). pap. 14.99 *(978-1-4707-5028-2(7))* Group Publishing, Inc.

Keepsake Christmas: Memory Keeper. Group. 2017. (ENG.). (J). 9.99 *(978-1-4707-5012-1(0))* Group Publishing, Inc.

Keepsake Crafts for Grandma & Me: 42 Activities Plus Cardstock & Stickers! Megan Hewes Butler. Illus. by Francesca de Luca. 2022. (ENG.). 96p. (J). pap. 15.99 *(978-1-250-80413-6(2),* 900243448, Odd Dot) St. Martin's Pr.

Keepsake Crafts for Grandpa & Me: 42 Activities Plus Cardstock & Stickers! Megan Hewes Butler. Illus. by Francesca de Luca. 2023. (ENG.). 96p. (J). pap. 17.99 *(978-1-250-80414-3(0),* 900243449, Odd Dot) St. Martin's Pr.

Keepsake for 1829 (Classic Reprint) Frederic Mansel Reynolds. 2018. (ENG., Illus.). (J). 400p. 32.15 *(978-1-396-85171-1(2));* 402p. pap. 16.57 *(978-1-396-85161-2(5))* Forgotten Bks.

Keepsake of Friendship: A Christmas & New Year's Annual (Classic Reprint) G. S. Munroe. 2018. (ENG., Illus.). 304p. (J). 30.17 *(978-0-483-67553-7(9))* Forgotten Bks.

Keepsake of Friendship: A Christmas & New Year's Annual for 1850 (Classic Reprint) G. S. Munroe. (ENG., Illus.). (J). 2018. 308p. 30.25 *(978-0-428-89868-7(8));* 2017. pap. 13.57 *(978-0-259-19331-9(3))* Forgotten Bks.

Keepsake of Friendship (Classic Reprint) G. S. Munroe. 2017. (ENG., Illus.). (J). 30.33 *(978-1-5281-7245-5(0))* Forgotten Bks.

Keepsake Picture Book (Classic Reprint) Unknown Author. 2018. (ENG., Illus.). 208p. (J). 28.19 *(978-0-267-28918-9(9))* Forgotten Bks.

Keepsakes Forever. Pamela Kay Wegeng. 2017. (ENG., Illus.). 38p. (J). 18.95 *(978-0-692-98663-9(4))* Wegeng, Pam.

Keesha Counts Money: Putting Data in Order, 1 vol. Tana Hensley. 2017. (Computer Science for the Real World Ser.). (ENG.). 12p. (gr. 1-2). pap. *(978-1-5383-5127-7(7),* dca30da9-6761-4316-a829-f2cef0f02df5, Rosen Classroom) Rosen Publishing Group, Inc., The.

Kefru & the Dragon Dolphins. Jackie Ferris. 2020. (ENG.). 200p. (J). pap. 21.99 *(978-1-64268-192-5(X))* WSB Publishing, Inc.

Keilinschriftliche Sintfluthbericht: Eine Episode des Babylonischen Eimrodepos Habilitations-Vorlesung Gehalten an der Universitat Gottingen Am 18. December 1880 (Classic Reprint) Paul Haupt. 2017. (GER., Illus.). (J). 24.76 *(978-0-266-37180-9(9));* pap. 7.97 *(978-0-282-70571-8(6))* Forgotten Bks.

Keineth (Classic Reprint) Jane D. Abbott. 2018. (ENG., Illus.). 260p. (J). 29.26 *(978-0-332-12692-0(7))* Forgotten Bks.

Keira & Me: Homonyms & Homophones. Marsay Latrice Wells-Strozier. Illus. by Jackson Brittany. 2016. (ENG.). (J). (gr. 2-6). 20.95 *(978-0-692-79807-2(2))* Yasram Global Industries, LLC.

Keisha & Bobby. Jessie Maple. 2018. (ENG., Illus.). 138p. (J). pap. 15.95 *(978-0-692-94817-0(1))* maple, Jessie.

Keisha's Wondrous Christmas. Carolyn Sahaja Jean Willis. 2019. (ENG., Illus.). 68p. (J). pap. 18.00 *(978-0-578-44421-5(6))* Sahaja Publishing.

Keith. Kay Onda. 2022. (ENG.). 184p. (YA). 33.95 *(978-1-68526-902-9(8))* Covenant Bks.

Keith among the Pigeons. Katie Brosnan. Illus. by Katie Brosnan. 2020. (Child's Play Library). (Illus.). 32p. (J). *(978-1-78628-344-3(1));* pap. *(978-1-78628-343-6(3))* Child's Play International Ltd.

Keith Haring: the Boy Who Just Kept Drawing. Kay Haring. Illus. by Robert Neubecker. 2017. 40p. (J). (gr. k-3). 18.99 *(978-0-525-42819-0(4),* Dial Bks) Penguin Young Readers Group.

Keith the Cat with the Magic Hat. Sue Hendra & Paul Linnet. Illus. by Sue Hendra. 2018. (ENG., Illus.). 32p. (J). (gr. -1-3). 14.99 *(978-1-4814-9035-1(4),* Aladdin) Simon & Schuster Children's Publishing.

Keith's Adventures. Rae Harless. 2017. (ENG., Illus.). 34p. (J). *(978-1-387-18509-2(8))* Lulu Pr., Inc.

Keith's Wife, Vol. 1 Of 3: A Novel (Classic Reprint) Lady Violet Greville. 2018. (ENG., Illus.). 340p. (J). 30.91 *(978-0-332-17534-8(0))* Forgotten Bks.

Keith's Wife, Vol. 2 Of 3: A Novel (Classic Reprint) Lady Violet Greville. 2018. (ENG., Illus.). 302p. (J). 30.13 *(978-0-267-15136-3(5))* Forgotten Bks.

Keith's Wife, Vol. 3 Of 3: A Novel (Classic Reprint) Violet Greville. 2018. (ENG., Illus.). 322p. (J). 30.56 *(978-0-267-16699-2(0))* Forgotten Bks.

Keke's Super-Strong Double Hugs. Elizabeth McChesney & Judy Schiffman. Illus. by Steve Musgrave. 2020. (ENG.). 34p. (J). 25.95 *(978-1-4808-9788-5(4));* pap. 16.95 *(978-1-4808-9787-8(6))* Archway Publishing.

Kela Bai: An Anglo-Indian Idyll (Classic Reprint) Charles Johnston. 2017. (ENG., Illus.). 114p. (J). 26.27 *(978-0-331-58185-0(X))* Forgotten Bks.

Kela's Bridge. Anne Giulieri. Illus. by Josh O'Brien. 2016. (Engage Literacy Orange - Extension A Ser.). (ENG.). 16p. (J). pap. 36.94 *(978-1-5157-5057-4(4),* 26052, Capstone Pr.) Capstone.

Kelcie Murphy & the Academy for the Unbreakable Arts. Erika Lewis. 2023. (Academy for the Unbreakable Arts Ser.: 1). (ENG.). 352p. (J). pap. 10.99 *(978-1-250-20824-8(6),* 900203042, Starscape) Doherty, Tom Assocs., LLC.

Kelcie Murphy & the Hunt for the Heart of Danu. Erika Lewis. 2023. (Academy for the Unbreakable Arts Ser.: 2). (ENG.). 432p. (J). 19.99 *(978-1-250-20830-9(0),* 900203048, Starscape) Doherty, Tom Assocs., LLC.

Kelfor: The Orthomancers. Gillian Andrews. 2017. (ENG., Illus.). (J). pap. *(978-84-697-5652-2(4))* Garcia Carrasco, Luis.

Keliegh & the Kitten. Tracilyn George. 2020. (ENG.). 22p. (J). pap. 11.00 *(978-1-990153-14-3(3))* Lulu Pr., Inc.

Keliegh & the Kitten. Tracilyn George. Illus. by Aria Jones. 2020. (ENG.). 24p. (J). pap. 17.14 *(978-1-716-62090-4(2))* Lulu Pr., Inc.

Keller's Heart. John Gray. Illus. by Shanna Brickell. 2019. (ENG.). 40p. (J). (gr. -1). 12.99 *(978-1-64060-174-1(0))* Paraclete Pr., Inc.

Kellie's K-9 Kollection: Angel's Christmas Story. Kellie Harris. Illus. by Cornell Mahan. 2018. (ENG.). 32p. (J). pap. 12.00 *(978-1-944583-26-2(2))* Laurel Rose Publishing.

Kellogg's Primary Recitations. Alice Maude Kellogg. 2017. (ENG., Illus.). 86p. (J). pap. *(978-3-337-15613-8(4))* Creation Pubs.

Kellogg's Primary Recitations: 100 Bright, Sparkling Selections for Thanksgiving, Washington's Birthday, Arbor Day, May Day, Bird Day, Memorial Day, Flag Day, Closing Exercises, Patriotic & General Occasions (Classic Reprint) Alice Maude Kellogg. (ENG., Illus.). (J). 2018. 86p. 25.67 *(978-0-666-98220-9(1));* 2017. pap. 9.57 *(978-0-243-45967-4(X))* Forgotten Bks.

Kelly Clarkson: Music & Television Trailblazer, 1 vol. Edna McPhee. annot. ed. 2019. (People in the News Ser.). (ENG.). 104p. (gr. 7-7). pap. 20.99 *(978-1-5345-6834-1(4),* 436f04b7-a303-4f19-ad8b-0b628a9c02fe, Lucent Pr.) Greenhaven Publishing LLC.

Kelly Gets a Vaccine: How We Beat Coronavirus: How We Beat Coronavirus. Lauren D. Block & Adam E. Block. Illus. by Debby Rahmalia. 2020. (ENG.). 28p. (J). pap. 8.99 *(978-1-7349493-9-1(2))* Blockstar Publishing.

Kelly Goes Back to School: More Science on Coronavirus. Lauren Block & Adam Block. Illus. by Alex Brissenden. 2020. (ENG.). 34p. (J). pap. 8.99 *(978-1-7349493-6-0(8))* Blockstar Publishing.

Kelly Learns about Kiev. Tracilyn George. 2021. (ENG.). 24p. (J). pap. 11.00 *(978-1-77475-496-2(7))* Lulu Pr., Inc.

Kelly Likes to Cook! Alyssa Gagliardi. Illus. by Stephanie Browne. 2020. (ENG.). 26p. (J). pap. 12.99 *(978-1-952894-64-0(6))* Pen It Pubns.

Kelly Nash, or I Didn't Think (Classic Reprint) Sarah S. Baker. 2018. (ENG., Illus.). 150p. (J). 26.99 *(978-0-483-35788-4(X))* Forgotten Bks.

Kelly Stays Home: The Science of Coronvirus: the Science of Coronavirus. Lauren Block & Adam Block. 2020. (ENG.). 36p. (J). pap. 8.99 *(978-1-7349493-1-5(7))* Blockstar Publishing.

Kelly Stays Home Jr; the Science of Coronavirus. Lauren Block & Adam Block. 2020. (ENG.). 36p. (J). pap. 8.99 *(978-1-7349493-4-6(1))* Blockstar Publishing.

Kellys & the o'Kellys (Classic Reprint) Trollope. 2016. (ENG., Illus.). (J). pap. 20.57 *(978-1-334-12963-6(0))* Forgotten Bks.

Kellys & the o'Kellys (Classic Reprint) Anthony Trollope. 2018. (ENG., Illus.). (J). 404p. 32.23 *(978-0-267-67360-5(4));* 694p. 38.21 *(978-0-483-83381-4(9))* Forgotten Bks.

Kelly's Universal First Reader (Classic Reprint) Henry A. Brann. (ENG., Illus.). (J). 2018. 98p. 25.92 *(978-0-267-78804-0(5));* 2016. pap. 9.57 *(978-1-334-37577-4(1))* Forgotten Bks.

Kelp. Willis Boyd Allen. 2017. (ENG.). 272p. (J). pap. *(978-3-337-40703-2(X))* Creation Pubs.

Kelp: A Story of the Isles of Shoals (Classic Reprint) Willis Boyd Allen. 2018. (ENG., Illus.). 268p. (J). 29.42 *(978-0-483-31241-8(X))* Forgotten Bks.

Kelp-Gatherers: A Story of the Maine Coast (Classic Reprint) John Townsend Trowbridge. 2018. (ENG., Illus.). 202p. (J). 28.06 *(978-0-666-98601-6(0))* Forgotten Bks.

Kelp: the Underwater Forest!, 1 vol. Patricia Fletcher. 2016. (World's Weirdest Plants Ser.). (ENG., Illus.). 24p. (J). (gr. 2-3). pap. 9.15 *(978-1-4824-5614-1(1),* 2997572a-114b-48c8-8d59-69047701e9c9) Stevens, Gareth Publishing LLLP.

Kelper 186f: Save the Environment Before It's Too Late. David Knights. 2022. (ENG.). 48p. (J). pap. *(978-1-387-52618-5(9))* Lulu Pr., Inc.

Kelsey Goes to the Special Olympics. Kelsey Anastasia Norris & Carol Norris. 2021. (ENG., Illus.). 32p. (J). pap. 14.95 *(978-1-63961-806-4(6))* Christian Faith Publishing.

Kelsey Hates the Needle. Mary Wagner. Illus. by Krystal Almora. 2019. (ENG.). 30p. (J). (gr. -1-3). pap. 14.95 *(978-1-64096-776-2(1))* Newman Springs Publishing, Inc.

Kelsey Outrage! A Full, Impartial, & Interesting Account of This Most Cruel & Remarkable Crime; the Tar & Feathering; Together with the Alleged Murder of Charles G. Kelsey, Evidence in Full! the Accused Murderers! Doings of the Tar Party. Unknown Author. (ENG., Illus.). (J). 2018. 84p. 25.63 *(978-0-365-53378-8(5));* 2017. pap. 9.57 *(978-0-259-86332-8(7))* Forgotten Bks.

Kelsey the Spy. Linda Joy Singleton. 2016. (Curious Cat Spy Club Ser.: 3). (ENG.). (J). (gr. 3-7). 304p. pap. 9.99 *(978-0-8075-1384-2(9)*, 807513849); 288p. 14.99 *(978-0-8075-1380-4(6)*, 807513806) Whitman, Albert & Co.

Keltainen Ilmapallo. Kaarina Brooks. 2017. (FIN., Illus.). (J). pap. 9.95 *(978-1-988763-06-4(1))* Villa Wisteria Pubns.

Keltian's Warriors: Keltian's Warriors: the Final Gift - Book Three of the Keltian Trilogy. Michael Soliday. 2016. (ENG., Illus.). (YA). pap. 16.50 *(978-1-68181-703-3(9))* Strategic Book Publishing & Rights Agency (SBPRA).

Keltian's Warriors: The Final Gift - Book Three of the Keltian Trilogy. Michael Soliday. 2016. (ENG., Illus.). (YA). (gr. 7-12). 27.50 *(978-1-68181-855-9(8))* Strategic Book Publishing & Rights Agency (SBPRA).

Kelvin's Day in the Snow. Mama P. 2021. (ENG., Illus.). 30p. (J). 25.95 *(978-1-68570-288-5(0))*; pap. 13.95 *(978-1-0980-9625-0(8))* Christian Faith Publishing.

Keman's First Carnival. Yolanda T. Marshall. 2016. (ENG., Illus.). (J). (gr. k-3). *(978-0-9953103-2-2(7))* Gamalma Pr.

Kemosha of the Caribbean. Alex Wheatle. 2022. (ENG.). 288p. (YA). 33.95 *(978-1-63614-000-1(9))*; pap. 15.95 *(978-1-61775-982-6(1))* Akashic Bks. (Black Sheep).

Ken & Barney & the Cabin at the Lake in Northern Minnesota. John Landwehr. 2019. (ENG.). 54p. (J). 26.95 *(978-1-68456-640-2(1))*; pap. 16.95 *(978-1-68456-638-9(X))* Page Publishing Inc.

Ken Jennings' Junior Genius Guides - Maps & Geography. Ken Jennings. 2018. (VIE., Illus.). (J). (gr. 3-5). pap. *(978-604-59-9087-2(0))* Kim Dong Publishing Hse.

Ken Ora & the Orchestra. Fran Myles. 2016. (ENG., Illus.). (J). pap. *(978-1-4602-8410-0(0))* FriesenPress.

Ken the Crocodile. Jun. 2018. (ENG., Illus.). 36p. (J). pap. 12.00 *(978-1-64249-129-6(2))* Notion Pr., Inc.

Ken Ward in the Jungle. Zane Grey. 2020. (ENG.). (J). 158p. 17.95 *(978-1-63637-083-5(7))*; 156p. pap. 9.95 *(978-1-63637-082-8(9))* Bibliotech Pr.

Kenadee the Cold Queen: A Book about Skin Changes & Loving Your True Beauty. Stevi Chadwick. Illus. by Bonnie Lemaire. 2022. (ENG.). 24p. (J). pap. 13.95 ***(978-1-63765-254-1(2))*** Halo Publishing International.

Kenai Lake Ycc: Chugach National Forest; January 1979 (Classic Reprint) United States. Forest Service. 2017. (ENG., Illus.). (J). 25.09 *(978-0-265-56645-9(2))*; pap. 9.57 *(978-0-282-91801-9(9))* Forgotten Bks.

KENDALL & the SNOWY WHITE OWL. Janet Haneberg. 2017. (ENG.). 34p. (J). pap. ***(978-1-387-18103-2(3))*** Lulu Pr., Inc.

Kendall Readers Primer (Classic Reprint) Calvin N. Kendall. 2018. (ENG., Illus.). (J). 128p. 26.56 *(978-0-267-38976-6(0))*; 130p. pap. 9.57 *(978-0-267-26330-1(9))* Forgotten Bks.

Kendall's Sister (Classic Reprint) Robert Swasey. 2018. (ENG., Illus.). 322p. (J). 30.54 *(978-0-365-47782-2(6))* Forgotten Bks.

Kendi the Slowest Cheetah. Joshua Bali. 2020. (ENG.). 58p. (J). pap. *(978-1-78830-780-2(1))* Olympia Publishers.

Kendia's Abc's & Things I Can Be. Samuel C. Williams. 2020. (ENG.). 28p. (J). 39.88 *(978-1-5437-5630-2(1))*; pap. 25.01 *(978-1-5437-5628-9(X))* Partridge Pub.

Kendra the Aspiring Astronaut: Follow Your Dream. Kem. 2023. (ENG.). 40p. (J). ***(978-1-915161-42-0(8))*** Tamarind Hill Pr.

Kendrick in the Land of the Giant Kangaroos. Jennifer Jayne Scobie. 2017. (ENG., Illus.). 82p. (J). pap. 9.05 *(978-1-387-37504-2(0))* Lulu Pr., Inc.

Kendrick Lamar. Stuart A. Kallen. 2020. (ENG.). 64p. (YA). (gr. 6-12). 41.27 *(978-1-68282-779-6(8))* ReferencePoint Pr., Inc.

Kendrick Lamar. Martha London. 2019. (Influential People Ser.). (ENG., Illus.). 32p. (J). (gr. 4-6). 30.65 *(978-1-5435-7136-3(0)*, 140415) Capstone.

Kendrick Lamar: Becoming the Voice of Compton, 1 vol. Therese M. Shea. 2019. (Hip-Hop Revolution Ser.). (ENG.). 32p. (gr. 5-5). 26.93 *(978-1-9785-0967-2(7)*, f5671bff-e46e-4664-b947-6640ac43c24f) Enslow Publishing, LLC.

Kendrick Lamar: Platinum Rap Artist. Heather E. Schwartz. 2023. (Gateway Biographies Ser.). (ENG., Illus.). 48p. (J). (gr. 4-8). pap. 11.99. lib. bdg. 31.99 ***(978-1-7284-9174-5(6)***, 43985ac9-4598-4c29-b030-56349a553d18) Lerner Publishing Group. (Lerner Pubns.).

Kendrick Lamar: Rap Titan. Contrib. by Sarah Aswell. 2017. (Hip-Hop Artists Ser.). (ENG., Illus.). 112p. (J). (gr. 6-12). lib. bdg. 41.36 *(978-1-5321-1329-1(3)*, 27537, Essential Library) ABDO Publishing Co.

Kendrick Lamar: Storyteller of Compton, 1 vol. Therese M. Shea. 2019. (Stars of Hip-Hop Ser.). (ENG.). 32p. (gr. 2-2). 26.93 *(978-1-9785-0959-7(6)*, 84ac844e-1a80-4e63-8bff-20e876fdf69e) Enslow Publishing, LLC.

Kenelm Chillingly. Edward Lytton. 2017. (ENG.). 462p. (J). pap. *(978-3-337-34183-1(7))* Creation Pubs.

Kenelm Chillingly. Edward Bulwer Lytton. 2017. (ENG.). (J). 406p. pap. *(978-3-337-34095-7(4))*; 396p. pap. *(978-3-337-32840-5(7))* Creation Pubs.

Kenelm Chillingly: His Adventures & Opinions (Classic Reprint) Edward Bulwer Lytton. (ENG., Illus.). (J). 2018. 962p. 43.74 *(978-0-332-94806-5(4))*; 2017. 33.24 *(978-1-5280-7229-8(4))*; 2017. pap. 26.08 *(978-0-243-41485-7(4))* Forgotten Bks.

Kenelm Chillingly, and, Godolphin (Classic Reprint) Edward Bulwer Lytton. (ENG., Illus.). (J). 2018. 916p. 42.81 *(978-0-364-02348-8(1))*; 2017. pap. 25.17 *(978-0-243-52026-8(3))* Forgotten Bks.

Kenelm Chillingly, His Adventures & Opinions, Vol. 2 of 2 (Classic Reprint) Edward Bulwer Lytton. 2018. (ENG., Illus.). 442p. (J). 33.01 *(978-0-484-68072-1(2))* Forgotten Bks.

Kenelm Chillingly, Vol. 1 Of 2: His Adventures & Opinions; to Which Is Added, the Coming Race (Classic Reprint) Edward Bulwer Lytton. 2018. (ENG., Illus.). 392p. (J). 32.00 *(978-0-666-79259-4(3))* Forgotten Bks.

Kenelm Chillingly, Vol. 2 Of 3: His Adventures & Opinions (Classic Reprint) Edward Bulwer Lytton. (ENG., Illus.). (J). 2018. 414p. 32.46 *(978-0-267-60278-0(2))*; 2016. pap. 16.57 *(978-1-334-13993-2(8))* Forgotten Bks.

Kenelm's Desire (Classic Reprint) Hughes Cornell. 2018. (ENG., Illus.). 402p. (J). 32.21 *(978-0-483-45357-9(9))* Forgotten Bks.

Kenetibe und das Geheimnis des Regenbogens. Marc Christian. 2017. (GER.). 336p. (J). *(978-3-903155-58-9(6))* novum pocket Verlag in der novum publishing GmbH.

Keniah. Shantinique Rolle. 2018. (ENG., Illus.). 66p. (YA). pap. 13.95 *(978-1-64138-747-7(5))* Page Publishing Inc.

Kenji Knows Redhead Facts. Tracilyn George. 2023. (ENG.). 26p. (J). pap. 13.99 ***(978-1-77475-771-0(0))*** Draft2Digital.

Kenna the Very Scottish Dog. Sarah Paul. Illus. by Tara Lehning. 2022. (ENG.). 35p. (J). pap. ***(978-1-387-54714-2(3))*** Lulu Pr., Inc.

Kennedi Comes Home. Sharron Sanders & Kennedi Sanders. Illus. by Naomi Hudson. 2022. (ENG.). 28p. (J). pap. 13.95 *(978-1-6642-6000-9(5)*, WestBow Pr.) Author Solutions, LLC.

Kennedy on the North Pole Express. J. D. Green. Illus. by Joanne Partis. 2022. (North Pole Express Bears Ser.). (ENG.). 32p. (J). (gr. -1-3). 7.99 ***(978-1-7282-6951-1(2))*** Sourcebooks, Inc.

Kennedy on the North Pole Express. J. D. Green. 2019. (North Pole Express Ser.). (ENG.). 32p. (J). (gr. -1-3). 7.99 ***(978-1-7282-0355-3(4))*** Sourcebooks, Inc.

Kennedy Square (Classic Reprint) Francis Hopkinson Smith. 2018. (ENG., Illus.). 528p. (J). 34.79 *(978-0-267-23765-4(0))* Forgotten Bks.

Kennedy Square, Vol. 2 (Classic Reprint) Francis Hopkinson Smith. (ENG., Illus.). (J). 2018. 322p. 30.54 *(978-0-484-72153-0(4))*; 2016. pap. 13.57 *(978-1-333-38519-4(6))* Forgotten Bks.

Kennedy 'Twas the Night Before Christmas. Illus. by Lisa Alderson. 2019. (Night Before Christmas Ser.). (ENG.). 32p. (J). (gr. -1-3). 7.99 ***(978-1-7282-0248-8(5))*** Sourcebooks, Inc.

Kennedy's Christmas Wish. Put Me In The Story & J. D. Green. Illus. by Julia Seal. 2018. (Christmas Wish Ser.). (ENG.). 32p. (J). (gr. k-3). 6.99 ***(978-1-4926-8532-6(1))*** Sourcebooks, Inc.

Kennel Diseases: Their Symptoms, Nature, Causes, & Treatment (Classic Reprint) Joseph Franklin Perry. (ENG., Illus.). (J). 2017. 460p. 33.40 *(978-0-332-71878-1(6))*; 2016. pap. 16.57 *(978-1-334-63046-0(1))* Forgotten Bks.

Kenneth & Hugh: Or, Self-Mastery (Classic Reprint) Catherine D. Bell. 2018. (ENG., Illus.). 390p. (J). 32.00 *(978-0-484-58156-1(2))* Forgotten Bks.

Kenneth, My King: A Novel (Classic Reprint) Sallie A. Brock. (ENG., Illus.). (J). 2018. 420p. 32.56 *(978-0-483-39907-5(8))*; 2016. pap. 16.57 *(978-1-334-12222-4(9))* Forgotten Bks.

Kenneth, or the Rear-Guard of the Grand Army (Classic Reprint) Charlotte Mary Yonge. (ENG., Illus.). (J). 2018. 338p. 30.89 *(978-0-483-78554-0(7))*; 2017. pap. 13.57 *(978-0-243-55855-1(4))* Forgotten Bks.

Kenneth the Kind. Johanne Lee. Illus. by Samantha Leduc. 2022. (ENG.). 32p. (J). pap. ***(978-1-915472-08-3(3))*** Ainslie & Fishwick Pub.

Kenney Kookaburra's Lost Laugh: A Story from Waratah Glen. Corina Morell. Illus. by Lisa McKay. 2016. (Waratah Glen Ser.: Vol. 2). (ENG.). 42p. (J). pap. *(978-1-925529-47-0(9))* MoshPit Publishing.

Kenni & the Roof Slide. Mike Johnson. Illus. by Jennifer Rackham. 2018. (Kenni & Kiri the Kea Bks.: Vol. 1). (ENG.). 34p. (J). pap. *(978-0-473-42330-8(8))* Lasavia Publishing Ltd.

Kenny & the Book of Beasts. Tony DiTerlizzi. ed. 2022. (Penworthy Picks - Middle Grade Ser.). (ENG.). 215p. (J). (gr. 4-5). 20.46 ***(978-1-68505-281-2(9))*** Penworthy Co., LLC, The.

Kenny & the Book of Beasts. Tony DiTerlizzi. Illus. by Tony DiTerlizzi. (Kenny & the Dragon Ser.). (ENG., Illus.). (J). (gr. 3-7). 2021. 240p. pap. 8.99 *(978-1-4424-8650-8(3))*; 2020. 224p. 17.99 *(978-1-4169-8316-3(3))* Simon & Schuster Bks. For Young Readers. (Simon & Schuster Bks. For Young Readers).

Kenny Dog & Dio Frog Love Fall. Latoya Linen. 2021. (ENG.). 28p. (J). pap. 12.99 *(978-1-0878-9909-1(5))* Indy Pub.

Kenny Gets Her Crown. Alyssa Humphrey. Illus. by Pia Reyes. 2023. (ENG.). 32p. (J). ***(978-1-0391-6478-9(1))***; pap. ***(978-1-0391-6477-2(3))*** FriesenPress.

Kenny Kettle Head. Mat Howlett. Illus. by Rebecca Eden. 2020. (ENG.). 34p. (J). pap. ***(978-1-716-89939-3(7))*** Lulu Pr., Inc.

Kenny Kola. Joyce French. Illus. by Hannah Kent. 2016. (ENG.). (J). 15.95 *(978-1-60414-937-1(X))* Fideli Publishing, Inc.

Kenny the Cleanly Garbage Truck. Gordon Grob. Illus. by Justin Cooper. 2021. (ENG.). 26p. (J). pap. 9.50 *(978-0-578-33070-9(9))* Susso.

Kenny the Koala Comes to the USA. Nick Adams. 2023. (ENG.). 48p. (J). 18.00 ***(978-1-63758-907-6(7))*** Post Hill Pr.

Kenny's Favorite Things. Ken Rochon. Illus. by Ryan Battle. 2018. (ENG.). 28p. (J). pap. 19.95 *(978-1-942688-63-1(6))* Perfect Publishing.

Kenny's Hungry Mouse. D. A. Graham. 2020. (ENG.). 34p. (J). pap. 9.99 *(978-1-7328819-8-3(7))* Graham, D. A.

Kenny's Suppertime. Lara Malmqvist. 2020. (Kenny Tale Ser.). (ENG.). 40p. (J). *(978-1-5255-5610-4(X))*; pap. *(978-1-5255-5611-1(8))* FriesenPress.

Kens. Raziel Reid. 2021. (ENG.). 256p. (YA). (gr. 9). pap. 10.99 *(978-0-7352-6379-6(5)*, Penguin Teen) PRH Canada Young Readers CAN. Dist: Penguin Random Hse. LLC.

Ken's Sticky-Icky, Ooey-Gooey, Yucky-Gucky, Germy Hands. Glenda Labassiere. Illus. by Penny Weber. 2021. (ENG.). 50p. (J). 23.99 *(978-0-578-96761-5(8))* LaBassiere, Glenda.

Kensington Rhymes, Vol. 5 (Classic Reprint) Compton Mackenzie. 2018. (ENG., Illus.). 106p. (J). 26.08 *(978-0-267-41293-8(2))* Forgotten Bks.

Kent Hampden (Classic Reprint) Rebecca Harding Davis. (ENG., Illus.). (J). 2018. 174p. 27.49 *(978-0-267-39749-5(6))*; 2017. pap. 9.97 *(978-0-259-17238-3(3))* Forgotten Bks.

Kent Knowles: Quahaug. Joseph Crosby Lincoln. 2017. (ENG., Illus.). (J). 27.95 *(978-1-374-92232-7(3))*; pap. 17.95 *(978-1-374-92231-0(5))* Capital Communications, Inc.

Kent Knowles: Quahaug (Classic Reprint) Joseph Crosby Lincoln. 2018. (ENG., Illus.). 466p. (J). 33.53 *(978-0-365-26990-8(5))* Forgotten Bks.

Kent State. Deborah Wiles. 2020. (ENG.). 144p. (J). (gr. 7-12). 17.99 *(978-1-338-35628-1(3)*, Scholastic Pr.) Scholastic, Inc.

Kent State (Unabridged Edition), 1 vol. Deborah Wiles. unabr. ed. 2020. (ENG.). (YA). (gr. 7-12). audio compact disk 19.99 *(978-1-338-63634-5(0))* Scholastic, Inc.

Kente Cloth. Ann-Marie Zoë Coore. Illus. by Tajha Winkle. 2022. 60p. (J). 34.00 *(978-1-6678-5366-6(X))* BookBaby.

Kenton & Kenzie's Magic Baobab Tree Adventure: Lost in Africa: Lost in Africa. Yudelka Salcedo. 2021. (ENG.). 34p. (J). 25.00 ***(978-1-0879-1324-7(1))*** Indy Pub.

Kenton Pines, or Raymond Benson in College (Classic Reprint) C. B. Burleigh. 2017. (ENG., Illus.). (J). 32.48 *(978-0-331-49758-8(1))*; pap. 16.57 *(978-0-331-23851-8(9))* Forgotten Bks.

Kentons. William Dean Howells. 2017. (ENG., Illus.). (J). 24.95 *(978-1-374-91656-2(0))* Capital Communications, Inc.

Kentons: A Novel (Classic Reprint) William Dean Howells. 2018. (ENG., Illus.). 322p. (J). 30.56 *(978-0-365-11915-9(6))* Forgotten Bks.

Kentuckian: A Thrilling Tale of Ohio Life in the Early Sixties (Classic Reprint) James Ball Naylor. (ENG., Illus.). (J). 2017. 32.77 *(978-0-331-93404-5(3))*; 2016. pap. 16.57 *(978-1-334-22930-5(9))* Forgotten Bks.

Kentuckian in New York, Vol. 1 Of 2: Or the Adventures of Three Southerns (Classic Reprint) William Alexander Caruthers. 2017. (ENG., Illus.). 222p. (J). 28.50 *(978-0-332-16313-0(X))* Forgotten Bks.

Kentuckian in New York, Vol. 2 Of 2: Or the Adventures of Three Southerns (Classic Reprint) Virginian Virginian. 2018. (ENG., Illus.). 222p. (J). 28.48 *(978-0-484-24740-5(9))* Forgotten Bks.

Kentucky. L. C. Edwards. 2022. (Core Library of US States Ser.). (ENG., Illus.). 48p. (J). (gr. 4-8). lib. bdg. 35.64 *(978-1-5321-9758-1(6)*, 39607) ABDO Publishing Co.

Kentucky, 1 vol. John Hamilton. 2016. (United States of America Ser.). (ENG., Illus.). 48p. (J). (gr. 5-9). 34.21 *(978-1-68078-319-3(X)*, 21623, Abdo & Daughters) ABDO Publishing Co.

Kentucky: The Bluegrass State. Natasha Evdokimoff. 2016. (J). *(978-1-4896-4866-2(6))* Weigl Pubs., Inc.

Kentucky: The Bluegrass State, 1 vol. Ann Graham Gaines et al. 3rd rev. ed. 2016. (It's My State! (Third Edition)(r) Ser.). (ENG.). 80p. (gr. 4-4). 35.93 *(978-1-62713-198-8(1)*, 752b4d00-e196-4b29-aa73-c444a943c981) Cavendish Square Publishing LLC.

Kentucky (a True Book: My United States) (Library Edition) Jennifer Zeiger. 2018. (True Book (Relaunch) Ser.). (ENG., Illus.). 48p. (J). (gr. 3-5). 31.00 *(978-0-531-23165-4(8)*, Children's Pr.) Scholastic Library Publishing.

Kentucky Cardinal & Aftermath (Classic Reprint) James Lane Allen. 2018. (ENG., Illus.). 318p. (J). 30.46 *(978-0-483-27110-4(1))* Forgotten Bks.

Kentucky Cardinal (Classic Reprint) James Lane Allen. 2017. (ENG., Illus.). (J). 27.65 *(978-1-5284-7544-0(5))* Forgotten Bks.

Kentucky Chronicle (Classic Reprint) John Thompson Gray. 2017. (ENG., Illus.). (J). 36.19 *(978-0-265-72154-4(7))* Forgotten Bks.

Kentucky Colonel: A Novel (Classic Reprint) Opie Percival Read. 2018. (ENG., Illus.). 348p. (J). 31.09 *(978-0-365-15037-4(1))* Forgotten Bks.

Kentucky Kernels: A Few Stories from the Land of Blue Grass & Pennyroyal (Classic Reprint) Clarence B. Harrold. (ENG., Illus.). (J). 2018. 94p. 25.84 *(978-0-267-30607-7(5))*; 2016. pap. 9.57 *(978-1-333-31975-5(4))* Forgotten Bks.

Kentucky Magic! Susan Connelly. Illus. by Alison McEwan. 2019. (ENG.). 16p. (J). pap. *(978-1-78623-502-2(1))* Grosvenor Hse. Publishing Ltd.

Kentucky, Vol. 1 Of 2: A Tale (Classic Reprint) James Hall. 2018. (ENG., Illus.). 480p. (J). 33.80 *(978-0-483-28456-2(4))* Forgotten Bks.

Kentucky Warbler (Classic Reprint) James Lane Allen. 2017. (ENG., Illus.). (J). 28.17 *(978-0-266-21984-2(5))* Forgotten Bks.

Kentucky's Love, or Roughing It Around Paris (Classic Reprint) Edward King. 2017. (ENG., Illus.). (J). 29.90 *(978-0-265-65994-6(9))*; pap. 13.57 *(978-1-5276-3328-5(4))* Forgotten Bks.

Kenya. A. W. Buckey. 2022. (Essential Library of Countries Ser.). (ENG., Illus.). 112p. (J). (gr. 6-12). lib. bdg. 41.36 *(978-1-5321-9946-2(5)*, 40681, Essential Library) ABDO Publishing Co.

Kenya. Contrib. by Monika Davies. 2023. (Countries of the World Ser.). (ENG., Illus.). (J). (gr. k-3). lib. bdg. 26.95 Bellwether Media.

Kenya. Joy Gregory. 2016. (Illus.). 32p. (J). *(978-1-4896-5417-5(8))* Weigl Pubs., Inc.

Kenya, 1 vol. Alicia Z. Klepeis. 2017. (Exploring World Cultures (First Edition) Ser.). (ENG., Illus.). 32p. (gr. 3-3). pap. 12.16 *(978-1-5026-2504-5(0)*, 4cdeb873-1a47-4e8c-aa5f-07f8df9501b8) Cavendish Square Publishing LLC.

Kenya. Joyce L. Markovics. 2019. (Countries We Come From Ser.). (ENG., Illus.). 32p. (J). (gr. k-3). 19.95 *(978-1-64280-196-5(8))* Bearport Publishing Co., Inc.

Kenya. Julie Murray. (Countries Ser.). (ENG., Illus.). (J). 2022. 24p. (gr. -1-2). lib. bdg. 32.79 *(978-1-0982-6170-2(4)*, 39407, Abdo Kids); 2017. 40p. (gr. 2-5). lib. bdg. 35.64 *(978-1-5321-1049-8(9)*, 25674, Big Buddy Bks.) ABDO Publishing Co.

Kenya. Amy Rechner. 2019. (Country Profiles Ser.). (ENG., Illus.). 32p. (J). (gr. 3-8). lib. bdg. 27.95 *(978-1-62617-961-5(1)*, Blastoff! Discovery) Bellwether Media.

Kenya: A Question & Answer Book. Sara Louise Kras. rev. ed. 2016. (Questions & Answers: Countries Ser.). (ENG.). 32p. (J). (gr. 3-6). pap. 7.95 *(978-1-5157-5851-8(6)*, 134816, Capstone Pr.) Capstone.

Kenya Dawn (Classic Reprint) Nora K. Strange. 2018. (ENG., Illus.). 354p. (J). 31.20 *(978-0-332-46121-2(1))* Forgotten Bks.

Kenya Discover Intriguing Facts Children's People & Places Book. Bold Kids. 2022. (ENG.). 42p. (J). pap. 14.99 ***(978-1-0717-1984-8(X))*** FASTLANE LLC.

Kenyaquest. Felicia Bridges. 2018. (ENG., Illus.). 266p. (J). pap. 15.99 *(978-1-7321348-2-9(0))* Vinspire Publishing LLC.

Kenya's Art. Linda Trice. Illus. by Hazel Mitchell. 2016. (ENG.). 32p. (J). (gr. -1-3). 16.95 *(978-1-57091-848-3(1))* Charlesbridge Publishing, Inc.

Kenzie's Kingdom. Shea Fontana. Illus. by Agnes Garbowska. 2022. (ENG.). 128p. (J). (gr. 4-6). pap. 9.99 *(978-1-63849-072-2(4)*, Wonderbound) Creative Mind Energy.

Kenzie's Rules for Life: How to Be Happy, Healthy, & Dance to Your Own Beat. Mackenzie Ziegler. 2018. (ENG., Illus.). 256p. 17.99 *(978-1-5011-8357-7(5)*, Gallery Bks.) Gallery Bks.

Keokee, the Cherokee Boy. Greg Monroe. 2020. (ENG.). 122p. (J). pap. 14.95 *(978-1-64654-578-0(8))* Fulton Bks.

Keona Browne. Leceila Turnage. 2019. (ENG.). 172p. (YA). (gr. 7-12). 21.95 *(978-1-944348-91-5(3))*; pap. 10.95 *(978-1-944348-28-1(X))* PearlStone Publishing, Inc.

Kept at Bay. Jasmine Gutierrez. 2017. (ENG.). 378p. (J). pap. ***(978-1-387-36653-8(X))*** Lulu Pr., Inc.

Kept in My Heart KJV Bible [Coral Woodland]. Compiled by Compiled by Barbour Staff. 2021. (ENG.). 1144p. (J). 17.99 *(978-1-63609-095-5(8)*, Barbour Bibles) Barbour Publishing, Inc.

Kept in My Heart KJV Bible [Hazel Woodland]: A Keepsake for Baby. Compiled by Compiled by Barbour Staff. 2021. (ENG.). 1144p. (J). 17.99 *(978-1-64352-983-7(8)*, Barbour Bibles) Barbour Publishing, Inc.

Kéramos. Henry Longfellow. 2017. (ENG.). 164p. (J). pap. *(978-3-7447-0545-5(5))* Creation Pubs.

Kéramos. Henry Longfellow & William Arnold. 2017. (ENG.). 160p. (J). pap. *(978-3-7447-0920-0(5))* Creation Pubs.

Kerby's Kerfuffle. Ember Hennig. 2022. (ENG.). 38p. (J). ***(978-0-2288-7770-7(9))***; pap. ***(978-0-2288-7769-1(5))*** Tellwell Talent.

Keren of Lowbole (Classic Reprint) Una Lucy Silberrad. 2017. (ENG., Illus.). (J). 31.12 *(978-0-265-45370-4(4))*; pap. 13.57 *(978-1-334-91782-0(5))* Forgotten Bks.

Kerfuffle: An Aldo Zelnick Comic Novel. Karla Oceanak. Illus. by Kendra Spanjer. 2016. (Aldo Zelnick Comic Novel Ser.: 11). (ENG.). 160p. (J). (gr. 1-8). pap. 8.95 *(978-1-934649-75-6(9))* Bailiwick Pr.

Kerri Berry Lynn. Sonya Ballantyne. Ed. by Sage. Illus. by Celeste Sutherland. 2018. (ENG.). 32p. (J). *(978-1-5255-3875-9(6))*; pap. *(978-1-5255-3876-6(4))* FriesenPress.

Kerrigan's Quality (Classic Reprint) Jane Barlow. 2017. (ENG., Illus.). (J). 28.56 *(978-1-5280-8947-0(2))* Forgotten Bks.

Kerry Washington: Actress & Activist, 1 vol. Joel Newsome. 2017. (Leading Women Ser.). (ENG.). 112p. (YA). (gr. 7-7). 41.64 *(978-1-5026-3174-9(1)*, 1a3c6d0a-76a8-464b-9b5d-7f5a207e3466); pap. 20.99 *(978-1-5026-3413-9(9)*, 4fc69f5c-df26-4e44-bf94-e393b4481ed2) Cavendish Square Publishing LLC.

Kesa & Saijiro, or Lights & Shades of Life in Japan (Classic Reprint) J. D. Carrothers. 2017. (ENG., Illus.). (J). 33.88 *(978-0-260-29533-0(7))* Forgotten Bks.

Kesar & the Lullaby Birds. Aditi Oza. Illus. by Debasmita Dasgupta. 2022. (ENG.). 40p. (J). 19.99 *(978-1-949528-86-2(3))*; pap. 11.99 *(978-1-949528-85-5(5))* Yali Publishing LLC.

Ket Barat. Varga Zoltan. 2016. (HUN., Illus.). (J). pap. *(978-3-7103-2781-0(4))* united p.c. Verlag.

Ketanji: Justice Jackson's Journey to the U. S. Supreme Court. Kekla Magoon. Illus. by Laura Freeman. 2023. (ENG.). 40p. (J). (gr. -1-3). 19.99 *(978-0-06-329616-9(0)*, Quill Tree Bks.) HarperCollins Pubs.

Ketanji Brown Jackson. Stephanie Gaston. 2022. (Biographies of Diverse Heroes Ser.). (ENG.). 24p. (J). (gr. k-2). pap. *(978-1-0396-8792-9(X)*, 19344); lib. bdg. *(978-1-0396-8793-6(8)*, 19343) Crabtree Publishing Co.

Ketanji Brown Jackson: A Justice for All. Tami Charles. Illus. by Jemma Skidmore. 2023. (ENG.). 40p. (J). (gr. -1-3). 18.99 *(978-1-6659-3526-5(X)*, Simon & Schuster Bks. For Young Readers) Simon & Schuster Bks. For Young Readers.

Ketanji Brown Jackson: First Black Woman on the US Supreme Court. Heather E. Schwartz. 2023. (Gateway Biographies Ser.). (ENG., Illus.). 48p. (J). (gr. 4-8). pap. 11.99 *(978-1-7284-8635-2(1)*, 84c6c159-f9b0-4b5d-ad92-3472ff824c17); lib. bdg. 31.99 *(978-1-7284-7659-9(3)*, d56e990b-e47b-4688-9379-aa1baaa30826) Lerner Publishing Group. (Lerner Pubns.).

Ketanji Brown Jackson: Supreme Court Justice. Contrib. by Emily Dolbear. 2023. (Black American Journey Ser.). (ENG.). 32p. (J). (gr. 4-7). lib. bdg. 35.64 ***(978-1-5038-8060-3(5)***, 216965) Child's World, Inc, The.

Ketanji Brown Jackson: Supreme Court Justice. Rachel Rose. 2022. (Bearcub Bios Set Three Ser.). (ENG.). (J). (gr. k-1). lib. bdg. 26.99 Bearport Publishing Co., Inc.

Ketanji Brown Jackson: US Supreme Court Justice. Grace Hansen. 2022. (Historical Biographies Ser.). (ENG., Illus.). 32p. (J). (gr. 2-5). lib. bdg. 32.79 *(978-1-0982-4341-8(2)*, 41257, DiscoverRoo) Pop!.

Ketanji Brown Jackson: Supreme Court Justice. Amy C. Rea. 2022. (Newsmakers Set 3 Ser.). (ENG.). 48p. (J). (gr. 4-8). lib. bdg. 35.64 *(978-1-5321-9917-2(1)*, 40556) ABDO Publishing Co.

Ketchup Boss. Avra Davidoff. 2019. (ENG., Illus.). 24p. (J). *(978-0-2288-2065-9(0))*; pap. *(978-0-2288-2064-2(2))* Tellwell Talent.

Ketchup Loses His Voice. Jenny Henwood & Sarah-Leigh Wills. 2018. (Rainbow Riding School Ser.: Vol. 2). (ENG.,

Illus.). 40p. (J). pap. *(978-1-912488-03-2(5))* Rainbow Riding Schl. Ltd., The.

Kettle Club: Christmas Tales for Children (Classic Reprint) Virginia W. Johnson. (ENG., Illus.). (J). 2018. 174p. 27.51 *(978-0-483-52888-8(9))*; 2016. pap. 9.97 *(978-1-333-71100-9(X))* Forgotten Bks.

Ketun Kaupunki: Finnish Edition of the Fox's City. Tuula Pere. Illus. by Andrea Alemanno. 2018. (FIN.). 44p. (J). (gr. k-4). *(978-952-7107-16-4(4))*; pap. *(978-952-5878-93-6(7))* Wickwick oy.

Ketun Palatsi: Finnish Edition of the Fox's Palace. Tuula Pere. Illus. by Andrea Alemanno. 2019. (Francis the Fox Ser.: Vol. 2). (FIN.). 44p. (J). (gr. k-4). *(978-952-357-289-8(X))*; pap. *(978-952-357-290-4(3))* Wickwick oy.

Kev Gets on a Jet. Cecilia Minden. Illus. by Nadia Gunawan. 2023. (Little Blossom Stories Ser.). (ENG.). 16p. (J). (gr. -1-2). pap. 11.36 *(978-1-6689-1888-3(9)*, 221866, Cherry Blossom Press) Cherry Lake Publishing.

Kevin & His Missing Glasses: A Tale of a Boy with ADHD. Mary Benda. 2019. (ENG., Illus.). 34p. (J). pap. *(978-1-78695-238-7(6))* Cambridge House.

Kevin & the Balloon Day. David Wargo. 2017. (ENG.). (J). 14.95 *(978-1-68401-410-1(7))* Amplify Publishing Group.

Kevin & the Monster. Deb Johnson. 2022. (ENG.). 32p. (J). ***(978-1-0391-5122-2(1))***; pap. ***(978-1-0391-5121-5(3))*** FriesenPress.

Kevin Can. Beverley Reichman. Illus. by Debbie Reichman. 2019. (ENG.). 40p. (J). pap. 13.95 *(978-1-64096-655-0(2))* Newman Springs Publishing, Inc.

Kevin Durant. Kenny Abdo. 2022. (Sports Biographies Ser.). (ENG., Illus.). 24p. (J). (gr. 2-8). lib. bdg. 31.36 *(978-1-0982-8026-0(1)*, 41087, Abdo Zoom-Fly) ABDO Publishing Co.

Kevin Durant. James Buckley. 2017. (Amazing Americans: Olympians Ser.). (ENG., Illus.). 24p. (J). (gr. -1-3). 26.99 *(978-1-68402-242-7(8))* Bearport Publishing Co., Inc.

Kevin Durant. Jon M. Fishman. 2017. (Sports All-Stars (Lerner (tm) Sports) Ser.). (ENG., Illus.). 32p. (J). (gr. 2-5). 29.32 *(978-1-5124-3453-8(1)*, c3a1275a-10ac-47f8-9b15-11b404e41226, Lerner Pubns.) Lerner Publishing Group.

Kevin Durant. Donald Parker. 2019. (Hardwood Greats: Pro Basketball's Best Players Ser.). (Illus.). 80p. (J). (gr. 12). lib. bdg. 34.60 *(978-1-4222-4348-0(6))* Mason Crest.

Kevin Durant. Contrib. by Rebecca Pettiford. 2023. (Sports Superstars Ser.). (ENG., Illus.). (J). (gr. 3-7). lib. bdg. 26.95 Bellwether Media.

Kevin Durant. Real Sports Real Sports Network. 2019. (Real Sports Content Network Presents Ser.). (ENG.). 128p. (J). (gr. 3-7). 18.99 *(978-1-4814-8223-3(8))*; pap. 7.99 *(978-1-4814-8222-6(X))* Simon & Schuster Children's Publishing. (Aladdin).

Kevin Durant: Basketball Champion. Matt Chandler. 2020. (Stars of Sports Ser.). (ENG., Illus.). 32p. (J). (gr. 3-5). lib. bdg. 31.32 *(978-1-5435-9170-5(1)*, 141559) Capstone.

Kevin Durant: Basketball Star. Marty Gitlin. 2017. (Illus.). 32p. (J). *(978-1-63517-148-8(2))*; (ENG., (gr. 3-5). pap. 9.95 *(978-1-63517-096-2(6)*, 1635170966) North Star Editions. (Focus Readers).

Kevin Durant: Champion Basketball Star, 1 vol. Ryan Nagelhout. 2017. (Sports Star Champions Ser.). (ENG.). 48p. (gr. 5-6). lib. bdg. 29.60 *(978-0-7660-8692-0(5)*, 512461b0-bd2b-4430-952a-8a45d1ebed5a) Enslow Publishing, LLC.

Kevin Hart, 1 vol. Carla Mooney. 2019. (Giants of Comedy Ser.). (ENG.). 112p. (gr. 7-7). pap. 18.65 *(978-1-5081-8872-8(6)*, 0324df62-aace-42a8-8153-765e74d67b41) Rosen Publishing Group, Inc., The.

Kevin Hart: Comedian, Actor, Writer, & Producer, 1 vol. Susan Kauffman. 2017. (Influential Lives Ser.). (ENG.). 128p. (gr. 7-7). lib. bdg. 40.27 *(978-0-7660-8507-7(4)*, 39953cc5-148b-4521-9c2a-3e9fdf4a71ef) Enslow Publishing, LLC.

Kevin Is a Smart Cookie. Beverley Reichman. Illus. by Debbie Burran. 2020. (ENG.). 40p. (J). pap. 15.95 *(978-1-64531-953-5(9))* Newman Springs Publishing, Inc.

Kevin Keller Celebration Omnibus. Archie Superstars. 2022. (Kevin Keller Ser.). (Illus.). 720p. (YA). (gr. 7-9). 49.99 *(978-1-64576-887-6(2))* Archie Comic Pubns., Inc.

Kevin, the Money Master: How a Little Boy Learned to Master Money & How You Can Too! Jessica Wagner. Illus. by Kenny Kiernan. 2018. (Family Who Reads Together Stays Together Ser.: Vol. 1). (ENG.). 32p. (J). (gr. k-5). 18.99 *(978-1-947884-00-7(X))* Don't Stop Publishing.

Kevin the Unicorn: It's Not All Rainbows. Jessika von Innerebner. Illus. by Jessika von Innerebner. 2019. (Kevin the Unicorn Ser.). (ENG., Illus.). 32p. (J). (gr. -1-2). 17.99 *(978-1-9848-1430-2(3)*, Dial Bks) Penguin Young Readers Group.

Kevin the Unicorn: Why Can't We Be Bestie-Corns? Jessika von Innerebner. Illus. by Jessika von Innerebner. 2020. (Illus.). 32p. (J). (gr. -1-2). 17.99 *(978-1-9848-1480-7(X)*, Dial Bks) Penguin Young Readers Group.

Kevin Tulley's Wondrous Woolley. Alan Poyner. 2022. (ENG.). 62p. (J). pap. *(978-1-78222-935-3(3))* Paragon Publishing, Rothersthorpe.

Kevin's Camping Adventure. Tim McMichael. 2021. (ENG., Illus.). 30p. (J). 24.95 *(978-1-63844-770-2(5))* Christian Faith Publishing.

Kevin's in a Mood. Sarah Bowie. 2023. (ENG., Illus.). 32p. (J). 19.99 ***(978-1-78849-359-8(1))*** O'Brien Pr., Ltd., The IRL. Dist: Casemate Pubs. & Bk. Distributors, LLC.

Kevin's Rabbit Hole Chapter Book: (Step 8) Sound Out Books (systematic Decodable) Help Developing Readers, Including Those with Dyslexia, Learn to Read with Phonics. Pamela Brookes. 2020. (Dog on a Log Chapter Books: Vol. 38). (ENG., Illus.). 62p. (J). (gr. 1-6). 15.99 *(978-1-64831-044-7(3)*, DOG ON A LOG Bks.) Jojoba Pr.

Kew Gardens (Classic Reprint) Thomas Mower Martin. (ENG., Illus.). (J). 2018. 272p. 29.53 *(978-0-267-61547-6(7))*; 2016. pap. 11.97 *(978-1-334-11781-7(0))* Forgotten Bks.

Keweenaw: A Story from the North Woods (Classic Reprint) William C. Gray. 2018. (ENG., Illus.). 28p. (J). 24.49 *(978-0-428-78491-1(7))* Forgotten Bks.

Kewpie Primer: With Illustrations (Classic Reprint) Rose O'Neil. 2017. (ENG., Illus.). (J). 26.70 *(978-1-5281-6012-4(6))* Forgotten Bks.

Key. Alyssa Aldaz. 2017. (ENG., Illus.). 70p. (J). pap. *(978-1-365-75755-6(2))* Lulu Pr., Inc.

Key. David J. Cooper. 2019. (ENG.). 86p. (YA). pap. 6.99 *(978-1-393-08842-4(2))* Draft2Digital.

Key. Elizabeth G. Fox. 2021. (ENG.). 202p. (YA). 27.95 *(978-1-63844-727-6(6))*; pap. 17.95 *(978-1-63844-725-2(X))* Christian Faith Publishing.

Key, 1 vol. Kelly Rogers. Illus. by Betsy Peterschmidt. 2016. (Rm. 201 Ser.). (ENG.). 48p. (J). (gr. 3-7). lib. bdg. 34.21 *(978-1-62402-169-5(7)*, 21585, Spellbound) Magic Wagon.

Key: A Social Emotional Toolkit for Teens. Romi Grossberg. 2nd ed. 2019. (ENG., Illus.). 154p. (YA). pap. 16.50 *(978-0-646-80521-4(5))* Histart Pr.

Key: Book One. Mark Wesley. 2018. (Origins of Magic Ser.: Vol. 1). (ENG.). 164p. (J). (gr. 4-6). pap. 7.99 ***(978-1-64237-080-5(0))*** Gatekeeper Pr.

Key: The Adventure Begins. Brandy Yvonne Hambrick. Ed. by Rebecca Benston. Illus. by Floyd Thompson. 2018. (ENG.). 216p. (J). pap. 10.99 *(978-0-578-21029-2(0))* Hambrick, Brandy.

Key Civil Rights Laws, 1 vol. Kathryn Ohnaka. 2019. (Laws That Changed History Ser.). (ENG.). 80p. (gr. 7-7). pap. 18.65 *(978-1-5026-5520-2(9)*, e0c9c3ec-a001-4306-a639-71241bd9d862); lib. bdg. 37.36 *(978-1-5026-5521-9(7)*, 7aa63bc8-cdc7-496c-9071-9bd2c69233ae) Cavendish Square Publishing LLC.

Key Civil Rights Laws. Kathryn Ohnaka. 2020. (J). pap. *(978-1-9785-1428-7(X))* Enslow Publishing, LLC.

Key Concepts & Skills for Social Studies: Maps, Globes & Other Geographic Tools, Essential Economic Concepts, & Structure of the U. S. Government. Carole Marsh. 2018. (Dbq Lessons & Activities Ser.). (ENG.). 54p. (J). pap. 9.99 *(978-0-635-12626-9(5))* Gallopade International.

Key Consumer Rights Laws, 1 vol. Clara MacCarald. 2019. (Laws That Changed History Ser.). (ENG.). 80p. (gr. 7-7). pap. 18.65 *(978-1-9785-1431-7(X)*, 0ab9832e-9280-4b91-804f-0231703a8fe7); lib. bdg. 37.36 *(978-1-9785-1432-4(8)*, 9d31c164-3d72-4ccc-9a19-135bf52182bf) Cavendish Square Publishing LLC.

Key Environmental Laws, 1 vol. Avery Elizabeth Hurt. 2019. (Laws That Changed History Ser.). (ENG.). 80p. (gr. 7-7). pap. 18.65 *(978-1-5026-5523-3(3)*, e02df3f4-f59b-4faa-8a5b-b72edf42774f); lib. bdg. 37.36 *(978-1-5026-5524-0(1)*, 63b2efec-c2c3-41c9-bda8-1b0c7927c81f) Cavendish Square Publishing LLC.

Key Environmental Laws. Avery Elizabeth Hurt. 2019. (J). pap. *(978-1-9785-1434-8(4))* Enslow Publishing, LLC.

Key Immigration Laws, 1 vol. Kathryn Ohnaka. 2019. (Laws That Changed History Ser.). (ENG.). 80p. (gr. 7-7). pap. 18.65 *(978-1-5026-5526-4(8)*, 05156b89-6141-413d-b12c-ea34623f958f); lib. bdg. 37.36 *(978-1-5026-5527-1(6)*, 8f8a9b0c-04dd-4185-a95a-b4ea9272eff7) Cavendish Square Publishing LLC.

Key Immigration Laws. Kathryn Ohnaka. 2019. (J). pap. *(978-1-9785-1437-9(9))* Enslow Publishing, LLC.

Key in the Wall Mystery. Holly Yoder Deherrera. 2020. (Middlebury Mystery Ser.). (ENG.). 166p. (J). pap. 10.99 *(978-1-68355-013-6(7))* Blackside Publishing.

Key Labor Laws, 1 vol. Alex Acks. 2019. (Laws That Changed History Ser.). (ENG.). 80p. (gr. 7-7). pap. 18.65 *(978-1-5026-5529-5(2)*, 24508bf9-a952-403a-83d9-8d65c9c04223); lib. bdg. 37.36 *(978-1-5026-5530-1(6)*, f0a453a6-d771-430e-b402-2b4cf66f4557) Cavendish Square Publishing LLC.

Key Labor Laws. Alex Acks. 2019. (J). pap. *(978-1-9785-1440-9(9))* Enslow Publishing, LLC.

Key Note: A Novel (Classic Reprint) Clara Louise Burnham. 2018. (ENG., Illus.). 374p. (J). 31.61 *(978-0-484-64008-4(9))* Forgotten Bks.

Key of Behliseth. Lou Hoffmann. 2nd ed. 2016. (ENG., Illus.). (J). 27.99 *(978-1-63533-037-3(8)*, Harmony Ink Pr.) Dreamspinner Pr.

Key of Idelisia: Book 1 of the Key Trilogy. Sharon A. Roe. Illus. by Quillan Roe. 2019. (ENG.). 234p. (J). pap. 18.95 *(978-1-7331138-0-9(0))* FireLace Editions.

Key of Lost Things. Sean Easley. 2020. (ENG.). 400p. (J). (gr. 4-7). pap. 8.99 *(978-1-5344-3788-3(6)*, Simon & Schuster Bks. For Young Readers) Simon & Schuster Bks. For Young Readers.

Key of the Fields & Boldero (Classic Reprint) Henry Milner Rideout. 2018. (ENG., Illus.). 384p. (J). 31.84 *(978-0-483-82450-8(X))* Forgotten Bks.

Key of the Hearts of Beginners (Classic Reprint) Bibi Brooke. 2018. (ENG., Illus.). 98p. (J). 25.92 *(978-0-332-82006-4(8))* Forgotten Bks.

Key of the Unknown (Classic Reprint) Rosa Nouchette Carey. (ENG., Illus.). (J). 2018. 442p. 33.03 *(978-0-484-56053-5(0))*; 2018. 438p. 32.95 *(978-0-666-44320-5(3))*; 2017. pap. 16.57 *(978-0-243-48807-0(6))* Forgotten Bks.

Key of Time. Jennifer Loudon. 2016. (ENG.). 69p. (YA). 18.95 *(978-1-78629-193-6(2)*, 9ff009be-6422-4886-92e5-7cb362bc063a) Austin Macauley Pubs. Ltd. GBR. Dist: Baker & Taylor Publisher Services (BTPS).

Key Player (Front Desk #4) Kelly Yang. 2022. (Front Desk Ser.). (ENG., Illus.). 288p. (J). (gr. 3-7). 17.99 *(978-1-338-77625-6(8)*, Scholastic Pr.) Scholastic, Inc.

Key Skills for Kids: Math. Roger Priddy. 2023. (ENG., Illus.). 128p. (J). pap. 12.99 *(978-1-68449-226-8(2)*, 900255038) St. Martin's Pr.

Key Skills for Kids: Reading & Writing. Roger Priddy. 2023. (Key Skills for Kids Ser.). (ENG.). 128p. (J). pap. 12.99 *(978-1-68449-227-5(0)*, 900255039) St. Martin's Pr.

Key Skills Wipe-Clean Pack: Advanced. Hollie Bathie & Hannah Watson. 2019. (Wipe-Clean Key Skills* Ser.). (ENG.). (J). pap. 29.99 *(978-0-7945-4477-5(0)*, Usborne) EDC Publishing.

Key Skills Wipe-Clean Pack: Intermediate. Hollie Bathie & Hannah Watson. 2019. (Wipe-Clean Key Skills* Ser.). (ENG.). (J). pap. 29.99 *(978-0-7945-4476-8(2)*, Usborne) EDC Publishing.

Key Skills Wipe-Clean Pack: Introduction. Hollie Bathie & Hannah Watson. 2019. (Wipe-Clean Key Skills* Ser.). (ENG.). (J). pap. 29.99 *(978-0-7945-4475-1(4)*, Usborne) EDC Publishing.

Key Social Safety Laws. Alex Acks. 2019. (J). pap. *(978-1-9785-1443-0(3))* Enslow Publishing, LLC.

Key Social Safety Net Laws, 1 vol. Alex Acks. 2019. (Laws That Changed History Ser.). (ENG.). 80p. (gr. 7-7). pap. 18.65 *(978-1-5026-5532-5(2)*, 12a60b9f-6942-4dcf-b691-9f0c4f7f516b); lib. bdg. 37.36 *(978-1-5026-5533-2(0)*, 364c5984-6c7b-4f65-b5d4-eb2f8a90488a) Cavendish Square Publishing LLC.

Key Stage 2: Pupil Resource. Rachel Axten-Higgs. 2nd rev. ed. 2016. (ENG.). 240p. (J). (gr. 5-6). pap. 175.00 *(978-0-00-817328-9(1))* HarperCollins Pubs. Ltd. GBR. Dist: Independent Pubs. Group.

Key to Ahn's Practical & Easy Method of Learning the German Language (Classic Reprint) J. C. Oehschlaeger. 2017. (ENG., Illus.). (J). pap. 9.57 *(978-0-259-93908-5(0))* Forgotten Bks.

Key to Ahn's Practical & Easy Method of Learning the German Language (Classic Reprint) J. C. Oehschlger. 2018. (ENG., Illus.). 70p. (J). 25.34 *(978-0-267-14175-3(0))* Forgotten Bks.

Key to Ahn's Rudiments of the German Language (Classic Reprint) P. Henn. 2017. (ENG., Illus.). (J). 58p. 25.09 *(978-0-484-01221-8(5))*; pap. 9.57 *(978-0-259-84149-4(8))* Forgotten Bks.

Key to Algebra, Set of Books 1-10, 10 bks., Set. McGraw Hill. Incl. Key to Algebra, Book 2: Variables, Terms, & Expressions. 48p. spiral bd. 6.32 *(978-1-55953-002-6(2)*, 1559530022); Key to Algebra, Book 5: Rational Numbers. 5th ed. (Illus.). 48p. stu. ed., spiral bd. 6.32 *(978-1-55953-005-7(7)*, 1559530057); Key to Algebra, Books 1-10, Reproducible Tests. 72p. spiral bd. 25.44 *(978-1-55953-012-5(X)*, 155953012X); Bk. 1. Key to Algebra, Book 1: Operations on Integers. 48p. spiral bd. 6.32 *(978-1-55953-001-9(4)*, 1559530014); Bk. 3. Key to Algebra, Book 3: Equations. 48p. spiral bd. 6.32 *(978-1-55953-003-3(0)*, 1559530030); Bk. 4. Key to Algebra, Book 4: Polynomials. 48p. spiral bd. 6.32 *(978-1-55953-004-0(9)*, 1559530049); Bk. 6. Key to Algebra, Book 6: Multiplying & Dividing Rational Expressions. (Illus.). 48p. pap. 6.32 *(978-1-55953-006-4(5)*, 1559530065); Bk. 7. Key to Algebra, Book 7: Adding & Subtracting Rational Expressions. (Illus.). 48p. spiral bd. 6.32 *(978-1-55953-007-1(3)*, 1559530073); Bk. 8. Key to Algebra, Book 8: Graphs. (Illus.). 48p. spiral bd. 6.32 *(978-1-55953-008-8(1)*, 1559530081); Bk. 9. Key to Algebra, Book 9: Systems of Equations. (Illus.). 48p. spiral bd. 6.32 *(978-1-55953-009-5(X)*, 155953009X); Bk. 10. Key to Algebra, Book 10: Square Roots & Quadratic Equations. (Illus.). 48p. spiral bd. 6.32 *(978-1-55953-010-1(3)*, 1559530103); Bks. 1-4. Key to Algebra, Books 1-4, Answers & Notes. 48p. spiral bd. 9.52 *(978-1-55953-013-2(8)*, 1559530138); Bks. 5-7. Key to Algebra, Books 5-7, Answers & Notes. 40p. spiral bd. 9.52 *(978-1-55953-014-9(6)*, 1559530146); Bks. 8-10. Key to Algebra, Books 8-10, Answers & Notes. (Illus.). 40p. pap. 9.52 *(978-1-55953-015-6(4)*, 1559530154); (gr. 6-8). (Key To... workbooks Ser.). (ENG.). 2012. spiral bd., spiral bd., spiral bd. 58.80 *(978-1-55953-088-0(X)*, 155953088X) McGraw-Hill Education.

Key to Aristography: Third Edition (Classic Reprint) Isaac Strange Dement. (ENG., Illus.). (J). 2018. 34p. 24.60 *(978-0-364-01535-3(7))*; 2016. pap. 7.97 *(978-1-333-39378-6(4))* Forgotten Bks.

Key to Betsy's Heart (Classic Reprint) Sarah Noble Ives. 2018. (ENG., Illus.). 250p. (J). 29.05 *(978-0-484-05908-4(4))* Forgotten Bks.

Key to Bonnycastle's Introduction to Mensuration (Classic Reprint) E. C. Tyson. 2018. (ENG., Illus.). 352p. (J). pap. 13.57 *(978-1-391-61813-5(0))* Forgotten Bks.

Key to City Maps. Terry Miller Shannon. 2016. (Spring Forward Ser.). (J). (gr. 2). *(978-1-4900-9450-2(4))* Benchmark Education Co.

Key to Decimals, Books 1-4 Set, Bks. 1-4. McGraw Hill. Incl. Key to Decimals, Books 1-4, Reproducible Tests. 32p. spiral bd. 19.08 *(978-0-913684-26-9(0)*, 0913684260); 2. Key to Decimals, Book 2: Adding, Subtracting, & Multiplying. 48p. spiral bd. 6.32 *(978-0-913684-22-1(8)*, 0913684228); 3. Key to Decimals, Book 3: Dividing. 48p. spiral bd. 6.32 *(978-0-913684-23-8(6)*, 0913684236); Bk. 1. Key to Decimals, Book 1: Decimal Concepts. 48p. spiral bd. 6.32 *(978-0-913684-21-4(X)*, 091368421X); Bk. 4. Key to Decimals, Book 4: Using Decimals. 48p. spiral bd. 6.32 *(978-0-913684-24-5(4)*, 0913684244); Bks. 1-4. Key to Decimals, Books 1-4, Answers & Notes. 48p. spiral bd. 9.52 *(978-0-913684-25-2(2)*, 0913684252); (gr. 6-8). (Key To... workbooks Ser.). (ENG.). 2012. spiral bd., spiral bd., spiral bd. 23.88 *(978-0-913684-13-9(9)*, 0913684139) McGraw-Hill Education.

Key to English (Classic Reprint) Feliceta Brophy Ryan. (ENG., Illus.). (J). 2018. 378p. 31.67 *(978-0-484-18691-9(4))*; 2018. 362p. 31.36 *(978-0-483-18320-9(2))*; 2017. pap. 13.97 *(978-1-333-19605-9(9))*; 2016. pap. 16.57 *(978-1-334-15835-3(5))* Forgotten Bks.

Key to Every Thing. Pat Schmatz. 2018. (ENG.). 208p. (J). (gr. 3-7). 16.99 *(978-0-7636-9566-8(1))* Candlewick Pr.

Key to Exercises Contained in Falck-Lebahn's German Grammar: And Examples on the Expletives Used in German (Classic Reprint) Karl Falck-Lebahn. (ENG., Illus.). (J). 2018. 70p. 25.34 *(978-0-267-00115-6(0))*; 2017. pap. 9.57 *(978-0-243-45577-5(1))* Forgotten Bks.

Key to Extraordinary. Natalie Lloyd. 2017. (ENG.). 240p. (J). (gr. 3-7). pap. 8.99 *(978-0-545-55276-9(1)*, Scholastic Pr.) Scholastic, Inc.

Key to Leonard's Arithmetic: For Teachers Only. George Leonard. 2017. (ENG., Illus.). (J). pap. *(978-0-649-62183-5(2))* Trieste Publishing Pty Ltd.

Key to Milne's Plane & Solid Geometry (Classic Reprint) William James Milne. 2018. (ENG., Illus.). (J). 316p. 30.43 *(978-1-391-48878-3(4))*; 318p. pap. 13.57 *(978-1-390-93661-2(9))* Forgotten Bks.

Key to North American Birds. Elliott Coues. 2017. (ENG.). 384p. (J). pap. *(978-3-337-40961-6(X))* Creation Pubs.

Key to North American Birds. Containing a Concise Account of Every Species of Living & Fossil Bird at Present Known from the Continent North of the Mexican & United States Boundary, Inclusive of Greenland & Lower California, with Which Are Incorpora. Elliott Coues. 2020. (ENG.). 946p. (J). pap. *(978-93-5395-907-4(1))* Alpha Editions.

Key to Paradise (Classic Reprint) Sidney Pickering. 2018. (ENG., Illus.). 320p. (J). 30.50 *(978-0-484-59287-1(4))* Forgotten Bks.

Key to Percents, Books 1-3 Set, 3 bks., Set. McGraw Hill. Incl. Key to Percents, Reproducible Tests for Books 1-3. 24p. spiral bd. 19.08 *(978-0-913684-95-5(3)*, 0913684953); Bk. 1. Key to Percents, Book 1: Percent Concepts. 48p. spiral bd. 6.32 *(978-0-913684-57-3(0)*, 0913684570); Bk. 2. Key to Percents, Book 2: Percents & Fractions. 48p. spiral bd., wbk. ed. 6.32 *(978-0-913684-58-0(9)*, 0913684589); Bk. 3. Key to Percents, Book 3: Percents & Decimals. 48p. spiral bd. 6.32 *(978-0-913684-59-7(7)*, 0913684597); (gr. 6-8). (Key To... workbooks Ser.). (ENG.). 2012. spiral bd., spiral bd., spiral bd. 17.48 *(978-1-55953-089-7(8)*, 1559530898) McGraw-Hill Education.

Key to Playing Fair. Retha Linda Hess. 2021. (ENG.). 50p. (J). pap. 12.95 *(978-1-7349599-5-6(9))* Hess, Retha.

Key to Robinson's New Elementary Algebra: For Teachers & Private Learners (Classic Reprint) Horatio Nelson Robinson. 2018. (ENG., Illus.). (J). 232p. 28.68 *(978-1-396-66081-8(X))*; 234p. pap. 11.57 *(978-1-391-63523-1(X))* Forgotten Bks.

Key to Success, Vol. 3: Observation; the Key to Success; Who the Real Leaders Are; Mastering Natural Forces; Whom Mankind Shall Love; Need of Orators; Woman's influence (Classic Reprint) Russell H. Conwell. 2018. (ENG., Illus.). 86p. (J). 25.69 *(978-0-365-28045-3(3))* Forgotten Bks.

Key to the Arabic Grammar of the Written Language (Classic Reprint) G. W. Thatcher. (ENG., Illus.). (J). 2018. 102p. 26.02 *(978-0-484-67451-5(X))*; 2017. pap. 9.57 *(978-0-259-42891-6(4))* Forgotten Bks.

Key to the Birds of the Hawaiian Group (Classic Reprint) William Alanson Bryan. 2018. (ENG., Illus.). 106p. (J). 26.10 *(978-0-365-16040-3(7))* Forgotten Bks.

Key to the Dark Circle. Georgia Beyers. 2021. (ENG.). 268p. (J). pap. *(978-1-922343-68-0(4))* Linellen Pr.

Key to the Elementary Polish Grammar (Classic Reprint) Paul Ssymank. (ENG., Illus.). (J). 2018. 52p. 24.97 *(978-0-267-59739-0(8))*; 2016. pap. 9.57 *(978-1-334-14657-2(8))* Forgotten Bks.

Key to the Exercises in Ahn's First Latin Book (Classic Reprint) P. Henn. 2017. (ENG., Illus.). (J). 24.80 *(978-0-260-20235-2(5))* Forgotten Bks.

Key to the Exercises in the Spoken Arabic of Egypt (Classic Reprint) J. Selden Willmore. 2017. (ENG., Illus.). (J). pap. 9.57 *(978-0-259-54019-9(6))* Forgotten Bks.

Key to the Families of North American Insects: An Introduction to the Classification of Insects (Classic Reprint) Charles Thomas Brues. (ENG., Illus.). (J). 2017. 27.03 *(978-0-266-39539-3(2))*; 2016. pap. 9.57 *(978-1-333-26760-5(6))* Forgotten Bks.

Key to the Families of Washington Plants (Classic Reprint) Theodore Christian Frye. 2017. (ENG., Illus.). 24p. (J). 24.41 *(978-0-332-30010-8(2))* Forgotten Bks.

Key to the Land: What a City Man Did with a Small Farm (Classic Reprint) Frederick Frye Rockwell. (ENG., Illus.). (J). 2018. 262p. 29.24 *(978-0-484-06140-7(2))*; 2016. pap. 11.97 *(978-1-334-13787-7(0))* Forgotten Bks.

Key to the Modern Persian Conversation-Grammar (Classic Reprint) W. St Clair-Tisdall. 2017. (ENG., Illus.). (J). 26.33 *(978-1-5282-7014-4(2))* Forgotten Bks.

Key to the Progressive Practical Arithmetic: Including Analyses of the Miscellaneous Examples in the Progressive Intellectual Arithmetic: for Teachers Only. Horatio N. Robinson. 2017. (ENG., Illus.). (J). pap. *(978-0-649-62185-9(9))* Trieste Publishing Pty Ltd.

Key to the Universe. Patrick Scalisi. 2019. (ENG.). 256p. (YA). (gr. 7-12). pap. 14.95 *(978-1-945654-29-9(5))* Owl Hollow Pr.

Key to the World. Heidi Louise Williams. 2020. (ENG.). 322p. (YA). pap. 15.99 *(978-1-64970-944-8(7))* Primedia eLaunch LLC.

Key to Time. R. M. Seidler. 2017. (ENG., Illus.). (J). pap. 15.08 *(978-0-9983624-0-3(9))* Raven House Media.

Key to Yellow Workbook: A Complete Course for Young Writers, Aspiring Rhetoricians, & Anyone Else Who Needs to Understand How English Works. Audrey Anderson. 2022. (Grammar for the Well-Trained Mind Ser.: 0). (ENG., Illus.). 512p. (J). (gr. 5-12). pap. 15.95 *(978-1-945841-36-1(2)*, 458436) Well-Trained Mind Pr.

Key to You & Me. Jaye Robin Brown. (ENG.). (YA). (gr. 9). 2022. 384p. pap. 10.99 *(978-0-06-282459-2(7))*; 2021. 368p. 17.99 *(978-0-06-282458-5(9))* HarperCollins Pubs. (HarperTeen).

(Key Topics see Integrated Physics & Chemistry Chapter 1, Text

Key Traits to Becoming a Success: A Young People's Guide. Rashod Seaton. 2020. (ENG.). 50p. (YA). pap. *(978-1-716-90101-0(4))* Lulu Pr., Inc.

Key under the Pillow: A Story about Honoring Parents. Leah Perl Shollar & Harvey Klineman. 2019. (ENG.). (J). pap. 10.95 *(978-1-945560-24-8(X))* Hachai Publishing.

Key Voting Laws, 1 vol. Alex Acks. 2019. (Laws That Changed History Ser.). (ENG.). 80p. (gr. 7-7). pap. 18.65 *(978-1-5026-5535-6(7)*, 911629d3-6ccc-4d83-95d0-b54699e3db27); lib. bdg. 37.36 *(978-1-5026-5536-3(5)*, b599657d-bcea-440c-b1ed-9443c31306c3) Cavendish Square Publishing LLC.

1092

The check digit for ISBN-10 appears in parentheses after the full ISBN-13

TITLE INDEX KID NORMAL

Key Voting Laws. Alex Acks. 2019. (J). pap. *(978-1-9785-1446-1(8))* Enslow Publishing, LLC.

Key Words with Lulu & Kofi Workbook 2. Ladybird. 2020. (ENG.). 16p. (J). (gr. -1-2). pap. 6.99 *(978-0-241-37516-7(9),* Ladybird) Penguin Bks., Ltd. GBR. Dist: Independent Pubs. Group.

Key Words with Lulu & Kofi Workbook 3. Ladybird. 2020. (ENG.). 16p. (J). (gr. -1-2). pap. 6.99 *(978-0-241-37517-4(7),* Ladybird) Penguin Bks., Ltd. GBR. Dist: Independent Pubs. Group.

Key Words with Lulu & Kofi Workbook 6. Ladybird. 2020. (ENG.). 16p. (J). (gr. -1-2). pap. 6.99 *(978-0-241-37520-4(7),* Ladybird) Penguin Bks., Ltd. GBR. Dist: Independent Pubs. Group.

Keyflame. Tallulah Lucy. 2020. (Keyflame Ser.: Vol. 1). (ENG., Illus.). 444p. (YA). (gr. 7-12). pap. ***(978-0-620-85534-1(7))*** African Public Policy & Research Institute, The.

Keyhole, 1935 (Classic Reprint) Ben Davis High School. 2017. (ENG., Illus.). (J). 24.68 *(978-0-260-88217-2(8));* pap. 7.97 *(978-1-5279-9219-1(5))* Forgotten Bks.

Keyhole, 1937 (Classic Reprint) Ben Davis High School. 2017. (ENG., Illus.). (J). 24.85 *(978-0-260-57667-5(0));* pap. 7.97 *(978-0-266-03643-2(0))* Forgotten Bks.

Keylees Great Adventure. Willard Adkins. 2019. (ENG.). 30p. (J). pap. 14.95 *(978-1-64462-959-8(3))* Page Publishing Inc.

Keynote (Monsieur des Lourdines) Alphonse De Chateaubriant. 2017. (ENG., Illus.). (J). pap. *(978-0-649-37638-4(2))* Trieste Publishing Pty Ltd.

Keynote (Monsieur des Lourdines) (Classic Reprint) Alphonse De Chateaubriant. (ENG., Illus.). (J). 2018. 250p. 29.07 *(978-0-483-40544-8(2));* 2016. pap. 11.57 *(978-1-333-47927-5(1))* Forgotten Bks.

Keynote Pre-Intermediate: Workbook with Audio CD. David Bohlke & Stephanie Parker. 2017. (ENG.). (C). pap. 21.95 *(978-1-337-27398-5(8),* National Geographic Learning) CENGAGE Learning.

Keypya & the Pirates. L. Sydney Abel. 2018. (ENG., Illus.). 74p. (J). pap. 12.95 *(978-1-62815-506-8(X))* Speaking Volumes, LLC.

Keys of Heaven (Classic Reprint) Clara Elizabeth Laughlin. 2017. (ENG., Illus.). (J). 32.79 *(978-0-260-94266-1(9));* pap. 16.57 *(978-1-5282-5993-4(9))* Forgotten Bks.

Keys of the City (Classic Reprint) Oscar Graeve. 2018. (ENG., Illus.). 276p. (J). 29.59 *(978-0-332-56093-9(7))* Forgotten Bks.

Keys of the House (Classic Reprint) Algernon Gissing. 2017. (ENG., Illus.). (J). 31.49 *(978-0-266-71063-9(8));* pap. 13.97 *(978-1-5276-6241-4(1))* Forgotten Bks.

Keys of Wisdom. Linda J. Williams. 2018. (ENG., Illus.). 358p. (J). pap. 28.00 *(978-1-387-73093-3(2))* Lulu Pr., Inc.

Keys to Freedom. K D Gennaro. 2017. (Gravel Road Ser.). (ENG.). 168p. (YA). (gr. 9-12). pap. 11.95 *(978-1-68021-056-9(4))* Saddleback Educational Publishing, Inc.

Keys to the City. Lisa Schroeder. 2017. (ENG.). 240p. (J). (gr. 3-7). 16.99 *(978-0-545-90738-5(1),* Scholastic Pr.) Scholastic, Inc.

Keys to the Mysteries. Mary I. Schmal. Illus. by Leanne Ross. 2021. (ENG.). 288p. (J). 31.95 *(978-1-0980-9204-7(X));* pap. 17.95 *(978-1-0980-9128-6(0))* Christian Faith Publishing.

Keys to Your H. E. A. R. T. Chloe Burke & LaRanda Burke. 2023. (ENG.). 38p. (J). 19.95 ***(978-1-63755-754-9(X),*** Mascot Kids) Amplify Publishing Group.

Keyshawn Goes to the Barbershop. Ed. by Hope Griffith-Jones. 2020. (ENG.). 30p. (J). pap. 14.00 *(978-0-578-79414-3(4))* Cash Cow Publishing.

Keystone of Empire (Classic Reprint) Francis Joseph. 2018. (ENG., Illus.). 364p. (J). 31.40 *(978-0-484-21542-8(6))* Forgotten Bks.

Keyword Cypher #1. E. A. House. 2017. (Treasure Hunters Ser.). (ENG.). 184p. (YA). (gr. 5-12). 32.84 *(978-1-68076-876-3(X),* 27444, Epic Escape) EPIC Pr.

Kezia, Winston, & the Magic Leaf. Tonny Rutakirwa & Sharon Rutakirwa. Illus. by Rica Cabrex. 2020. (Ventura Ser.: Vol. 10). (ENG.). 32p. (J). pap. *(978-1-80049-476-3(9))* Lulu.com.

Keziah Coffin (Classic Reprint) Joseph Crosby Lincoln. 2019. (ENG., Illus.). 422p. (J). 32.60 *(978-0-365-26227-5(7))* Forgotten Bks.

Khadija Bint Khuwaylid. Mehmet Büyüksahin et al. 2016. (Age of Bliss Ser.). (ENG.). 80p. (J). (gr. 4-8). pap. 5.95 *(978-1-59784-375-1(X),* Tughra Bks.) Blue Dome, Inc.

Khaki: How Tredick Got into the War (Classic Reprint) Freeman Tilden. 2018. (ENG., Illus.). 234p. (J). 28.72 *(978-0-332-17458-7(1))* Forgotten Bks.

Khaki Boys at the Front: Or Shoulder to Shoulder in the Trenches (Classic Reprint) Gordon Bates. 2018. (ENG., Illus.). 220p. (J). 28.43 *(978-0-656-39306-0(8))* Forgotten Bks.

Khaki Boys, Fighting to Win: Or Smashing the German Lines (Classic Reprint) Gordon Bates. 2018. (ENG., Illus.). 220p. (J). 28.43 *(978-0-365-33560-3(6))* Forgotten Bks.

Khaki Boys Fighting to Win, or Smashing the German Lines. Gordon Bates. 2017. (ENG.). (J). pap. *(978-0-649-62194-1(8))* Trieste Publishing Pty Ltd.

Khaki Boys over the Top: Doing & Daring for Uncle Sam. Gordon Bates. 2017. (ENG., Illus.). (J). 23.95 *(978-1-374-94649-1(4));* pap. 13.95 *(978-1-374-94648-4(6))* Capital Communications, Inc.

Khalai Talks to Plants - Khalai Anazungumza Na Mimea. Ursula Nafula. Illus. by Jesse Pietersen. 2023. (SWA.). 24p. (J). pap. ***(978-1-922876-41-6(0))*** Library For All Limited.

Khalai Talks to Plants - Khalai Parle Aux Plantes. Ursula Nafula. Illus. by Jesse Pietersen. 2022. (FRE.). 24p. (J). pap. ***(978-1-922849-81-6(2))*** Library For All Limited.

Khali & the Orb of Xona. Steve Brazier & Mark Stibbe. 2020. (Chronicles of Arokah Ser.: 1). (ENG., Illus.). 200p. (J). (gr. 4-8). 17.99 *(978-1-912863-45-7(6),* 56c7ae2d-b974-43a4-8adc-8534fc96dac1); (gr. 5-8). pap. 14.99 *(978-1-912863-49-5(9),* 6d62b528-2e56-45a9-827a-f841918cf5b5, Sarah Grace Publishing) Malcolm Down Publishing Ltd. GBR. Dist: Baker & Taylor Publisher Services (BTPS).

Khalid. Kenny Abdo. 2018. (Star Biographies Ser.). (ENG.). 24p. (J). (gr. 2-8). lib. bdg. 31.36 *(978-1-5321-2545-4(3),* 30099, Abdo Zoom-Fly) ABDO Publishing Co.

Khalid. Emily Hudd. 2019. (Influential People Ser.). (ENG., Illus.). 32p. (J). (gr. 4-6). 30.65 *(978-1-5435-7138-7(7),* 140416) Capstone.

Khalil & Mr. Hagerty & the Backyard Treasures. Tricia Springstubb. Illus. by Elaheh Taherian. 2020. (ENG.). 32p. (J). (gr. k-3). 17.99 *(978-1-5362-0306-6(8))* Candlewick Pr.

Khalil Mack. Jon M. Fishman. 2020. (Sports All-Stars (Lerner (tm) Sports) Ser.). (ENG., Illus.). 32p. (J). (gr. 2-5). pap. 9.99 *(978-1-7284-1402-7(4),* c354783c-7501-42e7-9a04-f9db3e36c892); lib. bdg. 29.32 *(978-1-5415-9749-5(4),* ca099084-a57c-4373-bd4b-1009d1fb686a) Lerner Publishing Group. (Lerner Pubns.).

Khalil Mack. Donald Parker. 2019. (Gridiron Greats: Pro Football's Best Players Ser.). (Illus.). 80p. (J). (gr. 12). lib. bdg. 34.60 *(978-1-4222-4342-8(7))* Mason Crest.

Khalil Mack: Football Dominator. Matt Chandler. 2020. (Stars of Sports Ser.). (ENG., Illus.). 32p. (J). (gr. 3-5). lib. bdg. 31.32 *(978-1-5435-9167-5(1),* 141557) Capstone.

Khalil's Dream & Other Stories: Stories for Boys & Girls. Danielle Michaud Aubrey. Illus. by Nadia Ilchuk. 2019. (Walk in the Wind Ser.: Vol. 3). (ENG.). 118p. (J). (gr. 1-6). *(978-1-989048-26-9(9))* Petra Bks.

Khanah-Yi Dirakhti. Maryam Mastiri. Illus. by Ilgar Rahimi. 2017. (PER.). 23p. (J). *(978-964-337-843-1(8))* Ketab-e Neyestan.

Khanda's Adventures: Beyond the Milky Way. Debra Ann Harkins. Illus. by Caitlyn Timreck. 2018. (ENG.). 26p. (J). pap. 9.49 *(978-1-7326371-0-8(5))* Purple Owl Publishing.

Kharbashaat (Paperback) Amna Albedwawi. 2023. (ENG.). 100p. (J). pap. ***(978-1-4478-1754-3(0))*** Lulu Pr., Inc.

Khaya: An Amazing Story of Kindness. Blessed Unami Sikhosana. 2022. (ENG.). 76p. (J). 17.99 ***(978-1-0879-7978-6(1));*** pap. 11.99 ***(978-1-0879-7764-5(9))*** Indy Pub.

Khi Has Fun at Home. Michelle Relerford Okafor. 2020. (ENG.). 28p. (J). 22.95 *(978-1-4808-9286-6(6));* pap. 13.95 *(978-1-4808-9288-0(2))* Archway Publishing.

Khipu & the Final Key. Illus. by Anthony VanArsdale. 2017. (Boxcar Children Great Adventure Ser.: 5). (ENG.). 144p. (J). (gr. 2-5). 6.99 *(978-0-8075-0682-0(6),* 119189763); 12.99 *(978-0-8075-0681-3(8),* 119189763) Random Hse. Children's Bks. (Random Hse. Bks. for Young Readers).

Khloe Can Be: A Police Officer. Shannon Auxier. Illus. by Christopher C. Whitfield. 2019. (Khloe Can Be Ser.: Vol. 1). (ENG.). 36p. (J). (gr. 1-3). pap. 10.99 *(978-1-7330602-0-2(0))* OZA.Inc.Co.

KHLOE KITTEN IS AFRAID of GERMS! (Obsessive-Compulsive Disorder) I'm Afraid. Madeleine Vieira. 2023. (ENG.). 48p. (J). ***(978-1-80381-399-8(7))*** Grosvenor Hse. Publishing Ltd.

Khloe Koala & the Bush Fire. Aliyyah H. Ali. Ed. by Yara Ali. 2021. (ENG.). 24p. (J). *(978-1-5255-7398-9(5));* pap. *(978-1-5255-7399-6(3))* FriesenPress.

Khloe Koala & the Red Impala. Maria Campbell. 2016. (ENG., Illus.). 52p. (J). pap. *(978-1-365-37908-6(6))* Lulu Pr., Inc.

Khloe Koala y el Impala Rojo. Maria Campbell. 2016. (SPA., Illus.). 52p. (J). pap. *(978-1-365-39770-7(X))* Lulu Pr., Inc.

Khloe's Beautiful Blues. La'Ketta Caldwell. Illus. by Dionna L. Hayden. 2022. (ENG.). 30p. (J). 21.99 *(978-1-64538-475-5(6));* pap. 14.99 *(978-1-64538-891-3(3))* Orange Hat Publishing.

Khmerical: A Collection of Cambodian Folktales. Katelyn Saiki. 2022. 76p. (J). 37.60 *(978-1-6678-6141-8(7))* BookBaby.

KI-KI's Bedtime Story. M. C. Cooper. 2017. (ENG., Illus.). 24p. (J). 21.95 *(978-1-64003-421-1(8));* pap. 12.95 *(978-1-64003-016-9(6))* Covenant Bks.

Kia. Simon Morrell. 2018. (ENG., Illus.). 70p. (J). pap. *(978-0-9565603-5-3(0))* Blue Porch Publishing.

Kia Hou Taku Tou! I Need a New Bum! Dawn McMillan. Tr. by Stephanie Huriana Fong. Illus. by Ross Kinnaird. 2022. 32p. (J). pap. 16.00 *(978-1-990042-24-9(4),* 15687, Oratia Bks.) Oratia Media NZL. Dist: Univ. of Hawaii Pr.

Kian & Jc: Don't Try This at Home! Kian Lawley & JC Caylen. 2016. (ENG., Illus.). 224p. (YA). (gr. 8). pap. 15.99 *(978-0-06-243716-7(X),* HarperCollins) HarperCollins Pubs.

Kiana's Froggy. P. R. Lily. Illus. by Sana. 2023. (ENG.). 28p. (J). pap. 15.99 ***(978-1-0881-2385-0(6))*** Indy Pub.

Kiara Fights Back. Marilyn Kaye. 2022. (Spyglass Sisterhood Ser.: 3). 208p. (J). (gr. 3-7). 16.99 *(978-0-8234-4611-7(5))* Holiday Hse., Inc.

Kiara Learns to Love Herself: Learning Self-Love. Amari Smith. 2022. (ENG.). 20p. (J). 24.99 ***(978-1-0880-8254-6(8))*** Indy Pub.

Kiba Saves Christmas. Laura Hockensmith. Illus. by Laura Hockensmith & Ruben Vandenheede. 2018. (Kiba Tales Ser.: Vol. 2). (ENG.). 44p. (J). pap. *(978-90-828545-3-4(8))* Smith & Heath.

Kiba's Fun in the Sky. Laura Hockensmith. Illus. by Laura Hockensmith & Ruben Vandenheede. 2018. (ENG.). 44p. (J). pap. *(978-90-828545-0-3(3))* Smith & Heath.

Kibun Daizin: Or from Shark-Boy to Merchant Prince (Classic Reprint) Gensai Murai. 2017. (ENG., Illus.). (J). 27.61 *(978-0-265-19017-3(7))* Forgotten Bks.

Kick for Kick, & Cuff for Cuff, a Clear Stage, & No Favour: Or a Refutation of a Bombastical Scurrilous PostScript, Wrote by One Who Calls Himself Gabriel John, Others Still Will Have It Daniel Defoe, Which He Calls Reflections on My Hudibrastick Repl. Thomas Taylor. 2017. (ENG., Illus.). (J). 24.78 *(978-0-331-12961-8(2));* pap. 7.97 *(978-0-260-18291-3(5))* Forgotten Bks.

Kick It, Mo! David A. Adler. 2019. (Penguin Young Readers Ser.). (ENG.). 31p. (J). (gr. k-1). 14.89 *(978-0-87617-757-0(7))* Penworthy Co., LLC, The.

Kick It, Mo! David A. Adler. Illus. by Sam Ricks. 2021. (Step into Reading Ser.). (ENG.). 32p. (J). (gr. k-3). pap. 5.99 *(978-0-593-43256-3(8));* lib. bdg. 14.99 *(978-0-593-43257-0(6))* Random Hse. Children's Bks. (Random Hse. Bks. for Young Readers).

Kick It Soccer see Fútbol para Patear

Kick Push. Frank Morrison. Illus. by Frank Morrison. 2022. (ENG., Illus.). 40p. (J). 18.99 *(978-1-5476-0592-7(8),* 900233518, Bloomsbury Children's Bks.) Bloomsbury Publishing USA.

Kick Rock. Greg Lw. 2021. (ENG.). 26p. (J). pap. 10.49 *(978-1-6628-0963-7(8))* Salem Author Services.

Kick Start, 1 vol. Michele Martin Bossley. 2019. (Orca Sports Ser.). (ENG.). 144p. (J). (gr. 4-7). pap. 9.95 *(978-1-4598-1813-2(X))* Orca Bk. Pubs. USA.

Kickapoo. Wendy Hinote Lanier. 2016. (Illus.). 32p. *(978-1-938813-44-3(8))* State Standards Publishing, LLC.

Kickapoo Tales, Vol. 9 (Classic Reprint) William Jones. 2018. (ENG., Illus.). 152p. (J). 27.03 *(978-0-267-43186-1(4))* Forgotten Bks.

Kickball. Darice Bailer. 2018. (Neighborhood Sports Ser.). (ENG.). 24p. (J). (gr. k-3). lib. bdg. 32.79 *(978-1-5038-2370-9(9),* 212213) Child's World, Inc, The.

Kicked Out of College, a College Farce in Three Acts: A Companion Play to a College Town (Classic Reprint) Walter Ben Hare. 2018. (ENG., Illus.). 80p. (J). 25.55 *(978-0-267-52042-8(5))* Forgotten Bks.

Kicked Out of the North Pole. A. T. Pressley. 2018. (ENG., Illus.). (J). (gr. k-6). 60p. 21.99 *(978-1-7323816-2-9(3));* 62p. pap. 16.99 *(978-1-7323816-0-5(7))* Cheesy Bread Publishing.

Kickerbocker, or New-York Monthly Magazine, Vol. 8: July, 1836 (Classic Reprint) Unknown Author. (ENG., Illus.). (J). 2018. 768p. 39.74 *(978-0-365-31299-4(1));* 2017. pap. 23.57 *(978-0-259-18446-1(2))* Forgotten Bks.

Kickin It with Dad. Christopher R. Ford. 2020. (With Dad Ser.: 3). (ENG.). 164p. (J). pap. 11.00 *(978-1-0983-3295-2(4))* BookBaby.

Kickin It with Kenzie - Luckily My Luck Is Me! Luckily My Luck Is Me! Makenzie Lee-Foster. 2021. (Kickin' It with Kenzie Ser.: 2). (ENG.). 44p. (J). pap. 14.99 *(978-1-0983-5807-5(4))* BookBaby.

Kicking down the Fence: Raising Your Standards & Boundaries. Krisshundria James. Ed. by Elizabeth Bernice & Kadija Balde. 2020. (ENG.). 84p. (YA). pap. ***(978-1-716-92132-2(5))*** Lulu Pr., Inc.

Kicking down the Fence: Setting Standards & Boundaries Workbook. Krisshundria James. 2020. (ENG.). 60p. (J). pap. ***(978-1-716-91968-8(1))*** Lulu Pr., Inc.

Kicking Goals. Shirley Deuchrass. 2018. (ENG., Illus.). 88p. (J). pap. *(978-1-78710-787-8(6))* Austin Macauley Pubs. Ltd.

Kickleburys Abroad: A Legend of the Rhine; Rebecca & Rowena; the Second Funeral of Napoleon (Classic Reprint) William Makepeace Thackeray. 2018. (ENG., Illus.). 320p. (J). 30.50 *(978-0-267-45907-0(6))* Forgotten Bks.

Kickleburys on the Rhine (Classic Reprint) William Makepeace Thackeray. 2018. (ENG., Illus.). 152p. (J). 27.05 *(978-0-267-21822-6(2))* Forgotten Bks.

Kicks. Van G. Garrett. Illus. by Reggie Brown. 2022. (ENG.). 32p. (J). (gr. -1-3). 17.99 *(978-0-358-11810-7(7),* 1750765, Versify) HarperCollins Pubs.

Kicks Complete Collection: Saving the Team; Sabotage Season; Win or Lose; Hat Trick; Shaken up; Settle the Score; under Pressure; in the Zone; Choosing Sides; Switching Goals; Homecoming; Fans in the Stands. Alex Morgan. ed. 2021. (Kicks Ser.). (ENG.). 1632p. (J). (gr. 3-7). 205.99 *(978-1-5344-9606-4(8),* Simon & Schuster Bks. For Young Readers) Simon & Schuster Bks. For Young Readers.

Kicks Complete Paperback Collection (Boxed Set) Saving the Team; Sabotage Season; Win or Lose; Hat Trick; Shaken up; Settle the Score; under Pressure; in the Zone; Choosing Sides; Switching Goals; Homecoming; Fans in the Stands. Alex Morgan. ed. 2022. (Kicks Ser.). (ENG.). 1792p. (J). (gr. 3-7). pap. 94.99 *(978-1-5344-9607-1(6),* Simon & Schuster Bks. For Young Readers) Simon & Schuster Bks. For Young Readers.

Kicks in the Sky. C. G. Esperanza. Illus. by C. G. Esperanza. 2023. (ENG., Illus.). 40p. (J). (gr. -1-3). 19.99 ***(978-0-06-297623-9(0),*** Tegen, Katherine Bks) HarperCollins Pubs.

Kicks (Set), 10 vols. Alex Morgan. 2021. (Kicks Ser.). (ENG.). 112p. (J). (gr. 3-7). lib. bdg. 313.60 *(978-1-5321-4989-4(1),* 36985, Chapter Bks.) Spotlight.

Kickstands Up. Carol J. Cooper. 2019. (ENG.). 34p. (J). pap. 15.95 *(978-1-4808-7327-8(6))* Archway Publishing.

Kid Activists: True Tales of Childhood from Champions of Change. Robin Stevenson. Illus. by Allison Steinfeld. 2019. (Kid Legends Ser.: 6). 224p. (J). (gr. 3-7). 13.99 *(978-1-68369-141-9(5))* Quirk Bks.

Kid Alone: a Garvie Smith Mystery: A Garvie Smith Mystery. Simon Mason. 2017. (ENG.). 384p. (YA). (gr. 9). 18.99 *(978-1-338-03649-7(1))* Scholastic, Inc.

Kid Amazing vs. the Blob. Josh Schneider. Illus. by Josh Schneider. 2017. (ENG., Illus.). 32p. (J). (gr. -1-3). 16.99 *(978-0-544-80125-7(3),* 1640251, Clarion Bks.) HarperCollins Pubs.

Kid & the Chameleon Go to School (the Kid & the Chameleon: Time to Read, Level 3) Sheri Mabry. Illus. by Joanie Stone. (Time to Read Ser.). (ENG.). 48p. (J). (gr. k-2). 2020. pap. 3.99 *(978-0-8075-4164-7(8),* 807541648); 2019. 12.99 *(978-0-8075-4177-7(X),* 080754177X) Whitman, Albert & Co.

Kid & the Chameleon Set #1 (the Kid & the Chameleon: Time to Read, Level 3) Sheri Mabry. Illus. by Joanie Stone. 2021. (Time to Read Ser.). (ENG.). 144p. (J). (gr. k-2). pap. 9.99 *(978-0-8075-4163-0(X),* 080754163X) Whitman, Albert & Co.

Kid & the Chameleon Sleepover (the Kid & the Chameleon: Time to Read, Level 3) Sheri Mabry. Illus. by Joanie Stone. 2019. (Time to Read Ser.). (ENG.). 48p. (J). (gr. k-2). pap. 3.99 *(978-0-8075-4166-1(4),* 807541664); 12.99 *(978-0-8075-4180-7(X),* 080754180X) Whitman, Albert & Co.

Kid & the Chameleon (the Kid & the Chameleon: Time to Read, Level 3) Sheri Mabry. Illus. by Joanie Stone. 2019. (Time to Read Ser.). (ENG.). 48p. (J). (gr. k-2). pap. 3.99 *(978-0-8075-4167-8(2),* 0807541672); 12.99 *(978-0-8075-4179-1(6),* 807541796) Whitman, Albert & Co.

Kid Artists: True Tales of Childhood from Creative Legends. David Stabler. Illus. by Doogie Horner. 2016. (Kid Legends Ser.: 3). 208p. (J). (gr. 3-7). 13.99 *(978-1-59474-896-7(9))* Quirk Bks.

Kid Astronaut: Space Adventure. Laura Knight. 2018. (ENG.). 44p. (J). pap. 10.99 *(978-0-692-17569-9(5))* Friendly Planet Club.

Kid Authors: True Tales of Childhood from Famous Writers. David Stabler. Illus. by Doogie Horner. 2017. (Kid Legends Ser.: 4). 200p. (J). (gr. 3-7). 13.95 *(978-1-59474-987-2(6))* Quirk Bks.

Kid Beowulf. Alexis E. Fajardo. ed. 2016. (Illus.). xvi, 223p. (J). lib. bdg. 22.10 *(978-0-606-38999-0(7))* Turtleback.

Kid Beowulf: The Song of Roland. Alexis E. Fajardo. 2016. (Kid Beowulf Ser.: Vol. 2). (ENG., Illus.). (J). (gr. 2-6). 39.99 *(978-1-4494-8610-5(X))* Andrews McMeel Publishing.

Kid Beowulf: The Song of Roland. Alexis E. Fajardo. ed. 2017. lib. bdg. 24.50 *(978-0-606-40301-6(9))* Turtleback.

Kid Beowulf: the Blood-Bound Oath. Alexis E. Fajardo. 2016. (Kid Beowulf Ser.: 1). (ENG., Illus.). 240p. (J). pap. 12.99 *(978-1-4494-7589-5(2))* Andrews McMeel Publishing.

Kid Beowulf: the Rise of el Cid. Alexis E. Fajardo. 2018. (Kid Beowulf Ser.: 3). (ENG.). 256p. (J). pap. 12.99 *(978-1-4494-9384-4(X))* Andrews McMeel Publishing.

Kid Can. Emmie R. Werner. Illus. by Jack Foster. 2021. (ENG.). 50p. (J). pap. 13.95 *(978-1-63765-046-2(9))* Halo Publishing International.

Kid Champs. N. O. R E & Heddrick McBride. Illus. by Hh Pax. 2021. (ENG.). 28p. (J). pap. 15.00 *(978-1-7371528-1-1(9))* McBride Collection of Stories LLC.

Kid Chef: 100+ Tasty, Kid-Approved Recipes for the Young Cook. The Coastal The Coastal Kitchen. 2022. (ENG., Illus.). 224p. (J). 27.95 *(978-1-64643-312-4(2),* Applesauce Pr.) Cider Mill Pr. Bk. Pubs., LLC.

Kid Chemistry Lab (Set), 6 vols. 2022. (Kid Chemistry Lab Ser.). (ENG.). 32p. (J). (gr. 3-6). lib. bdg. 196.74 *(978-1-5321-9897-7(3),* 39559, Checkerboard Library) ABDO Publishing Co.

Kid Colorist! Color & Learn! Color Everything Book Edition 1. Kreative Kids. 2016. (ENG., Illus.). (J). pap. 10.81 *(978-1-68377-706-9(9))* Whlke, Traudl.

Kid Colorist! Color & Learn! Color Everything Book Edition 2. Kreative Kids. 2016. (ENG., Illus.). (J). pap. 10.81 *(978-1-68377-575-1(9))* Whlke, Traudl.

Kid Colorist! Color & Learn! Color Everything Book Edition 3. Kreative Kids. 2016. (ENG., Illus.). (J). pap. 10.81 *(978-1-68377-576-8(7))* Whlke, Traudl.

Kid Colorist! Color & Learn! Color Everything Book Edition 4. Kreative Kids. 2016. (ENG., Illus.). (J). pap. 10.81 *(978-1-68377-582-9(1))* Whlke, Traudl.

Kid Colorist! Color & Learn! Color Everything Book Edition 5. Kreative Kids. 2016. (ENG., Illus.). (J). pap. 10.81 *(978-1-68377-707-6(7))* Whlke, Traudl.

Kid Cudi: Rapper & Record Executive: Rapper & Record Executive. Jill C. Wheeler. 2021. (Hip-Hop Artists Ser.). (ENG.). 112p. (YA). (gr. 6-12). lib. bdg. 41.36 *(978-1-5321-9616-4(4),* 38416, Essential Library) ABDO Publishing Co.

Kid Doctors Coloring Book for Children (6x9 Coloring Book / Activity Book) Sheba Blake. 2020. (ENG.). 44p. (J). pap. 9.99 *(978-1-222-28874-2(5))* Indy Pub.

Kid Doctors Coloring Book for Children (8. 5x8. 5 Coloring Book / Activity Book) Sheba Blake. 2020. (ENG.). 44p. (J). pap. 12.99 *(978-1-222-28882-7(6))* Indy Pub.

Kid Doctors Coloring Book for Children (8x10 Coloring Book / Activity Book) Sheba Blake. 2020. (ENG.). 44p. (J). pap. 14.99 *(978-1-222-28875-9(3))* Indy Pub.

Kid Friendly Computation: Multiplication & Division for Kids. Left Brain Kids. 2016. (ENG., Illus.). (J). pap. 7.51 *(978-1-68376-689-6(X))* Sabeels Publishing.

Kid from Dodgertown. Paul Ferrante. 2022. (ENG.). 232p. (YA). pap. 12.49 *(978-1-7324857-8-5(X))* Paul Ferrante.

Kid from Somada. Vovo Pedra. 2022. (ENG., Illus.). 32p. (J). 24.95 *(978-1-63860-862-2(8));* pap. 14.95 *(978-1-63860-860-8(1))* Fulton Bks.

Kid Grampa. Vernon Hamilton. 2022. (ENG.). 26p. (J). 16.99 ***(978-1-6657-1871-4(4))*** Archway Publishing.

Kid Has Gone to the Colors, & Other Verse (Classic Reprint) William Herschell. 2018. (ENG., Illus.). 158p. (J). 27.16 *(978-0-483-58163-0(1))* Forgotten Bks.

Kid in the Red Jacket Novel Units Teacher Guide. Novel Units. 2019. (ENG.). (J). pap. 12.99 *(978-1-56137-635-3(3),* Novel Units, Inc.) Classroom Library Co.

Kid Innovators: True Tales of Childhood from Inventors & Trailblazers. Robin Stevenson. Illus. by Allison Steinfeld. 2021. (Kid Legends Ser.: 7). 208p. (J). (gr. 3-7). 13.99 *(978-1-68369-227-0(6))* Quirk Bks.

Kid Is a Kid Is a Kid, 1 vol. Sara O'Leary. Illus. by Qin Leng. 2021. (ENG.). 32p. (J). (gr. -1-1). 18.99 *(978-1-77306-250-1(6))* Groundwood Bks. CAN. Dist: Publishers Group West (PGW).

K

Kid Like You. Rakeria Dean. Illus. by Cameron Wilson. 2023. (ENG.). 30p. (J). pap. 13.99 ***(978-1-0881-1506-0(3))*** Indy Pub.

Kid Lucky. Jean Leturgie. Illus. by Morris Leturgie. 2018. (Lucky Luke Ser.: 69). 48p. pap. 11.95 *(978-1-84918-406-9(2))* CineBook GBR. Dist: National Bk. Network.

Kid Mcghie (Classic Reprint) S. R. Crockett. (ENG., Illus.). (J). 2018. 422p. 32.62 *(978-0-483-55340-8(9));* 2016. pap. 16.57 *(978-1-334-12311-5(X))* Forgotten Bks.

Kid Named Parrish. Parrish Miller. 2021. (ENG.). 26p. (J). *(978-0-2288-6380-9(5));* pap. *(978-0-2288-6381-6(3))* Tellwell Talent.

Kid Named Syd. C. King & M. Oatis. Illus. by C. Van Duinen. 2021. (ENG.). 34p. (J). 19.99 *(978-1-9822-4027-1(X),* Balboa Pr.) Author Solutions, LLC.

Kid-Napping: A Micro Mystery. Terry Andrews. 2019. (ENG.). 18p. (J). 21.95 *(978-1-64458-668-6(1))* Christian Faith Publishing.

Kid Noir: Kitty Feral & the Case of the Marshmallow Monkey. Eddie Muller & Jessica Schmidt. Illus. by Forrest Burdett. 2023. (Turner Classic Movies Ser.). (ENG.). 32p. (J). (gr. -1-17). 18.99 ***(978-0-7624-8168-2(4),*** Running Pr. Kids) Running Pr.

Kid Normal. Greg James & Chris Smith. Illus. by Erica Salcedo. (Kid Normal Ser.). (ENG.). 400p. (J). 2019. pap. 7.99 *(978-1-5476-0267-4(8),* 900209369); 2018. 13.99 *(978-1-68119-709-8(X),* 900182253) Bloomsbury Publishing USA. (Bloomsbury Children's Bks.).

Kid Normal & the Rogue Heroes. Greg James & Chris Smith. Illus. by Erica Salcedo. 2019. (Kid Normal Ser.). (ENG.). 416p. (J). 13.99 *(978-1-5476-0098-4(5),* 900198464, Bloomsbury Children's Bks.) Bloomsbury Publishing USA.

Kid Normal & the Shadow Machine: Kid Normal 3. Greg James & Chris Smith. Illus. by Erica Salcedo. 2020. (Kid Normal Ser.). (ENG.). 400p. (J). 16.99 *(978-1-5476-0331-2(3),* 900211338, Bloomsbury Children's Bks.) Bloomsbury Publishing USA.

Kid of Their Own. Megan Dowd Lambert. Illus. by Jessica LANAN. 2020. 32p. (J). (gr. -1-3). lib. bdg. 16.99 *(978-1-58089-879-9(3))* Charlesbridge Publishing, Inc.

Kid Owner. Tim Green. ed. 2016. (ENG.). 352p. (J). (gr. 3-7). 17.20 *(978-0-606-39256-3(4))* Turtleback.

Kid Power! Elizabeth Dozois. Illus. by Stephen Dozois. 2022. (ENG.). 40p. (J). ***(978-1-0391-6092-7(1))***; pap. ***(978-1-0391-6091-0(3))*** FriesenPress.

Kid Power: The Charity Sports Day Story. Jen Labier & Jerry Registre. Illus. by Kali Javenes. 2022. (ENG.). 43p. (J). pap. *(978-1-6780-1991-4(7))* Lulu Pr., Inc.

Kid Power: The Charity Sports Day Story. Jennifer Labier & Jerry Registre. Illus. by Kali Javenes. 2022. (ENG.). 43p. (J). *(978-1-6780-2064-4(8))* Lulu Pr., Inc.

Kid President's Guide to Being Awesome. Robby Novak & Brad Montague. 2016. (ENG., Illus.). 256p. (J). (gr. 3-7). pap. 12.99 *(978-0-06-243871-3(9),* HarperCollins) HarperCollins Pubs.

Kid Scanlan (Classic Reprint) H. C. Witwer. 2018. (ENG., Illus.). 402p. (J). 32.19 *(978-0-267-23517-9(8))* Forgotten Bks.

Kid Scientists: True Tales of Childhood from Science Superstars. David Stabler. Illus. by Anoosha Syed. 2018. (Kid Legends Ser.: 5). 208p. (J). (gr. 3-7). 13.99 *(978-1-68369-074-0(5))* Quirk Bks.

Kid Sherlock Volume 1. Justin Phillips. 2017. (ENG., Illus.). 128p. (J). pap. 14.99 *(978-1-63229-289-6(0),* 6e12775c-f326-4853-b69d-df7decfed38e) Action Lab Entertainment.

Kid Smoove. Deontae Henderson. 2019. (ENG., Illus.). 28p. (J). (gr. 2-6). pap. 9.97 *(978-1-949873-24-5(2))* BEYOND PUBLISHING.

Kid Soldiers: Toy Guns & Victory. Peter Riley. 2019. (ENG.). 78p. (YA). pap. *(978-1-5289-0768-2(X))* Austin Macauley Pubs. Ltd.

Kid Stars! Set 1, 12 vols. Katie Franks. Incl. Ashley Tisdale. lib. bdg. 26.27 *(978-1-4042-4468-9(9),* d5c6f82f-662d-4ccb-a434-8155a57f2c22); Drake Bell & Josh Peck. lib. bdg. 26.27 *(978-1-4042-4463-4(8),* c49f09da-1624-48b8-aa53-61c2b3e4917a); Dylan & Cole Sprouse. lib. bdg. 26.27 *(978-1-4042-4464-1(6),* 017490d4-eee6-45fa-be2f-f45e3488c2d3); Miley Cyrus. lib. bdg. 26.27 *(978-1-4042-4467-2(0),* 900ab84a-0891-4fb7-8f15-64814bbe5ace); Miranda Cosgrove. lib. bdg. 26.27 *(978-1-4042-4466-5(2),* b8ed3d55-a4f3-48ac-be20-811bfd7545fd); Zac Efron. lib. bdg. 26.27 *(978-1-4042-4465-8(4),* 39c1ef4d-2e95-4600-a758-a785ac40a6d4); (Illus.). 24p. (J). (gr. 2-3). (Kid Stars! Ser.). (ENG.). 2008. Set lib. bdg. 157.62 *(978-1-4358-2550-5(0),* 647c8190-858c-44b4-8387-8da6e0d955c7, PowerKids Pr.) Rosen Publishing Group, Inc., The.

Kid Start-Up: How YOU Can Become an Entrepreneur. Mark Cuban et al. 2018. (Illus.). 128p. (J). (gr. 4-7). pap. 15.00 *(978-1-63576-472-7(6),* Diversion Bks.) Diversion Publishing Corp.

Kid Sterling, 1 vol. Christine Welldon. 2020. (ENG.). 432p. (J). (gr. 9-10). pap. 14.95 *(978-0-88995-616-2(2),* d952b91f-6001-47be-9fca-40b6e01b85d4) Red Deer Pr. CAN. Dist: Firefly Bks., Ltd.

Kid That Needed a Pet. Kip N. Willis. 2016. (ENG., Illus.). (YA). *(978-1-4602-9136-8(0))*; pap. *(978-1-4602-9137-5(9))* FriesenPress.

Kid Trailblazers: True Tales of Childhood from Changemakers & Leaders. Robin Stevenson. Illus. by Allison Steinfeld. 2022. (Kid Legends Ser.: 8). 224p. (J). (gr. 3-7). 14.99 *(978-1-68369-301-7(9))* Quirk Bks.

Kid Vega & the Sorcerer of Mali. Scott Dixon. 2020. (ENG.). 406p. (J). pap. 16.99 *(978-1-7359753-0-6(3))* Vega Dawn LLC.

Kid Who Only Hit Homers. Matt Christopher. ed. 2020. (ENG.). 144p. (J). (gr. 1-5). pap. 6.99 *(978-0-316-46094-1(X))* Little, Brown Bks. for Young Readers.

Kid with Extraordinary, Super Duper, Superpowers. Glenn Alan. Illus. by Ayan Mansoori. 2021. (ENG.). 34p. (J). 19.95 *(978-1-0879-8480-3(7))* Indy Pub.

Kid with the Amazing Head. Andrew Weldon. 2016. 96p. (J). (gr. 2-4). 9.99 *(978-0-14-330916-1(1))* Random Hse. Australia AUS. Dist: Independent Pubs. Group.

Kid with the Golden Shovel. Narvell R. Benning. Illus. by Valiant Graphics. 2018. (Kid with the Golden Shovel Ser.: Vol. 1). (ENG.). 36p. (J). pap. 14.99 ***(978-1-7329467-0-5(1))*** Susso.

Kid Word Search Book Age 4-8: First Kids Word Search Puzzle Book Ages 4-6 & 6-8 - Words Activity Book for Children - Word Find Game Book for Kids - Wordsearches for Kids. Shanice Johnson. l.t. ed. 2021. (ENG.). 78p. (J). pap. 11.99 *(978-1-63998-205-9(1))* Brumby Kids.

Kids Herb Book: For Children of All Ages. Lesley Tierra. 2018. (ENG., Illus.). 264p. (gr. -1-18). pap. 24.95 *(978-1-885003-36-2(6))* Reed, Robert D. Pubs.

Kids Trip Diary: Kids! Write about Your Own Adventures. Have Fun While You Travel! Loris Bree & Marlin Bree. 5th ed. 2018. (ENG.). 96p. (J). (gr. 4-6). pap. 8.99 *(978-1-892147-34-9(3))* Marlor Pr., Inc.

Kidceo: Amazing Kids Share Their Success in Business. Jennifer J. Hobson Gormer. 2017. (ENG., Illus.). 184p. (J). (gr. 4-6). pap. 19.99 *(978-0-9988802-3-5(X))* Gormer, Jennifer Hobson.

Kidd: A Moral Opuscule (Classic Reprint) Richard J. Walsh. 2018. (ENG., Illus.). 26p. (J). 24.45 *(978-0-483-65899-8(5))* Forgotten Bks.

Kiddie Activity Book of Games, Puzzles & More. Educando Kids. 2019. (ENG.). 42p. (J). pap. 8.55 *(978-1-64521-734-3(5),* Educando Kids) Editorial Imagen.

Kiddie Book of Mazes for 5 Year Old. Educando Kids. 2019. (ENG.). 42p. (J). pap. 8.55 *(978-1-64521-613-1(6),* Educando Kids) Editorial Imagen.

Kiddie Color by Number Large Print Special. Educando Kids. 2019. (ENG.). 42p. (J). pap. 8.55 *(978-1-64521-663-6(2),* Educando Kids) Editorial Imagen.

Kiddie Creations! a Cut Out Activity Book for Kids. Activibooks For Kids. 2016. (ENG., Illus.). (J). pap. 7.55 *(978-1-68321-383-3(1))* Mimaxion.

Kiddie Fun with Dot to Dots! Activity Book Zone for Kids. 2016. (ENG., Illus.). (J). pap. 9.20 *(978-1-68376-075-7(1))* Sabeels Publishing.

Kiddie Math Boosters - Sudoku for Kids Age 8. Senor Sudoku. 2019. (ENG.). 78p. (J). pap. 10.99 *(978-1-64521-446-5(X))* Editorial Imagen.

Kiddie Math Essentials - Time & Money for Kindergarten: Children's Money & Saving Reference. Bobo's Little Brainiac Books. 2016. (ENG., Illus.). (J). pap. 7.99 *(978-1-68327-110-9(6))* Sunshine In My Soul Publishing.

Kiddie Number Challenges - Sudoku for Kids. Senor Sudoku. 2019. (ENG.). 78p. (J). pap. 10.99 *(978-1-64521-506-6(7))* Editorial Imagen.

Kiddie Table. Colleen Madden. 2018. (ENG., Illus.). 32p. (J). (gr. -1-2). 15.95 *(978-1-68446-002-1(6),* 138585, Capstone Editions) Capstone.

Kiddie the Scout. Robert Leighton. 2017. (ENG., Illus.). (J). 23.95 *(978-1-374-98355-7(1))*; pap. 13.95 *(978-1-374-98354-0(3))* Capital Communications, Inc.

Kiddies (Classic Reprint) J. J. Bell. 2018. (ENG., Illus.). 288p. (J). 29.84 *(978-0-483-86438-2(2))* Forgotten Bks.

Kiddinauts, & the Lost Baby Star. Lauren Du Plessis. 2019. (ENG.). 24p. (J). pap. 12.56 *(978-0-244-77751-7(9))* Lulu Pr., Inc.

Kiddo, 1 vol. Illus. by Cynthia Nugent. 2019. (ENG.). 148p. (J). (gr. 4-7). pap. 10.95 *(978-1-896580-66-1(1))* Tradewind Bks. CAN. Dist: Orca Bk. Pubs. USA.

Kiddo Christmas: 60+ Activities & Word Games for Children 7 Years & Up. Sherley Grace. 2016. (ENG., Illus.). (J). pap. *(978-1-988225-40-1(X))* simplyDONE Publishing.

Kiddo Mementos: Children's Tales for the Young at Heart. Roma Southworth. 2018. (ENG., Illus.). 26p. (J). 21.95 *(978-1-64140-445-7(0))* Christian Faith Publishing.

Kidds Own Journal, 1852, Vol. 2: For Inter-Communications on Natural History, Popular Science, & Things in General (Classic Reprint) William Kidd. (ENG., Illus.). (J). 2018. 432p. 32.81 *(978-0-332-29549-7(4))*; 2017. pap. 16.57 *(978-0-243-38819-6(5))* Forgotten Bks.

Kidd's Own Journal, 1853, Vol. 3: For Inter-Communications on Natural History, Popular Science, & Things in General (Classic Reprint) William Kidd. (ENG., Illus.). (J). 2018. 388p. 31.90 *(978-0-483-63535-7(9))*; 2017. pap. 16.57 *(978-0-243-31505-5(8))* Forgotten Bks.

Kidd's Own Journal, 1853, Vol. 4: For Inter-Communications on Natural History, Popular Science, & Things in General (Classic Reprint) William Kidd. (ENG., Illus.). (J). 2018. 396p. 32.06 *(978-0-483-62481-8(0))*; 2017. pap. 16.57 *(978-0-243-29551-7(0))* Forgotten Bks.

Kidd's Own Journal, 1854, Vol. 5: For Inter-Communications on Natural History, Popular Science, & Things in General (Classic Reprint) William Kidd. (ENG., Illus.). (J). 2018. 388p. 31.90 *(978-0-483-64275-1(4))*; 2017. pap. 16.57 *(978-0-243-32584-9(3))* Forgotten Bks.

Kidd's Own Journal, Vol. 1: For Inter-Communications on Natural History, Popular Science, & Things in General (Classic Reprint) William Kidd. (ENG., Illus.). (J). 2018. 430p. 32.77 *(978-0-267-40766-8(1))*; 2016. pap. 16.57 *(978-1-334-11580-6(X))* Forgotten Bks.

Kiddush Cup. Yaffa Liebermann. Ed. by Tamar Brooks. Illus. by Katie Sokolowski. 2021. (ENG.). 124p. (YA). 29.99 *(978-0-578-82718-6(2))* Posture & Breathing, LLC.

Kiddy Tales. Francis Ursida. 2017. (ENG., Illus.). (J). pap. 9.95 *(978-1-64082-627-4(0))* Page Publishing Inc.

KidGlovz. Julie Hunt. Illus. by Dale Newman. 2017. (ENG.). 288p. (J). (gr. 3-7). 19.99 *(978-1-74237-852-7(8))* Allen & Unwin AUS. Dist: Independent Pubs. Group.

KidHaven Health Library, 12 vols. 2019. (KidHaven Health Library). (ENG.). 32p. (J). (gr. 4-4). lib. bdg. 173.28 *(978-1-5345-3249-6(8),* 317dd3fd-f4b9-4517-aeff-b05f074dd161, KidHaven Publishing) Greenhaven Publishing LLC.

Kidmin Toolbox: Boxed Book Set. Lifeway Kids. 2018. (ENG.). 128p. (J). (gr. 1-6). pap. 59.99 *(978-1-5359-4390-1(4))* Lifeway Christian Resources.

Kidnap at 9 P. m. Nia Terrier. 2022. (ENG.). 228p. (YA). 29.95 *(978-1-63881-504-4(6))* Newman Springs Publishing, Inc.

Kidnap at Denton Farm. Robert Swindells. Illus. by Leo Hartas. 2021. (Outfit Ser.). (ENG.). 104p. (J). (gr. 5-8). 26.65 *(978-1-5415-7907-1(0),* dbbab570-fdfa-415d-9ec9-153c99cd581c); pap. 7.99 *(978-1-5415-8687-1(5),* 9859d6f1-4ba2-41bc-9c76-3f0e8585dd93) Lerner Publishing Group. (Darby Creek).

Kidnap on the California Comet: Adventures on Trains #2. M. G. Leonard & Sam Sedgman. Illus. by Elisa Paganelli & Elisa Paganelli. 2022. (Adventures on Trains Ser.: 2). (ENG.). 272p. (J). pap. 8.99 *(978-1-250-80271-2(7),* 900208110) Square Fish.

Kidnap Plot (the Extraordinary Journeys of Clockwork Charlie) Dave Butler. 2017. (Extraordinary Journeys of Clockwork Charlie Ser.: 1). 336p. (J). (gr. 3-7). 8.99 *(978-0-553-51298-4(6),* Yearling) Random Hse. Children's Bks.

Kidnapped see Secuestrado

Kidnapped. Robert Louis Stevenson. 2020. (ENG.). (J). (gr. 5). 180p. 19.95 *(978-1-64799-263-7(X))*; 178p. pap. 9.95 *(978-1-64799-262-0(1))* Bibliotech Pr.

Kidnapped. Robert Louis Stevenson. 2017. (ENG., Illus.). (J). 24.95 *(978-1-374-96355-9(0))*; pap. 14.95 *(978-1-374-96354-2(2))* Capital Communications, Inc.

Kidnapped. Robert Louis Stevenson. 2021. (ENG.). 160p. (J). (gr. 5). pap. 8.99 *(978-1-4209-7605-2(2))* Digireads.com Publishing.

Kidnapped. Robert Louis Stevenson. 2018. (ENG., Illus.). 190p. (J). 19.99 *(978-1-5154-2229-7(1))* Wilder Pubns., Corp.

Kidnapped. Robert Louis Stevenson & W. B. Hole. 2017. (ENG.). 334p. (J). (gr. 5). pap. *(978-3-7447-6112-3(6))* Creation Pubs.

Kidnapped. Robert Louis Stevenson & Louis Rhead. 2020. (ENG., Illus.). 224p. (J). (gr. 5). *(978-1-78943-112-4(3))*; pap. *(978-1-78943-111-7(5))* Benediction Classics.

Kidnapped: A Living Nightmare. Dave Rohee. 2018. (ENG.). 138p. (YA). pap. 13.95 *(978-1-64350-957-0(8))* Page Publishing Inc.

Kidnapped! - Kutekwa Nyara! Richard Khadambi & Collins Kipkirui. Illus. by Abraham Muzee. 2023. (SPA.). 28p. (J). pap. ***(978-1-922910-49-3(X))*** Library For All Limited.

Kidnapped - the Inheritance. Larry W. Jones. 2022. (ENG.). 215p. (J). ***(978-1-387-91719-8(6))*** Lulu Pr., Inc.

Kidnapped (100 Copy Collector's Edition) Robert Louis Stevenson. 2019. (ENG.). 196p. (YA). (gr. 7-12). *(978-1-77226-857-7(7))* AD Classic.

Kidnapped, and, David Balfour (Classic Reprint) Robert Louis Stevenson. 2017. (ENG., Illus.). (J). 39.37 *(978-0-265-18464-6(9))* Forgotten Bks.

Kidnapped & the Ransomed: Being the Personal Recollections of Peter Still & His Wife Vina, after Forty Years of Slavery (Classic Reprint) Kate E. R. Pickard. (ENG., Illus.). (J). 2017. 32.50 *(978-0-266-46130-2(1))*; 2016. pap. 16.57 *(978-1-333-60021-1(6))* Forgotten Bks.

Kidnapped (Annotated) Robert Louis Stevenson. 2021. (Sastrugi Press Classics Ser.). (ENG.). 206p. (J). 18.95 *(978-1-64922-135-3(5))*; pap. 11.95 *(978-1-64922-136-0(3))* Sastrugi Pr.

Kidnapped Being Memoirs of the Adventures of David Balfour in the Year 1751 (Classic Reprint) Robert Louis Stevenson. 2017. (ENG., Illus.). (J). 30.50 *(978-0-331-73327-3(7))* Forgotten Bks.

Kidnapped by Cannibals (Classic Reprint) Gordon Stables. (ENG., Illus.). (J). 2018. 294p. 29.96 *(978-0-483-63875-4(7))*; 2016. pap. 13.57 *(978-1-333-51136-4(1))* Forgotten Bks.

Kidnapped by Vampires, 1 vol. D. E. Daly. 2019. (Z Team Ser.). (ENG.). 64p. (YA). (gr. 2-3). 23.25 *(978-1-5383-8190-8(7),* 8b8a6daa-95ea-4336-b8c3-f50e7b941cea); pap. 13.35 *(978-1-5383-8189-2(3),* b874b81a-0bda-43ad-a47f-a1afc9fcf5ec) Enslow Publishing, LLC.

Kidnapped Colony (Classic Reprint) Mary Raymond. 2018. (ENG., Illus.). 198p. (J). 27.98 *(978-0-484-06492-7(4))* Forgotten Bks.

Kidnapped Millionaires: A Tale of Wall Street & the Tropics (Classic Reprint) Frederick U. Adams. (ENG., Illus.). (J). 2018. 524p. 34.70 *(978-0-332-08683-5(6))*; 2017. pap. 19.57 *(978-0-243-51540-0(5))* Forgotten Bks.

Kidnapped (Royal Collector's Edition) (Case Laminate Hardcover with Jacket) Robert Louis Stevenson. 2022. (ENG.). 196p. (YA). ***(978-1-77476-652-1(3))*** AD Classic.

Kidnapped Squatter: And Other Australian Tales (Classic Reprint) Andrew Robertson. 2018. (ENG., Illus.). 266p. (J). 29.38 *(978-0-483-39225-0(1))* Forgotten Bks.

Kidnappers. Willo Davis Roberts. 2016. (ENG., Illus.). 208p. (J). (gr. 3-7). pap. 7.99 *(978-1-4814-4904-5(4),* Aladdin) Simon & Schuster Children's Publishing.

Kidnappers: A Tale of Last Century (Classic Reprint) George Garden Green. (ENG., Illus.). (J). 2018. 200p. 28.04 *(978-0-666-98243-8(0))*; 2017. pap. 10.57 *(978-0-259-47668-9(4))* Forgotten Bks.

Kidnapping King: Book Two in the Jack & the Magic Hat Maker Series. Tracy Partridge-Johnson. 2020. (ENG.). 184p. (J). 26.99 *(978-1-716-39505-5(4))* Lulu Pr., Inc.

Kidnapping of President Lincoln: And Other War Detective Stories (Classic Reprint) Joel Chandler Harris. 2018. (ENG., Illus.). 328p. (J). 30.66 *(978-0-364-63030-3(2))* Forgotten Bks.

Kidneys. Joyce Markovics. 2022. (Hello, Body! Ser.). (ENG., Illus.). 24p. (J). (gr. 4-6). pap. 12.79 *(978-1-6689-1121-1(3),* 221066); lib. bdg. 30.64 *(978-1-6689-0961-4(8),* 220928) Cherry Lake Publishing.

Kids. Anastasia Suen. 2019. (Spot Baby Farm Animals Ser.). (ENG.). 16p. (J). (gr. -1-2). lib. bdg. *(978-1-68151-532-8(6),* 14493) Amicus.

Kids' Activities in a Puzzle & Coloring Book. Kreative Kids. 2016. (ENG., Illus.). (J). pap. 10.81 *(978-1-68377-743-4(3))* Whlke, Traudl.

Kid's Activity Book. R. Jane. 2020. (ENG.). 132p. (J). pap. 7.49 *(978-1-60087-165-8(8))* Moonswept Pr.

Kids Activity Book Bundle 1, 2 vols. Speedy Publishing LLC Staff. 2016. (ENG., Illus.). 100p. (J). pap. 15.99 *(978-1-68326-035-6(X))* Speedy Publishing LLC.

Kids Activity Book Bundle 2, 2 vols. Speedy Publishing LLC Staff. 2016. (ENG., Illus.). 100p. (J). pap. 15.99 *(978-1-68326-036-3(8))* Speedy Publishing LLC.

Kids Activity Book Bundle 4, 2 vols. Speedy Publishing LLC Staff. 2016. (ENG., Illus.). 100p. (J). pap. 15.99 *(978-1-68326-017-2(1))* Speedy Publishing LLC.

Kids Activity Books Ages 4-8 Tracing Edition. Activity Book Zone for Kids. 2016. (ENG., Illus.). (J). pap. 9.20 *(978-1-68376-264-5(9))* Sabeels Publishing.

Kids Activity Books Introduction to Kindergarten. Fun Coloring Illustrations for Quality Learning Experience. Includes Dot to Dots, Shapes & Letters with Labels for Easy Reading. Speedy Kids. 2017. (ENG., Illus.). 200p. (J). pap. 12.26 *(978-1-5419-4781-8(9))* Speedy Publishing LLC.

Kids Activity Game Book: Activity Book for Children Ages - Game Book for Kids - Word Search Puzzles, Dot to Dots, Sudoku & Word Scrambles. Lena Bidden. l.t. ed. 2021. (ENG.). 132p. (J). pap. 13.00 *(978-1-5311-4819-5(0))* Lulu Pr., Inc.

Kids' Adventures with E.T. Friends in Space: Based on Real Accounts. Barbara Lamb. Illus. by Mary Edwards. 2023. 24p. (J). pap. 24.95 ***(978-1-944891-99-2(4))*** Ledge Media.

Kids & ADHD. Melissa Abromovitz. 2018. (Diseases & Disorders of Youth Ser.). (ENG.). 80p. (YA). (gr. 6-12). 39.93 *(978-1-68282-391-0(1))* ReferencePoint Pr., Inc.

Kids & Asthma. Kris Hirschmann. 2018. (Diseases & Disorders of Youth Ser.). (ENG.). 80p. (J). (gr. 6-12). 39.93 *(978-1-68282-393-4(8))* ReferencePoint Pr., Inc.

Kids & Autism. Kris Hirschmann. 2018. (Diseases & Disorders of Youth Ser.). (ENG.). 80p. (YA). (gr. 6-12). 39.93 *(978-1-68282-395-8(4))* ReferencePoint Pr., Inc.

Kids & Cancer. Toney Allman. 2018. (Diseases & Disorders of Youth Ser.). (ENG.). 80p. (YA). (gr. 6-12). 39.93 *(978-1-68282-397-2(0))* ReferencePoint Pr., Inc.

Kids & Diabetes. Toney Allman. 2018. (Diseases & Disorders of Youth Ser.). (ENG.). 80p. (YA). (gr. 6-12). 39.93 *(978-1-68282-399-6(7))* ReferencePoint Pr., Inc.

Kids & Mental Illness. Peggy J. Parks. 2018. (Diseases & Disorders of Youth Ser.). (ENG.). 80p. (YA). (gr. 6-12). 39.93 *(978-1-68282-401-6(2))* ReferencePoint Pr., Inc.

Kids & Obesity. Gail Snyder. 2018. (Diseases & Disorders of Youth Ser.). (ENG.). 80p. (YA). (gr. 6-12). 39.93 *(978-1-68282-403-0(9))* ReferencePoint Pr., Inc.

Kids & Obesity, 10 vols., Set. Incl. Does Television Make You Fat? Lifestyle & Obesity. Rae Simons. (Illus.). pap. 7.95 *(978-1-4222-1900-3(3))*; Too Many Sunday Dinners: Family & Diet. Rae Simons. pap. 7.95 *(978-1-4222-1901-0(1))*; Truth about Diets: What's Right for You? Jamie Hunt. pap. 7.95 *(978-1-4222-1898-3(8))*; Weighted Down: When Being Overweight makes You Sick. Helen Thompson. (Illus.). pap. 7.95 *(978-1-4222-1896-9(1))*; 48p. (YA). 2009. 2011. Set pap. 79.50 *(978-1-4222-1893-8(7))*; Set lib. bdg. 199.50 *(978-1-4222-1705-4(1))* Mason Crest.

Kids Animal Pals Volume 2. Larry W. Jones. 2021. (ENG.). 46p. (J). *(978-1-716-17522-0(4))* Lulu Pr., Inc.

Kids Are Getting into Mischief, a Coloring Book. Activibooks For Kids. 2016. (ENG., Illus.). (J). pap. 9.20 *(978-1-68321-332-1(7))* Mimaxion.

Kids Are Not Krayons! George Middleton. Illus. by Blake Frederick. 2022. (ENG.). 84p. (J). 29.99 ***(978-1-387-81257-8(2))*** Lulu Pr., Inc.

Kids Ask HOW Does a Roller Coaster Stay on the Track? Sequoia Children's Publishing. 2021. (Active Minds: Kids Ask Ser.). (ENG.). 24p. (J). (gr. 1-3). lib. bdg. 27.29 *(978-1-64996-063-4(8),* 4910, Sequoia Kids Media) Phoenix International Publications, Inc.

Kids Ask WHAT Makes a Skunk Stink? Sequoia Children's Publishing. 2021. (Active Minds: Kids Ask Ser.). (ENG.). 24p. (J). (gr. 1-3). lib. bdg. 27.29 *(978-1-64996-060-3(3),* 4907, Sequoia Kids Media) Phoenix International Publications, Inc.

Kids Ask WHERE Do Dinosaurs Get Their Names? Sequoia Children's Publishing. 2021. (Active Minds: Kids Ask Ser.). (ENG., Illus.). 24p. (J). (gr. 1-3). lib. bdg. 27.29 *(978-1-64996-061-0(1),* 4908, Sequoia Kids Media) Phoenix International Publications, Inc.

Kids Ask WHO Invented Bubble Gum? Sequoia Children's Publishing. 2021. (Active Minds: Kids Ask Ser.). (ENG.). 24p. (J). (gr. 1-3). lib. bdg. 27.29 *(978-1-64996-059-7(X),* 4906, Sequoia Kids Media) Phoenix International Publications, Inc.

Kids Ask WHY Does the Moon Change Shape? Sequoia Children's Publishing. 2021. (Active Minds: Kids Ask Ser.). (ENG., Illus.). 24p. (J). (gr. 1-3). lib. bdg. 27.29 *(978-1-64996-062-7(X),* 4909, Sequoia Kids Media) Phoenix International Publications, Inc.

Kids at Play: Coloring Book for Kids - 40 Fun Pictures for Children to Color [8. 5 X 8. 5 Square - 80 Pages] (Play Hard) (Volume 2) Journal Jungle Publishing. 2018. (Play Hard Ser.: Vol. 2). (ENG., Illus.). 80p. (J). (gr. k-5). pap. *(978-1-987869-65-1(6))* Mindful Word, The.

Kids at Play! Children Playing Outdoors Coloring Books Kids Edition. Creative Playbooks. 2016. (ENG., Illus.). (J). pap. 7.74 *(978-1-68323-007-6(8))* Twin Flame Productions.

Kid's Awesome Activity Book: Games! Puzzles! Mazes! & More! Mike Lowery. 2018. (ENG., Illus.). 112p. (J). (gr. 1-6). pap. 14.95 *(978-0-7611-8718-9(9),* 18718) Workman Publishing Co., Inc.

Kids' Bedtime Devotional Bible: Featuring Art from the Popular 365 Classic Bedtime Bible Stories. Compiled by Compiled by Barbour Staff. 2021. (ENG.). 1056p. (J). 29.99 *(978-1-64352-739-0(8),* Barbour Bibles) Barbour Publishing, Inc.

Kids Bedtime Stories: Short Fantasy Stories for Children & Toddlers to Help Them Fall Asleep & Relax. Leeanna Gill. 2020. (ENG.). 112p. (J). pap. 12.99 *(978-1-953732-12-5(7))* Laposata, Michael.

Kids Bedtime Stories: Short Stories for Kids with Dragons, Aliens, Dinosaurs, & Unicorn: Help Your Children Asleep & Feeling Calm. Cindy Levis. 2020. (ENG.). 108p. (J). pap. 12.99 *(978-1-953732-02-6(X))* Laposata, Michael.

Kids Bedtime Stories: The Fun Stories to Help Children & Toddlers Fall Asleep & Have Beautiful Dreams. Duane Franklin. 2020. (ENG.). 156p. (J). pap. 13.99 *(978-1-953732-92-7(5))* Jason, Michael.

Kids Bedtime Stories: Wonderful Short Stories for Children & Toddlers to Help Them Relax & Fall Asleep. Fantastic Stories to Dream about for All Ages. Duane Franklin. 2020. (ENG.). 188p. (J). pap. 10.99 *(978-1-953732-86-6(0))* Jason, Michael.

Kids' Bible Need-To-Know: 199 Fascinating Questions & Answers. Ed Strauss. 2021. (Kids' Guide to the Bible Ser.). (ENG., Illus.). 160p. (J). pap. 14.99 *(978-1-64352-772-7(X),* Shiloh Kidz) Barbour Publishing, Inc.

Kids' Bible Trivia: An Interactive Quiz For 6-10-Year-Olds. Paul Kent. 2023. (ENG.). 256p. (J). pap. 5.99 *(978-1-63609-360-4(4))* Barbour Publishing, Inc.

Kids Book about Anxiety. Ross Szabo. 2023. (Kids Book Ser.). (ENG.). 72p. (J). (gr. k-4). 19.99 ***(978-0-7440-8569-3(1),*** DK Children) Dorling Kindersley Publishing, Inc.

Kids Book about Belonging. Kevin Carroll. 2023. (Kids Book Ser.). (ENG.). 72p. (J). (gr. k-4). 19.99 ***(978-0-7440-8573-0(X),*** DK Children) Dorling Kindersley Publishing, Inc.

Kids Book about Disability. Kristine Napper. 2023. (Kids Book Ser.). (ENG.). 72p. (J). (gr. k-4). 19.99 ***(978-0-7440-8568-6(3),*** DK Children) Dorling Kindersley Publishing, Inc.

Kids Book about Failure. Laymon Hicks. 2023. (Kids Book Ser.). (ENG.). 64p. (J). (gr. k-4). 19.99

(978-0-7440-8574-7(8), DK Children) Dorling Kindersley Publishing, Inc.
Kids Book about Imagination. LeVar Burton. 2023. (Kids Book Ser.). (ENG.). 72p. (J). (gr. k-4). 19.99 *(978-0-7440-8570-9(5),* DK Children) Dorling Kindersley Publishing, Inc.
Kids Book about Racism. Jelani Memory. 2023. (Kids Book Ser.).Tr. of Libro para Niños Sobre Racismo. (ENG.). 64p. (J). (gr. k-4). 19.99 *(978-0-7440-8567-9(5),* DK Children) Dorling Kindersley Publishing, Inc.
Kids Book of Addition Workbook Children's Math Books. Left Brain Kids. 2016. (ENG., Illus.). (J). pap. 7.51 *(978-1-68376-658-2(X))* Sabeels Publishing.
Kids' Book of Awesome Riddles: More Than 150 Brain Teasers for Kids & Their Families. Amanda Learmonth. 2021. (ENG., Illus.). 160p. (J). (gr. 2-6). pap. 8.99 *(978-1-78055-635-2(7),* Buster Bks.) O'Mara, Michael Bks., Ltd. GBR. Dist: Independent Pubs. Group.
Kids' Book of Bible Feast Days: And Their Secrets to the Future. Ramona Wood. 2019. (ENG., Illus.). 34p. (J). (gr. k-6). pap. 11.00 *(978-0-9758622-7-8(8))* ABC Pr.
Kids' Book of Chess & Starter Kit: Learn to Play & Become a Grandmaster! Includes Illustrated Chessboard, Full-Color Instructional Book, & 32 Sturdy 3-D Cardboard Pieces. Harvey Kidder. Illus. by George Ermos. rev. ed. 2022. (ENG.). 96p. (J). (gr. 3-17). pap. 22.95 *(978-1-5235-1603-2(8),* 101603) Workman Publishing Co., Inc.
Kids' Book of Crosswords: 82 Fun-Packed Word Puzzles. Ivy Finnegan. Illus. by Gabriele Tafuni & Angelika Scudamore. 2022. (ENG.). 96p. (J). pap. 9.99 *(978-1-3988-1521-6(7),* 343127df-d560-4d05-a148-f5ed8ab4c187) Arcturus Publishing GBR. Dist: Baker & Taylor Publisher Services (BTPS).
Kids' Book of Dot to Dot 1. Emily Twomey. 2018. (Buster Puzzle Bks.). (ENG.). 192p. (J). (gr. 1-5). pap. 4.99 *(978-1-78055-505-8(9))* O'Mara, Michael Bks., Ltd. GBR. Dist: Independent Pubs. Group.
Kids Book of Easy Telling Time: Hours & Half-Hours Workbook Children's Time Books. Left Brain Kids. 2016. (ENG., Illus.). (J). pap. 7.51 *(978-1-68376-659-9(8))* Sabeels Publishing.
Kids' Book of Hand Lettering: 20 Lessons & Projects to Decorate Your World. Nicole Miyuki Santo. 2018. (ENG., Illus.). 192p. (J). (gr. 4-17). pap. 12.99 *(978-0-7624-6339-8(2),* Running Pr. Kids) Running Pr.
Kids' Book of Mazes 1. Gareth Moore. 2018. (Buster Puzzle Bks.). (ENG.). 192p. (J). (gr. 1-3). pap. 4.99 *(978-1-78055-500-3(8))* O'Mara, Michael Bks., Ltd. GBR. Dist: Independent Pubs. Group.
Kids' Book of Mazes 2. Gareth Moore. 2018. (Buster Puzzle Bks.). (ENG.). 192p. (J). (gr. 1-3). pap. 4.99 *(978-1-78055-502-7(4))* O'Mara, Michael Bks., Ltd. GBR. Dist: Independent Pubs. Group.
Kids Book of Measurement: Length Edition Workbook Children's Size & Shape Books. Left Brain Kids. 2016. (ENG., Illus.). (J). pap. 7.51 *(978-1-68376-667-4(9))* Sabeels Publishing.
Kids Book of Measurement Weight Edition Workbook Children's Size & Shape Books. Pfiffikus. 2016. (ENG., Illus.). (J). pap. 10.81 *(978-1-68377-647-5(X))* Whike, Traudl.
Kids Book of Money: Counting Coins Edition Workbook Children's Counting Books. Left Brain Kids. 2016. (ENG., Illus.). (J). pap. 7.51 *(978-1-68376-665-0(2))* Sabeels Publishing.
Kids Book of Money: Dollars & Cents Edition Workbook Children's Counting Books. Left Brain Kids. 2016. (ENG., Illus.). (J). pap. 7.51 *(978-1-68376-666-7(0))* Sabeels Publishing.
Kids Book of Multiplication Workbook Children's Math Books. Left Brain Kids. 2016. (ENG., Illus.). (J). pap. 7.51 *(978-1-68376-664-3(4))* Sabeels Publishing.
Kids Book of Number Games 1-150 Workbook Children's Math Books. Left Brain Kids. 2016. (ENG., Illus.). (J). pap. 7.51 *(978-1-68376-656-8(3))* Sabeels Publishing.
Kids Book of Number Games 1-70 Workbook Children's Math Books. Left Brain Kids. 2016. (ENG., Illus.). (J). pap. 9.43 *(978-1-68376-655-1(5))* Sabeels Publishing.
Kids Book of Numbers 1-120 Workbook Children's Math Books. Left Brain Kids. 2016. (ENG., Illus.). (J). pap. 7.51 *(978-1-68376-654-4(7))* Sabeels Publishing.
Kids Book of Numbers 1-30 Workbook Children's Math Books. Left Brain Kids. 2016. (ENG., Illus.). (J). pap. 7.51 *(978-1-68376-653-7(9))* Sabeels Publishing.
Kids' Book of Paper Love: Write. Craft. Play. Share. Irene Smit & Astrid van der Hulst. 2019. (Flow Ser.). (ENG.). 180p. (J). (gr. 2-9). pap. 19.95 *(978-1-5235-0814-3(0),* 100814) Workman Publishing Co., Inc.
Kids Book of Simple Addition Workbook Children's Math Books. Left Brain Kids. 2016. (ENG., Illus.). (J). pap. 7.51 *(978-1-68376-657-5(1))* Sabeels Publishing.
Kids Book of Simple Multiplication Workbook Children's Math Books. Left Brain Kids. 2016. (ENG., Illus.). (J). pap. 9.43 *(978-1-68376-663-6(6))* Sabeels Publishing.
Kids Book of Simple Subtraction Workbook Children's Math Books. Left Brain Kids. 2016. (ENG., Illus.). (J). pap. 7.51 *(978-1-68376-661-2(X))* Sabeels Publishing.
Kids' Book of Sticker Love: Paper Projects to Make & Decorate. Irene Smit et al. 2021. (Flow Ser.). (ENG.). 176p. (J). (gr. 2-9). pap. 19.99 *(978-1-5235-1299-7(7),* 101299) Workman Publishing Co., Inc.
Kids Book of Subtraction Workbook Children's Math Books. Left Brain Kids. 2016. (ENG., Illus.). (J). pap. 7.51 *(978-1-68376-662-9(8))* Sabeels Publishing.
Kids' Book of Sudoku: 82 Fun-Packed Number Puzzles. Ivy Finnegan. Illus. by Gabriele Tafuni & Angelika Scudamore. 2022. (ENG.). 96p. (J). pap. 9.99 *(978-1-3988-1522-3(5),* 2921deed-0761-470d-a7dc-7303f1001875) Arcturus Publishing GBR. Dist: Baker & Taylor Publisher Services (BTPS).
Kids' Book of Sudoku 1. Alastair Chisholm. 2018. (Buster Puzzle Bks.). (ENG.). 192p. (J). (gr. 3-7). pap. 4.99 *(978-1-78055-501-0(6))* O'Mara, Michael Bks., Ltd. GBR. Dist: Independent Pubs. Group.
Kids' Book of Sudoku 2. Alastair Chisholm. 2018. (Buster Puzzle Bks.). (ENG.). 192p. (J). (gr. 3-7). pap. 5.99 *(978-1-78055-503-4(2))* O'Mara, Michael Bks., Ltd. GBR. Dist: Independent Pubs. Group.
Kids Book of Telling Time: Counting Minutes & Seconds Workbook Children's Time Books. Left Brain Kids. 2016. (ENG., Illus.). (J). pap. 7.51 *(978-1-68376-660-5(1))* Sabeels Publishing.
Kid's Book of the Elements: An Awesome Introduction to Every Known Atom in the Universe. Theodore Gray. 2020. (ENG., Illus.). 128p. (J). (gr. 3-7). 17.99 *(978-0-7624-7077-8(1));* pap. 12.99 *(978-0-7624-7078-5(X))* Running Pr. (Black Dog & Leventhal Pubs. Inc.).
Kids' Book of Wordsearch: 82 Fun-Packed Word Puzzles. Ivy Finnegan. Illus. by Gabriele Tafuni & Angelika Scudamore. 2022. (ENG.). 96p. (J). pap. 9.99 *(978-1-3988-1523-0(3),* d68a549b-7c48-42a7-a843-cc31968bf866) Arcturus Publishing GBR. Dist: Baker & Taylor Publisher Services (BTPS).
Kids Can Bake: Recipes for Budding Bakers. Illus. by Esther Coombs. 2021. (Kids Can Ser.). (ENG.). 64p. (J). (gr. 3-3). 17.99 *(978-1-78708-109-3(5))* Button Bks. GBR. Dist: Publishers Group West (PGW).
Kids Can Be Superheroes Too! Joseph Majors. 2022. (ENG.). 28p. (J). pap. 12.99 *(978-1-7374617-3-9(0))* Thoughts 2 Print Pr.
Kids Can Change the World: A Middle Schooler's Guide for Turning Passion into Progress. Adom Appiah. 2017. (ENG., Illus.). (J). pap. 7.99 *(978-0-9991181-8-4(8))* Triple A Pr.
Kids Can Code! Fun Ways to Learn Computer Programming. Ian Garland. 2019. (ENG., Illus.). 128p. (J). (gr. 3-8). pap. 12.99 *(978-1-5107-4005-1(8),* Sky Pony Pr.) Skyhorse Publishing Co., Inc.
Kids Can Cook Anything! The Complete How-To Cookbook for Young Chefs, with 75 Kid-Tested, Kid-Approved Recipes. America's Test America's Test Kitchen Kids. 2022. (Young Chefs Ser.). (Illus.). 208p. (J). (gr. 3-7). 22.99 *(978-1-954210-24-0(8),* America's Test Kitchen Kids) America's Test Kitchen.
Kids Can Cook Too! Lori Plegge. 2018. (ENG., Illus.). 100p. (J). pap. 12.50 *(978-0-359-01157-5(8))* Lulu Pr., Inc.
Kids Can Cook Vegetarian: Meat-Free Recipes for Budding Chefs. Button Books. Illus. by Esther Coombs. 2022. (Kids Can Ser.). (ENG.). 64p. (J). 19.99 *(978-1-78708-119-2(2))* Button Bks. GBR. Dist: Publishers Group West (PGW).
Kids Can Do It!, 12 vols. 2017. (Kids Can Do It! Ser.). 32p. (ENG.). (gr. 3-3). 181.62 *(978-1-4994-8268-3(X),* 5aaf8ff5-262e-44b1-a281-4c073143e6ad); (gr. 8-8). pap. 70.50 *(978-1-4994-8378-9(3))* Rosen Publishing Group, Inc., The. (Windmill Bks.).
Kids Can Have Jobs - 6 Pack: Set of 6 Common Core Edition. Katherine Scraper. 2016. (Early Explorers Ser.). (J). (gr. k-1). 39.00 net. *(978-1-5125-8579-7(3))* Benchmark Education Co.
Kids Can Help. Emily Raij. 2020. (Kids Can Help Ser.). (ENG.). 32p. (J). (gr. 3-5). 125.28 *(978-1-4966-8554-4(7),* 200736); pap., pap., pap. 31.80 *(978-1-4966-8827-9(9),* 201760) Capstone. (Capstone Pr.).
Kids Can Help Animals. Emily Raij. 2020. (Kids Can Help Ser.). (ENG., Illus.). 32p. (J). (gr. 3-5). pap. 7.95 *(978-1-4966-8781-4(7),* 201666); lib. bdg. 29.32 *(978-1-4966-8375-5(7),* 200247) Capstone. (Capstone Pr.).
Kids Can Help Fight Poverty. Emily Raij. 2020. (Kids Can Help Ser.). (ENG., Illus.). 32p. (J). (gr. 3-5). pap. 7.95 *(978-1-4966-8784-5(1),* 201669); lib. bdg. 29.32 *(978-1-4966-8378-6(1),* 200250) Capstone. (Capstone Pr.).
Kids Can Help Kids. Emily Raij. 2020. (Kids Can Help Ser.). (ENG., Illus.). 32p. (J). (gr. 3-5). pap. 7.95 *(978-1-4966-8783-8(3),* 201668); lib. bdg. 29.32 *(978-1-4966-8377-9(3),* 200249) Capstone. (Capstone Pr.).
Kids Can Help the Environment. Emily Raij. 2020. (Kids Can Help Ser.). (ENG., Illus.). 32p. (J). (gr. 3-5). pap. 7.95 *(978-1-4966-8782-1(5),* 201667); lib. bdg. 29.32 *(978-1-4966-8376-2(5),* 200248) Capstone. (Capstone Pr.).
Kids Can't Get Enough! Connect the Dots Kindergarten. Educando Kids. 2019. (ENG.). 42p. (J). pap. 8.55 *(978-1-64521-689-6(6),* Educando Kids) Editorial Imagen.
Kid's Christmas Crosswords: Large-Type Puzzles for Ages 8 & Up. Jenny Patterson & The Puzzler. 2019. (ENG.). 86p. (J). (gr. 2-6). pap. 8.95 *(978-1-7338129-7-9(0))* Old Town Publishing.
Kid's Christmas Word Search: Over 50 Large Type Christmas Word Search Puzzles: Large Type Puzzles for Ages 6 & Up. Jenny Patterson & The Puzzler. 2018. (Word Puzzler Ser.: Vol. 2). (ENG., Illus.). 84p. (J). (gr. 1-6). pap. 8.95 *(978-1-7329703-1-9(1))* Old Town Publishing.
Kids Coloring Activity Books Bundle: Includes a He, 2 vols. Speedy Publishing LLC Staff. 2016. (ENG., Illus.). 100p. (J). pap. 15.99 *(978-1-68326-001-1(5))* Speedy Publishing LLC.
Kid's Coloring Adventure, Doodle Monsters Coloring Book. Activibooks For Kids. 2016. (ENG., Illus.). (J). pap. 9.20 *(978-1-68321-657-5(1))* Mimaxion.
Kid's Coloring Book: Ages 8 To 12. Color Company. 2021. (ENG.). 82p. (J). pap. 27.78 *(978-1-7367317-6-5(9))* Work, Rare Bks.
Kids Coloring Book: For Kids Ages 4-8, 9-12. Young Dreamers Press. Illus. by Agnieszka Maszota. 2021. (Young Dreamers Coloring Bks.: Vol. 1). (ENG.). 66p. (J). pap. *(978-1-990136-04-7(4))* EnemyOne.
Kids Coloring Book for Naming Emotions Through Facial Expressions. Coloring Activity Book for Kindergartners. Social Skills Enrichment Activities Ages 4-8. Speedy Kids. 2017. (ENG., Illus.). 200p. (J). pap. 12.26 *(978-1-5419-4775-7(4))* Speedy Publishing LLC.
Kids Coloring Books Age 4-8. the Big Book of Faces. Recognizing Diversity with One Cool Face at a Time. Colors, Shapes & Patterns for Kids. Jupiter Kids. 2017. (ENG., Illus.). 200p. (J). pap. 12.26 *(978-1-5419-4798-6(3),* Jupiter Kids (Childrens & Kids Fiction)) Speedy Publishing LLC.
Kids Coloring Books Animal Coloring Book: Fun Coloring Book for Kids Ages 3 - 8, Page Large 8. 5 X 11. Elma Angels. 2020. (ENG.). 84p. (J). pap. 9.39 *(978-1-716-30970-0(0))* Lulu Pr., Inc.
Kids Coloring Books (Big Trucks) A Big Trucks Coloring (Colouring) Book with 30 Coloring Pages That Gradually Progress in Difficulty: This Book Can Be Downloaded As a PDF & Printed Out to Color Individual Pages. James Manning. 2019. (Kids Coloring Bks.: Vol. 2). (ENG., Illus.). 62p. (J). pap. *(978-1-83856-668-5(6))* Coloring Pages.
Kids Coloring Books (Cars) A Cars Coloring (Colouring) Book with 30 Coloring Pages That Gradually Progress in Difficulty: This Book Can Be Downloaded As a PDF & Printed Out to Color Individual Pages. James Manning. 2019. (Kids Coloring Books (Cars) Ser.: Vol. 3). (ENG., Illus.). 62p. (J). pap. *(978-1-83856-404-9(7))* Coloring Pages.
Kids Coloring Books for Boys (Big Trucks Coloring Book) A Big Trucks Coloring (Colouring) Book with 30 Coloring Pages That Gradually Progress in Difficulty: This Book Can Be Downloaded As a PDF & Printed Out to Color Individual Pages. James Manning. 2019. (Kids Coloring Books for Boys (Big Trucks Coloring Ser.: Vol. 2). (ENG., Illus.). 62p. (J). pap. *(978-1-83856-669-2(4))* West Suffolk CBT Service Ltd., The.
Kids Coloring Books for Boys (Cars Coloring Book) A Cars Coloring (Colouring) Book with 30 Coloring Pages That Gradually Progress in Difficulty: This Book Can Be Downloaded As a PDF & Printed Out to Color Individual Pages. James Manning. 2019. (Kids Coloring Books for Boys (Cars Coloring Book) Ser.: Vol. 3). (ENG., Illus.). 62p. (J). pap. *(978-1-83856-405-6(5))* West Suffolk CBT Service Ltd., The.
Kids' Comedic Monologues That Are Actually Funny. Alisha Gaddis. 2016. (Applause Acting Ser.). 208p. pap. 14.99 *(978-1-4950-1176-4(3),* 1495011763, Applause Theatre & Cinema) Leonard, Hal Corp.
Kids Cook: Global Recipes. Tamia Sheldon. Illus. by Tamia Sheldon. 2020. (ENG., Illus.). 32p. (J). (gr. 1-5). pap. 12.99 *(978-1-5324-1346-9(7))* Xist Publishing.
Kids Cook Dinner. Deanna F. Cook. ed. 2022. (ENG.). 62p. (J). (gr. 3-7). 22.96 *(978-1-68505-636-0(9))* Penworthy Co., LLC, The.
Kids Cook Dinner: 23 Healthy, Budget-Friendly Meals from the Best-Selling Cooking Class Series. Deanna F. Cook. 2022. (Cooking Class Ser.). (ENG., Illus.). 64p. (J). (gr. 3-7). pap. 9.95 *(978-1-63586-463-2(1),* 626463) Storey Publishing, LLC.
Kids Cooking: Students Prepare & Eat Foods from Around the World. George Ancona. Illus. by George Ancona. 2018. (ENG., Illus.). 32p. (J). (gr. -1-1). 16.99 *(978-0-7636-9876-8(8))* Candlewick Pr.
Kids Covid19 Devotionals. Debbie Wood. 2022. (ENG.). 20p. (J). pap. 9.99 *(978-1-0880-1981-8(1))* Debra L. Wood.
Kids Crossword Book. Lena Bidden. 2021. (ENG.). 92p. (J). pap. 12.00 *(978-1-716-24649-4(0))* Lulu Pr., Inc.
Kid's Crossword Puzzle Book: Hours of Fun for Ages 7 & Up. Jenny Patterson & The Puzzler. 2018. (Word Puzzler Ser.: Vol. 3). (ENG., Illus.). 146p. (J). (gr. 2-6). pap. 10.95 *(978-1-7329703-2-8(7))* Old Town Publishing.
Kids Cut & Fit Together Puzzle Book for Age 4+ B. A. Publications. 2023. (ENG.). 47p. (J). pap. *(978-1-4478-5621-4(X))* Lulu Pr., Inc.
Kids Devotional Journal. Blandine J. Tchanque. 2021. (ENG.). 140p. (J). *(978-1-6780-4764-1(3))* Lulu Pr., Inc.
Kids Do Magic!, 1 vol. Ruth Owen. 2016. (Creative Kids Ser.). (ENG.). 32p. (gr. 3-3). pap. 12.75 *(978-1-4994-8113-6(6),* f8398427-48c2-471d-a3f2-2f513c0a7341, Windmill Bks.) Rosen Publishing Group, Inc., The.
Kids Drawing Academy: How to Draw Activity Book. Activibooks For Kids. 2016. (ENG., Illus.). (J). pap. 6.99 *(978-1-68321-384-0(X))* Mimaxion.
Kids Drawing Books. Step by Step Drawing for Children with Fun Coloring Exercises for Budding Artists. Special Activity Book Designed to Improve Knowledge on Insects & Other Animals. Speedy Kids. 2017. (ENG., Illus.). 200p. (J). pap. 12.26 *(978-1-5419-4792-4(4))* Speedy Publishing LLC.
Kids Faith It Too: A Devotional for Children. Lorraine Jones-Whitfield. 2018. (ENG., Illus.). 46p. (J). pap. 8.99 *(978-0-578-41577-2(1))* She Soars LLC.
Kids' Favorite Activity & Coloring Book Edition. Activity Book Zone for Kids. 2016. (ENG., Illus.). (J). pap. 7.55 *(978-1-68376-231-7(2))* Sabeels Publishing.
Kids Fight Climate Change: Act Now to Be A #2minutesuperhero. Martin Dorey. Illus. by Tim Wesson. 2022. (#2minutesuperhero Ser.). (ENG.). 128p. (J). (gr. 2-5). 7.99 *(978-1-5362-2349-1(2));* 19.99 *(978-1-5362-2348-4(4))* Candlewick Pr.
Kids Fight Plastic: How to Be A #2minutesuperhero. Martin Dorey. Illus. by Tim Wesson. 2020. (#2minutesuperhero Ser.). (ENG.). 128p. (J). (gr. 2-5). 19.99 *(978-1-5362-1277-8(6));* pap. 9.99 *(978-1-5362-1587-8(2))* Candlewick Pr.
Kids First Word Search: Easy Large Print Word Find Puzzles for Kids - Color in the Words! Bez Ketchup. 2019. (Learning Word Search Ser.: Vol. 1). (ENG., Illus.). 114p. (J). (gr. k-1). pap. *(978-952-7278-22-2(8))* Mc Namara, Paul.
KIDS FOOD COLORING & ACTIVITY BOOK HARMONY COLLECTIONS: Kids Food Coloring Book Harmony Collections | All Ages | Friend & Family Fun | Mazes | Word Search. Roshon Gardner. 2023. (ENG.). 32p. (J). pap. *(978-1-365-40135-0(9))* Lulu Pr., Inc.
Kid's Game Plan for Great Choices: An All-Sports Devotional. Michael Ross & Christopher Ross. 2019. (ENG., Illus.). 208p. (J). (gr. 2-7). pap. 12.99 *(978-0-7369-7524-7(1),* 6975247) Harvest Hse. Pubs.
Kids' Garden. Whitney Cohen. Illus. by Roberta Arenson. 2021. (Barefoot Books Activity Decks Ser.). (ENG.). 50p. (J). (gr. 1-5). 16.99 *(978-1-64686-160-6(4))* Barefoot Bks., Inc.
Kids Get a Big Goanna. Margaret James. Illus. by Wendy Paterson. 2021. (ENG.). 24p. (J). pap. *(978-1-922591-65-4(3))* Library For All Limited.
Kids Get a's & B's When Their Dads Help Teach Them. Patrick Joseph U. Eguogwu, Jr. 2021. (ENG., Illus.). 32p. (J). 20.00 *(978-1-4809-7925-3(2),* RoseDog Bks.) Dorrance Publishing Co., Inc.
Kid's Guide to a Healthier You. C. F. Earl. 2016. (ENG., Illus.). (J). pap. 18.99 *(978-1-62524-413-0(4),* Village Earth Pr.) Harding Hse. Publishing Sebice Inc.
Kid's Guide to AIDS & HIV. Rae Simons. 2016. (ENG., Illus.). (J). pap. 18.99 *(978-1-62524-410-9(X),* Village Earth Pr.) Harding Hse. Publishing Sebice Inc.
Kid's Guide to Allergies. Rae Simons. 2016. (ENG., Illus.). (J). pap. 18.99 *(978-1-62524-421-5(5),* Village Earth Pr.) Harding Hse. Publishing Sebice Inc.
Kids' Guide to America's First Ladies. Kathleen Krull. Illus. by Anna DiVito. 2017. (Kids' Guide to American History Ser.: 1). (ENG.). 256p. (J). (gr. 3-7). pap. 7.99 *(978-0-06-238106-4(7),* HarperCollins) HarperCollins Pubs.
Kid's Guide to Asthma. Rae Simons. 2016. (ENG., Illus.). (J). pap. 18.99 *(978-1-62524-422-2(3),* Village Earth Pr.) Harding Hse. Publishing Sebice Inc.
Kid's Guide to Awesome Duct Tape Projects: How to Make Your Own Wallets, Bags, Flowers, Hats, & Much, Much More! Instructables.com. Ed. by Nicole Smith. 2019. (ENG.). 208p. (J). pap. 14.99 *(978-1-5107-5177-4(7),* Sky Pony Pr.) Skyhorse Publishing Co., Inc.
Kids' Guide to Birds of California: Fun Facts, Activities & 86 Cool Birds. Stan Tekiela. 2021. (Birding Children's Bks.). (ENG., Illus.). 240p. (J). (gr. k-7). pap. 13.95 *(978-1-64755-139-1(0),* Adventure Pubns.) AdventureKEEN.
Kids' Guide to Birds of Colorado: Fun Facts, Activities & 87 Cool Birds. Stan Tekiela. 2021. (Birding Children's Bks.). (ENG., Illus.). 240p. (J). (gr. k-7). pap. 13.95 *(978-1-64755-142-1(0),* Adventure Pubns.) AdventureKEEN.
Kids' Guide to Birds of Florida: Fun Facts, Activities & 85 Cool Birds. Stan Tekiela. 2019. (Birding Children's Bks.). (ENG., Illus.). 240p. (J). (gr. k-7). pap. 13.95 *(978-1-59193-835-4(X),* Adventure Pubns.) AdventureKEEN.
Kids' Guide to Birds of Georgia: Fun Facts, Activities & 85 Cool Birds. Stan Tekiela. 2020. (Birding Children's Bks.). (ENG., Illus.). 240p. (J). (gr. k-7). pap. 13.95 *(978-1-59193-963-4(1),* Adventure Pubns.) AdventureKEEN.
Kids' Guide to Birds of Michigan. Stan Tekiela. 2018. (Birding Children's Bks.). (ENG., Illus.). 240p. (J). (gr. k-7). pap. 13.95 *(978-1-59193-784-5(1),* Adventure Pubns.) AdventureKEEN.
Kids' Guide to Birds of Minnesota. Stan Tekiela. 2018. (Birding Children's Bks.). (ENG., Illus.). 240p. (J). (gr. k-7). pap. 14.95 *(978-1-59193-786-9(8),* Adventure Pubns.) AdventureKEEN.
Kids' Guide to Birds of Minnesota: Fun Facts, Activities & 85 Cool Birds. Stan Tekiela. 2018. (Birding Children's Bks.). (ENG., Illus.). 240p. (J). (gr. 2-7). 45.95 *(978-1-59193-865-1(1),* Adventure Pubns.) AdventureKEEN.
Kids' Guide to Birds of Ohio: Fun Facts, Activities & 85 Cool Birds. Stan Tekiela. 2019. (Birding Children's Bks.). (ENG., Illus.). 240p. (J). (gr. k-7). pap. 14.95 *(978-1-59193-837-8(6),* Adventure Pubns.) AdventureKEEN.
Kids' Guide to Birds of Pennsylvania: Fun Facts, Activities & 86 Cool Birds. Stan Tekiela. 2023. (Birding Children's Bks.). (Illus.). 240p. (J). (gr. k-7). pap. 14.95 *(978-1-64755-364-7(4),* Adventure Pubns.) AdventureKEEN.
Kids' Guide to Birds of Texas: Fun Facts, Activities & 85 Cool Birds. Stan Tekiela. 2020. (Birding Children's Bks.). (ENG., Illus.). 240p. (J). (gr. k-7). pap. 13.95 *(978-1-59193-965-8(8),* Adventure Pubns.) AdventureKEEN.
Kids' Guide to Birds of Wisconsin: Fun Facts, Activities & 85 Cool Birds. Stan Tekiela. 2019. (Birding Children's Bks.). (ENG., Illus.). 240p. (J). (gr. k-7). pap. 14.95 *(978-1-59193-839-2(2),* Adventure Pubns.) AdventureKEEN.
Kid's Guide to Black Holes Astronomy Books Grade 6 Astronomy & Space Science. Baby Professor. 2017. (ENG., Illus.). (J). pap. 9.25 *(978-1-5419-0541-2(5),* Baby Professor (Education Kids)) Speedy Publishing LLC.
Kid's Guide to Bugs - Children's Science & Nature. Baby Professor. 2017. (ENG., Illus.). (J). pap. 7.89 *(978-1-5419-0325-8(0),* Baby Professor (Education Kids)) Speedy Publishing LLC.
Kid's Guide to Bugs & How They Can Make You Sick. Rae Simons. 2016. (ENG., Illus.). (J). pap. 18.99 *(978-1-62524-419-2(3),* Village Earth Pr.) Harding Hse. Publishing Sebice Inc.
Kid's Guide to Cancer. Rae Simons. 2016. (ENG., Illus.). (J). pap. 18.99 *(978-1-62524-411-6(8),* Village Earth Pr.) Harding Hse. Publishing Sebice Inc.
Kid's Guide to Cats: How to Train, Care for, & Play & Communicate with Your Amazing Pet! Arden Moore. 2020. (ENG., Illus.). 144p. (J). (gr. 3-7). pap. 14.95 *(978-1-63586-101-3(2),* 626101) Storey Publishing, LLC.
Kid's Guide to Cats 5-Copy Counter Display. Arden Moore. 2022. (ENG.). pap. 74.75 *(978-1-63586-302-4(3))* Storey Publishing, LLC.
Kid's Guide to Chess: Learn the Game's Rules, Strategies, Gambits, & the Most Popular Moves to Beat Anyone! — 100 Tips & Tricks for Kings & Queens! Ellisiv Reppen. Illus. by Flu Hartberg. 2021. 176p. (J). (gr. 4-4). pap. 12.99 *(978-1-5107-6652-5(9),* Sky Pony Pr.) Skyhorse Publishing Co., Inc.
Kid's Guide to Diabetes. Rae Simons. 2016. (ENG., Illus.). (J). pap. 18.99 *(978-1-62524-415-4(0),* Village Earth Pr.) Harding Hse. Publishing Sebice Inc.
Kid's Guide to Dogs: How to Train, Care for, & Play & Communicate with Your Amazing Pet! Arden Moore. 2020. (ENG., Illus.). 144p. (J). (gr. 3-7). pap. 14.95 *(978-1-63586-098-6(9),* 626098) Storey Publishing, LLC.
Kid's Guide to Dogs 5-Copy Prepack. Arden Moore. 2022. (ENG.). pap. 74.75 *(978-1-63586-301-7(5))* Storey Publishing, LLC.
Kid's Guide to Drawing Cartoon Animals: More Than 75 Fun Activities All about Cool Animals! Vicki Whiting. Illus. by Jeff Schinkel. 2019. (ENG.). 72p. (J). pap. 8.99

K

(978-1-64124-032-1(6), 0321) Fox Chapel Publishing Co., Inc.

Kid's Guide to Drawing Holidays: Drawing Book for Kids. Speedy Kids. 2017. (ENG., Illus.). (J). pap. 9.05 (978-1-5419-3259-3(5)) Speedy Publishing LLC.

Kid's Guide to Drawing Pretty Gardens: Drawing Book for Children. Speedy Kids. 2017. (ENG., Illus.). (J). pap. 9.05 (978-1-5419-3268-5(4)) Speedy Publishing LLC.

Kid's Guide to Drugs & Alcohol. Chance Parker. 2016. (ENG., Illus.). (J). pap. 18.99 (978-1-62524-412-3(6), Village Earth Pr.) Harding Hse. Publishing Sebice Inc.

Kids' Guide to Elections. Nel Yomtov et al. 2020. (Kids' Guide to Elections Ser.). (ENG.). 32p. (J). (gr. 3-5). 156.60 (978-1-5435-9146-0(9), 29795); pap., pap., pap. 39.75 (978-1-4966-6674-1(7), 30097) Capstone.

Kids' Guide to Exploring the Bible: Tools, Techniques, & Tips for Digging into God's Word. A. L. Rogers. 2021. (ENG., Illus.). 128p. (J). pap. 9.99 (978-1-64352-997-4(8)) Barbour Publishing, Inc.

Kid's Guide to Fandom: Exploring Fan-Fic, Cosplay, Gaming, Podcasting, & More in the Geek World! Amy Ratcliffe. Illus. by Dave Perillo. 2021. (Kid's Fan Guide Ser.: 1). (ENG.). 144p. (J). (gr. 3-7). pap. 17.99 (978-0-7624-9875-8(7), Running Pr. Kids) Running Pr.

Kid's Guide to Feelings, 16 vols. 2018. (Kid's Guide to Feelings Ser.). (ENG., Illus.). 24p. (gr. 1-2). lib. bdg. 209.84 (978-1-5345-2735-5(4), 4ca6d904-6312-432a-baa3-1e1db0121a38) Greenhaven Publishing LLC.

Kids' Guide to Government. Emma Bernay et al. 2018. (Kids' Guide to Government Ser.). (ENG.). 32p. (J). (gr. 3-6). 119.96 (978-1-5435-0336-4(5), 27624, Capstone Pr.) Capstone.

Kid's Guide to Identifying Shapes - Geometry Book Grade 1 Children's Math Books. Baby Professor. 2017. (ENG., Illus.). (J). pap. 9.25 (978-1-5419-0416-3(8), Baby Professor (Education Kids)) Speedy Publishing LLC.

Kid's Guide to Immunizations. Rae Simons. 2016. (ENG., Illus.). (J). pap. 18.99 (978-1-62524-414-7(2), Village Earth Pr.) Harding Hse. Publishing Sebice Inc.

Kid's Guide to Learning French a Children's Learn French Books. Baby Professor. 2017. (ENG., Illus.). (J). pap. 7.89 (978-1-5419-0166-7(5), Baby Professor (Education Kids)) Speedy Publishing LLC.

Kids' Guide to Learning the Ukulele: 24 Songs to Learn & Play. Emily Arrow. 2020. (ENG., Illus.). 98p. (J). pap. 14.99 (978-1-64124-048-2(2), 0482) Fox Chapel Publishing Co., Inc.

Kid's Guide to Life Choices. Sonja Williams. 2021. (ENG., Illus.). 34p. (J). pap. 14.95 (978-1-63692-605-6(3)) Newman Springs Publishing, Inc.

Kids Guide to Maine. Eileen OGINTZ. 2018. (Illus.). 144p. (J). (gr. k-5). pap. 14.95 (978-1-60893-982-4(0)) Down East Bks.

Kid's Guide to Malnutrition. Rae Simons. 2016. (ENG., Illus.). (J). pap. 18.99 (978-1-62524-416-1(9), Village Earth Pr.) Harding Hse. Publishing Sebice Inc.

Kid's Guide to Obesity. Sheila Stewart. 2016. (ENG., Illus.). (J). pap. 18.99 (978-1-62524-417-8(7), Village Earth Pr.) Harding Hse. Publishing Sebice Inc.

Kid's Guide to Personal Finance - Money Book for Children Children's Growing up & Facts of Life Books. Baby Professor. 2017. (ENG., Illus.). (J). pap. 8.79 (978-1-5419-3831-1(3), Baby Professor (Education Kids)) Speedy Publishing LLC.

Kid's Guide to Plants of the Pacific Northwest: With Cool Facts, Activities & Recipes. Philippa Joly. 2023. (Illus.). 232p. (J). pap. (978-1-990776-21-2(3), daca1798-9b6c-4e56-b722-5fec989b9892) Harbour Publishing Co., Ltd.

Kid's Guide to Pollution & How It Can Make You Sick. Rae Simons. 2016. (ENG., Illus.). (J). pap. 18.99 (978-1-62524-418-5(5), Village Earth Pr.) Harding Hse. Publishing Sebice Inc.

Kids Guide to Staying Healthy During a Pandemic. Daniel Illari. 2020. (ENG.). 14p. (J). spiral bd. (978-1-716-92234-3(8)) Lulu Pr., Inc.

Kids' Guide to the American Revolution. Kathleen Krull. Illus. by Anna DiVito. 2018. (Kids' Guide to American History Ser.: 2). (ENG.). 224p. (J). (gr. 3-7). 16.99 (978-0-06-238110-1(5)); pap. 6.99 (978-0-06-238109-5(1)) HarperCollins Pubs. (HarperCollins).

Kids' Guide to the Election. Nel Yomtov et al. ed. 2020. (ENG., Illus.). 128p. (J). (gr. 3-5). pap., pap., pap. 12.95 (978-1-4966-6659-8(3), 142371) Capstone.

Kid's Guide to the Great Smoky Mountains. Eileen Ogintz. 2016. (Illus.). 128p. pap. 15.95 (978-1-4930-2432-2(9)) Globe Pequot Pr., The.

Kid's Guide to the Green New Deal: How to Save the Planet. Billy Goodman. Illus. by Paul Meisel. 2019. (Camelot World Ser.: Vol. 1). (ENG.). 84p. (J). (gr. 3-6). pap. 9.95 (978-1-59687-862-4(2), ipicturebooks) ibooks, Inc.

Kid's Guide to the Names of God. Tony Evans. 2017. (Names of God Ser.). (ENG., Illus.). 128p. (J). (gr. 2-7). pap. 12.99 (978-0-7369-6961-1(6), 6969611) Harvest Hse. Pubs.

Kid's Guide to the Names of Jesus. Tony Evans. 2021. (Names of God Ser.). (ENG.). 128p. (J). (gr. 2-7). pap. 12.99 (978-0-7369-7532-2(2), 6975322) Harvest Hse. Pubs.

Kid's Guide to the Power of Words. Tony Evans. 2018. (ENG., Illus.). 128p. (J). (gr. 2-7). pap. 12.99 (978-0-7369-7298-7(6), 6972987) Harvest Hse. Pubs.

Kid's Guide to Types of Landforms - Children's Science & Nature. Baby Professor. 2017. (ENG., Illus.). (J). pap. 7.89 (978-1-5419-0205-3(X), Baby Professor (Education Kids)) Speedy Publishing LLC.

Kid's Guide to Viruses & Bacteria. Rae Simons. 2016. (ENG., Illus.). (J). pap. 18.99 (978-1-62524-420-8(7), Village Earth Pr.) Harding Hse. Publishing Sebice Inc.

Kid's Guide to Washington, DC. Contrib. by Eileen Ogintz. 3rd ed. 2023. (Kid's Guides Ser.). (ENG., Illus.). 168p. (J). (gr. 1-7). pap. 16.95 (978-1-4930-7046-6(0)) Globe Pequot Pr., The.

Kid's Guide to Water Formations - Children's Science & Nature. Baby Professor. 2017. (ENG., Illus.). (J). pap. 7.89 (978-1-5419-0380-7(3), Baby Professor (Education Kids)) Speedy Publishing LLC.

Kid's Guide to Weather Forecasting - Weather for Kids Children's Earth Sciences Books. Baby Professor. 2017. (ENG., Illus.). (J). pap. 8.79 (978-1-5419-4012-3(1), Baby Professor (Education Kids)) Speedy Publishing LLC.

Kids Had Jobs: Life Before Child Labor Laws - History Book for Kids Children's History. Baby Professor. 2017. (ENG., Illus.). 64p. (J). pap. 9.52 (978-1-5419-1539-8(9), Baby Professor (Education Kids)) Speedy Publishing LLC.

Kids! Have Fun with This Mazes Activity Book. Smarter Activity Books for Kids. 2016. (ENG., Illus.). (J). pap. 8.99 (978-1-68374-227-2(3)) Examined Solutions PTE. Ltd.

Kids Have Troubles Too, 13 vols., Set. Sheila Stewart. Incl. House Between Homes: Kids in the Foster Care System. Told to Camden Flath. (YA). pap. 7.95 (978-1-4222-1905-8(4)); I Don't Keep Secrets. Told to Rae Simons. (YA). pap. 7.95 (978-1-4222-1911-9(9)); I Like Me. Told to Rae Simons. (YA). pap. 7.95 (978-1-4222-1912-6(7)); I Live in Two Homes: Adjusting to Divorce & Remarriage. Told to Rae Simons. (YA). pap. 7.95 (978-1-4222-1907-2(0)); Place Called Dead. Told to Rae Simons. (Illus.). (YA). pap. 7.95 (978-1-4222-1914-0(3)); Sometimes My Mom Drinks Too Much. Told to Rae Simons. (Illus.). (YA). pap. 7.95 (978-1-4222-1917-1(8)); What's Going to Happen Next? Kids in the Juvenile Court System. Camden Flath. (YA). pap. 7.95 (978-1-4222-1906-5(2)); When Daddy Hit Mommy. Told to Rae Simons. (YA). pap. 7.95 (978-1-4222-1909-6(7)); When Life Makes Me Mad. Told to Rae Simons. (YA). pap. 7.95 (978-1-4222-1913-3(5)); When My Brother Went to Prison. Told to Rae Simons. (Illus.). (YA). pap. 7.95 (978-1-4222-1908-9(9)); When My Dad Lost His Job. Told to Rae Simons. (Illus.). (YA). pap. 7.95 (978-1-4222-1916-4(X)); (gr. 5-18). 2009. (Illus.). 48p. 2011. Set pap. 103.35 (978-1-4222-1904-1(6)); Set lib. bdg. 259.35 (978-1-4222-1691-0(8)) Mason Crest.

Kids' Illustrated World Map Folded. Rand McNally. 2018. (ENG., Illus.). (J). (978-0-528-02042-1(0)) Rand McNally Canada.

Kids in Bloom Volume 2. Larry W. Jones. 2021. (ENG.). 41p. (J). (978-1-716-19064-3(9)) Lulu Pr., Inc.

Kids in History: Albert Einstein: Albert Einstein. Roger Canavan. Illus. by Damian Zain. ed. 2020. (Kids in History Ser.). (ENG.). 140p. (J). (gr. 3). pap. 8.95 (978-1-912904-77-8(2)) Book Hse. GBR. Dist: Sterling Publishing Co., Inc.

Kids in History: Helen Keller: Helen Keller. Barbara Catchpole. Illus. by Damian Zain. ed. 2020. (Kids in History Ser.). (ENG.). 152p. (J). (gr. 3). pap. 8.95 (978-1-912904-76-1(4)) Book Hse. GBR. Dist: Sterling Publishing Co., Inc.

Kids in History: Mary, Queen of Scots. Fiona Macdonald. Illus. by Damian Zain. ed. 2020. (Kids in History Ser.). (ENG.). 128p. (J). (gr. 3). pap. 8.95 (978-1-912537-97-6(4)) Book Hse. GBR. Dist: Sterling Publishing Co., Inc.

Kids in History: Wolfgang Amadeus Mozart: Wolfgang Amadeus Mozart. Barbara Catchpole. Illus. by Damian Zain. ed. 2020. (Kids in History Ser.). (ENG.). 128p. (J). (gr. 3). pap. 8.95 (978-1-912537-98-3(2)) Book Hse. GBR. Dist: Sterling Publishing Co., Inc.

Kids' Inventions Journal. Miral Sattar & Zara A. 2022. (ENG.). 102p. (J). pap. 11.99 (978-1-938321-05-4(7)) BiblioCrunch.

Kids Journal: 365 Days of Journal Pages: Daily Kids Journal for Children & Teens Celebrating Growth, Gratitude, Mindfulness & Self-Expression (6 X 9 Inches Diary/book/notebook) Mom Money Map. 2022. (ENG.). 119p. (J). pap. (978-1-387-46092-2(7)) Lulu Pr., Inc.

Kids Just Don't Understand. Sherria Lashon Elliott. 2017. (ENG., Illus.). (J). pap. 9.99 (978-0-9846963-3-8(4)) 4Elliott Publishing, Inc.

Kids Katamarus. Antonios Kaldas. l.t. ed. 2023. (ENG.). 404p. (J). (978-0-6455543-8-0(3)) St Shenouda Pr.

Kids Klues Seek & Find Activity Book. Activibooks For Kids. 2016. (ENG., Illus.). (J). pap. 9.43 (978-1-68321-385-7(8)) Mimaxion.

Kid's Laboratory Tool Coloring Book. Activity Book Zone for Kids. 2016. (ENG., Illus.). (J). pap. 9.20 (978-1-68376-400-7(5)) Sabeels Publishing.

Kids Learn Pre-Academic Skills Doing the Spot the Difference Activities. Activibooks For Kids. 2016. (ENG., Illus.). (J). pap. 7.55 (978-1-68321-386-4(6)) Mimaxion.

Kids Learning Spanish Out Loud Children's Learn Spanish Books. Baby Professor. 2017. (ENG., Illus.). (J). pap. 7.89 (978-1-5419-0339-5(0), Baby Professor (Education Kids)) Speedy Publishing LLC.

Kids Letter Tracing Book for Preschool & Kindergarten Toddlers: Sight Words Coloring - Motivational Alphabet ABC Writing & Learning Workbook Ages 3-5 - Handwriting Paper Worbook. Lena Bidden. l.t. ed. 2021. (ENG.). 140p. (J). pap. 11.99 (978-1-716-21319-9(3)) Lulu Pr., Inc.

Kids Like. Rozanne Williams. 2017. (Learn-To-Read Ser.). (ENG., Illus.). (J). pap. 3.49 (978-1-68310-325-7(4)) Pacific Learning, Inc.

Kids Like Us. Hilary Reyl. 2018. (ENG.). 288p. (YA). pap. 18.99 (978-1-250-18069-8(4), 900175055) Square Fish.

Kids Love Animal Crafts, 1 vol. Joanna Ponto & Faith K. Gabriel. 2018. (Kids Love Crafts Ser.). (ENG.). 32p. (J). (gr. 3-3). 26.93 (978-1-9785-0196-6(X), 7baa79c4-19a8-49d2-9ccf-3b318ebcbc86) Enslow Publishing, LLC.

Kids Love Art Crafts, 1 vol. Joanna Ponto & Heather Miller. 2018. (Kids Love Crafts Ser.). (ENG.). 32p. (J). (gr. 3-3). 26.93 (978-1-9785-0197-3(8), 4cd7349c-a1b5-4581-b6a5-234875dd81f2) Enslow Publishing, LLC.

Kids Love Crafts, 12 vols. 2018. (Kids Love Crafts Ser.). (ENG.). 32p. (J). (gr. 3-3). lib. bdg. 161.58 (978-1-9785-0210-9(9), bba94dd5-ea01-405a-afaa-cc8305c359c1) Enslow Publishing, LLC.

Kids Love Math Crafts, 1 vol. Joanna Ponto & Michele C. Hollow. 2018. (Kids Love Crafts Ser.). (ENG.). 32p. (J). (gr. 3-3). 26.93 (978-1-9785-0198-0(6), 83b4f368-bb6c-4e59-817a-beb97db6b5de) Enslow Publishing, LLC.

Kids Love Music Crafts, 1 vol. Joanna Ponto & Felicia Lowenstein Niven. 2018. (Kids Love Crafts Ser.). (ENG.). 32p. (J). (gr. 3-3). 26.93 (978-1-9785-0199-7(4), 07b8f5ab-1e5d-4fa9-97db-f9c10b234489) Enslow Publishing, LLC.

Kids Love Numbers - Sudoku for Kids Age 6. Senor Sudoku. 2019. (ENG.). 78p. (J). pap. 10.99 (978-1-64521-416-8(8)) Editorial Imagen.

Kids Love Playing with Activity Book. Activity Book Zone for Kids. 2016. (ENG., Illus.). (J). pap. 7.55 (978-1-68376-232-4(0)) Sabeels Publishing.

Kids Love Space Crafts, 1 vol. Joanna Ponto & P. M. Boekhoff. 2018. (Kids Love Crafts Ser.). (ENG.). 32p. (J). (gr. 3-3). 26.93 (978-1-9785-0200-0(1), 4658cdb5-9c3c-46a2-9881-feeffaefe474) Enslow Publishing, LLC.

Kids Love Sports Crafts, 1 vol. Joanna Ponto & Michele C. Hollow. 2018. (Kids Love Crafts Ser.). (ENG.). 32p. (J). (gr. 3-3). 26.93 (978-1-9785-0201-7(X), fb193ce4-b0af-46b4-a8f3-03b7ec181bbd) Enslow Publishing, LLC.

Kids Love Their Music Instruments! a Coloring Book. Activity Book Zone for Kids. 2016. (ENG., Illus.). (J). pap. 9.20 (978-1-68376-313-0(0)) Sabeels Publishing.

Kids Love This Activity & Coloring Book Edition. Activity Book Zone for Kids. 2016. (ENG., Illus.). (J). pap. 7.55 (978-1-68376-233-1(9)) Sabeels Publishing.

Kids Maze Book: Hours of Fun - Big Maze Book for Children - Maze Activity Book for Kids Ages 4-6 / 6-8 - Workbook for Games, Puzzles, & Problem-Solving. Lena Bidden. l.t. ed. 2021. (ENG.). 128p. (J). pap. 13.99 (978-0-938136-27-9(5)) Lulu Pr., Inc.

Kids Maze Craze: A Maze Activity Book. Smarter Activity Books for Kids. 2016. (ENG., Illus.). (J). pap. 9.22 (978-1-68374-225-8(7)) Examined Solutions PTE. Ltd.

Kids Mentoring Kids: Making a Difference a Guide for Students to Help Others Achieve Their Highest Potential. Gail A. Cassidy. 2020. (ENG.). 174p. (YA). pap. 13.99 (978-1-9822-4838-3(6), Balboa Pr.) Author Solutions, LLC.

Kids Money Book 7 Principles Every Child Should Know about Money. Ric Mathis. 2018. (ENG., Illus.). 32p. (J). pap. 17.99 (978-0-692-08334-5(0)) Film Black Friday, LLC., The.

Kids' Night Before Halloween. Steven L. Layne. Illus. by Ard Hoyt. 2023. (ENG.). 32p. (J). (gr. k-3). 19.99 (978-1-4556-2773-8(9), Pelican Publishing) Arcadia Publishing.

Kids of Appetite. David Arnold. 2017. (ENG.). 368p. (YA). (gr. 9). pap. 10.99 (978-0-14-751366-3(9), Speak) Penguin Young Readers Group.

Kids of Appetite. David Arnold. ed. 2017. lib. bdg. 22.10 (978-0-606-40491-4(0)) Turtleback.

Kids of Cattywampus Street. Lisa Jahn-Clough. Illus. by Natalie Andrewson. 2021. (ENG.). 128p. (J). (gr. 2-5). lib. bdg. 19.99 (978-0-593-12757-5(9), Schwartz & Wade Bks.) Random Hse. Children's Bks.

Kids of Kabul: Living Bravely Through a Never-Ending War, 1 vol. Deborah Ellis. 2018. (ENG., Illus.). 128p. (J). (gr. 7-7). pap. 9.95 (978-1-55498-182-3(4)) Groundwood Bks. CAN. Dist: Publishers Group West (PGW).

Kids on Patrol. John Cantrell. 2019. (ENG.). 38p. (J). 14.95 (978-1-64307-116-9(5)) Amplify Publishing Group.

Kids on the Bus: A Spin-The-Wheel Book of Emotions (School Bus Book, Interactive Board Book for Toddlers, Wheels on the Bus) Kirsten Hall. Illus. by Melissa Crowton. 2020. (ENG.). 16p. (J). (gr. -1 — 1). 9.99 (978-1-4521-6825-8(3)) Chronicle Bks. LLC.

Kids Online, 8 vols., Set. David J. Jakubiak. Incl. Smart Kid's Guide to Avoiding Online Predators. lib. bdg. 26.27 (978-1-4042-8117-2(7), 3a0d2fc0-5892-4c0d-b7a5-5b2842dd415b); Smart Kid's Guide to Doing Internet Research. lib. bdg. 26.27 (978-1-4042-8116-5(9), b630e9b2-c7ba-41d5-942e-f158f49589e2); Smart Kid's Guide to Internet Privacy. lib. bdg. 26.27 (978-1-4042-8118-9(5), 1300397); Smart Kid's Guide to Playing Online Games. lib. bdg. 26.27 (978-1-4042-8115-8(0), c73742de-c036-4a36-a82b-ec957c365bc3); (Illus.). 24p. (J). (gr. 2-3). 2009. (Kids Online Ser.). (ENG.). 2009. Set lib. bdg. 105.08 (978-1-4358-8460-1(4), 50c1ad39-b455-4720-b9a7-6b355c759a3b, PowerKids Pr.) Rosen Publishing Group, Inc., The.

Kids Phrasebook French. A. A. AA Publishing. 2019. (Kids Phrasebook Ser.). (ENG & FRE., Illus.). 128p. (J). (gr. 2-7). pap. 8.99 (978-0-7495-8169-5(7)) Automobile Assn. GBR. Dist: Independent Pubs. Group.

Kids Phrasebook Italian. A. A. AA Publishing. 2019. (Kids Phrasebook Ser.). (ENG., Illus.). 128p. (J). (gr. 2-7). pap. 8.99 (978-0-7495-8170-1(0)) Automobile Assn. GBR. Dist: Independent Pubs. Group.

Kids Phrasebook Spanish. A. A. AA Publishing. 2019. (Kids Phrasebook Ser.). (ENG., Illus.). 128p. (J). (gr. 2-7). pap. 8.99 (978-0-7495-8171-8(9)) Automobile Assn. GBR. Dist: Independent Pubs. Group.

Kids Planner. John F. Hendershot. 2021. (ENG.). 40p. (J). pap. (978-1-6780-5311-6(2)) Lulu Pr., Inc.

Kids Play Animals Are Everywhere Creative Animal Kingdom Activity Book: Volume 1: A-F (Series 4) D. D. & Loren Jackson. 2022. (ENG.). 80p. (J). pap. (978-1-387-72309-6(X)) Lulu Pr., Inc.

Kids Play Animals Are Everywhere: Creative Animal Kingdom Activity Book Volume 1: A -F (Series 2) D. D. & Loren Jackson. 2022. (ENG.). 82p. (J). pap. (978-1-6781-2309-3(9)) Lulu Pr., Inc.

Kids Play Animals Are Everywhere Creative Animal Kingdom Activity Book Volume 1: A-F (Series 3) D. D. & Loren Jackson. 2022. (ENG.). 81p. (J). pap. (978-1-387-75993-4(0)) Lulu Pr., Inc.

Kids Play Animals Are Everywhere Creative Animal Kingdom Activity Book Volume 1: A-F (Series 5) Volume 1: A-F (Series 5) D. D. & Loren Jackson. 2022. (ENG.). 80p. (J). pap. (978-1-387-72055-2(4)) Lulu Pr., Inc.

Kids Play Animals Are Everywhere Creative Animal Kingdom Activity Book Volume 1: A-F (Series 6) D. D. & Loren Jackson. 2022. (ENG.). 80p. (J). pap. (978-1-387-71910-5(6)) Lulu Pr., Inc.

Kids Play Animals Are Everywhere: Creative Animal Kingdom Activity Book Volume 2 G-Q (Series 1) D. D. & Loren Jackson. 2022. (ENG.). 81p. (J). pap. (978-1-387-80138-1(4)) Lulu Pr., Inc.

Kids Play Animals Are Everywhere: Creative Animal Kingdom Activity Book Volume 2: G-Q (Series 2) D. D. & Loren Jackson. 2022. (ENG.). 80p. (J). pap. (978-1-387-76961-2(8)) Lulu Pr., Inc.

Kids Play Animals Are Everywhere Creative Animal Kingdom Activity Book Volume 2: G-Q (Series 4) D. D. & Loren Jackson. 2022. (ENG.). 80p. (J). pap. (978-1-387-72304-1(9)) Lulu Pr., Inc.

Kids Play Animals Are Everywhere Creative Animal Kingdom Activity Book Volume 2: G-Q (Series 5) D. D. & Loen Jackson. 2022. (ENG.). 80p. (J). pap. (978-1-387-72038-5(4)) Lulu Pr., Inc.

Kids Play Animals Are Everywhere Creative Animal Kingdom Activity Book Volume 2: G-Q (Series 6) D. D. & Loren Jackson. 2022. (ENG.). 80p. (J). pap. (978-1-387-71904-4(1)) Lulu Pr., Inc.

Kids Play Animals Are Everywhere: Creative Animal Kingdom Activity Book Volume 3 R-Z (Series 1) D. D. & Loren Jackson. 2022. (ENG.). 81p. (J). pap. (978-1-387-80074-2(4)) Lulu Pr., Inc.

Kids Play Animals Are Everywhere: Creative Animal Kingdom Activity Book Volume 3: R-Z (Series 2) D. D & Loren Jackson. 2022. (ENG.). 80p. (J). pap. (978-1-387-76925-4(1)) Lulu Pr., Inc.

Kids Play Animals Are Everywhere Creative Animal Kingdom Activity Book Volume 3: R-Z (Series 3) D. D. & Loren Jackson. 2022. (ENG.). 80p. (J). pap. (978-1-387-75967-5(1)) Lulu Pr., Inc.

Kids Play Animals Are Everywhere Creative Animal Kingdom Activity Book Volume 3: R-Z (Series 4) Volume 3: R-Z (Series 4) D. D. & Loren Jackson. 2022. (ENG.). 80p. (J). pap. (978-1-387-72299-0(9)) Lulu Pr., Inc.

Kids Play Animals Are Everywhere Creative Animal Kingdom Activity Book Volume 3: R-Z (Series 5) D. D. & Loren Jackson. 2022. (ENG.). 81p. (J). pap. (978-1-387-71914-3(9)) Lulu Pr., Inc.

Kids Play Animals Are Everywhere Creative Animal Kingdom Activity Book Volume 3: R-Z (Series 6) D. D. & Loren Jackson. 2022. (ENG.). 80p. (J). pap. (978-1-387-71896-2(7)) Lulu Pr., Inc.

Kids Play Guess the Digital Animal: Creative Animal Kingdom Activity Book (Book 1) D. D. 2022. (ENG.). 48p. (J). pap. (978-1-387-79697-7(6)) Lulu Pr., Inc.

Kids Play Guess the Digital Animal: Creative Animal Kingdom Activity Book (Book 2) D. Robinson. 2022. (ENG.). 48p. (J). pap. (978-1-387-78566-7(4)) Lulu Pr., Inc.

Kids Play Guess the Digital Animal: Creative Animal Kingdom Activity Book (Book 3) D. Robinson. 2022. (ENG.). 48p. (J). pap. (978-1-387-78564-3(8)) Lulu Pr., Inc.

Kids Play Guess the Digital Animal: Creative Animal Kingdom Activity Book (Book 5) D. Robinson. 2022. (ENG.). 48p. (J). pap. (978-1-387-78559-9(1)) Lulu Pr., Inc.

Kids Play Guess the Digital Animal: Creative Animal Kingdom Activity Book (Book 6) D. Robinson. 2022. (ENG.). 48p. (J). pap. (978-1-387-78558-2(3)) Lulu Pr., Inc.

Kids Playing Coloring Book for Children (6x9 Coloring Book / Activity Book) Sheba Blake. 2021. (ENG.). 24p. (J). pap. 9.99 (978-1-222-28977-0(6)) Indy Pub.

Kids Playing Coloring Book for Children (8. 5x8. 5 Coloring Book / Activity Book) Sheba Blake. 2021. (ENG.). 24p. (J). pap. 12.99 (978-1-222-29163-6(0)) Indy Pub.

Kids Playing Coloring Book for Children (8x10 Coloring Book / Activity Book) Sheba Blake. 2021. (ENG.). 24p. (J). pap. 14.99 (978-1-222-28978-7(4)) Indy Pub.

Kids Quest! Hidden Picture Activity Book. Smarter Activity Books for Kids. 2016. (ENG., Illus.). (J). pap. 8.99 (978-1-68374-226-5(5)) Examined Solutions PTE. Ltd.

Kids Reading Journal. Yuliani Liputo. 2020. (ENG.). 90p. (YA). pap. 6.90 (978-1-716-55467-4(5)) Lulu Pr., Inc.

Kids Save the Seasons. Albany Jacobson Eckert & Jiayang Li. 2019. (ENG.). 30p. (gr. k-3). pap. 9.99 (978-1-60785-534-7(8)) Michigan Publishing.

Kids Saving the Rainforest: Charities Started by Kids! Melissa Sherman Pearl & David A. Sherman. 2017. (Community Connections: How Do They Help? Ser.). (ENG., Illus.). 24p. (J). (gr. 2-5). lib. bdg. 29.21 (978-1-63472-845-4(9), 209806) Cherry Lake Publishing.

Kids Second Word Search: Easy Large Print Word Find Puzzles for Kids - Color in the Words & Unicorns! Bez Ketchup. 2019. (Learning Word Search Ser.: Vol. 2). (ENG., Illus.). 122p. (J). (gr. 1-2). pap. (978-952-7278-23-9(6)) Mc Namara, Paul.

Kid's Sketch Book: 8. 5 X 11, Blank Artist Sketchbook: 100 Pages, Sketching, Drawing & Creative Doodling, Sketchbook to Draw. Rwg. 2020. (ENG.). 102p. (J). pap. (978-1-64830-083-7(9)); pap. (978-1-64830-085-1(5)); pap. (978-1-64830-087-5(1)); pap. (978-1-64830-091-2(X)); pap. (978-1-64830-093-6(6)); pap. (978-1-64830-080-6(4)) Lulu.com.

Kids' Sketch Pad. 2022. (ENG.). 100p. (J). pap. 5.99 (978-1-4413-3945-4(0), f1aadeea-d712-4c7a-84f0-38e40ebd4c02) Peter Pauper Pr. Inc.

Kids Sketchbook. Amare Carter & Alannah Ali. 2022. (ENG.). 100p. (J). pap. (978-1-387-88086-7(1)) Lulu Pr., Inc.

Kids' Sports (Set), 8 vols. 2019. (Kids' Sports Ser.). (ENG.). 24p. (J). (gr. k-3). lib. bdg. 250.88 (978-1-5321-6543-6(9), 33188, Pop! Cody Koala) Pop!.

Kids' Sports Stories. Cari Meister et al. Illus. by Amanda Erb et al. 2022. (Kids' Sports Stories Ser.). (ENG.). 32p. (J). 511.68 (978-1-6663-3340-4(9), 235048, Picture Window Bks.) Capstone.

Kid's Spot the Differences Activity Book. Jupiter Kids. 2016. (ENG., Illus.). 108p. (J). pap. 16.55 (978-1-68326-143-8(7), Jupiter Kids (Childrens & Kids Fiction)) Speedy Publishing LLC.

TITLE INDEX

KILL THE BOY BAND

Kids' Squiggles (Letters Make Words) Learn to Read: Sound Out (decodable) Stories for New or Struggling Readers Including Those with Dyslexia. Pamela Brookes. Ed. by Ph D. Nancy Mather. (ENG., Illus.). 152p. (J). 2020. (Dog on a Log Pup Books: Vol. 3). 21.99 *(978-1-949471-91-5(8))*; 2019. (Dog on a Log (Blue) Get Ready! Books: 3). pap. 10.99 *(978-1-949471-71-7(3))* Jojoba Pr. (DOG ON A LOG Bks.).

Kids Stick Together: The Art of Chris Brunner & Rico Renzi. Chris Brunner & Rico Renzi. 2018. (ENG.). 112p. (YA). 29.99 *(978-0-9824539-9-5(X)*, 2c3d7b2d-50eb-48db-831d-22eae4f447b7) Wave Blue World, A.

Kids Summer Activity Book. Patty Hevly. 2020. (ENG.). 60p. (J). pap. 8.99 *(978-0-9905812-5-3(X))* Whyitsme Design.

Kids Super Awesome Activity Book: Mazes, Spot the Difference & Word Games - Activity for Kids. Activibooks For Kids. 2016. (ENG., Illus.). (J). pap. 9.25 *(978-1-68321-044-3(1))* Mimaxion.

Kids Talk, 12 vols. Nancy Loewen. Illus. by Omarr Wesley. Incl. We Live Here Too! Kids Talk about Good Citizenship. (ENG., Illus.). 32p. (J). (gr. 2-5). 2002. lib. bdg. 28.65 *(978-1-4048-0035-9(2)*, 90388, Picture Window Bks.); (Kids Talk Ser.). (ENG., Illus.). 32p. 2004. 85.95 *(978-1-4048-0635-1(0)*, 164893, Picture Window Bks.) Capstone.

Kids Talk about It! Mitosis. Joy M. Ruiseñor. Illus. by Daniel Song. 2022. 26p. (J). pap. 9.00 *(978-1-6678-1882-5(1))* BookBaby.

Kids That Never Quit. Fabian Grant. 2017. (ENG., Illus.). vii, 189p. (YA). pap. *(978-1-78623-860-3(8))* Grosvenor Hse. Publishing Ltd.

Kids Throughout History Set 1: Exploring Cultures, 6 bks. Incl. Kids During the Age of Exploration. Cynthia MacGregor. lib. bdg. 22.60 *(978-0-8239-5257-1(6))*; Kids in Ancient Egypt. Lisa A. Wroble. lib. bdg. 18.75 *(978-0-8239-5256-4(8))*; Kids in Ancient Rome. Lisa A. Wroble. lib. bdg. 24.60 *(978-0-8239-5253-3(3))*; 24p. (J). (gr. 3). 1999. (Illus.). Set lib. bdg. 103.50 Rosen Publishing Group, Inc., The.

Kids to the Rescue. Janis P. Walker. 2019. (ENG., Illus.). 90p. (J). (gr. k-6). 17.00 *(978-0-578-49640-5(2))* Kids To The Rescue.

Kids to the Rescue: Coloring Book. Janis P. Walker. 2019. (ENG., Illus.). 48p. (J). pap. 9.99 ***(978-1-0878-1379-0(4))*** Kids To The Rescue.

Kids Tracing Letters & Numbers: Alphabet & Number Handwriting Practice Workbook for Kids - Workbook for Preschool, Kindergarten, & Kids Ages 3-5. Lena Bidden. l.t. ed. 2021. (ENG.). 102p. (J). pap. 12.99 *(978-1-386-34900-6(3))* Lulu Pr., Inc.

Kids' Translations. Amie Jane Leavitt et al. rev. ed. 2017. (Kids' Translations Ser.). (ENG.). 32p. (J). (gr. 3-6). 149.95 *(978-1-5157-9144-7(0)*, 27305, Capstone Pr.) Capstone.

Kids' Travel Guide - France & Paris: The Fun Way to Discover France & Paris — Especially for Kids. Shira Halperin. Ed. by Flyingkids. 2016. (Kids' Travel Guides: Vol. 3). (ENG., Illus.). 70p. (J). pap. *(978-1-910994-06-1(5))* Flyingkids.

Kids' Ukulele Songbook: Learn 30 Songs to Sing & Play. Emily Arrow. 2022. (ENG., Illus.). 114p. (J). pap. 12.99 *(978-1-64124-148-9(9)*, 1489) Fox Chapel Publishing Co., Inc.

Kids Ultimate Animal Adventure Book: 745 Quirky Facts & Hands-On Activities for Year-Round Fun. Keffer TORNIO. 2017. (Illus.). 320p. (J). (gr. -1-3). pap. 24.95 *(978-1-4930-2972-3(X)*, Falcon Guides) Globe Pequot Pr., The.

Kids Ultimate Maze Mania Activity Book. Activibooks For Kids. 2016. (ENG., Illus.). (J). pap. 6.99 *(978-1-68321-388-8(2))* Mimaxion.

Kids Ultimate Maze Rush Challenge Activity Book. Activibooks For Kids. 2016. (ENG., Illus.). (J). pap. 6.99 *(978-1-68321-389-5(0))* Mimaxion.

Kids Ultimate Picture Search Challenge Activity Book. Activibooks For Kids. 2016. (ENG., Illus.). (J). pap. 7.55 *(978-1-68321-390-1(4))* Mimaxion.

Kids Ultimate Search for the Hidden Picture Activity Book. Activibooks For Kids. 2016. (ENG., Illus.). (J). pap. 7.55 *(978-1-68321-391-8(2))* Mimaxion.

Kids Unplugged: Ocean Quest. Created by Inc. Peter Pauper Press. 2016. (Kids Unplugged Ser.). (ENG., Illus.). 64p. (J). pap. 7.99 *(978-1-4413-1997-5(2)*, 36afadf0-cc08-41b9-a84a-b4bdad24b518) Peter Pauper Pr. Inc.

Kids Unplugged - Astronomy (Activity Book) Felicity French. 2017. (Kids Unplugged Ser.). (ENG., Illus.). 64p. (J). pap. 7.99 *(978-1-4413-2420-7(8)*, 4a3a2103-c8b9-4a61-9eb3-b6a63d5c9092) Peter Pauper Pr. Inc.

Kids Unplugged Animal Adventures Activity Book. Felicity French. 2016. (Kids Unplugged Ser.). (ENG., Illus.). 64p. (J). pap. 7.99 *(978-1-4413-1996-8(4)*, deffba45-5f17-4838-835f-e6b6bde97f32) Peter Pauper Pr. Inc.

Kids Unplugged Dinosaurs & Friends Activity Book. Jax Berman Jax. Illus. by Christine Sheldon Christine. 2018. (Kids Unplugged Ser.). (ENG.). 64p. (J). (gr. 2-5). pap. 7.99 *(978-1-4413-2599-0(9)*, d76223ec-7021-4737-8554-49649f22ea07) Peter Pauper Pr. Inc.

Kids Unplugged Fashion Activity Book. Created by Inc. Peter Pauper Press. 2017. (ENG.). (J). pap. 7.99 *(978-1-4413-2278-4(7))* Peter Pauper Pr. Inc.

Kid's User Guide to a Human Life: Book Two: an Open Heart. Rebecca Brenner. Illus. by Brooke Kemmerer. 2016. (Kid's User Guide Ser.: 2). (ENG.). 56p. (J). pap. 8.95 *(978-1-63047-866-7(0))* Morgan James Publishing.

Kids vs. Plastic: Ditch the Straw & Find the Pollution Solution to Bottles, Bags, & Other Single-Use Plastics. Julie Beer. 2020. (ENG.). 128p. (J). (gr. 3-7). lib. bdg. 24.90 *(978-1-4263-3911-0(9))*; (Illus.). pap. 14.99 *(978-1-4263-3910-3(0))* Disney Publishing Worldwide. (National Geographic Kids).

Kids Weekly Planner: 52 Week at a Glance Undated Planner & Journal with to Do List (5 X 8 Inches / Black) Created by Journal Jungle Publishing. 2017. (Weekly Planner for Kids Ser.: Vol. 6). (ENG., Illus.). (J). (gr. 1-6). pap. *(978-1-988245-80-5(X))* Mindful Word, The.

Kids Who Are Changing the World: Ready-To-Read Level 3. Sheila Sweeny Higginson. Illus. by Alyssa Petersen. 2019. (You Should Meet Ser.). (ENG.). 48p. (J). (gr. 1-3). 17.99 *(978-1-5344-3215-4(9))*; pap. 4.99 *(978-1-5344-3214-7(0))* Simon Spotlight. (Simon Spotlight).

Kids Who Are Saving the Planet: Ready-To-Read Level 3. Laurie Calkhoven. Illus. by Monique Dong. 2020. (You Should Meet Ser.). (ENG.). 48p. (J). (gr. 1-3). 17.99 *(978-1-5344-5647-1(3))*; pap. 4.99 *(978-1-5344-5646-4(5))* Simon Spotlight. (Simon Spotlight).

Kids Who Travel the World: African Safari. Lisa Webb. 2018. (ENG., Illus.). 44p. (J). pap. *(978-2-9562359-1-0(5))* Canadian Expat Mom.

Kids Who Travel the World: Indonesia. Lisa Webb. 2018. (Kids Who Travel the World Ser.: Vol. 6). (ENG., Illus.). 44p. (J). pap. *(978-2-9562359-3-4(1))* Canadian Expat Mom.

Kids Who Travel the World: London. Lisa Webb. 2017. (ENG., Illus.). 40p. (J). pap. *(978-2-9562359-0-3(7))* Canadian Expat Mom.

Kids Who Travel the World: Paris. Lisa Webb. 2016. (ENG., Illus.). 38p. (J). pap. *(978-602-73335-0-5(2))* Canadian Expat Mom.

Kids Who Travel the World: Rome. Lisa Webb. 2016. (ENG., Illus.). 38p. (J). pap. *(978-602-73335-1-2(0))* Canadian Expat Mom.

Kids Who Travel the World: Thunder Bay. Lisa Stadnyk Webb. 2016. (ENG., Illus.). (J). pap. *(978-602-73335-3-6(7))* Canadian Expat Mom.

Kids Who Won the Cold War. Gary Krakowski. 2021. (ENG.). 136p. (YA). pap. 14.95 *(978-1-63881-457-3(0))* Newman Springs Publishing, Inc.

Kids with Special Needs: IDEA (Individuals with Disabilities Education Act), 11 vols., Set. Told to Camden Flath. Incl. Finding My Voice: Kids with Speech Impairment. Sheila Stewart. pap. 7.95 *(978-1-4222-1925-6(9))*; Hidden Child: Kids with Autism. Sheila Stewart. pap. 7.95 *(978-1-4222-1927-0(5))*; I Can Do It! Kids with Physical Challenges. Sheila Stewart. pap. 7.95 *(978-1-4222-1926-3(7))*; Listening with Your Eyes: Kids Who Are Deaf & Hard of Hearing. Sheila Stewart. pap. 7.95 *(978-1-4222-1920-1(8))*; My Name Is Not Slow: Kids with Intellectual Disabilities. Sheila Stewart. pap. 7.95 *(978-1-4222-1921-8(6))*; Sick All the Time: Kids with Chronic Illness. Zachary Chastain. pap. 7.95 *(978-1-4222-1922-5(4))*; Something's Wrong! Kids with Emotional Disturbance. Sheila Stewart. pap. 7.95 *(978-1-4222-1923-2(2))*; Speed Racer: Kids with Attention-Deficit/Hyperactivity Disorder. Sheila Stewart. pap. 7.95 *(978-1-4222-1924-9(0))*; What's Wrong with My Brain? Kids with Brain Injury. Sheila Stewart. pap. 7.95 *(978-1-4222-1928-7(3))*; Why Can't I Learn Like Everyone Else? Kids with Learning Disabilities. Sheila Stewart. pap. 7.95 *(978-1-4222-1929-4(1))*; 48p. (YA). (gr. 5-18). 2009. 2011. Set pap. 87.45 *(978-1-4222-1918-8(6))* Mason Crest.

Kids with Special Needs: IDEA (Individuals with Disabilities Education Act), 11 vols., Set. Camden Flath. Incl. Finding My Voice: Kids with Speech Impairment. Sheila Stewart. (Illus.). (YA). (gr. 5-18). lib. bdg. 19.95 *(978-1-4222-1722-1(1))*; Hidden Child: Kids with Autism. Sheila Stewart. (Illus.). (YA). (gr. 5-18). lib. bdg. 19.95 *(978-1-4222-1724-5(8))*; I Can Do It! Kids with Physical Challenges. Sheila Stewart. (Illus.). (YA). (gr. 5-18). lib. bdg. 19.95 *(978-1-4222-1723-8(X))*; Listening with Your Eyes: Kids Who Are Deaf & Hard of Hearing. Sheila Stewart. (Illus.). (J). (gr. 5-18). lib. bdg. 19.95 *(978-1-4222-1717-7(5))*; My Name Is Not Slow: Kids with Intellectual Disabilities. Sheila Stewart. (YA). (gr. 5-18). lib. bdg. 19.95 *(978-1-4222-1718-4(3))*; Seeing with Your Fingers: Kids with Blindness & Visual Impairment. Sheila Stewart. (Illus.). (YA). (gr. 7-18). lib. bdg. 19.95 *(978-1-4222-1716-0(7))*; Sick All the Time: Kids with Chronic Illness. Zachary Chastain. (YA). (gr. 5-18). lib. bdg. 19.95 *(978-1-4222-1719-1(1))*; Speed Racer: Kids with Attention-Deficit/Hyperactivity Disorder. Sheila Stewart. (YA). (gr. 5-18). lib. bdg. 19.95 *(978-1-4222-1721-4(3))*; What's Wrong with My Brain? Kids with Brain Injury. Sheila Stewart. (YA). (gr. 5-18). lib. bdg. 19.95 *(978-1-4222-1725-2(6))*; Why Can't I Learn Like Everyone Else? Kids with Learning Disabilities. Sheila Stewart. (YA). (gr. 5-18). lib. bdg. 19.95 *(978-1-4222-1726-9(4))*; 2010. (Illus.). 48p. 2011. Set lib. bdg. 219.45 *(978-1-4222-1727-6(2))* Mason Crest.

Kid's Word Search Puzzle Book: Fun Puzzles for Kids Ages 8 & Up. Jenny Patterson & The Puzzler. 2019. (ENG.). 134p. (J). (gr. 2-6). pap. 9.95 *(978-1-73381 29-1-7(1))* Old Town Publishing.

Kids Word Search Puzzle Book for Ages 6-12: Word Search for Kids - Large Print Word Search Game - over 100 Puzzle - Practice Spelling, Learn Vocabulary, & Improve Reading Skills for Children Vol 1. Lee Standford. l.t. ed. 2021. (ENG.). 138p. (J). pap. 13.99 *(978-1-716-19081-0(9))* Lulu Pr., Inc.

Kids Word Search Puzzle Book for Ages 6-8: Word Search for Kids - Large Print Word Search Game - Practice Spelling, Learn Vocabulary, & Improve Reading Skills for Children Vol 1. Lee Standford. l.t. ed. 2021. (ENG.). 98p. (J). pap. 11.99 *(978-1-716-19105-3(X))* Lulu Pr., Inc.

Kids Word Search Puzzle Book for Ages 8-12: Word Search for Kids - Large Print Word Search Game - Practice Spelling, Learn Vocabulary, & Improve Reading Skills for Children Vol 2. Lee Standford. l.t. ed. 2021. (ENG.). 98p. (J). pap. 12.99 *(978-1-716-19101-5(7))* Lulu Pr., Inc.

Kids Workbook: Colorful Pages Book, Tracing Letters for Kindergarten, Handwriting Practice, Pen Control Line Tracing, Dare4 Care. 2020. (ENG.). 62p. (J). pap. 12.99 *(978-1-716-28930-9(0))* Lulu Pr., Inc.

Kids Writing Paper Book (Advanced 13 Lines per Page) A Handwriting & Cursive Writing Book with 100 Pages of Extra Large 8. 5 by 11. 0 Inch Writing Practise Pages. This Book Has Guidelines for Practising Writing. James Manning. 2018. (Kids Writing Paper Book Ser.: Vol. 5). (ENG., Illus.). 104p. (J). (gr. k-6). pap. *(978-1-78970-351-1(4))* Elige Cogniscere.

Kids Writing Paper Book (Beginners 9 Lines per Page) A Handwriting & Cursive Writing Book with 100 Pages of Extra Large 8. 5 by 11. 0 Inch Writing Practise Pages. This Book Has Guidelines for Practising Writing. James Manning. 2018. (Kids Writing Paper Book Ser.: Vol. 3). (ENG., Illus.). 104p. (J). (gr. k-6). pap. *(978-1-78970-285-9(4))* Elige Cogniscere.

Kids Writing Paper Book (Highly Advanced 18 Lines per Page) A Handwriting & Cursive Writing Book with 100 Pages of Extra Large 8. 5 by 11. 0 Inch Writing Practise Pages. This Book Has Guidelines for Practising Writing. James Manning. 2018. (Kids Writing Paper Book Ser.: Vol. 7). (ENG., Illus.). 104p. (J). (gr. k-6). pap. *(978-1-78970-382-5(4))* Elige Cogniscere.

#KidsHaveChoices: A Children's Book Collection Broadening Horizons. Bree Hubbard. 2022. (ENG.). 86p. (J). 29.99 ***(978-1-6629-2848-2(3))***; pap. 19.99 ***(978-1-6629-2849-9(1))*** Gatekeeper Pr.

Kidstory: 50 Children & Young People Who Shook up the World. Tom Adams. Illus. by Sarah Walsh. 2021. (Stories That Shook up the World Ser.). (ENG.). 112p. (J). (gr. 3). 21.99 *(978-1-5344-8515-0(5)*, Atheneum Bks. for Young Readers) Simon & Schuster Children's Publishing.

Kidz: 52 Weekly Dev Fam Called to Serve. Karen Whiting. 2019. (52 Weekly Devotions Ser.). (ENG.). 224p. (J). pap. 16.99 *(978-1-62862-817-3(0)*, 20_41391, Tyndale Kids) Tyndale Hse. Pubs.

Kidz: Gam: Moses & Jesus & Me! 10-12: For Girls, Ages 10-12. Created by Rose Publishing. 2019. (God & Me! Ser.). (ENG.). 240p. (J). pap. 15.99 *(978-1-62862-832-6(4)*, 20_41437, Tyndale Kids) Tyndale Hse. Pubs.

Kidz: Gospel Illusions: Object Lessons You Can Do! Randy Burtis. 2019. (ENG.). 288p. pap. 19.99 *(978-1-62862-816-6(2)*, 20_41420) Tyndale Hse. Pubs.

Kidz: Rktr: Exploring Bible Through Hist. Amber Pike. 2020. (ENG.). 208p. (J). pap. 19.99 *(978-1-62862-785-5(9)*, 20_41432) Tyndale Hse. Pubs.

Kidz: Sifd: Conquering Fear: 52-Week Devotional. Julia Ball. 2019. (Super Incredible Faith Ser.). (ENG.). 320p. (J). pap. 16.99 *(978-1-62862-782-4(4)*, 20_41379) Tyndale Hse. Pubs.

Kidz That Dream Big: The Stepping Stone Formula Part 2. Lashai Ben Salmi. Illus. by Prasanthika Mihirani. 2019. (Kidz That Dream Big Ser.: Vol. 1). (ENG.). 146p. (J). pap. ***(978-1-913310-24-0(8))*** Dreaming Big Together Pub.

Kidz: Thg: Thinking God's Way! Sherry Kyle. 2019. (True Heart Girls Ser.). (ENG.). 224p. (J). pap. 15.99 *(978-1-62862-784-8(0)*, 20_41446, Tyndale Kids) Tyndale Hse. Pubs.

Kidz: Top 50 Creative Bible Less Presch: Fun Activities for Preschoolers. Created by Rose Publishing. 2020. (Top 50 Ser.). (ENG.). 256p. pap. 24.99 *(978-1-58411-156-6(9)*, 20_41377) Tyndale Hse. Pubs.

Kidz: What Is Church? Valerie Carpenter. Illus. by Chad Thompson. 2019. (Precious Blessings Ser.). (ENG.). 32p. (J). 11.99 *(978-1-62862-783-1(2)*, 20_41317, Tyndale Kids) Tyndale Hse. Pubs.

Kidz: What Is Church? Board Book. Valerie Carpenter. Illus. by Chad Thompson. 2019. (Precious Blessings Ser.). (ENG.). 24p. (J). bds. 11.99 *(978-1-62862-837-1(5)*, 20_41315, Tyndale Kids) Tyndale Hse. Pubs.

Kidz: What Is Prayer? A Rosekidz Rhyming Book. Valerie Carpenter. 2018. (Precious Blessings Ser.). (ENG., Illus.). 32p. (J). 11.99 *(978-1-62862-517-2(1)*, 20_41314, Tyndale Kids) Tyndale Hse. Pubs.

Kidz: What Is the Bible? Board Book. Valerie Carpenter. Illus. by Chad Thompson. 2019. (Precious Blessings Ser.). (ENG.). 24p. (J). bds. 11.99 *(978-1-62862-835-7(9)*, 20_41310, Tyndale Kids) Tyndale Hse. Pubs.

Kidz: What Is Worship? Board Book. Valerie Carpenter. Illus. by Chad Thompson. 2019. (Precious Blessings Ser.). (ENG.). 24p. (J). bds. 11.99 *(978-1-62862-836-4(7)*, 20_41324, Tyndale Kids) Tyndale Hse. Pubs.

Kidzztale: Tales of Kings, Queens, Witches & Amazing Creatures of Virpur. Partho Acharya. 2018. (ENG., Illus.). 68p. (J). pap. 16.99 *(978-1-64324-667-3(4))* Notion Pr., Inc.

Kiera: The Kurious Kat. Starlet. 2017. (ENG., Illus.). (J). pap. 9.95 *(978-1-947491-84-7(9))* Yorkshire Publishing Group.

Kijo a Way Out. Keondra Wheeler. 2021. (ENG.). 300p. (YA). pap. 20.95 *(978-1-6624-3074-9(4))* Page Publishing Inc.

Kika Kila: How the Hawaiian Steel Guitar Changed the Sound of Modern Music. John W. Troutman. 2020. (ENG., Illus.). 392p. pap. 32.50 *(978-1-4696-5909-1(3)*, 01PB) Univ. of North Carolina Pr.

Kiki & Her Potty. Abinayaa Kularanjan Gopinath. Illus. by Glen Holman. 2021. (ENG.). 30p. (J). pap. *(978-1-5272-7202-6(8))* Lane, Betty.

Kiki & Jacques: A Refugee Story. Susan Ross. 2019. (ENG.). 144p. (J). (gr. 3-7). pap. 7.99 *(978-0-8234-4180-8(6))* Holiday Hse., Inc.

Kiki & Jax: The Life-Changing Magic of Friendship. Marie Kondo & Salina Yoon. Illus. by Salina Yoon. 2019. (ENG., Illus.). 40p. (J). (gr. -1-2). 17.99 *(978-0-525-64626-6(4)*, Crown Books For Young Readers) Random Hse. Children's Bks.

Kiki & Jax: la Magia de la Amistad / Kiki & Jax: the Life-Changing Magic of Friendship. Marie Kondo & Salina Yoon. Illus. by Salina Yoon. 2019. (SPA., Illus.). 40p. (J). (gr. k-3). 17.95 *(978-1-64473-126-0(6)*, Beascoa) Penguin Random House Grupo Editorial ESP. Dist: Penguin Random Hse. LLC.

Kiki & Raffiki the City Rabbits - a Birthday Surprise. Sam Davies. 2018. (ENG., Illus.). 32p. (J). *(978-1-5289-2697-3(8))*; pap. *(978-1-5289-2530-3(0))* Austin Macauley Pubs. Ltd.

Kiki Can! Go to School. Susie Jaramillo. Illus. by Abigail Gross. 2023. (ENG.). 40p. (J). 18.99 *(978-1-250-87202-9(2)*, 900279664) Roaring Brook Pr.

Kiki de Clown. Greta De Nil. 2017. (DUT., Illus.). 108p. (J). pap. *(978-0-244-60741-8(9))* Lulu Pr., Inc.

Kiki Don't Be Afraid of the Monster. Kiawana Sheppard. Illus. by Morgan McGee. 2021. (ENG.). 24p. (J). pap. 13.95 *(978-1-63903-331-7(9))* Christian Faith Publishing.

Kiki Kallira Breaks a Kingdom. Sangu Mandanna. (Kiki Kallira Ser.: 1). (ENG.). 352p. (J). (gr. 3-7). 2022. 8.99 *(978-0-593-20698-0(3))*; 2021. 17.99 *(978-0-593-20697-3(5))* Penguin Young Readers Group. (Viking Books for Young Readers).

Kiki Kallira Conquers a Curse. Sangu Mandanna. (Kiki Kallira Ser.: 2). (ENG.). 336p. (J). (gr. 3-7). 2023. pap. 8.99 ***(978-0-593-20701-7(7))***; 2022. 17.99 *(978-0-593-20700-0(9))* Penguin Young Readers Group. (Viking Books for Young Readers).

Kiki MacAdoo & the Graveyard Ballerinas. Colette Sewall. 2020. (ENG.). 204p. (J). pap. 12.95 *(978-1-945654-55-8(4))* Owl Hollow Pr.

Kiki Returns to School: The Importance of Education: the Importance of Education. Esther Ugezene. 2023. (ENG.). 76p. (YA). pap. 15.00 ***(978-1-7328982-5-7(1))*** Professional Publishing Hse. LLC.

Kiki the Camper Cat. Cyndee Fields. 2022. (ENG., Illus.). 30p. (J). pap. 14.95 ***(978-1-63985-184-3(4))*** Fulton Bks.

Kiki the Kitten Four Books Collection. Kelly Curtiss. 2020. (ENG.). 72p. (J). pap. 14.97 *(978-1-386-81516-7(0))* Draft2Digital.

Kiki the Kung Fu Kitten. Francesca Hepton. Illus. by Aya Suarjaya. 2023. (ENG.). 44p. (J). pap. ***(978-1-8383005-4-8(6))*** Babili Bks.

Kikiriki: Como Cantan y Juegan Los niños de Aquí. Valentín Rincón. Illus. by Alejandro Magallanes. 2022. (Recreo Bolsillo Ser.). (SPA.). 96p. (J). (gr. 4-7). pap. 7.95 *(978-607-8756-61-2(3))* Nostra Ediciones MEX. Dist: Independent Pubs. Group.

Kiki's Delivery Service: The Classic That Inspired the Beloved Animated Film. Eiko Kadono. Tr. by Emily Balistrieri. Illus. by Yuta Onoda. (ENG.). 208p. (J). (gr. 5). 2021. 8.99 *(978-1-9848-9669-8(5)*, Yearling); 2020. 16.99 *(978-1-9848-9666-7(0)*, Delacorte Bks. for Young Readers); 2020. lib. bdg. 19.99 *(978-1-9848-9668-1(7)*, Delacorte Bks. for Young Readers) Random Hse. Children's Bks.

Kiki's I CAN Journal for Kids. Francesca Hepton. 2020. (ENG.). 146p. (J). pap. *(978-1-8383005-0-0(3))*; pap. *(978-1-9999126-9-7(1))* Babili Bks.

Kiki's Journey, 1 vol. Kristy Orona-Ramirez. Illus. by Jonathan Warm Day. 2017. (ENG.). 32p. (J). (gr. 2-5). pap. 10.95 *(978-0-89239-410-4(2)*, leelowcbp, Children's Book Press) Lee & Low Bks., Inc.

Kikitu & the Secrets of Waruk's Lair. Tommy Conner. Illus. by Angela Gooliaff. 2019. (Kikitu Ser.). (ENG.). 128p. (J). *(978-1-5255-4796-6(8))*; pap. *(978-1-5255-4797-3(6))* FriesenPress.

Kikitu & the Stolen Children Mystery. Tommy Conner. Illus. by Angela Gooliaff. 2020. (Kikitu Ser.). (ENG.). 196p. (J). *(978-1-5255-5405-6(0))*; pap. *(978-1-5255-5406-3(9))* FriesenPress.

Kikitu Saves Christmas. Tommy Conner. Illus. by Natalia Starikova. 2018. (Kikitu Ser.). (ENG.). 92p. (J). *(978-1-5255-2664-0(2))*; pap. *(978-1-5255-2665-7(0))* FriesenPress.

Kiko & the Leaping Dolphins. Noriega Igara. 2021. (ENG.). 24p. (J). pap. *(978-1-922621-25-2(0))* Library For All Limited.

Kiko & the Magical Toothbrush: English-Only Version. Ivy Boomer. Illus. by Jason Pacliwan. 2021. (ENG.). 36p. (J). *(978-0-6451628-6-8(8))*; pap. *(978-0-6451628-8-2(4))* Boomer, Ivy.

Kiko & the Magical Toothbrush: Si Kiko at Ang Mahiwagang Sipilyo. Ivy Boomer. Illus. by Jason Pacliwan. 2021. (ENG.). 40p. (J). *(978-0-6451628-3-7(3))*; pap. *(978-0-6451628-5-1(X))* Boomer, Ivy.

Kiko Robot. Valentín Rincón. Illus. by Edgar Camacho. 2019. (SPA.). 120p. (J). (gr. k-2). pap. 7.95 *(978-607-8237-90-6(X))* Nostra Ediciones MEX. Dist: Independent Pubs. Group.

Kiko the Clown. Carmen Leander. 2021. (ENG.). 25p. (J). *(978-1-68471-834-4(1))* Lulu Pr., Inc.

Kiko the Hawaiian Wave. Beth Navarro. Illus. by Cami Abel. 2016. (ENG.). 38p. (J). (gr. k-4). 16.95 *(978-0-692-74330-0(8))* Be There Bedtime Stories LLC.

Kilcorran, Vol. 1 of 2 (Classic Reprint) Maria G. C. Fetherstonhaugh. (ENG., Illus.). (J). 2018. 270p. 29.47 *(978-0-332-16196-9(X))*; 2016. pap. 11.97 *(978-1-334-11797-8(7))* Forgotten Bks.

Kilcorran, Vol. 2 of 2 (Classic Reprint) Fetherstonhaugh. 2018. (ENG., Illus.). 278p. (J). 29.63 *(978-0-267-42682-9(8))* Forgotten Bks.

Kilgroom, Vol. 2: A Story of Ireland (Classic Reprint) John Alexander Steuart. 2018. (ENG., Illus.). 234p. (J). 28.74 *(978-0-483-39047-8(X))* Forgotten Bks.

Kilimanjaro. Galadriel Findlay Watson. 2019. (Illus.). 32p. (J). *(978-1-7911-1399-5(0)*, AV2 by Weigl) Weigl Pubs., Inc.

Kill 6 Billion Demons Book 3. Tom Parkinson-Morgan. 2019. (ENG., Illus.). 160p. (YA). pap. 16.99 *(978-1-5343-1201-2(3)*, 87bc36fe-824b-4bc3-b223-60a98a6c4df7) Image Comics.

Kill 6 Billion Demons, Book 4. Tom Parkinson-Morgan. 2021. (ENG., Illus.). 184p. (YA). pap. 17.99 *(978-1-5343-1913-4(1))* Image Comics.

Kill a Man. Steve Orlando & Philip Kennedy Johnson. Ed. by Mike Marts. 2020. (ENG., Illus.). 128p. (YA). pap. 17.99 *(978-1-949028-47-8(X)*, 7057dd71-1023-4278-9f37-fdd3aaa89ca3) AfterShock Comics.

Kill Joy: A Good Girl's Guide to Murder Novella. Holly Jackson. 2023. (Good Girl's Guide to Murder Ser.). (ENG.). 208p. (YA). (gr. 9). pap. 12.99 *(978-0-593-42621-0(5)*, Delacorte Pr.) Random Hse. Children's Bks.

Kill Me Once, Kill Me Twice. Clara Kensie. 2019. (ENG.). 374p. (YA). (gr. 9-12). pap. 13.99 *(978-1-948661-49-2(7))* Snowy Wings Publishing.

Kill Order. Tammi Salzano. 2016. (CHI.). 352p. (J). pap. *(978-7-5448-4394-2(7))* Jieli Publishing Hse.

Kill Screen. Joel Sutherland. 2020. (Haunted Ser.: 4). (ENG.). 208p. (J). (gr. 3-7). pap. 7.99 *(978-1-7282-2585-2(X))* Sourcebooks, Inc.

Kill Six Billion Demons, Bk. 2. Tom Parkinson-Morgan. 2018. (ENG., Illus.). 128p. (YA). pap. 14.99 *(978-1-5343-0645-5(5)*, 38a4deca-1ed8-46a3-a029-4600b94f59fc) Image Comics.

Kill the Boy Band. Goldy Moldavsky. ed. 2017. lib. bdg. 20.85 *(978-0-606-39701-8(9))* Turtleback.

K

Kill the Dragon, Get the Girl. Cheston Hervey & Darren Doane. 2017. 188p. (J). pap. *(978-1-59128-188-7(1))* Canon Pr.

Killarney Legends: Arranged As a Guide to the Lakes (Classic Reprint) Thomas Crofton Croker. 2018. (ENG., Illus.). 328p. (J). 30.66 *(978-0-656-92804-0(2))* Forgotten Bks.

Killer Animals Classroom Collection: On the Hunt. Lori Polydoros. rev. ed. 2022. (Killer Animals Ser.). (ENG.). 32p. (J). pap., pap., pap. 257.58 *(978-1-6690-4078-1(X)*, 254136, Capstone Pr.) Capstone.

Killer Bees. Meish Goldish & Brian Victor Brown. 2019. (J). pap. *(978-1-64280-747-9(8))* Bearport Publishing Co., Inc.

Killer Bees! Famous Bugs of the World - Insects for Kids - Children's Biological Science of Insects & Spiders Books. Baby Iq Builder Books. 2016. (ENG., Illus.). (J). pap. 8.99 *(978-1-68374-688-1(0))* Examined Solutions PTE. Ltd.

Killer Carnivorous Plants, 1 vol. Nathan Aaseng. 2018. (Creepy, Kooky Science Ser.). (ENG.). 48p. (gr. 5-5). 29.60 *(978-1-9785-0450-9(0)*, 17235ef1-593b-446e-b1cd-ae4966254689) Enslow Publishing, LLC.

Killer (Classic Reprint) Stewart Edward White. 2017. (ENG., Illus.). (J). 31.34 *(978-1-5281-8782-4(2))* Forgotten Bks.

Killer Content. Kiley Roache. 2021. (Underlined Paperbacks Ser.). 336p. (YA). (gr. 7). pap. 9.99 *(978-0-593-42749-1(1)*, Underlined) Random Hse. Children's Bks.

Killer Dinosaurs: Theropods, 1 vol. Clare Hibbert. 2018. (Dino Explorers Ser.). (ENG.). 32p. (gr. 3-3). lib. bdg. 26.93 *(978-1-9785-0004-4(1)*, b7c0b2a3-9a06-4098-ae11-5c2c6091d70c) Enslow Publishing, LLC.

Killer Evidence: Be a Police Detective. Alix Wood. 2017. (Crime Solvers Ser.). 48p. (gr. 6-6). pap. 84.30 *(978-1-5382-0620-1(X))* Stevens, Gareth Publishing LLLP.

Killer Instinct. Jennifer Lynn Barnes. ed. 2023. (Naturals Ser.: 2). (ENG.). 400p. (YA). (gr. 9-17). pap. 11.99 ***(978-0-316-54072-8(2))*** Little, Brown Bks. for Young Readers.

Killer Kissing Bugs. Kevin Blake. 2019. (Bugged Out! the World's Most Dangerous Bugs Ser.). (ENG., Illus.). 24p. (J). (gr. 2-7). lib. bdg. 19.45 *(978-1-64280-170-5(4))* Bearport Publishing Co., Inc.

Killer Moves. Carissa Ann Lynch. 2016. (ENG., Illus.). (J). pap. 11.99 *(978-1-68058-881-1(8))* Limitless Publishing, LLC.

Killer Plants. Louise Spilsbury & Richard Spilsbury. 2017. (Engineered by Nature Ser.). (ENG., Illus.). 32p. (J). (gr. 3-8). lib. bdg. 27.95 *(978-1-62617-590-7(X)*, Pilot Bks.) Bellwether Media.

Killer Snakes, 16 vols., Set. Incl. Anaconda. Juliet Burke. 25.27 *(978-1-4339-4523-6(1)*, 685bebcc-fe03-411f-9a40-6910fdec6c99); Black Mamba. Angelo Gangemi. lib. bdg. 25.27 *(978-1-4339-4529-8(0)*, c639b18b-a58d-4503-b61d-7495b4844e1a); Boa Constrictor. Audry Graham. 25.27 *(978-1-4339-4535-9(5)*, 8a79077f-87b8-42f2-a962-8f951930140a); Death Adder. Lincoln James. 25.27 *(978-1-4339-4541-0(X)*, 2300fecc-0024-48c0-9e85-5738e2c710d7); Diamondback Rattlesnake. Autumn Leigh. lib. bdg. 25.27 *(978-1-4339-4547-2(9)*, 81d2b11d-f72d-41ab-8064-70b415b45db9); King Cobra. Cede Jones. lib. bdg. 25.27 *(978-1-4339-4553-3(3)*, e6f98fa5-58a2-4384-a768-ce1a19addd72); Python. Daisy Allyn. lib. bdg. 25.27 *(978-1-4339-4559-5(2)*, 7958905b-92e4-4f9c-9c35-8cd53b677248); Taipan. Shanya Worthy. lib. bdg. 25.27 *(978-1-4339-4565-6(7)*, a0a9819a-5903-4156-b25f-8e66446d8bf1); (J). (gr. 2-2). (Killer Snakes Ser.). (ENG., Illus.). 24p. 2011. Set lib. bdg. 202.16 *(978-1-4339-4953-1(9)*, ee0f5b0c-266e-4dd7-ba08-b0f003d545fd) Stevens, Gareth Publishing LLLP.

Killer Style: How Fashion Has Injured, Maimed, & Murdered Through History. Alison Matthews-David & Serah-Marie McMahon. Illus. by Gillian Wilson. 2019. (ENG.). 48p. (J). 17.95 *(978-1-77147-253-1(7))* Owlkids Bks. Inc. CAN. Dist: Publishers Group West (PGW).

Killer Underwear Invasion! How to Spot Fake News, Disinformation & Conspiracy Theories. Elise Gravel. 2022. (ENG., Illus.). 104p. (J). (gr. 3-7). 14.99 *(978-1-7972-1491-7(8))* Chronicle Bks. LLC.

Killer Whale vs. Great White Shark. Jerry Pallotta. Illus. by Rob Bolster. 2023. (Who Would Win? Ser.). (ENG.). 32p. (J). (gr. 1-4). lib. bdg. 32.79 ***(978-1-0982-5254-0(3)***, 42624) Spotlight.

Killer Whale vs. Great White Shark (Who Would Win?) Jerry Pallotta. Illus. by Rob Bolster. 2019. (Who Would Win? Ser.). (ENG.). 32p. (J). (gr. 2-5). lib. bdg. 14.80 *(978-1-6636-2455-0(0))* Perfection Learning Corp.

Killer Whales. Leo Statts. 2016. (Ocean Animals Ser.). (ENG., Illus.). 24p. (J). (gr. -1-2). lib. bdg. 31.36 *(978-1-68079-912-5(6)*, 24128, Abdo Zoom-Launch) ABDO Publishing Co.

Killer Whales. Gail Terp. 2016. (Wild Animal Kingdom Ser.). (ENG.). 32p. (J). (gr. 4-6). pap. 9.99 *(978-1-64466-170-3(5)*, 10397); (Illus.). 31.35 *(978-1-68072-052-5(X)*, 10396) Black Rabbit Bks. (Bolt).

Killer Whales. Gail Terp. 2018. (Wild Animal Kingdom Ser.). (ENG., Illus.). 32p. (gr. 2-7). pap. 9.95 *(978-1-68072-309-0(X))* RiverStream Publishing.

Killer Whales: On the Hunt. Janet Riehecky. rev. ed. 2016. (Killer Animals Ser.). (ENG.). 32p. (J). (gr. 3-9). pap. 7.95 *(978-1-5157-6240-9(8)*, 135062) Capstone.

Killer Whales Are Awesome. Jaclyn Jaycox. 2019. (Polar Animals Ser.). (ENG., Illus.). 32p. (J). (gr. -1-2). 27.99 *(978-1-9771-0816-6(4)*, 140444, Pebble) Capstone.

Killers of the Flower Moon: Adapted for Young Readers: The Osage Murders & the Birth of the FBI. David Grann. 2022. (ENG., Illus.). 336p. (J). (gr. 5). pap. 10.99 *(978-0-593-37737-6(0)*, Yearling) Random Hse. Children's Bks.

Killing Begins. Ralph F. Halse. 2021. (ENG.). 146p. (J). pap. *(978-1-4874-3051-1(5))* eXtasy Bks.

Killing Code. Ellie Marney. 2022. (ENG.). 384p. (YA). (gr. 9-17). 17.99 *(978-0-316-33958-2(X))* Little, Brown Bks. for Young Readers.

Killing Jar. Jennifer Bosworth. 2016. (ENG.). 352p. (YA). 34.99 *(978-0-374-34137-4(0)*, 900126267, Farrar, Straus & Giroux (BYR)) Farrar, Straus & Giroux.

Killing Mr. Griffin. Lois Duncan. ed. 2020. (ENG.). 288p. (YA). (gr. 7-17). pap. 11.99 *(978-0-316-42536-0(2))* Little, Brown Bks. for Young Readers.

Killing Mr. Griffin Novel Units Student Packet. Novel Units. 2019. (ENG.). (YA). pap. 13.99 *(978-1-56137-343-7(5)*, NU3435SP, Novel Units, Inc.) Classroom Library Co.

Killing Mr. Griffin Novel Units Teacher Guide. Novel Units. 2019. (ENG.). (YA). pap. 12.99 *(978-1-56137-194-5(7)*, Novel Units, Inc.) Classroom Library Co.

Killing November. Adriana Mather. 2020. (ENG.). 416p. (YA). (gr. 7). pap. 10.99 *(978-0-525-57911-3(7)*, Ember) Random Hse. Children's Bks.

Killing of a Vocation (Classic Reprint) Unknown Author. 2018. (ENG., Illus.). 218p. (J). 28.41 *(978-0-483-81671-8(X))* Forgotten Bks.

Killing of George Floyd. Duchess Harris Jd & Alexis Burling. 2020. (Special Reports). (ENG., Illus.). 112p. (J). (gr. 6-12). lib. bdg. 41.36 *(978-1-5321-9461-0(7)*, 36583, Essential Library) ABDO Publishing Co.

Killing Queens: Book I. L. E. Boyd. 2019. (1 Ser.: Vol. 3). (ENG.). 178p. (YA). (gr. 9-12). pap. 15.00 *(978-1-0878-0095-0(1))* Indy Pub.

Killing the Wittigo: Indigenous Culture-Based Approaches to Waking up, Taking Action, & Doing the Work of Healing. Suzanne Methot. 2023. (ENG.). 272p. (YA). pap. 23.95 *(978-1-77041-724-3(9)*, 0f536b05-e2c6-44c0-a9ae-4524150f25d5) ECW Pr. CAN. Dist: Baker & Taylor Publisher Services (BTPS).

Killing Time. Brenna Ehrlich. 2022. (ENG.). 336p. (YA). 18.99 *(978-1-335-41867-8(9))* Harlequin Enterprises ULC CAN. Dist: HarperCollins Pubs.

Killykinick (Classic Reprint) Mary Theresa Waggaman. (ENG., Illus.). (J). 2018. 322p. 30.54 *(978-0-656-65396-6(5))*; 2017. pap. 13.57 *(978-0-259-49127-9(6))* Forgotten Bks.

Kilmeny (Classic Reprint) William Black. 2018. (ENG., Illus.). 336p. (J). 30.85 *(978-0-484-40396-2(6))* Forgotten Bks.

Kilmeny of the Orchard. L. M. Montgomery. 2018. (ENG., Illus.). 118p. (J). (gr. 4-7). pap. *(978-93-5297-106-0(X))* Alpha Editions.

Kilmeny of the Orchard. L. M. Montgomery. 2018. (ENG., Illus.). 124p. (J). (gr. 4-7). 14.99 *(978-1-5154-3231-9(9))* Wilder Pubns., Corp.

Kilmeny of the Orchard. L. M. Montgomery. 2022. (ENG.). 92p. (J). pap. 27.12 ***(978-1-4583-3641-5(7))*** Lulu Pr., Inc.

Kilmeny of the Orchard (Classic Reprint) L. M. Montgomery. 2017. (ENG., Illus.). (J). 29.96 *(978-1-5285-8181-3(4))* Forgotten Bks.

Kilmeny, Vol. 1 (Classic Reprint) William Black. 2018. (ENG., Illus.). 308p. (J). 30.25 *(978-0-483-39136-9(0))* Forgotten Bks.

Kilmeny, Vol. 2 (Classic Reprint) William Black. 2018. (ENG., Illus.). 314p. (J). 30.39 *(978-0-483-34770-0(1))* Forgotten Bks.

Kilmeny, Vol. 3 of 3 (Classic Reprint) William Black. (ENG., Illus.). (J). 2018. 328p. 30.66 *(978-0-484-12999-2(6))*; 2016. pap. 13.57 *(978-1-334-18825-1(4))* Forgotten Bks.

Kilo: Being the Love Story of Eliph' Hewlitt Book Agent (Classic Reprint) Ellis Parker Butler. 2018. (ENG., Illus.). 298p. (J). 30.04 *(978-0-267-19749-1(7))* Forgotten Bks.

Kilpajuoksu. Kaarina Brooks. 2022. (FIN.). 30p. (J). pap. 9.95 *(978-1-988763-33-0(9))* Villa Wisteria Pubns.

Kilrogan Cottage: A Novel (Classic Reprint) Matilda Despard. (ENG., Illus.). (J). 2018. 630p. 36.91 *(978-0-483-33928-6(8))*; 2018. 142p. 26.85 *(978-0-483-54765-0(4))*; 2017. pap. 9.57 *(978-0-243-17562-8(0))* Forgotten Bks.

Kiltartan History Book (Classic Reprint) Augusta Gregory. 2018. (ENG., Illus.). 74p. (J). 25.42 *(978-0-483-44346-4(8))* Forgotten Bks.

Kiltartan Wonder Book (Classic Reprint) Gregory Gregory. (ENG., Illus.). (J). 2018. 144p. 26.89 *(978-0-484-13512-2(0))*; 2016. pap. 9.57 *(978-1-333-47011-1(8))* Forgotten Bks.

Kilted Mice at Christmas. Mandy Aitchison. Illus. by Sandy McEwan. 2017. (ENG.). (J). pap. *(978-1-78623-894-8(2))* Grosvenor Hse. Publishing Ltd.

Kiltie Mccoy: An American Boy with an Irish Name Fighting in France As a Scotch Soldier (Classic Reprint) Patrick Terrance McCoy. 2018. (ENG., Illus.). 284p. (J). 29.75 *(978-0-331-92224-0(X))* Forgotten Bks.

Kim. Rudyard Kipling. 2020. (ENG.). 254p. (J). 15.95 *(978-1-64594-069-2(1))* Athanatos Publishing Group.

Kim. Rudyard Kipling. 2019. (ENG.). (J). 210p. 19.95 *(978-1-61895-487-9(3))*; 208p. pap. 11.95 *(978-1-61895-486-2(5))* Bibliotech Pr.

Kim. Rudyard Kipling. 2021. (ENG.). 222p. (J). pap. 9.99 *(978-1-4209-7540-6(4))* Digireads.com Publishing.

Kim. Rudyard Kipling. 2021. (ENG.). 296p. (J). pap. *(978-1-77426-101-9(4))* East India Publishing Co.

Kim. Rudyard Kipling. (ENG.). (J). 2022. 240p. pap. ***(978-1-387-89250-1(9))***; 2020. 240p. pap. *(978-1-6780-1965-5(8))*; 2018. (Illus.). 242p. (gr. 2-6). *(978-1-387-78294-9(0))*; 2018. (Illus.). 242p. (gr. 2-6). pap. 14.99 *(978-1-387-78291-8(6))* Lulu Pr., Inc.

Kim Jong Un: Secretive North Korean Leader. Jon M. Fishman. 2019. (Gateway Biographies Ser.). (ENG., Illus.). 48p. (J). (gr. 4-8). lib. bdg. 31.99 *(978-1-5415-3919-8(2)*, babb14b8-f2cc-410f-a982-82ab6b24772e, Lerner Pubns.) Lerner Publishing Group.

Kim Jong Un: Supreme Leader of North Korea. Russell Roberts. 2018. (World Leaders Ser.). (ENG., Illus.). 48p. (J). (gr. 5-6). pap. 11.95 *(978-1-63517-619-3(0)*, 1635176190); lib. bdg. 34.21 *(978-1-63517-547-9(X)*, 163517547X) North Star Editions. (Focus Readers).

Kim Kardashian West. Jessica Rusick. 2019. (Checkerboard Biographies Ser.). (ENG., Illus.). 32p. (J). (gr. 3-6). lib. bdg. 32.79 *(978-1-5321-1941-5(0)*, 32467, Checkerboard Library) ABDO Publishing Co.

Kim Kardashian West & Kanye West, 16 vols. 2019. (Power Couples Ser.). (ENG.). 112p. (YA). (gr. 7-7). lib. bdg. 310.40 *(978-1-4994-6779-6(6)*, be221771-442b-46a8-8247-c5c32abbddeb) Rosen Publishing Group, Inc., The.

Kim Kardashian West & Kanye West, 1 vol. Monique Vescia. 2019. (Power Couples Ser.). (ENG.). 112p. (gr. 7-7). 38.80 *(978-1-5081-8888-9(2)*, 0a000a04-2c84-4bf3-ba40-212fddaba8a0) Rosen Publishing Group, Inc., The.

Kim Reaper Vol. 1: Grim Beginnings. Sarah Graley. 2018. (Kim Reaper Ser.: 1). (ENG., Illus.). 112p. pap. 14.99 *(978-1-62010-455-2(5)*, 9781620104552, Lion Forge) Oni Pr., Inc.

Kim Takes a Trip: A Book about Transportation. Meg Gaertner. 2018. (My Day Readers Ser.). (ENG.). 24p. (J). (gr. -1-2). lib. bdg. 32.79 *(978-1-5038-2750-9(X)*, 212581) Child's World, Inc, The.

Kim the Boss & Less & Less. William Anthony. Illus. by Danielle Webster-Jones. 2023. (Level 2 - Red Set Ser.). (ENG.). 32p. (J). (gr. k-2). lib. bdg. 19.95 Bearport Publishing Co., Inc.

Kimberly Bryant: Founder of Black Girls Code, 1 vol. Kathryn Hulick. 2017. (Leading Women Ser.). (ENG.). 112p. (YA). (gr. 7-7). 41.64 *(978-1-5026-2703-2(5)*, 6fc2c21b-85d4-42ff-bbdb-1d76a082065b) Cavendish Square Publishing LLC.

Kimberly et la Bête de Feu. Jane O'Neil. Illus. by Laure Phelipon. 2018. (Kimberly Ser.: Vol. 4). (FRE.). 114p. (J). pap. *(978-2-924263-16-7(6))* Éditions de la Corde raide.

Kimberly Has ADHD. Tracilyn George. 2021. (ENG.). 60p. (J). pap. 17.99 *(978-1-77475-498-6(3))* Draft2Digital.

Kimberly the Koala Learning to Read Series: Language. Mary I. Johnson-Darden. 2021. (ENG.). 34p. (J). pap. 7.98 *(978-0-578-32398-5(2))* TOKYOPOP, Inc.

Kimberly's Cats & Dogs Foundation Farm. Kathy Resberg. 2018. (ENG., Illus.). 252p. (J). pap. 37.95 *(978-1-63575-664-7(2))* Christian Faith Publishing.

Kimburton: A Story of Village Life (Classic Reprint) John Bedford Leno. (ENG., Illus.). (J). 2018. 122p. 26.41 *(978-0-267-33975-4(5))*; 2016. pap. 9.57 *(978-1-333-63646-3(6))* Forgotten Bks.

Kimi & the Land of Feathers. Eszter Molnar. Illus. by Anita Bagdi. 2021. (ENG.). 82p. (J). pap. *(978-1-9998906-1-2(2))* Cambrian Way Trust.

Kimiko Chou, Girl Samurai. Con Chapman. 2021. (ENG.). 140p. (YA). pap. 16.99 *(978-1-63649-552-1(4))* Primedia eLaunch LLC.

Kimmie Kangaroo Bakes Cookies. Krysten Parris. 2020. (ENG., Illus.). 44p. (J). pap. 15.95 *(978-1-64670-787-4(7))* Covenant Bks.

Kimmie Kangaroo Bakes Cupcakes. Krysten Parris. 2021. (ENG.). 38p. (J). pap. 15.95 *(978-1-64468-740-6(2))* Covenant Bks.

Kimmie Tuttle (Set), 6 vols. Mike Allegra. Illus. by Kiersten Eagan. 2021. (Kimmie Tuttle Ser.). (ENG.). 112p. (J). (gr. 2-5). lib. bdg. 231.00 *(978-1-0982-3163-7(5)*, 38710, Calico Chapter Bks.) ABDO Publishing Co.

Kimmy & Mike, 1 vol. Dave Paddon. Illus. by Lily Snowden-Fine. 2021. (ENG.). 28p. (J). (gr. 1-3). 10.95 *(978-1-927917-39-8(5))* Running the Goat, Bks. & Broadsides CAN. Dist: Orca Bk. Pubs. USA.

Kimmy Can't. Melissa Heath & Victoria Hatton. 2023. (ENG.). 38p. (J). pap. ***(978-1-83875-733-5(3)***, Nightingale Books) Pegasus Elliot Mackenzie Pubs.

Kimmy the Kangaroo Goes to the Doctor. Myles Scott Kobren. Illus. by Bill Tiller. 2019. (Adventures of Kimmy the Kangaroo Ser.). (ENG.). 44p. (J). *(978-1-5255-4615-0(5))*; pap. *(978-1-5255-4616-7(3))* FriesenPress.

Kimmy the Koala Helps the Honey Bees in Summertown Wood. Graham Swan. 2017. (ENG., Illus.). (J). pap. *(978-1-911525-88-2(3))* Clink Street Publishing.

Kimmy's Marvelous Wind-Catching Wonder. Linda Glaser. Illus. by Rachael Balsaitis. 2017. (ENG.). 32p. (J). (gr. -1-k). 16.95 *(978-1-60554-436-6(1))* Redleaf Pr.

Kimono (Classic Reprint) John Paris. 2017. (ENG., Illus.). (J). 31.26 *(978-0-331-59657-1(1))* Forgotten Bks.

Kimono Dragon Records. Evelyn Espinoza. 2022. (ENG.). 64p. (J). 20.00 ***(978-1-0879-8180-2(8))*** Indy Pub.

Kimora Goes to the Doctor. Sharon E. Harris. 2023. (ENG., Illus.). 38p. (J). pap. 15.95 ***(978-1-6624-4287-2(4))*** Page Publishing Inc.

Kimora Goes to the Park. Sharon E. Harris. 2021. (ENG.). 38p. (J). pap. 14.95 *(978-1-6624-1772-6(1))* Page Publishing Inc.

Kimora Goes to Town. Sharon E. Harris. 2021. (ENG.). 42p. (J). pap. 15.95 *(978-1-6624-3252-1(6))* Page Publishing Inc.

Kimora Journal with Affirmations. Danita Wrenn. Illus. by Danita Wrenn. 2021. (ENG.). 100p. (J). pap. ***(978-1-6671-8732-7(5))*** Lulu Pr., Inc.

Kimotinâniwiw Itwêwina / Stolen Words, 1 vol. Melanie Florence. Tr. by Dolores Sand & Gayle Weenie. Illus. by Gabrielle Grimard. ed. 2019. (CRE & ENG.). 28p. (J). (gr. 1-3). 14.95 *(978-1-77260-101-5(2))* Second Story Pr. CAN. Dist: Orca Bk. Pubs. USA.

Kimsara Detective Agency: Daddy? Marty Meyer-Gad. 2018. (ENG., Illus.). 210p. (J). pap. 8.47 *(978-0-9913804-7-3(9))* Growth Affirming Co.

Kin: Rooted in Hope. Carole Boston Weatherford. Illus. by Jeffery Boston Weatherford. 2023. (ENG.). 208p. (J). (gr. 5). 18.99 ***(978-1-6659-1362-1(2)***, Atheneum Bks. for Young Readers) Simon & Schuster Children's Publishing.

Kin-Da-Shon's Wife: An Alaskan Story (Classic Reprint) Eugene S. Willard. 2017. (ENG., Illus.). (J). 30.29 *(978-0-266-92672-6(X))* Forgotten Bks.

Kincaid & Spot vs. Covid. Christopher Lee. Illus. by Lael Brinkley. 2023. 34p. (J). pap. 16.00 ***(978-1-6678-7672-6(4))*** BookBaby.

Kincaid, from Peking: A Novel (Classic Reprint) St. George Rathborne. 2018. (ENG., Illus.). 242p. (J). 28.91 *(978-0-332-57905-4(0))* Forgotten Bks.

Kincaid's Battery (Classic Reprint) George W. Cable. 2018. (ENG., Illus.). 410p. (J). 32.35 *(978-0-365-44545-6(2))* Forgotten Bks.

Kind. Alison Green. Illus. by Beatrice Alemagna et al. 2020. (ENG.). 48p. (J). (gr. -1-k). 17.99 *(978-1-338-62705-3(8)*, Scholastic Pr.) Scholastic, Inc.

Kind Bee. Bonny Brunno Murangwa. Illus. by Peter Gitego. 2016. (ENG.). 24p. (J). pap. *(978-99977-771-1-9(5))* FURAHA Pubs. Ltd.

Kind Centurion. Michael Ii Hodgin. 2019. (ENG., Illus.). 28p. (J). (gr. k-5). pap. *(978-1-950850-16-7(1))* Mulberry Bks.

Kind Companion (Classic Reprint) Dorothy M. Large. (ENG., Illus.). (J). 2018. 164p. 27.28 *(978-0-483-56969-0(0))*; 2017. pap. 9.97 *(978-0-243-20837-1(5))* Forgotten Bks.

Kind Crocodile. Leo Timmers. Illus. by Leo Timmers. 2023. (ENG., Illus.). 28p. (J). (gr. -1 — 1). bds. 16.99 *(978-1-77657-470-4(2)*, 8650587f-bbee-4ae1-a6c6-1c310a84eeee) Gecko Pr. NZL. Dist: Lerner Publishing Group.

Kind Hearted Princess & the Mighty Spirited Prince. Jacqueline Fortner Cooper. 2017. (ENG., Illus.). (J). (gr. 1-4). pap. 12.45 *(978-1-5043-8364-6(8)*, Balboa Pr.) Author Solutions, LLC.

Kind Katie. Lauren Cardoso. Illus. by Zuzana Svobodová. 2020. (ENG.). 30p. (J). pap. 12.99 *(978-1-7346517-0-6(9))* Southampton Publishing.

Kind Kid Crew. Toni Amos. 2021. 32p. (J). pap. 16.99 *(978-1-0983-5254-7(8))* BookBaby.

Kind Kids. Helen Maffini & Whitney Stewart. Illus. by Mariana Ruiz Johnson. 2022. (Barefoot Books Activity Decks Ser.). (ENG.). 58p. (J). (gr. -1-5). 16.99 ***(978-1-64686-619-9(3))*** Barefoot Bks., Inc.

Kind Kizzie. Lala M. Knight. 2021. (ENG., Illus.). 28p. (J). pap. 12.95 *(978-1-63814-866-1(X))* Covenant Bks.

Kind Little Gnome. Karen Desue. 2022. (ENG.). 26p. (J). pap. 12.99 *(978-1-954617-39-1(9)*, Yawn Publishing LLC) Yawn's Bks. & More, Inc.

Kind Ninja & the Easter Egg Hunt: A Children's Book about Spreading Kindness on Easter. Mary Nhin. 2022. (Ninja Life Hacks Ser.: Vol. 71). (ENG.). 36p. (J). 19.99 *(978-1-63731-331-2(4))* Grow Grit Pr.

Kind of a Big Deal. Shannon Hale. 2020. (ENG., Illus.). 400p. (YA). 18.99 *(978-1-250-20623-7(5)*, 900201444) Roaring Brook Pr.

Kind of Paradise. Amy Rebecca Tan. 2019. (ENG.). 304p. (J). (gr. 3-7). 16.99 *(978-0-06-279541-0(4)*, HarperCollins) HarperCollins Pubs.

Kind of Spark. Elle McNicoll. ed. 2023. (Penworthy Picks - Middle School Ser.). (ENG.). 179p. (J). (gr. 3-7). 20.96 ***(978-1-68505-859-3(0))*** Penworthy Co., LLC, The.

Kind of Spark. Elle McNicoll. (ENG.). (J). (gr. 3-7). 2022. 208p. 7.99 *(978-0-593-37428-3(2)*, Yearling); 2021. 192p. 16.99 *(978-0-593-37425-2(8)*, Crown Books For Young Readers) Random Hse. Children's Bks.

Kind Shepherd & the Little Lamb. Mary Savage. Illus. by Julie Kaminski. 2022. (ENG.). 22p. (J). 19.99 ***(978-1-6678-2444-4(9))*** BookBaby.

Kind Soup. Jean Petersen. Illus. by Janet Samuel. 2019. (ENG.). 34p. (J). (gr. 2-4). 16.99 *(978-1-7332828-8-8(2))*; pap. 11.99 *(978-1-7332828-4-0(X))* Little Lamb Bks.

Kinder Kollege Language Arts: Reading. Ophelia S. Lewis. Ed. by L. M. Logan & Patrice Juah. 2020. (Teacher Jeanette Ser.). (ENG., Illus.). 174p. (J). (gr. k-1). pap. 15.00 ***(978-1-945408-29-8(4))*** Village Tales Publishing.

Kinder Kollege Language Arts: Writing. Ophelia S. Lewis. Ed. by L. M. Logan & Patrice Juah. 2020. (Teacher Jeanette Ser.). (ENG., Illus.). 202p. (J). (gr. k-1). pap. 15.00 ***(978-1-945408-28-1(6))*** Village Tales Publishing.

Kinder Kollege Primary Arithmetic: Math. Ophelia S. Lewis. Ed. by L. M. Logan & Patrice Juah. 2020. (Teacher Jeanette Ser.). (ENG., Illus.). 166p. (J). (gr. k-1). pap. 15.00 ***(978-1-945408-30-4(8))*** Village Tales Publishing.

Kinder Kollege Primary Bible Lessons. Ophelia S. Lewis. Ed. by L. M. Logan & Patrice Juah. 2020. (Teacher Jeanette Ser.). (ENG., Illus.). 62p. (J). (gr. k-1). pap. 15.00 *(978-1-945408-56-4(1))* Village Tales Publishing.

Kinder Kollege Primary Copybook: Handwriting. Ophelia S. Lewis. Ed. by L. M. Logan & Patrice Juah. 2020. (Teacher Jeanette Ser.). (ENG., Illus.). 202p. (J). (gr. k-1). pap. 12.00 ***(978-1-945408-55-7(3))*** Village Tales Publishing.

Kinder Kollege Science: Smart Start. Ophelia S. Lewis. Ed. by L. M. Logan & Patrice Juah. 2020. (Teacher Jeanette Ser.). (ENG., Illus.). 62p. (J). (gr. k-1). pap. 15.00 *(978-1-945408-31-1(6))* Village Tales Publishing.

Kinder Kollege Social Studies: Liberia. Ophelia S. Lewis. Ed. by L. M. Logan & Patrice Juah. 2020. (Teacher Jeanette Ser.). (ENG., Illus.). 56p. (J). (gr. k-2). pap. 15.00 *(978-1-945408-51-9(0))* Village Tales Publishing.

Kinder Kollege Technology. Ophelia S. Lewis. Ed. by L. M. Logan & Patrice Juah. 2020. (Teacher Jeanette Ser.). (ENG., Illus.). 40p. (J). (gr. k-1). pap. 12.00 *(978-1-945408-50-2(2))* Village Tales Publishing.

Kinder Poison. Natalie Mae. 2021. (Illus.). 432p. (YA). (gr. 7). pap. 11.99 *(978-1-9848-3522-2(X)*, Razorbill) Penguin Young Readers Group.

Kinder Sport: Kinder Malbuch. Bold Illustrations. 2017. (GER., Illus.). (J). pap. 8.35 *(978-1-64193-178-6(7)*, Bold Illustrations) FASTLANE LLC.

Kindergarrrten Bus. Mike Ornstein. Illus. by Kevin M. Barry. 2018. (ENG.). 32p. (J). (gr. -1 — 1). 16.99 *(978-1-58536-398-8(7)*, 204578) Sleeping Bear Pr.

Kindergarten. P. i p i kids. 2017. (Quiz It Pen Ser.). (ENG.). 256p. (J). *(978-1-4508-6227-1(6)*, 8372c0ee-b469-42ad-9fc7-4ae707ee7c86, PI Kids) Phoenix International Publications, Inc.

Kindergarten. Ed. by School Zone Publishing. 2019. (ENG.). 52p. (J). spiral bd. 11.99 *(978-1-68147-282-9(1)*, 0a437f70-a038-4293-86c6-7bfdd705550e) School Zone Publishing Co.

Kindergarten: A Boon to Mothers & Teachers on Rainy Days (Classic Reprint) L. G. Stahl. (ENG., Illus.). (J). 2018. 232p. 28.68 *(978-0-267-34973-9(4))*; 2016. pap. 11.57 *(978-1-333-73112-0(4))* Forgotten Bks.

Kindergarten: A Manual for the Introduction of Froebel's System of Primary Education into Public Schools; & for the Use of Mothers & Private Teachers (Classic Reprint) Adolf Douai. 2018. (ENG., Illus.). 200p. (J). 28.06 *(978-0-483-73180-6(3))* Forgotten Bks.

KINDergarten: Where Kindness Matters Every Day. Vera Ahiyya. Illus. by Joey Chou. 2022. (KINDergarten Book Ser.). 40p. (J). (gr. -1-3). 17.99 *(978-0-593-48462-3(2))* Random Hse. Children's Bks.

1098 The check digit for ISBN-10 appears in parentheses after the full ISBN-13

Kindergarten Activities (Classic Reprint) Katherine Beebe. 2018. (ENG., Illus.). 134p. (J). 26.68 *(978-0-267-11821-2(X))* Forgotten Bks.

Kindergarten Activity Book: Engaging Activity Book for Kindergarten, Mixed Exercises, & Educational Games. Handwriting, Counting, Coloring, Shape, & Time Learning. Great for Preschool Preparation. Dare4 Care. 2020. (ENG.). 74p. (J). pap. 8.99 *(978-1-716-28946-0(7))* Lulu Pr., Inc.

Kindergarten Activity Book Hidden Pictures Edition. Activity Book Zone for Kids. 2016. (ENG., Illus.). (J). pap. 7.55 *(978-1-68376-249-2(5))* Sabeels Publishing.

Kindergarten Activity Pages Puzzles Edition. Activity Book Zone for Kids. 2016. (ENG., Illus.). (J). pap. 7.55 *(978-1-68376-250-8(9))* Sabeels Publishing.

Kindergarten Activity Workbook Mazes Edition. Activity Book Zone for Kids. 2016. (ENG., Illus.). (J). pap. 7.55 *(978-1-68376-251-5(7))* Sabeels Publishing.

Kindergarten Add & Subtract Big Fun Practice Pad. Created by Highlights Learning. 2022. (Highlights Big Fun Practice Pads Ser.). 192p. (J). (gr. k-1). pap. 9.99 *(978-1-64472-824-6(9)*, Highlights) Highlights Pr., c/o Highlights for Children, Inc.

Kindergarten Addition Workbook (Add to Ten - Level 3) 30 Full Color Preschool/Kindergarten Addition Worksheets That Can Assist with Understanding of Math. James Manning. 2019. (Kindergarten Addition Workbook Ser.: Vol. 9). (ENG., Illus.). 34p. (J). pap. *(978-1-83878-149-1(8))* West Suffolk CBT Service Ltd., The.

Kindergarten, ¡allá Voy! D. J. Steinberg. Tr. by Georgina Lázaro. Illus. by Mark Chambers. 2023. (Here I Come! Ser.). 32p. (J). (-k). pap. 5.99 *(978-0-593-52382-7(2)*, Grosset & Dunlap) Penguin Young Readers Group.

Kindergarten Alphabet Puzzles. Created by Highlights Learning. 2019. (Highlights Learn on the Go Practice Pads Ser.). 64p. (J). (gr. -1-1). pap. 4.99 *(978-1-68437-658-2(0)*, Highlights) Highlights Pr., c/o Highlights for Children, Inc.

Kindergarten Basic Skills (Learning Concepts Workbook) The Reading The Reading House. 2022. (Reading House Ser.). (ENG.). 80p. (J). (gr. -1-1). pap. 9.99 *(978-0-593-51615-7(X))* Random Hse. Children's Bks.

Kindergarten Basics. Joan Hoffman. 2019. (ENG.). 64p. (J). (gr. k-k). pap., wbk. ed. 4.49 *(978-1-58947-036-1(2)*, 05263dbb-7375-435c-b093-3ed5f563d050) School Zone Publishing Co.

Kindergarten Big Fun Workbook. Created by Highlights Learning. 2017. (Highlights Big Fun Activity Workbooks Ser.). (ENG.). 256p. (J). (gr. -1-1). pap. 12.99 *(978-1-62979-763-2(4)*, Highlights) Highlights Pr., c/o Highlights for Children, Inc.

Kindergarten (Classic Reprint) Lida Brooks Miller. (ENG., Illus.). (J). 2017. 32.23 *(978-0-266-88526-9(8))*; 2016. pap. 16.57 *(978-1-334-11894-4(9))* Forgotten Bks.

Kindergarten Common Core Math. Argoprep & Argo Brothers. 2021. (Common Core Math Ser.). (ENG.). 152p. (J). pap. 19.99 *(978-1-951048-63-1(6))* Argo Brothers INC.

Kindergarten Cut & Paste Worksheets (Fish) This Book Has 20 Full Colour Worksheets. This Book Comes with 6 Downloadable Kindergarten PDF Workbooks. James Manning. 2020. (Kindergarten Cut & Paste Worksheets Ser.: Vol. 2). (ENG., Illus.). 44p. (J). (gr. k-4). pap. *(978-1-80025-895-2(X))* Coloring Pages.

Kindergarten Extra-Large Lined Paper Book (Advanced 13 Lines per Page) A Handwriting & Cursive Writing Book with 100 Pages of Extra Large 8. 5 by 11. 0 Inch Writing Practise Pages. This Book Has Guidelines for Practising Writing. James Manning. 2018. (Kindergarten Extra-Large Lined Paper Book Ser.: Vol. 5). (ENG., Illus.). 104p. (J). (gr. k-6). pap. *(978-1-78970-353-5(0))* Elige Cogniscere.

Kindergarten Extra-Large Lined Paper Book (Beginners 9 Lines per Page) A Handwriting & Cursive Writing Book with 100 Pages of Extra Large 8. 5 by 11. 0 Inch Writing Practise Pages. This Book Has Guidelines for Practising Writing. James Manning. 2018. (Kindergarten Extra-Large Lined Paper Book Ser.). (ENG., Illus.). 104p. (J). (gr. k-6). pap. *(978-1-78970-287-3(9))* Elige Cogniscere.

Kindergarten Extra-Large Lined Paper Book (Highly Advanced 18 Lines per Page) A Handwriting & Cursive Writing Book with 100 Pages of Extra Large 8. 5 by 11. 0 Inch Writing Practise Pages. This Book Has Guidelines for Practising Writing. James Manning. 2018. (Kindergarten Extra-Large Lined Paper Book Ser.: Vol. 7). (ENG., Illus.). 104p. (J). (gr. k-6). pap. *(978-1-78970-384-9(0))* Elige Cogniscere.

Kindergarten Extra-Large Lined Paper Book (Intermediate 11 Lines per Page) A Handwriting & Cursive Writing Book with 100 Pages of Extra Large 8. 5 by 11. 0 Inch Writing Practise Pages. This Book Has Guidelines for Practising Writing. James Manning. 2018. (Kindergarten Extra-Large Lined Paper Book Ser.: Vol. 4). (ENG., Illus.). 104p. (J). (gr. k-6). pap. *(978-1-78970-319-1(0))* Elige Cogniscere.

Kindergarten Fun. Victoria Kann. ed. 2022. (I Can Read Ser.). (ENG.). 32p. (J). (gr. k-1). 16.46 ***(978-1-68505-479-3(X))*** Penworthy Co., LLC, The.

Kindergarten Hands-On STEAM Learning Fun Workbook. Created by Highlights Learning. 2020. (Highlights Learning Fun Workbooks Ser.). 48p. (J). (gr. k-1). pap. 4.99 *(978-1-64472-187-2(2)*, Highlights) Highlights Pr., c/o Highlights for Children, Inc.

Kindergarten Hat. Janet Lawler. Illus. by Geraldine Rodriguez. 2020. (ENG.). 32p. (J). (gr. -1-1). 17.99 *(978-1-4998-0989-3(1))* Little Bee Books Inc.

Kindergarten, Here We Come! Quinlan B. Lee. Illus. by Ana Bermejo. 2016. 32p. (J). *(978-0-545-94860-9(6))* Scholastic, Inc.

Kindergarten in the Home: A Book for Parents & for All Interested in Child-Training (Classic Reprint) Carrie S. Newman. 2018. (ENG., Illus.). 294p. (J). 29.96 *(978-0-483-66075-5(2))* Forgotten Bks.

Kindergarten Is FUN. Porto O'Karolyn. 2020. (ENG.). 88p. (J). pap. 9.99 *(978-1-716-34997-3(4))* Lulu Pr., Inc.

Kindergarten Is Fun Math Workbook. Evelyn Barker. 2022. (ENG.). 100p. (J). pap. ***(978-1-387-75896-8(9))*** Lulu Pr., Inc.

Kindergarten Is FUN Vol 2. Porto O'Karolyn. 2021. (ENG., Illus.). 86p. (J). pap. 10.99 *(978-1-716-27429-9(X))* Lulu Pr., Inc.

Kindergarten Is SUPER FUN. Porto O'Karolyn. 2020. (ENG.). 82p. (J). pap. 11.99 *(978-1-716-33087-2(4))* Lulu Pr., Inc.

Kindergarten Journal, Vol. 7: Summer, 1911 (Classic Reprint) Elizabeth Harrison. (ENG., Illus.). (J). 2018. 56p. 25.05 *(978-0-267-39576-7(0))*; 2016. pap. 9.57 *(978-1-334-13168-4(6))* Forgotten Bks.

Kindergarten Jumbo Math Success Workbook: 3 Books in 1 — Basic Math, Math Games & Puzzles, Shapes & Geometry; Activities, Exercises, & Tips to Help You Catch up, Keep up, & Get Ahead. Sylvan Learning. 2019. (Sylvan Math Jumbo Workbooks Ser.). 320p. (J). (gr. -1-2). pap., wbk. ed. 18.99 *(978-0-375-43048-0(2)*, Sylvan Learning Publishing) Random Hse. Children's Bks.

Kindergarten Kit Complete Print Only Grade K 2014. Hmh Hmh. 2020. (ENG.). (J). pap. 5998.33 *(978-0-358-46905-6(8))* Houghton Mifflin Harcourt Publishing Co.

Kindergarten Learning Numbers. Created by Highlights Learning. 2018. (Highlights Learn on the Go Practice Pads Ser.). (Illus.). 64p. (J). (-k). pap. 4.99 *(978-1-68437-163-1(5)*, Highlights) Highlights Pr., c/o Highlights for Children, Inc.

Kindergarten Learning Pad: Scholastic Early Learners (Learning Pad) Scholastic. 2021. (Scholastic Early Learners Ser.). (ENG.). 128p. (J). (gr. -1-1). pap. 9.99 *(978-1-338-71431-9(7)*, Cartwheel Bks.) Scholastic, Inc.

Kindergarten Lessons for Church Sunday Schools: A Manual for the Instruction of Beginners (Classic Reprint) Episcopal Church Diocese of Commission. 2017. (ENG., Illus.). (J). 27.75 *(978-0-331-96830-9(4))* Forgotten Bks.

Kindergarten Letters, Words & Sentences Writing Workbook: Kindergarten Homeschool Curriculum Scholastic Workbook to Boost Writing, Reading & Phonics (Trace Letters ABC Print Handwriting Book, Pre K & Kids Ages 3-5) Sarah Sandersen. 2020. (ENG.). 112p. (J). (gr. k-6). pap. *(978-1-913357-62-7(7))* Devela Publishing.

Kindergarten Lined Paper Book (Advanced 13 Lines per Page) A Handwriting & Cursive Writing Book with 100 Pages of Extra Large 8. 5 by 11. 0 Inch Writing Practise Pages. This Book Has Guidelines for Practising Writing. James Manning. 2018. (Kindergarten Lined Paper Book Ser.: Vol. 5). (ENG., Illus.). 104p. (J). (gr. k-6). pap. *(978-1-78970-335-1(2))* Elige Cogniscere.

Kindergarten Lined Paper Book (Beginners 9 Lines per Page) 100 Basic Handwriting Practice Sheets for Children Aged 3 to 14: This Book Contains Suitable Handwriting Paper to Practise Writing. James Manning. 2018. (Kindergarten Lined Paper Book Ser.: Vol. 3). (ENG., Illus.). 104p. (J). (gr. k-6). pap. *(978-1-78970-271-2(2))* Elige Cogniscere.

Kindergarten Lined Paper Book for Children Aged 3 to 5 (with Wipe Clean Page) 100 Handwriting Practice Pages for Children Aged 3 to 6: This Book Contains Suitable Handwriting Paper with Extra Thick Lines for Children Who Would Like to Practice Their Writing. James Manning. 2018. (ENG., Illus.). 108p. (J). (gr. k-1). (Kindergarten Lined Paper Book for Children Aged 3 Ser.: Vol. 3). pap. *(978-1-78917-662-9(X))*; pap. *(978-1-78917-522-6(4))* Sketchbook, Sketch Pad, Art Bk., Drawing Paper, and Writing Paper Publishing Co., The.

Kindergarten Lined Paper Book (Highly Advanced 18 Lines per Page) A Handwriting & Cursive Writing Book with 100 Pages of Extra Large 8. 5 by 11. 0 Inch Writing Practise Pages. This Book Has Guidelines for Practising Writing. James Manning. 2018. (Kindergarten Lined Paper Book Ser.: Vol. 6). (ENG., Illus.). 104p. (J). (gr. k-6). pap. *(978-1-78970-368-9(9))* Elige Cogniscere.

Kindergarten Lined Paper Book (Intermediate 11 Lines per Page) A Handwriting & Cursive Writing Book with 100 Pages of Extra Large 8. 5 by 11. 0 Inch Writing Practise Pages. This Book Has Guidelines for Practising Writing. James Manning. 2018. (Kindergarten Lined Paper Book Ser.: Vol. 4). (ENG., Illus.). 104p. (J). (gr. k-6). pap. *(978-1-78970-302-3(6))* Elige Cogniscere.

Kindergarten Magazine, Vol. 18: September, 1905-June, 1906 (Classic Reprint) Unknown Author. (ENG., Illus.). (J). 2018. 674p. 37.80 *(978-0-267-36064-2(9))*; 2016. pap. 20.57 *(978-1-334-17088-1(6))* Forgotten Bks.

Kindergarten Math Activity Workbook: 101 Fun Math Activities & Games - Addition & Subtraction, Counting, Money, Time, Fractions, Comparing, Color by Number, Worksheets, & More - Kindergarten & 1st Grade Activity Book Age 5-7 - for Kids Ages 5, 6, Jennifer L. Trace. 2020. (ENG.). 106p. (J). pap. 6.99 *(978-1-946525-26-0(X))* Kids Activity Publishing.

Kindergarten Math Addition Workbook Age 5-7. Hellen M. Anvil. 2021. (ENG.). 88p. pap. *(978-1-6780-6587-4(0))* Lulu Pr., Inc.

Kindergarten Math Addition Workbook Age 5-7: — Math Workbooks for Kindergarteners 1st Grade Math Workbooks Math Book for Learning Numbers, Place Value & Regrouping Master Addition - Math Activities & Worksheets Homeschool Activities Book. Hellen M. Anvil. 2021. (ENG., Illus.). 90p. (J). pap. 13.99 *(978-1-034-61227-8(1))* Lulu Pr., Inc.

Kindergarten Math Big Fun Practice Pad. Created by Highlights Learning. 2021. (Highlights Big Fun Practice Pads Ser.). 192p. (J). (gr. k-1). pap. 9.99 *(978-1-64472-299-2(2)*, Highlights) Highlights Pr., c/o Highlights for Children, Inc.

Kindergarten Math Concepts. Created by Highlights Learning. 2019. (Highlights Learning Fun Workbooks Ser.). (Illus.). 48p. (J). (gr. k-1). pap. 4.99 *(978-1-68437-283-6(6)*, Highlights) Highlights Pr., c/o Highlights for Children, Inc.

Kindergarten Math (Math Skills Workbook) The Reading The Reading House. 2022. (Reading House Ser.). (ENG.). 80p. (J). (gr. -1-1). pap. 9.99 *(978-0-593-51618-8(4))* Random Hse. Children's Bks.

Kindergarten Math Skills Workbook Children's Math Books. Pfiffikus. 2016. (ENG., Illus.). (J). pap. 10.81 *(978-1-68377-649-9(6))* Whlke, Traudl.

Kindergarten Math Subtraction Workbook Age 5-7: — Math Workbooks for Kindergarteners 1st Grade Math Workbooks Math Book for Learning Numbers, Place Value & Regrouping. Hellen M. Anvil. 2021. (ENG., Illus.). 98p. (J). pap. 12.99 *(978-1-6662-7795-1(9))* Lulu Pr., Inc.

Kindergarten Math with Confidence Bundle. Kate Snow. 2020. (Math with Confidence Ser.: 0). (ENG.). 598p. (J). (gr. k-k). pap. 51.90 *(978-1-945841-82-8(6)*, 458482) Well-Trained Mind Pr.

Kindergarten Math with Confidence Instructor Guide. Kate Snow. 2020. (Math with Confidence Ser.: 0). (ENG.). 460p. (J). (gr. k-k). pap. 36.95 *(978-1-945841-63-7(X)*, 458463) Well-Trained Mind Pr.

Kindergarten Math with Confidence Student Workbook. Kate Snow. 2020. (Math with Confidence Ser.: 2). (ENG.). 128p. (J). (gr. k-k). pap. 18.95 *(978-1-945841-48-4(6)*, 458448) Well-Trained Mind Pr.

Kindergarten Math Workbook - Excellent Activity Book for Kids 3-5. Easy & Beautiful Exercises for Future Scholars. Perfect Preschool Gift. A&i Dream Big. 2021. (ENG.). 84p. (J). pap. 8.99 *(978-1-716-20824-9(6))* Lulu Pr., Inc.

Kindergarten Memory Book: A Book about the First Day of School to Read on the Last Day of School. Elizabeth Ku. 2018. (ENG.). 56p. (J). pap. 9.99 *(978-0-692-11406-3(8))* Ku, Elizabeth.

Kindergarten Number Games (Add to Ten - Level 2) 30 Full Color Preschool/Kindergarten Addition Worksheets That Can Assist with Understanding of Math. James Manning. 2019. (Kindergarten Number Games Ser.: Vol. 8). (ENG., Illus.). 34p. (J). pap. *(978-1-83878-087-6(4))* West Suffolk CBT Service Ltd., The.

Kindergarten Number Puzzles. Created by Highlights Learning. 2019. (Highlights Learn on the Go Practice Pads Ser.). 64p. (J). (gr. -1-1). pap. 4.99 *(978-1-68437-659-9(9)*, Highlights) Highlights Pr., c/o Highlights for Children, Inc.

Kindergarten Phonics & Spelling Learning Fun Workbook. Created by Highlights Learning. 2022. (Highlights Learning Fun Workbooks Ser.). 48p. (J). (gr. k-1). pap. 4.99 *(978-1-64472-669-3(6)*, Highlights) Highlights Pr., c/o Highlights for Children, Inc.

Kindergarten Phonics Readers Boxed Set: Jack & Jill & Big Dog Bill, the Pup Speaks up, Jack & Jill & T-Ball Bill, Mouse Makes Words, Silly Sara, 5 vols. Martha Weston et al. Illus. by Valeria Petrone. 2020. (Step into Reading Ser.). (ENG.). 160p. (J). (gr. -1-1). pap. 24.95 *(978-0-593-42549-7(9)*, Random Hse. Bks. for Young Readers) Random Hse. Children's Bks.

Kindergarten Primary Magazine, Vol. 27: September, 1914 (Classic Reprint) Unknown Author. 2017. (ENG., Illus.). (J). pap. 16.57 *(978-0-259-17630-5(3))* Forgotten Bks.

Kindergarten-Primary Magazine, Vol. 30: September, 1917 June, 1918 (Classic Reprint) Unknown Author. (ENG., Illus.). (J). 2018. 276p. 29.61 *(978-0-332-98081-2(2))*; 2016. pap. 11.97 *(978-1-334-13091-5(4))* Forgotten Bks.

Kindergarten Reading. Created by Highlights Learning. 2019. (Highlights Learning Fun Workbooks Ser.). 48p. (J). (gr. k-1). pap. 4.99 *(978-1-68437-286-7(0)*, Highlights) Highlights Pr., c/o Highlights for Children, Inc.

Kindergarten Reading & Writing (Literacy Skills Workbook) The Reading The Reading House. 2022. (Reading House Ser.). (ENG.). 80p. (J). (gr. -1-1). pap. 9.99 *(978-0-593-51617-1(6))* Random Hse. Children's Bks.

Kindergarten Reading Readiness Workbook: Letters, Consonant Sounds, Beginning & Ending Sounds, Short Vowels, Rhyming Sounds, Sight Words, Color Words, & More. Sylvan Learning. 2019. (Sylvan Language Arts Workbooks Ser.). (ENG., Illus.). 128p. (J). (gr. -1-2). pap. 10.99 *(978-0-375-43020-6(2)*, Sylvan Learning Publishing) Random Hse. Children's Bks.

Kindergarten Review, 1900-1901, Vol. 11 (Classic Reprint) Emilie Poulsson. (ENG., Illus.). (J). 2018. 666p. 37.63 *(978-0-428-85895-7(3))*; 2016. pap. 20.57 *(978-1-334-55981-5(3))* Forgotten Bks.

Kindergarten Rich: Our Future Leaders. Wendy Perkins. Illus. by Jinay McGraw. 2019. (ENG.). 64p. (J). pap. *(978-1-4602-2421-2(3))* FriesenPress.

Kindergarten Scholar. School Zone Publishing Company Staff & Kathryn Riley. Illus. by Laura Merer. deluxe ed. 2019. (ENG.). 64p. (J). (gr. k-k). pap., wbk. ed. 4.49 *(978-0-88743-491-4(6)*, b4ebdb83-bc69-43aa-a789-705c2e891a64) School Zone Publishing Co.

Kindergarten Scrapbook of Newspaper Clippings (Classic Reprint) Perkins School For The Blind. 2018. (ENG., Illus.). (J). 314p. 30.37 *(978-0-656-34423-9(7))*; 316p. pap. 13.57 *(978-0-267-30058-7(1))* Forgotten Bks.

Kindergarten Seasons. Lauren James & Carolyn Kisloski. Illus. by Srimalie Bassani. 2017. (School Days Ser.). (ENG.). 24p. (gr. -1-2). pap. 9.95 *(978-1-68342-786-5(6)*, 9781683427865) Rourke Educational Media.

Kindergarten Sight Words Activity Book: A Sight Words & Phonics Workbook for Beginning Readers Ages 3-6. Sheba Blake. 2023. (ENG.). 56p. (J). pap. 14.99 ***(978-1-0880-1629-9(4))*** Indy Pub.

Kindergarten Skills Workbook Grade K - Ages 5 To 6. Baby Iq Builder Books. 2016. (ENG., Illus.). (J). pap. 8.99 *(978-1-68374-734-5(8))* Examined Solutions PTE. Ltd.

Kindergarten Stories & Morning Talks (Classic Reprint) Sara E. Wiltse. 2018. (ENG., Illus.). 256p. (J). 29.18 *(978-0-484-14877-1(X))* Forgotten Bks.

Kindergarten Stories for the Sunday School & Home (Classic Reprint) Laura Ella Cragin. (ENG., Illus.). (J). 2018. 346p. 31.03 *(978-0-483-91965-5(9))*; 2016. pap. 13.57 *(978-1-333-62458-3(1))* Forgotten Bks.

Kindergarten Story Book (Classic Reprint) Jane L. Hoxie. 2018. (ENG., Illus.). 132p. (J). 26.64 *(978-0-267-18875-8(7))* Forgotten Bks.

Kindergarten Summer Activity Flashcards (Preparing for Kindergarten): Scholastic Early Learners (Flashcards) Created by Scholastic. 2021. (Scholastic Early Learners Ser.). (ENG.). 48p. (J). (gr. k-2). 3.99 *(978-1-338-74486-6(0)*, Cartwheel Bks.) Scholastic, Inc.

Kindergarten Technology: 32-Lesson Comprehensive Curriculum. 2016. (ENG., Illus.). 214p. 32.99 net. *(978-0-9787800-0-5(0))* Structured Learning LLC.

Kindergarten Thinking & Reasoning. Created by Highlights Learning. 2019. (Highlights Learning Fun Workbooks Ser.). (Illus.). 48p. (J). (gr. k-1). pap. 4.99 *(978-1-68437-285-0(2)*, Highlights) Highlights Pr., c/o Highlights for Children, Inc.

Kindergarten Word Search for Kids Aged 4 To 6: A Large Print Children's Word Search Book with Word Search Puzzles for First & Second Grade Children. James Manning. l.t. ed. 2018. (Kindergarten Word Search for Kids Aged 4 To 6 Ser.: Vol. 1). (ENG., Illus.). 60p. (J). (gr. k-1). pap. *(978-1-78917-663-6(8))* Sketchbook, Sketch Pad, Art Bk., Drawing Paper, and Writing Paper Publishing Co., The.

Kindergarten Workbook: Fun Workbook for Preschool, Kindergarten, & Kids Ages 3-5. Elena Sharp. 2021. (ENG.). 64p. (J). pap. 8.49 *(978-1-716-09629-7(4))* Lulu Pr., Inc.

Kindergarten Workbook: Mixed Worksheets to Develop Pen Control (Kindergarten Worksheets): 60 Preschool/Kindergarten Worksheets to Assist with the Development of Fine Motor Skills in Preschool Children. James Manning. 2019. (Kindergarten Workbook Ser.: Vol. 1). (ENG., Illus.). 68p. (J). pap. *(978-1-83856-909-9(X))* Coloring Pages.

Kindergarten Workbook - Basic Math for Kids Grade K - Addition & Subtraction Workbook: Kindergarten Math Workbook, Preschool Learning, Math Practice Activity Workbook. Pronisclaroo. 2021. (ENG.). 38p. (J). pap. 5.69 *(978-1-4210-6772-8(2))* ProQuest LLC.

Kindergarten Workbook (Learn to Count for Preschoolers) A Full-Color Counting Workbook for Preschool/Kindergarten Children. James Manning. 2019. (Kindergarten Workbook Ser.: Vol. 4). (ENG., Illus.). 34p. (J). pap. *(978-1-83878-008-1(4))* Coloring Pages.

Kindergarten Workbook (Preschool Activity Books - Easy) 40 Black & White Kindergarten Activity Sheets Designed to Develop Visuo-Perceptual Skills in Preschool Children. James Manning & Christabelle Manning. 2019. (Kindergarten Workbook Ser.: Vol. 36). (ENG., Illus.). 82p. (J). pap. *(978-1-83878-842-1(5))* Coloring Pages.

Kindergarten Workbook (Trace & Color Worksheets to Develop Pen Control): 50 Preschool/Kindergarten Worksheets to Assist with the Development of Fine Motor Skills in Preschool Children. James Manning. 2019. (2 Ser.: Vol. 50). (ENG., Illus.). 56p. (J). pap. *(978-1-83856-866-5(2))* West Suffolk CBT Service Ltd., The.

Kindergarten Worksheets. Cristie Publishing. 2020. (ENG.). 134p. (J). pap. 12.99 *(978-1-716-30429-3(6))* Lulu Pr., Inc.

Kindergarten Worksheets: 60 Preschool/Kindergarten Worksheets to Assist with the Development of Fine Motor Skills in Preschool Children. James Manning. 2019. (Kindergarten Worksheets Ser.: Vol. 1). (ENG., Illus.). 68p. (J). pap. *(978-1-83856-899-3(9))* Coloring Pages.

Kindergarten Worksheets (Trace & Color Worksheets to Develop Pen Control) 50 Preschool/Kindergarten to Assist with the Development of Fine Motor Skills in Preschool Children. James Manning. 2019. (Kindergarten Worksheets Ser.: Vol. 2). (ENG., Illus.). 56p. (J). pap. *(978-1-83856-853-5(0))* Coloring Pages.

Kindergarten Worksheets (Trace & Color Worksheets to Develop Pen Control) 50 Preschool/Kindergarten Worksheets to Assist with the Development of Fine Motor Skills in Preschool Children. James Maning. 2019. (ENG., Illus.). 56p. (J). pap. *(978-1-83856-854-2(9))* West Suffolk CBT Service Ltd., The.

Kindergarten Worksheets (Tracing Numbers, Counting, Addition & Subtraction) 50 Preschool/Kindergarten Worksheets to Assist with the Understanding of Number Concepts. James Manning. 2019. (Kindergarten Worksheets Ser.: Vol. 3). (ENG., Illus.). 60p. (J). pap. *(978-1-83856-418-6(7))* Coloring Pages.

Kindergarten Writing. Created by Highlights Learning. 2019. (Highlights Learning Fun Workbooks Ser.). 48p. (J). (gr. k-1). pap. 4.99 *(978-1-68437-284-3(4)*, Highlights) Highlights Pr., c/o Highlights for Children, Inc.

Kindergarten Writing Letters. Created by Highlights Learning. 2018. (Highlights Learn on the Go Practice Pads Ser.). (Illus.). 64p. (J). (-k). pap. 4.99 *(978-1-68437-162-4(7)*, Highlights) Highlights Pr., c/o Highlights for Children, Inc.

Kindergarten Writing Paper. Mario M'Bloom. 2020. (ENG.). 102p. (J). pap. 9.99 *(978-1-716-30470-5(9))* Lulu Pr., Inc.

Kindergarten Writing Paper: 120 Blank Handwriting Practice Paper Notebook with Dotted Lines for ABC Kids. Smartkidz Academy. 2021. (ENG.). 122p. (J). pap. 9.97 *(978-0-937579-41-1(6))* Google.

Kindergarten Writing Paper: Amazing Handwriting Practice Paper for ABC Kids - Dotted Line Notebook for Exercise Handwriting - Handwriting Practice Paper with Dotted Lines with 110 Pages with Perfect Dimensions 8. 5x11 Inches. Malkovich Rickblood. 2020. (ENG.). 116p. (J). pap. 6.99 *(978-1-716-30493-4(8))* Lulu Pr., Inc.

Kindergarten Writing Paper: - Amazing Handwriting Practice Paper for ABC Kids - Dotted Line Notebook for Exercise Handwriting - Handwriting Practice Paper with Dotted Lines with 110 Pages with Perfect Dimensions 8. 5x11 Inches. Malkovich Rickblood. 2020. (ENG.). 116p. (J). pap. 6.99 *(978-1-716-31194-9(2))* Lulu Pr., Inc.

Kindergarten Writing Paper: Amazing Kindergarten Writing Paper with Lines for Kids with Images - Kindergarten Writing Paper with Lines for ABC Kids with Images- 110+ Blank Practice. Kiddo Life. 2020. (ENG.). 114p. (J). pap. 8.59 *(978-1-716-34986-7(9))* Lulu Pr., Inc.

Kindergarten Writing Paper: Amazing Kindergartner Handwriting Practice Paper with Lines for Kids - Kindergarten Writing Paper with Lines for ABC Kids Handwriting - 120+ Blank Practice. Kiddo Life. 2020. (ENG.). 124p. (J). pap. 7.50 *(978-1-716-37920-8(2))* Lulu Pr., Inc.

Kindergarten Writing Paper: Primary Composition Notebook Handwriting Paper- Cute Unicorn Notebook for Handwriting Practice- Dotted Midline -140 Pages for Writing - Grade Level K-2 -Composition School Exercise Book- 8. 5 X11. The Smart Mermaid Publishing. 2021. (ENG.). 142p. (J). pap. 11.40 *(978-0-17-963656-9(1))*; pap. 11.50

K

For book reviews, descriptive annotations, tables of contents, cover images, author biographies & additional information, updated daily, subscribe to **www.booksinprint.com**

(978-0-405-87010-1(8)); pap. 11.40 *(978-0-512-83743-1(0))*; pap. 11.40 *(978-0-620-67935-0(2))* Lulu Pr., Inc.

Kindergarten Writing Paper Book (Advanced 13 Lines per Page) A Handwriting & Cursive Writing Book with 100 Pages of Extra Large 8. 5 by 11. 0 Inch Writing Practise Pages. This Book Has Guidelines for Practising Writing. James Manning. 2018. (Kindergarten Writing Paper Book Ser.: Vol. 5). (ENG., Illus.). 104p. (J). (gr. k-5). pap. *(978-1-78970-330-6(1))* Elige Cogniscere.

Kindergarten Writing Paper Book (Beginners 9 Lines per Page) A Handwriting & Cursive Writing Book with 100 Pages of Extra Large 8. 5 by 11. 0 Inch Writing Practise Pages. This Book Has Guidelines for Practising Writing. James Manning. 2018. (Kindergarten Writing Paper Book Ser.: Vol. 3). (ENG., Illus.). 104p. (J). (gr. k-6). pap. *(978-1-78970-266-8(6))* Elige Cogniscere.

Kindergarten Writing Paper Book (Highly Advanced 18 Lines per Page) A Handwriting & Cursive Writing Book with 100 Pages of Extra Large 8. 5 by 11. 0 Inch Writing Practise Pages. This Book Has Guidelines for Practising Writing. James Manning. 2018. (Kindergarten Writing Paper Book Ser.: Vol. 6). (ENG., Illus.). 104p. (J). (gr. k-6). pap. *(978-1-78970-366-5(2))* Elige Cogniscere.

Kindergarten Writing Paper Book (Intermediate 11 Lines per Page) A Handwriting & Cursive Writing Book with 100 Pages of Extra Large 8. 5 by 11. 0 Inch Writing Practise Pages. This Book Has Guidelines for Practising Writing. James Manning. 2018. (Kindergarten Writing Paper Book Ser.: Vol. 4). (ENG., Illus.). 104p. (J). (gr. k-6). pap. *(978-1-78970-297-2(6))* Elige Cogniscere.

Kindergarten Writing Paper Kids Ages 3-5. The H. H. Couple. 2020. (ENG.). 102p. (J). pap. 12.00 *(978-1-716-96731-3(7))*; pap. 12.00 *(978-1-716-96760-3(0))* Lulu Pr., Inc.

Kindergarten Writing Paper with Lines for ABC KIDS: 120 Blank Handwriting Practice Paper with Dotted Lines - Kindergarten, First & Second Grade Students. Learning Cursive Writing for Beginners (Handwriting for Kindergarten & Students) Lpv Bookplanet. 2020. (ENG.). 122p. (J). pap. 8.99 *(978-1-716-28748-0(0))*; pap. 8.99 *(978-1-716-28799-2(5))*; pap. 8.99 *(978-1-716-28854-8(1))*; pap. 8.99 *(978-1-716-28882-1(7))*; pap. 8.99 *(978-1-716-28889-0(4))*; pap. 8.99 *(978-1-716-28895-1(9))* Lulu Pr., Inc.

Kindergarten Writing Paper with Lines for Kids: Amazing Christmas Kindergartner Handwriting Practice Paper with Lines for Kids - Christmas Theme Kindergarten Writing Paper with Lines for ABC Kids Handwriting - 120+ Blank Practice. Kiddo Life. 2020. (ENG.). 126p. (J). pap. 7.15 *(978-1-716-37880-5(X))* Lulu Pr., Inc.

Kindergartener's a to Z Alphabet Workbook: (Ages 5-6) ABC Letter Guides, Letter Tracing, Activities, & More! (Backpack Friendly 6 X9 Size) Lauren Dick. l.t. ed. 2020. (Kindergartner's Workbook Ser.: Vol. 2). (ENG.). 64p. (J). pap. *(978-1-77437-784-0(5))* AD Classic.

Kindergartener's Handbook: Bilingual (English / Filipino) (Inglés / Pilipino) ABC's, Vowels, Math, Shapes, Colors, Time, Senses, Rhymes, Science, & Chores, with 300 Words That Every Kid Should Know: Engage Early Readers: Children's Learning Books. Dayna Martin. Ed. by A. r. Roumanis. l.t. ed. 2021. (GER., Illus.). 48p. (J). *(978-1-77476-380-3(X))*; pap. *(978-1-77476-381-0(8))* AD Classic.

Kindergartener's Handbook: Bilingual (English / Italian) (Inglés / Italiano) ABC's, Vowels, Math, Shapes, Colors, Time, Senses, Rhymes, Science, & Chores, with 300 Words That Every Kid Should Know: Engage Early Readers: Children's Learning Books. Dayna Martin. Ed. by A. r. Roumanis. 2021. (ITA., Illus.). 48p. (J). pa *(978-1-77437-804-5(3))*; *(978-1-77437-803-8(5))* AD Classic.

Kindergartner's 1 to 20 Numbers Workbook: (Ages 5-6) 1-20 Number Guides, Number Tracing, Activities, & More! (Backpack Friendly 6 X9 Size) Lauren Dick. l.t. ed. 2020. (Kindergartner's Workbook Ser.: Vol. 3). (ENG.). 64p. (J). pap. *(978-1-77437-785-7(3))* AD Classic.

Kindergartner's Basic Shapes Workbook: (Ages 5-6) Basic Shape Guides & Tracing, Patterns, Matching, Activities, & More! (Backpack Friendly 6 X9 Size) Lauren Dick. l.t. ed. 2020. (Kindergartner's Workbook Ser.: Vol. 4). (ENG.). 64p. (J). pap. *(978-1-77437-786-4(1))* AD Classic.

Kindergartner's Blank Tracing Lines Workbook (Backpack Friendly 6 X9 Size!) Lauren Dick. l.t. ed. 2020. (Kindergartner's Workbook Ser.: Vol. 5). (ENG.). 64p. (J). pap. *(978-1-77437-823-6(X))* AD Classic.

Kindergartner's Blank Tracing Lines Workbook (Large 8. 5 X11 Size!) Lauren Dick. l.t. ed. 2020. (Kindergartner's Workbook Ser.: Vol. 6). (ENG.). 64p. (J). pap. *(978-1-77437-824-3(8))* AD Classic.

Kindergartner's Workbook: (Ages 5-6) Alphabet, Numbers, Shapes, Sizes, Patterns, Matching, Activities, & More! (Large 8. 5 X11 Size) Lauren Dick. l.t. ed. 2020. (Kindergartner's Workbook Ser.: Vol. 1). (ENG.). 150p. (J). pap. *(978-1-77437-787-1(X))* AD Classic.

Kinderguides Early Learning Guide to Herman Melville's Moby Dick. Fredrik Colting & Melissa Medina. Illus. by Stef Rymenants. 2018. (KinderGuides Early Learning Guide to Culture Classics Ser.). (ENG.). 50p. (J). 16.95 *(978-0-9988205-4-5(7))* Moppet Bks.

Kinderguides Early Learning Guide to Shakespeare's Romeo & Juliet. Melissa Medina & Fredrik Colting. Illus. by Marijke Buurlage. 2018. (KinderGuides Early Learning Guide to Culture Classics Ser.). (ENG.). 50p. (J). 16.95 *(978-0-9988205-3-8(9))* Moppet Bks.

Kinderland: Gedichte Für Kinder. Irmhild Foessl. 2021. (GER.). 52p. (J). 23.95 *(978-1-0879-4685-6(9))* Indy Pub.

Kindertransport: A Child's Journey. Kena Sosa. Illus. by Jeanne Conway. 2019. (ENG.). 52p. (J). (gr. 3-5). 20.99 *(978-1-940310-90-9(3))* 4RV Pub.

Kindertransport: A Child's Journey. Kena Sosa. 2017. (ENG., Illus.). (J). (gr. 4-6). pap. 17.99 *(978-1-940310-59-6(8))* 4RV Pub.

Kindest Giant Ever. Luna Lloyd. 2020. (ENG.). 42p. (J). pap. *(978-1-5289-3005-5(3))* Austin Macauley Pubs. Ltd.

Kindest Witch. Susie Begley. Illus. by Laura Ball. 2020. (ENG.). 44p. (J). pap. *(978-1-83975-328-2(5))* Grosvenor Hse. Publishing Ltd.

Kindhearted Snowman. Dennis Ostapyk. 2023. (ENG.). 24p. (J). pap. ***(978-1-4866-2275-7(5))*** Word Alive Pr.

Kindi Kids: Let's Play! Reika Chan. 2020. (ENG.). 80p. (J). (gr. -1-k). 9.99 *(978-1-338-67054-7(9))* Scholastic, Inc.

Kindled Spirit. Ethan Takac. 2022. (ENG.). 350p. (YA). pap. *(978-0-2288-7848-3(9))* Tellwell Talent.

Kindling: A Story of to-Day, from the Play of Charles Kenyon (Classic Reprint) Arthur Hornblow. (ENG., Illus.). (J). 2018. 386p. 31.88 *(978-0-483-63543-2(X))*; 2017. pap. 16.57 *(978-0-243-31531-4(7))* Forgotten Bks.

Kindling the Hearth Fire: A Rural Drama (Classic Reprint) Estelle Cook. 2018. (ENG., Illus.). 46p. (J). 24.85 *(978-0-484-46806-0(5))* Forgotten Bks.

Kindness *see* **Ser Amable**

Kindness. Tamika Champion-Hampton. 2020. (ENG.). 28p. (J). pap. 12.99 *(978-1-63199-741-9(6))* Energion Pubns.

Kindness. Tricia Christiano. 2021. (ENG.). 30p. (J). *(978-1-64979-254-9(9))*; pap. *(978-1-64979-253-2(0))* Austin Macauley Pubs. Ltd.

Kindness. Monika Forsberg & Saxton Freymann. 2018. (Illus.). (J). *(978-1-68227-219-0(2))* eeBoo Corp.

Kindness. Julie Murray. 2017. (Character Education (Abdo Kids Junior) Ser.). (ENG., Illus.). 24p. (J). (gr. -1-2). lib. bdg. 31.36 *(978-1-5321-0010-9(8))*, 25104, Abdo Kids) ABDO Publishing Co.

Kindness. Theresa Vallone. 2022. (ENG., Illus.). 30p. (J). pap. 13.95 *(978-1-63885-616-0(8))* Covenant Bks.

Kindness: A Celebration of Mindfulness. Katie Wilson. 2021. (Celebration of Mindfulness Ser.). (ENG.). 20p. (J). (gr. -1-2). bds. 8.99 *(978-1-4867-2112-2(5)*, 423922cd-110a-45b4-aca8-c7d77c805e10) Flowerpot Pr.

Kindness: The Invisible Tree. Kirrily Lowe. Illus. by Henry Smith. 2020. (Invisible Tree Ser.: Vol. 5). (ENG.). 36p. (J). pap. *(978-1-76111-007-8(1))* Wombat Bks.

Kindness - Games & Activities: Games & Activities to Help Build Moral Character. Agnes De Bezenac & Salem De Bezenac. Illus. by Agnes De Bezenac. 2017. (Cut Out & Play Ser.: Vol. 12). (ENG., Illus.). (J). (gr. k-2). pap. 7.99 *(978-1-63474-076-0(9)*, Kidible) iCharacter.org.

Kindness Bear Shared: Padded Board Book. IglooBooks. 2021. (ENG.). 24p. (J). (-k). bds. 8.99 *(978-1-80108-639-4(7))* Igloo Bks. GBR. Dist: Simon & Schuster, Inc.

Kindness Book. todd Parr. 2019. (ENG., Illus.). 32p. (J). (gr. -1-3). 18.99 *(978-0-316-42381-6(5))* Little, Brown Bks. for Young Readers.

Kindness Cards for Kids: 52 Ways to Make Every Day a Little Better. Nuanprang Snitbhan. 2020. (J). (gr. k-4). 18.95 *(978-1-61180-834-6(0)*, Bala Kids) Shambhala Pubns., Inc.

Kindness Club. Kate Bullen-Casanova. Illus. by Dave Petzold. 2023. (ENG.). 32p. (J). (gr. -1-17). 18.99 ***(978-1-76121-044-0(0))*** Hardie Grant Bks. AUS. Dist: Hachette Bk. Group.

Kindness Club: Chloe on the Bright Side. Courtney Sheinmel. 2016. (Kindness Club Ser.). (ENG.). 224p. (J). 15.99 *(978-1-68119-091-4(5)*, 900158417, Bloomsbury USA Childrens) Bloomsbury Publishing USA.

Kindness Club: Designed by Lucy. Courtney Sheinmel. (Kindness Club Ser.). (ENG.). 224p. (J). 2018. pap. 7.99 *(978-1-68119-899-6(1)*, 900191667, Bloomsbury Children's Bks.); 2017. 15.99 *(978-1-68119-117-1(2)*, 900159227, Bloomsbury USA Childrens) Bloomsbury Publishing USA.

Kindness Club (L. O. L. Surprise!) Random House. Illus. by Random House. 2022. (Step into Reading Ser.). (ENG., Illus.). 32p. (J). (gr. -1-2). pap. 5.99 *(978-0-593-43136-8(7))*; lib. bdg. 14.99 *(978-0-593-43137-5(5))* Random Hse. Children's Bks. (Random Hse. Bks. for Young Readers).

Kindness Club Mouse Tells the Truth: Join the Kindness Club As They Learn to Be Kind. Ella Law. 2023. (Kindness Club Ser.). (ENG.). 40p. (J). (-k). 12.99 *(978-0-7440-8029-2(0)*, DK Children) Dorling Kindersley Publishing, Inc.

Kindness Club Rabbit Says Sorry: Join the Kindness Club As They Find the Courage to Be Kind. Ella Law. 2023. (Kindness Club Ser.). (ENG.). 40p. (J). (-k). 12.99 *(978-0-7440-8030-8(4)*, DK Children) Dorling Kindersley Publishing, Inc.

Kindness Counts. Ka'iliaa A. Baynard. Ed. by Anelda L. Attaway. Illus. by Ka'iliaa A. Baynard. 2022. (ENG.). 74p. (J). 24.99 ***(978-1-954425-51-4(1))*** Jazzy Kitty Pubns.

Kindness Counts: A Story for Teaching Random Acts of Kindness, Volume 1. Bryan Smith. Illus. by Brian Martin. ed. 2016. (Without Limits Ser.). (ENG.). 31p. (J). (gr. k-5). pap. 11.95 *(978-1-944882-01-3(4))* Boys Town Pr.

Kindness Counts 123. R. A. R.A. Strong. Illus. by Ekaterina Trukhan. 2020. (Highlights Books of Kindness Ser.). (ENG.). 26p. (J). (-k). 12.99 *(978-1-68437-652-0(1)*, Highlights) Highlights Pr., c/o Highlights for Children, Inc.

Kindness Counts (Peppa Pig) Golden Books. Illus. by Golden Books. 2022. (ENG., Illus.). 48p. (J). (gr. -1-2). pap. 7.99 *(978-0-593-43161-0(8)*, Golden Bks.) Random Hse. Children's Bks.

Kindness Crew. Sandra Wilson. 2020. (ENG.). 38p. (J). pap. *(978-0-9919177-3-0(1))* Wilson, Sandra.

Kindness Day Cookies. Ali Bovis. Illus. by Ada Abigael Aco. 2022. (Leela's Sweet Treats Ser.). (ENG.). 32p. (J). (gr. -1-3). lib. bdg. 32.79 *(978-1-0982-3583-3(5)*, 41147, Calico Chapter Bks) Magic Wagon.

Kindness Game. Michelle Wanasundera. Illus. by Mila Aydingoz. (ENG.). 26p. (J). 2023. pap. ***(978-1-922991-70-6(8))***; 2022. pap. ***(978-1-922895-11-0(3))*** Library For All Limited.

Kindness Game - Mchezo Wa Ukarimu. Michelle Wanasundera. Illus. by Mila Aydingoz. 2023. (SWA.). 26p. (J). pap. ***(978-1-922951-11-3(0))*** Library For All Limited.

Kindness Grows. Britta Teckentrup. Illus. by Britta Teckentrup. 2022. (ENG.). 32p. (J). (gr. -1-2). pap. 8.99 *(978-1-6643-4038-1(6))* Tiger Tales.

Kindness in a Scary World. Rebecca Hubbard. Illus. by Becca Johnson. 2017. (ENG.). 50p. (J). (gr. 3-8). 14.95 *(978-0-9969426-9-0(6))* Titletown Publishing, LLC.

Kindness Is... Simone Tielesh. Illus. by Aidan Cartwrigth. 2017. (ENG.). (J). pap. *(978-0-9939391-8-1(X))* Green Bamboo Publishing.

Kindness Is a Golden Heart. Jessica Kluthe. Illus. by Charlene Chua. 2022. (ENG.). 20p. (J). (— 1). bds. 10.95 *(978-1-4598-3285-5(X))* Orca Bk. Pubs. USA.

Kindness Is a Superpower. Mari Schuh. 2023. (Real-Life Superpowers Ser.). (ENG.). 24p. (J). pap. 6.99 ***(978-0-7565-7452-9(8)***, 256078, Pebble) Capstone.

Kindness Is Key. Alexis Bloomer. 2017. (ENG., Illus.). (J). (gr. -1-3). 22.95 *(978-1-4808-4794-1(1))*; pap. 12.95 *(978-1-4808-4793-4(3))* Archway Publishing.

Kindness Is Magic. Dubravka Kolanovic. Illus. by Dubravka Kolanovic. 2018. (Story Corner Ser.). (ENG., Illus.). 24p. (J). (gr. -1-k). lib. bdg. 19.99 *(978-1-68297-318-9(2)*, 7e88fda3-816a-414b-8fdc-6c143fce509a) QEB Publishing Inc.

Kindness Is My Superpower: A Children's Book about Empathy, Kindness & Compassion. Alicia Ortego. 2020. (My Superpower Ser.: Vol. 1). (ENG., Illus.). 40p. (J). 15.99 *(978-1-7359741-0-1(2))* Slickcolors INC.

Kindness Is Worth the Effort. Emma Gray. 2021. (ENG.). 26p. (J). pap. *(978-0-2288-5564-4(0))* Tellwell Talent.

Kindness Machine. Christina Dankert. Illus. by Chad Dankert. 2022. (ENG.). (J). (gr. k-3). 32p. pap. 10.95 *(978-1-955119-09-2(0))*; 34p. 21.99 *(978-1-955119-08-5(2))* WritePublishSell. (Purple Butterfly Pr.).

Kindness Makes the World Go Round. Sesame Workshop. 2018. (Sesame Street Scribbles Ser.: 0). (ENG.). 40p. (J). (gr. -1-3). 10.99 *(978-1-4926-6056-9(6))* Sourcebooks, Inc.

Kindness Makes Us Strong. Sophie Beer. 2019. (ENG.). 24p. (J). (— 1). bds. 11.99 *(978-1-9848-1639-9(X)*, Dial Bks) Penguin Young Readers Group.

Kindness of Hearts. Bonnie Krum. 2022. (ENG., Illus.). 40p. (J). 26.95 *(978-1-6624-8277-9(9))*; pap. 15.95 *(978-1-6624-6363-1(4))* Page Publishing Inc.

Kindness... Pass It On. Riley Preston. 2020. (ENG.). 28p. (J). 15.99 *(978-1-5136-6348-7(8))* Your Shift Matters Publishing.

Kindness Quilt. Indigo Johnson. 2023. (ENG.). 42p. (J). ***(978-0-2288-8081-3(5))***; pap. ***(978-0-2288-8080-6(7))*** Tellwell Talent.

Kindness Rules! (a Hello!Lucky Book) Hello!Lucky. 2019. (Hello!Lucky Book Ser.). (ENG., Illus.). 24p. (J). (gr. -1 — 1). bds. 8.99 *(978-1-4197-3426-7(1)*, 1265510) Abrams, Inc.

Kindness Seed. Linda Appleby. Illus. by Zoe Saunders. 2018. (Seeds of Imagination Ser.). (ENG.). 36p. (J). (gr. -1-3). 14.99 *(978-0-9600253-0-5(8))*; 7.99 *(978-0-9600253-1-2(6))* Seeds of Imagination.

Kindness Snowflake. Jen Brewer. Illus. by Diana del Grande. 2021. (ENG.). 28p. (J). 16.99 *(978-1-952209-88-8(9))*; pap. 10.99 *(978-1-952209-90-1(0))* Lawley Enterprises.

Kindness Starts with You. Jacquelyn Stagg. 2018. (ENG., Illus.). 28p. (J). pap. *(978-1-7751833-2-7(7))* Stagg, Jacquelyn.

Kindness Starts with You - at School. Jacquelyn Stagg. 2018. (ENG., Illus.). 28p. (J). pap. *(978-1-7751833-1-0(9))* Stagg, Jacquelyn.

Kindness with Mahavira. Chitwan Mittal & Sarita Saraf. Illus. by Debasmita Dasgupta. 2023. (Learning to BE Ser.). (ENG.). 20p. (J). bds. 9.99 *(978-81-953886-5-3(5)*, Adidev Pr.) Mittal, Chitwan IND. Dist: Independent Pubs. Group.

Kindred. Alechia Dow. 2023. (ENG.). 384p. (YA). pap. 10.99 *(978-1-335-42860-8(7))* Harlequin Enterprises ULC CAN. Dist: HarperCollins Pubs.

Kindred. Indie Gantz. 2019. (Akasha Ser.: Vol. 2). (ENG., Illus.). 466p. (YA). (gr. 9-12). pap. 15.99 *(978-1-7326840-0-3(6))* Cromulent Pr.

Kindred: How Intimacy with Jesus Changes Everything. Chase Polishchuk. 2021. (ENG.). 160p. (YA). pap. 15.49 *(978-1-6628-3114-0(5))* Salem Author Services.

Kindred of the Dust (Classic Reprint) Peter B. Kyne. 2017. (ENG., Illus.). (J). 31.98 *(978-0-260-54455-1(8))* Forgotten Bks.

Kindred of the Sea. Raina Nightingale. 2022. (ENG.). 198p. (YA). pap. 10.99 *(978-1-952176-18-0(2))* Raina Nightingale.

Kindred of the Wild: A Book of Animal Life (Classic Reprint) Charles George Douglas Roberts. 2017. (ENG., Illus.). (J). 31.94 *(978-1-5285-7250-7(5))* Forgotten Bks.

Kindreds. B. B. Russell. 2021. (ENG.). 336p. (YA). pap. 15.95 *(978-1-7336534-6-5(5))* Green Writers Pr.

Kindy Toys Rescue Possum. Liz Easterbrook. 2020. (ENG.). 36p. (J). pap. *(978-0-9757679-4-8(1))* ElGem Books.

Kinematics. Charles William Maccord. 2017. (ENG.). 350p. (J). pap. *(978-3-337-16389-1(0))* Creation Pubs.

Kinfolk, 1 vol. G. A. Morgan. (Five Stones Trilogy Ser.: 3). (ENG.). 320p. (J). 2017. pap. 14.95 *(978-1-944762-03-2(5)*, d065a969-93fb-4cd0-b4f5-46bf6c721d55); 2016. (Illus.). 18.95 *(978-1-934031-82-7(8)*, eac117ed-abb0-412d-8895-79dae634bb2d) Islandport Pr., Inc.

Kinfolks Kentucky Mountain Rhymes (Classic Reprint) Ann Cobb. 2018. (ENG., Illus.). 88p. (J). 25.71 *(978-0-267-62901-5(X))* Forgotten Bks.

King. Jermaine Williams. 2022. (ENG., Illus.). 22p. (J). pap. 13.95 *(978-1-68526-300-3(3))* Covenant Bks.

King. Katrina A. Weston. Illus. by D. G. I.t. ed. 2021. (ENG.). 32p. (J). 17.99 *(978-0-578-90891-5(3))* Katrina A. Weston.

King Abimelech's Mighty Demise. Michael Hodgin II. 2018. (ENG., Illus.). 30p. (J). pap. 12.95 *(978-1-64458-036-3(5))* Christian Faith Publishing.

King above All Gods. Alexander Bruce. 2023. (Seven Worlds Ser.: Vol. 1). (ENG.). 404p. (YA). pap. 19.99 ***(978-1-3999-5280-4(3))*** Matos, Melissa.

King Alice. Matthew Cordell. 2018. (ENG., Illus.). 40p. (J). 17.99 *(978-1-250-04749-6(8)*, 900132178) Feiwel & Friends.

King Amadore's Garden. Shelly E. Anderson. 2021. (ENG.). 308p. (YA). pap. 14.99 *(978-1-7372791-4-3(2))* Mindstir Media.

King & a Few Dukes a Romance (Classic Reprint) Robert W. Chambers. 2018. (ENG., Illus.). 384p. (J). 31.84 *(978-0-483-69278-7(6))* Forgotten Bks.

King & Biggie on an Adventure. Coloring Book for Kids. Cristie Publishing. 2020. (ENG.). 64p. (J). pap. 7.50 *(978-1-716-32223-5(5))* Lulu Pr., Inc.

KING & Clop. Stan Cunningham. Illus. by Leslie Spradlin. 2022. (ENG.). 26p. (J). pap. 10.99 *(978-1-6628-4804-9(8))* Salem Author Services.

King & Cobbler: A Romance of Ancient Persia (Classic Reprint) Austin C. Burdick. 2018. (ENG., Illus.). 102p. (J). 26.00 *(978-0-483-40281-2(8))* Forgotten Bks.

King & His Campaigners (Classic Reprint) Von Heidenstam. 2018. (ENG., Illus.). 262p. (J). 29.30 *(978-0-332-08487-9(6))* Forgotten Bks.

King & His Son. Christopher Felder. Illus. by Tatyana Takushevich. 2021. (ENG.). 26p. (J). 19.00 *(978-1-6629-1136-1(X))* Gatekeeper Pr.

King & I. Sorel Kaire. 2019. (ENG.). 36p. (J). pap. 15.20 *(978-1-68470-297-8(6))* Lulu Pr., Inc.

King & Isabel (Classic Reprint) Frederic Carrel. 2018. (ENG., Illus.). 324p. (J). 30.58 *(978-0-483-97394-7(7))* Forgotten Bks.

King & Kayla & the Care of Found Fred. Dori Hillestad Butler. ed. 2021. (King & Kayla Ser.). (ENG., Illus.). 48p. (J). (gr. 2-3). 17.96 *(978-1-64697-689-8(4))* Penworthy Co., LLC, The.

King & Kayla & the Case of Found Fred. Dori Hillestad Butler. Illus. by Nancy Meyers. 2019. (King & Kayla Ser.: 5). 48p. (J). (gr. 2-4). 14.95 *(978-1-68263-052-5(8))* Peachtree Publishing Co. Inc.

King & Kayla & the Case of the Cat Hunt. Dori Hillestad Butler. Illus. by Nancy Meyers. 2023. (King & Kayla Ser.: 9). 48p. (J). (gr. 2-4). 14.99 *(978-1-68263-467-7(1))*; pap. 6.99 *(978-1-68263-468-4(X))* Peachtree Publishing Co. Inc.

King & Kayla & the Case of the Gold Ring. Dori Hillestad Butler. Illus. by Nancy Meyers. 2021. (King & Kayla Ser.: 7). 48p. (J). (gr. 2-4). 14.99 *(978-1-68263-207-9(5))*; pap. 6.99 *(978-1-68263-208-6(3))* Peachtree Publishing Co. Inc.

King & Kayla & the Case of the Lost Library Book. Dori Hillestad Butler. Illus. by Nancy Meyers. 2022. (King & Kayla Ser.: 8). 48p. (J). (gr. 2-4). 14.99 *(978-1-68263-215-4(6))*; pap. 6.99 *(978-1-68263-216-1(4))* Peachtree Publishing Co. Inc.

King & Kayla & the Case of the Lost Tooth, 1 vol. Dori Hillestad Butler. Illus. by Nancy Meyers. 2018. (King & Kayla Ser.: 4). 48p. (J). (gr. 2-4). pap. 6.99 *(978-1-68263-018-1(8))*; 14.99 *(978-1-56145-880-6(5))* Peachtree Publishing Co. Inc.

King & Kayla & the Case of the Missing Dog Treats, 1 vol. Dori Hillestad Butler. Illus. by Nancy Meyers. (King & Kayla Ser.: 1). 48p. (J). (gr. 2-4). 2018. pap. 6.99 *(978-1-68263-015-0(3))*; 2017. 14.99 *(978-1-56145-877-6(5))* Peachtree Publishing Co. Inc.

King & Kayla & the Case of the Missing Dog Treats. Dori Hillestad Butler. ed. 2018. (King & Kayla Ser.). (J). lib. bdg. 17.15 *(978-0-606-41013-7(9))* Turtleback.

King & Kayla & the Case of the Mysterious Mouse. Dori Hillestad Butler. Illus. by Nancy Meyers. (King & Kayla Ser.: 3). 48p. (J). (gr. 2-4). 2018. pap. 6.99 *(978-1-68263-017-4(X))*; 2017. 14.99 *(978-1-56145-879-0(1))* Peachtree Publishing Co. Inc.

King & Kayla & the Case of the Secret Code, 1 vol. Dori Hillestad Butler. Illus. by Nancy Meyers. (King & Kayla Ser.: 2). 48p. (J). (gr. 2-4). 2018. pap. 6.99 *(978-1-68263-016-7(1))*; 2017. 14.95 *(978-1-56145-878-3(3))* Peachtree Publishing Co. Inc.

King & Kayla & the Case of the Secret Code. Nancy Meyers. ed. 2018. (King & Kayla Ser.). (J). lib. bdg. 17.15 *(978-0-606-41014-4(7))* Turtleback.

King & Kayla & the Case of the Unhappy Neighbor. Dori Hillestad Butler. Illus. by Nancy Meyers. 2020. (King & Kayla Ser.: 6). 48p. (J). (gr. 2-4). 14.99 *(978-1-68263-055-6(2))* Peachtree Publishing Co. Inc.

King & Kayla & the Case of the Unhappy Neighbor. Dori Hillestad Butler. ed. 2021. (King & Kayla Ser.). (ENG., Illus.). 45p. (J). (gr. 2-3). 17.96 *(978-1-64697-690-4(8))* Penworthy Co., LLC, The.

King & Queen: A Colloquy (Classic Reprint) Unknown Author. (ENG., Illus.). (J). 2018. 90p. 25.75 *(978-0-267-88699-9(3))*; 2016. pap. 9.57 *(978-1-333-45725-9(1))* Forgotten Bks.

King & the Bondmen (Classic Reprint) Edward Whymper. 2018. (ENG., Illus.). 54p. (J). 25.01 *(978-0-267-18899-4(4))* Forgotten Bks.

King & the Cobbler: A Tale from Afghanistan, 1 vol. Libby Brereton. Illus. by Dante Ginerva. 2016. (ENG.). 24p. (J). pap. 9.95 *(978-1-927244-63-0(3))* Flying Start Bks. NZL. Dist: Flying Start Bks.

King & the Cobbler (Big Book Edition) A Tale from Afghanistan. Libby Brereton. Illus. by Dante Ginerva. 2016. 24p. (J). pap. *(978-1-927244-73-9(0))* Flying Start Bks.

King & the Cockerel. Sarah Morrell. Illus. by Beata Mostowska. 2018. (ENG.). 40p. (J). pap. *(978-1-912765-06-5(3))* Blue Falcon Publishing.

King & the Donkey Ear. Yen Binh. 2017. (VIE., Illus.). (J). pap. *(978-604-957-785-7(4))* Van hoc.

King & the Dragon. Benjamin Brandt. 2016. (ENG., Illus.). (J). pap. 12.45 *(978-1-5127-5769-9(1)*, WestBow Pr.) Author Solutions, LLC.

King & the Dragonflies. Kacen Callender. 2020. (ENG.). 272p. (J). pap. *(978-0-7023-0281-7(3)*, Scholastic Pr.) Scholastic, Inc.

King & the Dragonflies (Scholastic Gold), 1 vol. Kacen Callender. (ENG.). (J). (gr. 3-7). 2022. 288p. pap. 8.99 *(978-1-338-12934-2(1))*; 2020. 272p. 17.99 *(978-1-338-12933-5(3)*, Scholastic Pr.) Scholastic, Inc.

King & the Gifts of Gold, 24 vols. Georg Dreissig. Tr. by Jonathan Drake. Illus. by Maren Briswalter. 2019. 32p. (J). 19.95 *(978-1-78250-601-0(2))* Floris Bks. GBR. Dist: Consortium Bk. Sales & Distribution.

King & the Monster: Let's Talk about Addiction. Kathi Lockwood. 2023. (ENG.). 42p. (J). 24.99 ***(978-0-9642128-7-9(0))***; pap. 15.99 ***(978-0-9642128-6-2(9))*** Diotima Pr.

King & the Purple Dragon. Laurie Roy. 2018. (ENG., Illus.). 28p. (J). pap. 12.95 *(978-1-64114-048-5(8))* Christian Faith Publishing.

King & the Ring: Practicing the Ng Sound, 1 vol. Juliette Johnson. 2016. (Rosen Phonics Readers Ser.). (ENG., Illus.). 12p. (J). (gr. -1-2). pap. *(978-1-5081-3118-2(X)*,

1100

The check digit for ISBN-10 appears in parentheses after the full ISBN-13

d5580e62-3b10-45d2-bc17-fd4f51922dff, Rosen Classroom) Rosen Publishing Group, Inc., The.

King & the Ship & the Quiz. Georgie Tennant. Illus. by Lynne Feng. 2023. (Level 3 - Yellow Set Ser.). (ENG.). 32p. (J). (gr. k-2). lib. bdg. 19.95 Bearport Publishing Co., Inc.

King Arthur. Desmond Dunkerley. 2016. (Ladybird Classics Ser.). (Illus.). 72p. (J). (gr. k-3). 11.99 *(978-0-7232-9560-0(3))* Penguin Bks., Ltd. GBR. Dist: Independent Pubs. Group.

King Arthur. Illus. by Adam Horsepool. 2017. (10 Minute Classics Ser.). (ENG.). 32p. (J). (gr. 1-5). 16.99 *(978-1-4867-1222-9(3),* 2e1297c6-9ad5-4ca2-81fa-c569c5eda85f) Flowerpot Pr.

King Arthur. Benjamin Strickler. 2022. (Read in English Ser.). (ENG & SPA.). 32p. (J). (gr. 2-4). pap. 3.95 *(978-607-21-2440-0(2))* Larousse, Ediciones, S. A. de C. V. MEX. Dist: Independent Pubs. Group.

King Arthur: Sir Thomas Malory's History of King Arthur & His Knights of the Round Table. Illus. by N. C. Wyeth. 2018. (Scribner Classics Ser.). (ENG.). 288p. (J). (gr. 5). 29.99 *(978-1-5344-2841-6(0),* Atheneum Bks. for Young Readers) Simon & Schuster Children's Publishing.

King Arthur - Excalibur Unsheathed [An English Legend see Rey Arturo: La Espada Excalibur Desenvainada: Una Leyenda Inglesa

King Arthur & His Knights. Howard Pyle. 2019. (ENG.). 176p. (J). (gr. 4-6). pap. *(978-80-273-3153-6(6))* E-Artnow.

King Arthur & His Knights. Howard Pyle. 2018. (ENG., Illus.). 264p. (J). (gr. 4-6). 16.99 *(978-1-5154-2168-9(6))* Wilder Pubns., Corp.

King Arthur & His Knights. Howard Pyle. 2019. (ENG.). 176p. (J). (gr. 4-6). pap. *(978-80-273-3152-9(8))* E-Artnow.

King Arthur & His Knights. Jim Weiss. Illus. by Rebecca Sorge. 2nd ed. 2017. (Companion Reader Ser.: 0). (ENG.). (J). (gr. 2-12). audio compact disk 16.95 *(978-1-945841-14-9(1),* 458414) Well-Trained Mind Pr.

King Arthur & His Knights: A Companion Reader with a Dramatization. Chris Bauer & Jim Weiss. 2017. (Companion Reader Ser.: 0). (ENG., Illus.). 108p. (J). (gr. 2-12). pap. 19.95 *(978-1-945841-09-5(5),* 458409) Well-Trained Mind Pr.

King Arthur & His Knights Audiobook & Companion Reader Bundle (the Jim Weiss Audio Collection) Jim Weiss. 2019. (Jim Weiss Audio Collection: 72). (ENG.). 106p. (J). (gr. 2-8). 34.90 *(978-1-945841-85-9(0),* 458485) Well-Trained Mind Pr.

King Arthur & His Knights Coloring Book. Smarter Activity Books for Kids. 2016. (ENG., Illus.). (J). pap. 9.22 *(978-1-68374-362-0(8))* Examined Solutions PTE. Ltd.

King Arthur & the Knights of the Round Table. Rupert S. Holland. 2018. (ENG., Illus.). 238p. (J). 19.99 *(978-1-5154-2178-8(3))* Wilder Pubns., Corp.

King Arthur (Classic Reprint) Dinah Maria Mulock Craik. 2017. (ENG., Illus.). (J). 28.89 *(978-0-266-91911-7(1))* Forgotten Bks.

King Arthur's Knights: The Tales Re-Told for Boys & Girls. Henry Gilbert. 2017. (ENG., Illus.). (J). (gr. -1-12). 26.95 *(978-1-374-86860-1(4));* (gr. 3). pap. 16.95 *(978-1-374-86859-5(0))* Capital Communications, Inc.

King Arthur's Knights: The Tales Re-Told for Boys & Girls. Henry Gilbert. 2016. (ENG.). 392p. (J). (gr. 4-7). pap. *(978-93-86019-41-7(8))* Alpha Editions.

King Arthur's Knights: The Tales Re-Told for Boys & Girls. Henry Gilbert. 2018. (ENG., Illus.). 272p. (J). 19.99 *(978-1-5154-2182-5(1))* Wilder Pubns., Corp.

King Arthur's Rounded Headed Knights Coloring Book. Kreative Kids. 2016. (ENG., Illus.). (J). pap. 9.20 *(978-1-68377-322-1(5))* Whlke, Traudl.

King Baby. Kate Beaton. Illus. by Kate Beaton. 2016. (ENG., Illus.). 40p. (J). (gr. -1-3). 18.99 *(978-0-545-63754-1(6))* Scholastic, Inc.

King Calm: Mindful Gorilla in the City. Susan D. Sweet & Brenda S. Miles. Illus. by Bryan Langdo. 2016. 32p. (J). *(978-1-4338-2272-8(5),* Magination Pr.) American Psychological Assn.

King Can Do No Wrong (Classic Reprint) William L. Reuter. 2017. (ENG., Illus.). (J). 25.22 *(978-0-265-59676-0(9));* pap. 9.57 *(978-0-282-91018-1(2))* Forgotten Bks.

King Carl & the Wish. Clare Helen Welsh. Illus. by Marina Pessarrodona. 2022. (Early Bird Readers — Blue (Early Bird Stories (tm)) Ser.). (ENG.). 32p. (J). (gr. -1-2). pap. 9.99 *(978-1-7284-4833-6(6),* 5ebf05ce-ecad-498c-8497-c1da6f173cd0); lib. bdg. 30.65 *(978-1-7284-3845-0(4),* 979f5ee7-2134-47b3-bf3a-41ec59717edf) Lerner Publishing Group. (Lerner Pubns.).

King Charles. Maria Isabel Sanchez Vegara. Illus. by Matt Hunt. 2023. (Little People, BIG DREAMS Ser.: 97). (ENG.). 32p. (J). (gr. -1-2). 15.99 *(978-0-7112-8669-6(8),* Frances Lincoln Children's Bks.) Quarto Publishing Group UK GBR. Dist: Hachette Bk. Group.

King Charles III: Celebrating His Majesty's Coronation & Reign. Andrea Mills. Illus. by Jennie Poh. 2023. (ENG.). 32p. (J). (gr. k-4). pap. 12.99 *(978-0-7440-8959-2(X),* DK Children) Dorling Kindersley Publishing, Inc.

King Charles III: Claiming the British Crown. Mari Bolte. 2023. (Gateway Biographies Ser.). (ENG., Illus.). 48p. (J). (gr. 4-8). pap. 11.99 Lerner Publishing Group.

King Charles III: a Little Golden Book Biography. Jen Arena. Illus. by Monique Dong. 2023. (Little Golden Book Ser.). 24p. (J). (gr. -1-3). 5.99 *(978-0-593-70643-5(9),* Golden Bks.) Random Hse. Children's Bks.

King (Classic Reprint) Karl Rosner. 2018. (ENG., Illus.). 268p. (J). 29.42 *(978-0-267-47006-8(1))* Forgotten Bks.

King Claude the Talking Dog. Donna Saccone Pinamonti. 2020. (ENG.). 34p. (J). 19.95 *(978-1-6624-0025-4(X));* pap. 10.95 *(978-1-64701-168-0(X))* Page Publishing Inc.

King Coal: A Novel (Classic Reprint) Upton Sinclair. (ENG., Illus.). (J). 2017. 32.56 *(978-0-265-51304-0(9));* 2016. pap. 16.57 *(978-1-334-49922-7(5))* Forgotten Bks.

King Cobra. Gary Sprott. 2018. (World's Coolest Snakes Ser.). (ENG., Illus.). 32p. (gr. 4-8). pap. 9.95 *(978-1-64156-609-4(4),* 9781641566094) Rourke Educational Media.

King Cobras. Deb Aronson. 2023. (Reptiles Ser.). (ENG., Illus.). 32p. (J). pap. 9.95 *(978-1-63738-601-9(X));* lib. bdg. 31.35 *(978-1-63738-547-0(1))* North Star Editions. (Apex).

King Cobras. Julie Murray. (Animal Kingdom Ser.). (ENG., Illus.). (J). 2019. 32p. (gr. 2-5). lib. bdg. 34.21 *(978-1-5321-1642-1(X),* 32395, Big Buddy Bks.); 2017. 24p. (gr. k-4). lib. bdg. 31.36 *(978-1-5321-2074-9(5),* 26757, Abdo Zoom-Dash) ABDO Publishing Co.

King Condor of the Andes (Classic Reprint) Elliott Whitney. (ENG., Illus.). (J). 2018. 292p. 29.94 *(978-0-656-33779-8(6));* 2017. pap. 13.57 *(978-0-243-28449-8(7))* Forgotten Bks.

King Daniel the Kind. Illus. by Jason Fruchter. 2017. (Daniel Tiger's Neighborhood Ser.). (ENG.). 12p. (J). (gr. -1-k). bds. 5.99 *(978-1-5344-0373-4(6),* Simon Spotlight) Simon Spotlight.

King Does the Right Thing: What Is Right?, 1 vol. Sonja Reyes. 2019. (Social & Emotional Learning for the Real World Ser.). (ENG.). 12p. (gr. 1-2). pap. *(978-1-7253-5620-7(1),* 85f458ed-c3ab-468c-b5e1-e38cefaf5bd0, Rosen Classroom) Rosen Publishing Group, Inc., The.

King Eric & the Outlaws, or the Throne, the Church, & the People, in the Thirteenth Century, Vol. 3 of 3 (Classic Reprint) Bernhard Severin Ingemann. (ENG., Illus.). (J). 2018. 290p. 29.88 *(978-0-365-46782-3(0));* 2017. pap. 13.57 *(978-1-5276-5389-4(7))* Forgotten Bks.

King Eric & the Outlaws, or the Throne, the Church, & the People, Vol. 1 Of 3: In the Thirteenth Century (Classic Reprint) Bernhard Severin Ingemann. (ENG., Illus.). (J). 2018. 330p. 30.70 *(978-0-364-56831-6(3));* 2017. pap. 13.57 *(978-1-5276-6777-8(4))* Forgotten Bks.

King-Errant (Classic Reprint) Flora Annie Steel. (ENG., Illus.). (J). 2017. 31.63 *(978-0-266-51097-0(3));* 2016. pap. 16.57 *(978-1-334-32741-4(6))* Forgotten Bks.

King Eugene's Washing Machine. Re Beckum. Illus. by Alyssa Beckum. 2020. (ENG.). 28p. (J). *(978-1-5255-8445-9(6));* pap. *(978-1-5255-8446-6(4))* FriesenPress.

King Everything. Jeffery Stotts. 2019. (ENG., Illus.). 28p. (J). 22.95 *(978-1-64471-699-1(2));* pap. 12.95 *(978-1-64471-233-7(4))* Covenant Bks.

King for a Day! (PAW Patrol) Mary Tillworth. Illus. by Mike Jackson. 2016. (Step into Reading Ser.). (ENG.). 24p. (J). (gr. -1-1). 4.99 *(978-1-101-93684-9(3),* Random Hse. Bks. for Young Readers) Random Hse. Children's Bks.

King Fox Purple Band. Tom Bradman. Illus. by Galia Bernstein. ed. 2016. (Cambridge Reading Adventures Ser.). (ENG.). 24p. pap. 8.80 *(978-1-107-56215-8(5))* Cambridge Univ. Pr.

King Geordi the Great. Gene Gant. 2018. (ENG., Illus.). 180p. (YA). pap. 14.99 *(978-1-64080-092-2(1),* Harmony Ink Pr.) Dreamspinner Pr.

King Ghartey IV: Innovative 19th Century Merchant. Letitia Degraft Okyere. 2021. (ENG.). 34p. (J). 19.99 *(978-1-7374048-2-8(6))* Letitia de Graft-Johnson.

King Gobble's Feast (Classic Reprint) Justin H. Howard. 2018. (ENG., Illus.). 24p. (J). 24.39 *(978-0-365-14269-0(7))* Forgotten Bks.

King Goes to the Farmer's Market: Fruits & Vegetables. Michelle Nicole. 2022. (ENG., Illus.). 26p. (J). pap. 13.95 *(978-1-63860-251-4(4))* Fulton Bks.

King Has Chosen. Tori Joel. 2019. (Seven Rainbow Superstars Ser.: Vol. 2). (ENG., Illus.). 60p. (J). (gr. 1-3). pap. *(978-9948-36-003-2(6))* Victoria.

King Henry. Paul O'Flynn. 2021. (ENG.). 174p. (J). 11.95 *(978-0-7171-9082-9(X))* Gill Bks. IRL. Dist: Casemate Pubs. & Bk. Distributors, LLC.

King in Babylon (Classic Reprint) Burton E. Stevenson. 2017. (ENG., Illus.). (J). 30.87 *(978-0-331-49847-9(2))* Forgotten Bks.

King in Yellow. Robert W. Chambers. 2019. (ENG.). 246p. (J). pap. *(978-605-7861-44-3(2))* Uhrayoglu, Murat E Kitap Projesi.

King in Yellow (Classic Reprint) Robert William Chambers. 2017. (ENG., Illus.). (J). 30.58 *(978-1-5281-4796-5(0))* Forgotten Bks.

King Is Coming: Helping Children Learn the Return of Jesus. Kim Kell. 2016. (ENG., Illus.). (J). pap. 13.95 *(978-1-5127-5110-9(3),* WestBow Pr.) Author Solutions, LLC.

King Is What I'll Be. Tremayne Taylor. 2020. (King Is What I'll Be Ser.: Vol. 1). (ENG., Illus.). 30p. (J). pap. 9.95 *(978-1-0878-5538-7(1))* Indy Pub.

King Jasper: A Poem (Classic Reprint) Edwin Arlington Robinson. (ENG., Illus.). (J). 2018. 130p. 26.58 *(978-0-364-00054-0(6));* 2017. pap. 9.57 *(978-0-243-49314-2(2))* Forgotten Bks.

King Jerome's Library, Volume Five. King Jerome. 2020. (ENG.). 124p. (J). pap. 19.95 *(978-1-951776-23-7(2))* Positive Imaging, LLC.

King John Aggery of Cape Coast: An Early Voice for Civil Liberty. Letitia Degraft Okyere. 2022. (ENG.). 38p. (J). 19.99 *(978-1-7374048-8-0(5))* Letitia de Graft-Johnson.

King John II. Peter Bodsworth. 2nd ed. 2018. (ENG., Illus.). 190p. (J). pap. *(978-1-78876-398-1(X))* FeedARead.com.

King John of Jingalo: The Story of a Monarch in Difficulties. Laurence Housman. 2017. (ENG., Illus.). (J). 27.95 *(978-1-374-96923-0(0));* pap. 17.95 *(978-1-374-96922-3(2))* Capital Communications, Inc.

King John of Jingalo: The Story of a Monarch in Difficulties (Classic Reprint) Laurence Housman. (ENG., Illus.). (J). 2018. 392p. 31.98 *(978-0-483-88365-9(4));* 2017. pap. 16.57 *(978-0-243-89870-1(3))* Forgotten Bks.

King John, the Magna Carta & Democracy - History for Kids Books Children's European History. Baby Professor. 2017. (ENG., Illus.). (J). pap. 8.79 *(978-1-5419-1384-4(1),* Baby Professor (Education Kids)) Speedy Publishing LLC.

King Kayanja & His Daughter. Amana Yunus. Illus. by Natalie Propa. 2022. (ENG.). 40p. (J). pap. *(978-1-922910-70-7(8))* Library For All Limited.

King Kayanja & His Daughter - Binti Wa Mfalme Kayanja. Amana Yunus. Illus. by Natalia Propa. 2023. (SWA.). 40p. (J). pap. *(978-1-922910-09-7(0))* Library For All Limited.

King Kong y la Metamorfosis. Delos W. Lovelace & Franz Kafka. 2018. (SPA.). 160p. (J). (gr. 1-7). pap. 8.95 *(978-607-453-168-8(4))* Selector, S.A. de C.V. MEX. Dist: Spanish Pubs., LLC.

King Kong's Cousin. Mark Teague. Illus. by Mark Teague. 2022. (ENG., Illus.). 40p. (J). (-3). 18.99 *(978-1-6659-1230-3(8),* Beach Lane Bks.) Beach Lane Bks.

King Lear. William Shakespeare. 2020. (ENG.). 136p. (J). pap. 19.99 *(978-1-6781-4720-4(6))* Lulu Pr., Inc.

King Lear. William Shakespeare. 2021. (ENG.). 138p. (YA). pap. 7.99 *(978-1-4209-7586-4(2))* Digireads.com Publishing.

King Lear. William Shakespeare. 2020. (ENG.). 170p. (YA). pap. *(978-1-77426-090-6(5))* East India Publishing Co.

King Lear: a Shakespeare Children's Story. Illus. by Macaw Books. 2021. (Sweet Cherry Easy Classics Ser.). (ENG.). 64p. (J). 6.95 *(978-1-78226-727-0(1),* 61359fd7-73ff-41fd-83f0-ceee34d0ebc0) Sweet Cherry Publishing GBR. Dist: Baker & Taylor Publisher Services (BTPS).

King Lear: a Shakespeare Children's Story. Illus. Macaw Books. Adapted by Macaw Books. ed. 2021. (Sweet Cherry Easy Classics Ser.). (ENG.). 64p. (J). 5.99 *(978-1-78226-720-1(4),* 8cc7769b-4589-4902-88c9-2baabefc5ef7) Sweet Cherry Publishing GBR. Dist: Baker & Taylor Publisher Services (BTPS).

King Lear at Hordle & Other Rural Plays (Classic Reprint) Bernard Gilbert. 2018. (ENG., Illus.). 294p. (J). 29.96 *(978-0-267-49487-3(4))* Forgotten Bks.

King Lear Novel Units Teacher Guide. Novel Units. 2019. (ENG.). (YA). pap. 12.99 *(978-1-56137-923-1(9),* Novel Units, Inc.) Classroom Library Co.

King Leonard's Teddy. Phoebe Swan. Illus. by Phoebe Swan. 2019. (Child's Play Library). (Illus.). 36p. (J). pap., pap. *(978-1-78628-183-8(X))* Child's Play International Ltd.

King Leonidas & His Spartan Army History of Sparta Grade 5 Children's Ancient History. Baby Professor. 2021. (ENG.). 72p. (J). 27.99 *(978-1-5419-8459-2(5));* pap. 16.99 *(978-1-5419-5421-2(1))* Speedy Publishing LLC. (Baby Professor (Education Kids)).

King Leopold's Soliloquy; a Defense of His Congo Rule. Mark Twain, pseud. 2017. (ENG., Illus.). 72p. (J). pap. *(978-0-649-75291-1(0))* Trieste Publishing Pty Ltd.

King Leopold's Soliloquy a Defense of His Congo Rule (Classic Reprint) Mark Twain, pseud. 2017. (ENG., Illus.). (J). 25.32 *(978-1-5285-7158-6(4))* Forgotten Bks.

King Longbeard, or Annals of the Golden Dreamland: A Book of Fairy Tales (Classic Reprint) Barrington MacGregor. (ENG., Illus.). (J). 2018. 266p. 29.40 *(978-0-483-64237-9(1));* 2016. pap. 11.97 *(978-1-333-55858-1(9))* Forgotten Bks.

King Longbeard or Annals of the Golden Dreamland, a Book of Fairy Tales. Barrington MacGregor. 2017. (ENG., Illus.). (J). pap. *(978-0-649-10965-4(1))* Trieste Publishing Pty Ltd.

King Louie's Shoes. D. J. Steinberg. Illus. by Robert Neubecker. 2017. (ENG.). 48p. (J). (gr. -1-3). 17.99 *(978-1-4814-2657-2(5),* Beach Lane Bks.) Beach Lane Bks.

King Maple. Joyce. 2021. (ENG., Illus.). 30p. (J). pap. 14.95 *(978-1-63710-896-3(6))* Fulton Bks.

King Me! Marianne Modica. Illus. by Mike Fichera. 2021. (ENG.). 178p. (J). (gr. 3-6). pap. 10.99 *(978-1-7351005-8-6(7))* Modica, Marianne.

KING MERLIN & the RAPP LORDS ... the Rescue of Princess Chaka Knight. Kevin Curtis Barr & Lawrence D. Christian. 2020. (ENG.). 47p. (J). *(978-1-716-79289-2(4))* Lulu Pr., Inc.

KING MERLIN & the RAPP LORDS ... the Rescus of Princess Chaka Knight. Kevin Curtis Barr & Lawrence D. Christian. 2020. (ENG.). 47p. *(978-1-716-60345-7(5))* Lulu Pr., Inc.

King Midas: A Romance (Classic Reprint) Upton Sinclair. 2017. (ENG., Illus.). 282p. (J). 29.71 *(978-0-484-38169-7(5))* Forgotten Bks.

King Midas & His Golden Touch-Children's Greek & Roman Myths. Baby Professor. 2017. (ENG., Illus.). (J). pap. 7.89 *(978-1-5419-0381-4(1),* Baby Professor (Education Kids)) Speedy Publishing LLC.

King Mombo (Classic Reprint) Paul Du Chaillu. 2018. (ENG., Illus.). 298p. (J). 30.04 *(978-0-267-82969-9(8))* Forgotten Bks.

King Monte: Are You My P. E. Teacher? Michael a Woodward. Ed. by Mallory Miles. Illus. by Sonja Oldenburg. 2020. (ENG.). 220p. (J). (gr. 3-6). 19.99 *(978-1-0878-8835-4(2))* Indy Pub.

King Monte: The Lost Tiger's Eye. Michael a Woodward. 2021. (ENG.). 242p. (J). 19.99 *(978-1-0879-5633-6(1))* Indy Pub.

King Neptune's Family Playground 'under the Sea' Neridah Gibbons. 2017. (ENG., Illus.). (J). pap. 18.99 *(978-1-5043-0748-2(8),* Balboa Pr.) Author Solutions, LLC.

King Noanett: A Story of Old Virginia & the Massachusetts Bay (Classic Reprint) Frederic Jesup Stimson. 2017. (ENG., Illus.). (J). 31.42 *(978-1-5285-5429-9(9))* Forgotten Bks.

King Noun & Queen Verb Agree. Lubna Alsagoff. 2023. (Wonderful World of Words Ser.: 19). (ENG.). 28p. (J). (gr. k-2). pap. 8.99 *(978-981-5009-08-8(7))* Marshall Cavendish International (Asia) Private Ltd. SGP. Dist: Independent Pubs. Group.

King of Aethon. Lavay Byrd. 2020. (ENG.). 342p. (YA). pap. 15.99 *(978-1-393-36931-8(6))* Draft2Digital.

King of Alsander (Classic Reprint) James Elroy Flecker. 2018. (ENG., Illus.). 316p. (J). 30.41 *(978-0-483-99117-0(1))* Forgotten Bks.

King of Andaman: A Saviour of Society (Classic Reprint) J. Maclaren Cobban. 2017. (ENG., Illus.). (J). 31.09 *(978-0-265-48175-2(9))* Forgotten Bks.

King of Andorra (Classic Reprint) Henry E. Harris. (ENG., Illus.). (J). 2018. 292p. 29.92 *(978-0-428-77528-5(4));* 2017. pap. 13.57 *(978-1-243-54055-6(8))* Forgotten Bks.

King of Arcadia (Classic Reprint) Francis Lynde. 2017. (ENG., Illus.). (J). 31.65 *(978-0-266-22335-1(4))* Forgotten Bks.

King of Average. Gary Schwartz. 2016. (ENG., Illus.). (J). (gr. 4-6). 24.95 *(978-0-9975860-2-2(8))* Schwartz, Gary.

King of Bees, 1 vol. Lester L. Laminack. Illus. by Jim LaMarche. 2018. 32p. (J). (gr. -1-3). 18.99 *(978-1-56145-953-7(4))* Peachtree Publishing Co. Inc.

King of Birds. Helen Ward. 2018. (ENG., Illus.). 40p. (J). (gr. -1-3). 17.95 *(978-1-56792-625-5(8))* Godine, David R. Pub.

King of Boredom, 1 vol. Ilaria Guarducci. 2020. (ENG., Illus.). 32p. (J). (gr. -1-3). 14.99 *(978-0-7643-5974-3(6),* 22636) Schiffer Publishing, Ltd.

King of Camargue (Classic Reprint) Jean Aicard. 2016. (ENG., Illus.). (J). pap. 16.57 *(978-1-333-55190-2(8))* Forgotten Bks.

King of Camargue (Classic Reprint) Jean François Victor Aicard. 2018. (ENG., Illus.). 390p. (J). 31.96 *(978-0-483-59018-2(5))* Forgotten Bks.

King of Casa Loma. Marco Buscemi. 2021. (ENG.). 218p. (J). pap. *(978-1-7774426-4-4(8))* LoGreco, Bruno.

King of Chaos: Shadow's Reign. Michael P. Tucker. Illus. by Loren John Presley. 2016. (King of Chaos Ser.: Vol. 2). (ENG.). (YA). (gr. 7-12). pap. 19.95 *(978-0-9978384-3-5(4))* Star Gem Publishing.

King of Crows. Libba Bray. 2020. (Diviners Ser.: 4). (ENG., Illus.). 560p. (YA). (gr. 9-17). 19.99 *(978-0-316-12609-0(8))* Little, Brown Bks. for Young Readers.

King of Diamonds: A Tale of Mystery & Adventure (Classic Reprint) Louis Tracy. 2017. (ENG., Illus.). (J). 30.62 *(978-1-5280-5407-2(5))* Forgotten Bks.

King of Dolphin Island. Dandi Palmer. 2017. (ENG., Illus.). (J). pap. *(978-1-906442-63-7(0))* Dodo Bks.

King of Elfland's Daughter. Lord Dunsany. 2020. (ENG.). 190p. (J). (gr. 5). 14.95 *(978-1-64594-089-0(6))* Athanatos Publishing Group.

King of Elfland's Daughter. Lord Dunsany & Edward Plunkett. 2020. (ENG.). 194p. (J). (gr. 5). 19.99 *(978-1-5154-4230-1(6));* pap. 7.99 *(978-1-5154-4231-8(4))* Wilder Pubns., Corp.

King of Folly Island. Sarah Orne Jewett. 2016. (ENG.). 356p. (J). pap. *(978-3-7433-9753-8(6))* Creation Pubs.

King of Folly Island: And Other People (Classic Reprint) Sarah Orne Jewett. 2018. (ENG., Illus.). 370p. (J). 31.55 *(978-0-332-07378-1(5))* Forgotten Bks.

King of Fools. Amanda Foody. 2020. (Shadow Game Ser.: 2). (ENG.). 608p. (YA). pap. 11.99 *(978-1-335-04001-5(3))* Harlequin Enterprises ULC CAN. Dist: HarperCollins Pubs.

King of Gee-Whiz (Classic Reprint) Emerson Hough. 2018. (ENG., Illus.). 246p. (J). 28.97 *(978-0-267-49352-4(5))* Forgotten Bks.

King of Hearts. Gladys Wright. 2019. (ENG., Illus.). 44p. (J). (gr. k-5). pap. 12.95 *(978-0-578-46190-8(0))* Wright, Gladys.

King of Jam Sandwiches. Eric Walters. 2020. (ENG.). 320p. (J). (gr. 4-8). pap. 12.95 *(978-1-4598-2556-7(X))* Orca Bk. Pubs. USA.

King of Kazoo: a Graphic Novel. Norm Feuti. 2016. (ENG., Illus.). 208p. (J). (gr. 3-5). 22.99 *(978-0-545-77088-0(2),* Graphix) Scholastic, Inc.

King of Kerisal (Classic Reprint) Mayne Lindsay. 2018. (ENG., Illus.). 318p. (J). 30.46 *(978-0-483-32222-6(9))* Forgotten Bks.

King of Kindergarten. Derrick Barnes. Illus. by Vanessa Brantley-Newton. 2019. 32p. (J). (-k). 17.99 *(978-1-5247-4074-0(8),* Nancy Paulsen Books) Penguin Young Readers Group.

King of Kings. TAN Books. 2021. (ENG.). 440p. (J). (gr. 6-6). pap. 24.95 *(978-1-5051-1925-1(1),* 2956) TAN Bks.

King of Little Things. Bil Lepp. Illus. by David T. Wenzel. 2022. 32p. (J). (gr. -1-3). 8.99 *(978-1-68263-391-5(8))* Peachtree Publishing Co. Inc.

King of Mist. Jordan Rivet. 2021. (Steel & Fire Ser.: Vol. 2). (ENG.). 324p. (YA). 22.99 *(978-1-0878-8306-9(7))* Indy Pub.

King of Nothing. Guridi. Tr. by Saul Endor. 2018. (Illus.). 32p. (J). (gr. -1-3). 16.95 *(978-1-68137-290-7(8),* NYR Children's Collection) New York Review of Bks., Inc., The.

King of Poop. Géraldine Collet. Illus. by Hervé Le Goff. 2022. (ENG.). 32p. (J). 16.99 *(978-0-7643-6337-5(9),* 24816) Schiffer Publishing, Ltd.

King of Ragtime: The Story of Scott Joplin. Stephen Costanza. Illus. by Stephen Costanza. 2021. (ENG., Illus.). 56p. (J). (gr. -1-3). 17.99 *(978-1-5344-1036-7(8))* Simon & Schuster Children's Publishing.

King of Rainbows. Tori Joel. 2018. (ENG., Illus.). 42p. (J). pap. *(978-9948-39-621-5(9))* Victoria.

King of Ranleigh. F. S Brereton. 2022. (ENG.). 265p. (J). pap. *(978-1-387-69540-9(1))* Lulu Pr., Inc.

King of Ranleigh: A School Story (Classic Reprint) F. S Brereton. (ENG., Illus.). (J). 2018. 432p. 32.81 *(978-0-483-29312-0(1));* 2016. pap. 16.57 *(978-1-333-40851-0(X))* Forgotten Bks.

King of Scars. Leigh Bardugo. 2019. (Illus.). 528p. (J). *(978-1-5101-0445-7(3))* ETT Imprint.

King of Scars. Leigh Bardugo. 2019. (ENG., Illus.). 514p. (J). (gr. 9-13). pap. 11.99 *(978-1-250-23107-9(8))* ImPrint.

King of Scars. Leigh Bardugo. 2019. (King of Scars Duology Ser.: 1). (ENG., Illus.). 528p. (YA). 19.99 *(978-1-250-14228-3(8),* 900180180) Imprint IND. Dist: Macmillan.

King of Scars. Leigh Bardugo. 2020. (King of Scars Duology Ser.: 1). (ENG., Illus.). 528p. (YA). pap. 12.99 *(978-1-250-61897-9(5),* 900180181) Square Fish.

King of Sting. Coyote Peterson. 2018. (Brave Wilderness Ser.). (ENG., Illus.). 208p. (J). (gr. 3-7). 18.99 *(978-0-316-45238-0(6))* Little, Brown Bks. for Young Readers.

King of Storms. Sulayman X. 2016. (Five Kingdoms Ser.: Vol. 2). (ENG., Illus.). (YA). 29.99 *(978-1-63533-038-0(6),* Harmony Ink Pr.) Dreamspinner Pr.

King of the Animal Kingdom: How He Caught, Tamed & Ruled His Subjects; Natural History from a New Standpoint, Presenting a Complete & Thorough Study of the Nature, Habits & Characteristics of the Beasts, Birds & Reptiles of the Earth. P. T. Barnum. (ENG., Illus.). (J). 2018. 542p. 35.16 *(978-0-332-51364-5(5));* 2016. pap. 19.57 *(978-1-333-60908-5(6))* Forgotten Bks.

King of the Bench: Comeback Kid. Steve Moore. Illus. by Steve Moore. 2018. (King of the Bench Ser.: 4). (ENG., Illus.). 192p. (J). (gr. 3-7). 13.99 *(978-0-06-220336-6(3),* HarperCollins) HarperCollins Pubs.

K

King of the Bench: Control Freak. Steve Moore. Illus. by Steve Moore. 2017. (King of the Bench Ser.: 2). (ENG., Illus.). 224p. (J). (gr. 3-7). 13.99 *(978-0-06-220332-8(0)*, HarperCollins) HarperCollins Pubs.

King of the Bench: Kicking & Screaming. Steve Moore. Illus. by Steve Moore. 2018. (King of the Bench Ser.: 3). (ENG., Illus.). 176p. (J). (gr. 3-7). 13.99 *(978-0-06-220334-2(7)*, HarperCollins) HarperCollins Pubs.

King of the Bench: No Fear! Steve Moore. Illus. by Steve Moore. 2017. (King of the Bench Ser.: 1). (ENG., Illus.). 224p. (J). (gr. 3-7). 13.99 *(978-0-06-220330-4(4)*, HarperCollins) HarperCollins Pubs.

King of the Birds, 1. Elise Gravel. ed. 2021. (Arlo & Pips Ser.). (ENG., Illus.). 63p. (J). (gr. 2-3). 17.96 *(978-1-64697-611-9(8))* Penworthy Co., LLC, The.

King of the Broncos: And Other Stories of New Mexico. Charles F. Lummis. 2017. (ENG., Illus.). (J). pap. *(978-0-649-62217-7(0))* Trieste Publishing Pty Ltd.

King of the Broncos: And Other Stories of New Mexico (Classic Reprint) Charles F. Lummis. 2018. (ENG., Illus.). (J). 29.71 *(978-0-260-56686-7(1))* Forgotten Bks.

King of the Castle, Vol. 1: A Novel (Classic Reprint) George Manville Fenn. 2019. (ENG., Illus.). 262p. (J). 29.30 *(978-0-267-15589-7(1))* Forgotten Bks.

King of the Castle, Vol. 2 Of 3: A Novel (Classic Reprint) G. Manville Fenn. 2018. (ENG., Illus.). 248p. (J). 29.01 *(978-0-267-15556-9(5))* Forgotten Bks.

King of the Castle, Vol. 3 Of 3: A Novel (Classic Reprint) George Manville Fenn. (ENG., Illus.). (J). 2018. 274p. 29.57 *(978-0-428-93698-3(9))*; 2016. pap. 11.97 *(978-1-333-54352-5(2))* Forgotten Bks.

King of the Classroom. Lee Martin. 2022. (ENG.). 24p. (J). ***(978-1-387-69720-5(X))*** Lulu Pr., Inc.

King of the Copper Mountains. Paul Biegel. Tr. by Paul Biegel. 2022. (ENG., Illus.). 192p. (J). (gr. 2-5). pap. 13.95 *(978-1-78269-339-0(4)*, Pushkin Children's Bks.) Steerforth Pr.

King of the Court. Jentry Youd. Illus. by Yuliia Valchuk. 2021. (ENG.). 32p. (J). pap. 12.99 *(978-1-4621-3966-8(3)*, Sweetwater Bks.) Cedar Fort, Inc./CFI Distribution.

King of the Dark Chamber (Classic Reprint) Rabindranath Tagore. 2017. (ENG., Illus.). 218p. (J). 28.41 *(978-0-332-21210-4(6))* Forgotten Bks.

King of the Golden City: An Allegory for Children (Classic Reprint) Mary Loyola. 2018. (ENG., Illus.). 128p. (J). pap. 9.57 *(978-1-391-59381-4(2))* Forgotten Bks.

King of the Golden City: Special Edition for Boys. Mother Mary Loyola. 2017. (ENG., Illus.). (J). (gr. 2-6). pap. 12.95 *(978-1-936639-83-0(1))* St. Augustine Academy Pr.

King of the Golden River. John Ruskin. 2017. (ENG., Illus.). 66p. (J). (gr. 2-9). pap. *(978-3-337-37437-2(9))* Creation Pubs.

King of the Golden River. John Ruskin. Illus. by Quentin Blake. 2019. (ENG.). 64p. (J). (gr. 2-9). 19.95 *(978-0-500-65185-8(X)*, 565185) Thames & Hudson.

King of the Golden River: And Other Stories (Classic Reprint) John Ruskin. 2018. (ENG., Illus.). 220p. (J). 28.45 *(978-0-483-44552-9(5))* Forgotten Bks.

King of the Golden River (Classic Reprint) Ruskin Ruskin. 2017. (ENG., Illus.). (J). 25.51 *(978-1-5285-7334-4(X))* Forgotten Bks.

King of the Hill. Sandra Ure Griffin. 2021. (ENG.). 60p. (J). pap. *(978-1-387-84385-5(0))* Lulu Pr., Inc.

King of the Ice #1. Kelly Starling Lyons. Illus. by Wayne Spencer. 2022. (Miles Lewis Ser.: 1). 96p. (J). (gr. 1-3). 6.99 *(978-0-593-38349-0(4))*; (ENG.). lib. bdg. 15.99 *(978-0-593-38350-6(8))* Penguin Young Readers Group. (Penguin Workshop).

King of the Jungle Coloring Book. Jupiter Kids. 2017. (ENG., Illus.). (J). pap. 9.20 *(978-1-68326-811-6(3)*, Jupiter Kids (Childrens & Kids Fiction)) Speedy Publishing LLC.

King of the Khyber Rifles: A Romance of Adventure (Classic Reprint) Talbot Mundy. (ENG., Illus.). (J). 2018. 400p. 32.17 *(978-0-666-48116-0(4))*; 2017. pap. 16.57 *(978-1-5276-5757-1(4))* Forgotten Bks.

King of the Lumberjacks: The Story of Big Joe Montferrand (Mufferaw) & the Bytown/Ottawa Valley Lumber Industry, 1820 To 1860. Vincent J. Marquis. 2018. (Great Tales from Canada Ser.: Vol. 1). (ENG.). 64p. (J). pap. *(978-0-9685058-1-6(3))* Home Works Co., The.

King of the Mamozekel: Illustrated by Charles Livingston Bull (Classic Reprint) Charles G. D. Roberts. 2018. (ENG., Illus.). 98p. (J). 25.92 *(978-0-364-18255-0(5))* Forgotten Bks.

King of the Mountains. Edmond About. 2016. (ENG.). 250p. (J). pap. *(978-3-7433-4106-7(9))* Creation Pubs.

King of the Mountains: Translated from the French (Classic Reprint) Edmond About. 2017. (ENG., Illus.). (J). 30.85 *(978-0-260-35087-9(7))* Forgotten Bks.

King of the Mountains (Classic Reprint) Edmond About. 2017. (ENG., Illus.). (J). 310p. 30.31 *(978-0-484-28436-3(3))*; pap. 13.57 *(978-0-259-52342-0(9))* Forgotten Bks.

King of the Night. Tate McGhee. Illus. by Maja Bertole Jeras. 2017. (ENG.). (J). pap. 9.99 *(978-0-692-84306-2(X))* Skyway Pictures LLC.

King of the Park (Classic Reprint) Marshall Saunders. 2018. (ENG., Illus.). 256p. (J). 29.20 *(978-0-484-12824-7(8))* Forgotten Bks.

King of the Peak, Vol. 1 of 3 (Classic Reprint) William Bennett. 2018. (ENG., Illus.). 352p. (J). 31.18 *(978-0-483-99941-1(5))* Forgotten Bks.

King of the Peak, Vol. 2 Of 3: A Romance (Classic Reprint) William Bennett. (ENG., Illus.). (J). 2018. 420p. 32.56 *(978-0-483-66838-6(9))*; 2016. pap. 16.57 *(978-1-334-59792-3(8))* Forgotten Bks.

King of the Peak, Vol. 3 Of 3: A Romance (Classic Reprint) William Bennett. 2018. (ENG., Illus.). 382p. (J). 31.78 *(978-0-267-17977-0(4))* Forgotten Bks.

King of the Playground. Lee Martin. 2021. (ENG.). 24p. (J). 20.99 *(978-1-365-73109-9(X))* Lulu Pr., Inc.

King of the Pride Coloring Book. Creative Playbooks. 2016. (ENG., Illus.). (J). pap. 7.74 *(978-1-68323-686-3(6))* Twin Flame Productions.

King of the Road. Willie Mae McLaurine. 2018. (ENG., Illus.). 26p. (J). pap. 12.95 *(978-1-64114-496-4(3))* Christian Faith Publishing.

King of the Road - Uean Te Kawai (Te Kiribati) Bwena Rimon. Illus. by Giward Musa. 2023. (ENG.). 40p. (J). pap. ***(978-1-922876-02-7(X))*** Library For All Limited.

King of the School, or Who Will Win? (Classic Reprint) John Cecil Stagg. 2017. (ENG., Illus.). (J). 26.95 *(978-0-331-14941-8(9))*; pap. 9.57 *(978-0-260-15447-7(4))* Forgotten Bks.

King of the Sky. Nicola Davies. Illus. by Laura Carlin. 2017. (ENG.). 48p. (J). (gr. -1-3). 18.99 *(978-0-7636-9568-2(8))* Candlewick Pr.

King of the Stars. Brandon Layne. 2019. (ENG., Illus.). 190p. (YA). (gr. 7-9). pap. 15.95 *(978-1-947860-52-0(6)*, Belle Isle Bks.) Brandylane Pubs., Inc.

King of the Tightrope: When the Great Blondin Ruled Niagara. Donna Janell Bowman. Illus. by Adam Gustavson. 48p. (J). (gr. 1-4). 2022. pap. 8.99 *(978-1-68263-406-6(X))*; 2019. 17.95 *(978-1-56145-937-7(2))* Peachtree Publishing Co. Inc.

King of the Town (Classic Reprint) Ellen Mackubin. 2017. (ENG., Illus.). (J). 27.13 *(978-0-266-19386-9(2))* Forgotten Bks.

King or Knave: Which Wins? an Old Tale of Huguenot Days (Classic Reprint) William Henry Johnson. 2018. (ENG., Illus.). 374p. (J). 31.63 *(978-0-484-86183-0(2))* Forgotten Bks.

King Ottokar's Sceptre see Sceptre d' Ottokar

King over the Water or the Marriage of Mr. Melancholy (Classic Reprint) Justin Huntly McCarthy. (ENG., Illus.). (J). 2018. 382p. 31.78 *(978-0-666-03843-2(0))*; 2016. pap. 16.57 *(978-1-333-87175-8(9))* Forgotten Bks.

King Penguin. Jesse B. Byrd. 2017. (ENG., Illus.). (J). (gr. 4-6). pap. 8.99 *(978-0-692-90925-6(7))* Byrd, Jesse Jr.

King Penguin. Vanessa Roeder. Illus. by Vanessa Roeder. 2023. (Illus.). 40p. (J). (-k). 18.99 ***(978-0-593-32441-7(2)***, Dial Bks) Penguin Young Readers Group.

King Penguins. Jody S. Rake. 2019. (Penguins! Ser.). (ENG., Illus.). 24p. (J). (gr. -1-2). lib. bdg. 27.32 *(978-1-9771-0937-8(3)*, 140542, Pebble) Capstone.

King Penguins on the Falkland Islands. Gavin Phillips. 2016. (ENG., Illus.). 32p. (J). pap. *(978-1-365-09085-1(X))* Lulu Pr., Inc.

King Peter (Classic Reprint) Dion Clayton Calthrop. 2017. (ENG., Illus.). (J). 31.22 *(978-0-260-16519-0(0))*; pap. 13.57 *(978-1-5280-0401-5(9))* Forgotten Bks.

King Philip of Primrose Street (Classic Reprint) Elizabeth L. Flint. 2018. (ENG., Illus.). 50p. (J). 24.95 *(978-0-483-27082-4(2))* Forgotten Bks.

King Philip's War: The Natives vs. the English Colonists - Us History Lessons Children's American Revolution History. Baby Professor. 2017. (ENG., Illus.). (J). pap. 9.55 *(978-1-5419-1179-6(2)*, Baby Professor (Education Kids)) Speedy Publishing LLC.

King Phoebe. Lauren Roberts. 2022. (ENG.). 20p. (J). pap. ***(978-1-80227-452-3(9))*** Publishing Push Ltd.

King Rat: A Riley & Parker Adventure. William Severy. 2017. (ENG., Illus.). (J). (gr. 3-7). pap. *(978-1-912192-52-6(7))* Mirador Publishing.

King Samovar / Imparatul Samovar. Daniela Cupse Apostoaei. 2020. (ENG.). 84p. (J). *(978-1-64969-396-9(6))*; pap. *(978-1-64969-397-6(4))* Tablo Publishing.

King Sargon's Jars: A Farce in One Act (Classic Reprint) Ann Furlong. (ENG., Illus.). (J). 2018. 36p. 24.64 *(978-0-364-75693-5(4))*; 2017. pap. 7.97 *(978-0-259-82100-7(4))* Forgotten Bks.

King Sejong Invents an Alphabet. Carol Kim. Illus. by Cindy Kang. 2021. (ENG.). 32p. (J). (gr. -1-3). 16.99 *(978-0-8075-4161-6(3)*, 807541613) Whitman, Albert & Co.

King Shark Takes a Bite! (DC Super Heroes: Batman) John Sazaklis. Illus. by Fabio Laguna & Marco Lesko. 2022. (Pictureback(R) Ser.). (ENG.). 24p. (J). (gr. -1-2). 5.99 *(978-0-593-12237-2(2)*, Random Hse. Bks. for Young Readers) Random Hse. Children's Bks.

King Solitaire's Big Banquet. Lydia Du Toit. Illus. by Christo Francois Du Toit. 2020. (ENG.). 28p. (J). pap. *(978-0-9922303-3-3(0))* Mirror Word Publishing.

King Solomon Activity Book. Pip Reid. 2020. (ENG.). 80p. (J). pap. *(978-1-988585-80-2(5))* Bible Pathway Adventures.

King Solomon Street. Cassandra Bishop. 2020. (ENG.). 50p. (J). pap. 13.49 *(978-1-63221-326-6(5))* Salem Author Services.

King Solomon's Mines see Minas del Rey Salomon

King Solomon's Mines. H. Rider Haggard. abr. ed. 2016. (Junior Classics Ser.). (ENG., Illus.). 228p. (J). pap. *(978-81-291-2035-9(6))* Rupa & Co.

King Spruce: A Novel (Classic Reprint) Holman Day. 2017. (ENG., Illus.). (J). 32.17 *(978-0-265-80854-2(5))* Forgotten Bks.

King Stork of the Netherlands: A Romance of the Early Days of the Dutch Republic (Classic Reprint) Albert Lee. (ENG., Illus.). (J). 2018. 332p. 30.74 *(978-0-428-87099-7(6))*; 2016. pap. 13.57 *(978-1-334-48411-7(2))* Forgotten Bks.

King Teddy Bear. Caroline E. Iwunze. 2017. (ENG., Illus.). (J). pap. 20.99 *(978-1-5043-0594-5(9)*, Balboa Pr.) Author Solutions, LLC.

King Time, or the Mystical Land of the Hours: A Fantasy (Classic Reprint) Percy Keese Fitzhugh. 2018. (ENG., Illus.). (J). 246p. 28.99 *(978-0-267-16825-5(X))*; 248p. pap. 11.57 *(978-0-267-16162-1(X))* Forgotten Bks.

King Tingaling Painting. Elias Zapple. 2018. (Duke & Michel American-English Edition Ser.: Vol. 2). (ENG., Illus.). 250p. (J). (gr. 4-6). pap. *(978-1-912704-02-6(1))*; pap. *(978-1-912704-03-3(X))* Heads or Tales Pr.

King Tree. Peter Farmer. 2020. (ENG.). 27p. (J). ***(978-1-716-97140-2(3))*** Lulu Pr., Inc.

King Tut. Tyler Gieseke. 2021. (Ancient Egypt Ser.). (ENG., Illus.). 32p. (J). (gr. 2-3). pap. 9.95 *(978-1-64494-537-7(1))*; lib. bdg. 32.79 *(978-1-5321-6991-5(4)*, 38059, DiscoverRoo) Pop!.

King Tut Helps Ming Stay Weird. Caryn Rivadeneira. Illus. by Priscilla Alpaugh. 2021. (Helper Hounds Ser.). (ENG.). 72p. (J). (gr. 1-3). 12.99 *(978-1-63440-916-2(7)*, d698d8c2-600e-4c08-93e9-03e79939cab8); pap. 6.99 *(978-1-63440-919-3(1)*, bd882ea9-a2e8-4def-851e-72ec5d079464) Red Chair Pr.

King Tut: Is His Tomb Really Cursed? Megan Cooley Peterson. 2018. (History's Mysteries Ser.). (ENG.). 32p. (J). (gr. 4-6). pap. 9.99 *(978-1-64466-258-8(2)*, 12285); (Illus.). lib. bdg. *(978-1-68072-411-0(8)*, 12284) Black Rabbit Bks. (Bolt).

King Tuts Tomb. Julie Murray. 2022. (Amazing Archaeology Ser.). (ENG., Illus.). 24p. (J). (gr. 2-2). pap. 8.95 *(978-1-64494-637-4(8)*, Abdo Zoom-Dash) ABDO Publishing Co.

King Tutankhamun Tells All! Chris Naunton & Guilherme Karsten. 2021. (ENG., Illus.). 48p. (J). (gr. 2-6). 16.95 *(978-0-500-65255-8(4)*, 565255) Thames & Hudson.

King Tut's Tomb. Julie Murray. 2021. (Amazing Archaeology Ser.). (ENG., Illus.). 24p. (J). (gr. k-4). lib. bdg. 31.36 *(978-1-0982-2664-0(X)*, 38604, Abdo Zoom-Dash) ABDO Publishing Co.

King Tut's Tomb. Emily Rose Oachs. 2019. (Digging up the Past Ser.). (ENG., Illus.). 24p. (J). (gr. 3-7). lib. bdg. 26.95 *(978-1-64487-067-9(3)*, Torque Bks.) Bellwether Media.

King Washington: A Romance of the Hudson Highlands (Classic Reprint) William Henry Brearley. 2018. (ENG., Illus.). 318p. (J). 30.60 *(978-0-484-76069-0(6))* Forgotten Bks.

King Waste & King Save: Energy. Hye-Kyeong Jang. Illus. by Jeong-hwa Bahng. 2020. (Green Earth Tales Ser.). (ENG.). 32p. (J). (gr. k-4). pap. 8.99 *(978-1-925235-59-3(9)*, dfbd74e6-de7c-465d-950e-27e341d7b587); lib. bdg. 27.99 *(978-1-925235-63-0(7)*, 35b7b5d4-58d9-4e60-ab5e-c268bf843c21) ChoiceMaker Pty. Ltd., The AUS. (Big and SMALL). Dist: Lerner Publishing Group.

King Who Ate My Breakfast. Edward Glover. 2021. (ENG.). 78p. (J). pap. *(978-1-912765-47-8(0))* Blue Falcon Publishing.

King Who Cannot Sleep. Ava Elizabeth Aquino. 2023. (ENG.). 28p. (J). pap. 9.99 ***(978-1-959670-78-0(6))*** Lincoln Learning Solutions.

King Who Had Nothing to Learn: A Fantastic Comedy in One Act (Classic Reprint) Leon M. Lion. 2018. (ENG., Illus.). 30p. (J). 24.54 *(978-0-267-28095-7(5))* Forgotten Bks.

King Who Left His Kingdom: El Rey Que Dejó Su Reino. Deanna Altman. Illus. by Lisa Mueller. 2018. (ENG.). 34p. (J). (gr. k-3). pap. 12.95 *(978-1-5069-0613-3(3))* First Edition Design Publishing.

King Who Left His Kingdom: El Rey Que Dejó Su Reino. Deanna Altman & Lisa Mueller. 2018. (ENG., Illus.). 34p. (J). (gr. k-3). 18.95 *(978-1-5069-0612-6(5))* First Edition Design Publishing.

King Who Lost His Colors. Glen Liset. 2022. (ENG.). 36p. (J). *(978-0-2288-6987-0(0))*; pap. *(978-0-2288-6986-3(2))* Tellwell Talent.

King Who Lost His Crown. Melanie Richardson Dundy. 2020. (ENG.). 30p. (J). pap. 9.99 *(978-1-0879-0303-3(3))* Indy Pub.

King Who Loved to Sing. Spencer Brinker. 2019. (Read & Rhyme Level 3 Ser.). (ENG., Illus.). 16p. (J). (gr. -1-1). 24.21 *(978-1-64280-557-4(2))* Bearport Publishing Co., Inc.

King Who Thought He Was Clever: a Folk Tale from Russia: Band 14/Ruby (Collins Big Cat) Tony Bradman. Illus. by Juanbjuan Oliver. 2017. (Collins Big Cat Tales Ser.). (ENG.). 48p. (J). (gr. 3-4). pap. 12.99 *(978-0-00-817940-3(9))* HarperCollins Pubs. Ltd. GBR. Dist: Independent Pubs. Group.

King Will Kill You: The Kingdoms of Sand & Sky, Book Three. Sarah Henning. (Kingdoms of Sand & Sky Ser.: 3). (ENG.). 368p. (YA). 2023. pap. 12.99 ***(978-1-250-84105-6(4)***, 900255604); 2022. 18.99 *(978-1-250-84103-2(8)*, 900255603) Doherty, Tom Assocs., LLC. (Tor Teen).

King Will Rise: (Legendary Series #4) L. H. Nicole. 2016. (ENG., Illus.). (J). pap. 18.99 *(978-1-5401-7702-5(5))* Draft2Digital.

King Wilt's Annual Bat. William McRobert. 2018. (ENG., Illus.). 30p. (J). *(978-1-78878-575-4(4))*; pap. *(978-1-78878-574-7(6))* Austin Macauley Pubs. Ltd.

King with a Horse's Ears: An Irish Graphic Folktale. Gloria Koster. Illus. by César Samaniego & César Samaniego. 2022. (Discover Graphics: Global Folktales Ser.). (ENG.). 32p. (J). 22.65 *(978-1-6663-4106-5(1)*, 219043); pap. 6.95 *(978-1-6663-4107-2(X)*, 219013) Capstone. (Picture Window Bks.).

King with Two Faces (Classic Reprint) Mary Elizabeth Coleridge. (ENG., Illus.). (J). 2018. 460p. 33.40 *(978-0-267-16071-6(2))*; 2016. pap. 16.57 *(978-1-334-15009-8(5))* Forgotten Bks.

King Without a Kingdom (the Accursed Kings, Book 7) Maurice Druon. 2016. (Accursed Kings Ser.: 7). (ENG.). 368p. 14.99 *(978-0-00-814486-9(9)*, HarperCollins) HarperCollins Pubs.

King Zahn: Super Powered Space Giants. My'Zahn Hinchen. 2020. (ENG.). 18p. (J). ***(978-1-716-40591-4(2))*** Lulu Pr., Inc.

King Zoom the Vegan Kid: Animals Used for Food. Gillian Meghan Walters. 2018. (ENG.). 38p. (J). 14.95 *(978-1-64307-008-7(8))* Amplify Publishing Group.

Kingdom. Jess Rothenberg. 2019. (Illus.). 340p. (YA). *(978-1-250-25935-6(5))* Holt, Henry & Co.

Kingdom. Jess Rothenberg. 2020. (ENG.). 352p. (YA). pap. 10.99 *(978-1-250-25093-3(5)*, 900194990) Square Fish.

Kingdom above the Cloud. Maggie Platt. 2020. (Tales from Adia Ser.: Vol. 1). (ENG.). 298p. (YA). (gr. 7-12). 26.99 *(978-1-64960-277-0(4))* Emerald Hse. Group, Inc.

Kingdom Business: Spiritual Poetry, Volume 1. Joseph a Broadway. 2019. (ENG.). 208p. (YA). pap. 17.95 *(978-1-0980-0185-8(0))* Christian Faith Publishing.

Kingdom Caper #1: A Graphic Novel. Brett Bean. Illus. by Brett Bean. (Zoo Patrol Squad Ser.: 1). 80p. (J). (gr. 1-4). 2023. pap. 8.99 *(978-0-593-09371-9(2))*; 2020. (Illus.). 12.99 *(978-0-593-09370-2(4))* Penguin Young Readers Group. (Penguin Workshop).

Kingdom (Classic Reprint) Harold Elsdale Goad. 2018. (ENG., Illus.). 346p. (J). 31.03 *(978-0-483-23373-7(0))* Forgotten Bks.

Kingdom Falls. John Owen Theobald. 2018. (Ravenmaster Trilogy Ser.: 3). (ENG., Illus.). (gr. 7). 320p. (J). 9.99 *(978-1-78497-444-2(7)*, 667192, Zephyr); 368p. (YA). 22.95 *(978-1-78497-442-8(0))* Head of Zeus GBR. Dist: Bloomsbury Publishing Plc, Independent Pubs. Group.

Kingdom Files: Complete 6-Story Collection. Matt Koceich. 2022. (Kingdom Files Ser.). (ENG.). 528p. (J). pap. 14.99 *(978-1-63609-259-1(4))* Barbour Publishing, Inc.

Kingdom Files: Who Was Esther? Matt Koceich. 2018. (Kingdom Files Ser.). (ENG., Illus.). 96p. (J). pap. 4.99 *(978-1-68322-629-1(1)*, Barbour Bks.) Barbour Publishing, Inc.

Kingdom for a Stage. Heidi Heilig. (ENG.). 464p. (YA). (gr. 8). 2020. pap. 10.99 *(978-0-06-265198-3(6))*; 2019. 17.99 *(978-0-06-265197-6(8))* HarperCollins Pubs. (Greenwillow Bks.).

Kingdom Hearts #1. Shiro Amano. Illus. by Shiro Amano. 2023. (Kingdom Hearts Ser.). (ENG.). 136p. (J). (gr. 3-12). lib. bdg. 35.64 ***(978-1-0982-5330-1(2)***, 42677, Graphic Novels) Spotlight.

Kingdom Hearts #2. Shiro Amano. Illus. by Shiro Amano. 2023. (Kingdom Hearts Ser.). (ENG.). 136p. (J). (gr. 3-12). lib. bdg. 35.64 ***(978-1-0982-5331-8(0)***, 42679, Graphic Novels) Spotlight.

Kingdom Hearts #3. Shiro Amano. Illus. by Shiro Amano. 2023. (Kingdom Hearts Ser.). (ENG.). 168p. (J). (gr. 3-12). lib. bdg. 35.64 ***(978-1-0982-5332-5(9)***, 42681, Graphic Novels) Spotlight.

Kingdom Hearts #4. Shiro Amano. Illus. by Shiro Amano. 2023. (Kingdom Hearts Ser.). (ENG.). 120p. (J). (gr. 3-12). lib. bdg. 35.64 ***(978-1-0982-5333-2(7)***, 42683, Graphic Novels) Spotlight.

Kingdom Hearts (Set), 4 vols. 2023. (Kingdom Hearts Ser.). (ENG.). 120p. (J). (gr. 3-12). lib. bdg. 142.56 ***(978-1-0982-5329-5(9)***, 42675, Graphic Novels) Spotlight.

Kingdom Hearts: the Ultimate Handbook. Conor Lloyd. 2020. (ENG., Illus.). 96p. (J). (gr. 3-7). pap. 8.99 *(978-1-338-59618-2(7))* Scholastic, Inc.

Kingdom Heir. Lana Howell. 2021. (ENG.). 378p. (YA). pap. 20.99 *(978-1-6628-1447-1(X))* Salem Author Services.

Kingdom Heroes for Kids: Noah, Sarah, Moses... & You! Tony Evans. 2022. (ENG.). 160p. (J). (gr. 2-7). pap. 14.99 *(978-0-7369-8514-7(X)*, 6985147, Harvest Kids) Harvest Hse. Pubs.

Kingdom in Chains. J. W. Zulauf. 2017. (Kingdom in Chains Ser.: Vol. 1). (ENG., Illus.). (YA). (gr. 7-12). pap. 14.95 *(978-1-62253-352-7(6))* Evolved Publishing.

Kingdom in Peril: A Curious Fable. Lora Gridneva. 2020. (ENG.). 264p. (J). pap. *(978-1-78465-774-1(3)*, Vanguard Press) Pegasus Elliot Mackenzie Pubs.

Kingdom Keepers: Disney after Dark. Ridley Pearson. 2020. (Kingdom Keepers Ser.). 336p. (J). (gr. 5-9). 16.99 ***(978-1-368-05632-8(6))***; pap. 8.99 ***(978-1-368-04625-1(8))*** Disney Publishing Worldwide. (Disney-Hyperion).

Kingdom Keepers II: Disney at Dawn. Ridley Pearson. ed. 2020. (Kingdom Keepers Ser.). 352p. (J). (gr. 5-9). pap. 8.99 ***(978-1-368-04626-8(6)***, Disney-Hyperion) Disney Publishing Worldwide.

Kingdom Keepers III: Disney in Shadow. Ridley Pearson. ed. 2020. (Kingdom Keepers Ser.). 288p. (J). (gr. 5-9). pap. 8.99 ***(978-1-368-04627-5(4)***, Disney-Hyperion) Disney Publishing Worldwide.

Kingdom Keepers: Inheritance the Shimmer. Ridley Pearson. 2023. 320p. (J). (gr. 3-7). 17.99 *(978-1-368-09514-3(3)*, Disney-Hyperion) Disney Publishing Worldwide.

Kingdom Keepers IV: Power Play. Ridley Pearson. ed. 2022. (Kingdom Keepers Ser.: Vol. 4). 304p. (J). (gr. 5-9). pap. 8.99 *(978-1-368-04628-2(2)*, Disney-Hyperion) Disney Publishing Worldwide.

Kingdom Keepers V: Shell Game. Ridley Pearson. ed. 2022. (Kingdom Keepers Ser.: Vol. 5). 256p. (J). (gr. 5-9). pap. 8.99 *(978-1-368-04629-9(0)*, Disney-Hyperion) Disney Publishing Worldwide.

Kingdom Keepers VI: Dark Passage. Ridley Pearson. ed. 2023. (Kingdom Keepers Ser.). 192p. (J). (gr. 5-9). pap. 8.99 *(978-1-368-04630-5(4)*, Disney-Hyperion) Disney Publishing Worldwide.

Kingdom Kids Create: Kenya: Fruit of the Spirit. Nena Jackson. 2017. (ENG., Illus.). (J). pap. 19.95 *(978-1-947303-08-9(2))* Relevant Pages Pr.

Kingdom Lost. Dawn Shipman. 2021. (ENG.). 360p. (J). pap. 14.99 *(978-1-64949-431-3(9))*; (YA). pap. 14.99 *(978-1-64949-432-0(7))* Elk Lake Publishing, Inc.

Kingdom Minded Planner. Khalilah Cole. 2021. (ENG.). 100p. (YA). pap. *(978-1-312-83750-8(0))* Lulu Pr., Inc.

Kingdom of Ash & Briars. Hannah West. 2016. (Nissera Chronicles Ser.: 1). (ENG., Illus.). 368p. (YA). (gr. 7). 17.95 *(978-0-8234-3651-4(9))* Holiday Hse., Inc.

Kingdom of Ash & Briars: A Nissera Novel. Hannah West. 2018. (Nissera Chronicles Ser.: 1). (ENG., Illus.). 416p. (YA). (gr. 7). pap. 9.99 *(978-0-8234-4005-4(2))* Holiday Hse., Inc.

Kingdom of Back. Marie Lu. 336p. (YA). (gr. 7). 2021. pap. 12.99 *(978-1-5247-3903-4(0)*, Penguin Books); 2020. (Illus.). 18.99 *(978-1-5247-3901-0(4)*, G.P. Putnam's Sons Books for Young Readers) Penguin Young Readers Group.

Kingdom of Back. Marie Lu. 2019. (ENG.). 336p. lib. bdg. 22.80 *(978-1-6636-2728-5(2))* Perfection Learning Corp.

Kingdom of Beautiful Colours: a Picture Book for Children, 17 vols. Isabel Wyatt. Illus. by Sara Parrilli. 2019. 32p. (J). 19.95 *(978-1-78250-597-6(0))* Floris Bks. GBR. Dist: Consortium Bk. Sales & Distribution.

Kingdom of Blong. Karen McMillan. 2021. (ENG., Illus.). 170p. (J). pap. *(978-0-473-56183-3(2))* Duckling Publishing.

Kingdom of Blood & Gold. Joyce Chua. 2023. (Land of Sand & Song Ser.). 264p. (YA). 15.99 ***(978-981-5058-78-9(9))*** Penguin Random House SEA Pte. Ltd. SGP. Dist: Independent Pubs. Group.

Kingdom of Clouds. Karine Najaryan. 2016. (ENG.). 46p. (J). pap. ***(978-1-326-84092-1(4))*** Lulu Pr., Inc.

Kingdom of Conscience. Mick O'Shea. 2022. (Tales of the Xavier Seven Ser.: Vol. 1). (ENG.). 276p. (YA). pap. 15.99 ***(978-1-5092-4429-4(8))*** Wild Rose Pr., Inc., The.

Kingdom of Curses & Shadows: Complete Series. Day Leitao. 2023. (ENG.). 800p. (YA). ***(978-1-990790-05-8(4))***; pap. ***(978-1-990790-04-1(6))*** Sparkly Wave.

Kingdom of Earth (Classic Reprint) Anthony Partridge. 2018. (ENG., Illus.). 364p. (J). 31.40 *(978-0-332-95644-2(X))* Forgotten Bks.

1102

The check digit for ISBN-10 appears in parentheses after the full ISBN-13

TITLE INDEX KING'S GOLD

Kingdom of Exiles. Maxym M. Martineau. 2020. (Beast Charmer Ser.: 1). 480p. (YA). (gr. 8-12). pap. 10.99 *(978-1-7282-1379-8(7))* Sourcebooks, Inc.
Kingdom of Fairwind. Phyllis Woods. 2020. (ENG., Illus.). 62p. (J). (gr. k-6). pap. 16.95 *(978-1-64515-216-3(2))* Christian Faith Publishing.
Kingdom of Fire. Laila Jackson. 2016. (ENG., Illus.). 400p. (J). pap. *(978-1-365-38945-0(6))* Lulu Pr., Inc.
Kingdom of Florida, Volume II: Books 5 - 7 in the Kingdom of Florida Series. Taylor Thomas Smythe. 2021. (ENG.). 762p. (J). 32.00 *(978-1-0879-0578-5(8))* Indy Pub.
Kingdom of Future's Hope. Hayley Osborn. 2021. (ENG.). 296p. (YA). pap. *(978-0-473-58448-1(4))* Lexity Ink Publishing.
Kingdom of God: A True Life & Witness of the Church, 1 vol. Austin R. Dayal. 2018. (ENG.). 192p. (YA). pap. 11.99 *(978-1-59555-835-0(7))* Elm Hill.
Kingdom of Grace. Kmwilkerson. 2020. (ENG.). 26p. (J). pap. 13.95 *(978-1-6624-1535-7(4))*; 23.95 *(978-1-64584-087-9(5))* Page Publishing Inc.
Kingdom of Heaven: A Gardening Primer. Danielle Hitchen. 2023. (Baby Believer Ser.). (ENG., Illus.). 20p. (J). (— 1). bds. 12.99 *(978-0-7369-8592-5(1),* 6985925, Harvest Kids) Harvest Hse. Pubs.
Kingdom of Ice. Paula M. Hunter. 2020. (ENG.). 298p. (YA). pap. 9.99 *(978-1-64533-252-7(7))* Kingston Publishing Co.
Kingdom of Kairo. Emma Everett. 2020. (ENG., Illus.). 26p. (J). pap. *(978-1-913136-58-1(2))* Clink Street Publishing.
Kingdom of Kings. Candy M. Fothergill. Illus. by Allison Wynn. 2021. (ENG.). 34p. (J). pap. 25.99 *(978-1-6628-2704-4(0))* Salem Author Services.
Kingdom of Lies. Amanda Stec. 2020. (ENG.). 280p. (YA). pap. 19.00 *(978-1-7771555-0-6(9))* CanamBks. Pubs.
Kingdom of Light. Raina Nightingale. 2021. (ENG.). 180p. (YA). pap. 9.99 *(978-1-952176-00-5(X))* Raina Nightingale.
Kingdom of Light: My Friend, Holy Spirit. Debbie Chorak. Illus. by Jason Velazquez. 2022. (ENG.). 24p. (J). pap. 14.99 *(978-1-6628-3876-7(X))* Salem Author Services.
Kingdom of Little Wounds. Susann Cokal. 2016. (ENG.). 576p. (YA). (gr. 11). pap. 14.99 *(978-0-7636-8757-1(X))* Candlewick Pr.
Kingdom of Mother Goose: New Fairy Play Also Original Recitations, Music, Motion Songs (Classic Reprint) Georgiana N. Bordman. 2017. (ENG., Illus.). (J). 54p. 25.01 *(978-0-332-08718-4(2))*; pap. 9.57 *(978-0-259-53549-2(4))* Forgotten Bks.
Kingdom of Munndora. Kim D. Rogers. 2019. (Forgotten Continent Ser.: Vol. 1). (ENG., Illus.). 128p. (YA). pap. 13.95 ***(978-1-948963-38-1(8))*** Bk. Pubs. Network.
Kingdom of Puli. Karen David. 2017. (ENG.). 137p. (J). 29.95 *(978-1-78629-745-7(0),* 8c718702-f79c-4bb9-8d1e-77211e2806a1) Austin Macauley Pubs. Ltd. GBR. Dist: Baker & Taylor Publisher Services (BTPS).
Kingdom of Puli. Karen David et al. 2017. (ENG., Illus.). 137p. (J). pap. 19.95 *(978-1-78629-744-0(2),* ed84fbe2-f463-4ff1-a710-ccafe839e487) Austin Macauley Pubs. Ltd. GBR. Dist: Baker & Taylor Publisher Services (BTPS).
Kingdom of Rattlesnake Mountain. Karel Hayes. 2023. (ENG., Illus.). 232p. (J). (gr. 3-7). pap. 16.95 *(978-1-68475-083-2(0))* Down East Bks.
Kingdom of Sea & Stone. Mara Rutherford. (Crown of Coral & Pearl Ser.: 2). (ENG.). 368p. (YA). 2021. pap. 11.99 *(978-1-335-21281-8(7))*; 2020. (Illus.). 18.99 *(978-1-335-14651-9(2))* Harlequin Enterprises ULC CAN. Dist: HarperCollins Pubs.
Kingdom of Sirens & Monsters. Tara Quinn. 2022. (Kingdom of Sirens & Monsters Ser.: Vol. 1). (ENG.). 370p. (YA). pap. ***(978-0-9954272-0-4(8))*** P.S.Malcolm.
Kingdom of Slender Swords (Classic Reprint) Hallie Erminie Rives. 2018. (ENG., Illus.). 456p. (J). 33.30 *(978-0-483-60487-2(9))* Forgotten Bks.
Kingdom of Solfeggio. Crystal Hosea. Illus. by Jessie James. 2019. (ENG.). 134p. (J). pap. *(978-0-359-35804-5(7))* Lulu Pr., Inc.
Kingdom of Souls. Rena Barron. (Kingdom of Souls Ser.: 1). (ENG.). (YA). (gr. 8). 2020. 512p. pap. 10.99 *(978-0-06-287096-4(3))*; 2019. 496p. 18.99 *(978-0-06-287095-7(5))* HarperCollins Pubs. (HarperTeen).
Kingdom of the Blazing Phoenix. Julie C. Dao. 2019. (Rise of the Empress Ser.: 2). 384p. (YA). (gr. 9). pap. 10.99 *(978-1-5247-3834-1(4),* Penguin Books) Penguin Young Readers Group.
Kingdom of the Blind (Classic Reprint) E. Phillips Oppenheim. 2017. (ENG., Illus.). 324p. (J). 30.58 *(978-0-332-17484-6(0))* Forgotten Bks.
Kingdom of the Cursed. Kerri Maniscalco. (Kingdom of the Wicked Ser.: 2). (ENG., Illus.). (YA). (gr. 9-12). 2022. 464p. pap. 10.99 *(978-0-316-42849-1(3))*; 2021. 448p. 18.99 *(978-0-316-42847-7(7))* Little Brown & Co. (Jimmy Patterson).
Kingdom of the Fallen. E. J. Cross. 2018. (ENG., Illus.). 280p. (YA). (gr. 7-12). pap. *(978-1-77180-294-9(4))* Iguana Bks.
Kingdom of the Feared. Kerri Maniscalco. 2022. (Kingdom of the Wicked Ser.). (ENG., Illus.). 416p. (YA). (gr. 11-17). 19.99 *(978-0-316-34188-2(6))* Little, Brown Bks. for Young Readers.
Kingdom of the Good Fairies: Fairy Tales (Classic Reprint) Adrienne Roucolle. 2018. (ENG., Illus.). 188p. (J). 27.79 *(978-0-332-62790-8(X))* Forgotten Bks.
Kingdom of the Good Fairies. Fairy Tales. Adrienne Roucolle. 2017. (ENG., Illus.). (J). pap. *(978-0-649-53323-7(2))* Trieste Publishing Pty Ltd.
Kingdom of the Jewels (a Jewel's Journey) Ida M. Broussard. 2021. (ENG.). 104p. (YA). 22.95 *(978-1-63885-303-9(7))*; pap. 12.95 *(978-1-63885-302-2(9))* Covenant Bks.
Kingdom of the Silver Cat. Thomas M. Carroll. Illus. by Linda Huang & Jackie Carroll. 2019. (Sapphire Fruit Chronicles Ser.). (ENG.). 408p. (J). (gr. 2-6). pap. 14.95 *(978-1-7330917-0-1(X))* Author Pubns.
Kingdom of the White Woman. Michael Myers Shoemaker. 2017. (ENG.). 244p. (J). pap. *(978-3-337-24069-1(0))* Creation Pubs.
Kingdom of the White Woman: A Sketch (Classic Reprint) Michael Myers Shoemaker. 2018. (ENG., Illus.). 242p. (J). 28.91 *(978-0-483-45837-6(6))* Forgotten Bks.
Kingdom of the Wicked. Kerri Maniscalco. (YA). 2021. (Kingdom of the Wicked Ser.: 1). (ENG.). 400p. (gr. 9-17). pap. 10.99 *(978-0-316-42845-3(0),* Jimmy Patterson); 2020. (Kingdom of the Wicked Ser.: 1). (ENG., Illus.). 384p. (gr. 9-17). 19.99 *(978-0-316-42846-0(9),* Jimmy Patterson); 2020. (Illus.). 372p. *(978-0-316-70629-2(9))* Little Brown & Co.
Kingdom of the Wicked. Kerri Maniscalco & Virginia Allyn. 2020. (Illus.). 372p. (YA). *(978-0-316-70338-3(9))*; *(978-0-7595-5687-4(3))*; *(978-0-7595-5688-1(1))* Little Brown & Co. (Jimmy Patterson).
Kingdom of the Wicked 5c (B4G1) Solid Prepack - Indies. Kerri Maniscalco. 2020. (ENG.). 384p. 75.96 *(978-1-64732-058-4(5),* Jimmy Patterson) Little Brown & Co.
Kingdom of the Wicked Box Set. Kerri Maniscalco. 2022. (ENG.). 1296p. (YA). (gr. 11-17). 58.00 *(978-0-316-49502-8(6))* Little, Brown Bks. for Young Readers.
Kingdom of the Wicked (Skulduggery Pleasant, Book 7) Derek Landy. 2019. (Skulduggery Pleasant Ser.: 7). (ENG.). 608p. (J). 7.99 *(978-0-00-826640-0(9),* HarperCollins Children's Bks.) HarperCollins Pubs. Ltd. GBR. Dist: HarperCollins Pubs.
Kingdom of the Wind. Ying Gu. 2020. (ENG.). 176p. (J). pap. 14.95 *(978-1-927670-86-6(1))* Royal Collins Publishing Group Inc. CAN. Dist: Independent Pubs. Group.
Kingdom of Thrim. Janis Cox. Illus. by Janis Cox. 2017. (ENG., Illus.). (J). pap. 9.99 *(978-0-9952290-2-0(3))* Creativity Pr.
Kingdom of Today's Deceit. Hayley Osborn. 2020. (Royals of Faery Ser.: Vol. 2). (ENG.). 306p. (YA). pap. *(978-0-473-55235-0(3))* Lexity Ink Publishing.
Kingdom of Tomorrow's Truth. Hayley Osborn. 2021. (Royals of Faery Ser.: Vol. 3). (ENG.). 400p. (YA). pap. *(978-0-473-56671-5(0))* Lexity Ink Publishing.
Kingdom of Treeb: A Tale of Diversity. Barbara Guidotti. 2020. (ENG.). 34p. (J). pap. 9.99 *(978-1-0879-1202-8(4))* Indy Pub.
Kingdom of Treeb: A Tale of Diversity. Barbara Guidotti. Illus. by Louisa Grace. 2020. (ENG.). 34p. (J). 14.99 *(978-1-0879-1220-2(2))* Indy Pub.
Kingdom of Trolls. Rae St Clair Bridgman. 2023. (Middlegate Ser.). (ENG.). 390p. (J). ***(978-1-0391-6776-6(4))***; pap. ***(978-1-0391-6775-9(6))*** FriesenPress.
Kingdom of Two: A True Romance of Country Life (Classic Reprint) Helen R. Albee. 2017. (ENG., Illus.). (J). 31.32 *(978-0-260-69078-4(3))* Forgotten Bks.
Kingdom of Why: Being the Strange Story of Lucile's Adventures with the Sapient Sage, the Foolish Idea, the Striped Jester, & Other Folk, Creatures, Kings, Beasts, Bogies, Wizards & Witches Who Dwell in That Wonderful Land (Classic Reprint) Stuart Basham Stone. 2017. (ENG., Illus.). (J). 30.19 *(978-0-331-13877-1(8))*; pap. 13.57 *(978-0-266-00117-1(3))* Forgotten Bks.
Kingdom of Wrenly 3 Books In 1! The Lost Stone; the Scarlet Dragon; Sea Monster! Jordan Quinn. Illus. by Robert McPhillips. 2017. (Kingdom of Wrenly Ser.). (ENG.). 368p. (J). (gr. k-4). pap. 8.99 *(978-1-5344-0934-7(3),* Little Simon) Little Simon.
Kingdom of Wrenly Collection #3 (Boxed Set) The Bard & the Beast; the Pegasus Quest; the False Fairy; the Sorcerer's Shadow. Jordan Quinn. Illus. by Robert McPhillips. ed. 2017. (Kingdom of Wrenly Ser.). (ENG.). 512p. (J). (gr. k-4). pap. 23.99 *(978-1-5344-0918-7(1),* Little Simon) Little Simon.
Kingdom of Wrenly Collection #4 (Boxed Set) The Thirteenth Knight; a Ghost in the Castle; Den of Wolves; the Dream Portal, Vol. 4. Jordan Quinn. Illus. by Robert McPhillips. ed. 2023. (Kingdom of Wrenly Ser.). (ENG.). 512p. (J). (gr. k-4). pap. 27.99 *(978-1-6659-2730-7(5),* Little Simon) Little Simon.
Kingdom of Wrenly Ten-Book Collection (Boxed Set) The Lost Stone; the Scarlet Dragon; Sea Monster!; the Witch's Curse; Adventures in Flatfrost; Beneath the Stone Forest; Let the Games Begin!; the Secret World of Mermaids; the Bard & the Beast; the Pegasus Quest. Jordan Quinn. Illus. by Robert McPhillips. ed. 2020. (Kingdom of Wrenly Ser.). (ENG.). 1280p. (J). (gr. k-4). pap. 59.99 *(978-1-5344-7416-1(1),* Little Simon) Little Simon.
Kingdom of Yesterday's Lies. Hayley Osborn. 2020. (ENG.). 426p. (YA). pap. *(978-0-473-54132-3(7))* Lexity Ink Publishing.
Kingdom over the Sea. Zohra Nabi. 2023. (Kingdom over the Sea Ser.). (ENG., Illus.). 336p. (J). (gr. 3-7). 17.99 ***(978-1-6659-3108-3(6),*** McElderry, Margaret K. Bks.) McElderry, Margaret K. Bks.
Kingdom Revealed. Rob Ryan. 2023. (Invisible Kingdom Trilogy Ser.). (ENG.). 64p. (J). 19.95 ***(978-1-62371-781-0(7),*** Crocodile Bks.) Interlink Publishing Group, Inc.
Kingdom Rises. J. D. Rinehart. (Crown of Three Ser.: 3). (ENG.). 432p. (J). (gr. 4-8). 2018. pap. 8.99 *(978-1-4814-2450-9(5))*; 2017. (Illus.). 18.99 *(978-1-4814-2449-3(1))* Simon & Schuster Children's Publishing. (Aladdin).
Kingdom Round the Corner: A Novel (Classic Reprint) Coningsby Dawson. 2017. (ENG., Illus.). (J). 31.73 *(978-1-5280-6946-5(3))* Forgotten Bks.
Kingdom to Come: Book 1 - a Great Light: (a Young Adult Medieval Christian Fantasy) Jennifer Ball. 2018. (ENG., Illus.). 380p. (YA). (gr. 9-12). pap. 9.95 *(978-0-692-13935-6(4))* Ball, Jennifer.
Kingdom X. J. a Whitzel & Susan Snyder Stahl. 2018. (ENG., Illus.). 126p. (YA). (gr. 7-12). pap. 11.50 *(978-1-949483-04-8(5))* Strategic Book Publishing & Rights Agency (SBPRA).
Kingdom X: The Secret of the Tower - Book Two of the Kingdom X Series. J. a Whitzel. 2018. (ENG., Illus.). 86p. (YA). (gr. 7-12). pap. 9.95 *(978-1-949483-05-5(3))* Strategic Book Publishing & Rights Agency (SBPRA).
Kingdoms & Empires of Ancient Africa - History of the Ancient World Children's History Books. Baby Professor. 2017. (ENG., Illus.). 64p. (J). pap. 9.52 *(978-1-5419-1225-0(X)),* Baby Professor (Education Kids)) Speedy Publishing LLC.
Kingdoms & the Elves of the Reaches 2, Library Hardcover Edition: 20th Anniversary. Robert Stanek, pseud. Illus. by Robert Stanek. 6th ed. 2020. (Kingdoms & Dragons Fantasy Ser.: Vol. 2). (ENG., Illus.). 244p. (J). 39.99 *(978-1-62716-587-7(8),* Reagent Pr. Bks. for Young Readers) RP Media.
Kingdoms & the Elves of the Reaches 3, Library Hardcover Edition: 20th Anniversary. Robert Stanek, pseud. Illus. by Robert Stanek. 6th ed. 2021. (Kingdoms & Dragons Fantasy Ser.: Vol. 3). (ENG., Illus.). 244p. (J). 39.99 *(978-1-57545-579-2(X),* Reagent Pr. Bks. for Young Readers) RP Media.
Kingdoms & the Elves of the Reaches 4, Library Hardcover Edition: 20th Anniversary. Robert Stanek, pseud. Illus. by Robert Stanek. 6th ed. 2021. (Kingdoms & Dragons Fantasy Ser.: Vol. 4). (ENG., Illus.). 242p. (J). 39.99 *(978-1-57545-580-8(3),* Reagent Pr. Bks. for Young Readers) RP Media.
Kingdoms & the Elves of the Reaches, Library Hardcover Edition: 20th Anniversary. Robert Stanek, pseud. Illus. by Robert Stanek. 6th ed. 2020. (Kingdoms & Dragons Fantasy Ser.: Vol. 1). (ENG., Illus.). 240p. (J). 39.99 *(978-1-62716-620-1(3),* Reagent Pr. Bks. for Young Readers) RP Media.
Kingdoms of Central Africa - History of the Ancient World Children's History Books. Baby Professor. 2017. (ENG., Illus.). (J). pap. 9.55 *(978-1-5419-1224-3(1),* Baby Professor (Education Kids)) Speedy Publishing LLC.
Kingdoms of Kush & Aksum - Ancient History for Kids Children's Ancient History. Baby Professor. 2017. (ENG., Illus.). (J). pap. 8.79 *(978-1-5419-1401-8(5),* Baby Professor (Education Kids)) Speedy Publishing LLC.
Kingdom's Quest Vol. 1: The Journey Part 1. C. J. Piotrowski. 2019. (Kingdom's Quest Ser.: Vol. 1). (ENG., Illus.). 212p. (YA). (gr. 10-12). pap. 14.99 *(978-1-68454-556-8(0))* Primedia eLaunch LLC.
Kingfisher. Shona Blass. 2019. (ENG.). 222p. (YA). pap. *(978-1-78132-910-8(9))* SilverWood Bks.
Kingfisher Animal Encyclopedia. David Burnie. 2018. (Kingfisher Encyclopedias Ser.). (ENG.). 320p. (J). 29.99 *(978-0-7534-7459-4(X),* 900191971, Kingfisher) Roaring Brook Pr.
Kingfisher Atlas of World History: A Pictorial Guide to the World's People & Events, 10000BCE-Present. Simon Adams. 2016. (ENG.). 192p. (J). 24.99 *(978-0-7534-7294-1(5),* 900161418, Kingfisher) Roaring Brook Pr.
Kingfisher Book of Classic Christmas Stories. Ian Whybrow. 2022. (ENG.). 144p. (J). 19.99 *(978-0-7534-7895-0(1),* 900280300, Kingfisher) Roaring Brook Pr.
Kingfisher (Classic Reprint) Phyllis Bottome. 2018. (ENG., Illus.). 348p. (J). 31.09 *(978-0-483-52735-5(1))* Forgotten Bks.
Kingfisher Dinosaur Encyclopedia. Michael Benton. 2021. (Kingfisher Encyclopedias Ser.). (ENG.). 160p. (J). 21.99 *(978-0-7534-7677-2(0),* 900233865); pap. 15.99 *(978-0-7534-7676-5(2),* 900233866) Roaring Brook Pr. (Kingfisher).
Kingfisher Nature Encyclopedia. David Burnie. 2019. (Kingfisher Encyclopedias Ser.). (ENG., Illus.). 320p. (J). 29.99 *(978-0-7534-7502-7(2),* 900198580, Kingfisher) Roaring Brook Pr.
Kingfisher Readers L1: Bears. Thea Feldman. 2017. (Kingfisher Readers Ser.). (ENG., Illus.). 32p. (J). 12.99 *(978-0-7534-7339-9(9),* 900174941, Kingfisher) Roaring Brook Pr.
Kingfisher Science Encyclopedia. Charles Taylor & Editors of Kingfisher. 4th ed. 2017. (Kingfisher Encyclopedias Ser.). (ENG., Illus.). 496p. (J). 34.99 *(978-0-7534-7384-9(4),* 900183785, Kingfisher) Roaring Brook Pr.
Kingfisher Soccer Encyclopedia. Clive Gifford. 2020. (Kingfisher Encyclopedias Ser.). (ENG.). 144p. (J). 19.99 *(978-0-7534-7546-1(4),* 900211425, Kingfisher) Roaring Brook Pr.
Kingfisher Soccer Encyclopedia: World Cup 2022 Edition with Free Poster. Clive Gifford. 2022. (Kingfisher Encyclopedias Ser.). (ENG.). 144p. (J). 21.99 *(978-0-7534-7834-9(X),* 900260120, Kingfisher) Roaring Brook Pr.
Kingfisher Space Encyclopedia. Mike Goldsmith. (Kingfisher Encyclopedias Ser.). (ENG.). 160p. (J). 2021. 21.99 *(978-0-7534-7664-2(9),* 900233885); 2021. pap. 15.99 *(978-0-7534-7665-9(7),* 900233886); 2017. pap. 13.99 *(978-0-7534-7353-5(4),* 900174958) Roaring Brook Pr. (Kingfisher).
Kingfisher World History Atlas: An Epic Journey Through Human History from Ancient Times to the Present Day. Simon Adams. 2022. (Kingfisher Atlas Ser.). (ENG.). 192p. (J). pap. 18.99 *(978-0-7534-7813-4(7),* 900251811, Kingfisher) Roaring Brook Pr.
Kingfisher's Banquet. Alan Beale. Illus. by Steven Wisken. 2018. (ENG.). 42p. (J). pap. *(978-1-912021-54-3(4),* Nightingale Books) Pegasus Elliot Mackenzie Pubs.
Kingfishers to Bullet Trains. Jennifer Colby. 2019. (21st Century Junior Library: Tech from Nature Ser.). (ENG.). 24p. (J). (gr. 2-5). pap. 12.79 *(978-1-5341-3949-7(4),* 212625); (Illus.). lib. bdg. 30.64 *(978-1-5341-4293-0(2),* 212624) Cherry Lake Publishing.
Kingham, Old & New: Studies in a Rural Parish (Classic Reprint) W. Warde Fowler. 2017. (ENG., Illus.). (J). 28.72 *(978-0-266-22926-1(3))* Forgotten Bks.
Kingmaker. Kaitlin Bellamy. 2020. (ENG.). 314p. (YA). 17.99 *(978-0-578-77205-9(1))* Bellamy, Kaitlin.
Kingmaker. Gemma Perfect. 2017. (ENG., Illus.). (J). pap. *(978-1-78697-640-6(4))* FeedARead.com.
Kings, 1 vol. Sarita McDaniel. 2019. (Meet the Royals Ser.). (ENG.). 24p. (gr. 1-2). pap. 10.35 *(978-1-9785-1177-4(9),* 87214a4c-252e-4e1e-bf08-ccac1b77aa42) Enslow Publishing, LLC.
King's Achievement (Classic Reprint) Robert Hugh Benson. 2018. (ENG., Illus.). 352p. (J). 31.16 *(978-0-332-88575-9(5))* Forgotten Bks.
King's Agent (Classic Reprint) Arthur Paterson. 2018. (ENG., Illus.). 370p. (J). 31.53 *(978-0-267-18941-0(9))* Forgotten Bks.
Kings & Queens, 1 vol. Tim Dowley. ed. 2016. (Activity Fun Ser.). (ENG., Illus.). 64p. (J). (gr. k-2). pap. 3.99 *(978-1-78128-259-5(5),* a75b327d-d40a-44d8-b1e4-627a96b008e8, Candle Bks.) Lion Hudson PLC GBR. Dist: Baker & Taylor Publisher Services (BTPS).
Kings & Queens: A History of the British Royals. Anita Ganeri. 2019. (Haynes Pocket Manual Ser.). (ENG., Illus.). 128p. (J). (gr. 2-6). pap. 6.95 *(978-1-78521-675-6(9))* Haynes Publishing Group P.L.C. GBR. Dist: Hachette Bk. Group.
Kings & Queens I Have Known (Classic Reprint) Helene Vacaresco. 2018. (ENG., Illus.). 344p. (J). 30.99 *(978-0-483-46159-8(8))* Forgotten Bks.
Kings & Riches Children's European History. Baby Professor. 2017. (ENG., Illus.). (J). pap. 7.89 *(978-1-5419-0235-0(1),* Baby Professor (Education Kids)) Speedy Publishing LLC.
Kings-At-Arms (Classic Reprint) Marjorie Bowen. 2018. (ENG., Illus.). 336p. (J). 30.85 *(978-0-267-42969-1(X))* Forgotten Bks.
King's Baynard, Vol. 1 of 3 (Classic Reprint) George Gifford. (ENG., Illus.). (J). 2018. 334p. 30.79 *(978-0-483-42821-8(3))*; 2016. pap. 13.57 *(978-1-333-59088-8(1))* Forgotten Bks.
King's Baynard, Vol. 2 of 3 (Classic Reprint) George Gifford. 2018. (ENG., Illus.). 332p. (J). 30.74 *(978-0-332-06736-0(X))* Forgotten Bks.
King's Baynard, Vol. 3 of 3 (Classic Reprint) George Gifford. (ENG., Illus.). (J). 2018. 340p. 30.91 *(978-0-484-70777-0(9))*; 2016. pap. 13.57 *(978-1-333-57979-1(9))* Forgotten Bks.
King's Beeches: Stories of Old Chums (Classic Reprint) Stephen Joseph MacKenna. 2017. (ENG., Illus.). (J). 30.66 *(978-0-260-88661-3(0))*; pap. 13.57 *(978-1-5285-4142-8(1))* Forgotten Bks.
King's Book of Chanties (Classic Reprint) Stanton Henry King. 2017. (ENG., Illus.). (J). 24.80 *(978-0-265-81480-2(4))*; pap. 7.97 *(978-1-5278-2409-6(8))* Forgotten Bks.
King's Cage. Victoria Aveyard. (Red Queen Ser.: 3). (ENG., Illus.). (YA). (gr. 8). 2019. 544p. pap. 12.99 *(978-0-06-231070-5(4))*; 2017. 528p. 19.99 *(978-0-06-231069-9(0))* HarperCollins Pubs. (HarperTeen).
King's Celebration. Harold Harmon. 2021. (ENG., Illus.). 32p. (J). pap. 14.95 *(978-1-0980-8791-3(7))* Christian Faith Publishing.
King's Comrade: A Story of Old Hereford. Charles Watts Whistler. 2017. (ENG., Illus.). (J). 25.95 *(978-1-374-95055-9(6))*; pap. 15.95 *(978-1-374-95054-2(8))* Capital Communications, Inc.
King's Cope, Vol. 1 Of 3: A Novel (Classic Reprint) Ellen Wallace. 2018. (ENG., Illus.). 316p. (J). 30.41 *(978-0-484-79382-7(9))* Forgotten Bks.
King's Cope, Vol. 2 Of 3: A Novel (Classic Reprint) Ellen Wallace. (ENG., Illus.). (J). 2018. 320p. 30.50 *(978-0-483-76896-3(0))*; 2016. pap. 13.57 *(978-1-333-37779-3(7))* Forgotten Bks.
King's Cope, Vol. 3 Of 3: A Novel (Classic Reprint) Ellen Wallace. 2018. (ENG., Illus.). 318p. (J). 30.46 *(978-0-332-42612-9(2))* Forgotten Bks.
King's Craft. Frank Morin. 2021. (ENG.). 652p. (YA). 35.99 *(978-1-946910-17-2(1))* Whipsaw Pr.
King's Craft. Frank Morin. Ed. by Joshua Essoe. 2021. (Petralist Ser.: Vol. 6). (ENG.). 604p. (YA). pap. 19.99 *(978-1-946910-16-5(3))* Whipsaw Pr.
King's Cross: Partición de Figuras. Dona Rice. rev. ed. 2019. (Mathematics in the Real World Ser.). (SPA., Illus.). 24p. (J). (gr. 1-2). pap. 9.99 *(978-1-4258-2856-1(6))* Teacher Created Materials, Inc.
King's Crowning: Being Articles by Miss. Marjory Macmurchy on London at the Time of the Coronation & on the Coronation Itself, Which Appeared in Canadian Newspapers (Classic Reprint) Marjory Macmurchy. 2017. (ENG., Illus.). (J). 24.33 *(978-0-265-74414-7(8))*; pap. 7.97 *(978-1-5277-1247-8(8))* Forgotten Bks.
King's Daughter: A Comedy in Three Acts, for Female Characters Only (Classic Reprint) Rachel Baker. (ENG., Illus.). (J). 2018. 68p. 25.30 *(978-0-267-33523-7(7))*; 2016. pap. 9.57 *(978-1-333-12989-7(0))* Forgotten Bks.
King's Daughter: A Tragedy in Verse (Classic Reprint) John Masefield. 2018. (ENG., Illus.). 138p. (J). 26.76 *(978-0-484-63452-6(6))* Forgotten Bks.
King's Day Out - the Car Wash: The Car Wash. Maggie Van Galen & Amy Wheadon. Illus. by Leslie Beauregard. 2021. (King's Day Out Ser.: Vol. 1). (ENG.). 38p. (J). pap. 14.95 *(978-1-62502-024-6(4))* Obert, Christopher Publishing.
King's Decree: (Fractured & Fabled) Torina Kingsley. 2021. (ENG.). 130p. (J). pap. 9.99 *(978-1-7349062-4-0(3))* Trunk Up Bks.
King's Deputy: A Romance of the Last Century (Classic Reprint) H. A. Hinkson. 2017. (ENG., Illus.). (J). 30.79 *(978-0-331-86944-6(6))* Forgotten Bks.
King's Desire, Vol. 1 (Classic Reprint) Aylmer Gowing. 2017. (ENG., Illus.). (J). 324p. 30.58 *(978-0-332-80150-6(0))*; pap. 13.57 *(978-0-259-10236-6(9))* Forgotten Bks.
King's Drapes. Jocelyn Tambascio. 2020. (ENG.). 34p. (J). 16.99 *(978-1-64921-882-7(6))*; pap. 12.99 *(978-1-64921-863-6(X))* Primedia eLaunch LLC.
King's Enchantress. E. J. Kitchens. 2022. (ENG.). 438p. (J). pap. 15.99 ***(978-1-958167-02-1(9))*** Kitchens, E. J.
King's End (Classic Reprint) Alice Brown. 2018. (ENG., Illus.). 264p. (J). 29.34 *(978-0-656-20896-8(1))* Forgotten Bks.
King's Equal see Igual Al Rey
King's Gate. K. T. Munson. 2019. (Gate Trilogy Ser.: Vol. 3). (ENG.). 222p. (YA). pap. 14.99 *(978-1-7320589-6-5(2))* Creating Worlds with Words, LLC.
King's Gold: A Story (Classic Reprint) Elizabeth Cheney. 2018. (ENG., Illus.). 444p. (J). 33.05 *(978-0-332-12819-1(9))* Forgotten Bks.

K

King's Golden Beard. Klaas Verplancke. 2021. (Illus.). 48p. (J). (gr. -1-3). 18.99 *(978-1-6626-5039-0(6)*, Minedition) Penguin Young Readers Group.

King's Guide. Catherine Chambers. Illus. by Ryan Pentney. 2017. (How-To Guides for Fiendish Rulers Ser.). (ENG.). 32p. (J). (gr. 3-6). lib. bdg. 27.99 *(978-1-5124-1550-6(2)*, afacdecf-cdb4-484c-a5f4-1d2a06ba988e); E-Book 42.65 *(978-1-5124-2706-6(3))*; E-Book 42.65 *(978-1-5124-3623-5(2)*, 9781512436235); E-Book 4.99 *(978-1-5124-3624-2(0)*, 9781512436242) Lerner Publishing Group. (Hungry Tomato (r)).

King's Hats. Sheila May Bird. Illus. by Mark Beech. 2023. (ENG.). 32p. (J). (gr. -1-k). 16.95 ***(978-1-80338-135-0(3))*** Welbeck Publishing Group Ltd. GBR. Dist: Two Rivers Distribution.

King's Heart. Eric Helmick. 2017. (ENG., Illus.). 44p. (J). *(978-1-387-24434-8(5))* Lulu Pr., Inc.

King's Highway: A Romance of the Franciscan Order in Alta California. Madeline Deaderick Willard. 2017. (ENG., Illus.). (J). pap. *(978-0-649-17059-3(8))* Trieste Publishing Pty Ltd.

King's Highway: A Romance of the Franciscan Order in Alta California (Classic Reprint) Madeline Deaderick Willard. 2017. (ENG., Illus.). (J). 28.15 *(978-1-5280-7869-6(1))* Forgotten Bks.

King's Highway & the Pennsauken Graveyard: A Chapter in the Colonial History of West New Jersey (Classic Reprint) Asa Matlack Stackhouse. (ENG., Illus.). (J). 2017. 24.66 *(978-0-265-75799-4(1))*; 2016. pap. 7.97 *(978-1-333-72347-7(4))* Forgotten Bks.

King's Highway (Classic Reprint) Amelia Edith Huddleston Barr. 2017. (ENG., Illus.). (J). 31.75 *(978-1-5283-8307-3(9))* Forgotten Bks.

King's Highway, or Illustrations of the Commandments (Classic Reprint) Richard Newton. 2017. (ENG., Illus.). (J). 31.49 *(978-0-331-69769-8(6))*; pap. 13.97 *(978-0-243-20688-9(7))* Forgotten Bks.

King's Highway, Vol. 1 Of 3: A Novel (Classic Reprint) George Payne Rainsford James. 2018. (ENG., Illus.). 336p. (J). 30.83 *(978-0-484-03775-4(7))* Forgotten Bks.

King's Highway, Vol. 2 Of 3: A Novel (Classic Reprint) George Payne Rainsford James. 2018. (ENG., Illus.). 348p. (J). 31.07 *(978-0-483-30980-7(X))* Forgotten Bks.

King's Hussar: Being the Military Memoirs for Twenty-Five Years of a Troop-Sergeant-Major of the 14th (King's) Hussars (Classic Reprint) Herbert Compton. (ENG., Illus.). (J). 2018. 382p. 31.78 *(978-0-364-51597-6(X))*; 2017. pap. 16.57 *(978-0-282-43871-5(8))* Forgotten Bks.

Kings in Adversity (Classic Reprint) Edward S. Van Zile. 2018. (ENG., Illus.). 246p. (J). 28.97 *(978-0-484-46295-2(4))* Forgotten Bks.

Kings in Exile (Classic Reprint) Alphonse Daudet. 2017. (ENG., Illus.). (J). 31.90 *(978-0-266-37933-1(8))* Forgotten Bks.

Kings in Exile (Classic Reprint) Laura Ensor. 2017. (ENG., Illus.). (J). 34.50 *(978-1-5279-8010-5(3))* Forgotten Bks.

Kings in Exile (Classic Reprint) Charles G. D. Roberts. 2017. (ENG., Illus.). 322p. (J). 30.54 *(978-0-484-36838-4(9))* Forgotten Bks.

Kings in Exile, Vol. 2 Of 2: To Which Is Added, Scenes & Fancies (Classic Reprint) Alphonse Daudet. 2018. (ENG., Illus.). 306p. (J). 30.23 *(978-0-364-11764-4(8))* Forgotten Bks.

King's Jackal (Classic Reprint) Richard Harding Davis. 2018. (ENG., Illus.). (J). 196p. 27.94 *(978-0-365-38695-7(2))*; 246p. 28.99 *(978-0-666-92767-5(7))* Forgotten Bks.

King's Judges: An Original Comedy in Four Acts (Classic Reprint) Edward Grimm. 2018. (ENG., Illus.). (J). 50p. 24.95 *(978-0-366-56681-5(4))*; 52p. pap. 9.57 *(978-0-366-33269-4(4))* Forgotten Bks.

King's Mail, Vol. 1 of 3 (Classic Reprint) Henry Holl. 2018. (ENG., Illus.). 314p. (J). 30.39 *(978-0-483-27027-5(X))* Forgotten Bks.

King's Mail, Vol. 2 of 3 (Classic Reprint) Henry Holl. 2018. (ENG., Illus.). 306p. (J). 30.23 *(978-0-332-46888-4(7))* Forgotten Bks.

King's Mail, Vol. 3 of 3 (Classic Reprint) Henry Holl. 2018. (ENG., Illus.). 348p. (J). 31.07 *(978-0-428-76848-5(2))* Forgotten Bks.

King's Mark: Of Gods & Men. Shady Shafik. 2021. (ENG.). 336p. (YA). pap. 15.99 *(978-1-0879-4241-4(1))* Indy Pub.

King's Men. Robert Grant. 2017. (ENG.). 290p. (J). pap. *(978-3-337-34507-5(7))* Creation Pubs.

King's Men: A Story of St. Olaf of Norway. Alan Boucher. 2022. (ENG.). 186p. (J). pap. 14.95 ***(978-1-955402-14-9(0))*** Hillside Education.

King's Men: A Tale of to-Morrow (Classic Reprint) Robert Grant. 2018. (ENG., Illus.). 288p. (J). 29.84 *(978-0-267-17602-1(3))* Forgotten Bks.

King's Messenger: A Novel (Classic Reprint) Suzanne Antrobus. 2018. (ENG., Illus.). 362p. (J). 31.36 *(978-0-483-30902-9(8))* Forgotten Bks.

King's Messenger, or Lawrence Temple's Probation: A Story of Canadian Life (Classic Reprint) W. H. Withrow. 2018. (ENG., Illus.). 224p. (J). 28.52 *(978-0-484-80837-8(0))* Forgotten Bks.

King's Messengers: An Allegorical Tale (Classic Reprint) William Adams. 2018. (ENG., Illus.). 154p. (J). 27.09 *(978-0-484-51563-4(2))* Forgotten Bks.

King's Mirror. Anthony Hope. 2016. (ENG.). 402p. (J). pap. *(978-3-7433-9804-7(4))* Creation Pubs.

King's Mirror: A Novel (Classic Reprint) Anthony Hope. 2017. (ENG., Illus.). (J). 31.38 *(978-1-5284-6816-9(3))* Forgotten Bks.

Kings of B'more. R. Eric Thomas. 416p. (YA). (gr. 7). 2023. pap. 12.99 *(978-0-593-32619-0(9))*; 2022. 18.99 *(978-0-593-32618-3(0))* Penguin Young Readers Group. (Kokila).

Kings of Capital & Knights of Labor (Classic Reprint) John McDowell Leavitt. 2017. (ENG., Illus.). (J). 38.52 *(978-0-331-49973-5(8))* Forgotten Bks.

Kings of Judah & Israel. Brian Starr. Ed. by Brian Starr. 2021. (ENG.). 129p. (YA). *(978-1-304-94871-7(4))*; pap. *(978-1-304-54491-9(5))* Lulu Pr., Inc.

Kings of Missouri (Classic Reprint) Hugh Pendexter. 2018. (ENG., Illus.). 382p. (J). 31.78 *(978-0-656-04737-6(2))* Forgotten Bks.

Kings of the Court. 1 vol. Alison Hughes. 2017. (ENG.). 192p. (J). (gr. 4-7). pap. 9.95 *(978-1-4598-1219-2(0))* Orca Bk. Pubs. USA.

Kings of the Deserts. Lisa J. Amstutz. 2017. (Animal Rulers Ser.). (ENG., Illus.). 24p. (J). (gr. 1-3). lib. bdg. 27.99 *(978-1-5157-8064-9(3)*, 136069, Capstone Pr.) Capstone.

Kings of the Mountains. Rebecca Rissman. 2017. (Animal Rulers Ser.). (ENG., Illus.). 24p. (J). (gr. 1-3). lib. bdg. 27.99 *(978-1-5157-8067-0(8)*, 136072, Capstone Pr.) Capstone.

Kings of the Oceans. Jody S. Rake. 2017. (Animal Rulers Ser.). (ENG.). 24p. (J). (gr. 1-3). lib. bdg. 27.99 *(978-1-5157-8066-3(X)*, 136071, Capstone Pr.) Capstone.

Kings of the Seven Bells. Marti Talbott. 2020. (ENG.). 224p. (YA). pap. 19.99 *(978-1-393-69720-6(8))* Draft2Digital.

King's Oracle. Sherry Torgent. 2020. (ENG., Illus.). 338p. (YA). (gr. 7-12). pap. 14.99 *(978-1-948449-06-9(4))* Blue Ink Pr.

King's Own Borderers. James Grant. 2017. (ENG.). (J). 312p. pap. *(978-3-337-05369-7(6))*; 330p. pap. *(978-3-337-05370-3(X))* Creation Pubs.

King's Own Borderers: A Military Romance (Classic Reprint) James Grant. 2018. (ENG., Illus.). 484p. (J). 33.88 *(978-0-483-33855-5(9))* Forgotten Bks.

King's Own Borderers, Vol. 1 Of 3: A Military Romance (Classic Reprint) James Grant. 2018. (ENG., Illus.). 326p. (J). 30.62 *(978-0-267-17945-9(6))* Forgotten Bks.

King's Palace (Classic Reprint) Anna Louise Strong. (ENG., Illus.). (J). 2018. 62p. 25.20 *(978-0-267-20738-1(7))*; 2017. 62p. 25.20 *(978-0-484-81544-4(X))*; 2016. pap. 9.57 *(978-1-333-53091-4(9))* Forgotten Bks.

King's Pardon: A Story of Land & Sea (Classic Reprint) Robert Overton. 2018. (ENG., Illus.). 338p. (J). 30.87 *(978-0-267-19671-5(7))* Forgotten Bks.

Kings Queens: Being the Poetical Works of Beulah, Belinda, John & David (Classic Reprint) Florence Wilkinson Evans. 2018. (ENG., Illus.). 156p. (J). 27.11 *(978-0-483-70389-6(3))* Forgotten Bks.

Kings, Queens, & In-Betweens. Tanya Boteju. 2021. (ENG.). 400p. (YA). (gr. 7). pap. 12.99 *(978-1-5344-3066-2(0)*, Simon & Schuster Bks. For Young Readers) Simon & Schuster Bks. For Young Readers.

Kings, Queens, & In-Betweens. Tanya Boteju. 2019. (ENG., Illus.). 384p. (YA). (gr. 7). 19.99 *(978-1-5344-3065-5(2)*, Simon Pulse) Simon Pulse.

Kings, Queens, & In-Betweens. Tanya Boteju & Marina Esmeraldo. 2019. (ENG.). 384p. (YA). (gr. 7). pap. 12.99 *(978-1-5344-4472-0(6))* Simon & Schuster.

Kings Queens & Pawns: An American Woman at the Front. Mary Roberts Rinehart. 2017. (ENG., Illus.). (J). 26.95 *(978-1-374-95749-7(6))* Capital Communications, Inc.

Kings, Queens & Pawns: An American Woman at the Front. Mary Roberts Rinehart. 2020. (ENG.). 196p. (J). 19.95 *(978-1-64799-716-8(X))* Bibliotech Pr.

Kings, Queens & Pawns: An American Woman at the Front (Classic Reprint) Mary Roberts Rinehart. 2018. (ENG., Illus.). 380p. (J). 31.75 *(978-0-656-53741-9(8))* Forgotten Bks.

King's Regret. Philip Ligon. 2019. (Falconbone Chronicles Ser.: Vol. 1). (ENG.). 192p. (YA). 29.99 *(978-1-949891-49-2(6))*; pap. 14.99 *(978-1-949891-48-5(8))* Silver Empire.

King's Revenge (Classic Reprint) Claude Bray. (ENG., Illus.). (J). 2017. 29.94 *(978-0-331-64285-8(9))*; 2016. pap. 13.57 *(978-1-334-15200-9(4))* Forgotten Bks.

King's Revoke: An Episode in the Life of Patrick Dillon (Classic Reprint) Margaret Louisa Woods. (ENG., Illus.). (J). 2018. 328p. 30.66 *(978-0-332-94757-0(2))*; 2017. pap. 13.57 *(978-0-259-09421-0(8))* Forgotten Bks.

King's Ring, Being a Romance of the Days of Gustavus Adolphus & the Thirty Years War, Translated from the Swedish of Zacharias Topelius (Classic Reprint) Sophie Hrwall. 2017. (ENG., Illus.). (J). 30.02 *(978-0-266-57330-2(4))* Forgotten Bks.

Kings Rising. C. S. Pacat. 2016. (Captive Prince Trilogy Ser.: 3). (ENG., Illus.). 356p. pap. 17.00 *(978-0-425-27399-9(7)*, Berkley) Penguin Publishing Group.

King's Rivals (Classic Reprint) Edward N. Barrow. (ENG., Illus.). (J). 2018. 370p. 31.55 *(978-0-484-68047-9(1))*; 2016. pap. 13.97 *(978-1-334-68816-4(8))* Forgotten Bks.

King's Series in Woodwork & Carpentry: Elements of Woodwork. Charles A. King. 2017. (ENG., Illus.). (J). pap. *(978-0-649-50552-4(2))* Trieste Publishing Pty Ltd.

King's Ship. Valerio Vidali. 2022. (ENG., Illus.). 32p. (J). pap. 7.99 *(978-0-7555-0311-7(2))* Farshore GBR. Dist: HarperCollins Pubs.

King's Signet (Classic Reprint) Morice Gerard. 2018. (ENG., Illus.). (J). 326p. 30.64 *(978-0-366-56100-1(6))*; 328p. pap. 13.57 *(978-0-366-05697-2(2))* Forgotten Bks.

King's Son & the Little Tree. Dawn Meffert. 2022. (ENG.). 26p. (J). pap. 13.95 ***(978-1-68517-820-8(0))*** Christian Faith Publishing.

King's Star. Rk Nelson & Adrianna Sharp. 2016. (King Ser.: Vol. 1). (ENG., Illus.). (J). pap. 9.99 *(978-0-9983379-0-6(0))* Divine Physiology International Ministries.

King's Stockbroker, the Sequel to a Princess of Paris a Novel (Classic Reprint) Archibald Clavering Gunter. 2018. (ENG., Illus.). 292p. (J). 29.92 *(978-0-483-85498-7(0))* Forgotten Bks.

King's Test. Diamond Adebowale. Illus. by Melvyn Naidoo. 2020. (ENG.). 48p. (J). pap. *(978-1-928348-95-5(5))* Verity Pubs.

Kings, the Traveller & the Frog: King Ferdinand, King Xavier, the Traveller, the Frog, the Gathering. Janine Chantall Cubias & Madeleine Mae B. Migallos. 2022. (ENG.). 42p. (J). ***(978-0-2288-6569-8(7))***; pap. ***(978-0-2288-6568-1(9))*** Tellwell Talent.

King's Threshold, Vol. 3: And on Baile's Strand (Classic Reprint) W. B. Yeats. 2018. (ENG., Illus.). 134p. (J). 26.66 *(978-0-267-27006-4(2))* Forgotten Bks.

King's Treasure House: A Romance of Ancient Egypt (Classic Reprint) Wilhelm Walloth. 2017. (ENG., Illus.). (J). 31.49 *(978-0-265-50416-1(3))* Forgotten Bks.

Kings Treasuries of Literature (Classic Reprint) Charles G. D. Roberts. 2018. (ENG., Illus.). 134p. (J). 26.68 *(978-0-267-67986-7(6))* Forgotten Bks.

King's Visit. Mariah Fairchild et al. 2017. (ENG., Illus.). (J). pap. 10.99 *(978-1-4984-9742-8(X))* Salem Author Services.

King's Ward: Being a Chronicle of Events in the Life of Charles Norton, Knt. , from the 24th of June, 1536, to the Feaste of Sainte John the Baptiste in 1537 (Classic Reprint) Jessie Van Zile Belden. (ENG., Illus.). (J). 2018. 136p. 26.70 *(978-0-267-00539-0(3))*; 2017. pap. 9.57 *(978-0-259-00294-9(1))* Forgotten Bks.

King's Widow (Classic Reprint) Baillie Reynolds. 2018. (ENG., Illus.). (J). 322p. 30.54 *(978-0-366-55806-3(4))*; 324p. pap. 13.57 *(978-0-366-05264-6(0))* Forgotten Bks.

King's Worry Tree. Betsy Bocher. Illus. by Karine Markartichan. 2022. 32p. (J). (gr. k-3). 22.99 *(978-1-6678-5065-8(2))* BookBaby.

King's Yard: A Story of Old Portsmouth (Classic Reprint) Walter Jeffery. 2018. (ENG., Illus.). 286p. (J). 29.82 *(978-0-267-17125-5(0))* Forgotten Bks.

King'Samori's Lesson. Tyrone Grier, Jr. 2022. (ENG.). 30p. (J). pap. 15.95 ***(978-1-63881-718-5(9))*** Newman Springs Publishing, Inc.

Kingsbane: The Empirium Trilogy Book 2. Claire Legrand. (Empirium Trilogy Ser.: 2). (YA). (gr. 8-12). 2020. 624p. pap. 12.99 *(978-1-7282-0696-7(0))*; 2019. (ENG., Illus.). 608p. 18.99 *(978-1-4926-5665-4(8))* Sourcebooks, Inc.

Kingsbury Sketches: A Truthful & Succinct Account of the Doings & Misdoings of the Inhabitants of Pine Grove; Their Private Trials & Public Tribulations (Classic Reprint) John H. Kingsbury. 2018. (ENG., Illus.). 316p. (J). 30.41 *(978-0-483-27164-7(0))* Forgotten Bks.

Kingsconnell, Vol. 1 Of 3: A Tale (Classic Reprint) Margaret Maria Gordon. 2018. (ENG., Illus.). 404p. (J). 32.23 *(978-0-483-54512-0(0))* Forgotten Bks.

Kingsconnell, Vol. 2 Of 3: A Tale (Classic Reprint) Gordon. 2018. (ENG., Illus.). 342p. (J). 30.95 *(978-0-484-28048-8(1))* Forgotten Bks.

Kingsdene, Vol. 1 Of 2: A Novel (Classic Reprint) Fetherstonhaugh. 2018. (ENG., Illus.). 278p. (J). 29.63 *(978-0-267-41190-0(1))* Forgotten Bks.

Kingsdene, Vol. 2 Of 2: A Novel (Classic Reprint) Fetherstonhaugh. 2018. (ENG., Illus.). 256p. (J). 29.20 *(978-0-428-97397-1(3))* Forgotten Bks.

Kingsford, Quarter (Classic Reprint) Ralph Henry Barbour. 2018. (ENG., Illus.). 340p. (J). 30.91 *(978-0-267-28094-0(7))* Forgotten Bks.

Kingsley Kids & the Babatool Banquet. Kirsty Lee Hutton. 2019. (Kingsley Kids Ser.: Vol. 3). (ENG.). 114p. (J). pap. *(978-0-9944711-3-0(0))* Style Publishing.

Kingsley Kids & the Bouncy Goo. Kirsty Lee Hutton. 2019. (Kingsley Kids Ser.: Vol. 5). (ENG.). 116p. (J). pap. *(978-0-9944711-5-4(7))* Style Publishing.

Kingsley Kids & the Invisible Spray. Kirsty Lee Hutton. 2018. (Kingsley Kids Ser.: Vol. 1). (ENG., Illus.). 110p. (J). pap. *(978-0-9944711-1-6(4))* Style Publishing.

Kingsley Kids & the Tiny Babatool People. Kirsty Lee Hutton. 2019. (Kingsley Kids Ser.: Vol. 2). (ENG., Illus.). 108p. (J). pap. *(978-0-9944711-2-3(2))* Style Publishing.

Kingsley Kids & the Unreal Birthday Party. Kirsty Lee Hutton. 2019. (Kingsley Kids Ser.: Vol. 4). (ENG.). 124p. (J). pap. *(978-0-9944711-4-7(9))* Style Publishing.

Kingsmead: A Novel (Classic Reprint) Bettina Von Hutten. 2017. (ENG., Illus.). (J). 30.93 *(978-0-331-96926-9(2))* Forgotten Bks.

Kingston: A Mouse in the Forest Zoo. K. M. Keleher. Ed. by Tom Kravitz. 2021. (ENG.). 136p. (YA). pap. 19.95 ***(978-0-578-30807-4(X))*** Gamemakers of Pittsburgh.

Kingston & the Echoes of Magic. Rucker Moses & Theo Gangi. (J). (gr. 5). 2022. 320p. 8.99 *(978-0-525-51691-0(3))*; 2021. 304p. 17.99 *(978-0-525-51689-7(1))* Penguin Young Readers Group. (G.P. Putnam's Sons Books for Young Readers).

Kingston & the Magician's Lost & Found. Rucker Moses & Theo Gangi. (Illus.). (J). (gr. 5). 2022. 304p. 8.99 *(978-0-525-51688-0(3))*; 2021. 288p. 17.99 *(978-0-525-51686-6(7))* Penguin Young Readers Group. (G.P. Putnam's Sons Books for Young Readers).

Kingston the Great Dane. Debbi Michiko Florence. Illus. by Melanie Demmer. 2020. (My Furry Foster Family Ser.). (ENG.). 72p. (J). (gr. k-2). pap. 7.95 *(978-1-5158-7331-0(5)*, 201741); lib. bdg. 23.32 *(978-1-5158-7092-0(8)*, 199187) Capstone. (Picture Window Bks.).

Kingsway Geography Readers, Vol. 2: At Work in Many Lands (Classic Reprint) Ernest Young. (ENG., Illus.). (J). 2018. 100p. 25.96 *(978-0-332-93342-9(3))*; 2017. pap. 9.57 *(978-0-259-48888-0(7))* Forgotten Bks.

Kingsway Geography Readers, Vol. 3: Travellers' Tales (Classic Reprint) Ernest Young. (ENG., Illus.). (J). 2018. 100p. 25.96 *(978-0-666-77762-1(4))*; 2017. pap. 9.57 *(978-0-282-56728-6(3))* Forgotten Bks.

Kingsway Geography Readers, Vol. 4: At Home in Distant Lands (Classic Reprint) Ernest Young. 2017. (ENG., Illus.). (J). 100p. 25.96 *(978-0-332-91177-9(2))*; pap. 9.57 *(978-0-259-48887-3(9))* Forgotten Bks.

Kiniro Mosaic, Vol. 1. Yui Hara. 2016. (Kiniro Mosaic Ser.: 1). (ENG., Illus.). 128p. (J). (gr. 8-17). pap. 17.00 *(978-0-316-50146-0(8))* Yen Pr. LLC.

Kiniro Mosaic, Vol. 2. Yui Hara. 2017. (Kiniro Mosaic Ser.: 2). (ENG., Illus.). 128p. (J). (gr. 8-17). pap. 17.00 *(978-0-316-43353-2(5))* Yen Pr. LLC.

Kiniro Mosaic, Vol. 3. Yui Hara. 2017. (Kiniro Mosaic Ser.: 3). (ENG., Illus.). 128p. (J). (gr. 8-17). pap. 17.00 *(978-0-316-43354-9(3))* Yen Pr. LLC.

Kiniro Mosaic, Vol. 4. Yui Hara. 2017. (Kiniro Mosaic Ser.: 4). (ENG., Illus.). 128p. (J). (gr. 8-17). pap. 17.00 *(978-0-316-43356-3(X))* Yen Pr. LLC.

Kiniro Mosaic, Vol. 5. Yui Hara. 2017. (Kiniro Mosaic Ser.: 5). (ENG., Illus.). 128p. (J). (gr. 8-17). pap. 17.00 *(978-0-316-43357-0(8))* Yen Pr. LLC.

Kiniro Mosaic, Vol. 6. Yui Hara. 2018. (Kiniro Mosaic Ser.: 6). (ENG., Illus.). 128p. (J). (gr. 8-17). pap. 17.00 *(978-0-316-43358-7(6))* Yen Pr. LLC.

Kink in Kizzie's Wedding: A Mock Negro Wedding (Classic Reprint) Mary Bonham. (ENG., Illus.). (J). 2018. 24p. 24.39 *(978-0-267-96046-0(8))*; 2016. pap. 7.97 *(978-1-334-27425-1(8))* Forgotten Bks.

Kinley Gives Kisses. Tracilyn George. 2020. (ENG.). 20p. (J). pap. 11.00 *(978-1-990153-67-9(4))* Lulu Pr., Inc.

Kinley Hollow: A Novel (Classic Reprint) Gideon Hiram Hollister. (ENG., Illus.). (J). 2018. 394p. 31.96 *(978-0-484-75899-4(3))*; 2017. pap. 16.57 *(978-0-243-98786-3(2))* Forgotten Bks.

KINO Vol. 2: The End of All Lies. Joe Casey. Illus. by ChrisCross. 2018. (ENG.). 144p. pap. 14.99 *(978-1-941302-83-5(1)*, 9d306e25-8522-4745-9e26-fdfb3ff5a768, Lion Forge) Oni Pr., Inc.

Kinsey Comes to Visit. Niecy Wade. 2021. (ENG.). 28p. (J). pap. 13.95 *(978-1-64654-965-8(1))*; (Illus.). 23.95 *(978-1-63985-060-0(0))* Fulton Bks.

Kinsey's Kidney Adventure. Nadine Morsi. 2017. (ENG.). (J). 14.95 *(978-1-68401-376-0(3))* Amplify Publishing Group.

Kinship Organisations & Group Marriage in Australia. Northcote W. Thomas. 2018. (ENG., Illus.). 168p. (YA). (gr. 7-12). pap. *(978-93-5297-022-3(5))* Alpha Editions.

Kinsman (Classic Reprint) Alfred Sidgwick. (ENG., Illus.). (J). 2018. 390p. 31.94 *(978-0-484-17380-3(4))*; 2016. pap. 16.57 *(978-1-333-34069-8(9))* Forgotten Bks.

Kinsmen: A Narrative (Classic Reprint) David Heron. 2018. (ENG., Illus.). 304p. (J). 30.17 *(978-0-483-36379-3(0))* Forgotten Bks.

Kinsmor Courage in the Shadows. Scott Risch. 2023. (Tallow Trilogy Ser.: Vol. 4). (ENG.). 60p. (YA). pap. 12.00 ***(978-1-64883-310-6(1)***, ExamWise) Total Recall Learning, Inc.

Kinza's World Magical Travel Adventures: Part 1: Kinza Goes to Asia. Rahel Tesfaledet. Illus. by Emily Zieroth. 2021. (ENG.). 46p. (J). pap. *(978-1-7775508-0-6(7))* LoGreco, Bruno.

Kiosk. Anete Melece. Illus. by Anete Melece. 2020. (ENG., Illus.). 40p. (J). (gr. k-3). 18.99 *(978-1-77657-299-1(8)*, 769fac59-6b95-4d4d-9215-fa67fee73d8c) Gecko Pr. NZL. Dist: Lerner Publishing Group.

Klote, Vol. 3: January 1900 (Classic Reprint) Unknown Author. 2017. (ENG., Illus.). (J). 28.21 *(978-0-266-67665-2(0))*; pap. 10.57 *(978-1-5276-4741-1(2))* Forgotten Bks.

Kiowa: The History of a Blanket Indian Mission (Classic Reprint) Isabel Crawford. 2017. (ENG., Illus.). (J). 29.53 *(978-0-266-78175-2(6))* Forgotten Bks.

Kip & Pip's Trip. Marv Alinas. Illus. by Kathleen Petelinsek. 2019. (Rhyming Word Families Ser.). (ENG.). 24p. (J). (gr. -1-2). lib. bdg. 32.79 *(978-1-5038-2765-3(8)*, 212660) Child's World, Inc, The.

Kip Got a Kit: Book 6. Carole Crimeen & Suzanne Fletcher. 2023. (Comic Decoders Ser.). (ENG., Illus.). 16p. (J). (gr. -1-k). pap. 7.99 ***(978-1-76127-086-4(9)***, 4d3ff310-19c7-43ad-b813-54aae986e18e) Knowledge Bks. & Software AUS. Dist: Lerner Publishing Group.

Kip Kip, Wendi & the Fabulous History Machine. Jeffrey Buchanan. 2022. (Kip Kip & Wendi Ser.: Vol. 2). (ENG.). 194p. (J). pap. 9.99 *(978-0-473-61958-9(X))* LGBTQI Pr. NZL.

Kipling Reader: Selections from the Books of Rudyard Kipling (Classic Reprint) Rudyard Kipling. 2018. (ENG., Illus.). 216p. (J). 28.35 *(978-0-267-47645-9(0))* Forgotten Bks.

Kipling Reader for Elementary Grades (Classic Reprint) Rudyard Kipling. 2018. (ENG., Illus.). 164p. (J). 27.30 *(978-0-364-37110-7(2))* Forgotten Bks.

Kipling Reader for Upper Grades (Classic Reprint) Rudyard Kipling. 2018. (ENG., Illus.). 230p. (J). 28.64 *(978-0-484-33064-0(0))* Forgotten Bks.

Kipling Stories & Poems Every Child Should Know, Book II. Rudyard Kipling. 2022. (ENG.). 149p. (J). pap. ***(978-1-387-69535-5(5))*** Lulu Pr., Inc.

Kipling Stories & Poems Every Child Should Know (Classic Reprint) Rudyard Kipling. 2017. (ENG., Illus.). (J). 32.39 *(978-1-5282-5259-1(4))* Forgotten Bks.

Kiplings Prosa: Inaugural-Dissertation Zur Erlangung der Doktorwurde der Hohen Philosophischen Fakultat der Universitat Marburg (Classic Reprint) Cochrane Maxton Dalrymple. (ENG., Illus.). (J). 2017. pap. 9.57 *(978-0-259-39861-5(6))*; 2016. pap. 9.57 *(978-1-334-14521-6(0))* Forgotten Bks.

Kiplings Prosa: Inaugural-Dissertation Zur Erlangung der Doktorwürde der Hohen Philosophischen Fakultät der Universität Marburg (Classic Reprint) Cochrane Maxton Dalrymple. 2018. (ENG., Illus.). (J). 108p. 26.12 *(978-0-666-26161-8(X))*; 110p. 26.17 *(978-0-666-38761-5(3))* Forgotten Bks.

Kipling's Sussex (Classic Reprint) R. Thurston Hopkins. 2017. (ENG., Illus.). (J). 29.55 *(978-0-266-18892-6(3))* Forgotten Bks.

Kipper & Kate Work Through Worries. Rita Long. 2022. (ENG., Illus.). 48p. (J). 27.95 *(978-1-63985-405-9(3))*; pap. 17.95 *(978-1-63985-028-0(7))* Fulton Bks.

Kipper's Beach Ball. Mick Inkpen. 2016. (Kipper Ser.). (ENG., Illus.). 32p. (J). (gr. -1-k). pap. 7.99 *(978-1-4449-2402-2(8))* Hachette Children's Group GBR. Dist: Hachette Bk. Group.

Kipps, the Story of a Simple Soul (Classic Reprint) H. G. Wells. 2017. (ENG., Illus.). (J). 34.50 *(978-0-265-85814-1(3))* Forgotten Bks.

Kipps, Vol. 1 Of 2: The Story of a Simple Soul (Classic Reprint) H. G. Wells. (ENG., Illus.). (J). 2018. 290p. 29.88 *(978-0-484-01544-8(3))*; 2017. pap. 13.57 *(978-0-243-96273-0(8))* Forgotten Bks.

Kippy the Robin. S. Young-Dion. 2021. (ENG.). 28p. (J). pap. 13.95 *(978-1-63692-030-6(6))* Newman Springs Publishing, Inc.

Kippys Adventures: Kippy the Kiwi Bird. Warden Neil. 2017. (ENG., Illus.). (J). pap. 12.95 *(978-1-63568-215-1(0))* Page Publishing Inc.

Kira - Endlich Glückliche Liebe? Sarah Baumgärtner. 2018. (GER., Illus.). 488p. (J). pap. *(978-3-7103-3593-8(0))* united p.c. Verlag.

Kira, an Alaskan Peregrine Falcon: A Coloring Book. Mary Albanese. 2020. (ENG.). 28p. (J). pap. *(978-1-7360234-2-6(X))* Oxshott Pr.

Kira & Kashi. Niall Mahoney. 2022. (ENG.). 288p. (YA). pap. 20.95 *(978-1-6624-5401-1(5))* Page Publishing Inc.

Kira & Mira's Monsters. Lauren Du Plessis. 2019. (ENG.). 16p. (J). pap. 12.65 *(978-0-244-47750-9(7))* Lulu Pr., Inc.

Kira down Under. Erin Teagan. Illus. by Millie Liu. 2020. (American Girl(r) Girl of the Year(tm) Ser.). (ENG.). 144p. (J). pap. 7.99 *(978-1-68337-171-7(2))* American Girl Publishing, Inc.

Kira down Under, 1. Erin Teagan. ed. 2021. (American Girl Contemporary Ser.). (ENG., Illus.). 135p. (J). (gr. 4-5). 17.96 *(978-1-64697-592-1(8))* Penworthy Co., LLC, The.

Kira-Kira Novel Units Student Packet. Novel Units. 2019. (ENG.). (J). pap. 13.99 *(978-1-58130-923-2(6)*, Novel Units, Inc.) Classroom Library Co.

Kira-Kira Novel Units Teacher Guide. Novel Units. 2019. (ENG.). (J). pap. 12.99 *(978-1-58130-922-5(8)*, Novel Units, Inc.) Classroom Library Co.

Kira's Animal Rescue. Erin Teagan. Illus. by Millie Liu. 2020. (American Girl(r) Girl of the Year(tm) Ser.). (ENG.). 144p. (J). pap. 7.99 *(978-1-68337-172-4(0))* American Girl Publishing, Inc.

Kira's Animal Rescue, 2. Erin Teagan. ed. 2021. (American Girl Contemporary Ser.). (ENG., Illus.). 135p. (J). (gr. 4-5). 17.96 *(978-1-64697-593-8(6))* Penworthy Co., LLC, The.

Kira's Crossing, 1 vol. Orysia Dawydiak. 2020. (ENG.). 148p. (J). pap. 9.95 *(978-1-77366-058-5(6)*, 9a37f72e-f467-4bfd-9714-90acc8486837) Acorn Pr., The CAN. Dist: Baker & Taylor Publisher Services (BTPS).

Kirby Blue: And Her Twirly Tutu. Suzanne Rothman. 2021. (Little Chef Ser.). (ENG.). 34p. (J). pap. 12.99 *(978-1-7361251-7-5(6))* Rothman, Suzanne.

Kirby Boys' Adventure. Karen Beaudin. Illus. by Valerie Main. 2016. (ENG.). (J). 41.99 *(978-1-4984-9408-3(0))*; pap. 31.99 *(978-1-4984-9407-6(2))* Salem Author Services.

Kirby Mccook & the Jesus Chronicles. Stephen Arterburn M. ED. & M. N. Brotherton. Illus. by Damian Zain. 2019. (ENG.). 224p. (J). 17.99 *(978-1-4964-2977-3(X)*, 20_30075) Tyndale Hse. Pubs.

Kirby's Dilemma. Iris Iglarsh. 2021. 152p. (J). pap. 11.99 *(978-1-6678-0284-8(4))* BookBaby.

Kirby's Walk Around the Pond. Patty Bee. 2018. (Around the Pond Ser.: Vol. 1). (ENG., Illus.). 40p. (J). pap. 9.99 *(978-1-7329953-1-4(1))* Scott, Sue Ann.

Kirby's Wonderful & Eccentric Museum; or Magazine of Remarkable Characters, Vol. 2 Of 6: Including All the Curiosities of Nature & Art, from the Remotest Period to the Present Time, Drawn from Every Authentic Source (Classic Reprint) R. S. Kirby. 2018. (ENG., Illus.). 518p. (J). 34.58 *(978-0-484-51684-6(1))* Forgotten Bks.

Kirby's Wonderful & Eccentric Museum, or Magazine of Remarkable Characters, Vol. 6 Of 6: Including All the Curiosities of Nature & Art, from the Remotest Period to the Present Time, Drawn from Every Authentic Source (Classic Reprint) R. S. Kirby Company. (ENG., Illus.). (J). 2018. 500p. 34.23 *(978-0-666-03067-2(7))*; 2017. pap. 16.97 *(978-0-282-13835-6(8))* Forgotten Bks.

Kirby's Wonderful & Eccentric Museum, or Magazine of Remarkable Characters, Vol. 6 Of 6: Including All the Curiosities of Nature & Art, from the Remotest Period to the Present Time, Drawn from Every Authentic Source; Illustrated with One Hundred & T. R. S. Kirby. (ENG., Illus.). (J). 2018. 514p. 34.50 *(978-0-267-78749-4(9))*; 2016. pap. 16.97 *(978-1-334-35673-5(4))* Forgotten Bks.

Kirby's Wonderful & Eccentric Museum, Vol. 4 Of 6: Or, Magazine of Remarkable Characters, Including All the Curiosities of Nature & Art, from the Remotest Period to the Present Time (Classic Reprint) R. S. Kirby. 2018. (ENG., Illus.). 454p. (J). 33.26 *(978-0-267-21811-0(7))* Forgotten Bks.

Kiriel Mirrow. Iside Rapisarda. 2020. (ITA.). 454p. (YA). pap. 40.00 *(978-1-716-99275-9(3))* Lulu Pr., Inc.

Kirigami: Paper Cutting & Folding. Rachael L. Thomas. 2019. (Cool Paper Art Ser.). (ENG., Illus.). 32p. (J). (gr. 3-6). lib. bdg. 34.21 *(978-1-5321-1945-3(3)*, 32475, Checkerboard Library) ABDO Publishing Co.

Kirin Rise the Cast of Shadows. Ed Cruz. Illus. by Ron Langtiw. 2017. (ENG.). (J). pap. 16.99 *(978-1-946003-00-3(X))* Kirin Rise Studios, LLC.

Kirin Rise the Shadows Unleashed. Ed Cruz. 2017. (ENG., Illus.). (J). pap. 16.99 *(978-1-946003-01-0(8))* Kirin Rise Studios, LLC.

Kirjath & the Earth Warriors. Roderick Graham. 2021. (ENG.). 218p. (YA). pap. 15.99 *(978-1-5043-2444-1(7)*, Balboa Pr.) Author Solutions, LLC.

Kirkes' Handbook of Physiology: Handbook of Physiology Revised by William H. Rockwell, Jr., M. D. & Charles L. Dana, M. d (Classic Reprint) William Senhouse Kirkes. (ENG., Illus.). (J). 2018. 880p. 42.05 *(978-0-484-38358-5(2))*; 2017. pap. 24.39 *(978-0-282-61092-0(8))* Forgotten Bks.

Kirsteen: The Story of a Scotch Family Seventy Years Ago (Classic Reprint) M. O. W. Oliphant. 2017. (ENG., Illus.). (J). 30.87 *(978-0-265-19665-6(5))* Forgotten Bks.

Kirsteen, Vol. 2 Of 3: The Story of a Scotch Family Seventy Years Ago (Classic Reprint) Margaret Oliphant. 2018. (ENG., Illus.). 280p. (J). 29.67 *(978-0-332-51416-1(1))* Forgotten Bks.

Kirsteen, Vol. 2 Of 3: The Story of a Scotch Family Seventy Years Ago (Classic Reprint) Margaret O. W. Oliphant. 2017. (ENG., Illus.). (J). pap. 13.57 *(978-0-243-18743-0(2))* Forgotten Bks.

Kirsten the Crystal Bringer. Lanette Gutierrez. 2018. (ENG., Illus.). 38p. (J). pap. 14.95 *(978-1-64114-143-7(3))* Christian Faith Publishing.

Kirus. Brian L. Willis. 2019. (ENG.). 266p. (YA). 35.95 *(978-1-4808-7898-3(7))*; pap. 17.99 *(978-1-4808-7897-6(9))* Archway Publishing.

Kish of Brogues (Classic Reprint) William Boyle. 2018. (ENG., Illus.). 264p. (J). 29.34 *(978-0-483-40797-8(6))* Forgotten Bks.

Kisimi Taimaippaktut Angirrarijaani / Only in My Hometown, 1 vol. Angnakuluk Friesen. Tr. by Jean Kusugak. Illus. by Ippiksaut Friesen. ed. 2017. (ENG.). 24p. (J). (gr. -1-2). 18.95 *(978-1-55498-883-9(7))* Groundwood Bks. CAN. Dist: Publishers Group West (PGW).

Kiska. John Smelcer. 2017. (ENG.). 192p. (YA). (gr. 6-11). pap. 12.95 *(978-1-935248-93-4(6))* Leapfrog Pr.

Kismas. Stella Mary Hash. 2018. (ENG., Illus.). 26p. (J). 21.95 *(978-1-64300-562-1(6))*; pap. 11.95 *(978-1-64300-561-4(8))* Covenant Bks.

Kismat Connection. Ananya Devarajan. 2023. (ENG.). 304p. (YA). 19.99 *(978-1-335-45368-6(7))* Harlequin Enterprises ULC CAN. Dist: HarperCollins Pubs.

Kismet (Classic Reprint) George Fleming. (ENG., Illus.). (J). 2018. 352p. 31.18 *(978-0-484-02398-6(5))*; 2016. pap. 13.57 *(978-1-334-66791-6(8))* Forgotten Bks.

Kismet Tales from Happy Trails. Lisa McDonald. Illus. by Lara Aiken & Paul Schultz. 2017. (ENG.). (J). *(978-1-5255-0785-4(0))*; pap. *(978-1-5255-0786-1(9))* FriesenPress.

Kiss, & Be Friends: A Novel (Classic Reprint) Julie P. Smith. (ENG., Illus.). (J). 2018. 400p. 32.15 *(978-0-332-35044-8(4))*; 2017. pap. 16.57 *(978-0-259-06146-5(8))* Forgotten Bks.

Kiss, & Other Stories (Classic Reprint) Anton Tchekhoff. 2018. (ENG., Illus.). 322p. (J). 30.56 *(978-0-483-05420-2(8))* Forgotten Bks.

Kiss & Tell. Adib Khorram. 384p. (YA). (gr. 9). 2023. pap. 11.99 *(978-0-593-32527-8(3))*; 2022. 18.99 *(978-0-593-32526-1(5))* Penguin Young Readers Group. (Dial Bks).

Kiss & White Lily for My Dearest Girl, Vol. 1. Canno. 2017. (Kiss & White Lily for My Dearest Girl Ser.: 1). (ENG., Illus.). 176p. (gr. 8-17). pap. 13.00 *(978-0-316-55344-5(1))* Yen Pr. LLC.

Kiss & White Lily for My Dearest Girl, Vol. 2. Canno. 2017. (Kiss & White Lily for My Dearest Girl Ser.: 2). (ENG., Illus.). 176p. (gr. 8-17). pap. 13.00 *(978-0-316-47048-3(1))* Yen Pr. LLC.

Kiss Away My Boo-Boo see Sana Ranita, Sana

Kiss Baby's Boo-Boo: A Karen Katz Lift-The-Flap Book. Karen Katz. Illus. by Karen Katz. 2016. (ENG.). 14p. (J). (gr. -1 — 1). bds. 6.99 *(978-1-4814-4208-4(2)*, Little Simon) Little Simon.

Kiss Before Morning. Geoff Rouse. 2017. (ENG., Illus.). (YA). pap. *(978-1-78723-106-1(2))* CompletelyNovel.com.

Kiss Before Morning. Geoff Rouse. 2022. (ENG.). 340p. (YA). pap. *(978-1-4717-3116-7(2))* Lulu Pr., Inc.

Kiss by Kiss / Ocêhtowina: A Counting Book for Families, 1 vol. Richard Van Camp. Tr. by Mary Cardinal Collins. ed. 2018. Orig. Title: Kiss by Kiss. (ENG & CRE., Illus.). 26p. (J). (gr. -1 — 1). bds. 12.95 *(978-1-4598-1621-3(8))* Orca Bk. Pubs. USA.

Kiss Cam. Kiara London. 2016. (ENG.). 272p. (YA). pap. 22.99 *(978-1-250-07096-8(1)*, 900149131) Feiwel & Friends.

Kiss Collector. Wendy Higgins. 2018. (ENG.). 320p. (YA). (gr. 9). pap. 9.99 *(978-0-06-279521-2(X)*, HarperTeen) HarperCollins Pubs.

Kiss for Akaraka. Richard Jackson. Illus. by E. B. Goodale. 2018. (ENG.). 40p. (J). (gr. -1-3). 17.99 *(978-0-06-265196-9(X)*, Greenwillow Bks.) HarperCollins Pubs.

Kiss for Cinderella: A Comedy. James Matthew Barrie. 2017. (ENG., Illus.). (J). pap. *(978-1-76057-528-1(3))* Trieste Publishing Pty Ltd.

Kiss for Cinderella: A Comedy (Classic Reprint) James Matthew Barrie. 2018. (ENG., Illus.). 146p. (J). 26.93 *(978-0-364-95062-3(5))* Forgotten Bks.

Kiss for Giraffe. Judith Koppens. Illus. by Suzanne Diederen. 2019. (ENG.). 40p. (J). 14.95 *(978-1-60537-407-9(5))* Clavis Publishing.

Kiss for Giraffe (Target) Judith Koppens. Illus. by Suzanne Diederen. 2019. (ENG.). 16p. (J). 9.99 *(978-1-60537-539-7(X))* Clavis Publishing.

Kiss for Queens (a Throne for Sisters-Book Six) Morgan Rice. 2018. (Throne for Sisters Ser.: Vol. 6). (ENG., Illus.). 164p. (YA). (gr. 7-12). 18.99 *(978-1-64029-377-9(9))*; pap. 13.99 *(978-1-64029-376-2(0))* Morgan Rice Bks.

Kiss for When You Miss Me: A Heartwarming Book about Calming First Day of School Nerves. Poppy Bishop. Illus. by Caroline Pedler. 2023. (ENG.). 32p. (J). (gr. -1-2). 18.99 *(978-1-68010-287-1(7))* Tiger Tales.

Kiss Goodnight. Claire Wright. Illus. by Veronica Vasylenko. 2017. (Padded Board Books for Babies Ser.). (ENG.). 20p. (J). (gr. -1 — 1). bds. 6.99 *(978-1-68412-041-3(1)*, Silver Dolphin Bks.) Printers Row Publishing Group.

Kiss in the Dark. Gina Ciocca. (ENG.). (YA). (gr. 9). 2019. 368p. pap. 11.99 *(978-1-4814-3227-6(3))*; 2018. (Illus.). 352p. 17.99 *(978-1-4814-3226-9(5))* Simon Pulse. (Simon Pulse).

Kiss in the Dark: A Farce, in One Act (Classic Reprint) John Baldwin Buckstone. 2018. (ENG., Illus.). 26p. (J). 24.43 *(978-0-267-27482-6(3))* Forgotten Bks.

Kiss Is Coming. Marilyn Janovitz. 2022. (ENG., Illus.). 32p. (J). bds. 8.99 *(978-1-4964-7172-7(5)*, 20_35355, Tyndale Kids) Tyndale Hse. Pubs.

Kiss It Better. Smriti Prasadam-Halls. Illus. by Sarah Massini. 2017. (ENG.). 26p. (J). bds. 7.99 *(978-1-68119-164-5(4)*, 900161040, Bloomsbury USA Childrens) Bloomsbury Publishing USA.

Kiss, Kiss, Little Fish. Sandra Magsamen. Illus. by Sandra Magsamen. 2022. (ENG.). 10p. (J). (— 1). 9.99 *(978-1-338-68225-0(3)*, Cartwheel Bks.) Scholastic, Inc.

Kiss Me. IglooBooks. 2019. (ENG.). 24p. (J). 9.99 *(978-1-83852-550-7(5))* Igloo Bks. GBR. Dist: Simon & Schuster, Inc.

Kiss Me: Padded Board Book. IglooBooks. Illus. by Anna Jones. (ENG.). 24p. (J). (-k). 2022. bds. 9.99 *(978-1-80368-354-6(6))*; 2021. bds. 8.99 *(978-1-80022-778-1(7))* Igloo Bks. GBR. Dist: Simon & Schuster, Inc.

Kiss Me at the Stroke of Midnight 7. Rin Mikimoto. 2018. (Kiss Me at the Stroke of Midnight Ser.: 7). (Illus.). 176p. (gr. 11). pap. 12.99 *(978-1-63236-672-6(X))* Kodansha America, Inc.

Kiss Me Goodnight. Maurice Prater. Illus. by Cecilia Lawrence. 2023. (ENG.). 38p. (J). pap. 11.00 ***(978-1-951319-33-5(8))*** Divine Providence Pr.

Kiss Me, I'm Irish! St. Patrick's Day Coloring Book. Jupiter Kids. 2017. (ENG., Illus.). (J). pap. 9.20 *(978-1-68326-812-3(1)*, Jupiter Kids (Childrens & Kids Fiction)) Speedy Publishing LLC.

Kiss Me in Paris. Catherine Rider. 2018. (ENG.). 216p. (YA). (gr. 9-12). 16.99 *(978-1-77138-867-2(6))*; pap. 10.99 *(978-1-5253-0142-1(X))* Kids Can Pr., Ltd. CAN. Dist: Hachette Bk. Group.

Kiss Means I Love You. Kathryn Madeline Allen. Photos by Eric Futran. 2016. (ENG., Illus.). 16p. (J). (gr. -1 — 1). bds. 8.99 *(978-0-8075-4189-0(3)*, 0807541893) Whitman, Albert & Co.

Kiss Number 8. Colleen AF Venable. Illus. by Ellen T. Crenshaw. 2019. (ENG.). 320p. (YA). pap. 17.99 *(978-1-59643-709-8(X)*, 900074316, First Second Bks.) Roaring Brook Pr.

Kiss of Apollo (Classic Reprint) Martha Gilbert Dickinson Bianchi. 2018. (ENG., Illus.). (J). 32.56 *(978-0-332-00765-6(0))* Forgotten Bks.

Kiss of Calamity. Debbie Joyce. Illus. by Nina Flores. 2021. (ENG.). 34p. (J). pap. 10.00 ***(978-0-578-87161-5(0))***; 14.99 ***(978-1-0879-7237-4(X))*** Indy Pub.

Kiss of Glory (Classic Reprint) Grace Du E. Boylan. 2016. (ENG., Illus.). (J). pap. 13.57 *(978-1-334-16360-9(X))* Forgotten Bks.

Kiss of the Snake. C. B. Jones. Illus. by Chris Green. 2017. (Bog Hollow Boys Ser.). (ENG.). 72p. (J). (gr. 4-8). lib. bdg. 25.32 *(978-1-4965-4056-0(5)*, 133364, Stone Arch Bks.) Capstone.

Kiss or Cook ? Teaching Children Compassion for Our Animal Friends. LuLu Lotus. 2018. (Choose Kindness Ser.: Vol. 1). (ENG., Illus.). 46p. (J). pap. *(978-1-9995496-1-9(9))* Gauvin, Jacques.

Kissed by Fire. Katharina Gerlach. 2017. (ENG., Illus.). (J). pap. *(978-3-95681-091-6(0))* Kolata, Katharina. Independent Bookworm.

Kissed by the Moon. Alison Lester. 2019. 28p. (J). (-k). bds. 11.99 *(978-0-14-378975-8(9))* Random Hse. Australia AUS. Dist: Independent Pubs. Group.

Kissed by the Moon. Julie Ethel Melton. 2021. (ENG.). 26p. (J). *(978-0-2288-6792-0(4))*; pap. *(978-0-2288-6519-3(0))* Tellwell Talent.

Kissed Off. Tellulah Darling. 2018. (ENG., Illus.). 270p. (YA). (gr. 8-11). pap. *(978-1-988681-13-9(8))* Te Da Media.

Kisses & Croissants. Anne-Sophie Jouhanneau. (ENG., Illus.). 320p. (YA). (gr. 7). 2022. pap. 11.99 *(978-0-593-17360-2(0)*, Ember); 2021. lib. bdg. 21.99 *(978-0-593-17358-9(9)*, Delacorte Pr.) Random Hse. Children's Bks.

Kisses for Jet: A Coming-Of-Gender Story. Joris Bas Backer. Tr. by Ameera Rajabali. 2022. (ENG., Illus.). 208p. (gr. 9). pap. 19.99 *(978-1-913123-03-1(0))* Nobrow Ltd. GBR. Dist: Penguin Random Hse. LLC.

Kisses for Later: Because Love Never Leaves... Even When Mommy Has To. Kaitlin Morse Creedon. 2017. (ENG., Illus.). (J). (gr. -1-2). 22.95 *(978-1-4808-4571-8(X))*; pap. 16.95 *(978-1-4808-4570-1(1))* Archway Publishing.

Kisses for My Bedtime Bunny. Sandra Magsamen. Illus. by Sandra Magsamen. 2020. (ENG., Illus.). 10p. (J). (gr. -1 — 1). bds. 7.99 *(978-1-338-24316-1(0)*, Cartwheel Bks.) Scholastic, Inc.

Kisses from the Sun. Randi Parrott. 2018. (ENG., Illus.). 38p. (J). 23.95 *(978-1-64079-988-2(5))*; pap. 13.95 *(978-1-64079-986-8(9))* Christian Faith Publishing.

Kisses, Kisses, Head to Toe! A Lift-The-Flap & Mirror Book. Karen Katz. Illus. by Karen Katz. 2021. (ENG., Illus.). 14p. (J). (gr. -1-k). bds. 7.99 *(978-1-5344-3072-3(5)*, Little Simon) Little Simon.

Kissing Darkness. Ed. by Jody Freeman. 2021. (ENG.). 210p. (YA). *(978-1-7399549-7-0(1))* Sravenheart, Isra.

Kissing Darkness. Isra Sravenheart. Ed. by Jody Freeman. 2019. (Blackened Ser.: Vol. 5). (ENG.). 356p. (J). pap. *(978-0-9957095-7-7(2))* Sravenheart, Isra.

Kissing Ezra Holtz (and Other Things I Did for Science) Brianna R. Shrum. 2019. (ENG., Illus.). 288p. (YA). (gr. 8-12). 16.99 *(978-1-5107-4940-5(3)*, Sky Pony Pr.) Skyhorse Publishing Co., Inc.

Kissing Hand. Audrey Penn. 2020. (Kissing Hand Ser.). (ENG., Illus.). 32p. (J). (gr. -1-3). pap. 11.99 *(978-1-939100-42-9(9))* Tanglewood Pr.

Kissing Hand. Audrey Penn. 2019. (Kissing Hand Ser.). (ENG.). 32p. (J). (gr. -1-3). lib. bdg. 22.80 *(978-1-6636-2523-6(9))* Perfection Learning Corp.

Kissing Lessons. Sophie Jordan. 2020. (ENG.). 288p. (YA). (gr. 9). 17.99 *(978-1-328-97707-6(2)*, 1708418, Clarion Bks.) HarperCollins Pubs.

Kissing Magic. Day Leitao. (ENG.). (YA). (gr. 7-12). 2022. 408p. *(978-1-7775227-6-6(5))*; 2019. (Portals to Whyland Ser.: Vol. 2). (Illus.). 436p. pap. *(978-1-7750637-7-3(1))* Sparkly Wave.

Kissing Max Holden. Katy Upperman. 2018. (ENG.). 320p. (YA). pap. 17.99 *(978-1-250-15896-3(6)*, 900185542) Square Fish.

Kissing Ted Callahan (and Other Guys) Amy Spalding. 2016. (ENG.). 336p. (YA). (gr. 10-17). pap. 9.99 *(978-0-316-37153-7(X)*, Poppy) Little, Brown Bks. for Young Readers.

Kissing the House: Featuring John & Robin. Michael. 2021. (ENG.). 36p. (J). 24.95 *(978-1-63630-549-3(0))*; pap. 14.95 *(978-1-68526-022-4(5))* Covenant Bks.

Kissing the Rod: A Novel (Classic Reprint) Edmund Yates. (ENG., Illus.). (J). 2018. 514p. 34.50 *(978-0-267-00568-0(7))*; 2017. pap. 16.97 *(978-0-259-00614-5(9))* Forgotten Bks.

Kissing Worms. Monique Montiel-Suarez. 2019. (ENG.). 18p. (J). pap. 14.95 *(978-1-64424-396-1(2))* Page Publishing Inc.

Kisuhs Kamkamoss & the White Warrior. Robert Ellis. 2020. (ENG.). 120p. (YA). (gr. 7-12). pap. *(978-1-64570-215-3(4))* Tamarind Hill Pr.

Kit: A Memory, Vol. 1 of 3 (Classic Reprint) James Payn. 2018. (ENG., Illus.). 332p. (J). 30.74 *(978-0-267-20016-0(1))* Forgotten Bks.

Kit & Caboodle. Anna Pignataro. 2022. (ENG., Illus.). 32p. (J). (— 1). 16.99 *(978-1-76050-633-9(8))* Little Hare Bks. AUS. Dist: Independent Pubs. Group.

Kit & Kaboodle Blast off to Space. Michelle Portice. Illus. by Mitch Mortimer. 2020. (Highlights Puzzle Readers Ser.). 32p. (J). (gr. -1-2). 16.99 *(978-1-64472-134-6(1))*; pap. 4.99 *(978-1-64472-133-9(3))* Highlights Pr., c/o Highlights for Children, Inc. (Highlights).

Kit & Kaboodle Explore the City. Michelle Portice. Illus. by Mitch Mortimer. 2020. (Highlights Puzzle Readers Ser.). 32p. (J). (gr. -1-2). 16.99 *(978-1-64472-197-1(X))*; pap. 4.99 *(978-1-64472-196-4(1))* Highlights Pr., c/o Highlights for Children, Inc. (Highlights).

Kit & Kaboodle Fly the Skies. Michelle Portice. Illus. by Mitch Mortimer. 2021. (Highlights Puzzle Readers Ser.). 32p. (J). (gr. -1-2). 16.99 *(978-1-64472-199-5(6))*; pap. 4.99 *(978-1-64472-198-8(8))* Highlights Pr., c/o Highlights for Children, Inc. (Highlights).

Kit & Kaboodle Go Camping. Michelle Portice. Illus. by Mitch Mortimer. 2020. (Highlights Puzzle Readers Ser.). 32p. (J). (gr. -1-2). 16.99 *(978-1-68437-987-3(3))*; pap. 4.99 *(978-1-68437-935-4(0))* Highlights Pr., c/o Highlights for Children, Inc. (Highlights).

Kit & Kaboodle Ride a Roller Coaster. Michelle Portice. Illus. by Mitch Mortimer. 2021. (Highlights Puzzle Readers Ser.). 32p. (J). (gr. -1-2). 16.99 *(978-1-64472-132-2(5))*; pap. 4.99 *(978-1-64472-131-5(7))* Highlights Pr., c/o Highlights for Children, Inc. (Highlights).

Kit & Kaboodle Take the Train. Michelle Portice. Illus. by Mitch Mortimer. 2020. (Highlights Puzzle Readers Ser.). 32p. (J). (gr. -1-2). 16.99 *(978-1-68437-986-6(5))*; pap. 4.99 *(978-1-68437-934-7(2))* Highlights Pr., c/o Highlights for Children, Inc. (Highlights).

Kit & Kaboodle Visit the Farm. Michelle Portice. Illus. by Mitch Mortimer. 2021. (Highlights Puzzle Readers Ser.). 32p. (J). (gr. -1-2). 16.99 *(978-1-64472-475-0(8))*; pap. 4.99 *(978-1-64472-474-3(X))* Highlights Pr., c/o Highlights for Children, Inc. (Highlights).

Kit & Kitty: A Story of West Middlesex (Classic Reprint) R. D. Blackmore. 2018. (ENG., Illus.). 444p. (J). 33.07 *(978-0-483-19472-4(7))* Forgotten Bks.

Kit & Kitty, Vol. 1 Of 3: A Story of West Middlesex (Classic Reprint) R. D. Blackmore. 2018. (ENG., Illus.). 314p. (J). 30.39 *(978-0-483-01789-4(2))* Forgotten Bks.

Kit & Kitty, Vol. 2: A Story of West Middlesex (Classic Reprint) R. D. Blackmore. 2018. (ENG., Illus.). 322p. (J). 30.56 *(978-0-484-76269-4(9))* Forgotten Bks.

Kit & Kitty, Vol. 3 Of 3: A Story of West Middlesex (Classic Reprint) R. D. Blackmore. 2018. (ENG., Illus.). 318p. (J). 30.48 *(978-0-332-84166-3(9))* Forgotten Bks.

Kit & the Calico Cat. Brigitte Marsden. 2017. (Kit Ser.: Vol. 1). (ENG., Illus.). (J). pap. *(978-1-988299-09-9(8))* Chapel Street Editions.

Kit & the Toadpit. Leslie Reid George. 2021. (ENG.). 48p. (J). pap. *(978-1-5255-8622-4(X))*; *(978-1-5255-8623-1(8))* FriesenPress.

Kit & Willy's Guide to Art. Illus. by Zebedee Helm. 2017. (ENG.). (J). (gr. 1-4). 16.95 *(978-1-58423-678-8(7)*, 25814f46-bc08-40c6-ac9f-607eded48a33) Gingko Pr., Inc.

Kit & Willy's Guide to Buildings. Zebedee Helm. 2018. (Kit & Willy's Guide Ser.). (ENG., Illus.). 32p. (J). 16.95 *(978-1-58423-700-6(7)*, afbbfa06-6c1c-4918-813e-d9b64e29a7fd) Gingko Pr., Inc.

Kit Bam's Adventures: Or the Yarns of an Old Mariner (Classic Reprint) Mary Cowden Clarke. 2018. (ENG., Illus.). 396p. (J). 32.08 *(978-0-364-54883-7(5))* Forgotten Bks.

Kit Carson. Stephen Krensky. 2023. (Great Explorers Ser.). (ENG.). 32p. (J). (gr. 3-6). pap. ***(978-1-0398-0072-4(6)***, 32902); lib. bdg. ***(978-1-0398-0013-7(0)***, 32901) Crabtree Publishing Co.

Kit Carson Made History Kit Carson Biography Grade 5 Children's Historical Biographies. Dissected Lives. 2021. (ENG.). 72p. (J). 27.99 *(978-1-5419-8493-6(5))*; pap. 16.99 *(978-1-5419-5433-5(5))* Speedy Publishing LLC. (Dissected Lives (Auto Biographies)).

Kit Carson, the Prince of the Gold Hunters; or the Adventures of the Sacramento: A Tale of the New Eldorado, Founded on Actual Facts (Classic Reprint) Charles E. Averill. 2018. (ENG., Illus.). 124p. (J). 26.45 *(978-0-365-49795-0(9))* Forgotten Bks.

Kit de Actividades de Aprendizaje con Dinero: $2,801,040 en Dinero de Juego para Recortar y Aprender a Contar, Sumar, Multiplicar y Números Grandes. David E. McAdams. 2023. (Libros de Matemáticas para Niños Ser.: Vol. 13). (SPA.). (J). 102p. pap. 14.95 ***(978-1-63270-332-3(7))***; 70p. pap. 18.95 ***(978-1-63270-340-8(8))*** Life is a Story Problem LLC.

Kit Dreamer & the Case of the Suffering Sea Turtle. Bryan Porter. 2020. (ENG.). 62p. (J). pap. 14.95 *(978-1-64764-870-1(X))*; pap. 6.99 *(978-1-64764-941-8(2))* Waldorf Publishing.

Kit Dreamer & the Case of the Unlucky Lemur. Bryan Porter. 2019. (ENG., Illus.). 56p. (J). pap. 14.95 *(978-1-64467-921-0(3))* Waldorf Publishing.

Kit Kelvin's Kernels: With Illustrations (Classic Reprint) Unknown Author. 2018. (ENG., Illus.). 286p. (J). 29.80 *(978-0-483-95620-9(1))* Forgotten Bks.

Kit Kennedy: Country Boy (Classic Reprint) S. R. Crockett. 2017. (ENG., Illus.). (J). 32.81 *(978-0-265-88099-9(8))* Forgotten Bks.

Kit 'n Kat: The Nose Knows. Linda Felton Steinbaum & Carly Alison. 2019. (ENG.). 112p. (J). pap. 14.95 *(978-1-64307-108-4(4))* Amplify Publishing Group.

Kit 'n Kat: The Nose Shows. Linda Felton Steinbaum & Carly Steinbaum Savar. Illus. by Dolo Okecki. 2022. (ENG.). 98p. (J). 19.99 *(978-0-578-31335-1(9))* Wisdom Hse. Bks.

Kit-Napped. Donovan Bixley. Illus. by Donovan Bixley. 2019. (Flying Furballs Ser.: 5). (Illus.). 112p. (J). (gr. 4-7). pap. 8.99 *(978-1-988516-16-5(1))* Upstart Pr. NZL. Dist: Independent Pubs. Group.

Kit of Greenacre Farm. Izola L. Forrester. 2017. (ENG., Illus.). (J). 23.95 *(978-1-374-96113-5(2))* Capital Communications, Inc.

Kit of Greenacre Farm (Classic Reprint) Izola Forrester. 2018. (ENG., Illus.). 324p. (J). 30.58 *(978-0-483-99593-2(2))* Forgotten Bks.

Kit the Pit. Stephanie Marie Bunt. Illus. by Taylor Gallion. 2018. (ENG.). 30p. (J). pap. 10.95 *(978-1-948863-84-1(7))* Bunt, Stephanie.

Kit, Vol. 2 Of 3: A Memory (Classic Reprint) James Payn. 2018. (ENG., Illus.). 326p. (J). 30.62 *(978-0-332-63142-4(7))* Forgotten Bks.

K

Kitchen / Cocina. Xist Publishing. 2018. (Xist Kids Bilingual Spanish English Ser.). (ENG & SPA., Illus.). 28p. (J). (gr. -1-3). pap. 9.99 *(978-1-5324-0667-6(3))* Xist Publishing.

Kitchen & Its Functions Coloring Book. Activity Attic Books. 2016. (ENG., Illus.). (J). pap. 7.74 *(978-1-68323-208-7(9))* Twin Flame Productions.

Kitchen Cabinet Science Projects: Fifty Amazing Science Experiments to Make with Everyday Ingredients. Michelle Dickinson. 2021. (ENG.). 160p. (J). (gr. 3-7). pap. 16.99 *(978-0-593-09754-0(8),* Penguin Workshop) Penguin Young Readers Group.

Kitchen Capers, 1 vol. Paul Virr. Illus. by Amanda Enright. 2019. (Just Kidding! Ser.). (ENG.). 32p. (J). (gr. 1-2). 28.93 *(978-1-5383-9122-8(8),* 3165d799-895c-4c93-aa3a-8d2141a21918); pap. 11.00 *(978-1-5081-9793-5(8),* f03b1748-973f-4fbd-8a20-627ba495e272) Rosen Publishing Group, Inc., The. (Windmill Bks.).

Kitchen Carols & Games for Girls (Classic Reprint) Eliza Dickerman Reed. 2018. (ENG., Illus.). 58p. (J). 25.09 *(978-0-483-52106-3(X))* Forgotten Bks.

Kitchen Cat. Sarah Keyes & Hannah Keyes. 2017. (ENG., Illus.). 32p. (J). pap. *(978-1-365-74753-3(0))* Lulu Pr., Inc.

Kitchen Chemistry: A Food Science Cookbook. Andrea Debbink. Illus. by Emily Balsley. 2021. (American Girl(r) Activities Ser.). (ENG.). 112p. (J). pap. 9.99 *(978-1-68337-129-8(1))* American Girl Publishing, Inc.

Kitchen Chemistry: Cool Crystals, Rockin' Reactions, & Magical Mixtures with Hands-On Science Activities. Cynthia Light Brown. Illus. by Micah Rauch. 2020. (Build It Yourself Ser.). (ENG.). 128p. (J). (gr. 4-7). 22.95 *(978-1-61930-884-8(3),* e37e5014-c671-4fd2-855c-e5907b869a94); pap. 17.95 *(978-1-61930-887-9(8),* d79356a6-d3a9-44a1-955c-633fb0197c0f) Nomad Pr.

Kitchen Decor Around the World Coloring Book. Activity Attic Books. 2016. (ENG., Illus.). (J). pap. 7.74 *(978-1-68323-687-0(4))* Twin Flame Productions.

Kitchen Disco. Clare Foges. Illus. by Al Murphy. 2017. (ENG.). 32p. (J). (-k). pap. 9.95 *(978-0-571-30788-3(4))* Faber & Faber, Inc.

Kitchen Disco. Clare Foges Clare. Illus. by Al Murphy Al. 2017. (ENG.). 32p. (gr. -1-k). 16.95 *(978-0-571-33697-5(3))* Faber & Faber, Inc.

Kitchen Explorers! 60+ Recipes, Experiments, & Games for Young Chefs. America's Test America's Test Kitchen Kids. 2020. (Illus.). 134p. (J). (gr. 3-7). pap. 12.99 *(978-1-948703-62-8(9),* America's Test Ktichen Kids) America's Test Kitchen.

Kitchen Pantry Scientist Chemistry for Kids: Science Experiments & Activities Inspired by Awesome Chemists, Past & Present; with 25 Illustrated Biographies of Amazing Scientists from Around the World, Volume 1. Liz Lee Heinecke. Illus. by Kelly Anne Dalton. 2020. (Kitchen Pantry Scientist Ser.: 1). (ENG.). 128p. (J). (gr. 2-7). pap. 19.99 *(978-1-63159-830-2(9),* 328479, Quarry Bks.) Quarto Publishing Group USA.

Kitchen Pantry Scientist Ecology for Kids: Science Experiments & Activities Inspired by Awesome Ecologists, Past & Present; with 25 Illustrated Biographies of Amazing Scientists from Around the World, Vol. 5. Liz Lee Heinecke. Illus. by Kelly Anne Dalton. 2023. (Kitchen Pantry Scientist Ser.: 5). (ENG.). 128p. (J). (gr. 2-5). pap. 19.99 *(978-0-7603-7569-3(0),* 353587, Quarry Bks.) Quarto Publishing Group USA.

Kitchen Pantry Scientist Math for Kids: Fun Math Games & Activities Inspired by Awesome Mathematicians, Past & Present; with 20+ Illustrated Biographies of Amazing Mathematicians from Around the World, Volume 4. Rebecca Rapoport & Allanna Chung. Ed. by Liz Lee Heinecke. Illus. by Kelly Anne Dalton. 2022. (Kitchen Pantry Scientist Ser.: 4). (ENG.). 128p. (J). (gr. 2-5). pap. 19.99 *(978-0-7603-7311-8(6),* 344775, Quarry Bks.) Quarto Publishing Group USA.

Kitchen Pantry Scientist Physics for Kids: Science Experiments & Activities Inspired by Awesome Physicists, Past & Present; with 25 Illustrated Biographies of Amazing Scientists from Around the World, Volume 3. Liz Lee Heinecke. Illus. by Kelly Anne Dalton. 2022. (Kitchen Pantry Scientist Ser.: 3). (ENG.). 128p. (J). (gr. 1-7). pap. 19.99 *(978-0-7603-7243-2(8),* 342658, Quarry Bks.) Quarto Publishing Group USA.

Kitchen Science, 4 vols., Set. Kristi Lew. Incl. Science Experiments That Fly & Move: Fun Projects for Curious Kids. (ENG.). 32p. (J). (gr. 3-9). 2010. lib. bdg. 28.65 *(978-1-4296-5426-5(0),* 113839, Capstone Pr.); (Kitchen Science Ser.). (ENG.). 32p. 2010. 85.95 *(978-1-4296-5429-6(5),* 170564, Capstone Pr.) Capstone.

Kitchen Science: 30 Awesome Stem Experiments to Try at Home. Laura Minter & Tia Williams. 2022. (Awesome STEM Experiments Ser.). (ENG., Illus.). 128p. (J). 19.99 *(978-1-78708-122-2(2))* Button Bks. GBR. Dist: Publishers Group West (PGW).

Kitchen to Career (Set), 6 vols. 2023. (Kitchen to Career Ser.). (ENG.). 64p. (J). (gr. 5-9). lib. bdg. 213.84 ***(978-1-0982-9136-5(0),*** 41735, Abdo & Daughters) ABDO Publishing Co.

Kitchen Trios (Set), 6 vols. 2022. (Kitchen Trios Ser.). (ENG.). 32p. (J). (gr. k-4). lib. bdg. 205.32 *(978-1-5321-9904-2(X),* 39801, Super SandCastle) ABDO Publishing Co.

Kitchens Throughout the Ages Coloring Book. Activibooks For Kids. 2016. (ENG., Illus.). (J). pap. 9.20 *(978-1-68321-797-8(7))* Mimaxion.

Kitchi: The Spirit Fox. Alana Robson. Illus. by Julia Sarapata de Carvalho. 2021. (ENG.). 32p. (J). pap. *(978-1-80049-306-3(1));* ***(978-1-80049-068-0(2))*** Independent Publishing Network.

Kite Flyer: By Katheryn C. Hickey. Katheryn C. Hickey. Illus. by Nusrat Jahan. 2023. (ENG.). 52p. (J). pap. ***(978-1-329-11295-7(4))*** Lulu Pr., Inc.

Kite for Moon, 1 vol. Jane Yolen & Heidi E. Stemple. Illus. by Matt Phelan. 2019. (ENG.). 32p. (J). 17.99 *(978-0-310-75642-2(1))* Zonderkidz.

Kite Hill Kids: Discovering Nature. Wendy Hughes. 2022. (ENG.). 44p. (J). *(978-1-5289-0422-3(2));* pap. *(978-1-5289-0421-6(4))* Austin Macauley Pubs. Ltd.

Kite of Dreams. Pilar Lopez Avila & Paula Merlan. Illus. by Concha Pasamar. 2020. 32p. (J). (gr. k-4). 16.95 *(978-84-16733-68-2(6))* Cuento de Luz SL ESP. Dist: Publishers Group West (PGW).

Kite That Touched the Sky. Jim Mockford & Jenny Farmer. Illus. by Theresa Johnson. 2020. (ENG.). 48p. (J). pap. 19.95 *(978-0-692-06661-4(6))* Kumquat Kids Productions, LLC.

Kites. Nathan Sommer. 2018. (Birds of Prey Ser.). (ENG., Illus.). 24p. (J). (gr. 3-7). lib. bdg. 26.95 *(978-1-62617-877-9(1),* Epic Bks.) Bellwether Media.

Kites. Connor Stratton. 2022. (Birds of Prey Ser.). (ENG., Illus.). 32p. (J). (gr. 2-3). pap. 9.95 *(978-1-63738-181-6(6));* lib. bdg. 31.35 *(978-1-63738-145-8(X))* North Star Editions. (Apex).

Kites in the Sky. Stephanie Gaston. 2022. (Luca & Lucky Adventures Ser.). (ENG.). 24p. (J). (gr. 2-4). pap. 8.95 *(978-1-63897-622-6(8),* 20555); lib. bdg. 27.93 *(978-1-63897-507-6(8),* 20554) Seahorse Publishing.

Kith. Kenny Abdo. 2022. (Hype Brands Ser.). (ENG., Illus.). 24p. (J). (gr. 2-8). lib. bdg. 31.36 *(978-1-0982-2853-8(7),* 39985, Abdo Zoom-Fly) ABDO Publishing Co.

Kith & Kin. Jessie Fothergill. 2017. (ENG.). 464p. (J). pap. *(978-3-337-03286-9(9))* Creation Pubs.

Kith & Kin: A Novel (Classic Reprint) Jessie Fothergill. 2017. (ENG., Illus.). (J). 33.49 *(978-1-5282-6891-2(1))* Forgotten Bks.

Kith & Kin (Classic Reprint) George Hyde Lee. (ENG., Illus.). (J). 2018. 190p. 27.82 *(978-0-365-18613-7(9));* 2017. pap. 10.57 *(978-0-259-10149-9(4))* Forgotten Bks.

Kit's Banana Split. Marv Alinas. Illus. by Kathleen Petelinsek. 2018. (Rhyming Word Families Ser.). (ENG.). 24p. (J). (gr. -1-2). lib. bdg. 32.79 *(978-1-5038-2354-9(7),* 212187) Child's World, Inc, The.

Kits, Cubs, & Calves: An Arctic Summer. Suzie Napayok-Short. Illus. by Tamara Campeau. 2020. (ENG.). 32p. (J). (gr. 1-3). 17.95 *(978-1-77227-274-1(4))* Inhabit Media Inc. CAN. Dist: Consortium Bk. Sales & Distribution.

Kit's Curly Hair. Caitlin Bishop. 2022. (ENG.). 24p. (J). pap. 13.95 ***(978-1-63985-641-1(2))*** Fulton Bks.

Kit's Woman: A Cornish Idyll (Classic Reprint) Havelock Ellis. 2017. (ENG., Illus.). (J). 29.49 *(978-1-5279-8016-7(2))* Forgotten Bks.

Kitsune: Japan's Shapeshifting Tricksters: Japan's Shapeshifting Tricksters. Elizabeth Andrews. 2022. (Creatures of Legend Ser.). (ENG., Illus.). 32p. (J). (gr. 2-5). lib. bdg. 32.79 *(978-1-0982-4234-3(3),* 40029, DiscoverRoo) Pop!.

Kitsy B Goes to the Beach. Carolyn Bushmaker. Illus. by Nicole Stremlow Monahan. 2016. (ENG.). (J). pap. 9.99 *(978-1-4984-8520-3(0))* Salem Author Services.

Kitsy's Mischief & Horses. Emma M. Glover. Illus. by Kc Snider. l.t. ed. 2017. (ENG.). (J). pap. 9.95 *(978-1-61633-840-4(7))* Guardian Angel Publishing, Inc.

Kitten. August Hoeft. (I See Animals Ser.). (ENG.). (J). 2022. 20p. pap. 12.99 ***(978-1-5324-4224-7(6));*** 2021. 12p. pap. 5.99 *(978-1-5324-1502-9(8))* Xist Publishing.

Kitten Adventures. April Bastian. 2021. (ENG., Illus.). 32p. (J). pap. 15.95 *(978-1-6624-3999-5(7))* Page Publishing Inc.

Kitten & the Dojo Code. Jessica Wagner. 2017. (ENG., Illus.). (J). pap. 16.95 *(978-1-4808-5227-3(9))* Archway Publishing.

Kitten & the Mouse Running Around the House: Mazes for Kids. Jupiter Kids. 2017. (ENG., Illus.). (J). pap. 9.05 *(978-1-5419-3275-3(7),* Jupiter Kids (Childrens & Kids Fiction)) Speedy Publishing LLC.

Kitten & the Night Watchman. John Sullivan. ed. 2021. (ENG., Illus.). 38p. (J). (gr. k-1). 17.96 *(978-1-64697-747-5(5))* Penworthy Co., LLC, The.

Kitten & the Night Watchman. John Sullivan. Illus. by Taeeun Yoo. (ENG.). 40p. (J). (gr. -1-3). 2020. 8.99 *(978-1-5344-8042-1(0));* 2018. 17.99 *(978-1-4814-6191-7(5))* Simon & Schuster/Paula Wiseman Bks. (Simon & Schuster/Paula Wiseman Bks.).

Kitten Around (Home for Meow #3) Reese Eschmann. 2022. (Home for Meow Ser.). (ENG.). 128p. (J). (gr. 2-5). pap. 5.99 *(978-1-338-78400-8(5))* Scholastic, Inc.

Kitten Chaos, 2. Saadia Faruqi. ed. 2023. (Must Love Pets Ser.). (ENG.). 189p. (J). (gr. 3-7). 19.46 ***(978-1-68505-774-9(8))*** Penworthy Co., LLC, The.

Kitten Chaos (Must Love Pets #2) Saadia Faruqi. 2022. (Must Love Pets Ser.). (ENG.). 208p. (J). (gr. 3-7). pap. 7.99 *(978-1-338-78345-2(9),* Scholastic Paperbacks) Scholastic, Inc.

Kitten Coloring Book: Perfect Kitten Book for Kids, Boys & Girls, Wonderful Cat Coloring Book for Children & Toddlers Who Love to Play & Enjoy with Cute Kittens. Amelia Yardley. 2021. (ENG.). 44p. (J). pap. *(978-1-008-92236-5(6))* Lulu.com.

Kitten Construction Company: a Bridge Too Fur. John Patrick Green. (Kitten Construction Company Ser.: 2). (ENG., Illus.). 80p. (J). 2021. 9.99 *(978-1-250-80191-3(5),* 900243147); 2019. 17.99 *(978-1-62672-831-8(3),* 900175117) Roaring Brook Pr. (First Second Bks.).

Kitten Construction Company: Meet the House Kittens. John Patrick Green. 2021. (Kitten Construction Company Ser.: 1). (ENG., Illus.). 80p. (J). 9.99 *(978-1-250-80193-7(1),* 900243146, First Second Bks.) Roaring Brook Pr.

Kitten Dreams of Drift. Drew Turner & Mert Bayazitoglu. 2020. (ENG.). 34p. (J). ***(978-1-716-72844-0(4))*** Lulu Pr., Inc.

Kitten in Gooseberry Park. Cynthia Rylant. Illus. by Arthur Howard. (Gooseberry Park Ser.). (ENG.). (J). (gr. 3-7). 2023. 128p. pap. 8.99 *(978-1-5344-9451-0(0));* 2022. 112p. 17.99 *(978-1-5344-9450-3(2))* Beach Lane Bks. (Beach Lane Bks.).

Kitten in the Manger. Roberta F. McLin Wilson. 2022. (ENG.). 38p. (J). pap. 15.95 ***(978-1-6624-4158-5(4))*** Page Publishing Inc.

Kitten Kat. Raven Raven. 2018. (ENG.). 36p. (J). pap. *(978-0-359-27870-1(1))* Lulu Pr., Inc.

Kitten Lady's Big Book of Little Kittens. Hannah Shaw. Photos by Hannah Shaw & Andrew Marttila. 2019. (ENG., Illus.). 56p. (J). (gr. -1-3). 18.99 *(978-1-5344-3894-1(7),* Aladdin) Simon & Schuster Children's Publishing.

Kitten Learns to Eat. Clever Publishing. Illus. by Angela Sbandelli. 2022. (Clever Big Kids Ser.). (ENG.). 20p. (J). (gr. -1 — 1). bds. 9.99 *(978-1-954738-14-0(5),* 355920) Clever Media Group.

Kitten Looks for Mom. Kippy Dalton. Ed. by Rebecca; Dalton Grudzina. 2016. (Spring Forward Ser.). (ENG.). (J). (gr. 2). 7.02 net. *(978-1-4900-6016-3(2))* Benchmark Education Co.

Kitten Love. Brick Puffinton. Ed. by Cottage Door Press. Illus. by Sydney Hanson. 2021. (ENG.). 12p. (J). (gr. -1 — 1). bds. 7.99 *(978-1-64638-295-8(1),* 1007220) Cottage Door Pr.

Kitten Mermaid. Jenny Schreiber. 2022. (ENG.). 42p. (J). pap. 9.99 ***(978-1-0880-4663-0(0))*** Indy Pub.

Kitten Nobody Wanted & Other Tales. Holly Webb. Illus. by Sophy Williams. 2017. (Pet Rescue Adventures Ser.). (ENG.). 384p. (J). (gr. 1-4). pap. 10.99 *(978-1-68010-405-9(5))* Tiger Tales.

Kitten Rescue Tales. Katherine Napper & Vicky Alhadeff. Illus. by Anja Kolenko. 2017. (ENG.). (J). (gr. k-6). pap. *(978-1-9998608-0-6(2))* Generation 2050.

Kitten Trouble. Bijal Vachharajani. 2021. (Hook Bks.). (ENG.). 40p. (J). (gr. k-3). pap. 7.99 *(978-0-14-345240-9(1))* Penguin Bks. India PVT, Ltd IND. Dist: Independent Pubs. Group.

Kitten Trouble. Nick Bruel. ed. 2021. (Bad Kitty! Ch Bks). (ENG., Illus.). 153p. (J). (gr. 2-3). 16.96 *(978-1-64697-634-8(7))* Penworthy Co., LLC, The.

Kittens. Jen Besel. 2020. (Baby Animals Ser.). 24p. (J). (gr. k-3). pap. 8.99 *(978-1-64466-095-9(4),* 14375, Bolt Jr.) Black Rabbit Bks.

Kittens. Meg Gaertner. 2019. (Animal Babies Ser.). (ENG., Illus.). 16p. (J). (gr. k-1). pap. 7.95 *(978-1-64185-817-5(6),* 1641858176); lib. bdg. 25.64 *(978-1-64185-748-2(X),* 164185748X) North Star Editions. (Focus Readers).

Kittens. Julie Murray. 2017. (Baby Animals (Abdo Kids Junior) Ser.). (ENG., Illus.). 24p. (J). (gr. -1-2). lib. bdg. 31.36 *(978-1-5321-0003-1(5),* 25092, Abdo Kids) ABDO Publishing Co.

Kittens. Marcus Schneck. 2019. (Pet Library). (Illus.). 72p. (J). (gr. 12). lib. bdg. 34.60 *(978-1-4222-4316-9(8))* Mason Crest.

Kittens. Anastasia Suen. 2019. (Spot Baby Farm Animals Ser.). (ENG.). 16p. (J). (gr. -1-2). lib. bdg. *(978-1-68151-533-5(4),* 14494) Amicus.

Kittens, Vol. 12. Claire Horton-Bussey. 2016. (Understanding & Caring for Your Pet Ser.: Vol. 12). (ENG., Illus.). 128p. (J). (gr. 5-8). 25.95 *(978-1-4222-3700-7(1))* Mason Crest.

Kittens? Kittens! Rosie & Mimi & Me. Helen Hieble. 2016. (ENG., Illus.). (J). 15.99 *(978-0-692-79708-2(4))* Hieble, Helen.

Kittens & Cats: A Book of Tales (Classic Reprint) Eulalie Osgood Grover. 2017. (ENG., Illus.). (J). 25.86 *(978-0-260-54025-6(0))* Forgotten Bks.

Kittens Are Monsters: a Branches Book (Pets Rule! #3), Vol. 3. Susan Tan. Illus. by Wendy Tan Shiau Wei. 2023. (Pets Rule! Ser.). (ENG.). 96p. (J). (gr. 1-3). pap. 6.99 *(978-1-338-75639-5(7))* Scholastic, Inc.

Kitten's Christmas. Apara Mahal Sylvester. Illus. by Lizy J. Campbell. 2022. (ENG.). 28p. (J). pap. 12.99 ***(978-1-63984-250-6(0))*** Pen It Pubns.

Kitten's Christmas. Apara Mahal Sylvester. Illus. by Lizy J. Campbell. 2022. (ENG.). 26p. (J). 19.99 ***(978-1-63984-251-3(9))*** Pen It Pubns.

Kitten's Christmas Wish. Clever Publishing & Elena Feldman. Illus. by Kristina Konovalova. 2023. (Clever Storytime Ser.). (ENG.). 32p. (J). (gr. -1-2). 13.99 ***(978-1-956560-36-7(X))*** Clever Media Group.

Kitten's First Full Moon see Primera Luna Llena de Gatita: A Caldecott Award Winner

Kittens, Flowers, & Onion Soup! Melinda Eplin Griffith. 2020. (ENG., Illus.). 20p. (J). pap. 14.95 *(978-1-64468-043-8(2))* Covenant Bks.

Kitten's Garden of Verses (Classic Reprint) Oliver Herford. (ENG., Illus.). (J). 2018. 74p. 25.42 *(978-0-666-02422-0(7));* 2016. pap. 9.57 *(978-1-333-45391-6(4))* Forgotten Bks.

Kittens Pounce. Rebecca Glaser. 2017. (Amicus Ink Board Bks.). (Illus.). 14p. (J). (gr. -1 — 1). bds. 7.99 *(978-1-68152-197-8(0),* 14728) Amicus.

Kitties Are a Kid's Best Friend Coloring Book. Kreative Kids. 2016. (ENG., Illus.). (J). pap. 9.20 *(978-1-68377-323-8(3))* Whike, Traudl.

Kitties Don't Eat Quesadillas: An a-To-Z Picture Book for Picky Eaters. Patty Adams Martinez. Illus. by Logan Martinez. 2019. (ENG.). 36p. (J). (gr. k-2). pap. 6.99 *(978-1-7332949-1-1(0));* (Kitties Don't Eat Quesadillas Ser.: Vol. 1). 19.99 *(978-1-7332949-0-4(2))* Martinez, Patty & Logan.

Kitties on Dinosaurs. Michael Slack. Illus. by Michael Slack. 2020. (ENG., Illus.). 40p. (J). (-k). 18.99 *(978-0-593-10838-3(8),* Dial Bks) Penguin Young Readers Group.

Kitties on Vacation: In the Mountains Coloring Book. Activity Book Zone for Kids. 2016. (ENG., Illus.). (J). pap. 9.20 *(978-1-68376-454-0(4))* Sabeels Publishing.

Kitties Sleep in Funny Places. Marianne McLean. 2021. (ENG.). 40p. (J). ***(978-1-716-69365-6(9));*** pap. ***(978-1-716-69364-9(0))*** Lulu Pr., Inc.

Kitty. Rebecca Jordan-Glum. Illus. by Rebecca Jordan-Glum. 2022. (ENG., Illus.). 40p. (J). 18.99 *(978-1-250-76804-9(7),* 900232927) Roaring Brook Pr.

Kitty Alone. John M. Feierabend. Illus. by Mina Echevarria. 2018. (First Steps in Music Ser.). (ENG.). 32p. (J). (gr. -1-k). 17.95 *(978-1-62277-283-4(0))* G I A Pubns., Inc.

Kitty Alone: A Story of Three Fires (Classic Reprint) S. Baring Gould. 2017. (ENG., Illus.). (J). 31.71 *(978-1-5281-6629-4(9));* pap. 16.57 *(978-1-5276-4314-7(X))* Forgotten Bks.

Kitty Alone, Vol. 1 Of 3: A Story of Three Fires (Classic Reprint) S. Baring-Gould. 2017. (ENG., Illus.). (J). 28.23 *(978-0-265-99290-6(7))* Forgotten Bks.

Kitty Alone, Vol. 2 Of 3: A Story of Three Fires (Classic Reprint) S. Baring-Gould. 2018. (ENG., Illus.). 210p. (J). 28.23 *(978-0-365-12189-3(4))* Forgotten Bks.

Kitty Alone, Vol. 3 Of 3: A Story of Three Fires (Classic Reprint) S. Baring-Gould. 2018. (ENG., Illus.). 208p. (J). 28.19 *(978-0-666-96921-7(3))* Forgotten Bks.

Kitty & Cat: Opposites Attract. Mirka Hokkanen. Illus. by Mirka Hokkanen. 2023. (ENG.). 40p. (J). (-k). 18.99 *(978-1-5362-2367-5(0))* Candlewick Pr.

Kitty & Dragon. Meika Hashimoto. Illus. by Gillian Reid. (Kitty & Dragon Ser.: 1). (ENG.). 104p. (J). 2020. 12.99 *(978-1-5248-6100-1(6));* Volume 1. 2022. pap. 7.99 *(978-1-5248-7642-5(9))* Andrews McMeel Publishing.

Kitty & Her Kits: A Volume of Stories (Classic Reprint) Frances E. Crompton. 2018. (ENG., Illus.). 86p. (J). 25.67 *(978-0-484-42862-0(4))* Forgotten Bks.

Kitty & Me. Judy Wolfman. Illus. by Brett Greiman. 2017. (Reading Stars Ser.). (ENG.). 32p. (J). (gr. k-3). pap. 9.99 *(978-1-5324-0194-7(9))* Xist Publishing.

Kitty & Me / Gatita y Yo. Judy Wolfman. Illus. by Brett Greiman. 2018. (Xist Kids Bilingual Spanish English Ser.). (ENG & SPA.). 32p. (J). (gr. -1-3). pap. 9.99 *(978-1-5324-0669-0(X))* Xist Publishing.

Kitty & the Birds: Leveled Reader Red Fiction Level 4 Grade 1. Hmh Hmh. 2019. (Rigby PM Ser.). (ENG.). 16p. (J). (gr. 1). pap. 11.00 *(978-0-358-12129-9(9))* Houghton Mifflin Harcourt Publishing Co.

Kitty & the Great Lantern Race. Paula Harrison. Illus. by Jenny Lovlie. 2021. (Kitty Ser.: 5). (ENG.). 128p. (J). (gr. 1-5). 15.99 *(978-0-06-293580-9(1));* pap. 5.99 *(978-0-06-293578-6(X))* HarperCollins Pubs. (Greenwillow Bks.).

Kitty & the Moonlight Rescue. Paula Harrison. Illus. by Jenny Lovlie. 2019. (Kitty Ser.: 1). (ENG.). 128p. (J). (gr. 1-5). 15.99 *(978-0-06-293472-7(4));* pap. 5.99 *(978-0-06-293471-0(6))* HarperCollins Pubs. (Greenwillow Bks.).

Kitty & the Sky Garden Adventure. Paula Harrison. Illus. by Jenny Lovlie. 2020. (Kitty Ser.: 3). (ENG.). 128p. (J). (gr. 1-5). 15.99 *(978-0-06-293549-6(6));* pap. 5.99 *(978-0-06-293548-9(8))* HarperCollins Pubs. (Greenwillow Bks.).

Kitty & the Tiger Treasure. Paula Harrison. Illus. by Jenny Lovlie. 2019. (Kitty Ser.: 2). (ENG.). 128p. (J). (gr. 1-5). 15.99 *(978-0-06-293476-5(7));* pap. 5.99 *(978-0-06-293474-1(0))* HarperCollins Pubs. (Greenwillow Bks.).

Kitty & the Treetop Chase. Paula Harrison. Illus. by Jenny Lovlie. 2020. (Kitty Ser.: 4). (ENG.). 128p. (J). (gr. 1-5). 15.99 *(978-0-06-293577-9(1));* pap. 5.99 *(978-0-06-293576-2(3))* HarperCollins Pubs. (Greenwillow Bks.).

Kitty & the Twilight Trouble. Paula Harrison. Illus. by Jenny Lovlie. 2021. (Kitty Ser.: 6). (ENG.). 128p. (J). (gr. 1-5). 15.99 *(978-0-06-293583-0(6));* pap. 6.99 *(978-0-06-293582-3(8))* HarperCollins Pubs. (Greenwillow Bks.).

Kitty Angel. Jane Daphne Knight. 2019. (ENG.). 96p. (J). *(978-1-78878-363-7(8));* pap. *(978-1-78878-362-0(X))* Austin Macauley Pubs. Ltd.

Kitty Ballou's Sanctuary Zoo. Cindy Shirley. Ed. by Cailey Shirley. Illus. by Cleoward Sy. 2019. (ENG.). 64p. (J). (gr. 2-6). 18.95 *(978-1-7324256-4-4(7))* Let's Pretend Childrens Bks.

Kitty Ballou's Sanctuary Zoo: Color Illustration Edition. Cindy L. Shirley. Ed. by Cailey Shirley. Illus. by Cleoward Sy. 2019. (ENG.). 64p. (J). (gr. 3-8). pap. 14.95 *(978-1-7324256-3-7(9))* Let's Pretend Childrens Bks.

Kitty Born at Sea: A Kitty Adventure. Donna Mae Smith. 2019. (ENG.). 116p. (J). 23.99 *(978-0-359-80994-3(4))* Lulu Pr., Inc.

Kitty-Cam: Ready-To-Read Pre-Level 1. Margie Palatini. Illus. by Dan Yaccarino. 2023. (Critter-Cam Ser.). (ENG.). 32p. (J). (gr. -1-k). 17.99 ***(978-1-6659-2732-1(1));*** pap. 4.99 ***(978-1-6659-2731-4(3))*** Simon Spotlight. (Simon Spotlight).

Kitty Canary: A Novel (Classic Reprint) Kate Langley Bosher. (ENG., Illus.). (J). 2018. 200p. 28.04 *(978-0-484-52586-2(7));* 2017. pap. 10.57 *(978-0-243-96907-4(4))* Forgotten Bks.

Kitty-Cat & Moon. Penny Ross Burk. Illus. by Penny Ross Burk. 2023. (ENG.). 36p. (J). pap. 9.99 ***(978-0-9966940-9-4(9))*** Penzart.

Kitty Cat & the Frog: Leveled Reader Yellow Fiction Level 8 Grade 1. Hmh Hmh. 2019. (Rigby PM Ser.). (ENG.). 16p. (J). (gr. 1). pap. 11.00 *(978-0-358-12173-2(6))* Houghton Mifflin Harcourt Publishing Co.

Kitty Cat Catnap. Annie Sweet. Illus. by Patricia Srigley. 2020. (ENG.). 38p. (J). pap. *(978-0-9880081-6-8(5))* Wingate Pr.

Kitty Cat Cried: A Somali Tale. Phillip Martin. Illus. by Phillip Martin. 2023. (ENG.). 34p. (J). 32.95 ***(978-1-365-50596-6(0))*** Lulu Pr., Inc.

Kitty Cat in the Jungle. Leslie Greiner. 2023. (ENG.). 30p. (J). pap. 9.99 ***(978-1-960007-00-1(9))*** Orison Pubs.

Kitty Cat Kind of Love. Holly Johannes. Illus. by Holly Johannes. 2020. (ENG., Illus.). 30p. (J). 16.99 *(978-1-64538-111-2(0));* pap. 10.99 *(978-1-64538-110-5(2))* Orange Hat Publishing.

Kitty Cat, Kitty Cat, Are You Going to Sleep? Bill Martin, Jr. et al. Illus. by Laura J. Bryant. 2020. (ENG.). 26p. (J). (gr. -1-1). pap. 9.99 *(978-1-4778-4734-3(0),* 9781477847343, Two Lions) Amazon Publishing.

Kitty (Classic Reprint) Matilda Edwards. (ENG., Illus.). (J). 2018. 144p. 26.89 *(978-0-365-02330-2(2));* 2017. pap. 9.57 *(978-0-259-37371-1(0))* Forgotten Bks.

Kitty, Come down from There! Coloring Book. Creative Playbooks. 2016. (ENG., Illus.). (J). pap. 7.74 *(978-1-68323-774-7(9))* Twin Flame Productions.

Kitty Cones: the Purrfect Day. Ralph Cosentino. 2018. (ENG., Illus.). 32p. (J). 14.99 *(978-1-68383-239-3(6))* Insight Editions.

Kitty Cones: What Makes Us Happy? Ralph Cosentino. 2018. (ENG., Illus.). 24p. (J). bds. 8.99 *(978-1-68383-237-9(X))* Insight Editions.

Kitty Counts Her Blessings. Kat E. Erikson. Illus. by Roksolana Panchyshyn. 2021. (ENG.). 36p. (J). 13.99 *(978-0-578-99991-3(9))* Luminate Pr.

Kitty Descubre Su Poder / Kitty & the Moonlight Rescue. Paula Harrison. 2020. (Kitty Ser.: 1). (SPA.). 128p. (J). (gr. 2-5). pap. 11.95 *(978-1-64473-183-3(5),* Alfaguara) Penguin Random House Grupo Editorial ESP. Dist: Penguin Random Hse. LLC.

1106 The check digit for ISBN-10 appears in parentheses after the full ISBN-13

Kitty Fairy's Garden Magic. Gabhi Martins. ed. 2022. (Gabby's Dollhouse Ser.). (ENG.). 24p. (J). (gr. k-1). 16.96 ***(978-1-68505-357-4(2))*** Penworthy Co., LLC, The.

Kitty Fairy's Garden Magic (Gabby's Dollhouse Storybook) Gabhi Martins. 2022. (ENG.). 24p. (J). (gr. -1-k). pap. 5.99 *(978-1-338-79275-1(X))* Scholastic, Inc.

Kitty Grafton: Founded on Fact (Classic Reprint) Lucius Manlius Sargent. (ENG., Illus.). (J). 2017. 134p. 26.66 *(978-0-332-46930-0(1))*; 2016. pap. 9.57 *(978-1-333-62462-0(X))* Forgotten Bks.

Kitty Island. Lee Walser. 2018. (ENG., Illus.). 52p. (J). pap. 21.00 *(978-0-359-18704-1(8))* Lulu Pr., Inc.

Kitty Kat Kitty Kat Rome. Russell Punter. 2019. (Picture Bks.). (ENG.). 24ppp. (J). 9.99 *(978-0-7945-4332-7(4),* Usborne) EDC Publishing.

Kitty Kat Kitty Kat Washington DC. Russell Punter. 2019. (Picture Bks.). (ENG.). 24ppp. (J). 9.99 *(978-0-7945-4357-0(X),* Usborne) EDC Publishing.

Kitty Kat, Kitty Kat Where Have You Been - London. Russell Punter. 2018. (Picture Bks.). (ENG.). 24p. (J). 9.99 *(978-0-7945-3970-2(X),* Usborne) EDC Publishing.

Kitty Kat, Kitty Kat Where Have You Been - New York. Russell Punter. 2018. (Picture Bks.). (ENG.). 24p. (J). 9.99 *(978-0-7945-3975-7(0),* Usborne) EDC Publishing.

Kitty Kat, Kitty Kat Where Have You Been - Paris. Russell Punter. 2018. (Picture Bks.). (ENG.). 24p. (J). 9.99 *(978-0-7945-3976-4(9),* Usborne) EDC Publishing.

Kitty Kitty Rescues Mr. Gator. Kindness Queen. Illus. by Jeannette Dennis. 2017. (Virtuous Volumes Ser.: Vol. 2). (ENG.). (J). 17.99 *(978-0-9889060-2-0(3))* Kindness Queen's Empire, The.

Kitty Kitty Rescues Mr. Gator. Kindness Queen & Jeannette Dennis. 2017. (ENG., Illus.). (J). (gr. k-3). pap. 13.99 *(978-0-9889060-4-4(X))* Kindness Queen's Empire, The.

Kitty Landon's Girlhood: A Story (Classic Reprint) Jessie Armstrong. (ENG., Illus.). (J). 2018. 228p. 28.60 *(978-0-483-88103-7(1))*; 2016. pap. 10.97 *(978-1-333-47953-4(0))* Forgotten Bks.

Kitty Maynard: Or to Obey Is Better Than Sacrifice (Classic Reprint) Lucy Ellen Guernsey. 2018. (ENG., Illus.). 274p. (J). 29.57 *(978-0-484-49963-7(7))* Forgotten Bks.

Kitty of the Roses (Classic Reprint) Ralph Henry Barbour. 2018. (ENG., Illus.). 186p. (J). 27.73 *(978-0-484-21962-4(6))* Forgotten Bks.

Kitty of the Sherragh Vane & the Schoolmasters (Classic Reprint) T. E. Brown. (ENG., Illus.). (J). 2017. 26.89 *(978-0-265-43460-4(2))*; 2016. pap. 9.57 *(978-1-334-15941-1(6))* Forgotten Bks.

Kitty of the Sherragh Vane & the Schoolmasters, Pp. 247-385. T. E. Brown. 2017. (ENG., Illus.). (J). pap. *(978-0-649-62266-5(9))* Trieste Publishing Pty Ltd.

Kitty Prince. J. B. Roach. 2016. (ENG., Illus.). (J). pap. 12.95 *(978-1-68197-857-4(1))* Christian Faith Publishing.

Kitty Prince Helps a Stranger. J. B. Roach. 2019. (ENG.). 30p. (J). pap. 13.95 *(978-1-64515-470-9(X))* Christian Faith Publishing.

Kitty Quest. Phil Corbett. 2021. (ENG., Illus.). 208p. (J). (gr. 2-5). 20.99 *(978-0-593-20544-0(8))*; pap. 12.99 *(978-0-593-20546-4(4))* Penguin Young Readers Group. (Razorbill).

Kitty Quest: Tentacle Trouble. Phil Corbett. 2022. (ENG.). 208p. (J). (gr. 2-5). 20.99 *(978-0-593-20547-1(2))*; pap. 12.99 *(978-0-593-20549-5(9))* Penguin Young Readers Group. (Razorbill).

Kitty Realms. Ben Robson. 2019. (ENG., Illus.). 88p. (J). *(978-3-7439-9995-4(1))* tredition Verlag.

Kitty Salva la Noche / Kitty & the Tiger Treasure. Paula Harrison. 2020. (Kitty Ser.: 2). (SPA.). 128p. (J). (gr. 2-5). pap. 11.95 *(978-1-64473-182-6(7),* Alfaguara) Penguin Random House Grupo Editorial ESP. Dist: Penguin Random Hse. LLC.

Kitty School (Gabby's Dollhouse: Scholastic Reader, Level 1) (Media Tie-In), 1 vol. Gabrielle Reyes. ed. 2022. (Scholastic Reader, Level 1 Ser.). (ENG.). 32p. (J). (gr. -1-k). pap. 5.99 *(978-1-338-80446-1(4))* Scholastic, Inc.

Kitty Stuck. Emma Pullar. Illus. by Beth Pullar. 2018. (Rupert's Reads Ser.: Vol. 1). (ENG.). 34p. (J). pap. *(978-1-9998240-4-4(0))* A Spark in the Sand.

Kitty Sweet Tooth. Abby Denson. Illus. by Utomaru. 2021. (Kitty Sweet Tooth Ser.). (ENG.). 96p. (J). 17.99 *(978-1-250-19677-4(9),* 900194246, First Second Bks.) Roaring Brook Pr.

Kitty Sweet Tooth Makes a Movie. Abby Denson. Illus. by Utomaru. 2022. (Kitty Sweet Tooth Ser.). (ENG.). 96p. (J). 17.99 *(978-1-250-19678-1(7),* 900194247, First Second Bks.) Roaring Brook Pr.

Kitty, the Wind & the Magic Umbrella. Cora Butler-Jones. (ENG.). 58p. (J). 2022. 18.99 ***(978-1-953839-98-5(3))***; 2021. pap. 13.99 *(978-1-956876-28-4(6))* WorkBk. Pr.

Kitty, Vol. 1 of 3 (Classic Reprint) M. Betham Edwards. 2017. (ENG., Illus.). (J). pap. 13.57 *(978-0-259-18829-2(8))* Forgotten Bks.

Kitty, Vol. 1 of 3 (Classic Reprint) Matilda Barbara Edwards. 2018. (ENG., Illus.). 314p. (J). 30.37 *(978-0-332-51836-7(1))* Forgotten Bks.

Kitty, Vol. 2 of 3 (Classic Reprint) M. Betham Edwards. 2018. (ENG., Illus.). 302p. (J). 30.15 *(978-0-483-62940-0(5))* Forgotten Bks.

Kitty y el Secreto Del Jardín / Kitty & the Sky Garden Adventure. Paula Harrison. 2020. (Kitty Ser.: 3). (SPA.). 128p. (J). (gr. 2-5). pap. 11.95 *(978-1-64473-244-1(0),* Alfaguara) Penguin Random House Grupo Editorial ESP. Dist: Penguin Random Hse. LLC.

Kittybear. Anne P. Culbertson. 2019. (ENG.). 64p. (J). pap. 9.99 *(978-1-5456-6403-2(X))* Salem Author Services.

Kittyface. Sarah Cronstedt. 2017. (ENG., Illus.). (J). pap. *(978-0-6480641-0-7(7))* arima publishing.

Kittyleen (Classic Reprint) Sophie May. 2018. (ENG., Illus.). 224p. (J). 28.52 *(978-0-267-20047-0(3))* Forgotten Bks.

Kitty's Class-Day: A Stitch in Time, Saves Nine; Aunt Kipp; Children & Fools Speak the Truth; Psyche's Art; Handsome Is, That Handsome Does (Classic Reprint) Louisa Alcott. 2018. (ENG., Illus.). 164p. (J). 27.28 *(978-0-267-20719-0(0))* Forgotten Bks.

Kitty's Class Day: A Stitch in Time Saves Nine (Classic Reprint) Louisa Alcott. 2018. (ENG., Illus.). 20p. (J). 24.31 *(978-0-267-24064-7(3))* Forgotten Bks.

Kitty's Conquest (Classic Reprint) Charles King. 2017. (ENG., Illus.). 314p. (J). 30.37 *(978-0-266-19216-9(5))* Forgotten Bks.

Kitty's Cuddles. Jane Cabrera. (Jane Cabrera's Story Time Ser.). (J). (— 1). 2023. (ENG., Illus.). 32p. pap. 8.99 ***(978-0-8234-5600-0(5))***; 2020. 24p. bds. 7.99 *(978-0-8234-4471-7(6))*; 2020. (Illus.). 32p. 18.99 *(978-0-8234-4472-4(4))* Holiday Hse., Inc.

Kitty's Engagement: A Novel (Classic Reprint) Florence Warden. 2017. (ENG., Illus.). (J). 29.80 *(978-0-331-96493-6(7))*; pap. 13.57 *(978-0-259-20591-3(5))* Forgotten Bks.

Kitty's Letters. Sarah Lechmere. 2017. (ENG., Illus.). 216p. (J). pap. *(978-0-244-03390-3(0))* Lulu Pr., Inc.

Kitty's Magic 1: Misty the Scared Kitten. Ella Moonheart. 2018. (Kitty's Magic Ser.). (ENG., Illus.). 128p. (J). pap. 6.99 *(978-1-68119-385-4(X),* 900172065, Bloomsbury USA Childrens) Bloomsbury Publishing USA.

Kitty's Magic 2: Shadow the Lonely Cat. Ella Moonheart. 2018. (Kitty's Magic Ser.). (ENG., Illus.). 128p. (J). 15.99 *(978-1-68119-609-1(3),* 900179032); pap. 5.99 *(978-1-68119-387-8(6),* 900172074) Bloomsbury Publishing USA. (Bloomsbury USA Childrens).

Kitty's Magic 3: Ruby the Runaway Kitten. Ella Moonheart. 2018. (Kitty's Magic Ser.). (ENG., Illus.). 128p. (J). pap. 5.99 *(978-1-68119-389-2(2),* 900172064, Bloomsbury Children's Bks.) Bloomsbury Publishing USA.

Kitty's Magic 4: Star the Little Farm Cat. Ella Moonheart. 2018. (Kitty's Magic Ser.). (ENG., Illus.). 128p. (J). 15.99 *(978-1-68119-703-6(0),* 900182274); pap. 5.99 *(978-1-68119-391-5(4),* 900172066) Bloomsbury Publishing USA. (Bloomsbury Children's Bks.).

Kitty's Magic 5: Frost & Snowdrop the Stray Kittens. Ella Moonheart. 2018. (Kitty's Magic Ser.). (ENG., Illus.). 128p. (J). 15.99 *(978-1-68119-908-5(4),* 900191749); pap. 5.99 *(978-1-68119-907-8(6),* 900191744) Bloomsbury Publishing USA. (Bloomsbury Children's Bks.).

Kitty's Magic 6: Sooty the Birthday Cat. Ella Moonheart. 2018. (Kitty's Magic Ser.). (ENG., Illus.). 128p. (J). 15.99 *(978-1-68119-911-5(4),* 900191748, Bloomsbury Children's Bks.) Bloomsbury Publishing USA.

Kitty's Magic 7: Scout the School Cat. Ella Moonheart. 2020. (Kitty's Magic Ser.). (ENG., Illus.). 128p. (J). 15.99 *(978-1-5476-0492-0(1),* 900225263); pap. 5.99 *(978-1-5476-0491-3(3),* 900225272) Bloomsbury Publishing USA. (Bloomsbury Children's Bks.).

Kitty's Magic 8: Bobby the Show-Off Cat. Ella Moonheart. 2020. (Kitty's Magic Ser.). (ENG., Illus.). 128p. (J). pap. 5.99 *(978-1-5476-0494-4(8),* 900225262, Bloomsbury Children's Bks.) Bloomsbury Publishing USA.

Kitty's Triumph (Classic Reprint) Mary J. Clifford. 2018. (ENG., Illus.). 60p. (J). 25.13 *(978-0-483-94203-5(0))* Forgotten Bks.

Kitwyk Stories (Classic Reprint) Anna Eichberg King. 2018. (ENG., Illus.). 370p. (J). 31.55 *(978-0-484-36319-8(0))* Forgotten Bks.

Kiungani, or Story & History from Central Africa: Written by Boys in the Schools of the Universities' Mission to Central Africa (Classic Reprint) Arthur Cornwallis Madan. (ENG., Illus.). (J). 2018. 340p. 30.91 *(978-0-365-23437-1(0))*; 2017. pap. 13.57 *(978-0-259-47912-3(8))* Forgotten Bks.

Kiva's Bad Day. Ronna M. Bacon. 2020. (ENG.). 26p. (J). *(978-1-989699-33-1(2))* Bacon, Ronna.

Kiviuq & the Bee Woman. Noel McDermott. Illus. by Toma Feizo Gas. 2019. (Kiviuq Ser.: 2). (ENG.). 36p. (J). (gr. 4-8). 16.95 *(978-1-77227-215-4(9))* Inhabit Media Inc. CAN. Dist: Consortium Bk. Sales & Distribution.

Kiviuq & the Mermaids, 1 vol. Noel McDermott. Illus. by Toma Feizo Gas. 2016. (Kiviuq Ser.: 1). (ENG.). 40p. (J). (gr. 4-8). 16.95 *(978-1-77227-082-2(2))* Inhabit Media Inc. CAN. Dist: Consortium Bk. Sales & Distribution.

Kiwi. Susanna Isern. Illus. by Rebeca Luciana. 2019. (ENG.). 32p. (J). (gr. -1-k). 16.95 *(978-84-16566-93-8(3))* Ediciones La Fragatina ESP. Dist: Independent Pubs. Group.

Kiwi & Little Blue: And What Makes a Bird a Bird? Emily Brunner. 2021. (ENG.). 32p. (J). 17.99 *(978-1-7361272-1-6(7))* Barefoot Seeker: Art by Emily Brunner.

Kiwi Cannot Reach! Jason Tharp. 2019. (Ready-To-Read Ser.). (ENG.). 32p. (J). (gr. k-1). 13.96 *(978-0-87617-687-0(2))* Penworthy Co., LLC, The.

Kiwi Cannot Reach! Ready-To-Read Level 1. Jason Tharp. Illus. by Jason Tharp. 2019. (Ready-To-Read Ser.). (ENG., Illus.). 32p. (J). (gr. -1-1). 17.99 *(978-1-5344-2512-5(8))*; pap. 4.99 *(978-1-5344-2511-8(X))* Simon Spotlight. (Simon Spotlight).

Kiwis Can't Fly. Katrina Matich. Illus. by Amanda A'Hara. 2021. (ENG.). 36p. (J). pap. ***(978-0-473-60079-2(X))*** MTL Investments Ltd.

Kiyo Sato: From a WWII Japanese Internment Camp to a Life of Service. Connie Goldsmith. 2020. (ENG., Illus.). 136p. (YA). (gr. 6-12). lib. bdg. 37.32 *(978-1-5415-5901-1(0),* 2a408fd2-1fc4-4b94-82e3-711afa7c4f4f, Twenty-First Century Bks.) Lerner Publishing Group.

Kiyoshi's Walk, 1 vol. Mark Karlins. Illus. by Nicole Wong. 2021. (ENG.). 32p. (J). (gr. 1-3). 19.95 *(978-1-62014-958-4(3),* leelowbooks, Shen's Bks.) Lee & Low Bks., Inc.

Kizzi the Fire Pug. Leroy Shaw. 2016. (ENG., Illus.). (J). pap. *(978-0-9954754-0-3(7))* Tiger Flame Publishing.

Kizzi the Fire Pug: Book 2 Believe. Leroy Shaw. Illus. by Gabriela Araujo. 2019. (Kizzi the Fire Pug Ser.: Vol. 2). (ENG.). 44p. (J). pap. *(978-0-9954754-1-0(5))* Tiger Flame Publishing.

Kizzy & Jelly Bean. K. T. Rome. 2020. (ENG., Illus.). 26p. (J). 23.95 *(978-1-64801-589-2(1))*; pap. 13.95 *(978-1-64801-588-5(3))* Newman Springs Publishing, Inc.

KJV Baby's First New Testament Red Letter Comfort Print [Blue]. Thomas Nelson. 2022. (ENG.). 320p. (J). im. lthr. 19.99 *(978-0-7852-5339-6(4))* Nelson, Thomas Inc.

KJV Baby's First New Testament Red Letter Comfort Print [Pink]. Thomas Nelson. 2022. (ENG.). 320p. (J). im. lthr. 19.99 *(978-0-7852-5340-2(8))* Nelson, Thomas Inc.

KJV Baby's First New Testament Red Letter Comfort Print [White]. Thomas Nelson. 2022. (ENG.). 320p. (J). 14.99 *(978-0-7852-5338-9(6))* Nelson, Thomas Inc.

KJV Kids' Bedtime Devotional Bible: Featuring Art from the Popular 365 Best Loved Bible Stories for Kids. Compiled by Compiled by Barbour Staff. 2022. (ENG., Illus.). 1216p. (J). 29.99 *(978-1-63609-362-8(0),* Barbour Bibles) Barbour Publishing, Inc.

KJV Kids Bible, Aqua LeatherTouch: Holy Bible. Ed. by Holman Bible Publishers. 2017. (ENG., Illus.). 1568p. (J). (gr. 2-7). im. lthr. 29.99 *(978-1-4627-6230-9(1),* 005795982, B&H Kids) B&H Publishing Group.

KJV Kids Bible Flexisoft Blue & Green. Created by Hendrickson Publishers. 2021. (ENG., Illus.). 1104p. (J). lthr. 24.95 *(978-1-68307-369-7(X),* 20_37224) Tyndale Hse. Pubs.

KJV Kids Bible, Hardcover: Holy Bible. Ed. by Holman Bible Publishers. 2017. (ENG., Illus.). 1568p. (J). (gr. 2-7). 19.99 *(978-1-4627-6265-1(4),* 005796031, B&H Kids) B&H Publishing Group.

KJV Kids Bible, Lion LeatherTouch. Ed. by Holman Bible Publishers. 2020. (ENG.). 1568p. (J). (gr. 2-7). im. lthr. 29.99 *(978-1-0877-1091-4(X),* 005825847, Holman Bible Pubs.) B&H Publishing Group.

KJV Kids Bible, Pink LeatherTouch. Ed. by Holman Bible Publishers. 2023. (ENG.). 1568p. (J). (gr. 2-7). im. lthr. 29.99 ***(978-1-4300-8275-0(5),*** 005845467, B&H Kids) B&H Publishing Group.

KJV Kids Bible, Royal Blue LeatherTouch. Ed. by Holman Bible Publishers. 2017. (ENG., Illus.). 1568p. (J). (gr. 2-7). im. lthr. 29.99 *(978-1-4627-6229-3(8),* 005795981, B&H Kids) B&H Publishing Group.

KJV Kids Bible, Sports LeatherTouch. Ed. by Holman Bible Publishers. 2023. (ENG.). 1568p. (J). (gr. 2-7). im. lthr. 29.99 ***(978-1-4300-8276-7(3),*** 005845468, B&H Kids) B&H Publishing Group.

KJV Kids Bible, Thinline Edition, Aqua LeatherTouch. Ed. by Holman Bible Publishers. 2022. (ENG.). 1056p. (J). (gr. 2-7). im. lthr. 24.99 *(978-1-0877-7482-4(9),* 005839588, Holman Bible Pubs.) B&H Publishing Group.

KJV Kids Bible, Thinline Edition, Midnight Blue LeatherTouch. Ed. by Holman Bible Publishers. 2022. (ENG.). 1056p. (J). (gr. 2-7). im. lthr. 24.99 *(978-1-0877-7483-1(7),* 005839589, Holman Bible Pubs.) B&H Publishing Group.

KJV Kids Bible, Thinline Edition, Navy LeatherTouch. Ed. by Holman Bible Publishers. 2022. (ENG.). 1056p. (J). (gr. 2-7). im. lthr. 24.99 *(978-1-0877-7481-7(0),* 005839587, Holman Bible Pubs.) B&H Publishing Group.

KJV Kids Study Bible Flex Green Blue. Created by Hendrickson Publishers. 2020. (ENG., Illus.). 1152p. (J). lthr. 29.95 *(978-1-68307-282-9(0),* 20_37223) Tyndale Hse. Pubs.

KJV Kids Study Bible Flex Purple Green. Created by Hendrickson Publishers. 2020. (ENG., Illus.). 1152p. (J). lthr. 29.95 *(978-1-68307-283-6(9),* 20_37222) Tyndale Hse. Pubs.

KJV Outreach Bible for Kids: Holy Bible. Holman Bible Publishers. 2023. (ENG.). 784p. (J). (gr. 1-6). pap. 4.99 *(978-1-0877-8717-6(3),* 005842676, Holman Bible Pubs.) B&H Publishing Group.

KJV Thinline Bible for Kids [Charcoal], 1 vol. Zonderkidz. 2018. (ENG.). 992p. (J). lthr. 19.99 *(978-0-310-76383-5(5))* Nelson, Thomas Inc.

KJV Thinline Bible for Kids [Pink], 1 vol. Zonderkidz. 2018. (ENG.). 992p. (J). lthr. 19.99 *(978-0-310-76366-6(5))* Nelson, Thomas Inc.

KJV Thinline Bible Youth Red Letter Edition [Blue], 1 vol. Thomas Thomas Nelson. 2019. (ENG.). 992p. (YA). im. lthr. 24.99 *(978-0-7852-2575-1(7))* Nelson, Thomas Inc.

KJV Thinline Bible Youth Red Letter Edition [Brown], 1 vol. Thomas Thomas Nelson. 2019. (ENG.). 992p. (YA). im. lthr. 24.99 *(978-0-7852-2569-0(2))* Nelson, Thomas Inc.

KJV Thinline Bible Youth Red Letter Edition [Burgundy], 1 vol. Thomas Nelson Publishing Staff. 2019. (ENG.). 992p. (YA). im. lthr. 24.99 *(978-0-7852-2576-8(5))* Nelson, Thomas Inc.

KJV Thinline Bible Youth Red Letter Edition [Grey], 1 vol. Thomas Nelson. 2019. (ENG.). 992p. (YA). im. lthr. 24.99 *(978-0-7852-2572-0(2))* Nelson, Thomas Inc.

KJV, Thinline Youth Edition Bible, Verse Art Cover Collection, Leathersoft, Red Letter, Comfort Print: Holy Bible, King James Version [Blue]. Thomas Nelson. 2022. (ENG.). 992p. (YA). im. lthr. 29.99 *(978-0-7852-9289-0(6))* Nelson, Thomas Inc.

KJV, Thinline Youth Edition Bible, Verse Art Cover Collection, Leathersoft, Red Letter, Comfort Print: Holy Bible, King James Version [Teal]. Thomas Nelson. 2022. (ENG.). 992p. (YA). im. lthr. 29.99 *(978-0-7852-9290-6(X))* Nelson, Thomas Inc.

Kk see Kk (Spanish Language)

Kk. Bela Davis. 2016. (Alphabet Ser.). (ENG., Illus.). 24p. (J). (gr. -1-2). lib. bdg. 31.36 *(978-1-68080-887-2(7),* 23249, Abdo Kids) ABDO Publishing Co.

KK & the Stethoscope. Viola Richards. 2020. (ENG.). 24p. (J). pap. 13.95 *(978-1-64801-051-4(2))* Newman Springs Publishing, Inc.

KK Cooks Guacamole. Kylie Renee Reid. Ed. by Tierra Destiny Reid. Illus. by Laura Acosta. 2017. (ENG.). 24p. (J). pap. 10.00 *(978-1-947574-00-7(0))* TDR Brands Publishing.

KK Loves Gymnastics. Kylie Renee Reid. Ed. by Tierra Destiny Reid. Illus. by Laura Acosta. 2017. (ENG.). 24p. (J). pap. 10.00 *(978-0-9988804-2-6(6))* TDR Brands Publishing.

Kk (Spanish Language) Maria Puchol. 2017. (Abecedario (the Alphabet) Ser.).Tr. of Kk. (SPA.). 24p. (J). (gr. -1-2). lib. bdg. 31.36 *(978-1-5321-0310-0(7),* 27185, Abdo Kids) ABDO Publishing Co.

Klangspaziergang Toronto Ontario. Galina Vakhromova. 2022. (GER.). 47p. (C). pap. ***(978-1-387-48789-9(2))*** Lulu Pr., Inc.

Klara Plotzky und der Elfenvampir. Marco Reuther. 2016. (GER.). 334p. (J). pap. *(978-3-946966-04-3(7))* Reuther , Marco Armbrustverlag.

Klara the Flying Cow. Linda Frietman. 2020. (ENG.). 30p. (J). pap. *(978-1-5289-0970-9(4))* Austin Macauley Pubs. Ltd.

Klara the Skating Cow. Linda Frietman. 2017. (ENG., Illus.). 27p. (J). pap. 12.99 *(978-1-78693-912-8(6),* d0d9211f-13b2-4250-8374-af5319cac959) Austin Macauley Pubs. Ltd. GBR. Dist: Baker & Taylor Publisher Services (BTPS).

Klara's Trip to Amsterdam. Trudy McNair. 2017. (ENG., Illus.). (J). 19.99 *(978-0-9976408-2-3(0))* McNair Publishing.

Klaus Hinrich Baas: The Story of a Self-Made Man (Classic Reprint) Gustav Frenssen. 2018. (ENG., Illus.). 456p. (J). 33.32 *(978-0-483-76871-0(5))* Forgotten Bks.

Klawde: Evil Alien Warlord Cat #1. Johnny Marciano & Emily Chenoweth. Illus. by Robb Mommaerts. (Klawde: Evil Alien Warlord Cat Ser.: 1). 224p. (J). (gr. 3-7). 2020. pap. 8.99 *(978-0-593-22523-3(6))*; 2019. 14.99 *(978-1-5247-8720-2(5))* Penguin Young Readers Group. (Penguin Workshop).

Klawde: Evil Alien Warlord Cat: Emperor of the Universe #5. Johnny Marciano & Emily Chenoweth. Illus. by Robb Mommaerts. 2020. (Klawde: Evil Alien Warlord Cat Ser.: 5). 224p. (J). (gr. 3-7). 14.99 *(978-0-593-09622-2(3),* Penguin Workshop) Penguin Young Readers Group.

Klawde: Evil Alien Warlord Cat: Enemies #2. Johnny Marciano & Emily Chenoweth. Illus. by Robb Mommaerts. (Klawde: Evil Alien Warlord Cat Ser.: 2). 224p. (J). (gr. 3-7). 2020. pap. 7.99 *(978-0-593-22524-0(4))*; 2019. 14.99 *(978-1-5247-8722-6(1))* Penguin Young Readers Group. (Penguin Workshop).

Klawde: Evil Alien Warlord Cat: Revenge of the Kitten Queen #6. Johnny Marciano & Emily Chenoweth. Illus. by Robb Mommaerts. 2021. (Klawde: Evil Alien Warlord Cat Ser.: 6). 224p. (J). (gr. 5). 14.99 *(978-0-593-09624-6(X),* Penguin Workshop) Penguin Young Readers Group.

Klawde: Evil Alien Warlord Cat: Target: Earth #4. Johnny Marciano & Emily Chenoweth. Illus. by Robb Mommaerts. 2020. (Klawde: Evil Alien Warlord Cat Ser.: 4). 224p. (J). (gr. 3-7). 14.99 *(978-1-5247-8729-5(9),* Penguin Workshop) Penguin Young Readers Group.

Klawde: Evil Alien Warlord Cat: the Spacedog Cometh #3, 3. Johnny Marciano & Emily Chenoweth. Illus. by Robb Mommaerts. 2019. (Klawde: Evil Alien Warlord Cat Ser.: 3). 224p. (J). (gr. 3-7). 14.99 *(978-1-5247-8724-0(8),* Penguin Workshop) Penguin Young Readers Group.

Klay Thompson: Basketball Sharpshooter. Matt Chandler. 2020. (Sports Illustrated Kids Stars of Sports Ser.). (ENG., Illus.). 32p. (J). (gr. 3-5). lib. bdg. 31.32 *(978-1-4966-8382-3(X),* 200254, Capstone Pr.) Capstone.

Kleath (Classic Reprint) Madge Macbeth. (ENG., Illus.). (J). 2017. 32.52 *(978-0-265-46283-6(5))*; 2016. pap. 16.57 *(978-1-334-14444-8(3))* Forgotten Bks.

Klein Insectenboek see Hello Bugs, What Do You Do?

Kleine Fuchs Friedrich. Franka Hohne. 2018. (GER., Illus.). 24p. (J). *(978-0-244-43834-0(X))* Lulu Pr., Inc.

Kleine Käfer. Marina Stein. 2018. (GER., Illus.). 40p. (J). pap. *(978-3-7469-8851-1(9))* tredition Verlag.

Kleine Knig Entdeckt Die Farben. Agnes Roggendorf. 2018. (GER., Illus.). 36p. (J). *(978-3-7439-4911-9(3))* tredition Verlag.

Kleine Lord. Burnett: Originalroman (Bibliothek der Kinderbuchklassiker) Frances Burnett. 2016. (GER., Illus.). (J). pap. *(978-3-946571-18-6(2))* Fiedler, Andreas. aionas Verlag.

Kleine Prinz. Antoine de Saint-Exupéry. 2021.Tr. of Petit Prince. (J). pap. *(978-1-63843-360-6(7))* Carpentino, Michela.

Kleine Schlossgespenst. Annett Ledong. 2020. (GER.). 94p. (J). pap. *(978-0-244-26018-7(4))* Lulu Pr., Inc.

Kleine Weie Schulbus. Esther Jungfleisch. 2017. (GER., Illus.). (J). pap. *(978-3-7103-3058-2(0))* united p.c. Verlag.

Kleine Wolkenschieber. Chris Larsen. 2018. (GER., Illus.). 70p. (J). *(978-3-7469-1239-4(3))*; pap. *(978-3-7469-1238-7(5))* tredition Verlag.

Kleiner Dodo was Spielst du? see Pequeno Coco

Kleiner Fuchs und Die Bärenkönigin. Rowan Sylva. Illus. by Daniela Gast. 2022. (Die Abenteuer Von Kleiner Fuchs Ser.: Vol. 2). (GER.). 74p. (J). pap. *(978-1-9911519-8-8(5))* Lasavia Publishing Ltd.

Kleiner Fuchs und Die Insel der Papageien. Rowan Sylva. Illus. by Daniela Gast. 2022. (GER & ENG.). 80p. (J). pap. *(978-1-9911605-2-2(6))* Lasavia Publishing Ltd.

Kleiner Fuchs und Die Regenstäbe. Rowan Sylva. 2019. (Die Abenteuer Von Kleiner Fuchs Ser.: Vol. 1). (GER., Illus.). 72p. (J). pap. *(978-0-473-46311-3(3))* Lasavia Publishing Ltd.

Kleiner Groer Jonathan und der Samen des Glucks. Jannis Bothe. 2017. (GER., Illus.). (J). *(978-3-9818880-1-0(4))* Bothe, Jannis.

Kleiner Herzensbrecher Namens Nepomuk. Diana Hochgrafe. 2018. (GER., Illus.). 114p. (J). *(978-3-7469-9614-1(7))*; pap. *(978-3-7469-9613-4(9))* tredition Verlag.

Kleuren Fan Papegaaien: In Yntroduksje Fan in Bern Yn Kleuren Yn 'e Natuerlike Wrâld. David E. McAdams. Illus. by Bouquet. 2020. (Kleuren Yn 'e Natuerlike Wrâld Ser.: Vol. 1). (FRY.). 38p. (J). pap. 14.95 *(978-1-63270-223-4(1))* Life is a Story Problem LLC.

Kligerovke: Aza Shtetele: Mesholim Fun Pirke Oves - in Bilder. Hadas Irenshtain. Illus. by M. Vainreb. 2017. (YID.). 73p. *(978-1-68091-168-8(6))* Kinder Shpiel USA, Inc.

Klinsmann. Matt Oldfield & Tom Oldfield. 2018. (Football Heroes - International Editions Ser.). (ENG.). 176p. (gr. 4-7). pap. 9.99 *(978-1-78606-922-1(9))* Blake, John Publishing, Ltd. GBR. Dist: Independent Pubs. Group.

Klockwerks. Michael Vance. 2017. (ENG., Illus.). (J). pap. 11.99 *(978-1-943245-16-1(9))* Kay, James Publishing.

Klondike Clan: A Tale of the Great Stampede (Classic Reprint) S. Hall Young. 2018. (ENG., Illus.). 414p. (J). 32.44 *(978-0-267-93806-3(3))* Forgotten Bks.

Kluck Daclown Series: This Is Kluck Daclown: Book 1. Ann Drews. 2022. (Kluck Daclown Ser.: Vol. 1). (ENG.). 26p. (J). pap. 12.99 *(978-1-63984-271-1(3))* Pen It Pubns.

Kluge Junge und das Schreckliche, Gefährliche Tier: Zweisprachige Ausgabe Deutsch-Dari. Idries. Shah. Tr.

K

by Ingeborg Weinmann White. Illus. by Rose Mary Santiago. 2022. (Lehrgeschichten Ser.). (GER.). 40p. (J). (gr. 1-6). pap. 11.90 *(978-1-953292-62-9(3)*, Hoopoe Bks.) I S H K.

Klutz: 101 Outrageously Fun Things to Do. 1 vol. Editors of Klutz. 2017. (ENG.). 80p. (J). (gr. 3-7). 19.99 *(978-1-338-10640-4(6))* Klutz.

Klutz Book of Knots. Editors of Klutz. 2017. (ENG.). 22p. (J). (gr. 3-7). 14.99 *(978-1-338-10642-8(2))* Scholastic, Inc.

Klytia, Vol. 1 Of 2: A Story of Heidelberg Castle (Classic Reprint) George Taylor. 2017. (ENG., Illus.). (J). 35.03 *(978-1-5283-7271-8(9))* Forgotten Bks.

Knack Knack. Douglas P. Krimmel. 2020. (ENG.). 124p. (YA). pap. 14.95 *(978-1-6624-0276-0(7))* Page Publishing Inc.

Knack of It: Some Essays in Optimism (Classic Reprint) Charles Battell Loomis. 2017. (ENG., Illus.). (J). 27.67 *(978-0-331-23342-1(8))* Forgotten Bks.

Knapsack: A Collection of Original Short Stories, Sketches, Anecdotes & Essays; Contributed by the Members of the Underwriters' Association of the Pacific, & Printed by Order of the Association (Classic Reprint) Unknown Author. 2018. (ENG., Illus.). 302p. (J). 30.19 *(978-0-484-74086-9(5))* Forgotten Bks.

Knave of Diamonds (Classic Reprint) Ethel May Dell. (ENG., Illus.). (J). 2018. 388p. 31.92 *(978-0-364-01730-2(9))*; 2017. pap. 16.57 *(978-0-243-51607-0(X))* Forgotten Bks.

Knave of Hearts. Robert Grant. 2017. (ENG.). 204p. (J). pap. *(978-3-7446-6531-5(3))* Creation Pubs.

Knave of Hearts: A Fairy Story. Robert Grant. 2017. (ENG., Illus.). (J). pap. *(978-0-649-62270-2(7))* Trieste Publishing Pty Ltd.

Knave of Hearts: A Fairy Story (Classic Reprint) Robert Grant. 2018. (ENG., Illus.). 202p. (J). 28.06 *(978-0-656-90174-6(8))* Forgotten Bks.

Knaves & Fools, or Friends of Bohemia: A Satirical Novel of London Life (Classic Reprint) Edward Michael Whitty. 2017. (ENG., Illus.). (J). 32.81 *(978-0-266-71785-0(3))*; pap. 16.57 *(978-1-5276-7406-6(1))* Forgotten Bks.

Knee Deep. Karol Ann Hoeffner. 2020. (ENG.). 219p. (YA). (gr. 7). pap. 15.95 *(978-1-64603-009-5(5))* Regal Hse. Publishing, LLC.

Knee-Deep in Niceness. Deb Lucke. ed. 2016. (Lunch Witch Ser.: 2). (ENG.). 180p. (J). (gr. 2-5). 26.95 *(978-0-606-39301-0(3))* Turtleback.

Knee-Knock Rise see Cerro del Abismo

Kneel. Candace Buford. (ENG.). (YA). 2022. 304p. pap. 11.99 *(978-1-335-45435-5(7))*; 2021. 320p. 18.99 *(978-1-335-40251-6(9))* Harlequin Enterprises ULC CAN. Dist: HarperCollins Pubs.

Kneeland Miscellany: A Heterogeneous Collection Consisting of Father's & Mother's Songs, Genealogical Notes of the Crockett & Heagan Families & Incidents of Family History (Classic Reprint) Bertha Louise Kneeland. (ENG., Illus.). (J). 2018. 802p. 40.44 *(978-0-267-35096-4(1))*; 2016. pap. 23.57 *(978-1-333-74188-4(X))* Forgotten Bks.

Knick-Knacks: From an Editor's Table (Classic Reprint) Lewis Gaylord Clark. (ENG., Illus.). (J). 2018. 348p. 31.07 *(978-0-656-92513-1(2))*; 2016. pap. 13.57 *(978-1-333-46535-3(1))* Forgotten Bks.

Knick Knacks (Classic Reprint) Herbert Leonard Coggins. 2018. (ENG., Illus.). 156p. (J). 27.13 *(978-0-483-70917-1(4))* Forgotten Bks.

Knick-Knacks from an Editor's Table (Classic Reprint) Lewis Gaylord Clark. 2018. (ENG., Illus.). 350p. (J). 31.12 *(978-0-483-53461-2(7))* Forgotten Bks.

Knickerbocker 1841: Or New-York Monthly Magazine (Classic Reprint) Charles Fenno Hoffman. 2017. (ENG., Illus.). (J). 550p. 35.26 *(978-0-332-20606-6(8))*; pap. 19.57 *(978-1-5276-7086-0(4))* Forgotten Bks.

Knickerbocker 1892: Or New-York Monthly Magazine (Classic Reprint) Unknown Author. (ENG., Illus.). (J). 2018. 606p. 36.40 *(978-0-483-25740-5(0))*; 2016. pap. 19.57 *(978-1-334-51963-5(3))* Forgotten Bks.

Knickerbocker Gallery: A Testimonial to the Editor of the Knickerbocker Magazine, from Its Contributors (Classic Reprint) Lewis Gaylord Clark. (ENG., Illus.). (J). 2018. 692p. 38.19 *(978-0-332-41420-1(5))*; 2016. pap. 20.57 *(978-1-333-57951-7(9))* Forgotten Bks.

Knickerbocker, New-York Monthly Magazine, Vol. 40: July, 1852 (Classic Reprint) Unknown Author. (ENG., Illus.). (J). 2018. 566p. 35.57 *(978-0-483-43744-9(1))*; 2017. pap. 19.57 *(978-1-334-93763-7(X))* Forgotten Bks.

Knickerbocker, or New-York Monthly Magazine, 1835, Vol. 6 (Classic Reprint) Unknown Author. 2017. (ENG., Illus.). (J). pap. 16.97 *(978-1-5278-6980-6(6))* Forgotten Bks.

Knickerbocker, or New-York Monthly Magazine, 1837, Vol. 9 (Classic Reprint) Unknown Author. 2017. (ENG., Illus.). (J). pap. 19.57 *(978-1-334-92040-0(0))* Forgotten Bks.

Knickerbocker, or New-York Monthly Magazine, 1839, Vol. 14 (Classic Reprint) Unknown Author. (ENG., Illus.). (J). 2018. 566p. 35.59 *(978-0-666-40368-1(6))*; 2017. pap. 19.57 *(978-1-334-92301-2(9))* Forgotten Bks.

Knickerbocker, or New-York Monthly Magazine, 1841, Vol. 18 (Classic Reprint) Charles Fenno Hoffman. 2017. (ENG., Illus.). (J). 35.82 *(978-0-265-73328-6(6))*; pap. 19.57 *(978-1-5276-9967-0(6))* Forgotten Bks.

Knickerbocker, or New-York Monthly Magazine, 1843, Vol. 21 (Classic Reprint) Charles Fenno Hoffman. 2017. (ENG., Illus.). (J). 658p. 37.49 *(978-0-484-38713-2(8))*; pap. 19.57 *(978-0-243-89243-3(8))* Forgotten Bks.

Knickerbocker, or New-York Monthly Magazine, 1843, Vol. 22 (Classic Reprint) Charles Fenno Hoffman. 2017. (ENG., Illus.). (J). 36.73 *(978-0-265-71072-2(3))*; pap. 19.57 *(978-1-5276-6252-0(7))* Forgotten Bks.

Knickerbocker, or New-York Monthly Magazine, 1846, Vol. 27 (Classic Reprint) John Allen. 2017. (ENG., Illus.). (J). 598p. 36.23 *(978-0-484-38943-3(2))*; pap. 19.57 *(978-0-259-31590-2(7))* Forgotten Bks.

Knickerbocker, or New-York Monthly Magazine, 1849, Vol. 34 (Classic Reprint) Lewis Gaylord Clark. 2017. (ENG., Illus.). (J). 35.59 *(978-0-331-02519-4(1))* Forgotten Bks.

Knickerbocker, or New-York Monthly Magazine, 1851, Vol. 38 (Classic Reprint) Unknown Author. 2017. (ENG., Illus.). (J). 35.59 *(978-0-331-01413-6(0))*; pap. 19.57 *(978-1-5281-9384-9(9))* Forgotten Bks.

Knickerbocker, or New-York Monthly Magazine, 1852, Vol. 39 (Classic Reprint) Unknown Author. (ENG., Illus.). (J). 2018. 36.66 *(978-0-265-52157-1(2))*; 2017. pap. 19.57 *(978-0-243-95745-3(9))* Forgotten Bks.

Knickerbocker, or New-York Monthly Magazine, 1852, Vol. 39 (Classic Reprint) Charles Fenno Hoffman. (ENG., Illus.). (J). 2018. 596p. 36.21 *(978-0-428-88637-0(X))*; 2017. pap. 19.57 *(978-1-334-92653-2(0))* Forgotten Bks.

Knickerbocker, or New-York Monthly Magazine, 1853, Vol. 42 (Classic Reprint) Louis Gaylord Clark. 2017. (ENG., Illus.). (J). 38.33 *(978-0-266-72058-4(7))*; pap. 20.97 *(978-1-5276-7861-3(X))* Forgotten Bks.

Knickerbocker, or New-York Monthly Magazine, 1853, Vol. 42 (Classic Reprint) Charles Fenno Hoffman. 2018. (ENG., Illus.). (J). 666p. 37.63 *(978-1-396-80612-4(1))*; 668p. pap. 20.57 *(978-1-396-80595-0(8))* Forgotten Bks.

Knickerbocker, or New-York Monthly Magazine, 1854, Vol. 43 (Classic Reprint) Charles Fenno Hoffman. (ENG., Illus.). (J). 2018. 678p. 37.90 *(978-0-267-00271-9(8))*; 2017. pap. 20.57 *(978-0-243-94121-6(8))* Forgotten Bks.

Knickerbocker, or New-York Monthly Magazine, 1854, Vol. 44 (Classic Reprint) Unknown Author. (ENG., Illus.). (J). 2018. 662p. 37.55 *(978-0-267-71525-1(0))*; 2017. pap. 19.97 *(978-0-282-46087-7(X))* Forgotten Bks.

Knickerbocker, or New York Monthly Magazine, 1855, Vol. 45 (Classic Reprint) Unknown Author. 2017. (ENG., Illus.). (J). 37.67 *(978-0-265-52119-9(X))*; pap. 20.57 *(978-0-243-85288-8(6))* Forgotten Bks.

Knickerbocker, or New York Monthly Magazine, 1855, Vol. 45 (Classic Reprint) Charles Fenno Hoffman. 2017. (ENG., Illus.). (J). 38.31 *(978-0-266-71678-5(4))*; pap. 20.97 *(978-1-5276-7278-9(6))* Forgotten Bks.

Knickerbocker, or New York Monthly Magazine, 1855, Vol. 46 (Classic Reprint) Unknown Author. 2017. (ENG., Illus.). (J). 38.27 *(978-0-265-67074-3(8))*; pap. 20.97 *(978-1-5276-4182-2(1))* Forgotten Bks.

Knickerbocker, or New-York Monthly Magazine, 1855, Vol. 46 (Classic Reprint) Charles Fenno Hoffman. 2017. (ENG., Illus.). (J). 37.94 *(978-0-265-99815-1(8))* Forgotten Bks.

Knickerbocker, or New-York Monthly Magazine, 1856, Vol. 47 (Classic Reprint) Unknown Author. (ENG., Illus.). (J). 2018. 674p. 37.80 *(978-0-364-73842-9(1))*; 2017. pap. 20.57 *(978-0-259-26013-4(4))* Forgotten Bks.

Knickerbocker, or New-York Monthly Magazine, 1856, Vol. 47 (Classic Reprint) Charles Fenno Hoffman. (ENG., Illus.). (J). 2018. 690p. 38.13 *(978-0-483-11904-8(0))*; 2017. pap. 20.57 *(978-0-243-88080-5(4))* Forgotten Bks.

Knickerbocker, or New-York Monthly Magazine, 1856, Vol. 48 (Classic Reprint) Unknown Author. 2017. (ENG., Illus.). (J). 39.63 *(978-0-266-52162-4(2))*; pap. 20.57 *(978-0-243-98406-0(5))* Forgotten Bks.

Knickerbocker, or New-York Monthly Magazine, 1856, Vol. 48 (Classic Reprint) Samuel Hueston. 2017. (ENG., Illus.). (J). 38.05 *(978-0-260-42019-0(0))*; pap. 20.57 *(978-1-5282-1704-0(7))* Forgotten Bks.

Knickerbocker, or New-York Monthly Magazine, 1857, Vol. 49 (Classic Reprint) Charles Fenno Hoffman. 2017. (ENG., Illus.). (J). 680p. 37.92 *(978-0-484-69506-0(1))*; 38.93 *(978-0-260-04051-0(7))*; pap. 23.57 *(978-1-5278-7876-1(7))*; pap. 20.57 *(978-0-259-26302-9(8))* Forgotten Bks.

Knickerbocker, or New-York Monthly Magazine, 1858, Vol. 51 (Classic Reprint) Lewis Gaylord Clark. 2017. (ENG., Illus.). (J). 702p. 38.38 *(978-0-484-50904-6(7))*; pap. 20.97 *(978-1-334-92337-1(X))* Forgotten Bks.

Knickerbocker, or New-York Monthly Magazine, 1858, Vol. 52 (Classic Reprint) Charles Fenno Hoffman. 2017. (ENG., Illus.). (J). 37.98 *(978-0-265-73056-0(2))*; pap. 20.57 *(978-1-5276-9147-6(0))* Forgotten Bks.

Knickerbocker, or New York Monthly Magazine, 1859, Vol. 54 (Classic Reprint) Charles Fenno Hoffman. (ENG., Illus.). (J). 2018. 674p. 37.82 *(978-0-484-58417-3(0))*; 2016. pap. 23.57 *(978-1-333-24969-4(1))* Forgotten Bks.

Knickerbocker, or New-York Monthly Magazine, 1861, Vol. 57 (Classic Reprint) J. R. Gilmore. (ENG., Illus.). (J). 2018. 770p. 39.80 *(978-0-483-15153-6(X))*; 2016. pap. 23.57 *(978-1-334-25332-4(3))* Forgotten Bks.

Knickerbocker, or New-York Monthly Magazine, 1861, Vol. 58 (Classic Reprint) Unknown Author. (ENG., Illus.). (J). 2018. 568p. 35.61 *(978-0-364-74718-6(8))*; 2016. pap. 19.57 *(978-1-334-12781-6(6))* Forgotten Bks.

Knickerbocker, or New-York Monthly Magazine, Vol. 1: Containing the Numbers for January, February, March, April, May, & June, 1833 (Classic Reprint) Charles Fenno Hoffman. 2016. (ENG., Illus.). (J). pap. 16.57 *(978-1-334-51535-4(2))* Forgotten Bks.

Knickerbocker, or New-York Monthly Magazine, Vol. 26: September 1845 (Classic Reprint) Charles Fenno Hoffman. 2017. (ENG., Illus.). (J). 36.23 *(978-0-266-73322-5(0))*; pap. 19.57 *(978-1-5276-9578-8(6))* Forgotten Bks.

Knickerbocker, or New-York Monthly Magazine, Vol. 32: July, 1848 (Classic Reprint) Unknown Author. (ENG., Illus.). (J). 2018. 584p. 35.94 *(978-0-364-38319-3(4))*; 2016. pap. 19.57 *(978-1-334-13074-8(4))* Forgotten Bks.

Knickerbocker, or New-York Monthly Magazine, Vol. 33 (Classic Reprint) Charles Fenno Hoffman. 2018. (ENG., Illus.). 566p. (J). 35.57 *(978-0-364-07890-7(1))* Forgotten Bks.

Knickerbocker, or New-York Monthly Magazine, Vol. 34: July, 1849 (Classic Reprint) Lewis Gaylord Clark. (ENG., Illus.). (J). 2018. 636p. 37.01 *(978-0-666-52357-0(6))*; 2017. pap. 19.57 *(978-0-259-45798-5(1))* Forgotten Bks.

Knickerbocker, or New-York Monthly Magazine, Vol. 50: July, 1857 (Classic Reprint) Charles Fenno Hoffman. (ENG., Illus.). (J). 2018. 686p. 38.07 *(978-0-483-61245-7(6))*; 2016. pap. 20.97 *(978-1-334-21374-8(7))* Forgotten Bks.

Knickerbocker, or New-York Monthly Magazine, Vol. 55: January to June, 1860 (Classic Reprint) Unknown Author. (ENG., Illus.). (J). 2016. pap. 20.57 *(978-1-334-12400-6(0))*; 2018. 788p. 40.15 *(978-0-364-83479-4(X))* Forgotten Bks.

Knickerbocker, or the New York Monthly Magazine, 1840, Vol. 16 (Classic Reprint) Charles Fenno Hoffman. (ENG., Illus.). (J). 2018. 558p. 35.41 *(978-0-483-97026-7(3))*; 2017. pap. 19.57 *(978-0-243-93337-2(1))* Forgotten Bks.

Knickerbocker Sketch-Book: A Library of Select Literature (Classic Reprint) Lewis Gaylord Clark. 2018. (ENG., Illus.). 250p. (J). 29.07 *(978-0-484-06344-9(8))* Forgotten Bks.

Knickerbocker Stories from the Old Dutch Days of New York (Classic Reprint) Washington. Irving. 2018. (ENG., Illus.). 154p. (J). 27.07 *(978-0-364-68785-7(1))* Forgotten Bks.

Knickerbocker, Vol. 19: Or, New-York Monthly Magazine (Classic Reprint) Charles Fenno Hoffman. (ENG., Illus.). (J). 2018. 610p. 36.48 *(978-0-666-12648-1(8))*; 2017. pap. 19.97 *(978-0-243-88099-7(5))* Forgotten Bks.

Knickerbocker, Vol. 23: Or New-York Monthly Magazine (Classic Reprint) Charles Fenno Hoffman. (ENG., Illus.). (J). 2018. 642p. 37.14 *(978-0-483-43571-1(6))*; 2017. pap. 19.57 *(978-0-243-58276-1(5))* Forgotten Bks.

Knickerbocker, Vol. 31: Or New-York Monthly Magazine (Classic Reprint) Unknown Author. 2017. (ENG., Illus.). (J). 36.44 *(978-1-5279-8960-3(7))*; pap. 19.57 *(978-1-5277-1381-9(4))* Forgotten Bks.

Knickerbocker, Vol. 41: January, 1853 (Classic Reprint) Unknown Author. (ENG., Illus.). (J). 2018. 628p. 36.85 *(978-0-428-76380-0(4))*; 2017. pap. 19.57 *(978-0-243-55597-0(0))* Forgotten Bks.

Knickerbocker, Vol. 44: Or New-York Monthly Magazine (Classic Reprint) Unknown Author. (ENG., Illus.). (J). 2017. 706p. 38.48 *(978-0-484-43235-1(4))*; 2016. pap. 19.97 *(978-1-334-13821-8(4))* Forgotten Bks.

Knife Edge. Malorie Blackman. 2020. (ENG., Illus.). 368p. (YA). (gr. 9). pap. 16.99 *(978-1-4169-0019-1(5)*, Simon & Schuster Bks. For Young Readers) Simon & Schuster Bks. For Young Readers.

Knife of Never Letting Go. Patrick Ness. 2018. (Chaos Walking Ser.: 1). (ENG.). 496p. (YA). (gr. 9). 24.99 *(978-1-5362-0053-9(0))* Candlewick Pr.

Knife's Edge. Hope Larson. ed. 2018. (Four Points Ser.: 2). (J). lib. bdg. 24.50 *(978-0-606-41086-1(4))* Turtleback.

Knife's Edge: A Graphic Novel (Four Points, Book 2) Hope Larson. Illus. by Rebecca Mock. 2018. (Four Points Ser.: 2). (ENG.). 224p. (J). pap. 16.99 *(978-1-250-15846-8(X)*, 900185491) Square Fish.

Kniga Dlia Detskogo Sada. Illus. by Vladimir Korkin. 2016. (RUS.). 128p. (J). *(978-5-353-06746-7(0))* RosmYn-Press, Izdatel'stvo.

Knight & the Devil. Washington Petrovith. 2021. (ENG.). 206p. (YA). pap. 16.95 *(978-1-6624-2450-2(7))* Page Publishing Inc.

Knight & the Firefly: A Boy, a Bug, & a Lesson in Bravery. Amanda Jenkins & Tara McClary Reeves. Illus. by Daniel Fernandez. 2017. (Firefly Chronicles Ser.). (ENG.). 32p. (J). (gr. -1-3). pap. 3.99 *(978-1-4627-4519-7(9)*, 005793882, B&H Kids) B&H Publishing Group.

Knight & the Princess. Theodore J. Armintrout. 2017. (ENG., Illus.). 32p. (J). *(978-1-387-43931-7(6))* Lulu Pr., Inc.

Knight at Dawn. Jenny Laird. ed. 2022. (Magic Tree House Ser.). (ENG.). 156p. (J). (gr. 2-3). 22.46 ***(978-1-68505-184-6(7))*** Penworthy Co., LLC, The.

Knight at Dawn, 2. Mary Pope Osborne. 2019. (Magic Tree House Ser.). (ENG.). 65p. (J). (gr. 2-3). 16.96 *(978-0-87617-691-7(0))* Penworthy Co., LLC, The.

Knight at Dawn Graphic Novel. Mary Pope Osborne. Illus. by Kelly Matthews & Nichole Matthews. 2021. (Magic Tree House (R) Ser.: 2). 176p. (J). (gr. 1-4). pap. 9.99 *(978-0-593-17475-3(5))*; 16.99 *(978-0-593-17472-2(0))* Random Hse. Children's Bks. (Random Hse. Bks. for Young Readers).

Knight Blazer: Defender of the Realm - Book 2. Don Trey. 2018. (Knight Blazer Ser.: Vol. 2). (ENG., Illus.). 106p. (J). (gr. 3-6). pap. *(978-0-9929187-1-2(5))* Trey Publishing.

Knight Blazer: Goblet of Truth - Book 3. Don Trey. 2018. (Knight Blazer Ser.: Vol. 3). (ENG., Illus.). 122p. (J). (gr. 3-6). pap. *(978-0-9929187-3-6(1))* Trey Publishing.

Knight-Errant. Edna Lyall. 2016. (ENG.). (J). 308p. pap. *(978-3-7433-4813-4(6))*; 312p. pap. *(978-3-7433-5034-2(3))* Creation Pubs.

Knight-Errant: A Novel (Classic Reprint) Edna Lyall. 2018. (ENG., Illus.). 312p. (J). 30.33 *(978-0-483-91740-8(0))* Forgotten Bks.

Knight-Errant: A Novel of to-Day (Classic Reprint) Robert Alexander Wason. (ENG., Illus.). (J). 2018. 440p. 32.97 *(978-0-484-36087-6(6))*; 2017. pap. 16.57 *(978-0-243-26937-2(4))* Forgotten Bks.

Knight-Errant a Novel of to-Day (Classic Reprint) Robert Alex Wason. 2017. (ENG., Illus.). (J). 32.60 *(978-1-5283-4983-3(0))* Forgotten Bks.

Knight Errant (Classic Reprint) Edna Lyall. (ENG., Illus.). (J). 2018. 390p. 31.96 *(978-0-483-84472-8(1))*; 2016. pap. 16.57 *(978-1-333-40090-3(X))* Forgotten Bks.

Knight-Errant in Turkey (Classic Reprint) Arthur Oakstone. (ENG., Illus.). (J). 2018. 376p. 31.67 *(978-0-267-96352-2(1))*; 2016. pap. 16.57 *(978-1-334-58349-0(8))* Forgotten Bks.

Knight-Errant, Vol. 2 of 3 (Classic Reprint) Edna Lyall. 2018. (ENG., Illus.). 308p. (J). 30.25 *(978-0-332-06924-1(9))* Forgotten Bks.

Knight-Errant, Vol. 3 of 3 (Classic Reprint) Edna Lyall. 2018. (ENG., Illus.). 300p. (J). 30.08 *(978-0-483-58540-9(8))* Forgotten Bks.

Knight Flyers. Ann McCune. 2018. (Knight Flyers Ser.: Vol. 1). (ENG., Illus.). 302p. (YA). pap. 12.99 *(978-1-7325793-0-9(X))* RUBY GULCH ENTERPRISES LLC.

Knight for All Time: King Arthur's Choice. Kyle Williamson. 2022. (ENG.). 550p. (YA). pap. 37.50 *(978-1-68235-672-2(8))* Strategic Book Publishing & Rights Agency (SBPRA).

Knight Game & the Dino Book. Gemma McMullen. Illus. by Jan Dolby. 2023. (Level 0 - Lilac Set Ser.). (ENG.). 32p. (J). (gr. k-1). lib. bdg. 19.95 Bearport Publishing Co., Inc.

Knight in a Fight. Spencer Brinker. 2019. (Read & Rhyme Level 3 Ser.). (ENG., Illus.). 16p. (J). (gr. -1-1). 24.21 *(978-1-64280-558-1(0))* Bearport Publishing Co., Inc.

Knight in Battered Armor. Brianna Tibbetts. Illus. by Liz Stockton. 2019. (ENG.). 58p. (J). 27.99 *(978-1-68314-767-1(7))*; pap. 17.99 *(978-1-68314-766-4(9))* Redemption Pr.

Knight in Denim (Classic Reprint) Ramsey Benson. 2017. (ENG., Illus.). (J). 30.37 *(978-0-266-18627-4(0))* Forgotten Bks.

Knight in Homespun (Classic Reprint) John Charles Spoth. 2018. (ENG., Illus.). 356p. (J). 31.24 *(978-0-483-53933-4(3))* Forgotten Bks.

Knight Life. Jim Gigliotti. 2022. (Reading Rocks! Ser.). (ENG.). 32p. (J). (gr. 3-6). lib. bdg. 35.64 *(978-1-5038-5823-7(5)*, 215689, Stride) Child's World, Inc, The.

Knight Night Guard (Disney Palace Pets: Whisker Haven Tales) Amy Sky Koster. Illus. by RH Disney. 2016. (Step into Reading Ser.). (ENG.). 24p. (J). (gr. -1-1). 4.99 *(978-0-7364-3450-8(X)*, RH/Disney) Random Hse. Children's Bks.

Knight of Columbia: A Story of the War (Classic Reprint) Charles King. (ENG., Illus.). (J). 2018. 374p. 31.61 *(978-0-332-18058-8(1))*; 2017. pap. 13.97 *(978-0-243-40275-5(9))* Forgotten Bks.

Knight of Gwynne: A Tale of the Time of the Union (Classic Reprint) Charles James Lever. 2018. (ENG., Illus.). 718p. (J). 38.71 *(978-0-365-36096-4(1))* Forgotten Bks.

Knight of Gwynne, Vol. 2 of 2 (Classic Reprint) Charles Lever. (ENG., Illus.). (J). 2018. 33.16 *(978-0-331-98663-1(9))*; 2016. pap. 16.57 *(978-1-333-31379-1(9))* Forgotten Bks.

Knight of King's Guard (Classic Reprint) Ewan Martin. 2018. (ENG., Illus.). 322p. (J). 30.56 *(978-0-484-76969-3(3))* Forgotten Bks.

Knight of Little Import. Hannah Batsel. Illus. by Hannah Batsel. 2023. (ENG., Illus.). 40p. (J). (gr. k-3). 19.99 ***(978-1-7284-5099-5(3)***, acd178c9-b733-4f65-a8ae-e5589bb5cdb3, Carolrhoda Bks.) Lerner Publishing Group.

Knight of St. John, Vol. 1 Of 3: A Romance (Classic Reprint) Anna Maria Porter. 2017. (ENG., Illus.). (J). 30.93 *(978-0-260-25710-9(9))* Forgotten Bks.

Knight of St. John, Vol. 2 Of 3: A Romance (Classic Reprint) Anna Maria Porter. 2017. (ENG., Illus.). (J). 30.25 *(978-0-260-65452-6(3))* Forgotten Bks.

Knight of the Black Forest (Classic Reprint) Grace Denio Litchfield. 2017. (ENG., Illus.). (J). 27.90 *(978-0-331-79814-2(X))*; pap. 10.57 *(978-0-259-35090-3(7))* Forgotten Bks.

Knight of the Cape. Terry Catasus Jennings. Illus. by Fatima Anaya. 2021. (Definitely Dominguita Ser.: 1). (ENG.). 144p. (J). (gr. 1-4). 18.99 *(978-1-5344-6503-9(0))*; pap. 6.99 *(978-1-5344-6502-2(2))* Simon & Schuster Children's Publishing. (Aladdin).

Knight of the Cumberland, and, Hell-Fer-Sartain (Classic Reprint) John Fox, Jr. 2018. (ENG., Illus.). 298p. (J). 30.04 *(978-0-666-99792-0(6))* Forgotten Bks.

Knight of the Cumberland, and, Hell-Fer-Sartain (Classic Reprint) John Fox Jr. 2017. (ENG., Illus.). (J). pap. 13.57 *(978-0-259-81002-5(9))* Forgotten Bks.

Knight of the Cumberland (Classic Reprint) John Fox. 2017. (ENG., Illus.). (J). 27.65 *(978-1-5283-7190-2(9))* Forgotten Bks.

Knight of the Golden Chain (Classic Reprint) R. D. Chetwode. (ENG., Illus.). (J). 2018. 294p. 29.96 *(978-0-483-04162-2(9))*; 2017. pap. 13.57 *(978-0-259-02049-3(4))* Forgotten Bks.

Knight of the Highway (Classic Reprint) Clinton Scollard. 2018. (ENG., Illus.). 54p. (J). 25.03 *(978-0-483-49832-7(7))* Forgotten Bks.

Knight of the Hunted: Special Edition. Elizabeth Dunlap. 2020. (ENG.). 258p. (YA). (gr. 9-12). pap. 14.99 *(978-1-393-31715-9(4))* Draft2Digital.

Knight of the Nets (Classic Reprint) Amelia E. Barr. 2018. (ENG., Illus.). 326p. (J). 30.62 *(978-0-364-15179-2(X))* Forgotten Bks.

Knight of the Nineteenth Century (Classic Reprint) Edward Payson Roe. 2017. (ENG., Illus.). (J). 35.94 *(978-1-5283-8925-9(5))* Forgotten Bks.

Knight of the Rails. Christine Welldon. 2022. (ENG.). 224p. (J). (gr. 5-9). pap. 14.95 *(978-0-88995-669-8(3)*, c2ccd2ea-bb45-4607-8637-f5cbf4cadaa4) Red Deer Pr. CAN. Dist: Firefly Bks., Ltd.

Knight of the Silver Star (Classic Reprint) Percy Brebner. (ENG., Illus.). (J). 2018. 412p. 32.41 *(978-0-483-52163-6(9))*; 2017. pap. 16.57 *(978-0-243-10027-9(2))* Forgotten Bks.

Knight of the White Cross: The Siege of Rhodes. G. A. Henty. Ed. by William Von Peters. 2021. (ENG.). 315p. (J). pap. *(978-1-716-06173-8(3))* Lulu Pr., Inc.

Knight of the Wilderness (Classic Reprint) Oliver Marble Gale. 2018. (ENG., Illus.). 354p. (J). 31.22 *(978-0-484-21441-4(1))* Forgotten Bks.

Knight on Wheels (Classic Reprint) Ian Hay. 2017. (ENG., Illus.). (J). 32.74 *(978-0-331-56176-0(X))* Forgotten Bks.

Knight Owl (Caldecott Honor Book) Christopher Denise. 2022. (ENG., Illus.). 48p. (J). (gr. -1-3). 17.99 *(978-0-316-31062-8(X))* Little, Brown Bks. for Young Readers.

Knight Owls. Eric Seltzer. ed. 2019. (Ready-To-Read Ser.). (ENG.). 32p. (J). (gr. k-1). 13.96 *(978-1-64697-118-3(3))* Penworthy Co., LLC, The.

Knight Owls: Ready-To-Read Pre-Level 1. Eric Seltzer. Illus. by Tom Disbury. 2019. (Ready-To-Read Ser.). (ENG.). 32p. (J). (gr. -1-k). 17.99 *(978-1-5344-4881-0(0))*; pap. 4.99 *(978-1-5344-4880-3(2))* Simon Spotlight. (Simon Spotlight).

Knight School. Richard Lohrey. 2019. (Atlantis Wars Ser.: Vol. 1). (ENG., Illus.). 208p. (YA). (gr. 7-12). pap. 18.95 *(978-1-68433-373-8(3))* Black Rose Writing.

Knight School: A Mystic Brats Novel. Robert G. Culp. (ENG.). (YA). 2020. 240p. pap. 9.99 *(978-1-393-38793-0(4))*; 2018. 208p. pap. 15.99 *(978-1-393-82246-2(0))* Draft2Digital.

Knight That Smote the Dragon, or the Young People's Gough (Classic Reprint) Edward A. Rand. (ENG., Illus.). (J). 2018. 196p. 27.96 *(978-0-483-62553-2(1))*; 2017. pap. 10.57 *(978-0-243-29709-2(2))* Forgotten Bks.

Knight, the Princess & the Invisible Virus. Franz Pagot. Ed. by Cinzia de Martin. 2020. (ENG., Illus.). 118p. (J). pap. *(978-1-9161785-5-7(3))* Perfect Edition, The.

1108 The check digit for ISBN-10 appears in parentheses after the full ISBN-13

Knight Who Fled the Light. Gerre Bracey Harris. 2023. (ENG.). 30p. (J). 24.99 ***(978-1-960142-41-2(0))*** Mindstir Media.

Knight Who Might. Lou Treleaven. Illus. by Kyle Beckett. 2020. (ENG.). 32p. (J). (gr. -1-3). 17.99 *(978-1-84886-644-7(5),* db626feb-6a96-4780-a66e-46b37b1c81cf) Maverick Arts Publishing GBR. Dist: Lerner Publishing Group.

Knight Who Said No! Lucy Rowland. Illus. by Kate Hindley. 2019. (ENG.). 32p. (J). (-k). 16.99 *(978-1-5362-0813-9(2))* Candlewick Pr.

Knight Who Took All Day. James Mayhew. 2018. (ENG., Illus.). 32p. (J). (gr. k-2). pap. 13.99 *(978-1-912050-45-1(5))* Graffeg Limited GBR. Dist: Independent Pubs. Group.

Knight with 1000 Eyes. Jan-Andrew Henderson. 2021. (Galhadrian Trilogy Ser.: Vol. 3). (ENG.). 200p. (YA). pap. *(978-1-64570-611-3(7))* Black Hart Entertainment.

Knightes Tale. Geoffrey Chaucer. 2017. (ENG.). 152p. (YA). (gr. 11-14). pap. *(978-3-337-09002-9(8))* Creation Pubs.

Knighting of the Twins, & Ten Other Tales. Clyde Fitch. 2017. (ENG., Illus.). (J). pap. *(978-0-649-36445-9(7))* Trieste Publishing Pty Ltd.

Knighting of the Twins, & Ten Other Tales (Classic Reprint) Clyde Fitch. 2018. (ENG., Illus.). 276p. (J). 29.61 *(978-0-483-50722-7(9))* Forgotten Bks.

Knights. Gail Terp. 2019. (History's Warriors Ser.). (ENG., Illus.). 32p. (J). (gr. 4-6). pap. 9.99 *(978-1-64466-041-6(5),* 12753); lib. bdg. *(978-1-68072-850-7(4),* 12752) Black Rabbit Bks. (Bolt).

Knights & Bikes: Quest of the Spit Sisters. Gabrielle Kent. 2021. (Knights & Bikes Ser.: 1). (ENG.). 240p. (J). (gr. 4-8). pap. 7.99 *(978-1-7282-3728-2(9))* Sourcebooks, Inc.

Knights & Bikes: Rebel Bicycle Club. Gabrielle Kent. 2023. (Knights & Bikes Ser.: 2). (ENG.). 256p. (J). (gr. 4-8). pap. 8.99 *(978-1-7282-7256-6(4))* Sourcebooks, Inc.

Knights & Bikes: Wheels of Legend. Gabrielle Kent. 2023. (Knights & Bikes Ser.: 3). (ENG.). 240p. (J). (gr. 4-8). pap. 8.99 ***(978-1-7282-3734-3(3))*** Sourcebooks, Inc.

Knights & Castles. Tamara Fonteyn. 2016. (My Word Colouring Book Ser.). (ENG.). (J). pap. *(978-1-910538-74-6(4))* Nanook Bks. Ltd.

Knights & Castles Sticker Activity Book. National Geographic Kids. 2021. (ENG.). 56p. (J). (gr. 1-3). pap. 6.99 *(978-1-4263-3665-2(9),* National Geographic Kids) Disney Publishing Worldwide.

Knight's Armor: Book 3 of the Ministry of SUITs. Paul Gamble. 2018. (Ministry of SUITs Ser.: 3). (ENG., Illus.). 368p. (J). 25.99 *(978-1-250-07684-7(6),* 900152371) Feiwel & Friends.

Knight's Buddy: Princesses Coloring Books. Jupiter Kids. 2016. (ENG., Illus.). 106p. (J). pap. 12.55 *(978-1-68305-110-7(6),* Jupiter Kids (Childrens & Kids Fiction)) Speedy Publishing LLC.

Knight's Career: Training & Duties- Children's Medieval History Books. Baby Professor. 2017. (ENG., Illus.). (J). pap. 7.89 *(978-1-5419-0264-0(5),* Baby Professor (Education Kids)) Speedy Publishing LLC.

Knights Club: the Alliance of Dragons: The Comic Book You Can Play. Shuky. Illus. by Waltch & Novy. 2020. (Comic Quests Ser.: 7). 104p. (J). (gr. 3-7). pap. 9.99 *(978-1-68369-195-2(4))* Quirk Bks.

Knights Club: the Bands of Bravery: The Comic Book You Can Play. Shuky. Illus. by Waltch & Novy. 2018. (Comic Quests Ser.: 2). 184p. (J). (gr. 3-7). pap. 9.99 *(978-1-68369-055-9(9))* Quirk Bks.

Knights Club: the Buried City: The Comic Book You Can Play. Shuky. Illus. by Waltch & Novy. 2020. (Comic Quests Ser.: 6). 104p. (J). (gr. 3-7). pap. 9.99 *(978-1-68369-147-1(4))* Quirk Bks.

Knights Club: the Message of Destiny: The Comic Book You Can Play. Shuky. Illus. by Waltch & Novy. 2019. (Comic Quests Ser.: 4). 184p. (J). (gr. 3-7). pap. 9.99 *(978-1-68369-065-8(6))* Quirk Bks.

Knights Code. Todd Beblow. 2018. (ENG., Illus.). 300p. (YA). pap. 18.95 *(978-1-64191-118-4(2))* Christian Faith Publishing.

Knight's Fairytale. Nicole Lisena Landsman. 2017. (ENG., Illus.). (J). pap. 9.99 *(978-0-9994291-0-5(8))* Dragonscale Pr.

Knight's Fortress: Castle Coloring Book. Jupiter Kids. 2016. (ENG., Illus.). 106p. (J). pap. 12.55 *(978-1-68305-111-4(4),* Jupiter Kids (Childrens & Kids Fiction)) Speedy Publishing LLC.

Knights in Fustian: A War Time Story of Indiana (Classic Reprint) Caroline Brown. 2018. (ENG., Illus.). 292p. (J). 29.92 *(978-0-483-07418-7(7))* Forgotten Bks.

Knights in White Satin. Ruth Scott. 2022. (ENG.). 140p. (J). pap. 15.95 *(978-1-63692-868-5(4))* Newman Springs Publishing, Inc.

Knights, Kings & Princesses Coloring Book. Kreative Kids. 2016. (ENG., Illus.). (J). pap. 9.20 *(978-1-68377-546-1(5))* Whlke, Traudl.

Knights of Art: Stories of the Italian Painters. Amy Steedman. 2018. (Painters Ser.). (ENG., Illus.). 200p. (J). (gr. 4-7). pap. *(978-1-86171-600-2(1))* Crescent Moon Publishing.

Knights of Art: Stories of the Italian Painters (Classic Reprint) Amy Steedman. 2018. (ENG., Illus.). 240p. (J). 28.85 *(978-0-484-19488-4(7))* Forgotten Bks.

Knights of Boo'Gar. Art Roche. 2017. (ENG., Illus.). 176p. (J). pap. 9.99 *(978-1-4494-7987-9(1))* Andrews McMeel Publishing.

Knights of Crystallia: Alcatraz vs. the Evil Librarians. Brandon Sanderson. (Alcatraz Versus the Evil Librarians Ser.: 3). (ENG.). 320p. (J). 2022. pap. 8.99 *(978-0-7653-7899-6(X),* 900141066); 2016. (Illus.). 23.99 *(978-0-7653-7898-9(1),* 900141065) Doherty, Tom Assocs., LLC. (Starscape).

Knights of Labor. Vcp. 2019. (ENG.). 412p. (YA). pap. 21.95 *(978-1-64462-442-5(7))* Page Publishing Inc.

Knights of Labor: New York. Vcp. 2022. (ENG.). 540p. (YA). pap. 29.95 *(978-1-6624-6688-5(9))* Page Publishing Inc.

Knights of Pegasus. Ian Miller. 2020. (ENG., Illus.). 114p. (J). pap. *(978-1-908898-46-3(1))* Neetah Bks.

Knights of St. John, Vol. 2 Of 2: A Romance (Classic Reprint) Anna Maria Porter. 2018. (ENG., Illus.). 360p. (J). 31.32 *(978-0-364-79655-9(3))* Forgotten Bks.

Knights of Suburbia, 1 vol. P. A. Kurch. 2019. (YA Verse Ser.). (ENG.). 200p. (YA). (gr. 3-4). 25.80 *(978-1-5383-8274-5(1),* c200407f-0ec9-4f92-907f-b5dd84006a2c); pap. 16.35 *(978-1-5383-8273-8(3),* 50a57aa1-1d20-4133-afcb-c4892e9ea48f) Enslow Publishing, LLC.

Knights of the Air (Classic Reprint) Escott Lynn. 2018. (ENG., Illus.). (J). 398p. 32.11 *(978-1-396-63720-9(6));* 400p. pap. 16.57 *(978-1-391-90782-6(5))* Forgotten Bks.

Knights of the Cross. Henryk Sienkiewicz & Samuel Augustus Binion. 2017. (ENG.). 444p. (J). pap. *(978-3-337-29456-4(1))* Creation Pubs.

Knights of the Cross: An Historical Romance (Classic Reprint) Henryk Sienkiewicz. 2017. (ENG., Illus.). (J). 32.68 *(978-0-266-68166-3(2));* pap. 16.57 *(978-1-5276-5614-7(4))* Forgotten Bks.

Knights of the Cross, or Krzyzacy: Historical Romance (Classic Reprint) Henryk Sienkiewicz. 2017. (ENG., Illus.). (J). 41.76 *(978-0-331-62346-8(3));* pap. 24.10 *(978-0-243-90140-1(2))* Forgotten Bks.

Knights of the Cross, Vol. 1 of 2 (Classic Reprint) Henryk Sienkiewicz. 2017. (ENG., Illus.). (J). 32.85 *(978-0-331-61958-4(X))* Forgotten Bks.

Knights of the Horse-Shoe: A Traditionary Tale of the Cocked Hat Gentry in the Old Dominion (Classic Reprint) William Alexander Caruthers. 2017. (ENG., Illus.). (J). 25.77 *(978-0-265-78305-4(4));* pap. 9.57 *(978-1-5277-6483-5(4))* Forgotten Bks.

Knights of the Round Table Coloring Book. Bobo's Children Activity Books. 2016. (ENG., Illus.). (J). pap. 9.33 *(978-1-68327-501-5(2))* Sunshine In My Soul Publishing.

Knights of the Swan, or the Court of Charlemagne, Vol. 1: A Historical & Moral Tale, to Serve As a Continuation to the Tales of the Castle (Classic Reprint) Stéphanie Félicité Genlis. 2017. (ENG., Illus.). (J). 362p. 31.36 *(978-0-484-89280-3(0));* pap. 13.97 *(978-0-259-28886-2(1))* Forgotten Bks.

Knights of the Swan, or the Court of Charlemagne, Vol. 1: An Historical & Moral Tale, to Serve As a Continuation to the Tales of the Castle (Classic Reprint) Stéphanie Félicité Genlis. (ENG., Illus.). (J). 2018. 362p. 31.36 *(978-0-483-59640-5(X));* 2017. pap. 13.97 *(978-0-243-25689-1(2))* Forgotten Bks.

Knights of the Swan, or the Court of Charlemagne, Vol. 2: An Historical & Moral Tale; to Serve As a Continuation to the Tales of the Castle; & of Which All the Incidents That Bear Analogy to the French Revolution Are Taken from History. Stéphanie Félicité Genlis. (ENG., Illus.). (J). 2018. 338p. 30.89 *(978-0-365-38814-2(9));* 2017. pap. 13.57 *(978-0-259-26163-6(7))* Forgotten Bks.

Knights of the Swan, or the Court of Charlemagne, Vol. 2: An Historical & Moral Tale, to Serve As a Continuation to the Tales of the Castle (Classic Reprint) Stéphanie Félicité De Genlis. 2017. (ENG., Illus.). (J). 30.87 *(978-0-266-66971-5(9));* pap. 13.57 *(978-1-5276-4130-3(9))* Forgotten Bks.

Knights of To-Day: Or Love & Science (Classic Reprint) Charles Barnard. 2018. (ENG., Illus.). 270p. (J). 29.47 *(978-0-364-72777-5(2))* Forgotten Bks.

Knight's Scheme. Phil Lollar. 2020. (Blackgaard Chronicles Ser.: 5). (ENG.). 160p. (J). 9.99 *(978-1-58997-347-3(X),* 20_33765) Focus on the Family Publishing.

Knight's Tale: Themed Activity Book for Kids Ages 4-5. Jupiter Kids. 2018. (ENG., Illus.). 106p. (J). pap. 12.55 *(978-1-5419-3699-7(X),* Jupiter Kids (Childrens & Kids Fiction)) Speedy Publishing LLC.

Knight's Tale (Classic Reprint) Geoffrey Chaucer. 2018. (ENG., Illus.). 204p. (J). 28.10 *(978-0-267-96903-6(1))* Forgotten Bks.

Knights Templar the Fellow-Soldiers of Christ Knights Templar Kids Book Children's Medieval Books. Baby Professor. 2017. (ENG., Illus.). 64p. (J). pap. 9.52 *(978-1-5419-1726-2(X),* Baby Professor (Education Kids)) Speedy Publishing LLC.

Knights Temporal, Vol. 1. Cullen Bunn. Ed. by Mike Marts. 2020. (ENG., Illus.). 120p. (YA). pap. 16.99 *(978-1-949028-31-7(3),* dec985c9-b605-4e9f-a17f-e7825f1d308e) AfterShock Comics.

Knights, Vol. 1 Of 3: Tales Illustrative of the Marvellous (Classic Reprint) Robert Charles Dallas. 2017. (ENG., Illus.). 288p. (J). 29.86 *(978-0-484-25600-1(9))* Forgotten Bks.

Knights, Vol. 2 Of 3: Tales Illustrative of the Marvellous (Classic Reprint) Robert Charles Dallas. 2016. (ENG., Illus.). (J). pap. 13.57 *(978-1-333-39266-6(4))* Forgotten Bks.

Knights, Vol. 3 Of 3: Tales Illustrative of the Marvellous (Classic Reprint) R. C. Dallas. 2018. (ENG., Illus.). 280p. (J). 29.67 *(978-0-332-93298-9(2))* Forgotten Bks.

Knights, Vol. 3 Of 3: Tales Illustrative of the Marvellous (Classic Reprint) Robert Charles Dallas. 2017. (ENG., Illus.). (J). 29.38 *(978-0-266-72502-2(3));* pap. 11.97 *(978-1-5276-8399-0(0))* Forgotten Bks.

Knights vs. Dinosaurs. Matt Phelan. Illus. by Matt Phelan. (ENG., Illus.). (J). (gr. 3-7). 2019. 176p. pap. 7.99 *(978-0-06-268624-4(0));* 2018. 160p. 16.99 *(978-0-06-268623-7(2))* HarperCollins Pubs. (Greenwillow Bks.).

Knights vs. Dinosaurs. Matt Phelan. ed. 2020. (Knight Versus Ser.). (ENG.). 165p. (J). (gr. 4-5). 18.96 *(978-1-64697-138-1(8))* Penworthy Co., LLC, The.

Knights vs. Monsters. Matt Phelan. Illus. by Matt Phelan. (ENG., Illus.). (J). (gr. 3-7). 2020. 192p. pap. 7.99 *(978-0-06-268627-5(5));* 2019. 176p. 16.99 *(978-0-06-268626-8(7))* HarperCollins Pubs. (Greenwillow Bks.).

Knights vs. Monsters. Matt Phelan. ed. 2020. (Knight Versus Ser.). (ENG.). 182p. (J). (gr. 4-5). 18.96 *(978-1-64697-139-8(6))* Penworthy Co., LLC, The.

Knights vs. the End (of Everything) Matt Phelan. Illus. by Matt Phelan. 2020. (ENG., Illus.). 192p. (J). (gr. 3-7). pap. 7.99 *(978-0-06-291098-1(1),* Greenwillow Bks.) HarperCollins Pubs.

Knights Who Fought the Dragon (Classic Reprint) Edwin Leslie. 2018. (ENG., Illus.). 300p. (J). 30.10 *(978-0-483-44348-8(4))* Forgotten Bks.

Knish War on Rivington Street. Joanne Oppenheim. Illus. by Jon Davis. 2017. (ENG.). 32p. (J). (gr. -1-3). 16.99 *(978-0-8075-4182-1(6),* 807541826) Whitman, Albert & Co.

Knit, Hook, & Spin: A Kids Activity Guide to Fiber Arts & Crafts. Laurie Carlson. 2016. (ENG., Illus.). 144p. (J). (gr. 4-7). pap. 16.99 *(978-1-61373-400-1(X))* Chicago Review Pr., Inc.

Knit-Knotters, 1. Sam Hay. ed. 2018. (Branches Early Ch Bks). (ENG.). 90p. (J). (gr. 1-3). 15.96 *(978-1-64310-650-2(3))* Penworthy Co., LLC, The.

Knit-Knotters. Sam Hay. Illus. by Turine Tran. 2016. (Stella & the Night Sprites Ser.: 1). (ENG.). 96p. (J). (gr. 1-3). pap. 4.99 *(978-0-545-81998-5(9))* Scholastic, Inc.

Knit Together. Jennifer Vaughn. 2021. (ENG., Illus.). 32p. (J). 24.95 *(978-1-63961-106-5(1));* pap. 13.95 *(978-1-63844-697-2(0))* Christian Faith Publishing.

Knitters in the Sun (Classic Reprint) Octave Thanet. 2018. (ENG., Illus.). 386p. (J). 31.86 *(978-0-365-14039-9(2))* Forgotten Bks.

Knitting Club Meets or Just Back from France: A Comedy in One Act (Classic Reprint) Helen Sherman Griffith. 2019. (ENG., Illus.). 32p. (J). 24.56 *(978-0-267-44266-9(1))* Forgotten Bks.

Knitting for Children: 35 Simple Knits Kids Will Love to Make! Claire Montgomerie. 2017. (ENG., Illus.). 128p. (J). pap. 14.95 *(978-1-78249-461-4(8),* 1782494618, CICO Books) Ryland Peters & Small GBR. Dist: WIPRO.

Knitting Girls Count One: A Patriotic Play in One Act (Classic Reprint) Elise West Quaife. 2018. (ENG., Illus.). 36p. (J). 24.66 *(978-0-331-88064-9(4))* Forgotten Bks.

Knitting Graph Paper Notebook: Valentine's Day Themed Notebook/Journal for Avid Knitters 4:5 Ratio. Books Targon. 2021. (ENG.). 112p. (YA). pap. 9.99 *(978-1-716-18682-0(X))* Lulu Pr., Inc.

Knitting Knights: Beyond the Sounds of ABC. Denise Eide. Illus. by Ingrid Hess. 2017. (J). *(978-1-942154-14-3(3))* Logic of English, Inc.

Knitting Nancy. Kris Allen. 2020. (ENG.). 36p. (J). pap. 9.99 *(978-1-7347875-1-1(1))* Sweetbrier Pr.

Knitting Projects You'll Purl Over. Kelly McClure. 2018. (Crafty Creations Ser.). (ENG., Illus.). 48p. (J). (gr. 4-8). lib. bdg. 31.99 *(978-1-5157-7446-4(5),* 135795, Capstone Pr.) Capstone.

Knitting-Work a Web of Many Textures (Classic Reprint) B. p. Shillaber. 2017. (ENG., Illus.). (J). 32.81 *(978-0-5284-8738-2(9))* Forgotten Bks.

K'no. Paula Wichall. 2021. (ENG.). 39p. (YA). ***(978-1-4477-9282-6(3))*** Lulu Pr., Inc.

Knobbled Gribbyn. Carolyn Hill. 2021. (ENG.). 118p. (J). pap. *(978-1-83975-376-3(5))* Grosvenor Hse. Publishing Ltd.

Knoblies. Sinclair Currie. 2018. (ENG., Illus.). 254p. (J). pap. *(978-1-78465-365-1(9),* Vanguard Press) Pegasus Elliot Mackenzie Pubs.

Knock: A Collection of Childhood Memories. Carolyn Watkins. Illus. by Lindsey Erickson. 2020. (ENG.). 50p. (J). 16.99 *(978-1-7334732-3-1(8))* Mindstir Media.

Knock: Level 1. Carolyn Watkins. 2020. (ENG.). 50p. (J). pap. 11.95 *(978-1-7356910-6-0(2))* Mindstir Media.

Knock 1,2,3... Is the Safe Open for Me? Math Activity Book 3rd Grade Volume I. Jupiter Kids. 2017. (ENG., Illus.). (J). pap. 9.20 *(978-1-5419-3311-8(7),* Jupiter Kids (Childrens & Kids Fiction)) Speedy Publishing LLC.

Knock about with the Fitzgerald-Trouts. Esta Spalding. Illus. by Sydney Smith. 2017. (ENG.). 320p. (J). (gr. 3-7). 16.99 *(978-0-316-29860-5(3))* Little, Brown Bks. for Young Readers.

Knock at a Venture (Classic Reprint) Eden Phillpotts. 2017. (ENG., Illus.). (J). 31.47 *(978-0-266-20545-6(3))* Forgotten Bks.

Knock at the Door. Tj Radcliffe. Illus. by Hilary Farmer. 2020. (Inner Islands Trilogy Ser.: Vol. 2). (ENG.). 186p. (J). pap. *(978-0-9937543-6-4(8))* Siduri Pr.

Knock 'Em Dead, Bk. 4. Johanna Gohmann. Illus. by Aleksandar Zoloti?. 2018. (Electric Zombie Ser.). (ENG.). 112p. (J). (gr. 2-5). lib. bdg. 38.50 *(978-1-5321-3364-0(2),* 31151, Calico Chapter Bks.) ABDO Publishing Co.

Knock from under the Bed. Statia Andy. 2017. (Worlds Within Ser.: Vol. 2). (ENG., Illus.). (J). (gr. 2-6). *(978-1-988419-02-2(6))* Never Dot.

Knock Knock! The BIGGEST, Best Joke Book EVER. Created by Highlights. 2017. (Highlights Laugh Attack! Joke Bks.). (ENG., Illus.). 352p. (J). (gr. 1-4). pap. 9.99 *(978-1-62979-869-9(4),* Highlights) Highlights Pr., c/o Highlights for Children, Inc.

Knock Knock! Again: The (New) BIGGEST, Best Joke Book Ever. Created by Highlights. 2021. (Highlights Laugh Attack! Joke Bks.). (Illus.). 352p. (J). (gr. 1-4). pap. 9.99 *(978-1-64472-462-0(6),* Highlights) Highlights Pr., c/o Highlights for Children, Inc.

Knock Knock, Blub Blub! Fishy Underwater Jokes. Brenda Ponnay. Illus. by Brenda Ponnay. 2020. (Illustrated Jokes Ser.). (ENG., Illus.). 28p. (J). (gr. -1-5). 12.99 *(978-1-5324-1563-0(X));* pap. 12.99 *(978-1-5324-1544-9(3))* Xist Publishing.

Knock Knock Boo Who? Brenda Ponnay. Illus. by Brenda Ponnay. 2017. (Illustrated Jokes Ser.). (ENG., Illus.). 32p. (J). (gr. -1-3). pap. 9.99 *(978-1-5324-0226-5(0))* Xist Publishing.

Knock Knock, Dino-Mite! Dinosaur Jokes for Kids. Stephanie Rodriguez. Illus. by Chris Robertson. 2020. (Illustrated Jokes Ser.). (ENG.). 28p. (J). (gr. 1-6). 12.99 *(978-1-5324-2754-1(9));* pap. 12.99 *(978-1-5324-2753-4(0))* Xist Publishing.

Knock Knock, Jingle Jingle! Christmas Jokes for Kids. Brenda Ponnay. 2021. (Illustrated Jokes Ser.). (ENG.). 28p. (J). (gr. k-3). 24.99 *(978-1-5324-2988-0(6));* pap. 12.99 *(978-1-5324-2984-2(3))* Xist Publishing.

Knock Knock Joke Book, 1 vol. Lisa Regan. 2019. (Sidesplitting Jokes Ser.). (ENG.). 24p. (J). (gr. 1-2). 26.27 *(978-1-7253-9592-3(4),* 45144d4a-9d11-46a8-8200-cc5d4812d20a); pap. 9.25 *(978-1-7253-9590-9(8),* a0a22194-407e-4314-8945-aa264e95cdbf) Rosen Publishing Group, Inc., The. (Windmill Bks.).

Knock Knock Jokes. Joe King. (Abdo Kids Jokes Ser.). (ENG., 24p. (J). 2022. Illus.). (gr. k-k). pap. 8.95 *(978-1-64494-632-9(7),* Abdo Kids-Junior); 2021. (gr. -1-2). lib. bdg. 31.36 *(978-1-0982-0918-6(4),* 38164, Abdo Kids) ABDO Publishing Co.

Knock Knock Jokes. Ima Laffin. 2016. (Big Buddy Jokes Ser.). (ENG., Illus.). 32p. (J). (gr. 2-5). lib. bdg. 34.21 *(978-1-68078-512-8(5),* 23573, Big Buddy Bks.) ABDO Publishing Co.

Knock-Knock Jokes: Bird Brains, 1 vol. Nicky Bird. 2016. (Knock-Knock Jokes Ser.: 1). (ENG., Illus.). 64p. (J). pap. 6.99 *(978-1-926677-96-5(X),* a68670be-417c-4e37-a065-28f59709e9b7) Folklore Publishing CAN. Dist: Lone Pine Publishing USA.

Knock-Knock Jokes: Bug Brains, 1 vol. Nicky Bird. 2016. (Knock-Knock Jokes Ser.: 2). (ENG., Illus.). 64p. (J). pap. 6.99 *(978-1-926677-97-2(8),* adb1defc-f00b-4d6a-a118-e07f6a50d6ac) Folklore Publishing CAN. Dist: Lone Pine Publishing USA.

Knock-Knock Jokes: Monkey Madness, 1 vol. Nicky Bird. 2016. (Knock-Knock Jokes Ser.: 3). (ENG., Illus.). 64p. (J). pap. 6.99 *(978-1-926677-98-9(6),* 59fe252c-2d94-446f-9639-0d620b8a2388) Folklore Publishing CAN. Dist: Lone Pine Publishing USA.

Knock Knock Jokes Collection: The 2 Books Compilation Set for Kids. Karen J. Bun. 2019. (ENG., Illus.). 404p. (J). pap. 28.99 *(978-1-64615-524-8(6))* Bluesource & Friends.

Knock-Knock Jokes for Funny Kids. Josephine Southon. Illus. by Andrew Pinder. 2022. (Buster Laugh-A-lot Bks.: 7). (ENG.). 128p. (J). (gr. 2-4). pap. 8.99 *(978-1-78055-785-4(X),* Buster Bks.) O'Mara, Michael Bks., Ltd. GBR. Dist: Independent Pubs. Group.

Knock Knock Jokes for Kids. Joe Fullman & Sally Lindley. 2019. (ENG.). 176p. (J). pap. 7.99 *(978-1-78950-608-2(5),* 48119cff-dbd7-4911-bafc-cb09aa7bd334) Arcturus Publishing GBR. Dist: Baker & Taylor Publisher Services (BTPS).

Knock, Knock, Knock & Other Stories (Classic Reprint) Iván Turgénev. 2017. (ENG., Illus.). (J). 31.28 *(978-0-266-17788-3(3))* Forgotten Bks.

Knock Knock, Lettuce In! And Other Funny Vegetable Jokes. Brenda Ponnay. Illus. by Brenda Ponnay. 2019. (Illustrated Jokes Ser.). (ENG., Illus.). 26p. (J). (gr. k-6). pap. 9.99 *(978-1-5324-1213-4(4))* Xist Publishing.

Knock Knock, Meow Meow! Illustrated Cat Jokes for Kids. Brenda Ponnay. Illus. by Brenda Ponnay. 2021. (Illustrated Jokes Ser.). (ENG.). 28p. (J). (gr. k-3). 24.99 *(978-1-5324-2986-6(X));* pap. 12.99 *(978-1-5324-2982-8(7))* Xist Publishing.

Knock, Knock, Monster Who? Monster Jokes for Kids. Stephanie Rodriguez. Illus. by Adam Pryce. 2020. (Illustrated Jokes Ser.). (ENG.). 28p. (J). (gr. 1-6). 12.99 *(978-1-5324-2964-4(9));* pap. 12.99 *(978-1-5324-2963-7(0))* Xist Publishing.

Knock Knock, Olive You! And Other Valentine's Day Jokes. Brenda Ponnay. Illus. by Brenda Ponnay. 2021. (Illustrated Jokes Ser.). (ENG.). 26p. (J). (gr. 1-6). 12.99 *(978-1-5324-2987-3(8));* pap. 12.99 *(978-1-5324-2983-5(5))* Xist Publishing.

Knock Knock on Wood: Super Happy Party Bears 2. Marcie Colleen. Illus. by Steve James. 2016. (Super Happy Party Bears Ser.: 2). (ENG.). 144p. (J). pap. 5.99 *(978-1-250-09808-5(4),* 900161650) Imprint IND. Dist: Macmillan.

Knock, Knock, Play Ball! Sports Jokes for Kids. Stephanie Rodriguez. Illus. by Jenna Johnston. 2021. (Illustrated Jokes Ser.). (ENG.). 28p. (J). (gr. k-3). 24.99 *(978-1-5324-3180-7(5));* pap. 12.99 *(978-1-5324-3179-1(1))* Xist Publishing.

Knock Knock, Red, White, & Blue! Patriotic Jokes for Kids. Brenda Ponnay. Illus. by Brenda Ponnay. 2021. (Illustrated Jokes Ser.). (ENG.). 28p. (J). (gr. 1-6). 12.99 *(978-1-5324-2700-8(X));* pap. 12.99 *(978-1-5324-2699-5(2))* Xist Publishing.

Knock Knock, Trick or Treat! A Spooky Halloween Lift-The-Flap Book. Amy E. Sklansky. Illus. by Chiara Galletti. 2021. (ENG.). 14p. (J). (gr. -1-k). bds. 7.99 *(978-1-5344-9267-7(4),* Little Simon) Little Simon.

Knock Knock, Unicorn Who? Illustrated Unicorn & Mermaid Jokes. Stephanie Rodriguez. Illus. by Jenna Johnston. 2021. (Illustrated Jokes Ser.). (ENG.). 28p. (J). (gr. 1-6). 12.99 *(978-1-5324-3176-0(7));* pap. 12.99 *(978-1-5324-3175-3(9))* Xist Publishing.

Knock! Knock! Where Is There? Brian Elling. 2019. (Who HQ Ser.). (ENG.). 124p. (J). (gr. 2-3). 16.96 *(978-0-87617-911-6(1))* Penworthy Co., LLC, The.

Knock! Knock! Where Is There? Brian Elling & Who HQ. Illus. by Andrew Thomson. 2019. (Where Is? Ser.). 128p. (J). (gr. 3-7). 6.99 *(978-1-5247-9208-4(X),* Penguin Workshop) Penguin Young Readers Group.

Knock, Knock, Who Is There? Sargis Saribekyan. 2020. (ENG.). 30p. (YA). 24.95 *(978-1-63630-042-9(1));* pap. 14.95 *(978-1-63630-041-2(3))* Covenant Bks.

Knock! Knock! Who Was There? Brian Elling & Who HQ. Illus. by Andrew Thomson. 2018. (Who Was? Ser.). 128p. (J). (gr. 3-7). 6.99 *(978-0-515-15932-5(8),* Penguin Workshop) Penguin Young Readers Group.

Knock! Knock! Who's There? 500 Hilarious Jokes for Kids. Arcturus Publishing. 2017. (ENG.). 256p. (J). (gr. 2-7). pap. 9.99 *(978-1-78428-478-7(5),* ab052288-af11-4d6d-9a54-b96b4a7b6165) Arcturus Publishing GBR. Dist: Baker & Taylor Publisher Services (BTPS).

Knock-Knock! Who's There? A Load of Laughs & Jokes for Kids. Craig Yoe. Illus. by Craig Yoe. 2018. (ENG., Illus.). 288p. (J). (gr. k-4). pap. 6.99 *(978-1-4814-7820-5(6),* Little Simon) Little Simon.

Knock Knock. Who's There? Connect the Dots & Find Out! Activibooks For Kids. 2016. (ENG., Illus.). (J). pap. 6.99 *(978-1-68321-392-5(0))* Mimaxion.

Knock, Knock! Who's There? Fun! Sequoia Kids Media. 2022. (Super Funny Jokes for Kids Ser.). (ENG.). 24p. (J). (gr. 1-3). lib. bdg. 27.29 *(978-1-64996-195-2(2),* 4943, Sequoia Kids Media) Phoenix International Publications, Inc.

Knock, Knock! Who's There? Fun! Sequoia Kids Media Sequoia Kids Media. 2021. (Super Funny Jokes for Kids

K

Ser.). (ENG.). 24p. (J). (gr. 1-3). pap. 9.50 (978-1-64996-711-4(X), 17076, Sequoia Kids Media) Sequoia Children's Bks.

Knock, Knock! Who's There? (Sesame Street) A Lift-The-Flap Board Book. Anna Ross. Illus. by Joe Mathieu. 2018. (ENG.). 22p. (J). (— 1). bds. 6.99 (978-1-5247-7032-7(9), Random Hse. Bks. for Young Readers) Random Hse. Children's Bks.

Knock Knock, Woof Woof! Illustrated Dog Jokes for Kids. Brenda Ponnay. Illus. by Brenda Ponnay. 2021. (Illustrated Jokes Ser.). (ENG.). 28p. (J). (gr. k-3). 24.99 (978-1-5324-2985-9(1)); pap. 12.99 (978-1-5324-2981-1(9)) Xist Publishing.

Knockabout Club in the Tropics: The Adventures of a Party of Young Men in New Mexico, Mexico, & Central America (Classic Reprint) C. A. Stephens. (ENG., Illus.). (J). 2018. 242p. 28.89 (978-0-331-78478-7(5)); 2017. pap. 11.57 (978-0-282-47166-8(9)) Forgotten Bks.

Knocked Down. Russ Thompson. 2021. (ENG.). 126p. (YA). pap. 7.99 (978-1-7373157-3-5(4)) Finding Forward Bks.

Knocked Out to Heaven. Arthur Zubyan. 2022. (ENG.). 24p. (J). 30.99 (978-1-6628-6442-1(6)); pap. 20.99 (978-1-6628-6441-4(8)) Salem Author Services.

Knockers Club (Classic Reprint) Nathaniel C. Fowler. 2017. (ENG., Illus.). (J). 28.60 (978-0-331-31856-2(3)) Forgotten Bks.

Knocking Door. Tim Forsythe. 2022. (ENG.). 90p. (YA). pap. (978-1-716-00496-4(9)) Lulu Pr., Inc.

Knocking on Wood. Contrib. by Tammy Gagne. 2023. (Scoop on Superstitions Ser.). (ENG.). 24p. (J). (gr. 2-5). lib. bdg. 32.79 (978-1-5038-6503-7(7), 216400, Stride) Child's World, Inc, The.

Knocking Round the Rockies: Illustrated (Classic Reprint) Ernest Ingersoll. 2018. (ENG., Illus.). 234p. (J). 28.72 (978-0-267-51899-9(4)) Forgotten Bks.

Knocking the Neighbors (Classic Reprint) George Ade. 2017. (ENG., Illus.). (J). 28.89 (978-1-5281-8997-2(3)) Forgotten Bks.

Knocknagow: Or the Homes of Tipperary (Classic Reprint) Charles J. Kickham. 2016. (ENG., Illus.). (J). pap. 19.57 (978-1-333-47524-6(1)) Forgotten Bks.

Knocknagow, or the Homes of Tipperary (Classic Reprint) Charles Joseph Kickham. 2017. (ENG., Illus.). (J). 37.06 (978-1-5283-4784-6(6)) Forgotten Bks.

Knockout. K. A. Holt. 2020. (ENG.). 356p. (J). (gr. 5-17). pap. 7.99 (978-1-7972-0531-1(5)) Chronicle Bks. LLC.

Knockout. Sajni Patel. 2021. (ENG.). 360p. (YA). (gr. 9-12). lib. bdg. 17.99 (978-1-63583-059-0(1), 1635830591, Flux) North Star Editions.

Knockout: (Middle Grade Novel in Verse, Themes of Boxing, Personal Growth, & Self Esteem, House Arrest Companion Book) K. A. Holt. 2018. (House Arrest Ser.). (ENG., Illus.). 288p. (J). (gr. 5-9). 16.99 (978-1-4521-6358-1(8)) Chronicle Bks. LLC.

Knockout Cup. Adrian Beck. 2018. (Champion Charlies Ser.: 3). (ENG., Illus.). 176p. (J). (gr. k-2). 15.99 (978-0-14-379128-7(1)) Random Hse. Australia AUS. Dist: Independent Pubs. Group.

Knot a-Gain! Ropes & Twisted Things Connect the Dots. Smarter Activity Books for Kids. 2016. (ENG., Illus.). (J). pap. 8.99 (978-1-68374-228-9(1)) Examined Solutions PTE. Ltd.

Knot Cannot. Tiffany Stone. Illus. by Mike Lowery. 2020. 32p. (J). (gr. -1-3). 17.99 (978-0-7352-3080-4(3), Dial Bks) Penguin Young Readers Group.

Knot of Blue (Classic Reprint) William Robert Anthony Wilson. (ENG., Illus.). (J). 2018. 384p. 31.82 (978-0-483-51464-5(0)); 2016. pap. 16.57 (978-1-333-14341-1(9)) Forgotten Bks.

Knot Projects. Dana Meachen Rau. Illus. by Ashley Dugan. 2023. (Getting Crafty Ser.). (ENG.). 32p. (J). (gr. 4-8). lib. bdg. 32.07 (978-1-6689-1960-6(5), 221938, 45th Parallel Press) Cherry Lake Publishing.

Knot Projects. Contrib. by Dana Meachen Rau. 2023. (Getting Crafty Ser.). (ENG., Illus.). 32p. (J). (gr. 4-8). pap. 14.21 (978-1-6689-2062-6(X), 222040, 45th Parallel Press) Cherry Lake Publishing.

Knots for Kids, 1 vol. Nicholle Carrière et al. 2020. (Super Explorers Ser.). (ENG., Illus.). 64p. (J). pap. 6.99 (978-1-897278-96-3(9), 982ff1b4-5d39-46d6-aa0d-e47e9cd71155) Blue Bike Bks. CAN. Dist: Lone Pine Publishing USA.

Knots Handbook: Over 45 Easy-To-Learn, Practical Knots. Barry Mault. Illus. by Gillian Blease. 2021. (ENG.). 96p. (J). pap. 8.99 (978-1-83940-499-3(X), 459c374e-4854-42e4-9ef2-6505d747d188) Arcturus Publishing GBR. Dist: Baker & Taylor Publisher Services (BTPS).

Knots Untied: Or, Ways & by-Ways in the Hidden Life of American Detectives; a Narrative of Marvellous Experiences among All Classes of Society, Criminals in High Life, Swindlers, Bank Robbers, Thieves, Lottery Agents, Gamblers, Necromancers, Counterfeit. George S. McWatters. 2017. (ENG., Illus.). (J). 41.47 (978-0-266-18142-2(2)) Forgotten Bks.

Knotted Hair & Stinky Air. Jodi Harding-Kuriger. 2021. (ENG.). 20p. (J). (978-1-5255-6781-0(0)); pap. (978-1-5255-6782-7(9)) FriesenPress.

Knout: A Tale of Poland (Classic Reprint) J. Sadlier. 2018. (ENG., Illus.). 264p. (J). 29.34 (978-0-332-89548-2(3)) Forgotten Bks.

Know God, Know Peace: Devotional Artistic Photography, 1 vol. A. K. Ryan. 2019. (ENG.). (YA). 80p. 43.99 (978-1-4003-2919-9(1)); 96p. 26.99 (978-1-4003-2464-4(5)); 96p. pap. 11.99 (978-1-4003-2463-7(7)) Elm Hill.

Know-It-All Trivia Book for Minecrafters: Over 800 Amazing Facts & Insider Secrets. Brian Boone. Illus. by Amanda Brack. 2017. (ENG.). 176p. (J). pap. 12.99 (978-1-5107-3090-8(7), Sky Pony Pr.) Skyhorse Publishing Co., Inc.

Know Me. Linda Briden. 2017. (ENG., Illus.). 38p. (J). (978-1-77302-695-4(X)) Tellwell Talent.

Know-Nonsense Guide to Grammar: An Awesomely Fun Guide to the Way We Use Words! Heidi Fiedler. Illus. by Brendan Kearney. 2022. (Know Nonsense Ser.). (ENG.). 64p. (J). (gr. 3-7). pap. 9.99 (978-0-7603-7939-4(4), 421360, Walter Foster Jr) Quarto Publishing Group USA.

Know-Nonsense Guide to Money: An Awesomely Fun Guide to the World of Finance! Heidi Fiedler. Illus. by Brendan Kearney. 2022. (Know Nonsense Ser.). (ENG.). 64p. (J). (gr. 3-7). pap. 9.99 (978-0-7603-7940-0(8), 421367, Walter Foster Jr) Quarto Publishing Group USA.

Know Nothing;(?) (Classic Reprint) Unknown Author. 2018. (ENG., Illus.). 350p. (J). 31.14 (978-0-483-73740-2(2)) Forgotten Bks.

Know Nothings: An Expose of the Secret Order of Know Nothings, the Most Ludicrous & Startling Yankee Notion Ever Conceived (Classic Reprint) Charles S. Stearns. (ENG., Illus.). (J). 2018. 36p. 24.64 (978-0-331-77090-2(3)); 2017. pap. 7.97 (978-0-282-41804-5(0)) Forgotten Bks.

Know the Stats: A Fan's Guide to Stats. Shane Frederick & Eric Braun. 2018. (Know the Stats Ser.). (ENG.). 32p. (J). (gr. 3-9). 122.60 (978-1-5435-0637-2(2), 27683, Capstone Pr.) Capstone.

Know Your Bible for Kids: The 66 Books & All about Jesus. Donna K. Maltese. 2022. (ENG., Illus.). 128p. (J). pap. 9.99 (978-1-63609-145-7(8)) Barbour Publishing, Inc.

Know Your Bible for Kids Collection: 399 Need-To-Know People, Places, & Ideas from God's Word. Donna K. Maltese. 2016. (ENG., Illus.). 512p. (J). pap. 14.99 (978-1-63409-410-8(7), Barbour Bks.) Barbour Publishing, Inc.

Know Your Body, 12 vols. 2016. (Know Your Body Ser.). 24p. (ENG.). (gr. 1-2). lib. bdg. 145.62 (978-1-4824-4372-1(4), 2e85976a-b1ce-4f11-9c27-a4146dfcdd9e); (gr. 2-1). pap. 48.90 (978-1-4824-4512-1(3)) Stevens, Gareth Publishing LLLP.

Know Your Colors & Your 1,2,3... Coloring Book 5 Year Old. Educando Kids. 2019. (ENG.). 42p. (J). pap. 6.99 (978-1-64521-006-1(5), Educando Kids) Editorial Imagen.

Know Your Feelings: Recognizing Emotions. Alyssa Krekelberg. 2020. (Social & Emotional Learning Ser.). (ENG.). 24p. (J). (gr. -1-2). lib. bdg. 32.79 (978-1-5038-4452-0(8), 214219) Child's World, Inc, The.

Know Your Furry Friends Find the Difference Animals. Educando Kids. 2019. (ENG.). 42p. (J). pap. 8.55 (978-1-64521-653-7(5), Educando Kids) Editorial Imagen.

Know Your Government, 12 vols., Set. Jacqueline Laks Gorman. Incl. Governor. lib. bdg. 24.67 (978-1-4339-0091-4(2), 4d9474d2-1d82-4063-b5e1-ddf85e520bfa); Judge. lib. bdg. 24.67 (978-1-4339-0092-1(0), 47543302-1c8a-4a6e-b628-f83895760594); Mayor. lib. bdg. 24.67 (978-1-4339-0093-8(9), 7f0bba5b-a99d-43e1-9352-93e7e14fd7b6); Member of Congress. lib. bdg. 24.67 (978-1-4339-0094-5(7), 2ff26ad8-8cbd-4683-b732-3009679d7942); President. lib. bdg. 24.67 (978-1-4339-0095-2(5), d05ecc19-fc9f-4b56-8a4b-d3d369cd2647); Vice President. lib. bdg. 24.67 (978-1-4339-0096-9(3), af6c4021-b770-4c03-bd5f-1423e73340a6); (J). (gr. 3-3). (Know Your Government Ser.). (ENG.). 24p. 2009. Set lib. bdg. 148.02 (978-1-4339-0097-6(1), da7e447f-db69-4157-ac39-f1afb9f3d5bd, Weekly Reader Leveled Readers); Set lib. bdg. 49.34 (978-0-8368-8839-3(1), 68947e1a-340b-4846-b4cf-b0d021301496, Weekly Reader) Stevens, Gareth Publishing LLLP.

Know Your Numbers Mazes & Dot to Dots to Kindergarten. Educando Kids. 2019. (ENG.). 42p. (J). pap. 8.55 (978-1-64521-606-3(3), Educando Kids) Editorial Imagen.

Know Your Own Ship: A Simple Explanation of the Stability, Trim, Construction, Tonnage, & Freeboard of Ships, Together with a Fully Worked Out Set of the Usual Ship Calculations (from Drawings); Specially Arranged for the Use of Ships' Officers, Superin. Thomas Walton. 2017. (ENG., Illus.). (J). 352p. 31.16 (978-0-484-58019-9(1)); pap. 13.57 (978-0-282-44356-6(8)) Forgotten Bks.

Know Your Planet: Land & Water Coloring Book. Smarter Activity Books for Kids. 2016. (ENG., Illus.). (J). pap. 9.22 (978-1-68374-363-7(6)) Examined Solutions PTE. Ltd.

Know Your Planets: A Guide for Children. 2017. (ENG., Illus.). (YA). (gr. 7-12). pap. (978-93-86780-90-4(9)) Alpha Editions.

Know Your Rights! A Modern Kid's Guide to the American Constitution. Laura Barcella. 2018. (ENG., Illus.). 112p. (J). (gr. 3-7). pap. 9.95 (978-1-4549-2854-6(9)) Sterling Publishing Co., Inc.

Know Your Rights & Claim Them: A Guide for Youth. Amnesty Amnesty International et al. 2021. (ENG., Illus.). 288p. (YA). (gr. 6-12). lib. bdg. 37.32 (978-1-7284-4964-7(2), bcc3ea1f-a85a-4c98-bab0-91e1576af76a, Zest Bks.) Lerner Publishing Group.

Know Your Rights & Claim Them: A Guide for Youth. Amnesty International et al. 2021. (ENG., Illus.). 288p. (YA). (gr. 6-12). pap. 14.99 (978-1-7284-4965-4(0), 820836de-bb7f-4c8d-8a28-bb124382ae29, Zest Bks.) Lerner Publishing Group.

Know Your Rights or Have No Rights. Ananya Chopra. Illus. by Jeanelle Tabaranza. 2021. (ENG.). 68p. (J). pap. 15.99 (978-1-953852-15-1(7)) EduMatch.

Know Your Senses. Mari Schuh. 2020. (Health & My Body Ser.). (ENG., Illus.). 32p. (J). (gr. 1-3). pap. 7.95 (978-1-9771-2690-0(1), 201724); lib. bdg. 31.32 (978-1-9771-2390-9(2), 200400) Capstone. (Pebble).

Know Your Spectrum! An Autism Creative Writing Workbook for Teens. Finn Monahan. 2019. 288p. pap. 29.95 (978-1-78592-435-4(4), 696742) Kingsley, Jessica Pubs. GBR. Dist: Hachette UK Distribution.

Know You're Not Alone. Stacy Casaluci. Illus. by Kalpart. 2019. (ENG.). 42p. (J). (gr. k-6). pap. 15.00 (978-1-68181-242-7(8)) Strategic Book Publishing & Rights Agency (SBPRA).

Know You're Not Alone. Stacy Manning Casaluci. Illus. by Kalpart. 2019. (ENG.). 42p. (J). (gr. k-6). 25.50 (978-1-68181-243-4(6)) Strategic Book Publishing & Rights Agency (SBPRA).

Knowing. Sharon Cameron. (ENG.). 448p. (YA). (gr. 7-7). 2018. pap. 10.99 (978-1-338-28196-5(8)); 2017. 18.99 (978-0-545-94524-0(0), Scholastic Pr.) Scholastic, Inc.

Knowing. Ani DiFranco. Illus. by Julia Mathew. 2023. 32p. (J). (-k). 18.99 (978-0-593-38375-9(3)) Penguin Young Readers Group.

Knowing Birds Through Stories (Classic Reprint) Floyd Bralliar. 2018. (ENG., Illus.). 400p. (J). 32.11 (978-0-483-11284-1(4)) Forgotten Bks.

Knowing Book. Rebecca Kai Dotlich. Illus. by Matthew Cordell. 2016. (ENG.). 32p. (J). (gr. 2). 16.99 (978-1-59078-926-1(1), Astra Young Readers) Astra Publishing Hse.

Knowing History - KS3 History Georgian Britain. Robert Peal. ed. 2016. (Knowing History Ser.). 16p. (J). (gr. 6-9). pap. 3.99 (978-0-00-819537-3(4)) HarperCollins Pubs. Ltd. GBR. Dist: Independent Pubs. Group.

Knowing Jesus (Blue Cover) The Essential Teen 365 Devotional. B&H Kids Editorial Staff. 2016. (ENG., Illus.). 368p. (J). (gr. 7-12). 14.99 (978-1-4336-4407-8(X), 005787280, B&H Kids) B&H Publishing Group.

Knowing Jesus Means Knowing Peace. Valerie Ross. 2017. (ENG., Illus.). (YA). pap. 11.99 (978-1-5456-1179-1(3)) Salem Author Services.

Knowing the Alphabet. How Little Children Discover the Joy of Words by Learning Their Alphabet ABCs. - Baby & Toddler Alphabet Books. Baby Professor. 2017. (ENG., Illus.). (J). pap. 7.89 (978-1-68326-636-5(6), Baby Professor (Education Kids)) Speedy Publishing LLC.

Knowing the Name of a Bird. Jane Yolen. Illus. by Jori van der Linde. 2020. (ENG.). 32p. (J). (gr. 1-3). 19.99 (978-1-56846-349-0(9), 18066, Creative Editions) Creative Co., The.

Knowing What's Right. Lynette Hess. 2020. (ENG., Illus.). 30p. (J). pap. 13.95 (978-1-64801-114-6(4)) Newman Springs Publishing, Inc.

Knowledge. Penelope Dyan. Illus. by Penelope Dyan. l.t. ed. 2023. (ENG.). 34p. (J). pap. 12.60 (978-1-61477-669-7(5)) Bellissima Publishing, LLC.

Knowledge & Education, 1 vol. Tim Cooke. 2017. (What's the Big Idea? a History of the Ideas That Shape Our World Ser.). (ENG.). 48p. (gr. 6-6). lib. bdg. 33.07 (978-1-5026-2818-3(X), 0a3a3953-a45a-40b7-9d1c-00b414d3334f) Cavendish Square Publishing LLC.

Knowledge Encyclopedia Animal! see Animales (Knowledge Encyclopedia Animal!): El Reino Animal Como Nunca lo Habías Visto

Knowledge Encyclopedia Dinosaur! Over 60 Prehistoric Creatures As You've Never Seen Them Before. DK & John Woodward. 2019. (DK Knowledge Encyclopedias Ser.). (ENG., Illus.). 208p. (J). (gr. 4-7). 24.99 (978-1-4654-8176-4(1), DK Children) Dorling Kindersley Publishing, Inc.

Knowledge Encyclopedia History! see Historia (Knowledge Encyclopedia History!): El Pasado Como Nunca lo Has Visto Antes

Knowledge Encyclopedia Human Body! DK. 2017. (DK Knowledge Encyclopedias Ser.). (ENG., Illus.). 208p. (J). (gr. 4-7). 24.99 (978-1-4654-6239-8(2), DK Children) Dorling Kindersley Publishing, Inc.

Knowledge Encyclopedia: Human Body. Wonder House Books. 2020. (Knowledge Encyclopedia for Children Ser.). (ENG.). 192p. (J). (gr. 7-10). 34.99 (978-93-90183-63-0(4)) Prakash Bk. Depot IND. Dist: Independent Pubs. Group.

Knowledge Encyclopedia Ocean! DK. 2020. (DK Knowledge Encyclopedias Ser.). (ENG., Illus.). 208p. (J). (gr. 4-7). 24.99 (978-1-4654-9147-3(3), DK Children) Dorling Kindersley Publishing, Inc.

Knowledge Encyclopedia Science! DK. 2018. (DK Knowledge Encyclopedias Ser.). (ENG.). 208p. (J). (gr. 4-7). 24.99 (978-1-4654-7363-9(7), DK Children) Dorling Kindersley Publishing, Inc.

Knowledge Encyclopedia Space! The Universe As You've Never Seen It Before. DK. rev. ed. 2022. (DK Knowledge Encyclopedias Ser.). (ENG., Illus.). 208p. (J). (gr. 4-7). 24.99 (978-0-7440-2892-8(2), DK Children) Dorling Kindersley Publishing, Inc.

Knowledge for the People, or the Plain Why & Because, Vol. 7: Familiarizing Subjects of Useful Curiosity & Amusing Research; Mechanics (Classic Reprint) John Timbs. 2016. (ENG., Illus.). (J). pap. 13.57 (978-1-333-28172-4(2)) Forgotten Bks.

Knowledge for the Time. John Timbs. 2017. (ENG.). 310p. (J). pap. (978-3-337-21942-0(X)) Creation Pubs.

Knowledge Genius! A Quiz Encyclopedia to Boost Your Brain. DK. 2019. (DK Knowledge Genius Ser.). (ENG., Illus.). 192p. (J). (gr. 4-7). 21.99 (978-1-4654-8134-4(6), DK Children) Dorling Kindersley Publishing, Inc.

Knowledge Is the Key. Heidi Louise Williams. 2021. (ENG.). 268p. (YA). pap. 15.40 (978-1-64970-948-6(X)) Primedia eLaunch LLC.

Knowledge of the Heavens & the Earth Made Easy, or the First Principles of Astronomy & Geography, Explained by the Use of Globes & Maps: With a Solution of the Common Problems by a Plain Scale & Compasses, As Well As by the Globe; Written Seve. Isaac Watts. (ENG., Illus.). (J). 2018. 250p. 29.05 (978-0-666-53527-6(2)); 2017. pap. 11.57 (978-0-282-05051-1(5)) Forgotten Bks.

Knowledge Tree. Michelle Wanasundera. Illus. by Gabriella Shcherban. (ENG.). 30p. (J). 2023. pap. (978-1-922991-74-4(0)); 2022. pap. (978-1-922895-22-6(9)) Library For All Limited.

Knowledge Tree - Mti Wa Maarifa. Michelle Wanasundera. Illus. by Gabriella Shcherban. 2023. (SWA.). 30p. (J). pap. (978-1-922951-15-1(3)) Library For All Limited.

Knowledge Will Forever Govern Ignorance! President James Madison Grade 5 Social Studies Children's US Presidents Biographies. Dissected Lives. 2022. (ENG.). 72p. (J). 31.99 (978-1-5419-8665-7(2)); pap. 19.99 (978-1-5419-8162-1(6)) Speedy Publishing LLC. (Dissected Lives (Auto Biographies)).

Knowles's Elocutionist: A First-Class Rhetorical Reader & Recitation Book; Containing the Only Essential Principles of Elocution, Directions for Managing the Voice, etc., Simplified & Explained on a Novel Plan; with Numerous Pieces for Reading & Dec. James Sheridan Knowles. 2017. (ENG., Illus.). (J). 336p. 30.83 (978-0-266-51684-2(X)); pap. 13.57 (978-1-334-89235-6(0)) Forgotten Bks.

Known: Psalm 139. Sally Lloyd-Jones Jago. 2022. (ENG., Illus.). 18p. (J). bds. 10.99 (978-0-310-77117-3(X)) Zonderkidz.

Known & New Animals - Coloring Edition - Math Books for Kindergarten Children's Math Books. Baby Professor. 2017. (ENG., Illus.). (J). pap. 9.55 (978-1-5419-2781-0(8), Baby Professor (Education Kids)) Speedy Publishing LLC.

Knox Knocks: Hooray for Mail Day! Judy Katschke. Illus. by Josh Cleland. 2021. (Highlights Puzzle Readers Ser.). 32p. (J). (gr. -1-2). 16.99 (978-1-64472-487-3(1)); pap. 4.99 (978-1-64472-486-6(3)) Highlights Pr., c/o Highlights for Children, Inc. (Highlights).

Knox Knocks: Special Delivery. Judy Katschke. Illus. by Josh Cleland. 2021. (Highlights Puzzle Readers Ser.). 32p. (J). (gr. -1-2). 16.99 (978-1-64472-484-2(7)); pap. 4.99 (978-1-64472-483-5(9)) Highlights Pr., c/o Highlights for Children, Inc. (Highlights).

Knuckleboom Loader. Samantha Bell. 2018. (21st Century Basic Skills Library: Level 1: Welcome to the Construction Site Ser.). (ENG., Illus.). 24p. (J). (gr. k-3). lib. bdg. 30.64 (978-1-5341-2923-8(5), 211736) Cherry Lake Publishing.

Knuffle Bunny. Mo Willems. 2016. (CHI.). (J). (gr. -1-1). (978-7-5133-2168-6(X)) New Star Publishing Hse.

Knuffle Bunny Free. Mo Willems. 2016. (CHI.). (J). (gr. -1-2). (978-7-5133-2208-9(2)) New Star Publishing Hse.

Knuffle Bunny Too. Mo Willems. 2016. (CHI.). (J). (gr. -1-2). (978-7-5133-2166-2(3)) New Star Publishing Hse.

Koala. Melissa Gish. (Spotlight on Nature Ser.). (ENG.). 32p. (J). (gr. 4-7). 2021. (978-1-64026-341-3(1), 18635, Creative Education); 2020. pap. 9.99 (978-1-62832-873-8(8), 18636, Creative Paperbacks) Creative Co., The.

Koala. Grace Hansen. 2019. (Australian Animals (AK) Ser.). (ENG., Illus.). 24p. (J). (gr. -1-2). lib. bdg. 32.79 (978-1-5321-8544-1(8), 31426, Abdo Kids) ABDO Publishing Co.

Koala. Claire Saxby. Illus. by Julie Vivas. 2019. (Read & Wonder Ser.). (ENG.). 32p. (J). (gr. -1-3). 7.99 (978-1-5362-0896-2(5)) Candlewick Pr.

Koala Bear Joeys. Susan H. Gray. 2020. (21st Century Basic Skills Library: Level 3: Babies at the Zoo Ser.). (ENG., Illus.). 24p. (J). (gr. k-3). pap. 12.79 (978-1-5341-6125-2(2), 214500); lib. bdg. 30.64 (978-1-5341-5895-5(2), 214499) Cherry Lake Publishing.

Koala Challah. Laura Gehl. Illus. by Maria Mola. 2017. (ENG.). 24p. (J). (gr. -1-1). 17.99 (978-1-5124-2087-6(5), 7d5ffbf3-fe90-45a2-a1fb-59032b3a9cd4); pap. 7.99 (978-1-5124-2088-3(3), 26c316b4-e7ec-4d95-9055-b608e472f570) Lerner Publishing Group. (Kar-Ben Publishing).

Koala Christmas. Shaun Reynolds. Illus. by Josh Smits. 2022. (ENG.). 34p. (J). pap. (978-1-922850-85-0(3)) Shawline Publishing Group.

Koala Coloring Book! a Unique Collection of Coloring Pages. Bold Illustrations. 2018. (ENG., Illus.). 72p. (J). (gr. k-6). pap. 11.99 (978-1-64193-828-0(5), Bold Illustrations) FASTLANE LLC.

Koala Coloring Book (with 33 Koala Coloring Images) This Book Contains Koala Coloring Pages, & Has 33 Cute Koalas to Color. Downloadable, Photocopiable & Printable You Will Never Run Out of Koalas to Color In. James Manning. 2020. (ENG., Illus.). 70p. (J). pap. (978-1-80027-516-4(1)) CBT Bks.

Koala Crossing. Carrie Hasler. Illus. by Barbara Ball. 2022. (ENG.). 32p. (J). 17.99 (978-1-943198-15-3(2)) Southwestern Publishing Hse., Inc.

Koala, ¿dónde Estás? (Eco Baby Where Are You Koala?) DK. 2022. (Eco Baby Ser.). (SPA., Illus.). 14p. (J). (— 1). bds. 12.99 (978-0-7440-5959-5(3), DK Children) Dorling Kindersley Publishing, Inc.

Koala Joeys. Jen Besel. 2020. (Baby Animals Ser.). 24p. (J). (gr. k-3). pap. 8.99 (978-1-64466-096-6(2), 14379, Bolt Jr.) Black Rabbit Bks.

Koala Joeys. Julie Murray. 2017. (Baby Animals (Abdo Kids Junior) Ser.). (ENG., Illus.). 24p. (J). (gr. -1-2). lib. bdg. 31.36 (978-1-5321-0004-8(3), 25094, Abdo Kids) ABDO Publishing Co.

Koala Kayla Và Mama. Thái Hà Lê. Illus. by Chuileng Muivah. 2021. (VIE.). 40p. (J). pap. (978-0-6488098-4-5(6)) Thai, Ha-Le.

Koala (Koala) Grace Hansen. 2019. (Animales de Australia (Australian Animals) Ser.). (SPA.). 24p. (J). (gr. -1-2). lib. bdg. 32.79 (978-1-0982-0083-1(7), 33040, Abdo Kids) ABDO Publishing Co.

Koala Tracing Book (with Koala Images to Trace) This Book Contains Koala Trace & Color Pages, & Has Lots of Cute Koalas to Trace & Color. Downloadable, Photocopiable & Printable You Will Never Run Out of Koalas to Trace. James Manning. 2020. (ENG., Illus.). 70p. (J). pap. (978-1-80027-517-1(X)) CBT Bks.

Koala Who Could. Rachel Bright. Illus. by Jim Field. 2017. (ENG.). 32p. (J). (gr. -1-k). 18.99 (978-1-338-13908-2(8), Scholastic Pr.) Scholastic, Inc.

Koala Who Lives in a Pine Tree. Belinda Lewell. 2022. (ENG.). 20p. (J). (978-0-2288-6343-4(0)); pap. (978-0-2288-6342-7(2)) Tellwell Talent.

Koala (Young Zoologist) A First Field Guide to the Cuddly Marsupial from Australia. Chris Daniels & Neon Squid. Illus. by Marianne Lock. 2023. (Young Zoologist Ser.). (ENG.). 32p. (J). 15.99 (978-1-68449-283-1(1), 900279773) St. Martin's Pr.

Koalas. Josh Gregory. 2016. (Nature's Children Ser.). (ENG., Illus.). 48p. (J). pap. 6.95 (978-0-531-22518-9(6), Children's Pr.) Scholastic Library Publishing.

Koalas. Katie Woolley. 2022. (Reading Gems Fact Finders Ser.). (ENG., Illus.). 32p. (J). (gr. -1-2). pap. 8.99 (978-0-7112-7317-7(0), 902781f5-e6d1-419b-94bd-05b240b87ea3); lib. bdg. 27.99 (978-0-7112-7148-7(8), eb3a5a6d-6d8a-46c7-9621-dbbfbc223457) QEB Publishing Inc.

Koalas: A 4D Book. Sara Louise Kras. rev. ed. 2018. (Australian Animals Ser.). (ENG., Illus.). 24p. (J). (gr. -1-2).

1110

The check digit for ISBN-10 appears in parentheses after the full ISBN-13

lib. bdg. 29.32 *(978-1-9771-0001-6(5)*, 138162, Capstone Pr.) Capstone.

Kobboltozo. Christopher Pearse Cranch. 2017. (ENG.). 104p. (J). pap. *(978-3-337-10941-7(1))* Creation Pubs.

Kobboltozo: A Sequel to the Last of the Huggermuggers, with Illustrations (Classic Reprint) Christopher Pearse Cranch. 2018. (ENG., Illus.). 108p. (J). 26.12 *(978-0-365-32770-7(0))* Forgotten Bks.

Kobcountrymusic Spells. Karen O'Brien. 2021. (AUS.). 37p. (YA). pap. ***(978-1-4717-9943-3(3))*** Lulu Pr., Inc.

Kobe Bryant. Kenny Abdo. 2020. (Sports Biographies Ser.). (ENG., Illus.). 24p. (J). (gr. 2-8). lib. bdg. 31.36 *(978-1-0982-2138-6(9)*, 34523, Abdo Zoom-Fly) ABDO Publishing Co.

Kobe Bryant. Erin Fisher. Illus. by Jeff Bane. 2021. (My Early Library: My Itty-Bitty Bio Ser.). (ENG.). 24p. (J). (gr. k-1). pap. 12.79 *(978-1-5341-8827-3(4)*, 219043); lib. bdg. 30.64 *(978-1-5341-8687-3(5)*, 219042) Cherry Lake Publishing.

Kobe Bryant. Contrib. by Luke Hanlon. 2023. (SportsZone Biographies Ser.). (ENG.). 32p. (J). (gr. 3-9). lib. bdg. 32.79 ***(978-1-0982-9168-6(9)***, 41936, SportsZone) ABDO Publishing Co.

Kobe Bryant. 1 vol. Xina M. Uhl. 2018. (Sports' Top MVPs Ser.). (ENG., Illus.). 48p. (J). (gr. 5-5). 33.47 *(978-1-5081-8198-9(5)*, a0c93c7c-dc20-4ad1-83bf-57ba83933e57) Rosen Publishing Group, Inc., The.

Kobe Bryant: Legends in Sports. Matt Christopher. 2021. (ENG.). 192p. (J). (gr. 3-7). pap. 6.99 *(978-0-316-66709-8(9))* Little, Brown Bks. for Young Readers.

Kobe Bryant: NBA Champion. Percy Leed. 2020. (Epic Sports Bios (Lerner (tm) Sports) Ser.). (ENG., Illus.). 32p. (J). (gr. 2-5). pap. 9.99 *(978-1-7284-1937-4(9)*, 68304956-c99f-4df4-9079-703b1f957d65); lib. bdg. 30.65 *(978-1-7284-1936-7(0)*, df70750c-f206-4803-88da-115f733e3421) Lerner Publishing Group. (Lerner Pubns.).

Kobe Bryant: Basketball Superstar. Tammy Gagne. 2020. (Lives Cut Short Ser.). (ENG.). 112p. (J). (gr. 6-12). lib. bdg. 41.36 *(978-1-5321-9398-9(X)*, 34961, Essential Library) ABDO Publishing Co.

Kobe Eats Pizza! Ashley Wian. Illus. by Joy Ang. 2022. (ENG.). 40p. (J). 18.99 *(978-1-250-80685-7(2)*, 900244449) Feiwel & Friends.

Kobe Saves the Day. Renee Vanartsdalen. 2019. (ENG., Illus.). 30p. (J). pap. 12.95 *(978-1-64349-710-5(3))* Christian Faith Publishing.

Kobee Manatee: Shipwreck Sea Friends. Robert Scott Thayer. Illus. by Lauren Gallegos. 2017. (ENG.). 32p. (gr. k-2). 16.99 *(978-0-9971239-3-7(1))* Thompson Mill Pr.

Kobi: A Boy of Switzerland (Classic Reprint) Mary Marsh Buff. (ENG., Illus.). (J). 2018. 138p. 26.76 *(978-0-331-58189-8(2))*; 2017. pap. 9.57 *(978-0-259-47671-9(4))* Forgotten Bks.

Kobiety (Women) A Novel of Polish Life (Classic Reprint) Sofja Rygier-Nalkowska. 2017. (ENG., Illus.). (J). 30.89 *(978-0-265-46771-8(3))* Forgotten Bks.

Kochon. Amy Culliford. Tr. by Jean Pierre Gaston. 2021. (Zannimo Pak Yo (Farm Animal Friends) Ser.). (CRP., Illus.). 16p. (J). (gr. -1-1). pap. *(978-1-4271-3817-0(6)*, 10221) Crabtree Publishing Co.

Koda & the Polka-Dot Bow Tie. Andrea Jaimes. 2019. (ENG.). 30p. (J). 21.95 *(978-1-64191-472-7(6))*; pap. 12.95 *(978-1-64191-470-3(X))* Christian Faith Publishing.

Kodah of the Bear People. Dennis Thome. 2021. (Coming of Age Cycle Ser.). (ENG.). 168p. (YA). *(978-1-5255-8256-1(9))*; pap. *(978-1-5255-8257-8(7))* FriesenPress.

Kodi (Book 1) Jared Cullum. 2020. (Illus.). 176p. (J). (gr. 4-7). pap. 14.99 *(978-1-60309-467-2(9))* Top Shelf Productions.

Kodiak. Ellen Miles. ed. 2021. (Puppy Place Ser.). (ENG., Illus.). 86p. (J). (gr. 2-3). 16.36 *(978-1-64697-572-3(3))* Penworthy Co., LLC, The.

Kodiak (the Puppy Place #56) Ellen Miles. 2020. (Puppy Place Ser.: 56). (ENG.). 96p. (J). (gr. 2-5). pap. 5.99 *(978-1-338-57217-9(2)*, Scholastic Paperbacks) Scholastic, Inc.

Kody Chan: the Time Vortex. Aletheia Chan. 2018. (ENG., Illus.). 126p. (J). pap. 13.77 *(978-1-5437-4639-6(X))* Partridge Pub.

Koenigsegg Regera. Kaitlyn Duling. 2023. (Cool Cars Ser.). (ENG., Illus.). (J). (gr. 3-7). lib. bdg. 26.95 Bellwether Media.

Koen's Dream. Carey Dopf. 2023. (ENG.). 26p. (J). 27.99 ***(978-1-64645-735-9(8))***; pap. 15.99 ***(978-1-64645-734-2(X))*** Redemption Pr.

Kofi. Laura Whitson. Illus. by Jessica Lockhart. 2022. (ENG.). 28p. (J). 30.99 *(978-1-6628-4497-3(2))*; pap. 20.99 *(978-1-6628-4496-6(4))* Salem Author Services.

Kofi's Mom. Richard W. Dyches. Ed. by Edward K. Hudson. 2016. (ENG., Illus.). (J). (gr. k-1). pap. 7.95 *(978-0-9829203-2-9(6))* Children Left Behind.

Kohala of Hawaii: A Story of the Sandwich Islands Revolution (Classic Reprint) Alfred R. Calhoun. 2017. (ENG., Illus.). (J). 28.43 *(978-1-5284-4787-4(5))* Forgotten Bks.

Kohat, Kuram, & Khost: Or, Experiences & Adventures in the Late Afghan War (Classic Reprint) Richard Gillham -Thomsett. 2017. (ENG., Illus.). (J). pap. 13.57 *(978-0-259-49633-5(2))* Forgotten Bks.

Kohât, Kuram, & Khost: Or, Experiences & Adventures in the Late Afghan War (Classic Reprint) Richard Gillham -Thomsett. 2018. (ENG., Illus.). 288p. (J). 29.84 *(978-0-365-32707-3(7))* Forgotten Bks.

Koheleth: A Novel (Classic Reprint) Lewis Austin Storrs. 2018. (ENG., Illus.). 276p. (J). 29.59 *(978-0-483-25769-6(9))* Forgotten Bks.

Kohkum's Kitchen. Mark Thunderchild. Illus. by Amanda Melnychuk. 2023. (ENG.). 24p. (J). pap. ***(978-1-0391-7588-4(0))*** FriesenPress.

Koi That Jumped over the Dragon Gate. Aili Mou. 2022. (Interesting Chinese Myths Ser.). (ENG.). 40p. (J). (gr. k-2). pap. 8.95 *(978-1-4878-0952-2(2))* Royal Collins Publishing Group Inc. CAN. Dist: Independent Pubs. Group.

Koimonogatari: Love Tale. NISIOISIN. Tr. by Daniel Joseph. Illus. by Vofan. 2019. (Monogatari Ser.: 13). 290p. (YA). (gr. 11-12). pap. 15.95 *(978-1-947194-33-5(X)*, Vertical) Kodansha America, Inc.

Koivun Vuosi: Finnish Edition of a Birch Tree's Year. Tuula Pere. Illus. by Outi Rautkallio. 2018. (FIN.). 34p. (J). (gr. k-4). *(978-952-357-019-1(6))*; pap. *(978-952-357-016-0(1))* Wickwick oy.

Koki's Voice. Riya Chandiramani. 2018. (ENG., Illus.). 36p. (J). (gr. 1-3). 19.99 *(978-0-692-05362-1(X))* Chandiramani, Riya.

Koko & Bo. Lisen Adbage. Tr. by Annie Prime. 2018. (Koko & Bo Ser.: 1). (ENG., Illus.). (J). 16.95 *(978-1-59270-258-9(9))* Enchanted Lion Bks., LLC.

Koko the Cat, 1 vol. Caitie McAneney. 2017. (Pet Tales! Ser.). (ENG.). 24p. (J). (gr. 1-1). pap. 9.25 *(978-1-5081-5675-8(1)*, 6853e96a-1bed-4b8c-ad32-b417d92ea965, PowerKids Pr.) Rosen Publishing Group, Inc., The.

Koko's Christmas Blessing. Darren Delozier. 2017. (ENG., Illus.). 40p. (J). (gr. -1). 12.99 *(978-1-946180-07-0(6)*, 190383) Word & Spirit Publishing, LLC.

Koko's Secret Treasure. Michael Daugherty. 2017. (ENG., Illus.). 32p. (J). pap. *(978-1-365-72220-2(1))* Lulu Pr., Inc.

Kol Hakavod: Way to Go! Jamie Kiffel-Alcheh. Illus. by Sarah-Jayne Mercer. 2019. (ENG.). 24p. (J). (gr. -1-1). 12.99 *(978-1-5415-2211-4(7)*, b84a0d64-9428-41c8-bd4e-62d67e465030); pap. 7.99 *(978-1-5415-3835-1(8)*, 7e7eff52-94d5-4a87-97c2-47a1b22118b3) Lerner Publishing Group. (Kar-Ben Publishing).

Koli's Birthday Adventure: Koli the Great White Shark. Tamra Werner. Illus. by Ann Marie McFee. 2017. (ENG.). (J). (gr. k-4). 19.99 *(978-0-692-94041-9(3))*; pap. 12.99 *(978-0-692-94044-0(8))* Werner, Tamra.

Kolmanskop: The Diamond Mine Ghost Town. Christina Leaf. 2020. (Abandoned Places Ser.). (ENG., Illus.). 24p. (J). (gr. 3-7). lib. bdg. 26.95 *(978-1-64487-161-4(0)*, Torque Bks.) Bellwether Media.

Kolo & the Legend of Capra Cave. Dave Caswell. 2022. (Kolo & the Mighty Mangoes Ser.). (ENG.). 288p. (J). pap. ***(978-1-80227-894-1(X))*** Publishing Push Ltd.

Kolo & the Mango Park Mystery. Dave Caswell. 2022. (ENG.). 196p. (J). pap. ***(978-1-80227-332-8(8))*** Publishing Push Ltd.

Kolo & the Mighty Mangoes. Dave Caswell. 2021. (ENG.). 148p. (J). pap. ***(978-1-80227-113-3(9))*** Publishing Push Ltd.

Kolobok: The Small Round Bun. Olha Tkachenko. Ed. by Tim Friesen. Illus. by Olha Tkachenko. 2017. (ENG., Illus.). 28p. (J). (gr. k-4). pap. ***(978-0-9959309-1-9(0))*** Tkachenko, Olha.

Kolove. Isaac Woolsey. 2022. (ENG.). 26p. (J). pap. 15.00 ***(978-1-0880-5389-8(0))*** Indy Pub.

Komandirovka Vaggi e Commerci Nel Medioevo Russo. Aldo C. Marturano. 2022. (ITA.). 176p. (YA). pap. 17.44 *(978-1-4717-2492-3(1))* Lulu Pr., Inc.

Kometo en Muminvalo. Tove Jansson. Tr. by Sten Johansson. 2022. (Muminserio Ser.: Vol. 1). (EPO.). 156p. (J). pap. ***(978-0-902756-56-4(7))*** Esperanto-Asocio de Britio.

Komodo Dragon. Natalie Lunis. 2018. (SuperSized! Ser.). (ENG.). 24p. (J). (gr. k-3). 7.99 *(978-1-64280-086-9(4))* Bearport Publishing Co., Inc.

Komodo Dragon. Julie Murray. 2020. (Animals with Venom Ser.). (ENG.). 24p. (J). (gr. k-4). lib. bdg. 31.36 *(978-1-0982-2104-1(4)*, 34455); (gr. 2-2). pap. 8.95 *(978-1-64494-399-1(9))* ABDO Publishing Co. (Abdo Zoom-Dash).

Komodo Dragon: Toxic Lizard Titan. Jillian L. Harvey. 2016. (Real Monsters Ser.). (ENG., Illus.). 32p. (J). (gr. 3-6). lib. bdg. 32.79 *(978-1-68078-421-3(8)*, 23701, Checkerboard Library) ABDO Publishing Co.

Komodo Dragon vs. King Cobra. Jerry Pallotta. Illus. by Rob Bolster. 2023. (Who Would Win? Ser.). (ENG.). 32p. (J). (gr. 1-4). lib. bdg. 32.79 ***(978-1-0982-5255-7(1)***, 42626) Spotlight.

Komodo Dragon vs. King Cobra (Who Would Win?) Jerry Pallotta. Illus. by Rob Bolster. 2019. (Who Would Win? Ser.). (ENG.). 32p. (J). (gr. 1-3). lib. bdg. 14.80 *(978-1-6636-2452-9(6))* Perfection Learning Corp.

Komodo Dragon vs. King Cobra (Who Would Win?) Jerry Pallotta. Illus. by Rob Bolster. 2016. (Who Would Win? Ser.). (ENG.). 32p. (J). (gr. 1-3). pap. 3.99 *(978-0-545-30171-8(8))* Scholastic, Inc.

Komodo Dragon vs. Orangutan. Nathan Sommer. 2020. (Animal Battles Ser.). (ENG., Illus.). 24p. (J). (gr. 3-7). lib. bdg. 26.95 *(978-1-64487-281-9(1))* Bellwether Media.

Komodo Dragons. Imogen Kingsley. 2019. (Lizards in the Wild Ser.). (ENG.). 24p. (J). (gr. 1-4). lib. bdg. *(978-1-68151-559-5(8)*, 14520) Amicus.

Komodo Dragons. Melissa Ross. 2023. (Reptiles Ser.). (ENG., Illus.). 32p. (J). pap. 9.95 ***(978-1-63738-602-6(8)***, Apex) North Star Editions.

Komodo Dragons. Contrib. by Melissa Ross. 2023. (Reptiles Ser.). (ENG., Illus.). 32p. (J). lib. bdg. 31.35 ***(978-1-63738-548-7(X)***, Apex) North Star Editions.

Komodo Dragons. Jill Sherman. 2017. (Real-Life Dragons Ser.). (ENG., Illus.). 32p. (J). (gr. 3-9). lib. bdg. 28.65 *(978-1-5157-5069-7(8)*, 134614, Capstone Pr.) Capstone.

Komodo Dragons. Maddie Spalding. 2019. (Unique Animal Adaptations Ser.). (ENG., Illus.). 32p. (J). (gr. 4-6). 28.65 *(978-1-5435-7153-0(0)*, 140420) Capstone.

Komodo Dragons. Leo Statts. 2016. (Desert Animals Ser.). (ENG.). 24p. (J). (gr. -1-2). 49.94 *(978-1-68079-350-5(0)*, 22971, Abdo Zoom-Launch) ABDO Publishing Co.

Komodo Dragons Are the Largest Lizards!, 1 vol. Elise Tobler. 2020. (Reptiles Rock! Ser.). (ENG.). 32p. (gr. 2-3). pap. 11.53 *(978-1-9785-1828-5(5)*, 41d3e0a5-7444-4512-97dd-c2e9730defe7) Enslow Publishing, LLC.

Komodo National Park: Operations with Whole Numbers. Monika Davies. 2019. (Mathematics in the Real World Ser.). (ENG., Illus.). 32p. (gr. 5-8). pap. 11.99 *(978-1-4258-5876-6(7))* Teacher Created Materials, Inc.

Kona & the Dog Park Bully. Kristin Smith. 2017. (ENG.). (J). 14.95 *(978-1-63177-763-9(7))* Amplify Publishing Group.

Konan. A. De. 2016. (FRE., Illus.). (J). pap. 7.22 *(978-1-326-75798-4(9))* Lulu Pr., Inc.

Kondo & Kezumi Are Not Alone. David Goodner. Illus. by Andrea Tsurumi. 2021. (Kondo & Kezumi Ser.: 3). (ENG.). 80p. (J). (gr. 1-5). 15.99 *(978-0-7595-5472-6(2))*; pap. 6.99 *(978-0-7595-5471-9(4))* Little, Brown Bks. for Young Readers.

Kondo & Kezumi Reach Bell Bottom. David Goodner. Illus. by Andrea Tsurumi. 2021. (Kondo & Kezumi Ser.: 2). (ENG.). 80p. (J). (gr. 1-5). pap. 6.99 *(978-0-7595-5474-0(9))* Little, Brown Bks. for Young Readers.

Kondo & Kezumi Visit Giant Island. David Goodner. Illus. by Andrea Tsurumi. 2021. (Kondo & Kezumi Ser.: 1). (ENG.). 80p. (J). (gr. 1-5). pap. 6.99 *(978-0-7595-5475-7(7))* Little, Brown Bks. for Young Readers.

Kong & Me. Kiki Thorpe. Illus. by Nidhi Chanani. 2021. (ENG.). 48p. (J). (gr. -1). 19.99 *(978-1-68116-082-5(X))* Legendary Comics.

Kongo (1350-1880) Plus Qu'un Royaume, un Très Vaste Empire Au Coeur de l'Afrique Centrale. Amadou Ba. 2021. (FRE.). 64p. (J). pap. ***(978-1-7777428-3-6(8))*** Energy Tours.

Koni. Sherrie Begay & Steffani Cochran. Illus. by Donna Courtney-Welch. 2019. (NAI.). (J). pap. 7.95 *(978-1-935684-87-9(6))*; bds. 9.95 *(978-1-935684-86-2(8))* BHHR Energies Group.

Konigskinder (Royal Children) A Guide to Engelbert Humperdinck's & Ernst Rosmer's Opera (Classic Reprint) Lewis Montefiore Isaacs. 2017. (ENG., Illus.). (J). pap. 9.57 *(978-0-282-48025-7(0))* Forgotten Bks.

Königskinder (Royal Children) A Guide to Engelbert Humperdinck's & Ernst Rosmer's Opera (Classic Reprint) Lewis Montefiore Isaacs. 2018. (ENG., Illus.). 102p. (J). 26.00 *(978-0-365-36729-1(X))* Forgotten Bks.

Konigskinder the Royal Children a Fairy Tale Founded on the Fairy Opera (Classic Reprint) Anna Alice Chapin Engelbert Hump Rosmer. 2018. (ENG., Illus.). 310p. (J). 30.31 *(978-0-483-28358-9(4))* Forgotten Bks.

Koning the Lion. Alexis Glaze. 2019. (ENG.). 38p. (J). 14.95 *(978-1-64307-216-6(1))* Amplify Publishing Group.

Koningsmarke; or, Old Times in the New World, in Two Volumes, Vol. I. James Kirke Paulding. 2017. (ENG., Illus.). (J). pap. *(978-0-649-62292-4(8))* Trieste Publishing Pty Ltd.

Koningsmarke or Old Times in the New World, Vol. 1 of 2 (Classic Reprint) James Kirke Paulding. 2017. (ENG., Illus.). (J). 28.76 *(978-1-5280-5189-7(0))* Forgotten Bks.

Koningsmarke, or Old Times in the New World, Vol. 1 of 2 (Classic Reprint) James Kirke Paulding. 2017. (ENG., Illus.). (J). 32.91 *(978-0-265-71033-3(2))*; pap. 16.57 *(978-1-5276-6181-3(4))* Forgotten Bks.

Koningsmarke, or Old Times in the New World, Vol. 2 of 2 (Classic Reprint) James Kirke Paulding. 2017. (ENG., Illus.). (J). 28.08 *(978-0-265-72983-0(1))* Forgotten Bks.

Koningsmarke, the Long Finne, Vol. 2 Of 2: A Story of the New World (Classic Reprint) James Kirke Paulding. 2018. (ENG., Illus.). 300p. (J). 30.08 *(978-0-483-50534-6(X))* Forgotten Bks.

Konner Khronicles: Back to the Past. Julie Swigart. 2017. (ENG., Illus.). 186p. (YA). *(978-1-387-00668-7(1))* Lulu Pr., Inc.

Konnichiwa, Japan. Leah Kaminski. 2019. (Countries of the World Ser.). (ENG., Illus.). 48p. (J). (gr. 4-8). pap. 17.07 *(978-1-5341-5092-8(7)*, 213675); lib. bdg. 39.21 *(978-1-5341-4806-2(X)*, 213674) Cherry Lake Publishing.

Konoba. Marion Traoré. 2022. (ENG.). 24p. (J). pap. 6.95 *(978-1-4788-7530-7(5))* Newmark Learning LLC.

Konosuba: God's Blessing on This Wonderful World!, Vol. 14 (light Novel) The Crimson Magic Trials. Natsume Akatsuki. 2021. (Konosuba (light Novel) Ser.: 14). (ENG., Illus.). 192p. (YA). (gr. 8-17). pap. 14.00 *(978-1-9753-3242-6(3)*, Yen Pr.) Yen Pr. LLC.

Konosuba: God's Blessing on This Wonderful World!, Vol. 3 (light Novel) You're Being Summoned, Darkness. Natsume Akatsuki. 2017. (Konosuba (light Novel) Ser.: 3). (ENG., Illus.). 192p. (YA). (gr. 8-17). pap. 14.00 *(978-0-316-46873-2(8)*, Yen Pr.) Yen Pr. LLC.

Konosuba: God's Blessing on This Wonderful World!, Vol. 4 (light Novel) You Good-For-Nothing Quartet, Vol. 4. Natsume Akatsuki. 2017. (Konosuba (light Novel) Ser.: 4). (ENG., Illus.). 200p. (YA). (gr. 8-17). 14.00 *(978-0-316-46876-3(2)*, Yen Pr.) Yen Pr. LLC.

Konosuba: God's Blessing on This Wonderful World!, Vol. 5 (light Novel) Crimson Magic Clan, Let's & Go!!, Vol. 5. Natsume Akatsuki. 2018. (Konosuba (light Novel) Ser.: 5). (ENG., Illus.). 208p. (YA). (gr. 8-17). 14.00 *(978-0-316-46878-7(9)*, Yen Pr.) Yen Pr. LLC.

Konosuba: God's Blessing on This Wonderful World!, Vol. 6 (light Novel) Princess of the Six Flowers. Natsume Akatsuki. 2018. (Konosuba (light Novel) Ser.: 6). (ENG., Illus.). 208p. (YA). (gr. 8-17). pap. 14.00 *(978-0-316-46880-0(0)*, Yen Pr.) Yen Pr. LLC.

Konosuba: God's Blessing on This Wonderful World!, Vol. 7 (light Novel) 110-Million Bride. Natsume Akatsuki. 2018. (Konosuba (light Novel) Ser.: 7). (ENG., Illus.). 208p. (YA). (gr. 8-17). pap. 14.00 *(978-0-316-46882-4(7)*, Yen Pr.) Yen Pr. LLC.

Konosuba: God's Blessing on This Wonderful World!, Vol. 8 (light Novel) Axis Church vs. Eris Church. Natsume Akatsuki. Tr. by Kevin Steinbach. 2019. (Konosuba (light Novel) Ser.: 8). (ENG., Illus.). 200p. (gr. 8-17). pap. 14.00 *(978-0-316-46885-5(1)*, Yen Pr.) Yen Pr. LLC.

Konstruieren und Rechnen, Für Studium und Praxis, Vol. 1 Of 3: Maschinenelemente, Mechanik und Festigkeitslehre (Classic Reprint) Hermann Haeder. 2018. (GER., Illus.). 986p. (J). pap. 26.53 *(978-1-391-11749-2(2))* Forgotten Bks.

Kontan (Happy) Amy Culliford. Tr. by Jean Pierre Gaston. 2021. (Emosyon Mwen Yo (My Emotions) Ser.). (CRP., Illus.). (J). (gr. -1-1). pap. ***(978-1-0396-2224-1(0)***, 10072, Crabtree Roots) Crabtree Publishing Co.

Kontan (Happy) Bilingual. Amy Culliford. 2022. (Emosyon Mwen Yo (My Emotions) Bilingual Ser.).Tr. of Kontan. (CRP.). 16p. (J). (gr. -1-1). pap. *(978-1-0396-2458-0(8)*, 19785) Crabtree Publishing Co.

Koobla the Camel. Nancy Walker. 2019. (ENG., Illus.). 28p. (J). pap. 9.99 *(978-1-970072-65-5(2))* New Leaf Media, LLC.

Kookaburra. Claire Saxby. Illus. by Tannya Harricks. 2021. (ENG.). 32p. (J). (gr. -1-3). 17.99 *(978-1-5362-1519-9(8))* Candlewick Pr.

Kookaburra. J. E. Sperry. 2016. (ENG., Illus.). (J). pap. 18.00 *(978-0-9973686-0-4(8))* Arborwoodgen LLC.

Kookaburra's Laugh. Kim Taylor. 2017. (ENG., Illus.). (J). pap. 20.99 *(978-1-5043-1043-7(8)*, Balboa Pr.) Author Solutions, LLC.

Kookatoot: And the Fears of Friends. Michael. Illus. by Madlukman. 2021. (ENG.). 36p. (J). *(978-1-0391-3054-8(2))*; pap. *(978-1-0391-3053-1(4))* FriesenPress.

Kooky Crumbs: Poems in Praise of Dizzy Days. J. Patrick Lewis. Illus. by Mary Uhles. 2016. (ENG.). 32p. (J). 12.99 *(978-1-61067-371-6(9))* Kane Miller.

Kooky Kitchen Joke Book, 1 vol. Lisa Regan. 2019. (Sidesplitting Jokes Ser.). (ENG.). 24p. (J). (gr. 1-2). 26.27 *(978-1-7253-9596-1(7)*, 5c721817-7a11-4e60-b4e3-3566765145d0); pap. 9.25 *(978-1-7253-9594-7(0)*, ee27c933-9c47-4ba0-8874-9bf0fa3f44e8) Rosen Publishing Group, Inc., The. (Windmill Bks.).

Kool Little Pigs. Burma Brown. 2020. (ENG., Illus.). 40p. (J). 24.95 *(978-1-64531-418-9(9))* Newman Springs Publishing, Inc.

Kool to Be Kind. Carolina Cutruzzola. Illus. by Zuri Book Pros. 2021. (ENM.). 26p. (J). *(978-1-7752228-7-3(X))*; pap. *(978-1-7752228-6-6(1))* Posh Empire.

Koolio: The Problem Pony. Kelly Wilson. 2020. (Showtym Adventures Ser.: 5). (Illus.). 176p. (J). (gr. 2-4). 10.99 *(978-0-14-377226-2(0))* Penguin Group New Zealand, Ltd. NZL. Dist: Independent Pubs. Group.

Koop Dat Eens: Fortune. Alexander van den Bosch. 2023. (ENG.). 42p. (J). pap. ***(978-1-4477-4150-3(1))*** Lulu Pr., Inc.

Kooper's Tale. Donna Carol Koffman & Lawrence Segel. Illus. by Seth Macbeth. 2016. (ENG.). (J). (gr. 4-5). pap. *(978-1-55483-998-8(X))* Insomniac Pr.

Kooshma: The Origin. Dytania Johnson. 2017. (ENG.). (YA). pap. 12.95 *(978-0-692-95668-7(9))* Amplify Publishing Group.

Kophetua the Thirteenth (Classic Reprint) Julian Corbett. 2018. (ENG., Illus.). 346p. (J). 31.03 *(978-0-483-76021-9(8))* Forgotten Bks.

Kora in Hell Improvisations (Classic Reprint) William Carlos. Williams. 2017. (ENG., Illus.). (J). 25.75 *(978-0-265-71777-6(9))* Forgotten Bks.

Koradine: A Prophetic Story (Classic Reprint) Alice B. Stockham. 2017. (ENG., Illus.). (J). 32.79 *(978-1-5283-5025-9(1))* Forgotten Bks.

Korean & English Nursery Rhymes: Wild Geese, Land of Goblins & Other Favorite Songs & Rhymes (Audio Recordings in Korean & English Included) Danielle Wright. Illus. by Helen Acraman. ed. 2018. 32p. (J). (gr. -1-3). 12.99 *(978-0-8048-4998-2(6))* Tuttle Publishing.

Korean Celebrations: Festivals, Holidays & Traditions. Tina Cho. Illus. by Farida Zaman. 2019. 48p. (J). (gr. 3-7). 14.99 *(978-0-8048-4694-3(4))* Tuttle Publishing.

Korean Children's Favorite Stories: Fables, Myths & Fairy Tales. Kim So-Un. Illus. by Jeong Kyoung-Sim. 2020. (Favorite Children's Stories Ser.). 64p. (J). (gr. k-5). 14.99 *(978-0-8048-5020-9(8))* Tuttle Publishing.

Korean Folk Tales: Imps, Ghosts & Fairies (Classic Reprint) Im Bang. 2017. (ENG., Illus.). (J). 29.05 *(978-1-5284-4712-6(3))* Forgotten Bks.

Korean Heritage. Tamra Orr. 2018. (21st Century Junior Library: Celebrating Diversity in My Classroom Ser.). (ENG., Illus.). 24p. (J). (gr. 2-4). pap. 12.79 *(978-1-5341-0839-4(4)*, 210720); lib. bdg. 30.64 *(978-1-5341-0740-3(1)*, 210719) Cherry Lake Publishing.

Korean Sketches (Classic Reprint) James Scarth Gale. 2018. (ENG., Illus.). 274p. (J). 29.55 *(978-0-365-15348-1(6))* Forgotten Bks.

Korean Tales: Being a Collection of Stories Translated from the Korean Folk Lore (Classic Reprint) Horace Newton Allen. 2017. (ENG., Illus.). (J). 28.04 *(978-0-266-71399-9(8))* Forgotten Bks.

Korean War. Thomas Streissguth. 2017. (J). *(978-1-5105-3508-4(X))* SmartBook Media, Inc.

Koreas. David Wilson. 2019. (Nations in the News Ser.). (Illus.). 112p. (YA). (gr. 12). lib. bdg. 35.93 *(978-1-4222-4247-6(1))* Mason Crest.

Korgi Book 5: End of Seasons. Christian Slade. 2021. (Korgi Ser.: 5). (Illus.). 160p. (J). (gr. 4-7). pap. 14.99 *(978-1-60309-486-3(5))* Top Shelf Productions.

Kori Faces Weekend Fun. Shawna Doyle. 2018. (ENG., Illus.). 42p. (J). (gr. 1-4). 14.99 *(978-0-692-15182-2(6))*; pap. 12.99 *(978-0-692-16568-3(1))* Designer Discipline.

Kornél Könyve: Közmondás Versek. Goran Episcopus. Illus. by Goran Episcopus. 2021. (HUN.). 58p. (J). pap. *(978-1-716-25525-0(2))* Lulu Pr., Inc.

Korona Kronika. Marijan Jozic. 2020. (HRV.). 188p. (YA). pap. *(978-1-716-65427-5(0))* Lulu Pr., Inc.

Korra & the Last Seed of Odinani. Heddrick McBride. Ed. by Laurie Borman. Illus. by Hh Pax. 2022. (ENG.). 38p. (J). pap. 14.00 *(978-1-7371528-4-2(3))* McBride Collection of Stories LLC.

Koryak Texts (Classic Reprint) Waldemar Bogoras. (ENG., Illus.). (J). 2018. 168p. 27.38 *(978-0-267-33778-1(7))*; 2016. pap. 9.97 *(978-1-333-62076-9(4))* Forgotten Bks.

Kosiki: Opera-Comique en 3 Actes (Classic Reprint) William Busnach. 2018. (FRE., Illus.). 272p. (J). (gr. 3-7). 29.53 *(978-0-483-09483-3(8))* Forgotten Bks.

Kosmic & Raven. Melanie Jeyakkumar. Illus. by Melanie Jeyakkumar. 2018. (Kosmic & Raven Ser.: Vol. 1). (ENG., Illus.). 52p. (J). (gr. 2-6). pap. 11.99 *(978-1-68160-553-1(8))* Crimson Cloak Publishing.

Kosmos. Anonymous. 2017. (ENG.). 182p. (J). pap. *(978-3-337-08669-5(1))* Creation Pubs.

Kotenok Po Imeni Gav. Grigorii Oster. Illus. by L. Shvart?s?man. 2016. (RUS.). 61p. (J). *(978-5-17-092460-8(7))* AST Ltd., Izdatel'stvo.

Kotto, Being Japanese Curios: With Sundry Cobwebs (Classic Reprint) Lafcadio Hearn. 2017. (ENG., Illus.). (J). 29.51 *(978-1-5285-6924-8(5))* Forgotten Bks.

Kovácsházi Mesék. Benko K Ildiko. 2019. (HUN.). 92p. (J). pap. *(978-3-7103-3856-4(5))* united p.c. Verlag.

K

Kozah the Generous Meerkat. Philip C. Sossou. 2023. (ENG.). 38p. (J). 18.95 *(978-1-63755-592-7(X)*, Mascot Kids) Amplify Publishing Group.
Kraamlok: Epic Dragon Fantasy on Another World. Sharon Plumb. 2020. (ENG.). 256p. (J). pap. 12.99 *(978-0-9918792-2-9(8))* Hamilton, Sharon.
Kraanvogels / Cranes: Gedichten Poems. Hannie Rouweler. 2022. (ENG.). 82p. (YA). pap. *(978-1-4710-7211-6(8))* Lulu Pr., Inc.
Krabbe und Wal: Achtsamkeit Für Kinder, Entspannung Kindgerechtes Buch Zum Vorlesen Mit Lustiger Geschichte und Achtsamkeitsübungen Kinder, Atmen und Konzentration. Yoga-Freunde Werden Es Lieben. Christiane Kerr & Mark Pallis. Illus. by James Cottell. 2019. (GER.). 32p. (J). pap. *(978-1-9999378-2-9(1))* Mindful Storytime.
Krabben Klara Og Konkylien: Kampen Mot Plast I Havet. Hildegunn Bjelland. Ed. by Thea Marie Sanne. Illus. by Heidi Kahrs Damm. 2019. (NOR.). 136p. (J). pap. *(978-82-8391-060-5(4))* Tegn Forlag.
Kraft. Sara Green. 2016. (Brands We Know Ser.). (ENG., Illus.). 24p. (J). (gr. 3-8). 27.95 *(978-1-62617-409-2(1)*, Pilot Bks.) Bellwether Media.
Kraft und Stoff, Oder Grundzuge der Naturlichen Weltordnung: Nebst Einer Darauf Gebauten Sittenlehre; in Allgemein Verstandlicher Darstellung (Classic Reprint) Ludwig Buchner. (GER., Illus.). (J). 2018. 330p. 30.70 *(978-0-656-67089-5(4))*; 2017. pap. 13.57 *(978-0-282-49312-7(3))* Forgotten Bks.
Krag & Johnny Bear with Pictures (Classic Reprint) Ernest Thompson Seton. 2018. (ENG., Illus.). 156p. (J). 27.13 *(978-0-483-37568-0(3))* Forgotten Bks.
Kraken. Virginia Loh-Hagan. 2017. (Magic, Myth, & Mystery Ser.). (ENG., Illus.). 32p. (J). (gr. 4-8). 32.07 *(978-1-63472-148-6(9)*, 209164, 45th Parallel Press) Cherry Lake Publishing.
Kraken. Arnold Ringstad. 2021. (Legendary Beasts Ser.). (ENG., Illus.). 32p. (J). (gr. 2-3). pap. 9.95 *(978-1-63738-057-4(7))*; lib. bdg. 31.35 *(978-1-63738-021-5(6))* North Star Editions. (Apex).
Kraken. Thomas Kingsley Troupe. 2021. (Mythical Creatures Ser.). (ENG., Illus.). 24p. (J). (gr. 3-7). lib. bdg. 26.95 *(978-1-64487-465-3(2))* Bellwether Media.
Kraken: Gigantic Ocean Terror: Gigantic Ocean Terror. Elizabeth Andrews. 2022. (Creatures of Legend Ser.). (ENG., Illus.). 32p. (J). (gr. 2-5). lib. bdg. 32.79 *(978-1-0982-4235-0(1)*, 40031, DiscoverRoo) Pop!.
Kraken Latin 3: Student Edition. Natali H. Monnette. 2019. (Kraken Latin Ser.). (ENG.). 394p. (YA). pap. 26.00 *(978-1-947644-36-6(X))* Canon Pr.
Kraken Latin 3: Teacher's Edition. Natali H. Monnette. 2019. (Kraken Latin Ser.). (ENG.). 476p. (YA). pap. 32.00 *(978-1-947644-51-9(3))* Canon Pr.
Kraken Me Up. Jeffrey Ebbeler. (I Like to Read Comics Ser.). (Illus.). 40p. (J). (gr. -1-3). 2022. pap. 7.99 *(978-0-8234-5201-9(8))*; 2021. 14.99 *(978-0-8234-5017-6(1))* Holiday Hse., Inc.
Kraken vs. Hydra. Virginia Loh-Hagan. 2020. (Battle Royale: Lethal Warriors Ser.). (ENG., Illus.). 32p. (J). (gr. 4-8). pap. 14.21 *(978-1-5341-6168-9(6)*, 214672); lib. bdg. 32.07 *(978-1-5341-5938-9(X)*, 214671) Cherry Lake Publishing. (45th Parallel Press).
Kraken's Rules for Making Friends. Brittany R. Jacobs. 2016. (ENG., Illus.). 40p. (J). (gr. -1-2). 18.95 *(978-1-57687-814-9(7)*, powerHouse Bks.) powerHse. Bks.
Kramer Makes David Smile. Donald Sexaur. 2018. (ENG., Illus.). 42p. (J). pap. 11.95 *(978-1-949231-69-4(0))* Yorkshire Publishing Group.
Kramer the Gamer. McArthur Margaret. Illus. by Bryan Jason Ynion. 2019. (Rob the Robot Ser.: Vol. 3). (ENG.). 34p. (J). (gr. 2-6). *(978-0-6484449-5-4(3))*; pap. *(978-0-6484449-4-7(5))* McArthur, Margaret.
Krampus. Virginia Loh-Hagan. 2018. (Magic, Myth, & Mystery Ser.). (ENG., Illus.). 32p. (J). (gr. 4-8). lib. bdg. 32.07 *(978-1-5341-2939-9(1)*, 211800, 45th Parallel Press) Cherry Lake Publishing.
Krampus's Christmas Tale. Jeremy Patrick Bickham. 2022. (ENG.). 54p. (J). pap. 9.99 *(978-1-0879-8866-5(7))* Indy Pub.
Krane: Ihr Allgemeiner Aufbau Nebst Maschineller Ausrustung, Eigenschaften Ihrer Betriebsmittel, Einschlagige Maschinenelemente und Tragerkonstruktionen (Classic Reprint) Anton Bottcher. 2017. (GER., Illus.). (J). pap. 19.57 *(978-0-282-27671-3(8))* Forgotten Bks.
Krankenschwestern: Kinder Malbuch. Bold Illustrations. 2017. (GER., Illus.). 82p. (J). pap. 8.35 *(978-1-64193-161-8(2)*, Bold Illustrations) FASTLANE LLC.
Krayon Kids. Karen Marquez Morales. 2017. (ENG., Illus.). (J). (gr. -1-2). 14.95 *(978-1-63177-976-3(1))* Amplify Publishing Group.
Krazyland. Mar Romasco-Moore. 2022. 272p. (J). (gr. 3-7). 16.99 *(978-0-593-43115-3(4)*, Delacorte Pr.) Random Hse. Children's Bks.
Kreative Schreibkompetenz: Über 70 Unterhaltsame Aktivitäten. Lexi Rees. 2020. (GER., Illus.). 112p. (J). pap. *(978-1-872889-31-3(X))* Outset Publishing Ltd.
Krei & the Flower of Hearts: A Story about Recognizing & Working Through Sadness. Thania Libri-Diaz. 2019. (Krei Ser.). (Illus.). 32p. (J). (gr. k-2). 17.99 *(978-0-9972904-5-5(5))* Deletrea.
Krei y la Flor de Corazones: Un Cuento Sobre Reconocer y Entender la Tristeza. Claudia Fossi-Diaz et al. 2019. (Krei Ser.). (SPA., Illus.). 32p. (J). (gr. k-2). 17.99 *(978-0-9972904-6-2(3))* Deletrea.
Kreise 1: Kinder Malbuch. Bold Illustrations. 2017. (GER., Illus.). 82p. (J). pap. 8.35 *(978-1-64193-169-4(8)*, Bold Illustrations) FASTLANE LLC.
Kreise 2: Kinder Malbuch. Bold Illustrations. 2017. (GER., Illus.). (J). pap. 8.35 *(978-1-64193-170-0(1)*, Bold Illustrations) FASTLANE LLC.
Krewe of Barkus & Meoux. Lindsay Bones Cordero. 2022. (ENG., Illus.). 24p. (J). 19.99 *(978-1-4556-2712-7(7)*, Pelican Publishing) Arcadia Publishing.
Kriegspiel: The War Game (Classic Reprint) Francis Hindes Groome. 2017. (ENG., Illus.). (J). 32.02 *(978-0-265-86073-1(3))* Forgotten Bks.
Krikey Runs Away. Janice Sabulsky. 2016. (ENG., Illus.). 34p. (J). pap. *(978-1-988186-90-0(0))* Tellwell Talent.
Krikkit's Shoes: Forest of Stolen Dreams. Jessie L. Best. Ed. by Around86 Goran. Illus. by Petro Gurido. 2019. (Krikkit's Shoes Ser.: Vol. 2). (ENG.). 182p. (J). (gr. 3-6). pap. *(978-1-9992085-5-4(2))* Craven Tree Prs.
Krilof & His Fables (Classic Reprint) Unknown Author. 2017. (ENG., Illus.). 314p. (J). 30.37 *(978-0-332-60778-8(X))* Forgotten Bks.
Kriloff's Fables: Translated from the Russian into English in the Original Metres (Classic Reprint) C. Fillingham Coxwell. 2017. (ENG., Illus.). (J). 28.00 *(978-0-265-20451-1(8))* Forgotten Bks.
Kriloff's Original Fables (Classic Reprint) Ivan Henry Harrison. (ENG., Illus.). (J). 2018. 260p. 29.28 *(978-0-483-66921-5(0))*; 2017. pap. 11.97 *(978-0-243-23997-9(1))* Forgotten Bks.
Krindlesyke (Classic Reprint) Wilfrid Gibson. 2018. (ENG., Illus.). 154p. (J). 27.09 *(978-0-428-28662-0(3))* Forgotten Bks.
Kringles. S. R. Forcia. 2018. (ENG., Illus.). 32p. (J). *(978-1-78848-460-2(6))*; pap. *(978-1-78848-459-6(2))* Austin Macauley Pubs. Ltd.
Kris Bryant. Jon M. Fishman. 2018. (Sports All-Stars (Lerner (tm) Sports) Ser.). (ENG., Illus.). 32p. (J). (gr. 2-5). 29.32 *(978-1-5124-8246-1(3)*, 121e3f8c-8e61-4b47-b97d-3fbbe1060acd, Lerner Pubns.) Lerner Publishing Group.
Kris Bryant: Baseball Star. Marty Gitlin. 2017. (Biggest Names in Sports Ser.). (ENG., Illus.). 32p. (J). (gr. 3-5). pap. 9.95 *(978-1-63517-095-5(8)*, 1635170958, Focus Readers) North Star Editions.
Kris Bryant: Baseball Superstar. Tyler Omoth. 2018. (Superstars of Sports Ser.). (ENG., Illus.). 32p. (J). (gr. 3-9). lib. bdg. 27.32 *(978-1-5435-2506-9(7)*, 138002, Capstone Pr.) Capstone.
Kris-Girl (Classic Reprint) Beatrice Grimshaw. 2018. (ENG., Illus.). 320p. (J). 30.52 *(978-0-483-42198-1(7))* Forgotten Bks.
Kris Kringle's Prayer. Ken Mastel. 2019. (ENG., Illus.). 26p. (J). pap. *(978-1-77370-432-6(X))* Tellwell Talent.
Krishna: the Cowherd God. Wonder House Books. 2023. (Tales from Indian Mythology Ser.). (J). (gr. 3-7). (ENG.). 80p. 9.99 *(978-93-5440-854-0(0))*; (HIN.). 16p. pap. 2.99 *(978-93-5856-187-6(4))* Prakash Bk. Depot IND. Dist: Independent Pubs. Group.
Krissy Braves the Stage. Morgan Pinales. Illus. by Elena Harman. 2021. (ENG.). 34p. (J). pap. 8.99 *(978-1-7371945-1-4(1))*; 19.99 *(978-1-7371945-0-7(3))* Paperhat Publishing.
Krissy Goes Shopping. Rae Harless. 2017. (ENG., Illus.). 36p. (J). pap. *(978-1-387-05583-8(6))* Lulu Pr., Inc.
Krissy's Amazing Gift. Paul Rhodeman II. Illus. by Carlos Jurado. 2019. (ENG.). 28p. (J). (gr. k-6). 19.99 *(978-0-578-44805-3(X))* II, Paul Duane Rhodeman.
Krista Kim-Bap, 1 vol. Angela Ahn. 2018. (ENG.). 168p. (J). (gr. 3-6). pap. 11.95 *(978-1-77260-063-6(6))* Second Story Pr. CAN. Dist: Orca Bk. Pubs. USA.
Kristallnacht. Stephanie Fitzgerald. 2017. (Eyewitness to World War II Ser.). (ENG., Illus.). 112p. (J). (gr. 5-9). lib. bdg. 38.65 *(978-0-7565-5583-2(3)*, 135468, Compass Point Bks.) Capstone.
Kristi Yamaguchi. Virginia Loh-Hagan. Illus. by Jeff Bane. 2023. (My Early Library: My Itty-Bitty Bio Ser.). (ENG.). 24p. (J). (gr. k-1). pap. 12.79 *(978-1-6689-2016-9(6)*, 221994); lib. bdg. 30.64 *(978-1-6689-1914-9(1)*, 221892) Cherry Lake Publishing.
Kristopher Finds a Rainbow. Lynda Giles. Ed. by Casey Harris. Illus. by Lynda Giles. 2021. (ENG.). 50p. (J). pap. *(978-0-2288-5173-8(4))* Tellwell Talent.
Kristy & the Mother's Day Surprise (the Baby-Sitters Club #24), Vol. 24. Ann M. Martin. 2023. (Baby-Sitters Club Ser.). (ENG.). 160p. (J). (gr. 3-7). pap. 6.99 *(978-1-338-81503-0(2))* Scholastic, Inc.
Kristy & the Snobs see Kristy y los Esnobs
Kristy & the Snobs, 10. Chan Chau. ed. 2022. (Baby-Sitters Club Ser.). (ENG.). 156p. (J). (gr. 4-5). 24.46 *(978-1-68505-187-7(1))* Penworthy Co., LLC, The.
Kristy & the Snobs: a Graphic Novel (the Baby-Sitters Club #10), Vol. 10. Ann M. Martin. Illus. by Chan Chau. 2021. (Baby-Sitters Club Graphix Ser.). (ENG.). 160p. (J). (gr. 3-7). 24.99 *(978-1-338-30461-9(5))*; pap. 12.99 *(978-1-338-30460-2(7))* Scholastic, Inc. (Graphix).
Kristy & the Snobs (the Baby-Sitters Club #11) Ann M. Martin. 2020. (Baby-Sitters Club Ser.: 11). (ENG.). 160p. (J). (gr. 3-7). pap. 6.99 *(978-1-338-68491-9(4))* Scholastic, Inc.
Kristy & the Snobs (the Baby-Sitters Club #11) (Library Edition) Ann M. Martin. 2020. (Baby-Sitters Club Ser.: 11). (ENG.). 160p. (J). (gr. 3-7). lib. bdg. 25.99 *(978-1-338-68492-6(2))* Scholastic, Inc.
Kristy & the Susan's Secret see Kristy y el Secreto de Susan
Kristy & the Walking Disaster see Kristy y el Pequeño Desastre
Kristy & the Walking Disaster (the Baby-Sitters Club #20) Ann M. Martin. 2022. (Baby-Sitters Club Ser.). (ENG.). 160p. (J). (gr. 3-7). pap. 6.99 *(978-1-338-75557-2(9))* Scholastic, Inc.
Kristy's Big Day: a Graphic Novel (the Baby-Sitters Club #6) Ann M. Martin. Illus. by Gale Galligan. 2023. (Baby-Sitters Club Graphix Ser.). (ENG.). 160p. (J). (gr. 3-7). pap. 12.99 *(978-1-338-88828-7(5))* Scholastic, Inc.
Kristy's Big Day: a Graphic Novel (the Baby-Sitters Club #6), Vol .6. Ann M. Martin. Illus. by Gale Galligan. 2018. (Baby-Sitters Club Graphix Ser.: 6). (ENG.). 160p. (J). (gr. 3-7). 24.99 *(978-1-338-06768-2(0)*, Graphix) Scholastic, Inc.
Kristy's Big Day (Baby-Sitters Club Graphic Novel #6) Ann M. Martin. Illus. by Gale Galligan. 2019. (Baby-Sitters Club Graphic Novel Ser.). (ENG.). 160p. (J). (gr. 3-7). lib. bdg. 21.80 *(978-1-6636-2480-2(1))* Perfection Learning Corp.
Kristy's Big Day (the Baby-Sitters Club #6) Ann M. Martin. 2020. (Baby-Sitters Club Ser.: 6). (ENG.). 176p. (J). (gr. 3-7). pap. 6.99 *(978-1-338-64225-4(1)*, Scholastic Paperbacks) Scholastic, Inc.
Kristy's Big Day (the Baby-Sitters Club #6) (Library Edition) Ann M. Martin. 2020. (Baby-Sitters Club Ser.: 6). (ENG.). 176p. (J). (gr. 3-7). lib. bdg. 25.99 *(978-1-338-65123-2(4))* Scholastic, Inc.
Kristy's Christmas Surprise (Yesterday's Classics) Olive Thorne Miller. 2021. (ENG., Illus.). 186p. (J). pap. 11.95 *(978-1-63334-025-1(2))* Yesterday's Classics.
Kristy's Great Idea, 1. Raina Telgemeier. ed. 2020. (Baby-Sitters Club Ser.). (ENG.). 180p. (J). (gr. 4-5). 21.96 *(978-0-87617-885-0(9))* Penworthy Co., LLC, The.
Kristy's Great Idea: a Graphic Novel (the Baby-Sitters Club #1) Ann M. Martin. Illus. by Raina Telgemeier. 2023. (Baby-Sitters Club Graphix Ser.).Tr. of (the Baby-Sitters Club #1). (ENG.). 192p. (J). (gr. 3-7). pap. 12.99 *(978-1-338-88823-2(4)*, Graphix) Scholastic, Inc.
Kristy's Great Idea (the Baby-Sitters Club #1) Ann M. Martin. 2020. (Baby-Sitters Club Ser.: 1). (ENG.). 176p. (J). (gr. 3-7). pap. 6.99 *(978-1-338-64220-9(0)*, Scholastic Paperbacks) Scholastic, Inc.
Kristy's Great Idea (the Baby-Sitters Club #1) (Library Edition) Ann M. Martin. 2020. (Baby-Sitters Club Ser.: 1). (ENG.). 176p. (J). (gr. 3-7). lib. bdg. 25.99 *(978-1-338-65114-0(5))* Scholastic, Inc.
Kristy's Queer Christmas (Classic Reprint) Olive Thorne Miller. (ENG., Illus.). (J). 2018. 266p. 29.38 *(978-0-483-58656-7(0))*; 2016. pap. 11.97 *(978-1-334-13709-9(9))* Forgotten Bks.
Kristy's Surprise Party (Classic Reprint) Olive Thorne Miller. 2018. (ENG., Illus.). 258p. (J). 29.24 *(978-0-483-43525-4(2))* Forgotten Bks.
Krit Dreams of Dragon Fruit: A Story of Leaving & Finding Home. Natalie Becher & Emily France. Illus. by Samantha Woo. 2020. 32p. (J). (gr. -1-3). 17.95 *(978-1-61180-775-2(1)*, Bala Kids) Shambhala Pubns., Inc.
Kritische Betrachtung Von Liebig's Theorie der Pflanzenernährung: Mit Besonderer Angabe der Empirisch Constatirten Thatsachen (Classic Reprint) Jacob Moleschott. 2018. (GER., Illus.). 132p. (J). pap. 9.57 *(978-0-666-67174-5(5))* Forgotten Bks.
Kronus & His Children's Betrayal- Children's Greek & Roman Myths. Baby Professor. 2017. (ENG., Illus.). (J). pap. 7.89 *(978-1-5419-0340-1(4)*, Baby Professor (Education Kids)) Speedy Publishing LLC.
Krum: A Study of Consciousness (Classic Reprint) Ernest G. Henham. (ENG., Illus.). (J). 2018. 330p. 30.70 *(978-0-483-72454-9(8))*; 2017. pap. 13.57 *(978-1-334-92495-8(3))* Forgotten Bks.
Krupp Digging Machine. Quinn M. Arnold. 2016. (Now That's Big! Ser.). (ENG., Illus.). 24p. (J). (gr. 1-3). *(978-1-60818-713-3(6)*, 20638, Creative Education) Creative Co., The.
Kryloff, Ou le la Fontaine Russe: Sa Vie et Ses Fables (Classic Reprint) Alfred Bougeault. (FRE., Illus.). (J). 2018. 114p. 26.29 *(978-0-483-40425-0(X))*; 2017. pap. 9.57 *(978-1-332-67920-1(X))* Forgotten Bks.
Krylov et Ses Fables (Classic Reprint) Jean Fleury. 2018. (FRE., Illus.). (J). 158p. 27.16 *(978-0-428-90666-5(4))*; 160p. pap. 9.57 *(978-0-428-90628-3(1))* Forgotten Bks.
Krypto: The Origin of Superman's Dog. Michael Dahl. Illus. by Art Baltazar. 2017. (DC Super-Pets Origin Stories Ser.). (ENG.). 48p. (gr. 1-3). lib. bdg. 25.32 *(978-1-4965-5139-9(7)*, 136163, Stone Arch Bks.) Capstone.
Krypto the Superdog. Jesse Leon McCann. Illus. by Min Sung Ku. 2021. 144p. (J). (gr. 2). pap. 9.99 *(978-1-77950-927-7(8))* DC Comics.
Kryptonite. Lesley Choyce. ed. 2018. (Orca Soundings Ser.). lib. bdg. 20.80 *(978-0-606-41264-3(6))* Turtleback.
Kryptonite for Bullies. C. Butenhoff. 2021. (ENG.). 34p. (J). pap. 12.99 *(978-1-0983-8494-4(6))* BookBaby.
Krysia: A Polish Girls Stolen Childhood During World War II. Krystyna Mihulka & Krystyna Poray Goddu. 2017. (ENG., Illus.). 192p. (J). (gr. 5). 17.99 *(978-1-61373-441-4(7))* Chicago Review Pr., Inc.
Krysia: A Polish Girl's Stolen Childhood During World War II. Krystyna Mihulka. 2017. (ENG.). (J). (gr. 5). 17.99 *(978-1-61373-443-8(3))* Chicago Review Pr., Inc.
Krystal. Lisa Pinkham. 2017. (ENG., Illus.). (J). pap. 9.99 *(978-1-62522-095-0(2))* Indie Artist Pr.
Krystal's Charge. Aleesah Darlison. Illus. by Jill Brailsford. 2017. (Unicorn Riders Ser.). (ENG.). 112p. (J). (gr. 3-5). pap. 5.95 *(978-1-4795-6558-0(X)*, 128548, Picture Window Bks.) Capstone.
Krystal's Choice. Aleesah Darlison. Illus. by Jill Brailsford. 2017. (Unicorn Riders Ser.). (ENG.). 112p. (J). (gr. 3-5). pap. 5.95 *(978-1-4795-6554-2(7)*, 128544, Picture Window Bks.) Capstone.
K's Big Adventure. Jamilah Munir. Illus. by Darlene Y. a Webb-Jones. 2019. (ENG.). 36p. (J). 23.95 *(978-1-64350-803-0(2))*; pap. 13.95 *(978-1-64350-802-3(4))* Page Publishing Inc.
K's Car Can Go Anywhere! A Graphic Novel. Jonathan Tune & Eleanor Doughty. 2022. (Illus.). 80p. (J). (gr. 1-4). 17.99 *(978-0-593-22206-5(7)*, Penguin Workshop) Penguin Young Readers Group.
KS1 English Reading, Grammar, Punctuation & Spelling SATs Practice Test Papers: for the 2020 Tests (Collins KS1 SATs Practice) Collins KS1. 2019. (ENG.). 112p. (J). (gr. k-3). pap. 10.99 *(978-0-00-831881-9(6))* HarperCollins Pubs. Ltd. GBR. Dist: Independent Pubs. Group.
KS1 English SATs Practice Test Papers: 2018 Tests (Letts KS1 SATs Success) Letts Letts KS1. 2018. (Letts KS1 Revision Success Ser.). (ENG., Illus.). 104p. pap. 9.95 *(978-0-00-827808-3(3))* HarperCollins Pubs. Ltd. GBR. Dist: Independent Pubs. Group.
KS1 English SATs Practice Test Papers: for the 2021 Tests (Letts KS1 SATs Success) Letts Letts KS1. 2019. (Letts KS1 Revision Success Ser.). (ENG.). 104p. (J). (gr. 1-2). pap. 12.95 *(978-0-00-830050-0(X))* HarperCollins Pubs. Ltd. GBR. Dist: Independent Pubs. Group.
KS1 English SATs Practice Test Papers (photocopiable Edition): 2019 Tests (Letts KS1 SATs Success) Letts Letts KS1. 2018. (Letts KS1 Revision Success Ser.). (ENG.). 104p. pap. 75.00 *(978-0-00-827811-3(3))* HarperCollins Pubs. Ltd. GBR. Dist: Independent Pubs. Group.
KS1 Maths & English SATs Practice Test Papers: 2018 Tests (Letts KS1 SATs Success) Letts Letts KS1. 2018. (Letts KS1 Revision Success Ser.). (ENG.). 200p. pap. 15.95 *(978-0-00-827810-6(5))* HarperCollins Pubs. Ltd. GBR. Dist: Independent Pubs. Group.
KS1 Maths Reasoning Practice Book: Ideal for Use at Home (Collins KS1 Practice) Collins KS1. 2017. (ENG., Illus.). 64p. (gr. 1-2). pap. 7.99 *(978-0-00-825316-5(1))* HarperCollins Pubs. Ltd. GBR. Dist: Independent Pubs. Group.
KS1 Maths SATs Practice Test Papers (photocopiable Edition): 2019 Tests (Letts KS1 SATs Success) Letts Letts KS1. 2018. (Letts KS1 Revision Success Ser.). (ENG.). 96p. pap. 75.00 *(978-0-00-827812-0(1))* HarperCollins Pubs. Ltd. GBR. Dist: Independent Pubs. Group.
KS1 Reading Practice Book: Ideal for Use at Home (Collins KS1 Practice) Collins KS1. 2017. (ENG.). 64p. (gr. 1-2). pap. 7.99 *(978-0-00-825312-7(9))* HarperCollins Pubs. Ltd. GBR. Dist: Independent Pubs. Group.
KS1 Spelling Practice Book: Ideal for Use at Home (Collins KS1 Practice) Collins KS1. 2017. (ENG.). 72p. (gr. 1-2). pap. 7.99 *(978-0-00-825314-1(5))* HarperCollins Pubs. Ltd. GBR. Dist: Independent Pubs. Group.
KS2 Challenging English SATs Revision & Practice: for the 2021 Tests (Letts KS2 SATs Success) Letts Letts KS2. 2018. (Letts KS2 Revision Success Ser.). (ENG.). 64p. (gr. 5-6). pap. 7.95 *(978-0-00-829405-2(4))* HarperCollins Pubs. Ltd. GBR. Dist: Independent Pubs. Group.
KS2 Challenging Maths SATs Revision & Practice: for the 2021 Tests (Letts KS2 SATs Success) Letts Letts KS2. 2018. (Letts KS2 Revision Success Ser.). (ENG.). 64p. pap. 7.95 *(978-0-00-829406-9(2))* HarperCollins Pubs. Ltd. GBR. Dist: Independent Pubs. Group.
KS2 English Grammar & Punctuation Age 7-9 SATs Practice Workbook: for the 2020 Tests (Letts KS2 Practice) Letts Letts KS2. 2018. (Letts KS2 Revision Success Ser.). (ENG.). 80p. pap. 9.95 *(978-0-00-829420-5(8))* HarperCollins Pubs. Ltd. GBR. Dist: Independent Pubs. Group.
KS2 English Grammar & Punctuation Age 9-11 SATs Practice Workbook: for the 2021 Tests (Letts KS2 Practice) Letts Letts KS2. 2018. (Letts KS2 Revision Success Ser.). (ENG.). 80p. pap. 9.95 *(978-0-00-829421-2(6))* HarperCollins Pubs. Ltd. GBR. Dist: Independent Pubs. Group.
Ks2 English Grammar, Punctuation & Spelling 10-Minute Tests for the 2019 Tests. Stp Books. 2018. (ENG., Illus.). 50p. (J). pap. *(978-1-912956-01-2(2))* STP Bks.
KS2 English Grammar, Punctuation & Spelling SATs Practice Test Papers: 2018 Tests (Letts KS2 SATs Success) Letts Letts KS2. 2018. (Letts KS3 Revision Success Ser.). (ENG.). 64p. (J). (gr. 2-6). pap. 8.99 *(978-1-84419-931-0(2)*, Letts & Lonsdale) HarperCollins Pubs. Ltd. GBR. Dist: Independent Pubs. Group.
KS2 English Reading, Grammar, Punctuation & Spelling SATs Practice Test Papers (School Pack): 2018 Tests Shrink-Wrapped School Pack (Collins KS2 SATs Practice) Collins Collins KS2. 2018. (ENG.). 112p. pap. 9.95 *(978-0-00-827817-5(2))* HarperCollins Pubs. Ltd. GBR. Dist: Independent Pubs. Group.
KS2 English SATs Practice Test Papers: for the 2021 Tests (Letts KS2 SATs Success) Letts Letts KS2. 2019. (Letts KS2 Revision Success Ser.). (ENG.). 104p. (J). (gr. 5-6). pap. 12.95 *(978-0-00-830053-1(4))* HarperCollins Pubs. Ltd. GBR. Dist: Independent Pubs. Group.
KS2 English Spelling Age 7-9 SATs Practice Workbook: for the 2020 Tests (Letts KS2 Practice) Letts Letts KS2. 2018. (Letts KS2 Revision Success Ser.). (ENG.). 96p. pap. 9.95 *(978-0-00-829419-9(4))* HarperCollins Pubs. Ltd. GBR. Dist: Independent Pubs. Group.
KS2 Maths & English SATs Age 10-11: 10-Minute Tests: for the 2020 Tests (Letts KS2 SATs Success) Letts Letts KS2. 2018. (Letts KS2 Revision Success Ser.). (ENG.). 128p. pap. 12.95 *(978-0-00-829409-0(7))* HarperCollins Pubs. Ltd. GBR. Dist: Independent Pubs. Group.
KS2 Maths Arithmetic Age 10-11 SATs Practice Workbook: for the 2021 Tests (Letts KS2 Practice) Letts Letts KS2. 2018. (Letts KS2 Revision Success Ser.). (ENG.). 64p. pap. 9.95 *(978-0-00-829414-4(3))* HarperCollins Pubs. Ltd. GBR. Dist: Independent Pubs. Group.
KS2 Maths Arithmetic Age 7-8 SATs Practice Workbook: for the 2021 Tests (Letts KS2 Practice) Letts Letts KS2. 2018. (Letts KS2 Revision Success Ser.). (ENG.). 64p. pap. 9.95 *(978-0-00-829411-3(9))* HarperCollins Pubs. Ltd. GBR. Dist: Independent Pubs. Group.
KS2 Maths Arithmetic Age 8-9 SATs Practice Workbook: for the 2021 Tests (Letts KS2 Practice) Letts Letts KS2. 2018. (Letts KS2 Revision Success Ser.). (ENG.). 64p. pap. 9.95 *(978-0-00-829412-0(7))* HarperCollins Pubs. Ltd. GBR. Dist: Independent Pubs. Group.
KS2 Maths Arithmetic Age 9-10 SATs Practice Workbook: for the 2021 Tests (Letts KS2 Practice) Letts Letts KS2. 2018. (Letts KS2 Revision Success Ser.). (ENG.). 64p. pap. 9.95 *(978-0-00-829413-7(5))* HarperCollins Pubs. Ltd. GBR. Dist: Independent Pubs. Group.
KS2 Maths, English & Science SATs Practice Test Papers: for the 2020 Tests (Letts KS2 SATs Success) Letts Letts KS2. 2019. (Letts KS2 Revision Success Ser.). (ENG.). 264p. (J). (gr. 5-6). pap. 23.95 *(978-0-00-830070-8(4))* HarperCollins Pubs. Ltd. GBR. Dist: Independent Pubs. Group.
KS2 Maths SATs Age 10-11: 10-Minute Tests: for the 2020 Tests (Letts KS2 SATs Success) Letts Letts KS2. 2018. (Letts KS2 Revision Success Ser.). (ENG.). 64p. pap. 7.95 *(978-0-00-829408-3(9))* HarperCollins Pubs. Ltd. GBR. Dist: Independent Pubs. Group.
KS2 Maths SATs Practice Test Papers: Maths KS2. Keen Kite Keen Kite Books. 2017. (ENG.). 128p. (J). (gr. 5-6). pap. 113.99 *(978-0-00-824195-7(3))* HarperCollins Pubs. Ltd. GBR. Dist: Independent Pubs. Group.
KS2 Maths SATs Practice Test Papers: for the 2021 Tests (Letts KS2 SATs Success) Letts Letts KS2. 2019. (Letts KS2 Revision Success Ser.). (ENG.). 96p. (J). (gr. 5-6).

pap. 12.95 *(978-0-00-830054-8(2))* HarperCollins Pubs. Ltd. GBR. Dist: Independent Pubs. Group.

KS2 Maths SATs Practice Test Papers (Photocopiable Edition): 2018 Tests (Letts KS2 SATs Success) Letts Letts KS2. 2018. (Letts KS2 Revision Success Ser.). (ENG.). 96p. pap. 75.00 *(978-0-00-827807-6(5))* HarperCollins Pubs. Ltd. GBR. Dist: Independent Pubs. Group.

KS2 Maths SATs Revision Guide: for the 2021 Tests (Letts KS2 SATs Success) Letts Letts KS2. 2017. (Letts KS3 Revision Success Ser.). (ENG.). 96p. (J). (gr. 2-6). pap. 9.99 *(978-1-84419-924-2(X))* HarperCollins Pubs. Ltd. GBR. Dist: Independent Pubs. Group.

Ks2 Reading Comprehension. Elizabeth Negus. 2017. (ENG., Illus.). (J). (gr. 3-6). pap. *(978-0-9956796-1-0(4))* Cerint Media Hse.

KS2 SATs Practice Papers 10-Minute English Grammar, Punctuation & Spelling Tests for Year 6: New Edition Updated for 2020 with Free Additional Content Online. Stp Books. 2019. (ENG.). 46p. (J). pap. *(978-1-912956-05-0(5))* STP Bks.

KS2 SATs Practice Papers 30 English Spelling Tests for Year 6: New Edition Updated for 2020 with Free Additional Content Online. Stp Books. 2019. (ENG.). 60p. (J). pap. *(978-1-912956-06-7(3))* STP Bks.

KS2 Science Practice Tests (Letts KS2 Practice) Letts Letts KS2. 2018. (Letts KS2 Revision Success Ser.). (ENG., Illus.). 64p. pap. 7.95 *(978-0-00-828290-5(0))* HarperCollins Pubs. Ltd. GBR. Dist: Independent Pubs. Group.

Ks2 Spelling, Grammar & Punctuation. Elizabeth Negus. 2017. (ENG., Illus.). (J). (gr. 3-6). pap. *(978-0-9956796-0-3(6))* Cerint Media Hse.

KS3 English Practice Test Papers (Letts KS3 Revision Success) Letts Letts KS3. 2018. (Letts KS3 Revision Success Ser.). (ENG.). 128p. (J). (gr. 6-9). pap. 12.95 *(978-0-00-829916-3(1))* HarperCollins Pubs. Ltd. GBR. Dist: Independent Pubs. Group.

KS3 English Revision Guide (Letts KS3 Revision Success) Letts Letts KS3. 2019. (Letts KS3 Revision Success Ser.). (ENG.). 96p. (J). (gr. 6-9). pap. 12.95 *(978-0-00-829914-9(5))* HarperCollins Pubs. Ltd. GBR. Dist: Independent Pubs. Group.

KS3 History Early Modern Britain (1509-1760) Robert Peal. ed. 2016. (Knowing History Ser.). (ENG.). 80p. (J). (gr. 6-9). pap. 12.99 *(978-0-00-819524-3(2))* HarperCollins Pubs. Ltd. GBR. Dist: Independent Pubs. Group.

KS3 History Medieval Britain (410-1509) Robert Peal. ed. 2016. (Knowing History Ser.). (ENG.). 80p. (J). (gr. 6-9). pap. 12.99 *(978-0-00-819523-6(4))* HarperCollins Pubs. Ltd. GBR. Dist: Independent Pubs. Group.

KS3 History Modern Britain (1760-1900) (Knowing History) Robert Peal. ed. 2017. (Knowing History Ser.). (ENG.). 80p. (J). (gr. 5-9). pap. 12.99 *(978-0-00-819525-0(0))* HarperCollins Pubs. Ltd. GBR. Dist: Independent Pubs. Group.

KS3 History the British Empire (Knowing History) Robert Peal. 2017. (Knowing History Ser.). (ENG.). 16p. (J). (gr. 6-9). 3.99 *(978-0-00-819538-0(2))* HarperCollins Pubs. Ltd. GBR. Dist: Independent Pubs. Group.

KS3 Maths Complete Coursebook (Letts KS3 Revision Success) Letts Letts KS3. 2019. (Letts KS3 Revision Success Ser.). (ENG., Illus.). 240p. (J). (gr. 6-9). pap. 23.95 *(978-0-00-831623-5(6))* HarperCollins Pubs. Ltd. GBR. Dist: Independent Pubs. Group.

KS3 Maths, English & Science Practice Test Papers (Letts KS3 Revision Success) Letts Letts KS3. 2018. (Letts KS3 Revision Success Ser.). (ENG.). 352p. (J). (gr. 6-9). pap. 24.95 *(978-0-00-829920-0(X))* HarperCollins Pubs. Ltd. GBR. Dist: Independent Pubs. Group.

KS3 Maths Practice Test Papers (Letts KS3 Revision Success) Letts Letts KS3. 2018. (Letts KS3 Revision Success Ser.). (ENG., Illus.). 112p. (J). (gr. 6-9). pap. 12.95 *(978-0-00-829913-2(7))* HarperCollins Pubs. Ltd. GBR. Dist: Independent Pubs. Group.

KS3 Maths Revision Guide (Letts KS3 Revision Success) Letts Letts KS3. 2019. (Letts KS3 Revision Success Ser.). (ENG.). 96p. (J). (gr. 6-9). pap. 12.95 *(978-0-00-829911-8(0))* HarperCollins Pubs. Ltd. GBR. Dist: Independent Pubs. Group.

KS3 Science Complete Coursebook (Letts KS3 Revision Success) Letts Letts KS3. 2019. (Letts KS3 Revision Success Ser.). (ENG., Illus.). 240p. (J). (gr. 6-9). pap. 23.95 *(978-0-00-831624-2(4),* Letts & Lonsdale) HarperCollins Pubs. Ltd. GBR. Dist: Independent Pubs. Group.

KS3 Science Practice Test Papers (Letts KS3 Revision Success) Letts Letts KS3. 2018. (Letts KS3 Revision Success Ser.). (ENG.). 112p. (J). (gr. 6-9). pap. 12.95 *(978-0-00-829919-4(6))* HarperCollins Pubs. Ltd. GBR. Dist: Independent Pubs. Group.

KS3 Science Revision Guide (Letts KS3 Revision Success) Letts Letts KS3. 2019. (Letts KS3 Revision Success Ser.). (ENG.). 96p. (J). (gr. 6-9). pap. 12.95 *(978-0-00-829917-0(X))* HarperCollins Pubs. Ltd. GBR. Dist: Independent Pubs. Group.

KS3 Science Workbook (Letts KS3 Revision Success) Letts Letts KS3. 2019. (Letts KS3 Revision Success Ser.). (ENG.). 96p. (J). (gr. 6-9). pap. 12.95 *(978-0-00-829918-7(8))* HarperCollins Pubs. Ltd. GBR. Dist: Independent Pubs. Group.

Ksiega Dzungli. Joseph Rudyard Kipling. 2019. (POL.). 180p. (J). pap. 12.00 *(978-0-359-93328-0(9))* Lulu Pr., Inc.

KTM Dirt Bikes. R. L. Van. 2019. (Dirt Bike Crazy Ser.). (ENG., Illus.). 32p. (J). (gr. 3-3). pap. 9.95 *(978-1-64494-154-6(6),* 1644941546) Bigfoot Bks. GBR. Dist: North Star Editions.

KTO ETOT NA KONÉ? Misteri a Cavallo Nel Medioevo Russo X-XV Sec. D. C. Aldo C. Marturano. 2022. (ITA.). 169p. (C). pap. *(978-1-4717-1236-4(2))* Lulu Pr., Inc.

K'tonton's Sukkot Adventure. Sadie Rose Weilerstein. 2016. (ENG., Illus.). 32p. pap. 11.95 *(978-0-8276-1268-6(0))* Jewish Pubn. Society.

Kuafu Chases the Sun. Red Fox. 2022. (Chinese Myths & Legends Ser.). (ENG.). 42p. (J). (gr. k-2). 19.95 *(978-1-4878-0932-4(8))* Royal Collins Publishing Group Inc. CAN. Dist: Independent Pubs. Group.

Kuaiwa Hen, Twenty-Five Exercises: In the Yedo Colloquial, for the Use of Students, with Notes (Classic Reprint) Ernest Satow. 2017. (ENG., Illus.). (J). 27.42 *(978-0-331-74716-4(2));* pap. 9.97 *(978-0-259-46154-8(7))* Forgotten Bks.

Kublai Khan: China's Mongol Emperor - Ancient History Textbook Children's Ancient History. Baby Professor. 2017. (ENG., Illus.). 64p. (J). pap. 9.52 *(978-1-5419-1601-2(8),* Baby Professor (Education Kids)) Speedy Publishing LLC.

Kublai Khan's Gardener. Rachel Bubb. 2022. (ENG.). 54p. (J). pap. 12.33 *(978-1-6781-1107-6(4))* Lulu Pr., Inc.

Kubu & James Meet the Alien. Musama Heppell. 2016. (ENG., Illus.). (J). pap. *(978-0-9955283-0-7(6))* Bantu Bks.

Kuche: Kinder Malbuch. Bold Illustrations. 2017. (GER., Illus.). 82p. (J). pap. 8.35 *(978-1-64193-156-4(6),* Bold Illustrations) FASTLANE LLC.

Kuchiklín Kuchiklán. Samarys Polo. 2018. (SPA.). 64p. (J). 12.99 *(978-958-30-5453-2(4))* Panamericana Editorial COL. Dist: Lectorum Pubns., Inc.

Kucing Penyembuh Ajaib: Malay Edition of the Healer Cat. Tuula Pere. Illus. by Klaudia Bezak. 2019. (MAY.). 40p. (J). (gr. k-4). *(978-952-357-196-9(6));* pap. *(978-952-357-197-6(4))* Wickwick oy.

Kucing Tukang Tamba: Javanese Edition of the Healer Cat. Tuula Pere. Tr. by Dyah D. Anggarini. Illus. by Klaudia Bezak. 2019. (JAV.). 40p. (J). (gr. k-4). *(978-952-325-029-1(9));* pap. *(978-952-357-135-8(4))* Wickwick oy.

Kuddles. Shonjrell Ladner. 2017. (ENG., Illus.). 58p. (J). pap. *(978-1-387-17702-8(8))* Lulu Pr., Inc.

Kudo Kids: the Mystery in Manhattan. Alex Shibutani et al. Illus. by Yaoyao Ma Van As. 2021. (Kudo Kids Ser.: 2). 224p. (J). (gr. 3-7). 17.99 *(978-0-593-11376-9(4),* Razorbill) Penguin Young Readers Group.

Kudo Kids: the Mystery of the Masked Medalist. Maia Shibutani et al. Illus. by Yaoyao Ma Van As. (Kudo Kids Ser.: 1). (J). (gr. 3-7). 2021. 288p. 8.99 *(978-0-593-11375-2(6));* 2020. (ENG.). 272p. 16.99 *(978-0-593-11373-8(X))* Penguin Young Readers Group. (Razorbill).

Kudzu. Scott Pearson. 2016. (Invasive Species Takeover Ser.). (ENG.). 32p. (J). (gr. 4-6). pap. 9.99 *(978-1-64466-146-8(2),* 10286); (Illus.). 31.35 *(978-1-68072-015-0(5),* 10285) Black Rabbit Bks. (Bolt).

Kugel for Hanukkah? Gretchen M. Everin. Illus. by Rebecca Ashdown. 2019. (ENG.). 32p. (J). (gr. -1-3). 8.99 *(978-1-5415-3471-1(9),* e4cf1f07-3606-445c-994d-c30e6e8b3fa7, Kar-Ben Publishing) Lerner Publishing Group.

Kugelach Stones for a Dagger. Lanton Hamby. 2021. (ENG.). 362p. (J). pap. 21.95 *(978-1-6624-1193-9(6))* Page Publishing Inc.

Kukakika. Leldon. 2022. (ENG.). 40p. (J). *(978-1-5289-9606-8(2));* pap. *(978-1-5289-5466-2(1))* Austin Macauley Pubs. Ltd.

Kul Jul: Swedish Edition of Christmas Switcheroo. Tuula Pere. Tr. by Angelika Nikolowski-Bogomoloff. 2018. (SWE., Illus.). 56p. (J). *(978-952-357-032-0(3));* pap. *(978-952-325-087-1(6))* Wickwick oy.

Kulebra. Wendelyn Vega. 2020. (ENG.). 312p. (YA). pap. 12.99 *(978-1-7347796-0-8(8))* Bohemian Academic, The.

Kulturhistorisches Aus Ben Jonson's Dramen: Inaugural-Dissertation (Classic Reprint) Emil Brennecke. 2017. (ENG., Illus.). (J). 25.09 *(978-0-265-30009-1(6));* pap. 9.57 *(978-0-266-06678-1(X))* Forgotten Bks.

Kulturhistorisches Im Englischen Volkslied: I. Naturgefühl-Mann und Frau, Eltern und Kinder-Essen und Trinken-In Den Robin-Hood-Balladen; Inaugural-Dissertation Zur Erlangung der Philosophischen Doctorwürde Eingereicht Bei der Hohen Philosophischen Facu. Lorenz Hahner. 2018. (GER., Illus.). 92p. (J). 25.79 *(978-0-656-92673-2(2))* Forgotten Bks.

Kulu & Lahoul: With Illustrations & a Map (Classic Reprint) C. G. Bruce. 2018. (ENG., Illus.). 382p. (J). 31.78 *(978-0-666-31680-6(5))* Forgotten Bks.

Kulu, the Wise Turtle. Brenda Mveng & Kwaku Ofori-Ansa. Illus. by Adriel Meka. 2021. (ENG.). 44p. (J). pap. 19.95 *(978-1-63903-030-9(1))* Christian Faith Publishing.

Kuma: A Bilingual English to Arabic Children's Book. Julie Christiansen. Tr. by Houriya Mousa. Illus. by Ruth Christiansen. 2020. (Wadi Tales Ser.: Vol. 1). (ARA.). 56p. (J). pap. 17.00 *(978-0-578-61891-3(5))* Julie Christiansen.

Kumakana: A Gronups Tale. Kevin Price. 2018. (ENG., Illus.). 390p. (YA). (gr. 8-12). pap. *(978-0-9954086-4-7(5),* Crotchet Quaver) Logorythm.

Kummallinen Tarina Munanmuotoisesta Kukkulasta. Kaarina Brooks. 2018. (FIN., Illus.). 38p. (J). pap. *(978-1-988763-16-3(9))* Wisteria Pubns.

Kummat Lahjat: Finnish Edition of Christmas Switcheroo. Tuula Pere. 2018. (FIN., Illus.). 56p. (J). *(978-952-357-031-3(5));* pap. *(978-952-325-080-2(9))* Wickwick oy.

Kumo: The Bashful Cloud. Kyo Maclear. Illus. by Nathalie Dion. 2022. 64p. (J). (gr. -1-3). 18.99 *(978-0-7352-6728-2(6),* Tundra Bks.) Tundra Bks. CAN. Dist: Penguin Random Hse. LLC.

Kumusta, Philippines. Corey Anderson. 2019. (Countries of the World Ser.). (ENG., Illus.). 48p. (J). (gr. 4-8). pap. 17.07 *(978-1-5341-5091-1(9),* 213671); lib. bdg. 39.21 *(978-1-5341-4805-5(1),* 213670) Cherry Lake Publishing.

Kung Fu Girl's Journal: For Diary or Training Notes. Eight Winds Books. 2018. (ENG., Illus.). 110p. (J). pap. 9.99 *(978-0-359-16398-4(X))* Lulu Pr., Inc.

Kung Fu Kid. Katie Dale. Illus. by Antonella Fant. 2023. (Early Bird Readers — Green (Early Bird Stories (tm)) Ser.). (ENG.). 32p. (J). (gr. k-3). pap. 9.99 Lerner Publishing Group.

Kung Fu Kid Coloring Book. Jupiter Kids. 2016. (ENG., Illus.). 106p. (J). pap. 12.55 *(978-1-68326-270-1(0),* Jupiter Kids (Childrens & Kids Fiction)) Speedy Publishing LLC.

Kung Fu Master. Marty Chan. 2nd ed. 2023. (Orca Currents Ser.). (ENG.). 128p. (J). (gr. 4-7). pap. 10.95 *(978-1-4598-3703-4(7))* Orca Bk. Pubs. USA.

Kung Fu Panda: Volume 1, Vol. 1. Simon Furman. Illus. by Lee Robinson. 2016. (Kung Fu Panda Ser.: 1). 64p. (J). (gr. 3-7). pap. 6.99 *(978-1-78276-268-3(X))* Titan Bks. Ltd. GBR. Dist: Penguin Random Hse. LLC.

Kung Fu Panda Collection: Ready, Set Po!, Vol. 1. Simon Furman. Illus. by Lee Robinson et al. 2016. (Kung Fu Panda Ser.: 1). 112p. (J). (gr. 1-4). pap. 12.99 *(978-1-78276-697-1(9))* Titan Bks. Ltd. GBR. Dist: Penguin Random Hse. LLC.

Kung Fu Panda Volume 2, Vol. 2. Simon Furman. 2016. (Kung Fu Panda Ser.: 2). (Illus.). 64p. (J). (gr. 3-7). pap. 6.99 *(978-1-78276-269-0(8))* Titan Bks. Ltd. GBR. Dist: Penguin Random Hse. LLC.

Kung Pow Chicken Collection (Books #1-4), 1 vol. Cyndi Marko. Illus. by Cyndi Marko. 2020. (Kung Pow Chicken Ser.). (ENG., Illus.). 320p. (J). (gr. k-2). pap., pap., pap. 12.99 *(978-1-338-59921-3(6))* Scholastic, Inc.

Kungfu for Kids. Paul Eng. Illus. by Stephanie Tok. 2016. (Martial Arts for Kids Ser.). (ENG.). 48p. (J). (gr. k-3). 8.95 *(978-0-8048-4740-7(1))* Tuttle Publishing.

Kunkush: The True Story of a Refugee Cat. Marne Ventura. Illus. by Beidi Guo. 2017. (Encounter: Narrative Nonfiction Picture Bks.). (ENG.). 32p. (J). (gr. 3-6). lib. bdg. 29.32 *(978-1-5157-7319-1(1),* 135665, Capstone Pr.) Capstone.

Kunnon Kanan Onnenpotku. Kaarina Brooks. 2017. (FIN., Illus.). (J). pap. 9.95 *(978-1-988763-04-0(5))* Villa Wisteria Pubns.

Kunnu Ena Misgana. Salem Melaku Hailu. 2020. (AMH.). 30p. (J). pap. 11.99 *(978-1-0879-3408-2(7))* Indy Pub.

Kunoichi Bunny. Sara Cassidy. Illus. by Brady Sato. 2022. (ENG.). 32p. (J). (gr. -1-k). 19.95 *(978-1-4598-2780-6(5))* Orca Bk. Pubs. USA.

Kunstprojekte Für Grundschüler 28 Schneeflockenvorlagen - Schwierige Kunst- und Handwerksaktivitäten Für Kinder: Kunsthandwerk Für Kinder. James Manning & Christabelle Manning. 2019. (Kunstprojekte Für Grundschüler 28 Schneeflockenvor Ser.: Vol. 4). (GER., Illus.). 58p. (J). (gr. 4-6). pap. *(978-1-83900-765-1(6))* West Suffolk CBT Service Ltd., The.

Kuptimi I Jetës. Lis Bukuroca. 2021. (ALB.). 200p. (J). pap. *(978-1-008-98543-8(0))* Lulu Pr., Inc.

Kura, Hoshi & Maru: Making of a Flower Garden. Yoshihiko Maeno. 2018. (JPN., Illus.). 262p. (YA). (gr. 10-12). pap. *(978-4-909601-01-8(5))* Texnai Co., Ltd.

Kura, Hoshi & Maru: Making of a Flower Garden (Japanese Edition) Yoshihiko Maeno. 2019. (JPN., Illus.). 262p. (YA). (gr. 7-12). *(978-4-909601-57-5(0))* Texnai Co., Ltd.

Kuracanto Kato: Esperanto Edition of the Healer Cat. Tuula Pere. Tr. by Usman Kiyani. Illus. by Klaudia Bezak. 2019. (EPO.). 40p. (J). (gr. k-4). *(978-952-357-169-3(9));* pap. *(978-952-357-170-9(2))* Wickwick oy.

Kuria & Grandma Lucia's Garden. Vanessa Gordon. Illus. by Rosendo Pabalinas, Jr. 2021. (ENG.). 28p. (J). pap. *(978-1-922621-58-0(7))* Library For All Limited.

Kurious Katz & the Christmas Tree: Large Print. Niki Mitchell. l.t. ed. 2020. (ENG.). 34p. (J). 13.99 *(978-1-951581-11-4(3))* Draft2Digital.

Kuro the Guardian. Rami Aziz. 2023. (ENG.). 216p. (J). ***(978-1-0391-6427-7(7));*** pap. ***(978-1-0391-6426-0(9))*** FriesenPress.

Kurze Anleitung Zum Versta Ndniss der Samoanischen Sprache: Grammatik und Vokabularium (Classic Reprint) B. Funk. 2016. (ENG., Illus.). (J). pap. 9.57 *(978-1-333-91083-9(5))* Forgotten Bks.

Kurze Anleitung Zum Verstandniss der Samoanischen Sprache: Grammatik und Vokabularium (Classic Reprint) B. Funk. 2018. (ENG., Illus.). 132p. (J). 26.64 *(978-0-484-03437-1(5))* Forgotten Bks.

Kurzgefate Englische Sprachlehre (Classic Reprint) Friedrich Wilhelm Gesenius. 2017. (ENG., Illus.). (J). 29.65 *(978-0-260-42589-8(3));* pap. 13.57 *(978-0-265-08494-6(6))* Forgotten Bks.

Kurzgeschichten. Annett Ledong. 2020. (GER.). 104p. (J). pap. ***(978-0-244-25650-0(0))*** Lulu Pr., Inc.

Kuscheltiergeheimnis. Peter Hoffe. 2017. (GER., Illus.). (J). *(978-3-7439-4599-9(1));* pap. *(978-3-7439-4598-2(3))* tredition Verlag.

Kushy Koala & His Mates in Japan. Allan W. Gray. 2019. (ENG.). 106p. (J). pap. 8.99 *(978-1-64376-387-3(3))* PageTurner: Pr. & Media.

Kuss. Ingo Penner. Illus. by Jennifer Busse. 2021. (GER.). 48p. (J). 29.63 ***(978-1-4717-9409-4(1))*** Lulu Pr., Inc.

Küste der Gefahren: Ein Cornwall-Abenteuer Für Kinder AB 10. Renée Holler. 2018. (GER., Illus.). 262p. (J). pap. *(978-1-9164534-0-1(6))* Inkpen Pr.

Kutnar Son of PIC (Classic Reprint) George Langford. 2017. (ENG., Illus.). (J). 28.74 *(978-0-265-38862-4(7))* Forgotten Bks.

Kuu. Marie Lhuissier. Illus. by Elis Tamula. 2017. (EST.). 50p. (J). pap. *(978-2-9560767-1-2(X))* Marie, Lhuissier.

Kuzzilbash, Vol. 2 Of 3: A Tale of Khorasan (Classic Reprint) James Baillie Fraser. 2017. (ENG., Illus.). (J). 31.45 *(978-1-5282-4535-7(0))* Forgotten Bks.

Kwahu: The Hopi Indian Boy (Classic Reprint) George Newell Moran. 2018. (ENG., Illus.). 244p. (J). 28.93 *(978-0-365-45779-4(5))* Forgotten Bks.

Kwaidan: Stories & Studies of Strange Things. Lafcadio Hearn. 2017. (ENG., Illus.). (J). pap. 12.95 *(978-1-374-82817-9(3))* Capital Communications, Inc.

Kwaidan: Stories & Studies of Strange Things (Classic Reprint) Lafcadio Hearn. 2016. (ENG., Illus.). (J). pap. 11.97 *(978-1-334-14446-2(X))* Forgotten Bks.

Kwaidan: Stories & Studies of Strange Things (Classic Reprint) Lafcadio Hearn. 2017. (ENG., Illus.). (J). 29.18 *(978-0-265-22279-9(6));* 29.98 *(978-0-265-58131-5(1))* Forgotten Bks.

Kwaidan: Stories of Ghosts & Other Strange Things. Lafcadio Hearn. 2018. (Classics with Ruskin Ser.: Vol. 4). (ENG., Illus.). 144p. (YA). (gr. 7-12). pap. *(978-93-87693-03-6(1))* Speaking Tiger Publishing.

Kwame Alexander. Abby Cooper. 2019. (Influential People Ser.). (ENG., Illus.). 32p. (J). (gr. 4-6). pap. 7.95 *(978-1-5435-6037-4(7),* 140083); lib. bdg. 28.65 *(978-1-5435-5792-3(9),* 139748) Capstone.

Kwamee & Mattoo: Mystical Adventure to St. Croix. Laila Eakins & S. J. Eakins. 2020. (ENG.). 26p. (J). 25.99 *(978-1-970133-80-6(5));* pap. 15.99 *(978-1-970133-81-3(3))* EduMatch.

Kwanzaa. Sarah Cords. 2020. (Cultural Celebrations Ser.). (ENG., Illus.). 32p. (J). (gr. 2-5). lib. bdg. 32.79 *(978-1-5321-6769-0(5),* 34699, DiscoverRoo) Pop!.

Kwanzaa. Lori Dittmer. (Seedlings Ser.). 24p. (J). (gr. -1-k). 2021. (ENG.). *(978-1-64026-332-1(2),* 17886, Creative Education); 2021. (SPA.). *(978-1-64026-446-5(9),* 17934, Creative Education); 2021. (SPA.). pap. 8.99 *(978-1-62832-981-0(5),* 17935, Creative Paperbacks); 2020. (ENG.). pap. 10.99 *(978-1-62832-864-6(9),* 17887, Creative Paperbacks) Creative Co., The.

Kwanzaa. Rachel Grack. 2017. (Celebrating Holidays Ser.). (ENG., Illus.). 24p. (J). (gr. k-3). pap. 7.99 *(978-1-61891-275-6(5),* 12064); lib. bdg. 26.95 *(978-1-62617-596-9(9))* Bellwether Media. (Blastoff! Readers).

Kwanzaa. Julie Murray. 2018. (Holidays (Abdo Kids Junior) Ser.). (ENG., Illus.). 24p. (J). (gr. -1-2). lib. bdg. 31.36 *(978-1-5321-8173-3(6),* 29819, Abdo Kids) ABDO Publishing Co.

Kwanzaa, 1 vol. Joanna Ponto & Carol Gnojewski. 2016. (Story of Our Holidays Ser.). (ENG., Illus.). 32p. (gr. 3-3). pap. 11.52 *(978-0-7660-7621-1(0),* 207cb298-6b4d-4c8e-9c15-1ba82b2cb8c8) Enslow Publishing, LLC.

Kwanzaa. Betsy Rathburn. 2022. (Happy Holidays! Ser.). (ENG., Illus.). 24p. (J). (gr. -1-2). pap. 7.99 *(978-1-64834-857-0(2),* 21711, Blastoff! Readers) Bellwether Media.

Kwanzaa. Mari Schuh. 2020. (Spot Holidays Ser.). (ENG.). 16p. (J). (gr. -1-1). pap. 9.99 *(978-1-68152-533-4(X),* 10732) Amicus.

Kwanzaa Family. Sarah Shabazz-Ugwumba. Ed. by Robin Gulley. Illus. by Aminah Shabazz. 2017. (ENG.). (J). (gr. 4-6). pap. 10.50 *(978-0-9886117-2-6(4))* Gulley, Wayne.

Kwanzaa (Kwanzaa) Julie Murray. 2019. (Fiestas (Holidays) Ser.). (SPA.). 24p. (J). (gr. -1-2). lib. bdg. 31.36 *(978-1-5321-8727-8(0),* 31302, Abdo Kids) ABDO Publishing Co.

Kwentong Pusa - Filipino Edition. Sam Miller. 2022. (FIL.). 36p. (J). pap. ***(978-1-7386633-0-9(2))*** Canada Self-Pubs.

Kwesi Finds His Football Team. Izzie Kpobie-Mensah. Illus. by Leanne Armstrong. 2021. (Adventures of Kwesi Tawiah Ser.: Vol. 2). (ENG.). 32p. (J). pap. *(978-1-80068-405-8(3))* Independent Publishing Network.

Kwesi's First Football Match. Leanne Armstrong & Izzie Kpobie-Mensah. 2022. (Adventures of Kwesi Tawiah Ser.: Vol. 2). (ENG.). 38p. (J). pap. *(978-1-80068-406-5(1))* Independent Publishing Network.

Kya Hai Muskil, Jab Kuchh Nahi Tera. Rajesh Kumar Shukla. 2018. (HIN., Illus.). 88p. (J). pap. 8.99 *(978-1-64249-871-4(8))* Notion Pr., Inc.

Kydee. Dawn Doig. 2019. (ENG., Illus.). 28p. (J). pap. 13.99 *(978-1-949609-66-0(9))* Pen It Pubns.

Kyla & Kyra Go to School. Timothy Rylett. 2022. (ENG.). 36p. (J). ***(978-1-0391-5483-4(2));*** pap. ***(978-1-0391-5482-7(4))*** FriesenPress.

KYLE & COREY & the Game-Store Mystery. Joe Stephens. 2021. (Kyle & Corey Mysteries Ser.: Vol. 1). (ENG.). 270p. (J). pap. 12.99 *(978-0-578-92259-1(2))* Covfefe Pr.

Kyle Busch. Kenny Abdo. (NASCAR Biographies Ser.). (ENG., Illus.). 24p. (J). (gr. 2-2). 2022. pap. 8.95 *(978-1-64494-686-2(6));* 2021. lib. bdg. 31.36 *(978-1-0982-2683-1(6),* 38642) ABDO Publishing Co. (Abdo Zoom-Fly).

Kyle Climbs the Wall. Cecilia Minden. Illus. by Rachael McLean. 2022. (Little Blossom Stories Ser.). (ENG.). 16p. (J). (gr. -1-2). pap. 11.36 *(978-1-5341-9871-5(7),* 220076, Cherry Blossom Press) Cherry Lake Publishing.

Kyle Finds Her Way. Susie Salom. 2016. (ENG.). 256p. (J). (gr. 5-9). 16.99 *(978-0-545-85266-1(8),* Levine, Arthur A. Bks.) Scholastic, Inc.

Kyle the Coyote: Lost in the Desert. Mark Terry. l.t. ed. 2022. (ENG.). 34p. (J). 22.99 *(978-1-0879-3422-8(2))* Indy Pub.

Kyler & Kalli's American Life: The Broken Picture. J. Crews. 2018. (ENG., Illus.). 18p. (J). 21.95 *(978-1-64214-743-8(5))* Page Publishing Inc.

Kyler Murray: Football Superstar. Will Graves. 2019. (PrimeTime Ser.). (ENG.). 32p. (J). (gr. 3-4). pap. 9.95 *(978-1-63494-134-1(9),* 1634941349); lib. bdg. 31.35 *(978-1-63494-133-4(0),* 1634941330) Pr. Room Editions LLC.

Kyle's Bath, 1 vol. Peter Evyindson. Illus. by Wendy Wolsak. 2016. (ENG.). 32p. (J). (gr. -1-2). mass mkt. 10.95 *(978-0-919143-05-0(9),* 4c1e709c-2ae1-4447-a8bb-127d24501731) Pemmican Pubns., Inc. CAN. Dist: Firefly Bks., Ltd.

Kyle's Little Sister. Bonhyung JEONG. 2021. (ENG., Illus.). 208p. (J). (gr. 3-7). 24.00 *(978-1-9753-3589-2(9));* pap., pap. 13.00 *(978-1-9753-1654-9(1))* Yen Pr. LLC. (Yen Pr.).

Kylian Mbappé: Soccer Star. Todd Kortemeier. 2019. (Illus.). 32p. (J). pap. *(978-1-64185-436-8(7));* (ENG., (gr. 3-5). pap. 9.95 *(978-1-64185-378-1(6),* 1641853786); (ENG., (gr. 3-5). lib. bdg. 31.35 *(978-1-64185-320-0(4),* 1641853204) North Star Editions. (Focus Readers).

Kylian Mbappe: World Soccer Sensation. Todd Kortemeier. 2019. (Star Athletes Ser.). (ENG., Illus.). 112p. (J). (gr. 6-12). lib. bdg. 41.36 *(978-1-5321-1990-3(9),* 32329, Essential Library) ABDO Publishing Co.

Kylie Jean Classroom Collection. Marci Peschke. Illus. by Tuesday Mourning. 2022. (Kylie Jean Ser.). (ENG.). 112p. (J). pap., pap., pap. 299.43 *(978-1-4846-7237-2(2),* 248662, Picture Window Bks.) Capstone.

Kylie Jean Recipe Queen. Gail Green & Marci Peschke. 2018. (Kylie Jean Recipe Queen Ser.). (ENG.). 32p. (J). (gr. 1-3). 119.96 *(978-1-5158-2859-4(X),* 28381, Picture Window Bks.) Capstone.

Kylie Jenner: Makeup Mogul. Heather E. Schwartz. 2020. (Boss Lady Bios (Alternator Books (r)) Ser.). (ENG., Illus.). 32p. (J). (gr. 3-6). 30.65 *(978-1-5415-9709-9(5),* 37b561bb-19f8-44bc-9278-877d6f21f587, Lerner Pubns.) Lerner Publishing Group.

Kylie Jenner: Contemporary Cosmetics Mogul. Jessica Rusick. 2019. (Fashion Figures Ser.). (ENG., Illus.). 32p. (J). (gr. 3-6). lib. bdg. 32.79 *(978-1-5321-1952-1(6),* 32489, Checkerboard Library) ABDO Publishing Co.

K

Kylie the Crocodile in Paris. Oliver Gee. Illus. by Lina Nordin Gee. 2021. 32p. (J). 29.99 *(978-1-0983-6119-8(9))* BookBaby.

Kylie the Kitten. Lily Small. ed. 2020. (Fairy Animals Ser.). (ENG.). 132p. (J). (gr. 2-3). 15.49 *(978-1-64697-141-1(8))* Penworthy Co., LLC, The.

Kylie the Kitten: Fairy Animals of Misty Wood. Lily Small. 2017. (Fairy Animals of Misty Wood Ser.: 9). (ENG., Illus.). 144p. (J). pap. 6.99 *(978-1-250-12698-6(3),* 900175304, Holt, Henry & Co. Bks. For Young Readers) Holt, Henry & Co.

Kylie the Magnificent. Marty Chan. 2021. (Orca Currents Ser.). (ENG.). 128p. (J). (gr. 4-7). pap. 10.95 *(978-1-4598-2807-0(0))* Orca Bk. Pubs. USA.

Kylie's Stories. H. W. Vivian. 2018. (ENG., Illus.). 292p. (J). pap. *(978-1-387-95506-0(3))* Lulu Pr., Inc.

Kylo Feels Better. Alysia Bracamonte. 2021. (ENG., Illus.). 30p. (J). pap. 13.95 *(978-1-63874-028-5(3))* Christian Faith Publishing.

Kynance Cove: On the Cornish Smugglers; a Tale of the Last Century (Classic Reprint) William Bentinck Forfar. 2017. (ENG., Illus.). (J). 27.46 *(978-0-266-21434-2(7))* Forgotten Bks.

Kyndal's Dream Adventure: Becoming a Leprechaun. Kyndal Parker. Illus. by Hh-Pax. 2022. (ENG.). 40p. (J). pap. 25.99 *(978-1-6628-3700-5(3))* Salem Author Services.

Kyra's BIG Appetite. Tequis McGann. 2020. (ENG., Illus.). 40p. (J). *(978-0-2288-1926-4(1));* pap. *(978-0-2288-1924-0(5))* Tellwell Talent.

Kyra's Fate: Or Love Knows No Bonds (Classic Reprint) Charles Garvice. (ENG., Illus.). (J). 2018. 348p. 31.09 *(978-0-428-73938-6(5));* 2016. pap. 13.57 *(978-1-334-12296-5(2))* Forgotten Bks.

Kyra's Magic Word. Peter Pillsbury. Illus. by Jani Beckwith. 2022. (ENG.). 32p. (J). 22.95 *(978-1-61170-314-6(X))* Robertson Publishing.

Kyrie Irving. Jon M. Fishman. 2016. (Amazing Athletes Ser.). (ENG., Illus.). 32p. (J). (gr. 2-5). lib. bdg. 26.65 *(978-1-5124-1336-6(4),* 703d0854-bd53-4fb9-b5f2-14b6a1dc7b9c, Lerner Pubns.) Lerner Publishing Group.

Kyrie Irving. Martha London. 2019. (Sports All-Stars (Lerner (tm) Sports) Ser.). (ENG., Illus.). 32p. (J). (gr. 2-5). pap. 9.99 *(978-1-5415-7450-2(8),* 4b28e28e-07b7-4b8a-a540-998a4ee1542a); lib. bdg. 29.32 *(978-1-5415-5614-0(3),* 510ba88c-debd-4b73-acc7-d679c7d73aa4) Lerner Publishing Group. (Lerner Pubns.).

Kyrie Irving. Matt Tustison. (Basketball's Greatest Stars Ser.). (ENG., Illus.). 32p. (J). (gr. 3-9). 2017. 51.35 *(978-1-68079-809-8(X),* 24041); 2016. lib. bdg. 32.79 *(978-1-68078-546-3(X),* 23771) ABDO Publishing Co. (SportsZone).

Kyrie Irving: Uncle Drew, Earth Mountain, & Enigmatic NBA Superstar. Martin Gitlin. 2019. (ENG., Illus.). 224p. 26.95 *(978-1-4962-1349-5(1))* Univ. of Nebraska Pr.

L

L. Xist Publishing. 2019. (Discover the Alphabet Ser.). (ENG.). 20p. (J). (gr. -1-1). pap. 24.99 *(978-1-5324-1364-3(5))* Xist Publishing.

L. Xist Publishing & Xist Publishing. 2019. (Discover the Alphabet Ser.). (ENG.). 22p. (J). (gr. -1-1). 22.99 *(978-1-5324-1310-0(6))* Xist Publishing.

L. -W. -L. Life, Vol. 14: Supplement; October 1916 (Classic Reprint) Lick Wilmerding and Lux Schools. 2018. (ENG., Illus.). 36p. (J). pap. 7.97 *(978-0-428-07507-1(X))* Forgotten Bks.

L & R's Alphabet Coloring Book. Robert P. Helwig. 2018. (ENG.). 34p. (J). pap. 5.99 *(978-1-62550-558-3(2))* Breezeway Books.

L & R's Alphabet of Character Parts. Robert P. Helwig. 2018. (ENG.). 34p. (J). pap. 11.99 *(978-1-62550-570-5(1));* (Illus.). pap. 12.99 *(978-1-62550-549-1(3))* Breezeway Books.

L apprends a compter avec Le. Expery Ant. pap. 10.95 *(978-2-07-054270-3(X))* Gallimard, Editions FRA. Dist: Distribooks, Inc.

L' arraignee tisse sa toile a Rennes-le-Chateaua see Still Spins the Spider of Rennes-le-Chateau

L. F. Ant. Michael Hedman. Illus. by Peter Jadoonath. 2022. (ENG.). 34p. (J). pap. 13.99 *(978-1-63988-129-1(8))* Primedia eLaunch LLC.

L. Frank Baum's Book of Santa Claus. L. Frank Baum. 2018. (ENG., Illus.). 84p. (J). (gr. -1-12). 14.99 *(978-1-5154-3737-6(X))* Wilder Pubns., Corp.

L. Frank Baum's Juvenile Speaker (hardcover) L. Frank Baum. 2020. (ENG.). 202p. (J). *(978-1-716-44530-9(2))* Lulu Pr., Inc.

L. Frank Baum's Juvenile Speaker (paperback) L. Frank Baum. 2020. (ENG.). 202p. (J). pap. *(978-1-716-44539-2(6))* Lulu Pr., Inc.

L. I. E. Brian Barrie. 2019. (ENG., Illus.). 92p. (YA). pap. *(978-0-2288-0802-2(2))* Tellwell Talent.

L. I. F. E. Laugh in Fear & Evolve. Dorothea Lewis. 2021. (ENG., Illus.). 40p. (YA). pap. 11.95 *(978-1-63860-190-6(9))* Fulton Bks.

L Is for Lainey: Now I Know My ABCs & 123s Coloring & Activity Book with Writing & Spelling Exercises (Age 2-6) 128 Pages. Crawford House Learning Books. 2020. (ENG.). 130p. (J). pap. *(978-1-989828-29-8(9))* Crawford Hse.

L Is for Layla: Now I Know My ABCs & 123s Coloring & *Activity Book with Writing & Spelling Exercises* (Age 2-6) 128 Pages. Crawford House Learning Books. 2020. (ENG.). 130p. (J). pap. *(978-1-989828-46-5(9))* Crawford Hse.

L Is for Leaf. Nick Rebman. 2021. (Alphabet Fun Ser.). (ENG., Illus.). 24p. (J). (gr. k-1). pap. 8.95 *(978-1-64619-403-2(9));* lib. bdg. 28.50 *(978-1-64619-376-9(8))* Little Blue Hse. (Little Blue Readers).

L Is for Lemonade. Cynthia Marlow & Michelle Marlow. 2019. (ENG.). 38p. (J). 14.95 *(978-1-64307-559-4(4))* Amplify Publishing Group.

L Is for Lemur: ABCs of Endangered Primates. Sharon Katz Cooper. 2016. (E for Endangered Ser.). (ENG., Illus.). 32p. (J). (gr. -1-2). lib. bdg. 27.99 *(978-1-4914-8034-2(3),* 130542, Capstone Pr.) Capstone.

L Is for Lily: Now I Know My ABCs & 123s Coloring & Activity Book with Writing & Spelling Exercises (Age 2-6) 128 Pages. Crawford House Learning Books. 2020. (ENG.). 130p. (J). pap. *(978-1-989828-43-4(4))* Crawford Hse.

L Is for Lion. Christie Hainsby. Illus. by Jayne Schofield. 2022. (ENG.). 16p. (J). (— 1). 12.99 *(978-1-80337-467-3(5))* Make Believe Ideas GBR. Dist: Scholastic, Inc.

L Is for Love: A Heartfelt Alphabet. 1 vol. Illus. by Greg Paprocki. 2018. (BabyLit Ser.). 32p. (J). (— 1). 12.99 *(978-1-4236-4985-4(0))* Gibbs Smith, Publisher.

L Is for Love (and Lion!) Melinda Lee Rathjen. Illus. by Amy Husband. 2019. (Flanimals Ser.). (ENG.). 20p. (J). (gr. -1 — 1). bds. 7.99 *(978-1-5460-1432-4(2),* Worthy Kids/Ideals) Worthy Publishing.

L Is for Lucas: Now I Know My ABCs & 123s Coloring & Activity Book with Writing & Spelling Exercises (Age 2-6) 128 Pages. Crawford House Learning Books. 2020. (ENG.). 130p. (J). pap. *(978-1-989828-08-3(6))* Crawford Hse.

L Is for Lyndon: Now I Know My ABCs & 123s Coloring & Activity Book with Writing & Spelling Exercises (Age 2-6) 128 Pages. Crawford House Learning Books. 2020. (ENG.). 130p. (J). pap. *(978-1-989828-65-6(5))* Crawford Hse.

L. Landois' Lehrbuch der Physiologie des Menschen, Vol. 1: Mit Besonderer Berucksichtigung der Praktischen Medizin (Classic Reprint) Leonard Landois. 2017. (GER., Illus.). (J). pap. 16.97 *(978-0-282-27708-6(0))* Forgotten Bks.

L. Landois' Lehrbuch der Physiologie des Menschen, Vol. 1: Mit Besonderer Berücksichtigung der Praktischen Medizin (Classic Reprint) Leonard Landois. 2018. (GER., Illus.). 992p. (J). 44.38 *(978-0-364-93052-6(7))* Forgotten Bks.

L. M. 8046: An Intimate Story of the Foreign Legion (Classic Reprint) David Wooster King. 2017. (ENG., Illus.). (J). 28.62 *(978-0-331-49622-2(4));* pap. 10.97 *(978-0-331-08158-9(X))* Forgotten Bks.

L. Mascheroni's Gebrauch des Zirkels: Aus Dem Italienischen Ins Franzosische Ubersetzt (Classic Reprint) Lorenzo Mascheroni. 2017. (ENG., Illus.). 580p. (J). 35.88 *(978-0-332-67043-0(0))* Forgotten Bks.

L. O. L. Surprise!: Glitter on! Puffy Sticker & Activity Book. MGA Entertainment Inc. 2020. (L. O. L. Surprise! Ser.). (ENG.). 24p. (J). (gr. -1-3). pap. 10.99 *(978-1-4998-1079-0(2),* BuzzPop) Little Bee Books Inc.

L. O. L. Surprise! Mad Libs: World's Greatest Word Game. Kristin Conte. 2019. (Mad Libs Ser.). (ENG.). 48p. (J). (gr. 3-7). pap. 7.99 *(978-0-593-09566-9(9),* Mad Libs) Penguin Young Readers Group.

L. O. L. Surprise!: My Secret L. O. L. Handbook. MGA Entertainment Inc. 2020. (L. O. L. Surprise! Ser.). (ENG.). 96p. (J). (gr. -1-3). pap. 7.99 *(978-1-4998-1081-3(4),* BuzzPop) Little Bee Books Inc.

L. O. L. Surprise!: Secrets & Dreams Journal. MGA Entertainment Inc. 2019. (L. O. L. Surprise! Ser.). (ENG.). 96p. (J). (gr. 2-5). 9.99 *(978-1-4998-1078-3(4),* BuzzPop) Little Bee Books Inc.

L. O. L. Surprise!: Seek & Find. MGA Entertainment Inc. 2021. (L. O. L. Surprise! Ser.). (ENG.). 24p. (J). (gr. -1). pap. 5.99 *(978-1-4998-1196-4(9),* BuzzPop) Little Bee Books Inc.

L. O. L. Surprise!: Style Party: Coloring & Activity Book. MGA Entertainment Inc. 2021. (L. O. L. Surprise! Ser.). (ENG.). 64p. (J). (gr. -1). 9.99 *(978-1-4998-1230-5(2),* BuzzPop) Little Bee Books Inc.

L. O. L. Surprise!: Ultimate Sticker & Activity Book. MGA Entertainment Inc. 2020. (L. O. L. Surprise! Ser.). (ENG.). 64p. (J). (gr. -1). pap. 12.99 *(978-1-4998-1082-0(2),* BuzzPop) Little Bee Books Inc.

L. O. L. Surprise!: Where My Girls At? MGA Entertainment Inc. & Luna Ransom. 2021. (L. O. L. Surprise! Ser.). (ENG.). 24p. (J). (gr. -1-2). 5.99 *(978-1-4998-1197-1(7),* BuzzPop) Little Bee Books Inc.

L. O. L. Surprise!: Where My Girls at? / ¿dónde Están Mis Chicas? (English/Spanish) MGA Entertainment Inc. Tr. by Laura Collado Piriz. 2021. (L. O. L. Surprise! Ser.). (ENG.). 24p. (J). (gr. -1-2). pap. 4.99 *(978-1-4998-1199-5(3),* BuzzPop) Little Bee Books Inc.

L. of C. (Lines of Communication) Being the Letters of a Temporary Officer in the Army Service Corps (Classic Reprint) James E. Agate. 2017. (ENG., Illus.). (J). 30.15 *(978-0-265-17291-9(8))* Forgotten Bks.

L. P. M: The End of the Great War (Classic Reprint) J. Stewart Barney. (ENG., Illus.). (J). 2018. 442p. 33.01 *(978-0-483-87560-9(0));* 2017. pap. 16.57 *(978-1-334-98888-2(9))* Forgotten Bks.

L. P. M: The End of the Great War (Classic Reprint) John Stewart Barney. (ENG., Illus.). (J). 2018. 450p. 33.18 *(978-0-364-01443-1(1));* 2017. pap. 16.57 *(978-0-243-51418-2(2))* Forgotten Bks.

L. W. I Life: December, 1920 (Classic Reprint) Lick Wilmerding and Lux Schools. (ENG., Illus.). (J). 2018. 104p. 26.06 *(978-0-332-29787-3(X));* 2017. pap. 9.57 *(978-0-243-41560-1(5))* Forgotten Bks.

L. W. L. Life: December, 1922 (Classic Reprint) Lick Wilmerding and Lux Schools. (ENG., Illus.). (J). 2018. 88p. 25.73 *(978-0-484-07989-1(1));* 2017. pap. 9.57 *(978-0-243-45842-4(8))* Forgotten Bks.

L. W. L. Life: June, 1921 (Classic Reprint) Lick Wilmerding *and Lux Schools.* 2017. (ENG., Illus.). 82p. (J). 25.61 *(978-0-484-63679-7(0))* Forgotten Bks.

L. W. L. Life, Vol. 1: December, 1915 (Classic Reprint) Lick Wilmerding and Lux Schools. (ENG., Illus.). (J). 2018. 64p. 25.22 *(978-0-267-24091-3(0));* 2016. pap. 9.57 *(978-1-334-22863-6(9))* Forgotten Bks.

L. W. L. Life, Vol. 1: Lick Wilmerding Lux Commencement; June, 1916 (Classic Reprint) Lick Wilmerding and Lux Schools. 2018. (ENG., Illus.). 148p. (J). 26.97 *(978-0-656-02372-1(4))* Forgotten Bks.

L. W. L. Life, Vol. 1: October, 1915 (Classic Reprint) Lick Wilmerding and Lux Schools. 2017. (ENG., Illus.). (J). 24.97 *(978-0-265-55934-5(0));* pap. 9.57 *(978-0-282-81865-4(0))* Forgotten Bks.

L. W. L. Life, Vol. 23: June, 1937 (Classic Reprint) Lick Wilmerding and Lux Schools. (ENG., Illus.). (J). 2018. 68p. 25.30 *(978-0-666-64604-0(X));* 2017. pap. 9.57 *(978-0-259-80313-3(8))* Forgotten Bks.

L. W. L. Life, Vol. 24: A Publication Produced by the Students of Lick Wilmerding Lux; June, 1938 (Classic Reprint) Lick Wilmerding and Lux Schools. 2017. (ENG., Illus.). (J). 25.26 *(978-0-265-60640-7(3));* pap. 9.57 *(978-0-282-96818-2(0))* Forgotten Bks.

L. W. L. Life, Vol. 24: May, 1939 (Classic Reprint) Lick Wilmerding and Lux Schools. (ENG., Illus.). (J). 2018. 58p. 25.11 *(978-0-365-38691-9(X));* 2017. pap. 9.57 *(978-0-243-41526-7(5))* Forgotten Bks.

L-W-L Life, Vol. 8: Lick, Wilmerding, Lux; Commencement June, 1922 (Classic Reprint) Lick Wilmerding and Lux Schools. 2017. (ENG., Illus.). (J). pap. 9.57 *(978-0-282-55369-2(X))* Forgotten Bks.

L-W-L Life, Vol. 9: June, 1923 (Classic Reprint) Lick Wilmerding and Lux Schools. 2017. (ENG., Illus.). (J). pap. 9.57 *(978-0-259-94929-9(9))* Forgotten Bks.

L. W. Tiger, 1952 (Classic Reprint) Lick-Wilmerding School. 2017. (ENG., Illus.). (J). 25.32 *(978-0-265-77393-2(8));* pap. 9.57 *(978-1-5277-5930-5(X))* Forgotten Bks.

la California: Sketch of Life in the Golden State (Classic Reprint) Albert S. Evans. 2017. (ENG., Illus.). (J). 33.16 *(978-0-265-70621-3(1))* Forgotten Bks.

la Caza de Houdini. Kerri Maniscalco. 2020. (SPA.). 480p. (YA). (gr. 9-12). pap. 18.95 *(978-84-92918-97-3(7))* Ediciones Urano S. A. ESP. Dist: Spanish Pubs., LLC.

la Caza Del Principe Dracula. Kerri Maniscalco. 2019. (SPA.). 480p. (YA). (gr. 9-12). pap. 17.95 *(978-84-92918-65-2(9),* Puck) Ediciones Urano S. A. ESP. Dist: Spanish Pubs., LLC.

la Chance Mine Mystery (Classic Reprint) Susan Jones. (ENG., Illus.). (J). 2018. 328p. 30.68 *(978-0-483-60919-8(6));* 2017. pap. 13.57 *(978-0-243-27908-1(6))* Forgotten Bks.

la Chance Mine Mystery (Classic Reprint) Susan Carleton Jones. 2017. (ENG., Illus.). (J). 30.54 *(978-1-5285-6876-0(1))* Forgotten Bks.

la Cuenta de Tres. Felix Villacis. 2017. (SPA.). 240p. (J). pap. *(978-9942-8655-9-5(4))* Luna Nueva Ediciones.

la Escuela en Patineta: Leveled Reader Book 39 Level B 6 Pack. Hmh Hmh. 2021. (SPA.). 16p. (J). pap. 74.40 *(978-0-358-08168-5(8))* Houghton Mifflin Harcourt Publishing Co.

¡la Fiebre Del Oro! Set of 6 Common Core Edition. Eric Kraft & Benchmark Education Company, LLC Staff. 2016. (Navigators Ser.). (SPA.). (J). (gr. 4). 58.00 net. *(978-1-5125-0780-5(6))* Benchmark Education Co.

¡la Invasión de los Everglades! Definir el Problema, 1 vol. Seth Matthas. 2017. (Computación Científica en el Mundo Real (Computer Science for the Real World) Ser.). (SPA.). 24p. (J). (gr. 4-5). pap. *(978-1-5383-5792-7(5),* dfe8661d-e812-48c6-b4a3-8156e1a805b8, Rosen Classroom) Rosen Publishing Group, Inc., The.

¡la Invasión de Los Everglades! Definir el Problema (Everglades Invasion!: Defining the Problem), 1 vol. Seth Matthas. 2017. (Niños Digitales: Superdotados con Pensamiento Computacional (Computer Kids: Powered by Computational Thinking) Ser.). (SPA.). 24p. (J). (gr. 4-5). 25.27 *(978-1-5383-2895-8(X),* 717b39d9-2b59-4b82-ac43-0d89faf448bc, PowerKids Pr.) Rosen Publishing Group, Inc., The.

La La La: A Story of Hope. Kate Dicamillo. Illus. by Jaime Kim. 2017. (ENG.). 72p. (J). (gr. -1-3). 17.99 *(978-0-7636-5833-5(2))* Candlewick Pr.

la Lemon. Miriam Estep. 2018. (ENG., Illus.). 32p. (J). 22.95 *(978-1-64458-151-3(5));* pap. 12.95 *(978-1-64299-846-7(X))* Christian Faith Publishing.

la Llamas! Georgie Taylor. 2019. (Wobbly-Eye Zipper Bks.). (ENG.). 12p. (J). 9.99 *(978-1-78958-190-4(7))* Top That! Publishing PLC GBR. Dist: Independent Pubs. Group.

la Luz de Los 72 Nombres de Dios. Esperanza Tovar Moratalla. 2021. (SPA.). (J). 230p. pap. *(978-1-008-97803-4(5));* 232p. pap. 19.69 *(978-1-008-97214-8(2))* Lulu Pr., Inc.

¡la Luz! Nos Ayuda a Ver. Alan Walker. Tr. by Pablo de la Vega. 2021. (Mis Primeros Libros de Ciencia (My First Science Books) Ser.). (SPA.). 24p. (J). (gr. k-2). pap. *(978-1-4271-3227-7(5),* 15033); lib. bdg. *(978-1-4271-3216-1(X),* 15016) Crabtree Publishing Co.

¡la Noche de los Sustos! Un Cuento Muy Escalofriante. Sebastian Smith. Tr. by Santiago Ochoa. 2021. (Leo y Rimo (I Read-N-Rhyme) Ser.). Tr. of The Night of Scares!: A Terribly Creepy Tale. (SPA.). 24p. (J). (gr. -1-3). pap. *(978-1-4271-3118-8(X),* 14623); lib. bdg. *(978-1-4271-3107-2(4),* 14611) Crabtree Publishing Co.

¡la Primavera Es Divertida! (Spring Is Fun!) Walt K. Moon. 2017. (Bumba Books (r) en Español — Diviértete con Las Estaciones (Season Fun) Ser.). (SPA., Illus.). 24p. (J). (gr. -1-1). 26.65 *(978-1-5124-2861-2(2),* 4b55454e-9e54-4ab8-a9d8-fc24b45cf0dd); E-Book 4.99 *(978-1-5124-3546-7(5),* 9781512435467); E-Book 39.99 *(978-1-5124-2955-8(4));* E-Book 39.99 *(978-1-5124-3545-0(7),* 9781512435450) Lerner Publishing Group. (Ediciones Lerner).

¡la Revolución Estadounidense de Cerca! Mostrar Eventos y Procesos, 1 vol. Ava Beasley. 2017. (Computación Científica en el Mundo Real (Computer Science for the Real World) Ser.). (SPA.). 24p. (J). (gr. 4-5). pap. *(978-1-5383-5795-8(X),* 74ef83a8-fad9-48fb-a44e-1a98c9ebac20, Rosen Classroom) Rosen Publishing Group, Inc., The.

¡la Revolución Estadounidense de Cerca! Mostrar Eventos y Procesos (the American Revolution up Close!: Showing Events & Processes), 1 vol. Ava Beasley. 2017. (Niños Digitales: Superdotados con Pensamiento Computacional (Computer Kids: Powered by Computational Thinking) Ser.). (SPA.). 24p. (J). (gr. 4-5). 25.27 *(978-1-5383-2896-5(8),* a2de0428-c81d-49ed-8c89-b2d31673c7b9, PowerKids Pr.) Rosen Publishing Group, Inc., The.

la Rueda Rueda en el Jardín/Round & Round the Garden. Tr. by Yanitzia Canetti. Illus. by Annie Kubler. 2021. (Baby Rhyme Time (Spanish/English) Ser.). (ENG.). 12p. (J). bds. *(978-1-78628-575-1(4))* Child's Play International Ltd.

¡la Señorita Lulú No Sabe ni la U! Dan Gutman. 2018. (SPA.). 96p. (J). (gr. 2-4). pap. 8.99 *(978-84-696-2592-7(6))* Lectorum Pubns., Inc.

La trompeta de mi tío (My Uncle's Trumpet), 8 vols. 2018. (¡Vamos a Hacer Música! / Making Music! Ser.). (ENG & SPA.). 24p. (J). (gr. 1-1). lib. bdg. 101.08 *(978-1-5383-3192-7(6),* 520629b5-db02-432d-98fb-825af90f6a2f, PowerKids Pr.) Rosen Publishing Group, Inc., The.

La Velita de los Cuentos see Storyteller's Candle

La Vuelta al mundo en 80 días. Illus. by Sebastià Serra. 2023. (Ya Leo A... Ser.). (SPA.). 24p. (J). (gr. k-2). bds. 12.95 ***(978-84-18933-08-0(9))*** Editorial Alma ESP. Dist: Independent Pubs. Group.

Laakson Kehtolaulu: Finnish Edition of Lullaby of the Valley. Tuula Pere. Illus. by Andrea Alemanno. 2018. (FIN.). 36p. (J). (gr. k-4). *(978-952-7107-13-3(X));* pap. *(978-952-5878-89-9(9))* Wickwick oy.

Lab 101. Benjamin Hulme-Cross. 2018. (Mission Alert Ser.). (ENG., Illus.). 72p. (J). (gr. 5-8). pap. 7.99 *(978-1-5415-2634-1(1),* e0aa8cce-4b5c-4c27-ab6d-9182c2e44a05); lib. bdg. 26.65 *(978-1-5415-2581-8(7),* 8b70c8b2-a5c4-4888-8800-441922b9cd6b) Lerner Publishing Group. (Darby Creek).

Lab Analysis. Valerie Bodden. 2017. (Odysseys in Crime Scene Science Ser.). (ENG., Illus.). 80p. (J). (gr. 7-10). *(978-1-60818-682-2(2),* 20309, Creative Education) Creative Co., The.

Lab Logistics & Safety (Set), 12 vols. 2020. (Lab Logistics & Safety Ser.). (ENG.). 24p. (gr. 3-4). lib. bdg. 151.62 *(978-1-7253-1201-2(8),* c73b0cb2-ae90-43ee-98b9-9587710fe547, PowerKids Pr.) Rosen Publishing Group, Inc., The.

Lab Magic. Kelly Starling Lyons. ed. 2022. (I Can Read Ser.). (ENG.). 32p. (J). (gr. k-1). 15.96 ***(978-1-68505-235-5(5))*** Penworthy Co., LLC, The.

Lab Mice Heist. Verity Weaver. Illus. by Courtney Huddleston. 2019. (What Happened? Ser.). (ENG.). 120p. (J). (gr. 3-4). pap. 7.99 *(978-1-63163-308-9(2),* 1631633082); lib. bdg. 27.13 *(978-1-63163-307-2(4),* 1631633074) North Star Editions. (Jolly Fish Pr.).

Lab Partners. M. Montgomery & Mora Montgomery. 2020. (ENG.). 264p. (YA). pap. 10.99 *(978-1-989365-14-4(0),* 900221180) Wattpad Bks. CAN. Dist: Macmillan.

Lab Rat One. Andrea K. Host. 2017. (ENG., Illus.). 512p. (J). pap. 24.99 *(978-1-942302-67-4(3))* Book Smugglers Publishing.

Labarin Magen Waraka: Hausa Edition of the Healer Cat. Tuula Pere. Tr. by Mansur Abubakar. Illus. by Klaudia Bezak. 2019. (HAU.). 40p. (J). (gr. k-4). *(978-952-357-111-2(7));* pap. *(978-952-357-112-9(5))* Wickwick oy.

Labcoat Lipstick. Margaret de la Rosa. 2020. (ENG.). 28p. (J). pap. *(978-1-78830-683-6(X))* Olympia Publishers.

Labcraft Wizards: Magical Projects & Experiments. John Austin. 2016. (ENG., Illus.). 256p. (J). (gr. 4). pap. 16.99 *(978-1-61373-621-0(5))* Chicago Review Pr., Inc.

Labeling Animal & Plant Cells - an Advanced Anatomy for Kids Workbook Grade 6 Children's Anatomy Books. Baby Professor. 2017. (ENG., Illus.). (J). pap. 8.79 *(978-1-5419-4039-0(3),* Baby Professor (Education Kids)) Speedy Publishing LLC.

Laberinto de Traiciones Oscuras. Lexi Ryan. 2023. (SPA.). 560p. (YA). pap. 23.95 ***(978-607-39-0245-8(X))*** Editorial Planeta, S. A. ESP. Dist: Two Rivers Distribution.

Laberinto Del Fauno / Pan's Labyrinth: the Labyrinth of the Faun. Guillermo del Toro. 2019. (SPA.). 280p. (YA). (gr. 8-12). pap. 18.95 *(978-607-31-8156-3(6),* Alfaguara) Penguin Random House Grupo Editorial ESP. Dist: Penguin Random Hse. LLC.

Laberinto Libro para Niños: Laberintos para niños y niñas: Cuaderno de Laberintos para niños 4 - 6 - 8 años Libro de Actividades y Juegos de Laberintos y Resolución de Problemas Libro de Actividades de Aprendizaje para niños 5-6 años Pasatiempos para niños Juegos Educativos 100 Págin. Happy Books For All. 2021. (SPA.). 104p. (J). pap. *(978-1-006-87389-8(9))* Lulu.com.

Labern's Comic Minstrel: A Collection of Popular Comic Songs (Classic Reprint) John Labern. (ENG., Illus.). (J). 2017. 28.02 *(978-0-260-99282-6(8));* 2016. pap. 10.57 *(978-1-333-57244-0(1))* Forgotten Bks.

Labirinto Libro per Bambini: Labirinti per Ragazzi e Ragazze: Libri Di Labirinti per Bambini 4 - 6 - 8 Anni Libro Di Attività e Giochi Di Labirinti e Risoluzione Dei Problemi Libro Di Attività Di Apprendimento per Bambini 5-6 Anni Hobby per Bambini Giochi Educativi: 100 Pagine Di Labir. Happy Books For All. 2021. (ITA.). 104p. (J). pap. *(978-1-006-87375-1(9))* Lulu.com.

Labor & Love: A Tale of English Life (Classic Reprint) Unknown Author. 2018. (ENG., Illus.). 152p. (J). 27.03 *(978-0-656-46794-5(0))* Forgotten Bks.

Labor Day. Meredith Dash. 2016. (National Holidays Ser.). (ENG., Illus.). 24p. (J). (gr. -1-2). pap. 7.95 *(978-1-4966-0993-9(X),* 134898, Capstone Classroom) Capstone.

Labor Day. Rachel Grack. 2018. (Celebrating Holidays Ser.). (ENG., Illus.). 24p. (J). (gr. k-3). lib. bdg. 26.95 *(978-1-62617-789-5(9),* Blastoff! Readers) Bellwether Media.

Labor of Love. Steven Walters. 2018. (ENG., Illus.). 62p. (J). 26.95 *(978-1-64258-778-4(8));* pap. 16.95 *(978-1-64028-292-6(0))* Christian Faith Publishing.

Labor; or the Money-God! Which? A Story of the Times (Classic Reprint) Chas Felton Pidgin. 2018. (ENG., Illus.). 244p. (J). 28.93 *(978-0-483-20652-6(0))* Forgotten Bks.

Labor Unions & Workers' Rights, 1 vol. Ed. by Avery Elizabeth Hurt. 2019. (Opposing Viewpoints Ser.). (ENG.).

1114

The check digit for ISBN-10 appears in parentheses after the full ISBN-13

TITLE INDEX LADO OSCURO

176p. (gr. 10-12). pap. 34.80 (978-1-5345-0594-0(6), 901cfa08-31bc-4288-9e9a-515a3762e1b3) Greenhaven Publishing LLC.

Laboratorio de Escritura Creativa: Más de 70 Actividades Divertidas. Lexi Rees. 2021. (SPA.). 114p. (J). pap. (978-1-913799-05-2(0)) Outset Publishing Ltd.

Laboratorio de Timbalosky. la Base Supersecreta. TimbaVk. 2023. (SPA.). 192p. (J). pap. 16.95 **(978-607-07-9608-1(X))** Editorial Planeta, S. A. ESP. Dist: Two Rivers Distribution.

Laboratorio Di Scrittura Creativa. Lexi Rees. 2020. (ITA.). 114p. (J). pap. (978-1-913799-01-4(8)) Outset Publishing Ltd.

Laboratory Experiments in Chemistry: To Accompany Black & Conant's Practical Chemistry (Classic Reprint) Newton Henry Black. 2017. (ENG., Illus.). (J). 28.25 (978-0-266-36132-9(3)) Forgotten Bks.

Laboratory Manual: Containing Directions for a Course of Experiments in General Chemistry, Systematically Arranged to Accompany the Author's Elements of Chemistry (Classic Reprint) Ira Remsen. 2017. (ENG., Illus.). (J). 29.32 (978-0-260-47457-5(6)) Forgotten Bks.

Laboratory Manual of Elementary Colloid Chemistry. Emil Hatschek. 2017. (ENG., Illus.). (J). pap. (978-0-649-52123-4(4)) Trieste Publishing Pty Ltd.

Laboratory Manual of Elementary Colloid Chemistry (Classic Reprint) Emil Hatschek. 2017. (ENG., Illus.). (J). 26.76 (978-1-5282-7439-5(3)) Forgotten Bks.

Laboratory Manual of High School Botany (Classic Reprint) Frederic Edward Clements. 2017. (ENG., Illus.). (J). 26.56 (978-0-266-54321-3(9)); pap. 9.57 (978-0-282-75895-0(X)) Forgotten Bks.

Laboratory Practice for Beginners in Botany. William A. Setchell. 2017. (ENG., Illus.). (J). pap. (978-0-649-17596-3(4)) Trieste Publishing Pty Ltd.

Laboratory Practice for Beginners in Botany (Classic Reprint) William A. Setchell. 2017. (ENG., Illus.). (J). 28.50 (978-0-331-53219-7(0)) Forgotten Bks.

Laboratory Text-Book of Embryology (Classic Reprint) Charles Sedgwick Minot. 2018. (ENG., Illus.). 400p. (J). 32.15 (978-0-267-96698-1(9)) Forgotten Bks.

Laboratory Tools Coloring Book Adventure. Kreative Kids. 2016. (ENG., Illus.). (J). pap. 9.20 (978-1-68377-324-5(1)) Whike, Traudl.

Laborers of Love. Mikahla Stouffer. 2018. (ENG., Illus.). 170p. (YA). pap. 17.49 (978-1-5456-2964-2(1)) Salem Author Services.

Labors of Hercules Beal. Gary D. Schmidt. 2023. (ENG.). 352p. (J). (gr. 3-7). 19.99 (978-0-358-65963-1(9), Clarion Bks.) HarperCollins Pubs.

Labotsibeni Mdluli: The Formidable Swati Regent. Letitia Degrafi Okyere. 2022. (ENG.). 44p. (J). 19.99 (978-1-956776-02-7(8)) Letitia de Grafi-Johnson.

Laboulaye's Fairy Book. Édouard Laboulaye & Mary Louise Booth. 2017. (ENG.). 364p. (J). (gr. 4-6). pap. (978-3-337-13764-9(4)) Creation Pubs.

Laboulaye's Fairy Book: Fairy Tales of All Nations (Classic Reprint) Edouard Laboulaye. (ENG., Illus.). (J). 2018. 236p. 28.78 (978-0-483-61365-2(7)); 2017. 31.61 (978-0-266-95396-8(4)) Forgotten Bks.

Labour of Love. Kate Norris. Illus. by Kate Norris. 2021. (ENG.). 32p. (J). pap. (978-0-6486813-1-1(9)) Shufflewing Pubns.

Labour Stands on Golden Feet: Or, the Life of a Foreign Workman; a Holiday Story for Sensible Apprentices, Journeymen, & Masters (Classic Reprint) Heinrich Zschokke. (ENG., Illus.). (J). 2018. 182p. 27.65 (978-0-428-24109-4(3)); 2017. pap. 10.57 (978-1-5276-9183-4(7)) Forgotten Bks.

Labra-Cadabra-dor's Revenge. Walker Styles. Illus. by Ben Whitehouse. 2017. (Rider Woofson Ser.: 7). (ENG.). 128p. (J). (gr. k-4). 16.99 (978-1-4814-8593-7(8)); pap. 5.99 (978-1-4814-8592-0(X)) Little Simon. (Little Simon).

Labradoodle: Labrador Retrievers Meet Poodles! Sue Bradford Edwards. 2019. (Top Hybrid Dogs Ser.). (ENG., Illus.). 32p. (J). (gr. 3-6). lib. bdg. 28.65 (978-1-5435-5519-6(5), 139381, Capstone Pr.) Capstone.

Labrador Doctor: The Autobiography of Wilfred Thomason Grenfell. Wilfred Thomason Grenfell. 2017. (ENG., Illus.). (J). 27.95 (978-1-374-86844-1(2)) Capital Communications, Inc.

Labrador Doctor: The Autobiography of Wilfred Thomason Grenfell (Classic Reprint) Wilfred Thomason Grenfell. 2017. (ENG., Illus.). (J). 34.35 (978-0-331-91991-2(5)) Forgotten Bks.

Labrador Retriever. Ann Britton. 2017. (Illus.). 128p. (J). (978-1-4222-3858-5(X)) Mason Crest.

Labrador Retriever with the Block Head. Sabrina Fair Andronica. Illus. by Sklakina Sklakina. 2021. (ENG.). 52p. (J). (978-1-68583-049-6(8)); pap. (978-1-68583-050-2(1)) Tablo Publishing.

Labrador Retrievers. Elizabeth Andrews. 2022. (Dogs (CK) Ser.). (ENG., Illus.). 24p. (J). (gr. k-3). lib. bdg. 31.36 (978-1-0982-4322-7(6), 41219, Pop! Cody Koala) Pop!.

Labrador Retrievers. Sarah Frank. 2019. (Lightning Bolt Books (r) — Who's a Good Dog? Ser.). (ENG., Illus.). 24p. (J). (gr. 1-3). 29.32 (978-1-5415-3856-6(0), 6c4f4525-43b3-493f-ba0d-43d71726f67e, Lerner Pubns.); pap. 9.99 (978-1-5415-4585-4(0), e902ada8-7ac3-45ee-bd30-fc18e545f6da) Lerner Publishing Group.

Labrador Retrievers. Tammy Gagne. 2018. (That's My Dog Ser.). (ENG., Illus.). 32p. (J). (gr. 2-3). pap. 9.95 (978-1-63517-614-8(X), 1635176140); lib. bdg. 31.35 (978-1-63517-542-4(9), 1635175429) North Star Editions. (Focus Readers).

Labrador Retrievers. Katie Lajiness. 2017. (Big Buddy Dogs Ser.). (ENG., Illus.). 32p. (J). (gr. 2-5). lib. bdg. 34.21 (978-1-5321-1211-9(4), 27563, Big Buddy Bks.) ABDO Publishing Co.

Labrador Retrievers. Elizabeth Noll. 2017. (Doggie Data Ser.). (ENG., 32p. (J). Illus.). (gr. 2-7). 9.95 (978-1-68072-456-1(8)); (gr. 4-6). pap. 9.99 (978-1-64466-193-2(4), 11434); (Illus.). (gr. 4-6). lib. bdg. (978-1-68072-153-9(4), 10490) Black Rabbit Bks. (Bolt).

Labrador Retrievers. Martha E. H. Rustad. 2017. (Favorite Dog Breeds Ser.). (ENG., Illus.). 24p. (J). (gr. 1-4). 20.95 (978-1-68151-128-3(2), 14671) Amicus.

Labrador Retrievers. Martha E. H. Rustad. 2018. (Favorite Dog Breeds Ser.). (ENG., Illus.). 24p. (J). (gr. 1-4). pap. 10.99 (978-1-68152-159-6(8), 14790) Amicus.

Labrador Retrievers. Leo Statts. 2016. (Dogs (Abdo Zoom) Ser.). (ENG.). 24p. (J). (gr. -1-2). 49.94 (978-1-68079-343-7(8), 22964, Abdo Zoom-Launch) ABDO Publishing Co.

Labrador Retrievers. Marysa Storm. 2022. (Our Favorite Dogs Ser.). (ENG.). 24p. (J). (gr. k-3). (978-1-62310-470-2(X), 13568, Bolt Jr.) Black Rabbit Bks.

Labrador Retrievers: A Special Dog Breed. Wendy Reed. 2022. (ENG.). 34p. (J). pap. (978-1-387-82819-7(3)) Lulu Pr., Inc.

Labradors. Susan Heinrichs Gray & Maria Koran. 2016. (Illus.). 32p. (J). (978-1-4896-5611-7(1)) Weigl Pubs., Inc.

Labray Janae & the Half Battle. Lana Brown. 2017. (ENG., Illus.). (J). (gr. k-5). pap. 14.95 (978-1-63492-259-3(X)) Booklocker.com, Inc.

Labyrinth. Israel Keats. 2017. (Level Up Ser.). (ENG.). 128p. (YA). (gr. 6-12). pap. 7.99 (978-1-5124-5357-7(9), e7f5d859-1e75-4e25-a08a-54652805091b); 26.65 (978-1-5124-3987-8(8), 33c50e5e-c0e4-4b3b-8d1c-e5a349efcbe5) Lerner Publishing Group. (Darby Creek).

Labyrinth. Alethea Kehas. 2018. (Warriors of Light Ser.: Vol. 1). (ENG., Illus.). 312p. (J). (gr. 4-6). pap. 15.00 **(978-0-578-40031-0(6));** pap. 12.99 (978-0-692-12357-7(1)) Kehas, Alethea.

Labyrinth. Simon Stålenhag. 2021. (ENG., Illus.). 184p. (YA). 39.99 (978-1-5343-2069-7(5)) Image Comics.

Labyrinth: A World of Incredible Mazes! Simon Ward. 2018. (ENG., Illus.). 96p. (J). (gr. 1-4). pap. 7.99 (978-1-4380-1127-1(X)) Sourcebooks, Inc.

Labyrinth: An Aid to the Study of Inflammations of the Internal Ear (Classic Reprint) Alfred Braun. 2017. (ENG., Illus.). (J). 30.52 (978-0-265-66212-0(5)) Forgotten Bks.

Labyrinth Lost. Zoraida Córdova. 2017. (Brooklyn Brujas Ser.: 1). (ENG.). 352p. (YA). (gr. 8-12). pap. 10.99 (978-1-4926-2316-8(4)) Sourcebooks, Inc.

Labyrinth: the ABC Storybook. Luke Flowers. 2020. (ENG., Illus.). 32p. (J). 19.99 (978-1-250-26820-4(6), 900222608) Imprint IND. Dist: Macmillan.

Labyrinthbuch Für Kinder: Spaß Mazes Für Kinder, Jungen und Mädchen Im Alter Von 4-8:

Labyrinth-Aktivitätsbuch Für Kinder Mit Spannenden Labyrinth-Puzzlespielen. Labyrinth-Arbeitsbuch Für Spiele, Rätsel und Problemlösung Von Anfängern Bis Zu Fortgeschrittenen Kindern Im Alter Von 4. Happy Books For All. 2021. (GER.). 104p. (J). pap. (978-1-006-87370-6(8)) Lulu.com.

Lace: A Berlin Romance (Classic Reprint) Paul Lindau. (ENG., Illus.). (J). 2018. 338p. 30.87 (978-0-483-52671-6(1)); 2017. pap. 13.57 (978-0-243-12353-7(1)) Forgotten Bks.

Lace, Ribbons & More Coloring Book. Activity Attic. 2016. (ENG., Illus.). (J). pap. 7.74 (978-1-68323-934-5(2)) Twin Illus.

Lacey Loo's Christmas Adventure. Terri Lamberton. 2019. (ENG.). 32p. (J). pap. (978-1-5289-3818-1(6)) Austin Macauley Pubs. Ltd.

Lacey the Little Mermaid Fairy. Daisy Meadows. 2016. (Illus.). 65p. (J). (978-0-545-88742-7(9)) Scholastic, Inc.

Lacey Walker, Nonstop Talker see Lucia Villar Habla Sin Parar

Lacey's Story: A Puppy Tale. W. Bruce Cameron. 2022. (Puppy Tale Ser.). (ENG., Illus.). 224p. (J). 16.99 (978-1-250-16340-0(4), 900186578, Starscape) Doherty, Tom Assocs., LLC.

Lächeln des Mondes: Basierend Auf Einer Wahren Geschichte. Klaus Zambiasi. 2023. (GER.). 216p. (YA). pap. **(978-1-4478-6710-4(6))** Lulu Pr., Inc.

Laci Bugg. Betty J. Wedekind. 2022. (ENG.). 28p. (J). pap. 5.99 **(978-1-0879-7912-0(9))** Indy Pub.

Lacing. Lindsey S. Frantz. 2022. (Upworld Ser.: Vol. 3). (ENG.). 404p. (J). pap. 14.95 **(978-1-948807-41-8(6),** Line By Lion Pubns.). 3 Fates Pr.

Lackguar (Classic Reprint) Maxwell Bodenheim. (ENG., Illus.). (J). 2018. 230p. 28.64 (978-0-484-15360-7(9)); 2016. pap. 11.57 (978-1-332-74890-7(2)) Forgotten Bks.

Laconia or Legends of the White Mountains & Merry Meeting Bay (Classic Reprint) Scribner Scribner. 2018. (ENG., Illus.). 492p. (J). 34.04 (978-0-483-39757-6(1)) Forgotten Bks.

Lacrosse. Kieran Downs. 2021. (Let's Play Sports! Ser.). (ENG., Illus.). 24p. (J). (gr. k-3). lib. bdg. 26.95 (978-1-64487-426-4(1), Blastoff! Readers) Bellwether Media.

Lacrosse. Nick Rebman. 2018. (Sports Ser.). (ENG., Illus.). 16p. (J). (gr. k-1). pap. 7.95 (978-1-64185-023-0(X), 164185023X); lib. bdg. 25.64 (978-1-63517-921-7(1), 1635179211) North Star Editions. (Focus Readers).

Lacrosse, 1 vol. Cathleen Small. 2018. (Mind vs Muscle: the Psychology of Sports Ser.). (ENG.). 48p. (gr. 5-6). pap. 15.05 (978-1-5382-2531-8(X), 83ab677a-2f14-4b3b-928f-19c0de9bc1a1) Stevens, Gareth Publishing LLLP.

Lacrosse, Vol. 13. Andrew Luke. 2016. (Inside the World of Sports Ser.: Vol. 13). (ENG., Illus.). 80p. (J). (gr. 7-12). 24.95 (978-1-4222-3464-8(9)) Mason Crest.

Lacrosse: Facing off on the Field. Peter Douglas. 2017. (Preparing for Game Day Ser.: Vol. 10). (ENG., Illus.). 80p. (J). (gr. 7-12). 24.95 (978-1-4222-3918-6(7)) Mason Crest.

Lacrosse: Science on the Field, 1 vol. Gary Wiener. 2017. (Science Behind Sports Ser.). (ENG.). 104p. (gr. 7-7). lib. bdg. 41.03 (978-1-5345-6117-5(X), 07e08c6c-c09d-4b2e-9b09-b9af47cbc6b7, Lucent Pr.) Greenhaven Publishing LLC.

Lacrosse Goal. S. B. McEwen. Illus. by Gaurav Bhatnagar. 2023. (Lacrosse Boy Ser.). (ENG.). 38p. (J). 19.99 **(978-1-7375322-9-3(8))** S.B. McEwen.

Lacrosse Laser. Jake Maddox. Illus. by Jesus Aburto. 2016. (Jake Maddox Sports Stories Ser.). (ENG.). 72p. (J). (gr. 3-6). lib. bdg. 25.99 (978-1-4965-3051-6(9), 131933, Stone Arch Bks.) Capstone.

Lacrosse Legend. Jake Maddox. Illus. by Diego Diaz (Beehive Illustration). 2020. (Jake Maddox Sports Stories Ser.). (ENG.). 72p. (J). (gr. 3-6). pap. 5.95 (978-1-4965-9920-9(9), 201331); lib. bdg. 25.99 (978-1-4965-9704-5(4), 199326) Capstone. (Stone Arch Bks.).

Lacrosse: Midfielder. Christina Earley. 2023. (Sports Positions Ser.). (ENG.). 24p. (J). (gr. 3-6). pap. 8.95 **(978-1-63897-644-8(9),** 33470); lib. bdg. 27.93 **(978-1-63897-643-1(0),** 33469) Seahorse Publishing.

Lacrosse Mix-Up. Mike Lupica. 2019. (Zach & Zoe Mysteries Ser.). (ENG., Illus.). 80p. (J). (gr. 1-4). 6.99 (978-1-9848-3687-8(0), Puffin Books); 14.99 (978-1-9848-3686-1(2), Philomel Bks.) Penguin Young Readers Group.

Lacrosse Shot. S. B. McEwen. Illus. by Gaurav Bhatnagar. 2023. (ENG.). 36p. (J). pap. 9.99 **(978-1-7375322-5-5(8))** Southampton Publishing.

Lacrosse: Who Does What?, 1 vol. Ryan Nagelhout. (Sports: What's Your Position? Ser.). (ENG.). 32p. (J). (gr. 3-4). lib. bdg. 28.27 (978-1-5382-0411-5(8), 7c43bfc7-5206-4bf5-8214-daf90a9ba2db) Stevens, Gareth Publishing LLLP.

Lacs. Douglas Bender. Tr. by Annie Evearts. 2021. (Plans d'eau (Bodies of Water) Ser.). (FRE., Illus.). 16p. (J). -1-1). pap. (978-1-0396-0388-2(2), 13125) Crabtree Publishing Co.

Lacuna. Nikki Asfur. 2021. (ENG.). 91p. (YA). pap. (978-1-329-18622-4(2)) Lulu Pr., Inc.

Lad: A Dog. Albert Payson Terhune. 2020. (ENG.). (J). 19.95 (978-1-64799-869-1(7)); 190p. pap. 10.95 (978-1-64799-868-4(9)) Bibliotech Pr.

Lad: A Dog. Albert Payson Terhune. 2020. (ENG.). 176p. (J). pap. 7.99 (978-1-4209-7070-8(4)) Digireads.com Publishing.

Lad: A Dog. Albert Payson Terhune. 2018. (ENG., Illus.). 214p. (J). (978-3-7326-2778-3(0)) Klassik Literatur. ein Imprint der Salzwasser Verlag GmbH.

Lad: A Dog (Classic Reprint) Albert Payson Terhune. (ENG., Illus.). (J). 31.40 (978-1-5281-6772-7(4)) Forgotten Bks.

Lad & His Pals. Bruce A. Murray & Geralyn (Geri) G. Murray. Illus. by Sandeep Choudhary. 2019. (ENG.). 182p. (J). (gr. k-2). pap. 17.95 **(978-0-578-50335-6(2))** GenieBks.

Lad & Lass: A Story of Life in Iceland; Translated from the Icelandic (Classic Reprint) Arthur M. Reeves. 2017. (ENG., Illus.). (J). pap. 11.57 (978-1-5276-3053-6(6)) Forgotten Bks.

Lad & Lass: A Story of Life in Iceland; Translated from the Icelandic (Classic Reprint) Arthur Middleton Reeves. 2018. (ENG., Illus.). 256p. (J). 29.18 (978-0-365-23456-2(7)) Forgotten Bks.

Lad & Lass: A Story of Life in Iceland. Translated from the Icelandic of Jon Pordarson Thoroddsen. Arthur M. Reeves. 2017. (ENG., Illus.). (J). pap. (978-0-649-62361-7(4)) Trieste Publishing Pty Ltd.

Lad Felix: A Tragedy of the Ne Temere (Classic Reprint) Henry Milner. 2018. (ENG., Illus.). 312p. (J). 30.33 (978-0-483-53211-3(8)) Forgotten Bks.

Lad of Kent (Classic Reprint) Herbert Harrison. 2018. (ENG., Illus.). 382p. (J). 31.78 (978-0-483-32116-8(8)) Forgotten Bks.

Lad of the o'Friel's (Classic Reprint) Seumas MacManus. 2017. (ENG., Illus.). (J). 30.87 (978-0-265-40492-8(4)) Forgotten Bks.

Ladakh Adventure: A Vikram-Aditya Story. Deepak Dalal. 2020. (ENG., Illus.). 176p. (J). (gr. 4-7). pap. 8.99 (978-0-14-344938-6(9), Penguin Enterprise) Penguin India PVT, Ltd IND. Dist: Independent Pubs. Group.

Ladder of Love: A Musical Drama, in One Act (Classic Reprint) Thomas Haynes Bayly. 2019. (ENG., Illus.). (J). 24.64 (978-0-267-16794-4(6)) Forgotten Bks.

Ladder of Swords: A Tale of Love, Laughter & Tears (Classic Reprint) Gilbert Parker. 2018. (ENG., Illus.). (J). 29.24 (978-0-332-90888-5(7)) Forgotten Bks.

Ladder of Tears (Classic Reprint) Gertrude Colmore. (ENG., Illus.). (J). 30.99 (978-0-331-78819-8(5)); pap. (978-0-259-20193-9(6)) Forgotten Bks.

Ladder the Story of a Casual Man (Classic Reprint) Curtiss. (ENG., Illus.). (J). 2018. 316p. 30.43 (978-0-332-98428-5(1)); 2017. pap. 13.57 (978-0-243-89545-8(3)) Forgotten Bks.

Ladder to the Moon. Maya Soetoro-Ng. Illus. by Yuyi Morales. 2017. (ENG.). 48p. (J). (gr. -1-3). 8.99 (978-0-7636-9343-5(X)) Candlewick Pr.

Ladder to the Stars. Ernst Delma. 2016. (ENG.). 98p. pap. (978-1-365-75326-8(3)) Lulu Pr., Inc.

Laddie: A True Blue Story. Gene Stratton-Porter. 2018. (ENG., Illus.). 300p. (J). 24.99 (978-1-5154-3569-3(5)) Wilder Pubns., Corp.

Laddie: Story Blue Story (Classic Reprint) Gene Stratton-Porter. 2017. (ENG., Illus.). (J). 36.75 (978-1-5285-7860-8(0)) Forgotten Bks.

Laddie: The Master of the House (Classic Reprint) E. Wesselhoeft. 2018. (ENG., Illus.). 344p. (J). 30.99 (978-0-332-88809-5(6)) Forgotten Bks.

Laddie (Classic Reprint) Evelyn Whitaker. 2018. (ENG., Illus.). 58p. (J). 25.09 (978-0-267-44716-9(7)) Forgotten Bks.

Laddy O'Luck. Mac Kennedy. 2022. (ENG.). 38p. (J). (978-1-63755-319-0(6)) Amplify Publishing Group.

Ladies: A Shining Constellation of Wit & Beauty (Classic Reprint) E. Barrington. 2017. (ENG., Illus.). (J). 29.8 (978-0-265-17006-9(0)) Forgotten Bks.

Ladies & Gentlemen... the Penguins! Ivor Davis. Illus. Dave McTaggart. 2018. (ENG.). 32p. (J). 17.99 (978-0-9903710-5-2(0)); pap. 9.99 (978-0-9903710-6-9(9)) Cockney Kid Publishing.

Ladies' Book of Anecdotes & Sketches of Characters (Classic Reprint) Daniel Smith. 2017. (ENG., Illus.). (J). 33.22 (978-0-266-67501-3(8)); pap. 16.57 (978-1-5276-4716-9(1)) Forgotten Bks.

Ladies' Companion, 1838, Vol. 9: A Monthly Magazine, Embracing Every Department of Literature (Classic Reprint) William W. Snowden. 2017. (ENG., Illus.). (J). 30.37 (978-0-265-71526-0(1)); pap. 13.57 (978-1-5276-7044-0(9)) Forgotten Bks.

Ladies' Companion, 1839, Vol. 11: A Monthly Magazine, Embracing Every Department of Literature; Embellished with Original Engravings, & Music, Arranged for the Piano-Forte, Harp & Guitar (Classic Reprint) Unknown Author. (ENG., Illus.). (J). 2018. 614p. 36.56 (978-0-332-13269-3(2)); 2017. pap. 19.57 (978-0-243-26763-7(0)) Forgotten Bks.

Ladies' Companion, 1840, Vol. 14: A Monthly Magazine Embracing Every Department of Literature, Embellished with Original Engravings, & Music, Arranged for the Piano Forte, Harp & Guitar (Classic Reprint) William W. Snowden. 2017. (ENG., Illus.). (J). 36.97 (978-0-331-21997-5(2)); pap. 19.57 (978-0-265-99472-6(1)) Forgotten Bks.

Ladies' Companion, & Monthly Magazine, 1862, Vol. 22 (Classic Reprint) Unknown Author. (ENG., Illus.). (J). 2018. 374p. 31.61 (978-0-428-85312-9(9)); 2017. pap. 13.97 (978-0-243-25032-5(0)) Forgotten Bks.

Ladies' Companion, Vol. 19: And Literary Expositor; a Monthly Magazine Embracing Every Department of Literature; Embellished with Original Engravings, & Music Arranged for the Piano Forte, Harp & Guitar (Classic Reprint) Lydia H. Sigourney. 2018. (ENG., Illus.). (J). 656p. 37.43 (978-0-366-34730-8(6)); 658p. pap. 19.97 (978-0-366-34728-5(4)) Forgotten Bks.

Ladies in Parliament & Other Pieces. George Otto Trevelyan. 2017. (ENG.). 208p. (J). pap. (978-3-337-15444-8(1)) Creation Pubs.

Ladies-In-Waiting (Classic Reprint) Kate Douglas Wiggin. 2018. (ENG., Illus.). 334p. (J). 30.74 (978-0-332-26514-8(5)) Forgotten Bks.

Ladies' Juggernaut: A Novel (Classic Reprint) Archibald Clavering Gunter. (ENG., Illus.). (J). 2018. 260p. 29.26 (978-0-267-32856-7(7)); 2016. pap. 11.97 (978-1-333-55267-1(X)) Forgotten Bks.

Ladies Lindores, Vol. 1 of 3 (Classic Reprint) Margaret Oliphant. 2017. (ENG., Illus.). (J). 30.37 (978-0-260-24036-1(2)) Forgotten Bks.

Ladies Lindores, Vol. 1 of 3 (Classic Reprint) Margaret O. W. Oliphant. 2016. (ENG., Illus.). (J). pap. 13.57 (978-1-333-60245-1(6)) Forgotten Bks.

Ladies Lindores, Vol. 2 of 3 (Classic Reprint) Margaret O. W. Oliphant. 2017. (ENG., Illus.). (J). 30.29 (978-0-260-22666-2(1)) Forgotten Bks.

Ladies Lindores, Vol. 3 of 3 (Classic Reprint) Margaret O. W. Oliphant. 2018. (ENG., Illus.). (J). 31.16 (978-0-331-81563-4(X)) Forgotten Bks.

Ladies Must Live (Classic Reprint) Alice Duer Miller. 2018. (ENG., Illus.). 262p. (J). 29.30 (978-0-364-80370-7(3)) Forgotten Bks.

Ladies' National Magazine, 1846, Vol. 9 (Classic Reprint) Unknown Author. 2017. (ENG., Illus.). (J). 29.59 (978-0-331-92326-1(2)); pap. 11.97 (978-1-334-92026-4(5)) Forgotten Bks.

Ladies of Bever Hollow: A Tale of English Country Life (Classic Reprint) Anne Manning. (ENG., Illus.). (J). 2018. 368p. 31.51 (978-0-484-09662-1(1)); 2017. pap. 13.97 (978-0-243-32498-9(7)) Forgotten Bks.

Ladies of Bever Hollow, Vol. 1 Of 2: A Tale of English Country Life (Classic Reprint) Anne Manning. (ENG., Illus.). (J). 2018. 300p. 30.10 (978-0-666-97503-4(5)); 2017. pap. 13.57 (978-0-243-45355-9(8)) Forgotten Bks.

Ladies of Bever Hollow, Vol. 2 Of 2: A Tale of English Country Life (Classic Reprint) Anne Manning. 2018. (ENG., Illus.). 256p. (J). 29.18 (978-0-484-07548-0(9)) Forgotten Bks.

Ladies of Liberty: The Women Who Shaped Our Nation. Cokie Roberts. Illus. by Diane Goode. 2021. (ENG.). 40p. (J). (gr. 1-5). pap. 8.99 (978-0-06-078009-8(6), HarperCollins) HarperCollins Pubs.

Ladies' Repository, 1863, Vol. 3: An Universalist Monthly Magazine (Classic Reprint) Caroline M. Sawyer. 2017. (ENG., Illus.). (J). 35.24 (978-0-265-71672-4(1)); pap. 19.57 (978-1-5276-7240-6(9)) Forgotten Bks.

Ladies' Repository, 1872, Vol. 47: An Universalist Monthly Magazine for the Home Circle (Classic Reprint) Universalist Publishing House. 2017. (ENG., Illus.). (J). 43.78 (978-0-265-66076-8(9)); pap. 26.12 (978-1-5276-2940-0(6)) Forgotten Bks.

Ladies' Repository, Vol. 30: A Monthly Periodical, Devoted to Literature & Religion; January-June, 1870 (Classic Reprint) I. W. Wiley. (ENG., Illus.). (J). 2018. 1032p. 45.18 (978-0-483-52665-5(7)); 2017. pap. 27.52 (978-0-243-12213-4(6)) Forgotten Bks.

Ladies' Repository, Vol. 31: A Monthly Periodical, Devoted to Literature & Religion; January-June, 1871 (Classic Reprint) I. W. Wiley. (ENG., Illus.). (J). 2018. 982p. 44.15 (978-0-483-60361-5(9)); 2017. pap. 26.53 (978-0-243-27311-9(8)) Forgotten Bks.

Ladies' Scrap-Book (Classic Reprint) Unknown Author. 2018. (ENG., Illus.). 372p. (J). 31.57 (978-0-483-23200-6(9)) Forgotten Bks.

Ladies to Design & Color, Coloring Book. Kreativ Entspannen. 2016. (ENG., Illus.). (J). pap. 9.20 (978-1-68377-325-2(X)) Whike, Traudl.

Ladies Whose Bright Eyes: A Romance (Classic Reprint) Ford Madox Ford. 2018. (ENG., Illus.). (J). 31.82 (978-0-260-78761-3(2)); 374p. 31.63 (978-0-484-25058-0(2)) Forgotten Bks.

Ladies' Wreath: A Selection from the Female Poetic Writers of England & America; with Original Notices & Notes (Classic Reprint) Sarah Josepha Buell Hale. (ENG., Illus.). (J). 2017. 32.48 (978-0-331-69270-9(8)); 2016. pap. 16.57 (978-1-333-34611-9(5)) Forgotten Bks.

Ladies' Wreath: An Illustrated Annual (Classic Reprint) Helen Irving. (ENG., Illus.). (J). 2018. 450p. 33.18 (978-0-267-76786-1(2)); 2016. pap. 16.57 (978-1-334-13740-2(4)) Forgotten Bks.

Ladies' Wreath 1851: An Illustrated Annual (Classic Reprint) Sarah Towne Martyn. 2017. (ENG., Illus.). (J). 444p. 33.07 (978-0-484-78419-1(6)); pap. 16.57 (978-0-259-40361-6(X)) Forgotten Bks.

Lado Oscuro. Sally Green. 2018. (Vida Oculta Ser.). (SPA.). 420p. (YA). (gr. 7). pap. 12.50 (978-607-527-276-4(3)) Editorial Oceano de Mexico MEX. Dist: Independent Pubs. Group.

Lado Perdido. Sally Green. 2019. (Vida Oculta Ser.: 3). (SPA.). 368p. (YA). (gr. 7). pap. 12.50 *(978-607-527-555-0(X))* Editorial Oceano de Mexico MEX. Dist: Independent Pubs. Group.

Lado Salvaje. Sally Green. 2018. (Vida Oculta Ser.). (SPA.). 448p. (YA). (gr. 7). mass mkt. 12.50 *(978-607-527-453-9(7))* Editorial Oceano de Mexico MEX. Dist: Independent Pubs. Group.

Ladonna Plays Hoops. Kimberly A. Gordon Biddle. 2017. (ENG., Illus.). (J). (gr. 2-6). 17.99 *(978-1-365-86147-5(3))*; pap. 13.99 *(978-1-365-86151-2(1))* Lulu Pr., Inc.

LaDonna Plays Hoops Dyslexic Edition: Dyslexic Font. Kimberly A. Gordon Biddle. Illus. by Heath Gray. 2017. (ENG.). 32p. (J). (gr. 2-6). 19.99 *(978-1-64372-255-9(7))*; pap. 15.99 *(978-1-64372-256-6(5))* MacLaren-Cochrane Publishing.

Ladonna Plays Hoops Dyslexic Font. Kimberly A. Gordon Biddle. 2017. (ENG., Illus.). (J). (gr. 2-6). 17.99 *(978-1-365-86149-9(X))*; pap. 13.99 *(978-1-365-86152-9(X))* Lulu Pr., Inc.

LaDonna's Easter in Paris Dyslexic Edition: Dyslexic Font. Kimberly A. Gordon Biddle. Illus. by Heath Gray. 2020. (ENG.). 36p. (J). (gr. k-6). 19.99 *(978-1-64372-395-2(2))* MacLaren-Cochrane Publishing.

Ladrona de la Luna. Claudia Ramírez. 2019. (SPA.). 392p. (YA). pap. 19.95 *(978-607-07-6118-8(9))* Editorial Planeta, S. A. ESP. Dist: Two Rivers Distribution.

Lad's & Lady's Coloring Book. Activibooks For Kids. 2016. (ENG., Illus.). (J). pap. 9.20 *(978-1-68321-735-0(7))* Mimaxion.

Lads & Lassies of Other Days (Classic Reprint) Lillian L. Price. 2018. (ENG., Illus.). 184p. (J). 27.69 *(978-0-483-90032-5(X))* Forgotten Bks.

Lads in Love. Jarlath Gregory. 2021. (ENG.). 240p. (YA). pap. 12.99 *(978-1-78849-162-4(9))* O'Brien Pr., Ltd., The IRL. Dist: Casemate Pubs. & Bk. Distributors, LLC.

Lads' Love (Classic Reprint) S. R. Crockett. 2017. (ENG., Illus.). 368p. (J). 31.51 *(978-0-484-12853-7(1))* Forgotten Bks.

Lady & Sada San: A Sequel to the Lady of the Decoration (Classic Reprint) Frances Little. 2017. (ENG., Illus.). (J). 28.70 *(978-0-265-18750-0(8))* Forgotten Bks.

Lady & the Burglar: A Fantastic Romance (Classic Reprint) Edgar Turner. (ENG., Illus.). (J). 2018. 306p. 30.21 *(978-0-483-53062-1(X))*; 2017. pap. 13.57 *(978-0-243-33031-7(6))* Forgotten Bks.

Lady & the Knight. Illus. Janet Chase. 2019. (ENG.). (J). pap. 9.99 *(978-1-7340950-2-9(4))* Harris Publishing, Inc.

Lady & the Pirate: Being the Plain Tale of a Diligent Pirate & a Fair Captive (Classic Reprint) Emerson Hough. 2018. (ENG., Illus.). 452p. (J). 33.30 *(978-0-332-78166-2(6))* Forgotten Bks.

Lady & the Tramp. François Corteggiani. Illus. by Mario Cortes & Comicup Studio. 2020. (Disney Classics Ser.). (ENG.). 48p. (J). (gr. 2-6). lib. bdg. 32.79 *(978-1-5321-4538-4(1)*, 35185, Graphic Novels) Spotlight.

Lady & the Tramp Live Action Junior Novel. Elizabeth Rudnick. ed. 2020. (ENG., Illus.). 144p. (J). (gr. 3-7). pap. 7.99 *(978-1-368-05931-2(7)*, Disney Press Books) Disney Publishing Worldwide.

Lady Anne Granard, Vol. 3 Of 3: Or Keeping up Appearances (Classic Reprint) L. E. L. 2018. (ENG., Illus.). 328p. (J). 30.66 *(978-0-483-87158-8(3))* Forgotten Bks.

Lady at Home: Or, Leaves from the Every-Day Book of an American Woman (Classic Reprint) T. S. Arthur. 2018. (ENG., Illus.). 200p. (J). 28.02 *(978-0-267-66408-5(7))* Forgotten Bks.

Lady Aubrey, Vol. 2 Of 2: Or What Shall I Do? (Classic Reprint) Frances West Atherton Pike. (ENG., Illus.). (J). 2018. 308p. 30.25 *(978-0-267-00683-0(7))*; 2017. pap. 13.57 *(978-0-259-06220-2(0))* Forgotten Bks.

Lady Audley's Secret. Mary Elizabeth Braddon. 2020. (ENG.). 576p. (J). pap. 12.95 *(978-0-571-35825-0(X))* Faber & Faber, Inc.

Lady Audley's Secret! (Classic Reprint) M. E. Braddon. (ENG., Illus.). (J). 2018. 302p. 30.13 *(978-0-267-36814-3(3))*; 2016. pap. 13.57 *(978-1-334-16189-6(5))* Forgotten Bks.

Lady Audley's Secret, Vol. 1 of 3 (Classic Reprint) M. E. Braddon. 2018. (ENG., Illus.). 320p. (J). 30.50 *(978-0-267-30170-6(7))* Forgotten Bks.

Lady Audley's Secret, Vol. 2 of 3 (Classic Reprint) M. E. Braddon. (ENG., Illus.). (J). 2018. 322p. 30.54 *(978-0-483-94732-0(6))*; 2016. pap. 13.57 *(978-1-333-48487-3(9))* Forgotten Bks.

Lady Audley's Secret, Vol. 3 of 3 (Classic Reprint) M. E. Braddon. 2018. (ENG., Illus.). 292p. (J). 29.92 *(978-0-365-49274-0(4))* Forgotten Bks.

Lady B Spots Trouble. Ralph F. Frank. Ed. by Joy Gugeler. Illus. by Lisa Shim. 2020. (Allowed to Say No! Ser.). (ENG.). 36p. (J). *(978-1-5255-6105-4(7))*; pap. *(978-1-5255-6106-1(5))* FriesenPress.

Lady Baby: A Novel (Classic Reprint) Dorothea Gerard. (ENG., Illus.). (J). 2017. 31.78 *(978-0-266-46057-2(7))*; 2016. pap. 16.57 *(978-1-334-14861-3(9))* Forgotten Bks.

Lady Baby, Vol. 1 Of 3: A Novel (Classic Reprint) Dorothea Gerard. 2018. (ENG., Illus.). 316p. (J). 30.41 *(978-0-483-05206-2(X))* Forgotten Bks.

Lady Baby, Vol. 2 Of 3: A Novel (Classic Reprint) Dorothea Gerard. (ENG., Illus.). (J). 2018. 310p. 30.31 *(978-0-483-19574-5(X))*; 2017. pap. 13.57 *(978-0-243-60029-8(1))* Forgotten Bks.

Lady Baby, Vol. 3 Of 3: A Novel (Classic Reprint) Dorothea Gerard. (ENG., Illus.). (J). 2019. 318p. 30.46 *(978-0-267-15154-7(3))*; 2017. pap. 13.57 *(978-0-243-25165-0(3))* Forgotten Bks.

Lady Baltimore (Classic Reprint) Owen Wister. 2017. (ENG., Illus.). (J). 32.79 *(978-0-331-00364-2(3))* Forgotten Bks.

Lady Barbarina. Henry James. 2020. (ENG.). 464p. (J). 46.99 *(978-1-6627-1879-3(9))*; pap. 35.99 *(978-1-6627-1878-6(0))* Queenior LLC.

Lady Barbarina: The Siege of London. Henry James. 2020. (ENG.). 464p. (J). 46.99 *(978-1-6627-1881-6(0))*; pap. 35.99 *(978-1-6627-1880-9(2))* Queenior LLC.

Lady Barbarina: The Siege of London, an International Episode & Other Tales. Henry James. 2020. (ENG.). 464p. (J). 46.99 *(978-1-6627-1883-0(7))*; pap. 35.99 *(978-1-6627-1882-3(9))* Queenior LLC.

Lady Barbarina: The Siege of London, an International Episode, & Other Tales (Classic Reprint) Henry James. 2018. (ENG., Illus.). 580p. (J). 35.86 *(978-0-267-22803-4(1))* Forgotten Bks.

Lady Barbarity: A Romantic Comedy (Classic Reprint) John Collis Snaith. (ENG., Illus.). (J). 2018. 324p. 30.60 *(978-0-364-12699-8(X))*; 2017. pap. 13.57 *(978-0-259-20424-4(2))* Forgotten Bks.

Lady Battle's Etiquette Guide for Children! Good Manners Make Life So Much Easier! Louise A. Battle. Illus. by Juares Kougoum. 2021. (ENG.). 36p. (J). 26.99 *(978-1-6628-1957-5(9))*; pap. 14.99 *(978-1-6628-1956-8(0))* Salem Author Services.

Lady Beauclerc & Socialism (Classic Reprint) Henry Theodore Perfect. (ENG., Illus.). (J). 2018. 326p. 30.64 *(978-0-365-36338-5(3))*; 2017. pap. 13.57 *(978-0-259-20572-2(9))* Forgotten Bks.

Lady Beauty: Or Charming to Her Latest Day (Classic Reprint) Alan Muir. 2018. (ENG., Illus.). 274p. (J). 29.55 *(978-0-483-60310-3(4))* Forgotten Bks.

Lady Bell: A Story of the Last Century (Classic Reprint) Sarah Tytler. (ENG., Illus.). (J). 2018. 470p. 33.59 *(978-0-364-52437-4(5))*; 2017. pap. 16.57 *(978-0-259-39361-0(4))* Forgotten Bks.

Lady Bell, Vol. 1 Of 3: A Story of Last Century (Classic Reprint) Sarah Tytler. 2018. (ENG., Illus.). 294p. (J). 29.96 *(978-0-483-81784-5(8))* Forgotten Bks.

Lady Bell, Vol. 2: A Story of Last Century (Classic Reprint) Sarah Tytler. 2018. (ENG., Illus.). (J). 294p. 29.98 *(978-0-365-43906-6(1))*; 296p. pap. 13.57 *(978-0-365-49305-9(3))* Forgotten Bks.

Lady Bell, Vol. 3 Of 3: A Story of Last Century (Classic Reprint) Sarah Tytler. 2018. (ENG., Illus.). 264p. (J). 29.34 *(978-0-267-15357-2(0))* Forgotten Bks.

Lady Betty: Across the Water (Classic Reprint) C. N. Williamson. 2017. (ENG., Illus.). (J). 30.70 *(978-0-266-19213-8(0))* Forgotten Bks.

Lady Betty's Governess. Lucy Ellen Guernsey. 2017. (ENG.). 374p. (J). pap. *(978-3-337-10714-7(1))* Creation Pubs.

Lady Betty's Governess: Or the Corbet Chronicles (Classic Reprint) Lucy Ellen Guernsey. (ENG., Illus.). (J). 2017. 370p. 31.55 *(978-0-332-93957-5(X))*; 2016. pap. 13.97 *(978-1-333-48840-6(8))* Forgotten Bks.

Lady Bird: A Tale (Classic Reprint) Georgiana Fullerton. (ENG., Illus.). (J). 2018. 346p. 31.03 *(978-0-483-47885-5(7))*; 2016. pap. 13.57 *(978-1-333-14138-7(6))* Forgotten Bks.

Lady Bird Johnson. Meeg Pincus. Illus. by Jeff Bane. 2021. (My Early Library: My Itty-Bitty Bio Ser.). (ENG.). 24p. (J). (gr. k-1). lib. bdg. 30.64 *(978-1-5341-7995-0(X)*, 218260) Cherry Lake Publishing.

Lady Bird Johnson. Jennifer Strand. 2018. (First Ladies (Launch!) Ser.). (ENG., Illus.). 24p. (J). (gr. -1-2). lib. bdg. 31.36 *(978-1-5321-2284-2(5)*, 28335, Abdo Zoom-Launch) ABDO Publishing Co.

Lady Bird Johnson, That's Who! The Story of a Cleaner & Greener America. Tracy Nelson Maurer. Illus. by Ginnie Hsu. 2021. (ENG.). 40p. (J). 18.99 *(978-1-250-24036-1(0)*, 900211507, Holt, Henry & Co. Bks. For Young Readers) Holt, Henry & Co.

Lady-Bird, Vol. 1 Of 2: A Tale (Classic Reprint) Georgiana Fullerton. (ENG., Illus.). (J). 2018. 332p. 30.74 *(978-0-332-47287-4(6))*; 2017. pap. 13.57 *(978-0-243-41187-0(1))* Forgotten Bks.

Lady-Bird, Vol. 1 Of 3: A Tale (Classic Reprint) Georgiana Fullerton. 2018. (ENG., Illus.). 314p. (J). 30.39 *(978-0-267-16195-9(6))* Forgotten Bks.

Lady-Bird, Vol. 2 Of 3: A Tale (Classic Reprint) Lady Georgiana Fullerton. 2018. (ENG., Illus.). 280p. (J). 29.67 *(978-0-483-83353-1(3))* Forgotten Bks.

Lady-Bird, Vol. 3 Of 3: A Tale (Classic Reprint) Georgiana Fullerton. 2018. (ENG., Illus.). 310p. (J). 30.31 *(978-0-483-50814-9(4))* Forgotten Bks.

Lady Blanche's Salon: A Story of Some Souls (Classic Reprint) Lloyd Bryce. 2018. (ENG., Illus.). 230p. (J). 28.66 *(978-0-267-00431-7(1))* Forgotten Bks.

Lady Bluebeard, Vol. 1 of 2 (Classic Reprint) Henry Curwen. 2018. (ENG., Illus.). 294p. (J). 29.96 *(978-0-484-53816-9(0))* Forgotten Bks.

Lady Bluebeard, Vol. 2 of 2 (Classic Reprint) Henry Curwen. (ENG., Illus.). (J). 2018. 298p. 30.06 *(978-0-483-53894-8(9))*; 2016. pap. 13.57 *(978-1-333-44326-9(9))* Forgotten Bks.

Lady Bobs, Her Brother, & I: A Romance of the Azores (Classic Reprint) Jean Chamblin. (ENG., Illus.). (J). 2018. 256p. 29.18 *(978-0-483-49019-2(9))*; 2016. pap. 11.57 *(978-1-334-14328-1(5))* Forgotten Bks.

Lady Bountiful (Classic Reprint) George A. Birmingham. 2018. (ENG., Illus.). 244p. (J). 28.95 *(978-0-484-65089-2(0))* Forgotten Bks.

Lady Branksmere (Classic Reprint) Unknown Author. 2018. (ENG., Illus.). 352p. (J). 31.18 *(978-0-332-95993-1(7))* Forgotten Bks.

Lady B's Safety School. Ralph F. Frank. Ed. by Joy Gugeler. Illus. by Lisa Shim. 2021. (ENG.). 32p. (J). *(978-1-0391-2079-2(2))* FriesenPress.

Lady Bug & the Magic Trapeze. Chuck Cilburn. 2021. (ENG.). 44p. (J). 18.95 *(978-1-7372856-4-9(9))* Parker Hse. Publishing.

Lady Butterfly's Alphabet Tongue Twisters. Tara Rogers. 2019. (ENG., Illus.). 62p. (J). pap. 19.95 *(978-1-947380-29-5(X))*; 24.95 *(978-1-947380-28-8(1))* Woods, james E.

Lady Cassandra (Classic Reprint) George de Horne Vaizey. (ENG., Illus.). (J). 2018. 484p. 33.88 *(978-0-428-64893-0(2))*; 2016. pap. 16.57 *(978-1-334-57738-3(2))* Forgotten Bks.

Lady Charlotte Schreiber's Journals, Vol. 1 Of 2: Confidences of a Collector of Ceramics & Antiques Throughout Britain, France, Holland, Belgium, Spain, Portugal, Turkey, Austria & Germany, from the Year 1869-1885 (Classic Reprint) Charlotte Schreiber. (ENG., Illus.). (J). 2017. 37.86 *(978-0-331-89856-9(X))*; 2016. pap. 20.57 *(978-1-334-14455-4(9))* Forgotten Bks.

Lady Charlotte Schreiber's Journals, Vol. 2 Of 2: Confidences of a Collector of Ceramics & Antiques Throughout Britain, France, Holland, Belgium, Spain, Portugal, Turkey, Austria & Germany from the Year 1869 1885 (Classic Reprint) Charlotte Schreiber. 2017. (ENG., Illus.). (J). 37.63 *(978-0-331-63211-8(X))* Forgotten Bks.

Lady Chesterfield's Letters to Her Daughter (Classic Reprint) George Augustus Sala. 2018. (ENG., Illus.). 246p. (J). 28.99 *(978-0-428-95457-4(X))* Forgotten Bks.

Lady Clarissa (Classic Reprint) Emma Jane Worboise. (ENG., Illus.). (J). 2018. 570p. 35.65 *(978-0-267-31197-2(4))*; 2016. pap. 19.57 *(978-1-333-40641-7(X))* Forgotten Bks.

Lady Connie (Classic Reprint) Humphry Ward. 2018. (ENG., Illus.). 462p. (J). 33.45 *(978-0-656-98498-5(8))* Forgotten Bks.

Lady Dean's Daughter: Or the Confession of a Dying Woman (Classic Reprint) Judith Noot. (ENG., Illus.). (J). 2018. 234p. 28.72 *(978-0-365-44140-3(6))*; 2017. pap. 11.57 *(978-0-259-34906-8(2))* Forgotten Bks.

Lady Doc (Classic Reprint) Caroline Lockhart. (ENG., Illus.). (J). 2018. 374p. 31.61 *(978-0-332-81201-4(4))*; 2016. pap. 13.57 *(978-1-334-12479-2(5))* Forgotten Bks.

Lady Duck's Happy Day. Judith Mayer. 2019. (ENG., Illus.). 32p. (J). pap. 13.95 *(978-1-64096-661-1(7))* Newman Springs Publishing, Inc.

Lady Duff Gordon's Letters from Egypt (Classic Reprint) Lucie Duff-Gordon. 2017. (ENG., Illus.). (J). 32.33 *(978-0-331-83592-2(4))* Forgotten Bks.

Lady Eleanor Lawbreaker (Classic Reprint) Robert Barr. 2018. (ENG., Illus.). 188p. (J). 27.79 *(978-0-267-20853-1(7))* Forgotten Bks.

Lady Eloise & Friends. Vicki S. Davey M a M Ed. 2021. (ENG.). 152p. (J). 50.95 *(978-1-63630-361-1(7))*; pap. 40.95 *(978-1-63630-360-4(9))* Covenant Bks.

Lady Eureka, or the Mystery, Vol. 3 Of 3: A Prophecy of the Future (Classic Reprint) Robert Folkestone Williams. 2018. (ENG., Illus.). 342p. (J). 30.95 *(978-0-483-67433-2(8))* Forgotten Bks.

Lady Eureka, Vol. 2 Of 3: Or the Mystery; a Prophecy of the Future (Classic Reprint) Robert Folkestone Williams. 2018. (ENG., Illus.). 342p. (J). 30.95 *(978-0-483-34139-5(8))* Forgotten Bks.

Lady Flora's Namesake: A Duologue (Classic Reprint) Ella C. Herring. 2018. (ENG., Illus.). 24p. (J). 24.39 *(978-0-267-20814-2(6))* Forgotten Bks.

Lady Frederick: A Comedy in Three Acts (Classic Reprint) Somerset Maugham. (ENG., Illus.). (J). 2017. 34.44 *(978-0-331-88186-8(1))*; 2016. pap. 16.97 *(978-1-334-13897-3(4))* Forgotten Bks.

Lady from Philadelphia: the Peterkin Papers. Lucretia P. Hale. 2019. (Illus.). 320p. (J). (gr. 4-7). pap. 12.99 *(978-1-68137-377-5(7)*, NYRB Kids) New York Review of Bks., Inc., The.

Lady from the Caves. Evan Jacobs. 2019. (Amazing Adventures of Abby Mcquade Ser.). (ENG.). 84p. (J). (gr. 4-7). pap. 10.95 *(978-1-68021-471-0(3))* Saddleback Educational Publishing, Inc.

Lady from the Sea: A Drama in Five Acts (Classic Reprint) Henrik Ibsen. 2018. (ENG., Illus.). 120p. (J). 26.41 *(978-0-484-03303-9(4))* Forgotten Bks.

Lady from the Sea: And Other Plays (Classic Reprint) Henrik Ibsen. 2018. (ENG., Illus.). 524p. (J). 34.70 *(978-0-483-35858-4(4))* Forgotten Bks.

Lady from the Sea (Classic Reprint) Henrik Ibsen. 2018. (ENG., Illus.). 196p. (J). 27.94 *(978-0-267-25202-2(1))* Forgotten Bks.

Lady Gaga. C. F. Earl. 2016. (ENG., Illus.). (J). (gr. 3-7). pap. 15.99 *(978-1-62524-388-1(X)*, Village Earth Pr.) Harding Hse. Publishing Sebice Inc.

Lady Gaga. Katie Lajiness. 2017. (Big Buddy Pop Biographies Set 2 Ser.). (ENG., Illus.). 32p. (J). (gr. 2-5). lib. bdg. 34.21 *(978-1-5321-1061-0(8)*, 25698, Big Buddy Bks.) ABDO Publishing Co.

Lady Gaga. E. Merwin & Starshine Roshell. 2018. (Amazing Americans: Pop Music Stars Ser.). (ENG.). 24p. (J). (gr. -1-3). lib. bdg. 26.99 *(978-1-68402-677-7(6))* Bearport Publishing Co., Inc.

Lady Gaga: Born to Be a Star, 1 vol. Nicole Horning. 2019. (People in the News Ser.). (ENG.). 104p. (J). (gr. 7-7). pap. 20.99 *(978-1-5345-6828-0(X)*, cf11e3cd-3c47-463f-8b1c-f0c471d1438f, Lucent Pr.) Greenhaven Publishing LLC.

Lady Gecko's Adventure. Caroline Steele. 2022. (ENG., Illus.). 20p. (J). pap. 12.95 *(978-1-68526-499-4(9))* Covenant Bks.

Lady Good-For-Nothing (Classic Reprint) Arthur Thomas Quiller-Couch. 2018. (ENG., Illus.). 482p. (J). 34.54 *(978-0-428-39005-1(6))* Forgotten Bks.

Lady Grace. Henry Wood. 2017. (ENG.). 294p. (J). pap. *(978-3-337-12265-2(5))* Creation Pubs.

Lady Grace: A Novel (Classic Reprint) Henry Wood. 2017. (ENG., Illus.). (J). 31.30 *(978-0-331-82449-0(3))* Forgotten Bks.

Lady Grace & Other Stories, Vol. 2 of 3 (Classic Reprint) Henry Wood. 2018. (ENG., Illus.). 288p. (J). 29.86 *(978-0-483-62708-6(9))* Forgotten Bks.

Lady Grace & Other Stories, Vol. 3 of 3 (Classic Reprint) Henry Wood. (ENG., Illus.). (J). 2018. 294p. 29.96 *(978-0-484-25708-4(0))*; 2016. pap. 13.57 *(978-1-334-11977-4(5))* Forgotten Bks.

Lady Grace, Vol. 1 Of 3: And Other Stories (Classic Reprint) Henry Wood. (ENG., Illus.). (J). 2018. 294p. 29.98 *(978-0-267-62027-2(6))*; 2016. pap. 13.57 *(978-1-334-25891-6(0))* Forgotten Bks.

Lady Grange (Classic Reprint) Alexander Innes Shand. 2018. (ENG., Illus.). 322p. (J). 30.56 *(978-0-484-49779-4(0))* Forgotten Bks.

Lady Grizel, Vol. 1 Of 3: An Impression of a Momentous Epoch (Classic Reprint) Lewis Strange Wingfield. 2018. (ENG., Illus.). 326p. (J). 30.62 *(978-0-483-85899-2(4))* Forgotten Bks.

Lady Grizel, Vol. 2 Of 3: An Impression of a Momentous Epoch (Classic Reprint) Lewis Strange Wingfield. 2018. (ENG., Illus.). 344p. (J). 30.99 *(978-0-428-96500-6(8))* Forgotten Bks.

Lady Grizel, Vol. 3 Of 3: An Impression of a Momentous Epoch (Classic Reprint) Lewis Wingfield. (ENG., Illus.). (J). 2018. 388p. 31.90 *(978-0-484-84642-4(6))*; 2016. pap. 16.57 *(978-1-333-23411-9(2))* Forgotten Bks.

Lady Hancock: A Story of the American Revolution (Classic Reprint) Mary Elizabeth Springer. 2017. (ENG., Illus.). (J). 29.63 *(978-0-331-68643-2(0))*; pap. 13.57 *(978-0-282-45817-1(4))* Forgotten Bks.

Lady Has the Floor: Belva Lockwood Speaks Out for Women's Rights. Kate Hannigan. Illus. by Alison Jay. 2018. 32p. (J). (gr. 2-5). 17.95 *(978-1-62979-453-2(8)*, Calkins Creek) Highlights Pr., c/o Highlights for Children, Inc.

Lady Herbert's Gentlewomen, Vol. 1 of 3 (Classic Reprint) Eliza Meteyard. (ENG., Illus.). (J). 2018. 318p. 30.48 *(978-0-484-13559-7(7))*; 2016. pap. 13.57 *(978-1-333-48235-0(3))* Forgotten Bks.

Lady Herbert's Gentlewomen, Vol. 2 of 3 (Classic Reprint) Eliza Meteyard. (ENG., Illus.). (J). 2018. 318p. 30.48 *(978-0-483-78469-7(9))*; 2016. pap. 13.57 *(978-1-333-30470-6(6))* Forgotten Bks.

Lady Herbert's Gentlewomen, Vol. 3 of 3 (Classic Reprint) Eliza Meteyard. (ENG., Illus.). (J). 2018. 346p. 31.03 *(978-0-267-41142-9(1))*; 2016. pap. 13.57 *(978-1-334-27624-8(2))* Forgotten Bks.

Lady Hester: Or Ursula's Narrative & the Danvers Papers (Classic Reprint) Jane E. Cooke. 2017. (ENG., Illus.). 376p. (J). 31.65 *(978-0-332-96831-5(6))* Forgotten Bks.

Lady Hollyhock & Her Friends: A Book of Nature Dolls & Others. Margaret Coulson Walker. 2019. (ENG., Illus.). 106p. (YA). pap. *(978-93-5329-505-9(X))* Alpha Editions.

Lady Hollyhock & Her Friends: A Book of Nature Dolls & Others (Classic Reprint) Margaret Coulson Walker. (ENG., Illus.). (J). 2018. 146p. 26.89 *(978-0-484-29177-4(7))*; 2016. pap. 9.57 *(978-1-333-53211-6(3))* Forgotten Bks.

Lady Icarus: Balloonomania & the Brief, Bold Life of Sophie Blanchard. Deborah Noyes. 2022. (Illus.). 176p. (J). (gr. 3-7). 17.99 *(978-0-593-12203-7(8))*; (ENG.). lib. bdg. 20.99 *(978-0-593-12204-4(6))* Random Hse. Children's Bks.

Lady in Black (Classic Reprint) Florence Warden. 2017. (ENG., Illus.). (J). 30.17 *(978-0-331-95263-6(7))*; pap. 13.57 *(978-0-259-26101-8(7))* Forgotten Bks.

Lady in Blue: A Sitka Romance (Classic Reprint) John William Arctander. 2017. (ENG., Illus.). (J). 64p. 25.22 *(978-0-484-79396-4(9))*; pap. 9.57 *(978-0-282-20323-8(0))* Forgotten Bks.

Lady in Gray: A Story of the Steps, by Which We Climb (Classic Reprint) Clara E. Laughlin. 2018. (ENG., Illus.). 62p. (J). 25.18 *(978-0-483-82840-7(8))* Forgotten Bks.

Lady in Waiting: Being Extracts from the Diary of Julie de Chesnil, Sometime Lady in Waiting to Her Majesty Queen Marie Antoinette (Classic Reprint) Charles Woodcock-Savage. (ENG., Illus.). (J). 2018. 338p. 30.87 *(978-0-656-33897-9(0))*; 2017. pap. 13.57 *(978-0-243-41909-8(0))* Forgotten Bks.

Lady Inger of Ostraat; Love's Comedy; & the League of Youth (Classic Reprint) Henrik Ibsen. 2018. (ENG., Illus.). (J). 322p. 30.56 *(978-0-366-56349-4(1))*; 324p. pap. 13.57 *(978-0-366-13863-0(4))* Forgotten Bks.

Lady Is a Spy: Virginia Hall, World War II Hero of the French Resistance (Scholastic Focus) Don Mitchell. 2019. (ENG., Illus.). 288p. (YA). (gr. 7-7). 18.99 *(978-0-545-93612-5(8)*, Scholastic Nonfiction) Scholastic, Inc.

Lady Jane (Classic Reprint) C. V. Jamison. 2017. (ENG., Illus.). 250p. (J). 29.05 *(978-0-265-82241-8(6))* Forgotten Bks.

Lady Killer (Classic Reprint) Rebecca Hicks. (ENG., Illus.). (J). 2018. 122p. 26.43 *(978-0-483-51886-5(7))*; 2016. pap. 9.57 *(978-1-334-14107-2(X))* Forgotten Bks.

Lady Larkspur (Classic Reprint) Meredith Nicholson. 2018. (ENG., Illus.). 186p. (J). 27.73 *(978-0-483-45726-3(4))* Forgotten Bks.

Lady Laura, Vol. 1 of 3 (Classic Reprint) Mary Elizabeth Christie. (ENG., Illus.). (J). 2017. 30.08 *(978-0-331-93475-5(2))*; 2016. pap. 13.57 *(978-1-333-25593-0(4))* Forgotten Bks.

Lady Laura, Vol. 3 of 3 (Classic Reprint) Mary Elizabeth Christie. (ENG., Illus.). (J). 2018. 318p. 30.46 *(978-0-483-77811-5(7))*; 2017. pap. 13.57 *(978-0-243-09257-4(1))* Forgotten Bks.

Lady Lee: And Other Animal Stories (Classic Reprint) Hermon Lee Ensign. (ENG., Illus.). (J). 2018. 328p. 30.68 *(978-0-332-32249-0(1))*; 2016. pap. 13.57 *(978-1-333-38861-4(6))* Forgotten Bks.

Lady Lee's Widowhood, Vol. 1 of 2 (Classic Reprint) Edward Bruce Hamley. 2017. (ENG., Illus.). (J). 31.73 *(978-0-331-54743-6(0))* Forgotten Bks.

Lady Lee's Widowhood, Vol. 2 of 2 (Classic Reprint) Edward Bruce Hamley. (ENG., Illus.). (J). 2017. 31.98 *(978-0-331-70288-0(6))*; 2016. pap. 16.57 *(978-1-333-40661-5(4))* Forgotten Bks.

Lady Leonora, or the Father's Curse: A Novel (Classic Reprint) Carrie Conklin. (ENG., Illus.). (J). 2018. 352p. 31.16 *(978-0-483-78491-8(5))*; 2016. pap. 13.57 *(978-1-334-12223-1(7))* Forgotten Bks.

Lady Liberty: Symbol of a Nation, 1 vol. Kate Shoup. Illus. by Joel Gennari. 2018. (American Legends & Folktales Ser.). (ENG.). 32p. (J). (gr. 3-3). 30.21 *(978-1-5026-3686-7(7)*, ffa5b6b2-bf0c-4b51-948a-9d56aa08b0b4) Cavendish Square Publishing LLC.

Lady Liberty Enlightens the World: Interesting Facts about the Statue of Liberty - American History for Kids Children's History Books. Baby Professor. 2017. (ENG., Illus.). (J). pap. 8.79 *(978-1-5419-1102-4(4)*, Baby Professor (Education Kids)) Speedy Publishing LLC.

Lady Liberty's Holiday. Jen Arena. Illus. by Matt Hunt. 2016. (ENG.). 40p. (J). (gr. k-3). 17.99 *(978-0-553-52067-5(9)*, Knopf Bks. for Young Readers) Random Hse. Children's Bks.

Lady Lieutenant: A Wonderful, Startling & Thrilling Narrative of the Adventures of Miss. Madeline Moore,

1116
The check digit for ISBN-10 appears in parentheses after the full ISBN-13

Who, in Order to Be near Her Lover, Joined the Army, Was Elected Lieutenant, & Fought in Western Virginia under the Renowned General Mcclellan. Richard Hooker Wilmer. (ENG., Illus.). (J). 2018. 40p. 24.74 *(978-0-483-41513-3(8))*; 2016. pap. 7.97 *(978-1-334-11785-5(3))* Forgotten Bks.

Lady Lilith (Classic Reprint) Stephen McKenna. 2017. (ENG., Illus.). (J). 30.70 *(978-1-5284-8427-5(4))* Forgotten Bks.

Lady Lilli Has One Horn. Melanie Kordis. 2020. (ENG.). 28p. (J). 22.00 *(978-1-0983-4235-7(6))* BookBaby.

Lady Lollipop. Dick King-Smith. 2018. (ENG., Illus.). 60p. (J). pap. 12.95 *(978-0-573-11527-1(3)*, French, Samuel , Ltd.) Concord Theatricals.

Lady Louise, Adventures at the North Pole. Karen Petit. Illus. by Maureen Broussalian. 2nd ed. 2018. (Lady Louise Ser.: Vol. 3). (ENG.). 70p. (J). (gr. k-3). 24.99 *(978-1-68454-984-9(1))* Primedia eLaunch LLC.

Lady Louise, Adventures in Paris. Karen Petit. 2017. (ENG., Illus.). (J). (gr. 2-5). 22.99 *(978-1-63587-134-0(4))* Primedia eLaunch LLC.

Lady Lowater's Companion, Vol. 1 of 3 (Classic Reprint) Unknown Author. 2018. (ENG., Illus.). 318p. (J). 30.46 *(978-0-484-82717-1(0))* Forgotten Bks.

Lady Lowater's Companion, Vol. 2 of 3 (Classic Reprint) Eliza Tabor. 2018. (ENG., Illus.). (J). 320p. 30.50 *(978-0-366-50978-2(0))*; 322p. pap. 13.57 *(978-0-365-82423-7(2))* Forgotten Bks.

Lady Lowater's Companion, Vol. 3 of 3 (Classic Reprint) Unknown Author. 2018. (ENG., Illus.). 346p. (J). 31.03 *(978-0-483-89651-2(9))* Forgotten Bks.

Lady Luck (Classic Reprint) Hugh Wiley. 2017. (ENG., Illus.). (J). 28.52 *(978-0-260-18421-4(7))* Forgotten Bks.

Lady Lucy's Dragon Quest. Karen Gross. 2017. (ENG., Illus.). 48p. (J). (gr. 3-6). pap. 12.00 *(978-1-60571-397-7(X))* Northshire Pr.

Lady Lucy's Ghost Quest. Karen Gross. Illus. by Georgia Hamp. 2019. (ENG.). 56p. (J). (gr. k-6). pap. 18.00 *(978-1-60571-509-4(3)*, Shires Press) Northshire Pr.

Lady Lucy's Morgan Horse Quest. Karen Gross. 2021. (ENG.). 58p. (J). pap. 14.95 *(978-1-60571-612-1(X)*, Shires Press) Northshire Pr.

Lady Lulu. Kelly Wilson. Illus. by Emma Hay. 2022. (ENG.). 36p. (J). pap. *(978-1-922751-70-6(7))* Shawline Publishing Group.

Lady Macbeth Afraid of the Stairs. Thom Barker. 2017. (ENG., Illus.). (J). 18.49 *(978-1-77370-339-8(0))*; pap. 12.95 *(978-1-77370-338-1(2))* Barker, Thomas Bks., Photography, & Films.

Lady Maclairn, the Victim of Villany, Vol. 1 Of 4: A Novel (Classic Reprint) Rachel Hunter. (ENG., Illus.). (J). 2018. 330p. 30.66 *(978-0-483-56471-8(0))*; 2016. pap. 13.57 *(978-1-334-16677-8(3))* Forgotten Bks.

Lady Maclairn, the Victim of Villany, Vol. 3 Of 4: A Novel (Classic Reprint) Rachel Hunter. (ENG., Illus.). (J). 2018. 344p. 30.99 *(978-0-483-78580-9(6))*; 2016. pap. 13.57 *(978-1-333-31660-0(7))* Forgotten Bks.

Lady Maclairn, Vol. 2 Of 4: The Victim of Villany; a Novel (Classic Reprint) Hunter. 2018. (ENG., Illus.). 374p. (J). 31.57 *(978-0-428-80765-8(8))* Forgotten Bks.

Lady Maclairn, Vol. 4 Of 4: The Victim of Villany; a Novel (Classic Reprint) Hunter. 2018. (ENG., Illus.). 316p. (J). 30.41 *(978-0-484-42059-4(3))* Forgotten Bks.

Lady Mary, or Not of the World (Classic Reprint) Charles Benjamin Tayler. (ENG., Illus.). (J). 2018. 312p. 30.35 *(978-0-267-00435-5(4))*; 2017. pap. 13.57 *(978-0-243-97356-9(X))* Forgotten Bks.

Lady Maude's Mania: A Tragedy in High Life (Classic Reprint) George Manville Fenn. (ENG., Illus.). (J). 2018. 290p. 29.88 *(978-0-483-69138-4(0))*; 2016. pap. 13.57 *(978-1-334-12590-4(2))* Forgotten Bks.

Lady Mechanika. Joe Benitez. 2021. (ENG., Illus.). 160p. (YA). 29.99 *(978-1-5343-2055-0(5))*; pap. 14.99 *(978-1-5343-2056-7(3))* Image Comics.

Lady Mechanika: La Dama de la Muerte. Joe Benitez & M. M. Chen. 2017. (ENG., Illus.). 88p. (YA). pap. 9.99 *(978-0-9966030-6-5(9)*, 51be23d8-a835-4f90-b61d-6d924b0b7b31) Benitez Productions.

Lady Mechanika Oversized HC Vol 4. Marcia Chen & Joe Benitez. 2020. (ENG., Illus.). 192p. (YA). 32.99 *(978-1-949328-03-5(1)*, 54091e03-6602-4d66-8801-141498a43526) Benitez Productions.

Lady Mechanika Oversized HC Vol 5. M. M. Chen & Joe Benitez. 2020. (ENG., Illus.). 144p. (YA). 25.99 *(978-1-949328-04-2(X)*, a7ba1274-667d-46e6-af79-557c1659afe9) Benitez Productions.

Lady Mechanika Steampunk Coloring Book. Joe Benitez. 2016. (ENG.). 96p. (YA). pap. 12.99 *(978-0-9966030-3-4(4)*, b86944c6-1ff7-4405-9857-72f54507ab44) Benitez Productions.

Lady Mechanika Steampunk Coloring Book Vol 2. Joe Benitez. 2017. (ENG., Illus.). 80p. (YA). pap. 12.99 *(978-0-9966030-5-8(0)*, 427efce9-d3f6-41db-aaad-dad7c0385bee) Benitez Productions.

Lady Mechanika, Vol. 5: la Belle Dame Sans Merci. M. M. Chen & Joe Benitez. 2019. (ENG., Illus.). 104p. (YA). pap. 11.99 *(978-1-949328-01-1(5)*, 354283d2-d15b-4608-829f-8fe1051944e7) Benitez Productions.

Lady Mechanika Vol 6 Sangre. Marcia Chen & Joe Benitez. 2020. (ENG., Illus.). 144p. (YA). pap. 17.99 *(978-1-949328-02-8(3)*, 72be40fd-00cb-431e-806c-9e3bfb8de115) Benitez Productions.

Lady Mechanika Volume 1 Oversized HC. Joe Benitez. 2017. (ENG., Illus.). 160p. (YA). 28.99 *(978-0-9966030-7-2(7)*, f7c371d9-4ac2-4f02-97c4-55142c5c5ae3) Benitez Productions.

Lady Mechanika Volume 2: The Tablet of Destinies, vol. 2. M. M. Chen. 2016. (ENG.). 160p. (YA). pap. 19.99 *(978-0-9966030-1-0(8)*, 903f1daf-dff4-4dc0-971c-35c1299453e6) Benitez Productions.

Lady Mechanika, Volume 3. Joe Benitez & M. M. Chen. 2021. (ENG., Illus.). 64p. (YA). pap. 7.99 *(978-1-5343-2135-9(7))* Image Comics.

Lady Mechanika Volume 3: The Lost Boys of West Abbey, vol. 3. M. M. Chen & Joe Benitez. Illus. by M. M. Chen. 2017. (ENG., Illus.). 64p. (YA). pap. 7.99 *(978-0-9966030-4-1(2)*, a83f0556-f535-4d80-9d56-d9b7c78d56ef) Benitez Productions.

Lady Mechanika Volume 4: The Clockwork Assassin, vol. 4. Joe Benitez & M. M. Chen. Illus. by Martin Montiel. 2018. (ENG.). 88p. (YA). pap. 9.99 *(978-0-9966030-9-6(3)*, 995e9de1-d128-4a30-88db-8ab38e2aca2b) Benitez Productions.

Lady Mechante: Or Life As It Should Be; Being Divers Precious Episodes in the Life of a Naughty Nonpareille; a Farce in Filigree (Classic Reprint) Gelett Burgess. (ENG., Illus.). (J). 2018. 410p. 32.37 *(978-0-483-26872-2(0))*; 2016. pap. 16.57 *(978-1-334-66807-4(8))* Forgotten Bks.

Lady Mechante, or Life As It Should Be: Being Divers Precious Episodes in the Life of a Naughty Nonpareille; a Farce in Filigree (Classic Reprint) Gelett Burgess. 2018. (ENG., Illus.). 412p. (J). 32.41 *(978-0-332-71732-6(1))* Forgotten Bks.

Lady Merton Colonist (Classic Reprint) Humphry Ward. 2017. (ENG., Illus.). (J). 31.67 *(978-1-5282-8590-2(5))* Forgotten Bks.

Lady Merton, Vol. 1: A Tale of the Eternal City (Classic Reprint) J. C. Heywood. 2018. (ENG., Illus.). 308p. (J). 30.25 *(978-0-332-32715-0(9))* Forgotten Bks.

Lady Merton, Vol. 2: A Tale of the Eternal City (Classic Reprint) J. C. Heywood. (ENG., Illus.). (J). 2018. 308p. 30.25 *(978-0-483-88220-1(8))*; 2016. pap. 13.57 *(978-1-333-62838-3(2))* Forgotten Bks.

Lady Midnight. Cassandra Clare. 2016. (Dark Artifices Ser.: 1). (ENG., Illus.). 688p. (YA). (gr. 9-12). 24.99 *(978-1-4424-6835-1(1)*, McElderry, Margaret K. Bks.) McElderry, Margaret K. Bks.

Lady Midnight. Simon and Schuster. 2017. (ENG.). (J). pap. 13.99 *(978-1-5344-1005-3(8))* Simon & Schuster.

Lady Midnight. Cassandra Clare. ed. 2017. lib. bdg. 26.95 *(978-0-606-40535-5(6))* Turtleback.

Lady Miss Penny Goes to Lunch. Maya Rodale. Illus. by Gillian Flint. 2020. (Lady Miss Penny Ser.: 1). 32p. (J). (gr. -1-3). 17.99 *(978-1-63565-229-1(4)*, 9781635652291, Rodale Kids) Random Hse. Children's Bks.

Lady Navigators: And Incidentally, the Man with the Nubbly Brow (Classic Reprint) Edward Noble. 2017. (ENG., Illus.). (J). 30.15 *(978-0-266-65108-6(9))*; pap. 13.57 *(978-0-282-99548-5(X))* Forgotten Bks.

Lady Night. Rita A. Rubin. 2022. (ENG.). 370p. (YA). pap. ***(978-0-6450928-3-7(5))*** Fabbian, Alana.

Lady Noggs, Peeress (Classic Reprint) Edgar Jepson. (ENG., Illus.). (J). 2018. 330p. 30.70 *(978-0-364-31955-0(0))*; 2017. pap. 13.57 *(978-1-5276-5784-7(1))* Forgotten Bks.

Lady of Big Shanty (Classic Reprint) F. Berkeley Smith. 2019. (ENG., Illus.). (J). 340p. 30.91 *(978-1-397-23653-1(1))*; 342p. pap. 13.57 *(978-1-397-23632-6(9))* Forgotten Bks.

Lady of Big Shanty (Classic Reprint) Frank Berkeley Smith. (ENG., Illus.). (J). 2018. 328p. 30.68 *(978-0-483-46222-9(5))*; 2016. pap. 13.57 *(978-1-334-13427-2(8))* Forgotten Bks.

Lady of Blossholme (Classic Reprint) H. Rider Haggard. (ENG., Illus.). (J). 2018. 342p. 30.95 *(978-0-483-41488-4(3))*; 2016. pap. 13.57 *(978-1-334-11948-4(1))* Forgotten Bks.

Lady of Castell March (Classic Reprint) Owen Rhoscomyl. 2018. (ENG., Illus.). 348p. (J). 31.07 *(978-0-267-28456-6(X))* Forgotten Bks.

Lady of Castle Queer (Classic Reprint) David Skaats Foster. (ENG., Illus.). (J). 2018. 300p. 30.10 *(978-0-267-00436-2(2))*; 2017. pap. 13.57 *(978-0-243-97378-1(0))* Forgotten Bks.

Lady of Deerpark (Classic Reprint) Seumas O'Kelly. 2018. (ENG., Illus.). 350p. (J). 31.14 *(978-0-332-08498-5(1))* Forgotten Bks.

Lady of Dreams (Classic Reprint) Una Lucy Silberrad. 2017. (ENG., Illus.). (J). 32.68 *(978-0-265-73603-6(X))*; pap. 16.57 *(978-1-5277-0005-5(4))* Forgotten Bks.

Lady of England, the Life & Letters of Charlotte Maria Tucker (Classic Reprint) Agnes Giberne. 2018. (ENG., Illus.). 554p. (J). 35.32 *(978-0-267-18758-4(0))* Forgotten Bks.

Lady of Kingdoms (Classic Reprint) Inez Haynes Irwin. 2018. (ENG., Illus.). 500p. (J). 34.21 *(978-0-483-70122-9(X))* Forgotten Bks.

Lady of Leisure (Classic Reprint) Ethel Sidgwick. 2018. (ENG., Illus.). 492p. (J). 34.06 *(978-0-483-05700-5(2))* Forgotten Bks.

Lady of Limited Income, Vol. 1 Of 2: A Tale of English Country Life (Classic Reprint) Anne Manning. 2018. (ENG., Illus.). 304p. (J). 30.17 *(978-0-483-75532-1(X))* Forgotten Bks.

Lady of Limited Income, Vol. 2 Of 2: A Tale of English Country Life (Classic Reprint) Unknown Author. 2018. (ENG., Illus.). 340p. (J). 30.93 *(978-0-483-93097-1(0))* Forgotten Bks.

Lady of Loyalty House: A Novel (Classic Reprint) Justin Huntly McCarthy. 2018. (ENG., Illus.). 308p. (J). 30.27 *(978-0-484-50602-1(1))* Forgotten Bks.

Lady of Lynn (Classic Reprint) Walter Besant. 2017. (ENG., Illus.). (J). 34.79 *(978-0-260-90571-0(2))* Forgotten Bks.

Lady of Mark (Classic Reprint) Sidney C. Kendall. 2018. (ENG., Illus.). 168p. (J). 27.36 *(978-0-267-45502-7(X))* Forgotten Bks.

Lady of Mystery House (Classic Reprint) George C. Shedd. 2018. (ENG., Illus.). 336p. (J). 30.83 *(978-0-483-09876-3(0))* Forgotten Bks.

Lady of New Orleans: A Novel of the Present (Classic Reprint) Marcellus Eugene Thornton. 2018. (ENG., Illus.). 334p. (J). 30.79 *(978-0-483-03023-7(6))* Forgotten Bks.

Lady of North Star (Classic Reprint) Ottwell Binns. 2018. (ENG., Illus.). 300p. (J). 30.10 *(978-0-332-47450-2(X))* Forgotten Bks.

Lady of Quality. Frances Hodgson Burnett. 2023. (ENG.). 216p. (J). pap. 19.99 ***(978-1-0881-6088-6(3))*** Indy Pub.

Lady of Quality: Being a Most Curious, Hitherto Unknown History, As Related by Mr. Issac Bickerstaff but Not Presented to the World of Fashion Through the Pages of the Tatler, & Now for the First Time Written down (Classic Reprint) Frances Burnett. 2018. (ENG., Illus.). 376p. (J). 31.67 *(978-0-364-58544-3(7))* Forgotten Bks.

Lady of Rome (Classic Reprint) F. Marion Crawford. (ENG., Illus.). (J). 2017. 392p. 32.00 *(978-0-484-20836-9(5))*; 2016. pap. 16.57 *(978-1-334-73242-3(6))* Forgotten Bks.

Lady of Sherwood. Molly Bilinski. 2018. (ENG.). 304p. (J). pap. 11.99 ***(978-1-63422-520-5(1))*** Clean Teen Publishing.

Lady of St. Luke's (Classic Reprint) Mark Allerton. 2018. (ENG., Illus.). 280p. (J). 29.69 *(978-0-484-56363-5(7))* Forgotten Bks.

Lady of the Aroostook (Classic Reprint) W. D. Howells. 2018. (ENG., Illus.). 332p. (J). 30.74 *(978-0-267-21701-4(3))* Forgotten Bks.

Lady of the Aroostook, Vol. 1 (Classic Reprint) William Dean Howells. (ENG., Illus.). (J). 2018. 210p. 28.25 *(978-0-267-60194-3(8))*; 2017. pap. 10.97 *(978-0-243-38657-4(5))* Forgotten Bks.

Lady of the Aroostook, Vol. 2 (Classic Reprint) William D. Howells. 2018. (ENG., Illus.). 196p. (J). 27.96 *(978-0-483-60085-0(7))* Forgotten Bks.

Lady of the Barge (Classic Reprint) W. W. Jacobs. 2017. (ENG., Illus.). (J). 30.79 *(978-0-260-28164-7(6))* Forgotten Bks.

Lady of the Beacon of Araheera: A Chronicle of Innishowen (Classic Reprint) Margaret Dixon McDougall. (ENG., Illus.). (J). 2018. 388p. 31.92 *(978-0-364-08852-4(4))*; 2017. pap. 16.57 *(978-0-259-20234-9(7))* Forgotten Bks.

Lady of the Bedchamber, Vol. 1 Of 2: A Novel (Classic Reprint) A. Crawford. (ENG., Illus.). (J). 2018. 306p. 30.21 *(978-0-428-30625-0(X))*; 2016. pap. 13.57 *(978-1-334-13393-0(X))* Forgotten Bks.

Lady of the Blue Motor (Classic Reprint) George Sidney Paternoster. (ENG., Illus.). (J). 2018. 316p. 30.41 *(978-0-428-88573-1(X))*; 2016. pap. 13.57 *(978-1-333-51576-8(6))* Forgotten Bks.

Lady of the Canaries (Classic Reprint) St. John Lucas. 2018. (ENG., Illus.). 422p. (J). 32.62 *(978-0-484-83955-6(1))* Forgotten Bks.

Lady of the Crossing (Classic Reprint) Frederick Niven. 2018. (ENG., Illus.). 318p. (J). 30.48 *(978-0-428-76521-7(1))* Forgotten Bks.

Lady of the Decoration (Classic Reprint) Frances Little. 2017. (ENG., Illus.). (J). 29.03 *(978-0-265-18922-1(5))* Forgotten Bks.

Lady of the Dollhouse. June Capossela Kempf. 2018. (ENG., Illus.). 36p. (YA). pap. 7.99 *(978-1-62882-186-4(8))* Keith Pubns., LLC.

Lady of the Dynamos (Classic Reprint) Adele Marie Shaw. (ENG., Illus.). (J). 2018. 324p. 30.58 *(978-0-365-38858-6(0))*; 2017. pap. 13.57 *(978-0-282-99857-8(8))* Forgotten Bks.

Lady of the Flag-Flowers (Classic Reprint) Florence Wilkinson. 2018. (ENG., Illus.). 378p. (J). 31.69 *(978-0-428-90006-9(2))* Forgotten Bks.

Lady of the Forest (Classic Reprint) L. T. Meade. 2018. (ENG., Illus.). 292p. (J). 29.92 *(978-0-364-15853-1(0))* Forgotten Bks.

Lady of the Ice. James De Mille. 2017. (ENG., Illus.). (J). 25.95 *(978-1-374-99639-7(4))*; pap. 15.95 *(978-1-374-99638-0(6))* Capital Communications, Inc.

Lady of the Ice: A Novel (Classic Reprint) James De Mille. 2018. (ENG., Illus.). 178p. (J). 27.57 *(978-0-483-51440-9(3))* Forgotten Bks.

Lady of the Lake. Brian Muff. 2020. (ENG., Illus.). 276p. (YA). pap. 15.00 *(978-1-948225-88-5(3))* Thewordverve.

Lady of the Lake. Sir Walter Scott. 2017. (ENG., Illus.). (J). pap. *(978-0-649-62385-3(1))* Trieste Publishing Pty Ltd.

Lady of the Lake. Walter Scott. 2020. (ENG.). (J). 264p. 19.95 *(978-1-63637-137-5(X))*; 262p. pap. 11.95 *(978-1-63637-136-8(1))* Bibliotech Pr.

Lady of the Lake & Other Legends Children's Arthurian Folk Tales. Baby Professor. 2017. (ENG., Illus.). (J). pap. 7.89 *(978-1-5419-0435-4(4)*, Baby Professor (Education Kids)) Speedy Publishing LLC.

Lady of the Lane (Classic Reprint) Frederick Orin Bartlett. (ENG., Illus.). (J). 2018. 350p. 31.12 *(978-0-267-37771-8(1))*; 2016. pap. 13.57 *(978-1-334-15652-6(2))* Forgotten Bks.

Lady of the Library. Angie Karcher. Illus. by Rachel Sanson. 2021. (ENG.). 40p. (J). (gr. k-3). 16.99 *(978-1-5341-1102-8(6)*, 205011) Sleeping Bear Pr.

Lady of the Lighthouse (Classic Reprint) Helen S. Woodruff. 2018. (ENG., Illus.). 94p. (J). 25.86 *(978-0-483-00156-5(2))* Forgotten Bks.

Lady of the Lily Feet: And Other Stories of Chinatown (Classic Reprint) Helen F. Clark. 2018. (ENG., Illus.). 148p. (J). 26.97 *(978-0-364-75403-0(6))* Forgotten Bks.

Lady of the Manor, Being a Series of Conversations on the Subject of Confirmation, Vol. 5: Intended for the Use of the Middle & Higher Ranks of Young Females (Classic Reprint) Sherwood. 2018. (ENG., Illus.). 320p. (J). 30.52 *(978-0-484-67367-9(X))* Forgotten Bks.

Lady of the Manor (Classic Reprint) Sherwood. (ENG., Illus.). (J). 2018. 452p. 33.22 *(978-0-483-53174-1(X))*; 2017. pap. 16.57 *(978-0-243-15564-4(6))* Forgotten Bks.

Lady of the Manor, Vol. 2: Being a Series of Conversations, on the Subject of Confirmation, Intended for the Use of Middle & Higher Ranks of Young Females (Classic Reprint) Sherwood. 2018. (ENG., Illus.). 288p. (J). 29.86 *(978-0-484-76161-1(7))* Forgotten Bks.

Lady of the Manor, Vol. 2 Of 4: Being a Series of Conversations on the Subject of Confirmation Intended for the Use of the Middle & Higher Ranks of Young Females (Classic Reprint) Sherwood. 2018. (ENG., Illus.). 536p. (J). 34.95 *(978-0-484-80258-1(5))* Forgotten Bks.

Lady of the Manor, Vol. 3: Being a Series of Conversations on the Subject of Confirmation, Intended for the Use of the Middle & Higher Ranks of Young Females (Classic Reprint) Sherwood. 2018. (ENG., Illus.). 296p. (J). 30.02 *(978-0-484-71785-4(5))* Forgotten Bks.

Lady of the Manor, Vol. 3 Of 4: Being a Series of Conversations on the Subject of Confirmation, Intended for the Use of the Middle & Higher Ranks of Young Females (Classic Reprint) Sherwood. 2017. (ENG., Illus.). (J). 35.03 *(978-0-266-20940-9(8))* Forgotten Bks.

Lady of the Manor, Vol. 4: Being a Series of Conversations on the Subject of Confirmation; Intended for the Use of the Middle & Higher Ranks of Young Females (Classic Reprint) Sherwood. 2018. (ENG., Illus.). 334p. (J). 30.81 *(978-0-267-19753-8(5))* Forgotten Bks.

Lady of the Manor, Vol. 4 Of 4: Being a Series of Conversations on the Subject of Confirmation, Intended for the Use of the Middle & Higher Ranks of Young Females (Classic Reprint) Mary Martha Sherwood. (ENG., Illus.). (J). 2018. 548p. 35.22 *(978-0-365-26841-3(0))*; 2016. pap. 19.57 *(978-1-333-24841-3(5))* Forgotten Bks.

Lady of the Manor, Vol. 6: Being a Series of Conversations on the Subject of Confirmation; Intended for the Use of the Middle & Higher Ranks of Young Females (Classic Reprint) Sherwood. 2017. (ENG., Illus.). (J). 30.91 *(978-0-266-21110-5(0))* Forgotten Bks.

Lady of the Mount (Classic Reprint) Frederic Stewart Isham. 2018. (ENG., Illus.). (J). 410p. 32.37 *(978-0-483-75536-9(2))*; 412p. pap. 16.57 *(978-0-483-75513-0(3))* Forgotten Bks.

Lady of the Night Wind (Classic Reprint) Frederic Van Rensselaer Dey. 2018. (ENG., Illus.). 318p. (J). 30.48 *(978-0-483-50718-0(0))* Forgotten Bks.

Lady of the Olden Time (Classic Reprint) Emily Malbone Morgan. 2018. (ENG., Illus.). 90p. (J). 25.77 *(978-0-666-62019-4(9))* Forgotten Bks.

Lady of the Opera House: A Play in One Act (Classic Reprint) Fanny Cannon. 2018. (ENG., Illus.). 44p. (J). 24.80 *(978-0-267-27114-6(X))* Forgotten Bks.

Lady of the Regency (Classic Reprint) Stepney Rawson. 2018. (ENG., Illus.). 356p. (J). 31.24 *(978-0-428-52243-8(2))* Forgotten Bks.

Lady of the Robins: A Romance of Some of New York's 400 (Classic Reprint) Adella Octavia Clouston. (ENG., Illus.). (J). 2018. 212p. 28.27 *(978-0-666-99960-3(0))*; 2017. pap. 10.97 *(978-0-243-49224-4(3))* Forgotten Bks.

Lady of the Shroud: A Vampire Tale - Bram Stoker's Horror Classic. Bram Stoker. 2019. (ENG.). 210p. (J). pap. *(978-80-273-3267-0(2))* E-Artnow.

Lady of the Slipper, or a Modern Cinderella (Classic Reprint) Victor Herbert. (ENG., Illus.). (J). 2018. 160p. 27.20 *(978-1-391-54989-7(9))*; 2018. 162p. pap. 9.57 *(978-1-391-54986-6(4))*; 2017. 24.93 *(978-0-266-75545-6(3))*; 2017. pap. 9.57 *(978-1-5277-3100-4(6))* Forgotten Bks.

Lady of the West, or the Gold Seekers (Classic Reprint) John Ballou. (ENG., Illus.). (J). 2018. 548p. 35.20 *(978-0-484-19040-4(7))*; 2016. pap. 19.57 *(978-1-334-15409-6(0))* Forgotten Bks.

Lady, or the Tiger? And Other Stories (Classic Reprint) Frank R. Stockton. 2017. (ENG., Illus.). (J). 30.04 *(978-1-5281-6071-1(1))* Forgotten Bks.

Lady Paramount (Classic Reprint) Henry Harland. 2018. (ENG., Illus.). 360p. (J). 31.34 *(978-0-332-92655-1(9))* Forgotten Bks.

Lady Patty: A Sketch (Classic Reprint) M. Hungerford. (ENG., Illus.). (J). 2018. 188p. 27.77 *(978-0-666-72757-2(0))*; 2017. pap. 10.57 *(978-0-259-35914-2(9))* Forgotten Bks.

Lady Patty, Vol. 1: A Sketch (Classic Reprint) Hungerford. 2017. (ENG., Illus.). 230p. (J). 28.64 *(978-0-484-36318-1(2))* Forgotten Bks.

Lady Penelope (Classic Reprint) Morley Roberts. 2018. (ENG., Illus.). 404p. (J). 32.23 *(978-0-267-23523-0(2))* Forgotten Bks.

Lady Perfecta: Translated from the Spanish (Classic Reprint) Benito Perez Galdos. 2018. (ENG., Illus.). 278p. (J). 29.63 *(978-0-332-84530-2(3))* Forgotten Bks.

Lady Resident, Vol. 1 Of 3: A Novel (Classic Reprint) Hamilton Page. 2018. (ENG., Illus.). 288p. (J). 29.84 *(978-0-267-16140-9(9))* Forgotten Bks.

Lady Resident, Vol. 2: A Novel (Classic Reprint) Hamilton Page. 2018. (ENG., Illus.). 300p. (J). 30.08 *(978-0-483-71281-2(7))* Forgotten Bks.

Lady Resident, Vol. 3: A Novel (Classic Reprint) Hamilton Page. 2018. (ENG., Illus.). 314p. (J). 30.37 *(978-0-483-79601-0(8))* Forgotten Bks.

Lady Rogue. Jenn Bennett. (ENG.). 384p. (YA). (gr. 9). 2020. pap. 12.99 *(978-1-5344-3200-0(0))*; 2019. (Illus.). 18.99 *(978-1-5344-3199-7(3))* Simon Pulse. (Simon Pulse).

Lady Rosamond's Book: Being the Second Part of the Stanton-Corbet Chronicles (Classic Reprint) Lucy Ellen Guernsey. (ENG., Illus.). (J). 2018. 354p. 31.24 *(978-0-332-22998-0(X))*; 2016. pap. 13.57 *(978-1-334-24846-7(X))* Forgotten Bks.

Lady Selina Clifford, Vol. 1 Of 2: A Novel; & Other Tales (Classic Reprint) Elizabeth Anna Dormer. 2018. (ENG., Illus.). 356p. (J). 31.26 *(978-0-484-89551-4(6))* Forgotten Bks.

Lady Silverdale's Sweetheart. William Black. 2017. (ENG.). 224p. (J). pap. *(978-3-7446-7633-5(1))* Creation Pubs.

Lady Silverdale's Sweetheart: And Other Stories (Classic Reprint) William Black. (ENG., Illus.). (J). 2018. 334p. 30.79 *(978-0-483-76766-9(2))*; 2017. pap. 13.57 *(978-0-259-59350-8(8))* Forgotten Bks.

Lady Silverdale's Sweetheart: And Other Tales (Classic Reprint) William Black. 2017. (ENG., Illus.). (J). 28.58 *(978-0-260-99319-9(0))* Forgotten Bks.

Lady Smoke. Laura Sebastian. 2020. (Ash Princess Ser.: 2). (ENG.). 528p. (YA). (gr. 7). pap. 11.99 *(978-1-5247-6713-6(1)*, Ember) Random Hse. Children's Bks.

Lady Stella & Her Lover, Vol. 3 (Classic Reprint) Henry Solly. 2018. (ENG., Illus.). (J). 29.96 *(978-0-260-10273-7(3))* Forgotten Bks.

Lady Susan. Jane. Austen. 2020. (ENG.). 52p. (J). pap. *(978-1-6780-1863-4(5))* Lulu Pr., Inc.

Lady Susan & the Watsons. Jane. Austen. 2018. (ENG., Illus.). 148p. (J). pap. *(978-1-5287-0627-8(7))* Freeman Pr.

Lady Susan, and, the Watsons: With a Memoir by Her Nephew J. E. Austen Leigh (Classic Reprint) Jane. Austen. 2017. (ENG., Illus.). (J). 31.24 *(978-0-265-38519-7(9))* Forgotten Bks.

Lady Susan; the Watsons; Letters of Jane Austen, Vol. 1 (Classic Reprint) Jane. Austen. 2017. (ENG., Illus.). (J). 32.68 *(978-0-265-38215-8(7))* Forgotten Bks.

Lady Thief. Mj. 2021. (ENG.). 260p. (YA). pap. 18.95 *(978-1-64628-178-7(0))* Page Publishing Inc.

Lady Trader in the Transvaal (Classic Reprint) Heckford. 2017. (ENG., Illus.). (J). 32.56 *(978-0-260-61515-2(3))* Forgotten Bks.

Lady Trent's Daughter: A Novel (Classic Reprint) Isabel Constance Clarke. 2017. (ENG., Illus.). (J). 31.59 *(978-0-265-71573-4(3))*; pap. 13.97 *(978-1-5276-7124-9(0))* Forgotten Bks.

Lady Valeria, Vol. 1 Of 3: A Novel (Classic Reprint) A. Moberly. (ENG., Illus.). (J). 2018. 322p. 30.56 *(978-0-483-49974-4(9))*; 2016. pap. 13.57 *(978-1-333-45156-1(3))* Forgotten Bks.

Lady Valeria, Vol. 2 Of 3: A Novel (Classic Reprint) A. Moberly. 2018. (ENG., Illus.). 304p. (J). 30.17 *(978-0-483-35921-5(1))* Forgotten Bks.

Lady Valeria, Vol. 3 Of 3: A Novel (Classic Reprint) A. Moberly. 2018. (ENG., Illus.). 312p. (J). 30.33 *(978-0-428-96509-9(1))* Forgotten Bks.

Lady Verners Flight (Classic Reprint) Hungerford. 2018. (ENG., Illus.). 312p. (J). 30.33 *(978-0-483-86876-2(0))* Forgotten Bks.

Lady Wedderburn's Wish. James Grant. 2016. (ENG.). (J). 304p. pap. *(978-3-7434-1843-1(6))*; 290p. pap. *(978-3-7434-1846-2(0))*; 292p. pap. *(978-3-7434-1847-9(9))* Creation Pubs.

Lady Wedderburn's Wish: A Tale of the Crimean War (Classic Reprint) James Grant. (ENG., Illus.). (J). 2018. 896p. 42.40 *(978-0-483-74621-3(5))*; 2017. pap. 24.74 *(978-0-243-41316-4(5))* Forgotten Bks.

Lady Wedderburn's Wish, Vol. 1 Of 3: A Tale of the Crimean War (Classic Reprint) James Grant. 2018. (ENG., Illus.). 304p. (J). 30.17 *(978-0-332-13187-0(4))* Forgotten Bks.

Lady Wedderburn's Wish, Vol. 2 Of 3: A Tale of the Crimean War (Classic Reprint) James Grant. 2018. (ENG., Illus.). 292p. (J). 29.92 *(978-0-483-02155-6(5))* Forgotten Bks.

Lady Wedderburn's Wish, Vol. 3 Of 3: A Tale of the Crimean War (Classic Reprint) James Grant. 2018. (ENG., Illus.). 290p. (J). 29.88 *(978-0-483-33960-6(1))* Forgotten Bks.

Lady White Snake: A Tale from Chinese Opera: Bilingual - Simplified Chinese & English. Aaron Shepard. Illus. by Song Nan Zhang. 2016. (ENG.). (J). pap. 12.95 *(978-1-57227-131-9(0))* Pan Asian Pubns. (U S A), Inc.

Lady White Snake: A Tale from Chinese Opera: Bilingual - Traditional Chinese & English. Aaron Shepard. Tr. by Isabella Chen. Illus. by Song Nan Zhang. 2016. (ENG.). (J). pap. 12.95 *(978-1-57227-128-9(0))* Pan Asian Pubns. (U S A), Inc.

Lady Who Loved Chimpanzees - the Jane Goodall Story: Biography 4th Grade Children's Women Biographies. Baby Professor. 2017. (ENG., Illus.). (YA). pap. 8.79 *(978-1-5419-3999-8(9)*, Baby Professor (Education Kids)) Speedy Publishing LLC.

Lady William (Classic Reprint) Margaret O. W. Oliphant. 2018. (ENG., Illus.). 456p. (J). 33.30 *(978-0-483-93733-8(9))* Forgotten Bks.

Lady with the Bird Nest in Her Hair. Shannon Ruth Richardson. Illus. by Bonnie Lemaire. 2022. (ENG.). 38p. (J). pap. 14.99 *(978-1-7356326-2-9(7))* Southampton Publishing.

Lady with the Books: A Story Inspired by the Remarkable Work of Jella Lepman. Kathy Stinson. Illus. by Marie Lafrance. 2020. (ENG.). 32p. (J). (gr. -1-2). 17.99 *(978-1-5253-0154-4(3))* Kids Can Pr., Ltd. CAN. Dist: Hachette Bk. Group.

Lady with the Dog: And Other Stories by Anton Tchehov from the Russian (Classic Reprint) Constance Garnett. 2017. (ENG., Illus.). (J). 30.79 *(978-0-331-00026-9(1))* Forgotten Bks.

Lady with the Dog: And Other Stories (Classic Reprint) Anton Chekov. 2017. (ENG., Illus.). (J). 37.22 *(978-1-5279-7013-7(2))* Forgotten Bks.

Lady with the Rubies: A Novel (Classic Reprint) E. Marlitt. 2018. (ENG., Illus.). 286p. (J). 29.82 *(978-0-656-44697-1(8))* Forgotten Bks.

Ladybird & the Centipede. Philip M. Smith. 2020. (ENG.). 38p. (J). pap. ***(978-1-64999-138-6(X))*** Smith, Philip Bks.

Ladybird Dictionary. Ladybird. 2018. (Illus.). 120p. (gr. k-3). pap. 13.99 *(978-0-241-33610-6(4)*, Ladybird) Penguin Bks., Ltd. GBR. Dist: Independent Pubs. Group.

Ladybird Grammar Workbook Level 1. Ladybird. 2018. (Illus.). 32p. (gr. k-3). pap. 10.99 *(978-0-241-33604-5(X)*, Ladybird) Penguin Bks., Ltd. GBR. Dist: Independent Pubs. Group.

Ladybird Grammar Workbook Level 2. Ladybird. 2018. (Illus.). 32p. (gr. k-3). pap. 10.99 *(978-0-241-33605-2(8)*, Ladybird) Penguin Bks., Ltd. GBR. Dist: Independent Pubs. Group.

Ladybird Grammar Workbook Level 3. Ladybird. 2018. (Illus.). 32p. (gr. k-3). pap. 10.99 *(978-0-241-33606-9(6)*, Ladybird) Penguin Bks., Ltd. GBR. Dist: Independent Pubs. Group.

Ladybird Grammar Workbook Level 4. Ladybird. 2018. (Illus.). 32p. (gr. 4-7). pap. 10.99 *(978-0-241-34702-7(5)*, Ladybird) Penguin Bks., Ltd. GBR. Dist: Independent Pubs. Group.

Ladybird Grammar Workbook Level 5. Ladybird. 2018. (Illus.). 32p. (gr. k-3). pap. 10.99 *(978-0-241-33608-3(2)*, Ladybird) Penguin Bks., Ltd. GBR. Dist: Independent Pubs. Group.

Ladybird Grammar Workbook Level 6. Ladybird. 2018. (Illus.). 32p. (gr. k-3). pap. 10.99 *(978-0-241-33609-0(0)*, Ladybird) Penguin Bks., Ltd. GBR. Dist: Independent Pubs. Group.

Ladybird I'm Ready for Phonics: Say the Sounds. 2016. (Ladybird I'm Ready Ser.). (ENG., Illus.). 48p. (J). (gr. -1-1). pap. 11.99 *(978-0-241-21598-2(6))* Penguin Bks., Ltd. GBR. Dist: Independent Pubs. Group.

Ladybird I'm Ready for School! Ladybird. 2016. (Ladybird I'm Ready Ser.). (ENG., Illus.). 48p. (J). (— 1). pap. 11.99 *(978-0-241-21597-5(8))* Penguin Bks., Ltd. GBR. Dist: Independent Pubs. Group.

Ladybird I'm Ready to Sing! Ladybird. 2018. (Ladybird I'm Ready Ser.). (ENG., Illus.). 48p. (J). (— 1). pap. 10.99 *(978-0-241-21595-1(1))* Penguin Bks., Ltd. GBR. Dist: Independent Pubs. Group.

Ladybird Readers Dash & Thud: Starter 10. Ladybird. 2019. (Ladybird Readers Ser.). (Illus.). 32p. (gr. k). pap. 9.99 *(978-0-241-39376-5(0)*, Ladybird) Penguin Bks., Ltd. GBR. Dist: Independent Pubs. Group.

Ladybird Readers Gulliver's Travels: Level 5. Ladybird. 2020. (Ladybird Readers Ser.). (Illus.). 64p. (J). (gr. 3-5). pap. 9.99 *(978-0-241-40195-8(X)*, Ladybird) Penguin Bks., Ltd. GBR. Dist: Independent Pubs. Group.

Ladybird Readers King Arthur: Level 6. Ladybird. 2020. (Ladybird Readers Ser.). (Illus.). 64p. (J). (gr. 4-5). pap. 9.99 *(978-0-241-40196-5(8)*, Ladybird) Penguin Bks., Ltd. GBR. Dist: Independent Pubs. Group.

Ladybird Readers Level 4 The Little Mermaid (ELT Graded Reader. Ladybird. 2017. (Ladybird Readers Ser.). (Illus.). 64p. (J). (gr. k-2). pap. 9.99 *(978-0-241-29874-9(1))* Penguin Bks., Ltd. GBR. Dist: Independent Pubs. Group.

Ladybird Readers Level 5: Robin Hood (ELT Graded Reader) Ladybird. 2018. (Ladybird Readers Ser.). (Illus.). 64p. (J). (gr. k-2). pap. 8.99 *(978-0-241-33611-3(2))* Penguin Bks., Ltd. GBR. Dist: Independent Pubs. Group.

Ladybird Readers Level 5: The Wind in the Willows (ELT Graded Reader) Ladybird. 2018. (Ladybird Readers Ser.). (Illus.). 64p. (J). (gr. k-2). pap. 8.99 *(978-0-241-33613-7(9))* Penguin Bks., Ltd. GBR. Dist: Independent Pubs. Group.

Ladybird Readers Level 5: Treasure Island (ELT Graded Reader) Ladybird. 2018. (Ladybird Readers Ser.). (Illus.). 64p. (J). (gr. k-2). pap. 8.99 *(978-0-241-33612-0(0))* Penguin Bks., Ltd. GBR. Dist: Independent Pubs. Group.

Ladybird Readers Level 6: Black Beauty (ELT Graded Reader) Ladybird. 2018. (Ladybird Readers Ser.). (Illus.). 64p. (J). (gr. k-2). pap. 8.99 *(978-0-241-33617-5(1))* Penguin Bks., Ltd. GBR. Dist: Independent Pubs. Group.

Ladybird Readers Level 6: Frankenstein (ELT Graded Reader) Ladybird. 2018. (Ladybird Readers Ser.). (Illus.). 64p. (J). (gr. k-2). pap. 8.99 *(978-0-241-33615-1(5))* Penguin Bks., Ltd. GBR. Dist: Independent Pubs. Group.

Ladybird Readers Level 6: Oliver Twist (ELT Graded Reader) Ladybird. 2018. (Ladybird Readers Ser.). (Illus.). 64p. (J). (gr. k-2). pap. 8.99 *(978-0-241-33616-8(3))* Penguin Bks., Ltd. GBR. Dist: Independent Pubs. Group.

Ladybird Readers Level 6: The Secret Garden (ELT Graded Reader) Ladybird. 2020. (Ladybird Readers Ser.). (Illus.). 64p. (J). (gr. 4-5). pap. 9.99 *(978-0-241-40197-2(6)*, Ladybird) Penguin Bks., Ltd. GBR. Dist: Independent Pubs. Group.

Ladybird Readers Starter Level 12: The Big Fish (ELT Graded Reader) Ladybird. 2019. (Ladybird Readers Ser.). (Illus.). 32p. (gr. k). pap. 9.99 *(978-0-241-39379-6(5)*, Ladybird) Penguin Bks., Ltd. GBR. Dist: Independent Pubs. Group.

Ladybird Readers Starter Level 13: The Big Ship (ELT Graded Reader) Ladybird. 2019. (Ladybird Readers Ser.). (Illus.). 32p. (gr. k). pap. 9.99 *(978-0-241-39380-2(9)*, Ladybird) Penguin Bks., Ltd. GBR. Dist: Independent Pubs. Group.

Ladybird Readers Starter Level 16: The Big Dipper (ELT Graded Reader) Ladybird. 2019. (Ladybird Readers Ser.). (Illus.). 32p. (gr. k). pap. 9.99 *(978-0-241-39383-3(3)*, Ladybird) Penguin Bks., Ltd. GBR. Dist: Independent Pubs. Group.

Ladybird Readers Starter Level 17: The Silver Ring (ELT Graded Reader) Ladybird. 2019. (Ladybird Readers Ser.). (Illus.). 32p. (gr. k). pap. 9.99 *(978-0-241-39384-0(1)*, Ladybird) Penguin Bks., Ltd. GBR. Dist: Independent Pubs. Group.

Ladybird Readers Starter Level 4: Top Dog & Pompom (ELT Graded Reader) Ladybird. 2019. (Ladybird Readers Ser.). (Illus.). 32p. (gr. k). pap. 9.99 *(978-0-241-39370-3(1)*, Ladybird) Penguin Bks., Ltd. GBR. Dist: Independent Pubs. Group.

Ladybird Readers Starter Level 5: Top Dog Is Sick (ELT Graded Reader) Ladybird. 2019. (Ladybird Readers Ser.). (Illus.). 32p. (gr. k). pap. 9.99 *(978-0-241-39371-0(X)*, Ladybird) Penguin Bks., Ltd. GBR. Dist: Independent Pubs. Group.

Ladybird Readers Starter Level 6: The Fun Run - (ELT Graded Reader) Ladybird. 2019. (Ladybird Readers Ser.). (ENG., Illus.). 32p. (gr. k). pap. 9.99 *(978-0-241-39372-7(8)*, Ladybird) Penguin Bks., Ltd. GBR. Dist: Independent Pubs. Group.

Ladybird Readers Starter Level 9: Vick the Vet (ELT Graded Starte) Ladybird. 2019. (Ladybird Readers Ser.). (ENG., Illus.). 32p. (gr. k). pap. 9.99 *(978-0-241-39375-8(2)*, Ladybird) Penguin Bks., Ltd. GBR. Dist: Independent Pubs. Group.

Ladybird Tales: Beauty & the Beast. Vera Southgate. 2018. (Ladybird Tales Ser.). 48p. (J). (gr. k-2). 9.99 *(978-0-241-31225-4(6))* Penguin Bks., Ltd. GBR. Dist: Independent Pubs. Group.

Ladybird Tales Classic Stories to Share. Ladybird Ladybird. 2016. (Ladybird Tales Ser.). (Illus.). 224p. (J). (gr. k-3). 19.99 *(978-0-7232-9906-6(4))* Penguin Bks., Ltd. GBR. Dist: Independent Pubs. Group.

Ladybird Tales Peter & the Wolf. Ladybird Ladybird. 2016. (Ladybird Tales Ser.). (Illus.). 48p. (J). (gr. k-2). 9.99 *(978-0-7232-9448-1(8))* Penguin Bks., Ltd. GBR. Dist: Independent Pubs. Group.

Ladybird Well-Loved Tales Rumpelstiltskin (mini Hardback) Ladybird. 2016. (Well-Loved Tales Ser.). (Illus.). 56p. (J). (gr. 3-7). 10.99 *(978-0-7232-9757-4(6))* Penguin Bks., Ltd. GBR. Dist: Independent Pubs. Group.

Ladybug. August Hoeft. 2022. (I See Insects Ser.). (ENG.). (J). 20p. pap. 12.99 ***(978-1-5324-4145-5(2))***; 16p. (gr. -1-2). 24.99 ***(978-1-5324-3349-8(2))***; 16p. (gr. -1-2). pap. 12.99 ***(978-1-5324-2841-8(3))*** Xist Publishing.

Ladybug. Dzvinka Torokhtushko & Alexandr Kurylo. 2020. (ENG.). 36p. (YA). pap. 12.00 *(978-1-716-90025-9(5))* Lulu Pr., Inc.

Ladybug: A Fairy Tale about Ladybug. Dzvinka Torokhtushko. Illus. by Alexandr Kurylo. 2020. (ENG.). 34p. (YA). pap. 9.10 *(978-1-716-90026-6(3))* Lulu Pr., Inc.

Ladybug: Animal Life Cycles. TBD. 2021. (Animal Life Cycles Ser.). (ENG., Illus.). 24p. (J). (gr. k-3). lib. bdg. 26.95 *(978-1-64487-410-3(5)*, Blastoff! Readers) Bellwether Media.

Ladybug & the Bully Frog. Caroleann Rice. Illus. by Charles Berton. 2018. (ENG.). 48p. (J). pap. 13.49 *(978-1-5456-3499-8(8))* Salem Author Services.

Ladybug Bay. Kevin P. DuBois. 2022. (She's My Sister Ser.: Vol. 2). (ENG.). 22p. (J). pap. 9.99 ***(978-1-957723-71-6(8))***; 18.95 ***(978-1-957723-70-9(X))*** Warren Publishing, Inc.

Ladybug Foundation: Charities Started by Kids! Melissa Sherman Pearl. 2018. (Community Connections: How Do They Help? Ser.). (ENG., Illus.). 24p. (J). (gr. 2-5). pap. 12.79 *(978-1-5341-0829-5(7)*, 210680) Cherry Lake Publishing.

Ladybug Foundation: Charities Started by Kids! Melissa Sherman Pearl. 2018. (Community Connections: How Do They Help? Ser.). (ENG., Illus.). 24p. (J). (gr. 2-5). lib. bdg. 29.21 *(978-1-5341-0730-4(4)*, 210679) Cherry Lake Publishing.

Ladybug Girl & Her Papa. Jacky Davis. Illus. by David Soman. 2017. (Ladybug Girl Ser.). 14p. (J). (— 1). bds. 6.99 *(978-0-8037-4035-8(2)*, Dial Bks) Penguin Young Readers Group.

Ladybug Girl & the Rescue Dogs. Jacky Davis. Illus. by David Soman. 2018. (Ladybug Girl Ser.). 40p. (J). (-k). 18.99 *(978-0-399-18640-0(9)*, Dial Bks) Penguin Young Readers Group.

Ladybug Girl's Day Out with Grandpa. Jacky Davis. Illus. by David Soman. 2017. (Ladybug Girl Ser.). 40p. (J). (-k). 17.99 *(978-0-8037-4032-7(8)*, Dial Bks) Penguin Young Readers Group.

Ladybug Junction. Renee Barnes. 2017. (Tales from the Evergreen Wood Ser.). (ENG., Illus.). (J). *(978-1-5255-1689-4(2))*; pap. *(978-1-5255-1690-0(6))* FriesenPress.

Ladybug, Ladybug. 'lizbeth Kelley. Illus. by Mackenzie Fraser. 2019. (Anya & Bugs of Summer Ser.: Vol. 1). (ENG.). 24p. (J). (gr. k-2). 15.99 *(978-1-5092-2499-9(8))* Wild Rose Pr., Inc., The.

Ladybug! Ladybug! Charlotte J. Rains. 2017. (Flitter Flutter Crawly Ser.: Vol. 1). (ENG., Illus.). (J). 15.00 *(978-0-692-90412-1(3))* Rains, Charlotte.

Ladybug Ladybug. Cammie Ho. ed. 2016. (Life Cycle Bks.). (ENG., Illus.). 29p. (J). (gr. k-2). pap. 7.99 *(978-1-943241-02-6(3))* Phonic Monic.

Ladybug, Ladybug, What Can You See? Amelia Hepworth. Illus. by Pintachan. 2022. (What Can You See? Ser.). (ENG.). 12p. (J). (— 1). bds. 8.99 *(978-0-593-42724-8(6)*, Random Hse. Bks. for Young Readers) Random Hse. Children's Bks.

Ladybug Party. Poppy Green. Illus. by Jennifer A. Bell. 2021. (Adventures of Sophie Mouse Ser.: 17). (ENG.). 128p. (J). (gr. k-4). 17.99 *(978-1-5344-8163-3(X))*; pap. 6.99 *(978-1-5344-8162-6(1))* Little Simon. (Little Simon).

Ladybug Story. Liliana Mitchell. Illus. by Olha Tkachenko. 2018. (ENG.). 56p. (J). 19.99 *(978-0-9996085-9-3(2))*; pap. 13.99 *(978-0-9996085-3-1(3))* Mindstir Media.

Ladybug Story. Kitty Trock. 2022. (ENG.). 26p. (J). pap. 13.95 ***(978-1-64719-894-7(1))*** Booklocker.com, Inc.

Ladybugs. Nessa Black. (Spot Creepy Crawlies Ser.). (ENG.). 16p. (J). (gr. -1-2). 2018. pap. 9.99 *(978-1-68152-228-9(4)*, 14759); 2017. 17.95 *(978-1-68151-109-2(6)*, 14640) Amicus.

Ladybugs. Christina Leaf. 2017. (Insects up Close Ser.). (ENG., Illus.). 24p. (J). (gr. k-3). lib. bdg. 26.95 *(978-1-62617-667-6(1)*, Blastoff! Discovery) Bellwether Media.

Ladybugs. Kim Thompson. 2022. (Bugs in My Yard Ser.). (ENG.). 16p. (J). (gr. -1-1). pap. 7.95 *(978-1-63897-542-7(6)*, 19418); lib. bdg. 25.27 *(978-1-63897-427-7(6)*, 19417) Seahorse Publishing.

Ladybugs. Cheryl Coughlan. rev. ed. 2016. (Insects Ser.). (ENG.). 24p. (J). (gr. -1-2). pap. 5.95 *(978-1-5157-4227-2(X)*, 133990) Capstone.

Ladybugs: Animals That Make a Difference! (Engaging Readers, Level 1) Ashley Lee. Ed. by Alexis Roumanis. 2021. (Animals That Make a Difference! Ser.: Vol. 6). (ENG., Illus.). 32p. (J). *(978-1-77437-692-8(X))*; pap. *(978-1-77437-693-5(8))* AD Classic.

Ladybugs / Catarinas: Bilingual (English / Spanish) (Inglés / Español) Animals That Make a Difference! (Engaging Readers, Level 1) Ashley Lee. Ed. by Alexis Roumanis. l.t. ed. 2021. (Animals That Make a Difference! Bilingual (English / Spanish) (Inglés / Español) Ser.: Vol. 6). (ENG., Illus.). 32p. (J). *(978-1-77476-396-4(6))*; pap. *(978-1-77476-395-7(8))* AD Classic.

Ladybugs / les Coccinelles: Bilingual (English / French) (Anglais / Français) Animals That Make a Difference! (Engaging Readers, Level 1) Ashley Lee. Ed. by Alexis Roumanis. l.t. ed. 2021. (Animals That Make a Difference! Bilingual (English / French) (Anglais / Français) Ser.: Vol. 6). (ENG., Illus.). 32p. (J). *(978-1-77476-414-5(8))*; pap. *(978-1-77476-413-8(X))* AD Classic.

Ladybugs Are Beetles Too Coloring Book. Creative Playbooks. 2016. (ENG., Illus.). (J). pap. 7.74 *(978-1-68323-936-9(9))* Twin Flame Productions.

Ladybugs Golden Rule. Lisa Levy. 2019. (ENG.). 32p. (J). (gr. k-3). pap. 12.99 *(978-1-950955-28-2(1))* Bk. Vine Pr.

Ladybugs (New & Updated) Gail Gibbons. 2022. (Illus.). 32p. (J). (gr. -1-3). 18.99 *(978-0-8234-5089-3(9))* Holiday Hse., Inc.

Ladybug's Pond: Bathtime Fun with Rattly Rings & a Friendly Bug Pal. Small World Creations. Illus. by Emma Haines. 2018. (ENG.). 8p. (J). (gr. -1 — 1). 6.99 *(978-1-4380-7906-6(0))* Sourcebooks, Inc.

Ladybugs up Close, 1 vol. Therese Shea. 2019. (Bugs up Close! Ser.). (ENG.). 24p. (gr. 1-2). pap. 9.25 *(978-1-7253-0798-8(7)*, 9b4cf5c3-c8c5-4ce5-9f95-65b77347632b, PowerKids Pr.) Rosen Publishing Group, Inc., The.

Ladye Nancye, Vol. 1 Of 3: A Novel (Classic Reprint) Unknown Author. (ENG., Illus.). (J). 2018. 266p. 29.40 *(978-0-484-77522-9(7))*; 2016. pap. 11.97 *(978-1-333-61712-7(7))* Forgotten Bks.

Ladye Nancye, Vol. 1 Of 3: A Novel (Classic Reprint) Author Of. 2018. (ENG., Illus.). 254p. (J). 29.16 *(978-0-267-28867-0(0))* Forgotten Bks.

Ladye Nancye, Vol. 3 Of 3: A Novel (Classic Reprint) Eliza Margaret J. Humphreys. (ENG., Illus.). (J). 2018. 270p. 29.49 *(978-0-267-33803-0(1))*; 2016. pap. 11.97 *(978-1-333-62463-7(8))* Forgotten Bks.

Ladyfingers (Classic Reprint) Jackson Gregory. 2018. (ENG., Illus.). 398p. (J). 32.11 *(978-0-267-19836-8(1))* Forgotten Bks.

Lady's Annual Register: And Housewife's Memorandum-Book, for 1838 (Classic Reprint) Caroline Gilman. 2018. (ENG., Illus.). 146p. (J). 26.91 *(978-0-483-99162-0(7))* Forgotten Bks.

Lady's Book, Vol. 6: January, 1833 (Classic Reprint) Unknown Author. 2017. (ENG., Illus.). (J). 30.79 *(978-0-265-71806-3(6))*; pap. 13.57 *(978-1-5276-7449-3(5))* Forgotten Bks.

Lady's Companion, or Sketches of Life, Manners, & Morals, at the Present Day (Classic Reprint) Unknown Author. (ENG., Illus.). (J). 2018. 310p. 30.31 *(978-0-365-46578-2(X))*; 2017. pap. 13.57 *(978-0-259-26113-1(0))* Forgotten Bks.

Lady's Destiny. Brenda Hasse. Ed. by Lacey Eibert Keigley. 2018. (ENG., Illus.). 422p. (YA). (gr. 7-12). pap. 13.99 *(978-0-9906312-4-8(9))* Hasse, Brenda.

Lady's Diary: Before & During the Indian Mutiny (Classic Reprint) M. H. Ouvry. 2017. (ENG., Illus.). (J). 27.44 *(978-0-331-67649-5(4))*; pap. 9.97 *(978-0-282-31802-4(X))* Forgotten Bks.

Lady's Escape from Gwalior & Life in the Fort of Agra During the Mutinies of 1857 (Classic Reprint) R. M. Coopland. 2018. (ENG., Illus.). (J). 350p. 31.12 *(978-1-396-57445-0(X))*; 352p. pap. 13.57 *(978-1-391-59891-8(1))* Forgotten Bks.

Lady's Guide to Petticoats & Piracy. Mackenzi Lee. (Montague Siblings Ser.: 2). (ENG.). (YA). (gr. 8). 2020. 480p. pap. 12.99 *(978-0-06-279533-5(3))*; 2018. (Illus.). 464p. 18.99 *(978-0-06-279532-8(5))* HarperCollins Pubs. (Tegen, Katherine Bks).

Lady's Home Magazine, Vol. 15: From January to June, 1860 (Classic Reprint) T. S. Arthur. (ENG., Illus.). (J). 2018. 882p. 42.07 *(978-0-332-13718-6(X))*; 2017. pap. 24.43 *(978-0-243-41556-4(7))* Forgotten Bks.

Lady's Life & Travels in Zululand & the Transvaal During Cetewayo's Reign: Being the African Letters & Journals of the Late Mrs. Wilkinson (Classic Reprint) Annie Margaret Wilkinson. 2017. (ENG., Illus.). (J). 29.80 *(978-0-331-69234-1(1))* Forgotten Bks.

Lady's Life in the Rocky Mountains. Isabella L. Bird. 2017. (ENG.). 328p. (J). pap. *(978-3-337-28768-9(9))* Creation Pubs.

Lady's Life in the Rocky Mountains: One Woman's Travels Through the Rockies of Colorado & Wyoming in The 1870s. Isabella L. Bird. 2018. (ENG., Illus.). 114p. (J). pap. *(978-0-359-01384-5(8))* Lulu Pr., Inc.

Lady's Life in the Rocky Mountains: One Woman's Travels Through the Rockies of Colorado & Wyoming in The 1870s (Hardcover) Isabella L. Bird. 2018. (ENG., Illus.). 114p. (J). *(978-0-359-01383-8(X))* Lulu Pr., Inc.

Lady's Life in the Rocky Mountains (Classic Reprint) Isabella L. Bird. 2017. (ENG., Illus.). (J). 31.24 *(978-0-260-50399-2(1))* Forgotten Bks.

Lady's Life on a Farm in Manitoba. Cecil Hall. 2017. (ENG., Illus.). (J). pap. *(978-0-649-53842-3(0))* Trieste Publishing Pty Ltd.

Lady's Life on a Farm in Manitoba (Classic Reprint) Cecil Hall. 2018. (ENG., Illus.). 188p. (J). 27.77 *(978-0-365-43507-5(4))* Forgotten Bks.

Lady's Magazine, or Entertaining Companion for the Fair Sex: Appropriated Solely to Their Use & Amusement; for January, 1807 (Classic Reprint) Unknown Author. (ENG., Illus.). (J). 2018. 784p. 40.07 *(978-0-656-77293-3(X))*; 2016. pap. 23.57 *(978-1-333-58262-3(5))* Forgotten Bks.

Lady's Mile: A Novel (Classic Reprint) Mary Elizabeth Braddon. (ENG., Illus.). (J). 2018. 378p. 31.69 *(978-0-267-59390-3(2))*; 2016. pap. 16.57 *(978-1-334-15224-5(1))* Forgotten Bks.

Lady's Mile (Classic Reprint) M. E. Braddon. 2017. (ENG., Illus.). (J). 30.39 *(978-0-331-74306-7(X))* Forgotten Bks.

Lady's Mile, Vol. 2 (Classic Reprint) M. E. Braddon. 2018. (ENG., Illus.). 294p. (J). 29.98 *(978-0-483-93426-9(7))* Forgotten Bks.

Lady's New World. Jerry Steele. 2018. (ENG., Illus.). 28p. (J). pap. 12.95 *(978-1-64114-261-8(8))* Christian Faith Publishing.

Lady's Not for Burning: A Comedy (Classic Reprint) Christopher Fry. 2017. (ENG., Illus.). (J). 26.06 *(978-0-331-13666-1(X))*; pap. 9.57 *(978-0-259-52940-8(0))* Forgotten Bks.

Lady's Ranche Life in Montana (Classic Reprint) Isabelle Randall. (ENG., Illus.). (J). 2018. 186p. 27.73 *(978-0-484-62109-0(2))*; 2016. pap. 10.57 *(978-1-334-14369-4(2))* Forgotten Bks.

Lady's Ride Across Spanish Honduras. Maria Soltera. 2017. (ENG.). 372p. (J). pap. *(978-3-7446-9527-5(1))* Creation Pubs.

Lady's Ride Across Spanish Honduras (Classic Reprint) Maria Soltera. 2018. (ENG., Illus.). 372p. (J). 31.59 *(978-0-656-00023-4(6))* Forgotten Bks.

Lady's Shoe (Classic Reprint) James Matthew Barrie. 2018. (ENG., Illus.). 84p. (J). 25.65 *(978-0-484-41372-5(4))* Forgotten Bks.

Lady's Slipper: A Melody Mystery. Emma Carlson Berne. 2017. 183p. (J). *(978-1-5182-4313-4(4)*, American Girl) American Girl Publishing, Inc.

Lady's Thanksgiving. Pamela Jeter & Jeffrey Still. 2020. (ENG., Illus.). 30p. (J). 23.00 *(978-1-4809-9618-2(1))* Dorrance Publishing Co., Inc.

Lady's Travels into Spain, or a Genuine Relation of the Religion, Laws, Commerce, Customs, & Manners of That Country, Vol. 1 (Classic Reprint) Marie-Catherine Aulnoy. (ENG., Illus.). (J). 2018. 376p. 31.65 *(978-0-483-37916-9(6))*; 2016. pap. 16.57 *(978-1-334-12859-2(6))* Forgotten Bks.

Lady's Travels into Spain, or a Genuine Relation of the Religion, Laws, Commerce, Customs, & Manners of That Country, Vol. 1 Of 2: Written by the Countess d'Aunoy, in a Series of Letters to a Friend at Paris (Classic Reprint) Marie-Catherine Aunoy. 2017. (ENG., Illus.). (J). 32.11 *(978-0-265-71212-2(2))*; pap. 16.57 *(978-1-5276-6549-1(6))* Forgotten Bks.

Lady's Travels into Spain, or a Genuine Relation of the Religion, Laws, Commerce, Customs, & Manners of That Country, Vol. 2 (Classic Reprint) Marie-Catherine Le Jumel De Barneville. (ENG., Illus.). (J). 2018. 332p. 30.76 *(978-0-484-14579-4(7))*; 2017. pap. 13.57 *(978-0-243-56563-4(1))* Forgotten Bks.

Lady's Travels into Spain, or a Genuine Relation of the Religion, Laws, Commerce, Customs, & Manners of That Country, Vol. 2 of 2 (Classic Reprint) D'Aunoy D'Aunoy. 2018. (ENG., Illus.). 320p. (J). 30.50 *(978-0-332-17439-6(5))* Forgotten Bks.

Lady's Walks in the South of France In 1863. Mary Eyre. 2017. (ENG.). 454p. (J). pap. *(978-3-337-00267-1(6))* Creation Pubs.

Lady's Walks in the South of France in 1863 (Classic Reprint) Mary Eyre. 2018. (ENG., Illus.). (J). 33.34 *(978-0-265-95369-3(3))* Forgotten Bks.

Laela & the Moonline. Lisa Perskie Rodriguez. 2022. (ENG.). 364p. (YA). pap. 12.99 *(978-1-6629-2420-0(8))* Gatekeeper Pr.

Lafayette: The Friend of American Liberty (Yesterday's Classics) Alma Holman Burton. 2022. (ENG.). 82p. (J). pap. 11.95 *(978-1-59915-363-6(7))* Yesterday's Classics.

Lafayette & the American Revolution. Russell Freedman. 2021. 96p. (J). (gr. 5). pap. 14.99 *(978-0-8234-4946-0(7))* Holiday Hse., Inc.

Lafayette Flying Corps, Vol. 2 (Classic Reprint) James Norman Hall. (ENG., Illus.). (J). 2017. 32.70 *(978-0-265-36813-8(8))*; 2016. pap. 16.57 *(978-1-333-32228-1(3))* Forgotten Bks.

Lafayette! (Nathan Hale's Hazardous Tales #8) A Revolutionary War Tale. Nathan Hale. 2018. (Nathan Hale's Hazardous Tales Ser.). (ENG., Illus.). 128p. (J). (gr. 3-7). 14.99 *(978-1-4197-3148-8(3)*, 1128201, Amulet Bks.) Abrams, Inc.

Laff Revue: A Vaudeville Show Consisting of Skits, Stunts & Specialties (Classic Reprint) Lansing Corbett. 2017. (ENG., Illus.). (J). 24.78 *(978-0-266-74602-7(0))*; pap. 7.97 *(978-1-5277-1432-8(2))* Forgotten Bks.

LaFontaine et Lamotte (Classic Reprint) Rudolf Richter. (FRE., Illus.). (J). 2018. 34p. 24.62 *(978-0-484-34244-5(4))*; 2017. pap. 7.97 *(978-0-243-91858-4(5))* Forgotten Bks.

LaFontaine, Naturaliste Dans Ses Fables (Classic Reprint) Mathias Tresch. 2017. (FRE., Illus.). (J). pap. 9.57 *(978-0-282-17405-7(2))* Forgotten Bks.

Lafontaine, Naturaliste Dans Ses Fables (Classic Reprint) Mathias Tresch. 2018. (FRE., Illus.). 156p. (J). 27.13 *(978-0-484-72973-4(X))* Forgotten Bks.

LAG: Espasmo Mental de Duende. Oscar Legua Ychillumpa. 2021. (SPA.). 38p. (YA). pap. *(978-1-4717-9983-9(2))* Lulu Pr., Inc.

Lagañas (Eye Gunk) Grace Hansen. 2021. (Ciencia Básica: Las Funciones Físicas Del Cuerpo (Beginning Science: Gross Body Functions) Ser.).Tr. of Eye Gunk. (SPA.). 24p. (J). (gr. -1-2). lib. bdg. 32.79 *(978-1-0982-6081-1(3)*, 38264, Abdo Kids) ABDO Publishing Co.

Lagartija. Luisa Noguera Arrieta. 2021. (SPA.). 160p. (J). (gr. 3-5). 11.99 *(978-958-30-6292-6(8))* Panamericana Editorial COL. Dist: Lectorum Pubns., Inc.

Lagartija Anda Suelta: Leveled Reader Book 85 Level K 6 Pack. Hmh Hmh. 2021. (SPA.). 16p. (J). pap. 74.40 *(978-0-358-08301-6(X))* Houghton Mifflin Harcourt Publishing Co.

Lagartija Pierde la Cola: Leveled Reader Book 16 Level d 6 Pack. Hmh Hmh. 2021. (SPA.). 16p. (J). pap. 74.40 *(978-0-358-08231-6(5))* Houghton Mifflin Harcourt Publishing Co.

Lagartijas. Xist Publishing. 2018. (Xist Kids Spanish Bks.). (SPA., Illus.). 28p. (J). (gr. -1-3). pap. 9.99 *(978-1-5324-0719-2(X))* Xist Publishing.

Lagartos (Lizards) Julie Murray. 2016. (¡Me Gustan Los Animales! (I Like Animals!) Ser.). (SPA.). 24p. (J). (gr. -1-2). lib. bdg. 31.36 *(978-1-62402-633-1(8)*, 24770, Abdo Kids) ABDO Publishing Co.

Laggard in Love (Classic Reprint) Jeanie Gwynne Bettany. (ENG., Illus.). (J). 2018. 234p. 28.72 *(978-0-365-14140-2(2))*; 2018. 194p. 27.92 *(978-0-483-45031-8(6))*; 2017. pap. 10.57 *(978-0-259-20770-2(5))*; 2017. pap. 11.57 *(978-0-243-57587-9(4))* Forgotten Bks.

Lago de Los Cisnes. Piotr Ilich Tchaikovsky. 2018. (SPA.). 80p. (YA). pap. 6.95 *(978-970-803-031-1(7))* Selector, S.A. de C.V. MEX. Dist: Spanish Pubs., LLC.

Lagoon of Desire (Classic Reprint) William Fisher Alder. (ENG., Illus.). (J). 2018. 140p. 26.78 *(978-0-483-46093-5(1))*; 2016. pap. 9.57 *(978-1-333-40289-1(9))* Forgotten Bks.

Lagoon Princess: Inspired by a True Story. Jana Meador. Illus. by Ian Welsh. 2016. (ENG.). 56p. (J). 11.25 *(978-1-63393-313-2(X))*; pap. 9.25 *(978-1-63393-314-9(8))* Koehler Bks.

lágrima Del Buda. Antonio Malpica. 2020. (SPA.). 200p. pap. 9.50 *(978-607-527-224-5(0))* Editorial Oceano de Mexico MEX. Dist: Independent Pubs. Group.

Lagunas / Ponds, 1 vol. Jagger Youssef. Tr. by Eida de la Vega. 2017. (¡Nuestra Maravillosa Tierra! / Our Exciting Earth! Ser.). (ENG & SPA.). 24p. (J). (gr. k-k). lib. bdg. 24.27 *(978-1-5382-1536-4(5)*, c70b2937-c5f2-4897-8c95-5a3d21bffc74) Stevens, Gareth Publishing LLLP.

Laguz of the Library. Sarah L. MacKie. 2016. (ENG., Illus.). 34p. (J). (gr. 1-6). *(978-0-9934250-8-0(9))* Bell, Caxton Publishing.

Lahna Loves Winter Activities. Tracilyn George. 2020. (ENG.). 22p. (J). pap. 11.00 *(978-1-990153-15-0(1))* Lulu Pr., Inc.

Lahoma (Classic Reprint) John Breckenridge Ellis. 2018. (ENG., Illus.). 382p. (J). 31.78 *(978-0-483-32047-5(1))* Forgotten Bks.

Lai D'Aristote: Publie d'Apres le Texte Inedit du Manuscrit 3516 de la Bibliotheque de l'Arsenal; Avec Introduction (Classic Reprint) Henri D'Andeli. 2018. (FRE., Illus.). (J). 56p. 25.07 *(978-0-483-00606-5(8))*; 58p. pap. 9.57 *(978-0-483-00588-4(6))* Forgotten Bks.

Lai de L'Oiselet: Poeme Francais du Xiiie Siecle (Classic Reprint) Gaston Paris. 2017. (FRE., Illus.). (J). pap. 9.57 *(978-0-282-08903-0(9))* Forgotten Bks.

Lai de L'Oiselet: Poème Français du Xiiie Siècle (Classic Reprint) Gaston Paris. 2018. (FRE., Illus.). 116p. (J). 26.29 *(978-0-484-27751-8(0))* Forgotten Bks.

Lai de l'Ombre (Classic Reprint) Jean Renart. (FRE., Illus.). (J). 2018. 158p. 27.16 *(978-0-656-22931-4(4))*; 2017. pap. 9.57 *(978-1-5276-0774-3(7))* Forgotten Bks.

Lai d'Havelok le Danois: Treizieme Siecle (Classic Reprint) Francisque Michel. 2018. (FRE., Illus.). (J). 88p. 25.73 *(978-0-428-30156-9(8))*; 90p. pap. 9.57 *(978-0-484-98861-2(1))* Forgotten Bks.

Lai D'Ignaures: En Vers, du Xiie Siecle (Classic Reprint) Jean Renaut. 2017. (FRE., Illus.). (J). 25.86 *(978-0-265-32723-4(7))*; pap. 9.57 *(978-0-282-92880-3(4))* Forgotten Bks.

Laid-Back Camp, Vol. 10. Afro. Tr. by Amber Tamosaitis. 2021. (Laid-Back Camp Ser.: 10). (ENG., Illus.). 178p. (gr. 8-17). pap. 13.00 *(978-1-9753-1677-8(0)*, Yen Pr.) Yen Pr. LLC.

Laila & the Gnome: A Totally, Completely & Utterly Bodacious Adventure with Whizzes & Wolves. Sedley Proctor et al. 2021. (ENG.). 274p. (J). pap. *(978-1-8381787-9-6(1))* Leopard Publishing Ventures Ltd.

Laila Saves the Day. Julie Dart. Illus. by Mike Motz. 2017. (ENG.). (J). 19.99 *(978-0-692-84334-5(5))* Dart Publishing.

Laima's Lunch. Jura Reilly & Ted Reilly. 2020. (ENG.). 52p. (J). pap. *(978-0-6482038-2-7(4))* Geelong Writers Inc.

Laine des Moutons: Les Grandes Chansons des Tout-Petits. Illus. by Marie-Ève Tremblay. 2019. (Grandes Chansons des Tout-Petits Ser.). (ENG.). 32p. (J). (gr. -1-k). pap. 7.95 *(978-2-924774-17-5(9))* La Montagne Secrete CAN. Dist: Independent Pubs. Group.

Lainey of the Door Islands. Judy DuCharme. 2020. (ENG.). 268p. (YA). 25.99 *(978-1-64960-278-7(2))* Emerald Hse. Group, Inc.

Lainey's Magical Garden. Lynda MacKay. 2017. (Lainey's Magical Garden Ser.). (ENG., Illus.). (J). *(978-1-4602-9860-2(8))*; pap. *(978-1-4602-9861-9(6))* FriesenPress.

Lainey's Magical Garden: Unexpected Friends! Lynda MacKay. 2018. (Lainey's Magical Garden Ser.). (ENG., Illus.). 180p. (J). *(978-1-5255-2790-6(8))*; pap. *(978-1-5255-2791-3(6))* FriesenPress.

Lainey's Unicorn. Julia M. Fallon. 2019. (ENG.). 36p. (J). pap. 14.95 *(978-1-68456-114-8(0))* Page Publishing Inc.

Lair of the White Worm. Bram Stoker. 2019. (ENG.). 98p. (J). pap. *(978-80-273-3266-3(4))* E-Artnow.

Lair of the White Worm. Bram Stoker. 2020. (ENG.). 174p. (J). *(978-1-77441-514-6(3))* Westland, Brian.

Laird o Cockpen (Classic Reprint) Rita Rita. 2018. (ENG., Illus.). 330p. (J). 30.70 *(978-0-483-61953-1(1))* Forgotten Bks.

Laird o' Cockpen, Vol. 1 Of 3: A Novel (Classic Reprint) Rita Rita. 2018. (ENG., Illus.). 272p. (J). 29.51 *(978-0-483-96295-8(3))* Forgotten Bks.

Laird o Cockpen, Vol. 2: A Novel (Classic Reprint) Rita Rita. 2018. (ENG., Illus.). 260p. (J). 29.26 *(978-0-483-39975-4(2))* Forgotten Bks.

Laird o'Cockpen, Vol. 3 Of 3: A Novel (Classic Reprint) Unknown Author. (ENG., Illus.). (J). 2018. 248p. 29.01 *(978-0-332-19101-0(X))*; 2016. pap. 11.57 *(978-1-334-31748-4(8))* Forgotten Bks.

Laird of Glentyre; a Story of Scotland. E. M. Green. 2017. (ENG., Illus.). (J). pap. *(978-0-649-18222-0(7))* Trieste Publishing Pty Ltd.

Laird of Glentyre a Story of Scotland (Classic Reprint) E. M. Green. 2018. (ENG., Illus.). 258p. (J). 29.34 *(978-0-483-73484-5(5))* Forgotten Bks.

Laird of Logan, or Anecdotes & Tales Illustrative of the Wit & Humour of Scotland (Classic Reprint) David Robertson and Co. 2017. (ENG., Illus.). (J). 37.72 *(978-0-266-36472-6(1))* Forgotten Bks.

Laird of Norlaw: A Scottish Story (Classic Reprint) Margaret O. W. Oliphant. 2018. (ENG., Illus.). 392p. (J). 31.98 *(978-0-332-13881-7(X))* Forgotten Bks.

Laird of Norlaw, Vol. 1 Of 3: A Scottish Story (Classic Reprint) Oliphant Oliphant. 2018. (ENG., Illus.). 324p. (J). 30.58 *(978-0-484-30233-3(7))* Forgotten Bks.

Laird of Norlaw, Vol. 2 Of 3: A Scottish Story (Classic Reprint) Margaret Oliphant. 2018. (ENG., Illus.). 346p. (J). 31.03 *(978-0-267-31324-2(1))* Forgotten Bks.

Laird of Norlaw, Vol. 2 Of 3: A Scottish Story (Classic Reprint) Margaret O. W. Oliphant. 2016. (ENG., Illus.). (J). pap. 13.57 *(978-1-333-42516-6(3))* Forgotten Bks.

Lairdbalor. Kathleen Kaufman. 2017. (ENG.). 288p. (YA). 29.99 *(978-1-68336-588-4(7))*; pap. 15.99 *(978-1-68336-587-7(9))* Turner Publishing Co.

Laird's Luck: And Other Fireside Tales (Classic Reprint) Arthur Thomas Quiller-Couch. (ENG., Illus.). (J). 2018. 368p. 31.51 *(978-0-484-80247-5(X))*; 2017. pap. 13.97 *(978-0-243-89344-7(2))* Forgotten Bks.

Laird's Luck, & Other Fireside Tales (Classic Reprint) A. Thomas Quiller-Couch. 2018. (ENG., Illus.). 386p. (J). 31.86 *(978-0-483-65501-0(5))* Forgotten Bks.

Lairds of Fife, Vol. 1 of 3 (Classic Reprint) Unknown Author. 2017. (ENG., Illus.). (J). 30.39 *(978-0-266-22035-0(5))* Forgotten Bks.

Lairds of Fife, Vol. 2 of 3 (Classic Reprint) Unknown Author. (ENG., Illus.). (J). 2017. 30.29 *(978-0-331-65577-3(2))*; 2016. pap. 13.57 *(978-1-333-58796-3(1))* Forgotten Bks.

Lais inédits des Xiie et Xiiie Siècles (Classic Reprint) Francisque Michel. 2018. (FRE., Illus.). (J). 166p. 27.32 *(978-0-364-88506-2(8))*; 168p. pap. 9.97 *(978-0-364-16597-3(9))* Forgotten Bks.

Lait: Etudes Chimiques et Microbiologiques (Classic Reprint) Emile Duclaux. 2017. (FRE., Illus.). (J). 30.95 *(978-0-266-34039-3(3))*; pap. 13.57 *(978-0-243-47588-9(8))* Forgotten Bks.

Lajla: A Tale of Finmark (Classic Reprint) Jens Andreas Friis. 2017. (ENG., Illus.). (J). 29.86 *(978-0-265-83371-1(X))* Forgotten Bks.

Lakas & the Makibaka Hotel. Anthony Robles. Illus. by Carl Angel. 2016. (ENG & TGL.). 32p. (J). 9.95 *(978-0-89239-411-1(0)*, Children's Book Press) Lee & Low Bks., Inc.

Lake. Natasha Preston. 2021. 384p. (YA). (gr. 7). pap. 10.99 *(978-0-593-12497-0(9)*, Delacorte Pr.) Random Hse. Children's Bks.

Lake (Classic Reprint) George Moore. 2017. (ENG., Illus.). (J). 30.54 *(978-0-265-18954-2(3))* Forgotten Bks.

Lake Country (Classic Reprint) E. Lynn Linton. 2018. (ENG., Illus.). 404p. (J). 32.25 *(978-0-364-52949-2(0))* Forgotten Bks.

Lake Country Sketches (Classic Reprint) H. D. Rawnsley. 2017. (ENG., Illus.). (J). 29.59 *(978-0-266-20187-8(3))* Forgotten Bks.

Lake Effect: Impulse or Instinct. Ruth Sharp. 2021. (ENG.). 330p. (J). pap. 16.99 *(978-1-7367148-0-5(5))* Sharp Pencil Pr.

Lake Erie. Erinn Banting. 2020. (Great Lakes Ser.). (ENG.). 32p. (J). lib. bdg. 22.99 *(978-1-5105-5480-1(7))* SmartBook Media, Inc.

Lake Front (Classic Reprint) Ruth Russell. (ENG., Illus.). (J). 2018. 292p. 29.92 *(978-0-483-63109-0(4))*; 2017. pap. 13.57 *(978-0-243-31384-6(5))* Forgotten Bks.

Lake George & Its Surroundings, Both Old & New, in Rhyme: Revised & Enlarged by a Second Part, Making a Circle of the Lake, Touching All the Principal Points of Interest, the Hotels, Boarding Houses, Churches & Cottages in General, Noting the Prin. Asa W. Brayton. (ENG., Illus.). (J). 2018. 58p. 25.11 *(978-0-267-54537-7(1))*; 2016. pap. 9.57 *(978-1-333-46496-7(7))* Forgotten Bks.

Lake Huron. Joy Gregory. 2020. (Great Lakes Ser.). (ENG.). 32p. (J). lib. bdg. 22.99 *(978-1-5105-5476-4(9))* SmartBook Media, Inc.

Lake I Love. Edward M. Shankman. Illus. by Dave O'Neill. 2023. (Shankman & O'Neill Ser.). (ENG.). 32p. (J). (gr. k-3). 17.99 *(978-1-4671-9714-4(9))* Arcadia Publishing.

Lake in Winter. Jenna Lee Gleisner. 2018. (Welcoming the Seasons Ser.). (ENG.). 24p. (J). (gr. -1-2). lib. bdg. 32.79 *(978-1-5038-2385-3(7)*, 212228) Child's World, Inc, The.

Lake Isle of Innisfree: The Song of Wandering Aengus. W. B. Yeats & Ngj Schlieve. (It's a Classic, Baby Ser.). (ENG., Illus.). 32p. (J). 2018. pap. 11.95 *(978-1-947032-19-4(4))*; 2017. 16.95 *(978-1-947032-18-7(6))* Pemberley Publishing.

Lake Junaluska Assembly, Reflections on the Past: The Laughter, the Struggles & the Love (Classic Reprint) Diane Stanton-Rich. 2017. (ENG., Illus.). (J). 25.20 *(978-0-331-89800-2(4))*; pap. 9.57 *(978-0-259-51755-9(0))* Forgotten Bks.

Lake Life with You. Cindy Jin. Illus. by Andrés Landazábal. 2023. (ENG.). 22p. (J). (gr. -1-k). bds., bds. 7.99 *(978-1-6659-3514-2(6)*, Little Simon) Little Simon.

Lake Michigan. Erinn Banting. 2020. (Great Lakes Ser.). (ENG.). 32p. (J). lib. bdg. 22.99 *(978-1-5105-5482-5(3))* SmartBook Media, Inc.

Lake Michigan & the French Explorers. Edward Payson Morton. 2017. (ENG., Illus.). (J). pap. *(978-0-649-02501-5(6))* Trieste Publishing Pty Ltd.

Lake Michigan & the French Explorers (Classic Reprint) Edward Payson Morton. 2018. (ENG., Illus.). 106p. (J). 26.08 *(978-0-364-75349-1(8))* Forgotten Bks.

Lake Monster. Job. 2019. (Yakari Ser.: 16). (Illus.). 48p. (J). (gr. -1-12). pap. 11.95 *(978-1-84918-423-6(2))* CineBook GBR. Dist: National Bk. Network.

Lake Mystery: Secrets of the Crossroads. Nancy E. Crofts. 2021. (ENG.). 132p. (YA). pap. 14.95 *(978-1-63860-110-4(0))* Fulton Bks.

Lake of Enchantment (Classic Reprint) Rosemary Rees. 2018. (ENG., Illus.). 322p. (J). 30.54 *(978-0-484-67109-5(X))* Forgotten Bks.

Lake of Feathers & Moonbeams. Dax Murray. 2017. (ENG., Illus.). 258p. (YA). (gr. 7-12). pap. 11.99 *(978-0-692-14243-1(6))* Murray, Dax.

Lake of Fire. Annika S. Crum. 2018. (Defenders of Lord Havom Ser.: Vol. 1). (ENG., Illus.). 150p. (YA). (gr. 7-12). pap. *(978-1-7753085-0-8(2))* Crum, Annika Sequoia.

Lake of Memories. Bontle Senne. 2016. (Shadow Chasers Triology Ser.: Vol. 2). (ENG., Illus.). (YA). pap. *(978-1-928346-36-4(7))* Cover2Cover Bks.

Lake of the Woods: A Story of the Backwoods (Classic Reprint) A. L. O. E. 2018. (ENG., Illus.). 228p. (J). 28.62 *(978-0-483-57585-1(2))* Forgotten Bks.

Lake Ontario. Joy Gregory. 2020. (Great Lakes Ser.). (ENG.). 32p. (J). lib. bdg. 22.99 *(978-1-5105-5478-8(5))* SmartBook Media, Inc.

Lake Placid Miracle: When U. S. Hockey Stunned the World. Blake Hoena. Illus. by Eduardo Garcia. 2018. (Greatest Sports Moments Ser.). (ENG.). 32p. (J). (gr. 3-9). lib. bdg. 31.32 *(978-1-5435-2867-1(8)*, 138370, Capstone Pr.) Capstone.

Lake Superior. Blaine Wiseman. 2020. (Great Lakes Ser.). (ENG.). 32p. (J). lib. bdg. 22.99 *(978-1-5105-5474-0(2))* SmartBook Media, Inc.

Lake Windermere Camp in the Canadian Pacific Rockies (Classic Reprint) Canadian Pacific Hotels. 2017. (ENG., Illus.). (J). 24.33 *(978-0-265-52728-3(7))*; pap. 7.97 *(978-0-282-66355-1(X))* Forgotten Bks.

Lakeland Folk Tales for Children. Taffy Thomas. 2017. (Folk Tales for Children Ser.). (ENG., Illus.). 192p. (J). (gr. 2-4). pap. 16.99 *(978-0-7509-6611-5(4))* History Pr. Ltd.,The GBR. Dist: Independent Pubs. Group.

Lakelore. Anna-Marie McLemore. 2022. (ENG.). 304p. (YA). 18.99 *(978-1-250-62414-7(2)*, 900224115) Feiwel & Friends.

Lakes, 1 vol. Arthur Best. 2017. (Our World of Water Ser.). (ENG.). 24p. (gr. 1-1). pap. 9.22 *(978-1-5026-3090-2(7)*, b84d621b-3ff3-40d5-9bd1-c42fb40e38ec) Cavendish Square Publishing LLC.

Lakes. John Willis. 2017. (Habitats Ser.). (ENG.). 24p. (J). lib. bdg. 22.99 *(978-1-5105-1969-5(6))* SmartBook Media, Inc.

Lakes & Ponds! With 25 Science Projects for Kids. Johannah Haney. Illus. by Tom Casteel. 2018. (Explore Your World Ser.). 96p. (J). (gr. 3-4). 19.95 *(978-1-61930-699-8(9)*, 00a6d3cb-2790-4c28-a74e-827594171c12) Nomad Pr.

Lakes & Rivers see Lagos y los Rios

Lakes & Rivers, 1 vol. Barbara Allman. 2019. (Investigate Earth Science Ser.). (ENG.). 24p. (gr. 2-2). pap. 10.95 *(978-1-9785-0868-2(9)*, 83b5dbc1-2ea3-426c-89a8-2a2f617c4718) Enslow Publishing, LLC.

Lakes & Rivers a Variety of Facts Children's Earth Sciences Book. Bold Kids. 2023. (ENG.). 42p. (J). pap. 14.99 *(978-1-0717-1902-2(5))* FASTLANE LLC.

Lakes in the Ocean & Other Cool Underwater Facts. Kimberly M. Hutmacher. 2019. (Mind-Blowing Science Facts Ser.). (ENG., Illus.). 32p. (J). (gr. 4-6). lib. bdg. 28.65 *(978-1-5435-5767-1(8)*, 139723) Capstone.

Lakes, Rivers, & Streams, 1 vol. Mina Flores. 2016. (Spotlight on Earth Science Ser.). (ENG.). 24p. (J). (gr. 4-6). pap. 11.00 *(978-1-4994-2522-2(8)*, 339a2b30-a428-4710-9e42-7f504f7c72fd, PowerKids Pr.) Rosen Publishing Group, Inc., The.

Lakesedge. Lyndall Clipstone. 2021. (World at the Lake's Edge Duology Ser.: 1). (ENG.). 384p. (YA). 18.99 *(978-1-250-75339-7(2)*, 900225359, Holt, Henry & Co. Bks. For Young Readers) Holt, Henry & Co.

Lakeside: A Memorial of the Planting of the Church in Northwestern Pennsylvania (Classic Reprint) Samuel John Mills Eaton. (ENG., Illus.). (J). 2019. 332p. 30.74 *(978-0-483-57935-4(1))*; 2016. pap. 13.57 *(978-1-333-41214-2(2))* Forgotten Bks.

Lakeside Musings (Classic Reprint) Ten Eyck White. 2017. (ENG., Illus.). (J). 292p. 29.92 *(978-0-332-53947-8(4))*; pap. 13.57 *(978-0-259-45252-2(1))* Forgotten Bks.

Lakeview Lyrics: A Book of Verses (Classic Reprint) Pupils of the Lakeview School. (ENG., Illus.). (J). 2018. 64p. 25.24 *(978-0-483-92090-3(8))*; 2016. pap. 9.57 *(978-1-334-25780-3(9))* Forgotten Bks.

Lakewood: A Story of to-Day (Classic Reprint) Mary Harriott Norris. 2018. (ENG., Illus.). 348p. (J). 31.07 *(978-0-484-48056-7(1))* Forgotten Bks.

Laki My Smart Dog. Norman Nollis. Illus. by John Robert Azuelo. 2019. (ENG.). 28p. (J). pap. *(978-1-925960-69-3(2))* Library For All Limited.

Lakme: Opera in Three Acts (Classic Reprint) Leo. Delibes. 2017. (ENG., Illus.). (J). 29.57 *(978-0-260-08500-9(6))*; pap. 11.97 *(978-1-5284-8262-2(X))* Forgotten Bks.

Lal (Classic Reprint) William Alexander Hammond. 2017. (ENG., Illus.). (J). 33.63 *(978-0-331-72403-5(0))* Forgotten Bks.

Lala Goes to Germany. Laveta L. Parker. 2022. (ENG.). 36p. (J). pap. 12.99 *(978-1-0880-1732-6(0))* Indy Pub.

Lala the Ladybug: Little Stories, Big Lessons. Jacqui Shepherd. 2018. (Bug Stories Ser.). (ENG., Illus.). 32p. (J). (gr. k-6). pap. *(978-1-77008-924-2(1))* Awareness Publishing.

Lalage's Lovers (Classic Reprint) George A. Birmingham. 2017. (ENG., Illus.). (J). 29.59 *(978-0-265-22205-8(2))* Forgotten Bks.

Lalani of the Distant Sea. Erin Entrada Kelly. (ENG.). 400p. (J). (gr. 3-7). 2020. pap. 7.99 *(978-0-06-274728-0(2))*; 2019. (Illus.). 16.99 *(978-0-06-274727-3(4))* HarperCollins Pubs. (Greenwillow Bks.).

Lala's Song: The Adventures of Princess Lala. Andrea Taylor. Illus. by Mahnoor Ali. 2022. (ENG.). 34p. (J). *(978-0-2288-8277-0(X))*; pap. *(978-0-2288-7868-1(3))* Tellwell Talent.

Lala's Words. Gracey Zhang. Illus. by Gracey Zhang. 2021. (ENG., Illus.). 48p. (J). (gr. -1-3). 18.99 *(978-1-338-64823-2(3)*, Orchard Bks.) Scholastic, Inc.

Lalibella the Laybug: Paints Her World. Kia Janeen Smith. 2017. (ENG., Illus.). 48p. (J). (gr. 1-3). 25.99 *(978-0-692-85409-9(6))* smith, kia.

Lali's Feather. Farhana Zia. Illus. by Stephanie Fizer Coleman. 32p. (J). (gr. -1-3). 2022. 7.99 *(978-1-68263-392-2(6))*; 2020. 17.99 *(978-1-68263-129-4(X))* Peachtree Publishing Co. Inc.

Lali's Flip-Flops. Farhana Zia. Illus. by Stephanie Fizer Coleman. 2023. 32p. (J). (gr. -1-3). 18.99 *(978-1-68263-493-6(0))* Peachtree Publishing Co. Inc.

Lally Sunshine All Around Camper. Leslie Chalson. 2022. (ENG.). 178p. (J). pap. 12.99 *(978-1-6678-2135-1(0))* BookBaby.

Lally's Game: an AFK Book (Five Nights at Freddy's: Tales from the Pizzaplex #1), 1 vol. Scott Cawthon et al. 2022. (Five Nights at Freddy's Ser.). (ENG.). 256p. (YA). (gr. 7). pap. 10.99 *(978-1-338-82730-9(8))* Scholastic, Inc.

Lalo Lespérance Never Forgot. Philippe Diederich. 2023. 256p. (J). (gr. 5). 17.99 *(978-0-593-35428-5(1)*, Dutton Books for Young Readers) Penguin Young Readers Group.

Lalu Apprend a Compter: Lalu Learns to Count in French - Volume 1. Harper James-Paul. 2022. (FRE.). 72p. (J). pap. 10.98 *(978-1-0880-4074-4(8))* Indy Pub.

Lalu Apprend l' Alphabet; Lalu Learns the Alphabet in French. Harper James-Paul. 2022. (FRE.). 84p. (J). pap. 10.98 *(978-1-0880-6502-0(3))* Indy Pub.

Lalu Learns the Alphabet: Volume 6 Library Edition. Harper James-Paul. 2022. (ENG.). 72p. (J). pap. 10.98 *(978-1-0880-5265-5(7))* Indy Pub.

Lalu Learns the Alphabet - Volume 1: Lalu Learns the Alphabet - Volume 1. Harper James-Paul. 2022. (Lalu Learns the Alphabet Ser.: Vol. 1). (ENG.). 76p. (J). pap. 12.99 *(978-1-0880-5095-8(6))* Indy Pub.

Lalu Learns the Alphabet - Volume 2: Lalu Learns the Alphabet - Volume 2. Harper James-Paul. 2nd l.t. ed. 2022. (Lalu Learns the Alphabet Ser.: Vol. 2). (ENG.). 76p. (J). pap. 10.98 *(978-1-0880-4495-7(6))* Indy Pub.

Lalu Learns the Alphabet - Volume 4: Lalu Learns the Alphabet - Volume 4. Harper James-Paul. 4th ed. 2022. (Lalu Learns the Alphabet Ser.: Vol. 4). (ENG.). 76p. (J). pap. 10.98 *(978-1-0880-4410-0(7))* Indy Pub.

Lam the Nao de Giau Mot Chu Su Tu. Helen Stephens. 2018. (VIE.). (J). *(978-604-55-2755-9(0))* Nha xuat ban Ha Noi.

L

Lamantin. Kate Riggs. 2018. (Planète Animaux Ser.). (FRE., Illus.). 24p. (J). *(978-1-77092-393-5(4)*, 19682) Creative Co., The.

Lamar Jackson. Ted Coleman. 2020. (PrimeTime: Superstar Quarterbacks Ser.). (ENG.). 32p. (J). (gr. 3-4). pap. 9.95 *(978-1-63494-229-4(9)*, 1634942299); lib. bdg. 31.35 *(978-1-63494-211-9(6)*, 1634942116) Pr. Room Editions LLC.

Lamar Jackson. Jon M. Fishman. 2020. (Sports All-Stars (Lerner (tm) Sports) Ser.). (ENG., Illus.). 32p. (J). (gr. 2-5). pap. 9.99 *(978-1-7284-1399-0(0)*, db501710-27fd-4216-86ff-50c7c42ec9a0); lib. bdg. 29.32 *(978-1-5415-9896-6(2)*, 509dc187-22a1-4d27-b86b-d152fccf2636) Lerner Publishing Group. (Lerner Pubns.).

Lamaze Busy Buzzy Bee. Rose Colombe. Ed. by Cottage Door Press. Illus. by Daniela Massironi. 2022. (ENG.). 12p. (J). (gr. -1 — 1). bds. 7.99 *(978-1-64638-427-3(X)*, 1007790) Cottage Door Pr.

Lamaze Feelings. Rose Colombe. Ed. by Cottage Door Press. Illus. by Charlotte Pepper. 2020. (ENG.). 10p. (J). (gr. -1 — 1). bds. 10.99 *(978-1-68052-789-6(4)*, 1005120) Cottage Door Pr.

Lamaze Good Morning (a Tuffy Book) A Color Book. Dawn Nesting. Ed. by Cottage Door Press. Illus. by Emily Emerson. 2021. (Tuffy Book Ser.). (ENG.). 10p. (J). (gr. -1 — 1). 8.99 *(978-1-64638-191-3(2)*, 1006930) Cottage Door Pr.

Lamaze Good Night (a Tuffy Book) A Counting Book. Dawn Nesting. Ed. by Cottage Door Press. Illus. by Lindsay Dale-Scott. 2021. (Tuffy Book Ser.). (ENG.). 10p. (J). (gr. -1 — 1). 8.99 *(978-1-64638-192-0(0)*, 1006940) Cottage Door Pr.

Lamaze Hoppy Little Frog. Rose Colombe. Ed. by Cottage Door Press. Illus. by Kathryn Selbert. 2019. (ENG.). 10p. (J). (gr. -1-k). bds. 10.99 *(978-1-68052-738-4(X)*, 1004590) Cottage Door Pr.

Lamaze My Growing Garden. Rose Colombe. Ed. by Cottage Door Press. Illus. by Charlotte Archer. 2019. (ENG.). 10p. (J). (gr. -1-k). bds. 10.99 *(978-1-68052-739-1(8)*, 1004600) Cottage Door Pr.

Lamb Books Book of Mormon Sight Reading Box Set. Tiffany Thomas. 2023. (ENG.). 400p. (J). pap. 24.99 ***(978-1-4621-4337-5(7))*** Cedar Fort, Inc./CFI Distribution.

Lamb Books New Testament Sight Reading Box Set. Tiffany Thomas. 2023. (ENG.). 400p. (J). pap. 24.99 ***(978-1-4621-4403-7(9))*** Cedar Fort, Inc./CFI Distribution.

Lamb Books Old Testament Sight Reading Box Set. Tiffany Thomas. 2022. (ENG.). 400p. (J). pap. 24.99 ***(978-1-4621-4336-8(9))*** Cedar Fort, Inc./CFI Distribution.

Lamb Called Love. Milly Bennitt-Young. Illus. by Bishoy Gendi. 2nd ed. 2018. (ENG.). 30p. (J). *(978-0-9946974-5-5(7))* Seraph Creative.

Lamb of God. TAN Books. 2021. (ENG., Illus.). (J). (gr. 2-2). pap. 24.95 *(978-1-5051-1921-3(9)*, 2952) TAN Bks.

Lamb, That Got Away. Jessica Hecket. 2018. (ENG., Illus.). 42p. (J). 16.99 *(978-0-9994364-5-5(7))* Jeriel Works.

Lambent 2017. Brad Craddock. 2017. (ENG., Illus.). 88p. (J). pap. *(978-1-387-01812-3(4))* Lulu Pr., Inc.

Lambent 2018. Brad Craddock. 2018. (ENG., Illus.). 86p. (J). pap. *(978-1-387-87547-4(7))* Lulu Pr., Inc.

Lambicorn. Joni Hess. 2019. (ENG.). 24p. (J). pap. 12.60 *(978-1-68471-151-2(7))* Lulu Pr., Inc.

Lamborghini. Jennifer Colby. 2022. (Floored! Supercars Ser.). (ENG., Illus.). 32p. (J). (gr. 4-8). pap. 14.21 *(978-1-6689-1113-6(2)*, 221058); lib. bdg. 32.07 *(978-1-6689-0953-9(7)*, 220920) Cherry Lake Publishing. (45th Parallel Press).

Lamborghini. S. L. Hamilton. 2022. (Xtreme Cars Ser.). (ENG., Illus.). 48p. (J). (gr. 3-9). lib. bdg. 34.22 *(978-1-5321-9607-2(5)*, 39503, Abdo & Daughters) ABDO Publishing Co.

Lamborghini: A Fusion of Technology & Power. Paul H. Cockerham. 2017. (Speed Rules! Inside the World's Hottest Cars Ser.: Vol. 8). (ENG., Illus.). 96p. (YA). (gr. 7-12). 25.95 *(978-1-4222-3833-2(4))* Mason Crest.

Lamborghini Aventador. Contrib. by Kaitlyn Duling. 2023. (Cool Cars Ser.). (ENG., Illus.). (J). (gr. 3-7). lib. bdg. 26.95 Bellwether Media.

Lamborghini Aventador. Julia Garstecki. 2019. (Epic Cars Ser.). (ENG.). 32p. (J). (gr. 4-6). pap. 9.99 *(978-1-64466-037-9(7)*, 12737); (Illus.). lib. bdg. *(978-1-68072-838-5(5)*, 12736) Black Rabbit Bks. (Bolt).

Lamborghini Aventador. Julia Garstecki. 2019. (Coches épicos Ser.). (SPA., Illus.). 32p. (J). (gr. 4-6). *(978-1-62310-215-9(4)*, 12891, Bolt) Black Rabbit Bks.

Lamborghini Aventador. Julie Murray. 2017. (Car Stars (Dash!) Ser.). (ENG., Illus.). 24p. (J). (gr. k-4). lib. bdg. 31.36 *(978-1-5321-2081-7(8)*, 26764, Abdo Zoom-Dash) ABDO Publishing Co.

Lamborghini Huracán. Thomas K. Adamson. 2019. (Ultimate Supercars Ser.). (ENG., Illus.). 32p. (J). (gr. 3-3). pap. 9.95 *(978-1-64494-237-6(2)*, 1644942372) Bigfoot Bks. GBR. Dist: North Star Editions.

Lambs. Anastasia Suen. 2019. (Spot Baby Farm Animals Ser.). (ENG.). 16p. (J). (gr. -1-2). lib. bdg. *(978-1-68151-534-2(2)*, 14495) Amicus.

Lamb's Lullaby. Kuhiwa Erwin. 2018. (ENG., Illus.). 20p. (J). 22.95 *(978-1-64299-908-2(3))* Christian Faith Publishing.

Lambs of Fairy Glen: An Almost True Story. Sheila Kogan. 2018. (ENG., Illus.). 74p. (J). (gr. 1-4). 25.00 *(978-0-578-40196-6(7))* Kogan, Sheila.

Lambslide. Ann Patchett. Illus. by Robin Preiss Glasser. 2019. (ENG.). 32p. (J). (gr. -1-3). 18.99 *(978-0-06-288338-4(0)*, HarperCollins) HarperCollins Pubs.

Lamby & Flossie's Tales from the Yard Pouch. Jude Lennon. Illus. by Holly Bushnell. 2018. (ENG.). 78p. (J). (gr. 1-3). pap. *(978-1-9997959-3-1(8))* Little Lamb Publishing.

Lamby & Flossies's Christmas Collection. Jude Lennon. Illus. by Holly Bushnell. 2022. (ENG.). 42p. (J). pap. ***(978-1-915083-03-6(6))*** Little Lamb Publishing.

Lamby Goes Camping. Jude Lennon. Illus. by Holly Bushnell. 2018. (ENG.). 24p. (J). (gr. k-2). pap. *(978-1-9997959-1-7(1))* Little Lamb Publishing.

Lame Boy: And How He Learned to Read & Write (Classic Reprint) Burden. 2018. (ENG., Illus.). 20p. (J). 24.31 *(978-0-267-28544-0(2))* Forgotten Bks.

Lame Dog's Diary: A Novel (Classic Reprint) Sarah Macnaughtan. 2017. (ENG., Illus.). (J). 30.54 *(978-0-266-71377-7(7))*; pap. 13.57 *(978-1-5276-6833-1(9))* Forgotten Bks.

Lame Dog's Diary (Classic Reprint) Sarah Macnaughtan. 2017. (ENG., Illus.). (J). 30.48 *(978-1-5279-7100-4(7))* Forgotten Bks.

Lame Princ: A Story (Classic Reprint) Aleksey Tolstoi. 2018. (ENG., Illus.). 170p. (J). 27.40 *(978-0-483-45337-1(4))* Forgotten Bks.

Lament of Dives (Classic Reprint) Walter Besant. 2016. (ENG., Illus.). (J). pap. 11.57 *(978-1-334-46855-1(9))* Forgotten Bks.

Lament of Purgatory. Brandon Chandler. 2020. (ENG.). 322p. (YA). pap. 15.95 *(978-1-393-06703-0(4))* Draft2Digital.

Lamentable History of the Beautiful & Accomplished Charlotte Temple: With an Account of Her Elopement with Lieutenant Montroville, & Her Misfortunes & Painful Sufferings, Are Herein Pathetically Depicted (Classic Reprint) Rowson Rowson. (ENG., Illus.). (J). 2018. 48p. 24.89 *(978-0-365-27470-4(4))*; 2017. pap. 9.57 *(978-0-259-22921-6(0))* Forgotten Bks.

l'Ami Imaginaire: Lis Avec Caillou, Niveau 3. Illus. by Eric Sevigny. 2021. (Lis Avec Caillou Ser.). (FRE.). 22p. (J). (gr. -1). 4.95 *(978-2-89718-474-2(4))* Caillouet, Gerry.

Lamia's Winter-Quarters (Classic Reprint) Alfred Austin. 2018. (ENG., Illus.). 206p. (J). 28.15 *(978-0-666-09510-7(8))* Forgotten Bks.

Lammie. Louise Reeves. 2023. (ENG.). 64p. (J). 34.29 ***(978-1-6678-9125-5(1))*** BookBaby.

Lamp. Ahmad Tabbaa. 2019. (ENG.). 40p. (J). pap. *(978-1-78830-212-8(5))* Olympia Publishers.

Lamp, 1944 (Classic Reprint) Bowman Gray School of Medicine. (ENG., Illus.). (J). 2018. 82p. 25.61 *(978-0-365-36583-9(1))*; 2017. pap. 9.57 *(978-0-259-92004-5(5))* Forgotten Bks.

Lamp in the Desert (Classic Reprint) Ethel May Dell. 2017. (ENG., Illus.). (J). 35.41 *(978-1-5284-8002-4(3))* Forgotten Bks.

Lamp-Lighters Across the Sea: A Story Study Book for Juniors (Classic Reprint) Margaret Applegarth. 2018. (ENG., Illus.). 132p. (J). 26.62 *(978-0-428-82183-8(9))* Forgotten Bks.

Lamp of Fate (Classic Reprint) Margaret Pedler. (ENG., Illus.). (J). 2018. 336p. 30.83 *(978-0-484-04641-1(1))*; 2017. pap. 13.57 *(978-0-243-95319-6(4))* Forgotten Bks.

Lamp of Heaven: A Chinese Play in One Act (Classic Reprint) L. Worthington Smith. 2018. (ENG., Illus.). 28p. (J). 24.47 *(978-0-267-50194-6(3))* Forgotten Bks.

Lamplighter (Classic Reprint) Maria S. Cummins. 2017. (ENG., Illus.). (J). 34.11 *(978-0-331-81018-9(2))* Forgotten Bks.

Lamplighter Picture Book, or the Story of Uncle True & Little Gerty, Vol. 1 (Classic Reprint) Maria S. Cummins. 2017. (ENG., Illus.). (J). 24.64 *(978-0-265-27914-4(3))* Forgotten Bks.

Lamprey Eels to Robots. Jennifer Colby. 2019. (21st Century Junior Library: Tech from Nature Ser.). (ENG., Illus.). 24p. (J). (gr. 2-5). pap. 12.79 *(978-1-5341-3953-4(2)*, 212641) Cherry Lake Publishing.

Lampreys to Robots. Jennifer Colby. 2019. (21st Century Junior Library: Tech from Nature Ser.). (ENG., Illus.). 24p. (J). (gr. 2-5). lib. bdg. 30.64 *(978-1-5341-4297-8(5)*, 212640) Cherry Lake Publishing.

Lamps of Fire (Classic Reprint) Marian Nesbitt. (ENG., Illus.). (J). 2018. 132p. 26.62 *(978-0-656-49207-7(4))*; 2017. pap. 9.57 *(978-0-259-19330-2(5))* Forgotten Bks.

Lan Lan's World Adventure. Adam Lewis Lavalley. 2020. (ENG.). 36p. (J). pap. 14.00 *(978-1-7947-6439-2(9))* Lulu Pr., Inc.

Lana Llama, 1 vol. Lori Doody. 2022. (ENG., Illus.). 32p. (J). (gr. -1-k). 9.95 *(978-1-927917-81-7(6))* Running the Goat, Bks. & Broadsides CAN. Dist: Orca Bk. Pubs. USA.

Lana Lynn & the New Watchdog, 1 vol. Rebecca Van Slyke. Illus. by Anca Sandu. 2021. 32p. (J). (gr. -1-3). 16.99 *(978-1-68263-196-6(6))* Peachtree Publishing Co. Inc.

Lana Lynn Howls at the Moon, 1 vol. Rebecca Van Slyke. Illus. by Anca Sandu. 2019. 32p. (J). (gr. -1-3). 16.95 *(978-1-68263-050-1(1))* Peachtree Publishing Co. Inc.

Lana Stresses Out: Book 2 of Lana's Adventures. Telly Stories. 2021. (ENG., Illus.). 18p. (J). pap. 12.95 *(978-1-6624-5980-1(7))* Page Publishing Inc.

Lana Wachowski, 1 vol. Jeff Mapua. 2016. (Transgender Pioneers Ser.). (ENG., Illus.). 112p. (J). (gr. 7-7). 38.80 *(978-1-5081-7160-7(2)*, 1c8beab0-561b-4ac8-aacf-658a66e31483) Rosen Publishing Group, Inc., The.

Lana's Dinner. Johannah Katz. 2022. (ENG.). 24p. (J). 14.99 ***(978-1-0880-7028-4(0))*** Indy Pub.

Lancashire Humour (Classic Reprint) Thomas Newbigging. 2018. (ENG., Illus.). 148p. (J). 26.95 *(978-0-267-51066-5(7))* Forgotten Bks.

Lancashire Legends: Selected from Roby's Traditions of Lancashire (Classic Reprint) John Roby. (ENG., Illus.). (J). 2018. 180p. 27.61 *(978-0-332-84683-5(0))*; 2016. pap. 10.57 *(978-1-333-33541-0(5))* Forgotten Bks.

Lancashire Witches: A Romance of Pendle Forest (Classic Reprint) William Harrison Ainsworth. 2017. (ENG., Illus.). (J). 34.79 *(978-0-266-44652-1(3))* Forgotten Bks.

Lancashire Witches, a Romance of Pendle Forest, Vol. 1 Of 3: In Three Volumes (Classic Reprint) William Harrison Ainsworth. 2018. (ENG., Illus.). (J). 30.66 *(978-0-266-92715-0(7))* Forgotten Bks.

Lancashire Witches, Vol. 1 of 2 (Classic Reprint) William Harrison Ainsworth. 2017. (ENG., Illus.). (J). 32.21 *(978-1-5281-7526-5(3))*; pap. 16.57 *(978-1-5277-1646-9(5))* Forgotten Bks.

Lancashire Witches, Vol. 3 Of 3: A Romance of Pendle Forest (Classic Reprint) William Harrison Ainsworth. 2017. (ENG., Illus.). (J). 32.02 *(978-0-331-84321-7(8))* Forgotten Bks.

Lancaster Sketch Book (Classic Reprint) Persis F. Chase. 2018. (ENG., Illus.). 118p. (J). 26.33 *(978-0-267-51068-9(3))* Forgotten Bks.

Lance Fart Pants. Dave Munsey. 2020. (ENG.). 36p. (J). 16.99 *(978-1-7354785-1-7(2))* Mindstir Media.

Lance-In-Rest (Classic Reprint) L. A. Talbot. 2018. (ENG., Illus.). 346p. (J). 31.05 *(978-0-332-95088-4(3))* Forgotten Bks.

Lance Saves the World. Tomas Palacios. ed. 2020. (I Can Read Ser.). (ENG.). 31p. (J). (gr. 2-3). 14.96 *(978-1-64697-197-8(3))* Penworthy Co., LLC, The.

Lancelot: The Greatest Knight in Camelot Children's Arthurian Folk Tales. Baby Professor. 2017. (ENG., Illus.). (J). pap. 7.89 *(978-1-5419-0360-9(9)*, Baby Professor (Education Kids)) Speedy Publishing LLC.

Lancelot of the Laik. Walter W. Skeat. 2017. (ENG.). 198p. (J). pap. *(978-3-7446-7450-8(9))* Creation Pubs.

Lancelot of the Laik: A Scottish Metrical Romance, (about 1490-1500 A. D.) (Classic Reprint) Walter W. Skeat. (FRE., Illus.). (J). 2018. 196p. 27.96 *(978-0-656-94929-8(5))*; 2017. pap. 10.57 *(978-0-282-70993-8(2))* Forgotten Bks.

Lancelot of the Laik: A Scottish Metrical Romance, (about 1490-1500 A. D.) (Classic Reprint) Walter William Skeat. 2018. (FRE., Illus.). (J). 190p. 27.82 *(978-1-391-44625-7(9))*; 192p. pap. 10.57 *(978-1-390-76251-8(3))* Forgotten Bks.

Lances of Lynwood. Charlotte Yonge. Illus. by Marguerite Deangeli. 2018. (ENG.). 222p. (J). (gr. 6). pap. 14.95 *(978-0-9991706-5-6(1))* Hillside Education.

Lances of Lynwood: Chivalry in England (Classic Reprint) Charlotte Mary Yonge. 2018. (ENG., Illus.). 330p. (J). 30.70 *(978-0-364-58023-3(2))* Forgotten Bks.

Lanchester of Brazenose (Classic Reprint) Ronald McDonald. 2018. (ENG., Illus.). 404p. (J). 32.25 *(978-0-267-22613-9(6))* Forgotten Bks.

Land: A Play in Three Acts (Classic Reprint) Padraic Colum. 2018. (ENG., Illus.). (J). 60p. 25.13 *(978-0-332-03993-0(5))*; 68p. 25.32 *(978-0-267-24346-4(4))* Forgotten Bks.

Land Ahead, Vol. 1 Of 3: A Novel (Classic Reprint) Courteney Grant. 2018. (ENG., Illus.). 818p. (J). 40.79 *(978-0-483-94859-4(4))* Forgotten Bks.

Land & Climate of Latin America, 1 vol. Therese Shea. 2017. (Exploring Latin America Ser.). (ENG.). 48p. (J). (gr. 6-7). pap. 15.05 *(978-1-68048-685-8(3)*, dba71570-3007-4b47-b8c8-ac27d9a4d9db, Britannica Educational Publishing) Rosen Publishing Group, Inc., The.

Land & Sea Tales (Classic Reprint) Unknown Author. 2018. (ENG., Illus.). (J). 298p. 30.04 *(978-1-396-40782-6(0))*; 300p. pap. 13.57 *(978-1-391-00185-2(0))* Forgotten Bks.

Land & Sea Tales (Classic Reprint) Rudyard Kipling. (ENG., Illus.). (J). 2018. 286p. 29.82 *(978-0-267-31928-2(2))*; 2016. pap. 13.57 *(978-1-333-47890-2(9))* Forgotten Bks.

Land & the People. 2016. (Land & the People Ser.). 48p. (gr. 5-5). pap. 84.30 *(978-1-4824-5327-0(4))*; (ENG.). lib. bdg. 201.60 *(978-1-4824-4975-4(7)*, cdb47273-4520-4f8a-95c8-ef4dc77aba76) Stevens, Gareth Publishing LLLP.

Land & the Sea & Baby Makes Three. Jai C. West. Illus. by Catherine Ryder. 2023. 28p. (J). 25.00 ***(978-1-6678-8864-4(1))*** BookBaby.

Land & Water Transportation. Tom Jackson. 2017. (Technology & Innovation Ser.). (ENG.). 48p. (J). lib. bdg. 34.99 *(978-1-5105-1979-4(3))* SmartBook Media, Inc.

Land at Last, Vol. 1 Of 3: A Novel; Making for Shore (Classic Reprint) Edmund Yates. (ENG., Illus.). (J). 2018. 304p. 30.17 *(978-0-484-50102-6(X))*; 2016. pap. 13.57 *(978-1-334-13648-1(3))* Forgotten Bks.

Land Beyond the Forest, Vol. 1 Of 2: Facts, Figures, & Fancies from Transylvania (Classic Reprint) Emily Gerard. 2017. (ENG., Illus.). (J). 32.06 *(978-1-5285-6936-1(9))* Forgotten Bks.

Land Beyond the Forest, Vol. 2 Of 2: Facts, Figures, & Fancies from Transylvania (Classic Reprint) Emily Gerard. (ENG., Illus.). (J). 2017. 32.27 *(978-0-331-90318-8(0))*; 2016. pap. 16.57 *(978-1-334-14783-8(3))* Forgotten Bks.

Land Beyond the Wall: An Immigration Story, 1 vol. Veronika Martenova Charles. 2017. (ENG., Illus.). 32p. (J). (gr. 1-3). 22.95 *(978-1-77108-465-9(0)*, 860b7e0b-a008-40be-850e-c3487eb27d1c) Nimbus Publishing, Ltd. CAN. Dist: Baker & Taylor Publisher Services (BTPS).

Land Beyond the Wall: An Immigration Story, 1 vol. Veronika Charles. 2nd ed. 2019. (ENG., Illus.). 32p. (J). pap. 9.95 *(978-1-77108-779-7(X)*, 007b5b81-f83d-4643-a906-fd5301ab47af) Nimbus Publishing, Ltd. CAN. Dist: Baker & Taylor Publisher Services (BTPS).

Land Biomes - 6 Pack: Set of 6 Bridges Edition with Common Core Teacher Materials. Laura McDonald. 2016. (Prime Ser.). (YA). (gr. 6-8). 69.00 *(978-1-5125-8842-2(3))* Benchmark Education Co.

Land Biomes - 6 Pack: Set of 6 with Common Core Teacher Materials. Laura McDonald. 2016. (Prime Ser.). (YA). (gr. 6-8). 69.00 *(978-1-5125-8824-8(5))* Benchmark Education Co.

Land Called Grief. Maddie Janes. Illus. by Helen Bucher. 2020. (ENG.). 34p. (J). pap. 9.99 *(978-0-578-74325-7(6))* Bjork Print.

Land Called Tarot. Gael Bertrand. 2017. (ENG., Illus.). 112p. (YA). 19.99 *(978-1-5343-0026-2(0)*, 850d6ec4-bae2-42ca-a3f0-a5bc3fd4bb03) Image Comics.

Land Christmas Forgot. David Purse. 2020. (ENG.). (J). 204p. *(978-1-913600-11-2(4))*; 220p. pap. *(978-1-913600-10-5(6))* Inked Entertainment Ltd.

Land Claimers (Classic Reprint) John Fleming Wilson. 2017. (ENG., Illus.). 310p. (J). 30.31 *(978-0-484-58864-5(8))* Forgotten Bks.

Land Girl's Love Story (Classic Reprint) Berta Ruck. 2017. (ENG., Illus.). (J). 31.53 *(978-0-265-73429-2(0))*; pap. 13.97 *(978-1-5276-9745-4(2))* Forgotten Bks.

Land Habitats. Alan Walker. 2021. (My First Science Bks.). (ENG., Illus.). 24p. (J). (gr. k-2). pap. *(978-1-4271-3037-2(X)*, 11575); lib. bdg. *(978-1-4271-3026-6(4)*, 11558) Crabtree Publishing Co.

Land in the Jar. Emilie Dufresne. Illus. by Maia Batumashvili. 2023. (Level 4 - Blue Set Ser.). (ENG.). 32p. (J). (gr. 1-3). lib. bdg. 19.95 Bearport Publishing Co., Inc.

Land Is Bright: A Play (Classic Reprint) Edna Ferber. 2017. (ENG., Illus.). (J). 27.77 *(978-0-260-04780-9(5))*; pap. 10.57 *(978-1-5278-8271-3(3))* Forgotten Bks.

Land, Labor & Gold; or, Two Years in Victoria, Vol. 1 Of 2: With Visits to Sydney & Van Diemen's Land (Classic Reprint) William Howitt. 2017. (ENG., Illus.). (J). 33.45 *(978-0-331-03715-9(7))* Forgotten Bks.

Land, Labour, & Gold; or Two Years in Victoria, Vol. 1 Of 2: With Visits to Sydney & Van Diemen's Land (Classic Reprint) William Howitt. 2018. (ENG., Illus.). 634p. (J). 36.97 *(978-0-267-81821-1(1))* Forgotten Bks.

Land Lies Pretty, Op-Jah-Mo-Mak-YA: A Story of the Great Sauk Trail in 1832 with an Introduction to the Northwest Territory (Classic Reprint) Merritt Greene. (ENG., Illus.). (J). 2018. 206p. 28.17 *(978-0-365-39542-3(0))*; 2017. pap. 10.57 *(978-0-259-49376-1(7))* Forgotten Bks.

Land Lover, & His Land (Classic Reprint) Martha McCulloch-Williams. 2018. (ENG., Illus.). 46p. (J). 24.87 *(978-0-365-19711-9(4))* Forgotten Bks.

Land o' the Dawning (Classic Reprint) Lindsay Russell. 2017. (ENG., Illus.). (J). 30.62 *(978-0-331-66718-9(5))* Forgotten Bks.

Land o' the Leal (Classic Reprint) David Lyall. 2018. (ENG., Illus.). 288p. (J). 29.86 *(978-0-484-10595-8(7))* Forgotten Bks.

Land of All Work & No Play. Suzan Manis. 2022. 64p. (J). pap. 14.99 *(978-1-6678-3069-8(4))* BookBaby.

Land of Beautiful Mermaids Coloring Book. Kreativ Entspannen. 2016. (ENG., Illus.). (J). pap. 9.20 *(978-1-68377-365-8(9))* Whlke, Traudl.

Land of Belching Bog. Katy Walton. 2019. (ENG., Illus.). 32p. (J). pap. *(978-0-244-79702-7(1))* Lulu Pr., Inc.

Land of Books: Dreams of Young Mexihcah Word Painters. Duncan Tonatiuh. 2022. (ENG., Illus.). 48p. (J). (gr. -1-3). 19.99 *(978-1-4197-4942-1(0)*, 1193201) Abrams, Inc.

Land of Broken Promises. Jane Kuo. 2023. (ENG.). 240p. (J). (gr. 3-7). 18.99 *(978-0-06-311904-8(8)*, Quill Tree Bks.) HarperCollins Pubs.

Land of Cockayne (Classic Reprint) Matilde Serao. 2018. (ENG., Illus.). (J). 374p. 31.63 *(978-0-332-96387-7(X))*; 338p. 30.87 *(978-0-484-10492-0(6))* Forgotten Bks.

Land of Cockayne, Vol. 1: Translated from the Italian; a Frontispiece & a Biographical Sketch (Classic Reprint) Matilde Serao. 2017. (ENG., Illus.). (J). 30.39 *(978-0-260-90985-5(8))*; pap. 13.57 *(978-1-5280-5663-2(9))* Forgotten Bks.

Land of Content (Classic Reprint) Edith Barnard Delano. 2018. (ENG., Illus.). 352p. (J). 31.16 *(978-0-483-50402-8(5))* Forgotten Bks.

Land of Counterpane. Tricia Price. 2020. (ENG.). 98p. (J). pap. *(978-1-913294-66-3(8))* TSL Pubns.

Land of Dragons. Beth McMullen. 2023. (Secret of the Storm Ser.: 2). (ENG.). 272p. (J). (gr. 4-8). 17.99 *(978-1-5344-8288-3(1)*, Aladdin) Simon & Schuster Children's Publishing.

Land of Dragons. Michael Thame. 2019. (Conyers Street Gang Ser.: Vol. 4). (ENG.). 230p. (J). pap. *(978-1-912494-03-3(5))* Book Bubble Pr.

Land of Dunes, or with Frank Reade, Jr., in the Desert of Gobi: An Exciting Story of Central Asia (Classic Reprint) Luis Senarens. 2018. (ENG., Illus.). (J). 20p. 24.33 *(978-1-396-68358-9(5))*; 22p. pap. 7.97 *(978-1-391-92969-9(1))* Forgotten Bks.

Land of Enchantment (Classic Reprint) Arthur Rackham. 2018. (ENG., Illus.). (J). 26.95 *(978-0-260-45760-8(4))* Forgotten Bks.

Land of Every Man (Classic Reprint) Albert Kinross. (ENG., Illus.). (J). 2018. 264p. 29.36 *(978-0-483-52908-3(7))*; 2017. pap. 11.97 *(978-0-243-14286-6(2))* Forgotten Bks.

Land of Failed Witches: A Leafy Tom Adventure. Robin Buckallew. 2021. (ENG.). 217p. (YA). pap. *(978-1-716-37233-9(X))* Lulu Pr., Inc.

Land of Fake Believe (Happily Ever after Series, Book #1) Laurel Solorzano. 2022. (ENG.). 210p. (J). pap. 10.99 *(978-1-7373974-5-8(5))* Solorzano, Laurel.

Land of Forgetfulness (Classic Reprint) Katharine Kester. 2018. (ENG., Illus.). 40p. (J). 24.72 *(978-0-484-10102-8(1))* Forgotten Bks.

Land of Forgotten Girls. Erin Entrada Kelly. (ENG.). (J). (gr. 3-7). 2017. 320p. pap. 9.99 *(978-0-06-223865-8(5))*; 2016. 304p. 16.99 *(978-0-06-223864-1(7))* HarperCollins Pubs. (Greenwillow Bks.).

Land of Frost & Fire (Classic Reprint) Elmer U. Hoenshel. 2018. (ENG., Illus.). 126p. (J). 26.52 *(978-0-267-66777-2(9))* Forgotten Bks.

Land of Frozen Suns: A Novel (Classic Reprint) Bertrand W. Sinclair. 2018. (ENG., Illus.). 318p. (J). 30.48 *(978-0-428-63620-3(9))* Forgotten Bks.

Land of Fun. Yasmin Fattahi & Zahra Mahdavi. 2021. (ENG.). 24p. (J). pap. *(978-1-5255-7138-1(9))*; *(978-1-5255-7137-4(0))* FriesenPress.

Land of Ghee: Welcome to Our Home. Illus. by Jared Carson. 2021. (ENG.). 32p. (J). pap. 12.99 *(978-1-6629-1809-4(7))* Gatekeeper Pr.

Land of Ghee: Welcome to Our Home. Kim Jorion. Illus. by Jared Carson. 2021. (Land of Ghee Ser.: Vol. 1). (ENG.). 34p. (J). 19.99 *(978-1-6629-1502-4(0))* Gatekeeper Pr.

Land of Ghee 2: Tinkles Birthday. Kim Jorion. Illus. by Jared Carson. 2022. (Land of Ghee Ser.: Vol. 2). (ENG.). 30p. (J). 19.99 *(978-1-6629-2110-0(1))*; pap. 12.99 *(978-1-6629-2111-7(X))* Gatekeeper Pr.

Land of Giant Pineapples. Judy Rankin. 2021. (ENG.). 105p. (J). pap. *(978-1-4457-1495-0(7))* Lulu Pr., Inc.

Land of Giants: The Biggest Beasts That Ever Roamed the Earth. Clive Gifford. Illus. by Howard Gray. 2022. (ENG.). 64p. (J). (gr. 1-3). 19.95 *(978-1-78312-850-1(X))* Welbeck Publishing Group Ltd. GBR. Dist: Two Rivers Distribution.

Land of Gold: A Tale of 49, Illustrative of Early Pioneer Life in California, & Founded upon Fact, Dedicated to California Pioneers (Classic Reprint) George. G. Spurr. 2018. (ENG., Illus.). 308p. (J). 30.15 *(978-0-484-47048-3(5))* Forgotten Bks.

Land of Gold: Or Three Years in California (Classic Reprint) Walter Colton. 2018. (ENG., Illus.). 456p. (J). 33.32 *(978-0-666-89082-5(X))* Forgotten Bks.

1120

The check digit for ISBN-10 appears in parentheses after the full ISBN-13

Land of Health, How Children May Become Citizens of the Land of Health (Classic Reprint) Grace T. Hallock. 2017. (ENG., Illus.). (J). 28.33 *(978-1-5285-5229-5(6))* Forgotten Bks.

Land of Health; How Children May Become Citizens of the Land of Health of Learning & Obeying Its Laws. Grace T. Hallock. 2017. (ENG., Illus.). (J). pap. *(978-0-649-62456-0(4))* Trieste Publishing Pty Ltd.

Land of Heather (Classic Reprint) Clifton Johnson. 2017. (ENG., Illus.). (J). 31.57 *(978-0-266-22643-7(4))* Forgotten Bks.

Land of Jacmel. Stephanie Gaston. 2022. (Luca & Lucky Adventures Ser.). (ENG.). 24p. (J). (gr. 2-4). pap. 8.95 *(978-1-63897-624-0(4)*, 20571); lib. bdg. 27.93 *(978-1-63897-509-0(4)*, 20570) Seahorse Publishing.

Land of Joy (Classic Reprint) Ralph Henry Barbour. 2017. (ENG., Illus.). (J). 32.72 *(978-0-331-75124-6(0))* Forgotten Bks.

Land of Last Chance (Classic Reprint) George Washington Ogden. (ENG., Illus.). (J). 2018. 340p. 30.91 *(978-0-483-60108-6(X))*; 2017. pap. 13.57 *(978-0-243-09321-2(7))* Forgotten Bks.

Land of Little Rain. Mary Austin. 2019. (ENG.). 302p. (YA). (gr. 9). pap. *(978-93-5380-523-4(6))* Alpha Editions.

Land of Little Rain (Classic Reprint) Mary Austin. 2017. (ENG., Illus.). (J). 30.29 *(978-0-260-30237-3(6))* Forgotten Bks.

Land of Long Ago (Classic Reprint) Eliza Calvert Hall. 2017. (ENG., Illus.). 330p. (J). 30.72 *(978-0-484-08421-5(6))* Forgotten Bks.

Land of Lost Toys (Classic Reprint) Juliana Horatia Ewing. 2018. (ENG., Illus.). 96p. (J). 25.88 *(978-0-332-68961-6(1))* Forgotten Bks.

Land of Loyal & True: Where Do Stuffed Toys Go When Old? Patty O'Bryan Penrod. 2020. (ENG., Illus.). 30p. (YA). 24.95 *(978-1-64334-906-0(6))* Page Publishing Inc.

Land of Lure: A Story of the Columbia River Basin (Classic Reprint) Elliott Smith. 2018. (ENG., Illus.). 252p. (J). 29.09 *(978-0-267-65853-4(2))* Forgotten Bks.

Land of Magical Surprises. Martin Heath & Leah Heath. 2017. (ENG., Illus.). (J). (gr. k-5). pap. *(978-1-78719-567-7(8))* Authors OnLine, Ltd.

Land of Make-Believe: A Book of Poems by Eugene Field, & the Story of the Children of Mother Goose by Viola R. Lowe (Classic Reprint) Eugene Field. 2017. (ENG., Illus.). 98p. (J). 25.92 *(978-1-5281-5972-2(1))* Forgotten Bks.

Land of Make-Believe: A World for Little Actors (Classic Reprint) Mary Gardner. (ENG., Illus.). (J). 2018. 178p. 27.57 *(978-0-484-73105-8(X))*; 2017. pap. 9.97 *(978-0-243-16262-8(6))* Forgotten Bks.

Land of Mar: Desdemona's Dreams, Volume 2. Zachary Warren Mohr. 2016. (Desdemona's Dreams Ser.: 2). (ENG., Illus.). (J). (gr. k-6). 19.99 *(978-0-9968874-2-7(3))* Desdemona's Dreams LLC.

Land of More & More. Michael Brubaker. 2016. (ENG., Illus.). (J). pap. 12.95 *(978-1-68197-247-3(6))* Christian Faith Publishing.

Land of Mystery (Classic Reprint) Unknown Author. 2018. (ENG., Illus.). 224p. (J). 28.52 *(978-0-267-42386-6(1))* Forgotten Bks.

Land of Mystery (Classic Reprint) Cleveland Moffett. 2018. (ENG., Illus.). 428p. (J). 32.74 *(978-0-484-54296-8(6))* Forgotten Bks.

Land of Myth & Magic Children's Norse Folktales. Baby Professor. 2017. (ENG., Illus.). (J). pap. 7.89 *(978-1-5419-0262-6(9)*, Baby Professor (Education Kids)) Speedy Publishing LLC.

Land of Nebra. Cheecowah Jack. 2020. (ENG.). 322p. (YA). pap. 14.99 *(978-1-970160-14-7(4))* EC Publishing LLC.

Land of Neverendings. Kate Saunders. 2017. (ENG.). 336p. (J). 14.50 *(978-0-571-31084-5(2)*, Faber & Faber Children's Bks.) Faber & Faber, Inc.

Land of Nightmares. David Purse. 2022. (ENG.). (J). 278p. *(978-1-913600-14-3(9))*; 302p. pap. *(978-1-913600-13-6(0))* Inked Entertainment Ltd.

Land of No: A Story of Positivity. Sharon Goldman. 2021. (ENG.). 48p. (J). 24.95 *(978-0-9600897-4-1(8))* Toolywoo Publishing.

Land of No: A Story of Positivity. Sharon Goldman. Illus. by Sharon Goldman. 2021. (ENG.). 48p. (J). pap. 14.95 *(978-0-9600897-3-4(X))* Toolywoo Publishing.

Land of No Rules. Cerita D. Bethea. Illus. by Olivia Mole. 2023. 28p. (J). pap. 7.99 ***(978-1-6678-9684-7(9))*** BookBaby.

Land of Nod. Suzanne Bennett. 2017. (ENG., Illus.). 57p. (J). (gr. k-1). pap. *(978-1-910864-93-7(5)*, Choir Pr., The) Action Publishing Technology Ltd.

Land of Noir: Book I: the Calling. Frederick Lee Bobola. Illus. by Shawn Vento. 2018. (ENG.). 448p. (YA). (gr. 7-12). 24.99 *(978-0-692-16136-4(8))* Bobola, Frederick.

Land of Numbers: A Math Teaching Story for Pre-K & Kindergarten Children. James V. Delaura. 2018. (ENG., Illus.). 24p. (J). pap. 12.95 *(978-1-64299-575-6(4))* Christian Faith Publishing.

Land of Odd: Oodles of Noodles in the Zoodle. Judy Darlyn. 2021. (ENG.). 34p. (J). 17.50 ***(978-1-0880-0195-0(5))*** Indy Pub.

Land of Open Doors: Being Letters from Western Canada (Classic Reprint) John Burgon Bickersteth. (ENG., Illus.). (J). 2018. 346p. 30.99 *(978-0-428-69935-2(9))*; 2016. pap. 13.57 *(978-1-334-14560-5(1))* Forgotten Bks.

Land of Oz: Being an Account of the Further Adventures of the Scarecrow & Tin Woodman, & Also the Strange Experiences of the Highly Magnified Woggle-Bug, Jack Pumpkin-Head, the Animated Saw-Horse, & the Gump; the Story Being a Sequel to the Wiza. L. Frank Baum. 2018. (ENG., Illus.). 308p. (J). 30.25 *(978-0-267-12033-8(8))* Forgotten Bks.

Land of Pardons (Classic Reprint) Anatole Le Braz. 2018. (ENG., Illus.). 426p. (J). 32.68 *(978-0-364-70829-3(8))* Forgotten Bks.

Land of Perception & Time: A Mystical Journey of Self-Discovery. Kevin Murphy. 2022. (ENG.). 170p. (J). pap. 14.95 ***(978-1-956503-51-7(X))*** Waterside Pr.

Land of Permanent Goodbyes. Atia Abawi. 2019. 304p. (YA). (gr. 7). pap. 11.99 *(978-0-399-54685-3(5)*, Penguin Books) Penguin Young Readers Group.

Land of Plaid. Terry Sanfilippo. Illus. by Terry Sanfilippo. 2018. (ENG., Illus.). 34p. (J). 17.95 *(978-0-9997064-1-1(1))* Dancing Spirit Publishing, LLC.

Land of Pluck. Mary Mapes Dodge. 2017. (ENG.). (J). 332p. pap. *(978-3-7447-6932-7(1))*; 328p. pap. *(978-3-7447-7021-7(4))* Creation Pubs.

Land of Pluck: Stories & Sketches for Young Folk (Classic Reprint) Mary Mapes Dodge. 2017. (ENG., Illus.). (J). 30.70 *(978-1-5285-8806-5(1))* Forgotten Bks.

Land of Poppies (ESP) Gabriella Eva Nagy. 2016. (SPA., Illus.). (J). pap. 11.95 *(978-1-61244-462-8(8))* Halo Publishing International.

Land of Promise: A Comedy in Four Acts (Classic Reprint) Somerset Maugham. (ENG., Illus.). (J). 2018. 170p. 27.42 *(978-0-484-57552-2(X))*; 2016. pap. 9.97 *(978-1-334-16042-4(2))* Forgotten Bks.

Land of Promise: A Novelization of W. Somerset Maugham's Play (Classic Reprint) D. Torbett. 2017. (ENG., Illus.). 336p. (J). 30.83 *(978-0-332-80050-9(4))* Forgotten Bks.

Land of Punch & Judy: A Book of Puppet Plays for Children (Classic Reprint) Mary Stewart. 2017. (ENG., Illus.). (J). 27.28 *(978-0-266-22538-6(1))* Forgotten Bks.

Land of Purple Shadows (Classic Reprint) Idah Meacham Strobridge. 2017. (ENG., Illus.). (J). 26.95 *(978-0-265-16792-2(2))* Forgotten Bks.

Land of Red, White, & Blue. Sarah White. 2022. (ENG., Illus.). 24p. (J). 23.95 *(978-1-68570-323-3(2))*; pap. 12.95 *(978-1-68570-083-6(7))* Christian Faith Publishing.

Land of Regrets: A Miss. Sahib's Reminiscences (Classic Reprint) Isabel Fraser Hunter. (ENG., Illus.). (J). 2018. 324p. 30.58 *(978-0-484-23338-5(6))*; 2016. pap. 13.57 *(978-1-333-69395-4(8))* Forgotten Bks.

Land of Reindeer. A. D. Ariel. 2016. (Spring Forward Ser.). (J). (gr. 2). *(978-1-4900-9462-5(8))* Benchmark Education Co.

Land of Rip Van Winkle: A Tour Through the Romantic Parts of the Catskills; Its Legends & Traditions (Classic Reprint) A. E. P. Searing. 2018. (ENG., Illus.). 160p. (J). 27.22 *(978-0-365-17633-6(8))* Forgotten Bks.

Land of Roar. Jenny McLachlan. Illus. by Ben Mantle. (Land of Roar Ser.: 1). (ENG.). (J). (gr. 3-7). 2021. 320p. pap. 7.99 *(978-0-06-298272-8(9))*; 2020. 304p. 16.99 *(978-0-06-298271-1(0))* HarperCollins Pubs. (HarperCollins).

Land of Seven Towers see Pais de las Siete Torres

Land of Shapes: And Contractions. Malinda Yancy-White. 2020. (ENG., Illus.). 40p. (J). 24.95 *(978-1-6624-1404-6(8))* Page Publishing Inc.

Land of Silence (Classic Reprint) George Brown Burgin. 2018. (ENG., Illus.). 330p. (J). 30.72 *(978-0-365-51440-4(3))* Forgotten Bks.

Land of Sleep. Edna Buckle. 2020. (ENG., Illus.). 18p. (J). pap. 12.95 *(978-1-0980-4957-7(8))* Christian Faith Publishing.

Land of Stolen Dreams. Geraldine Cusack. 2016. (ENG., Illus.). (YA). (gr. 7-12). pap. 10.95 *(978-1-68181-733-0(0))* Strategic Book Publishing & Rights Agency (SBPRA).

Land of Stories. Chris Colfer. 2019. (CHI.). (J). (gr. 3-7). pap. *(978-957-521-349-7(1))* Culture, Tony Co., Ltd.

Land of Stories: A Treasury of Classic Fairy Tales. Chris Colfer. Illus. by Brandon Dorman. 2016. 323p. (J). *(978-0-316-55193-9(7))* Little Brown & Co.

Land of Stories: a Treasury of Classic Fairy Tales. Chris Colfer. 2016. (Land of Stories Ser.). (ENG., Illus.). 336p. (J). (gr. 3-7). 26.99 *(978-0-316-35591-9(7))* Little, Brown Bks. for Young Readers.

Land of Stories: an Author's Odyssey. Chris Colfer. (Land of Stories Ser.: 5). (ENG., Illus.). 464p. (J). (gr. 3-7). 2017. pap. 9.99 *(978-0-316-38321-9(X))*; 2016. 19.99 *(978-0-316-38329-5(5))* Little, Brown Bks. for Young Readers.

Land of Stories Complete Paperback Gift Set. Chris Colfer. 2018. (Land of Stories Ser.). (ENG.). 2896p. (J). (gr. 3-7). pap. 60.00 *(978-0-316-48084-0(3))* Little, Brown Bks. for Young Readers.

Land of Stories: the Ultimate Book Hugger's Guide. Chris Colfer. (Land of Stories Ser.). (ENG., Illus.). (J). (gr. 3-7). 2020. 288p. pap. 11.99 *(978-0-316-52343-1(7))*; 2018. 256p. 21.99 *(978-0-316-52330-1(5))* Little, Brown Bks. for Young Readers.

Land of Stories: the Wishing Spell: 10th Anniversary Illustrated Edition. Chris Colfer. 10th ed. 2022. (Land of Stories Ser.). (ENG., Illus.). 496p. (J). (gr. 3-7). 24.99 *(978-0-316-45346-2(3))* Little, Brown Bks. for Young Readers.

Land of Stories: Worlds Collide. Chris Colfer. (Land of Stories Ser.: 6). (ENG.). (J). (gr. 3-7). 2018. 464p. pap. 9.99 *(978-0-316-35588-9(7))*; 2017. 448p. 19.99 *(978-0-316-35589-6(5))*; 2017. 560p. 43.99 *(978-0-316-55251-6(8))* Little, Brown Bks. for Young Readers.

Land of Strong Men (Classic Reprint) A. M. Chisholm. 2018. (ENG., Illus.). 438p. (J). 32.95 *(978-0-267-26098-0(9))* Forgotten Bks.

Land of Sunshine, Vol. 10: The Magazine of California & the West; December, 1898, to May, 1899 (Classic Reprint) Charles F. Lummis. 2018. (ENG., Illus.). 586p. (J). 35.98 *(978-0-267-53140-0(0))* Forgotten Bks.

Land of Sunshine, Vol. 9: The Magazine of California & the West; June to November, 1898 (Classic Reprint) Charles F. Lummis. (ENG., Illus.). (J). 2018. 512p. 34.46 *(978-0-267-78742-5(1))*; 2016. pap. 16.97 *(978-1-334-35280-5(1))* Forgotten Bks.

Land of Telleny. Sasha Parker. 2023. (ENG.). 106p. (J). pap. ***(978-1-3984-9785-6(1))*** Austin Macauley Pubs. Ltd.

Land of That's Not Right. Sos Ingamells. Illus. by Kasey. 2020. (ENG.). 20p. (J). pap. *(978-1-80049-234-9(0))* Independent Publishing Network.

Land of the Aleph Bes: A Wonder Play for Jewish Children in Nine Scenes (Classic Reprint) Samuel S. Grossman. 2018. (ENG., Illus.). 112p. (J). 26.23 *(978-0-267-28103-9(X))* Forgotten Bks.

Land of the Blue Flower. Frances Burnett. 2020. (ENG.). (J). 146p. 17.95 *(978-1-64799-781-6(X))*; 144p. pap. 9.95 *(978-1-64799-780-9(1))* Bibliotech Pr.

Land of the Blue Flower. Frances Burnett. 2017. (ENG., Illus.). (J). pap. *(978-1-76057-095-8(8))* Trieste Publishing Pty Ltd.

Land of the Blue Flower (Classic Reprint) Frances Burnett. 2017. (ENG., Illus.). (J). 25.26 *(978-0-265-61372-6(8))* Forgotten Bks.

Land of the Blue Gown (Classic Reprint) Archibald Little. 2017. (ENG., Illus.). (J). 31.73 *(978-0-265-38891-4(0))* Forgotten Bks.

Land of the Changing Sun (Classic Reprint) Will N. Harben. 2018. (ENG., Illus.). 246p. (J). 28.97 *(978-0-483-50670-1(2))* Forgotten Bks.

Land of the Cranes (Scholastic Gold) Aida Salazar. 2022. (ENG.). 272p. (J). (gr. 3-7). pap. 8.99 *(978-1-338-34386-1(6)*, Scholastic Pr.) Scholastic, Inc.

Land of the Dawning: Being Facts Gleaned from Cannibals in the Australian Stone Age (Classic Reprint) W. H. Willshire. (ENG., Illus.). (J). 2018. 108p. 26.12 *(978-0-365-33787-4(0))*; 2017. pap. 9.57 *(978-0-259-41846-7(3))* Forgotten Bks.

Land of the Dinosaurs. Shawn Barry Farewell. Illus. by Nick Welsh. 2020. (Adventure Closet Ser.). (ENG.). 40p. (J). pap. *(978-1-5255-7916-5(9))*; *(978-1-5255-7915-8(0))* FriesenPress.

Land of the Dinosaurs! Seek & Find Activity Book. Kreative Kids. 2016. (ENG., Illus.). (J). pap. 10.81 *(978-1-68377-059-6(5))* Whlke, Traudl.

Land of the Forgotten Mermaids. Kristen Lewis. 2022. (ENG., Illus.). 30p. (J). pap. 13.95 *(978-1-6624-7436-1(9))* Page Publishing Inc.

Land of the Great Turtles. Brad Wagnon. Illus. by Alex Stephenson. 2018. (ENG.). (J). (gr. k-4). pap. 14.00 *(978-1-939054-90-6(7))* Rowe Publishing.

Land of the Laurel: A Story of the Alleghanies (Classic Reprint) Oren F. Morton. 2017. (ENG., Illus.). (J). 29.30 *(978-0-265-56997-9(4))*; pap. 11.97 *(978-0-282-83696-2(9))* Forgotten Bks.

Land of the Lingering Snow. Frank Bolles. 2017. (ENG.). 244p. (J). pap. *(978-3-337-25299-1(0))* Creation Pubs.

Land of the Lingering Snow: Chronicles of a Stroller in New England from January to June. Frank Bolles. 2017. (ENG., Illus.). (J). pap. *(978-0-649-62459-1(9))* Trieste Publishing Pty Ltd.

Land of the Lingering Snow: Chronicles of a Stroller in New England from January to June (Classic Reprint) Frank Bolles. 2018. (ENG., Illus.). 242p. (J). 28.89 *(978-0-656-04755-0(0))* Forgotten Bks.

Land of the Living: A Novel (Classic Reprint) Maude Radford Warren. (ENG., Illus.). (J). 2018. 330p. 30.70 *(978-0-267-00426-3(5))*; 2017. pap. 13.57 *(978-0-243-97347-7(0))* Forgotten Bks.

Land of the Long Night (Classic Reprint) Unknown Author. 2018. (ENG., Illus.). 332p. (J). 30.74 *(978-0-267-09721-0(2))* Forgotten Bks.

Land of the Lost. Marianne Hering. 2023. (AIO Imagination Station Bks.: 30). (ENG.). 176p. (J). 11.99 *(978-1-64607-016-9(X)*, 20_36092) Focus on the Family Publishing.

Land of the O-O. Ash Slivers. 2017. (ENG.). 316p. (J). pap. *(978-3-7447-9281-3(1))* Creation Pubs.

Land of the O-O: Facts, Figures, Fables, & Fancies (Classic Reprint) Ash Slivers. 2017. (ENG., Illus.). 320p. (J). 30.50 *(978-0-332-43703-3(5))* Forgotten Bks.

Land of the Scarlet Leaf (Classic Reprint) A. E. Taylor. (ENG., Illus.). (J). 2018. 338p. 30.89 *(978-0-364-01106-5(8))*; 2017. pap. 13.57 *(978-0-243-51149-5(3))* Forgotten Bks.

Land of the Sphinx: With One Hundred & Eighty-Six Illustrations (Classic Reprint) G. Montbard. (ENG., Illus.). (J). 2017. 31.73 *(978-0-266-82171-7(5))*; 2016. pap. 16.57 *(978-1-334-11842-5(6))* Forgotten Bks.

Land of the Spirit (Classic Reprint) Thomas Nelson Page. (ENG., Illus.). (J). 2018. 286p. 29.82 *(978-0-483-60334-9(1))*; 2016. pap. 13.57 *(978-1-333-29060-3(8))* Forgotten Bks.

Land of the Spring Dragon, 14. Tracey West. ed. 2019. (Branches Early Ch Bks). (ENG.). 90p. (J). (gr. 2-3). 15.36 *(978-1-64697-100-8(0))* Penworthy Co., LLC, The.

Land of the Spring Dragon: a Branches Book (Dragon Masters #14) Tracey West. Illus. by Matt Loveridge. 2019. (Dragon Masters Ser.: 14). (ENG.). 96p. (J). (gr. 1-3). pap. 4.99 *(978-1-338-26374-9(9))* Scholastic, Inc.

Land of the Spring Dragon: a Branches Book (Dragon Masters #14) (Library Edition) Tracey West. Illus. by Matt Loveridge. 2019. (Dragon Masters Ser.: 14). (ENG.). 96p. (J). (gr. 1-3). 24.99 *(978-1-338-26375-6(7))* Scholastic, Inc.

Land of the Sun: Vistas Mexicanas (Classic Reprint) Christian Reid. 2018. (ENG., Illus.). 404p. (J). 32.23 *(978-0-483-19932-3(X))* Forgotten Bks.

Land of the Tatami: Travels in Japan (Classic Reprint) George T. Murray. 2017. (ENG., Illus.). (J). 27.05 *(978-0-265-35526-8(5))* Forgotten Bks.

Land of the Torreones (Classic Reprint) Clarence Budington Kelland. (ENG., Illus.). (J). 2018. 284p. 29.75 *(978-0-483-59647-4(7))*; 2017. pap. 13.57 *(978-0-243-25723-2(6))* Forgotten Bks.

Land of the White Birds. Volker Schmidt. 2016. (ENG., Illus.). (J). *(978-3-7323-7303-1(7))*; pap. *(978-3-7323-7302-4(9))* tredition Verlag.

Land of Topsy Turvy. Roy Lancaster. 2019. (ENG., Illus.). 18p. (J). pap. *(978-1-5289-0410-0(9))* Austin Macauley Pubs. Ltd.

LAND of UNANSWERED QUESTIONS. 2021. (ENG.). 30p. (J). 18.99 *(978-1-7357418-4-0(1))* D&L Bks. LLC.

Land of Unicorns Coloring Book. Activity Book Zone for Kids. 2016. (ENG., Illus.). (J). pap. 9.20 *(978-1-68376-401-4(3))* Sabeels Publishing.

Land of Veiled Women: Some Wanderings in Algeria, Tunisia & Morocco (Classic Reprint) John Foster Fraser. 2017. (ENG., Illus.). (J). 30.27 *(978-0-265-66599-2(X))* Forgotten Bks.

Land of Witches. Jewell S. Claxton. 2019. (ENG., Illus.). 28p. (J). pap. 12.95 *(978-1-64096-203-3(4))* Newman Springs Publishing, Inc.

Land of Witches: The Sorcerer's Dream. Jewell Claxton. 2020. (ENG., Illus.). 28p. (J). pap. 13.95 *(978-1-64531-811-8(7))* Newman Springs Publishing, Inc.

Land of Wonders (Classic Reprint) Edward S. Ellis. 2018. (ENG., Illus.). 274p. (J). 29.57 *(978-0-483-34882-0(1))* Forgotten Bks.

Land of Yesterday. K. A. Reynolds. 2019. (ENG., Illus.). 288p. (J). (gr. 3-7). pap. 6.99 *(978-0-06-267393-0(9)*, HarperCollins) HarperCollins Pubs.

Land of Zamora. Cynthia Martinez. 2023. (ENG.). 138p. (YA). ***(978-1-312-54078-1(8))*** Lulu Pr., Inc.

Land Pollution: Discover Pictures & Facts about Land Pollution for Kids! a Earth Science Book for Children. Bold Kids. 2021. (ENG.). 30p. (J). pap. 11.99 *(978-1-0717-0831-6(7))* FASTLANE LLC.

Land Puffin, 1 vol. Lori Doody. 2021. (ENG., Illus.). 32p. (J). pap. 9.95 *(978-1-77108-935-7(0)*, cba7d71d-b055-478d-a9bf-3ca7a550e733) Nimbus Publishing, Ltd. CAN. Dist: Baker & Taylor Publisher Services (BTPS).

Land Remembered: the Graphic Novel. Patrick D. Smith. Illus. by Andre Frattino. 2018. 320p. (J). (gr. -1-12). pap. 14.95 *(978-1-68334-021-8(3))* Pineapple Pr., Inc.

Land Rovers. Kenny Abdo. 2017. (Off Road Vehicles Ser.). (ENG., Illus.). 24p. (J). (gr. 2-8). lib. bdg. 31.36 *(978-1-5321-2103-6(2)*, 26786, Abdo Zoom-Fly) ABDO Publishing Co.

Land-Sailing Venus Rover: Meet NASA Inventor Geoffrey Landis & His Team's. 2017. (J). *(978-0-7166-6160-3(8))* World Bk., Inc.

Land, Sea, Air- Babysitter Coloring Sets. Benetta Strydom. 2017. (ENG., Illus.). (J). (gr. k-6). pap. 8.95 *(978-0-578-18956-7(9))* Westie Pr.

Land Sharks & Sea Gulls, Vol. 1 of 2 (Classic Reprint) William Nugent Glascock. (ENG., Illus.). (J). 2018. 218p. 28.39 *(978-0-484-74763-9(0))*; 2016. pap. 10.97 *(978-1-334-12972-8(X))* Forgotten Bks.

Land Sharks & Sea Gulls, Vol. 1 of 3 (Classic Reprint) W. N. Glascock. (ENG., Illus.). (J). 2018. 318p. 30.46 *(978-0-267-40516-9(2))*; 2016. pap. 13.57 *(978-1-334-11860-9(4))* Forgotten Bks.

Land Sharks & Sea Gulls, Vol. 2 of 2 (Classic Reprint) William Nugent Glascock. 2017. (ENG., Illus.). (J). pap. 10.97 *(978-0-259-29702-4(X))* Forgotten Bks.

Land Skills Big Book: English Edition, 1 vol. Maren Vsetula. 2017. (Nunavummi Reading Ser.). (ENG., Illus.). 20p. (J). (gr. 2-2). pap. 7.95 *(978-1-77266-586-4(X))* Inhabit Education Bks. Inc. CAN. Dist: Consortium Bk. Sales & Distribution.

Land They Loved (Classic Reprint) G. D. Cummins. (ENG., Illus.). (J). 2018. 350p. 31.12 *(978-0-267-32707-2(2))*; 2016. pap. 13.57 *(978-1-333-53747-0(6))* Forgotten Bks.

Land Transportation: Bilingual Inuktitut & English Edition. Inhabit Education Books. 2021. (Nunavummi Reading Ser.). (ENG., Illus.). (J). pap. ***(978-1-77450-005-7(1))*** Inhabit Education Bks. Inc. CAN. Dist: Consortium Bk. Sales & Distribution.

Land Trusts & National Parks. Ellen Labrecque. 2017. (21st Century Skills Library: Global Citizens: Environmentalism Ser.). (ENG., Illus.). 32p. (J). (gr. 4-7). lib. bdg. 32.07 *(978-1-63472-873-7(4)*, 209918) Cherry Lake Publishing.

Land Use. Rowena Rae. 2018. (J). *(978-1-5105-2177-3(1))* SmartBook Media, Inc.

Land Use. Valerie Weber & Janice L. Redlin. 2017. (J). *(978-1-5105-2201-5(8))* SmartBook Media, Inc.

Land Where Lost Things Go: A Play in a Prologue & Three Acts (Classic Reprint) Doris Friend Halman. 2018. (ENG., Illus.). 78p. (J). 25.53 *(978-0-267-20579-0(1))* Forgotten Bks.

Land Without the Sabbath: A Grandmother's Tale (Classic Reprint) Elizabeth Missing Sewell. 2017. (ENG., Illus.). (J). 28.06 *(978-0-331-11203-0(5))* Forgotten Bks.

Land Words: Bilingual Inuktitut & English Edition. Inhabit Education Books. 2021. (Nunavummi Reading Ser.). (ENG., Illus.). (J). pap. ***(978-1-77450-024-8(8))*** Inhabit Education Bks. Inc. CAN. Dist: Consortium Bk. Sales & Distribution.

Landed Proprietor; the Cossacks; Sevastopol (Classic Reprint) Leo Tolstoi. (ENG., Illus.). (J). 2018. 564p. 35.53 *(978-0-483-54417-8(5))*; 2017. pap. 19.57 *(978-0-243-38105-0(0))*; 2017. pap. 19.57 *(978-0-243-17048-7(3))* Forgotten Bks.

Landen's Autumn Adventure. Tanya Heyroth. Illus. by Jason Velazquez. 2021. (ENG.). 26p. (J). 29.99 *(978-1-6628-0298-0(6))*; pap. 19.99 *(978-1-6628-0297-3(8))* Salem Author Services. (Liberty Hill Publishing).

Landfall. Jennifer Lynn Alvarez. ed. 2016. (Guardian Herd Ser.: 3). (J). lib. bdg. 17.20 *(978-0-606-40049-7(4))* Turtleback.

Landforms, 8 vols. 2018. (Landforms Ser.). (ENG., Illus.). 256p. (J). (gr. 2-3). pap. 79.60 *(978-1-63517-990-3(4)*, 1635179904); lib. bdg. 250.80 *(978-1-63517-889-0(4)*, 1635178894) North Star Editions. (Focus Readers).

Landforms. Mary Lindeen. 2017. (Beginning-To-Read Ser.). (ENG.). 32p. (J). (gr. k-2). pap. 13.26 *(978-1-68404-093-3(0))*; (Illus.). 22.60 *(978-1-59953-874-7(1))* Norwood Hse. Pr.

Landforms. Emily Sohn & Adam Harter. 2019. (IScience Ser.). (ENG., Illus.). 48p. (J). (gr. 5-6). 23.94 *(978-1-68450-950-8(5))* Norwood Hse. Pr.

Landforms, 1 vol. Richard Spilsbury & Louise Spilsbury. 2018. (Flowchart Smart Ser.). (ENG.). 48p. (gr. 4-5). pap. 15.05 *(978-1-5382-3485-3(8)*, d15abb67-8dc8-40f0-a0d9-7cad49144805) Stevens, Gareth Publishing LLLP.

Landforms & How They Are Made, 1 vol. Julie K. Lundgren. 2022. (Incredible Changes on Earth Ser.). (ENG.). 24p. (J). (gr. k-2). lib. bdg. *(978-1-0396-4476-2(7)*, 16268); (Illus.). pap. *(978-1-0396-4667-4(0)*, 17210) Crabtree Publishing Co. (Crabtree Seedlings).

Landforms Coloring Book with Definitions Included: Teach Kids about Geography the Fun Way with over 30 Landforms (and Biomes) to Color in. a Great Geography Themed Gift for Kids. B. C. Lester Books. 2021. (ENG.). 98p. (J). pap. ***(978-1-913668-49-5(5))*** VKC&B Books.

Landforms Educational Facts Children's Earth Sciences Book. Bold Kids. 2023. (ENG.). 42p. (J). pap. 14.99 ***(978-1-0717-1651-9(4))*** FASTLANE LLC.

L

Landing on Mars. Margaret J. Goldstein. 2023. (Destination Mars (Alternator Books (r)) Ser.). (ENG., Illus.). 32p. (J). (gr. 3-6). pap. 10.99 Lerner Publishing Group.
Landlocked. Jessica Gunn. 2016. (Atlas Link Ser.: Vol. 2). (ENG., Illus.). (YA). pap. 19.99 *(978-1-62007-062-8(6))* Curiosity Quills Pr.
Landlocked. Jude Warne. 2017. (Crushing Ser.). (ENG.). 192p. (YA). (gr. 5-12). lib. bdg. 31.42 *(978-1-68076-720-9(8),* 25388, Epic Escape) EPIC Pr.
Landloper: The Romance of a Man on Foot (Classic Reprint) Holman Day. 2017. (ENG., Illus.). (J). 30.70 *(978-0-265-70919-1(9));* pap. 13.57 *(978-1-5276-6004-5(4))* Forgotten Bks.
Landlord at Lion's Head: A Novel (Classic Reprint) W. D. Howells. 2018. (ENG., Illus.). 466p. (J). 33.53 *(978-0-364-17073-1(5))* Forgotten Bks.
Landlubbers (Classic Reprint) Gertrude King. (ENG., Illus.). (J). 2018. 288p. 29.84 *(978-0-484-34556-9(7));* 2017. pap. 13.57 *(978-1-5276-0993-8(6))* Forgotten Bks.
Landmark Voting Laws, 1 vol. Kathryn Wesgate. 2020. (Look at U. S. Elections Ser.). (ENG.). 24p. (J). (gr. 2-2). pap. 11.50 *(978-1-5382-5962-7(1),* c952e582-35ee-4db9-b49f-c4e195758728) Stevens, Gareth Publishing LLLP.
Landmarks. Katie Wilson. 2017. (ENG., Illus.). 20p. (J). (gr. k-3). bds. *(978-1-4867-1237-3(1))* Flowerpot Children's Pr. Inc.
Landmarks (Classic Reprint) E. V. Lucas. 2018. (ENG., Illus.). 350p. (J). 31.12 *(978-0-483-75673-1(3))* Forgotten Bks.
Landmarks in U. S. History. Jean F. Blashfield et al. 2017. (Landmarks in U. S. History Ser.). (ENG., Illus.). 32p. (J). (gr. 3-6). 119.96 *(978-1-5157-7156-2(3),* 26674, Capstone Pr.) Capstone.
Landmarks of Democracy: American Institutions, 10 vols. 2017. (Landmarks of Democracy: American Institutions Ser.). 24p. (ENG.). (gr. 3-3). 126.35 *(978-1-5081-6109-7(7),* 9c1f02de-f721-4045-8128-4f295dac1ce8); (gr. 7-8). pap. 41.25 *(978-1-5081-6110-3(0))* Rosen Publishing Group, Inc., The. (PowerKids Pr.).
Landmarks of My Town, 1 vol. Charmaine Robertson. 2016. (Rosen REAL Readers: Social Studies Nonfiction / Fiction: Myself, My Community, My World Ser.). (ENG.). 8p. (gr. k-1). pap. 5.46 *(978-1-5081-2269-2(5),* 58dd977e-d8b0-4559-8ff2-2e3367e52f21, Rosen Classroom) Rosen Publishing Group, Inc., The.
Landolin (Classic Reprint) Berthold Auerbach. 2018. (ENG., Illus.). 270p. (J). 29.49 *(978-0-483-60420-9(8))* Forgotten Bks.
Landon on the North Pole Express. J. D. Green. Illus. by Joanne Partis. 2022. (North Pole Express Bears Ser.). (ENG.). 32p. (J). (gr. -1-3). 7.99 ***(978-1-7282-6952-8(0))*** Sourcebooks, Inc.
Landon on the North Pole Express. J. D. Green. 2019. (North Pole Express Ser.). (ENG.). 32p. (J). (gr. -1-3). 7.99 ***(978-1-7282-0356-0(2))*** Sourcebooks, Inc.
Landon 'Twas the Night Before Christmas. Illus. by Lisa Alderson. 2019. (Night Before Christmas Ser.). (ENG.). 32p. (J). (gr. -1-3). 7.99 ***(978-1-7282-0249-5(3))*** Sourcebooks, Inc.
Landon's Christmas Wish. Put Me In The Story & J. D. Green. Illus. by Julia Seal. 2018. (Christmas Wish Ser.). (ENG.). 32p. (J). (gr. k-3). 6.99 ***(978-1-4926-8533-3(X))*** Sourcebooks, Inc.
Landry News Novel Units Student Packet. Novel Units. 2019. (ENG.). (J). (gr. 3-4). pap. 13.99 *(978-1-58130-791-7(8),* Novel Units, Inc.) Classroom Library Co.
Landry News Novel Units Teacher Guide. Novel Units. 2019. (ENG.). (J). (gr. 3-4). pap. 12.99 *(978-1-58130-790-0(X),* Novel Units, Inc.) Classroom Library Co.
Lands & Lords of Death: The Legends of Marwe & the Hero Twins. Marie P. Croall & Dan Jolley. Illus. by Craig Hamilton et al. 2023. (Graphic Mythology Ser.). (ENG.). 96p. (J). (gr. 4-8). lib. bdg. 31.99 Lerner Publishing Group.
Lands & People see Paises del Mundo
Land's End: A Naturalist's Impressions in West Cornwall. W. H. Hudson & A. L. Collins. 2017. (ENG., Illus.). (J). pap. *(978-0-649-65531-1(1))* Trieste Publishing Pty Ltd.
Land's End: A Naturalist's Impressions, in West Cornwall (Classic Reprint) W. H. Hudson. 2017. (ENG., Illus.). (J). 31.20 *(978-0-266-39383-2(7))* Forgotten Bks.
Land's End: And Other Stories. Wilbur Daniel Steele. 2017. (ENG., Illus.). (J). pap. *(978-0-649-62478-2(5))* Trieste Publishing Pty Ltd.
Land's End: And Other Stories (Classic Reprint) Wilbur Daniel Steele. 2018. (ENG., Illus.). 322p. (J). 30.54 *(978-0-267-58254-9(4))* Forgotten Bks.
Lands of Jade. Justine Alley Dowsett. 2022. (Crimson Winter Ser.: Vol. 2). (ENG.). 342p. (YA). pap. *(978-1-987976-87-8(8))* Mirror World Publishing.
Lands of Our Ancestors Book One. Gary Robinson. 2016. (ENG., Illus.). (J). (gr. 4-6). pap. 14.95 *(978-0-692-78018-3(1))* Tribal Eye Productions.
Lands of the Rising Sun: A Talk with English Boys & Girls about China, Corea & Japan (Classic Reprint) William Theodore Aquila Barber. (ENG., Illus.). (J). 2018. 100p. 25.96 *(978-0-332-89609-0(9));* 2016. pap. 9.57 *(978-1-334-12861-5(8))* Forgotten Bks.
Lands of the Saracen, or Pictures of Palestine, Asia Minor Sicily, & Spain (Classic Reprint) Bayard Taylor. (ENG., Illus.). (J). 2018. 974p. 44.01 *(978-0-364-26901-5(4));* 2017. pap. 26.31 *(978-0-243-52030-5(1))* Forgotten Bks.
Lands of the Slave & the Free, or Cuba, the United States, & Canada, Vol. 1 (Classic Reprint) Henry A. Murray. 2017. (ENG., Illus.). (J). 490p. 34.00 *(978-0-332-40341-0(6));* pap. 16.57 *(978-0-243-12520-3(8))* Forgotten Bks.
Landscape Designer, 1 vol. Kelli Hicks. 2022. (Top Trade Careers Ser.). (ENG.). 32p. (J). (gr. 3-9). pap. *(978-1-0396-4740-4(5),* 17344); lib. bdg. *(978-1-0396-4613-1(1),* 16338) Crabtree Publishing Co. (Crabtree Branches).
Landscape Dinner. Jenny Amory. Ed. by Sarah Jane Shangraw. Illus. by Emiliya Iskrenova. 2020. (ENG.). 32p. (J). pap. 14.95 *(978-1-7329500-1-6(6))* Amory, Jenny.
Landscape in American Poetry. Lucy Larcom. 2017. (ENG., Illus.). (J). pap. *(978-0-649-51351-2(7))* Trieste Publishing Pty Ltd.
Landscape Maps. Thomas K. Adamson. 2019. (All about Maps Ser.). (ENG.). 24p. (J). (gr. 1-4). lib. bdg. 32.79 *(978-1-5038-2771-4(2),* 212588) Child's World, Inc, The.
Landscape with Invisible Hand. M. T. Anderson. (ENG.). 160p. (gr. 9). 2019. (J). pap. 8.99 *(978-0-7636-9950-5(0));* 2017. (YA). 16.99 *(978-0-7636-8789-2(8))* Candlewick Pr.
Landscapes. Claude Delafosse. Illus. by Tony Ross. ed. 2018. (My First Discoveries Ser.). (ENG.). 36p. (J). (gr. k-2). spiral bd. 19.99 *(978-1-85103-462-8(5))* Moonlight Publishing, Ltd. GBR. Dist: Independent Pubs. Group.
Landseer a Collection of Fifteen Pictures & a Portrait of the Painter (Classic Reprint) Estelle M. Hurll. 2017. (ENG., Illus.). (J). 26.35 *(978-0-331-69335-5(6))* Forgotten Bks.
Landslide, 1 vol. Charmaine Robertson. 2016. (Rosen REAL Readers: STEM & STEAM Collection). (ENG.). 12p. (gr. 1-2). pap. 6.33 *(978-1-5081-2676-8(3),* 879b6e45-90f4-4da8-bd5e-3ca07ce2de9d, Rosen Classroom) Rosen Publishing Group, Inc., The.
Landslides. Sara Gilbert. 2018. (Earth Rocks! Ser.). (ENG.). 24p. (J). (gr. 1-4). *(978-1-60818-895-6(7),* 19589, Creative Education); pap. 9.99 *(978-1-62832-511-9(9),* 19587, Creative Paperbacks) Creative Co., The.
Landslides, Mudslides, & Avalanches. Contrib. by World Book, Inc. Staff. 3rd ed. 2018. (J). *(978-0-7166-9937-8(0))* World Bk., Inc.
Landtakers: The Story of an Epoch (Classic Reprint) Brian Penton. (ENG., Illus.). (J). 2017. 34.02 *(978-0-331-67308-1(8));* 2016. pap. 16.57 *(978-1-334-11570-7(2))* Forgotten Bks.
L'Âne d'or d'Apulée, Vol. 1: Précédé du démon de Socrate (Classic Reprint) Apulee Apulee. 2018. (FRE., Illus.). (J). 446p. 33.10 *(978-1-391-46334-6(X));* 448p. pap. 16.57 *(978-1-390-48152-5(2))* Forgotten Bks.
Lane Steen. Candace West. 2018. (ENG., Illus.). 378p. (YA). pap. 21.95 *(978-1-64079-849-6(8))* Christian Faith Publishing.
Lane That Had No Turning: And Other Associated Tales Concerning the People of Pontiac; Together with Certain Parables of a Province (Classic Reprint) Gilbert Parker. (ENG., Illus.). (J). 2018. 360p. 31.30 *(978-0-484-80668-8(8));* 2016. pap. 13.97 *(978-1-333-32256-4(9))* Forgotten Bks.
Lane That Had No Turning, & Other Tales Concerning the People of Pontiac (Classic Reprint) Gilbert Parker. 2018. (ENG., Illus.). 370p. (J). 31.53 *(978-0-484-75581-8(1))* Forgotten Bks.
Lane to Sleepy Town, & Other Verses (Classic Reprint) Elizabeth Hays Wilkinson. 2018. (ENG., Illus.). 92p. (J). 25.79 *(978-0-267-28104-6(8))* Forgotten Bks.
Laneham's Letter Describing the Magnificent Pageants Presented Before Queen Elizabeth: At Kenilworth Castle; in 1875; Repeatedly Referred to in the Romance of Kenilworth; with an Introductory Preface, Glossarial & Explanatory Notes (Classic Reprint) Robert Laneham. 2019. (ENG., Illus.). 120p. (J). 26.37 *(978-0-365-13436-7(8))* Forgotten Bks.
Lanelle & the Elementary School Lock-In. Nolan Schmidt. 2018. (ENG., Illus.). 150p. (J). pap. 12.00 *(978-1-387-94684-6(6))* Lulu Pr., Inc.
Lanelle & the Ghost of Davidson Elementary. Nolan Schmidt. 2018. (ENG., Illus.). 168p. (J). pap. 14.00 *(978-0-359-12517-3(4))* Lulu Pr., Inc.
Lanes o'Ladland (Classic Reprint) John J. Eberhardt. (ENG., Illus.). (J). 2018. 82p. 25.59 *(978-0-666-98598-9(7));* 2017. pap. 9.57 *(978-0-243-47053-2(3))* Forgotten Bks.
Laneton Parsonage: A Tale (Classic Reprint) Elizabeth Missing Sewell. (ENG., Illus.). (J). 2018. 242p. 28.89 *(978-0-484-02765-6(4));* 2016. pap. 11.57 *(978-1-334-12724-3(7))* Forgotten Bks.
Laneton Parsonage: A Tale for Children (Classic Reprint) Elizabeth Missing Sewell. 2018. (ENG., Illus.). 604p. (J). 36.35 *(978-0-267-18441-5(7))* Forgotten Bks.
Laneton Parsonage, Vol. 3: A Tale (Classic Reprint) Elizabeth Missing Sewell. 2017. (ENG., Illus.). (J). 30.62 *(978-0-266-52180-8(0));* pap. 13.57 *(978-0-259-21238-6(5))* Forgotten Bks.
Laney & Olive. Diane Rudholm. 2020. (ENG.). 34p. (J). pap. 14.95 *(978-1-716-49574-8(1))* Lulu Pr., Inc.
Laney Dances in the Rain: A Wordless Picture Book about Being True to Yourself. Kenneth Willard. Illus. by Matthew Rivera. 2022. (ENG.). 32p. (J). (gr. -1-4). 16.99 *(978-1-63198-665-9(1),* 86659) Free Spirit Publishing Inc.
Lang Syne, 1904 (Classic Reprint) Winthrop University. 2018. (ENG., Illus.). (J). 76p. 25.48 *(978-0-267-07959-9(1));* 78p. pap. 9.57 *(978-0-483-36812-5(1))* Forgotten Bks.
Lang Syne or the Wards of Mount Vernon: A Tale of the Revolutionary Era (Classic Reprint) Mary Stuart Smith. 2018. (ENG., Illus.). 136p. (J). 26.72 *(978-0-483-79930-1(0))* Forgotten Bks.
Langage Integre Et L'Evalua... Whole Language Checklists. Jane Baskwill.Tr. of Langage Integre et l'Evaluation de l'Enfant: Guide Pratique. (FRE.). pap. 7.99 *(978-0-590-71981-0(5))* Scholastic, Inc.
Langage Integre et l'Evaluation de l'Enfant: Guide Pratique see Langage Integre Et L'Evalua...: Whole Language Checklists
Langbarrow Hall (Classic Reprint) Theodora Wilson Wilson. 2017. (ENG., Illus.). (J). 32.39 *(978-0-266-68005-5(4))* Forgotten Bks.
Langford of the Three Bars (Classic Reprint) Kate Kate. 2018. (ENG., Illus.). 294p. (J). 29.96 *(978-0-483-51976-3(6))* Forgotten Bks.
Langhton Priory: A Novel (Classic Reprint) Mary Meeke. 2018. (ENG., Illus.). 344p. (J). 30.99 *(978-0-484-28677-0(3))* Forgotten Bks.
Langhton Priory, Vol. 2 Of 4: A Novel (Classic Reprint) Mary Meeke. (ENG., Illus.). (J). 2018. 330p. 30.70 *(978-0-267-32828-4(1));* 2016. pap. 13.57 *(978-1-333-54953-4(9))* Forgotten Bks.
Langhton Priory, Vol. 3 Of 4: A Novel (Classic Reprint) Gabrielli Gabrielli. (ENG., Illus.). (J). 2018. 344p. 30.99 *(978-0-483-95163-1(3));* 2016. pap. 13.57 *(978-1-333-35208-0(5))* Forgotten Bks.
Langston Hughes. Chyina Powell. 2022. (Black Voices on Race Ser.). (ENG., Illus.). 32p. (J). (gr. 3-5). pap. 9.95 *(978-1-63739-317-8(2));* lib. bdg. 31.35 *(978-1-63739-265-2(6))* North Star Editions. (Focus Readers).
Langston Hughes: Jazz Poet of the Harlem Renaissance, 1 vol. Charlotte Etinde-Crompton & Samuel Willard Crompton. 2019. (Celebrating Black Artists Ser.). (ENG.). 104p. (gr. 7-7). 38.93 *(978-1-9785-0358-8(X),* 7f9222cf-248f-4522-910a-2c66af2795d9) Enslow Publishing, LLC.
Langston Hughes: Poet, 1 vol. Rebecca Carey Rohan. 2016. (Artists of the Harlem Renaissance Ser.). (ENG.). 128p. (YA). (gr. 9-9). lib. bdg. 47.36 *(978-1-5026-1064-5(7),* 4b3113c7-d634-4c78-936b-ba94b919b293) Cavendish Square Publishing LLC.
Langston's Moon. Dorothy Edwards. Illus. by Grace Linderholm. 2018. (Nana Ser.: Vol. 1). (ENG.). 36p. (J). (gr. k-1). pap. 9.99 *(978-0-9987995-0-6(5))* Bell & Murry.
Langton Records: Journals & Letters from Canada 1837-1846 (Classic Reprint) Unknown Author. (ENG., Illus.). (J). 2018. 414p. 32.46 *(978-0-267-49090-5(9));* 2016. pap. 16.57 *(978-1-334-45103-4(6))* Forgotten Bks.
Language. Joyce Markovics. 2022. (Mind Blowing! the Brain Ser.). (ENG., Illus.). 24p. (J). (gr. 4-6). pap. 12.79 *(978-1-6689-0068-0(8),* 220159); lib. bdg. 30.64 *(978-1-5341-9954-5(3),* 220015) Cherry Lake Publishing.
Language Around the World: Ways We Communicate Our Thoughts & Feelings. Gill Budgell. Illus. by Katy Halford. 2023. (ENG.). 48p. (J). (gr. 1-3). 14.99 *(978-0-7440-8006-3(1),* DK Children) Dorling Kindersley Publishing, Inc.
Language Arts (6-Chart Set): Anchor Chart. Scholastic. 2018. (Anchor Chart Ser.). (ENG.). (gr. 1-3). 14.99 *(978-1-338-27778-4(2))* Teacher's Friend Pubns., Inc.
Language Arts Explorer Junior (Set), 10 vols., Set. Cecilia Minden & Kate Roth. Incl. How to Write a Journal. lib. bdg. 29.21 *(978-1-60279-994-3(6),* 200988); How to Write a Letter. lib. bdg. 29.21 *(978-1-60279-991-2(1),* 200982); How to Write a Poem. lib. bdg. 29.21 *(978-1-60279-995-0(4),* 200990); How to Write a Report. lib. bdg. 29.21 *(978-1-61080-105-8(9),* 201112); How to Write about Your Adventure. lib. bdg. 29.21 *(978-1-61080-106-5(7),* 201114); How to Write an Ad. lib. bdg. 29.21 *(978-1-61080-107-2(5),* 201116); How to Write an E-Mail. lib. bdg. 29.21 *(978-1-60279-993-6(8),* 200986); How to Write an Interview. lib. bdg. 29.21 *(978-1-60279-996-7(2),* 200992); How to Write & Give a Speech. lib. bdg. 29.21 *(978-1-61080-108-9(3),* 201118); 24p. (gr. 1-4). (Explorer Junior Library: Language Arts Explorer Junior Ser.). (ENG., Illus.). 2011. 256.40 *(978-1-61080-153-9(9),* 201024) Cherry Lake Publishing.
Language Arts Explorer (Set), 26 vols., Set. Incl. Save the Planet: Compost It. David M. Barker. 2010. lib. bdg. 32.07 *(978-1-60279-656-0(4),* 200349); Save the Planet: Growing Your Own Garden. Rebecca Hirsch. 2010. lib. bdg. 32.07 *(978-1-60279-657-7(2),* 200350); Save the Planet: Helping Endangered Animals. Rebecca Hirsch. 2010. lib. bdg. 32.07 *(978-1-60279-658-4(0),* 200351); Save the Planet: Keeping Water Clean. Courtney Farrell. 2010. lib. bdg. 32.07 *(978-1-60279-659-1(9),* 200352); Save the Planet: Local Farms & Sustainable Foods. Julia Vogel. 2010. lib. bdg. 32.07 *(978-1-60279-660-7(2),* 200353); Save the Planet: Protecting Our Natural Resources. Rebecca Hirsch. 2010. lib. bdg. 32.07 *(978-1-60279-661-4(0),* 200354); Save the Planet: Reduce, Reuse, & Recycle. Cecilia Minden. 2010. lib. bdg. 32.07 *(978-1-60279-662-1(9),* 200355); Save the Planet: Using Alternative Energies. Courtney Farrell. 2010. lib. bdg. 32.07 *(978-1-60279-663-8(7),* 200356); Set. History Digs (Set) 2011. 320.70 *(978-1-61080-243-7(8),* 201030); Set. Science Lab (Set) 2011. 256.56 *(978-1-61080-245-1(4),* 201032); 32p. (gr. 4-8). (Explorer Library: Language Arts Explorer Ser.). (ENG., Illus.). 2011. 741.00 *(978-1-61080-239-0(X),* 201026) Cherry Lake Publishing.
Language Change. Raj Rana & Ian Cushing. 2018. (Cambridge Topics in English Language Ser.). (ENG., Illus.). 126p. pap. 26.45 *(978-1-108-40223-1(2))* Cambridge Univ. Pr.
Language, Communication, & Your Brain, 1 vol. Robyn Hardyman. 2018. (What Goes on Inside Your Brain? Ser.). (ENG.). 48p. (gr. 4-5). pap. 15.05 *(978-1-5382-3560-7(9),* 39b51b8a-e02b-4aac-92dd-defea75ab82f) Stevens, Gareth Publishing LLLP.
Language Drill for Students of Commerce (Classic Reprint) Ahmad Fathy Bahig. 2018. (ENG., Illus.). 118p. (J). 26.33 *(978-0-484-31054-3(2))* Forgotten Bks.
Language Exercises for First, Second & Third Book Pupils (Classic Reprint) Peter Smith. 2017. (ENG., Illus.). 98p. (J). 25.94 *(978-0-332-77626-3(3))* Forgotten Bks.
Language for Little People (Classic Reprint) John Morrow. 2018. (ENG., Illus.). 90p. (J). 25.75 *(978-0-267-49637-2(0))* Forgotten Bks.
Language Fundamentals, Grade 1. Evan-Moor Educational Publishers. 2016. (Language Fundamentals Ser.). (ENG., Illus.). 272p. (J). (gr. 1-1). pap., tchr. ed. 29.99 *(978-1-62938-217-3(5))* Evan-Moor Educational Pubs.
Language Fundamentals, Grade 2. Evan-Moor Educational Publishers. 2016. (Language Fundamentals Ser.). (ENG., Illus.). 272p. (J). (gr. 2-2). pap., tchr. ed. 29.99 *(978-1-62938-218-0(3))* Evan-Moor Educational Pubs.
Language Fundamentals, Grade 3. Evan-Moor Educational Publishers. 2016. (Language Fundamentals Ser.). (ENG., Illus.). 272p. (J). (gr. 3-3). pap., tchr. ed. 29.99 *(978-1-62938-219-7(1))* Evan-Moor Educational Pubs.
Language Fundamentals, Grade 4. Evan-Moor Educational Publishers. 2016. (Language Fundamentals Ser.). (ENG., Illus.). 272p. (J). (gr. 4-4). pap., tchr. ed. 29.99 *(978-1-62938-220-3(5))* Evan-Moor Educational Pubs.
Language Fundamentals, Grade 5. Evan-Moor Educational Publishers. 2016. (Language Fundamentals Ser.). (ENG., Illus.). 272p. (J). (gr. 5-5). pap., tchr. ed. 29.99 *(978-1-62938-221-0(3))* Evan-Moor Educational Pubs.
Language Fundamentals, Grade 6. Evan-Moor Educational Publishers. 2016. (Language Fundamentals Ser.). (ENG., Illus.). 272p. (J). (gr. 6-6). pap., tchr. ed. 29.99 *(978-1-62938-222-7(1))* Evan-Moor Educational Pubs.
Language Games: A Method of Using Play for Establishing Correct Habits of Speech, in Primary Grades (Classic Reprint) Myra King. (ENG., Illus.). (J). 2018. 100p. 25.96 *(978-0-332-94984-0(2));* 2016. pap. 9.57 *(978-1-334-11996-5(1))* Forgotten Bks.
Language Legacies. Victoria Gill & Christopher Rodriguez. Illus. by Adriana Predoi. 2023. (ENG.). 36p. (J). pap. 9.99 ***(978-1-312-51496-6(5))*** Lulu Pr., Inc.
Language Lessons: A First Book in English (Classic Reprint) Wilbur Fisk Gordy. 2017. (ENG., Illus.). (J). 246p. 28.99 *(978-0-332-83894-6(3));* pap. 11.57 *(978-0-259-58333-2(2))* Forgotten Bks.
Language Lessons: Including Composition & Inductive Grammar (Classic Reprint) J. G. Park. 2017. (ENG., Illus.). (J). 154p. 27.09 *(978-0-484-24838-9(3));* pap. 9.57 *(978-0-282-15888-0(X))* Forgotten Bks.
Language Lessons: Intermediate Grades (Classic Reprint) Alma Blount. 2018. (ENG., Illus.). 302p. (J). 30.13 *(978-0-666-28780-9(5))* Forgotten Bks.
Language Lessons & Grammar, Vol. 1 (Classic Reprint) Charles Alexander McMurry. (ENG., Illus.). (J). 2018. 360p. 31.34 *(978-0-267-96361-4(0));* 2017. pap. 13.97 *(978-1-5276-5159-3(2))* Forgotten Bks.
Language Lessons (Classic Reprint) Sidney Carleton Newsom. (ENG., Illus.). (J). 2018. 212p. 28.31 *(978-0-483-11363-3(8));* 2016. pap. 10.97 *(978-1-334-30401-9(7))* Forgotten Bks.
Language Lessons for a Living Education 6. Kristen Pratt. 2020. (ENG.). 400p. (J). (gr. 5-6). pap. 44.99 *(978-1-68344-209-7(1),* Master Books) New Leaf Publishing Group.
Language Notes for Fifth Grade (Classic Reprint) Robert John McLaughlin. 2018. (ENG., Illus.). 78p. (J). 25.53 *(978-0-267-83745-8(3))* Forgotten Bks.
Language of Angels: A Story about the Reinvention of Hebrew. Richard Michelson. Illus. by Karla Gudeon. 2017. 32p. (J). (gr. k-4). lib. bdg. 16.99 *(978-1-58089-636-8(7))* Charlesbridge Publishing, Inc.
Language of Cats & Other Felines, 1 vol. Alicia Z. Klepeis. 2016. (Call of the Wild Ser.). (ENG., Illus.). 32p. (gr. 3-3). 30.21 *(978-1-5026-1724-8(2),* c0c33d7f-b522-4733-b3e8-300b34df0b42) Cavendish Square Publishing LLC.
Language of Cherries. Jen Marie Hawkins. 2020. (ENG.). 196p. (YA). (gr. 7-12). pap. 14.95 *(978-1-945654-45-9(7))* Owl Hollow Pr.
Language of Dogs & Other Canines, 1 vol. Megan Kopp. 2016. (Call of the Wild Ser.). (ENG.). 32p. (gr. 3-3). 30.21 *(978-1-5026-1725-5(0),* d6b5796a-c726-4583-8b47-7f76b52790b0) Cavendish Square Publishing LLC.
Language of Fire: Joan of Arc Reimagined. Stephanie Hemphill. 2019. (ENG.). 512p. (YA). (gr. 8). 17.99 *(978-0-06-249011-7(7),* Balzer & Bray) HarperCollins Pubs.
Language of Flowers. Dena Seiferling. 2022. (Illus.). 56p. (J). (gr. -1-3). 18.99 *(978-0-7352-7053-4(8),* Tundra Bks.) Tundra Bks. CAN. Dist: Penguin Random Hse. LLC.
Language of Ghosts. Heather Fawcett. (ENG.). (J). (gr. 3-7). 2021. 384p. pap. 7.99 *(978-0-06-285455-1(0));* 2020. 368p. 16.99 *(978-0-06-285454-4(2))* HarperCollins Pubs. (Balzer & Bray).
Language of Seabirds. Will Taylor. 2022. (ENG.). 256p. (J). (gr. 3-7). 17.99 *(978-1-338-75373-8(8),* Scholastic Pr.) Scholastic, Inc.
Language of Spells: (Fantasy Middle Grade Novel, Magic & Wizard Book for Middle School Kids) Garret Weyr. Illus. by Katie Harnett. 2018. (ENG.). 256p. (J). (gr. 5-9). 16.99 *(978-1-4521-5958-4(0))* Chronicle Bks. LLC.
Language of Stars. Louise Hawes. 2016. (ENG., Illus.). 368p. (YA). (gr. 7). 17.99 *(978-1-4814-6241-9(5),* McElderry, Margaret K. Bks.) McElderry, Margaret K. Bks.
Language of the Aborigines of the Colony of Victoria & Other Australian Districts: With Parallel Translations & Familiar Specimens in Dialogue, As a Guide to Aboriginal Protectors & Others Engaged in Ameliorating Their Condition (Classic Reprint) Daniel Bunce. 2017. (ENG., Illus.). (J). 25.48 *(978-0-265-45712-2(2))* Forgotten Bks.
Language of the Later Part of the Peterborough Chronicle; 1. Phonology, 2. Inflection: Academical Dissertation (Classic Reprint) O. P. Behm. 2017. (ENG., Illus.). (J). pap. 9.57 *(978-1-5277-2023-7(3))* Forgotten Bks.
Language of the Universe: A Visual Exploration of Mathematics. Colin Stuart. Illus. by Ximo Abadia. 2020. (ENG.). 80p. (J). (gr. 3-7). 24.99 *(978-1-5362-1505-2(8),* Big Picture Press) Candlewick Pr.
Language of Thorns: Midnight Tales & Dangerous Magic. Leigh Bardugo. 2017. (ENG.). (YA). (gr. 8-12). pap. 11.99 *(978-1-250-17392-8(2))* ImPrint.
Language of Thorns: Midnight Tales & Dangerous Magic. Leigh Bardugo. Illus. by Sara Kipin. 2017. (ENG.). 288p. (YA). 24.99 *(978-1-250-12252-0(X),* 900173718) Imprint IND. Dist: Macmillan.
Language on the Loose. Cari Meister & Nancy Loewen. 2022. (Language on the Loose Ser.). (ENG.). 24p. (J). 91.96 *(978-1-4846-8776-5(0),* 256466, Picture Window Bks.) Capstone.
Language on the Loose Classroom Collection. Cari Meister & Nancy Loewen. Illus. by Marek Jagucki. 2022. (Language on the Loose Ser.). (ENG.). 24p. (J). pap., pap., pap. 214.65 *(978-1-4846-7526-7(6),* 251498, Picture Window Bks.) Capstone.
Language Plan for the Wisconsin Day Schools for the Deaf (Classic Reprint) Frances Wettstein. 2018. (ENG., Illus.). 110p. (J). 26.17 *(978-0-267-51072-6(1))* Forgotten Bks.
Language Readers: Fifth Reader (Classic Reprint) Joseph Henry Wade. (ENG., Illus.). (J). 2018. 362p. 31.38 *(978-0-666-47649-4(7));* 2017. pap. 13.97 *(978-1-5276-5793-9(0))* Forgotten Bks.
Language Readers: Fourth Reader (Classic Reprint) Joseph H. Wade. 2018. (ENG., Illus.). 306p. (J). 30.21 *(978-0-483-55040-7(X))* Forgotten Bks.
Language Readers Primer (Classic Reprint) Joseph H. Wade. (ENG., Illus.). (J). 2018. 98p. 25.94 *(978-0-428-50494-6(9));* 2017. pap. 9.57 *(978-0-259-60258-3(2))* Forgotten Bks.

1122
The check digit for ISBN-10 appears in parentheses after the full ISBN-13

Language, Society & Power: An Introduction. Annabelle Mooney & Betsy Evans. 6th ed. 2023. (ENG., Illus.). 256p. (J). 160.00 ***(978-0-367-63845-0(2)***, Routledge) Taylor & Francis Group.

Language Through Nature, Literature, & Art. H. Avis Perdue. 2017. (ENG., Illus.). (J). pap. *(978-0-649-62493-5(9))* Trieste Publishing Pty Ltd.

Language Through Nature, Literature, & Art (Classic Reprint) H. Avis Perdue. 2017. (ENG., Illus.). (J). 28.93 *(978-0-331-40409-8(5))* Forgotten Bks.

Language Work below the High School: Adapted from the German (Classic Reprint) Charles De Garmo. (ENG., Illus.). (J). 2018. 68p. 25.30 *(978-0-666-36740-2(5))*; 2017. 25.30 *(978-0-265-53403-8(8))*; 2017. pap. 9.57 *(978-0-282-71551-9(7))* Forgotten Bks.

Lani: El Gatito Ciego. Sabat Beatto. 2020. (SPA.). 32p. (J). pap. 12.00 *(978-1-7337532-5-8(7))* Beatto, Sabat.

Lani & K, Lead the Way. Patrick Ware. Illus. by Paige Coffer. 2021. (ENG.). 55p. (J). *(978-1-6671-9518-6(2))* Lulu Pr., Inc.

Lani und das Geheimnis der Zeitgeister. Patricia Morganti. 2017. (GER.). 276p. (J). *(978-3-7439-0626-6(0))*; pap. *(978-3-7439-0625-9(2))* tredition Verlag.

Lanie Loves Books. Becki Bickett. Illus. by Shannen Marie Paradero. 2020. (ENG.). 26p. (J). 22.95 *(978-1-6642-0232-0(3))*; pap. 10.95 *(978-1-6642-0230-6(7))* Author Solutions, LLC. (WestBow Pr.).

Lanier Book: Selections in Prose & Verse from the Writings of Sidney Lanier (Classic Reprint) Mary E. Burt. 2018. (ENG., Illus.). 178p. (J). 27.57 *(978-0-267-46873-7(3))* Forgotten Bks.

Lanier of the Cavalry: Or a Week's Arrest (Classic Reprint) Charles King. (ENG., Illus.). (J). 2018. 262p. 29.30 *(978-0-484-54470-2(5))*; 2016. pap. 11.97 *(978-1-4510-1497-6(X))* Forgotten Bks.

Lanky Legs: Praying Mantis. Felicia Macheske. 2016. (Guess What Ser.). (ENG., Illus.). 24p. (J). (gr. k-2). 30.64 *(978-1-63470-720-6(6)*, 207591) Cherry Lake Publishing.

Lanky Lemur: A Body Positive Book for Kids of All Shapes & Sizes. Josh Hall. 2022. (ENG.). 36p. (J). pap. ***(978-0-473-63653-1(0))*** Gilda Bks.

LankyBox: Epic Adventure! Lankybox. Illus. by Alex Lopez. 2023. (ENG.). 208p. (J). (gr. 3-7). 23.99 ***(978-0-06-322995-2(1)***, HarperAlley) HarperCollins Pubs.

Lanstle WAN Catfur - the Mystery of Missing Stamp. Ariv Sharma. 2018. (ENG., Illus.). 42p. (J). pap. 8.99 *(978-1-64324-341-2(1))* Notion Pr., Inc.

Lantern: June, 1891 (Classic Reprint) Bryn Mawr College. (ENG., Illus.). (J). 2018. 592p. 36.13 *(978-0-483-06776-9(8))*; 2017. pap. 19.57 *(978-1-334-93984-6(5))* Forgotten Bks.

Lantern: Spring, 1915 (Classic Reprint) Bryn Mawr College. (ENG., Illus.). (J). 2018. 540p. 35.03 *(978-0-332-19346-5(2))*; 2016. pap. 19.57 *(978-1-333-47034-0(7))* Forgotten Bks.

Lantern, 1900 (Classic Reprint) Louise Buffum Congdon. (ENG., Illus.). (J). 2018. 106p. 26.08 *(978-0-365-51136-6(6))*; 2017. pap. 9.57 *(978-0-243-49903-8(5))* Forgotten Bks.

Lantern, 1902 (Classic Reprint) Bryn Mawr College. 2018. (ENG., Illus.). (J). 512p. 34.46 *(978-0-366-55998-5(2))*; 514p. pap. 16.97 *(978-0-366-05303-2(5))* Forgotten Bks.

Lantern, 1907 (Classic Reprint) Bryn Mawr College. (ENG., Illus.). (J). 2018. 470p. 33.59 *(978-0-484-34466-1(8))*; 2016. pap. 16.57 *(978-1-333-77227-7(0))* Forgotten Bks.

Lantern, 1911 (Classic Reprint) Bryn Mawr College. (ENG., Illus.). (J). 2018. 426p. 32.70 *(978-0-483-11892-8(3))*; 2016. pap. 16.57 *(978-1-334-13584-2(3))* Forgotten Bks.

Lantern, 1920, Vol. 1 (Classic Reprint) Helen D. Hill. 2018. (ENG., Illus.). 378p. (J). 31.71 *(978-0-483-27296-5(5))* Forgotten Bks.

Lantern, 1926-1928, Vol. 7 (Classic Reprint) Bryn Mawr College. 2018. (ENG., Illus.). (J). 31.80 *(978-0-266-73620-2(3))*; pap. 16.57 *(978-1-5277-0069-7(0))* Forgotten Bks.

Lantern, 1944 (Classic Reprint) Bryn Mawr College. (ENG., Illus.). (J). 2018. 186p. 27.75 *(978-0-484-40410-5(5))*; 2017. pap. 9.97 *(978-0-243-22988-8(7))* Forgotten Bks.

Lantern Fish of the Deep Sea Coloring Book. Creative. 2016. (ENG., Illus.). (J). pap. 7.74 *(978-1-68323-688-7(2))* Twin Flame Productions.

Lantern House. Erin Napier. Illus. by Adam Trest. 2022. (ENG.). 40p. (J). (gr. -1-3). 18.99 *(978-0-316-37960-1(3))* Little Brown & Co.

Lantern Marsh (Classic Reprint) Beaumont Sandfield Cornell. (ENG., Illus.). (J). 2018. 402p. 32.21 *(978-0-364-02508-6(5))*; 2017. pap. 16.57 *(978-0-243-53174-5(5))* Forgotten Bks.

Lantern of Love, Vol. 1 Of 3: A Novel in Three Parts (Classic Reprint) Della MacLeod. 2017. (ENG., Illus.). (J). 30.46 *(978-0-331-67974-8(4))* Forgotten Bks.

Lantern, Vol. 11: December, 1930 (Classic Reprint) Evelyn Waples. (ENG., Illus.). (J). 2018. 350p. 31.12 *(978-0-666-99882-8(5))*; 2017. pap. 13.57 *(978-0-243-49131-5(X))* Forgotten Bks.

Lantern, Vol. 13: December, 1932 (Classic Reprint) Bryn Mawr College. (ENG., Illus.). (J). 2018. 452p. 33.22 *(978-0-267-00068-5(5))*; 2017. pap. 16.57 *(978-0-243-40260-1(0))* Forgotten Bks.

Lantern, Vol. 15: November, 1935 (Classic Reprint) Bryn Mawr College. (ENG., Illus.). (J). 2018. 388p. 31.90 *(978-0-483-07608-2(2))*; 2017. pap. 16.57 *(978-1-334-92577-1(1))* Forgotten Bks.

Lantern, Vol. 17: November, 1937 (Classic Reprint) Sylvia Wright. (ENG., Illus.). (J). 2018. 316p. 30.43 *(978-0-428-73757-3(9))*; 2017. pap. 13.57 *(978-1-334-94826-8(7))* Forgotten Bks.

Lantern, Vol. 19: Fall Issue, 1939 (Classic Reprint) Bryn Mawr College. (ENG., Illus.). (J). 2018. 274p. 29.55 *(978-0-483-61763-6(6))*; 2017. pap. 11.97 *(978-0-243-28660-7(0))* Forgotten Bks.

Lantern, Vol. 2: April, 1916 (Classic Reprint) Theodore F. Bonnet. (ENG., Illus.). (J). 2018. 44p. 24.80 *(978-0-484-78045-2(X))*; 2016. pap. 7.97 *(978-1-334-11951-4(1))* Forgotten Bks.

Lantern, Vol. 2: April, 1916 to March, 1917 (Classic Reprint) Theodore F. Bonnet. (ENG., Illus.). (J). 2018. 454p. 33.26 *(978-0-483-51597-0(3))*; 2017. pap. 16.57 *(978-0-243-25590-0(X))* Forgotten Bks.

Lantern, Vol. 21: November, 1941 (Classic Reprint) Bryn Mawr College. (ENG., Illus.). (J). 2018. 272p. 29.53 *(978-0-332-94901-7(X))*; 2017. pap. 11.97 *(978-0-243-48379-2(1))* Forgotten Bks.

Lantern, Vol. 3: November, 1922 (Classic Reprint) Evelyn Page. (ENG., Illus.). (J). 2018. 282p. 29.71 *(978-0-484-57872-1(3))*; 2017. pap. 13.57 *(978-0-243-23869-9(X))* Forgotten Bks.

Lantern, Vol. 3 (Classic Reprint) Theodore Bonnet. 2018. (ENG., Illus.). 422p. (J). 32.60 *(978-0-428-93527-6(3))* Forgotten Bks.

Lantern, Vol. 5: November, 1924 (Classic Reprint) Edith Walton. (ENG., Illus.). (J). 2018. 296p. 30.00 *(978-0-332-38209-8(5))*; 2017. pap. 13.57 *(978-0-243-47349-6(4))* Forgotten Bks.

Lantern, Vol. 6: 1897-1899, 1901-1902 (Classic Reprint) Bryn Mawr College. (ENG., Illus.). (J). 2018. 600p. 36.27 *(978-0-428-79440-8(8))*; 2016. pap. 19.57 *(978-1-333-43365-9(4))* Forgotten Bks.

Lantern, Vol. 9: November, 1928 (Classic Reprint) Hilda Wright. 2018. (ENG., Illus.). 390p. (J). 31.94 *(978-0-484-26371-9(4))* Forgotten Bks.

Lantern's Ember. Colleen Houck. 2019. (ENG.). 416p. (YA). (gr. 9). pap. 10.99 *(978-0-399-55575-6(7)*, Ember) Random Hse. Children's Bks.

Lanuola. J. M. Rodier. 2020. (ENG., Illus.). 72p. (YA). (gr. 7-12). pap. *(978-1-912021-15-4(3)*, Nightingale Books) Pegasus Elliot Mackenzie Pubs.

Lao & Chen. Bráulio Pitra. 2022. (ENG.). 112p. (J). pap. ***(978-1-915338-64-8(6))*** UK Bk. Publishing.

Lao-Tzu Amazing & Intriguing Facts Children's History Book. Bold Kids. 2022. (ENG.). 42p. (J). pap. 14.99 ***(978-1-0717-1848-3(7))*** FASTLANE LLC.

Laodicean: A Story of To-Day. Thomas Hardy. 2022. (ENG.). 270p. (J). 27.95 ***(978-1-63637-943-2(5))***; pap. 16.95 ***(978-1-63637-942-5(7))*** Bibliotech Pr.

Laodicean: A Story of to-Day (Classic Reprint) Thomas Hardy. 2018. (ENG., Illus.). 546p. (J). 35.16 *(978-0-483-30957-9(5))* Forgotten Bks.

Laodicean, or the Castle of the de Stancys, Vol. 1 Of 2: A Story of to-Day (Classic Reprint) Thomas Hardy. 2017. (ENG., Illus.). (J). 29.92 *(978-1-5281-6678-2(7))* Forgotten Bks.

Laodicean, or the Castle of the de Stancys, Vol. 2 Of 2: A Story of to-Day (Classic Reprint) Thomas Hardy. 2017. (ENG., Illus.). (J). 29.96 *(978-1-5284-6663-9(2))* Forgotten Bks.

Laodicean, or the Castle of the de Stancys, Vol. 2 Of 3: A Story of to-Day (Classic Reprint) Thomas Hardy. (ENG., Illus.). (J). 2018. 284p. 29.77 *(978-0-428-89058-2(X))*; 2016. pap. 13.57 *(978-1-334-60897-1(0))* Forgotten Bks.

Laodicean, or the Castle of the de Stancys, Vol. 3 Of 3: A Story of to-Day (Classic Reprint) Thomas Hardy. (ENG., Illus.). (J). 2018. 278p. 29.65 *(978-0-332-85822-7(7))*; 2016. pap. 13.57 *(978-1-333-61747-9(X))* Forgotten Bks.

Laos, 1 vol. Stephen Mansfield et al. 2017. (Cultures of the World (Third Edition)(r) Ser.). (ENG.). 144p. (gr. 5-5). lib. bdg. 48.79 *(978-1-5026-3233-3(0)*, 4f0875d8-1eaa-4321-90ff-efbe9d08cfbb) Cavendish Square Publishing LLC.

Laos. Adam Markovics. 2018. (Countries We Come From Ser.). (ENG., Illus.). 32p. (J). (gr. k-3). 19.95 *(978-1-68402-692-0(X))* Bearport Publishing Co., Inc.

Laos. Emily Rose Oachs. 2016. (Exploring Countries Ser.). (ENG., Illus.). 32p. (J). (gr. 3-7). 27.95 *(978-1-62617-404-7(0)*, Blastoff! Readers) Bellwether Media.

Lapidius. Matthew Runals. Ed. by Sharilyn Grayson. Illus. by Robbie Grayson. 2022. (ENG.). 402p. (YA). pap. 17.99 ***(978-1-0880-6284-5(9))*** Indy Pub.

Lapin et Son Terrier. Elizabeth Raum. Illus. by Romina Martí. 2017. (Animaux Architectes Ser.). (FRE.). 24p. (J). (gr. 1-4). *(978-1-77092-384-3(5)*, 17615) Amicus.

Lapse. Alex Rodriguez. 2021. (ENG.). 252p. (YA). pap. 18.99 *(978-1-5457-5458-0(6))* eBooks2go Inc.

Lapse of Enoch Wentworth (Classic Reprint) Isabel Gordon Curtis. (ENG., Illus.). (J). 2018. 370p. 31.55 *(978-0-267-00398-3(6))*; 2017. pap. 13.97 *(978-0-243-97079-7(X))* Forgotten Bks.

Lapse of Memory, & Other Stories (Classic Reprint) Agnes Littlejohn. 2018. (ENG., Illus.). 252p. (J). 29.09 *(978-0-332-31617-8(3))* Forgotten Bks.

Lapstone, or the Sailor Turned Shoemaker (Classic Reprint) Jacob Abbott. (ENG., Illus.). (J). 2018. 170p. 27.40 *(978-0-484-00702-3(5))*; 2018. 490p. 34.00 *(978-0-484-52599-2(9))*; 2016. pap. 16.57 *(978-1-334-31820-7(4))*; 2016. pap. 9.97 *(978-1-333-53675-6(5))* Forgotten Bks.

Laptop Bug & Rip, Rip, Rip! Cath Jones. Illus. by Marcela Dugont. 2021. (Early Bird Readers — Pink (Early Bird Stories (tm)) Ser.). (ENG.). 32p. (J). (gr. -1-2). pap. 9.99 *(978-1-7284-2042-4(3)*, 55a537a6-e5bd-4009-a6ab-1dfc8e788126); lib. bdg. 30.65 *(978-1-7284-1724-0(4)*, f9a80880-1441-49fc-acf4-aa2a3c4f51fa) Lerner Publishing Group. (Lerner Pubns.).

Laptop Learning Numbers 1-20. Sequoia Children's Publishing. 2020. (ENG.). (J). bds. 5.99 *(978-1-64269-225-9(5)*, 4046, Sequoia Publishing & Media LLC) Phoenix International Publications, Inc.

Laptop Learning Uppercase Alphabet. Sequoia Children's Publishing. 2020. (ENG.). (J). bds. 5.99 *(978-1-64269-226-6(3)*, 4047, Sequoia Publishing & Media LLC) Phoenix International Publications, Inc.

Lar Lar Land: Meeting Completely Lar Lar. Si Baker. 2020. (ENG.). 162p. (J). pap. *(978-1-9997447-1-7(3))* Lane, Betty.

Lara Croft: Tomb Raider Hero. Kenny Abdo. 2020. (Video Game Heroes Ser.). (ENG., Illus.). 24p. (J). (gr. 2-2). pap. 8.95 *(978-1-64494-418-9(9))*; lib. bdg. 31.36 *(978-1-0982-2144-7(3)*, 34535) ABDO Publishing Co. (Abdo Zoom-Fly).

Lara of Newtown. Chris McKimmie. 2016. (ENG., Illus.). 32p. (J). (gr. -1-3). 19.99 *(978-1-76011-232-5(1))* Allen & Unwin AUS. Dist: Independent Pubs. Group.

Lara und Die Elfe Smiliefee. Cornelia Fischer. 2017. (GER., Illus.). (J). pap. *(978-3-7103-2822-0(5))* united p.c. Verlag.

Laramie: Holds the Range (Classic Reprint) Frank H. Spearman. 2018. (ENG., Illus.). 388p. (J). 31.92 *(978-0-365-37672-9(8))* Forgotten Bks.

Laramie; or the Queen of Bedlam: Story of the of Sioux War (Classic Reprint) Charles King. 2018. (ENG., Illus.). 290p. (J). 29.88 *(978-0-483-46323-3(X))* Forgotten Bks.

Lara's Story. Diane Merrill Merrill Wigginton. 2019. (ENG., Illus.). 316p. (YA). (gr. 7-12). pap. *(978-1-946146-90-8(0))* Quadry, Fatima.

Larga Travesía Hasta el Agua: Basada en una Historia Real (a Long Walk to Water Spanish Edition) Linda Sue Park. 2020. (SPA.). 144p. (J). (gr. 5-7). 17.99 *(978-0-358-26510-8(X)*, 1771117); pap. 9.99 *(978-0-358-34489-6(1)*, 1781638) HarperCollins Pubs. (Clarion Bks.).

Larga y Corta Historia de Colo y Ruff. Diane Lang & Laurie Allen Klein. Illus. by Laurie Allen Klein. 2019. (SPA., Illus.). 32p. (J). (gr. k-1). 11.95 *(978-1-60718-749-3(3)*, b380bc29-66f1-478d-89ea-2384dd6191ff) Arbordale Publishing.

Large & in Charge! Colossal Collection of Dinosaurs Coloring Book. Smarter Activity Books for Kids. 2016. (ENG., Illus.). (J). pap. 9.22 *(978-1-68374-010-0(6))* Examined Solutions PTE. Ltd.

Large Coloring Books for Adults (36 Intricate & Complex Abstract Coloring Pages) 36 Intricate & Complex Abstract Coloring Pages: This Book Has 36 Abstract Coloring Pages That Can Be Used to Color in, Frame, and/or Meditate over: This Book Can Be Photocopied, Printed & Downloaded As a PDF. James Manning et al. 2019. (Large Coloring Books for Adults Ser.: Vol. 24). (ENG., Illus.). 74p. (YA). pap. *(978-1-83856-616-6(3))* Coloring Pages.

Large Coloring Books for Adults (Absolute Nonsense) This Book Has 36 Coloring Sheets That Can Be Used to Color in, Frame, and/or Meditate over: This Book Can Be Photocopied, Printed & Downloaded As a PDF. James Manning. 2019. (Large Coloring Books for Adults Ser.: Vol. 30). (ENG., Illus.). 74p. (YA). pap. *(978-1-83884-156-0(3))* Coloring Pages.

Large Coloring Books for Adults (All You Need Is Love) This Book Has 40 Coloring Sheets That Can Be Used to Color in, Frame, and/or Meditate over: This Book Can Be Photocopied, Printed & Downloaded As a PDF. James Manning & Christabelle Manning. 2019. (Large Coloring Books for Adults Ser.: Vol. 27). (ENG., Illus.). 82p. (YA). pap. *(978-1-83884-015-0(X))* Coloring Pages.

Large Coloring Books for Adults (Anti Stress) This Book Has 36 Coloring Sheets That Can Be Used to Color in, Frame, and/or Meditate over: This Book Can Be Photocopied, Printed & Downloaded As a PDF. James Manning. 2019. (Large Coloring Books for Adults Ser.: Vol. 32). (ENG., Illus.). 74p. (YA). pap. *(978-1-83884-274-1(8))* Coloring Pages.

Large Coloring Books for Adults (Art Therapy) This Book Has 40 Art Therapy Coloring Sheets That Can Be Used to Color in, Frame, and/or Meditate over: This Book Can Be Photocopied, Printed & Downloaded As a PDF. James Manning. 2019. (Large Coloring Books for Adults Ser.: Vol. 26). (ENG., Illus.). 82p. (YA). pap. *(978-1-83856-128-4(5))* Coloring Pages.

Large Coloring Books for Adults (Fashion) This Book Has 36 Coloring Sheets That Can Be Used to Color in, Frame, and/or Meditate over: This Book Can Be Photocopied, Printed & Downloaded As a PDF. James Manning & Christabelle Manning. 2019. (Large Coloring Books for Adults Ser.: Vol. 30). (ENG., Illus.). 74p. (YA). pap. *(978-1-83884-222-2(5))* Coloring Pages.

Large Coloring Books for Adults (Mysterious Mechanical Creatures) Advanced Coloring (Colouring) Books with 40 Coloring Pages: Mysterious Mechanical Creatures (Colouring (Coloring) Books) James Manning. 2019. (Large Coloring Books for Adults Ser.: Vol. 11). (ENG., Illus.). 82p. (YA). pap. *(978-1-83856-583-1(3))* Coloring Pages.

Large Coloring Books for Adults (Nonsense Alphabet) This Book Has 36 Coloring Sheets That Can Be Used to Color in, Frame, and/or Meditate over: This Book Can Be Photocopied, Printed & Downloaded As a PDF. James Manning & Christabelle Manning. 2019. (Large Coloring Books for Adults Ser.: Vol. 29). (ENG., Illus.). 74p. (YA). pap. *(978-1-83884-098-3(2))* Coloring Pages.

Large Coloring Books for Adults (Winter Coloring Pages) Winter Coloring Pages: This Book Has 30 Winter Coloring Pages That Can Be Used to Color in, Frame, and/or Meditate over: This Book Can Be Photocopied, Printed & Downloaded As a PDF. James Manning & Christabelle Manning. 2019. (Large Coloring Books for Adults Ser.: Vol. 25). (ENG., Illus.). 62p. (YA). pap. *(978-1-83856-217-5(6))* Coloring Pages.

Large Deductions (Classic Reprint) Unknown Author. 2018. (ENG., Illus.). 44p. (J). 24.80 *(978-0-483-82777-6(0))* Forgotten Bks.

Large Hadron Collider: Leveled Reader Card Book 29 Level Y. Hmh Hmh. 2019. (ENG.). (J). pap. 14.13 *(978-0-358-16202-5(5))* Houghton Mifflin Harcourt Publishing Co.

Large Hadron Collider: Leveled Reader Card Book 29 Level y 6 Pack. Hmh Hmh. (J). 2021. (SPA.). pap. 74.40 *(978-0-358-27338-7(2))*; 2019. (ENG.). pap. 69.33 *(978-0-358-18943-5(8))* Houghton Mifflin Harcourt Publishing Co.

Large Print Activity Book for Boys & Girls. Educando Kids. 2019. (ENG.). 42p. (J). pap. 8.55 *(978-1-64521-735-0(3)*, Educando Kids) Editorial Imagen.

Large Print Animal Designs for Kids to Identify Coloring Book Preschool. Educando Kids. 2019. (ENG.). 42p. (J). pap. 6.99 *(978-1-64521-025-2(1)*, Educando Kids) Editorial Imagen.

Large Print Dot-To-Dot. Ed. by Editors of Thunder Bay Press. 2017. (Large Print Puzzle Bks.). (ENG., Illus.). 256p. pap. 12.99 *(978-1-68412-096-3(9)*, Thunder Bay Pr.) Printers Row Publishing Group.

Large Print Word Search Puzzle Book: Adult Easy Level, Easy to Read, Puzzles & Solutions, 8. 5 X 11. Mellow Maxim. 2021. (ENG.). 52p. (YA). pap. 9.49 *(978-1-716-09348-7(1))* Lulu Pr., Inc.

Large Room (Classic Reprint) Alice Dudeney. 2017. (ENG., Illus.). (J). 31.28 *(978-0-331-75159-8(3))* Forgotten Bks.

Large Size Spot the Difference Activity Book for Young Kids. Creative Playbooks. 2016. (ENG., Illus.). (J). pap. 10.81 *(978-1-68323-358-9(1))* Twin Flame Productions.

Large Trucks: Leveled Reader Gold Level 21. Rg Rg. 2016. (PM Ser.). (ENG.). 24p. (J). (gr. 2-3). pap. 11.00 *(978-0-544-89235-4(6))* Rigby Education.

Largemouth Bass. Leo Statts. 2018. (Freshwater Fish Ser.). (ENG., Illus.). 24p. (J). (gr. -1-2). lib. bdg. 31.36 *(978-1-5321-2289-7(6)*, 28345, Abdo Zoom-Launch) ABDO Publishing Co.

Larger Faith: A Novel (Classic Reprint) James W. Coulter. 2018. (ENG., Illus.). 286p. (J). 29.82 *(978-0-483-31152-7(9))* Forgotten Bks.

Larger Than Life. Trish Granted. Illus. by Manuela Lopez. 2023. (Jeanie & Genie Ser.: 8). (ENG.). 128p. (J). (gr. k-4). 17.99 ***(978-1-6659-3588-3(X))***; pap. 6.99 ***(978-1-6659-3587-6(1))*** Little Simon. (Little Simon).

Larger-Than-Life Lara. Dandi Daley Mackall. 2016. (ENG., Illus.). 176p. (J). 14.99 *(978-1-4964-1429-8(2)*, 20_11896) Tyndale Hse. Pubs.

Largest Cat in the Zoo! Lions Coloring Book. Activity Book Zone for Kids. 2016. (ENG., Illus.). (J). pap. 9.20 *(978-1-68376-354-3(8))* Sabeels Publishing.

Largo Sendero de Texas: Leveled Reader Book 51 Level U 6 Pack. Hmh Hmh. 2021. (SPA.). 56p. (J). pap. 74.40 *(978-0-358-08619-2(1))* Houghton Mifflin Harcourt Publishing Co.

Largo y Corto (Long & Short) Julie Murray. 2019. (Contrarios (Opposites) Ser.). (SPA.). 24p. (J). (gr. -1-2). lib. bdg. 31.36 *(978-1-5321-8736-0(X)*, 31320, Abdo Kids) ABDO Publishing Co.

Lark. Martin Bailey. 2019. (BigThymeRhyme Ser.). (ENG.). 12p. (J). (— 1). bds. 9.99 *(978-0-9951093-2-2(X))* Black Chook Bks. NZL. Dist: Independent Pubs. Group.

Lark. Raeven Geist-DesChamps. 2019. (ENG.). 176p. (J). pap. *(978-1-7770519-0-7(8))* LoGreco, Bruno.

Lark & Kasim Start a Revolution. Kacen Callender. 2022. (ENG., Illus.). 336p. (J). (gr. 9-17). 19.99 *(978-1-4197-5687-0(7)*, 1746701, Amulet Bks.) Abrams, Inc.

Lark & the Dessert Disaster, 1 vol. Natasha Deen. Illus. by Marcus Cutler. 2019. (Orca Echoes Ser.: 4). (ENG.). 104p. (J). (gr. 1-3). pap. 7.95 *(978-1-4598-2067-8(3))* Orca Bk. Pubs. USA.

Lark & the Diamond Caper, 1 vol. Natasha Deen. Illus. by Marcus Cutler. 2017. (Orca Echoes Ser.: 2). (ENG.). 96p. (J). (gr. 1-3). pap. 7.95 *(978-1-4598-1400-4(2))* Orca Bk. Pubs. USA.

Lark & the Wild Hunt. Jennifer Adam. 2022. (ENG.). 480p. (J). (gr. 3-7). 16.99 *(978-0-06-298133-2(1)*, HarperCollins) HarperCollins Pubs.

Lark Has the Shivers. Natasha Deen. Illus. by Marcus Cutler. 2022. (Orca Echoes Ser.: 5). (ENG.). 96p. (J). (gr. 1-3). pap. 7.95 *(978-1-4598-2605-2(1))* Orca Bk. Pubs. USA.

Lark Steals the Show. Natasha Deen. Illus. by Marcus Cutler. 2022. (Orca Echoes Ser.: 6). (ENG.). 96p. (J). (gr. 1-3). pap. 7.95 *(978-1-4598-3157-5(8))* Orca Bk. Pubs. USA.

Lark Takes a Bow, 1 vol. Natasha Deen. Illus. by Marcus Cutler. 2018. (Orca Echoes Ser.: 3). (ENG.). 96p. (J). (gr. 1-3). pap. 7.95 *(978-1-4598-1715-9(X))* Orca Bk. Pubs. USA.

Lark the Shark. Natalie Newman & Henry Newman. 2020. (ENG.). 30p. (J). *(978-1-5289-9106-3(0))*; pap. *(978-1-5289-9105-6(2))* Austin Macauley Pubs. Ltd.

Lark the Shark & Wonda the Whale. Natalie Newman & Henry Newman. 2022. (ENG.). 26p. (J). ***(978-1-5289-8087-6(5))***; pap. ***(978-1-5289-7350-2(X))*** Austin Macauley Pubs. Ltd.

Larkin of Cotton Run (Classic Reprint) William Templer Becker. 2018. (ENG., Illus.). 340p. (J). 30.93 *(978-0-365-19349-4(6))* Forgotten Bks.

Lark's Nest (Classic Reprint) Fred A. Lark. (ENG., Illus.). (J). 2018. 180p. 27.61 *(978-0-483-64627-8(X))*; 2017. pap. 9.97 *(978-1-5276-8932-9(8))* Forgotten Bks.

Larkspur (Classic Reprint) Jane D. Abbott. 2018. (ENG., Illus.). 276p. (J). 29.59 *(978-0-267-22548-4(2))* Forgotten Bks.

Larmes see Tears

Larmes du Tigre see Lágrimas del Tigre

Larmes Goût Framboise. Amandine Sepulchre. Ed. by Melissa Poprawka. 2023. (FRE.). 242p. (J). pap. 24.00 ***(978-1-4478-6160-7(4))*** Lulu Pr., Inc.

Larold Visits New York City. Khrysti Jenkins. 2022. (ENG., Illus.). 32p. (J). pap. 13.95 *(978-1-68570-752-1(1))* Christian Faith Publishing.

Larougo: Book Two of the Uluru Legacy. Anna J. Walner. 2021. (ENG.). 310p. (YA). 24.99 *(978-1-0878-6373-3(2))*; pap. 14.99 *(978-1-0878-6235-4(3))* Indy Pub.

Larp. Tracy Weiman. Illus. by Aine McWryat. 2017. (ENG.). 258p. (J). pap. *(978-90-826624-3-6(4))* Red Admiral Pr.

Larry Adore Montréal! John Skewes. Tr. by Imogen Brian. Illus. by John Skewes. 2023. (Larry Gets Lost - Canada Ser.: 2). Orig. Title: Larry Loves Montreal!. (FRE., Illus.). 20p. (J). (— 1). bds. 10.99 ***(978-0-9953400-5-3(6))*** Birdhouse Kids Media CAN. Dist: Orca Bk. Pubs. USA.

Larry & His Cat Named Blue. D. J. Williby. 2017. (ENG., Illus.). (J). pap. 7.99 *(978-0-692-85861-5(X))* Williby-Walker, Debra June.

Larry & Lola. What Do We Buy? Elly van der Linden. Illus. by Suzanne Diederen. 2017. (Larry & Lola Ser.). (ENG.). 32p. (J). 14.95 *(978-1-60537-347-8(8))* Clavis ROM. Dist: Publishers Group West (PGW).

Larry & the Red Fox. Daniel Burruss. 2019. (ENG.). 44p. (J). 25.95 *(978-1-64654-007-5(7))*; pap. 15.95 *(978-1-64654-005-1(0))* Fulton Bks.

Larry Bourne: On Avery's Tides. Larry Matoyo. 2019. (ENG., Illus.). 138p. (YA). pap. *(978-1-925332-46-9(2))* Tried and Trusted Indie Publishing.

L

Larry (Classic Reprint) Amanda Minnie Douglas. (ENG., Illus.). (J). 2018. 260p. 29.28 *(978-0-483-50515-5(3))*; 2016. pap. 11.97 *(978-1-334-48275-5(6))* Forgotten Bks.

Larry (Classic Reprint) Harold Sander. 2019. (ENG., Illus.). 26p. (J). 24.43 *(978-0-267-44265-2(3))* Forgotten Bks.

Larry Dexter & the Stolen Boy: Or a Young Reporter on the Lakes (Classic Reprint) Howard R. Garis. (ENG., Illus.). (J). 2017. 28.64 *(978-0-260-01809-0(0))*; 2016. pap. 11.57 *(978-1-334-51082-3(2))* Forgotten Bks.

Larry Gets Lost in San Diego. John Skewes & Eric Ode. 2017. (Larry Gets Lost Ser.). (Illus.). 32p. (J). (gr. -1-2). 17.99 *(978-1-63217-121-4(X)*, Little Bigfoot) Sasquatch Bks.

Larry Gets Lost in Seattle: 10th Anniversary Edition. John Skewes & Eric Ode. 10th ed. 2017. (Larry Gets Lost Ser.). (Illus.). 32p. (J). (gr. -1-2). 17.99 *(978-1-63217-092-7(2)*, Little Bigfoot) Sasquatch Bks.

Larry Gets Lost in the Library. Eric Ode. Illus. by John Skewes. 2021. (Larry Gets Lost Ser.). 32p. (J). (gr. -1-2). 17.99 *(978-1-63217-324-9(7))*; (ENG.). pap. 10.99 *(978-1-63217-413-0(8))* Sasquatch Bks. (Little Bigfoot).

Larry Gets Lost in the Library. Eric Ode. ed. 2022. (Larry Gets Lost Ser.). (ENG.). 32p. (J). (gr. k-1). 23.96 ***(978-1-68505-246-1(0))*** Penworthy Co., LLC, The.

Larry Gets Lost in the USA Activity Book. Illus. by John Skewes. 2022. 72p. (J). (gr. -1-2). 14.99 *(978-1-63217-418-5(9)*, Little Bigfoot) Sasquatch Bks.

Larry Itliong. Virginia Loh-Hagan. Illus. by Jeff Bane. 2022. (My Early Library: My Itty-Bitty Bio Ser.). (ENG.). 24p. (J). (gr. k-1). pap. 12.79 *(978-1-6689-0010-9(6)*, 220101); lib. bdg. 30.64 *(978-1-5341-9896-8(2)*, 219957) Cherry Lake Publishing.

Larry Itliong Leads the Way for Farmworkers Rights. Rose Zilka. 2019. (Taking a Stand Ser.). (ENG., Illus.). 48p. (J). (gr. 5-6). pap. 11.95 *(978-1-64185-414-6(6)*, 1641854146); lib. bdg. 34.21 *(978-1-64185-356-9(5)*, 1641853565) North Star Editions. (Focus Readers).

Larry Loggerhead Travels to the Sea Turtle Hospital. Paul J. Mila. 2021. (ENG.). 54p. (J). pap. 11.99 *(978-1-947239-28-9(7))* Best Publishing Co.

Larry Loves Boston! A Larry Gets Lost Book. John Skewes. 2016. (Larry Gets Lost Ser.). (Illus.). 20p. (J). (— 1). bds. 10.99 *(978-1-63217-047-7(7)*, Little Bigfoot) Sasquatch Bks.

Larry Loves Montreal! John Skewes. Illus. by John Skewes. 2023. (Larry Gets Lost - Canada Ser.: 2). (ENG., Illus.). 20p. (J). (— 1). bds. 10.99 ***(978-0-9953400-4-6(8))*** Birdhouse Kids Media CAN. Dist: Orca Bk. Pubs. USA.

Larry Loves San Diego! A Larry Gets Lost Book. John Skewes. 2017. (Larry Gets Lost Ser.). (Illus.). 20p. (J). (— 1). bds. 10.99 *(978-1-63217-122-1(8)*, Little Bigfoot) Sasquatch Bks.

Larry Loves Vancouver. John Skewes. Illus. by John Skewes. 2022. (Larry Gets Lost - Canada Ser.: 1). (ENG., Illus.). 20p. (J). (— 1). bds. 10.99 *(978-0-9953400-3-9(X))* Birdhouse Kids Media CAN. Dist: Orca Bk. Pubs. USA.

Larry Loves Washington, DC! A Larry Gets Lost Book. John Skewes. 2016. (Larry Gets Lost Ser.). (Illus.). 20p. (J). (— 1). bds. 10.99 *(978-1-63217-048-4(5)*, Little Bigfoot) Sasquatch Bks.

Larry the Bigfoot. Lisa Prince. Illus. by Daria Popkova. 2023. (ENG.). 24p. (J). 14.99 ***(978-1-0879-2252-2(6))***; pap. 8.99 ***(978-1-0880-8621-6(7))*** Indy Pub.

Larry the Dromedary - We Won't Desert You! E. M. McCann. 2017. (Larry the Dromedary Ser.: Vol. 1). (ENG., Illus.). (J). (gr. 3-6). pap. *(978-0-9952903-0-3(X))* Mediamarigold.

Larry the Duck Didn't Need Help! Victoria Burchett. 2019. (ENG., Illus.). 34p. (J). 21.99 *(978-1-950454-28-0(2))* Pen It Pubns.

Larry, the Leaf. John C. Wilburn. 2018. (ENG., Illus.). 30p. (J). (gr. -1-3). pap. 12.95 *(978-1-64079-665-2(7))* Christian Faith Publishing.

Larry the Lion Goes to the Dentist. Emily J. Cormier. 2020. (ENG.). 24p. (J). *(978-1-5255-6766-7(7))*; pap. *(978-1-5255-6767-4(5))* FriesenPress.

Larry the Lobster's Luckiest Day: The Coral Reef Conundrum. Suzanne Hill. 2020. (Larry the Lobster's Luckiest Day Ser.: Vol. 2). (ENG.). 66p. (J). pap. 18.99 *(978-1-954004-01-6(X))* Pen It Pubns.

Larry the Lobster's Lucky Day. Suzanne Hill. 2019. (ENG., Illus.). 58p. (J). pap. 16.99 *(978-1-949609-98-1(7))* Pen It Pubns.

Larry the Lobster's Lucky Day - the Coral Reef Conundrum Coloring Book. Suzanne Hill. 2020. (Larry the Lobster's Luckiest Day Ser.: Vol. 2). (ENG.). 66p. (J). pap. 9.99 *(978-1-954004-02-3(8))* Pen It Pubns.

Larry the Lobster's Lucky Day Coloring Book: Book 1. Suzanne Hill. Illus. by Sanghamitra Dasgupta. 2020. (ENG.). 58p. (J). pap. 8.99 *(978-1-954004-96-2(6))* Pen It Pubns.

Larry the Loggerhead. Rebecca Hanna. Illus. by Clarice Masajo. 2021. (ENG.). 24p. (J). pap. *(978-1-922721-97-6(2))* Library For All Limited.

Larry the Lumo Sheep. Marieka James. 2020. (ENG.). 40p. (J). *(978-1-5289-9099-8(4))*; pap. *(978-1-5289-9098-1(6))* Austin Macauley Pubs. Ltd.

Larry the Talking Dragon. Dylan Eisenberg. 2023. (Larry the Talking Dragon Ser.: 1). 64p. (J). pap. 7.50 ***(978-1-6678-9827-8(2))*** BookBaby.

Larry's Adventure. Barbara D. Young. 2018. (ENG., Illus.). 30p. (J). pap. 12.95 *(978-1-64191-312-6(6))* Christian Faith Publishing.

Larry's Colouring Book. Illus. by Michael Lawson. 2017. (Larry the London Bus & Friends Ser.: Vol. 10). (ENG.). (J). pap. *(978-0-9933455-8-6(1))* Larry the London Bus and Friends Ltd.

Larry's New Friend. Ronald G. Croxton Sr. 2016. (ENG., Illus.). (J). pap. 9.99 *(978-1-942451-63-1(6))* Yorkshire Publishing Group.

Lars: A Pastoral of Norway. Bayard Taylor. 2017. (ENG., Illus.). (J). pap. *(978-0-649-53273-5(2))*; pap. *(978-0-649-54629-9(6))* Trieste Publishing Pty Ltd.

Lars - Den Lille Vandraren: Swedish Edition of Leo, the Little Wanderer. Tuula Pere. Tr. by Angelika Nikolowski-Bogomoloff. Illus. by Virpi Nieminen. 2018. (SWE.). 46p. (J). (gr. k-6). *(978-952-357-026-9(9))*; pap. *(978-952-325-089-5(2))* Wickwick oy.

Las 10 Cestas de Caperucita / Little Red Riding Hood's 10 Baskets. Miguel Perez. Illus. by Sara Mateos. 2021. (ClÁsicos para Contar Ser.). (SPA.). 48p. (J). (-k). 16.95 *(978-1-64473-439-1(7)*, Beascoa) Penguin Random House Grupo Editorial ESP. Dist: Penguin Random Hse. LLC.

Las 10 Maravillas Del Mundo para Niños. Sophie Crépon. 2020. (SPA.). 48p. (J). (gr. -1-k). 20.95 *(978-607-21-2288-8(4))* Larousse, Editions FRA. Dist: Independent Pubs. Group.

Las 10 Mejores Pinturas para Niños. Sophie Crépon. 2020. (SPA.). 48p. (J). (gr. -1-k). 20.95 *(978-607-21-2289-5(2))* Larousse, Editions FRA. Dist: Independent Pubs. Group.

Las 10,000 Aventuras de Daniel en Minnesota: Oxidado, el Golden Retriever, Salva el Día. H. R. Maly. 2018. (SPA., Illus.). 34p. (J). pap. 15.95 *(978-1-9822-0139-5(8)*, Balboa Pr.) Author Solutions, LLC.

Las 33 Estrategias de la Guerra. Robert Greene. 2020. (SPA.). 604p. (gr. 7). pap. 29.00 *(978-607-527-816-2(8))* Editorial Oceano de Mexico MEX. Dist: Independent Pubs. Group.

Las Abejas Asombrosas: Una Historia Navideña. Ed. by The Amazing Bees. 2021. (SPA.). 48p. (J). 19.99 ***(978-1-0880-0393-0(1))*** Indy Pub.

Las Abejas Asombrosas: Una Historia Navideña. The Amazing Bees. 2021. (SPA.). 48p. (J). pap. 13.99 ***(978-1-0880-0385-5(0))*** Indy Pub.

Las Abejas y Sus Colmenas. 2017. (Animales Constructores Ser.). (Illus.). 24p. (J). (gr. 1-4). lib. bdg. 20.95 *(978-1-68151-279-2(3)*, 14720) Amicus.

Las Abuelas Chanchulleras / the Scam Grannies. Begona Oro. 2022. (Misterios a Domicilio Ser.: 3). (SPA.). 208p. (J). (gr. 2-5). pap. 12.95 *(978-607-38-1289-4(2))* Penguin Random House Grupo Editorial ESP. Dist: Penguin Random Hse. LLC.

Las Aguas Dulces. Linda Aspen-Baxter. 2017. (Los Biomas Del Mundo Ser.). (SPA.). 32p. (J). lib. bdg. 22.99 *(978-1-5105-2398-2(7))* SmartBook Media, Inc.

Las águilas Calvas. Rachel Grack. 2018. (Animales Norteamericanos Ser.). (SPA.). 24p. (J). (gr. 1-4). lib. bdg. *(978-1-68151-620-2(9)*, 15228) Amicus.

Las Ambulancias. Lori Dittmer. 2019. (Increíbles Vehículos de Rescate Ser.). (SPA.). 24p. (J). (gr. 1-4). *(978-1-64026-103-7(6)*, 18728) Creative Co., The.

Las Arañas de Cerca. Alan Walker. 2022. (Ciencias Del Patio Trasero (Backyard Science) Ser.). (SPA.). 24p. (J). (gr. k-2). pap. *(978-1-0396-4942-2(4)*, 19601); lib. bdg. *(978-1-0396-4815-9(0)*, 19600) Crabtree Publishing Co.

Las Ardillas. Quinn M. Arnold. 2018. (Semillas Del Saber Ser.). (SPA.). 24p. (J). (gr. -1-k). lib. bdg. *(978-1-64026-095-5(1)*, 19955, Creative Education) Creative Co., The.

Las Ardillas Listadas. Kate Riggs. 2018. (Semillas Del Saber Ser.). (SPA.). 24p. (J). (gr. -1-k). lib. bdg. *(978-1-64026-089-4(7)*, 19949, Creative Education) Creative Co., The.

Las Asombrosas Aventuras de Maksat: Colección 2. Aizhan. Tr. by Mayya Nechasna. 2021. (SPA.). 82p. (J). pap. *(978-1-008-96688-8(6))* Lulu Pr., Inc.

Las Avalanchas. Megan Kopp. 2016. (Las Fuerzas de la Naturaleza 2017 Ser.). (SPA.). 32p. (J). lib. bdg. 22.99 *(978-1-5105-2452-1(5))* SmartBook Media, Inc.

Las Aventuras de Abella y Su Varita Mágica. Zane Carson Carruth. 2021. (SPA.). 34p. (J). 19.99 *(978-1-0879-6581-9(0))*; pap. 14.99 *(978-1-0879-6582-6(9))* Indy Pub.

Las Aventuras de Ana la Abeja. Jesús Gallardo & Evelyn Sanchez-Toledo. 2022. (SPA.). 44p. (J). pap. 15.00 *(978-1-957058-19-1(6))* Fig Factor Media Publishing.

Las Aventuras de Ana la Abeja. Evelyn Sanchez-Toledo. 2022. (SPA.). 44p. (J). 20.97 *(978-1-957058-29-0(3))* Fig Factor Media Publishing.

Las Aventuras de Bayito. Mario Encalada Castro. Ed. by Windmills Editions. 2018. (Wie Ser.: Vol. 484). (SPA., Illus.). 198p. (J). pap. *(978-0-359-08198-1(3))* Lulu.com.

Las Aventuras de Bob el Cabezón - Convierte Tu Debilidad en Tu Fortaleza: Big Head Bob (Spanish Edition) (the Adventures of Big Head Bob) David Bradley. 2021. (SPA.). 32p. (J). 24.99 ***(978-1-7366084-9-4(5))*** David Bradley LLC.

Las Aventuras de Carolina: Y el Dragón Esmeralda. Eric Russell Oberst. Illus. by Bhargav Manoj. 2019. (Las Aventuras de Carolina Ser.: Vol. 2). (SPA.). 190p. (J). (gr. 4-6). 24.99 *(978-0-578-52703-1(0))* Painted Leaf Publishing.

Las Aventuras de Don Quijote / the Adventures of Don Quijote. Anna Obiols. Illus. by SUBI. 2023. (SPA.). 32p. (J). (gr. k-3). 17.95 ***(978-1-64473-885-6(6))*** Penguin Random House Grupo Editorial ESP. Dist: Penguin Random Hse. LLC.

Las Aventuras de Eshe la Elefante de Etiopia. Nancy Hahn. 2017. (SPA., Illus.). (J). pap. 14.99 *(978-1-61813-278-9(4))* eBooks2go Inc.

Las Aventuras de Espumita. Sergio del Castillo Espejel. 2021. (SPA.). 34p. (J). pap. 13.95 *(978-1-63765-095-0(7))* Halo Publishing International.

Las aventuras de George Macallan. Kansas City. Fernando Lalana Josa. 2017. (Exit Ser.). (SPA.). 200p. (YA). (gr. 7). pap. 13.95 *(978-84-8343-407-9(5)*, Bambu, Editorial) Combel Editorial, S.A. ESP. Dist: Independent Pubs. Group.

Las Aventuras de Gracie y OsoMono: Libro 1: Verano. C. S. O'Kelly. Ed. by Tricia Callahan. Tr. by Irma Calvo. Illus. by Jordy Farrell. 2017.Tr. of Adventures of Gracie & MonkeyBear. 48p. (J). (gr. -1-5). 17.99 *(978-0-9970294-6-8(3)*, MonkeyBear Publishing) LORE Mountain Productions.

Las Aventuras de Hipo y Ribbit la Fiesta de Cumpleaños. Esther Billoups. 2021. (ENG., Illus.). 28p. (J). pap. 13.95 *(978-1-6624-5803-3(7))* Page Publishing Inc.

Las Aventuras de Hot Dog. ¡Mejores Amigos Al Rescate! / Hotdog! Anh Do. Illus. by D. A. N. MCGUINESS. 2022. (Hot Dog Ser.: 1). (SPA.). 128p. (J). (gr. 2-5). pap. 12.95 *(978-607-38-1568-0(9))* Penguin Random House Grupo Editorial ESP. Dist: Penguin Random Hse. LLC.

¡Las Aventuras de Hotdog: ¡Bienvenidos a la Fiesta! / Party Time. Anh Do. Illus. by D. A. N. MCGUINESS. 2022. (Hot Dog Ser.: 2). (SPA.). 128p. (J). (gr. 2-5). pap. 12.95 *(978-607-38-1829-2(7))* Penguin Random House Grupo Editorial ESP. Dist: Penguin Random Hse. LLC.

Las Aventuras de la Granja de la Senora Patsy: Un Regalo! Es un Regalo! Es un Regalo! Teri Cook. 2017. (SPA., Illus.). (J). pap. 19.95 *(978-1-68290-250-9(1))* America Star Bks.

Las Aventuras de la niña Sofía y Sus Amigas Thalía y Lucía. Luis Antonio Álvarez Ogando. Illus. by Eleanor Luna Marfil Álvarez. 2021. (SPA.). 96p. (J). pap. *(978-1-716-08592-5(6))* Lulu Pr., Inc.

Las Aventuras de Maxine y Beanie: Maxine Tiene un Nuevo Amigo! Karolyn Denson Landrieux. Illus. by Karen Light. 2020. (SPA.). 32p. (J). pap. 15.00 ***(978-1-7359278-2-4(1))*** Rising Glory Productions.

Las Aventuras de Maxine y Beanie! Maxine y Beanie Van Al Playa. Karolyn Denson Landrieux. Illus. by Karen Light. 2022. (SPA.). 34p. (J). pap. 15.00 ***(978-1-7377837-9-4(7))*** Southampton Publishing.

Las Aventuras de Pinocho. Carlo Collodi. Tr. by Felipe Garrido. Illus. by Gabriel Pacheco. 2016. (SPA.). 240p. (YA). (gr. 7). pap. 18.00 *(978-607-8469-21-5(5))* Nostra Ediciones MEX. Dist: Independent Pubs. Group.

Las Aventuras de Robin Hood. Illus. by Facundo Belgradi. 2019. (Brújula y la Veleta Ser.). (SPA.). 64p. (J). (gr. 4-7). pap. 5.95 *(978-987-718-549-2(0))* Ediciones Lea S.A. ARG. Dist: Independent Pubs. Group.

Las Aventuras de Sir Pigglesworth en Pigeon Forge. JoAnn Wagner. 2018. (Serie de Aventuras de Sir Pigglesworth Ser.: Vol. 8). (SPA., Illus.). 82p. (J). (gr. 1-4). pap. 8.95 *(978-1-68055-161-7(2))* Sir Pigglesworth Publishing.

Las Aventuras de Supergirl en Super Hero High / Supergirl at Super Hero High. Lisa Yee. 2017. (DC Super Hero Girls Ser.). (SPA.). 256p. (J). (gr. 4-7). pap. 13.95 *(978-607-31-5065-1(2)*, Montena) Penguin Random House Grupo Editorial ESP. Dist: Penguin Random Hse. LLC.

Las Aventuras de Tallulah, Lucia y Dolce: Gran Aventura en la Selva. Patricia Kessler. 2017. (Adventuras de Tallulah, Lucia y Dolce Ser.: Vol. 1). (SPA., Illus.). 48p. (J). (gr. -1-3). 9.95 *(978-1-890379-41-4(7))* Randall, Charles Inc.

Las Aventuras de Tom Sawyer. Mark Twain, pseud.Tr. of Adventures of Tom Sawyer. (SPA.). 2019. 88p. (J). (gr. 3-6). pap. 7.95 *(978-607-453-643-0(0))*; 2018. 96p. (YA). (gr. 8-12). pap. 6.95 *(978-607-453-376-7(8))* Selector, S.A. de C.V. MEX. Dist: Spanish Pubs., LLC.

Las Aventuras Del Mago Maksat: Colección 1. Aizhan. Tr. by Mayya Nechasna. 2021. (SPA.). 101p. (J). pap. *(978-1-008-97094-6(8))* Lulu Pr., Inc.

Las Aventuras Del Profesor Thompson. Juan Ramon Pina Molina. 2016. (SPA., Illus.). (J). pap. *(978-84-9072-526-9(8))* Novum Verlag in der Verlags- und Medienhaus WSB GmbH.

Las Aventuras Musicales de Flori: El Invierno. Kenneth E. Korber. 2017. (ENG., Illus.). (J). pap. 16.95 *(978-1-5043-7724-9(9)*, Balboa Pr.) Author Solutions, LLC.

Las Aves de Los Presidentes. Grace Hansen. 2022. (Mascotas Presidenciales Ser.). (SPA.). 24p. (J). (gr. -1-2). lib. bdg. 31.36 *(978-1-0982-6517-5(3)*, 40979, Abdo Kids) ABDO Publishing Co.

Las Ballenas Jorobadas (Humpback Whales) Heather Dilorenzo Williams. 2021. (SPA.). 24p. (J). lib. bdg. 28.55 *(978-1-7911-3559-1(5))* Weigl Pubs., Inc.

Las Ballenas y Otros Mamíferos Marinos / Whales & Other Sea Mammals. Patrick Geistdoerfer. Illus. by Joelle Boucher. 2018. (Altea Benjamín Ser.). (SPA.). 32p. (J). (gr. 3-7). pap. 10.99 *(978-1-947783-60-7(2)*, Altea) Penguin Random House Grupo Editorial ESP. Dist: Penguin Random Hse. LLC.

Las Batallas Más Sangrientas de la Guerra Civil: Revisar los Datos, 1 vol. Manuel Martinez. 2017. (Computación Científica en el Mundo Real (Computer Science for the Real World) Ser.). (SPA.). 24p. (J). (gr. 3-4). pap. *(978-1-5383-5752-1(6)*, 45ac45c9-fa9f-4fd9-8d4a-913fd2b3af75, Rosen Classroom) Rosen Publishing Group, Inc., The.

Las Batallas Más Sangrientas de la Guerra Civil: Revisar Los Datos (Bloodiest Civil War Battles: Looking at Data), 1 vol. Manuel Martinez. 2017. (Niños Digitales: Superdotados con Pensamiento Computacional (Computer Kids: Powered by Computational Thinking) Ser.). (SPA.). 24p. (J). (gr. 3-4). 25.27 *(978-1-5383-2881-1(X)*, c07cb1ba-9936-4daf-8386-da066d2c2fb5, PowerKids Pr.) Rosen Publishing Group, Inc., The.

Las Bicicletas. Quinn M. Arnold. 2019. (Semillas Del Saber Ser.). (SPA.). 24p. (J). (gr. -1-k). *(978-1-64026-253-9(9)*, 19140, Creative Education) Creative Co., The.

Las Bolsas de la Puerta: Leveled Reader Book 29 Level J 6 Pack. Hmh Hmh. 2021. (SPA.). 16p. (J). pap. 74.40 *(978-0-358-08341-2(9))* Houghton Mifflin Harcourt Publishing Co.

Las BosqueNiñas: Un Diario, un Viaje. Sissel Waage. Tr. by Ariadna Molinari. Illus. by Ivana Josipovic. 2022. (SPA.). 82p. (YA). 24.99 *(978-1-6781-4791-4(5))* Lulu Pr., Inc.

Las BosqueNiñas: Un Diario, un Viaje (libro de Bolsillo) Sissel Waage. Tr. by Ariadna Molinari. Illus. by Ivana Josipovic. 2022. (SPA.). 82p. (YA). pap. 9.99 *(978-1-6781-3349-8(3))* Lulu Pr., Inc.

Las BosqueNiñas, con el Mundo, Siempre. Sissel Waage. Tr. by Ariadna Molinari. Illus. by Ana-Maria Cosma. 2022. (SPA.). 42p. (J). 22.99 *(978-1-4583-9374-6(7))* Lulu Pr., Inc.

Las BosqueNiñas, con el Mundo, Siempre (libro en Rústica) Sissel Waage. Tr. by Ariadna Molinari. Illus. by Ana-Maria Cosma. 2022. (SPA.). 42p. (J). pap. 8.99 *(978-1-4583-9371-5(2))* Lulu Pr., Inc.

Las Buenas Nuevas de Dios: Historias Bi?blicas=god's Good Nelas Buenas Nuevas de Dios: Historias Bi?blicas=god's Good News Bible Storybook Ws Bible Storybook: Devocionales de Billy Graham Devocionales de Billy Graham. Billy Graham. 2016. (SPA.). (J). pap. 12.99 *(978-0-7899-2289-2(4))* Editorial Unilit.

Las Cadenas Alimentarias en el Bosque: Trabajar en Bucles, 1 vol. Elizabeth Krajnik. 2017. (Computación Científica en el Mundo Real (Computer Science for the Real World) Ser.). (SPA.). 24p. (J). (gr. 4-5). pap. *(978-1-5383-5842-9(5)*, 48ebece9-6a8f-43af-9ea1-47d9469b5f29, Rosen Classroom) Rosen Publishing Group, Inc., The.

Las Cadenas Alimentarias en el Bosque: Trabajar en Bucles (Food Chains in the Forest: Working in a Loop), 1 vol. Elizabeth Krajnik. 2017. (Niños Digitales: Superdotados con Pensamiento Computacional (Computer Kids: Powered by Computational Thinking) Ser.). (SPA.). 24p. (J). (gr. 4-5). 25.27 *(978-1-5383-2912-2(3)*, 55609374-815b-4f74-a8d2-a5f987fdbc4c, PowerKids Pr.) Rosen Publishing Group, Inc., The.

Las Cajas de Berta. Dario Alvisi. Illus. by Amelie Graux. 2021. 40p. (J). 16.95 *(978-84-18133-26-8(0))* NubeOcho Ediciones ESP. Dist: Consortium Bk. Sales & Distribution.

Las Calabacitas de Zora (1 Paperback/1 CD Set) Anna Raff. Illus. by Katherine Pryor. 2021. (SPA.). (J). pap. 19.95 incl. audio compact disk *(978-1-4301-4461-8(0))* Live Oak Media.

Las Camionetas. Wendy Strobel Dieker. 2018. (Máquinas Poderosas Ser.). (SPA.). 16p. (J). (gr. -1-2). lib. bdg. *(978-1-68151-607-3(1)*, 15215) Amicus.

Las Camisetas No Somos Servilletas (T-Shirts Aren't Napkins) (T-Shirts Aren't Napkins) Marta Zafrilla. Illus. by Martina Peluso. 2019. (SPA.). 28p. (J). 16.95 *(978-84-16733-49-1(X))* Cuento de Luz SL ESP. Dist: Publishers Group West (PGW).

Las Cargadoras (Loaders) Mari Schuh. 2017. (Spot Mighty Machines Ser.). (ENG & SPA., Illus.). 16p. (J). (gr. k-3). 17.95 *(978-1-68151-269-3(6)*, Amicus Readers) Amicus Learning.

Las Carreteras. Nick Rebman. 2017. (Mi Mundo Ser.). (SPA.). 16p. (J). (gr. -1-2). pap. 7.95 *(978-1-68320-126-7(4)*, 16958) RiverStream Publishing.

Las Cartas Especiales de la Abuela. Jacqueline Jules. Illus. by Kim Smith. 2018. (Sofia Martinez en Español Ser.). (SPA.). 32p. (J). (gr. k-2). lib. bdg. 21.32 *(978-1-5158-2444-2(6)*, 137547, Picture Window Bks.) Capstone.

Las Cebras. Mary Ellen Klukow. 2019. (Animales Africanos Ser.). (SPA.). 16p. (J). (gr. -1-2). *(978-1-68151-882-4(1)*, 10827) Amicus.

Las Células: Set of 6 Common Core Edition. Kathy French & Benchmark Education Company, LLC Staff. 2016. (Navigators Ser.). (SPA.). (J). (gr. 6). 60.00 net. *(978-1-5125-0806-2(3))* Benchmark Education Co.

Las Chicas Buenas / the Good Girls. Sara Shepard. 2020. (SPA.). 288p. (YA). (gr. 8-12). pap. 16.95 *(978-607-31-8438-0(7)*, Montena) Penguin Random House Grupo Editorial ESP. Dist: Penguin Random Hse. LLC.

Las Chicas Perfectas / the Perfectionists. Sara Shepard. 2019. (SPA.). 256p. (YA). (gr. 8-12). pap. 16.95 *(978-607-31-7888-4(3)*, Montena) Penguin Random House Grupo Editorial ESP. Dist: Penguin Random Hse. LLC.

Las Ciudades de Texas (Cities of Texas), 1 vol. Jose Luis Quezada. 2016. (Explora Texas (Explore Texas) Ser.). (SPA.). 24p. (gr. 9-12). (J). lib. bdg. 26.27 *(978-1-5081-7603-9(5)*, a60e4b97-c29c-4a31-89e1-7eed2c1ea520); (YA). pap. 10.70 *(978-1-5081-7602-2(7)*, 914da80f-3fcd-450c-9cdc-72081393b5c7) Rosen Publishing Group, Inc., The.

Las Clases de Familias. Jenna Lee Gleisner. 2017. (Somos Familia Ser.). (SPA.). 16p. (J). (gr. -1-2). pap. 7.95 *(978-1-68320-101-4(9)*, 16897) RiverStream Publishing.

Las Colas de Los Animales. Mary Holland. 2017. (SPA., Illus.). 32p. (J). (gr. 2-3). pap. 11.95 *(978-1-62855-978-1(0)*, f0c567b8-cedb-4a3d-9d1b-15aec3c3e316) Arbordale Publishing.

Las Colonias de Nueva Inglaterra. Michael Burgan. 2017. (Vitales Ser.). (SPA.). (YA). (gr. 6-8). pap. *(978-1-5021-6875-7(8))* Benchmark Education Co.

Las Colonias de Nueva Inglaterra - 6 Pack: Set of 6 Common Core Edition. Michael Burgan. 2017. (Vitales Ser.). (SPA.). (YA). (gr. 6-8). 75.00 *(978-1-5021-7097-2(3))* Benchmark Education Co.

Las Comunidades Trabajan Juntas: Trabajar en Equipo, 1 vol. Tana Hensley. 2017. (Computación Científica en el Mundo Real (Computer Science for the Real World) Ser.). (SPA.). 16p. (J). (gr. 2-3). pap. *(978-1-5081-3810-5(9)*, 2b2ea568-db7f-403d-a541-6d04907d3b95, Rosen Classroom) Rosen Publishing Group, Inc., The.

Las Cosas Importantes. Peter Carnavas. 2021. (SPA.). 32p. (J). (gr. -1-k). 18.99 *(978-84-16470-13-6(8))* Fineo Editorial, S.L. ESP. Dist: Independent Pubs. Group.

Las Cosas Que Me Gustan (Things I Like) (Set Of 8) Meg Gaertner. 2023. (Las Cosas Que Me Gustan (Things I Like) Ser.). (SPA.). (J). (gr. -1-1). pap. 63.60 *(978-1-64619-713-2(5))*; lib. bdg. 205.12 *(978-1-64619-681-4(3))* Little Blue Hse. (Little Blue Readers).

Las Cosas Son Como Son. Julie Gassman. Tr. by Aparicio Publishing Aparicio Publishing LLC. Illus. by Sarah Horne. 2020. (Pasito a Pasito Ser.).Tr. of You Get What You Get. (SPA.). 32p. (J). (gr. -1-1). 9.95 *(978-1-5158-7333-4(1)*, 201744); lib. bdg. 23.99 *(978-1-5158-7192-7(4)*, 200640) Capstone. (Picture Window Bks.).

Las Crepes de Mama Panya: Un Relato de Kenia. Mary and Rich Chamberlin. Illus. by Julia Cairns. 2016. (SPA.). 40p. (J). (gr. k-5). pap. 9.99 *(978-1-78285-072-4(4))* Barefoot Bks., Inc.

Las Cronicas de Moises. Luis Ramos. 2017. (SPA., Illus.). 42p. (J). pap. *(978-1-365-69859-0(9))* Lulu Pr., Inc.

Las Crónicas de Narnia. C. S. Lewis. 2023. (Las Crónicas de Narnia Ser.). (SPA.). 816p. 29.99 ***(978-1-4003-3478-0(0))*** Grupo Nelson.

Las Cronicas Del Sortilegio. Jerson Salinas. 2017. (SPA., Illus.). 348p. (YA). pap. 35.50 *(978-1-62915-348-3(6))* Editorial Libros en Red.

Las Cuatro Estaciones / the Four Seasons, 8 vols. 2016. (Las Cuatro Estaciones / the Four Seasons Ser.). (ENG & SPA.). 24p. (gr. 1-1). 101.08 *(978-1-4994-2467-6(1)*, 1488e487-d836-4328-99e7-e2c66b6c91fc, PowerKids Pr.) Rosen Publishing Group, Inc., The.

1124 The check digit for ISBN-10 appears in parentheses after the full ISBN-13

Las Cucarachas Silbadoras. Marty Gitlin. 2019. (Criaturas Rastreras Ser.). (SPA.). 32p. (J). (gr. 4-6). lib. bdg. *(978-1-62310-199-2(9)*, 12843, Bolt) Black Rabbit Bks.

Las Cuevas. Erinn Banting. 2016. (Los Biomas Del Mundo Ser.). (SPA.). 32p. (J). lib. bdg. 22.99 *(978-1-5105-2458-3(4))* SmartBook Media, Inc.

Las Cuñas Son Máquinas. Douglas Bender. 2022. (Máquinas Simples (Simple Machines) Ser.). (SPA.). 24p. (J). (gr. k-2). lib. bdg. *(978-1-0396-4803-6(7)*, 20606, Crabtree Roots) Crabtree Publishing Co.

Las' Day (Classic Reprint) Imogen Clark. (ENG., Illus.). (J). 2018. 58p. 25.13 *(978-0-484-41955-0(2))*; 2016. pap. 9.57 *(978-1-333-46818-7(0))* Forgotten Bks.

Las Desventuras Del Rey Midas. Luc Ferry. 2021. (SPA.). 58p. (YA). pap. 16.99 *(978-958-30-6176-9(X))* Panamericana Editorial COL. Dist: Lectorum Pubns., Inc.

Las Doce Tazas. Marta Rafela Jiménez. 2022. (SPA., Illus.). 84p. (YA). pap. 13.95 *(978-1-6624-9405-5(X))* Page Publishing Inc.

Las Economias en Los Tiempos Medivales. Vidas Barzdukas. 2017. (Vitales Ser.). (SPA.). (YA). (gr. 6-8). pap. *(978-1-5021-6892-4(8))* Benchmark Education Co.

Las Economias en Los Tiempos Medivales - 6 Pack: Set of 6 Common Core Edition. Vidas Barzdukas. 2017. (Vitales Ser.). (SPA.). (YA). (gr. 6-8). 75.00 *(978-1-5021-7114-6(7))* Benchmark Education Co.

Las Enfermeras. Nick Rebman. 2017. (Colaboradores de la Comunidad Ser.). (SPA.). 16p. (J). (gr. -1-2). pap. 7.95 *(978-1-68320-118-2(3)*, 16938) RiverStream Publishing.

Las Escolopendras Gigantes (Giant Centipedes) Grace Hansen. 2021. (Animales Espeluznantes (Spooky Animals) Ser.).Tr. of Giant Centipedes. (SPA.). 24p. (J). (gr. -1-2). lib. bdg. 32.79 *(978-1-0982-6073-6(2)*, 38178, Abdo Kids) ABDO Publishing Co.

Las Espinas de la Traición: A Treason of Thorns (Spanish Edition) Laura E. Weymouth. Tr. by Ana Belen Fletes-Valera. 2020. (SPA.). 320p. (YA). (gr. 8). pap. 14.99 *(978-1-4185-9858-7(5)*, HarperCollins) HarperCollins Pubs.

Las Estaciones: ¡Llega el Otoño! (Set), 6 vols. 2023. (Las Estaciones: ¡Llega el Otoño! Ser.). (SPA.). 24p. (J). (gr. -1-2). lib. bdg. 188.16 ***(978-1-0982-6750-6(8)***, 42720, Abdo Kids) ABDO Publishing Co.

Las Estrellas. David Armentrout & Patricia Armentrout. 2022. (Destino: el Espacio (Destination Space) Ser.). (SPA.). 24p. (J). (gr. k-2). pap. *(978-1-0396-4948-4(3)*, 19703); lib. bdg. *(978-1-0396-4821-0(5)*, 19702) Crabtree Publishing Co.

Las Estrellas. Linda Aspen-Baxter. 2021. (SPA.). 24p. (J). lib. bdg. 28.55 *(978-1-7911-4060-1(2))* Weigl Pubs., Inc.

Las Estrellas. Heather Kissock. 2016. (Viaje Al Espacio Ser.). (SPA.). 24p. (J). lib. bdg. 22.99 *(978-1-5105-2478-1(9))* SmartBook Media, Inc.

Las Estrellas Bajo Nuestros Pies / the Stars Beneath Our Feet. David Barclay Moore. 2022. (SPA.). 328p. (J). (gr. 5). pap. 13.95 *(978-1-64473-449-0(4))* Penguin Random House Grupo Editorial ESP. Dist: Penguin Random Hse. LLC.

Las Estrellas Del Cielo: Leveled Reader Book 36 Level F 6 Pack. Hmh Hmh. 2021. (SPA.). 16p. (J). pap. 74.40 *(978-0-358-08255-2(2))* Houghton Mifflin Harcourt Publishing Co.

Las Estrellas Del Fútbol Femenino. Megan Cooley Peterson. 2017. (En la Cancha Ser.). (SPA.). 32p. (J). (gr. 4-6). lib. bdg. *(978-1-68072-571-1(8)*, 10603, Bolt) Black Rabbit Bks.

Las Estrellas Del Fútbol Masculino. Megan Cooley Peterson. 2017. (En la Cancha Ser.). (SPA., Illus.). 32p. (J). (gr. 4-6). lib. bdg. *(978-1-68072-570-4(X)*, 10601, Bolt) Black Rabbit Bks.

Las Excavadoras (Diggers) Mari Schuh. 2017. (Spot Mighty Machines Ser.). (ENG & SPA., Illus.). 16p. (J). (gr. k-3). 17.95 *(978-1-68151-267-9(X)*, Amicus Readers) Amicus Learning.

Las expediciones de los vikingos: ¡Viaja por el tiempo con el reloj descifrador y descubre los vikingos! Libros para niños y niñas a partir de 10 años. Jordi Ortiz Casas. 2023. (Los Exploradores Del Tiempo Ser.: 2). 198p. (J). (gr. 4-7). pap. 15.95 ***(978-84-18664-29-8(0))*** Editorial el Pirata ESP. Dist: Independent Pubs. Group.

Las Facciones de la Clase: Recopilar Datos, 1 vol. Marisa Pace. 2017. (Computación Científica en el Mundo Real (Computer Science for the Real World) Ser.). (SPA.). 16p. (J). (gr. 2-3). pap. *(978-1-5383-5589-3(2)*, 63cab71b-5122-4d35-800e-e3b777615de5, Rosen Classroom) Rosen Publishing Group, Inc., The.

Las Facciones de Mateo: Recopilar Datos, 1 vol. Seth Matthas. 2017. (Computación Científica en el Mundo Real (Computer Science for the Real World) Ser.). (SPA.). 16p. (J). (gr. 2-3). pap. *(978-1-5383-5590-9(6)*, d48ca530-c18e-47d3-8960-61f809f06bfa, Rosen Classroom) Rosen Publishing Group, Inc., The.

Las Familias de Los Animales. Judy Kentor Schmauss. 2016. (Early Rising Readers Ser.). (SPA.). 16p. (J). (gr. 1). 6.67 *(978-1-4788-4203-3(2))* Newmark Learning LLC.

Las Familias de Los Animales - 6 Pack. Judy Kentor Schmauss. 2016. (Early Rising Readers Ser.). (SPA.). (J). (gr. 1). 40.00 net. *(978-1-4788-4722-9(0))* Newmark Learning LLC.

Las Flores. Judy Kentor Schmauss. Illus. by Kelly Pulley. 2016. (Early Rising Readers Ser.). (SPA.). (J). (gr. -1). 6.67 *(978-1-4788-3658-2(X))* Newmark Learning LLC.

Las Flores - 6 Pack. Judy Kentor Schmauss. 2016. (Early Rising Readers Ser.). (SPA.). (J). (gr. 1). 40.00 net. *(978-1-4788-4601-7(1))* Newmark Learning LLC.

Las Formaciones Terrestres y Su Origen. Julie K. Lundgren. 2022. (Cambios Increíbles en la Tierra (Incredible Changes on Earth) Ser.). (SPA.). 24p. (J). (gr. k-2). pap. *(978-1-0396-4953-8(X)*, 19452); lib. bdg. *(978-1-0396-4826-5(6)*, 19451) Crabtree Publishing Co.

Las Formas: Tralalarte. Sandrine Andrews. 2021. (Primeras Travesías Ser.). (SPA.). 10p. (J). (— 1). bds. 13.50 *(978-607-557-005-1(5))* Editorial Oceano de Mexico MEX. Dist: Independent Pubs. Group.

Las formas de Bebe Serpiente see Baby Snake's Shapes

Las Frutas. Samantha Nugent. 2016. (Aprendamos Sobre Los Alimentos Ser.). (SPA.). 24p. (J). pap. 31.41 *(978-1-4896-4390-2(7))* Weigl Pubs., Inc.

Las Fuerzas y el Movimiento en la Tierra: Set of 6 Common Core Edition. Glen Phelan & Benchmark Education Company, LLC Staff. 2016. (Navigators Ser.). (SPA.). (J). (gr. 6). 60.00 net. *(978-1-5125-0807-9(1))* Benchmark Education Co.

Las Funciones Corporales. Barbara Lowell. 2018. (Asombroso Cuerpo Humano Ser.). (SPA., Illus.). 32p. (J). (gr. 4-6). lib. bdg. *(978-1-68072-957-3(8)*, 12420, Bolt) Black Rabbit Bks.

Las Gemas. Pamela McDowell. 2016. (Ciencia de Las Rocas Ser.). (SPA.). 24p. (J). lib. bdg. 24.99 *(978-1-5105-2442-2(8))* SmartBook Media, Inc.

Las Gotas de Agua. Judy Kentor Schmauss. Illus. by Juan Bautista & Juan Oliver. 2016. (Early Rising Readers Ser.). (SPA.). (J). (gr. -1). 6.67 *(978-1-4788-3665-0(2))* Newmark Learning LLC.

Las Gotas de Agua - 6 Pack. Judy Kentor Schmauss. 2016. (Early Rising Readers Ser.). (SPA.). (J). (gr. 1). 40.00 net. *(978-1-4788-4608-6(9))* Newmark Learning LLC.

Las Grúas. Mari Schuh. 2017. (Máquinas Poderosas Ser.). (Illus.). 16p. (J). (gr. -1-2). lib. bdg. 17.95 *(978-1-68151-266-2(1)*, 14707) Amicus.

Las Guerras Civiles, or the Civil War of Granada, Vol. 1: And the History of the Factions of the Zegries & Abencerrages, the Noble Families of That City, to the Final Conquest (Classic Reprint) Ginés Pérez De Hita. (ENG., Illus.). (J). 2017. 33.55 *(978-0-331-56785-4(7))*; 2016. pap. 16.57 *(978-1-333-76497-5(9))* Forgotten Bks.

Las Guerras Civiles, or the Civil Wars of Granada: And the History of the Factions of the Zegries & Abencerrages, Two Noble Families of That City, to the Final Conquest by Ferdinand & Isabella; Translated from the Arabic of Abenhamin, a Native of Gran. Ginés Pérez De Hita. (ENG., Illus.). (J). 2018. 458p. 33.34 *(978-0-656-28628-7(8))*; 2016. pap. 16.57 *(978-1-334-48117-8(2))* Forgotten Bks.

Las Guerras de Los Miércoles / the Wednesday Wars. Gary D. Schmidt. 2023. (SPA.). 304p. (J). (gr. 5-9). pap. 12.95 ***(978-1-64473-680-7(2))*** Penguin Random House Grupo Editorial ESP. Dist: Penguin Random Hse. LLC.

Las Hojas. Mary Linden. Illus. by Stefania Bisacco. 2016. (Early Rising Readers Ser.). (SPA.). (J). (gr. -1). 6.67 *(978-1-4788-3655-1(5))* Newmark Learning LLC.

Las Hojas - 6 Pack. Mary Linden. 2016. (Early Rising Readers Ser.). (SPA.). (J). (gr. 1). 40.00 net. *(978-1-4788-4598-0(8))* Newmark Learning LLC.

Las Ideas de ADA. Fiona Robinson. 2018. (SPA.). 40p. (J). (gr. 1-4). *(978-84-261-4480-5(2))* Juventud, Editorial.

Las Increíbles Aventuras de una Chica Común: Leveled Reader Book 18 Level P 6 Pack. Hmh Hmh. 2021. (SPA.). 56p. (J). pap. 74.40 *(978-0-358-08500-3(4))* Houghton Mifflin Harcourt Publishing Co.

Las Inundaciones. Jennifer Howse. 2018. (Las Fuerzas de la Naturaleza Ser.). (SPA.). 32p. (J). lib. bdg. 24.99 *(978-1-5105-3456-8(3))* SmartBook Media, Inc.

Las Inundaciones. Anastasia Suen. (Clima Extremo Ser.). (SPA.). 16p. (J). (gr. -1-2). 2021. 27.10 *(978-1-64549-196-5(X)*, 11350); 2020. pap. 7.99 *(978-1-68152-725-3(1)*, 11270) Amicus.

Las Jirafas. Mary Ellen Klukow. 2019. (Animales Africanos Ser.). (SPA.). 16p. (J). (gr. -1-2). *(978-1-68151-878-7(3)*, 10823) Amicus.

Las Joyas Perdidas de Nabooti / the Lost Jewels of Nabooti. R. A. Montgomery. 2022. (Elige Tu Propia Aventura Ser.: 4). (SPA.). 160p. (J). (gr. 3-7). pap. 10.95 *(978-607-38-1146-0(2))* Penguin Random House Grupo Editorial ESP. Dist: Penguin Random Hse. LLC.

Las Lentes Fragmentadas / Alcatraz Versus the Shattered Lens. Brandon Sanderson. 2017. (Alcatraz Contra Los Bibliotecarios Malvados / Alcatraz Versus the Evil Librarians Ser.: 4). (SPA., Illus.). 304p. (YA). (gr. 3-7). pap. 19.95 *(978-84-16712-14-4(X)*, B De Blook) Penguin Random House Grupo Editorial ESP. Dist: Penguin Random Hse. LLC.

Las Llaves Del Señor Quigley. Barbara Gruener. Illus. by Audrye Williams. 2022. (SPA.). 50p. (J). 27.99 *(978-1-953852-77-9(7))*; pap. 16.99 *(978-1-953852-76-2(9))* EduMatch.

Las Malvadas de la Escuela Secundaria. Louise Simonson. Tr. by Aparicio Publishing Aparicio Publishing LLC from ENG. Illus. by Sumin Cho. 2020. (Drama en la Secundaria Ser.).Tr. of Middle School Mean Queens. (SPA.). 64p. (J). (gr. 3-6). pap. 6.95 *(978-1-4965-9317-7(0)*, 142347); lib. bdg. 25.99 *(978-1-4965-9162-3(3)*, 142079) Capstone. (Stone Arch Bks.).

Las marcas de la muerte (Las marcas de la muerte 1) Veronica Roth. 2017. (SPA.). 496p. (YA). (gr. 9-12). pap. *(978-84-272-1158-2(9))* Molino RBA.

Las Masas de Agua Dulce de la Tierra. Kris Hirschmann. 2017. (Vitales Ser.). (SPA.). (YA). (gr. 6-8). pap. *(978-1-5021-6898-6(7))* Benchmark Education Co.

Las Masas de Agua Dulce de la Tierra - 6 Pack: Set of 6 Common Core Edition. Kris Hirschmann. 2017. (Vitales Ser.). (SPA.). (YA). (gr. 6-8). 75.00 *(978-1-5021-7120-7(1))* Benchmark Education Co.

¡Las Mascotas Mandan! #1: Mi Reino de Tinieblas (Pets Rule! #1: My Kingdom of Darkness), Vol. 1. Susan Tan. Illus. by Wendy Tan Shiau Wei. 2023. (Pets Rule! Ser.).Tr. of #1. (SPA.). 96p. (J). (gr. 1-3). pap. 5.99 *(978-1-338-89677-0(6)*, Scholastic en Espanol) Scholastic, Inc.

Las Matem?ticas Est?n en Todas Partes, ?a?n en el Cielo! Russell Jeter III. 2019. (SPA.). 24p. (J). *(978-0-359-63937-3(2))* Lulu Pr., Inc.

Las Mejores Aventuras Del Quijote. Miguel. De Cervantes. 2018. (Cara y Cruz Ser.). (SPA.). 477p. (J). pap. *(978-958-45-2047-0(4))* Norma Ediciones, S.A.

Las Memorias de Fenrai. Claudia Ramírez. 2021. (SPA.). 232p. (YA). pap. 15.95 *(978-607-07-7287-0(3))* Editorial Planeta, S. A. ESP. Dist: Two Rivers Distribution.

Las Mezcladoras de Concreto. Mari Schuh. 2017. (Máquinas Poderosas Ser.). (Illus.). 16p. (J). (gr. -1-2). lib. bdg. 17.95 *(978-1-68151-265-5(3)*, 14706) Amicus.

Las Mil Noches. E. K. Johnston. 2019. (Las Mil Noches Ser.: 1). (SPA.). 320p. (YA). (gr. 7). pap. 11.50 *(978-607-527-619-9(X))* Editorial Oceano de Mexico MEX. Dist: Independent Pubs. Group.

Las Mil y una Noches. Anonimo. 2017. (ENG & SPA.). 222p. (YA). pap. *(978-607-8473-52-6(2))* Epoca, Editorial, S.A. de C.V.

Las Montañas. Erinn Banting. 2017. (Los Biomas Del Mundo Ser.). (SPA.). 32p. (J). lib. bdg. 24.99 *(978-1-5105-2399-9(5))* SmartBook Media, Inc.

Las Montañas. Alexis Roumanis. 2016. (Explorando Los Ecosistemas Ser.). (SPA.). 24p. (J). pap. 31.41 *(978-1-4896-4315-5(X))* Weigl Pubs., Inc.

Las Motocicletas. Wendy Strobel Dieker. 2019. (Máquinas Poderosas Ser.). (SPA.). 16p. (J). (gr. -1-2). *(978-1-68151-885-5(6)*, 10830) Amicus.

Las Motos de Agua. Quinn M. Arnold. 2019. (Semillas Del Saber Ser.). (SPA.). 24p. (J). (gr. -1-k). *(978-1-64026-254-6(7)*, 19144, Creative Education) Creative Co., The.

Las niñas Bien. Guadalupe Loaeza. 2020. (SPA.). 196p. (gr. 7). pap. 15.50 *(978-607-527-935-0(0))* Editorial Oceano de Mexico MEX. Dist: Independent Pubs. Group.

Las niñas Rebeldes Se Mantienen Unidas. Libro de Sickers. Niñas Rebeldes Niñas Rebeldes. 2022. (SPA.). 120p. (J). pap. 19.95 ***(978-607-07-9031-7(6))*** Editorial Planeta, S. A. ESP. Dist: Two Rivers Distribution.

Las Nubes. Judy Kentor Schmauss. Illus. by Stefania Bisacco. 2016. (Early Rising Readers Ser.). (SPA.). 16p. (J). (gr. 1-1). 6.67 *(978-1-4788-4218-7(0))* Newmark Learning LLC.

Las Nubes - 6 Pack. Judy Kentor Schmauss. 2016. (Early Rising Readers Ser.). (SPA.). (J). (gr. 1). 40.00 net. *(978-1-4788-4737-3(9))* Newmark Learning LLC.

Las Olas de Calor. Sean Corbett. 2016. (Las Fuerzas de la Naturaleza 2017 Ser.). (SPA.). 32p. (J). lib. bdg. 22.99 *(978-1-5105-2454-5(1))* SmartBook Media, Inc.

Las Orcas Son Los Lobos Del Mar. Alina Karam Córdova & Matt Reher. 2016. (1Az Vida Marina Ser.). (SPA.). 32p. (J). pap. 8.00 *(978-1-64053-010-2(X)*, ARC Pr. Bks.) American Reading Co.

Las Orejas. Amy Culliford. 2022. (¿Qué Animal Tiene Estas Partes? (What Animal Has These Parts?) Ser.). (SPA.). 16p. (J). (gr. -1-1). pap. *(978-1-0396-4914-9(9)*, 19194); lib. bdg. *(978-1-0396-4787-9(1)*, 19193) Crabtree Publishing Co.

Las Orejas de Los Animales Animal Ears, 1 vol. Mary Holland. 2018. (SPA., Illus.). 32p. (J). (gr. 2-3). pap. 11.95 *(978-1-60718-463-8(X)*, d4d197b5-2f69-4d62-abcf-324fbfd50586) Arbordale Publishing.

Las Palancas Son Máquinas. Douglas Bender. 2022. (Máquinas Simples (Simple Machines) Ser.). (SPA.). 24p. (J). (gr. k-2). pap. *(978-1-0396-4926-2(2)*, 20612, Crabtree Roots) Crabtree Publishing Co.

Las Patas. Amy Culliford. 2022. (¿Qué Animal Tiene Estas Partes? (What Animal Has These Parts?) Ser.). (SPA.). 16p. (J). (gr. -1-1). pap. *(978-1-0396-4915-6(7)*, 19200); lib. bdg. *(978-1-0396-4788-6(X)*, 19199) Crabtree Publishing Co.

Las Perrerías de Mike 1. Mikecrack y la Estrella Maldita. Mikecrack Mikecrack. 2022. (Las Perrerías de Mike Ser.: 1). (SPA.). 192p. (J). pap. 13.95 *(978-607-07-8450-7(2))* Editorial Planeta, S. A. ESP. Dist: Two Rivers Distribution.

Las Perrerías de Mike 2. Mikecrack en Busca Del Diamantito Perdido. Mikecrack Mikecrack. 2023. (SPA.). 216p. (J). pap. 19.95 ***(978-607-07-9248-9(3))*** Editorial Planeta, S. A. ESP. Dist: Two Rivers Distribution.

Las Pesquisas Comenzaron en Baker Street / the Search Began in Baker Street (Sol y Luna) Spanish Edition. Jairo. Buitrago. 2017. (Sol y Luna Ser.). (SPA., Illus.). (J). (gr. 4-7). pap. *(978-958-45-2940-4(4))* Norma Ediciones, S.A.

Las Piedras MisteriosasThe Mysterious Stones. Enrique Pérez Díaz. Illus. by Yayo. 2022. Orig. Title: The Mysterious Stones. (SPA.). 32p. (J). (gr. 1-3). 17.95 *(978-1-926890-10-4(8))* Tradewind Bks. CAN. Dist: Orca Bk. Pubs. USA.

Las Pieles de Los Animales (Animal Skins) [Spanish Edition. Mary Holland. Tr. by Alejandra de la Torre. 2019. (SPA.). 32p. (J). 11.95 *(978-1-64351-341-6(9))* Arbordale Publishing.

Las Piñatas Perfectas (the Perfect Piñatas) Kirsten McDonald. Illus. by Erika Meza. 2018. (Carlos & Carmen (Spanish Version) (Calico Kid) Ser.). (SPA.). 32p. (J). (gr. -1-3). lib. bdg. 32.79 *(978-1-5321-3357-2(X)*, 31187, Calico Chapter Bks) Magic Wagon.

Las Plantas. Judy Kentor Schmauss. 2016. (Early Rising Readers Ser.). (SPA.). 16p. (J). (gr. 1). 6.67 *(978-1-4788-4221-7(0))* Newmark Learning LLC.

Las Plantas - 6 Pack. Judy Kentor Schmauss. 2016. (Early Rising Readers Ser.). (SPA.). (J). (gr. 1). 40.00 net. *(978-1-4788-4740-3(9))* Newmark Learning LLC.

Las Plantas Necesitan Agua: Leveled Reader Book 43 Level K 6 Pack. Hmh Hmh. 2021. (SPA.). 16p. (J). pap. 74.40 *(978-0-358-08354-2(0))* Houghton Mifflin Harcourt Publishing Co.

Las Plantas Que Usamos: Leveled Reader Book 89 Level K 6 Pack. Hmh Hmh. 2021. (SPA.). 16p. (J). pap. 74.40 *(978-0-358-08305-4(2))* Houghton Mifflin Harcourt Publishing Co.

Las Plantas Que Usamos: Set of 6 Common Core Edition. Judith Hodge & Benchmark Education Company, LLC Staff. 2016. (Navigators Ser.). (SPA.). (J). (gr. 5). 58.00 net. *(978-1-5125-0808-6(X))* Benchmark Education Co.

Las Poleas Son Máquinas. Douglas Bender. 2022. (Máquinas Simples (Simple Machines) Ser.). (SPA.). 24p. (J). (gr. k-2). pap. *(978-1-0396-4927-9(0)*, 20618, Crabtree Roots) Crabtree Publishing Co.

Las Praderas. Lily Erlic. 2017. (Los Biomas Del Mundo Ser.). (SPA.). 32p. (J). lib. bdg. 22.99 *(978-1-5105-2400-2(2))* SmartBook Media, Inc.

Las Praderas. Alexis Roumanis. 2018. (Los Hábitats Ser.). (SPA.). 24p. (J). lib. bdg. 23.99 *(978-1-5105-3354-7(0))* SmartBook Media, Inc.

Las Praderas. Alexis Roumanis. 2016. (Explorando Los Ecosistemas Ser.). (SPA.). 24p. (J). pap. 31.41 *(978-1-4896-4312-4(5))* Weigl Pubs., Inc.

Las Precipitaciones. Frances Purslow. 2016. (Agua de la Tierra Ser.). (SPA.). 24p. (J). lib. bdg. 24.99 *(978-1-5105-2434-7(7))* SmartBook Media, Inc.

Las Preguntas de Diego. Paul Leveno. Illus. by Juan Bautista Juan. 2023. (SPA.). 16p. (J). (gr. -1-1). pap. 36.00 *(978-1-4788-2326-1(7)*, c3859778-97b8-4b24-87ed-16ceb3b663c6); pap. 5.75 *(978-1-4788-1981-3(2)*, b5ee8353-5c96-4691-a566-4fe4929cod5e) Newmark Learning LLC.

Las Princesas Más Valientes. Dolores Brown. Illus. by Sonja Wimmer. 2018. (SPA.). 44p. (J). 17.95 *(978-84-17123-37-6(7))* NubeOcho Ediciones ESP. Dist: Consortium Bk. Sales & Distribution.

Las Princesas Mueven el Esqueleto? Carmela LaVigna. Illus. by Mike Gordon. 2018. (SPA.). 26p. (J). (gr. -1-3). 16.95 *(978-84-9145-159-4(5)*, Picarona Editorial) Ediciones Obelisco ESP. Dist: Spanish Pubs., LLC.

Las Princesas Se Rebelan / Princesses Rebel. Amaranta Leyva. 2021. (Superheroínas Ser.). (SPA.). 128p. (J). (gr. 1-4). pap. 12.95 *(978-607-31-9625-3(3)*, Alfaguara) Penguin Random House Grupo Editorial ESP. Dist: Penguin Random Hse. LLC.

Las Princesas Tambien Se Tiran Pedos. Ilan Brenman. 2018. (SPA., Illus.). (J). (gr. -1-3). *(978-84-9845-315-7(1))* Algar Editorial, Feditres, S.L.

Las Puertas de Keisha see Keisha's Doors, Bk. 1, An Autism Story

Las Rabietas de Simon. Ian de Haes. 2018. (SPA.). (J). *(978-84-16578-78-8(8))* Tramuntana Editorial.

Las ranas saben cantar. Pedro Villar Sánchez. 2020. (SPA.). 32p. (J). (gr. k-2). 23.99 *(978-84-120746-5-9(3))* Editorial Libre Albedrio ESP. Dist: Lectorum Pubns., Inc.

Las Ratitas 4. Superaventura Entre Las Nubes. Las Ratitas Las Ratitas. 2022. (Las Ratitas Ser.: 4). (SPA.). 144p. (J). pap. 13.95 *(978-607-07-8338-8(7))* Editorial Planeta, S. A. ESP. Dist: Two Rivers Distribution.

Las Ratitas 5. ¡Las Sirenas Existen! Las Las Ratitas. 2023. (SPA.). 144p. (J). pap. 14.95 ***(978-607-07-9610-4(1))*** Editorial Planeta, S. A. ESP. Dist: Two Rivers Distribution.

Las Ratitas 6. el Poder de Los Muñecos de Nieve. Las Ratitas Las Ratitas. 2023. (SPA.). 144p. (J). pap. 15.95 ***(978-607-39-0123-9(2))*** Editorial Planeta, S. A. ESP. Dist: Two Rivers Distribution.

Las Ratitas 7. Cupcakes con Sorpresa. Las Ratitas Las Ratitas. 2023. (SPA.). 144p. (J). pap. 15.95 ***(978-607-39-0329-5(4))*** Editorial Planeta, S. A. ESP. Dist: Two Rivers Distribution.

Las Reglas Del Fútbol. Megan Cooley Peterson. 2018. (SPA.). 32p. (J). lib. bdg. *(978-1-68072-567-4(X))* Black Rabbit Bks.

Las Rocas Ígneas. Ruth Daly. 2016. (Ciencia de Las Rocas Ser.). (SPA.). 24p. (J). lib. bdg. 24.99 *(978-1-5105-2443-9(6))* SmartBook Media, Inc.

Las Rocas Metamórficas. Blaine Wiseman. 2016. (Ciencia de Las Rocas Ser.). (SPA.). 24p. (J). lib. bdg. 24.99 *(978-1-5105-2444-6(4))* SmartBook Media, Inc.

Las Rocas Sedimentarias. Helen Lepp Friesen. 2016. (Ciencia de Las Rocas Ser.). (SPA.). 24p. (J). lib. bdg. 24.99 *(978-1-5105-2445-3(2))* SmartBook Media, Inc.

Las Ruedas: La Carrera de la Amistad: the Wheels: the Friendship Race: Spanish Edition. S. a Publishing. 2016. (Spanish Bedtime Collection). (SPA., Illus.). (J). (gr. k-3). *(978-1-77268-788-0(X))*; pap. *(978-1-77268-787-3(1))* Shelley Admont Publishing.

Las Ruedas - la Carrera de la Amistad: The Wheels - the Friendship Race - Spanish Edition. Kidkiddos Books & Inna Nusinsky. 2nd ed. 2019. (Spanish Bedtime Collection). (SPA., Illus.). (J). (gr. k-3). pap. *(978-1-5259-1767-7(6))* Kidkiddos Bks.

Las Ruedas- la Carrera de la Amistad the Wheels- the Friendship Race: Spanish English Bilingual Book. Kidkiddos Books & Inna Nusinsky. 2nd ed. 2019. (Spanish English Bilingual Collection). (SPA., Illus.). 32p. (J). (gr. k-3). pap. *(978-1-5259-1390-7(5))* Kidkiddos Bks.

Las Ruedas- la Carrera de la Amistad the Wheels- the Friendship Race: Spanish English Bilingual Edition. S. a Publishing. 2016. (Spanish English Bilingual Collection). (SPA., Illus.). (J). (gr. k-3). *(978-1-77268-879-5(7))*; pap. *(978-1-77268-878-8(9))* Shelley Admont Publishing.

Las Ruedas Del Autobús Giran y Giran. Illus. by Annie Kubler. (Classic Books with Holes 8x8 with CD Ser.). (SPA.). 16p. (J). 2019. *(978-1-78628-399-3(9))*; 2018. *(978-1-78628-166-1(X))*; 2018. pap. *(978-1-84643-965-0(5))*; 2018. bds. *(978-1-84643-968-1(X))* Child's Play International Ltd.

Las Ruedas Del Autobús/Wheels on the Bus. Tr. by Yanitzia Canetti. Illus. by Annie Kubler. 2021. (Baby Rhyme Time (Spanish/English) Ser.). (ENG.). 12p. (J). bds. *(978-1-78628-577-5(0))* Child's Play International Ltd.

Las Ruedas Pueden Rodar. Linda Koons. 2016. (Early Rising Readers Ser.). (SPA.). 16p. (J). (gr. 1). 6.67 *(978-1-4788-4222-4(9))* Newmark Learning LLC.

Las Ruedas Pueden Rodar - 6 Pack. Linda Koons. 2016. (Early Rising Readers Ser.). (SPA.). (J). (gr. 1). 40.00 net. *(978-1-4788-4741-0(7))* Newmark Learning LLC.

Las Ruedas Tambaleantes (the Wobbly Wheels) Kirsten McDonald. Illus. by Erika Meza. 2018. (Carlos & Carmen (Spanish Version) (Calico Kid) Ser.). (SPA.). 32p. (J). (gr. -1-3). lib. bdg. 32.79 *(978-1-5321-3323-7(5)*, 28509, Calico Chapter Bks) Magic Wagon.

Las Ruedas y los Ejes Son Máquinas. Douglas Bender. 2022. (Máquinas Simples (Simple Machines) Ser.).Tr. of Wheels & Axles Are Machines. (SPA.). 24p. (J). (gr. k-2). pap. *(978-1-0396-4931-6(9)*, 20623, Crabtree Roots) Crabtree Publishing Co.

Las Ruedas y los Ejes Son Máquinas: Wheels & Axles Are Machines. Douglas Bender. 2022. (Máquinas Simples (Simple Machines) Ser.). (SPA.). 24p. (J). (gr. k-2). lib. bdg. *(978-1-0396-4804-3(5)*, 20603, Crabtree Roots) Crabtree Publishing Co.

Las Selvas. Linda Aspen-Baxter. 2016. (Los Biomas Del Mundo Ser.). (SPA.). 32p. (J). lib. bdg. 24.99 *(978-1-5105-2461-3(4))* SmartBook Media, Inc.

Las Selvas Tropicales. Alexis Roumanis. 2016. (Explorando Los Ecosistemas Ser.). (SPA.). 24p. (J). pap. 31.41 *(978-1-4896-4321-6(4))* Weigl Pubs., Inc.

Las Señales. Nick Rebman. 2017. (Mi Mundo Ser.). (SPA.). 16p. (J). (gr. -1-2). pap. 7.95 *(978-1-68320-127-4(2)*, 16959) RiverStream Publishing.

L

Las Señales. Judy Kentor Schmauss. 2016. (Early Rising Readers Ser.). (SPA.). (J). (gr. -1). 6.67 *(978-1-4788-3651-3(2))* Newmark Learning LLC.

Las Señales - 6 Pack. Judy Kentor Schmauss. 2016. (Early Rising Readers Ser.). (SPA.). (J). (gr. 1). 40.00 net. *(978-1-4788-4594-2(5))* Newmark Learning LLC.

Las Siete Cabritas. Jose Sender. Illus. by Meritxell García. 2022. (Cuentos Clásicos Rimados Ser.). 28p. (J). (gr. -1-k). 14.99 *(978-84-17210-32-8(6))* Editorial el Pirata ESP. Dist: Independent Pubs. Group.

Las Siete Camas de Lirón. Susanna Isern. Illus. by Marco Soma. 2018. (SPA.). 40p. (J). 16.95 *(978-84-946926-5-9(8))* NubeOcho Ediciones ESP. Dist: Consortium Bk. Sales & Distribution.

Las Siete Maravillas Naturales Del Mundo: Leveled Reader Book 73 Level S 6 Pack. Hmh Hmh. 2021. (SPA.). 40p. (J). pap. 74.40 *(978-0-358-08552-2(7))* Houghton Mifflin Harcourt Publishing Co.

Las Siete Maravillas Naturales Del Mundo: Set of 6 Common Core Edition. Lisa Freund & Benchmark Education Company, LLC Staff. 2016. (Navigators Ser.). (SPA.). (J). (gr. 3). 54.00 net. *(978-1-5125-0809-3(8))* Benchmark Education Co.

Las Siete Vidas de Luca: Un Cuento Ecológico. Joumana. Haddad. 2019. (SPA., Illus.). 96p. (J). (gr. 4-7). pap. *(978-84-120271-6-7(7))* Vaso Roto Ediciones.

Las Sillas Musicales. Linda Claire. rev. ed. 2019. (Mathematics in the Real World Ser.). (SPA.). 20p. (J). (gr. k-1). 8.99 *(978-1-4258-2828-8(0))* Teacher Created Materials, Inc.

Las Sirenas de Belpescao. Magali Le Huche. 2018. (SPA.). 44p. (J). (-2). 22.99 *(978-84-947432-6-9(0))* Editorial Flamboyant ESP. Dist: Lectorum Pubns., Inc.

Las Sirenas Lencas: Del Lago de Yojoa. Azucena Ordoñez Rodas. 2022. (SPA.). 55p. pap. ***(978-1-387-63355-5(4))***; pap. ***(978-1-387-63527-6(1))*** Lulu Pr., Inc.

Las Sombras. Pamela Hall. 2018. (Ciencia De Ser.). (SPA.). 24p. (J). lib. bdg. 23.99 *(978-1-5105-3440-7(7))* SmartBook Media, Inc.

Las Tarántulas. Marty Gitlin. 2019. (Criaturas Rastreras Ser.). (SPA., Illus.). 32p. (J). (gr. 4-6). lib. bdg. *(978-1-62310-202-9(2)*, 12852, Bolt) Black Rabbit Bks.

Las Termitas. Lyn Sirota. 2019. (Criaturas Rastreras Ser.). (SPA., Illus.). 32p. (J). (gr. 4-6). lib. bdg. *(978-1-62310-203-6(0)*, 12855, Bolt) Black Rabbit Bks.

Las Tormentas de Nieve. Blaine Wiseman. 2016. (Las Fuerzas de la Naturaleza Ser.). (SPA.). 32p. (J). lib. bdg. 24.99 *(978-1-5105-2453-8(3))* SmartBook Media, Inc.

Las Tortugas Marinas. Aaron Carr. 2016. (Los niños y la Ciencia: Los Ciclos de Vida Ser.). (SPA.). 24p. (J). pap. 31.41 *(978-1-4896-4474-9(1))* Weigl Pubs., Inc.

Las Tortugas y Otros Relatos Infantiles. Sonia Ehlers Prestan. 2017. (SPA., Illus.). (J). pap. *(978-9962-660-21-7(1))* 9 Signos Grupo Editorial, S.A.

Las Tres Pequeñas Locomotoras. Bob McKinnon. Tr. by Isabel Mendoza. Illus. by Lou Fancher & Steve Johnson. 2023. (Little Engine That Could Ser.). 48p. (J). (gr. -1-2). 18.99 *(978-0-593-52381-0(4)*, Grosset & Dunlap) Penguin Young Readers Group.

Las Tres Preguntas: ¿Quién Soy? ¿Adónde Voy? ¿y con Quién? Jorge Bucay. 2020. (SPA.). 284p. (gr. 7). pap. 15.95 *(978-607-527-815-5(X))* Editorial Oceano de Mexico MEX. Dist: Independent Pubs. Group.

Las Tres Ramas Del Gobierno: Trabajar en Equipo, 1 vol. Emma Carlson Berne. 2017. (Computación Científica en el Mundo Real (Computer Science for the Real World) Ser.). (SPA.). 24p. (J). (gr. 4-5). pap. *(978-1-5383-5845-0(X)*, 4d7425ab-490f-430c-a492-280a814716fc, Rosen Classroom) Rosen Publishing Group, Inc., The.

Las Tres Ramas Del Gobierno: Trabajar en Equipo (the Three Branches of Government: Working As a Team), 1 vol. Emma Carlson-Berne. 2017. (Niños Digitales: Superdotados con Pensamiento Computacional (Computer Kids: Powered by Computational Thinking) Ser.). (SPA.). 24p. (J). (gr. 4-5). 25.27 *(978-1-5383-2913-9(1)*, 9915d7cd-b294-49f8-9a5a-647e912851ac, PowerKids Pr.) Rosen Publishing Group, Inc., The.

Las Tundras. Erinn Banting. 2017. (Los Biomas Del Mundo Ser.). (SPA.). 32p. (J). lib. bdg. 22.99 *(978-1-5105-2401-9(0))* SmartBook Media, Inc.

Las Tuzas. Aaron Carr. 2016. (Animales en Mi Patio Ser.). (SPA.). 24p. (J). pap. 31.41 *(978-1-4896-4255-4(2))* Weigl Pubs., Inc.

Las Vacas. Jared Siemens. 2017. (¿quién Vive en la Granja? Ser.). (SPA.). 24p. (J). lib. bdg. 22.99 *(978-1-5105-2370-8(7))* SmartBook Media, Inc.

Las Vegas. Lily Erlic. 2020. (J). *(978-1-7911-1582-1(9)*, AV2 by Weigl) Weigl Pubs., Inc.

Las Vegas. Ken Lake & Angie Lake. Illus. by Vishnu Madhav. 2016. (Diaries of Robin's Travels Ser.). (ENG.). 96p. (J). (gr. 1-5). 5.99 *(978-1-78226-251-0(2)*, c45308aa-bb94-4dd6-a085-71589b493043) Sweet Cherry Publishing GBR. Dist: Baker & Taylor Publisher Services (BTPS).

Las Vegas Raiders. Kenny Abdo. 2021. (NFL Teams Ser.). (ENG., Illus.). 32p. (J). (gr. 2-8). lib. bdg. 32.79 *(978-1-0982-2467-7(1)*, 37168, Abdo Zoom-Fly) ABDO Publishing Co.

Las Vegas Raiders. Josh Anderson. 2022. (Professional Football Teams Ser.). (ENG.). 32p. (J). (gr. 2-5). lib. bdg. 35.64 *(978-1-5038-5782-7(4)*, 215756, Stride) Child's World, Inc, The.

Las Vegas Raiders. Contrib. by Alicia Z. Klepeis. 2023. (NFL Team Profiles Ser.). (ENG., Illus.). (J). (gr. 3-7). lib. bdg. 26.95 Bellwether Media.

Las Vegas Raiders. Todd Ryan. 2019. (Inside the NFL Ser.). (ENG., Illus.). 48p. (J). (gr. 3-6). lib. bdg. 34.21 *(978-1-5321-1852-4(X)*, 32573, SportsZone) ABDO Publishing Co.

Las Vegas Raiders ABC: My First Alphabet Book. Brad M. Epstein. 2021. (Major League Baseball ABC Board Bks.). (ENG.). (J). bds. 12.95 *(978-1-60730-172-1(5))* Michaelson Entertainment.

Las Vegas Raiders All-Time Greats. Ted Coleman. 2021. (NFL All-Time Greats Ser.). (ENG., Illus.). 24p. (J). (gr. 3-3). pap. 8.95 *(978-1-63494-375-8(9))*; lib. bdg. 28.50 *(978-1-63494-358-1(9))* Pr. Room Editions LLC.

Las Ventiscas. Anastasia Suen. (Clima Extremo Ser.). (SPA.). 16p. (J). (gr. -1-2). 2021. 27.10 *(978-1-64549-194-1(3)*, 11348); 2020. pap. 7.99 *(978-1-68152-723-9(5)*, 11271) Amicus.

Las Verdaderas Aventuras de Hank, el Perro Vaquero. John R. Erickson. Illus. by Gerald L. Holmes. 2018. (Hank the Cowdog Ser.: Vol. 1). (SPA.). (J). (gr. 3-6). pap. 6.99 *(978-1-59188-351-7(2))* Maverick Bks., Inc.

Las Verdades Que Sostenemos: (Edición para Lectores Jóvenes) Kamala Harris. 2020. (SPA.). 336p. (J). (gr. 7-7). pap. 10.99 *(978-0-593-11335-6(7)*, Philomel Bks.) Penguin Young Readers Group.

Lasagna Means I Love You. Kate O'Shaughnessy. 2023. (Illus.). 368p. (J). (gr. 3-7). 17.99 *(978-1-9848-9387-1(4))*; (ENG., lib. bdg. 20.99 *(978-1-9848-9388-8(2))* Random Hse. Children's Bks. (Knopf Bks. for Young Readers).

Lascare, Vol. 1 Of 3: A Tale (Classic Reprint) Charles Tregenna. (ENG., Illus.). (J). 2019. 262p. 29.30 *(978-0-267-40463-6(8))*; 2016. pap. 11.97 *(978-1-334-11881-4(7))* Forgotten Bks.

Lascare, Vol. 2 Of 3: A Tale (Classic Reprint) Charles Tregenna. (ENG., Illus.). (J). 2018. 258p. 29.22 *(978-0-332-95784-5(5))*; 2016. pap. 11.57 *(978-1-334-31808-5(5))* Forgotten Bks.

Lascare, Vol. 3 Of 3: A Tale (Classic Reprint) Charles Tregenna. (ENG., Illus.). (J). 2018. 252p. 29.09 *(978-0-483-91531-2(9))*; 2016. pap. 11.57 *(978-1-333-34478-8(3))* Forgotten Bks.

Lascine (Classic Reprint) Unknown Author. 2018. (ENG., Illus.). 232p. (J). 28.68 *(978-0-483-66192-9(9))* Forgotten Bks.

Lasell Leaves, 1908-1910: Vols. 34-35 (Classic Reprint) Lasell Female Seminary. 2018. (ENG., Illus.). (J). 492p. 34.06 *(978-1-396-77720-2(2))*; 494p. pap. 16.57 *(978-1-391-89264-1(X))* Forgotten Bks.

Lasell Leaves, Vol. 16: 1890-1894 (Classic Reprint) Lucy E. Sargeant. 2017. (ENG., Illus.). (J). 34.37 *(978-0-260-10856-2(1))*; pap. 16.97 *(978-1-5282-0035-6(7))* Forgotten Bks.

Lasell Leaves, Vol. 27: October, 1901 (Classic Reprint) M. Bell Clokey. (ENG., Illus.). (J). 2018. 446p. 33.12 *(978-0-267-96420-8(X))*; 2016. pap. 16.57 *(978-1-334-59468-7(6))* Forgotten Bks.

Lasell Leaves, Vol. 30: October, 1904 (Classic Reprint) Ida Jones. (ENG., Illus.). (J). 2018. 486p. 33.92 *(978-0-365-34420-9(6))*; 2017. pap. 16.57 *(978-0-259-41115-4(9))* Forgotten Bks.

Lasell Leaves, Vol. 32: October, 1906 (Classic Reprint) Lasell Female Seminary. 2017. (ENG., Illus.). (J). 34.27 *(978-0-331-49484-6(1))*; pap. 16.97 *(978-0-260-93676-9(6))* Forgotten Bks.

Lasell Leaves, Vol. 38: October, 1912 (Classic Reprint) Josephine Clapp. (ENG., Illus.). (J). 2018. 626p. 36.83 *(978-0-332-20447-5(2))*; 2017. pap. 19.57 *(978-0-243-50997-3(9))* Forgotten Bks.

Lasell Leaves, Vol. 41: October, 1915 (Classic Reprint) Lasell Female Seminary. 2018. (ENG., Illus.). (J). 44p. 24.80 *(978-1-396-75100-4(9))*; 46p. pap. 7.97 *(978-1-391-78124-2(4))* Forgotten Bks.

Lasell Leaves, Vol. 44: October, 1918 (Classic Reprint) Frances O'Brien. (ENG., Illus.). (J). 2018. 620p. 36.70 *(978-0-365-16527-9(1))*; 2017. pap. 19.57 *(978-0-282-05685-8(8))* Forgotten Bks.

Lasell Leaves, Vol. 48: November 1922 (Classic Reprint) Lasell Female Seminary. 2018. (ENG., Illus.). (J). 580p. 35.86 *(978-0-364-74459-8(6))*; 582p. pap. 19.57 *(978-0-656-79832-2(7))* Forgotten Bks.

Lasell Leaves, Vol. 52: October, 1926 (Classic Reprint) Lasell Female Seminary. 2017. (ENG., Illus.). (J). pap. 23.57 *(978-0-259-40850-5(6))* Forgotten Bks.

Lasell Leaves, Vol. 55: October, 1928 (Classic Reprint) Florence Fitch. (ENG., Illus.). (J). 2018. 886p. 42.17 *(978-0-365-35788-9(X))*; 2017. pap. 24.51 *(978-0-259-43957-8(6))* Forgotten Bks.

Lasell Leaves, Vol. 56: October, 1930 (Classic Reprint) Kitty Comstock. (ENG., Illus.). (J). 2018. 796p. 40.33 *(978-0-364-02369-3(4))*; 2017. pap. 23.57 *(978-0-243-52304-7(1))* Forgotten Bks.

Lasell Leaves, Vol. 58: November 1932 (Classic Reprint) Ruth Stafford. 2017. (ENG., Illus.). (J). 35.92 *(978-0-265-56348-9(8))*; pap. 19.57 *(978-0-282-82285-9(2))* Forgotten Bks.

Lasell Leaves, Vol. 64: 1938-1941 (Vols. 64-66) (Classic Reprint) Jane Leckie. (ENG., Illus.). (J). 2018. 612p. 36.52 *(978-0-365-50254-8(5))*; 2017. pap. 19.57 *(978-0-282-24559-1(5))* Forgotten Bks.

Laser Moose & Rabbit Boy. Doug Savage. 2016. (Laser Moose & Rabbit Boy Ser.: Vol. 1). (ENG., Illus.). (J). (gr. 1-5). 31.99 *(978-1-4494-8499-6(9))*; 144p. pap. 9.99 *(978-1-4494-7094-4(7))* Andrews McMeel Publishing.

Laser Moose & Rabbit Boy: Disco Fever. Doug Savage. 2017. (Laser Moose & Rabbit Boy Ser.: Vol. 2). (ENG., Illus.). 146p. (J). (gr. 1-5). 32.99 *(978-1-4494-9455-1(2))* Andrews McMeel Publishing.

Laser Moose & Rabbit Boy: Time Trout (Laser Moose & Rabbit Boy Series, Book 3) Doug Savage. 2019. (ENG., Illus.). 146p. (J). (gr. 3-5). 39.99 *(978-1-5248-5580-2(4))* Andrews McMeel Publishing.

Laser Moose & Rabbit Boy: As the Deer Flies. Doug Savage. 2021. (Laser Moose & Rabbit Boy Ser.: 4). (ENG., Illus.). 144p. (J). pap. 9.99 *(978-1-5248-6475-0(7))* Andrews McMeel Publishing.

Laser Moose & Rabbit Boy: Disco Fever. Doug Savage. 2017. (Laser Moose & Rabbit Boy Ser.: 2). (ENG., Illus.). 144p. (J). pap. 9.99 *(978-1-4494-8687-7(8))* Andrews McMeel Publishing.

Laser Moose & Rabbit Boy: Time Trout. Doug Savage. 2019. (Laser Moose & Rabbit Boy Ser.: 3). (ENG., Illus.). 144p. (J). pap. 9.99 *(978-1-4494-9745-3(4))* Andrews McMeel Publishing.

Laser-Sailing Starships: Meet NASA Inventor Philip Lubin & His Team's. 2017. (J). *(978-0-7166-6159-7(4))* World Bk., Inc.

Lash (Classic Reprint) Olin L. Lyman. 2018. (ENG., Illus.). (J). 28.87 *(978-0-266-18569-7(X))* Forgotten Bks.

Lass of Dorchester (Classic Reprint) Annie M. Barnes. 2018. (ENG., Illus.). 358p. (J). 31.30 *(978-0-267-15138-7(1))* Forgotten Bks.

Lass of Limerick Town: A Romantic Comic Opera in Two Acts (Classic Reprint) Arthur A. Penn. (ENG., Illus.). (J). 2017. 24.47 *(978-0-265-40503-1(3))*; 2016. pap. 7.97 *(978-1-333-42361-2(6))* Forgotten Bks.

Lass of Limerick Town: A Romantic Comic Opera in Two Acts; with Piano or Orchestral Accompaniment (Classic Reprint) Arthur A. Penn. (ENG., Illus.). (J). 2018. 166p. 27.30 *(978-0-332-50163-5(9))*; 2016. pap. 9.97 *(978-1-334-38992-4(6))* Forgotten Bks.

Lass of the Silver Sword (Classic Reprint) Mary Constance Du Bois. 2018. (ENG., Illus.). 396p. (J). 32.06 *(978-0-484-41200-1(0))* Forgotten Bks.

Lasseter's Gold. Mark Greenwood. 2018. (History Mysteries Ser.). 96p. (J). (gr. 3-7). 8.99 *(978-0-14-330932-1(3))* Random Hse. Australia AUS. Dist: Independent Pubs. Group.

Lassie Come-Home: Collector's Edition. Eric Knight. Illus. by Marguerite Kirmse. 2019. (ENG.). 256p. (J). pap. 9.99 *(978-1-250-26314-8(X)*, 900221668) Square Fish.

Last: The Story of a White Rhino. Nicola Davies. Illus. by Nicola Davies. 2020. (ENG., Illus.). 32p. (J). 16.99 *(978-1-910328-64-4(2))* Tiny Owl Publishing Ltd. GBR. Dist: Consortium Bk. Sales & Distribution.

Last 8. Laura Pohl. (Last 8 Ser.: 1). (YA). (gr. 8-12). 2020. 384p. pap. 10.99 *(978-1-4926-9156-3(9))*; 2019. (ENG.). 368p. 17.99 *(978-1-4926-6989-0(X))* Sourcebooks, Inc.

Last Abbot of Glastonbury: A Tale of the Dissolution of the Monasteries (Classic Reprint) A. D. Crake. 2017. (ENG., Illus.). (J). 29.98 *(978-0-266-30389-3(7))* Forgotten Bks.

Last ACT in the Miraculous Story of His Majesty King Charles the Second's Escape Out of the Reach of His Tyrannical Enemies (Classic Reprint) George Gounter. 2019. (ENG., Illus.). 20p. (J). 24.31 *(978-0-365-27822-1(X))* Forgotten Bks.

Last American 1889: A Fragment from the Journal of Khan-Li (Classic Reprint) John Ames Mitchell. 2018. (ENG., Illus.). 174p. (J). 27.51 *(978-0-267-62057-9(8))* Forgotten Bks.

Last Assembly Ball. Mary Hallock Foote. 2017. (ENG.). 280p. (J). pap. *(978-3-337-10576-1(9))* Creation Pubs.

Last Assembly Ball: And the Fate of a Voice (Classic Reprint) Mary Hallock Foote. 2017. (ENG., Illus.). (J). 29.65 *(978-0-265-19628-1(0))* Forgotten Bks.

Last Astronomer. Daniel Athas Holly. 2021. (ENG.). 344p. (YA). pap. 19.99 *(978-1-6628-2600-9(1))* Salem Author Services.

Last Atlantean. Emily Hayse. 2020. (ENG.). 276p. (YA). (gr. 7-12). pap. 14.99 *(978-1-7332428-1-3(3))* Hayse, Emily.

Last Battle. C. S. Lewis. Tr. by Nanor Mikayelian. 2018. (ARM., Illus.). 196p. (J). (gr. 3-7). pap. 15.00 *(978-1-946290-06-9(8))* Roslin Pr.

Last Bear. Hannah Gold. (ENG., Illus.). (J). (gr. 3-7). 2022. 304p. pap. 9.99 *(978-0-06-304100-4(6))*; 2021. 288p. 16.99 *(978-0-06-304107-3(3))* HarperCollins Pubs. (HarperCollins).

Last Bear Chosen: Teaching Children about Hard Work & Not Giving Up! John Ross. 2023. (ENG.). 32p. (J). pap. ***(978-0-473-66411-4(9))*** HookMedia Co. Ltd.

Last Beautiful Girl. Nina Laurin. 2021. (ENG.). 352p. (YA). (gr. 9-12). pap. 10.99 *(978-1-7282-2908-9(1))* Sourcebooks, Inc.

Last Beekeeper. Pablo Cartaya. (ENG.). 304p. (J). (gr. 3-7). 2023. pap. 9.99 ***(978-0-06-300656-0(1))***; 2022. (Illus.). 19.99 *(978-0-06-300655-3(3))* HarperCollins Pubs. (HarperCollins).

Last Beginning. Lauren James. 2018. (ENG.). 312p. (YA). (gr. 9-9). 17.99 *(978-1-5107-1022-1(1)*, Sky Pony Pr.) Skyhorse Publishing Co., Inc.

Last Best Choice. J. S. Frankel. 2022. (ENG.). 234p. (J). pap. *(978-1-4874-3568-4(1))* eXtasy Bks.

Last Best Story. Maggie Lehrman. 2018. (ENG.). 352p. (YA). (gr. 9). 17.99 *(978-0-06-232077-3(7)*, Balzer & Bray) HarperCollins Pubs.

Last Big One. Dan Anthony. 2018. (ENG.). 160p. (J). pap. 13.50 *(978-1-78562-259-5(5))* Gomer Pr. GBR. Dist: Casemate Pubs. & Bk. Distributors, LLC.

Last Block Standing! (Minecraft Woodsword Chronicles #6) Nick Eliopulos. 2021. (Minecraft Woodsword Chronicles Ser.). (ENG., Illus.). 144p. (J). (gr. 1-4). 9.99 *(978-1-9848-5069-0(5)*, Random Hse. Bks. for Young Readers) Random Hse. Children's Bks.

Last Bogler. Catherine Jinks. 2017. (How to Catch a Bogle Ser.: 3). (ENG.). 336p. (J). (gr. 5-7). pap. 7.99 *(978-0-544-81309-0(X)*, 1641901, Clarion Bks.) HarperCollins Pubs.

Last Boy & Girl in the World. Siobhan Vivian. 2016. (ENG., Illus.). 432p. (YA). (gr. 9). 17.99 *(978-1-4814-5229-8(0)*, Simon & Schuster Bks. For Young Readers) Simon & Schuster Bks. For Young Readers.

Last Boy at St. Edith's. Lee Gjertsen Malone. 2016. (Max Ser.). (ENG., Illus.). 272p. (J). (gr. 3-7). 16.99 *(978-1-4814-4435-4(2)*, Aladdin) Simon & Schuster Children's Publishing.

Last Boy at St. Edith's. Lee Gjertsen Malone. ed. 2017. lib. bdg. 18.40 *(978-0-606-40157-9(1))* Turtleback.

Last-But-Not-Least Lola & a Knot the Size of Texas. Christine Pakkala. Illus. by Paul Hoppe. (Last-But-Not-Least Lola Ser.). (J). (gr. 2-5). 2018. 168p. pap. 9.99 *(978-1-62979-890-5(8))*; 2016. (ENG.). 169p. 16.95 *(978-1-62979-324-5(8))* Astra Publishing Hse. (Astra Young Readers).

Last Candle. Chris Jakubowicz. Ed. by Lynn Berner Coble. Illus. by Jennifer Tipton Cappoen. 2021. (ENG.). 40p. (J). pap. 13.99 *(978-1-946198-27-3(7))* Paws and Claws Publishing, LLC.

Last Cannibal. Sheila Berglund. 2021. (ENG.). 310p. (YA). pap. 14.99 *(978-1-7369358-1-1(X))* Berglund, Sheila M.

Last Canto of the Dead, Bk. 2. Daniel José Older. 2023. 400p. (YA). (gr. 7-12). 18.99 *(978-1-368-07090-4(6)*, Rick Riordan Presents) Disney Publishing Worldwide.

Last Century Maid: And Other Stories for Children (Classic Reprint) Anne Hollingsworth Wharton. (ENG., Illus.). (J). 2018. 238p. 28.83 *(978-0-483-41750-2(5))*; 2016. pap. 11.57 *(978-1-334-11702-2(0))* Forgotten Bks.

Last Chance: A Tale of the Golden West (Classic Reprint) Rolf Boldrewood. 2017. (ENG., Illus.). (J). 33.84 *(978-1-5285-6253-9(4))* Forgotten Bks.

Last Chance Books. Kelsey Rodkey. (ENG.). (YA). (gr. 8). 2022. 384p. pap. 15.99 *(978-0-06-299447-9(6))*; 2021. (Illus.). 368p. 17.99 *(978-0-06-299446-2(8))* HarperCollins Pubs. (HarperTeen).

Last Chance Dance. Lakita Wilson. 2023. 336p. (YA). (gr. 7). 18.99 *(978-0-593-52561-6(2)*, Viking Books for Young Readers) Penguin Young Readers Group.

Last Chance Detectives Seven-Book Set. Jim Ware et al. 2022. (Last Chance Detectives Ser.). (ENG.). 7p. (J). pap. 69.93 *(978-1-64607-054-1(2)*, 20_44208) Focus on the Family Publishing.

Last Chance, First Hope. Julie Jadrych. 2021. (ENG.). 224p. (YA). 31.95 *(978-1-6624-4399-2(4))*; pap. 17.95 *(978-1-6624-4253-7(X))* Page Publishing Inc.

Last Chance for Logan County. Lamar Giles. Illus. by Derick Brooks. (Legendary Alston Boys Adventure Ser.). (ENG.). (J). (gr. 3-7). 2023. 304p. pap. 9.99 *(978-0-358-75531-9(X))*; 2021. 288p. 16.99 *(978-0-358-42336-2(8)*, 1791956) HarperCollins Pubs. (Versify).

Last Chance for Outside. Deborah Pavolich. 2019. (ENG.). 68p. (YA). pap. 11.95 *(978-1-64462-477-7(X))* Page Publishing Inc.

Last Chance Hotel. Nicki Thornton. 2019. (ENG.). 336p. (J). (gr. 3-7). 18.99 *(978-1-338-32362-7(8)*, Chicken Hse., The) Scholastic, Inc.

Last Chance to Save, 8 vols. 2017. (Last Chance to Save Ser.). (ENG.). (J). (gr. 4-5). lib. bdg. 111.72 *(978-1-5081-6270-4(0)*, de40c80d-4f74-4005-8eb0-adcf061c2299, PowerKids Pr.) Rosen Publishing Group, Inc., The.

Last Chances: Collected Stories. Judith Bartow. 2019. (ENG.). 166p. (J). pap. 15.95 *(978-1-64424-461-6(6))* Page Publishing Inc.

Last Cherry Blossom. Kathleen Burkinshaw. (J). 2020. 240p. (gr. 3-6). pap. 8.99 *(978-1-5107-5344-0(3)*, Sky Pony Pr.); 2016. 233p. *(978-1-63450-618-2(9))*; 2016. (ENG.). 240p. (gr. 5-8). 16.99 *(978-1-63450-693-9(6)*, Sky Pony Pr.) Skyhorse Publishing Co., Inc.

Last Child of Leif. Chris Pridmore. 2016. (ENG., Illus.). (YA). pap. *(978-1-910832-51-6(0))* Rowanvale Bks.

Last Christian (Classic Reprint) George Kibbe Turner. 2018. (ENG., Illus.). 286p. (J). 29.82 *(978-0-483-48077-3(0))* Forgotten Bks.

Last Chronicle of Barset, Vol. 1 (Classic Reprint) Trollope. 2016. (ENG., Illus.). (J). pap. 16.57 *(978-1-334-49977-7(2))* Forgotten Bks.

Last Chronicle of Barset, Vol. 3 (Classic Reprint) Anthony Trollope. 2019. (ENG., Illus.). 444p. (J). 33.07 *(978-0-365-24173-7(3))* Forgotten Bks.

Last Circle: Stories & Poems (Classic Reprint) Stephen Vincent Benet. (ENG., Illus.). (J). 2018. 318p. 30.48 *(978-0-483-79658-4(1))*; 2017. pap. 13.57 *(978-0-243-31755-4(7))* Forgotten Bks.

Last City. H. J. Nelson. 2023. (Last She Ser.: 2). (ENG.). 400p. (YA). 18.99 *(978-1-990259-04-3(9)*, 900258256) Wattpad Bks. CAN. Dist: Macmillan.

Last City of Krypton. Michael Dahl. Illus. by Tim Levins & Luciano Vecchio. 2017. (Superman Tales of the Fortress of Solitude Ser.). (ENG.). 40p. (J). (gr. 4-8). lib. bdg. 24.65 *(978-1-4965-4394-3(7)*, 134634, Stone Arch Bks.) Capstone.

Last Comics on Earth: From the Creators of the Last Kids on Earth. Max Brallier & Joshua Pruett. Illus. by Jay Cooper & Douglas Holgate. 2023. (Last Comics on Earth Ser.: 1). (ENG.). 240p. (J). (gr. 3-7). 14.99 *(978-0-593-52677-4(5)*, Viking Books for Young Readers) Penguin Young Readers Group.

Last Confession, and, the Blind Mother (Classic Reprint) Hall Caine. 2018. (ENG., Illus.). (J). 178p. 27.59 *(978-1-396-57530-3(8))*; 180p. pap. 9.97 *(978-1-391-59337-1(5))* Forgotten Bks.

Last Council, 4. Kazu Kibuishi. ed. 2018. (Amulet Ser.). (ENG.). 207p. (J). (gr. 4-5). 23.96 *(978-1-64310-258-0(3))* Penworthy Co., LLC, The.

Last Cruise of the National: Or the People's Revenge (Classic Reprint) Presenting Personal. 2018. (ENG., Illus.). 44p. (J). 24.82 *(978-0-267-52049-7(2))* Forgotten Bks.

Last Crystal. Frances Schoonmaker. 2019. (ENG., Illus.). 422p. (YA). (gr. 7-12). 29.00 *(978-1-7327882-5-1(1))*; pap. 22.00 *(978-1-7327882-4-4(3))* Auctus Pubs.

Last Cuentista. Donna Barba Higuera. 2021. (ENG.). 336p. (J). (gr. 5-9). 18.99 *(978-1-64614-089-3(3))* Levine Querido.

Last Cuentista. Donna Barba Higuera. Illus. by Mari Ahokoivu. 2022. (J). pap. 8.99 *(978-1-7374508-8-7(7))* Literati.

Last Day at Center Ridge School (Classic Reprint) Annette L. Smith. (ENG., Illus.). (J). 2018. 24p. 24.39 *(978-0-267-53465-4(5))*; 2016. pap. 7.97 *(978-1-333-26100-9(4))* Forgotten Bks.

Last Day at Mud Hollow School: A Burlesque (Classic Reprint) Elizabeth F. Guptill. 2018. (ENG., Illus.). 32p. (J). 24.56 *(978-0-267-47259-8(5))* Forgotten Bks.

Last Day of School. Brenda Ponnay. Illus. by Brenda Ponnay. 2022. (We Can Readers Ser.). (ENG.). (J). 22p. pap. 12.99 ***(978-1-5324-4135-6(5))***; 16p. (gr. -1-1). 24.99 ***(978-1-5324-3533-1(9))***; 16p. (gr. -1-1). pap. 12.99 ***(978-1-5324-3016-9(7))*** Xist Publishing.

Last Day of School? Jordan Saez. 2020. 42p. (J). pap. 11.47 *(978-1-0983-2512-1(5))* BookBaby.

Last Day on Mars. Kevin Emerson. (Chronicle of the Dark Star Ser.: 1). (ENG.). (J). (gr. 3-7). 2018. 352p. pap. 9.99 *(978-0-06-230672-2(3))*; 2017. 336p. 16.99 *(978-0-06-230671-5(5))* HarperCollins Pubs. (Walden Pond Pr.).

Last Days of a King: An Historical Romance (Classic Reprint) Maurice Hartmann. 2017. (ENG., Illus.). (J). 28.19 *(978-1-5283-7511-5(4))* Forgotten Bks.

Last Days of Godfrey Vance. S. Van Toon. Illus. by Boatwright Artwork. 2022. 94p. (J). 44.00 *(978-1-6678-3183-1(6))* BookBaby.

1126 The check digit for ISBN-10 appears in parentheses after the full ISBN-13

Last Days of Jesus, His Life & Times see Los Últimos días de Jesús (the Last Days of Jesus)

Last Descendants. Matthew J. Kirby. 2016. (Illus.). 308p. (YA). *(978-1-338-05611-2(5))* Scholastic, Inc.

Last Diary, 1921 (Classic Reprint) W. N. P. Barbellion. 2018. (ENG., Illus.). 198p. (J). 27.98 *(978-0-364-03153-7(0))* Forgotten Bks.

Last Ditch (Classic Reprint) Violet Hunt. 2018. (ENG., Illus.). (J). 31.28 *(978-0-260-61807-8(1))* Forgotten Bks.

Last Dogs. Joe Siple. 2020. (ENG., Illus.). 128p. (J). (gr. 2-6). pap. 14.95 *(978-1-68433-439-1(X))* Black Rose Writing.

Last Dragon. James Riley. 2020. (Revenge of Magic Ser.: 2). (ENG.). 400p. (J). (gr. 3-7). pap. 8.99 *(978-1-5344-2573-6(X)*, Aladdin) Simon & Schuster Children's Publishing.

Last Dragon. James Riley. 2019. (Revenge of Magic Ser.: 2). (ENG., Illus.). 384p. (J). (gr. 3-7). 18.99 *(978-1-5344-2572-9(1)*, Simon & Schuster/Paula Wiseman Bks.) Simon & Schuster/Paula Wiseman Bks.

Last Dragon Charmer #1: Villain Keeper. Laurie McKay. 2016. (Last Dragon Charmer Ser.: 1). (ENG.). 368p. (J). (gr. 3-7). pap. 6.99 *(978-0-06-230844-3(0)*, HarperCollins) HarperCollins Pubs.

Last Dragon Charmer #3: Realm Breaker. Laurie McKay. 2017. (Last Dragon Charmer Ser.: 3). (ENG.). 368p. (J). (gr. 3-7). 16.99 *(978-0-06-230849-8(1)*, HarperCollins) HarperCollins Pubs.

Last Dragon Rider. Luke Aylen. ed. 2020. (Presadia Ser.: 3). (ENG., Illus.). 288p. (J). (gr. 3-7). pap. 11.99 *(978-1-78264-315-9(X)*, e325a209-7b66-4287-b903-cc91476abb85, Lion Fiction) Lion Hudson PLC GBR. Dist: Baker & Taylor Publisher Services (BTPS).

Last Egyptian: A Romance of the Nile (Classic Reprint) Francis P. Wightman. 2018. (ENG., Illus.). 318p. (J). 30.48 *(978-0-332-86346-7(8))* Forgotten Bks.

Last Enemy. Richard Hillary. 2020. (ENG.). 268p. (J). *(978-1-913962-20-3(2))*; pap. *(978-1-913568-67-2(9))* Clink Street Publishing.

Last Enemy. Richard Hillary. 2022. (ENG.). 110p. (J). pap. ***(978-1-77323-636-0(9))*** Rehak, David.

Last Essays: Essays on the Science of Religion (Classic Reprint) Friedrich Max Muller. (ENG., Illus.). (J). 2018. 428p. 32.72 *(978-0-267-70555-9(7))*; 2017. pap. 16.57 *(978-0-282-11307-0(X))* Forgotten Bks.

Last Ever After. Soman Chainani. ed. 2016. (School for Good & Evil Ser.: 3). (J). lib. bdg. 18.40 *(978-0-606-38761-3(7))* Turtleback.

Last Execution. Jesper Wung-Sung. Tr. by Lindy Falk van Rooyen. 2016. (ENG., Illus.). 144p. (YA). (gr. 9). 17.99 *(978-1-4814-2965-8(5)*, Atheneum/Caitlyn Dlouhy Books) Simon & Schuster Children's Publishing.

Last Exit to Feral. Mark Fearing. 2023. (Frights from Feral Ser.). 224p. (J). (gr. 3-7). 21.99 ***(978-0-8234-4866-1(5))***; pap. 13.99 ***(978-0-8234-5601-7(3))*** Holiday Hse., Inc.

Last Express: A Blind Detective & a Seeing Eye Dog Solve a Mystery Hidden in the Labyrinth of New York's Subway (Classic Reprint) Baynard Kendrick. 2017. (ENG., Illus.). (J). 29.88 *(978-0-265-51131-2(3))*; pap. 13.57 *(978-0-243-31629-8(1))* Forgotten Bks.

Last Fairy Tales (Classic Reprint) Édouard Laboulaye. 2018. (ENG., Illus.). 418p. (J). 32.52 *(978-0-365-35646-2(8))* Forgotten Bks.

Last Fidget: A Desperate Plea from a Hidden World. Ruthie Dean. 2022. (Endearing Fidgets Ser.: Vol. 1). (ENG.). 192p. (J). pap. *(978-1-83975-961-1(5))* Grosvenor Hse. Publishing Ltd.

Last Field Party. Abbi Glines. 2022. (Field Party Ser.). (ENG.). 304p. (YA). (gr. 9). 19.99 *(978-1-5344-3096-9(2)*, Simon & Schuster Bks. For Young Readers) Simon & Schuster Bks. For Young Readers.

Last Filibusters. Emilio. Salgari & Michael Amadio. 2020. (ENG.). 246p. (YA). pap. *(978-1-716-84769-1(9))* Lulu Pr., Inc.

Last Firehawk, Books 1-5: a Branches Box Set, 1 vol. Katrina Charman. Illus. by Jeremy Norton. 2022. (Last Firehawk Ser.). (ENG.). 480p. (J). (gr. 1-3). pap., pap., pap. 29.95 *(978-1-338-83282-2(4))* Scholastic, Inc.

Last First Daughter. Abbie Fine. 2018. (ENG., Illus.). 352p. (J). pap. *(978-1-77339-534-0(3))* Evernight Publishing.

Last Forever. Deb Caletti. 2016. (ENG., Illus.). 352p. (YA). (gr. 7-7). pap. 11.99 *(978-1-4424-5002-8(9)*, Simon & Schuster Bks. For Young Readers) Simon & Schuster Bks. For Young Readers.

Last Forever. Deb Caletti. ed. 2016. lib. bdg. 22.10 *(978-0-606-38271-7(2))* Turtleback.

Last Galley: Impressions & Tales (Classic Reprint) Arthur Conan Doyle. 2018. (ENG., Illus.). 332p. (J). 30.74 *(978-0-483-04540-8(3))* Forgotten Bks.

Last Gamer Standing. Katie Zhao. 2021. (ENG.). 288p. (J). (gr. 3-7). pap. 8.99 *(978-1-338-74150-6(0)*, Scholastic Paperbacks) Scholastic, Inc.

Last Gate of the Emperor. Kwame Mbalia. 2021. (ENG.). 304p. (J). pap. ***(978-0-7023-0708-9(4)***, Scholastic Pr.) Scholastic, Inc.

Last Gate of the Emperor. Kwame Mbalia & Prince Joel Makonnen. 2021. (ENG.). 304p. (J). (gr. 3-7). 17.99 *(978-1-338-66585-7(5)*, Scholastic Pr.) Scholastic, Inc.

Last Gate of the Emperor (Summer Reading) Kwame Mbalia & Prince Joel Makonnen. 2022. (ENG.). 304p. (J). (gr. 3-7). pap. 3.99 *(978-1-338-84584-6(5))* Scholastic, Inc.

Last Generation: A Story of the Future (Classic Reprint) James Elroy Flecker. 2018. (ENG., Illus.). 68p. (J). 25.32 *(978-0-332-37072-9(0))* Forgotten Bks.

Last Giants. Francois Place. Illus. by Francois Place. 2018. (ENG.). 80p. (J). (gr. -1-3). pap. 14.95 *(978-1-56792-621-7(5))* Godine, David R. Pub.

Last Girl Lied To. L. E. Flynn. 2020. (ENG.). 368p. (YA). pap. 9.99 *(978-1-250-23340-0(2)*, 900185421) Square Fish.

Last Girls. Demetra Brodsky. (ENG.). 368p. (YA). 2021. pap. 18.99 *(978-1-250-25658-4(5)*, 900219281); 2020. 18.99 *(978-1-250-25652-2(6)*, 900219280) Doherty, Tom Assocs., LLC. (Tor Teen).

Last Girls Standing. Jennifer Dugan. 2023. 320p. (YA). (gr. 9). 18.99 ***(978-0-593-53207-2(4)***, G.P. Putnam's Sons Books for Young Readers) Penguin Young Readers Group.

Last Girls Standing 6-Copy Pre-pack W/ L-Card. Jennifer Dugan. 2023. (YA). (gr. 9). 113.94 ***(978-0-525-48980-1(0)***, G.P. Putnam's Sons Books for Young Readers) Penguin Young Readers Group.

Last Gleanings (Classic Reprint) Frank Fowler. (ENG., Illus.). (J). 2018. 278p. 29.65 *(978-0-483-22506-0(1))*; 2017. pap. 13.57 *(978-0-243-93538-3(2))* Forgotten Bks.

Last Goodbye. Elin Kelsey. Illus. by Soyeon Kim. 2020. (ENG.). 32p. (J). (gr. 2-5). 18.95 *(978-1-77147-364-4(9))* Owlkids Bks. Inc. CAN. Dist: Publishers Group West (PGW).

Last Grand Adventure. Rebecca Behrens. (ENG.). (J). (gr. 3-7). 2019. 352p. pap. 8.99 *(978-1-4814-9693-3(X))*; 2018. (Illus.). 336p. 17.99 *(978-1-4814-9692-6(1))* Simon & Schuster Children's Publishing. (Aladdin).

Last Great Adventure of the PB & J Society. Janet Johnson. 2016. (ENG., Illus.). 256p. (J). (gr. 4-8). 12.95 *(978-1-62370-636-4(X)*, 131285, Capstone Young Readers) Capstone.

Last Great Adventure of the PB & J Society. Janet Sumner Johnson. 2016. (Middle-Grade Novels Ser.). (ENG., Illus.). 256p. (J). (gr. 4-8). lib. bdg. 26.65 *(978-1-4965-2695-3(3)*, 131275, Stone Arch Bks.) Capstone.

Last Green Leaf. Caron Wykle. 2020. (ENG.). 22p. (J). 23.95 *(978-1-64701-207-6(4))* Page Publishing Inc.

Last Guardian, the-Artemis Fowl, Book 8. Eoin Colfer. 2019. (Artemis Fowl Ser.: 8). (ENG.). 368p. (J). (gr. 5-9). pap. 8.99 *(978-1-368-03883-6(2)*, Disney-Hyperion) Disney Publishing Worldwide.

Last Half-Day in the District School: Comic Entertainment in Two Acts (Classic Reprint) Birdie Fraser. 2018. (ENG., Illus.). 54p. (J). 25.03 *(978-0-267-28106-0(4))* Forgotten Bks.

Last Hazelnut. Susanna Isern. Illus. by Mariana Ruiz Johnson. 2020. (ENG.). 32p. (J). (gr. k-3). 16.99 *(978-1-64686-055-5(1))*; pap. 9.99 *(978-1-64686-056-2(X))* Barefoot Bks., Inc.

Last High School Story. Jim Corbit. 2021. (ENG.). 334p. (YA). ***(978-1-6781-6131-6(4))*** Lulu Pr., Inc.

Last High School Story (Trade Paperback) Jim Corbit. 2021. (ENG.). 336p. (YA). pap. 18.00 *(978-1-6781-6116-3(0))* Lulu Pr., Inc.

Last Hockey Fight. Nate Friedman. 2018. (ENG., Illus.). 30p. (J). (gr. k-6). pap. *(978-1-987976-38-0(X))* Mirror World Publishing.

Last Honey Bee. Wayne Gerard Trotman. 2019. (Wayne Gerard Trotman's Rhyming Stories Ser.: Vol. 1). (ENG., Illus.). 56p. (J). *(978-1-9161848-0-0(4))* Red Moon Productions, Ltd.

Last Hope. Shawn P. B. Robinson. 2023. (Sevordine Chronicles Ser.: Vol. 4). (ENG.). (YA). 316p. ***(978-1-989296-76-9(9))***; 308p. pap. ***(978-1-989296-62-2(9))*** BrainSwell Publishing.

Last Hours Complete Collection (Boxed Set) Chain of Gold; Chain of Iron; Chain of Thorns. Cassandra Clare. ed. 2023. (Last Hours Ser.). (ENG.). 2048p. (YA). (gr. 9). 74.99 ***(978-1-6659-1684-4(2)***, McElderry, Margaret K. Bks.) McElderry, Margaret K. Bks.

Last Human. Lee Bacon. (Last Human Ser.). (ENG., Illus.). (YA). (gr. 3-7). 2021. 304p. pap. 8.99 *(978-1-4197-4697-0(9)*, 1266303); 2019. 288p. 16.99 *(978-1-4197-3691-9(4)*, 1266301, Amulet Bks.) Abrams, Inc.

Last Hurdle: A Story of Sporting & Courting (Classic Reprint) Frank Hudson. (ENG., Illus.). (J). 2018. 312p. 30.35 *(978-0-484-58624-5(6))*; 2016. pap. 13.57 *(978-1-333-29530-1(8))* Forgotten Bks.

Last Hurdle (Classic Reprint) Edward Bacon. 2018. (ENG., Illus.). 278p. (J). 29.63 *(978-0-332-34327-3(8))* Forgotten Bks.

Last Hurrah. Victoria Anders. 2021. (My Life Ser.). (ENG.). 114p. (YA). pap. 8.99 *(978-1-0879-4123-3(7))* Indy Pub.

Last Hybrid. Dunja Subotic. 2022. (ENG.). 34p. (J). pap. 15.00 *(978-1-953507-72-3(7))* Brightlings.

Last Inca, or the Story of Tupac Amaru, Vol. 1 (Classic Reprint) José Gabriel De Tupac-Amaru. 2017. (ENG., Illus.). (J). pap. 13.57 *(978-0-259-44358-2(1))* Forgotten Bks.

Last Inca, or the Story of Tupac Amâru, Vol. 1 (Classic Reprint) José Gabriel De Tupac-Amaru. 2018. (ENG., Illus.). 294p. (J). 29.96 *(978-0-331-59803-2(5))* Forgotten Bks.

Last Inca, or the Story of Tupac Amaru, Vol. 2 (Classic Reprint) Unknown Author. 2017. (ENG., Illus.). (J). 29.94 *(978-0-331-71988-8(6))*; pap. 13.57 *(978-0-259-46353-5(1))* Forgotten Bks.

Last Inca, or the Story of Tupac Amaru, Vol. 3 (Classic Reprint) Unknown Author. (ENG., Illus.). (J). 2018. 292p. 29.94 *(978-0-483-33760-2(9))*; 2016. pap. 13.57 *(978-1-334-14076-1(6))* Forgotten Bks.

Last Invasion (Classic Reprint) Donal Hamilton Haines. 2018. (ENG., Illus.). 364p. (J). 31.40 *(978-0-483-28490-6(4))* Forgotten Bks.

Last Jedi. Beth Davies. ed. 2019. (DK Readers Ser.). (ENG.). 48p. (J). (gr. k-1). 14.49 *(978-1-64310-852-0(2))* Penworthy Co., LLC, The.

Last Journals of Bishop Hannington: Being Narratives of a Journey Through Palestine in 1884 & a Journey Through Masai-Land & U-Soga in 1885 (Classic Reprint) James Hannington. 2018. (ENG., Illus.). 298p. (J). 30.04 *(978-0-267-68998-9(5))* Forgotten Bks.

Last Journals of David Livingstone, in Central Africa, from 1865 to His Death: Abridged from the Original London Edition (Classic Reprint) David Livingstone. abr. ed. (ENG., Illus.). (J). 2018. 454p. 33.26 *(978-0-267-95883-2(8))*; 2016. pap. 16.57 *(978-1-334-20801-0(8))* Forgotten Bks.

Last Journals of David Livingstone in Central Africa from 1865 to His Death: Continued by a Narrative of His Last Moments & Sufferings, Obtained from His Faithful Servants Chuma & Susi; Volume II. David Livingstone. 2017. (ENG., Illus.). (J). pap. 16.95 *(978-1-374-81597-1(7))* Capital Communications, Inc.

Last Journey, 6. Kiki Thorpe. ed. 2021. (Never Girls Ser.). (ENG., Illus.). 118p. (J). (gr. 2-3). 18.49 *(978-1-64697-831-1(5))* Penworthy Co., LLC, The.

Last Kappa of Old Japan Bilingual English & Japanese Edition: A Magical Journey of Two Friends (English-Japanese) Sunny Seki. Illus. by Sunny Seki. rev. ed. 2016. (Illus.). 32p. (J). (gr. k-8). 12.95 *(978-4-8053-1399-2(4))* Tuttle Publishing.

Last Kid Running: The Supergame. Don Bosco. 2022. (Last Kid Running Ser.). 248p. (YA). 12.99 *(978-981-4882-82-8(8))* Penguin Random House SEA Pte. Ltd. SGP. Dist: Independent Pubs. Group.

Last Kid Running: Night of the Six Headed Robogator. Don Bosco. 2021. (Last Kid Running Ser.). 248p. (J). (gr. 4-7). pap. 12.99 *(978-981-4882-66-8(6))* Penguin Random House SEA Pte. Ltd. SGP. Dist: Independent Pubs. Group.

Last Kid Running: Welcome to the Scramble. Don Bosco. 2019. (Last Kid Running Ser.). 248p. (J). (gr. 4-7). pap. 12.99 *(978-981-4867-20-7(9))* Penguin Random House SEA Pte. Ltd. SGP. Dist: Independent Pubs. Group.

Last Kids on Earth & the Cosmic Beyond. Max Brallier. Illus. by Douglas Holgate. 2017. 257p. (J). pap. *(978-0-425-28872-6(2)*, Viking Books for Young Readers) Penguin Young Readers Group.

Last Kids on Earth & the Cosmic Beyond. Max Brallier & Douglas Holgate. 2018. (Last Kids on Earth Ser.: 4). (ENG., Illus.). 288p. (J). (gr. 3-7). 13.99 *(978-0-425-29208-2(8)*, Viking Books for Young Readers) Penguin Young Readers Group.

Last Kids on Earth & the Doomsday Race. Max Brallier. Illus. by Douglas Holgate. 2021. (Last Kids on Earth Ser.: 7). (ENG.). 320p. (J). (gr. 3-7). 14.99 *(978-1-9848-3537-6(8)*, Viking Books for Young Readers) Penguin Young Readers Group.

Last Kids on Earth & the Forbidden Fortress. Max Brallier. Illus. by Douglas Holgate. 2022. (Last Kids on Earth Ser.: 8). (ENG.). 368p. (J). (gr. 3-7). 14.99 *(978-0-593-40523-9(4)*, Viking Books for Young Readers) Penguin Young Readers Group.

Last Kids on Earth & the Midnight Blade. Max Brallier & Douglas Holgate. 2019. (Last Kids on Earth Ser.: 5). (ENG., Illus.). 320p. (J). (gr. 3-7). 13.99 *(978-0-425-29211-2(8)*, Viking Books for Young Readers) Penguin Young Readers Group.

Last Kids on Earth & the Nightmare King. Max Brallier. Illus. by Douglas Holgate. 2017. (Last Kids on Earth Ser.: 3). (ENG.). 272p. (J). (gr. 3-7). 13.99 *(978-0-425-28871-9(4)*, Viking Books for Young Readers) Penguin Young Readers Group.

Last Kids on Earth & the Skeleton Road. Max Brallier. Illus. by Douglas Holgate. 2020. (Last Kids on Earth Ser.: 6). (ENG.). 320p. (J). (gr. 3-7). 13.99 *(978-1-9848-3534-5(3)*, Viking Books for Young Readers) Penguin Young Readers Group.

Last Kids on Earth & the Zombie Parade. Max Brallier. Illus. by Douglas Holgate. 2016. (Last Kids on Earth Ser.: 2). (ENG.). 320p. (J). (gr. 3-7). 13.99 *(978-0-670-01662-4(4)*, Viking Books for Young Readers) Penguin Young Readers Group.

Last Kids on Earth: June's Wild Flight. Max Brallier. Illus. by Douglas Holgate. 2020. (Last Kids on Earth Ser.). 272p. (J). (gr. 3-7). 14.99 *(978-0-593-11718-7(2)*, Viking Books for Young Readers) Penguin Young Readers Group.

Last Kids on Earth Mad Libs: World's Greatest Word Game. Leila Sales. 2018. (Last Kids on Earth Ser.). 48p. (J). (gr. 3-7). pap. 5.99 *(978-1-5247-9199-5(7)*, Mad Libs) Penguin Young Readers Group.

Last Kids on Earth: Next Level Monster Box (books 4-6), 3 vols. Max Brallier. Illus. by Douglas Holgate. 2020. (Last Kids on Earth Ser.). (ENG.). (J). (gr. 3-7). 41.97 *(978-0-593-34968-7(7)*, Viking Books for Young Readers) Penguin Young Readers Group.

Last Kids on Earth: Quint & Dirk's Hero Quest. Max Brallier. Illus. by Douglas Holgate. 2022. (Last Kids on Earth Ser.). (ENG.). 304p. (J). (gr. 3-7). 14.99 *(978-0-593-40535-2(8)*, Viking Books for Young Readers) Penguin Young Readers Group.

Last Kids on Earth Survival Guide. Max Brallier. 2019. (Last Kids on Earth Ser.). (Illus.). 192p. (J). (gr. 3-7). 13.99 *(978-1-9848-3540-6(8)*, Viking Books for Young Readers) Penguin Young Readers Group.

Last Kids on Earth: the Monster Box (books 1-3), 3 vols., Set. Max Brallier. Illus. by Douglas Holgate. 2018. (Last Kids on Earth Ser.). (ENG.). 816p. (J). (gr. 3-7). 41.97 *(978-0-451-48108-5(9)*, Viking Books for Young Readers) Penguin Young Readers Group.

Last Kids on Earth: Thrilling Tales from the Tree House. Max Brallier. Illus. by Douglas Holgate et al. 2021. (Last Kids on Earth Ser.). (ENG.). 208p. (J). (gr. 3-7). 13.99 *(978-0-593-35006-5(5)*, Viking Books for Young Readers) Penguin Young Readers Group.

Last Lady of Mulberry: A Story of Italian New York (Classic Reprint) Henry Wilton Thomas. (ENG., Illus.). (J). 2018. 372p. 31.59 *(978-0-483-76119-3(2))*; 2016. pap. 13.97 *(978-1-333-36659-9(0))* Forgotten Bks.

Last Lap: Life Is Unpredictable Even If Planned. Rashone Washington. 2023. (ENG.). 97p. (YA). ***(978-1-365-66644-5(1))*** Lulu Pr., Inc.

Last Last-Day-Of-Summer. Lamar Giles. Illus. by Dapo Adeola. (Legendary Alston Boys Adventure Ser.). (ENG.). (J). (gr. 3-7). 2020. 320p. pap. 7.99 *(978-0-358-24441-7(2)*, 1767946); 2019. 304p. 17.99 *(978-1-328-46083-7(5)*, 1712835) HarperCollins Pubs. (Versify).

Last Laugh. Mindy McGinnis. (ENG.). (YA). (gr. 9). 2023. 400p. pap. 15.99 *(978-0-06-298246-9(X))*; 2022. 384p. 17.99 *(978-0-06-298245-2(1))* HarperCollins Pubs. (Tegen, Katherine Bks).

Last Laughs: Prehistoric Epitaphs. Jane Yolen & J. Patrick Lewis. Illus. by Jeffrey Stewart Timmins. 2017. 32p. (J). (gr. 2-5). 16.99 *(978-1-58089-706-8(1))* Charlesbridge Publishing, Inc.

Last Leaf. Gwyn Ellis Pritchard. 2019. (ENG.). 128p. (J). pap. *(978-1-912850-25-9(7))* Clink Street Publishing.

Last Leaf from Sunny Side (Classic Reprint) H. Trusta. 2018. (ENG., Illus.). 348p. (J). 31.07 *(978-0-666-42223-1(0))* Forgotten Bks.

Last Legacy: A Novel. Adrienne Young. (World of the Narrows Ser.: 4). (ENG., Illus.). (YA). 2023. 432p. pap. 13.00 *(978-1-250-88850-1(6)*, 900282089); 2021. 336p. 18.99 *(978-1-250-82372-4(2)*, 900251038) St. Martin's Pr. (Wednesday Bks.).

Last Letters from Egypt: To Which Are Added Letters from the Cape (Classic Reprint) Lady Duff Gordon. 2017. (ENG., Illus.). (J). 32.72 *(978-1-5285-7840-0(6))*; pap. 16.57 *(978-0-243-32489-7(8))* Forgotten Bks.

Last Library. S. a McGarey. 2019. (ENG.). 196p. (J). pap. 11.99 *(978-0-359-33924-2(7))* Lulu Pr., Inc.

Last Lie. Patricia Forde. 2020. (List Ser.: 2). (ENG.). 288p. (J). (gr. 5-8). 16.99 *(978-1-4926-9333-8(2))* Sourcebooks, Inc.

Last Lion: And Other Tales (Classic Reprint) Vicente Blasco Ibanez. 2018. (ENG., Illus.). 84p. (J). 25.63 *(978-0-428-31354-8(X))* Forgotten Bks.

Last Lost Forest. Peter G. Martin. 2022. (ENG.). 34p. (J). pap. 9.99 ***(978-1-7373053-5-4(6))*** StoryBk. Story Publishing.

Last Lost Forest. Peter G. Martin. Illus. by Faiza Saleem. 2022. (ENG.). 34p. (J). 17.99 ***(978-1-7373053-4-7(8))*** StoryBk. Story Publishing.

Last Magician. Lisa Maxwell. (Last Magician Ser.: 1). (ENG., Illus.). (YA). (gr. 9). 2018. 528p. pap. 13.99 *(978-1-4814-3208-5(7))*; 2017. 512p. 21.99 *(978-1-4814-3207-8(9))* Simon Pulse. (Simon Pulse).

Last Magician Quartet (Boxed Set) The Last Magician; the Devil's Thief; the Serpent's Curse; the Shattered City. Lisa Maxwell. ed. 2023. (Last Magician Ser.). (ENG.). 2752p. (YA). (gr. 9). 87.99 *(978-1-5344-4886-5(1)*, McElderry, Margaret K. Bks.) McElderry, Margaret K. Bks.

Last Man. Mary Shelley. 2017. (ENG., Illus.). (J). 29.95 *(978-1-374-84240-3(0))*; pap. 19.95 *(978-1-374-84239-7(7))* Capital Communications, Inc.

Last Man Out. Mike Lupica. 2017. (ENG.). 272p. (J). (gr. 5). 8.99 *(978-0-14-751491-2(6)*, Puffin Books) Penguin Young Readers Group.

Last Mapmaker. Christina Soontornvat. 2022. (ENG.). 368p. (J). (gr. 3-7). 17.99 *(978-1-5362-0495-7(1))* Candlewick Pr.

Last Marshmallow. Grace Lin. Illus. by Grace Lin. 2020. (Storytelling Math Ser.). (Illus.). 16p. (J). (— 1). bds. 7.99 *(978-1-62354-126-2(3))* Charlesbridge Publishing, Inc.

Last Meeting. Brander Matthews. 2017. (ENG.). 284p. (J). pap. *(978-3-7447-4830-8(8))* Creation Pubs.

Last Meeting: A Story (Classic Reprint) Brander Matthews. 2018. (ENG., Illus.). 282p. (J). 29.73 *(978-0-332-83794-9(7))* Forgotten Bks.

Last Memory Visit. Jenny Lynn Lambert. 2021. (ENG.). 242p. (J). pap. *(978-0-3695-0357-2(0))* Evernight Publishing.

Last Message Received. Emily Trunko. Illus. by Zoe Ingram. 2017. (ENG.). 176p. (YA). (gr. 9). 14.99 *(978-0-399-55776-7(8)*, Crown Books For Young Readers) Random Hse. Children's Bks.

Last Messenger of Zitol. Chelsea Bagley Dyreng. 2016. 297p. (YA). pap. *(978-1-4621-1896-0(8))* Cedar Fort, Inc./CFI Distribution.

Last Mile: The Lithia Trilogy, Book 3. Blair Richmond. 2018. (ENG.). 244p. (YA). 27.95 *(978-1-61822-079-0(9)*, Ashland Creek Pr.) Byte Level Research.

Last Mile (Classic Reprint) Frank A. McAlister. 2018. (ENG., Illus.). 364p. (J). 31.42 *(978-0-483-26390-1(7))* Forgotten Bks.

Last Mile-Stone (Classic Reprint) Emma R. Saylor. 2017. (ENG., Illus.). 180p. (J). 27.63 *(978-0-332-86477-8(4))* Forgotten Bks.

Last Million: How They Invaded France England (Classic Reprint) Ian Hay. 2018. (ENG., Illus.). 232p. (J). 28.70 *(978-0-364-52629-3(7))* Forgotten Bks.

Last Miracle (Classic Reprint) M. P. Shiel. 2018. (ENG., Illus.). 330p. (J). 30.72 *(978-0-332-08050-5(1))* Forgotten Bks.

Last Mirror on the Left. Lamar Giles. Illus. by Dapo Adeola. 2021. (Legendary Alston Boys Adventure Ser.). (ENG.). 288p. (J). (gr. 3-7). pap. 7.99 *(978-0-358-61332-9(9)*, 1815100, Versify) HarperCollins Pubs.

Last Monster Hunter. Luke Romyn. 2020. (ENG.). 300p. (YA). ***(978-1-716-80997-2(5))*** Lulu Pr., Inc.

Last Month in Spain, or Wretched Travelling Through a Wretched Country: In a Series of Letters, Addressed by an English Officer to His Friends, with a Plan of the Author's Route, & Fourteen Coloured Engravings, from Original Sketches Taken on the Sp. B. R. Howlett. 2017. (ENG., Illus.). (J). 116p. 26.29 *(978-0-484-44748-5(3))*; pap. 9.57 *(978-0-282-53336-6(2))* Forgotten Bks.

Last Musketeer #2: Traitor's Chase. Stuart Gibbs. 2019. (ENG.). 272p. (J). (gr. 3-7). pap. 7.99 *(978-0-06-204842-4(2)*, HarperCollins) HarperCollins Pubs.

Last Namsara. Kristen Ciccarelli. (Iskari Ser.: 1). (ENG.). (YA). (gr. 8). 2018. 448p. pap. 11.99 *(978-0-06-256799-4(3))*; 2017. 432p. 17.99 *(978-0-06-256798-7(5))* HarperCollins Pubs. (HarperTeen).

Last Night at the Telegraph Club. Malinda Lo. 2021. (ENG.). (YA). (gr. 9). 432p. pap. 11.99 *(978-0-525-55527-8(7))*; 416p. 18.99 *(978-0-525-55525-4(0))* Penguin Young Readers Group. (Dutton Books for Young Readers).

Last Night I Dreamed. Melodie Weller. Illus. by Becky Fawson. 2020. (Last Night I Dreamed Ser.: 1). 36p. (J). 27.50 *(978-1-0983-3831-2(6))* BookBaby.

Last Night of Summer. Kevin Fontenot. l.t. ed. 2017. (ENG., Illus.). (J). pap. 10.95 *(978-1-61633-858-9(X))* Guardian Angel Publishing, Inc.

Last of August. Brittany Cavallaro. (Charlotte Holmes Novel Ser.: 2). (ENG.). (YA). (gr. 8). 2018. 352p. pap. 10.99 *(978-0-06-239895-6(4))*; 2017. (Illus.). 336p. 17.99 *(978-0-06-239894-9(6))* HarperCollins Pubs. (Tegen, Katherine Bks).

Last of Her Line, Vol. 1 of 3 (Classic Reprint) Eliza Tabor. (ENG., Illus.). (J). 2018. 312p. 30.33 *(978-0-483-66809-6(5))*; 2016. pap. 13.57 *(978-1-334-12022-0(6))* Forgotten Bks.

Last of Her Line, Vol. 2 of 3 (Classic Reprint) Eliza Tabor. (ENG., Illus.). (J). 2018. 330p. 30.70 *(978-0-332-57356-4(7))*; 2016. pap. 13.57 *(978-1-333-63701-9(2))* Forgotten Bks.

Last of Her Line, Vol. 3 of 3 (Classic Reprint) Eliza Tabor. (ENG., Illus.). (J). 2018. 342p. 30.95 *(978-0-484-00552-4(9))*; 2017. pap. 13.57 *(978-0-243-09159-1(1))* Forgotten Bks.

Last of Her Name. Jessica Khoury. (ENG.). 400p. (gr. 7-7). 2020. (J). pap. 10.99 *(978-1-338-58212-3(7))*; 2019. (YA). 17.99 *(978-1-338-24336-9(5))* Scholastic, Inc. (Scholastic Pr.).

Last of the Arawaks: A Story of Adventure on the Island of San Domingo (Classic Reprint) Frederick Albion Ober W. A. Wil Company. (ENG., Illus.). (J). 2018. 378p. 31.69 *(978-0-332-78525-7(4))*; 2016. pap. 16.57 *(978-1-334-21623-7(1))* Forgotten Bks.

Last of the Chiefs: A Story of the Great Sioux War. Joseph A. Altsheler. 2020. (ENG.). (J). 210p. 19.95 *(978-1-61895-778-8(3))*; 208p. pap. 11.95 *(978-1-61895-777-1(5))* Bibliotech Pr.

Last of the Chiefs: A Story of the Great Sioux War (Classic Reprint) Joseph A. Altsheler. 2018. (ENG., Illus.). 346p. (J). 31.05 *(978-0-656-49465-1(4))* Forgotten Bks.

Last of the Cornets, Vol. 1 Of 2: A Novel (Classic Reprint) Rowan Hamilton. (ENG., Illus.). (J). 2018. 192p. 27.88 *(978-0-483-28957-4(4))*; 2016. pap. 10.57 *(978-1-333-29352-9(6))* Forgotten Bks.

Last of the Cornets, Vol. 2 Of 2: A Novel (Classic Reprint) Rowan Hamilton. (ENG., Illus.). (J). 2018. 194p. 27.90 *(978-0-267-40831-3(5))*; 2016. pap. 10.57 *(978-1-334-17412-4(1))* Forgotten Bks.

Last of the de Mullins: A Play Without a Preface (Classic Reprint) St. John Hankin. 2017. (ENG., Illus.). (J). 26.62 *(978-0-260-64405-3(6))* Forgotten Bks.

Last of the Ender Crystal. Danica Davidson. ed. 2018. (Unofficial Overworld Adventures Ser.: 5). lib. bdg. 18.40 *(978-0-606-41301-5(4))* Turtleback.

Last of the Ender Crystal: An Unofficial Overworld Heroes Adventure, Book Five. Danica Davidson. 2018. (Unofficial Overworld Heroes Adventure Ser.: 5). (ENG.). 112p. (J). (gr. 3-8). 16.99 *(978-1-5107-3352-7(3))*; pap. 7.99 *(978-1-5107-3351-0(5))* Skyhorse Publishing Co., Inc. (Sky Pony Pr.).

Last of the Fairies: A Christmas Tale (Classic Reprint) George Payne Rainsford James. 2018. (ENG., Illus.). 56p. (J). 25.05 *(978-0-483-63120-5(5))* Forgotten Bks.

Last of the Foresters: Or, Humors on the Border; a Story of the Old Virginia Frontier. John Esten Cooke. 2017. (ENG., Illus.). (J). 28.95 *(978-1-374-89282-8(3))*; pap. 18.95 *(978-1-374-89281-1(5))* Capital Communications, Inc.

Last of the Foresters: Or, Humors on the Border; a Story of the Old Virginia Frontier (Classic Reprint) John Esten Cooke. 2018. (ENG., Illus.). 422p. (J). 32.62 *(978-0-365-28806-0(3))* Forgotten Bks.

Last of the Giant Killers: Or the Exploits of Sir Jack of Danby Dale (Classic Reprint) J. C. Atkinson. (ENG., Illus.). (J). 2017. 30.13 *(978-0-266-75650-7(6))*; 2016. pap. 13.57 *(978-1-334-16816-1(4))* Forgotten Bks.

Last of the Gifted: Epic Fantasy in Medieval Wales. Marie Powell. 2021. (ENG.). 558p. (YA). *(978-1-989078-73-0(7))*; pap. *(978-1-989078-74-7(5))* Martrain Corporate & Personal Development.

Last of the Great Scouts: Buffalo Bill (Classic Reprint) Helen Cody Wetmore. 2018. (ENG., Illus.). 368p. (J). 31.49 *(978-0-267-14526-3(8))* Forgotten Bks.

Last of the House of Jeffreys. Lew M. Miller. 2017. (ENG.). 58p. (J). pap. *(978-3-337-34322-4(8))* Creation Pubs.

Last of the House of Jeffreys: A Drama in Five Acts (Classic Reprint) Lew M. Miller. 2018. (ENG., Illus.). 56p. (J). 25.05 *(978-0-267-44059-7(6))* Forgotten Bks.

Last of the Huggermuggers: A Giant Story (Classic Reprint) Christopher Pearse Cranch. (ENG., Illus.). (J). 2018. 188p. 27.79 *(978-0-332-15585-2(4))*; 2017. 98p. 25.92 *(978-0-484-52268-7(X))*; 2016. pap. 9.57 *(978-1-334-16737-9(0))* Forgotten Bks.

Last of the Irish Chiefs (Classic Reprint) Margaret T. Pender. 2017. (ENG., Illus.). (J). 29.73 *(978-0-265-56782-1(3))* Forgotten Bks.

Last of the Knickerbockers: A Comedy Romance (Classic Reprint) Herman Knickerbocker Viele. 2018. (ENG., Illus.). 566p. (J). 35.59 *(978-0-365-42163-4(4))* Forgotten Bks.

Last of the Lairds: Or the Life & Opinions of Malachi Mailings, Esq. of Auldbiggings (Classic Reprint) John Galt. 2017. (ENG., Illus.). (J). 31.61 *(978-0-331-89135-5(2))* Forgotten Bks.

Last of the Macallisters (Classic Reprint) Amelia E. Barr. (ENG., Illus.). (J). 2018. 310p. 30.29 *(978-0-483-86839-7(6))*; 2016. pap. 13.57 *(978-1-334-13331-2(X))* Forgotten Bks.

Last of the Mill Creeks, & Early Life in Northern California (Classic Reprint) Sim Moak. 2019. (ENG., Illus.). (J). 54p. 25.01 *(978-1-397-29744-0(1))*; 56p. pap. 9.57 *(978-1-397-29739-6(5))* Forgotten Bks.

Last of the Mohicans. James Fenimore Cooper. 2016. (ENG., Illus.). (YA). (gr. 7-12). *(978-1-78139-688-9(4))*; pap. *(978-1-78139-687-2(6))* Benediction Classics.

Last of the Mortimers: A Story in Two Voices (Classic Reprint) Margaret Oliphant. 2018. (ENG., Illus.). 388p. (J). 31.92 *(978-0-428-85780-6(9))* Forgotten Bks.

Last of the Mortimers: A Story in Two Voices (Classic Reprint) Margaret O. W. Oliphant. 2016. (ENG., Illus.). (J). pap. 16.57 *(978-1-334-35876-0(1))* Forgotten Bks.

Last of the Mortimers, Vol. 1 Of 3: A Story in Two Voices (Classic Reprint) Margaret O. W. Oliphant. 2018. (ENG., Illus.). 314p. (J). 30.33 *(978-0-332-39132-8(9))* Forgotten Bks.

Last of the Mortimers, Vol. 2 Of 3: A Story in Two Voices (Classic Reprint) Margaret Oliphant. 2018. (ENG., Illus.). 332p. (J). 30.76 *(978-0-484-15586-1(5))* Forgotten Bks.

Last of the Mortimers, Vol. 2 Of 3: A Story in Two Voices (Classic Reprint) Margaret O. W. Oliphant. 2016. (ENG., Illus.). (J). pap. 13.57 *(978-1-333-44463-1(X))* Forgotten Bks.

Last of the Mortimers, Vol. 3 Of 3: A Story in Two Voices (Classic Reprint) Margaret Oliphant. 2018. (ENG., Illus.). 322p. (J). 30.56 *(978-0-267-30030-3(1))* Forgotten Bks.

Last of the Name. Rosanne Parry. 2022. (ENG.). 344p. (J). (gr. 5-8). pap. 9.99 *(978-1-7284-6766-5(7)*, c61a1303-8ba4-4c37-aa46-9d7696a07caa, Carolrhoda Bks.) Lerner Publishing Group.

Last of the Peshwas: A Tale of the Third Maratha War. Michael MacMillan. 2017. (ENG., Illus.). (J). pap. *(978-0-649-10119-1(7))* Trieste Publishing Pty Ltd.

Last of the Peshwas: A Tale of the Third Maratha War (Classic Reprint) Michael MacMillan. 2017. (ENG., Illus.). (J). 29.51 *(978-0-266-69476-2(4))* Forgotten Bks.

Last of the Peterkins: With Others of Their Kin. Lucretia Peabody Hale. 2017. (ENG., Illus.). (J). pap. 12.95 *(978-1-374-83451-4(3))* Capital Communications, Inc.

Last of the Peterkins: With Others of Their Kin (Classic Reprint) Lucretia Peabody Hale. (ENG., Illus.). (J). 2018. 274p. 29.57 *(978-0-483-62179-4(X))*; 2016. pap. 11.97 *(978-1-334-12510-2(4))* Forgotten Bks.

Last of the Puritans: The Story of Benjamin Gilbert & His Friends (Classic Reprint) Frederic Pierpont Ladd. (ENG., Illus.). (J). 2018. 270p. 29.47 *(978-0-365-29935-6(9))*; 2017. pap. 11.97 *(978-0-259-40672-3(4))* Forgotten Bks.

Last of the Talons. Sophie Kim. 2022. (Talons Ser.: 1). (ENG.). 416p. (YA). 18.99 *(978-1-64937-280-2(9)*, 900278190) Entangled Publishing, LLC.

Last of the Wild. Dewayne Rahe. 2022. (Oak Tree Farm Ser.). (ENG., Illus.). 130p. (YA). 36.95 *(978-1-63885-019-9(4))*; pap. 26.95 *(978-1-68526-937-1(0))* Covenant Bks.

Last of the Wild Bunch: The Miseducation of Anthony Green. Amal Amenyin. 2020. (ENG.). 70p. (YA). pap. 19.95 *(978-1-0879-0500-6(1))* Indy Pub.

Last of Us. Damir Carter. 2021. (Last of Us Ser.: Vol. 1). (ENG.). 220p. (YA). pap. 10.00 *(978-1-6629-1438-6(5))* Gatekeeper Pr.

Last Olympian. Robert Venditti. ed. 2019. (Percy Jackson & the Olympians Ser.). (ENG.). 125p. (J). (gr. 4-5). 23.96 *(978-1-64697-068-1(3))* Penworthy Co., LLC, The.

Last One in the Universe. Chrissie Perry. 2019. (Girl vs the World Ser.). (ENG., Illus.). 144p. (J). (gr. 5-9). pap. 9.99 *(978-1-76050-250-8(2))* Hardie Grant Children?s Publishing AUS. Dist: Independent Pubs. Group.

Last One to Fall. Gabriella Lepore. 2023. (ENG.). 368p. (YA). 19.99 *(978-1-335-91586-3(9))* Harlequin Enterprises ULC CAN. Dist: HarperCollins Pubs.

Last Ornament. Mikael Johnson. Illus. by Sarah Nielson. 2021. (ENG.). 34p. (J). 19.95 *(978-0-9841181-2-0(8))* Jay Mikael Publishing.

Last Panther. Todd Mitchell. 2019. (ENG.). 256p. (J). (gr. 3-7). 8.99 *(978-0-399-55561-9(7)*, Yearling) Random Hse. Children's Bks.

Last Peach. Gus Gordon. Illus. by Gus Gordon. 2019. (ENG., Illus.). 40p. (J). 18.99 *(978-1-62672-350-4(8)*, 900153623) Roaring Brook Pr.

Last Penacook: A Tale of Provincial Times. Abel B. Berry. 2017. (ENG., Illus.). (J). pap. *(978-0-649-62553-6(6))* Trieste Publishing Pty Ltd.

Last Penacook: A Tale of Provincial Times (Classic Reprint) Abel B. Berry. 2017. (ENG., Illus.). (J). 28.27 *(978-1-5280-7859-7(4))* Forgotten Bks.

Last Penny, & Other Stories (Classic Reprint) T. S. Arthur. 2018. (ENG., Illus.). 154p. (J). 27.09 *(978-0-483-99572-7(X))* Forgotten Bks.

Last Pick. David Starr. 2021. (Lorimer Sports Stories Ser.). (ENG.). 128p. (J). (gr. 4-8). pap. 9.95 *(978-1-4594-1580-5(9)*, a3594dc5-ad0a-4d15-9ba0-e7d69fb13cc0) James Lorimer & Co. Ltd., Pubs. CAN. Dist: Lerner Publishing Group.

Last Pick. Jason Walz. 2018. (Last Pick Ser.: 1). (ENG., Illus.). 224p. (YA). pap. 18.99 *(978-1-62672-891-2(7)*, 900177225, First Second Bks.) Roaring Brook Pr.

Last Pick: Born to Run. Jason Walz. 2019. (Last Pick Ser.: 2). (ENG., Illus.). 240p. (YA). 24.99 *(978-1-62672-892-9(5)*, 900177232); pap. 17.99 *(978-1-62672-893-6(3)*, 900177233) Roaring Brook Pr. (First Second Bks.).

Last Pick: Rise Up. Jason Walz. 2020. (Last Pick Ser.: 3). (ENG., Illus.). 256p. (YA). pap. 17.99 *(978-1-62672-895-0(X)*, 900177238, First Second Bks.) Roaring Brook Pr.

Last Place You Look. J. wallace skelton. Illus. by Justin Alves. 2017. (ENG.). 28p. (J). (gr. 1-3). 15.95 *(978-1-7750840-1-3(9))* Flamingo Rampant! CAN. Dist: Orca Bk. Pubs. USA.

Last Prayer of a Mother: Biographies, Anecdotes, & Poems the Transforming Power of Faith Prayer. Rene Renal Belizaire. 2022. (ENG., Illus.). 210p. (YA). pap. 17.95 *(978-1-63874-210-4(3))* Christian Faith Publishing.

Last Prince of Atlantis Chronicles Book 1. Leonard Clifton. 2020. (ENG.). 322p. (YA). pap. 18.46 *(978-1-716-88715-4(1))* Lulu Pr., Inc.

Last Prince of Atlantis Chronicles Book I. Leonard Clifton. 4th ed. 2020. (ENG.). 322p. (YA). pap. 14.00 ***(978-0-578-37700-1(4))*** Indy Pub.

Last Prince of Atlantis Chronicles Book II. Leonard Clifton. 2020. (ENG.). 226p. (YA). pap. 15.87 *(978-1-716-83831-6(2))* Lulu Pr., Inc.

Last Prince of Atlantis Chronicles Book III: Athena's Quest to Save Atlantis. Leonard Clifton. 2021. (ENG.). 128p. (YA). pap. 10.00 *(978-0-578-37641-7(5))* Indy Pub.

Last Prince of Atlantis Chronicles Book III: Athena's Quest to Save Atlantis. Leonard Clifton. 2020. (ENG.). 128p. (YA). pap. 15.70 *(978-1-716-68383-1(1))* Lulu Pr., Inc.

Last Prince of Atlantis Chronicles II: Battle for the Crown. Leonard Clifton. 2020. (Last Prince of Atlantis Chronicles Ser.: Vol. 2). (ENG.). 252p. (YA). pap. 15.00 ***(978-0-578-37447-5(1))*** Indy Pub.

Last Princess of Saint-Domingue. Michelle St Claire. Ed. by Msb Editing Services. 2019. (ENG.). 184p. (YA). 20.98 *(978-1-945891-54-0(8))* May 3rd Bks., Inc.

Last Prophet. J. E. Spelman. 2017. (ENG.). (YA). pap. 14.95 *(978-1-5127-6923-4(1)*, WestBow Pr.) Author Solutions, LLC.

Last Pup-Icorn. Disney Book Group. ed. 2020. (Disney 8x8 Ser.). (ENG.). 24p. (J). (gr. k-1). 14.96 *(978-1-64697-133-6(7))* Penworthy Co., LLC, The.

Last Rabbit. Shelley Moore Thomas. (Illus.). 288p. (J). (gr. 3-7). 2022. 8.99 *(978-0-593-17356-5(2)*, Yearling); 2021. 16.99 *(978-0-593-17353-4(8)*, Lamb, Wendy Bks.); 2021. lib. bdg. 19.99 *(978-0-593-17354-1(6)*, Lamb, Wendy Bks.) Random Hse. Children's Bks.

Last Rebel (Classic Reprint) Joseph A. Altsheler. 2017. (ENG., Illus.). (J). 28.62 *(978-0-260-54631-9(3))* Forgotten Bks.

Last Remnant, 0 vols. Pam Brondos. 2016. (Fourline Trilogy Ser.: 3). (ENG.). 320p. (YA). (gr. 8-12). pap. 9.99 *(978-1-61218-470-8(7)*, 9781612184708, Skyscape) Amazon Publishing.

Last Resort Oasis. Geronimo Stilton. ed. 2021. (Geronimo Stilton Ser.). (ENG., Illus.). 109p. (J). (gr. 2-3). 19.36 *(978-1-68505-056-6(5))* Penworthy Co., LLC, The.

Last Resort Oasis (Geronimo Stilton #77) Geronimo Stilton. 2021. (Geronimo Stilton Ser.: 77). (ENG., Illus.). 128p. (J). (gr. 2-5). pap. 7.99 *(978-1-338-68717-0(4)*, Scholastic Paperbacks) Scholastic, Inc.

Last Rhino. Deborah Stevenson. Ed. by Krista Hill. Illus. by Morgan Spicer. 2018. (ENG.). 88p. (J). (gr. 2-5). pap. 11.95 *(978-1-7325410-4-7(3))* Frog Prince Bks.

Last Ride: An Andrea Carter Book, 1 vol. Susan K. Marlow. 2016. (Circle C Milestones Ser.: 3). 176p. (YA). pap. 9.99 *(978-0-8254-4369-5(5))* Kregel Pubns.

Last Ride at Luna Park: a Graphic Novel (Geronimo Stilton #4) Geronimo Stilton. Illus. by Tom Angleberger. 2022. (Geronimo Stilton Graphic Novel Ser.). (ENG.). 208p. (J). (gr. 2-5). 12.99 *(978-1-338-72939-9(X)*, Graphix) Scholastic, Inc.

Last Rose of Summer (Classic Reprint) Rupert Hughes. 2018. (ENG., Illus.). 102p. (J). 26.00 *(978-0-483-44944-2(X))* Forgotten Bks.

Last Round Arthurs, Vol. 5 (light Novel) Once King & Future King. Taro Hitsuji. 2021. (Last Round Arthurs (light Novel) Ser.: 5). (ENG., Illus.). 216p. (YA). (gr. 8-17). pap. 15.00 *(978-1-9753-2206-9(1)*, Yen Pr.) Yen Pr. LLC.

Last Sacrifice: The Graphic Novel. Joe Hart & Stuart Moore. Illus. by Michael Montenat. 2017. (Dominion Trilogy Ser.). (ENG.). 128p. pap. 14.95 *(978-1-5039-4242-4(2)*, 9781503942424, Jet City Comics) Amazon Publishing.

Last Sam's Cage. David A. Poulsen. 2018. (ENG., Illus.). 232p. (J). pap. 11.99 *(978-0-9959708-0-9(7))* Red Hawk Bks.

Last Saxon King: A Jump in Time Novel, (Book One) Andrew Varga. 2023. (Jump in Time Ser.: 1). 316p. (YA). (gr. 8-13). 18.99 *(978-1-945501-82-1(0))* Imbrifex Bks.

Last Saxon King: A Jump in Time Novel, Book One. Andrew Varga. 2023. (Jump in Time Ser.: 1). 316p. (YA). (gr. 8-13). pap. 14.99 *(978-1-945501-85-2(5))* Imbrifex Bks.

Last Secret: a Scarlet & Ivy Mystery. Sophie Cleverly. 2019. (ENG.). 320p. (J). 7.99 *(978-0-00-830823-0(3)*, HarperCollins Children's Bks.) HarperCollins Pubs. Ltd. GBR. Dist: HarperCollins Pubs.

Last Seen Leaving. Caleb Roehrig. 2018. (ENG.). 352p. (YA). pap. 14.99 *(978-1-250-12967-3(2)*, 900176105) Square Fish.

Last Sentence (Classic Reprint) Maxwell Gray. 2017. (ENG., Illus.). (J). 33.98 *(978-0-265-71175-0(4))*; pap. 16.57 *(978-1-5276-6484-5(8))* Forgotten Bks.

Last Sentence, Vol. 1 Of 3: A Novel (Classic Reprint) Maxwell Gray. (ENG., Illus.). (J). 2018. 264p. 29.36 *(978-0-267-31860-5(X))*; 2016. pap. 11.97 *(978-1-332-71115-4(4))* Forgotten Bks.

Last Sentence, Vol. 2 Of 3: A Novel (Classic Reprint) Maxwell Gray. (ENG., Illus.). (J). 2018. 276p. 29.59 *(978-0-267-13024-5(4))*; 2016. pap. 11.97 *(978-1-333-66431-2(1))* Forgotten Bks.

Last Sentence, Vol. 3 Of 3: A Novel (Classic Reprint) Maxwell Gray. 2018. (ENG., Illus.). 294p. (J). 29.92 *(978-0-332-80942-7(0))* Forgotten Bks.

Last She. H. J. Nelson. (Last She Ser.: 1). (ENG.). (YA). 2023. 360p. pap. 11.99 *(978-1-990259-14-2(6)*, 900258260); 2021. 352p. 17.99 *(978-1-989365-71-7(X)*, 900237174) Wattpad Bks. CAN. Dist: Macmillan.

Last Shot (Classic Reprint) Frederick Palmer. 2017. (ENG., Illus.). (J). 34.83 *(978-1-5279-8588-9(1))* Forgotten Bks.

Last Signal, Vol. 3 Of 3: A Novel (Classic Reprint) Dora Russell. 2018. (ENG., Illus.). 220p. (J). 28.50 *(978-0-484-42019-8(4))* Forgotten Bks.

Last Skye. Julia Laporte. 2020. (Interstellar Ser.: Vol. 1). (ENG.). 252p. (YA). 24.99 *(978-1-7354161-2-0(6))* Tague, Julie.

Last Speech & Dying Words of Martin M'Loughlin: Who Was Taken Prisoner after the Defeat of the French & Rebels, at the Battle of Ballinamuck, in the County of Longford (Classic Reprint) Martin McLoughlin. (ENG., Illus.). (J). 2018. 20p. 24.31 *(978-0-484-55433-6(6))*; 2017. pap. 7.97 *(978-0-282-32529-9(8))* Forgotten Bks.

Last Spike: And Other Railroad Stories (Classic Reprint) Cy Warman. 2017. (ENG., Illus.). (J). 30.06 *(978-0-331-91455-9(7))* Forgotten Bks.

Last Stand of Dead Men (Skulduggery Pleasant, Book 8) Derek Landy. 2019. (Skulduggery Pleasant Ser.: 8). (ENG.). 608p. (J). 7.99 *(978-0-00-826642-4(5)*, HarperCollins Children's Bks.) HarperCollins Pubs. Ltd. GBR. Dist: HarperCollins Pubs.

Last Star. Rick Yancey. ed. 2017. (5th Wave Ser.: 3). lib. bdg. 22.10 *(978-0-606-40098-5(2))* Turtleback.

Last Star: The Final Book of the 5th Wave. Rick Yancey. 2016. (5th Wave Ser.: 3). (ENG.). 352p. (YA). (gr. 9). 18.99 *(978-0-399-16243-5(7)*, G.P. Putnam's Sons Books for Young Readers) Penguin Young Readers Group.

Last Star Burning. Caitlin Sangster. (Last Star Burning Ser.). (ENG.). (YA). (gr. 7). 2018. 416p. pap. 12.99 *(978-1-4814-8614-9(4))*; 2017. (Illus.). 400p. 19.99 *(978-1-4814-8613-2(6))* Simon Pulse. (Simon Pulse).

Last Step of the Way. Autumn Jackson. 2021. (ENG.). 116p. (J). pap. 11.95 *(978-1-945145-39-1(0))* APS Publishing.

Last Stop. Michael H. Burnam. 2016. (ENG., Illus.). 288p. (J). (gr. -1-12). pap. 12.95 *(978-1-78535-117-4(6)*, Lodestone Bks.) Hunt, John Publishing Ltd. GBR. Dist: National Bk. Network.

Last Stop on Market Street. Matt De La Peña. rev. ed. 2016. (Great Works). (ENG., Illus.). 72p. (gr. k-3). pap. 9.99 *(978-1-4258-1647-6(9))* Shell Educational Publishing.

Last Stop on Market Street & Carmela Full of Wishes Box Set, 2 vols. Matt de la Peña. Illus. by Christian Robinson. 2019. 72p. (J). (gr. -1-3). 35.98 *(978-1-9848-1622-1(5)*, G.P. Putnam's Sons Books for Young Readers) Penguin Young Readers Group.

Last Stop on the Reindeer Express. Maudie Powell-Tuck. Illus. by Karl James Mountford. 2018. (ENG.). 32p. (J). (gr. -1-2). 18.99 *(978-1-5247-7166-9(X)*, Doubleday Bks. for Young Readers) Random Hse. Children's Bks.

Last Story. Christopher Pike. 2020. (Remember Me Ser.: 3). (ENG.). 272p. (YA). (gr. 9). pap. 10.99 *(978-1-5344-8321-7(7)*, Simon Pulse) Simon Pulse.

Last Straw see Hoshmakaka

Last Straw: A Play in One Act (Classic Reprint) Bosworth Crocker. 2018. (ENG., Illus.). 32p. (J). 24.56 *(978-0-365-48416-5(4))* Forgotten Bks.

Last Straw (Classic Reprint) Harold Titus. 2018. (ENG., Illus.). 306p. (J). 30.21 *(978-0-483-32187-8(7))* Forgotten Bks.

Last Straw: Kids vs. Plastics. Susan Hood. Illus. by Christiane Engel. 2021. (ENG.). 48p. (J). (gr. -1-3). 19.99 *(978-0-06-298139-4(0)*, HarperCollins) HarperCollins Pubs.

Last Stroke: A Detective Story. Lawrence L. Lynch. 2018. (ENG., Illus.). 206p. (J). pap. *(978-93-5329-182-2(8))* Alpha Editions.

Last Stroke: A Detective Story (Classic Reprint) Lawrence L. Lynch. 2018. (ENG., Illus.). 340p. (J). 30.87 *(978-0-428-98019-1(8))* Forgotten Bks.

Last Studies (Classic Reprint) Hubert Crackanthorpe. 2017. (ENG., Illus.). (J). 29.51 *(978-0-266-19857-4(0))* Forgotten Bks.

Last Summer. Andrew Grey. (ENG.). (J). 2021. 33p. pap. *(978-1-6671-6794-7(4))*; 2018. 36p. pap. 13.20 *(978-1-387-74428-2(3))* Lulu Pr., Inc.

Last Summer of the Garrett Girls. Jessica Spotswood. 2018. 368p. (YA). (gr. 8-12). pap. 10.99 *(978-1-4926-2219-2(2))* Sourcebooks, Inc.

Last Super Chef. Chris Negron. (ENG.). (J). (gr. 3-7). 2022. 432p. pap. 7.99 *(978-0-06-294308-8(1))*; 2021. 416p. 16.99 *(978-0-06-294313-2(8))* HarperCollins Pubs. (HarperCollins).

Last Surviving Dinosaur: The Tyrantocrankatsuris. Steven Joseph. 2019. (ENG.). 38p. (J). 14.95 *(978-1-64307-157-2(2))* Amplify Publishing Group.

Last Surviving Giant & the Inhabitants of Cree. Shirley Che-Mujih. 2018. (ENG., Illus.). 58p. (J). pap. *(978-1-78623-207-6(3))* Grosvenor Hse. Publishing Ltd.

Last Survivor. Sterling Waterfield. 2022. (ENG.). 70p. (YA). *(978-1-3984-7408-6(8))*; pap. *(978-1-3984-7407-9(X))* Austin Macauley Pubs. Ltd.

Last Swim Meet. Mk Bell. 2017. (ENG., Illus.). (J). pap. *(978-1-988726-11-3(5))* Asylum, Eco.

Last Tale of the Cyborg. F. C. Boonstra et al. 2020. (ENG.). 100p. (J). pap. *(978-1-716-84852-0(0))* Lulu Pr., Inc.

Last Tenant (Classic Reprint) B. I. Farjeon. 2017. (ENG., Illus.). 356p. (J). 31.26 *(978-0-332-20382-9(4))* Forgotten Bks.

Last Test. Ed. by Arina Glozman. Tr. by Sydney Bartholomew. Illus. by Ajax Heyman. 2022. (ENG.). 92p. (J). pap. 9.00 *(978-1-956594-14-0(0))* Puentes.

Last Thing Mama Wanted. Teresa L. Wallace. 2019. (ENG., Illus.). 32p. (J). 22.95 *(978-1-64300-058-9(6))*; pap. 12.95 *(978-1-64471-253-5(9))* Covenant Bks.

Last Thing You Said. Sara Biren. (ENG.). (YA). (gr. 9-17). 2019. 336p. pap. 9.99 *(978-1-4197-3375-8(3)*, 1138903); 2017. 320p. 17.95 *(978-1-4197-2304-9(9)*, 1138901) Abrams, Inc. (Amulet Bks.).

Last Things. Jacqueline West. 2019. (ENG.). 416p. (YA). (gr. 8). 17.99 *(978-0-06-287506-8(X)*, Greenwillow Bks.) HarperCollins Pubs.

Last Things. Jacqueline West. 2020. (ENG.). 416p. (YA). (gr. 8). pap. 10.99 *(978-0-06-287507-5(8)*, Greenwillow Bks.) HarperCollins Pubs.

Last Thirty Days of Christ (Classic Reprint) Sadakichi Hartmann. 2017. (ENG., Illus.). (J). 26.56 *(978-0-265-20069-8(5))* Forgotten Bks.

Last Three Soldiers (Classic Reprint) William Henry Shelton. 2018. (ENG., Illus.). 344p. (J). 31.01 *(978-0-656-00197-2(6))* Forgotten Bks.

Last Tiger. Mark Greenwood. 2018. (History Mysteries Ser.). (Illus.). 96p. (J). (gr. 3-7). 8.99 *(978-0-14-330925-3(0))* Random Hse. Australia AUS. Dist: Independent Pubs. Group.

Last Tiger: A Story of Hope. Becky Davies. Illus. by Jennie Poh. 2022. (ENG.). 32p. (J). (gr. -1-2). 17.99 *(978-1-68010-272-7(9))* Tiger Tales.

Last Time I Died. Fanie Viljoen. 2022. (ENG., Illus.). 96p. (YA). pap. 13.50 *(978-0-6396-0247-9(9))* Penguin Random House South Africa ZAF. Dist: Casemate Pubs. & Bk. Distributors, LLC.

Last Time I Saw Her. Alexandra Harrington. 2021. (ENG.). 304p. (YA). pap. 13.95 *(978-1-77108-936-4(9)*, 451012cb-0730-401e-ba69-4b5d76dd8607) Nimbus Publishing, Ltd. CAN. Dist: Baker & Taylor Publisher Services (BTPS).

Last Time I Smelled Lavender Tea. Olivia M. Sherry. 2022. (ENG.). 114p. (YA). pap. 14.99 ***(978-1-0878-8961-0(8))*** Aerugo Productions.

Last Time We Say Goodbye. Cynthia Hand. ed. 2016. (YA). lib. bdg. 20.85 *(978-0-606-38130-7(9))* Turtleback.

Last Time We Were Us. Leah Konen. 2016. (ENG.). 368p. (YA). (gr. 8). 17.99 *(978-0-06-240247-9(1)*, Tegen, Katherine Bks) HarperCollins Pubs.

Last Timekeepers & the Dark Secret. Sharon Ledwith. 2016. (Last Timekeepers Ser.: Vol. 2). (ENG., Illus.). (YA). (gr. 7-12). pap. *(978-1-987976-18-2(5))* Mirror World Publishing.

Last Timekeepers & the Noble Slave. Sharon Ledwith. 2021. (ENG.). 272p. (YA). pap. *(978-1-987976-82-3(7))* Mirror World Publishing.

Last to Die. Kelly Garrett. 2017. (ENG.). 208p. (YA). (gr. 8-12). pap. 18.99 *(978-1-929345-30-4(5)*, Poisoned Pen Press) Sourcebooks, Inc.

Last to Let Go. Amber Smith. 2018. (ENG.). 384p. (YA). (gr. 9). pap. 12.99 *(978-1-5344-2601-6(9))*; (Illus.). 17.99 *(978-1-4814-8073-4(1)*, McElderry, Margaret K. Bks.) McElderry, Margaret K. Bks.

Last Token (Classic Reprint) E. J. Nyenhouse. 2018. (ENG., Illus.). 120p. (J). 26.37 *(978-0-483-40416-8(0))* Forgotten Bks.

Last Trail (Classic Reprint) Zane Grey. 2017. (ENG., Illus.). (J). 29.14 *(978-0-265-86944-4(7))* Forgotten Bks.

Last Train: A Holocaust Story. Rona Arato. 2020. (ENG.). 144p. (J). (gr. 6). pap. 9.95 *(978-1-77147-396-5(7))* Owlkids Bks. Inc. CAN. Dist: Publishers Group West (PGW).

1128

The check digit for ISBN-10 appears in parentheses after the full ISBN-13

Last Traveler. Melissa Day & Melissa E. Day. 2023. (Last Traveler Ser.: 1). (ENG.). 330p. (YA). (gr. 8). pap. 18.95 *(978-1-952782-89-3(9),* BQB Publishing) Boutique of Quality Books Publishing Co., Inc.

Last Tree. Michelle Churchill. Illus. by Ariel Marsh. 2019. (Impardia Ser.: Vol. 1). (ENG.). 304p. (J). pap. *(978-1-989473-24-5(5))* Engen Bks.

Last Tree. María Quintana Silva. Illus. by Silvia Álvarez. 2019. (ENG.). 32p. (J). (gr. k-3). 16.95 *(978-84-16733-46-0(5))* Cuento de Luz SL ESP. Dist: Publishers Group West (PGW).

Last Tribune. Matthew Schmidt. 2022. (ENG.). 74p. (YA). pap. 9.99 ***(978-1-959703-01-3(3))*** O & H Bks.

Last True Love Story. Brendan Kiely. (ENG., Illus.). 288p. (YA). (gr. 9). 2017. pap. 11.99 *(978-1-4814-2989-4(2));* 2016. 17.99 *(978-1-4814-2988-7(4))* McElderry, Margaret K. Bks. (McElderry, Margaret K. Bks.).

Last True Poets of the Sea. Julia Drake. 2021. (ENG., Illus.). 400p. (YA). (gr. 9-17). pap. 10.99 *(978-0-7595-5499-3(4))* Little, Brown Bks. for Young Readers.

Last Try (Classic Reprint) John Reed Scott. (ENG., Illus.). (J). 2018. 374p. 31.61 *(978-0-364-01228-4(5));* 2018. 362p. 31.36 *(978-0-364-73663-0(1));* 2017. pap. 13.97 *(978-0-259-19676-1(2));* 2017. pap. 13.97 *(978-0-243-51030-6(6))* Forgotten Bks.

Last Two Crayons. Leah Freeman-Haskin. Illus. by Shantala Robinson. 2023. (ENG.). 32p. (J). (gr. -1-1). 18.99 *(978-1-77306-623-3(4))* Groundwood Bks. CAN. Dist: Publishers Group West (PGW).

Last Vanguard. Shawn P. B. Robinson. 2023. (Sevordine Chronicles Ser.: Vol. 1). (ENG.). (YA). 222p. ***(978-1-989296-72-1(6));*** 214p. pap. ***(978-1-989296-44-8(0))*** BrainSwell Publishing.

Last Viking. Norman Jorgensen. Illus. by James Foley. 2018. 32p. (J). (gr. -1-k). 12.95 *(978-1-925163-15-5(6))* Fremantle Pr. AUS. Dist: Independent Pubs. Group.

Last Viking Returns. Norman Jorgensen. Illus. by James Foley. 2018. (Last Viking Ser.). 32p. (J). (gr. -1-k). 12.95 *(978-1-925163-16-2(4))* Fremantle Pr. AUS. Dist: Independent Pubs. Group.

Last Violent Call: A Foul Thing; This Foul Murder. Chloe Gong. ed. 2023. (ENG.). 240p. (YA). (gr. 9). 19.99 *(978-1-6659-3451-0(4),* McElderry, Margaret K. Bks.) McElderry, Margaret K. Bks.

Last Voyage of Odysseus: A Play in Two Acts for Young People (Classic Reprint) Perry Boyer Corneau. 2017. (ENG., Illus.). (J). 24.64 *(978-0-331-82365-3(9))* Forgotten Bks.

Last Voyage of Poe Blythe. Ally Condie. (ENG.). (YA). (gr. 7). 2020. 352p. pap. 11.99 *(978-0-14-751066-2(X),* Penguin Books); 2019. 336p. 18.99 *(978-0-525-42645-5(0),* Dutton Books for Young Readers) Penguin Young Readers Group.

Last Week. Bill Richardson. Illus. by Emilie Leduc. 2022. (ENG.). 64p. (J). (gr. 4-7). 14.99 *(978-1-77306-566-3(1))* Groundwood Bks. CAN. Dist: Publishers Group West (PGW).

Last Week Tonight with John Oliver Presents: a Day in the Life of Marlon Bundo. Chronicle Books & Marlon Bundo. Illus. by Jill Twiss. 2018. (Hbo Ser.). (ENG.). 40p. (gr. 1-3). 18.99 *(978-1-4521-7380-1(X))* Chronicle Bks. LLC.

Last White Witch. Joelle O'Neill. 2022. (ENG.). 180p. (YA). pap. *(978-1-5289-1140-5(7))* Austin Macauley Pubs. Ltd.

Last Wild Boy, 1 vol. Hugh MacDonald. 2017. (ENG.). 234p. (YA). (gr. 8-12). pap. 12.95 *(978-1-927502-99-0(3),* 63ea7a97-fd67-4c3a-8209-e8c4fbba5ba2) Acorn Pr., The CAN. Dist: Baker & Taylor Publisher Services (BTPS).

Last Will. Patrick Ngugi. 2022. (ENG.). 146p. (YA). pap. 18.00 ***(978-1-0880-3628-0(7))*** Indy Pub.

Last Windwitch. Jennifer Adam. (ENG.). (J). (gr. 3-7). 2022. 464p. pap. 7.99 *(978-0-06-298131-8(5));* 2021. 448p. 16.99 *(978-0-06-298130-1(7))* HarperCollins Pubs. (HarperCollins).

Last Wish of Sasha Cade. Cheyanne Young. 2018. (ENG.). 320p. (YA). (gr. 9-12). 17.99 *(978-1-5253-0004-2(0))* Kids Can Pr., Ltd. CAN. Dist: Hachette Bk. Group.

Last Witnesses (Adapted for Young Adults) Svetlana Alexievich. 2021. (Illus.). 288p. (YA). (gr. 7). 17.99 *(978-0-593-30853-0(0));* (ENG., lib. bdg. 20.99 *(978-0-593-30854-7(9))* Random Hse. Children's Bks. (Delacorte Pr.).

Last Wolf see **Ultimo Lobo**

Last Word. Michael Dahl. 2016. (ENG., Illus.). 40p. (J). pap. *(978-1-4747-1055-8(7),* Stone Arch Bks.) Capstone.

Last Word (Classic Reprint) Alice Macgowan. 2018. (ENG., Illus.). 482p. (J). 33.84 *(978-0-483-63806-8(4))* Forgotten Bks.

Last Words (Classic Reprint) Stephen. Crane. (ENG., Illus.). (J). 2018. 348p. 31.07 *(978-0-364-10649-5(2));* 2016. pap. 13.57 *(978-1-334-25554-0(7))* Forgotten Bks.

Last Zoo. Sam Gayton. 2020. (ENG.). 320p. (J). (gr. 5). pap. 10.99 *(978-1-78344-770-1(2))* Andersen Pr. GBR. Dist: Independent Pubs. Group.

Lastchance Junction, Far, Far West: A Novel (Classic Reprint) Sarah Pratt McLean Greene. 2018. (ENG., Illus.). 272p. (J). 29.51 *(978-0-483-39381-3(9))* Forgotten Bks.

Lasting Impact. Heather DiLorenzo Williams. 2020. (Covid-19 Ser.). (ENG., Illus.). 32p. (J). (gr. 5-8). lib. bdg. 27.99 *(978-1-7284-2799-7(1),* b56c1a6c-86ff-4120-bc93-c5ec0cada55d, Lerner Pubns.) Lerner Publishing Group.

Lasting Legacy of the Ancient Roman Civilization - Ancient History Books for Kids Children's Ancient History. Baby Professor. 2017. (ENG., Illus.). (J). pap. 8.79 *(978-1-5419-1328-8(0),* Baby Professor (Education Kids)) Speedy Publishing LLC.

Latch Key Keesha. Iris M. Williams. 2016. (ENG., Illus.). (J). pap. 15.95 *(978-1-942022-45-9(X))* Butterfly Typeface, The.

Latch Key of My Bookhouse (Classic Reprint) Olive Beaupre Miller. (ENG., Illus.). (J). 2017. 322p. 30.54 *(978-0-332-54758-9(2));* 2016. pap. 13.57 *(978-1-333-65145-9(7))* Forgotten Bks.

Latchkey Ladies (Classic Reprint) Marjorie Grant. 2018. (ENG., Illus.). 330p. (J). 30.70 *(978-0-332-81645-6(1))* Forgotten Bks.

Late Bloomers. Ahki. 2021. (ENG.). 76p. (J). pap. 19.95 *(978-1-64531-635-0(1))* Newman Springs Publishing, Inc.

Late for School: Math Reader 1 Grade 3. Hmh Hmh. 2018. (SPA.). 8p. (J). pap. 23.60 *(978-1-328-57696-5(5))* Houghton Mifflin Harcourt Publishing Co.

Late for School: Math Reader Grade 3. Hmh Hmh. 2017. (Math Expressions Ser.). (ENG.). 8p. (J). (gr. 3). pap. 3.53 *(978-1-328-77194-0(6))* Houghton Mifflin Harcourt Publishing Co.

Late for School Yellow Band. Claire Llewellyn. Illus. by Moni Pérez. ed. 2016. (Cambridge Reading Adventures Ser.). (ENG.). 16p. pap. 7.95 *(978-1-107-57679-7(2))* Cambridge Univ. Pr.

Late for Soccer: Leveled Reader Blue Fiction Level 11 Grade 1. Hmh Hmh. 2019. (Rigby PM Ser.). (ENG.). 16p. (J). (gr. 1). pap. 11.00 *(978-0-358-05049-0(9))* Houghton Mifflin Harcourt Publishing Co.

Late Glacial & Post Glacial Uplift of the Michigan Basin: Earthquakes in Michigan (Classic Reprint) William Herbert Hobbs. 2016. (ENG., Illus.). (J). pap. 9.57 *(978-1-334-48165-9(2))* Forgotten Bks.

Late, Great Endlings: Stories of the Last Survivors. Deborah Kerbel. Illus. by Aimée van Drimmelen. 2022. (ENG.). 32p. (J). (gr. 1-3). 21.95 *(978-1-4598-2766-0(X))* Orca Bk. Pubs. USA.

Late Hit. K. R. Coleman. 2017. (Gridiron Ser.). (ENG.). 128p. (YA). (gr. 6-12). pap. 7.99 *(978-1-5124-5352-2(8),* debde038-672d-404d-9650-c1cadaea5fe6); 26.65 *(978-1-5124-3982-3(7),* c8c09ee2-a0f1-433e-9a15-2f49c3097e12) Lerner Publishing Group. (Darby Creek).

Late Jurassic Volume 2: Notes, Drawings, & Observations from Prehistory. Juan Carlos Alonso & Gregory S. Paul. Illus. by Juan Carlos Alonso. 2017. (Ancient Earth Journal Ser.). (ENG., Illus.). 48p. (J). (gr. 3-8). lib. bdg. 31.99 *(978-1-942875-33-8(9),* b9ebb64b-e8ff-46ec-9932-ac27d2c12ae5, Walter Foster Jr) Quarto Publishing Group USA.

Late Lamented, or Where's My Second? A Domestic Farce in One Act (Classic Reprint) Unknown Author. 2018. (ENG., Illus.). 30p. (J). 24.52 *(978-0-483-69349-4(9))* Forgotten Bks.

Late Laurels, Vol. 1 of 2 (Classic Reprint) Graham Claytor. 2018. (ENG., Illus.). 310p. (J). 30.31 *(978-0-483-96648-2(7))* Forgotten Bks.

Late Laurels, Vol. 2 of 2 (Classic Reprint) Graham Claytor. 2018. (ENG., Illus.). 306p. (J). 30.23 *(978-0-483-92381-2(8))* Forgotten Bks.

Late Love: A Comedy in Three Acts (Classic Reprint) Rosemary Casey. (ENG., Illus.). (J). 2018. 114p. 26.25 *(978-0-666-99039-6(5));* 2017. pap. 9.57 *(978-0-243-48076-0(8))* Forgotten Bks.

Late Lunch with Llamas, 34. Mary Pope Osborne. ed. 2021. (Magic Tree House Ser.). (ENG., Illus.). 85p. (J). (gr. 2-3). 18.96 *(978-1-64697-713-0(0))* Penworthy Co., LLC, The.

Late Lunch with Llamas. Mary Pope Osborne. Illus. by A. G. Ford. (Magic Tree House (R) Ser.: 34). 112p. (J). (gr. 1-4). 2022. 5.99 *(978-0-525-64843-7(7));* 2020. 13.99 *(978-0-525-64840-6(2));* 2020. (ENG.). lib. bdg. 16.99 *(978-0-525-64841-3(0))* Random Hse. Children's Bks. (Random Hse. Bks. for Young Readers).

Late Miss. Hollingford (Classic Reprint) Rosa Mulholland. (ENG., Illus.). (J). 2018. 132p. 26.62 *(978-0-483-93929-5(3));* 2016. pap. 9.57 *(978-1-333-22846-0(5))* Forgotten Bks.

Late Modernism: Odysseys in Art. Anne Fitzpatrick. 2016. (Odysseys in Art Ser.). (Illus.). 80p. (J). (gr. 7-10). pap. 14.99 *(978-1-62832-135-7(0),* 20936, Creative Paperbacks) Creative Co., The.

Late Mr. Rollins & Other College Farces (Classic Reprint) Emery Bemsley Pottle. 2018. (ENG., Illus.). 118p. (J). 26.33 *(978-0-267-28107-7(2))* Forgotten Bks.

Late Mrs. Null (Classic Reprint) Frank R. Stockton. 2017. (ENG., Illus.). (J). 33.51 *(978-0-265-18744-9(3))* Forgotten Bks.

Late Night Library. Johnny Esposito. 2021. (ENG.). 26p. (J). pap. 8.95 *(978-1-6629-1393-8(1));* 13.95 *(978-1-6629-1392-1(3))* Gatekeeper Pr.

Late Nights at the Hotel. Nikolas Honore. 2021. (ENG.). 216p. (YA). pap. 15.00 *(978-1-6780-4722-1(8))* Lulu Pr., Inc.

Late Pick Up. Kareem Bernard. 2019. (ENG.). 16p. (J). *(978-0-359-84709-9(9))* Lulu Pr., Inc.

Late Tenant (Classic Reprint) Gordon Holmes. 2017. (ENG., Illus.). 296p. (J). 30.00 *(978-0-484-63979-8(X))* Forgotten Bks.

Late to the Party. Kelly Quindlen. 2021. (ENG.). 320p. (YA). pap. 10.99 *(978-1-250-20912-2(9),* 900203202) Square Fish.

Lately Discovered Fragments of Menander: Edited with English Version, Revised Text, & Critical & Explanatory Notes (Classic Reprint) Menander Menander. (ENG., Illus.). (J). 2018. 206p. 28.15 *(978-0-332-26616-9(8));* 2017. pap. 10.57 *(978-1-334-85598-6(6))* Forgotten Bks.

Laten We Spelen, Mama! Let's Play, Mom! - Dutch Edition. Shelley Admont & Kidkiddos Books. 2019. (Dutch Bedtime Collection). (DUT., Illus.). 32p. (J). (gr. k-3). *(978-1-5259-1941-1(5));* pap. *(978-1-5259-1940-4(7))* Kidkiddos Bks.

Laten We Spelen, Mama! Let's Play, Mom! (Dutch English Bilingual Book) Shelley Admont & Kidkiddos Books. 2020. (Dutch English Bilingual Collection). (DUT., Illus.). 32p. (J). (gr. k-3). *(978-1-5259-2013-4(8));* pap. *(978-1-5259-2012-7(X))* Kidkiddos Bks.

Later Adventures of Wee Macgreegor (Classic Reprint) J. J. Bell. 2017. (ENG., Illus.). (J). 28.60 *(978-0-265-19565-9(9))* Forgotten Bks.

Later Cave-Men (Classic Reprint) Katharine Elizabeth Dopp. 2018. (ENG., Illus.). 200p. (J). 28.23 *(978-0-267-14365-8(6))* Forgotten Bks.

Later Life (Classic Reprint) Louis Couperus. 2018. (ENG., Illus.). 366p. (J). 31.45 *(978-0-365-03122-2(4))* Forgotten Bks.

Later Pratt Portraits: Sketched in a New England Suburb (Classic Reprint) Anna Fuller. (ENG., Illus.). (J). 2018. 460p. 33.40 *(978-0-267-41008-8(5));* 2016. pap. 16.57 *(978-1-334-23763-8(8))* Forgotten Bks.

Later Years (Classic Reprint) William Cowper Prime. 2017. (ENG., Illus.). (J). 31.26 *(978-0-260-50073-1(9))* Forgotten Bks.

Latimer Scholarship (Classic Reprint) Olivia Fowell. (ENG., Illus.). (J). 2018. 210p. 28.23 *(978-0-666-99456-1(0));* 2017. pap. 10.57 *(978-0-243-48692-2(8))* Forgotten Bks.

Latimers: A Tale of the Western Insurrection of 1794 (Classic Reprint) Henry C. McCook. 2017. (ENG., Illus.). (J). 36.31 *(978-0-265-44831-1(X))* Forgotten Bks.

Latin America Amazing & Intriguing Facts Children's History Book. Bold Kids. 2022. (ENG.). 42p. (J). pap. 14.99 ***(978-1-0717-1864-3(9))*** FASTLANE LLC.

Latin American Stories (Classic Reprint) George H. Trull. 2017. (ENG., Illus.). (J). 25.98 *(978-0-266-56260-3(4));* pap. 9.57 *(978-0-282-82236-1(4))* Forgotten Bks.

Latin & Caribbean. Lara Stewart Manetta. 2019. (Evolution & Cultural Influences of Music Ser.). (Illus.). 96p. (J). (gr. 12). lib. bdg. 34.60 *(978-1-4222-4373-2(7))* Mason Crest.

Latin & Cyrillic Serbian Alphabet Book. Educational Book for Beginners, Contains the Latin & Cyrillic Letters of the Serbian Alphabet. Cristie Publishing. 2021. (ENG.). 64p. (J). pap. 12.99 *(978-1-006-87745-2(2))* Lulu Pr., Inc.

Latin at War (Classic Reprint) Will Irwin. 2018. (ENG., Illus.). 308p. (J). 30.25 *(978-0-484-83206-9(9))* Forgotten Bks.

Latin Gospel According to Saint Mark. Ed. by Kaleb Kibbe. 2021. (LAT.). 47p. pap. ***(978-1-4357-6880-2(9))*** Lulu Pr., Inc.

Latin Music History. Kenny Abdo. 2019. (Musical Notes Ser.). (ENG., Illus.). 24p. (J). (gr. 2-8). lib. bdg. 31.36 *(978-1-5321-2942-1(4),* 33166, Abdo Zoom-Fly) ABDO Publishing Co.

Latin Quarter (Classic Reprint) Henri Murger. 2018. (ENG., Illus.). 448p. (J). 33.14 *(978-0-483-52211-4(2))* Forgotten Bks.

Latin School Register, 1923, Vol. 43 (Classic Reprint) Boston Public Latin School. 2017. (ENG., Illus.). (J). 24.47 *(978-0-266-78366-4(X));* pap. 7.97 *(978-1-5277-6490-3(7))* Forgotten Bks.

Latin School Register, 1925, Vol. 44 (Classic Reprint) Boston Public Latin School. 2017. (ENG., Illus.). (J). 24.80 *(978-0-265-78364-1(X));* pap. 7.97 *(978-1-5277-6487-3(7))* Forgotten Bks.

Latin School Register, Vol. 11: December, 1891 (Classic Reprint) Boston Latin School. 2017. (ENG., Illus.). (J). 24.31 *(978-0-265-79026-7(3));* pap. 7.97 *(978-1-5277-6971-7(2))* Forgotten Bks.

Latin School Register, Vol. 11: May 1892 (Classic Reprint) Boston Latin School. 2018. (ENG., Illus.). (J). 20p. 24.31 *(978-1-396-57351-4(8));* 22p. pap. 7.97 *(978-1-391-60454-1(7))* Forgotten Bks.

Latin School Register, Vol. 11: November, 1891 (Classic Reprint) Boston Latin School. 2018. (ENG., Illus.). (J). 20p. 24.31 *(978-1-396-57369-9(0));* 22p. pap. 7.97 *(978-1-391-60446-6(6))* Forgotten Bks.

Latin School Register, Vol. 11: October 1891 (Classic Reprint) Boston Latin School. 2018. (ENG., Illus.). (J). 20p. 24.31 *(978-1-396-57370-5(4));* 22p. pap. 7.97 *(978-1-391-60455-8(5))* Forgotten Bks.

Latin School Register, Vol. 12: April 1893 (Classic Reprint) E. e. Southard. 2017. (ENG., Illus.). (J). 24.31 *(978-0-265-78982-7(6));* pap. 7.97 *(978-1-5277-6895-6(3))* Forgotten Bks.

Latin School Register, Vol. 12: January, 1893 (Classic Reprint) Boston Latin School. 2018. (ENG., Illus.). (J). 20p. 24.31 *(978-1-396-57302-6(X));* 22p. pap. 7.97 *(978-1-391-60457-2(1))* Forgotten Bks.

Latin School Register, Vol. 12: June, 1893 (Classic Reprint) Boston Latin School. 2018. (ENG., Illus.). (J). 30p. 24.52 *(978-1-396-57335-4(6));* 32p. pap. 7.97 *(978-1-391-60452-7(0))* Forgotten Bks.

Latin School Register, Vol. 12: October, 1892 (Classic Reprint) Boston Latin School. 2018. (ENG., Illus.). (J). 20p. 24.31 *(978-1-396-57306-4(2));* 22p. pap. 7.97 *(978-1-391-60453-4(9))* Forgotten Bks.

Latin School Register, Vol. 14: February, 1895 (Classic Reprint) Boston Latin School. 2018. (ENG., Illus.). (J). 24p. 24.41 *(978-1-396-57320-0(8));* 26p. pap. 7.97 *(978-1-391-61360-4(0))* Forgotten Bks.

Latin School Register, Vol. 14: January, 1895 (Classic Reprint) Boston Latin School. 2017. (ENG., Illus.). (J). 24.35 *(978-0-265-78968-1(0));* pap. 7.97 *(978-1-5277-6881-9(3))* Forgotten Bks.

Latin School Register, Vol. 14: June, 1895 (Classic Reprint) Boston Latin School. 2018. (ENG., Illus.). (J). 44p. 24.82 *(978-1-396-26406-1(X));* 46p. pap. 7.97 *(978-1-391-60432-9(6))* Forgotten Bks.

Latin School Register, Vol. 14: March, 1895 (Classic Reprint) Boston Latin School. 2017. (ENG., Illus.). (J). 24.47 *(978-0-265-78569-0(3));* pap. 7.97 *(978-1-5277-6593-1(8))* Forgotten Bks.

Latin School Register, Vol. 15: December, 1895 (Classic Reprint) Boston Latin School. 2018. (ENG., Illus.). (J). 22p. 24.35 *(978-1-396-57276-0(7));* 24p. pap. 7.97 *(978-1-391-60440-4(7))* Forgotten Bks.

Latin School Register, Vol. 15: February, 1896 (Classic Reprint) H. L. Seaver. 2017. (ENG., Illus.). (J). 24.31 *(978-0-265-78469-3(7));* pap. 7.97 *(978-1-5277-6513-9(X))* Forgotten Bks.

Latin School Register, Vol. 15: January, 1896 (Classic Reprint) Boston Latin School. 2017. (ENG., Illus.). (J). 24.35 *(978-0-266-78950-5(1));* pap. 7.97 *(978-1-5277-6853-6(8))* Forgotten Bks.

Latin School Register, Vol. 15: June 1896 (Classic Reprint) Boston Latin School. 2018. (ENG., Illus.). (J). 20p. 24.31 *(978-0-366-88752-1(1));* 22p. pap. 7.97 *(978-0-366-88744-6(0))* Forgotten Bks.

Latin School Register, Vol. 15: November, 1895 (Classic Reprint) Boston Latin School. 2017. (ENG., Illus.). (J). 24.35 *(978-0-266-78953-6(6));* pap. 7.97 *(978-1-5277-6894-9(5))* Forgotten Bks.

Latin School Register, Vol. 15: October, 1895 (Classic Reprint) H. L. Seaver. 2017. (ENG., Illus.). (J). 24.31 *(978-0-265-78490-7(5));* pap. 7.97 *(978-1-5277-6542-9(3))* Forgotten Bks.

Latin School Register, Vol. 16: December 1896 (Classic Reprint) Boston Latin School. 2018. (ENG., Illus.). (J). 24p. 24.41 *(978-1-396-57288-3(0));* 26p. pap. 7.97 *(978-1-391-60442-8(3))* Forgotten Bks.

Latin School Register, Vol. 16: January, 1897 (Classic Reprint) Boston Latin School. 2017. (ENG., Illus.). (J). 24.33 *(978-0-265-78816-5(1));* pap. 7.97 *(978-1-5277-6758-4(2))* Forgotten Bks.

Latin School Register, Vol. 16: September, 1896 (Classic Reprint) Boston Latin School. 2018. (ENG., Illus.). (J). 20p. 24.31 *(978-1-396-57275-3(9));* 22p. pap. 7.97 *(978-1-391-60443-5(1))* Forgotten Bks.

Latin School Register, Vol. 19: February, 1900 (Classic Reprint) Boston Latin School. 2017. (ENG., Illus.). 20p. (J). 24.33 *(978-0-265-77767-1(4));* pap. 7.97 *(978-1-5277-9351-4(6))* Forgotten Bks.

Latin School Register, Vol. 19: May, 1900 (Classic Reprint) Boston Latin School. 2018. (ENG., Illus.). (J). 20p. 24.33 *(978-0-366-89041-5(7));* 22p. pap. 7.97 *(978-0-366-89011-8(5))* Forgotten Bks.

Latin School Register, Vol. 21: April, 1902 (Classic Reprint) Henry A. Bellows. 2017. (ENG., Illus.). (J). 24.39 *(978-0-266-78549-1(2));* pap. 7.97 *(978-1-5277-6543-6(1))* Forgotten Bks.

Latin School Register, Vol. 21: February, 1902 (Classic Reprint) Boston Public Latin School. 2017. (ENG., Illus.). (J). 24.39 *(978-0-265-78462-4(X));* pap. 7.97 *(978-1-5277-6506-1(7))* Forgotten Bks.

Latin School Register, Vol. 21: January, 1902 (Classic Reprint) Henry A. Bellows. 2017. (ENG., Illus.). (J). 24.31 *(978-0-266-78465-4(8));* pap. 7.97 *(978-1-5277-6507-8(5))* Forgotten Bks.

Latin School Register, Vol. 21: June, 1902 (Classic Reprint) Henry A. Bellows. 2018. (ENG., Illus.). (J). 22p. 24.35 *(978-1-396-31174-1(2));* 24p. pap. 7.97 *(978-1-391-59565-8(3))* Forgotten Bks.

Latin School Register, Vol. 21: March, 1902 (Classic Reprint) Henry A. Bellows. 2018. (ENG., Illus.). (J). 20p. 24.33 *(978-1-396-65282-0(5));* 22p. pap. 7.97 *(978-1-391-59566-5(1))* Forgotten Bks.

Latin School Register, Vol. 21: November 1901 (Classic Reprint) Boston Latin School. 2018. (ENG., Illus.). (J). 24p. 24.39 *(978-1-396-57211-1(2));* 26p. pap. 7.97 *(978-1-391-60428-2(8))* Forgotten Bks.

Latin School Register, Vol. 21: October, 1901 (Classic Reprint) Henry A. Bellows. 2018. (ENG., Illus.). (J). 24p. 24.39 *(978-1-396-68431-9(X));* 26p. pap. 7.97 *(978-1-391-59567-2(X))* Forgotten Bks.

Latin School Register, Vol. 22: February 1903 (Classic Reprint) Boston Public Latin School. 2017. (ENG., Illus.). (J). 24.39 *(978-0-265-78461-7(1));* pap. 7.97 *(978-1-5277-6508-5(3))* Forgotten Bks.

Latin School Register, Vol. 22: January 1903 (Classic Reprint) Boston Latin School. 2018. (ENG., Illus.). (J). 26p. 24.43 *(978-1-396-19698-0(6));* 28p. pap. 7.97 *(978-1-391-59619-8(6))* Forgotten Bks.

Latin School Register, Vol. 22: June, 1903 (Classic Reprint) Boston Latin School. 2018. (ENG., Illus.). (J). 36p. 24.64 *(978-1-396-57241-8(4));* 38p. pap. 7.97 *(978-1-391-60444-2(X))* Forgotten Bks.

Latin School Register, Vol. 22: May 1908 (Classic Reprint) Boston Latin School. 2018. (ENG., Illus.). (J). 24p. 24.39 *(978-1-396-39951-0(8));* 26p. pap. 7.97 *(978-1-390-90282-2(X))* Forgotten Bks.

Latin School Register, Vol. 23: June, 1904 (Classic Reprint) Boston Latin School. 2018. (ENG., Illus.). (J). 32p. 24.56 *(978-1-396-39933-6(X));* 34p. pap. 7.97 *(978-1-390-90298-3(6))* Forgotten Bks.

Latin School Register, Vol. 23: November, 1903 (Classic Reprint) Boston Latin School. 2018. (ENG., Illus.). (J). 32p. 24.56 *(978-1-396-57210-4(4));* 34p. pap. 7.97 *(978-1-391-60427-5(X))* Forgotten Bks.

Latin School Register, Vol. 23: September 1903 (Classic Reprint) Boston Public Latin School. 2017. (ENG., Illus.). (J). 24.33 *(978-0-265-78456-3(5));* pap. 7.97 *(978-1-5277-6502-3(4))* Forgotten Bks.

Latin School Register, Vol. 25: June, 1906 (Classic Reprint) Boston Latin School. 2018. (ENG., Illus.). (J). 46p. 24.85 *(978-1-396-57199-2(X));* 48p. pap. 7.97 *(978-1-391-60441-1(5))* Forgotten Bks.

Latin School Register, Vol. 25: November, 1905 (Classic Reprint) Boston Public Latin School. 2017. (ENG., Illus.). (J). 24.39 *(978-0-265-78454-9(9));* pap. 7.97 *(978-1-5277-6503-0(2))* Forgotten Bks.

Latin School Register, Vol. 25: September, 1905 (Classic Reprint) Boston Latin School. 2018. (ENG., Illus.). (J). 24p. 24.39 *(978-1-391-88283-3(0));* 26p. pap. 7.97 *(978-1-391-60451-0(2))* Forgotten Bks.

Latin School Register, Vol. 27: November, 1907 (Classic Reprint) Boston Latin School. 2018. (ENG., Illus.). (J). 20p. 24.31 *(978-1-396-57180-0(9));* 22p. pap. 7.97 *(978-1-391-60456-5(3))* Forgotten Bks.

Latin School Register, Vol. 28: June, 1909 (Classic Reprint) Boston Latin School. 2018. (ENG., Illus.). (J). 44p. 24.80 *(978-1-391-60532-6(2));* 46p. pap. 7.97 *(978-1-391-60439-8(3))* Forgotten Bks.

Latin School Register, Vol. 28: May 1909 (Classic Reprint) Boston Latin School. 2018. (ENG., Illus.). (J). 24p. 24.41 *(978-1-396-39904-6(6));* 26p. pap. 7.97 *(978-1-390-90259-4(5))* Forgotten Bks.

Latin School Register, Vol. 29: April, 1910 (Classic Reprint) Boston Latin School. 2018. (ENG., Illus.). (J). 24p. 24.39 *(978-1-391-17559-1(X));* 26p. pap. 7.97 *(978-1-390-90898-5(4))* Forgotten Bks.

Latin School Register, Vol. 29: February, 1910 (Classic Reprint) Boston Latin School. 2018. (ENG., Illus.). (J). 24p. 24.39 *(978-1-391-61997-2(8));* 26p. pap. 7.97 *(978-1-390-90915-9(8))* Forgotten Bks.

Latin School Register, Vol. 29: January 1910 (Classic Reprint) Boston Latin School. 2018. (ENG., Illus.). (J). 24p. 24.39 *(978-1-396-08603-8(X));* 26p. pap. 7.97 *(978-1-390-90914-2(X))* Forgotten Bks.

Latin School Register, Vol. 29: March 1910 (Classic Reprint) Boston Latin School. 2018. (ENG., Illus.). (J). 22p. 24.37 *(978-1-391-27592-5(6));* 24p. pap. 7.97 *(978-1-390-90899-2(2))* Forgotten Bks.

Latin School Register, Vol. 29: October, 1909 (Classic Reprint) Boston Latin School. 2018. (ENG., Illus.). (J). 22p.

L

24.35 *(978-1-396-57110-7(8))*; 24p. pap. 7.97 *(978-1-391-60445-9(8))* Forgotten Bks.

Latin School Register, Vol. 30: January 1911 (Classic Reprint) Boston Public Latin School. 2017. (ENG., Illus.). (J). 24.41 *(978-0-266-78442-5(9))*; pap. 7.97 *(978-1-5277-6504-7(0))* Forgotten Bks.

Latin School Register, Vol. 30: May 1911 (Classic Reprint) Boston Public Latin School. 2017. (ENG., Illus.). (J). 24.47 *(978-0-265-78442-6(5))*; pap. 7.97 *(978-1-5277-6497-2(4))* Forgotten Bks.

Latin School Register, Vol. 31: December 1911 (Classic Reprint) Boston Latin School. 2018. (ENG., Illus.). (J). 26p. 24.43 *(978-1-396-21691-6(X))*; 28p. pap. 7.97 *(978-1-390-90290-7(0))* Forgotten Bks.

Latin School Register, Vol. 31: February 1912 (Classic Reprint) Boston Latin School. 2018. (ENG., Illus.). (J). 22p. 24.35 *(978-1-391-45003-2(5))*; 24p. pap. 7.97 *(978-1-390-90270-9(6))* Forgotten Bks.

Latin School Register, Vol. 31: May 1912 (Classic Reprint) Boston Latin School. 2018. (ENG., Illus.). (J). 28p. 24.47 *(978-1-391-24245-3(9))*; 30p. pap. 7.97 *(978-1-390-90268-6(4))* Forgotten Bks.

Latin School Register, Vol. 31: October 1911 (Classic Reprint) Boston Latin School. 2018. (ENG., Illus.). (J). 24p. 24.39 *(978-1-396-24455-1(7))*; 26p. pap. 7.97 *(978-1-390-90289-1(7))* Forgotten Bks.

Latin School Register, Vol. 32: January, 1913 (Classic Reprint) Boston Latin School. 2018. (ENG., Illus.). (J). 20p. 24.33 *(978-1-396-20076-2(2))*; 22p. pap. 7.97 *(978-1-391-59634-1(X))* Forgotten Bks.

Latin School Register, Vol. 32: October, 1912 (Classic Reprint) Boston Public Latin School. 2017. (ENG., Illus.). (J). 24.39 *(978-0-266-78435-7(6))*; pap. 7.97 *(978-1-5277-6498-9(2))* Forgotten Bks.

Latin School Register, Vol. 34: December 1914 (Classic Reprint) Boston Latin School. 2018. (ENG., Illus.). (J). 28p. 24.47 *(978-1-396-39893-3(7))*; 30p. pap. 7.97 *(978-1-390-90291-4(9))* Forgotten Bks.

Latin School Register, Vol. 35: May 1916 (Classic Reprint) Boston Latin School. 2018. (ENG., Illus.). (J). 38p. 24.70 *(978-1-396-39882-7(1))*; 40p. pap. 7.97 *(978-1-390-90254-9(4))* Forgotten Bks.

Latin School Register, Vol. 37: October 1917-June 1918 (Classic Reprint) Boston Latin School. 2018. (ENG., Illus.). (J). 264p. 29.34 *(978-1-396-39969-5(0))*; 266p. pap. 11.97 *(978-1-390-90256-3(0))* Forgotten Bks.

Latin School Register, Vol. 38: October 1918-May 1919 (Classic Reprint) Boston Latin School. 2018. (ENG., Illus.). (J). 352p. 31.18 *(978-1-391-38329-3(X))*; 354p. pap. 13.57 *(978-1-390-90299-0(4))* Forgotten Bks.

Latin School Register, Vol. 39: December, 1919 (Classic Reprint) Boston Latin School. 2018. (ENG., Illus.). (J). 32p. 24.56 *(978-1-391-73914-4(0))*; 34p. pap. 7.97 *(978-1-390-90890-9(9))* Forgotten Bks.

Latin School Register, Vol. 39: February, 1920 (Classic Reprint) Boston Public Latin School. 2017. (ENG., Illus.). (J). 24.85 *(978-0-265-78435-8(2))*; pap. 7.97 *(978-1-5277-6499-6(0))* Forgotten Bks.

Latin School Register, Vol. 39: January, 1920 (Classic Reprint) Boston Public Latin School. 2017. (ENG., Illus.). (J). 24.47 *(978-0-265-78420-4(4))*; pap. 7.97 *(978-1-5277-6493-4(1))* Forgotten Bks.

Latin School Register, Vol. 39: May, 1920 (Classic Reprint) Boston Latin School. 2018. (ENG., Illus.). (J). 28p. 24.47 *(978-1-391-13393-5(5))*; 30p. pap. 7.97 *(978-1-390-90906-7(9))* Forgotten Bks.

Latin School Register, Vol. 39: October 1919 (Classic Reprint) Boston Latin School. 2018. (ENG., Illus.). (J). 24p. 24.39 *(978-1-396-39857-5(0))*; 26p. pap. 7.97 *(978-1-390-90219-8(6))* Forgotten Bks.

Latin School Register, Vol. 40: April 1921 (Classic Reprint) Boston Latin School. 2018. (ENG., Illus.). (J). 30p. 24.52 *(978-1-396-39081-4(2))*; 32p. pap. 7.97 *(978-1-390-90889-3(5))* Forgotten Bks.

Latin School Register, Vol. 40: February, 1921 (Classic Reprint) Boston Public Latin School. 2017. (ENG., Illus.). (J). 25.07 *(978-0-266-78432-6(1))*; pap. 9.57 *(978-1-5277-6500-9(8))* Forgotten Bks.

Latin School Register, Vol. 40: January, 1921 (Classic Reprint) Boston Public Latin School. 2017. (ENG., Illus.). (J). 24.47 *(978-0-265-78411-2(5))*; pap. 7.97 *(978-1-5277-6546-7(6))* Forgotten Bks.

Latin School Register, Vol. 40: May 1921 (Classic Reprint) Boston Latin School. 2018. (ENG., Illus.). (J). 28p. 24.49 *(978-1-396-39849-0(X))*; 30p. pap. 7.97 *(978-1-390-90233-4(1))* Forgotten Bks.

Latin School Register, Vol. 41: Alumni Number; March, 1922 (Classic Reprint) Boston Public Latin School. 2017. (ENG., Illus.). (J). 24.93 *(978-0-266-78419-7(4))*; pap. 9.57 *(978-1-5277-6494-1(X))* Forgotten Bks.

Latin School Register, Vol. 43: Feb. , 1944 (Classic Reprint) Boston Latin School. 2017. (ENG., Illus.). (J). 24.62 *(978-0-331-99916-7(1))*; pap. 7.97 *(978-0-331-99895-5(5))* Forgotten Bks.

Latin School Register, Vol. 43: January, 1924 (Classic Reprint) Boston Public Latin School. 2017. (ENG., Illus.). (J). 24.62 *(978-0-265-78387-0(9))*; pap. 7.97 *(978-1-5277-6489-7(3))* Forgotten Bks.

Latin School Register, Vol. 43: June 1944 (Classic Reprint) Boston Latin School. 2017. (ENG., Illus.). (J). 24.56 *(978-0-331-99790-3(8))*; pap. 7.97 *(978-0-331-99769-9(X))* Forgotten Bks.

Latin School Register, Vol. 43: March, 1944 (Classic Reprint) Boston Latin School. 2017. (ENG., Illus.). (J). 24.64 *(978-0-331-99914-3(5))*; pap. 7.97 *(978-0-331-99896-2(3))* Forgotten Bks.

Latin School Register, Vol. 43: May, 1924 (Classic Reprint) Boston Latin School. 2018. (ENG., Illus.). (J). 30p. 24.54 *(978-1-396-39037-1(5))*; 32p. pap. 7.97 *(978-1-390-90888-6(7))* Forgotten Bks.

Latin School Register, Vol. 43: May, 1944 (Classic Reprint) Boston Latin School. 2017. (ENG., Illus.). (J). 24.56 *(978-0-331-99794-1(0))*; pap. 7.97 *(978-0-331-99776-7(2))* Forgotten Bks.

Latin School Register, Vol. 44: April, 1925 (Classic Reprint) Boston Latin School. 2017. (ENG., Illus.). (J). 32p. 24.58 *(978-0-265-77771-8(2))*; 34p. pap. 7.97 *(978-1-5277-5679-3(3))* Forgotten Bks.

Latin School Register, Vol. 44: May 1925 (Classic Reprint) Boston Latin School. 2018. (ENG., Illus.). (J). 34p. 24.60 *(978-1-396-18943-2(2))*; 36p. pap. 7.97 *(978-1-390-90231-0(5))* Forgotten Bks.

Latin School Register, Vol. 44: October, 1924 (Classic Reprint) Boston Public Latin School. 2017. (ENG., Illus.). (J). 24.54 *(978-0-266-78364-0(3))*; pap. 7.97 *(978-1-5277-6485-9(0))* Forgotten Bks.

Latin School Register, Vol. 45: January, 1926 (Classic Reprint) Boston Public Latin School. 2017. (ENG., Illus.). (J). 24.60 *(978-0-265-78352-8(6))*; pap. 7.97 *(978-1-5277-6486-6(9))* Forgotten Bks.

Latin School Register, Vol. 45: March 1926 (Classic Reprint) Boston Latin School. 2018. (ENG., Illus.). (J). 46p. 24.85 *(978-1-391-24244-6(0))*; 48p. pap. 7.97 *(978-1-390-90218-1(8))* Forgotten Bks.

Latin School Register, Vol. 45: May, 1926 (Classic Reprint) Boston Latin School. 2018. (ENG., Illus.). (J). 30p. 24.52 *(978-1-391-61940-8(4))*; 32p. pap. 7.97 *(978-1-390-90874-9(7))* Forgotten Bks.

Latin School Register, Vol. 45: October, 1925 (Classic Reprint) Boston Public Latin School. 2017. (ENG., Illus.). (J). 24.56 *(978-0-266-78357-2(0))*; pap. 7.97 *(978-1-5277-6484-2(2))* Forgotten Bks.

Latin School Register, Vol. 47: December 1927 (Classic Reprint) Boston Latin School. 2018. (ENG., Illus.). (J). 48p. 24.89 *(978-1-391-16574-5(8))*; 50p. pap. 9.57 *(978-1-390-90281-5(1))* Forgotten Bks.

Latin School Register, Vol. 47: October, 1927 (Classic Reprint) Boston Latin School. 2017. (ENG., Illus.). (J). 24.76 *(978-0-266-78328-2(7))*; pap. 7.97 *(978-1-5277-6715-7(9))* Forgotten Bks.

Latin School Register, Vol. 50: April, 1931 (Classic Reprint) Boston Latin School. 2017. (ENG., Illus.). (J). 24.89 *(978-0-265-78308-5(9))*; pap. 9.57 *(978-1-5277-6718-8(3))* Forgotten Bks.

Latin School Register, Vol. 50: March, 1931 (Classic Reprint) Boston Latin School. 2018. (ENG., Illus.). (J). 36p. 24.64 *(978-1-391-97790-4(4))*; 38p. pap. 7.97 *(978-1-390-90867-1(4))* Forgotten Bks.

Latin School Register, Vol. 53: Humor Number; March 1934 (Classic Reprint) Samuel I. Abelow. 2017. (ENG., Illus.). (J). 24.70 *(978-0-266-77895-0(X))*; pap. 7.97 *(978-1-5277-5860-5(5))* Forgotten Bks.

Latin School Register, Vol. 53: May, 1934 (Classic Reprint) Samuel I. Abelow. 2017. (ENG., Illus.). (J). 24.68 *(978-0-265-78261-3(9))*; pap. 7.97 *(978-1-5277-6459-0(1))* Forgotten Bks.

Latin School Register, Vol. 53: November, 1933 (Classic Reprint) Samuel I. Abelow. 2017. (ENG., Illus.). (J). 24.72 *(978-0-265-78263-7(5))*; pap. 7.97 *(978-1-5277-6464-4(8))* Forgotten Bks.

Latin School Register, Vol. 54: June 1935 (Classic Reprint) Boston Latin School. 2018. (ENG., Illus.). (J). 40p. 24.72 *(978-1-396-21672-5(3))*; 42p. pap. 7.97 *(978-1-390-90237-2(4))* Forgotten Bks.

Latin School Register, Vol. 54: November 1934 (Classic Reprint) Sidney Sulkin. 2017. (ENG., Illus.). (J). 24.78 *(978-0-266-78256-8(6))*; pap. 7.97 *(978-1-5277-6426-2(5))* Forgotten Bks.

Latin School Register, Vol. 55: April 1936 (Classic Reprint) Arthur Cantor. 2017. (ENG., Illus.). (J). 24.80 *(978-0-265-78236-1(8))*; pap. 7.97 *(978-1-5277-6383-8(8))* Forgotten Bks.

Latin School Register, Vol. 55: Christmas Number; December 1935 (Classic Reprint) Boston Latin School. 2018. (ENG., Illus.). (J). 42p. 24.76 *(978-1-396-18942-5(4))*; 44p. pap. 7.97 *(978-1-390-90241-9(2))* Forgotten Bks.

Latin School Register, Vol. 55: March 1936 (Classic Reprint) Arthur Cantor. 2017. (ENG., Illus.). (J). 24.74 *(978-0-265-78254-5(6))*; pap. 7.97 *(978-1-5277-6431-6(1))* Forgotten Bks.

Latin School Register, Vol. 55: November 1935 (Classic Reprint) Arthur Cantor. 2017. (ENG., Illus.). (J). 24.68 *(978-0-265-78241-5(4))*; pap. 7.97 *(978-1-5277-6384-5(6))* Forgotten Bks.

Latin School Register, Vol. 56: Introductory Number; October 1936 (Classic Reprint) Boston Latin School. 2018. (ENG., Illus.). (J). 32p. 24.58 *(978-1-391-17575-1(1))*; 34p. pap. 7.97 *(978-1-390-90251-8(X))* Forgotten Bks.

Latin School Register, Vol. 56: March, 1937 (Classic Reprint) Boston Public Latin School. 2017. (ENG., Illus.). (J). 24.70 *(978-0-332-01136-3(4))*; 40p. pap. 7.97 *(978-0-332-01126-4(7))* Forgotten Bks.

Latin School Register, Vol. 56: Official Organ of the Undergraduate Body of the Boston Latin School, Avenue Louis Pasteur Boston, Mass.; Winter Number, February, 1937 (Classic Reprint) Boston Latin School. 2017. (ENG., Illus.). (J). 24.66 *(978-0-332-01197-4(6))*; pap. 7.97 *(978-0-332-01190-5(9))* Forgotten Bks.

Latin School Register, Vol. 56: Spring Issue; May 1937 (Classic Reprint) David S. McNally. 2017. (ENG., Illus.). (J). 24.72 *(978-0-266-78224-7(8))*; pap. 7.97 *(978-1-5277-6381-4(1))* Forgotten Bks.

Latin School Register, Vol. 57: Boston Latin School; March 1938 (Classic Reprint) Ralph W. Alman. 2017. (ENG., Illus.). (J). 24.68 *(978-0-332-00729-8(4))*; pap. 7.97 *(978-0-332-00692-5(1))* Forgotten Bks.

Latin School Register, Vol. 57: December, 1937 (Classic Reprint) Boston Public Latin School. 2017. (ENG., Illus.). (J). 24.72 *(978-0-332-01105-9(4))* Forgotten Bks.

Latin School Register, Vol. 57: June 1938 (Classic Reprint) Ralph W. Alman. 2017. (ENG., Illus.). (J). 24.64 *(978-0-265-78189-0(2))*; pap. 7.97 *(978-1-5277-6379-1(X))* Forgotten Bks.

Latin School Register, Vol. 57: Mid-Winter Number, February, 1938 (Classic Reprint) Ralph W. Alman. 2017. (ENG., Illus.). (J). 24.68 *(978-0-332-00730-4(8))*; 40p. pap. 7.97 *(978-0-332-00693-2(X))* Forgotten Bks.

Latin School Register, Vol. 59: June, 1940 (Classic Reprint) Boston Latin School. 2017. (ENG., Illus.). (J). 24.52 *(978-0-265-78527-0(8))*; pap. 7.97 *(978-1-5277-6539-9(3))* Forgotten Bks.

Latin School Register, Vol. 59: March 1940 (Classic Reprint) Edward Adelson. 2017. (ENG., Illus.). (J). 24.64 *(978-0-266-78170-7(5))*; pap. 7.97 *(978-1-5277-6356-2(0))* Forgotten Bks.

Latin School Register, Vol. 60: April 1941 (Classic Reprint) Boston Public Latin School. 2017. (ENG., Illus.). (J). 24.70 *(978-0-265-78150-0(7))*; pap. 7.97 *(978-1-5277-6358-6(7))* Forgotten Bks.

Latin School Register, Vol. 60: December 1940 (Classic Reprint) Boston Latin School. 2017. (ENG., Illus.). (J). 24.76 *(978-0-332-00361-0(2))*; pap. 7.97 *(978-0-332-00344-3(2))* Forgotten Bks.

Latin School Register, Vol. 60: February 1941 (Classic Reprint) Boston Public Latin School. 2017. (ENG., Illus.). (J). 24.85 *(978-0-265-78168-5(X))*; pap. 7.97 *(978-1-5277-6357-9(9))* Forgotten Bks.

Latin School Register, Vol. 60: June 1941 (Classic Reprint) Boston Latin School. 2017. (ENG., Illus.). (J). 42p. 24.78 *(978-0-332-00359-7(0))*; pap. 7.97 *(978-0-332-00342-9(6))* Forgotten Bks.

Latin School Register, Vol. 60: May 1941 (Classic Reprint) Boston Latin School. 2017. (ENG., Illus.). (J). 24.70 *(978-0-332-01104-2(6))*; 40p. pap. 7.97 *(978-0-332-01089-2(9))* Forgotten Bks.

Latin School Register, Vol. 60: November 1940 (Classic Reprint) Boston Latin School. 2017. (ENG., Illus.). (J). 24.60 *(978-0-332-00528-7(3))*; pap. 7.97 *(978-0-332-00514-0(3))* Forgotten Bks.

Latin School Register, Vol. 61: June, 1942 (Classic Reprint) Boston Latin School. 2017. (ENG., Illus.). (J). 24.68 *(978-0-266-78117-2(9))*; pap. 7.97 *(978-1-5277-6241-1(6))* Forgotten Bks.

Latin School Register, Vol. 61: May, 1942 (Classic Reprint) Boston Latin School. 2017. (ENG., Illus.). (J). 24.74 *(978-0-332-00358-0(2))*; pap. 7.97 *(978-0-332-00343-6(4))* Forgotten Bks.

Latin School Register, Vol. 62: Fall Issue; November, 1943 (Classic Reprint) Boston Public Latin School. 2018. (ENG., Illus.). (J). 28p. 24.47 *(978-1-396-38929-0(6))*; 30p. pap. 7.97 *(978-1-390-90913-5(1))* Forgotten Bks.

Latin School Register, Vol. 62: February, 1943 (Classic Reprint) Boston Latin School. 2017. (ENG., Illus.). (J). 24.60 *(978-0-332-00078-7(8))*; 36p. pap. 7.97 *(978-0-332-00058-9(3))* Forgotten Bks.

Latin School Register, Vol. 62: November 1942 (Classic Reprint) Boston Latin School. 2017. (ENG., Illus.). (J). 24.58 *(978-0-332-01103-5(8))*; pap. 7.97 *(978-0-332-01088-5(0))* Forgotten Bks.

Latin School Register, Vol. 63: Christmas Issue; Dec. , 1943 (Classic Reprint) Boston Latin School. 2018. (ENG., Illus.). (J). 38p. 24.68 *(978-1-396-38935-1(0))*; 40p. pap. 7.97 *(978-1-390-90862-6(3))* Forgotten Bks.

Latin School Register, Vol. 64: Dec. , 1944 (Classic Reprint) Boston Latin School. 2017. (ENG., Illus.). (J). 24.89 *(978-0-331-99792-7(4))*; pap. 9.57 *(978-0-331-99772-9(X))* Forgotten Bks.

Latin School Register, Vol. 64: Oct. , 1944 (Classic Reprint) Boston Latin School. 2017. (ENG., Illus.). (J). 24.80 *(978-0-331-99793-4(2))*; pap. 7.97 *(978-0-331-99775-0(4))* Forgotten Bks.

Latin School Register, Vol. 8: November, 1888 (Classic Reprint) Boston Latin School. 2018. (ENG., Illus.). (J). 20p. 24.31 *(978-1-391-60533-3(0))*; 22p. pap. 7.97 *(978-1-391-60447-3(4))* Forgotten Bks.

Latinitas: Celebrating 40 Big Dreamers. Juliet Menendez. Illus. by Juliet Menendez. 2021. (ENG., Illus.). 120p. (J). 18.99 *(978-1-250-23462-9(X)*, 900210124, Holt, Henry & Co. Bks. For Young Readers) Holt, Henry & Co.

Latinitas (Spanish Edition) Una Celebracion de 40 Sonadoras Audaces. Juliet Menendez. 2022. (SPA.). 120p. (J). 18.99 *(978-1-250-79610-3(5)*, 900239558, Holt, Henry & Co. Bks. For Young Readers) Holt, Henry & Co.

Latitude & Longitude: Geography 2nd Grade for Kids Children's Earth Sciences Books Edition. Baby Professor. 2017. (ENG., Illus.). (J). pap. 9.25 *(978-1-68305-520-4(9)*, Baby Professor (Education Kids)) Speedy Publishing LLC.

Latkes & Lefse. Diane Namm. Illus. by Maria Hecher. 2023. 40p. (J). (gr. 1-3). 30.99 BookBaby.

Latkes for Santa Claus. Janie Emaus. Illus. by Bryan Langdo. 2020. (ENG.). 40p. (J). (gr. -1-1). 16.99 *(978-1-5107-5988-6(3)*, Sky Pony Pr.) Skyhorse Publishing Co., Inc.

Latkes, Latkes, Good to Eat Board Book: A Hanukkah Holiday Book for Kids. Naomi Howland. 2020. (ENG., Illus.). 24p. (J). (— 1). bds. 8.99 *(978-0-358-39542-3(9)*, 1788687, Clarion Bks.) HarperCollins Pubs.

LaTonya: Mama's Daughter. Amani Shakhete. 2019. (Latonya Trilogy Ser.: 1). (ENG.). 306p. (YA). (gr. 10-18). 21.99 *(978-1-7332194-0-2(4))* McDaniel Group.

Latta's Seatwork Suggestions (Classic Reprint) John Stephen Latta. (ENG., Illus.). (J). 2018. 98p. 25.94 *(978-0-267-30843-9(4))*; 2016. pap. 9.57 *(978-1-333-36024-5(X))* Forgotten Bks.

Latter Day Saint: Being the Story of the Conversion of Ethel Jones Related by Herself (Classic Reprint) Thomas Isaac Wharton. 2018. (ENG., Illus.). 210p. (J). 28.25 *(978-0-483-93675-1(8))* Forgotten Bks.

Latter-Day Saints' Millennial Star, Vol. 101: May 11, 1939 (Classic Reprint) Hugh B. Brown. 2017. (ENG., Illus.). (J). pap. 7.97 *(978-0-243-48726-4(6))* Forgotten Bks.

Latter-Day Sweethearts (Classic Reprint) Burton Harrison. 2017. (ENG., Illus.). (J). 30.83 *(978-0-260-34936-1(4))* Forgotten Bks.

Lau Lau & Poi: A Hawaiian Foods Coloring Book. Kreativ Entspannen. 2016. (ENG., Illus.). (J). pap. 9.20 *(978-1-68377-326-9(8))* Whlke, Traudl.

Laud Troy Book: A Romance of about 1400 A. d (Classic Reprint) Johann Ernst Wulfing. 2018. (ENG., Illus.). 244p. (J). 28.93 *(978-0-666-74338-1(X))* Forgotten Bks.

Laugh. Fay Evans. Illus. by Ayse Klinge. 2023. (ENG.). 32p. (J). (gr. -1-2). 17.99 *(978-1-83874-082-5(1))* Flying Eye Bks. GBR. Dist: Penguin Random Hse. LLC.

Laugh-A-Bull. Dan Stones. Illus. by Cassie Fleming. 2021. (ENG.). 52p. (J). pap. *(978-0-6452721-0-9(8))* Dan Stones.

Laugh & Grow Bible for Little Ones: The Gospel in 15 One-Minute Bible Stories. Phil Vischer. 2020. (ENG., Illus.). 336p. (J). (gr. -1 — 1). bds. 9.99 *(978-1-5460-1749-3(6)*, Jelly Telly Pr.) FaithWords.

Laugh & Learn! Brain Boosting Fun Kids Activity Book. Activity Book Zone for Kids. 2016. (ENG., Illus.). (J). pap. 7.55 *(978-1-68376-234-8(7))* Sabeels Publishing.

Laugh & Learn with Grandma. Dorathea Wiltsie Fortener. 2018. (ENG., Illus.). 130p. (J). pap. 23.95 *(978-1-64028-411-1(7))* Christian Faith Publishing.

Laugh & Sing: Silly Animal Songs. Rose Nestling. Ed. by Cottage Door Press. Illus. by Yi-Hsuan Wu. 2019. (ENG.). 12p. (J). (gr. -1-2). bds. 19.99 *(978-1-68052-709-4(6)*, 1004420) Cottage Door Pr.

Laugh Attack! The BIGGEST, Best Joke Book EVER. Created by Highlights. 2016. (Highlights Laugh Attack! Joke Bks.). (ENG., Illus.). 352p. (J). (gr. 1-4). pap. 9.99 *(978-1-62979-553-9(4)*, 1402602, Highlights) Highlights Pr., c/o Highlights for Children, Inc.

Laugh Out Loud. Jeffrey Burton & Brittany Naundorff. 2017. (Illus.). *(978-1-5379-7454-5(8)*, Little Simon) Little Simon.

Laugh Out Loud. James Patterson & Chris Grabenstein. Illus. by Jeff Ebbeler. 2017. (ENG.). 304p. (J). (gr. 3-7). 13.99 *(978-0-316-43146-0(X)*, Jimmy Patterson) Little Brown & Co.

Laugh-Out-Loud a+ Jokes for Kids. Rob Elliott. 2018. (Laugh-Out-Loud Jokes for Kids Ser.). (ENG., Illus.). 128p. (J). (gr. 1-5). pap. 6.99 *(978-0-06-274872-0(6)*, HarperCollins) HarperCollins Pubs.

Laugh-Out-Loud Adventure Jokes for Kids. Rob Elliott. 2019. (Laugh-Out-Loud Jokes for Kids Ser.). (ENG., Illus.). 144p. (J). (gr. 1-5). pap. 4.99 *(978-0-06-274870-6(X)*, HarperCollins) HarperCollins Pubs.

Laugh-Out-Loud Awesome Jokes for Kids. Rob Elliott. Illus. by Gearbox. 2017. (Laugh-Out-Loud Jokes for Kids Ser.). (ENG.). 128p. (J). (gr. 1-5). pap. 4.99 *(978-0-06-249795-6(2)*, HarperCollins) HarperCollins Pubs.

Laugh-Out-Loud Back-To-School Jokes: Lift-the-Flap. Rob Elliott. Illus. by MacKenzie Haley. 2020. (Laugh-Out-Loud Jokes for Kids Ser.). (ENG.). 28p. (J). (gr. -1-3). 6.99 *(978-0-06-299078-5(0)*, HarperCollins) HarperCollins Pubs.

Laugh-Out-Loud: Belly Laughs: a My First LOL Book. Rob Elliott. Illus. by Zoe Waring. 2022. (Laugh-Out-Loud Jokes for Kids Ser.). (ENG.). 24p. (J). (gr. -1 — 1). bds. 8.99 *(978-0-06-308084-3(2)*, HarperCollins) HarperCollins Pubs.

Laugh Out Loud Cats: Fun Facts & Jokes, 1 vol. Wendy Pirk. 2018. (IThink Ser.: 4). (ENG., Illus.). 64p. (J). pap. 6.99 *(978-1-897206-17-1(8)*, 79973a2d-aa12-4dce-8373-03cc284e2cc1) Folklore Publishing CAN. Dist: Lone Pine Publishing USA.

Laugh-Out-Loud Christmas Jokes for Kids: A Christmas Holiday Book for Kids. Rob Elliott. Illus. by Gearbox. 2016. (Laugh-Out-Loud Jokes for Kids Ser.). (ENG.). 144p. (J). (gr. 1-5). pap. 8.99 *(978-0-06-249791-8(X)*, HarperCollins) HarperCollins Pubs.

Laugh-Out-Loud Christmas Jokes: Lift-The-Flap: A Christmas Holiday Book for Kids. Rob Elliott. Illus. by Anna Chernyshova. 2020. (Laugh-Out-Loud Jokes for Kids Ser.). (ENG.). 28p. (J). (gr. -1-3). 6.99 *(978-0-06-294390-3(1)*, HarperCollins) HarperCollins Pubs.

Laugh Out Loud Dogs: Fun Facts & Jokes, 1 vol. Wendy Pirk. 2018. (IThink Ser.: 5). (ENG., Illus.). 64p. (J). pap. 6.99 *(978-1-897206-15-7(1)*, c8dfeb62-1508-417a-855e-f9d062e02eb9) Folklore Publishing CAN. Dist: Lone Pine Publishing USA.

Laugh-Out-Loud Easter Jokes: Lift-The-Flap: An Easter & Springtime Book for Kids. Rob Elliott. Illus. by Anna Chernyshova. 2021. (Laugh-Out-Loud Jokes for Kids Ser.). (ENG.). 28p. (J). (gr. -1-3). 6.99 *(978-0-06-294391-0(X)*, HarperCollins) HarperCollins Pubs.

Laugh Out Loud Farm Animals: Fun Facts & Jokes, 1 vol. Wendy Pirk. 2018. (IThink Ser.: 6). (ENG., Illus.). 64p. (J). pap. 6.99 *(978-1-897206-19-5(4)*, fa87e031-6009-477b-9c55-3be3f7809488) Folklore Publishing CAN. Dist: Lone Pine Publishing USA.

Laugh-Out-Loud Halloween Jokes: Lift-The-Flap. Rob Elliott. Illus. by Anna Chernyshova. 2019. (Laugh-Out-Loud Jokes for Kids Ser.). (ENG.). 28p. (J). (gr. -1-3). pap. 7.99 *(978-0-06-284535-1(7)*, HarperCollins) HarperCollins Pubs.

Laugh-Out-Loud Holiday Jokes for Kids: 2-In-1 Collection of Spooky Jokes & Christmas Jokes: a Christmas Holiday Book for Kids. Rob Elliott. Illus. by Gearbox. 2016. (Laugh-Out-Loud Jokes for Kids Ser.). (ENG.). 272p. (J). (gr. 1-5). 10.99 *(978-0-06-256976-9(7)*, HarperCollins) HarperCollins Pubs.

Laugh Out Loud I Ruff Jokes. Jeffrey Burton. 2017. (Laugh Out Loud Ser.). (ENG., Illus.). 208p. (J). (gr. k-2). pap. 6.99 *(978-1-5344-0029-0(X)*, Little Simon) Little Simon.

Laugh-Out-Loud Jokes for Kids 3-Book Box Set: Awesome Jokes for Kids, a+ Jokes for Kids, & Adventure Jokes for Kids. Rob Elliott. 2019. (Laugh-Out-Loud Jokes for Kids Ser.). (ENG.). 400p. (J). (gr. 1-5). pap. 14.97 *(978-0-06-291604-4(1)*, HarperCollins) HarperCollins Pubs.

Laugh-Out-Loud Jokes to Tell Your Friends. Michael Dahl. 2018. (Jokes, Tricks, & Other Funny Stuff Ser.). (ENG., Illus.). 32p. (J). (gr. 3-9). lib. bdg. 27.32 *(978-1-5435-0342-5(X)*, 137193, Capstone Pr.) Capstone.

Laugh-Out-Loud Jolly Jokes for Kids: 2-In-1 Collection of Christmas Jokes & Adventure Jokes: a Christmas Holiday Book for Kids. Rob Elliott. 2019. (Laugh-Out-Loud Jokes for Kids Ser.). (ENG., Illus.). 288p. (J). (gr. 1-5). 12.99 *(978-0-06-288808-2(0)*, HarperCollins) HarperCollins Pubs.

Laugh Out Loud Knock Knock Jokes. Christa C. Hogan. 2018. (Just for Laughs Ser.). (ENG.). 24p. (J). (gr. 4-6). lib. bdg. *(978-1-68072-328-1(6)*, 12095, Hi Jinx) Black Rabbit Bks.

Laugh-Out-Loud Road Trip Jokes for Kids. Rob Elliott. Illus. by Gearbox. 2017. (Laugh-Out-Loud Jokes for Kids Ser.). (ENG.). 128p. (J). (gr. 1-5). pap. 6.99 *(978-0-06-249793-2(6)*, HarperCollins) HarperCollins Pubs.

Laugh-Out-Loud Spooky Jokes for Kids. Rob Elliott. 2016. (Laugh-Out-Loud Jokes for Kids Ser.). (ENG., Illus.). 128p. (J). (gr. 1-5). pap. 6.99 *(978-0-06-249788-8(X)*, HarperCollins) HarperCollins Pubs.

Laugh-Out-Loud Spooky Jokes for Kids () Rob Elliott. 2016. (Laugh-Out-Loud Jokes for Kids Ser.). 128p. (J). (gr. 1-5). pap. 4.99 *(978-0-06-266105-0(1))* HarperCollins Pubs.

Laugh-Out-Loud Springtime Jokes for Kids. Rob Elliott. 2019. (Laugh-Out-Loud Jokes for Kids Ser.). (ENG., Illus.).

1130 The check digit for ISBN-10 appears in parentheses after the full ISBN-13

128p. (J). (gr. 1-5). pap. 6.99 *(978-0-06-287220-3(6)*, HarperCollins) HarperCollins Pubs.

Laugh Out Loud! Super Mega Fun Kids Activity Book. Activity Book Zone for Kids. 2016. (ENG., Illus.). (J). pap. 7.55 *(978-1-68376-235-5(5))* Sabeels Publishing.

Laugh-Out-Loud: the 1,001 Funniest LOL Jokes of All Time. Rob Elliott. (ENG.). 256p. (J). 2022. (gr. 2-5). 12.99 *(978-0-06-325563-0(4))*; 2021. (gr. 1-5). pap. 8.99 *(978-0-06-308062-1(1))* HarperCollins Pubs. (HarperCollins).

Laugh-Out-Loud: the Big Book of Knock-Knock Jokes. Rob Elliott. 2022. (Laugh-Out-Loud Jokes for Kids Ser.). (ENG.). 256p. (J). (gr. 1-5). pap. 5.99 *(978-0-06-308066-9(4)*, HarperCollins) HarperCollins Pubs.

Laugh-Out-Loud: the Joke-A-Day Book: A Year of Laughs. Rob Elliott. 2022. (Laugh-Out-Loud Jokes for Kids Ser.). (ENG., Illus.). 192p. (J). (gr. 1-5). pap. 8.99 *(978-0-06-308064-5(8)*, HarperCollins) HarperCollins Pubs.

Laugh Out Loud the Whole Kiddin' Caboodle (with 3 Books & a Double-Sided, Double-funny POSTER!) (Boxed Set) Laugh Out Loud Animals; Laugh Out Loud More Kitten Around; Laugh Out Loud I Ruff Jokes; Jeffrey Burton. ed. 2017. (Laugh Out Loud Ser.). (ENG.). 624p. (J). (gr. k-2). pap. 20.99 *(978-1-5344-0187-7(3)*, Little Simon) Little Simon.

Laugh-Out-Loud Ultimate Jokes for Kids: 2-In-1 Collection of Awesome Jokes & Road Trip Jokes. Rob Elliott. Illus. by Gearbox. 2017. (Laugh-Out-Loud Jokes for Kids Ser.). (ENG.). 256p. (J). (gr. 1-5). 10.99 *(978-0-06-256977-6(5)*, HarperCollins) HarperCollins Pubs.

Laugh-Out-Loud Valentine's Day Jokes for Kids. Rob Elliott. 2020. (Laugh-Out-Loud Jokes for Kids Ser.). (ENG.). 144p. (J). (gr. -1-3). pap. 5.99 *(978-0-06-299186-7(8)*, HarperCollins) HarperCollins Pubs.

Laugh-Out-Loud Valentine's Day Jokes: Lift-The-Flap. Rob Elliott. 2022. (Laugh-Out-Loud Jokes for Kids Ser.). (ENG., Illus.). 28p. (J). (gr. -1-3). 6.99 *(978-0-06-299188-1(4)*, HarperCollins) HarperCollins Pubs.

Laugh Together. Tora Stephenchel. 2021. (Learning Sight Words Ser.). (ENG.). 24p. (J). (gr. -1-2). lib. bdg. 32.79 *(978-1-5038-4512-1(5)*, 214279) Child's World, Inc, The.

Laugh with Giraffe: Finger Puppet Board Book. IglooBooks. Illus. by Yi-Hsuan Wu. 2020. (ENG.). 12p. (J). (— 1). bds. 6.99 *(978-1-83852-559-0(9))* Igloo Bks. GBR. Dist: Simon & Schuster, Inc.

Laughing at My Nightmare. Shane Burcaw. ed. 2016. (YA). lib. bdg. 20.85 *(978-0-606-38222-9(4))* Turtleback.

Laughing Bill Hyde: And Other Stories (Classic Reprint) Rex Beach. (ENG., Illus.). (J). 2018. 402p. 32.19 *(978-0-656-94702-7(0))*; 2016. pap. 16.57 *(978-1-334-79843-6(5))* Forgotten Bks.

Laughing Cavalier (Classic Reprint) Emmuska Orczy. 2017. (ENG., Illus.). (J). 436p. 32.91 *(978-0-265-51680-5(3))*; pap. 16.57 *(978-1-334-91793-6(0))* Forgotten Bks.

Laughing Cure: A Comedy in Two Acts (Classic Reprint) Edith F. A. U. Painton. (ENG., Illus.). (J). 2018. 56p. 25.05 *(978-0-267-13266-9(2))*; 2016. pap. 9.57 *(978-1-334-11953-8(8))* Forgotten Bks.

Laughing Girl: A Novel (Classic Reprint) Robert W. Chambers. 2018. (ENG., Illus.). 390p. (J). 31.94 *(978-0-267-17271-9(0))* Forgotten Bks.

Laughing Girl: A Novel (Classic Reprint) Robert William Chambers. (ENG., Illus.). (J). 2018. 376p. 31.67 *(978-0-364-00788-4(5))*; 2017. pap. 13.57 *(978-0-243-50399-5(7))* Forgotten Bks.

Laughing Is Good for You. Danielle Dacunha Howarth. Illus. by Ennel John Espanola. 2021. (ENG.). 28p. (J). pap. *(978-1-922750-28-0(X))* Library For All Limited.

Laughing Lion: And Other Stories (Classic Reprint) Adelaide Pearson. 2017. (ENG., Illus.). (J). 28.31 *(978-0-265-79394-7(7))* Forgotten Bks.

Laughing Man, Vol. 2 (Classic Reprint) Victor Hugo. (ENG., Illus.). (J). 2018. 304p. 30.19 *(978-0-267-00476-8(1))*; 2017. pap. 13.57 *(978-0-243-99116-7(9))* Forgotten Bks.

Laughing Man, Vol. 3 (Classic Reprint) Victor Hugo. (ENG., Illus.). (J). 2018. 586p. 35.98 *(978-0-364-02836-0(X))*; 2017. pap. 19.57 *(978-0-243-89995-1(5))* Forgotten Bks.

Laughing Mill & Other Stories. Julian Hawthorne. 2017. (ENG.). 382p. (J). pap. *(978-3-7447-4815-5(4))* Creation Pubs.

Laughing Mill & Other Stories (Classic Reprint) Julian Hawthorne. 2018. (ENG., Illus.). 380p. (J). 31.73 *(978-0-483-01896-9(1))* Forgotten Bks.

Laughing Philosopher: Being the Entire Works of Momus, Jester of Olympus; Democritus, the Merry Philosopher of Greece; & Their Illustrious Disciples, Ben Jonson, Butler, Swift, Gay, Joseph Miller, Esq. , Churchill, Voltaire, Foote, Steevens, Wolcot, John Bull. (ENG., Illus.). (J). 2018. 766p. 39.72 *(978-0-428-33102-3(5))*; 2016. pap. 23.57 *(978-1-334-12837-0(5))* Forgotten Bks.

Laughing Philosopher, Being the Revelations of an Infant in Arms: An Absurdity Together with Two Comic Plays (Classic Reprint) Elsa D'Esterre-Keeling. (ENG., Illus.). (J). 2018. 274p. 29.55 *(978-0-483-57914-9(9))*; 2016. pap. 11.97 *(978-1-334-51822-5(X))* Forgotten Bks.

Laughing Prince: A Book of Jugoslav Fairy Tales & Folk Tales (Classic Reprint) Parker Fillmore. 2018. (ENG., Illus.). 300p. (J). 30.08 *(978-0-666-53533-7(7))* Forgotten Bks.

Laughing Stock: Over Six-Hundred Jokes & Anecdotes of Uncertain Vintage (Classic Reprint) Bennett Cerf. 2017. (ENG., Illus.). (J). 29.18 *(978-0-260-57832-7(0))*; pap. 11.57 *(978-0-243-28669-0(4))* Forgotten Bks.

Laughing Through Life. Roman Balch. 2019. (ENG.). 122p. (J). pap. *(978-0-359-81677-4(0))* Lulu Pr., Inc.

Laughing under the Clouds, Volume 1. KarakaraKemuri. 2021. (Laughing under the Clouds Ser.: 1). (Illus.). 176p. (gr. 8-1). pap. 12.99 *(978-1-4278-6769-8(0))* TOKYOPOP, Inc.

Laughing Waters: Herb & Jen. Jen. 2023. (ENG.). 24p. (J). pap. ***(978-0-2288-8731-7(3))*** Tellwell Talent.

Laughing Willow. Oliver Herford. 2020. (ENG.). 142p. (J). 83.50 ***(978-1-6780-0755-3(2))*** Wright Bks.

Laughing Willow: Verses & Pictures (Classic Reprint) Oliver Herford. 2018. (ENG., Illus.). 138p. (J). 26.74 *(978-0-365-12214-2(9))* Forgotten Bks.

Laughs from the Trees! Zany Woodpecker Coloring Book. Jupiter Kids. 2016. (ENG., Illus.). 106p. (J). pap. 12.55 *(978-1-68326-334-0(0)*, Jupiter Kids (Childrens & Kids Fiction)) Speedy Publishing LLC.

Laughter. Dyan. Illus. by Dyan. l.t. ed. 2022. (ENG.). 34p. (J). pap. 12.60 ***(978-1-61477-604-8(0))*** Bellissima Publishing, LLC.

Laughter from a Cloud (Classic Reprint) Walter Raleigh. (ENG., Illus.). (J). 2018. 252p. 29.09 *(978-0-267-00132-3(0))*; 2017. pap. 11.57 *(978-0-243-50095-6(5))* Forgotten Bks.

Laughter in Court: A Comedy in One Act (Classic Reprint) John Kendall. 2019. (ENG., Illus.). 32p. (J). 24.56 *(978-0-267-44263-8(7))* Forgotten Bks.

Laughter Is a Child. Leila Krupich. Illus. by Wesley J. Jobe. 2019. (ENG.). 82p. (J). pap. 8.99 *(978-1-9822-2770-8(2)*, Balboa Pr.) Author Solutions, LLC.

Laughter Is Good Medicine: Doc's Silly Clean Groaner Jokes. James A. Surrell M D. 2019. (ENG.). 54p. (J). pap. 12.95 *(978-0-9825601-4-3(1))* Bean Bks.

Laughter Is My Superpower. Latricia Edwards Scriven. 2021. (ENG.). 38p. (J). pap. 14.99 *(978-1-7363269-4-7(5))* Latricia Edwards Scriven.

Laughter Limited (Classic Reprint) Nina Wilcox Putnam. (ENG., Illus.). (J). 2018. 344p. 31.01 *(978-0-483-36631-2(5))*; 2016. pap. 13.57 *(978-1-333-36073-3(8))* Forgotten Bks.

Laughter on the Hill (Classic Reprint) Margaret Parton. 2018. (ENG., Illus.). 258p. (J). 29.24 *(978-0-483-26445-8(8))* Forgotten Bks.

Launcelot Widge (Classic Reprint) Charles Hooton. (ENG., Illus.). (J). 2018. 146p. 26.91 *(978-0-483-01408-4(7))*; 2017. pap. 9.57 *(978-0-243-88482-7(6))* Forgotten Bks.

Launch. Christina Earley. 2023. (Blue Marlin Readers Ser.). (ENG.). (J). (gr. 2-6). 16p. lib. bdg. 25.27 ***(978-1-63897-997-5(9)***, 32765); (Illus.). pap. 8.95 Seahorse Publishing.

Launch. Carol Fiore. 2020. (Skye Van Bloem Trilogy Ser.: Vol. 3). (ENG.). 368p. (YA). pap. 12.99 *(978-0-9897004-7-4(X))* Flying Kea Pr.

Launch Boys Series: The Launch Boys' Adventures in Northern Waters (Classic Reprint) Edward S. Ellis. 2018. (ENG., Illus.). 336p. (J). 30.83 *(978-0-483-79472-6(4))* Forgotten Bks.

Launching Away: Or, Roger Larhsway's Strange Mission (Classic Reprint) J. R. H. Hawthorn. 2018. (ENG., Illus.). 400p. (J). 32.15 *(978-0-483-05141-6(1))* Forgotten Bks.

Launching Motor: A Summer's Tale of Adventure & Exploration. Gary Wayne Foster. 2017. (ENG., Illus.). (J). pap. 12.95 *(978-1-55571-873-2(6)*, Grid Pr.) L & R Publishing, LLC.

Launching of a Man (Classic Reprint) Stanley Waterloo. 2018. (ENG., Illus.). 292p. (J). 29.92 *(978-0-332-77070-3(2))* Forgotten Bks.

Laundromat Cat. Carole Giangrande. Illus. by Yue Huang. 2022. (ENG.). 34p. (J). pap. ***(978-1-989506-62-2(3))*** Pandamonium Publishing Hse.

Laundry Basket: From the Merry Wives of Windsor. Melissa Mailer-Yates. Illus. by Melissa Mailer-Yates. 2021. (ENG.). 52p. (J). pap. *(978-0-9955176-4-6(9))* Shakey-Bks. Publishing.

Laundry Day Hgf Edition 2017 Pa. Maurie J. Manning. 2017. (ENG.). 40p. (J). pap. 1.82 *(978-1-328-49237-1(0)*, Clarion Bks.) HarperCollins Pubs.

Launfal, an Ancient Metrical Romance (Classic Reprint) Thomas Chestre. 2018. (ENG., Illus.). 104p. (J). 26.04 *(978-0-656-52686-4(6))* Forgotten Bks.

Laura & Nellie: Reillustrated Edition. Laura Ingalls Wilder. Illus. by Ji-Hyuk Kim. 2017. (Little House Chapter Book Ser.: 4). (ENG.). 112p. (J). (gr. 1-5). pap. 6.99 *(978-0-06-237713-5(2)*, HarperCollins) HarperCollins Pubs.

Laura Bridgman: Dr. Howe's Famous Pupil & What He Taught Her (Classic Reprint) Maud Howe. 2017. (ENG., Illus.). (J). 32.85 *(978-0-266-28632-5(1))* Forgotten Bks.

Laura Bridgman: The Story of an Opened Door (Classic Reprint) Laura E. Richards. (ENG., Illus.). (J). 2018. 186p. 27.75 *(978-0-666-99957-3(0))*; 2017. pap. 10.57 *(978-0-243-49209-1(X))* Forgotten Bks.

Laura Bush. Meeg Pincus. Illus. by Jeff Bane. 2021. (My Early Library: My Itty-Bitty Bio Ser.). (ENG.). 24p. (J). (gr. k-1). lib. bdg. 30.64 *(978-1-5341-7998-1(4)*, 218272) Cherry Lake Publishing.

Laura Bush. Jennifer Strand. 2017. (First Ladies (Launch!) Ser.). (ENG., Illus.). 24p. (J). (gr. -1-2). lib. bdg. 31.36 *(978-1-5321-2015-2(X)*, 25280, Abdo Zoom-Launch) ABDO Publishing Co.

Laura Creichton (Classic Reprint) Elinor Mordaunt. 2018. (ENG., Illus.). 314p. (J). 30.37 *(978-0-484-45858-0(2))* Forgotten Bks.

Laura Dean Keeps Breaking up with Me. Mariko Tamaki. Illus. by Rosemary Valero-O'Connell. 2019. (ENG.). 304p. (YA). 24.99 *(978-1-250-31284-6(1)*, 900199287); pap. 17.99 *(978-1-62672-259-0(5)*, 900148045) Roaring Brook Pr. (First Second Bks.).

Laura Erle, Vol. 1 Of 3: A Novel (Classic Reprint) Unknown Author. 2018. (ENG., Illus.). 288p. (J). 29.84 *(978-0-483-58798-4(2))* Forgotten Bks.

Laura Gay, Vol. 1 Of 2: A Novel (Classic Reprint) Unknown Author. 2018. (ENG., Illus.). 318p. (J). 30.46 *(978-0-267-41955-5(4))* Forgotten Bks.

Laura Gay, Vol. 2 Of 2: A Novel (Classic Reprint) Unknown Author. 2018. (ENG., Illus.). 298p. (J). 30.04 *(978-0-483-93231-9(0))* Forgotten Bks.

Laura Ingalls Is Ruining My Life. Shelley Tougas. 2019. (ENG.). 304p. (J). pap. 16.99 *(978-1-250-30877-1(1)*, 900156595) Square Fish.

Laura Ingalls Wilder. Jennifer Strand. 2016. (Amazing Authors Ser.). (ENG.). 24p. (J). (gr. -1-2). 49.94 *(978-1-68079-383-3(7)*, 23004, Abdo Zoom-Launch) ABDO Publishing Co.

Laura Ingalls Wilder: Children's Author. Corona Brezina. 2017. (Britannica Beginner Bios Ser.). 32p. (J). (gr. 6-10). 77.40 *(978-1-5383-0024-4(9)*, Britannica Educational Publishing) Rosen Publishing Group, Inc., The.

Laura Ingalls Wilder: Pioneer Woman (America in The 1800s) Dona Herweck Rice. rev. ed. 2017. (Social Studies: Informational Text Ser.). (ENG., Illus.). 32p. (gr. 4-8). pap. 11.99 *(978-1-4938-3798-4(2))* Teacher Created Materials, Inc.

Laura Ingalls Wilder Companion: A Chapter-By-Chapter Guide. Annette Whipple. 2020. (ENG.). 192p. (J). (gr. 4-7). pap. 18.99 *(978-1-64160-166-5(3))* Chicago Review Pr., Inc.

Laura Line. Crystal Allen. 2016. (ENG.). 352p. (J). (gr. 3-7). pap. 6.99 *(978-0-06-249021-6(4)*, Balzer & Bray) HarperCollins Pubs.

Laura Ruthven's Widowhood, Vol. 1 (Classic Reprint) C. J. Wills. (ENG., Illus.). (J). 2018. 266p. 29.40 *(978-0-484-66097-6(7))*; 2017. pap. 11.97 *(978-1-5276-9383-8(X))* Forgotten Bks.

Laura Ruthven's Widowhood, Vol. 2 (Classic Reprint) Charles James Wills. (ENG., Illus.). (J). 2018. 258p. 29.24 *(978-0-332-11334-0(5))*; 2016. pap. 11.97 *(978-1-334-15834-6(7))* Forgotten Bks.

Laura Ruthven's Widowhood, Vol. 3 (Classic Reprint) Charles James Wills. 2017. (ENG., Illus.). (J). 28.95 *(978-0-265-66264-9(8))*; pap. 11.57 *(978-1-5276-3520-3(1))* Forgotten Bks.

Laura's Album: A Remembrance Scrapbook of Laura Ingalls Wilder. William Anderson. 2017. (Little House Nonfiction Ser.). (ENG., Illus.). 80p. (J). (gr. 3-7). 21.99 *(978-0-06-245934-3(1)*, HarperCollins) HarperCollins Pubs.

Laureates of England: From Ben Jonson to Alfred Tennyson, with Selections from Their Works & an Introduction Dealing with the Origin & Significance of the English Laureateship (1895) (Classic Reprint) Kenyon West. 2017. (ENG., Illus.). 580p. (J). 35.86 *(978-0-484-86284-4(7))* Forgotten Bks.

Laurel Bush: An Old-Fashioned Love Story. Dinah Maria Mulock Craik. 2017. (ENG., Illus.). (J). pap. 12.95 *(978-1-374-97476-0(5))* Capital Communications, Inc.

Laurel Bush: An Old-Fashioned Love Story (Classic Reprint) Dinah Maria Mulock Craik. (ENG., Illus.). (J). 2018. 292p. 29.92 *(978-0-484-68235-0(0))*; 2016. pap. 13.57 *(978-1-334-60632-8(3))* Forgotten Bks.

Laurel Crowns; or Griselda's Aim: A Story for Brothers & Sisters (Classic Reprint) Emma Marshall. (ENG., Illus.). (J). 2018. 450p. 33.18 *(978-0-365-30907-9(9))*; 2017. pap. 16.57 *(978-0-259-54668-9(2))* Forgotten Bks.

Laurel Leaves: Original Poems, Stories, & Essays (Classic Reprint) Henry Longfellow. (ENG., Illus.). (J). 2018. 444p. 33.05 *(978-0-483-34840-0(6))*; 2016. pap. 16.57 *(978-1-334-69543-8(1))* Forgotten Bks.

Laurel Readers: A Primer (Classic Reprint) William Nicholas Hailmann. (ENG., Illus.). (J). 2018. 118p. 26.35 *(978-0-365-15419-8(9))*; 2017. pap. 9.57 *(978-0-259-31493-6(5))* Forgotten Bks.

Laurel Token: A Story of the Yamassee Uprising (Classic Reprint) Annie Maria Barnes. 2018. (ENG., Illus.). 374p. (J). 31.61 *(978-0-267-16977-1(9))* Forgotten Bks.

Laurel Walk (Classic Reprint) Mary Louisa Molesworth. 2018. (ENG., Illus.). 476p. (J). 33.73 *(978-0-483-79499-3(6))* Forgotten Bks.

Lauren & Her Positive Moods. Emmanuel Goshen. 2020. (ENG.). 20p. (J). pap. *(978-0-9957468-4-8(2))* Edson Consultancy.

Lauren & Lucky. Kelly McKain. ed. 2021. (Pony Camp Diaries). (ENG., Illus.). 98p. (J). (gr. 2-3). 15.49 *(978-1-64697-563-1(4))* Penworthy Co., LLC, The.

Lauren & Lucky. Kelly McKain. Illus. by Mandy Stanley. 2020. (Pony Camp Diaries). (ENG.). 128p. (J). (gr. 1-4). pap. 5.99 *(978-1-68010-453-0(5))* Tiger Tales.

Lauren Conrad: California Cool Lifestyle Designer. Jessica Rusick. 2019. (Fashion Figures Ser.). (ENG., Illus.). 32p. (J). (gr. 3-6). lib. bdg. 32.79 *(978-1-5321-1950-7(X)*, 32485, Checkerboard Library) ABDO Publishing Co.

Lauren Saves the Bully. Courtney Ferebee. Ed. by Katherine Young. Illus. by Hatice Bayramoglu. 2021. (ENG.). 32p. pap. *(978-1-6780-9939-8(2))* Lulu Pr., Inc.

Laurentians the Hills of the Habitant (Classic Reprint) T. Morris Longstreth. 2018. (ENG., Illus.). 514p. (J). 34.52 *(978-0-332-82289-1(3))* Forgotten Bks.

Lauri - Pikku Matkamies: Finnish Edition of Leo, the Little Wanderer. Tuula Pere. Illus. by Virpi Nieminen. 2018. (FIN.). 46p. (J). (gr. k-6). *(978-952-357-025-2(0))*; pap. *(978-952-325-082-6(5))* Wickwick oy.

Laurie, Foggy, & Silk. William Rowe. 2019. (ENG.). 82p. (J). pap. *(978-0-359-72061-3(7))* Lulu Pr., Inc.

Laurie Hernandez. Golriz Golkar. 2018. (Influential People Ser.). (ENG., Illus.). 32p. (J). (gr. 4-6). lib. bdg. 28.65 *(978-1-5435-4134-2(8)*, 139088, Capstone Pr.) Capstone.

Laurie Hernandez. Katie Lajiness. 2016. (Big Buddy Olympic Biographies Ser.). (ENG.). 32p. (J). (gr. 2-5). lib. bdg. 34.21 *(978-1-68078-552-4(4)*, 23591, Big Buddy Bks.) ABDO Publishing Co.

Laurie Todd, or the Settlers in the Woods (Classic Reprint) John Galt. (ENG., Illus.). (J). 2018. 186p. 27.73 *(978-0-484-89030-4(1))*; 2017. pap. 10.57 *(978-0-243-89332-4(9))* Forgotten Bks.

Lauriel the Love Letters of an American Girl (Classic Reprint) Herbert Dickinson Ward. 2018. (ENG., Illus.). 330p. (J). 30.70 *(978-0-483-40318-5(0))* Forgotten Bks.

Lauterdale a Story of Two Generations, Vol. 1 (Classic Reprint) J. Fogerty. 2018. (ENG., Illus.). 330p. (J). 30.72 *(978-0-267-17276-4(1))* Forgotten Bks.

Lauterdale a Story of Two Generations, Vol. 2 of 3 (Classic Reprint) J. Fogerty. 2018. (ENG., Illus.). 372p. (J). 31.57 *(978-0-483-44267-2(4))* Forgotten Bks.

Lauterdale a Story of Two Generations, Vol. 3 of 3 (Classic Reprint) J. Fogerty. 2018. (ENG., Illus.). 388p. (J). 31.90 *(978-0-484-08596-0(4))* Forgotten Bks.

Lava & Magma: How the Hawaiian Islands Formed, 1 vol. Jeremy Morlock. 2019. (Earth's History Through Rocks Ser.). (ENG.). 32p. (gr. 4-5). 27.93 *(978-1-7253-0150-4(4)*, 7b7bfe53-2340-4e74-9f1f-c7adf9adbd14, PowerKids Pr.) Rosen Publishing Group, Inc., The.

Lava Chase (Diary of a Roblox Pro #4: an AFK Book), Vol. 4. Ari Avatar. 2023. (Diary of a Roblox Pro Ser.). (ENG.). 128p. (J). (gr. 2-5). pap. 6.99 ***(978-1-339-00860-8(2))*** Scholastic, Inc.

Lava Man Returns. Bill Meiklejohn. 2021. (ENG.). 62p. (J). *(978-0-6483780-3-7(9))*; pap. *(978-0-6483780-2-0(0))* Willyabrup Dreaming.

Lavado de Carros. Linda Koons. Illus. by Sarah Jennings. 2016. (Early Rising Readers Ser.). (SPA.). 16p. (J). (gr. 1-1). 6.67 *(978-1-4788-3729-9(2))* Newmark Learning LLC.

Lavado de Carros - 6 Pack. Linda Koons. 2016. (Early Rising Readers Ser.). (SPA.). (J). (gr. 1). 40.00 net. *(978-1-4788-4672-7(0))* Newmark Learning LLC.

Lavalieres: Gem Haven. Nicholas Milano. 2016. (Gem Haven, Volume 1 Ser.: Vol. 1). (ENG.). 148p. (J). pap. 11.99 *(978-1-5092-0764-0(3))* Wild Rose Pr., Inc., The.

Lavanauts: Hot Lava Pirates & Sharks. Amy Shook. 2021. (ENG.). 50p. (J). 25.95 *(978-1-63630-258-4(0))*; pap. 15.95 *(978-1-63630-257-7(2))* Covenant Bks.

Lavander & Old Lace (Classic Reprint) Mvrtle Reed. 2018. (ENG., Illus.). 264p. (J). 29.36 *(978-0-483-64164-8(2))* Forgotten Bks.

Lavas of Hawaii & Their Relations (Classic Reprint) Whitman Cross. 2016. (ENG., Illus.). (J). pap. 9.57 *(978-1-334-47908-3(9))* Forgotten Bks.

Lavender & Old Lace (Classic Reprint) Myrtle Reed. 2018. (ENG., Illus.). 280p. (J). 29.69 *(978-0-365-22111-1(2))* Forgotten Bks.

Lavender Bear Goes to the Beach. Pamela Mones. Illus. by Christopher Arce. 2021. (ENG.). 44p. (J). 21.95 ***(978-1-0879-9060-6(2))*** Indy Pub.

Lavender Bunny. Catherine J. McAmmond. 2021. (ENG.). 18p. (J). *(978-0-2288-3353-6(1))*; pap. *(978-0-2288-3352-9(3))* Tellwell Talent.

Lavender Eyes. Joan Marie Benda. 2023. (ENG.). 110p. (J). 24.99 ***(978-1-959484-32-5(X))***; pap. 14.99 ***(978-1-959484-31-8(1))*** US Ghost Writing.

Lavender in Larkspur: Katie's Dream of Romance. Patricia Garfield. 2016. (ENG., Illus.). (J). (gr. 3-6). pap. 4.99 *(978-0-692-79633-7(9))* Dr. Patricia Garfield's Ctr. for Creative Dreami.

Lavender Is Purple. Austen Lott. Illus. by Cassie Genc. 2023. (ENG.). 38p. (J). 29.95 ***(978-1-6678-5311-6(2))*** BookBaby.

Lavender Raine & the Field of Screams. Jessica Renwick. 2022. (Lavender Raine Ser.: Vol. 2). (ENG.). 186p. (J). pap. ***(978-1-989854-20-4(6))*** Starfell Pr.

Lavender Rose. Dani Carlisle. 2021. (ENG.). 456p. (YA). pap. *(978-0-2288-5439-5(3))* Tellwell Talent.

Lavengro: A New Edition Containing the Unaltered Text of the Original Issue; Some Suppressed Episodes Now Printed for the First Time; Ms. Variorum, Vocabulary & Notes by the Author of the Life of George Borrow (Classic Reprint) George Borrow. 2017. (ENG., Illus.). (J). 36.87 *(978-0-266-40756-0(0))* Forgotten Bks.

Lavengro & the Romany Rye (Classic Reprint) George Borrow. (ENG., Illus.). (J). 2018. 1096p. 46.52 *(978-0-484-57510-2(4))*; 2017. pap. 28.86 *(978-1-334-91340-2(4))* Forgotten Bks.

Lavengro the Scholar, the Gypsy, the Priest, Vol. 2 of 3 (Classic Reprint) George Henry Borrow. 2017. (ENG., Illus.). (J). 31.73 *(978-1-5279-8777-7(9))* Forgotten Bks.

Lavengro the Scholar the Gypsy the Priest, Vol. 3 of 3 (Classic Reprint) George Henry Borrow. 2018. (ENG., Illus.). 440p. (J). 32.97 *(978-0-483-31114-5(6))* Forgotten Bks.

Lavengro, Vol. 1 Of 3: The Scholar, the Gypsy, the Priest (Classic Reprint) George Borrow. 2017. (ENG., Illus.). (J). 31.82 *(978-0-260-43405-0(1))*; pap. 16.57 *(978-0-243-90144-9(5))* Forgotten Bks.

Laverne Cox. Maria Isabel Sanchez Vegara. Illus. by Olivia Daisy Coles. 2022. (Little People, BIG DREAMS Ser.: 86). (ENG.). 32p. (J). (gr. -1-2). ***(978-0-7112-7091-6(0)***, Frances Lincoln Children's Bks.) Quarto Publishing Group UK.

Laverne Cox, 1 vol. Erin Staley. 2016. (Transgender Pioneers Ser.). (ENG.). 112p. (J). (gr. 7-7). 38.80 *(978-1-5081-7159-1(9)*, 95d09ede-a5ac-47c6-a2d1-8b2ad12b84ee) Rosen Publishing Group, Inc., The.

Laverne the Llama Learns to Spit. Kay Mesia. 2021. (ENG.). 62p. (J). pap. 13.00 *(978-1-7354764-4-5(7))* Southampton Publishing.

Lavina's Great Outdoor Adventure. Bettyann (Petti) Boyle. 2021. (ENG., Illus.). 52p. (J). pap. 16.95 *(978-1-63692-797-8(1))* Newman Springs Publishing, Inc.

Lavinia (Classic Reprint) Rhoda Broughton. 2017. (ENG., Illus.). (J). 30.95 *(978-0-331-86896-8(2))* Forgotten Bks.

Lavril a Novel (Classic Reprint) Helen B. Dole. 2018. (ENG., Illus.). 198p. (J). 27.98 *(978-0-332-15497-8(1))* Forgotten Bks.

Law & Justice. Charlie Ogden. 2017. (Our Values - Level 3 Ser.). (Illus.). 32p. (J). (gr. 5-6). *(978-0-7787-3721-6(7))* Crabtree Publishing Co.

Law & Lawyers of Pickwick: A Lecture (Classic Reprint) Frank Lockwood. (ENG., Illus.). (J). 2018. 136p. 26.72 *(978-0-483-17141-1(7))*; 2016. pap. 9.57 *(978-1-332-71109-3(X))* Forgotten Bks.

Law & Odor: Dinosaur Graphic Novel. Doug Paleo & Aaron Blecha. 2022. (Dinomighty! Ser.: 3). (ENG., Illus.). 224p. (J). (gr. 1-5). 13.99 *(978-0-358-62795-1(8)*, Clarion Bks.) HarperCollins Pubs.

Law & Order. Wil Mara. 2016. (21st Century Skills Library: a Citizen's Guide Ser.). (ENG., Illus.). 32p. (J). (gr. 4-7). 32.07 *(978-1-63471-069-5(X)*, 208355) Cherry Lake Publishing.

Law & Order: Purpose of Government & Law American Law Books Grade 3 Children's Government Books. Universal Politics. 2021. (ENG.). 72p. (J). 27.99 *(978-1-5419-8080-8(8))*; pap. 16.99 *(978-1-5419-5936-1(1))* Speedy Publishing LLC. (Universal Politics (Politics & Social Sciences)).

Law & Outlaw (Classic Reprint) Alfred Sidgwick. (ENG., Illus.). (J). 2018. 298p. 30.06 *(978-0-267-23392-2(2))*; 2016. pap. 13.57 *(978-1-333-31944-1(4))* Forgotten Bks.

Law & Public Safety. Diane Lindsey Reeves. 2017. (Bright Futures Press: World of Work Ser.). (ENG., Illus.). 32p. (J). (gr. 4-7). lib. bdg. 32.07 *(978-1-63472-626-9(X)*, 209538) Cherry Lake Publishing.

Law & the Lady: A Novel (Classic Reprint) Wilkie Collins. (ENG., Illus.). (J). 2018. 656p. 37.43 *(978-0-483-14812-3(1))*; 2017. 33.90 *(978-0-331-56817-2(9))*; 2017. pap. 19.97 *(978-0-243-09213-0(X))* Forgotten Bks.

Law & the Lady, Vol. 3 Of 3: A Novel (Classic Reprint) Wilkie Collins. 2018. (ENG., Illus.). 348p. (J). 31.09 *(978-0-484-88348-1(8))* Forgotten Bks.

L

Law-Breakers (Classic Reprint) Ridgwell Cullum. (ENG., Illus.). (J). 2018. 378p. 31.69 (978-0-483-50931-3(0)); 2017. pap. 16.57 (978-0-243-05751-1(2)) Forgotten Bks.

Law-Breakers (Classic Reprint) Robert Grant. 2018. (ENG., Illus.). 288p. (J). 29.86 (978-0-364-43534-2(8)) Forgotten Bks.

Law-Breaking Adventures of Teacher Tabitha: 978-0-9947339-6-2. Geraldine Ryan-Lush. 2018. (ENG.). 98p. (J). pap. (978-0-9947339-6-2(8)) Mulberry Bks.

Law-Bringers (Classic Reprint) G. B. Lancaster. (ENG., Illus.). (J). 2018. 490p. 34.02 (978-0-483-36608-4(0)); 2016. pap. 16.57 (978-1-333-32892-4(3)) Forgotten Bks.

Law Enforcement & Intelligence Gathering, 8 vols. 2016. (Law Enforcement & Intelligence Gathering Ser.). (ENG.). 00104p. (YA). (gr. 8-8). 151.28 (978-1-5081-0293-9(7), 4fb38f41-48cc-4bd9-91c9-816e9a0bd225, Britannica Educational Publishing) Rosen Publishing Group, Inc., The.

Law Enforcement Robots. Mary Lindeen. 2017. (Cutting-Edge Robotics (Alternator Books (r)) Ser.). (ENG., Illus.). 32p. (J). (gr. 3-6). 29.32 (978-1-5124-4011-9(6), 16cec008-1069-4a09-b7b3-15aef65d0e86, Lerner Pubns.) Lerner Publishing Group.

Law Enforcement (Set), 6 vols. John Hamilton. 2021. (Law Enforcement Ser.). (ENG.). 48p. (J). (gr. 5-9). lib. bdg. 205.32 (978-1-5321-9382-8(3), 34767, Abdo & Daughters) ABDO Publishing Co.

Law for People, 1 vol. Lamar Coldwell. 2016. (Rosen REAL Readers: Social Studies Nonfiction / Fiction: My Self, My Community, My World Ser.). (ENG.). 8p. (gr. k-1). pap. 5.46 (978-1-5081-2503-7(1), 44ebd88f-415e-41b2-a623-67e657b4edae, Rosen Classroom) Rosen Publishing Group, Inc., The.

Law in His Hands: The Story of John Brown African American Books Grade 5 Children's Biographies. Dissected Lives. 2021. (ENG.). 72p. (J). 27.99 (978-1-5419-8615-2(6)); pap. 16.99 (978-1-5419-6061-9(0)) Speedy Publishing LLC. (Dissected Lives (Auto Biographies)).

Law Lyrics. Robert Bird. 2017. (ENG., Illus.). (J). pap. (978-3-7447-7599-1(2)) Creation Pubs.

Law Lyrics. Robert Bird. 2017. (ENG., Illus.). (J). pap. (978-0-649-62630-4(3)) Trieste Publishing Pty Ltd.

Law of Finders Keepers. Sheila Turnage. 2019. (Mo & Dale Mysteries Ser.). 368p. (J). (gr. 5). 8.99 (978-0-14-242617-3(2), Puffin Books) Penguin Young Readers Group.

Law of Hemlock Mountain (Classic Reprint) Hugh Lundsford. 2018. (ENG., Illus.). 316p. (J). 30.41 (978-0-483-40879-1(4)) Forgotten Bks.

Law of Inertia. S. Gonzales. 2018. (ENG.). 353p. (YA). pap. 19.99 (978-1-944995-87-4(0)) Amberjack Publishing Co.

Law of Life: A Novel (Classic Reprint) Carl Werner. 2018. (ENG., Illus.). 346p. (J). 31.05 (978-0-483-73400-5(4)) Forgotten Bks.

Law of Life (Classic Reprint) Anna Mcclure Sholl. 2018. (ENG., Illus.). 588p. (J). 36.04 (978-0-267-42712-3(3)) Forgotten Bks.

Law of Peoples for Recognizing States: On Rawls, the Social Contract, & Membership in the International Community. Chris Naticchia. 2016. 294p. 117.00 (978-1-4985-2613-5(6)) Lexington Bks.

Law of Railroad Fences & Private Crossings: Including Injuries to Animals on Right of Way Caused by Negligence (Classic Reprint) William Wheeler Thornton. 2017. (ENG., Illus.). 640p. (J). pap. 19.57 (978-0-332-33438-7(4)) Forgotten Bks.

Law of Stars & Sultans. S. Young. 2022. (Seven Kings of Jinn Ser.: Vol. 4). (ENG.). 330p. (J). pap. (978-1-915243-05-8(X)) Young, Samantha.

Law of Tall Girls. Joanne MacGregor. 2017. (ENG., Illus.). 396p. (YA). (gr. 8-12). pap. (978-0-9947230-0-0(8)) ALZuluBelle.

Law of the Bolo (Classic Reprint) Stanley Portal Hyatt. 2018. (ENG., Illus.). 292p. (J). 29.92 (978-0-267-21464-8(2)) Forgotten Bks.

Law of the Gun (Classic Reprint) Ridgwell Cullum. 2017. (ENG., Illus.). (J). 33.05 (978-0-265-22102-0(1)) Forgotten Bks.

Law of the Land: Of Miss. Lady, Whom It Involved in Mystery, & of John Eddring, Gentleman of the South, Who Read Its Deeper Meaning; a Novel (Classic Reprint) Emerson Hough. 2018. (ENG., Illus.). 448p. (J). 33.14 (978-0-267-16599-5(4)) Forgotten Bks.

Law of the White Circle (Classic Reprint) Thornwell Jacobs. 2018. (ENG., Illus.). 262p. (J). 29.32 (978-0-484-58964-2(4)) Forgotten Bks.

Law of Zotoss. Elizabeth G. Hall. 2022. (ENG.). 580p. (YA). (978-0-2288-7731-8(8)); pap. (978-0-2288-7732-5(6)) Tellwell Talent.

Law Review & Quarterly Journal of British & Foreign Jurisprudence, 1862, Vol. 16 (Classic Reprint) William S. Hein Company. 2018. (ENG., Illus.). 462p. (J). (gr. -1-3). 33.43 (978-0-483-46174-1(1)) Forgotten Bks.

Law unto Herself: A Novel (Classic Reprint) Rebecca Harding Davis. 2018. (ENG., Illus.). 100p. (J). 25.96 (978-0-484-87560-8(4)) Forgotten Bks.

LaWilla Holiday Repertoire. Felicia Feng Zhang. 2019. (ENG., Illus.). 32p. (J). pap. 13.99 (978-1-64570-636-6(2)) Primedia eLaunch LLC.

Lawless Ladies: 10 Untold Stories of History's Boldest Criminals. Angela Buckingham. Illus. by Rachel Tribout. 2023. (Heroic Heroines Ser.). (ENG.). 96p. (J). (gr. 4-6). 24.99 (978-1-922677-37-2(X)) Bonnier Publishing GBR. Dist: Independent Pubs. Group.

Lawless Spaces. Corey Ann Haydu. 2022. (ENG.). 496p. (YA). (gr. 9). 18.99 (978-1-5344-3706-7(1), Simon & Schuster Bks. For Young Readers) Simon & Schuster Bks. For Young Readers.

Lawless Women: The Jewel of the Sea. Alia N. Buresh. 2018. (ENG., Illus.). 254p. (YA). (gr. 7-12). pap. 18.95 (978-1-63263-638-6(7)) Booklocker.com, Inc.

Lawn Mower Racing, 1 vol. Kate Mikoley. 2019. (Motorsports Maniacs Ser.). (ENG.). 32p. (gr. 1-2). pap. 11.50 (978-1-5382-4086-1(6), 92c5e970-ee96-4ed8-bf99-da93abfd4ef9); lib. bdg. 28.27 (978-1-5382-4088-5(2), 9e158c3d-863b-4875-a372-599882617c13) Stevens, Gareth Publishing LLLP.

Lawn of Doom #1. Paul Tobin. Illus. by Ron Chan. 2019. (Plants vs. Zombies Ser.). (ENG.). 28p. (J). (gr. 3-7). lib. bdg. 31.36 (978-1-5321-4383-0(4), 32886, Graphic Novels) Spotlight.

Lawn of Doom #2. Paul Tobin. Illus. by Ron Chan. 2019. (Plants vs. Zombies Ser.). (ENG.). 28p. (J). (gr. 3-7). lib. bdg. 31.36 (978-1-5321-4384-7(2), 32887, Graphic Novels) Spotlight.

Lawn of Doom #3. Paul Tobin. Illus. by Ron Chan. 2019. (Plants vs. Zombies Ser.). (ENG.). 28p. (J). (gr. 3-7). lib. bdg. 31.36 (978-1-5321-4385-4(0), 32888, Graphic Novels) Spotlight.

Lawni Takes the Field: Teamwork. Ken Bowser. Illus. by Ken Bowser. ed. 2016. (Funny Bone Readers (tm) — Truck Pals on the Job Ser.). (ENG., Illus.). 24p. (J). (gr. k-2). E-Book 30.65 (978-1-63440-076-3(3)) Red Chair Pr.

Lawnmageddon #1. Paul Tobin. Illus. by Ron Chan & Matthew J. Rainwater. 2016. (Plants vs. Zombies Ser.). (ENG.). 28p. (J). (gr. 3-7). lib. bdg. 31.36 (978-1-61479-540-7(1), 21447, Graphic Novels) Spotlight.

Lawnmageddon #2. Paul Tobin. Illus. by Ron Chan & Matthew J. Rainwater. 2016. (Plants vs. Zombies Ser.). (ENG.). 28p. (J). (gr. 3-7). lib. bdg. 31.36 (978-1-61479-541-4(X), 21448, Graphic Novels) Spotlight.

Lawnmageddon #3. Paul Tobin. Illus. by Ron Chan & Matthew J. Rainwater. 2016. (Plants vs. Zombies Ser.). (ENG.). 28p. (J). (gr. 3-7). lib. bdg. 31.36 (978-1-61479-542-1(8), 21449, Graphic Novels) Spotlight.

Lawnteel at Home. Angus Maccaull. Illus. by Annie Chau. 2016. (ENG.). (J). pap. (978-0-9949240-4-9(6)) Outside the Lines Pr.

Lawnteel at School. Angus Maccaull. Illus. by Annie Chau. 2019. (ENG.). 40p. (J). pap. (978-0-9958692-9-5(4)) Outside the Lines Pr.

Lawrence: The Bunny Who Wanted to Be Naked. Vern Kousky. 2020. (Illus.). 40p. (J). (gr. -1-2). 17.99 (978-0-525-64665-5(5), Schwartz & Wade Bks.) Random Hse. Children's Bks.

Lawrence Clavering (Classic Reprint) Alfred Edward Woodley Mason. 2018. (ENG., Illus.). 394p. (J). 32.02 (978-0-483-60463-6(1)) Forgotten Bks.

Lawrence Struilby: Or Observations & Experiences During Twenty-Five Years of Bush-Life in Australia (Classic Reprint) John Graham. 2017. (ENG., Illus.). (J). 30.04 (978-0-260-11963-6(6)) Forgotten Bks.

Lawrence's Adventures: Among the Ice-Cutters, Glass-Makers, Coal-Miners, Iron-Men, & Ship-Builders (Classic Reprint) John Townsend Trowbridge. 2018. (ENG., Illus.). 252p. (J). 29.11 (978-0-267-23396-0(5)) Forgotten Bks.

Lawrie Todd, or the Settlers in the Woods (Classic Reprint) John Galt. 2017. (ENG., Illus.). (J). 33.63 (978-0-331-90202-0(8)) Forgotten Bks.

Lawrie Todd, or the Settlers in the Woods, Vol. 2 of 3 (Classic Reprint) John Galt. (ENG., Illus.). (J). 2018. 342p. 30.95 (978-0-267-31372-3(1)); 2016. pap. 13.57 (978-1-333-43186-0(4)) Forgotten Bks.

Lawrie Todd, Vol. 1 Of 3: Or, the Settlers in the Woods (Classic Reprint) John Galt. 2018. (ENG., Illus.). 314p. (J). 30.37 (978-0-483-27410-5(0)) Forgotten Bks.

Lawrie Todd, Vol. 3 Of 3: Or the Settlers in the Woods (Classic Reprint) John Galt. 2017. (ENG., Illus.). (J). 30.70 (978-1-5280-6710-2(X)) Forgotten Bks.

Laws of Electrolysis! What Is Electrolysis & More - Chemistry for Kids - Children's Chemistry Books. Pfiffikus. 2016. (ENG., Illus.). (J). pap. 10.81 (978-1-68377-611-6(9)) Whike, Traudl.

Laws of Motion: An Elementary Treatise on Dynamics (Classic Reprint) Wallis Hay Laverty. (ENG., Illus.). (J). 2018. 242p. 28.89 (978-0-656-03408-6(4)); 2017. pap. 11.57 (978-1-5276-8726-4(0)) Forgotten Bks.

Laws of Motion: Physics for Kids Children's Physics Books. Baby Professor. 2017. (ENG., Illus.). (YA). pap. 8.79 (978-1-5419-3854-0(2), Baby Professor (Education Kids)) Speedy Publishing LLC.

Laws of the United States Relating to the Improvement of Rivers & Harbors from August 11, 1790, to March 3 1887: With a Tabulated Statement of Appropriations & Allotments (Classic Reprint) John G. Parke. (ENG., Illus.). (J). 2018. 580p. 35.88 (978-0-666-12947-5(9)); 2017. pap. 19.57 (978-0-243-14202-6(1)) Forgotten Bks.

Laws That Changed History, 14 vols. 2019. (Laws That Changed History Ser.). (ENG.). 80p. (YA). (gr. 7-7). lib. bdg. 261.52 (978-1-5026-5518-9(7), ffd7c506-4670-4a43-8763-e2e1aaae72e7) Cavendish Square Publishing LLC.

Lawton Girl (Classic Reprint) Harold Frederic. 2018. (ENG., Illus.). 488p. (J). 33.96 (978-0-666-37435-6(X)) Forgotten Bks.

Lawyer, or Man As He Ought Not to Be: A Tale (Classic Reprint) George Watterston. 2018. (ENG., Illus.). 240p. (J). 28.85 (978-0-267-16856-9(X)) Forgotten Bks.

Lawyer's Daughter, Vol. 1 Of 3: A Novel (Classic Reprint) Frank Trollope. (ENG., Illus.). (J). 2018. 290p. 29.90 (978-0-267-12604-0(2)); 2016. pap. 13.57 (978-1-333-53240-6(7)) Forgotten Bks.

Lawyer's Daughter, Vol. 2 Of 3: A Novel (Classic Reprint) Frank Trollope. 2018. (ENG., Illus.). 316p. (J). 30.43 (978-0-484-86696-5(6)) Forgotten Bks.

Lawyer's Daughter, Vol. 3 Of 3: A Novel (Classic Reprint) Frank Trollope. 2018. (ENG., Illus.). 316p. (J). 30.43 (978-0-267-41778-0(0)) Forgotten Bks.

Laxdaela Saga: Translated from the Icelandic (Classic Reprint) Muriel A. C. Press. 2017. (ENG., Illus.). (J). 29.75 (978-0-331-89270-8(8)); pap. 13.57 (978-0-259-40000-4(9)) Forgotten Bks.

Laxy Grasshopper & the Wise Bee - Te Taake Ae e Taningaroti Ao Te Manibeeru Ae Wanawana (Te Kiribati) Pamela Gabriel Bray. Illus. by Romulo Reyes, III. 2023. (ENG.). 36p. (J). pap. (978-1-922844-30-9(6)) Library For All Limited.

Lay Anthony: A Romance (Classic Reprint) Joseph Hergesheimer. 2018. (ENG., Illus.). 318p. (J). 30.48 (978-0-365-44351-3(4)) Forgotten Bks.

Lay down Your Arms: The Autobiography of Martha Von Tilling - Anti-War Activist & Crusader for Peace. Bertha von Suttner. 2019. (ENG., Illus.). 284p. (J). pap. (978-1-78987-146-3(8)) Pantianos Classics.

Lay down Your Arms: The Autobiography of Martha Von Tilling (Classic Reprint) Bertha von Suttner. 2017. (ENG., Illus.). (J). 33.22 (978-0-265-90318-6(1)) Forgotten Bks.

Lay Morals: And Other Papers (Classic Reprint) Robert Louis Stevenson. 2018. (ENG., Illus.). 334p. (J). 30.79 (978-0-428-41004-9(9)) Forgotten Bks.

Lay of the Land: A Collection of Short Stories. Virginia Q. McNealus. 2017. (ENG., Illus.). (J). pap. (978-0-649-49782-9(1)) Trieste Publishing Pty Ltd.

Lay of the Land: A Collection of Short Stories (Classic Reprint) Virginia Q. McNealus. 2017. (ENG., Illus.). (J). 180p. 27.61 (978-0-332-95869-9(8)); pap. 9.97 (978-0-243-11819-9(8)) Forgotten Bks.

Lay of the Land (Classic Reprint) Dallas Lore Sharp. 2017. (ENG., Illus.). (J). 28.64 (978-1-5285-5973-7(8)) Forgotten Bks.

Lay of the Land (Yesterday's Classics) Dallas Lore Sharp. Illus. by Robert Bruce Horsfall. 2018. (ENG.). 176p. (YA). (gr. 7-12). pap. 10.95 (978-1-59915-463-3(3)) Yesterday's Classics.

Lay of the Sheriff (Classic Reprint) Philip Lybbe Powys Lybbe. 2018. (ENG., Illus.). 44p. (J). 24.80 (978-0-484-28227-7(1)) Forgotten Bks.

Lay Sermons (Classic Reprint) Howard W. Tilton. (ENG., Illus.). (J). 2018. 130p. 26.60 (978-0-483-75967-1(8)); 2017. pap. 9.57 (978-0-243-41675-2(X)) Forgotten Bks.

Layered. Lynette Ferreira. 2017. (ENG., Illus.). (J). pap. 11.90 (978-0-244-00874-1(4)) Lulu Pr., Inc.

Layers of Earth's Atmosphere, 1 vol. Elizabeth Borngraber. 2018. (Spotlight on Weather & Natural Disasters Ser.). (ENG.). 24p. (gr. 4-6). 27.93 (978-1-5081-6915-4(2), d5a94949-1c07-4d64-be48-5665b8a0067a, PowerKids Pr.) Rosen Publishing Group, Inc., The.

Layers of Stone: How Earth's Biggest Caves Formed, 1 vol. Daniel R. Faust. 2019. (Earth's History Through Rocks Ser.). (ENG.). 32p. (gr. 4-5). pap. 11.00 (978-1-7253-0152-8(0), 38b92f23-8ff5-49ea-b4d1-40ae5b7bb00d, PowerKids Pr.) Rosen Publishing Group, Inc., The.

Layers of the Atmosphere 5th Grade Children's Science Book. Bold Kids. 2023. (ENG.). 42p. (J). pap. 14.99 (978-1-0717-1801-8(0)) FASTLANE LLC.

Layers of the Earth - a Study of Earth's Structure - Introduction to Geology - Interactive Science Grade 8 - Children's Earth Sciences Books. Baby Professor. 2019. (ENG.). 72p. (J). pap. 14.72 (978-1-5419-4963-8(3)); 24.71 (978-1-5419-7457-9(3)) Speedy Publishing LLC. (Baby Professor (Education Kids)).

Layers of the Rain Forest. Julie Murray. 2022. (Rain Forest Life Ser.). (ENG.). 24p. (J). (gr. k-4). lib. bdg. 31.36 (978-1-0982-8010-9(5), 41055, Abdo Zoom-Dash) ABDO Publishing Co.

Layla. A. M. Banks. 2017. (Sorceress' Daughter Ser.: Vol. 1). (ENG., Illus.). (YA). (gr. 7-12). pap. (978-1-911261-23-0(1)) Knox Robinson Pubs.

Layla & Dancer, 5. Julie Sykes. ed. 2019. (Unicorn Academy Ser.). (ENG.). 106p. (J). (gr. 2-3). 16.36 (978-1-64697-080-3(2)) Penworthy Co., LLC, The.

Layla & Luella. Nicole B. Cameron. 2021. (ENG.). 32p. (J). 22.59 (978-1-0983-4905-9(9)) BookBaby.

Layla I Love You All Ways. Marianne Richmond. Illus. by Dubravka Kolanovic. 2023. (I Love You All Ways Ser.). (ENG.). 32p. (J). (gr. -1-3). 8.99 (978-1-7282-7383-9(8)) Sourcebooks, Inc.

Layla on the North Pole Express. J. D. Green. Illus. by Joanne Partis. 2022. (North Pole Express Bears Ser.). (ENG.). 32p. (J). (gr. -1-3). 7.99 (978-1-7282-6953-5(9)) Sourcebooks, Inc.

Layla on the North Pole Express. J. D. Green. 2019. (North Pole Express Ser.). (ENG.). 32p. (J). (gr. -1-3). 7.99 (978-1-7282-0357-7(0)) Sourcebooks, Inc.

Layla, Queen of Hearts. Glenda Millard. Illus. by Stephen Michael King. 2019. (Kingdom of Silk Ser.: 02). 112p. (Orig.). mass mkt. 4.99 (978-0-7333-1842-9(8)) ABC Bks. AUS. Dist: HarperCollins Pubs.

Layla Santa's Secret Elf. Put Me In The Story & Katherine Sully. Illus. by Julia Seal. 2018. (Santa's Secret Elf Ser.). (ENG.). 32p. (J). (gr. k-3). 5.99 (978-1-4926-8156-4(3)) Sourcebooks, Inc.

Layla the Ladybug Honesty. Darlington Johnson. 2018. (ENG., Illus.). 34p. (J). 16.00 (978-0-9988693-8-4(4)); pap. 12.00 (978-0-9988693-9-1(2)) Layla the Ladybug Bk. Publishing.

Layla, the Last Black Unicorn. Tiffany Haddish. Illus. by Jessica Gibson. 2022. (ENG.). 32p. (J). (gr. -1-3). 18.99 (978-0-06-311387-9(2), HarperCollins) HarperCollins Pubs.

Layla the Lawyer: The Case of the Missing Cookies. Brittany Starr A Whittington. Illus. by Baobab Publishing. 2019. (ENG.). 38p. (J). pap. 16.99 (978-0-578-41114-9(8)) She is Me.

Layla the Yellow Balloon Comes All Undone. Louisa Lawson. 2023. (ENG.). 36p. (J). (978-1-0391-7038-4(2)); pap. (978-1-0391-7037-7(4)) FriesenPress.

Layla 'Twas the Night Before Christmas. Illus. by Lisa Alderson. 2019. (Night Before Christmas Ser.). (ENG.). 32p. (J). (gr. -1-3). 7.99 (978-1-7282-0250-1(7)) Sourcebooks, Inc.

Layla's Christmas Wish. Put Me In The Story & J. D. Green. Illus. by Julia Seal. 2018. (Christmas Wish Ser.). (ENG.). 32p. (J). (gr. k-3). 6.99 (978-1-4926-8341-4(8)) Sourcebooks, Inc.

Layla's Happiness. Mariahadessa Ekere Tallie. Illus. by Ashleigh Corrin. 2019. (ENG.). 48p. (J). 17.95 (978-1-59270-288-6(0)) Enchanted Lion Bks., LLC.

Layla's Luck. Jo Rooks. 2020. (Illus.). 32p. (J). (978-1-4338-3238-3(0), Magination Pr.) American Psychological Assn.

Layla's Wishes, William Makes a Wish to the Land of the Chickens. Julie C. Farmer. 2017. (ENG., Illus.). (J). pap. (978-0-9571095-8-2(X)) Farmer, Julie Publishing.

Layoverland. Gabby Noone. 2021. 304p. (YA). (gr. 9). pap. 9.99 (978-1-9848-3614-4(5), Razorbill) Penguin Young Readers Group.

Lays & Legends of the Weald of Kent. Lilian Winser. 2017. (ENG., Illus.). (J). pap. (978-0-649-43146-5(4)) Trieste Publishing Pty Ltd.

Lays & Legends of the Weald of Kent (Classic Reprint) Lilian Winser. 2018. (ENG., Illus.). (J). 25.94 (978-0-260-13485-1(6)) Forgotten Bks.

Lays & Legends of Various Nations: Illustrative of Their Traditions, Popular Literature, Manners, Customs, & Superstitions (Classic Reprint) William John Thoms. 2017. (ENG., Illus.). (J). 30.06 (978-0-265-68107-7(3)); pap. 13.57 (978-1-5276-5168-5(1)) Forgotten Bks.

Lays & Letters from Linton (Classic Reprint) Samuel Mucklebackit. 2018. (ENG., Illus.). 238p. (J). 28.81 (978-0-332-08891-4(X)) Forgotten Bks.

Lays of a Lazy Dog (Classic Reprint) David Kilburn Stevens. (ENG., Illus.). (J). 2018. 64p. 25.24 (978-0-267-60100-4(X)); 2016. pap. 9.57 (978-1-334-13938-3(5)) Forgotten Bks.

Lays of Ancient Babyland: To Which Are Added Divers Small Histories Not Known to the Ancients, Dedicated, with Much Respect, but Without Permission, to the Babies of England (Classic Reprint) Unknown Author. 2018. (ENG., Illus.). (J). 132p. 26.62 (978-0-365-54666-5(6)); 134p. pap. 9.57 (978-0-365-54663-4(1)) Forgotten Bks.

Lays of Common Life (Classic Reprint) William Toynbee. 2018. (ENG., Illus.). 134p. (J). 26.68 (978-0-484-76546-6(9)) Forgotten Bks.

Lays of Ind. Aliph Cheem. 2017. (ENG., Illus.). (J). pap. (978-0-649-40940-2(X)) Trieste Publishing Pty Ltd.

Lays of Ind: Comical, Satirical & Descriptive, Poems Illustrative of English Life in India (Classic Reprint) Aliph Cheem. 2018. (ENG., Illus.). 300p. (J). 30.10 (978-0-267-12968-3(8)) Forgotten Bks.

Lays of Ind (Classic Reprint) Aliph Cheem. 2018. (ENG., Illus.). (J). 144p. 26.89 (978-0-483-27039-8(3)); 96p. 25.88 (978-0-483-84594-7(9)) Forgotten Bks.

Lays of the Colleges: Being a Collection of Songs & Verses (Classic Reprint) Unknown Author. 2018. (ENG., Illus.). 286p. (J). 29.80 (978-0-483-89625-3(X)) Forgotten Bks.

Lays of the People: Chiefly from the People (Classic Reprint) John F Nicholls. (ENG., Illus.). (J). 2018. 96p. 25.88 (978-0-483-41376-4(3)); 2016. pap. 9.57 (978-1-334-12038-1(2)) Forgotten Bks.

Lays of West Africa: And Ditties of the Coast (Classic Reprint) Alan Field. 2018. (ENG., Illus.). 80p. (J). 25.57 (978-0-484-28395-3(2)) Forgotten Bks.

Lazar & Jingles & Bunson in Holiday Gifts. Kendrick Sims. 2018. (ENG., Illus.). 84p. (J). pap. 14.00 (978-1-64214-717-9(6)) Page Publishing Inc.

Lazarillo de Tormes. Anonimo Anonimo. 2018. (SPA., Illus.). 96p. (YA). (gr. 8-12). pap. 6.95 (978-607-453-225-8(7)) Selector, S.A. de C.V. MEX. Dist: Spanish Pubs., LLC.

Lazarre with Illustrations by André Castaigne (Classic Reprint) Mary Hartwell Catherwood. 2019. (ENG., Illus.). 468p. (J). 33.55 (978-0-365-16865-2(3)) Forgotten Bks.

Lazarus. Maryanne Melloan Woods. 2020. (ENG.). 258p. (YA). pap. 14.95 (978-1-945654-62-6(7)) Owl Hollow Pr.

Lazarus, and, the Gentleman from San Francisco (Classic Reprint) Leonid Andreyev. (ENG., Illus.). (J). 2018. 66p. 25.26 (978-0-267-17128-6(5)); 2016. pap. 9.57 (978-1-333-17643-3(0)) Forgotten Bks.

Lazarus Plan. John Sazaklis. Illus. by Ethen Beavers. 2016. (You Choose Stories: Batman Ser.). (ENG.). 112p. (J). (gr. 2-6). lib. bdg. 32.65 (978-1-4965-3088-2(8), 131973, Stone Arch Bks.) Capstone.

Lazer Maze Logic Game: Christmas Edition. Jupiter Kids. 2018. (ENG., Illus.). 106p. (J). pap. 12.55 (978-1-5419-3607-2(8), Jupiter Kids (Childrens & Kids Fiction)) Speedy Publishing LLC.

Laziest Man in the World: A Comedy in One Act (Classic Reprint) Carl Webster Pierce. 2019. (ENG., Illus.). (J). 28p. 24.47 (978-1-397-28225-5(8)); 30p. pap. 7.97 (978-1-397-28125-8(1)) Forgotten Bks.

Lazlo Learns Recorder. Vicky Weber. Illus. by Masha Klot. 2020. (ENG.). 32p. (J). (gr. 2-5). 18.99 (978-1-7342129-0-7(X)); pap. 12.99 (978-1-7342129-1-4(8)) Trunk Up Bks.

Lazo a la Luna see **Moon Rope**

Lazos de Sangre / the Cousins. Karen M. McManus. 2021. (SPA.). 384p. (YA). (gr. 9). pap. 18.95 (978-84-204-5362-0(5), Alfaguara) Penguin Random House Grupo Editorial ESP. Dist: Penguin Random Hse. LLC.

Lazy Anansi. Ghanaian Folktale. Illus. by Wiehan de Jager. 2022. (ENG.). 24p. (J). pap. (978-1-922918-08-6(3)) Library For All Limited.

Lazy Anansi - Anansi le Paresseux. Ghanaian Folktale. Illus. by Wiehan de Jager. 2022. (FRE.). 24p. (J). pap. (978-1-922849-68-7(5)) Library For All Limited.

Lazy Anansi - Anansi Mvivu. Ghanaian Folktale. Illus. by Wiehan de Jager. 2023. (SWA.). 24p. (J). pap. (978-1-922951-75-5(7)) Library For All Limited.

Lazy As a Dog: Are Dogs Sluggish? Mame Ventura. 2022. (Animal Idioms Ser.). (ENG., Illus.). 32p. (J). (gr. 2-3). pap. 9.95 (978-1-64494-647-3(5)) North Star Editions.

Lazy As a Dog: Are Dogs Sluggish? Are Dogs Sluggish? Mame Ventura. 2021. (Animal Idioms Ser.). (ENG., Illus.). 32p. (J). (gr. 2-5). lib. bdg. 34.21 (978-1-5321-9668-3(7), 38312, Kids Core) ABDO Publishing Co.

Lazy Crafternoon. Stella Fields. 2016. (Lazy Crafternoon Ser.). (ENG.). (J). (gr. 3-9). 32p. 122.60 (978-1-5157-1443-9(8), 24937, Capstone Pr.); (Illus.). 128p. pap. 14.95 (978-1-62370-751-4(X), 132444, Capstone Young Readers) Capstone.

Lazy Crazy Lounging Lions Coloring Book. Activity Attic Books. 2016. (ENG., Illus.). (J). pap. 7.74 (978-1-68323-334-3(4)) Twin Flame Productions.

Lazy Daisy. Caz Goodwin. Illus. by Ashley King. 2021. (ENG.). 32p. (J). (gr. -1-k). pap. 12.99 (978-1-76050-754-1(7)) Little Hare Bks. AUS. Dist: Independent Pubs. Group.

Lazy Days with the Lions Coloring Book. Activibooks For Kids. 2016. (ENG., Illus.). (J). pap. 9.20 (978-1-68321-798-5(5)) Mimaxion.

1132 The check digit for ISBN-10 appears in parentheses after the full ISBN-13

Lazy Dog & Panic at the Beach. Gemma McMullen. Illus. by Angelika Waigand. 2023. (Level 0 - Lilac Set Ser.). (ENG.). 32p. (J). (gr. k-1). lib. bdg. 19.95 Bearport Publishing Co., Inc.

Lazy Goth Method: How to Alienate Friends & Avoid People. Molly Mercier. 2020. (ENG., Illus.). 96p. (YA). 30.00 *(978-1-61345-188-5(1),* 9229e874-2c0f-4cb7-a0ea-194f55f8766c) Hermes Pr.

Lazy Hyena. J. H. Low. 2016. (ENG., Illus.). 32p. (J). 14.99 *(978-981-4721-70-7(0))* Marshall Cavendish International (Asia) Private Ltd. SGP. Dist: Independent Pubs. Group.

Lazy Laughter (Classic Reprint) Woodward Boyd. 2019. (ENG., Illus.). (J). 304p. 30.19 *(978-1-397-29105-9(2));* 306p. pap. 13.57 *(978-1-397-29085-4(4))* Forgotten Bks.

Lazy Little Brother - Mdogo Wangu ni Mvivu. Zanele Buthelezi Et Al. Illus. by Mlungisi Dlamini Et Al. 2023. (SWA.). 22p. (J). pap. ***(978-1-922876-42-3(9))*** Library For All Limited.

Lazy Little Brother - Petit Frère Paresseux. Clare Verbeek & Thembani Dladla. Illus. by Mlungisi Dlamini. 2022. (FRE.). 22p. (J). pap. ***(978-1-922849-82-3(0))*** Library For All Limited.

Lazy Man's Work. Frances Campbell Sparhawk. 2017. (ENG.). 388p. (J). pap. *(978-3-337-00056-1(8))* Creation Pubs.

Lazy Man's Work: A Novel (Classic Reprint) Frances Campbell Sparhawk. 2018. (ENG., Illus.). 386p. (J). 31.88 *(978-0-483-70093-2(2))* Forgotten Bks.

Lazy Matilda: And Other Tales (Classic Reprint) Katharine Pyle. (ENG., Illus.). (J). 2018. 172p. 27.46 *(978-0-267-55104-0(5));* 2016. pap. 9.97 *(978-1-333-56132-1(6))* Forgotten Bks.

Lazy Matilda & Other Tales. Katherine Pyle. 2018. (ENG., Illus.). 130p. (YA). (gr. 7-12). pap. *(978-93-5329-339-0(1))* Alpha Editions.

Lazy Milkman. Rose Tweddle. l.t. ed. (ENG.). 20p. (J). 2022. pap. 8.85 *(978-1-954368-15-6(1));* 2021. pap. 8.00 *(978-1-951302-85-6(0))* Diamond Media Pr.

Lazy Ninja: A Children's Book about Setting Goals & Finding Motivation. Mary Nhin & Grow Grit Press. Illus. by Jelena Stupar. 2020. (Ninja Life Hacks Ser.: Vol. 4). (ENG.). 34p. (J). 18.99 *(978-1-953399-58-8(4))* Grow Grit Pr.

Lazy Rabbit: A Grim Modern Fable about Laziness with a Rabbit, Vole & Fox. Wilkie J. Martin. Illus. by Tanja Russita. 2019. (ENG.). 58p. (J). (gr. 2-3). *(978-1-912348-26-8(8));* pap. *(978-1-912348-25-1(X))* Witcherley Bk. Co., The.

Lazy Tour of Two Idle Apprentices. Charles Dickens. 2017. (ENG., Illus.). (J). 22.95 *(978-1-374-87286-8(5))* Capital Communications, Inc.

Lazy Tour of Two Idle Apprentices: No Thoroughfare; the Perils of Certain English Prisoners (Classic Reprint) Charles Dickens. 2017. (ENG., Illus.). (J). 31.26 *(978-0-266-52009-2(X))* Forgotten Bks.

Lazy Tours: In Spain & Elsewhere (Classic Reprint) Louise Chandler Moulton. 2017. (ENG., Illus.). (J). 32.02 *(978-1-5280-8876-3(X))* Forgotten Bks.

Lazy Unicorn Activity Coloring Book & Mazes: Unicorn Colouring Book with Activities - a Fun & Beautiful Magical Unicorn Workbook of Mazes & Coloring Pages - Colouring Books for Girls. Lena Bidden. l.t. ed. 2021. (ENG.). 74p. (J). pap. 10.99 *(978-1-716-21936-8(1))* Lulu Pr., Inc.

Lazybones. Claire Messer. Illus. by Claire Messer. 2018. (ENG., Illus.). 32p. (J). (gr. -1-3). 16.99 *(978-0-8075-4402-0(7),* 807544027) Whitman, Albert & Co.

Lc: The Service Bee. Kathy McVadon. 2020. (ENG., Illus.). 32p. (YA). 21.95 *(978-1-6624-1297-4(5));* pap. 11.95 *(978-1-6624-1295-0(9))* Page Publishing Inc.

Le serpent à Tête Cuivrée. Kelli Hicks. Tr. by Annie Evearts. 2021. (Serpents Dangereux (Dangerous Snakes) Ser.).Tr. of Copperheads. (FRE.). 24p. (J). (gr. k-2). pap. *(978-1-0396-0870-2(1),* 13639) Crabtree Publishing Co.

Léa a Mal Au Ventre: Gastro-Entérite. Nicole Audet. Illus. by Mylène Villeneuve. 2018. (FRE.). 30p. (J). pap. *(978-1-989041-19-2(1))* Dr. Nicole Publishing.

Lea Does Not Feel Well: Gastroenteritis. Nicole Audet. Illus. by Mylène Villeneuve. 2017. (ENG.). 26p. (J). pap. 9.99 *(978-1-989041-00-0(0))* Nicole Publishing.

Lead, 1 vol. Donna B. McKinney. 2018. (Exploring the Elements Ser.). (ENG.). 48p. (gr. 6-6). 29.60 *(978-1-9785-0366-3(0),* 064925dc-5e14-49f1-a702-27a36ec3494b) Enslow Publishing, LLC.

Lead Educational Facts Children's Science Book. Bold Kids. 2022. (ENG.). 42p. (J). pap. 14.99 ***(978-1-0717-2121-6(6))*** FASTLANE LLC.

Lead into Ink: The Breakdown. Alex Joseph. 2017. (Lead Into Ink Ser.: 1). (ENG.). 77p. (YA). (gr. 18-18). pap. 7.88 *(978-0-9988744-0-1(X))* Alex Joseph Publishing.

Lead of Honour (Classic Reprint) Norval Richardson. 2017. (ENG., Illus.). (J). 31.57 *(978-1-5282-8125-6(X))* Forgotten Bks.

Lead the Way: 10 Inspiring Women of God. Shirley Raye Redmond. 2023. (Courageous World Changers Ser.). (ENG., Illus.). 20p. (J). (— 1). bds. 9.99 *(978-0-7369-8613-7(8),* 6986137, Harvest Kids) Harvest Hse. Pubs.

Leadbeater Papers, Vol. 1: A Selection from the Mss; & Correspondence of Mary Leadbeater; Mary Leadbeater's Annals of Ballitore, with a Memoir of the Author (Classic Reprint) Mary Leadbeater. 2018. (ENG., Illus.). (J). 472p. pap. 16.57 *(978-1-333-30287-0(8));* 470p. 33.61 *(978-0-332-09151-8(1))* Forgotten Bks.

Leaden Casket: A Novel (Classic Reprint) Alfred William Hunt. 2017. (ENG., Illus.). (J). 32.81 *(978-0-266-52121-1(5));* pap. 16.57 *(978-0-243-85840-8(X))* Forgotten Bks.

Leaden Casket a Novel, Vol. 1 of 3 (Classic Reprint) Alfred W. Hunt. 2018. (ENG., Illus.). 308p. (J). 30.25 *(978-0-332-79929-2(8))* Forgotten Bks.

Leaden Casket, Vol. 2 Of 3: A Novel (Classic Reprint) Alfred William Hunt. (ENG., Illus.). (J). 2018. 314p. 30.41 *(978-0-332-97887-1(7));* 2016. pap. 13.57 *(978-1-334-26166-4(0))* Forgotten Bks.

Leaden Casket, Vol. 3 Of 3: A Novel (Classic Reprint) Alfred William Hunt. 2018. (ENG., Illus.). 328p. (J). 30.66 *(978-0-267-17971-8(5))* Forgotten Bks.

Leader (Classic Reprint) Mary Dillon. 2018. (ENG., Illus.). 384p. (J). 31.94 *(978-0-332-79284-2(6))* Forgotten Bks.

Leader in You: 12 Success Tips for Teens. Kecia Ashley. 2016. (ENG., Illus.). (YA). (gr. 7-12). pap. 15.99 *(978-0-9976250-1-1(5))* Heritage Publishing.

Leader Named Leia. Jennifer Heddle. ed. 2018. (World of Reading Ser.). (ENG.). 31p. (J). (gr. -1-1). 13.89 *(978-1-64310-366-2(0))* Penworthy Co., LLC, The.

Leader Named Leia. Ella Patrick. ed. 2017. (Star Wars: World of Reading Ser.). (J). lib. bdg. 14.75 *(978-0-606-40603-1(4))* Turtleback.

Leader of the Lower School: A Tale of School Life. Angela Brazil. 2019. (ENG., Illus.). 188p. (YA). (gr. 7-12). pap. *(978-93-5329-454-0(1))* Alpha Editions.

Leader of the Lower School: A Tale of School Life (Classic Reprint) Angela Brazil. 2017. (ENG., Illus.). (J). 29.42 *(978-0-331-48085-6(9));* pap. 11.97 *(978-0-243-51898-2(6))* Forgotten Bks.

Leader of the Parade. Mary C. McCluskey. Illus. by Fi Hailyn & Vicki Stevens. 2022. (ENG.). 56p. (J). pap. 18.99 ***(978-1-958729-10-6(8))*** Mindstir Media.

Leader Who Gave Inspiring Speeches - Biography of Winston Churchill Children's Biography Books. Baby Professor. 2017. (ENG., Illus.). (J). pap. 8.79 *(978-1-5419-1087-4(7),* Baby Professor (Education Kids)) Speedy Publishing LLC.

Leaders: My First Leaders. Maria Isabel Sanchez Vegara & Lisbeth Kaiser. 2021. (Little People, BIG DREAMS Ser.). (ENG., Illus.). 20p. (J). (gr. -1 — 1). bds. *(978-0-7112-6410-6(4),* Frances Lincoln Children's Bks.) Quarto Publishing Group UK.

Leaders & Dreamers: a Collection of Prints. Vashti Harrison. 2020. (ENG.). 44p. (J). (gr. 3-7). pap. 15.99 *(978-0-316-70265-2(X))* Little, Brown Bks. for Young Readers.

Leaders & Dreamers (Bold & Visionary Women Around the World Gift Set) Vashti Harrison. 2018. (Vashti Harrison Ser.). (ENG., Illus.). 192p. (J). (gr. 3-7). 35.00 *(978-0-316-45184-0(3))* Little, Brown Bks. for Young Readers.

Leaders Can Help - 6 Pack: Set of 6 Common Core Edition. Cynthia Swain. 2016. (Early Explorers Ser.). (J). (gr. k-1). 39.00 net. *(978-1-5125-8695-4(1))* Benchmark Education Co.

Leaders of the Ancient World: Set 1, 16 vols. 2016. (Leaders of the Ancient World Ser.). (ENG.). 00112p. (J). (gr. 6-6). 310.40 *(978-1-5081-7358-8(3),* 02bc3b13-b65e-45d1-a013-7410cadb08d5, Rosen Young Adult) Rosen Publishing Group, Inc., The.

Leaders of the Ancient World: Set 2, 16 vols. 2017. (Leaders of the Ancient World Ser.). (ENG.). 112p. (gr. 6-6). 310.40 *(978-1-4994-6629-4(3),* c39b9aab-d13e-4f63-bca8-e772ecf462b1, Rosen Young Adult) Rosen Publishing Group, Inc., The.

Leaders of the Ancient World: Sets 1 - 2, 32 vols. 2017. (Leaders of the Ancient World Ser.). (ENG.). (YA). (gr. 6-6). lib. bdg. 620.80 *(978-1-4994-6630-0(7),* 7dcac086-ce92-4027-b07f-cc9f0b53d35c) Rosen Publishing Group, Inc., The.

Leaders of the Scientific Revolution, 16 vols. 2017. (Leaders of the Scientific Revolution Ser.). (ENG.). 112p. (gr. 8-8). 310.40 *(978-1-4994-6634-8(X),* 7e7b7fc5-3cb2-4533-be92-3bab2a5625b9, Rosen Young Adult) Rosen Publishing Group, Inc., The.

Leaders Take Charge: Guiding the Nation Through COVID-19. Rachael L. Thomas. 2020. (Battling COVID-19 Ser.). (ENG., Illus.). 32p. (J). (gr. 3-6). lib. bdg. 32.79 *(978-1-5321-9430-6(7),* 36615, Checkerboard Library) ABDO Publishing Co.

Leadership. Kelly Gaffney. 2016. (Engage Literacy Orange - Extension A Ser.). (ENG.). 16p. (J). pap. 6.99 *(978-1-5157-3281-5(9),* 133283); pap. 36.94 *(978-1-5157-5058-1(2),* 26053) Capstone. (Capstone Pr.).

Leadership. Diane Lindsey Reeves & Connie Hansen. Illus. by Ruth Bennett. 2020. (Bright Futures Press: Soft Skills Sleuths: Investigating Life Skills Success Ser.). (ENG.). 32p. (J). (gr. 4-7). lib. bdg. 32.07 *(978-1-5341-6976-0(8),* 215791) Cherry Lake Publishing.

Leadership for Colonels & Business Managers: Jump-Start Your Team & Yourself. Alok Asthana. 2018. (ENG., Illus.). 262p. (J). pap. 17.90 *(978-1-64249-435-8(6))* Notion Pr., Inc.

Leadership, Motivation, Change: The Vision for Positive Leadership for the Black Community. Michael Hall. 2022. (ENG., Illus.). 128p. (J). pap. 15.95 ***(978-1-68570-982-2(6))*** Christian Faith Publishing.

Leading Edge of Now. Marci Lyn Curtis. 2018. (ENG.). 336p. (YA). (gr. 9-12). 17.99 *(978-1-77138-999-0(0));* pap. 10.99 *(978-1-5253-0139-1(X))* Kids Can Pr., Ltd. CAN. Dist: Hachette Bk. Group.

Leading-Strings to Knowledge: Thirty-Two Easy Stories (Classic Reprint) Sarah Trimmer. (ENG., Illus.). (J). 2018. 240p. 28.85 *(978-0-483-47422-2(3));* 2016. pap. 11.57 *(978-1-334-15832-2(0))* Forgotten Bks.

Leading the Way: Women in Power. Janet Howell & Theresa Howell. Illus. by Kylie Akia & Alexandra Bye. 2019. (ENG.). 144p. (J). (gr. 5). 24.99 *(978-1-5362-0846-7(9))* Candlewick Pr.

Leading Women (Group 5), 12 vols. 2017. (Leading Women Ser.). (ENG.). 112p. (gr. 7-7). lib. bdg. 249.84 *(978-1-5026-2855-8(4),* 141b809c-ddb3-4a40-94d3-df279da98908, Cavendish Square) Cavendish Square Publishing LLC.

Leading Women (Group 6), 12 vols. 2017. (Leading Women Ser.). (ENG.). (J). (gr. 7-7). lib. bdg. 249.84 *(978-1-5026-3219-7(5),* d5894f0f-c797-49c1-a4a1-467080103780) Cavendish Square Publishing LLC.

Leading Women (Groups 1 - 6), 72 vols. 2017. (Leading Women Ser.). (ENG.). (YA). (gr. 7-7). lib. bdg. 1511.04 *(978-1-5026-3220-3(9),* 17dda880-9aec-43cd-a832-d0bd8570ba3a) Cavendish Square Publishing LLC.

Leading Women of Africa: Comprehension Readers. Eve Thompson. 2021. (ENG.). 216p. (J). pap. 19.95 *(978-1-63972-095-8(2))* Primedia eLaunch LLC.

Leaf. Illus. by Sandra Dieckmann. 2017. (ENG.). 32p. (J). (gr. -1-2). 17.95 *(978-1-911171-31-7(3))* Flying Eye Bks. GBR. Dist: Penguin Random Hse. LLC.

Leaf Can Be ... (Millbrook Picture Books) Laura Salas. 2016. (CHI.). 32p. (J). *(978-7-211-07254-5(7))* Fujian People's Publishing Hse.

Leaf Chameleon. Julie Murray. (Mini Animals Ser.). (ENG.). 24p. (J). 2020. (gr. k-k). pap. 8.95 *(978-1-64494-304-5(2),* 1644943042, Abdo Kids-Junior); 2019. (Illus.). (gr. -1-2). lib. bdg. 31.36 *(978-1-5321-8882-4(X),* 32930, Abdo Kids) ABDO Publishing Co.

Leaf Chased Me Through the Grass. Efland H. Amerson. 2021. (ENG.). 24p. (J). pap. 12.00 *(978-1-0983-7125-8(9))* BookBaby.

Leaf Clover Lane. Aunt Deirdre. 2019. (ENG.). 30p. (J). 22.95 *(978-1-64544-239-4(X));* pap. 12.95 *(978-1-64350-482-7(7))* Page Publishing Inc.

Leaf Detective: How Margaret Lowman Uncovered Secrets in the Rainforest. Heather Lang. Illus. by Jana Christy. 2021. 48p. (J). (gr. 2-5). 18.99 *(978-1-68437-177-8(5),* Calkins Creek) Highlights Pr., c/o Highlights for Children, Inc.

Leaf Gurl: A Story of Playing in Nature, Friendship & Imagination. Ellie Archer. 2022. (ENG.). 38p. (J). 18.00 ***(978-1-0880-4175-8(2))*** Indy Pub.

Leaf It to Dot. Andrea Cascardi. Illus. by The Jim Henson Company. 2019. (Dot Ser.). (ENG.). 48p. (J). (gr. k-3). 12.99 *(978-1-5362-0261-8(4));* pap. 4.99 *(978-1-5362-0262-5(2))* Candlewick Pr. (Candlewick Entertainment).

Leaf Litter Critters. Leslie Bulion. Illus. by Robert Meganck. 48p. (J). (gr. 3-7). 2020. pap. 7.99 *(978-1-68263-183-6(4));* 2018. 14.95 *(978-1-56145-950-6(X))* Peachtree Publishing Co. Inc.

Leaf Man. Patricia J. Miranda. Illus. by Chris O'Leary. 2019. (ENG.). 32p. (J). (gr. -1-3). 16.99 *(978-0-8075-4416-7(7),* 807544167) Whitman, Albert & Co.

Leaf Men: And the Brave Good Bugs. William Joyce. Illus. by William Joyce. 2017. (World of William Joyce Ser.). (ENG., Illus.). 40p. (J). (gr. -1-3). 17.99 *(978-1-4814-8955-3(0),* Atheneum/Caitlyn Dlouhy Books) Simon & Schuster Children's Publishing.

Leaf Reader. Emily Arsenault. 2018. 256p. (YA). (gr. 9). pap. 10.99 *(978-1-61695-907-4(X),* Soho Teen) Soho Pr., Inc.

Leaf Sheep Are Amazing. Vivian Jones. Illus. by Vivian Jones. 2022. (ENG.). 24p. (J). *(978-1-387-82928-6(9))* Lulu Pr., Inc.

Leaf-Tailed Geckos. Julie Murray. 2021. (Animals with Camo Ser.). (ENG., Illus.). 24p. (J). (gr. k-4). lib. bdg. 31.36 *(978-1-0982-2439-4(6),* 37084, Abdo Zoom-Dash) ABDO Publishing Co.

Leaf Thief. Alice Hemming. Illus. by Nicola Slater. 2021. (Squirrel & Bird Book Ser.). (ENG.). 32p. (J). (gr. -1-3). 17.99 *(978-1-7282-3520-2(0),* Sourcebooks Jabberwocky) Sourcebooks, Inc.

Leafcutter Ants. Ruth Owen. 2021. (Tell Me More! Science Ser.). (ENG., Illus.). 24p. (J). (gr. 2-5). pap. 9.99 *(978-1-78856-151-8(1),* 4c5d421c-3a29-4dcc-b742-a1cd6f099609); lib. bdg. 29.32 *(978-1-78856-150-1(3),* bead7225-313c-42ca-be43-a1553a6a7e04) Ruby Tuesday Books Limited GBR. Dist: Lerner Publishing Group.

Leafensong: First Telling. J. R. Hooge. Illus. by J. R. Hooge. 2019. (Leafensong Ser.: Vol. 1). (ENG., Illus.). 332p. (YA). (gr. 7-12). pap. 14.99 *(978-1-947927-02-5(7))* Sautrelle Publishing Co.

Leaflets from My Life: A Narrative Autobiography (Classic Reprint) Mary Kirby. 2018. (ENG., Illus.). 256p. (J). 29.18 *(978-0-428-91307-6(5))* Forgotten Bks.

Leaflets of Memory: An Illuminated Annual for 1804 (Classic Reprint) Reynell Coates. 2017. (ENG., Illus.). (J). pap. 13.57 *(978-0-259-35040-8(0))* Forgotten Bks.

Leaflets of Memory: An Illuminated Annual for 1851 (Classic Reprint) Reynell Coates. 2017. (ENG., Illus.) (J). 30.64 *(978-0-260-15771-3(6))* Forgotten Bks.

Leaflets of Memory: An Illuminated Annual for MDCCCL (Classic Reprint) Reynell Coates. 2018. (ENG., Illus.). 328p. (J). 30.66 *(978-0-483-50514-8(5))* Forgotten Bks.

Leaflets of Memory: Annual for MDCCCXLVI (Classic Reprint) Reynell Coates. (ENG., Illus.). (J). 2018. 310p. 30.29 *(978-0-364-74722-3(6));* 2017. pap. 13.57 *(978-0-259-10133-8(8))* Forgotten Bks.

Leafpap Recipe. Kristen Xing. 2021. (ENG.). 44p. (J). pap. 7.00 *(978-1-008-95026-9(2))* Lulu Pr., Inc.

Leafy Sea Dragons. Jill Keppeler. 2017. (Freaky Fish Ser.). 24p. (J). (gr. 2-3). pap. 48.90 *(978-1-5382-0248-7(4))* Stevens, Gareth Publishing LLLP.

Leafy Sea Dragons. Julie Murray. 2021. (Animals with Camo Ser.). (ENG., Illus.). 24p. (J). (gr. k-4). lib. bdg. 31.36 *(978-1-0982-2440-0(X),* 37086, Abdo Zoom-Dash) ABDO Publishing Co.

Leafy Sea Dragons. Patricia Smith. Ed. by Luana K. Mitten. 2019. (Aha! Readers Ser.). (ENG., Illus.). 20p. (J). (gr. k-3). 18.95 *(978-1-7341065-3-4(0));* pap. 9.95 *(978-1-7333092-6-4(8))* BeaLu Bks.

League of Alium. Reagan Bonham. Ed. by Elise Posever. 2022. (ENG.). 286p. (YA). pap. 19.98 *(978-1-7948-5962-3(4))* Lulu Pr., Inc.

League of American Traitors. Matthew Landis. 2017. (ENG.). 256p. (J). (gr. 8-8). 16.99 *(978-1-5107-0735-1(2),* Sky Pony Pr.) Skyhorse Publishing Co., Inc.

League of Archers. Eva Howard. (League of Archers Ser.: 1). (ENG.). (J). (gr. 4-8). 2017. 304p. pap. 8.99 *(978-1-4814-6038-5(2));* 2016. (Illus.). 288p. 16.99 *(978-1-4814-6037-8(4))* Simon & Schuster Children's Publishing. (Aladdin).

League of Beastly Dreadfuls Book 2: the Dastardly Deed. Holly Grant. 2017. (League of Beastly Dreadfuls Ser.: 2). (Illus.). 368p. (J). (gr. 3-7). 8.99 *(978-0-385-37028-8(8),* Yearling) Random Hse. Children's Bks.

League of Extraordinary Writers: A Young Christian's Guide to Creative Writing. S. V. Cozby. 2020. (ENG.). 120p. (YA). (gr. 7-12). pap. 14.99 *(978-1-0878-7435-7(1))* Indy Pub.

League of Laughs. Matthew K. Manning. Illus. by Erik Doescher. 2018. (You Choose Stories: Justice League Ser.). (ENG.). 112p. (J). (gr. 2-6). pap. 6.95 *(978-1-4965-6556-3(8),* 138569); lib. bdg. 32.65 *(978-1-4965-6552-5(5),* 138566) Capstone. (Stone Arch Bks.).

League of Legends. Kenny Abdo. 2022. (Esports Ser.). (ENG., Illus.). 24p. (J). (gr. 2-2). pap. 8.95 *(978-1-64494-784-5(6));* lib. bdg. 31.36 *(978-1-0982-2848-4(0),* 39975) ABDO Publishing Co. (Abdo Zoom-Fly).

League of Liars. Astrid Scholte. 2022. (ENG., Illus.). 464p. (YA). (gr. 7). 18.99 *(978-0-593-11237-3(7),* G.P. Putnam's Sons Books for Young Readers) Penguin Young Readers Group.

League of Llamas 1: the Golden Llama. Aleesah Darlison. Illus. by Simon Greiner. 2021. (League of Llamas Ser.: 1). 128p. (J). (gr. 2-4). 9.99 *(978-1-76089-416-0(8),* Puffin) Penguin Random Hse. AUS. Dist: Independent Pubs. Group.

League of Llamas 2: Llama Impossible. Aleesah Darlison. Illus. by Simon Greiner. 2021. (League of Llamas Ser.: 2). 144p. (J). (gr. 2-4). 9.99 *(978-1-76089-418-4(4),* Puffin) Penguin Random Hse. AUS. Dist: Independent Pubs. Group.

League of Llamas 3: Undercover Llamas. Aleesah Darlison. Illus. by Simon Greiner. 2021. (League of Llamas Ser.: 3). 144p. (J). (gr. 2-4). 9.99 *(978-1-76089-419-1(2),* Puffin) Penguin Random Hse. AUS. Dist: Independent Pubs. Group.

League of Picky Eaters. Stephanie V. W. Lucianovic. 2021. (ENG., Illus.). 40p. (J). (gr. 3-7). 16.99 *(978-0-358-37986-7(5),* 1786395, Clarion Bks.) HarperCollins Pubs.

League of Secret Heroes Complete Collection (Boxed Set) Cape; Mask; Boots. Kate Hannigan. Illus. by Patrick Spaziante. ed. (League of Secret Heroes Ser.). (ENG.). (J). (gr. 3-7). 2022. 944p. pap. 26.99 *(978-1-5344-5267-1(2));* 2021. 912p. 53.99 *(978-1-5344-8762-8(X))* Simon & Schuster Children's Publishing. (Aladdin).

League of the Leopard (Classic Reprint) Harold Bindloss. 2018. (ENG., Illus.). 340p. (J). 30.91 *(978-0-332-05937-2(5))* Forgotten Bks.

League of the Signet Ring (Classic Reprint) Mary Constance Du Bois. 2018. (ENG., Illus.). 404p. (J). 32.25 *(978-0-332-47461-8(5))* Forgotten Bks.

League of Unexceptional Children: Get Smart-Ish. Gitty Daneshvari. 2017. (League of Unexceptional Children Ser.: 2). (ENG., Illus.). 256p. (J). (gr. 3-7). pap. 6.99 *(978-0-316-40575-1(2))* Little, Brown Bks. for Young Readers.

League of Unexceptional Children: the Kids Who Knew Too Little. Gitty Daneshvari. 2017. (League of Unexceptional Children Ser.: 3). (ENG., Illus.). 208p. (J). (gr. 3-7). 16.99 *(978-0-316-40576-8(0))* Little, Brown Bks. for Young Readers.

Leah a Destiempo. Becky Albertalli. 2019. (SPA.). 320p. (YA). pap. 15.95 *(978-84-92918-04-1(7),* Puck) Ediciones Urano S. A. ESP. Dist: Spanish Pubs., LLC.

Leah & Rhea: Spell: Book 1. Melissa Hines Helms. Illus. by Stephanie Parcus. 2018. (ENG.). 140p. (J). pap. 7.99 *(978-0-9969893-1-2(5))* Helmshines.

Leah & the Year of the Dog: An Adoption Tail. Suzy Epstein. 2021. (ENG., Illus.). 42p. (J). pap. 15.95 *(978-1-63860-472-3(X))* Fulton Bks.

Leah at the Beach. Cecilia Minden. Illus. by Lucy Neale. 2022. (Little Blossom Stories Ser.). (ENG.). 16p. (J). (gr. -1-2). pap. 11.36 *(978-1-5341-9869-2(5),* 220074, Cherry Blossom Press) Cherry Lake Publishing.

Leah Braves the Flood: A Great Molasses Flood Survival Story. Julie Gilbert. Illus. by Jane Pica. 2020. (Girls Survive Ser.). (ENG.). 112p. (J). (gr. 3-6). pap. 7.95 *(978-1-4965-9909-4(8),* 201320); lib. bdg. 25.99 *(978-1-4965-9689-5(7),* 199283) Capstone. (Stone Arch Bks.).

Leah I Love You All Ways. Marianne Richmond. Illus. by Dubravka Kolanovic. 2023. (I Love You All Ways Ser.). (ENG.). 32p. (J). (gr. -1-3). 8.99 ***(978-1-7282-7384-6(6))*** Sourcebooks, Inc.

Leah on the North Pole Express. J. D. Green. 2019. (North Pole Express Ser.). (ENG.). 32p. (J). (gr. -1-3). 7.99 ***(978-1-7282-0358-4(9))*** Sourcebooks, Inc.

Leah on the off Beat. Becky Albertalli. 2019. (ENG.). (YA). (gr. 9). lib. bdg. 21.80 *(978-1-6636-2843-5(2))* Perfection Learning Corp.

Leah on the Offbeat. Becky Albertalli. (ENG.). 368p. (YA). (gr. 9). 2019. pap. 10.99 *(978-0-06-264381-0(9));* 2018. 17.99 *(978-0-06-264380-3(0))* HarperCollins Pubs. (Balzer & Bray).

Leah Santa's Secret Elf. Put Me In The Story & Katherine Sully. Illus. by Julia Seal. 2018. (Santa's Secret Elf Ser.). (ENG.). 32p. (J). (gr. k-3). 5.99 *(978-1-4926-8157-1(1))* Sourcebooks, Inc.

Leah 'Twas the Night Before Christmas. Illus. by Lisa Alderson. 2019. (Night Before Christmas Ser.). (ENG.). 32p. (J). (gr. -1-3). 7.99 ***(978-1-7282-0251-8(5))*** Sourcebooks, Inc.

Leah's Christmas Wish. Put Me In The Story & J. D. Green. Illus. by Julia Seal. 2018. (Christmas Wish Ser.). (ENG.). 32p. (J). (gr. k-3). 6.99 ***(978-1-4926-8342-1(6))*** Sourcebooks, Inc.

Leah's Dream Dollhouse (Shimmer & Shine) Mary Tillworth. Illus. by Heekyoung Yum & Dave Aikins. 2016. (Pictureback(R) Ser.). (ENG.). 16p. (J). (gr. -1-2). 4.99 *(978-1-101-93249-0(X),* Random Hse. Bks. for Young Readers) Random Hse. Children's Bks.

Leah's Greatest Gift. L. & J. Johnson. 2016. (ENG., Illus.). 40p. (J). pap. 12.00 *(978-0-692-97667-8(1))* Rayenear Publishing.

Leah's Spring. Lismar Marcano. Illus. by Gala Gargano. 2023. (ENG.). 32p. (J). pap. 13.99 ***(978-1-0881-2420-8(8))*** Indy Pub.

Leak. Kate Reed Petty. Illus. by Andrea Bell & Andrea Bell. 2021. (ENG.). 240p. (J). 23.99 *(978-1-250-21795-0(4),* 900207080); pap. 14.99 *(978-1-250-21796-7(2),* 900207081) Roaring Brook Pr. (First Second Bks.).

Leakeys: The Family That Traced Human Origins to Africa. Angie Timmons. 2019. (J). pap. *(978-1-9785-1464-5(6))* Enslow Publishing, LLC.

Leakeys: the Family That Traced Human Origins to Africa, 1 vol. Angela Timmons-Hanselka. 2020. (Scientific

L

Collaboration Ser.). (ENG.). 80p. (gr. 7-7). lib. bdg. 37.47 *(978-1-7253-4241-5(3),* 5a5cd339-adef-401d-b7c7-93cc5af3f8d1) Rosen Publishing Group, Inc., The.

Leanda & the Panda. David Roth. Illus. by José Luis Ocaña. 2022. (Endangered Animal Tales Ser.). (ENG.). 32p. (J). (gr. k-4). lib. bdg. *(978-1-0396-6370-1(2),* 19801); pap. *(978-1-0396-6419-7(9),* 19802) Crabtree Publishing Co. (Sunshine Picture Books).

Leanne Rose: And the Staff of Merlin. Anne McBride Eveland & K. J. R. Eveland. 2020. (ENG.). 164p. (YA). pap. 8.99 *(978-1-393-05990-5(2))* Draft2Digital.

Lean's Collectanea, Vol. 2: Collections by Vincent Stuckey Lean of Proverbs (English & Foreign), Folk Lore, & Superstitions, & Compilations Towards Dictionaries of Proverbial Phrases & Words, Old & Disused; Part II (Classic Reprint) Vincent Stuckey Lean. 2018. (ENG., Illus.). 470p. (J). 33.59 *(978-0-267-53168-4(0))* Forgotten Bks.

Lean's Collectanea, Vol. 3 (Classic Reprint) Vincent Stuckey Lean. 2018. (ENG., Illus.). 522p. (J). 34.66 *(978-0-656-39003-8(4))* Forgotten Bks.

Leap! JonArno Lawson. Illus. by Josée Bisaillon. 2017. (ENG.). 32p. (J). (gr. -1-2). 16.99 *(978-1-77138-678-4(9))* Kids Can Pr., Ltd. CAN. Dist: Hachette Bk. Group.

Leap. Campbell Manning. Illus. by Nadia Ronquillo. 2017. (ENG.). 32p. (J). (gr. k-2). *(978-1-4867-1267-0(3))* Flowerpot Children's Pr. Inc.

Leap. Ryan Mathews. 2017. (ENG., Illus.). 70p. (J). pap. *(978-1-387-37870-8(8))* Lulu Pr., Inc.

Leap Frog. Jane Clarke. Illus. by Britta Teckentrup. 2020. (Neon Animals Picture Bks.). (ENG.). 24p. (J). (gr. -1-1). 14.99 *(978-1-5362-1205-1(9))* Candlewick Pr.

Leap Frog. Gina Sano. 2020. (ENG.). 34p. (J). pap. 9.99 *(978-1-950425-19-8(3))* Liber Publishing Hse.

Leap High, Lily! Shannon Quinn. 2019. (ENG.). 28p. (J). 22.95 *(978-1-64458-671-6(1));* pap. 12.95 *(978-1-64458-779-9(3))* Christian Faith Publishing.

Leap of Faith. Richard Hardie. 2016. (Temporal Detective Agency Ser.: Vol. 1). (ENG., Illus.). (YA). (gr. 7-12). pap. *(978-0-9935183-0-0(3))* Authors Reach.

Leap of Faith: Stories of Acceptance Illustrated Through a Child's Eyes. Joann Warmijak. Illus. by Sadie Boulden. 2021. (ENG.). 38p. (J). pap. 11.99 *(978-1-945169-65-6(6))* Orison Pubs.

Leap-Year: A Comedy in Four Acts, for Nine Characters (Classic Reprint) Susa S. Vance. (ENG., Illus.). (J). 2018. 46p. 24.85 *(978-0-483-91851-1(2));* 2016. pap. 7.97 *(978-1-334-13451-7(0))* Forgotten Bks.

Leapin' Leopards. Bill Myers. 2023. (Magnificent Mulligans Ser.: 1). (ENG., Illus.). 144p. (J). pap. 14.99 *(978-1-64607-111-1(5),* 20_44546) Focus on the Family Publishing.

Leapin' Lizards! Fun & Funny Reptile Coloring Book. Activity Attic Books. 2016. (ENG., Illus.). (J). pap. 7.74 *(978-1-68323-863-8(X))* Twin Flame Productions.

Leaping Laddoo. Harshita Jerath. Illus. by Kamala M. Nair. 2022. (ENG.). 32p. (J). (gr. -1-3). 17.99 *(978-0-8075-4413-6(2),* 807544132) Whitman, Albert & Co.

Leaping Lielle. Kristen Tepfenhardt-Freund. 2017. (ENG.). 34p. (J). pap. ***(978-1-387-30343-4(0))*** Lulu Pr., Inc.

Leaping Lizard Hoppy Frog Coloring Book. Jupiter Kids. 2016. (ENG., Illus.). 106p. (J). pap. 12.55 *(978-1-68326-335-7(9),* Jupiter Kids (Childrens & Kids Fiction)) Speedy Publishing LLC.

Leaping Lizards *see* Las Lagartijas: Set Of 6

Leaping Lizzie. Shelley Swanson Sateren. Illus. by Deborah Melmon. 2017. (Adventures at Tabby Towers Ser.). (ENG.). 72p. (J). (gr. 1-4). pap. 4.95 *(978-1-5158-1549-5(8),* 136117); lib. bdg. 25.32 *(978-1-5158-1545-7(5),* 136112) Capstone. (Picture Window Bks.).

Leaping Lumberjacks. Sarah MacElroy. 2021. (ENG.). 48p. (J). (gr. k-2). 36.00 *(978-1-989819-22-7(2))* Floating Castles Media Inc. CAN. Dist: Independent Pubs. Group.

LeapReader Book, Fancy Nancy Explorer Extraordinaire! Jane O'Connon & Harper Collins/Leap Frog. Illus. by Robin Preiss Glasser. 2017. (J). (gr. -1-7). pap. 13.99 *(978-1-60685-272-9(8))* LeapFrog Enterprises, Inc.

Leaps of Faith. Sasha Grace. 2021. (ENG.). 34p. (YA). pap. 11.95 *(978-1-6624-1061-1(1))* Page Publishing Inc.

Lear of the Steppes: And Other Stories (Classic Reprint) Iván Turgénev. 2017. (ENG., Illus.). (J). 31.01 *(978-0-266-19597-9(0))* Forgotten Bks.

Learn a B C: Learn the Alphabet with Food, ABC Learning for Toddlers 2-6 Years. Mb Humble. 2021. (ENG.). 30p. (J). pap. *(978-1-910024-16-4(3))* Esanjam.

Learn about Angel Numbers with Bearific(R) Katelyn Lonas. 2022. (Bearific(r Learning Ser.). (ENG.). 54p. (J). pap. 11.99 ***(978-1-955013-20-8(9))*** EW Trading Inc.

Learn about Clouds. Golriz Golkar. 2019. (Glass Jar Science Ser.). (ENG.). 24p. (J). (gr. k-3). lib. bdg. 32.79 *(978-1-5038-3213-8(9),* 213011) Child's World, Inc, The.

Learn about Earth's Systems: Bays (Set), 8 vols. 2020. (Learn about Earth's Systems: Bays Ser.). (ENG., Illus.). 32p. (J). (gr. 4-8). 256.56 *(978-1-5341-6334-8(4),* 214360); pap., pap., pap. 113.71 *(978-1-5341-6354-6(9),* 214361) Cherry Lake Publishing.

Learn about Nature Activity Book: 35 Forest-School Projects & Adventures for Children Aged 7 Years+ Cico Kidz. 2022. (ENG., Illus.). 128p. (J). pap. 16.99 *(978-1-80065-094-7(9),* 1800650949, Cico Kidz) Ryland Peters & Small GBR. Dist: WIPRO.

Learn about Ocean Zones. Golriz Golkar. 2019. (Glass Jar Science Ser.). (ENG.). 24p. (J). (gr. k-3). lib. bdg. 32.79 *(978-1-5038-3211-4(2),* 213012) Child's World, Inc, The.

Learn about Rainbows. Golriz Golkar. 2019. (Glass Jar Science Ser.). (ENG.). 24p. (J). (gr. k-3). lib. bdg. 32.79 *(978-1-5038-3212-1(0),* 213013) Child's World, Inc, The.

Learn about Seeds. Golriz Golkar. 2019. (Glass Jar Science Ser.). (ENG.). 24p. (J). (gr. k-3). lib. bdg. 32.79 *(978-1-5038-3217-6(1),* 213014) Child's World, Inc, The.

Learn about Sharks: The Great White Shark. Matt Marchant. 2018. (ENG., Illus.). 56p. (J). *(978-1-5255-3392-1(4));* pap. *(978-1-5255-3393-8(2))* FriesenPress.

Learn about Snowstorms. Golriz Golkar. 2019. (Glass Jar Science Ser.). (ENG.). 24p. (J). (gr. k-3). lib. bdg. 32.79 *(978-1-5038-3214-5(7),* 213015) Child's World, Inc, The.

Learn about the Galaxy. Golriz Golkar. 2019. (Glass Jar Science Ser.). (ENG.). 24p. (J). (gr. k-3). lib. bdg. 32.79 *(978-1-5038-3218-3(X),* 213016) Child's World, Inc, The.

Learn about Tornadoes. Golriz Golkar. 2019. (Glass Jar Science Ser.). (ENG.). 24p. (J). (gr. k-3). lib. bdg. 32.79 *(978-1-5038-3215-2(5),* 213017) Child's World, Inc, The.

Learn about Trades Mini Bundle (Set), 2 vols. 2020. (ENG.). (J). (gr. 4-6). pap. 14.27 *(978-1-5341-9663-6(3),* 219802) Cherry Lake Publishing.

Learn about Volcanoes. Golriz Golkar. 2019. (Glass Jar Science Ser.). (ENG.). 24p. (J). (gr. k-3). lib. bdg. 32.79 *(978-1-5038-3216-9(3),* 213018) Child's World, Inc, The.

Learn & Color Animals from the Farm. A. Green. 2020. (ENG.). 104p. (J). pap. 7.00 *(978-1-716-35898-2(1))* Lulu Pr., Inc.

Learn & Explore: Alphabet. Roger Priddy. 2023. (Learn & Explore Ser.). (ENG., Illus.). 12p. (J). bds. 12.99 ***(978-1-68449-337-1(4),*** 900288046) St. Martin's Pr.

Learn & Explore: Touch & Feel Colors. Roger Priddy. 2021. (Learn & Explore Ser.: 2). (ENG., Illus.). 14p. (J). bds. 9.99 *(978-1-68449-122-3(3),* 900229404) St. Martin's Pr.

Learn Apostrophes with Fairies, 1 vol. Emily Mahoney. 2020. (Grammar Magic! Ser.). (ENG.). 24p. (gr. 2-3). pap. 9.15 *(978-1-5382-4723-5(2),* 0ad4bdca-8f2b-4769-b623-01759692889a) Stevens, Gareth Publishing LLLP.

Learn Arabic Words. M. J. York. Illus. by Kathleen Petelinsek. 2020. (Foreign Language Basics Ser.). (ENG & ARA.). 24p. (J). (gr. 2-5). lib. bdg. 32.79 *(978-1-5038-3579-5(0),* 213389) Child's World, Inc, The.

Learn by Sticker: Addition & Subtraction: Use Math to Create 10 Baby Animals!, Volume 1. Workman Publishing. 2023. (Learn by Sticker Ser.: 1). (ENG.). 44p. (J). (gr. k-17). pap. 11.99 ***(978-1-5235-1978-1(9))*** Workman Publishing Co., Inc.

Learn by Sticker: Beginning Phonics: Use Phonics to Create 10 Friendly Monsters!, Volume 2. Workman Publishing. 2023. (Learn by Sticker Ser.: 2). (ENG.). 44p. (J). (gr. k-17). pap. 11.99 ***(978-1-5235-1979-8(7))*** Workman Publishing Co., Inc.

Learn Capitalization with Wizards, 1 vol. Emily Mahoney. 2020. (Grammar Magic! Ser.). (ENG.). 24p. (gr. 2-3). pap. 9.15 *(978-1-5382-4727-3(5),* 747219ca-b071-411f-855b-eaf3afdd2ca1) Stevens, Gareth Publishing LLLP.

Learn Chinese Visually 1: Meet the Strokes in Chinese Characters. W. Q. Blosh. 2019. (Learn Chinese Visually Ser.: Vol. 1). (ENG., Illus.). 36p. (J). *(978-981-14-4096-0(4))* KREATIF HANDS AND ASSOCIATES.

Learn Chinese Visually 2: Count in Chinese & English. W. Q. Blosh. 2019. (Learn Chinese Visually Ser.: Vol. 2). (ENG., Illus.). 24p. (J). *(978-981-14-4097-7(2))* KREATIF HANDS AND ASSOCIATES.

Learn Chinese Visually 3: Meet the Chinese Alphabets. W. Q. Blosh. 2019. (Learn Chinese Visually Ser.: Vol. 3). (ENG., Illus.). 36p. (J). *(978-981-14-4098-4(0))* KREATIF HANDS AND ASSOCIATES.

Learn Chinese Visually 4: 32 Teams of Chinese Alphabets. W. Q. Blosh. 2019. (Learn Chinese Visually Ser.: Vol. 4). (ENG., Illus.). 36p. (J). *(978-981-14-4099-1(9))* KREATIF HANDS AND ASSOCIATES.

Learn Chinese Visually 5: More Chinese Alphabets. W. Q. Blosh. 2019. (Learn Chinese Visually Ser.: Vol. 5). (ENG., Illus.). 26p. (J). *(978-981-14-4167-7(7))* KREATIF HANDS AND ASSOCIATES.

Learn Chinese Visually 6: My First Words. W. Q. Blosh. 2019. (Learn Chinese Visually Ser.: Vol. 6). (ENG., Illus.). 26p. (J). *(978-981-14-4168-4(5))* KREATIF HANDS AND ASSOCIATES.

Learn Chinese Visually 7: How to Spell Chinese Words. W. Q. Blosh. 2019. (Learn Chinese Visually Ser.: Vol. 7). (ENG., Illus.). 44p. (J). *(978-981-14-4169-1(3))* KREATIF HANDS AND ASSOCIATES.

Learn Chinese Visually 8: More Ways to Spell Chinese Words. W. Q. Blosh. 2019. (Learn Chinese Visually Ser.: Vol. 8). (ENG., Illus.). 36p. (J). *(978-981-14-4170-7(7))* KREATIF HANDS AND ASSOCIATES.

Learn Chinese Visually 9: Unique Ways to Spell Chinese Words. W. Q. Blosh. 2019. (Learn Chinese Visually Ser.: Vol. 9). (ENG., Illus.). 32p. (J). *(978-981-14-4171-4(5))* KREATIF HANDS AND ASSOCIATES.

Learn Chinese Without Writing 3: The Chinese Spelling Book. W. Q. Blosh. 2016. (Learn Chinese Visually Ser.: Vol. 3). (ENG., Illus.). 36p. (J). pap. *(978-981-11-1651-3(2))* KREATIF HANDS AND ASSOCIATES.

Learn Collective Nouns with Mermaids, 1 vol. Emily Mahoney. 2020. (Grammar Magic! Ser.). (ENG.). 24p. (gr. 2-3). pap. 9.15 *(978-1-5382-4731-0(3),* d8dc980d-848b-4d8b-ab44-3c7b713f0228) Stevens, Gareth Publishing LLLP.

Learn Compound Sentences with Unicorns, 1 vol. Emily Mahoney. 2020. (Grammar Magic! Ser.). (ENG.). 24p. (J). (gr. 2-3). pap. 9.15 *(978-1-5382-4739-6(9),* 5343a356-8c2d-49c8-8a0e-d85ad57445d7) Stevens, Gareth Publishing LLLP.

Learn Cursive with Bearific(R) a Book for Kids Practice Writing. Katelyn Lonas. 2021. (Bearific(r) Learning Ser.). (ENG.). 72p. (J). pap. 14.99 ***(978-1-955013-34-5(9))*** EW Trading Inc.

Learn Early Math: Developing Pre-K to Kindergarten Skills. Lauren Crisp. 2021. (My First Home Learning Ser.). (ENG.). 84p. (J). (-k). pap. 8.99 *(978-1-6643-4008-4(4))* Tiger Tales.

Learn French Now! for Every Kid a Children's Learn French Books. Baby Professor. 2017. (ENG., Illus.). (J). pap. 7.89 *(978-1-5419-0269-5(6),* Baby Professor (Education Kids)) Speedy Publishing LLC.

Learn from Earth All about Surf. Nicole Miller. Illus. by Susie Duggan. 2022. (ENG.). (J). 40p. 24.99 *(978-1-7377220-1-4(1));* 48p. pap. 19.99 ***(978-1-7377220-0-7(3))*** New Day Initiative.

Learn Handwriting: Dot to Dot Practice Print Book (Trace Letters of the Alphabet & Sight Words) Brighter Child Company. 2019. (ENG.). 112p. (J). (gr. k-6). pap. *(978-1-913357-07-8(4))* Devela Publishing.

Learn Hindi Words. M. J. York. Illus. by Kathleen Petelinsek. 2020. (Foreign Language Basics Ser.). (ENG & HIN.). 24p. (J). (gr. 2-5). lib. bdg. 32.79 *(978-1-5038-3584-9(7),* 213392) Child's World, Inc, The.

Learn How to Draw! Activity Book. Smarter Activity Books for Kids. 2016. (ENG., Illus.). (J). pap. 9.22 *(978-1-68374-233-3(8))* Examined Solutions PTE. Ltd.

Learn How to Draw Cars, Trains, Planes & More! (Ages 4-8) Step-By-Step Drawing Activity Book for Kids (How to Draw Book) Engage Books. 2021. (ENG.). 52p. (J). pap. *(978-1-77476-116-8(5))* AD Classic.

Learn How to Draw Cute Animals! (Ages 4-8) Step-By-Step Drawing Activity Book for Kids (How to Draw Book) Engage Books. l.t. ed. 2021. (ENG.). 80p. (J). pap. *(978-1-77476-126-7(2))* AD Classic.

Learn How to Draw for the Non-Artist. Earl R. Phelps. 2023. (ENG.). 132p. (YA). 29.99 ***(978-1-887627-23-8(5))*** Phelps Publishing.

Learn How to Network at Work, 1 vol. Elissa Thompson & Greg Roza. 2019. (Building Job Skills Ser.). (ENG.). 64p. (gr. 6-6). pap. 13.95 *(978-1-7253-4715-1(6),* 45d7a00f-3929-4905-8477-ec56b4e32982) Rosen Publishing Group, Inc., The.

Learn How to Play Piano / Keyboard for Absolute Beginners: A Self Tuition Book for Adults & Teenagers! Special Edition. Martin Woodward. 2022. (ENG.). 142p. (YA). pap. *(978-1-4716-5257-8(2))* Lulu Pr., Inc.

Learn Irregular Plural Nouns with Elves, 1 vol. Emily Mahoney. 2020. (Grammar Magic! Ser.). (ENG.). 24p. (gr. 2-3). pap. 9.15 *(978-1-5382-4735-8(6),* 772ec457-fd92-4f1e-9766-aca607d9546d) Stevens, Gareth Publishing LLLP.

Learn Korean Words. M. J. York. Illus. by Kathleen Petelinsek. 2020. (Foreign Language Basics Ser.). (ENG & KOR.). 24p. (J). (gr. 2-5). lib. bdg. 32.79 *(978-1-5038-3581-8(2),* 213394) Child's World, Inc, The.

Learn Manners with Bernadine. Khadija Humphrey. 2021. (ENG.). 24p. (J). 15.00 *(978-1-6629-1731-8(7));* pap. 10.00 *(978-1-6629-1732-5(5))* Gatekeeper Pr.

Learn More about the Arctic Tundra - a Children's Environmental Book. Bold Kids. 2022. (ENG.). 42p. (J). pap. 14.99 ***(978-1-0717-1740-0(5))*** FASTLANE LLC.

Learn New Skills by Doing Mazes Activity Book. Smarter Activity Books for Kids. 2016. (ENG., Illus.). (J). pap. 8.99 *(978-1-68374-234-0(6))* Examined Solutions PTE. Ltd.

Learn Physics with Tim & Kim: A Unique Approach to Understand Physics. Grishma Buch. 2021. (ENG., Illus.). 128p. (J). pap. *(978-0-646-83305-7(7))* Buch, Grishma.

Learn Portuguese Words. M. J. York. Illus. by Kathleen Petelinsek. 2020. (Foreign Language Basics Ser.). (ENG & POR.). 24p. (J). (gr. 2-5). lib. bdg. 32.79 *(978-1-5038-3583-2(9),* 213396) Child's World, Inc, The.

Learn, Press-Out & Play Dinosaurs. Carolyn Scrace. ed. 2018. (Learn, Press-Out & Play Ser.). (ENG., Illus.). 48p. (J). (gr. k). pap. 8.95 *(978-1-912233-28-1(2),* Scribblers) Book Hse. GBR. Dist: Sterling Publishing Co., Inc.

Learn, Press-Out & Play Exploring Space & the Solar System. Carolyn Scrace. ed. 2018. (Learn, Press-Out & Play Ser.). (ENG., Illus.). 48p. (J). (gr. k). pap. 8.95 *(978-1-912537-13-6(3),* Scribblers) Book Hse. GBR. Dist: Sterling Publishing Co., Inc.

Learn, Press-Out & Play Safari Animals. Carolyn Scrace. ed. 2018. (Learn, Press-Out & Play Ser.). (ENG., Illus.). 48p. (J). (gr. k). pap. 8.95 *(978-1-912233-29-8(0),* Scribblers) Book Hse. GBR. Dist: Sterling Publishing Co., Inc.

Learn, Press-Out & Play Sharks & Other Creatures of the Oceans. Carolyn Scrace. ed. 2018. (Learn, Press-Out & Play Ser.). (ENG., Illus.). 48p. (J). (gr. k). pap. 8.95 *(978-1-912537-12-9(5),* Scribblers) Book Hse. GBR. Dist: Sterling Publishing Co., Inc.

Learn, Read, & Write with Wang Wenhua: A Superman Who Only Listen Half Way. wen hua Wang. 2018. (CHI.). (J). pap. *(978-957-9502-14-6(5))* Kang Hsuan Cultural & Educational Enterprise Co., Ltd.

Learn, Read, & Write with Wang Wenhua: The Talking Class of Teacher Wu Po Po. wen hua Wang. 2018. (CHI.). (J). pap. *(978-957-9502-15-3(3))* Kang Hsuan Cultural & Educational Enterprise Co., Ltd.

Learn Scissor Skills. Created by Inc. Peter Pauper Press. 2019. (Trace & Learn Ser.). (ENG., Illus.). 28p. (J). pap. 4.99 *(978-1-4413-3113-7(1),* e4e76422-12b9-4cc7-b34c-75d1bc20e9bc) Peter Pauper Pr. Inc.

Learn Shapes: A Lift-The-Flap Book. Clever Publishing & Julia Alekseeva. 2019. (Clever Playground Ser.). (ENG.). 16p. (J). (gr. -1 — 1). bds. 9.99 *(978-1-948418-20-1(7))* Clever Media Group.

Learn Something New! Learn to Draw Activity Book. Smarter Activity Books for Kids. 2016. (ENG., Illus.). (J). pap. 9.22 *(978-1-68374-235-7(4))* Examined Solutions PTE. Ltd.

Learn Spanish for Kids: Spanish for Children (Body Parts) Children's Foreign Language Learning Books. Baby Professor. 2016. (ENG., Illus.). 42p. (J). pap. 11.65 *(978-1-68280-628-9(6),* Baby Professor (Education Kids)) Speedy Publishing LLC.

Learn Tagalog Words. M. J. York. Illus. by Kathleen Petelinsek. 2020. (Foreign Language Basics Ser.). (ENG & TGL.). 24p. (J). (gr. 2-5). lib. bdg. 32.79 *(978-1-5038-3582-5(0),* 213399) Child's World, Inc, The.

Learn the ABC's with Ricardo Reading Mouse(R) 26 Letters of the English Alphabet Full Colour a-Z Picture Book. Melissa Savonoff. 2020. (ENG., Illus.). 30p. (J). pap. *(978-0-6488093-0-2(7))* Loggie, Joy.

Learn the Alphabet & Draw Shapes: Children's Activity Book: Shapes, Lines & Letters Ages 3+: a Beginner Kids Tracing & Writing Practice Workbook for Toddlers, Preschool, Pre-K & Kindergarten Boys & Girls. Romney Nelson. 2021. (ENG., Illus.). 100p. (J). pap. *(978-1-922568-54-0(6))* Life Graduate, The.

Learn the Alphabet! Little Get Ready! Book. School Zone. 2019. (ENG.). 48p. (J). (gr. -1-k). pap. 3.49 *(978-1-60159-305-4(8),* d51e2533-098e-4dc4-8960-6f97106798d1) School Zone Publishing Co.

Learn Times Tables Multiplication Tables Exercise Notebook Ages 7-11: With All the Tables from 2-15, Chart with All of Them on the First Page + Simple Games & Many More: Puzzles, Multiplication Wheels, Coloring Times Tables. Brotss Studio. 2021. (ENG.). 52p. (J). pap. 9.40 *(978-1-716-11292-8(3))* Lulu Pr., Inc.

Learn to Cook: 35 Fun & Easy Recipes for Children Aged 7 Years + Cico Books. 2023. (Learn to Craft Ser.: 8). (ENG., Illus.). 128p. (J). pap. 16.99 *(978-1-80065-188-3(0),* B0BJT8S3S2, Cico Kidz) Ryland Peters & Small GBR. Dist: WIPRO.

Learn to Count. Eleonora Seymour. 2017. (ENG., Illus.). 32p. (J). pap. *(978-80-7499-286-5(1))* Animedia Co.

Learn to Count: A Full-Color Activity Workbook That Makes Practice Fun. Isadora Isadora. 2022. (Learn to Workbooks for Children Ser.). (ENG.). 16p. (J). pap. 8.99 *(978-1-953652-30-0(1))* Imagine & Wonder.

Learn to Count 1-2-3-4 with Johnny Ramone. David Calcano. 2021. (ENG., Illus.). 32p. (J). (gr. -1). bds., bds. 11.99 *(978-1-970047-10-3(0))* Fantoons, LLC.

Learn to Count With: Ten Pirate Parrots. Tennille Flora Dunne. 2016. (ENG., Illus.). (J). pap. 18.99 *(978-1-5043-0351-4(2),* Balboa Pr.) Author Solutions, LLC.

Learn to Decorate Cupcakes & Other Bakes: 35 Recipes for Making & Decorating Cupcakes, Brownies, & Cookies. Cico Books. 2022. (Learn to Craft Ser.: 6). (ENG., Illus.). 128p. (J). pap. 16.99 *(978-1-80065-152-4(X),* 180065152X, CICO Books) Ryland Peters & Small GBR. Dist: WIPRO.

Learn to Draw... 3D Illusions & More (Easy Step-By-Step Drawing Guide) Created by Peter Pauper Press Inc. 2020. (Learn to Draw Easy Step-By-Step Drawing Guides). (ENG.). (J). 5.99 *(978-1-4413-3503-6(X),* e1b856aa-5596-44ba-8479-61f5cf1bd5d3) Peter Pauper Pr. Inc.

Learn to Draw Animals: How to Draw Like an Artist in 5 Easy Steps. Racehorse for Young Readers. 2017. (Learn to Draw Ser.). (Illus.). 80p. (J). 7.99 *(978-1-63158-239-4(9),* Racehorse Publishing) Skyhorse Publishing Co., Inc.

Learn to Draw Animals - a Grid Copy Drawing Book for Children. Jupiter Kids. 2017. (ENG., Illus.). (J). pap. 9.20 *(978-1-5419-3426-9(1),* Jupiter Kids (Childrens & Kids Fiction)) Speedy Publishing LLC.

Learn to Draw Birds & Butterflies: Step-By-step Instructions for More Than 25 Winged Creatures. Robbin Cuddy. 2016. (Learn to Draw Ser.). (ENG., Illus.). 64p. (J). (gr. 1-3). pap. 8.95 *(978-1-63322-064-5(8),* Walter Foster Jr) Quarto Publishing Group USA.

Learn to Draw Birds & Butterflies: Step-By-step Instructions for More Than 25 Winged Creatures. Walter Walter Foster Jr. Creative Team. Illus. by Robbin Cuddy. 2016. (Learn to Draw: Expanded Edition Ser.). (ENG.). 64p. (J). (gr. 3-5). 33.32 *(978-1-939581-96-9(6),* 55b0a558-eb1d-4657-9d94-a3e957c9e426, Walter Foster Jr) Quarto Publishing Group USA.

Learn to Draw... Cute Things (Easy Step-By-Step Drawing Guide) Created by Peter Pauper Press Inc. 2020. (Learn to Draw Easy Step-By-Step Drawing Guides). (ENG.). (J). 5.99 *(978-1-4413-3439-8(4),* b71c53ca-e84b-4c46-b016-fd2f592072e7) Peter Pauper Pr. Inc.

Learn to Draw Dinosaurs: Fun Dot to Dot Dinosaur Puzzles & Coloring Book for Kids, Toddlers, Boys & Girls. Little Genius Bookstore. 2021. (ENG.). 42p. (J). pap. 8.99 *(978-1-5184-6530-7(7))* Hewlett Packard.

Learn to Draw Dinosaurs: How to Draw Like an Artist in 5 Easy Steps. Racehorse for Young Readers. 2017. (Learn to Draw Ser.). (ENG., Illus.). 80p. (J). pap. 7.99 *(978-1-63158-240-0(2),* Racehorse Publishing) Skyhorse Publishing Co., Inc.

Learn to Draw Disney Celebrated Characters: Includes Favorite Characters from Finding Nemo, the Incredibles, Moana, & More. Walter Walter Foster Jr. Creative Team. 2020. (Learn to Draw Favorite Characters: Expanded Edition Ser.). (ENG., Illus.). 64p. (J). (gr. 3-5). lib. bdg. 33.32 *(978-1-942875-88-8(6),* ae825b8a-b212-48c7-b6f8-4a188d8189c3, Walter Foster Jr) Quarto Publishing Group USA.

Learn to Draw Disney Celebrated Characters Collection: New Edition! Includes Classic Characters, Such As Mickey Mouse & Winnie the Pooh, to Current Disney/Pixar Favorites. Disney Storybook Artists. ed. 2018. (Licensed Learn to Draw Ser.). (ENG.). 144p. (J). (gr. 1-3). pap. 19.99 *(978-1-63322-672-2(7),* Walter Foster Jr) Quarto Publishing Group USA.

Learn to Draw Disney Classic Animated Movies Vol. 1: Featuring Favorite Characters from Alice in Wonderland, the Jungle Book, 101 Dalmatians, Peter Pan, & More! Disney Enterprises, Inc. Disney Enterprises, Inc. 2017. (Learn to Draw Favorite Characters: Expanded Edition Ser.). (ENG., Illus.). 64p. (J). (gr. 3-5). 33.32 *(978-1-942875-19-2(3),* 842a11d8-6a72-4c59-ad75-a06efee613e0, Walter Foster Jr) Quarto Publishing Group USA.

Learn to Draw Disney Classic Characters: Includes Favorite Characters from Mickey Mouse & Friends, Winnie the Pooh, the Lion King, Toy Story, & More. Walter Walter Foster Jr. Creative Team. 2020. (Learn to Draw Favorite Characters: Expanded Edition Ser.). (ENG., Illus.). 64p. (J). (gr. 3-5). lib. bdg. 33.32 *(978-1-942875-87-1(8),* 3c21781b-8a96-45cb-a698-64a735661921, Walter Foster Jr) Quarto Publishing Group USA.

Learn to Draw Disney Frozen 2: Featuring All Your Favorite Characters, Including Anna, Elsa, & Olaf! Walter Walter Foster Jr. Creative Team. 2020. (Learn to Draw Favorite Characters: Expanded Edition Ser.). (ENG., Illus.). 64p. (J). (gr. 3-5). lib. bdg. 33.32 *(978-1-942875-93-2(2),* 3f22cf97-3a8b-4521-9db6-59cb2720a78e, Walter Foster Jr) Quarto Publishing Group USA.

Learn to Draw Disney Furry Friends Collection: Featuring All Your Favorite Disney Animals, Including Stitch, Thumper, Rajah, Lady, & More! Walter Foster Jr. Creative Team. 2021. (Licensed Learn to Draw Ser.). (ENG.). 64p.

1134
The check digit for ISBN-10 appears in parentheses after the full ISBN-13

(J). (gr. 1-3). pap. 10.99 *(978-1-60058-875-4(1),* Walter Foster Jr) Quarto Publishing Group USA.

Learn to Draw Disney the Lion King: Featuring All of Your Favorite Characters, Including Simba, Mufasa, Timon, & Pumbaa. Walter Walter Foster Jr. Creative Team. 2020. (Learn to Draw Favorite Characters: Expanded Edition Ser.). (ENG., Illus.). 64p. (J). (gr. 3-5). lib. bdg. 33.32 *(978-1-942875-89-5(4),* da27e3d9-8149-41ea-ba20-49541838f347, Walter Foster Jr) Quarto Publishing Group USA.

Learn to Draw Disney the Lion King: New Edition! Featuring All of Your Favorite Characters, Including Simba, Mufasa, Timon, & Pumbaa. Disney Storybook Artists. 2019. (Learn to Draw Ser.). (ENG.). 64p. (J). (gr. 1-3). pap. 9.99 *(978-1-63322-762-0(6),* Walter Foster Jr) Quarto Publishing Group USA.

Learn to Draw Disney Villains: New Edition! Featuring Your Favorite Classic Villains & New Villains from Some of the Latest Disney & Disney/Pixar Films. Disney Storybook Artists. ed. 2018. (Licensed Learn to Draw Ser.). (ENG.). 144p. (J). (gr. 1-3). pap. 19.99 *(978-1-63322-678-4(6),* Walter Foster Jr) Quarto Publishing Group USA.

Learn to Draw Disney's Classic Animated Movies: Featuring Favorite Characters from Alice in Wonderland, the Jungle Book, 101 Dalmatians, Peter Pan, & More! Disney Storybook Artists. 2016. (Licensed Learn to Draw Ser.). (ENG.). 144p. (J). (gr. 1-3). pap. 19.95 *(978-1-63322-135-2(0),* 223863, Walter Foster Jr) Quarto Publishing Group USA.

Learn to Draw Disney's Classic Fairy Tales: Featuring Cinderella, Snow White, Belle, & All Your Favorite Fairy Tale Characters! Disney Storybook Artists. 2017. (Licensed Learn to Draw Ser.). (ENG., Illus.). 64p. (J). (gr. 1-3). pap. 9.95 *(978-1-63322-145-1(8),* 223955, Walter Foster Jr) Quarto Publishing Group USA.

Learn to Draw Dragons! Illus. by Kerren Barbas Steckler. 2021. (ENG.). 48p. (J). 5.99 *(978-1-4413-3720-7(2),* 8c7b0a28-cf6f-444a-8770-c1e872dc2473) Peter Pauper Pr. Inc.

Learn to Draw Everything. Illus. by Kerren Barbas Steckler. 2023. (ENG.). 96p. (J). pap. 7.99 ***(978-1-4413-4051-1(3),*** 227e4eb9-cea1-4de2-a1c0-d8307506b5a4) Peter Pauper Pr. Inc.

Learn to Draw Everything! a Grid Copywork Drawing Book for Children. Jupiter Kids. 2017. (ENG., Illus.). (J). pap. 9.20 *(978-1-5419-3437-5(7),* Jupiter Kids (Childrens & Kids Fiction)) Speedy Publishing LLC.

Learn to Draw Exotic Animals: Step-By-step Instructions for More Than 25 Unusual Animals. Walter Walter Foster Jr. Creative Team. Illus. by Robbin Cuddy. 2016. (Learn to Draw: Expanded Edition Ser.). (ENG.). 64p. (J). (gr. 3-5). 33.32 *(978-1-939581-97-6(4),* 4578b84e-2b62-43c6-81ae-bb03f4368ae0, Walter Foster Jr) Quarto Publishing Group USA.

Learn to Draw... Faces! Created by Inc. Peter Pauper Press. 2019. (Learn to Draw Easy Step-By-Step Drawing Guides). (ENG., Illus.). 48p. (J). pap. 5.99 *(978-1-4413-3075-8(5),* 1c2b7cf3-b512-43fb-97cb-225d0494b9be) Peter Pauper Pr. Inc.

Learn to Draw Fashion - a Grid Copywork Drawing Book for Children. Jupiter Kids. 2017. (ENG., Illus.). (J). pap. 9.20 *(978-1-5419-3436-8(9),* Jupiter Kids (Childrens & Kids Fiction)) Speedy Publishing LLC.

Learn to Draw Marvel Avengers: How to Draw Your Favorite Characters, Including Iron Man, Captain America, the Hulk, Black Panther, Black Widow, & More! Disney Storybook Artists. 2018. (ENG.). 64p. (J). (gr. 1-3). spiral bd. 14.99 *(978-1-63322-661-6(1),* Walter Foster Jr) Quarto Publishing Group USA.

Learn to Draw Marvel Avengers, Mightiest Heroes Edition: Learn to Draw Black Panther, Ant-Man, Captain Marvel, & More! Walter Walter Foster Jr. Creative Team. 2020. (Learn to Draw Favorite Characters: Expanded Edition Ser.). (ENG., Illus.). 64p. (J). (gr. 3-5). 33.32 *(978-1-60058-829-7(8),* 427cebfd-f6ed-4f4c-8dee-6b8b26eed158, Walter Foster Jr) Quarto Publishing Group USA.

Learn to Draw Marvel Guardians of the Galaxy: How to Draw Your Favorite Characters, Including Rocket, Groot, & Gamora! Disney Storybook Artists. 2017. (Licensed Learn to Draw Ser.). (ENG., Illus.). 64p. (J). (gr. 1-3). spiral bd. 14.95 *(978-1-63322-250-2(0),* 225182, Walter Foster Jr) Quarto Publishing Group USA.

Learn to Draw Marvel's the Avengers: Learn to Draw Iron Man, Thor, the Hulk, & Other Favorite Characters Step-By-step. Walter Foster Creative Team. 2018. (Licensed Learn to Draw Ser.). (ENG.). 128p. pap. 19.95 *(978-1-63322-512-1(7),* Walter Foster) Quarto Publishing Group USA.

Learn to Draw Military Machines: Step-By-step Instructions for More Than 25 High-powered Vehicles. Tom LaPadula. 2016. (Learn to Draw Ser.). (ENG.). 64p. (J). (gr. 1-3). pap. 9.95 *(978-1-63322-067-6(2),* Walter Foster Jr) Quarto Publishing Group USA.

Learn to Draw Military Machines: Step-By-step Instructions for More Than 25 High-powered Vehicles. Walter Walter Foster Jr. Creative Team. Illus. by Walter Walter Foster Jr. Creative Team. 2016. (Learn to Draw: Expanded Edition Ser.). (ENG., Illus.). 64p. (J). (gr. 3-5). lib. bdg. 33.32 *(978-1-939581-98-3(2),* d2150f64-9d53-4999-837e-81e3ecf67e68, Walter Foster Jr) Quarto Publishing Group USA.

Learn to Draw Monsters. Sarah Longstreth. Illus. by Kerren Barbas Steckler. 2023. (ENG.). 48p. (J). 5.99 ***(978-1-4413-4142-6(0),*** 46cb6079-8b48-46fb-8fa8-3e9b6960c08b) Peter Pauper Pr. Inc.

Learn to Draw Outer Space. Sarah Longstreth. Illus. by Keren Barbas Steckler. 2022. (ENG.). 48p. (J). pap. 5.99 *(978-1-4413-3571-5(4),* 67882218-a8d7-4545-a82b-aba8a4c6baee) Peter Pauper Pr. Inc.

Learn to Draw People! Created by Inc. Peter Pauper Press. 2019. (Learn to Draw Easy Step-By-Step Drawing Guides). (ENG., Illus.). 48p. (J). pap. 5.99 *(978-1-4413-2954-7(4),* 9c492ded-e96b-4ade-8b65-a834aa0d6b47) Peter Pauper Pr. Inc.

Learn to Draw People: How to Draw Like an Artist in 5 Easy Steps. Racehorse for Young Readers. 2016. (Learn to Draw Ser.). (ENG., Illus.). 80p. (J). (gr. 1-7). pap. 7.99 *(978-1-944686-25-3(8),* Racehorse Publishing) Skyhorse Publishing Co., Inc.

Learn to Draw... Pets! Created by Inc. Peter Pauper Press. 2020. (Learn to Draw Easy Step-By-Step Drawing Guides). (ENG., Illus.). 48p. (J). pap. 5.99 *(978-1-4413-3129-8(8),* 35efd272-8d4f-4baf-a3b2-0e969dafa584) Peter Pauper Pr. Inc.

Learn to Draw Pets: How to Draw Like an Artist in 5 Easy Steps. Racehorse for Young Readers. 2016. (Learn to Draw Ser.). (ENG., Illus.). 80p. (J). (gr. 1-7). pap. 7.99 *(978-1-944686-24-6(X),* Racehorse Publishing) Skyhorse Publishing Co., Inc.

Learn to Draw Pretty Princesses Activity Book. Creative. 2016. (ENG., Illus.). (J). pap. 7.74 *(978-1-68323-368-8(9))* Twin Flame Productions.

Learn to Draw! (Set), 12 vols. 2018. (Learn to Draw! Ser.). (ENG.). 24p. (gr. 3-3). lib. bdg. 151.62 *(978-1-5383-3205-4(1),* b30edc6d-1b92-4aa9-a994-4c3af9931ddb, PowerKids Pr.) Rosen Publishing Group, Inc., The.

Learn to Draw Something New Activity Book. Smarter Activity Books for Kids. 2016. (ENG., Illus.). (J). pap. 9.22 *(978-1-68374-236-4(2))* Examined Solutions PTE. Ltd.

Learn to Draw Unicorns: Activity Book for Kids to Learn to Draw Cute Unicorns. Esel Press. 2020. (ENG.). 62p. (J). 18.75 *(978-1-716-17276-2(4));* pap. 8.95 *(978-1-716-29635-2(8))* Lulu Pr., Inc.

Learn to Draw... Unicorns, Mermaids & More! Created by Inc. Peter Pauper Press. 2019. (Learn to Draw Easy Step-By-Step Drawing Guides). (ENG., Illus.). 48p. (J). pap. 5.99 *(978-1-4413-3115-1(8),* 703023e7-7734-4ff4-ad15-a2ffaddfc324) Peter Pauper Pr. Inc.

Learn to Draw Your Favorite Disney/Pixar Characters: Expanded Edition! Featuring Favorite Characters from Toy Story, Finding Nemo, Inside Out, & More! Disney Storybook Artists. ed. 2018. (Licensed Learn to Draw Ser.). (ENG.). 144p. (J). (gr. 1-3). pap. 19.99 *(978-1-63322-677-7(8),* Walter Foster Jr) Quarto Publishing Group USA.

Learn to Draw Zoo Animals: Step-by-step Instructions for More Than 25 Popular Animals. Walter Walter Foster Jr. Creative Team. Illus. by Robbin Cuddy. 2016. (Learn to Draw: Expanded Edition Ser.). (ENG.). 64p. (J). (gr. 3-5). lib. bdg. 33.32 *(978-1-939581-99-0(0),* adefab0d-1c47-4380-beb5-52b66ccfebea, Walter Foster Jr) Quarto Publishing Group USA.

Learn to Go on an Adventure. Margot Channing. Illus. by Ilana Exelby. ed. 2018. (Little Learners Ser.). (ENG.). 32p. (J). (gr. -1-k). pap. 5.95 *(978-1-912537-14-3(1),* Scribblers) Book Hse. GBR. Dist: Sterling Publishing Co., Inc.

Learn to Program. Heather Lyons & Elizabeth Tweedale. Illus. by Alex Westgate. 2016. (Kids Get Coding Ser.). (ENG.). 24p. (J). (gr. 1-4). 26.65 *(978-1-5124-1360-1(7),* 3b699efe-c78a-48bb-818b-b61b24b66717, Lerner Pubns.) Lerner Publishing Group.

Learn to Put on a Show. Margot Channing. Illus. by Ilana Exelby. ed. 2018. (Little Learners Ser.). (ENG.). 32p. (J). (gr. -1-k). pap. 5.95 *(978-1-912537-15-0(X),* Scribblers) Book Hse. GBR. Dist: Sterling Publishing Co., Inc.

Learn to Read & Spell with Ricardo's English Word Grid(TM) Volume 1 Reference Book. Melissa Savonoff. 2020. (ENG., Illus.). 112p. (J). pap. *(978-0-6488093-1-9(5))* Loggie, Joy.

Learn to Read Books for Kids 5-7: Decodable Words. Stephanie Marie Bunt. Illus. by Taylor Gallion. 2020. (Long Vowel Sounds Ser.: Vol. 1). (ENG.). 206p. (J). pap. 39.95 *(978-1-948863-54-4(5))* Bunt, Stephanie.

Learn to Read Box. todd Parr & Liza Charlesworth. 2022. (ENG., Illus.). 120p. (J). (gr. -1-1). pap. 17.99 *(978-0-316-28651-0(6))* Little, Brown Bks. for Young Readers.

Learn to Read Rapidly with Phonics: Beginner Reader Book 2. a Fun, Colour in Phonic Reading Scheme. Sally Jones & Amanda Jones. 2018. (Learn to Read with Phonics Ser.: Vol. 2). (ENG., Illus.). 99p. (J). (gr. k-3). pap. *(978-0-9561150-4-1(7))* Guinea Pig Education.

Learn to Read Rapidly with Phonics: Beginner Reader Book 3. a Fun, Colour in Phonic Reading Scheme. Sally Jones & Amanda Jones. 2018. (Learn to Read with Phonics Ser.: Vol. 3). (ENG., Illus.). 119p. (J). (gr. k-3). pap. *(978-0-9561150-5-8(5))* Guinea Pig Education.

Learn to Read Rapidly with Phonics: Beginner Reader Book 4. a Fun, Colour in Phonic Reading Scheme. Sally Jones & Amanda Jones. 2018. (Learn to Read with Phonics Ser.: Vol. 4). (ENG., Illus.). 71p. (J). (gr. k-3). pap. *(978-0-9561150-6-5(3))* Guinea Pig Education.

Learn to Read Rapidly with Phonics: Beginner Reader Book 5. a Fun, Colour in Phonic Reading Scheme. Sally Jones & Amanda Jones. 2018. (Learn to Read with Phonics Ser.: Vol. 5). (ENG., Illus.). 81p. (J). (gr. k-3). pap. *(978-0-9561150-7-2(1))* Guinea Pig Education.

Learn to Read Rapidly with Phonics: Beginner Reader Book 6. a Fun, Colour in Phonic Reading Scheme. Sally Jones & Amanda Jones. 2018. (Learn to Read with Phonics Ser.: Vol. 6). (ENG., Illus.). 125p. (J). (gr. k-3). pap. *(978-0-9561150-8-9(X))* Guinea Pig Education.

Learn to Read with Phonics: Beginner Reader Book 1: a Fun, Colour in Phonic Reading Scheme. Sally Jones & Amanda Jones. 2018. (Learn to Read with Phonics Ser.: Vol. 1). (ENG., Illus.). 103p. (J). (gr. k-3). pap. *(978-0-9561150-3-4(9))* Guinea Pig Education.

Learn to Read Workbook Kindergarten Edition. Prodigy Wizard Books. 2016. (ENG., Illus.). (J). pap. 7.74 *(978-1-68323-167-7(8))* Twin Flame Productions.

Learn to Sew & Embroider: 35 Projects Using Simple Stitches, Cute Embroidery, & Pretty Appliqué. Emma Hardy. 2023. (Learn to Craft Ser.: 9). (ENG., Illus.). 128p. (J). pap. 16.99 *(978-1-80065-201-9(1),* B0BJV3WP18, Cico Kidz) Ryland Peters & Small GBR. Dist: WIPRO.

Learn to Speak 360 Interesting Proverbs & Know Your True Brother (Classic Reprint) C. N. Eze. (ENG., Illus.). (J). 2018. 68p. 25.30 *(978-0-332-82141-2(2));* 2016. pap. 9.57 *(978-1-334-11721-3(7))* Forgotten Bks.

Learn to Swim the Australian Way Level 3: Intermediate. Allison Tyson & Aly T. 2022. (Learn to Swim the Australian Way Ser.: Vol. 3). (ENG.). 32p. (J). pap. ***(978-0-6453669-6-9(X))*** Born To Swim.

Learn to Swim the Australian Way Level 4: Advanced. Allison Tyson & Aly T. 2023. (Learn to Swim the Australian Way Ser.: Vol. 4). (ENG.). 32p. (J). pap. ***(978-0-6453669-7-6(8))*** Born To Swim.

Learn to Tell Time: A Full-Color Activity Workbook That Makes Practice Fun. Isadora Isadora. 2022. (Learn to Series for Children Ser.). (ENG.). 16p. (J). pap. 8.99 *(978-1-953652-32-4(8))* Imagine & Wonder.

Learn to Walk in Faith, Prayer, & Thanksgiving Children's Christianity Books. Baby Professor. 2017. (ENG., Illus.). (J). pap. 7.89 *(978-1-5419-0248-0(3),* Baby Professor (Education Kids)) Speedy Publishing LLC.

Learn to Write: A Full-Color Activity Workbook That Makes Practice Fun. Isadora Isadora. 2022. (Learn to Series for Children Ser.). (ENG.). 16p. (J). pap. 8.99 *(978-1-953652-33-1(6))* Imagine & Wonder.

Learn to Write: Pencil Control, Line Tracing, Letter Formation & More. Lauren Crisp. 2021. (My First Home Learning Ser.). (ENG.). 84p. (J). (-k). pap. 8.99 *(978-1-6643-4007-7(6))* Tiger Tales.

Learn to Write - Colours & Shapes. Gallagher Belinda. Ed. by Richard Kelly. 2017. 14p. (J). pap. 5.95 *(978-1-78209-629-0(9))* Miles Kelly Publishing, Ltd. GBR. Dist: Parkwest Pubns., Inc.

Learn to Write ABC & 123: Scholastic Early Learners (Workbook) Scholastic. Ed. by Scholastic. 2022. (Scholastic Early Learners Ser.). (ENG.). 80p. (J). (gr. -1-k). pap. 7.99 *(978-1-338-82854-2(1),* Cartwheel Bks.) Scholastic, Inc.

Learn to Write Alphabets, Numbers & Shapes (Color Version) Feera Firza. 2021. (ENG.). 110p. (J). pap. 56.32 *(978-1-5437-6400-0(2))* Partridge Pub.

Learn to Write for Kids ABC Workbook: A Workbook for Kids to Practice Pen Control, Line Tracing, Letters, Shapes & More! (ABC Activity Book) The Life Graduate Publishing Group. 2020. (ENG.). 80p. (J). pap. *(978-1-922515-13-1(2))* Life Graduate, The.

Learn to Write Horses. Richard Kelly. 2017. (ENG., Illus.). 14p. (J). pap. 5.95 *(978-1-78209-706-8(6))* Miles Kelly Publishing, Ltd. GBR. Dist: Parkwest Pubns., Inc.

Learn to Write Letters. Publications International Ltd. Staff & Brain Games. 2021. (Brain Games Wipe-Off Ser.). (ENG.). 64p. (J). (gr. -1-k). spiral bd. 10.98 *(978-1-64558-691-3(X),* 4411700) Publications International, Ltd.

Learn to Write Letters Workbook: Handwriting Practice for Kids Ages 3-12 & Preschoolers - Pen Control, Line Tracing, Shapes, Alphabet, Sight Words: Pre K to Kindergarten. Insane Islay. 2021. (ENG.). 106p. (J). pap. 10.79 *(978-1-6671-9179-9(9))* Lulu Pr., Inc.

Learn to Write: Numbers. Publications International Ltd. Staff & Brain Games. 2021. (Brain Games Wipe-Off Ser.). (ENG.). 64p. (J). (gr. -1-k). spiral bd. 10.98 *(978-1-64558-692-0(8),* 4411600) Publications International, Ltd.

Learn to Write Numbers for Kids. Deeasy Books. 2020. (ENG.). 102p. (J). pap. 11.00 *(978-1-716-28733-6(2))* Indy Pub.

Learn to Write: Scholastic Early Learners (Write & Wipe) Scholastic. 2016. (Scholastic Early Learners Ser.). (ENG.). 28p. (J). (gr. -1-k). pap. 8.99 *(978-0-545-90345-5(9))* Scholastic, Inc.

Learn to Write Tracing Letters & Numbers, Early Learning Workbook, Ages 3 4 5: Handwriting Practice Workbook for Kids with Pen Control, Alphabet, Lines, Shapes & Matching Activities. Scholastic Panda Education. 2nd ed. 2020. (Kids Coloring Activity Bks.: Vol. 1). (ENG., Illus.). 96p. (J). pap. 9.99 *(978-1-953149-31-2(6))* Polymath Publishing Hse. LLC.

Learn Verb Tenses with Dragons, 1 vol. Emily Mahoney. 2020. (Grammar Magic! Ser.). (ENG.). 24p. (gr. 2-3). pap. 9.15 *(978-1-5382-4743-3(7),* 4ceb2ad9-e710-46d3-8016-fa65b445a4b4) Stevens, Gareth Publishing LLLP.

Learn Vietnamese Words. M. J. York. Illus. by Kathleen Petelinsek. 2020. (Foreign Language Basics Ser.). (ENG & VIE.). 24p. (J). (gr. 2-5). lib. bdg. 32.79 *(978-1-5038-3580-1(4),* 213400) Child's World, Inc, The.

Learn Vinland Younger Futhark. Dylon Lawrence. 2020. (ENG.). 40p. (J). pap. 5.84 *(978-1-716-68707-5(1))* Lulu Pr., Inc.

Learn While Connecting the Dots for Boys Only Activity Book. Creative Playbooks. 2016. (ENG., Illus.). (J). pap. 7.74 *(978-1-68323-373-2(5))* Twin Flame Productions.

Learn While Connecting the Dots for Girls & Boys Activity Book. Creative Playbooks. 2016. (ENG., Illus.). (J). pap. 7.74 *(978-1-68323-374-9(3))* Twin Flame Productions.

Learn While Connecting the Dots for Girls Only Activity Book. Creative Playbooks. 2016. (ENG., Illus.). (J). pap. 7.74 *(978-1-68323-375-6(1))* Twin Flame Productions.

Learn with Animals, 8 vols., Set. Sebastiano Ranchetti & Sebastiano Ranchetti. Incl. Animal Opposites. (Illus.). lib. bdg. 24.67 *(978-0-8368-8822-5(7),* 4bf8e686-49a7-46a7-9ed9-b6b8c7e68137); Animals in Color. lib. bdg. 24.67 *(978-0-8368-8821-8(9),* 5476de97-3027-4ce6-9107-3aba16740524); Counting with Animals. (Illus.). lib. bdg. 24.67 *(978-0-8368-8823-2(5),* 9d81b76e-f624-4dd8-800a-60ec1ff1e044); Shapes in Animals. (Illus.). lib. bdg. 24.67 *(978-0-8368-8824-9(3),* b922b994-4e32-42d2-a96e-6de84745d3d7); (gr. k-1)., Weekly Reader Leveled Readers (Learn with Animals Ser.). (ENG., Illus.). 24p. 2008. Set lib. bdg. 98.68 *(978-0-8368-8820-1(0),* 7345b977-2184-47ab-a5ba-5e14a5953d63, Weekly Reader) Stevens, Gareth Publishing LLLP.

Learn with Animals/Aprende con los Animales, 8 vols., Set. Sebastiano Ranchetti. Incl. Animal Opposites / Opuestos Animales. lib. bdg. 24.67 *(978-0-8368-9038-9(8),* c90b0b17-e3be-4eea-8f10-e0a029403ea9); Animals in Color / Animales en Color. lib. bdg. 24.67 *(978-0-8368-9037-2(X),* a8baff6-ef01-49d0-8d3a-115dea2b84e6); Counting with Animals / Cuenta con Los Animales. lib. bdg. 24.67 *(978-0-8368-9039-6(6),* ccf3fa8f-6f10-4715-bc7f-1a598bac7a89); Shapes in Animals / Figuras en Los Animales. lib. bdg. 24.67 *(978-0-8368-9040-2(X),* 9cefb7dc-c9fc-4864-be25-95a73b437a89); (gr. k-1). (Learn with Animals / Aprende con Los Animales Ser.). (ENG & SPA., Illus.). 24p. 2008. Set lib. bdg. 98.68 *(978-0-8368-9036-5(1),* 2ef777ee-07e3-48d0-9461-c48049d25c7e, Weekly Reader Leveled Readers) Stevens, Gareth Publishing LLLP.

Learn with Color Routine & Time with ABC's Coloring Book: Whilst Coloring Learn about Clocks & Telling the Time, Daily School Routine & Practice the Alphabet, Early Years Learning with Color for Toddlers & Preschoolers. Learn with Colour Publishing Co. 2020. (ENG.). 108p. (J). pap. *(978-1-9999875-8-9(6))* Avadex Publishing.

Learn with Colour Routine & Time with ABC's Colouring Book: Whilst Colouring Learn about Clocks & Telling the Time, Daily School Routine & Practice the Alphabet, Early Years Learning with Color for Toddlers & Preschoolers. Learn with Colour Publishing Co. 2020. (ENG.). 108p. (J). pap. *(978-1-9999875-4-1(3))* Avadex Publishing.

Learn with Me! Colors. Illus. by Ilana Exelby. 2017. (ENG.). 18p. (J). (-k). bds. 8.95 *(978-1-912006-25-0(1),* Scribblers) Book Hse. GBR. Dist: Sterling Publishing Co., Inc.

Learn with Me! Numbers. Ilana Exelby. ed. 2017. (ENG., Illus.). 20p. (J). (-k). bds. 8.95 *(978-1-912006-03-8(0),* Scribblers) Book Hse. GBR. Dist: Sterling Publishing Co., Inc.

Learn with Me Series: Fun with Time. McKoy. 2020. (ENG., Illus.). 50p. (J). pap. 14.99 *(978-1-952011-06-1(X))* Pen It Pubns.

Learn Your Abcs & Numbers 1 2 3. Janet Diana. 2019. (ENG.). 44p. (J). pap. 14.99 *(978-1-9736-6868-8(8),* WestBow Pr.) Author Solutions, LLC.

Learn Your ABC's with Lil Duwop & Friends. Kion L. Davis. 2023. (ENG.). 62p. (J). pap. 15.00 ***(978-1-0880-2103-3(4))*** Indy Pub.

Learn Your ABC's with Mazes Activity Book. Smarter Activity Books for Kids. 2016. (ENG., Illus.). (J). pap. 8.99 *(978-1-68374-237-1(0))* Examined Solutions PTE. Ltd.

Learn Your Animals: Chunky Board Book. IglooBooks. Illus. by Fhiona Galloway. 2021. (ENG.). 18p. (J). (— 1). bds., bds. 9.99 *(978-1-80022-814-6(7))* Igloo Bks. GBR. Dist: Simon & Schuster, Inc.

Learn Your Colors: Chunky Board Book. IglooBooks. Illus. by Fhiona Galloway. 2021. (ENG.). 18p. (J). (— 1). bds., bds. 9.99 *(978-1-80022-815-3(5))* Igloo Bks. GBR. Dist: Simon & Schuster, Inc.

Learn Your Letters Matching Game Activity Book. Kreative Kids. 2016. (ENG., Illus.). (J). pap. 10.81 *(978-1-68377-060-2(9))* Whike, Traudl.

Learn Your Lines! Connect the Dots Activity Book. Smarter Activity Books for Kids. 2016. (ENG., Illus.). (J). pap. 8.99 *(978-1-68374-238-8(9))* Examined Solutions PTE. Ltd.

Learn Your Numbers: With Colorful Chunk Pages - Numbers & Counting Fun for Toddlers. IglooBooks. Illus. by Fhiona Galloway. 2021. (ENG.). 18p. (J). (— 1). bds., bds. 9.99 *(978-1-80022-816-0(3))* Igloo Bks. GBR. Dist: Simon & Schuster, Inc.

Learned Helplessness, Welfare, & the Poverty Cycle, 1 vol. Ed. by Kristina Lyn Heitkamp. 2018. (Current Controversies Ser.). (ENG.). 176p. (gr. 10-12). 48.03 *(978-1-5345-0388-5(9),* aa5eed77-34c7-42a4-99bd-8f85ad49ce98) Greenhaven Publishing LLC.

Learner in Life's School (Classic Reprint) Unknown Author. 2018. (ENG., Illus.). 248p. (J). 29.01 *(978-0-267-24001-2(5))* Forgotten Bks.

Learning. Illus. by Max and Sid. 2016. (What Can You Spot? Ser.). (ENG.). 18p. (J). (gr. -1 — 1). bds. 7.99 *(978-1-4998-0270-2(6))* Little Bee Books Inc.

Learning. Penelope Dyan. Illus. by Penelope Dyan. l.t. ed. 2022. (ENG.). 34p. (J). pap. 12.60 ***(978-1-61477-626-0(1))*** Bellissima Publishing, LLC.

Learning 123's with Officer King. Tabatha King. Illus. by Dina Almonord. 2021. (ENG.). 22p. *(978-1-716-37245-2(3))* Lulu Pr., Inc.

Learning 2 Be Me. J. R. F. Vargus, Jr. 2021. (ENG.). 30p. (J). pap. 13.95 *(978-1-64531-726-5(9))* Newman Springs Publishing, Inc.

Learning ABCs with Jesus: A Teaching & Learning Tool. Gladys Amerson. Illus. by Samantha Kickingbird. 2016. (ENG.). (J). pap. 9.99 *(978-0-9979788-6-5(4))* Mindstir Media.

Learning ABCs with Me. Adanna Nwabuoku. 2020. (ENG.). 28p. (J). 11.95 *(978-0-9971788-2-1(5))* Traxler Marketing.

Learning ABC's with Officer King. Tabatha King-Adams. 2019. (ENG.). 28p. (J). *(978-0-359-86311-2(6))* Lulu Pr., Inc.

Learning about Colors, Shapes & Numbers with Albert the Astronaut - Children's Early Learning Books. Left Brain Kids. 2016. (ENG., Illus.). (J). pap. 7.51 *(978-1-68376-701-5(2))* Sabeels Publishing.

Learning about Cretaceous Dinosaurs. Jan Sovak. 2020. (Dover Little Activity Bks.). (ENG.). 16p. (Orig.). (J). (gr. 3-5). pap. 2.99 *(978-0-486-84463-3(3),* 844633) Dover Pubns., Inc.

Learning about Desert Animals: With 12 Stickers. Sy Barlowe. 2019. (Dover Little Activity Bks.). (ENG.). 16p. (J). (gr. 3-6). 1.99 *(978-0-486-83714-7(9),* 837149) Dover Pubns., Inc.

Learning about Desert Plants. Dot Barlowe. 2021. (Dover Little Activity Bks.). (ENG.). 16p. (J). (gr. 3-5). pap. 1.99 *(978-0-486-84465-7(X),* 84465X) Dover Pubns., Inc.

Learning about Earning. Rachel Eagen. 2016. (Money Sense: an Introduction to Financial Literacy Ser.). (ENG., Illus.). 24p. (J). (gr. 1-3). *(978-0-7787-2665-4(7))* Crabtree Publishing Co.

Learning about Elephants - Hardback: Environmental Heroes Series. Sylvia M. Medina & Kelly Landen. 2019. (ENG., Illus.). 40p. (J). (gr. k-3). 23.00 *(978-1-939871-86-2(7))* Green Kids Club, Inc.

L

Learning about Elephants - Paperback: Environmental Heroes Series. Sylvia M. Medina & Kelly Landen. 2019. (ENG., Illus.). 40p. (J). (gr. k-3). pap. 14.00 *(978-1-939871-87-9(5))* Green Kids Club, Inc.

Learning about Emotions (Set), 12 vols. 2019. (Learning about Emotions Ser.). (ENG.). (J). (gr. -1-2). lib. bdg. 393.48 *(978-1-5038-3434-7(4),* 213034) Child's World, Inc, The.

Learning about Feelings with a Unicorn: A Cute & Fun Story to Teach Kids about Emotions & Feelings. Steve Herman. 2020. (My Unicorn Bks.: Vol. 7). (ENG.). 44p. (J). (gr. k-3). 18.95 *(978-1-950280-84-1(5));* pap. 12.95 *(978-1-950280-83-4(7))* Digital Golden Solutions LLC.

Learning about Fish & Mammal Species Children's Fish & Marine Life. Baby Professor. 2017. (ENG., Illus.). (J). pap. 7.89 *(978-1-5419-0186-5(X),* Baby Professor (Education Kids)) Speedy Publishing LLC.

Learning about Frogs & Toads. Sy Barlowe. 2020. (Dover Little Activity Bks.). (ENG.). 16p. (J). (gr. 3-5). pap. 2.99 *(978-0-486-83841-0(2),* 838412) Dover Pubns., Inc.

Learning about Jesus: An Interactive Study Guide for Kids. Created by Warner Press. 2023. (ENG.). 200p. (J). pap. 24.99 ***(978-1-68434-469-7(7))*** Warner Pr., Inc.

Learning about Jurassic Dinosaurs. Ruth Soffer. 2021. (Dover Little Activity Bks.). (ENG.). 16p. (J). (gr. 3-6). pap. 2.99 *(978-0-486-84587-6(7),* 845877) Dover Pubns., Inc.

Learning about Leaves: With 12 Stickers. Dot Barlowe. 2019. (Dover Little Activity Bks.). (ENG.). 16p. (J). (gr. 3-6). 2.99 *(978-0-486-83713-0(0),* 837130) Dover Pubns., Inc.

Learning about Local Laws: Understanding Citizenship, 1 vol. Dalton Blaine. 2018. (Civics for the Real World Ser.). (ENG.). 12p. (gr. 1-2). pap. *(978-1-5383-6463-5(8),* e77ca372-682e-4fd6-9c74-6ca037f0a1e1, Rosen Classroom) Rosen Publishing Group, Inc., The.

Learning about My Body Coloring Book. Jupiter Kids. 2016. (ENG., Illus.). 106p. (J). pap. 16.55 *(978-1-68326-336-4(7),* Jupiter Kids (Childrens & Kids Fiction)) Speedy Publishing LLC.

Learning about Nocturnal Creatures. Sy Barlowe. 2020. (Dover Little Activity Bks.). (ENG.). 16p. (J). (gr. 3-5). pap. 2.99 *(978-0-486-84457-2(9),* 844579) Dover Pubns., Inc.

Learning about Other People & Cultures, 1 vol. Jan Mader. 2017. (Active Citizenship Today Ser.). (ENG.). 32p. (gr. 3-3). pap. 11.58 *(978-1-5026-2924-1(0),* c6316537-0aef-4338-a0e9-6258d0756ed9) Cavendish Square Publishing LLC.

Learning about Popular Fashion Trends Children's Fashion Books. Baby Professor. 2017. (ENG., Illus.). (YA). pap. 7.89 *(978-1-5419-0289-3(0),* Baby Professor (Education Kids)) Speedy Publishing LLC.

Learning about Rain Forest Animals. Sy Barlowe. 2021. (Dover Little Activity Bks.). (ENG.). 16p. (J). (gr. 3-6). pap. 1.99 *(978-0-486-84586-9(9),* 845869) Dover Pubns., Inc.

Learning about Reptiles. Jan Sovak. 2021. (Dover Little Activity Bks.). (ENG.). 16p. (J). (gr. 3-5). pap. 2.99 *(978-0-486-84464-0(1),* 844641) Dover Pubns., Inc.

Learning about Shells. Sy Barlowe. 2020. (Dover Little Activity Bks.). (ENG.). 16p. (J). (gr. 3-5). pap. 2.99 *(978-0-486-83844-1(7),* 838447) Dover Pubns., Inc.

Learning about Shore Birds. Sy Barlowe. 2021. (Dover Little Activity Bks.). (ENG.). 16p. (J). (gr. 3-6). pap. 1.99 *(978-0-486-84584-5(2),* 845842) Dover Pubns., Inc.

Learning about Spiders: With 12 Stickers. Jan Sovak. 2019. (Dover Little Activity Bks.). (ENG.). 16p. (J). (gr. 3-6). 2.99 *(978-0-486-83715-4(7),* 837157) Dover Pubns., Inc.

Learning about the Garden with Sleeping Beauty. Stepanka Sekaninova. Illus. by Linh Dao. 2021. (Fairytale Encyclopedia Ser.). 14p. (J). 15.95 *(978-80-00-05939-6(8))* Albatros, Nakladatelstvi pro deti mladez, a.s. CZE. Dist: Consortium Bk. Sales & Distribution.

Learning about the Industrial Revolution - What Impacted It? Bold Kids. 2022. (ENG.). 42p. (J). pap. 14.99 ***(978-1-0717-1752-3(9))*** FASTLANE LLC.

Learning about Tropical Fish. Jan Sovak. 2021. (Dover Little Activity Bks.). (ENG.). 16p. (J). (gr. 3-6). pap. 1.99 *(978-0-486-84585-2(0),* 845850) Dover Pubns., Inc.

Learning about Wildflowers. Dot Barlowe. 2020. (Dover Little Activity Bks.). (ENG.). 16p. (J). (gr. 3-5). pap. 2.99 *(978-0-486-83842-7(0),* 838420) Dover Pubns., Inc.

Learning Activities Workbook Toddler - Ages 1 To 3. Left Brain Kids. 2016. (ENG., Illus.). (J). pap. 7.51 *(978-1-68376-644-5(X))* Sabeels Publishing.

Learning Activity Books. Identifying God-Made & Man-Made Creations. Toddler Activity Books Ages 1-3 Introduction to Coloring Basic Biology Concepts. Jupiter Kids. 2017. (ENG., Illus.). 200p. (J). pap. 12.26 *(978-1-5419-4774-0(6),* Jupiter Kids (Childrens & Kids Fiction)) Speedy Publishing LLC.

Learning Addition with Puppies & Kittens. Patricia J. Murphy. 2017. (Math Fun with Puppies & Kittens Ser.). 32p. (J). (gr. 1-2). 63.12 *(978-0-7660-9069-9(8))* Enslow Publishing, LLC.

Learning Adventures: Basic Math. Cindy Koepp. 2022. (ENG.). 168p. (J). pap. 12.00 *(978-0-9995927-7-9(7),* Lumen Anime) Citron Concassee.

Learning & Playing Dot to Dot Activity Book. Smarter Activity Books For Kids. 2016. (ENG., Illus.). (J). pap. 9.43 *(978-1-68374-239-5(7))* Examined Solutions PTE. Ltd.

Learning Arabic Workbook. Learning Eightidd. 2020. (ENG.). 88p. (J). pap. 9.99 *(978-1-716-34002-4(0))* Lulu Pr., Inc.

Learning at Home. Shannon Stocker. 2021. (21st Century Junior Library: Together We Can: Pandemic Ser.). (ENG., Illus.). 24p. (J). (gr. 2-5). lib. bdg. 30.64 *(978-1-5341-8010-9(9),* 218320) Cherry Lake Publishing.

Learning at Pre-K, 1 vol. Celeste Bishop. 2016. (Places in My Community Ser.). (ENG.). 24p. (J). (gr. 1-1). pap. 9.25 *(978-1-4994-2774-5(3),* 40bc499d-0bb1-491e-a45f-ab74502b6f9b, PowerKids Pr.) Rosen Publishing Group, Inc., The.

Learning Better Than House & Land: As Exemplified in the History of Harry Johnson & Dick Hobson (Classic Reprint) John Carey. (ENG., Illus.). (J). 2018. 170p. 27.40 *(978-0-267-56945-8(9));* 2016. pap. 9.97 *(978-1-334-16994-6(2))* Forgotten Bks.

Learning Books for 2 Year Olds (Learn to Count for Preschoolers) A Full-Color Counting Workbook for Preschool/Kindergarten Children. James Manning. 2019. (Learning Books for 2 Year Olds Ser.: Vol. 4). (ENG., Illus.). 34p. (J). pap. *(978-1-83878-017-3(3))* Coloring Pages.

Learning Buddies: Book One Roman Learns How to Make Friends. Patrice Loge. 2018. (ENG.). (J). 14.95 *(978-1-68401-499-6(9))* Amplify Publishing Group.

Learning Buddies Book 2: Ricky Learns How Bullying Hurts. Patrice Loge. 2018. (ENG.). 38p. (J). 14.95 *(978-1-64307-079-7(7))* Amplify Publishing Group.

Learning Butterflies. Anesha Davis. Illus. by Leroy Grayson. 2021. (ENG.). 34p. (J). 19.99 *(978-1-954425-30-9(9))* Jazzy Kitty Pubns.

Learning by Drawing: Amazing Animals: Basic Word Types. Colin M. Drysdale. 2018. (Learning by Drawing Ser.: Vol. 1). (ENG., Illus.). 50p. (J). (gr. 2-5). pap. *(978-1-909832-36-7(7))* Pictish Beast Pubns.

Learning Core Values (Set), 12 vols. 2022. (Learning Core Values Ser.). (ENG.). (J). (gr. -1-2). lib. bdg. 393.48 *(978-1-5038-6360-6(3),* 216257, Wonder Books(r)) Child's World, Inc, The.

Learning Curves of Vanessa Partridge. Clare Strahan. 2019. (ENG.). 304p. (YA). (gr. 10). pap. 16.99 *(978-1-76029-679-7(1))* Allen & Unwin AUS. Dist: Independent Pubs. Group.

Learning Division with Puppies & Kittens, 1 vol. Linda R. Baker. 2017. (Math Fun with Puppies & Kittens Ser.). (ENG.). 32p. (gr. 1-2). pap. 11.52 *(978-0-7660-9073-6(6),* d9007288-0d3a-42fc-b035-337beb19ccbc) Enslow Publishing, LLC.

Learning Drawing on the Go Activity Book. Creative Playbooks. 2016. (ENG., Illus.). (J). pap. 7.74 *(978-1-68323-450-0(2))* Twin Flame Productions.

LEARNING ENGLISH with MOVIES V. 2: A Useful Guide for Intermediate English Language Students. Gerry Arce. 2023. (ENG.). 311p. pap. ***(978-1-329-53837-5(4))*** Lulu Pr., Inc.

Learning English with Tasha & Benji: Volume Two. Weiland Samantha. Illus. by Ambadi Kumar. 2017. (Learning English with Tasha & Benji Ser.: Vol. 2). (ENG.). (J). (gr. k-3). pap. 19.99 *(978-1-63535-228-3(2))* Samantha's Stories Inc.

Learning Expectations. Emily Rose. 2022. (My Early Library: Building My Social-Emotional Toolbox Ser.). (ENG., Illus.). 24p. (J). (gr. 2-5). pap. 12.79 *(978-1-6689-1065-8(9),* 221010); lib. bdg. 30.64 *(978-1-6689-0905-8(7),* 220872) Cherry Lake Publishing.

Learning French Is Fun & Easy! - Language Learning 4th Grade Children's Foreign Language Books. Baby Professor. 2018. (ENG., Illus.). 64p. (J). pap. 12.99 *(978-1-5419-3018-6(5),* Baby Professor (Education Kids)) Speedy Publishing LLC.

Learning from Mistakes. Terence Houston et al. 2018. (Adventures of David & Joshua Ser.: Vol. 1). (ENG.). 26p. (J). pap. 14.95 *(978-1-947574-12-0(4))* TDR Brands Publishing.

Learning Fun ABC. Anna Award. 2017. (ENG., Illus.). 24p. (J). pap. 5.99 *(978-1-78270-067-8(6))* Award Pubns. Ltd. GBR. Dist: Parkwest Pubns., Inc.

Learning Hebrew: Animals Activity Book. Pip Reid. 2020. (Learning Hebrew Ser.: Vol. 2). (ENG.). 72p. (J). pap. *(978-1-988585-34-5(1))* Bible Pathway Adventures.

Learning Hebrew: Around the Home Activity Book. Pip Reid. 2020. (Learning Hebrew Ser.: Vol. 4). (ENG.). 74p. (J). pap. *(978-1-988585-43-7(0))* Bible Pathway Adventures.

Learning Hebrew: Bible Heroes Activity Book. Pip Reid. 2021. (Learning Hebrew Ser.: Vol. 8). (ENG.). 82p. (J). pap. *(978-1-989961-64-3(9))* Bible Pathway Adventures.

Learning Hebrew: Clothes Activity Book. Pip Reid. 2020. (Learning Hebrew Ser.: Vol. 6). (ENG.). 74p. (J). pap. *(978-1-988585-48-2(1))* Bible Pathway Adventures.

Learning Hebrew: Fruit & Vegetables Activity Book. Pip Reid. 2020. (Learning Hebrew Ser.: Vol. 2). (ENG.). 84p. (J). pap. *(978-1-988585-41-3(4))* Bible Pathway Adventures.

Learning Hebrew: Let's Eat! Activity Book. Reid. 2020. (Learning Hebrew Ser.: Vol. 5). (ENG.). 84p. (J). pap. *(978-1-988585-47-5(3))* Bible Pathway Adventures.

Learning Hebrew: The Alphabet Activity Book. Pip Reid. 2020. (Learning Hebrew Ser.: Vol. 1). (ENG.). 54p. (J). (gr. 1-5). pap. *(978-1-988585-28-4(7))* Bible Pathway Adventures.

Learning Hebrew: Things That Go! Activity Book. Pip Reid. 2020. (Learning Hebrew Ser.: Vol. 7). (ENG.). 72p. (J). pap. *(978-1-988585-49-9(X))* Bible Pathway Adventures.

Learning How to Draw! Activity Book. Smarter Activity Books for Kids. 2016. (ENG., Illus.). (J). pap. 9.22 *(978-1-68374-240-1(0))* Examined Solutions PTE. Ltd.

Learning How to Learn: How to Succeed in School Without Spending All Your Time Studying; a Guide for Kids & Teens. Barbara Oakley et al. 2018. (Illus.). 256p. (gr. 5). pap. 17.00 *(978-0-14-313254-7(7),* TarcherPerigee) Penguin Publishing Group.

Learning How to Measure with Puppies & Kittens, 1 vol. Patricia J. Murphy. 2017. (Math Fun with Puppies & Kittens Ser.). (ENG.). 32p. (gr. 1-2). pap. 11.52 *(978-0-7660-9074-3(4),* c4d1722a-ce4a-4742-a6c3-39983056ddcc) Enslow Publishing, LLC.

Learning How to Sing in Spanish Children's Learn Spanish Books. Baby Professor. 2017. (ENG., Illus.). (J). pap. 7.89 *(978-1-5419-0222-0(X),* Baby Professor (Education Kids)) Speedy Publishing LLC.

Learning Is Fun! It's All a Game! Learning Games & Activities Children Will Want to Do - Children's Early Learning Books. Prodigy Wizard. 2016. (ENG., Illus.). (J). pap. 9.25 *(978-1-68323-995-6(4))* Twin Flame Productions.

Learning Is Grand: Poems & Short Stories. Lois E. Lund. 2017. (ENG., Illus.). (J). pap. 9.99 *(978-1-946854-33-9(6))* MainSpringBks.

Learning Is Great! Naomi Sainz. 2021. (ENG.). 96p. (J). pap. 15.49 *(978-1-6628-0837-1(2))* Salem Author Services.

Learning Kindness. Created by Highlights. 2021. 192p. (J). (-k). pap. 12.99 *(978-1-64472-664-8(5),* Highlights) Highlights Pr., c/o Highlights for Children, Inc.

Learning Kindness Activity Set. Created by Highlights. 2022. (Highlights Learning Kindness Ser.). 96p. (J). (-k). pap. 14.99 *(978-1-64472-863-5(X),* Highlights) Highlights Pr., c/o Highlights for Children, Inc.

Learning Kindness My Feelings Sticker Book. Created by Highlights. 2023. (Highlights Learning Kindness Ser.). 44p. (J). (-k). spiral bd. 14.99 *(978-1-64472-926-7(1),* Highlights) Highlights Pr., c/o Highlights for Children, Inc.

Learning Letters (Pre-K Wipe Clean Workbook) Preschool Wipe Clean Activity Workbook, Ages 3-5, Letter Tracing, Uppercase & Lowercase, First Words, Learning to Write, & Handwriting Practice. The Reading The Reading House. 2021. (Reading House Ser.). (ENG.). 56p. (J). (-k). pap. 12.99 *(978-0-593-45043-7(4))* Random Hse. Children's Bks.

Learning Library Skills (Set), 6 vols. 2023. (Learning Library Skills Ser.). (ENG.). (J). (gr. k-3). lib. bdg. 196.74 *(978-1-5038-6991-2(1),* 216810, Wonder Books(r)) Child's World, Inc, The.

Learning Manners with the Raspberry Noodles Kids. Linda Barboa & Jan Luck. 2019. (Raspberry Noodles Kid's Adventures Ser.: Vol. 2). (ENG., Illus.). 30p. (J). pap. 12.99 *(978-1-949609-79-0(0))* Pen It Pubns.

Learning Mats: Alphabet. Scholastic. 2018. (Learning Mats Ser.). (ENG.). (gr. -1-1). 14.99 *(978-1-338-23958-4(9))* Teacher's Friend Pubns., Inc.

Learning Mats: Long Vowels. Scholastic. 2018. (Learning Mats Ser.). (ENG.). (gr. k-2). 14.99 *(978-1-338-23959-1(7))* Teacher's Friend Pubns., Inc.

Learning Mats: Match, Trace & Write Numbers. Scholastic. 2018. (Learning Mats Ser.). (ENG.). (gr. -1-1). 14.99 *(978-1-338-23960-7(0))* Teacher's Friend Pubns., Inc.

Learning Mats: Match, Trace & Write the Alphabet. Scholastic. 2018. (Learning Mats Ser.). (ENG.). (gr. -1-1). 14.99 *(978-1-338-23961-4(9))* Teacher's Friend Pubns., Inc.

Learning Mats: Numbers & Counting. Scholastic. 2018. (Learning Mats Ser.). (ENG.). (gr. -1-1). 14.99 *(978-1-338-23963-8(5))* Teacher's Friend Pubns., Inc.

Learning Mats: Patterns. Scholastic. 2018. (Learning Mats Ser.). (ENG.). (gr. -1-1). 14.99 *(978-1-338-23964-5(3))* Teacher's Friend Pubns., Inc.

Learning Mats: Short Vowels. Scholastic. 2018. (Learning Mats Ser.). (ENG.). (gr. k-2). 14.99 *(978-1-338-23965-2(1))* Teacher's Friend Pubns., Inc.

Learning Mats: Sight Words. Scholastic. 2018. (Learning Mats Ser.). (ENG.). (gr. k-2). 14.99 *(978-1-338-23966-9(X))* Teacher's Friend Pubns., Inc.

Learning Mats: Time & Money. Scholastic. 2018. (Learning Mats Ser.). (ENG.). (gr. k-2). 14.99 *(978-1-338-23967-6(8))* Teacher's Friend Pubns., Inc.

Learning Mats: Word Families. Scholastic. 2018. (Learning Mats Ser.). (ENG.). (gr. k-2). 14.99 *(978-1-338-23968-3(6))* Teacher's Friend Pubns., Inc.

Learning More about Venezuela a Book about This Country. Bold Kids. 2022. (ENG.). 42p. (J). pap. 14.99 ***(978-1-0717-2070-7(8))*** FASTLANE LLC.

Learning Multiplication with Puppies & Kittens, 1 vol. Linda R. Baker. 2017. (Math Fun with Puppies & Kittens Ser.). (ENG.). 32p. (gr. 1-2). pap. 11.52 *(978-0-7660-9072-9(8),* 019ce23a-19a4-45c0-8d15-7bdec445e714) Enslow Publishing, LLC.

Learning My ABC's: My First Alphabet Picture Book. Tiara Luckey & Cathy Luckey. 2022. (ENG.). 32p. (J). *(978-0-2288-6834-7(3));* pap. *(978-0-2288-6833-0(5))* Tellwell Talent.

Learning My ABC's! a Little Baby & Toddler's First Alphabet Learning & Discovery Book. - Baby & Toddler Alphabet Books. Baby Professor. 2017. (ENG., Illus.). (J). pap. 7.89 *(978-1-68326-637-2(4),* Baby Professor (Education Kids)) Speedy Publishing LLC.

Learning My Body Parts Coloring Book. Jupiter Kids. 2017. (ENG., Illus.). (J). pap. 9.20 *(978-1-68326-813-0(X),* Jupiter Kids (Childrens & Kids Fiction)) Speedy Publishing LLC.

Learning My Prayers, 8 bks. Piera Paltro. Tr. by Daughters of St. Paul Staff. Illus. by Anna M. Curti. Incl. Angel of God. 16p. (gr. k-3). 1981. pap. 2.95 *(978-0-8198-0739-7(7),* CH0031P); Eternal Rest: A Prayer for People Who Have Died. 15p. (gr. k-3). 1992. pap. 2.50 *(978-0-8198-2332-8(5));* Glory to the Father. 21p. (gr. -1-18). 1987. pap. 2.50 *(978-0-8198-3043-2(7),* CH0227); Hail, Holy Queen. 15p. (gr. k-3). 1992. pap. 2.50 *(978-0-8198-3365-5(7));* Hail Mary. 22p. (gr. k-3). 1992. pap. 2.50 *(978-0-8198-3316-7(9));* I Believe: The Profession of Faith or Creed. 29p. (gr. k-3). 1992. pap. 2.50 *(978-0-8198-3664-9(8));* My Mass. 32p. (gr. k-3). 1992. pap. 2.50 *(978-0-8198-4765-2(8));* Our Father. 23p. (gr. -1-1). 1991. pap. 2.95 *(978-0-8198-5416-2(6),* CH0416P); (J). (Illus.). Set pap. 18.80 *(978-0-8198-4483-5(7))* Pauline Bks. & Media.

Learning Numbers 1 to 20 with Sam the Robot: A Children's Counting Book. Sam The Robot. 2021. (ENG.). 46p. (J). pap. *(978-1-78982-618-0(7))* Oak Tree Pr.

Learning Numbers with Animals. Bahribook Universal Language. 2017. (ENG.). 32p. (J). pap. ***(978-1-326-99772-4(6))*** Lulu Pr., Inc.

Learning Numbers with GOD & Me. A. D. Lawrence. 2022. (ENG., Illus.). 26p. (J). pap. 14.95 ***(978-1-68570-234-2(1))*** Christian Faith Publishing.

Learning Power! A Day at School Coloring Book Edition. Activity Book Zone for Kids. 2016. (ENG., Illus.). (J). pap. 9.20 *(978-1-68376-236-2(3))* Sabeels Publishing.

Learning Preschool Basics (Pre-K Wipe Clean Workbook) The Reading The Reading House. 2022. (Reading House Ser.). (ENG.). 56p. (J). (-k). pap. 12.99 *(978-0-593-51619-5(2))* Random Hse. Children's Bks.

Learning Puzzles: Addition & Subtraction. Scholastic. 2018. (Learning Puzzles Ser.). (ENG.). (gr. -1-1). 14.99 *(978-1-338-23974-4(0))* Teacher's Friend Pubns., Inc.

Learning Puzzles: Beginning Sounds. Scholastic. 2018. (Learning Puzzles Ser.). (ENG.). (gr. -1-1). 14.99 *(978-1-338-23969-0(4))* Teacher's Friend Pubns., Inc.

Learning Puzzles: Classifying. Scholastic. 2018. (Learning Puzzles Ser.). (ENG.). (gr. -1-1). 14.99 *(978-1-338-23971-3(6))* Teacher's Friend Pubns., Inc.

Learning Puzzles: Numbers. Scholastic. 2018. (Learning Puzzles Ser.). (ENG.). (gr. -1-1). 14.99 *(978-1-338-23972-0(4))* Teacher's Friend Pubns., Inc.

Learning Puzzles: Rhyming. Scholastic. 2018. (Learning Puzzles Ser.). (ENG.). (gr. -1-1). 14.99 *(978-1-338-23973-7(2))* Teacher's Friend Pubns., Inc.

Learning Puzzles: Vowel Sounds. Scholastic. 2018. (Learning Puzzles Ser.). (ENG.). (gr. -1-1). 14.99 *(978-1-338-23975-1(9))* Teacher's Friend Pubns., Inc.

Learning Robotics with Robotis Dream Systems. Chi N. Thai. 2018. (ENG., Illus.). 204p. (J). pap. 17.95 *(978-0-9993918-1-5(X))* CNT Robotics LLC.

Learning Seventeen, 1 vol. Brooke Carter. 2018. (Orca Soundings Ser.). (ENG.). 144p. (YA). (gr. 8-12). pap. 9.95 *(978-1-4598-1553-7(X))* Orca Bk. Pubs. USA.

Learning Seventeen. Brooke Carter. ed. 2018. (Orca Soundings Ser.). lib. bdg. 20.80 *(978-0-606-41265-0(4))* Turtleback.

Learning Shapes: A Full-Color Activity Workbook That Makes Practice Fun. Isadora Isadora. 2022. (Learn to Workbooks for Children Ser.). (ENG.). 16p. (J). pap. 8.99 *(978-1-953652-31-7(X))* Imagine & Wonder.

Learning Shapes & Sizes Coloring Book. Jupiter Kids. 2017. (ENG., Illus.). (J). pap. 9.20 *(978-1-68326-337-1(5),* Jupiter Kids (Childrens & Kids Fiction)) Speedy Publishing LLC.

Learning Shapes by Building a Snowman. Caleb Peacock. 2017. (ENG., Illus.). 40p. (J). pap. *(978-1-365-85493-4(0))* Lulu Pr., Inc.

Learning Sight Words (Set), 24 vols. (Learning Sight Words Ser.). (ENG.). (J). (gr. -1-2). 2021. lib. bdg. 786.96 *(978-1-5038-5303-4(9),* 215125); 2021. lib. bdg. 688.59 ***(978-1-5038-8817-3(7),*** 217424); 2020. lib. bdg. 393.48 *(978-1-5038-4526-8(5),* 214286) Child's World, Inc, The.

Learning Spanish for Kids: Early Language Learning System. Tony R. Smith. 2020. (ENG., Illus.). 46p. (J). (gr. k-6). pap. 12.99 ***(978-1-952524-03-5(2))*** Smith Show Media Group.

Learning Starts with You. Heron Books. 2018. (ENG., Illus.). 48p. (J). pap. *(978-0-89739-111-5(X),* Heron Bks.) Quercus.

Learning STEM from Baseball: How Does a Curveball Curve? & Other Amazing Answers for Kids! Marne Ventura. 2020. (STEM Sports Ser.). (ENG., Illus.). 64p. (J). (gr. 3-7). pap. 7.99 *(978-1-5107-5700-4(7),* Sky Pony Pr.) Skyhorse Publishing Co., Inc.

Learning STEM from Basketball: Why Does a Basketball Bounce? & Other Amazing Answers for Kids! Marne Ventura. 2021. (STEM Sports Ser.). 64p. (J). (gr. 4-4). pap. 7.99 *(978-1-5107-5701-1(5),* Sky Pony Pr.) Skyhorse Publishing Co., Inc.

Learning Subtraction with Puppies & Kittens, 1 vol. Patricia J. Murphy. 2017. (Math Fun with Puppies & Kittens Ser.). (ENG.). 32p. (gr. 1-2). pap. 11.52 *(978-0-7660-9071-2(X),* d3f20e56-7617-45d5-a3c7-f216a4c5f395) Enslow Publishing, LLC.

Learning Tab Book - Dinosaurs. YoYo YoYo Books. 2022. (ENG.). 10p. (J). (gr. -1). bds. 10.99 *(978-94-6422-875-5(X))* YoYo Bks. BEL. Dist: Simon & Schuster, Inc.

Learning Tab Book - Farm. YoYo YoYo Books. 2022. (ENG.). 10p. (J). (gr. -1). bds. 10.99 *(978-94-6422-876-2(8))* YoYo Bks. BEL. Dist: Simon & Schuster, Inc.

Learning the Alphabet Through Colors: Coloring Book ABC. Jupiter Kids. 2016. (ENG., Illus.). 106p. (J). pap. 12.55 *(978-1-68305-266-1(8),* Jupiter Kids (Childrens & Kids Fiction)) Speedy Publishing LLC.

Learning the Alphabet with Colors: Coloring Book Alphabet. Jupiter Kids. 2016. (ENG., Illus.). 106p. (J). pap. 12.55 *(978-1-68305-267-8(6),* Jupiter Kids (Childrens & Kids Fiction)) Speedy Publishing LLC.

Learning the Alphabet with Jesus. Letarsha Sloan. 2018. (ENG., Illus.). 62p. (J). pap. *(978-0-359-25485-9(3))* Lulu Pr., Inc.

Learning the Days of the Week. Pamela Hutton. 2021. (ENG., Illus.). 32p. (J). pap. 14.95 *(978-1-0980-7465-4(3))* Christian Faith Publishing.

Learning the Island Landscape in Fortnite. Carla Mooney. 2019. (J). *(978-1-7253-4806-6(3))* Rosen Publishing Group, Inc., The.

Learning Through Movement & Active Play in the Early Years: A Practical Resource for Professionals & Teachers. Tania Swift. 2017. (Illus.). 192p. pap. 26.95 *(978-1-78592-085-1(5),* 694072) Kingsley, Jessica Pubs. GBR. Dist: Hachette UK Distribution.

Learning Through Science: Cutting-Edge Technology. Kevin Chen. 2022. (ENG.). 96p. (J). (gr. 4-7). 24.95 *(978-1-4878-0883-9(6))* Royal Collins Publishing Group Inc. CAN. Dist: Independent Pubs. Group.

Learning Through Science: Healthcare & Life Sciences. Kevin Chen. 2022. (ENG.). 96p. (J). (gr. 4-7). 24.95 *(978-1-4878-0900-3(X))* Royal Collins Publishing Group Inc. CAN. Dist: Independent Pubs. Group.

Learning to Be a Leader. Michelle Wanasundera. Illus. by Maryna Kryvets. 2023. (ENG.). 32p. (J). pap. ***(978-1-922991-61-4(9))*** Library For All Limited.

Learning to Be Happy Set Of 4. Maria Gulemetova et al. Illus. by Maria Gulemetova et al. 2022. (Social & Emotional Learning Sets Ser.). (ENG.). 144p. (J). pap., pap., pap. *(978-1-78628-724-3(2))* Child's Play International Ltd.

Learning to Be Oneself. Mabel Moyano & Daniella Barbery. 2021. (ENG.). 58p. (J). pap. 11.99 *(978-1-954673-58-8(2))* GoldTouch Pr.

Learning to Be Polite - Ataakin Te Katei (Te Kiribati) Taamara Maruia. Illus. by Rea Diwata Mendoza. 2023. (ENG.). 26p. (J). pap. ***(978-1-922876-00-3(3))*** Library For All Limited.

Learning to Be Wild (a Young Reader's Adaptation) How Animals Achieve Peace, Create Beauty, & Raise Families. Carl Safina. 2023. (ENG., Illus.). 224p. (J). 19.99 *(978-1-250-83825-4(8),* 900254760) Roaring Brook Pr.

Learning to Breathe. Janice Lynn Mather. 2018. (ENG., Illus.). 336p. (YA). (gr. 9). 19.99 *(978-1-5344-0601-8(8),* Simon & Schuster Bks. For Young Readers) Simon & Schuster Bks. For Young Readers.

Learning to Carve Argillite. Sara Florence Davidson & Robert Davidson. Illus. by Janine Gibbons. 2021. (Sk'ad'a Stories Ser.: 2). (ENG.). 40p. (J). (gr. 1-3). 21.95

1136 The check digit for ISBN-10 appears in parentheses after the full ISBN-13

(978-1-55379-984-9(4), HighWater Pr.) Portage & Main Pr. CAN. Dist: Orca Bk. Pubs. USA.

Learning to Celebrate Others. Terence Houston et al. 2018. (Adventures of David & Joshua Ser.: Vol. 1). (ENG.). 26p. (J). pap. 14.95 *(978-1-947574-11-3(6))* TDR Brands Publishing.

Learning to Count with the Help of Animal Families. Caroline Springer Marchand. 2020. (Did You Know Ser.). (ENG.). 40p. (J). *(978-1-5255-7657-7(7))*; pap. *(978-1-5255-7658-4(5))* FriesenPress.

Learning to Crochet. Dana Meachen Rau. Illus. by Kathleen Petelinsek. 2016. (How-To Library). (ENG.). 32p. (J). (gr. 3-6). lib. bdg. 32.07 *(978-1-63471-418-1(0)*, 208451) Cherry Lake Publishing.

Learning to Dance on My Daddy's Shoes. Dianne Wasson. 2019. (ENG.). 32p. (J). 24.95 *(978-1-64299-484-1(7))*; pap. 14.95 *(978-1-64299-482-7(0))* Christian Faith Publishing.

Learning to Draw: A Connect the Dots Activity Book. Creative. 2016. (ENG., Illus.). (J). pap. 10.81 *(978-1-68323-487-6(1))* Twin Flame Productions.

Learning to Draw Can Be Easy & Rewarding Learn to Draw Activity Book. Smarter Activity Books for Kids. 2016. (ENG., Illus.). (J). pap. 9.22 *(978-1-68374-241-8(9))* Examined Solutions PTE. Ltd.

Learning to Draw Like the Pros! How to Draw Activity Book. Smarter Activity Books for Kids. 2016. (ENG., Illus.). (J). pap. 9.22 *(978-1-68374-242-5(7))* Examined Solutions PTE. Ltd.

Learning to Fall. Sally Engelfried. 2022. (ENG.). 272p. (J). (gr. 3-7). 16.99 *(978-0-316-36797-4(4))* Little, Brown Bks. for Young Readers.

Learning to Fall. Christine Meunier. 2016. (ENG., Illus.). 92p. (J). pap. *(978-1-326-52706-8(1))* Lulu Pr., Inc.

Learning to Fly. Michael J. Lindow. Illus. by Lisa Thomas. 2021. (ENG.). 22p. (J). pap. 12.95 *(978-1-63844-590-6(7))* Christian Faith Publishing.

Learning to Laugh: Cute School Cartoon Coloring Book. Jupiter Kids. 2016. (ENG., Illus.). 106p. (J). pap. 12.55 *(978-1-68326-338-8(3)*, Jupiter Kids (Childrens & Kids Fiction)) Speedy Publishing LLC.

Learning to Love Stevie: A Luminous Rhyming Tale about Diversity, Inclusion & Sloths! Sabine Ruh House. 2023. (ENG.). 44p. (J). 21.00 ***(978-1-0881-6273-6(8))***; pap. 12.50 ***(978-1-0881-8733-3(1))*** Indy Pub.

Learning to Love the Girl in the Mirror: A Teenage Girl's Guide to Living a Happy & Healthy Life. Helena Grace Donald. 2017. (ENG., Illus.). (YA). (gr. 7-12). pap. 15.95 *(978-0-9988161-0-4(8))* Torch Flame Media.

Learning to Love Your Neighbor Children's Christianity Books. Baby Professor. 2017. (ENG., Illus.). (J). pap. 7.89 *(978-1-5419-0326-5(9)*, Baby Professor (Education Kids)) Speedy Publishing LLC.

Learning to Plan & Be Organized: Enhancing Executive Function Skills in Kids with AD/HD. Kathleen G. Nadeau. Illus. by Charles Beyl. 2016. 128p. (J). pap. *(978-1-4338-2213-1(X)*, Magination Pr.) American Psychological Assn.

Learning to Play Music. Heron Books. 2021. (ENG.). 78p. (J). pap. ***(978-0-89739-271-6(X)***, Heron Bks.) Quercus.

Learning to Read: Consisting of Easy & Entertaining Lessons, Designed to Interest & Assist Young Children in Studying the Forms of the Letters, & in Beginning to Read (Classic Reprint) Jacob Abbott. 2018. (ENG., Illus.). 194p. (J). 27.90 *(978-0-483-55022-3(1))* Forgotten Bks.

Learning to Read: Fairy Tale Adventures. Faith Sheptoski-Forbush. 2019. (ENG.). 76p. (J). pap. 15.25 *(978-0-9985228-8-3(0))* Sheptoski-Forbush, Faith.

Learning to Read: Fairy Tale Adventures Study Guide. Faith Sheptoski-Forbush. 2020. (ENG.). 138p. (J). pap. 11.99 *(978-1-7340186-0-8(7))* Sheptoski-Forbush, Faith.

Learning to Say Goodbye. Cassidy Hitchcock & Jo Dee Lang. Illus. by McKenzie Green. 2021. (ENG.). 30p. (J). pap. 14.99 *(978-1-63901-407-1(1))* Primedia eLaunch LLC.

Learning to See with a 'p' & A 'g' A Qiggy's Adventure! Rosalba Petrie. Illus. by Rosalba Petrie. 2021. (ENG.). 38p. (J). pap. *(978-1-83975-648-1(9))* Grosvenor Hse. Publishing Ltd.

Learning to Share. Meredith Rusu. (Peppa Pig 8x8 Bks). 24p. (J). 2019. (SPA.). (gr. k-1). 13.89 *(978-0-87617-737-2(2))*; 2018. (ENG.). (gr. -1-k). 13.89 *(978-1-64310-231-3(1))* Penworthy Co., LLC, The.

Learning to Share. Meredith Rusu. ed. 2018. (Peppa Pig 8X8 Ser.). lib. bdg. 14.75 *(978-0-606-41179-0(8))* Turtleback.

Learning to Share (Peppa Pig) Meredith Rusu. Illus. by EOne. 2017. (ENG.). 24p. (J). (gr. -1-k). pap. 4.99 *(978-1-338-21026-2(2))* Scholastic, Inc.

Learning to Speak & Write, Vol. 1: Grades I, II, III, & IV (Classic Reprint) Donalda J. Dickie. 2017. (ENG., Illus.). (J). pap. 9.57 *(978-0-259-47732-7(X))* Forgotten Bks.

Learning to Speak & Write, Vol. 2: Grades V, VI, VII, & VIII (Classic Reprint) Donalda J. Dickie. (ENG., Illus.). (J). 2018. 222p. 28.48 *(978-0-483-47894-7(6))*; 2017. pap. 10.97 *(978-0-259-83867-8(5))* Forgotten Bks.

Learning to Talk, or Entertaining & Instructive Lessons in the Use of Language (Classic Reprint) Jacob Abbott. 2017. (ENG., Illus.). (J). 27.90 *(978-0-265-68400-9(5))*; pap. 10.57 *(978-1-5276-5888-2(0))* Forgotten Bks.

Learning to Tell Time with Puppies & Kittens, 1 vol. Patricia J. Murphy. 2017. (Math Fun with Puppies & Kittens Ser.). (ENG.). 32p. (gr. 1-2). pap. 11.52 *(978-0-7660-9075-0(2)*, caa0939d-afd5-4356-83eb-c02c54cd9f93) Enslow Publishing, LLC.

Learning to Think: Consisting of Easy & Entertaining Lessons, Designed to Assist in the First Unfolding of the Reflective & Reasoning Powers of Children (Classic Reprint) Jacob Abbott. (ENG., Illus.). (J). 2018. 194p. 27.90 *(978-0-365-35823-7(1))*; 2017. pap. 10.57 *(978-0-259-49955-8(2))* Forgotten Bks.

Learning to Think (Classic Reprint) Unknown Author. (ENG., Illus.). (J). 2018. 200p. 28.06 *(978-0-428-46717-3(2))*; 2017. pap. 10.57 *(978-0-243-26252-6(3))* Forgotten Bks.

Learning to Trace: Children's Activity Book: Lines Shapes Letters Ages 3+: a Beginner Kids Tracing Workbook for Toddlers, Preschool, Pre-K & Kindergarten Boys & Girls. June & Lucy Kids. 2019. (ENG., Illus.). 90p. (J). pap. 5.99 *(978-1-64608-066-3(1))* June & Lucy.

Learning to Write, 9 vols., Set. Incl. Adjectives. Deborah Lambert. (gr. 4-6). 2009. lib. bdg. 24.45 *(978-1-60596-048-7(9))*; Adverbs. Deborah Lambert. (gr. 4-6). 2009. lib. bdg. 24.45 *(978-1-60596-050-0(0))*; Descriptive Paragraphs. Frances Purslow. (gr. 4-7). 2007. lib. bdg. 24.45 *(978-1-59036-737-7(5))*; Expository Paragraphs. Frances Purslow. (gr. 4-7). 2007. lib. bdg. 24.45 *(978-1-59036-735-3(9))*; Narrative Paragraphs. Frances Purslow. (gr. 4-7). 2007. lib. bdg. 24.45 *(978-1-59036-733-9(2))*; Nouns. Deborah Lambert. (gr. 4-6). 2009. lib. bdg. 24.45 *(978-1-60596-046-3(2))*; Persuasive Paragraphs. Frances Purslow. (gr. 4-6). 2007. lib. bdg. 24.45 *(978-1-59036-731-5(6))*; Pronouns. Deborah Lambert. (gr. 3-5). 2009. lib. bdg. 24.45 *(978-1-60596-043-2(8))*; Verbs. Deborah Lambert. (gr. 4-6). 2009. lib. bdg. 24.45 *(978-1-60596-044-9(6))*; 24p. (J). (Illus.). 2010. Set lib. bdg. 220.05 *(978-1-59036-785-8(5))* Weigl Pubs., Inc.

Learning to Write Just in Time Activity Book. Activity Book Zone for Kids. 2016. (ENG., Illus.). (J). pap. 7.55 *(978-1-68376-226-3(6))* Sabeels Publishing.

Learning Tots Activity Book 3 Year Old. Educando Kids. 2019. (ENG.). 42p. (J). pap. 8.55 *(978-1-64521-706-0(X)*, Educando Kids) Editorial Imagen.

Learning What the Fifth Commandment Means & What to Do to Earn Its Promise! with Zenaida! Frances Gonzales Martinez. 2021. (ENG.). 46p. (J). pap. 10.99 *(978-1-6628-1014-5(8))* Salem Author Services.

Learning Where to Start: A Guide for Drawing Animals Activity Book. Kreative Kids. 2016. (ENG., Illus.). (J). pap. 9.20 *(978-1-68377-005-3(7))* Whlke, Traudl.

Learning with Max: A Fun Activity Book for Homeschoolers. Todd Courtney & Jackie Courtney. 2018. (ENG., Illus.). 58p. (J). (gr. -1-3). pap., act. bk. ed. 24.95 *(978-1-945200-18-2(9))* Inspired Imaginations, LLC.

Learning with Max: A Fun Activity Book for Parents & Kids. Todd Courtney & Jackie Courtney. 2018. (ENG., Illus.). 85p. (J). (gr. -1-3). pap. 24.95 *(978-1-945200-17-5(0))* Inspired Imaginations, LLC.

Learning with Miles: Shapes, Counting, & Colors. Rochelle N. Burke & Miles R. Burke. 2023. (ENG.). 24p. (J). ***(978-0-2288-7154-5(9))***; (Learning with Miles Ser.: Vol. 1). pap. ***(978-0-2288-7153-8(0))*** Tellwell Talent.

Learning with Models. Miranda Kelly. 2021. (My First Science Bks.). (ENG., Illus.). 24p. (J). (gr. k-2). pap. *(978-1-4271-3038-9(8)*, 11576); lib. bdg. *(978-1-4271-3027-3(2)*, 11559) Crabtree Publishing Co.

Learning with Money Activity Kit: $1,402,884 in Play Money to Cut Out & Learn with, along with Learning Activities. David E. McAdams. 2020. (Math Books for Children Ser.). (ENG.). 54p. (J). pap. 14.95 *(978-1-63270-232-6(0))* Life is a Story Problem LLC.

Learning with Money Activity Kit: $2,801,040 in Play Money to Cut Out & Help Learn Counting, Addition, Multiplication & Large Numbers. David E. McAdams. 2023. (Math Books for Children Ser.: Vol. 13). (ENG.). (J). 102p. pap. 14.95 ***(978-1-63270-328-6(9))***; 70p. pap. 18.95 ***(978-1-63270-341-5(6))*** Life is a Story Problem LLC.

Learning with Money Activity Kit: Black & White Edition. David E. McAdams. 2021. (Math Books for Children Ser.). (ENG.). 102p. (J). pap. 9.95 *(978-1-63270-244-9(4))* Life is a Story Problem LLC.

Learning with Stories, 10 vols. 2017. (Learning with Stories Ser.). 24p. (ENG.). (gr. 1-1). 126.35 *(978-1-5081-6253-7(0)*, 3ba6eabe-b0af-48b4-8d8c-902496931a1d); (gr. 4-6). pap. 41.25 *(978-1-5081-6256-8(5))* Rosen Publishing Group, Inc., The. (PowerKids Pr.).

Learning with Tasha & Benji: This Is Tasha & This Is Benji. Samantha Weiland. Illus. by Ambadi Kumar. 2017. (Beginning Ser.: Vol. 1). (ENG.). (J). (gr. k-3). pap. 15.99 *(978-1-63535-906-0(6))* Future Bookworms LLC.

Lea's New House. Jay Dale & Kay Scott. Illus. by Amanda Gulliver. 2016. (Engage Literacy Orange - Extension A Ser.). (ENG.). 16p. (J). pap. 6.99 *(978-1-5157-3275-4(4)*, 133277, Capstone Pr.) Capstone.

Lea's New House. Illus. by Amanda Gulliver. 2016. (Engage Literacy Orange - Extension A Ser.). (ENG.). 16p. (J). pap. 36.94 *(978-1-5157-5059-8(0)*, 175795, Capstone Pr.) Capstone.

Leash Protocol. Eric Staples & Dillon Staples. 2022. (ENG.). 246p. (YA). pap. 18.99 ***(978-1-68583-562-0(7))*** Tablo Publishing.

Least Of 3's. Teresa Meyerhoeffer Christensen. Illus. by Keegan Fjeldsted Christensen. 2020. (ENG.). 308p. (YA). pap. 11.99 *(978-1-7328802-4-5(7))* Bridge2Worlds Bks.

Least of These in Colombia (Classic Reprint) Maude Newell Williams. (ENG., Illus.). (J). 2018. 28.23 *(978-0-265-93836-2(8))*; 2016. pap. 10.57 *(978-1-334-12132-6(X))* Forgotten Bks.

Least Resistance (Classic Reprint) Kate L. McLaurin. (ENG., Illus.). (J). 2018. 370p. 31.53 *(978-0-483-89003-9(0))*; 2016. pap. 13.97 *(978-1-334-04298-0(5))* Forgotten Bks.

Leasure's Stories of Farm Life & Human Challenges. Rodger Leasure. 2018. (ENG., Illus.). 54p. (YA). pap. 10.95 *(978-1-64298-597-9(X))* Page Publishing Inc.

Leather Chemists' Pocket-Book: A Short Compendium of Analytical Methods. H. R. Procter. 2017. (ENG., Illus.). (J). pap. *(978-0-649-62754-7(7))* Trieste Publishing Pty Ltd.

Leather Chemists' Pocket-Book: A Short Compendium of Analytical Methods (Classic Reprint) H. R. Procter. 2017. (ENG., Illus.). (J). 28.89 *(978-0-266-53980-3(7))* Forgotten Bks.

Leather Pushers (Classic Reprint) H. C. Witwer. 2017. (ENG., Illus.). (J). 31.40 *(978-0-331-15273-9(8))* Forgotten Bks.

Leather Stocking & Silk; or Hunter John Myers & His Times: A Story of the Valley of Virginia (Classic Reprint) John Esten Cooke. 2018. (ENG., Illus.). 414p. (J). 32.46 *(978-0-332-92684-1(2))* Forgotten Bks.

Leatherback & the Strange Place. Shubhra Bose. 2019. (ENG.). 194p. (J). pap. *(978-93-87022-74-4(9))* Srishti Pubs. & Distributors.

Leatherback Blues: The Wild Place Adventure Series. Karen Hood-Caddy. 2018. (Wild Place Adventure Ser.: 4). (ENG.). 176p. (J). pap. 12.99 *(978-1-4597-4017-4(3))* Dundurn Pr. CAN. Dist: Publishers Group West (PGW).

Leatherback Sea Turtle Migration. Kelsey Jopp. 2018. (Natural Phenomena Ser.). (ENG., Illus.). 32p. (J). (gr. 3-5). pap. 9.95 *(978-1-64185-011-7(6)*, 1641850116); lib. bdg. 31.35 *(978-1-63517-909-5(2)*, 1635179092) North Star Editions. (Focus Readers).

Leatherback Sea Turtle Migration. Kari Schuetz. 2018. (Animals on the Move Ser.). (ENG., Illus.). 24p. (J). (gr. k-3). lib. bdg. 26.95 *(978-1-62617-817-5(8)*, Blastoff! Readers) Bellwether Media.

Leatherback Turtle Migration. Grace Hansen. 2017. (Animal Migration Ser.). (ENG., Illus.). 24p. (J). (gr. -1-2). lib. bdg. 32.79 *(978-1-5321-0029-1(9)*, 25138, Abdo Kids) ABDO Publishing Co.

Leatherface. Kenny Abdo. 2019. (Hollywood Monsters Ser.). (ENG., Illus.). 24p. (J). (gr. 2-8). lib. bdg. 31.36 *(978-1-5321-2747-2(2)*, 31701, Abdo Zoom-Fly) ABDO Publishing Co.

Leatherwood God (Classic Reprint) William Dean Howells. 2017. (ENG., Illus.). 248p. (J). 29.01 *(978-0-266-21237-9(9))* Forgotten Bks.

Leatherworker. Josh Gregory. 2021. (21st Century Skills Library: Makers & Artisans Ser.). (ENG., Illus.). 32p. (J). (gr. 4-7). pap. 14.21 *(978-1-5341-8866-2(5)*, 219175); lib. bdg. 32.07 *(978-1-5341-8726-9(X)*, 219174) Cherry Lake Publishing.

Leave a Little More. Samantha Cronin. 2022. (ENG.). 38p. (J). 18.95 *(978-1-63755-525-5(3)*, Mascot Kids) Amplify Publishing Group.

Leave a Message in the Sand: Poems about Giraffes, Bongos, & Other Creatures with Hooves. Bibi Dumon Tak. Illus. by Annemarie van Haeringen. 2020. 64p. (J). *(978-0-8028-5548-0(2)*, Eerdmans Bks For Young Readers) Eerdmans, William B. Publishing Co.

Leave It to Abigail! The Revolutionary Life of Abigail Adams. Barb Rosenstock. Illus. by Elizabeth Baddeley. 2020. (ENG.). 40p. (J). (gr. -1-3). 18.99 *(978-0-316-41571-2(5))* Little, Brown Bks. for Young Readers.

Leave It to Beamer Presents: The Proof Is in the Pudding. Clay Boura. 2018. (ENG.). 38p. (J). 14.95 *(978-1-64307-054-4(1))* Amplify Publishing Group.

Leave It to Doris (Classic Reprint) Ethel Hueston. (ENG., Illus.). (J). 2018. 30.33 *(978-0-266-96864-1(3))*; 2016. pap. 13.57 *(978-1-333-49217-5(0))* Forgotten Bks.

Leave It to Me! Jill Korey O'Sullivan. Illus. by Marina Pessarrodona. 2018. (ENG.). 34p. (J). (gr. k-4). pap. 9.99 *(978-1-63233-112-0(8))* Elfrig Publishing.

Leave It to Plum! Matt Phelan. Illus. by Matt Phelan. (ENG., Illus.). 128p. (J). (gr. 3-7). 2023. pap. 7.99 *(978-0-06-307918-2(6))*; 2022. 18.99 *(978-0-06-307916-8(X))* HarperCollins Pubs. (Greenwillow Bks.).

Leave It to Polly: A Comedy in Two Acts, for Female Characters Only (Classic Reprint) Gladys Ruth Bridgham. 2018. (ENG., Illus.). 44p. (J). 24.82 *(978-0-267-44762-6(0))* Forgotten Bks.

Leave Me Alone! Vera Brosgol. Illus. by Vera Brosgol. 2016. (ENG., Illus.). 40p. (J). 19.99 *(978-1-62672-441-9(5)*, 900157394) Roaring Brook Pr.

Leave Me the Hell Alone!!! Devotions for Emotions. Stacci D. Great. 2021. (ENG.). 50p. (J). pap. *(978-1-716-08198-9(X))* Lulu Pr., Inc.

Leave Us Alone You Mean'ole Bully! Kandra C. Albury. 2017. (ENG., Illus.). (J). (gr. k-5). pap. 14.99 *(978-0-692-91465-6(X))* MTE Publishing.

Leaven a Black & White Story (Classic Reprint) Douglas Blackburn. 2018. (ENG., Illus.). 360p. (J). 31.32 *(978-0-483-03302-3(2))* Forgotten Bks.

Leaven of Love: A Novel (Classic Reprint) Clara Louise Burnham. 2018. (ENG., Illus.). 348p. (J). 31.07 *(978-0-365-23537-8(7))* Forgotten Bks.

Leaves, 1 vol. Steffi Cavell-Clarke. 2017. (Learn about Plants! Ser.). (ENG.). 24p. (gr. 2-2). pap. 9.25 *(978-1-5345-2246-6(8)*, 6a84d1fa-34a9-4ca4-a686-07fee038ca8a); lib. bdg. 26.23 *(978-1-5345-2242-8(5)*, 82ad8160-6304-4207-995c-e35310292cda) Greenhaven Publishing LLC.

Leaves. Marissa Kirkman. 2019. (Plant Parts Ser.). (ENG., Illus.). 24p. (J). (gr. -1-2). pap. 6.95 *(978-1-9771-1022-0(3)*, 141098, Pebble) Capstone.

Leaves. Carol Lawrence. Illus. by Francesco Zito. 2018. (Baby Explorer Ser.). (ENG.). 24p. (J). (gr. -1 — 1). bds. 6.99 *(978-0-8075-0516-8(1)*, 807505161) Whitman, Albert & Co.

Leaves. Gemma McMullen. 2018. (Parts of a Plant Ser.). (ENG.). 24p. (J). (gr. k-2). lib. bdg. 22.99 *(978-1-5105-3771-2(6))* SmartBook Media, Inc.

Leaves! Robert Munsch. Illus. by Michael Martchenko. 2023. (ENG.). 32p. (J). (gr. -1-2). 19.99 ***(978-1-4431-9663-5(0)***, North Winds Pr); 8.99 ***(978-1-4431-9664-2(9))*** Scholastic Canada, Ltd. CAN. Dist: Publishers Group West (PGW).

Leaves. Eileen Rhona Marita. Illus. by Elizaveta Borisova. 2021. (ENG.). 28p. (J). pap. *(978-1-922621-98-6(6))* Library For All Limited.

Leaves. Vijaya Khisty Bodach. rev. ed. 2016. (Plant Parts Ser.). (ENG.). 24p. (J). (gr. -1-2). pap. 7.29 *(978-1-5157-4244-9(X)*, 134003, Capstone Pr.) Capstone.

Leaves - Baanikai (Te Kiribati) Eileen Rhonna Marita. Illus. by Elizaveta Borisova. 2023. (ENG.). 28p. (J). pap. ***(978-1-922918-78-9(4))*** Library For All Limited.

Leaves Are Changing! Autumn Coloring Book. Activity Book Zone for Kids. 2016. (ENG., Illus.). (J). pap. 9.20 *(978-1-68376-288-1(6))* Sabeels Publishing.

Leaves (Classic Reprint) Violet Clarke. 2018. (ENG., Illus.). 226p. (J). 28.58 *(978-0-483-09827-5(2))* Forgotten Bks.

Leaves Die in Autumn Kids Coloring Books Nature. Educando Kids. 2019. (ENG.). 42p. (J). pap. 6.99 *(978-1-64521-065-8(0)*, Educando Kids) Editorial Imagen.

Leaves Fall. Lisa K. Schnell. 2018. (I Know Ser.). (ENG., Illus.). 16p. (gr. -1-2). pap. 9.95 *(978-1-64156-225-6(0)*, 9781641562256) Rourke Educational Media.

Leaves for a Christmas Bough: Love, Truth, & Hope (Classic Reprint) Unknown Author. 2018. (ENG., Illus.). 140p. (J). 26.78 *(978-0-483-91481-0(9))* Forgotten Bks.

Leaves from a Diary in Lower Bengal (Classic Reprint) C. S. (ENG., Illus.). (J). 2018. 408p. 32.33 *(978-0-267-55413-3(3))*; 2016. pap. 16.57 *(978-1-333-61802-5(6))* Forgotten Bks.

Leaves from a Family Journal (Classic Reprint) Emile Souvestre. 2017. (ENG., Illus.). (J). 29.69 *(978-0-266-20068-0(0))*; pap. 13.57 *(978-0-243-94039-4(4))* Forgotten Bks.

Leaves from a Field Note-Book. John Hartman Morgan. 2017. (ENG., Illus.). (J). pap. 14.95 *(978-1-374-82709-7(6))* Capital Communications, Inc.

Leaves from a Field Note-Book (Classic Reprint) John Hartman Morgan. (ENG., Illus.). (J). 2018. 316p. 30.43 *(978-0-428-81158-7(2))*; 2016. pap. 13.57 *(978-1-333-45240-7(3))* Forgotten Bks.

Leaves from a Hobo's Diary, or How to Travel Without Money (Classic Reprint) Unknown Author. 2017. (ENG., Illus.). (J). 168p. 27.36 *(978-0-484-26194-4(0))*; pap. 9.97 *(978-0-259-50410-8(6))* Forgotten Bks.

Leaves from a Life-Book of to-Day (Classic Reprint) Jane Dearborn Mills. 2017. (ENG., Illus.). (J). 334p. 30.79 *(978-0-484-03513-2(4))*; pap. 13.57 *(978-0-259-21348-2(9))* Forgotten Bks.

Leaves from a Life (Classic Reprint) Unknown Author. 2018. (ENG., Illus.). 378p. (J). 31.69 *(978-0-483-49242-4(6))* Forgotten Bks.

Leaves from a Physician's Journal (Classic Reprint) Denis E. Smith. 2017. (ENG., Illus.). (J). 30.99 *(978-0-266-66595-3(0))*; pap. 13.57 *(978-1-5276-4014-6(0))* Forgotten Bks.

Leaves from an Argonaut's Note Book: A Collection of Holiday & Other Stories Illustrative of the Brighter Side of Mining Life in Pioneer Days (Classic Reprint) Theodore Elden Jones. (ENG., Illus.). (J). 2018. 148p. 26.95 *(978-0-428-33560-1(8))*; 2016. pap. 9.57 *(978-1-334-12735-9(2))* Forgotten Bks.

Leaves from an Argonaut's Note Book: A Collection of Holiday & Other Stories, Illustrative of the Side of Mining Life in Pioneer Days (Classic Reprint) T. E. Jones. 2018. (ENG., Illus.). 322p. (J). 30.54 *(978-0-484-53691-2(5))* Forgotten Bks.

Leaves from an Officer's Notebook (Classic Reprint) Eliot Crawshay-Williams. 2018. (ENG., Illus.). 300p. (J). 30.08 *(978-0-267-66362-0(5))* Forgotten Bks.

Leaves from Juliana Horatia Ewing's Canada Home (Classic Reprint) Elizabeth S. Tucker. 2017. (ENG., Illus.). (J). 27.51 *(978-0-265-35940-2(6))* Forgotten Bks.

Leaves from Juliana Horatia Ewing's Canada Home; Pp. 1-145. Elizabeth S. Tucker. 2017. (ENG., Illus.). (J). pap. *(978-0-649-62768-4(7))* Trieste Publishing Pty Ltd.

Leaves from Lakeland (Classic Reprint) James Payn. 2017. (ENG., Illus.). (J). 27.75 *(978-0-260-79687-5(5))* Forgotten Bks.

Leaves from Margaret Smith's Journal in the Province of Massachusetts Bay, 1678-9, Vol. 1 of 2 (Classic Reprint) John G. Whittier. 2017. (ENG., Illus.). (J). 28.85 *(978-1-5279-8200-0(9))*; pap. 11.57 *(978-1-5276-4339-0(5))* Forgotten Bks.

Leaves from My Diary: Containing Incidents Connected with a Sea Voyage Taken May 20, 1899, from New York to Naples (Classic Reprint) Julia Phelps Wilson. (ENG., Illus.). (J). 2018. 136p. 26.72 *(978-0-267-76900-1(8))*; 2016. pap. 9.57 *(978-1-334-13570-5(3))* Forgotten Bks.

Leaves from Nature's Story-Book, Vol. 1 (Classic Reprint) Meriba Ada Babcock Kelly. (ENG., Illus.). (J). 2018. 220p. 28.43 *(978-0-666-28400-6(8))*; 2017. pap. 10.97 *(978-0-259-41928-0(1))* Forgotten Bks.

Leaves from Nature's Story-Book, Vol. 2 (Classic Reprint) M. A. B. Kelly. (ENG., Illus.). (J). 2018. 250p. 29.05 *(978-0-666-58519-6(9))*; 2017. pap. 11.57 *(978-0-259-46385-6(X))* Forgotten Bks.

Leaves from Nature's Story-Book, Vol. 3 (Classic Reprint) M. A. B. Kelly. 2018. (ENG., Illus.). 220p. (J). 28.43 *(978-0-332-67149-9(6))* Forgotten Bks.

Leaves from Nature's Story-Book. Vol. III. M. A. B. Kelly. 2017. (ENG., Illus.). (J). pap. *(978-0-649-62772-1(5))* Trieste Publishing Pty Ltd.

Leaves from Sherwood Forest (Classic Reprint) January Searle. 2018. (ENG., Illus.). 188p. (J). 27.79 *(978-0-267-48034-0(2))* Forgotten Bks.

Leaves from the Battle-Field of Gettysburg: A Series of Letters from a Field Hospital; & National Poems (Classic Reprint) Edmund A. Souder. 2017. (ENG., Illus.). (J). 27.03 *(978-0-331-06225-0(9))* Forgotten Bks.

Leaves from the Book of Human Life (Classic Reprint) Timothy Shay Arthur. (ENG., Illus.). (J). 2018. 336p. 30.83 *(978-0-483-90547-4(X))*; 2016. pap. 13.57 *(978-1-333-48434-7(8))* Forgotten Bks.

Leaves from the Diary of Samuel Pepys (Classic Reprint) Samuel Pepys. (ENG., Illus.). (J). 2018. 188p. 27.77 *(978-0-332-39918-8(4))*; 2017. pap. 10.57 *(978-0-243-26105-5(5))* Forgotten Bks.

Leaves from the Journal of a Subaltern: During the Campaign in the Punjaub; Sept; 1848 to March 1849 (Classic Reprint) Unknown Author. 2018. (ENG., Illus.). 244p. (J). 28.93 *(978-0-364-41578-8(9))* Forgotten Bks.

Leaves from the Journal of Our Life in the Highlands: From 1848 to 1861 (Classic Reprint) Unknown Author. 2017. (ENG., Illus.). (J). 33.07 *(978-0-266-31851-4(7))* Forgotten Bks.

Leaves from the Life of a Good-For-Nothing (Classic Reprint) A. L. Wister. 2018. (ENG., Illus.). 122p. (J). 26.43 *(978-0-483-85214-3(7))* Forgotten Bks.

Leaves from the Log of a Sky Pilot. William G. Puddefoot. 2017. (ENG., Illus.). (J). pap. *(978-0-649-62769-1(5))* Trieste Publishing Pty Ltd.

Leaves from the Log of a Sky Pilot (Classic Reprint) William G. Puddefoot. 2018. (ENG., Illus.). 228p. (J). 28.60 *(978-0-483-43237-6(7))* Forgotten Bks.

Leaves from the Signal ELM (Classic Reprint) Lucien Lord. 2018. (ENG., Illus.). 40p. (J). 24.72 *(978-0-267-50618-7(X))* Forgotten Bks.

Leaves from the Tree of Life: A Verse of Scripture with Words of Comment or Illustration, for Every Day in the Year (Classic Reprint) Richard Newton. 2018. (ENG., Illus.). 332p. (J). 30.74 *(978-0-483-26005-4(3))* Forgotten Bks.

L

Leaves in the Wind (Classic Reprint) A. G. Gardiner. 2017. (ENG., Illus.). (J). 29.26 (978-0-331-80550-5(2)) Forgotten Bks.

Leaves of Grass: The Death-Bed Edition. Walt. Whitman. 2021. (ENG.). 454p. (J). pap. 14.99 (978-1-4209-7623-6(0)) Digireads.com Publishing.

Leaves to My Knees. Ellen Mayer. Illus. by Nicole Tadgell. 2022. (ENG.). 32p. (J). (978-1-59572-959-0(3)); pap. (978-1-59572-960-6(7)) Star Bright Bks., Inc.

Leaves to My Knees: Spanish Edition. Ellen Mayer. Illus. by Nicole Tadgell. 2022. (SPA.). 32p. (J). pap. (978-1-59572-961-3(5)) Star Bright Bks., Inc.

Leaves, Trees, & Butterbees. Mara Lacewing. 2021. (ENG.). 62p. (J). pap. 17.95 (978-1-6624-2528-8(7)) Page Publishing Inc.

Leaving. Tara Altebrando. 2016. (ENG.). 432p. (YA). 18.99 (978-1-61963-803-7(7), 900149146, Bloomsbury USA Childrens) Bloomsbury Publishing USA.

Leaving Aleppo. Tahirih Stube. Illus. by Pia Reyes. 2019. (ENG.). 28p. (J). (978-1-5255-2661-9(8)); pap. (978-1-5255-2662-6(6)) FriesenPress.

Leaving Charleston Harbor the Legend of Robert Smalls. Donald Watson. Illus. by Jarob Bramlett. 2022. (ENG.). 30p. (J). pap. 15.00 **(978-0-9909170-6-9(1))** Harris, Thea Publishing.

Leaving Dahomey: Book One. Jude Shaw. 2019. (ENG.). 170p. (J). pap. 16.95 (978-1-64462-131-8(2)) Page Publishing Inc.

Leaving Dreamland. John Foley. 2017. (ENG., Illus.). (YA). (gr. 7-12). pap. 17.95 (978-1-61296-838-4(4)) Black Rose Writing.

Leaving Gee's Bend: A Novel. Irene Latham. 2017. (ENG.). 192p. (gr. 5). pap. 11.95 (978-1-58838-332-7(6), 8873, NewSouth Bks.) NewSouth, Inc.

Leaving Lymon. Lesa Cline-Ransome. (Finding Langston Trilogy Ser.: 2). (J). (gr. 3-7). 2021. 112p. pap. 8.99 (978-0-8234-4942-2(4)); 2020. 208p. 17.99 (978-0-8234-4442-7(2)) Holiday Hse., Inc.

Leaving Morning. Angela Johnson. Illus. by David Soman. 2021. (ENG.). 32p. (J). (gr. -1-3). pap. 7.99 (978-1-338-78199-1(5)) Scholastic, Inc.

Leaving My Country, 1 vol. Elliot Paderewski. 2016. (Rosen REAL Readers: Social Studies Nonfiction / Fiction: Myself, My Community, My World Ser.). (ENG.). 12p. (gr. k-1). pap. 6.33 (978-1-5081-2536-5(8), f99d4080-802f-4cdd-a461-1ba0190d0d93, Rosen Classroom) Rosen Publishing Group, Inc., The.

Leaving Our Mark: Reducing Our Carbon Footprint. Nancy Dickmann. 2016. (Next Generation Energy Ser.). (ENG., Illus.). 32p. (J). (gr. 5-8). (978-0-7787-2381-3(X)) Crabtree Publishing Co.

Leaving the Milky Way Coloring Book. Activibooks For Kids. 2016. (ENG., Illus.). (J). pap. 9.20 (978-1-68321-799-2(3)) Mimaxion.

Leaving the Nest. Vernell Wilks. 2019. (ENG.). 32p. (J). pap. (978-0-359-60772-3(1)) Lulu Pr., Inc.

Leaving the Pride. Shelby Perry. Illus. by Brenda Lee. 2020. (ENG.). 38p. (J). pap. 17.95 (978-1-64468-730-7(5)) Covenant Bks.

Leaving Wishville. Mel Torrefranca. 2020. (ENG.). 292p. (YA). (gr. 7-10). 21.99 (978-1-7341745-2-6(8)); pap. 13.99 (978-1-7341745-0-2(1)) Lost Island Pr.

Lebanese Americans. Elizabeth Andrews. 2021. (Our Neighbors Ser.). (ENG., Illus.). 32p. (J). (gr. 2-3). pap. 9.95 (978-1-64494-598-8(3)); lib. bdg. 32.79 (978-1-0982-4004-2(9), 38069, DiscoverRoo) Pop!.

Lebanon, 1 vol. Sean Sheehan et al. 2017. (Cultures of the World (Third Edition)(r) Ser.). (ENG., Illus.). 144p. (gr. 5-5). 48.79 (978-1-5026-2612-7(8), e88769c8-afa6-43a6-84a0-2f63f8ef8e28) Cavendish Square Publishing LLC.

Leben und Die Todte Natur: Eine Streitschrift Gegen Die Materialistischen Ansichten Vom Leben, Insbesondere Gegen Die Bezüglichen Lehren Birchow's, Vom Naturwissenschaftlichen Standpunkt (Classic Reprint) Ludwig Flentje. 2018. (GER., Illus.). 86p. (J). pap. 9.57 (978-0-666-31514-4(0)) Forgotten Bks.

Lebendig. Fabienne Sauberlich. 2018. (GER., Illus.). 358p. (J). (978-3-7469-3107-4(X)); pap. (978-3-7469-3106-7(1)) tredition Verlag.

LeBron James. Contrib. by Kieran Downs. 2023. (Sports Superstars Ser.). (ENG., Illus.). (J). (gr. 3-7). lib. bdg. 26.95 Bellwether Media.

LeBron James. Jon M. Fishman. 2017. (Sports All-Stars (Lerner (tm) Sports) Ser.). (ENG., Illus.). 32p. (J). (gr. 2-5). 29.32 (978-1-5124-3452-1(3), 5b0d6a5f-187f-4ca5-936f-1d4b248b36e1, Lerner Pubns.); pap. 9.99 (978-1-5124-5617-2(9), bc0488c3-7e1e-4695-b93d-95bf6b638cf1) Lerner Publishing Group.

Lebron James. Marty Gitlin. 2016. (Basketball's Greatest Stars Ser.). (ENG., Illus.). 32p. (J). (gr. 3-9). lib. bdg. 32.79 (978-1-68078-547-0(8), 23773, SportsZone) ABDO Publishing Co.

LeBron James. Barbara Lowell. 2019. (Player Profiles Ser.). (ENG.). 32p. (J). (gr. 4-6). pap. 9.99 (978-1-64466-078-2(4), 12777, Bolt) Black Rabbit Bks.

LeBron James. Donald Parker. 2019. (Hardwood Greats: Pro Basketball's Best Players Ser.). (Illus.). 80p. (J). (gr. 12). lib. bdg. 34.60 (978-1-4222-4349-7(4)) Mason Crest.

LeBron James, 1 vol. Simone Payment. 2018. (Sports' Top MVPs Ser.). (ENG.). 48p. (gr. 5-5). 33.47 (978-1-5081-8207-8(8), 463fa8ae-be63-4a67-aabf-ce77e93e7a7e, Rosen Reference) Rosen Publishing Group, Inc., The.

LeBron James. Elizabeth Raum. 2017. (Pro Sports Biographies Ser.). (ENG., Illus.). 24p. (J). (gr. 1-4). 20.95 (978-1-68151-138-2(X), 14680) Amicus.

LeBron James. Laura Price Steele. 2020. (Influential People Ser.). (ENG., Illus.). 32p. (J). (gr. 4-6). pap. 7.95 (978-1-4966-6584-3(8), 142262); lib. bdg. 28.65 (978-1-5435-9074-6(8), 141397) Capstone.

LeBron James: Basketball Superstar. Tyler Omoth. 2018. (Superstars of Sports Ser.). (ENG., Illus.). 32p. (J). (gr. 3-9). lib. bdg. 27.32 (978-1-5435-2504-5(0), 137998, Capstone Pr.) Capstone.

LeBron James: Basketball Superstar, 1 vol. Rita Santos. 2019. (Junior Biographies Ser.). (ENG.). 24p. (gr. 3-4). pap. 10.35 (978-1-9785-0895-8(6), 555d85c2-be34-4718-a4d8-5b6233f07b86) Enslow Publishing, LLC.

LeBron James: Basketball's King, 1 vol. Ryan Nagelhout & Anne Wallace Sharp. 2016. (People in the News Ser.). (ENG.). 104p. (YA). (gr. 7-7). lib. bdg. 41.03 (978-1-5345-6029-1(7), f11b2470-167b-4f38-bedf-b4c42bb7e7c0, Lucent Pr.) Greenhaven Publishing LLC.

LeBron James: King of the Court, 1 vol. Rachel Shuster. 2017. (At the Top of Their Game Ser.). (ENG., Illus.). 112p. (YA). (gr. 9-9). 44.50 (978-1-5026-2836-7(8), ce6e80ea-ffaf-4a55-956e-a096c420b067) Cavendish Square Publishing LLC.

LeBron James: NBA Superstar & Activist. Heather E. Schwartz. 2022. (Gateway Biographies Ser.). (ENG., Illus.). 48p. (J). (gr. 4-8). pap. 11.99 (978-1-7284-4877-0(8), 14f445a6-4bbd-437a-b56e-cf474d66407d); lib. bdg. 31.99 (978-1-7284-4185-6(4), d299fa63-e9b0-4712-a4fd-afb6bf56723b) Lerner Publishing Group. (Lerner Pubns.).

LeBron James, 2nd Edition. Jon M. Fishman. rev. ed. 2021. (Sports All-Stars (Lerner (tm) Sports) Ser.). (ENG., Illus.). 32p. (J). (gr. 2-5). pap. 9.99 (978-1-7284-2317-3(1), 7d646741-2f68-4492-a77a-4655d870a6e4); lib. bdg. 29.32 (978-1-7284-0436-3(3), f8fc1851-1b09-406a-9f79-f3a089eefa52) Lerner Publishing Group. (Lerner Pubns.).

LeBron James, 4th Edition. Jeff Savage. 3rd rev. ed. 2016. (Amazing Athletes Ser.). (ENG., Illus.). 32p. (J). (gr. 2-5). E-Book 39.99 (978-1-5124-0417-3(9), Lerner Pubns.); pap. 7.95 (978-1-5124-0416-6(0), cf85562f-1739-4c05-add2-c2fe15ed1186) Lerner Publishing Group.

LeBron James: Basketball Star. Hubert Walker. 2021. (Biggest Names in Sports Set 6 Ser.). (ENG., Illus.). 32p. (J). (gr. 3-5). pap. 9.95 (978-1-64493-736-5(0)); lib. bdg. 31.35 (978-1-64493-700-6(X)) North Star Editions. (Focus Readers).

LeBron James: NBA Champion. Laura K. Murray. 2019. (Star Athletes Ser.). (ENG.). 112p. (J). (gr. 6-12). lib. bdg. 41.36 (978-1-5321-1988-0(7), 32325, Essential Library) ABDO Publishing Co.

Lebron James vs. Michael Jordan. Brian Howell. 2017. (Versus Ser.). (ENG., Illus.). 32p. (J). (gr. 3-6). lib. bdg. 32.79 (978-1-5321-1355-0(2), 27653, SportsZone) ABDO Publishing Co.

LeBron James vs. Michael Jordan. Brian Howell. 2018. (Versus Ser.). (ENG., Illus.). 32p. (J). (gr. 4-4). pap. 9.95 (978-1-64185-299-9(2), 1641852992, SportsZone) ABDO Publishing Co.

LeBron James vs. Michael Jordan: Who Would Win? Keith Elliot Greenberg. 2023. (All-Star Smackdown (Lerner (tm) Sports) Ser.). (ENG., Illus.). 32p. (J). (gr. 2-5). pap. 9.99 Lerner Publishing Group.

LeBron vs. Durant vs. Curry vs. Jordan, 1 vol. David Aretha. 2019. (Who's the GOAT? Using Math to Crown the Champion Ser.). (ENG.). 64p. (gr. 5-5). pap. 13.95 (978-1-7253-4846-2(2), 32640532-3703-451d-98aa-c891920bc735) Rosen Publishing Group, Inc., The.

Lección Del Guerrero Valiente: Leveled Reader Book 4 Level o 6 Pack. Hmh Hmh. 2021. (SPA.). 24p. (J). pap. 74.40 (978-0-358-08487-7(3)) Houghton Mifflin Harcourt Publishing Co.

Lecciones de Natación. Lili Reinhart. 2021. (SPA.). 244p. (YA). (gr. 7). pap. 14.95 (978-607-557-231-4(7)) Editorial Oceano de Mexico MEX. Dist: Independent Pubs. Group.

Lechón Choncho: Choncho the Pig. Jennifer S. Segarra. 2021. (ENG.). 30p. (J). (978-0-2288-3327-7(2)); pap. (978-0-2288-3326-0(4)) Tellwell Talent.

Lechones (Piglets) Julie Murray. 2019. (Crías de Animales (Baby Animals) Ser.). (SPA.). 24p. (J). (gr. -1-2). lib. bdg. 31.36 (978-1-5321-8721-6(1), 31290, Abdo Kids) ABDO Publishing Co.

Leçons de Physiologie Opératoire (Classic Reprint) Claude Bernard. 2018. (FRE., Illus.). 632p. (J). 36.97 (978-0-332-89034-0(1)) Forgotten Bks.

Lecons Sur les Anesthesiques et Sur l'Asphyxie (Classic Reprint) Claude Bernard. 2017. (FRE., Illus.). (J). pap. 19.57 (978-0-243-49112-4(3)) Forgotten Bks.

Lecons Sur les Effets des Substances Toxiques et Medicamenteuses (Classic Reprint) Claude Bernard. 2017. (FRE., Illus.). (J). 34.27 (978-0-260-14971-8(3)); pap. 16.57 (978-1-5276-0684-5(8)) Forgotten Bks.

Lectio Divina for Teens: Reading God's Messages to You. Jerry Windley-Daoust. 2019. (ENG.). 56p. (YA). pap. 12.95 (978-1-68192-502-8(8)) Our Sunday Visitor, Publishing Div.

Lector de Scholastic, Nivel 2: el Autobús Mágico Vuelve a Despegar: Vuela con el Viento (Blowing in the Wind) Samantha Brooke. Illus. by Artful Doodlers Ltd. 2018. (Lector de Scholastic, Nivel 2 Ser.). (SPA.). 32p. (J). (gr. k-2). pap. 3.99 (978-1-338-32971-1(5), Scholastic en Espanol) Scholastic, Inc.

Lecturas Acogedoras para Leer Juntos: Suenos, Estrellas y Dias de Lluvia. Maren von Klitzing. 2017. 80p. (J). 15.99 (978-958-30-5275-0(2)) Panamericana Editorial COL. Dist: Lectorum Pubns., Inc.

Lecturas Decodificables Gr. 1 Complete Set 30 Titles. 2023. (SPA.). (J). 149.00 **(978-1-4788-8792-8(3))** Newmark Learning LLC.

Lecturas Decodificables Gr. K Complete Set 30 Titles. 2023. (SPA.). (J). 149.00 **(978-1-4788-8791-1(5))** Newmark Learning LLC.

Lecturas Inglesas Escogidas, o Sea Trozos de Los Mejores Escritores Ingleses y Americanos, en Prosa y Verso: Arreglados en Lecciones con Notas Gramaticales y Fraseologicas, Traduccion Interlinear y un Vocabulario con la Pronunciacion y Definiciones. Francisco Javier Vingut. (ENG., Illus.). (J). 2018. 434p. 32.87 (978-0-428-92440-9(9)); 2017. pap. 16.57 (978-1-334-91047-0(2)) Forgotten Bks.

Lecturas Magicas para Compartir: Princesas, Hadas y Sirenas. Maren von Klitzing. 2017. 80p. (J). 15.99 (978-958-30-5278-1(7)) Panamericana Editorial COL. Dist: Lectorum Pubns., Inc.

Lecture on Deads: To Which Is Added, an Essay on Satire (Classic Reprint) Geo. Alex. Stevens. 2018. (ENG., Illus.). 136p. (J). 26.72 (978-0-483-06168-2(9)) Forgotten Bks.

Lecture on Heads (Classic Reprint) George Alexander Stevens. (ENG., Illus.). (J). 2018. 276p. 29.59 (978-0-484-06391-3(X)); 2018. 126p. 26.50 (978-0-364-85191-3(0)); 2017. pap. 11.97 (978-0-259-46745-8(6)); 2017. pap. 9.57 (978-0-259-52109-9(4)) Forgotten Bks.

Lecture on Water: Delivered Before the American Institute of the City of New York, in the Academy of Music, January 20th, 1871 (Classic Reprint) Charles Frederick Chandler. 2017. (ENG., Illus.). (J). 25.36 (978-0-331-18404-4(4)); pap. 9.57 (978-0-260-04238-5(2)) Forgotten Bks.

Lectures & Stories: Including the Stories of Mrs. Macnab, the Stairhead Battle, Mrs. Gallacher, Ordination in Marriage, Non-Intervention, Looking for a House, the Affections, Dignity of Labour, Heart's Ease, etc;, etc (Classic Reprint) George Roy. 2018. (ENG., Illus.). 262p. (J). 29.30 (978-0-483-56015-4(4)) Forgotten Bks.

Lectures Natural History (Classic Reprint) Edward Jesse. 2018. (ENG., Illus.). 58p. (J). 25.09 (978-0-267-70040-0(7)) Forgotten Bks.

Lectures on Astronomical Theories: First, Celestial Sphere; Second, Parallax & Aberration of Light; Third, Theories of Light; Fourth, Cometary Orbits (Classic Reprint) John Harris. 2016. (ENG., Illus.). (J). pap. 10.97 (978-1-333-54053-1(1)) Forgotten Bks.

Lectures on Electricity: Comprising Galvanism, Magnetism, Electro-Magnetism, Magneto-And Thermo-Electricity (Classic Reprint) Henry Minchin Noad. 2016. (ENG., Illus.). (J). pap. 16.57 (978-1-334-16159-9(3)) Forgotten Bks.

Lectures on Light. John Tyndall. 2017. (ENG.). 200p. (J). pap. (978-3-337-25205-2(2)) Creation Pubs.

Lectures on Light: Delivered in the United States in 1872-'73 (Classic Reprint) John Tyndall. 2018. (ENG., Illus.). 262p. (J). 29.30 (978-0-365-11275-4(5)) Forgotten Bks.

Lectures on Natural History (Classic Reprint) Edward Jesse. (ENG., Illus.). (J). 2018. 168p. 27.38 (978-0-267-72700-1(3)); 2016. pap. 9.97 (978-1-333-66466-4(4)) Forgotten Bks.

Lectures on Polarized Light: Delivered Before the Pharmaceutical Society of Great Britain; & in the Medical School of the London Hospital (Classic Reprint) Jonathan Pereira. 2018. (ENG., Illus.). 156p. (J). 27.11 (978-0-365-28861-9(6)) Forgotten Bks.

Lectures on School-Keeping. Samuel R Hall. 2017. (ENG., Illus.). (J). pap. (978-0-649-62885-8(3)) Trieste Publishing Pty Ltd.

Lectures on School Supervision. Lawton B Evans. 2017. (ENG., Illus.). (J). pap. (978-0-649-62884-1(5)) Trieste Publishing Pty Ltd.

Lectures on Syphilitic Osteitis & Periostitis. John Hamilton. 2017. (ENG., Illus.). (J). pap. (978-0-649-53164-6(7)) Trieste Publishing Pty Ltd.

Lectures on Syphilitic Osteitis & Periostitis (Classic Reprint) John Hamilton. 2016. (ENG., Illus.). (J). pap. 9.57 (978-1-334-52793-7(8)) Forgotten Bks.

Lectures on Systematic Morality Delivered in Lent Term 1846. William Whewell. 2017. (ENG., Illus.). (J). pap. (978-0-649-62893-3(4)) Trieste Publishing Pty Ltd.

Lectures on the Logic of Arithmetic (Classic Reprint) Mary Everest Boole. 2017. (ENG., Illus.). (J). 26.99 (978-0-266-83155-6(9)) Forgotten Bks.

Lectures on the Moral Imperfection of Christians: Designed to Show, That While Sinless Perfection Is Obligatory on All, It Is Attained by None (Classic Reprint) Seth Williston. 2018. (ENG., Illus.). 282p. (J). 29.75 (978-0-484-10254-4(0)) Forgotten Bks.

Lectures to Children: Familiarly Illustrating Important Truth (Classic Reprint) John Todd. 2018. (ENG., Illus.). (J). 550p. 35.26 (978-0-332-90084-1(3)); 270p. 29.49 (978-0-332-20275-4(5)) Forgotten Bks.

Led-Horse Claim: A Romance of a Mining Camp (Classic Reprint) Mary Hallock Foote. 2017. (ENG., Illus.). (J). 30.17 (978-0-331-26471-5(4)) Forgotten Bks.

Led on, Vol. 1 of 3 (Classic Reprint) Helen F. Hetherington. 2018. (ENG., Illus.). 256p. (J). 29.20 (978-0-484-32801-2(8)) Forgotten Bks.

Led on, Vol. 2 of 3 (Classic Reprint) Helen F. Hetherington. 2018. (ENG., Illus.). 238p. (J). 28.83 (978-0-483-49878-5(5)) Forgotten Bks.

Led on, Vol. 3 of 3 (Classic Reprint) Helen F. Hetherington. 2018. (ENG., Illus.). 256p. (J). 29.18 (978-0-483-27184-5(5)) Forgotten Bks.

Led to the Light: A Sequel to Opposite the Jail (Classic Reprint) Mary A. Denison. 2017. (ENG., Illus.). (J). 31.40 (978-0-265-19853-7(4)) Forgotten Bks.

Led Zeppelin. Laura K. Murray. 2021. (Classic Rock Bands Ser.). (ENG., Illus.). 112p. (J). (gr. 6-12). lib. bdg. 41.36 (978-1-5321-9200-5(2), 34947, Essential Library) ABDO Publishing Co.

Led Zeppelin, 1 vol. Michael A. Schuman. 2018. (Bands That Rock! Ser.). (ENG.). 112p. (YA). (gr. 7-7). 38.93 (978-1-9785-0349-6(0), 5c643f02-7544-4912-90cc-b41a1490a211) Enslow Publishing, LLC.

Leddy Marget (Classic Reprint) Lucy Bethia Walford. 2018. (ENG., Illus.). 296p. (J). 30.00 (978-0-483-86879-3(5)) Forgotten Bks.

Ledge. Lesley Choyce. 2020. (Orca Soundings Ser.). (ENG.). 144p. (YA). (gr. 8-12). pap. 9.95 (978-1-4598-2461-4(X)) Orca Bk. Pubs. USA.

Ledge on Bald Face (Classic Reprint) Charles G. D. Roberts. (ENG., Illus.). (J). 2018. 284p. 29.75 (978-0-666-21486-7(7)); 2016. pap. 13.57 (978-1-333-35172-4(0)) Forgotten Bks.

Lee & Limbo: Friends Come & Go, Life Continues, & Gets Better. Uzoma (Uzo) Rita Ezekwudo. 2020. (ENG.). 36p. (J). (978-1-7360126-0-4(6)) Autharium.

Lee & Limbo: Friends Come & Go, Life Continues, & Gets Better. Uzoma (Uzo) Rita Ezekwudo. Illus. by Zulfikar Rachman. 2020. (ENG.). 36p. (J). pap. (978-1-7360126-1-1(4)) Autharium.

Lee & Shepard's: Star Juveniles (Classic Reprint) Elijah Kellogg. 2018. (ENG., Illus.). 314p. (J). 30.39 (978-0-267-49094-3(1)) Forgotten Bks.

Lee Joins the Team. Cecilia Minden. Illus. by Lucy Neale. 2022. (Little Blossom Stories Ser.). (ENG.). 16p. (J). (gr. -1-2). pap. 11.36 (978-1-5341-9867-8(9), 220072, Cherry Blossom Press) Cherry Lake Publishing.

Lee Kuhl's the Bloops: Crash Landing. Lee Kuhl. Illus. by Peri Kuhl. 2023. (ENG.). 70p. (J). 15.95 **(978-1-0881-1206-9(4))** Indy Pub.

Lee Lee´s Snow Day. Cherie O'Neal. 2022. (ENG.). 36p. (J). pap. 14.99 **(978-1-5243-1690-7(3))** Lantia LLC.

Lee Paints a Picture: A Book about Colors. Kerry Dinmont. 2017. (My Day Readers Ser.). (ENG.). 24p. (J). (gr. -1-2). lib. bdg. 32.79 (978-1-5038-2013-5(0), 211864) Child's World, Inc, The.

Lee Readers: Fourth Book (Classic Reprint) Edna Henry Lee. 2017. (ENG., Illus.). (J). 31.20 (978-0-265-71635-9(7)); pap. 13.57 (978-1-5276-7177-5(1)) Forgotten Bks.

Lee Shore (Classic Reprint) Rose Macaulay. (ENG., Illus.). (J). 2018. 344p. 30.99 (978-0-267-72626-4(0)); 2016. pap. 13.57 (978-1-333-64363-8(2)) Forgotten Bks.

Lee vs. Grant, Great Battles of the Civil War. Ruth Ashby. 2016. (Civil War Chronicles Ser.: Vol. 4). (ENG., Illus.). 48p. (J). (gr. 5-6). pap. 23.95 (978-1-59687-514-2(3), ipicturebooks) ibooks, Inc.

Lee y Aprende: Amor y Bondad: Historias de la Biblia (My First Read & Learn Love & Kindness Bible Stories) American Bible Society & Amy Parker. 2017. Orig. Title: My First Read & Learn Love & Kindness Bible Stories. (SPA., Illus.). 38p. (J). (gr. -1 — 1). bds. 9.99 (978-1-338-23345-2(9), Scholastic en Espanol) Scholastic, Inc.

Lee y Conoce la Biblia / the Lion Easy-Read Bible. Christina Goodings. Illus. by Jamie Smith. 2018. (SPA.). 320p. (J). (gr. k-2). 14.95 (978-1-945540-51-6(6)) Penguin Random House Grupo Editorial ESP. Dist: Penguin Random Hse. LLC.

Lee y Juega: Es Tiempo para Amar y Reír, 1 vol. David Stancliff. Illus. by Gustavo Mazali. 2019. (SPA.). 48p. (J). bds. 12.99 (978-1-4041-1014-4(3)) Grupo Nelson.

Leeanne the Golden Ninja. Ariana Grace Hargreaves. 2022. (ENG.). 44p. (J). pap. 15.00 (978-1-953507-80-8(8)) Brightlings.

Leech Club; Or: The Mysteries of the Catskills (Classic Reprint) George W. Owen. 2017. (ENG., Illus.). (J). 30.17 (978-0-331-75648-7(X)) Forgotten Bks.

Leech Club, or the Mysteries of the Catskills (Classic Reprint) George Washington Owen. 2018. (ENG., Illus.). 92p. (J). 25.81 (978-0-332-37560-1(9)) Forgotten Bks.

Leech That Destroyed Happiness. Kate Pennington. Illus. by Monika Zaper. 2021. (ENG.). 32p. (J). pap. (978-0-646-84573-9(X)) Kate Frances Pennington.

Leeches to Lasers: A Timeline of Medicine. Contrib. by World Book, Inc. Staff. 2016. (Illus.). 40p. (J). (978-0-7166-3542-0(9)) World Bk.-Childcraft International.

Leedle Yawcob Strauss: And Other Poems (Classic Reprint) Charles Follen Adams. 2016. (ENG., Illus.). (J). pap. 9.97 (978-1-333-30482-9(X)) Forgotten Bks.

Leedle Yawcob Strauss, & Other Poems (Classic Reprint) Charles Follen Adams. 2017. (ENG., Illus.). (J). 27.24 (978-0-265-44280-7(X)) Forgotten Bks.

Leela & the Forest of Light. Lin Northrup. 2020. (ENG.). 238p. (J). pap. 13.49 (978-1-0983-2241-0(X)) BookBaby.

Leela Can Skate Pink B Band. Alison Hawes. Illus. by Carol Yoshizumi. ed. 2016. (Cambridge Reading Adventures Ser.). (ENG.). 16p. pap. 7.95 (978-1-107-57582-0(6)) Cambridge Univ. Pr.

Leela's Sweet Treats (Set), 6 vols. 2022. (Leela's Sweet Treats Ser.). (ENG.). 32p. (J). (gr. -1-3). lib. bdg. 196.74 (978-1-0982-3578-9(9), 41137, Calico Chapter Bks) Magic Wagon.

Leela's Treasure. Terry Miller Shannon. Illus. by Natalie Smillie. 2016. (Spring Forward Ser.). (J). (gr. 1). (978-1-4900-9380-2(X)) Benchmark Education Co.

Leena & Lacy: A Day with Aunt Ruth. Tina Biby. Illus. by Kurt Jensen. 2020. (ENG.). 36p. (J). 23.95 (978-1-0879-0177-0(4)) Indy Pub.

Leena Was Lonely. Terry Talynn. 2022. (Girls & Squirrels Ser.). (ENG., Illus.). 24p. (J). pap. 13.95 (978-1-6624-6453-9(3)) Page Publishing Inc.

Leerie (Classic Reprint) Ruth Sawyer. 2017. (ENG., Illus.). (J). 30.72 (978-0-265-19709-7(0)) Forgotten Bks.

Lee's Guide to Gay Paree & Every-Day French Conversation (Classic Reprint) Max Maury. 2018. (ENG., Illus.). 196p. (J). 27.94 (978-0-267-50888-4(3)) Forgotten Bks.

Lees Reef: The Message. Lee Porter. 2021. (ENG.). 138p. (YA). (978-0-2288-6622-0(7)); pap. (978-0-2288-6623-7(5)) Tellwell Talent.

¿Lees un Libro Conmigo? Lawrence Schimel. 2020. (SPA.). 32p. (J). 13.99 (978-958-30-6090-8(9)) Panamericana Editorial COL. Dist: Lectorum Pubns., Inc.

Leeva at Last. Sara Pennypacker. Illus. by Matthew Cordell. 2023. (ENG.). 320p. (J). (gr. 3-7). 19.99 (978-0-06-311442-5(9), Balzer & Bray) HarperCollins Pubs.

Leeza Mcauliffe Has Something to Say. Nicky Bond. 2019. (ENG., Illus.). 388p. (J). (gr. 4-6). pap. (978-0-9956574-1-0(6)) Take-Away-Tea Bks.

Left & Right. Taylor Farley. 2021. (Early Learning Concepts Ser.). (ENG., Illus.). 24p. (J). (gr. -1-1). pap. (978-1-4271-2852-2(9), 10643); lib. bdg. (978-1-4271-2844-7(8), 10634) Crabtree Publishing Co.

Left & Right with Ant & Bee (Ant & Bee) Angela Banner. 2020. (Ant & Bee Ser.). (ENG., Illus.). 112p. (J). 9.99 (978-1-4052-9847-6(2)) Farshore GBR. Dist: HarperCollins Pubs.

Left Behind see Dejados Atrás

Left Behind! The True Story of Dino the Duck. Lindy Rice & Kate Winthrop. Illus. by Laurel Mahannah. 2022. 42p. (J). 25.00 **(978-1-6678-4617-0(5))** BookBaby.

Left Behinds: the IPhone That Saved George Washington. David Potter. 2016. (Left Behinds Ser.: 1). (ENG.). 368p. (J). (gr. 3-7). 8.99 (978-0-385-39059-0(9), Yearling) Random Hse. Children's Bks.

Left Brain, Right Brain: Facts, Trivia, & Quizzes. Francesca Potts. 2017. (Mind Games Ser.). (ENG., Illus.). 32p. (J). (gr. 2-5). lib. bdg. 27.99 (978-1-5124-3414-9(0), 0ef80005-2b0a-40b2-bde3-dbb1b93a3394, Lerner Pubns.) Lerner Publishing Group.

Left Brain vs. Right Brain, 1 vol. James Bow. 2018. (What Goes on Inside Your Brain? Ser.). (ENG.). 48p. (gr. 4-5). pap. 15.05 (978-1-5382-3566-9(8), ac55a0ed-ad67-437e-b1a4-cd10e9b1d6a0) Stevens, Gareth Publishing LLLP.

Left End Edwards. Ralph Henry Barbour. 2018. (ENG., Illus.). 220p. (YA). (gr. 7-12). pap. (978-93-5329-231-7(X)) Alpha Editions.

Left End Edwards (Classic Reprint) Ralph Henry Barbour. 2018. (ENG., Illus.). 392p. (J). 31.98 (978-0-656-04005-6(X)) Forgotten Bks.

Left for Ruin: Gripping till the End. Arjun Sajish. 2021. (ENG.). 118p. (YA). pap. 9.99 (978-1-68487-979-3(5)) Notion Pr., Inc.

Left Guard Gilbert. Ralph Henry Barbour. 2018. (ENG., Illus.). 188p. (YA). (gr. 7-12). pap. (978-93-5329-232-4(8)) Alpha Editions.

Left Guard Gilbert (Classic Reprint) Ralph Henry Barbour. 2018. (ENG., Illus.). 330p. (J). 30.70 (978-0-364-52104-5(X)) Forgotten Bks.

Left Half Harmon (Classic Reprint) Ralph Henry Barbour. 2018. (ENG., Illus.). 326p. (J). 30.70 (978-0-484-18355-0(9)) Forgotten Bks.

Left-Handed Booksellers of London. Garth Nix. (ENG.). (YA). (gr. 9). 2021. 432p. pap. 15.99 (978-0-06-268326-7(8)); 2020. 416p. 19.99 (978-0-06-268325-0(X)) HarperCollins Pubs. (Tegen, Katherine Bks).

Left-Handed Fate. Kate Milford. Illus. by Eliza Wheeler. 2017. (ENG.). 384p. (J). pap. 13.99 (978-1-250-12183-7(3), 900157594) Square Fish.

Left in Charge (Classic Reprint) Clara Morris. (ENG., Illus.). (J). 2018. 594p. 36.11 (978-0-484-64626-0(5)); 2016. pap. 19.57 (978-1-334-12213-2(X)) Forgotten Bks.

Left Leg: Containing the Left Leg; Hester Dominy; Abraham Men (Classic Reprint) Theodore Francis Powys. 2017. (ENG., Illus.). (J). 30.60 (978-0-331-69930-2(3)); pap. 13.57 (978-0-259-50471-9(8)) Forgotten Bks.

Left on Read. Koby Hirschaut. 2021. (ENG.). 52p. (YA). pap. (978-1-716-16744-7(2)) Lulu Pr., Inc.

Left or Right. Wiley Blevins. 2019. (Location Words Ser.). (ENG., Illus.). 24p. (J). (gr. -1-2). pap. 6.95 (978-1-9771-0541-7(6), 139944, Pebble) Capstone.

Left Out. Tim Green. (ENG.). (J). (gr. 3-7). 2017. 368p. pap. 9.99 (978-0-06-229383-1(4)); 2016. 352p. 16.99 (978-0-06-229382-4(6)) HarperCollins Pubs. (HarperCollins).

Left Out. Mike Ludwig. Ed. by Katharine Worthington. Illus. by Haeun Sung. 2020. (Left Out Ser.: Vol. 1). (ENG.). 36p. (J). 22.99 (978-1-7362371-9-9(5)); pap. 10.99 (978-1-7362371-4-4(4)) Ludwig, Michael.

Left Out in Right Field. Mike Ludwig. Ed. by Katharine Worthington. Illus. by Haeun Sung. 2021. (ENG.). 42p. (J). 21.99 (978-1-0879-8029-4(1)) Ludwig, Michael.

Left Out of Green, Black or White. Mike Ludwig. Ed. by Katharine Worthington. Illus. by Haeun Sung. 2023. (ENG.). 66p. (J). 23.99 **(978-1-0881-5845-6(5))**; (Green, Black or White Ser.: Vol. 3). 26.99 **(978-1-0878-8138-6(2))** Ludwig, Michael.

Left-Side Man (Classic Reprint) Margaret Blake Robinson. (ENG., Illus.). (J). 2018. 268p. 29.42 (978-0-483-15180-2(7)); 2016. pap. 11.97 (978-1-334-13438-8(3)) Forgotten Bks.

Left Tackle Thayer (Classic Reprint) Ralph Henry Barbour. 2018. (ENG., Illus.). 360p. (J). 31.32 (978-0-483-46661-6(1)) Forgotten Bks.

Leftover. Snow White. Illus. by Johannes Christian. 2023. (ENG.). 20p. (J). 19.99 **(978-1-0880-8855-5(4))**; pap. 12.99 **(978-1-0880-8854-8(6))** Indy Pub.

Leftover Larry. Tommy Watkins. Illus. by Kelsie Caudill. 2022. (ENG.). 54p. (J). 28.99 **(978-1-0880-7348-3(4))**; pap. 16.99 **(978-1-0880-7344-5(1))** Indy Pub.

Leftover Pie: 101 Ways to Reduce Your Food Waste. Anna Pitt. 2017. (ENG., Illus.). 233p. (YA). (gr. 7-12). pap. (978-0-9574637-1-4(5)) Green Lanes Publishing.

Lefty: A Story of a Boy & a Dog (Classic Reprint) Louise Richardson Rorke. 2018. (ENG., Illus.). 188p. (J). 27.77 (978-0-364-49947-4(8)) Forgotten Bks.

Lefty Lucy & Lefty Leo: Stories for Left Handed Children. Kathryn Nelson. 2023. (ENG.). 40p. (J). pap. 18.00 **(978-1-63937-331-4(4))** Dorrance Publishing Co., Inc.

Lefty o' the Big League (Classic Reprint) Burt L. Standish. 2017. (ENG., Illus.). (J). 30.33 (978-0-265-19956-5(5)) Forgotten Bks.

Lefty o' the Bush (Classic Reprint) Burt L. Standish. 2018. (ENG., Illus.). 312p. (J). 30.35 (978-0-484-72274-2(3)) Forgotten Bks.

Lefty Saves the Day. Kris Condi. 2020. (ENG.). 32p. (J). 12.99 (978-1-4808-8771-8(4)) Archway Publishing.

Leg-Pullers, or Politics As She Is Applied: A Tale of the Puritan Commonwealth (Classic Reprint) Edward Belcher Callender. (ENG., Illus.). (J). 2018. 206p. 28.17 (978-0-483-41475-4(1)); 2016. pap. 10.57 (978-1-334-11978-1(3)) Forgotten Bks.

Legacies. Jessica Goodman. 2023. (ENG.). 336p. (YA). (gr. 9). 18.99 **(978-0-593-61950-6(1)**, Razorbill) Penguin Young Readers Group.

Legacies. L. M. Haynes. 2022. (ENG.). 36p. (J). 15.00 (978-1-0879-6622-9(1)); pap. 10.00 (978-1-0879-6374-7(5)) Indy Pub.

Legacies of India's Ancient Civilizations Grade 6 Children's Ancient History. Baby Professor. 2022. (ENG.). 72p. (J). 31.99 **(978-1-5419-8444-8(7))**; pap. 19.99 **(978-1-5419-5472-4(6))** Speedy Publishing LLC. (Baby Professor (Education Kids)).

Legacies of the Industrial Revolution: Steam Engine & Transportation - History Book for Kids Children's History. Baby Professor. 2017. (ENG., Illus.). 64p. (J). pap. 9.52 (978-1-5419-1540-4(2), Baby Professor (Education Kids)) Speedy Publishing LLC.

Legacy. Margaret D. Clark. 2018. (ENG., Illus.). 146p. (gr. 9-12). pap. 11.99 (978-1-78955-179-2(X)) New Generation Publishing GBR. Dist: Independent Pubs. Group.

Legacy. Darby Cupid. 2021. (ENG.). 384p. (YA). pap. (978-1-80049-313-1(4)) Independent Publishing Network.

Legacy. Kevin Lofgren. Illus. by Julio Rodriguez. 2021. (ENG.). 26p. (J). **(978-1-304-20216-1(X))** Lulu Pr., Inc.

Legacy. Megan McCormick. 2017. (ENG., Illus.). (YA). pap. 14.95 (978-1-63505-479-8(6)) Salem Author Services.

Legacy. Shannon Messenger. (Keeper of the Lost Cities Ser.: 8). (ENG.). (J). (gr. 3-7). 2020. 832p. pap. 9.99 (978-1-5344-2734-1(1)); 2019. (Illus.). 816p. 21.99 (978-1-5344-2733-4(3)) Simon & Schuster Children's Publishing. (Aladdin).

Legacy. Teresa Roman. 2017. (ENG., Illus.). (J). pap. 9.99 (978-0-9961545-3-6(1)) Roman, Teresa.

Legacy. Shannon Messenger & Jason Chan. 67th ed. 2020. (ENG.). 816p. (J). pap. 9.99 (978-1-5344-7613-4(X), Simon & Schuster/Paula Wiseman Bks.) Simon & Schuster/Paula Wiseman Bks.

Legacy: A Story of a Woman (Classic Reprint) Mary S. Watts. (ENG., Illus.). (J). 2018. 412p. 32.39 (978-0-484-45674-6(1)); 2017. pap. 16.57 (978-0-243-99122-8(3)) Forgotten Bks.

Legacy: Business Leaders. Kristy Stark. 2018. (TIME(r): Informational Text Ser.). (ENG., Illus.). 48p. (J). (gr. 7-8). pap. 13.99 (978-1-4258-5011-1(1)) Teacher Created Materials, Inc.

Legacy: Relics of Mars. A. L. Collins. Illus. by Tomislav Tikulin. 2017. (Redworld Ser.). (ENG.). 128p. (J). (gr. 3-8). lib. bdg. 25.99 (978-1-4965-4822-1(1), 135344, Stone Arch Bks.) Capstone.

Legacy: The Names Behind the Brands. Dona Herweck Rice. 2018. (TIME(r): Informational Text Ser.). (ENG., Illus.). 48p. (J). (gr. 5-8). pap. 13.99 (978-1-4258-4995-5(4)) Teacher Created Materials, Inc.

Legacy & Legend of Sacagawea. Margaret King. rev. ed. 2017. (Social Studies: Informational Text Ser.). (ENG., Illus.). 32p. (gr. 4-8). pap. 11.99 (978-1-4938-3793-9(1)) Teacher Created Materials, Inc.

Legacy & the Queen. Annie Matthew. ed. 2019. (Legacy & the Queen Ser.: 1). 208p. (J). (gr. 4-12). 16.99 (978-1-949520-03-3(X)) Granity Studios.

Legacy Chronicles: Out of the Shadows. Pittacus Lore. 2019. (Legacy Chronicles Ser.). (ENG.). 416p. (YA). (gr. 9). pap. 9.99 (978-0-06-249408-5(2), HarperCollins) HarperCollins Pubs.

Legacy Chronicles: Trial by Fire. Pittacus Lore. 2018. (Legacy Chronicles Ser.). (ENG.). 416p. (YA). (gr. 9). pap. 10.99 (978-0-06-249407-8(4), HarperCollins) HarperCollins Pubs.

Legacy (Classic Reprint) Elbert Hubbard. (ENG., Illus.). (J). 2018. 468p. 33.57 (978-0-332-97788-1(9)); 2016. pap. 16.57 (978-1-334-21817-0(X)) Forgotten Bks.

Legacy Commencement. R. A. Schwartz. 2019. (ENG.). 254p. (J). pap. (978-1-910565-93-3(8)) Britain's Next Bestseller.

Legacy for the Living. Arden Wipf. 2020. (ENG.). 198p. (YA). (978-1-5255-5637-1(1)); pap. (978-1-5255-5638-8(X)) FriesenPress.

Legacy Lost. Elaine Westley. 2016. (ENG., Illus.). (YA). pap. (978-0-9943344-4-2(3)) South Seas Publishing.

Legacy of Ages. R. M. Baxter. 2022. (ENG.). 238p. (YA). **(978-1-64979-243-3(3))**; pap. **(978-1-64979-222-8(0))** Austin Macauley Pubs. Ltd.

Legacy of Cain. Wilkie Collins. 2017. (ENG.). 334p. (J). pap. (978-3-337-00217-6(X)) Creation Pubs.

Legacy of Cain: A Novel (Classic Reprint) Wilkie Collins. 2018. (ENG., Illus.). 484p. (J). 33.88 (978-0-483-10909-4(6)) Forgotten Bks.

Legacy of Cain, Vol. 1 of 3 (Classic Reprint) Wilkie Collins. 2018. (ENG., Illus.). 298p. (J). 30.06 (978-0-332-18070-0(0)) Forgotten Bks.

Legacy of Cain, Vol. 2 of 3 (Classic Reprint) Wilkie Collins. 2018. (ENG., Illus.). 272p. (J). 29.53 (978-0-483-65637-6(2)) Forgotten Bks.

Legacy of Chantelle & the Angel Kids. Cj Caldwell. 2020. (ENG.). 232p. (YA). (gr. 7-12). pap. 17.00 (978-1-64702-112-2(X), RoseDog Bks.) Dorrance Publishing Co., Inc.

Legacy of Jim Crow. Clarence A. Haynes. 2022. (True History Ser.). 144p. (J). (gr. 5). pap. 8.99 (978-0-593-38599-9(3), Penguin Workshop) Penguin Young Readers Group.

Legacy of King Jasteroth Vol. 1. S. L. Wyllie. 2018. (Legacy of King Jasteroth Ser.: Vol. 1). (ENG., Illus.). (YA). 222p. pap. (978-1-7753038-0-0(2)); 2nd ed. 302p. pap. (978-1-7753038-1-7(0)) WYLLIE, S. L.

Legacy of Kings. Eleanor Herman. 2016. (Blood of Gods & Royals Ser.: 1). (ENG.). 464p. (YA). pap. 9.99 (978-0-373-21193-7(7), Harlequin Teen) Harlequin Enterprises ULC CAN. Dist: HarperCollins Pubs.

Legacy of Light. Sarah Raughley. (Effigies Ser.: 3). (ENG.). 512p. (YA). (gr. 9). 2019. pap. 14.99 (978-1-4814-6684-4(4)); 2018. (Illus.). 21.99 (978-1-4814-6683-7(6)) Simon Pulse. (Simon Pulse).

Legacy of Moon Palace Vol 1. Reed Ru. 3rd ed. 2023. (Tales of Terra Ocean Ser.). (ENG.). 130p. (J). pap. **(978-1-926470-80-1(X))** CS Publish.

Legacy of Moon Palace Vol 2: English Comic Manga Graphic Novel. Reed Ru. 3rd ed. 2023. (Tales of Terra Ocean Ser.). (ENG.). 136p. (J). pap. **(978-1-926470-81-8(8))** CS Publish.

Legacy of Norman Rockwell, Vol. 8. Ben Sonder. 2018. (American Artists Ser.). 144p. (J). (gr. 7). 35.93 (978-1-4222-4161-5(0)) Mason Crest.

Legacy of Secrets. Elaine Westley. 2020. (Glenwillow Castle Trilogy Ser.: Vol. 3). (ENG., Illus.). 140p. (YA). pap. (978-0-6488303-2-0(2)) South Seas Publishing.

Legacy of Secrets. Ridley Pearson. ed. 2017. (Kingdom Keepers - the Return Ser.: 2). (J). lib. bdg. 19.65 (978-0-606-39497-0(4)) Turtleback.

Legacy of the Cold War, 1 vol. Ann Byers. 2017. (Cold War Chronicles Ser.). (ENG., Illus.). 112p. (YA). (gr. 9-9). 44.50 (978-1-5026-2865-7(1), 94a0da2e-2d0f-4240-8fb1-c3b2dcb81268) Cavendish Square Publishing LLC.

Legacy of the Sorcerer. Marc Vedrines. 2020. (Islandia Ser.: 3). (Illus.). 52p. (YA). (gr. 8-17). pap. 13.95 (978-1-84918-452-6(6)) CineBook GBR. Dist: National Bk. Network.

Legacy of the St. Alodia Hotel. Tai Stith. 2019. (Hadley Hill Ser.: Vol. 3). (ENG.). 392p. (J). pap. 15.99 (978-0-578-46643-9(0)) Owl Room Pr.

Legacy of Vital Energy. J. E. Jackson & N. S. Muslim. 2019. (ENG., Illus.). 38p. (J). pap. 19.94 (978-0-9964951-0-3(X)) Amber Communications Group, Inc.

Legacy of Zyanthia: The Legacy of Zyanthia Quadrilogy. Chantelle Griffin. 2019. (Legacy of Zyanthia Ser.). (ENG.). (YA). (gr. 7-12). 948p. (978-0-6487305-5-2(7)); 1124p. pap. (978-0-6487305-6-9(5)) Griffin, Chantelle.

Legacy Tree. Herman Jasper. 2021. (ENG.). 192p. (YA). 25.95 (978-1-6624-3652-9(1)) Page Publishing Inc.

Legacy: Women Poets of the Harlem Renaissance. Nikki Grimes. 2021. (ENG., Illus.). 144p. (J). 18.99 (978-1-68119-944-3(0), 900194061, Bloomsbury Children's Bks.) Bloomsbury Publishing USA.

Legal Assistant, 1 vol. Kelli Hicks. 2022. (Top Trade Careers Ser.). (ENG.). 32p. (J). (gr. 3-9). pap. (978-1-0396-4738-1(3), 17345); lib. bdg. (978-1-0396-4611-7(5), 16339) Crabtree Publishing Co. (Crabtree Branches).

Legal Practitioner: Being Certain of My Own Experiences (Classic Reprint) Christian Tearle. 2017. (ENG., Illus.). 370p. (J). 31.53 (978-0-331-47755-9(6)) Forgotten Bks.

Legal T Leaves: Being a Lawyer's Tales Out of School (Classic Reprint) Edward F. Turner. 2018. (ENG., Illus.). 354p. (J). 31.20 (978-0-267-47345-8(1)) Forgotten Bks.

Legalization of Marijuana, 1 vol. Ed. by M. M. Eboch. 2019. (Introducing Issues with Opposing Viewpoints Ser.). (ENG.). 120p. (gr. 7-10). pap. 29.30 (978-1-5345-0668-8(3), 1cb02d88-1607-4e5e-b438-b8ee0b11d190) Greenhaven Publishing LLC.

Legalization of Same-Sex Marriage. Duchess Harris Jd & Christina Eschbach. 2018. (Perspectives on American Progress Ser.). (ENG., Illus.). 48p. (J). (gr. 4-8). lib. bdg. 35.64 (978-1-5321-1493-9(1), 29118) ABDO Publishing Co.

Legalizing Marijuana. Ashley Nicole. 2021. (Contemporary Issues Ser.). (ENG.). (YA). (gr. 7-12). 35.93 (978-1-4222-4542-2(X)) Mason Crest.

Legalizing Marijuana. Marne Ventura. 2018. (Illus.). 48p. (J). (978-1-4896-9599-4(0), AV2 by Weigl) Weigl Pubs., Inc.

Legalizing Marijuana: Promises & Pitfalls. Margaret J. Goldstein. 2016. (ENG., Illus.). 104p. (YA). (gr. 7-12). 35.99 (978-1-4677-9243-1(8), 669a1146-d4dc-454d-a890-47244eaba116); E-Book 54.65 (978-1-5124-1144-7(2)) Lerner Publishing Group. (Twenty-First Century Bks.).

Legatee (Classic Reprint) Alice Prescott Smith. 2017. (ENG., Illus.). 334p. (J). 30.79 (978-0-332-19907-8(X)) Forgotten Bks.

Legend. Jean Mills. 2021. (ENG.). 304p. (YA). (gr. 7-11). pap. 14.95 (978-0-88995-640-7(5), 4bc6e778-d5d7-4350-9fd3-fa05d44c5496) Red Deer Pr. CAN. Dist: Firefly Bks., Ltd.

Legend. Austin Wolfe. 2017. (ENG., Illus.). 33p. (J). pap. (978-1-387-02258-8(X)) Lulu Pr., Inc.

Legend among Us (1) Massinissa Amrane. 2022. (ENG.). 70p. (J). pap. **(978-1-387-50137-3(2))** Lulu Pr., Inc.

Legend among Us (2) Benjamin Morgan. 2022. (ENG.). 207p. (J). pap. **(978-1-387-50132-8(1))** Lulu Pr., Inc.

Legend & Romance, Vol. 1 Of 3: African & European (Classic Reprint) Richard Johns. 2018. (ENG., Illus.). 294p. (J). 29.96 (978-0-483-69437-8(1)) Forgotten Bks.

Legend & Romance, Vol. 2 Of 3: African & European (Classic Reprint) Richard Johns. 2018. (ENG., Illus.). 296p. (J). 30.00 (978-0-267-21477-8(4)) Forgotten Bks.

Legend (Classic Reprint) Clemence Dane. 2018. (ENG., Illus.). 260p. (J). 29.26 (978-0-428-86861-1(4)) Forgotten Bks.

Legend of Alastar. David Corrado. 2018. (ENG.). (YA). pap. 17.95 (978-1-68401-751-5(3)) Amplify Publishing Group.

Legend of Andromeda. Gloria Denise Hopkins. 2021. (ENG., Illus.). 114p. (J). 33.95 (978-1-6624-6971-8(3)); pap. 23.95 (978-1-68456-525-2(1)) Page Publishing Inc.

Legend of Angela. Jenny Li. 2020. (ENG., Illus.). 64p. (YA). pap. (978-0-2288-1724-6(2)) Tellwell Talent.

Legend of Angelgreen. Glenn Volmer. 2017. (ENG., Illus.). (J). (gr. 1-6). pap. 10.95 (978-1-61500-142-2(5)) DragonEye Publishing.

Legend of Apollo & Daphne. Mark Anderson. Illus. by Asa Crowe. 2020. (ENG.). 26p. (J). pap. 8.99 (978-1-64858-824-2(7)) Matchstick Literary.

Legend of Auntie Po. Shing Yin Khor. 2021. (ENG., Illus.). 304p. (J). (gr. 5-9). 22.99 (978-0-525-55488-2(2)); pap. 13.99 (978-0-525-55489-9(0)) Penguin Young Readers Group. (Kokila).

Legend of Beards Hollow. Kent D. Walsh. 2017. (ENG., Illus.). (YA). (gr. 7-12). pap. 13.95 (978-1-63492-217-3(4)) Booklocker.com, Inc.

Legend of Bigfoot, 1 vol. Katie Kawa. 2017. (Famous Legends Ser.). (ENG., Illus.). 32p. (J). (gr. 2-3). pap. 11.50 (978-1-5382-0368-2(5), 4b3aec00-43b6-40aa-bc45-eedfbea27159) Stevens, Gareth Publishing LLLP.

Legend of Black Eyed Bart. Edward Penner. Illus. by Paul Schultz. 2022. (Adventures of Tom & Andy Ser.). (ENG.). 72p. (J). pap. (978-1-0391-2939-9(0)); (978-1-0391-2940-5(4)) FriesenPress.

Legend of Black Eyed Bart, Book 2: The Adventures of Tom & Andy. Edward Penner. Illus. by Paul Schultz. 2022. (Adventures of Tom & Andy Ser.). (ENG.). 78p. (J). (978-1-0391-3432-4(7)); pap. (978-1-0391-3431-7(9)) FriesenPress.

Legend of Black Eyed Bart, Book 3: The Adventures of Tom & Andy. Edward Penner. Illus. by Paul Schultz. 2022. (Adventures of Tom & Andy Ser.). (ENG.). 84p. (J). **(978-1-0391-4073-8(4))**; pap. **(978-1-0391-4072-1(6))** FriesenPress.

Legend of Black Eyed Bart, Book 4: The Adventures of Tom & Andy. Edward Penner. Illus. by Paul Schultz. 2022. (Adventures of Tom & Andy Ser.). (ENG.). 78p. (J). **(978-1-0391-4567-2(1))**; pap. **(978-1-0391-4566-5(3))** FriesenPress.

Legend of Black Eyed Bart, Book 5: The Adventures of Tom & Andy. Edward Penner. Illus. by Paul Schultz. 2022. (Adventures of Tom & Andy Ser.). (ENG.). 78p. (J). **(978-1-0391-5149-9(3))**; pap. **(978-1-0391-5148-2(5))** FriesenPress.

Legend of Blackbeard: Band 15/Emerald (Collins Big Cat) Thomas Bloor. Illus. by Ivan Kravets. 2016. (Collins Big Cat Ser.). (ENG.). 48p. (J). pap. 9.95 (978-0-00-814725-9(6)) HarperCollins Pubs. Ltd. GBR. Dist: Independent Pubs. Group.

Legend of Brightblade. Ethan M. Aldridge. Illus. by Ethan M. Aldridge. 2022. (ENG., Illus.). 208p. (J). (gr. 3-7). 23.99 (978-0-06-299553-7(7)); pap. 13.99 (978-0-06-299552-0(9)) HarperCollins Pubs. (Quill Tree Bks.).

Legend of Bronze Arm. Erin Roach. 2019. (ENG.). 582p. (J). 45.00 (978-1-7947-1895-1(8)) Lulu Pr., Inc.

Legend of Bucks County: A Novel (Classic Reprint) Caleb E. Wright. 2017. (ENG., Illus.). (J). 29.88 (978-1-5281-7833-4(5)) Forgotten Bks.

Legend of Butterfly Spring. Sunshine Orange Studio. 2022. (Classic Picture Books of Yunnan Ethnic G Ser.). (ENG.). 24p. (J). 19.95 (978-1-4878-1019-1(9)) Royal Collins Publishing Group Inc. CAN. Dist: Independent Pubs. Group.

Legend of Camelot: Pictures & Poems, etc (Classic Reprint) George Du Maurier. 2017. (ENG., Illus.). (J). 28.04 (978-0-331-84465-8(6)); pap. 10.57 (978-0-243-28504-4(3)) Forgotten Bks.

Legend of Catfish & Little Bream. Ronnie Wells. 2018. (ENG., Illus.). 46p. (J). (gr. -1-3). 24.95 (978-1-64114-675-3(3)) Christian Faith Publishing.

Legend of Christmas: An Untold Story of the Real St. Nicholas. Theresa White. Illus. by Dave O'Connell. 2022. (ENG.). 38p. (J). pap. 16.00 **(978-1-953114-82-2(2))** Living Parables of Central Florida, Inc.

Legend of Cowfoot Woman & the Soldier Crab. Enrique Corneiro. 2017. (ENG., Illus.). 34p. (J). pap. 14.00 (978-1-387-43207-3(9)) Lulu Pr., Inc.

Legend of Cypress River. Adam Gellert. Illus. by Danielle Bilen. 2017. (ENG.). (J). (gr. 1-6). pap. 9.99 (978-0-692-90901-0(X)) Cypress River Publishing.

Legend of Dowie, the Cat on the R. M. S. Lusitania. Crystal Wood. 2020. (ENG.). 28p. (J). pap. 12.95 (978-1-7320129-5-0(4)) Tattersall Publishing.

Legend of Ekarto: The Stones Arise. Iffat Bhuiyan. 2022. (ENG.). 130p. (YA). pap. **(978-1-3984-5900-7(3))** Austin Macauley Pubs. Ltd.

Legend of el Patron. Virginia Parker Staat. Illus. by Andy Ramon. 2019. (ENG.). 24p. (J). (gr. 2-6). pap. 12.95 (978-1-64438-492-3(2)) Booklocker.com, Inc.

Legend of Eli Slusher. Tom Zimmerman. 2019. (ENG.). 20p. (J). pap. 12.49 (978-1-5456-6251-9(7)) Salem Author Services.

Legend of Elkapella. J. B Mounteer. l.t. ed. 2022. (ENG.). 68p. (YA). pap. 10.00 (978-1-954368-22-4(4)) Diamond Media Pr.

Legend of Elkapella. JB Mounteer. l.t. ed. 2022. (ENG.). 68p. (YA). 14.00 (978-1-954368-23-1(2)) Diamond Media Pr.

Legend of Everfree. Louise Alexander. ed. 2016. (My Little Pony 8X8 Picture Bks.). (J). lib. bdg. 14.75 (978-0-606-39193-1(2)) Turtleback.

Legend of Fallen Rock. John Lentoni. 2018. (ENG.). 36p. (J). pap. **(978-0-359-18316-6(6))** Lulu Pr., Inc.

Legend of Gnawface. Cyndi Marko. 2023. (Sloth Sleuth Ser.: 2). (ENG., Illus.). 192p. (J). (gr. 3-7). 15.99 (978-0-358-44894-5(8), Clarion Bks.) HarperCollins Pubs.

Legend of Graveyard Gruber, 1 vol. D. J. Brandon. 2021. (Graveyard Gruber Ser.). (ENG.). 64p. (J). (gr. 2-3). 23.25 (978-1-5383-8492-3(2), aeb74946-00d8-4519-90bf-b234cb26f275); pap. 13.35 (978-1-5383-8493-0(0), df49740f-35b0-4bcb-b1b5-1e29fca79f12) Enslow Publishing, LLC. (West 44 Bks.).

Legend of Gravity: A Tall Basketball Tale. Charly Palmer. Illus. by Charly Palmer. 2022. (ENG., Illus.). 40p. (J). 18.99 (978-0-374-31328-9(8), 900210721, Farrar, Straus & Giroux (BYR)) Farrar, Straus & Giroux.

Legend of Greg. Chris Rylander. (Epic Series of Failures Ser.: 1). (ENG.). (J). (gr. 3-7). 2019. 368p. 8.99 (978-1-5247-3974-4(X), Puffin Books); 2018. 352p. 16.99 (978-1-5247-3972-0(3), G.P. Putnam's Sons Books for Young Readers) Penguin Young Readers Group.

Legend of Greyhallow. Summer Rachel Short. 2023. (ENG.). 256p. (J). (gr. 5). 17.99 **(978-1-6659-1887-9(X)**, Simon & Schuster Bks. For Young Readers) Simon & Schuster Bks. For Young Readers.

Legend of Hob-Or-Nob: A Comical Poem (Classic Reprint) Reuben Lingerlong. (ENG., Illus.). (J). 2018. 52p. 24.99 (978-0-267-60775-4(X)); 2016. pap. 9.57 (978-1-334-12822-6(7)) Forgotten Bks.

Legend of Iron Purl. Tao Nyeu. 2022. (Illus.). 48p. (J). (gr. -1-3). 18.99 (978-0-525-42870-1(4), Dial Bks) Penguin Young Readers Group.

Legend of Jenni-Anne: An Adventure Squad Novel. Lloyd Jackson. 2017. (ENG., Illus.). (YA). pap. 11.95 (978-1-63568-268-7(1)) Page Publishing Inc.

Legend of Johnny Appleseed, 1 vol. Mark J. Harasymiw. 2017. (Famous Legends Ser.). (ENG.). 32p. (J). (gr. 2-3). pap. 11.50 (978-1-5382-0372-9(3), 9976e6f8-211b-4282-b95f-f12063e533db) Stevens, Gareth Publishing LLLP.

Legend of King Arthur-A-tops. Mo O'Hara. Illus. by Andrew Joyner. 2020. (ENG.). 40p. (J). (gr. -1-3). 17.99 (978-0-06-265275-1(3), HarperCollins) HarperCollins Pubs.

Legend of Kobe Bryant: Basketball's Modern Superstar. 2020. 112p. (J). (gr. 2-6). pap. 12.95 (978-1-62937-851-0(8)) Triumph Bks.

Legend of Koolura. Michael Thal. 2021. (Koolura Ser.: Vol. 1). (ENG.). 150p. (J). pap. 9.95 (978-1-63877-199-9(5)) Primedia eLaunch LLC.

Legend of Kwi Coast. Nicholas Checker. 2022. (ENG.). 280p. (YA). pap. 16.99 (978-1-5092-4342-6(9)) Wild Rose Pr., Inc., The.

Legend of Laddin's Rock (Classic Reprint) Alice Stead Binney. 2017. (ENG., Illus.). (J). 24.78 (978-0-331-84039-1(1)) Forgotten Bks.

Legend of Lady Robin Hood. Hannah Conrad. 2020. (ENG.). 106p. (YA). pap. 9.99 *(978-1-393-06514-2(7))* Draft2Digital.

Legend of Lavi the Brave. Isabel Pfister. Illus. by Isabel Pfister. 2020. (ENG.). 30p. (J). pap. 9.50 *(978-1-0879-1204-2(0))* Indy Pub.

Legend of L'Esprit. Doris Greenberg & Pandré Shandley. 2021. (ENG.). 264p. (YA). pap. 15.95 *(978-1-64538-296-6(6),* TEN16 Pr.) Orange Hat Publishing.

Legend of Little Bigfoot's Ice Cream Cone. Konnilaree Walker Sanders. Illus. by Konnilaree Walker Sanders. 2020. (ENG., Illus.). 32p. (J). 14.95 *(978-1-7339106-9-9(7));* pap. 9.95 *(978-1-7339106-8-2(9))* Stories By Mom.

Legend of Lommie. Jonkers. 2022. (ENG.). 96p. (J). pap. *(978-1-83975-926-0(7))* Grosvenor Hse. Publishing Ltd.

Legend of Long Wei. Frank Gastelum & Lee Kalu Gastelum. 2022. (ENG.). 58p. (J). pap. 17.00 ***(978-1-0880-5432-1(3))*** Indy Pub.

Legend of Lop-Eared Larry. Hester Applebee. Illus. by Brittany David. 2022. (ENG.). 50p. (J). pap. 7.99 *(978-0-9758719-6-6(X))* Wing Books.

Legend of Ma Skeeter. Uncle Roper & Mike Royder. 2017. (ENG., Illus.). 36p. (J). (gr. k-3). pap. 11.99 *(978-1-59095-346-4(0),* ExamWise) Total Recall Learning, Inc.

Legend of Mcnutt: A Story of Early Home Life & Christianity in the Yazoo & Mississippi Delta (Classic Reprint) W. L. Anderson. 2017. (ENG., Illus.). (J). 28.76 *(978-0-331-50891-8(5));* pap. 11.57 *(978-0-282-10013-1(X))* Forgotten Bks.

Legend of Michael Jordan. Triumph Books. 2020. (ENG., Illus.). 112p. (J). (gr. 2-6). pap. 12.95 *(978-1-62937-865-7(8))* Triumph Bks.

Legend of Mr. V. Sam Nemri. 2020. (ENG.). 104p. (J). *(978-1-716-52387-8(7))* Lulu Pr., Inc.

Legend of Mr. V: A Tale of Unyielding Might. Sam Nemri. 2020. (ENG.). 104p. (J). pap. *(978-1-716-47505-4(8))* Lulu Pr., Inc.

Legend of Ms. Tutu Larue. David Villanueva Jr. 2017. (ENG., Illus.). 72p. (J). pap. *(978-1-365-64994-3(6))* Lulu Pr., Inc.

Legend of Muhammad Ali: Everything about Boxing - Sports Games for Kids Children's Sports & Outdoors Books. Baby Professor. 2017. (ENG., Illus.). (J). pap. 8.79 *(978-1-5419-3839-7(9),* Baby Professor (Education Kids)) Speedy Publishing LLC.

Legend of Obi-Wan Kenobi (Star Wars) Golden Books. Illus. by Golden Books. 2022. (Little Golden Book Ser.). (ENG., Illus.). 24p. (J). (-k). 5.99 *(978-0-593-48284-1(0),* Golden Bks.) Random Hse. Children's Bks.

Legend of Old Befana: An Italian Christmas Story. Tomie dePaola. Illus. by Tomie dePaola. (ENG., Illus.). 32p. (J). (gr. -1-3). 2019. 7.99 *(978-1-5344-3011-2(3));* 2017. 17.99 *(978-1-4814-7763-5(3))* Simon & Schuster Bks. For Young Readers. (Simon & Schuster Bks. For Young Readers).

Legend of Old Man Mckenzie: Friends, Free Will, Values & Principles Worth Fighting For. Jerry Divis. 2018. (ENG., Illus.). 284p. (YA). (gr. 7-12). pap. 16.99 *(978-0-9712922-6-0(4))* Humble Heart Publishing.

Legend of Paul Bunyan, 1 vol. Julia McDonnell. 2017. (Famous Legends Ser.). (ENG.). 32p. (J). (gr. 2-3). pap. 11.50 *(978-1-5382-0376-7(6),* 046df0cd-ce01-4eb1-bb57-bb5bf948f2fa) Stevens, Gareth Publishing LLLP.

Legend of Pierce & Peter: The Dawn. N. K. Aning. 2020. (ENG.). 84p. (J). pap. 9.99 *(978-1-393-92822-5(6))* Draft2Digital.

Legend of Pocahontas - North American Colonization - Biography Grade 3 - Children's Biographies. Dissected Lives. 2019. (ENG.). 72p. (J). pap. 14.72 *(978-1-5419-5076-4(3));* 24.71 *(978-1-5419-7529-3(4))* Speedy Publishing LLC. (Dissected Lives (Auto Biographies)).

Legend of Re-Run. Keith Behunin & Mike Ericksen. Illus. by Kory Fluckiger. l.t. ed. 2020. (ENG.). 24p. (J). (gr. k-3). 19.95 *(978-1-61633-964-7(0));* pap. 10.95 *(978-1-61633-963-0(2))* Guardian Angel Publishing, Inc.

Legend of Reading Abbey (Classic Reprint) Charles MacFarlane. (ENG., Illus.). (J). 2018. 494p. 34.09 *(978-0-483-69934-2(9));* 2017. pap. 16.57 *(978-0-243-33548-0(2))* Forgotten Bks.

Legend of Relistone. A. L. Harvey. 2020. (ENG.). 78p. (YA). pap. *(978-1-78723-443-7(6))* CompletelyNovel.com.

Legend of Rock Paper Scissors. Drew Daywalt. Illus. by Adam Rex. 2017. (ENG.). 48p. (J). (gr. -1-3). 19.99 *(978-0-06-243889-8(1),* Balzer & Bray) HarperCollins Pubs.

Legend of Rock, Paper, Scissors. Drew Daywalt. 2017. (J). 161.91 *(978-0-06-266770-0(X))* HarperCollins Pubs.

Legend of Rock, Paper, Scissors. Drew Daywalt. 2018. (CHI.). (J). (gr. -1-3). *(978-7-5496-2500-0(X))* Wenhui Chubanshe.

Legend of Sassafras House. Anita Stafford. Ed. by Kristi King-Morgan. Illus. by Macario Hernandez. 2018. (ENG.). 116p. (J). pap. 8.00 *(978-1-947381-08-7(3))* Dreaming Big Pubns.

Legend of Scarlett & Ryman. Kristalin Davis & Kate Davis. Illus. by Blueberry Illustrations. 2019. (ENG.). 36p. (J). (gr. k-6). 22.95 *(978-0-578-59675-4(X))* Davis, Kristalin.

Legend of Sea Glass. Trinka Hakes Noble. Illus. by Doris Ettlinger. 2016. (Myths, Legends, Fairy & Folktales Ser.). (ENG.). 32p. (J). (gr. 1-4). 18.99 *(978-1-58536-611-8(0),* 204027) Sleeping Bear Pr.

Legend of Shogunyan. Maria S. Barbo. ed. 2018. (Scholastic Readers Ser.). (ENG.). 32p. (J). (gr. -1-1). 13.89 *(978-1-64310-505-5(1))* Penworthy Co., LLC, The.

Legend of Skeleton Man: Skeleton Man & the Return of Skeleton Man. Joseph Bruchac. 2019. (ENG.). 288p. (J). (gr. 3-7). pap. 7.99 *(978-0-06-274768-6(1),* HarperCollins) HarperCollins Pubs.

Legend of Sleepy Hollow. W. Irving. 2020. (ENG., Illus.). 128p. (J). (gr. 4-7). 16.99 *(978-1-78675-098-3(8))* Palazzo Editions, Ltd. GBR. Dist: Independent Pubs. Group.

Legend of Sleepy Hollow. Washington. Irving. 2017. (ENG., Illus.). (J). 84p. pap. *(978-3-337-39119-5(2));* 82p. pap. *(978-3-337-16343-3(2));* 64p. pap. *(978-3-337-15556-8(1))* Creation Pubs.

Legend of Sleepy Hollow. Washington. Irving. 2018. (ENG., Illus.). 36p. (J). 11.48 *(978-1-61382-560-0(9));* pap. 3.44 *(978-1-61382-561-7(7))* Simon & Brown.

Legend of Sleepy Hollow. Washington. Irving. 2018. (ENG., Illus.). 44p. (J). (gr. 3-6). pap. 9.99 *(978-1-5287-0559-2(9),* Classic Bks. Library) The Editorium, LLC.

Legend of Sleepy Hollow. Washington. Irving. 2017. (ENG., Illus.). 56p. (J). pap. *(978-3-337-39324-3(1))* Creation Pubs.

Legend of Sleepy Hollow. Washington. Irving et al. 2017. (ENG.). 230p. (J). pap. *(978-3-337-16288-7(6))* Creation Pubs.

Legend of Sleepy Hollow. Adapted by Jeff Zornow. Illus. by Jeff Zornow. 2023. (Horror Stories Ser.). (ENG.). 32p. (J). (gr. 3-8). lib. bdg. 32.79 ***(978-1-0982-3604-5(1),*** 42602, Graphic Planet - Fiction) Magic Wagon.

Legend of Sleepy Hollow: Introduction by Marcia Lynn Mcclure. Washington. Irving & Marcia Lynn McClure. 2018. (ENG.). 82p. (J). pap. 9.95 *(978-0-9996274-9-5(X))* Distractions Ink.

Legend of Sleepy Hollow: The Original 1820 Edition. Washington. Irving. 2017. (ENG.). 62p. (J). 11.95 *(978-1-64594-012-8(8))* Athanatos Publishing Group.

Legend of Sleepy Hollow, & the Spectre Bridegroom: From the Sketch Book (Classic Reprint) Washington. Irving. (ENG., Illus.). (J). 2018. 82p. 25.59 *(978-0-364-22245-4(X));* 2017. 25.59 *(978-1-5285-5414-5(0));* 2016. pap. 9.57 *(978-1-334-13308-4(5))* Forgotten Bks.

Legend of Sleepy Hollow Book & CD. Disney Books. Illus. by Disney Storybook Disney Storybook Art Team. 2019. (ENG.). 32p. (J). (gr. -1-k). pap. 6.99 *(978-1-368-02244-6(8),* Disney Press Books) Disney Publishing Worldwide.

Legend of Sleepy Hollow (Disney Classic) Cara Stevens. Illus. by Golden Books. 2022. (Little Golden Book Ser.). (ENG.). 24p. (J). (-k). 5.99 *(978-0-7364-4300-5(2),* Golden/Disney) Random Hse. Children's Bks.

Legend of Sleepy Hollow: the Headless Horseman, 1 vol. Cathleen Small. Illus. by Lara Antal. 2016. (American Legends & Folktales Ser.). (ENG.). 32p. (J). (gr. 3-3). pap. 11.58 *(978-1-5026-2206-8(8),* d0c99fc1-08b8-423b-9dc3-e640db0d6901) Cavendish Square Publishing LLC.

Legend of St. Christopher: Quest for a King. Lee Hyoun-Ju. Illus. by Lee Hyoun-Ju. 2017. (ENG., Illus.). (J). (gr. 4-7). pap. *(978-0-8198-4588-7(4))* Pauline Bks. & Media Ctr.

Legend of Starfire. Marissa Burt. 2017. (ENG.). 416p. (J). (gr. 3-7). pap. 6.99 *(978-0-06-229159-2(9),* HarperCollins) HarperCollins Pubs.

Legend of Storm. Alice Radoux. Illus. by Trudy Binsfeld-Okemow. 2021. (ENG.). 78p. (J). pap. *(978-1-0391-0603-1(X));* *(978-1-0391-0604-8(8))* FriesenPress.

Legend of the Bluebonnet Novel Units Teacher Guide. Novel Units. 2019. (ENG.). (J). pap. 12.99 *(978-1-56137-328-4(1),* Novel Units, Inc.) Classroom Library Co.

Legend of the Brighton Werecat. Isaac Sandidge. 2023. (ENG.). 36p. (YA). pap. ***(978-1-387-63451-4(8))*** Lulu Pr., Inc.

Legend of the Brown Ninja. Meredith Rusu. ed. 2016. (LEGO Ninjago Chapter Bks.: 10). (ENG.). 80p. (J). (gr. 2-5). 14.75 *(978-0-606-39151-1(7))* Turtleback.

Legend of the Chicken Heart. William Bak & Bak Nguyen. 2021. (ENG.). 86p. (J). pap. *(978-1-989536-09-4(3))* Nguyen, Ba Khoa.

Legend of the Christ Child: A Story for Christmas Eve; Adapted from the German (Classic Reprint) Elizabeth Harrison. 2016. (ENG., Illus.). (J). pap. 7.97 *(978-1-333-36738-1(4))* Forgotten Bks.

Legend of the Christmas Rose (Classic Reprint) Selma Lagerlöf. 2017. (ENG., Illus.). (J). 24.60 *(978-0-265-51161-9(5))* Forgotten Bks.

Legend of the Christmas Witch. Aubrey Plaza & Dan Murphy. Illus. by Julia Iredale. 2021. 56p. (J). (gr. k-3). 18.99 *(978-0-593-35080-5(4),* Viking Books for Young Readers) Penguin Young Readers Group.

Legend of the Coqui. Georgina Lzaro. Illus. by Bruno Robert. 2020. (ENG.). 32p. (J). pap. 6.95 *(978-1-4788-6900-9(3))* Newmark Learning LLC.

Legend of the Coral Caves: An Unofficial Graphic Novel for Minecrafters. Megan Miller. 2020. (S. Q. U. I. D. Squad Ser.: 1). 192p. (J). (gr. 2-6). pap. 11.99 *(978-1-5107-4732-6(X),* Sky Pony Pr.) Skyhorse Publishing Co., Inc.

Legend of the Desert Bigfoot. Jake Thoene & Luke Thoene. 2021. (Last Chance Detectives Ser.: 3). (ENG.). 112p. (J). pap. 9.99 *(978-1-64607-052-7(6),* 20_36357) Focus on the Family Publishing.

Legend of the Dragon Boat. Slong. 2021. (Slong Cinema on Paper Picture Book Serie Ser.). (ENG.). 70p. (J). (gr. k-2). 19.95 *(978-1-4878-0767-2(8))* Royal Collins Publishing Group Inc. CAN. Dist: Independent Pubs. Group.

Legend of the Eltanin Warrior. Lydia Toumazou. 2016. (ENG., Illus.). 50p. (J). 20.36 *(978-1-326-39524-7(6))* Lulu Pr., Inc.

Legend of the Fairy Stones. Kelly Anne White. 2019. 52p. (J). (gr. 2-5). pap. 11.95 *(978-1-64279-195-2(4))* Morgan James Publishing.

Legend of the Falls of the Spray of Pearls (Classic Reprint) Jane Parkin. (ENG., Illus.). (J). 2018. 26p. 24.43 *(978-0-656-16748-7(3));* 2016. pap. 7.97 *(978-1-334-11622-3(9))* Forgotten Bks.

Legend of the First Unicorn, 30 vols. Lari Don. Illus. by Natasa Ilincic. 2022. (Traditional Scottish Tales Ser.). 36p. (J). pap. 14.95 *(978-1-78250-627-0(6),* Kelpies) Floris Bks. GBR. Dist: Consortium Bk. Sales & Distribution.

Legend of the Fog, 1 vol. Qaunaq Mikkigak & Joanne Schwartz. Illus. by Danny Christopher. 2017. (Inuit Folktales Ser.). (ENG.). 40p. (J). (gr. 1-3). pap. 10.95 *(978-1-77227-136-2(5))* Inhabit Media Inc. CAN. Dist: Consortium Bk. Sales & Distribution.

Legend of the Frenchman River Valley. Jeff Grace. 2021. (ENG.). 106p. (J). pap. *(978-0-2288-5183-7(1))* Tellwell Talent.

Legend of the Gathers: Protectors of the Light. Lafayette Wattles. Illus. by Erin Nowak. 2020. (ENG.). 40p. (J). pap. 12.99 *(978-1-0879-1535-7(X))* Indy Pub.

Legend of the Gator Man, 2 vols. Laurie S. Sutton. Illus. by Scott Neely. 2016. (Scooby-Doo Comic Chapter Bks.). (ENG.). (J). (gr. 3-7). 53.32 *(978-1-4965-4549-7(4));* 88p. lib. bdg. 27.32 *(978-1-4965-3584-9(7),* 132730) Capstone. (Stone Arch Bks.).

Legend of the Ghost of Cat Lake: A Villabona Voyager Book. Nancy Villabona. Ed. by Terry Hooker. Illus. by Tara Tokarski. 2022. (ENG.). 36p. (J). pap. 15.00 ***(978-0-9996013-8-9(5))*** Southampton Publishing.

Legend of the Glorious Adventures of Tyl Ulenspiegel: In the Land of Flanders Elsewhere (Classic Reprint) Charles de Coster. 2017. (ENG., Illus.). (J). 31.24 *(978-1-5282-8491-2(7))* Forgotten Bks.

Legend of the Grand Gordons (Classic Reprint) Ross. 2018. (ENG., Illus.). 674p. (J). 37.82 *(978-0-428-92974-9(5))* Forgotten Bks.

Legend of the Howling Werewolf. Created by Gertrude Chandler Warner. 2018. (Boxcar Children Mysteries Ser.: 148). (ENG., Illus.). 128p. (J). (gr. 2-5). 12.99 *(978-0-8075-0740-7(7),* 807507407); pap. 6.99 *(978-0-8075-0741-4(5),* 807507415) Random Hse. Children's Bks. (Random Hse. Bks. for Young Readers).

Legend of the Hydrosphere. Qibin Yang. 2020. (ENG.). 190p. (J). pap. 15.95 *(978-1-927670-85-9(3))* Royal Collins Publishing Group Inc. CAN. Dist: Independent Pubs. Group.

Legend of the Irish Castle. Created by Gertrude Chandler Warner. 2016. (Boxcar Children Mysteries Ser.: 142). (ENG., Illus.). 128p. (J). (gr. 2-5). 15.99 *(978-0-8075-0705-6(9),* 807507059, Random Hse. Bks. for Young Readers) Random Hse. Children's Bks.

Legend of the Lava Dragon. Wendy Goris. Illus. by Bradley Orlando. 2022. (ENG.). 56p. (J). 23.95 *(978-1-956785-11-1(6));* pap. 15.95 *(978-1-956785-10-4(8))* Bookstand Publishing.

Legend of the Lion Heart. William Bak & Bak Nguyen. 2021. (ENG.). 84p. (J). pap. *(978-1-989536-11-7(5))* Nguyen, Ba Khoa.

Legend of the Loons Necklace. Christopher Big Plume. Illus. by Chris Big Plume. 2018. (ENG.). 20p. (J). *(978-1-5255-3092-0(5));* pap. *(978-1-5255-3093-7(3))* FriesenPress.

Legend of the Lost Boy. Francesco Sedita & Prescott Seraydarian. Illus. by Steve Hamaker. 2022. (Pathfinders Society Ser.: 3). 192p. (J). (gr. 3-7). 18.99 *(978-0-593-20619-5(3));* pap. 12.99 *(978-0-593-20620-1(7))* Penguin Young Readers Group. (Viking Books for Young Readers).

Legend of the Lost Lilies. Joan Vincent. Illus. by Susan Spellman. 2023. (ENG.). 152p. (J). pap. 10.95 ***(978-1-0881-2491-8(7))*** North Street Publishing.

Legend of the Lost Lilies. Joan Vincent. 2017. (ENG., Illus.). (J). pap. 10.95 *(978-0-9883860-2-0(X))* North Street Publishing.

Legend of the Maze (Thea Stilton & the Treasure Seekers #3) Thea Stilton. 2021. (Thea Stilton & the Treasure Seekers Ser.: 3). (ENG., Illus.). 320p. (J). (gr. 2-5). 15.99 *(978-1-338-68722-4(0),* Scholastic Paperbacks) Scholastic, Inc.

Legend of the Mean Mother. B. Jane Turnquest. 2021. (ENG.). 50p. (J). 14.99 ***(978-1-7368702-6-6(2))*** Quill Ink & Parchment Pubns.

Legend of the Mountain King. Paul Gruzalski. 2019. (ENG.). 56p. (J). pap. ***(978-0-244-74780-0(6))*** Lulu Pr., Inc.

Legend of the Mountain Witch. Linda Martin. Ed. by Kim Show. Illus. by Tex Show. 2020. (ENG.). 16p. (J). pap. 10.50 *(978-1-716-46230-6(4))* Lulu Pr., Inc.

Legend of the Peacock Princess. Sunshine Orange Studio. 2022. (Classic Picture Books of Yunnan Ethnic G Ser.). (ENG.). 24p. (J). 19.95 *(978-1-4878-1018-4(0))* Royal Collins Publishing Group Inc. CAN. Dist: Independent Pubs. Group.

Legend of the Pumpkin House. Urbano Salvati. Illus. by Sky T. 2020. (ENG.). 64p. (J). pap. 19.95 *(978-1-951530-13-6(6))* Strategic Book Publishing & Rights Agency (SBPRA).

Legend of the Putter Frog of Frogmore, SC. Randy Bazemore. 2018. (ENG., Illus.). 28p. (J). *(978-1-78848-473-2(8));* pap. *(978-1-78848-472-5(X))* Austin Macauley Pubs. Ltd.

Legend of the Realm, 2. Alexandra Ott. ed. 2022. (Seekers of the Wild Realm Ser.). (ENG.). 294p. (J). (gr. 4-5). 20.46 ***(978-1-68505-517-2(6))*** Penworthy Co., LLC, The.

Legend of the Realm. Alexandra Ott. (Seekers of the Wild Realm Ser.: 2). (ENG.). (J). (gr. 3-7). 2022. 320p. pap. 8.99 *(978-1-5344-3862-0(9));* 2021. 304p. 17.99 *(978-1-5344-3861-3(0))* Simon & Schuster Children's Publishing. (Aladdin).

Legend of the Rift. Peter Lerangis. ed. 2016. (Seven Wonders Ser.: 5). (J). lib. bdg. 17.20 *(978-0-606-38738-5(2))* Turtleback.

Legend of the Sand Dollar, Newly Illustrated Edition: An Inspirational Story of Hope for Easter, 1 vol. Chris Auer. Illus. by Richard Cowdrey. 2017. (ENG.). 32p. (J). 17.99 *(978-0-310-74980-6(8))* Zonderkidz.

Legend of the Secret Flowers. Brandi Chambless. 2017. (ENG., Illus.). 40p. (J). 23.95 *(978-1-63575-550-3(6))* Christian Faith Publishing.

Legend of the Spirit Bear. Glenda Higgins. 2020. (ENG.). 150p. (J). pap. 10.99 *(978-1-393-11955-5(7))* Draft2Digital.

Legend of the Squiger. Kyle Steiner. 2017. (ENG., Illus.). 34p. (J). pap. *(978-1-387-19716-3(9))* Lulu Pr., Inc.

Legend of the Star Dragon: a Branches Book (Dragon Masters #25) Tracey West. Illus. by Graham Howells. 2023. (Dragon Masters Ser.). (ENG.). 96p. (J). (gr. 1-3). pap. 6.99 ***(978-1-338-77700-0(9))*** Scholastic, Inc.

Legend of the Star Runner: A Timmi Tobbson Adventure. J. I. Wagner. Ed. by Bradley Hall. Illus. by Cindy Froehlich. 2018. 168p. (YA). pap. 12.99 *(978-3-96326-777-2(1))* Upper Room Bks.

Legend of the Twin Mermaids. April Joy Manger. Illus. by Penny Jamrack. 2022. (ENG.). 34p. (J). pap. 9.95 ***(978-1-7343786-6-5(2))*** April Joy Manger.

Legend of the West Road. Hamilton Hill. 2019. (Roads of Luhonono Ser.: Vol. 2). (ENG., Illus.). 260p. (YA). (gr. 7-12). pap. *(978-0-9943777-4-6(6))* Finerose Publishing.

Legend of the Wishing Pearl. Urbano Salvati. Illus. by Galina Evangelista. 2016. (ENG.). (J). (gr. k-6). pap. 19.95 *(978-1-68181-716-3(0))* Strategic Book Publishing & Rights Agency (SBPRA).

Legend of the Yearling. Roan Black. Illus. by Glass House Glass House Graphics. 2023. (Guardians of Horsa Ser.: 1). (ENG.). 144p. (J). (gr. k-4). 19.99 *(978-1-6659-3157-1(4));* pap. 9.99 *(978-1-6659-3156-4(6))* Little Simon. (Little Simon).

Legend of Theodore E. Bear: Teddy, 1 vol. Annette Parkhurst. 2019. (ENG.). 72p. (J). 49.99 *(978-1-4003-2549-8(8))* Elm Hill.

Legend of Theodore E. Bear: Teddy, 1 vol. Annette Parkhurst. Illus. by Karen A. Baechle. 2019. (ENG.). 72p. (J). pap. 29.99 *(978-1-4003-2548-1(X))* Elm Hill.

Legend of Tim Turpin. Peter N. Bernfeld. Illus. by John L. D. Barnett. 2017. (ENG.). 100p. (J). (gr. 1-6). pap. 12.99 *(978-1-68160-388-9(8))* Crimson Cloak Publishing.

Legend of Timpanogos Mountain: A Native American Legend. Jean M. Nahomni Mani. Illus. by Jean M. Nahomni Mani. 2019. (ENG., Illus.). 32p. (J). pap. 14.95 *(978-0-692-65514-6(X))* Dakota Legends.

Legend of Toilet Head Fred. Andy Hart. 2022. (ENG.). 34p. (J). 21.00 ***(978-1-0880-2274-0(X))*** Andrew James Hart.

Legend of Toof: How Tooth Fairies Got Their Start. P. S. Featherston. 2021. (ENG.). 200p. (J). pap. 14.29 *(978-1-7358680-4-2(3))* TF Pr., a Div. of Fezfam LLC.

Legend of Toof: How Tooth Fairies Got Their Start. Peter Featherston. 2021. (Tooth Fairy Fliers Ser.: Vol. 1). (ENG.). 184p. (J). 19.95 *(978-1-7358680-0-4(0))* TF Pr., a Div. of Fezfam LLC.

Legend of Turtle Bridge. Stephen Coombs. Illus. by Robert Rath. 2019. (ENG.). 96p. (J). pap. 14.95 *(978-1-59152-215-7(3),* Sweetgrass Bks.) Farcountry Pr.

Legend of Ulenspiegel, Vol. 1: And Lamme Goedzak, & Their Adventures Heroical, Joyous & Glorious in the Land of Flanders & Elsewhere (Classic Reprint) Charles de Coster. 2018. (ENG., Illus.). 338p. (J). 30.87 *(978-0-483-59221-6(8))* Forgotten Bks.

Legend of Ulenspiegel, Vol. 2: And Lamme Goedzak, & Their Adventures Heroical, Joyous & Glorious in the Land of Flanders & Elsewhere (Classic Reprint) Charles de Coster. 2018. (ENG., Illus.). 356p. (J). 31.26 *(978-0-483-80970-3(5))* Forgotten Bks.

Legend of Valentine Sorrow. Caroline Busher. 2021. (ENG.). 370p. (J). pap. *(978-1-78199-763-5(2))* Poolbeg Pr.

Legend of Wasa: ... a Children's Dreamtime Story... Semisi Pone. 2021. (ENG.). 106p. (J). pap. *(978-0-908341-06-1(7))* Rainbow Enterprises.

Legend of Wild Thing. Katherine Dalziel. 2019. (ENG.). 26p. (J). pap. 12.95 *(978-1-64569-217-1(5))* Christian Faith Publishing.

Legend of Willie Lump Lump. Kathleen Beining. 2016. (ENG., Illus.). (J). pap. 13.95 *(978-1-5127-5958-7(9),* WestBow Pr.) Author Solutions, LLC.

Legend of Willie Smalls. George Sims. 2017. (ENG., Illus.). 90p. (J). 26.95 *(978-1-64028-257-5(2));* pap. 15.95 *(978-1-64028-255-1(6))* Christian Faith Publishing.

Legend of Zelda. Luna Thomas. 2021. (Game On! Ser.). (ENG., Illus.). 32p. (J). (gr. 3-6). lib. bdg. 32.79 *(978-1-5321-9579-2(6),* 37426); (gr. 4-5). pap. 9.95 *(978-1-64494-551-3(7))* ABDO Publishing Co. (Checkerboard Library).

Legend of Zelda: Breath of the Wild: Beginner's Guide. Josh Gregory. 2022. (21st Century Skills Innovation Library: Unofficial Guides). (ENG., Illus.). 32p. (J). (gr. 4-8). pap. 14.21 *(978-1-6689-0086-4(6),* 220177); lib. bdg. 32.07 *(978-1-5341-9972-9(1),* 220033) Cherry Lake Publishing.

Legend of Zelda Official Sticker Book (Nintendo(r)) Courtney Carbone. Illus. by Random House. 2018. (ENG.). 64p. (J). (gr. k-4). pap. 12.99 *(978-1-5247-7007-5(8),* Random Hse. Bks. for Young Readers) Random Hse. Children's Bks.

Legend of Ziems: The Coming of Ziems. James B. Tierney. 2017. (Legend of Ziems Ser.: Vol. 2). (ENG., Illus.). (J). (gr. 4-6). pap. 12.95 *(978-1-943789-22-1(3))* Taylor and Seale Publishing.

Legenda, 1921 (Classic Reprint) Arthur Hill High School. (ENG., Illus.). (J). 2018. 154p. 27.07 *(978-0-484-62614-9(0));* 2017. pap. 9.57 *(978-0-243-47496-7(2))* Forgotten Bks.

Legenda, 1922 (Classic Reprint) West Side High School. (ENG., Illus.). (J). 2018. 166p. 27.32 *(978-0-365-40899-4(9));* 2017. pap. 9.97 *(978-0-282-00551-1(X))* Forgotten Bks.

Legenda 1923: An Annual Publication of the Senior Class, Arthur Hill High School, Saginaw, W S., Michigan (Classic Reprint) Donald L. Metcalf. (ENG., Illus.). (J). 2018. 164p. 27.28 *(978-0-364-13480-1(1));* 2017. pap. 9.97 *(978-0-259-81362-0(1))* Forgotten Bks.

Legendario Pan de Beauchamp: Leveled Reader Book 14 Level R 6 Pack. Hmh Hmh. 2021. (SPA.). 32p. (J). pap. 74.40 *(978-0-358-08583-6(7))* Houghton Mifflin Harcourt Publishing Co.

Legendary. Stephanie Garber. 2018. (CHI.). (YA). (gr. 8-12). pap. *(978-986-235-684-5(7))* Faces Pubns.

Legendary. Stephanie Garber. 2018. (Caraval Ser.). (ENG., Illus.). 495p. (YA). (gr. 8-13). pap. 11.99 *(978-1-250-19222-6(6))* Flatiron Bks.

Legendary. Stephanie Garber. 2018. (Illus.). 451p. (YA). *(978-1-250-30127-7(0));* *(978-1-250-30129-1(7))* St. Martin's Pr.

Legendary: A Caraval Novel. Stephanie Garber. (Caraval Ser.: 2). (ENG., Illus.). (YA). 2019. 512p. pap. 11.99 *(978-1-250-09532-9(8),* 900160660); 2018. 464p. 19.99 *(978-1-250-09531-2(X),* 900160659) Flatiron Bks.

Legendary 12: John Rabbit (Vol. 4): Darkness at Camelot. Son Bac Ngo. Illus. by Vladimir Aleksic. 2018. (Legendary 12 Ser.: Vol. 4). (ENG.). 98p. (J). (gr. 2-6). pap. *(978-0-9944947-9-5(3))* Jaguar Ngo Investment Pty Ltd.

Legendary 12: The Origin of the Zodiac Animals. Son Bac Ngo. 2017. (Legendary 12 Ser.). (ENG., Illus.). (J). (gr. k-6). pap. *(978-0-9944947-8-8(5))* Jaguar Ngo Investment Pty Ltd.

1140 The check digit for ISBN-10 appears in parentheses after the full ISBN-13

Legendary 12: Valy Tiger Vol. 3: the Wild One. Son Bac Ngo. Illus. by Roger Burgin. 2017. (Legendary 12 Ser.: Vol. 3). (ENG.). (J). (gr. 2-6). pap. *(978-0-9944947-6-4(9))* Jaguar Ngo Investment Pty Ltd.

Legendary & Mythical Guidebook: Deluxe Edition (Pokémon) Simcha Whitehill. 2018. (Pokémon Ser.). (ENG., Illus.). 112p. (J). (gr. 2-5). pap. 8.99 *(978-1-338-27936-8(X))* Scholastic, Inc.

Legendary & Mythical Guidebook: Super Deluxe Edition (Pokémon), 1 vol. Simcha Whitehill. 2022. (ENG., Illus.). 144p. (J). (gr. 2-5). pap. 9.99 *(978-1-338-79533-2(3))* Scholastic, Inc.

Legendary Asian Warriors Coloring Book. P. E. BLOOM. 2023. (ENG.). 100p. (YA). pap. ***(978-1-312-37162-0(5))*** Lulu Pr., Inc.

Legendary Athletic Achievements. Joanne Mattern. 2018. (Unbelievable Ser.). (ENG., Illus.). 32p. (J). (gr. 3-6). 32.80 *(978-1-63235-423-5(3)*, 13771, 12-Story Library) Bookstaves, LLC.

Legendary Beasts (Set Of 8) 2021. (Legendary Beasts Ser.). (ENG., Illus.). 256p. (J). (gr. 2-3). pap. 79.60 *(978-1-63738-054-3(2))*; lib. bdg. 250.80 *(978-1-63738-018-5(6))* North Star Editions. (Apex).

Legendary Beasts! the Diverse Dinosaur Activity Book. Smarter Activity Books for Kids. 2016. (ENG., Illus.). (J). pap. 8.99 *(978-1-68374-243-2(5))* Examined Solutions PTE. Ltd.

Legendary Bigfoot. Candice Ransom. 2020. (Lightning Bolt Books (r) — Spooked! Ser.). (ENG., Illus.). 24p. (J). (gr. 1-3). pap. 9.99 *(978-1-7284-1364-8(8)*, 9b330be3-0fad-4674-81b1-a9c0e578b7ea); lib. bdg. 29.32 *(978-1-5415-9690-0(0)*, ae5395ed-e770-4823-aa6c-dbe49d1f0d0e) Lerner Publishing Group. (Lerner Pubns.).

Legendary Campfire. Jason Bradford. 2020. (ENG.). 20p. (J). pap. 13.95 *(978-1-64701-132-1(9))* Page Publishing Inc.

Legendary, Consisting of Original Pieces, Vol. 2: Principally Illustrative of American History, Scenery, & Manners (Classic Reprint) Nathaniel Parker Willis. (ENG., Illus.). (J). 2018. 288p. 29.84 *(978-0-332-04573-3(0))*; 2017. pap. 13.57 *(978-0-243-22622-1(5))* Forgotten Bks.

Legendary Creatures (Set), 12 vols. 2022. (Legendary Creatures Ser.). (ENG.). (J). (gr. 2-5). lib. bdg. 393.48 *(978-1-5038-5891-6(X)*, 215781) Child's World, Inc, The.

Legendary Dragons & Knights Coloring Book. Kreative Kids. 2016. (ENG., Illus.). (J). pap. 9.20 *(978-1-68377-420-4(5))* Whlke, Traudl.

Legendary Fictions of the Irish Celts. Patrick Kennedy. 2017. (ENG., Illus.). (J). 27.95 *(978-1-374-98505-6(8))*; pap. 17.95 *(978-1-374-98504-9(X))* Capital Communications, Inc.

Legendary Fictions of the Irish Celts. Patrick Kennedy. 2017. (ENG.). 372p. (J). pap. *(978-3-337-12512-7(3))*; pap. *(978-3-7447-3938-2(4))*; pap. *(978-3-7447-1461-7(6))* Creation Pubs.

Legendary Fictions of the Irish Celts (Classic Reprint) Patrick Kennedy. 2017. (ENG., Illus.). (J). 31.57 *(978-0-266-89984-6(6))* Forgotten Bks.

Legendary Fun! (Pokémon Comictivity #2), Vol. 2. Meredith Rusu. 2023. (ENG.). 48p. (J). (gr. 2-5). 11.99 *(978-1-338-85681-1(2))* Scholastic, Inc.

Legendary Goddesses. Tammy Gagne et al. Illus. by Alessandra Fusi. 2019. (Legendary Goddesses Ser.). (ENG.). 32p. (J). (gr. 3-9). 245.20 *(978-1-5435-7420-3(3)*, 29360); pap., pap., pap. 63.60 *(978-1-5435-8246-8(X)*, 29702) Capstone.

Legendary Lasso. Michael Dahl. Illus. by Omar Lozano. 2018. (Wonder Woman Tales of Paradise Island Ser.). (ENG.). 40p. (J). (gr. 4-8). lib. bdg. 24.65 *(978-1-5158-3020-7(9)*, 138650, Stone Arch Bks.) Capstone.

Legendary Leaders, 6 vols. Jennifer Strand. 2016. (Legendary Leaders Ser.). (ENG.). 24p. (J). (gr. -1-2). 299.64 *(978-1-68079-401-4(9)*, 23022, Abdo Zoom-Launch) ABDO Publishing Co.

Legendary Miss Lena Horne. Carole Boston Weatherford. Illus. by Elizabeth Zunon. 2017. (ENG.). 48p. (J). (gr. -1-3). 17.99 *(978-1-4814-6824-4(3))* Simon & Schuster Children's Publishing.

Legendary Nightmare (Pokémon: Graphix Chapters) Meredith Rusu. 2023. (ENG.). 80p. (J). (gr. 2-5). pap. 8.99 *(978-1-338-87138-8(2))* Scholastic, Inc.

Legendary Nonfiction Crafts: 4D an Augmented Reading Crafts Experience. Marne Ventura. 2018. (Next Chapter Crafts 4D Ser.). (ENG., Illus.). 32p. (J). (gr. 1-5). lib. bdg. 33.99 *(978-1-5435-0687-7(9)*, 137433, Capstone Classroom) Capstone.

Legendary Quests: Mythological Journeys & Heroic Adventures, from the Voyages of Odysseus to the Hunt for the Holy Grail. Illus. by Sue Climpson. 2020. 80p. (J). (gr. -1-12). 15.00 *(978-1-86147-865-8(8)*, Armadillo) Anness Publishing GBR. Dist: National Bk. Network.

Legendary Rabbit of Death - Volume Five. Rchel Togden. 2019. (ENG.). 138p. (J). pap. *(978-1-898185-49-9(2))* Aro Bks. worldwide.

Legendary Rabbit of Death - Volume Four. Rchel Togden. 2019. (ENG.). 120p. (J). pap. *(978-1-898185-48-2(4))* Aro Bks. worldwide.

Legendary Rabbit of Death - Volume Three. Rchel Togden. 2019. (ENG.). 84p. (J). pap. *(978-1-898185-47-5(6))* Aro Bks. worldwide.

Legendary Tales (Classic Reprint) Alfred Gatty. 2018. (ENG., Illus.). 310p. (J). 30.31 *(978-0-483-27211-8(6))* Forgotten Bks.

Legendary Tales of the Highlands, a Sequel, Vol. 1 Of 3: To Highland Rambles (Classic Reprint) Sir Thomas Dick Lauder. 2017. (ENG., Illus.). (J). 30.60 *(978-0-266-21992-7(6))*; pap. 13.57 *(978-1-5276-6748-8(0))* Forgotten Bks.

Legendary Tales of the Highlands, a Sequel, Vol. 3 Of 3: To Highland Rambles (Classic Reprint) Sir Thomas Dick Lauder. 2017. (ENG., Illus.). (J). 30.85 *(978-1-5282-8656-5(1))*; pap. 13.57 *(978-0-243-16819-4(5))* Forgotten Bks.

Legendary Underdogs: The Legends of Ali Baba & Sunjata. Marie P. Croall et al. Illus. by Sandy Carruthers & Clint Hilinski. 2023. (Graphic Mythology Ser.). (ENG.). 96p. (J). (gr. 4-8). lib. bdg. 31.99 Lerner Publishing Group.

Legendary Women in Sports Media. Martha London. 2021. (Legends of Women's Sports Ser.). (ENG., Illus.). 32p. (J). (gr. 3-4). pap. 9.95 *(978-1-63494-298-0(1))*; lib. bdg. 31.35 *(978-1-63494-280-5(9))* Pr. Room Editions LLC.

Legendborn. Tracy Deonn. 2022. (Legendborn Cycle Ser.: 1). (ENG., Illus.). 544p. (YA). (gr. 9). pap. 13.99 *(978-1-5344-4161-3(1)*, McElderry, Margaret K. Bks.) McElderry, Margaret K. Bks.

Legendborn. Tracy Deonn. 2020. (Legendborn Cycle Ser.: 1). (ENG., Illus.). 512p. (YA). (gr. 9). 19.99 *(978-1-5344-4160-6(3)*, Simon Pulse) Simon Pulse.

légende d'Alexandre et d'Aristote (Classic Reprint) Alexandre Heron. 2018. (FRE., Illus.). (J). 80p. 25.57 *(978-0-366-51183-9(1))*; 82p. pap. 9.57 *(978-0-365-83278-2(2))* Forgotten Bks.

Legende de Pierre Faifeu (Classic Reprint) Charles De Bourdigne. 2017. (FRE., Illus.). (J). pap. 10.57 *(978-1-5276-2309-5(2))* Forgotten Bks.

Légende Dorée de Mes Filleuls see Golden Legend of Young Saints

Legende du Parnasse Contemporain (Classic Reprint) Catulle Mendes. 2018. (FRE., Illus.). 310p. (J). 30.29 *(978-0-428-31239-8(X))* Forgotten Bks.

Legende Joyeuse, Ou Faitz et Dictz Joyeulx de Pierre Faifeu, Escolier d'Angers (Classic Reprint) Charles De Bourdigne. (FRE., Illus.). (J). 2018. 198p. 27.98 *(978-0-666-94390-3(7))*; 2017. pap. 10.57 *(978-0-259-02442-2(2))* Forgotten Bks.

Légendes À la Source (Théâtre Pour Enfants) Texte À Jouer Pour les 8 À 12 ANS. Keven Girard. 2017. (FRE.). 102p. (J). pap. *(978-2-924809-03-7(7))* Toge théâtre éditeur.

Legendes Morales de L'Inde: Empruntees Au Bhagavata Purana et Au Mahabharata, Traduites du Sanscrit (Classic Reprint) A. Roussel. 2017. (FRE., Illus.). (J). 31.28 *(978-0-331-78918-8(3))*; pap. 13.97 *(978-0-282-91913-9(9))* Forgotten Bks.

Legends, 1 vol. Cyril Bassington. 2019. (Cultures Connect Us! Ser.). (ENG.). 24p. (gr. 1-2). pap. 9.15 *(978-1-5382-3842-4(X)*, 16a21c72-7ff8-4cdb-93be-0728b502ba20) Stevens, Gareth Publishing LLLP.

Legends: Orbs of the Elements. Amy Anderson. 2022. (ENG.). 310p. (YA). pap. 22.95 ***(978-1-6624-8397-4(X))*** Page Publishing Inc.

Legends & Liars. Morgan Rhodes. 2023. (Echoes & Empires Ser.: 2). 352p. (YA). (gr. 7). 19.99 *(978-0-593-35173-4(8)*, Razorbill) Penguin Young Readers Group.

Legends & Lore: Ireland's Folk Tales. Michael Scott. (J). (gr. 4-7). 2022. 208p. 7.99 *(978-0-593-38177-9(7)*, Yearling); 2021. (ENG.). 192p. 16.99 *(978-0-593-38176-2(9)*, Delacorte Bks. for Young Readers); 2021. (ENG.). 192p. lib. bdg. 19.99 *(978-0-593-38178-6(5)*, Delacorte Bks. for Young Readers) Random Hse. Children's Bks.

Legends & Poems (Classic Reprint) John Keegan. 2018. (ENG., Illus.). (J). 588p. 36.02 *(978-0-366-00472-0(7))*; 590p. pap. 19.57 *(978-0-366-00158-3(2))* Forgotten Bks.

Legends & Records: Chiefly Historical (Classic Reprint) Charles B. Tayler. (ENG., Illus.). (J). 2018. 328p. 30.66 *(978-0-483-58853-0(9))*; 2017. pap. 13.57 *(978-0-259-02756-0(1))* Forgotten Bks.

Legends & Stories: Italy (Classic Reprint) Unknown Author. 2018. (ENG., Illus.). 224p. (J). 28.52 *(978-0-484-19688-8(X))* Forgotten Bks.

Legends & Stories Ireland (Classic Reprint) Samuel Lover. 2017. (ENG., Illus.). 332p. (J). 30.76 *(978-0-331-04878-0(7))* Forgotten Bks.

Legends & Stories of Ireland. Samuel Lover. 2017. (ENG.). (J). 398p. pap. *(978-3-337-39081-5(1))*; 296p. pap. *(978-3-337-32423-0(1))*; 468p. pap. *(978-3-337-15133-1(7))* Creation Pubs.

Legends & Stories of Ireland. Samuel Lover & D. J. O'Donoghue. 2017. (ENG.). 270p. (J). pap. *(978-3-337-15160-7(4))* Creation Pubs.

Legends & Stories of Ireland: Second Series (Classic Reprint) Samuel Lover. 2017. (ENG., Illus.). (J). 30.62 *(978-0-266-51584-5(3))* Forgotten Bks.

Legends & Stories of Ireland to Which Is Added, Illustrations of National Proverbs, & Irish Sketches (Classic Reprint) Samuel Lover. 2017. (ENG., Illus.). (J). 36.23 *(978-1-5284-7952-3(1))*; pap. 19.57 *(978-0-243-96909-8(0))* Forgotten Bks.

Legends & Stories of the Holy Child Jesus from Many Lands (Classic Reprint) A. Fowler Lutz. 2017. (ENG., Illus.). (J). 29.36 *(978-0-331-22349-1(X))*; pap. 11.97 *(978-0-243-25464-4(4))* Forgotten Bks.

Legends & Superstitions of the Sea & of Sailors in All Lands & at All Times (Classic Reprint) Fletcher S. Bassett. 2017. (ENG., Illus.). (J). 34.11 *(978-1-5282-7104-2(1))* Forgotten Bks.

Legends & Tales of Old Munich (Classic Reprint) Franz Trautmann. 2017. (ENG., Illus.). (J). 28.83 *(978-0-260-45217-7(3))* Forgotten Bks.

Legends & Tales of the Harz Mountains (Classic Reprint) Maria Elise Turner Lauder. 2017. (ENG., Illus.). (J). 29.44 *(978-0-266-38786-2(1))* Forgotten Bks.

Legends for Spring: Ladybugs, Beauty Legends, Checkers & Chess. Deanna Stinson. Illus. by Ana Moon. 2021. (ENG.). 49p. (YA). pap. ***(978-1-008-96039-8(X))*** Lulu Pr., Inc.

Legends from All over Mexico see Leyendas de Todo Mexico: Leyendas Que Perduran en la Memoria de Cada Habitante

Legends from Castle Grayskull. Rob David. ed. 2023. (He-Man & the Masters of the Universe Graphix Chapters Ser.). (ENG.). 71p. (J). (gr. 2-5). 21.46 ***(978-1-68505-769-5(1))*** Penworthy Co., LLC, The.

Legends from Castle Grayskull (He-Man & the Masters of the Universe: Graphic Novel) Amanda Deibert & Rob David. Illus. by Mike Anderson. 2022. (ENG.). 80p. (J). (gr. 1-3). pap. 8.99 *(978-1-338-74549-8(2))* Scholastic, Inc.

Legends from River Mountain (Classic Reprint) Carmen Sylva. 2017. (ENG., Illus.). (J). 31.28 *(978-0-265-19491-1(1))* Forgotten Bks.

Legends, Icons & Rebels: Music That Changed the World. Robbie Robertson et al. 2016. (Illus.). 128p. (J). (gr. 4-7). pap. 18.99 *(978-1-101-91868-5(3)*, Tundra Bks.) Tundra Bks. CAN. Dist: Penguin Random Hse. LLC.

Legends' Lair. Joe O'Brien. 2016. (ENG., Illus.). 192p. (J). pap. 14.00 *(978-1-84717-826-8(X))* O'Brien Pr., Ltd., The IRL. Dist: Casemate Pubs. & Bk. Distributors, LLC.

Legends of Ancient China (Classic Reprint) Unknown Author. (ENG., Illus.). (J). 2018. 22p. 24.35 *(978-0-484-89585-9(0))*; 2016. pap. 7.97 *(978-1-333-35063-5(5))* Forgotten Bks.

Legends of Aukera: The Ascendants - Volume One. Amanda Webb & Rory Webb. Illus. by Amanda Webb. 2018. (Legends of Aukera Ser.). (ENG., Illus.). 116p. (YA). (gr. 7-12). pap. 18.99 *(978-1-63529-941-0(1))* Caliber Comics.

Legends of Aukera: The Ascendants - Volume Three. Amanda Webb & Rory Webb. Illus. by Amanda Webb. 2020. (Legends of Aukera Ser.). (ENG., Illus.). 104p. (YA). (gr. 7-12). pap. 19.99 *(978-1-63529-861-1(X))* Caliber Comics.

Legends of Aukera: The Ascendants - Volume Two. Amanda Webb & Rory Webb. Illus. by Amanda Webb. 2018. (Legends of Aukera Ser.). (ENG., Illus.). 104p. (YA). (gr. 7-12). pap. 18.99 *(978-1-63529-932-8(2))* Caliber Comics.

Legends of Blades & Stories of Each Other. Erynn Q. 2023. (Other London Ser.: Vol. 2). (ENG.). 192p. (J). pap. ***(978-1-998795-07-9(1))*** Brain Lag.

Legends of Ceylon: In Fairy Tales; Eke Mat Eke Ratake (Once in a Certain Country) (Classic Reprint) Aline Van Dort. 2017. (ENG., Illus.). (J). pap. 9.57 *(978-0-259-50703-1(2))* Forgotten Bks.

Legends of Ceylon: In Fairy Tales; Eké Mat Eké Ratakė (Once in a Certain Country) (Classic Reprint) Aline Van Dort. 2018. (ENG., Illus.). 66p. (J). 25.26 *(978-0-365-45843-2(0))* Forgotten Bks.

Legends of Charlemagne. Thomas Bulfinch. 2017. (ENG., Illus.). (J). 26.95 *(978-1-374-92442-0(3))*; pap. 16.95 *(978-1-374-92441-3(5))* Capital Communications, Inc.

Legends of Christmas Treasury: Inspirational Stories of Faith & Giving, 1 vol. Dandi Daley Mackall & Lori Walburg. Illus. by Richard Cowdrey. 2017. (ENG.). 96p. (J). 19.99 *(978-0-310-75743-6(6))* Zonderkidz.

Legends of Darkness. Jacob Benner. 2019. (ENG.). 200p. (YA). pap. 16.95 *(978-1-68456-997-7(4))* Page Publishing Inc.

Legends of Fire: A Young Adult Fantasy. A. L Knorr. 2021. (Arcturus Academy Ser.: Vol. 4). (ENG.). 278p. (YA). pap. *(978-1-989338-43-8(7))* Intellectually Promiscuous Pr.

Legends of Funland. Melanie Florence. 2022. (Orca Currents Ser.). (ENG.). 128p. (J). (gr. 4-7). pap. 10.95 *(978-1-4598-3394-4(5))* Orca Bk. Pubs. USA.

Legends of Hip-Hop: 2Pac: A 1-2-3 Biography. Pen Ken. Illus. by Saxton Moore. 2023. (ENG.). 24p. (J). (gr. -1 — 1). bds. 9.99 ***(978-0-06-323428-4(9)***, HarperFestival) HarperCollins Pubs.

Legends of Hip-Hop: Queen Latifah: An a-B-C Biography. Pen Ken. Illus. by Saxton Moore. 2023. (ENG.). 24p. (J). (gr. -1 — 1). bds. 9.99 ***(978-0-06-323429-1(7)***, HarperFestival) HarperCollins Pubs.

Legends of King Arthur & His Knights. James Knowles. 2017. (ENG.). 332p. (J). pap. *(978-93-86686-43-5(0))* Alpha Editions.

Legends of King Arthur: Gawain & the Green Knight. Illus. by Phillip Gooden. 2021. (Legends of King Arthur: Merlin, Magic & Dragons (US Edition) Ser.: 5). (ENG.). 96p. (J). 6.95 *(978-1-78226-736-2(0)*, 47058923-4065-414a-a5eb-dfce491b3957) Sweet Cherry Publishing GBR. Dist: Baker & Taylor Publisher Services (BTPS).

Legends of King Arthur: Lancelot. Illus. by Mike Phillips. 2022. (Legends of King Arthur: Ser.: 7). (ENG.). 96p. (J). 6.95 *(978-1-78226-738-6(7)*, c2426232-38aa-4df4-b243-31f1ca8adccf) Sweet Cherry Publishing GBR. Dist: Baker & Taylor Publisher Services (BTPS).

Legends of King Arthur: No Ordinary Boy. Tracey Mayhew. 2020. (Legends of King Arthur: Merlin, Magic & Dragons (US Edition) Ser.: 1). (ENG., Illus.). 96p. (J). 6.95 *(978-1-78226-732-4(8)*, 5f96e3c7-b8a8-4b2e-9a18-99149e6f7c33) Sweet Cherry Publishing GBR. Dist: Baker & Taylor Publisher Services (BTPS).

Legends of King Arthur: the Dark Sorceress. Tracey Mayhew. 2020. (Legends of King Arthur: Merlin, Magic & Dragons (US Edition) Ser.: 2). (ENG., Illus.). 96p. (J). 6.95 *(978-1-78226-733-1(6)*, 7c5f0db8-0262-4ee5-b04d-394135ea5d17) Sweet Cherry Publishing GBR. Dist: Baker & Taylor Publisher Services (BTPS).

Legends of King Arthur: the Death of Merlin. Illus. by Philip Gooden. 2022. (Legends of King Arthur: Merlin, Magic & Dragons (US Edition) Ser.: 9). (ENG.). 96p. (J). 6.95 *(978-1-78226-740-9(9)*, 2705400e-0b72-46d7-9c0c-39b685569247) Sweet Cherry Publishing GBR. Dist: Baker & Taylor Publisher Services (BTPS).

Legends of King Arthur: the Fall of Camelot. Illus. by Philip Gooden. 2022. (Legends of King Arthur: Merlin, Magic & Dragons (US Edition) Ser.: 10). (ENG.). 96p. (J). 6.95 *(978-1-78226-741-6(7)*, 19d8a872-4f96-4050-bd83-d185ee472067) Sweet Cherry Publishing GBR. Dist: Baker & Taylor Publisher Services (BTPS).

Legends of King Arthur: the Quest for the Holy Grail. Illus. by Philip Gooden. 2022. (Legends of King Arthur: Merlin, Magic & Dragons (US Edition) Ser.: 8). (ENG.). 96p. (J). 6.95 *(978-1-78226-739-3(5)*, 99f671c6-872c-419e-a2aa-c96d57d1e873) Sweet Cherry Publishing GBR. Dist: Baker & Taylor Publisher Services (BTPS).

Legends of King Arthur: the Sword in the Stone. Tracey Mayhew. 2020. (Legends of King Arthur: Merlin, Magic & Dragons (US Edition) Ser.: 3). (ENG., Illus.). 96p. (J). 6.95 *(978-1-78226-734-8(4)*, 6fb75bef-004f-43de-a91a-fcb73c3c4c57) Sweet Cherry Publishing GBR. Dist: Baker & Taylor Publisher Services (BTPS).

Legends of King Arthur: Tristan & Isolde. Illus. by Philip Gooden. 2021. (Legends of King Arthur: Merlin, Magic & Dragons (US Edition) Ser.: 6). (ENG.). 96p. (J). 6.95 *(978-1-78226-737-9(9)*, 284ea618-64b0-470b-b4d8-dbcbff5a1793) Sweet Cherry Publishing GBR. Dist: Baker & Taylor Publisher Services (BTPS).

Legends of King Arthur: Twelve Rebel Kings. Illus. by Mike Phillips. 2021. (Legends of King Arthur: Merlin, Magic & Dragons (US Edition) Ser.: 11). (ENG.). 96p. (J). 6.95 *(978-1-78226-735-5(2)*, 7ed3e43b-aa8d-4f32-bf1a-e8641d801855) Sweet Cherry Publishing GBR. Dist: Baker & Taylor Publisher Services (BTPS).

Legends of Lampidosa, or the Seven Heroines (Classic Reprint) Unknown Author. 2018. (ENG., Illus.). 48p. (J). 24.89 *(978-0-483-78618-9(7))* Forgotten Bks.

Legends of Lancashire (Classic Reprint) Peter Landreth. (ENG., Illus.). (J). 2018. 392p. 31.98 *(978-0-484-53839-8(X))*; 2017. pap. 16.57 *(978-0-243-46853-9(9))* Forgotten Bks.

Legends of Long Ago (Sieben Legenden) (Classic Reprint) Gottfried Keller. 2017. (ENG., Illus.). (J). 25.96 *(978-0-266-86806-4(1))* Forgotten Bks.

Legends of Lost River Valley (Classic Reprint) William B. Cunningham. 2018. (ENG., Illus.). 198p. (J). 27.98 *(978-0-332-11717-1(0))* Forgotten Bks.

Legends of Louisiana: The Romance of the Royal Oak, and, the Brother of the Sultan (Classic Reprint) Helen Pitkin Schertz. (ENG., Illus.). (J). 2018. 82p. 25.61 *(978-0-483-37089-0(4))*; 2016. pap. 9.57 *(978-1-333-40871-8(4))* Forgotten Bks.

Legends of Moss Ridge. Simone E. Ows. 2021. (ENG.). 222p. (J). *(978-1-5255-8620-0(3))*; pap. *(978-1-5255-8619-4(X))* FriesenPress.

Legends of Number Nip (Classic Reprint) Mark Lemon. 2018. (ENG., Illus.). 168p. (J). 27.36 *(978-0-267-28108-4(0))* Forgotten Bks.

Legends of Primordial Sea Vol 1: English Comic Manga Graphic Novel. Reed Ru. 3rd ed. 2023. (Tales of Terra Ocean Ser.). (ENG.). 140p. (YA). pap. ***(978-1-926470-75-7(3))*** CS Publish.

Legends of Primordial Sea Vol 2: English Comic Manga Graphic Novel. Reed Ru. 3rd ed. 2023. (Tales of Terra Ocean Ser.). (ENG.). 160p. (J). pap. ***(978-1-926470-76-4(1))*** CS Publish.

Legends of Saints & Birds (Classic Reprint) Agnes Aubrey Hilton. 2018. (ENG., Illus.). 162p. (J). 27.24 *(978-0-483-69581-8(5))* Forgotten Bks.

Legends of Savage Life (Classic Reprint) James Greenwood. 2018. (ENG., Illus.). 196p. (J). 27.96 *(978-0-484-47922-6(9))* Forgotten Bks.

Legends of Sports: Tiger Woods, Michael Jordan & Muhammad Ali - Sports Book for Kids Children's Sports & Outdoors Books. Baby Professor. 2017. (ENG., Illus.). (J). pap. 9.55 *(978-1-5419-1466-7(X)*, Baby Professor (Education Kids)) Speedy Publishing LLC.

Legends of the Afterlife. Meghan Gottschall. 2019. (Death Uncovered Ser.). (ENG., Illus.). 48p. (J). (gr. 5-8). lib. bdg. 27.99 *(978-1-62920-809-1(4)*, 2d30544c-1f5e-4b83-9105-aad6aca6febb) Full Tilt Pr. NZL. Dist: Lerner Publishing Group.

Legends of the AlefBet: A Coloring Book. Miriam Hoffman. 2020. (ENG.). 76p. (J). pap. 9.00 *(978-0-9993365-6-4(8))* Yiddishkayt Pr.

Legends of the Braes o' Mar. John Grant. 2017. (ENG., Illus.). (J). pap. *(978-0-649-62932-9(9))* Trieste Publishing Pty Ltd.

Legends of the Braes o' Mar (Classic Reprint) John Grant. 2017. (ENG., Illus.). (J). 29.61 *(978-0-331-67782-9(2))*; pap. 11.97 *(978-0-282-32805-4(X))* Forgotten Bks.

Legends of the Clans. Erin Hunter. ed. 2017. (Warriors Ser.). (Illus.). 309p. (J). lib. bdg. 18.40 *(978-0-606-39642-4(X))* Turtleback.

Legends of the Delaware Indians & Picture Writing (Classic Reprint) Richard Calmit Adams. (ENG., Illus.). (J). 2017. 25.73 *(978-0-266-50831-1(6))*; 2016. pap. 9.57 *(978-1-334-13778-5(1))* Forgotten Bks.

Legends of the Jacobite Wars, Vol. 1 Of 3: Katharine Fairfax; Isma o'Neil (Classic Reprint) Thomasine Maunsell. 2018. (ENG., Illus.). 286p. (J). 29.80 *(978-0-484-24135-9(4))* Forgotten Bks.

Legends of the Jacobite Wars, Vol. 2 Of 3: Katharine Fairfax Isma o'Neil (Classic Reprint) Thomasine Maunsell. 2018. (ENG., Illus.). 290p. (J). 29.88 *(978-0-332-33421-9(X))* Forgotten Bks.

Legends of the Jacobite Wars, Vol. 3 Of 3: Katharine Fairfax; Isma o'Neil (Classic Reprint) Thomasine Maunsell. 2018. (ENG., Illus.). 262p. (J). 29.30 *(978-0-483-90786-7(3))* Forgotten Bks.

Legends of the Lakes: Or Sayings & Doings at Killarney (Classic Reprint) Thomas Crofton Croker R. Adolphus Lynch. (ENG., Illus.). (J). 2018. 272p. 29.51 *(978-0-332-08977-5(0))*; 2017. pap. 11.97 *(978-0-282-24202-2(3))* Forgotten Bks.

Legends of the Library at Lilies, Vol. 1 of 2 (Classic Reprint) George Nugent. 2017. (ENG., Illus.). (J). 31.65 *(978-0-265-17305-3(1))* Forgotten Bks.

Legends of the Library at Lilies, Vol. 2 of 2 (Classic Reprint) Unknown Author. 2017. (ENG., Illus.). (J). 31.28 *(978-1-5285-8087-8(7))* Forgotten Bks.

Legends of the Lost Causes. Brad McLelland & Louis Sylvester. 2019. (Legends of the Lost Causes Ser.: 1). (ENG.). 352p. (J). pap. 14.99 *(978-1-250-29427-2(4)*, 900174391) Square Fish.

Legends of the Martial Arts Masters: Tales of Bravery & Adventure Featuring Bruce Lee, Jackie Chan & Other Great Martial Artists. Susan Lynn Peterson. 2019. (Illus.). 160p. (J). (gr. 4-8). pap. 9.99 *(978-0-8048-5205-0(7))* Tuttle Publishing.

Legends of the Rhine: And of the Low Countries (Classic Reprint) Thomas Colley Grattan. 2017. (ENG., Illus.). (J). 33.07 *(978-0-260-35771-7(5))* Forgotten Bks.

L

Legends of the Rhine: From Basle to Rotterdam (Classic Reprint) F. J. Kiefer. 2017. (ENG., Illus.). (J). 30.64 *(978-0-266-86984-9(X))* Forgotten Bks.

Legends of the Rhine & of the Low Countries, Vol. 1 of 3 (Classic Reprint) Thomas Colley Grattan. 2017. (ENG., Illus.). (J). 30.43 *(978-0-265-68175-6(8))*; pap. 13.57 *(978-1-5276-5626-0(8))* Forgotten Bks.

Legends of the Rhine & of the Low Countries, Vol. 2 of 3 (Classic Reprint) Thomas Colley Grattan. (ENG., Illus.). (J). 2018. 304p. 30.27 *(978-0-484-48925-6(9))*; 2016. pap. 13.57 *(978-1-334-14344-1(7))* Forgotten Bks.

Legends of the Rhine & of the Low Countries, Vol. 3 of 3 (Classic Reprint) Thomas Colley Grattan. 2018. (ENG., Illus.). (J). 354p. 31.22 *(978-1-396-64877-9(1))*; 356p. pap. 13.57 *(978-1-391-01183-7(X))* Forgotten Bks.

Legends of the Rhine (Classic Reprint) A. Hermann Bernard. (ENG., Illus.). (J). 2018. 348p. 31.07 *(978-0-483-58938-4(1))*; 2017. pap. 13.57 *(978-0-243-23957-3(2))* Forgotten Bks.

Legends of the Rhine (Classic Reprint) Helene A. Guerber. 2017. (ENG., Illus.). 450p. (J). 33.18 *(978-0-266-84142-5(2))* Forgotten Bks.

Legends of the Rhine (Classic Reprint) Wilhelm Ruland. 2017. (ENG., Illus.). (J). 32.83 *(978-0-260-00260-0(7))* Forgotten Bks.

Legends of the Rhineland: A Journey Through the Land of the Monks, Knights & Rogues (Classic Reprint) August Antz. 2017. (ENG., Illus.). (J). 26.06 *(978-0-331-96697-8(2))* Forgotten Bks.

Legends of the Unicorn Goat: The Adventure of Charlie the Unicorn Goat; Book 1. Judith Garbers. 2019. (Legends of the Unicorn Goat Ser.: Vol. 1). (ENG., Illus.). 32p. (J). 23.95 *(978-1-64471-762-2(X))*; pap. 13.95 *(978-1-64471-761-5(1))* Covenant Bks.

Legends of the West (Classic Reprint) James Hall. 2018. (ENG., Illus.). 278p. (J). 29.65 *(978-0-267-43287-5(9))* Forgotten Bks.

Legends of Volcano Island. William M. Bellinger. 2021. (ENG., Illus.). 166p. (J). pap. 22.95 *(978-1-6624-3621-5(1))* Page Publishing Inc.

Legends of Woburn: Now First Written & Preserved in Collected Form to Which Is Added a Chrono-Indexical History of Woburn (Classic Reprint) Parker Lindall Converse. 2018. (ENG., Illus.). 242p. (J). 28.91 *(978-0-267-66906-6(2))* Forgotten Bks.

Legends of Women's Basketball. Emma Huddleston. 2021. (Legends of Women's Sports Ser.). (ENG., Illus.). 32p. (J). (gr. 3-4). pap. 9.95 *(978-1-63494-299-7(X))*; lib. bdg. 31.35 *(978-1-63494-281-2(7))* Pr. Room Editions LLC.

Legends of Women's Figure Skating. Martha London. 2021. (Legends of Women's Sports Ser.). (ENG., Illus.). 32p. (J). (gr. 3-4). pap. 9.95 *(978-1-63494-300-0(7))*; lib. bdg. 31.35 *(978-1-63494-282-9(5))* Pr. Room Editions LLC.

Legends of Women's Gymnastics. Emma Huddleston. 2021. (Legends of Women's Sports Ser.). (ENG., Illus.). 32p. (J). (gr. 3-4). pap. 9.95 *(978-1-63494-301-7(5))*; lib. bdg. 31.35 *(978-1-63494-283-6(3))* Pr. Room Editions LLC.

Legends of Women's Soccer. Martha London. 2021. (Legends of Women's Sports Ser.). (ENG., Illus.). 32p. (J). (gr. 3-4). pap. 9.95 *(978-1-63494-302-4(3))*; lib. bdg. 31.35 *(978-1-63494-284-3(1))* Pr. Room Editions LLC.

Legends of Women's Sports (Set Of 8) 2021. (Legends of Women's Sports Ser.). (ENG.). (J). (gr. 3-4). pap. 79.60 *(978-1-63494-297-3(3))*; lib. bdg. 250.80 *(978-1-63494-279-9(5))* Pr. Room Editions LLC.

Legends of Women's Swimming. Emma Huddleston. 2021. (Legends of Women's Sports Ser.). (ENG., Illus.). 32p. (J). (gr. 3-4). pap. 9.95 *(978-1-63494-303-1(1))*; lib. bdg. 31.35 *(978-1-63494-285-0(X))* Pr. Room Editions LLC.

Legends of Women's Tennis. Martha London. 2021. (Legends of Women's Sports Ser.). (ENG., Illus.). 32p. (J). (gr. 3-4). pap. 9.95 *(978-1-63494-304-8(X))*; lib. bdg. 31.35 *(978-1-63494-286-7(8))* Pr. Room Editions LLC.

Legends of Women's Track & Field. Emma Huddleston. 2021. (Legends of Women's Sports Ser.). (ENG.). (J). (gr. 3-4). pap. 9.95 *(978-1-63494-305-5(8))*; lib. bdg. 31.35 *(978-1-63494-287-4(6))* Pr. Room Editions LLC.

Legends Reborn #1: Darkness Rising in the North. Travis Thomas. 2021. (ENG.). 134p. (YA). pap. *(978-1-387-76748-9(8))* Lulu Pr., Inc.

Legends, Tales, & Songs, in the Dialect of the Peasantry of Gloucestershire: With Several Ballads, & a Glossary of Words in General Use (Classic Reprint) Unknown Author. 2018. (ENG., Illus.). 114p. (J). 26.25 *(978-0-483-87685-9(2))* Forgotten Bks.

Legends, Tales & Stories of Ireland: Illustrated with Ten Characteristic Engravings (Classic Reprint) Philip Dixon Hardy. (ENG., Illus.). (J). 2018. 356p. 31.24 *(978-0-483-37829-2(1))*; 2016. pap. 13.57 *(978-1-334-13140-0(6))* Forgotten Bks.

Legends That Every Child Should Know. Ed Hamilton Wright Mabie. 2017. (ENG.). 276p. (J). pap. *(978-93-86367-41-9(6))* Alpha Editions.

Legends That Every Child Should Know: A Selection of the Great Legends of All Times For. Hamilton Wright Mabie. 2017. (ENG., Illus.). (J). 24.95 *(978-1-374-90054-7(0))* Capital Communications, Inc.

Legends: the Best Players, Games, & Teams in Baseball: World Series Heroics! Greatest Home Run Hitters! Classic Rivalries! & Much, Much More! Howard Bryant. 2016. (Illus.). 256p. (J). (gr. 3-7). 9.99 *(978-0-14-751262-8(X))*, Puffin Books) Penguin Young Readers Group.

Legends: the Best Players, Games, & Teams in Basketball. Howard Bryant. 2017. 368p. (J). (gr. 3-7). 8.99 *(978-0-14-751257-4(3))*, Puffin Books) Penguin Young Readers Group.

Legends: the Best Players, Games, & Teams in Football. Howard Bryant. 2016. (Illus.). 320p. (J). (gr. 3-7). 9.99 *(978-0-14-751256-7(5))*, Puffin Books) Penguin Young Readers Group.

Leggings Revolt. Monique Polak. 2016. (Orca Currents Ser.). lib. bdg. 20.80 *(978-0-606-38696-8(3))* Turtleback.

Leggy Peggy: The Toucan Who Can't, until She Cancan. Laura Albulario. Illus. by Abi Fraser. 2023. 44p. (J). (gr. 1-3). 17.95 *(978-1-76036-174-7(7)*, cc89f03c-2b47-4b59-886a-dfb08ffc0333) Starfish Bay Publishing Pty Ltd. AUS. Dist: Baker & Taylor Publisher Services (BTPS).

Legion: An Army of One. J. R. Schell. 2018. (ENG., Illus.). 136p. (YA). (gr. 7-12). pap. 13.95 *(978-1-64438-022-2(6))* Booklocker.com, Inc.

Legion: Rise of the Black Hand. J. R. Schell. 2019. (ENG., Illus.). 320p. (YA). (gr. 7-12). pap. 17.95 *(978-1-64438-640-8(2))* Booklocker.com, Inc.

Legion of Lava. Jordan Quinn. Illus. by Glass House Glass House Graphics. 2023. (Dragon Kingdom of Wrenly Ser.: 9). (ENG.). 144p. (J). (gr. k-4). 19.99 *(978-1-6659-0462-9(3))*; pap. 9.99 *(978-1-6659-0461-2(5))* Little Simon. (Little Simon).

Legionaries: A Story of the Great Raid (Classic Reprint) Henry Scott. 2017. (ENG., Illus.). (J). 32.29 *(978-1-5279-5069-6(7))* Forgotten Bks.

Legions of Rome: ¡Viaja Por el Tiempo Con el Reloj Descifrador y Descubre la Antigua Roma! Libros en Inglés Para Niños y Niñas a Partir de 10 Años. Jordi Ortiz Casas. 2023. (Time Explorers Ser.: 1). 196p. (J). (gr. 4-7). pap. 15.95 ***(978-84-18664-18-2(5))*** Editorial el Pirata ESP. Dist: Independent Pubs. Group.

Legislative Branch: Making Laws, 1 vol. Ed. by Brian Duignan & Carolyn DeCarlo. 2018. (Checks & Balances in the U. S. Government Ser.). (ENG.). 128p. (gr. 10-10). lib. bdg. 39.00 *(978-1-5383-0170-8(9)*, af8a6128-331c-4572-85cd-e258771c0692, Britannica Educational Publishing) Rosen Publishing Group, Inc., The.

Legitimate News Sources. A. W. Buckey. 2021. (Media Literacy Ser.). (ENG.). 80p. (YA). (gr. 6-12). 43.93 *(978-1-6782-0202-6(9))*, BrightPoint Pr.) ReferencePoint Pr., Inc.

Lego. Rachel Hamby. 2023. (Top Brands Ser.). (ENG., Illus.). 32p. (J). lib. bdg. 31.35 ***(978-1-63738-566-1(8)**,* Apex) North Star Editions.

Lego. Contrib. by Rachel Hamby. 2023. (Top Brands Ser.). (ENG., Illus.). 32p. (J). pap. 9.95 ***(978-1-63738-620-0(6)**,* Apex) North Star Editions.

Lego. Grace Hansen. 2022. (Toy Mania! Ser.). (ENG., Illus.). 24p. (J). (gr. -1-2). lib. bdg. 32.79 *(978-1-0982-6428-4(2)*, 40955, Abdo Kids) ABDO Publishing Co.

Lego. Martha London. 2019. (Our Favorite Brands Ser.). (ENG., Illus.). 32p. (J). (gr. 3-3). pap. 9.95 *(978-1-64494-180-5(5)*, 1644941805) Bigfoot Bks. GBR. Dist: North Star Editions.

Lego. Alexander Lowe. (Great Game! Ser.). (ENG., Illus.). 48p. (J). (gr. 3-5). 2021. pap. 14.60 *(978-1-68404-600-3(9))*; 2020. 29.27 *(978-1-68450-852-5(5))* Norwood Hse. Pr.

LEGO Amazing but True: Fun Facts about the LEGO World - & Our Own! Elizabeth Dowsett et al. 2022. (ENG., Illus.). 160p. (J). (gr. 2-6). 19.99 *(978-0-7440-5034-9(0)*, DK Children) Dorling Kindersley Publishing, Inc.

LEGO Amazing Earth: Fantastic Building Ideas & Facts about Our Planet. Contrib. by Jennifer Swanson. 2023. (ENG.). 144p. (J). (gr. 2-6). 19.99 ***(978-0-7440-8176-3(9)**,* DK Children) Dorling Kindersley Publishing, Inc.

LEGO Amazing Vehicles. Rona Skene. 2019. (ENG.). 80p. (J). (gr. k-2). 19.99 *(978-1-4654-8261-7(X)*, DK Children) Dorling Kindersley Publishing, Inc.

LEGO Animal Atlas: Discover the Animals of the World. Rona Skene. 2018. (ENG.). 80p. (J). (gr. k-2). 19.99 *(978-1-4654-7013-3(1)*, DK Children) Dorling Kindersley Publishing, Inc.

LEGO Batman: Adventures in Gotham City. AMEET Publishing. 2021. (Activity Book with Minifigure Ser.). (ENG.). 32p. (J). (gr. 1-3). pap. 8.99 *(978-0-7944-4752-6(X)*, Studio Fun International) Printers Row Publishing Group.

LEGO Batman: Batman & Friends. AMEET Publishing. 2021. (Coloring & Activity with Crayons Ser.). (ENG.). 48p. (J). (gr. -1-k). pap. 5.99 *(978-0-7944-4714-4(7)*, Studio Fun International) Printers Row Publishing Group.

LEGO Batman vs. the Joker: LEGO DC Super Heroes & Super-Villains Go Head to Head W/two LEGO Minifigures! Julia March. 2020. (ENG.). 128p. (J). (gr. 1-2). 16.99 *(978-1-4654-9239-5(9)*, DK Children) Dorling Kindersley Publishing, Inc.

LEGO Batman Movie. Dorling Kindersley Publishing Staff. ed. 2016. (LEGO DC Universe DK Readers Ser.). lib. bdg. 13.55 *(978-0-606-39895-4(3))* Turtleback.

LEGO Bionicle. Ryder Windham. 2016. (ENG., Illus.). 80p. (YA). pap. *(978-1-5102-0054-8(1))* Little Brown & Co.

LEGO Book, New Edition: With Exclusive LEGO Brick. Daniel Lipkowitz. 2018. (ENG., Illus.). 280p. 25.00 *(978-1-4654-6714-0(9)*, DK) Dorling Kindersley Publishing, Inc.

LEGO Book, New Edition (Library Edition) Daniel Lipkowitz. 2018. (ENG., Illus.). 280p. lib. bdg. 25.00 *(978-1-4654-7820-7(5)*, DK) Dorling Kindersley Publishing, Inc.

LEGO Book of Bedtime Builds: With Bricks to Build 8 Mini Models. Tori Kosara. 2019. (ENG.). 48p. (J). (gr. 1-2). 19.99 *(978-1-4654-8576-2(7)*, DK Children) Dorling Kindersley Publishing, Inc.

Lego Books - Build Christmas Fun! AMEET Publishing. 2021. (Activity Book with Minifigure Ser.). (ENG.). 48p. (J). (gr. -1-k). pap. 9.99 *(978-0-7944-4816-5(X)*, Studio Fun International) Printers Row Publishing Group.

Lego Books - Build Easter Fun. AMEET Publishing. 2021. (Activity Book with Minifigure Ser.). (ENG.). 48p. (J). (gr. k-3). pap. 9.99 *(978-0-7944-4715-1(5)*, Studio Fun International) Printers Row Publishing Group.

LEGO Books Advent Calendar: A Festive Countdown with 24 LEGO Activity Books. AMEET Publishing. 2021. (Advent Calendar Ser.). (ENG.). 16p. (J). (gr. 1-3). 24.99 *(978-0-7944-4871-4(2)*, Studio Fun International) Printers Row Publishing Group.

Lego(r) Books Build & Stick - Robots. Told to AMEET Sp. z o.o. 2023. (ENG.). 48p. (J). 16.99 *(978-1-7282-7275-7(0))* Sourcebooks, Inc.

LEGO Books: Build Halloween Fun. AMEET Publishing. 2021. (Activity Book with Minifigure Ser.). (ENG.). 48p. (J). (gr. k-3). pap. 9.99 *(978-0-7944-4716-8(3)*, Studio Fun International) Printers Row Publishing Group.

LEGO Books: Build Valentine's Day Fun! AMEET Publishing. 2022. (Activity Book with Minifigure Ser.). (ENG.). 48p. (J). (gr. k-3). pap. 9.99 *(978-0-7944-4920-9(4)*, Studio Fun International) Printers Row Publishing Group.

LEGO Books: Time to Color! AMEET Publishing. 2020. (Coloring Book Ser.). (ENG.). 48p. (J). (gr. k-3). pap. 4.99 *(978-0-7944-4741-0(4)*, Studio Fun International) Printers Row Publishing Group.

Lego City: Cops, Crocks, & Crooks! Trey King. 2019. (Lego 8x8 Ser.). (SPA.). 24p. (J). (gr. k-1). 13.89 *(978-0-87617-733-4(X))* Penworthy Co., LLC, The.

LEGO City 5-Minute Stories (LEGO City) Random House. Illus. by Random House. 2023. (ENG., Illus.). 160p. (J). (gr. -1-2). 14.99 *(978-0-593-43155-9(3)*, Random Hse. Bks. for Young Readers) Random Hse. Children's Bks.

LEGO CITY: Busy Word Book. DK. 2018. (ENG., Illus.). 64p. (J). (gr. -1-k). 15.99 *(978-1-4654-6627-3(4)*, DK Children) Dorling Kindersley Publishing, Inc.

LEGO City: Color the City. AMEET Publishing. 2022. (Coloring & Activity with Crayons Ser.). (ENG.). 48p. (J). (gr. -1-k). pap. 5.99 *(978-0-7944-4755-7(4)*, Studio Fun International) Printers Row Publishing Group.

LEGO City: Go Extreme! AMEET Publishing. 2022. (Activity Book with Minifigure Ser.). (ENG.). 32p. (J). (gr. k-3). pap. 8.99 *(978-0-7944-4916-2(6)*, Studio Fun International) Printers Row Publishing Group.

LEGO City: Stop the Fire! AMEET Publishing. 2021. (Activity Book with Minifigure Ser.). (ENG.). 32p. (J). (gr. k-3). pap. 8.99 *(978-0-7944-4753-3(8)*, Studio Fun International) Printers Row Publishing Group.

LEGO Cute Ideas: With Exclusive Owlicorn Mini Model. Rosie Peet. 2020. (Lego Ideas Ser.). (ENG.). 80p. (J). (gr. 2-4). 16.99 *(978-1-4654-9235-7(6)*, DK Children) Dorling Kindersley Publishing, Inc.

LEGO DC Batman's 5-Minute Stories Collection (LEGO DC Batman) Random House. Illus. by Random House. 2023. (ENG., Illus.). 160p. (J). (gr. -1-2). 14.99 *(978-0-593-38136-6(X)*, Random Hse. Bks. for Young Readers) Random Hse. Children's Bks.

LEGO DC Character Encyclopedia New Edition. Elizabeth Dowsett. 2022. (ENG., Illus.). 200p. (J). (gr. 2-6). 21.99 *(978-0-7440-6104-8(0)*, DK Children) Dorling Kindersley Publishing, Inc.

LEGO DC Character Encyclopedia New Edition: With Exclusive LEGO Minifigure. Elizabeth Dowsett. 2022. (ENG., Illus.). 200p. (J). (gr. 2-6). 21.99 *(978-0-7440-5458-3(3)*, DK Children) Dorling Kindersley Publishing, Inc.

LEGO DC Comics Super Heroes: Battle for Justice. AMEET Publishing. 2022. (1001 Stickers Ser.). (ENG.). 88p. (J). (gr. k-3). pap. 12.99 *(978-0-7944-4856-1(9)*, Studio Fun International) Printers Row Publishing Group.

LEGO DC Comics Super Heroes Build Your Own Adventure. DK & Daniel Lipkowitz. 2017. (LEGO Build Your Own Adventure Ser.). (ENG., Illus.). 80p. (J). (gr. 1-4). 24.99 *(978-1-4654-6089-9(6)*, DK Children) Dorling Kindersley Publishing, Inc.

LEGO DC Comics Super Heroes Character Encyclopedia: New Exclusive Pirate Batman Minifigure. DK. 2016. (ENG., Illus.). 208p. (J). (gr. 1-3). 18.99 *(978-1-4654-4454-7(8)*, DK Children) Dorling Kindersley Publishing, Inc.

LEGO DC Super Heroes: Gotham City's New Defender. AMEET Publishing. 2022. (Activity Book with Minifigure Ser.). (ENG.). 32p. (J). (gr. 1-3). pap. 8.99 *(978-0-7944-4924-7(7)*, Studio Fun International) Printers Row Publishing Group.

LEGO DC Super Heroes: Ready for Action. AMEET Publishing. 2022. (Coloring & Activity with Crayons Ser.). (ENG.). 48p. (J). (gr. -1-k). pap. 5.99 *(978-0-7944-4817-2(8)*, Studio Fun International) Printers Row Publishing Group.

LEGO Disney Princess: Build Your Own Adventure. Tim Johnson et al. 2018. (LEGO Build Your Own Adventure Ser.). (ENG.). 80p. (J). (gr. 1-3). 24.99 *(978-1-4654-7368-4(8)*, DK Children) Dorling Kindersley Publishing, Inc.

LEGO Disney Princess Enchanted Treasury (Library Edition) Julia March. 2020. (ENG., Illus.). 128p. (J). (gr. k-4). 16.99 *(978-0-7440-2372-5(6)*, DK Children) Dorling Kindersley Publishing, Inc.

LEGO Disney Princess Meet Moana. DK. 2021. (Illus.). 64p. (J). ***(978-0-241-46932-3(5))*** Dorling Kindersley Publishing, Inc.

LEGO DOTS: Secret Coding Fun! AMEET Publishing. 2021. (ENG.). 64p. (J). (gr. 1-3). 12.99 *(978-0-7944-4839-4(9)*, Studio Fun International) Printers Row Publishing Group.

LEGO: el Libro de Las Ideas (nueva Edicion) (the LEGO Ideas Book, New Edition) Con Modelos Nuevos ¡Construye lo Que Quieras! DK. 2023. (Lego Ideas Ser.). (ENG.). 200p. (J). (gr. k-4). 24.99 *(978-0-7440-6463-6(5)*, DK Children) Dorling Kindersley Publishing, Inc.

LEGO Epic History: Includes Four Exclusive LEGO Mini Models. Rona Skene. 2020. (ENG.). 80p. (J). (gr. k-2). 19.99 *(978-1-4654-9005-6(1)*, DK Children) Dorling Kindersley Publishing, Inc.

LEGO Epic History: (Library Edition) Rona Skene. 2020. (ENG., Illus.). 80p. (J). (gr. k-2). 19.99 *(978-1-4654-9611-9(4)*, DK Children) Dorling Kindersley Publishing, Inc.

LEGO Friends: Make New Friends. AMEET Publishing. 2023. (Activity Book with Minifigure Ser.). (ENG.). 48p. (J). (gr. k-3). pap. 9.99 ***(978-0-7944-5028-1(8))*** Studio Fun International.

LEGO: Fun in LEGO City! Editors of Studio Fun International. 2020. (Coloring Book Ser.). (ENG.). 48p. (J). (gr. k-3). pap. 4.99 *(978-0-7944-4520-1(9)*, Studio Fun International) Printers Row Publishing Group.

LEGO Games Book: 50 Fun Brainteasers, Games, Challenges, & Puzzles! Tori Kosara. 2020. (ENG.). 80p. (J). (gr. 2-6). 19.99 *(978-1-4654-9786-4(2)*, DK Children) Dorling Kindersley Publishing, Inc.

LEGO Games Book: 50 Fun Brainteasers, Games, Challenges, & Puzzles! (Library Edition) Tori Kosara. 2020. (ENG., Illus.). 80p. (J). (gr. 2-6). 19.99 *(978-0-7440-2428-9(5)*, DK Children) Dorling Kindersley Publishing, Inc.

LEGO Halloween Ideas: With Exclusive Spooky Scene Model. Selina Wood et al. 2020. (Lego Ideas Ser.). (ENG.). 80p. (J). (gr. 2-5). 16.99 *(978-1-4654-9326-2(3)*, DK Children) Dorling Kindersley Publishing, Inc.

LEGO Harry Potter: a Magical Search & Find Adventure (Activity Book with Snape Minifigure) AMEET Studio. Illus. by AMEET Studio. 2019. (Lego Ser.). (ENG., Illus.). 32p. (J). (gr. k-2). 9.99 *(978-1-338-58189-8(9))* Scholastic, Inc.

LEGO Harry Potter a Spellbinding Guide to Hogwarts Houses. Julia March. 2022. (LEGO Harry Potter Ser.). (ENG., Illus.). 80p. (J). (gr. 2-4). 19.99 *(978-0-7440-5690-7(X)*, DK Children) Dorling Kindersley Publishing, Inc.

LEGO Harry Potter Build Your Own Adventure: With LEGO Harry Potter Minifigure & Exclusive Model. Elizabeth Dowsett & DK. 2019. (LEGO Build Your Own Adventure Ser.). (ENG.). 80p. (J). (gr. 1-4). 24.99 *(978-1-4654-8361-4(6)*, DK Children) Dorling Kindersley Publishing, Inc.

LEGO Harry Potter Character Encyclopedia (Library Edition) New Edition. Elizabeth Dowsett. 2023. (LEGO Harry Potter Ser.). (ENG.). 200p. (J). (gr. 2-6). 21.99 ***(978-0-7440-8175-6(0)**,* DK Children) Dorling Kindersley Publishing, Inc.

LEGO Harry Potter: Color the Wizarding World. AMEET Publishing. 2021. (Coloring & Activity with Crayons Ser.). (ENG.). 48p. (J). (gr. k-3). pap. 5.99 *(978-0-7944-4832-5(1)*, Studio Fun International) Printers Row Publishing Group.

LEGO Harry Potter: Dumbledore's Army. AMEET Publishing. 2023. (Activity Book with Two LEGO Minifigures Ser.). (ENG.). 64p. (J). (gr. 1-3). 12.99 ***(978-0-7944-4926-1(3)**,* Studio Fun International) Printers Row Publishing Group.

LEGO Harry Potter Hogwarts Handbook with Hermione Minifigure. Jenna Ballard. 2019. (Harry Potter Ser.). (ENG.). 96p. (J). (gr. 2-5). 12.99 *(978-1-338-33940-6(0))* Scholastic, Inc.

LEGO Harry Potter Holidays at Hogwarts: (Library Edition) DK. 2021. (ENG.). 80p. (J). (gr. 2-4). 16.99 *(978-0-7440-4012-8(4)*, DK Children) Dorling Kindersley Publishing, Inc.

LEGO Harry Potter Holidays at Hogwarts: With LEGO Harry Potter Minifigure in Yule Ball Robes. DK. 2021. (LEGO Harry Potter Ser.). (ENG.). 80p. (J). (gr. 2-4). 16.99 *(978-0-7440-2863-8(9)*, DK Children) Dorling Kindersley Publishing, Inc.

LEGO Harry Potter Ideas Book: More Than 200 Ideas for Builds, Activities & Games. Julia March et al. 2023. (LEGO Harry Potter Ser.). (ENG.). 200p. (J). (gr. 2-4). 24.99 ***(978-0-7440-8456-6(3)**,* DK Children) Dorling Kindersley Publishing, Inc.

LEGO Harry Potter: Let the Triwizard Tournament Begin! AMEET Publishing. 2021. (Sticker Bks.). (ENG.). 48p. (J). (gr. 1-3). pap. 6.99 *(978-0-7944-4811-0(9)*, Studio Fun International) Printers Row Publishing Group.

LEGO Harry Potter: Let's Play Quidditch! AMEET Publishing. 2021. (Activity Book with Minifigure Ser.). (ENG.). 32p. (J). (gr. 1-3). pap. 8.99 *(978-0-7944-4808-0(9)*, Studio Fun International) Printers Row Publishing Group.

LEGO Harry Potter: Magic in Action! AMEET Publishing. 2021. (ENG.). 128p. (J). (gr. k-3). pap. 8.99 *(978-0-7944-4833-2(X)*, Studio Fun International) Printers Row Publishing Group.

LEGO Harry Potter: Magical Adventures at Hogwarts. AMEET Publishing. 2021. (Activity Book with Minifigure Ser.). (ENG.). 32p. (J). (gr. 1-3). pap. 8.99 *(978-0-7944-4807-3(0)*, Studio Fun International) Printers Row Publishing Group.

LEGO Harry Potter: Mischief Managed! 1001 Stickers. AMEET Publishing. 2021. (1001 Stickers Ser.). (ENG.). 88p. (J). (gr. k-3). pap. 12.99 *(978-0-7944-4810-3(0)*, Studio Fun International) Printers Row Publishing Group.

LEGO Harry Potter: School of Magic: Activity Book with Minifigure. AMEET Publishing. 2022. (Activity Book with Minifigure Ser.). (ENG.). 96p. (J). (gr. k-3). pap. 10.99 *(978-0-7944-4925-4(5)*, Studio Fun International) Printers Row Publishing Group.

LEGO Harry Potter the Magical Guide to the Wizarding World. DK. 2019. (LEGO Harry Potter Ser.). (ENG., Illus.). 128p. (J). (gr. 1-4). 16.99 *(978-1-4654-8766-7(2)*, DK Children) Dorling Kindersley Publishing, Inc.

LEGO Harry Potter: Wizarding Duels: Potter vs Malfoy. AMEET Publishing. 2021. (Boxed Sets Ser.). (ENG.). 40p. (J). (gr. 1-3). 14.99 *(978-0-7944-4840-0(2)*, Studio Fun International) Printers Row Publishing Group.

LEGO(r) Harry Potter(tm) Magical Treasury: A Visual Guide to the Wizarding World. Elizabeth Dowsett. 2020. (LEGO Harry Potter Ser.). (ENG.). 96p. (J). (gr. 2). 21.99 *(978-1-4654-9237-1(2)*, DK Children) Dorling Kindersley Publishing, Inc.

LEGO(r) Harry Potter(tm) Magical Treasury: A Visual Guide to the Wizarding World (Library Edition) Elizabeth Dowsett. 2020. (ENG., Illus.). 96p. (J). (gr. 2). 21.99 *(978-1-4654-9612-6(2)*, DK Children) Dorling Kindersley Publishing, Inc.

LEGO Holiday Ideas: More Than 50 Festive Builds (Library Edition) DK. 2019. (ENG., Illus.). 80p. (J). (gr. 1-4). lib. bdg. 16.99 *(978-1-4654-8768-1(9)*, DK Children) Dorling Kindersley Publishing, Inc.

LEGO Holiday Ideas: With Exclusive Reindeer Mini Model. DK. 2019. (Lego Ideas Ser.). (ENG.). 80p. (J). (gr. 1-4). 16.99 *(978-1-4654-8577-9(5)*, DK Children) Dorling Kindersley Publishing, Inc.

Lego(r) Holyday Games Book. Contrib. by Tori Kosara. 2023. (ENG.). 80p. (J). (gr. 2-6). 19.99 ***(978-0-7440-8466-5(0)**,* DK Children) Dorling Kindersley Publishing, Inc.

LEGO Ideas Book New Edition: You Can Build Anything! Simon Hugo et al. 2022. (Lego Ideas Ser.). (ENG., Illus.). 200p. (J). (gr. 2-6). 24.99 *(978-0-7440-6093-5(1)*, DK Children) Dorling Kindersley Publishing, Inc.

LEGO Ideas on the Go (Library Edition) Without Minifigure. Hannah Dolan & Jessica Farrell. 2023. (Lego Ideas Ser.). (ENG.). 80p. (J). (gr. 2-4). 16.99 *(978-0-7440-8252-4(8)*, DK Children) Dorling Kindersley Publishing, Inc.

Lego Jurassic World - Sticker Activity Book. AMEET Studio. Illus. by AMEET Studio. 2020. (LEGO Jurassic

1142

The check digit for ISBN-10 appears in parentheses after the full ISBN-13

World Ser.). (ENG., Illus.). 96p. (J). (gr. 1-3). 12.99 *(978-1-338-58194-2(5))* Scholastic, Inc.

LEGO Jurassic World: Adventures of a Dino Expert! AMEET Publishing. 2022. (Activity Book with Minifigure Ser.). (ENG.). 32p. (J). (gr. k-3). pap. 8.99 *(978-0-7944-4962-9(X),* Studio Fun International) Printers Row Publishing Group.

LEGO Jurassic World Build Your Own Adventure: With Minifigure & Exclusive Model. Julia March & Selina Wood. 2020. (LEGO Build Your Own Adventure Ser.). (ENG.). 80p. (J). (gr. 2-4). 24.99 *(978-1-4654-9327-9(1),* DK Children) Dorling Kindersley Publishing, Inc.

LEGO Jurassic World Construye Tu Propia Aventura (Build Your Own Adventure) Julia March. 2022. (LEGO Build Your Own Adventure Ser.). (SPA.). 80p. (J). (gr. 2-4). 24.99 *(978-0-7440-5966-3(6),* DK Children) Dorling Kindersley Publishing, Inc.

LEGO Jurassic World: Dino Escape! Over 1001 Stickers. AMEET Publishing. 2022. (1001 Stickers Ser.). (ENG.). 88p. (J). (gr. k-3). pap. 12.99 *(978-0-7944-4857-8(7),* Studio Fun International) Printers Row Publishing Group.

LEGO Jurassic World: Dino Lab Secrets. AMEET Publishing. 2021. (Activity Book with Minifigure Ser.). (ENG.). 32p. (J). (gr. 1-3). pap. 8.99 *(978-0-7944-4815-8(1),* Studio Fun International) Printers Row Publishing Group.

LEGO Jurassic World: Dinosaurs on the Run! Editors of Studio Fun International. 2020. (Coloring Book Ser.). (ENG.). 48p. (J). (gr. k-3). pap. 4.99 *(978-0-7944-4521-8(7),* Studio Fun International) Printers Row Publishing Group.

LEGO Jurassic World: Let's Paint Dinosaurs. AMEET Publishing. 2021. (Coloring & Activity with Paint Ser.). (ENG.). 128p. (J). (gr. -1-k). pap. 8.99 *(978-0-7944-4717-5(1),* Studio Fun International) Printers Row Publishing Group.

LEGO(r) Jurassic World(tm) Owen vs. Delacourt. Told to AMEET Sp. z o.o. 2022. (ENG.). 40p. (J). 17.99 *(978-1-7282-5895-9(2))* Sourcebooks, Inc.

LEGO Jurassic World the Dino Files: With LEGO Jurassic World Claire Minifigure & Baby Raptor! Catherine Saunders. 2021. (ENG.). 128p. (J). (gr. 2-4). 16.99 *(978-0-7440-2853-9(1),* DK Children) Dorling Kindersley Publishing, Inc.

LEGO Life Hacks: 50 Cool Ideas to Make Your LEGO Bricks Work for You! Julia March. 2021. (ENG., Illus.). 128p. (J). (gr. 4-7). pap. 14.99 *(978-0-7440-2732-7(2),* DK Children) Dorling Kindersley Publishing, Inc.

LEGO Magical Ideas (Library Edition) Helen Murray. 2021. (ENG., Illus.). 80p. (J). (gr. 2-4). 16.99 *(978-0-7440-2784-6(5),* DK Children) Dorling Kindersley Publishing, Inc.

LEGO Meet the Minifigures: Library Edition. Helen Murray & Julia March. 2022. (ENG., Illus.). 128p. (J). (gr. k-4). 19.99 *(978-0-7440-5689-1(6),* DK Children) Dorling Kindersley Publishing, Inc.

LEGO(r) Minifigure a Visual History New Edition: (Library Edition) Gregory Farshtey et al. rev. ed. 2020. (ENG.). 256p. (J). (gr. 4-7). 40.00 *(978-0-7440-2373-2(4),* DK Children) Dorling Kindersley Publishing, Inc.

LEGO(r) Minifigure a Visual History New Edition: With Exclusive LEGO Spaceman Minifigure! Gregory Farshtey et al. rev. ed. 2020. (ENG.). 256p. (J). (gr. 4-7). 40.00 *(978-1-4654-9789-5(7),* DK Children) Dorling Kindersley Publishing, Inc.

LEGO Minifigure Handbook. DK. 2020. (Illus.). 208p. (J). pap. *(978-0-241-45823-5(4))* Dorling Kindersley Publishing, Inc.

LEGO Minifigure Handbook. Hannah Dolan. 2020. (ENG., Illus.). 208p. (J). (gr. 2-4). pap. 14.99 *(978-0-7440-2446-3(3),* DK Children) Dorling Kindersley Publishing, Inc.

LEGO Minifigure Mayhem (World Book Day) Dorling Kindersley Publishing Staff. 2019. (ENG., Illus.). 64p. (J). *(978-0-241-37073-5(6))* Dorling Kindersley Publishing, Inc.

LEGO Minifigure Mission: Includes LEGO Minifigure & Accessories. Tori Kosara. 2021. (ENG.). 128p. (J). (gr. 1-3). 19.99 *(978-0-7440-2865-2(5),* DK Children) Dorling Kindersley Publishing, Inc.

LEGO Minifigure Mission (Library Edition) Tori Kosara. 2021. (ENG.). 128p. (J). (gr. 1-3). 19.99 *(978-0-7440-4343-3(3),* DK Children) Dorling Kindersley Publishing, Inc.

LEGO Movie 2: The Awesomest, Amazing, Most Epic Movie Guide in the Universe! Helen Murray & Dorling Kindersley Publishing Staff. 2019. (ENG., Illus.). 96p. (J). *(978-0-241-36045-3(5))* Dorling Kindersley Publishing, Inc.

LEGO Movie 2: The Awesomest, Most Amazing, Most Epic Movie Guide in the Universe! Helen Murray. ed. 2019. (DKMovie Guides). (ENG.). 95p. (J). (gr. 2-3). 22.96 *(978-1-64310-898-8(0))* Penworthy Co., LLC, The.

LEGO Ninjago 5-Minute Stories (LEGO Ninjago) Random House. Illus. by Random House. 2021. (ENG., Illus.). 160p. (J). (gr. -1-3). 14.99 *(978-0-593-38138-0(6),* Random Hse. Bks. for Young Readers) Random Hse. Children's Bks.

Lego(r) Ninjago(r) Build & Stick - NINJAGO Dragons. Told to AMEET Sp. z o.o. 2022. (ENG.). 48p. (J). 14.99 *(978-1-7282-5790-7(5))* Sourcebooks, Inc.

LEGO NINJAGO Build Your Own Adventure Greatest Ninja Battles: With Nya Minifigure & Exclusive Hover-Bike Model. DK. 2018. (LEGO Build Your Own Adventure Ser.). (ENG.). 80p. (J). (gr. 1-3). 24.99 *(978-1-4654-7335-6(1),* DK Children) Dorling Kindersley Publishing, Inc.

LEGO NINJAGO Character Encyclopedia New Edition: With Exclusive Future Nya LEGO Minifigure. Simon Hugo. 2021. (ENG.). 224p. (J). (gr. 1-3). 19.99 *(978-0-7440-2726-6(8),* DK Children) Dorling Kindersley Publishing, Inc.

LEGO NINJAGO Choose Your Ninja Mission: With NINJAGO Jay Minifigure. Simon Hugo. 2020. (ENG.). 128p. (J). (gr. 2-4). 19.99 *(978-1-4654-8955-5(X),* DK Children) Dorling Kindersley Publishing, Inc.

LEGO Ninjago Enciclopedia de Personajes. Nueva Edición (Character Encyclopedia New Edition) Simon Hugo. 2022. (SPA.). 224p. (J). (gr. 1-3). 19.99 ***(978-0-7440-4928-2(8),*** DK Children) Dorling Kindersley Publishing, Inc.

LEGO(r) NINJAGO(r): Garmadon, Volume 1. Tri Vuong. 2022. (ENG., Illus.). 128p. (J). pap. 12.99 *(978-1-5343-2332-2(5))* Image Comics.

LEGO NINJAGO: Golden Ninja. AMEET Publishing. 2021. (Activity Book with Minifigure Ser.). (ENG.). 32p. (J). (gr. 1-3). pap. 8.99 *(978-0-7944-4751-9(1),* Studio Fun International) Printers Row Publishing Group.

LEGO Ninjago Movie: Junior Novel. Kate Howard. 2017. (Illus.). 160p. (J). pap. *(978-1-4071-7752-6(4))* Scholastic, Inc.

LEGO NINJAGO: Ninja Hero Coloring. AMEET Publishing. 2020. (Coloring Book Ser.). (ENG.). 48p. (J). (gr. k-3). pap. 4.99 *(978-0-7944-4713-7(9),* Studio Fun International) Printers Row Publishing Group.

Lego Ninjago Ninja in Action. Beth Davies. ed. 2018. (DK Reader Level 1 Ser.). lib. bdg. 14.75 *(978-0-606-41167-7(4))* Turtleback.

LEGO NINJAGO: Ninja Warriors in Action. AMEET Publishing. 2021. (Coloring & Activity with Crayons Ser.). (ENG.). 48p. (J). (gr. -1-k). pap. 5.99 *(978-0-7944-4754-0(6),* Studio Fun International) Printers Row Publishing Group.

LEGO NINJAGO Visual Dictionary, New Edition: With Exclusive Teen Wu Minifigure. Arie Kaplan & Hannah Dolan. 2019. (ENG., Illus.). 128p. (J). (gr. 1-4). 21.99 *(978-1-4654-8501-4(5),* DK Children) Dorling Kindersley Publishing, Inc.

LEGO Party Ideas. Hannah Dolan et al. 2022. (Lego Ideas Ser.). (ENG., Illus.). 80p. (J). (gr. 2-6). 16.99 *(978-0-7440-5688-4(8),* DK Children) Dorling Kindersley Publishing, Inc.

LEGO Pocket Builder Nature: Create Cool Creatures. Tori Kosara. 2023. (LEGO Pocket Builder Ser.). (ENG.). 80p. (J). (gr. 2-6). pap. 7.99 *(978-0-7440-7654-7(4),* DK Children) Dorling Kindersley Publishing, Inc.

LEGO Pocket Builder Vehicles: Make Things Move. Tori Kosara. 2023. (LEGO Pocket Builder Ser.). (ENG.). 80p. (J). (gr. 2-6). pap. 7.99 *(978-0-7440-7653-0(6),* DK Children) Dorling Kindersley Publishing, Inc.

LEGO Star Wars Awesome Vehicles. Simon Hugo. 2022. (ENG., Illus.). 88p. (J). (gr. 1-3). 19.99 *(978-0-7440-5186-5(X),* DK Children) Dorling Kindersley Publishing, Inc.

LEGO Star Wars Build Your Own Adventure Galactic Missions. DK. 2019. (LEGO Build Your Own Adventure Ser.). (ENG.). 80p. (J). (gr. 1-4). 24.99 *(978-1-4654-7895-5(7),* DK Children) Dorling Kindersley Publishing, Inc.

LEGO Star Wars Character Encyclopedia, New Edition: (Library Edition) Elizabeth Dowsett. 2020. (ENG., Illus.). 224p. (J). (gr. 4-7). 19.99 *(978-1-4654-9164-0(3),* DK Children) Dorling Kindersley Publishing, Inc.

LEGO Star Wars Character Encyclopedia New Edition: With Exclusive Darth Maul Minifigure. Elizabeth Dowsett. 2020. (ENG., Illus.). 224p. (J). (gr. 4-7). 19.99 *(978-1-4654-8956-2(8),* DK Children) Dorling Kindersley Publishing, Inc.

LEGO Star Wars: Choose Your Path. DK. 2018. (ENG., Illus.). 128p. (J). (gr. 1-4). 19.99 *(978-1-4654-6756-0(4),* DK Children) Dorling Kindersley Publishing, Inc.

LEGO Star Wars Galaxy Mission (Library Edition) DK. 2023. (ENG.). 128p. (J). (gr. 2-4). 19.99 ***(978-0-7440-8459-7(8),*** DK Children) Dorling Kindersley Publishing, Inc.

LEGO Star Wars Ideas Book: More Than 200 Games, Activities, & Building Ideas. DK et al. 2018. (Lego Ideas Ser.). (ENG., Illus.). 200p. (J). (gr. 2-5). 24.99 *(978-1-4654-6705-8(X),* DK Children) Dorling Kindersley Publishing, Inc.

LEGO Star Wars Visual Dictionary, New Edition: With Exclusive Finn Minifigure. DK. ed. 2019. (ENG., Illus.). 160p. (J). (gr. 2-4). 21.99 *(978-1-4654-7888-7(4),* DK Children) Dorling Kindersley Publishing, Inc.

LEGO Star Wars Yoda's Galaxy Atlas: With Exclusive Yoda LEGO Minifigure. Simon Hugo. 2021. (ENG.). 88p. (J). (gr. 2-4). 16.99 *(978-0-7440-2727-3(6),* DK Children) Dorling Kindersley Publishing, Inc.

LEGO Star Wars Yoda's Galaxy Atlas (Library Edition) Much to See, There Is... Simon Hugo. 2021. (ENG., Illus.). 96p. (J). (gr. 2-4). 16.99 *(978-0-7440-3005-1(6),* DK Children) Dorling Kindersley Publishing, Inc.

LEGO: the Kristiansen Family: The Kristiansen Family. Lee Slater. 2021. (Toy Stories Ser.). (ENG., Illus.). 32p. (J). (gr. 2-5). lib. bdg. 34.21 *(978-1-5321-9711-6(X),* 38556, Big Buddy Bks.) ABDO Publishing Co.

Lego(R) DC Super Heroes Batman vs Harley Quinn: Amazing Pop-Up Play Scenes. Told to AMEET Sp. z o.o. 2023. (ENG.). 40p. (J). 19.99 ***(978-1-7282-7276-4(9))*** Sourcebooks, Inc.

LEGO(R) Harry Potter(TM) 5-Minute Builds. Told to AMEET Sp. z o.o. 2022. (ENG.). 96p. (J). 15.99 *(978-1-7282-5894-2(4))* Sourcebooks, Inc.

LEGO(R) Harry Potter(TM) Magical Year at Hogwarts. Told to AMEET Sp. z o.o. 2023. (ENG.). 96p. (J). 24.99 ***(978-1-7282-7278-8(5))*** Sourcebooks, Inc.

LEGO(R) Ninjago(R) 5-Minute Builds. Told to AMEET Sp. z o.o. 2023. (ENG.). 96p. (J). 16.99 ***(978-1-7282-7277-1(7))*** Sourcebooks, Inc.

Legs - Te Ranga (Te Kiribati) Kym Simoncini. 2023. (ENG.). 28p. (J). pap. ***(978-1-922918-73-4(3))*** Library For All Limited.

Legs & Wings & Wiggly Things. Carol Bailey. 2020. (ENG., Illus.). 32p. (J). pap. 6.95 *(978-1-950768-22-6(8))* ProsePress.

Lehi, Lehi, What Do You See? Sandra Meaders. 2018. (ENG.). (J). (gr. -1-k). bds. 12.99 *(978-1-4621-2242-4(6))* Cedar Fort, Inc./CFI Distribution.

Lehigh Burr, Vol. 15: April, 1896 (Classic Reprint) Harry Layfield Bell. 2017. (ENG., Illus.). (J). 2018. 34p. 24.60 *(978-0-365-12321-7(8));* 2017. pap. 7.97 *(978-0-259-48123-2(8))* Forgotten Bks.

Lehigh Burr, Vol. 15: December 18, 1895 (Classic Reprint) William Carter Dickerman. 2017. (ENG., Illus.). (J). 24.47 *(978-0-331-13809-2(3));* pap. 7.97 *(978-0-260-17391-1(6))* Forgotten Bks.

Lehigh Burr, Vol. 15: February, 1896 (Classic Reprint) Lehigh University. 2017. (ENG., Illus.). (J). 24.68 *(978-0-331-13733-0(X));* pap. 7.97 *(978-0-260-17460-4(2))* Forgotten Bks.

Lehigh Burr, Vol. 15: January, 1896 (Classic Reprint) William Carter Dickerman. (ENG., Illus.). (J). 2018. 50p. 24.93 *(978-0-365-20480-0(3));* 2017. pap. 9.57 *(978-0-259-48126-3(2))* Forgotten Bks.

Lehigh Burr, Vol. 15: June, 1896 (Classic Reprint) Harry Layfield Bell. 2017. (ENG., Illus.). (J). pap. 7.97 *(978-0-259-84283-5(4))* Forgotten Bks.

Lehigh Burr, Vol. 15: March, 1896 (Classic Reprint) William Carter Dickerman. 2017. (ENG., Illus.). (J). 30p. 24.52 *(978-0-484-35189-8(3));* pap. 7.97 *(978-0-259-85837-9(4))* Forgotten Bks.

Lehigh Burr, Vol. 15: Published by the Students of Lehigh University; May 1896 (Classic Reprint) Harry Layfield Bell. 2017. (ENG., Illus.). (J). pap. 7.97 *(978-0-282-83781-5(7))* Forgotten Bks.

Lehr-Und Lesebuch der Englischen Sprache: Nach der Anschauungs-Methode; Mit Bildern (Classic Reprint) Ignaz Lehmann. 2018. (ENG., Illus.). 168p. (J). 27.36 *(978-0-267-51951-4(6))* Forgotten Bks.

Lehrbuch der Algebraichen Analysis (Classic Reprint) Moritz Abraham Stern. 2018. (GER., Illus.). 500p. (J). pap. 16.57 *(978-0-666-69677-9(2))* Forgotten Bks.

Lehrbuch der Anatomie des Menschen: Mit Rucksicht Auf Physiologische Begrundung und Praktische Anwendung (Classic Reprint) Joseph Hyrtl. 2017. (GER., Illus.). (J). 44.98 *(978-1-5285-6036-8(1))* Forgotten Bks.

Lehrbuch der Anatomie des Menschen: Mit Rücksicht Auf Physiologische Begründung und Praktische Anwendung (Classic Reprint) Joseph Hyrtl. 2018. (GER., Illus.). (J). 730p. 38.97 *(978-1-390-09525-8(8));* 732p. pap. 23.57 *(978-1-390-09516-6(9));* 908p. 42.62 *(978-0-364-98016-3(8));* 910p. pap. 24.97 *(978-0-364-98000-2(1))* Forgotten Bks.

LEHRBUCH DER ANATOMIE DES MENSCHEN, VOL. 2 (CLASSIC REPRINT) Carl Gegenbaur. 2017. (GER., Illus.). (J). pap. 19.57 *(978-0-243-45696-3(4))* Forgotten Bks.

Lehrbuch der Elementar-Geometrie, Vol. 2: Abbildung in Verändertem Masse; Berechnung der Grössen der Ebenen Geometrie (Classic Reprint) Julius Henrici. 2018. (GER., Illus.). 258p. (J). 29.24 *(978-0-365-00209-3(7))* Forgotten Bks.

Lehrbuch der Englischen Sprache. Hermann D. Wrage. 2017. (GER.). 318p. (J). pap. *(978-3-7446-9554-1(9))* Creation Pubs.

Lehrbuch der Englischen Sprache (Classic Reprint) Hermann D. Wrage. (ENG., Illus.). (J). 2017. 30.56 *(978-0-260-05884-3(X));* 2016. pap. 13.57 *(978-1-334-12384-9(5))* Forgotten Bks.

Lehrbuch der Englischen Sprache Fur Hohere Lehranstalten, Vol. 2: Besonders Realgymnasien und Realschulen (Classic Reprint) J. W. Zimmermann. 2016. (ENG., Illus.). (J). pap. 11.57 *(978-1-334-12760-1(3))* Forgotten Bks.

Lehrbuch der Englischen Sprache Für Höhere Lehranstalten, Vol. 2: Besonders Realgymnasien und Realschulen (Classic Reprint) J. W. Zimmermann. 2018. (ENG., Illus.). 254p. (J). 29.18 *(978-0-484-02796-0(4))* Forgotten Bks.

Lehrbuch der Französischen Sprache Auf Grundlage der Handlung und des Erlebnisses: I. Stufe (Für das 1. und 2. Jahr) (Classic Reprint) Metzger. 2018. (FRE., Illus.). (J). 264p. 29.34 *(978-1-391-40051-8(8));* 266p. pap. 11.97 *(978-1-390-80717-2(7))* Forgotten Bks.

Lehrbuch der Franzosischen Sprache Auf Grundlage der Handlung und des Erlebnisses: I. Stufe (Fur Sexta) (Classic Reprint) Metzger. 2017. (FRE., Illus.). (J). pap. 10.57 *(978-0-282-68204-0(X))* Forgotten Bks.

Lehrbuch der Französischen Sprache, Vol. 2: Auf Grundlage der Handlung und des Erlebnisses; (Für das 3. und 4. Jahr) (Classic Reprint) Metzger. 2018. (FRE., Illus.). 214p. (J). pap. 10.97 *(978-1-391-19025-9(4))* Forgotten Bks.

Lehrbuch der Franzsischen Sprache Auf Grundlage der Handlung und des Erlebnisses: I. Stufe (Fr Sexta) (Classic Reprint) Metzger. 2018. (FRE., Illus.). 182p. (J). 27.67 *(978-0-332-94291-9(0))* Forgotten Bks.

Lehrbuch der Gesetze des Gleichgewichts und der Bewegung Fester und Flüssiger Körper, Vol. 1 (Classic Reprint) Heinrich Wilhelm Brandes. 2018. (GER., Illus.). 604p. (J). 36.35 *(978-0-364-56978-8(6))* Forgotten Bks.

Lehrbuch der Mikroskopischen Technik (Classic Reprint) Bernhard Rawitz. 2017. (GER., Illus.). (J). 33.22 *(978-0-266-49534-5(6));* pap. 16.57 *(978-0-243-98895-2(8))* Forgotten Bks.

Lehrbuch der Ohrenheilkunde. Josef Gruber. 2016. (GER., Illus.). (J). pap. *(978-3-7428-0930-8(X))* Creation Pubs.

Lehrbuch der Ohrenheilkunde. Victor Urbantschitsch. 2017. (GER.). 466p. (J). pap. *(978-3-7446-9626-5(X))* Creation Pubs.

Lehrbuch der Ohrenheilkunde: Fur Praktische Arzte und Studierende (Classic Reprint) Adam Politzer. 2017. (GER., Illus.). (J). 38.71 *(978-0-266-43946-2(2));* pap. 23.57 *(978-0-282-10697-3(9))* Forgotten Bks.

Lehrbuch der Ohrenheilkunde: Mit Besonderer Rucksicht Auf Anatomie und Physiologie (Classic Reprint) Josef Gruber. 2017. (GER., Illus.). (J). pap. 19.97 *(978-0-282-53488-2(1))* Forgotten Bks.

Lehrbuch der Physiologie des Menschen (Classic Reprint) Wilhelm Wundt. 2017. (GER., Illus.). (J). pap. 20.57 *(978-0-282-32140-6(3))* Forgotten Bks.

Lehrbuch der Physiologie des Menschen, Vol. 1 Of 2: Für Ärzte und Studirende (Classic Reprint) Gabriel Valentin. 2018. (GER., Illus.). 790p. (J). 40.21 *(978-0-666-39221-3(8))* Forgotten Bks.

Lehrbuch der Physiologie des Menschen, Vol. 2: Aufbau und Verfall der Safte und Gewebe; Thierische Warme (Classic Reprint) Carl Ludwig. 2017. (GER., Illus.). (J). pap. 23.57 *(978-0-282-31423-1(7))* Forgotten Bks.

Lehrbuch der Physiologie des Menschen, Vol. 2 Of 2: Für Aerzte und Studirende (Classic Reprint) Gabriel Valentin. 2018. (GER.). 936p. (J). 43.22 *(978-0-364-84285-0(7))* Forgotten Bks.

Lehrbuch der Religionsgeschichte und Mythologie der Vorzüglichsten Völker des Alterthums, Vol. 2: Für Lehrer, Studirende und Die Obersten Klassen der Gymnasien (Classic Reprint) Karl Eckermann. 2018. (GER., Illus.). 252p. (J). 29.11 *(978-0-267-22462-3(1))* Forgotten Bks.

Lehrbuch der Religionsgeschichte und Mythologie der Vorzüglichsten Völker des Alterthums, Vol. 4: Für Lehrer, Studirende und Die Obersten Klassen der Gymnasien; Die Slawen (und Finnen); Erste Abtheilung (Classic Reprint) Karl Eckermann. 2018. (GER., Illus.). (J). 672p. 37.76 *(978-1-391-36512-1(7));* 674p. pap. 20.57 *(978-1-391-07018-6(6))* Forgotten Bks.

Lehrbuch der Zoologie. Berthold Hatschek. 2017. (GER.). 444p. (J). pap. *(978-3-7436-7535-3(8))* Creation Pubs.

Lehrbuch der Zoologie: Eine Morphologische Ubersicht des Thierreiches Zur Einfuhrung in das Studium Dieser Wissenschaft (Classic Reprint) Berthold Hatschek. 2017. (GER., Illus.). (J). 33.01 *(978-0-265-30027-5(4))* Forgotten Bks.

Lehrbuch Für Den Wissenschaftlichen Unterricht in der Englischen Sprache: Mit Vielen Uebungsstücken Zum Uebersetzen Aus Dem Deutschen in das Englische (Classic Reprint) J. Folsing. 2018. (ENG., Illus.). 324p. (J). 30.58 *(978-0-666-19567-8(6))* Forgotten Bks.

Lei & the Fire Goddess. Malia Maunakea. 2023. (ENG., Illus.). 304p. (J). (gr. 3-7). 17.99 *(978-0-593-52203-5(6),* Penguin Workshop) Penguin Young Readers Group.

Leia. Bailey Taylor. 2021. (ENG., Illus.). 32p. (J). pap. 14.95 *(978-1-64952-694-6(6))* Fulton Bks.

Leia & the Great Island Escape. Jason Fry. ed. 2018. (Star Wars 8x8 Ser.). (ENG.). 24p. (J). (gr. -1-1). 13.89 *(978-1-64310-569-7(8))* Penworthy Co., LLC, The.

Leia & the Great Island Escape. Jason Fry. ed. 2016. (Star Wars: Force Awakens 8X8 Ser.). (J). lib. bdg. 14.75 *(978-0-606-39934-0(8))* Turtleback.

Leia & the Red Robin. Patti Belton. 2021. (ENG., Illus.). 30p. (J). 23.95 *(978-1-64654-380-9(7))* Fulton Bks.

Leia & Theo Play Hide & Seek. Daniel Egger. Illus. by Lera Munoz. 2019. (ENG.). 26p. (J). pap. *(978-3-9504270-1-1(5))* Egger, Daniel.

Leia Chronicles. Emma Carlson Berne. Illus. by Disney Lucasfilm Press. 2019. (Star Wars: Forces of Destiny Chapter Bks.). (ENG.). 112p. (J). (gr. 1-5). lib. bdg. 31.36 *(978-1-5321-4327-4(3),* 31857, Chapter Bks.) Spotlight.

Leicester, Vol. 1 Of 2: An Autobiography (Classic Reprint) Francis William L. Adams. 2018. (ENG., Illus.). 346p. (J). 31.03 *(978-0-364-31597-2(0))* Forgotten Bks.

Leicester, Vol. 2: An Autobiography (Classic Reprint) Francis William L. Adams. 2018. (ENG., Illus.). 278p. (J). 29.65 *(978-0-428-88515-1(2))* Forgotten Bks.

Leicestershire Folk Tales for Children. Tom Phillips. 2018. (ENG., Illus.). 176p. pap. 18.95 *(978-0-7509-8685-4(9))* History Pr. Ltd., The GBR. Dist: Independent Pubs. Group.

Leif & Ghost. Anna Lafountaine. 2020. (ENG.). 44p. (J). pap. 12.25 *(978-1-7948-9706-9(2))* Lulu Pr., Inc.

Leif & the Fall. Allison Sweet Grant & Adam. Grant. Illus. by Merrilee Liddiard. 2020. (ENG.). 32p. (J). (gr. k-3). 17.99 *(978-1-9848-1549-1(0),* Dial Bks) Penguin Young Readers Group.

Leif Falls. Madeline Rivers. 2021. (ENG.). 32p. (J). *(978-1-5255-8998-0(9));* pap. *(978-1-5255-8997-3(0))* FriesenPress.

Leigh Howard & the Ghosts of Simmons-Pierce Manor. Shawn M. Warner. 2022. (ENG.). 264p. (YA). pap. 21.95 *(978-1-68513-073-2(9));* 25.95 ***(978-1-68513-353-5(3))*** Black Rose Writing.

Leighton Court. Henry Kingsley. (ENG.). (J). 2018. 332p. pap. *(978-3-337-42767-2(7));* 2017. 330p. pap. *(978-3-337-23756-1(8));* 2017. 260p. pap. *(978-3-337-15135-5(3))* Creation Pubs.

Leighton Court: A Country House Story (Classic Reprint) Henry Kingsley. 2018. (ENG., Illus.). 260p. (J). 29.26 *(978-0-666-68031-0(0))* Forgotten Bks.

Leila: Or the Island (Classic Reprint) Ann Fraser Tytler. 2018. (ENG., Illus.). 240p. (J). 28.87 *(978-0-484-75872-7(1))* Forgotten Bks.

Leila & Nugget Mystery: The Case with No Clues, Volume 2. Dustin Brady. Illus. by April Brady. 2023. (Leila & Nugget Mysteries Ser.: 2). (ENG.). 144p. (J). 12.99 *(978-1-5248-7925-9(8));* pap. 9.99 *(978-1-5248-7753-8(0))* Andrews McMeel Publishing.

Leila & Nugget Mystery: Who Stole Mr. T?, Volume 1. Dustin Brady & Deserae Brady. Illus. by April Brady. 2022. (Leila & Nugget Mysteries Ser.: 1). (ENG.). 128p. (J). 12.99 *(978-1-5248-7825-2(1));* pap. 8.99 *(978-1-5248-7706-4(9))* Andrews McMeel Publishing.

Leila & the Magic Sword. Beth Seeber. 2020. (ENG.). 64p. (J). pap. 4.99 ***(978-1-393-36141-1(2))*** Draft2Digital.

Leila in Saffron. Rukhsanna Guidroz. Illus. by Dinara Mirtalipova. 2019. (ENG.). 32p. (J). (gr. -1-3). 18.99 *(978-1-5344-2564-4(0),* Salaam Reads) Simon & Schuster Bks. For Young Readers.

Leila, la Brujita Perfecta. Flavia Z. Drago. Illus. by Flavia Z. Drago. 2022. (World of Gustavo Ser.). (SPA.). 40p. (J). (gr. -1-2). 17.99 *(978-1-5362-2538-9(X))* Candlewick Pr.

Leila, the Perfect Witch. Flavia Z. Drago. Illus. by Flavia Z. Drago. 2022. (World of Gustavo Ser.). (ENG.). 40p. (J). (gr. -1-2). 17.99 *(978-1-5362-2050-6(7))* Candlewick Pr.

Leilani Keeps Hawaii Beautiful. Karen Nicksich. Illus. by Ling Lou Bower. 2020. (ENG.). 32p. (J). (gr. k-3). pap. 12.00 *(978-1-0878-6320-7(1))* Nicksich, Karen M.

Leila's Game 1 Pathfinders. Spike Breakwell & Colin Millar. Illus. by Moni Perez. ed. 2017. (Cambridge Reading Adventures Ser.). (ENG.). 32p. pap. 8.60 *(978-1-108-40820-2(6))* Cambridge Univ. Pr.

Leila's Journey. Cathy Cyr. Illus. by Cathy Cyr. 2018. (ENG., Illus.). 42p. (J). pap. *(978-1-987982-28-2(2))* Artistic Warrior Publishing.

Leili & the Blue Balloon. Carolyn Sparey Fox. 2023. (ENG.). 42p. (J). pap. ***(978-1-915123-06-0(2))*** Resonate and Blue.

Leilong the Library Bus. Julia Liu. Illus. by Bei Lynn. 2021. (ENG.). 36p. (J). (gr. -1-2). 19.99 *(978-1-77657-331-8(5),* 853e5e9c-8dad-4bfd-96d3-9a78958ae8be) Gecko Pr. NZL. Dist: Lerner Publishing Group.

Leilong's Too Long! Julia Liu. Illus. by Bei Lynn. 2022. (ENG.). 28p. (J). (gr. -1-2). 18.99 *(978-1-77657-433-9(8),* f7bd2b56-46b5-4d89-898d-8e7c9d4bae87) Gecko Pr. NZL. Dist: Lerner Publishing Group.

L

Leisure & Entertainment since 1900: Band 13/Topaz (Collins Big Cat) Timothy Knapman. 2016. (Collins Big Cat Ser.). (ENG.). 32p. (J). (gr. 2-3). pap. 10.99 *(978-0-00-816382-2(0))* HarperCollins Pubs. Ltd. GBR. Dist: Independent Pubs. Group.

Leisure Hour (Classic Reprint) Unknown Author. (ENG., Illus.). (J). 2018. 794p. 40.27 *(978-0-365-45060-3(X))*; 2017. pap. 23.57 *(978-1-5276-6650-4(6))* Forgotten Bks.

Leisure Hour (Classic Reprint) William Haig Miller. 2017. (ENG., Illus.). (J). 45.78 *(978-0-260-20654-1(7))*; pap. 28.12 *(978-1-5284-0618-5(4))* Forgotten Bks.

Leisure Hour, Vol. 13: A Family Journal of Instruction & Recreation; January 1, 1853 (Classic Reprint) William Haig Miller. 2017. (ENG., Illus.). (J). 41.86 *(978-0-266-65986-0(1))*; pap. 24.20 *(978-1-5276-3324-7(1))* Forgotten Bks.

Leisure Hour, Vol. 50: An Illustrated Magazine for Home Reading (Classic Reprint) William Haig Miller. 2018. (ENG., Illus.). (J). 818p. 40.77 *(978-0-483-04233-9(1))*; 820p. pap. 23.57 *(978-0-483-04165-3(3))* Forgotten Bks.

Leisure Hours: A Choice Collection of Readings in Prose (Classic Reprint) E. A. Andrews. 2017. (ENG., Illus.). 352p. (J). 31.16 *(978-1-5283-8315-8(X))* Forgotten Bks.

Leisure Moments: A Collection of Short Writings on Various Subjects Presented in Prose & Rhyme (Classic Reprint) W. C. Pope. 2018. (ENG., Illus.). 108p. (J). 26.12 *(978-0-483-32235-6(0))* Forgotten Bks.

Leisure of an Egyptian Official (Classic Reprint) Edward Cecil. 2017. (ENG., Illus.). (J). 31.26 *(978-0-266-32757-8(5))* Forgotten Bks.

Leisure Time Kids Activity Book! Connect the Dots. Creative. 2016. (ENG., Illus.). (J). pap. 7.74 *(978-1-68323-384-8(0))* Twin Flame Productions.

Leisurely Tour in England (Classic Reprint) James John Hissey. 2016. (ENG., Illus.). (J). pap. 16.57 *(978-1-333-58148-0(3))* Forgotten Bks.

Leitfaden der Drahtlosen Telegraphie Fur Die Luftfahrt (Classic Reprint) Max Dieckmann. 2018. (GER., Illus.). 226p. (J). 28.58 *(978-0-332-05300-4(8))* Forgotten Bks.

Leixlip Castle: A Romance of the Penal Days of 1690 (Classic Reprint) M. L. O'Byrne. (ENG., Illus.). (J). 2018. 666p. 37.65 *(978-0-483-09663-9(6))*; 2017. pap. 20.57 *(978-1-334-99647-4(4))* Forgotten Bks.

Lejos / Far. Juan Felipe Herrera. Illus. by Blanca Gómez. 2019. 14p. (J). (-k). bds. 7.99 *(978-0-7636-9063-2(5))* Candlewick Pr.

Lekhak Sahab: Khud Se Khud Tak Ka Safar. Vikas. 2017. (HIN., Illus.). 226p. (J). pap. 11.00 *(978-1-948321-06-8(8))* Notion Pr., Inc.

Lela Cooks Some Soup. Eileen Fleming. Illus. by Jomar Estrada. 2021. (ENG.). 38p. (J). pap. *(978-1-922621-22-1(6))* Library For All Limited.

L'Élan du Yellowstone. Rowena Womack. Illus. by Angela Archer. 2018. (FRE.). 28p. (J). (gr. k-1). pap. 14.99 *(978-1-942922-33-9(7))* Wee Creek Pr. LLC.

Leland Knows about Pavarotti. Tracilyn George. 2021. (ENG.). 22p. (J). pap. 11.00 *(978-1-77475-332-3(4))* Lulu Pr., Inc.

Leland's Vietnam Experience. Leland Hove. 2021. (ENG., Illus.). 44p. (J). pap. 13.95 *(978-1-6624-4336-7(6))* Page Publishing Inc.

Lela's Out of This World Imagination. Suzette Andrews-Parker. Illus. by Stefanie St Denis. 2023. (ENG.). 40p. (J). ***(978-0-2288-8495-8(0))***; pap. ***(978-0-2288-8494-1(2))*** Tellwell Talent.

L'Électricité Tous les Jours, Choquant Mais Vrai. Julie K. Lundgren. Tr. by Annie Evearts. 2021. (Science Dans Mon Monde: Niveau 2 (Science in My World: Level 2) Ser.). (FRE.). 32p. (J). (gr. k-2). pap. *(978-1-0396-0940-2(6)*, 12804) Crabtree Publishing Co.

Le'Lula G'uaDegna Yemesob S'Tota - Amharic Children's Book. Kiazpora Publication. 2021. (AMH.). 24p. (J). 12.99 *(978-1-946057-70-9(3))* Kiazpora LLC.

LEM, a New England Village Boy: His Adventures & His Mishaps (Classic Reprint) Noah Brooks. (ENG., Illus.). (J). 2018. 334p. 30.79 *(978-0-483-48089-6(4))*; 2016. pap. 13.57 *(978-1-334-53269-6(9))* Forgotten Bks.

Lema. Aaron Carr. 2018. (Los Símbolos Estadounidenses Ser.). (SPA.). 24p. (J). lib. bdg. 22.99 *(978-1-5105-3382-0(6))* SmartBook Media, Inc.

Lemay Valley Friends: The Adventures of Sammy, Bart & Ruskin. Daphne L. McFee. 2018. (ENG., Illus.). 44p. (J). pap. *(978-1-5255-0657-4(9))* FriesenPress.

Lemily by the Sea. Ron Charach. Illus. by Laura Catrinella. 2021. (ENG.). 32p. (J). *(978-1-5255-8187-8(2))*; pap. *(978-1-5255-8188-5(0))* FriesenPress.

Lemira of Lorraine, Vol. 2 Of 3: A Romance (Classic Reprint) Unknown Author. 2018. (ENG., Illus.). 260p. (J). 29.28 *(978-0-483-64557-8(5))* Forgotten Bks.

Lemmy & the Mystery of Sprite Glow Forest. Lyra Lup Lup. 2023. (ENG.). 92p. (J). pap. 19.95 ***(978-1-6624-8082-9(2))*** Page Publishing Inc.

Lemon & Lime Library Pack: An Articulation Screen & Resource Pack. Athanassios Protopapas. ed. 2017. (ENG., Illus.). 312p. (C). pap. 74.95 *(978-0-86388-548-8(9)*, Y329881, Routledge) Taylor & Francis Group.

Lemon Bird: Can Help! (a Graphic Novel) Paulina Ganucheau. 2022. (Illus.). 112p. (J). (gr. -1-3). 12.99 *(978-0-593-12267-9(4))*; (ENG., lib. bdg. 15.99 *(978-0-593-12533-5(9))* Penguin Random Hse. LLC.

Lemon Child. Nele Brönner. 2020. (ENG.). 32p. (J). (gr. -1-2). 17.95 *(978-0-7358-4418-6(6))* North-South Bks., Inc.

Lemon Drops & Lollipops, a Candy Coloring Book. Creative Playbooks. 2016. (ENG., Illus.). (J). pap. 7.74 *(978-1-68323-864-5(8))* Twin Flame Productions.

Lemon Pirates! Mary Man-Kong. ed. 2020. (Step into Reading Ser.). (ENG.). 24p. (J). (gr. 2-3). 14.96 *(978-1-64697-165-7(5))* Penworthy Co., LLC, The.

Lemon Pirates! (Top Wing) Mary Man-Kong. Illus. by Dave Aikins. 2019. (Step into Reading Ser.). (ENG.). 24p. (J). (gr. -1-1). 12.99 *(978-0-525-64773-7(2)*, Random Hse. Bks. for Young Readers) Random Hse. Children's Bks.

Lemon Sharks. Rebecca Pettiford. 2021. (Shark Frenzy Ser.). (ENG., Illus.). 24p. (J). (gr. k-3). lib. bdg. 26.95 *(978-1-64487-439-4(3)*, Blastoff! Readers) Bellwether Media.

Lemon Sky Dream. L. C. Madalyou. (ENG.). 36p. (J). 2022. 16.99 *(978-1-7359235-4-3(0))*; 2021. pap. 9.99 *(978-1-7359235-3-6(2))* Slugger International.

Lemon Soda. Make Believe Ideas. Illus. by Make Believe Ideas. 2021. (ENG.). 192p. (J). (gr. 3-7). 12.99 *(978-1-80058-776-2(7))* Make Believe Ideas GBR. Dist: Scholastic, Inc.

Lemon Tree (Young Readers' Edition) An Arab, a Jew, & the Heart of the Middle East. Sandy Tolan. 2020. (ENG.). 208p. (J). 19.99 *(978-1-5476-0394-7(1)*, 900226642, Bloomsbury Children's Bks.) Bloomsbury Publishing USA.

Lemonade. Rosa Drew. 2017. (Learn-To-Read Ser.). (ENG., Illus.). (J). pap. 3.49 *(978-1-68310-320-2(3))* Pacific Learning, Inc.

Lemonade Code. Jarod Pratt. Illus. by JeyOdin. 2021. (ENG.). 160p. (J). pap. 14.99 *(978-1-62010-868-0(2))* Oni Pr., Inc.

Lemonade League. Ginny Grudzinski. 2017. (ENG.). 62p. (J). pap. *(978-1-387-35750-5(6))* Lulu Pr., Inc.

Lemonade Stand. Cynthia Hudson & James Johnston. 2020. (ENG.). 32p. (J). pap. 5.99 *(978-1-64764-909-8(9))* Waldorf Publishing.

Lemonade Stand. Brenda Ponnay. Illus. by Brenda Ponnay. 2022. (We Can Readers Ser.). (ENG.). (J). 22p. pap. 12.99 ***(978-1-5324-4134-9(7))***; 16p. (gr. -1-1). 24.99 ***(978-1-5324-3541-6(X))***; 16p. (gr. -1-1). pap. 12.99 ***(978-1-5324-3015-2(9))*** Xist Publishing.

Lemonade Stand. H. A. Rey. ed. 2016. (Curious George TV Tie-In Early Reader Ser.). lib. bdg. 13.55 *(978-0-606-37993-9(2))* Turtleback.

Lemonade Summer. Cecelia Assunto. 2018. (ENG., Illus.). 32p. (J). (gr. 1-6). pap. 14.95 *(978-1-61314-405-3(9))* Innovo Publishing, LLC.

Lemonade War Three Books in One: The Lemonade War, the Lemonade Crime, the Bell Bandit. Jacqueline Davies. 2019. (Lemonade War Ser.). (ENG., Illus.). 528p. (J). (gr. 3-7). 18.99 *(978-1-328-53080-6(9)*, 1722252, Clarion Bks.) HarperCollins Pubs.

Lemonade's Adventure: (a Bird's Eye View) Della Bartzen. Ed. by 4 Paws Games and Publishing. Illus. by Swenam Kolarath. 2023. (Home Tweet Home Ser.: Vol. 2). (ENG.). 32p. (J). pap. ***(978-1-989955-06-2(1))*** Caswell, Vickianne.

Lemons. Melissa Savage. 2018. (ENG.). 320p. (J). (gr. 3-7). 8.99 *(978-1-5247-0015-7(0)*, Yearling) Random Hse. Children's Bks.

Lemony Snicket. Chris Bowman. 2017. (Children's Storytellers Ser.). (ENG., Illus.). 24p. (J). (gr. 2-5). lib. bdg. 26.95 *(978-1-62617-551-8(9)*, Blastoff! Readers) Bellwether Media.

Lemony Thicket: Adventuring with Citrus Coloring Book. Activity Book Zone for Kids. 2016. (ENG., Illus.). (J). pap. 9.20 *(978-1-68376-355-0(6))* Sabeels Publishing.

Lemoy & His Dark Return. J. A. Robinson. 2023. (ENG.). 154p. (YA). pap. 16.99 ***(978-1-6657-4664-9(5))*** Archway Publishing.

Lemuel the Fool, 1 vol. Myron Uhlberg. Illus. by Sonja Lamut. 2021. 32p. (J). (gr. -1-3). 8.99 *(978-1-68263-314-4(4))* Peachtree Publishing Co. Inc.

Lémur. Valerie Bodden. 2019. (Planeta Animal Ser.). (SPA.). 24p. (J). (gr. 1-4). *(978-1-64026-098-6(6)*, 18709) Creative Co., The.

Lémur. Aaron Carr. 2016. (Yo Soy Ser.). (SPA.). 24p. (J). pap. 31.41 *(978-1-4896-4330-8(3))* Weigl Pubs., Inc.

Lemur, 1 vol. Meredith Costain. Illus. by Stuart Jackson-Carter. 2016. (Wild World Ser.). (ENG.). 32p. (J). (gr. 1-2). pap. 11.00 *(978-1-4994-8215-7(9)*, 8d965c22-aa9d-4dc7-bf9d-4dcdd1dbf2f8, Windmill Bks.) Rosen Publishing Group, Inc., The.

Lemur. August Hoeft. (I See Animals Ser.). (ENG.). (J). 2022. 20p. pap. 12.99 ***(978-1-5324-4225-4(4))***; 2021. 12p. pap. 5.99 *(978-1-5324-1503-6(6))* Xist Publishing.

Lemur Coloring Book: Coloring Books for Adults, Gifts for Lemur Lovers, Floral Mandala Coloring Pages, Madagascar Lemur, Activity Coloring. Illus. by Paperland Online Store. 2022. (ENG.). 42p. (J). pap. ***(978-1-387-58521-2(5))*** Lulu Pr., Inc.

Lemur Dreamer. Courtney Dicmas. Illus. by Courtney Dicmas. 2018. (Illus.). (J). 12.99 *(978-1-61067-767-7(6))* Kane Miller.

Lémures Bebés. Kate Riggs. 2021. (Principio de Los Ser.). (SPA.). 16p. (J). (gr. -1-k). pap. 7.99 *(978-1-62832-988-9(2)*, 18011, Creative Paperbacks) Creative Co., The.

Lemurs. Valerie Bodden. 2019. (Amazing Animals Ser.). (ENG.). 24p. (J). (gr. 1-3). pap. 9.99 *(978-1-62832-624-6(7)*, 18688, Creative Paperbacks); lib. bdg. *(978-1-64026-036-8(6)*, 18687) Creative Co., The.

Lemurs. Melissa Gish. 2017. (Living Wild Ser.). (ENG., Illus.). 48p. (J). (gr. 4-7). *(978-1-60818-830-7(2)*, 20195, Creative Education) Creative Co., The.

Lemurs. Josh Gregory. 2016. (Nature's Children Ser.). (ENG., Illus.). 48p. (J). pap. 6.95 *(978-0-531-21937-9(2)*, Children's Pr.) Scholastic Library Publishing.

Lemurs. Jaclyn Jaycox. 2020. (Animals Ser.). (ENG.). 32p. (J). (gr. 1-3). pap. 6.95 *(978-1-9771-2650-4(2)*, 201634); (Illus.). lib. bdg. 31.32 *(978-1-9771-2316-9(3)*, 199491) Capstone. (Pebble).

Len Gansett: A Novel (Classic Reprint) Opie Percival Read. (ENG., Illus.). (J). 2018. 342p. 30.95 *(978-0-428-85862-9(7))*; 2016. pap. 13.57 *(978-1-334-13612-2(2))* Forgotten Bks.

Lena. Andres Muhmenthaler. 2018. (GER., Illus.). 138p. (J). pap. *(978-3-9524845-2-4(0))* Lone Pine Publishing.

Lena & Ruby: English Edition. Kevin Qamaniq-Mason & Mary Qamaniq-Mason. Illus. by Marcus Cutler. 2021. (Nunavummi Reading Ser.). (ENG.). 24p. (J). (gr. k-2). 20.95 *(978-1-77450-466-6(9))* Inhabit Education Bks. Inc. CAN. Dist: Consortium Bk. Sales & Distribution.

Lena & the Burning of Greenwood: A Tulsa Race Massacre Survival Story. Nikki Shannon Smith. Illus. by Markia Jenai. 2022. (Girls Survive Ser.). (ENG.). 112p. (J). 25.99 *(978-1-6639-9056-3(5)*, 226307); pap. 7.95 *(978-1-6663-2944-5(4)*, 226301) Capstone. (Stone Arch Bks.).

Lena & the Fuzzy Wishes. Jenny Jackson. 2018. (ENG., Illus.). 48p. (J). 24.95 *(978-1-64028-156-1(8))*; pap. 14.95 *(978-1-64028-154-7(1))* Christian Faith Publishing.

Lena Carls & the Power of Friendship. Enioluwanimi Solaru. 2021. (ENG.). 98p. (J). pap. 9.99 *(978-1-63103-058-1(2))* CaryPr. International Bks.

Lena Dunham: Feminist Writer, Actor, Producer, & Director, 1 vol. Kaitlyn Duling. 2017. (Leading Women Ser.). (ENG.). 112p. (YA). (gr. 7-7). 41.64 *(978-1-5026-3176-3(8)*, e1f36df2-1a2e-4a52-942f-edc614f96e37); pap. 20.99 *(978-1-5026-3414-6(7)*, 8a080bc5-574d-4941-b279-336189890f09) Cavendish Square Publishing LLC.

Lena Earns Her Wings. Judith E. Sporl. 2018. (ENG., Illus.). 248p. (J). *(978-3-7439-4677-4(7))*; pap. *(978-3-7439-4676-7(9))* tredition Verlag.

Lena, or the Silent Woman, Vol. 2 of 3 (Classic Reprint) Ellen Wallace. (ENG., Illus.). (J). 2019. 306p. 30.23 *(978-0-483-97779-2(9))*; 2016. pap. 13.57 *(978-1-334-13606-1(8))* Forgotten Bks.

Lena, or the Silent Woman, Vol. 3 of 3 (Classic Reprint) Ellen Wallace. (ENG., Illus.). (J). 2018. 310p. 30.29 *(978-0-483-63072-7(1))*; 2016. pap. 13.57 *(978-1-333-68809-7(1))* Forgotten Bks.

Lena Rivers (Classic Reprint) Mary Jane Holmes. 2017. (ENG., Illus.). (J). 32.68 *(978-0-260-39818-5(7))* Forgotten Bks.

Lena, the Sea, & Me. Maria Parr. (ENG.). 304p. (J). (gr. 2-5). 2023. pap. 8.99 *(978-1-5362-3039-0(1))*; 2021. 16.99 *(978-1-5362-0772-9(1))* Candlewick Pr.

Lena, Vol. 1 Of 3: Or the Silent Woman (Classic Reprint) Ellen Wallace. (ENG., Illus.). (J). 2018. 318p. 30.48 *(978-0-267-34636-3(0))*; 2016. pap. 13.57 *(978-1-333-69755-6(4))* Forgotten Bks.

Lena-Wingo, the Mohawk: A Sequel to the Wilderness Fugitives (Classic Reprint) Edward Sylvester Ellis. (ENG., Illus.). (J). 2018. 252p. 29.09 *(978-0-267-36524-1(1))*; 2016. pap. 11.57 *(978-1-334-16511-5(4))* Forgotten Bks.

Lenâpé-English Dictionary. Daniel Garrison Brinton. 2017. (ENG.). 252p. (J). pap. *(978-3-337-29776-3(5))* Creation Pubs.

Lenape-English Dictionary: From an Anonymous Ms. in the Archives of the Moravian Church at Bethlehem, Pa (Classic Reprint) Daniel Garrison Brinton. 2017. (ENG., Illus.). (J). pap. 11.57 *(978-0-259-46972-8(6))* Forgotten Bks.

Lenâpé-English Dictionary: From an Anonymous Ms. in the Archives of the Moravian Church at Bethlehem, Pa (Classic Reprint) Daniel Garrison Brinton. 2018. (ENG., Illus.). 240p. (J). 28.85 *(978-0-666-78932-7(0))* Forgotten Bks.

Lena's Letters. Maria Lena Skillings. 2021. 44p. (J). pap. 15.99 *(978-1-0983-8656-6(6))* BookBaby.

Lena's Lollipop. Christine Scaglione. 2021. (ENG., Illus.). 36p. (J). pap. 14.95 *(978-1-64654-149-2(9))* Fulton Bks.

Lena's Shoes Are Nervous: A First-Day-Of-School Dilemma. Keith Calabrese. Illus. by Juana Medina. 2018. (ENG.). 40p. (J). (gr. -1-3). 17.99 *(978-1-5344-0894-4(0))* Simon & Schuster Children's Publishing.

Lena's Zinnias. Missy Rolfe. Illus. by Sydney Rolfe. 2021. (ENG.). 34p. (J). pap. 14.00 *(978-1-952369-69-8(X))* Living Parables of Central Florida, Inc.

Lend a Hand Around Town. Czeena Devera. 2019. (Helping Out Ser.). (ENG., Illus.). 16p. (J). (gr. -1-2). pap. 11.36 *(978-1-5341-4977-9(5)*, 213220, Cherry Blossom Press) Cherry Lake Publishing.

Lend a Hand at Home. Czeena Devera. 2019. (Helping Out Ser.). (ENG., Illus.). 16p. (J). (gr. -1-2). pap. 11.36 *(978-1-5341-4975-5(9)*, 213214, Cherry Blossom Press) Cherry Lake Publishing.

Lend a Hand at School. Czeena Devera. 2019. (Helping Out Ser.). (ENG., Illus.). 16p. (J). (gr. -1-2). pap. 11.36 *(978-1-5341-4976-2(7)*, 213217, Cherry Blossom Press) Cherry Lake Publishing.

Lend a Hand on the Playground. Czeena Devera. 2019. (Helping Out Ser.). (ENG., Illus.). 16p. (J). (gr. -1-2). pap. 11.36 *(978-1-5341-4978-6(3)*, 213223, Cherry Blossom Press) Cherry Lake Publishing.

Lend a Helping Fin, 3. Beth Sycamore. ed. 2022. (Everyday Lessons Ser.). (ENG.). 24p. (J). (gr. k-1). 16.96 ***(978-1-68505-492-2(7))*** Penworthy Co., LLC, The.

Lenderman's Adventures among the Spiritualists & Free-Lovers (Classic Reprint) Lenderman Lenderman. 2018. (ENG., Illus.). 318p. (J). 30.46 *(978-0-483-42292-6(4))* Forgotten Bks.

Lending Zoo. Frank Asch. Illus. by Frank Asch. 2016. (ENG., Illus.). 32p. (J). (gr. -1-3). 16.99 *(978-1-4424-6678-4(2)*, Aladdin) Simon & Schuster Children's Publishing.

Length. Darice Bailer. 2018. (How to Measure Ser.). (ENG.). 24p. (J). lib. bdg. 22.99 *(978-1-5105-3626-5(4))* SmartBook Media, Inc.

Length. Marie Lemke. 2023. (Measuring Things Ser.). (ENG.). 24p. (J). (gr. -1-2). pap. ***(978-1-0396-9748-5(8)***, 33118); lib. bdg. ***(978-1-0396-9641-9(4)***, 33117) Crabtree Publishing Co.

Length. Julie Murray. 2019. (Measure It! Ser.). (ENG., Illus.). 24p. (J). (gr. -1-2). lib. bdg. 31.36 *(978-1-5321-8528-1(6)*, 31394, Abdo Kids) ABDO Publishing Co.

Length. Julia Vogel. 2018. (Illus.). 24p. (J). *(978-1-4896-5871-5(8)*, AV2 by Weigl) Weigl Pubs., Inc.

Length & Width, 1 vol. Arthur Best. 2018. (Properties of Matter Ser.). (ENG.). 24p. (gr. 1-1). pap. 9.22 *(978-1-5026-4218-9(2)*, e86dd955-02cf-4271-b7ce-e40473ceef27) Cavendish Square Publishing LLC.

Length of a String. Elissa Brent Weissman. 384p. (J). (gr. 5-9). 2020. 8.99 *(978-0-7352-2948-8(1)*, Puffin Books); 2018. 17.99 *(978-0-7352-2947-1(3)*, Dial Bks) Penguin Young Readers Group.

Lenguaje de Los árboles. Pepa Horno. 2022. (SPA.). 28p. (J). (gr. k-2). 16.99 *(978-84-16470-00-6(6))* Fineo Editorial, S.L. ESP. Dist: Independent Pubs. Group.

Leni Leoti; or Adventures in the Far West: A Sequel to Prairie Flower (Classic Reprint) Emerson Bennett. 2018. (ENG., Illus.). 110p. (J). 26.17 *(978-0-267-28798-7(4))* Forgotten Bks.

Lennon the Penguin Moves to the Beach. Daniel Roberts. 2018. (ENG., Illus.). 36p. (J). pap. *(978-0-359-18966-3(0))* Lulu Pr., Inc.

Lenny & Leah Explore Italy. Onix Dobarganes. 2020. (ENG.). 38p. (J). 19.99 *(978-1-7356983-2-8(6))*; pap. 12.99 *(978-1-7352710-4-0(7))* Mindstir Media.

Lenny & Lily the Flower Spot Kids. Dani Liu. Illus. by Vidya Lalgudi Jaishankar. 2022. (ENG.). 28p. (J). pap. *(978-1-7780937-1-5(X))* Chan, Raz.

Lenny & Lou's Llamazing Treasure Hunt. Cathi Huff & Danielle Bartling. Illus. by Bianca Clark. 2022. (Atlantis Dream Farm Ser.: 2). 38p. (J). pap. 15.99 *(978-1-6678-5640-7(5))* BookBaby.

Lenny Lizard Learns a Lesson. Tamara Krenek Oliver. 2020. (ENG.). 44p. (J). 25.95 *(978-1-6624-0269-2(4))*; pap. 15.95 *(978-1-64544-400-8(7))* Page Publishing Inc.

Lenny Loves Leonard Cohen. Tracilyn George. 2023. (ENG.). 22p. (J). pap. 12.99 ***(978-1-77475-661-4(7))*** Draft2Digital.

Lenny Peed on That! Janine Parkinson & Lenny. Illus. by Gb Faelnar. 2022. (ENG.). 36p. (J). ***(978-0-2288-7789-9(X))***; pap. ***(978-0-2288-7790-5(3))*** Tellwell Talent.

Lenny the Lemming. Jennifer Ferguson. 2023. (ENG.). 32p. (J). 24.99 ***(978-1-0880-8783-1(3))*** Palmetto Publishing.

Lenny the Loon: An Adventure on Lake Minnetonka. Mikaela Casey. 2018. (ENG., Illus.). 38p. (J). (gr. k-3). 19.99 *(978-1-5456-4553-6(1)*, Mill City Press, Inc) Salem Author Services.

Lenny, the Orphan, or Trials & Triumphs (Classic Reprint) Margaret Hosmer. (ENG., Illus.). (J). 2018. 260p. 29.28 *(978-0-666-98560-6(X))*; 2017. pap. 11.97 *(978-0-243-46644-3(7))* Forgotten Bks.

Lenny's Dare: A Novel of Youth in a Time of War. M. H. Bittner. 2019. (ENG., Illus.). 194p. (YA). (gr. 7-11). pap. 12.95 *(978-1-62787-753-4(3))* Wheatmark, Inc.

Lenny's Wagon Ride. Ken A. McKenzie. 2016. (ENG., Illus.). (J). pap. 14.95 *(978-1-4808-3830-7(6))* Archway Publishing.

Leno & Lia on Planet X. Cambraia F. Fernandes. 2021. (ENG.). 30p. (J). 25.00 *(978-1-0983-7923-0(3))* BookBaby.

Lenorian Chronicles: Book 1. Noah Gonzales. 2022. (ENG.). 101p. (J). pap. *(978-1-6780-0517-7(7))* Lulu Pr., Inc.

Lenoxx: (the Last Dragon?) Ginger a Nielson. Illus. by Ginger a Nielson. 2019. (ENG., Illus.). 40p. (J). (gr. k-3). 23.95 *(978-0-578-51323-2(4))* Ginger Nielson - Children's Bk. Illustration.

Lens for the Lighthouse. Cynthia Kreilick. Illus. by Laura Eyring. 2020. (ENG.). 30p. (J). 19.95 *(978-0-578-71951-1(7))* morning circle media.

Lens, Vol. 1: December, 1903 (Classic Reprint) Everett Davison. (ENG., Illus.). (J). 2018. 28p. 24.49 *(978-0-656-07172-2(9))*; 2017. pap. 7.97 *(978-0-259-79181-2(4))* Forgotten Bks.

Lens, Vol. 1: February 1904 (Classic Reprint) Everett Davison. 2017. (ENG., Illus.). (J). pap. 7.97 *(978-1-5284-2511-7(1))* Forgotten Bks.

Lent: One Day at a Time for Catholic Teens. Katie Prejean McGrady & Tommy McGrady. 2019. (ENG., Illus.). 64p. (YA). pap. 2.50 *(978-1-59471-908-0(X))* Ave Maria Pr.

Lent Roland. Deborah Kerbel. Tr. by Rachel Martinez from ENG. Illus. by Marianne Ferrer. 2020. Orig. Title: Slow Moe. (FRE.). 32p. (J). (gr. -1-k). 19.95 *(978-1-4598-2475-1(X))* Orca Bk. Pubs. USA.

Lent, Yom Kippur & Days of Repentance, Vol. 10. Betsy Richardson. 2018. (Celebrating Holidays & Festivals Around the World Ser.). (Illus.). 112p. (J). (gr. 7). lib. bdg. 34.60 *(978-1-4222-4149-3(1))* Mason Crest.

Lentala of the South Seas: The Romantic Tale of a Lost Colony (Classic Reprint) W. C. Morrow. (ENG., Illus.). (J). 2017. 30.08 *(978-0-266-50825-0(1))*; 2016. pap. 13.57 *(978-1-334-20784-6(4))* Forgotten Bks.

Lentil SoupLa Soupe Aux Lentilles. Carole Tremblay. Tr. by Charles Simard from FRE. Illus. by Maurèen Poignonec. 2021. Orig. Title: La Soupe Aux Lentilles. (ENG.). 32p. (J). (gr. 1-3). 19.95 *(978-1-4598-2701-1(5))* Orca Bk. Pubs. USA.

Lentil the Bear. Julie A. Gedemer. Illus. by Trudy Perry. 2023. (ENG.). 28p. (J). 21.99 ***(978-1-958729-12-0(4))*** Mindstir Media.

Leo. Clever Publishing. Illus. by Alyona Achilova. 2021. (Clever Zodiac Signs Ser.: 5). (ENG.). 8p. (J). (gr. -1 — 1). bds. 8.99 *(978-1-951100-65-0(4))* Clever Media Group.

Leo. Dutton Cook. 2017. (ENG.). (J). 308p. pap. *(978-3-337-06788-5(3))*; 290p. pap. *(978-3-337-06789-2(1))*; 332p. pap. *(978-3-337-06790-8(5))* Creation Pubs.

Leo: A Novel, Vol. 1 of 3 (Classic Reprint) Dutton Cook. 2018. (ENG., Illus.). 306p. (J). 30.23 *(978-0-332-48367-2(3))* Forgotten Bks.

Leo: A Novel, Vol. 2 of 3 (Classic Reprint) Dutton Cook. 2018. (ENG., Illus.). 288p. (J). 29.84 *(978-0-483-76958-8(4))* Forgotten Bks.

Leo: A Novel, Vol. 3 of 3 (Classic Reprint) Dutton Cook. 2018. (ENG., Illus.). 332p. (J). 30.74 *(978-0-483-94278-3(2))* Forgotten Bks.

Leo: Book Five in the Zodiac Dozen Series. Oliver Bestul. 2022. (Zodiac Dozen Ser.: Vol. 5). (ENG.). 176p. (J). pap. 12.99 *(978-1-64538-403-8(9))* Orange Hat Publishing.

Leo: The Little Fly with Lots of Buzz. Brad Jay Coulter. Ed. by Alexander Peart. Illus. by Admad Hassan. 2021. (ENG.). 30p. (J). pap. *(978-0-2288-5318-3(4))* Tellwell Talent.

Leo and... Leo y (bilingual English Spanish): ... the Hat ... el Sombrero, ... the Park ... el Parque, ... the Slide ... la Resbaladilla, ... the Red Train ... el Tren Rojo, ... the Big Apartment ... el Gran Apartamento, ... the Train Story ... la Historia Del Tren, ... the Kites ... los Papalotes, ... the Mix-Up. Susan L. Roth. Tr. by Hector Cisneros Vazquez. Illus. by Susan L. Roth. 2023. (SPA.). 150p. (J). pap. 29.95 ***(978-1-939604-33-0(8))*** Barranca Pr.

Leo & the Fan of Wonders. Ashton Fabela. 2021. (ENG., Illus.). 30p. (J). pap. 13.95 *(978-1-63885-794-5(6))* Covenant Bks.

Leo & the Gorgon's Curse: Brownstone's Mythical Collection 4. Joe Todd-Stanton. 2022. (Brownstone's Mythical Collection: 4). (ENG.). 56p. (J). (gr. k-4). pap. 10.99 *(978-1-83874-989-7(6))* Flying Eye Bks. GBR. Dist: Penguin Random Hse. LLC.

Leo & the Harp. T. Mushlin. 2021. (ENG.). 92p. (J). pap. 21.95 *(978-1-64531-931-3(8))* Newman Springs Publishing, Inc.

1144

The check digit for ISBN-10 appears in parentheses after the full ISBN-13

Leo & the Paperbark. Leanne Murner. 2021. (ENG.). 36p. (J). *(978-0-6452689-2-8(5))* Karen Mc Dermott.
Leo & the Plastic-Collecting Submarine. Diego Chaves. 2022. (ENG., Illus.). 32p. (J). (gr. 2-4). 14.95 *(978-1-943431-78-6(7))* Tumblehome Learning.
Leo at the Bus Stop. Donna Sledge Casey. 2016. (ENG., Illus.). (J). pap. 12.45 *(978-1-5127-6716-2(6),* WestBow Pr.) Author Solutions, LLC.
Leo Bertram, or the Brave Heart: From the German of Franz Hoffman (Classic Reprint) E. T. Disosway. 2018. (ENG., Illus.). 178p. (J). 27.57 *(978-0-267-49088-2(7))* Forgotten Bks.
Leo Can Swim. Anna McQuinn. Illus. by Ruth Hearson. 2016. (Leo Can! Ser.). (ENG.). 24p. (J). (— 1). lib. bdg. 9.95 *(978-1-58089-725-9(8))* Charlesbridge Publishing, Inc.
Leo Da Vinci vs the Furniture Overlord. Michael Pryor. Illus. by Jules Faber. 2016. (Leo Da Vinci Ser.: 2). 192p. (J). (gr. 4-6). pap. 8.99 *(978-0-85798-839-3(5))* Random Hse. Australia AUS. Dist: Independent Pubs. Group.
Leo Dayne: A Novel (Classic Reprint) Margaret Augusta Kellogg. 2017. (ENG., Illus.). (J). 34.60 *(978-0-265-72874-1(6))*; pap. 16.97 *(978-1-5276-8942-8(5))* Forgotten Bks.
Leo, Dog of the Sea, 1 vol. Alison Hart. Illus. by Michael G. Montgomery. 2019. (Dog Chronicles Ser.). 176p. (J). (gr. 2-5). pap. 7.95 *(978-1-68263-089-1(7))* Peachtree Publishing Co. Inc.
Leo el Magnifico. Pablo Cartaya. 2022. (Ghostwriter Ser.). (ENG.). 176p. (J). (gr. 3-9). pap. 12.99 *(978-1-7282-7131-6(2))* Sourcebooks, Inc.
Leo Finds a Forever Home. Joanne G. O'Hara. Illus. by B. Dan O'Hara. 2021. (ENG.). 40p. (J). pap. *(978-1-5255-9457-1(5))* FriesenPress.
Leo Finds a Forever Home. Joanne G. O'Hara. Illus. by B. Dan O'Hara. 2021. (ENG.). 40p. (J). *(978-1-5255-9458-8(3))* FriesenPress.
Leo Gets a Checkup. Anna McQuinn. Illus. by Ruth Hearson. 2018. (Leo Can! Ser.). (ENG.). 24p. (J). (— 1). lib. bdg. 9.99 *(978-1-58089-891-1(2))* Charlesbridge Publishing, Inc.
Leo Goes to France. Mary Gaughan. 2021. (ENG.). 24p. (J). pap. 10.95 *(978-1-6642-2687-6(7),* WestBow Pr.) Author Solutions, LLC.
Leo I Love You All Ways. Marianne Richmond. Illus. by Dubravka Kolanovic. 2023. (I Love You All Ways Ser.). (ENG.). 32p. (J). (gr. -1-3). 8.99 ***(978-1-7282-7385-3(4))*** Sourcebooks, Inc.
Leo, Inventor Extraordinaire, 1 vol. Luke Xavier Cunningham. 2021. (ENG.). 416p. (J). 16.99 *(978-0-310-77000-8(9))* Zonderkidz.
Leo Lizard's Classroom Adventure. Lisa Lauro. 2019. (ENG.). 30p. (J). pap. 12.95 *(978-1-64258-737-1(0))* Christian Faith Publishing.
Leo Loves Daddy. Anna McQuinn. Illus. by Ruth Hearson. 2021. (Leo Can! Ser.). (ENG.). 18p. (J). (— 1). bds. 7.99 *(978-1-62354-241-2(3))* Charlesbridge Publishing, Inc.
Leo Loves Mommy. Anna McQuinn. Illus. by Ruth Hearson. 2021. (Leo Can! Ser.). (ENG.). 18p. (J). (— 1). bds. 7.99 *(978-1-62354-242-9(1))* Charlesbridge Publishing, Inc.
Leo no es un extraterrestre. Susana Peix Cruz. 2020. (SPA.). 36p. (J). (gr. 1-3). 22.99 *(978-84-120746-4-2(5))* Editorial Libre Albedrío ESP. Dist: Lectorum Pubns., Inc.
Leo Se Viste. Britta Teckentrup. Illus. by Britta Teckentrup. 2021. (Somos 8 Ser.). (SPA.). 36p. (J). bds. 12.99 *(978-84-17673-69-7(5))* NubeOcho Ediciones ESP. Dist: Consortium Bk. Sales & Distribution.
Leo the Duck. Roy Godfrey & Craig Godfrey. Illus. by Leo Anderson. 2017. (ENG.). (J). 21.95 *(978-1-64003-277-4(0))*; pap. 12.95 *(978-1-64003-276-7(2))* Covenant Bks.
Leo the Goat: A Story of Friendship, Playfulness & Creativity. Ellie Archer. 2022. (ENG.). 48p. (J). 17.00 ***(978-1-0880-3457-6(8))*** Indy Pub.
Leo, the Incredible & Amazing Dog Star: One Young Dog's True Story. Martin Deeley. 2019. (ENG.). 80p. (J). pap. 18.00 *(978-1-948738-60-6(0))* Legaia Bks. USA.
Leo the Lion. Tanner Di Bella. 2023. (Leo the Lion Ser.: Vol. 1). (ENG.). 38p. (J). 22.99 ***(978-1-6628-7401-7(4))***; pap. 14.99 ***(978-1-6628-7321-8(2))*** Salem Author Services.
Leo the Lion: Calls an Ambulance. Sharon Neale. 2021. (ENG.). 44p. (J). pap. *(978-0-2288-5437-1(7))* Tellwell Talent.
Leo the Lion Whisperer. Mavis Pachter. 2020. (ENG.). 60p. (J). pap. *(978-1-912416-62-2(X))* TSL Pubns.
Leo, the Little Wanderer. Tuula Pere. Ed. by Susan Korman. Illus. by Virpi Nieminen. 2018. (ENG.). 46p. (J). (gr. k-6). *(978-952-357-024-5(2))*; pap. *(978-952-325-081-9(7))* Wickwick oy.
Leo the Lizard. Jessica Piper. Illus. by Amanda James. 2022. (ENG.). 46p. (J). 19.99 ***(978-1-0880-3825-3(5))*** Indy Pub.
Leo the Lying Lion. Molly Frazer. 2020. (ENG.). 38p. (J). pap. 18.99 *(978-1-0879-3257-6(2))* Indy Pub.
Leo Thorsness: Vietnam: Valor in the Sky. Michael P. Spradlin. 2019. (Medal of Honor Ser.: 3). (ENG., Illus.). 112p. (J). 15.99 *(978-1-250-15715-7(3),* 900185148, Farrar, Straus & Giroux (BYR)) Farrar, Straus & Giroux.
Leões, Leopardos e Tempestades Minha Nossa! (Portuguese Edition) Um Livro de Segurança de Tempestades. Heather L. Beal. 2018. (POR., Illus.). 24p. (J). pap. 8.99 *(978-1-947690-09-7(4))* Train 4 Safety Pr.
Leofric's Adventure with the Wifflebots: Whatever Happened at the Bottom of the Well! Kevin Dewane. 2022. (ENG.). 264p. (J). pap. ***(978-1-4710-3358-2(9))***; (YA). ***(978-1-4710-4265-2(0))*** Lulu Pr., Inc.
Leon & Bob. Simon James. Illus. by Simon James. 2016. (ENG., Illus.). 32p. (J). (gr. -1-3). 7.99 *(978-0-7636-8175-3(X))* Candlewick Pr.
Léon Ou Celui Qui Ne Savait Pas Changer de Couleur. Mona Valney & Bruno Dore. 2018. (FRE., Illus.). 34p. (J). pap. *(978-0-244-07439-5(9))* Lulu Pr., Inc.
Leon Roch, Vol. 1 Of 2: A Romance (Classic Reprint) B. Perez Galdos. (ENG., Illus.). (J). 2018. 324p. 30.58 *(978-0-483-40824-1(7))*; 2017. pap. 13.57 *(978-1-5276-7413-4(4))* Forgotten Bks.
Leon Sparks. Sean Tudor. 2018. (ENG., Illus.). 414p. (J). pap. *(978-0-9957363-3-7(2))* White Ladies Pr.
Leon the Extraordinary: a Graphic Novel (Leon #1) Jamar Nicholas. Illus. by Jamar Nicholas. 2022. (ENG.). 272p. (J). (gr. 3-7). 24.99 *(978-1-338-74416-3(X))*; pap. 12.99 *(978-1-338-74415-6(1))* Scholastic, Inc. (Graphix).
Leon the Left Sock. Timothy Price. 2019. (ENG.). 34p. (J). pap. 14.91 *(978-0-244-21258-2(9))* Lulu Pr., Inc.
Leon vs. Tigre. Jerry Pallotta. ed. 2022. (Who Would Win Ser.). (SPA.). 32p. (J). (gr. 2-3). 15.96 ***(978-1-68505-509-7(5))*** Penworthy Co., LLC, The.
león y el Ratón. Jean de la Fontaine. 2021. (SPA.). 16p. (J). (gr. -1-k). pap. 1.95 *(978-607-21-1095-3(9))* Larousse, Ediciones, S. A. de C. V. MEX. Dist: Independent Pubs. Group.
Leona Vicario y el Misterio de Las Medallas de Plata / Leona Vicario & the Mys Tery of the Silver Medals. Pedro J. Fernández. 2023. (SPA.). 208p. (J). (gr. 4-7). pap. 14.95 *(978-607-38-1948-0(X),* Alfaguara) Penguin Random House Grupo Editorial ESP. Dist: Penguin Random Hse. LLC.
Leonah Lemonade. Shonjrell Ladner. 2018. (ENG., Illus.). 48p. (J). pap. *(978-0-359-17182-8(6))* Lulu Pr., Inc.
Leonard & Gertrude. Johann Heinrich Pestalozzi. 2017. (ENG.). 212p. (J). pap. *(978-3-337-31880-2(0))* Creation Pubs.
Leonard & Gertrude: A Popular Story, Written Originally in German; Translated into French, & Now Attempted in English (Classic Reprint) Johann Heinrich Pestalozzi. 2018. (ENG., Illus.). 286p. (J). 29.80 *(978-0-483-28528-6(5))* Forgotten Bks.
Leonard & Gertrude: A Popular Story, Written Originally in German; Translated into French, & Now Attempted in English; with the Hope of Its Being Useful to All Classes of Society (Classic Reprint) Johann Heinrich Pestalozzi. (ENG., Illus.). (J). 2017. 29.75 *(978-0-260-18842-7(5))*; 2016. pap. 13.57 *(978-1-333-67375-8(2))* Forgotten Bks.
Leonard & Loulou. Esther Buerki. Illus. by Teodora Dimitrova. 2019. 32p. (gr. k-5). pap. 12.95 *(978-1-64279-251-5(9))* Morgan James Publishing.
Leonard Bernstein (Revised Edition) (Getting to Know the World's Greatest Composers) Mike Venezia. Illus. by Mike Venezia. rev. ed. 2017. (Getting to Know the World's Greatest Composers Ser.). (ENG., Illus.). 40p. (J). (gr. 3-4). pap. 7.95 *(978-0-531-23034-3(1),* Children's Pr.) Scholastic Library Publishing.
Leonard Bernstein (Revised Edition) (Getting to Know the World's Greatest Composers) (Library Edition) Mike Venezia. Illus. by Mike Venezia. 2017. (Getting to Know the World's Greatest Composers Ser.). (ENG., Illus.). 40p. (J). (gr. 3-4). lib. bdg. 29.00 *(978-0-531-22656-8(5),* Children's Pr.) Scholastic Library Publishing.
Leonard Goes Green. Susan Devenyi. 2018. (ENG., Illus.). 28p. (J). pap. *(978-0-2288-0035-4(8))* Tellwell Talent.
Leonard (My Life As a Cat) Carlie Sorosiak. (ENG.). (J). (gr. 3-7). 2022. 256p. pap. 8.99 *(978-1-5362-2581-5(9))*; 2021. 240p. 18.99 *(978-1-5362-0770-5(5))* Candlewick Pr.
Leonard Normandale, Vol. 3 Of 3: Or the Three Brothers, a Novel (Classic Reprint) Charles Stuart Savile. 2018. (ENG., Illus.). 304p. (J). 30.17 *(978-0-484-34806-5(X))* Forgotten Bks.
Leonardo & Me. Marcelo Vaccaro. Tr. by Sarah Shlymon. 2023. (ENG.). 182p. (J). pap. ***(978-1-7779332-7-2(7))*** Gauvin, Jacques.
Leonardo da Vinci see Leonardo Da Vinci: El Genio Que Definio el Renacimiento
Leonardo Da Vinci. Diego Agrimbau & Diego Aballay. Tr. by Trusted Trusted Translations. 2017. (Graphic Lives Ser.). (ENG., Illus.). 80p. (J). (gr. 3-9). lib. bdg. 32.65 *(978-1-5157-9163-8(7),* 136605, Capstone Pr.) Capstone.
Leonardo Da Vinci. Illus. by Isabel Munoz. 2019. (Genius Ser.). (ENG.). 42p. (J). (gr. 1). 9.95 *(978-88-544-1332-0(1))* White Star Publishers ITA. Dist: Sterling Publishing Co., Inc.
Leonardo Da Vinci. Wonder House Books. 2023. (Illustrated Biography for Kids Ser.). (ENG.). 32p. (J). (gr. 3-7). 9.99 ***(978-93-5856-201-9(3))*** Prakash Bk. Depot IND. Dist: Independent Pubs. Group.
Leonardo Da Vinci, Vol. 11. John Cashin. 2018. (Scientists & Their Discoveries Ser.). (Illus.). 96p. (J). (gr. 7). lib. bdg. 34.60 *(978-1-4222-4032-8(0))* Mason Crest.
Leonardo Da Vinci: Artist, Inventor & Scientist - Art History Lessons for Kids Children's Art Books. Baby Professor. 2017. (ENG., Illus.). (J). pap. 8.79 *(978-1-5419-3863-2(1),* Baby Professor (Education Kids)) Speedy Publishing LLC.
Leonardo Da Vinci: Renaissance Genius, 1 vol. Tamra B. Orr. 2018. (Eye on Art Ser.). (ENG.). 104p. (gr. 7-7). pap. 20.99 *(978-1-5345-6531-9(0),* ace4da44-5913-43f9-8194-1dcabd94c49c, Lucent Pr.) Greenhaven Publishing LLC.
Leonardo Da Vinci & the Pen That Drew the Future. Luca Novelli. 2017. (Flashes of Genius Ser.). (ENG., Illus.). 112p. (J). (gr. 3). pap. 9.99 *(978-1-61373-869-6(2))* Chicago Review Pr., Inc.
Leonardo Da Vinci, Genio de Todos Los Tiempos. Davide Morosinotto. 2020. (SPA.). 74p. (J). (gr. 3-5). 12.99 *(978-958-30-5990-2(0))* Panamericana Editorial COL. Dist: Lectorum Pubns., Inc.
Leonardo Da Vinci: Incredible Machines. David Hawcock. 2019. (Dover Science for Kids Ser.). (ENG., Illus.). 24p. 24.95 *(978-0-486-83236-4(8),* 832368) Dover Pubns., Inc.
Leonardo Da Vinci's Aircraft Designs Coloring Book. Jupiter Kids. 2017. (ENG., Illus.). (J). pap. 9.20 *(978-1-68326-814-7(8),* Jupiter Kids (Childrens & Kids Fiction)) Speedy Publishing LLC.
Leonardo Da Vinci's Life of Invention. Jake Williams. 2022. (ENG., Illus.). 96p. (J). 15.99 *(978-1-84365-498-8(9),* Pavilion Children's Books) Pavilion Bks. GBR. Dist: HarperCollins Pubs.
Leonardo Da Vinci's Role in the Renaissance Children's Renaissance History. Baby Professor. 2017. (ENG., Illus.). (J). pap. 7.89 *(978-1-5419-0368-5(4),* Baby Professor (Education Kids)) Speedy Publishing LLC.
Leonardo Dicaprio: Actor, Environmental Activist, & un Messenger of Peace, 1 vol. Kristen Rajczak Nelson. 2017. (Breakout Biographies Ser.). (ENG.). 32p. (J). (gr. 4-5). 27.93 *(978-1-5383-2553-7(5),* 972d5eda-ee39-4bdf-ae24-01ffd9a711de, PowerKids Pr.) Rosen Publishing Group, Inc., The.
Leonardo y Yo. Marcelo Vaccaro. 2023. (SPA.). 186p. (J). pap. ***(978-1-7779332-5-8(0))*** Gauvin, Jacques.
Leonardo's Art Workshop: Invent, Create, & Make STEAM Projects Like a Genius. Amy Leidtke. 2018. (Leonardo's Workshop Ser.). (ENG., Illus.). 144p. (J). (gr. 5-8). pap. 22.99 *(978-1-63159-522-6(9),* 303402, Rockport Publishers) Quarto Publishing Group USA.
Leonardo's Science Workshop: Invent, Create, & Make STEAM Projects Like a Genius. Heidi Olinger. 2019. (Leonardo's Workshop Ser.). (ENG., Illus.). 144p. (J). (gr. 5-8). pap. 22.99 *(978-1-63159-524-0(5),* 304041, Rockport Publishers) Quarto Publishing Group USA.
Leonard's Beard. Nancy Cote. 2016. (ENG., Illus.). 32p. (J). (gr. -1-k). 16.99 *(978-1-5107-0796-2(4),* Sky Pony Pr.) Skyhorse Publishing Co., Inc.
Leona's Unlucky Mission, 3. Shana Muldoon Zappa et al. 2016. (Star Darlings Ser.). (ENG., Illus.). 176p. (J). (gr. 3-6). 21.19 *(978-1-4844-7387-0(6))* Disney Pr.
Leone (Classic Reprint) Luigi Monti. 2017. (ENG., Illus.). 386p. (J). 31.86 *(978-0-484-42802-6(0))* Forgotten Bks.
Leone Pescatore. Gil Ferre. Illus. by Guylaine Regnier. 2017. (ITA.). (J). pap. *(978-2-930821-49-8(3))* Plannum.
Leones, Leopardos y Tormentas, ¡que Cosa! (Spanish Edition) Un Libro de Seguridad de Tormentas. Heather L. Beal. 2018.Tr. of Lions Leopards & Storms Oh MY. (SPA., Illus.). 24p. (J). pap. 8.99 *(978-1-947690-07-3(8))* Train 4 Safety Pr.
Leones, Leopardos y Tormentas, ¡que Cosa! (Spanish Edition) Un Libro de Seguridad de Tormentas. Heather L. Beal. 2022. (SPA., Illus.). 28p. (J). (gr. k-2). 16.99 *(978-1-947690-36-3(1))* Train 4 Safety Pr.
Leones Marinos Bebés. Kate Riggs. 2021. (Principio de Los Ser.). (SPA.). 16p. (J). (gr. -1-k). pap. 7.99 *(978-1-62832-994-0(7),* 18035, Creative Paperbacks) Creative Co., The.
Leonidas. Richard Glover. 2017. (ENG.). (J). 214p. pap. *(978-3-7447-1550-8(7))*; 232p. pap. *(978-3-7447-1551-5(5))* Creation Pubs.
Leonidas: A Poem (Classic Reprint) Richard Glover. (ENG., Illus.). (J). 2018. 250p. 29.07 *(978-0-364-11199-4(2))*; 2018. 252p. 29.18 *(978-0-484-03009-0(4))*; 2017. 31.24 *(978-0-331-91634-8(7))*; 2017. 30.08 *(978-0-266-56387-7(2))*; 2017. pap. 11.57 *(978-0-259-77522-5(3))* Forgotten Bks.
Leonidas I: Warrior King of Sparta, 1 vol. Beatriz Santillian & Ian Macgregor Morris. 2017. (Leaders of the Ancient World Ser.). (ENG., Illus.). 112p. (J). (gr. 6-6). 38.80 *(978-1-5081-7520-9(9),* ca244ba1-044d-4db5-80a2-6ae6c29c1c70, Rosen Young Adult) Rosen Publishing Group, Inc., The.
Leonie of the Jungle (Classic Reprint) Joan Conquest. (ENG., Illus.). (J). 2018. 36p. 24.66 *(978-0-267-46033-5(3))*; 2017. 322p. 30.56 *(978-0-332-53051-2(5))*; 2017. pap. 13.57 *(978-0-259-18973-2(1))* Forgotten Bks.
Leonora. Arnold Bennett. 2017. (ENG., Illus.). (J). 24.95 *(978-1-374-95247-8(8))* Capital Communications, Inc.
Leonora: A Novel (Classic Reprint) Arnold Bennett. 2018. (ENG., Illus.). 358p. (J). 31.30 *(978-0-365-45176-1(2))* Forgotten Bks.
Leonora Bolt: Deep Sea Calamity. Lucy Brandt. 2022. (Leonora Bolt Ser.). (Illus.). 208p. (J). (gr. 1-4). pap. 14.99 ***(978-0-241-43679-0(6),*** Puffin) Penguin Bks., Ltd. GBR. Dist: Independent Pubs. Group.
Leonora Bolt: Eco Engineer. Lucy Brandt. 2023. (Leonora Bolt Ser.). (Illus.). 208p. (J). (gr. 1-4). 14.99 ***(978-0-241-62188-2(7),*** Puffin) Penguin Bks., Ltd. GBR. Dist: Independent Pubs. Group.
Leonora Casaloni, Vol. 1 Of 2: A Novel (Classic Reprint) Thomas Adolphus Trollope. (ENG., Illus.). (J). 2018. 304p. 30.19 *(978-0-483-44129-3(5))*; 2016. pap. 13.57 *(978-1-333-35195-3(X))* Forgotten Bks.
Leonora Casaloni, Vol. 2 Of 2: A Novel (Classic Reprint) T. a Trollope. 2018. (ENG., Illus.). 294p. (J). 29.96 *(978-0-483-42021-2(2))* Forgotten Bks.
Leonora D'Orco: A Historical Romance (Classic Reprint) George Payne Rainsford James. 2017. (ENG., Illus.). (J). 27.16 *(978-0-265-72848-2(7))*; pap. 9.57 *(978-1-5276-8893-3(3))* Forgotten Bks.
Leonora d'Orco, Vol. 1 Of 3: A Historical Romance (Classic Reprint) G. P. R. James. 2016. (ENG., Illus.). (J). pap. 13.57 *(978-1-333-17231-2(1))* Forgotten Bks.
Leonora d'Orco, Vol. 1 Of 3: A Historical Romance (Classic Reprint) George Payne Rainsford James. 2018. (ENG., Illus.). 284p. (J). 29.75 *(978-0-483-96335-1(6))* Forgotten Bks.
Leonora of the Yawmish. Francis Dana. 2016. (ENG.). 328p. (J). pap. *(978-3-7433-6716-6(5))* Creation Pubs.
Leonora of the Yawmish: A Novel (Classic Reprint) Francis Dana. 2018. (ENG., Illus.). 328p. (J). 30.66 *(978-0-483-74709-8(2))* Forgotten Bks.
Leonora or the Presentation at Court; Being the First of a Series of Narratives Called Young Ladies Tales, Vol. 2 of 2 (Classic Reprint) Miss Appleton. 2018. (ENG., Illus.). 230p. (J). 28.64 *(978-0-483-97510-1(9))* Forgotten Bks.
Leonora; or the Presentation at Court, Vol. 1 Of 2: Being the First of a Series of Narratives Called Young Ladies' Tales (Classic Reprint) Unknown Author. 2018. (ENG., Illus.). 262p. (J). 29.32 *(978-0-332-82319-5(9))* Forgotten Bks.
Leopard: The Big 5 & Other Wild Animals. Megan Emmett. 2018. (Big 5 & Other Wild Animals Ser.). (ENG., Illus.). 52p. (J). (gr. 2-6). pap. *(978-0-6393-0004-7(9))* Awareness Publishing.
Leopard & His Spots. Suzanne Mauro. 2018. (ENG., Illus.). 40p. (J). 23.95 *(978-1-64258-743-2(5))*; pap. 13.95 *(978-1-64258-741-8(9))* Christian Faith Publishing.
Leopard & His Spots Red Band. Kathryn Harper. Illus. by Julian Mosedale. ed. 2016. (Cambridge Reading Adventures Ser.). (ENG.). 16p. pap. 7.95 *(978-1-316-50308-9(9))* Cambridge Univ. Pr.
Leopard Bee. Matsusei Mariko. 2018. (JPN.). (J). *(978-4-09-726786-7(8))* Shogakukan.
Leopard Behind the Moon. Mayonn Paasewe-Valchev. (ENG.). 256p. (J). (gr. 3-7). 2022. pap. 7.99 *(978-0-06-299362-5(3))*; 2021. (Illus.). 16.99 *(978-0-06-299361-8(5))* HarperCollins Pubs. (Greenwillow Bks.).
Léopard des Neiges. Valerie Bodden. 2018. (Planète Animaux Ser.). (FRE., Illus.). 24p. (J). *(978-1-77092-398-0(5),* 19687) Creative Co., The.
Leopard Diary: My Journey into the Hidden World of a Mother & Her Cubs. Suzi Eszterhas. 2022. (ENG., Illus.). 40p. (J). (gr. 4). 18.95 *(978-1-77147-491-7(2))* Owlkids Bks. Inc. CAN. Dist: Publishers Group West (PGW).
Leopard in My Lap (Classic Reprint) Michaela Denis. 2017. (ENG., Illus.). (J). 29.80 *(978-0-260-40972-0(3))*; pap. 13.57 *(978-0-243-28957-8(X))* Forgotten Bks.
Leopard in Our Garden. Bart Carmichael. 2017. (ENG., Illus.). (J). 25.95 *(978-1-4808-5266-2(X))*; pap. 16.95 *(978-1-4808-5265-5(1))* Archway Publishing.
Leopard in the Laboratory. Anjana Basu. 2016. (ENG., Illus.). 194p. pap. *(978-81-7993-370-1(9))* Energy and Resources Institute, The IND. Dist: Motilal (UK) Bks. of India.
Leopard Seal. Grace Hansen. 2021. (Antarctic Animals Ser.). (ENG., Illus.). 24p. (J). (gr. -1-2). lib. bdg. 32.79 *(978-1-0982-0940-7(0),* 38194, Abdo Kids) ABDO Publishing Co.
Leopard Woman (Classic Reprint) Stewart Edward White. 2018. (ENG., Illus.). 342p. (J). 30.97 *(978-0-483-51242-9(7))* Forgotten Bks.
Leopardo de Las Nieves. Valerie Bodden. 2018. (Planeta Animal Ser.). (SPA.). 24p. (J). (gr. 1-4). *(978-1-60818-940-3(6),* 19552, Creative Education) Creative Co., The.
Leopardo de Las Nieves. Aaron Carr. 2016. (Yo Soy Ser.). (SPA.). 24p. (J). pap. 31.41 *(978-1-4896-4336-0(2))* Weigl Pubs., Inc.
Leopards. Beth Costanzo. 2020. (ENG.). 40p. (J). pap. 15.40 *(978-1-716-14457-8(4))* Lulu Pr., Inc.
Leopards. Sophie Geister-Jones. 2021. (Wild Cats Ser.). (ENG., Illus.). 32p. (J). (gr. 2-3). pap. 9.95 *(978-1-63738-067-3(4))*; lib. bdg. 31.35 *(978-1-63738-031-4(3))* North Star Editions. (Apex).
Leopards. Leo Statts. 2019. (Forest Animals Ser.). (ENG., Illus.). 24p. (J). (gr. -1-2). lib. bdg. 31.36 *(978-1-5321-2907-0(6),* 33096, Abdo Zoom-Launch) ABDO Publishing Co.
Leopards. Alissa Thielges. (Spot Wild Cats Ser.). (ENG.). 16p. (J). (gr. -1-2). 2021. 27.10 *(978-1-68151-930-2(5),* 11317); 2020. pap. 7.99 *(978-1-68152-577-8(1),* 11239) Amicus.
Leopards & Cheetahs. Marie Pearson. 2020. (Comparing Animal Differences Ser.). (ENG.). 24p. (J). (gr. k-3). lib. bdg. 32.79 *(978-1-5038-3592-4(8),* 213367) Child's World, Inc, The.
Leopards & Lions: Jungle Coloring Book. Kreative Kids. 2016. (ENG., Illus.). (J). pap. 9.20 *(978-1-68377-327-6(6))* Whike, Traudl.
Leopard's Leap: A Story of Burma (Classic Reprint) Boxwallah Boxwallah. 2018. (ENG., Illus.). 318p. (J). 30.48 *(978-0-483-52468-2(9))* Forgotten Bks.
Leopard's Spots. Thomas Dixon. 2023. (ENG.). 370p. (J). 25.95 ***(978-1-915645-43-2(3))***; pap. 20.95 ***(978-1-915645-20-3(4))*** Primedia eLaunch LLC.
Leopard's Spots: A Romance of the White Man's Burden. Thomas Dixon. 2019. (ENG.). 346p. (J). pap. 14.95 *(978-1-64606-682-7(0))* Primedia eLaunch LLC.
Leopard's Spots: A Romance of the White Man's Burden 1865-1900 (Classic Reprint) Thomas Dixon. 2017. (ENG., Illus.). (J). 34.19 *(978-1-5284-4964-9(9))* Forgotten Bks.
Leopold the Lion: Escapes from the Zoo. Ann Marie Tomlins. Illus. by Hailey McCarthy. 2017. (ENG.). (J). pap. *(978-1-987852-10-3(9))* Wood Islands Prints.
Leopold's Leotard. Rhiannon Wallace. Illus. by Risa Hugo. 2021. (ENG.). 32p. (J). (gr. -1-k). 19.95 *(978-1-4598-2596-3(9))* Orca Bk. Pubs. USA.
Leo's Gift. Susan Blackaby & Joellyn Cicciarelli. Illus. by Carrie Schuler. 2017. (ENG.). 32p. (J). (gr. 1-7). 19.95 *(978-0-8294-4600-5(1))* Loyola Pr.
Leo's Monster. Marcus Pfister. 2020. (ENG., Illus.). 32p. (J). (gr. -1-2). 17.95 *(978-0-7358-4417-9(8))* North-South Bks., Inc.
Leo's Moon: Children's Environment Books, Saving Planet Earth, Waste, Recycling, Sustainability, Saving the Animals, Protecting the Planet, Environment Books for Kids, Moon Books for Kids, Children's Story Books. Cinthia del Grosso. 2021. (ENG.). 32p. (J). pap. *(978-0-6488877-4-4(X))* Bambini Media.
Leo's Moon: Leo's Moon: Children's Environment Books, Saving Planet Earth, Waste, Recycling, Sustainability, Saving the Animals, Protecting the Planet, Environment Books for Kids, Moon Books for Kids, Children's Story Books. Cinthia del Grosso. 2021. (ENG.). 32p. (J). *(978-0-6488877-5-1(8))* Bambini Media.
Leo's Pent up Feelings: Hiding Feelings & Learning Authenticity. Sophia Day & Megan Johnson. Illus. by Stephanie Strouse. 2019. (Help Me Understand Ser.: 9). (ENG.). 72p. (J). 14.99 *(978-1-64370-754-9(X),* de851c2b-3318-4f8e-b576-bddea36e1be3); pap. 9.99 *(978-1-64370-755-6(8),* e7691fb2-7f8e-4d13-8914-b69331c635b2) MVP Kids Media.
Lepcha Land, or Six Weeks in the Sikhim Himalayas (Classic Reprint) Florence Donaldson. (ENG., Illus.). (J). 2018. 272p. 29.53 *(978-0-483-94901-0(9))*; 2016. pap. 13.57 *(978-1-334-11554-7(0))* Forgotten Bks.
Leper's Bell (Classic Reprint) Massicks Sparroy. 2018. (ENG., Illus.). 340p. (J). 30.91 *(978-0-332-77963-8(7))* Forgotten Bks.
Lepers of Molokai (Classic Reprint) Charles Warren Stoddard. 2018. (ENG., Illus.). 142p. (J). 26.83 *(978-0-483-64960-6(0))* Forgotten Bks.
Lepidus the Centurion a Roman of to-Day (Classic Reprint) Edwin Lester Arnold. 2018. (ENG., Illus.). 314p. (J). 30.39 *(978-0-428-85496-6(6))* Forgotten Bks.
Leprechaun. Heather DiLorenzo Williams. Illus. by Haylee Troncone. 2021. (Magical Creatures Ser.). (ENG.). 24p. (J). (gr. k-2). lib. bdg. 26.65 *(978-1-62920-887-9(6),* 0ad137d8-4d6d-43b0-a47c-bddeea5d4ca4) Full Tilt Pr. NZL. Dist: Lerner Publishing Group.
Leprechaun in My House. John Zimmerman. 2017. (ENG., Illus.). (J). pap. 16.95 *(978-0-578-18666-5(7))* JayZ Pubns.

L

Leprechaun in the Us! the Story Behind the St. Patrick's Day Celebration - Holiday Book for Kids Children's Holiday Books. Baby Professor. 2017. (ENG., Illus.). 64p. (J). pap. 9.52 *(978-1-5419-1638-8(7)*, Baby Professor (Education Kids)) Speedy Publishing LLC.

Leprechaun Luck & Find (I Spy with My Little Eye) Rubie Crowe. Ed. by Cottage Door Press. Illus. by Flavio Remontti. 2022. (I Spy with My Little Eye Ser.). (ENG.). 32p. (J). (gr. -1-3). 8.99 *(978-1-64638-669-7(8)*, 1008600) Cottage Door Pr.

Leprechaun of Killmeen (Classic Reprint) Seumas O'Kelly. 2018. (ENG., Illus.). 126p. (J). 26.50 *(978-0-484-00604-0(5))* Forgotten Bks.

Leprechaun under the Bed. Teresa Bateman. Illus. by Paul Meisel. 2019. 32p. (J). (gr. -1-3). pap. 7.99 *(978-0-8234-4181-5(4))* Holiday Hse., Inc.

Leprechaun Who Was Not a Mouse. Maureen Kirby. Illus. by Christine Menard. 2021. (ENG.). 26p. (J). pap. 12.00 *(978-1-64883-100-3(1)*, ExamWise) Total Recall Learning, Inc.

Leprechauns. Valerie Bodden. 2020. (Amazing Mysteries Ser.). (ENG.). 24p. (J). (gr. 1-4). *(978-1-64026-218-8(0)*, 18173, Creative Education) Creative Co., The.

Leprechauns. Ashley Gish. 2020. (Amazing Mysteries Ser.). (ENG.). 24p. (J). (gr. 1-3). pap. 9.99 *(978-1-62832-781-6(2)*, 18174, Creative Paperbacks) Creative Co., The.

Leprechaun's Luck. Brad Bott. 2019. (ENG., Illus.). 70p. (J). 26.99 *(978-1-952894-38-1(7))*; pap. 17.99 *(978-1-950454-02-0(9))* Pen It Pubns.

Leprechaun's Rainbow Board Book with Handle. Christy Tortland. Illus. by Carlo Beranek. 2020. (ENG.). 10p. (J). (— 1). bds. 7.99 *(978-0-358-27265-6(3)*, 1771923, Clarion Bks.) HarperCollins Pubs.

Lequel Est le Plus Grand? Miranda Kelly. Tr. by Claire Savard. 2021. (Notions d'apprentissage (Early Learning Concepts) Ser.). (FRE.). 24p. (J). (gr. -1-1). pap. *(978-1-4271-3650-3(5)*, 13554) Crabtree Publishing Co.

Lequel Est le Plus Grand? (Which Is Biggest?) Miranda Kelly. Tr. by Claire Savard. 2021. (FRE.). 24p. (J). (gr. -1-1). lib. bdg. ***(978-1-4271-4952-7(6))*** Crabtree Publishing Co.

Lequel Est le Plus Long? Alan Walker. Tr. by Claire Savard. 2021. (Notions d'apprentissage (Early Learning Concepts) Ser.). (FRE.). 24p. (J). (gr. -1-1). pap. *(978-1-4271-3651-0(3)*, 13555) Crabtree Publishing Co.

Lequel Est le Plus Long? (Which Is Longest?) Alan Walker. Tr. by Claire Savard. 2021. (FRE.). 24p. (J). (gr. -1-1). lib. bdg. ***(978-1-4271-4953-4(4))*** Crabtree Publishing Co.

Lernen Sie Schach. Dmitri Dobrowolski. 2018. (GER.). 120p. (J). pap. 7.99 *(978-1-393-96504-6(0))* Draft2Digital.

Lernen Sie Spanish Lesen, Impara a leggere in Spagnolo, Aprenda a ler Espanhol, Apprenez à lire L'espagnol see Aprendiendo a Leer con Mili y Molo: Learn How to Read in Spanish

Leroy & the Turnip Green Patch. LaDell Beamon. Illus. by Aaron Liddell. 2021. (Hood Fables Book Ser.: 2). 32p. (J). pap. 15.99 *(978-1-0983-6316-1(7))* BookBaby.

Leroy Ninker Saddles Up: #1. Kate DiCamillo. Illus. by Chris Van Dusen. 2022. (Tales from Deckawoo Drive Ser.). (ENG.). 96p. (J). (gr. 1-4). lib. bdg. 31.36 *(978-1-0982-5151-2(2)*, 40098, Chapter Bks.) Spotlight.

Leroy the Raccoon. Jordan Mayer. Illus. by Robyn Leavens. 2022. (ENG.). 40p. (J). pap. ***(978-0-2288-7836-0(5))*** Tellwell Talent.

Les jeunes étoiles de paintball. Taylor Farley. Tr. by Claire Savard. 2021. (Jeunes étoiles (Little Stars) Ser.).Tr. of Little Stars Paintball. (FRE.). 24p. (J). (gr. k-2). pap. *(978-1-4271-3671-8(8)*, 13004) Crabtree Publishing Co.

Lesbiana's Guide to Catholic School. Sonora Reyes. (ENG.). (YA). (gr. 8). 2023. 416p. pap. 15.99 *(978-0-06-306025-8(6))*; 2022. 400p. 19.99 *(978-0-06-306023-4(X))* HarperCollins Pubs. (Balzer & Bray).

Lescar, the Universalist, Vol. 1 of 3 (Classic Reprint) Maria M. Grant. 2018. (ENG., Illus.). 304p. (J). 30.19 *(978-0-428-78155-2(1))* Forgotten Bks.

Leschetizky As I Knew Him (Classic Reprint) Ethel Newcomb. 2017. (ENG., Illus.). (J). 30.31 *(978-0-266-20043-7(5))* Forgotten Bks.

Lesedi Die Kleine Elfe und das Große Licht. Tina Chwala. 2023. (GER.). 38p. (J). 19.99 ***(978-1-63233-193-9(4))*** Eifrig Publishing.

Lesley Chilton (Classic Reprint) Eliza Orne White. (ENG., Illus.). (J). 2018. 366p. 31.45 *(978-0-483-60768-2(1))*; 2016. pap. 13.97 *(978-1-334-12629-1(1))* Forgotten Bks.

Lesley's Guardians, Vol. 1 of 3 (Classic Reprint) Cecil Home. (ENG., Illus.). (J). 2018. 302p. 30.19 *(978-0-484-37070-7(7))*; 2016. pap. 13.57 *(978-1-334-18313-3(9))* Forgotten Bks.

Lesley's Guardians, Vol. 3 of 3 (Classic Reprint) Cecil Home. 2018. (ENG., Illus.). 304p. (J). 30.17 *(978-0-428-91817-0(4))* Forgotten Bks.

Leslie Brooke's Children's Books (Classic Reprint) Unknown Author. 2018. (ENG., Illus.). 82p. (J). 25.61 *(978-0-267-28241-8(9))* Forgotten Bks.

Leslie Burrows Collection. Shannon Rouchelle. 2019. (ENG.). 288p. (J). pap. ***(978-0-359-36561-6(2))*** Lulu Pr., Inc.

Leslie Plover. Cornell Bunting. 2022. (ENG.). 44p. (J). 26.99 ***(978-1-6628-5356-2(4))***; pap. 14.99 ***(978-1-6628-5355-5(6))*** Salem Author Services.

Leslie's Monthly Magazine, Vol. 57: November, 1903-April, 1904 (Classic Reprint) Unknown Author. 2017. (ENG., Illus.). (J). 41.41 *(978-0-331-17623-0(8))*; pap. 23.97 *(978-0-266-00724-1(4))* Forgotten Bks.

Leslie's Monthly Magazine, Vol. 58: May, 1904-October, 1904 (Classic Reprint) Miriam Florence Leslie. (ENG., Illus.). (J). 2018. 790p. 40.19 *(978-0-483-88748-0(X))*; 2017. pap. 23.57 *(978-0-243-90987-2(X))* Forgotten Bks.

Leslie's Monthly Magazine, Vol. 58: May, 1904 October, 1904 (Classic Reprint) Ellery Sedgwick. 2018. (ENG., Illus.). 716p. (J). 38.66 *(978-0-484-80999-3(7))* Forgotten Bks.

Leslie's Monthly Magazine, Vol. 59: November, 1904-April, 1905 (Classic Reprint) Unknown Author. 2017. (ENG., Illus.). (J). 41.22 *(978-0-265-52127-4(0))*; pap. 23.57 *(978-0-243-87312-8(3))* Forgotten Bks.

Less Black Than We're Painted: A Novel (Classic Reprint) James Payn. 2017. (ENG., Illus.). (J). 26.76 *(978-0-331-57225-4(7))* Forgotten Bks.

Less Black Than We're Painted, Vol. 1 of 3 (Classic Reprint) James Payn. 2018. (ENG., Illus.). 342p. (J). 30.97 *(978-0-267-29664-4(9))* Forgotten Bks.

Less Black Than We're Painted, Vol. 2 of 3 (Classic Reprint) James Payn. 2018. (ENG., Illus.). 302p. (J). 30.15 *(978-0-483-97750-1(0))* Forgotten Bks.

Less Black Than We're Painted, Vol. 3 of 3 (Classic Reprint) James Payn. 2018. (ENG., Illus.). 312p. (J). 30.35 *(978-0-484-02198-2(2))* Forgotten Bks.

Less Boring. Rohan Gedall & Gary Edward Gedall. 2018. (Less Boring Ser.: Vol. 1). (ENG., Illus.). 88p. (YA). pap. *(978-2-940535-44-6(2))* From Words To Worlds, Gary Gedall.

Less Said on Ducks, the Better. War of the Real. Illus. by War of the Real. 2020. (ENG.). 32p. (J). (gr. k-3). 18.00 *(978-1-925231-99-1(2)*, IP Kidz) Interactive Pubns. Pty. Ltd. AUS. Dist: Ingram Content Group.

Less Than Kin (Classic Reprint) Alice Duer Miller. (ENG., Illus.). (J). 2018. 242p. 28.89 *(978-0-484-75995-3(7))*; 2017. pap. 11.57 *(978-0-259-19214-5(7))* Forgotten Bks.

Lesser Destinies a Novel (Classic Reprint) Samuel Gordon. (ENG., Illus.). (J). 2018. 316p. 30.43 *(978-0-365-43918-9(5))*; 2017. pap. 13.57 *(978-0-282-98976-7(5))* Forgotten Bks.

Lesser Spotted Animals. Martin Brown. 2017. (Illus.). 53p. (J). *(978-1-338-17148-8(3))* Scholastic, Inc.

Lesser Spotted Animals. Martin Brown. Illus. by Martin Brown. 2016. (ENG., Illus.). 56p. (J). (gr. 2-5). 18.99 *(978-1-338-08934-9(X))* Scholastic, Inc.

Lesser's Daughter (Classic Reprint) Andrew Dean. 2018. (ENG., Illus.). 212p. (J). 28.29 *(978-0-483-23236-5(X))* Forgotten Bks.

Lesson: Blended Families. K. Lee. 2019. (ENG.). 156p. (YA). (gr. 7-12). pap. 14.99 *(978-1-945066-04-7(0))* Krystal Lee Enterprises (KLE Publishing).

Lesson a Day: A Child's Way. Cheryl Williams. 2022. (ENG.). 44p. (J). 36.00 ***(978-1-63867-158-9(3))*** Dorrance Publishing Co., Inc.

Lesson Book for the Religion Classes in the Church of Jesus Christ of Latter-Day Saints: First & Second Grades (Classic Reprint) Unknown Author. (ENG., Illus.). (J). 2018. 96p. 25.88 *(978-0-483-72942-1(6))*; 2017. pap. 9.57 *(978-0-243-41952-4(X))* Forgotten Bks.

Lesson Book for the Religion Classes in the Church of Jesus Christ of Latter-Day Saints: First & Second Grades (Classic Reprint) Latter-Day Saints Religion Classe Board. (ENG., Illus.). (J). 2018. 88p. 25.73 *(978-0-267-00090-6(1))*; 2017. pap. 9.57 *(978-0-243-41546-5(X))* Forgotten Bks.

Lesson Book for the Religion Classes in the Church of Jesus Christ of Latter-Day Saints 1916: First & Second Grades (Classic Reprint) Unknown Author. (ENG., Illus.). (J). 2018. 322p. 30.64 *(978-0-332-37998-2(1))*; 2017. pap. 13.57 *(978-0-243-39392-3(X))* Forgotten Bks.

Lesson Book, for Very Young Children: In Words of One & Two Syllables (Classic Reprint) A. Friend to Little Children. 2018. (ENG., Illus.). 50p. (J). 24.95 *(978-0-267-51648-3(7))* Forgotten Bks.

Lesson in Faith: The BackYard Trio Bible Stories #6. Jason Burkhardt & Sara Kendall. 2020. (Backyard Trio Bible Stories Ser.: 6). (ENG., Illus.). 22p. (J). (gr. k-3). pap. 7.99 *(978-1-7343336-5-7(0))* Set in Stone Pr.

Lesson in Fire Safety. Leila Parina. Illus. by Mary K. Biswas. 2021. (ENG.). 38p. (J). pap. *(978-1-922550-24-8(8))* Library For All Limited.

Lesson in Harmony (Classic Reprint) Alfred Austin. 2018. (ENG., Illus.). 44p. (J). 24.80 *(978-0-365-14239-3(5))* Forgotten Bks.

Lesson in Love. Robert J. Dockery. 2018. (ENG., Illus.). 288p. (YA). (gr. 8-12). pap. 14.99 *(978-0-692-12903-6(0))* Dockery, Robert.

Lesson Learned. Patricia Lichty Neely. 2018. (Wee Three Ser.: Vol. 1). (ENG., Illus.). 44p. (J). 24.95 *(978-1-64258-858-3(X))*; pap. 14.95 *(978-1-64258-842-2(3))* Christian Faith Publishing.

Lesson of the Master. Henry James. 2020. (Prince Classics Ser.). (ENG.). 106p. (J). 34.99 *(978-1-6627-1913-4(2))*; pap. 24.99 *(978-1-6627-1912-7(4))* Queenior LLC.

Lesson of the Master: The Death of the Lion; the Next Time, & Other Tales (Classic Reprint) Henry James. 2017. (ENG., Illus.). (J). 31.42 *(978-1-5281-8769-5(5))* Forgotten Bks.

Lesson of the Master: The Marriages; the Pupil; Brooksmith; the Solution; Sir Edmund Orme (Classic Reprint) Henry James. 2018. (ENG., Illus.). 320p. (J). 30.50 *(978-0-364-30611-6(4))* Forgotten Bks.

Lesson on Blood Circulation - Biology 4th Grade Children's Biology Books. Baby Professor. 2017. (ENG., Illus.). (YA). pap. 9.25 *(978-1-5419-0523-8(7)*, Baby Professor (Education Kids)) Speedy Publishing LLC.

Lesson on the Earth's Climate Zones Basic Meteorology Grade 5 Children's Weather Books. Baby Professor. 2021. (ENG.). 72p. (J). 27.99 *(978-1-5419-8396-0(3))*; pap. 16.99 *(978-1-5419-6023-7(8))* Speedy Publishing LLC. (Baby Professor (Education Kids)).

Lesson Plans: Domestic Animals (Classic Reprint) M. Helen Beckwith. (ENG., Illus.). (J). 2018. 162p. 27.24 *(978-0-267-55738-7(8))*; 2016. pap. 9.97 *(978-1-333-68459-4(2))* Forgotten Bks.

Lesson Stories for the Kindergarten Grades of the Bible School: General Subject: God the Workman; the Creator & His Works (Classic Reprint) Lois Sedgwick Palmer. 2018. (ENG., Illus.). 146p. (J). 26.91 *(978-0-267-49882-6(9))* Forgotten Bks.

Lessons about Godly Living: A Sunday Afternoon: to the Glory & Honor of the Almighty God. Gail Hall. 2022. (ENG., Illus.). 38p. (J). pap. 15.95 *(978-1-68517-125-4(7))* Christian Faith Publishing.

Lessons for a Daughter. Ciera Nichele. 2019. (ENG.). 34p. (J). pap. *(978-0-359-33278-6(1))* Lulu Pr., Inc.

Lessons for Beginners in Reading (Classic Reprint) Florence Bass. (ENG., Illus.). (J). 2018. 126p. 26.50 *(978-0-364-51666-9(0))*; 2017. pap. 9.57 *(978-0-259-60065-7(2))* Forgotten Bks.

Lessons for Children (Classic Reprint) (Anna Letitia) Barbauld. 2017. (ENG., Illus.). (J). 27.90 *(978-0-265-52133-5(5))*; pap. 10.57 *(978-0-243-89338-6(8))* Forgotten Bks.

Lessons for Children from Three to Four Years Old: In Two Parts (Classic Reprint) (Anna Letitia) Barbauld. (ENG., Illus.). (J). 2018. 218p. 28.41 *(978-0-332-12202-1(6))*; 2017. pap. 10.97 *(978-0-259-48941-2(7))* Forgotten Bks.

Lessons for Children in English & French, after Mrs. Barbauld's Method (Classic Reprint) I. de Veitelle. 2017. (ENG., Illus.). (J). 28.41 *(978-0-331-78907-2(8))*; pap. 10.97 *(978-0-259-91887-5(3))* Forgotten Bks.

Lessons for Children, Vol. 3 Of 4: Being the Second for Children of Three Years Old (Classic Reprint) (Anna Letitia) Barbauld. 2017. (ENG., Illus.). (J). 30.70 *(978-0-260-09809-2(4))* Forgotten Bks.

Lessons for Little Readers (Classic Reprint) Benjamin Dudley Emerson. (ENG., Illus.). (J). 2018. 76p. 25.46 *(978-0-483-79295-1(0))*; 2017. pap. 9.57 *(978-0-243-08766-2(7))* Forgotten Bks.

Lessons for Starters Activity Book Kids Age 2. Educando Kids. 2019. (ENG.). 42p. (J). pap. 8.55 *(978-1-64521-727-5(2)*, Educando Kids) Editorial Imagen.

Lessons for the Journey: Young Adult Devotional. Paula Blackwell et al. 2018. (ENG., Illus.). 88p. (YA). (gr. 7-12). pap. 10.95 *(978-1-948877-16-9(3))* Watersprings Publishing.

Lessons for the Sunday Kindergarten (Classic Reprint) Ruth Cole Weatherbee. 2018. (ENG., Illus.). 54p. (J). 25.01 *(978-0-656-44862-3(8))* Forgotten Bks.

Lessons for Youth, Selected for the Use of Schools (Classic Reprint) Unknown Author. 2018. (ENG., Illus.). (J). 202p. 28.08 *(978-0-332-26234-5(0))*; 184p. 27.71 *(978-0-483-59381-7(8))* Forgotten Bks.

Lessons from Levi. Elizabeth Grove et al. 2019. (ENG.). 32p. (J). *(978-1-5255-4099-8(8))*; pap. *(978-1-5255-4100-1(5))* FriesenPress.

Lessons from Pete the Pony. Nikki Glandon. Ed. by Dianna Glandon. 2021. (ENG.). 36p. (J). pap. 9.99 *(978-1-0879-0570-9(2))* Indy Pub.

Lessons from Pete the Pony, Pete Goes to Dinner. Nikki L. Glandon. Ed. by Dianna L. Glandon. 2021. (ENG.). 38p. (J). pap. 9.99 *(978-1-0879-9001-9(7))* Indy Pub.

Lessons from Pete the Pony, Pete's Old Saddle. Nikki Glandon. 2021. (ENG.). 36p. (J). pap. 9.99 *(978-1-0879-7809-3(2))* Indy Pub.

Lessons from Recycling Environmental Books for Kids Grade 4 Children's Environment Books. Baby Professor. 2020. (ENG.). 72p. (J). 24.99 *(978-1-5419-7993-2(1))*; pap. 14.99 *(978-1-5419-5350-5(9))* Speedy Publishing LLC. (Baby Professor (Education Kids)).

Lessons from the Past: Famous Archaeologists, Artifacts & Ruins World Geography Book Social Studies Grade 5 Children's Geography & Cultures Books. Baby Professor. 2020. (ENG.). 74p. (J). 24.99 *(978-1-5419-7618-4(5))*; pap. 14.99 *(978-1-5419-4995-9(1))* Speedy Publishing LLC. (Baby Professor (Education Kids)).

Lessons from the Sheepfold. G. L. Miller. 2017. (ENG., Illus.). (J). pap. *(978-1-77127-942-0(7))* MuseItUp Publishing.

Lessons from Underground. Bryan Methods. 2018. (Master Diplexito & Mr. Scant Ser.). (ENG., Illus.). 272p. (J). (gr. 5-8). 17.99 *(978-1-5124-0581-1(7)*, 199f9813-c1d3-4053-bc16-93f1f1c16c72, Carolrhoda Bks.) Lerner Publishing Group.

Lessons in Astronomy Including Uranography. Charles Augustus Young. 2017. (ENG.). 408p. (J). pap. *(978-3-7447-3736-4(5))* Creation Pubs.

Lessons in Courage: A Square Books Adventure. Julie B. Hughes. Illus. by Jessie S. Burton. 2019. (Square Books Adventure Ser.: Vol. 1). (ENG.). 66p. (J). (gr. 3-6). pap. 7.95 *(978-1-0878-1366-0(2))* SDC Publishing, LLC.

Lessons in Elementary Biology. Thomas Jeffery Parker. 2017. (ENG.). 436p. (J). pap. *(978-3-337-27795-6(0))*; pap. *(978-3-337-21558-3(0))* Creation Pubs.

Lessons in Elocution: Or a Selection of Pieces, in Prose & Verse, for the Improvement of Youth in Reading & Speaking (Classic Reprint) William Scott. 2016. (ENG., Illus.). (J). pap. 16.57 *(978-1-334-13043-4(4))* Forgotten Bks.

Lessons in Elocution, or a Selection of Pieces in Prose & Verse, for the Improvement of Youth in Reading & Speaking, As Well As for the Perusal of Persons of Taste: With an Appendix, Containing Concise Lessons on a New Plan, & Principles of English. William Scott. 2017. (ENG., Illus.). (J). pap. 16.57 *(978-1-334-94800-8(3))* Forgotten Bks.

Lessons in English: Based upon Principles of Literary Interpretation, a Manual for Teachers of All Grades, with Lessons for Pupils of the First & Second Grades (Classic Reprint) W. H. Skinner. 2018. (ENG., Illus.). 182p. (J). 27.67 *(978-0-364-32008-2(7))* Forgotten Bks.

Lessons in English: Book II (Classic Reprint) Chestine Gowdy. 2018. (ENG., Illus.). 346p. (J). 31.05 *(978-0-483-85605-9(3))* Forgotten Bks.

Lessons in English for Foreign Women: For Use in Settlements & Evening Schools (Classic Reprint) Ruth Austin. 2018. (ENG., Illus.). 166p. (J). 27.32 *(978-0-365-11882-4(6))* Forgotten Bks.

Lessons in English for Foreign Women. for Use in Settlements & Evening Schools. Ruth Austin. 2017. (ENG., Illus.). (J). pap. *(978-0-649-63008-0(4))* Trieste Publishing Pty Ltd.

Lessons in Experimental & Practical Geometry (Yesterday's Classics) H. S. Hall & F. H. Stevens. 2023. (ENG.). 138p. (YA). pap. 16.95 ***(978-1-63334-229-3(8))*** Yesterday's Classics.

Lessons in Falling. Diana Gallagher. 2017. (ENG., Illus.). 329p. (YA). (gr. 8-12). pap. 9.95 *(978-1-63392-037-8(2))* Spencer Hill Pr.

Lessons in Language Work: For Fifth & Sixth Grades (Classic Reprint) Isabel Frazee. 2017. (ENG., Illus.). (J). 27.28 *(978-0-265-19656-4(6))* Forgotten Bks.

Lessons in Nature Study. Oliver P. Jenkins. 2017. (ENG., Illus.). (J). pap. *(978-0-649-24148-4(7))* Trieste Publishing Pty Ltd.

Lessons in Nature Study (Classic Reprint) Nellie Barton. (ENG., Illus.). (J). 2018. 40p. 24.72 *(978-0-267-60571-2(4))*; 2016. pap. 7.97 *(978-1-334-13217-9(8))* Forgotten Bks.

Lessons in Patterns: Easy Dot to Dot & Hidden Object Exercises: Educational Puzzle Books Bundle, 2 vols. Speedy Publishing Books. 2019. (ENG.). 170p. (J). pap. 19.99 *(978-1-5419-7238-4(4))* Speedy Publishing LLC.

Lessons in Right Doing, Vol. 1: Stories & Talks (Classic Reprint) Emma L. Ballou. 2018. (ENG., Illus.). 174p. (J). 27.49 *(978-0-267-24823-0(7))* Forgotten Bks.

Lessons in Right Doing, Vol. 2: Stories & Talks (Classic Reprint) Emma L. Ballou. 2018. (ENG., Illus.). 180p. (J). 27.63 *(978-0-483-63316-2(X))* Forgotten Bks.

Lessons in Science Safety with Max Axiom Super Scientist: 4D an Augmented Reading Science Experience. Thomas K. Adamson & Donald B. Lemke. Illus. by Tod Smith. 2018. (Graphic Science 4D Ser.). (ENG.). 32p. (J). (gr. 3-9). pap. 7.95 *(978-1-5435-2959-3(3)*, 138559); lib. bdg. 36.65 *(978-1-5435-2948-7(8)*, 138537) Capstone. (Capstone Pr.).

Lessons Learned. John Mayernich. 2020. (Cornelius & Friends Ser.). (ENG., Illus.). 32p. (J). pap. 11.95 *(978-1-64559-428-4(9))* Covenant Bks.

Lessons Learned from Atka. Lois Kral. Illus. by Melissa Fischer. 2022. (ENG.). 32p. (J). pap. 16.95 ***(978-1-954819-61-0(7))***; 24.00 *(978-1-954819-42-9(0))* Briley & Baxter Publications.

Lessons Not Learned in School. Myndel Miller. 2021. (ENG.). 134p. (J). pap. 12.95 *(978-1-7362141-1-4(X))* Winston Pr. Publishing.

Lessons on Higher Algebra: With an Appendix on the Nature of Mathematical Reasoning. Ellen Hayes. 2017. (ENG., Illus.). (J). pap. *(978-0-649-44427-4(2))* Trieste Publishing Pty Ltd.

Lessons the Kids Taught Me. Verna M. Marshall. 2023. (ENG.). 64p. (J). pap. 10.99 ***(978-1-6628-6499-5(X))*** Salem Author Services.

Lessons with Aesop's Fables (Set), 6 vols. Grace Hansen. 2021. (Lessons with Aesop's Fables Ser.). (ENG.). 32p. (J). (gr. 2-5). lib. bdg. 196.74 *(978-1-0982-4127-8(4)*, 38790, DiscoverRoo) Pop!.

Lessons with Magic. Helen Scanlon. 2022. (ENG.). 110p. (J). pap. 14.99 *(978-0-9894168-6-3(0))* Scanlon, Helen.

Lester B. Pearson - Politician & Public Servant Who Gave Canada a New Flag - Canadian History for Kids - True Canadian Heroes. Professor Beaver. 2021. (ENG.). 88p. (J). 26.99 *(978-0-2282-3598-9(7)*, Professor Beaver) Speedy Publishing LLC.

Lester B. Pearson - Politician & Public Servant Who Gave Canada a New Flag Canadian History for Kids True Canadian Heroes. Professor Beaver. 2021. (ENG.). 88p. (J). pap. 15.99 *(978-0-2282-3550-7(2)*, Professor Beaver) Speedy Publishing LLC.

Lester the Library Dog. Gina Dawson. 2023. (ENG.). 32p. (J). (gr. k-2). 14.99 ***(978-1-76079-523-8(2))*** New Holland Pubs. Pty. Ltd. AUS. Dist: Independent Pubs. Group.

Lester Zester Is Lost! A Story for Kids about Self-Confidence & Friendship. Mark Dantzler. Illus. by Mark Dantzler. 2022. (ENG.). (J). 62p. 22.99 *(978-1-64538-390-1(3))*; 58p. pap. 14.99 *(978-1-64538-395-6(4))* Orange Hat Publishing.

Lester's Great Adventure. Julie M. Dobson. Illus. by Tina Olah. 2018. (ENG.). 48p. (J). *(978-1-5255-1876-8(3))*; pap. *(978-1-5255-1877-5(1))* FriesenPress.

Let Be What Be Will Be. Bruce Roper. Illus. by Sue Demel. 2023. 24p. (YA). pap. 29.95 ***(978-1-6678-8564-3(2))*** BookBaby.

Let 'Er Buck! George Fletcher, the People's Champion. Vaunda Micheaux Nelson. Illus. by Gordon C. James. 2019. (ENG.). 40p. (J). (gr. 3-6). 18.99 *(978-1-5124-9808-0(4)*, 799fe64f-7f88-4d71-96f3-7dbc34d475a7, Carolrhoda Bks.) Lerner Publishing Group.

Let Go: The Evolution of Charity Shawe. Mary R. Collins. 2020. (ENG.). 68p. (J). pap. 12.95 *(978-1-64654-570-4(2))* Fulton Bks.

Let Go Let God Live Free. Amanda Skosana. Ed. by Ngceboyethu Ndlovu & Rudolph Oberholzer. 2022. (ENG.). 110p. (J). pap. *(978-0-620-97207-9(6))* African Public Policy & Research Institute, The.

Let Her Be. Mackenzie Porter. Illus. by Katie Cottle. 2023. (ENG.). 22p. (J). (gr. -1). bds. 8.99 ***(978-1-6659-2700-0(3)***, Little Simon) Little Simon.

Let It Flow. Nj Dashow. 2021. (ENG.). 25p. (J). *(978-1-7947-5924-4(7))* Lulu Pr., Inc.

Let It Flow: Healthy Ways to Release Emotions! Rebekah Lipp. Illus. by Craig Phillips. 2023. (ENG.). 66p. (J). pap. ***(978-1-9911797-7-7(4))*** Wildling Books Ltd.

Let It Glow, 3. Lisa Ann Scott. Illus. by Heather Burns. 2017. (Enchanted Pony Academy Ser.). (ENG.). 128p. (J). (gr. 1-4). 17.44 *(978-1-5364-0218-6(4))* Scholastic, Inc.

Let It Go! Allyson B. Tinnon. 2022. (ENG., Illus.). 30p. (J). pap. 14.95 *(978-1-64952-997-8(X))* Fulton Bks.

Let It Go: Learning the Lesson of Forgiveness. Na'ima B. Robert & Mufti Menk. 2020. (Illus.). 32p. (J). (gr. -1-3). 11.95 *(978-0-86037-797-9(0))* Islamic Foundation, Ltd. GBR. Dist: Consortium Bk. Sales & Distribution.

Let It Go Little Monkey! Pamela Alejandra Galaz Valdes. Illus. by Pamela Alejandra Galaz Valdes. 2020. (ENG.). 36p. (J). 22.22 *(978-1-64255-142-6(2))* Primedia eLaunch LLC.

Let It Grow: A Frozen Guide to Gardening. Cynthia Stierle. 2019. (ENG., Illus.). 32p. (J). (gr. 2-5). 27.99 *(978-1-5415-3913-6(3)*, Lerner Pubns.) Lerner Publishing Group.

Let It Out by Connecting the Dots: A Calming Activity Book. Activity Attic Books. 2016. (ENG., Illus.). (J). pap. 7.74 *(978-1-68323-386-2(7))* Twin Flame Productions.

Let It Snow. Holly Hobbie. ed. 2016. (J). lib. bdg. 17.20 *(978-0-606-39186-3(X))* Turtleback.

Let It Snow! Complex Snowflake Patterns - Coloring & Activity Book for Teens. Speedy Kids. 2018. (ENG., Illus.). 106p. (J). pap. 12.55 *(978-1-5419-3512-9(8))* Speedy Publishing LLC.

1146

The check digit for ISBN-10 appears in parentheses after the full ISBN-13

Let It Snow, Let It Snow, Let It Snow! Carolyn Matthews. 2018. (ENG.). 24p. (J). 21.95 *(978-1-64140-983-4(5))*; pap. 12.95 *(978-1-63525-439-6(6))* Christian Faith Publishing.
Let Liberty Rise!: How America's Schoolchildren Helped Save the Statue of Liberty. Chana Stiefel. Illus. by Chuck Groenink. 2021. (ENG.). 40p. (J). (gr. 1-3). 18.99 *(978-1-338-22588-4(X)*, Scholastic Pr.) Scholastic, Inc.
Let Lie the Shadows. Elaine Arthur. 2020. (ENG.). 102p. (YA). pap. *(978-0-2288-4406-8(1))* Tellwell Talent.
Let Me Call You Sweetheart: A Confectionary of Affection. Mary Lee Donovan. Illus. by Brizida Magro. 2022. (ENG.). 40p. (J). (gr. -1-3). 17.99 *(978-0-06-301878-5(0)*, Greenwillow Bks.) HarperCollins Pubs.
Let Me Finish! Minh Lê. Illus. by Isabel Roxas. 2016. (ENG.). 40p. (J). (gr. -1-3). 16.99 *(978-1-4847-2173-5(X))* Disney Pr.
Let Me Fix That for You. Janice Erlbaum. 2020. (ENG.). 304p. (J). pap. 12.99 *(978-1-250-25030-8(7)*, 900184341) Square Fish.
Let Me Fly. Yadi. 2019. (ENG.). 32p. (J). *(978-1-64182-591-7(X))*; pap. *(978-1-64182-590-0(1))* Austin Macauley Pubs. Ltd.
Let Me Give You a Whisper. Dawnie Dahir. 2016. (ENG., Illus.). (J). pap. 10.95 *(978-1-5043-6974-9(2)*, Balboa Pr.) Author Solutions, LLC.
Let Me Go. Hazel Myers. 2018. (ENG.). 318p. (J). pap. ***(978-0-244-06185-2(8))*** Lulu Pr., Inc.
Let Me Hear a Rhyme. Tiffany D. Jackson. (ENG.). (YA). (gr. 8). 2020. 400p. pap. 11.99 *(978-0-06-284033-2(9))*; 2019. 384p. 19.99 *(978-0-06-284032-5(0))* HarperCollins Pubs. (Tegen, Katherine Bks).
Let Me Help! see Quiero Ayudar!
Let Me In. Marilyn Pitt & Jane Hileman. Illus. by John Bianchi. 2016. (1G Potato Chip Bks.). (ENG.). 12p. (J). (gr. k-1). pap. 8.00 *(978-1-61541-168-9(2))* American Reading Co.
Let Me List the Ways. Sarah White. 2018. (ENG.). 304p. (YA). (gr. 9). pap. 9.99 *(978-0-06-247315-8(8)*, HarperCollins) HarperCollins Pubs.
Let Me Live. Shirley Anne Edwards. 2020. (Finding the Strength Ser.: 2). (ENG.). 180p. (YA). pap. 14.99 *(978-1-64405-667-7(4)*, Harmony Ink Pr.) Dreamspinner Pr.
Let Me Play: The Story of Title IX: the Law That Changed the Future of Girls in America. Karen Blumenthal. (ENG.). 176p. (J). (gr. 3-7). 2023. pap. 12.99 ***(978-1-6659-1875-6(6))***; 2022. 24.99 *(978-1-6659-1874-9(8))* Simon & Schuster Children's Publishing. (Atheneum Bks. for Young Readers).
Let Me Read to You, Camryn. Peggy E. Otto. 2017. (ENG., Illus.). (J). pap. 16.95 *(978-1-5127-6512-0(0)*, WestBow Pr.) Author Solutions, LLC.
Let Me See What Your Tummy Says. Jacqueline James. 2019. (ENG., Illus.). 26p. (J). pap. 12.95 *(978-1-64003-671-0(7))* Covenant Bks.
Let Me Sleep, Sheep! Meg McKinlay. Illus. by Leila Rudge. 2019. (ENG.). 32p. (J). (gr. k-3). 15.99 *(978-1-5362-0547-3(8))* Candlewick Pr.
Let Me Tell You How Dad Got Sick = Dejame Contarte Como Papa Se Enfermo. Ed. by Food Safety and Inspection Service (U.S.) & Agriculture Dept. (U.S.). 2017. (ENG & SPA., Illus.). 16p. (J). (gr. 3). 5.00 *(978-0-16-093953-2(4)*, Food Safety & Inspection Service) United States Government Printing Office.
Let My People Go! Moses & the Jews in Egypt Coloring Book. Creative Playbooks. 2016. (ENG., Illus.). (J). pap. 7.74 *(978-1-68323-775-4(7))* Twin Flame Productions.
Let Not Man Put Asunder: A Novel (Classic Reprint) Basil King. 2017. (ENG., Illus.). (J). 32.99 *(978-0-266-23268-1(X))* Forgotten Bks.
Let Sleeping Dogs Lie, 1 vol. Helene Becker. 2016. (Dirk Daring, Secret Agent Ser.: 2). (ENG., Illus.). 240p. (J). (gr. 4-7). pap. 9.95 *(978-1-4598-1038-9(4))* Orca Bk. Pubs. USA.
Let Sleeping Dogs Lie. John R. Erickson. Illus. by Gerald L. Holmes. 2017. (Hank the Cowdog Ser.: Vol. 6). (ENG.). 129p. (J). (gr. 3-6). 15.99 *(978-1-59188-206-0(0))* Maverick Bks., Inc.
Let Sleeping Dragons Lie (Have Sword, Will Travel #2) Garth Nix & Sean Williams. 2018. (ENG., Illus.). 272p. (J). (gr. 3-7). 17.99 *(978-1-338-15849-6(X)*, Scholastic Pr.) Scholastic, Inc.
Let Sleeping Hedgehogs Spy - Paperback Colour. Elizabeth Morley. 2nd ed. 2019. (ENG.). 152p. (J). pap. *(978-1-78876-713-2(6))* FeedARead.com.
Let That Sh*t Go: A Journal for Leaving Your Bullsh*t Behind & Creating a Happy Life. Personaldev Books. 2021. (ENG.). 122p. (YA). pap. 10.99 *(978-1-716-24683-8(0))* Lulu Pr., Inc.
Let the Adventure Begin. Jennifer Wyse. 2021. (ENG.). 24p. (J). pap. 15.00 *(978-1-7363318-9-7(2))* CLC Publishing.
Let the Children March. Monica Clark-Robinson. Illus. by Frank Morrison. 2018. (ENG.). 40p. (J). (gr. -1-3). 17.99 *(978-0-544-70452-7(5)*, 1628273, Clarion Bks.) HarperCollins Pubs.
Let the Circle Be Unbroken Novel Units Teacher Guide. Novel Units. 2019. (ENG.). (J). pap. 12.99 *(978-1-56137-660-5(4)*, Novel Units, Inc.) Classroom Library Co.
Let the Dice Decide: Roll the Dice to Create Picture & Word Mash-Ups. Sophie Foster. 2019. (ENG.). 64p. (J). (gr. k-2). pap. 12.99 *(978-1-78055-532-4(6))* O'Mara, Michael Bks., Ltd. GBR. Dist: Independent Pubs. Group.
Let the Dragon Games Begin! Adapted by Margaret Green. 2016. (Illus.). 32p. (J). *(978-0-316-39412-3(2))* Little Brown & Co.
Let the Earth Speak (Classic Reprint) Ann Steward. 2018. (ENG., Illus.). (J). 486p. 33.92 *(978-1-396-74946-9(2))*; 488p. pap. 16.57 *(978-1-391-97758-0(8))* Forgotten Bks.
Let the Flags Fly Coloring Book. Kreative Kids. 2016. (ENG., Illus.). (J). pap. 9.20 *(978-1-68377-328-3(4))* Whike, Traudl.
Let the Kata Be Your Teacher: A Guide to the Ancient Karate Forms Tang Soo Do & Goju-Ryu. Ronik Gupta. 2020. (ENG.). 165p. (J). ***(978-1-716-72351-3(5))*** Lulu Pr., Inc.
Let the Monster Out. Chad Lucas. 2022. (ENG.). 320p. (J). (gr. 5-9). 17.99 *(978-1-4197-5126-4(3)*, 1713601, Amulet Bks.) Abrams, Inc.
Let the Roof Fall in (Classic Reprint) Frank Danby. 2017. (ENG., Illus.). (J). 32.56 *(978-0-260-97122-7(7))* Forgotten Bks.
Let the Toddler Adventure Begin! Coloring Activity Books for Kids Bundle, 2 vols. Speedy Publishing Books. 2019. (ENG.). 212p. (J). pap. 19.99 *(978-1-5419-7272-8(4))* Speedy Publishing LLC.
Let the Wind Rise. Shannon Messenger. (Sky Fall Ser.: 3). (ENG., Illus.). (YA). (gr. 7). 2017. 432p. pap. 12.99 *(978-1-4814-4655-6(X))*; 2016. 416p. 19.99 *(978-1-4814-4654-9(1))* Simon Pulse. (Simon Pulse).
Let Them Play: The Story of Round Ballers. Paul Obermayer. 2020. (ENG.). 204p. (YA). pap. 16.95 *(978-1-64701-373-8(9))* Page Publishing Inc.
Let There Be Light: An Opposites Primer. Danielle Hitchen. 2018. (Baby Believer Ser.). (ENG., Illus.). 20p. (J). (— 1). bds. 12.99 *(978-0-7369-7236-9(6)*, 6972369) Harvest Hse. Pubs.
Let There Be Light! The Circle of Light #4. Magali Mendez Torres. 2021. (ENG.). 96p. (J). pap. 18.00 *(978-1-6671-4171-8(6))* Lulu Pr., Inc.
Let There Be Me. Ashleigh L. Bailey. 2021. (ENG., Illus.). 32p. (J). pap. 14.95 *(978-1-0980-8541-4(8))* Christian Faith Publishing.
Let There Be Owls Everywhere: Another Book of Poems. Ken Priebe. (ENG., Illus.). 126p. (J). (gr. 3-6). 2020. pap. *(978-1-7752559-5-6(6))*; 2019. *(978-1-7752559-3-2(X))* Priebelieving Pr.
Let Us Follow Him: And Other Stories (Classic Reprint) Henryk Sienkiewicz. 2017. (ENG., Illus.). (J). 29.14 *(978-0-266-72402-5(7))*; pap. 11.57 *(978-1-5276-8276-4(5))* Forgotten Bks.
Let Us Pray: A Child's First Book of Prayers. Katie Warner. Illus. by Meg Whalen. 2019. (ENG.). 24p. (J). (gr. -1-1). bds. 9.95 *(978-1-5051-1222-1(2)*, 2736) TAN Bks.
Let Us See, What Would We Like to Be? Sarah Kaible. 2020. (ENG.). 28p. (J). pap. 13.95 *(978-1-64628-811-3(4))* Page Publishing Inc.
Let Your Dreams Take Flight! Hot Air Balloons Coloring Book. Activibooks For Kids. 2016. (ENG., Illus.). (J). pap. 9.20 *(978-1-68321-800-5(0))* Mimaxion.
Let Your Light Shine. Keb' Mo'. Illus. by Chris Saunders. 2022. (ENG.). 16p. (J). bds. 8.99 *(978-1-4867-2273-0(3)*, c906af81-9da5-401f-938a-04f8e6af443a) Flowerpot Pr.
Let Your Light Shine: Kids Mini Gratitude Journal. Nicole P. Perry & Rebekah R. Lipp. 2016. (ENG., Illus.). 110p. (J). pap. 14.00 *(978-0-473-38251-3(2))* MCA Denver.
Let Your Light Shine! Let Your Light So Shine Before Men, That They May See Your Good Works, & Glorify Your Father Which Is in Heaven. Matthew 5:16. Linda Roller. 2021. (ENG.). 26p. (J). 29.99 *(978-1-6628-1207-1(8))*; pap. 19.99 *(978-1-6628-1206-4(X))* Salem Author Services.
Let Your Love Be Contagious. Keyonna Monroe. 2020. (ENG., Illus.). 28p. (J). pap. 12.95 *(978-1-941247-72-3(5))* 3G Publishing, Inc.
Let Your Pumpkin Ball Fly. Michael Cloyd. 2021. (ENG.). 42p. (J). 22.95 *(978-1-68526-174-0(4))*; pap. 14.95 *(978-1-63630-162-4(2))* Covenant Bks.
Let Your Spirit Soar: A Stained Glass Coloring Book. Creative Playbooks. 2016. (ENG., Illus.). (J). pap. 7.74 *(978-1-68323-278-0(X))* Twin Flame Productions.
Let Your Voice Be Heard: The Life & Times of Pete Seeger. Anita Silvey. 2016. (ENG., Illus.). 112p. (J). (gr. 5-7). 17.99 *(978-0-547-33012-9(X)*, 1417233, Clarion Bks.) HarperCollins Pubs.
Let Yourself Sparkle. Evey Rosenbloom. 2019. (ENG., Illus.). 34p. (J). 25.00 *(978-1-7336844-6-0(8))* Evey.
Lets Fly (Set Of 6) 2019. (Let's Fly Ser.). (ENG., Illus.). 192p. (J). (gr. 2-3). pap. 59.70 *(978-1-64185-393-4(X)*, 164185393X); lib. bdg. 188.10 *(978-1-64185-335-4(2))* North Star Editions. (Focus Readers).
Lets Go Time Travelling Again! Tapas Guha. 2022. (ENG.). 176p. (J). pap. 9.99 *(978-0-14-344741-2(6)*, Puffin) Penguin Bks. India PVT, Ltd IND. Dist: Independent Pubs. Group.
Lets Go to Sleep. Esther Burgueño. 2021. (Bit by Bit I Learn More & I Grow Big Ser.). (ENG.). 10p. (J). (— 1). bds. 7.99 *(978-84-17210-57-1(1))* Editorial el Pirata ESP. Dist: Independent Pubs. Group.
Lets Go to the Museum: A Modern Art Adventure Maze. Luisa Vera. 2023. (ENG.). 36p. (J). 19.99 *(978-0-7643-6574-4(6)*, 29045) Schiffer Publishing, Ltd.
Lets Play. Harsha Bhogle. 2021. (ENG.). 192p. (J). (gr. 4-7). pap. 9.99 *(978-0-14-333159-9(0)*, Puffin) Penguin Bks. India PVT, Ltd IND. Dist: Independent Pubs. Group.
Lets Play Without Screens. Esther Burgueño. 2022. (Bit by Bit I Learn More & I Grow Big Ser.). (ENG.). 10p. (J). (— 1). bds. 7.99 *(978-84-17210-64-9(4))* Editorial el Pirata ESP. Dist: Independent Pubs. Group.
L'étang. Taylor Farley. Tr. by Claire Savard. 2021. (Dans Ma Communauté (in My Community) Ser.).Tr. of At the Pond. (FRE.). 24p. (J). (gr. -1-1). pap. *(978-1-4271-3652-7(1)*, 12496) Crabtree Publishing Co.
l'Étang (at the Pond) Taylor Farley. Tr. by Claire Savard. 2021. (FRE.). 24p. (J). (gr. -1-1). lib. bdg. ***(978-1-4271-4974-9(7))*** Crabtree Publishing Co.
L'été. Mari Schuh. 2019. (Spot les Saisons Ser.). (FRE.). 16p. (J). (gr. -1-2). *(978-1-77092-440-6(X)*, 14535) Amicus.
Lethal Animals. Stella Tarakson. 2017. (Gross & Frightening Animal Facts Ser.: Vol. 6). (ENG., Illus.). 48p. (J). (gr. 5-8). 20.95 *(978-1-4222-3927-8(6))* Mason Crest.
Lethal Insects, 1 vol. Janey Levy. 2019. (Mother Nature Is Trying to Kill Me! Ser.). (ENG.). 24p. (J). (gr. 2-3). 24.27 *(978-1-5382-3972-8(8)*, d48d9127-845e-49d3-9adf-42302bd41830) Stevens, Gareth Publishing LLLP.
Lethal Leaks & Spills, 1 vol. Danielle Haynes. 2017. (Unnatural Disasters Ser.). (ENG.). 32p. (J). (gr. 4-5). pap. 11.50 *(978-1-5382-0440-5(1)*, a56771ec-816a-4ca8-991d-08f45a8fc2c1) Stevens, Gareth Publishing LLLP.
Lethal Life Cycles: Biology at Its Most Extreme! Contrib. by Kelly Roberts & Louise Spilsbury. 2023. (Life on the Edge Ser.). (ENG., Illus.). 48p. (J). (gr. 5-8). pap. 10.99 ***(978-1-915761-42-2(5)***, 2e0d7afe-0aa2-401d-936f-c4e191806ddb) Cheriton Children's Bks. GBR. Dist: Lerner Publishing Group.
Lethal Life Cycles: Biology at Its Most Extreme! Louise Spilsbury & Kelly Roberts. 2023. (Life on the Edge Ser.). (ENG., Illus.). 48p. (J). (gr. 5-8). lib. bdg. 31.99 ***(978-1-915153-82-1(4)***, e6fb3450-a699-439f-978a-f608eda33a19) Cheriton Children's Bks. GBR. Dist: Lerner Publishing Group.
Letitia: A Thrilling Novel of Western Life (Classic Reprint) Charles a MacFarlane. (ENG., Illus.). (J). 2018. 314p. 30.39 *(978-0-484-77050-7(0))*; 2017. pap. 13.57 *(978-0-259-20627-9(X))* Forgotten Bks.
Letitia: Nursery Corps, U. S (Classic Reprint) George Madden Martin. 2018. (ENG., Illus.). 244p. (J). 29.01 *(978-0-484-73717-3(1))* Forgotten Bks.
Letitia & Laura: A Moral Tale (Classic Reprint) Mother Mother. 2018. (ENG., Illus.). 72p. (J). 25.40 *(978-0-267-19462-9(5))* Forgotten Bks.
Letitia Berkeley, A. M: A Novel (Classic Reprint) Josephine Bontecou Steffens. (ENG., Illus.). (J). 2018. 302p. 30.13 *(978-0-365-23087-8(1))*; 2017. pap. 13.57 *(978-1-5276-6620-7(4))* Forgotten Bks.
Leto's Hidden Twins: Artemis & Apollo - Mythology Book for Kids Greek & Roman Past & Present Societies. Professor Beaver. 2017. (ENG., Illus.). 64p. (J). pap. 9.52 *(978-0-2282-2861-5(1)*, Professor Beaver) Speedy Publishing LLC.
Leto's Hidden Twins Artemis & Apollo - Mythology Book for Kids Greek & Roman Past & Present Societies. Beaver. 2023. (ENG.). 64p. (J). 28.99 ***(978-1-5419-9763-9(8))*** Speedy Publishing LLC.
L'étranger de New York (format de Poche) Kévin MORIN. 2022. (FRE.). 153p. (YA). pap. ***(978-1-4716-0719-6(4))*** Lulu Pr., Inc.
Letras. Serie Mis Primeras Palabras / Letters. My First Words Series. Varios autores. 2019. (Mis Primeras Palabras Ser.). (SPA.). 10p. (J). (— 1). bds. 5.95 *(978-987-751-813-9(9))* El Gato de Hojalata ARG. Dist: Penguin Random Hse. LLC.
Let's Absquatulate. Dale Stewart. 2020. (ENG.). 44p. (J). 24.95 *(978-1-64670-813-0(X))* Covenant Bks.
Let's Add Up! Victoria Allenby. Illus. by Maggie Zeng. 2022. (Big, Little Concepts Ser.: 4). 24p. (J). (gr. -1-k). 17.95 *(978-1-77278-248-6(3))* Pajama Pr. CAN. Dist: Publishers Group West (PGW).
Let's All Be Ambassadors for a Better World. Denis G. Antoine. 2021. (ENG.). 28p. (J). pap. 14.99 *(978-1-7358525-5-3(4))* Aknowingspirit LLC.
Let's All Get Creative! a Fun Celebration of the Arts, Music, & Photography for Kids - Children's Arts, Music & Photography Books. Pfiffikus. 2016. (ENG., Illus.). (J). pap. 10.81 *(978-1-68377-590-4(2))* Whike, Traudl.
Let's All Go to the Pumpkin Patch. Kristen Hanson & Grayson Showich. 2022. (ENG., Illus.). 32p. (J). pap. 15.95 ***(978-1-68498-308-7(8))*** Newman Springs Publishing, Inc.
Let's All Go to Tokyo! Travel Activity Book. Creative. 2016. (ENG., Illus.). (J). pap. 10.81 *(978-1-68323-387-9(5))* Twin Flame Productions.
Let's All Monster MASH Coloring Book. Creative Playbooks. 2016. (ENG., Illus.). (J). pap. 7.74 *(978-1-68323-776-1(5))* Twin Flame Productions.
Let's All Sing Together! (DreamWorks Trolls) Random House. Illus. by Random House. 2022. (ENG., Illus.). 32p. (J). (gr. -1-2). 10.99 *(978-0-593-42529-9(4)*, Random Hse. Bks. for Young Readers) Random Hse. Children's Bks.
Let's Back Up! Speeding Through My First Movie. Jake Black. ed. 2022. (Sonic the Hedgehog 8x8 Bks). (ENG.). 24p. (J). (gr. k-1). 16.46 ***(978-1-68505-303-1(3))*** Penworthy Co., LLC, The.
Let's Back up! Speeding Through My First Movie. Jake Black. 2022. (Sonic the Hedgehog Bks.). (ENG.). 24p. (J). (gr. -1-2). pap. 5.99 *(978-0-593-38734-4(1)*, Penguin Young Readers Licenses) Penguin Young Readers Group.
Let's Bake! Ladi, Liz & CAM. Julia Lassa. Illus. by Merve Terzi. 2017. (Ladi, Liz & CAM Ser.: Vol. 2). (ENG.). (J). *(978-0-9956683-1-7(0))* Bower Maze.
Let's Bake Christmas Treats!, 1 vol. Ruth Owen. 2017. (Holiday Baking Party Ser.). (ENG.). 32p. (J). (gr. 3-4). pap. 11.50 *(978-1-5382-1323-0(0)*, b0abcae6-076d-416b-978b-05baec572e85); lib. bdg. 28.27 *(978-1-5382-1325-4(7)*, fbdc90c0-09a6-4d64-a085-fa26137a1189) Stevens, Gareth Publishing LLLP.
Let's Bake Fourth of July Treats!, 1 vol. Ruth Owen. 2017. (Holiday Baking Party Ser.). (ENG.). 32p. (J). (gr. 3-4). pap. 11.50 *(978-1-5382-1328-5(1)*, 5b929ffa-8253-40bf-9433-fbc71da18c7a); lib. bdg. 28.27 *(978-1-5382-1330-8(3)*, 5ec50573-b6c7-44b4-acea-fa6fd63be5b0) Stevens, Gareth Publishing LLLP.
Let's Bake Halloween Treats!, 1 vol. Ruth Owen. 2017. (Holiday Baking Party Ser.). (ENG.). 32p. (J). (gr. 3-4). pap. 11.50 *(978-1-5382-1332-2(X)*, ae07eee6-bfbf-4d9f-8d4e-1ca33a31a5e7); lib. bdg. 28.27 *(978-1-5382-1334-6(6)*, 60f2e289-3143-441e-aecc-c0ebc8243843) Stevens, Gareth Publishing LLLP.
Let's Bake St. Patrick's Day Treats!, 1 vol. Ruth Owen. 2017. (Holiday Baking Party Ser.). (ENG.). 32p. (J). (gr. 3-4). pap. 11.50 *(978-1-5382-1336-0(2)*, d63291fc-251b-4466-846c-7a7b3dae757d); lib. bdg. 28.27 *(978-1-5382-1338-4(9)*, f1edf7e4-d29f-4f88-9375-d0317e2f80b1) Stevens, Gareth Publishing LLLP.
Let's Bake Thanksgiving Treats!, 1 vol. Ruth Owen. 2017. (Holiday Baking Party Ser.). (ENG.). 32p. (J). (gr. 3-4). pap. 11.50 *(978-1-5382-1340-7(0)*, 7bdafc83-fd44-4eb4-a78a-22c3903ff38f); lib. bdg. 28.27 *(978-1-5382-1342-1(7)*, 2ae093e3-4410-47f1-847b-7ef9127e36cb) Stevens, Gareth Publishing LLLP.
Let's Bake Valentine's Day Treats!, 1 vol. Ruth Owen. 2017. (Holiday Baking Party Ser.). (ENG.). 32p. (J). (gr. 3-4). pap. 11.50 *(978-1-5382-1344-5(3)*, 981787f1-dc11-453a-a6b6-6d634b146b4a); lib. bdg. 28.27 *(978-1-5382-1346-9(X)*, 18f00d6d1-4f17-444d-8233-e1145b2abc5f) Stevens, Gareth Publishing LLLP.
Let's Be Active! an Excercise Coloring Book. Smarter Activity Books for Kids. 2016. (ENG., Illus.). (J). pap. 9.22 *(978-1-68374-364-4(4))* Examined Solutions PTE. Ltd.
Let's Be Firefighters! (Blaze & the Monster Machines) Frank Berrios. Illus. by Niki Foley. 2016. (Little Golden Book Ser.). (ENG.). 24p. (J). (-k). 5.99 *(978-0-399-55351-6(7)*, Golden Bks.) Random Hse. Children's Bks.
Let's Be Friends. Edwin Radin. Illus. by Clair Fink. (ENG.). 22p. (J). 2022. pap. 13.99 *(978-1-63337-594-9(3))*; 2021. 16.99 *(978-1-63337-580-2(3)*, Proving Pr.) Columbus Pr.
Let's Be Friends: A Lift-The-Flap Book. Violet Lemay. 2021. (ENG., Illus.). 26p. (J). (gr. -1 — 1). bds. 8.99 *(978-0-06-304597-2(4)*, HarperFestival) HarperCollins Pubs.
Let's Be Friends: A Tween Devotional on Finding & Keeping Strong Friendships. Calyn Daniel & Blythe Daniel. 2023. (ENG.). 160p. (J). (gr. 2-7). pap. 12.99 ***(978-0-7369-8810-0(6)***, 6988100, Harvest Kids) Harvest Hse. Pubs.
Lets Be Friends! Meet New Friends from Around the World Discovering Their Character Strength. Donna Martire Miller & Joseph A. Bologna. 2021. (Discovering Character Strengths in Children Ser.: 1). (ENG.). 58p. (J). pap. 25.00 *(978-1-0983-7859-2(8))* BookBaby.
Let's Be Friends / Seamos Amigos see Let's Be Friends / Seamos Amigos: In English & Spanish / en Ingles y Español
Let's Be Friends / Seamos Amigos: In English & Spanish / en Ingles y Español. René Colato Laínez. Illus. by Nomar Perez. ed. 2023. (My Friend, Mi Amigo Ser.).Tr. of Let's Be Friends / Seamos Amigos. (J). 40p. (gr. -1-2). pap. 8.99 *(978-0-8234-5423-5(1))*; 28p. (— 1). bds. 8.99 *(978-0-8234-5311-5(1))* Holiday Hse., Inc.
Let's Be Friends (L. O. L. Surprise!) Random House. Illus. by Random House. 2020. (Step into Reading Ser.). (ENG., Illus.). 32p. (J). (gr. -1-1). 5.99 *(978-0-593-31001-4(2)*, Random Hse. Bks. for Young Readers) Random Hse. Children's Bks.
Let's Be Friends Little Donkey. Shirley Stuby. 2020. (ENG.). 30p. (J). pap. 13.95 *(978-1-64468-311-8(3))* Covenant Bks.
Let's Be Healthy! an Excercise Coloring Book. Kreative Kids. 2016. (ENG., Illus.). (J). pap. 9.20 *(978-1-68377-329-0(2))* Whike, Traudl.
Let's Be Real: Living Life As an Open & Honest You, 1 vol. Natasha Bure. 2018. (ENG.). 224p. (YA). pap. 14.99 *(978-0-310-76308-6(8))* Zondervan.
Let's Be Thankful (PAW Patrol) Tex Huntley. Illus. by Random House. 2021. (ENG.). 22p. (J). (— 1). bds. 7.99 *(978-0-593-43290-7(8)*, Random Hse. Bks. for Young Readers) Random Hse. Children's Bks.
Let's Bee Thankful. Ross Burach. ed. 2020. (Acorn Early Readers Ser.). (ENG., Illus.). 44p. (J). (gr. k-1). 14.96 *(978-1-64697-458-0(1))* Penworthy Co., LLC, The.
Let's Bee Thankful (Bumble & Bee #3) An Acorn Book. Ross Burach. Illus. by Ross Burach. 2020. (Bumble & Bee Ser.: 3). (ENG., Illus.). 48p. (J). (gr. -1-1). pap. 4.99 *(978-1-338-50588-7(2))* Scholastic, Inc.
Let's Bee Thankful (Bumble & Bee #3) (Library Edition) An Acorn Book. Ross Burach. Illus. by Ross Burach. 2020. (Bumble & Bee Ser.: 3). (ENG., Illus.). 48p. (J). (gr. -1-1). lib. bdg. 23.99 *(978-1-338-50589-4(0))* Scholastic, Inc.
Let's Begin: Activity Book. Jacquelene Scruggs. 2019. (ENG., Illus.). 54p. (J). (gr. k-2). pap. 14.99 *(978-1-942871-70-5(8))* Hope of Vision Publishing.
Let's Begin! Enrich Kindergarten Classrooms with Focused Activities. Creative Playbooks. 2016. (ENG., Illus.). (J). pap. 10.81 *(978-1-68323-388-6(3))* Twin Flame Productions.
Let's Begin! Interesting Hidden Object & Coloring Activity Books for Kids Age 4 Bundle, 2 vols. Speedy Publishing Books. 2019. (ENG.). 212p. (J). pap. 19.99 *(978-1-5419-7210-0(4))* Speedy Publishing LLC.
Let's Begin with Prayer: 130 Prayers for Middle & High Schools. Mitch Finley. 2016. (ENG., Illus.). 128p. (gr. 7-10). 41.00 *(978-1-5326-0929-9(9)*, Wipf and Stock) Wipf & Stock Pubs.
Let's Brush Our Teeth! Illus. by Jason Fruchter. 2021. (Daniel Tiger's Neighborhood Ser.). (ENG.). 16p. (J). (gr. -1-2). pap. 5.99 *(978-1-5344-8534-1(1)*, Simon Spotlight) Simon Spotlight.
Let's Brush Our Teeth. Sandie Muncaster. Illus. by Jovan Carl Segura. 2019. (ENG.). 28p. (J). pap. *(978-1-925932-11-9(7))* Library For All Limited.
Let's Brush Our Teeth - Ti a Buratina Wiira (Te Kiribati) Sandie Muncaster. Illus. by Jovan Carl Segura. 2023. (ENG.). 28p. (J). pap. ***(978-1-922844-53-8(5))*** Library For All Limited.
Let's Build. Clarion Clarion Books. Illus. by Zoe Waring. 2020. (ENG.). 56p. (J). (gr. -1-3). 14.99 *(978-1-328-60607-5(4)*, 1732506, Clarion Bks.) HarperCollins Pubs.
Let's Build! A Flip-And-Find-Out Book. Lindsay Ward. Illus. by Lindsay Ward. 2020. (Wheels on the Go Ser.). (ENG., Illus.). 30p. (J). (gr. -1 — 1). bds. 8.99 *(978-0-06-286864-0(0)*, HarperFestival) HarperCollins Pubs.
Let's Build! Coloring Book Construction. Jupiter Kids. 2016. (ENG., Illus.). 106p. (J). pap. 12.55 *(978-1-68305-268-5(4)*, Jupiter Kids (Childrens & Kids Fiction)) Speedy Publishing LLC.
Let's Build a Boat. Jane Godwin. Illus. by Meg Rennie. 2023. (ENG.). 24p. (J). (gr. -1-k). 18.99 ***(978-1-76050-868-5(3))*** Little Hare Bks. AUS. Dist: Independent Pubs. Group.
Let's Build a Dam! Daniel Fehr. Illus. by Mariachiara Di Giorgio. 2023. (ENG.). 32p. (J). (gr. -1-2). 19.95 ***(978-0-7358-4501-5(8))*** North-South Bks., Inc.
Let's Build a Farm: A Construction Book for Kids. Robert Pizzo. 2022. (Little Builders Ser.). (ENG., Illus.). 24p. (J). (gr. -1-2). bds. 7.99 *(978-1-7282-4518-8(4))* Sourcebooks, Inc.
Let's Build a Highway. Robert Pizzo. 2022. (Little Builders Ser.). (ENG., Illus.). 24p. (J). (gr. -1-2). bds. 7.99 *(978-1-7282-4223-1(1))* Sourcebooks, Inc.
Let's Build a House. Mike Lucas. Illus. by Daron Parton. 2023. (Let's Build Ser.). (ENG.). 24p. (J). (gr. -1-k). pap. 13.99 *(978-0-7344-2034-3(X)*, Lothian Children's Bks.) Hachette Australia AUS. Dist: Hachette Bk. Group.
Let's Build a House! Coloring Book. Steven James Petruccio. 2017. (Dover Kids Coloring Bks.). (ENG.). 32p.

L

(J). (gr. 1-4). pap. 3.99 *(978-0-486-81213-7(8),* 812138) Dover Pubns., Inc.

Let's Build a Little Train. Julia Richardson. Illus. by Ryan O'Rourke. 2022. (ENG.). 32p. (J). (gr. k-3). 17.99 *(978-1-5341-1145-5(X),* 205274) Sleeping Bear Pr.

Let's Build a Playground. Robert Pizzo. 2022. (Little Builders Ser.). (ENG., Illus.). 24p. (J). (gr. -1-1). bds. 7.99 *(978-1-7282-4226-2(6))* Sourcebooks, Inc.

Let's Build a School: A Construction Book for Kids. Robert Pizzo. 2022. (Little Builders Ser.). (ENG., Illus.). 24p. (J). (gr. -1-k). bds. 7.99 *(978-1-7282-4521-8(4))* Sourcebooks, Inc.

Let's Build a Snow Man Maze Activity Book. Smarter Activity Books for Kids. 2016. (ENG., Illus.). (J). pap. 9.22 *(978-1-68374-244-9(3))* Examined Solutions PTE. Ltd.

Let's Build a Snowman! Kristen L. Depken. 2017. (Illus.). 24p. (J). *(978-1-5182-5209-9(5))* Random Hse., Inc.

Let's Build a Snowman - Christmas Coloring Books for Kids Children's Christmas Books. Speedy Kids. 2017. (ENG., Illus.). (J). pap. 8.45 *(978-1-5419-4722-1(3))* Speedy Publishing LLC.

Let's Build a Snowman! (Barbie) Kristen L. Depken. Illus. by Dynamo Limited. 2017. (Step into Reading Ser.). (ENG.). 24p. (J). (gr. -1-1). pap. 5.99 *(978-1-5247-6480-7(9),* Random Hse. Bks. for Young Readers) Random Hse. Children's Bks.

Let's Build a Snowman! Full-Page Coloring Book for Toddlers. Speedy Kids. 2018. (ENG., Illus.). 106p. (J). pap. 12.55 *(978-1-5419-3515-0(2))* Speedy Publishing LLC.

Let's Build Stuff! Construction Coloring Book for Kids. Bold Illustrations. 2018. (ENG., Illus.). 84p. (J). pap. 6.92 *(978-1-64193-988-1(5),* Bold Illustrations) FASTLANE LLC.

Let's Calculate Work! Physics & the Work Formula: Physics for Kids - 5th Grade Children's Physics Books. Baby Professor. 2017. (ENG., Illus.). (YA). pap. 8.79 *(978-1-5419-1136-9(9),* Baby Professor (Education Kids)) Speedy Publishing LLC.

Let's Call It a Doomsday. Katie Henry. 2020. (ENG.). 416p. (YA). (gr. 8). pap. 10.99 *(978-0-06-269891-9(5),* Tegen, Katherine Bks) HarperCollins Pubs.

Let's Camp! (Grade 1) Dona Herweck Rice. 2018. (See Me Read! Everyday Words Ser.). (ENG., Illus.). 12p. (J). (gr. k-1). 6.99 *(978-1-4938-9857-2(4))* Teacher Created Materials, Inc.

Let's Care for Baby! Géraldine Krasinski. Illus. by Amy Blay. 2017. (Play*Learn*Do Ser.). (ENG.). 10p. (J). (gr. -1 — 1). bds. 14.99 Éditions Tourbillon FRA. Dist: Hachette Bk. Group.

Let's Celebrate. Melissa Abramovitz & Clara Cella. 2022. (Let's Celebrate Ser.). (ENG.). 24p. (J). 87.96 *(978-1-6690-1398-3(7),* 248657, Capstone Pr.) Capstone.

Let's Celebrate! A Can-You-Find-It Book. Sarah L. Schuette. 2020. (Can You Find It? Ser.). (ENG., Illus.). 32p. (J). (gr. -1-2). pap. 8.95 *(978-1-9771-2625-2(1),* 201304); lib. bdg. 31.32 *(978-1-9771-2259-9(0),* 199186) Capstone. (Pebble).

Let's Celebrate! Special Days Around the World. Kate DePalma. Illus. by Martina Peluso. 2019. (World of Celebrations Ser.). (ENG.). 40p. (J). (gr. k-5). 17.99 *(978-1-78285-833-1(4));* pap. 9.99 *(978-1-78285-834-8(2))* Barefoot Bks., Inc.

Let's Celebrate 5 Days of Diwali! (Maya & Neel's India Adventure Series, Book 1) Ajanta Chakraborty & Vivek Kumar. (Maya & Neel's India Adventure Ser.: Vol. 1). (ENG., Illus.). (J). (gr. k-2). 2016. pap. 8.99 *(978-1-945792-05-2(1));* 2016. 14.99 *(978-1-945792-06-9(X));* 2nd ed. 2018. 42p. pap. 8.99 *(978-1-945792-18-2(3))* Bollywood Groove.

Let's Celebrate an Indian Wedding! (Maya & Neel's India Adventure Series, Book 9) (Multicultural, Non-Religious, Culture, Dance, Baraat, Groom, Bride, Horse, Mehendi, Henna, Sangeet, Biracial Indian American Families, Picture Book Gift, Global Children) Ajanta Chakraborty & Vivek Kumar. 2018. (Maya & Neel's India Adventure Ser.: Vol. 9). (ENG., Illus.). 40p. (J). (gr. k-2). 16.99 *(978-1-945792-13-7(2));* pap. 8.99 *(978-1-945792-12-0(4))* Bollywood Groove.

Let's Celebrate Christmas (Rookie Poetry: Holidays & Celebrations) J. Patrick Lewis. 2018. (Rookie Poetry Ser.). (ENG., Illus.). 24p. (J). (gr. 1-2). pap. 5.95 *(978-0-531-22679-7(4),* Children's Pr.) Scholastic Library Publishing.

Let's Celebrate Ganesha's Birthday! (Maya & Neel's India Adventure Series, Book 11) Ajanta Chakraborty & Vivek Kumar. 2019. (Maya & Neel's India Adventure Ser.: Vol. 11). (ENG., Illus.). 36p. (J). (gr. k-2). 15.99 *(978-1-945792-24-3(8))* Bollywood Groove.

Let's Celebrate Halloween (Rookie Poetry: Holidays & Celebrations) J. Patrick Lewis. 2018. (Rookie Poetry Ser.). (ENG., Illus.). 24p. (J). (gr. 1-2). pap. 5.95 *(978-0-531-22680-3(8),* Children's Pr.) Scholastic Library Publishing.

Let's Celebrate: Happy Easter. Joyce Bentley. 2017. (Let's Celebrate Ser.). (ENG., Illus.). 24p. (J). (gr. k-2). 16.99 *(978-0-7502-9568-0(6),* Wayland) Hachette Children's Group GBR. Dist: Hachette Bk. Group.

Let's Celebrate: Happy Holi. Joyce Bentley. 2020. (Let's Celebrate Ser.). (ENG., Illus.). 24p. (J). (gr. k-2). pap. 11.99 *(978-1-5263-0642-5(5),* Wayland) Hachette Children's Group GBR. Dist: Hachette Bk. Group.

Let's Celebrate Holi! (Maya & Neel's India Adventure Series, Book 3) Ajanta Chakraborty & Vivek Kumar. Ed. by Janelle Diller. 2017. (Maya & Neel's India Adventure Ser.: Vol. 3). (ENG., Illus.). (J). (gr. k-2). 14.99 *(978-1-945792-17-5(5));* pap. 13.99 *(978-1-945792-16-8(7))* Bollywood Groove.

Let's Celebrate Krishna's Birthday! (Maya & Neel's India Adventure Series, Book 12) Ajanta Chakraborty & Vivek Kumar. 2019. (Maya & Neel's India Adventure Ser.: Vol. 12). (ENG., Illus.). 34p. (J). (gr. k-2). 15.99 *(978-1-945792-37-3(X))* Bollywood Groove.

Let's Celebrate Krishna's Birthday! (Maya & Neel's India Adventure Series, Book 12) Vivek Kumar & Ajanta Chakraborty. 2019. (Maya & Neel's India Adventure Ser.: Vol. 12). (ENG.). 34p. (J). pap. 11.99 *(978-1-945792-29-8(9))* Bollywood Groove.

Let's Celebrate Latino Holidays, 8 vols. 2022. (Let's Celebrate Latino Holidays Ser.). (ENG.). 24p. (J). (gr. 2-2). lib. bdg. 97.08 *(978-1-9785-3195-6(8),* 85adaee1-b471-498c-bf06-3e67a468ffb5) Enslow Publishing, LLC.

Let's Celebrate Navratri! (Nine Nights of Dancing & Fun) (Maya & Neel's India Adventure Series, Book 5) Ajanta Chakraborty & Vivek Kumar. Ed. by Janelle Diller. 2017. (Maya & Neel's India Adventure Ser.: Vol. 5). (ENG., Illus.). (J). (gr. k-2). 15.99 *(978-1-945792-33-5(7));* pap. 6.99 *(978-1-945792-32-8(9))* Bollywood Groove.

Let's Celebrate Our Differences. Eileen Vieira. 2017. (ENG., Illus.). 40p. (J). pap. 8.99 *(978-978-098-434-2(8))* LFF Consultant.

Let's Celebrate Ramadan & Eid! (Muslim Festival of Fasting & Sweets) (Maya & Neel's India Adventure Series, Book 4) Ajanta Chakraborty. 2017. (Maya & Neel's India Adventure Ser.: Vol. 4). (ENG., Illus.). (J). (gr. k-2). 17.99 *(978-1-945792-11-3(6));* pap. 8.99 *(978-1-945792-10-6(8))* Bollywood Groove.

Let's Celebrate Thanksgiving (Rookie Poetry: Holidays & Celebrations) J. Patrick Lewis. 2018. (Rookie Poetry Ser.). (ENG., Illus.). 24p. (J). (gr. 1-2). pap. 5.95 *(978-0-531-22693-3(X),* Children's Pr.) Scholastic Library Publishing.

Let's Celebrate Vaisakhi! Punjab's Spring Harvest Festival. Ajanta Chakraborty & Vivek Kumar. 2018. (Maya & Neel's India Adventure Ser.: Vol. 7). (ENG., Illus.). 36p. (J). (gr. k-2). pap. 6.99 *(978-1-945792-34-2(5))* Bollywood Groove.

Let's Celebrate Vaisakhi! (Punjab's Spring Harvest Festival, Maya & Neel's India Adventure Series, Book 7) (Multicultural, Non-Religious, Indian Culture, Bhangra, Lassi, Biracial Indian American Families, Sikh, Picture Book Gift, Dhol, Global Children) Ajanta Chakraborty & Vivek Kumar. 2018. (Maya & Neel's India Adventure Ser.: Vol. 7). (ENG., Illus.). 36p. (J). (gr. k-2). 16.99 *(978-1-945792-35-9(3))* Bollywood Groove.

Let's Celebrate with Origami: Set 2, 12 vols. 2021. (Let's Celebrate with Origami Ser.). (ENG.). 32p. (J). (gr. 3-3). lib. bdg. 161.58 *(978-1-9785-2680-8(6),* 1659916e-92d6-40e3-8f29-3650a0773528) Enslow Publishing, LLC.

Let's Celebrate with Origami: Sets 1 - 2, 24 vols. 2021. (Let's Celebrate with Origami Ser.). (ENG.). (J). (gr. 3-3). lib. bdg. 323.16 *(978-1-9785-2681-5(4),* ec634f65-9909-4cc9-a581-a7bb2c2eb506) Enslow Publishing, LLC.

Let's Change the World: Clean Energy, Volume 3. Megan Anderson. Illus. by Genna Campton. 2023. (Let's Change the World Ser.). (ENG.). 20p. (J). (— 1). bds. 10.99 ***(978-1-76050-948-4(5))*** Hardie Grant Children?s Publishing AUS. Dist: Independent Pubs. Group.

Let's Change the World: Community Spirit, Volume 4. Megan Anderson. Illus. by Genna Campton. 2023. (Let's Change the World Ser.). (ENG.). 20p. (J). (— 1). bds. 10.99 ***(978-1-76050-949-1(3))*** Hardie Grant Children?s Publishing AUS. Dist: Independent Pubs. Group.

Let's Change the World: Slow Fashion, Volume 2. Megan Anderson. Illus. by Genna Campton. 2023. (Let's Change the World Ser.). (ENG.). 20p. (J). bds. 10.99 *(978-1-76050-947-7(7))* Hardie Grant Children?s Publishing AUS. Dist: Independent Pubs. Group.

Let's Change the World: Zero Waste, Volume 1. Megan Anderson. Illus. by Genna Campton. 2023. (Let's Change the World Ser.). (ENG.). 20p. (J). bds. 10.99 *(978-1-76050-946-0(9))* Hardie Grant Children?s Publishing AUS. Dist: Independent Pubs. Group.

Let's Chat about Democracy: Exploring Forms of Government in a Treehouse. Michelle a Balconi & Arthur B. Laffer. Illus. by Mary Cindrich. 2018. (ENG.). 48p. (J). (gr. 1-5). 18.99 *(978-0-9906846-5-7(2))* Gichigami Pr.

Let's Chat about Democracy: Exploring Forms of Government in a Treehouse. Michelle a Balconi & Arthur B. Laffer. Illus. by Mary Cindrich. 2018. (ENG.). 48p. (J). (gr. 1-5). pap. 14.99 *(978-0-9906846-4-0(4))* Gichigami Pr.

Let's Check Our Breath! Learning to Care for Our Teeth. Adôlé Dawn. 2021. (ENG.). 26p. (J). pap. *(978-1-4866-2109-5(0))* Word Alive Pr.

Let's Cheer with Big Al. Linn Tiffany. 2018. (ENG.). (J). bds. 19.95 *(978-1-68401-294-7(5))* Amplify Publishing Group.

Let's Clap, Jump, Sing & Shout; Dance, Spin & Turn It Out! Games, Songs, & Stories from an African American Childhood. Patricia C. McKissack. Illus. by Brian Pinkney. 2017. (ENG.). 184p. (J). (gr. 1-4). 24.99 *(978-0-375-87088-0(1),* Schwartz & Wade Bks.) Random Hse. Children's Bks.

Let's Classify & Fold Origami Animals, 12 vols. 2022. (Let's Classify & Fold Origami Animals Ser.). (ENG.). 32p. (J). (gr. 3-4). lib. bdg. 161.58 *(978-1-9785-3197-0(4),* 54858d07-7c85-468d-8a82-ae9b6d40fd6f) Enslow Publishing, LLC.

Let's Clean Up! Unpacking the Science of Messy Rooms with Statistical Physics. Chris Ferrie. 2020. (Everyday Science Academy Ser.). (Illus.). 40p. (J). (gr. -1-3). 14.99 *(978-1-4926-8062-8(1))* Sourcebooks, Inc.

Let's Close Our Eyes. Carole Hutchinson. 2018. (ENG., Illus.). 36p. (J). pap. *(978-0-244-97011-6(4))* Lulu Pr., Inc.

Let's Color Cute Robots: Cute & Simple Robots Coloring Book for Kids Ages 2-6, Wonderful Gifts for Children's, Premium Quality Paper, Beautiful Illustrations, Elli Steele. 2021. (ENG.). 104p. (J). pap. 10.15 *(978-1-008-98851-4(0))* Lulu Pr., Inc.

Let's Color Laboratory Tools Coloring Book. Creative. 2016. (ENG., Illus.). (J). pap. 7.74 *(978-1-68323-690-0(4))* Twin Flame Productions.

Let's Color Laboratory Tools for Adults Coloring Book. Creative Playbooks. 2016. (ENG., Illus.). (J). pap. 7.74 *(978-1-68323-279-7(8))* Twin Flame Productions.

Let's Color Ladies: The Coloring Book. Activity Attic Books. 2016. (ENG., Illus.). (J). pap. 7.74 *(978-1-68323-691-7(2))* Twin Flame Productions.

Let's Color Puppies, Kitties, Fish & Bunnies Activity Book. Activity Book Zone for Kids. 2016. (ENG., Illus.). (J). pap. 7.55 *(978-1-68376-237-9(1))* Sabeels Publishing.

Lets Color the Toons! Funny Cartoons to Color - Coloring Books 2 Year Old Edition. Creative Playbooks. 2016. (ENG., Illus.). (J). pap. 7.74 *(978-1-68323-020-5(5))* Twin Flame Productions.

Let's Color Values: Ages 3-4. Agnes De Bezenac. Illus. by Agnes De Bezenac. 2019. (Fun with Values Ser.: Vol. 1). (ENG., Illus.). 82p. (J). (gr. k-1). 12.00 *(978-1-63474-314-3(8),* Kidible) iCharacter.org.

Let's Color Values: Ages 4-5. Agnes De Bezenac. Illus. by Agnes De Bezenac. 2019. (Fun with Values Ser.: Vol. 2). (ENG., Illus.). 82p. (J). (gr. k-1). 12.00 *(978-1-63474-315-0(6),* Kidible) iCharacter.org.

Let's Color Values: Ages 5-6. Agnes De Bezenac. Illus. by Agnes De Bezenac. 2019. (Fun with Values Ser.: Vol. 3). (ENG., Illus.). 82p. (J). (gr. k-2). 12.00 *(978-1-63474-316-7(4),* Kidible) iCharacter.org.

Let's Color Winter - Coloring Book for Toddlers & Preschoolers: Cute & Simple Winter Coloring Pages for Kids(Snowmen, Reindeer, Santa Claus, Christmas Oranaments, Adorable Animals & More) Personaldev Book. 2021. (ENG., Illus.). 102p. (J). pap. 10.99 *(978-1-716-23343-2(7))* Lulu Pr., Inc.

Let's Colour Ireland! Alan Nolan. 2018. (ENG.). 32p. pap. 10.00 *(978-1-78849-005-4(3))* O'Brien Pr., Ltd., The IRL. Dist: Casemate Pubs. & Bk. Distributors, LLC.

Let's Connect the Dots: Little Learner Edition. Creative. 2016. (ENG., Illus.). (J). pap. 7.74 *(978-1-68323-389-3(1))* Twin Flame Productions.

Let's Connect the Dots! Dot to Dot Puzzles. Creative. 2016. (ENG., Illus.). (J). pap. 10.81 *(978-1-68323-463-0(4))* Twin Flame Productions.

Let's Cook!, 12 vols. 2016. (Let's Cook! Ser.). (ENG.). 00048p. (J). (gr. 4-4). 191.58 *(978-1-5081-5344-3(2),* 16072998-d79e-48b8-8925-a3ee917168ce, PowerKids Pr.) Rosen Publishing Group, Inc., The.

Let's Cook with Teddy: With 20 Colorful Felt Play Pieces. Danielle McLean. Illus. by Jordan Wray. 2021. (Funtime Felt Ser.). (ENG.). 10p. (J). (-k). bds. 12.99 *(978-0-593-37922-6(5),* Random Hse. Bks. for Young Readers) Random Hse. Children's Bks.

Let's Count. Sonny Vikash Chandra. 2021. (ENG.). 28p. (J). pap. *(978-1-922591-19-7(X))* Library For All Limited.

Let's Count. Taquara R. Wolf. 2022. (ENG.). 26p. (J). 23.16 ***(978-1-387-89916-6(3))*** Lulu Pr., Inc.

Let's Count - Mai Ita Sura. Sonny Vikash Chandra. 2021. (TET.). 28p. (J). pap. *(978-1-922550-50-7(7))* Library For All Limited.

Let's Count & Write: Learn the Numbers, Preschool & Pre-Kindergarten Boys & Girls Math, Workbook for Toddlers Ages 3-5, Counting from 1 to 10, Daily Learning, Tracing, Coloring, Counting, Matching Activity Book. Simplify Smart. 2021. (ENG.). 68p. (J). 17.88 *(978-1-6780-7044-1(0))* Lulu Pr., Inc.

Let's Count Arizona: Numbers & Colors in the Grand Canyon State. Trish Madson. 2017. (ENG., Illus.). 20p. (J). (gr. -1 — 1). bds. 12.99 *(978-1-944822-73-6(9),* 552273) Familius LLC.

Let's Count Colorado: Numbers & Colors in the Centennial State. Christin Farley & Stephanie Miles. Illus. by Volha Kaliaha. 2018. (Let's Count Regional Board Bks.). (ENG.). 20p. (J). (gr. -1 — 1). bds. 12.99 *(978-1-945547-85-0(5),* 554785) Familius LLC.

Let's Count Florida. Christin Farley & Stephanie Miles. 2018. (ENG., Illus.). 20p. (J). (gr. -1-1). bds. 12.99 *(978-1-64170-020-7(3),* 550020) Familius LLC.

Let's Count Georgia: Numbers in the Peach State. Christopher Robbins. Illus. by Volha Kaliaha. 2023. (ENG.). 20p. (J). (gr. -1 — 1). bds. 12.99 *(978-1-64170-746-6(1),* 550746) Familius LLC.

Let's Count It - Ti a Warekia (Te Kiribati) Ruiti Tumoa. Illus. by Jovan Carl Segura. 2022. (MIS.). 32p. (J). pap. ***(978-1-922910-66-0(X))*** Library For All Limited.

Let's Count Montana: Numbers & Colors in the Treasure State. Christin Farley & Stephanie Miles. Illus. by Volha Kaliaha. 2018. (Let's Count Regional Board Bks.). (ENG.). 20p. (J). (gr. -1 — 1). bds. 12.99 *(978-1-945547-87-4(1),* 554787) Familius LLC.

Let's Count Texas: Numbers & Colors in the Lone Star State. Trish Madson. Illus. by David W. Miles. 2017. (ENG.). 20p. (J). (gr. -1 — 1). bds. 12.99 *(978-1-942934-79-0(3),* 553479) Familius LLC.

Let's Count to 50! Coloring Book. Jupiter Kids. 2017. (ENG., Illus.). (J). pap. 9.20 *(978-1-68326-340-1(5),* Jupiter Kids (Childrens & Kids Fiction)) Speedy Publishing LLC.

Let's Count Wildflowers. Tracey Gibbs. 2021. 15p. (J). (-k). bds. 9.95 *(978-1-925816-67-9(2))* Fremantle Pr. AUS. Dist: Independent Pubs. Group.

Let's Craft a Suncatcher. Melanie Joye. 2023. (Decodables - Things We Like to Do Ser.). (ENG.). 16p. (J). (gr. k-1). 27.93 ***(978-1-68450-700-9(6));*** pap. 11.93 ***(978-1-68404-888-5(5))*** Norwood Hse. Pr.

Let's Create!, 16 vols. Gareth Editorial Staff Staff. Incl. Clay. 2003. lib. bdg. 28.67 *(978-0-8368-3746-9(0),* 8df06667-54be-484b-a38c-95e4d88a6189); Metal. 2004. lib. bdg. 28.67 *(978-0-8368-4016-2(X),* d519c336-9f2f-4f05-a2a4-9513d65826c2); Paper. 2003. lib. bdg. 28.67 *(978-0-8368-3747-6(9),* 8c1913c0-c3ea-4e20-8051-5a74d17e7beb); Papier-Mâché. 2004. lib. bdg. 28.67 *(978-0-8368-4017-9(8),* 90e10b76-1cc9-429f-ba2b-4b50d5347cfe); Plants & Seeds. 2003. lib. bdg. 28.67 *(978-0-8368-3748-3(7),* affa3c25-6d8e-4769-9740-1ef3d2d75f7a); Recyclables. 2004. lib. bdg. 28.67 *(978-0-8368-4018-6(6),* ce2d891e-a539-466e-acaa-32f0f4856108); Stones & Stuff. 2004. lib. bdg. 28.67 *(978-0-8368-4019-3(4),* f8d0bd01-4d5b-43c8-9730-87de920f993b); Wood & Cork. 2003. lib. bdg. 28.67 *(978-0-8368-3749-0(5),* ae98e55b-e2e7-482b-8c19-6461def9f0bc); (gr. 2-4). (Let's Create! Ser.). (ENG., Illus.). 32p. 2003. Set lib. bdg. 229.36 *(978-0-8368-4168-8(9),* bf14e64a-d208-4274-b6e3-e622d216da19, Gareth Stevens Learning Library) Stevens, Gareth Publishing LLLP.

Let's Creep Through Crocodile Creek. Jonny Lambert. ed. 2020. (ENG.). 25p. (J). (gr. k-1). 21.49 *(978-0-87617-258-2(3))* Penworthy Co., LLC, The.

Let's Cut Out Some Characters Together Activity Book. Creative. 2016. (ENG., Illus.). (J). pap. 10.81 *(978-1-68323-391-6(3))* Twin Flame Productions.

Let's Cut Paper Lovely Animals: A Preschool Cutting & Coloring Activity Workbook for Kids Ages 3+, Kindergarten, Scissors Cutting, Gluing, Stickers. . Ariadne Rushford. 2021. (ENG.). 72p. (J). pap. *(978-1-62768-335-7(6))* Green Submarine Ltd.

Let's Dance! Michelle Wanasundera. Illus. by Viktoria Khmelnickaya. 2023. (ENG.). 32p. (J). pap. ***(978-1-922991-57-7(0))*** Library For All Limited.

Let's Dance, Little Pookie. Sandra Boynton. Illus. by Sandra Boynton. 2017. (Little Pookie Ser.). (ENG., Illus.). 18p. (J). (gr. -1-k). bds. 5.99 *(978-1-4814-9772-5(3))* Simon & Schuster, Inc.

Let's Decorate the Christmas Tree! Christmas Coloring Books 8-12 Years Old. Educando Kids. 2019. (ENG.). 42p. (J). pap. 6.99 *(978-1-64521-073-3(1),* Educando Kids) Editorial Imagen.

Let's Decree: A 30-Day Decree Devotional for Children. Ola Bekes. 2022. (ENG.). 96p. (J). 25.00 ***(978-1-64894-196-2(6))*** Yuxu Taoism Inc.

Let's Do a Thing! (Victor Shmud, Total Expert #1), 1 vol. Jim Benton. Illus. by Jim Benton. 2017. (Victor Shmud, Total Expert Ser.: 1). (ENG., Illus.). 128p. (J). (gr. 2-5). pap. 5.99 *(978-0-545-93229-5(7),* Scholastic Paperbacks) Scholastic, Inc.

Let's Do Chores: Practicing the Ch Sound, 1 vol. Ethan Lewis. 2016. (Rosen Phonics Readers Ser.). (ENG.). 12p. (J). (gr. -1-2). pap. *(978-1-5081-3234-9(8),* 71b10b44-0e2b-4612-a399-5177fa1832c2, Rosen Classroom) Rosen Publishing Group, Inc., The.

Let's Do Dot to Dot: An Exciting Game for Kids. Bobo's Children Activity Books. 2016. (ENG., Illus.). (J). pap. 9.33 *(978-1-68327-163-5(7))* Sunshine In My Soul Publishing.

Let's Do Everything & Nothing. Julia Kuo. Illus. by Julia Kuo. 2022. (ENG., Illus.). 32p. (J). 18.99 *(978-1-250-77434-7(9),* 900234570) Roaring Brook Pr.

Let's Do Hand Lettering: More Than 30 Exercises to Improve Your Lettering Skills. Dawn Nicole Warnaar. 2023. (Let's Make Art Ser.). (ENG., Illus.). 64p. (J). (gr. 3-7). lib. bdg. 33.32 *(978-0-7603-8086-4(4),* eb6ebc02-1192-4f2c-9c68-39a109c30c64, Walter Foster Jr) Quarto Publishing Group USA.

Let's Do Multiplication. 100 Days Dare for Kids to Elevate Their Maths Skills. Cristie Publishing. 2021. (ENG.). 102p. (J). pap. 12.99 *(978-0-251-11100-7(8))* Lulu Pr., Inc.

Lets Do Our Part. Sherry Harkins & Moran Reudor. 2020. (ENG.). 24p. (J). *(978-1-716-67803-5(X))* Lulu Pr., Inc.

Let's Do the Crazy Shake for Shapes! Math Books for Kindergarten Children's Math Books. Baby Professor. 2017. (ENG., Illus.). (J). pap. 9.55 *(978-1-5419-2788-9(5),* Baby Professor (Education Kids)) Speedy Publishing LLC.

Let's Do This! Activities for Kids to Do Coloring Book Edition. Activity Book Zone for Kids. 2016. (ENG., Illus.). (J). pap. 7.55 *(978-1-68376-238-6(X))* Sabeels Publishing.

Let's Do What Is Right. John Kern. 2016. (ENG., Illus.). (J). 21.95 *(978-1-68197-628-0(5))* Christian Faith Publishing.

Let's Dot to Dot! an Activity Book for Children. Bobo's Children Activity Books. 2016. (ENG., Illus.). (J). pap. 9.33 *(978-1-68327-164-2(5))* Sunshine In My Soul Publishing.

Let's Draw! Draw 50 Things in a Few Easy Steps. Lisa Regan. Illus. by Sr. Sanchez. 2023. (ENG.). 96p. (J). pap. 9.99 *(978-1-3988-2026-5(1),* f90cc76d-9948-4874-8db9-1c79b7d1052e) Arcturus Publishing GBR. Dist: Baker & Taylor Publisher Services (BTPS).

Let's Draw Aliens & Spaceships with Crayola (r) ! Kathy Allen. Illus. by Neil Clark. 2019. (Let's Draw with Crayola (r) ! Ser.). (ENG.). 32p. (J). (gr. -1-3). 29.32 *(978-1-5415-1103-3(4),* 00325c19-485a-4586-867d-a18e89c13ed2); pap. 6.99 *(978-1-5415-4606-6(7),* 28081bbf-d4af-4d9d-a604-b677f1677cc8) Lerner Publishing Group. (Lerner Pubns.).

Let's Draw & Color Construction Vehicles. Lindsay Ward. 2020. (Let's Draw & Color Book Ser.: Vol. 2). (ENG.). 36p. (J). pap. 8.99 *(978-1-7343569-5-3(2))* Primedia eLaunch LLC.

Let's Draw & Color Dinosaurs. Lindsay Ward. 2020. (Let's Draw & Color Book Ser.: Vol. 3). (ENG.). 34p. (J). pap. 8.99 *(978-1-7343569-6-0(0))* Primedia eLaunch LLC.

Let's Draw! Animals: Draw 50 Creatures in a Few Easy Steps! Violet Peto. Illus. by Sr. Sanchez. 2023. (ENG.). 96p. (J). pap. 9.99 *(978-1-3988-2027-2(X),* ba1cc989-0aea-4669-9d50-be9e3b4bf9e4) Arcturus Publishing GBR. Dist: Baker & Taylor Publisher Services (BTPS).

Let's Draw Animals Step by Step. Kasia Dudziuk. 2018. (ENG.). 96p. (J). pap. 9.99 *(978-1-78428-937-9(X),* 99371679-62b4-4b0d-9892-9bc4cedf365f) Arcturus Publishing GBR. Dist: Baker & Taylor Publisher Services (BTPS).

Let's Draw Animals with Crayola (r) ! Kathy Allen. 2018. (Let's Draw with Crayola (r) ! Ser.). (ENG., Illus.). 32p. (J). (gr. -1-3). pap. 6.99 *(978-1-5415-1166-8(2),* bf4063ab-f309-4d33-8d94-44141d926e8c, Lerner Pubns.) Lerner Publishing Group.

Let's Draw Animals with Simple Shapes, 1 vol. Kasia Dudziuk. 2020. (Let's Draw Step by Step Ser.). (ENG.). 32p. (J). (gr. 1-2). pap. 12.75 *(978-1-4994-8525-7(5),* c1b28f7d-bc5d-410f-8354-8a03e52b82c9); (Illus.). lib. bdg. 30.27 *(978-1-4994-8527-1(1),* cbcf7cec-b635-450b-bc05-a44ffd0aa31b) Rosen Publishing Group, Inc., The. (Windmill Bks.).

Let's Draw Birds & Butterflies: Learn to Draw a Variety of Birds & Butterflies Step by Step! How2DrawAnimals. 2022. (Let's Draw Ser.: 5). (ENG., Illus.). 48p. (J). (gr. 1-3). pap. 9.95 *(978-0-7603-8078-9(3),* 421832, Walter Foster Jr) Quarto Publishing Group USA.

Let's Draw Bugs & Critters with Crayola (r) ! Kathy Allen. Illus. by Emily Golden. 2019. (Let's Draw with Crayola (r) ! Ser.). (ENG.). 32p. (J). (gr. -1-3). 29.32 *(978-1-5415-1101-9(8),* 1751e115-d752-4d3f-8cad-434aa4afef5e); pap. 6.99 *(978-1-5415-4607-3(5),* 1b7aaffb-4ea9-453a-8cf7-24cc0c0da833) Lerner Publishing Group. (Lerner Pubns.).

1148

The check digit for ISBN-10 appears in parentheses after the full ISBN-13

Let's Draw Buildings & Bridges! Drawing Book for Boys. Speedy Kids. 2017. (ENG., Illus.). (J). pap. 9.05 *(978-1-5419-3265-4(X))* Speedy Publishing LLC.

Let's Draw Cartoon Characters: An Adventurous Journey into the Amazing & Awesome World of Cartooning! Dave Garbot. 2023. (Let's Make Art Ser.). (ENG., Illus.). 64p. (J). (gr. 3-7). lib. bdg. 33.32 *(978-0-7603-8089-5(9)*, 66f092f1-8e78-4cb8-87c8-ac7c0d1c90ea, Walter Foster Jr) Quarto Publishing Group USA.

Let's Draw Cats: Learn to Draw a Variety of Cats & Kittens Step by Step! How2DrawAnimals. 2022. (Let's Draw Ser.: 1). (ENG.). 48p. (J). (gr. 1-3). pap. 9.95 *(978-0-7603-8070-3(8)*, 419884, Walter Foster Jr) Quarto Publishing Group USA.

Let's Draw Dinosaurs, 1 vol. Kasia Dudziuk. 2019. (Let's Draw Step by Step Ser.). (ENG.). 32p. (J). (gr. 1-2). 30.27 *(978-1-5383-9134-1(1)*, 83a9414d-ca4e-4454-96a5-2f5625bcc66d); pap. 12.75 *(978-1-5383-9132-7(5)*, a5564720-dda7-433f-a153-414cab617b6d) Rosen Publishing Group, Inc., The. (Windmill Bks.).

Let's Draw Dinosaurs: Learn to Draw a Variety of Dinosaurs Step by Step! How2DrawAnimals. 2022. (Let's Draw Ser.: 7). (ENG., Illus.). 48p. (J). (gr. 1-3). pap. 9.95 *(978-0-7603-8082-6(1)*, 421834, Walter Foster Jr) Quarto Publishing Group USA.

Let's Draw Dinosaurs & Prehistoric Beasts with Crayola (r) ! Kathy Allen. Illus. by Brendan Kearney. 2019. (Let's Draw with Crayola (r) ! Ser.). (ENG.). 32p. (J). (gr. -1-3). 29.32 *(978-1-5415-1102-6(6)*, 9c2f1584-858b-499f-a412-784f6b3b1eef); pap. 6.99 *(978-1-5415-4608-0(3)*, ad201fe4-37fe-4761-b052-81a0f5030f05) Lerner Publishing Group. (Lerner Pubns.).

Let's Draw Dogs: Learn to Draw a Variety of Dogs & Puppies Step by Step! How2DrawAnimals. 2022. (Let's Draw Ser.: 2). (ENG., Illus.). 48p. (J). (gr. 1-3). pap. 9.95 *(978-0-7603-8072-7(4)*, 421829, Walter Foster Jr) Quarto Publishing Group USA.

Let's Draw Dragons: Learn to Draw a Variety of Dragons Step by Step! How2DrawAnimals. 2022. (Let's Draw Ser.: 8). (ENG., Illus.). 48p. (J). (gr. 1-3). pap. 9.95 *(978-0-7603-8084-0(8)*, 421835, Walter Foster Jr) Quarto Publishing Group USA.

Let's Draw Favorite Animals: Learn to Draw a Variety of Your Favorite Animals Step by Step! How2DrawAnimals. 2022. (Let's Draw Ser.: 3). (ENG., Illus.). 48p. (J). (gr. 1-3). pap. 9.95 *(978-0-7603-8074-1(0)*, 421830, Walter Foster Jr) Quarto Publishing Group USA.

Let's Draw Fun Animals: 7 Simple Steps. Maddie Frost. 2022. (ENG., Illus.). 48p. (J). (gr. -1-4). 8.99 *(978-0-06-307697-6(7)*, HarperCollins) HarperCollins Pubs.

Let's Draw Fun Stuff with Simple Shapes, 1 vol. Kasia Dudziuk. 2020. (Let's Draw Step by Step Ser.). (ENG.). 32p. (J). (gr. 1-2). pap. 12.75 *(978-1-4994-8517-2(4)*, 598c7992-8971-452f-85b4-ebfeb34357c3); (Illus.). lib. bdg. 30.27 *(978-1-4994-8519-6(0)*, 57dc38b7-6b0a-4c5b-bf57-aef18f34db43) Rosen Publishing Group, Inc., The. (Windmill Bks.).

Let's Draw! How to Draw Activity Book. Bobo's Children Activity Books. 2016. (ENG., Illus.). (J). pap. 9.33 *(978-1-68327-165-9(3))* Sunshine In My Soul Publishing.

Let's Draw! How to Draw Activity Book. Smarter Activity Books for Kids. 2016. (ENG., Illus.). (J). pap. 9.22 *(978-1-68374-245-6(1))* Examined Solutions PTE. Ltd.

Let's Draw Jungle Animals, 1 vol. Kasia Dudziuk. 2019. (Let's Draw Step by Step Ser.). (ENG.). 32p. (J). (gr. 1-2). 30.27 *(978-1-5383-9138-9(4)*, f48d3f93-e18f-4247-a3b9-30bf804471dd); pap. 12.75 *(978-1-5383-9136-5(8)*, d7ea7cd4-17ec-4dec-a101-22ab53bafba7) Rosen Publishing Group, Inc., The. (Windmill Bks.).

Let's Draw, Kids! Connect All the Dots Activity Book. Smarter Activity Books for Kids. 2016. (ENG., Illus.). (J). pap. 8.99 *(978-1-68374-246-3(X))* Examined Solutions PTE. Ltd.

Let's Draw Kooky Characters with Crayola (r) ! Kathy Allen. Illus. by Claire Stamper. 2019. (Let's Draw with Crayola (r) ! Ser.). (ENG.). 32p. (J). (gr. -1-3). 29.32 *(978-1-5415-1104-0(2)*, d48631f1-5444-49c1-9bab-9b86dd4b0fe2); pap. 6.99 *(978-1-5415-4609-7(1)*, 92ccf49a-cc08-4120-b181-a2dc2d390cb6) Lerner Publishing Group. (Lerner Pubns.).

Let's Draw Magical Unicorns: Create Beautiful Unicorns Step by Step! Missy Turner. Illus. by Missy Turner. 2019. (ENG., Illus.). 96p. (J). pap. 9.99 *(978-1-78950-522-1(4)*, 514acf41-4bb2-4f07-bc77-a676ef188681) Arcturus Publishing GBR. Dist: Baker & Taylor Publisher Services (BTPS).

Let's Draw Manga Chibi Characters: An Adventurous Journey into the Amazing & Awesome World of Manga Chibi Characters! Samantha Whitten. 2023. (Let's Make Art Ser.). (ENG., Illus.). 64p. (J). (gr. 3-7). lib. bdg. 33.32 *(978-0-7603-8088-8(0)*, f04abfba-f42d-4a1e-94eb-72b8cf408cda, Walter Foster Jr) Quarto Publishing Group USA.

Let's Draw Monsters with Crayola (r) ! Kathy Allen. 2018. (Let's Draw with Crayola (r) ! Ser.). (ENG., Illus.). 32p. (J). (gr. -1-3). 29.32 *(978-1-5124-3294-7(6)*, cacd19db-48bc-41e6-ad14-e85629710fad, Lerner Pubns.) Lerner Publishing Group.

Let's Draw Pets & Farm Animals, 1 vol. Kasia Dudziuk. 2016. (Let's Draw Step by Step Ser.). (ENG.). 32p. (J). (gr. 1-2). pap. 12.75 *(978-1-4994-8179-2(9)*, 76754316-9269-4a78-aecf-c058ae4a90fe, Windmill Bks.) Rosen Publishing Group, Inc., The.

Let's Draw Prehistoric Monsters, 1 vol. Kasia Dudziuk. 2019. (Let's Draw Step by Step Ser.). (ENG.). 32p. (J). (gr. 1-2). 30.27 *(978-1-5383-9142-6(2)*, f3b880c7-add1-4cae-abe3-a00920b65160); pap. 12.75 *(978-1-5383-9140-2(6)*, 7c4b07c4-614c-4b8e-b719-992a66412438) Rosen Publishing Group, Inc., The. (Windmill Bks.).

Let's Draw Robots with Crayola (r) ! Kathy Allen. 2018. (Let's Draw with Crayola (r) ! Ser.). (ENG., Illus.). 32p. (J). (gr. -1-3). 29.32 *(978-1-5124-3296-1(2)*, 3e228f70-26a0-4a98-aa7f-f8f8465c30ea); pap. 6.99 *(978-1-5415-1168-2(9)*, edc8b195-897b-4b38-8295-af9273256fd2) Lerner Publishing Group. (Lerner Pubns.).

Let's Draw Sea Creatures, 1 vol. Kasia Dudziuk. 2019. (Let's Draw Step by Step Ser.). (ENG.). 32p. (J). (gr. 1-2). 30.27 *(978-1-5383-9146-4(5)*, 9f25c4b8-c7ca-4aa3-8f29-5d00485c324f); pap. 12.75 *(978-1-5383-9144-0(9)*, 1bc7260b-1086-4327-bb27-7dac1736be70) Rosen Publishing Group, Inc., The. (Windmill Bks.).

Let's Draw Sea Creatures: Learn to Draw a Variety of Sea Creatures Step by Step! How2DrawAnimals. 2022. (Let's Draw Ser.: 6). (ENG., Illus.). 48p. (J). (gr. 1-3). pap. 9.95 *(978-0-7603-8080-2(5)*, 421833, Walter Foster Jr) Quarto Publishing Group USA.

Let's Draw Step by Step: Set 3, 8 vols. 2020. (Let's Draw Step by Step Ser.). (ENG.). 32p. (J). (gr. 1-2). lib. bdg. 121.08 *(978-1-4994-8605-6(7)*, 957a612b-1e00-4e73-9d9b-7ff63365dfa0, Windmill Bks.) Rosen Publishing Group, Inc., The.

Let's Draw Step by Step: Sets 1 - 2. 2019. (Let's Draw Step by Step Ser.). (ENG.). (J). pap. 102.00 *(978-1-7253-9323-3(9))*; lib. bdg. 236.00 *(978-1-7253-9312-7(3))* Windmill Bks.

Let's Draw Step by Step: Sets 1 - 3. 2020. (Let's Draw Step by Step Ser.). (ENG.). (J). pap. 153.00 *(978-1-4994-8627-8(8))*; lib. bdg. 354.00 *(978-1-4994-8606-3(5))* Windmill Bks.

Let's Draw Storybook Characters, 1 vol. Kasia Dudziuk. 2016. (Let's Draw Step by Step Ser.). (ENG.). 32p. (J). (gr. 1-2). pap. 12.75 *(978-1-4994-8182-2(9)*, af00e721-ace2-4fa5-a1bb-b4d1ef5a736c, Windmill Bks.) Rosen Publishing Group, Inc., The.

Let's Draw Things That Go, 1 vol. Kasia Dudziuk. 2016. (Let's Draw Step by Step Ser.). (ENG.). 32p. (J). (gr. 1-2). pap. 12.75 *(978-1-4994-8185-3(3)*, ffd6df3f-fe26-4764-84ed-c8e7f9fe564e, Windmill Bks.) Rosen Publishing Group, Inc., The.

Let's Draw Vehicles with Crayola (r) ! Kathy Allen. 2018. (Let's Draw with Crayola (r) ! Ser.). (ENG., Illus.). 32p. (J). (gr. -1-3). pap. 6.99 *(978-1-5415-1169-9(7)*, 9b34d722-0197-40b7-814c-29cf726d5990, Lerner Pubns.) Lerner Publishing Group.

Let's Draw Wild Animals, 1 vol. Kasia Dudziuk. 2016. (Let's Draw Step by Step Ser.). (ENG.). 32p. (J). (gr. 1-2). pap. 12.75 *(978-1-4994-8188-4(8)*, 14273bc4-c793-4aee-8dd0-be220d0250ae, Windmill Bks.) Rosen Publishing Group, Inc., The.

Let's Draw Wild Animals: Learn to Draw a Variety of Wild Animals Step by Step! How2DrawAnimals. 2022. (Let's Draw Ser.: 4). (ENG., Illus.). 48p. (J). (gr. 1-3). pap. 9.95 *(978-0-7603-8076-5(7)*, 421831, Walter Foster Jr) Quarto Publishing Group USA.

Let's Draw Wild Animals: Set 1, 8 vols. 2016. (Let's Draw Step by Step Ser.). (ENG.). 00032p. (J). (gr. 1-2). 121.08 *(978-1-4994-8140-2(3)*, 7ea1d455-f7fd-4ca4-ad59-f1e56002f93e, Windmill Bks.) Rosen Publishing Group, Inc., The.

Let's Draw with Chalk, 1 vol. Kasia Dudziuk. 2020. (Let's Draw Step by Step Ser.). (ENG.). 32p. (J). (gr. 1-2). lib. bdg. 30.27 *(978-1-4994-8511-0(5)*, 60b6dac8-c0a8-43c2-8270-c1b04b679385); (Illus.). pap. 12.75 *(978-1-4994-8509-7(3)*, 481af1ad-f35f-4999-94ca-ce02164a5e71) Rosen Publishing Group, Inc., The. (Windmill Bks.).

Let's Draw with Crayons, 1 vol. Kasia Dudziuk. 2020. (Let's Draw Step by Step Ser.). (ENG.). 32p. (J). (gr. 1-2). pap. 12.75 *(978-1-4994-8513-4(1)*, 8e3ab172-26c9-4567-b7e4-4c35e2542e47); lib. bdg. 30.27 *(978-1-4994-8515-8(8)*, c1293c88-8b9d-494e-a416-195465f5e544) Rosen Publishing Group, Inc., The. (Windmill Bks.).

Let's Dress Teddy: With 20 Colorful Felt Play Pieces. Danielle McLean. 2021. (Funtime Felt Ser.). (ENG.). 10p. (J). (-k). bds. 12.99 *(978-0-593-31016-8(0)*, Random Hse. Bks. for Young Readers) Random Hse. Children's Bks.

Let's Dress up & in the Net. Jenny Jinks. Illus. by Lindsay Dale-Scott. 2021. (Early Bird Readers — Pink (Early Bird Stories (tm)) Ser.). (ENG.). 32p. (J). (gr. -1-2). pap. 9.99 *(978-1-7284-2043-1(1)*, f138861a-47f2-4694-923b-e45440f5c5b9); lib. bdg. 30.65 *(978-1-7284-1725-7(2)*, 3ef46e6e-735c-4e48-8cbe-3071257f67c3) Lerner Publishing Group. (Lerner Pubns.).

Let's Dress You up Drawing Book for Teens. Educando Kids. 2019. (ENG.). 42p. (J). pap. 8.55 *(978-1-64521-637-7(3)*, Educando Kids) Editorial Imagen.

Let's Eat! Mealtime Around the World. Lynne Marie. Illus. by Parwinder Singh. 2019. 32p. (J). (gr. -1-3). 17.99 *(978-1-5064-5194-7(2)*, Beaming Books) 1517 Media.

Let's Eat: Sustainable Food for a Hungry Planet, 1 vol. Kimberley Veness. 2017. (Orca Footprints Ser.: 10). (ENG., Illus.). 48p. (J). (gr. 4-7). 19.95 *(978-1-4598-0939-0(4))* Orca Bk. Pubs. USA.

Let's Eat Bannock! English Edition. Inhabit Education Books. Illus. by Lenny Lishchenko. 2022. (Nunavummi Reading Ser.). (ENG.). 24p. (J). pap. 9.95 *(978-1-77450-281-5(X))* Inhabit Education Bks. Inc. CAN. Dist: Consortium Bk. Sales & Distribution.

Let's Eat Healthy! (Set), 8 vols. 2018. (Let's Eat Healthy! Ser.). (ENG., Illus.). 24p. (gr. 1-1). lib. bdg. 101.08 *(978-1-5383-3206-1(X)*, c6a4a86e-70c4-431e-80f7-39421922d1ff, PowerKids Pr.) Rosen Publishing Group, Inc., The.

Let's Eat Snails! Barbara Barcellona Smith. Illus. by Karen Lewis. 2021. (ENG.). 32p. (J). 18.95 *(978-1-58838-403-4(9)*, 8878, NewSouth Bks.) NewSouth, Inc.

Let's Embark! Leave Your Mark! Richelle M. Hudson. 2023. (ENG.). 50p. (J). 18.99 ***(978-1-63988-700-2(8))*** Primedia eLaunch LLC.

Let's Escape the Maze! Maze Activity Book. Smarter Activity Books. 2016. (ENG., Illus.). (J). pap. 8.99 *(978-1-68374-247-0(8))* Examined Solutions PTE. Ltd.

Let's Estimate: A Book about Estimating & Rounding Numbers. David A. Adler. Illus. by Edward Miller. 32p. (J). (gr. 1-4). 2018. pap. 8.99 *(978-0-8234-4017-7(6))*; 2017. (ENG.). 17.95 *(978-0-8234-3668-2(3))* Holiday Hse., Inc.

Let's Exercise & Be Healthy: A Coloring Book. Activibooks For Kids. 2016. (ENG., Illus.). (J). pap. 9.20 *(978-1-68321-801-2(9))* Mimaxion.

Let's Experiment, 8 vols. 2022. (Let's Experiment Ser.). (ENG.). 48p. (J). (gr. 4-5). lib. bdg. 127.72 *(978-1-5383-8746-7(8)*, 53ce46bf-18ff-4820-ab55-763eecb4bf12, PowerKids Pr.) Rosen Publishing Group, Inc., The.

Let's Explore a Coral Reef Coloring Book. Creative Playbooks. 2016. (ENG., Illus.). (J). pap. 7.74 *(978-1-68323-866-9(4))* Twin Flame Productions.

Let's Explore Apples! Jill Colella. 2020. (Food Field Trips Ser.). (ENG., Illus.). 24p. (J). (gr. -1-2). 26.65 *(978-1-5415-6300-1(X)*, 83116eef-b558-4d2f-b841-c8e918222aa7); pap. 8.99 *(978-1-5415-8741-0(3)*, 5c5ba2f2-b71d-4016-b7d2-7bc1b30cbd4e) Lerner Publishing Group. (Lerner Pubns.).

Let's Explore Beans! Jill Colella. 2021. (Food Field Trips Ser.). (ENG., Illus.). 24p. (J). (gr. -1-2). 26.65 *(978-1-5415-9034-2(1)*, 87379de1-ce5d-4473-9cbf-5947a99ee744, Lerner Pubns.) Lerner Publishing Group.

Let's Explore Bread! Jill Colella. 2020. (Food Field Trips Ser.). (ENG., Illus.). 24p. (J). (gr. -1-2). 26.65 *(978-1-5415-6299-8(2)*, 40aa470b-34b8-44b7-a590-643c2fd6076c); pap. 8.99 *(978-1-5415-8742-7(1)*, 0d39f737-6c6d-4906-a062-73cbe683c974) Lerner Publishing Group. (Lerner Pubns.).

Let's Explore Carrots! Jill Colella. 2021. (Food Field Trips Ser.). (ENG., Illus.). 24p. (J). (gr. -1-2). pap. 8.99 *(978-1-7284-0281-9(6)*, b38a1926-30b9-4317-9f16-d95dc79edf09); lib. bdg. 26.65 *(978-1-5415-9035-9(X)*, 1ca42341-b1fc-44f8-b42a-6c3e098907d6) Lerner Publishing Group. (Lerner Pubns.).

Let's Explore China. Walt K. Moon. ed. 2017. (Bumba Books (r) — Let's Explore Countries Ser.). (ENG., Illus.). 24p. (J). (gr. -1-1). E-Book 39.99 *(978-1-5124-3014-1(5))*; E-Book 4.99 *(978-1-5124-3729-4(8)*, 9781512437294); E-Book 39.99 *(978-1-5124-3728-7(X)*, 9781512437287) Lerner Publishing Group. (Lerner Pubns.).

Let's Explore Chocolate! Jill Colella. 2021. (Food Field Trips Ser.). (ENG., Illus.). 24p. (J). (gr. -1-2). 26.65 *(978-1-5415-9036-6(8)*, 1703c23a-2fef-4edb-97d5-f11de4bce0c9, Lerner Pubns.) Lerner Publishing Group.

Let's Explore Cookies! Jill Colella. 2020. (Food Field Trips Ser.). (ENG., Illus.). 24p. (J). (gr. -1-2). pap. 8.99 *(978-1-5415-8743-4(X)*, e4f608c6-db9d-4b10-b924-71c2327afa2b); lib. bdg. 26.65 *(978-1-5415-6301-8(8)*, 509203bb-9944-4bfa-ac08-39d8b4dceef7) Lerner Publishing Group. (Lerner Pubns.).

Let's Explore Coral Reefs. Samantha S. Bell. 2022. (Let's Explore Ecosystems Ser.). (ENG.). 24p. (J). (gr. 1-4). lib. bdg. 32.79 *(978-1-5038-5794-0(8)*, 215660, Wonder Books(r)) Child's World, Inc, The.

Let's Explore Cuba. Walt K. Moon. ed. 2017. (Bumba Books (r) — Let's Explore Countries Ser.). (ENG., Illus.). 24p. (J). (gr. -1-1). E-Book 39.99 *(978-1-5124-3731-7(X)*, 9781512437317); E-Book 39.99 *(978-1-5124-3016-5(1))*; E-Book 4.99 *(978-1-5124-3732-4(8)*, 9781512437324) Lerner Publishing Group. (Lerner Pubns.).

Let's Explore Deserts. Tammy Gagne. 2022. (Let's Explore Ecosystems Ser.). (ENG.). 24p. (J). (gr. 1-4). lib. bdg. 32.79 *(978-1-5038-5797-1(2)*, 215663, Wonder Books(r)) Child's World, Inc, The.

Let's Explore Earning Money. Laura Hamilton Waxman. 2019. (Bumba Books (r) — a First Look at Money Ser.). (ENG., Illus.). 24p. (J). (gr. -1-1). 26.65 *(978-1-5415-3855-9(2)*, e69ee47e-2f23-4cba-b63d-5a7ad086d5dc, Lerner Pubns.) Lerner Publishing Group.

Let's Explore Earth. Walt K. Moon. 2017. (Bumba Books (r) — a First Look at Space Ser.). (ENG., Illus.). 24p. (J). (gr. -1-1). 26.65 *(978-1-5124-3345-6(4)*, 22eb3ce1-e979-4883-84d0-b42774e21b68, Lerner Pubns.) Lerner Publishing Group.

Let's Explore Earth's Rocks!, 1 vol. Nicole Horning. 2020. (Earth Science Explorers Ser.). (ENG.). 24p. (gr. 1-2). pap. 9.22 *(978-1-5026-5621-6(3)*, 657aa772-649f-4906-8843-8cbe64eed140) Cavendish Square Publishing LLC.

Let's Explore Ecosystems (Set), 12 vols. 2022. (Let's Explore Ecosystems Ser.). (ENG.). (J). (gr. 1-4). lib. bdg. 393.48 *(978-1-5038-6358-3(1)*, 216255, Wonder Books(r)) Child's World, Inc, The.

Let's Explore Eggs! Jill Colella. 2021. (Food Field Trips Ser.). (ENG., Illus.). 24p. (J). (gr. -1-2). 26.65 *(978-1-5415-9037-3(6)*, 6fb78117-d3a5-4940-bf5c-dce4f3d365df, Lerner Pubns.) Lerner Publishing Group.

Let's Explore Egypt. Elle Parkes. 2017. (Bumba Books (r) — Let's Explore Countries Ser.). (ENG., Illus.). 24p. (J). (gr. -1-1). 26.65 *(978-1-5124-3363-0(2)*, e0503447-8a8c-40aa-9107-534b649c7f75, Lerner Pubns.) Lerner Publishing Group.

Let's Explore Engineering. Joe Levit. 2018. (Bumba Books (r) — a First Look at STEM Ser.). (ENG., Illus.). 24p. (J). (gr. -1-1). pap. 8.99 *(978-1-5415-2699-0(6)*, ec658947-08df-40e6-8fbf-03523cdd58ee) Lerner Publishing Group.

Let's Explore Forests. Samantha S. Bell. 2022. (Let's Explore Ecosystems Ser.). (ENG.). 24p. (J). (gr. 1-4). lib. bdg. 32.79 *(978-1-5038-5795-7(6)*, 215661, Wonder Books(r)) Child's World, Inc, The.

Let's Explore Freshwater Lakes. Maddie Spalding. 2022. (Let's Explore Ecosystems Ser.). (ENG.). 24p. (J). (gr. 1-4). lib. bdg. 32.79 *(978-1-5038-5802-2(2)*, 215668, Wonder Books(r)) Child's World, Inc, The.

Let's Explore Grasslands. Maddie Spalding. 2022. (Let's Explore Ecosystems Ser.). (ENG.). 24p. (J). (gr. 1-4). lib. bdg. 32.79 *(978-1-5038-5803-9(0)*, 215669, Wonder Books(r)) Child's World, Inc, The.

Let's Explore Gravity. Walt K. Moon. 2018. (Bumba Books (r) — a First Look at Physical Science Ser.). (ENG., Illus.). 24p. (J). (gr. -1-1). pap. 8.99 *(978-1-5415-1082-1(8)*, 1336787b-d396-4238-a04a-b661ff1b8b31) Lerner Publishing Group.

Let's Explore Haiti. Elle Parkes. 2017. (Bumba Books (r) — Let's Explore Countries Ser.). (ENG., Illus.). 24p. (J). (gr. -1-1). lib. bdg. 26.65 *(978-1-5124-3365-4(9)*, 77917649-1c29-485e-892a-4f3bec3d6f40, Lerner Pubns.) Lerner Publishing Group.

Let's Explore Honey! Jill Colella. 2020. (Food Field Trips Ser.). (ENG., Illus.). 24p. (J). (gr. -1-2). pap. 8.99 *(978-1-5415-8744-1(8)*, e4a219d5-e9dd-42c5-b114-ac14e784168e); lib. bdg. 26.65 *(978-1-5415-6303-2(4)*, db604bac-d066-4332-bc90-955d6b43b12b) Lerner Publishing Group. (Lerner Pubns.).

Let's Explore! How Things Work: See Inside Vehicles, Instruments, Gadgets, & More! Polly Cheeseman. Illus. by Jean Claude. 2022. (Arcturus Let's Explore Ser.: 3). (ENG.). 48p. (J). 9.99 *(978-1-3988-0271-1(9)*, e5b99727-87e0-42ed-a521-8de7b4ba61f2) Arcturus Publishing GBR. Dist: Baker & Taylor Publisher Services (BTPS).

Let's Explore India. Walt K. Moon. ed. 2017. (Bumba Books (r) — Let's Explore Countries Ser.). (ENG., Illus.). 24p. (J). (gr. -1-1). E-Book 39.99 *(978-1-5124-3018-9(8))*; E-Book 4.99 *(978-1-5124-3735-5(2)*, 9781512437355); E-Book 39.99 *(978-1-5124-3734-8(4)*, 9781512437348) Lerner Publishing Group. (Lerner Pubns.).

Let's Explore Japan. Walt K. Moon. 2017. (Bumba Books (r) — Let's Explore Countries Ser.). (ENG., Illus.). 24p. (J). (gr. -1-1). 26.65 *(978-1-5124-3008-0(0)*, f11b99d2-aa43-4594-8723-09a4b9a839be); E-Book 4.99 *(978-1-5124-3738-6(7)*, 9781512437386); E-Book 39.99 *(978-1-5124-3737-9(9)*, 9781512437379); E-Book 39.99 *(978-1-5124-3020-2(X))* Lerner Publishing Group. (Lerner Pubns.).

Let's Explore Kenya. Elle Parkes. 2017. (Bumba Books (r) — Let's Explore Countries Ser.). (ENG., Illus.). 24p. (J). (gr. -1-1). 26.65 *(978-1-5124-3364-7(0)*, 83672cb0-1118-44ca-830d-4dcfb3891311, Lerner Pubns.) Lerner Publishing Group.

Let's Explore Light. Walt K. Moon. 2018. (Bumba Books (r) — a First Look at Physical Science Ser.). (ENG., Illus.). 24p. (J). (gr. -1-1). 26.65 *(978-1-5124-8270-6(6)*, 136f1721-36e0-4e38-b599-1c0d08e3027d, Lerner Pubns.) Lerner Publishing Group.

Let's Explore Math. Alice Aspinall. Illus. by Alexandria Masse. 2021. (ENG.). 44p. (J). 26.99 *(978-1-953852-25-0(4))*; pap. 17.99 *(978-1-953852-16-8(5))* EduMatch.

Let's Explore Math. Joe Levit. 2018. (Bumba Books (r) — a First Look at STEM Ser.). (ENG., Illus.). 24p. (J). (gr. -1-1). pap. 8.99 *(978-1-5415-2700-3(3)*, dc501376-92cf-4c8f-a57b-8823ffdb78e1) Lerner Publishing Group.

Let's Explore Mexico. Walt K. Moon. 2017. (Bumba Books (r) — Let's Explore Countries Ser.). (ENG., Illus.). 24p. (J). (gr. -1-1). 26.65 *(978-1-5124-3005-9(6)*, 5817aa56-9c2f-43c9-8669-534fc62c1eaf); E-Book 4.99 *(978-1-5124-3741-6(7)*, 9781512437416); E-Book 39.99 *(978-1-5124-3023-3(4))*; E-Book 39.99 *(978-1-5124-3740-9(9)*, 9781512437409) Lerner Publishing Group. (Lerner Pubns.).

Let's Explore Mountains. Heather C. Hudak. 2022. (Let's Explore Ecosystems Ser.). (ENG.). 24p. (J). (gr. 1-4). lib. bdg. 32.79 *(978-1-5038-5804-6(9)*, 215670, Wonder Books(r)) Child's World, Inc, The.

Let's Explore Needs & Wants. Laura Hamilton Waxman. 2019. (Bumba Books (r) — a First Look at Money Ser.). (ENG., Illus.). 24p. (J). (gr. -1-1). 26.65 *(978-1-5415-3852-8(8)*, 7ea0ae0c-826f-4489-97d1-7e3bf01eecb3, Lerner Pubns.); pap. 8.99 *(978-1-5415-4572-4(9)*, ce99ae5e-103f-4c8d-b396-1163182d3e92) Lerner Publishing Group.

Let's Explore Night & Day. Laura Hamilton Waxman. 2021. (Bumba Books (r) — Let's Explore Nature's Cycles Ser.). (ENG., Illus.). 24p. (J). (gr. -1-1). pap. 8.99 *(978-1-7284-2035-6(0)*, cc704bcd-931f-4a32-bdff-426355ea7714, Lerner Pubns.) Lerner Publishing Group.

Let's Explore Oceans. Lisa Bullard. 2022. (Let's Explore Ecosystems Ser.). (ENG.). 24p. (J). (gr. 1-4). lib. bdg. 32.79 *(978-1-5038-5800-8(6)*, 215666, Wonder Books(r)) Child's World, Inc, The.

Let's Explore! Our World. Claire Philip. Illus. by Jean Claude. 2020. (Arcturus Let's Explore Ser.: 1). (ENG.). 48p. (J). 9.99 *(978-1-83857-653-0(3)*, e63a3ac2-b135-479d-bbe3-ad832d30703f) Arcturus Publishing GBR. Dist: Baker & Taylor Publisher Services (BTPS).

Let's Explore Peanut Butter! Jill Colella. 2021. (Food Field Trips Ser.). (ENG., Illus.). 24p. (J). (gr. -1-2). 26.65 *(978-1-5415-9033-5(3)*, 7ac8eecb-ddc2-4fc9-b66b-251a13ac35e2, Lerner Pubns.) Lerner Publishing Group.

Let's Explore Ponds. Samantha S. Bell. 2022. (Let's Explore Ecosystems Ser.). (ENG.). 24p. (J). (gr. 1-4). lib. bdg. 32.79 *(978-1-5038-5799-5(9)*, 215665, Wonder Books(r)) Child's World, Inc, The.

Let's Explore Pumpkins! Jill Colella. 2020. (Food Field Trips Ser.). (ENG., Illus.). 24p. (J). (gr. -1-2). 26.65 *(978-1-5415-6304-9(2)*, 01dcb7d0-698e-4da6-a4c3-8c21a43065ab); pap. 8.99 *(978-1-5415-8745-8(6)*, 46ecab1a-f1ea-48f1-a7c2-021dce795db2) Lerner Publishing Group. (Lerner Pubns.).

Let's Explore Rain Forests. Heather C. Hudak. 2022. (Let's Explore Ecosystems Ser.). (ENG.). 24p. (J). (gr. 1-4). lib. bdg. 32.79 *(978-1-5038-5796-4(4)*, 215662, Wonder Books(r)) Child's World, Inc, The.

Let's Explore Russia. Walt K. Moon. 2017. (Bumba Books (r) — Let's Explore Countries Ser.). (ENG., Illus.). 24p. (J). (gr. -1-1). 26.65 *(978-1-5124-3009-7(9)*,

92303b8f-c5ba-4f60-9ca8-8974a1c97b66); E-Book 39.99 *(978-1-5124-3012-7(9))*; E-Book 4.99 *(978-1-5124-3744-7(1)*, 9781512437447); E-Book 39.99 *(978-1-5124-3743-0(3)*, 9781512437430) Lerner Publishing Group. (Lerner Pubns.).

Let's Explore Saving Money. Laura Hamilton Waxman. 2019. (Bumba Books (r) — a First Look at Money Ser.). (ENG., Illus.). 24p. (J). (gr. -1-1). 26.65 *(978-1-5415-3854-2(4)*, 51de5b53-a288-4962-9eee-332f175ab39a, Lerner Pubns.); pap. 8.99 *(978-1-5415-4573-1(7)*, bae5dcab-0f0f-41e8-a00a-7e285e88d0cc) Lerner Publishing Group.

Let's Explore Science. Joe Levit. 2018. (Bumba Books (r) — a First Look at STEM Ser.). (ENG., Illus.). 24p. (J). (gr. -1-1). pap. 8.99 *(978-1-5415-2701-0(1)*, 129407c9-853a-4bc9-bb0c-095d0018ed81) Lerner Publishing Group.

Let's Explore Science, 33 vols., Set. Incl. MP3 Players. Jeanne Sturm. 2008. lib. bdg. 31.36 *(978-1-60472-332-8(7))*; Rocks, Minerals, & Soil. Susan Meredith. 2009. lib. bdg. 32.79 *(978-1-60694-411-0(8))*; (Illus.). 48p. (J). (gr. 4-8). 2011. lib. bdg. *(978-1-61590-875-2(7))* Rourke Educational Media.

Let's Explore Seashores. Heather C. Hudak. 2022. (Let's Explore Ecosystems Ser.). (ENG.). 24p. (J). (gr. 1-4). lib. bdg. 32.79 *(978-1-5038-5793-3(X)*, 215659, Wonder Books(r)) Child's World, Inc, The.

Let's Explore Solids. Anne J. Spaight. 2018. (Bumba Books (r) — a First Look at Physical Science Ser.). (ENG., Illus.). 24p. (J). (gr. -1-1). 26.65 *(978-1-5124-8266-9(8)*, 1c025766-a9a1-444f-8f15-63842d00b4e4, Lerner Pubns.) Lerner Publishing Group.

Let's Explore Spending Money. Laura Hamilton Waxman. 2019. (Bumba Books (r) — a First Look at Money Ser.). (ENG., Illus.). 24p. (J). (gr. -1-1). 26.65 *(978-1-5415-3853-5(6)*, e293de13-1685-4cd7-8b2b-8bee4114881f, Lerner Pubns.); pap. 8.99 *(978-1-5415-4574-8(5)*, fc846e7d-0b6a-45f3-81c2-740420277ba4) Lerner Publishing Group.

Let's Explore Strawberries! Jill Colella. 2020. (Food Field Trips Ser.). (ENG., Illus.). 24p. (J). (gr. -1-2). pap. 8.99 *(978-1-5415-8746-5(4)*, 21adccd8-ebc9-4013-b813-92d57639f60c); lib. bdg. 26.65 *(978-1-5415-6302-5(6)*, 7a537132-09a2-44c6-ac17-43da0968f75e) Lerner Publishing Group. (Lerner Pubns.).

Let's Explore the Deep! Sharks Species of the World - Sharks for Kids - Children's Biological Science of Fish & Sharks Books. Bobo's Little Brainiac Books. 2016. (ENG., Illus.). (J). pap. 7.99 *(978-1-68327-775-0(9))* Sunshine In My Soul Publishing.

Let's Explore the Dinosaur World: Includes a Slot-Together 3-D Model! Lisa Regan. Illus. by Rhys Jefferys. 2020. (ENG.). 8p. (J). bds. 9.99 *(978-1-78950-857-4(6)*, ddcbbc86-2a00-4acc-a0b4-2d74dc590af8) Arcturus Publishing GBR. Dist: Baker & Taylor Publisher Services (BTPS).

Let's Explore the Five Senses. Candice Ransom. 2020. (Bumba Books (r) — Discover Your Senses Ser.). (ENG., Illus.). 24p. (J). (gr. -1-1). 26.65 *(978-1-5415-7690-2(X)*, fef7b1a2-829f-4dd6-834a-e498e1b8cdff); pap. 8.99 *(978-1-5415-8706-9(5)*, c0495e7a-f746-4bac-abd7-5605115c660a) Lerner Publishing Group. (Lerner Pubns.).

Let's Explore the Ocean!, 1 vol. Nicole Horning. 2020. (Earth Science Explorers Ser.). (ENG.). 24p. (J). (gr. 1-2). pap. 9.22 *(978-1-5026-5625-4(6)*, cebf5f4c-07a8-43af-8bad-d5d3033d73a3) Cavendish Square Publishing LLC.

Let's Explore the Rock Cycle. Emma Carlson-Berne. 2021. (Bumba Books (r) — Let's Explore Nature's Cycles Ser.). (ENG., Illus.). 24p. (J). (gr. -1-1). pap. 8.99 *(978-1-7284-2037-0(7)*, 6618f9aa-ff71-4338-b9ce-56b746bd2d88, Lerner Pubns.) Lerner Publishing Group.

Let's Explore the Seasons. Laura Hamilton Waxman. 2021. (Bumba Books (r) — Let's Explore Nature's Cycles Ser.). (ENG., Illus.). 24p. (J). (gr. -1-1). pap. 8.99 *(978-1-7284-2038-7(5)*, 0b212183-1a29-44ab-a821-298bed67b924, Lerner Pubns.) Lerner Publishing Group.

Let's Explore the Sense of Hearing. Emma Carlson-Berne. 2020. (Bumba Books (r) — Discover Your Senses Ser.). (ENG., Illus.). 24p. (J). (gr. -1-1). 26.65 *(978-1-5415-7689-6(6)*, 549d8c7e-1e84-4c93-adcb-47dbb338242e); pap. 8.99 *(978-1-5415-8707-6(3)*, cdec96c6-13d7-4722-91f0-99fc112ab9cf) Lerner Publishing Group. (Lerner Pubns.).

Let's Explore the Sense of Sight. Emma Carlson-Berne. 2020. (Bumba Books (r) — Discover Your Senses Ser.). (ENG., Illus.). 24p. (J). (gr. -1-1). 26.65 *(978-1-5415-7687-2(X)*, eb78e00c-322c-4f6a-a97b-7be53e7e6eed); pap. 8.99 *(978-1-5415-8708-3(1)*, b9da3d62-5ba5-47b6-a967-de6f8cbff4d1) Lerner Publishing Group. (Lerner Pubns.).

Let's Explore the Sense of Smell. Candice Ransom. 2020. (Bumba Books (r) — Discover Your Senses Ser.). (ENG., Illus.). 24p. (J). (gr. -1-1). 26.65 *(978-1-5415-7686-5(1)*, eb4866fa-ce6f-46e4-bfec-c5387bfc1b01); pap. 8.99 *(978-1-5415-8709-0(X)*, 9dff0337-5210-4844-91eb-e96f4f090b1b) Lerner Publishing Group. (Lerner Pubns.).

Let's Explore the Sense of Taste. Emma Carlson-Berne. 2020. (Bumba Books (r) — Discover Your Senses Ser.). (ENG., Illus.). 24p. (J). (gr. -1-1). 26.65 *(978-1-5415-7688-9(8)*, e07731df-6c3d-4c15-98b4-6acc59869b14); pap. 8.99 *(978-1-5415-8710-6(3)*, 898606b8-cd3c-4a9b-b6cb-f3af13e4dfb5) Lerner Publishing Group. (Lerner Pubns.).

Let's Explore the Sense of Touch. Candice Ransom. 2020. (Bumba Books (r) — Discover Your Senses Ser.). (ENG., Illus.). 24p. (J). (gr. -1-1). 26.65 *(978-1-5415-7685-8(3)*, 3582d21b-a277-4170-962e-a4914e922dec); pap. 8.99 *(978-1-5415-8711-3(1)*, d4dec5ff-bafa-4444-8e73-cc7592b0da4b) Lerner Publishing Group. (Lerner Pubns.).

Let's Explore the Solar System: Includes a Slot-Together 3-D Model! Rhys Jefferys. Illus. by Rhys Jefferys. 2020. (ENG., Illus.). 8p. (J). bds. 9.99 *(978-1-78950-606-8(9)*, 4f305b53-d0cb-4c32-8aec-ae3dc1703efa) Arcturus Publishing GBR. Dist: Baker & Taylor Publisher Services (BTPS).

Let's Explore the Stars. Walt K. Moon. 2017. (Bumba Books (r) — a First Look at Space Ser.). (ENG., Illus.). 24p. (J). (gr. -1-1). 26.65 *(978-1-5124-3347-0(0)*, d129007a-efd0-49c7-8594-2c4195930935, Lerner Pubns.) Lerner Publishing Group.

Let's Explore the Sun. Walt K. Moon. 2017. (Bumba Books (r) — a First Look at Space Ser.). (ENG., Illus.). 24p. (J). (gr. -1-1). 26.65 *(978-1-5124-3348-7(9)*, bf4e5509-c75e-448e-bed0-2fd49a703f9e, Lerner Pubns.) Lerner Publishing Group.

Let's Explore the Tundra. Tammy Gagne. 2022. (Let's Explore Ecosystems Ser.). (ENG.). 24p. (J). (gr. 1-4). lib. bdg. 32.79 *(978-1-5038-5798-8(0)*, 215664, Wonder Books(r)) Child's World, Inc, The.

Let's Explore Tomatoes! Jill Colella. 2021. (Food Field Trips Ser.). (ENG., Illus.). 24p. (J). (gr. -1-2). pap. 8.99 *(978-1-7284-0285-7(9)*, 320a3563-9eb2-42b8-8095-158eb1782f94); lib. bdg. 26.65 *(978-1-5415-9032-8(5)*, 98dc0088-8910-40d6-a03a-37a2610b6f69) Lerner Publishing Group. (Lerner Pubns.).

Let's Explore Weather Lore. Sandra Hanson. Illus. by Jan Jones. 2021. (ENG.). 30p. (J). 23.95 *(978-1-64801-883-1(1))*; pap. 12.95 *(978-1-64801-882-4(3))* Newman Springs Publishing, Inc.

Let's Explore Wetlands. Tammy Gagne. 2022. (Let's Explore Ecosystems Ser.). (ENG.). 24p. (J). (gr. 1-4). lib. bdg. 32.79 *(978-1-5038-5801-5(4)*, 215667, Wonder Books(r)) Child's World, Inc, The.

Let's Explore! Woodland Creatures. Claire Philip. Illus. by Jean Claude. 2020. (Arcturus Let's Explore Ser.: 2). (ENG.). 48p. (J). 9.99 *(978-1-83857-654-7(1)*, a6fc44fa-ef52-47c3-9d09-2cb4d76aa014) Arcturus Publishing GBR. Dist: Baker & Taylor Publisher Services (BTPS).

Let's Feed the Ducks! Rachel Benge. Illus. by Rachel Benge. 2019. (ENG., Illus.). 16p. (J). (gr. -1 — 1). bds. 6.99 *(978-0-8075-4465-5(5)*, 807544655) Whitman, Albert & Co.

Let's Fill in the Blanks Connect the Dots Book. Bobo's Children Activity Books. 2016. (ENG., Illus.). (J). pap. 9.33 *(978-1-68327-166-6(1))* Sunshine In My Soul Publishing.

Let's Fill This World with Kindness: True Tales of Goodwill in Action. Alexandra Stewart. Illus. by Jake Alexander. 2023. (ENG.). 120p. (J). (gr. 4-7). 19.95 ***(978-0-500-65310-4(0)***, 565310) Thames & Hudson.

Let's Find Ads in Magazines. Mari Schuh. 2016. (First Step Nonfiction — Learn about Advertising Ser.). (ENG., Illus.). 24p. (J). (gr. k-2). pap. 6.99 *(978-1-4677-9653-8(0)*, bc378a59-f33e-427d-8d30-f1a55d6ecaec) Lerner Publishing Group.

Let's Find Ads on Clothing. Mari Schuh. 2016. (First Step Nonfiction — Learn about Advertising Ser.). (ENG., Illus.). 24p. (J). (gr. k-2). pap. 6.99 *(978-1-4677-9655-2(7)*, d09bc7fe-7e33-4732-81f0-e7f11cca026a) Lerner Publishing Group.

Let's Find Ads on the Internet. Mari Schuh. 2016. (First Step Nonfiction — Learn about Advertising Ser.). (ENG., Illus.). 24p. (J). (gr. k-2). 23.99 *(978-1-4677-9464-0(3)*, 221f7dbb-6623-465d-a390-b72585d29c3b, Lerner Pubns.) Lerner Publishing Group.

Let's Find Ads on TV. Mari Schuh. 2016. (First Step Nonfiction — Learn about Advertising Ser.). (ENG., Illus.). 24p. (J). (gr. k-2). 23.99 *(978-1-4677-9466-4(X)*, 68bf557f-16bd-41c9-acb4-14bebefa49f5, Lerner Pubns.) Lerner Publishing Group.

Let's Find Cat. Amber Lily. Illus. by Orchard Design House. 2021. (Lift-The-Flap Bks.). (ENG.). 10p. (J). bds. 9.99 *(978-1-78958-873-6(1))* Top That! Publishing PLC GBR. Dist: Independent Pubs. Group.

Let's Find Christmas. Wanda Nelson. 2021. (ENG., Illus.). 30p. (J). 23.95 *(978-1-63885-132-5(8))*; pap. 13.95 *(978-1-63885-130-1(1))* Covenant Bks.

Let's Find Dinosaur. Amber Lily. Illus. by Orchard Design House. 2021. (Lift-The-Flap Bks.). (ENG.). 10p. (J). bds. 9.99 *(978-1-78958-874-3(X))* Top That! Publishing PLC GBR. Dist: Independent Pubs. Group.

Let's Find Dog. Amber Lily. Illus. by Orchard Design House. 2021. (Lift-The-Flap Bks.). (ENG.). 10p. (J). bds. 9.99 *(978-1-78958-875-0(8))* Top That! Publishing PLC GBR. Dist: Independent Pubs. Group.

Let's Find Farm Animals. Sally Hopgood. Illus. by Steph Hinton. 2017. (Let's Find Pull-The-Tab Bks.). (ENG.). 12p. (J). (gr. -1-5). bds. 9.99 *(978-1-78700-057-5(5))* Top That! Publishing PLC GBR. Dist: Independent Pubs. Group.

Let's Find Inclined Planes. Wiley Blevins. 2020. (Let's Find Simple Machines Ser.). (ENG., Illus.). 32p. (J). (gr. -1-2). lib. bdg. 29.32 *(978-1-9771-2275-9(2)*, 199313, Pebble) Capstone.

Let's Find Levers. Wiley Blevins. 2020. (Let's Find Simple Machines Ser.). (ENG., Illus.). 32p. (J). (gr. -1-2). lib. bdg. 29.32 *(978-1-9771-2276-6(0)*, 199316, Pebble) Capstone.

Let's Find Momo! A Hide-And-Seek Board Book. Andrew Knapp. 2017. (Find Momo Ser.: 3). (ENG., Illus.). 24p. (J). (-k). bds. 9.99 *(978-1-59474-958-2(2))* Quirk Bks.

Let's Find Momo Outdoors! A Hide-And-Seek Adventure with Momo & Boo. Andrew Knapp. 2021. (Find Momo Ser.: 5). (ENG., Illus.). 24p. (J). (-k). bds. 9.99 *(978-1-68369-262-1(4))* Quirk Bks.

Let's Find Out! Communities, 12 vols. 2017. (Let's Find Out! Communities Ser.). 32p. (ENG.). (gr. 2-3). 156.36 *(978-1-5081-0530-5(8)*, eb17ec50-207a-4a1d-a3bd-69563ffef4ba); (gr. 6-8). pap. 77.40 *(978-1-5081-0532-9(4))* Rosen Publishing Group, Inc., The. (Britannica Educational Publishing).

Let's Find Out! Community Economics, 16 vols. 2016. (Let's Find Out! Community Economics Ser.). 32p. (ENG.). (gr. 2-3). 208.48 *(978-1-5081-0221-2(X)*, f2713b3c-e77a-420f-8eb5-ccaa322a2905); (gr. 3-2). pap. 103.20 *(978-1-68048-596-7(2))* Rosen Publishing Group, Inc., The. (Britannica Educational Publishing).

Let's Find Out! Complete Set. 2016. (Let's Find Out! Ser.). 32p. (gr. 3-2). 1858.20 *(978-1-5081-0232-8(5)*, Britannica Educational Publishing) Rosen Publishing Group, Inc., The.

Let's Find Out! Computer Science, 10 vols. 2017. (Let's Find Out! Computer Science Ser.). (ENG.). 32p. (J). (gr. 2-3). lib. bdg. 130.30 *(978-1-5383-0099-2(0)*, bfafe32e-b98f-4a9b-9c42-a7bdb781d982, Britannica Educational Publishing) Rosen Publishing Group, Inc., The.

Let's Find Out! Forms of Energy, 12 vols. 2017. (Let's Find Out! Forms of Energy Ser.). 32p. (ENG.). (gr. 2-3). 156.36 *(978-1-5081-0533-6(2)*, 4479bcf4-9182-4619-8d73-cc6c1e327384); (gr. 6-8). pap. 77.40 *(978-1-5081-0535-0(9))* Rosen Publishing Group, Inc., The. (Britannica Educational Publishing).

Let's Find Out! Good Health: Set, 12 vols. 2018. (Let's Find Out! Good Health Ser.). (ENG., Illus.). 32p. (gr. 2-3). lib. bdg. 156.36 *(978-1-5383-0316-0(7)*, 0750217d-db72-46c7-94fc-2a72a051beed) Rosen Publishing Group, Inc., The.

Let's Find Out! Marine Life, 12 vols. 2016. (Let's Find Out! Marine Life Ser.). (ENG.). 00032p. (J). (gr. 2-3). 156.36 *(978-1-5081-0284-7(8)*, 2bf6c9dc-a02f-4775-a247-415d84b81181, Britannica Educational Publishing) Rosen Publishing Group, Inc., The.

Let's Find Out: My Rebus Readers Box 2 - Single Copy Set, 1 vol. Scholastic. 2019. (ENG.). 8p. (gr. -1-1). pap., pap., pap. 32.00 *(978-1-338-27640-4(9))* Scholastic, Inc.

Let's Find Out: My Rebus Readers Multiple-Copy Set: Box 1, 6 vols. Scholastic. 2019. (ENG.). 8p. (gr. -1-1). pap., pap., pap. 132.00 *(978-0-545-88220-0(6))* Scholastic, Inc.

Let's Find Out: My Rebus Readers Multiple-Copy Set: Box 2, 6 vols. Scholastic. 2019. (ENG.). 8p. (gr. -1-1). pap., pap., pap. 132.00 *(978-1-338-27641-1(7))* Scholastic, Inc.

Let's Find Out! Our Dynamic Earth, 16 vols. 2017. (Let's Find Out! Our Dynamic Earth Ser.). (ENG.). 32p. (J). (gr. 2-3). lib. bdg. 208.48 *(978-1-5383-0098-5(2)*, 8b7f6908-2695-4b61-aa1f-272d93a7098a, Britannica Educational Publishing) Rosen Publishing Group, Inc., The.

Let's Find Out! Plants (Set), 12 vols. 2018. (Let's Find Out! Plants Ser.). (ENG.). 32p. (gr. 2-3). lib. bdg. 156.36 *(978-1-5383-0317-7(5)*, 6cf09caf-4f65-4cef-aef0-09573d65a55f) Rosen Publishing Group, Inc., The.

Let's Find Out! Primary Sources, 16 vols. 2016. (Let's Find Out! Primary Sources Ser.). (ENG.). 00032p. (J). (gr. 2-3). 208.48 *(978-1-5081-0281-6(3)*, 3d192050-fef5-4072-95fb-12c298df98db, Britannica Educational Publishing) Rosen Publishing Group, Inc., The.

Let's Find Out! the Complete Set, 288 vols. 2018. (Let's Find Out! Ser.). (ENG.). (J). (gr. 2-3). lib. bdg. 3764.40 *(978-1-5383-0401-3(5)*, 503c8d5c-0980-4fbd-b5f9-f4868557a9a8) Rosen Publishing Group, Inc., The.

Let's Find Out! Transportation, 16 vols. 2016. (Let's Find Out! Transportation Ser.). 32p. (ENG.). (gr. 2-3). 208.48 *(978-1-5081-0217-5(1)*, 7a620a9f-d25e-4a9a-8a13-7d919ab4e1aa); (gr. 3-2). pap. 103.20 *(978-1-68048-598-1(9))* Rosen Publishing Group, Inc., The. (Britannica Educational Publishing).

Let's Find Owl. Amber Lily. Illus. by Orchard Design House. 2021. (Lift-The-Flap Bks.). (ENG.). 10p. (J). bds. 9.99 *(978-1-78958-876-7(6))* Top That! Publishing PLC GBR. Dist: Independent Pubs. Group.

Let's Find Penguin. Amber Lily. Illus. by Orchard Design House. 2021. (Lift-The-Flap Bks.). (ENG.). 10p. (J). bds. *(978-1-78958-877-4(4))* Imagine That Pub.

Let's Find Pulleys. Wiley Blevins. 2020. (Let's Find Simple Machines Ser.). (ENG., Illus.). 32p. (J). (gr. -1-2). lib. bdg. 29.32 *(978-1-9771-2277-3(9)*, 199317, Pebble) Capstone.

Let's Find Screws. Wiley Blevins. 2020. (Let's Find Simple Machines Ser.). (ENG., Illus.). 32p. (J). (gr. -1-2). lib. bdg. 29.32 *(978-1-9771-2278-0(7)*, 199318, Pebble) Capstone.

Let's Find Simple Machines. Wiley Blevins. 2020. (Let's Find Simple Machines Ser.). (ENG.). 32p. (J). (gr. -1-2). 187.92 *(978-1-9771-2283-4(3)*, 199368, Pebble) Capstone.

Let's Find the Dinosaur. Tiger Tales. Illus. by Alex Willmore. 2020. (ENG.). 12p. (J). (-k). bds. 9.99 *(978-1-68010-599-5(X))* Tiger Tales.

Let's Find the Escape! Kids Maze Activity Book. Smarter Activity Books for Kids. 2016. (ENG., Illus.). (J). pap. 8.99 *(978-1-68374-248-7(6))* Examined Solutions PTE. Ltd.

Let's Find the Kitten. Tiger Tales. Illus. by Alex Willmore. 2020. (ENG.). 12p. (J). (-k). bds. 9.99 *(978-1-68010-628-2(7))* Tiger Tales.

Let's Find the Mermaid. Tiger Tales. Illus. by Alex Willmore. 2020. (ENG.). 12p. (J). (-k). bds. 9.99 *(978-1-68010-608-4(2))* Tiger Tales.

Let's Find the Penguin. Tiger Tales. Illus. by Alex Willmore. 2019. (ENG.). 12p. (J). (gr. 2-k). bds. 9.99 *(978-1-68010-582-7(5))* Tiger Tales.

Let's Find the Puppy. Tiger Tales. Illus. by Alex Willmore. 2020. (ENG.). 12p. (J). (-k). bds. 9.99 *(978-1-68010-629-9(5))* Tiger Tales.

Let's Find the Tiger. Tiger Tales. Illus. by Alex Willmore. 2019. (ENG.). 12p. (J). (gr. 2-k). bds. 9.99 *(978-1-68010-583-4(3))* Tiger Tales.

Let's Find Things That Go. Sally Hopgood. Illus. by Steph Hinton. 2017. (Let's Find Pull-The-Tab Bks.). (ENG.). 12p. (J). (gr. -1-k). bds. 9.99 *(978-1-78700-083-4(4))* Top That! Publishing PLC GBR. Dist: Independent Pubs. Group.

Let's Find Treasures in the Woods Activity Book. Smarter Activity Books for Kids. 2016. (ENG., Illus.). (J). pap. 8.99 *(978-1-68374-249-4(4))* Examined Solutions PTE. Ltd.

Let's Find Wedges. Wiley Blevins. 2020. (Let's Find Simple Machines Ser.). (ENG., Illus.). 32p. (J). (gr. -1-2). lib. bdg. 29.32 *(978-1-9771-2279-7(5)*, 199319, Pebble) Capstone.

Let's Find Wheels & Axles. Wiley Blevins. 2020. (Let's Find Simple Machines Ser.). (ENG., Illus.). 32p. (J). (gr. -1-2). lib. bdg. 29.32 *(978-1-9771-2280-3(9)*, 199320, Pebble) Capstone.

Let's Find Yaya & Boo at Home! A Hide-And-Seek Adventure. Andrew Knapp. 2023. (Find Momo Ser.: 6). (ENG.). 24p. (J). (-k). bds. 9.99 ***(978-1-68369-366-6(3))*** Quirk Bks.

Let's Fish! Fishing Coloring Book. Jupiter Kids. 2016. (ENG., Illus.). 106p. (J). pap. 12.55 *(978-1-68305-272-2(2)*, Jupiter Kids (Childrens & Kids Fiction)) Speedy Publishing LLC.

Let's Fix up the House, 2 vols. Robert Pizzo. 2020. (Let's Fix Up Ser.: 1). (ENG.). 24p. (J). bds. 9.99 *(978-0-7643-5913-2(4)*, 17520) Schiffer Publishing, Ltd.

Let's Fix up the Yard, 2 vols. Robert Pizzo. 2020. (Let's Fix Up Ser.: 2). (ENG., Illus.). 24p. (J). bds. 9.99 *(978-0-7643-5915-6(0)*, 17521) Schiffer Publishing, Ltd.

Let's Fly a Plane! Launching into the Science of Flight with Aerospace Engineering. Chris Ferrie. 2020. (Everyday Science Academy Ser.). 40p. (J). (gr. -1-3). 14.99 *(978-1-4926-8057-4(5))* Sourcebooks, Inc.

Let's Fly Kites! a Windy Day Adventure Coloring Book Children. Educando Kids. 2019. (ENG.). 42p. (J). pap. 6.99 *(978-1-64521-173-0(8)*, Educando Kids) Editorial Imagen.

Lets Follow Jesus - Stations of the Cross Coloring Prayer Book. Sister Monica. 2021. (ENG.). 32p. (J). pap. *(978-0-6450220-8-7(X))* JMJ Catholic Products.

Let's Get a Christmas Tree! Lori Haskins Houran. Illus. by Nila Aye. 2022. (Little Golden Book Ser.). 24p. (J). (-k). 5.99 *(978-0-593-30653-6(8)*, Golden Bks.) Random Hse. Children's Bks.

Let's Get a Pet! 2017. (Let's Get a Pet! Ser.). 24p. (gr. 1-2). pap. 48.90 *(978-1-5382-0201-2(8))*; (ENG.). lib. bdg. 145.62 *(978-1-5382-0200-5(X)*, e0c2f892-99e7-4a64-b571-20d410a39381) Stevens, Gareth Publishing LLLP.

Let's Get Acquainted (Classic Reprint) Flora Clark Gardner. 2018. (ENG., Illus.). 32p. (J). 24.56 *(978-0-267-45628-4(X))* Forgotten Bks.

Let's Get Active!, 8 vols. 2017. (Let's Get Active! Ser.). (ENG., Illus.). (J). (gr. 1-1). lib. bdg. 101.08 *(978-1-5081-6343-5(X)*, 0e5od9bb-989f-4d1f-9461-23d9085f4ca5, PowerKids Pr.) Rosen Publishing Group, Inc., The.

Let's Get Along: Resolving Conflict. Alyssa Krekelberg. 2020. (Social & Emotional Learning Ser.). (ENG.). 24p. (J). (gr. -1-2). lib. bdg. 32.79 *(978-1-5038-4458-2(7)*, 214225) Child's World, Inc, The.

Let's Get along!: It's Great to Share. Jordan Collins. Illus. by Stuart Lynch. 2017. (ENG.). 32p. (J). (gr. -1-3). pap. 3.99 *(978-1-78598-858-5(1))* Make Believe Ideas GBR. Dist: Scholastic, Inc.

Let's Get Coding. Philip Searle. 2021. (ENG., Illus.). 144p. (J). (gr. 4-7). pap. 14.99 *(978-1-913565-54-1(8))* Tarquin Pubns. GBR. Dist: Independent Pubs. Group.

Let's Get Colorful Now Coloring Book. Jupiter Kids. 2017. (ENG., Illus.). (J). pap. 9.20 *(978-1-68326-841-3(5)*, Jupiter Kids (Childrens & Kids Fiction)) Speedy Publishing LLC.

Let's Get Cooking!, 8 vols., Set. Incl. Fun with French Cooking. Rosalba Gioffrè. lib. bdg. 30.27 *(978-1-4358-3454-5(2)*, bcfb4cf0-f2f0-43dc-9aa2-a6e7792cb283); Fun with Italian Cooking. Rosalba Gioffrè. lib. bdg. 30.27 *(978-1-4358-3451-4(8)*, 580e5950-e19d-487f-b71e-3b62a37a260f); Fun with Mexican Cooking. Karen Ward. lib. bdg. 30.27 *(978-1-4358-3452-1(6)*, 809495c2-c444-4dc8-92f9-ac882062b805); (Illus.). 32p. (J). (gr. 3-4). 2009. (Let's Get Cooking! Ser.). (ENG.). 2009. Set lib. bdg. 121.08 *(978-1-4358-3502-3(6)*, 72e833ec-6d1c-478c-b9d5-ad55606815b5, PowerKids Pr.) Rosen Publishing Group, Inc., The.

Let's Get Crafty with Paper & Glue: 25 Creative & Fun Projects for Kids Aged 2 & Up. Compiled by CICO Kidz. 2016. (ENG., Illus.). 80p. (J). (gr. 2-7). pap. 12.95 *(978-1-78249-335-8(2)*, 1782493352, CICO Books) Ryland Peters & Small GBR. Dist: WIPRO.

Let's Get Crafty with Salt-Dough: 25 Creative & Fun Projects for Kids Aged 2 & Up. Compiled by CICO Kidz. 2016. (ENG., Illus.). 80p. (J). (gr. 2-7). pap. 12.95 *(978-1-78249-384-6(0)*, 1782493840, CICO Books) Ryland Peters & Small GBR. Dist: WIPRO.

Let's Get Dressed. Illus. by Agnese Baruzzi. 2022. (Baby's First Library). (ENG.). 20p. (J). (— 1). bds. 8.99 *(978-88-544-1881-3(1))* White Star Publishers ITA. Dist: Sterling Publishing Co., Inc.

Let's Get Gardening. DK. 2020. (ENG., Illus.). 128p. (J). (gr. k-3). 14.99 *(978-1-4654-8549-6(X)*, DK Children) Dorling Kindersley Publishing, Inc.

Let's Get Glowing! Revealing the Science of Radioactivity with Nuclear Physics. Chris Ferrie. 2020. (Everyday Science Academy Ser.). (Illus.). 40p. (J). (gr. -1-3). 14.99 *(978-1-4926-8066-6(4))* Sourcebooks, Inc.

Let's Get Growing! Sustainable Gardening for Kids - Children's Conservation Books. Professor Gusto. 2016. (ENG., Illus.). (J). pap. 10.81 *(978-1-68321-985-9(6))* Mimaxion.

Let's Get Happy. Michelle Wanasundera. Illus. by Meg Turner. 2023. (ENG.). 28p. (J). pap. ***(978-1-922991-24-9(4))*** Library For All Limited.

Let's Get Happy. Michelle Wanasundera. Illus. by Cesar Lista. 2022. (ENG.). 28p. (J). pap. ***(978-1-922895-07-3(5))*** Library For All Limited.

Let's Get Happy! - Tufurahi! Michelle Wanasundera. Illus. by Meg Turner. 2023. (SWA.). 28p. (J). pap. ***(978-1-922951-37-3(4))*** Library For All Limited.

Let's Get It on! - Sudoku Large Print Puzzles for Teens. Senor Sudoku. 2019. (ENG.). 78p. (J). pap. 10.99 *(978-1-64521-535-6(0))* Editorial Imagen.

Let's Get It Started. Stacey Sparks. Illus. by Juan Bautista Juan. 2023. (ENG.). 16p. (J). (gr. -1-1). pap. 5.25 *(978-1-4788-0481-9(5)*, b728a8bf-acd3-435c-a64e-f3fe0b30f1ed); pap. 33.00 *(978-1-4788-0518-2(8)*, 9c4a1205-983a-45b9-96e0-fa812c0c0f08) Newmark Learning LLC.

Let's Get Mapping! Classroom Collection. Melanie Waldron. 2022. (Let's Get Mapping! Ser.). (ENG.). 32p. (J). 227.43 *(978-1-4109-9923-8(8)*, 248659, Raintree) Capstone.

1150

The check digit for ISBN-10 appears in parentheses after the full ISBN-13

Let's Get Moving! Speeding into the Science of Motion with Newtonian Physics. Chris Ferrie. 2020. (Everyday Science Academy Ser.). 40p. (J). (gr. -1-3). 14.99 *(978-1-4926-8059-8(1))* Sourcebooks, Inc.

Let's Get Moving! the All-Star Collection (Boxed Set) My First Soccer Game; My First Gymnastics Class; My First Ballet Class; My First Karate Class; My First Yoga Class; My First Swim Class. Alyssa Satin Capucilli. ed. 2018. (My First Ser.). (ENG., Illus.). 192p. (J). (gr. -1-k). pap. 15.99 *(978-1-5344-1770-0(2),* Simon Spotlight) Simon Spotlight.

Let's Get Quizzical. Rachel McMahon. 2021. (Ultimate Quick Quizzes Ser.). (Illus.). 64p. (J). (gr. 3-7). 6.99 *(978-0-593-22563-9(5),* Penguin Workshop) Penguin Young Readers Group.

Let's Get Ready for Bed, 1 vol. Michael W. Smith. 2018. (Nurturing Steps Ser.). (ENG., Illus.). 24p. (J). 12.99 *(978-0-310-76748-0(2))* Zonderkidz.

Let's Get Ready for Bed, 1 vol. Michael W. Smith & Mike Nawrocki. 2019. (Nurturing Steps Ser.). (ENG., Illus.). 22p. (J). bds. 9.99 *(978-0-310-76762-6(8))* Zonderkidz.

Let's Get Sleepy! Tony Cliff. Illus. by Tony Cliff. 2020. (ENG., Illus.). 32p. (J). 17.99 *(978-1-250-30784-2(8),* 900198143) Imprint IND. Dist: Macmillan.

Let's Get the Ball Rolling! Easy-To-Remember English Idioms - Language Book for Kids Children's ESL Books. Baby Professor. 2017. (ENG., Illus.). 64p. (J). pap. 9.55 *(978-1-5419-1770-5(7),* Baby Professor (Education Kids)) Speedy Publishing LLC.

Let's Get This Potty Started. Rose Rossner. Illus. by Vicki Gausden. 2022. (Punderland Ser.). (ENG.). 24p. (J). (— 1). bds. 8.99 *(978-1-7282-5750-1(6))* Sourcebooks, Inc.

Let's Get Tiny! Jumping into the Science of the Smallest Part of Matter with Quantum Physics. Chris Ferrie. 2020. (Everyday Science Academy Ser.). (Illus.). 40p. (J). (gr. -1-3). 14.99 *(978-1-4926-8065-9(6))* Sourcebooks, Inc.

Let's Get to the Train Station! Maze Activity Book. Bobo's Children Activity Books. 2016. (ENG., Illus.). (J). pap. 7.99 *(978-1-68327-168-0(8))* Sunshine In My Soul Publishing.

Let's Go! Aubre Andrus. 2019. (National Geographic Readers Ser.). (ENG.). 23p. (J). (gr. k-1). 14.96 *(978-0-87617-654-2(6))* Penworthy Co., LLC, The.

Let's Go! Carmen Crowe. Ed. by Cottage Door Press. Illus. by Tjarda Borsboom. 2019. (ENG.). 10p. (J). (gr. -1-k). bds. 16.99 *(978-1-68052-529-8(8),* 1004120) Cottage Door Pr.

Let's Go! Michael Emberley. 2023. (I Like to Read Comics Ser.). (Illus.). 40p. (J). (gr. -1-3). 14.99 *(978-0-8234-4652-0(2))* Holiday Hse., Inc.

Let's Go. Brenda E. Koch. 2018. (ENG., Illus.). 48p. (J). *(978-1-5255-3976-3(0));* pap. *(978-1-5255-3977-0(9))* FriesenPress.

Let's Go! A Flip-And-Find-Out Book. Lindsay Ward. Illus. by Lindsay Ward. 2019. (Wheels on the Go Ser.). (ENG., Illus.). 30p. (J). (gr. -1-3). bds. 8.99 *(978-0-06-286863-3(2),* HarperFestival) HarperCollins Pubs.

Let's Go: A Travel Activity Journal for Kids: 100+ Fun Games, Activities, & Jokes! Kids Activity Kids Activity Books. 2022. (ENG.). 116p. (J). (gr. 3-7). pap. 8.99 *(978-0-593-19658-8(9))* Diversified Publishing.

Let's Go! The Story of A. S. No. 2448602 (Classic Reprint) Louis Felix Ranlett. 2017. (ENG., Illus.). (J). 30.85 *(978-0-331-49581-2(3));* pap. 13.57 *(978-0-331-00408-3(9))* Forgotten Bks.

Let's Go - Los Geht's. Mandy Gral. 2017. (GER., Illus.). 38p. (J). pap. *(978-3-7407-3464-0(7))* VICOO International Pr.

Let's Go! 1, 2, 3! Chloe Daniels. Illus. by Paulo Azevedo Pazciencia. 2022. (ENG.). 26p. (J). pap. *(978-1-922849-61-8(8))* Library For All Limited.

Let's Go ABC! Things That Go, from a to Z. Rhonda Gowler Greene. Illus. by Daniel Kirk. 2018. (ENG.). 40p. (J). 17.99 *(978-0-8027-3509-6(6),* 900119732, Bloomsbury Children's Bks.) Bloomsbury Publishing USA.

Lets Go & Explore Space ! Kids Coloring Book 2. Bold Illustrations. 2018. (ENG., Illus.). 84p. (J). pap. 6.92 *(978-1-64193-994-2(X),* Bold Illustrations) FASTLANE LLC.

Let's Go! Animal Tracks in the Snow! Diane Polley. Illus. by Marion Hall. 2018. (ENG.). 40p. (J). (gr. k-2). 17.99 *(978-1-7320580-0-2(8));* pap. 12.99 *(978-1-7320580-1-9(6))* Polley Publishing.

Let's Go Apple Picking! Lori Haskins Houran. Illus. by Nila Aye. 2020. (Little Golden Book Ser.). 24p. (J). (-k). 4.99 *(978-0-593-12325-6(5),* Golden Bks.) Random Hse. Children's Bks.

Let's Go, Bike! Kristen Bell & Benjamin Hart. Illus. by Daniel Wiseman. ed. 2022. (Step into Reading Ser.). 32p. (J). (gr. -1-1). pap. 4.99 *(978-0-593-43444-4(7));* (ENG.). lib. bdg. 14.99 *(978-0-593-43445-1(5))* Random Hse. Children's Bks. (Random Hse. Bks. for Young Readers).

Let's Go Boating. Carly & Charly. 2021. (ENG., Illus.). 30p. (J). pap. 14.95 *(978-1-63860-815-8(6))* Fulton Bks.

Let's Go Build, Build, Build Construction Vehicles Coloring Books 7-10 Years Old. Educando Kids. 2019. (ENG.). 42p. (J). pap. 6.99 *(978-1-64521-071-9(5),* Educando Kids) Editorial Imagen.

Let's Go Camping. Sharon Musson. 2018. (ENG., Illus.). 28p. (J). (gr. k-3). pap. *(978-1-4866-1508-7(2))* Word Alive Pr.

Let's Go Camping & Discover Our Nature. Miriam Yerushalmi. Illus. by Esther Ido Perez. 2017. (ENG.). 30p. (J). (gr. 2-4). 22.00 *(978-1-934152-50-0(0))* Sane.

Let's Go Camping & Discover Our Nature (Yiddish) Miriam Yerushalmi. Illus. by Esther Ito Perez. 2017. (YID.). 32p. (J). (gr. 2-4). 20.00 *(978-1-934152-51-5(X))* Sane.

Let's Go Camping! into the Woods Coloring Activity Book. Educando Kids. 2019. (ENG.). 42p. (J). pap. 6.99 *(978-1-64521-141-9(X),* Educando Kids) Editorial Imagen.

Let's Go, Cody! Pat Blancato Eustace. Illus. by Cristal Baldwin. 2022. (ENG.). 38p. (J). 15.99 *(978-1-946702-66-1(8))* Freeze Time Media.

Let's Go, Construction Trucks! Scholastic. 2019. (Spin Me! Ser.). (ENG.). 12p. (J). (gr. -1 — 1). bds. 7.99 *(978-1-338-25681-9(5),* Cartwheel Bks.) Scholastic, Inc.

Let's Go, Dear Dragon see **Vamos, Querido Dragón**

Let's Go, Dear Dragon. Margaret Hillert. Illus. by Jack Pullan. 2016. (BeginningtoRead Ser.). (ENG.). 32p. (J). (-2). lib. bdg. 22.60 *(978-1-59953-774-0(5))* Norwood Hse. Pr.

Lets Go down to the Ocean Blue! Beth Costanzo. 2022. (ENG.). 30p. (J). pap. 11.99 *(978-1-0879-4213-1(6))* Adventures of Scuba Jack Pubs., The.

Let's Go, Farm Trucks! Scholastic. Illus. by Scholastic. 2021. (Spin Me! Ser.). (ENG.). 12p. (J). (gr. -1 — 1). 7.99 *(978-1-338-68505-3(8),* Cartwheel Bks.) Scholastic, Inc.

Let's Go Fishing! Erica Silverman. ed. 2018. (Green Light Readers Ser.). (ENG.). 32p. (J). (gr. -1-1). 9.00 *(978-1-64310-292-4(3))* Penworthy Co., LLC, The.

Let's Go, Flo! Air, Land, or Sea Transportation Matching Game. Bobo's Children Activity Books. 2016. (ENG., Illus.). (J). pap. 7.99 *(978-1-68327-169-7(6))* Sunshine In My Soul Publishing.

Let's Go Fly a Kite Coloring Book. Creative. 2016. (ENG., Illus.). (J). pap. 7.74 *(978-1-68323-865-2(6))* Twin Flame Productions.

Lets Go for a Swim - Coloring Books 6 Year Old Edition. Creative Playbooks. 2016. (ENG., Illus.). (J). pap. 7.74 *(978-1-68323-024-3(8))* Twin Flame Productions.

Let's Go for a Walk Outside (Super Simple Storybooks) Created by Scholastic. 2023. (ENG., Illus.). 24p. (J). (gr. -1-3). pap. 5.99 *(978-1-338-84713-0(9))* Scholastic, Inc.

Let's Go Ice Skating! Growing up with Kaliah & Asara. Tanika J. Baker. Illus. by Wade Williams. 2022. (ENG.). 40p. (J). *(978-0-2288-6280-2(9));* pap. *(978-0-2288-6279-6(5))* Tellwell Talent.

Let's Go, Little Roo. Renee Treml. 2021. (Illus.). 32p. (J). (gr. -1-k). 17.99 *(978-1-76089-675-1(6),* Puffin) Penguin Random Hse. AUS. Dist: Independent Pubs. Group.

Let's Go Local! Role of Branches in Local Government in the US Grade 6 Social Studies Children's Government Books. Baby Professor. 2022. (ENG.). 72p. (J). 31.99 *(978-1-5419-8429-4(9));* pap. 19.99 ***(978-1-5419-8306-9(8))*** Speedy Publishing LLC. (Baby Professor (Education Kids)).

Let's Go Mining for Mollusks Coloring Book. Creative Playbooks. 2016. (ENG., Illus.). (J). pap. 7.74 *(978-1-68323-777-8(3))* Twin Flame Productions.

Let's Go Neon Travel Hidden Pictures Puzzles. Created by Highlights. 2023. (Highlights Fun to Go Ser.). 32p. (J). (gr. 1-4). pap. 6.99 *(978-1-64472-920-5(2),* Highlights) Highlights Pr., c/o Highlights for Children, Inc.

Let's Go on a Bus. Rosalyn Albert. Illus. by Natalia Moore. 2022. (Let's Go! Ser.). (ENG.). 18p. (J). (gr. -1 — 1). bds. 8.99 *(978-1-915167-01-9(9),* 45f05107-e050-449e-9c40-e5bce226a677, Catch a Star) New Frontier Publishing AUS. Dist: Lerner Publishing Group.

Let's Go on a Digger. Rosalyn Albert. Illus. by Natalia Moore. 2021. (Let's Go! Ser.). (ENG.). 18p. (J). (gr. -1 — 1). bds. 8.99 *(978-1-913639-11-2(8),* e2f746a7-120d-4169-b682-604401e0a92e, Catch a Star) New Frontier Publishing AUS. Dist: Lerner Publishing Group.

Let's Go on a Ferry. Rosalyn Albert. Illus. by Natalia Moore. 2021. (Let's Go! Ser.). (ENG.). 18p. (J). (gr. -1 — 1). bds. 8.99 *(978-1-913639-44-0(4),* 3dd625ec-0726-4588-9ea5-6ba47fe1a0db, Catch a Star) New Frontier Publishing AUS. Dist: Lerner Publishing Group.

Let's Go on a Fire Truck. Rosalyn Albert. Illus. by Natalia Moore. 2022. (Let's Go! Ser.). (ENG.). 18p. (J). (gr. -1 — 1). bds. 8.99 *(978-1-913639-81-5(9),* 1ec056e4-42c0-47d8-8714-9179c0fcc260, Catch a Star) New Frontier Publishing AUS. Dist: Lerner Publishing Group.

Let's Go on a Helicopter. Rosalyn Albert. Illus. by Natalia Moore. 2022. (Let's Go! Ser.). (ENG.). 18p. (J). (gr. -1 — 1). bds. 8.99 *(978-1-913639-80-8(0),* 8bcc5f17-8104-4e66-9d0d-33bdc5f5411b, Catch a Star) New Frontier Publishing AUS. Dist: Lerner Publishing Group.

Let's Go on a Picnic: The Art of Millet. Seon-Hak Jo. Illus. by Ji-Won Baik. 2017. (Stories of Art Ser.). (ENG.). 36p. (J). (gr. 3-5). lib. bdg. 29.32 *(978-1-925235-27-2(0),* 0aae458f-7e42-43f9-baba-9c87445582ad, Big and SMALL) ChoiceMaker Pty. Ltd., The AUS. Dist: Lerner Publishing Group.

Let's Go on a Rocket. Rosalyn Albert. Illus. by Natalia Moore. 2021. (Let's Go! Ser.). (ENG.). 18p. (J). (gr. -1 — 1). bds. 7.99 *(978-1-913639-45-7(2),* 2c64b728-2a99-4ad1-9687-ba090761b97c, Catch a Star) New Frontier Publishing AUS. Dist: Lerner Publishing Group.

Let's Go on a Sleigh. Rosalyn Albert. Illus. by Natalia Moore. 2023. (Let's Go! Ser.). (ENG.). 18p. (J). (gr. -1 — 1). bds. 8.99 ***(978-1-915167-40-8(X),*** a91968a4-cae4-4f56-a6db-854ed4bbdbd0, Catch a Star) New Frontier Publishing AUS. Dist: Lerner Publishing Group.

Let's Go on a Submarine. Rosalyn Albert. Illus. by Natalia Moore. 2022. (Let's Go! Ser.). (ENG.). 18p. (J). (gr. -1 — 1). bds. 8.99 *(978-1-913639-95-2(9),* c78edbef-6eef-4576-b573-7ab0642b38d7, Catch a Star) New Frontier Publishing AUS. Dist: Lerner Publishing Group.

Let's Go on a Tractor. Rosalyn Albert. Illus. by Natalia Moore. 2021. (Let's Go! Ser.). (ENG.). 18p. (J). (gr. -1 — 1). bds. 7.99 *(978-1-913639-43-3(6),* 80425de4-afca-4928-b54a-9fea82780857, Catch a Star) New Frontier Publishing AUS. Dist: Lerner Publishing Group.

Let's Go on a Train. Rosalyn Albert. Illus. by Natalia Moore. 2021. (Let's Go! Ser.). (ENG.). 18p. (J). (gr. -1 — 1). bds. 7.99 *(978-1-913639-10-5(X),* 961e6ea1-778a-4d83-b167-53f1935deebe, Catch a Star) New Frontier Publishing AUS. Dist: Lerner Publishing Group.

Let's Go Outside! Ben Lerwill. Illus. by Marina Ruiz. 2022. (ENG.). 32p. (J). (gr. -1-1). 14.95 *(978-1-80338-019-3(5))* Welbeck Publishing Group Ltd. GBR. Dist: Two Rivers Distribution.

Let's Go Outside. Kate Riggs. Illus. by Monique Felix. 2018. 14p. (J). (gr. -1-k). bds. 8.99 *(978-1-56846-316-2(2),* 19590, Creative Editions) Creative Co., The.

Let's Go Outside & Play. Stacie Cooper. 2022. (Illus.). 26p. (J). 22.99 *(978-1-6678-6580-5(3))* BookBaby.

Let's Go Partying in Brazil! Geography 6th Grade Children's Explore the World Books. Baby Professor. 2017. (ENG., Illus.). 64p. (J). pap. 9.52 *(978-1-5419-1581-7(X),* Baby Professor (Education Kids)) Speedy Publishing LLC.

Let's Go Puddling! Emma Perry. Illus. by Claire Alexander. 2023. (ENG.). 32p. (J). (-k). 17.99 *(978-1-5362-2849-6(4))* Candlewick Pr.

Let's Go, Rescue Trucks! Scholastic. 2018. (Spin Me! Ser.). (ENG.). 12p. (J). (gr. -1 — 1). bds. 7.99 *(978-1-338-25680-2(7),* Cartwheel Bks.) Scholastic, Inc.

Let's Go See Papá!, 1 vol. Lawrence Schimel. Tr. by Elisa Amado. Illus. by Alba Rivera. 2021. (ENG.). 48p. (J). (gr. -1-2). pap. 12.99 *(978-1-77306-791-9(5))* Groundwood Bks. CAN. Dist: Publishers Group West (PGW).

Let's Go Shopping! Adapted by Patty Michaels. 2023. (CoComelon Ser.). (ENG.). 14p. (J). (gr. -1-k). bds. 7.99 ***(978-1-6659-4011-5(5),*** Simon Spotlight) Simon Spotlight.

Let's Go Shopping! - Math Books for 1st Graders Children's Math Books. Baby Professor. 2017. (ENG., Illus.). (J). pap. 9.55 *(978-1-5419-2785-8(0),* Baby Professor (Education Kids)) Speedy Publishing LLC.

Let's Go Sightseeing in Japan! Learning Geography Children's Explore the World Books. Baby Professor. 2017. (ENG., Illus.). (J). pap. 9.55 *(978-1-5419-1578-7(X),* Baby Professor (Education Kids)) Speedy Publishing LLC.

Let's Go, Snow! Eleanor May. Illus. by Cary Pillo. 2017. (Math Matters Ser.). 32p. (J). (gr. k-4). pap. 5.99 *(978-1-57565-807-0(0),* c10b9d6d-d8c6-494f-882f-04311f6945c8, Kane Press) Astra Publishing Hse.

Let's Go, Snow! Temperature Measurement. Eleanor May. Illus. by Cary Pillo. ed. 2017. (Math Matters (r) Ser.). (ENG.). 32p. (J). (gr. k-3). E-Book 23.99 *(978-1-57565-808-7(9))* Astra Publishing Hse.

Let's Go Swimming, 1 vol. Melissa Raé Shofner. 2017. (Let's Get Active! Ser.). (ENG.). 24p. (J). (gr. 1-1). 25.27 *(978-1-5081-6389-3(8),* 16a5b107-c228-4991-8264-96d8b6c9bf05, PowerKids Pr.) Rosen Publishing Group, Inc., The.

Let's Go Swimming! Norm Feuti. ed. 2021. (Acorn Early Readers Ser.). (ENG., Illus.). 43p. (J). (gr. k-1). 15.46 *(978-1-64697-906-6(0))* Penworthy Co., LLC, The.

Let's Go Swimming: A Tim & Gerald Ray Book. Sandra Lott. 2019. (Tim & Gerald Ray Ser.: Vol. 3). (ENG., Illus.). 70p. (J). pap. 14.99 *(978-1-948390-38-5(8))* Pen It Pubns.

Let's Go Swimming!: an Acorn Book (Hello, Hedgehog! #4) Norm Feuti. Illus. by Norm Feuti. 2021. (Hello, Hedgehog! Ser.: 4). (ENG.). 48p. (J). (gr. -1-1). pap. 4.99 *(978-1-338-67711-9(X))* Scholastic, Inc.

Let's Go Swimming!: an Acorn Book (Hello, Hedgehog! #4) (Library Edition) Norm Feuti. Illus. by Norm Feuti. 2021. (Hello, Hedgehog! Ser.: 4). (ENG.). 48p. (J). (gr. -1-1). lib. bdg. 23.99 *(978-1-338-67712-6(8))* Scholastic, Inc.

Let's Go Swimming on Doomsday. Natalie C. Anderson. 2020. (ENG.). 480p. (YA). (gr. 7). pap. 11.99 *(978-0-399-54762-1(2),* Penguin Books) Penguin Young Readers Group.

Let's Go, Team! (Thomas & Friends: All Engines Go) Golden Books. Illus. by Golden Books. 2023. (Little Golden Book Ser.). (ENG., Illus.). 24p. (J). (-k). 5.99 *(978-0-593-43153-5(7),* Golden Bks.) Random Hse. Children's Bks.

Let's Go! Time to Explore at the Shore! Diane Polley. Illus. by Marion Hall. 2022. (ENG.). 40p. (J). 20.00 ***(978-1-7320580-2-6(4))*** Polley Publishing.

Let's Go to a Birthday Party! Benjamin Proudfit. 2019. (Time to Celebrate! Ser.). (ENG.). 24p. (J). (gr. k-k). 48.90 *(978-1-5382-3883-7(7))* Stevens, Gareth Publishing LLLP.

Let's Go to a Carnival!, 1 vol. Benjamin Proudfit. 2019. (Time to Celebrate! Ser.). (ENG.). 24p. (gr. k-k). pap. 9.15 *(978-1-5382-3886-8(1),* 2ad7c2fc-8806-43fa-9c16-f17960756234) Stevens, Gareth Publishing LLLP.

Let's Go to a Cookout!, 1 vol. Benjamin Proudfit. 2019. (Time to Celebrate! Ser.). (ENG.). 24p. (gr. k-k). pap. 9.15 *(978-1-5382-3890-5(X),* 798be2d0-1d13-4ae3-880f-d1900279f3ac) Stevens, Gareth Publishing LLLP.

Let's Go to a Halloween Party!, 1 vol. Benjamin Proudfit. 2019. (Time to Celebrate! Ser.). (ENG.). 24p. (gr. k-k). pap. 9.15 *(978-1-5382-3894-3(2),* 369cdb18-652b-4767-a0eb-72ce79d6fc14); lib. bdg. 24.27 *(978-1-5382-3896-7(9),* ae1c0705-390a-44f6-8da1-d10f80d82ebd) Stevens, Gareth Publishing LLLP.

Let's Go to a Parade!, 1 vol. Benjamin Proudfit. 2019. (Time to Celebrate! Ser.). (ENG.). 24p. (gr. k-k). pap. 9.15 *(978-1-5382-3898-1(5),* 9088dc00-edb1-440e-8e92-0a62f9eda26b); lib. bdg. 24.27 *(978-1-5382-3900-1(0),* 2b45cd4d-6c6e-44d5-a7b9-9ebe5298b7b1) Stevens, Gareth Publishing LLLP.

Let's Go to Color Camp! Beginning Baby. Illus. by Nicola Slater. 2023. (ENG.). 18p. (J). (gr. -1 — 1). 12.99 ***(978-1-7972-1872-4(7))*** Chronicle Bks. LLC.

Let's Go to Danny's Farm Coloring Books for Young Children. Educando Kids. 2019. (ENG.). 42p. (J). pap. 6.99 *(978-1-64521-051-1(0),* Educando Kids) Editorial Imagen.

Let's Go to Eretz Yisrael. Miriam Yerushalmi. Illus. by Esther Ito Perez. 2017. (ENG.). 46p. (J). 20.00 *(978-1-934152-44-7(7))* Sane.

Let's Go to Eretz Yisrael (Yiddish) Miriam Yerushalmi. Tr. by Chaim Werdiger. Illus. by Esther Ito Perez. 2017. (YID.). 42p. (J). 20.00 *(978-1-934152-57-7(9))* Sane.

Let's Go to Espana! Geography Lessons for 3rd Grade Children's Explore the World Books. Baby Professor. 2017. (ENG., Illus.). (J). pap. 9.55 *(978-1-5419-1428-5(7),* Baby Professor (Education Kids)) Speedy Publishing LLC.

Let's Go to Ireland: Book One. Rhonda Oyler. 2021. (ENG., Illus.). 28p. (J). pap. 13.95 *(978-1-63814-312-3(9))* Covenant Bks.

Let's Go to Playgroup. Caryl Hart. Illus. by Lauren Tobia. 2017. (ENG.). 32p. (J). 11.99 *(978-1-61067-581-9(9))* Kane Miller.

Let's Go to School. Megan Borgert-Spaniol. Illus. by Susana Gurrea. 2023. (Let's Look at Fall (Pull Ahead Readers — Fiction) Ser.). (ENG.). 16p. (J). (gr. -1-1). pap. 8.99 Lerner Publishing Group.

Let's Go to School. Caleb Burroughs. Illus. by Louise Gardner. (Let's Go Board Bks.). (ENG.). (J). (gr. k-2). 2021. 16p. bds. 7.80 *(978-1-64996-057-3(3),* 4784); 2020. 18p. bds. 5.99 *(978-1-64269-253-2(0),* 4067) Phoenix International Publications, Inc. (Sequoia Publishing & Media LLC).

Let's Go to School. Caleb Sequoia Kids Media. Illus. by Louise Gardner. 2021. (Let's Go Board Bks.). (ENG.). 10p. (J). (gr. -1-3). pap. 6.50 ***(978-1-64996-676-6(8),*** 17028, Sequoia Kids Media) Sequoia Children's Bks.

Let's Go to School! Coloring for Creativity Coloring Book. Educando Kids. 2019. (ENG.). 42p. (J). pap. 6.99 *(978-1-64521-107-5(X),* Educando Kids) Editorial Imagen.

Let's Go to Taekwondo! A Story about Persistence, Bravery, & Breaking Boards. Aram Kim. (Yoomi, Friends, & Family Ser.). (Illus.). 40p. (J). (gr. -1-2). 2022. pap. 8.99 *(978-0-8234-5117-3(8));* 2020. 17.99 *(978-0-8234-4360-4(4))* Holiday Hse., Inc.

Let's Go to the Apple Orchard. Lisa J. Amstutz. 2020. (Fall Field Trips Ser.). (ENG., Illus.). 24p. (J). (gr. k-2). 6.95 *(978-1-9771-3128-7(X),* 204019); lib. bdg. 27.99 *(978-1-9771-2447-0(X),* 200458) Capstone. (Pebble).

Let's Go to the Basketball Game! Coloring Book. Creative Playbooks. 2016. (ENG., Illus.). (J). pap. 7.74 *(978-1-68323-868-3(0))* Twin Flame Productions.

Let's Go to the Beach / Vámonos a la Playa. Nancy Streza. 2017. (Xist Kids Bilingual Spanish English Ser.). (ENG & SPA.). 32p. (J). (gr. -1-3). pap. 9.99 *(978-1-5324-0343-9(7))* Xist Publishing.

Let's Go to the Beach, Banbao! Coloring Book Kids. Jupiter Kids. 2018. (ENG., Illus.). 106p. (J). pap. 12.55 *(978-1-5419-3789-5(9),* Jupiter Kids (Childrens & Kids Fiction)) Speedy Publishing LLC.

Let's Go to the Beach! with Dr. Seuss's Lorax. Todd Tarpley. 2021. (Dr. Seuss's the Lorax Bks.). (ENG., Illus.). 16p. (J). (— 1). bds. 7.99 *(978-0-593-30838-7(7),* Random Hse. Bks. for Young Readers) Random Hse. Children's Bks.

Let's Go to the Circus: Publisher Ref Number. Kandy Derden. Ed. by Kathy Barnett. 2019. (Let's Go Ser.: Vol. 1). (ENG., Illus.). 22p. (J). (gr. k-3). pap. 6.99 *(978-0-9861109-5-5(7))* Global Authors Pubns.

Let's Go to the Fair!, 1 vol. Benjamin Proudfit. 2019. (Time to Celebrate! Ser.). (ENG.). 24p. (gr. k-k). pap. 9.15 *(978-1-5382-3902-5(7),* ca8a330d-a882-4baa-a783-320e6008dff1); lib. bdg. 24.27 *(978-1-5382-3904-9(3),* 51f0b9cd-0ee7-4f3a-aaf5-fce7e328c40f) Stevens, Gareth Publishing LLLP.

Let's Go to the Farm! Caryl Hart. Illus. by Lauren Tobia. 2018. (ENG.). 32p. (J). 11.99 *(978-1-61067-630-4(0))* Kane Miller.

Let's Go to the Fire Station. Lisa Harkrader. Illus. by Dana Regan. (Let's Go Board Bks.). (ENG.). (J). (gr. k-2). 2021. 16p. bds. 7.80 *(978-1-64996-054-2(9),* 4783); 2020. 18p. bds. 5.99 *(978-1-64269-254-9(9),* 4068) Phoenix International Publications, Inc. (Sequoia Publishing & Media LLC).

Let's Go to the Fire Station. Lisa Sequoia Kids Media. Illus. by Dana Regan. 2021. (Let's Go Board Bks.). (ENG.). 10p. (J). (gr. -1-3). pap. 6.50 ***(978-1-64996-673-5(3),*** 17029, Sequoia Kids Media) Sequoia Children's Bks.

Let's Go to the Football Game! Coloring Book. Creative Playbooks. 2016. (ENG., Illus.). (J). pap. 7.74 *(978-1-68323-867-6(2))* Twin Flame Productions.

Let's Go to the Garden! with Dr. Seuss's Lorax. Todd Tarpley. 2021. (Dr. Seuss's the Lorax Bks.). (ENG., Illus.). 16p. (J). (— 1). bds. 7.99 *(978-0-593-30837-0(9),* Random Hse. Bks. for Young Readers) Random Hse. Children's Bks.

Let's Go to the Harvest Festival. Lisa J. Amstutz. 2020. (Fall Field Trips Ser.). (ENG., Illus.). 24p. (J). (gr. k-2). 6.95 *(978-1-9771-3129-4(8),* 204020); lib. bdg. 27.99 *(978-1-9771-2448-7(8),* 200457) Capstone. (Pebble).

Let's Go to the Library. Rebecca Grazulis. Illus. by Laura Merer. (Let's Go Board Bks.). (ENG.). (J). (gr. k-2). 2021. 16p. bds. 7.80 *(978-1-64996-055-9(7),* 4782); 2020. 18p. bds. 5.99 *(978-1-64269-252-5(2),* 4066) Phoenix International Publications, Inc. (Sequoia Publishing & Media LLC).

Let's Go to the Library. Rebecca Sequoia Kids Media. Illus. by Laura Merer. 2021. (Let's Go Board Bks.). (ENG.). 10p. (J). (gr. -1-3). pap. 6.50 ***(978-1-64996-674-2(1),*** 17030, Sequoia Kids Media) Sequoia Children's Bks.

Let's Go to the Library! May Nakamura. ed. 2021. (Ready-To-Read Ser.). (ENG., Illus.). 32p. (J). (gr. 2-3). 15.46 *(978-1-64697-853-3(6))* Penworthy Co., LLC, The.

Let's Go to the Library! Ready-To-Read Level 2. Charles M. Schulz. Illus. by Robert Pope. 2020. (Peanuts Ser.). (ENG.). 32p. (J). (gr. k-2). 17.99 *(978-1-5344-6957-0(5));* pap. 4.99 *(978-1-5344-6956-3(7))* Simon Spotlight. (Simon Spotlight).

Let's Go to the Moon. Patricia Stewart. 2019. (ENG.). 30p. (J). pap. *(978-1-78830-261-6(3))* Olympia Publishers.

Let's Go to the Moon! Erica Silverman. ed. 2018. (Green Light Readers Ser.). (ENG.). 32p. (J). (gr. -1-1). 13.89 *(978-1-64310-507-9(8))* Penworthy Co., LLC, The.

Let's Go to the Moon Tonight! A Lullaby. Jeanmela Murray. 2019. (ENG.). 36p. (J). pap. 18.95 *(978-0-9963847-2-8(3))* A Cupcake & Giggles Publishing.

Let's Go to the Nature Center. Lisa J. Amstutz. 2020. (Fall Field Trips Ser.). (ENG., Illus.). 24p. (J). (gr. k-2). 6.95 *(978-1-9771-3130-0(1),* 204021); lib. bdg. 27.99 *(978-1-9771-2449-4(6),* 200459) Capstone. (Pebble).

Let's Go to the Ocean! a Maze Activity Book. Smarter Activity Books for Kids. 2016. (ENG., Illus.). (J). pap. 8.99 *(978-1-68374-250-0(8))* Examined Solutions PTE. Ltd.

Let's Go to the Party! Adeola Oyekola. 2022. (Let's Go Ser.: Vol. 2). (ENG.). 40p. (J). pap. 15.99 ***(978-1-7363889-5-2(9))*** OlaBks. International.

Let's Go to the Pumpkin Patch. Lisa J. Amstutz. 2020. (Fall Field Trips Ser.). (ENG., Illus.). 24p. (J). (gr. k-2). 6.95 *(978-1-9771-3126-3(3),* 204018); lib. bdg. 27.99 *(978-1-9771-2446-3(1),* 200456) Capstone. (Pebble).

L

Let's Go to the Zoo. Lisa Harkrader. Illus. by Susan Calitri. (Let's Go Board Bks.). (ENG.). (J). (gr. k-2). 2021. 16p. bds. 7.80 *(978-1-64996-056-6(5)*, 4785); 2020. 18p. bds. 5.99 *(978-1-64269-255-6(7)*, 4757) Phoenix International Publications, Inc. (Sequoia Publishing & Media LLC).

Let's Go to the Zoo. Lisa Sequoia Kids Media. Illus. by Susan Calitri. 2021. (Let's Go Board Bks.). (ENG.). 10p. (J). (gr. -1-3). pap. 6.50 ***(978-1-64996-675-9(X)***, 17031, Sequoia Kids Media) Sequoia Children's Bks.

Let's Go to Turtle Farm Coloring Book. Activbooks For Kids. 2016. (ENG., Illus.). (J). pap. 9.20 *(978-1-68321-802-9(7))* Mimaxion.

Let's Go to Work! Coloring Book. Creative Playbooks. 2016. (ENG., Illus.). (J). pap. 7.74 *(978-1-68323-869-0(9))* Twin Flame Productions.

Let's Go Trick-Or-Treating! Lori Haskins Houran. Illus. by Joanie Stone. 2021. (Little Golden Book Ser.). 24p. (J). (-k). 4.99 *(978-0-593-17464-7(X)*, Golden Bks.) Random Hse. Children's Bks.

Let's Go up the Mountain. Caroline Evari. Illus. by Sviatoslav Franko. 2021. (ENG.). 22p. (J). pap. *(978-1-922621-34-4(X))* Library For All Limited.

Let's Go up to the Mountain - Ti a Nako Taubukin Te Maunga (Te Kiribati) Caroline Evari. Illus. by Sviatoslav Franko. 2023. (ENG.). 22p. (J). pap. ***(978-1-922844-93-4(4))*** Library For All Limited.

Lets Gooo 30 Day Devotional for Gen-Z. Bridget Crawford. 2021. (ENG.). 64p. (YA). (gr. 3). pap. 9.99 *(978-1-6678-1537-4(7))* BookBaby.

Let's Hatch Chicks! Explore the Wonderful World of Chickens & Eggs. Lisa Steele. 2022. (ENG., Illus.). 48p. (J). (gr. k-3). pap. 14.99 *(978-0-7603-8152-6(6)*, 1168812, Voyageur Pr.) Quarto Publishing Group USA.

Let's Have a Parade! Erica Silverman. ed. 2018. (Green Light Readers Ser.). (ENG.). 32p. (J). (gr. -1-1). 9.00 *(978-1-64310-331-0(8))* Penworthy Co., LLC, The.

Let's Have a Picnic! Hunter Reid. Illus. by Stephanie Hinton. 2016. (Fluorescent Pop! Ser.). (ENG.). 14p. (J). (gr. -1-k). bds. 5.99 *(978-1-4998-0220-7(X))* Little Bee Books Inc.

Let's Have a Picnic. Rozanne Williams. 2017. (Learn-To-Read Ser.). (ENG., Illus.). (J). pap. 3.49 *(978-1-68310-291-5(6))* Pacific Learning, Inc.

Let's Have a Play. Margaret Hillert. Illus. by Ruth Flanigan. 2016. (BeginningtoRead Ser.). (ENG.). 32p. (J). (gr. k-2). 22.60 *(978-1-59953-818-1(0))* Norwood Hse. Pr.

Let's Have a Play. Margaret Hillert. Illus. by Ruth Flanigan. 2016. (Beginning-To-Read Ser.). (ENG.). 32p. (J). (gr. k-2). pap. 13.26 *(978-1-60357-980-3(X))* Norwood Hse. Pr.

Let's Have a Sleepover! Norm Feuti. ed. 2019. (Acorn Early Readers Ser.). (ENG.). 44p. (J). (gr. k-1). 14.96 *(978-1-64697-090-2(X))* Penworthy Co., LLC, The.

Let's Have a Sleepover!: an Acorn Book (Hello, Hedgehog! #2) Norm Feuti. Illus. by Norm Feuti. 2019. (Hello, Hedgehog! Ser.: 2). (ENG., Illus.). 48p. (J). (gr. -1-1). pap. 4.99 *(978-1-338-28141-5(0))* Scholastic, Inc.

Let's Have an Adventure (Set), 8 vols. Julia Jaske. 2023. (Let's Have an Adventure Ser.). (ENG., Illus.). 16p. (J). (gr. -1-2). pap., pap., pap. 90.88 *(978-1-6689-1868-5(4)*, 221846, Cherry Blossom Press) Cherry Lake Publishing.

Let's Have Fun at the Zoo: A Maze Activity Book. Smarter Activity Books for Kids. 2016. (ENG., Illus.). (J). pap. 8.99 *(978-1-68374-251-7(6))* Examined Solutions PTE. Ltd.

Let's Have Fun Connecting the Dots! an Activity Book for Kids. Creative. 2016. (ENG., Illus.). (J). pap. 7.74 *(978-1-68323-390-9(5))* Twin Flame Productions.

Let's Have Fun Little Girl's! My Sparkling & Beautiful Little Mermaids, Princesses, & Ballerinas Coloring Book: For Girl's Ages 4 Years Old & up (Book Edition:1) Beatrice Harrison. 2020. (ENG.). 34p. (J). pap. 7.25 *(978-1-6781-5118-8(1))* Lulu Pr., Inc.

Let's Have Fun Little Girl's! My Sparkling & Beautiful Little Mermaids, Princesses, & Ballerinas Coloring Book: For Girl's Ages 4 Years Old & up (Book Edition:2) Beatrice Harrison. 2020. (ENG.). 34p. (J). pap. 7.25 *(978-1-6781-5119-5(X))* Lulu Pr., Inc.

Let's Have Fun Little Girl's! My Sparkling & Beautiful Little Mermaids, Princesses, & Ballerinas Coloring Book: For Girl's Ages 4 Years Old & up (Book Edition:3) Beatrice Harrison. 2020. (ENG.). 34p. (J). pap. 7.25 *(978-1-6781-5124-9(6))* Lulu Pr., Inc.

Let's Have Fun Little Girl's! My Sparkling & Beautiful Little Mermaids, Princesses, & Ballerinas Coloring Book: For Girl's Ages 4 Years Old & up (Book Edition:4) Beatrice Harrison. 2020. (ENG.). 34p. (J). pap. 7.25 *(978-1-6781-5134-8(3))* Lulu Pr., Inc.

Let's Have Fun Little Girl's! My Sparkling & Beautiful Little Mermaids, Princesses, & Ballerinas Coloring Book: For Girl's Ages 4 Years Old & up (Book Edition:5) Beatrice Harrison. 2020. (ENG.). 34p. (J). pap. 7.25 *(978-1-6781-5138-6(6))* Lulu Pr., Inc.

Let's Have Fun with Fire Safety. Fire Administration (U.S.) & Federal Emergency Management Agency (U.S.), United States Fire Administrati. 2016. (ENG.). 12p. (J). (gr. -1-3). 6.00 *(978-0-16-093444-5(3)*, Federal Emergency Management Agency) United States Government Printing Office.

Let's Have Lunch, 1 vol. Piper Buckingham. 2018. (Let's Eat Healthy! Ser.). (ENG.). 24p. (gr. 1-1). 25.27 *(978-1-5081-6802-7(4)*, 02c01bbd-0351-417c-9b34-abee2330b505); pap. 9.25 *(978-1-5081-6804-1(0)*, 5579a7f4-af7b-4eda-9eb7-a3d2fd4d6435) Rosen Publishing Group, Inc., The. (PowerKids Pr.).

Let's Have Some Fun Activities for Kids Coloring Book Edition. Activity Book Zone for Kids. 2016. (ENG., Illus.). (J). pap. 7.55 *(978-1-68376-239-3(8))* Sabeels Publishing.

Let's Have Some Fun Today! Activities for Kids to Do Coloring Book Edition. Activity Book Zone for Kids. 2016. (ENG., Illus.). (J). pap. 7.55 *(978-1-68376-240-9(1))* Sabeels Publishing.

Let's Head to the Park. Cara Barilla. 2022. (ENG.). 26p. (J). ***(978-0-6452851-4-7(5))*** Barilla, Cara.

Let's Help Humpty! Patty Michaels. ed. 2021. (Ready-To-Read Ser.). (ENG., Illus.). 32p. (J). (gr. k-1). 13.96 *(978-1-64697-755-0(6))* Penworthy Co., LLC, The.

Let's Help Humpty! Ready-To-Read Pre-Level 1. Adapted by Patty Michaels. 2020. (Rhyme Time Town Ser.). (ENG.). 32p. (J). (gr. -1-k). 17.99 *(978-1-5344-7977-7(5))*; pap. 4.99 *(978-1-5344-7976-0(7))* Simon Spotlight. (Simon Spotlight).

Let's Hide! Rachael McLean. 2023. (Bear & Penguin Story Ser.). 22p. (J). (— 1). bds. 8.99 *(978-1-4549-4369-3(6)*, Union Square Pr.) Sterling Publishing Co., Inc.

Let's Imagine. Rose Nestling. Ed. by Cottage Door Press. Illus. by Ratchanee Youngsuk. 2020. (ENG.). 10p. (J). (gr. -1 — 1). bds. 10.99 *(978-1-68052-982-1(X)*, 1006100) Cottage Door Pr.

Let's Imagine & Write a Story (6-9 Years) Time to Read & Write Series. Sally Jones & Amanda Jones. Illus. by Annalisa Jones. 2018. (Time to Read & Write Ser.: Vol. 1). (ENG.). 76p. (J). (gr. k-3). pap. *(978-1-910824-03-0(8))* Guinea Pig Education.

Let's Imagine What We Can Be. Kathleen Morgan. 2020. (ENG.). 34p. (J). pap. 13.96 *(978-0-578-73004-2(9))* IbbiLane Pr.

Let's Investigate Electricity. Jacqui Bailey. 2021. (Be a Scientist Ser.). (ENG., Illus.). 32p. (J). (gr. 3-8). pap. *(978-1-4271-2777-8(7)*, 10256); lib. bdg. *(978-1-4271-2771-6(9)*, 10249) Crabtree Publishing Co. (Crabtree Classics).

Let's Investigate Everyday Materials. Ruth Owen. 2017. (Get Started with STEM Ser.). (ENG., Illus.). 32p. (J). (gr. k-3). 9.99 *(978-1-78856-117-4(1)*, 09e921ef-1aa6-4b6b-8040-2f41477cea24); lib. bdg. 30.65 *(978-1-911341-35-2(9)*, d3cb0597-11bb-46eb-be28-9da1681a38b7) Ruby Tuesday Books Limited GBR. Dist: Lerner Publishing Group.

Let's Investigate Forces. Jacqui Bailey. 2021. (Be a Scientist Ser.). (ENG., Illus.). 32p. (J). (gr. 3-8). pap. *(978-1-4271-2778-5(5)*, 10257); lib. bdg. *(978-1-4271-2772-3(7)*, 10250) Crabtree Publishing Co. (Crabtree Classics).

Let's Investigate Habitats & Food Chains. Ruth Owen. 2017. (Get Started with STEM Ser.). (ENG., Illus.). 32p. (J). (gr. k-3). 9.99 *(978-1-78856-118-1(X)*, 78dcc3ba-1997-4aa6-9912-8a2885be3eb5); lib. bdg. 30.65 *(978-1-911341-37-6(5)*, 538b0ff7-bf96-4b4c-be8f-459d3fbf703b) Ruby Tuesday Books Limited GBR. Dist: Lerner Publishing Group.

Let's Investigate How Trees Grow. Ruth Owen. 2022. (Get Started with STEM Ser.). (ENG., Illus.). 32p. (J). (gr. k-3). pap. 9.99 *(978-1-78856-271-3(2)*, 2913c91f-b274-4fba-acfa-ef03a19f25bc); lib. bdg. 30.65 *(978-1-78856-270-6(4)*, 1c98d657-e61a-4b46-bb32-a78e8977a16c) Ruby Tuesday Books Limited GBR. Dist: Lerner Publishing Group.

Let's Investigate Light. Jacqui Bailey. 2021. (Be a Scientist Ser.). (ENG., Illus.). 32p. (J). (gr. 3-8). pap. *(978-1-4271-2779-2(4)*, 10258); lib. bdg. *(978-1-4271-2773-0(5)*, 10251) Crabtree Publishing Co. (Crabtree Classics).

Let's Investigate Magnets. Jacqui Bailey. 2021. (Be a Scientist Ser.). (ENG., Illus.). 32p. (J). (gr. 3-8). pap. *(978-1-4271-2780-8(8)*, 10259); lib. bdg. *(978-1-4271-2774-7(3)*, 10252) Crabtree Publishing Co. (Crabtree Classics).

Let's Investigate Materials. Jacqui Bailey. 2021. (Be a Scientist Ser.). (ENG., Illus.). 32p. (J). (gr. 3-8). pap. *(978-1-4271-2781-5(6)*, 10260); lib. bdg. *(978-1-4271-2775-4(1)*, 10253) Crabtree Publishing Co. (Crabtree Classics).

Let's Investigate Plastic Pollution: On Land & in the Oceans. Ruth Owen. 2018. (Get Started with STEM Ser.). (ENG., Illus.). 32p. (J). (gr. k-3). 9.99 *(978-1-78856-124-2(4)*, 09d5f135-6f43-49c0-bc1b-6c8285134b6b); lib. bdg. 30.65 *(978-1-78856-046-7(9)*, 32381fc4-1f80-4bdd-8d53-a822d9442f27) Ruby Tuesday Books Limited GBR. Dist: Lerner Publishing Group.

Let's Investigate Solids. Jacqui Bailey. 2021. (Be a Scientist Ser.). (ENG., Illus.). 32p. (J). (gr. 3-8). pap. *(978-1-4271-2782-2(4)*, 10261); lib. bdg. *(978-1-4271-2776-1(X)*, 10254) Crabtree Publishing Co. (Crabtree Classics).

Let's Investigate with Nate #1: The Water Cycle. Nate Ball. Illus. by Wes Hargis. 2017. (Let's Investigate with Nate Ser.: 1). (ENG.). 40p. (J). (gr. -1-3). pap. 7.99 *(978-0-06-235739-7(5)*, HarperCollins) HarperCollins Pubs.

Let's Investigate with Nate #2: The Solar System. Nate Ball. Illus. by Wes Hargis. 2017. (Let's Investigate with Nate Ser.: 2). (ENG.). 40p. (J). (gr. -1-3). pap. 6.99 *(978-0-06-235742-7(5)*, HarperCollins) HarperCollins Pubs.

Let's Investigate with Nate #3: Dinosaurs. Nate Ball. Illus. by Wes Hargis. 2018. (Let's Investigate with Nate Ser.: 3). (ENG.). 40p. (J). (gr. -1-3). pap. 6.99 *(978-0-06-235745-8(X)*, HarperCollins) HarperCollins Pubs.

Let's Investigate with Nate #3: Dinosaurs. Nate Ball. Illus. by Wes Hargis. 2018. (Let's Investigate with Nate Ser.: 3). (ENG.). 40p. (J). (gr. -1-3). 17.99 *(978-0-06-235746-5(8)*, HarperCollins) HarperCollins Pubs.

Let's Investigate with Nate #4: The Life Cycle. Nate Ball. Illus. by Wes Hargis. 2018. (Let's Investigate with Nate Ser.: 4). (ENG.). 32p. (J). (gr. -1-3). pap. 6.99 *(978-0-06-235748-9(4)*, HarperCollins) HarperCollins Pubs.

Let's Joke Around! Leonard Clasky. 2022. (Let's Joke Around! Ser.). (ENG.). 24p. (J). pap. 55.50 ***(978-1-5383-9310-9(7))*** Windmill Bks.

Let's Jump! Rachael McLean. 2023. (Bear & Penguin Story Ser.). 22p. (J). (— 1). bds. 8.99 *(978-1-4549-4370-9(X)*, Union Square Pr.) Sterling Publishing Co., Inc.

Let's Jump Rope, 1 vol. Andrew Law. 2017. (Let's Get Active! Ser.). (ENG.). 24p. (J). (gr. 1-1). 25.27 *(978-1-5081-6388-6(X)*, 539dbfd8-3efa-47f4-a807-8f8409704634, PowerKids Pr.) Rosen Publishing Group, Inc., The.

Let's Just Be Ourselves. Jennie Templeman. Illus. by Fariza Dzatalin Nurtsani. 2023. (ENG.). 28p. (J). pap. ***(978-1-922991-89-8(9))*** Library For All Limited.

Let's Just Be Ourselves. Jennie Templeman. Illus. by Fariza Dzatalin Nurtsani. 2022. (ENG.). 28p. (J). pap. ***(978-1-922951-67-0(6))*** Library For All Limited.

Let's Learn 250 Words: A Very First Reading Book. Armadillo. 2016. (Illus.). 48p. (J). (gr. -1-12). bds. 9.99 *(978-1-86147-706-4(6)*, Armadillo) Anness Publishing GBR. Dist: National Bk. Network.

Let's Learn ABC. Rufus Downy. Ed. by Cottage Door Press. 2022. (2 in 1 Read & Play Ser.). (ENG.). 12p. (J). (gr. -1 — 1). 16.99 *(978-1-64638-470-9(9)*, 1007940) Cottage Door Pr.

Let's Learn about: Complete Set. (Let's Learn About Ser.). (ENG.). (J). 2019. pap. 362.25 *(978-1-9785-1106-4(X))*; 2019. (gr. 1-2). lib. bdg. 889.45 *(978-1-9785-1086-9(1)*, 6a327e3f-b8dc-4e0a-abee-aaaf63f84542); 2018. (gr. 1-2). lib. bdg. 509.67 *(978-1-9785-0593-3(0)*, 218fd47b-b137-48fd-9288-54839ac03c3c); 2018. pap. 144.90 *(978-1-9785-0062-4(9))* Enslow Publishing, LLC.

Let's Learn about Earth's Continents. Bobbie Kalman. 2017. (My World Ser.). (Illus.). 24p. (J). (gr. 1-1). *(978-0-7787-9597-1(7))*; pap. *(978-0-7787-9605-3(1))* Crabtree Publishing Co.

Let's Learn about Farm Machines, 12 vols. 2019. (Let's Learn about Farm Machines Ser.). (ENG.). 24p. (J). (gr. 1-2). lib. bdg. 145.62 *(978-1-9785-1590-1(1)*, fe6c0c7c-f567-42ca-a00b-e991cfe7779c) Enslow Publishing, LLC.

Let's Learn about Letters with Cut Out Activities! Bobo's Children Activity Books. 2016. (ENG., Illus.). (J). pap. 7.99 *(978-1-68327-170-3(X))* Sunshine In My Soul Publishing.

Let's Learn about Literature, 14 vols. 2018. (Let's Learn about Literature Ser.). (ENG.). 24p. (gr. 1-2). lib. bdg. 169.89 *(978-1-9785-0026-6(2)*, 7e531c24-51a8-4c5b-a19b-bd7c8adcbbdf) Enslow Publishing, LLC.

Let's Learn about Matter, 12 vols. 2019. (Let's Learn about Matter Ser.). (ENG.). 24p. (J). (gr. 1-2). lib. bdg. 145.62 *(978-1-9785-0759-3(3)*, f00e4a9b-00f0-463c-a09c-904a0b87576a) Enslow Publishing, LLC.

Let's Learn about Natural Resources, 14 vols. 2017. (Let's Learn about Natural Resources Ser.). (ENG.). (J). (gr. 1-2). lib. bdg. 169.89 *(978-0-7660-9233-4(X)*, 575b98f2-5bec-4db1-b8b2-2e361c88a5db) Enslow Publishing, LLC.

Let's Learn about Ramayana! the Story of Diwali (Maya & Neel's India Adventure Series, Book 15) Ajanta Chakraborty. 2021. (ENG.). 42p. (J). 16.99 *(978-1-945792-42-7(6))* Bollywood Groove.

Let's Learn about Ramayana! the Story of Diwali (Maya & Neel's India Adventure Series, Book 15) Ajanta Chakraborty & Vivek Kumar. 2021. (ENG.). 42p. (J). pap. 9.99 *(978-1-945792-43-4(4))* Bollywood Groove.

Let's Learn about Space, 16 vols. 2019. (Let's Learn about Space Ser.). (ENG.). 24p. (J). (gr. 1-2). lib. bdg. 194.16 *(978-1-9785-0703-6(8)*, 37d35113-063d-4f55-b750-1be54a449ff1) Enslow Publishing, LLC.

Let's Learn about Tawheed. Aamna Qureshi. Illus. by Abdul Hafiz Mathusin. 2021. (ENG.). 30p. (J). pap. *(978-1-83975-366-4(8))* Grosvenor Hse. Publishing Ltd.

Let's Learn about the Forest: A Seek-And-Find Story Through God's Creation. Zondervan. Illus. by Lee Holland. 2022. (ENG.). 16p. (J). bds. 12.99 *(978-0-310-75180-9(2))* Zonderkidz.

Let's Learn Adjectives!, 1 vol. Kate Mikoley. 2018. (Wonderful World of Words Ser.). (ENG.). 24p. (gr. 1-2). 24.27 *(978-1-5382-1879-2(8)*, 50b3eed1-86e2-4202-a7d2-f44b95734270) Stevens, Gareth Publishing LLLP.

Let's Learn Adverbs!, 1 vol. Kate Mikoley. 2018. (Wonderful World of Words Ser.). (ENG.). 24p. (gr. 1-2). 24.27 *(978-1-5382-1883-9(6)*, 3bfc26d0-8411-488a-aa0f-627a2f65512d) Stevens, Gareth Publishing LLLP.

Let's Learn Aesop's Fables, 10 vols. 2017. (Let's Learn Aesop's Fables Ser.). 24p. (ENG.). (gr. 2-2). 131.35 *(978-1-4994-8272-0(8)*, 01d550e5-0105-4b57-a518-cfb16edd549b); (gr. 6-7). pap. 41.25 *(978-1-4994-8409-0(7))* Rosen Publishing Group, Inc., The. (Windmill Bks.).

Let's Learn & Play! Construction. Roger Priddy. 2023. (Let's Learn & Play Ser.). (ENG., Illus.). 8p. (J). bds. 14.99 *(978-1-68449-290-9(4)*, 900279891) St. Martin's Pr.

Let's Learn & Play! on the Farm. Roger Priddy. 2023. (Let's Learn & Play Ser.). (ENG., Illus.). 8p. (J). bds. 14.99 *(978-1-68449-291-6(2)*, 900279892) St. Martin's Pr.

Let's Learn Colors & Shapes Workbook Toddler-Prek - Ages 1 To 5. Pfiffikus. 2016. (ENG., Illus.). (J). pap. 10.81 *(978-1-68377-634-5(8))* Whike, Traudl.

Let's Learn Double Dutch! Working at the Same Time, 1 vol. Sonja Reyes. 2017. (Computer Science for the Real World Ser.). (ENG.). 12p. (gr. 1-2). pap. *(978-1-5383-5176-5(5)*, 88a6f5a7-88d1-462e-afc1-3647dbc1542b, Rosen Classroom) Rosen Publishing Group, Inc., The.

Let's Learn Gurmukhi Through Animals. Sarbdeep Johal. 2017. (ENG., Illus.). 22p. (J). (gr. -1-1). pap. 9.99 *(978-1-77302-882-8(0))* Draft2Digital.

Let's Learn Japanese: First Words for Everyone (Learn Japanese for Kids, Learn Japanese for Adults, Japanese Learning Books) Aurora Cacciapuoti. 2019. (ENG., Illus.). 48p. (J). (gr. -1-3). 12.99 *(978-1-4521-6625-4(0))* Chronicle Bks. LLC.

Let's Learn Kindergarten Activity Pad. Compiled by Kidsbooks. 2022. (Floor Pad Ser.). (ENG.). 64p. (J). pap. 19.99 *(978-1-62885-890-7(7))* Kidsbooks, LLC.

Let's Learn Kindergarten Floor Pad. Compiled by Kidsbooks. 2022. (ENG.). 64p. (J). pap. 19.99 ***(978-1-63854-098-4(5))*** Kidsbooks, LLC.

Let's Learn Korean Flash Card Kit: The Complete Language Learning Kit for Kids (64 Flash Cards, Online Audio Recordings & Poster) Laura Armitage & Tina Cho. 2023. (Illus.). 1p. (J). (gr. k-8). 15.99 ***(978-0-8048-5666-9(4))*** Tuttle Publishing.

Let's Learn Korean Together. Charles M. Mortensen. 2021. (ENG.). 34p. (J). 14.99 *(978-1-7367405-2-1(0))* mortensen, charles.

Let's Learn Letters A-F. Dani Dixon. l.t. ed. 2022. (ENG.). 56p. (J). pap. 7.99 ***(978-1-953026-28-6(1))*** Tumble Creek Pr.

Let's Learn Nouns!, 1 vol. Kate Mikoley. 2018. (Wonderful World of Words Ser.). (ENG.). 24p. (gr. 1-2). 24.27 *(978-1-5382-1887-7(9)*, c6bc8767-a75e-4926-98a8-873d97f17ae8) Stevens, Gareth Publishing LLLP.

Let's Learn Number 1-20. Daria iherobiem. 2023. (ENG.). 61p. (J). pap. ***(978-1-4477-6965-1(1))*** Lulu Pr., Inc.

Let's Learn Numbers Workbook Toddler-Prek - Ages 1 To 5. Pfiffikus. 2016. (ENG., Illus.). (J). pap. 10.81 *(978-1-68377-633-8(X))* Whike, Traudl.

Let's Learn Preschool Activity Pad. Compiled by Kidsbooks. 2022. (Floor Pad Ser.). (ENG.). 64p. (J). pap. 19.99 *(978-1-62885-889-1(3))* Kidsbooks, LLC.

Let's Learn Preschool Floor Pad. Compiled by Kidsbooks. 2022. (ENG.). 64p. (J). pap. 19.99 ***(978-1-63854-097-7(7))*** Kidsbooks, LLC.

Let's Learn Pronouns!, 1 vol. Kate Mikoley. 2018. (Wonderful World of Words Ser.). (ENG.). 24p. (gr. 1-2). 24.27 *(978-1-5382-1891-4(7)*, 1ae32284-6dd0-4318-875e-c436eb795372) Stevens, Gareth Publishing LLLP.

Let's Learn Spanish: First Words for Everyone (Learning Spanish for Children; Spanish for Preschooler; Spanish Learning Book) Aurora Cacciapuoti. 2020. (ENG., Illus.). 48p. (J). 12.99 *(978-1-4521-6626-1(9))* Chronicle Bks. LLC.

Let's Learn Tagalog Kit: A Fun Guide for Children's Language Learning (Flash Cards, Audio CD, Games & Songs, Learning Guide & Wall Chart) Imelda Fines Gasmen. 2020. (Illus.). 32p. (J). (gr. k-8). 19.99 *(978-0-8048-5297-5(9))* Tuttle Publishing.

Let's Learn Textures!, 12 vols. 2019. (Let's Learn Textures! Ser.). (ENG.). 24p. (J). (gr. k-k). lib. bdg. 145.62 *(978-1-5382-4526-2(4)*, 5c1b80ba-b2af-461e-95b3-be60e347cc3d) Stevens, Gareth Publishing LLLP.

Let's Learn the Alphabet: Trace the Letters Book: Animal Theme Handwriting & Sight Words Practice Workbook for Preschool & Pre-Kindergarten Boys & Girls (Ages 3-5 Reading & Writing) June & Lucy Kids. 2019. (ENG., Illus.). 110p. (J). pap. 5.99 *(978-1-64608-056-4(4))* June & Lucy.

Let's Learn the Alphabet Workbook Toddler-Prek - Ages 1 To 5. Pfiffikus. 2016. (ENG., Illus.). (J). pap. 10.81 *(978-1-68377-644-4(5))* Whike, Traudl.

Let's Learn the Bible from Genesis to Revelation Puzzle Book 48pg. Warner Press. 2018. (ENG.). 48p. (J). pap. 5.99 *(978-1-68434-097-2(7))* Warner Pr., Inc.

Let's Learn the Numbers: Trace the Numbers Book: Ages 3+: Animal Theme Number Tracing Practice Workbook for Preschool & Pre-Kindergarten Boys & Girls (Ages 3-5 Math & Handwriting) June & Lucy Kids. 2019. (ENG., Illus.). 86p. (J). pap. 5.99 *(978-1-64608-051-9(3))* June & Lucy.

Let's Learn to Cut Workbook Toddler-Prek - Ages 1 To 5. Left Brain Kids. 2016. (ENG., Illus.). (J). pap. 7.51 *(978-1-68376-645-2(8))* Sabeels Publishing.

Let's Learn to Get Along see Aprendamos a Convivir

Let's Learn to Paste Workbook Toddler-Prek - Ages 1 To 5. Left Brain Kids. 2016. (ENG., Illus.). (J). pap. 7.51 *(978-1-68376-643-8(1))* Sabeels Publishing.

Let's Learn to Trace Workbook Toddler-Prek - Ages 1 To 5. Left Brain Kids. 2016. (ENG., Illus.). (J). pap. 7.51 *(978-1-68376-641-4(5))* Sabeels Publishing.

Let's Learn Verbs!, 1 vol. Kate Mikoley. 2018. (Wonderful World of Words Ser.). (ENG.). 24p. (J). (gr. 1-2). pap. 9.15 *(978-1-5382-1897-6(6)*, 359417a8-d35e-478e-8faf-07a95a8d2a2e); lib. bdg. 24.27 *(978-1-5382-1895-2(X)*, dbc2d676-bfef-4c0d-a493-29a3f3bca82e) Stevens, Gareth Publishing LLLP.

Let's Let Go - the Raindrop's Journey. Mark Linden O'Meara. Illus. by Zoe Laverne. 2022. (ENG.). 24p. (J). *(978-1-927077-38-2(9))* Soul Care Publishing.

Let's Look at a Masterpiece: Classic Art to Cherish with a Child. Madeleine Stebbins. 2018. (Illus.). 44p. (J). pap. *(978-1-949013-10-8(3))* Emmaus Road Publishing.

Let's Look at... Animals: Board Book. Marion Deuchars. 2021. (ENG., Illus.). 24p. (J). (gr. -1-k). bds. 9.99 *(978-1-78627-783-1(2)*, King, Laurence Publishing) Orion Publishing Group, Ltd. GBR. Dist: Hachette Bk. Group.

Let's Look at Apple Trees. Katie Peters. 2020. (Plant Life Cycles (Pull Ahead Readers — Nonfiction) Ser.). (ENG., Illus.). 16p. (J). (gr. -1-1). 27.99 *(978-1-5415-9020-5(1)*, a9bbd85d-5ea0-47cf-817a-54be619270ce, Lerner Pubns.) Lerner Publishing Group.

Let's Look at Australia. A. M. Reynolds. 2019. (Let's Look at Countries Ser.). (ENG., Illus.). 24p. (J). (gr. -1-2). lib. bdg. 27.32 *(978-1-9771-0386-4(3)*, 139357, Capstone Pr.) Capstone.

Let's Look at Beans. Katie Peters. 2020. (Plant Life Cycles (Pull Ahead Readers — Nonfiction) Ser.). (ENG., Illus.). 16p. (J). (gr. -1-1). 27.99 *(978-1-5415-9024-3(4)*, fc461fad-9448-4dc4-b1a6-16c1491291fb, Lerner Pubns.) Lerner Publishing Group.

Let's Look at Blue! The Sound of UE. Kara L. Laughlin. 2020. (Vowel Blends Ser.). (ENG.). 24p. (J). (gr. -1-2). lib. bdg. 32.79 *(978-1-5038-3542-9(1)*, 213439) Child's World, Inc, The.

Let's Look at Brazil. Joy Frisch-Schmoll. 2019. (Let's Look at Countries Ser.). (ENG., Illus.). 24p. (J). (gr. -1-2). lib. bdg. 27.32 *(978-1-9771-0380-2(4)*, 139351, Capstone Pr.) Capstone.

Let's Look at Canada. Joy Frisch-Schmoll. 2019. (Let's Look at Countries Ser.). (ENG., Illus.). 24p. (J). (gr. -1-2). lib. bdg. 27.32 *(978-1-9771-0381-9(2)*, 139352, Capstone Pr.) Capstone.

Let's Look at China. Mary Meinking. 2019. (Let's Look at Countries Ser.). (ENG., Illus.). 24p. (J). (gr. -1-2). pap. 6.95 *(978-1-5435-7469-2(6)*, 140909); lib. bdg. 27.32 *(978-1-5435-7205-6(7)*, 140468) Capstone.

Let's Look at Colombia. Mary Boone. 2019. (Let's Look at Countries Ser.). (ENG., Illus.). 24p. (J). (gr. -1-2). pap. 6.95 *(978-1-5435-7470-8(X)*, 140910); lib. bdg. 27.32 *(978-1-5435-7206-3(5)*, 140469) Capstone.

Let's Look at... Colors: Board Book. Marion Deuchars. 2021. (ENG., Illus.). 24p. (J). (gr. -1-k). bds. 9.99 *(978-1-78627-777-0(8)*, King, Laurence Publishing) Orion Publishing Group, Ltd. GBR. Dist: Hachette Bk. Group.

1152 The check digit for ISBN-10 appears in parentheses after the full ISBN-13

Let's Look at Countries. Chitra Soundararajan & Mary Meinking. 2021. (Let's Look at Countries Ser.). (ENG.). 24p. (J). 586.40 *(978-1-6663-3992-5(X)*, 237614); pap., pap., pap. 145.95 *(978-1-6663-3988-8(1)*, 237601) Capstone. (Capstone Pr.).

Let's Look at Countries Classroom Collection. A. M. Reynolds & Joy Frisch-Schmoll. 2021. (Let's Look at Countries Ser.). (ENG.). 24p. (J). pap., pap., pap. 583.80 *(978-1-6663-3979-6(2)*, 237581, Capstone Pr.) Capstone.

Let's Look at Cuba. Nikki Bruno Clapper. 2018. (Let's Look at Countries Ser.). (ENG., Illus.). 24p. (J). (gr. -1-2). lib. bdg. 27.32 *(978-1-5157-9914-6(X)*, 136920, Capstone Pr.) Capstone.

Let's Look at Dandelions. Katie Peters. 2020. (Plant Life Cycles (Pull Ahead Readers — Nonfiction) Ser.). (ENG., Illus.). 16p. (J). (gr. -1-1). 27.99 *(978-1-5415-9025-0(2)*, 7eaabf46-770e-45f3-b65b-51e9bdf0691f, Lerner Pubns.) Lerner Publishing Group.

Let's Look at Diggers & Dumpers. John Allan. 2019. (Mini Mechanics Ser.). (ENG., Illus.). 24p. (J). (gr. 1-3). 26.65 *(978-1-5415-5533-4(3)*, 3f9f0141-dc97-4206-a7cf-c476072f5dc7, Hungry Tomato (r)) Lerner Publishing Group.

Let's Look at Ecuador. Mary Boone. 2019. (Let's Look at Countries Ser.). (ENG., Illus.). 24p. (J). (gr. -1-2). pap. 6.95 *(978-1-5435-7471-5(8)*, 140911); lib. bdg. 27.32 *(978-1-5435-7207-0(3)*, 140470) Capstone.

Let's Look at Egypt. Mary Meinking. 2019. (Let's Look at Countries Ser.). (ENG., Illus.). 24p. (J). (gr. -1-2). pap. 6.95 *(978-1-5435-7472-2(6)*, 140912); lib. bdg. 27.32 *(978-1-5435-7208-7(1)*, 140471) Capstone.

Let's Look at Emergency Vehicles. John Allan. 2019. (Mini Mechanics Ser.). (ENG., Illus.). 24p. (J). (gr. 1-3). 26.65 *(978-1-5415-5535-8(X)*, c7e7a410-d5d4-4472-b7a6-ec1d18917840, Hungry Tomato (r)) Lerner Publishing Group.

Let's Look at Fall: A 4D Book. Sarah L. Schuette. rev. ed. 2018. (Investigate the Seasons Ser.). (ENG., Illus.). 24p. (J). (gr. -1-2). lib. bdg. 29.32 *(978-1-5435-0860-4(X)*, 137611, Capstone Pr.) Capstone.

Let's Look at Germany. Mary Boone. 2019. (Let's Look at Countries Ser.). (ENG., Illus.). 24p. (J). (gr. -1-2). pap. 6.95 *(978-1-5435-7473-9(4)*, 140913); lib. bdg. 27.32 *(978-1-5435-7209-4(X)*, 140472) Capstone.

Let's Look at India. Chitra Soundararajan. 2019. (Let's Look at Countries Ser.). (ENG., Illus.). 24p. (J). (gr. -1-2). pap. 6.95 *(978-1-5435-7474-6(2)*, 140914); lib. bdg. 27.32 *(978-1-5435-7210-0(3)*, 140474) Capstone.

Let's Look at Japan. A. M. Reynolds. 2019. (Let's Look at Countries Ser.). (ENG., Illus.). 24p. (J). (gr. -1-2). lib. bdg. 27.32 *(978-1-9771-0384-0(7)*, 139355, Capstone Pr.) Capstone.

Let's Look at Leaves, 1 vol. Calvin Harvey. 2016. (We Love Spring! Ser.). (ENG., Illus.). 24p. (J). (gr. k-k). pap. 9.15 *(978-1-4824-5493-2(9)*, acb18b7d-a6dc-4acf-a482-153cdaffb463) Stevens, Gareth Publishing LLLP.

Let's Look at Life Cycles, 8 vols., Set. Ruth Thomson. Incl. Bee's Life Cycle. lib. bdg. 26.27 *(978-1-61532-216-9(7)*, 2d3ad0c5-cc6a-489d-a58c-d2188976f212); Chicken's Life Cycle. lib. bdg. 26.27 *(978-1-61532-217-6(5)*, 2cb8f167-5490-4ac8-b33f-cfb97596eb0a); Frog's Life Cycle. lib. bdg. 26.27 *(978-1-61532-218-3(3)*, e583a576-f674-41e2-8e35-697dddd02579); Sunflower's Life Cycle. lib. bdg. 26.27 *(978-1-61532-219-0(1)*, 5cc10af6-f27e-4ba8-9539-c722ce95c5fb); (J). (gr. 2-2). (Let's Look at Life Cycles Ser.). (ENG., Illus.). 24p. 2010. Set lib. bdg. 105.08 *(978-1-4488-0281-4(4)*, a862be36-7f8b-4358-b238-710e7865d94d, PowerKids Pr.) Rosen Publishing Group, Inc., The.

Let's Look at Light. Mari Schuh. 2019. (Let's Look at Light Ser.). (ENG.). 24p. (J). (gr. -1-2). 117.28 *(978-1-9771-0901-9(2)*, 29318); pap., pap., pap. 27.80 *(978-1-9771-1137-1(8)*, 29630) Capstone. (Pebble).

Let's Look at Monster Machines. John Allan. 2019. (Illus.). 24p. (J). *(978-1-912108-16-9(X))*; (ENG., (gr. 1-3). lib. bdg. 26.65 *(978-1-5415-5531-0(7)*, e7a9cc92-4539-4b0e-a235-eb457f604693, Hungry Tomato (r)) Lerner Publishing Group.

Let's Look at... Nature: Board Book. Marion Deuchars. 2022. (Let's Look At... Ser.). (ENG.). 24p. (J). (gr. 2-5). bds. 9.99 *(978-1-5102-3017-0(3)*, King, Laurence Publishing) Orion Publishing Group, Ltd. GBR. Dist: Hachette Bk. Group.

Let's Look at Nigeria. Mary Meinking. 2019. (Let's Look at Countries Ser.). (ENG., Illus.). 24p. (J). (gr. -1-2). pap. 6.95 *(978-1-5435-7475-3(0)*, 140915); lib. bdg. 27.32 *(978-1-5435-7212-4(X)*, 140475) Capstone.

Let's Look at... Numbers. Marion Deuchars. 2021. (ENG.). 24p. (J). (gr. -1 — 1). bds. 9.99 *(978-1-78627-781-7(6)*, King, Laurence Publishing) Orion Publishing Group, Ltd. GBR. Dist: Hachette Bk. Group.

Let's Look at... Opposites: Board Book. Marion Deuchars. 2022. (Let's Look At... Ser.). (ENG., Illus.). 24p. (J). (gr. -1-k). bds. 9.99 *(978-1-5102-3001-9(7)*, King, Laurence Publishing) Orion Publishing Group, Ltd. GBR. Dist: Hachette Bk. Group.

Let's Look at Peru. Nikki Bruno Clapper. 2018. (Let's Look at Countries Ser.). (ENG., Illus.). 24p. (J). (gr. -1-2). lib. bdg. 27.32 *(978-1-5157-9915-3(8)*, 136921, Capstone Pr.) Capstone.

Let's Look at Pumpkins. Katie Peters. 2020. (Plant Life Cycles (Pull Ahead Readers — Nonfiction) Ser.). (ENG., Illus.). 16p. (J). (gr. -1-1). 27.99 *(978-1-5415-9021-2(X)*, 406cedb6-01f3-4100-8284-7f057fe31615, Lerner Pubns.) Lerner Publishing Group.

Let's Look at Russia. Nikki Bruno Clapper. 2018. (Let's Look at Countries Ser.). (ENG., Illus.). 24p. (J). (gr. -1-2). lib. bdg. 27.32 *(978-1-5157-9918-4(2)*, 136924, Capstone Pr.) Capstone.

Let's Look at... Shapes. Marion Deuchars. 2021. (ENG.). 24p. (J). (gr. -1 — 1). 9.99 *(978-1-78627-779-4(4)*, King, Laurence Publishing) Orion Publishing Group, Ltd. GBR. Dist: Hachette Bk. Group.

Let's Look at Somalia. A. M. Reynolds. 2019. (Let's Look at Countries Ser.). (ENG., Illus.). 24p. (J). (gr. -1-2). lib. bdg. 27.32 *(978-1-9771-0385-7(5)*, 139356, Capstone Pr.) Capstone.

Let's Look at South Africa. Nikki Bruno Clapper. 2018. (Let's Look at Countries Ser.). (ENG., Illus.). 24p. (J). (gr. -1-2). lib. bdg. 27.32 *(978-1-5157-9916-0(6)*, 136922, Capstone Pr.) Capstone.

Let's Look at Spring: A 4D Book. Sarah L. Schuette. rev. ed. 2018. (Investigate the Seasons Ser.). (ENG., Illus.). 24p. (J). (gr. -1-2). lib. bdg. 29.32 *(978-1-5435-0858-1(8)*, 137609, Capstone Pr.) Capstone.

Let's Look at Strawberries. Katie Peters. 2020. (Plant Life Cycles (Pull Ahead Readers — Nonfiction) Ser.). (ENG., Illus.). 16p. (J). (gr. -1-1). 27.99 *(978-1-5415-9023-6(6)*, 37a9eb07-5dcd-45fb-96e0-bf8933d173f0, Lerner Pubns.) Lerner Publishing Group.

Let's Look at Summer: A 4D Book. Sarah L. Schuette. rev. ed. 2018. (Investigate the Seasons Ser.). (ENG., Illus.). 24p. (J). (gr. -1-2). pap. 6.95 *(978-1-5435-0875-8(8)*, 137614); lib. bdg. 29.32 *(978-1-5435-0859-8(6)*, 137610) Capstone. (Capstone Pr.).

Let's Look at Sunflowers. Katie Peters. 2020. (Plant Life Cycles (Pull Ahead Readers — Nonfiction) Ser.). (ENG., Illus.). 16p. (J). (gr. -1-1). 27.99 *(978-1-5415-9022-9(8)*, 973dbfe9-0fb4-45a4-a543-5f387024b2c7, Lerner Pubns.) Lerner Publishing Group.

Let's Look at the United Kingdom. Chitra Soundararajan. 2019. (Let's Look at Countries Ser.). (ENG., Illus.). 24p. (J). (gr. -1-2). pap. 6.95 *(978-1-5435-7476-0(9)*, 140916); lib. bdg. 27.32 *(978-1-5435-7214-8(6)*, 140477) Capstone.

Let's Look at the United States of America. Joy Frisch-Schmoll. 2019. (Let's Look at Countries Ser.). (ENG., Illus.). 24p. (J). (gr. -1-2). lib. bdg. 27.32 *(978-1-9771-0382-6(0)*, 139353, Capstone Pr.) Capstone.

Let's Look at Trucks & Tractors. John Allan. 2019. (Mini Mechanics Ser.). (ENG., Illus.). 24p. (J). (gr. 1-3). 26.65 *(978-1-5415-5529-7(5)*, 862c5358-e012-441a-a1c6-e67c9a1627bb, Hungry Tomato (r)) Lerner Publishing Group.

Let's Look at Winter: A 4D Book. Sarah L. Schuette. rev. ed. 2018. (Investigate the Seasons Ser.). (ENG., Illus.). 24p. (J). (gr. -1-2). lib. bdg. 29.32 *(978-1-5435-0845-1(6)*, 137608, Capstone Pr.) Capstone.

Let's Macramé. Heron Books. 2022. (ENG.). 84p. (J). pap. ***(978-0-89739-017-0(2)***, Heron Bks.) Quercus.

Let's Make a Battery. Katie Chanez. 2020. (Make Your Own: Science Experiment! Ser.). (ENG., Illus.). 32p. (J). (gr. 2-4). 26.60 *(978-1-68450-843-3(6))*; pap. 13.26 *(978-1-68404-619-5(X))* Norwood Hse. Pr.

Let's Make a Food Pyramid: 2nd Grade Science Book Children's Diet & Nutrition Books Edition. Baby Professor. 2016. (ENG., Illus.). 40p. (J). pap. 11.65 *(978-1-68305-502-0(0)*, Baby Professor (Education Kids)) Speedy Publishing LLC.

Let's Make a Fossil. Katie Chanez. 2020. (Make Your Own: Science Experiment! Ser.). (ENG., Illus.). 32p. (J). (gr. 2-4). 26.60 *(978-1-68450-841-9(X))*; pap. 13.26 *(978-1-68404-621-8(1))* Norwood Hse. Pr.

Let's Make a Friend. Christy D. Cugini. 2016. (ENG., Illus.). (J). (gr. k-5). pap. 12.95 *(978-0-9961973-7-3(0))* Barringer Publishing.

Let's Make a Friend! Sesame Workshop. 2016. (Sesame Street Scribbles Ser.: 0). (ENG., Illus.). 32p. (J). (gr. k-2). 10.99 *(978-1-4926-4139-1(1)*, 9781492641391) Sourcebooks, Inc.

Let's Make a Match! Matching Memory Activity Book. Bobo's Children Activity Books. 2016. (ENG., Illus.). (J). pap. 9.33 *(978-1-68327-171-0(8))* Sunshine In My Soul Publishing.

Let's Make a Picture! Activity Book. Kreative Kids. 2016. (ENG., Illus.). (J). pap. 10.81 *(978-1-68377-076-3(5))* Whike, Traudl.

Let's Make a Rainbow: A Yoga Story for Kids. Susan E. Rose. 2020. (ENG.). 34p. (J). 16.99 *(978-0-578-81168-0(5))*; pap. 12.99 *(978-0-578-79563-8(9))* Rose, Susan Yoga.

Let's Make a Rainbow! Seeing the Science of Light Refraction with Optical Physics. Chris Ferrie. 2020. (Everyday Science Academy Ser.). 40p. (J). (gr. -1-3). 14.99 *(978-1-4926-8060-4(5))* Sourcebooks, Inc.

Let's Make a Salt Crystal. Katie Chanez. 2020. (Make Your Own: Science Experiment! Ser.). (ENG., Illus.). 32p. (J). (gr. 2-4). 26.60 *(978-1-68450-840-2(1))*; pap. 13.26 *(978-1-68404-622-5(X))* Norwood Hse. Pr.

Let's Make a Scribble Drawing: Adventures with Irodorikuma. Steve Frost. Illus. by Namiki. 2018. (ENG.). 32p. (J). pap. *(978-0-9877096-2-2(3))* Broken Wing Media.

Let's Make a Trade! Exchange of Goods & Services in an Economic System Grade 5 Social Studies Children's Economic Books. Baby Professor. 2022. (ENG.). 72p. (J). 31.99 ***(978-1-5419-9443-0(4))***; pap. 19.99 ***(978-1-5419-8195-9(2))*** Speedy Publishing LLC. (Baby Professor (Education Kids)).

Let's Make a Trade! Phoenicians & Egyptians Trading in Sidon & Tyre Grade 5 History Children's Books on Ancient History. Baby Professor. 2022. (ENG.). 72p. (J). 31.99 ***(978-1-5419-8662-6(8))***; pap. 19.99 ***(978-1-5419-8149-2(9))*** Speedy Publishing LLC. (Baby Professor (Education Kids)).

Let's Make a Volcano. Katie Chanez. 2020. (Make Your Own: Science Experiment! Ser.). (ENG., Illus.). 32p. (J). (gr. 2-4). 26.60 *(978-1-68450-838-9(X))*; pap. 13.26 *(978-1-68404-624-9(6))* Norwood Hse. Pr.

Let's Make an Egg Drop. Katie Chanez. 2020. (Make Your Own: Science Experiment! Ser.). (ENG., Illus.). 32p. (J). (gr. 2-4). 26.60 *(978-1-68450-842-6(8))*; pap. 13.26 *(978-1-68404-620-1(3))* Norwood Hse. Pr.

Let's Make Animated Flip Books: Learn to Illustrate & Create Your Own Animated Flip Books Step by Step. David Hurtado. 2023. (Let's Make Art Ser.). (ENG., Illus.). 64p. (J). (gr. 3-7). lib. bdg. 33.32 *(978-0-7603-8087-1(2)*, c615c7a8-dda5-4ec3-bd55-f510d5e25626, Walter Foster Jr) Quarto Publishing Group USA.

Let's Make Art, 8 vols. 2017. (Let's Make Art Ser.). (ENG., Illus.). (J). (gr. 2-3). lib. bdg. 117.08 *(978-1-5081-6261-2(1)*, 038a3dec-03e4-480c-b88a-32953eaea27f, PowerKids Pr.) Rosen Publishing Group, Inc., The.

Let's Make Cake! (Bobo & Pup-Pup) (a Graphic Novel) Vikram Madan. Illus. by Nicola Slater. 2021. (Bobo & Pup-Pup Ser.: 2). 72p. (J). (gr. k-3). 9.99 *(978-0-593-12068-2(X))*; (ENG.). lib. bdg. 12.99 *(978-0-593-12069-9(8))* Penguin Random Hse. LLC.

Let's Make Comics! An Activity Book to Create, Write, & Draw Your Own Cartoons. Jess Smart Smiley. 2018. (Illus.). 96p. (J). (gr. 2-5). pap. 12.99 *(978-0-399-58072-7(7)*, Watson-Guptill) Potter/Ten Speed/Harmony/Rodale.

Let's Make Connections! Connect the Dots Activity Book. Creative. 2016. (ENG., Illus.). (J). pap. 10.81 *(978-1-68323-464-7(2))* Twin Flame Productions.

Let's Make Cookies! Ashley Billey et al. 2022. (Kids in the Kitchen Ser.: 1). (ENG.). 80p. (J). spiral bd. 9.99 ***(978-1-77207-080-4(7)***, 41626e6c-f122-4bfd-a518-b3256eb64120) Company's Coming Publishing, Ltd. CAN. Dist: Lone Pine Publishing USA.

Let's Make Dumplings: Level 2. Ladybird. 2020. (Ladybird Readers Ser.). (ENG., Illus.). 48p. (J). (gr. k-2). pap. 9.99 *(978-0-241-40185-9(2)*, Ladybird) Penguin Bks., Ltd. GBR. Dist: Independent Pubs. Group.

Let's Make Graphs. Rozanne Williams. 2017. (Learn-To-Read Ser.). (ENG., Illus.). (J). pap. 3.49 *(978-1-68310-305-9(X))* Pacific Learning, Inc.

Let's Make History! (Nathan Hale's Hazardous Tales) Create Your Own Comics. Nathan Hale. 2022. (Nathan Hale's Hazardous Tales Ser.). (ENG.). 128p. (J). (gr. 3-7). 14.99 *(978-1-4197-6552-0(3)*, 1793701, Amulet Bks.) Abrams, Inc.

Let's Make It All Add up Activity Book. Activity Book Zone for Kids. 2016. (ENG., Illus.). (J). pap. 7.55 *(978-1-68376-241-6(X))* Sabeels Publishing.

Let's Make It Fun! Piggy Bank. Kiyouko Satou. 2018. (JPN.). (J). *(978-4-8347-4639-6(9))* Boutique-Sha.

Let's Make Shapes: Dot to Dot Activity Book. Bobo's Children Activity Books. 2016. (ENG., Illus.). (J). pap. 9.33 *(978-1-68327-172-7(6))* Sunshine In My Soul Publishing.

Let's Make Slime. Katie Chanez. 2020. (Make Your Own: Science Experiment! Ser.). (ENG., Illus.). 32p. (J). (gr. 2-4). 26.60 *(978-1-68450-839-6(8))*; pap. 13.26 *(978-1-68404-623-2(8))* Norwood Hse. Pr.

Let's Make Some Great Art: Animals. Marion Deuchars. 2020. (ENG., Illus.). 80p. (J). (gr. -1-2). pap. 12.99 *(978-1-78627-686-5(0)*, King, Laurence Publishing) Orion Publishing Group, Ltd. GBR. Dist: Hachette Bk. Group.

Let's Make Some Great Art: Colors. Marion Deuchars. 2021. (ENG.). 80p. (J). (gr. -1-2). pap. 12.99 *(978-1-78627-772-5(7)*, King, Laurence Publishing) Orion Publishing Group, Ltd. GBR. Dist: Hachette Bk. Group.

Let's Make Some Great Art: Patterns. Marion Deuchars. 2020. (ENG., Illus.). 80p. (J). (gr. -1-2). pap. 12.99 *(978-1-78627-688-9(7)*, King, Laurence Publishing) Orion Publishing Group, Ltd. GBR. Dist: Hachette Bk. Group.

Let's Make Something! Activity & Activity Book. Bobo's Children Activity Books. 2016. (ENG., Illus.). (J). pap. 7.99 *(978-1-68327-173-4(4))* Sunshine In My Soul Publishing.

Lets Make Yogurt. Heron Books. 2021. (ENG.). 42p. (J). pap. ***(978-0-89739-248-8(5)***, Heron Bks.) Quercus.

Let's Match! Fun Memory Game Activity Book Featuring Horses. Smarter Activity Books for Kids. 2016. (ENG., Illus.). (J). pap. 8.99 *(978-1-68374-252-4(4))* Examined Solutions PTE. Ltd.

Let's Match the Numbers! Matching Game Activity Book. Bobo's Children Activity Books. 2016. (ENG., Illus.). (J). pap. 7.99 *(978-1-68327-174-1(2))* Sunshine In My Soul Publishing.

Let's Measure Daylight: Organizing Data, 1 vol. Sheri Lang. 2017. (Computer Kids: Powered by Computational Thinking Ser.). (ENG.). 24p. (J). (gr. 4-5). 25.27 *(978-1-5383-2406-6(7)*, 8dd2301d-3165-45f6-b943-41d8c629d15d, PowerKids Pr.); pap. *(978-1-5081-3764-1(1)*, f32c7c0a-4bfa-4c31-a3af-8fa0b019a8b4, Rosen Classroom) Rosen Publishing Group, Inc., The.

Let's Measure It. Luella Connelly. 2017. (Learn-To-Read Ser.). (ENG., Illus.). (J). (gr. k-2). pap. 3.49 *(978-1-68310-233-5(9))* Pacific Learning, Inc.

Let's Measure (Set), 6 vols. Meg Gaertner. 2019. (Let's Measure Ser.). (ENG.). 24p. (J). (gr. k-3). lib. bdg. 188.16 *(978-1-5321-6552-8(8)*, 33206, Pop! Cody Koala) Pop!.

Let's Meet Bella. Rebecca Phillips. 2022. (ENG., Illus.). 24p. (J). pap. 12.95 *(978-1-64952-792-9(6))* Fulton Bks.

Let's Meet Jesus, 1 vol. Zonderkidz. 2018. (Beginner's Bible Ser.). (ENG., Illus.). 16p. (J). bds. 9.99 *(978-0-310-76003-0(8))* Zonderkidz.

Let's Meet the Doctor! Adapted by Patty Michaels. 2021. (CoComelon Ser.). (ENG.). 16p. (J). (gr. -1-k). pap. 6.99 *(978-1-6659-0175-8(6)*, Simon Spotlight) Simon Spotlight.

Let's Monkey Around Today! Coloring Book. Creative Playbooks. 2016. (ENG., Illus.). (J). pap. 7.74 *(978-1-68323-870-6(2))* Twin Flame Productions.

Let's Move to the West, Mr. Carson American Frontier History Grade 5 Children's American History. Baby Professor. 2021. (ENG.). 72p. (J). 27.99 *(978-1-5419-8492-9(7))*; pap. 16.99 *(978-1-5419-6039-8(4))* Speedy Publishing LLC. (Baby Professor (Education Kids)).

Let's Move! Toddler Coloring Book (Everyday People Edition) Bold Illustrations. 2017. (ENG., Illus.). (J). pap. 8.35 *(978-1-64193-000-0(4)*, Bold Illustrations) FASTLANE LLC.

Let's Nap! Rachael McLean. 2022. (Bear & Penguin Story Ser.). (Illus.). 22p. (J). (— 1). bds. 8.99 *(978-1-4549-4367-9(X))* Sterling Publishing Co., Inc.

Let's No One Get Hurt: A Novel. Jon Pineda. 2018. *(978-0-374-90306-0(9))* Farrar, Straus & Giroux.

Let's Notice Animal Behavior. Martha E. H. Rustad. Illus. by Mike Moran. 2022. (Let's Make Observations (Early Bird Stories (tm)) Ser.). (ENG.). 24p. (J). (gr. k-2). pap. 9.99 *(978-1-7284-4823-7(9)*, 9c4cfb09-8a54-478a-99eb-f1baf5467c69, Lerner Pubns.) Lerner Publishing Group.

Let's Notice Forms of Water. Martha E. H. Rustad. Illus. by Christine M. Schneider. 2022. (Let's Make Observations (Early Bird Stories (tm)) Ser.). (ENG.). 24p. (J). (gr. k-2). pap. 9.99 *(978-1-7284-4824-4(7)*, 4c45a63d-5fbb-4496-8536-cccbf4cb86e6, Lerner Pubns.) Lerner Publishing Group.

Let's Notice Patterns in the Sky. Martha E. H. Rustad. Illus. by Holli Conger. 2022. (Let's Make Observations (Early Bird Stories (tm)) Ser.). (ENG.). 24p. (J). (gr. k-2). pap. 9.99 *(978-1-7284-4825-1(5)*, 7071aebb-ff45-40b4-9f30-1b113b138d8a, Lerner Pubns.) Lerner Publishing Group.

Let's Notice Plant & Animal Traits. Martha E. H. Rustad. Illus. by Mike Moran. 2022. (Let's Make Observations (Early Bird Stories (tm)) Ser.). (ENG.). 24p. (J). (gr. k-2). pap. 9.99 *(978-1-7284-4826-8(3)*, bbcc0893-4446-40da-8f5e-07d36401c6e2, Lerner Pubns.) Lerner Publishing Group.

Let's Notice Types of Materials. Martha E. H. Rustad. Illus. by Christine M. Schneider. 2022. (Let's Make Observations (Early Bird Stories (tm)) Ser.). (ENG.). 24p. (J). (gr. k-2). pap. 9.99 *(978-1-7284-4827-5(1)*, 856c802e-056e-4dc5-b728-c1d2621c9ec2, Lerner Pubns.) Lerner Publishing Group.

Let's Paint Our Cars, 1 vol. Katreena Sawalski. 2017. (Wonderful World of Colors Ser.). (ENG.). 24p. (gr. 1-1). pap. 9.25 *(978-1-5383-2098-3(3)*, ed8bc200-0282-45b5-b2bf-28ca46af04e1, PowerKids Pr.) Rosen Publishing Group, Inc., The.

Let's Party! Coloring Books Party Favor. Jupiter Kids. 2016. (ENG., Illus.). 106p. (J). pap. 12.55 *(978-1-68305-274-6(9)*, Jupiter Kids (Childrens & Kids Fiction)) Speedy Publishing LLC.

Let's Perform Book Two. Marcia Dunscomb. 2022. (ENG.). 38p. (J). pap. *(978-1-4583-6182-0(9))* Lulu Pr., Inc.

Let's Perform Christmas Fantasies: Easy to Intermediate Piano Solos. Marcia Dunscomb. 2022. (ENG.). 36p. pap. ***(978-1-716-92315-9(8))*** Lulu Pr., Inc.

Let's Perform Christmas Melodies: Book One. Marcia Dunscomb. 2022. (ENG.). 42p. pap. ***(978-1-387-56966-3(X))*** Lulu Pr., Inc.

Let's Pick Apples! (Barbie) Random House. Illus. by Dynamo Limited. 2017. (Step into Reading Ser.). (ENG.). 24p. (J). (gr. -1-1). pap. 5.99 *(978-1-5247-6477-7(9)*, Random Hse. Bks. for Young Readers) Random Hse. Children's Bks.

Let's Plant. Joanne Wood. Illus. by John Robert Azuelo. 2022. (ENG.). 30p. (J). pap. *(978-1-922795-97-7(6))* Library For All Limited.

Let's Plant a Garden. Patricia A. Derolf-Rains. Illus. by Todd D. Derolf & Bonnie Lemaire. 2020. (ENG.). 62p. (J). *(978-0-2288-2436-7(2))*; pap. *(978-0-2288-2435-0(4))* Tellwell Talent.

Let's Plant a Garden! (Barbie) Kristen L. Depken. 2018. (Step into Reading Ser.). (ENG., Illus.). 24p. (J). (gr. -1-1). pap. 5.99 *(978-1-5247-6883-6(9)*, Random Hse. Bks. for Young Readers) Random Hse. Children's Bks.

Let's Plant a Tree, 1 vol. Marigold Brooks. 2017. (Plants in My World Ser.). (ENG.). 24p. (gr. 1-1). pap. 9.25 *(978-1-5383-2120-1(3)*, dda8b4b5-e70a-4072-a8f4-9bdeefaf86b9, PowerKids Pr.) Rosen Publishing Group, Inc., The.

Let's Plant an Eleu. Dada. 2023. (ENG.). 58p. (J). ***(978-1-365-29327-6(0))*** Lulu Pr., Inc.

Let's Play see Vamos a Jugar (Let's Play, Spanish-English Bilingual Edition): Edición Bilingüe Español/Inglés

Let's Play. Brenda E. Koch. 2018. (ENG., Illus.). 36p. (J). *(978-1-5255-3973-2(6))*; pap. *(978-1-5255-3974-9(4))* FriesenPress.

Let's Play! Rachael McLean. 2022. (Bear & Penguin Story Ser.). 22p. (J). (— 1). bds. 8.99 *(978-1-4549-4368-6(8))* Sterling Publishing Co., Inc.

Let's Play! The Sound of AY. Jody Jensen Shaffer. 2020. (Vowel Blends Ser.). (ENG.). 24p. (J). (gr. -1-2). lib. bdg. 32.79 *(978-1-5038-3546-7(4)*, 213430) Child's World, Inc, The.

Let's Play! a Book about Making Friends. Amanda McCardie. Illus. by Colleen Larmour. 2021. (ENG.). 32p. (J). (gr. -1-2). 17.99 *(978-1-5362-1765-0(4))* Candlewick Pr.

Let's Play a Game with Charlie. John Connelly. 2022. (ENG.). 32p. (J). pap. *(978-0-6481963-5-8(6))* SMAC.

Let's Play ABC Bingo! Sequoia Children's Publishing. 2018. (ENG.). (J). 4.99 *(978-1-64269-023-1(6)*, b1a9c281-da50-4c95-a181-2b389bd27912, Sequoia Publishing & Media LLC) Sequoia Children's Bks.

Let's Play Ball: Facing Your Fear. Josh Anderson & Gil Conrad. Illus. by Turner Lange. 2021. (Alien Invasion: Sports Edition Ser.). (ENG.). 32p. (J). (gr. 5-8). pap. 14.21 *(978-1-5341-8930-0(0)*, 219431); lib. bdg. 32.07 *(978-1-5341-8790-0(1)*, 219430) Cherry Lake Publishing. (Torch Graphic Press).

Let's Play Ballet. Neisha Hernandez. 2019. (ENG.). 38p. (J). 14.95 *(978-1-64307-113-8(0))* Amplify Publishing Group.

Let's Play Baseball. Nancy Hall. 2018. (Let's Play Ser.). (ENG., Illus.). 16p. (J). (gr. -1). bds. 7.99 *(978-1-5344-0399-4(X)*, Little Simon) Little Simon.

Let's Play Baseball. Ginger Swift. Ed. by Cottage Door Press. Illus. by Zoe Waring. 2019. (ENG.). 12p. (J). (gr. -1 — 1). bds. 7.99 *(978-1-68052-374-4(0)*, 1003390) Cottage Door Pr.

Let's Play Basketball! see ¡Vamos a Jugar al Básquetbol!

Let's Play Basketball. Nancy Hall. 2018. (Let's Play Ser.). (ENG., Illus.). 16p. (J). (gr. -1). bds. 9.99 *(978-1-5344-3137-9(3)*, Little Simon) Little Simon.

Let's Play Basketball. Shirley Lee & Angela Carrasquillo. 2016. (ENG., Illus.). (J). 19.99 *(978-0-9979788-4-1(8))*; pap. 12.99 *(978-0-9979788-3-4(X))* Mindstir Media.

Let's Play Basketball, 1 vol. Gloria Santos. 2017. (Let's Get Active! Ser.). (ENG.). 24p. (J). (gr. 1-1). 25.27 *(978-1-5081-6387-9(1)*, 9018a204-b457-4258-966c-fdea45204e0e, PowerKids Pr.) Rosen Publishing Group, Inc., The.

Let's Play! (Blue's Clues & You) Cara Stevens. Illus. by Susan Hall. 2021. (ENG.). 128p. (J). (gr. -1-2). pap. 8.99 *(978-0-593-12787-2(0)*, Golden Bks.) Random Hse. Children's Bks.

Let's Play Chess! Includes Chessboard & Full Set of Chess Pieces. Josy Bloggs. Illus. by Josy Bloggs. 2019. (ENG., Illus.). 8p. (J). bds. 12.99 *(978-1-78950-599-3(2)*, 5db39029-7d52-42a6-b953-1954db6e2414) Arcturus

L

Publishing GBR. Dist: Baker & Taylor Publisher Services (BTPS).

Let's Play, Crabby! Jonathan Fenske. ed. 2019. (Acorn Early Readers Ser.). (ENG.). 44p. (J). (gr. k-1). 14.96 *(978-1-64697-091-9(8))* Penworthy Co., LLC, The.

Let's Play, Crabby!: an Acorn Book (a Crabby Book #2) Jonathan Fenske. Illus. by Jonathan Fenske. 2019. (Crabby Book Ser.: 2). (ENG., Illus.). 48p. (J). (gr. -1-1). pap. 4.99 *(978-1-338-28155-2(0))* Scholastic, Inc.

Let's Play Dance Recital. Neisha Hernandez. 2023. (ENG.). 38p. (J). 19.95 ***(978-1-63755-138-7(X),*** Mascot Kids) Amplify Publishing Group.

Let's Play Dress up Now Children's Fashion Books. Baby Professor. 2017. (ENG., Illus.). (YA). pap. 7.89 *(978-1-5419-0303-6(X),* Baby Professor (Education Kids)) Speedy Publishing LLC.

Let's Play Football. Nancy Hall. 2017. (Let's Play Ser.). (ENG., Illus.). 16p. (J). (gr. -1). bds. 9.99 *(978-1-5344-0400-7(7),* Little Simon) Little Simon.

Let's Play Football. Ginger Swift. Ed. by Cottage Door Press. Illus. by Kathryn Selbert. 2020. (ENG.). 12p. (J). (gr. -1 — 1). bds. 7.99 *(978-1-68052-981-4(1),* 1006090) Cottage Door Pr.

Let's Play Footy. Joanne Wood. Illus. by Michael Magpantay. 2022. (ENG.). 28p. (J). pap. *(978-1-922795-92-2(5))* Library For All Limited.

Let's Play, Funny Flamingo! Georgiana Deutsch. Illus. by Adele Dafflon. 2020. (ENG.). 10p. (J). (-k). bds. 9.99 *(978-1-68010-611-4(2))* Tiger Tales.

Let's Play Golf! Nicole Weller. Illus. by Jennifer Zivoin. 2021. (ENG.). 52p. (J). pap. 12.95 *(978-1-6629-1595-6(0))* Gatekeeper Pr.

Let's Play, Happy Giraffe! Georgiana Deutsch. Illus. by Adele Dafflon. 2020. (ENG.). 10p. (J). (-k). bds. 9.99 *(978-1-68010-610-7(4))* Tiger Tales.

Let's Play Hide-And-Seek! Illus. by Jason Fruchter. 2023. (Daniel Tiger's Neighborhood Ser.). (ENG.). 14p. (J). (gr. -1-k). bds. 7.99 ***(978-1-6659-3355-1(0),*** Simon Spotlight) Simon Spotlight.

Let's Play Hockey. Ginger Swift. Ed. by Cottage Door Press. Illus. by Kathryn Selbert. 2019. (ENG.). 12p. (J). (gr. -1 — 1). bds. 7.99 *(978-1-68052-376-8(7),* 1003410) Cottage Door Pr.

Let's Play 'I Spy' Maze Activity Book. Smarter Activity Books for Kids. 2016. (ENG., Illus.). (J). pap. 8.99 *(978-1-68374-253-1(2))* Examined Solutions PTE. Ltd.

Let's Play! (Interactive Books for Kids, Preschool Colors Book, Books for Toddlers) Hervé Tullet. 2016. (ENG., Illus.). 68p. (J). (gr. -1-k). 15.99 *(978-1-4521-5477-0(5))* Chronicle Bks. LLC.

Let's Play Inuit Games! with Tuktu & Friends: Bilingual Inuktitut & English Edition. Nadia Sammurtok & Rachel Rupke. Illus. by Ali Hinch. 2022. (Arvaaq Bks.). 26p. (J). bds. 12.95 *(978-1-77450-545-8(2))* Inhabit Education Bks. Inc. CAN. Dist: Consortium Bk. Sales & Distribution.

Let's Play, Magical Mermaid! Georgiana Deutsch. Illus. by Adele Dafflon. 2021. (ENG.). 10p. (J). (-k). bds. 9.99 *(978-1-68010-630-5(9))* Tiger Tales.

Let's Play Make Bee-Lieve. Ross Burach. ed. 2020. (Acorn Early Readers Ser.). (ENG.). 48p. (J). (gr. k-1). 14.96 *(978-1-64697-297-5(X))* Penworthy Co., LLC, The.

Let's Play Make Bee-Lieve: an Acorn Book (Bumble & Bee #2) Ross Burach. Illus. by Ross Burach. 2020. (Bumble & Bee Ser.: 2). (ENG., Illus.). 48p. (J). (gr. -1-1). pap. 4.99 *(978-1-338-50525-2(4))* Scholastic, Inc.

Let's Play Make Bee-Lieve: an Acorn Book (Bumble & Bee #2) (Library Edition) Ross Burach. Illus. by Ross Burach. 2020. (Bumble & Bee Ser.: 2). (ENG., Illus.). 48p. (J). (gr. -1-1). lib. bdg. 23.99 *(978-1-338-50526-9(2))* Scholastic, Inc.

Let's Play, Mom! Bilingual English Mandarin (Chinese Simplified) Shelley Admont & Kidkiddos Books. 2019. (English Chinese Bilingual Collection). (CHI., Illus.). 32p. (J). (gr. k-3). pap. *(978-1-5259-1228-3(3))* Kidkiddos Bks.

Let's Play, Mom! Children's Bedtime Story. Shelley Admont & Kidkiddos Books. 2nd ed. 2019. (Bedtime Stories Children's Books Collection). (ENG., Illus.). 32p. (J). (gr. k-3). pap. *(978-1-5259-1841-4(9))* Kidkiddos Bks.

Let's Play, Mom! Children's Book. Shelley Admont & S. a Publishing. 2018. (Bedtime Stories Children's Books Collection). (ENG., Illus.). 32p. (J). (gr. k-3). *(978-1-5259-0938-2(X));* pap. *(978-1-5259-0937-5(1))* Kidkiddos Bks.

Let's Play, Mom! English Arabic Bilingual Book. Shelley Admont & Kidkiddos Books. 2019. (English Arabic Bilingual Collection). (ARA., Illus.). 32p. (J). (gr. k-3). *(978-1-5259-1357-0(3));* pap. *(978-1-5259-1356-3(5))* Kidkiddos Bks.

Let's Play, Mom! English Farsi Bilingual Book. Shelley Admont & Kidkiddos Books. 2019. (English Farsi Bilingual Collection). (PER., Illus.). 32p. (J). (gr. k-3). *(978-1-5259-1308-2(5));* pap. *(978-1-5259-1307-5(7))* Kidkiddos Bks.

Let's Play, Mom! English French. Shelley Admont & Kidkiddos Books. 2019. (English French Bilingual Collection). (ENG., Illus.). 32p. (J). (gr. k-3). *(978-1-5259-1097-5(3));* pap. *(978-1-5259-1096-8(5))* Kidkiddos Bks.

Let's Play, Mom! English Greek Bilingual Book. Shelley Admont & Kidkiddos Books. 2019. (English Greek Bilingual Collection). (GRE., Illus.). 32p. (J). (gr. k-3). *(978-1-5259-1344-0(1));* pap. *(978-1-5259-1343-3(3))* Kidkiddos Bks.

Let's Play, Mom! English Hebrew. Shelley Admont & Kidkiddos Books. 2019. (English Hebrew Bilingual Collection). (HEB., Illus.). 32p. (J). (gr. k-3). *(978-1-5259-1132-3(5));* pap. *(978-1-5259-1131-6(7))* Kidkiddos Bks.

Let's Play, Mom! English Italian. Shelley Admont & Kidkiddos Books. 2019. (English Italian Bilingual Collection). (ITA., Illus.). 32p. (J). (gr. k-3). *(978-1-5259-1138-5(4));* pap. *(978-1-5259-1137-8(6))* Kidkiddos Bks.

Let's Play, Mom! English Japanese. Shelley Admont & Kidkiddos Books. 2019. (English Japanese Bilingual Collection). (JPN., Illus.). 32p. (J). (gr. k-3). *(978-1-5259-1111-8(2));* pap. *(978-1-5259-1110-1(4))* Kidkiddos Bks.

Let's Play, Mom! English Korean Bilingual Book. Shelley Admont & Kidkiddos Books. 2019. (English Korean Bilingual Collection). (KOR., Illus.). 32p. (J). (gr. k-3). *(978-1-5259-1302-0(6));* pap. *(978-1-5259-1301-3(8))* Kidkiddos Bks.

Let's Play, Mom! English Mandarin (Chinese Simplified) Bilingual Book. Shelley Admont & Kidkiddos Books. 2019. (English Chinese Bilingual Collection). (CHI., Illus.). 32p. (J). (gr. k-3). *(978-1-5259-1229-0(1))* Kidkiddos Bks.

Let's Play, Mom! English Portuguese (Brazil) Bilingual Book. Shelley Admont & Kidkiddos Books. 2019. (English Portuguese Bilingual Collection). (POR., Illus.). 32p. (J). (gr. k-3). *(978-1-5259-0824-8(3));* pap. *(978-1-5259-0823-1(5))* Kidkiddos Bks.

Let's Play, Mom! English Russian. Shelley Admont & Kidkiddos Books. 2019. (English Russian Bilingual Collection). (RUS., Illus.). 32p. (J). (gr. k-3). *(978-1-5259-1144-6(9))* Kidkiddos Bks.

Let's Play, Mom! English Russian Bilingual Book. Shelley Admont & Kidkiddos Books. 2019. (English Russian Bilingual Collection). (RUS., Illus.). 32p. (J). (gr. k-3). pap. *(978-1-5259-1143-9(0))* Kidkiddos Bks.

Let's Play, Mom! English Spanish. Shelley Admont & Kidkiddos Books. 2019. (English Spanish Bilingual Collection). (SPA., Illus.). 32p. (J). (gr. k-3). *(978-1-5259-1123-1(6));* pap. *(978-1-5259-1122-4(8))* Kidkiddos Bks.

Let's Play, Mom! English Vietnamese Bilingual Book. Shelley Admont & Kidkiddos Books. 2019. (English Vietnamese Bilingual Collection). (VIE., Illus.). 32p. (J). (gr. k-3). *(978-1-5259-1396-9(4));* pap. *(978-1-5259-1395-2(6))* Kidkiddos Bks.

Let's Play, Mom! Japanese Edition. Shelley Admont & Kidkiddos Books. 2019. (Japanese Bedtime Collection). (JPN., Illus.). 32p. (J). (gr. k-3). *(978-1-5259-1114-9(7));* pap. *(978-1-5259-1113-2(9))* Kidkiddos Bks.

Let's Play, Mom! Korean Children's Book. Shelley Admont & Kidkiddos Books. 2019. (Korean Bedtime Collection). (KOR., Illus.). 32p. (J). (gr. k-3). *(978-1-5259-1305-1(0));* pap. *(978-1-5259-1304-4(2))* Kidkiddos Bks.

Let's Play, Mom! Mandarin (Chinese Simplified) Edition. Shelley Admont & Kidkiddos Books. 2019. (Chinese Bedtime Collection). (CHI., Illus.). 32p. (J). (gr. k-3). *(978-1-5259-1231-3(3));* pap. *(978-1-5259-1230-6(5))* Kidkiddos Bks.

Let's Play, Mom! Russian Edition. Shelley Admont & Kidkiddos Books. 2019. (Russian Bedtime Collection). (RUS., Illus.). 32p. (J). (gr. k-3). *(978-1-5259-1146-0(5));* pap. *(978-1-5259-1145-3(7))* Kidkiddos Bks.

Let's Play, Mom! (Afrikaans Book for Kids) Shelley Admont & Kidkiddos Books. l.t. ed. 2022. (Afrikaans Bedtime Collection). (AFR.). 32p. (J). *(978-1-5259-6355-1(4));* pap. *(978-1-5259-6354-4(6))* Kidkiddos Bks.

Let's Play, Mom! (Afrikaans English Bilingual Children's Book) Shelley Admont & Kidkiddos Books. l.t. ed. 2022. (Afrikaans English Bilingual Collection). (AFR.). 32p. (J). *(978-1-5259-6358-2(9));* pap. *(978-1-5259-6357-5(0))* Kidkiddos Bks.

Let's Play, Mom! (Albanian Children's Book) Shelley Admont & Kidkiddos Books. l.t. ed. 2021. (Albanian Bedtime Collection). (ALB.). 32p. (J). *(978-1-5259-5224-1(2));* pap. *(978-1-5259-5223-4(4))* Kidkiddos Bks.

Let's Play, Mom! (Albanian English Bilingual Book for Kids) Shelley Admont & Kidkiddos Books. l.t. ed. 2021. (Albanian English Bilingual Collection). (ALB.). 32p. (J). *(978-1-5259-5227-2(7));* pap. *(978-1-5259-5226-5(9))* Kidkiddos Bks.

Let's Play, Mom! (Bengali Children's Book) Shelley Admont & Kidkiddos Books. l.t. ed. 2022. (Bengali Bedtime Collection). (BEN.). 32p. (J). *(978-1-5259-6499-2(2));* pap. *(978-1-5259-6498-5(4))* Kidkiddos Bks.

Let's Play, Mom! (Bengali English Bilingual Book for Kids) Shelley Admont & Kidkiddos Books. l.t. ed. 2022. (Bengali English Bilingual Collection). (BEN.). 32p. (J). *(978-1-5259-6502-9(6));* pap. *(978-1-5259-6501-2(8))* Kidkiddos Bks.

Let's Play, Mom! (Bulgarian Edition) Shelley Admont & Kidkiddos Books. 2020. (Bulgarian Bedtime Collection). (BUL., Illus.). 32p. (J). (gr. k-3). *(978-1-5259-2546-7(6));* pap. *(978-1-5259-2545-0(8))* Kidkiddos Bks.

Let's Play, Mom! (Bulgarian English Bilingual Book) Shelley Admont & Kidkiddos Books. 2020. (Bulgarian English Bilingual Collection). (BUL., Illus.). 32p. (J). (gr. k-3). *(978-1-5259-2549-8(0));* pap. *(978-1-5259-2548-1(2))* Kidkiddos Bks.

Let's Play, Mom! (Chinese English Bilingual Book for Kids - Mandarin Simplified) Chinese Simplified. Shelley Admont & Kidkiddos Books. l.t. ed. 2020. (Chinese English Bilingual Collection). (CHI., Illus.). 32p. (J). *(978-1-5259-4242-6(5));* pap. *(978-1-5259-4241-9(7))* Kidkiddos Bks.

Let's Play, Mom! (Croatian Children's Book) Shelley Admont & Kidkiddos Books. l.t. ed. 2021. (Croatian Bedtime Collection). (HRV.). 32p. (J). *(978-1-5259-5336-1(2));* pap. *(978-1-5259-5335-4(4))* Kidkiddos Bks.

Let's Play, Mom! (Croatian English Bilingual Book for Kids) Shelley Admont & Kidkiddos Books. l.t. ed. 2021. (Croatian English Bilingual Collection). (HRV.). 32p. (J). *(978-1-5259-5339-2(7));* pap. *(978-1-5259-5338-5(9))* Kidkiddos Bks.

Let's Play, Mom! (Czech Children's Book) Shelley Admont & Kidkiddos Books. l.t. ed. 2020. (Czech Bedtime Collection). (CZE.). 32p. (J). *(978-1-5259-4405-5(3));* pap. *(978-1-5259-4404-8(5))* Kidkiddos Bks.

Let's Play, Mom! (Czech English Bilingual Children's Book) Shelley Admont & Kidkiddos Books. l.t. ed. 2020. (Czech English Bilingual Collection). (CZE.). 32p. (J). *(978-1-5259-4408-6(8));* pap. *(978-1-5259-4407-9(X))* Kidkiddos Bks.

Let's Play, Mom! (Czech Ukrainian Bilingual Children's Book) Shelley Admont & Kidkiddos Books. l.t. ed. 2022. (Czech Ukrainian Bilingual Collection). (UKR.). 32p. (J). pap. *(978-1-5259-6459-6(3))* Kidkiddos Bks.

Let's Play, Mom! (Danish Book for Kids) Shelley Admont & Kidkiddos Books. l.t. ed. 2020. (Danish Bedtime Collection). (DAN.). 32p. (J). *(978-1-5259-2981-6(X));* pap. *(978-1-5259-2980-9(1))* Kidkiddos Bks.

Let's Play, Mom! (Danish English Bilingual Book for Kids) Shelley Admont & Kidkiddos Books. l.t. ed. 2020. (Danish English Bilingual Collection). (DAN.). 32p. (J). *(978-1-5259-2984-7(4));* pap. *(978-1-5259-2983-0(6))* Kidkiddos Bks.

Let's Play, Mom! (English Afrikaans Bilingual Children's Book) Shelley Admont & Kidkiddos Books. l.t. ed. 2022. (English Afrikaans Bilingual Collection). (AFR.). 32p. (J). *(978-1-5259-6352-0(X));* pap. *(978-1-5259-6351-3(1))* Kidkiddos Bks.

Let's Play, Mom! (English Albanian Bilingual Book for Kids) Shelley Admont & Kidkiddos Books. l.t. ed. 2021. (English Albanian Bilingual Collection). (ALB.). 32p. (J). *(978-1-5259-5221-0(8));* pap. *(978-1-5259-5220-3(X))* Kidkiddos Bks.

Let's Play, Mom! (English Bengali Bilingual Book for Kids) Shelley Admont & Kidkiddos Books. l.t. ed. 2022. (English Bengali Bilingual Collection). (BEN.). 32p. (J). *(978-1-5259-6496-1(8));* pap. *(978-1-5259-6495-4(X))* Kidkiddos Bks.

Let's Play, Mom! (English Bulgarian Bilingual Book) Shelley Admont & Kidkiddos Books. 2020. (English Bulgarian Bilingual Collection). (BUL., Illus.). 32p. (J). (gr. k-3). *(978-1-5259-2543-6(1));* pap. *(978-1-5259-2542-9(3))* Kidkiddos Bks.

Let's Play, Mom! (English Croatian Bilingual Book for Kids) Shelley Admont & Kidkiddos Books. l.t. ed. 2021. (English Croatian Bilingual Collection). (HRV.). 32p. (J). (gr. k-3). *(978-1-5259-5333-0(8));* pap. *(978-1-5259-5332-3(X))* Kidkiddos Bks.

Let's Play, Mom! (English Czech Bilingual Book for Kids) Shelley Admont & Kidkiddos Books. l.t. ed. 2020. (English Czech Bilingual Collection). (CZE.). 32p. (J). (gr. k-3). *(978-1-5259-4402-4(9));* pap. *(978-1-5259-4401-7(0))* Kidkiddos Bks.

Let's Play, Mom! (English Danish Bilingual Children's Book) Shelley Admont & Kidkiddos Books. l.t. ed. 2020. (English Danish Bilingual Collection). (DAN.). 32p. (J). *(978-1-5259-2978-6(X));* pap. *(978-1-5259-2977-9(1))* Kidkiddos Bks.

Let's Play, Mom! (English Hindi Bilingual Book) Shelley Admont & Kidkiddos Books. 2020. (English Hindi Bilingual Collection). (HIN., Illus.). 32p. (J). (gr. k-3). *(978-1-5259-2480-4(X));* pap. *(978-1-5259-2479-8(6))* Kidkiddos Bks.

Let's Play, Mom! (English Hungarian Bilingual Book) Shelley Admont & Kidkiddos Books. 2020. (English Hungarian Bilingual Collection). (HUN., Illus.). 32p. (J). (gr. k-3). *(978-1-5259-2273-2(4));* pap. *(978-1-5259-2272-5(6))* Kidkiddos Bks.

Let's Play, Mom! (English Irish Bilingual Children's Book) Shelley Admont & Kidkiddos Books. l.t. ed. 2023. (English Irish Bilingual Collection). (GLE.). 32p. (J). ***(978-1-5259-7402-1(5));*** pap. ***(978-1-5259-7401-4(7))*** Kidkiddos Bks.

Let's Play, Mom! (English Macedonian Bilingual Book for Kids) Shelley Admont & Kidkiddos Books. l.t. ed. 2022. (English Macedonian Bilingual Collection). (MAC.). 32p. (J). *(978-1-5259-6334-6(1));* pap. *(978-1-5259-6333-9(3))* Kidkiddos Bks.

Let's Play, Mom! (English Malay Bilingual Children's Book) Shelley Admont & Kidkiddos Books. l.t. ed. 2020. (English Malay Bilingual Collection). (MAY.). 32p. (J). (gr. k-3). *(978-1-5259-3483-4(X));* pap. *(978-1-5259-3482-7(1))* Kidkiddos Bks.

Let's Play, Mom! (English Polish Bilingual Book for Kids) Shelley Admont & Kidkiddos Books. l.t. ed. 2020. (English Polish Bilingual Collection). (POL.). 32p. (J). (gr. k-3). *(978-1-5259-2951-9(8));* pap. *(978-1-5259-2950-2(X))* Kidkiddos Bks.

Let's Play, Mom! (English Portuguese Bilingual Book for Children - Portugal) Portuguese - Portugal. Shelley Admont & Kidkiddos Books. l.t. ed. 2020. (English Portuguese Bilingual - Portugal Ser.). (POR.). 32p. (J). (gr. k-3). *(978-1-5259-2942-7(9));* pap. *(978-1-5259-2941-0(0))* Kidkiddos Bks.

Let's Play, Mom! (English Punjabi Bilingual Children's Book - Gurmukhi) Punjabi Gurmukhi India. Shelley Admont & Kidkiddos Books. l.t. ed. 2020. (English Punjabi Bilingual Collection - India Ser.). (PAN.). 32p. (J). (gr. k-3). *(978-1-5259-4448-2(7));* pap. *(978-1-5259-4447-5(9))* Kidkiddos Bks.

Let's Play, Mom! (English Romanian Bilingual Book) Shelley Admont & Kidkiddos Books. 2020. (English Romanian Bilingual Collection). (RUM., Illus.). 32p. (J). (gr. k-3). *(978-1-5259-2505-4(9));* pap. *(978-1-5259-2504-7(0))* Kidkiddos Bks.

Let's Play, Mom! (English Serbian Bilingual Book for Kids - Latin) Serbian - Latin Alphabet. Shelley Admont & Kidkiddos Books. l.t. ed. 2020. (English Serbian Bilingual Collection - Latin Ser.). (SRP.). 32p. (J). pap. *(978-1-5259-2878-9(3));* *(978-1-5259-2879-6(1))* Kidkiddos Bks.

Let's Play, Mom! (English Swedish Bilingual Book for Kids) Shelley Admont & Kidkiddos Books. l.t. ed. 2020. (English Swedish Bilingual Collection). (SWE.). 32p. (J). (gr. k-3). *(978-1-5259-3023-2(0));* pap. *(978-1-5259-3022-5(2))* Kidkiddos Bks.

Let's Play, Mom! (English Tagalog Bilingual Book) Filipino Children's Book. Shelley Admont & Kidkiddos Books. 2019. (English Tagalog Bilingual Collection). (TGL., Illus.). 32p. (J). (gr. k-3). *(978-1-5259-1461-4(8));* pap. *(978-1-5259-1460-7(X))* Kidkiddos Bks.

Let's Play, Mom! (English Thai Bilingual Book for Kids) Shelley Admont & Kidkiddos Books. l.t. ed. 2022. (English Thai Bilingual Collection). (THA.). 32p. (J). *(978-1-5259-6136-6(5));* pap. *(978-1-5259-6135-9(7))* Kidkiddos Bks.

Let's Play, Mom! (English Turkish Bilingual Children's Book) Shelley Admont & Kidkiddos Books. l.t. ed. 2020. (English Turkish Bilingual Collection). (TUR.). 32p. (J). (gr. k-3). *(978-1-5259-3304-2(3));* pap. *(978-1-5259-3303-5(5))* Kidkiddos Bks.

Let's Play, Mom! (English Ukrainian Bilingual Children's Book) Shelley Admont & Kidkiddos Books. l.t. ed. 2020. (English Ukrainian Bilingual Collection). (UKR.). 32p. (J). (gr. k-3). *(978-1-5259-3286-1(1));* pap. *(978-1-5259-3285-4(3))* Kidkiddos Bks.

Let's Play, Mom! (English Urdu Bilingual Children's Book) Shelley Admont & Kidkiddos Books. l.t. ed. 2020. (English Urdu Bilingual Collection). (URD.). 32p. (J). (gr. k-3). *(978-1-5259-3529-9(1));* pap. *(978-1-5259-3528-2(3))* Kidkiddos Bks.

Let's Play, Mom! (English Welsh Bilingual Children's Book) Shelley Admont & Kidkiddos Books. l.t. ed. 2023. (English Welsh Bilingual Collection). (WEL.). 32p. (J). ***(978-1-5259-7000-9(3));*** pap. ***(978-1-5259-6999-7(4))*** Kidkiddos Bks.

Let's Play, Mom! (German English Bilingual Book for Kids) Shelley Admont. l.t. ed. 2020. (German English Bilingual Collection). (GER., Illus.). 32p. (J). *(978-1-5259-3992-1(0))* Kidkiddos Bks.

Let's Play, Mom! (German English Bilingual Book for Kids) Shelley Admont & Kidkiddos Books. l.t. ed. 2020. (German English Bilingual Collection). (GER., Illus.). 32p. (J). pap. *(978-1-5259-3991-4(2))* Kidkiddos Bks.

Let's Play, Mom! (Greek Edition) Shelley Admont & Kidkiddos Books. 2019. (Greek Bedtime Collection). (GRE., Illus.). 32p. (J). (gr. k-3). *(978-1-5259-1347-1(6));* pap. *(978-1-5259-1346-4(8))* Kidkiddos Bks.

Let's Play, Mom! (Greek English Bilingual Book for Kids) Shelley Admont & Kidkiddos Books. l.t. ed. 2021. (Greek English Bilingual Collection). (GRE., Illus.). 32p. (J). (gr. k-3). *(978-1-5259-5200-5(5));* pap. *(978-1-5259-5199-2(8))* Kidkiddos Bks.

Let's Play, Mom! (Hindi Edition) Shelley Admont & Kidkiddos Books. 2020. (Hindi Bedtime Collection). (HIN., Illus.). 32p. (J). (gr. k-3). *(978-1-5259-2483-5(4));* pap. *(978-1-5259-2482-8(6))* Kidkiddos Bks.

Let's Play, Mom! (Hindi English Bilingual Book) Shelley Admont & Kidkiddos Books. 2020. (Hindi English Bilingual Collection). (HIN., Illus.). 32p. (J). (gr. k-3). *(978-1-5259-2486-6(9));* pap. *(978-1-5259-2485-9(0))* Kidkiddos Bks.

Let's Play, Mom! (Hungarian Book) Shelley Admont & Kidkiddos Books. 2020. (Hungarian Bedtime Collection). (HUN., Illus.). 32p. (J). (gr. k-3). pap. *(978-1-5259-2275-6(0))* Kidkiddos Bks.

Let's Play, Mom! (Hungarian Edition) Shelley Admont & Kidkiddos Books. 2020. (Hungarian Bedtime Collection). (HUN., Illus.). 32p. (J). (gr. k-3). *(978-1-5259-2276-3(9))* Kidkiddos Bks.

Let's Play, Mom! (Hungarian English Bilingual Book) Shelley Admont & Kidkiddos Books. 2020. (Hungarian English Bilingual Collection). (HUN., Illus.). 32p. (J). (gr. k-3). *(978-1-5259-2279-4(3));* pap. *(978-1-5259-2278-7(5))* Kidkiddos Bks.

Let's Play, Mom! (Irish Book for Kids) Shelley Admont & Kidkiddos Books. l.t. ed. 2023. (Irish Bedtime Collection). (GLE.). 32p. (J). ***(978-1-5259-7405-2(X));*** pap. ***(978-1-5259-7404-5(1))*** Kidkiddos Bks.

Let's Play, Mom! (Irish English Bilingual Children's Book) Shelley Admont & Kidkiddos Books. l.t. ed. 2023. (Irish English Bilingual Collection). (GLE.). 32p. (J). ***(978-1-5259-7408-3(4));*** pap. ***(978-1-5259-7407-6(6))*** Kidkiddos Bks.

Let's Play, Mom! (Japanese English Bilingual Book for Kids) Shelley Admont & Kidkiddos Books. l.t. ed. 2021. (Japanese English Bilingual Collection). (JPN., Illus.). 32p. (J). *(978-1-5259-4901-2(2));* pap. *(978-1-5259-4900-5(4))* Kidkiddos Bks.

Let's Play, Mom! (Korean English Bilingual Children's Book) Shelley Admont & Kidkiddos Books. l.t. ed. 2021. (Korean English Bilingual Collection). (KOR., Illus.). 32p. (J). *(978-1-5259-4985-2(3));* pap. *(978-1-5259-4984-5(5))* Kidkiddos Bks.

Let's Play, Mom! Laten We Spelen, Mama! (English Dutch Bilingual Book) Shelley Admont & Kidkiddos Books. 2019. (Dutch Bedtime Collection). (DUT., Illus.). 32p. (J). (gr. k-3). *(978-1-5259-1938-1(5));* pap. *(978-1-5259-1937-4(7))* Kidkiddos Bks.

Let's Play, Mom! (Macedonian Children's Book) Shelley Admont & Kidkiddos Books. l.t. ed. 2022. (Macedonian Bedtime Collection). (MAC.). 32p. (J). *(978-1-5259-6337-7(6));* pap. *(978-1-5259-6336-0(8))* Kidkiddos Bks.

Let's Play, Mom! (Macedonian English Bilingual Book for Kids) Shelley Admont & Kidkiddos Books. l.t. ed. 2022. (Macedonian English Bilingual Collection). (MAC.). 32p. (J). *(978-1-5259-6340-7(6));* pap. *(978-1-5259-6339-1(2))* Kidkiddos Bks.

Let's Play, Mom! (Malay Book for Kids) Shelley Admont & Kidkiddos Books. l.t. ed. 2020. (Malay Bedtime Collection). (MAY.). 32p. (J). *(978-1-5259-3486-5(4));* pap. *(978-1-5259-3485-8(6))* Kidkiddos Bks.

Let's Play, Mom! (Malay English Bilingual Book for Kids) Shelley Admont & Kidkiddos Books. l.t. ed. 2020. (Malay English Bilingual Collection). (MAY.). 32p. (J). *(978-1-5259-3489-6(9));* pap. *(978-1-5259-3488-9(0))* Kidkiddos Bks.

Let's Play, Mom! (Polish Children's Book) Shelley Admont & Kidkiddos Books. l.t. ed. 2020. (Polish Bedtime Collection). (POL.). 32p. (J). *(978-1-5259-2954-0(2));* pap. *(978-1-5259-2953-3(4))* Kidkiddos Bks.

Let's Play, Mom! (Polish English Bilingual Children's Book) Shelley Admont & Kidkiddos Books. l.t. ed. 2020. (Polish English Bilingual Collection). (POL.). 32p. (J). *(978-1-5259-2957-1(7));* pap. *(978-1-5259-2956-4(9))* Kidkiddos Bks.

Let's Play, Mom! (Portuguese Book for Kids - Portugal) Portuguese - Portugal. Shelley Admont & Kidkiddos Books. l.t. ed. 2020. (Portuguese Bedtime Collection - Portugal Ser.). (POR.). 32p. (J). *(978-1-5259-2945-8(3));* pap. *(978-1-5259-2944-1(5))* Kidkiddos Bks.

Let's Play, Mom! (Portuguese English Bilingual Book for Children - Brazilian) Shelley Admont & Kidkiddos Books. l.t. ed. 2023. (Portuguese English Bilingual Collection - Brazil Ser.). (POR.). 32p. (J). ***(978-1-5259-7447-2(5))*** Kidkiddos Bks.

1154 The check digit for ISBN-10 appears in parentheses after the full ISBN-13

Let's Play, Mom! (Portuguese English Bilingual Book for Children - Brazilian) Portuguese - Portugal. Shelley Admont & Kidkiddos Books. l.t. ed. 2023. (Portuguese English Bilingual Collection - Brazil Ser.). (POR.). 32p. (J). pap. ***(978-1-5259-7446-5(7))*** Kidkiddos Bks.

Let's Play, Mom! (Portuguese English Bilingual Book for Kids - Portugal) Portuguese Portugal. Shelley Admont & Kidkiddos Books. l.t. ed. 2020. (Portuguese English Bilingual Collection - Portugal Ser.). (POR.). 32p. (J). *(978-1-5259-2948-9(8))*; pap. *(978-1-5259-2947-2(X))* Kidkiddos Bks.

Let's Play, Mom! (Punjabi Book for Kids - Gurmukhi) Punjabi Gurmukhi India. Shelley Admont & Kidkiddos Books. l.t. ed. 2020. (Punjabi Bedtime Collection - India Ser.). (PAN.). 32p. (J). *(978-1-5259-4451-2(7))*; pap. *(978-1-5259-4450-5(9))* Kidkiddos Bks.

Let's Play, Mom! (Punjabi English Bilingual Book for Kids-Gurmukhi) Punjabi Gurmukhi India. Shelley Admont & Kidkiddos Books. l.t. ed. 2021. (Punjabi English Bilingual Collection - India Ser.). (PAN.). 32p. (J). *(978-1-5259-4454-3(1))*; pap. *(978-1-5259-4453-6(3))* Kidkiddos Bks.

Let's Play, Mom! (Romanian Edition) Shelley Admont & Kidkiddos Books. 2020. (Romanian Bedtime Collection). (RUM., Illus.). 32p. (J). (gr. k-3). *(978-1-5259-2508-5(3))*; pap. *(978-1-5259-2507-8(5))* Kidkiddos Bks.

Let's Play, Mom! (Romanian English Bilingual Book for Kids) Shelley Admont & Kidkiddos Books. 2020. (Romanian English Bilingual Collection). (RUM., Illus.). 32p. (J). (gr. k-3). *(978-1-5259-2511-5(3))*; pap. *(978-1-5259-2510-8(5))* Kidkiddos Bks.

Let's Play, Mom! (Russian English Bilingual Children's Book) Shelley Admont & Kidkiddos Books. l.t. ed. 2020. (Russian English Bilingual Collection). (RUS., Illus.). 32p. (J). *(978-1-5259-4393-5(6))*; pap. *(978-1-5259-4392-8(8))* Kidkiddos Bks.

Let's Play, Mom! (Serbian Children's Book - Latin) Serbian - Latin Alphabet. Shelley Admont & Kidkiddos Books. l.t. ed. 2020. (Serbian Bedtime Collection). (SRP.). 32p. (J). *(978-1-5259-2882-6(1))*; pap. *(978-1-5259-2881-9(3))* Kidkiddos Bks.

Let's Play, Mom! (Serbian English Bilingual Book for Kids - Latin Alphabet) Shelley Admont & Kidkiddos Books. l.t. ed. 2020. (Serbian English Bilingual Book Collection - Latin Ser.). (SRP.). 32p. (J). *(978-1-5259-2885-7(6))*; pap. *(978-1-5259-2884-0(8))* Kidkiddos Bks.

Let's Play, Mom! (Swedish Children's Book) Shelley Admont & Kidkiddos Books. l.t. ed. 2020. (Swedish Bedtime Collection). (SWE.). 32p. (J). *(978-1-5259-3026-3(5))*; pap. *(978-1-5259-3025-6(7))* Kidkiddos Bks.

Let's Play, Mom! (Swedish English Bilingual Book for Children) Shelley Admont & Kidkiddos Books. l.t. ed. 2020. (SWE.). 32p. (J). *(978-1-5259-3371-4(X))*; pap. *(978-1-5259-3028-7(1))* Kidkiddos Bks.

Let's Play, Mom! (Tagalog English Bilingual Book for Kids) Filipino Children's Book. Shelley Admont & Kidkiddos Books. l.t. ed. 2021. (Tagalog English Bilingual Collection). (TGL., Illus.). 32p. (J). *(978-1-5259-4528-1(9))*; pap. *(978-1-5259-4527-4(0))* Kidkiddos Bks.

Let's Play, Mom! (Thai Children's Book) Shelley Admont & Kidkiddos Books. l.t. ed. 2022. (Thai Bedtime Collection). (THA.). 32p. (J). *(978-1-5259-6139-7(X))*; pap. *(978-1-5259-6138-0(1))* Kidkiddos Bks.

Let's Play, Mom! (Thai English Bilingual Book for Kids) Shelley Admont & Kidkiddos Books. l.t. ed. 2022. (Thai English Bilingual Collection). (THA.). 32p. (J). *(978-1-5259-6142-7(X))*; pap. *(978-1-5259-6141-0(1))* Kidkiddos Bks.

Let's Play, Mom! (Turkish Book for Kids) Shelley Admont & Kidkiddos Books. l.t. ed. 2020. (Turkish Bedtime Collection). (TUR.). 32p. (J). *(978-1-5259-3307-3(8))*; pap. *(978-1-5259-3306-6(X))* Kidkiddos Bks.

Let's Play, Mom! (Turkish English Bilingual Book for Kids) Shelley Admont & Kidkiddos Books. l.t. ed. 2020. (Turkish English Bilingual Collection). (TUR.). 32p. (J). *(978-1-5259-3310-3(8))*; pap. *(978-1-5259-3309-7(4))* Kidkiddos Bks.

Let's Play, Mom! (Ukrainian Book for Kids) Shelley Admont & Kidkiddos Books. l.t. ed. 2020. (UKR.). 32p. (J). pap. *(978-1-5259-3288-5(8))*; (Illus.). *(978-1-5259-3289-2(6))* Kidkiddos Bks.

Let's Play, Mom! (Ukrainian English Bilingual Book for Kids) Shelley Admont & Kidkiddos Books. l.t. ed. 2020. (Ukrainian English Bilingual Collection). (UKR.). 32p. (J). *(978-1-5259-3292-2(6))*; pap. *(978-1-5259-3291-5(8))* Kidkiddos Bks.

Let's Play, Mom! (Vietnamese Edition) Shelley Admont & Kidkiddos Books. 2019. (Vietnamese Bedtime Collection). (VIE., Illus.). 32p. (J). (gr. k-3). *(978-1-5259-1398-3(0))*; pap. *(978-1-5259-1397-6(2))* Kidkiddos Bks.

Let's Play, Mom! (Vietnamese English Bilingual Children's Book) Shelley Admont & Kidkiddos Books. l.t. ed. 2021. (Vietnamese English Bilingual Collection). (VIE., Illus.). 32p. (J). (gr. k-3). *(978-1-5259-5024-7(X))*; pap. *(978-1-5259-5023-0(1))* Kidkiddos Bks.

Let's Play, Mom! (Welsh Book for Kids) Shelley Admont & Kidkiddos Books. l.t. ed. 2023. (Welsh Bedtime Collection). (WEL.). 32p. (J). ***(978-1-5259-7003-0(8))***; pap. ***(978-1-5259-7002-3(X))*** Kidkiddos Bks.

Let's Play, Mom! (Welsh English Bilingual Children's Book) Shelley Admont & Kidkiddos Books. l.t. ed. 2023. (Welsh English Bilingual Collection). (WEL.). 32p. (J). ***(978-1-5259-7006-1(2))***; pap. ***(978-1-5259-7005-4(4))*** Kidkiddos Bks.

Let's Play Monsters! Lucy Cousins. Illus. by Lucy Cousins. 2020. (ENG.). 40p. (J). (-k). 16.99 *(978-1-5362-1060-6(9))* Candlewick Pr.

Let's Play Netball - Our Yarning. Helen Ockerby. Illus. by Michael Magpantay. 2022. (ENG.). 26p. (J). pap. ***(978-1-922932-59-4(0))*** Library For All Limited.

Let's Play, Noisy Dinosaur! Georgiana Deutsch. Illus. by Adele Dafflon. 2020. (ENG.). 10p. (J). (-k). bds. 9.99 *(978-1-68010-631-2(7))* Tiger Tales.

Let's Play Outside the Lines Activity Book. Activity Book Zone for Kids. 2016. (ENG., Illus.). (J). pap. 7.55 *(978-1-68376-242-3(8))* Sabeels Publishing.

Let's Play Pickleball. Carly and Charly. 2022. (ENG., Illus.). 32p. (J). pap. 13.95 *(978-1-63985-848-4(2))* Fulton Bks.

Let's Play Soccer! Giuliano Ferri. Illus. by Giuliano Ferri. 2019. (Illus.). 14p. (J). (gr. -1-k). bds. 8.99 *(978-988-8341-85-6(5)*, Minedition) Penguin Young Readers Group.

Let's Play Soccer. Nancy Hall. 2018. (Let's Play Ser.). (ENG.). 16p. (J). (gr. -1). bds. 7.99 *(978-1-5344-3136-2(5)*, Little Simon) Little Simon.

Let's Play Soccer! Ben Lerwill. Illus. by Marina Ruiz. 2023. (ENG.). 32p. (J). (gr. -1-k). pap. 11.95 *(978-1-80338-043-8(8))* Welbeck Publishing Group Ltd. GBR. Dist: Two Rivers Distribution.

Let's Play Soccer. Ginger Swift. Ed. by Cottage Door Press. Illus. by Villie Karabatzia. 2021. (ENG.). 12p. (J). (gr. -1 — 1). bds. 7.99 *(978-1-64638-108-1(4)*, 1006600) Cottage Door Pr.

Let's Play Some Football: Coloring Book for Boys. Bold Illustrations. 2017. (ENG., Illus.). (J). pap. 8.35 *(978-1-64193-028-4(4)*, Bold Illustrations) FASTLANE LLC.

Let's Play Spider! I'm Not Sleepy!! Rebekah Choltus. 2019. (ENG., Illus.). 52p. (J). (gr. k-3). pap. 7.99 *(978-1-7246-3890-8(4))* Choltus, Rebekah L.

Let's Play Spider! I'm NOT Sleepy!! Rebekah Choltus. 2019. (ENG., Illus.). 52p. (J). (gr. k-2). 14.99 *(978-0-578-46575-3(2))* Choltus, Rebekah L.

Let's Play! Sports Balls Spot the Difference Activity Book. Bobo's Children Activity Books. 2016. (ENG., Illus.). (J). pap. 7.99 *(978-1-68327-178-9(5))* Sunshine In My Soul Publishing.

Let's Play Sports! Set. Various Authors. 2022. (ENG.). 24p. (J). (gr. k-3). 431.20 *(978-1-64487-807-1(0)*, Blastoff! Readers) Bellwether Media.

Let's Play Tag, 1 vol. Sara Milner. 2017. (Let's Get Active! Ser.). (ENG.). 24p. (J). (gr. 1-1). 25.27 *(978-1-5081-6386-2(3)*, 3f349a24-50d6-43f7-a45b-0f69e961ce2e, PowerKids Pr.) Rosen Publishing Group, Inc., The.

Let's Play Tennis. Carly and Charly. 2022. (ENG., Illus.). 32p. (J). pap. 14.95 *(978-1-63985-350-2(2))* Fulton Bks.

Let's Play Tennis! (a Baby Bigfoot & Baby Yeti Book) Mounce. 2020. (ENG., Illus.). 74p. (J). (gr. k-3). 12.99 *(978-0-578-65052-4(5))* Coma Toast Tacos.

Let's Play the Mad Scientist! Science Projects for Kids Children's Science Experiment Books. Speedy Kids. 2017. (ENG., Illus.). 64p. (J). pap. 9.55 *(978-1-5419-1700-2(6))* Speedy Publishing LLC.

Let's Play This Instrument! Music Coloring Book for Kids. Bold Illustrations. 2018. (ENG., Illus.). 84p. (J). pap. 7.99 *(978-1-64193-987-4(7)*, Bold Illustrations) FASTLANE LLC.

Lets Play to Read see Juguemos a Leer-Texto

Let's Play with Sanrio's Characters. Sanrio Company. 2018. (ENG.). (J). *(978-4-387-18049-4(8))* Sanrio Co., Ltd.

Let's Point!, 1 vol. Shanda LaRamee-Jones & Carol McDougall. 2017. (Baby Steps Ser.). (ENG., Illus.). 18p. (J). (gr. -1 — 1). bds. 12.95 *(978-1-77108-519-9(3)*, 6774d4a4-de53-4492-a690-2d1c7c0bf306) Nimbus Publishing, Ltd. CAN. Dist: Baker & Taylor Publisher Services (BTPS).

Let's Pop, Pop, Popcorn! Cynthia Schumerth. Illus. by Mary Reaves Uhles. 2021. (ENG.). 32p. (J). (gr. k-3). 16.99 *(978-1-5341-1042-7(9)*, 205009) Sleeping Bear Pr.

Let's Practise Our Reading Comprehension (Ages 6-9 Years) Time to Read & Write Series. Sally Jones & Amanda Jones. Illus. by Annalisa Jones. 2018. (Time to Read & Write Ser.: Vol. 2). (ENG.). 77p. (J). (gr. k-4). pap. *(978-1-910824-05-4(4))* Guinea Pig Education.

Let's Pray: A Beginner Guide to Prayer for Kids. Chris Oyakhilome. 2019. (ENG.). 48p. (J). (gr. -1-3). pap. 6.99 *(978-978-55333-9-2(5)*, 141144) LoveWorld Publishing.

Let's Pretend. Alexis Cox. 2017. (ENG., Illus.). (J). (gr. 1-4). pap. 12.95 *(978-1-932450-08-8(4))* Advantage World Pr.

Let's Pretend. Royse C. Roberts. 2020. (ENG.). 32p. (J). *(978-1-64575-183-0(X))*; pap. *(978-1-64575-184-7(8))* Austin Macauley Pubs. Ltd.

Let's Pretend Animal Hospital. Nicola Edwards. Illus. by Thomas Elliott. 2021. (My World Ser.). (ENG.). 12p. (J). (-k). bds. 9.99 *(978-1-68010-658-9(9))* Tiger Tales.

Let's Pretend Fire Station. Nicola Edwards. Illus. by Thomas Elliott. 2021. (My World Ser.). (ENG.). 12p. (J). (-k). bds. 9.99 *(978-1-68010-657-2(0))* Tiger Tales.

Let's Pretend We Never Met. Melissa Walker. 2018. (ENG.). 256p. (J). (gr. 3-7). pap. 6.99 *(978-0-06-256717-8(9)*, HarperCollins) HarperCollins Pubs.

Let's Produce, Let's Distribute! How Economic Systems Produce & Distribute Goods & Services Grade 5 Social Studies Children's Economic Books. Baby Professor. 2022. (ENG.). 72p. (J). 31.99 ***(978-1-5419-8894-1(9))***; pap. 19.99 ***(978-1-5419-8188-1(X))*** Speedy Publishing LLC. (Baby Professor (Education Kids)).

Let's Pull Together. C. C. Carson. 2019. (ENG., Illus.). 38p. (J). 23.95 *(978-1-64559-594-6(3))*; pap. 13.95 *(978-1-64559-593-9(5))* Covenant Bks.

Let's Pull Together: How to Work in Teams. Rachel Rose. 2022. (Life Works! Ser.). (ENG., Illus.). 24p. (J). (gr. 1-3). lib. bdg. 26.99 *(978-1-63691-427-5(6)*, 18600) Bearport Publishing Co., Inc.

Lets Put It Together Dot to Dot Activity Book - Dot to Dot Counting Books Edition. Creative Playbooks. 2016. (ENG., Illus.). (J). pap. 7.74 *(978-1-68323-043-4(4))* Twin Flame Productions.

Let's Race! Race Car Coloring Books. Jupiter Kids. 2016. (ENG., Illus.). 106p. (J). pap. 12.55 *(978-1-68305-275-3(7)*, Jupiter Kids (Childrens & Kids Fiction)) Speedy Publishing LLC.

Let's Race! Sprinting into the Science of Light Speed with Special Relativity. Chris Ferrie. 2020. (Everyday Science Academy Ser.). (Illus.). 40p. (J). (gr. -1-3). 14.99 *(978-1-4926-8061-1(3))* Sourcebooks, Inc.

Let's Race! Sports Coloring Book. Creative Playbooks. 2016. (ENG., Illus.). (J). pap. 7.74 *(978-1-68323-793-8(5))* Twin Flame Productions.

Let's Read about Insects, 12 vols. Susan Ashley. Incl. Ants. lib. bdg. 24.67 *(978-0-8368-4050-6(X)*, 3f55f2b9-c500-4cdb-8a47-677a347dad29); Bees. lib. bdg. 24.67 *(978-0-8368-4051-3(8)*, 8278547c-cfdf-4b73-822f-50ea31647e77); Butterflies. lib. bdg. 24.67 *(978-0-8368-4052-0(6)*, e12accc0-4fad-4838-9795-b914a56444c9); Fireflies. lib. bdg. 24.67 *(978-0-8368-4053-7(4)*, a7809515-ef0d-4c1f-8e7d-0e3f04d652a4); Grasshoppers. lib. bdg. 24.67 *(978-0-8368-4054-4(2)*, 22b238ef-e10f-4249-97c4-1be4c6c27e80); Ladybugs. lib. bdg. 24.67 *(978-0-8368-4055-1(0)*, 91a7974f-2dd3-499b-a59e-4e3d6b7ae26f); (gr. k-2). (Let's Read about Insects Ser.). (ENG., Illus.). 24p. 2004. Set lib. bdg. 148.02 *(978-0-8368-4049-0(6)*, 1a69869e-fe58-4df1-a348-71fcacadb54b, Weekly Reader Leveled Readers) Stevens, Gareth Publishing LLLP.

Let's Read about Our Bodies, 16 vols., Set. 2nd ed. Cynthia Klingel & Robert B. Noyed. Incl. Ears. (Illus.). lib. bdg. 24.67 *(978-1-4339-3353-0(5)*, 9c029cb2-430f-46e2-aca4-d4ea661dd0e1); Eyes. (Illus.). lib. bdg. 24.67 *(978-1-4339-3356-1(X)*, 233eff39-c7d3-407e-b857-a01924ec37b9); Feet. (Illus.). lib. bdg. 24.67 *(978-1-4339-3359-2(4)*, a94c5aad-568a-4266-b192-c4c38bdc21bd); Hair. lib. bdg. 24.67 *(978-1-4339-3362-2(4)*, b52924c2-e0da-49d1-beb1-7b8173ec0a17); Hands. (Illus.). lib. bdg. 24.67 *(978-1-4339-3365-3(9)*, 623f3927-68ad-4335-8c10-a8e724d933ea); Mouth. (Illus.). lib. bdg. 24.67 *(978-1-4339-3368-4(3)*, 65c6954a-cdb5-4250-94bc-984d82794a88); Nose. (Illus.). lib. bdg. 24.67 *(978-1-4339-3371-4(3)*, ba20bc52-5f23-4e5c-9ec3-f0515eb949ed); Skin. (Illus.). lib. bdg. 24.67 *(978-1-4339-3374-5(8)*, d0d25068-b7a9-47ea-80a9-0d88a5dc66e2); (J). (gr. k-2). (Let's Read about Our Bodies (Second Edition) Ser.). (ENG.). 24p. 2010. Set lib. bdg. 197.36 *(978-1-4339-3594-7(5)*, f7119ea0-d310-4f46-8b12-b424793d4e32) Stevens, Gareth Publishing LLLP.

Let's Read & Learn! Head, Torso & Abdomen: Anatomy & Physiology for Kids - Children's Anatomy & Physiology Books. Left Brain Kids. 2016. (ENG., Illus.). (J). pap. 7.51 *(978-1-68376-589-9(3))* Sabeels Publishing.

Let's Read Animal Words. Ji Lee. 2023. (ENG., Illus.). 40p. (J). (gr. -1-3). 19.99 ***(978-0-06-324499-3(3)***, HarperCollins) HarperCollins Pubs.

Let's Read with Max & Kate (Set), 10 vols. 2018. (Let's Read with Max & Kate Ser.). (ENG., Illus.). 24p. (J). (gr. 1-2). lib. bdg. 126.35 *(978-1-5383-4105-6(0)*, 54d71b52-062d-4e07-a3e5-bc5773ded7d0, PowerKids Pr.) Rosen Publishing Group, Inc., The.

Let's Read with Max & Kate: Sets 1 - 2. 2018. (Let's Read with Max & Kate Ser.). (ENG.). (J). pap. 92.50 *(978-1-5383-4700-3(8))*; (gr. 1-2). lib. bdg. 252.70 *(978-1-5383-4682-2(6)*, ab20404d-eafa-4bf2-99d1-94fe7776cae5) Rosen Publishing Group, Inc., The. (PowerKids Pr.).

Let's Really Talk. Faith Smith et al. 2019. (ENG.). 86p. (YA). pap. 13.99 *(978-1-5456-7213-6(X))* Salem Author Services.

Let's Relate to Genetics, 6 vols., Set. Incl. Animal Cells. Penny Dowdy. lib. bdg. *(978-0-7787-4947-9(9))*; Cells. Marina Cohen. (Illus.). lib. bdg. *(978-0-7787-4945-5(2))*; Genetic Engineering. Marina Cohen. (Illus.). lib. bdg. *(978-0-7787-4950-9(9))*; Traits & Attributes. Natalie Hyde. lib. bdg. *(978-0-7787-4949-3(5))*; (J). (gr. 5-8). 2009. (ENG.). 48p. 2009. Set lib. bdg. *(978-0-7787-4944-8(4))* Crabtree Publishing Co.

Let's Remember Your Baptism: Readings, Memories, & Records of a Special Day. Editors at Paraclete Press. 2021. (ENG., Illus.). 48p. (J). (gr. -1). 15.99 *(978-1-64060-590-9(8))* Paraclete Pr., Inc.

Let's Review Regents: Algebra I Revised Edition. Gary M. Rubinstein. 2021. (Barron's Regents NY Ser.). (ENG.). 512p. (YA). (gr. 9-12). pap. 16.99 *(978-1-5062-6624-4(X)*, Barron's Educational Series, Inc.) Kaplan Publishing.

Let's Review Regents: Algebra II Revised Edition. Gary M. Rubenstein. 2021. (Barron's Regents NY Ser.). (ENG.). 432p. (YA). (gr. 9-12). pap. 18.99 *(978-1-5062-7746-2(2)*, Barron's Educational Series, Inc.) Kaplan Publishing.

Let's Review Regents: Chemistry — Physical Setting Revised Edition. Albert S. Tarendash. 2021. (Barron's Regents NY Ser.). (ENG.). 608p. (YA). (gr. 9-12). pap. 18.99 *(978-1-5062-6469-1(7)*, Barron's Educational Series, Inc.) Kaplan Publishing.

Let's Review Regents: Earth Science — Physical Setting Revised Edition. Edward J. Denecke, Jr. 2021. (Barron's Regents NY Ser.). (ENG.). 800p. (YA). (gr. 9-12). pap. 18.99 *(978-1-5062-6464-6(6)*, Barron's Educational Series, Inc.) Kaplan Publishing.

Let's Review Regents: English Revised Edition. Carol Chaitkin. 2021. (Barron's Regents NY Ser.). (ENG.). 272p. (YA). (gr. 9-12). pap. 18.99 *(978-1-5062-6481-3(6)*, Barron's Educational Series, Inc.) Kaplan Publishing.

Let's Review Regents: Geometry Revised Edition. Andre Castagna. 2021. (Barron's Regents NY Ser.). (ENG.). 608p. (YA). (gr. 9-12). pap. 18.99 *(978-1-5062-6629-9(0)*, Barron's Educational Series, Inc.) Kaplan Publishing.

Let's Review Regents: Physics — The Physical Setting Revised Edition. Miriam A. Lazar & Albert Tarendash. 2021. (Barron's Regents NY Ser.). (ENG.). 624p. (YA). (gr. 9-12). pap. 18.99 *(978-1-5062-6630-5(4)*, Barron's Educational Series, Inc.) Kaplan Publishing.

Let's Ride. Julie Bowyer. 2022. (ENG.). 34p. (J). pap. ***(978-0-6455072-3-2(7))*** DoctorZed Publishing.

Let's Ride! A Children's Book about Wheeled Vehicles. C. Chérie Hardy. Illus. by Suzanne Horwitz. 2021. (ENG.). 36p. (J). pap. 11.95 *(978-1-946753-58-8(0))* Avant-garde Bks.

Let's Ride a Wave! Diving into the Science of Light & Sound Waves with Physics. Chris Ferrie. 2020. (Everyday Science Academy Ser.). (Illus.). 40p. (J). (gr. -1-3). 14.99 *(978-1-4926-8058-1(3))* Sourcebooks, Inc.

Let's Ride Horses: Coloring Book for Horse Lovers. Illus. by Melissa Ek Hattersley. 2022. (ENG.). 56p. (YA). pap. *(978-1-4716-7518-8(1))* Lulu Pr., Inc.

Let's Ride Horses Coloring Book. Melissa Hattersley. 2022. (ENG.). 108p. (J). pap. 13.99 *(978-1-4717-5955-0(5))* Lulu Pr., Inc.

Let's Rock! Linda KRANZ. 2017. (Illus.). 64p. (J). (gr. -1-12). pap. 12.95 *(978-1-63076-294-0(6))* Muddy Boots Pr.

Let's Rock, 7 vols., Set. Incl. Igneous Rocks. Chris Oxlade. pap. 8.29 *(978-1-4329-4687-6(0)*, 114420); Sedimentary Rocks. Chris Oxlade. pap. 8.29 *(978-1-4329-4689-0(7)*, 114421); Soil. Richard Spilsbury & Louise Spilsbury. pap. 8.29 *(978-1-4329-4693-7(5)*, 114425); (J). (gr. 3-6). (Let's Rock Ser.). (ENG.). 32p. 2011. pap., pap., pap. 55.93 *(978-1-4329-4694-4(3)*, 15642, Heinemann) Capstone.

Let's Rock! (Set), 12 vols. 2021. (Let's Rock! Ser.). (ENG.). 24p. (gr. 3-4). lib. bdg. 151.62 *(978-1-7253-2110-6(6)*, a60e96de-ae4e-424b-b382-dfa4929244f6, PowerKids Pr.) Rosen Publishing Group, Inc., The.

Let's Roll, 8 vols. 2017. (Let's Roll Ser.). (ENG.). 256p. (J). (gr. 2-3). pap. 79.60 *(978-1-63517-111-2(3))*; lib. bdg. 250.80 *(978-1-63517-055-9(9))* North Star Editions. (Focus Readers).

Let's Run-Allons Courir: Moving Is Part of Our DNA / Nous Sommes Fait Pour Bouger. Matthieu Dubreucq. Illus. by Chloé Dubreucq. 2022. (ENG.). 32p. (J). pap. ***(978-1-0391-5664-7(9))***; ***(978-1-0391-5665-4(7))*** FriesenPress.

Let's Save the World. Hamid Varzi. 2023. (ENG.). 56p. (J). pap. ***(978-1-83875-815-8(1)***, Nightingale Books) Pegasus Elliot Mackenzie Pubs.

Let's Say Goodnight. Terry James Johnson. 2021. (ENG.). 40p. (J). pap. 9.88 *(978-1-63795-118-7(3))* Primedia eLaunch LLC.

Let's Say Hello. Giselle Ang. Illus. by Erica Sirotich. 2021. (Baby's First Language Book Ser.). (ENG.). 20p. (J). (gr. -1 — 1). bds. 7.99 *(978-0-06-297869-1(1)*, HarperFestival) HarperCollins Pubs.

Let's Say Hello. Ricky Allen Helton Rpsgt-Rst. 2019. (ENG., Illus.). 28p. (J). pap. 12.95 *(978-1-64096-238-5(7))* Newman Springs Publishing, Inc.

Let's Say I Love You. Giselle Ang. Illus. by Erica Sirotich. 2020. (Baby's First Language Book Ser.). (ENG.). 20p. (J). (gr. -1 — 1). bds. 7.99 *(978-0-06-297868-4(3)*, HarperFestival) HarperCollins Pubs.

Let's Scare Bear. Yuko Katakawa. (Illus.). 40p. (J). (gr. -1-3). 2021. pap. 8.99 *(978-0-8234-4996-5(3))*; 2019. 17.99 *(978-0-8234-3953-9(4))* Holiday Hse., Inc.

Let's Search for the Rainbow. Eva Katalin Gryngras & Elana Gryngras. 2020. (ENG.). 34p. (J). pap. *(978-1-5289-1796-4(0))* Austin Macauley Pubs. Ltd.

Let's Search Together! Hidden Pictures Activity Book. Bobo's Children Activity Books. 2016. (ENG., Illus.). (J). pap. 7.99 *(978-1-68327-179-6(3))* Sunshine In My Soul Publishing.

Let's See Ireland! Sarah Bowie. Illus. by Sarah Bowie. (ENG., Illus.). 2019. 10p. pap. 15.00 *(978-1-78849-132-7(7))*; 2016. 32p. (J). 21.00 *(978-1-84717-731-5(X))* O'Brien Pr., Ltd., The IRL. Dist: Casemate Pubs. & Bk. Distributors, LLC.

Let's See Jen & Pat Is Fed Up. Kirsty Holmes & Robin Twiddy. Illus. by Julita Smiarowska & Amy Li. 2023. (Level 3 - Yellow Set Ser.). (ENG.). 32p. (J). (gr. k-2). lib. bdg. 19.95 Bearport Publishing Co., Inc.

Let's See What's under There! A Child's Colorful Guide to the Fascinating World Just under Your Feet-And Within Arm's Reach! John M. Regan. 2021. (ENG.). 100p. (J). pap. 19.49 *(978-1-6628-1762-5(2))* Salem Author Services.

Let's Sight Read: One Alphabet at a Time. Marcia Dunscomb. 2022. (ENG.). 34p. (J). pap. 7.99 *(978-1-4357-9942-4(9))* Lulu Pr., Inc.

Let's Sing & Dance Jumbo Colouring Book. The The Wiggles. 2023. (Wiggles Ser.). (ENG.). 48p. (J). (gr. -1-4). pap. 6.99 ***(978-1-922677-69-3(8))*** Bonnier Publishing GBR. Dist: Independent Pubs. Group.

Let's Sort Shapes! Rosie Greening. Illus. by Jayne Schofield. 2022. (ENG.). 12p. (J). 10.99 *(978-1-80058-281-1(1))* Make Believe Ideas GBR. Dist: Scholastic, Inc.

Let's Spot It! Connect the Dots Activity Book. Bobo's Children Activity Books. 2016. (ENG., Illus.). (J). pap. 7.99 *(978-1-68327-271-7(4))* Sunshine In My Soul Publishing.

Let's Stand up for What Is Right! (Sesame Street) Sesame Workshop. Illus. by Random House. 2021. (Pictureback(R) Ser.). (ENG.). 24p. (J). (gr. -1-2). 6.99 *(978-0-593-37745-1(1)*, Random Hse. Bks. for Young Readers) Random Hse. Children's Bks.

Let's Start a Community Campaign: Taking Civic Action, 1 vol. Sadie Silva. 2018. (Civics for the Real World Ser.). (ENG.). 16p. (gr. 2-3). pap. *(978-1-5383-6569-4(3)*, 032aee3e-1df8-4dd1-b756-f3efc383bec4, Rosen Classroom) Rosen Publishing Group, Inc., The.

Let's Start Digging! How Archaeology Works, Fossils, Ruins, & Artifacts Grade 5 Social Studies Children's Archaeology Books. Baby Professor. 2022. (ENG.). 76p. (J). 32.99 ***(978-1-5419-8891-0(4))***; pap. 20.99 ***(978-1-5419-8181-2(2))*** Speedy Publishing LLC. (Baby Professor (Education Kids)).

Let's Stick! Bluey Sticker Stories. Penguin Young Readers Licenses. 2023. (Bluey Ser.). (ENG.). 24p. (J). (-k). pap. 12.99 *(978-0-593-65952-6(X)*, Penguin Young Readers Licenses) Penguin Young Readers Group.

Let's Stick Together !! Derrin L. Gleaton. l.t. ed. 2022. (ENG.). 32p. (J). pap. 16.00 ***(978-1-0880-0734-1(1))*** Indy Pub.

Let's Study Immigration: Collecting Data, 1 vol. Spencer Toole. 2017. (Computer Science for the Real World Ser.). (ENG.). 24p. (J). (gr. 3-4). pap. *(978-1-5383-5316-5(4)*, f72ee4df-4f88-4c23-ac10-7e8d2407cae8, Rosen Classroom); (Illus.). 25.27 *(978-1-5383-2407-3(5)*, 02eb6ae4-ec40-4af0-99fc-bb21865a6d92, PowerKids Pr.) Rosen Publishing Group, Inc., The.

Let's Take a Hike! Elizabeth Frenette. Illus. by Stephanie Hammermiller. 2022. 36p. (J). pap. 14.95 *(978-1-6678-5027-6(X))* BookBaby.

Let's Take a Road Trip! Major Cities & States in the US Grade 5 Social Studies Children's Geography & Cultures Books. Baby Professor. 2022. (ENG.). 72p. (J). 31.99 ***(978-1-5419-8895-8(7))***; pap. 19.99 ***(978-1-5419-8176-8(6))*** Speedy Publishing LLC. (Baby Professor (Education Kids)).

Let's Take a Trip To: The Beginning. Stacey M. Torres. 2018. (ENG., Illus.). 30p. (J). pap. 13.95 *(978-1-64299-416-2(2))* Christian Faith Publishing.

Let's Take a Trip to the Garden of Eden. Stacey M. Torres. 2020. (ENG., Illus.). 30p. (J). 23.95

(978-1-0980-7372-5(X)); pap. 13.95 *(978-1-0980-5571-4(3))* Christian Faith Publishing.

Let's Take a Vote: Taking Civic Action, 1 vol. Seth Matthas. 2018. (Civics for the Real World Ser.). (ENG.). 12p. (gr. 1-2). pap. *(978-1-5383-6487-1(5)*, 4b9f62fc-1ec1-4ecf-a532-c9f2b0678473, Rosen Classroom) Rosen Publishing Group, Inc., The.

Let's Take Care of the Earth. Rozanne Williams. 2017. (Learn-To-Read Ser.). (ENG., Illus.). (J). pap. 3.49 *(978-1-68310-183-3(9))* Pacific Learning, Inc.

Let's Take the Battle to the Seas the American Civil War Book Grade 5 Children's Military Books. Baby Professor. 2022. (ENG.). 72p. (J). 31.99 ***(978-1-5419-8673-2(3))***; pap. 19.99 ***(978-1-5419-6065-7(3))*** Speedy Publishing LLC. (Baby Professor (Education Kids)).

Let's Talk About: Social Justice. Keilyn Howie. 2020. (ENG.). 12p. *(978-1-716-69064-8(1))* Lulu Pr., Inc.

Let's Talk about Coby. Josephine Greig. Illus. by Soledad Cook. 2022. 50p. (J). 23.38 *(978-1-6678-5289-8(2))* BookBaby.

Let's Talk about Feeling Sad. Syed Qasim Hasnain. Illus. by Katy Freeman. 2022. (ENG.). 22p. (J). pap. 9.99 ***(978-1-0880-7112-0(0))*** Indy Pub.

Let's Talk about Growth Mindset: A Challenge Journal for Kids. Gahmya Drummond-Bey. Illus. by Rustom Pujado. 2021. (ENG.). 86p. (J). pap. 23.00 *(978-1-7335569-9-6(0)*, Evolved Teacher Pr.) 499.

Let's Talk about It! A Sesame Street (r) Guide to Resolving Conflict. Marie-Therese Miller. 2022. (ENG., Illus.). 32p. (J). (gr. -1-2). pap. 8.99 *(978-1-7284-6370-4(X)*, ffa65215-c444-45d1-8487-430fa0a8dea9, Lerner Pubns.) Lerner Publishing Group.

Let's Talk about It: The Teen's Guide to Sex, Relationships, & Being a Human (a Graphic Novel) Erika Moen & Matthew Nolan. 2021. (Illus.). 240p. (YA). (gr. 9). 23.99 *(978-0-593-12531-1(2))*; pap. 17.99 *(978-1-9848-9314-7(9))*; (ENG., lib. bdg. 26.99 *(978-1-9848-9315-4(7))* Penguin Random Hse. LLC.

Let's Talk about Love. Claire Kann. 2019. (ENG.). 304p. (YA). pap. 10.99 *(978-1-250-29450-0(9)*, 900195081) Square Fish.

Let's Talk about Money (Berenstain Bears) Stan Berenstain & Jan Berenstain. 2023. 64p. (J). (gr. -1-2). pap. 6.99 ***(978-0-593-65208-4(8)***, Random Hse. Bks. for Young Readers) Random Hse. Children's Bks.

Let's Talk about Pets, 6 vols., Set. David Armentrout & Patricia Armentrout. Incl. Facts on Rats. 28.50 *(978-1-61590-247-7(3))*; Help! I Have a Hermit Crab. 28.50 *(978-1-61590-250-7(3))*; (Illus.). 24p. (J). (gr. k-4). 2010. Set lib. bdg. 171.00 *(978-1-61590-244-6(9))* Rourke Educational Media.

Let's Talk about Politics & Religion. Tadeo Vitko. 2021. (ENG.). 178p. (YA). pap. 7.99 *(978-1-6629-1445-4(8))* Gatekeeper Pr.

Let's Talk Sports! 2016. (Let's Talk Sports! Ser.). 00032p. (J). pap. 63.00 *(978-1-4824-5836-7(5))* Stevens, Gareth Publishing LLLP.

Let's Talk Sticky Stuff. Laurie Linsley. Illus. by Natalia Starikova. 2022. (ENG.). 48p. (J). *(978-1-5255-9866-1(X))*; pap. *(978-1-5255-9865-4(1))* FriesenPress.

Let's Tell a Story! Fairy Tale Adventure. Lily Murray. Illus. by Wesley Robins. 2021. (Let's Tell a Story Ser.). (ENG.). 32p. (J). (gr. k-2). 18.99 ***(978-0-7112-5729-0(9)***, Wide Eyed Editions) Quarto Publishing Group UK GBR. Dist: Hachette Bk. Group.

Let's Tell a Story! Space Adventure. Lily Murray. Illus. by Grace Boruch. 2021. (Let's Tell a Story Ser.). (ENG.). 32p. (J). (gr. k-2). 17.99 ***(978-0-7112-5733-7(7)***, Wide Eyed Editions) Quarto Publishing Group UK GBR. Dist: Hachette Bk. Group.

Let's Tell Time, 8 vols. 2017. (Let's Tell Time Ser.). 24p. (ENG.). (gr. 1-1). 101.08 *(978-1-5081-5782-3(0)*, cfa864ac-29c7-4369-953e-272cda13167e); (gr. 4-6). pap. 33.00 *(978-1-5081-5801-1(0))* Rosen Publishing Group, Inc., The. (PowerKids Pr.).

Let's Tour the World: A Globe Adventure. Theresa Lynn. 2021. (ENG., Illus.). 34p. (J). pap. 13.95 *(978-1-64952-916-9(3))* Fulton Bks.

Let's Track the Storm: What Will Happen?, 1 vol. Dale Dixon. 2017. (Computer Science for the Real World Ser.). (ENG.). 8p. (gr. k-1). pap. *(978-1-5383-5059-1(9)*, d43a4294-35fa-4de8-b720-4ef1823e5392, Rosen Classroom) Rosen Publishing Group, Inc., The.

Let's Try Something New. Abyan Junus-Nishizawa & Farah Landemaine. 2023. (Anak Rimba Ser.: Vol. 2). (ENG.). 52p. (J). pap. ***(978-0-6456278-4-8(4))*** KMD Bks.

Let's Unite! Tag on Pages: Dot-To-Dot Books for Children. Jupiter Kids. 2016. (ENG., Illus.). 76p. (J). pap. 13.75 *(978-1-68305-446-7(6)*, Jupiter Kids (Childrens & Kids Fiction)) Speedy Publishing LLC.

Let's Visit a Coral Reef. Kimberly Brenneman. 2016. (Illus.). 32p. (J). pap. *(978-0-87659-708-8(8))* Gryphon Hse., Inc.

Let's Visit All the Planets Coloring Book. Creative Playbooks. 2016. (ENG., Illus.). (J). pap. 7.74 *(978-1-68323-815-7(X))* Twin Flame Productions.

Let's Visit Delhi & Taj Mahal! (Maya & Neel's India Adventure Series, Book 10) Ajanta Chakraborty & Vivek Kumar. (ENG., 34p. (J). (gr. k-2). 2018. (Maya & Neel's India Adventure Ser.: Vol. 10). Illus.). pap. 9.99 *(978-1-945792-27-4(2))*; 2021. 16.99 *(978-1-945792-28-1(0))* Bollywood Groove.

Let's Visit Mumbai! (Maya & Neel's India Adventure Series, Book 2) Vivek Kumar & Ajanta Chakraborty. 2016. (Maya & Neel's India Adventure Ser.: Vol. 2). (ENG., Illus.). (J). (gr. k-2). 14.99 *(978-1-945792-07-6(8))*; pap. 8.99 *(978-1-945792-04-5(3))* Bollywood Groove.

Let's Visit: Scotland. Annabelle Lynch. 2017. (Let's Visit Ser.). (ENG.). 24p. (J). (gr. k-2). pap. 10.99 *(978-1-4451-3703-2(8)*, Franklin Watts) Hachette Children's Group GBR. Dist: Hachette Bk. Group.

Let's Visit the Deciduous Forest. Jennifer Boothroyd. 2016. (Lightning Bolt Books (r) — Biome Explorers Ser.). (ENG., Illus.). 32p. (J). (gr. 1-3). 29.32 *(978-1-5124-1189-8(2)*, 8823db9e-55ac-4704-9b0c-08f8a32f2cc5, Lerner Pubns.) Lerner Publishing Group.

Let's Visit the Desert. Buffy Silverman. 2016. (Lightning Bolt Books (r) — Biome Explorers Ser.). (ENG., Illus.). 32p. (J). (gr. 1-3). 29.32 *(978-1-5124-1190-4(6)*, 67dbeaa3-1cf9-4cdd-b5c7-c7fc4350dab4, Lerner Pubns.) Lerner Publishing Group.

Let's Visit the Doctor. Tex Huntley. ed. 2021. (Paw Patrol 8x8 Bks). (ENG., Illus.). 24p. (J). (gr. k-1). 15.96 *(978-1-64697-557-0(X))* Penworthy Co., LLC, The.

Let's Visit the Doctor (PAW Patrol) Random House. Illus. by Nate Lovett. 2020. (Pictureback(R) Ser.). (ENG.). 24p. (J). (gr. -1-2). 5.99 *(978-0-593-17271-1(X)*, Random Hse. Bks. for Young Readers) Random Hse. Children's Bks.

Let's Visit the Evergreen Forest. Buffy Silverman. 2016. (Lightning Bolt Books (r) — Biome Explorers Ser.). (ENG., Illus.). 32p. (J). (gr. 1-3). 29.32 *(978-1-5124-1191-1(4)*, 236fb6b7-90f0-4bf6-9ab7-636be016077a, Lerner Pubns.) Lerner Publishing Group.

Let's Visit the Farm. B. C. Boren & Beverly Boren. 2022. (ENG.). 48p. (J). pap. 25.99 ***(978-1-6628-6019-5(6))*** Salem Author Services.

Let's Visit the Lake. Buffy Silverman. 2016. (Lightning Bolt Books (r) — Biome Explorers Ser.). (ENG., Illus.). 32p. (J). (gr. 1-3). lib. bdg. 29.32 *(978-1-5124-1193-5(0)*, 597c362f-121b-4e84-b235-0bbf9252939e, Lerner Pubns.) Lerner Publishing Group.

Let's Visit the Ocean. Jennifer Boothroyd. 2016. (Lightning Bolt Books (r) — Biome Explorers Ser.). (ENG., Illus.). 32p. (J). (gr. 1-3). 29.32 *(978-1-5124-1194-2(9)*, cdf4ca2e-6b12-4d4d-bfb5-04b8aebf1395, Lerner Pubns.) Lerner Publishing Group.

Let's Visit the Rain Forest. Buffy Silverman. 2016. (Lightning Bolt Books (r) — Biome Explorers Ser.). (ENG., Illus.). 32p. (J). (gr. 1-3). 29.32 *(978-1-5124-1195-9(7)*, 603af08a-15c4-47ac-9f6a-6a48a787add6, Lerner Pubns.) Lerner Publishing Group.

Let's Visit the Tundra. Jennifer Boothroyd. 2016. (Lightning Bolt Books (r) — Biome Explorers Ser.). (ENG., Illus.). 32p. (J). (gr. 1-3). 29.32 *(978-1-5124-1196-6(5)*, 8f40a4b9-61a3-43e8-a3dd-8487d16a4a63, Lerner Pubns.) Lerner Publishing Group.

Let's Watch the Trucks! Rachel Benge. Illus. by Rachel Benge. 2019. (ENG., Illus.). 16p. (J). (gr. -1 — 1). bds. 6.99 *(978-0-8075-4466-2(3)*, 807544663) Whitman, Albert & Co.

Let's Work, 1 vol. Cynthia Weill. 2019. (First Concepts in Mexican Folk Art Ser.: 6). (ENG., Illus.). 32p. (J). (gr. -1-2). 14.95 *(978-1-947627-15-4(5)*, 23353382, Cinco Puntos Press) Lee & Low Bks., Inc.

Let's Work It Out, 12 vols., Set 3. Rachel Lynette. Incl. What to Do When Your Family Can't Afford Health Care. (YA). lib. bdg. 26.27 *(978-1-4358-9342-9(5)*, 069b220a-dd0e-42ec-b303-49271a0b6479); What to Do When Your Family Has to Cut Costs. (J). lib. bdg. 26.27 *(978-1-4358-9340-5(9)*, 0a9c0324-baca-40fc-a4da-dff35429c113); What to Do When Your Family Is in Debt. (J). lib. bdg. 26.27 *(978-1-4358-9341-2(7)*, c6b9ba36-5a79-46f8-9302-caa5d643de41); What to Do When Your Family Is on Welfare. (J). lib. bdg. 26.27 *(978-1-4358-9337-5(9)*, 58dcac4d-a4c9-40d7-8646-f2af6047e426); What to Do When Your Family Loses Its Home. (J). lib. bdg. 26.27 *(978-1-4358-9339-9(5)*, a3e05226-3401-4e94-9276-603d63ab194b); What to Do When Your Parent Is Out of Work. (J). lib. bdg. 26.27 *(978-1-4358-9338-2(7)*, 410da821-22a7-4fd9-b08c-462b6193cd7d); (gr. 2-3). 2010. (Let's Work It Out Ser.). (ENG., Illus.). 24p. 2009. Set lib. bdg. 157.62 *(978-1-4358-9412-9(X)*, eea4d122-c63c-4ed4-bd9a-2331d157d6ad, PowerKids Pr.) Rosen Publishing Group, Inc., The.

Let's Work Together! Advantages of Working As a Team Scientific Method Investigation Grade 3 Children's Science Education Books. Baby Professor. 2021. (ENG.). 72p. (J). 27.99 *(978-1-5419-8093-8(X))*; pap. 16.99 *(978-1-5419-5886-9(1))* Speedy Publishing LLC. (Baby Professor (Education Kids)).

Let's work together to build a cultured family 5: Kindle eBook, 8 vols., Set. Incl. How to Deal with Bullies. Jonathan Kravetz. (J). lib. bdg. 26.27 *(978-1-4042-3670-7(8)*, 4357e347-2e94-48ae-8613-094b4ee22c45); How to Deal with Fighting. Jonathan Kravetz. (J). lib. bdg. 26.27 *(978-1-4042-3672-1(4)*, 535d463a-ce52-4df0-af06-fc41da62cbf4); How to Deal with Insults. Julie Fiedler. (J). lib. bdg. 26.27 *(978-1-4042-3673-8(2)*, eefea0ff-423c-47ff-95c8-cce3045af684); How to Deal with Jealousy. Jonathan Kravetz. (YA). lib. bdg. 26.27 *(978-1-4042-3674-5(0)*, 927c1478-91b5-4e19-a2ad-2b2c31a5aa15); How to Deal with Teasing. Julie Fieldler. (J). lib. bdg. 26.27 *(978-1-4042-3675-2(9)*, e44bd11e-0634-45f0-845a-93b496a60ed5, PowerKids Pr.); (Illus.). 24p. (gr. 2-3). (Let's Work It Out Ser.). (ENG.). 2006. Set lib. bdg. 105.08 *(978-1-4042-3607-3(4)*, 978682f4-1cf1-4555-a814-93b08f005314, PowerKids Pr.) Rosen Publishing Group, Inc., The.

Letter & Number Tracing Book: For Kids Ages 3-12: a Fun Practice Workbook to Learn the Alphabet & Numbers from 0 to 10 for Preschoolers & Kindergarten Kids! Maxim Kasum. 2021. (ENG.). 70p. (J). pap. 9.99 *(978-1-6780-4935-5(2))* Lulu Pr., Inc.

Letter Baa the Farmer: A Story about a Letter in the Arabic Alphabet. Nermeen Ahmed. Illus. by Nisreen Ibrahim. 2022. (ENG.). 34p. (J). pap. ***(978-1-6781-2996-5(8))*** Lulu Pr., Inc.

Letter-Bag of the Great Western: Or Life in a Steamer (Classic Reprint) Thomas Haliburton. 2017. (ENG., Illus.). (J). 31.14 *(978-1-5285-7549-2(0))* Forgotten Bks.

Letter-Bag of the Great Western; or, Life in a Steamer. Thomas Haliburton. 2017. (ENG., Illus.). (J). pap. *(978-0-649-22130-1(3))* Trieste Publishing Pty Ltd.

Letter-Bag of the Great Western; or, Life in a Steamer, Pp. 1-187. Thomas Haliburton. 2017. (ENG., Illus.). (J). pap. *(978-0-649-63053-0(X))* Trieste Publishing Pty Ltd.

Letter B/Bears Activity Workbook for Kids 2-6. Beth Costanzo. 2022. (ENG.). 42p. (J). pap. 7.99 ***(978-1-0879-0106-0(5))*** Adventures of Scuba Jack Pubs., The.

Letter C - Caterpillar to Butterfly for Kids 3-8. Beth Costanzo. 2022. (ENG.). 34p. (J). pap. 7.99 ***(978-1-0879-5542-1(4))*** Adventures of Scuba Jack Pubs., The.

Letter d (Classic Reprint) Grace Denio Litchfield. (ENG., Illus.). (J). 2018. 332p. 30.74 *(978-0-483-33649-0(1))*; 2016. pap. 13.57 *(978-1-334-14365-6(X))* Forgotten Bks.

Letter Dot to Dots for Your Tots - Preschool Writing Book Children's Reading & Writing Books. Baby Professor. 2018. (ENG., Illus.). 64p. (J). pap. 12.99 *(978-1-5419-3003-2(7)*, Baby Professor (Education Kids)) Speedy Publishing LLC.

Letter for Ana. Gabriel Obando. 2020. (ENG.). 44p. (J). 22.95 *(978-1-64654-253-6(3))* Fulton Bks.

Letter for Bob. Kim Rogers. Illus. by Jonathan Nelson. 2023. (ENG.). 32p. (J). (gr. -1-3). 19.99 ***(978-0-06-304455-5(2)***, Heartdrum) HarperCollins Pubs.

Letter for Molly. Libsohn. 2021. (ENG., Illus.). 32p. (J). 17.95 *(978-1-6624-2455-7(8))* Page Publishing Inc.

Letter for Sam. Elizabeth Massie. 2016. (Spring Forward Ser.). (J). (gr. 1). *(978-1-4900-9384-0(2))* Benchmark Education Co.

Letter for the King (Netflix Tie-In) Tonke Dragt. ed. 2020. (ENG., Illus.). 512p. (J). (gr. 3-7). pap. 15.95 *(978-1-78269-259-1(2)*, Pushkin Children's Bks.) Steerforth Pr.

Letter for the King (winter Edition) Tonke Dragt. 2018. (ENG., Illus.). 512p. (J). (gr. 3-7). pap. 15.95 *(978-1-78269-081-8(6)*, Pushkin Children's Bks.) Steerforth Pr.

Letter from a Gorilla. Wayne Gerard Trotman. 2020. (Wayne Gerard Trotman's Rhyming Stories Ser.: Vol. 6). (ENG.). 32p. (J). *(978-1-9161848-5-5(5))* Red Moon Productions, Ltd.

Letter from a Hawker & Pedler in the Country, to a Member of Parliament at London: Shewing How He Was Bound Apprentice to a Rich Linnen Draper at London; How He Married & Set up for Himself; How His Master & Other Rich Men of the Trade Plotted His. Unknown Author. (ENG., Illus.). (J). 2017. 24.43 *(978-0-260-20185-0(5))*; 2016. pap. 7.97 *(978-1-334-15390-7(6))* Forgotten Bks.

Letter from David James to Paul: Do Good to Others. Chris Sadler. 2018. (ENG., Illus.). 30p. (J). pap. 12.95 *(978-1-64114-424-7(6))* Christian Faith Publishing.

Letter from Froo. Pam Fonck. 2022. (ENG.). 26p. (J). pap. *(978-0-2288-7674-8(5))* Tellwell Talent.

Letter from H G G, Esq: One of the Gentlemen of the Bed-Chamber to the Young Chevalier, & the Only Person of His Own Retinue That Attended Him from Avignon, in His Late Journey Through Germany, & Elsewhere; Containing Many Remarkable & Affecting. Henry. Goring. (ENG., Illus.). (J). 2018. 68p. 25.30 *(978-0-428-94535-0(X))*; 2016. pap. 9.57 *(978-1-334-16057-8(0))* Forgotten Bks.

Letter from Santa Claus. Robin Jones. Illus. by Mar Fandos. 2nd ed. 2019. (ENG.). 48p. (J). *(978-1-5255-5141-3(8))*; pap. *(978-1-5255-5142-0(6))* FriesenPress.

Letter from Tashi: A Snow Leopard Tale. Carrie Hasler. Illus. by Christina Wald. 2020. (ENG.). 32p. (J). 16.95 ***(978-1-943198-10-8(1))*** Southwestern Publishing Hse., Inc.

Letter from the Fire: Being an Account of the Great Chicago Fire, Written in 1871 (Classic Reprint) Thomas Dove Foster. 2017. (ENG., Illus.). (J). 46p. 24.85 *(978-0-484-08659-2(6))*; pap. 7.97 *(978-0-259-50403-0(3))* Forgotten Bks.

Letter from Timothy Sobersides, Extinguisher-Maker, at Wolverhampton, to Jonathan Blast, Bellows-Maker, at Birmingham (Classic Reprint) Timothy. Sobersides. 2018. (ENG., Illus.). (J). 30p. 24.54 *(978-1-396-07373-1(6))*; 32p. pap. 7.97 *(978-1-391-77757-3(3))* Forgotten Bks.

Letter Fun for Everyone Matching Game Activity Book. Bobo's Children Activity Books. 2016. (ENG., Illus.). (J). pap. 7.99 *(978-1-68327-180-2(7))* Sunshine In My Soul Publishing.

Letter H: A Novel (Classic Reprint) Charles Felton Pidgin. 2017. (ENG., Illus.). (J). 30.58 *(978-1-5283-5219-2(X))* Forgotten Bks.

Letter It! Super Simple Crafts for Kids. Tamara JM Peterson & Ruthie Van Oosbree. 2022. (Creative Crafting Ser.). (ENG., Illus.). 32p. (J). (gr. k-4). lib. bdg. 34.21 *(978-1-5321-9986-8(4)*, 40761, Super SandCastle) ABDO Publishing Co.

Letter K - Activity Workbook. Beth Costanzo. 2022. (ENG.). 42p. (J). pap. 6.99 ***(978-1-0880-1597-1(2))*** Adventures of Scuba Jack Pubs., The.

Letter I - Activity Workbook. Beth Costanzo. 2022. (ENG.). 26p. (J). pap. 7.99 ***(978-1-0879-0023-0(9))*** Adventures of Scuba Jack Pubs., The.

Letter Links: Scholastic Early Learners (Learning Game) Scholastic. 2020. (Scholastic Early Learners Ser.). (ENG.). (J). (gr. -1-k). 12.99 *(978-1-338-64550-7(1)*, Cartwheel Bks.) Scholastic, Inc.

Letter M That Ran Away. Meaghan B. Parent. 2023. (ENG.). 28p. (J). ***(978-0-2288-9163-5(9))***; pap. ***(978-0-2288-9162-8(0))*** Tellwell Talent.

Letter Mage: First Quarto. Alexandra Penn. 2017. (Letter Mage: Quartos Ser.: Vol. 1). (ENG., Illus.). (YA). (gr. 7-12). pap. 10.99 *(978-0-692-95173-6(3))* Penland, Alexandra Brooke.

Letter Mage: Fourth Quarto. Alexandra Penn. 2019. (Letter Mage: Quartos Ser.: Vol. 4). (ENG., Illus.). 162p. (YA). (gr. 7-12). pap. 10.99 *(978-0-692-14955-3(4))* Broken Leg Bks.

Letter Mage: Second Quarto. Alexandra Penn. 2018. (Letter Mage: Quartos Ser.: Vol. 2). (ENG., Illus.). 136p. (YA). (gr. 7-9). pap. 10.99 *(978-0-692-08775-6(3))* Penland, Alexandra Brooke.

Letter Mage: Third Quarto. Alexandra Penn. 2018. (Letter Mage: Quartos Ser.: Vol. 3). (ENG., Illus.). 166p. (YA). (gr. 7-12). pap. 10.99 *(978-0-692-14956-0(2))* Broken Leg Bks.

Letter N Activity Workbook - Ages 3-6. Beth Costanzo. 2023. (ENG.). 26p. (J). pap. 8.99 ***(978-1-0880-9107-4(5))*** Adventures of Scuba Jack Pubs., The.

Letter of Credit (Classic Reprint) Susan Warner. (ENG., Illus.). (J). 2018. 736p. 39.10 *(978-0-484-22412-3(3))*; 2016. pap. 23.57 *(978-1-333-47632-8(9))* Forgotten Bks.

Letter of Introduction: A Sketch in One Scene (Classic Reprint) Ward MacAuley. 2018. (ENG., Illus.). 36p. (J). 24.64 *(978-0-483-79603-4(4))* Forgotten Bks.

Letter of Introduction Farce (Classic Reprint) William Dean Howells. 2018. (ENG., Illus.). 56p. (J). 25.07 *(978-0-267-21104-3(X))* Forgotten Bks.

Letter, on the Present System of Legislation Which Regulates Internal Intercourse in Great: With Stricture on the New Principles Rapidly Being Introduced in This Department of British Policy (Classic Reprint) Thomas Grahame. 2017. (ENG., Illus.). (J). pap. 7.97 *(978-0-266-00149-2(1))* Forgotten Bks.

Letter Q Activity Workbook for Kids 2-6. Beth Costanzo. 2023. (ENG.). 30p. (J). pap. 8.99 ***(978-1-0880-9627-7(1))*** Adventures of Scuba Jack Pubs., The.

Letter R - Reptiles. Beth Costanzo. 2023. (ENG.). 30p. (J). pap. 8.99 ***(978-1-0881-2466-6(6))*** Adventures of Scuba Jack Pubs., The.

Letter Search. Roy W. P. Reed. 2023. (ENG.). 124p. (J). pap. ***(978-0-9937812-9-2(2))*** Doorflower Co.

Letter Sounds: Silly Sentences - Early Phonics Skills. Rock 'n Learn. 2016. (ENG., Illus.). (J). (gr. -1). bds. 8.99 *(978-1-941722-21-3(0))* Rock 'N Learn, Inc.

Letter Sounds - Workbook for Preschool Children's Reading & Writing Books. Baby Professor. 2017. (ENG., Illus.). (J). pap. 9.55 *(978-1-5419-2605-9(6)*, Baby Professor (Education Kids)) Speedy Publishing LLC.

Letter Sounds for Preschoolers - Made Simple (Kindergarten Early Learning) Baby Professor. 2017. (ENG., Illus.). (J). pap. 7.89 *(978-1-68368-032-1(4)*, Baby Professor (Education Kids)) Speedy Publishing LLC.

Letter Sounds Practice Workbook for Kindergarteners - Reading Book for Beginners Children's Reading & Writing Books. Baby Professor. 2018. (ENG., Illus.). 64p. (J). pap. 12.99 *(978-1-5419-3232-6(3)*, Baby Professor (Education Kids)) Speedy Publishing LLC.

Letter Sounds Pre-K Workbook: Scholastic Early Learners (Skills Workbook) Scholastic. 2019. (Scholastic Early Learners Ser.). (ENG.). 24p. (J). (gr. -1-k). pap. 3.99 *(978-1-338-30494-7(1))* Scholastic, Inc.

Letter T - an Amazing Educational Activity Alphabet Book for Kids. Beth Costanzo. 2020. (ENG.). 24p. (J). pap. 21.49 *(978-1-6781-1132-8(5))* Lulu Pr., Inc.

Letter to a Friend see Carta para Mi Amigo: Set Of 6

Letter to a Gentleman in the Country from His Friend in London, &C (Classic Reprint) Unknown Author. 2018. (ENG., Illus.). 56p. (J). 25.07 *(978-0-483-72994-0(9))* Forgotten Bks.

Letter to a Lady, Concerning the Education of Female Youth (Classic Reprint) Unknown Author. 2018. (ENG., Illus.). 44p. (J). 24.80 *(978-0-428-50657-5(7))* Forgotten Bks.

Letter to a Merry Young Gentleman, Intituled, Tho; Burnet, Esq: In Answer to One Writ by Him to the Right Honourable the Earl of Halifax; by Which It Plainly Appears, the Said Squire Was Not Awake When He Writ the Said Letter (Classic Reprint) Daniel Dafoe. 2018. (ENG., Illus.). 28p. (J). 24.47 *(978-0-483-02324-6(8))* Forgotten Bks.

Letter to a Noble Lord. Edmund Burke. 2019. (ENG.). 574p. (J). pap. 35.96 *(978-0-359-92762-3(9))* Lulu Pr., Inc.

Letter to Doctor A. Brigham, on Animal Magnetism: Being an Account of a Remarkable Interview Between the Author & Miss. Loraina Brackett While in a State of Somnambulism (Classic Reprint) William Leete Stone. 2017. (ENG., Illus.). (J). 25.55 *(978-0-266-20138-0(5))* Forgotten Bks.

Letter to Judas. Anne-Marie Klobe. Ed. by Paul Weisser. Illus. by Mauro Lirussi. 2023. (ENG.). 30p. (J). 21.99 ***(978-1-7378808-3-7(0))***; pap. 12.99 ***(978-1-7378808-4-4(9))*** Walking The Way.

Letter to Lahore. Tanu Shree Singh. 2023. (Songs of Freedom Ser.). (ENG.). 128p. (J). (gr. 5). pap. 11.99 ***(978-0-14-346133-3(8))*** Penguin Bks. India PVT, Ltd IND. Dist: Independent Pubs. Group.

Letter to Lord Mahon: Being an Answer to His Letter Addressed to the Editor of Washington's Writings. Jared Sparks. 2017. (ENG., Illus.). (J). pap. *(978-0-649-30127-0(7))*; pap. *(978-0-649-31075-3(6))* Trieste Publishing Pty Ltd.

Letter to Lord Mahon: Being an Answer to His Letter Addressed to the Editor of Washington's Writings (Classic Reprint) Jared Sparks. 2017. (ENG., Illus.). (J). 24.99 *(978-0-260-74724-2(6))* Forgotten Bks.

Letter to Mother - Barua Kwa Mama. Ursula Nafula. Illus. by Catherine Groenewald. 2023. (SWA.). 42p. (J). pap. ***(978-1-922910-07-3(4))*** Library For All Limited.

Letter to My Kids. Amanda Sporrer. 2023. (ENG.). 38p. (J). 19.95 ***(978-1-63755-149-3(5)***, Mascot Kids) Amplify Publishing Group.

Letter to My Little Sons & Daughters with Love, From. Gina Devoe Woodruff. 2023. (ENG.). 38p. (J). pap. 10.99 ***(978-1-6628-6288-5(1))*** Salem Author Services.

Letter to My Niece Carta a Mi Sobrina. Veronika Oselska-Nikitskiy. 2017. (ENG., Illus.). (J). pap. 16.99 *(978-1-5456-1291-0(9))* Salem Author Services.

Letter to My Teacher. Deborah Hopkinson. 2018. (CHI.). (J). (gr. -1-3). *(978-986-440-256-4(0))* Viking International Co., Ltd.

Letter to My Teacher: A Teacher Appreciation Gift. Deborah Hopkinson. Illus. by Nancy Carpenter. 2017. 40p. (J). (gr. -1-3). 18.99 *(978-0-375-86845-0(3)*, Schwartz & Wade Bks.) Random Hse. Children's Bks.

Letter to Pluto. Lou Treleaven. Illus. by Lou Treleaven & Katie Abey. (ENG.). 128p. (J). (gr. 2-5). 2021. pap. 6.99 *(978-1-84886-471-9(X)*, 0fde3ee8-5134-41b2-ad6c-81c824856a1a); 2020. lib. bdg. 15.99 *(978-1-84886-470-2(1)*, 747aac9c-f6b9-45c8-8c41-529323a84a6f) Maverick Arts Publishing GBR. Dist: Lerner Publishing Group.

Letter to the Honorable, the Board of Trustees of the University of Mississippi. Frederick A. P. Barnard. 2017. (ENG., Illus.). (J). pap. *(978-0-649-42749-9(1))* Trieste Publishing Pty Ltd.

Letter to the Honorable the Board of Trustees of the University of Mississippi (Classic Reprint) Frederick A.

P. Barnard. 2018. (ENG., Illus.). 118p. (J). 26.29 *(978-0-428-40257-0(7))* Forgotten Bks.

Letter to the Universe. Paige Laureate. 2020. (ENG.). 118p. (YA). pap. *(978-1-716-54326-5(6))* Lulu Pr., Inc.

Letter to You. April Henderson. 2017. (ENG., Illus.). (YA). (gr. 7-12). pap. 11.99 *(978-0-9981622-6-3(4))* November Media Publishing and Consulting Firm.

Letter Tracing & Coloring Book for Preschoolers. Cristie Dozaz. 2020. (ENG.). 102p. (J). pap. 15.00 *(978-1-716-41537-1(3))* Lulu Pr., Inc.

Letter Tracing & Handwriting Practice Book: Trace Letters & Numbers Workbook of the Alphabet & Sight Words, Preschool, Pre K, Kids Ages 3-5 + 5-6. Children Handwriting Without Tears. Diverse Press & Jennifer L. Trace. 2020. (ENG.). 108p. (J). pap. 5.98 *(978-1-946525-27-7(8))* Kids Activity Publishing.

Letter Tracing & Number: Book for Preschoolers Letter Tracing Book, Practice for Kids, Ages 3-12, Alphabet Writing Practice. Mellow Maxim. 2021. (ENG.). 70p. (J). pap. 10.99 *(978-1-6780-4853-2(4))* Lulu Pr., Inc.

Letter Tracing Book. Suellen Molviolet. 2021. (ENG.). 104p. (J). pap. 11.29 *(978-0-8316-1274-0(6))* Lulu Pr., Inc.

Letter Tracing Book:: for Kids Ages 3-11 a Fun Practice Workbook to Learn the Alphabet for Preschoolers & Kindergarten Kids! Mellow Maxim. 2021. (ENG.). 106p. (J). pap. 12.99 *(978-1-6671-9201-7(9))* Lulu Pr., Inc.

Letter Tracing Book for Pre-Schoolers & Kindergarten Kids - Christmas Theme: Letter Handwriting Practice for Kids to Practice Pen Control, Line Tracing, Letters, & Shapes All for the Festive Season. Romney Nelson. 2020. (ENG.). 66p. (J). pap. *(978-1-922515-34-6(5))* Life Graduate, The.

Letter Tracing Book for Preschoolers. The H. H. Couple Couple. 2020. (ENG.). 62p. (YA). pap. 13.23 *(978-1-716-96886-0(0))* Lulu Pr., Inc.

Letter Tracing Book for Preschoolers: Alphabet Writing Practice Children's Dot to Dot Activity Books. Esel Press. 2021. (ENG.). 108p. (J). pap. 9.95 *(978-1-716-26442-9(1))* Lulu Pr., Inc.

Letter Tracing Book for Preschoolers: Alphabet Writing Practice Children's Dot to Dot Activity Books Hardcover. Esel Press. 2021. (ENG.). 108p. (J). 19.95 *(978-1-716-20317-6(1))* Lulu Pr., Inc.

Letter Tracing Book for Preschoolers: Letter Tracing Book, Practice for Kids, Ages 3-12, Alphabet Writing Practice. Magnificent Maxim. 2021. (ENG.). 104p. (J). pap. 11.99 *(978-1-6671-9202-4(7))* Lulu Pr., Inc.

Letter Tracing Christmas: Handwriting Practice for Kids. Adam Harris. 2018. (Alphabet for Kids Ser.: Vol. 1). (ENG., Illus.). 80p. (J). (gr. k-2). pap. *(978-1-9994615-7-7(6))* EnemyOne.

Letter Tracing for Prechool - Handwriting Workbook: Alphabet, Letters, Handwriting Practice - Trace Letters of the Alphabet for Preschoolers, 8. 5 in X 11 In. Personal Dev. 2021. (ENG.). 98p. (YA). pap. 8.49 *(978-1-716-19174-9(2))* Lulu Pr., Inc.

Letter Tracing Practice for Toddler: Letter Tracing Book for Preschooler 3-5 & Kindergarten, Beginner's to Tracing Lines & ABC Tracing Paper Workbook. Tracing Practice Time. 2020. (ENG.). 102p. (J). pap. 7.79 *(978-1-716-39202-3(0))* Lulu Pr., Inc.

Letter Tracing Workbook for Preschoolers: Letter Tracing Books: Preschool Practice Handwriting Workbook: Pre K, Kindergarten & Kids Ages 3-5 (Alphabet Writing Practice) P. Artitude. 2020. (ENG.). 102p. (J). pap. 12.99 *(978-1-716-30431-6(8))* Lulu Pr., Inc.

Letter Trees. Bj Jewett. 2017. (ENG., Illus.). (J). pap. 15.00 *(978-0-9858935-3-8(2))*; 20.00 *(978-0-9858935-4-5(0))* A-Star*.

Letter, Wherein Part of the Entertainment Untoo the Queenz Majesty: At Killingwoorth Castl in Warwick Sheer, in This Soomerz Progrest 1575, Iz Signified (Classic Reprint) Robert Laneham. 2018. (ENG., Illus.). 92p. (J). 25.79 *(978-0-483-30399-7(2))* Forgotten Bks.

Letterman: Tommy Stevens' Memoir. Jim Nicholson & Jack Blendinger. 2020. (ENG., Illus.). 360p. (YA). pap. 21.95 *(978-1-6624-0658-4(4))* Page Publishing Inc.

Letter,number & Tracing Colouring Book. kenneth ihero. 2022. (ENG.). 51p. (J). pap. ***(978-1-4710-9004-2(3))*** Lulu Pr., Inc.

Letters, 1 vol. Susan Purcell. 2018. (My Book Of Ser.). (ENG.). 24p. (gr. k-1). 26.27 *(978-1-5081-9599-3(4)*, 5333a151-c9bc-4135-93ad-9bb05e45bfc7, Windmill Bks.) Rosen Publishing Group, Inc., The.

Letters: Extracts from Old Letters of Rabindranath Tagore (Classic Reprint) Rabindranath Tagore. 2017. (ENG., Illus.). (J). 24.41 *(978-0-260-14494-2(0))* Forgotten Bks.

Letters: Uppercase & Lowercase Workbook Prek-Grade K - Ages 4 To 6. Prodigy. 2016. (ENG., Illus.). (J). pap. 9.25 *(978-1-68323-908-6(3))* Twin Flame Productions.

Letters & Drawings of Enzo Valentini: Conte Di Laviano, Italian Volunteer & Soldier (Classic Reprint) Enzo Valentini. 2018. (ENG., Illus.). 196p. (J). 27.98 *(978-0-332-45181-7(X))* Forgotten Bks.

Letters & Journals of Anne Chalmers (Classic Reprint) Anne Chalmers. (ENG., Illus.). (J). 2018. 216p. 28.37 *(978-0-364-02579-6(4))*; 2017. pap. 10.57 *(978-0-243-54109-6(0))* Forgotten Bks.

Letters & Journals of Mrs. Calderwood of Polton: From England, Holland & the Low Countries in 1756 (Classic Reprint) Margaret Steuart Calderwood. 2017. (ENG., Illus.). (J). 33.14 *(978-0-331-86455-7(X))* Forgotten Bks.

Letters & Lettering: A Treatise with 200 Examples. Frank Chouteau Brown. 2017. (ENG., Illus.). (J). 23.95 *(978-1-374-97983-3(X))*; pap. 13.95 *(978-1-374-97982-6(1))* Capital Communications, Inc.

Letters & Meditations on Religious & Other Subjects (Classic Reprint) William T. Bain. (ENG., Illus.). (J). 2018. 150p. 27.01 *(978-0-666-84313-5(9))*; 2017. pap. 9.57 *(978-0-259-55967-2(9))* Forgotten Bks.

Letters & Memorials of Captain William A. Douglas, 6th Battalion the Royal Scots (Classic Reprint) William A. Douglas. 2018. (ENG., Illus.). 290p. (J). 29.90 *(978-0-666-95142-7(X))* Forgotten Bks.

Letters & Memorials of Jane Welsh Carlyle: Two Volumes in One (Classic Reprint) Jane Welsh Carlyle. annot. ed. 2017. (ENG., Illus.). (J). 37.80 *(978-0-331-34858-3(6))*; pap. 20.57 *(978-0-259-09419-7(6))* Forgotten Bks.

Letters & Memorials of Jane Welsh Carlyle, Vol. 1 (Classic Reprint) Thomas Carlyle. annot. ed. 2017. (ENG., Illus.). (J). 33.24 *(978-0-331-68593-0(0))* Forgotten Bks.

Letters & Memorials of Jane Welsh Carlyle, Vol. 1 Of 2: Prepared for Publication (Classic Reprint) Thomas Carlyle. annot. ed. 2017. (ENG., Illus.). (J). 37.80 *(978-0-265-17418-0(X))* Forgotten Bks.

Letters & Memorials of Jane Welsh Carlyle, Vol. 2 (Classic Reprint) Jane Welsh Carlyle. (ENG., Illus.). (J). 2017. 32.79 *(978-0-266-40032-5(9))*; 2016. pap. 13.57 *(978-1-333-32443-8(X))* Forgotten Bks.

Letters & Miscellanies of Robert Louis Stevenson: Weir of Herminston; the Plays; Fables (Classic Reprint) Robert Louis Stevenson. (ENG., Illus.). (J). 2017. 530p. 34.83 *(978-0-332-50184-0(1))*; 2016. pap. 19.57 *(978-1-333-46591-9(2))* Forgotten Bks.

Letters & Miscellanies of Robert Louis Stevenson (Classic Reprint) Robert Louis Stevenson. 2017. (ENG., Illus.). (J). 36.46 *(978-0-266-37003-1(9))* Forgotten Bks.

Letters & Miscellanies of Robert Louis Stevenson, Vol. 27: New Letters (Classic Reprint) Robert Louis Stevenson. (ENG., Illus.). (J). 2018. 356p. 31.24 *(978-0-483-28902-4(7))*; 2016. pap. 13.57 *(978-1-333-23825-4(8))* Forgotten Bks.

Letters & Numbers Beginner Dot to Dots for Tiny Tots. Educando Kids. 2019. (ENG.). 42p. (J). pap. 8.55 *(978-1-64521-682-7(9)*, Educando Kids) Editorial Imagen.

Letters & Numbers Handwriting Practice Workbooks: Colored Pages of Practice for Kids with Pen Control, Line Tracing, Numbers & Letters with Coloring Illustrations- Number Tracing Book for Pre-Schoolers & Kids Ages 3-5- 8. 5 X11. The Smart Mermaid Publishing. l.t. ed. 2021. (ENG.). 146p. (J). pap. 22.00 *(978-0-7543-9369-6(0))* Lulu Pr., Inc.

Letters & Numbers Kids Educational Coloring Book: Fun with Numbers, Letters, Mazes, Colors, Animals: Big Activity Workbook for Toddlers, Kids. Brotss Studio. 2020. (ENG.). 68p. (J). pap. 9.99 *(978-1-716-11336-9(9))* Lulu Pr., Inc.

Letters & Numbers Space Coloring Book: Space Coloring Book for Kids: Fantastic Outer Space Coloring Book with Letters & Numbers 38 Unique Designs. Ananda Store. 2021. (ENG.). 40p. (J). pap. *(978-1-008-94543-2(9))* Lulu.com.

Letters & Numbers Tracing: Workbook for Preschool, Kindergarten, & Kids Ages 3-7 ABC Activity Pages Activity Book for Girls & Boys Amazing Tracing Letters. Vanessa Welch. 2021. (ENG.). 78p. (J). pap. 10.99 *(978-1-4231-7355-7(4))* Disney Publishing Worldwide.

Letters & Sketches from the New Hebrides (Classic Reprint) Maggie Whitecross Paton. 2017. (ENG., Illus.). (J). 32.87 *(978-0-265-62874-4(1))* Forgotten Bks.

Letters & Sounds, Level A. Incl. Headway Level A Thinking Book. *(978-0-89688-280-5(2)*, 88-280); Level A. suppl. ed. *(978-0-89688-774-9(X)*, 88-774); Level A. suppl. ed. (J). (gr. k-6). pap., stu. ed., act. bk. ed. *(978-0-89688-274-4(8)*, 88-274) Open Court Publishing Co.

Letters & Sounds Workbook Toddler-Grade K - Ages 1 To 6. Professor Gusto. 2016. (ENG., Illus.). (J). pap. 10.81 *(978-1-68321-912-5(0))* Mimaxion.

Letters & Words Practice for Success: Printing Practice for Kids. Left Brain Kids. 2016. (ENG., Illus.). (J). pap. 7.51 *(978-1-68376-708-4(X))* Sabeels Publishing.

Letters & Words Sudoku. Brian G. Tordoff. 2018. (ENG., Illus.). 218p. (YA). pap. 10.99 *(978-1-64376-017-9(3))* PageTurner: Pr. & Media.

Letters Between Master Tommy & Miss Nancy Goodwill. Richard Johnson. 2017. (ENG.). 100p. (J). pap. *(978-3-337-20355-9(8))* Creation Pubs.

Letters Between Master Tommy & Miss. Nancy Goodwill: Containing the History of Their Holiday Amusements (Classic Reprint) Richard Johnson. (ENG., Illus.). (J). 2018. 98p. 25.92 *(978-0-428-72526-6(0))*; 2016. pap. 9.57 *(978-1-334-16972-4(1))* Forgotten Bks.

Letters Concerning the Love of God, Between the Author of the Proposal to the Ladies & Mr. John Norris: Wherein His Late Discourse, Shewing, That It Ought to Be Intire & Exclusive of All Other Loves, Is Further Cleared & Justified (Classic Reprint) John Norris. 2017. (ENG., Illus.). (J). pap. 11.57 *(978-0-243-85890-3(6))* Forgotten Bks.

Letters East (Classic Reprint) Allen Percy Brown. 2017. (ENG., Illus.). 52p. (J). 24.99 *(978-0-332-01002-1(3))* Forgotten Bks.

Letters, Essays, & Biographical Sketches (Classic Reprint) Carlton Elisha Sanford. 2018. (ENG., Illus.). 446p. (J). 33.12 *(978-0-428-91813-2(1))* Forgotten Bks.

Letters Everywhere: Stories & Rhymes for Children (Classic Reprint) And Other Stories of Old Aut Pannemaker. 2018. (ENG., Illus.). 294p. (J). 29.96 *(978-0-365-28311-9(8))* Forgotten Bks.

Letters Form My Friend, the Knight (Classic Reprint) H. C. Hensel. 2018. (ENG., Illus.). 132p. (J). 26.62 *(978-0-332-97536-8(3))* Forgotten Bks.

Letters from a Cat. Helen Hunt Jackson & Addie Ledyard. 2017. (ENG., Illus.). (J). pap. *(978-3-7446-8756-0(2))* Creation Pubs.

Letters from a Cat: Published by Her Mistress for the Benefit of All Cats & the Amusement of Little Children (Classic Reprint) Helen Hunt Jackson. 2018. (ENG., Illus.). 120p. (J). 26.39 *(978-0-364-25721-0(0))* Forgotten Bks.

Letters from a Citizen of the World, to His Friends in the East, Vol. 1 (Classic Reprint) Oliver Goldsmith. 2018. (ENG., Illus.). (J). 690p. 38.13 *(978-1-396-80093-1(X))*; 692p. pap. 20.57 *(978-1-396-80089-4(1))* Forgotten Bks.

Letters from a Country House (Classic Reprint) Thomas Anderton. 2018. (ENG., Illus.). 274p. (J). 29.55 *(978-0-483-72900-1(0))* Forgotten Bks.

Letters from a Field Hospital (Classic Reprint) Mabel Dearmer. 2018. (ENG., Illus.). 192p. (J). 27.86 *(978-0-267-45052-7(4))* Forgotten Bks.

Letters from a French Hospital (Classic Reprint) Unknown Author. 2018. (ENG., Illus.). 110p. (J). 26.17 *(978-0-483-53096-6(4))* Forgotten Bks.

Letters from a Liaison Officer: 1918-1919 (Classic Reprint) Clarence Van Schaick Mitchell. (ENG., Illus.). (J). 2018. 132p. 26.64 *(978-0-666-63258-6(8))*; 2017. pap. 9.57 *(978-0-282-51898-1(3))* Forgotten Bks.

Letters from a Mourning City. Axel Munthe & Maude Valerie White. 2017. (ENG.). 302p. (J). pap. *(978-3-337-36997-2(9))* Creation Pubs.

Letters from a Mourning City: Naples, Autumn, 1884 (Classic Reprint) Axel Munthe. 2017. (ENG., Illus.). (J). 30.15 *(978-0-266-22807-3(0))* Forgotten Bks.

Letters from a Pilgrim (Classic Reprint) Myra Albert Wiggins. (ENG., Illus.). (J). 2018. 184p. 27.69 *(978-0-484-78699-7(7))*; 2016. pap. 10.57 *(978-1-334-24294-6(1))* Forgotten Bks.

Letters from a Self-Made Merchant to His Son. George Horace Lorimer. 2020. (ENG.). 92p. (J). pap. 5.99 *(978-1-4209-7034-0(8))* Digireads.com Publishing.

Letters from a Self-Made Merchant to His Son. George Horace Lorimer. Illus. by F. R. Gruger & B. Martin Justice. 2019. (ENG.). 164p. (J). pap. *(978-1-5287-1346-7(X))* Freeman Pr.

Letters from a Self-Made Merchant to His Son. George Horace Lorimer. 2021. (ENG.). 130p. (J). pap. *(978-1-7948-5617-2(X))* Lulu Pr., Inc.

Letters from a Self-Made Merchant to His Son: A Book of Father Son Advice & Wisdom on Study, Life, Business & Prosperity. George Horace Lorimer. 2018. (ENG., Illus.). 84p. (J). pap. *(978-0-359-02177-2(8))* Lulu Pr., Inc.

Letters from a Self-Made Merchant to His Son: A Book of Father Son Advice & Wisdom on Study, Life, Business & Prosperity (Hardcover) George Horace Lorimer. 2018. (ENG., Illus.). 84p. (J). *(978-0-359-02178-9(6))* Lulu Pr., Inc.

Letters from a Self Made Merchant to His Son (Classic Reprint) George Horace Lorimer. 2017. (ENG., Illus.). (J). 31.63 *(978-0-266-27929-7(5))* Forgotten Bks.

Letters from a Settlement (Classic Reprint) A. Lucy Hodson. 2018. (ENG., Illus.). 306p. (J). 30.23 *(978-0-483-58899-8(7))* Forgotten Bks.

Letters from a Son to His Self-Made Father: Being the Replies to Letters from a Self-Made Merchant to His Son (Classic Reprint) Charles Eustace Merriman. 2017. (ENG., Illus.). (J). 30.23 *(978-0-260-31066-8(2))* Forgotten Bks.

Letters from Abroad: Or, Scraps from New Zealand, Australia, & America (Classic Reprint) H. B. T. 2018. (ENG., Illus.). 194p. (J). 27.90 *(978-0-332-31642-0(4))* Forgotten Bks.

Letters from Abroad to Kindred at Home, Vol. 1 of 2 (Classic Reprint) Catharine Maria Sedgwick. 2018. (ENG., Illus.). (J). 298p. 30.06 *(978-0-364-57900-8(5))*; 566p. 35.59 *(978-0-332-90160-2(2))* Forgotten Bks.

Letters from Abroad to Kindred at Home, Vol. 2 of 2 (Classic Reprint) Catharine Maria Sedgwick. 2017. (ENG., Illus.). (J). 30.58 *(978-1-5282-8754-8(1))* Forgotten Bks.

Letters from Across the Sea: 1907-1908 (Classic Reprint) Frederick Norton Finney. (ENG., Illus.). (J). 2018. 312p. 30.33 *(978-0-267-31132-3(X))*; 2016. pap. 13.57 *(978-1-333-40050-7(0))* Forgotten Bks.

Letters from Alexia, Volume #1, Sally & the Buccaneers. Judy Lunsford. 2021. (ENG.). 98p. (J). pap. 10.99 *(978-1-393-13815-0(2))* Draft2Digital.

Letters from an American Soldier to His Father (Classic Reprint) Curtis Wheeler. 2018. (ENG., Illus.). 132p. (J). 26.62 *(978-0-365-11822-0(2))* Forgotten Bks.

Letters from an Oregon Ranch (Classic Reprint) Katharine Katharine. 2017. (ENG., Illus.). (J). 28.87 *(978-0-265-17532-3(1))* Forgotten Bks.

Letters from Applehurst (Classic Reprint) George Walter Hinckley. 2019. (ENG., Illus.). (J). 220p. 28.45 *(978-1-397-28929-2(5))*; 222p. pap. 10.97 *(978-1-397-28644-4(X))* Forgotten Bks.

Letters from Armageddon: A Collection Made During the World War (Classic Reprint) Amy Gordon Grant. 2018. (ENG., Illus.). (J). 336p. 30.83 *(978-1-396-73724-4(3))*; 338p. pap. 13.57 *(978-1-391-95225-3(1))* Forgotten Bks.

Letters from Around the World: Learning the Greek Alphabet. Demetra -Tsavaris-Lecourezos. 2017. (Letters from Around the World Ser.: Vol. 1). (ENG., Illus.). (J). (gr. k-6). pap. 10.00 *(978-1-941251-98-0(6))* Thewordverve.

Letters from Beatrice: To a Private in the Medical Department (Classic Reprint) Private Pierre Loving. 2018. (ENG., Illus.). 70p. (J). 25.34 *(978-0-267-45913-1(0))* Forgotten Bks.

Letters from Bermuda (Classic Reprint) Janes Eames. 2018. (ENG., Illus.). 64p. (J). 25.24 *(978-0-365-50682-9(6))* Forgotten Bks.

Letters from Brussels, in the Summer Of 1835. Arthur Thorold. 2017. (ENG., Illus.). (J). pap. *(978-0-649-63103-2(X))* Trieste Publishing Pty Ltd.

Letters from Brussels, in the Summer of 1835 (Classic Reprint) Arthur Thorold. (ENG., Illus.). (J). 2018. 298p. 30.04 *(978-0-332-62160-9(X))*; 2017. pap. 13.57 *(978-0-243-26347-9(3))* Forgotten Bks.

Letters from Camp Cross: The God Seekers Discover Faith, Hope, & Love. Traci Winters & Sonya Rhodes. 2023. (God Seekers' Devotions Ser.: Vol. 1). (ENG.). 106p. (J). pap. 19.49 ***(978-1-6628-5363-0(7))*** Salem Author Services.

Letters from Canada & the United States (Classic Reprint) George Tuthill Borrett. (ENG., Illus.). (J). 2018. 302p. 30.13 *(978-0-666-99892-7(2))*; 2017. pap. 13.57 *(978-0-243-49143-8(3))* Forgotten Bks.

Letters from China & Japan (Classic Reprint) John Dewey. 2017. (ENG., Illus.). (J). 30.52 *(978-0-331-37371-4(8))* Forgotten Bks.

Letters from China & Some Eastern Sketches (Classic Reprint) Jay Denby. 2018. (ENG., Illus.). 446p. (J). 33.10 *(978-0-428-83001-4(3))* Forgotten Bks.

Letters from Colonial Children (Classic Reprint) Eva March Tappan. 2018. (ENG., Illus.). 336p. (J). 30.83 *(978-0-428-49869-6(8))* Forgotten Bks.

Letters from Cuba. Ruth Behar. (ENG., Illus.). (J). (gr. 5). 2021. 288p. 8.99 *(978-0-525-51649-1(2))*; 2020. 272p. 17.99 *(978-0-525-51647-7(6))* Penguin Young Readers Group. (Nancy Paulsen Books).

Letters from Dad. Robbie F Howerton. 2018. (ENG., Illus.). 152p. (J). pap. 13.95 *(978-1-64214-524-3(6))* Page Publishing Inc.

Letters from Daddy Adventure. Kelly Pickering. 2018. (ENG., Illus.). 54p. (J). pap. *(978-3-7103-3881-6(6))* united p.c. Verlag.

Letters from East Africa, 1895-1897 (Classic Reprint) Gertrude Ward. 2017. (ENG., Illus.). (J). 29.05 *(978-0-331-65422-6(9))* Forgotten Bks.

Letters from Egypt: To Plain Folks at Home. Mary Whately. 2019. (ENG., Illus.). 224p. (J). pap. *(978-0-359-91736-5(4))* Lulu Pr., Inc.

Letters from Egypt, 1863-65 (Classic Reprint) Lady Lucie Duff Gordon. 2017. (ENG., Illus.). (J). 31.86 *(978-0-331-94391-7(3))* Forgotten Bks.

Letters from England, Vol. 2 Of 3: By Don Manuel Alvarez Espriella (Classic Reprint) Robert Southey. 2017. (ENG., Illus.). 380p. (J). 31.75 *(978-0-332-13230-3(7))* Forgotten Bks.

Letters from Europe (Classic Reprint) J. Stephenson Du Solle. (ENG., Illus.). (J). 2018. 42p. 24.76 *(978-0-483-62297-5(4))*; 2016. pap. 7.97 *(978-1-334-14233-8(5))* Forgotten Bks.

Letters from Europe to the Children: Uncle John upon His Travels (Classic Reprint) John A. Smith. (ENG., Illus.). (J). 2018. 204p. 28.12 *(978-0-483-81283-3(8))*; 2016. pap. 10.57 *(978-1-334-16701-0(X))* Forgotten Bks.

Letters from Finland: August, 1908 March, 1909 (Classic Reprint) Rosalind Travers. (ENG., Illus.). (J). 2018. 476p. 33.71 *(978-0-484-89423-4(4))*; 2016. pap. 16.57 *(978-1-334-13711-2(0))* Forgotten Bks.

Letters from Flanders: Written by 2nd Lieut. A. D. Gillespie Argyll & Sutherland Highlanders to His Home People (Classic Reprint) Alexander Douglas Gillespie. 2018. (ENG., Illus.). 342p. (J). 30.97 *(978-0-656-18229-9(6))* Forgotten Bks.

Letters from France: Containing Observations Made in That Country During a Journey from Calais to the South, As Far As Limoges (Classic Reprint) John Morgan Cobbett. (ENG., Illus.). (J). 2018. 296p. 30.00 *(978-0-267-76512-6(6))*; 2016. pap. 13.57 *(978-1-334-14155-3(X))* Forgotten Bks.

Letters from France & Italy (Classic Reprint) Arthur Guthrie. (ENG., Illus.). (J). 2018. 308p. 30.27 *(978-0-484-40324-5(9))*; 2017. pap. 13.57 *(978-0-243-12891-4(6))* Forgotten Bks.

Letters from G. G (Classic Reprint) Grace Hall. 2018. (ENG., Illus.). 230p. (J). 28.64 *(978-0-483-25655-2(2))* Forgotten Bks.

Letters from Grandpa (Classic Reprint) Sanford Kirkpatrick. 2018. (ENG., Illus.). (J). 132p. 26.62 *(978-1-396-68402-9(6))*; 134p. pap. 9.57 *(978-1-391-59302-9(2))* Forgotten Bks.

Letters from Great Musicians to Young People (Classic Reprint) Alethea B. Crawford. 2018. (ENG., Illus.). 190p. (J). 27.84 *(978-0-267-16154-6(9))* Forgotten Bks.

Letters from Him. McKenzie Kooima. 2021. (ENG.). 240p. (YA). pap. 17.95 *(978-1-64952-951-0(1))* Fulton Bks.

Letters from India (Classic Reprint) Lady Campbell Wilson. 2017. (ENG., Illus.). (J). 32.66 *(978-0-331-56154-8(9))* Forgotten Bks.

Letters from Italy (Classic Reprint) J. T. Headley. (ENG., Illus.). (J). 2018. 238p. 28.85 *(978-0-666-82168-3(2))*; 2016. pap. 11.57 *(978-1-334-34103-8(6))* Forgotten Bks.

Letters from Italy (Classic Reprint) Joel Tyler Headley. 2018. (ENG., Illus.). 394p. (J). 32.02 *(978-0-428-93184-1(7))* Forgotten Bks.

Letters from Italy, Switzerland & Germany (Classic Reprint) Virginia Carroll Pemberton. 2018. (ENG., Illus.). 208p. (J). 28.19 *(978-0-666-72664-3(7))* Forgotten Bks.

Letters from Italy, Vol. 2: Describing the Manners, Customs, Antiquities, Paintings, &C. of That Country, in the Years 1770 & 1771, to a Friend Residing in France, by an English Woman (Classic Reprint) Anna Riggs Miller. (ENG., Illus.). (J). 2018. 430p. 32.77 *(978-0-484-35839-2(1))*; 2017. pap. 16.57 *(978-0-282-35974-4(5))* Forgotten Bks.

Letters from Japan: A Record of Modern Life in the Island Empire (Classic Reprint) Hugh Fraser. 2017. (ENG., Illus.). (J). 38.95 *(978-1-5283-8738-5(4))* Forgotten Bks.

Letters from Japan, Vol. 1: A Record of Modern Life in the Island Empire (Classic Reprint) Hugh Fraser. 2017. (ENG., Illus.). (J). 32.60 *(978-0-266-31328-1(0))* Forgotten Bks.

Letters from Japan, Vol. 2: A Record of Modern Life in the Island Empire (Classic Reprint) Hugh Fraser. 2017. (ENG., Illus.). (J). 32.25 *(978-0-265-37365-1(4))* Forgotten Bks.

Letters from Khartoum: Written During the Siege. Frank Power. 2017. (ENG., Illus.). (J). pap. *(978-0-649-51466-3(1))* Trieste Publishing Pty Ltd.

Letters from Khartoum: Written During the Siege (Classic Reprint) Frank Power. 2017. (ENG., Illus.). (J). 26.39 *(978-0-331-78419-0(X))* Forgotten Bks.

Letters from Madras: During the Years 1836-1839 (Classic Reprint) Julia Charlotte Maitland. 2017. (ENG., Illus.). (J). 27.18 *(978-1-5280-8027-9(0))* Forgotten Bks.

Letters from Maisy. Lucy Cousins. Illus. by Lucy Cousins. 2020. (Maisy Ser.). (ENG., Illus.). 32p. (J). (-k). 14.99 *(978-1-5362-1293-8(8))* Candlewick Pr.

Letters from Minty: An Imaginative Look into the Life & Thoughts of a Young Harriet Tubman. Contrib. by Gateway Christian Academy (Fort Lauderdale, Fla.) Staff & Juvenile Collection Staff. 2016. (Illus.). 31p. (J). *(978-1-338-13424-7(8))* Scholastic, Inc.

Letters from Mrs. Palmerstone to Her Daughter, Vol. 1 Of 3: Inculcating Morality by Entertaining Narratives (Classic Reprint) Rachel Hunter. 2017. (ENG., Illus.). (J). 29.09 *(978-0-265-20940-0(4))*; pap. 11.57 *(978-1-5284-6146-7(0))* Forgotten Bks.

Letters from Mrs. Palmerstone to Her Daughter, Vol. 2 Of 3: Inculcating Morality by Entertaining Narratives (Classic Reprint) Hunter. 2018. (ENG., Illus.). 226p. (J). 28.64 *(978-0-484-25996-5(2))* Forgotten Bks.

Letters from Mrs. Palmerstone to Her Daughter, Vol. 3 Of 3: Inculcating Morality by Entertaining Narratives (Classic Reprint) Rachel Hunter. (ENG., Illus.). (J). 2018.

272p. 29.51 *(978-0-484-43320-4(2))*; 2018. 264p. 29.34 *(978-0-483-81408-0(3))*; 2017. pap. 11.97 *(978-0-259-27806-1(8))* Forgotten Bks.

Letters from Muskoka (Classic Reprint) Emigrant Lady. 2017. (ENG., Illus.). (J). 30.19 *(978-0-260-44234-5(8))* Forgotten Bks.

Letters from My Mill: To Which Are Added Letters to an Absent One (Classic Reprint) Alphonse Daudet. 2018. (ENG., Illus.). 434p. (J). 32.87 *(978-0-483-47060-6(0))* Forgotten Bks.

Letters from My Tooth Fairy. Brooke Hecker. Illus. by Deborah Melmon. 2020. (ENG.). 40p. (J). (gr. k-2). 18.99 *(978-1-5341-1055-7(0)*, 204921) Sleeping Bear Pr.

Letters from Nana. Nana (Lynley) Barnett. 2022. (ENG.). 82p. (J). pap. *(978-1-922727-03-9(2))* Linellen Pr.

Letters from New York: Making Pictures with the A-B-C. Maree Coote. Illus. by Maree Coote. 2018. (ENG., Illus.). 24p. (J). (gr. k-2). 17.99 *(978-0-9924917-6-5(2))* Melbournestyle Bks. AUS. Dist: Independent Pubs. Group.

Letters from Nigeria of the Honourable David Wynford Carnegie, F. R. G. S. , 1899-1900: With Introduction & Appendix (Classic Reprint) David Wynford Carnegie. (ENG., Illus.). (J). 2018. 196p. 27.94 *(978-0-484-45662-3(8))*; 2017. pap. 10.57 *(978-0-259-44218-9(6))* Forgotten Bks.

Letters from Prison with a Portrait & a Facsimile (Classic Reprint) Eden Luxemburg Paul. 2017. (ENG., Illus.). (J). 25.71 *(978-0-260-70695-9(7))* Forgotten Bks.

Letters from Queer & Other Folk: A Manual for Teachers (Classic Reprint) Helen M. Cleveland. 2017. (ENG., Illus.). 260p. (J). 29.26 *(978-0-332-21121-3(5))* Forgotten Bks.

Letters from Queer Street: Being Some of the Correspondence, of the Late Mr. John Mason (Classic Reprint) J. H. M. Abbott. 2017. (ENG., Illus.). (J). 30.70 *(978-0-331-93501-1(5))* Forgotten Bks.

Letters from Roy, or the Spirit Voice (Classic Reprint) Leon H. Stevens. (ENG., Illus.). (J). 2018. 118p. 26.33 *(978-0-483-94673-6(7))*; 2017. pap. 9.57 *(978-0-243-46327-5(8))* Forgotten Bks.

Letters from Samoa 1891-1895 (Classic Reprint) M. I. Stevenson. 2017. (ENG., Illus.). (J). 32.56 *(978-0-331-95860-7(0))* Forgotten Bks.

Letters from Sarawak: Addressed to a Child (Classic Reprint) M'Dougall. 2018. (ENG., Illus.). 244p. (J). 28.93 *(978-0-364-03142-1(5))* Forgotten Bks.

Letters from Simkin the Second to His Dear Brother in Wales: Containing an Humble Description of the Trial of Warren Hastings, Esq. with Simon's Answer (Classic Reprint) Unknown Author. 2018. (ENG., Illus.). 56p. (J). 25.05 *(978-0-483-98227-7(X))* Forgotten Bks.

Letters from Solitude: And Other Essays (Classic Reprint) Filson Young. 2018. (ENG., Illus.). 326p. (J). 30.62 *(978-0-483-30983-8(4))* Forgotten Bks.

Letters from Space. Clayton Anderson. Illus. by Susan Batori. 2020. (ENG.). 32p. (J). (gr. 1-3). 16.99 *(978-1-5341-1074-8(7)*, 204927) Sleeping Bear Pr.

Letters from Switzerland: Letters from Italy; Iphigenia in Tauris; Torquato Tasso; Goetz Von Berlichingen (Classic Reprint) Johann Wolfgang Von Goethe. (ENG., Illus.). (J). 2018. 894p. 42.34 *(978-0-483-68757-8(X))*; 2017. pap. 24.68 *(978-0-243-24989-3(6))* Forgotten Bks.

Letters from Switzerland (Classic Reprint) Samuel Irenaeus Prime. 2017. (ENG., Illus.). (J). 29.75 *(978-1-5285-8489-0(9))* Forgotten Bks.

Letters from Switzerland Travels in Italy, Vol. 4 (Classic Reprint) Johann Wolfgang von Goethe. 2018. (ENG., Illus.). 572p. (J). 35.71 *(978-0-484-39898-5(9))* Forgotten Bks.

Letters from the Army of the Potomac: Written During the Month of May 1864. Alfred J. Bloor. 2017. (ENG., Illus.). (J). pap. *(978-0-649-33647-0(X))* Trieste Publishing Pty Ltd.

Letters from the Army of the Potomac: Written During the Month of May, 1864, to Several of the Supply Correspondents of the U. S. Sanitary Commission (Classic Reprint) Alfred J. Bloor. 2018. (ENG., Illus.). 74p. (J). 25.44 *(978-0-484-36619-9(X))* Forgotten Bks.

Letters from the Cape (Classic Reprint) Lucie Duff-Gordon. (ENG., Illus.). (J). 2018. 214p. 28.33 *(978-0-332-10286-3(6))*; 2016. pap. 10.97 *(978-1-334-14703-6(5))* Forgotten Bks.

Letters from the East. Adnan Radwan. 2017. (ARA.). 200p. (J). pap. *(978-1-387-44011-5(X))* Lulu Pr., Inc.

Letters from the East (Classic Reprint) Lydia Lucy Turner. (ENG., Illus.). (J). 2018. 120p. 26.39 *(978-0-484-54501-3(9))*; 2016. pap. 9.57 *(978-1-333-34197-8(0))* Forgotten Bks.

Letters from the Emu War. J. A. Bryden. 2023. (ENG.). 160p. (J). pap. ***(978-1-922851-24-6(8))*** Shawline Publishing Group.

Letters from the Far East: Notes of a Visit to China, Korea & Japan, 1915-1916 (Classic Reprint) Frederica A. Walcott. (ENG., Illus.). (J). 2018. 168p. 27.36 *(978-0-267-78476-9(7))*; 2016. pap. 9.97 *(978-1-334-30406-4(8))* Forgotten Bks.

Letters from the Guardian to Australia & New Zealand. Shoghi Effendi. 2018. (ENG., Illus.). 192p. (YA). (gr. 7-12). pap. *(978-93-5297-047-6(0))* Alpha Editions.

Letters from the Irish Highlands (Classic Reprint) Unknown Author. (ENG., Illus.). (J). 2018. 382p. 31.78 *(978-0-364-73693-7(3))*; 2017. pap. 16.57 *(978-0-259-19536-8(7))* Forgotten Bks.

Letters from the Lighthouse: 'the QUEEN of HISTORICAL FICTION' Guardian. Emma Carroll. 2017. (ENG.). 288p. (J). pap. 9.95 *(978-0-571-32758-4(3)*, Faber & Faber Children's Bks.) Faber & Faber, Inc.

Letters from the Mountains, Vol. 1 Of 3: Being the Real Correspondence of a Lady, Between the Years 1773 & 1803 (Classic Reprint) Anne MacVicar Grant. 2017. (ENG., Illus.). (J). 29.71 *(978-0-265-72340-1(X))*; pap. 13.57 *(978-1-5276-8169-9(6))* Forgotten Bks.

Letters from the Mountains, Vol. 1 Of 3: Being the Real Correspondence of a Lady, Between the Years 1773 & 1807 (Classic Reprint) Anne MacVicar Grant. (ENG., Illus.). (J). 2018. 228p. 28.60 *(978-0-267-45016-9(8))*; 2018. 222p. 28.68 *(978-0-484-35154-6(0))*; 2016. pap. 10.97 *(978-1-334-13229-2(1))* Forgotten Bks.

Letters from the Mountains, Vol. 2 Of 3: Being the Real Correspondence of a Lady, Between the Years 1773 & 1807; the Third Edition (Classic Reprint) Anne Grant. 2018. (ENG., Illus.). 282p. (J). 29.71 *(978-0-332-81835-1(7))* Forgotten Bks.

Letters from the Oregon Boys in France (Classic Reprint) Unknown Author. 2017. (ENG., Illus.). (J). 26.58 *(978-0-331-90447-5(0))* Forgotten Bks.

Letters from the Sea, Vol. 1 (Classic Reprint) Edward Ashley Baird. (ENG., Illus.). (J). 2018. 136p. 26.70 *(978-0-666-59070-1(2))*; 2017. pap. 9.57 *(978-0-259-84479-2(9))* Forgotten Bks.

Letters from the Shores of the Baltic (Classic Reprint) Unknown Author. 2018. (ENG., Illus.). 172p. (J). 27.44 *(978-0-483-10363-4(2))* Forgotten Bks.

Letters from the Southwest (Classic Reprint) Rudolf Eickemeyer. 2018. (ENG., Illus.). 118p. (J). 26.35 *(978-0-332-85505-9(8))* Forgotten Bks.

Letters from under a Bridge (Classic Reprint) Nathaniel Parker Willis. 2017. (ENG., Illus.). (J). 24.64 *(978-1-5279-6553-9(8))* Forgotten Bks.

Letters Home (Classic Reprint) W. D. Howells. 2018. (ENG., Illus.). 308p. (J). 30.27 *(978-0-332-88690-9(5))* Forgotten Bks.

Letters Home from Spain, Algeria, & Brazil: During Past Entomological Rambles (Classic Reprint) Hamlet Clark. 2018. (ENG., Illus.). 204p. (J). 28.10 *(978-0-267-48075-3(X))* Forgotten Bks.

Letters in Charcoal, 25 vols. Irene Vasco. Illus. by Juan Palomino. 2023. (ENG.). 32p. (J). (gr. k-3). 18.99 ***(978-1-915244-51-2(X)***, 5359b724-e244-407b-a4dc-41ca25c2db9c) Lantana Publishing GBR. Dist: Lerner Publishing Group.

Letters in the Woods. Susan Reimer. Illus. by Sara Thompson. 2021. (ENG.). 36p. (J). pap. *(978-1-4866-2153-8(8))* Word Alive Pr.

Letters, Journals & Memories of E. Huntington Blatchford, 1920 (Classic Reprint) Eliphalet Huntington Blatchford. 2017. (ENG., Illus.). (J). 28.02 *(978-0-260-80563-8(7))* Forgotten Bks.

Letters Left at the Pastrycook's: Being the Clandestine Correspondence Between Kitty Clover at School & Her Dear, Dear Friend in Town (Classic Reprint) Horace Mayhew. 2018. (ENG., Illus.). 146p. (J). 26.91 *(978-0-483-80576-7(9))* Forgotten Bks.

Letters of a Canadian Stretcher Bearer (Classic Reprint) R. A. L. 2017. (ENG., Illus.). (J). 30.23 *(978-0-260-65763-3(8))* Forgotten Bks.

Letters of a Dakota Divorcee (Classic Reprint) Jane Burr. 2017. (ENG., Illus.). (J). 27.03 *(978-1-5279-7477-7(4))* Forgotten Bks.

Letters of a Diplomat's Wife: 1883-1900 (Classic Reprint) Mary King Waddington. 2018. (ENG., Illus.). 484p. (J). 33.90 *(978-0-267-46224-7(7))* Forgotten Bks.

Letters of a Japanese Schoolboy (Hashimura Togo) (Classic Reprint) Wallace Irwin. 2018. (ENG., Illus.). 416p. (J). 32.48 *(978-0-365-38872-2(6))* Forgotten Bks.

Letters of a Javanese Princess (Classic Reprint) Raden Adjeng Kartini. 2017. (ENG., Illus.). (J). 30.74 *(978-0-266-29172-5(4))* Forgotten Bks.

Letters of a Noble Woman: Mrs. la Touche of Harristown; Edited by Margaret Ferrier Young (Classic Reprint) Maria Price La Touche. (ENG., Illus.). (J). 2018. 286p. 29.82 *(978-0-483-30181-8(7))*; 2016. pap. 13.57 *(978-1-333-72573-0(6))* Forgotten Bks.

Letters of a Remittance Man to His Mother (Classic Reprint) W. H. P. Jarvis. (ENG., Illus.). (J). 2018. 144p. 26.87 *(978-0-332-87088-5(X))*; 2017. pap. 9.57 *(978-0-259-82663-7(4))* Forgotten Bks.

Letters of a Solitary Wanderer, Vol. 1: Containing Narratives of Various Description (Classic Reprint) Charlotte Smith. 2018. (ENG., Illus.). 318p. (J). 30.46 *(978-0-483-47766-7(4))* Forgotten Bks.

Letters of a Solitary Wanderer, Vol. 2: Containing Narratives of Various Description (Classic Reprint) Charlotte Turner Smith. 2018. (ENG., Illus.). 322p. (J). 30.56 *(978-0-483-53459-9(5))* Forgotten Bks.

Letters of a Solitary Wanderer, Vol. 3: Containing Narratives of Various Description (Classic Reprint) Charlotte Smith. 2018. (ENG., Illus.). 388p. (J). 31.92 *(978-0-483-56075-8(8))* Forgotten Bks.

Letters of a Solitary Wanderer, Vol. 4: Containing Narratives of Various Description (Classic Reprint) Charlotte Smith. 2017. (ENG., Illus.). (J). 288p. 29.84 *(978-0-332-88573-5(9))*; pap. 13.57 *(978-0-259-18859-9(X))* Forgotten Bks.

Letters of a Solitary Wanderer, Vol. 5: Containing Narratives of Various Description (Classic Reprint) Charlotte Smith. 2017. (ENG., Illus.). (J). 30.25 *(978-0-266-67187-9(X))*; pap. 13.57 *(978-1-5276-4234-8(8))* Forgotten Bks.

Letters of a V. A. d (Classic Reprint) R. E. Leake. 2018. (ENG., Illus.). 324p. (J). 30.60 *(978-0-483-44824-7(9))* Forgotten Bks.

Letters of a Woman Homesteader (Classic Reprint) Elinore Pruitt Stewart. (ENG., Illus.). (J). 2018. 322p. 30.54 *(978-0-483-60942-6(0))*; 2017. 30.25 *(978-0-266-18953-4(9))*; 2017. pap. 13.57 *(978-0-243-28007-0(6))* Forgotten Bks.

Letters of an Actress (Classic Reprint) Frederick A. Stokes Company. (ENG., Illus.). (J). 2018. 330p. 30.70 *(978-0-483-44191-0(0))*; 2017. pap. 13.57 *(978-1-334-95630-0(8))* Forgotten Bks.

Letters of an Altrurian Traveller (Classic Reprint) William Dean Howells. 2017. (ENG., Illus.). (J). 26.52 *(978-0-266-48116-4(7))* Forgotten Bks.

Letters of an American Airman: Being the War Record of Capt. Hamilton Coolidge, U. S. A. , 1917-1918 (Classic Reprint) Hamilton Coolidge. (ENG., Illus.). (J). 2017. 29.03 *(978-0-331-95372-5(2))*; 2016. pap. 11.57 *(978-1-333-21516-3(9))* Forgotten Bks.

Letters of Caspar Henry Burton, Jr. (Classic Reprint) Caspar Henry Burton Jr. 2018. (ENG., Illus.). 442p. (J). 33.01 *(978-0-484-81036-4(7))* Forgotten Bks.

Letters of Celia Thaxter (Classic Reprint) A. F. 2017. (ENG., Illus.). (J). 29.59 *(978-1-5282-5289-8(6))* Forgotten Bks.

Letters of Charlotte Brinckerhoff Bronson: Written, During Her Wedding Journey in Europe in 1838 with Her Husband Frederic Bronson & His Niece Caroline Murray, to Her Mother Mrs. James L. Brinckerhoff (Classic Reprint) Charlotte Brinckerhoff Bronson. (ENG., Illus.). (J). 2018. 272p. 29.51 *(978-0-364-00001-4(5))*; 2018. 206p. 28.15 *(978-0-666-07703-5(7))*; 2017. 28.06 *(978-0-266-56640-3(5))*; 2017. pap. 10.57 *(978-0-282-91458-5(7))*; 2017. pap. 10.57 *(978-0-282-44606-2(0))*; 2017. pap. 11.97 *(978-0-259-85430-2(1))* Forgotten Bks.

Letters of Charlotte Brinckerhoff Bronson: Written, During Her Wedding Journey in Europe in 1898 with Her Husband Frederic Bronson & His Niece Caroline Murray, to Her Mother Mrs. James L. Brinckerhoff (Classic Reprint) Charlotte Brinckerhoff Bronson. (ENG., Illus.). (J). 2018. 320p. 30.52 *(978-0-365-22086-2(8))*; 2017. pap. 13.57 *(978-0-259-86870-5(1))* Forgotten Bks.

Letters of Charlotte Geddie & Charlotte Geddie Harrington (Classic Reprint) Charlotte Geddie Harrington. (ENG., Illus.). (J). 2018. 66p. 25.26 *(978-0-656-50027-7(1))*; 2017. pap. 9.57 *(978-0-259-50944-8(2))* Forgotten Bks.

Letters of Charlotte, Vol. 1: During Her Connexion with Werter (Classic Reprint) Johann Wolfgang Von Goethe. 2018. (ENG., Illus.). 176p. (J). 27.55 *(978-0-428-92588-8(X))* Forgotten Bks.

Letters of David (Classic Reprint) Martha E. Watts. 2018. (ENG., Illus.). 42p. (J). 24.76 *(978-0-483-34096-1(0))* Forgotten Bks.

Letters of Eliza Wilkinson: During the Invasion & Possession of Charleston, S. C. by the British in the Revolutionary War; Arranged from the Original Manuscripts (Classic Reprint) Caroline Gilman. 2017. (ENG., Illus.). (J). 26.25 *(978-0-266-17845-3(6))* Forgotten Bks.

Letters of Elizabeth Cabot, Vol. 1 (Classic Reprint) Elizabeth Dwight Cabot. 2017. (ENG., Illus.). (J). 31.05 *(978-0-266-96142-0(8))* Forgotten Bks.

Letters of Elizabeth Cabot, Vol. 2 (Classic Reprint) Elizabeth Dwight Cabot. 2017. (ENG., Illus.). (J). 376p. 31.65 *(978-0-332-84881-5(7))*; pap. 16.57 *(978-0-259-29655-3(4))* Forgotten Bks.

Letters of Emily Dickinson, Vol. 1 of 2 (Classic Reprint) Emily Dickinson. (ENG., Illus.). (J). 2018. 482p. 33.84 *(978-0-483-60559-6(X))*; 2017. 28.97 *(978-1-5282-6099-2(6))*; 2017. pap. 16.57 *(978-0-243-07191-3(4))* Forgotten Bks.

Letters of Euler on Different Subjects in Physics & Philosophy, Vol. 1 Of 2: Addressed to a German Princess (Classic Reprint) Leonhard Euler. 2017. (ENG., Illus.). (J). 34.60 *(978-0-266-46189-0(1))* Forgotten Bks.

Letters of Euler on Different Subjects in Physics & Philosophy, Vol. 2 Of 2: Addressed to a German Princess (Classic Reprint) Leonhard Euler. 2018. (ENG., Illus.). (J). 528p. 34.81 *(978-1-396-81422-8(1))*; 530p. pap. 19.57 *(978-1-396-81402-0(7))* Forgotten Bks.

Letters of Euler on Different Subjects in Physics & Philosophy, Vol. 2 Of 2: Addressed to a German Princess; Translated from the French (Classic Reprint) Leonhard Euler. 2017. (ENG., Illus.). (J). 550p. 35.24 *(978-0-484-57704-5(2))*; 34.42 *(978-0-331-96738-8(3))* Forgotten Bks.

Letters of George Meredith, Vol. 1 Of 2: 1844-1881 (Classic Reprint) George Meredith. 2016. (ENG., Illus.). (J). pap. 20.57 *(978-1-334-13832-4(X))* Forgotten Bks.

Letters of George Wyndham, 1877-1913, Vol. 1 (Classic Reprint) George Wyndham. 2018. (ENG., Illus.). 568p. (J). 35.61 *(978-0-332-38822-9(0))* Forgotten Bks.

Letters of George Wyndham, 1877-1913, Vol. 2 (Classic Reprint) George Wyndham. 2018. (ENG., Illus.). 570p. (J). 35.65 *(978-0-267-18811-6(0))* Forgotten Bks.

Letters of Gilbert Little Stark, July 23, 1907-March 12, 1908 (Classic Reprint) Gilbert Little Stark. (ENG., Illus.). (J). 2018. 514p. 34.52 *(978-0-365-35395-9(7))*; 2017. pap. 16.97 *(978-0-282-38075-5(2))* Forgotten Bks.

Letters of Her Mother to Elizabeth (Classic Reprint) W. R. H. Trowbridge. 2018. (ENG., Illus.). 244p. (J). 28.93 *(978-0-365-20761-0(6))* Forgotten Bks.

Letters of J. Downing, Major, Downingville Militia, Second Brigade, to His Old Friend, Mr. Dwight, of the New-York Daily Advertiser (Classic Reprint) Charles Augustus Davis. (ENG., Illus.). (J). 2018. 300p. 30.08 *(978-0-666-28783-0(X))*; 2017. pap. 13.57 *(978-0-259-75153-3(7))* Forgotten Bks.

Letters of Jennie Allen to Her Friend Miss. Musgrove (Classic Reprint) Grace Donworth. (ENG., Illus.). (J). 2018. 348p. 31.09 *(978-0-366-56762-1(4))*; 2018. 350p. pap. 13.57 *(978-0-366-41024-8(5))*; 2018. 336p. 30.85 *(978-0-483-50702-9(4))*; 2016. pap. 13.57 *(978-1-334-20021-2(1))* Forgotten Bks.

Letters of Jonathan Oldstyle, Gent: Nine Humorous Essays on the Fashions of the Time & the New York Theater Scene (Classic Unabridged Edition): Satirical Account. Washington. Irving. 2018. (ENG.). 36p. (J). pap. *(978-80-268-9114-7(7))* E-Artnow.

Letters of Jonathan Oldstyle, Gent: With a Biographical Notice (Classic Reprint) Washington. Irving. 2017. (ENG., Illus.). (J). 88p. 25.71 *(978-0-332-55014-5(1))*; pap. 9.57 *(978-0-259-85474-6(3))* Forgotten Bks.

Letters of Jonathan Oldstyle, Gent. - Nine Humorous Essays on the Fashions of the Time & the New York Theater Scene (Unabridged) A Satirical Account by the Author of the Legend of Sleepy Hollow, Rip Van Winkle, Old Chirstmas, Bracebridge Hall... Washington. Irving. 2018. (ENG.). 36p. (J). pap. *(978-80-268-9141-3(4))* E-Artnow.

Letters of Lady Burghersh (Afterwards Countess of Westmorland) From Germany & France During the Campaign of 1813-14 (Classic Reprint) Priscilla Anne Fane Westmorland. 2017. (ENG., Illus.). (J). 29.55 *(978-0-265-20563-1(8))* Forgotten Bks.

Letters of Lady Mary Wortley Montague, Written During Her Travels in Europe, Asia, & Africa: To Which Are Added Poems by the Same Author (Classic Reprint) Mary Wortley Montagu. 2018. (ENG., Illus.). (J). 318p. 30.46 *(978-0-366-12673-6(3))*; 320p. pap. 13.57 *(978-0-365-77732-8(3))* Forgotten Bks.

Letters of Lady Mary Wortley Montague, Written During Her Travels in Europe, Asia, & Africa: To Which Are Added Poems by the Same Author (Classic Reprint) Mary Wortley Montague. (ENG., Illus.). (J). 2017. 30.54 *(978-0-260-90968-8(8))*; 2016. pap. 11.97 *(978-1-334-13726-6(9))* Forgotten Bks.

Letters of Lizzie Mcmillan (Classic Reprint) [Eliza] McMillan. 2018. (ENG., Illus.). 274p. (J). 29.55 *(978-0-267-45984-1(X))* Forgotten Bks.

Letters of Long Ago (Classic Reprint) Agnes Just Reid. (ENG., Illus.). (J). 2018. 118p. 26.33 *(978-0-483-63037-6(3))*; 2017. pap. 9.57 *(978-0-243-30924-5(4))* Forgotten Bks.

Letters of Major Jack Downing: Of the Downingville Militia (Classic Reprint) Unknown Author. 2017. (ENG., Illus.). 272p. (J). 29.51 *(978-0-484-21953-2(7))* Forgotten Bks.

Letters of Martha Lebaron Goddard (Classic Reprint) Martha LeBaron Goddard. 2017. (ENG., Illus.). (J). 27.94 *(978-0-266-86042-6(7))* Forgotten Bks.

Letters of Mary Boardman Crowninshield, 1815-1816 (Classic Reprint) Mary Boardman Crowninshield. (ENG., Illus.). (J). 2018. 102p. 26.00 *(978-0-666-98216-2(3))*; 2016. pap. 9.57 *(978-1-333-54846-9(X))* Forgotten Bks.

Letters of Mary Russell Mitford, Vol. 1 of 2 (Classic Reprint) Mary Russell Mitford. 2018. (ENG., Illus.). 308p. (J). (gr. -1-3). 30.27 *(978-0-483-45159-9(2))* Forgotten Bks.

Letters of Mary Sibylla Holland (Classic Reprint) Mary Sibylla Holland. (ENG., Illus.). (J). 2017. 30.99 *(978-0-266-71680-8(6))*; 2016. pap. 13.57 *(978-1-333-40711-7(4))* Forgotten Bks.

Letters of Miss. Riversdale, Vol. 1 Of 3: A Novel (Classic Reprint) Riversdale Riversdale. (ENG., Illus.). (J). 2018. 380p. 31.73 *(978-0-365-24381-6(7))*; 2017. pap. 16.57 *(978-0-259-19567-2(7))* Forgotten Bks.

Letters of Miss. Riversdale, Vol. 3 Of 3: A Novel (Classic Reprint) Louisa Riversdale. 2017. (ENG., Illus.). (J). 432p. 32.81 *(978-0-484-89345-9(9))*; pap. 16.57 *(978-0-259-35523-6(2))* Forgotten Bks.

Letters of Monsignor George Hobart Doane (Classic Reprint) George Hobart Doane. (ENG., Illus.). (J). 2019. 82p. 25.61 *(978-0-267-40411-7(5))*; 2016. pap. 9.57 *(978-1-334-11919-4(8))* Forgotten Bks.

Letters of Nora on Her Tour Through Ireland: Being a Series of Letters to the Montreal Witness As Special Correspondent to Ireland (Classic Reprint) Margaret Dixon McDougall. 2017. (ENG., Illus.). (J). 30.19 *(978-0-266-73307-2(7))*; pap. 13.57 *(978-1-5276-9547-4(6))* Forgotten Bks.

Letters of Peregrine Pickle (Classic Reprint) George P. Upton. 2018. (ENG., Illus.). 354p. (J). 31.20 *(978-0-483-51227-6(3))* Forgotten Bks.

Letters of Robert Louis Stevenson to His Family & Friends. Robert Louis Stevenson. 2017. (ENG.). 424p. (J). pap. *(978-3-337-01658-6(8))* Creation Pubs.

Letters of Robert Louis Stevenson, Vol. 2 of 4 (Classic Reprint) Robert Louis Stevenson. 2018. (ENG., Illus.). 406p. (J). 32.27 *(978-0-483-20061-6(1))* Forgotten Bks.

Letters of Robert Louis Stevenson, Vol. 3 of 4 (Classic Reprint) Robert Louis Stevenson. 2018. (ENG., Illus.). 412p. (J). 32.39 *(978-0-428-82400-6(5))* Forgotten Bks.

Letters of Robert Louis Stevenson, Vol. 4 Of 4: 1891-1894 (Classic Reprint) Robert Louis Stevenson. 2017. (ENG., Illus.). (J). 32.79 *(978-1-5281-6686-7(8))* Forgotten Bks.

Letters of S. A. Kellogg (Classic Reprint) S. Alonzo Kellogg. (ENG., Illus.). (J). 2018. 96p. 25.88 *(978-0-483-50948-1(5))*; 2017. pap. 9.57 *(978-0-243-06075-7(0))* Forgotten Bks.

Letters of Si Whiffletree Freshman (Classic Reprint) Frank D. Genest. 2018. (ENG., Illus.). 82p. (J). 25.61 *(978-0-428-96889-2(9))* Forgotten Bks.

Letters of Simkin the Second, Ralph Broome. 2017. (ENG.). 376p. (J). pap. *(978-3-7447-1621-5(X))* Creation Pubs.

Letters of Simkin the Second: Poetic Recorder of All the Proceedings, upon the Trial of Warren Hastings, Esq. , in Westminster Hall (Classic Reprint) Ralph Broome. 2018. (ENG., Illus.). 372p. (J). 31.57 *(978-0-267-45964-3(5))* Forgotten Bks.

Letters of Susan Hale (Classic Reprint) Susan Hale. 2017. (ENG., Illus.). (J). 34.52 *(978-1-5279-7563-7(0))* Forgotten Bks.

Letters of Thackeray to Mrs. Brookfield: Drawings & Caricatures; a List of Thackeray's Characters; Alphabetical List of the Contents of the Kensington Edition (Classic Reprint) William Makepeace Thackeray. (ENG., Illus.). (J). 2017. 382p. 31.78 *(978-0-484-11586-5(3))*; 2016. pap. 16.57 *(978-1-333-53736-4(0))* Forgotten Bks.

Letters of Thackeray to Mrs. Brookfield: Miscellaneous Essays, Sketches & Reviews; Drawings & Caricatures (Classic Reprint) William Makepeace Thackeray. (ENG., Illus.). (J). 2017. 734p. 39.04 *(978-0-484-47284-5(4))*; 2016. pap. 23.57 *(978-1-334-09092-9(0))* Forgotten Bks.

Letters of the Late James Fawcus, M. D. James Fawcus. 2017. (ENG.). 214p. (J). pap. *(978-3-337-01653-1(7))* Creation Pubs.

Letters of the Late James Fawcus, M. d: For Private Circulation (Classic Reprint) James Fawcus. 2018. (ENG., Illus.). 212p. (J). 28.27 *(978-0-484-35550-6(3))* Forgotten Bks.

Letters of the Motor Girl: Brilliant, Thrilling, Startling the Breeziest Bunch of Letters Ever Published (Classic Reprint) Ethellyn Gardner. (ENG., Illus.). (J). 2018. 102p. 26.02 *(978-0-267-23208-6(X))*; 2016. pap. 9.57 *(978-1-334-51955-0(2))* Forgotten Bks.

Letters of the Right Honourable Lady M — Y W — — -y M — — — e: Written During Her Travels in Europe, Asia, & Africa, to Persons of Distinction, Men of Letters, &C. in Different Parts of Europe. in Two Volumes. Vol. I. Mary Wortley Montagu. 2017. (ENG., Illus.). (J). pap. *(978-0-649-63141-4(2))* Trieste Publishing Pty Ltd.

Letters of the Right Honourable Lady M y W -Y M e, Vol. 1 Of 3: Written During Her Travels in Europe, Asia & Africa, to Persons of Distinction, Men of Letters, &C. , in Different Parts of Europe; Which Contain, among Other Curious Relations, Accounts Of. Mary Wortley Montagu. 2018. (ENG., Illus.). 382p. (J). 31.80 *(978-0-428-82439-6(0))* Forgotten Bks.

Letters of the Right Honourable Lady M y W y M e, Vol. 1 Of 2: Written During Her Travels in Europe, Asia, & Africa (Classic Reprint) Mary Wortley Montagu. (ENG., Illus.). (J). 2018. 236p. 28.76 *(978-0-483-21745-4(X))*; 2016. pap. 11.57 *(978-1-334-10332-2(1))* Forgotten Bks.

Letters of the Right Honourable Lady M-Y W-y M-e, Vol. 2 Of 2: Written During Her Travels in Europe, Asia & Africa, to Persons of Distinction, Men of Letters, &C. in Different Parts of Europe; Which Contain, among Other Curious Relations, Accounts of Th. Mary Wortley Montagu. 2017. (ENG., Illus.). (J). 28.60 *(978-0-266-17115-7(X))* Forgotten Bks.

Letters of the Right Honourable Lady M y W y M e, Vol. 2 Of 2: Written During Her Travels in Europe, Asia & Africa, to Persons of Distinction, Men of Letters, &C. on Different Parts of Europe; Which Contain, among Other Curious Relations, Accounts of Th. Lady Mary Wortley Montagu. 2017. (ENG., Illus.). (J). pap. 10.97 *(978-1-5276-3061-1(7))* Forgotten Bks.

Letters of Theo; Brown (Classic Reprint) Unknown Author. 2018. (ENG., Illus.). 140p. (J). 26.80 *(978-0-332-16948-4(0))* Forgotten Bks.

Letters of Thomasina Atkins (Classic Reprint) Private (W A. A. C.) on Active Service. 2017. (ENG., Illus.). (J). 27.32 *(978-0-331-92767-2(5))* Forgotten Bks.

Letters of Travel (Classic Reprint) Phillips Brooks. 2018. (ENG., Illus.). 396p. (J). 32.06 *(978-0-365-04071-2(1))* Forgotten Bks.

Letters of Travel from Caspar Morris, M. D: 1871 1872, to His Family (Classic Reprint) Caspar Morris. 2018. (ENG., Illus.). 508p. (J). 34.37 *(978-0-332-86925-4(3))* Forgotten Bks.

Letters of Travel from Caspar Morris, M. D. 1871-1872 to His Family. Caspar Morris. 2017. (ENG.). 460p. (J). pap. *(978-3-337-02123-8(9))* Creation Pubs.

Letters of Travel from Caspar Morris, M. D. 1871-1872, Vol. 2: To His Family (Classic Reprint) Caspar Morris. 2018. (ENG., Illus.). 458p. (J). 33.36 *(978-0-483-40345-1(8))* Forgotten Bks.

Letters of Travel Mam (Classic Reprint) Rudyard Kipling. 2018. (ENG., Illus.). 298p. (J). 30.06 *(978-0-483-80718-1(4))* Forgotten Bks.

Letters of Two People in War Time (Classic Reprint) Cosmo Charles Gordon-Lennox. 2018. (ENG., Illus.). 172p. (J). 27.44 *(978-0-484-12194-1(4))* Forgotten Bks.

Letters on an Elk Hunt: Illustrated (Classic Reprint) Elinore Pruitt Stewart. 2017. (ENG., Illus.). (J). 27.53 *(978-0-331-90939-5(1))* Forgotten Bks.

Letters to a Bride: Including Letters to a Debutante (Classic Reprint) Lucie Heaton Armstrong. (ENG., Illus.). (J). 2018. 254p. 29.16 *(978-0-483-68180-4(6))*; 2017. pap. 11.57 *(978-0-243-41916-6(3))* Forgotten Bks.

Letters to a Daughter Paperback. Angela Williams Glenn. 2017. (ENG.). 100p. (J). pap. *(978-1-387-27174-0(1))* Lulu Pr., Inc.

Letters to a Djinn (Classic Reprint) Grace Zaring Stone. 2018. (ENG., Illus.). 260p. (J). 29.26 *(978-0-332-85928-6(2))* Forgotten Bks.

Letters to a Friend: Written to Mrs. Ezra S. Carr, 1866-1879 (Classic Reprint) John Muir. 2018. (ENG., Illus.). 206p. (J). 28.17 *(978-0-267-66219-7(X))* Forgotten Bks.

Letters to a Niece & Prayer to the Virgin of Chartres (Classic Reprint) Henry Adams. 2018. (ENG., Illus.). 146p. (J). 26.91 *(978-0-666-11731-1(4))* Forgotten Bks.

Letters to a PrisonerLe Prisonnier Sans Frontières. Jacques Goldstyn. Tr. by Angela Keenlyside from FRE. 2017. Orig. Title: Le Prisonnier Sans Frontières. (ENG., Illus.). 48p. (J). (gr. 4). 18.95 *(978-1-77147-251-7(0))* Owlkids Bks. Inc. CAN. Dist: Publishers Group West (PGW).

Letters to a Rockstar. Erica Kogge. 2022. (ENG.). 488p. (YA). pap. 27.95 *(978-1-63710-287-9(9))* Fulton Bks.

Letters to an Eton Boy: A Selection from the Correspondence, etc;, Received by George Beverley Fitz Grannet During His Last Year at School (Classic Reprint) George Beverley Fitz. 2018. (ENG., Illus.). 324p. (J). 30.58 *(978-0-267-22934-5(8))* Forgotten Bks.

Letters to Anyone & Everyone. Toon Tellegen. Illus. by Jessica Ahlberg. 2023. (ENG.). 160p. (J). (gr. 3-5). 18.99 *(978-1-914912-21-4(7))* Boxer Bks., Ltd. GBR. Dist: Sterling Publishing Co., Inc.

Letters to Beany & the Love-Letters of Plupy Shute (Classic Reprint) Henry A. Shute. 2017. (ENG., Illus.). (J). 27.73 *(978-0-266-67242-5(6))* Forgotten Bks.

Letters to Betsey (Classic Reprint) Jennie L. Cody. 2018. (ENG., Illus.). 258p. (J). 29.22 *(978-0-483-83407-1(6))* Forgotten Bks.

Letters to Fort St. George, 1682, Vol. 2 (Classic Reprint) Fort St George Madras. 2017. (ENG., Illus.). (J). 27.49 *(978-0-265-56830-9(7))*; pap. 9.97 *(978-0-282-83352-7(8))* Forgotten Bks.

Letters to God, 1 vol. Patrick Doughtie & Heather Doughtie. Illus. by Tammie Lyon. 2016. (Letters to God Ser.). (ENG.). 32p. (J). 16.99 *(978-0-310-75395-7(3))* Zonderkidz.

Letters to Heaven: Sally's Story about Cancer, Death... & Hope. Sally Erickson. 2017. (ENG., Illus.). (J). pap. 16.95 *(978-1-5127-8823-5(6)*, WestBow Pr.) Author Solutions, LLC.

Letters to Helen: Impressions of an Artist on the Western Front (Classic Reprint) Keith Henderson. (ENG., Illus.). (J). 2018. 228p. 28.60 *(978-0-267-72032-3(7))*; 2016. pap. 11.57 *(978-1-333-24058-5(9))* Forgotten Bks.

Letters to His Wife (Classic Reprint) R. E. Vernede. 2017. (ENG., Illus.). (J). 29.09 *(978-0-265-30995-7(6))* Forgotten Bks.

Letters to Julia; in Rhyme: To Which Are Added Lines Written at Ampthill-Park (Classic Reprint) Henry Luttrell. 2018. (ENG., Illus.). 246p. (J). 28.97 *(978-0-666-19351-3(7))* Forgotten Bks.

Letters to Lithopolis: From O. Henry to Mabel Wagnalls (Classic Reprint) O. Henry. 2018. (ENG., Illus.). 96p. (J). 25.90 *(978-0-428-87992-1(6))* Forgotten Bks.

Letters to Little Children: Or the History of Little Sarah (Classic Reprint) Unknown Author. 2018. (ENG., Illus.). 58p. (J). 25.09 *(978-0-483-97583-5(4))* Forgotten Bks.

Letters to Live By. Margaret Sutton et al. 2020. (ENG.). 58p. (J). 17.99 *(978-1-7355300-2-4(6))*; pap. 11.99 *(978-1-7355300-0-0(X))* Margaret Sutton Bks.

Letters to Marco (Classic Reprint) George Dunlop Leslie. (ENG., Illus.). (J). 2018. 286p. 29.82 *(978-0-484-12364-8(5))*; 2016. pap. 13.57 *(978-1-333-72463-4(2))* Forgotten Bks.

Letters to My Grandparent: Write Now. Read Later. Treasure Forever. (Gifts for Grandparents, Thoughtful Gifts, Gifts for Grandmother) Lea Redmond. 2018. (Letters to My Ser.). (ENG., Illus.). 12p. (J). (gr. k-12). 14.95 *(978-1-4521-5948-5(3))* Chronicle Bks. LLC.

Letters to My Nephew (Classic Reprint) Anthony Farley. (ENG., Illus.). (J). 2017. 30.62 *(978-0-260-54159-8(1))*; 2016. pap. 13.57 *(978-1-333-19073-6(5))* Forgotten Bks.

Letters to My Sister of Our Experiences on Our First Trip to Europe, 1913 (Classic Reprint) Lilian McCarron. (ENG., Illus.). (J). 2018. 210p. 28.25 *(978-0-483-71708-4(8))*; 2016. pap. 10.97 *(978-1-334-12388-7(8))* Forgotten Bks.

Letters to My Son (Classic Reprint) Winifred James. 2018. (ENG., Illus.). 190p. (J). 27.82 *(978-0-483-19723-7(8))* Forgotten Bks.

Letters to Patty (Classic Reprint) Rosamond Napier. 2017. (ENG., Illus.). (J). pap. 9.97 *(978-0-259-19787-4(4))* Forgotten Bks.

Letters to Ruth the Library of Congress (Classic Reprint) Lucy B. Dudley. 2018. (ENG., Illus.). 118p. (J). 26.35 *(978-0-666-53904-5(9))* Forgotten Bks.

Letters to Salvationists on Love, Marriage, & Home, Vol. 2: Religion for Every Day (Classic Reprint) William Booth. 2018. (ENG., Illus.). 196p. (J). 27.94 *(978-0-666-00352-2(1))* Forgotten Bks.

Letters to Sir Alex. Steve Berg. 2018. (ENG., Illus.). 204p. (J). pap. 11.99 *(978-1-938591-54-9(2))* Sole Bks.

Letters to the Average High Schooler. Margaret Forze. 2020. (ENG.). 184p. (YA). pap. 13.99 *(978-1-4808-8829-6(X))* Archway Publishing.

Letters to the Bridgeport Comfort Club from the Foreign Chapter in France (Classic Reprint) Leslie R. Barlow. 2018. (ENG., Illus.). 60p. (J). 25.13 *(978-0-484-22466-6(2))* Forgotten Bks.

Letters to the Children (Classic Reprint) R. W. Blew. (ENG., Illus.). (J). 2018. 218p. 28.39 *(978-0-332-13068-2(1))*; 2017. pap. 10.97 *(978-1-334-91717-2(5))* Forgotten Bks.

Letters to the Family Notes on a Recent Trip to Canada (Classic Reprint) Rudyard Kipling. 2018. (ENG., Illus.). 84p. (J). 25.63 *(978-0-267-21065-7(5))* Forgotten Bks.

Letters to the Home. Michael Gray Bulla & Kelly Cass Falzone. 2019. (Southern Songbird Ser.). (ENG.). 92p. (YA). (gr. 9-12). pap. 11.99 *(978-1-4867-1799-6(3)*, e664b262-7235-45e3-b573-2f51432ed39e) Flowerpot Pr.

Letters to the Lost. Brigid Kemmerer. (ENG.). (YA). 2018. 416p. pap. 10.99 *(978-1-68119-591-9(7)*, 900179018); 2017. 400p. 18.99 *(978-1-68119-008-2(7)*, 900154802) Bloomsbury Publishing USA. (Bloomsbury USA Childrens).

Letters to the Mother, of a Soldier (Classic Reprint) Richardson Little Wright. 2018. (ENG., Illus.). 146p. (J). 26.91 *(978-0-483-55935-6(0))* Forgotten Bks.

Letters to the Young from the Old World. D. L. Miller. 2017. (ENG.). 264p. (J). pap. *(978-3-337-21187-5(9))* Creation Pubs.

Letters to the Young from the Old World: Notes of Travel (Classic Reprint) D. L. Miller. 2017. (ENG., Illus.). (J). 29.30 *(978-1-5280-8034-7(3))* Forgotten Bks.

Letters to Young Men in the Classroom: From a Teacher's Perspective. Yolanda Ellis. 2019. (ENG.). 36p. (J). pap. *(978-0-359-41787-2(6))* Lulu Pr., Inc.

Letters Tracing Book for Preschoolers-Alphabet Writing Practice Paper- Tracing Book for Kids Ages 3-6- Improving Handwriting for Kids- Preshool Educational. Jocelyn Smirnova. 2021. (ENG.). 104p. (J). pap. 10.79 *(978-1-716-22342-6(3))* Lulu Pr., Inc.

Letters Tracing Book for Preschoolers & Kids Ages 3-5-Alphabet Writing Practice Book- Learning to Write for Preschoolers- Preschool Tracing Workbook. Josephine Molace. 2020. (ENG.). 104p. (J). pap. 10.91 *(978-1-716-27441-1(9))* Lulu Pr., Inc.

Letters Written by the Fatherless Children of France to Their American Godparents (Classic Reprint) Unknown Author. 2017. (ENG., Illus.). (J). 25.30 *(978-0-331-59519-2(2))* Forgotten Bks.

Letters Written During a Journey in Spain, & a Short Residence in Portugal, Vol. 1 of 2 (Classic Reprint) Robert Southey. 2017. (ENG., Illus.). (J). 30.58 *(978-0-331-55146-4(2))* Forgotten Bks.

Letters Written During a Journey in Spain & a Short Residence, Vol. 2 Of 2: In Portugal (Classic Reprint) Robert Southey. 2018. (ENG., Illus.). 316p. (J). 30.41 *(978-0-267-45183-8(0))* Forgotten Bks.

Letters Written During a Journey in Spain, Vol. 1 Of 2: And a Short Residence in Portugal (Classic Reprint) Robert Southey. 2017. (ENG., Illus.). 636p. (J). 37.01 *(978-0-484-76951-8(0))* Forgotten Bks.

Letters Written During a Short Residence in Spain & Portugal. Robert Southey. 2019. (ENG.). 574p. (J). pap. *(978-93-5370-238-0(0))* Alpha Editions.

Letters Written During a Short Residence in Spain & Portugal (Classic Reprint) Robert Southey. 2018. (ENG., Illus.). 576p. (J). 35.78 *(978-0-483-48251-7(X))* Forgotten Bks.

Letters Written During a Short Residence in Sweden, Norway, & Denmark (Classic Reprint) Mary Wollstonecraft. (ENG., Illus.). (J). 2017. 28.04 *(978-0-266-46054-1(2))*; 2017. 29.59 *(978-0-266-50174-9(5))*; 2016. pap. 11.97 *(978-1-334-14130-0(4))* Forgotten Bks.

Letters Written During a Trip to Southern India Ceylon in the Winter Of 1876 1877: With Original Illustations (Classic Reprint) Unknown Author. 2018. (ENG., Illus.). 186p. (J). 27.75 *(978-0-365-23467-8(2))* Forgotten Bks.

Letters, Written for the Post, & Not for the Press (Classic Reprint) John Russell. (ENG., Illus.). (J). 2018. 436p. 32.89 *(978-0-483-72337-5(1))*; 2016. pap. 16.57 *(978-1-334-13487-6(1))* Forgotten Bks.

Letters Written While on a Collecting Trip in the East Indies (Classic Reprint) Thomas Barbour. 2018. (ENG., Illus.). 226p. (J). 28.58 *(978-0-267-66411-5(7))* Forgotten Bks.

Letters/Numbers, 4 bks., Set. Janice Behrens. Incl. Let's Make Letters: ABC Kids. (Illus.). 32p. (J). (gr. -1-3). 2007. 18.00 *(978-0-531-14867-9(X)*, Children's Pr.); (Let's Find Out Early Learning Bks.). 2007. 72.00 *(978-0-531-17599-6(5)*, Children's Pr.) Scholastic Library Publishing.

Lettice Arnold, Vol. 1 Of 2: A Tale (Classic Reprint) Unknown Author. 2018. (ENG., Illus.). 294p. (J). 29.96 *(978-0-428-77854-5(2))* Forgotten Bks.

Lettice Arnold, Vol. 2 Of 2: A Tale (Classic Reprint) Author of Emilia Wyndham. 2018. (ENG., Illus.). (J). 294p. 29.96 *(978-0-365-41553-4(7))*; 296p. pap. 13.57 *(978-0-365-41547-3(2))* Forgotten Bks.

Lettie Lavilla Burlingame: Her Life Pages, Stories, Poems & Essays; Including a Glimpse of Her Success As the First Lady Lawyer of Will County, Illinois, the Home of Her Girlhood; Also As President, up to the Time of Her Death, of the First Equal Suffr. O. C. Burlingame. (ENG., Illus.). (J). 2018. 420p. 32.56 *(978-0-428-79789-8(X))*; 2017. pap. 16.57 *(978-1-334-90659-6(9))* Forgotten Bks.

Letting Go. Noel G. Fedrau. Ed. by Mervin John Fedrau. 2020. (ENG., Illus.). 36p. (J). (gr. 2-4). pap. *(978-0-9936678-6-2(4))* Write On The Rock Pr.

Letting Go. Deborah Markus. 2018. (ENG.). 360p. (YA). (gr. 9-9). 16.99 *(978-1-5107-3405-0(8)*, Sky Pony Pr.) Skyhorse Publishing Co., Inc.

Letting Go. Patricia Ploss. 2022. (ENG.). 140p. (YA). pap. 15.95 *(978-1-956823-14-1(X))* Joshua Tree Publishing.

Letting Go: We Make the World Magazine. Matthew Randolph et al. 2021. (ENG.). 52p. (YA). pap. 9.99 *(978-1-716-15028-9(0))* Lulu Pr., Inc.

Letting Go of Goodbye. Margie Vieira. 2020. (ENG.). 352p. (YA). pap. 19.50 *(978-1-952269-99-8(7))* Strategic Book Publishing & Rights Agency (SBPRA).

Letting Go of Gravity. Meg Leder. (ENG.). (YA). (gr. 7). 2019. 448p. pap. 12.99 *(978-1-5344-0317-8(5))*; 2018. (Illus.). 432p. 19.99 *(978-1-5344-0316-1(7))* Simon Pulse. (Simon Pulse).

Letting It Go: The Dot to Dot Challenge Activity Book. Bobo's Adult Activity Books. 2016. (ENG., Illus.). (J). pap. 9.33 *(978-1-68327-181-9(5))* Sunshine In My Soul Publishing.

Letting the Summer Go. Alice Teasdale. Illus. by Júlia Both. 2022. (ENG.). 34p. (J). pap. *(978-1-925856-58-3(5))* Stormbird Pr.

Lettre du Roy, Envoyee Aux Provinces: Avec Celle de Monsieur Au Roy, et la Response du Roy a Monsieur (Classic Reprint) Louis Xiii King of France. 2017. (FRE., Illus.). (J). pap. 7.97 *(978-0-243-31100-2(1))* Forgotten Bks.

Lettre du Roy, Envoyée Aux Provinces: Avec Celle de Monsieur Au Roy, et la Response du Roy À Monsieur (Classic Reprint) Louis Xiii King of France. 2018. (FRE., Illus.). 22p. (J). 24.37 *(978-0-484-71410-5(4))* Forgotten Bks.

Lettres D'Amore. Julie Marie Frances Devoe. 2021. (ENG.). 32p. (J). pap. *(978-1-716-07493-6(2))* Lulu Pr., Inc.

Lettres de Charles Weiss a Charles Nodier (Classic Reprint) Charles Weiss. 2018. (FRE., Illus.). (J). 130p. 26.58 *(978-1-391-86621-5(5))*; 132p. pap. 9.57 *(978-1-390-65813-2(9))* Forgotten Bks.

Lettres Physiques et Morales Sur l'Histoire de la Terre et de l'Homme, Adresse'es a la Reine de la Grand Bretagne, Vol. 5 (Classic Reprint) Jean Andre Deluc. 2018. (FRE., Illus.). (J). 450p. 33.18 *(978-1-391-56749-5(8))*; 452p. pap. 16.57 *(978-1-391-56656-6(4))* Forgotten Bks.

Lettres Physiques et Morales Sur l'Histoire de la Terre et de l'Homme, Vol. 1: Adressées a la Reine de la Grande Bretagne (Classic Reprint) Jean Andre Deluc. 2018. (FRE., Illus.). (J). 570p. 35.65 *(978-1-396-41157-1(7))*; 572p. pap. 19.57 *(978-1-391-44072-9(2))* Forgotten Bks.

Lettres Rustiques de Claudius Aelianus, Prenestin: Traduites du Grec en Français (Classic Reprint) Claudius Aelianus. 2018. (FRE., Illus.). (J). 100p. 25.98 *(978-1-390-05103-2(X))*; 102p. pap. 9.57 *(978-1-390-05092-9(0))* Forgotten Bks.

Lettres Sur les Fabulistes Anciens et Modernes, Vol. 1 (Classic Reprint) Louis François Jauffret. 2018. (FRE., Illus.). (J). 278p. 29.65 *(978-1-396-27700-9(5))*; 280p. pap. 13.57 *(978-1-390-26485-2(8))* Forgotten Bks.

Lettres Sur les Fabulistes Anciens et Modernes, Vol. 2 (Classic Reprint) Louis François Jauffret. 2018. (FRE., Illus.). (J). 296p. 30.02 *(978-1-396-11023-8(2))*; 298p. pap. 13.57 *(978-1-390-40649-8(0))* Forgotten Bks.

Letts 11+ Success - 11+ Practice Test Papers (Get Ahead) for the CEM Tests Inc. Audio Download. Collins UK. 2017. (Letts 11+ Success Ser.). (ENG.). 104p. (J). (gr. 4-7). pap. 14.99 *(978-1-84419-897-9(9))* HarperCollins Pubs. Ltd. GBR. Dist: Independent Pubs. Group.

Letts a-Level Revision Success - a-level Maths Year 1 (and AS) in a Week: Ideal for Home Learning, 2022 & 2023 Exams. Letts Letts A-level. 2018. (ENG.). 144p. (YA). (gr. 10-12). pap. 15.95 *(978-0-00-827603-4(X))* HarperCollins Pubs. Ltd. GBR. Dist: Independent Pubs. Group.

Letts a-Level Revision Success - a-level Maths Year 2 in a Week: Ideal for Home Learning, 2022 & 2023 Exams. Letts A-level. 2018. (ENG.). 144p. pap. 15.95 *(978-0-00-827608-9(0))* HarperCollins Pubs. Ltd. GBR. Dist: Independent Pubs. Group.

Letts a-Level Revision Success - AQA a-Level English Language Practice Test Papers. Letts Letts A-Level. 2018. (ENG.). 96p. (YA). (gr. 7-9). pap. 14.95 *(978-0-00-827623-2(4))* HarperCollins Pubs. Ltd. GBR. Dist: Independent Pubs. Group.

Letts a-Level Revision Success - AQA a-Level English Literature B Practice Test Papers. Letts Letts A-Level. 2018. (ENG.). 96p. (YA). (gr. 7-9). pap. 14.95 *(978-0-00-827622-5(6))* HarperCollins Pubs. Ltd. GBR. Dist: Independent Pubs. Group.

Letts a-Level Revision Success - Edexcel a-Level Maths Practice Test Papers. Letts A-Level. 2018. (ENG.). 96p. (-8). pap. 12.95 *(978-0-00-827621-8(8))* HarperCollins Pubs. Ltd. GBR. Dist: Independent Pubs. Group.

Lettuce Help. S. M. R. Saia. Illus. by Tina Perko. 2023. (Gertie in the Garden Ser.: Vol. 3). (ENG.). (J). 96p. 16.99 ***(978-1-945713-52-1(6))***; 94p. pap. 7.99 ***(978-1-945713-47-7(X))*** Shelf Space Bks.

Lettuce Laugh: 600 Corny Jokes about Food. Natasha Wing. 2018. (Illus.). 96p. (J). (gr. k-7). pap. 6.95 *(978-1-4549-3125-6(6))* Sterling Publishing Co., Inc.

Letty: An Original Drama, in Four Acts & an Epilogue (Classic Reprint) Arthur W. Pinero. 2018. (ENG., Illus.). 234p. (J). 28.72 *(978-0-365-33023-3(X))* Forgotten Bks.

Letty Stories: 4 Books in One, 4 bks. in 1. Alison Lloyd. ed. 2016. (Our Australian Girl Ser.). (Illus.). 480p. (J). (gr. 3-7). 23.99 *(978-0-670-07805-9(0))* Penguin Random Hse. AUS. Dist: Independent Pubs. Group.

Lety Alza Su Voz (Lety Out Loud) Angela Cervantes. 2019. (SPA.). 208p. (J). (gr. 3-7). pap. 6.99 *(978-1-338-35916-9(9)*, Scholastic en Espanol) Scholastic, Inc.

Lety Out Loud: a Wish Novel, 1 vol. Angela Cervantes. (ENG.). 208p. (J). (gr. 3-7). 2020. pap. 7.99 *(978-1-338-15935-6(6)*, Scholastic Paperbacks); 2019. 16.99 *(978-1-338-15934-9(8)*, Scholastic Pr.) Scholastic, Inc.

Lev Gleason's Daredevil Novel - Death Takes Centre Stage. Dk Latta. 2022. (ENG., Illus.). 150p. (YA). pap. 14.99 *(978-1-988247-58-8(6))* Chapterhouse Comics CAN. Dist: Diamond Comic Distributors, Inc.

Levantate! Jamie McGillian. Illus. by Mary Reaves Uhles. 2016. (Early Rising Readers Ser.). (SPA.). 16p. (J). (gr. 1-1). 6.67 *(978-1-4788-3760-2(8))* Newmark Learning LLC.

Levantate: Notas de Estudio de la Biblia Del Deportista. Fca. 2016. (SPA., Illus.). (YA). pap. 17.99 *(978-1-4336-5069-7(X))* B&H Publishing Group.

¡Levántate! - 6 Pack. Jamie McGillian. 2016. (Early Rising Readers Ser.). (SPA.). (J). (gr. 1). 40.00 net. *(978-1-4788-4703-8(4))* Newmark Learning LLC.

Leve Ti Lapen/Sleeping Bunnies. Tr. by The Language Banc. Illus. by Annie Kubler & Sarah Dellow. 2023. (Baby Rhyme Time (Haitian Creole/English) Ser.). (ENG.). 12p. (J). bds. *(978-1-78628-753-3(6))* Child's Play International Ltd.

Levee. Damon Norko. 2017. (ENG., Illus.). (YA). (gr. 7-12). pap. 16.95 *(978-1-61296-906-0(2))* Black Rose Writing.

Levee Broke: Hurricane Katrina & America's Response. Virginia Loh-Hagan. 2022. (Behind the Curtain Ser.). (ENG., Illus.). 32p. (J). (gr. 4-8). pap. 14.21 *(978-1-6689-0062-8(9)*, 220153); lib. bdg. 32.07 *(978-1-5341-9948-4(9)*, 220009) Cherry Lake Publishing. (45th Parallel Press).

Levees & Seawalls, 1 vol. Erika Edwards. 2016. (Technology Takes on Nature Ser.). (ENG.). 32p. (J). (gr. 3-4). pap. 11.50 *(978-1-4824-5775-9(X)*, 05c2c31f-08c7-4827-968a-67dc6deb82b5) Stevens, Gareth Publishing LLLP.

Level: Trilogy of Two Times, Book 1. J. Brock Guthrie. 2022. (Trilogy of Two Times Ser.: Vol. 1). (ENG.). 460p. (YA). pap. 19.99 ***(978-0-578-33589-6(1))*** JB Bks. LLC.

Level 1 (Set) Colors, 6 vols. 2022. (Bear Essential Readers Ser.). (ENG.). (J). (gr. -1-2). lib. bdg. 213.84 *(978-1-5038-6363-7(8)*, 216260, First Steps) Child's World, Inc, The.

Level 1 (Set) Shapes, 6 vols. 2022. (Bear Essential Readers Ser.). (ENG.). (J). (gr. -1-2). lib. bdg. 213.84 *(978-1-5038-6368-2(9)*, 216265, First Steps) Child's World, Inc, The.

Level 13 (a Slacker Novel) Gordon Korman. 2020. (ENG.). 256p. (J). (gr. 3-7). pap. 8.99 *(978-1-338-28621-2(8))* Scholastic, Inc.

Level 2. Max Wainewright. Illus. by Mike Henson. 2017. (How to Code: a Step by Step Guide to Computer Coding Ser.). (ENG.). 32p. (J). (gr. 2-4). pap. 8.99 *(978-1-68297-077-5(9)*, 8d3500de-4305-4461-8b32-a86de5a2416d) QEB Publishing Inc.

Level 2 (Set) Holidays, 6 vols. 2022. (Bear Essential Readers Ser.). (ENG.). (J). (gr. -1-2). lib. bdg. 213.84 *(978-1-5038-6365-1(4)*, 216262, First Steps) Child's World, Inc, The.

Level 2 (Set) Manners, 6 vols. 2022. (Bear Essential Readers Ser.). (ENG.). (J). (gr. -1-2). lib. bdg. 213.84 *(978-1-5038-6364-4(6)*, 216261, First Steps) Child's World, Inc, The.

Level 3. Max Wainewright. Illus. by Mike Henson. 2017. (How to Code: a Step by Step Guide to Computer Coding Ser.). (ENG.). 32p. (J). (gr. 2-4). pap. 8.99 *(978-1-68297-078-2(7)*, 6cdd81f2-237a-464d-8a2f-a93865fbb1db) QEB Publishing Inc.

Level 3 (Set) Big Machines, 6 vols. 2022. (Bear Essential Readers Ser.). (ENG.). (J). (gr. -1-2). lib. bdg. 213.84 *(978-1-5038-6367-5(0)*, 216264, First Steps) Child's World, Inc, The.

Level 3 (Set) Sports, 6 vols. 2022. (Bear Essential Readers Ser.). (ENG.). (J). (gr. -1-2). lib. bdg. 213.84 *(978-1-5038-6366-8(2)*, 216263, First Steps) Child's World, Inc, The.

Level of Love. Jerry Tyson. 2020. (ENG.). 396p. (YA). pap. 22.95 *(978-1-6624-1513-5(3))* Page Publishing Inc.

Level Up. Gene Luen Yang & Thien Pham. ed. 2016. (YA). lib. bdg. 20.85 *(978-0-606-38563-3(0))* Turtleback.

Level up 2023: an AFK Book. Scholastic. 2022. (ENG., Illus.). 224p. (J). (gr. 2-5). pap. 14.99 *(978-1-338-76731-5(3))* Scholastic, Inc.

Level up 2024: an AFK Book. Catalysed Productions. 2023. (ENG.). 208p. (J). (gr. 2-5). pap. 14.99 ***(978-1-339-01249-0(9))*** Scholastic, Inc.

Level up! (LEGO Ninjago) Random House. Illus. by Random House. 2023. (Step into Reading Ser.). (ENG., Illus.). 32p. (J). (gr. -1-2). 5.99 *(978-0-593-57096-8(0))*; 14.99 *(978-0-593-57097-5(9))* Random Hse. Children's Bks. (Random Hse. Bks. for Young Readers).

Level up Level 5 Student's Book. Colin Sage. ed. 2018. (Level Up Ser.). (ENG., Illus.). 176p. pap. 39.50 *(978-1-108-41402-9(8))* Cambridge Univ. Pr.

Leveled Library with Take & Teach Lessons Grade 6 with 1 Year Digital. Hmh Hmh. 2019. (ENG.). (J). pap. 1680.13 *(978-0-358-18829-2(6))* Houghton Mifflin Harcourt Publishing Co.

Leveled Library with Take & Teach Lessons with 1 Year Digital. Hmh Hmh. 2019. (ENG.). (J). pap. 4750.73 *(978-0-358-18704-2(4))*; pap. 4750.73 *(978-0-358-18705-9(2))*; pap. 4750.73 *(978-0-358-18706-6(0))*; pap. 4750.73 *(978-0-358-18707-3(9))*; pap. 4750.73 *(978-0-358-18708-0(7))*; pap. 4750.73 *(978-0-358-18719-6(2))* Houghton Mifflin Harcourt Publishing Co.

Leveled Reader 6-Pack Level E: Grade K Small Animals That Hide. Hmh Hmh. 2019. (ENG.). (J). pap. 69.33 *(978-0-358-01214-6(7))* Houghton Mifflin Harcourt Publishing Co.

Leveled Reader Box 1 of 3 Levels C/d/e/F Grade 1. Hmh Hmh. 2019. (ENG.). (J). pap. 2962.93 *(978-0-358-16892-8(9))* Houghton Mifflin Harcourt Publishing Co.

Leveled Reader Box 1 of 3 Levels I/J Grade 2. Hmh Hmh. 2019. (ENG.). (J). pap. 2222.27 *(978-0-358-16895-9(3))* Houghton Mifflin Harcourt Publishing Co.

Leveled Reader Box 2 of 3 Levels G/H/I Grade 1. Hmh Hmh. 2019. (ENG.). (J). pap. 2222.13 *(978-0-358-16893-5(7))* Houghton Mifflin Harcourt Publishing Co.

Leveled Reader Box 2 of 3 Levels K/I Grade 2. Hmh Hmh. 2019. (ENG.). (J). pap. 2222.27 *(978-0-358-16896-6(1))* Houghton Mifflin Harcourt Publishing Co.

Leveled Reader Box 3 of 3 Levels J/K Grade 1. Hmh Hmh. 2019. (ENG.). (J). pap. 1481.67 *(978-0-358-16894-2(5))* Houghton Mifflin Harcourt Publishing Co.

Leveled Reader Box 3 of 3 Levels M/N Grade 2. Hmh Hmh. 2019. (ENG.). (J). pap. 2222.27 *(978-0-358-16897-3(X))* Houghton Mifflin Harcourt Publishing Co.

Leveled Reader Library Cards Box 4 Of 4. Hmh Hmh. 2019. (ENG.). (J). pap. 2600.00 *(978-0-358-06253-0(5))*; pap. 2600.00 *(978-0-358-06436-7(8))*; pap. 2600.00 *(978-0-358-06282-0(9))* Houghton Mifflin Harcourt Publishing Co.

Leveled Reader Take & Teach Card Set Level I Grade 2. Hmh Hmh. 2019. (SPA.). (J). pap. 60.53 *(978-0-358-19810-9(0))* Houghton Mifflin Harcourt Publishing Co.

Leveling Up. Sebastian Vazquez-Ramos. 2022. (ENG.). 54p. (J). pap. ***(978-1-387-93150-7(4))*** Lulu Pr., Inc.

Leveller. Julia Durango. 2017. (ENG.). 272p. (YA). (gr. 8). pap. 9.99 *(978-0-06-231401-7(7)*, HarperTeen) HarperCollins Pubs.

Leven Thumps the Complete Series (Boxed Set) The Gateway; the Whispered Secret; the Eyes of the Want; the Wrath of Ezra; the Ruins of Alder. Obert Skye. Illus. by Ben Sowards. ed. 2018. (Leven Thumps Ser.). (ENG.). 2208p. (J). (gr. 3-7). pap. 49.99 *(978-1-5344-1876-9(8)*, Aladdin) Simon & Schuster Children's Publishing.

Lever: A Novel (Classic Reprint) William Dana Orcutt. 2018. (ENG., Illus.). 330p. (J). 30.72 *(978-0-267-42002-5(1))* Forgotten Bks.

Levers. Nancy Dickmann. 2018. (Simple Machines Ser.). (ENG., Illus.). 24p. (J). (gr. 2-4). *(978-1-78121-398-8(4)*, 16686) Brown Bear Bks.

Levers. Katie Marsico. 2017. (My First Look at Simple Machines Ser.). (ENG.). 24p. (J). lib. bdg. 22.99 *(978-1-5105-2063-9(5))* SmartBook Media, Inc.

Levers. Joanne Mattern. 2019. (Simple Machines Fun! Ser.). (ENG., Illus.). 24p. (J). (gr. k-3). lib. bdg. 26.95 *(978-1-62617-992-9(1)*, Blastoff! Readers) Bellwether Media.

Levers, 1 vol. Louise Spilsbury. 2018. (Technology in Action Ser.). (ENG.). 32p. (gr. 3-3). 27.93 *(978-1-5383-3753-0(3)*, 54beca23-9760-474e-b283-092101adac05, PowerKids Pr.) Rosen Publishing Group, Inc., The.

Levers All Around. Trudy Becker. 2023. (Using Simple Machines Ser.). (ENG., Illus.). 24p. (J). pap. 8.95 ***(978-1-63739-655-1(4)***, Focus Readers) North Star Editions.

Levers All Around. Contrib. by Trudy Becker. 2023. (Using Simple Machines Ser.). (ENG., Illus.). 24p. (J). lib. bdg. 28.50 ***(978-1-63739-598-1(1)***, Focus Readers) North Star Editions.

Levers & Pulleys. Emily Sohn. 2019. (IScience Ser.). (ENG., Illus.). 48p. (J). (gr. 5-6). 23.94 *(978-1-68450-949-2(1))*; pap. 13.26 *(978-1-68404-403-0(0))* Norwood Hse. Pr.

Levers Are Machines see Palancas Son Máquinas

Levers Are Machines, 1 vol. Douglas Bender. 2022. (Simple Machines Ser.). (ENG.). 24p. (J). (gr. k-2). pap. *(978-1-0396-4640-7(9)*, 17312); lib. bdg. *(978-1-0396-4449-6(X)*, 16306) Crabtree Publishing Co. (Crabtree Roots).

Levers in My Makerspace, 1 vol. Tim Miller & Rebecca Sjonger. 2017. (Simple Machines in My Makerspace Ser.). (ENG., Illus.). 32p. (J). (gr. 3-4). pap. *(978-0-7787-3377-5(7))* Crabtree Publishing Co.

Levi & Sarah's Big Adventure. Bob Carlson. 2016. (ENG., Illus.). (J). pap. 12.00 *(978-0-9972220-6-7(9))* Carlson Pr.

Levi & the Buzzy Bug. Carletta Santana. 2022. (ENG., Illus.). 30p. (J). pap. 14.95 *(978-1-63903-390-4(4))* Christian Faith Publishing.

Levi I Love You All Ways. Marianne Richmond. Illus. by Dubravka Kolanovic. 2023. (I Love You All Ways Ser.). (ENG.). 32p. (J). (gr. -1-3). 8.99 ***(978-1-7282-7386-0(2))*** Sourcebooks, Inc.

Levi Journey: an Unlikely Therapy Dog. Julie Iribarren. 2021. 40p. (J). pap. 12.99 *(978-1-0983-4393-4(X))* BookBaby.

Levi on the North Pole Express. J. D. Green. Illus. by Joanne Partis. 2022. (North Pole Express Bears Ser.). (ENG.). 32p. (J). (gr. -1-3). 7.99 ***(978-1-7282-6954-2(7))*** Sourcebooks, Inc.

Levi on the North Pole Express. J. D. Green. 2019. (North Pole Express Ser.). (ENG.). 32p. (J). (gr. -1-3). 7.99 ***(978-1-7282-0359-1(7))*** Sourcebooks, Inc.

Levi?s World. Chante Douglas. 2018. (ENG.). 30p. (J). *(978-0-359-29737-5(4))* Lulu Pr., Inc.

Levi Strauss: Blue Jean Genius. Elsie Olson. 2017. (First in Fashion Ser.). (ENG., Illus.). 32p. (J). (gr. 3-6). lib. bdg. 32.79 *(978-1-5321-1077-1(4)*, 25730, Checkerboard Library) ABDO Publishing Co.

Levi the Little Shepherd Boy, 1 vol. Steve Brown. 2019. (ENG.). 44p. (J). pap. 14.99 *(978-1-4003-2884-0(5))* Elm Hill.

Levi 'Twas the Night Before Christmas. Illus. by Lisa Alderson. 2019. (Night Before Christmas Ser.). (ENG.). 32p. (J). (gr. -1-3). 7.99 ***(978-1-7282-0252-5(3))*** Sourcebooks, Inc.

Leviathan Rises: Dragons of Romania - Book 2. Dan Peeler & Charlie Rose. 2017. (Dragons of Romania Ser.: Vol. 2). (ENG., Illus.). 232p. (J). 26.00 ***(978-1-946182-82-1(6))*** Texas Bk. Pubs. Assn.

Leviathan, the Record of a Struggle & a Triumph (Classic Reprint) Jeannette Augustus Marks. 2018. (ENG., Illus.). 340p. (J). 30.91 *(978-0-483-09615-8(6))* Forgotten Bks.

Levin the Cat. Tao Jiu. Illus. by Yang Shanshan. 2020. (Hopeful Picture Bks.). (ENG.). 32p. (J). (gr. k-2). lib. bdg. 27.29 *(978-1-64996-003-0(4)*, 4093, Sequoia Publishing & Media LLC) Phoenix International Publications, Inc.

Levi's Christmas Wish. Put Me In The Story & J. D. Green. Illus. by Julia Seal. 2018. (Christmas Wish Ser.). (ENG.). 32p. (J). (gr. k-3). 6.99 ***(978-1-4926-8534-0(8))*** Sourcebooks, Inc.

Levi's Family. Elliot Riley. Illus. by Srimalie Bassani. 2017. (All Kinds of Families Ser.). (ENG.). 24p. (gr. -1-2). 28.50 *(978-1-68342-317-1(8)*, 9781683423171); pap. 9.95 *(978-1-68342-413-0(1)*, 9781683424130) Rourke Educational Media.

Levity Hicks (Classic Reprint) Tom Gallon. 2017. (ENG., Illus.). (J). 30.83 *(978-0-331-97970-1(5))*; pap. 13.57 *(978-0-243-50988-1(X))* Forgotten Bks.

Levled Library with Take & Teach Lessons Grade 6 with 1 Year Digital. Hmh Hmh. 2019. (SPA.). (J). pap. 1797.73 *(978-0-358-30419-7(9))* Houghton Mifflin Harcourt Publishing Co.

Levled Library with Take & Teach Lessons Grade 6 with 2 Year Digital. Hmh Hmh. 2019. (J). (SPA.). pap. 1859.67 *(978-0-358-30426-5(1))*; (ENG.). pap. 1738.07 *(978-0-358-30370-1(2))* Houghton Mifflin Harcourt Publishing Co.

Levled Library with Take & Teach Lessons Grade 6 with 3 Year Digital. Hmh Hmh. 2019. (J). (SPA.). pap. 1921.67 *(978-0-358-30433-3(4))*; (ENG.). pap. 1795.93 *(978-0-358-30377-0(X))* Houghton Mifflin Harcourt Publishing Co.

Levled Library with Take & Teach Lessons Grade 6 with 4 Year Digital. Hmh Hmh. 2019. (J). (SPA.). pap. 1983.60 *(978-0-358-30440-1(7))*; (ENG.). pap. 1853.93 *(978-0-358-30384-8(2))* Houghton Mifflin Harcourt Publishing Co.

Levled Library with Take & Teach Lessons Grade 6 with 5 Year Digital. Hmh Hmh. 2019. (J). (SPA.). pap. 2045.67 *(978-0-358-30447-0(4))*; (ENG.). pap. 1911.87 *(978-0-358-30391-6(5))* Houghton Mifflin Harcourt Publishing Co.

Levled Library with Take & Teach Lessons Grade 6 with 6 Year Digital. Hmh Hmh. 2019. (J). (SPA.). pap. 2107.20 *(978-0-358-30454-8(7))*; (ENG.). pap. 1969.40 *(978-0-358-30398-5(2))* Houghton Mifflin Harcourt Publishing Co.

Levled Library with Take & Teach Lessons Grade 6 with 7 Year Digital. Hmh Hmh. 2019. (J). (SPA.). pap. 2169.20 *(978-0-358-30461-6(X))*; (ENG.). pap. 2027.27 *(978-0-358-30405-0(9))* Houghton Mifflin Harcourt Publishing Co.

Levled Library with Take & Teach Lessons Grade 6 with 8 Year Digital. Hmh Hmh. 2019. (J). (SPA.). pap. 2231.20 *(978-0-358-30468-5(7))*; (ENG.). pap. 2085.27 *(978-0-358-30412-8(1))* Houghton Mifflin Harcourt Publishing Co.

Lewam the Daughter of Black & White Pharaohs. Selamawit Hagos. 2020. (ENG., Illus.). 110p. (YA). pap. 20.99 *(978-1-952011-85-6(X))* Pen It Pubns.

Lewell Pastures, Vol. 1 of 2 (Classic Reprint) Mary Rosa Stewart Kettle. (ENG., Illus.). (J). 2018. 576p. 35.80 *(978-0-365-33998-4(9))*; 2017. pap. 19.57 *(978-1-5276-5274-3(2))* Forgotten Bks.

Lewell Pastures, Vol. 1 of 2 (Classic Reprint) Rosa Mackenzie Kettle. (ENG., Illus.). (J). 2018. 320p. 30.52 *(978-0-332-45531-0(9))*; 2016. pap. 13.57 *(978-1-333-47394-5(X))* Forgotten Bks.

Lewell Pastures, Vol. 2 of 2 (Classic Reprint) Unknown Author. 2018. (ENG., Illus.). 278p. (J). 29.65 *(978-0-267-16434-9(3))* Forgotten Bks.

Lewey & I: Or Sailor Boys Wandering; a Sequel to on Land & Sea (Classic Reprint) William Henry Thomes. 2017. (ENG., Illus.). (J). 32.41 *(978-0-266-36003-2(3))* Forgotten Bks.

Lewie, or the Bended Twig (Classic Reprint) Sarah Hopkins Bradford. 2017. (ENG., Illus.). (J). 31.24 *(978-0-260-92765-1(1))*; pap. 13.97 *(978-1-5279-5852-4(3))* Forgotten Bks.

Lewiel, or the Bended Twig (Classic Reprint) Cousin Cicely. (ENG., Illus.). (J). 2017. 346p. 31.05 *(978-0-484-21844-3(1))*; 2016. pap. 13.97 *(978-1-333-35074-1(0))* Forgotten Bks.

Lewis & Clark. Jennifer Strand. 2016. (Pioneering Explorers Ser.). (ENG.). 24p. (J). (gr. -1-2). 49.94 *(978-1-68079-411-3(6)*, 23032, Abdo Zoom-Launch) ABDO Publishing Co.

Lewis & Clark, 1 vol. Jennifer Swanson. 2016. (Spotlight on Explorers & Colonization Ser.). (ENG., Illus.). 48p. (J). (gr. 6-6). pap. 12.75 *(978-1-5081-7237-6(4)*, 9b0ecfa8-404b-406a-b9d5-b6b3587fe196) Rosen Publishing Group, Inc., The.

Lewis & Clark & Exploring the Louisiana Purchase, 1 vol. Alicia Z. Klepeis. 2017. (Primary Sources of Westward Expansion Ser.). (ENG., Illus.). 64p. (gr. 6-6). 35.93 *(978-1-5026-2639-4(X)*, 4c1afc12-b4ad-4ebd-a36d-64694b2924f9) Cavendish Square Publishing LLC.

Lewis & Clark & Their Wild West Expeditions - Biography 6th Grade Children's Biography Books. Baby Professor. 2017. (ENG., Illus.). (J). pap. 9.55 *(978-1-5419-1191-8(1)*, Baby Professor (Education Kids)) Speedy Publishing LLC.

Lewis & Clark, Come Home Before Dark! Katherine Fenn Thomas. 2019. (ENG., Illus.). 42p. (J). (gr. k-2). pap. 11.50 *(978-0-578-45522-8(6))*; 21.50 *(978-0-578-43842-9(9))* Dragon Pup Pr.

Lewis & Clark Expedition. Blythe Lawrence. 2018. (Expansion of Our Nation Ser.). (ENG., Illus.). 32p. (J). (gr. 3-5). pap. 9.95 *(978-1-63517-983-5(1)*, 1635179831); lib. bdg. 31.35 *(978-1-63517-882-1(7)*, 1635178827) North Star Editions. (Focus Readers).

Lewis & Clark Expedition. Blythe Lawrence. 2018. (Illus.). 32p. (J). *(978-1-4896-9870-4(1)*, AV2 by Weigl) Weigl Pubs., Inc.

Lewis & Clark Expedition: Exploring New Territory Louisiana History Book Grade 5 Children's American History. Baby Professor. 2021. (ENG.). 72p. (J). 27.99 *(978-1-5419-8446-2(3))*; pap. 16.99 *(978-1-5419-6036-7(X))* Speedy Publishing LLC. (Baby Professor (Education Kids)).

Lewis & Clark Expedition: Separating Fact from Fiction. Matt Chandler. 2023. (Fact vs. Fiction in U. S. History Ser.). (ENG.). 32p. (J). 31.32 *(978-1-6663-3959-8(8)*, 237525); pap. 7.95 *(978-1-6663-3960-4(1)*, 237507) Capstone. (Capstone Pr.).

Lewis & Clark Explore the Louisiana Territory, 1 vol. Rachael Morlock. 2018. (Real-Life Scientific Adventures Ser.). (ENG.). 32p. (gr. 4-5). 29.27 *(978-1-5081-6850-8(4)*, 7235896b-7bfb-4480-91b5-538c4973a4fc, PowerKids Pr.) Rosen Publishing Group, Inc., The.

Lewis Arundel: Or the Railroad of Life (Classic Reprint) Frank E. Smedley. 2018. (ENG., Illus.). 538p. (J). 34.99 *(978-0-666-19462-6(9))* Forgotten Bks.

Lewis Carroll Birthday Book (Classic Reprint) Charles Lutwidge Dodgson. (ENG., Illus.). (J). 2017. 29.22 *(978-0-331-48084-9(0))*; 2016. pap. 11.57 *(978-1-333-59712-2(6))* Forgotten Bks.

Lewis Carroll in Wonderland & at Home: The Story of His Life (Classic Reprint) Belle Moses. 2018. (ENG., Illus.). 320p. (J). 30.52 *(978-0-484-00360-5(7))* Forgotten Bks.

Lewis Carroll Picture Book: A Selection from the Unpublished Writings & Drawings of Lewis Carroll Together with Reprints from Scarce & Unacknowledged Work (Classic Reprint) Lewis Carroll, pseud. 2017. (ENG., Illus.). (J). 29.67 *(978-0-260-25351-4(0))*; pap. 16.57 *(978-0-282-16097-5(3))* Forgotten Bks.

Lewis Hamilton. Maria Isabel Sanchez Vegara. Illus. by Fernando Martín. 2023. (Little People, BIG DREAMS Ser.: Vol. 97). (ENG.). 32p. (J). (gr. -1-2). 15.99 ***(978-0-7112-8316-9(8)***, Frances Lincoln Children's Bks.) Quarto Publishing Group UK GBR. Dist: Hachette Bk. Group.

Lewis Hamilton: Auto Racing Star. Harold P. Cain. 2022. (Biggest Names in Sports Set 7 Ser.). (ENG., Illus.). 32p. (J). (gr. 3-5). pap. 9.95 *(978-1-63739-307-9(5))*; lib. bdg. 31.35 *(978-1-63739-255-3(9))* North Star Editions. (Focus Readers).

Lewis Howard Latimer. Katie Marsico. Illus. by Jeff Bane. 2018. (My Early Library: My Itty-Bitty Bio Ser.). (ENG.). 24p. (J). (gr. k-1). lib. bdg. 30.64 *(978-1-5341-2880-4(8)*, 211564) Cherry Lake Publishing.

Lewis Latimer: The Man Behind a Better Light Bulb. Nancy Dickmann. 2020. (Little Inventor Ser.). (ENG., Illus.). 32p. (J). (gr. 1-3). pap. 6.95 *(978-1-9771-1786-1(4)*, 142146); lib. bdg. 30.65 *(978-1-9771-1411-2(3)*, 141528) Capstone. (Pebble).

Lewis Latimer: a Brilliant Inventor (Bright Minds) Janel Rodriguez. Illus. by Subi Bosa. 2023. (Bright Minds Ser.). (ENG.). 40p. (J). (gr. 3-4). 29.00 *(978-1-338-86417-5(3))*; pap. 8.99 *(978-1-338-86418-2(1))* Scholastic Library Publishing. (Children's Pr.).

Lewis Rand (Classic Reprint) Mary Johnston. 2018. (ENG., Illus.). 538p. (J). 35.01 *(978-0-267-30102-7(2))* Forgotten Bks.

Lewis Seymour & Some Women (Classic Reprint) George Moore. 2018. (ENG., Illus.). 308p. (J). 30.27 *(978-0-483-99960-2(1))* Forgotten Bks.

Lewis the Toothless Vampire. Suzanne Hill. 2018. (ENG.). 76p. (J). pap. 15.99 *(978-1-949609-33-2(2))* Pen It Pubns.

Lewis Trondheim's the Fly. Lewis Trondheim. 2021. (ENG., Illus.). 112p. (J). 14.99 *(978-1-5458-0708-8(6)*, 900237232, Papercutz) Mad Cave Studios.

Lewis y Clark y la Compra de la Luisiana (Lewis & Clark & Exploring the Louisiana Purchase), 1 vol. Alicia Z. Klepeis. Tr. by Christina Green. 2017. (Fuentes Primarias de la Expansión Hacia el Oeste (Primary Sources of Westward Expansion) Ser.). (SPA.). 64p. (gr. 6-6). lib. bdg. 35.93 *(978-1-5026-2901-2(1)*, 08e5d5ff-8379-4444-a487-335314424cb6) Cavendish Square Publishing LLC.

Lewy & the Visitors from Planet Acceptance: A Lewy Kablooey & Sneezy Cheezy Adventure. Cindy Stewart. 2022. (ENG.). 32p. (J). ***(978-1-0391-3781-3(4))***; pap. ***(978-1-0391-3780-6(6))*** FriesenPress.

Lewy Kablooey & Sneezy Cheezy. Cindy Stewart. 2017. (ENG., Illus.). (J). pap. *(978-1-5255-0069-5(4))* FriesenPress.

Lexi & the Leprechauns. Victoria Whelan. Illus. by Veronika Hipolito. 2021. (ENG.). 32p. (J). pap. *(978-0-2288-6451-6(8))* Tellwell Talent.

Lexi Magill & the Teleportation Tournament. Kim Long. (ENG.). 288p. (J). (gr. 3-7). 2022. pap. 7.99 *(978-0-7624-6700-6(2))*; 2019. (Illus.). 16.99 *(978-0-7624-6698-6(7))* Running Pr. (Running Pr. Kids).

Lexi the Coonhound Finds a New Home! Meg Martin. 2023. (ENG.). 38p. (J). 18.99 ***(978-1-6629-2354-8(6))***; pap. 10.99 ***(978-1-6629-2355-5(4))*** Gatekeeper Pr.

Lexicologie Des Écoles: Cours Complet de Langue Française et de Style Rédigé Sur un Plan Entièrement Neuf (Classic Reprint) Pierre Larousse. 2018. (FRE., Illus.). (J). 234p. 28.72 *(978-1-391-75967-8(2))*; 236p. pap. 11.57 *(978-1-390-78064-2(3))* Forgotten Bks.

Lexicologie Des Écoles: Cours Complet de Langue Française et de Style, Rédigé Sur un Plan Entièrement Neuf; Cours Lexicologique de Style, Partie de l'Élève (Classic Reprint) Pierre Larousse. 2018. (FRE., Illus.). (J). 236p. 28.76 *(978-0-365-06978-2(7))*; 238p. pap. 11.57 *(978-0-666-99302-1(5))* Forgotten Bks.

Lexicon Aristophanicum, Graeco-Anglicum (Classic Reprint) James Sanxay. 2017. (ENG., Illus.). (J). pap. 16.57 *(978-0-282-52705-1(2))* Forgotten Bks.

Lexie the Word Wrangler. Rebecca Van Slyke. Illus. by Jessie Hartland. 2017. 40p. (J). (gr. k-3). 18.99 *(978-0-399-16957-1(1)*, Nancy Paulsen Books) Penguin Young Readers Group.

Lexie's Little Lie. Emma Shevah. 2019. (ENG., Illus.). 288p. (J). (gr. 3-7). 16.99 *(978-1-4926-8294-3(2))* Sourcebooks, Inc.

Lexie's Wish. Pandora Siganakis. 2017. (ENG., Illus.). 34p. (J). pap. *(978-1-7751443-0-4(5))* AlphaMuse Publishing.

Lexique de la Langue de de la Fontaine, Vol. 1: Avec une Introduction Grammaticale (Classic Reprint) Jean de la Fontaine. 2018. (FRE., Illus.). (J). 696p. 38.27 *(978-1-396-74543-0(2))*; 698p. pap. 20.97 *(978-1-391-98370-7(X))* Forgotten Bks.

Lexique de la Langue de J. de la Fontaine, Vol. 1: Avec une Introduction Grammaticale (Classic Reprint) Jean de la Fontaine. (FRE., Illus.). (J). 2018. 676p. 37.86 *(978-0-332-79021-3(5))*; 2017. pap. 20.57 *(978-0-259-48389-2(3))* Forgotten Bks.

Lexique de la Langue de J. de la Fontaine, Vol. 2: Avec une Introduction Grammaticale (Classic Reprint) Jean de la Fontaine. (FRE., Illus.). (J). 2018. 518p. 34.60 *(978-0-666-80843-1(0))*; 2017. pap. 16.97 *(978-0-243-58792-6(9))* Forgotten Bks.

Lexi's Adventures: Held Back. Lisa Quarry Butson. Illus. by Penny Weber. 2023. (ENG.). 62p. (J). 22.99 ***(978-1-0880-8980-4(1))*** Indy Pub.

Lexi's Adventures: Held Back: Held Back. Lisa Quarry Butson. Illus. by Penny Weber. 2023. (ENG.). 62p. (J). pap. 16.99 ***(978-1-0880-8979-8(8))*** Indy Pub.

Lexi's Christmas Gift. L. Henry Smith. 2020. (ENG.). 442p. (YA). pap. 16.95 *(978-1-5069-0955-4(8))* First Edition Design Publishing.

Lexonite Legacy: Dragon Chosen. C. N. Strauser. (ENG.). 194p. (YA). 2020. 26.95 *(978-1-0980-3863-2(0))*; 2019. pap. 16.95 *(978-1-0980-0621-1(6))* Christian Faith Publishing.

Lexy Moments: Beauty & the Beast. Kwaku Amoateng. 2023. (Lexy Moments Ser.). (ENG.). 36p. (J). ***(978-1-0391-8451-0(0))***; pap. ***(978-1-0391-8450-3(2))*** FriesenPress.

Ley de Rodrick / Rodrick Rules. Jeff Kinney. 2022. (Diario Del Wimpy Kid Ser.: 2). (SPA.). 224p. (J). (gr. 3-7). 15.95 *(978-1-64473-505-3(9))* Penguin Random House Grupo Editorial ESP. Dist: Penguin Random Hse. LLC.

Leyenda de Lezardo Da Vinci, la. el Enfrentamiento. Daniel L. Moisan. 2018. (SPA.). 144p. (YA). (gr. 6-12). pap. 7.95 *(978-607-748-081-5(9))* Ediciones Urano S. A. ESP. Dist: Spanish Pubs., LLC.

Leyenda de Lezardo Da Vinci, la. el Renacimiento. Daniel L. Moisan. 2018. (SPA.). 186p. (YA). (gr. 6-12). pap. 7.95 *(978-607-748-080-8(0))* Ediciones Urano S. A. ESP. Dist: Spanish Pubs., LLC.

Leyenda de Lezardo Da Vinci. Los Abismos de Morker. Daniel L. Moisan. 2018. (SPA.). 196p. (YA). (gr. 8-12). pap. 7.95 *(978-607-748-095-2(9)*, Puck) Ediciones Urano S. A. ESP. Dist: Spanish Pubs., LLC.

Leyenda de Los Reyes Magos. Gir. 2017. (SPA.). 54p. (J). pap. 12.00 *(978-0-9974642-2-1(4))* Girn-Dolce, Nora.

Leyenda de Momotaro. Margot Remy-Verdier. 2021. (SPA.). 48p. (J). (gr. 1-3). pap. 15.99 *(978-958-30-6313-8(4))* Panamericana Editorial COL. Dist: Lectorum Pubns., Inc.

Leyenda de Roberto Cofresi un Heroe de Puerto Rico. Janet Balletta. Tr. by Ana Morris. Illus. by Estella Mejia. 2016. (SPA.). (J). (gr. k-6). pap. 14.95 *(978-0-9909040-8-3(3))* WRB Pub.

Leyenda Del Altramuz Azul: Leveled Reader Book 36 Level N 6 Pack. Hmh Hmh. 2021. (SPA.). 16p. (J). pap. 74.40 *(978-0-358-08432-7(6))* Houghton Mifflin Harcourt Publishing Co.

Leyenda Del Jinete Sin Cabeza. Washington. Irving. Illus. by Fabricio Vanden Broeck. 2022. (SPA.). 120p. (YA). (gr. 7). pap. 14.95 *(978-607-8469-66-6(5))* Nostra Ediciones MEX. Dist: Independent Pubs. Group.

Leyenda Del Rio Cipres. Adam Gellert. Illus. by Danielle Bilen. 2017. (SPA.). 44p. (J). (gr. 2-6). pap. 9.99 *(978-0-692-98702-5(9))* Cypress River Publishing.

Leyendas: Maese Pérez el Organista, el Miserere, la Cruz Del Diablo, el Monte de Las Ánimas y el Beso. Gustavo Adolfo Becquer. 2017. (SPA., Illus.). 118p. (J). pap. *(978-9978-18-450-9(3))* Radmandi Editorial, Compania Ltd.

Leyendas de Ecosistemas de Todo el Mundo: Leveled Reader Book 85 Level Q 6 Pack. Hmh Hmh. 2021. (SPA.). 48p. (J). pap. 74.40 *(978-0-358-08479-2(2))* Houghton Mifflin Harcourt Publishing Co.

Leyendas de Los Incas, Mayas y Aztecas Contada para Niños. Diego Remussi. 2018. (Brújula y la Veleta Ser.). (SPA.). 64p. (J). (gr. 4-7). pap. 9.95 *(978-987-718-543-0(1))* Ediciones Lea S.A. ARG. Dist: Independent Pubs. Group.

Leyendas de Todo Mexico. Tere Remolina et al. 2018. (SPA., Illus.). 256p. pap. 12.95 *(978-607-453-334-7(2))* Selector, S.A. de C.V. MEX. Dist: Spanish Pubs., LLC.

Leyendas de Todo Mexico: Leyendas Que Perduran en la Memoria de Cada Habitante. Tere Remolina. 2017.Tr. of Legends from All over Mexico. (SPA.). 256p. (J). pap. 21.95 *(978-1-68165-496-6(2))* Trialtea USA, LLC.

Leyendas Del Mundo / World Legends. Martin Blasco. 2019. (SPA.). 64p. (J). (gr. 3-7). 12.95 *(978-987-751-487-2(7))* El Gato de Hojalata ARG. Dist: Penguin Random Hse. LLC.

Leyendas Del Oeste: Set of 6 Common Core Edition. Diane Bair et al. 2016. (Navigators Ser.). (SPA.). (J). (gr. 6). 60.00 net. *(978-1-5125-0810-9(1))* Benchmark Education Co.

Leyendas Mapuches Contadas para Niños. Diego Remussi. 2019. (Brújula y la Veleta Ser.). (SPA.). 64p. (J). (gr. 2-4). pap. 9.95 *(978-987-718-565-2(2))* Ediciones Lea S.A. ARG. Dist: Independent Pubs. Group.

Leyendas Mexicanas. Melina S. Bautista. 2018. (SPA.). 112p. (YA). pap. 6.95 *(978-970-643-917-8(X))* Selector, S.A. de C.V. MEX. Dist: Spanish Pubs., LLC.

Leyendas y Romances: Ensayos Poeticos (Classic Reprint) Aurelio Luis Gallardo. 2018. (SPA., Illus.). (J).

TITLE INDEX LIBERIA

308p. 30.27 *(978-1-396-73102-0(4))*; 310p. pap. 13.57 *(978-1-390-27229-1(X))* Forgotten Bks.

Leyendero. Valentín Rincón. Illus. by Alejandro Magallanes. 2020. (Recreo Ser.). (SPA.). 208p. (J). (gr. 4-7). pap. 16.95 *(978-607-8237-40-1(3))* Nostra Ediciones MEX. Dist: Independent Pubs. Group.

Leyendero. Valentín Rincón. Illus. by Alejandro Magallanes. 2022. (Recreo Bolsillo Ser.). (SPA.). 208p. (J). (gr. 4-7). pap. 7.95 *(978-607-8756-57-5(5))* Nostra Ediciones MEX. Dist: Independent Pubs. Group.

Leyendo Aprendo Animales Nocturnos(Night Animals IR) Susan Meredith. 2019. (Beginners Ser.). (SPA.). 32p. (J). 4.99 *(978-0-7945-4593-2(9)*, Usborne) EDC Publishing.

Leyendo Aprendo Animales Peligrosos(Dangerous Animals IR) Rebecca Gilpin. 2019. (Beginners Ser.). (SPA.). 32p. (J). 4.99 *(978-0-7945-4591-8(2)*, Usborne) EDC Publishing.

Leyendo Aprendo el Cuerpo(Your Body IR) Stephanie Turnbull. 2019. (Beginners Ser.). (SPA.). 32p. (J). 4.99 *(978-0-7945-4596-3(3)*, Usborne) EDC Publishing.

Leyendo Aprendo el Planeta Tierra(Planet Earth IR) Leonie Pratt. 2019. (Beginners Ser.). (SPA.). 32p. (J). 4.99 *(978-0-7945-4594-9(7)*, Usborne) EDC Publishing.

Leyendo Aprendo el Tiempo(Weather IR) Catriona Clarke. 2019. (Beginners Ser.). (SPA.). 32p. (J). 4.99 *(978-0-7945-4595-6(5)*, Usborne) EDC Publishing.

Leyendo Aprendo Vivir en el Espacio(Living in Space IR) Katie Daynes. 2019. (Beginners Ser.). (SPA.). 32p. (J). 4.99 *(978-0-7945-4592-5(0)*, Usborne) EDC Publishing.

Leyla. Galia Bernstein. 2019. (ENG., Illus.). 32p. (J). (gr. -1-3). 16.99 *(978-1-4197-3543-1(8)*, 1268901, Abrams Bks. for Young Readers) Abrams, Inc.

Lezioni Elementari Di Astronomia, Vol. 1: Ad USO Del Real Osservatorio Di Palermo (Classic Reprint) Giuseppe Piazzi. (ITA., Illus.). (J). 2018. 262p. pap. 11.97 *(978-1-391-10020-3(4))*; 2017. pap. 11.97 *(978-0-259-25358-7(8))* Forgotten Bks.

Lezioni Elementari Di Astronomia, Vol. 2: Ad USO Del Real Osservatorio Di Palermo (Classic Reprint) Giuseppe Piazzi. 2018. (ITA., Illus.). (J). 446p. 33.10 *(978-1-390-15160-2(3))*; 448p. pap. 16.57 *(978-1-390-15135-0(2))*; 450p. 33.18 *(978-0-366-07681-9(7))*; 452p. pap. 16.57 *(978-0-366-02464-3(7))* Forgotten Bks.

Lfe & Letters of Maggie Benson (Classic Reprint) Arthur Christopher Benson. 2018. (ENG., Illus.). 494p. (J). 34.09 *(978-0-364-37824-3(7))* Forgotten Bks.

LGBT Discrimination. Heidi Feldman. 2018. (Discrimination in Society Ser.). (ENG.). 80p. (YA). (gr. 6-12). 39.93 *(978-1-68282-383-5(0))* ReferencePoint Pr., Inc.

LGBT Families. Leanne Currie-McGhee. 2018. (Changing Families Ser.). (ENG.). 64p. (J). (gr. 6-12). 39.93 *(978-1-68282-359-0(8))* ReferencePoint Pr., Inc.

LGBT Families, Vol. 12. H. W. Poole. 2016. (Families Today Ser.). (Illus.). 48p. (J). (gr. 5). 20.95 *(978-1-4222-3619-2(6))* Mason Crest.

LGBT Intolerance: Intolerance & Violence in Society. A. W. Buckey. 2019. (Intolerance & Violence in Society Ser.). (ENG.). 80p. (J). (gr. 6-12). 41.27 *(978-1-68282-685-0(6))* ReferencePoint Pr., Inc.

LGBT Issues (Thinking Critically) LGBT Issues. Don Nardo. 2019. (Thinking Critically Ser.). (ENG.). 80p. (YA). (gr. 6-12). 41.27 *(978-1-68282-661-4(9))* ReferencePoint Pr., Inc.

LGBT Rights Movement. Pat Rarus. 2018. (Push for Social Change Ser.). (ENG.). 80p. (YA). (gr. 6-12). 39.93 *(978-1-68282-421-4(7))* ReferencePoint Pr., Inc.

LGBTQ: The Survival Guide for Lesbian, Gay, Bisexual, Transgender, & Questioning Teens. Kelly Huegel Madrone. 3rd rev. ed. 2018. (ENG., Illus.). 272p. (YA). (gr. 7). pap. 19.99 *(978-1-63198-302-3(4)*, 83023) Free Spirit Publishing Inc.

LGBTQ at Work: Your Personal & Working Life. Melissa Albright-Jenkins. 2019. (LGBTQ Life Ser.). (Illus.). 96p. (J). (gr. 12). lib. bdg. 34.60 *(978-1-4222-4278-0(1))* Mason Crest.

LGBTQ+ Athletes Claim the Field: Striving for Equality. Kirstin Cronn-Mills & Alex Jackson Nelson. 2016. (ENG., Illus.). 104p. (YA). (gr. 6-12). 34.65 *(978-1-4677-8012-4(X)*, 6690f84a-159f-456e-85d5-970fabc40294); E-Book 51.99 *(978-1-5124-1139-3(6))* Lerner Publishing Group. (Twenty-First Century Bks.).

LGBTQ Discrimination in America. Duchess Harris & Kristin Marciniak. 2019. (Being LGBTQ in America Ser.). (ENG.). 112p. (J). (gr. 6-12). lib. bdg. 41.36 *(978-1-5321-1905-7(4)*, 32275, Essential Library) ABDO Publishing Co.

LGBTQ+ Families. Jen Breach. 2023. (All Families Ser.). (ENG., Illus.). 32p. (J). (gr. 2-3). lib. bdg. 31.35 *(978-1-63739-459-5(4)*, Focus Readers) North Star Editions.

LGBTQ+ Families. Contrib. by Jen Breach. 2023. (All Families Ser.). (ENG., Illus.). 32p. (J). (gr. 2-3). pap. 9.95 *(978-1-63739-496-0(9)*, Focus Readers) North Star Editions.

LGBTQ+ Guide to Beating Bullying. 2017. (LGBTQ+ Guide to Beating Bullying Ser.). 64p. (gr. 12-11). pap. 64.75 *(978-1-4994-6645-4(5))*; (ENG.). (gr. 6-6). 180.65 *(978-1-4994-6643-0(9)*, 9931744f-42df-4260-bbdc-a9528f88c267) Rosen Publishing Group, Inc., The. (Rosen Young Adult).

LGBTQ in America. Barbara Sheen. 2020. (Bias in America Ser.). (ENG.). 80p. (YA). (gr. 6-12). 42.60 *(978-1-68282-897-7(2))* ReferencePoint Pr., Inc.

LGBTQ Kids Coloring Book: For Kids Ages 4-8, 9-12. Young Dreamers Press. Illus. by Rina. 2021. (Coloring Books for Kids Ser.: Vol. 14). (ENG.). 66p. (J). pap. *(978-1-990136-07-8(9))* EnemyOne.

LGBTQ Rights, 1 vol. Ed. by Susan Henneberg. 2016. (Current Controversies Ser.). (ENG.). 136p. (YA). (gr. 10-12). pap. 33.00 *(978-1-5345-0035-8(9)*, e7d212ad-7e0b-4257-9ee1-28adb5b76479); lib. bdg. 48.03 *(978-1-5345-0019-8(7)*, 66ccccf8-33cd-48ac-9427-3ad36066f0b6) Greenhaven Publishing LLC. (Greenhaven Publishing).

LGBTQ Rights. Natalie Hyde. 2017. (Uncovering the Past: Analyzing Primary Sources Ser.). (Illus.). 48p. (J). (gr. 5-6). *(978-0-7787-3942-5(2))* Crabtree Publishing Co.

LGBTQ+ Rights. Virginia Loh-Hagan. 2021. (Stand up, Speak OUT Ser.). (ENG., Illus.). 32p. (J). (gr. 4-8). pap. 14.21 *(978-1-5341-8894-5(0)*, 219287); lib. bdg. 32.07 *(978-1-5341-8754-2(5)*, 219286) Cherry Lake Publishing. (45th Parallel Press).

LGBTQ Rights & Activism. Stephen Currie. 2020. (LGBTQ Issues Ser.). (ENG.). 80p. (YA). (gr. 6-12). 41.27 *(978-1-68282-917-2(0))* ReferencePoint Pr., Inc.

LGBTQ Rights & the Law. Duchess Harris & Martha Lundin. 2019. (Being LGBTQ in America Ser.). (ENG.). 112p. (J). (gr. 6-12). lib. bdg. 41.36 *(978-1-5321-1906-4(2)*, 32277, Essential Library) ABDO Publishing Co.

LGBTQ Service in the Armed Forces. Jill C. Wheeler & Duchess Harris. 2019. (Being LGBTQ in America Ser.). (ENG., Illus.). 112p. (J). (gr. 6-12). lib. bdg. 41.36 *(978-1-5321-1907-1(0)*, 32279, Essential Library) ABDO Publishing Co.

LGBTQ Social Movements in America. Duchess Harris & Martha Lundin. 2019. (Being LGBTQ in America Ser.). (ENG.). 112p. (J). (gr. 6-12). lib. bdg. 41.36 *(978-1-5321-1908-8(9)*, 32281, Essential Library) ABDO Publishing Co.

LGBTQ Without Borders: International Life. Jeremy Quist. 2019. (LGBTQ Life Ser.). (Illus.). 96p. (J). (gr. 12). lib. bdg. 34.60 *(978-1-4222-4279-7(X))* Mason Crest.

Lgbtq+ Youth: A Guided Workbook to Support Sexual Orientation & Gender Identity. Lee-Anne Gray. 2018. (ENG.). (YA). pap. 29.99 *(978-1-68373-138-2(7)*, PESI Publishing & Media) PESI.

LGBTQAI+ Books for Children & Teens: Providing a Window for All. Christina Dorr & Liz Deskins. 2018. (ENG., Illus.). 168p. pap. 45.00 *(978-0-8389-1649-0(X))* American Library Assn.

LGBTQIA+ for Kids: A Coloring & Activity Book. Raquel Busa. 2020. (ENG.). 50p. (J). pap. *(978-1-6781-1861-7(3))* Lulu Pr., Inc.

l'Gende de Pierre Faifeu (Classic Reprint) Charles de Bourdign'. 2018. (FRE., Illus.). 182p. (J). 27.67 *(978-0-656-89314-0(1))* Forgotten Bks.

Li Ars d'Amour, de Vertu et de Boneurte, Vol. 2 (Classic Reprint) Jean D'Arckel. 2017. (FRE., Illus.). (J). 32.31 *(978-0-331-87844-8(5))*; pap. 16.57 *(978-0-282-96363-7(4))* Forgotten Bks.

Li Ars d'Amour, de Vertu et de Boneurté, Vol. 2 (Classic Reprint) Jean D'Arckel. 2018. (FRE., Illus.). 462p. (J). pap. 16.57 *(978-1-391-10686-1(5))* Forgotten Bks.

Li Chevaliers As Deus Espees: Altfranzösischer Abenteuerroman (Classic Reprint) Wendelin Foerster. 2018. (GER., Illus.). 496p. (J). 34.15 *(978-0-666-73953-7(6))* Forgotten Bks.

Li Chou & the Dragon's Promise. Nansy Phleger. Illus. by Nansy Phleger. 2019. (ENG., Illus.). 34p. (J). (gr. k-6). 19.95 *(978-1-0878-1269-4(0))*; pap. 14.95 *(978-0-578-56995-6(7))* Phleger, Nansy.

Li, Duke of Chien: And the Poor Scholar Who Met a Chivalrous Man; a Chinese Novel (Classic Reprint) Unknown Author. 2019. (ENG., Illus.). 204p. (J). 28.10 *(978-0-267-19041-6(7))* Forgotten Bks.

Li-Li. Kathleen Bullock. Illus. by Kathleen Bullock. l.t. ed. 2019. (ENG., Illus.). 28p. (J). (gr. 1-5). pap. 10.95 *(978-1-61633-965-4(9))* Guardian Angel Publishing, Inc.

Li Livres de Jostice et de Plet: Publie Pour la Premiere Fois d'Apres le Manuscrit Unique de la Bibliotheque Nationale (Classic Reprint) Louis Nicolas Rapetti. 2017. (FRE., Illus.). (J). 34.48 *(978-0-265-51273-9(5))*; pap. 16.97 *(978-0-243-56798-0(7))* Forgotten Bks.

Li Livres de Jostice et de Plet: Publié Pour la Première Fois d'Après le Manuscrit Unique de la Bibliothèque Nationale (Classic Reprint) Louis Nicolas Rapetti. 2018. (FRE., Illus.). (J). 508p. 34.37 *(978-1-390-06269-4(4))*; 510p. pap. 16.97 *(978-1-390-06248-9(1))* Forgotten Bks.

Li Lost His Mitten: Fixing a Problem, 1 vol. Rory McCallum. 2017. (Computer Science for the Real World Ser.). (ENG.). 8p. (gr. k-1). pap. *(978-1-5383-5048-5(3)*, 3bc98db9-9fd1-45f8-8ea8-03466b808d2f, Rosen Classroom) Rosen Publishing Group, Inc., The.

Li on Angel Island. Veeda Bybee. Illus. by Andrea Rossetto. 2020. (Smithsonian Historical Fiction Ser.). (ENG.). 72p. (J). (gr. 3-5). pap. 5.95 *(978-1-4965-9871-4(7)*, 201167); lib. bdg. 25.32 *(978-1-4965-9863-9(6)*, 201139) Capstone. (Stone Arch Bks.).

Li Pan & the Dragon. Shirley B. Brown. 2016. (ENG., Illus.). 36p. (J). 23.00 *(978-1-4809-1251-9(4))* Dorrance Publishing Co., Inc.

Li Romans d'Alixandre (Classic Reprint) Lambert le Tort. 2018. (GER., Illus.). 592p. (J). 36.13 *(978-0-484-85229-6(9))* Forgotten Bks.

Li Romans de Carité et Miserere du Renclus de Moiliens, Vol. 1: Poèmes de la Fin du Xiie Siècle (Classic Reprint) A.G.Van Hamel. 2018. (FRE., Illus.). (J). 692p. 38.17 *(978-1-396-84907-7(6))*; 694p. pap. 20.57 *(978-1-396-84886-5(X))* Forgotten Bks.

Li Romans de Carite et Miserere du Renclus de Moiliens, Vol. 1: Poemes de la Fin du Xiie Siecle; Edition Critique, Accompagnee d'une Introduction, de Notes, d'un Glossaire, et d'une Liste des Rimes (Classic Reprint) A.G.Van Hamel. (FRE., Illus.). (J). 2017. 38.60 *(978-0-266-49673-1(3))*; 2016. pap. 20.97 *(978-1-333-18030-0(6))* Forgotten Bks.

Li Romans de Claris et Laris (Classic Reprint) Johann Alton. 2018. (GER., Illus.). (J). 948p. pap. 25.77 *(978-1-391-24679-6(9))*; 944p. 43.39 *(978-0-364-50457-4(9))*; 946p. pap. 25.73 *(978-0-656-70902-1(2))* Forgotten Bks.

Li Romans Dou Chevalier Au Lyon (Classic Reprint) Crestien von Troies. 2017. (FRE., Illus.). (J). 264p. 29.34 *(978-0-332-74117-8(6))*; 266p. pap. 11.97 *(978-0-332-51119-1(7))* Forgotten Bks.

Li Romans Dou Chevalier Au Lyon (Classic Reprint) Chretien de Troyes. 2018. (FRE., Illus.). (J). 294p. 29.98 *(978-0-364-60356-7(9))*; 296p. pap. 13.57 *(978-0-666-35215-6(1))* Forgotten Bks.

Li Romans Dou Chevalier Au Lyon Von Crestien Von Troies (Classic Reprint) Chrétien De Troyes. 2017. (FRE., Illus.). (J). pap. 13.57 *(978-0-259-90230-0(6))* Forgotten Bks.

Li Romans Dou Chevalier Au Lyon Von Crestien Von Troies (Classic Reprint) Chretien de Troyes. 2018. (FRE., Illus.). 276p. (J). 29.59 *(978-0-484-24030-7(7))* Forgotten Bks.

Lia & Beckett's Abracadabra. Amy Noelle Parks. 2022. (ENG.). 304p. (YA). (gr. 7-17). 17.99 *(978-1-4197-5344-2(4)*, 1727501) Abrams, Inc.

Lia & Luis: Puzzled! Ana Crespo. Illus. by Giovana Medeiros. 2023. (Storytelling Math Ser.). 32p. (J). (-k). pap. 7.99 *(978-1-62354-323-5(1))* Charlesbridge Publishing, Inc.

Lia & Luis: Who Has More? Who Has More? Ana Crespo. Illus. by Giovana Medeiros. 2020. (Storytelling Math Ser.: 1). 32p. (J). (-k). pap. 6.99 *(978-1-62354-185-9(9))* Charlesbridge Publishing, Inc.

Lia & the Peas - or What Is Cancer? Urs Richle & Monica Axelrad. 2018. (ENG., Illus.). 38p. (J). pap. 23.98 *(978-0-244-98691-9(6))* Lulu Pr., Inc.

Lia Fail - Stone of Destiny: A Young Adult Epic Fae Fantasy. J. C. Lucas. 2021. (Four Keys Ser.: Vol. 3). (ENG.). 270p. (YA). pap. 18.99 *(978-1-7350764-2-3(2))* Hamner, Shannon.

Lia Park & the Heavenly Heirlooms. Jenna Yoon. 2023. (Lia Park Ser.: 2). (ENG., Illus.). 352p. (J). (gr. 3-7). 17.99 ***(978-1-5344-8796-3(4)***, Aladdin) Simon & Schuster Children's Publishing.

Lia Park & the Missing Jewel. Jenna Yoon. 2022. (Lia Park Ser.: 1). (ENG.). 352p. (J). (gr. 3-7). 17.99 *(978-1-5344-8793-2(X)*, Aladdin) Simon & Schuster Children's Publishing.

Lia Saves the Sea. Leanne Schad. 2019. (ENG., Illus.). 26p. (J). pap. 13.95 *(978-1-64559-005-7(4))* Covenant Bks.

Liabrary: University of Western Ontrio (Classic Reprint) Ontario. Council Of Public Instruction. 2018. (ENG., Illus.). 326p. (J). 30.62 *(978-0-483-32046-8(3))* Forgotten Bks.

Liah & Otto: My Brother & Me. Fina Lowman. 2018. (ENG., Illus.). 28p. (J). pap. 12.95 *(978-1-64298-535-1(X))* Page Publishing Inc.

Liam & Jake. Erin Loudon. 2021. (ENG.). 30p. (J). pap. *(978-1-922550-38-5(8))* Library For All Limited.

Liam & Jake - Luis No Eli. Erin Loudon. 2021. (TET.). 30p. (J). pap. *(978-1-922550-83-5(3))* Library For All Limited.

Liam & the Forest Friends. Andrew Stark. Illus. by Emily Faith Johnson. 2023. (Liam Kingbird's Kingdom Ser.). (ENG.). 32p. (J). 22.65 *(978-1-6663-9507-5(2)*, 237570); pap. 6.99 *(978-1-4846-7063-7(9)*, 237555) Capstone. (Picture Window Bks.).

Liam & the Lemonade Stand. Tracilyn George. 2020. (ENG.). 22p. (J). pap. 11.00 *(978-1-990153-16-7(X))* Lulu Pr., Inc.

Liam & the Lemonade Stand. Tracilyn George. Illus. by Aria Jones. 2020. (ENG.). 24p. (J). pap. 17.14 *(978-1-716-48718-7(8))* Lulu Pr., Inc.

Liam & the Pigeon. Andrew Stark. Illus. by Emily Faith Johnson. 2023. (Liam Kingbird's Kingdom Ser.). (ENG.). 32p. (J). 22.65 *(978-1-6663-9506-8(4)*, 237569); pap. 6.99 *(978-1-4846-7058-3(2)*, 237554) Capstone. (Picture Window Bks.).

Liam & the Worst Dog in the World. Andrew Stark. Illus. by Emily Faith Johnson. 2023. (Liam Kingbird's Kingdom Ser.). (ENG.). 32p. (J). 22.65 *(978-1-6663-9508-2(0)*, 237571); pap. 6.99 *(978-1-4846-7068-2(X)*, 237556) Capstone. (Picture Window Bks.).

Liam Conquers Fort Grudge: Feeling Wronged & Learning Forgiveness. Sophia Day & Megan Johnson. Illus. by Stephanie Strouse. 2020. (Help Me Understand Ser.: 11). (ENG.). 72p. (J). 14.99 *(978-1-64440-866-7(X)*, e3a07073-1aa8-4763-9a91-db6dcb7e0f70); pap. 9.99 *(978-1-64440-867-4(8)*, a8a96d69-4348-4a07-baf3-b588b03a7ade) MVP Kids Media.

Liam I Love You All Ways. Marianne Richmond. Illus. by Dubravka Kolanovic. 2023. (I Love You All Ways Ser.). (ENG.). 32p. (J). (gr. -1-3). 8.99 ***(978-1-7282-7387-7(0))*** Sourcebooks, Inc.

Liam Kingbird's Kingdom. Andrew Stark. Illus. by Emily Faith Johnson. 2023. (Liam Kingbird's Kingdom Ser.). (ENG.). 32p. (J). 90.60 *(978-1-4846-7188-7(0)*, 248548, Picture Window Bks.) Capstone.

Liam Lewis & the Summer Camp Curse. Brandon Greer. 2022. (ENG.). 248p. (J). pap. 16.99 *(978-1-4621-4201-9(X)*, Sweetwater Bks.) Cedar Fort, Inc./CFI Distribution.

Liam on the North Pole Express. J. D. Green. Illus. by Joanne Partis. 2022. (North Pole Express Bears Ser.). (ENG.). 32p. (J). (gr. -1-3). 7.99 ***(978-1-7282-6955-9(5))*** Sourcebooks, Inc.

Liam on the North Pole Express. J. D. Green. 2019. (North Pole Express Ser.). (ENG.). 32p. (J). (gr. -1-3). 7.99 ***(978-1-7282-0360-7(0))*** Sourcebooks, Inc.

Liam Santa's Secret Elf. Put Me In The Story & Katherine Sully. Illus. by Julia Seal. 2018. (Santa's Secret Elf Ser.). (ENG.). 32p. (J). (gr. k-3). 5.99 *(978-1-4926-8158-8(X))* Sourcebooks, Inc.

Liam Takes a Stand. Troy Wilson. Illus. by Josh Holinaty. 2017. (ENG.). 32p. (J). (gr. k-4). 16.95 *(978-1-77147-161-9(1))* Owlkids Bks. Inc. CAN. Dist: Publishers Group West (PGW).

Liam Takes Grandma to Space. Yolanda Evgeniou. 2020. (ENG.). 30p. (J). pap. 14.95 *(978-1-64801-504-5(2))* Newman Springs Publishing, Inc.

Liam the Brave. Michael Wang. Illus. by Simon Koay. 2023. (ENG.). 40p. (J). (gr. -1-k). pap. 8.99 *(978-981-5044-98-0(2))* Marshall Cavendish International (Asia) Private Ltd. SGP. Dist: Independent Pubs. Group.

Liam the Leprechaun Loves to Fart: A Rhyming Read Aloud Story Book for Kids about a Leprechaun Who Farts, Perfect for St. Patrick's Day. Humor Heals Us. 2021. (Farting Adventures Ser.: Vol. 16). (ENG.). 34p. (J). 19.99 *(978-1-63731-068-7(4))* Grow Grit Pr.

Liam the Lion. Andrew Stark. Illus. by Emily Faith Johnson. 2023. (Liam Kingbird's Kingdom Ser.). (ENG.). 32p. (J). 22.65 *(978-1-6663-9505-1(6)*, 235592); pap. 6.99 *(978-1-4846-7053-8(1)*, 235587) Capstone. (Picture Window Bks.).

Liam 'Twas the Night Before Christmas. Illus. by Lisa Alderson. 2019. (Night Before Christmas Ser.). (ENG.). 32p. (J). (gr. -1-3). 7.99 ***(978-1-7282-0253-2(1))*** Sourcebooks, Inc.

Liam's Christmas Wish. Put Me In The Story & J. D. Green. Illus. by Julia Seal. 2018. (Christmas Wish Ser.). (ENG.). 32p. (J). (gr. k-3). 6.99 ***(978-1-4926-8343-8(4))*** Sourcebooks, Inc.

Liam's First Cut. Taye Jones. Illus. by Dezmond Carter. 2020. (ENG.). 42p. (J). 18.99 *(978-1-7342186-3-3(0))* Kia Harris, LLC (Publishing Co.).

Liam's Hop. Helen L. Johnson. 2022. (ENG.). 22p. (J). pap. 20.99 ***(978-1-6628-5410-1(2))*** Salem Author Services.

Liam's Hospital Stay. Liam Wilson & Myrna Jewell. Illus. by Leesa Ervin. 2023. (ENG.). 22p. (J). ***(978-1-77180-639-8(7))***; pap. ***(978-1-77180-638-1(9))*** Iguana Bks.

Liam's Pets. Nicole Mellion. Illus. by Monika Filipina. 2017. (Text Connections Guided Close Reading Ser.). (J). (gr. 1). *(978-1-4900-1802-7(6))* Benchmark Education Co.

Liam's Shenanigans. Rick Welch. 2021. 76p. (J). pap. 8.99 *(978-1-0983-6103-7(2))* BookBaby.

Liam's Town. Marissa Dike. 2020. (ENG.). 236p. (YA). (gr. 7-12). pap. 17.95 *(978-1-6624-0498-6(0))* Page Publishing Inc.

Liar (Classic Reprint) Gilbert Parker. 2018. (ENG., Illus.). 150p. (J). 26.99 *(978-0-483-23243-3(2))* Forgotten Bks.

Liar, Liar, Head on Fire, 5. Vera Strange. ed. 2021. (Disney Chills Ser.). (ENG., Illus.). 216p. (J). (gr. 4-5). 18.46 *(978-1-64697-993-6(1))* Penworthy Co., LLC, The.

Liar, Liar, Head on Fire-Disney Chills: Book Five. Vera Strange. 2021. (Disney Chills Ser.: 5). (ENG.). 224p. (J). (gr. 3-7). pap. 6.99 ***(978-1-368-06543-6(0)***, Disney-Hyperion) Disney Publishing Worldwide.

Liars & Losers Like Us. Ami Allen-Vath. 2016. (ENG.). 240p. (J). (gr. 8-8). 16.99 *(978-1-63450-184-2(5)*, Sky Pony Pr.) Skyhorse Publishing Co., Inc.

Liar's Beach. Katie Cotugno. 2023. (ENG.). 288p. (YA). (gr. 7). 18.99 *(978-0-593-43328-7(9)*, Delacorte Pr.) Random Hse. Children's Bks.

Liars Beneath: A YA Thriller. Heather Van Fleet. 2022. (ENG.). 332p. (YA). 25.00 *(978-1-953944-18-4(3))*; pap. 16.00 *(978-1-953944-58-0(2))* Wise Wolf Bks.

Liar's Crown. Abigail Owen. 2022. (Dominions Ser.: 1). (ENG.). 448p. (YA). 18.99 *(978-1-64937-152-2(7)*, 900254425) Entangled Publishing, LLC.

Liar's Daughter. Megan Cooley Peterson. (YA). (gr. 9). 2020. 304p. pap. 12.99 *(978-0-8234-4747-3(2))*; 2019. 288p. 17.99 *(978-0-8234-4418-2(X))* Holiday Hse., Inc.

Liar's Guide to the Night Sky: A Novel. Brianna R. Shrum. 2020. 224p. (YA). (gr. 6-12). pap. 8.99 *(978-1-5107-5780-6(5)*, Sky Pony Pr.) Skyhorse Publishing Co., Inc.

Liars of Mariposa Island. Jennifer Mathieu. 2020. (ENG.). 368p. (YA). pap. 10.99 *(978-1-250-10424-3(6)*, 900163695) Square Fish.

Liars' Room. Dan Poblocki. 2021. (ENG.). 240p. (J). (gr. 3-7). 17.99 *(978-0-545-83007-2(9)*, Scholastic Pr.) Scholastic, Inc.

Lia's First Day at School. Cynthia Belmer. 2020. (ENG.). 40p. (J). 22.00 *(978-0-578-75086-6(4))* Hummingbird.

Libaax Iyo Jiir - the Lion & the Mouse - Somali Children's Book. Kiazpora. 2019. (SOM., Illus.). 52p. (J). pap. 9.90 *(978-1-946057-72-3(X))* Kiazpora LLC.

Libba: The Magnificent Musical Life of Elizabeth Cotten (Early Elementary Story Books, Children's Music Books, Biography Books for Kids) Laura Veirs. Illus. by Tatyana Fazlalizadeh. 2018. (ENG.). 40p. (J). (gr. k-3). 17.99 *(978-1-4521-4857-1(0))* Chronicle Bks. LLC.

Libby Loves Science. Kimberly Derting & Shelli R. Johannes. Illus. by Joelle Murray. (Loves Science Ser.). (ENG.). 40p. (J). (gr. -1-3). 2023. pap. 9.99 *(978-0-06-294605-8(6))*; 2020. 17.99 *(978-0-06-294604-1(8))* HarperCollins Pubs. (Greenwillow Bks.).

Libby Loves Science: Mix & Measure. Kimberly Derting. Illus. by Joelle Murray. 2021. (I Can Read Level 3 Ser.). (ENG.). 40p. (J). (gr. -1-3). 16.99 *(978-0-06-294612-6(9))*; pap. 5.99 *(978-0-06-294611-9(0))* HarperCollins Pubs. (Greenwillow Bks.).

Libby the Ladybug. Carly Furino. 2022. (ENG.). 68p. (J). 18.95 *(978-1-63777-226-3(2))*; pap. 12.95 *(978-1-63777-225-6(4))* Red Penguin Bks.

Libby Wimbley, 4 vols., Set. 2018. (Libby Wimbley Ser.). (SPA.). 32p. (J). (gr. -1-3). lib. bdg. 131.16 *(978-1-5321-3470-8(3)*, 31193, Calico Chapter Bks) Magic Wagon.

Libby Wimbley Set 2 see Libby Wimbley Set 2 (Spanish Version) (Set)

Libby Wimbley Set 2 (Set), 4 vols. 2018. (Libby Wimbley Ser.). (ENG.). 32p. (J). (gr. -1-3). lib. bdg. 131.16 *(978-1-5321-3252-0(2)*, 31133, Calico Chapter Bks) Magic Wagon.

Libby Wimbley Set 2 (Spanish Version) (Set), 4 vols. Amy Cobb. Illus. by Alexandria Neonakis. 2021. (Libby Wimbley Ser.).Tr. of Libby Wimbley Set 2. (SPA.). 32p. (J). (gr. -1-3). lib. bdg. 131.16 *(978-1-0982-3275-7(5)*, 38724, Calico Chapter Bks) Magic Wagon.

Libby's Adventures: To the Creek. Lindsay Golz. Illus. by Megan Hagel. 2016. (ENG.). (J). (gr. -1-3). 17.00 *(978-1-59298-727-6(3))* Beaver's Pond Pr., Inc.

Liber Amoris (Classic Reprint) William Hazlitt. 2017. (ENG., Illus.). (J). 31.82 *(978-0-265-42373-8(2))* Forgotten Bks.

Liber Amoris or the New Pygmalion (Classic Reprint) William Hazlitt. 2017. (ENG., Illus.). (J). 27.07 *(978-1-5284-7655-3(7))* Forgotten Bks.

Liber Amoris, or the New Pygmalion (Classic Reprint) William Hazlitt. 2018. (ENG., Illus.). 292p. (J). 29.94 *(978-0-483-85009-5(8))* Forgotten Bks.

Libera. Andrew Sweet. 2022. (ENG.). 376p. (YA). pap. 15.99 ***(978-0-578-37557-1(5))*** Hesperia Publishing.

Liberal Opinions, or the History of Benignus, Vol. 1 (Classic Reprint) Samuel Jackson Pratt. (ENG., Illus.). (J). 2018. 312p. 30.48 *(978-0-484-90154-3(0))*; 2016. pap. 13.57 *(978-1-334-14583-4(0))* Forgotten Bks.

Liberation. Stormy Corrin Russell. 2017. (ENG., Illus.). 264p. (J). pap. *(978-1-77339-490-9(8))* Evernight Publishing.

Liberia, 1 vol. Patricia Levy et al. 2018. (Cultures of the World (Third Edition)(r) Ser.). (ENG.). 144p. (gr. 5-5). 48.79 *(978-1-5026-3626-3(3)*,

L

de6b452f-f9b8-4418-ba9f-649f39e4f35a) Cavendish Square Publishing LLC.

Liberia: The Blob Master's Evil Plan. Carine Colas Diallo. 2016. (ENG., Illus.). (J). pap. 20.45 *(978-1-5127-5736-1(5)*, WestBow Pr.) Author Solutions, LLC.

Liberia Presidents: 1847-2021. Ophelia S. Lewis. 2021. (Clever Children Gamebook Ser.). (ENG.). 40p. (J). pap. 12.00 *(978-1-945408-69-4(3))*; pap. 12.00 *(978-1-945408-73-1(1))* Village Tales Publishing.

Libertad: El Arte de Los Estados Unidos de América. Rebecca Hinson. Ed. by Gosser Esquilin Ann Mary. Tr. by Canedo Luis. l.t. ed. 2016. (Arte de Los Estados Unidos de America Ser.: 2).Tr. of Liberty. (SPA., Illus.). 24p. (J). (gr. 3-8). 16.00 *(978-1-942765-40-0(1))* Hinson, Rebecca Publishing.

Libertad: Leveled Reader Book 23 Level M 6 Pack. Hmh Hmh. 2021. (SPA.). 32p. (J). pap. 74.40 *(978-0-358-08420-4(2))* Houghton Mifflin Harcourt Publishing Co.

Libertad Incondicional. Francine Pascal.Tr. of Love, Lies & Jessica Wakefield. (SPA.). 224p. (J). 8.95 *(978-84-272-3162-7(8))* Molino, Editorial ESP. Dist: AIMS International Bks., Inc.

Liberty see Libertad: El Arte de Los Estados Unidos de América

Liberty. Kim Cresswell. 2020. (Sum of All Tears Ser.: Vol. 2). (ENG.). 224p. (J). pap. *(978-1-9995588-5-7(5))* KC Publishing.

Liberty. Kirby Larson. ed. 2018. (Dogs of World War II Ser.). lib. bdg. 18.40 *(978-0-606-41133-2(X))* Turtleback.

Liberty: The Giant Killer (Classic Reprint) Rebecca Salsbury. (ENG., Illus.). (J). 2017. 110p. 26.17 *(978-0-332-84855-6(8))*; 2016. pap. 9.57 *(978-1-333-39660-2(0))* Forgotten Bks.

Liberty: The Spy Who (Kind of) Liked Me. Andrea Portes. 2017. (ENG.). 400p. (J). *(978-0-06-267332-9(7)*, HarperTeen) HarperCollins Pubs.

Liberty 1930: Christmas (Classic Reprint) Lorrene Krumland. (ENG., Illus.). (J). 2018. 24p. 24.41 *(978-0-483-47314-0(6))*; 2017. pap. 7.97 *(978-0-259-80752-0(4))* Forgotten Bks.

Liberty & a Living. Philip G. Hubert. 2017. (ENG.). 252p. (J). pap. *(978-3-337-29477-9(4))* Creation Pubs.

Liberty & a Living: The Record of an Attempt to Secure Bread & Butter, Sunshine & Content, by Gardening, Fishing, & Hunting (Classic Reprint) Philip G. Hubert. 2018. (ENG., Illus.). 270p. (J). 29.47 *(978-0-267-24298-6(0))* Forgotten Bks.

Liberty & Bearemy's Adventures in New York: The Statue of Liberty. Ashley Stoner. 2022. (ENG., Illus.). 30p. (J). pap. 14.95 ***(978-1-68526-310-2(0))*** Covenant Bks.

Liberty & Independence. Brooke Cutler & Amanda Duffy. 2016. (ENG., Illus.). (J). pap. 18.50 *(978-1-329-86727-7(0))* Lulu Pr., Inc.

Liberty Arrives! How America's Grandest Statue Found Her Home. Robert Byrd. Illus. by Robert Byrd. 2019. (Illus.). 40p. (J). (gr. 1-4). 17.99 *(978-0-7352-3082-8(X)*, Dial Bks) Penguin Young Readers Group.

Liberty Awakened. Alicia Dean. 2022. (ENG.). 154p. (YA). pap. 12.99 *(978-1-5092-3978-8(2))* Wild Rose Pr., Inc., The.

Liberty Bell. Kirsten Chang. 2018. (Symbols of American Freedom Ser.). (ENG., Illus.). 24p. (J). (gr. k-3). pap. 7.99 *(978-1-61891-470-5(7)*, 12123); lib. bdg. 26.95 *(978-1-62617-884-7(4))* Bellwether Media. (Blastoff! Readers).

Liberty Bell. Christina Earley. 2022. (Symbols of America Ser.). (ENG.). 24p. (J). (gr. k-2). pap. *(978-1-0396-6179-0(3)*, 21833); lib. bdg. *(978-1-0396-5984-1(5)*, 21832) Crabtree Publishing Co.

Liberty Bell. Susan Markowitz Meredith. 2016. (Spring Forward Ser.). (J). (gr. 1). *(978-1-4900-2233-8(3))* Benchmark Education Co.

Liberty Bell. Julie Murray. 2019. (US Symbols (AK) Ser.). (ENG., Illus.). 24p. (J). (gr. -1-2). lib. bdg. 31.36 *(978-1-5321-8536-6(7)*, 31410, Abdo Kids) ABDO Publishing Co.

Liberty Bell: History's Silent Witness. Joanne Mattern. 2017. (Core Content Social Studies — Let's Celebrate America Ser.). (ENG., Illus.). 32p. (J). (gr. 2-5). pap. 8.99 *(978-1-63440-235-4(9)*, 28ed5c3f-ee1c-4654-af96-f22535bc1256); lib. bdg. 26.65 *(978-1-63440-225-5(1)*, 0b005936-2891-4184-8159-c5ba8f4d5d28) Red Chair Pr.

Liberty Bell: Introducing Primary Sources. Tamra B. Orr. 2016. (Introducing Primary Sources Ser.). (ENG., Illus.). 32p. (J). (gr. -1-2). lib. bdg. 28.65 *(978-1-4914-8224-7(9)*, 130686, Capstone Pr.) Capstone.

Liberty Bell, 1913 (Classic Reprint) Liberty High School. 2018. (ENG., Illus.). 80p. (J). 25.55 *(978-0-483-63988-1(5))* Forgotten Bks.

Liberty Bell, 1915 (Classic Reprint) Liberty High School. (ENG., Illus.). (J). 2018. 198p. 27.98 *(978-0-483-91960-0(8))*; 2016. pap. 10.57 *(978-1-333-31595-5(3))* Forgotten Bks.

Liberty Box. C. A. Gray. 2020. (ENG.). 294p. (J). pap. *(978-1-6781-5538-4(1))* Lulu Pr., Inc.

Liberty Boys Running the Blockade: Or, Getting Out of New York. Harry Moore. 2018. (ENG., Illus.). 74p. (YA). (gr. 7-12). pap. *(978-93-5297-424-5(7))* Alpha Editions.

Liberty Divided. Alicia Dean. 2022. (ENG.). 176p. (YA). pap. 13.99 *(978-1-5092-3980-1(4))* Wild Rose Pr., Inc., The.

Liberty Empowered. Alicia Dean. 2022. (ENG.). 184p. (YA). pap. 13.99 *(978-1-5092-3982-5(0))* Wild Rose Pr., Inc., The.

Liberty Goes Green. E. S. Pfahl. 2020. (ENG.). 14p. (J). ***(978-1-716-38599-5(7))*** Lulu Pr., Inc.

Liberty Hall: A Story for Girls (Classic Reprint) Florence Hull Winterburn. (ENG., Illus.). (J). 2018. 318p. 30.46 *(978-0-483-75296-2(7))*; 2016. pap. 13.57 *(978-1-333-36657-5(4))* Forgotten Bks.

Liberty Hall: An Original Drama in Four Acts (Classic Reprint) Richard Claude Carton. (ENG., Illus.). (J). 2018. 84p. 25.63 *(978-0-666-16052-2(X))*; 2017. 146p. 26.91 *(978-0-332-36980-8(3))*; 2017. pap. 9.57 *(978-0-259-96968-6(0))*; 2017. pap. 9.57 *(978-0-259-27725-5(8))* Forgotten Bks.

Liberty Lane: A Conservative Children's Book Series, 5 vols. Josh Bansal & Amalia Halikias. 2019. (ENG.). 38p. (J). 59.99 *(978-1-64307-286-9(2))* Amplify Publishing Group.

Liberty Lion, 1939 (Classic Reprint) Liberty Union High School. 2017. (ENG., Illus.). (J). 24.49 *(978-0-260-11752-6(8))*; pap. 7.97 *(978-1-5283-0318-7(0))* Forgotten Bks.

Liberty or Death, or Heaven's Infraction of the Fugitive Slave Law (Classic Reprint) Hattia M'Keehan. 2018. (ENG., Illus.). 106p. (J). 26.10 *(978-0-483-52027-1(6))* Forgotten Bks.

Liberty Reader (Classic Reprint) Bernard M. Sheridan. 2018. (ENG., Illus.). 242p. (J). 28.89 *(978-0-483-89413-6(3))* Forgotten Bks.

Liberty Saves the Day! Robin Heald. Illus. by Andy Elkerton. 2017. (J). *(978-0-87935-290-5(6))* Colonial Williamsburg Foundation.

Liberty the Circus Cat. Desiree Milonas-King. 2022. (ENG.). 22p. (J). *(978-0-2288-5731-0(7))*; pap. *(978-0-2288-5730-3(9))* Tellwell Talent.

Liberty Thrift Girls: A Patriotic Play (Classic Reprint) Marie Doran. 2018. (ENG., Illus.). 46p. (J). 24.87 *(978-0-332-89707-3(9))* Forgotten Bks.

Liberty Union High School Annual, Vol. 2 (Classic Reprint) Liberty High School Students. 2018. (ENG., Illus.). 24p. (J). 24.39 *(978-0-267-23415-8(5))* Forgotten Bks.

Liberty Union High School Annual, Vol. 3: May, 1907 (Classic Reprint) Liberty High School Students. 2018. (ENG., Illus.). 30p. (J). 24.52 *(978-0-656-15481-4(0))* Forgotten Bks.

Liberty Union High School Yearbook, 1909 (Classic Reprint) Liberty Union High School. 2018. (ENG., Illus.). 48p. (J). 24.89 *(978-0-267-76711-3(0))* Forgotten Bks.

Liberty's Civil Rights Road Trip. Michael W. Waters. Illus. by Nicole Tadgell. 2021. (ENG.). 32p. (J). 18.00 *(978-1-947888-19-7(6))* Westminster John Knox Pr.

Libra. Clever Publishing. Illus. by Alyona Achilova. 2021. (Clever Zodiac Signs Ser.: 7). (ENG.). 8p. (J). (gr. -1 — 1). bds. 8.99 *(978-1-951100-67-4(0))* Clever Media Group.

Libra: An Astrological Romance (Classic Reprint) Eleanor Kirk. 2017. (ENG., Illus.). (J). 284p. 29.75 *(978-0-484-05364-8(7))*; pap. 13.57 *(978-0-259-18883-4(2))* Forgotten Bks.

Libra: Book Seven in the Zodiac Dozen Series. Oliver Bestul. 2022. (Zodiac Dozen Ser.: Vol. 7). (ENG.). 164p. (J). pap. 12.99 ***(978-1-64538-438-0(1))*** Orange Hat Publishing.

Libra: Decisions, Decisions. Michelle Tea. Illus. by Mike Perry. 2019. (Astro Pals Ser.). (ENG.). 56p. (J). 18.95 *(978-1-948340-14-4(3))* Dottir Pr.

Libraby of the University of California (Classic Reprint) Charles A. Kofoid. 2018. (ENG., Illus.). 356p. (J). 31.24 *(978-0-656-38147-0(7))* Forgotten Bks.

Librarian. Samantha Bell. Illus. by Jeff Bane. 2017. (My Early Library: My Friendly Neighborhood Ser.). (ENG.). 24p. (J). (gr. k-1). lib. bdg. 30.64 *(978-1-63472-833-1(5)*, 209758) Cherry Lake Publishing.

Librarian. Jared Siemens. 2020. (Who Works in My Neighborhood Ser.). (ENG.). 24p. (J). lib. bdg. 22.99 *(978-1-5105-5355-2(X))* SmartBook Media, Inc.

Librarian at Play (Classic Reprint) Edmund Lester Pearson. 2018. (ENG., Illus.). 316p. (J). 30.41 *(978-0-483-97001-4(8))* Forgotten Bks.

Librarian of Auschwitz. Antonio Iturbe. Tr. by Lilit Thwaites. 2021. (ENG.). 464p. (YA). pap. 12.99 *(978-1-250-21168-2(9)*, 900156979) Square Fish.

Librarian of Auschwitz. Antonio Iturbe. Tr. by Lilit Thwaites. 2017. (ENG., Illus.). 432p. (YA). 19.99 *(978-1-62779-618-7(5)*, 900156978, Holt, Henry & Co. Bks. For Young Readers) Holt, Henry & Co.

Librarian of Auschwitz. Antonio Iturbe. 2019. (ENG.). (YA). (gr. 8-13). pap. 10.99 *(978-1-250-25083-4(8))* Holt, Henry & Co.

Librarian of Auschwitz. Antonio Iturbe. l.t. ed. 2018. (ENG.). 638p. (J). lib. bdg. 22.99 *(978-1-4328-4929-0(8))* Cengage Gale.

Librarian of Basra: A True Story from Iraq. Jeanette Winter. 2019. (ENG., Illus.). 32p. (J). (gr. -1-3). pap. 8.99 *(978-0-358-14183-9(4)*, 1755716, Clarion Bks.) HarperCollins Pubs.

Librarian of the Sunday School: A Manual (Classic Reprint) Elizabeth Louisa Foote. 2018. (ENG., Illus.). (J). 88p. 25.73 *(978-1-396-67499-0(3))*; 90p. pap. 9.57 *(978-1-391-62511-9(0))* Forgotten Bks.

Librarian, the Firefighters, & the Arsonist. Linda Phillips. 2017. (ENG., Illus.). (YA). pap. 14.95 *(978-1-64028-626-9(8))* Christian Faith Publishing.

Librarian Tools. Laura Hamilton Waxman. 2019. (Bumba Books (r) — Community Helpers Tools of the Trade Ser.). (ENG., Illus.). 24p. (J). (gr. -1-1). 26.65 *(978-1-5415-5561-7(9)*, 5dc78b18-e36e-4016-b84a-3cbe1c48e8dc); pap. 8.99 *(978-1-5415-7352-9(8)*, 89ed298c-17cf-456f-9b6c-94c7ca5b2ad0) Lerner Publishing Group. (Lerner Pubns.).

Librarians. Meg Gaertner. 2018. (Community Workers Ser.). (ENG., Illus.). 24p. (J). (gr. 1-1). pap. 8.95 *(978-1-63517-807-4(X)*, 163517807X) North Star Editions.

Librarians. Meg Gaertner. 2018. (Community Workers Ser.). (ENG., Illus.). 24p. (J). (gr. k-3). lib. bdg. 31.36 *(978-1-5321-6012-7(7)*, 28656, Pop! Cody Koala) Pop!.

Librarians. Emma Less. 2018. (Real-Life Superheroes Ser.). (ENG.). 16p. (J). (gr. k-2). pap. 7.99 *(978-1-68152-278-4(0)*, 14917) Amicus.

Librarians. Kate Moening. 2018. (Community Helpers Ser.). (ENG., Illus.). 24p. (J). (gr. k-3). lib. bdg. 26.95 *(978-1-62617-899-1(2)*, Blastoff! Readers) Bellwether Media.

Librarians. Julie Murray. 2016. (My Community: Jobs Ser.). (ENG.). 24p. (J). (gr. -1-2). pap. 7.95 *(978-1-4966-1054-6(7)*, 134959, Capstone Classroom) Capstone.

Librarians. Laura K. Murray. 2023. (Seedlings Ser.). (ENG., Illus.). 24p. (J). (gr. 1-3). pap. 10.99 *(978-1-62832-945-2(9)*, 23575, Creative Paperbacks) Creative Co., The.

Librarians. Emily Raij. 2020. (Jobs People Do Ser.). (ENG., Illus.). 32p. (J). (gr. 1-3). pap. 6.95 *(978-1-9771-1811-0(9)*, 142172); lib. bdg. 29.32 *(978-1-9771-1376-4(1)*, 141480) Capstone. (Pebble).

Librarians. Jody Jensen Shaffer. 2022. (Community Helpers Ser.). (ENG.). 24p. (J). lib. bdg. 32.79 *(978-1-5038-5832-9(4)*, 215698, Wonder Books(r)) Child's World, Inc, The.

Librarians. Jared Siemens. 2016. (J). *(978-1-5105-2107-0(0))* SmartBook Media, Inc.

Librarians. Julie Murray. rev. ed. 2021. (My Community: Jobs Ser.). (ENG.). 24p. (J). pap. 7.95 *(978-1-6663-5253-5(5)*, 239305, Capstone Classroom) Capstone.

Librarians in My Community. Gina Bellisario. Illus. by Ed Myer. 2018. (Meet a Community Helper (Early Bird Stories (tm)) Ser.). (ENG.). 24p. (J). (gr. k-2). pap. 9.99 *(978-1-5415-2708-9(9)*, 2f2c6f9a-e719-464b-b790-96d3e6a4f9d9); lib. bdg. 29.32 *(978-1-5415-2021-9(1)*, 971cf00d-8d6a-48eb-9938-ddf4d9744895, Lerner Pubns.) Lerner Publishing Group.

Librarians of the Galaxy (Book 11) Lisa Harkrader. Illus. by Jessica Warrick. 2018. (How to Be an Earthling Ser.). 64p. (J). (gr. 1-4). pap. 6.99 *(978-1-63592-024-6(8)*, a1e9e1da-a4fc-4072-a75d-e437b7560403, Kane Press) Astra Publishing Hse.

Librarians on the Job, 1 vol. Mary Austen. 2016. (Jobs in Our Community Ser.). (ENG.). 24p. (J). (gr. 1-1). pap. 9.25 *(978-1-5345-2145-2(3)*, c3641dd4-3e1a-48b5-9e3f-1a3fa10d48ba, KidHaven Publishing) Greenhaven Publishing LLC.

Librarian's Stories. Lucy Falcone. Illus. by Anna Wilson. 2021. (ENG.). 32p. (J). (gr. -1-3). 18.99 *(978-1-57687-945-0(3)*, powerHouse Bks.) powerHse. Bks.

Libraries. Emma Bassier. 2019. (Places in My Community Ser.). (ENG., Illus.). 24p. (J). (gr. k-3). lib. bdg. 31.36 *(978-1-5321-6349-4(5)*, 32013, Pop! Cody Koala) Pop!.

Libraries in the Medieval & Renaissance Periods: The Rede Lecture Delivered June 13 1894. J. W. Clark. 2017. (ENG., Illus.). (J). pap. *(978-0-649-34056-9(6))* Trieste Publishing Pty Ltd.

Libraries in the Medieval & Renaissance Periods: The Rede Lecture, Delivered June 13, 1894 (Classic Reprint) J. W. Clark. 2018. (ENG., Illus.). 68p. (J). 25.32 *(978-0-365-35504-5(6))* Forgotten Bks.

Libraries Past & Present. Kerry Dinmont. 2018. (Bumba Books (r) — Past & Present Ser.). (ENG., Illus.). 24p. (J). (gr. -1-1). pap. 8.99 *(978-1-5415-2689-1(9)*, 736148f0-62d0-4c4c-ae9d-8f10812c7ac4); lib. bdg. 26.65 *(978-1-5415-0330-4(9)*, cef2ea3c-e0a3-40d7-a5b2-e1a8328c0f06, Lerner Pubns.) Lerner Publishing Group.

Library. Amy McDonald & Amy McDonald. 2022. (Community Places Ser.). (ENG., Illus.). 24p. (J). (gr. -1-2). pap. 7.99 *(978-1-64834-658-3(8)*, 21370, Blastoff! Readers) Bellwether Media.

Library. Anthea Bradley. 2016. (ENG., Illus.). 36p. (J). pap. *(978-1-365-41581-4(3))* Lulu Pr., Inc.

Library. Aaron Carr. 2020. (Visiting My Community Ser.). (ENG.). 24p. (J). (gr. -1-3). lib. bdg. 22.99 *(978-1-5105-5442-9(4))* SmartBook Media, Inc.

Library. Jennifer Colby. 2016. (21st Century Junior Library: Explore a Workplace Ser.). (ENG., Illus.). 24p. (J). (gr. 2-5). 29.21 *(978-1-63471-075-6(4)*, 208379) Cherry Lake Publishing.

Library. Nikki Giovanni. Illus. by Erin K. Robinson. 2022. (ENG.). 32p. (J). (gr. -1-3). 19.99 *(978-0-358-38765-7(5)*, 1787368, Versify) HarperCollins Pubs.

Library, 1 vol. Julie Murray. 2016. (My Community: Places Ser.). (ENG., Illus.). 24p. (J). (gr. -1-2). lib. bdg. 31.36 *(978-1-68080-537-6(1)*, 21354, Abdo Kids) ABDO Publishing Co.

Library: A 4D Book. Blake A. Hoena. rev. ed. 2018. (Visit To... Ser.). (ENG., Illus.). 24p. (J). (gr. -1-2). lib. bdg. 29.32 *(978-1-5435-0830-7(8)*, 137593, Capstone Pr.) Capstone.

Library & the Librarian: A Selection of Articles from the Boston Evening Transcript & Other Sources (Classic Reprint) Edmund Lester Pearson. 2017. (ENG., Illus.). (J). 25.96 *(978-0-265-19941-1(7))* Forgotten Bks.

Library Book. Tom Chapin & Michael Mark. Illus. by Chuck Groenink. 2017. (ENG.). 40p. (J). (gr. -1-3). 19.99 *(978-1-4814-6092-7(7))* Simon & Schuster Children's Publishing.

Library Book. Gabby Dawnay. Illus. by Ian Morris. 2021. (ENG.). 32p. (J). (gr. -1-1). 16.95 *(978-0-500-65260-2(0)*, 565260) Thames & Hudson.

Library Book: Crows. National Geographic Learning. 2018. (Smart Animals Ser.). (ENG.). 32p. (J). (gr. 2-7). pap. 7.99 *(978-1-61772-593-7(5))* Bearport Publishing Co., Inc.

Library Buddy. Carol Kim. Illus. by Felia Hanakata. 2019. (Doggie Daycare Ser.). (ENG.). 48p. (J). (gr. 1-3). pap. 6.99 *(978-1-63163-336-2(8)*, 1631633368); lib. bdg. 24.27 *(978-1-63163-335-5(X)*, 163163335X) North Star Editions. (Jolly Fish Pr.).

Library Bus. Bahram Rahman. Illus. by Gabrielle Grimard. 32p. (J). (gr. k-3). 2022. 12.95 *(978-1-77278-265-3(3))*; 2020. 18.95 *(978-1-77278-101-4(0))* Pajama Pr. CAN. Dist: Publishers Group West (PGW).

Library Catalogue: November 1911 (Classic Reprint) St Matthews Church Sunday School. 2017. (ENG., Illus.). (J). 24.39 *(978-0-332-00034-3(6))*; pap. 7.97 *(978-0-259-97349-2(1))* Forgotten Bks.

Library Claw: And Other Scary Tales. Michael Dahl. Illus. by Xavier Bonet. 2017. (Michael Dahl's Really Scary Stories Ser.). (ENG.). 72p. (J). (gr. 1-3). lib. bdg. 25.32 *(978-1-4965-4902-0(3)*, 135654, Stone Arch Bks.) Capstone.

Library Day. Anne Rockwell. Illus. by Lizzy Rockwell. 2016. (My First Experience Book Ser.). (ENG.). 32p. (J). (gr. -1-3). 16.99 *(978-1-4814-2731-9(8)*, Aladdin) Simon & Schuster Children's Publishing.

Library Day. Anne Rockwell. ed. 2017. lib. bdg. 18.40 *(978-0-606-39759-9(0))* Turtleback.

Library for Juana: The World of Sor Juana Inés, 1 vol. Pat Mora. Illus. by Beatriz Vidal. ed. 2019. (ENG.). 32p. (J). (gr. k-3). pap. 11.95 *(978-1-64379-058-9(7)*, leelowcbp) Lee & Low Bks., Inc.

Library for Young People: A Collection of the Best Reading for Boys & Girls (Classic Reprint) Walter Camp. 2018. (ENG., Illus.). (J). 716p. 38.73 *(978-0-484-38669-2(7))*; 648p. 37.28 *(978-0-267-42449-8(3))* Forgotten Bks.

Library Girl: How Nancy Pearl Became America's Most Celebrated Librarian. Karen Henry Clark. Illus. by Sheryl Murray. 2022. 32p. (J). (gr. k-4). 18.99 *(978-1-63217-318-8(2)*, Little Bigfoot) Sasquatch Bks.

Library Illustrative of Social Progress: From the Original Editions (Classic Reprint) Henry Thomas Buckle. 2017. (ENG., Illus.). (J). 26.27 *(978-0-265-54743-4(1))* Forgotten Bks.

Library in My Town, 1 vol. Lamar Coldwell. 2016. (Rosen REAL Readers: Social Studies Nonfiction / Fiction: Myself, My Community, My World Ser.). (ENG.). 8p. (gr. k-1). pap. 5.46 *(978-1-5081-2260-9(1)*, 7341340e-9aa8-4759-89d6-8bfdd4b82974, Rosen Classroom) Rosen Publishing Group, Inc., The.

Library Jokes & Jottings: A Collection of Stories Partly Wise but Mostly Otherwise (Classic Reprint) Henry T. Coutts. 2018. (ENG., Illus.). 160p. (J). 27.22 *(978-0-483-83251-0(0))* Forgotten Bks.

Library Machine (the Extraordinary Journeys of Clockwork Charlie) Dave Butler. 2018. (Extraordinary Journeys of Clockwork Charlie Ser.: 3). 304p. (J). (gr. 3-7). 16.99 *(978-0-553-51303-5(6)*, Knopf Bks. for Young Readers) Random Hse. Children's Bks.

Library of American Literature, Vol. 10 Of 11: From the Earliest Settlement to the Present Time (Classic Reprint) Edmund Clarence Stedman. 2018. (ENG., Illus.). 668p. (J). 37.69 *(978-0-484-37043-1(X))* Forgotten Bks.

Library of American Literature, Vol. 7 Of 11: From the Earliest Settlement to the Present Time (Classic Reprint) Edmund Clarence Stedman. 2017. (ENG., Illus.). 638p. (J). 37.06 *(978-0-484-09342-2(8))* Forgotten Bks.

Library of American Literature, Vol. 8 Of 11: From the Earliest Settlement to the Present Time (Classic Reprint) Edmund Clarence Stedman. 2017. (ENG., Illus.). (J). 37.41 *(978-1-5279-8404-2(4))* Forgotten Bks.

Library of American Literature, Vol. 9 Of 11: From the Earliest Settlement to the Present Time (Classic Reprint) Edmund Clarence Stedman. (ENG., Illus.). (J). 2018. 662p. 37.55 *(978-0-484-26534-8(2))*; 2016. pap. 19.97 *(978-1-333-42419-0(1))* Forgotten Bks.

Library of Broken Worlds. Alaya Dawn Johnson. 2023. (ENG.). 448p. (YA). (gr. 9). 21.99 *(978-1-338-29062-2(2)*, Scholastic Pr.) Scholastic, Inc.

Library of Choice Literature & Encyclopaedia of Universal Authorship, Vol. 10 Of 10: The Masterpieces of the Standard Writers of All Nations & All Time (Classic Reprint) Ainsworth Rand Spofford. 2017. (ENG., Illus.). (J). 33.38 *(978-0-265-71085-2(5))*; pap. 16.57 *(978-1-5276-6300-8(0))* Forgotten Bks.

Library of Choice Literature & Encyclopaedia of Universal Authorship, Vol. 2 Of 10: The Masterpieces of the Standard Writers of All Nations & All Times (Classic Reprint) Ainsworth Rand Spofford. (ENG., Illus.). (J). 2018. 400p. 32.17 *(978-0-483-50185-0(9))*; 2016. pap. 16.57 *(978-1-333-14703-7(1))* Forgotten Bks.

Library of Choice Literature & Encyclopaedia of Universal Authorship, Vol. 3 Of 10: Selected from the Standard Authors of All Nations & All Time (Classic Reprint) Ainsworth R. Spofford. (ENG., Illus.). (J). 2018. 408p. 32.31 *(978-0-483-88667-4(X))*; 2017. pap. 16.57 *(978-0-243-90842-4(3))* Forgotten Bks.

Library of Choice Literature & Encyclopaedia of Universal Authorship, Vol. 4 Of 10: The Masterpiece of the Standard Writers of All Nations & All Time (Classic Reprint) Ainsworth Rand Spofford. (ENG., Illus.). (J). 2018. 420p. 32.56 *(978-0-483-35892-8(4))*; 2016. pap. 16.57 *(978-1-333-28264-6(8))* Forgotten Bks.

Library of Choice Literature & Encyclopaedia of Universal Authorship, Vol. 5 Of 10: The Masterpieces of the Standard Writers of All Nations & All Time (Classic Reprint) Ainsworth Rand Spofford. (ENG., Illus.). (J). 2018. 392p. 32.00 *(978-0-364-17916-1(3))*; 2016. pap. 16.57 *(978-1-334-14181-2(9))* Forgotten Bks.

Library of Choice Literature & Encyclopaedia of Universal Authorship, Vol. 6 of 10 (Classic Reprint) Ainsworth Rand Spofford. 2018. (ENG., Illus.). 420p. (J). 32.56 *(978-0-483-42197-4(9))* Forgotten Bks.

Library of Choice Literature & Encyclopaedia of Universal Authorship, Vol. 7 Of 10: The Masterpieces of the Standard Writers of All Nations & All Time; Edited with Biographical & Critical Notes (Classic Reprint) Ainsworth R. Spofford. (ENG., Illus.). (J). 2018. 446p. 33.10 *(978-0-483-43762-3(X))*; 2017. pap. 16.57 *(978-1-334-92510-8(0))* Forgotten Bks.

Library of Choice Literature & Encyclopaedia of Universal Authorship, Vol. 9 Of 10: The Masterpieces of the Standard Writers of All Nations & All Time (Classic Reprint) Ainsworth Rand Spofford. 2017. (ENG., Illus.). (J). 32.35 *(978-0-331-19113-4(X))*; pap. 16.57 *(978-0-265-01001-3(2))* Forgotten Bks.

Library of Choice Literature & Encyclopedia of Universal Authorship, Vol. 6 Of 10: The Masterpieces of the Standard Writers of All Nations & All Time (Classic Reprint) Ainsworth Rand Spofford. (ENG., Illus.). (J). 2018. 404p. 32.25 *(978-0-483-88584-4(3))*; 2017. pap. 16.57 *(978-0-243-90588-1(2))* Forgotten Bks.

Library of Choice Literature & Encyclopedia of Universal Authorship, Vol. 8 Of 10: The Masterpieces of the Standard Writers of All Nations & All Time (Classic Reprint) Ainsworth Rand Spofford. (ENG., Illus.). (J). 2018. 434p. 32.85 *(978-0-483-41970-4(2))*; 2016. pap. 16.57 *(978-1-334-17098-0(3))* Forgotten Bks.

Library of Choice Literature, Vol. 1 Of 8: Prose & Poetry Selected from the Most Admired Authors (Classic Reprint) Ainsworth Rand Spofford. (ENG., Illus.). (J). 2018. 442p. 33.01 *(978-0-483-47849-7(0))*; 2016. pap. 16.57 *(978-1-334-17130-7(0))* Forgotten Bks.

Library of Choice Literature, Vol. 2 Of 8: Poetry & Prose Selected from the Most Admired Authors (Classic Reprint) Ainsworth Rand Spofford. 2018. (ENG., Illus.). (J). 424p. 32.64 *(978-1-397-24916-6(1))*; 426p. pap. 16.57 *(978-1-397-24906-7(4))* Forgotten Bks.

Library of Choice Literature, Vol. 3 Of 8: Poetry & Prose Selected from the Most Admired Authors (Classic

1162 The check digit for ISBN-10 appears in parentheses after the full ISBN-13

Reprint) Ainsworth Rand Spofford. (ENG., Illus.). (J). 2018. 420p. 32.56 *(978-0-364-86404-3(4))*; 2016. pap. 16.57 *(978-1-333-55492-7(3))* Forgotten Bks.

Library of Doom see Biblioteca Maldita

Library of Doom Graphic Novels. Steve Brezenoff & Daniel Mauleón. Illus. by Juan Calle et al. 2023. (Library of Doom Graphic Novels Ser.). (ENG.). 32p. (J). 202.56 *(978-1-6690-1471-3(1)*, 248957); pap., pap., pap. 51.76 *(978-1-6690-1472-0(X)*, 248958) Capstone. (Stone Arch Bks.).

Library of Doom: the Final Chapters. Michael Dahl. Illus. by Bradford Kendall. 2022. (Library of Doom: the Final Chapters Ser.). (ENG.). 40p. (J). 129.43 *(978-1-6690-5673-7(2)*, 256467, Stone Arch Bks.) Capstone.

Library of Ever. Zeno Alexander. 2019. (Library of Ever Ser.: 1). (ENG.). 208p. (J). 16.99 *(978-1-250-16917-4(8)*, 900187870) Imprint IND. Dist: Macmillan.

Library of Ever. Zeno Alexander. 2020. (Library of Ever Ser.: 1). (ENG.). 224p. (J). pap. 10.99 *(978-1-250-23370-7(4)*, 900187871) Square Fish.

Library of Famous Fiction: Embracing the Nine Standard Masterpieces of Imaginative Literature (Unabridged); with an Introduction (Classic Reprint) Harriet Stowe. 2017. (ENG., Illus.). (J). 45.90 *(978-0-265-68321-7(1))*; pap. 28.24 *(978-1-5276-5718-2(3))* Forgotten Bks.

Library of Fiction, or Family Story-Teller, Vol. 2: Consisting of Original Tales, Essays, & Sketches of Character; with Fourteen Illustrations (Classic Reprint) Charles Dickens. (ENG., Illus.). (J). 2018. 390p. 31.94 *(978-0-267-56626-6(3))*; 2016. pap. 16.57 *(978-1-333-78876-6(2))* Forgotten Bks.

Library of Fiction, Vol. 1: Or Family Story-Teller; Consisting of Original Tales, Essays, & Sketches of Characters (Classic Reprint) Robert Seymour. 2018. (ENG., Illus.). 426p. (J). 32.68 *(978-0-267-19904-4(X))* Forgotten Bks.

Library of Foreign Romance, & Novel Newspaper, Vol. 8: Comprising Standard English Works of Fiction, & Original Translations from the Most Celebrated Continental Authors; Containing the Rose of Dekama, a Tale (Classic Reprint) Jacob van Lennep. (ENG., Illus.). (J). 2018. 372p. 31.67 *(978-0-484-58955-0(5))*; 2016. pap. 13.97 *(978-1-334-21656-5(8))* Forgotten Bks.

Library of HOles. 2021. (ENG.). 1856p. (J). pap. 125.00 *(978-0-14-345308-6(4))* Penguin Bks. India PVT, Ltd IND. Dist: Independent Pubs. Group.

Library of Lost Things. Laura Taylor Namey. 2020. (ENG.). 336p. (YA). pap. 12.99 *(978-1-335-90446-1(8))* Harlequin Enterprises ULC CAN. Dist: HarperCollins Pubs.

Library of Pirates, 6 bks. Aileen Weintraub. Incl. Barbarossa Brothers: 16th-Century Pirates of the Barbary Coast. 2001. lib. bdg. 26.27 *(978-0-8239-5799-6(3)*, e8d1e5c3-d453-4177-a48a-9ec7fb9e5133); Captain Kidd: 17th-Century Pirate of the Indian Ocean & African Coast. 2005. lib. bdg. 26.27 *(978-0-8239-5797-2(7)*, 9c5dfa96-1096-456b-a6f9-50a8f7c69632); 24p. (YA). (gr. 3-4). (Illus.). 49.20 *(978-0-8239-7133-6(3)*, PowerKids Pr.) Rosen Publishing Group, Inc., The.

Library of Poetry & Song: Being Choice Selections from the Best Poets; with an Introduction (Classic Reprint) William Cullen Bryant. 2017. (ENG., Illus.). (J). 46.77 *(978-0-260-54687-6(9))*; pap. 23.97 *(978-0-243-40309-7(7))* Forgotten Bks.

Library of Poetry & Song: Being Choice Selections from the Best Poets, with an Introduction (Classic Reprint) William Cullen Bryant. 2018. (ENG., Illus.). (J). 846p. 42.23 *(978-1-391-20981-4(8))*; 848p. pap. 24.57 *(978-1-390-96070-9(6))* Forgotten Bks.

Library of Shadows. Rachel Moore. 2023. (ENG.). 368p. (YA). (gr. 8). 19.99 ***(978-0-06-328463-0(4)***, HarperTeen) HarperCollins Pubs.

Library of Souls. Ransom Riggs. ed. 2017. (Miss Peregrine's Peculiar Children Ser.: 3). (ENG.). (YA). (gr. 9). lib. bdg. 23.30 *(978-0-606-39808-4(2))* Turtleback.

Library of Southern Literature (Classic Reprint) Edwin Anderson Alderman. (ENG., Illus.). (J). 2018. 512p. 34.46 *(978-0-365-30404-3(2))*; 2016. pap. 16.97 *(978-1-333-65178-7(3))* Forgotten Bks.

Library of Southern Literature (Classic Reprint) Edwin Anderson Alderman. (ENG., Illus.). (J). 2018. 500p. 34.21 *(978-0-364-03657-0(5))*; 2016. pap. 16.57 *(978-1-333-65639-3(4))* Forgotten Bks.

Library of the Department of Education: Collection of Text-Books (Classic Reprint) Unknown Author. 2018. (ENG., Illus.). 150p. (J). 27.01 *(978-0-267-27545-8(5))* Forgotten Bks.

Library of the Harvard Union (Classic Reprint) Unknown Author. (ENG., Illus.). (J). 2018. 470p. 33.59 *(978-0-267-15736-5(3))*; 2017. pap. 16.57 *(978-0-243-89294-5(2))* Forgotten Bks.

Library of the Thirteen Colonies & the Lost Colony, 14 bks. Susan Whitehurst. Incl. Colony of New Hampshire. (YA). lib. bdg. 26.27 *(978-0-8239-5477-3(3)*, 844434d6-9da7-4509-aee0-b16f7b44c54f); Colony of Rhode Island. (J). lib. bdg. 26.27 *(978-0-8239-5476-6(5)*, 4265ab6e-9584-4fcc-a72a-df9bdd8a0442); 24p. (gr. 3-3). 1999. (Illus.). Set lib. bdg. 49.20 *(978-0-8239-7005-6(1)*, PowerKids Pr.) Rosen Publishing Group, Inc., The.

Library of the University of California: Education Gift of Louise Farrow Barr (Classic Reprint) Unknown Author. 2018. (ENG., Illus.). 78p. (J). 25.51 *(978-0-484-28529-2(7))* Forgotten Bks.

Library of the University of California: Los Angeles (Classic Reprint) Unknown Author. 2018. (ENG., Illus.). 34p. (J). 24.62 *(978-0-484-55984-3(2))* Forgotten Bks.

Library of the University of California (Classic Reprint) Charles A. Kofoid. (ENG., Illus.). (J). 2018. 362p. 31.38 *(978-0-365-04117-7(3))*; 2018. 158p. 27.16 *(978-0-365-16596-5(4))*; 2018. 172p. 27.46 *(978-0-267-69711-3(2))*; 2018. 182p. 27.65 *(978-0-656-02472-8(0))*; 2018. 456p. 33.30 *(978-0-656-02753-8(3))*; 2017. 29.96 *(978-0-265-20099-5(7))* Forgotten Bks.

Library of the University of California Los Angeles: Children's Book Collection (Classic Reprint) Unknown Author. 2018. (ENG., Illus.). 42p. (J). 24.76 *(978-0-484-81123-1(1))* Forgotten Bks.

Library of the University of California Los Angeles (Classic Reprint) Unknown Author. (ENG., Illus.). (J). 2018. 148p. 26.95 *(978-0-364-74009-5(4))*; 2018. 150p. 26.99 *(978-0-267-24357-0(X))*; 2017. 272p. 29.51 *(978-0-332-88584-1(4))* Forgotten Bks.

Library of the University of California Los Angeles (Classic Reprint) C. K Ogden. 2018. (ENG., Illus.). 266p. (J). 29.40 *(978-0-428-93405-7(6))* Forgotten Bks.

Library of the University of California Los Angels: Gift of Commodore Byron Mccandless (Classic Reprint) Unknown Author. 2018. (ENG., Illus.). 100p. (J). 25.96 *(978-0-365-44640-8(8))* Forgotten Bks.

Library of the University of California Los Angeles: School of Law (Classic Reprint) Unknown Author. 2017. (ENG., Illus.). (J). 39.08 *(978-0-265-92251-4(8))* Forgotten Bks.

Library of the University of Illinois (Classic Reprint) Unknown Author. 2018. (ENG., Illus.). 214p. (J). 28.33 *(978-0-267-17738-7(0))* Forgotten Bks.

Library of the World's Best Literature, Ancient & Modern, Vol. 11 of 31 (Classic Reprint) Charles Dudley Warner. 2018. (ENG., Illus.). (J). 634p. 36.97 *(978-1-397-20715-9(9))*; 636p. pap. 19.57 *(978-1-397-20711-1(6))* Forgotten Bks.

Library of the World's Best Literature, Ancient & Modern, Vol. 28 of 45 (Classic Reprint) Charles Dudley Warner. 2016. (ENG., Illus.). (J). pap. 16.57 *(978-1-334-12105-0(2))* Forgotten Bks.

Library of the World's Best Literature, Ancient & Modern, Vol. 28 of 45 (Classic Reprint) Charles Dudley Warner. 2018. (ENG., Illus.). 432p. (J). 32.81 *(978-0-484-73534-6(9))* Forgotten Bks.

Library of the World's Best Literature, Ancient & Modern, Vol. 3 of 31 (Classic Reprint) Charles Dudley Warner. 2016. (ENG., Illus.). (J). pap. 19.97 *(978-1-333-66357-5(9))* Forgotten Bks.

Library of the World's Best Literature, Ancient & Modern, Vol. 3 of 31 (Classic Reprint) Charles Dudley Warner. 2019. (ENG., Illus.). (J). 632p. 36.95 *(978-1-397-25771-0(7))*; 634p. pap. 19.57 *(978-1-397-25767-3(9))* Forgotten Bks.

Library of the World's Best Literature, Ancient & Modern, Vol. 37 of 45 (Classic Reprint) Charles Dudley Warner. 2016. (ENG., Illus.). (J). pap. 19.57 *(978-1-334-15784-4(7))* Forgotten Bks.

Library of the World's Best Literature, Ancient & Modern, Vol. 37 of 45 (Classic Reprint) Charles Dudley Warner. 2018. (ENG., Illus.). 594p. (J). 36.15 *(978-0-428-25039-3(4))* Forgotten Bks.

Library of the World's Best Literature, Ancient & Modern, Vol. 41 (Classic Reprint) Charles Dudley Warner. 2018. (ENG., Illus.). 388p. (J). 31.90 *(978-0-666-50225-4(0))* Forgotten Bks.

Library of the World's Best Literature, Ancient & Modern, Vol. 9 (Classic Reprint) Charles Dudley Warner. 2018. (ENG., Illus.). 454p. (J). 33.26 *(978-0-483-38039-4(3))* Forgotten Bks.

Library of the World's Best Literature, Ancient & Modern, Vol. 9 of 30 (Classic Reprint) Charles Dudley Warner. 2016. (ENG., Illus.). (J). pap. 19.57 *(978-1-334-14755-5(8))* Forgotten Bks.

Library of the World's Best Literature, Ancient & Modern, Vol. 9 of 30 (Classic Reprint) Charles Dudley Warner. 2018. (ENG., Illus.). 644p. (J). 37.18 *(978-0-364-57906-0(4))* Forgotten Bks.

Library of the World's Best Literature, Vol. 10 Of 45: Ancient & Modern (Classic Reprint) Charles Dudley Warner. 2016. (ENG., Illus.). (J). pap. 16.57 *(978-1-333-42445-9(0))* Forgotten Bks.

Library of the World's Best Literature, Vol. 10 Of 45: Ancient & Modern (Classic Reprint) Charles Dudley Warner. 2018. (ENG., Illus.). 434p. (J). 32.89 *(978-0-484-37393-7(5))* Forgotten Bks.

Library of the World's Best Literature, Vol. 12 Of 46: Ancient & Modern (Classic Reprint) Charles Dudley Warner. 2018. (ENG., Illus.). 422p. (J). 32.60 *(978-0-483-33113-6(9))* Forgotten Bks.

Library of the World's Best Literature, Vol. 14 Of 45: Ancient & Modern (Classic Reprint) Charles Dudley Warner. 2017. (ENG., Illus.). 446p. (J). 33.10 *(978-0-484-31066-6(6))* Forgotten Bks.

Library of the World's Best Literature, Vol. 19 Of 30: Ancient & Modern (Classic Reprint) Charles Dudley Warner. 2016. (ENG., Illus.). (J). pap. 19.57 *(978-1-333-42892-1(8))* Forgotten Bks.

Library of the World's Best Literature, Vol. 19 Of 30: Ancient & Modern (Classic Reprint) Charles Dudley Warner. 2017. (ENG., Illus.). (J). 36.77 *(978-0-265-40545-1(9))* Forgotten Bks.

Library of the World's Best Literature, Vol. 24 Of 31: Ancient & Modern (Classic Reprint) Charles Dudley Warner. 2016. (ENG., Illus.). (J). pap. 20.57 *(978-1-333-24866-6(0))* Forgotten Bks.

Library of the World's Best Literature, Vol. 24 Of 31: Ancient & Modern (Classic Reprint) Charles Dudley Warner. 2018. (ENG., Illus.). 690p. (J). 38.13 *(978-0-656-87759-1(6))* Forgotten Bks.

Library of the World's Best Literature, Vol. 24 Of 45: Ancient & Modern (Classic Reprint) Charles Dudley Warner. 2017. (ENG., Illus.). 446p. (J). 33.10 *(978-0-484-74378-5(3))* Forgotten Bks.

Library of the World's Best Literature, Vol. 25 Of 30: Ancient & Modern (Classic Reprint) Charles Dudley Warner. 2018. (ENG., Illus.). 674p. (J). 37.80 *(978-0-483-33844-9(3))* Forgotten Bks.

Library of the World's Best Literature, Vol. 29 Of 45: Ancient & Modern (Classic Reprint) Charles Dudley Warner. 2018. (ENG., Illus.). 448p. (J). 33.14 *(978-0-483-57626-1(3))* Forgotten Bks.

Library of the World's Best Literature, Vol. 4 Of 30: Ancient & Modern (Classic Reprint) Charles Dudley Warner. 2016. (ENG., Illus.). (J). pap. 19.97 *(978-1-333-13952-0(7))* Forgotten Bks.

Library of the World's Best Literature, Vol. 4 Of 30: Ancient & Modern (Classic Reprint) Charles Dudley Warner. 2018. (ENG., Illus.). 660p. (J). 37.51 *(978-0-483-99317-4(4))* Forgotten Bks.

Library of the World's Best Literature, Vol. 8 Of 31: Ancient & Modern (Classic Reprint) Charles Dudley Warner. 2017. (ENG., Illus.). (J). 37.63 *(978-1-5285-8841-6(X))* Forgotten Bks.

Library of the World's Best Mystery & Detective Stories (Classic Reprint) Julian Hawthorne. 2017. (ENG., Illus.). (J). 31.65 *(978-1-5284-5269-4(0))*; 31.65 *(978-1-5285-5203-5(2))* Forgotten Bks.

Library of the World's Best Mystery & Detective Stories, Vol. 5 (Classic Reprint) Julian Hawthorne. 2017. (ENG., Illus.). (J). 30.25 *(978-1-5280-5305-1(2))* Forgotten Bks.

Library of University of California Los Angeles (Classic Reprint) Unknown Author. 2018. (ENG., Illus.). 138p. (J). 26.74 *(978-0-483-85921-0(4))* Forgotten Bks.

Library of Wit & Humor, Prose & Poetry, Selected from the Literature of All Times & Nations, Vol. 3 (Classic Reprint) Ainsworth Rand Spofford. 2017. (ENG., Illus.). (J). 32.68 *(978-1-5284-7976-9(9))* Forgotten Bks.

Library of Wit & Humor, Prose & Poetry, Selected from the Literature of All Times & Nations, Vol. 4 (Classic Reprint) Ainsworth Rand Spofford. 2018. (ENG., Illus.). 430p. (J). 32.77 *(978-0-332-79965-0(4))* Forgotten Bks.

Library of Wit & Humor, Prose & Poetry, Vol. 5: Selected from the Literature of All Times & Nations (Classic Reprint) Ainsworth Rand Spofford. 2017. (ENG., Illus.). (J). 33.26 *(978-0-266-65098-0(8))*; pap. 16.57 *(978-0-282-99571-3(4))* Forgotten Bks.

Library of Wit & Humor, Vol. 1: Prose & Poetry Selected from the Literature of All Times & Nations (Classic Reprint) A. Respofford. (ENG., Illus.). (J). 2018. 446p. 33.10 *(978-0-365-05193-0(4))*; 2017. pap. 16.57 *(978-0-243-33036-2(7))* Forgotten Bks.

Library of Work & Play: Working in Metals. Charles Sleffel. 2022. (ENG.). 369p. pap. *(978-1-6781-5727-2(9))* Lulu Pr., Inc.

Library on Wheels: Mary Lemist Titcomb & America's First Bookmobile. Sharlee Glenn. 2018. (ENG., Illus.). 56p. (J). (gr. 3-7). 18.99 *(978-1-4197-2875-4(X)*, 1127801, Abrams Bks. for Young Readers) Abrams, Inc.

Library Shelves: An Interactive Mystery Adventure. Steve Brezenoff. Illus. by Marcos Calo. 2019. (You Choose Stories: Field Trip Mysteries Ser.). (ENG.). 112p. (J). (gr. 3-7). lib. bdg. 32.65 *(978-1-4965-4860-3(4)*, 135459, Stone Arch Bks.) Capstone.

Library's Most Wanted. Carolyn Leiloglou. Illus. by Sarah Pogue. 2020. (ENG.). 32p. (gr. -1-3). 16.99 *(978-1-4556-2517-8(5)*, Pelican Publishing) Arcadia Publishing.

Libre / Release. Patrick Ness. 2018. (Release Ser.). (SPA.). 296p. (YA). (gr. 9). pap. 14.95 *(978-607-31-5943-2(9)*, Nube De Tinta) Penguin Random House Grupo Editorial ESP. Dist: Penguin Random Hse. LLC.

Libre Como una Ave. Annelin Fagernes. Illus. by Annelin Fagernes. 2018. (Xist Kids Spanish Bks.). (SPA., Illus.). 32p. (J). (gr. -1-3). pap. 9.99 *(978-1-5324-0123-7(X))* Xist Publishing.

Libri Da Colorare per Bambini Di 4 Anni (Sirene) Questo Libro Offre 40 Pagine a Colori. Questo Libro è Stato Progettato per Aiutare I Bambini a Sviluppare il Controllo Sulla Penna e Ad Allenare le Loro Capacità Motorie. James Manning. 2020. (ITA.). 86p. (J). pap. *(978-1-80027-470-9(X))* CBT Bks.

Libro: A Yearbook of the Graduating Class 1934 of the Hahnemann Hospital School of Nursing, Philadelphia, Pennsylvania (Classic Reprint) Hahnemann Hospital School of Nursing. (ENG., Illus.). (J). 2018. 56p. 25.05 *(978-0-666-95214-1(0))*; 2017. pap. 9.57 *(978-0-259-94903-9(5))* Forgotten Bks.

Libro con Solapas Las Formas(Lift the Flap Shapes) Felicity Brooks. 2019. (Lift-The-Flap Ser.). (SPA.). 16p. (J). 13.99 *(978-0-7945-4605-2(6)*, Usborne) EDC Publishing.

Libro con Solapas Los Contrarios(Lift the Flap Opposites) Felicity Brooks. 2019. (Lift-The-Flap Ser.). (SPA.). 16p. (J). 13.99 *(978-0-7945-4604-5(8)*, Usborne) EDC Publishing.

Libro con Solapas Los Ordenadores y la Programación(Lift Flap Computers & Coding) Rosie Dickins. 2019. (Lift-The-Flap Ser.). (SPA.). 20p. (J). 14.99 *(978-0-7945-4603-8(X)*, Usborne) EDC Publishing.

Libro Da Colorare Animale Selvatico. Daniel Lewis. l.t. ed. 2021. (ITA.). 62p. (J). pap. *(978-1-008-94162-5(X))* Lulu.com.

Libro Da Colorare Animali: Incredibile Libro Da Colorare con Animali e Mostri per il Relax. Queenie Activitys. 2021. (ITA.). 102p. (YA). 22.99 *(978-0-278-57411-3(4))*; pap. 13.69 *(978-1-215-57525-5(4))* Oak Solid Publishers.

Libro Da Colorare Animali: Libri Da Colorare per Bambini Libro Da Colorare per Bambini 2-4 Anni Toddler Coloring Book Animal Coloring Book Libri Da Colorare 52 Pagine 8. 5x8. 5. Gabriela Oprea. 2021. (ITA.). 52p. (J). pap. *(978-1-291-24729-9(7))* Lulu Pr., Inc.

Libro Da Colorare Animali Carini per I Bambini Età 4 - 8: Divertimento Libro Da Colorare Fattoria e Animali Selvatici, 72 Pagine, Brossura 8,5 * 8,5 Pollici. Carol Childson. 2021. (ITA.). 72p. (J). pap. *(978-1-008-95301-7(6))* Lulu.com.

Libro Da Colorare con Animali: Facili e Divertenti Animali Da Colorare per Bambini Da 3 a 4, Da 4 a 8, Ragazze e Ragazzi, Asilo Nido e Scuola Materna. Darrell Swirsky. 2021. (ITA.). 58p. (J). pap. 5.01 *(978-1-77467-301-0(0))* Gyrfalcon Pr.

Libro Da Colorare con Disegni Carini e Giocosi: Per Bambini Di 6-8, 9-12 Anni. Young Dreamers Press. 2020. (Album Da Colorare per Bambini Ser.: Vol. 1). (ITA., Illus.). 64p. (J). (gr. 3-6). pap. *(978-1-989790-35-9(6))* EnemyOne.

Libro Da Colorare Di Pasqua: Cestino Di Pasqua e Libri per Bambini Dai 4 Agli 8 Anni. Young Dreamers Press. Illus. by Fairy Crocs. 2020. (Album Da Colorare per Bambini Ser.: Vol. 7). (ITA.). 64p. (J). (gr. 3-6). pap. *(978-1-989790-31-1(3))* EnemyOne.

Libro Da Colorare Gatto Carino per I Bambini: Immagini Semplici e Divertenti per Bambini e Ragazzi in età Prescolare, il Libro Da Colorare Del Grande Gatto per Ragazze, Ragazzi e Tutti I Bambini Dai 4 Agli 8 Anni con 80 Illustrazioni, Semplice Libro Da Colorare per Bambini in età Prescolare Ed Element. Happy Coloring. 2021. (ITA.). 80p. (J). pap. 10.99 *(978-0-209-91646-3(X))* McGraw-Hill Education.

Libro Da Colorare Mandala per Bambini: Incredibile Libro Da Colorare per Ragazze, Ragazzi e Principianti con Motivi Mandala per il Relax. Loralie Barbeau. 2021. (ITA.). 102p. (J). pap. 11.69 *(978-0-300-46938-7(1)*, deCordova Sculpture Park and Museum) Yale Univ. Pr.

Libro Da Colorare Mostri e Alieni: Per Bambini Dai 4 Agli 8 Anni. Young Dreamers Press. Illus. by Nana Siqueira. 2020. (Album Da Colorare per Bambini Ser.: Vol. 8). (ITA.). 64p. (J). pap. *(978-1-989790-44-1(5))* EnemyOne.

Libro Da Colorare Natale: Per Bambini Di 4-8, 9-12 Anni. Young Dreamers Press. Illus. by Fairy Crocs. 2020. (Album Da Colorare per Bambini Ser.: Vol. 12). (ITA.). 66p. (J). pap. *(978-1-990136-00-9(1))* EnemyOne.

Libro Da Colorare Orso per Bambini: Libro Da Colorare e Attività per Ragazze e Ragazzi Dai 4 Agli 8 Anni. Deeasy B. 2021. (ITA.). 90p. (J). pap. 9.00 *(978-1-008-93871-7(8))* Chronicle Bks. LLC.

Libro Da Colorare per Bambini Di 4-5 Anni (Il Mare) Questo Libro Contiene 40 Pagine a Colori Senza Stress Progettate per Ridurre la Frustrazione e Aumentare la Fiducia Dei Bambini in Sí Stessi. Questo Libro è Stato Progettato per Aiutare I Bambini a Sviluppare il Controllo Della Molla e Ad Allenare le Loro. Gino Bianchi. 2020. (Libro Da Colorare per Bambini Di 4-5 Anni Ser.: Vol. 17). (ITA., Illus.). 46p. (J). (gr. k-1). pap. *(978-1-80014-678-5(7))* CBT Bks.

Libro Da Colorare per Bambini Di 4-5 Anni (Orsacchiotti) Questo Libro Contiene 40 Pagine a Colori Senza Stress Progettate per Ridurre la Frustrazione e Aumentare la Fiducia Dei Bambini in Sí Stessi. Questo Libro è Stato Progettato per Aiutare I Bambini a Sviluppare il Controllo Della Molla e Ad Allenare le Loro. Gino Bianchi. 2020. (Libro Da Colorare per Bambini Di 4-5 Anni Ser.: Vol. 17). (ITA., Illus.). 46p. (J). (gr. k-1). pap. *(978-1-80014-682-2(5))* CBT Bks.

Libro Da Colorare per Bambini Di 4-5 Anni (Scarpe) Questo Libro Contiene 40 Pagine a Colori Senza Stress Progettate per Ridurre la Frustrazione e Aumentare la Fiducia Dei Bambini in Sí Stessi. Questo Libro è Stato Progettato per Aiutare I Bambini a Sviluppare il Controllo Della Molla e Ad Allenare le Loro. Gino Bianchi. 2020. (Libro Da Colorare per Bambini Di 4-5 Anni Ser.: Vol. 17). (ITA., Illus.). 46p. (J). (gr. k-1). pap. *(978-1-80014-226-8(9))* CBT Bks.

Libro Da Colorare per Bambini Di 4-5 Anni (Tartaruga) Questo Libro Contiene 40 Pagine a Colori Senza Stress Progettate per Ridurre la Frustrazione e Aumentare la Fiducia Dei Bambini in Sí Stessi. Questo Libro è Stato Progettato per Aiutare I Bambini a Sviluppare il Controllo Della Molla e Ad Allenare le Loro. Gino Bianchi. 2020. (Libro Da Colorare per Bambini Di 4-5 Anni Ser.: Vol. 17). (ITA., Illus.). 46p. (J). (gr. k-1). pap. *(978-1-80014-673-0(6))* CBT Bks.

Libro Da Colorare per Bambini Di 4-5 Anni (Unicorni) Questo Libro Contiene 40 Pagine a Colori Senza Stress Progettate per Ridurre la Frustrazione e Aumentare la Fiducia Dei Bambini in Sí Stessi. Questo Libro è Stato Progettato per Aiutare I Bambini a Sviluppare il Controllo Della Molla e Ad Allenare le Loro. Gino Bianchi. 2020. (Libro Da Colorare per Bambini Di 4-5 Anni Ser.: Vol. 17). (ITA., Illus.). 44p. (J). (gr. k-1). pap. *(978-1-80014-035-6(5))* CBT Bks.

Libro Da Colorare per Bambini Di 4-5 Anni(Sci) Questo Libro Contiene 40 Pagine a Colori Senza Stress Progettate per Ridurre la Frustrazione e Aumentare la Fiducia Dei Bambini in Sí Stessi. Questo Libro è Stato Progettato per Aiutare I Bambini a Sviluppare il Controllo Della Molla e Ad Allenare le Loro. Gino Bianchi. 2020. (Libro Da Colorare per Bambini Di 4-5 Anni Ser.: Vol. 17). (ITA., Illus.). 46p. (J). (gr. k-1). pap. *(978-1-80014-825-3(9))* CBT Bks.

Libro Da Colorare per Bambini Di 4 Anni (Supereroi) Questo Libro Offre 40 Pagine a Colori. Questo Libro è Stato Progettato per Aiutare I Bambini a Sviluppare il Controllo Sulla Penna e Ad Allenare le Loro Capacità Motorie. James Manning. 2020. (ITA.). 86p. (J). pap. *(978-1-80027-473-0(4))* CBT Bks.

Libro Da Colorare per Bambini Di 7+ Anni (Animali Da Parto) Questo Libro Contiene 40 Pagine a Colori Senza Stress Progettate per Ridurre la Frustrazione e Aumentare la Fiducia Dei Bambini in Sí Stessi. Questo Libro è Stato Progettato per Aiutare I Bambini a Sviluppare il Controllo Della Molla e Ad Allenare le Loro. Gino Bianchi. 2020. (Libro Da Colorare per Bambini Di 7+ Anni Ser.: Vol. 17). (ITA., Illus.). 46p. (J). (gr. 2-6). pap. *(978-1-80014-537-5(3))* CBT Bks.

Libro Da Colorare per Bambini Di 7+ Anni (Detti Estivi) Questo Libro Contiene 40 Pagine a Colori Senza Stress Progettate per Ridurre la Frustrazione e Aumentare la Fiducia Dei Bambini in Sí Stessi. Questo Libro è Stato Progettato per Aiutare I Bambini a Sviluppare il Controllo Della Molla e Ad Allenare le Loro. Gino Bianchi. 2020. (Libro Da Colorare per Bambini Di 7+ Anni Ser.: Vol. 17). (ITA., Illus.). 46p. (J). (gr. 2-6). pap. *(978-1-80014-595-5(0))* CBT Bks.

Libro Da Colorare per Bambini Di 7+ Anni (Paesaggi) Questo Libro Contiene 40 Pagine a Colori Senza Stress Progettate per Ridurre la Frustrazione e Aumentare la Fiducia Dei Bambini in Sí Stessi. Questo Libro è Stato Progettato per Aiutare I Bambini a Sviluppare il Controllo Della Molla e Ad Allenare le Loro. Gino Bianchi. 2020. (Libro Da Colorare per Bambini Di 7+ Anni Ser.: Vol. 17). (ITA., Illus.). 46p. (J). (gr. 2-6). pap. *(978-1-80014-522-1(5))* CBT Bks.

Libro Da Colorare per Bambini Di 7+ Anni (Pagliacci) Questo Libro Contiene 40 Pagine a Colori Senza Stress Progettate per Ridurre la Frustrazione e Aumentare la Fiducia Dei Bambini in Sí Stessi. Questo Libro è Stato Progettato per Aiutare I Bambini a Sviluppare il Controllo Della Molla e Ad Allenare le Loro. Gino Bianchi. 2020. (Libro Da Colorare per Bambini Di 7+ Anni Ser.: Vol. 17). (ITA., Illus.). 46p. (J). (gr. 2-6). pap. *(978-1-80014-701-0(5))* CBT Bks.

Libro Da Colorare per Bambini Di 7+ Anni (Palloncini) Questo Libro Contiene 40 Pagine a Colori Senza Stress

L

Progettate per Ridurre la Frustrazione e Aumentare la Fiducia Dei Bambini in Si Stessi. Questo Libro è Stato Progettato per Aiutare I Bambini a Sviluppare il Controllo Della Molla e Ad Allenare le Loro. Gino Bianchi. 2020. (Libro Da Colorare per Bambini Di 7+ Anni Ser.: Vol. 17). (ITA., Illus.). 46p. (J). (gr. 2-6). pap. *(978-1-80014-505-4(5))* CBT Bks.

Libro Da Colorare per Bambini Di 7+ Anni (Parole Da Supereroe) Questo Libro Contiene 40 Pagine a Colori Senza Stress Progettate per Ridurre la Frustrazione e Aumentare la Fiducia Dei Bambini in Si Stessi. Questo Libro è Stato Progettato per Aiutare I Bambini a Sviluppare il Controllo Della Molla e Ad Allenare le Loro. Gino Bianchi. 2020. (Libro Da Colorare per Bambini Di 7+ Anni Ser.: Vol. 17). (ITA., Illus.). 46p. (J). (gr. 2-6). pap. *(978-1-80014-538-2(1))* CBT Bks.

Libro Da Colorare per Bambini Di 7+ Anni (Prima Colazione) Questo Libro Contiene 40 Pagine a Colori Senza Stress Progettate per Ridurre la Frustrazione e Aumentare la Fiducia Dei Bambini in Si Stessi. Questo Libro è Stato Progettato per Aiutare I Bambini a Sviluppare il Controllo Della Molla e Ad Allenare le Loro. Gino Bianchi. 2020. (Libro Da Colorare per Bambini Di 7+ Anni Ser.: Vol. 17). (ITA., Illus.). 46p. (J). (gr. 2-6). pap. *(978-1-80014-550-4(0))* CBT Bks.

Libro Da Colorare per Bambini Di 7+ Anni (Roma Antica) Questo Libro Contiene 40 Pagine a Colori Senza Stress Progettate per Ridurre la Frustrazione e Aumentare la Fiducia Dei Bambini in Si Stessi. Questo Libro è Stato Progettato per Aiutare I Bambini a Sviluppare il Controllo Della Molla e Ad Allenare le Loro. Gino Bianchi. 2020. (Libro Da Colorare per Bambini Di 7+ Anni Ser.: Vol. 17). (ITA., Illus.). 46p. (J). (gr. 2-6). pap. *(978-1-80014-717-1(1))* CBT Bks.

Libro Da Colorare per Bambini Di 7+ Anni (Slogan Sul Caffè) Questo Libro Contiene 40 Pagine a Colori Senza Stress Progettate per Ridurre la Frustrazione e Aumentare la Fiducia Dei Bambini in Si Stessi. Questo Libro è Stato Progettato per Aiutare I Bambini a Sviluppare il Controllo Della Molla e Ad Allenare le Loro. Gino Bianchi. 2020. (Libro Da Colorare per Bambini Di 7+ Anni Ser.: Vol. 17). (ITA., Illus.). 46p. (J). (gr. 2-6). pap. *(978-1-80014-702-7(3))* CBT Bks.

Libro Da Colorare per Bambini Di 7+ Anni (Sport) Questo Libro Contiene 40 Pagine a Colori Senza Stress Progettate per Ridurre la Frustrazione e Aumentare la Fiducia Dei Bambini in Si Stessi. Questo Libro è Stato Progettato per Aiutare I Bambini a Sviluppare il Controllo Della Molla e Ad Allenare le Loro. Gino Bianchi. 2020. (Libro Da Colorare per Bambini Di 7+ Anni Ser.: Vol. 17). (ITA., Illus.). 46p. (J). (gr. 2-6). pap. *(978-1-80014-640-2(X))* CBT Bks.

Libro Da Colorare per Bambini Di 7+ Anni (Tavola Periodica) Questo Libro Contiene 40 Pagine a Colori Senza Stress Progettate per Ridurre la Frustrazione e Aumentare la Fiducia Dei Bambini in Si Stessi. Questo Libro è Stato Progettato per Aiutare I Bambini a Sviluppare il Controllo Della Molla e Ad Allenare le Loro. Gino Bianchi. 2020. (Libro Da Colorare per Bambini Di 7+ Anni Ser.: Vol. 17). (ITA., Illus.). 46p. (J). (gr. 2-6). pap. *(978-1-80014-492-7(X))* CBT Bks.

Libro Da Colorare per Bambini Di 7+ Anni(Selfies Animale) Questo Libro Contiene 40 Pagine a Colori Senza Stress Progettate per Ridurre la Frustrazione e Aumentare la Fiducia Dei Bambini in Si Stessi. Questo Libro è Stato Progettato per Aiutare I Bambini a Sviluppare il Controllo Della Molla e Ad Allenare le Loro. Gino Bianchi. 2020. (Libro Da Colorare per Bambini Di 7+ Anni Ser.: Vol. 17). (ITA., Illus.). 46p. (J). (gr. 2-6). pap. *(978-1-80014-613-6(2))* CBT Bks.

Libro Da Colorare per I Bambini Di 4 Anni (Animale - Selfie) Questo Libro Offre 40 Pagine a Colori. Questo Libro è Stato Progettato per Aiutare I Bambini a Sviluppare il Controllo Sulla Penna e Ad Allenare le Loro Capacità Motorie. Nicola Ridgeway & James Manning. 2020. (Libri Da Colorare per Bambini Ser.: Vol. 14). (ITA.). 86p. (J). pap. *(978-1-80027-398-6(3))* CBT Bks.

Libro Da Colorare per I Bambini Di 4 Anni (Animali Carini) Questo Libro Offre 40 Pagine a Colori. Questo Libro è Stato Progettato per Aiutare I Bambini a Sviluppare il Controllo Sulla Penna e Ad Allenare le Loro Capacità Motorie. Nicola Ridgeway & James Manning. 2020. (Libri Da Colorare per Bambini Ser.: Vol. 14). (ITA.). 86p. (J). pap. *(978-1-80027-393-1(2))* CBT Bks.

Libro Da Colorare per I Bambini Di 4 Anni (Case Di Pan Di Zenzero 1) Nicola Ridgeway & James Manning. 2020. (ITA.). 86p. (J). pap. *(978-1-80027-438-9(6))* CBT Bks.

Libro Da Colorare per I Bambini Di 4 Anni (Emoji 2) Questo Libro Offre 40 Pagine a Colori. Questo Libro è Stato Progettato per Aiutare I Bambini a Sviluppare il Controllo Sulla Penna e Ad Allenare le Loro Capacità Motorie. Nicola Ridgeway & James Manning. 2020. (Libri Da Colorare per Bambini Ser.: Vol. 14). (ITA.). 86p. (J). pap. *(978-1-80027-395-5(9))* CBT Bks.

Libro Da Colorare per I Bambini Di 4 Anni (Emoji 3) Questo Libro Offre 40 Pagine a Colori. Questo Libro è Stato Progettato per Aiutare I Bambini a Sviluppare il Controllo Sulla Penna e Ad Allenare le Loro Capacità Motorie. Nicola Ridgeway & James Manning. 2020. (Libri Da Colorare per Bambini Ser.: Vol. 14). (ITA.). 86p. (J). pap. *(978-1-80027-396-2(7))* CBT Bks.

Libro Da Colorare per I Bambini Di 4 Anni (Gufo 1) Questo Libro Offre 40 Pagine a Colori. Questo Libro è Stato Progettato per Aiutare I Bambini a Sviluppare il Controllo Sulla Penna e Ad Allenare le Loro Capacità Motorie. James Manning. 2020. (ITA.). 86p. (J). pap. *(978-1-80027-440-2(8))* CBT Bks.

Libro Da Colorare per I Bambini Di 4 Anni (Gufo 2) Questo Libro Offre 40 Pagine a Colori. Questo Libro è Stato Progettato per Aiutare I Bambini a Sviluppare il Controllo Sulla Penna e Ad Allenare le Loro Capacità Motorie. Nicola Ridgeway & James Manning. 2020. (Libri Da Colorare per Bambini Ser.: Vol. 14). (ITA.). 86p. (J). pap. *(978-1-80027-397-9(5))* CBT Bks.

Libro Da Colorare per I Bambini Di 4 Anni (Omini Di Pan Di Zenzero e Case) Questo Libro Offre 40 Pagine a Colori. Questo Libro è Stato Progettato per Aiutare I Bambini a Sviluppare il Controllo Sulla Penna e Ad Allenare le Loro Capacità Motorie. Nicola Ridgeway & James Manning. 2020. (ITA.). 86p. (J). pap. *(978-1-80027-439-6(4))* CBT Bks.

Libro Da Colorare per I Bambini Di 4 Anni (Orsacchiotti 1) Nicola Ridgeway & James Manning. 2020. (ITA.). 86p. (J). pap. *(978-1-80027-441-9(6))* CBT Bks.

Libro Da Colorare per I Bambini Di 4 Anni (Orsacchiotti 2) Nicola Ridgeway & James Manning. 2020. (ITA.). 86p. (J). pap. *(978-1-80027-442-6(4))* CBT Bks.

Libro Da Colorare per I Bambini Di 4 Anni (Uovo Di Pasqua 3) Questo Libro Offre 40 Pagine a Colori. Questo Libro è Stato Progettato per Aiutare I Bambini a Sviluppare il Controllo Sulla Penna e Ad Allenare le Loro Capacità Motorie. Nicola Ridgeway & James Manning. 2020. (Libri Da Colorare per Bambini Ser.: Vol. 14). (ITA.). 86p. (J). pap. *(978-1-80027-394-8(0))* CBT Bks.

Libro Da Colorare per Ragazze Chibi: Libro Anime Da Colorare per Bambini Di 6-8, 9-12 Anni. Young Dreamers Press. Illus. by Fairy Crocs. 2020. (Album Da Colorare per Bambini Ser.: Vol. 10). (ITA.). 68p. (J). pap. *(978-1-7773753-0-4(4))* EnemyOne.

Libro Da Colorare Sirena Carino: Libro Da Colorare per Ragazze - Libri Da Colorare per Bambini - Libro Da Colorare per Bambini - Libro Da Colorare Sirene - Cute Girls Coloring Books. Danny Lewis. l.t. ed. 2021. (ITA.). 80p. (J). pap. *(978-1-008-92324-9(9))* Lulu.com.

Libro Da Colorare Sistema Solare per Bambini: Astronauti, Pianeti, Navi Spaziali e Universo per Bambini Dai 6 Agli 8 Anni. Young Dreamers Press. Illus. by Anastasiia Saikova. 2020. (Album Da Colorare per Bambini Ser.: Vol. 3). (ITA.). 64p. (J). (gr. 3-6). pap. *(978-1-989790-23-6(2))* EnemyOne.

Libro Da Colorare Unicorno, Sirena e Principessa per Bambini Dagli 8 Ai 12 Anni: Pagine Da Colorare Carino per Bambini 8-12 Anni con Amazing Mermaid, Principessa, Fata, Unicorni e Molti Altri Happy Coloring Graphics Perfetto Adatto per Bambini 6-8 8-10 10-12 Perfetto Come un Regalo! Malkovich Rickblood. 2021. (ITA.). 106p. (J). pap. 10.99 *(978-1-008-94874-7(8))* Lulu Pr., Inc.

Libro de Abecedario con Animales para Pintar: Libro de Actividades para niños (Alfabeto en Español, niños 2 a 5, Edad 3 a 5, Spanish Books for Kids, ABC Coloring Book for Preschoolers, Libro para Colorear, Preescolares) Marta March. 2022. (SPA.). 64p. (J). pap. 19.99 *(978-1-0880-0610-8(8))* Indy Pub.

Libro de Actividades con Animales para Niños: Un Divertido Cuaderno para niños: Colorear, Unir Puntos, Laberintos y Mas!: Elena Sharp. 2021. (SPA.). 104p. (J). pap. 9.98 *(978-1-716-09437-8(2))* Lulu Pr., Inc.

Libro de Actividades de 100 Cuestionarios de la Biblia. Pip Reid. 2020. (SPA.). 122p. (J). (gr. 3-6). pap. *(978-1-7771601-7-3(0))* Bible Pathway Adventures.

Libro de Actividades de Animales para Niños. Deeasy Books. 2021. (SPA.). 98p. (J). pap. 10.00 *(978-1-008-99036-4(1))* Indy Pub.

Libro de Actividades de la Porción Semanal de la Torá. Pip Reid. 2020. (SPA.). 66p. (J). (gr. 3-6). pap. *(978-1-988585-70-3(8))* Bible Pathway Adventures.

Libro de Actividades de Las Fiestas de la Primavera. Pip Reid. 2021. (SPA.). 144p. (J). (gr. 3-6). pap. *(978-1-989961-53-7(3))* Bible Pathway Adventures.

Libro de Actividades de Las Fiestas de la Primavera para Principiantes. Pip Reid. 2023. (SPA.). 118p. (J). pap. *(978-1-989961-93-3(2))* Bible Pathway Adventures.

Libro de Actividades de Las Fiestas de Otoño: Para niños de 6-12 Años. Pip Reid. 2021. (SPA.). 106p. (J). (gr. 3-6). pap. *(978-1-989961-56-8(8))* Bible Pathway Adventures.

Libro de Actividades de Las Historias Favoritas de la Biblia. Pip Reid. 2020. (SPA.). 84p. (J). (gr. 3-6). pap. *(978-1-988585-68-0(6))* Bible Pathway Adventures.

Libro de Actividades de Los Discípulos. Pip Reid. 2021. (SPA.). 138p. (J). (gr. 3-6). pap. *(978-1-989961-58-2(4))* Bible Pathway Adventures.

Libro de Actividades de Pascua y Panes Sin Levadura. Pip Reid. 2021. (SPA.). 54p. (J). (gr. 3-6). pap. *(978-1-989961-54-4(1))* Bible Pathway Adventures.

Libro de Actividades de Savannah Azul see Savannah Blue's Activity Book/Libro de Actividades de Savannah Azul

Libro de Actividades Del Fruto Del Espíritu para Principiantes. Pip Reid. 2022. (SPA.). 128p. (J). pap. *(978-1-989961-85-8(1))* Bible Pathway Adventures.

Libro de Actividades Del Sabbat. Pip Reid. 2021. (SPA.). 58p. (J). pap. *(978-1-989961-46-9(0))* Bible Pathway Adventures.

Libro de Actividades Las Fiestas de Otoño. Pip Reid. 2020. (SPA.). 88p. (J). pap. *(978-1-988585-58-1(9))* Bible Pathway Adventures.

Libro de Actividades Limpios e Inmundos para Principiantes. Pip Reid. 2020. (SPA.). 54p. (J). pap. *(978-1-989961-11-7(8))* Bible Pathway Adventures.

Libro de Actividades Navideñas para niños 4 a 10 Años: Un Libro Lleno de Diversión y Creatividad, Colorear, Contar Por Imágenes, Buscar y Encontrar, Laberintos, Sudoku, Copiar Imágenes, 100 Páginas con Actividades y Juegos, ¡+ Gran BONUS! Snow Thome. 2020. (SPA.). 118p. (J). pap. 8.95 *(978-1-716-41404-6(0))* Lulu Pr., Inc.

Libro de Buen Amor: Texte du Xive Siècle, Publié Pour la Première Fois Avec les leçon des Trois Manuscrits Connus (Classic Reprint) Juan Ruiz. 2018. (FRE., Illus.). (J). 404p. 32.23 *(978-1-390-09031-4(0))*; 406p. pap. 16.57 *(978-1-390-09015-4(9))* Forgotten Bks.

Libro de Colorear de Animales para Niños: Mi Primer Libro de Colorear de Animales, Libro de Colorear Educativo, Gran Regalo para niños y Niñas. Darrell Vandagriff. 2021. (SPA.). 104p. (J). pap. 13.00 *(978-1-365-56385-0(5))* Lulu Pr., Inc.

Libro de Colorear de Animales para niños de 3 a 8 Años: Mi Primer Libro de Colorear de Animales, Libro de Colorear Educativo, Gran Regalo para niños y Niñas. Maia Simonds. 2021. (SPA.). 106p. (J). pap. 13.00 *(978-1-365-56479-6(7))* Lulu Pr., Inc.

Libro de Colorear de Camiones de Construcción Grande para niños de 4 a 8 Años: Impresionante Libro de Colorear para niños Grandes con Camiones Monstruo, Camiones de Bomberos, Camiones de Volteo, Camiones de Basura, ... niños Pequeños, Preescolares, de 2 a 4 años, de 3 a 8 Años. Slimy Sofia. 2021. (SPA.). 72p. (J). pap. *(978-1-898431-35-0(3))* University of Manchester,Mechanics in Action Project.

Libro de Colorear de Criaturas Marinas para Niños. Esel Press. 2021. (SPA.). 100p. (J). 19.95 *(978-1-68471-883-2(X))* Lulu Pr., Inc.

Libro de Colorear de Criaturas Marinas para Niños: ¡un Libro para Colorear Aventurero Diseñado para Educar, Entretener y Naturaleza Al Amante de Los Animales Marinos en Tu NiÑo! Esel Press. 2021. (SPA.). 100p. (J). pap. 9.95 *(978-1-716-10937-9(X))* Lulu Pr., Inc.

Libro de Colorear de Dinosaurios: Libro de Colorear para niños con Lindos Dinosaurios para niños, niños y niñas, de 4 a 8 Años. Metta Pub Press. 2021. (Coloring Books for Kids Ser.). (SPA.). 66p. (J). pap. 8.99 *(978-0-418-24630-6(0))* 90-Minute Bks.

Libro de Colorear de Navidad para Niños: Libro de Navidad para niños de 4 a 8 años, 9 a 12 Años. Young Dreamers Press. Illus. by Fairy Crocs. 2020. (Cuadernos para Colorear Niños Ser.: Vol. 12). (SPA.). 66p. (J). pap. *(978-1-7773753-9-3(8))* EnemyOne.

Libro de Colorear de Pascua: Libro de Colorear para niños de 4 a 8 Años. Young Dreamers Press. Illus. by Fairy Crocs. 2020. (Cuadernos para Colorear Niños Ser.: Vol. 7). (SPA.). 64p. (J). (gr. 3-6). pap. *(978-1-989790-17-5(8))* EnemyOne.

Libro de Colorear Monstruos y Extraterrestres: Para niños de 4 a 8 Años. Young Dreamers Press. Illus. by Nana Siqueira. 2020. (Cuadernos para Colorear Niños Ser.: Vol. 8). (SPA.). 66p. (J). pap. *(978-1-989790-45-8(3))* EnemyOne.

Libro de Colorear para niñas Chibi: Libro de Colorear de Anime para niños de 6-8, 9-12 Años. Young Dreamers Press. Illus. by Fairy Crocs. 2020. (Cuadernos para Colorear Niños Ser.: Vol. 10). (SPA.). 68p. (J). pap. *(978-1-989790-99-1(2))* EnemyOne.

Libro de Colorear para Niños: Páginas Divertidas para Colorear el Espacio para niños y niñas de 4-8, 6-9 años. Actividades para Colorear Hermosos Diseños con: el Universo, Los Planetas, Astronautas, el Espacio Exterior, Extraterrestres, Cohetes y la Exploración Del Espacio y Las Fascin. Art Books. 2021. (SPA.). 60p. (J). pap. 9.99 *(978-1-915100-09-2(7),* GoPublish) Visual Adjectives.

Libro de Colorear Sencillo para niños de Preescol (Emoticonos 2) Este Libro Contiene 40 láminas para Colorear con líneas Extra Gruesas. Este Libro Ayudará a Los niños Muy Pequeños a Desarrollar el Control Del lápiz y Ejercitar Sus Habilidades Motoras Fin. Nicola Ridgeway & James Manning. 2020. (Libros de Pintar para Niños Ser.: Vol. 17). (SPA.). 86p. (J). pap. *(978-1-80027-254-5(5))* CBT Bks.

Libro de Colorear Sencillo para niños de Preescolar (Búho 2) Este Libro Contiene 40 láminas para Colorear con líneas Extra Gruesas. Este Libro Ayudará a Los niños Muy Pequeños a Desarrollar el Control Del lápiz y Ejercitar Sus Habilidades Motoras Finas. Nicola Ridgeway & James Manning. 2020. (SPA.). 86p. (J). pap. *(978-1-80027-252-1(9))* CBT Bks.

Libro de Colorear Sencillo para niños de Preescolar (Emoticonos 1) Este Libro Contiene 40 láminas para Colorear con líneas Extra Gruesas. Este Libro Ayudará a Los niños Muy Pequeños a Desarrollar el Control Del lápiz y Ejercitar Sus Habilidades Motoras F. Nicola Ridgeway & James Manning. 2020. (Libros de Pintar para Niños Ser.: Vol. 17). (SPA.). 86p. (J). pap. *(978-1-80027-164-7(6))* CBT Bks.

Libro de Colorear Sencillo para niños de Preescolar (Huevos de Pascua 1) Este Libro Contiene 40 láminas para Colorear con líneas Extra Gruesas. Este Libro Ayudará a Los niños Muy Pequeños a Desarrollar el Control Del lápiz y Ejercitar Sus Habilidades Mot. Nicola Ridgeway & James Manning. 2020. (Libros de Pintar para Niños Ser.). (SPA.). 86p. (J). pap. *(978-1-80027-165-4(4))* CBT Bks.

Libro de Colorear Sencillo para niños de Preescolar (Huevos de Pascua 2) Este Libro Contiene 40 láminas para Colorear con líneas Extra Gruesas. Este Libro Ayudará a Los niños Muy Pequeños a Desarrollar el Control Del lápiz y Ejercitar Sus Habilidades Mot. Nicola Ridgeway & James Manning. 2020. (Libros de Pintar para Niños Ser.: Vol. 17). (SPA.). 86p. (J). pap. *(978-1-80027-255-2(3))* CBT Bks.

Libro de Colorear Sencillo para niños de Preescolar (Lindos Animalitos) Este Libro Contiene 40 láminas para Colorear con líneas Extra Gruesas. Este Libro Ayudará a Los niños Muy Pequeños a Desarrollar el Control Del lápiz y Ejercitar Sus Habilidades Moto. Nicola Ridgeway & James Manning. 2020. (Libros de Pintar para Niños Ser.: Vol. 17). (SPA.). 86p. (J). pap. *(978-1-80027-160-9(3))* CBT Bks.

Libro de Colorear Sencillo para niños de Preescolar (Muñecos de Jengibre 1) Este Libro Contiene 40 láminas para Colorear con líneas Extra Gruesas. Este Libro Ayudará a Los niños Muy Pequeños a Desarrollar el Control Del lápiz y Ejercitar Sus Habilidades. Nicola Ridgeway & James Manning. 2020. (Libros de Pintar para Niños Ser.: Vol. 17). (SPA.). 86p. (J). pap. *(978-1-80027-163-0(8))* CBT Bks.

Libro de Colorear Sencillo para niños de Preescolar (Muñecos de Jengibre 2) Este Libro Contiene 40 láminas para Colorear con líneas Extra Gruesas. Este Libro Ayudará a Los niños Muy Pequeños a Desarrollar el Control Del lápiz y Ejercitar Sus Habilidades. Nicola Ridgeway & James Manning. 2020. (Libros de Pintar para Niños Ser.: Vol. 17). (SPA.). 86p. (J). pap. *(978-1-80027-253-8(7))* CBT Bks.

Libro de Colorear Sencillo para niños de Preescolar (Ositos 2) Este Libro Contiene 40 láminas para Colorear con líneas Extra Gruesas. Este Libro Ayudará a Los niños Muy Pequeños a Desarrollar el Control Del lápiz y Ejercitar Sus Habilidades Motoras Finas. Nicola Ridgeway & James Manning. 2020. (Libros de Pintar para Niños Ser.: Vol. 17). (SPA.). 86p. (YA). pap. *(978-1-80027-241-5(3))* CBT Bks.

Libro de Colorear Sencillo para niños de Preescolar (Selfies de Animales 1) Este Libro Contiene 40 láminas para Colorear con líneas Extra Gruesas. Este Libro Ayudará a Los niños Muy Pequeños a Desarrollar el Control Del lápiz y Ejercitar Sus Habilidades. Nicola Ridgeway & James Manning. 2020. (Libros de Pintar para Niños Ser.: Vol. 17). (SPA.). 86p. (J). pap. *(978-1-80027-166-1(2))* CBT Bks.

Libro de Colorear Soñar con Unicornios. Cristie Publishing. 2020. (SPA.). 94p. (J). pap. 8.99 *(978-1-716-32105-4(0))* Lulu Pr., Inc.

Libro de Contar de Crayola (r) (the Crayola (r) Counting Book) Mari Schuh. 2018. (Conceptos Crayola (r) (Crayola (r) Concepts) Ser.). (SPA., Illus.). 24p. (J). (gr. -1-3). 29.32 *(978-1-5415-0948-1(X),* baed4fa4-1c98-4027-b3fa-b944e9239d68, Ediciones Lerner) Lerner Publishing Group.

Libro de Cosas // the Book of Things: Cosas en la Casa // Things at Home. Attabel Artiga. 2023. (SPA.). 36p. (J). pap. *(978-1-312-73451-7(5))* Lulu Pr., Inc.

libro de Don Quijote para niños: Nueva edición) Jesús Gabán. 2016. (SPA., Illus.). 112p. (J). (gr. 4-7). 20.95 *(978-84-16075-98-0(0),* B De Block) Penguin Random House Grupo Editorial ESP. Dist: Penguin Random Hse. LLC.

Libro de Fotos Sobre Habilidades Sociales: Enseñanza Del Juego, la Emoción y la Comunicación a niños con Autismo. Jed Baker. 2019. (SPA., Illus.). 277p. (gr. 1-8). pap. 29.95 *(978-1-949177-26-8(2),* P623369) Future Horizons, Inc.

Libro de Hechizos de lo Perdido y lo Encontrado. Moïra Fowley-Doyle. 2021. (SPA.). 356p. (YA). (gr. 7). pap. 19.95 *(978-607-527-135-4(X))* Editorial Oceano de Mexico MEX. Dist: Independent Pubs. Group.

Libro de Historias de Superheroes, Superhereo Storybook: Heroes Fuertes y Valientes de la Biblia Que Cambiaron. Carolyn Larsen. 2017. (SPA.). (J). pap. 10.99 *(978-0-7899-2379-0(3))* Editorial Unilit.

Libro de la Calma. Rosario López Gamero. 2020. (SPA.). 42p. *(978-0-244-87568-8(5))* Lulu Pr., Inc.

Libro de la Magia y la Aventura de Bassim Bassán / Bassim Bassan's Book of Ma Gic & Adventures. Martín Solares. Illus. by Manuel MONROY. 2022. (SPA.). 104p. (J). (gr. 3-7). pap. 11.95 *(978-607-38-1950-3(1),* Alfaguara) Penguin Random House Grupo Editorial ESP. Dist: Penguin Random Hse. LLC.

Libro de la Oscuridad / the Book of Dust. Philip Pullman. Tr. by Dolors Gallart. 2018. (Libro de la Oscuridad / the Book of Dust Ser.). (SPA.). 450p. (J). (gr. 9-12). 21.95 *(978-84-17092-55-9(2))* Penguin Random House Grupo Editorial ESP. Dist: Penguin Random Hse. LLC.

Libro de la Selva y Cuentos de la Selva. Rudyard Kipling. 2018. (SPA., Illus.). 160p. (J). (gr. 1-7). pap. 8.95 *(978-607-453-133-6(1))* Selector, S.A. de C.V. MEX. Dist: Spanish Pubs., LLC.

Libro de la Tabla Periódica (the Elements Book) DK. 2017. (DK Our World in Pictures Ser.). Orig. Title: The Elements Book. (SPA.). 208p. (J). (gr. 4-7). 22.99 *(978-1-4654-7176-5(6),* DK Children) Dorling Kindersley Publishing, Inc.

Libro de Las Arenas Movedizas. Tomie dePaola. 2022. (SPA.). 32p. (J). (gr. -1-3). 18.99 *(978-0-8234-4722-0(7))*; pap. 8.99 *(978-0-8234-5212-5(3))* Holiday Hse., Inc.

Libro de Las Bacterias (the Bacteria Book) Feos Gérmenes, Virus Malos y Espantosos Hongos. Steve Mould. 2021. (Science Book Ser.). (SPA.). 72p. (J). (gr. 2-4). 15.99 *(978-0-7440-4031-9(0),* DK Children) Dorling Kindersley Publishing, Inc.

Libro de Las Emociones Sin Nombre. Rocío Romero García. 2021. (SPA.). 152p. (J). pap. *(978-1-008-97963-5(5))* Lulu Pr., Inc.

Libro de Las Nubes. Tomie dePaola. 2021. (SPA., Illus.). 32p. (J). (gr. -1-3). 18.99 *(978-0-8234-4721-3(9))*; pap. 8.99 *(978-0-8234-4944-6(0))* Holiday Hse., Inc.

Libro de Las Palomitas de Maiz. Tomie dePaola. 2022. (SPA.). 32p. (J). (gr. -1-3). 18.99 *(978-0-8234-4720-6(0))*; pap. 8.99 *(978-0-8234-5211-8(5))* Holiday Hse., Inc.

Libro de Las Primeras Palabras de Wilbur. Valerie Thomas. Illus. by Korky Paul. 2021. (Mundo de Winnie Ser.). (SPA.). 12p. (J). (— 1). bds. 9.50 *(978-607-735-579-3(8))* Editorial Oceano de Mexico MEX. Dist: Independent Pubs. Group.

Libro de Las Rocas y Los Minerales (the Rock & Gem Book) ... y Otros Tesoros Del Mundo Natural. DK. 2021. (DK Our World in Pictures Ser.). (SPA.). 192p. (J). (gr. 3-7). 22.99 *(978-0-7440-4868-1(0),* DK Children) Dorling Kindersley Publishing, Inc.

libro de los animales y sus sonidos. 2018. (SPA.). 14p. (J). 23.95 *(978-84-9145-097-9(1),* Picarona Editorial) Ediciones Obelisco ESP. Dist: Spanish Pubs., LLC.

Libro de Los Colores de Los Crayones. Drew Daywalt. 2018. (SPA.). 20p. (J). bds. 11.99 *(978-84-17497-02-6(1))* Andana Editorial ESP. Dist: Lectorum Pubns., Inc.

Libro de Los Colores de Wilbur. Korky Paul & Valerie Thomas. 2021. (Mundo de Winnie Ser.). (SPA.). 12p. (J). (— 1). bds. 9.50 *(978-607-735-580-9(1))* Editorial Oceano de Mexico MEX. Dist: Independent Pubs. Group.

Libro de Los Dinosaurios (the Dinosaur Book) DK. 2018. (DK Our World in Pictures Ser.). Orig. Title: Smithsonian: the Dinosaur Book. (SPA.). 208p. (J). (gr. 4-7). 22.99 *(978-1-4654-7923-5(6),* DK Children) Dorling Kindersley Publishing, Inc.

Libro de Los Monstruos. Aníbal Litvin. 2019. (SPA.). 208p. (J). (gr. 4-6). 12.99 *(978-987-747-420-6(4))* V&R Editoras.

Libro de Los Monstruos / the Book of Monsters. Algarabia. 2019. (SPA.). 216p. (J). (gr. 3-7). pap. 16.95 *(978-607-31-7309-4(1),* Alfaguara) Penguin Random House Grupo Editorial ESP. Dist: Penguin Random Hse. LLC.

Libro de Los Nmero Uno. Aníbal Litvin. 2018. (SPA.). 176p. (J). (gr. 4-6). 12.99 *(978-987-747-317-9(8))* V&R Editoras.

Libro de Los Numeros de Los Crayones. Drew Daywalt & Oliver Jeffers. 2018. (SPA.). 20p. (J). bds. 11.99 *(978-84-17497-03-3(X))* Andana Editorial ESP. Dist: Lectorum Pubns., Inc.

1164 The check digit for ISBN-10 appears in parentheses after the full ISBN-13

Libro de Los Porques, el. Animales. Gianni Rodari. 2017. (SPA.). 40p. (J). (gr. -1-3). 12.95 *(978-84-9145-035-1(1))* Ediciones Obelisco ESP. Dist: Spanish Pubs., LLC.

Libro de Los Porques, el. Cielo y Tierra. Gianni Rodari. 2017. (SPA.). 40p. (J). (gr. -1-3). 12.95 *(978-84-9145-037-5(8))* Ediciones Obelisco ESP. Dist: Spanish Pubs., LLC.

Libro de Los Transportes (Cars, Trains, Ships, & Planes) DK. 2023. (SPA.). 256p. (J). (gr. 4-7). 24.99 *(978-0-7440-7920-3(9)*, DK Children) Dorling Kindersley Publishing, Inc.

Libro de Marcos y Los Mundos Perdidos. Suzet Leyva Gonzalez. 2020. (SPA.). 94p. (J). pap. 12.95 *(978-1-64334-393-8(9))* Page Publishing Inc.

Libro de Mi Primera Comunión / Your First Communion Keepsake Book. Magela Ronda. 2021. (SPA.). 96p. (J). (gr. 2-5). 16.95 *(978-84-17736-67-5(0)*, B De Blook) Penguin Random House Grupo Editorial ESP. Dist: Penguin Random Hse. LLC.

Libro de Papel con Renglones para niños de Kindergarten de 3 a 5 Años: 100 Páginas de Práctica de Escritura para niños de 3 a 6 años: Este Libro Tiene Papel Adecuado para Escritura con líneas Extra Anchas para niños Que Desean Practicar Su Escritura. Bernard Patrick. 2018. (Libro de Papel con Renglones para niños de Kinderg Ser.: Vol. 1). (SPA., Illus.). 108p. (J). (gr. k-1). pap. *(978-1-78970-060-2(4))* Elige Cogniscere.

Libro de Pintar para niños de 4-5 años (Antigua Grecia) Este Libro Tiene 40 Páginas para Colorear Sin Estrés, para Reducir la Frustración y Mejorar la Confianza. Este Libro Ayudará a Los niños Muy Pequeños a Desarrollar el Control Del lápiz y Ejercitar Sus Habilidades Motoras Finas. Isabella Martinez. 2020. (Libro de Pintar para niños de 4-5 Años Ser.: Vol. 75). (SPA., Illus.). 46p. (J). (gr. k-1). pap. *(978-1-80014-056-1(8))* CBT Bks.

Libro de Pintar para niños de 4-5 Años (Búhos) Este Libro Tiene 40 Páginas para Colorear Sin Estrés, para Reducir la Frustración y Mejorar la Confianza. Este Libro Ayudará a Los niños Muy Pequeños a Desarrollar el Control Del lápiz y Ejercitar Sus Habili. Isabella Martinez. 2020. (Libro de Pintar para niños de 4-5 Años Ser.: Vol. 75). (SPA., Illus.). 46p. (J). (gr. k-1). pap. *(978-1-80014-072-1(X))* CBT Bks.

Libro de Pintar para niños de 4-5 Años (Cactus) Este Libro Tiene 40 Páginas para Colorear Sin Estrés, para Reducir la Frustración y Mejorar la Confianza. Este Libro Ayudará a Los niños Muy Pequeños a Desarrollar el Control Del lápiz y Ejercitar Sus Habilidades Motoras Finas. Isabella Martinez. 2020. (Libro de Pintar para niños de 4-5 Años Ser.: Vol. 75). (SPA., Illus.). 46p. (J). (gr. k-1). pap. *(978-1-80014-054-7(1))* CBT Bks.

Libro de Pintar para niños de 4-5 Años (Dientes) Este Libro Tiene 40 Páginas para Colorear Sin Estrés, para Reducir la Frustración y Mejorar la Confianza. Este Libro Ayudará a Los niños Muy Pequeños a Desarrollar el Control Del lápiz y Ejercitar Sus Habilidades Motoras Finas. Isabella Martinez. 2020. (Libro de Pintar para niños de 4-5 Años Ser.: Vol. 75). (SPA., Illus.). 46p. (J). (gr. k-1). pap. *(978-1-80014-086-8(X))* CBT Bks.

Libro de Pintar para niños de 4-5 Años (Dulces) Este Libro Tiene 40 Páginas para Colorear Sin Estrés, para Reducir la Frustración y Mejorar la Confianza. Este Libro Ayudará a Los niños Muy Pequeños a Desarrollar el Control Del lápiz y Ejercitar Sus Habilidades Motoras Finas. Isabella Martinez. 2020. (Libro de Pintar para niños de 4-5 Años Ser.: Vol. 75). (SPA., Illus.). 46p. (J). (gr. k-1). pap. *(978-1-80014-088-2(6))* CBT Bks.

Libro de Pintar para niños de 4-5 Años (Elfos) Este Libro Tiene 40 Páginas para Colorear Sin Estrés, para Reducir la Frustración y Mejorar la Confianza. Este Libro Ayudará a Los niños Muy Pequeños a Desarrollar el Control Del lápiz y Ejercitar Sus Habilidades Motoras Finas. Isabella Martinez. 2020. (Libro de Pintar para niños de 4-5 Años Ser.: Vol. 75). (SPA., Illus.). 46p. (J). (gr. k-1). pap. *(978-1-80014-064-6(9))* CBT Bks.

Libro de Pintar para niños de 4-5 años (Gente de Todo el Mundo) Este Libro Tiene 40 Páginas para Colorear Sin Estrés, para Reducir la Frustración y Mejorar la Confianza. Este Libro Ayudará a Los niños Muy Pequeños a Desarrollar el Control Del lápiz y Ejercitar Sus Habilidades Motoras Finas. Isabella Martinez. 2020. (Libro de Pintar para niños de 4-5 Años Ser.: Vol. 75). (SPA., Illus.). 46p. (J). (gr. k-1). pap. *(978-1-80014-084-4(3))* CBT Bks.

Libro de Pintar para niños de 4-5 años (Muñecos y Casas de Jengibre) Este Libro Tiene 40 Páginas para Colorear Sin Estrés, para Reducir la Frustración y Mejorar la Confianza. Este Libro Ayudará a Los niños Muy Pequeños a Desarrollar el Control Del lápiz y Ejercitar Sus Habilidades Motoras Finas. Isabella Martinez. 2020. (Libro de Pintar para niños de 4-5 Años Ser.: Vol. 75). (SPA., Illus.). 46p. (J). (gr. k-1). pap. *(978-1-80014-069-1(X))* CBT Bks.

Libro de Pintar para niños de 4-5 Años (Pingüinos) Este Libro Tiene 40 Páginas para Colorear Sin Estrés, para Reducir la Frustración y Mejorar la Confianza. Este Libro Ayudará a Los niños Muy Pequeños a Desarrollar el Control Del lápiz y Ejercitar Sus Habilidades Motoras Finas. Isabella Martinez. 2020. (Libro de Pintar para niños de 4-5 Años Ser.: Vol. 75). (SPA., Illus.). 46p. (J). (gr. k-1). pap. *(978-1-80014-073-8(8))* CBT Bks.

Libro de Pintar para niños de 4-5 Años (Pollitos) Este Libro Tiene 40 Páginas para Colorear Sin Estrés, para Reducir la Frustración y Mejorar la Confianza. Este Libro Ayudará a Los niños Muy Pequeños a Desarrollar el Control Del lápiz y Ejercitar Sus Habilidades Motoras Finas. Isabella Martinez. 2020. (Libro de Pintar para niños de 4-5 Años Ser.: Vol. 75). (SPA., Illus.). 46p. (J). (gr. k-1). pap. *(978-1-80014-059-2(2))* CBT Bks.

Libro de Pintar para niños de 4-5 Años (Selva) Este Libro Tiene 40 Páginas para Colorear Sin Estrés, para Reducir la Frustración y Mejorar la Confianza. Este Libro Ayudará a Los niños Muy Pequeños a Desarrollar el Control Del lápiz y Ejercitar Sus Habilidades Motoras Finas. Isabella Martinez. 2020. (Libro de Pintar para niños de 4-5 Años Ser.: Vol. 75). (SPA., Illus.). 46p. (J). (gr. k-1). pap. *(978-1-80014-671-6(X))* CBT Bks.

Libro de Pintar para niños de 4-5 Años (Unicornios) Este Libro Tiene 40 Páginas para Colorear Sin Estrés, para Reducir la Frustración y Mejorar la Confianza. Este Libro Ayudará a Los niños Muy Pequeños a Desarrollar el Control Del lápiz y Ejercitar Sus H. Isabella Martinez. 2020. (Libro de Pintar para niños de 4-5 Años Ser.: Vol. 75). (SPA., Illus.). 46p. (J). (gr. k-1). pap. *(978-1-80014-077-6(0))* CBT Bks.

Libro de Pintar para niños de 4 años (Animales Haciéndose Selfies) Este Libro Contiene 40 láminas para Colorear. Este Libro Ayudará a Los niños Pequeños a Desarrollar el Control de la Pluma y Ejercitar Sus Habilidades Motoras Finas. Nicola Ridgeway & James Manning. 2020. (Libros de Pintar para Niños Ser.: Vol. 17). (SPA.). 86p. (J). pap. *(978-1-80027-247-7(2))* CBT Bks.

Libro de Pintar para niños de 4 Años (Búhos 1) Este Libro Contiene 40 láminas para Colorear. Este Libro Ayudará a Los niños Pequeños a Desarrollar el Control de la Pluma y Ejercitar Sus Habilidades Motoras Finas. Nicola Ridgeway & James Manning. 2020. (Libros de Pintar para Niños Ser.: Vol. 17). (SPA.). 86p. (J). pap. *(978-1-80027-243-9(X))* CBT Bks.

Libro de Pintar para niños de 4 Años (Búhos 2) Nicola Ridgeway. 2020. (SPA.). 86p. (J). pap. *(978-1-80027-350-4(9))* CBT Bks.

Libro de Pintar para niños de 4 años (Casas de Jengibre 1) Este Libro Contiene 40 láminas para Colorear. Este Libro Ayudará a Los niños Pequeños a Desarrollar el Control de la Pluma y Ejercitar Sus Habilidades Motoras Finas. Nicola Ridgeway & James Manning. 2020. (Libros de Pintar para Niños Ser.: Vol. 17). (SPA.). 86p. (J). pap. *(978-1-80027-245-3(6))* CBT Bks.

Libro de Pintar para niños de 4 Años (Emoticonos 2) Nicola Ridgeway & James Manning. 2020. (Libros de Pintar para Niños Ser.: Vol. 17). (SPA.). 86p. (J). pap. *(978-1-80027-249-1(9))* CBT Bks.

Libro de Pintar para niños de 4 Años (Emoticonos 3) Este Libro Contiene 40 láminas para Colorear con líneas Extra Gruesas. Este Libro Ayudará a Los niños Muy Pequeños a Desarrollar el Control Del lápiz y Ejercitar Sus Habilidades Motoras Finas. Nicola Ridgeway & James Manning. 2020. (Libros de Pintar para Niños Ser.: Vol. 17). (SPA.). 86p. (J). pap. *(978-1-80027-248-4(0))* CBT Bks.

Libro de Pintar para niños de 4 años (Huevos de Pascua 2) Este Libro Contiene 40 láminas para Colorear con líneas Extra Gruesas. Este Libro Ayudará a Los niños Muy Pequeños a Desarrollar el Control Del lápiz y Ejercitar Sus Habilidades Motoras Finas. Nicola Ridgeway & James Manning. 2020. (Libros de Pintar para Niños Ser.: Vol. 17). (SPA.). 86p. (J). pap. *(978-1-80027-250-7(2))* CBT Bks.

Libro de Pintar para niños de 4 años (Huevos de Pascua 3) Este Libro Contiene 40 láminas para Colorear. Este Libro Ayudará a Los niños Pequeños a Desarrollar el Control de la Pluma y Ejercitar Sus Habilidades Motoras Finas. Nicola Ridgeway & James Manning. 2020. (Libros de Pintar para Niños Ser.: Vol. 17). (SPA.). 86p. (J). pap. *(978-1-80027-246-0(4))* CBT Bks.

Libro de Pintar para niños de 4 años (Lindos Animalitos) Nicola Ridgeway & James Manning. 2020. (Libros de Pintar para Niños Ser.: Vol. 17). (SPA.). 86p. (J). pap. *(978-1-80027-251-4(0))* CBT Bks.

Libro de Pintar para niños de 4 años (Muñecos y Casas de Jengibre) Este Libro Contiene 40 láminas para Colorear. Este Libro Ayudará a Los niños Pequeños a Desarrollar el Control de la Pluma y Ejercitar Sus Habilidades Motoras Finas. Nicola Ridgeway & James Manning. 2020. (Libros de Pintar para Niños Ser.: Vol. 17). (SPA.). 86p. (J). pap. *(978-1-80027-244-6(8))* West Suffolk CBT Service Ltd., The.

Libro de Pintar para niños de 4 Años (Ositos 1) Este Libro Contiene 40 láminas para Colorear. Este Libro Ayudará a Los niños Pequeños a Desarrollar el Control de la Pluma y Ejercitar Sus Habilidades Motoras Finas. Nicola Ridgeway & James Manning. 2020. (Libros de Pintar para Niños Ser.: Vol. 17). (SPA.). 86p. (J). pap. *(978-1-80027-242-2(1))* CBT Bks.

Libro de Pintar para niños de 4 Años (Ositos 2) Este Libro Contiene 40 láminas para Colorear. Este Libro Ayudará a Los niños Pequeños a Desarrollar el Control de la Pluma y Ejercitar Sus Habilidades Motoras Finas. Nicola Ridgeway & James Manning. 2020. (Libros de Pintar para Niños Ser.: Vol. 17). (SPA.). 86p. (J). pap. *(978-1-80027-232-3(4))* CBT Bks.

Libro de Pintar para niños de 7+ años (Frases para Amantes de Los Gatos) Este Libro Tiene 40 Páginas para Colorear Sin Estrés, para Reducir la Frustración y Mejorar la Confianza. Este Libro Ayudará a Los niños Muy Pequeños a Desarrollar el Control Del lápiz y Ejercitar Sus Habilidades Motoras Finas. Isabella Martinez. 2020. (Libro de Pintar para niños de 7+ Años Ser.: Vol. 75). (SPA., Illus.). 46p. (J). (gr. 2-6). pap. *(978-1-80014-723-2(6))* CBT Bks.

Libro de Pintar para niños de 7+ años (Animales Echándose un Pedo) Este Libro Tiene 40 Páginas para Colorear Sin Estrés, para Reducir la Frustración y Mejorar la Confianza. Este Libro Ayudará a Los niños Muy Pequeños a Desarrollar el Control Del lápiz y Ejercitar Sus Habilidades Motoras Finas. Isabella Martinez. 2020. (Libro de Pintar para niños de 7+ Años Ser.: Vol. 75). (SPA., Illus.). 46p. (J). (gr. 2-6). pap. *(978-1-80014-646-4(9))* CBT Bks.

Libro de Pintar para niños de 7+ años (Antigua Roma) Este Libro Tiene 40 Páginas para Colorear Sin Estrés, para Reducir la Frustración y Mejorar la Confianza. Este Libro Ayudará a Los niños Muy Pequeños a Desarrollar el Control Del lápiz y Ejercitar Sus Habilidades Motoras Finas. Isabella Martinez. 2020. (Libro de Pintar para niños de 7+ Años Ser.: Vol. 75). (SPA., Illus.). 46p. (J). (gr. 2-6). pap. *(978-1-80014-485-9(7))* CBT Bks.

Libro de Pintar para niños de 7+ Años (BanderasVolume 1) Este Libro Tiene 40 Páginas para Colorear Sin Estrés, para Reducir la Frustración y Mejorar la Confianza. Este Libro Ayudará a Los niños Muy Pequeños a Desarrollar el Control Del lápiz y Ejercitar Sus Habilidades Motoras Finas. Isabella Martinez. 2020. (Libro de Pintar para niños de 7+ Años Ser.: Vol. 75). (SPA., Illus.). 46p. (J). (gr. 2-6). pap. *(978-1-80014-601-3(9))* CBT Bks.

Libro de Pintar para niños de 7+ Años (Deportes) Este Libro Tiene 40 Páginas para Colorear Sin Estrés, para Reducir la Frustración y Mejorar la Confianza. Este Libro Ayudará a Los niños Muy Pequeños a Desarrollar el Control Del lápiz y Ejercitar Sus Habilidades Motoras Finas. Isabella Martinez. 2020. (Libro de Pintar para niños de 7+ Años Ser.: Vol. 75). (SPA., Illus.). 46p. (J). (gr. 2-6). pap. *(978-1-80014-733-1(3))* CBT Bks.

Libro de Pintar para niños de 7+ años (Noche de Hogueras) Este Libro Tiene 40 Páginas para Colorear Sin Estrés, para Reducir la Frustración y Mejorar la Confianza. Este Libro Ayudará a Los niños Muy Pequeños a Desarrollar el Control Del lápiz y Ejercitar Sus Habilidades Motoras Finas. Isabella Martinez. 2020. (Libro de Pintar para niños de 7+ Años Ser.: Vol. 75). (SPA., Illus.). 46p. (J). (gr. 2-6). pap. *(978-1-80014-533-7(0))* CBT Bks.

Libro de Pintar para niños de 7+ años (Palabras de Superhéroe) Este Libro Tiene 40 Páginas para Colorear Sin Estrés, para Reducir la Frustración y Mejorar la Confianza. Este Libro Ayudará a Los niños Muy Pequeños a Desarrollar el Control Del lápiz y Ejercitar Sus Habilidades Motoras Finas. Isabella Martinez. 2020. (Libro de Pintar para niños de 7+ Años Ser.: Vol. 75). (SPA., Illus.). 46p. (J). (gr. 2-6). pap. *(978-1-80014-517-7(9))* CBT Bks.

Libro de Pintar para niños de 7+ Años (Payasos) Este Libro Tiene 40 Páginas para Colorear Sin Estrés, para Reducir la Frustración y Mejorar la Confianza. Este Libro Ayudará a Los niños Muy Pequeños a Desarrollar el Control Del lápiz y Ejercitar Sus Habilidades Motoras Finas. Isabella Martinez. 2020. (Libro de Pintar para niños de 7+ Años Ser.: Vol. 75). (SPA., Illus.). 46p. (J). (gr. 2-6). pap. *(978-1-80014-619-8(1))* CBT Bks.

Libro de Pintar para niños de 7+ años (Personajes de Dibujos Animados) Este Libro Tiene 40 Páginas para Colorear Sin Estrés, para Reducir la Frustración y Mejorar la Confianza. Este Libro Ayudará a Los niños Muy Pequeños a Desarrollar el Control Del lápiz y Ejercitar Sus Habilidades Motoras Finas. Isabella Martinez. 2020. (Libro de Pintar para niños de 7+ Años Ser.: Vol. 75). (SPA., Illus.). 46p. (J). (gr. 2-6). pap. *(978-1-80014-546-7(2))* CBT Bks.

Libro de Pintar para niños de 7+ años (Refranes de Verano) Este Libro Tiene 40 Páginas para Colorear Sin Estrés, para Reducir la Frustración y Mejorar la Confianza. Este Libro Ayudará a Los niños Muy Pequeños a Desarrollar el Control Del lápiz y Ejercitar Sus Habilidades Motoras Finas. Isabella Martinez. 2020. (Libro de Pintar para niños de 7+ Años Ser.: Vol. 75). (SPA., Illus.). 46p. (J). (gr. 2-6). pap. *(978-1-80014-633-4(7))* CBT Bks.

Libro de Pintar para niños de 7+ Años (Robots) Este Libro Tiene 40 Páginas para Colorear Sin Estrés, para Reducir la Frustración y Mejorar la Confianza. Este Libro Ayudará a Los niños Muy Pequeños a Desarrollar el Control Del lápiz y Ejercitar Sus Habilidades Motoras Finas. Isabella Martinez. 2020. (Libro de Pintar para niños de 7+ Años Ser.: Vol. 75). (SPA., Illus.). 46p. (J). (gr. 2-6). pap. *(978-1-80014-709-6(0))* CBT Bks.

Libro de Pintar para niños de 7+ años (Selfies de Animales) Este Libro Tiene 40 Páginas para Colorear Sin Estrés, para Reducir la Frustración y Mejorar la Confianza. Este Libro Ayudará a Los niños Muy Pequeños a Desarrollar el Control Del lápiz y Ejercitar Sus Habilidades Motoras Finas. Isabella Martinez. 2020. (Libro de Pintar para niños de 7+ Años Ser.: Vol. 75). (SPA., Illus.). 46p. (J). (gr. 2-6). pap. *(978-1-80014-610-5(8))* CBT Bks.

Libro de Pintar para niños de 7+ Años (Superhéroes) Este Libro Tiene 40 Páginas para Colorear Sin Estrés, para Reducir la Frustración y Mejorar la Confianza. Este Libro Ayudará a Los niños Muy Pequeños a Desarrollar el Control Del lápiz y Ejercitar Sus Habilidades Motoras Finas. Isabella Martinez. 2020. (Libro de Pintar para niños de 7+ Años Ser.: Vol. 75). (SPA., Illus.). 46p. (J). (gr. 2-6). pap. *(978-1-80014-560-3(8))* CBT Bks.

Libro de Pintar para niños de 7+ años (Tabla Periódica) Este Libro Tiene 40 Páginas para Colorear Sin Estrés, para Reducir la Frustración y Mejorar la Confianza. Este Libro Ayudará a Los niños Muy Pequeños a Desarrollar el Control Del lápiz y Ejercitar. Isabella Martinez. 2020. (Libro de Pintar para niños de 7+ Años Ser.: Vol. 75). (TEL., Illus.). 46p. (J). (gr. 2-6). pap. *(978-1-80014-697-6(3))* CBT Bks.

Libro de Preguntas. Jane Meyer. 2017. (Xist Kids Spanish Bks.). (SPA., Illus.). 32p. (J). (gr. k-3). pap. 9.99 *(978-1-5324-0104-6(3))* Xist Publishing.

Libro de Serpientes para Niños: El Libro de Serpientes para niños I Libro para Colorear I Libro para niños y niñas de 4 a 10 Años. Natalie Fleming. Tr. by Edgli Romero. 2021. (SPA.). 76p. (J). pap. *(978-0-6451934-2-8(9))* Neha Dubey.

Libro de Shadows Renaissance. Simón Carreño. 2023. (SPA.). 178p. (J). pap. 15.00 ***(978-1-312-47288-4(X))*** Lulu Pr., Inc.

Libro de Sudokus para Niños. Deeasy Books. 2021. (SPA.). 102p. (J). pap. 10.00 *(978-0-7924-8759-3(1))* Indy Pub.

Libro Del Viejo Musgaño Sobre Los Gatos Mañosos. T. S. Eliot & David Guerra. 2020. (SPA.). 104p. (J). pap. *(978-1-716-88373-6(3))* Lulu Pr., Inc.

Libro (des)preocupado. Rachel Brian. 2022. (SPA.). 64p. (J). (gr. 2-4). pap. 9.50 *(978-607-557-340-3(2))* Editorial Oceano de Mexico MEX. Dist: Independent Pubs. Group.

Libro Di Attività Sugli Animali per Bambini. Deeasy Books. 2021. (ITA.). 98p. (J). pap. 10.00 *(978-1-008-99017-3(5))* Indy Pub.

Libro Dorado de la Muerte. Michael Dahl. Tr. by Aparicio Publishing Aparicio Publishing LLC. Illus. by Serg Souleiman. 2020. (Biblioteca Maldita Ser.).Tr. of Golden Book of Death. (SPA.). 40p. (J). (gr. 4-8). pap. 6.95 *(978-1-4965-9308-5(1)*, 142320); lib. bdg. 24.65 *(978-1-4965-9169-2(0)*, 142082) Capstone. (Stone Arch Bks.).

LIBRO MUSICAL 7 BOTONES PATRULLA CANINA LSD: En SUS MARCAS, LISTOS ¡AL RESCATE! Patrulla Canina. 2017. (SPA.). (J). pap. *(978-1-5037-3289-6(4))* Phoenix Publishing House.

Libro Negro. Dross Dross. 2019. (SPA.). 232p. (YA). pap. 14.95 *(978-607-07-6262-8(2))* Editorial Planeta, S. A. ESP. Dist: Two Rivers Distribution.

Libro para Colorear Animales Bonitos para niños de 4 a 8 Años: Divertido Libro para Colorear de Animales de Granja y Salvajes, 72 Páginas, Encuadernado en Rústica 8,5*8,5 Pulgadas. Carol Childson. 2021. (SPA.). 72p. (J). pap. *(978-1-008-95296-6(6))* Lulu.com.

Libro para Colorear Animales de Granja: 25 Imágenes Grandes y Sencillas para Que Los Principiantes Aprendan a Colorear: 2-4 Años. Ana Vraja. 2021. (SPA.). 50p. (J). pap. 10.99 *(978-0-388-54827-1(4))* Coronet, The Multimedia Co.

Libro para Colorear Animales Ninos: Cuadernos para Colorear niños y niñas a Partir de 4 años - Libros para Colorear Animales - Libro Colorear niños - Regalos para Niños. Mary Wayne. l.t. ed. 2021. (SPA.). 36p. (J). pap. 12.99 *(978-0-19-096700-0(5))* Lulu Pr., Inc.

Libro para Colorear de Animales de la Selva para Niños: Fantástico Libro de Actividades para Colorear con Animales Salvajes y Animales de la Selva para niños, niños Pequeños y niños, Diversión con Lindos Animales de la Selva, únicas Páginas para Colorear de Animales Salvajes para niños y Niñas. Happy Coloring. 2021. (SPA.). 80p. (J). pap. 11.99 *(978-1-008-94335-3(5))* McGraw-Hill Education.

Libro para Colorear de Animales Del Océano para Niños. G. McBride. 2021. (SPA.). 104p. (J). 19.95 *(978-1-68471-835-1(X))*; pap. 9.95 *(978-1-716-07080-8(5))* Lulu Pr., Inc.

Libro para Colorear de Animales Salvajes. Daniel Lewis. l.t. ed. 2021. (SPA.). 62p. (J). pap. *(978-1-008-94168-7(9))* Lulu.com.

Libro para Colorear de Aviones: Aviones Libro de Colorear para niños y niñas - Divertidas Páginas para Colorear de Aviones para niños de 4 a 8 Años. Emil Rana O'Neil. 2021. (SPA.). 76p. (J). pap. 10.99 *(978-1-6780-6600-0(1))* Ridley Madison, LLC.

Libro para Colorear de Caballos: Libro para Colorear de Caballos para niños - niños y niñas - Divertidas Páginas para Colorear de Caballos para niños de 4 a 8 Años. Emil Rana O'Neil. 2021. (SPA.). 78p. (J). pap. 10.99 *(978-1-008-93465-8(8))* Ridley Madison, LLC.

Libro para Colorear de Caballos 2! Descubre Esta Colección de Páginas para Colorear de Caballos. Bold Illustrations. 2018. (SPA.). 58p. (J). pap. 11.99 *(978-1-0717-0246-8(7)*, Bold Illustrations) FASTLANE LLC.

Libro para Colorear de Criaturas Oceánicas para Niños: Un Libro para Colorear para niños de 4 a 8 años con Increíbles Animales Del Océano para Colorear y Dibujar, Libro de Actividades para niños y niñas, Libro para Colorear de la Vida Marina, para niños de 4 a 8 años, Animales Del Océano, Criaturas Del Mar y V. Happy Coloring. 2021. (SPA.). 80p. (J). pap. 10.99 *(978-1-008-94403-9(3))* McGraw-Hill Education.

Libro para Colorear de Dinosaurios para Niños: Increíble Libro para Colorear de Dinosaurios para niños, de 3 a 8 Años. Deeasy B. 2021. (SPA.). 92p. (J). pap. 9.49 *(978-1-006-83034-1(0))* Chronicle Bks. LLC.

Libro para Colorear de Gatos para niños de 4 a 8 Años: El Libro para Colorear Del Gran Gato para niñas, niños y Todos Los niños de 4 a 8 años con 50 Ilustraciones (Kidd's Coloring Books), Imágenes Divertidas y Sencillas Dirigidas a Preescolares y niños Pe. Happy Coloring. 2021. (SPA.). 100p. (J). pap. 11.99 *(978-0-3690-3099-3(0))* McGraw-Hill Education.

Libro para Colorear de la Linda Sirena: Libro para Colorear para niñas - Libros para Colorear para niños - Libro para Colorear de Sirenas - Libros para Colorear de niñas Bonitas. Danny Lewis. l.t. ed. 2021. (SPA.). 80p. (J). pap. *(978-1-008-92337-9(0))* Lulu.com.

Libro para Colorear de Moda: Diseños de Moda Coloración para niñas, Diseño Creativo para Niñas. Elena Sharp. 2021. (SPA.). 88p. (J). pap. 8.59 *(978-1-716-20509-5(3))* Lulu Pr., Inc.

Libro para Colorear de Osos para Niños: Libro de Actividades y Coloreado para niños y niñas de 4 a 8 Años. Deeasy B. 2021. (SPA.). 90p. (J). pap. 9.00 *(978-1-008-93863-2(7))* Chronicle Bks. LLC.

Libro para Colorear de Sirenas para Niños: Libro para Colorear con Lindas Sirenas y Todos Sus Amigos Marinos. Rodolfo Cal. 2021. (SPA.). 76p. (J). pap. 10.49 *(978-1-915105-02-8(1))* Lulu Pr., Inc.

Libro para Colorear de Unicornio para niños de 4 a 8 Años. Joquena Press. 2020. (SPA.). 108p. (J). pap. 10.95 *(978-1-716-33168-8(4))* Lulu Pr., Inc.

Libro para Colorear de Unicornios, Sirenas y Princesas para niños de 8 a 12 Años: Páginas para Colorear para niños de 8 a 12 años con Increíbles Sirenas, Princesas, Hadas, Unicornios y Muchos Más Gráficos para Colorear Perfectos para niños de 6-8 8-10 10-12 ¡Perfecto Como Regalo! Malkovich Rickblood. 2021. (SPA.). 106p. (J). pap. 10.99 *(978-1-008-94873-0(X))* Lulu Pr., Inc.

Libro para Colorear Del Alfabeto de Los Dinosaurios: Libro Del Alfabeto de Los Dinosaurios para niños ¡el ABC de Las Bestias Prehistóricas! Páginas para

L

Colorear para niños Mayores de 3 años Libro de Actividades. Antonia Griffin. 2021. (SPA.). 58p. (J). pap. 10.99 *(978-1-4834-7164-8(0))* Lulu Pr., Inc.

Libro para Colorear el Sistema Solar de Los Niños: Astronautas, Planetas, Naves Espaciales y el Universo para niños de 4 a 8 Años. Young Dreamers Press. Illus. by Anastasiia Saikova. 2020. (Cuadernos para Colorear Niños Ser.: Vol. 3). (SPA.). 66p. (J). pap. *(978-1-989790-24-3(0))* EnemyOne.

Libro para Colorear Princesa: Libro para Colorear para niños con Princesas, Hadas y Sirenas - 29 Páginas. The Smart Mermaid Publishing. 2021. (SPA.). 60p. (J). pap. 10.00 *(978-0-7463-8631-6(1))* Lulu Pr., Inc.

Libro para Colorear Princesa! una Colección única de Páginas para Colorear para Niñas. Bold Illustrations. 2021. (SPA.). 66p. (J). pap. 11.99 *(978-1-0717-0239-0(4),* Bold Illustrations) FASTLANE LLC.

Libro para Colorear Princesas: Princesas Colorear para niñas de 3 a 9 años - Divertidas Páginas para Colorear con Increíbles Princesas en Su Mundo Encantado. Emil Rana O'Neil. 2021. (SPA.). 86p. (J). pap. 10.99 *(978-1-008-94219-6(7))* Ridley Madison, LLC.

Libro para Colorear Unicornio: Unicornio Libro de Colorear para niños de 4 a 8 años - Colorea Unicornios - Bonito Regalo para Education - Mary Wayne. 2021. (SPA.). 56p. (J). pap. 10.00 *(978-1-716-24520-6(6))* Lulu Pr., Inc.

Libro Perdido. Cassandra Clare. 2021. (SPA.). 416p. (J). pap. 22.95 *(978-607-07-7697-7(6))* Editorial Planeta, S. A. ESP. Dist: Two Rivers Distribution.

Libro Primero de Lectura de Appleton: Ingles-Espanol (Classic Reprint) William Torrey Harris. 2017. (ENG., Illus.). (J). 168p. 27.38 *(978-0-265-87037-2(2));* 170p. pap. 9.97 *(978-1-5280-2194-4(0))* Forgotten Bks.

Libro Sangrante. Michael Dahl. Tr. by Aparicio Publishing Aparicio Publishing LLC. Illus. by Bradford Kendall. 2019. (Biblioteca Maldita Ser.). (SPA.). 40p. (J). (gr. 4-8). lib. bdg. 24.65 *(978-1-4965-8536-3(4),* 141285, Stone Arch Bks.) Capstone.

Libros de Energía para Madrugadores (Early Bird Energy), 6 vols., Set. Sally M. Walker. Photos by Andy King. Incl. Calor. Tr. by Translations.com Staff. (gr. 2-5). lib. bdg. 26.60 *(978-0-8225-7718-8(6));* Electricidad. (gr. 4-7). lib. bdg. 26.60 *(978-0-8225-7717-1(8),* Ediciones Lerner); Luz. Tr. by Translations.com Staff. (gr. 2-5). lib. bdg. 26.60 *(978-0-8225-7719-5(4));* Magnetismo. Tr. by Translations.com Staff. (gr. 2-5). lib. bdg. 26.60 *(978-0-8225-7720-1(8));* Materia. Tr. by Translations.com Staff. (gr. 2-5). lib. bdg. 26.60 *(978-0-8225-7721-8(6));* Sonido. Tr. by Translations.com Staff. (gr. 2-5). lib. bdg. 26.60 *(978-0-8225-7722-5(4));* (Illus.). 48p. (J). 2007. (SPA.). 2007. Set lib. bdg. 159.60 *(978-0-8225-7716-4(X),* Ediciones Lerner) Lerner Publishing Group.

Libros para Bebé ¿Quién Está Ya Dormidito?(Who's Fallen Asleep?) Sam Taplin. 2019. (What's Happenning Baby Bks.). (SPA.). 10p. (J). 6.99 *(978-0-7945-4632-8(3),* Usborne) EDC Publishing.

Libros para Bebé ¿Quién Lleva Sombrerito?(Who's Wearing a Hat?) Sam Taplin. 2019. (What's Happenning Baby Bks.). (SPA.). 10p. (J). 6.99 *(978-0-7945-4633-5(1),* Usborne) EDC Publishing.

Libros Pizarra Aprendo a Decir la Hora(Wipe-Clean Telling the Time) Jessica Greenwell. 2019. (Wipe-Clean Bks.). (SPA.). 24p. (J). pap. 7.99 *(978-0-7945-4639-7(0),* Usborne) EDC Publishing.

Libros Pizarra Aprendo a Sumar y Restar(Wipe-Clean First Math) Jessica Greenwell. 2019. (Wipe-Clean Bks.). (SPA.). 20p. (J). pap. 7.99 *(978-0-7945-4638-0(2),* Usborne) EDC Publishing.

Libros Pizarra Cuento y Compro(Wipe-Clean Money) Jane Bingham. 2019. (Wipe-Clean Bks.). (SPA.). 22p. (J). pap. 7.99 *(978-0-7945-4640-3(4),* Usborne) EDC Publishing.

Libros Pizarra Del 1 Al 10(Wipe-Clean First Numbers) Jessica Greenwell. 2019. (Wipe-Clean Bks.). (SPA.). 22p. (J). pap. 7.99 *(978-0-7945-4637-3(4),* Usborne) EDC Publishing.

Liccle Bit. Alex Wheatle. 2018. (Crongton Ser.). (ENG.). 288p. (J). pap. 12.99 ***(978-0-349-00199-9(5))*** Hachette Children's Group GBR. Dist: Hachette Bk. Group.

Lice. August Hoeft. 2022. (I See Insects Ser.). (ENG.). (J). 20p. pap. 12.99 ***(978-1-5324-4144-8(4));*** 16p. (gr. -1-2). 24.99 ***(978-1-5324-3350-4(6));*** 16p. (gr. -1-2). pap. 12.99 ***(978-1-5324-2842-5(1))*** Xist Publishing.

License to Thrill. Dan Gutman. ed. 2016. (Genius Files Ser.: 5). (J). lib. bdg. 17.20 *(978-0-606-38167-3(8))* Turtleback.

Licht: Sechs Vorlesungen. John Tyndall et al. 2017. (ENG., Illus.). (J). pap. *(978-0-649-42615-7(0))* Trieste Publishing Pty Ltd.

Licht Meester. Frederieke de Groot. 2017. (DUT., Illus.). (J). *(978-90-821611-8-2(4))* DMI Records.

Lick-Wilmerding, 1990 (Classic Reprint) Lick-Wilmerding School. (ENG., Illus.). (J). 2018. 132p. 26.62 *(978-0-428-83148-6(6));* 2017. pap. 9.57 *(978-0-259-95450-7(0))* Forgotten Bks.

Lick-Wilmerding, 1997 (Classic Reprint) Lick-Wilmerding School. 2017. (ENG., Illus.). (J). 28.48 *(978-0-266-80725-4(9));* pap. 10.97 *(978-1-5278-3496-5(4))* Forgotten Bks.

Lick-Wilmerding High School, 1991 (Classic Reprint) Lick-Wilmerding High School. (ENG., Illus.). (J). 2018. 138p. 26.74 *(978-0-483-00333-0(6));* 2017. pap. 9.57 *(978-0-259-94812-4(8))* Forgotten Bks.

Lick-Wilmerding School, 2009 (Classic Reprint) Lick-Wilmerding School. 2017. (ENG., Illus.). (J). 29.05 *(978-0-331-00447-2(X));* pap. 11.57 *(978-1-5283-8530-5(6))* Forgotten Bks.

Licorne Journal: Licornes Journal Carnet Bloc - Journal de Gratitude Pour Filles - Licorne Cahier de Dessin, Journal - Licorne Journal des Princesses. Jenny Wayne. 2020. (FRE.). 122p. (J). pap. 10.00 *(978-1-716-27539-5(3))* Lulu Pr., Inc.

Licorne Livre de Coloriage: Beau Livre de Coloriage Fantastique Pour Adultes Avec des Licornes Magiques (Dessins Pour le Soulagement du Stress et la Relaxation) Lenard Vinci Press. 2021. (FRE., Illus.). 78p. (J). pap. 9.99 *(978-1-716-24371-4(8))* Lulu Pr., Inc.

Licorne Livre de Coloriage: Mon Premier Livre de Licornes, Livre de Coloriage de Licorne Pour Garçons et Filles, (une Belle Collection de Licornes) Lenard Vinci Press. 2020. (FRE., Illus.). 100p. (J). pap. 8.99 *(978-1-716-29784-7(2))* Lulu Pr., Inc.

Licorne Livre de Coloriage: Pour les Enfants de 4 à 8 Ans. Illus. by Fairy Crocs. 2020. (Livres de Coloriage Pour Enfants Ser.: Vol. 4). (FRE.). 64p. (J). (gr. 3-6). pap. *(978-1-989790-18-2(6))* EnemyOne.

Licornes et Dragons - Livre de Coloriage Pour Adultes: Parfait Pour Tous Ceux Qui Aiment les Licornes Ou les Dragons et Surtout les Animaux Fantastiques. Queenie Activitys. 2021. (FRE.). 98p. (YA). 22.99 *(978-0-663-89154-2(X))* Oak Solid Publishers.

Lida Campbell, or, Drama of a Life: A Novel (Classic Reprint) Jean Kate Ludlum. 2018. (ENG., Illus.). 358p. (J). 31.30 *(978-0-267-15958-1(7))* Forgotten Bks.

Liddy Lou's Summer of Wild Hair! Bonnie D. Paulsen. Illus. by Paul Schultz. 2022. (ENG.). 32p. (J). *(978-1-0391-0982-7(9));* pap. *(978-1-0391-0981-0(0))* FriesenPress.

Liddy Mouse to the Rescue. Genene Stradling. 2021. (ENG., Illus.). 52p. (J). pap. 16.95 *(978-1-6624-4752-5(3))* Page Publishing Inc.

Lideres de Gobierno de Antes y de Hoy. Lisa Zamosky. rev. ed. 2019. (Social Studies: Informational Text Ser.). (SPA., Illus.). 32p. (J). (gr. 2-3). pap. 11.99 *(978-1-64290-112-2(1))* Teacher Created Materials, Inc.

Lie. Glasko Klein. 2019. (Do-Over Ser.). (ENG.). 104p. (YA). (gr. 6-12). pap. 7.99 *(978-1-5415-4551-9(6),* f87bd7c0-6122-44e1-bfa1-d95fa8232e26); 26.65 *(978-1-5415-4032-3(8),* 8ccda28b-d533-4941-9e47-a18f7789bd8a) Lerner Publishing Group. (Darby Creek).

Lie for a Lie. Robin Merrow MacCready. 2017. (ENG.). 208p. (YA). 34.99 *(978-0-8050-9109-0(2),* 900062190, Holt, Henry & Co. Bks. For Young Readers) Holt, Henry & Co.

Lie That Binds. Amy Argent. 2022. (ENG.). 438p. (YA). pap. 14.99 *(978-1-7369405-4-9(6))* Turning Tree Pr.

Lie That Wasn't: Big Things Happen When Little Lies Come True... Sarah Naish. Illus. by Lily Fossett. ed. 2022. (ENG.). 32p. (J). 15.95 *(978-1-83997-372-7(2),* 867267) Kingsley, Jessica Pubs. GBR. Dist: Hachette UK Distribution.

Lie to Me. Angela Fristoe. 2018. (Touched Trilogy Ser.: Vol. 1). (ENG., Illus.). 288p. (YA). pap. *(978-0-9949544-7-3(6))* Little Prince Publishing.

Lie to Me. Christine Anna Kirchoff. 2018. (ENG., Illus.). 300p. (J). pap. *(978-1-77339-532-6(7))* Evernight Publishing.

Liebre Polar (Arctic Hare) Grace Hansen. 2021. (Animales Del Ártico (Arctic Animals) Ser.). (SPA.). 24p. (J). (gr. -1-2). lib. bdg. 32.79 *(978-1-0982-0425-9(5),* 35340, Abdo Kids) ABDO Publishing Co.

Liebre y la Tortuga. Jean de la Fontaine. 2021. (SPA.). 16p. (J). (gr. -1-k). pap. 1.95 *(978-607-21-1094-6(0))* Larousse, Ediciones, S. A. de C. V. MEX. Dist: Independent Pubs. Group.

Liebre y la Tortuga. Giovanna Mantegazza. Illus. by Cristina Mesturini. 2019. (SPA.). 8p. (J). (gr. -1-1). 5.95 *(978-84-414-0362-8(7))* Editorial Edaf, S.L. ESP. Dist: Spanish Pubs., LLC.

Liebres y Ratas, Aves y Semillas, Cactos y Arboles: Plantas y Animales en Interaccion en el Pinacate, Desierto Sonorense, Mexico. Paul Dayton. 2017. (SPA., Illus.). (J). (gr. k-6). pap. 9.95 *(978-0-9970032-2-2(7))* Dayton Publishing.

Liege on the Line of March: An American Girl's Experiences When the Germans Came Through Belgium (Classic Reprint) Glenna Lindsley Bigelow. (ENG., Illus.). (J). 2017. 27.20 *(978-0-265-49314-4(5));* 2016. pap. 9.57 *(978-1-334-12451-8(5))* Forgotten Bks.

Lieography of Amelia Earhart: The Absolutely Untrue, Totally Made up, 100% Fake Life Story of a Great American Aviator. Alan Katz. 2020. (LieOgraphies Ser.). (ENG.). 72p. (J). (gr. 2). pap. 7.99 *(978-1-939100-48-1(8))* Tanglewood Pr.

Lieography of Babe Ruth: The Absolutely Untrue, Totally Made up, 100% Fake Life Story of Baseball's Greatest Slugger. Alan Katz. 2020. (LieOgraphies Ser.). (ENG.). 64p. (J). (gr. 2). pap. 7.99 *(978-1-939100-46-7(1))* Tanglewood Pr.

Lieography of Thomas Edison: The Absolutely Untrue, Totally Made up, 100% Fake Life Story of the World's Greatest Inventor. Alan Katz. 2020. (LieOgraphies Ser.). (ENG.). 64p. (J). (gr. 2). pap. 7.99 *(978-1-939100-47-4(X))* Tanglewood Pr.

Lies Girls Believe: And the Truth That Sets Them Free. Dannah K. Gresh. 2019. (ENG., Illus.). 176p. (J). pap. 14.99 *(978-0-8024-1447-2(8))* Moody Pubs.

Lies I Tell Myself. Beth Vrabel. 2022. (ENG.). 288p. (J). (gr. 3-7). 17.99 *(978-1-6659-0088-1(1),* Atheneum Bks. for Young Readers) Simon & Schuster Children's Publishing.

Lies in Disguise. Sandra Ozolin. 2021. (ENG.). 210p. (YA). pap. 25.00 *(978-1-716-11849-4(2))* Lulu Pr., Inc.

Lies in Disguise: By an Aching Heart. Sandra Ozolin. 2021. (ENG.). 210p. (YA). pap. 25.00 *(978-1-716-11946-0(4))* Lulu Pr., Inc.

Lies Like Poison. Chelsea Pitcher. 2020. (ENG.). 304p. (YA). (gr. 9). 18.99 *(978-1-5344-7095-8(6),* McElderry, Margaret K. Bks.) McElderry, Margaret K. Bks.

Lies Like Wildfire. Jennifer Lynn Alvarez. 2022. (ENG.). 384p. (YA). (gr. 9). pap. 10.99 *(978-0-593-30966-7(9),* Ember) Random Hse. Children's Bks.

Lies My Girlfriend Told Me. Julie Anne Peters. 2017. (ENG.). 256p. (YA). (gr. 10-17). pap. 14.99 *(978-0-316-23495-5(8))* Little, Brown Bks. for Young Readers.

Lies My Memory Told Me. Sacha Wunsch. 2021. (ENG.). 320p. (YA). 18.99 *(978-1-335-01827-4(1))* Harlequin Enterprises ULC CAN. Dist: HarperCollins Pubs.

Lies My Teacher Told Me: Young Readers' Edition: Everything American History Textbooks Get Wrong. James W. Loewen. adapted ed. 2019. (ENG., Illus.). 256p. (J). (gr. 7-12). 19.99 *(978-1-62097-469-8(X))* New Pr., The.

Lies That Bind. Diana Rodriguez Wallach. 2018. (Anastasia Phoenix Ser.: 2). (ENG.). 300p. (YA). pap. 9.99 *(978-1-63375-902-2(4),* 900185473) Entangled Publishing, LLC.

Lies They Tell. Gillian French. 2019. (ENG.). 320p. (YA). (gr. 9). pap. 9.99 *(978-0-06-264259-2(6),* HarperTeen) HarperCollins Pubs.

Lies We Sing to the Sea. Sarah Underwood. 2023. (ENG.). 432p. (YA). (gr. 9). 19.99 *(978-0-06-323447-5(5),* HarperTeen) HarperCollins Pubs.

Lies We Tell. Katie Zhao. 2022. (ENG.). 352p. (YA). 18.99 *(978-1-5476-0399-2(2),* 900219472, Bloomsbury Young Adult) Bloomsbury Publishing USA.

Lies You Never Told Me. Jennifer Donaldson. 2019. 336p. (YA). (gr. 9). pap. 9.99 *(978-1-59514-853-7(1),* Razorbill) Penguin Young Readers Group.

Lieutenant: Tales from the Super Continent. Peter Hilditch. 2023. (ENG.). 202p. (YA). pap. ***(978-1-5289-7301-4(1))*** Austin Macauley Pubs. Ltd.

Lieutenant & Others (Classic Reprint) Sapper Sapper. 2018. (ENG., Illus.). 188p. (J). 27.79 *(978-0-364-02076-0(8))* Forgotten Bks.

Lieutenant Barnabas, Vol. 1 Of 3: A Novel (Classic Reprint) Frank Barrett. (ENG., Illus.). (J). 2018. 326p. 30.62 *(978-0-483-84956-3(1));* 2016. pap. 13.57 *(978-1-334-12042-8(0))* Forgotten Bks.

Lieutenant Barnabas, Vol. 2 Of 3: A Novel (Classic Reprint) Frank Barrett. (ENG., Illus.). (J). 2018. 312p. 30.35 *(978-0-484-46867-1(7));* 2016. pap. 13.57 *(978-1-333-60318-2(5))* Forgotten Bks.

Lieutenant Barnabas, Vol. 3 Of 3: A Novel (Classic Reprint) Frank Barrett. 2018. (ENG., Illus.). 304p. (J). 30.17 *(978-0-428-78545-1(X))* Forgotten Bks.

Lieutenant Colborn, or the Disinherited (Classic Reprint) Moses H. Sawyer. (ENG., Illus.). (J). 2018. 356p. 31.24 *(978-0-332-30723-7(9));* 2016. pap. 13.97 *(978-1-333-74209-6(6))* Forgotten Bks.

Lieutenant George Trellen, or a Tricky Union Boy (Classic Reprint) George B. Wilson. (ENG., Illus.). (J). 2018. 36p. 24.64 *(978-0-484-21908-2(1));* 2016. pap. 7.97 *(978-1-334-16613-6(7))* Forgotten Bks.

Lieux de L'École. Emmanuel D'Affry. 2016. (FRE., Illus.). 54p. (J). pap. *(978-0-244-67681-0(X))* Lulu Pr., Inc.

Life. Cynthia Rylant. Illus. by Brendan Wenzel. 2017. (ENG.). 48p. (J). (gr. -1). 18.99 *(978-1-4814-5162-8(6),* Beach Lane Bks.) Beach Lane Bks.

Life: A Comedy, in Five Acts, As Performed at the New-Theatre, Philadelphia (Classic Reprint) Frederick Reynolds. 2018. (ENG., Illus.). 98p. (J). 25.92 *(978-0-332-49729-7(1))* Forgotten Bks.

Life: A Comedy, in Five Acts (Classic Reprint) Frederick Reynolds. 2018. (ENG., Illus.). 636p. (J). 37.01 *(978-0-364-75466-5(4))* Forgotten Bks.

Life: A Novelization of Thompson Buchanan's Play (Classic Reprint) D. Torbett. 2018. (ENG., Illus.). 350p. (J). 31.12 *(978-0-484-87765-7(8))* Forgotten Bks.

Life: June 9, 1941 (Classic Reprint) Unknown Author. (ENG., Illus.). (J). 2018. 146p. 26.91 *(978-0-364-00053-3(8));* 2017. pap. 9.57 *(978-0-243-49309-8(6))* Forgotten Bks.

Life: November 10, 1941 (Classic Reprint) Unknown Author. (ENG., Illus.). (J). 2018. 154p. 27.07 *(978-0-483-52157-5(4));* 2017. pap. 9.57 *(978-0-243-09962-7(2))* Forgotten Bks.

Life: Sometimes It's More about the Journey Than the Destination. Debbie Farris. 2018. (ENG., Illus.). 128p. (YA). pap. 15.95 *(978-1-64191-067-5(4))* Christian Faith Publishing.

Life According to Mattyiene: Cool Boys Have Problems Too! Malachi Williams. 2022. (ENG.). 44p. (J). pap. ***(978-0-9576680-7-2(4))*** Conscious Publishing.

Life According to Og the Frog. Betty G. Birney. 2019. (Og the Frog Ser.: 1). (ENG.). 192p. (J). (gr. 3-7). 7.99 *(978-1-5247-3996-6(0),* Puffin Books) Penguin Young Readers Group.

Life, Adventures, & Confessions of Albert Teufel, Convicted of the Murder of James Wiley: With His Trial, Speeches of Counsel, Conviction & Sentence (Classic Reprint) Robert L. Cope. 2018. (ENG., Illus.). (J). 110p. 26.17 *(978-0-428-61858-2(8));* 112p. pap. 9.57 *(978-0-428-14756-3(9))* Forgotten Bks.

Life, Adventures & Piracies of the Famous Captain Singleton. Daniel Dafoe. 2018. (ENG., Illus.). 258p. (J). pap. *(978-93-5329-124-2(0))* Alpha Editions.

Life Adventures & Piracies of the Famous Captain Singleton. Daniel Dafoe. 2017. (ENG., Illus.). (J). 25.95 *(978-1-374-93086-5(5));* pap. 15.95 *(978-1-374-93085-8(7))* Capital Communications, Inc.

Life after Death? Inheritance, Burial Practices, & Family Heirlooms, 1 vol. Ed. by Marcia Amidon Lusted. 2018. (Global Viewpoints Ser.). (ENG.). 200p. (gr. 10-12). 47.83 *(978-1-5345-0420-2(6),* fcbefe14-0f76-4868-9a2a-27ac9d924323) Greenhaven Publishing LLC.

Life after Divorce Secrets. Charity Angel. 2020. (ENG.). 184p. (YA). pap. *(978-1-716-52640-4(X))* Lulu Pr., Inc.

Life after Juliet. Shannon Lee Alexander. 2016. (ENG.). 304p. (YA). 16.99 *(978-1-63375-323-5(9),* 900159056) Entangled Publishing, LLC.

Life after Lila. Ginna Moran. 2017. (ENG., Illus.). (YA). (gr. 9-12). pap. 9.99 *(978-1-942073-77-2(1))* Sunny Palms Pr.

Life after School, Explained. Cap Compass Staff. 2017. (ENG.). 164p. per. 13.95 *(978-0-9717366-0-3(X),* 3f02d02e-68ef-4b36-a320-9aeef5ac858d) Cap & Compass, LLC.

Life among the Dead in the Trenches - History War Books Children's Military Books. Baby Professor. 2017. (ENG., Illus.). (J). pap. 9.55 *(978-1-5419-1447-6(3),* Baby Professor (Education Kids)) Speedy Publishing LLC.

Life among the Nupe Tribe: In West Africa (Classic Reprint) Alexander Woods Banfield. (ENG., Illus.). (J). 2018. 98p. 25.96 *(978-0-483-54251-8(2));* 2016. pap. 9.57 *(978-1-334-13916-1(4))* Forgotten Bks.

Life among the Olmecs Daily Life of the Native American People Olmec (1200-400 BC) Social Studies 5th Grade Children's Geography & Cultures Books. Baby Professor. 2020. (ENG.). 76p. (J). 24.99 *(978-1-5419-7922-2(2));* pap. 14.99 *(978-1-5419-4997-3(8))* Speedy Publishing LLC. (Baby Professor (Education Kids)).

Life among the Piutes: Their Wrongs & Claims. Sarah Winnemucca Hopkins. 2017. (ENG., Illus.). 150p. (J). *(978-1-387-04021-6(9));* pap. *(978-1-387-04017-9(0))* Lulu Pr., Inc.

Life among the Piutes: Their Wrongs & Claims (Classic Reprint) Sarah Winnemucca Hopkins. 2017. (ENG., Illus.). (J). 29.63 *(978-0-331-18021-3(9));* pap. 13.57 *(978-0-259-44619-4(X))* Forgotten Bks.

Life among the Pygmies: Of the Ituri Forest, Congo Free State (Classic Reprint) James J. Harrison. 2017. (ENG., Illus.). (J). 24.47 *(978-0-265-78806-6(4))* Forgotten Bks.

Life Amongst the Sandbags (Classic Reprint) Hugo Morgan. 2018. (ENG., Illus.). 130p. (J). 26.58 *(978-0-483-06716-5(4))* Forgotten Bks.

Life: an Exploded Diagram. Mal Peet. 2018. (ENG.). 400p. (YA). (gr. 9). pap. 10.99 *(978-1-5362-0362-2(9))* Candlewick Pr.

Life & Actions of James Dalton, the Noted Street Robber: Containing All the Robberies & Other Villanies Committed by Him, Both Alone & in Company, from His Infancy down to His Assault on Dr. Mead, with a Particular Account of His Running Away with T. James Dalton. 2018. (ENG., Illus.). 50p. (J). 24.93 *(978-0-267-85429-5(3))* Forgotten Bks.

Life & Adventure in Japan: Illustrated from the Original Photographs (Classic Reprint) E. Warren Clark. 2018. (ENG., Illus.). 312p. (J). 30.35 *(978-0-364-04318-9(0))* Forgotten Bks.

Life & Adventures of a Cheap Jack (Classic Reprint) One of the Fraternity. 2018. (ENG., Illus.). 380p. (J). 31.73 *(978-0-483-97928-4(7))* Forgotten Bks.

Life & Adventures of a Country Merchant. John Beauchamp Jones. 2017. (ENG.). 396p. (J). pap. *(978-3-337-05468-7(4))* Creation Pubs.

Life & Adventures of a Country Merchant: A Narrative of His Exploits at Home, During His Travels, & in the Cities; Designed to Amuse & Instruct (Classic Reprint) John Beauchamp Jones. (ENG., Illus.). (J). 2018. 402p. 32.19 *(978-0-483-42161-5(8));* 2016. pap. 16.57 *(978-1-334-23759-1(X))* Forgotten Bks.

Life & Adventures of a-No; 1, America's Most Celebrated Tramp (Classic Reprint) Leon Ray Livingston. (ENG., Illus.). (J). 2017. 26.89 *(978-1-5282-6097-8(X));* 2016. pap. 9.57 *(978-1-333-29536-3(7))* Forgotten Bks.

Life & Adventures of Alexander Selkirk: Containing the Real Incidents upon Which the Romance of Robinson Crusoe Is Founded; in Which Also the Events of His Life, Drawn from Authentic Sources, Are Traced from His Birth, in 1676, till His Death, In 17. John Howell. 2018. (ENG., Illus.). 202p. (J). 28.08 *(978-0-666-40420-6(8))* Forgotten Bks.

Life & Adventures of Alexander Selkirk, the Real Robinson Crusoe: A Narrative Founded on Facts (Classic Reprint) John Howell. 2017. (ENG., Illus.). (J). 26.23 *(978-0-266-19565-8(2))* Forgotten Bks.

Life & Adventures of an Arkansaw Doctor (Classic Reprint) Marcus Lafayette Byrn. 2017. (ENG., Illus.). (J). pap. 10.57 *(978-0-259-99287-5(9))* Forgotten Bks.

Life & Adventures of Bampfylde Moore Carew: Commonly Called the King of the Beggars (Classic Reprint) Bampfylde-Moore Carew. 2017. (ENG., Illus.). (J). 26.99 *(978-0-266-31373-1(6))* Forgotten Bks.

Life & Adventures of Capt. Robert W. Andrews, of Sumter, South Carolina: Extending over a Period of 97 Years; Replete with Startling Situations & Interesting Incidents; Together with Reminiscences of the War of 1812, & the Recent Unpleasantness. Robert W. Andrews. 2017. (ENG., Illus.). (J). 25.75 *(978-0-266-36051-3(3))* Forgotten Bks.

Life & Adventures of Chanticleer, the Intelligent Rooster: An Interesting Story in Verse for Children (Classic Reprint) Louise Pollock. 2018. (ENG., Illus.). (J). 26.33 *(978-0-260-06096-9(8))* Forgotten Bks.

Life & Adventures of Charles Anderson Chester, the Notorious Leader of the Philadelphia Killers, Who Was Murdered, While Engaged in the Destruction of the California House, on Election Night, October 11, 1849 (Classic Reprint) Ya Pamphlet Collection. 2018. (ENG., Illus.). 38p. (J). 24.68 *(978-0-267-52052-7(2))* Forgotten Bks.

Life & Adventures of David Dobbinson (Classic Reprint) David Dobbinson. 2018. (ENG., Illus.). 202p. (J). 28.06 *(978-0-267-73163-3(9))* Forgotten Bks.

Life & Adventures of Dr. Dodimus Duckworth, A. N. Q, Vol. 1 Of 2: To Which Is Added, the History of a Steam Doctor (Classic Reprint) Asa Greene. 2018. (ENG., Illus.). (J). 28.93 *(978-0-331-66817-9(3))* Forgotten Bks.

Life & Adventures of Dr. Dodimus Duckworth, A. N. Q, Vol. 2 Of 2: To Which Is Added, the History of a Steam Doctor (Classic Reprint) Asa Greene. 2017. (ENG., Illus.). (J). 28.93 *(978-0-266-73413-0(8));* pap. 11.57 *(978-1-5276-9709-6(6))* Forgotten Bks.

Life & Adventures of E. S. Carter. E. S. Carter. 2017. (ENG.). 152p. (J). pap. *(978-3-337-14376-3(8))* Creation Pubs.

Life & Adventures of E. S. Carter: Including a Trip Across the Plains & Mountains in 1852, Indian Wars in the Early Days of Oregon in the Years of 1854-5-6; Life & Experience in the Gold Fields of California, & Five Years' Travel in New Mexico. E. S. Carter. (ENG., Illus.). (J). 2018. 164p. 27.30 *(978-0-267-39204-9(4));* 2016. pap. 9.97 *(978-1-334-13686-3(6))* Forgotten Bks.

Life & Adventures of George the Squirrel. Gary Wayne Miller. 2020. (ENG.). 22p. (J). pap. 12.95 *(978-1-64801-772-8(X))* Newman Springs Publishing, Inc.

Life & Adventures of Guzman d'Alfarache, or the Spanish Rogue, Vol. 2 Of 3: Translated from the French Edition of Mons; le Sage (Classic Reprint) John Henry Brady. 2017. (ENG., Illus.). (J). 30.95 *(978-0-331-79267-6(2))* Forgotten Bks.

Life & Adventures of Guzman d'Alfarache, or the Spanish Rogue, Vol. 3 of 3 (Classic Reprint) Alain René Le Sage. 2016. (ENG., Illus.). (J). pap. 16.57 *(978-1-334-09214-5(1))* Forgotten Bks.

Life & Adventures of Guzman d'Alfarache, or the Spanish Rogue, Vol. 3 of 3 (Classic Reprint) Alain Rene Le Sage.

1166 The check digit for ISBN-10 appears in parentheses after the full ISBN-13

2018. (ENG., Illus.). 404p. (J). 32.23 *(978-0-483-56165-6(7))* Forgotten Bks.

Life & Adventures of Harry Tracy, the Modern Dick Turpin (Classic Reprint) Lloyd Jones. 2017. (ENG., Illus.). (J). 230p. 28.64 *(978-0-332-63093-9(5))*; 232p. pap. 11.57 *(978-0-259-20066-6(2))* Forgotten Bks.

Life & Adventures of Henry Smith, the Celebrated Razor Strop Man: Embracing a Complete Collection of His Original Songs, Queer Speeches, Humorous Letters, & Odd, Droll, Strange & Whimsical, Savings, Now Published for the First Time. Henry Smith. 2017. (ENG., Illus.). (J). 26.04 *(978-1-5284-8757-3(5))* Forgotten Bks.

Life & Adventures of Jack of the Mill, Commonly Called Lord Othmill: Created, for His Eminent Services, Baron Waldeck, & Knight of Kitcottie; a Fireside Story (Classic Reprint) William Howitt. 2017. (ENG., Illus.). (J). 25.63 *(978-0-265-71129-3(0))*; pap. 9.57 *(978-1-5276-6417-3(1))* Forgotten Bks.

Life & Adventures of Jack of the Mill, Vol. 1 Of 2: Commonly Called Lord Othmill; Created, for His Eminent Services, Baron Waldeck, & Knight of Kitcottie; a Fireside Story (Classic Reprint) William Howitt. (ENG., Illus.). (J). 2018. 290p. 29.90 *(978-0-483-40497-7(7))*; 2016. pap. 13.57 *(978-1-333-29113-6(2))* Forgotten Bks.

Life & Adventures of Jack of the Mill, Vol. 2 Of 2: Commonly Called Lord Othmill; Created, for His Eminent Services, Baron Waldeck, & Knight of Kitcottie; a Fireside Story (Classic Reprint) William Howitt. (ENG., Illus.). (J). 2018. 292p. 29.92 *(978-0-267-54569-8(X))*; 2016. pap. 13.57 *(978-1-333-47364-8(8))* Forgotten Bks.

Life & Adventures of James Williams, a Fugitive Slave: With a Full Description of the Underground Railroad (Classic Reprint) James Williams. 2018. (ENG., Illus.). (J). 26.78 *(978-0-331-66768-4(1))* Forgotten Bks.

Life & Adventures of Job Nott, Buckle Maker, of Birmingham: First Cousin to the Celebrated Button Burnisher (Classic Reprint) Job Nott. (ENG., Illus.). (J). 2017. 24.93 *(978-0-331-80486-7(7))*; 2016. pap. 9.57 *(978-1-334-16014-1(7))* Forgotten Bks.

Life & Adventures of Joe Thompson, Vol. 2: A Narrative Founded on Fact (Classic Reprint) Joe Thompson. (ENG., Illus.). (J). 2018. 368p. 31.51 *(978-0-483-29863-7(8))*; 2016. pap. 13.97 *(978-1-333-14080-9(0))* Forgotten Bks.

Life & Adventures of John Gaskins: In the Early History of Northwest Arkansas (Classic Reprint) John Gaskins. (ENG., Illus.). (J). 2017. 26.35 *(978-0-331-72357-1(3))*; 2016. pap. 9.57 *(978-1-333-47458-4(X))* Forgotten Bks.

Life & Adventures of John Gladwyn Jebb (Classic Reprint) His Widow. 2017. (ENG., Illus.). 396p. (J). 32.06 *(978-0-484-88404-4(2))* Forgotten Bks.

Life & Adventures of Jonathan Jefferson Whitlaw, or Scenes on the Mississippi (Classic Reprint) Frances Trollope. (ENG., Illus.). (J). 2018. 378p. 31.69 *(978-0-267-13291-1(3))*; 2017. pap. 13.97 *(978-0-243-92489-9(5))* Forgotten Bks.

Life & Adventures of Lazarillo de Tormes, Translated from the Spanish, and, the Life & Adventures of Guzman d'Alfarache, or the Spanish Rogue, Vol. 1 of 2 (Classic Reprint) Diego Hurtado De Mendoza. (ENG., Illus.). (J). 2017. 31.67 *(978-0-265-50973-9(4))*; 2016. pap. 16.57 *(978-1-334-26060-5(5))* Forgotten Bks.

Life & Adventures of Lazarillo de Tormes, Vol. 2 of 2 (Classic Reprint) Thomas Roscoe. 2017. (ENG., Illus.). (J). 31.73 *(978-1-5284-8294-3(8))* Forgotten Bks.

Life & Adventures of Lewis Wetzel: The Renowned Virginia Rancher & Scout; Comprising a Thrilling History of This Celebrated Indian Fighter, with His Perilous Adventures & Hair-Breadth Escapes, & Including Other Interesting Incidents of Border-Life. R. C. V. Meyers. 2017. (ENG., Illus.). (J). 32.64 *(978-0-266-31358-8(2))* Forgotten Bks.

Life & Adventures of Martin Chuzzlewit (Classic Reprint) Charles Dickens. (ENG., Illus.). (J). 2018. 828p. 40.97 *(978-0-365-47791-4(5))*; 2018. 646p. 37.22 *(978-0-483-99878-0(8))*; 2017. pap. 23.97 *(978-1-334-12195-1(8))* Forgotten Bks.

Life & Adventures of Martin Chuzzlewit, His Relatives, Friends, & Enemies: Comprising All His Wills & His Ways; with an Historical Record of What He Did, & What He Didn't; Showing, Moreover, Who Inherited the Family Plate, Who Came in for The. Charles Dickens. 2018. (ENG., Illus.). (J). 124p. 26.45 *(978-1-396-65089-5(X))*; 126p. pap. 9.57 *(978-1-391-91072-7(9))* Forgotten Bks.

Life & Adventures of Martin Chuzzlewit, Vol. 1 (Classic Reprint) Charles Dickens. 2017. (ENG., Illus.). (J). 32.52 *(978-0-266-71324-1(6))*; pap. 16.57 *(978-1-5276-6715-0(4))* Forgotten Bks.

Life & Adventures of Martin Chuzzlewit, Vol. 1 Of 2: And American Notes (Classic Reprint) Charles Dickens. (ENG., Illus.). (J). 2018. 688p. 38.09 *(978-0-365-23596-5(2))*; 2017. pap. 20.57 *(978-0-243-41846-6(9))* Forgotten Bks.

Life & Adventures of Martin Chuzzlewit, Vol. 1 of 2 (Classic Reprint) Charles Dickens. 2018. (ENG., Illus.). 692p. (J). 38.17 *(978-0-365-38093-1(8))* Forgotten Bks.

Life & Adventures of Martin Chuzzlewit, Vol. 2 (Classic Reprint) Charles Dickens. (ENG., Illus.). (J). 2017. 33.84 *(978-0-265-41055-4(X))*; 2016. pap. 16.57 *(978-1-333-52891-1(4))* Forgotten Bks.

Life & Adventures of Martin Chuzzlewit, Vol. 2 Of 2: And American Notes (Classic Reprint) Charles Dickens. (ENG., Illus.). (J). 2018. 696p. 38.25 *(978-0-666-00301-0(7))*; 2016. pap. 20.97 *(978-1-334-14007-5(3))* Forgotten Bks.

Life & Adventures of Martin Chuzzlewit, Vol. 2 of 2 (Classic Reprint) Charles Dickens. 2018. (ENG., Illus.). 554p. (J). 35.34 *(978-0-656-77182-0(8))* Forgotten Bks.

Life & Adventures of Michael Armstrong: The Factory Boy (Classic Reprint) Frances Milton Trollope. 2017. (ENG., Illus.). (J). 33.22 *(978-1-5281-8118-1(2))* Forgotten Bks.

Life & Adventures of Michael Armstrong, the Factory Boy, Vol. 1 (Classic Reprint) Frances Milton Trollope. 2018. (ENG., Illus.). 328p. (J). 30.66 *(978-0-267-20657-5(7))* Forgotten Bks.

Life & Adventures of Michael Armstrong, the Factory Boy, Vol. 2 of 3 (Classic Reprint) Frances Milton Trollope. (ENG., Illus.). (J). 2018. 368p. 31.49 *(978-0-331-63009-1(5))*; 2016. pap. 13.97 *(978-1-334-51583-5(2))* Forgotten Bks.

Life & Adventures of Michael Armstrong, the Factory Boy, Vol. 3 of 3 (Classic Reprint) Frances Trollope. 2018. (ENG., Illus.). (J). 360p. 31.32 *(978-1-391-20476-5(X))*; 362p. pap. 13.97 *(978-1-390-96034-1(X))* Forgotten Bks.

Life & Adventures of Nat Love. Nat Love. 2019. (ENG.). 138p. (J). pap. *(978-0-359-55313-6(3))* Lulu Pr., Inc.

Life & Adventures of Nat Love: Better Known in the Cattle Country As Deadwood Dick (Classic Reprint) Nat Love. 2017. (ENG., Illus.). (J). 27.61 *(978-1-5285-5017-8(X))* Forgotten Bks.

Life & Adventures of Ned Buntline: With Ned Buntline's Anecdote of Frank Forester & Chapter of Angling Sketches (Classic Reprint) Frederick Eugene Pond. 2018. (ENG., Illus.). 154p. (J). 27.09 *(978-0-365-47351-0(0))* Forgotten Bks.

Life & Adventures of Nicholas Nickleby (Classic Reprint) Charles Dickens. (ENG., Illus.). (J). 2018. 850p. 41.45 *(978-0-365-16313-8(9))*; 2017. 37.63 *(978-0-260-95217-2(6))* Forgotten Bks.

Life & Adventures of Nicholas Nickleby, Vol. 1 (Classic Reprint) Charles Dickens. (ENG., Illus.). (J). 2018. 360p. 31.32 *(978-0-365-32271-9(7))*; 2017. pap. 13.97 *(978-0-259-43097-1(8))* Forgotten Bks.

Life & Adventures of Nicholas Nickleby, Vol. 1 of 2 (Classic Reprint) Charles Dickens. (ENG., Illus.). (J). 2018. 634p. 36.97 *(978-0-331-86971-2(3))*; 2018. 566p. 35.57 *(978-0-365-19831-4(5))*; 2017. pap. 16.57 *(978-0-243-88978-5(X))* Forgotten Bks.

Life & Adventures of Nicholas Nickleby, Vol. 2 (Classic Reprint) Charles Dickens. (ENG., Illus.). (J). 2018. 484p. 33.88 *(978-0-666-93160-3(7))*; 2017. pap. 16.57 *(978-1-334-95624-9(3))* Forgotten Bks.

Life & Adventures of Nicholas Nickleby, Vol. 2 of 2 (Classic Reprint) Charles Dickens. 2017. (ENG., Illus.). (J). 36.19 *(978-0-260-01381-1(1))* Forgotten Bks.

Life & Adventures of Nicholas Nickleby, Vol. 3 (Classic Reprint) Charles Dickens. (ENG., Illus.). (J). 2018. 478p. 33.76 *(978-0-364-51137-4(0))*; 2018. 438p. 32.93 *(978-0-364-94694-7(6))*; 2017. pap. 16.57 *(978-0-259-29700-0(3))* Forgotten Bks.

Life & Adventures of Nicholas Nickleby, Vol. 4 (Classic Reprint) Charles Dickens. 2018. (ENG., Illus.). (J). 308p. 30.25 *(978-1-397-18574-7(0))*; 310p. pap. 13.57 *(978-1-397-18546-4(5))* Forgotten Bks.

Life & Adventures of Peter Wilkins. Robert Paltock & Arthur H. Bullen. 2017. (ENG.). (J). 316p. pap. *(978-3-337-17942-7(8))*; 318p. pap. *(978-3-337-17906-9(1))* Creation Pubs.

Life & Adventures of Peter Wilkins. Robert Paltock & Arthur Henry Bullen. 2017. (ENG.). (J). 322p. pap. *(978-3-7447-1346-7(6))*; 316p. pap. *(978-3-7447-1347-4(4))* Creation Pubs.

Life & Adventures of Peter Wilkins: A Cornish Man (Classic Reprint) Robert Paltock. 2018. (ENG., Illus.). 276p. (J). 29.59 *(978-0-364-40962-6(2))* Forgotten Bks.

Life & Adventures of Peter Wilkins, a Cornish Man, Vol. 2 Of 2: Relating Particularly, His Shipwreck near the South Pole; His Wonderful Passage Through a Subterraneous Cavern into a Kind of New World; His There Meeting with a Gawry, or Flying Woman, Robert Paltock. (ENG., Illus.). (J). 2018. 244p. 28.93 *(978-0-484-08419-2(4))*; 2017. pap. 11.57 *(978-0-259-30485-2(9))* Forgotten Bks.

Life & Adventures of Peter Wilkins, Vol. 1 (Classic Reprint) Robert Paltock. (ENG., Illus.). (J). 2018. 318p. 30.48 *(978-0-267-75357-4(8))*; 2016. pap. 13.57 *(978-1-334-14966-5(6))* Forgotten Bks.

Life & Adventures of Peter Wilkins, Vol. 2 (Classic Reprint) Robert Paltock. 2017. (ENG., Illus.). (J). 30.54 *(978-0-265-59677-7(7))* Forgotten Bks.

Life & Adventures of Peter Wilkins; Volume I. Robert Paltock. 2017. (ENG., Illus.). (J). 24.95 *(978-1-374-86538-9(9))* Capital Communications, Inc.

Life & Adventures of Polk Wells (Charles Knox Polk Wells) The Notorious Outlaw (Classic Reprint) Charles Knox Polk Wells. 2017. (ENG., Illus.). (J). 29.28 *(978-0-265-90319-3(X))* Forgotten Bks.

Life & Adventures of Poor Puss (Classic Reprint) Lucy Gray. 2018. (ENG., Illus.). 22p. (J). 24.35 *(978-0-332-98069-0(3))* Forgotten Bks.

Life & Adventures of Punchinello: Adapted from the French of Octave Feuillet & Embellished with One Hundred Designs (Classic Reprint) Octave Feuillet. 2018. (ENG., Illus.). 288p. (J). 29.86 *(978-0-483-48982-0(4))* Forgotten Bks.

Life & Adventures of Robin Hood (Classic Reprint) John B. Marsh. 2018. (ENG., Illus.). 536p. (J). 34.95 *(978-0-267-46011-3(2))* Forgotten Bks.

Life & Adventures of Robinson Crusoe. Daniel Defoe. 2020. (ENG.). (J). (gr. 5). 234p. 19.95 *(978-1-64799-940-7(5))*; 232p. pap. 10.95 *(978-1-64799-939-1(1))* Bibliotech Pr.

Life & Adventures of Robinson Crusoe (Classic Reprint) Daniel Dafoe. 2017. (ENG., Illus.). (J). pap. 11.57 *(978-0-259-45502-8(4))* Forgotten Bks.

Life & Adventures of Robinson Crusoe, of York, Mariner: With an Account of His Travels Round Three Parts of the Globe (Classic Reprint) Daniel Defoe. 2017. (ENG., Illus.). (J). pap. 20.57 *(978-0-243-92773-9(8))* Forgotten Bks.

Life & Adventures of Robinson Crusoe of York Mariner: With an Account of His Travels Round Three Parts of the Globe; Volume 1. Daniel Defoe. 2017. (ENG., Illus.). (J). 26.95 *(978-1-374-89858-5(9))* Capital Communications, Inc.

Life & Adventures of Robinson Crusoe, Vol. 1 of 2 (Classic Reprint) Daniel Dafoe. 2017. (ENG., Illus.). (J). 282p. 29.73 *(978-0-484-10399-2(7))*; pap. 13.57 *(978-0-259-18926-8(X))* Forgotten Bks.

Life & Adventures of Robinson Crusoe, Vol. 2: Written by Himself (Classic Reprint) Daniel Dafoe. 2017. (ENG., Illus.). (J). pap. 16.57 *(978-0-259-53268-2(1))* Forgotten Bks.

Life & Adventures of Robinson Crusoe, Vol. 2 of 2 (Classic Reprint) Daniel Dafoe. (ENG., Illus.). (J). 2018. 472p. 33.63 *(978-0-365-14390-1(1))*; 2017. 29.88 *(978-0-266-71978-6(3))*; 2017. pap. 13.57 *(978-1-5276-7616-9(1))*; 2017. pap. 13.57 *(978-0-243-14369-6(9))* Forgotten Bks.

Life & Adventures of Robinson Crusoe (World Classics, Unabridged) Daniel Dafoe. 2017. (ENG., Illus.). (J). pap. *(978-93-86101-17-4(3))* Alpha Editions.

Life & Adventures of Santa Claus. L. Frank Baum. 2017. (ENG., Illus.). 162p. 12.99 *(978-1-5098-4174-5(1)*, 900183885, Collector's Library, The) Pan Macmillan GBR. Dist: Macmillan.

Life & Adventures of Santa Claus. L. Frank Baum. Illus. by Charles Santore. 2017. (ENG.). 56p. (J). (gr. -1-3). 16.99 *(978-0-7624-6313-8(9)*, Running Pr. Kids) Running Pr.

Life & Adventures of Santa Claus. L. Frank Baum. 2019. (ENG.). 134p. (J). (gr. k-6). pap. *(978-625-7959-26-1(8))* Uhrayoglu, Murat E Kitap Projesi.

Life & Adventures of Santa Claus. L. Frank BAUM & Expressions CLASSIC BOOKS. 2022. (ENG.). 148p. (J). ***(978-1-387-55072-2(1))*; *(978-1-387-55332-7(1))***; pap. ***(978-1-387-55054-8(3))*** Lulu Pr., Inc.

Life & Adventures of Santa Claus. L. Frank BAUM & GRANDMA'S TREASURES. 2022. (ENG.). 148p. (J). ***(978-1-387-54809-5(3))***; pap. ***(978-1-387-54514-8(0))*** Lulu Pr., Inc.

Life & Adventures of Santa Claus. L. Frank Baum. 2017. (ENG.). 126p. (J). pap. *(978-93-86423-02-3(2))* Alpha Editions.

Life & Adventures of Santa Claus (Classic Reprint) L. Frank Baum. 2017. (ENG., Illus.). (J). 28.85 *(978-0-265-17336-7(1))* Forgotten Bks.

Life & Adventures of Sig. Gaudentio Di Lucca (Classic Reprint) Gaudentio De Lucca. (ENG., Illus.). (J). 2018. 134p. 26.66 *(978-0-483-10759-5(X))*; 2016. pap. 9.57 *(978-1-332-71404-9(8))* Forgotten Bks.

Life & Adventures of the Famous Moll Flanders, Who Was Born in Newgate: Containing, Her Manner of Being Brought up among Gypsies, Who Est Her to the Care of the Parish at Colchester; Her Being Debauched at the Age of Sixteen by Her Lady's Eldest Son. Daniel Dafoe. (ENG., Illus.). (J). 2018. 360p. 31.34 *(978-0-365-14619-3(6))*; 2017. pap. 13.97 *(978-0-259-18461-4(6))* Forgotten Bks.

Life & Adventures of the Lady Lucy: The Daughter of an Irish Lord, Who Marry'd a German Officer, & Was by Him Carry'd into Flanders, Where He Became Jealous of Her & a Young Nobleman His Kinsman, Whom He Kill'd, & Afterwards Left Her Wounded A. Penelope Aubin. (ENG., Illus.). (J). 2018. 142p. 26.83 *(978-0-483-42083-0(2))*; 2016. pap. 9.57 *(978-1-334-21284-0(8))* Forgotten Bks.

Life & Adventures of Thomas Titmouse, & Other Stories (Classic Reprint) Peter Parley, pseud. 2018. (ENG., Illus.). 76p. (J). 25.46 *(978-0-267-46669-6(2))* Forgotten Bks.

Life & Adventures of Valentine Vox, the Ventriloquist (Classic Reprint) Henry Cockton. 2018. (ENG., Illus.). 738p. (J). 39.12 *(978-0-666-47076-8(6))* Forgotten Bks.

Life & Adventures of Valentine Vox, the Ventriloquist (Classic Reprint) Henry Cockton. (ENG., Illus.). (J). 2018. 760p. 39.59 *(978-0-267-13204-1(2))*; 2016. pap. 23.57 *(978-1-334-13944-4(X))* Forgotten Bks.

Life & Adventures of Wm. Harvard Stinchfield, or the Wanderings of a Traveling Merchant: An Owre True Tale, of the Gaming Table & Bowl (Classic Reprint) John Hovey Robinson. 2017. (ENG., Illus.). (J). 88p. 25.73 *(978-0-484-78309-5(2))*; pap. 9.57 *(978-0-259-29330-9(X))* Forgotten Bks.

Life & Adventures; Uncle Tom Jones, for Forty Years a Slave, Vol. 3: Also, the Surprising Adventures of Wild Tom, of the Island Retreat, a Fugitive Slave from South Carolin (Classic Reprint) Thomas H. Jones. 2018. (ENG., Illus.). 62p. (J). 25.09 *(978-0-484-39236-5(0))* Forgotten Bks.

Life & Amorous Adventures of Lucinda, an English Lady: Her Courageous & Undaunted Behaviour at Sea, in an Engagement Wherein She Was Taken by a Rover of Barbary, & Sold a Slave at Constantinople (Classic Reprint) Penelope Aubin. (ENG., Illus.). (J). 2018. 162p. 27.24 *(978-0-483-59992-5(1))*; 2016. pap. 9.57 *(978-1-334-13725-9(0))* Forgotten Bks.

Life & Anecdotes of David Ritchie (Classic Reprint) William Chambers Walter Scott. 2018. (ENG., Illus.). 74p. (J). 25.42 *(978-0-267-84430-2(1))* Forgotten Bks.

Life & Art of Andy Warhol, 1 vol. Catherine Ingram. Illus. by Andrew Rae. 2016. (Lives of Great Artists Ser.). (ENG.). 80p. (J). (gr. 8-8). 37.47 *(978-1-4994-6585-3(8)*, f90ace5c-c493-442c-a4d7-32ab7c6be44a, Rosen Young Adult) Rosen Publishing Group, Inc., The.

Life & Art of Claude Monet, 1 vol. Sara Pappworth. Illus. by Aude van Ryn. 2016. (Lives of Great Artists Ser.). (ENG.). 80p. (J). (gr. 8-8). 37.47 *(978-1-4994-6584-6(X)*, cc5ec9d4-f3a0-4790-b94e-7dc3291d80d2) Rosen Publishing Group, Inc., The.

Life & Art of Ningiukulu Teevee: English Edition. Napatsi Folger. 2023. (Nunavummi Reading Ser.). (Illus.). 32p. (J). (gr. 3-3). pap. 21.95 ***(978-1-77450-644-8(0))*** Inhabit Education Bks. Inc. CAN. Dist: Consortium Bk. Sales & Distribution.

Life & Art of Paul Gauguin, 1 vol. George Roddam. Illus. by Slawa Harasymowicz. 2016. (Lives of Great Artists Ser.). (ENG.). 80p. (J). (gr. 8-8). 37.47 *(978-1-4994-6581-5(5)*, 0669a0c3-9c7e-46e3-af36-ad1a7d3a95e4, Rosen Young Adult) Rosen Publishing Group, Inc., The.

Life & Art of Salvador Dali, 1 vol. Catherine Ingram. Illus. by Andrew Rae. 2016. (Lives of Great Artists Ser.). (ENG.). 80p. (J). (gr. 8-8). 37.47 *(978-1-4994-6580-8(7)*, a99d2053-76a1-4f06-9a25-0ebec0bb891e) Rosen Publishing Group, Inc., The.

Life & Art of Vincent Van Gogh, 1 vol. George Roddam. Illus. by Sawa Harasymowicz. 2016. (Lives of Great Artists Ser.). (ENG.). 80p. (J). (gr. 8-8). 37.47 *(978-1-4994-6583-9(1)*, 06838706-b978-498a-a224-b4c4fd2a1f72) Rosen Publishing Group, Inc., The.

Life & Art of Wassily Kandinsky, 1 vol. Annabel Howard. Illus. by Adam Simpson. 2016. (Lives of Great Artists Ser.). (ENG.). 80p. (J). (gr. 8-8). 37.47 *(978-1-4994-6582-2(3)*, 55e990fb-3107-4774-bde7-0831ec8940bd, Rosen Young Adult) Rosen Publishing Group, Inc., The.

Life & Beath. Matt J. Pike. Ed. by Lisa Chant. Illus. by Steve Grice. 2017. (Zombie Rizing Ser.: Vol. 3). (ENG.). 74p. (J). (gr. 3-6). pap. 10.00 *(978-1-64007-649-5(2))* Primedia eLaunch LLC.

Life & Beauties of Fanny Fern (Classic Reprint) Fanny Fern. 2018. (ENG., Illus.). 340p. (J). 30.91 *(978-0-484-82778-2(2))* Forgotten Bks.

Life & Canine Times of Pee Wee & Buddy: The Move. Casey Gent & Todd. 2021. (ENG., Illus.). 30p. (J). pap. 16.95 *(978-1-6624-3617-8(3))* Page Publishing Inc.

Life & Character (Classic Reprint) W. T. Smedley. 2018. (ENG., Illus.). (J). 124p. 26.45 *(978-0-366-55680-9(0))*; 126p. pap. 9.57 *(978-0-366-06192-1(5))* Forgotten Bks.

Life & Confession of John E. Lovering: Convicted, April, 1861, for the Murder of Henry Auker, in Juniata County, Pa. , on March 9, 1861, & Executed on the 3D of January, 1862 (Classic Reprint) John Ezra Lovering. 2018. (ENG., Illus.). (J). 28p. 24.49 *(978-1-396-75858-4(5))*; 30p. pap. 7.97 *(978-1-391-81484-1(3))* Forgotten Bks.

Life & Confession of Stephen Dee Richards: The Murderer of Nine Persons, Executed at Minden, Nebraska, April 26, 178 (Classic Reprint) Unknown Author. (ENG., Illus.). (J). 2018. 76p. 25.46 *(978-0-365-34493-3(1))*; 2017. pap. 9.57 *(978-0-259-57570-2(4))* Forgotten Bks.

Life & Correspondence of M. G. Lewis, Vol. 2 Of 2: With Many Pieces in Prose & Verse, Never Before Published (Classic Reprint) M. G. Lewis. 2018. (ENG., Illus.). 396p. (J). 32.06 *(978-0-365-27331-8(7))* Forgotten Bks.

Life & Crimes of Hoodie Rosen. Isaac Blum. 2022. 224p. (YA). (gr. 7). 18.99 *(978-0-593-52582-1(5)*, Philomel Bks.) Penguin Young Readers Group.

Life & Culture in East & Southeast Asia, 1 vol. Holly Brown. 2020. (People Around the World Ser.). (ENG.). 48p. (gr. 5-6). pap. 12.75 *(978-1-7253-2180-9(7)*, 3c268644-3c43-44e7-a86c-b326e75eac68, PowerKids Pr.) Rosen Publishing Group, Inc., The.

Life & Culture in South Asia, 1 vol. Rachael Morlock. 2020. (People Around the World Ser.). (ENG.). 48p. (gr. 5-6). lib. bdg. 31.93 *(978-1-7253-2178-6(5)*, 1422662a-ace7-4b8f-87ad-6dd5c9ec92d4, PowerKids Pr.) Rosen Publishing Group, Inc., The.

Life & Culture in Sub-Saharan Africa, 1 vol. Tamra Orr & Jill Keppeler. 2020. (People Around the World Ser.). (ENG.). 48p. (gr. 5-6). pap. 12.75 *(978-1-7253-2172-4(6)*, 2f938f25-2f79-4051-8413-9ac5a080a2cd, PowerKids Pr.) Rosen Publishing Group, Inc., The.

Life & Death. Kevin Patrick Kenealy. 2018. (ENG., Illus.). 202p. (YA). (gr. 9-12). pap. 9.99 *(978-0-692-15485-4(X))* Kenealy, Kevin Patrick.

Life & Death: A Novel (Classic Reprint) Samuel Ward Francis. (ENG., Illus.). (J). 2018. 240p. 28.85 *(978-0-483-62253-1(2))*; 2017. pap. 11.57 *(978-0-243-05524-1(2))* Forgotten Bks.

Life & Death: Why We Are Here & Where We Go, 1 vol. Tom Jackson. 2017. (Big Questions Ser.). (ENG.). 200p. (YA). (gr. 9-9). lib. bdg. 49.50 *(978-1-5026-2810-7(4)*, 5eb630d5-8788-41f7-bbad-4809b963509b) Cavendish Square Publishing LLC.

Life & Death of Cock Robin (Classic Reprint) Unknown Author. 2018. (ENG., Illus.). 20p. (J). 24.31 *(978-0-484-06827-7(X))*; 24.33 *(978-0-666-41226-3(X))* Forgotten Bks.

Life & Death of David Brainerd. Joseph Tyrpak & Bible Visuals International. 2020. (Visualized Story Flash Card Format Ser.: Vol. 5271). (ENG.). 44p. (J). pap. 19.95 *(978-1-64104-133-1(1))* Bible Visuals International, Inc.

Life & Death of DAVID BRAINERD. Joseph Tyrpak & Bible Visuals International. 2020. (Visualized Story Family Format Ser.: Vol. 5271). (ENG.). 72p. (J). pap. 19.00 *(978-1-64104-134-8(X))* Bible Visuals International, Inc.

Life & Death of Malcolm X. Andrew Vietze. 2017. (Spotlight on the Civil Rights Movement Ser.). 48p. (J). (gr. 10-15). 70.50 *(978-1-5383-8032-1(3))*; (ENG.). (gr. 6-6). pap. 12.75 *(978-1-5383-8031-4(5)*, 482e1ecb-a26d-4a6b-8991-514724ac5e84) Rosen Publishing Group, Inc., The. (Rosen Young Adult).

Life & Death of Martin Luther King Jr. Andrew Vietze. 2017. (Spotlight on the Civil Rights Movement Ser.). (Illus.). 48p. (J). (gr. 10-15). 70.50 *(978-1-5383-8038-3(2))*; (ENG., (gr. 6-6). pap. 12.75 *(978-1-5383-8039-0(0)*, 119383a8-59e0-43b8-81f6-bb0064f5f386) Rosen Publishing Group, Inc., The.

Life & Death of Silas Barnstarke: A Story of the Seventeenth Century (Classic Reprint) Talbot Gwynne. (ENG., Illus.). (J). 2018. 248p. 29.01 *(978-0-656-42202-9(5))*; 2017. pap. 11.57 *(978-1-5276-3854-9(5))* Forgotten Bks.

Life & Death of the Soul Snatcher. Natalie Harris. 2018. (ENG., Illus.). 28p. (J). (gr. 1-3). *(978-1-5289-2460-3(6))*; pap. *(978-1-5289-2461-0(4))* Austin Macauley Pubs. Ltd.

Life & Death of the Soul Snatcher. Natalie Harris. 2017. (ENG.). 27p. 22.95 *(978-1-78612-403-6(3)*, 6648a191-9764-499d-a7e6-58c57de5dbb7); pap. 14.95 *(978-1-78612-402-9(5)*, dc912095-ce34-4cc8-a797-f0c37a346b11) Austin Macauley Pubs. Ltd. GBR. Dist: Baker & Taylor Publisher Services (BTPS).

Life & Death Parade. Eliza Wass. 2019. (ENG.). 256p. (YA). (gr. 9-17). pap. 9.99 *(978-1-4847-8752-6(8))* Hyperion Bks. for Children.

Life & Death: Twilight Reimagined. Stephenie Meyer. ed. 2022. (ENG.). 480p. (YA). (gr. 7-17). pap. 16.99 *(978-0-316-30086-5(1))* Little, Brown Bks. for Young Readers.

Life & Deaths of Frankie D. Colleen Nelson. 2021. (ENG.). 256p. (YA). (gr. 7-10). pap. 12.99 *(978-1-4597-4758-6(5))* Dundurn Pr. CAN. Dist: Publishers Group West (PGW).

L

Life & Deeds of William Herrick, Hermit of Minnehaha Falls: A Tale of the Wild West in Early Days; a True Story (Classic Reprint) William Herrick. 2018. (ENG., Illus.). 80p. (J). 25.57 *(978-0-332-37453-6(X))* Forgotten Bks.

Life & Education of Laura Dewey Bridgman: The Deaf, Dumb, & Blind Girl (Classic Reprint) Mary Swift Lamson. (ENG., Illus.). (J). 2018. 430p. 32.77 *(978-0-364-04883-2(2))*; 2016. pap. 16.57 *(978-1-333-86477-4(9))* Forgotten Bks.

Life & Entertaining Adventures of Mr. Cleveland, Natural Son of Oliver Cromwell, Vol. 2: Giving a Particular Account of His Unhappiness in Love, Marriage, Friendship, &C. & His Great Sufferings in Europe & America (Classic Reprint) Prevost Prevost. 2017. (ENG., Illus.). (J). 33.45 *(978-0-266-56681-6(2))*; pap. 16.57 *(978-0-282-86755-3(4))* Forgotten Bks.

Life & Exploits of the Ingenious Gentleman Don Quixote de la Mancha, Vol. 1: Translated from the Original Spanish (Classic Reprint) Miguel Cervantes De Saavedra. (ENG., Illus.). (J). 2018. 356p. 31.24 *(978-0-484-85297-5(3))*; 2017. 33.76 *(978-0-260-98652-8(6))*; 2017. pap. 16.57 *(978-1-5279-7472-2(3))*; 2017. pap. 13.97 *(978-0-259-59321-8(4))* Forgotten Bks.

Life & Exploits of the Ingenious Gentleman Don Quixote de la Mancha, Vol. 1 of 2 (Classic Reprint) Miguel Cervantes De Saavedra. (ENG., Illus.). (J). 2018. 564p. 35.55 *(978-0-483-33412-0(X))*; 2016. pap. 19.57 *(978-1-334-17149-9(1))* Forgotten Bks.

Life & Exploits of the Ingenious Gentleman Don Quixote de la Mancha, Vol. 1 Of 4: Translated from the Original Spanish (Classic Reprint) Miguel Cervantes De Saavedra. (ENG., Illus.). (J). 2018. 352p. 31.16 *(978-0-483-64003-0(4))*; 2017. pap. 13.57 *(978-0-243-60244-5(8))* Forgotten Bks.

Life & Exploits of the Ingenious Gentleman Don Quixote de la Mancha, Vol. 2: Translated from the Original Spanish (Classic Reprint) Miguel Cervantes De Saavedra. (ENG., Illus.). (J). 2018. 332p. 30.76 *(978-0-483-67102-7(9))*; 2017. pap. 13.57 *(978-0-243-33651-7(9))* Forgotten Bks.

Life & Exploits of the Ingenious Gentleman Don Quixote de la Mancha, Vol. 4 of 4 (Classic Reprint) Miguel Cervantes De Saavedra. 2017. (ENG., Illus.). (J). 30.37 *(978-0-260-04018-3(5))*; pap. 13.57 *(978-1-5278-7877-8(5))* Forgotten Bks.

Life & Exploits of the Ingenious Gentlemen Don Quixote de la Mancha, Vol. 2 Of 4: Translated from the Original Spanish (Classic Reprint) Miguel Cervantes De Saavedra. (ENG., Illus.). (J). 2018. 334p. 30.79 *(978-0-364-31273-5(4))*; 2017. pap. 13.57 *(978-0-243-88476-6(1))* Forgotten Bks.

Life & Exploits of the Ingenious Gentlemen Don Quixote de la Mancha, Vol. 3 Of 4: Translated from the Original Spanish (Classic Reprint) Miguel Cervantes De Saavedra. (ENG., Illus.). (J). 2018. 330p. 30.70 *(978-0-428-76129-5(1))*; 2016. pap. 13.57 *(978-1-333-30979-4(1))* Forgotten Bks.

Life & Explorations of Frederick Stanley Arnot: The Authorized Biography of a Zealous Missionary, Intrepid Explorer, & Self-Denying Benefactor Amongst the Natives of Africa (Classic Reprint) Ernest Baker. (ENG., Illus.). (J). 2018. 354p. 31.20 *(978-0-483-39384-4(3))*; 2016. pap. 13.57 *(978-1-333-51092-3(6))* Forgotten Bks.

Life & Gabriella: The Story of a Woman's Courage (Classic Reprint) Ellen Glasgow. 2017. (ENG., Illus.). (J). 34.97 *(978-1-5279-7170-7(8))* Forgotten Bks.

Life & Health: A Text-Book on Physiology for High Schools, Academies & Normal Schools (Classic Reprint) Albert Franklin Blaisdell. 2018. (ENG., Illus.). (J). 356p. 31.24 *(978-1-396-72570-8(9))*; 358p. pap. 13.97 *(978-1-396-05714-4(5))* Forgotten Bks.

Life & Her Children. Arabella B. Buckley. 2022. (ENG.). 326p. (YA). pap. 16.95 *(978-1-63334-171-5(2))* Yesterday's Classics.

Life & History of Betty Bolaine: Late of Canterbury, a Well Known Character for Parsimony & Vice, Scarcely Equalled in the Annals of Average & Depravity; Interspersed with Original Poetry (Classic Reprint) Unknown Author. 2017. (ENG., Illus.). (J). 24.89 *(978-0-266-21902-6(0))*; pap. 9.57 *(978-1-5282-0013-4(6))* Forgotten Bks.

Life & History of Francisco Villa, Vol. 9: The Mexican Bandit, a Trued & Authentic Life History of the Most Noted Bandit That Ever Lived, a Man Who Has Overthrown the Government of Mexico & Defied the United States (Classic Reprint) Kennedy Kennedy. 2018. (ENG., Illus.). 160p. (J). 27.22 *(978-0-267-51901-9(X))* Forgotten Bks.

Life & I: A Story about Death. Elisabeth Helland Larsen. Illus. by Marine Schneider. 2016. (ENG.). 48p. (J). (gr. -1-3). 19.95 *(978-3-89955-771-8(9))* Die Gestalten Verlag DEU. Dist: Ingram Publisher Services.

Life & Its Aims: In Two Parts; Part First, Ideal Life; Part Second, Actual Life (Classic Reprint) Elise Osborne. (ENG., Illus.). (J). 2018. 366p. 31.45 *(978-0-267-39948-2(0))*; 2017. pap. 13.97 *(978-0-259-19335-7(6))* Forgotten Bks.

Life & Its Realities, Vol. 1 of 3 (Classic Reprint) Georgiana Chatterton. 2017. (ENG., Illus.). (J). 30.58 *(978-0-266-20938-6(6))* Forgotten Bks.

Life & Its Realities, Vol. 2 of 3 (Classic Reprint) Georgiana Chatterton. 2017. (ENG., Illus.). (J). 30.17 *(978-0-266-17479-0(5))* Forgotten Bks.

Life & Its Realities, Vol. 3 of 3 (Classic Reprint) Georgiana Chatterton. 2018. (ENG., Illus.). 318p. (J). 30.46 *(978-0-332-06863-3(3))* Forgotten Bks.

Life & Letters of Arthur Fraser Sim. Arthur Fraser Sim. 2017. (ENG.). 298p. (J). pap. *(978-3-7447-5219-0(4))* Creation Pubs.

Life & Letters of Arthur Fraser Sim: Priest in the Universities Mission to Central Africa (Classic Reprint) Arthur Fraser Sim. 2017. (ENG., Illus.). (J). 30.04 *(978-1-5284-6362-1(5))* Forgotten Bks.

Life & Letters of Frederick Walker, A. R. A. John George Marks. 2017. (ENG.). 372p. (J). pap. *(978-3-337-01741-5(X))* Creation Pubs.

Life & Letters of Frederick Walker, A. R. a (Classic Reprint) John George Marks. (ENG., Illus.). (J). 2018. 394p. 32.02 *(978-0-483-64778-7(0))*; 2016. pap. 16.57 *(978-1-334-15345-7(0))* Forgotten Bks.

Life & Letters of Joel Chandler Harris (Classic Reprint) Julia Collier Harris. 2017. (ENG., Illus.). (J). 38.15 *(978-0-331-28612-0(2))* Forgotten Bks.

Life & Letters of John Muir, Vol. 1 (Classic Reprint) John Muir. (ENG., Illus.). (J). 2017. 33.10 *(978-0-265-50144-3(X))*; 2016. pap. 16.57 *(978-1-333-60886-6(1))* Forgotten Bks.

Life & Letters of John Muir, Vol. 2 (Classic Reprint) William Frederic Bade. 2017. (ENG., Illus.). (J). 33.96 *(978-0-266-81076-6(4))* Forgotten Bks.

Life & Letters of Lewis Carroll. S. D. Collingwood. 2022. (ENG.). 204p. (J). pap. 31.78 *(978-1-4583-3096-3(6))* Lulu Pr., Inc.

Life & Letters of Maria Edgeworth. Maria Edgeworth. 2017. (ENG.). 350p. (J). pap. *(978-3-337-13652-9(4))* Creation Pubs.

Life & Letters of Maria Edgeworth. Maria Edgeworth & Augustus John Cuthbert. 2017. (ENG.). 348p. (J). pap. *(978-3-337-01650-0(2))* Creation Pubs.

Life & Letters of Maria Edgeworth. Maria Edgeworth & Augustus John Cuthbert Hare. 2017. (ENG.). (J). 376p. pap. *(978-3-7447-6548-0(2))*; 348p. pap. *(978-3-7447-6549-7(0))* Creation Pubs.

Life & Letters of Maria Edgeworth, Vol. 2 of 2 (Classic Reprint) Maria Edgeworth. 2018. (ENG., Illus.). 374p. (J). 31.61 *(978-0-364-31231-5(9))* Forgotten Bks.

Life & Letters of Maria Edgeworth; Volume I. Maria Edgeworth. 2017. (ENG., Illus.). (J). 25.95 *(978-1-374-85514-4(6))* Capital Communications, Inc.

Life & Letters of Maria Edgeworth; Volume I. Maria Edgeworth. 2017. (ENG., Illus.). (J). pap. 15.95 *(978-1-374-85513-7(8))* Capital Communications, Inc.

Life & Letters of Mrs. Jeanette H. Platt (Classic Reprint) Cyrus Platt. (ENG., Illus.). (J). 2018. 362p. 31.38 *(978-0-267-39382-4(2))*; 2016. pap. 13.97 *(978-1-334-13439-5(1))* Forgotten Bks.

Life & Letters of Mrs. Mary Galloway Giffen: Who Was the Pioneer Missionary of the Associate Reformed Church, South, & Served Nearly Seven Years (Classic Reprint) Mary Galloway Giffen. 2018. (ENG., Illus.). 300p. (J). 30.08 *(978-0-332-83281-4(3))* Forgotten Bks.

Life & Letters of Samuel Norvell Lapsley: Missionary to the Congo Valley, West Africa, 1866-1892 (Classic Reprint) Unknown Author. 2018. (ENG., Illus.). 276p. (J). 29.59 *(978-0-365-09954-3(6))* Forgotten Bks.

Life & Letters of Sidney Rankin Drew. Sidney Drew. 2017. (ENG., Illus.). (J). pap. *(978-0-649-35601-0(2))* Trieste Publishing Pty Ltd.

Life & Letters of Sidney Rankin Drew (Classic Reprint) Sidney Drew. (ENG., Illus.). (J). 2018. 72p. 25.40 *(978-0-666-78814-6(6))*; 2017. pap. 9.57 *(978-0-282-46361-8(5))* Forgotten Bks.

Life & Letters of Thomas Gold Appleton (Classic Reprint) Thomas Gold Appleton. 2017. (ENG., Illus.). (J). 31.12 *(978-0-265-58117-9(6))* Forgotten Bks.

Life & Letters of Toru Dutt (Classic Reprint) Harihar Das. 2017. (ENG., Illus.). (J). 29.42 *(978-0-331-71980-2(0))*; pap. 11.97 *(978-0-259-54864-5(2))* Forgotten Bks.

Life & Lillian Gish (Classic Reprint) Albert Bigelow Paine. (ENG., Illus.). (J). 2018. 352p. 31.18 *(978-0-483-70852-5(6))*; 2017. pap. 13.57 *(978-0-243-19512-1(5))* Forgotten Bks.

Life & Literary Remains of Charles Reece Pemberton: With Remarks on His Character & Genius (Classic Reprint) W. J. Fox. 2017. (ENG., Illus.). (J). 34.42 *(978-1-5280-8121-4(8))* Forgotten Bks.

Life & Literature Readers: First Reader (Classic Reprint) Charles Edgar Little. 2017. (ENG., Illus.). (J). 128p. 26.56 *(978-0-484-22126-9(4))*; pap. 9.57 *(978-1-331-83076-4(1))* Forgotten Bks.

Life & Love of the Insect (Classic Reprint) J. Henri Fabre. 2018. (ENG., Illus.). (J). 30.17 *(978-0-331-08028-5(1))*; 190p. 27.79 *(978-0-267-66532-7(6))* Forgotten Bks.

Life & Manners: A Volume of Stories Suitable for the Moral Instruction of Children (Classic Reprint) F. J. Gould. 2018. (ENG., Illus.). 352p. (J). 31.16 *(978-0-483-79492-4(9))* Forgotten Bks.

Life & Martyrdom of Thomas Beket, Archbishop of Canterbury: From the Series of Lives & Legends Now Proved to Have Been Composed by Robert of Gloucester (Classic Reprint) William Henry Black. 2017. (ENG., Illus.). (J). 27.22 *(978-0-265-96836-9(4))* Forgotten Bks.

Life & Memoirs of Miss. Robertson, of Blackheath: Faithfully Recorded by Her to the Best of Her Knowledge & Belief; with Her Portrait (Classic Reprint) Eliza Frances Robertson. (ENG., Illus.). (J). 2018. 118p. 26.33 *(978-0-365-23676-4(4))*; 2016. pap. 9.57 *(978-1-334-12065-7(X))* Forgotten Bks.

Life & Most Surprising Adventures of Robinson Crusoe, of York, Mariner: Who Lived Eight & Twenty Years in an Uninhabited Island, on the Coast of America, Lying near the Mouth of the Great River of Oroonoque (Classic Reprint) Daniel Dafoe. 2018. (ENG., Illus.). 236p. (J). 28.76 *(978-0-666-44213-0(4))* Forgotten Bks.

Life & Most Surprising Adventures of Robinson Crusoe, of York, Mariner: Who Lived Twenty-Eight Years in an Uninhabited Island on the Coast of America, near the Mouth of the Great River Oronoque (Classic Reprint) Daniel Dafoe. 2017. (ENG., Illus.). (J). 30.81 *(978-0-331-74439-2(2))*; pap. 13.57 *(978-0-259-55045-7(0))* Forgotten Bks.

Life & Most Surprising Adventures of Robinson Crusoe, of York, Mariner, Who Lived Eight & Twenty Years in an Uninhabited Island, on the Coast of America, near the Mouth of the Great River Oroonoque: With an Account of His Deliverance Thence, & H. Daniel Dafoe. (ENG., Illus.). (J). 2018. 270p. 29.47 *(978-0-666-09129-1(3))*; 2017. pap. 11.97 *(978-0-259-24543-8(7))*; 2017. pap. 11.97 *(978-0-259-48509-4(8))* Forgotten Bks.

Life & Music of Elvis Presley - Biography for Children Children's Musical Biographies. Baby Professor. 2017. (ENG., Illus.). (J). pap. 8.79 *(978-1-5419-4006-2(7)*, Baby Professor (Education Kids)) Speedy Publishing LLC.

Life & Nature at the English Lakes. H. D. Rawnsley. 2017. (ENG., Illus.). (J). pap. *(978-0-649-29201-1(4))* Trieste Publishing Pty Ltd.

Life & Nature at the English Lakes (Classic Reprint) H. D. Rawnsley. 2017. (ENG., Illus.). (J). 28.68 *(978-0-266-23790-7(8))* Forgotten Bks.

Life & Opinions of M. Frederic-Thomas Graindorge: Doctor of Philosophy at the University of Jena Special Partner in the House of Graindorce Co;, Oils & Salt Pork; Cincinnati, U. S. a; Collected & Published (Classic Reprint) H. Taine. 2018. (ENG., Illus.). 388p. (J). 31.90 *(978-0-483-36290-1(5))* Forgotten Bks.

Life & Opinions of Tristram Shandy (Classic Reprint) Laurence Sterne. (ENG., Illus.). (J). 2018. 180p. 27.61 *(978-0-483-15250-2(1))*; 2016. pap. 9.97 *(978-1-334-12757-1(3))* Forgotten Bks.

Life & Opinions of Tristram Shandy, Gent: Vol; 4-6 (Classic Reprint) Laurence Sterne. 2018. (ENG., Illus.). 274p. (J). 29.55 *(978-0-483-86807-6(8))* Forgotten Bks.

Life & Opinions of Tristram Shandy, Gent, Vol. 1 (Classic Reprint) Laurence Sterne. 2017. (ENG., Illus.). (J). 34.77 *(978-1-5279-8402-8(8))* Forgotten Bks.

Life & Opinions of Tristram Shandy, Gentleman: & a Sentimental Journey, Vol. 1 of 2 (Classic Reprint) Laurence Sterne. 2017. (ENG., Illus.). (J). 31.24 *(978-1-5285-8473-9(2))* Forgotten Bks.

Life & Opinions of Tristram Shandy, Gentleman (100 Copy Collector's Edition) Laurence Sterne. 2019. (ENG.). 472p. (J). *(978-1-77226-914-7(X))* AD Classic.

Life & Opinions of Tristram Shandy, Gentleman (100 Copy Limited Edition) Laurence Sterne. 2019. (ENG., Illus.). 472p. (J). *(978-1-77226-595-8(0))* AD Classic.

Life & Opinions of Tristram Shandy, Gentleman (100 Copy Limited Edition) Laurence Sterne. 2019. (ENG.). 472p. (J). *(978-1-77226-788-4(0)*, SF Classic) Engage Bks.

Life & Opinions of Tristram Shandy, Gentleman, and, a Sentimental Journey Through France & Italy, Vol. 2 of 2 (Classic Reprint) Laurence Sterne. 2018. (ENG., Illus.). 392p. (J). 32.02 *(978-0-484-15352-2(8))* Forgotten Bks.

Life & Opinions of Tristram Shandy, Gentleman (Classic Reprint) Laurence Sterne. (ENG., Illus.). (J). 2017. 29.28 *(978-0-331-57228-5(1))*; 2016. pap. 11.97 *(978-1-334-14516-2(4))* Forgotten Bks.

Life & Opinions of Tristram Shandy, Gentleman, Vol. 1 (Classic Reprint) Laurence Sterne. (ENG., Illus.). (J). 2018. 210p. 28.23 *(978-1-396-26652-2(6))*; 2018. 212p. pap. 10.57 *(978-1-396-13768-6(8))*; 2017. 31.40 *(978-0-331-00219-5(1))* Forgotten Bks.

Life & Opinions of Tristram Shandy, Gentleman, Vol. 1 of 3 (Classic Reprint) Laurence Sterne. (ENG., Illus.). (J). 2018. 248p. 29.03 *(978-0-428-91768-5(2))*; 2017. 262p. 29.30 *(978-0-266-50743-7(3))*; 2016. pap. 11.97 *(978-1-334-12730-4(1))*; 2016. pap. 11.57 *(978-1-334-09195-7(1))* Forgotten Bks.

Life & Opinions of Tristram Shandy, Gentleman, Vol. 1 of 4 (Classic Reprint) Laurence Sterne. (ENG., Illus.). (J). 2018. 334p. 30.79 *(978-0-484-16946-2(7))*; 2017. pap. 13.57 *(978-0-259-17549-0(8))* Forgotten Bks.

Life & Opinions of Tristram Shandy, Gentleman, Vol. 2: Gentleman (Classic Reprint) Laurence Sterne. 2017. (ENG., Illus.). (J). 28.91 *(978-0-265-37500-6(2))* Forgotten Bks.

Life & Opinions of Tristram Shandy, Gentleman, Vol. 2 of 3 (Classic Reprint) Laurence Sterne. (ENG., Illus.). (J). 2018. 230p. 28.52 *(978-0-332-79656-7(6))*; 2017. 28.70 *(978-0-265-66825-2(5))*; 2017. pap. 11.57 *(978-1-5276-3750-4(6))*; 2016. pap. 11.57 *(978-1-334-15610-6(7))* Forgotten Bks.

Life & Recollections of Yankee Hill: Together with Anecdotes & Incidents of His Travels (Classic Reprint) William Knight Northall. 2018. (ENG., Illus.). 206p. (J). 28.17 *(978-0-656-98863-1(0))* Forgotten Bks.

Life & Remains of Wilmot Warwick: Edited by His Friend (Classic Reprint) Henry Vernon. (ENG., Illus.). (J). 2018. 340p. 30.91 *(978-0-364-14998-0(1))*; 2017. pap. 13.57 *(978-0-243-40168-0(X))* Forgotten Bks.

Life & Remains of Wilmot Warwick (Classic Reprint) George Wightwick. (ENG., Illus.). (J). 2018. 660p. 37.51 *(978-0-332-11559-7(3))*; 2017. pap. 19.97 *(978-0-243-44579-0(2))* Forgotten Bks.

Life & Sayings of Mrs. Partington: And Others of the Family (Classic Reprint) B. p. Shillaber. 2017. (ENG., Illus.). (J). 32.48 *(978-0-265-17711-2(1))* Forgotten Bks.

Life & Scenes in Congo (Classic Reprint) Herbert Probert. 2017. (ENG., Illus.). (J). 28.31 *(978-0-260-56777-2(9))* Forgotten Bks.

Life & Sport in Hampshire (Classic Reprint) George A. B. Dewar. 2018. (ENG., Illus.). 322p. (J). 30.54 *(978-0-267-52586-7(9))* Forgotten Bks.

Life & Strange Surprising Adventures of Robinson Crusoe (Classic Reprint) Daniel Dafoe. 2017. (ENG., Illus.). (J). 31.71 *(978-1-5281-8283-6(9))* Forgotten Bks.

Life & Strange Surprising Adventures of Robinson Crusoe of York, Mariner: As Related by Himself (Classic Reprint) Daniel Dafoe. 2017. (ENG., Illus.). (J). 32.89 *(978-0-266-46369-6(X))* Forgotten Bks.

Life & Strange Surprising Adventures of Robinson Crusoe, of York, Mariner: As Related by Himself (Classic Reprint) Daniel Dafoe. 2017. (ENG., Illus.). (J). 32.35 *(978-0-266-74255-5(6))*; pap. 16.57 *(978-1-5277-0933-1(7))* Forgotten Bks.

Life & Strange Surprizing Adventures of Robinson Crusoe, of York, Mariner: Who Lived Eight & Twenty Years All Alone in an un-Inhabited Island on the Coast of America, near the Mouth of the Great River of Oroonoque (Classic Reprint) Daniel Dafoe. (ENG., Illus.). (J). 2018. 382p. 31.80 *(978-0-484-82495-8(3))*; 2017. pap. 16.57 *(978-0-259-17588-9(9))* Forgotten Bks.

Life & Sufferings of Miss. Emma Cole: Being a Faithful Narrative of Her Life (Classic Reprint) Emma Cole. 2017. (ENG., Illus.). (J). 24.80 *(978-0-260-92396-7(6))* Forgotten Bks.

Life & the Universe: Answerable & Unanswerable Questions, 1 vol. Peter Altman. 2017. (Big Questions Ser.). (ENG.). 232p. (YA). (gr. 9-9). lib. bdg. 49.50 *(978-1-5026-2812-1(0)*, eaf97bb8-4305-4941-85f8-4ef6c6e9050b) Cavendish Square Publishing LLC.

Life & Times. Marissa Kirkman. 2016. (Life & Times Ser.). (ENG.). 24p. (J). (gr. 1-3). 111.96 *(978-1-5157-2498-8(0)*, 25152, Capstone Pr.) Capstone.

Life & Times in Bunny Run: School. Rick L. Cooper. 2021. (ENG., Illus.). 42p. (J). 25.00 *(978-1-64957-061-1(9))* Dorrance Publishing Co., Inc.

Life & Times of Abraham Lincoln & the U. S. Civil War. Marissa Kirkman. 2016. (Life & Times Ser.). (ENG., Illus.). 24p. (J). (gr. 1-3). lib. bdg. 27.99 *(978-1-5157-2474-2(3)*, 132846, Capstone Pr.) Capstone.

Life & Times of Asheville's Thomas Wolfe. Jennifer S Prince. 2016. (True Tales for Young Readers Ser.). (ENG., Illus.). 116p. (YA). pap. 17.00 *(978-0-86526-484-7(8)*, 01OSPS) Univ. of North Carolina Pr.

Life & Times of Derek Ant: Derek & the Boy. A. J. Morrow. 2020. (ENG.). 94p. (J). pap. 8.49 *(978-1-951932-59-6(5))* Legaia Bks. USA.

Life & Times of Derek Ant: Making New Friends. A. J. Morrow. 2020. (ENG.). 90p. (J). pap. 8.50 *(978-1-951932-32-9(3))* Legaia Bks. USA.

Life & Times of Dick Whittington: An Historical Romance (Classic Reprint) Unknown Author. 2017. (ENG., Illus.). (J). 32.08 *(978-0-331-50839-0(7))* Forgotten Bks.

Life & Times of Frederick Reynolds, Vol. 1 of 2 (Classic Reprint) Frederick Reynolds. 2017. (ENG., Illus.). (J). 32.19 *(978-0-265-52018-5(5))*; pap. 16.57 *(978-0-243-41883-1(3))* Forgotten Bks.

Life & Times of Frederick Reynolds, Vol. 2 Of 2: Written by Himself (Classic Reprint) Frederick Reynolds. 2018. (ENG., Illus.). (J). 844p. 41.30 *(978-1-396-38826-2(5))*; 846p. pap. 23.97 *(978-1-390-99314-1(0))* Forgotten Bks.

Life & Times of Frederick Reynolds, Vol. 2 of 2 (Classic Reprint) Frederick Reynolds. 2018. (ENG., Illus.). 428p. (J). 32.72 *(978-0-365-18471-3(3))* Forgotten Bks.

Life & Times of George Washington & the American Revolution. Marissa Kirkman. 2016. (Life & Times Ser.). (ENG., Illus.). 24p. (J). (gr. 1-3). lib. bdg. 27.99 *(978-1-5157-2476-6(X)*, 132848, Capstone Pr.) Capstone.

Life & Times of Martin Luther. Meike Roth-Beck. Illus. by Klaus Ensikat. 2017. (ENG.). 44p. (J). *(978-0-8028-5495-7(8)*, Eerdmans Bks For Young Readers) Eerdmans, William B. Publishing Co.

Life & Times of Pee Wee & Buddy: Dog Day at the Zoo. Casey Gent & Todd. 2021. (ENG., Illus.). 30p. (J). pap. 16.95 *(978-1-6624-3705-2(6))* Page Publishing Inc.

Life & Times of Pocahontas & the First Colonies. Marissa Kirkman. 2016. (Life & Times Ser.). (ENG., Illus.). 24p. (J). (gr. 1-3). lib. bdg. 27.99 *(978-1-5157-2477-3(8)*, 132849, Capstone Pr.) Capstone.

Life & Times of the First Americans, 2 vols. Marissa Kirkman. 2016. (Life & Times Ser.). (ENG., Illus.). (J). (gr. 1-2). 53.32 *(978-1-5157-5565-4(7))*; 24p. lib. bdg. 27.99 *(978-1-5157-2475-9(1)*, 132847, Capstone Pr.) Capstone.

Life & Times of William Shakespeare: Band 18/Pearl. Sue Purkiss. 2017. (Collins Big Cat Ser.). (ENG., Illus.). 80p. (J). pap. 12.99 *(978-0-00-820898-1(0))* HarperCollins Pubs. Ltd. GBR. Dist: Independent Pubs. Group.

Life & Work of Mary Louisa Whately (Classic Reprint) E. J. Whately. 2018. (ENG., Illus.). 180p. (J). 27.61 *(978-0-332-08959-1(2))* Forgotten Bks.

Life & Work, Vol. 1: A Parish Magazine; January to December, 1879 (Classic Reprint) Church Of Scotland. (ENG., Illus.). (J). 2018. 662p. 37.55 *(978-0-428-24720-1(2))*; 2017. pap. 19.97 *(978-0-243-38280-4(4))* Forgotten Bks.

Life & Works of Galileo Galilei - Biography 4th Grade Children's Art Biographies. Baby Professor. 2017. (ENG., Illus.). (J). pap. 8.79 *(978-1-5419-3998-1(0)*, Baby Professor (Education Kids)) Speedy Publishing LLC.

Life & Works of George Eliot, Vol. 11: Middlemarch; Volume Three; Silas Marner, the Weaver of Raveloe (Classic Reprint) George Elliott. 2016. (ENG., Illus.). (J). pap. 25.32 *(978-1-334-26523-5(2))* Forgotten Bks.

Life & Works of George Eliot, Vol. 17: Poems (Classic Reprint) George Elliott. 2017. (ENG., Illus.). (J). pap. 23.97 *(978-0-259-44224-0(0))* Forgotten Bks.

Life & Works of George Eliot, Vol. 5: Scenes of Clerical Life, and, Jane's Repentance (Classic Reprint) George Elliott. 2019. (ENG., Illus.). (J). 880p. 42.07 *(978-1-397-26646-0(5))*; 882p. pap. 24.41 *(978-1-397-26572-2(8))* Forgotten Bks.

Life & Writings of Adolphus F. Monroe, Who Was Hung by a Blood-Thirsty Mob in Charleston, Ill. , on the 15th Day of February, 1856, for Killing His Father-In-Law, Nathan Ellington, Esq. , in Self-Defense (Classic Reprint) Adolphus Ferdinand Monroe. (ENG., Illus.). (J). 2018. 108p. 26.12 *(978-0-365-10288-5(1))*; 2016. pap. 9.57 *(978-1-334-14421-9(4))* Forgotten Bks.

Life & Writings of Charles Dickens: A Woman's Memorial Volume (Classic Reprint) Phebe A. Hanaford. 2018. (ENG., Illus.). 412p. (J). 32.41 *(978-0-428-60417-2(X))* Forgotten Bks.

Life & Writings of Frank Forester (Henry William Herbert), Vol. 1 (Classic Reprint) Henry William Herbert. (ENG., Illus.). (J). 2018. 314p. 30.37 *(978-0-365-45865-4(1))*; 2017. pap. 13.57 *(978-0-259-56468-3(0))* Forgotten Bks.

Life & Writings of Frank Forester, Vol. 2: Each Volume Complete in Itself (Classic Reprint) Henry William Herbert. (ENG., Illus.). (J). 2018. 304p. 30.17 *(978-0-666-77043-1(3))*; 2017. pap. 13.57 *(978-0-282-13526-3(X))* Forgotten Bks.

Life & Writings of Major Jack Downing of Downingville: Away down East in the State of Maine (Classic Reprint) Unknown Author. 2018. (ENG., Illus.). 294p. (J). 29.96 *(978-0-365-11265-5(8))* Forgotten Bks.

Life Around the World. rev. ed. 2021. (Life Around the World Ser.). (ENG.). 24p. (J). 136.60 *(978-1-6663-5872-8(X)*, 240411, Capstone Pr.) Capstone.

Life Around Us: A Collection of Stories (Classic Reprint) Maurice Francis Egan. 2018. (ENG., Illus.). 422p. (J). 32.62 *(978-0-332-38765-9(8))* Forgotten Bks.

1168

The check digit for ISBN-10 appears in parentheses after the full ISBN-13

Life As a Cat. Richard Bott. 2023. (ENG.). 86p. (YA). pap. 13.95 ***(978-1-63985-850-7(4))*** Fulton Bks.

Life As a Christian: A Primer for New Believers. Mary Wiley. 2022. (One Big Story Ser.). (ENG., Illus.). 32p. (J). (gr. 1-5). pap. 1.99 *(978-1-0877-5457-4(7)*, 005835478, B&H Kids) B&H Publishing Group.

Life As a Doctor in the Civil War, 1 vol. Michael Spitz. 2017. (Life As... Ser.). (ENG.). 32p. (gr. 3-3). pap. 11.58 *(978-1-5026-3035-3(4)*, e11411b3-38c4-4f65-a99a-a2e86b7df7dd) Cavendish Square Publishing LLC.

Life As a Homesteader in the American West, 1 vol. Ann Byers. 2016. (Life As... Ser.). (ENG., Illus.). 32p. (gr. 3-3). 30.21 *(978-1-5026-1787-3(0)*, 84c36979-4d22-41c5-8662-4711540ae137) Cavendish Square Publishing LLC.

Life As a Journey. John C. Mileahed. 2020. (ENG.). 84p. (YA). pap. 15.00 *(978-1-716-64375-0(9))* Lulu Pr., Inc.

Life As a Mini Hero. Olivier Tallec. Tr. by Claudia Zoe Bedrick. 2019. (ENG., Illus.). 56p. (J). 16.95 *(978-1-59270-290-9(2))* Enchanted Lion Bks., LLC.

Life As a Mississippi Riverboat Captain, 1 vol. Laura Sullivan. 2017. (Life As... Ser.). (ENG.). 32p. (gr. 3-3). pap. 11.58 *(978-1-5026-3039-1(7)*, 29b6c611-a9c9-46b7-a0c1-e64d525d0dcf) Cavendish Square Publishing LLC.

Life As a Navajo Code Talker in World War II, 1 vol. Kate Shoup. 2017. (Life As... Ser.). (ENG.). 32p. (gr. 3-3). pap. 11.58 *(978-1-5026-3051-3(6)*, 8c5232e5-8cb4-44af-b319-3a757917e174) Cavendish Square Publishing LLC.

Life As a Nigerian American, 1 vol. Vic Kovacs. 2017. (One Nation for All: Immigrants in the United States Ser.). (ENG.). 32p. (J). (gr. 4-5). 27.93 *(978-1-5383-2240-6(4)*, 9f2c452b-1ef8-4291-9d5b-ce3b8e780d89); pap. 11.00 *(978-1-5383-2336-6(2)*, e6a0c222-8dfb-428d-921e-76e3c1095fa0) Rosen Publishing Group, Inc., The. (PowerKids Pr.).

Life As a Passenger on the Mayflower, 1 vol. Laura Sullivan. 2016. (Life As... Ser.). (ENG., Illus.). 32p. (gr. 3-3). 30.21 *(978-1-5026-1789-7(7)*, a10a046e-70bc-4514-9d97-a1c7631ba2da) Cavendish Square Publishing LLC.

Life As a Passenger on the Titanic, 1 vol. Kate Shoup. 2017. (Life As... Ser.). (ENG.). 32p. (gr. 3-3). pap. 11.58 *(978-1-5026-3043-8(5)*, 4c85f115-5377-4a78-978e-48067446bb7c) Cavendish Square Publishing LLC.

Life As a Pony Express Rider in the Wild West, 1 vol. Matt Bougie. 2017. (Life As... Ser.). (ENG.). 32p. (gr. 3-3). pap. 11.58 *(978-1-5026-3047-6(8)*, 28e222f3-7275-4195-8fcd-3769a491db99) Cavendish Square Publishing LLC.

Life As a Prospector in the California Gold Rush, 1 vol. Kate Shoup. 2016. (Life As... Ser.). (ENG., Illus.). 32p. (gr. 3-3). 30.21 *(978-1-5026-1780-4(3)*, 1d66e970-972b-4a38-b41d-a42b38bda07a) Cavendish Square Publishing LLC.

Life As a Shoe. Jeel Karroum. Illus. by Stefanie St Denis. 2021. (ENG.). 36p. (J). *(978-0-2288-2573-9(3))*; pap. *(978-0-2288-2571-5(7))* Tellwell Talent.

Life As a Somali American, 1 vol. Ellen Creager. 2017. (One Nation for All: Immigrants in the United States Ser.). (ENG.). 32p. (J). (gr. 4-5). 27.93 *(978-1-5383-2246-8(3)*, 04d3883b-fa1a-4334-8cf0-efc97bd89463); pap. 11.00 *(978-1-5383-2342-7(7)*, 7a43ef95-6078-4e5f-adab-02e5b3d22cbc) Rosen Publishing Group, Inc., The. (PowerKids Pr.).

Life As a Syrian American, 1 vol. Ellen Creager. 2017. (One Nation for All: Immigrants in the United States Ser.). (ENG.). 32p. (J). (gr. 4-5). 27.93 *(978-1-5383-2248-2(X)*, f8f4311e-1e17-457b-aa75-1b366d98ad84); pap. 11.00 *(978-1-5383-2344-1(3)*, a94bbf19-a5e1-4d9a-be9c-a8c52c7f492a) Rosen Publishing Group, Inc., The. (PowerKids Pr.).

Life as a Syrian American: Set, 12 vols. 2017. (One Nation for All: Immigrants in the United States Ser.). (ENG.). (J). (gr. 4-5). lib. bdg. 167.58 *(978-1-5081-6260-5(3)*, e6316e9a-ce05-4fc5-991b-81a6823579bd, PowerKids Pr.) Rosen Publishing Group, Inc., The.

Life As a Vegetarian: Eating Without Meat, 1 vol. Jason Brainard. annot. ed. 2019. (Nutrition & Health Ser.). (ENG.). 104p. (gr. 7-7). pap. 20.99 *(978-1-5345-6885-3(9)*, ba10dc38-74ea-4961-b66e-6d51f4a8f697); lib. bdg. 41.03 *(978-1-5345-6872-3(7)*, bdc158d9-bd38-4caa-b062-319a5d507de4) Greenhaven Publishing LLC. (Lucent Pr.).

Life As a Wolf Coloring Book. Smarter Activity Books for Kids. 2016. (ENG., Illus.). (J). pap. 9.22 *(978-1-68374-366-8(0))* Examined Solutions PTE. Ltd.

Life As an Afghan American, 1 vol. Vic Kovacs. 2017. (One Nation for All: Immigrants in the United States Ser.). (ENG.). 32p. (J). (gr. 4-5). 27.93 *(978-1-5383-2238-3(2)*, e9c913d6-60da-485a-a226-3fb58bbf3500); pap. 11.00 *(978-1-5383-2334-2(6)*, b91a90ff-75ff-4d28-856a-2a4d5554917e) Rosen Publishing Group, Inc., The. (PowerKids Pr.).

Life As an Ambulance Driver in World War I, 1 vol. Laura L. Sullivan. 2017. (Life As... Ser.). (ENG.). 32p. (gr. 3-3). pap. 11.58 *(978-1-5026-3055-1(9)*, a1609210-1da1-4a95-a6ef-af704127826e) Cavendish Square Publishing LLC.

Life As an Indian American, 1 vol. Ellen Creager. 2017. (One Nation for All: Immigrants in the United States Ser.). (ENG.). 32p. (J). (gr. 4-5). 27.93 *(978-1-5383-2242-0(0)*, 0dd5eef8-468d-40a8-a1dd-aa7053c904c3); pap. 11.00 *(978-1-5383-2338-0(9)*, f274aac6-a1e7-44f1-88f2-83eb7821e9ff) Rosen Publishing Group, Inc., The. (PowerKids Pr.).

Life As an Iraqi American, 1 vol. Ellen Creager. 2017. (One Nation for All: Immigrants in the United States Ser.). (ENG.). 32p. (J). (gr. 4-5). 27.93 *(978-1-5383-2244-4(7)*, 2f97c90c-efb5-4d87-9111-15386318ee50); pap. 11.00 *(978-1-5383-2340-3(0)*, 285ed640-cc5a-44ce-aea6-1afecb54a7a3) Rosen Publishing Group, Inc., The. (PowerKids Pr.).

Life As... (Group 3) (Life As Ser.). (ENG.). (J). 2018. pap. 63.48 *(978-1-5026-3374-3(4))*; 2017. (gr. 3-3). lib. bdg. 181.26 *(978-1-5026-3221-0(7)*, bbb76a42-02f3-4c68-ae43-e6dcf1aa5a28) Cavendish Square Publishing LLC.

Life As I've Found It: A Gathering of Experiences & Observations of the Common People, Relating to Their Aspirations, Trials & Tribulations but More Especially My Own Prosaic Life (Classic Reprint) Charles DePew. 2018. (ENG., Illus.). 264p. (J). 29.34 *(978-0-428-38057-1(3))* Forgotten Bks.

Life As Sophia: Fifteen & Pregnant. Barbara Diamond. 2019. (ENG.). 124p. (J). 24.99 *(978-0-359-98894-5(6))*; pap. 9.99 *(978-0-359-98390-2(1))* Lulu Pr., Inc.

Life at a Northern University (Classic Reprint) Neil N. MacLean. 2018. (ENG., Illus.). 448p. (J). 33.16 *(978-0-483-94598-2(6))* Forgotten Bks.

Life at High Tide (Classic Reprint) William Dean Howells. 2017. (ENG., Illus.). (J). 29.69 *(978-0-260-17861-9(6))* Forgotten Bks.

Life at Home. Vicki Yates. rev. ed. 2016. (Then & Now Ser.). (ENG.). 24p. (J). (gr. -1-1). pap. 6.29 *(978-1-4846-3778-4(X)*, 134435, Heinemann) Capstone.

Life at Laurel Town in Anglo-Saxon Kansas. Kate Stephens. 2017. (ENG., Illus.). (J). pap. *(978-0-649-17615-1(4))* Trieste Publishing Pty Ltd.

Life at Laurel Town in Anglo-Saxon Kansas (Classic Reprint) Kate Stephens. 2018. (ENG., Illus.). 260p. (J). 29.28 *(978-0-483-27020-6(2))* Forgotten Bks.

Life at Puget Sound. Caroline C. Leighton. 2017. (ENG.). (J). 274p. pap. *(978-3-337-21649-8(8))*; 280p. pap. *(978-3-337-20590-4(9))* Creation Pubs.

Life at Puget Sound: With Sketches of Travel in Washington Territory, British Columbia, Oregon, & California; 1865-1881 (Classic Reprint) Caroline C. Leighton. 2018. (ENG., Illus.). 276p. (J). 29.61 *(978-0-365-23866-9(X))* Forgotten Bks.

Life at Saint John's Court. J. A. Diller & Bj Diller. 2019. (ENG.). 34p. (J). pap. 12.00 *(978-0-359-37935-4(4))* Lulu Pr., Inc.

Life at Shut-In Valley: And Other Pacific Coast Tales (Classic Reprint) Clara Spalding Brown. 2017. (ENG., Illus.). (J). 27.86 *(978-1-5282-8404-2(6))* Forgotten Bks.

Life at the Farm! Coloring Books Animals Edition. Creative Playbooks. 2016. (ENG., Illus.). (J). pap. 7.74 *(978-1-68323-099-1(X))* Twin Flame Productions.

Life at the Poles, 12 vols. 2019. (Life at the Poles Ser.). (ENG.). 24p. (J). (gr. 2-2). lib. bdg. 145.62 *(978-1-9785-1566-6(9)*, 5c5c93e9-4b8b-434c-890a-5ac0545d786d) Enslow Publishing, LLC.

Life at the South, or Uncle Tom's Cabin As It Is Being Narratives, Scenes, & Incidents in the Real Life of the Lowly (Classic Reprint) W. L. G. Smith. 2017. (ENG., Illus.). 514p. (J). 34.52 *(978-0-484-39186-3(0))* Forgotten Bks.

Life at the Top of the World. Vernon Elavgak. 2017. (Text Connections Guided Close Reading Ser.). (J). (gr. 2). *(978-1-4900-1857-7(3))* Benchmark Education Co.

Life at the White Sulphur Springs: Or, Pictures of a Pleasant Summer (Classic Reprint) Mary J. Windle. 2018. (ENG., Illus.). 320p. (J). 30.52 *(978-0-483-23456-7(7))* Forgotten Bks.

Life Awry, Vol. 1 Of 3: A Novel (Classic Reprint) Percival Pickering. (ENG., Illus.). (J). 2018. 214p. 28.33 *(978-0-483-41717-5(3))*; 2016. pap. 10.97 *(978-1-334-11683-4(0))* Forgotten Bks.

Life Awry, Vol. 2 Of 3: A Novel (Classic Reprint) Percival Pickering. 2018. (ENG., Illus.). 218p. (J). 28.41 *(978-0-483-91866-5(0))* Forgotten Bks.

Life Awry, Vol. 3 Of 3: A Novel (Classic Reprint) Percival Pickering. (ENG., Illus.). (J). 2018. 206p. 28.15 *(978-0-483-78125-2(8))*; 2016. pap. 10.57 *(978-1-333-31651-8(8))* Forgotten Bks.

Life Before. Michele Bacon. 2018. (ENG.). 288p. (J). (gr. 8-8). pap. 9.99 *(978-1-5107-2367-2(6)*, Sky Pony Pr.) Skyhorse Publishing Co., Inc.

Life Below. Alexandra Monir. (ENG.). 320p. (YA). (gr. 9). 2021. pap. 10.99 *(978-0-06-265898-2(0))*; 2020. 18.99 *(978-0-06-265897-5(2))* HarperCollins Pubs. (HarperTeen).

Life below the City. Illus. by Ute Fuhr & Raoul Sautai. 2023. (My First Discovery Paperbacks Ser.). (ENG.). 32p. (J). (gr. k-2). pap. 9.99 *(978-1-85103-763-6(2))* Moonlight Publishing, Ltd. GBR. Dist: Independent Pubs. Group.

Life Beyond the Temple. Nikolai Joslin. 2016. (ENG., Illus.). (J). 27.99 *(978-1-63533-041-0(6)*, Harmony Ink Pr.) Dreamspinner Pr.

Life-Builders: A Novel (Classic Reprint) Elizabeth Dejeans. 2018. (ENG., Illus.). 420p. (J). 32.56 *(978-0-483-31179-4(0))* Forgotten Bks.

Life by the Ocean. Holly Duhig. 2019. (Human Habitats Ser.). (ENG.). 24p. (J). (gr. 2-2). pap. *(978-0-7787-6484-7(2)*, 8a6f0d44-3f95-48a2-aaac-5e8980d0369f); lib. bdg. *(978-0-7787-6478-6(8)*, a336ad18-ce6d-4ef2-be27-1bb6c171daa9) Crabtree Publishing Co.

Life by the River. Holly Duhig. 2019. (Human Habitats Ser.). (ENG.). 24p. (J). (gr. 2-2). pap. *(978-0-7787-6485-4(0)*, a8f2eb09-69ca-4ab3-bd0c-fe0165d11d87); lib. bdg. *(978-0-7787-6479-3(6)*, a4976fad-7133-40a3-8454-036027cf1512) Crabtree Publishing Co.

Life Can Be a Piece of Cake! Marc Rivera. 2017. (ENG., Illus.). (J). (gr. 1-6). pap. 9.95 *(978-1-62137-968-3(X))* Virtualbookworm.com Publishing, Inc.

Life Can Never Be the Same (Classic Reprint) W. B. Maxwell. 2017. (ENG., Illus.). (J). 30.48 *(978-0-331-69970-8(2))* Forgotten Bks.

Life Changing Big House. Moses Morris. 2019. (ENG.). 170p. (J). pap. *(978-3-99064-432-4(7))* novum pocket Verlag in der novum publishing GmbH.

Life (Classic Reprint) Johan Bojer. 2018. (ENG., Illus.). 342p. (J). 30.97 *(978-0-428-38392-3(0))* Forgotten Bks.

Life (Classic Reprint) Harry Leon Wilson. 2017. (ENG., Illus.). 68p. (J). 25.32 *(978-0-332-42759-1(5))* Forgotten Bks.

Life, Crime & Capture of John Wilkes Booth. George Alfred Townsend. 2018. (ENG., Illus.). 120p. (J). pap. *(978-93-5329-132-7(1))* Alpha Editions.

Life, Crime & Capture of John Wilkes Booth. George Alfred Townsend. 2017. (ENG., Illus.). (J). 22.95 *(978-1-375-00293-6(7))* Capital Communications, Inc.

Life, Crime, & Capture of John Wilkes Booth: And the Pursuit, Trial & Execution of His Accomplices (Classic Reprint) George Alfred Townsend. 2017. (ENG., Illus.). (J). 25.67 *(978-0-266-67368-2(6))* Forgotten Bks.

Life, Crimes, & Confession of Bridget Durgan, the Fiendish Murderess of Mrs. Coriel: Whom She Butchered, Hoping to Take Her Place in the Affections of the Husband of Her Innocent & Lovely Victim (Classic Reprint) Brendan Brendan. 2018. (ENG., Illus.). (J). 36p. 24.64 *(978-1-396-37437-1(X))*; 38p. pap. 7.97 *(978-1-390-98415-6(X))* Forgotten Bks.

Life Cycle. Nate Ball. 2019. (Let's Investigate. . Nate Bks). (ENG.). 32p. (J). (gr. 2-3). 18.96 *(978-1-64310-963-3(4))* Penworthy Co., LLC, The.

Life Cycle, 12 bks. John Crossingham & Bobbie Kalman. Incl. Life Cycle of a Raccoon. Illus. by Barbara Bedell. lib. bdg. *(978-0-7787-0661-8(3))*; Life Cycle of a Snake. lib. bdg. *(978-0-7787-0660-1(5))*; 32p. (J). (gr. 3-4). 2003. (Illus.). Set lib. bdg. Crabtree Publishing Co.

Life Cycle. Jaclyn Jaycox. 2020. (Cycles of Nature Ser.). (ENG., Illus.). 24p. (J). (gr. -1-2). pap. 6.95 *(978-1-9771-1782-3(1)*, 142125); lib. bdg. 27.32 *(978-1-9771-1392-4(3)*, 141487) Capstone. (Pebble).

Life Cycle, 12 bks. Bobbie Kalman. Incl. Life Cycle of a Bird. Kathryn Smithyman. (gr. 2-3). 2001. pap. *(978-0-7787-0684-7(2))*; Life Cycle of a Butterfly. Illus. by Margaret Amy Reiach. (gr. 2-3). 2001. pap. *(978-0-7787-0680-9(X))*; Life Cycle of a Frog. Kathryn Smithyman. Illus. by Bonna Rouse. (gr. 2-3). 2001. pap. *(978-0-7787-0681-6(8))*; Life Cycle of a Koala. (gr. 2-3). 2001. pap. *(978-0-7787-0685-4(0))*; Life Cycle of a Lion. (gr. 2-3). 2002. pap. *(978-0-7787-0686-1(9))*; Life Cycle of a Raccoon. John Crossingham. Illus. by Barbara Bedell. (gr. 3-4). 2003. pap. *(978-0-7787-0691-5(5))*; Life Cycle of a Sea Turtle. (gr. 2-3). 2001. pap. *(978-0-7787-0682-3(6))*; Life Cycle of a Snake. John Crossingham. (gr. 3-4). 2003. pap. *(978-0-7787-0690-8(7))*; Life Cycle of a Spider. (gr. 2-3). 2002. pap. *(978-0-7787-0688-5(5))*; Life Cycle of a Tree. Kathryn Smithyman. Illus. by Barbara Bedell. (gr. 2-3). 2002. pap. *(978-0-7787-0689-2(3))*; Life Cycle of a Whale. Karuna Thal. (gr. 2-3). 2001. pap. *(978-0-7787-0683-0(4))*; Life Cycle of a Wolf. Amanda Bishop. Illus. by Margaret Amy Reiach. (gr. 2-3). 2002. pap. *(978-0-7787-0687-8(7))*; 32p. (J). Set pap. Crabtree Publishing Co.

Life Cycle of a Butterfly. Contrib. by Robin Merritt. 2023. (Life Cycles Ser.). (ENG.). 32p. (J). (gr. 1-4). lib. bdg. 35.64 *(978-1-5038-5837-4(5)*, 215703, Wonder Books(r)) Child's World, Inc, The.

Life Cycle of a Chicken. Contrib. by Robin Merritt. 2023. (Life Cycles Ser.). (ENG.). 32p. (J). (gr. 1-4). lib. bdg. 35.64 *(978-1-5038-5842-8(1)*, 215708, Wonder Books(r)) Child's World, Inc, The.

Life Cycle of a Clown Fish. L. L. Owens. 2023. (Life Cycles Ser.). (ENG.). 32p. (J). (gr. 1-4). lib. bdg. 35.64 *(978-1-5038-5841-1(3)*, 215707, Wonder Books(r)) Child's World, Inc, The.

Life Cycle of a Daisy. Contrib. by L.l. Owens. 2023. (Life Cycles Ser.). (ENG.). 32p. (J). (gr. 1-4). lib. bdg. 35.64 *(978-1-5038-5869-5(3)*, 215767, Wonder Books(r)) Child's World, Inc, The.

Life Cycle of a Fern. Contrib. by L. L. Owens. 2023. (Life Cycles Ser.). (ENG.). 32p. (J). (gr. 1-4). lib. bdg. 35.64 *(978-1-5038-5871-8(5)*, 215769, Wonder Books(r)) Child's World, Inc, The.

Life Cycle of a Frog. Contrib. by Robin Merritt. 2023. (Life Cycles Ser.). (ENG.). 32p. (J). (gr. 1-4). lib. bdg. 35.64 *(978-1-5038-5838-1(3)*, 215704, Wonder Books(r)) Child's World, Inc, The.

Life Cycle of a Human. Contrib. by Robin Merritt. 2023. (Life Cycles Ser.). (ENG.). 32p. (J). (gr. 1-4). lib. bdg. 35.64 *(978-1-5038-5870-1(7)*, 215768, Wonder Books(r)) Child's World, Inc, The.

Life Cycle of a Ladybug. Contrib. by L. L. Owens. 2023. (Life Cycles Ser.). (ENG.). 32p. (J). (gr. 1-4). lib. bdg. 35.64 *(978-1-5038-5872-5(3)*, 215770, Wonder Books(r)) Child's World, Inc, The.

Life Cycle of a Monarch Butterfly - Life Cycle Books Grade 4 - Children's Biology Books. Baby Professor. 2019. (ENG.). 74p. (J). pap. 14.89 *(978-1-5419-5343-7(6))*; 24.88 *(978-1-5419-7567-5(7))* Speedy Publishing LLC. (Baby Professor (Education Kids)).

Life Cycle of a Plant Discover Intriguing Facts Children's Earth Sciences Book. Bold Kids. 2022. (ENG.). 42p. (J). pap. 14.99 ***(978-1-0717-1802-5(9))*** FASTLANE LLC.

Life Cycle of a Polar Bear. Contrib. by Robin Merritt. 2023. (Life Cycles Ser.). (ENG.). 32p. (J). (gr. 1-4). lib. bdg. 35.64 *(978-1-5038-5844-2(8)*, 215710, Wonder Books(r)) Child's World, Inc, The.

Life Cycle of a Polar Bear: Band 14/Ruby. Catriona Clarke. 2017. (Collins Big Cat Ser.). (ENG., Illus.). 48p. (J). pap. 11.99 *(978-0-00-820881-3(6))* HarperCollins Pubs. Ltd. GBR. Dist: Independent Pubs. Group.

Life Cycle of a Rabbit. Crystal Sikkens. 2019. (Full STEAM Ahead! - Science Starters Ser.). (Illus.). 24p. (J). (gr. 1-1). *(978-0-7787-6200-3(9))*; pap. *(978-0-7787-6237-9(8))* Crabtree Publishing Co.

Life Cycle of a Snail. Contrib. by L. L. Owens. 2023. (Life Cycles Ser.). (ENG.). 32p. (J). (gr. 1-4). lib. bdg. 35.64 *(978-1-5038-5840-4(5)*, 215706, Wonder Books(r)) Child's World, Inc, The.

Life Cycle of a Snake. Robin Merritt. 2023. (Life Cycles Ser.). (ENG.). 32p. (J). (gr. 1-4). lib. bdg. 35.64 *(978-1-5038-5843-5(X)*, 215709, Wonder Books(r)) Child's World, Inc, The.

Life Cycle of an Apple Tree: Over & over Again, 1 vol. Gillian Clifton. 2017. (Computer Science for the Real World Ser.). (ENG.). 16p. (gr. 2-3). pap. *(978-1-5383-5243-4(5)*, c0b6ca8c-8e96-4c84-ad06-4343099f583b, Rosen Classroom) Rosen Publishing Group, Inc., The.

Life Cycle of an Earthworm. Contrib. by L. L. Owens. 2023. (Life Cycles Ser.). (ENG.). 32p. (J). (gr. 1-4). lib. bdg. 35.64 *(978-1-5038-5839-8(1)*, 215705, Wonder Books(r)) Child's World, Inc, The.

Life Cycle of Insects. Susan H. Gray. 2022. (Life Cycles Ser.). (ENG.). 48p. (J). pap. 9.95 *(978-1-4846-8318-7(8)*, 252780, Heinemann) Capstone.

Life Cycle of Naked-Seed Plant Life Cycle Books Grade 5 Children's Biology Books. Baby Professor. 2021. (ENG.). 72p. (J). 27.99 *(978-1-5419-8390-8(4))*; pap. 16.99 *(978-1-5419-6014-5(9))* Speedy Publishing LLC. (Baby Professor (Education Kids)).

Life Cycle of the Orca: Band 16/Sapphire. Moira Butterfield. 2017. (Collins Big Cat Ser.). (ENG., Illus.). 56p. (J). pap. 8.99 *(978-0-00-820890-5(5))* HarperCollins Pubs. Ltd. GBR. Dist: Independent Pubs. Group.

Life Cycles, 1 vol. Linda Buellis. 2016. (Spotlight on Ecology & Life Science Ser.). (ENG.). 24p. (J). (gr. 4-6). 27.93 *(978-1-4994-2577-2(5)*, e8f8a932-b33d-42cf-9a84-51f122d5accf); pap. 11.00 *(978-1-4994-2574-1(0)*, a2e9f72f-1ec6-448f-8b4d-9745ce702cc5) Rosen Publishing Group, Inc., The. (PowerKids Pr.).

Life Cycles. Christina Earley. 2022. (Life Science Ser.). (ENG.). 24p. (J). (gr. 3-6). pap. 8.95 *(978-1-63897-605-9(8)*, 20511); lib. bdg. 27.93 *(978-1-63897-490-1(X)*, 20510) Seahorse Publishing.

Life Cycles. Katie Marsico. 2016. (J). *(978-1-4896-5280-5(9))* Weigl Pubs., Inc.

Life Cycles. Charlotte Guillain. rev. ed. 2016. (Investigate! Ser.). (ENG.). 32p. (J). (gr. k-2). pap. 7.99 *(978-1-4846-3565-0(5)*, 133235, Heinemann) Capstone.

Life Cycles: Everything from Start to Finish. DK. Illus. by Sam Falconer. 2020. (DK Life Cycles Ser.). (ENG.). 144p. (J). (gr. 2-4). 19.99 *(978-1-4654-9744-4(7)*, DK Children) Dorling Kindersley Publishing, Inc.

Life Cycles: Mountain. Sean Callery. 2018. (Lifecycles Ser.). (ENG.). 32p. (J). 12.99 *(978-0-7534-7432-7(8)*, 900187457, Kingfisher) Roaring Brook Pr.

Life Cycles of Caribou. Monica Ittusardjuat. Illus. by Emma Pedersen. ed. 2020. (ENG & IKU.). 26p. (J). (gr. -1 — 1). bds. 12.95 *(978-1-77227-280-2(9))* Inhabit Media Inc. CAN. Dist: Consortium Bk. Sales & Distribution.

Life Cycles: Rainforest. Sean Callery. 2018. (Lifecycles Ser.). (ENG.). 32p. (J). pap. 7.99 *(978-0-7534-7382-5(8)*, 9780753473825, Kingfisher) Roaring Brook Pr.

Life Cycles: River. Sean Callery. 2018. (Lifecycles Ser.). (ENG.). 32p. (J). 12.99 *(978-0-7534-7433-4(6)*, 900187459); pap. 7.99 *(978-0-7534-7425-9(5)*, 900187157) Roaring Brook Pr. (Kingfisher).

Life Cycles (Set), 12 vols. 2023. (Life Cycles Ser.). (ENG.). (J). (gr. 1-4). lib. bdg. 427.68 *(978-1-5038-6990-5(3)*, 216809, Wonder Books(r)) Child's World, Inc, The.

Life Cycles: Set 1, 12 vols. 2018. (Life Cycles Ser.). (ENG.). 24p. (J). (gr. 1-2). lib. bdg. 157.38 *(978-1-5345-2738-6(9)*, c1983e7f-6371-43c3-b18b-889cd18bcd86) Greenhaven Publishing LLC.

Life Cycles: Set 3, 12 vols. 2021. (Life Cycles Ser.). (ENG.). 24p. (J). (gr. 1-2). lib. bdg. 157.38 *(978-1-5345-4018-7(0)*, 9b9c8c8d-d26c-4b3c-80d3-6c148fea8618, KidHaven Publishing) Greenhaven Publishing LLC.

Life Cycles (Set Of 8) Meg Gaertner. 2021. (Life Cycles Ser.). (ENG., Illus.). 192p. (J). (gr. 1-2). pap. 71.60 *(978-1-64493-871-3(5))*; lib. bdg. 228.00 *(978-1-64493-825-6(1))* North Star Editions. (Focus Readers).

Life Cycles: Sets 1 - 3, 36 vols. 2021. (Life Cycles Ser.). (ENG.). (J). (gr. 1-2). lib. bdg. 472.14 *(978-1-5345-4019-4(9)*, 195be100-d896-4b98-8287-b672b1584f1b, KidHaven Publishing) Greenhaven Publishing LLC.

Life Death & Sorcery Volume 01. Danny Zabbal. 2017. (ENG.). 112p. (YA). pap. 16.99 *(978-0-9950098-1-3(3)*, 9d28536a-cf08-409e-ae8a-d7bd3f6d6e47) Chapterhouse Comics CAN. Dist: Diamond Comic Distributors, Inc.

Life Death of Jenny Wren (Classic Reprint) Unknown Author. 2018. (ENG., Illus.). 26p. (J). 24.45 *(978-0-332-07858-8(2))* Forgotten Bks.

Life Doesn't Frighten Me (Twenty-Fifth Anniversary Edition) Maya Angelou et al. 25th ed. 2018. (ENG., Illus.). 40p. (J). (gr. -1-17). 19.95 *(978-1-4197-2748-1(6)*, 1198401) Abrams, Inc.

Life During COVID-19. Lynn Ternus. 2021. (COVID-19 Pandemic Ser.). (ENG.). 80p. (YA). (gr. 6-12). 43.93 *(978-1-6782-0060-2(3)*, BrightPoint Pr.) ReferencePoint Pr., Inc.

Life Electric: The Story of Nikola Tesla. Azadeh Westergaard. Illus. by Júlia Sardà. 2021. 40p. (J). (gr. k-4). 18.99 *(978-0-593-11460-5(4)*, Viking Books for Young Readers) Penguin Young Readers Group.

Life Expectancy. Alison Hughes. 2023. (ENG.). 240p. (YA). (gr. 8-12). pap. 16.95 ***(978-1-77086-709-3(0)***, Dancing Cat Bks.) Cormorant Bks. Inc. CAN. Dist: Orca Bk. Pubs. USA.

Life Fantastic: A Novel in Three Acts. Liza Ketchum. 2017. (ENG.). 256p. (YA). 17.99 *(978-1-4405-9876-0(2)*, Simon Pulse) Simon Pulse.

Life for a Life. Dinah Maria Mulock Craik. 2017. (ENG.). 402p. (J). pap. *(978-3-337-04199-1(X))* Creation Pubs.

Life for a Life: A Novel (Classic Reprint) Dinah Maria Mulock Craik. 2017. (ENG., Illus.). 400p. (J). 32.15 *(978-0-484-41315-2(5))* Forgotten Bks.

Life for a Life (Classic Reprint) Robert Herrick. 2017. (ENG., Illus.). (J). 33.22 *(978-1-5282-4972-0(0))* Forgotten Bks.

Life for a Life, Vol. 1 of 3 (Classic Reprint) Dinah Maria Mulock Craik. 2018. (ENG., Illus.). 318p. (J). 30.46 *(978-0-267-91123-3(8))* Forgotten Bks.

Life Guide for Teenagers. Lucinda Neall. 2017. (ENG., Illus.). 100p. (YA). pap. *(978-0-9935947-9-3(4))* Leaping Boy Pubns.

Life Hacks: Letting God Sort It. Mary Louise Stone. rev. ed. 2017. (ENG.). 112p. (J). pap. 9.99 *(978-1-5271-0046-6(4)*, 28b68a4a-6f16-4e2e-be8f-b1e8f7425673, CF4Kids) Christian Focus Pubns. GBR. Dist: Baker & Taylor Publisher Services (BTPS).

Life Has Colors: Biology Color Book. Jupiter Kids. 2016. (ENG., Illus.). 106p. (J). pap. 12.55 *(978-1-68305-277-7(3)*, Jupiter Kids (Childrens & Kids Fiction)) Speedy Publishing LLC.

L

Life, Here & There: Or Sketches of Society & Adventure at Far-Apart Times & Places (Classic Reprint) Nathaniel Parker Willis. 2017. (ENG., Illus.). (J). 31.92 *(978-1-5281-7597-5(2))* Forgotten Bks.

Life Heroic: How to Unleash Your Most Amazing Self. Elizabeth Svoboda. Illus. by Chris Hajny. 2019. (ENG.). 144p. (J). (gr. 4-8). pap. 16.99 *(978-1-942186-25-0(8)*, c6774a94-9c2d-4df5-b7f9-a88df75fdee6); lib. bdg. 37.32 *(978-1-5415-7860-9(0)*, 1c8f0e4b-51cb-4054-a8fc-7970f4501f03) Lerner Publishing Group. (Zest Bks.).

Life I'm In. Sharon G. Flake. (ENG.). 336p. (YA). 2022. (gr. 9-7). pap. 11.99 *(978-1-338-57318-3(7))*; 2021. pap. *(978-0-7023-0673-0(8))*; 2021. (gr. 9-9). 18.99 *(978-1-338-57317-6(9))* Scholastic, Inc. (Scholastic Pr.).

Life in a Blended Family, 1 vol. Viola Jones et al. 2016. (Divorce & Your Family Ser.). (ENG., Illus.). 64p. (J). (gr. 7-7). 36.13 *(978-1-5081-7129-4(7)*, 726425aa-5c4f-41a8-bdfe-dfd62d6fa79e) Rosen Publishing Group, Inc., The.

Life in a Coral Reef. Kari Schuetz. 2016. (Biomes Alive! Ser.). (ENG., Illus.). 24p. (J). (gr. k-3). lib. bdg. 26.95 *(978-1-62617-315-6(X)*, Blastoff! Readers) Bellwether Media.

Life in a Cube. Seth Rogers. rev. ed. 2018. (Smithsonian: Informational Text Ser.). (ENG., Illus.). 32p. (J). (gr. 4-8). pap. 12.99 *(978-1-4938-6707-3(5))* Teacher Created Materials, Inc.

Life in a Desert. Kari Schuetz. 2016. (Biomes Alive! Ser.). (ENG., Illus.). 24p. (J). (gr. k-3). lib. bdg. 26.95 *(978-1-62617-316-3(8)*, Blastoff! Readers) Bellwether Media.

Life in a Fishbowl. Len Vlahos. 2019. (ENG.). 336p. (YA). pap. 9.99 *(978-1-68119-616-9(6)*, 900179038, Bloomsbury Young Adult) Bloomsbury Publishing USA.

Life in a Forest. Laura Hamilton Waxman. 2016. (Biomes Alive! Ser.). (ENG., Illus.). 24p. (J). (gr. k-3). lib. bdg. 26.95 *(978-1-62617-317-0(6)*, Blastoff! Readers) Bellwether Media.

Life in a Frozen World: Wildlife of Antarctica. Mary Batten. Illus. by Thomas Gonzalez. 2020. (Life in the Extremes Ser.). 40p. (J). (gr. 2-6). 18.99 *(978-1-68263-151-5(6))* Peachtree Publishing Co. Inc.

Life in a Frozen World (Revised Edition) Wildlife of Antarctica. Mary Batten. Illus. by Thomas Gonzalez. 2022. 40p. (J). (gr. 1-4). pap. 8.99 *(978-1-68263-407-3(8))* Peachtree Publishing Co. Inc.

Life in a Grassland. Laura Hamilton Waxman. 2016. (Biomes Alive! Ser.). (ENG., Illus.). 24p. (J). (gr. k-3). lib. bdg. 26.95 *(978-1-62617-318-7(4)*, Blastoff! Readers) Bellwether Media.

Life in a Nutshell: A Story (Classic Reprint) Agnes Giberne. (ENG., Illus.). (J). 2018. 228p. 28.60 *(978-0-483-98573-5(2))*; 2016. pap. 10.97 *(978-1-333-27694-2(X))* Forgotten Bks.

Life in a Pond. Carol K. Lindeen & Carol K. Lindeen. rev. ed. 2016. (Living in a Biome Ser.). (ENG.). 24p. (J). (gr. -1-2). pap. 7.29 *(978-1-5157-3463-5(3)*, 133431) Capstone.

Life in a Tropical Rain Forest. Kari Schuetz. 2016. (Biomes Alive! Ser.). (ENG., Illus.). 24p. (J). (gr. k-3). lib. bdg. 26.95 *(978-1-62617-320-0(6)*, Blastoff! Readers) Bellwether Media.

Life in a Tundra. Kari Schuetz. 2016. (Biomes Alive! Ser.). (ENG., Illus.). 24p. (J). (gr. k-3). lib. bdg. 26.95 *(978-1-62617-321-7(4)*, Blastoff! Readers) Bellwether Media.

Life in a Wetland. Laura Hamilton Waxman. 2016. (Biomes Alive! Ser.). (ENG., Illus.). 24p. (J). (gr. k-3). lib. bdg. 26.95 *(978-1-62617-322-4(2)*, Blastoff! Readers) Bellwether Media.

Life in Afrikanderland As Viewed by an Afrikander: A Story of Life in South Africa, Based on Truth (Classic Reprint) Cios Cios. 2017. (ENG., Illus.). (J). 30.33 *(978-1-5279-8329-8(3))* Forgotten Bks.

Life in Alaska: Letters of Mrs. Eugene S. Willard (Classic Reprint) Eva McClintock. 2017. (ENG., Illus.). (J). 31.90 *(978-1-5285-8718-1(9))* Forgotten Bks.

Life in America, or the Wigwam & the Cabin (Classic Reprint) William Gilmore Simms. 2018. (ENG., Illus.). 312p. (J). 30.35 *(978-0-483-92745-2(7))* Forgotten Bks.

Life in an Ocean. Carol K. Lindeen. rev. ed. 2016. (Living in a Biome Ser.). (ENG.). 24p. (J). (gr. -1-2). pap. 7.29 *(978-1-5157-3693-6(8)*, 133657) Capstone.

Life in Ancient Civilizations, 6 vols., Set. Incl. Aztecs: Life in Tenochtitlan. Matt Doeden. Illus. by Samuel Hiti. lib. bdg. 29.27 *(978-0-8225-8684-5(3)*, Millbrook Pr.); Babylonians: Life in Ancient Babylon. Martha E. H. Rustad & Samuel Hiti. (J). lib. bdg. 29.27 *(978-0-8225-8682-1(7)*, Millbrook Pr.); Chinese: Life in China's Golden Age. Matt Doeden. Illus. by Sam Hiti. lib. bdg. 29.27 *(978-0-8225-8681-4(9)*, Millbrook Pr.); Greeks: Life in Ancient Greece. Michelle Levine. Illus. by Samuel Hiti. (J). lib. bdg. 29.27 *(978-0-8225-8680-7(0)*, Lerner Pubns.); Romans: Life in Ancient Rome. Liz Sonneborn. Illus. by Samuel Hiti. lib. bdg. 29.27 *(978-0-8225-8679-1(7)*, Millbrook Pr.); 48p. (gr. 3-6). 2009. Set lib. bdg. 175.62 *(978-0-8225-8678-4(9)*, Millbrook Pr.) Lerner Publishing Group.

Life in Ancient Egypt, 8 vols., Set. Kathryn Hinds. Incl. City. lib. bdg. 36.93 *(978-0-7614-2184-9(X)*, 8b3eca35-8c2f-4468-bd6f-1de7df8479c3); Countryside. lib. bdg. 36.93 *(978-0-7614-2185-6(8)*, 6a32bf91-5e79-4104-8a94-0deb0fd46c83); Pharaoh's Court. lib. bdg. 36.93 *(978-0-7614-2183-2(1)*, 00e36f6c-9219-43ac-974d-e390a22921ae); (Illus.). 80p. (gr. 6-6). (Life in Ancient Egypt Ser.). (ENG.). 2007. Set lib. bdg. 147.72 *(978-0-7614-2182-5(3)*, b0d22007-30aa-4109-8863-0654f69850a8, Cavendish Square) Cavendish Square Publishing LLC.

Life in Antarctica - Geography Lessons for 3rd Grade Children's Explore the World Books. Baby Professor. 2017. (ENG., Illus.). (J). pap. 9.55 *(978-1-5419-1430-8(9)*, Baby Professor (Education Kids)) Speedy Publishing LLC.

Life in Chatsworth: 1865-1885 (Classic Reprint) Catherine Bigham Brode. (ENG., Illus.). (J). 2018. 104p. 26.04 *(978-0-666-99417-2(X))*; 2017. pap. 9.57 *(978-0-259-40463-7(2))* Forgotten Bks.

Life in Color: A Coloring Book of Teenage Confusion, Creativity, & Discovery. Illus. by Courtney Autumn Martin et al. 2016. (ENG.). 96p. (YA). (gr. 9-11). pap. 12.95 *(978-1-63079-059-2(1)*, 132188, Switch Pr.) Capstone.

Life in Colour: A Teen Colouring Book for Bold, Bright, Messy Works-In-Progress. Illus. by Courtney Autumn Martin et al. 2016. (ENG.). 96p. (J). pap. *(978-1-78202-494-1(8)*, Curious Fox) Raintree Pubs.

Life in Danbury: Being a Brief but Comprehensive Record of the Doings of a Remarkable People, under More Remarkable Circumstances, & Chronicled in a Most Remarkable Manner (Classic Reprint) James Montgomery Bailey. 2017. (ENG., Illus.). (J). 30.48 *(978-0-265-55541-5(8))* Forgotten Bks.

Life in Dixie During the War: 1863-1864-1865 (Classic Reprint) Mary Ann Harris Gay. 2017. (ENG., Illus.). (J). 29.24 *(978-0-265-71568-0(7))*; pap. 11.97 *(978-1-5276-7122-5(4))* Forgotten Bks.

Life in Dixie During the War 1863-1864-1865 (Classic Reprint) Mary Ann Harris Gay. 2018. (ENG., Illus.). 414p. (J). 32.44 *(978-0-365-12407-8(9))* Forgotten Bks.

Life in Elizabethan England, 8 vols., Set. Kathryn Hinds. Incl. Church. (Illus.). lib. bdg. 36.93 *(978-0-7614-2545-8(4)*, d2650349-531f-49f0-be7f-7127aa03340c); City. lib. bdg. 36.93 *(978-0-7614-2544-1(6)*, fdbd7827-b51f-4e66-9836-d530d706d82c); Countryside. (Illus.). lib. bdg. 36.93 *(978-0-7614-2543-4(8)*, a2dffa24-be2f-44c3-a7d3-3cfa935ba5e4); Elizabeth & Her Court. (Illus.). lib. bdg. 36.93 *(978-0-7614-2542-7(X)*, 69a47779-a1c4-4775-b8fe-4c1f3fca7d87); 80p. (gr. 6-6). (Life in Elizabethan England Ser.). (ENG.). 2008. Set lib. bdg. 147.72 *(978-0-7614-2540-3(3)*, 6739a449-04ef-4e70-b6f2-5395fc143514, Cavendish Square) Cavendish Square Publishing LLC.

Life in General, 2004 (Classic Reprint) Washington-Lee High School. (ENG., Illus.). (J). 2018. 260p. 29.26 *(978-0-484-11359-5(3))*; 2017. pap. 11.97 *(978-0-259-92111-0(4))* Forgotten Bks.

Life in Germany: Or a Visit to the Springs of Germany by an Old Man in Search of Health (Classic Reprint) Francis Head. 2017. (ENG., Illus.). 240p. (J). 28.87 *(978-0-332-24648-2(5))* Forgotten Bks.

Life in Hot Water: Wildlife at the Bottom of the Ocean. Mary Batten. Illus. by Thomas Gonzalez. 2022. 40p. (J). (gr. 1-4). 18.99 *(978-1-68263-152-2(4))* Peachtree Publishing Co. Inc.

Life in India, or the English at Calcutta, Vol. 1 of 3 (Classic Reprint) Monkland. (ENG., Illus.). (J). 2018. 272p. 29.51 *(978-0-483-73149-3(8))*; 2016. pap. 11.97 *(978-1-334-15852-0(5))* Forgotten Bks.

Life in India, or the English at Calcutta, Vol. 2 of 3 (Classic Reprint) Anne Catharine Monkland. (ENG., Illus.). (J). 2017. 29.55 *(978-0-331-94283-5(6))*; 2016. pap. 11.97 *(978-1-334-12210-1(5))* Forgotten Bks.

Life in London: Or the Day & Night Scenes of Jerry Hawthorn, Esq., & His Elegant Friend Corinthian Tom in Their Rambles & Sprees Through the Metropolis (Classic Reprint) Pierce Egan. 2017. (ENG., Illus.). 486p. (J). 33.94 *(978-1-5283-8503-9(9))* Forgotten Bks.

Life in Many Lands, Vol. 1: Life in Other Homes (Classic Reprint) Lavinia Edna Walter. (ENG., Illus.). (J). 2018. 144p. 26.87 *(978-0-656-28747-5(0))*; 2017. pap. 9.57 *(978-0-259-48548-3(9))* Forgotten Bks.

Life in Medieval Europe, 8 vols. 2016. (Life in Medieval Europe Ser.). (ENG.). 80p. (gr. 6-6). lib. bdg. 149.44 *(978-1-5026-1822-1(2)*, c69f6e0e-6194-45b9-99df-bf0ef9188090, Cavendish Square) Cavendish Square Publishing LLC.

Life in Mexico, During a Residence of Two Years in That Country (Classic Reprint) Frances Erskine Inglis. (ENG., Illus.). (J). 2018. 454p. 33.28 *(978-0-484-39951-7(9))*; 2016. pap. 16.57 *(978-1-334-20883-6(2))* Forgotten Bks.

Life in Mexico, Vol. 1 Of 2: During a Residence of Two Years in That Country (Classic Reprint) C. de la B. 2018. (ENG., Illus.). 428p. (J). 32.72 *(978-0-267-24527-7(0))* Forgotten Bks.

Life in New York, in Doors & Out of Doors: Illustrated by Forty Engravings (Classic Reprint) William Burns. (ENG., Illus.). (J). 2018. 100p. 25.98 *(978-0-365-08219-4(8))*; 2017. pap. 9.57 *(978-0-259-21114-3(1))* Forgotten Bks.

Life in Nine Panels - a How to Draw Comics Activity Book. Smarter Activity Books for Kids. 2016. (ENG., Illus.). (J). pap. 9.22 *(978-1-68374-254-8(0))* Examined Solutions PTE. Ltd.

Life in Normandy. John Francis Campbell. 2017. (ENG.). 432p. (J). pap. *(978-3-7447-7793-3(6))* Creation Pubs.

Life in Normandy: Sketches of French Fishing, Farming, Cooking, Natural (Classic Reprint) John Francis Campbell. 2018. (ENG., Illus.). 380p. (J). 31.73 *(978-0-666-53174-2(9))* Forgotten Bks.

Life in Normandy: Sketches of French Fishing, Farming, Cooking, Natural History & Politics, Drawn from Nature (Classic Reprint) Walter Frederick Campbell. (ENG., Illus.). (J). 2017. 32.77 *(978-0-265-37129-9(5))*; 2016. pap. 16.57 *(978-1-334-28653-7(1))* Forgotten Bks.

Life in Normandy, Vol. 2: Sketches of French Fishing, Farming, Cooking, Natural History & Politics Drawn from Nature (Classic Reprint) Walter Frederick Campbell. 2019. (ENG., Illus.). 400p. (J). 32.17 *(978-0-365-18591-8(4))* Forgotten Bks.

Life in Numbers. Kristy Stark. 2018. (TIME for KIDS(r): Informational Text Ser.). (ENG., Illus.). 12p. (J). (gr. k-1). 7.99 *(978-1-4258-4948-1(2))* Teacher Created Materials, Inc.

Life in Numbers: Choose Your Career (Level 5) Heather Price-Wright. 2017. (TIME for KIDS(r): Informational Text Ser.). (ENG., Illus.). 48p. (gr. 4-8). pap. 13.99 *(978-1-4258-4985-6(7))* Teacher Created Materials, Inc.

Life in Numbers: Managing Time (Level 3) Perlman Lisa Greathouse. 2017. (TIME for KIDS(r): Informational Text Ser.). (ENG., Illus.). 32p. (J). (gr. 3-4). pap. 12.99 *(978-1-4258-4969-6(5))* Teacher Created Materials, Inc.

Life in Numbers: Polls & Surveys. Monika Davies. 2018. (TIME(r): Informational Text Ser.). (ENG., Illus.). 48p. (J). (gr. 6-8). pap. 13.99 *(978-1-4258-5005-0(7))* Teacher Created Materials, Inc.

Life in Numbers: Smart Shoppers (Level 1) Karin Anderson. 2018. (TIME for KIDS(r): Informational Text Ser.). (ENG., Illus.). 16p. (J). (gr. 1-2). 8.99 *(978-1-4258-4956-6(3))* Teacher Created Materials, Inc.

Life in Numbers: Stressed Out! (Level 4) Michelle Prather. 2017. (TIME for KIDS(r): Informational Text Ser.). (ENG., Illus.). 32p. (gr. 3-5). pap. 12.99 *(978-1-4258-4984-9(9))* Teacher Created Materials, Inc.

Life in Numbers: What Is Average? Lesley Ward. 2018. (TIME(r): Informational Text Ser.). (ENG., Illus.). 48p. (J). (gr. 5-8). pap. 13.99 *(978-1-4258-4997-9(0))* Teacher Created Materials, Inc.

Life in Numbers: Write Haiku (Level 2) Lisa Holewa. 2017. (TIME for KIDS(r): Informational Text Ser.). (ENG., Illus.). 28p. (gr. 2-3). pap. 10.99 *(978-1-4258-4963-4(6))* Teacher Created Materials, Inc.

Life in Other Lands (Classic Reprint) Alice Hamblin. 2018. (ENG., Illus.). 164p. (J). 27.28 *(978-0-267-49052-3(6))* Forgotten Bks.

Life in Outer Space, 1 vol. Melissa Keil. 2016. (ENG.). 320p. (YA). (gr. 7-11). pap. 9.95 *(978-1-56145-975-9(5))* Peachtree Publishing Co. Inc.

Life in Paris: Comprising the Rambles, Sprees, & Amours of Dick Wildfire, or Corinthian Celebrity, & His Bang-Up Companions, Squire Jenkins & Captain o'Shuffleton; with the Whimsical Adventures of the Halibut Family (Classic Reprint) David Carey. (ENG., Illus.). (J). 2018. 598p. 36.25 *(978-0-666-39393-7(1))*; 2017. pap. 19.57 *(978-0-259-81876-2(3))* Forgotten Bks.

Life in Pink Unicorn Journal for Girls. Cristie Publishing. 2020. (ENG.). 122p. (J). pap. 12.00 *(978-1-716-31817-7(3))* Lulu Pr., Inc.

Life in Prairie Land (Classic Reprint) Eliza Woodson Farnham. 2017. (ENG., Illus.). (J). 32.39 *(978-1-5281-8427-4(0))* Forgotten Bks.

Life in Railway Factory (Classic Reprint) Fred Williams. 2018. (ENG., Illus.). 350p. (J). 31.12 *(978-0-267-86838-4(3))* Forgotten Bks.

Life in Shakespeare's England: A Book of Elizabethan Prose (Classic Reprint) John Dover Wilson. 2017. (ENG., Illus.). (J). 30.70 *(978-0-266-65447-6(9))* Forgotten Bks.

Life in South Africa (Classic Reprint) Lady Barker. 2018. (ENG., Illus.). 144p. (J). 26.87 *(978-0-666-45191-0(5))* Forgotten Bks.

Life in Southern Prisons; from the Diary of Corporal Charles Smedley, of Company G, 90th Regiment Penn'a Volunteers, Commencing a Few Days Before the Battle of the Wilderness, in Which He Was Taken Prisoner, in the Evening of the Fifth Month Fifth 1864. Charles Smedley. 2018. (ENG., Illus.). 64p. (J). 25.22 *(978-0-267-70050-9(4))* Forgotten Bks.

Life in Space. Catherine C. Finan. 2022. (X-Treme Facts: Space Ser.). (ENG., Illus.). 32p. (J). (gr. 3-5). lib. bdg. 28.50 *(978-1-63691-508-1(6)*, 18635) Bearport Publishing Co., Inc.

Life in Space. Martha E. H. Rustad. 2018. (Astronaut's Life Ser.). (ENG., Illus.). 24p. (J). (gr. -1-2). lib. bdg. 27.32 *(978-1-5157-9817-0(8)*, 136883, Capstone Pr.) Capstone.

Life in Spain, Past & Present (Classic Reprint) Walter Thornbury. (ENG., Illus.). (J). 2018. 390p. 31.94 *(978-0-483-84124-6(2))*; 2017. pap. 16.57 *(978-0-243-86517-8(1))* Forgotten Bks.

Life in Spain, Vol. 1 Of 2: Past & Present (Classic Reprint) Walter Thornbury. 2017. (ENG., Illus.). (J). 30.93 *(978-1-5279-8427-1(3))* Forgotten Bks.

Life in Spain, Vol. 2 Of 2: Past & Present (Classic Reprint) Walter Thornbury. (ENG., Illus.). (J). 2017. 360p. 31.34 *(978-0-332-44969-2(6))*; 2016. pap. 13.97 *(978-1-333-18933-4(8))* Forgotten Bks.

Life in the Amazon Rainforest. Ginjer L. Clarke. 2018. (Penguin Young Readers, Level 4 Ser.). (Illus.). 48p. (J). (gr. 3-4). pap. 4.99 *(978-1-5247-8487-4(7)*, Penguin Young Readers) Penguin Young Readers Group.

Life in the Balance. Jen Petro-Roy. 2022. (ENG.). 272p. (J). pap. 7.99 *(978-1-250-82043-3(X)*, 900223135) Square Fish.

Life in the Big Apple: New York City Coloring Book Edition. Activity Book Zone for Kids. 2016. (ENG., Illus.). (J). pap. 7.55 *(978-1-68376-243-0(6))* Sabeels Publishing.

Life in the City. Kari Cornell. 2016. (Illus.). 24p. (J). *(978-0-87659-714-9(2))* Gryphon Hse., Inc.

Life in the City. Holly Duhig. 2019. (Human Habitats Ser.). (ENG.). 24p. (J). (gr. 2-2). pap. *(978-0-7787-6480-9(X)*, c6c2f66f-b2bd-4070-a4e0-cfda8ec4823e); lib. bdg. *(978-0-7787-6468-7(0)*, e14ed13a-1408-45a7-bdec-60e94c5b6081) Crabtree Publishing Co.

Life in the City & on the Farm - the Great Depression Edition - History 4th Grade Children's History. Baby Professor. 2017. (ENG., Illus.). (J). pap. 9.55 *(978-1-5419-3870-0(4)*, Baby Professor (Education Kids)) Speedy Publishing LLC.

Life in the Clearings Versus the Bush (Classic Reprint) Susanna Moodie. 2017. (ENG., Illus.). (J). 30.17 *(978-0-331-55069-6(5))*; pap. 13.57 *(978-1-334-91427-0(3))* Forgotten Bks.

Life in the Doghouse Pawsome Collection (Boxed Set) Elmer & the Talent Show; Moose & the Smelly Sneakers; Millie, Daisy, & the Scary Storm; Finn & the Feline Frenemy. Danny Robertshaw et al. Illus. by Laura Catrinella. ed. 2023. (Life in the Doghouse Ser.). (ENG.). 624p. (J). (gr. 2-5). pap. 27.99 *(978-1-6659-1910-4(8)*, Aladdin) Simon & Schuster Children's Publishing.

Life in the East Indies (Classic Reprint) William Henry Thomes. 2018. (ENG., Illus.). 362p. (J). 31.49 *(978-0-484-76664-7(3))* Forgotten Bks.

Life in the Far West: Or a Detective's Thrilling Adventures among the Indians & Outlaws of Montana (Classic Reprint) C. H. Simpson. (ENG., Illus.). (J). 2018. 356p. 31.24 *(978-0-483-47906-7(3))*; 2016. pap. 13.97 *(978-1-334-11924-8(4))* Forgotten Bks.

Life in the Flames, Volume 3. Chris Morphew. 2017. (Phoenix Files Ser.: 3). (ENG.). 672p. (YA). (gr. 7). pap. 12.99 *(978-1-76012-427-4(3))* Hardie Grant Children?s Publishing AUS. Dist: Independent Pubs. Group.

Life in the Forest. Holly Duhig. 2019. (Human Habitats Ser.). (ENG.). 24p. (J). (gr. 2-2). pap. *(978-0-7787-6481-6(8)*, 34d1c3e5-8ed9-41fd-a750-233781c60973); lib. bdg. *(978-0-7787-6469-4(9)*, 8fe561fd-b955-4fd6-865f-2fc54aed6ea3) Crabtree Publishing Co.

Life in the Gobi Desert. Ginjer L. Clarke. 2018. (Penguin Young Readers, Level 4 Ser.). (Illus.). 48p. (J). (gr. 3-4). pap. 4.99 *(978-1-5247-8490-4(7)*, Penguin Young Readers) Penguin Young Readers Group.

Life in the Grand Pause. Frank Saraco. 2019. (ENG.). 242p. (J). (gr. 4-5). 17.99 *(978-1-946425-38-6(9)*, Barnsley Ink); pap. 12.99 *(978-1-946425-36-2(2))* Write Way Publishing Co. LLC.

Life in the Greenwood, Robin Hood Tales (Classic Reprint) Marion Florence Lansing. 2018. (ENG., Illus.). 190p. (J). 27.84 *(978-0-428-73808-2(7))* Forgotten Bks.

Life in the Hills of Kentucky (Classic Reprint) William Eleazar Barton. 2018. (ENG., Illus.). 310p. (J). 30.29 *(978-0-365-00720-3(X))* Forgotten Bks.

Life in the Insect World: Or, Conversations upon Insects, Between an Aunt & Her Nieces (Classic Reprint) Unknown Author. 2018. (ENG., Illus.). 250p. (J). 29.05 *(978-0-267-12160-1(1))* Forgotten Bks.

Life in the London Streets, or Struggles for Daily Bread (Classic Reprint) Richard Rowe. 2017. (ENG., Illus.). (J). 32.52 *(978-0-265-71538-3(5))*; pap. 16.57 *(978-1-5276-7066-2(X))* Forgotten Bks.

Life in the Medieval Muslim World, 8 vols., Set. Kathryn Hinds. Incl. City. lib. bdg. 36.93 *(978-0-7614-3089-6(X)*, fa8c06a0-1e74-4969-b188-2c9854778862); Countryside. lib. bdg. 36.93 *(978-0-7614-3091-9(1)*, 5fb8ea53-3a2c-408e-b81b-499cf486d6d2); Faith. (Illus.). lib. bdg. 36.93 *(978-0-7614-3092-6(X)*, f62d24b6-eb9f-4943-9b04-7199c3b405a8); Palace. lib. bdg. 36.93 *(978-0-7614-3088-9(1)*, 14960366-c210-4045-bd8f-1ef36947278e); 80p. (gr. 6-6). (Life in the Medieval Muslim World Ser.). (ENG.). 2009. Set lib. bdg. 147.72 *(978-0-7614-3086-5(5)*, 91f96f68-d9e0-4dc1-b651-ebec7b24bd97, Cavendish Square) Cavendish Square Publishing LLC.

Life in the Middle. Stephanie Coleman. Ed. by Lissa Halls Johnson. 2023. (Riverbend Friends Ser.: 5). (ENG.). 256p. (YA). pap. 14.99 ***(978-1-64607-088-6(7)***, 20_44574) Focus on the Family Publishing.

Life in the Middle Ages, 12 vols. 2016. (Life in the Middle Ages Ser.). (ENG.). 00064p. (J). (gr. 5-5). 216.78 *(978-1-5081-7364-9(8)*, 479dbe61-21cd-4e19-a676-479165006841, Rosen Central) Rosen Publishing Group, Inc., The.

Life in the Mines; or Crime Avenged: Including Thrilling Adventures among Miners & Outlaws (Classic Reprint) Charles Simpson. 2018. (ENG., Illus.). 358p. (J). 31.28 *(978-0-484-33329-0(1))* Forgotten Bks.

Life in the Mission, the Camp, & the Zenana, or Six Years in India, Vol. 1 of 2 (Classic Reprint) Colin MacKenzie. 2017. (ENG., Illus.). (J). 484p. 33.90 *(978-0-332-09784-8(6))*; 31.24 *(978-0-266-74562-4(8))*; pap. 13.97 *(978-1-5277-1441-0(1))*; pap. 16.57 *(978-0-259-57881-9(9))* Forgotten Bks.

Life in the Mountains. Holly Duhig. 2019. (Human Habitats Ser.). (ENG.). 24p. (J). (gr. 2-2). pap. *(978-0-7787-6483-0(4)*, 0807309d-52e0-45fe-ac42-bc6ccfcf00f7); lib. bdg. *(978-0-7787-6477-9(X)*, 576baefc-8cf3-4767-b29e-82236628c730) Crabtree Publishing Co.

Life in the Nazi Ghettos, 1 vol. Hallie Murray & Ann Byers. 2018. (Tales of Atrocity & Resistance: First-Person Stories of Teens in the Holocaust Ser.). (ENG.). 128p. (gr. 7-7). 40.27 *(978-0-7660-9833-6(8)*, c45aa0d2-b003-48c2-996c-17c857c32d76) Enslow Publishing, LLC.

Life in the New World: Or Sketches of American Society (Classic Reprint) Seatsfield Seatsfield. 2018. (ENG., Illus.). 356p. (J). 31.24 *(978-0-666-80035-0(9))* Forgotten Bks.

Life in the Open Air, & Other Papers (Classic Reprint) Theodore Winthrop. 2017. (ENG., Illus.). (J). 31.86 *(978-1-5283-8610-4(8))* Forgotten Bks.

Life in the Roman Empire, 8 vols. 2016. (Life in the Roman Empire Ser.). (ENG.). 80p. (J). (gr. 6-6). lib. bdg. 149.44 *(978-1-5026-2398-0(6)*, b92c6cb4-efd3-47b2-a9ce-ad9e183c1496, Cavendish Square) Cavendish Square Publishing LLC.

Life in the Stone Age. Deborah Lock & Dorling Kindersley Publishing Staff. 2018. (ENG., Illus.). 48p. (J). *(978-0-241-31593-4(X))* Dorling Kindersley Publishing, Inc.

Life in the Stone Age. Deborah Lock. ed. 2019. (DK Readers Ser.). (ENG.). 48p. (J). (gr. k-1). 14.49 *(978-1-64310-924-4(3))* Penworthy Co., LLC, The.

Life in the US Army. Carrie Myers. 2020. (Life in the Military Ser.). (ENG.). 80p. (YA). (gr. 6-12). 41.27 *(978-1-68282-971-4(5)*, BrightPoint Pr.) ReferencePoint Pr., Inc.

Life in the US Coast Guard. Cecilia Pinto McCarthy. 2020. (Life in the Military Ser.). (ENG.). 80p. (YA). (gr. 6-12). 41.27 *(978-1-68282-973-8(1)*, BrightPoint Pr.) ReferencePoint Pr., Inc.

Life in the US Marine Corps. Susan E. Hamen. 2020. (Life in the Military Ser.). (ENG.). 80p. (YA). (gr. 6-12). 41.27 *(978-1-68282-975-2(8)*, BrightPoint Pr.) ReferencePoint Pr., Inc.

Life in the US Special Operations Forces. Laura Platas Scott. 2020. (Life in the Military Ser.). (ENG.). 80p. (YA). (gr. 6-12). 41.27 *(978-1-68282-979-0(0)*, BrightPoint Pr.) ReferencePoint Pr., Inc.

Life in the Walls, the Hearth, & the Eaves: Published under the Direction of the Committee of General Literature & Education Appointed by the Society for Promoting Christian Knowledge (Classic Reprint) A. C. Chambers. 2017. (ENG., Illus.). (J). 26.70 *(978-0-260-03165-5(8))*; pap. 9.57 *(978-1-5278-7872-3(4))* Forgotten Bks.

Life in the West: Or, Stories of the Mississippi Valley (Classic Reprint) N. C. Meeker. 2018. (ENG., Illus.). 400p. (J). 32.15 *(978-0-332-69797-0(5))* Forgotten Bks.

Life in the West, Back-Wood Leaves & Prairie Flowers: Rough Sketches on the Borders of the Picturesque, the Sublime, & Ridiculous; Extracts from the Note Book of

1170

The check digit for ISBN-10 appears in parentheses after the full ISBN-13

Morleigh in Search of an Estate (Classic Reprint) Morleigh Morleigh. (ENG., Illus.). (J). 2018. 382p. 31.80 *(978-0-267-38762-5(8))*; 2016. pap. 16.57 *(978-1-334-14373-1(0))* Forgotten Bks.

Life in the Wilds: Or the South African Settlement, a Tale for Young & Old (Classic Reprint) Harriet Martineau. 2018. (ENG., Illus.). 148p. (J). 26.95 *(978-0-483-59433-3(4))* Forgotten Bks.

Life in the Woodlands: The Haida & Iroquois Indians - Social Studies Grade 3 - Children's Geography & Cultures Books. Baby Professor. 2019. (ENG.). 76p. (J). pap. 15.06 *(978-1-5419-5325-3(8))*; 25.05 *(978-1-5419-7512-5(X))* Speedy Publishing LLC. (Baby Professor (Education Kids)).

Life in Victoria, or Victoria in 1853 & Victoria in 1858, Vol. 1 Of 2: Showing the March of Improvement Made by the Colony Within Those Periods, in Town & Country, Cities & Diggings (Classic Reprint) William Kelly. 2018. (ENG., Illus.). 396p. (J). 32.08 *(978-0-267-53542-2(2))* Forgotten Bks.

Life in Washington: And Life Here & There (Classic Reprint) Mary J. Windle. 2018. (ENG., Illus.). 388p. (J). 31.90 *(978-0-267-17197-2(8))* Forgotten Bks.

Life in Yam Hill. Tevin Hansen. 2016. (ENG.). 208p. (YA). pap. 7.99 *(978-1-941429-45-7(9))* Handersen Publishing.

Life in Your World. Anj Cairns. 2017. (ENG., Illus.). 227p. (J). pap. *(978-1-9997944-0-8(0))* Copper Rose Publishing.

Life Inside My Mind: 31 Authors Share Their Personal Struggles. Jessica Burkhart et al. Ed. by Jessica Burkhart. (ENG., Illus.). 320p. (YA). (gr. 9). 2019. pap. 11.99 *(978-1-4814-9465-6(1))*; 2018. 17.99 *(978-1-4814-9464-9(3))* Simon Pulse. (Simon Pulse).

Life Is a Journey. Melinda Lem. Illus. by Yulia Mansurova. 2021. (ENG.). 20p. (J). pap. *(978-1-922621-01-6(3))* Library For All Limited.

Life Is a Journey - Te Maiu ni Boborau (Te Kiribati) Melinda Lem. Illus. by Swapan Debnath. 2023. (ENG.). 20p. (J). pap. ***(978-1-922844-65-1(9))*** Library For All Limited.

Life Is a Rainbow: Padded Board Book. IglooBooks. 2021. (ENG.). 24p. (J). (-k). bds. 8.99 *(978-1-80108-628-8(1))* Igloo Bks. GBR. Dist: Simon & Schuster, Inc.

Life Is Beautiful. Keb' Mo'. Illus. by Marco Furlotti. 2021. (ENG.). 36p. (J). (gr. k-2). 16.99 *(978-1-4867-2105-4(2))*, bd23f9f3-a6c3-4be8-9532-0ee7b6c0d8b1) Flowerpot Pr.

Life Is but a Dream. Rachel Lara. 2018. (ENG.). 28p. (J). ***(978-0-359-29237-0(2))*** Lulu Pr., Inc.

Life Is Complicated. Ed. by Alexis Koshy. Tr. by Sydney Bartholomew. Illus. by Rosalis Rosado. 2023. (ENG.). 84p. (J). pap. 9.00 ***(978-1-956594-27-0(2))*** Puentes.

Life Is Fine. Zahara D. Duncan. 2022. (ENG.). 46p. (J). *(978-0-2288-4313-9(8))*; pap. *(978-0-2288-4312-2(X))* Tellwell Talent.

Life Is Funny. Arun. 2018. (ENG., Illus.). 144p. (J). pap. 9.99 *(978-1-64249-269-9(8))* Notion Pr., Inc.

Life Is Funny. E. R. Frank. 2016. (ENG., Illus.). 288p. (YA). (gr. 9). 17.99 *(978-1-4814-3164-4(1))*, Atheneum Bks. for Young Readers) Simon & Schuster Children's Publishing.

Life Is Good. Cam Higgins. Illus. by Ariel Landy. 2021. (Good Dog Ser.: 6). (ENG.). 128p. (J). (gr. k-4). 17.99 *(978-1-5344-9538-8(X))*; pap. 6.99 *(978-1-5344-9537-1(1))* Little Simon. (Little Simon).

Life Is Good: #6. Cam Higgins. Illus. by Ariel Landy. 2022. (Good Dog Ser.). (ENG.). 128p. (J). (gr. k-4). lib. bdg. 32.79 *(978-1-0982-5207-6(1))*, 41286, Chapter Bks.) Spotlight.

Life Is Life: And Other Tales & Episodes (Classic Reprint) Zack Zack. 2017. (ENG., Illus.). 328p. (J). 30.68 *(978-0-484-27381-7(7))* Forgotten Bks.

Life Is Like the Wind. Shona Innes. Illus. by Írisz Agócs. 2nd ed. 2019. (Big Hug Book Ser.). (ENG.). 32p. (J). 15.99 *(978-1-76050-490-8(4))* Little Hare Bks. AUS. Dist: Independent Pubs. Group.

Life Is More Important - e Kakaawaki Riki Maium (Te Kiribati) Tebaibure K Rubeiariki. Illus. by Giward Musa. 2023. (ENG.). 28p. (J). pap. ***(978-1-922895-91-2(1))*** Library For All Limited.

Life Is Not about Color. Hubert Severe. 2022. (ENG.). 72p. (YA). pap. 10.99 *(978-1-6628-5382-1(3))* Salem Author Services.

Life Is Short. Emily Howard. 2021. (ENG.). 148p. (YA). pap. ***(978-1-365-64491-7(X))*** Lulu Pr., Inc.

Life Is the Trade-Off. Deoliver Davis. 2019. (ENG.). 122p. (YA). pap. 13.95 *(978-1-64515-102-9(6))* Christian Faith Publishing.

Life Is Worth Living: And Other Stories (Classic Reprint) Leo Tolstoi. (ENG., Illus.). (J). 2018. 226p. 28.56 *(978-0-483-50946-7(9))*; 2017. pap. 10.97 *(978-0-243-06031-3(9))* Forgotten Bks.

Life L1k3. Jay Kristoff. 2018. (Illus.). 402p. (J). *(978-0-525-64459-0(8))* Knopf, Alfred A. Inc.

Life Lessons: The Story of Little Crab. Travis Csoka. 2021. (ENG.). 18p. (J). *(978-0-2288-5314-5(1))*; pap. *(978-0-2288-5313-8(3))* Tellwell Talent.

Life Lessons & Tales of Little MisFit. S. K. Grunin. 2020. (ENG.). 78p. (YA). *(978-1-5289-1229-7(2))*; pap. *(978-1-5289-1228-0(4))* Austin Macauley Pubs. Ltd.

Life Lessons for Kids. Romeal Krigan. 2016. (ENG., Illus.). (J). pap. 19.90 *(978-1-329-94996-6(X))* Lulu Pr., Inc.

Life Lessons for Mike. William Seaton. Illus. by Mina Sadeghi. 2018. (ENG.). 48p. (J). (gr. 2-6). 16.95 *(978-1-63302-091-7(6))*, Total Publishing & Media) Yorkshire Publishing Group.

Life Lessons from Becker. Becker Mitchell. 2023. (ENG.). 30p. (J). pap. 12.00 ***(978-1-0879-2074-0(4))*** Indy Pub.

Life Lessons from Sammy the Snapping Turtle. Kyle A. Robinson. Illus. by Toby Mikle. 2021. (ENG.). 18p. (J). pap. 11.95 *(978-1-64719-407-9(5))* Booklocker.com, Inc.

Life Lessons from the Bad Rabbit. Alexander George. 2019. (ENG., Illus.). 70p. (J). pap. *(978-1-5289-2861-8(X))* Austin Macauley Pubs. Ltd.

Life Lessons from the Chapman Daily Adventures: Be a Mighty Warrior. Chicaga A. Bauer. Illus. by Ashley J. Wilson-Gaber. 2017. (ENG.). 36p. (gr. -1-3). pap. 15.95 *(978-1-9736-0992-6(4))*, WestBow Pr.) Author Solutions, LLC.

Life Lessons from the Chapman Daily Adventures: Finding Butter. Chicaga A. Bauer. 2017. (ENG., Illus.). 36p. (gr. -1-3). pap. 15.95 *(978-1-5127-9910-1(6))*, WestBow Pr.) Author Solutions, LLC.

Life Lessons from the Chapman Daily Adventures: Hello, God? Chicaga A. Bauer. 2017. (ENG., Illus.). 34p. pap. 13.95 *(978-1-5127-7367-5(0))*, WestBow Pr.) Author Solutions, LLC.

Life Lessons Volume 1: Aiden Gets Braces. Stacy Marlene. 2022. (ENG.). 28p. (YA). pap. 9.99 ***(978-1-959071-55-6(6))*** New Age Literary Agency.

Life Lessons Volume II: Aiden Birthday Scare. Stacy Marlene. 2022. (ENG.). 40p. (YA). pap. 10.99 ***(978-1-959071-57-0(2))*** New Age Literary Agency.

Life Lessons with Jasmin & Lady B. Love Does Not Hurt. Valerie L. Brown. 2017. (ENG., Illus.). 26p. (J). (gr. k-5). pap. 14.95 *(978-0-9994121-8-3(3))* T&J Pubs.

Life Lessons with Libra Ryan. Amanda Suk. 2018. (ENG., Illus.). 38p. (J). pap. 16.99 *(978-0-692-19151-4(8))* Suk, Amanda.

Life Lessons, Without the Fleas. Leonard Scott Long. 2020. (ENG.). 96p. (J). pap. 12.49 *(978-1-63129-333-7(8))* Salem Author Services.

Life, Letters, & Posthumous Works of Frederika Bremer. Fredrika. Bremer et al. 2017. (ENG.). 452p. (J). pap. *(978-3-337-10892-2(X))* Creation Pubs.

Life, Letters, & Posthumous Works of Fredrika Bremer (Classic Reprint) Fredrika. Bremer. 2017. (ENG., Illus.). (J). 33.20 *(978-0-266-74909-7(7))* Forgotten Bks.

Life, Letters, & Writings of Charles Lamb, Vol. 5 (Classic Reprint) Charles Lamb. (ENG., Illus.). (J). 2017. 33.30 *(978-0-266-42224-2(1))*; 2016. pap. 16.57 *(978-1-333-75718-2(2))* Forgotten Bks.

Life, Light & Love: An Uplifting Stained Glass Coloring Book. Activity Attic Books. 2016. (ENG., Illus.). (J). pap. 7.74 *(978-1-68323-692-4(0))* Twin Flame Productions.

Life, Loss, & Lemonade. Laurie Friedman. Illus. by Natasha Shaloshvili. ed. (Mostly Miserable Life of April Sinclair Ser.: 8). (ENG.). 168p. (J). (gr. 5-9). 2017. E-Book 27.99 *(978-1-5124-2699-1(7))*; Bk. 8. 2018. pap. 5.99 *(978-1-5415-0109-6(8))*, dc41a420-f619-45ce-88a0-298713d5deff) Lerner Publishing Group. (Darby Creek).

Life, Love & Lessons: A Love Story. Randall Rude Morales. 2022. (ENG.). 212p. (YA). pap. *(978-1-387-82474-8(0))*; ***(978-1-387-84071-7(1))*** Lulu Pr., Inc.

Life Made by Hand: The Story of Ruth Asawa. Andrea D'Aquino. 2019. (ENG., Illus.). 40p. (J). (gr. k-3). 18.95 *(978-1-61689-836-6(4))* Princeton Architectural Pr.

Life Mask: A Novel (Classic Reprint) A. M. Williamson. 2018. (ENG., Illus.). 354p. (J). 31.20 *(978-0-483-67844-6(9))* Forgotten Bks.

Life Never Ends; Love Never Dies. Karen Makofske-Duhaime. 2022. (ENG., Illus.). 30p. (J). pap. 14.95 ***(978-1-63903-294-5(0))*** Christian Faith Publishing.

Life of / la Vida de Basquiat: A Bilingual Picture Book Biography. Patty Rodriguez & Ariana Stein. Illus. by Citlali Reyes. 2021. (Lil' Libros Ser.). (ENG.). 22p. (J). (-k). bds. 9.99 *(978-1-947971-72-1(7))* Little Libros, LLC.

Life of / la Vida de Evelyn: A Bilingual Picture Book Biography. Patty Rodriguez & Ariana Stein. Illus. by Citlali Reyes. 2021. (Lil' Libros Ser.). (ENG.). 22p. (J). (-k). bds. 9.99 *(978-1-947971-71-4(9))* Little Libros, LLC.

Life of / la Vida de la Pola. Patty Rodriguez & Ariana Stein. Illus. by Citlali Reyes. 2023. (ENG.). 22p. (J). (-k). bds. 10.99 *(978-1-948066-34-1(3))* Little Libros, LLC.

Life of / la Vida de Llort. Cynthia Gonzalez. Illus. by Citlali Reyes. 2022. (ENG.). 22p. (J). (-k). bds. 10.99 *(978-1-948066-25-9(4))* Little Libros, LLC.

Life of a Boy, Vol. 1 of 2 (Classic Reprint) Mary Sterndale. (ENG., Illus.). (J). 2018. 436p. 32.89 *(978-0-483-95405-2(5))*; 2016. pap. 16.57 *(978-1-333-22855-2(4))* Forgotten Bks.

Life of a Boy, Vol. 2 of 2 (Classic Reprint) Mary Sterndale. 2017. (ENG., Illus.). (J). 456p. 33.32 *(978-0-332-91002-4(4))*; pap. 16.57 *(978-0-259-36616-4(1))* Forgotten Bks.

Life of a Celebrated Buccaneer. Richard Clynton. 2017. (ENG.). 286p. (J). pap. *(978-3-337-17839-0(1))* Creation Pubs.

Life of a Celebrated Buccaneer: A Page of Past History for the Use of the Children of to-Day (Classic Reprint) Richard Clynton. 2018. (ENG., Illus.). 282p. (J). 29.73 *(978-0-267-48072-2(5))* Forgotten Bks.

Life of a Coat. Natan Alterman & Batia Kolton. 2019. (ENG., Illus.). 30p. (J). (gr. 1-3). 12.99 *(978-1-68396-267-0(2))*, 683267) Fantagraphics Bks.

Life of a Cop. Lisa Kirby. 2017. (Text Connections Guided Close Reading Ser.). (J). (gr. 2). *(978-1-4900-1849-2(2))* Benchmark Education Co.

Life of a Dandelion. Jane Hileman. 2016. (1G Our Natural World Ser.). (ENG., Illus.). 20p. (J). pap. 8.00 *(978-1-63437-411-8(8))* American Reading Co.

Life of a Firework. Elizabeth Lee Sorrell. 2017. (ENG., Illus.). (J). (gr. k-5). 19.99 *(978-0-9970132-9-0(X))* Yarbrough Hse. Publishing.

Life of a Fossil Hunter (Classic Reprint) Charles H. Sternberg. 2017. (ENG., Illus.). (J). 31.34 *(978-1-5285-6892-0(3))* Forgotten Bks.

Life of a Foxhound (Classic Reprint) John Mills. 2018. (ENG., Illus.). 232p. (J). 28.68 *(978-0-267-69879-0(8))* Forgotten Bks.

Life of a Gladiator. Ruth Owen. 2016. (It's a Fact: Real Life Reads Ser.). (ENG.). 32p. (J). (gr. 2-7). 8.95 *(978-1-911341-06-2(5))* Bearport Publishing Co., Inc.

Life of a Good-For-Nothing (Classic Reprint) Joseph Freiherr von Eichendorff. 2017. (ENG., Illus.). (J). 26.35 *(978-0-266-22943-8(3))* Forgotten Bks.

Life of a Hamster. Zelda Maggi. 2019. (ENG.). 32p. (J). pap. *(978-0-359-61468-4(X))* Lulu Pr., Inc.

Life of a Hobo Barber (Classic Reprint) Horace M. Sawyer. 2018. (ENG., Illus.). 60p. (J). 25.13 *(978-0-483-27127-2(6))* Forgotten Bks.

Life of a Joey - Maiuia Maan Aika Taian Tiouwii (Te Kiribati) Melinda Lem. Illus. by Bojana Simic. 2023. (ENG.). 24p. (J). pap. ***(978-1-922835-56-7(0))*** Library For All Limited.

Life of a Little Cardboard Box: Discover an Amazing Story about Reusing & Recycling-Padded Board Book. IglooBooks. Illus. by Gisela Bohórquez. 2020. (ENG.). 24p. (J). (-k). bds. 8.99 *(978-1-83903-244-8(8))* Igloo Bks. GBR. Dist: Simon & Schuster, Inc.

Life of a Little Plastic Bottle: Discover an Amazing Story about Reusing & Recycling-Padded Board Book. IglooBooks. Illus. by Gisela Bohórquez. 2020. (ENG.). 24p. (J). (-k). bds. 8.99 *(978-1-83903-245-5(6))* Igloo Bks. GBR. Dist: Simon & Schuster, Inc.

Life of a Military Child: Perseverance. Patisha Johnson. 2021. (ENG.). 46p. (J). 17.99 ***(978-1-63972-680-6(2))*** Primedia eLaunch LLC.

Life of a Military Child: Relocating. Patisha Johnson. 2021. (Life of a Military Child Ser.). (ENG.). 38p. (J). 17.99 ***(978-1-63972-682-0(9))*** Primedia eLaunch LLC.

Life of a Military Child: Resilience. Joanne Bass & Patisha Johnson. 2021. (Life of a Military Child Ser.). (ENG.). 52p. (J). 17.99 ***(978-1-63972-684-4(5))*** Primedia eLaunch LLC.

Life of a Mosquito. Matt Reher. 2016. (2G Bugs Ser.). (ENG., Illus.). 24p. (J). pap. 9.60 *(978-1-63437-503-0(3))* American Reading Co.

Life of a Native American Indian Child - Us History Books Children's American History. Baby Professor. 2017. (ENG., Illus.). (J). pap. 9.55 *(978-1-5419-1173-4(3))*, Baby Professor (Education Kids)) Speedy Publishing LLC.

Life of a Penny: A New Friend Ray. Cee Jay Spring. 2020. (ENG.). 30p. (J). pap. 13.95 *(978-1-63338-928-1(6))* Fulton Bks.

Life of a Potato. Vicki Hutchings. Illus. by Christine Beck. 2020. (ENG.). 36p. (J). 19.95 *(978-0-578-72760-8(9))* Hutchings, Vicki.

Life of a Racehorse (Classic Reprint) John Mills. 2018. (ENG., Illus.). 120p. (J). 26.37 *(978-0-267-18549-8(9))* Forgotten Bks.

Life of a Rodeo Clown. Ann Drews. Illus. by Vickers Em. 2018. (Rodeo Ser.: Vol. 1). (ENG.). 24p. (J). pap. 12.99 *(978-1-948390-92-7(2))* Pen It Pubns.

Life of a Rodeo Clown. Ann Drews. 2018. (ENG., Illus.). 24p. (J). pap. 12.99 *(978-1-948390-02-6(7))* Pen It Pubns.

Life of a Rover, 1865-1926 (Classic Reprint) D. W. Moody. (ENG., Illus.). (J). 2018. 130p. 26.60 *(978-0-656-79294-8(9))*; 2017. pap. 9.57 *(978-0-259-40832-1(8))* Forgotten Bks.

Life of a Scotch Naturalist. Samuel Smiles & George Reid. 2017. (ENG.). 392p. (J). pap. *(978-3-337-40447-5(2))* Creation Pubs.

Life of a Scotch Naturalist: Thomas Edward Associate of the Linean Society (Classic Reprint) Samuel Smiles. 2017. (ENG., Illus.). 460p. (J). 33.38 *(978-0-484-24064-2(1))* Forgotten Bks.

Life of a Scotch Naturalist: Thomas Edward, Associate of the Linnean Society. Samuel Smiles. 2018. (ENG., Illus.). 360p. (J). pap. *(978-93-5329-217-1(4))* Alpha Editions.

Life of a Simple Man (Classic Reprint) Emile Guillaumin. 2018. (ENG., Illus.). 292p. (J). 29.92 *(978-0-365-29488-7(8))* Forgotten Bks.

Life of a Soldier During the Revolutionary War - Us History Lessons for Kids Children's American History. Baby Professor. 2017. (ENG., Illus.). (J). pap. 8.79 *(978-1-5419-1289-2(6))*, Baby Professor (Education Kids)) Speedy Publishing LLC.

Life of a Spiritualist Medium: A Most Interesting Autobiography Abounding with Strange & Marvelous Psychic Phenomena Illustrating Clairvoyance, Clairaudience, Clairsentience, Healing by Spirit Power, Prophecy, & the Rescue of Spirits in Darkness, Laura F. Share. (ENG., Illus.). (J). 2018. 110p. 26.17 *(978-0-484-58430-2(8))*; 2017. pap. 9.57 *(978-1-5276-0912-9(X))* Forgotten Bks.

Life of a Star (Classic Reprint) Clara Morris. 2017. (ENG., Illus.). 374p. (J). 31.63 *(978-0-332-16353-6(9))* Forgotten Bks.

Life of a Woman (Classic Reprint) Richard Voorhees Risley. 2018. (ENG., Illus.). 334p. (J). 30.85 *(978-0-483-42210-0(X))* Forgotten Bks.

Life of a Writer: A Poetry Anthology about Writing & Life. Compiled by Eowyn Bolivette & Erin Hylands. 2023. (ENG.). 206p. (J). pap. 14.95 ***(978-1-365-66826-5(0))*** Lulu Pr., Inc.

Life of Abraham Lincoln for Young People: Told in Words of One Syllable. Harriet Putnam. 2017. (ENG., Illus.). (J). pap. *(978-0-649-63253-4(2))* Trieste Publishing Pty Ltd.

Life of Abraham Lincoln for Young People: Told in Words of One Syllable (Classic Reprint) Harriet Putnam. 2017. (ENG., Illus.). (J). 27.16 *(978-0-266-51877-8(X))* Forgotten Bks.

Life of Abraham Lincoln, in Verse (Classic Reprint) Stella Tyler Mathews. (ENG., Illus.). (J). 2018. 100p. 25.98 *(978-0-483-95989-7(8))*; 2017. pap. 9.57 *(978-0-243-38525-6(0))* Forgotten Bks.

Life of an Artist. Jules Breton. 2017. (ENG.). 358p. (J). pap. *(978-3-337-01388-2(0))* Creation Pubs.

Life of an Artist. Jules Breton & Mary Jane Christie Serrano. 2017. (ENG.). 360p. (J). pap. *(978-3-337-01613-5(8))* Creation Pubs.

Life of an Artist: An Autobiography (Classic Reprint) Jules Breton. 2017. (ENG., Illus.). (J). 31.28 *(978-0-266-30759-4(0))* Forgotten Bks.

Life of an Olive. D. Yael Bernhard. 2016. (ENG., Illus.). (J). (gr. 1-4). 21.00 *(978-1-942762-28-7(3))*; pap. 10.50 *(978-1-942762-27-0(5))* Heliotrope Bks., LLC.

Life of an Ordinary School Girl Coloring Book. Activibooks For Kids. 2016. (ENG., Illus.). (J). pap. 9.20 *(978-1-68321-803-6(5))* Mimaxion.

Life of Anne Frank. Kay Woodward. 2020. (ENG., Illus.). 48p. (YA). (gr. 4-12). 19.95 *(978-0-2281-0289-2(8))*, 1a15f67e-cf62-47e0-a7f3-01b8877aebb4); 19.95 *(978-0-2281-0301-1(0))*, 3c1fed79-184c-48f7-996b-875e75c896af) Firefly Bks., Ltd.

Life of Anthony: With Contemplations by Pope Shenouda III. Saint Athanasius & Pope Shenouda, III. I.t. ed. 2020. (ENG.). 110p. (YA). pap. *(978-0-6488658-0-3(0))* St Shenouda Pr.

Life of Asa G. Sheldon. Asa Goodell Sheldon. 2017. (ENG.). 384p. (J). pap. *(978-3-337-33307-2(9))* Creation Pubs.

Life of Asa G. Sheldon: Wilmington Farmer (Classic Reprint) Asa Goodell Sheldon. 2017. (ENG., Illus.). (J). 31.75 *(978-0-331-22234-0(5))* Forgotten Bks.

Life of Asil: The Life of Asil. Asil Ttocs. 2018. (ENG., Illus.). 60p. (J). pap. 16.00 *(978-0-615-31907-0(6))* Life of Asil, The.

Life of Audubon, the Naturalist of the New World: His Adventures & Discoveries (Classic Reprint) Horace St. John. 2018. (ENG., Illus.). 348p. (J). 31.09 *(978-0-364-25791-3(1))* Forgotten Bks.

Life of Benjamin Franklin: With Many Choice Anecdotes & Admirable Sayings of This Great Man, Never Before Published by Any of His Biographers (Classic Reprint) Mason Locke Weems. (ENG., Illus.). (J). 2018. 254p. 29.14 *(978-1-396-39177-4(0))*; 2018. 256p. pap. 11.57 *(978-1-390-90038-5(X))*; 2017. 29.34 *(978-0-331-91201-2(5))*; 2017. pap. 11.57 *(978-0-243-91656-6(6))* Forgotten Bks.

Life of Black Elk, 1 vol. Miriam Coleman. 2016. (Native American Biographies Ser.). (ENG., Illus.). 32p. (J). (gr. 4-5). 27.93 *(978-1-5081-4814-2(7))*, d230e674-7291-4568-aed5-cb87e24e31ab, PowerKids Pr.) Rosen Publishing Group, Inc., The.

Life of Bliss. Lori Mathiowetz. Illus. by Folksn Fables. 2022. (ENG.). 26p. (J). 19.99 ***(978-1-0879-9070-5(X))*** Indy Pub.

Life of Buddha in Colloquial Tibetan. Tethong Thubten Choedhar Rakra Rinpoche. Ed. by Choekyi Gyaltsen Shingza Rinpoche. 2018. (TIB., Illus.). 204p. (YA). pap. *(978-3-946611-19-6(2))* Faßbender, Karsten, u. Xiaoqin Su GbR. RUDI-Verlag.

Life of Captain James Cook. Arthur Kitson. 2018. (ENG., Illus.). 256p. (YA). (gr. 7-12). pap. *(978-93-5297-023-0(3))* Alpha Editions.

Life of Captain Matthew Flinders. Ernest Scott. 2018. (ENG., Illus.). 410p. (YA). (gr. 7-12). pap. *(978-93-5297-025-4(X))* Alpha Editions.

Life of Christ. Mary Virginia Merrick. 2017. (ENG., Illus.). 92p. (J). pap. *(978-0-649-74353-7(9))* Trieste Publishing Pty Ltd.

Life of Clara Barton. Gillia M. Olson. 2022. (Sequence Change Maker Biographies Ser.). (ENG.). 32p. (J). (gr. 2-5). 32.80 *(978-1-68151-947-0(X))*, 10184); pap. 12.00 *(978-1-68152-594-5(1))*, 10136) Amicus.

Life of David Hoggart: The Murderer, Alias M'c Colgan, Alias Daniel o'Brian; Related by Himself, While under Sentence of Death, This Unhappy Youth Was Executed at Edinburgh, on the 18th of July, 1821, for the Murder of Morrin, One of the Turnkeys of D. Unknown Author. 2018. (ENG., Illus.). 36p. (J). 24.64 *(978-0-332-97686-0(6))* Forgotten Bks.

Life of Dick en-L d, Alias Captain en-l d; or Turf Memory: With Notes & Illustrations (Classic Reprint) Unknown Author. 2018. (ENG., Illus.). 68p. (J). 25.32 *(978-0-267-28111-4(0))* Forgotten Bks.

Life of Eliza Sowers (Classic Reprint) Henry Chauncey. (ENG., Illus.). (J). 2018. 40p. 24.74 *(978-0-364-18813-2(8))*; 2017. pap. 7.97 *(978-0-259-53589-8(3))* Forgotten Bks.

Life of Elizabeth Cady Stanton. Gillia M. Olson. 2022. (Sequence Change Maker Biographies Ser.). (ENG.). 32p. (J). (gr. 2-5). pap. 12.00 *(978-1-68152-596-9(8))*, 10138) Amicus.

Life of Ellie. Jan Block. Ed. by Erik Block. Illus. by Nick Reitenour. 2019. (Stuffy Adventures Ser.: Vol. 1). (ENG.). 38p. (J). 23.95 *(978-1-0878-6084-8(9))*; pap. 13.00 *(978-0-578-60936-2(3))* Block, Jan.

Life of Florence L. Barclay: A Study in Personality (Classic Reprint) Unknown Author. 2018. (ENG., Illus.). 364p. (J). 31.40 *(978-0-483-56017-8(0))* Forgotten Bks.

Life of Frank Buckland (Classic Reprint) George C. Bompas. 2018. (ENG., Illus.). 448p. (J). 33.14 *(978-0-484-55324-7(0))* Forgotten Bks.

Life of Gargantua & the Heroic Deeds of Pantagruel: From the French of Rabelais (Classic Reprint) François Rabelais. 2017. (ENG., Illus.). (J). 32.62 *(978-0-331-31637-7(4))* Forgotten Bks.

Life of Gen. Francis Marion: A Celebrated Partisan Officer in the Revolutionary War, Against the British & Tories in South Carolina & Georgia (Classic Reprint) P. Horry. (ENG., Illus.). (J). 2018. 264p. 29.40 *(978-0-332-99153-5(9))*; 2016. pap. 11.97 *(978-1-334-15682-3(4))* Forgotten Bks.

Life of Gen. Francis Marion: A Celebrated Partizan Officer, in the Revolutionary War, Against the British & Tories, in South Carolina & Georgia (Classic Reprint) Mason Locke Weems. 2018. (ENG., Illus.). 264p. (J). 29.36 *(978-0-483-28690-0(7))* Forgotten Bks.

Life of Gen. Francis Marion, a Celebrated Partisan Officer in the Revolutionary War, Against the British & Tories in South Carolina & Georgia, Vol. 2 (Classic Reprint) P. Horry. 2017. (ENG., Illus.). (J). 30.21 *(978-1-5284-8974-4(8))* Forgotten Bks.

Life of Gen. Robert E. Lee: For Children, in Easy Words; Illustrated with Colored Plates (Classic Reprint) Mary L. Williamson. 2018. (ENG., Illus.). 140p. (J). 26.80 *(978-0-483-88144-0(9))* Forgotten Bks.

Life of General Robert E. Lee for Children, in Easy Words. Mary L. Williamson. 2022. (ENG.). 94p. (J). pap. 12.00 ***(978-1-942806-48-6(5))*** Scuppernong Pr., The.

Life of George Barnwell: Or the London Apprentice of the Last Century (Classic Reprint) Edward Lytton Blanchard. (ENG., Illus.). (J). 2018. 264p. 29.40 *(978-0-483-61106-1(9))*; 2016. pap. 11.97 *(978-1-334-12421-1(3))* Forgotten Bks.

Life of George Morland (Classic Reprint) George Dawe. (ENG., Illus.). (J). 2019. 474p. 33.67 *(978-0-365-18235-1(4))*; 2017. pap. 16.57 *(978-0-259-80655-4(2))* Forgotten Bks.

Life of George P. a Healy (Classic Reprint) Mary Mary. 2018. (ENG., Illus.). 110p. (J). 26.19 *(978-0-267-43721-4(8))* Forgotten Bks.

Life of George Washington. Josephine Pollard. 2021. (ENG.). 120p. (J). pap. 12.99 *(978-1-716-18202-0(6))* Lulu Pr., Inc.

Life of George Washington: In Words of One Syllable (Classic Reprint) Josephine Pollard. 2017. (ENG., Illus.). (J). 26.78 *(978-0-265-27732-4(9))* Forgotten Bks.

Life of Gus. Angela LeBlanc. 2017. (ENG., Illus.). (J). 17.95 *(978-1-947825-48-2(8))*; pap. 9.95 *(978-1-947491-36-6(9))* Yorkshire Publishing Group.

Life of Guzman d'Alfarache, or the Spanish Rogue, to Which Is Added, the Celebrated Tragi-Comedy,

L

Celestina, Vol. 1 of 2 (Classic Reprint) Mateo Aleman. (ENG., Illus.). (J). 2018. 588p. 36.02 *(978-0-483-29674-9(0))*; 2016. pap. 19.57 *(978-1-333-47309-9(5))* Forgotten Bks.

Life of Harriet Tubman. Elizabeth Raum. 2019. (Sequence Change Maker Biographies Ser.). (ENG.). 32p. (J). (gr. 2-5). lib. bdg. *(978-1-68151-676-9(4)*, 10808) Amicus.

Life of Henry Bell: The Practical Introducer of the Steam-Boat into Great Britain & Ireland; to Which Is Added, an Historical Sketch of Steam Navigation (Classic Reprint) Edward Morris. (ENG., Illus.). (J). 2018. 192p. 27.86 *(978-0-365-39528-7(5))*; 2017. pap. 10.57 *(978-0-259-79209-3(8))* Forgotten Bks.

Life of Hon. William F. Cody: Known As Buffalo Bill, the Famous Hunter, Scout & Guide; an Autobiography (Classic Reprint) Unknown Author. 2018. (ENG., Illus.). 368p. (J). 31.51 *(978-0-267-47984-9(0))* Forgotten Bks.

Life of Honest Abe, Done up Brown in Jazzistory (Classic Reprint) Larry Lawrence. (ENG., Illus.). (J). 2018. 220p. 28.45 *(978-0-332-04336-4(3))*; 2017. pap. 10.97 *(978-0-243-12606-4(9))* Forgotten Bks.

Life of Honey. Julia Tatoian. 2017. (ENG., Illus.). 58p. (J). pap. *(978-1-365-78852-9(0))* Lulu Pr., Inc.

Life of Ideas. Gahmya Drummond-Bey. Illus. by Sidney Lander. 2020. (ENG.). 42p. (J). 28.96 *(978-1-7335569-6-5(6))* BookBaby.

Life of Isaac Mason As a Slave (Classic Reprint) Isaac Mason. (ENG., Illus.). (J). 2018. 74p. 25.42 *(978-0-484-69671-5(8))*; 2017. pap. 9.57 *(978-0-259-42031-6(X))* Forgotten Bks.

Life of Jack Sprat, His Wife, & Their Comical Cat (Classic Reprint) Unknown Author. (ENG., Illus.). (J). 2017. 24.35 *(978-0-331-92992-8(9))*; 2016. pap. 7.97 *(978-1-334-16647-1(1))* Forgotten Bks.

Life of Jane de St. Remy de Valois, Heretofore Countess de la Motte, Vol. 1 Of 2: Containing a Circumstantial & Exact Detail of the Many Extraordinary Events Which Have Attended This Unfortunate Lady from Her Birth, & Contributed to Raise Her to T. Jane de St Remy de Valois. 2017. (ENG., Illus.). (J). 33.61 *(978-0-266-73059-0(0))*; pap. 16.57 *(978-1-5276-9167-4(5))* Forgotten Bks.

Life of Jane de St. Remy de Valois, Heretofore Countess de la Motte, Vol. 2 Of 2: Containing a Circumstantial & Exact Detail of the Many Extraordinary Events Which Have Attended This Unfortunate Lady from Her Birth, & Contributed to Raise Her to T. Jeanne De Saint Valois. 2018. (ENG., Illus.). 492p. (J). 34.06 *(978-0-484-34143-1(X))* Forgotten Bks.

Life of Jane de St. Remy de Valois, Heretofore Countess de la Motte, Vol. 2 Of 2: Containing a Circumstantial & Exact Detail of the Many Extraordinary Events Which Have Attended This Unfortunate Lady from Her Birth, & Contributed to Raise Her to T. Jeanne De Saint-Re My De Valois. 2016. (ENG., Illus.). (J). pap. 16.57 *(978-1-334-14078-5(2))* Forgotten Bks.

Life of Jerry Mcauley, the River Thief: His Conversion in Prison & His Mission Work in Water Street, New York (Classic Reprint) Jerry McAuley. 2018. (ENG., Illus.). (J). 214p. 28.31 *(978-0-366-56744-7(6))*; 216p. pap. 10.97 *(978-0-366-41023-1(7))* Forgotten Bks.

Life of Jesus. Geert de Sutter. 2022. (Seek & Find Sara & Simon Ser.). (ENG.). 32p. (J). (gr. k-5). 14.99 ***(978-1-62164-604-4(1))*** Ignatius Pr.

Life of Jesus. Sally Grindley. Illus. by Chris Molan. 2022. (DK Bibles & Bible Guides). (ENG.). 32p. (J). (gr. 2-4). 19.99 *(978-0-7440-5026-4(X)*, DK Children) Dorling Kindersley Publishing, Inc.

Life of Jesus: A Manual for Teachers of Children from Ten to Twelve Years of Age (Classic Reprint) Herbert Wright Gates. 2018. (ENG., Illus.). 190p. (J). 27.82 *(978-0-656-53189-9(4))* Forgotten Bks.

Life of Jesus: A Play & Learn Book. Ed. by Jill C. Lafferty. Illus. by Peter Grosshauser & Ed Temple. 2016. 80p. (J). (gr. -1-3). 9.99 *(978-1-5064-1764-6(7)*, Sparkhouse Family) 1517 Media.

Life of Jesus According to Saint Luke. Sophie De Mullenheim. Illus. by Christophe Raimbault. 2019. (ENG.). 96p. (J). (gr. 2-5). pap. 16.99 *(978-1-62164-267-1(4))* Ignatius Pr.

Life of Jesus in European Art - for Kids. Catherine Fet. 2021. (ENG.). 72p. (J). pap. 16.99 *(978-1-0878-8942-9(1))* Stratostream LLC.

Life of Jesus in Verse Children's Jesus Book. Baby Professor. 2017. (ENG., Illus.). (J). pap. 7.89 *(978-1-5419-0506-1(7)*, Baby Professor (Education Kids)) Speedy Publishing LLC.

Life of Jesus Puzzle & Activity Book: Activity Fun with Your Best-Loved Bible Stories. Helen Otway. 2020. (Bible Puzzle & Activity Bks.: 2). (ENG.). 96p. (J). pap. 4.99 *(978-1-83857-724-7(6)*, 5610ab38-cc86-4147-b11c-d080dca874a9) Arcturus Publishing GBR. Dist: Baker & Taylor Publisher Services (BTPS).

Life of Joel Chandler Harris: From Obscurity in Boyhood to Fame in Early Manhood, with Short Stories & Other Early Literary Work Not Heretofore Published in Book Form (Classic Reprint) Robert Lemuel Wiggins. 2018. (ENG., Illus.). 460p. (J). 33.40 *(978-0-365-50486-3(6))* Forgotten Bks.

Life of John Hatfield, Commonly Called the Keswick Imposter, with an Account of His Trial & Execution for Forgery: Also His Marriage with Mary of Buttermere, to Which Is Added a Pastoral Dialogue, & the Celebrated Borrowdale Letter, Shewing the Na. Unknown Author. (ENG., Illus.). (J). 2018. 62p. 25.18 *(978-0-332-42069-1(8))*; 2017. pap. 9.57 *(978-0-282-61859-9(7))* Forgotten Bks.

Life of John Metcalf, Commonly Called Blind Jack of Knaresborough: With Many Entertaining Anecdotes of His Exploits in Hunting, Card-Playing, &C. , Some Particulars Relative to the Expedition Against the Rebels in 1745, in Which He Bore a Personal Share. John Metcalf. 2017. (ENG., Illus.). (J). 27.24 *(978-0-265-75460-3(7))* Forgotten Bks.

Life of John Thompson, a Fugitive Slave: Containing His History of 25 Years in Bondage, & His Providential Escape (Classic Reprint) John Thompson. 2017. (ENG., Illus.). (J). 26.80 *(978-1-5282-7167-7(X))* Forgotten Bks.

Life of John Wesley Hardin (Classic Reprint) John Wesley Hardin. 2017. (ENG., Illus.). (J). 27.03 *(978-1-5285-7042-8(1))* Forgotten Bks.

Life of Jonathan Wild, from His Birth to His Death: Containing His Rise & Progress in Roguery; His First Acquaintance with Thieves; by What Arts He Made Himself Their Head, or Governor; His Disciple over Them; His Policy & Great Cunning in Governi. H. D. 2018. (ENG., Illus.). 84p. (J). 25.65 *(978-0-364-32453-0(8))* Forgotten Bks.

Life of Jorja Bear. Radha Sharma. 2018. (ENG., Illus.). 104p. (J). *(978-1-5255-2913-9(7))*; pap. *(978-1-5255-2914-6(5))* FriesenPress.

Life of Joseph Activity Book. Pip Reid. 2020. (ENG.). 86p. (J). (gr. 3-6). pap. *(978-1-988585-95-6(3))* Bible Pathway Adventures.

Life of Joseph, the Son of Israel. John Macgowan. 2017. (ENG.). (J). 260p. pap. *(978-3-7447-1259-0(1))*; 258p. pap. *(978-3-7447-1261-3(3))* Creation Pubs.

Life of Joseph, the Son of Israel: In Eight Books; Chiefly Designed to Allure Young Minds to a Love of the Sacred Scriptures (Classic Reprint) John Macgowan. 2018. (ENG., Illus.). 258p. (J). 29.20 *(978-0-332-81701-9(6))*; 29.22 *(978-0-483-53067-6(0))* Forgotten Bks.

Life of Joseph Wolf, Animal Painter (Classic Reprint) Alfred Herbert Palmer. (ENG., Illus.). (J). 2018. 454p. 33.26 *(978-0-267-14314-6(1))*; 2016. pap. 16.57 *(978-1-333-52107-3(3))* Forgotten Bks.

Life of King Henry V. William Shakespeare. 2018. (ENG., Illus.). 112p. (J). 14.99 *(978-1-5154-2455-0(3))* Wilder Pubns., Corp.

Life of King Henry V. William Shakespeare. 2020. (ENG.). 126p. (J). pap. 19.99 *(978-1-6781-4653-5(6))* Lulu Pr., Inc.

Life of Lady Guion: Exhibiting Her Eminent Piety, Charity, Meekness, Resignation, Fortitude & Stability, Her Labours, Travels, Sufferings & Services, for the Conversion of Souls to God, & Her Great Success, in Some Places, in That Best of All Em. Jeanne Marie Bouvier de la Motte Guion. 2017. (ENG., Illus.). (J). 30.08 *(978-0-331-00143-3(8))*; pap. 13.57 *(978-1-5282-8499-8(2))* Forgotten Bks.

Life of Lahray. Shamiel Gary. 2019. (ENG., Illus.). 58p. (J). 25.99 *(978-1-950034-24-6(0))* Yorkshire Publishing Group.

Life of Lahray: I Am. Shamiel Gary. 2022. (ENG., Illus.). 28p. (J). 23.99 *(978-1-957262-21-5(4))* Yorkshire Publishing Group.

Life of Lazarillo de Tormes: And His Fortunes & Adversities, Done Out of the Castilian from R. Foulche-Delbosc's Restitution of the Editio Princeps (Classic Reprint) Louis How. 2017. (ENG., Illus.). (J). 28.10 *(978-0-331-54276-9(5))* Forgotten Bks.

Life of Lazarillo de Tormes: His Fortunes Adversities (Classic Reprint) Clements Markham. 2017. (ENG., Illus.). (J). 26.87 *(978-0-265-22317-8(2))* Forgotten Bks.

Life of Lazarillo de Tormes: His Fortunes & Adversities, Translated from the Edition Of 1554. Clements Markham. 2017. (ENG., Illus.). (J). pap. *(978-0-649-53264-3(3))* Trieste Publishing Pty Ltd.

Life of Lewis Charlton: A Poor Old Slave, Who, for Twenty-Eight Years, Suffered in American Bondage (Classic Reprint) Lewis Charlton. 2018. (ENG., Illus.). 38p. (J). 24.68 *(978-0-483-62465-8(9))* Forgotten Bks.

Life of Little Justin Hulburd, Vol. 1: Medium, Actor & Poet (Classic Reprint) Ebenezer Wallace Hulburd. 2018. (ENG., Illus.). 564p. (J). 35.53 *(978-0-483-47067-5(8))* Forgotten Bks.

Life of Little Justin Hulburd, Vol. 2: Medium, Actor & Poet (Classic Reprint) E. W. Hulburd. 2018. (ENG., Illus.). 538p. (J). 34.99 *(978-0-483-45136-0(3))* Forgotten Bks.

Life of Little Justin Hulburd, Vol. 3: Medium, Actor & Poet (Classic Reprint) Ebenezer Wallace Hulburd. 2018. (ENG., Illus.). 530p. (J). 34.85 *(978-0-267-30060-0(3))* Forgotten Bks.

Life of Lovely: The Young Woman's Guide to Collecting the Moments That Matter. Annie F. Downs. 2019. (ENG.). 208p. (J). (gr. 7-12). pap. 14.99 *(978-1-4627-9661-8(3)*, 005802325, B&H Kids) B&H Publishing Group.

Life of Lovely Journal. Annie F. Downs. 2019. (ENG.). 128p. (J). (gr. 7-12). pap. 9.99 *(978-1-5359-2378-1(4)*, 005806936, B&H Kids) B&H Publishing Group.

Life of Madame de Beaumount, a French Lady: Who Lived in a Cave in Wales above Fourteen Years Undiscovered, Being Forced to Fly France for Her Religion; & of the Cruel Usage She Had There (Classic Reprint) Penelope Aubin. 2018. (ENG., Illus.). 146p. (J). 26.91 *(978-0-483-60784-2(3))* Forgotten Bks.

Life of Maj. Joseph Howard, an American Dwarf: Thirty-Eight Years of Age, Thirty-Six Inches High, & Seventy-Two Pounds in Weight (Classic Reprint) Joseph Howard. (ENG., Illus.). (J). 2018. 24p. 24.41 *(978-0-267-30725-8(X))*; 2016. pap. 7.97 *(978-1-333-34064-3(8))* Forgotten Bks.

Life of Malala Yousafzai. Elizabeth Raum. 2019. (Sequence Change Maker Biographies Ser.). (ENG.). 32p. (J). (gr. 2-5). *(978-1-68151-677-6(2)*, 10809) Amicus.

Life of Malé. Sabrina Ballentine. 2022. (ENG.). 284p. (YA). pap. ***(978-1-915229-64-9(2))*** Clink Street Publishing.

Life of Man: A Play in Five Acts (Classic Reprint) Leonidas Andreiev. (ENG., Illus.). (J). 2018. 148p. 26.91 *(978-0-332-92618-6(4))*; 2017. pap. 9.57 *(978-0-243-38827-1(6))* Forgotten Bks.

Life of Mansie Wauch: Tailor in Dalkeith (Classic Reprint) Mansie Wauch. 2017. (ENG., Illus.). (J). 29.22 *(978-0-265-20444-3(5))* Forgotten Bks.

Life of Marie Curie. Elizabeth Raum. 2019. (Sequence Change Maker Biographies Ser.). (ENG.). 32p. (J). (gr. 2-5). lib. bdg. *(978-1-68151-678-3(0)*, 10810) Amicus.

Life of Me (Classic Reprint) Ethel Shackelford. 2016. (ENG., Illus.). (J). pap. 13.97 *(978-1-333-62476-7(X))* Forgotten Bks.

Life of Melody. Mari Costa. 2021. (Illus.). 180p. (YA). (gr. 7-9). pap. 15.99 *(978-1-64827-649-1(0))* Seven Seas Entertainment, LLC.

Life of Micajah Anderson of Edgecombe County (Classic Reprint) Micajah Anderson. 2017. (ENG., Illus.). (J). 24.99 *(978-0-266-53198-2(9))* Forgotten Bks.

Life of Mohammad, from Original Sources. A. Sprenger. 2017. (ENG., Illus.). (J). pap. *(978-1-76057-990-6(4))* Trieste Publishing Pty Ltd.

Life of Mrs. Godolphin (Classic Reprint) John Evelyn. (ENG., Illus.). (J). 2018. 168p. 27.38 *(978-0-666-87741-3(6))*; 2018. 288p. 29.86 *(978-0-267-96260-0(6))*; 2018. 288p. 29.86 *(978-0-483-47561-8(0))*; 2017. pap. 13.57 *(978-0-259-81833-5(X))*; 2016. pap. 13.57 *(978-1-334-54626-6(6))* Forgotten Bks.

Life of Mrs. Robert Louis Stevenson (Classic Reprint) Nellie Van de Grift Sanchez. 2017. (ENG., Illus.). (J). 31.92 *(978-0-331-93010-8(2))* Forgotten Bks.

Life of Mrs. Sherwood: The Author of the Fairchild Family, etc (Classic Reprint) Isabella Gilchrist. 2017. (ENG., Illus.). (J). pap. 11.57 *(978-0-259-52197-6(3))* Forgotten Bks.

Life of My Family: Or, the Log-House in the Wilderness, a True Story (Classic Reprint) Rachel Watson. 2017. (ENG., Illus.). (J). 26.02 *(978-0-260-37610-7(8))* Forgotten Bks.

Life of Nancy (Classic Reprint) Sarah Orne Jewett. 2017. (ENG., Illus.). (J). 31.01 *(978-1-5279-7650-4(5))* Forgotten Bks.

Life of Nellie C. Bailey: Or a Romance of the West (Classic Reprint) Mary E. Jackson. 2017. (ENG., Illus.). (J). 32.25 *(978-1-5280-6953-3(6))* Forgotten Bks.

Life of Oliver Goldsmith (Classic Reprint) Washington. Irving. (ENG., Illus.). (J). 2018. 35.82 *(978-0-260-09102-4(2))*; 2016. pap. 19.57 *(978-1-334-14316-8(1))* Forgotten Bks.

Life of Pat F. Garrett & the Taming of the Border Outlaw: A History of the Gun Men & Outlaws, & a Life-Story of the Greatest Sheriff of the Old Southwest (Classic Reprint) John Milton Scanland. (ENG., Illus.). (J). 2018. 50p. 24.95 *(978-0-666-37189-8(X))*; 2017. pap. 9.57 *(978-0-282-38195-0(3))* Forgotten Bks.

Life of Pauline Cushman: The Celebrated Union Spy & Scout; Comprising Her Early History, Her Entry into the Secret Service of the Army of the Cumberland, & Exciting Adventures with the Rebel Chieftains & Others While Within the Enemy's Lines. F. L. Sarmiento. (ENG., Illus.). (J). 2018. 382p. 31.78 *(978-0-332-16112-9(9))*; 2016. pap. 16.57 *(978-1-333-23928-2(9))* Forgotten Bks.

Life of Pill Garlick: Rather a Whimsical Sort of Fellow (Classic Reprint) Edmond Temple. 2018. (ENG., Illus.). 370p. (J). 31.53 *(978-0-428-39149-2(4))* Forgotten Bks.

Life of Queen Alexandra (Classic Reprint) Sarah A. Tooley. (ENG., Illus.). (J). 2017. 27.86 *(978-0-266-55937-5(9))*; 2016. pap. 10.57 *(978-1-334-14791-3(4))* Forgotten Bks.

Life of Reilly. Leticia Contreras Hinojosa & Gloria Contreras. 2021. (ENG.). 20p. (J). pap. 12.95 *(978-1-6624-1681-1(4))* Page Publishing Inc.

Life of Richard Nash, Esq: Late Master of Ceremonies at Bath (Classic Reprint) Richard Nash. (ENG., Illus.). (J). 2018. 248p. 29.03 *(978-0-364-91093-1(3))*; 2017. pap. 11.57 *(978-1-5276-5879-0(1))* Forgotten Bks.

Life of Richard Palmer, Better Known As Dick Turpin, the Notorious Highwayman & Robber: Including His Numerous Exploits, Adventures, & Hair-Breadth Escapes, Trial & Execution; with Notices of Many of His Contemporaries (Classic Reprint) Henry Downes Miles. (ENG., Illus.). (J). 2017. 336p. 30.83 *(978-0-265-60228-7(9))*; 2016. pap. 13.57 *(978-1-334-17091-1(6))* Forgotten Bks.

Life of Riley: A Solve-It Book: Repetitive Edition. Michelle O'Brien-Palmer. Illus. by Amber Lena Engle. 2018. (ENG.). 38p. (J). (gr. k-4). pap. 9.99 *(978-1-879235-09-0(9))* Seattle Review Pr.

Life of Riley: A Solve-It Book, Repetitive Version. Michelle O'Brien-Palmer. Illus. by Amber Lena Engle. 2018. (ENG.). 38p. (J). (gr. k-4). 21.99 *(978-1-879235-08-3(0))* Seattle Review Pr.

Life of Roald Dahl: a Marvellous Adventure. Emma Fischel. ed. 2016. (ENG., Illus.). 64p. (J). (gr. 1-4). pap. 7.99 *(978-1-4451-5159-5(6)*, Franklin Watts) Hachette Children's Group GBR. Dist: Hachette Bk. Group.

Life of Robert E. Lee (Classic Reprint) Mary L. Williamson. (ENG., Illus.). (YA). (gr. 7-12). 2017. 27.59 *(978-0-265-39866-1(5))*; 2016. pap. 9.97 *(978-1-333-30820-9(5))* Forgotten Bks.

Life of Roe. Jan Block. Ed. by Erik Block. Illus. by Nick Reitenour. 2020. (ENG.). 42p. (J). pap. 12.99 *(978-1-0879-2798-5(6))* Indy Pub.

Life of Roe. Jan Block. Ed. by Erik P. Block. Illus. by Nick Reitenour. !.t. ed. 2020. (ENG.). 42p. (J). 19.99 *(978-1-0879-0772-7(1))* Indy Pub.

Life of Ruby Bridges. Elizabeth Raum. 2019. (Sequence Change Maker Biographies Ser.). (ENG.). 32p. (J). (gr. 2-5). lib. bdg. *(978-1-68151-679-0(9)*, 10811) Amicus.

Life of Sacagawea, 1 vol. Caitie McAneney. 2016. (Native American Biographies Ser.). (ENG., Illus.). 32p. (J). (gr. 4-5). 27.93 *(978-1-5081-4819-7(8)*, 81bd3657-d037-4879-a46c-de5150deaa6f, PowerKids Pr.) Rosen Publishing Group, Inc., The.

Life of Sacagawea. Gillia M. Olson. 2022. (Sequence Change Maker Biographies Ser.). (ENG.). 32p. (J). (gr. 2-5). 32.80 *(978-1-68151-951-7(8)*, 10188); pap. 12.00 *(978-1-68152-598-3(4)*, 10140) Amicus.

Life of Saint Katherine: From the Royal Ms. 17 A. XXVII. , &C. , with Its Latin Original from the Cotton Ms. Caligula, A. VIII. , &C (Classic Reprint) Eugen Einenkel. 2016. (ENG., Illus.). (J). pap. 23.57 *(978-1-334-32560-1(X))* Forgotten Bks.

Life of Sally Ride. Elizabeth Raum. 2019. (Sequence Change Maker Biographies Ser.). (ENG.). 32p. (J). (gr. 2-5). lib. bdg. *(978-1-68151-680-6(2)*, 10812) Amicus.

Life of Service: the Story of Senator Tammy Duckworth. Christina Soontornvat. Illus. by Dow Phumiruk. 2022. (ENG.). 48p. (J). (gr. k-4). 18.99 *(978-1-5362-2205-0(4))* Candlewick Pr.

Life of Sogoro: The Farmer Patriot of Sakura (Classic Reprint) George Braithwaite. (ENG., Illus.). (J). 2017. 28.68 *(978-0-265-22032-0(7))*; 2016. pap. 11.57 *(978-1-334-19407-8(6))* Forgotten Bks.

Life of Spike. James R. Bower. 2019. (ENG., Illus.). 28p. (J). pap. 14.99 *(978-1-7337590-3-8(4))* Average Dog Publishing.

Life of Susan B. Anthony. Elizabeth Raum. 2019. (Sequence Change Maker Biographies Ser.). (ENG.). 32p. (J). (gr. 2-5). lib. bdg. *(978-1-68151-681-3(0)*, 10813) Amicus.

Life of the Baroness Von Marenholtz-Bulow, Vol. 2 (Classic Reprint) Von Bulow. 2018. (ENG., Illus.). 394p. (J). 32.02 *(978-0-483-10018-3(8))* Forgotten Bks.

Life of the Buddha. Heather Sanche. Illus. by Tara di Gesu. 2020. 44p. (J). (gr. -1-3). 17.95 *(978-1-61180-629-8(1)*, Bala Kids) Shambhala Pubns., Inc.

Life of the Caterpillar (Classic Reprint) J. Henri Fabre. 2017. (ENG., Illus.). (J). 31.75 *(978-0-260-21481-2(7))* Forgotten Bks.

Life of the Cosplayer Coloring Book. Creative Playbooks. 2016. (ENG., Illus.). (J). pap. 7.74 *(978-1-68323-932-1(6))* Twin Flame Productions.

Life of the Fields (Classic Reprint) Richard Jefferies. (ENG., Illus.). (J). 2018. 306p. 30.23 *(978-0-267-83408-2(X))*; 2017. 35.98 *(978-0-265-71389-1(7))*; 2017. pap. 19.57 *(978-1-5276-6822-5(3))* Forgotten Bks.

Life of the Fly: With Which Are Interspersed Some, Chapters of Autobiography (Classic Reprint) J. Henri Fabre. 2018. (ENG., Illus.). 480p. (J). 33.82 *(978-0-484-89356-5(4))* Forgotten Bks.

Life of the Party (Classic Reprint) Irvin S. Cobb. 2017. (ENG., Illus.). (J). 25.42 *(978-1-5281-7439-8(9))* Forgotten Bks.

Life of the Party! the Susie K Files 1. Shamini Flint. Illus. by Sally Heinrich. 2018. (Susie K Files Ser.: 1). (ENG.). 96p. (J). (gr. 2-6). pap. 8.99 *(978-1-76029-668-1(6))* Allen & Unwin AUS. Dist: Independent Pubs. Group.

Life of the Right Honourable Francis North, Baron of Guilford, Lord Keeper of the Great Seal, under King Charles II & King James II: A Sketch of Roman Manners & Customs (Classic Reprint) Antonio Bresciani. (ENG., Illus.). (J). 2018. 392p. 32.00 *(978-0-267-38834-9(9))*; 2017. pap. 16.57 *(978-0-243-24898-8(9))* Forgotten Bks.

Life of the Spider. J. Henri Fabre. Illus. by Clement B. Davis. 2021. (ENG.). 252p. (YA). pap. 12.99 *(978-1-948959-65-0(8))* Purple Hse. Pr.

Life of the Spider. J. Henri Fabre. 2018. (ENG., Illus.). 164p. (J). 19.99 *(978-1-5154-3000-1(6))* Wilder Pubns., Corp.

Life of the Viscountess de Bonnault D'Houet: Foundress of the Society of the Faithful Companions of Jesus, 1781-1858 (Classic Reprint) Stanislaus. 2018. (ENG., Illus.). 476p. (J). (gr. -1-3). 33.73 *(978-0-483-45054-7(5))* Forgotten Bks.

Life of Tom Horn, Government Scout & Interpreter: A Vindication (Classic Reprint) Tom Horn. (ENG., Illus.). (J). 2017. 342p. 30.97 *(978-0-265-83386-5(8))*; 2016. pap. 13.57 *(978-1-333-79727-0(3))* Forgotten Bks.

Life of Vicissitudes: A Story of Revolutionary Times (Classic Reprint) G. P. R. James. 2017. (ENG., Illus.). (J). pap. 9.57 *(978-0-243-51455-7(7))* Forgotten Bks.

Life of Vicissitudes: A Story of Revolutionary Times (Classic Reprint) George Payne Rainsford James. 2018. (ENG., Illus.). 108p. (J). 26.14 *(978-0-483-76159-9(1))* Forgotten Bks.

Life of Zarf: the Trouble with Weasels. Rob Harrell. 2016. (Life of Zarf Ser.: 1). (Illus.). 288p. (J). (gr. 3-7). 9.99 *(978-0-14-751171-3(2)*, Puffin Books) Penguin Young Readers Group.

Life of/la Vida de Celia, 1 vol. Patty Rodriguez & Ariana Stein. Illus. by Citlali Reyes. 2018. (SPA.). 22p. (J). (gr. -1-k). bds. 9.99 *(978-0-9861099-5-9(9))* Little Libros, LLC.

Life of/la Vida de Selena, 1 vol. Patty Rodriguez & Ariana Stein. Illus. by Citlali Reyes. 2018. (SPA.). 22p. (J). (gr. -1-k). bds. 9.99 *(978-0-9861099-9-7(1)*, Lil' Libros) Little Libros, LLC.

Life on a Different Planet. Randi Hacker. Illus. by Ron Barrett. 2020. (ENG.). 62p. (J). pap. 7.99 *(978-0-578-62406-8(0))* Home Planet Bks.

Life on a Mountain. Laura Hamilton Waxman. 2016. (Biomes Alive! Ser.). (ENG., Illus.). 24p. (J). (gr. k-3). lib. bdg. 26.95 *(978-1-62617-319-4(2)*, Blastoff! Readers) Bellwether Media.

Life on an Island. Holly Duhig. 2019. (Human Habitats Ser.). (ENG.). 24p. (J). (gr. 2-2). pap. *(978-0-7787-6482-3(6)*, 37ede9d2-ee45-444b-bfb1-54c1edabe5e3); lib. bdg. *(978-0-7787-6476-2(1)*, c2e3672b-a547-4ce4-a744-9eb51bb38292) Crabtree Publishing Co.

Life on Appetite Street. Kremena Lefterova. 2021. (ENG.). 85p. (J). *(978-1-716-10720-7(2))* Lulu Pr., Inc.

Life on Dirt. Kevin Killiany. 2017. (Dirt & Stars Ser.: Vol. 2). (ENG., Illus.). (YA). (gr. 7-12). pap. 18.95 *(978-1-62253-348-0(8))* Evolved Publishing.

Life on Dirt. Kevin Killiany. Ed. by Philip A. Lee. 2nd ed. 2022. (Dirt & Stars Ser.: Vol. 2). (ENG.). 418p. (YA). pap. 21.95 *(978-1-62253-354-1(2))* Evolved Publishing.

Life on Earth, 1 vol. Jon Richards & Ed Simkins. 2017. (Infographics: How It Works). (ENG.). 32p. (J). (gr. 4-5). pap. 11.50 *(978-1-5382-1348-3(6)*, 92664f88-9f01-4e00-8765-437b10178f37); lib. bdg. 28.27 *(978-1-5382-1350-6(8)*, d26dce53-fe9f-4f5b-86a4-b5bec252b40c) Stevens, Gareth Publishing LLLP.

Life on Earth: The Story of Evolution. Steve Jenkins. Illus. by Steve Jenkins. 2020. (ENG., Illus.). 40p. (J). (gr. 3-7). pap. 7.99 *(978-0-358-10844-3(6)*, 1748901, Clarion Bks.) HarperCollins Pubs.

Life on Ice. Jon Valentino. Illus. by Amy Kleinhans. 2021. (ENG.). 40p. (J). 17.99 *(978-1-64538-383-3(0))*; pap. 12.99 *(978-1-64538-382-6(2))* Orange Hat Publishing.

Life on Mars. Jon Agee. 2017. (ENG., Illus.). 32p. (J). (gr. -1-3). 18.99 *(978-0-399-53852-0(6)*, Dial Bks) Penguin Young Readers Group.

Life on Other Worlds, 1 vol. Lisa Regan. 2020. (Fact Frenzy: Space Ser.). (ENG.). 32p. (gr. 4-4). pap. 11.00 *(978-1-7253-2020-8(7)*, 0eca1d4a-8ce9-4253-9f26-fc53b5ed2f82, PowerKids Pr.) Rosen Publishing Group, Inc., The.

Life on Surtsey: Iceland's Upstart Island. Loree Griffin Burns. 2021. (Scientists in the Field Ser.). (ENG., Illus.).

80p. (J). (gr. 5-7). pap. 10.99 (978-0-358-34823-8(4), 1782693, Clarion Bks.) HarperCollins Pubs.

Life on the Edge, 6 vols., Set. Tea Benduhn. Incl. Living in Deserts. lib. bdg. 24.67 (978-0-8368-8341-1(1), e330f4b0-61b5-4c24-a5ab-823f1e161b22); Living in Mountains. lib. bdg. 24.67 (978-0-8368-8342-8(X), 692c984e-65f8-4989-a97e-75d9e4490122); Living in Polar Regions. lib. bdg. 24.67 (978-0-8368-8343-5(8), c9a8930b-dec2-4db8-ac00-f9c294df0f52); Living in Tropical Rain Forests. lib. bdg. 24.67 (978-0-8368-8344-2(6), 3f407531-1650-49a6-adef-8e3f8c2ce084); (Illus.). (gr. 2-4). (Life on the Edge Ser.). (ENG.). 24p. 2007. Set lib. bdg. 74.01 (978-0-8368-8340-4(3), 89ade30e-f4f5-4ac5-be9b-6b9227c06803, Weekly Reader Leveled Readers) Stevens, Gareth Publishing LLLP.

Life on the Farm. Teddy Borth. 2016. (On the Farm Ser.). (ENG.). 24p. (J). (gr. -1-2). pap. 7.95 (978-1-4966-1005-8(9), 134910, Capstone Classroom) Capstone.

Life on the Farm. Tiffany Jones. 2020. (ENG., Illus.). 38p. (J). pap. 19.95 (978-1-944386-51-1(3)) Just Write Bks.

Life on the Farm: A Cows Coloring Book. Jupiter Kids. 2016. (ENG., Illus.). 106p. (J). pap. 12.55 (978-1-68326-341-8(3), Jupiter Kids (Childrens & Kids Fiction)) Speedy Publishing LLC.

Life on the Farm: And Selections in Prose & Poetry (Classic Reprint) William Lambie. 2017. (ENG., Illus.). (J). 26.76 (978-0-265-97069-0(5)); pap. 9.57 (978-0-243-42087-2(0)) Forgotten Bks.

Life on the Farm: The Tiny Calf. Judy A Hoff. 2019. (ENG.). 30p. (J). pap. 12.95 (978-1-64544-140-3(7)) Page Publishing Inc.

Life on the Farm: The Tiny Calf. Judy a Hoff. 2019. (ENG.). 30p. (J). 24.95 (978-1-64544-142-7(3)) Page Publishing Inc.

Life on the Infinite Farm. Richard Evan Schwartz. 2018. (Monograph Bks.). (ENG., Illus.). 176p. pap. 25.00 (978-1-4704-4736-6(3), P590691) American Mathematical Society.

Life on the Lakes, Vol. 2 Of 2: Being Tales & Sketches Collected During a Trip to the Pictured Rocks of Lake Superior (Classic Reprint) Chandler Robbins Gilman. (ENG., Illus.). (J). 2017. 280p. 29.69 (978-0-332-59689-1(3)); 2016. pap. 13.57 (978-1-333-35282-0(4)) Forgotten Bks.

Life on the Mountain. Gary Philip Guido. 2019. (ENG., Illus.). 32p. (J). (gr. k-6). pap. 14.95 (978-1-6723-9892-3(4)) Honeydrop Kids Club.

Life on the Ocean: Being Sketches of Personal Experience in the United States Naval Service, the American & British Merchant Marine, & the Whaling Service (Classic Reprint) Charles Nordhoff. (ENG., Illus.). (J). 2018. 988p. 44.29 (978-0-666-69002-9(2)); 2017. pap. 26.64 (978-0-282-48841-3(3)) Forgotten Bks.

Life on the Plains (Classic Reprint) Phil Johnson. 2018. (ENG., Illus.). 356p. (J). 31.24 (978-0-364-56507-0(1)) Forgotten Bks.

Life on the Reef. Cambridge Reading Adventures. Orange Band. Andy Belcher. ed. 2016. (Cambridge Reading Adventures Ser.). (ENG., Illus.). 24p. pap. 8.80 (978-1-107-56022-2(5)) Cambridge Univ. Pr.

Life on the Stage: My Personal Experiences & Recollections (Classic Reprint) Clara Morris. 2018. (ENG., Illus.). 422p. (J). 32.60 (978-0-484-24394-0(2)) Forgotten Bks.

Life on the Westen Rivers (Classic Reprint) John Habermehl. 2018. (ENG., Illus.). 238p. (J). 28.81 (978-0-267-28118-3(8)) Forgotten Bks.

Life Opinions of Tristram Shandy, Gentleman, Vol. 3 of 3 (Classic Reprint) Laurence Sterne. 2017. (ENG., Illus.). (J). 28.66 (978-0-265-65437-8(8)); pap. 11.57 (978-1-5276-0849-8(2)) Forgotten Bks.

Life Pictures: And Other Thoughts (Classic Reprint) Eugene Brown. 2018. (ENG., Illus.). 32p. (J). 24.56 (978-0-267-24525-3(4)) Forgotten Bks.

Life Pictures: In Prose & Verse (Classic Reprint) Scott Woodward. (ENG., Illus.). (J). 2018. 174p. 27.49 (978-0-332-97216-9(X)); 2016. pap. 9.97 (978-1-334-11877-7(9)) Forgotten Bks.

Life Planner: When the Unexpected Happens (Career) Sekani Kobelt. 2022. (ENG.). 243p. pap. (978-1-4583-0049-2(8)) Lulu Pr., Inc.

Life Portraits, 16 vols., Set. Incl. Che Guevara: the Making of a Revolutionary. Samuel Willard Crompton. (J). lib. bdg. 38.67 (978-1-4339-0053-2(X), 5d738a89-ba5a-4280-a185-bd7be733cc43); Elie Wiesel: Witness for Humanity. Rachel Koestler-Grack. (J). lib. bdg. 38.67 (978-1-4339-0054-9(8), 74f0f7fc-d07c-4729-897a-72060673239c); Elizabeth Blackwell: America's First Female Doctor. Barbara A. Somervill. (YA). lib. bdg. 38.67 (978-1-4339-0055-6(6), 8ed3ef86-e654-4ea3-9358-51f729906c1e); Katie Couric: Groundbreaking TV Journalist. Rachel Koestler-Grack. (YA). lib. bdg. 38.67 (978-1-4339-0056-3(4), 9f57f392-8e0b-4c34-8591-90d5ff3facde); Maya Angelou: a Creative & Courageous Voice. Jill Egan. (YA). lib. bdg. 38.67 (978-1-4339-0057-0(2), 071e5e19-b480-4c11-979f-4b720c66fb9f); Rachel Carson: a Voice for the Natural World. Charles Piddock. (YA). lib. bdg. 38.67 (978-1-4339-0058-7(0), 3353b49b-e652-433f-83d8-e82720b990f5); Ray Bradbury: Legendary Fantasy Writer. Charles Piddock. (YA). lib. bdg. 38.67 (978-1-4339-0059-4(9), d49d1b84-5da1-4cee-bb23-3ab08eabf62f); Steve Jobs: the Brilliant Mind Behind Apple. Anthony Imbimbo. (YA). lib. bdg. 38.67 (978-1-4339-0060-0(2), 0d230d17-c4e1-4f87-ad3e-2f38e3957ab2); (Illus.). (gr. 6-8). (Life Portraits Ser.). (ENG.). 112p. 2009. Set lib. bdg. 309.36 (978-1-4339-0061-7(0), 4847e0ab-6a52-4f2e-8abb-319065f68ab9, Gareth Stevens Secondary Library) Stevens, Gareth Publishing LLLP.

Life Post- 1939. Rajinder Sharma. 2nd ed. 2017. (ENG., Illus.). 298p. (J). 29.95 (978-1-78612-552-1(8), 8f495640-55a9-403e-af85-36dd5c9819f9) Austin Macauley Pubs. Ltd. GBR. Dist: Baker & Taylor Publisher Services (BTPS).

Life Principles for the Voyage of Life: Valuable Wisdom for the Maturing Adolescent. Lee Selvage. 2022. (ENG.). 82p. (YA). pap. 13.95 **(978-1-63885-772-3(5))** Covenant Bks.

Life Purpose & Fulfillment. Ph D. Rebecca Izu. 2019. (ENG.). 160p. (YA). pap. 14.95 (978-1-64492-394-8(7)) Christian Faith Publishing.

Life Savers: Spend a Day with 12 Real-Life Emergency Service Heroes. Eryl Nash. Illus. by Ana Albero. 2022. (ENG.). 32p. (J). (gr. -1-3). 19.99 (978-1-4197-4896-7(3), 1744901) Magic Cat GBR. Dist: Abrams, Inc.

Life Scenes, Sketched in Light & Shadow from the World Around Us (Classic Reprint) Francis A. Durivage. (ENG., Illus.). (J). 2018. 430p. 32.77 (978-0-365-00497-4(9)); 2016. pap. 16.57 (978-1-334-13877-5(X)) Forgotten Bks.

Life Science. Abbie Dunne. (Life Science Ser.). (ENG.). 24p. (J). 2022. 109.95 (978-1-6690-3603-6(0), 253349); 2016. (Illus.). (gr. -1-2). pap., pap., pap. 41.70 (978-1-5157-1384-5(9), 24889) Capstone. (Capstone Pr.).

Life Science. Jane Dunne. 2019. (Women in Stem Ser.). (ENG.). 24p. (J). lib. bdg. 22.99 (978-1-5105-4428-4(3)) SmartBook Media, Inc.

Life Science Projects for Kids, 6 vols., Set. Incl. Exploring Earth's Biomes. Carol Smalley. lib. bdg. 29.95 (978-1-58415-878-3(6)); Project Guide to Fishes & Amphibians. Carol Smalley. lib. bdg. 29.95 (978-1-58415-873-8(5)); Project Guide to Mammals. Christine Petersen. lib. bdg. 29.95 (978-1-58415-875-2(1)); Project Guide to Reptiles & Birds. Colleen Kessler. lib. bdg. 29.95 (978-1-58415-874-5(3)); Project Guide to Sponges, Worms, & Mollusks. Carol Smalley. lib. bdg. 29.95 (978-1-58415-876-9(X)); Projects in Genetics. Claire O'Neal. lib. bdg. 29.95 (978-1-58415-877-6(8)); (Illus.). 48p. (J). (gr. 4-8). 2010. 2010. Set lib. bdg. 179.70 (978-1-58415-879-0(4)) Mitchell Lane Pubs.

Life Sciences. Tim Cook. 2018. (Scientific Breakthroughs Ser.). (ENG.). 48p. (J). lib. bdg. 34.99 (978-1-5105-3757-6(0)) SmartBook Media, Inc.

Life Sentence (Classic Reprint) Victoria Cross. 2018. (ENG., Illus.). 254p. (J). 29.16 (978-0-483-82928-2(5)) Forgotten Bks.

Life Size. Sophy Henn. 2018. (KOR., Illus.). (J). (978-89-433-1143-8(5)) Borim Pr.

Life-Size Animals: An Illustrated Safari. Rita Mabel Schiavo. Illus. by Isabella Grott. 2020. (ENG.). 40p. (J). (gr. 1-4). 19.99 (978-1-4197-4460-0(7), 1691101) Abrams, Inc.

Life-Sized Animal Poop. John Townsend. 2019. (ENG.). 48p. (J). (gr. 2-4). 14.99 (978-1-912904-56-3(X)) Book Hse. GBR. Dist: Sterling Publishing Co., Inc.

Life-Sized Animal Tracks. John Townsend. ed. 2018. (ENG., Illus.). 48p. (J). (gr. 2-4). 14.99 (978-1-912006-10-6(3)) Book Hse. GBR. Dist: Sterling Publishing Co., Inc.

Life-Sized Bugs. John Townsend. ed. 2019. (ENG., Illus.). 48p. (J). (gr. 2-4). 14.95 (978-1-912537-74-7(5)) Book Hse. GBR. Dist: Sterling Publishing Co., Inc.

Life Sketches & Experience (Classic Reprint) Abigail Mussey. 2018. (ENG., Illus.). 230p. (J). 28.66 (978-0-483-87477-0(9)) Forgotten Bks.

Life Sketches from Common Paths: A Series of American Tales (Classic Reprint) Julia Louisa Dumont. (ENG., Illus.). (J). 2018. 290p. 29.88 (978-0-484-60563-2(1)); 2017. pap. 13.57 (978-0-243-90386-3(3)) Forgotten Bks.

Life Skills, 12 vols. 2018. (Life Skills Ser.). (ENG.). 48p. (gr. 5-5). lib. bdg. 185.58 (978-1-9785-0024-2(6), f5554dd8-bf93-4f55-ab00-f1cf53c1b493) Enslow Publishing, LLC.

Life Skills. Keilly Swift. 2021. (Illus.). 96p. (J). (gr. k-4). (ENG.). 17.99 (978-0-7440-2769-3(1), DK Children); (978-0-241-46756-5(X)) Dorling Kindersley Publishing, Inc.

Life Skills (Set Of 6) Emma Huddleston. 2020. (Life Skills Ser.). (ENG., Illus.). 144p. (J). (gr. 1-2). pap. 53.70 (978-1-64493-418-0(3), 1644934183); lib. bdg. 171.00 (978-1-64493-342-8(X), 164493342X) North Star Editions. (Focus Readers).

Life Stories, 16 vols., Set. Gillian Gosman. Incl. Abraham Lincoln. lib. bdg. 26.27 (978-1-4488-2582-0(2), 07f83246-a876-470e-b803-905a492eb466); Benjamin Franklin. lib. bdg. 26.27 (978-1-4488-2585-1(7), 0ce2f8ab-182f-4f36-8495-052334f7703d); Franklin D. Roosevelt. lib. bdg. 26.27 (978-1-4488-3179-1(2), 3f0b1701-e059-4701-bc74-6783a09d3a80); George Washington. lib. bdg. 26.27 (978-1-4488-2581-3(4), 44b4d329-a6e9-4b5e-88ff-2844598ba48b); Harriet Tubman. lib. bdg. 26.27 (978-1-4488-2586-8(5), 2b2679ea-cfb1-4eca-836c-8a5dfb5868f9); Martin Luther King, Jr. lib. bdg. 26.27 (978-1-4488-2583-7(0), 9b332699-9ed0-4c81-9b0e-9bbd8bc2f68c); Rosa Parks. lib. bdg. 26.27 (978-1-4488-2584-4(9), 3797e45e-a80c-45ae-b424-7a783c9d915d); Thomas Jefferson. lib. bdg. 26.27 (978-1-4488-3178-4(4), 6e7e2cdf-68fc-42f2-98e4-ec91f3c5b148); (J). (gr. 3-3). (Life Stories Ser.). (ENG., Illus.). 24p. 2011. Set lib. bdg. 210.16 (978-1-4488-2793-0(0), 3840f588-7d47-45c9-b412-e016b1c4aa7a, PowerKids Pr.) Rosen Publishing Group, Inc., The.

Life, Stories, & Poems of John Brougham: Comprising; I. His Autobiography a Fragment; II. a Supplementary Memoir; III. Sketch of His Miscellaneous Writings (Classic Reprint) William Winter. 2017. (ENG., Illus.). (J). 33.90 (978-0-260-94724-6(5)) Forgotten Bks.

Life Stories from the Old & the New Testament: A Course of Bible Lessons for Daily Vacation Bible Schools, Week Day Religious Schools & Religious Training in the Home (Classic Reprint) Jenny B. Merrill. (ENG., Illus.). (J). 2018. 172p. 27.46 (978-0-483-09654-7(7)); 2016. pap. 9.97 (978-1-334-11837-1(X)) Forgotten Bks.

Life Stories of Undistinguished Americans: As Told by Themselves. Hamilton Holt. 2018. (ENG., Illus.). 120p. (J). pap. (978-1-387-99870-8(6)) Lulu Pr., Inc.

Life Stories of Undistinguished Americans: As Told by Themselves (Classic Reprint) Hamilton Holt. 2017. (ENG., Illus.). (J). 30.35 (978-1-5280-6125-4(X)) Forgotten Bks.

Life Stories of Undistinguished Americans: As Told by Themselves (Hardcover) Hamilton Holt. 2018. (ENG., Illus.). 120p. (J). (978-1-387-99869-2(2)) Lulu Pr., Inc.

Life Story. Menura De Silva. 2017. (ENG., Illus.). 37p. (J). pap. (978-1-84897-804-1(9)) Olympia Publishers.

Life Story of a Black Bear (Classic Reprint) Harry Perry Robinson. (ENG., Illus.). (J). 2018. 238p. 28.83 (978-0-484-83712-5(5)); 2016. pap. 11.57 (978-1-333-51937-7(0)) Forgotten Bks.

Life Story of a Fowl (Classic Reprint) J. W. Hurst. 2018. (ENG., Illus.). 242p. (J). 28.91 (978-0-267-44782-4(5)) Forgotten Bks.

Life-Story of a Russian Exile: The Remarkable Experience of a Young Girl, Being an Account of Her Peasant Childhood, Her Girlhood in Prison, Her Exile to Siberia, & Escape from There (Classic Reprint) Marie Sukloff. 2017. (ENG., Illus.). (J). 29.28 (978-0-260-07189-7(7)) Forgotten Bks.

Life Story of an American Airman in France: Extracts from the Letters of Stuart Walcott, Who, Between July & December, 1917, Learned to Fly in French Schools of Aviation, Won Fame at the Front, & Fell near Saint Souplet (Classic Reprint) Stuart Walcott. (ENG., Illus.). (J). 2018. 30p. 24.54 (978-0-267-89018-7(4)); 2016. pap. 7.97 (978-1-333-51008-4(X)) Forgotten Bks.

Life Story of an Ugly Duckling: An Autobiographical Fragment in Seven Parts; Illustrated with Many Pleasing Scenes from Former Triumphs & from Private Life (Classic Reprint) Marie Dressler. 2017. (ENG., Illus.). (J). 30.17 (978-0-331-48944-6(9)); pap. 13.57 (978-0-243-31345-7(4)) Forgotten Bks.

Life Story of Aner an Allegory (Classic Reprint) Frederic William Farrar. 2017. (ENG., Illus.). (J). 27.05 (978-0-331-24056-6(4)) Forgotten Bks.

Life Story of the Ringling Brothers Illustrated: Humorous Incidents, Thrilling Trials, Many Hardships, & Ups & Downs, Telling How the Boys Built a Circus, & Showing the True Road to Success (Classic Reprint) Alfred Ringling. 2017. (ENG., Illus.). (J). 28.83 (978-0-331-31986-6(1)); pap. 11.57 (978-0-259-58594-7(7)) Forgotten Bks.

Life Studies of Character (Classic Reprint) John Kelso Hunter. 2018. (ENG., Illus.). 318p. (J). 30.46 (978-0-267-48015-9(6)) Forgotten Bks.

Life Sucks: How to Deal with the Way Life Is, Was, & Always Will Be Unfair. Michael I. Bennett & Sarah Bennett. Illus. by Bridget Gibson. 2019. (ENG.). 240p. (YA). (gr. 7). 17.99 (978-1-5247-8790-5(6), Penguin Workshop) Penguin Young Readers Group.

Life Symphonies. Borka Elizabet. 2019. (HUN.). 224p. (J). pap. (978-3-7103-4095-6(0)) united p.c. Verlag.

Life the Accuser: A Novel; in Three Volumes, Vol. I. E. f. Brooke. 2017. (ENG., Illus.). (J). pap. (978-0-649-37189-1(5)) Trieste Publishing Pty Ltd.

Life the Accuser: A Novel in Two Parts (Classic Reprint) E. f. Brooke. 2018. (ENG., Illus.). 428p. (J). 32.72 (978-0-484-55735-1(1)) Forgotten Bks.

Life the Accuser, Vol. 1 Of 3: A Novel (Classic Reprint) E. f. Brooke. 2018. (ENG., Illus.). 208p. (J). 28.19 (978-0-332-09044-3(2)) Forgotten Bks.

Life the Accuser, Vol. 2 Of 3: A Novel (Classic Reprint) E. f. Brooke. 2018. (ENG., Illus.). 188p. (J). 27.77 (978-0-483-82113-2(6)) Forgotten Bks.

Life the Accuser, Vol. 3 Of 3: A Novel (Classic Reprint) Emma Brooke. 2018. (ENG., Illus.). 180p. (J). 27.61 (978-0-483-60442-1(9)) Forgotten Bks.

Life: the First Four Billion Years: The Story of Life from the Big Bang to the Evolution of Humans. Martin Jenkins. Illus. by Grahame Baker-Smith. 2019. (ENG.). 80p. (J). (gr. 5-9). 27.99 (978-1-5362-0420-9(X)) Candlewick Pr.

Life Through Time: The 700-Million-Year Story of Life on Earth. John Woodward. 2020. (DK Panorama Ser.). (ENG., Illus.). 32p. (J). (gr. 2-6). 19.99 (978-0-7440-2017-5(4), DK Children) Dorling Kindersley Publishing, Inc.

Life, Trial, Confession & Conviction of John Hanlon, for the Murder of Little Mary Mohrman: Containing Judge Ludlow's Charge to the Jury, & the Speeches of the Learned Counsel on Both Sides (Classic Reprint) John Francis Hanlon. (ENG., Illus.). (J). 2018. 116p. 26.29 (978-0-267-56111-7(3)); 2016. pap. 9.57 (978-1-334-16191-9(7)) Forgotten Bks.

Life under the Caliphate, 1 vol. Chris Townsend. 2017. (Crimes of ISIS Ser.). (ENG.). 104p. (gr. 8-8). 38.93 (978-0-7660-9218-1(6), 132aecf2-4a63-450f-b360-8e63b2bf8acc); pap. 20.95 (978-0-7660-9586-1(X), 09a84c9a-dad3-48ca-a54c-da0bc3d479ad) Enslow Publishing, LLC.

Life under the Sea Coloring Book. Creative Playbooks. 2016. (ENG., Illus.). (J). pap. 7.74 (978-1-68323-871-3(0)) Twin Flame Productions.

Life under the Sea Coloring Book. Jupiter Kids. 2016. (ENG., Illus.). 106p. (J). pap. 12.55 (978-1-68326-342-5(1), Jupiter Kids (Childrens & Kids Fiction)) Speedy Publishing LLC.

Life under the Stars, Sun, & Moon Coloring Book. Jupiter Kids. 2016. (ENG., Illus.). 106p. (J). pap. 12.55 (978-1-68326-343-2(X), Jupiter Kids (Childrens & Kids Fiction)) Speedy Publishing LLC.

Life Unveiled: By a Child of the Drumlins (Classic Reprint) John Burroughs. 2018. (ENG., Illus.). (J). 31.18 (978-0-331-98339-5(7)) Forgotten Bks.

Life Uploaded. Sierra Furtado. 2016. 242p. (YA). pap. (978-1-5011-4396-0(4), Gallery Bks.) Gallery Bks.

Life Values for You! Valores de Vida para Ti! Alejandra Diaz Roman. Illus. by Cecilia Ramos Salazar. 2021. (ENG.). 28p. (J). (978-1-0391-1815-7(1)); pap. (978-1-0391-1814-0(3)) FriesenPress.

Life, Vol. 10: February 17, 1941 (Classic Reprint) Time Inc. (ENG., Illus.). (J). 2018. 98p. 25.92 (978-0-656-22159-2(3)); 2017. pap. 9.57 (978-0-259-51213-4(3)) Forgotten Bks.

Life, Vol. 10: June 2, 1941 (Classic Reprint) Time Inc. (ENG., Illus.). (J). 2018. 106p. 26.08 (978-0-666-99932-0(5)); 2017. pap. 9.57 (978-0-243-49184-1(0)) Forgotten Bks.

Life, Vol. 10: June 23, 1941 (Classic Reprint) Unknown Author. (ENG., Illus.). (J). 2018. 98p. 25.92 (978-0-484-89540-8(0)); 2017. pap. 9.57 (978-0-259-49854-4(8)) Forgotten Bks.

Life, Vol. 15: October 11, 1943 (Classic Reprint) Time Inc. (ENG., Illus.). (J). 2018. 136p. 26.72 (978-0-484-31599-9(4)); 2017. pap. 9.57 (978-0-243-08027-4(1)) Forgotten Bks.

Life, Vol. 16: May 29, 1944 (Classic Reprint) Unknown Author. (ENG., Illus.). (J). 2018. 134p. 26.68 (978-0-483-52849-9(8)); 2017. pap. 9.57 (978-0-243-13397-0(9)) Forgotten Bks.

Life, Vol. 9: December 16, 1940 (Classic Reprint) Unknown Author. (ENG., Illus.). (J). 2018. 122p. 26.41 (978-0-483-67133-1(9)); 2017. pap. 9.57 (978-0-243-40976-1(1)) Forgotten Bks.

Life Weaver. Sandra Taylor. 2020. (ENG.). 256p. (YA). (978-0-2288-4307-8(3)); (Weaver Ser.: Vol. 1). pap. (978-0-2288-4306-1(5)) Tellwell Talent.

Life Will Never Be the Same. Kim T. Briggs. 2016. (ENG., Illus.). (J). pap. 14.95 (978-1-68197-143-8(7)) Christian Faith Publishing.

Life Will Never Be the Same: Ginnys Secret. Kim T. Briggs. 2018. (ENG., Illus.). 62p. (YA). pap. 16.95 (978-1-64299-311-0(5)) Christian Faith Publishing.

Life with a Learning Disorder. James Bow. 2018. (Everyday Heroes Ser.). (ENG.). 24p. (J). (gr. 3-6). lib. bdg. 32.79 (978-1-5038-2515-4(9), 212332, MOMENTUM) Child's World, Inc, The.

Life with ADHD. James Bow. 2018. (Everyday Heroes Ser.). (ENG.). 24p. (J). (gr. 3-6). lib. bdg. 32.79 (978-1-5038-2505-5(1), 212333, MOMENTUM) Child's World, Inc, The.

Life with Archie Vol. 1. Archie Superstars. 2018. (Archie Comics Presents Ser.). (Illus.). 224p. (J). (gr. 4-7). pap. 10.99 (978-1-68255-859-1(2)) Archie Comic Pubns., Inc.

Life with Archie Vol. 2. Archie Superstars. 2020. (Archie Comics Presents Ser.: 2). (ENG., Illus.). 224p. (J). (gr. 4-7). pap. 10.99 (978-1-68255-813-3(4)) Archie Comic Pubns., Inc.

Life with Autism. Jeanne Marie Ford. 2018. (Everyday Heroes Ser.). (ENG.). 24p. (J). (gr. 3-6). lib. bdg. 32.79 (978-1-5038-2506-2(X), 212334, MOMENTUM) Child's World, Inc, The.

Life with Blindness. Anita Yasuda. 2018. (Everyday Heroes Ser.). (ENG.). 24p. (J). (gr. 3-6). lib. bdg. 32.79 (978-1-5038-2513-0(2), 212341, MOMENTUM) Child's World, Inc, The.

Life with Cancer. Lindsay Wyskowski. 2018. (Everyday Heroes Ser.). (ENG.). 24p. (J). (gr. 3-6). lib. bdg. 32.79 (978-1-5038-2507-9(8), 212335, MOMENTUM) Child's World, Inc, The.

Life with Cerebral Palsy. Jeanne Marie Ford. 2018. (Everyday Heroes Ser.). (ENG.). 24p. (J). (gr. 3-6). lib. bdg. 32.79 (978-1-5038-2508-6(6), 212336, MOMENTUM) Child's World, Inc, The.

Life with Christ. Avery Creary. 2023. 24p. (J). (gr. -1-7). pap. 17.99 BookBaby.

Life with Cystic Fibrosis. Jeanne Marie Ford. 2018. (Everyday Heroes Ser.). (ENG.). 24p. (J). (gr. 3-6). lib. bdg. 32.79 (978-1-5038-2509-3(4), 212337, MOMENTUM) Child's World, Inc, The.

Life with Daddy... & His Boyfriend. Noreen Spagnol. Illus. by Hannah Spagnol & Tayleigh Spagnol. 2019. (Life With... Ser.). (ENG.). 36p. (J). (978-1-5255-4504-7(3)); pap. (978-1-5255-4505-4(1)) FriesenPress.

Life with Epilepsy. Clara MacCarald. 2018. (Everyday Heroes Ser.). (ENG.). 24p. (J). (gr. 3-6). lib. bdg. 32.79 (978-1-5038-2511-6(6), 212339, MOMENTUM) Child's World, Inc, The.

Life with Food Allergies. Annette Gulati. 2018. (Everyday Heroes Ser.). (ENG.). 24p. (J). (gr. 3-6). lib. bdg. 32.79 (978-1-5038-2512-3(4), 212340, MOMENTUM) Child's World, Inc, The.

Life with Grandfather Conwell & His Acres of Diamonds (Classic Reprint) Jane Tuttle. 2018. (ENG., Illus.). 112p. (J). 26.23 (978-0-332-63659-7(3)) Forgotten Bks.

Life with Jay. Jason R. Moffitt. 2020. (ENG.). 236p. (J). (978-1-716-79095-9(6)); pap. (978-1-716-79093-5(X)) Lulu Pr., Inc.

Life with Joy. Deja O. Hillis. Illus. by Sara J. Davis. 2020. (ENG.). 32p. (J). 24.99 **(978-1-0879-1686-6(0))** Indy Pub.

Life with Juvenile Idiopathic Arthritis. James Bow. 2018. (Everyday Heroes Ser.). (ENG.). 24p. (J). (gr. 3-6). lib. bdg. 32.79 (978-1-5038-2514-7(0), 212342, MOMENTUM) Child's World, Inc, The.

Life with Lily. Margaret Morgan. 2020. (ENG.). 204p. (YA). pap. **(978-1-913704-16-2(5))** Publishing Push Ltd.

Life with Mommy... & Her Girlfriend. Noreen Spagnol. 2017. (ENG., Illus.). (J). (978-1-5255-0270-5(0)); pap. (978-1-5255-0269-9(7)) FriesenPress.

Life with My Dragon: Five Heart-Warming Tales. Didier Levy. Illus. by Fred Benaglia. 2022. (ENG.). 32p. (J). (gr. k-2). 17.95 **(978-0-500-65312-8(7)**, 565312) Thames & Hudson.

Life with My Family. Renee Hooker & Karl Jones. Illus. by Kathryn Durst. 2018. 32p. (J). (gr. -1-2). 17.99 (978-1-5247-8937-4(2), Penguin Workshop) Penguin Young Readers Group.

Life with Spina Bifida. Heidi Ayarbe. 2018. (Everyday Heroes Ser.). (ENG.). 24p. (J). (gr. 3-6). lib. bdg. 32.79 (978-1-5038-2516-1(7), 212343, MOMENTUM) Child's World, Inc, The.

Life with Sushi. Juanita M. Mowery. Illus. by Luann Dickson. 2022. (ENG.). 28p. (J). 14.95 **(978-1-0879-4545-3(3))** Indy Pub.

Life with the Hamran Arabs: An Account of a Sporting Tour of Some Officers of the Guards in the Soudan During the Winter of 1874-5 (Classic Reprint) Arthur B. R. Myers. 2017. (ENG., Illus.). 384p. (J). 31.82 (978-0-332-83862-5(5)) Forgotten Bks.

Life with Type 1 Diabetes. Clara MacCarald. 2018. (Everyday Heroes Ser.). (ENG.). 24p. (J). (gr. 3-6). lib. bdg. 32.79 (978-1-5038-2510-9(8), 212338, MOMENTUM) Child's World, Inc, The.

Life Within (Classic Reprint) Lothrop Publishing Company. 2018. (ENG., Illus.). 380p. (J). 31.75 (978-0-483-38255-8(8)) Forgotten Bks.

Life Without Animals: Set 1, 12 vols. 2019. (Life Without Animals Ser.). (ENG.). 24p. (J). (gr. 1-2). lib. bdg. 145.62 (978-1-5382-3923-0(X),

L

742163a2-6989-4448-8077-2d5aec6e91d9) Stevens, Gareth Publishing LLLP.

Life Without Animals: Set 2, 12 vols. 2022. (Life Without Animals Ser.). (ENG.). 24p. (J). (gr. 1-2). lib. bdg. 145.62 *(978-1-5382-8153-6(8),* d98669dd-55cd-4dfd-80ce-0b82857c6a9b) Stevens, Gareth Publishing LLLP.

Life Without Animals: Set 2. Anthony Ardely. 2022. (Life Without Animals Ser.). (ENG.). 24p. (J). pap. 51.90 *(978-1-5382-8236-6(4))* Stevens, Gareth Publishing LLLP.

Life Without Animals: Sets 1 - 2. 2022. (Life Without Animals Ser.). (ENG.). (J). pap. 103.80 *(978-1-5382-8239-7(9))*; (gr. 1-2). lib. bdg. 291.24 *(978-1-5382-8238-0(0),* f22226f6-5992-4f63-afed-c4c75352975b) Stevens, Gareth Publishing LLLP.

Life Without E's. Diane C. Givens. 2019. (ENG., Illus.). 48p. (J). (gr. k-3). pap. 9.99 *(978-1-7328014-0-0(1))* Givens, Diane C. .

Life Without e's Activity Book. Diane C. Givens & Veronica G. Thornton. 2020. (ENG.). 104p. (J). pap. 9.99 *(978-1-7328014-3-1(6))* Givens, Diane C. .

Life Work of Henri Rene Guy de Maupassant (Classic Reprint) Guy De Maupassant. 2017. (ENG., Illus.). 338p. (J). 30.89 *(978-0-332-49744-0(5))* Forgotten Bks.

Life Work of Henri Rene Guy de Maupassant, Embracing Romance, Comedy Verse, for the First Time Complete in English (Classic Reprint) Guy De Maupassant. 2017. (ENG., Illus.). (J). 31.30 *(978-1-5279-5224-9(X))* Forgotten Bks.

Life Work of Henri Rene Guy de Maupassant, Vol. 2 (Classic Reprint) Guy De Maupassant. 2018. (ENG., Illus.). 328p. (J). 30.70 *(978-0-484-78751-2(9))* Forgotten Bks.

Life Worth Living: A Personal Experience (Classic Reprint) Thomas Dixon. 2017. (ENG., Illus.). (J). 28.48 *(978-0-265-85073-2(8))* Forgotten Bks.

Life Worthy of Life - a Novel of Fulfilment: Volume 5 of the Kristen Seraphim Saga. G. V. Loewen. 2021. (ENG.). 394p. (YA). pap. 19.99 *(978-1-68235-419-3(9))* Strategic Book Publishing & Rights Agency (SBPRA).

Lifeblood. Gena Showalter. (Everlife Novel Ser.: 2). (ENG.). (YA). 2018. 480p. pap. 10.99 *(978-1-335-20835-4(6))*; 2017. (Illus.). 448p. 18.99 *(978-0-373-21219-4(4))* Harlequin Enterprises ULC CAN. (Harlequin Teen). Dist: HarperCollins Pubs.

Lifeboat 12. Susan Hood. 2018. (ENG., Illus.). 336p. (J). (gr. 3-8). 17.99 *(978-1-4814-6883-1(9),* Simon & Schuster Bks. For Young Readers) Simon & Schuster Bks. For Young Readers.

Lifeboat, & Other Poems (Classic Reprint) George Robert Sims. 2018. (ENG., Illus.). 160p. (J). 27.20 *(978-0-483-55038-4(8))* Forgotten Bks.

Lifeboat Clique. Kathy Parks. 2018. (ENG.). 352p. (YA). (gr. 8). pap. 9.99 *(978-0-06-239398-2(7),* Tegen, Katherine Bks) HarperCollins Pubs.

Lifecode #2: Yearly Forecast for 2021 Durga (Color Edition) Swami Ram Charran. 2020. (ENG.). 136p. (YA). pap. *(978-1-716-70754-4(4))* Lulu Pr., Inc.

Lifecode #3: Yearly Forecast for 2021 Vishnu (Color Edition) Swami Ram Charran. 2020. (ENG.). 137p. (YA). pap. *(978-1-716-70750-6(1))* Lulu Pr., Inc.

Lifeguard: Beach First Responder. Peter R. Chambers. 2018. (ENG., Illus.). 24p. (J). pap. 7.99 *(978-1-943258-83-3(X))* Warren Publishing, Inc.

LIFEL1K3 (Lifelike) Jay Kristoff. 2019. (Lifel1k3 Ser.: 1). (ENG., Illus.). 416p. (YA). (gr. 7). pap. 10.99 *(978-1-5247-1395-9(3),* Ember) Random Hse. Children's Bks.

Lifeless Beyond Death Volume 1. John McNemar. 2022. (ENG.). 153p. (YA). pap. ***(978-1-387-83887-5(3))*** Lulu Pr., Inc.

LifeLine Lessons. Lottie Stewart. 2022. (ENG.). 58p. (J). pap. 10.99 ***(978-1-6628-6011-9(0))*** Salem Author Services.

Life's Assize (Classic Reprint) J. H. Riddell. 2018. (ENG., Illus.). 404p. (J). 32.23 *(978-0-483-40573-8(6))* Forgotten Bks.

Life's Atonement, Vol. 1 Of 3: A Novel (Classic Reprint) David Christie Murray. (ENG., Illus.). (J). 2018. 272p. 29.53 *(978-0-483-93910-3(2))*; 2016. pap. 11.97 *(978-1-334-20663-4(5))* Forgotten Bks.

Life's Atonement, Vol. 2 Of 3: A Novel (Classic Reprint) David Christie Murray. 2018. (ENG., Illus.). 270p. (J). 29.49 *(978-0-483-14824-6(5))* Forgotten Bks.

Life's Atonement, Vol. 3 Of 3: A Novel (Classic Reprint) David Christie Murray. 2018. (ENG., Illus.). 266p. (J). 29.38 *(978-0-483-52220-6(1))* Forgotten Bks.

Life's Code. Clyde R. Goodheart. 2019. (ENG.). 78p. (J). pap. 15.95 *(978-0-9910062-8-1(3))* Best eWay Pubns., Inc.

Life's Comedy (Classic Reprint) Charles Scribner Sons. 2017. (ENG., Illus.). (J). pap. 9.57 *(978-0-259-86794-4(2))* Forgotten Bks.

Life's Comedy (Classic Reprint) Charles Scribner'S Sons. 2018. (ENG., Illus.). 136p. (J). 26.70 *(978-0-666-73574-4(3))* Forgotten Bks.

Life's Contrasts Air (Classic Reprint) John Foster Fraser. 2018. (ENG., Illus.). (J). 31.59 *(978-0-332-01349-7(9))* Forgotten Bks.

Life's Dawn on Earth. John William Dawson. 2017. (ENG.). 274p. (J). pap. *(978-3-337-13198-2(0))* Creation Pubs.

Life's Devotion, Vol. 1 of 3 (Classic Reprint) Virginia Sandars. (ENG., Illus.). (J). 2018. 326p. 30.62 *(978-0-483-84532-9(9))*; 2016. pap. 13.57 *(978-1-334-22178-1(2))* Forgotten Bks.

Life's Devotion, Vol. 2 of 3 (Classic Reprint) Virginia Sandars. 2017. (ENG., Illus.). (J). 30.85 *(978-0-265-21562-3(5))* Forgotten Bks.

Life's Discipline: A Tale of the Annals of Hungary (Classic Reprint) Talvi Talvi. (ENG., Illus.). (J). 2019. 196p. 27.94 *(978-0-365-25012-8(0))*; 2017. pap. 10.57 *(978-0-259-49711-0(8))* Forgotten Bks.

Life's Fairy Tales (Classic Reprint) J. A. Mitchell. 2018. (ENG., Illus.). 134p. (J). 26.66 *(978-0-656-18245-9(8))* Forgotten Bks.

Life's Handicap: Being Stories of Mine Own People (Classic Reprint) Rudyard Kipling. 2018. (ENG., Illus.). 416p. (J). 32.50 *(978-0-364-07122-9(2))* Forgotten Bks.

Life's Handicap, Vol. 1 Of 2: Being Stories of Mine Own People (Classic Reprint) Rudyard Kipling. 2018. (ENG., Illus.). 270p. (J). 29.47 *(978-0-483-60848-1(3))* Forgotten Bks.

Life's Handicap, Vol. 2 Of 2: Being Stories of Mine Own People (Classic Reprint) Rudyard Kipling. 2018. (ENG., Illus.). 240p. (J). 28.93 *(978-0-483-49741-2(X))* Forgotten Bks.

Life's Hazard, Vol. 1 Of 3: Or the Outlaw of Wentworth Waste (Classic Reprint) Henry Esmond. 2018. (ENG., Illus.). 288p. (J). 29.84 *(978-0-483-70413-8(X))* Forgotten Bks.

Life's Hazard, Vol. 2 Of 3: Or the Outlaw of Wentworth Waste (Classic Reprint) Henry Esmond. 2018. (ENG., Illus.). 262p. (J). 29.32 *(978-0-484-91004-0(3))* Forgotten Bks.

Life's Hazard, Vol. 3 Of 3: Or, the Outlaw of Wentworth Waste (Classic Reprint) Henry Esmond. 2018. (ENG., Illus.). 222p. (J). 28.48 *(978-0-483-80737-2(0))* Forgotten Bks.

Life's Hidden Panacea. Donald M. Seltin. 2023. (ENG., Illus.). 296p. (gr. 18). pap. 100.00 *(978-0-9749744-0-8(4))* Twister Publishing LLC.

Life's Journey & Impact of an Immigrant. Andolelye Parah Wachiye. 2018. (ENG., Illus.). 122p. (J). 20.99 *(978-1-5456-3194-2(8))*; pap. 12.49 *(978-1-5456-2802-7(5))* Salem Author Services.

Life's Lesser Moods (Classic Reprint) C. Lewis Hind. 2017. (ENG., Illus.). (J). 28.31 *(978-1-5285-7029-9(4))* Forgotten Bks.

Life's Lesson: A Tale (Classic Reprint) Martha McCannon Thomas. 2017. (ENG., Illus.). (J). 31.42 *(978-0-265-67115-3(9))*; pap. 13.97 *(978-1-5276-4214-0(3))* Forgotten Bks.

Life's Lessons for Children: (and for Teachers & Parents, Too!) Janice Loschiavo. Illus. by Richard William Loschiavo. 2016. (ENG.). (J). (gr. 3-6). pap. 16.95 *(978-1-938812-82-8(4))* Full Court Pr.

Life's Lessons, Vol. 1 of 3 (Classic Reprint) Gore. 2018. (ENG., Illus.). 324p. (J). 30.58 *(978-0-332-18457-9(9))* Forgotten Bks.

Life's Lessons, Vol. 2 of 3 (Classic Reprint) Gore. 2018. (ENG., Illus.). 324p. (J). 30.58 *(978-0-332-29451-3(X))* Forgotten Bks.

Life's Little Ironies: A Set of Tales with Some Colloquial Sketches Entitled a Few Crusted Characters. Thomas Hardy. 2017. (ENG., Illus.). (J). 24.95 *(978-1-374-91700-2(1))* Capital Communications, Inc.

Life's Little Ironies: A Set of Tales with Some Colloquial Sketches Entitled a Few Crusted Characters (Classic Reprint) Thomas Hardy. 2017. (ENG., Illus.). (J). 29.59 *(978-0-260-47627-2(7))* Forgotten Bks.

Life's Look Out. Sydney Watson. 2017. (ENG.). 368p. (J). pap. *(978-3-337-01126-0(8))* Creation Pubs.

Life's Look Out: An Autobiography (Classic Reprint) Sydney Watson. 2018. (ENG., Illus.). 370p. (J). 31.61 *(978-0-332-52523-5(6))* Forgotten Bks.

Life's Lure (Classic Reprint) John Gneisenau Neihardt. 2019. (ENG., Illus.). 278p. (J). 29.65 *(978-0-365-12740-6(X))* Forgotten Bks.

Life's Masquerade: A Novel (Classic Reprint) Unknown Author. 2018. (ENG., Illus.). 302p. (J). 30.15 *(978-0-483-71929-3(3))* Forgotten Bks.

Life's Masquerade, Vol. 1: A Novel (Classic Reprint) Unknown Author. 2018. (ENG., Illus.). 328p. (J). 30.68 *(978-0-483-96773-1(4))* Forgotten Bks.

Life's Minor Collisions (Classic Reprint) Frances Frances. 2018. (ENG., Illus.). 210p. (J). 28.25 *(978-0-332-44179-5(2))* Forgotten Bks.

Life's Minor Collisions (Classic Reprint) Frances Warner. 2018. (ENG., Illus.). 212p. (J). 28.27 *(978-0-267-29261-5(9))* Forgotten Bks.

Life's Mistake: A Novel (Classic Reprint) H. Lovett Cameron. (ENG., Illus.). (J). 2018. 350p. 31.12 *(978-0-365-39398-6(3))*; 2017. pap. 13.57 *(978-0-259-40634-1(1))* Forgotten Bks.

Life's Morning, Vol. 1 of 3 (Classic Reprint) George Gissing. 2018. (ENG., Illus.). 322p. (J). 30.56 *(978-0-483-39272-4(3))* Forgotten Bks.

Life's Remorse: A Novel (Classic Reprint) Duchess Duchess. 2018. (ENG., Illus.). 322p. (J). 30.54 *(978-0-332-86590-4(8))* Forgotten Bks.

Life's Remorse, Vol. 1 Of 3: A Novel (Classic Reprint) Margaret Wolfe Hungerford. (ENG., Illus.). (J). 2018. 250p. 29.05 *(978-0-483-93179-4(9))*; 2016. pap. 11.57 *(978-1-334-11966-8(X))* Forgotten Bks.

Life's Remorse, Vol. 2: A Novel (Classic Reprint) Duchess Duchess. 2018. (ENG., Illus.). 236p. (J). 28.76 *(978-0-483-89240-8(8))* Forgotten Bks.

Life's Secret: A Story (Classic Reprint) Henry Wood. 2017. (ENG., Illus.). (J). 33.20 *(978-1-5284-6771-1(X))* Forgotten Bks.

Life's Secret, Vol. 1 of 2 (Classic Reprint) Henry Wood. (ENG., Illus.). (J). 2018. 310p. 30.29 *(978-0-483-98699-2(2))*; 2016. pap. 13.57 *(978-1-334-16969-4(1))* Forgotten Bks.

Life's Secret, Vol. 2 of 2 (Classic Reprint) Henry Wood. 2018. (ENG., Illus.). 292p. (J). 29.92 *(978-0-332-86855-4(9))* Forgotten Bks.

Life's Shop Window (Classic Reprint) Victoria Cross. (ENG., Illus.). (J). 2018. 376p. 31.67 *(978-0-332-01156-1(9))*; 2017. pap. 16.57 *(978-0-243-07062-6(4))* Forgotten Bks.

Life's Treasures. David Mogul. 2018. (ENG.). 42p. (J). pap. 9.48 ***(978-0-692-09414-3(8))*** Masterpiece Comics Inc.

Life's Trivial Round (Classic Reprint) Rosa N. Carey. (ENG., Illus.). (J). 2017. 30.70 *(978-0-331-70199-9(5))*; 2016. pap. 13.57 *(978-1-334-14553-7(9))* Forgotten Bks.

Lifesize. Sophy Henn. Illus. by Sophy Henn. 2019. (Illus.). (J). 14.99 *(978-1-61067-731-8(5))* Kane Miller.

Lifesize Animal Counting Book **see Comptons les Animaux Grandeur Nature**

Lifestyles of Gods & Monsters. Emily Roberson. 2020. (ENG.). 352p. (YA). pap. 10.99 *(978-1-250-61989-1(0),* 900193420) Square Fish.

Lifetime: The Amazing Numbers in Animal Lives. Lola M. Schaefer. Illus. by Christopher Silas Neal. 2016. (ENG.). 40p. (J). (gr. k-3). 8.99 *(978-1-4521-5210-3(1))* Chronicle Bks. LLC.

Lifetime of Being Together with My True Love Coloring Book. Kreativ Entspannen. 2016. (ENG., Illus.). (J). pap. 9.20 *(978-1-68377-282-8(2))* Whlke, Traudl.

Lifetime of Love. Thabisile Gumede. 2023. (ENG.). 88p. (YA). pap. ***(978-1-990985-82-9(3))*** Verity Pubs.

Lifetime Passes. Terry Blas. Illus. by Claudia Aguirre. 2021. (ENG.). 160p. (YA). (gr. 9-17). 23.99 *(978-1-4197-4666-6(9),* 1701101); pap. 16.99 *(978-1-4197-4667-3(7),* 1701103) Abrams, Inc.

Lifeways, 8 vols., Group 7. Raymond Bial. Incl. Cree. lib. bdg. 41.21 *(978-0-7614-1902-0(0),* b29facb5-f3b2-4e7b-915b-23d24e7e8147); Crow. lib. bdg. 41.21 *(978-0-7614-1901-3(2),* ca610838-723d-477e-8a17-21346dd8cf83); Menominee. lib. bdg. 41.21 *(978-0-7614-1903-7(9),* 89750a57-c8c4-4005-bd0e-c1378d485469); (Illus.). 128p. (gr. 6-6). (Lifeways Ser.). (ENG.). 2007. 164.84 *(978-0-7614-1900-6(4),* 27bcd4d5-49d9-4e6b-a6db-4541d4e1989a, Cavendish Square) Cavendish Square Publishing LLC.

Liffith Lank, or Lunacy (Classic Reprint) C. H. Webb. 2018. (ENG., Illus.). 56p. (J). 25.05 *(978-0-483-32496-1(5))* Forgotten Bks.

Lift. Minh Lê. Illus. by Dan Santat. 2020. (ENG.). 56p. (J). (gr. -1-3). 17.99 *(978-1-368-03692-4(9))* Little, Brown Bks. for Young Readers.

Lift & Learn Colors: Lift-The-Flaps, Learn Colors. Clever Publishing. Illus. by Ekaterina Guscha. 2023. (Lift & Learn Ser.). (ENG.). 16p. (J). (gr. -1 — 1). bds. 10.99 *(978-1-954738-87-4(0))* Clever Media Group.

Lift & Learn Numbers: Lift-The-Flaps, Learn to Count. Clever Publishing. Illus. by Lidiya Larina. 2023. (Lift & Learn Ser.). (ENG.). 16p. (J). (gr. -1 — 1). bds. 10.99 *(978-1-954738-86-7(2))* Clever Media Group.

Lift & Look: at the Park. Bloomsbury USA. 2016. (ENG., Illus.). 12p. (J). (— 1). bds. 8.99 *(978-1-61963-940-9(8),* 9781619639409, Bloomsbury Activity Bks.) Bloomsbury Publishing USA.

Lift & Look: in Space. Bloomsbury USA. 2016. (ENG., Illus.). 12p. (J). (— 1). bds. 8.99 *(978-1-61963-826-6(6),* 9781619638266, Bloomsbury Activity Bks.) Bloomsbury Publishing USA.

Lift & Play: Dragon's Easter Hunt. Roger Priddy. 2020. (Lift & Play Ser.). (ENG., Illus.). 10p. (J). bds. 9.99 *(978-1-68449-127-8(4),* 900229408) St. Martin's Pr.

Lift-And-Trace: Colors: With Flaps & Grooves. Illus. by Karina Dupuis & Chantale Boudreau. 2022. (Lift-And-Trace Ser.). 10p. (J). (gr. -1). bds. 7.99 *(978-2-89802-347-7(7),* CrackBoom! Bks.) Chouette Publishing CAN. Dist: Publishers Group West (PGW).

Lift-And-Trace: Numbers: With Flaps & Grooves. Illus. by Karina Dupuis & Chantale Boudreau. 2022. (Lift-And-Trace Ser.). 10p. (J). (gr. -1). bds. 7.99 *(978-2-89802-349-1(3),* CrackBoom! Bks.) Chouette Publishing CAN. Dist: Publishers Group West (PGW).

Lift-And-Trace: Opposites: With Flaps & Grooves, 1 vol. Illus. by Karina Dupuis & Chantale Boudreau. 2022. (Lift-And-Trace Ser.). 10p. (J). (gr. -1). bds. 7.99 *(978-2-89802-350-7(7),* CrackBoom! Bks.) Chouette Publishing CAN. Dist: Publishers Group West (PGW).

Lift-And-Trace: Shapes: With Flaps & Grooves. Illus. by Karina Dupuis & Chantale Boudreau. 2022. (Lift-And-Trace Ser.). 10p. (J). (gr. -1). bds. 7.99 *(978-2-89802-348-4(5),* CrackBoom! Bks.) Chouette Publishing CAN. Dist: Publishers Group West (PGW).

Lift As You Climb: The Story of Ella Baker. Patricia Hruby Powell. Illus. by R. Gregory Christie. 2020. (ENG.). 48p. (J). (gr. -1-3). 18.99 *(978-1-5344-0623-0(9),* McElderry, Margaret K. Bks.) McElderry, Margaret K. Bks.

Lift Every Voice & Sing. James Weldon Johnson. 2019. (ENG., Illus.). 32p. (J). 17.99 *(978-1-68119-955-9(6),* 900194335, Bloomsbury Children's Bks.) Bloomsbury Publishing USA.

Lift, Mix, Fling! Machines Can Do Anything. Lola M. Schaefer. Illus. by James Yang. 2022. (ENG.). 40p. (J). (gr. -1-3). 17.99 *(978-0-06-245710-3(1),* Greenwillow Bks.) HarperCollins Pubs.

Lift Off, 3. Brian "Smitty" Smith. ed. 2021. (Pea, Bee, & Jay Ser.). (ENG., Illus.). 61p. (J). (gr. 2-3). 18.96 *(978-1-64697-945-5(1))* Penworthy Co., LLC, The.

Lift the Flap: First 100 Words. Scholastic, Inc. Staff. 2018. (My Arabic Library). (ARA.). 14p. (J). pap. 9.99 *(978-1-338-05612-9(3))* Scholastic, Inc.

Lift the Flap: Look Who's Talking! Scholastic Early Learners Staff. 2018. (Scholastic Early Learners Ser.). (ENG.). 14p. (J). (gr. -1 — 1). bds. 14.99 *(978-1-338-28396-9(0),* Cartwheel Bks.) Scholastic, Inc.

Lift-The-Flap ABC. Hannah Watson. 2018. (Lift-The-Flap Board Bks.). (ENG.). 16p. (J). 13.99 *(978-0-7945-4112-5(7),* Usborne) EDC Publishing.

Lift-The-Flap Adding & Subtracting. Rosie Hore. 2018. (Advanced Lift-The-Flap Board Bks.). (ENG.). 16p. 14.99 *(978-0-7945-4233-7(6),* Usborne) EDC Publishing.

Lift the Flap & Learn: French 1,2,3. Liza Lewis. 2023. (Lift the Flap & Learn Ser.). (ENG.). 22p. (J). (-k). bds. 14.99 *(978-0-7440-7283-9(2),* DK Children) Dorling Kindersley Publishing, Inc.

Lift-The-Flap: Animal Mazes: Change Your Path with the Lift of a Flap! Florence Weiser. 2019. (ENG.). 24p. (J). pap. 12.99 *(978-1-78888-307-8(1),* 5aa42cdd-5b01-46dd-abce-58428be9ccbb) Arcturus Publishing GBR. Dist: Baker & Taylor Publisher Services (BTPS).

Lift-The-Flap: Around the World Mazes: Change Your Path with the Lift of a Flap! Maxime Lebrun. 2019. (ENG.). 24p. (J). pap. 12.99 *(978-1-78950-613-6(1),* a332bf34-a0ce-4fed-b1ae-448e18334161) Arcturus Publishing GBR. Dist: Baker & Taylor Publisher Services (BTPS).

Lift-The-Flap Bible Stories for Young Children. Andrew J. DeYoung & Naomi Joy Krueger. 2018. (Lift-The-Flap Bible Stories Ser.). (Illus.). 16p. (J). 12.99 *(978-1-5064-4684-4(1),* Beaming Books) 1517 Media.

Lift-The-flap Biggest, Fastest, Tallest... Darran Stobbart. Illus. by Kasia Serafin. 2023. (See Inside Ser.). (ENG.). 16p. (J). bds. 15.99 ***(978-1-80507-049-8(5))*** Usborne Publishing, Ltd. GBR. Dist: HarperCollins Pubs.

Lift-The-Flap Bugs & Butterflies IR. Emily Bone. 2019. (Advanced Lift-The-Flap Ser.). (ENG.). 16ppp. (J). 14.99 *(978-0-7945-4685-4(4),* Usborne) EDC Publishing.

Lift-The-Flap Colors. Margot Channing. Illus. by Ilana Exelby. 2018. (ENG.). 32p. (J). (-k). bds. 9.95 *(978-1-912233-66-3(5),* Scribblers) Book Hse. GBR. Dist: Sterling Publishing Co., Inc.

Lift the Flap: Community Helpers: Early Learning Novelty Board Book for Children. Wonder House Books. 2019. (ENG.). 10p. (J). (gr. -1-k). bds. 7.99 ***(978-93-89178-85-2(1))*** Prakash Bk. Depot IND. Dist: Independent Pubs. Group.

Lift the Flap: Dangerous Dinosaurs: Lift-The-Flap Fact Book. IglooBooks. 2023. (ENG.). 24p. (J). (-k). bds. 10.99 ***(978-1-83852-782-2(6))*** Igloo Bks. GBR. Dist: Simon & Schuster, Inc.

Lift-The-Flap Earth. Illus. by Lorenzo Sabbatini. 2020. (ENG.). 20p. (J). (gr. 2). 14.95 *(978-88-544-1659-8(2))* White Star Publishers ITA. Dist: Sterling Publishing Co., Inc.

Lift-The-Flap Engineering IR. Rose Hall & Alex Lee. 2019. (Advanced Lift-The-Flap Board Bks.). (ENG.). 16ppp. (J). 14.99 *(978-0-7945-4482-9(7),* Usborne) EDC Publishing.

Lift the Flap: Fairy Tales: Search for Your Favorite Fairytale Characters. Roger Priddy. 2016. (Can You Find Me? Ser.). (ENG.). 16p. (J). bds. 9.99 *(978-0-312-52059-5(X),* 900160051) St. Martin's Pr.

Lift-The-Flap First Math. Felicity Brooks. 2017. (Lift-The-Flap Board Bks.). (ENG.). 16p. (J). 13.99 *(978-0-7945-3926-9(2),* Usborne) EDC Publishing.

Lift-The-Flap First Questions & Answers: Why Does the Sun Shine? Katie Daynes. 2019. (Lift-The-Flap First Questions & Answers Ser.). (ENG.). 12ppp. (J). 14.99 *(978-0-7945-4403-4(7),* Usborne) EDC Publishing.

Lift-The-Flap First Questions & Answers How Do I See? 2017. (Lift-The-Flap First Questions & Answers Ser.). (ENG.). (J). bds. 14.99 *(978-0-7945-3939-9(4),* Usborne) EDC Publishing.

Lift-The-Flap First Questions & Answers What Are Feelings? Katie Daynes. 2019. (Lift-The-Flap First Questions & Answers Ser.). (ENG.). 12ppp. (J). 14.99 *(978-0-7945-4675-5(7),* Usborne) EDC Publishing.

Lift-The-Flap First Questions & Answers Where Do Babies Come From? Katie Daynes. 2019. (Lift-The-Flap First Questions & Answers Ser.). (ENG.). 12ppp. (J). 14.99 *(978-0-7945-4530-7(0),* Usborne) EDC Publishing.

Lift-The-Flap First Questions & Answers Why Do We Need Bees? Emily Bone. 2017. (Lift-The-Flap First Questions & Answers Ser.). (ENG.). 12p. 14.99 *(978-0-7945-4030-2(9),* Usborne) EDC Publishing.

Lift-The-Flap Fractions & Decimals IR. 2017. (Advanced Lift-The-Flap BDs* Ser.). (ENG.). (J). bds. 14.99 *(978-0-7945-3727-2(8),* Usborne) EDC Publishing.

Lift-The-Flap Friends: Dinosaurs. Bloomsbury. 2016. (ENG.). 14p. (J). bds. 9.99 *(978-1-68119-099-0(0),* 9781681190990, Bloomsbury Activity Bks.) Bloomsbury Publishing USA.

Lift-The-Flap Friends: Fairy. Bloomsbury. 2016. (ENG.). 14p. (J). bds. 9.99 *(978-1-68119-098-3(2),* 900158429, Bloomsbury Activity Bks.) Bloomsbury Publishing USA.

Lift-The-Flap Friends: Pirates. Bloomsbury USA. 2017. (ENG.). 14p. (J). bds. 9.99 *(978-1-68119-241-3(1),* 900164373, Bloomsbury Activity Bks.) Bloomsbury Publishing USA.

Lift-The-Flap Friends: Princess. Bloomsbury USA. 2017. (ENG.). 14p. (J). bds. 9.99 *(978-1-68119-240-6(3),* 900164377, Bloomsbury Activity Bks.) Bloomsbury Publishing USA.

Lift the Flap Look Who's Mooing! Scholastic Early Learners Staff. 2019. (Scholastic Early Learners Ser.). (ENG.). 14p. (J). (gr. -1 — 1). 14.99 *(978-1-338-27233-8(0),* Cartwheel Bks.) Scholastic, Inc.

Lift-The-Flap Measuring Things. Rosie Hore. 2017. (Advanced Lift-The-Flap Board Bks.). (ENG.). 16p. 14.99 *(978-0-7945-4022-7(8),* Usborne) EDC Publishing.

Lift-The-Flap Multiplying & Dividing IR. Lara Bryan. 2019. (Advanced Lift-The-Flap Board Bks.). (ENG.). 16ppp. (J). 14.99 *(978-0-7945-4510-9(6),* Usborne) EDC Publishing.

Lift-The-Flap Nature. Jessica Greenwell. 2019. (Lift-The-Flap Board Bks.). (ENG.). 16ppp. (J). 13.99 *(978-0-7945-4672-4(2),* Usborne) EDC Publishing.

Lift the Flap: Numbers: Early Learning Novelty Board Book for Children. Wonder House Books. 2019. (ENG.). 10p. (J). (gr. -1-k). bds. 7.99 ***(978-93-89178-86-9(X))*** Prakash Bk. Depot IND. Dist: Independent Pubs. Group.

Lift the Flap: Nursery Rhymes. Roger Priddy. 2020. (What's in My? Ser.). (ENG., Illus.). 10p. (J). bds. 9.99 *(978-0-312-52983-3(X),* 900209949) St. Martin's Pr.

Lift the Flap: Opposites: Early Learning Novelty Board Book for Children. Wonder House Books. 2019. (ENG.). 10p. (J). (gr. -1-k). bds. 7.99 ***(978-93-89178-87-6(8))*** Prakash Bk. Depot IND. Dist: Independent Pubs. Group.

Lift the Flap Periodic Table. Alice James. Illus. by Shaw Shaw Nielsen. 2023. (See Inside Ser.). (ENG.). 16p. (J). bds. 15.99 ***(978-1-80507-028-3(2))*** Usborne Publishing, Ltd. GBR. Dist: HarperCollins Pubs.

Lift-The-flap Questions & Answers about Feelings. Lara Bryan. 2023. (Questions & Answers Ser.). (ENG.). (J). 14.99 ***(978-1-80507-045-0(2))*** Usborne Publishing, Ltd. GBR. Dist: HarperCollins Pubs.

Lift-The-Flap Questions & Answers about Food IR. 2017. (Lift-The-Flap Questions & Answers Ser.). (ENG.). (J). bds. 14.99 *(978-0-7945-3927-6(0),* Usborne) EDC Publishing.

Lift-The-Flap Questions & Answers about Nature IR. Katie Daynes. 2018. (Lift-The Flap Questions & Answers Ser.). (ENG.). 14p. (J). 14.99 *(978-0-7945-4121-7(6),* Usborne) EDC Publishing.

Lift-The-Flap Questions & Answers about Science IR. 2017. (Lift-The-Flap Questions & Answers Ser.). (ENG.). (J). bds. 14.99 *(978-0-7945-3940-5(8),* Usborne) EDC Publishing.

Lift-The-flap Questions & Answers about Space. Katie Daynes. Illus. by Peter Peter Donnelly. 2023. (Questions & Answers Ser.). (ENG.). 14p. (J). bds. 14.99 ***(978-1-80507-048-1(7))*** Usborne Publishing, Ltd. GBR. Dist: HarperCollins Pubs.

1174

The check digit for ISBN-10 appears in parentheses after the full ISBN-13

Lift-The-Flap Questions & Answers about Weather IR. Katie Daynes. 2019. (Lift-The-Flap Questions & Answers Ser.). (ENG.). 14ppp. (J). 14.99 *(978-0-7945-4504-8(1),* Usborne) EDC Publishing.

Lift-The-Flap Seasons & Weather IR. Holly Bathie. 2019. (Lift-The-Flap Board Bks.). (ENG.). 16ppp. (J). 13.99 *(978-0-7945-4400-3(2),* Usborne) EDC Publishing.

Lift-The-Flap Sizes & Measuring. Hannah Watson. 2017. (Lift-The-Flap Board Bks.). (ENG.). 16p. 13.99 *(978-0-7945-4039-5(2),* Usborne) EDC Publishing.

Lift-The-Flap Tab: Colors, Numbers, Shapes. Roger Priddy. 2018. (Lift-The-Flap Tab Bks.). (ENG., Illus.). 16p. (J). bds. 8.99 *(978-0-312-52811-9(6),* 900195208) St. Martin's Pr.

Lift-The-Flap Telling the Time. 2017. (Advanced Lift-The-Flap BDs* Ser.). (ENG.). (J). bds. 14.99 *(978-0-7945-3865-1(7),* Usborne) EDC Publishing.

Lift the Flap: Vehicles. Wonder House Books. 2023. (Lift the Flap Ser.). (ENG.). 10p. (J). (— 1). bds. 7.99 ***(978-93-89178-84-5(3))*** Prakash Bk. Depot IND. Dist: Independent Pubs. Group.

Lift-The-Flap Very First Questions & Answers: What Is Snow? Katie Daynes. 2019. (Lift-The-Flap Very First Questions & Answers Ser.). (ENG.). 12ppp. (J). 12.99 *(978-0-7945-4402-7(9),* Usborne) EDC Publishing.

Lift-The-Flap Very First Questions & Answers What Are Germs? Katie Daynes. 2017. (Lift-The-Flap Very First Questions & Answers Ser.). (ENG.). 12p. 12.99 *(978-0-7945-4093-7(7),* Usborne) EDC Publishing.

Lift-The-Flap Very First Questions & Answers What Are Stars. Katie Daynes. 2018. (Lift-The-Flap Very First Questions & Answers Ser.). (ENG.). 12p. (J). 12.99 *(978-0-7945-4211-5(5),* Usborne) EDC Publishing.

Lift-The-Flap Very First Questions & Answers What Is Sleep? Katie Daynes. 2019. (Lift-The-Flap Very First Questions & Answers Ser.). (ENG.). 12ppp. (J). 12.99 *(978-0-7945-4367-9(7),* Usborne) EDC Publishing.

Lift-The-Flap Very First Questions & Answers What Is the Moon? Katie Daynes. 2019. (Lift-The Flap Very First Questions & Answers Ser.). (ENG.). 12ppp. (J). 12.99 *(978-0-7945-4660-1(9),* Usborne) EDC Publishing.

Lift-The-Flap Word House: 200 Things to Find, See & Say. Illus. by Jan Lewis. 2016. (ENG.). 10p. (J). (gr. -1-12). bds. 7.99 *(978-1-86147-778-1(3),* Armadillo) Anness Publishing GBR. Dist: National Bk. Network.

Lift the Flaps: Animals: Lift-The-Flap Book. IglooBooks. 2021. (ENG.). 10p. (J). (-2). bds. 12.99 *(978-1-80108-759-9(8))* Igloo Bks. GBR. Dist: Simon & Schuster, Inc.

Lift the Flaps: Atlas: Lift-The-Flap Book. IglooBooks. 2021. (ENG.). 14p. (J). (gr. k-2). 12.99 *(978-1-80022-892-4(9))* Igloo Bks. GBR. Dist: Simon & Schuster, Inc.

Lift the Flaps: Dinosaurs: Lift-The-Flap Book. IglooBooks. 2022. (ENG.). 12p. (J). (gr. -1-1). bds. 12.99 *(978-1-80108-760-5(1))* Igloo Bks. GBR. Dist: Simon & Schuster, Inc.

Lift the Flaps: Human Body: Lift-The-Flap Book. IglooBooks. 2020. (ENG.). 12p. (J). (-k). bds. 12.99 *(978-1-80022-851-1(1))* Igloo Bks. GBR. Dist: Simon & Schuster, Inc.

Lift-The-Flaps Shapes. Margot Channing. Illus. by Ilana Exelby. ed. 2018. (ENG.). 14p. (J). (-k). bds. 9.95 *(978-1-912233-41-0(X),* Scribblers) Book Hse. GBR. Dist: Sterling Publishing Co., Inc.

Lift the Flaps: Space: Lift-The-Flap Book. IglooBooks. 2020. (ENG.). 12p. (J). (-k). bds. 12.99 *(978-1-80022-852-8(X))* Igloo Bks. GBR. Dist: Simon & Schuster, Inc.

Lift-The-Tab: Brown Bear, Brown Bear, What Do You See? 50th Anniversary Edition. Bill Martin & Bill Martin, Jr. Illus. by Eric Carle. 2016. (Brown Bear & Friends Ser.). (ENG.). 28p. (J). bds. 9.99 *(978-1-62779-723-8(8),* 900158733, Holt, Henry & Co. Bks. For Young Readers) Holt, Henry & Co.

Lift up Your Spirit! Biblical Maze Activity Book. Bobo's Children Activity Books. 2016. (ENG., Illus.). (J). pap. 9.33 *(978-1-68327-182-6(3))* Sunshine In My Soul Publishing.

Lift Your Light a Little Higher: The Story of Stephen Bishop: Slave-Explorer. Heather Henson. Illus. by Bryan Collier. 2016. (ENG.). 32p. (J). (gr. -1-3). 18.99 *(978-1-4814-2095-2(X),* Atheneum/Caitlyn Dlouhy Books) Simon & Schuster Children's Publishing.

Lifted: A Story of Flight & Friendship. Elaine Collins Hasford. Illus. by Elaine Collins Hasford. 2017. (ENG., Illus.). 38p. (J). pap. 10.99 *(978-0-9996666-0-9(6))* Extreme Explorers LLC.

Lifters. Dave Eggers. (ENG., Illus.). 352p. (J). (gr. 3-7). 2019. pap. 9.99 *(978-1-5247-6419-7(1),* Yearling); 2018. lib. bdg. 20.99 *(978-1-5247-6417-3(5),* Knopf Bks. for Young Readers) Random Hse. Children's Bks.

Lifting As We Climb: Black Women's Battle for the Ballot Box. Evette Dionne. 176p. (J). (gr. 5). 2022. pap. 9.99 *(978-0-451-48155-9(0))*; 2020. (Illus.). 19.99 *(978-0-451-48154-2(2))* Penguin Young Readers Group. (Viking Books for Young Readers).

Lifting As We Climb: Black Women's Battle for the Ballot Box. Evette Dionne. 2022. (ENG.). 176p. (J). (gr. 5). lib. bdg. 20.80 *(978-1-6636-3721-5(0))* Perfection Learning Corp.

Liftoff! Space Exploration. Eleanor Cardell. 2017. (Flash Points Ser.). (ENG., Illus.). 48p. (J). (gr. 5-8). 27.99 *(978-1-62920-604-2(0),* b91d749b-0419-46c8-9b5c-e9f6553e4f00) Full Tilt Pr. NZL. Dist: Lerner Publishing Group.

Lige Mounts: Free Trapper (Classic Reprint) Frank B. Linderman. 2018. (ENG., Illus.). 350p. (J). 31.12 *(978-0-267-18226-8(0))* Forgotten Bks.

Ligera Como un Pluma. Anna Lavatelli. Illus. by Alessandra Vitelli. 2019. (Torre Roja Ser.). (SPA.). 56p. (J). pap. *(978-958-776-650-9(4))* Norma Ediciones, S.A.

Light. Jacob Abbott. 2017. (ENG.). 316p. (J). pap. *(978-3-337-26694-3(0))* Creation Pubs.

Light, 1 vol. Georgia Amson-Bradshaw. 2017. (Science in a Flash Ser.). (ENG.). 32p. (J). (gr. 5-5). pap. 11.50 *(978-1-5382-1481-7(4),* b1c42990-585e-4ec4-81e5-75c461a8286b); lib. bdg. 28.27 *(978-1-5382-1398-8(2),* 18f80fdd-03b0-4d94-a633-04b02137271c) Stevens, Gareth Publishing LLLP.

Light. Carolyn Bernhardt. 2018. (Science Starters Ser.). (ENG., Illus.). 24p. (J). (gr. k-3). pap. 7.99 *(978-1-61891-464-4(2),* 12117); lib. bdg. 26.95 *(978-1-62617-808-3(9))* Bellwether Media. (Blastoff! Readers).

Light. Heron Books. 2022. (ENG.). 72p. (J). pap. ***(978-0-89739-021-7(0)***, Heron Bks.) Quercus.

Light, 1 vol. Joanna Brundle. 2019. (Science in Action Ser.). (ENG.). 32p. (gr. 4-5). pap. 11.50 *(978-1-5345-3084-3(3),* 02b001e5-bb79-46d9-9956-a94069c35c31); lib. bdg. 28.88 *(978-1-5345-3013-3(4),* 82395970-54d6-4696-b01c-bdee5a691b11) Greenhaven Publishing LLC. (KidHaven Publishing).

Light. Steffi Cavell-Clarke. (First Science Ser.). (J). (gr. 1-1). 2017. pap. 49.50 *(978-1-5345-2073-8(2))*; 2016. (ENG.). 24p. pap. 9.25 *(978-1-5345-2072-1(4),* 953cad73-c1d3-4c1f-89a4-71c663a6cfa2); 2016. (ENG.). 24p. lib. bdg. 26.23 *(978-1-5345-2074-5(0),* 620a22cc-01df-43b7-aada-34699b60074b) Greenhaven Publishing LLC. (KidHaven Publishing).

Light. Abbie Dunne. 2016. (Physical Science Ser.). (ENG., Illus.). 24p. (J). (gr. -1-2). lib. bdg. 27.32 *(978-1-5157-0937-4(X),* 132236, Capstone Pr.) Capstone.

Light. Leigh Anne Fortner. Illus. by Anastassiya Selezneva. 2021. (ENG.). 24p. (J). *(978-0-2288-3805-0(3))*; pap. *(978-0-2288-3804-3(5))* Tellwell Talent.

Light. Gina L. Hamilton. 2016. (J). *(978-1-5105-2239-8(5))* SmartBook Media, Inc.

Light. Grace Hansen. 2018. (Beginning Science Ser.). (ENG., Illus.). 24p. (J). (gr. -1-2). lib. bdg. 32.79 *(978-1-5321-0809-9(5),* 28179, Abdo Kids) ABDO Publishing Co.

Light. Melissa Higgins. 2019. (Little Physicist Ser.). (ENG., Illus.). 32p. (J). (gr. 1-3). pap. 6.95 *(978-1-9771-1064-0(9),* 141138); lib. bdg. 28.65 *(978-1-9771-0961-3(6),* 140552) Capstone. (Pebble).

Light. Mary Lindeen. 2017. (Beginning-To-Read Ser.). (ENG.). 32p. (J). (gr. k-2). pap. 13.26 *(978-1-68404-100-8(7))*; (Illus.). 22.60 *(978-1-59953-881-5(4))* Norwood Hse. Pr.

Light. John Lockyer. 2016. (Red Rocket Readers Ser.). (ENG., Illus.). 16p. (J). pap. *(978-1-77654-188-1(X))* Red Rocket Readers, Flying Start Bks.

Light. Joseph Midthun. Illus. by Samuel Hiti. 2022. (ENG.). 42p. (J). pap. ***(978-0-7166-5059-1(2))*** World Bk.-Childcraft International.

Light. Gail Pate. 2016. (ENG., Illus.). (YA). 27.95 *(978-1-68409-462-2(3))*; pap. 12.95 *(978-1-68409-403-5(8))* Page Publishing Inc.

Light. T. Dench Patel. 2019. (ENG., Illus.). 102p. (J). pap. *(978-1-78972-438-7(4))* Independent Publishing Network.

Light. Dana Meachen Rau. 2018. (Super Cool Science Experiments Ser.). (ENG.). 32p. (J). (gr. 4-8). lib. bdg. 22.99 *(978-1-5105-3688-3(4))* SmartBook Media, Inc.

Light, 1 vol. Peter Riley. 2016. (Moving up with Science Ser.). (ENG.). 32p. (J). (gr. 3-4). pap. 11.00 *(978-1-4994-3145-2(7),* 9a5f3cc4-c4fd-40ea-ae67-44531723f4ce, PowerKids Pr.) Rosen Publishing Group, Inc., The.

Light. Andrea Rivera. 2017. (Science Concepts Ser.). (ENG., Illus.). 24p. (J). (gr. -1-2). lib. bdg. 31.36 *(978-1-5321-2052-7(4),* 25354, Abdo Zoom-Launch) ABDO Publishing Co.

Light. Lewis Wright. 2017. (ENG.). (J). 424p. pap. *(978-3-337-25045-4(9))*; 410p. pap. *(978-3-337-26701-8(7))* Creation Pubs.

Light. Jane Breskin Zalben. 2017. (ENG., Illus.). 32p. (J). 9.95 *(978-1-68115-533-3(8),* bc29c186-b76a-4e11-b7e3-1c3fcd5ed124, Apples & Honey Pr.) Behrman Hse., Inc.

Light: A Consideration of the More Familiar Phenomena of Optics (Classic Reprint) Charles Sheldon Hastings. 2018. (ENG., Illus.). 238p. (J). 28.83 *(978-0-364-65550-4(X))* Forgotten Bks.

Light: A Course of Experimental Optics, Chiefly with the Lantern (Classic Reprint) Lewis Wright. 2018. (ENG., Illus.). 474p. (J). 33.67 *(978-0-365-37335-3(4))* Forgotten Bks.

Light: Discover Pictures & Facts about Light for Kids! a Children's Science Book. Bold Kids. 2022. (ENG.). 32p. (J). pap. 14.99 *(978-1-0717-0854-5(6))* FASTLANE LLC.

Light: Let's Investigate. Ruth Owen. 2021. (Science Essentials Ser.). (ENG., Illus.). 32p. (J). (gr. 3-6). pap. 9.99 *(978-1-78856-187-7(2),* 229cf2b3-eeae-4b82-9a3d-1227bf491cec); lib. bdg. 30.65 *(978-1-78856-186-0(4),* 86312ac7-2855-4ac9-ad3c-f1ac73d4a88f) Ruby Tuesday Books Limited GBR. Dist: Lerner Publishing Group.

Light: Science Made Easy. Wonder House Books. 2023. (Science Essentials Ser.). (ENG.). 24p. (J). (gr. 3-7). 6.99 ***(978-93-5440-995-0(4))*** Prakash Bk. Depot IND. Dist: Independent Pubs. Group.

Light a Candle: A Story of Chinese American Pioneers on Gold Mountain. Jean Kuo Lee. Illus. by Eric Freeberg. 2023. (I Am America Set 5 Ser.). (ENG.). 160p. (J). (gr. 3-4). pap. 8.99 *(978-1-63163-689-9(8))*; lib. bdg. 28.50 *(978-1-63163-688-2(X))* North Star Editions. (Jolly Fish Pr.).

Light a Candle / Tumaini Pasipo Na Tumaini, 1 vol. Godfrey Nkongolo & Eric Walters. Illus. by Eva Campbell. ed. 2019. (ENG & SWA.). 32p. (J). (gr. 1-3). 19.95 *(978-1-4598-1700-5(1))* Orca Bk. Pubs. USA.

Light (a True Book: Physical Science) (Library Edition) Jo S. Kittinger. 2019. (True Book (Relaunch) Ser.). (ENG., Illus.). 48p. (J). (gr. 3-5). lib. bdg. 31.00 *(978-0-531-13140-4(8),* Children's Pr.) Scholastic Library Publishing.

Light above the Cross Roads (Classic Reprint) Victor Rickard. 2017. (ENG., Illus.). (J). 30.99 *(978-0-266-18949-7(0))* Forgotten Bks.

Light & Color, 1 vol. Kathleen Connors. 2018. (Look at Physical Science Ser.). (ENG.). 32p. (gr. 2-2). 28.27 *(978-1-5382-2151-8(9),* 40e58afd-6ac6-4ff2-8909-aa19240051d3) Stevens, Gareth Publishing LLLP.

Light & Dark. Emilie DuFresne. 2019. (Opposites Ser.). (ENG.). 24p. (J). (gr. -1-k). lib. bdg. 22.99 *(978-1-5105-4632-5(4))* SmartBook Media, Inc.

Light & Dark. Julie Murray. 2018. (Opposites Ser.). (ENG., Illus.). 24p. (J). (gr. -1-2). lib. bdg. 31.36 *(978-1-5321-8181-8(7),* 29835, Abdo Kids) ABDO Publishing Co.

Light & Dark in Art Class, 1 vol. Patrick Hely. 2017. (Opposites at School Ser.). (ENG.). 24p. (J). (gr. 1-1). 25.27 *(978-1-5081-6354-1(5),* 003ee4af-05cd-424e-a7c9-625611217af5, PowerKids Pr.) Rosen Publishing Group, Inc., The.

Light & I. Lori Wilkerson. 2016. (ENG., Illus.). 18p. (J). *(978-1-365-38347-2(4))* Lulu Pr., Inc.

Light & Shade; or the Young Artist: A Tale (Classic Reprint) Anna Harriet Drury. (ENG., Illus.). (J). 2018. 280p. 29.67 *(978-0-365-53382-5(3))*; 2017. pap. 13.57 *(978-0-259-20487-9(0))* Forgotten Bks.

Light & Shade 'Round Gulf & Bayou (Classic Reprint) Corinne Hay. 2018. (ENG., Illus.). 240p. (J). 28.85 *(978-0-483-74292-5(9))* Forgotten Bks.

Light & Shadow: A Sesame Street (r) Science Book. Susan B. Katz. 2023. (Sesame Street (r) World of Science Ser.). (ENG., Illus.). 32p. (J). (gr. -1-2). pap. 8.99 *(978-1-7284-8614-7(9),* 0b9537e9-ad31-42b3-9b1a-4c04802eaff8); lib. bdg. 27.99 *(978-1-7284-7577-6(5),* 76606c72-952c-4493-8a0d-125ba51e69a1) Lerner Publishing Group. (Lerner Pubns.).

Light & Sound. Jane Parks Gardner. 2022. (Intro to Physics: Need to Know Ser.). (ENG.). (J). (gr. 5-7). lib. bdg. 28.50 Bearport Publishing Co., Inc.

Light & Sound. Dawn Titmus. 2017. (Physics Ser.). (ENG.). 48p. (J). lib. bdg. 34.99 *(978-1-5105-2115-5(1))* SmartBook Media, Inc.

Light & Sound. Eve Hartman & Wendy Meshbesher. rev. ed. 2016. (Sci-Hi: Physical Science Ser.). (ENG.). 48p. (J). (gr. 6-10). pap. 8.99 *(978-1-4109-8536-1(9),* 134122, Raintree) Capstone.

Light & Sound: What Makes Stuff Bright & Loud? Emily Kington. 2020. (Stickmen's Science Stars Ser.). (ENG., Illus.). 24p. (J). (gr. 1-3). lib. bdg. 26.65 *(978-1-913077-50-1(0),* e260ec3f-ad77-446c-8978-53c1a5c76158, Hungry Tomato (r)) Lerner Publishing Group.

Light & the Leprechaun. Cissie Bragan. 2020. (ENG., Illus.). 44p. (J). pap. 15.95 *(978-1-64654-398-4(X))* Fulton Bks.

Light & Vision. Ryan Jacobson. 2016. (J). *(978-1-4896-5283-6(3))* Weigl Pubs., Inc.

Light Armour - Guided Scriptures in Photos: Let the Light of the World Be Your Personal Guide. Akinbiyi Akinpelu. 2020. (ENG.). 78p. (YA). ***(978-1-716-74791-5(0))*** Lulu Pr., Inc.

Light As a Feather. Zoe Aarsen. 2018. (ENG.). (Light As a Feather Ser.: 1). 384p. (YA). (gr. 9). 19.99 *(978-1-5344-4403-4(3))*; (Light As a Feather Ser.: 1). 400p. (YA). (gr. 9). pap. 12.99 *(978-1-5344-4402-7(5))*; 384p. (J). pap. *(978-1-5344-4603-8(6))* Simon Pulse. (Simon Pulse).

Light As a Feather. Erica-Jane Waters. Illus. by Erica-Jane Waters. (Miss Bunsen's School for Brilliant Girls Ser.: 2). (Illus.). 128p. (J). (gr. 1-5). 2020. pap. 5.99 *(978-0-8075-5153-0(8),* 807551538); 2019. (ENG., 14.99 *(978-0-8075-5158-5(9),* 807551589) Whitman, Albert & Co.

Light As a Feather Trilogy (Boxed Set) Light As a Feather; Cold As Marble; Silent As the Grave. Zoe Aarsen. ed. 2020. (Light As a Feather Ser.). (ENG.). 1152p. (YA). (gr. 7). pap. 38.99 *(978-1-5344-7346-1(7),* Simon Pulse) Simon Pulse.

Light As Energy Light Energy Science Grade 5 Children's Physics Books. Baby Professor. 2021. (ENG.). 72p. (J). 27.99 *(978-1-5419-8387-8(4))*; pap. 16.99 *(978-1-5419-6004-6(1))* Speedy Publishing LLC. (Baby Professor (Education Kids)).

Light at the Bottom of the World. London Shah. 2021. (Light the Abyss Ser.: 1). (ENG.). 336p. (YA). (gr. 7-17). pap. 10.99 *(978-0-7595-5513-6(3))* Little, Brown Bks. for Young Readers.

Light: Band 17/Diamond (Collins Big Cat) Emily Dodd. 2016. (Collins Big Cat Ser.). (ENG.). 56p. (J). (gr. 5-6). pap. 9.95 *(978-0-00-816399-0(5))* HarperCollins Pubs. Ltd. GBR. Dist: Independent Pubs. Group.

Light Beneath: Helm's Curse Book 1. October Grae. 2023. (ENG.). 304p. (YA). pap. 13.00 ***(978-1-0880-5723-0(3))***; pap. 13.00 ***(978-1-0881-4193-9(5))*** Indy Pub.

Light Between Two Dark Places. Ginna Moran. 2018. (When Souls Collide Ser.: Vol. 2). (ENG., Illus.). 336p. (YA). pap. 10.99 *(978-1-942073-30-7(5))* Sunny Palms Pr.

Light Between Worlds. Laura E. Weymouth. (ENG.). (YA). (gr. 8). 2019. 384p. pap. 10.99 *(978-0-06-269688-5(2))*; 2018. 368p. 17.99 *(978-0-06-269687-8(4))* HarperCollins Pubs. (HarperTeen).

Light Beyond (Classic Reprint) Edward Phillips Oppenheim. (ENG., Illus.). (J). 2018. 354p. 31.20 *(978-0-483-07936-6(7))*; 2016. pap. 13.57 *(978-1-334-14378-6(1))* Forgotten Bks.

Light Blood: Forever Starts. Christine Beishline. 2017. (ENG., Illus.). (YA). (gr. 7-12). pap. 16.95 *(978-1-63492-457-3(6))* Booklocker.com, Inc.

Light Both Foreign & Domestic. Darin Bradley. 2019. (ENG.). 208p. (YA). (gr. 7). pap. 16.00 *(978-1-63023-088-3(X))* Firebird Creative.

Light Brigade: A Comic Entertainment for Ladies (Classic Reprint) Mayme Riddle Bitney. 2018. (ENG., Illus.). 30p. (J). 24.52 *(978-0-365-32243-6(1))* Forgotten Bks.

Light Bringers: Let Us Shine Our Light! Cassy O'Reilly. 2022. (ENG.). 24p. (J). pap. 14.99 *(978-1-6628-4447-8(6))* Salem Author Services.

Light Bulb. Emily Rose Oachs. 2019. (Inventions That Changed the World Ser.). (ENG., Illus.). 32p. (J). (gr. 3-8). pap. 8.99 *(978-1-61891-511-5(8),* 12161, Blastoff! Discovery) Bellwether Media.

Light Bulbs, Switches & Batteries: Hands-On Electricity for the Young Scientists. Created by Heron Books. 2021. (ENG.). 112p. (J). pap. *(978-0-89739-241-9(8),* Heron Bks.) Quercus.

Light (Classic Reprint) Helen Modet. (ENG., Illus.). (J). 2018. 342p. 31.20 *(978-0-484-42200-0(6))*; 2016. pap. 13.57 *(978-1-334-12588-1(0))* Forgotten Bks.

Light Comes to Shadow Mountain. Toni Buzzeo. 2023. 272p. (J). (gr. 3-7). 17.99 ***(978-0-8234-5384-9(7))*** Holiday Hse., Inc.

Light Energy: Children's Physics Book. Bold Kids. 2022. (ENG.). 40p. (J). pap. 14.99 *(978-1-0717-1044-9(3))* FASTLANE LLC.

Light: Energy We Can See! see Lumiére: l'Énergie Que Nous Pouvons Voir!

Light Fantastic. Sarah Combs. 2016. 320p. (J). (gr. 7). 17.99 *(978-0-7636-7851-7(1))* Candlewick Pr.

Light Filters In: Poems. Caroline Kaufman. 2018. (ENG., Illus.). 224p. (YA). (gr. 8). 14.99 *(978-0-06-284468-2(7),* HarperCollins) HarperCollins Pubs.

Light-Fingered Gentry (Classic Reprint) Luciano Zuccoli. 2017. (ENG., Illus.). (J). 280p. 29.67 *(978-0-484-19197-5(7))*; pap. 13.57 *(978-0-259-18815-5(8))* Forgotten Bks.

Light for All. Margarita Engle. Illus. by Raúl ón. 2021. (ENG.). 40p. (J). (gr. -1-3). 17.99 *(978-1-5344-5727-0(5),* Simon & Schuster/Paula Wiseman Bks.) Simon & Schuster/Paula Wiseman Bks.

Light for Little Ones (Classic Reprint) Mary F. Waterbury. 2018. (ENG., Illus.). 82p. (J). 25.61 *(978-0-332-97135-3(X))* Forgotten Bks.

Light Freights (Classic Reprint) W. W. Jacobs. 2018. (ENG., Illus.). 366p. (J). 31.45 *(978-0-365-14077-1(5))* Forgotten Bks.

Light from Another World: A Play in One Act (Classic Reprint) C. H. McGurrin. 2018. (ENG., Illus.). 36p. (J). 24.66 *(978-0-267-51095-5(0))* Forgotten Bks.

Light from Far Below. Simon Williams. 2018. (ENG., Illus.). 216p. (YA). pap. *(978-1-78723-231-0(X))* CompletelyNovel.com.

Light Gatherers. Michelle Garvey. 2021. (ENG.). 134p. (YA). pap. 8.99 ***(978-1-7371714-9-2(X))*** BlueInk Scribbe.

Light Green, Vol. 2: A Superior & High-Class Periodical; Supported Only by Well-Known & Popular Writers (Classic Reprint) Unknown Author. (ENG., Illus.). (J). 2018. 26p. 24.45 *(978-0-267-60933-8(7))*; 2016. pap. 7.97 *(978-1-334-12453-2(1))* Forgotten Bks.

Light-Hearted Girl. Joseph Alden. 2017. (ENG., Illus.). (J). pap. *(978-3-7446-6629-9(8))* Creation Pubs.

Light-Hearted Girl: A Tale for Children (Classic Reprint) Joseph Alden. 2018. (ENG., Illus.). 124p. (J). 26.45 *(978-0-267-20302-4(0))* Forgotten Bks.

Light Horse Boy. Dianne Wolfer. Illus. by Brian Simmonds. 2020. 120p. (J). (gr. 4-7). 14.95 *(978-1-925815-10-8(2))* Fremantle Pr. AUS. Dist: Independent Pubs. Group.

Light in Hidden Places. Sharon Cameron. (ENG.). 400p. (gr. 7-7). 2021. (YA). pap. 12.99 *(978-1-338-35594-9(5))*; 2020. (Illus.). (J). 18.99 *(978-1-338-35593-2(7),* Scholastic Pr.) Scholastic, Inc.

Light in Me. Blue & Lyriq Blue. 2022. (ENG.). 24p. (J). pap. 7.99 ***(978-1-0879-3813-4(9))*** Indy Pub.

Light in Me: A Tool to Assist Children in Defeating Bullies: a Tool to Assist Children in Defeating Bullies. Janice Washington. 2022. (ENG.). 26p. (J). pap. 16.99 *(978-0-578-35629-7(5))* Kingdom Builders Pubn.

Light in Me: A Tool to Assist Children in Defeating Bullying. Janice Hutto Washington. 2022. (ENG.). 26p. (J). 19.99 *(978-0-578-35083-7(1))* Kingdom Builders Pubn.

Light in My Blood. Jean Gilbert & Dresden William. 2019. (Beyond the Wall Ser.: Vol. 2). (ENG., Illus.). 426p. (YA). (gr. 7-12). pap. *(978-0-473-47859-9(5))* Rare Design Ltd.

Light in the Clearing: A Tale of the North Country in the Time of Silas Wright (Classic Reprint) Irving Bacheller. 2018. (ENG., Illus.). 434p. (J). 32.87 *(978-0-483-51731-8(3))* Forgotten Bks.

Light in the Dark. Katie Burgen. 2020. (ENG.). 132p. (YA). pap. *(978-1-913264-67-3(X))* Mirador Publishing.

Light in the Darkness: Janusz Korczak, His Orphans, & the Holocaust. Albert Marrin. 400p. (YA). (gr. 7). 2021. pap. 12.99 *(978-1-5247-0123-9(8),* Ember); 2019. (Illus.). 19.99 *(978-1-5247-0120-8(3),* Knopf Bks. for Young Readers); 2019. (ENG., Illus.). lib. bdg. 22.99 *(978-1-5247-0121-5(1),* Knopf Bks. for Young Readers) Random Hse. Children's Bks.

Light in the Lake. Sarah R. Baughman. (ENG., Illus.). (J). (gr. 3-7). 2020. 336p. pap. 7.99 *(978-0-316-42240-6(1))*; 2019. 320p. 16.99 *(978-0-316-42242-0(8))* Little, Brown Bks. for Young Readers.

Light in the Lions' Den. Focus on the Family Staff & Marianne Hering. 2017. (AIO Imagination Station Bks.: 19). (ENG., Illus.). 144p. (J). pap. 5.99 *(978-1-58997-878-2(1),* 20_28513) Focus on the Family Publishing.

Light in the Offing, Vol. 1 of 3 (Classic Reprint) Hilary Deccan. (ENG., Illus.). (J). 2018. 304p. 30.19 *(978-0-483-77879-5(6))*; 2016. pap. 13.57 *(978-1-333-80673-6(6))* Forgotten Bks.

Light in the Offing, Vol. 2 of 3 (Classic Reprint) Hilary Deccan. 2018. (ENG., Illus.). 298p. (J). 30.04 *(978-0-364-27166-7(3))* Forgotten Bks.

Light in the Offing, Vol. 3 of 3 (Classic Reprint) Hilary Deccan. 2018. (ENG., Illus.). 322p. (J). 30.54 *(978-0-483-59830-0(5))* Forgotten Bks.

Light in the Shadow. Frank Saraco. Illus. by David R. Martinez. 2021. (ENG.). 258p. (J). 19.99 *(978-1-946425-73-7(7),* Barnsley Ink) Write Way Publishing Co. LLC.

Light Inside. Dan Misdea. Illus. by Dan Misdea. 2023. 40p. (J). (gr. -1-2). 8.99 ***(978-0-593-52162-5(5)***, Penguin Workshop) Penguin Young Readers Group.

Light Inside Your Heart. Sam Schroeder. 2021. (ENG.). 34p. (J). pap. 12.99 *(978-1-0983-8034-2(7))* BookBaby.

Light Interviews with Shades (Classic Reprint) Robert Webster Jones. (ENG., Illus.). (J). 2018. 150p. 27.01 *(978-1-396-72627-9(6))*; 2018. 152p. pap. 9.57 *(978-1-396-05488-4(X))*; 2018. 152p. 27.05 *(978-0-483-37739-4(2))*; 2016. pap. 9.57 *(978-1-334-13351-0(4))* Forgotten Bks.

Light Is Amazing! Scott Benjamin Gracie. 2022. (ENG.). 42p. (J). ***(978-0-6456241-0-6(1))*** Scott Benjamin Gracie.

Light It! Creations That Glow, Shine, & Blink. Christa Schneider. 2017. (Cool Makerspace Gadgets & Gizmos

Ser.). (ENG.). 32p. (J). (gr. 3-6). lib. bdg. 34.21 *(978-1-5321-1253-9(X)*, 27584, Checkerboard Library) ABDO Publishing Co.

Light! It Helps Us See. Alan Walker. 2021. (My First Science Bks.). (ENG., Illus.). 24p. (J). (gr. k-2). pap. *(978-1-4271-3039-6(6)*, 11577); lib. bdg. *(978-1-4271-3028-0(0)*, 11560) Crabtree Publishing Co.

Light It Up. Kekla Magoon. 2020. (ENG.). 368p. (YA). pap. 15.99 *(978-1-250-61986-0(6)*, 900175916) Square Fish.

Light It up! 10 Fun Physical Science Experiments with Light Bring Science Home, 1 vol. Contrib. by Scientific American. 2022. (Bring Science Home Ser.). (ENG.). 64p. (J). (gr. 5-6). pap. 14.55 ***(978-1-68416-975-7(5)***, 38f877a5-82fe-4f43-b42f-791cfe19304b) Rosen Publishing Group, Inc., The.

Light Jar. Lisa Thompson. 2019. (ENG.). 240p. (J). (gr. 3-7). 17.99 *(978-1-338-21630-1(9)*, Scholastic Pr.) Scholastic, Inc.

Light Knights. Debbie Daley. 2018. (ENG., Illus.). 362p. (J). pap. *(978-1-78876-646-3(6))* FeedARead.com.

Light of Another World. Isabelle Sheedy. 2021. (ENG.). 58p. (J). pap. 15.00 *(978-1-953507-39-6(5))* Brightlings.

Light of Christmas. Richard Paul Evans. Illus. by Daniel Craig. 2016. (ENG.). 32p. (J). (gr. -1-3). 12.99 *(978-1-4814-6612-7(7)*, Aladdin) Simon & Schuster Children's Publishing.

Light of Day. Allison van Diepen. 2017. (ENG.). 336p. (YA). (gr. 9). pap. 9.99 *(978-0-06-230348-6(1)*, HarperTeen) HarperCollins Pubs.

Light of Days Young Readers' Edition: The Untold Story of Women Resistance Fighters in Hitler's Ghettos. Judy Batalion. (ENG.). 288p. (J). (gr. 5). 2022. pap. 8.99 *(978-0-06-303770-0(X))*; 2021. (Illus.). 17.99 *(978-0-06-303769-4(6))* HarperCollins Pubs. (HarperCollins).

Light of Glory: Children's Stories on the Early Days of the Unification Church. Linna Rapkins. Ed. by Linnna Rapkins. 2nd ed. 2018. (ENG.). 214p. (J). (gr. 3-6). pap. 15.00 *(978-0-910621-78-6(0))* HSA Pubns.

Light of Her Countenance (Classic Reprint) Hjalmar Hjorth Boyesen. 2018. (ENG., Illus.). 324p. (J). 30.58 *(978-0-428-86549-8(6))* Forgotten Bks.

Light of Kindness: Token of Kindness. Sophia Day & Kayla Pearson. Illus. by Timothy Zowada. 2020. (Mighty Tokens Ser.: 3). (ENG.). 32p. (J). pap. 4.99 *(978-1-64516-973-4(1)*, 273a6e77-11bc-4057-af5c-91a7f82f6f0a) MVP Kids Media.

Light of Liberty. C. Camus. 2021. (ENG.). 45p. (J). pap. *(978-1-4717-7663-2(8))* Lulu Pr., Inc.

Light of Scarthey. Egerton Castle & Theodore Brown Hapgood. 2017. (ENG.). 460p. (J). pap. *(978-3-7447-7624-0(7))* Creation Pubs.

Light of Scarthey: A Romance (Classic Reprint) Egerton Castle. 2017. (ENG., Illus.). (J). 34.85 *(978-1-5282-6431-0(2))* Forgotten Bks.

Light of the Darkness. Jasmine Bea. 2018. (ENG., Illus.). 192p. (YA). *(978-1-5255-0989-6(6))*; pap. *(978-1-5255-0990-2(X))* FriesenPress.

Light of the Dying. Michelle Reynoso. 2019. (Girl, the Pendant & the Portal Ser.: Vol. 2). (ENG.). 314p. (YA). (gr. 7-12). 27.99 *(978-0-9997189-4-0(0)*, Caterpillar & Gypsy Moth Pr.) Reynoso, Michelle.

Light of the Last: Wars of the Realm, Book 3, Bk. 3. Chuck Black. 2016. (Wars of the Realm Ser.: 3). (ENG.). 368p. (YA). (gr. 7). pap. 11.99 *(978-1-60142-506-5(6)*, Multnomah Bks.) Crown Publishing Group, The.

Light of the Moon & Big Brothers. Stella M. de Genova. 2021. (ENG., Illus.). 36p. (J). pap. 14.95 *(978-1-63710-021-9(3))* Fulton Bks.

Light of the Morning: The Story of C. E. Z. M. S., Work in the Kien-Ning Prefecture of the Fuh-Kien Province, China (Classic Reprint) Mary E. Darley. 2018. (ENG., Illus.). 254p. (J). 29.14 *(978-0-484-20813-0(6))* Forgotten Bks.

Light of the Star: A Novel (Classic Reprint) Hamlin Garland. 2018. (ENG., Illus.). 288p. (J). 29.86 *(978-0-364-25085-3(2))* Forgotten Bks.

Light of the Western Stars. Zane Grey. 2020. (ENG.). (J). 282p. 19.95 *(978-1-63637-055-2(1))*; 280p. pap. 12.95 *(978-1-63637-054-5(3))* Bibliotech Pr.

Light of the World. TAN Books. 2021. (ENG.). 344p. (J). (gr. 5-5). pap. 24.95 *(978-1-5051-1924-4(3)*, 2955) TAN Bks.

Light of the World a Modern Drama (Classic Reprint) Guy Bolton. 2018. (ENG., Illus.). 224p. (J). 28.54 *(978-0-483-80840-9(7))* Forgotten Bks.

Light of Two Worlds. Jolina Fajardo. 2019. (ENG.). 264p. (YA). pap. 12.99 *(978-1-393-47334-3(2))* Draft2Digital.

Light of Western Stars: A Romance (Classic Reprint) Zane Grey. 2017. (ENG., Illus.). (J). 31.86 *(978-0-331-96577-3(1))* Forgotten Bks.

Light of Winter. Troian W. Anderson. l.t. ed. 2023. (ENG.). 278p. (YA). pap. ***(978-1-80227-911-5(3))***; ***(978-1-80541-003-4(2))*** Publishing Push Ltd.

Light of You. Trystan Reese & Biff Chaplow. Illus. by Van Binfa. 2022. (ENG.). 28p. (J). (gr. -1-k). 15.95 *(978-1-9991562-6-8(9))* Flamingo Rampant! CAN. Dist: Orca Bk. Pubs. USA.

Light on Shadowed Paths (Classic Reprint) Timothy Shay Arthur. (ENG., Illus.). (J). 2018. 362p. 31.36 *(978-0-484-03731-0(5))*; 2016. pap. 13.97 *(978-1-333-23342-6(6))* Forgotten Bks.

Light on the Hill: A Romance of the Southern Mountains (Classic Reprint) Martha Sawyer Gielow. 2018. (ENG., Illus.). 274p. (J). 29.55 *(978-0-267-49252-7(9))* Forgotten Bks.

Light o'the Morning: The Story of an Irish Girl (Classic Reprint) L. T. Meade. 2017. (ENG., Illus.). (J). 30.62 *(978-0-260-06541-4(2))*; pap. 13.57 *(978-1-5278-9005-3(8))* Forgotten Bks.

Light over Broken Tide. Holly Ducarte. 2018. (ENG., Illus.). 250p. (J). pap. *(978-0-9958698-1-3(2))* Black Ladder Publishing.

Light, Photometry & Illumination: A Thoroughly Revised Edition of Electrical Illuminating Engineering (Classic Reprint) William Edward Barrows. 2017. (ENG., Illus.). (J). 31.09 *(978-0-265-28399-8(X))* Forgotten Bks.

Light Princess: A Fairy Tale Story for Children. George MacDonald. 2022. (ENG.). 82p. (J). pap. ***(978-1-80547-070-0(1))*** Rupert, Hart-Davis Ltd.

Light Princess: And Other Fairy Tales (Classic Reprint) George MacDonald. 2017. (ENG., Illus.). (J). 30.52 *(978-0-266-29692-8(0))* Forgotten Bks.

Light Princess: And Other Stories (Classic Reprint) George MacDonald. 2018. (ENG., Illus.). 244p. (J). 28.95 *(978-0-483-52183-4(3))* Forgotten Bks.

Light Princess & Other Fairy Stories. George MacDonald. 2018. (ENG., Illus.). 92p. (J). 14.99 *(978-1-5154-3561-7(X))* Wilder Pubns., Corp.

Light Princess & Other Stories. George MacDonald. 2017. (ENG.). 244p. (J). (gr. 3-6). pap. *(978-3-7447-4910-7(X))* Creation Pubs.

Light Rails. Quinn M. Arnold. 2020. (Seedlings Ser.). 24p. (J). (gr. -1-1). pap. 8.99 *(978-1-62832-803-5(7)*, 18262, Creative Paperbacks) Creative Co., The.

Light Rails. Kate Riggs. 2020. (Seedlings Ser.). (ENG.). 24p. (J). (gr. -1-k). *(978-1-64026-240-9(7)*, 18261, Creative Education) Creative Co., The.

Light Realm. Emeric Gohou. 2023. (ENG.). 310p. (YA). pap. ***(978-0-2288-6062-4(8))*** Tellwell Talent.

Light Risen in Darkness: In Four Parts; Being a Collection of Letters Written to Several Persons, upon Great & Important Subjects; Very Profitable for the Common Instruction & Conduct of All Who Seek God in Sincerity (Classic Reprint) Antoinette Bourignon. 2017. (ENG., Illus.). (J). pap. 19.57 *(978-0-259-17333-5(9))* Forgotten Bks.

Light (Rookie Read-About Science: Physical Science) (Library Edition) Cody Crane. 2019. (Rookie Read-About Science Ser.). (ENG., Illus.). 32p. (J). (gr. 1-2). lib. bdg. 25.00 *(978-0-531-13408-5(3)*, Children's Pr.) Scholastic Library Publishing.

Light Science for Leisure Hours. Richard Anthony Proctor. 2017. (ENG.). 364p. (J). pap. *(978-3-337-25087-4(4))* Creation Pubs.

Light Side of the Law (Classic Reprint) George A. MacDonald. 2018. (ENG., Illus.). 368p. (J). 31.49 *(978-0-483-20163-7(4))* Forgotten Bks.

Light Speaks. Christine Layton. Illus. by Luciana Navarro Powell. 2023. (ENG.). 32p. (J). (gr. -1-3). 18.95 *(978-0-88448-924-5(8)*, 884924) Tilbury Hse. Pubs.

Light Surely Travels Fast! Science Book of Experiments Children's Science Education Books. Baby Professor. 2017. (ENG., Illus.). (J). pap. 8.79 *(978-1-5419-1397-4(3)*, Baby Professor (Education Kids)) Speedy Publishing LLC.

Light That Did Not Fail (Classic Reprint) Clarence Hawkes. (ENG., Illus.). (J). 2018. 170p. 27.94 *(978-0-484-10095-3(5))*; 2017. pap. 9.97 *(978-0-243-41511-3(7))* Forgotten Bks.

Light That Failed (Classic Reprint) Rudyard Kipling. (ENG., Illus.). (J). 2018. 410p. 32.37 *(978-0-484-88224-8(4))*; 2017. 31.80 *(978-0-266-51924-9(5))*; 2017. pap. 16.57 *(978-0-243-20618-6(6))* Forgotten Bks.

Light That Failed, Vol. 1 of 2 (Classic Reprint) Rudyard Kipling. 2018. (ENG., Illus.). 182p. (J). 27.65 *(978-0-332-33176-8(8))* Forgotten Bks.

Light That Failed, Vol. 2 of 2 (Classic Reprint) Rudyard Kipling. 2018. (ENG., Illus.). 174p. (J). 27.49 *(978-0-483-54450-5(7))* Forgotten Bks.

Light That Gets Lost. Natasha Carthew. 2016. (ENG.). 320p. (YA). pap. *(978-1-4088-3587-6(8)*, 226733, Bloomsbury Children's Bks.) Bloomsbury Publishing Plc.

Light That Will Overcome the Wave. Kristina Culley-Snyder. 2017. (ENG.). 150p. (YA). ***(978-1-77370-245-2(9))***; pap. ***(978-1-77370-244-5(0))*** Tellwell Talent.

Light the Dominant Force of the Universe: Showing by Means of Experiments What Light Is; What Electricity Is; & What Life Is; Also How to Reconcile Religion & Science (Classic Reprint) William Sedgwick. (ENG., Illus.). (J). 2018. 314p. 30.39 *(978-0-365-25251-1(4))*; 2017. pap. 13.57 *(978-0-282-30783-7(4))* Forgotten Bks.

Light the Menorah! A Hanukkah Handbook. Jacqueline Jules. Illus. by Kristina Swarner. 2018. (ENG.). 40p. (J). (gr. -1-5). pap. 8.99 *(978-1-5124-8369-7(9)*, e765750d-eec4-49d7-a40d-d9eb5104fc03, Kar-Ben Publishing) Lerner Publishing Group.

Light the Sky, Firefly. Sheri M. Bestor. Illus. by Jonny Lambert. 2022. (ENG.). 32p. (J). (gr. k-3). 17.99 *(978-1-5341-1115-8(8)*, 205238) Sleeping Bear Pr.

Light the Way. Marcie Aboff. 2016. (Spring Forward Ser.). (J). (gr. 1). *(978-1-4900-9388-8(5))* Benchmark Education Co.

Light the Way, Traveler! Maze Activity Book. Bobo's Children Activity Books. 2016. (ENG., Illus.). (J). pap. 9.33 *(978-1-68327-183-3(1))* Sunshine In My Soul Publishing.

Light Through Darkened Windows a Shut-In Story (Classic Reprint) Arabel Wilbur Alex. 2018. (ENG., Illus.). 182p. (J). 27.65 *(978-0-332-78069-6(4))* Forgotten Bks.

Light Travellers: Noura's Journey. Alison Cooklin. 2016. (ENG., Illus.). (J). pap. *(978-0-9934920-3-7(7))* Cooklin, Alison.

Light up My Heart: Padded Board Book. IglooBooks. Illus. by Rayanne Vieira. 2023. (ENG.). 24p. (J). (-k). bds. 9.99 ***(978-1-80108-708-7(3))*** Igloo Bks. GBR. Dist: Simon & Schuster, Inc.

Light up New York, 1 vol. Natalie Grant. 2017. (Faithgirlz / Glimmer Girls Ser.: 4). (ENG., Illus.). 208p. (J). pap. 8.99 *(978-0-310-75274-5(4))* Zonderkidz.

Light-Up Rocks & Gem Collection. Editors of Klutz. 2021. (Klutz Ser.). (ENG.). 32p. (J). (gr. 3-3). 24.99 *(978-1-338-70226-2(2))* Klutz.

Light up the Christmas Tree & Wrap the Presents! Time for Christmas Coloring Book. Creative Playbooks. 2016. (ENG., Illus.). (J). pap. 7.74 *(978-1-68323-872-0(9))* Twin Flame Productions.

Light vs. Dark. Clara MacCarald. 2021. (Science Showdowns Ser.). (ENG.). 24p. (J). (gr. 1-4). lib. bdg. 32.79 *(978-1-5038-4446-9(3)*, 214169) Child's World, Inc, The.

Light Waves. David A. Adler. Illus. by Anna Raff. 2018. 32p. (J). (gr. 1-4). 17.99 *(978-0-8234-3682-8(9))* Holiday Hse., Inc.

Light Waves. David A. Adler. Illus. by Anna Raff. 2020. 32p. (J). (gr. 1-4). pap. 8.99 *(978-0-8234-4541-7(0))* Holiday Hse., Inc.

Light Waves. Julia Garstecki-Derkovitz. 2020. (Waves in Motion Ser.). (ENG.). 24p. (J). (gr. k-2). pap. 6.95 *(978-1-9771-2616-0(2)*, 201222); (Illus.). lib. bdg. 29.99 *(978-1-9771-2272-8(8)*, 199309) Capstone. (Pebble).

Light Waves. Robin Johnson. 2020. (Waves: Light & Sound Ser.). (ENG.). 24p. (J). lib. bdg. 22.99 *(978-1-5105-5402-3(5))* SmartBook Media, Inc.

Light We Cannot See. Chris Manion. 2021. (ENG.). 34p. (J). pap. 9.99 *(978-1-64949-365-1(7))* Elk Lake Publishing, Inc.

Light We Cannot See. Chris Manion. Illus. by Jack Foster. 2021. (ENG.). 34p. (J). 18.99 *(978-1-64949-366-8(5))*; pap. 11.99 *(978-1-64949-367-5(3))* Elk Lake Publishing, Inc.

Light Which Cannot Fail: True Stories of Heroic Blind Men & Women & a Handbook for the Blind & Their Friends (Classic Reprint) Winifred Holt. (ENG., Illus.). (J). 2017. 33.12 *(978-0-266-42438-3(4))*; 2016. pap. 16.57 *(978-1-333-81007-8(5))* Forgotten Bks.

Light Years. Emily Ziff Griffin. 2017. (ENG., Illus.). 304p. (YA). (gr. 9-12). 18.99 *(978-1-5072-0005-6(6)*, Simon Pulse) Simon Pulse.

Light Years. Kass Morgan. 2018. (ENG.). 384p. (YA). E-Book *(978-0-316-51046-2(7))* Little Brown & Co.

Light Years. Kass Morgan. (Light Years Ser.: 1). (ENG.). (YA). (gr. 9-17). 2019. 416p. pap. 10.99 *(978-0-316-51043-1(2))*; 2018. 384p. 17.99 *(978-0-316-51044-8(0))* Little, Brown Bks. for Young Readers.

Light Years! How Far Is ... - Distances from Earth (Space Science for Kids) - Children's Astronomy Books. Pfiffikus. 2016. (ENG., Illus.). (J). pap. 10.81 *(978-1-68377-603-1(8))* Whlke, Traudl.

Lightborne. Himanshu Jain. 2022. (ENG.). 62p. (YA). *(978-0-2288-7058-6(5))*; pap. *(978-0-2288-7057-9(7))* Tellwell Talent.

Lightbringer. Claire Legrand. 2021. (Empirium Trilogy Ser.: 3). 608p. (YA). (gr. 8-12). pap. 12.99 *(978-1-7282-3195-2(7))* Sourcebooks, Inc.

Lightbringer. J. F. Pogioli. 2018. (ENG., Illus.). 150p. (YA). pap. *(978-1-9998366-9-6(3))* Terence, Michael Publishing.

Lightbringer: The Empirium Trilogy Book 3. Claire Legrand. 2020. (Empirium Trilogy Ser.: 3). (ENG.). 592p. (YA). (gr. 8-12). 18.99 *(978-1-4926-5668-5(2))* Sourcebooks, Inc.

Lightcasters. Janelle McCurdy. (Umbra Tales Ser.: 1). (ENG.). (J). (gr. 3-7). 2023. 368p. pap. 8.99 ***(978-1-6659-0128-4(4))***; 2022. 352p. 17.99 *(978-1-6659-0127-7(6))* Simon & Schuster Children's Publishing. (Aladdin).

Lighted Lamp: A Novel (Classic Reprint) Charles Hanford Henderson. 2018. (ENG., Illus.). 432p. (J). 32.81 *(978-0-267-18303-6(8))* Forgotten Bks.

Lighted Match (Classic Reprint) Charles Nevill Buck. (ENG., Illus.). (J). 2017. 30.83 *(978-0-266-69055-9(6))*; 2016. pap. 13.57 *(978-1-334-13454-8(5))* Forgotten Bks.

Lighted Pathway, 1938, Vol. 8: Dedicated to the Church of God Young People's Endeavor (Classic Reprint) Church Of God. (ENG., Illus.). (J). 2018. 328p. 30.66 *(978-0-483-57344-4(2))*; 2017. pap. 13.57 *(978-0-243-21317-7(4))* Forgotten Bks.

Lighted Pathway, 1939, Vol. 10 (Classic Reprint) Alda B. Harrison. (ENG., Illus.). (J). 2018. 372p. 31.59 *(978-0-484-19002-2(4))*; 2017. pap. 13.97 *(978-0-243-50565-4(5))* Forgotten Bks.

Lighted Pathway, 1941, Vol. 12 (Classic Reprint) Cleveland Church of God. (ENG., Illus.). (J). 2018. 436p. 32.89 *(978-0-483-57954-5(8))*; 2017. pap. 16.57 *(978-0-243-21881-3(8))* Forgotten Bks.

Lighted Pathway, Vol. 11: January, 1940 (Classic Reprint) Alda B. Harrison. (ENG., Illus.). (J). 2018. 434p. 32.87 *(978-0-483-56122-9(3))*; 2017. pap. 16.57 *(978-0-243-25498-9(9))* Forgotten Bks.

Lighted Pathway, Vol. 13: January, 1942 (Classic Reprint) Cleveland Church of God. (ENG., Illus.). (J). 2018. 436p. 32.89 *(978-0-483-60563-3(8))*; 2017. pap. 16.57 *(978-0-243-20686-5(0))* Forgotten Bks.

Lighted Pathway, Vol. 14: January, 1943 (Classic Reprint) Church Of God. (ENG., Illus.). (J). 2018. 586p. 36.00 *(978-0-364-00048-9(1))*; 2017. pap. 19.57 *(978-0-243-49307-4(X))* Forgotten Bks.

Lighted Pathway, Vol. 6: Dedicated to the Church of God Young People's Endeavor; January, 1936 (Classic Reprint) Church of God Cleveland. 2017. (ENG., Illus.). (J). 27.98 *(978-0-331-66316-7(3))*; pap. 10.57 *(978-0-243-28599-0(X))* Forgotten Bks.

Lightening, Screams, & Skeletons. Vladimir Nopox. 2022. (ENG., Illus.). 24p. (J). pap. 14.95 *(978-1-68498-075-8(5))* Newman Springs Publishing, Inc.

Lighter Side of School Life: Scally the Story of a Perfect Gentleman (Classic Reprint) Ian Hay. 2017. (ENG., Illus.). (J). 29.28 *(978-0-265-19969-5(7))* Forgotten Bks.

Lighter Than Air #3. Shannon Layne. 2018. (Beverly Hills Prep Ser.). (ENG.). 191p. (YA). (gr. 5-12). 31.42 *(978-1-68076-710-0(0)*, 28596, Epic Escape) EPIC Pr.

Lighter Than Air: Sophie Blanchard, the First Woman Pilot. Matthew Clark Smith. Illus. by Matt Tavares. 2017. (ENG.). 32p. (J). (gr. 1-4). 16.99 *(978-0-7636-7732-9(9))* Candlewick Pr.

Lighter Than Air: Sophie Blanchard, the First Woman Pilot: Candlewick Biographies. Matthew Clark Smith. Illus. by Matt Tavares. 2019. (Candlewick Biographies Ser.). (ENG.). 40p. (J). (gr. 1-4). 14.99 *(978-1-5362-0554-1(0))*; pap. 5.99 *(978-1-5362-0555-8(9))* Candlewick Pr.

Lightest London: A Farcical Fancy (Classic Reprint) A. In in Belgravia. 2018. (ENG., Illus.). 104p. (J). 26.04 *(978-0-483-48590-7(X))* Forgotten Bks.

Lightfall: Shadow of the Bird. Tim Probert. Illus. by Tim Probert. 2022. (Lightfall Ser.: 2). (ENG., Illus.). 256p. (J). (gr. 3-7). pap. 12.99 *(978-0-06-299048-8(9)*, HarperAlley) HarperCollins Pubs.

Lightfall: the Girl & the Galdurian. Tim Probert. Illus. by Tim Probert. 2020. (Lightfall Ser.: 1). (ENG., Illus.). 256p. (J). (gr. 3-7). 24.99 *(978-0-06-299047-1(0))*; pap. 15.99 *(978-0-06-299046-4(2))* HarperCollins Pubs. (HarperAlley).

Lightfoot the Deer (Classic Reprint) Thornton W. Burgess. 2017. (ENG., Illus.). (J). 28.54 *(978-0-265-54729-8(6))* Forgotten Bks.

Lighthouse. Robert Michael Ballantyne. 2019. (ENG.). 262p. (J). pap. *(978-93-5329-712-1(5))* Alpha Editions.

Lighthouse. Daniele Luciano Moskal. 2019. (ENG.). 26p. (J). *(978-0-244-50276-8(5))* Lulu Pr., Inc.

Lighthouse: The Story of a Great Fight Between Man & the Sea (Classic Reprint) R. M. Ballantyne. 2017. (ENG., Illus.). (J). 34.09 *(978-0-260-57757-3(X))* Forgotten Bks.

Lighthouse Brigade: The St. Marks Adventure, 1 vol. Susanne Griffith. 2020. (ENG.). 116p. (J). pap. 10.99 *(978-1-4003-2686-0(9))* Elm Hill.

Lighthouse Family Collection (Boxed Set) The Storm; the Whale; the Eagle; the Turtle; the Octopus; the Otter; the Sea Lion; the Bear. Cynthia Rylant. Illus. by Preston McDaniels. ed. 2018. (Lighthouse Family Ser.). (ENG.). 464p. (J). (gr. 1-5). 129.99 *(978-1-5344-3213-0(2)*, Beach Lane Bks.) Beach Lane Bks.

Lighthouse Family Paperback Collection (Boxed Set) The Storm; the Whale; the Eagle; the Turtle; the Octopus; the Otter; the Sea Lion; the Bear. Cynthia Rylant. Illus. by Preston McDaniels. ed. 2019. (Lighthouse Family Ser.). (ENG.). 464p. (J). (gr. 1-5). pap. 47.99 *(978-1-5344-4054-8(2)*, Beach Lane Bks.) Beach Lane Bks.

Lighthouse Keeper Saves the Bay. Teddy Biron. Illus. by Teddy Biron. 2022. (ENG.). 36p. (J). pap. 16.95 ***(978-1-954819-65-8(X))***; 22.00 ***(978-1-954819-54-2(4))*** Briley & Baxter Publications.

Lighthouse Keeper's Daughter. Elaine Wentworth. 2022. (Illus.). 32p. (J). (gr. 4-6). 15.95 *(978-1-4930-6814-2(8)*, Lyons Pr.) Globe Pequot Pr., The.

Lighthouse Mystery. Joette McDonald. 2016. (ENG., Illus.). 66p. (J). pap. *(978-1-365-37149-3(2))* Lulu Pr., Inc.

Lighthouse Mystery (the Boxcar Children: Time to Read, Level 2) Illus. by Shane Clester. (Boxcar Children Early Readers Ser.). (ENG.). 48p. (J). (gr. k-2). 2021. pap. 4.99 *(978-0-8075-4552-2(X)*, 080754552X); 2020. 12.99 *(978-0-8075-4548-5(1)*, 0807545481) Random Hse. Children's Bks. (Random Hse. Bks. for Young Readers).

Lighthouse Nan (Classic Reprint) Sheldon Parmer. 2017. (ENG., Illus.). (J). 25.48 *(978-0-331-86041-2(4))* Forgotten Bks.

Lighthouse of Alexandria a Variety of Facts Children's People & Places Book. Bold Kids. 2022. (ENG.). 42p. (J). pap. 14.99 ***(978-1-0717-2079-0(1))*** FASTLANE LLC.

Lighthouse Princess. Susan Wardell. Illus. by Rose Northey. 2022. 32p. (J). (gr. -1-k). 17.99 ***(978-0-14-377563-8(4))*** Penguin Group New Zealand, Ltd. NZL. Dist: Independent Pubs. Group.

Lighthouse Village (Classic Reprint) Louise Lyndon Sibley. (ENG., Illus.). (J). 2018. 164p. 27.28 *(978-0-267-93832-2(2))*; 2016. pap. 9.97 *(978-1-333-17301-2(6))* Forgotten Bks.

Lighting & Sound in Theater, 1 vol. George Capaccio. 2016. (Exploring Theater Ser.). (ENG., Illus.). 96p. (YA). (gr. 7-7). lib. bdg. 44.50 *(978-1-5026-2275-4(0)*, b5797643-28d0-4d75-8aed-87bdced83554) Cavendish Square Publishing LLC.

Lighting the Fire (Fate: the Winx Saga: an Original Novel) (Media Tie-In) Sarah Rees Brennan. ed. 2022. (ENG.). 288p. (YA). (gr. 9). pap. 11.99 *(978-1-338-74498-9(4))* Scholastic, Inc.

Lighting the Path. Melissa Brevetti & James Yang. 2018. (ENG., Illus.). 38p. (J). 14.95 *(978-1-68401-573-3(1))* Amplify Publishing Group.

Lighting up the Brain: The Science of Optogenetics. Marc Zimmer. 2018. (ENG., Illus.). 80p. (YA). (gr. 6-12). lib. bdg. 35.99 *(978-1-5124-2752-3(7)*, 0ee7aeb7-8c84-4b17-80dc-05a3085d2ef7, Twenty-First Century Bks.) Lerner Publishing Group.

Lighting up the Sky (Set), 12 vols. 2020. (Lighting up the Sky Ser.). (ENG.). 24p. (gr. 3-4). lib. bdg. 151.62 *(978-1-7253-1937-0(3)*, 5c31f458-1c24-4b8b-8892-2275415e5498, PowerKids Pr.) Rosen Publishing Group, Inc., The.

Lighting-Up Time (Classic Reprint) Ivor Brown. 2018. (ENG., Illus.). 304p. (J). 30.19 *(978-0-267-27484-0(X))* Forgotten Bks.

Lightlark (Spanish Edition) Alex Aster. 2023. (Lightlark Ser.: 1). (SPA.). 544p. (YA). (gr. 7). pap. 19.95 ***(978-84-19191-75-5(2)***, Alfaguara) Penguin Random House Grupo Editorial ESP. Dist: Penguin Random Hse. LLC.

Lightlark (the Lightlark Saga Book 1) Alex Aster. (Lightlark Saga Ser.). (ENG.). (J). (gr. 8-17). 2023. 448p. pap. 12.99 ***(978-1-4197-6087-7(4)***, 1768303); Vol. 1. 2022. 416p. 19.99 *(978-1-4197-6086-0(6)*, 1768301) Abrams, Inc. (Amulet Bks.).

Lightness of Hands. Jeff Garvin. (ENG.). 400p. (YA). (gr. 9). 2021. pap. 10.99 *(978-0-06-238290-0(X))*; 2020. 18.99 *(978-0-06-238289-4(6))* HarperCollins Pubs. (Balzer & Bray).

Lightnin' (Classic Reprint) Frank Bacon. 2017. (ENG., Illus.). (J). 30.33 *(978-0-266-78661-0(8))* Forgotten Bks.

Lightning, 1 vol. Seth Kingston. 2020. (Lighting up the Sky Ser.). (ENG.). 24p. (gr. 3-4). pap. 9.25 *(978-1-7253-1845-8(8)*, 9b212045-110d-417f-8d19-73867f67e9a9, PowerKids Pr.) Rosen Publishing Group, Inc., The.

Lightning. Erin Edison. rev. ed. 2022. (Weather Basics Ser.). (ENG.). 24p. (J). pap. 7.29 *(978-1-6690-2066-0(5)*, 251079, Capstone Pr.) Capstone.

Lightning: Children's Weather Book. Bold Kids. 2022. (ENG.). 42p. (J). pap. 14.99 *(978-1-0717-1045-6(1))* FASTLANE LLC.

Lightning: Commencement Number, June 1930 (Classic Reprint) Agnes Donnelly. (ENG., Illus.). (J). 2018. 152p. 27.07 *(978-0-484-45022-5(0))*; 2017. pap. 9.57 *(978-0-243-41463-5(3))* Forgotten Bks.

Lightning & Friends (Disney/Pixar Cars 3) Victoria Manley. Illus. by RH Disney. 2017. (ENG.). 16p. (J). (— 1). bds. 7.99 *(978-0-7364-3748-6(7)*, RH/Disney) Random Hse. Children's Bks.

Lightning & Thunder, 1 vol. Paula Johanson. 2018. (Nature's Mysteries Ser.). (ENG.). 32p. (gr. 2-3). pap. 13.90 *(978-1-5081-0651-7(7)*, e3f46e0d-fd22-4519-8fc7-5aa5aa23bb0a, Britannica Educational Publishing) Rosen Publishing Group, Inc., The.

1176

The check digit for ISBN-10 appears in parentheses after the full ISBN-13

Lightning & Thunder: The Fourth Book in the Lightning Series. Jeremy Burkholder. 2021. (ENG.). 174p. (YA). pap. *(978-1-6671-9954-2(4))* Lulu Pr., Inc.

Lightning Bolt Books: Animal Close-Ups, 12 vols., Set. Incl. Let's Look at Armadillos. Judith Jango-Cohen. (Illus.). (J). (gr. 1-3). 2010. lib. bdg. 30.65 *(978-0-7613-3887-1(X)*, 14eb5020-240b-4240-9eb7-3b3f142cd648); Let's Look at Bats. Ruth Berman. (Illus.). (gr. k-2). 2009. lib. bdg. 26.60 *(978-0-7613-3885-7(3))*; Let's Look at Monarch Butterflies. Laura Hamilton Waxman. (Illus.). (J). (gr. k-2). 2010. lib. bdg. 25.26 *(978-0-7613-3886-4(1)*, 1312738); Let's Look at Prairie Dogs. Christine Zuchora-Walske. (J). (gr. k-2). 2009. lib. bdg. 25.26 *(978-0-7613-3891-8(8))*; 32p. 2009. Set lib. bdg. 303.12 *(978-0-7613-3884-0(5)*, Lerner Pubns.) Lerner Publishing Group.

Lightning Bolt Books: Exploring Physical Science, 12 vols., Set. Jennifer Boothroyd. Incl. Energy We See: A Look at Light. 2011. lib. bdg. 29.32 *(978-0-7613-6092-6(1)*, 5b8b1bc9-149a-45c5-b604-ece0fb90db87); Give It a Push! Give It a Pull! A Look at Forces. 2010. lib. bdg. 29.32 *(978-0-7613-5431-4(X)*, 7297cbe0-b208-4a02-88a8-5627cb41f46c); How Big? How Heavy? How Dense? A Look at Matter. 2011. lib. bdg. 29.32 *(978-0-7613-6095-7(6)*, 25aeb824-7ae7-45e9-9b32-94a004501fbb); (Illus.). 32p. (J). (gr. 1-3)., Lerner Pubns. 2010. Set lib. bdg. 303.12 *(978-0-7613-5428-4(X))* Lerner Publishing Group.

Lightning Bolt Books: Famous Places, 18 vols., Set. Incl. Empire State Building. Lisa Bullard. (gr. 1-3). 2009. 30.65 *(978-0-8225-9404-8(8)*, 8c2ca64f-d960-4383-871a-b5472e0846ea); Grand Canyon. Jeffrey Zuehlke. (gr. 1-3). 2010. lib. bdg. 30.65 *(978-0-7613-4261-8(3)*, 238a878d-885b-4076-995c-18d9da4b43c8); Great Lakes. Janet Piehl. (gr. 1-3). 2010. lib. bdg. 30.65 *(978-0-7613-4456-8(X)*, e8b06c85-9697-4c81-b791-02d3ea168e06); Lincoln Memorial. Kristin L. Nelson. (gr. k-2). 2010. lib. bdg. 25.26 *(978-0-7613-6018-6(2))*; Mount Rushmore. Judith Jango-Cohen. (gr. k-2). 2010. lib. bdg. 25.26 *(978-0-7613-6021-6(2))*; Washington Monument. Kristin L. Nelson. (gr. k-2). 2010. lib. bdg. 25.26 *(978-0-7613-6019-3(0))*; Yellowstone National Park. Janet Piehl. (gr. 1-3). 2010. lib. bdg. 30.65 *(978-0-7613-4455-1(1)*, 46efe48e-7059-41ba-bc38-c619b757a09b); (Illus.). 32p. (J). 2009. Set lib. bdg. 454.68 *(978-0-8225-9403-1(X)*, Lerner Pubns.) Lerner Publishing Group.

Lightning Bolt Books: Meet the Animal Groups, 6 vols., Set. Buffy Silverman. Incl. Do You Know about Birds? (Illus.). lib. bdg. 26.60 *(978-0-8225-7541-2(8))*; Do You Know about Fish? (J). 25.26 *(978-0-8225-7540-5(X))*; Do You Know about Mammals? (Illus.). 26.60 *(978-0-8225-7539-9(6))*; 32p. (gr. k-2). 2009. Set lib. bdg. 151.56 *(978-0-8225-7538-2(8)*, Lerner Pubns.) Lerner Publishing Group.

Lightning Bolt Books: Vroom-Vroom, 12 vols., Set. Lee Sullivan Hill. Incl. Earthmovers on the Move. (Illus.). 32p. (J). (gr. 1-3). 2010. lib. bdg. 29.32 *(978-0-7613-3918-2(3)*, c69c124d-1972-4fd0-9bf6-eb978a540d90, Lerner Pubns.); 2010. Set lib. bdg. 303.12 *(978-0-7613-3916-8(7))* Lerner Publishing Group.

Lightning Bolt Books: Your Amazing Senses, 5 vols., Set. Jennifer Boothroyd. Incl. What Is Taste? (Illus.). 32p. (J). (gr. 1-3). 2009. 29.32 *(978-0-7613-4251-9(6)*, a8c9808e-0164-43d7-8cf5-951821e4084d, Lerner Pubns.); 2009. Set lib. bdg. 126.30 *(978-0-7613-4246-5(X)*, Lerner Pubns.) Lerner Publishing Group.

Lightning Boy. Chad Raugewitz. 2019. (ENG.). 78p. (YA). pap. 12.95 *(978-1-68456-566-5(9))* Page Publishing Inc.

Lightning Boys: Being a Bully Can Get You Hurt. Terry Milton. 2019. (Lightning Boys Ser.: Vol. 1). (ENG., Illus.). 40p. (J). (gr. k-6). 16.95 *(978-0-578-49893-5(6))* Lightning Adventures LLC.

Lightning Bug Lights. Jason Jason. Illus. by Stemo. 2020. (ENG.). 32p. (J). pap. 16.99 *(978-1-0983-4271-5(2))* BookBaby.

Lightning Conductor: The Strange Adventures of a Motor-Car (Classic Reprint) C. N. Williamson. 2017. (ENG., Illus.). (J). 31.98 *(978-1-5279-7791-4(9))* Forgotten Bks.

Lightning Conductor Discovers America (Classic Reprint) Charles Norris Williamson. 2017. (ENG., Illus.). (J). pap. 16.57 *(978-0-243-28011-7(4))* Forgotten Bks.

Lightning Express. Oliver Optic, pseud & Reimunt Sayer. 2017. (ENG.). 338p. (J). pap. *(978-3-337-25239-7(7))* Creation Pubs.

Lightning Express: Or, the Rival Academies (Classic Reprint) Oliver Optic, pseud. 2018. (ENG., Illus.). 334p. (J). 30.81 *(978-0-365-24242-0(X))* Forgotten Bks.

Lightning Flash! Where Does Lightning Come from? Electricity for Kids - Children's Electricity & Electronics. Bobo's Little Brainiac Books. 2016. (ENG., Illus.). (J). pap. 7.99 *(978-1-68327-807-8(0))* Sunshine In My Soul Publishing.

Lightning Flashes & Electric Dashes: A Volume of Choice Telegraphic Literature, Humor, Fun, Wit & Wisdom; Contributed to by All the Principal Writers in the Ranks of Telegraphic Literature, As Well As Several Well-Known Outsiders (Classic Reprint) William John Johnston. 2018. (ENG., Illus.). 182p. (J). 27.65 *(978-0-484-00471-8(9))* Forgotten Bks.

Lightning Flashes & Thunderbolts: A Series of Gospel Sermons & Talks (Classic Reprint) Sam Porter Jones. 2018. (ENG., Illus.). 294p. (J). 29.96 *(978-0-483-61745-2(8))* Forgotten Bks.

Lightning Is Frightening! Penelope Dyan. Illus. by Penelope Dyan. l.t. ed. 2021. (ENG.). 34p. (J). pap. 12.60 *(978-1-61477-546-1(X))* Bellissima Publishing, LLC.

Lightning Mary. Anthea Simmons. 2020. (ENG., Illus.). 272p. (J). (gr. 4-7). pap. 9.99 *(978-1-78344-829-6(6))* Andersen Pr. GBR. Dist: Independent Pubs. Group.

Lightning Thief. Robert Venditti. ed. 2019. (Percy Jackson & the Olympians Ser.). (ENG.). 125p. (J). (gr. 4-5). 23.96 *(978-1-64697-069-8(1))* Penworthy Co., LLC, The.

Lights. Brenna Thummler. 2023. (Sheets Ser.). (ENG.). 368p. (J). pap. 16.99 *(978-1-63715-231-7(0))* Oni Pr., Inc.

Lights! Action! You're On! Nadia Comeau. Illus. by Sara Damiani. 2022. (ENG.). 32p. (J). *(978-1-0391-3132-3(8))*; pap. *(978-1-0391-3131-6(X))* FriesenPress.

Lights & Lines of Indian Character, & Scenes of Pioneer Life (Classic Reprint) J. V. H. Clark. 2018. (ENG., Illus.). 378p. (J). 31.71 *(978-0-484-17489-3(4))* Forgotten Bks.

Lights & Shades of Hill Life in the Afghan & Hindu Highlands of the Punjab: A Contrast (Classic Reprint) F. St John Gore. (ENG., Illus.). (J). 2017. 33.55 *(978-0-331-80373-0(9))*; 2016. pap. 16.57 *(978-1-334-15543-7(7))* Forgotten Bks.

Lights & Shadows of American Life, Vol. 1 of 3 (Classic Reprint) Mary Russell Mitford. (ENG., Illus.). (J). 2018. 352p. 31.16 *(978-0-483-54661-5(5))*; 2018. 364p. 31.40 *(978-0-483-92226-6(9))*; 2017. pap. 13.57 *(978-0-243-17439-3(X))* Forgotten Bks.

Lights & Shadows of American Life, Vol. 2 of 3 (Classic Reprint) Mary Russell Mitford. (ENG., Illus.). (J). 2018. 348p. 31.07 *(978-0-484-26007-7(3))*; 2018. 344p. 31.01 *(978-0-483-37999-2(9))*; 2016. pap. 13.57 *(978-1-334-12681-9(X))* Forgotten Bks.

Lights & Shadows of American Life, Vol. 3 of 3 (Classic Reprint) Mary Russell Mitford. (ENG., Illus.). (J). 2018. 342p. 30.95 *(978-0-483-46672-2(7))*; 2018. 352p. 31.16 *(978-0-483-60553-4(0))*; 2016. pap. 13.57 *(978-1-334-12369-6(1))* Forgotten Bks.

Lights & Shadows of German Life; in Two Volumes; Vol. I. M. m. Montgomery. 2017. (ENG., Illus.). (J). pap. *(978-0-649-63610-5(4))* Trieste Publishing Pty Ltd.

Lights & Shadows of German Life, Vol. 1 of 2 (Classic Reprint) M. m. Montgomery. 2017. (ENG., Illus.). (J). 206p. 28.15 *(978-0-266-52042-9(1))*; pap. 10.57 *(978-0-243-38560-7(9))* Forgotten Bks.

Lights & Shadows of German Life, Vol. 2 of 2 (Classic Reprint) M. m. Montgomery. (ENG., Illus.). (J). 2018. 204p. 28.12 *(978-0-483-41464-8(6))*; 2016. pap. 10.57 *(978-1-334-14418-9(4))* Forgotten Bks.

Lights & Shadows of Irish Life, Vol. 1 of 3 (Classic Reprint) S. C. Hall. (ENG., Illus.). (J). 2018. 346p. 31.05 *(978-0-666-32142-8(6))*; 2016. pap. 13.57 *(978-1-333-36005-4(3))* Forgotten Bks.

Lights & Shadows of Irish Life, Vol. 2 of 3 (Classic Reprint) S. C. Hall. 2018. (ENG., Illus.). 352p. (J). 31.18 *(978-0-666-82253-6(0))* Forgotten Bks.

Lights & Shadows of Irish Life, Vol. 3 of 3 (Classic Reprint) S. C. Hall. 2018. (ENG., Illus.). 356p. (J). 31.24 *(978-0-483-44771-4(4))* Forgotten Bks.

Lights & Shadows of London Life, Vol. 1 of 2 (Classic Reprint) James Payn. 2018. (ENG., Illus.). 326p. (J). 30.64 *(978-0-428-76322-0(7))* Forgotten Bks.

Lights & Shadows of London Life, Vol. 2 of 2 (Classic Reprint) James Payn. 2018. (ENG., Illus.). 318p. (J). 30.46 *(978-0-484-55034-5(9))* Forgotten Bks.

Lights & Shadows of Melbourne Life. John Freeman. 2017. (ENG.). 268p. (J). pap. *(978-3-337-25243-4(5))* Creation Pubs.

Lights & Shadows of Melbourne Life (Classic Reprint) John Freeman. (ENG., Illus.). (J). 2018. 276p. 29.59 *(978-0-483-03176-0(3))*; 2016. pap. 11.97 *(978-1-333-67906-4(8))* Forgotten Bks.

Lights & Shadows of Real Life (Classic Reprint) Timothy Shay Arthur. (ENG., Illus.). (J). 2018. 520p. 34.62 *(978-0-428-63119-2(3))*; 2016. pap. 16.97 *(978-1-333-77068-6(5))* Forgotten Bks.

Lights & Types of Ships at Night. Dave Eggers. Illus. by Annie Dills. 2020. 32p. (J). 18.99 *(978-1-952119-07-1(3)*, d4bd153f-5743-440f-87b9-47476f71591b) McSweeney's Publishing.

Lights Are Bright: Four Bells & the Lights Are Bright (Night Call of Lookout on the Ore-Boats of the Great Lakes); a Novel (Classic Reprint) Louise Kennedy Mabie. 2018. (ENG., Illus.). 298p. (J). 30.06 *(978-0-483-71604-9(9))* Forgotten Bks.

Lights at Christmas. Courtney Acampora. Illus. by Steph Lew. 2022. (ENG.). 10p. (J). (gr. -1-k). bds. 12.99 *(978-1-6672-0091-0(7)*, Silver Dolphin Bks.) Printers Row Publishing Group.

Lights! Camera! Alice! The Thrilling True Adventures of the First Woman Filmmaker (Film Book for Kids, Non-Fiction Picture Book, Inspiring Children's Books) Mara Rockliff. Illus. by Simona Ciraolo. 2018. (ENG.). 60p. (J). (gr. k-3). 17.99 *(978-1-4521-4134-3(7))* Chronicle Bks. LLC.

Lights, Camera, Cook! Charise Mericle Harper. Illus. by Aurélie Blard-Quintard. (Next Best Junior Chef Ser.: 1). (ENG.). 192p. (J). (gr. 3-7). 2018. pap. 7.99 *(978-1-328-50701-3(7)*, 1719056); 2017. 12.99 *(978-0-544-91260-1(8)*, 1655497) HarperCollins Pubs. (Clarion Bks.).

Lights, Camera, Dance! Samantha-Ellen Bound. 2016. (Silver Shoes Ser.: 6). (Illus.). 144p. (J). (gr. 4-7). pap. 9.99 *(978-0-85798-905-5(7))* Random Hse. Australia AUS. Dist: Independent Pubs. Group.

Lights, Camera, Danger! (Alien Superstar #2) Henry Winkler & Lin Oliver. 2020. (Alien Superstar Ser.). (ENG., Illus.). 256p. (YA). (gr. 3-7). 14.99 *(978-1-4197-4099-2(7)*, 1260901, Amulet Bks.) Abrams, Inc.

Lights, Camera, Disaster. Erin Dionne. 2018. (ENG.). 272p. (J). (gr. 3-7). 16.99 *(978-1-338-13408-7(6)*, Levine, Arthur A. Bks.) Scholastic, Inc.

Lights, Camera, Dots, Action! Connect the Dots Activity Book. Activity Book Zone for Kids. 2016. (ENG., Illus.). (J). pap. 7.55 *(978-1-68376-140-2(5))* Sabeels Publishing.

Lights, Camera, Middle School! Jennifer L. Holm. Illus. by Matthew Holm. (Babymouse Tales from the Locker Ser.: 1). (ENG.). (J). (gr. 3-7). 2022. 224p. 7.99 *(978-0-593-42829-0(3)*, Yearling); 2017. 208p. 13.99 *(978-0-399-55438-4(6)*, Random Hse. Bks. for Young Readers) Random Hse. Children's Bks.

Lights, Camera, Middle School!, 1. Jennifer L. Holm et al. ed. 2022. (Babymouse Tales from the Locker Ser.). (ENG.). 197p. (J). (gr. 4-5). 20.46 *(978-1-68505-458-8(7))* Penworthy Co., LLC, The.

Lights, Camera, Organization: The Ultimate Production Journal for Film & TV Professionals. M. K. 2023. (ENG.). 200p. (YA). pap. *(978-1-4478-3158-7(6))* Lulu Pr., Inc.

Lights! Camera! Take Action! The Flow Charts to Making & Financing Your First Feature Film. Damien T. Richards. 2023. (ENG.). 132p. (YA). pap. *(978-1-4476-7865-6(6))* Lulu Pr., Inc.

Lights Day & Night: The Science of How Light Works. Susan Hughes. Illus. by Ellen Rooney. 2021. (Science of How Ser.). (ENG.). 32p. (J). (gr. k-3). 17.99 *(978-1-5253-0319-7(8))* Kids Can Pr., Ltd. CAN. Dist: Hachette Bk. Group.

Lights for Gita, 1 vol. Rachna Gilmore. Illus. by Alice Priestley. 2016. (Gita Ser.: 1). (ENG.). 24p. (J). (gr. 1-3). pap. 7.95 *(978-0-929005-61-4(9))* Second Story Pr. CAN. Dist: Orca Bk. Pubs. USA.

Lights in the Attic. Ted Draper. 2020. (ENG.). 34p. (YA). 22.95 *(978-1-0980-4011-6(2))*; pap. 11.95 *(978-1-0980-4010-9(4))* Christian Faith Publishing.

Lights in the Night. Chris Barash. Illus. by Maya Shleifer. 2022. (ENG.). 8p. (J). 11.99 *(978-1-78438-660-3(X))* Greenhill Bks. GBR. Dist: Casemate Pubs. & Bk. Distributors, LLC.

Lights in the Sky. Suzanne Lazaroo. Illus. by Rauf Valiyev. 2021. (ENG.). 30p. (J). pap. *(978-1-922721-98-3(0))* Library For All Limited.

Lights in the Snow. Madeline Tyler. Illus. by Amy Li. 2023. (Level 4/5 - Blue/Green Set Ser.). (ENG.). 32p. (J). (gr. 1-3). lib. bdg. 19.95 Bearport Publishing Co., Inc.

Lights, Music, Code! #3. Jo Whittemore. 2018. (Girls Who Code Ser.: 3). 144p. (J). (gr. 3-7). 13.99 *(978-0-399-54253-4(1)*, Penguin Workshop) Penguin Young Readers Group.

Lights of Beacon Hill: A Christmas Message (Classic Reprint) Abbie Farwell Brown. (ENG., Illus.). (J). 2018. 20p. 24.33 *(978-0-484-03611-5(4))*; 2016. pap. 7.97 *(978-1-333-71894-7(2))* Forgotten Bks.

Lights of Child-Land (Classic Reprint) Maud Ballington Booth. 2018. (ENG., Illus.). 216p. (J). 28.35 *(978-0-267-25318-0(4))* Forgotten Bks.

Lights of Happyland: An One Act Play (Classic Reprint) Marion Short. (ENG., Illus.). (J). 2018. 26p. 24.43 *(978-0-267-58705-6(8))*; 2016. pap. 7.97 *(978-1-333-28638-5(4))* Forgotten Bks.

Lights of Time. Paul Ian Cross. (ENG.). (YA). (gr. 7-12). 2023. 274p. pap. *(978-1-912199-09-9(2))*; 2018. (Chronicles of Engella Rhys Ser.: Vol. 1). (Illus.). 328p. pap. *(978-1-912199-05-1(X))* Farrow Children's Bks.

Lights On! Ike Hoover Electrifies the White House. Cynthia Simmelink Becker. Illus. by Benjamin Hummel. 2017. (ENG.). 40p. (J). 19.95 *(978-0-86541-244-6(8))* Filter Pr., LLC.

Lights on! Animals That Glow (Set), 6 vols. Joyce Markovics. 2022. (Lights on! Animals That Glow Ser.). (ENG., Illus.). 24p. (J). (gr. 4-6). 183.84 *(978-1-5341-9859-3(8)*, 219948); pap., pap., pap. 76.71 *(978-1-6689-0001-7(7)*, 220064) Cherry Lake Publishing.

Lights on the Car Flash Blue & White. Brianna Morales. Illus. by Jamie Rimphanli. 2023. (ENG.). 32p. (J). 19.99 *(978-1-956543-30-8(9)*, Barnsley Ink) Write Way Publishing Co. LLC.

Lights on Wonder Rock. David Litchfield. Illus. by David Litchfield. 2020. (ENG., Illus.). 40p. (J). (gr. -1-3). 17.99 *(978-0-358-35953-1(8)*, 1784413, Clarion Bks.) HarperCollins Pubs.

Lights Out! Marcie Aboff. 2016. (Spring Forward Ser.). (J). (gr. 1). *(978-1-4900-9389-5(3))* Benchmark Education Co.

Lights Out. Marsha Diane Arnold. Illus. by Susan Reagan. 2020. (ENG.). 32p. (J). (gr. 1-3). 18.99 *(978-1-56846-340-7(5)*, 18069, Creative Editions) Creative Co., The.

Lights Out. Jacqueline Jules. Illus. by Kim Smith. 2016. (Sofia Martinez Ser.). (ENG.). 32p. (J). (gr. k-2). lib. bdg. 21.32 *(978-1-4795-8718-6(4)*, 131112, Picture Window Bks.) Capstone.

Lights to Literature, Revised: Book Four (Classic Reprint) Abby E. Lane. 2018. (ENG., Illus.). (J). 422p. 32.60 *(978-1-397-22745-4(1))*; 424p. pap. 16.57 *(978-1-397-22727-0(3))* Forgotten Bks.

Lights to Literature, Vol. 4: Revised (Classic Reprint) Abby E. Lane. (ENG., Illus.). (J). 2018. 422p. 32.60 *(978-0-483-50797-5(0))*; 2016. pap. 16.57 *(978-1-334-13883-6(4))* Forgotten Bks.

Lights under the Lake: a Scarlet & Ivy Mystery. Sophie Cleverly. 2018. (ENG.). 304p. (J). 7.99 *(978-0-00-830821-6(7)*, HarperCollins Children's Bks.) HarperCollins Pubs. Ltd. GBR. Dist: HarperCollins Pubs.

Lightsaber Battles. Dorling Kindersley Publishing Staff & Lauren Nesworthy. ed. 2018. (Star Wars DK Readers Level 2 Ser.). lib. bdg. 14.75 *(978-0-606-41170-7(4))* Turtleback.

Lightsaber Battles. Lauren Nesworthy. ed. 2018. (DK Readers Ser.). (ENG.). 47p. (J). (gr. -1-1). 13.89 *(978-1-64310-599-4(X))* Penworthy Co., LLC, The.

Lightstruck. Sunya Mara. 2023. (Darkening Duology Ser.: 2). (ENG.). 448p. (YA). (gr. 8). 19.99 *(978-0-358-56199-6(X)*, Clarion Bks.) HarperCollins Pubs.

Lightwave: The Sisters of Cygnus. Am Scott. 2018. (Folding Space Ser.: Vol. 2). (ENG.). 366p. (J). pap. 17.99 *(978-1-393-01250-4(7))* Draft2Digital.

Lightyears Away! Little Aliens Coloring Book. Activibooks For Kids. 2016. (ENG., Illus.). (J). pap. 9.20 *(978-1-68321-804-3(3))* Mimaxion.

Liheg & the Lemon Tree - the Trilogy. Melinda McCarthy. 2020. (ENG.). 106p. (J). pap. 42.42 *(978-1-716-33457-3(8))* Lulu Pr., Inc.

Like. Annie Barrows. Illus. by Leo Espinosa. 2022. (ENG.). 44p. (J). (gr. -1-k). 17.99 *(978-1-4521-6337-6(5))* Chronicle Bks. LLC.

Like a Bird: The Art of the American Slave Song. Cynthia Grady. Illus. by Michele Wood. (ENG.). 40p. (J). (gr. 3-6). 2022. 9.99 *(978-1-7284-6698-9(9)*, c909e751-4dbf-4944-acec-a1340b735c70); 2016. 19.99 *(978-1-4677-8550-1(4)*, 1cfd4058-f8d2-4fe1-b329-ad0014b68fb4); 2016. E-Book 30.65 *(978-1-5124-0889-8(1))* Lerner Publishing Group. (Millbrook Pr.).

Like a Dandelion. Huy Voun Lee. 2021. (ENG., Illus.). 32p. (J). (gr. -1-3). 17.99 *(978-0-06-299373-1(9)*, Balzer & Bray) HarperCollins Pubs.

Like a Diamond in the Sky: Jane Taylor's Beloved Poem of Wonder & the Stars. Elizabeth Brown. Illus. by Becca Stadtlander. 2022. (ENG.). 40p. (J). 18.99 *(978-1-5476-0427-2(1)*, 900222012, Bloomsbury Children's Bks.) Bloomsbury Publishing USA.

Like a Gallant Lady (Classic Reprint) Kate M. Cleary. 2017. (ENG., Illus.). (J). 30.10 *(978-1-5282-8610-7(3))* Forgotten Bks.

Like a Gentleman (Classic Reprint) Unknown Author. 2018. (ENG., Illus.). 228p. (J). 28.60 *(978-0-332-18959-8(7))* Forgotten Bks.

Like a Girl. Lori Degman. Illus. by Mara Penny. 2019. 40p. (J). (gr. -1-3). 17.99 *(978-1-4549-3302-1(X))* Sterling Publishing Co., Inc.

Like a Girl. Mill Faye. 2017. (ENG., Illus.). (J). 22p. *(978-1-387-50396-4(0))*; pap. 19.99 *(978-1-387-07461-7(X))* Lulu Pr., Inc.

Like a Girl. Saara Wimalendran. Illus. by M Isnaeni. 2021. (ENG.). 36p. (J). *(978-0-2288-6836-1(X))*; pap. *(978-0-2288-6835-4(1))* Tellwell Talent.

Like a Handkerchief Girl. Mildred Virginia Southworth. 2020. (ENG.). 122p. (YA). 21.95 *(978-0-692-17590-3(3))* Indy Pub.

Like a Hurricane. Jonathan Bécotte. Tr. by Jonathan Kaplansky from FRE. 2023. Orig. Title: Comme un Ouragan. (ENG.). 128p. (J). (gr. 4-7). pap. 12.95 *(978-1-4598-3523-8(9))* Orca Bk. Pubs. USA.

Like a Lion. Ed D. Catherine Amandla Clark. 2019. (ENG.). 42p. (J). pap. *(978-0-359-76905-6(5))* Lulu Pr., Inc.

Like a Lizard. April Pulley Sayre. Illus. by Stephanie Laberis. 2019. 32p. (J). (gr. -1-3). 17.95 *(978-1-62979-211-8(X)*, Astra Young Readers) Astra Publishing Hse.

Like a Love Song. Gabriela Martins. 2021. (Underlined Paperbacks Ser.). 304p. (YA). (gr. 7). pap. 9.99 *(978-0-593-38207-3(2)*, Underlined) Random Hse. Children's Bks.

Like a Love Story. Abdi Nazemian. (ENG.). 432p. (YA). (gr. 8). 2020. pap. 15.99 *(978-0-06-283937-4(3))*; 2019. 17.99 *(978-0-06-283936-7(5))* HarperCollins Pubs. (Balzer & Bray).

Like a Prayer. C. J. Hendrix. 2018. (ENG., Illus.). 238p. (J). pap. 10.95 *(978-0-9989293-9-2(5))* Kin Pr.

Like a River Glorious. Rae Carson. Illus. by John Hendrix. (Gold Seer Trilogy Ser.: 2). (ENG.). (YA). (gr. 8). 2017. 432p. pap. 10.99 *(978-0-06-224295-2(4))*; 2016. 416p. 17.99 *(978-0-06-224294-5(6))* HarperCollins Pubs. (Greenwillow Bks.).

Like a Shooting Star. Rino Alaimo. 2017. (ENG., Illus.). 32p. (J). (gr. -1-1). 16.99 *(978-1-944822-80-4(1)*, 552280) Familius LLC.

Like a Sister, Vol. 1 of 3 (Classic Reprint) Madeline Crichton. (ENG., Illus.). (J). 2018. 332p. 30.74 *(978-0-267-32701-0(3))*; 2016. pap. 13.57 *(978-1-333-53550-6(3))* Forgotten Bks.

Like a Sister, Vol. 2 of 3 (Classic Reprint) Madeline Crichton. 2018. (ENG., Illus.). 354p. (J). 31.20 *(978-0-483-92442-0(3))* Forgotten Bks.

Like a Sister, Vol. 3 of 3 (Classic Reprint) Madeline Crichton. (ENG., Illus.). (J). 2018. 318p. 30.46 *(978-0-483-89729-8(9))*; 2016. pap. 13.57 *(978-1-333-61230-6(3))* Forgotten Bks.

Like a Tree. Rossana Bossù. 2021. (ENG., Illus.). 36p. (J). (gr. -1-3). 17.99 *(978-0-7643-6222-4(4)*, 24767) Schiffer Publishing, Ltd.

Like a Witch's Brew. R. P. Christman. 2017. (ENG., Illus.). (YA). (gr. 7-12). pap. 18.95 *(978-1-63492-448-1(7))* Booklocker.com, Inc.

Like & Unlike: A Novel (Classic Reprint) Azel Stevens Roe. 2017. (ENG., Illus.). (J). 33.43 *(978-0-260-24071-2(0))*; pap. 16.57 *(978-1-5281-0749-5(7))* Forgotten Bks.

Like & Unlike (Classic Reprint) M. E. Braddon. 2018. (ENG., Illus.). 386p. (J). 31.86 *(978-0-332-54679-7(9))* Forgotten Bks.

Like & Unlike, Vol. 1 Of 3: A Novel (Classic Reprint) M. E. Braddon. (ENG., Illus.). (J). 2018. 336p. 30.83 *(978-0-267-31296-2(2))*; 2016. pap. 13.57 *(978-1-333-42021-5(8))* Forgotten Bks.

Like & Unlike, Vol. 2 Of 3: A Novel (Classic Reprint) M. E. Braddon. 2018. (ENG., Illus.). 324p. (J). 30.58 *(978-0-332-11605-1(0))* Forgotten Bks.

Like & Unlike, Vol. 3 Of 3: A Novel (Classic Reprint) M. E. Braddon. 2018. (ENG., Illus.). 332p. (J). 30.74 *(978-0-483-25726-9(5))* Forgotten Bks.

Like Another Helen (Classic Reprint) George Horton. 2018. (ENG., Illus.). 318p. (J). 30.48 *(978-0-483-27026-8(1))* Forgotten Bks.

Like Cats & Dogs. Mélanie Perreault. Tr. by Chantal Bilodeau from FRE. Illus. by Marion Arbona. 2022. (ENG.). 32p. (J). (gr. 1-3). 19.95 *(978-1-77260-241-8(8))* Second Story Pr. CAN. Dist: Orca Bk. Pubs. USA.

Like Clockwork: A Young Adult Time Travel Romance. Elle Lee Strauss & Lee Strauss. 2018. (Clockwise Collection: Vol. 3). (ENG.). 218p. (YA). (gr. 7-12). pap. *(978-1-988677-35-4(1))* Strauss, Elle Bks.

Like Clockwork: A Young Adult Time Travel Romance. Lee Strauss & Elle Lee Strauss. 2018. (Clockwise Collection: Vol. 3). (ENG., Illus.). 218p. (J). pap. *(978-1-988677-52-1(1))* Strauss, Elle Bks.

Like Father, Like Mad Libs: World's Greatest Word Game. Gabriel P. Cooper. 2019. (Mad Libs Ser.). 48p. (J). (gr. 3-7). pap. 5.99 *(978-1-5247-9068-4(0)*, Mad Libs) Penguin Young Readers Group.

Like Home. Louisa Onomé. 2021. 416p. (YA). (gr. 7). 17.99 *(978-0-593-17259-9(0))*; (ENG.). lib. bdg. 20.99 *(978-0-593-17261-2(2))* Random Hse. Children's Bks. (Delacorte Pr.).

Like I Know Jack. M. C. Lee. 2016. (ENG., Illus.). (YA). 27.99 *(978-1-63533-042-7(4))*; (Center Ser.: 3). 260p. pap. 16.99 *(978-1-63476-807-8(8))* Dreamspinner Pr. (Harmony Ink Pr.).

Like Lana. Danielle Leonard. 2019. (ENG., Illus.). 226p. (YA). (gr. 6). pap. 14.99 *(978-1-77161-333-0(5))* Mosaic Pr. CAN. Dist: Independent Pubs. Group.

Like Lava in My Veins SIGNED 6 Copy Prepack & L-Card. Derrick Barnes. 2023. (J). (gr. k-3). 113.94 *(978-0-593-72010-3(5)*, Nancy Paulsen Books) Penguin Young Readers Group.

For book reviews, descriptive annotations, tables of contents, cover images, author biographies & additional information, updated daily, subscribe to www.booksinprint.com
1177

Like Lost Sheep, Vol. 1 Of 3: A Riverside Story (Classic Reprint) Arnold Gray. 2018. (ENG., Illus.). 278p. (J). 29.65 (978-0-267-16728-9(8)) Forgotten Bks.

Like Lost Sheep, Vol. 2 Of 3: A Riverside Story (Classic Reprint) Arnold Gray. (ENG., Illus.). (J). 2018. 300p. 30.08 (978-0-483-86042-1(5)); 2016. pap. 13.57 (978-1-334-15472-0(4)) Forgotten Bks.

Like Lost Sheep, Vol. 3 Of 3: A Riverside Story (Classic Reprint) Arnold Gray. (ENG., Illus.). (J). 2018. 284p. 29.75 (978-0-267-13351-2(0)); 2016. pap. 13.57 (978-1-334-11822-7(1)) Forgotten Bks.

Like Magic. Elaine Vickers. Illus. by Sara Not. (ENG.). (J). (gr. 3-7). 2017. 288p. pap. 7.99 (978-0-06-241432-8(1)); 2016. 272p. 16.99 (978-0-06-241431-1(3)) HarperCollins Pubs. (HarperCollins).

Like Master Like Man, Vol. 1 Of 2: A Novel (Classic Reprint) John Palmer. 2018. (ENG., Illus.). 294p. (J). 29.98 (978-0-483-84156-7(0)) Forgotten Bks.

Like Mother Like Daughter. Robert F. Byrne. Illus. by Robert F. Byrne. 2018. (ENG., Illus.). 34p. (J). (gr. k-4). 22.95 (978-0-692-14366-7(1)) Byrne, Robert.

Like Nothing Amazing Ever Happened. Emily Blejwas. 2020. (ENG.). 224p. (J). (gr. 4-7). 19.99 (978-1-9848-4849-9(6), Delacorte Bks. for Young Readers) Random Hse. Children's Bks.

Like Rain Water. Deirdre Pecchioni Cummings. 2019. (ENG.). 88p. (J). pap. 10.40 (978-1-4834-9592-7(2)) Lulu Pr., Inc.

Like Ships upon the Sea: A Novel (Classic Reprint) Frances Eleanor Trollope. 2018. (ENG., Illus.). 406p. (J). 32.29 (978-0-267-42963-9(0)) Forgotten Bks.

Like Sisters on the Homefront. Rita Williams-Garcia. 2019. (ENG.). 224p. (YA). (gr. 8). pap. 10.99 (978-0-06-282392-2(2), Quill Tree Bks.) HarperCollins Pubs.

Like Smoke. Abhishek Shinde. 2017. (ENG.). 228p. (YA). pap. 19.99 (978-0-14-333400-2(X), Puffin) Penguin Bks. India PVT, Ltd IND. Dist: Independent Pubs. Group.

Like Stars That Fall (Classic Reprint) Geoffrey Mortimer. 2018. (ENG., Illus.). 322p. (J). 30.54 (978-0-484-52446-9(1)) Forgotten Bks.

Like the Moon Loves the Sky: (Mommy Book for Kids, Islamic Children's Book, Read-Aloud Picture Book) Hena Khan. Illus. by Saffa Khan. 2020. (ENG.). 40p. (J). (gr. -1-k). 17.99 (978-1-4521-8019-9(9)) Chronicle Bks. LLC.

Like the Willow Tree (Dear America) (Revised Edition) Lois Lowry. rev. ed. 2020. (Dear America Ser.). (ENG.). 224p. (J). (gr. 3-7). pap. 8.99 (978-1-338-72432-5(0)) Scholastic, Inc.

Like Them (Grade 1) Dona Herweck Rice. 2018. (See Me Read! Everyday Words Ser.). (ENG., Illus.). 12p. (J). (gr. k-1). 6.99 (978-1-4938-9859-6(0)) Teacher Created Materials, Inc.

Like unto a Pearl. Illus. by Elaheh Mottahedeh Bos. 2020. (Tender Years Ser.). (ENG.). 12p. (J). bds. 6.95 (978-1-61851-161-4(0)) Baha'i Publishing.

Like unto Like: A Novel (Classic Reprint) Sherwood Bonner. (ENG., Illus.). (J). 2018. 176p. 27.53 (978-0-365-22335-1(2)); 2017. pap. 9.97 (978-0-259-30424-1(7)) Forgotten Bks.

Like Us, the Polar Bears. Tess Marset. 2020. (ENG.). 232p. (YA). (gr. 8-12). pap. 15.99 (978-1-7333609-4-4(8)) 1 Lone Crow Media.

Like Vanessa. Tami Charles. Illus. by Vanessa Brantley-Newton. (J). (gr. 5). 2019. 304p. pap. 8.99 (978-1-58089-899-7(8)); 2018. 288p. 16.99 (978-1-58089-777-8(0)) Charlesbridge Publishing, Inc.

Like Water. Rebecca Podos. 2017. (ENG.). 320p. (YA). (gr. 9). 17.99 (978-0-06-237337-3(4), Balzer & Bray) HarperCollins Pubs.

Like Water to a Rose. Grant Michaels. 2018. (ENG., Illus.). 236p. (YA). pap. 16.95 (978-1-64138-166-6(3)) Page Publishing Inc.

Like You. Sophie Bayless Feldman & Enzo Ross. 2017. (ENG.). 34p. (J). pap. **(978-1-365-80277-5(9))** Lulu Pr., Inc.

Like You Like It. Sammy Buck. 2016. (Illus.). 106p. pap. 9.99 (978-1-68069-064-4(7)) Playscripts, Inc.

Likely Story (Classic Reprint) W. D. Howells. 2018. (ENG., Illus.). 66p. (J). 25.26 (978-0-332-90359-0(1)) Forgotten Bks.

Likely Story (Classic Reprint) William De Morgan. (ENG., Illus.). (J). 2018. 360p. 31.34 (978-0-484-21235-9(4)); 2018. 392p. 31.98 (978-0-365-41195-6(7)); 2017. pap. 13.97 (978-0-243-52094-7(8)) Forgotten Bks.

Likkle Miss Lou: How Jamaican Poet Louise Bennett Coverley Found Her Voice. Nadia L. Hohn. Illus. by Eugenie Fernandes. 2019. (ENG.). 32p. (J). (gr. k-5). 18.95 (978-1-77147-350-7(9)) Owlkids Bks. Inc. CAN. Dist: Publishers Group West (PGW).

Lil Abe & His Lunch Sack. Clyde Powell. 2020. (ENG., Illus.). 30p. (J). pap. 12.95 (978-1-64670-295-4(6)) Covenant Bks.

Lil' Air Force Pilot. RP Kids. Illus. by Lisa Engler. 2021. (Mini Military Ser.). (ENG.). 26p. (J). (gr. -1 — 1). bds. 8.99 (978-0-7624-7257-4(X), Running Pr. Kids) Running Pr.

Lil & Kit Like to Knit. Cecilia Minden. Illus. by Nadia Gunawan. 2023. (Little Blossom Stories Ser.). (ENG.). 16p. (J). (gr. -1-2). pap. 11.36 (978-1-6689-1889-0(7), 221867, Cherry Blossom Press) Cherry Lake Publishing.

Lil' Army Soldier. RP Kids. Illus. by Lisa Engler. 2020. (Mini Military Ser.). (ENG.). 26p. (J). (gr. -1 — 1). bds. 8.99 (978-0-7624-9878-9(1), Running Pr. Kids) Running Pr.

Lil Bear Affirmation Journal. Jasonica Holloman. 2022. (ENG.). 100p. (YA). pap. **(978-1-387-45092-3(1))** Lulu Pr., Inc.

LiL Belle Helped Santa Save Christmas. Clyde Sparks. 2020. (ENG.). 44p. (J). 17.99 (978-1-63129-139-5(4)); pap. 9.99 (978-1-63129-138-8(6)) Salem Author Services.

Lil Buck: Dancer & Activist, 1 vol. Kate Mikoley. 2019. (Stars of Hip-Hop Ser.). (ENG.). 32p. (gr. 2-2). pap. 11.53 (978-1-9785-1034-0(9), 2e5bb1be-4254-49fa-a3b5-c117e2e1310f); lib. bdg. 26.93 (978-1-9785-0960-3(X), 5d2c821d-a557-417b-ad1e-1bd868bfa015) Enslow Publishing, LLC.

Lil Buddie & Me: A Collection of Short Stories. Ariana Iris. 2018. (ENG., Illus.). 36p. (J). 25.95 (978-1-4808-5658-5(4)); pap. 16.95 (978-1-4808-5657-8(6)) Archway Publishing.

Lil Camper Gets a New Family. Calli Hunton. 2019. (ENG.). 38p. (J). pap. 13.95 (978-1-64462-028-1(6)) Page Publishing Inc.

Lil' Champ Does Wrestling. Chris Davey. 2021. (ENG.). 27p. (J). **(978-1-7947-5863-6(1))** Lulu Pr., Inc.

Lil' Champ Plays Flag Football. Chris Davey. 2021. (ENG.). 25p. (J). **(978-1-387-76629-1(5))** Lulu Pr., Inc.

Lil' Champ Plays Golf. Chris Davey. 2021. (ENG.). 27p. (J). **(978-1-4583-1584-7(3))** Lulu Pr., Inc.

Lil Chupi's Adventure to the Texas Rock Art. Charles Harrison Pompa. 2017. (ENG., Illus.). 46p. (J). pap. (978-1-387-11641-6(X)) Lulu Pr., Inc.

Lil' Cloud & Momma. Dayna Young. 2022. (ENG.). 22p. (J). (978-0-2288-7210-8(3)); pap. (978-0-2288-7209-2(X)) Tellwell Talent.

Lil' Dirt Between My Toes. Kyndra Ray. 2018. (ENG., Illus.). 26p. (J). 18.95 (978-0-9960506-0-9(4)) Warren Publishing, Inc.

Lil Dragon. Stan Hildebrand. Illus. by Wendy Wall. 2022. (ENG.). 32p. (J). **(978-1-0391-4270-1(2))**; pap. **(978-1-0391-4269-5(9))** FriesenPress.

Lil Duwop & the Little Red Blanket. Kion L. Davis. 2023. (ENG.). 20p. (J). pap. 12.00 **(978-1-0879-6081-4(9))** Indy Pub.

LiL Feet. Kimberly Foster-Jackson. 2019. (ENG.). 20p. (J). pap. 11.95 (978-1-64350-333-2(2)) Page Publishing Inc.

Lil Foot the Monster Truck. Yvonne Jones. 2017. (ENG., Illus.). (J). pap. 10.99 (978-0-9970254-8-4(4)) LHC Publishing.

Lil Girlfriends & Friends Dress As Black Inventors Coloring Book: Black History Book, Black History Month. 2wo Scoops Published. 2022. (ENG.). 32p. pap. (978-1-716-00033-1(5)) Lulu Pr., Inc.

Li'l Herc(r) The Power of Kindness. Suzanne M. Kopp-Moskow. 2017. (ENG., Illus.). (J). pap. 19.99 (978-1-5043-8402-5(4), Balboa Pr.) Author Solutions, LLC.

Lil Jay Misses Daddy. Alicia M. McTavish. 2022. (ENG.). 40p. (J). (978-0-2288-6601-5(4)); pap. (978-0-2288-6602-2(2)) Tellwell Talent.

Lil' Lady & the Young Gent Go to the Mall. Stacie G. Williams. 2016. (ENG., Illus.). (J). pap. 10.99 (978-1-4984-8498-5(0)) Salem Author Services.

Lil' Lita & Her Special Elephant. Nina Rickenbacker. Illus. by Cameron Wilson. 2022. (ENG.). 34p. (J). 18.00 **(978-1-0878-7574-3(9))** Indy Pub.

Lil Lorimer: A Novel (Classic Reprint) Theo Gift. (ENG., Illus.). (J). 2018. 432p. 32.83 (978-0-666-05023-6(6)); 2017. pap. 16.57 (978-0-259-23927-7(5)) Forgotten Bks.

Lil' Lukie. Christopher Brennan. Illus. by Ger Hankey. 2017. (ENG.). 30p. (J). pap. (978-1-911596-69-1(1)) Spiderwize.

Lil' Man Adventures: Walk to the Castle. Michael Wayne. 2021. (ENG., Illus.). 24p. (J). pap. 13.95 (978-1-63844-301-8(7)) Christian Faith Publishing.

Lil' Manners. Angle B. Fant. 2017. (ENG., Illus.). 38p. (J). pap. (978-1-365-88341-5(8)) Lulu Pr., Inc.

Lil' Marine. RP Kids. Ilius. by Lisa Engler. 2021. (Mini Military Ser.). (ENG.). 26p. (J). (gr. -1 — 1). bds. 8.99 (978-0-7624-7255-0(3), Running Pr. Kids) Running Pr.

Lil Melonz Coloring Book - Volume 1. Lil Melonz. 2023. (ENG.). 121p. (J). pap. **(978-1-312-31250-0(5))** Lulu Pr., Inc.

Lil Melonz Coloring Book - Volume 3. Lil Melonz. 2023. (ENG.). 121p. (J). pap. **(978-1-312-30071-2(X))** Lulu Pr., Inc.

Lil Mouse Is in the House!, 12. Dan Gutman. ed. 2023. (My Weirder-Est School Ser.). (ENG.). 102p. (J). (gr. 1-4). 17.96 **(978-1-68505-689-6(X))** Penworthy Co., LLC, The.

Lil Nas X: Record-Breaking Musician Who Blurs the Lines. Henrietta Toth. 2020. (Movers, Shakers, & History Makers Ser.). (ENG.). 48p. (J). (gr. 3-5). pap. 8.95 (978-1-4966-8823-1(6), 201756); (Illus.). lib. bdg. 31.99 (978-1-4966-8481-3(8), 200357) Capstone. (Capstone Pr.).

Lil' Navy Sailor. RP Kids. Illus. by Lisa Engler. 2020. (Mini Military Ser.). (ENG.). 26p. (J). (gr. -1 — 1). bds. 8.99 (978-0-7624-9881-9(1), Running Pr. Kids) Running Pr.

Lil' Peeps Great Adventure. Roseby Foss. 2018. (ENG., Illus.). 42p. (J). 22.99 (978-1-5456-1233-0(1)); pap. 12.49 (978-1-5456-1232-3(3)) Salem Author Services.

Li'l Pete the Preposition. Coert Voorhees & Grammaropolis. 2019. (Meet the Parts of Speech Ser.: 7). (ENG., Illus.). 32p. (J). (gr. 1-6). pap. 6.99 (978-1-64442-014-0(7)) Six Foot Pr., LLC.

Li'l Rabbit's Kwanzaa. Shane W. Evans & Donna L. Washington. 2020. (ENG., Illus.). 32p. (J). (gr. -1-2). pap. 9.99 (978-0-06-072818-2(3), Tegen, Katherine Bks) HarperCollins Pubs.

Lil' Red Pepper. Bruce Wold. Illus. by Lupi McGinty. 2018. (ENG.). 24p. (J). 15.95 (978-1-59298-661-3(7)) Beaver's Pond Pr., Inc.

Li'l Rip Haywire Adventures: Escape from Camp Cooties. Dan Thompson. 2016. (ENG., Illus.). 208p. (J). 13.99 (978-1-4494-7051-7(3)) Andrews McMeel Publishing.

Lil' Roc's First Ride - Our Yarning. Juli Coffin. Illus. by Natia Warda. 2022. (Our Yarning Ser.). (ENG.). 26p. (J). pap. **(978-1-922951-60-1(9))** Library For All Limited.

Lil Steven: (Why Is School So Hard!) Jacqueline Nixon. 2022. (ENG., Illus.). 32p. (J). pap. 14.95 (978-1-63881-523-5(2)) Newman Springs Publishing, Inc.

Lil, the Dancing Girl (Classic Reprint) Caroline Hart. (ENG., Illus.). (J). 2018. 248p. 29.01 (978-0-483-83336-4(3)); 2016. pap. 11.57 (978-1-334-13333-6(6)) Forgotten Bks.

Lil Tilt & Mr. Ling: (Step 4) Sound Out Books (systematic Decodable) Help Developing Readers, Including Those with Dyslexia, Learn to Read with Phonics. Pamela Brookes. 2020. (Dog on a Log Let's Go! Books: Vol. 18). (ENG., Illus.). 34p. (J). 14.99 (978-1-64831-069-0(9), DOG ON A LOG Bks.) Jojoba Pr.

Lil Tilt & Mr. Ling Chapter Book: (Step 4) Sound Out Books (systematic Decodable) Help Developing Readers, Including Those with Dyslexia, Learn to Read with Phonics. Pamela Brookes. 2020. (Dog on a Log Chapter Books: Vol. 18). (ENG., Illus.). 46p. (J). 14.99 (978-1-64831-024-9(9), DOG ON A LOG Bks.) Jojoba Pr.

Lil Uzi Vert: Emo Rap Pioneer: Emo Rap Pioneer. Cynthia Kennedy Henzel. 2021. (Hip-Hop Artists Ser.). (ENG.). 112p. (YA). (gr. 6-12). lib. bdg. 41.36 (978-1-5321-9617-1(2), 38418, Essential Library) ABDO Publishing Co.

Lil Wayne. Carlie Lawson. 2019. (Hip-Hop & R&B: Culture, Music & Storytelling Ser.). (Illus.). 80p. (J). (gr. 12). lib. bdg. 34.60 (978-1-4222-4365-7(6)) Mason Crest.

Lil Yah Yah - I Can Do Anything. Yahzir Malphurs. 2018. (ENG., Illus.). 42p. (J). pap. 9.99 (978-1-63103-036-9(1)) CaryPr. International Bks.

Lila & Hadley. Kody Keplinger. 2020. (ENG., Illus.). 256p. (J). (gr. 3-7). 16.99 (978-1-338-30609-5(X), Scholastic Pr.) Scholastic, Inc.

Lila & the Crow. Gabrielle Grimard. 2018. (Illus.). 32p. (J). (gr. 1-4). pap. 9.95 (978-1-55451-857-9(1)) Annick Pr., Ltd. CAN. Dist: Publishers Group West (PGW).

Lila & the Jack-O'-Lantern: Halloween Comes to America. Nancy Churnin. Illus. by Anneli Bray. 2023. (ENG.). 32p. (J). (gr. -1-3). 18.99 **(978-0-8075-6663-3(2)**, 0807566632) Whitman, Albert & Co.

Lila the Ladybug Earns Her Spots. Kristin Dwyer. 2017. (ENG.). (J). 14.95 (978-1-68401-366-1(6)) Amplify Publishing Group.

Lilac Fairy Book. Andrew Lang. (Mint Editions — The Children's Library). (ENG.). 242p. (J). (gr. 7-12). 2022. 16.99 (978-1-5131-3262-4(8)); 2021. pap. 11.99 (978-1-5132-8171-1(2)) West Margin Pr. (West Margin Pr.).

Lilac Fairy Book (Classic Reprint) Andrew Lang. 2017. (ENG., Illus.). (J). 32.27 (978-0-331-91862-5(5)) Forgotten Bks.

Lilac Girl. Ralph Henry Barbour. 2017. (ENG., Illus.). (J). (gr. -1-7). 22.95 (978-1-374-97707-5(1)); pap. 12.95 (978-1-374-97706-8(3)) Capital Communications, Inc.

Lilac Sunbonnet: A Love Story. S. R. Crockett. 2017. (ENG., Illus.). (J). pap. (978-0-649-63617-4(1)) Trieste Publishing Pty Ltd.

Lilac Sunbonnet: A Love Story (Classic Reprint) S. R. Crockett. 2017. (ENG., Illus.). 316p. (J). 30.43 (978-0-484-88836-3(6)) Forgotten Bks.

Lilac's Pretzels. Audrey Wells. 2017. (ENG., Illus.). (J). pap. 15.99 (978-1-365-64288-3(7)) Lulu Pr., Inc.

Lilah Loves Life — (Children's Picture Book, Whimsical, Imaginative, Beautiful Illustrations, Stories in Verse) Brian Sullivan. 2022. (ENG.). 36p. (J). pap. 12.99 **(978-1-63988-611-1(7))** Primedia eLaunch LLC.

Lila's Harbor. Cj Talbert. Illus. by Meg Sodano. 2017. (ENG.). (J). pap. 11.95 (978-0-692-83362-9(5)) CJT Publishing.

Lili. Wen Dee Tan. 2016. (SPA.). 28p. (J). (gr. k-1). 22.99 (978-84-941596-7-1(4)) Babulinka Libros ESP. Dist: Lectorum Pubns., Inc.

Lili & the Rainbow Color. Jabali A. Virgilio. 2021. (ENG., Illus.). 18p. (J). pap. 12.95 (978-1-63710-452-1(9)) Fulton Bks.

Lili at the Beach. Lucie Albon. 2023. (On the Fingertips Ser.: 5). (ENG.). 24p. (J). bds. 8.99 (978-0-7643-6567-6(3), 29358) Schiffer Publishing, Ltd.

Lili Macaroni. Nicole Testa. Illus. by Annie Boulanger. 2022. (ENG.). 32p. (J). (gr. k-2). 11.95 (978-1-77278-239-4(4)) Pajama Pr. CAN. Dist: Ingram Publisher Services.

Lili Nieta, Lul Abuela / Granddaughter Lili, Grandmother Lulu (Buenas Noches) Nacho Casas. 2017. (Buenas Noches Ser.). (ENG & SPA., Illus.). (J). (gr. -1-2). pap. (978-607-13-0217-5(X)) Norma Ediciones, S.A.

Lili the Brave Bee's Flight for a New Home - HB: Environmental Heroes Series. Sylvia M. Medina & Kelly Landen. Illus. by Andreas Wessel-Therhorn. 2022. (ENG.). 44p. (J). 29.99 **(978-1-955023-72-6(7))** Green Kids Club, Inc.

Lili the Brave Bee's Flight for a New Home - PB: Environmental Heroes Series. Sylvia M. Medina & Kelly Landen. Illus. by Andreas Wessel-Therhorn. 2022. (ENG.). 44p. (J). pap. 19.99 **(978-1-955023-73-3(5))** Green Kids Club, Inc.

Lilia Chenoworth (Classic Reprint) Lee Wilson Dodd. 2017. (ENG., Illus.). (J). 30.06 (978-0-266-20687-3(5)) Forgotten Bks.

Lilian Bell Birthday Book (Classic Reprint) A. H. Bogue. 2018. (ENG., Illus.). 258p. (J). 29.24 (978-0-267-51097-9(7)) Forgotten Bks.

Lilian (Classic Reprint) Arnold Bennett. 2018. (ENG., Illus.). 296p. (J). 30.00 (978-0-428-84094-5(9)) Forgotten Bks.

Lilian (Classic Reprint) Sarah Dana Loring Greenough. (ENG., Illus.). (J). 2018. 314p. 30.37 (978-0-267-38173-9(5)); 2016. pap. 13.57 (978-1-334-15416-4(3)) Forgotten Bks.

Liliana Loretta Larue. Anne Kelly McGreevy. Illus. by Fache Desrochers. 2017. (ENG.). 28p. (J). pap. 8.95 (978-1-68350-069-8(5)) Morgan James Publishing.

Lilian's Golden Hours (Classic Reprint) Eliza Meteyard. 2018. (ENG., Illus.). 492p. (J). 34.06 (978-0-483-41625-3(8)) Forgotten Bks.

Lilian's Retrospect (Classic Reprint) E. T. Bartley. 2018. (ENG., Illus.). 144p. (J). 26.87 (978-0-483-85780-3(7)) Forgotten Bks.

Lilibet & the Creature. Phaedra Moon. Illus. by Norville Parchment. 2020. (ENG.). 34p. (YA). 15.99 (978-1-0879-0842-7(6)) Indy Pub.

Lilibet the Brave: The Unusual Childhood of an Unlikely Queen. Katy Rose. 2022. (ENG., Illus.). 64p. (J). 22.99 **(978-1-63797-112-3(5))** End Game Pr.

Liliecrona's Home: A Novel by Selma Lagerlof (Classic Reprint) Anna Barwell. 2017. (ENG., Illus.). (J). 29.61 (978-0-265-74567-0(5)) Forgotten Bks.

Liliencrons Gedichte: Auswahl Für Die Jugend; Zusammengestellt Von der Lehrervereinigung Zur Pflege der Künstlerischen Bildung in Hamburg (Classic Reprint) Detlev Liliencron. 2018. (GER., Illus.). 80p. (J). 25.55 (978-0-365-62516-2(7)) Forgotten Bks.

Lilies for Looper. Rachel Foster Stuart. Illus. by Mary Belcher. 2017. (ENG.). (J). (gr. k-4). pap. 14.99 (978-0-9973805-0-7(0), Kaleidoscope Bks.) I Am My Life Publishing, LLC.

Lilies, White & Red (Classic Reprint) Frances Wilson Huard. 2018. (ENG., Illus.). 272p. (J). 29.51 (978-0-484-78635-5(0)) Forgotten Bks.

Liliesville Redemption. Victoria Sankoh. 2022. (ENG., Illus.). 66p. (J). pap. 19.99 **(978-1-56229-572-1(1)**, Christian Living Books, Inc.) Pneuma Life Publishing, Inc.

Lili's Colors. Lucie Albon. 2021. (On the Fingertips Ser.: 1). (ENG.). 40p. (J). (gr. -1-3). 9.99 (978-0-7643-6103-6(1), 24685) Schiffer Publishing, Ltd.

Lili's Just Like Me! Lucie Albon. 2022. (On the Fingertips Ser.: 4). (ENG., Illus.). 22p. (J). bds. 8.99 (978-0-7643-6334-4(4), 24740) Schiffer Publishing, Ltd.

Lili's Seasons. Lucie Albon. 2021. (On the Fingertips Ser.: 2). (ENG.). 32p. (J). (gr. -1-3). 9.99 (978-0-7643-6104-3(X), 24727) Schiffer Publishing, Ltd.

Lilith. Emma Dorothy Eliza Nevitte Southworth. 2017. (ENG.). 338p. (J). pap. (978-3-337-02732-2(6)) Creation Pubs.

Lilith: A Novel (Classic Reprint) E. D. E. N. Southworth. (ENG., Illus.). (J). 2018. 336p. 30.83 (978-0-483-38121-6(7)); 2016. pap. 13.57 (978-1-333-76261-2(5)) Forgotten Bks.

Lilith: A Romance (Classic Reprint) George Mac Donald. 2017. (ENG., Illus.). (J). 31.38 (978-0-266-74070-4(7)) Forgotten Bks.

Lilla Gorilla. L. Nicholas-Holt. 2nd ed. 2018. (ENG.). 32p. (J). pap. **(978-0-473-55095-0(4))** Nicholas-Holt, Lilla.

Lilla's Sunflowers. Illus. by Colleen Rowan Kosinski. 2016. (ENG.). 32p. (J). (gr. -1-k). 16.99 (978-1-5107-0464-0(7), Sky Pony Pr.) Skyhorse Publishing Co., Inc.

Lilleah. Eelonqa K. Harris. Illus. by Eelonqa K. Harris. 2023. (ENG.). 58p. (J). pap. **(978-1-989388-44-0(2))** TaleFeather Publishing.

Lillee Can Be. Adam Joseph. 2018. (ENG., Illus.). 56p. (J). pap. (978-1-78830-106-0(4)) Olympia Publishers.

Lillian & Noah's Great Moving Adventure. Monika Ferenczy. 2018. (ENG., Illus.). 32p. (J). (978-0-2288-0429-1(9)); pap. (978-0-2288-0428-4(0)) Tellwell Talent.

Lillian de Vere, or the Curse of Randolph Hall (Classic Reprint) Marie Clements. (ENG., Illus.). (J). 2018. 338p. 30.87 (978-0-666-97358-0(X)); 2017. pap. 13.57 (978-0-243-44740-4(X)) Forgotten Bks.

Lillian I Love You All Ways. Marianne Richmond. Illus. by Dubravka Kolanovic. 2023. (I Love You All Ways Ser.). (ENG.). 32p. (J). (gr. -1-3). 8.99 **(978-1-7282-7388-4(9))** Sourcebooks, Inc.

Lillian Morris & Other Stories. Henryk Sienkiewicz. 2017. (ENG.). 264p. (J). pap. (978-3-7447-5123-0(6)) Creation Pubs.

Lillian on the North Pole Express. J. D. Green. 2019. (North Pole Express Ser.). (ENG.). 32p. (J). (gr. -1-3). 7.99 **(978-1-7282-0361-4(9))** Sourcebooks, Inc.

Lillian People & the Adventures of Dili. Delaney James Wilmott. 2020. (ENG.). 90p. (J). 33.00 (978-1-716-35845-6(0)) Lulu Pr., Inc.

Lillian Santa's Secret Elf. Put Me In The Story & Katherine Sully. Illus. by Julia Seal. 2018. (Santa's Secret Elf Ser.). (ENG.). 32p. (J). (gr. k-3). 5.99 (978-1-4926-8159-5(8)) Sourcebooks, Inc.

Lillian Simmons: Or the Conflict of Sections (Classic Reprint) Otis M. Shackelford. 2018. (ENG., Illus.). 220p. (J). 28.43 (978-0-483-57005-4(2)) Forgotten Bks.

Lillian 'Twas the Night Before Christmas. Illus. by Lisa Alderson. 2019. (Night Before Christmas Ser.). (ENG.). 32p. (J). (gr. -1-3). 7.99 **(978-1-7282-0254-9(X))** Sourcebooks, Inc.

Lillian Wald: America's Great Social & Healthcare Reformer, 1 vol. Paul Kaplan. 2018. (ENG., Illus.). 112p. (gr. 6-7). 14.95 (978-1-4556-2349-5(0), Pelican Publishing) Arcadia Publishing.

Lilliana & the Frogs. Scot Ritchie. 2020. (Illus.). 32p. (J). (978-1-55017-934-7(9), 9ed660df-54b5-4e34-a33a-3819459f9070) Harbour Publishing Co., Ltd.

Lilliane's Secret. Doris Bourgeois. 2016. (ENG.). 54p. (J). pap. **(978-1-365-22496-6(1))** Lulu Pr., Inc.

Lillian's Christmas Wish. Put Me In The Story & J. D. Green. Illus. by Julia Seal. 2018. (Christmas Wish Ser.). (ENG.). 32p. (J). (gr. k-3). 6.99 **(978-1-4926-8344-5(2))** Sourcebooks, Inc.

Lillian's First Year. Elizabeth Pass. 2018. (ENG., Illus.). 38p. (J). pap. (978-1-387-77448-7(4)) Lulu Pr., Inc.

Lillian's Fish. James Menk. Illus. by Louisa Bauer. 2021. 176p. (J). (gr. 2-5). pap. 7.99 (978-1-68263-287-1(3)) Peachtree Publishing Co. Inc.

Lillias Davenant: A Novel (Classic Reprint) E. M. Stewart. 2018. (ENG., Illus.). 258p. (J). 29.24 (978-0-483-92768-1(6)) Forgotten Bks.

Lilliesleaf: Being a Concluding Series of Passages in the Life of Mrs. Margaret Maitland (Classic Reprint) Margaret Oliphant. 2018. (ENG., Illus.). 406p. (J). 32.29 (978-0-483-81454-7(7)) Forgotten Bks.

Lilliesleaf: Being a Concluding Series of Passages in the Life of Mrs. Margaret Maitland (Classic Reprint) Margaret O. W. Oliphant. 2016. (ENG., Illus.). (J). pap. 16.57 (978-1-334-13870-6(2)) Forgotten Bks.

Lilliesleaf, Vol. 1 Of 3: Being a Concluding Series of Passages in the Life of Mrs. Margaret Maitland, of Sunnyside (Classic Reprint) Margaret Maitland. 2018. (ENG., Illus.). 312p. (J). 30.33 (978-0-483-95073-3(4)) Forgotten Bks.

Lilliesleaf, Vol. 2 Of 3: Being a Concluding Series of Passages in the Life of Mrs. Margaret Maitland, of Sunnyside (Classic Reprint) Margaret O. W. Oliphant. 2018. (ENG., Illus.). 312p. (J). 30.33 (978-0-267-48404-1(6)) Forgotten Bks.

Lilliesleaf, Vol. 3 Of 3: Being a Concluding Series of Passages in the Life of Mrs. Margaret Maitland, of Sunnyside (Classic Reprint) Margaret Oliphant. 2018. (ENG., Illus.). 306p. (J). 30.21 (978-0-484-14018-8(3)) Forgotten Bks.

Lillingstones of Lillingstone (Classic Reprint) Emma Jane Worboise. 2017. (ENG., Illus.). (J). 32.91 (978-0-265-18057-0(0)) Forgotten Bks.

Lilliput Levee: Poems of Childhood, Child-Fancy, & Child-Like Moods (Classic Reprint) William Brighty Rands. 2018. (ENG., Illus.). 330p. (J). 30.70 (978-0-483-35101-1(6)) Forgotten Bks.

Lilliputian Library, or Gullivers Museum: Containing Lectures on Morality, Historical Pieces, Interesting Fables, Diverting Tales, Miraculous Voyages, Surprising Adventures, Remarkable Lives, Poetical Pieces, Comical Jokes, Useful Letters; Vol; 6-10.

1178

The check digit for ISBN-10 appears in parentheses after the full ISBN-13

TITLE INDEX

LILY'S MOUNTAIN

Lilliputius Gulliver. 2018. (ENG., Illus.). 492p. (J). 34.06 *(978-0-483-67623-7(3))* Forgotten Bks.

Lilliputian Library, or Gulliver's Museum: In Ten Volumes; Containing Lectures on Morality, Historical Pieces, Interesting Fables, Diverting Tales, Miraculous Voyages, Surprising Adventures, Remarkable Lives, Poetical Pieces, Comical Jokes, Useful Let. Lilliputius Gulliver. 2018. (ENG., Illus.). 494p. (J). 34.09 *(978-0-483-28624-5(9))* Forgotten Bks.

Lilliputian Magazine; or, the Young Gentleman & Lady's Golden Library: Being an Attempt to Mend the World, to Render the Society of Msn More Amiable, & to Establish the Plainness, Simplicity, Virtue & Wisdom of the Golden Age, So Much Celebrated. Unknown Author. 2017. (ENG., Illus.). (J). 27.57 *(978-0-266-81041-4(1))* Forgotten Bks.

Lill's Travels in Santa Claus Land, & Other Stories. Ellis Towne. 2022. (ENG.). 35p. (J). pap. ***(978-1-387-69519-5(3))*** Lulu Pr., Inc.

Lill's Travels in Santa Claus Land & Other Stories. Ellis Towne et al. 2019. (ENG., Illus.). 76p. (J). (gr. k-5). pap. *(978-625-7959-19-3(5))* Uhrayoglu, Murat E Kitap Projesi.

Lilly & Friends: A Picture Book Treasury. Kevin Henkes. Illus. by Kevin Henkes. 2020. (ENG., Illus.). 312p. (J). (gr. -1-3). 24.99 *(978-0-06-299551-3(0)*, Greenwillow Bks.) HarperCollins Pubs.

Lilly & May Learn Why Mom & Dad Work. Anthony C. Delauney. 2022. (ENG.). 38p. (J). 16.95 *(978-1-63755-292-6(0)*, Mascot Kids) Amplify Publishing Group.

Lilly & Me: A Story about Adopting a Pet. Andrea Petty Burch. 2017. (ENG., Illus.). 36p. (J). 25.95 *(978-1-4808-5510-6(3))*; pap. 16.95 *(978-1-4808-5509-0(X))* Archway Publishing.

Lilly & the Ladybug. Katie Morrison Brill. Illus. by Victoria Stewart. 2022. (ENG.). 24p. (J). 26.99 *(978-1-6628-3986-3(3))*; pap. 14.99 *(978-1-6628-3985-6(5))* Salem Author Services.

Lilly & the Red Shoes. Ed. by Madison Lawson. Illus. by Harry Hiller. 2020. (ENG.). 26p. (J). pap. 15.95 *(978-1-951883-33-1(0))* Butterfly Typeface, The.

Lilly & the Talking Flower. Zaharoula Sarakinis. 2023. (ENG.). 34p. (J). ***(978-0-2288-7860-5(8))***; pap. ***(978-0-2288-7859-9(4))*** Tellwell Talent.

Lilly & Tommy Visit the Field of Poppies: A World of Red Blooms & Remembered Heroes. Beauty in Books. 2023. (ENG.). 22p. (J). pap. 9.99 ***(978-1-0881-4368-1(7))*** Lulu Pr., Inc.

Lilly-Ann Loves Lollipops. Leisa Harriott. 2019. (ENG.). 26p. (J). 22.95 *(978-1-64492-414-3(5))*; pap. 12.95 *(978-1-64416-139-5(7))* Christian Faith Publishing.

Lilly-Ann's Kindergarten Blues. Leisa Harriott. 2022. (ENG., Illus.). 42p. (J). 27.95 ***(978-1-68570-781-1(5))***; pap. 16.95 ***(978-1-63903-794-0(2))*** Christian Faith Publishing.

Lilly Esther, Queen of Magic. Phyllis Bordo. 2022. (ENG.). 38p. (J). 18.95 *(978-1-64543-833-5(3)*, Mascot Kids) Amplify Publishing Group.

Lilly Estsher Conquers the Worries. Phyllis Bordo. 2018. (ENG.). 38p. (J). 14.95 *(978-1-68401-235-0(X))* Amplify Publishing Group.

Lilly Goes to School. Domingo Castillo. 2017. (ENG., Illus.). 32p. (J). pap. 13.95 *(978-1-64079-175-6(2))* Christian Faith Publishing.

Lilly Grace's Conversation: Monday Is Getting It Done Day. Tamlyn Russell. Illus. by Lis Eberle. 2016. (ENG.). (J). (gr. k-6). pap. 9.95 *(978-1-61314-360-5(5))* Innovo Publishing, LLC.

Lilly Lightbug. John Morrow. 2017. (ENG., Illus.). 32p. (J). (gr. -1-6). 19.95 *(978-0-9790832-0-4(6)*, Three Ring Circus Publishing Hse., Inc.) 405 Pubns.

Lilly Lou Makes a New Friend. Mike Murphy. 2019. (ENG., Illus.). 48p. (J). 14.95 *(978-1-68401-996-0(6))* Amplify Publishing Group.

Lilly Loves Beards. Carol Thompson Gardner. Illus. by Bonnie Lemaire. 2019. (ENG.). 36p. (J). *(978-0-2288-1133-6(3))*; pap. *(978-0-2288-1132-9(5))* Tellwell Talent.

Lilly Noble & Actual Magic, a Gremoire. Deborah McTiernan. 2016. (ENG., Illus.). (J). pap. 10.99 *(978-0-9891807-6-4(X))* Actual Magic Enterprises, LLC.

Lilly Noble & the Phantom Rush. Deborah McTiernan. 2016. (ENG., Illus.). (J). pap. 14.99 *(978-0-9891807-7-1(8))* Actual Magic Enterprises, LLC.

Lilly Noble & the Secret Garden. Deborah McTiernan. 2020. (Lilly Noble Ser.: Vol. 3). (ENG.). 360p. (J). pap. 15.99 *(978-1-7353558-3-2(6))* Actual Magic Enterprises, LLC.

Lilly Peppertree. Lilly's Spell. Julie Hodgson. 2019. (ENG.). 118p. (J). pap. *(978-91-88831-44-6(2))* Chave AB.

Lilly Runs Away. Domingos Castillo. 2020. (ENG.). 36p. (J). pap. *(978-1-716-49956-2(9))* Lulu Pr., Inc.

Lilly Singh: Actor & Comedian with More Than 3 Billion Views, 1 vol. Henrietta Toth. 2019. (Top YouTube Stars Ser.). (ENG.). 48p. (gr. 5-5). pap. 12.75 *(978-1-7253-4837-0(3)*, 31381d27-ab25-4408-b541-94342c432035, Rosen Reference) Rosen Publishing Group, Inc., The.

Lilly the Butterfly. Samvel Tarakhchyan. 2021. (ENG., Illus.). 28p. (J). 25.95 *(978-1-68570-068-3(3))*; pap. 14.95 *(978-1-63844-088-8(3))* Christian Faith Publishing.

Lilly the Kitten's Day of Play. Michalla Brianna. 2017. (ENG., Illus.). 32p. (J). pap. *(978-1-387-08836-2(X))* Lulu Pr., Inc.

Lilly the Lightning Bug. Beth Boso. 2018. (ENG., Illus.). 30p. (J). 22.95 *(978-1-64003-851-6(5))* Covenant Bks.

Lilly und der Prasident. Daniele Uwe Pivotti. 2017. (GER., Illus.). (J). *(978-3-7439-2849-7(3))*; pap. *(978-3-7439-2848-0(5))* tredition Verlag.

Lilly's Lighthouse. Charlotte J Shanley. Illus. by Baylie and Averi Reedy. 2021. (ENG.). 44p. (J). pap. 12.49 *(978-1-6628-0439-7(3))* Salem Author Services.

Lilly's Purple Plastic Purse 20th Anniversary Edition. Kevin Henkes. Illus. by Kevin Henkes. 20th ed. 2016. (ENG., Illus.). 40p. (J). (gr. -1-3). 17.99 *(978-0-06-242419-8(X)*, Greenwillow Bks.) HarperCollins Pubs.

Lilo. Inés Garland. 2022. (SPA.). 216p. (J). (gr. 5-8). pap. 13.99 ***(978-607-567-350-9(4))*** Progreso, Editorial, S. A. MEX. Dist: Lectorum Pubns., Inc.

Lilo & Stitch. Greg Ehrbar. Illus. by Anna Merli. 2020. (Disney Classics Ser.). (ENG.). 48p. (J). (gr. 2-6). lib. bdg. 32.79 *(978-1-5321-4539-1(X)*, 35186, Graphic Novels) Spotlight.

Lilo & Stitch (Disney Lilo & Stitch) Golden Books. Illus. by Golden Books. 2021. (Little Golden Book Ser.). (ENG., Illus.). 24p. (J). (-k). 5.99 *(978-0-7364-4175-9(1)*, Golden/Disney) Random Hse. Children's Bks.

Lilou. une Vie Sans Voix. Bzrznice Touzet. 2017. (FRE., Illus.). 129p. (YA). pap. *(978-0-244-93689-1(7))* Lulu Pr., Inc.

Lilou, une Vie S'offre à Toi. Bérénice Touzet. 2019. (FRE.). 163p. (YA). pap. ***(978-0-244-75895-0(6))*** Lulu Pr., Inc.

Lilts & Lyrics for the School Room (Classic Reprint) Alice Cushing Donaldson Riley. 2017. (ENG., Illus.). (J). 26.25 *(978-0-265-73767-5(2))*; pap. 9.57 *(978-1-5277-0183-0(2))* Forgotten Bks.

Liluli: With Thirty-Two Wood Engravings (Classic Reprint) Romain Rolland. 2018. (ENG., Illus.). 140p. (J). 26.80 *(978-0-484-07808-5(9))* Forgotten Bks.

Lily. Ellen Miles. ed. 2021. (Puppy Place Ser.). (ENG., Illus.). 88p. (J). (gr. 2-3). 16.86 *(978-1-68505-107-5(3))* Penworthy Co., LLC, The.

Lily: A Coloured Annual (Classic Reprint) Unknown Author. 2018. (ENG., Illus.). 256p. (J). 29.18 *(978-0-267-23672-5(7))* Forgotten Bks.

Lily: A Novel (Classic Reprint) Sue Petigru Bowen. (ENG., Illus.). (J). 2018. 324p. 30.60 *(978-0-428-99097-8(5))*; 2017. pap. 13.57 *(978-0-259-28877-0(2))* Forgotten Bks.

Lily: The Only White Deer in the Forest. Gloria Case. 2020. (ENG.). 30p. (J). pap. 9.99 ***(978-1-0878-8314-4(8))*** Indy Pub.

Lily: With Illustrations (Classic Reprint) Unknown Author. (ENG., Illus.). (J). 2018. 98p. 25.92 *(978-0-365-14046-7(5))*; 2016. pap. 9.57 *(978-1-334-19053-7(4))* Forgotten Bks.

Lily among Flowers (Classic Reprint) N. Hervey. (ENG., Illus.). (J). 2018. 110p. 26.17 *(978-0-484-80759-3(5))*; 2016. pap. 9.57 *(978-1-333-33959-3(3))* Forgotten Bks.

Lily & Chip Chip. M. L. Stacy. 2020. (ENG., Illus.). 30p. (J). pap. 19.00 *(978-1-64530-547-7(3))* Dorrance Publishing Co., Inc.

Lily & Dunkin. Donna Gephart. (ENG.). 352p. (J). (gr. 5). 2018. 8.99 *(978-0-553-53677-5(X)*, Yearling); 2016. 16.99 *(978-0-553-53674-4(5)*, Delacorte Bks. for Young Readers) Random Hse. Children's Bks.

Lily & Flinge & the Piece of Kibble. Steve Mitchell. Illus. by Mary Mitchell. 2019. (ENG.). 52p. (J). pap. *(978-1-9994730-0-6(0))* Mitchell, Mary.

Lily & Isla the Flamingo: Fun & Games at Grammy's House. Levenia Bishop. Illus. by Jayden Ellsworth. 2021. (ENG.). 40p. (J). 17.99 *(978-1-64538-302-4(4))*; pap. 9.99 *(978-1-64538-393-2(8))* Orange Hat Publishing.

Lily & Kosmo in Outer Outer Space. Jonathan Ashley. Illus. by Jonathan Ashley. 2018. (ENG., Illus.). 208p. (J). (gr. 2-5). 16.99 *(978-1-5344-1364-1(2)*, Simon & Schuster Bks. For Young Readers) Simon & Schuster Bks. For Young Readers.

Lily & Lavida. Lynda J. Mubarak. Illus. by Samiah Lancer. 2023. (ENG.). 34p. (J). pap. 10.00 ***(978-1-0879-5314-4(6))*** Indy Pub.

Lily & Limbo: Where Flowers Go. Leslie Vilhelmsen. Illus. by Laura Goodman. 2020. (ENG.). 50p. (J). pap. 20.95 *(978-1-9822-4502-3(6)*, Balboa Pr.) Author Solutions, LLC.

Lily & Sam. Victoria Stonehouse & Andy Stonehouse. 2020. (ENG.). 40p. (J). pap. 10.99 *(978-1-9161804-3-7(4))* Moosehead Publishing.

Lily & the Edible Drawings. Swonild Ilenia Genovese. Illus. by Gaia Catalano. 2021. (ENG.). 46p. (J). *(978-1-6780-9332-7(7))* Lulu Pr., Inc.

Lily & the Fairy House. Jane Tanner. 2016. 32p. (J). (gr. -1-k). 16.99 *(978-0-14-350732-1(X))* Random Hse. Australia AUS. Dist: Independent Pubs. Group.

Lily & the Great Quake: A San Francisco Earthquake Survival Story. Veeda Bybee. Illus. by Alessia Trunfio. 2020. (Girls Survive Ser.). (ENG.). 112p. (J). (gr. 3-7). pap. 7.95 *(978-1-4965-9217-0(4)*, 142249); lib. bdg. 25.99 *(978-1-4965-8716-9(2)*, 141521) Capstone. (Stone Arch Bks.).

Lily & the Night Creatures. Nick Lake. Illus. by Emily Gravett. 2022. (ENG.). 240p. (J). (gr. 3-7). 17.99 *(978-1-5344-9461-9(8)*, Simon & Schuster Bks. For Young Readers) Simon & Schuster Bks. For Young Readers.

Lily & the Pink Pyramid. Kay Ashley. 2020. (ENG.). 30p. (J). pap. *(978-1-5289-4118-1(7))* Austin Macauley Pubs. Ltd.

Lily & the Snow: A Sensory Story. Sara Stone. Illus. by Andy Yura. 2023. (ENG.). 30p. (J). 18.99 ***(978-1-7389600-1-9(3))*** Ormond, Jennifer.

Lily & the Unicorn King. Kate Gordon. 2019. (Unicorn King Ser.: Vol. 1). (ENG.). 234p. (J). *(978-0-473-48920-5(1))*; pap. *(978-0-473-45121-9(2))* Relish Bks.

Lily & the Yucky Cookies. Sean Covey. ed. 2021. (Ready-To-Read Ser.). (ENG., Illus.). 32p. (J). (gr. 2-3). 13.96 *(978-1-64697-585-3(5))* Penworthy Co., LLC, The.

Lily & the Yucky Cookies: Habit 5 (Ready-To-Read Level 2) Sean Covey. Illus. by Stacy Curtis. 2020. (7 Habits of Happy Kids Ser.: 5). (ENG.). 32p. (J). (gr. k-2). 17.99 *(978-1-5344-4457-7(2))*; pap. 4.99 *(978-1-5344-4456-0(4))* Simon Spotlight. (Simon Spotlight).

Lily at Lissadell. Judi Curtin. ed. 2020. (Lissadell Ser.: 1). (ENG.). 288p. (J). 12.99 *(978-1-78849-197-6(1))* O'Brien Pr., Ltd., The IRL. Dist: Casemate Pubs. & Bk. Distributors, LLC.

Lily Bear Bones Likes. Tracey Awalt. 2020. (ENG.). 36p. (J). pap. 13.95 *(978-1-64531-903-0(2))* Newman Springs Publishing, Inc.

Lily Becomes a Weed. Jess Carpenter. Illus. by Kateryna Mansarliiska. 2021. (ENG.). 24p. (J). 18.99 ***(978-1-7347798-3-7(7))*** Carpenter Bks.

Lily Bee the Tree Hugger. Patricia Maurice. Illus. by Anaís Balbás. 2021. (ENG.). 33p. (J). *(978-1-329-25049-9(4))* Lulu Pr., Inc.

Lily Bell: Worthy of Love, 1 vol. Amanda Thackeray. 2019. (ENG.). 48p. (YA). 25.00 *(978-1-59555-960-9(4))* Elm Hill.

Lily Bell: Worthy of Love, 1 vol. Amanda M. Thackeray. 2019. (ENG.). 48p. (YA). pap. 10.00 *(978-1-59555-952-4(3))* Elm Hill.

Lily Bell, or the Lost Child (Classic Reprint) Alice Fay. (ENG., Illus.). (J). 2018. 298p. 30.04 *(978-0-483-57451-9(1))*; 2016. pap. 13.57 *(978-1-334-12677-2(1))* Forgotten Bks.

Lily Bouquet & a Special May Day. Sue Wolfe. 2019. (ENG., Illus.). 26p. (J). (gr. -1-3). 16.99 *(978-1-950034-09-3(7))* Yorkshire Publishing Group.

Lily Clairet, Vol. 5. Kaye Ng. Illus. by Rumikuu. 2020. (ENG.). 320p. (J). pap. *(978-1-912792-06-1(0))* Atsuko Pr.

Lily Clairet, Vol. 7. Kaye Ng. Illus. by Rumikuu. 2021. (ENG.). 280p. (J). pap. *(978-1-912792-10-8(9))* Atsuko Pr.

Lily (Classic Reprint) Hugh Wiley. 2017. (ENG., Illus.). (J). 29.67 *(978-0-266-26093-6(4))* Forgotten Bks.

Lily d V. A. P: Little Princess Snow-Bean, Volume 3. Madeleine West. 2020. (Lily d, V. A. P Ser.: 3). (ENG.). 112p. (J). (gr. k-2). pap. 9.99 *(978-1-76068-302-3(7))* Little Hare Bks. AUS. Dist: Independent Pubs. Group.

Lily d V. A. P: Lost Dorothy, Volume 2. Madeleine West. 2020. (Lily d, V. A. P Ser.: 2). (ENG.). 112p. (J). (gr. k-2). pap. 9.99 *(978-1-76068-301-6(9))* Little Hare Bks. AUS. Dist: Independent Pubs. Group.

Lily d V. A. P: Orphan Annie, Volume 1. Madeleine West. 2020. (Lily d, V. A. P Ser.: 1). (ENG.). 112p. (J). (gr. k-2). pap. 9.99 *(978-1-76068-300-9(0))* Little Hare Bks. AUS. Dist: Independent Pubs. Group.

Lily Douglas: A Simple Story; Humbly Intended, As a Premium & Pattern for Sabbath Schools (Classic Reprint) Unknown Author. (ENG., Illus.). (J). 2018. 84p. 25.65 *(978-0-332-79838-7(0))*; 2017. pap. 9.57 *(978-0-243-92471-4(2))* Forgotten Bks.

Lily Finds a Home. M. G. Morris. 2019. (ENG., Illus.). 26p. (J). 23.95 *(978-1-64096-975-9(6))* Newman Springs Publishing, Inc.

Lily Finds Hope. Jenny Jahnke. 2017. (ENG., Illus.). (J). pap. *(978-1-988071-64-0(X))* Hasmark Services Publishing.

Lily from Colourless to Colourful. Kelly Jimenez. 2017. (ENG., Illus.). (J). *(978-0-9959259-1-5(7))*; 32p. pap. *(978-0-9959259-0-8(9))* Jimenez, Kelly Carbone.

Lily Hates Winter. Evelyn Gearhart. 2022. (ENG., Illus.). 30p. (J). pap. 14.95 *(978-1-64952-688-5(1))* Fulton Bks.

Lily He Plucked (Classic Reprint) Clara Bouvier. 2017. (ENG., Illus.). (J). 132p. 26.62 *(978-0-332-40549-0(4))*; pap. 9.57 *(978-0-259-98993-6(2))* Forgotten Bks.

Lily Huson; or Early Struggles Midst Continual Hope: A Tale of Humble Life, Jotted down from the Pages of Lily's Diary (Classic Reprint) Alice Gray. 2018. (ENG., Illus.). 390p. (J). 31.94 *(978-0-483-64081-8(6))* Forgotten Bks.

Lily I Love You All Ways. Marianne Richmond. Illus. by Dubravka Kolanovic. 2023. (I Love You All Ways Ser.). (ENG.). 32p. (J). (gr. -1-3). 8.99 ***(978-1-7282-7389-1(7))*** Sourcebooks, Inc.

Lily in the Mirror. Paula Hayes. 2017. 200p. (J). (gr. 4-7). 9.95 *(978-1-925163-87-2(3))* Fremantle Pr. AUS. Dist: Independent Pubs. Group.

Lily-Jeanne et l'Opale Arc-En-ciel. J. a Baettig. 2021. (FRE.). 116p. (J). 26.64 *(978-1-387-47037-2(X))* Lulu Pr., Inc.

Lily... Laura. Carol Di Prima. 2020. (ENG.). 106p. (YA). 23.95 *(978-1-6624-3256-9(9))*; pap. 13.95 *(978-1-6624-1137-3(5))* Page Publishing Inc.

Lily Leads the Way. Margi Preus. Illus. by Matt Myers. 2022. (ENG.). 32p. (J). (gr. -1-3). 17.99 *(978-1-5362-1403-1(5))* Candlewick Pr.

Lily Learns an Important Lesson. Melissa H. Sitts. Illus. by Maria Akram. 2021. (ENG.). 28p. (J). 15.99 *(978-1-0878-7945-1(0))* Indy Pub.

Lily Lizard the Frog. Cara McNulty. 2017. (ENG.). 26p. (J). pap. *(978-1-7752211-0-4(5))* Monkey Bar Bks. Inc.

Lily Lolek: Future Saint. Katie Warner. 2020. (ENG., Illus.). 32p. (J). (gr. -1-3). 16.95 *(978-1-5051-1656-4(2)*, 2869) TAN Bks.

Lily Moves on to High School. D. M. Miller. 2022. (Lily Ser.: 2). 96p. (YA). pap. 8.96 ***(978-1-6678-6725-0(3))*** BookBaby.

Lily Norris' Enemy (Classic Reprint) Joanna Hooe Mathews. (ENG., Illus.). (J). 2018. 252p. 29.09 *(978-0-656-34883-1(6))*; 2017. pap. 11.57 *(978-0-243-43985-0(7))* Forgotten Bks.

Lily of the Valley, and, Lost Illusions (Classic Reprint) Honore de Balzac. (ENG., Illus.). (J). 2018. 25.07 *(978-0-331-74893-2(2))*; 2016. pap. 9.57 *(978-1-334-12615-4(1))* Forgotten Bks.

Lily of the Valley (Classic Reprint) Mary Martha Sherwood. 2017. (ENG., Illus.). (J). 26.21 *(978-0-331-61810-5(9))*; pap. 9.57 *(978-0-243-97046-9(3))* Forgotten Bks.

Lily of the Valley; the Firm of Nucingen; the Country Doctor: And Other Stories (Classic Reprint) Honore de Balzac. 2017. (ENG., Illus.). (J). 40.42 *(978-0-331-80208-5(2))* Forgotten Bks.

Lily Pearl: And the Mistress of Rosedale (Classic Reprint) Ida Glenwood. 2017. (ENG., Illus.). (J). 33.71 *(978-0-265-18141-6(0))*; pap. 16.57 *(978-1-5283-5835-4(X))* Forgotten Bks.

Lily Pond: Legacy of the Scrolls. Howard A. W. Carson. 2022. (ENG.). 296p. (YA). pap. 20.95 *(978-1-6624-7631-0(0))* Page Publishing Inc.

Lily Rocks & Rolls. Shadel Lamb Barber. 2021. (ENG.). 22p. (J). pap. 12.99 *(978-1-955791-07-6(4))* Braughler Bks. LLC.

Lily Rose & the Enchanted Fairy Garden. Nattie Kate Mason. 2020. (ENG.). 128p. (J). pap. *(978-0-6484853-7-7(4))* Nattie Kate Mason.

Lily Rose & the Pearl Crown: Book 1 of the Adventures of Lily Rose Series. Nattie Kate Mason. 2020. (Adventures of Lily Rose Ser.: Vol. 1). (ENG., Illus.). 114p. (J). (gr. 1-4). pap. *(978-0-6484853-6-0(6))* Nattie Kate Mason.

Lily Says No! Kelly Eastmond- Jeffrey. Illus. by Princess Of the Most High S B S. 2020. (ENG.). 38p. (J). pap. *(978-1-913674-18-2(5))* Conscious Dreams Publishing.

Lily Simpkins & the Hidden Lands. Celeste Beckerling. 2021. (ENG.). 228p. (YA). pap. 16.63 *(978-1-7948-3249-7(1))* Lulu Pr., Inc.

Lily Steps Up: A Lissadell Story. Judi Curtin. (Lissadell Ser.: 2). (ENG., Illus.). 320p. (J). 2020. pap. 18.99 *(978-1-78849-209-6(9))*; 2021. 12.99 *(978-1-78849-255-3(2))* O'Brien Pr., Ltd., The IRL. Dist: Casemate Pubs. & Bk. Distributors, LLC.

Lily Takes a Chance: A Lissadell Story. Judi Curtin. 2022. (Lissadell Ser.: 4). (ENG., Illus.). 320p. (J). pap. 18.99 *(978-1-78849-392-5(3))* O'Brien Pr., Ltd., The IRL. Dist: Casemate Pubs. & Bk. Distributors, LLC.

Lily the Lark: Flight School. Monica Bishop. Illus. by Monica Bishop. 2016. (Lily the Lark Ser.: Vol. 2). (ENG., Illus.). (J). pap. 9.99 *(978-0-9895101-6-5(6))* CoreyJF Publishing.

Lily the Limpet Gets Lost. Emma Rosen. Illus. by Evgeniia Blackery. (ENG.). 28p. (J). (gr. k-2). 2020. *(978-1-9996292-3-6(X))*; 2019. (Seaside Stories Ser.: Vol. 1). pap. *(978-1-9996292-2-9(1))* Sartain Publishing Ltd.

Lily the Lotus. Gerard Traub. 2020. (ENG.). 30p. (J). *(978-0-6489519-7-1(9))*; pap. *(978-0-6489519-6-4(0))* Karen Mc Dermott.

Lily (the Puppy Place #61) Ellen Miles. 2021. (Puppy Place Ser.: 61). (ENG.). 96p. (J). (gr. 2-5). pap. 5.99 *(978-1-338-68698-2(4)*, Scholastic Paperbacks) Scholastic, Inc.

Lily the Thief. Janne Kukkonen. 2019. (ENG., Illus.). 288p. (J). pap. 14.99 *(978-1-250-19697-2(3)*, 900194276, First Second Bks.) Roaring Brook Pr.

Lily the Ugly Duckling. A. Kay Mathes. Illus. by Cassondra Ellis. 2022. (ENG.). 106p. (J). pap. 21.99 *(978-1-954095-68-7(6))* Yorkshire Publishing Group.

Lily to the Rescue. W. Bruce Cameron. Illus. by Jennifer L. Meyer. 2020. (Lily to the Rescue! Ser.: 1). (ENG.). 128p. (J). 15.99 *(978-1-250-23434-6(4)*, 900210053); pap. 6.99 *(978-1-250-23435-3(2)*, 900210054) Doherty, Tom Assocs., LLC. (Starscape).

Lily to the Rescue. W. Bruce Cameron. ed. 2021. (Lily to the Rescue Ser.). (ENG., Illus.). 125p. (J). (gr. 2-3). 15.49 *(978-1-64697-552-5(9))* Penworthy Co., LLC, The.

Lily to the Rescue Bind-Up Books 4-6: Dog Dog Goose, Lost Little Leopard, & the Misfit Donkey. W. Bruce Cameron. 2023. (Lily to the Rescue! Ser.). (ENG.). 368p. (J). pap. 13.99 *(978-1-250-86766-7(5)*, 900278591, Starscape) Doherty, Tom Assocs., LLC.

Lily to the Rescue: Dog Dog Goose. W. Bruce Cameron. Illus. by Jennifer L. Meyer. 2020. (Lily to the Rescue! Ser.: 4). (ENG.). 144p. (J). 15.99 *(978-1-250-23451-3(4)*, 900210087); pap. 5.99 *(978-1-250-23452-0(2)*, 900210088) Doherty, Tom Assocs., LLC. (Starscape).

Lily to the Rescue: Foxes in a Fix. W. Bruce Cameron. Illus. by James Bernardin. 2021. (Lily to the Rescue! Ser.: 7). (ENG.). 128p. (J). 15.99 *(978-1-250-76279-5(0)*, 900231847); pap. 5.99 *(978-1-250-76272-6(3)*, 900231848) Doherty, Tom Assocs., LLC. (Starscape).

Lily to the Rescue: Lost Little Leopard. W. Bruce Cameron. Illus. by James Bernardin. 2021. (Lily to the Rescue! Ser.: 5). (ENG.). 128p. (J). 15.99 *(978-1-250-76259-7(6)*, 900231825); pap. 5.99 *(978-1-250-76256-6(1)*, 900231826) Doherty, Tom Assocs., LLC. (Starscape).

Lily to the Rescue: the Misfit Donkey. W. Bruce Cameron. Illus. by James Bernardin. 2021. (Lily to the Rescue! Ser.: 6). (ENG.). 128p. (J). 15.99 *(978-1-250-76267-2(7)*, 900231841); pap. 5.99 *(978-1-250-76268-9(5)*, 900231842) Doherty, Tom Assocs., LLC. (Starscape).

Lily to the Rescue: the Not-So-Stinky Skunk. W. Bruce Cameron. Illus. by Jennifer L. Meyer. 2020. (Lily to the Rescue! Ser.: 3). (ENG.). 144p. (J). 15.99 *(978-1-250-23447-6(6)*, 900210084); pap. 5.99 *(978-1-250-23448-3(4)*, 900210085) Doherty, Tom Assocs., LLC. (Starscape).

Lily to the Rescue: the Three Bears. W. Bruce Cameron. Illus. by James Bernardin. 2022. (Lily to the Rescue! Ser.: 8). (ENG.). 144p. (J). 15.99 *(978-1-250-76249-8(9)*, 900231819); pap. 5.99 *(978-1-250-76251-1(0)*, 900231820) Doherty, Tom Assocs., LLC. (Starscape).

Lily to the Rescue: Two Little Piggies. W. Bruce Cameron. Illus. by Jennifer L. Meyer. 2020. (Lily to the Rescue! Ser.: 2). (ENG.). 128p. (J). 15.99 *(978-1-250-23444-5(1)*, 900210069); pap. 5.99 *(978-1-250-23445-2(X)*, 900210070) Doherty, Tom Assocs., LLC. (Starscape).

Lily, Vedette du Rock. Émilie Rivard. Illus. by Mika. 2022. (Classe de Madame Isabelle Ser.: 7). (FRE.). 64p. (J). (gr. 1-3). pap. 12.95 *(978-2-7644-4441-2(9))* Quebec Amerique CAN. Dist: Orca Bk. Pubs. USA.

Lily Wool, 1 vol. Paula Vasquez. 2017. (ENG., Illus.). 40p. (J). (gr. k-3). 14.99 *(978-1-4236-4728-7(9))* Gibbs Smith, Publisher.

Lily Writes a Book. Lily Speights. 2017. (ENG.). 34p. (J). pap. ***(978-1-387-17648-9(X))*** Lulu Pr., Inc.

Lily y Su Bolso de Plastico Morado. Kevin Henkes. 2017.Tr. of Lilly's Purple Plastic Purse. (SPA.). (J). pap. 9.99 *(978-1-63245-667-0(2))* Lectorum Pubns., Inc.

Lily's Crossing Novel Units Student Packet. Novel Units. 2019. (ENG.). (J). pap. 13.99 *(978-1-58130-645-3(8)*, Novel Units, Inc.) Classroom Library Co.

Lily's Crossing Novel Units Teacher Guide. Novel Units. 2019. (ENG.). (J). pap. 12.99 *(978-1-58130-644-6(X)*, Novel Units, Inc.) Classroom Library Co.

Lily's Desert Adventure. Cindy Tingley. 2019. (Lily the Donkey's Adventures Ser.: Vol. 2). (ENG., Illus.). 78p. (J). (gr. k-5). pap. *(978-1-9990156-1-9(4))* OC Publishing.

Lily's Dream: A Lissadell Story. Judi Curtin. Illus. by Rachel Corcoran. 2022. (Lissadell Ser.: 3). (ENG.). 272p. (J). pap. 13.99 *(978-1-78849-327-7(3))* O'Brien Pr., Ltd., The IRL. Dist: Casemate Pubs. & Bk. Distributors, LLC.

Lily's Egypt Adventure. Cindy Tingley. Illus. by Lara Chauvin. 2022. (Lily the Donkey's Adventures Ser.: Vol. 3). (ENG.). 60p. (J). pap. ***(978-1-989833-26-1(8))*** OC Publishing.

Lily's Goal: Finding Football. Andy Elleray. 2022. (ENG.). 306p. (J). pap. ***(978-1-80227-787-6(0))*** Publishing Push Ltd.

Lily's Just Fine. Gill Stewart. 2019. (Galloway Girls Ser.: 1). (ENG.). 320p. (YA). (gr. 7-17). 8.95 *(978-1-78226-480-4(9)*, 94af8d3d-281a-4cc8-831a-3b7c665ff775) Sweet Cherry Publishing GBR. Dist: Baker & Taylor Publisher Services (BTPS).

Lily's Lollies. Julieann Wallace. 2017. (ENG., Illus.). (J). *(978-0-6480846-9-3(8))* Lilly Pilly Publishing.

Lily's Lost Smile: A Teach to Speech Book. CCC-Slp Payal Burnham Msed. 2021. (ENG.). 28p. (J). pap. *(978-0-2288-4559-1(9))* Tellwell Talent.

Lily's Mountain. Hannah Moderow. 2017. (ENG., Illus.). 192p. (J). (gr. 5-7). 16.99 *(978-0-544-97800-3(5)*, 1663727, Clarion Bks.) HarperCollins Pubs.

Lily's New Home (Confetti Kids), 1 vol. Paula Yoo. 2016. (Confetti Kids Ser.: 1). (ENG., Illus.). 32p. (J). (gr. k-2). 14.95 *(978-1-62014-249-3(X)*, leelowbooks) Lee & Low Bks., Inc.

Lily's Park Adventure. Hannah Jardine & Clever Publishing. Illus. by Zoe Waring. 2020. (Animal Adventures Ser.). (ENG.). 10p. (J). (gr. -1 — 1). bds. 7.99 *(978-1-948418-78-2(9))* Clever Media Group.

Lily's Promise. Kathryn Erskine. (ENG.). 288p. (J). (gr. 3-7). 2022. pap. 7.99 *(978-0-06-305816-3(2))*; 2021. 16.99 *(978-0-06-305815-6(4))* HarperCollins Pubs. (Quill Tree Bks.).

Lily's Red Shoes of Courage. Lori Stevic-Rust. 2019. (ENG.). 54p. (J). pap. 14.99 *(978-0-9981472-1-5(4))* integrated health publishing.

Lily's Scrap-Book (Classic Reprint) Sale Barker. 2018. (ENG., Illus.). 162p. (J). 27.24 *(978-0-267-15475-3(5))* Forgotten Bks.

Lily's Secret. Cindy Tingley. 2nd ed. 2017. (ENG., Illus.). 96p. (J). (gr. k-5). pap. *(978-0-9952841-6-6(4))* OC Publishing.

Lily's Story: A Puppy Tale. W. Bruce Cameron. 2019. (Puppy Tale Ser.). (ENG., Illus.). 224p. (J). 16.99 *(978-1-250-21351-8(7)*, 900203924, Starscape) Doherty, Tom Assocs., LLC.

Lily's Underwater Journey. Salsabeel Arabi. Illus. by Husam Al-Tohamis. 2022. (ENG.). 64p. (J). pap. ***(978-1-922918-90-1(3))*** Library For All Limited.

Lima Is Looking for a Friend: New Edition. Nanette Caldwell. 2020. (ENG.). 24p. (J). pap. 8.99 *(978-1-64858-217-2(6))* Matchstick Literary.

Limber Lew (Classic Reprint) Edward Sylvester Ellis. 2018. (ENG., Illus.). 450p. (J). 33.18 *(978-0-483-49238-7(8))* Forgotten Bks.

Limbo & Other Essays: To Which Is Now Added Ariadne in Mantua (Classic Reprint) Vernon Lee. 2017. (ENG., Illus.). (J). 30.29 *(978-1-5285-7835-6(X))* Forgotten Bks.

Limbo (Classic Reprint) Huxley Aldous. 2017. (ENG., Illus.). (J). 30.08 *(978-0-331-57115-8(3))* Forgotten Bks.

Limbonian. Mikki Noble. 2019. (Vessel of Lost Souls Ser.: Vol. 2). (ENG.). 320p. (YA). pap. *(978-1-9990151-6-9(9))* Noble, Mikki.

Limbo's Diner. Brandon Terrell. 2016. (Tartan House Ser.). (ENG., Illus.). 96p. (J). (gr. 3-6). *(978-1-63235-164-7(1)*, 11895, 12-Story Library) Bookstaves, LLC.

Lime Light. Nadia Cavagliere Evans. 2019. (ENG.). 38p. (J). 14.95 *(978-1-64307-039-1(8))* Amplify Publishing Group.

Limehouse Nights (Classic Reprint) Thomas Burke. 2018. (ENG., Illus.). 310p. (J). 30.31 *(978-0-483-36224-6(7))* Forgotten Bks.

Limelight. Solli Raphael. 2019. (ENG.). 128p. (J). pap. 14.99 *(978-1-4494-9936-5(8))* Andrews McMeel Publishing.

Limeratomy: A Compendium of Universal Knowledge for the More Perfect Understanding of the Human Machine (Classic Reprint) Anthony Euwer. 2017. (ENG., Illus.). (J). 25.96 *(978-0-331-94362-7(X))* Forgotten Bks.

Limerick Fairytale. Gráinne O'Brien. Illus. by Lena Stawowy. 2023. (ENG.). 32p. (J). 19.99 ***(978-1-78849-374-1(5))*** O'Brien Pr., Ltd., The IRL. Dist: Casemate Pubs. & Bk. Distributors, LLC.

Limerick Poems. Ruthie Van Oosbree & Lauren Kukla. 2022. (Poetry Power (BB) Ser.). (ENG.). 32p. (J). (gr. 2-5). lib. bdg. 34.21 *(978-1-5321-9895-3(7)*, 39555, Big Buddy Bks.) ABDO Publishing Co.

Limerick up to Date Book, 1903 (Classic Reprint) Ethel Watts Mumford Grant. (ENG., Illus.). (J). 2018. 114p. 26.27 *(978-0-364-16998-8(2))*; 2016. pap. 9.57 *(978-1-334-12273-6(3))* Forgotten Bks.

Limerick up to Date Book (Classic Reprint) Ethel Watts Mumford. (ENG., Illus.). (J). 2018. 110p. 26.19 *(978-0-483-27135-7(7))*; 2018. 110p. 26.19 *(978-0-267-27485-7(8))*; 2017. pap. 9.57 *(978-0-259-93384-7(8))* Forgotten Bks.

Limit Laziness: Short Stories on Becoming Diligent & Overcoming Laziness. Sophia Day & Kayla Pearson. Illus. by Timmy Zowada. 2019. (Help Me Become Ser.: 11). (ENG.). 76p. (J). 14.99 *(978-1-64370-746-4(9)*, f25ad1d9-b2bb-45e4-893e-e7f1f204e593); pap. 9.99 *(978-1-64370-747-1(7)*, 6d847db6-bed9-4d3f-b7ac-1c2d2f63e6ac) MVP Kids Media.

Limit Screen Time. Martha E. H. Rustad. 2020. (Health & My Body Ser.). (ENG., Illus.). 32p. (J). (gr. 1-3). pap. 7.95 *(978-1-9771-2685-6(5)*, 201718); lib. bdg. 31.32 *(978-1-9771-2385-5(6)*, 200395) Capstone. (Pebble).

Limita l'uso Della Tecnologia Del Tuo Drago: Aiuta il Tuo Drago a Limitare il Tempo Passato Davanti Allo Schermo. una Simpatica Storia per Bambini, per Insegnare Loro a Trovare un Sano Equilibrio Nell'utilizzo Dei Dispositivi Tecnologici. Steve Herman. 2020. (My Dragon Books Italiano Ser.: Vol. 30). (ITA.). 46p. (J). 18.95 *(978-1-64916-059-1(3))*; pap. 12.95 *(978-1-64916-058-4(5))* Digital Golden Solutions LLC.

Limitations. E. F. (Edward Frederic) Benson. 2017. (ENG.). 356p. (J). pap. *(978-3-337-03268-5(0))* Creation Pubs.

Limitations: A Novel (Classic Reprint) E. F. Benson. 2017. (ENG., Illus.). (J). 31.40 *(978-1-5284-4948-9(7))* Forgotten Bks.

Limiting Federal Powers: The Tenth Amendment, 1 vol. Hallie Murray. 2017. (Bill of Rights Ser.). (ENG.). 48p. (gr. 5-6). 29.60 *(978-0-7660-8567-1(8)*, 385fc5a0-eb9e-466a-aa84-5ad4aae8da2a) Enslow Publishing, LLC.

Limitless: 24 Remarkable American Women of Vision, Grit, & Guts. Leah Tinari. Illus. by Leah Tinari. 2018. (ENG., Illus.). 56p. (J). (gr. 5-3). 19.99 *(978-1-5344-1855-4(5)*, Aladdin) Simon & Schuster Children's Publishing.

Limitless: Unearth Your Superhero Self. Ian Klepetar. Illus. by Danielle Marino. 2018. (ENG.). 40p. (J). 15.95 *(978-0-9998865-2-6(5))* Limitless Bks.

Limitless Library. Sharon Baldwin. Illus. by Tia Madden. 2021. (ENG.). 72p. (J). pap. *(978-0-6452874-2-4(3))* Loose Parts Pr.

Limitless Sky. Christina Kilbourne. 2022. (ENG.). 384p. (YA). (gr. 7-10). pap. 12.99 *(978-1-4597-4887-3(5))* Dundurn Pr. CAN. Dist: Ingram Publisher Services.

Lin: Or, Notable People & Notable Things in the Early History of Lynn, the Third Plantation of Massachusetts Colony (Classic Reprint) Obadish Oldpath. 2017. (ENG., Illus.). 404p. (J). 32.23 *(978-0-484-40412-9(1))* Forgotten Bks.

Lin-Manuel Miranda. Stephanie Gaston. 2022. (Biographies of Diverse Heroes Ser.). (ENG.). 24p. (J). (gr. k-2). lib. bdg. *(978-1-0396-6000-7(2)*, 19349); (Illus.). pap. *(978-1-0396-6195-0(5)*, 19350) Crabtree Publishing Co.

Lin-Manuel Miranda. Penelope S. Nelson. 2018. (Influential People Ser.). (ENG., Illus.). 32p. (J). (gr. 4-6). lib. bdg. 28.65 *(978-1-5435-4129-8(1)*, 139083, Capstone Pr.) Capstone.

Lin-Manuel Miranda: Award-Winning Actor, Rapper, Writer, & Composer, 1 vol. Theresa Morlock. 2017. (Breakout Biographies Ser.). (ENG.). 32p. (J). (gr. 4-5). 27.93 *(978-1-5383-2555-1(1)*, 175ae67d-d48e-46fe-8794-9b6378de43c7, PowerKids Pr.) Rosen Publishing Group, Inc., The.

Lin-Manuel Miranda: Award-Winning Musical Writer. Barbara Kramer. 2017. (Newsmakers Set 2 Ser.). (ENG., Illus.). 48p. (J). (gr. 4-8). lib. bdg. 35.64 *(978-1-5321-1183-9(5)*, 25942) ABDO Publishing Co.

Lin-Manuel Miranda: Composer, Actor, & Creator of Hamilton, 1 vol. Kat Harrison. 2017. (Influential Lives Ser.). (ENG.). 128p. (gr. 7-7). lib. bdg. 40.27 *(978-0-7660-8505-3(8)*, 489f042d-d509-48d1-8457-f5680c09e729) Enslow Publishing, LLC.

Lin-Manuel Miranda: Ready-To-Read Level 3. Laurie Calkhoven. Illus. by Alyssa Petersen. 2018. (You Should Meet Ser.). (ENG.). 48p. (J). (gr. 1-3). 17.99 *(978-1-5344-2242-1(0))*; pap. 4.99 *(978-1-5344-2241-4(2))* Simon Spotlight. (Simon Spotlight).

Lin-Manuel Miranda: Revolutionary Playwright, Composer, & Actor. Heather E. Schwartz. 2019. (Gateway Biographies Ser.). (ENG., Illus.). 48p. (J). (gr. 4-8). pap. 11.99 *(978-1-5415-7433-5(8)*, d96cff15-3e1e-46f8-a368-406de7bd7282); lib. bdg. 31.99 *(978-1-5415-5616-4(X)*, bb4d23e3-95ac-4775-b490-d54fbbba1271) Lerner Publishing Group. (Lerner Pubns.).

Lin Mclean (Classic Reprint) Owen Wister. 2017. (ENG., Illus.). (J). 30.33 *(978-1-5285-8875-1(4))* Forgotten Bks.

Lina & Lucas Without Internet. Patricia Arévalo. 2021. (ENG.). 32p. (J). 22.99 *(978-9942-36-134-9(0))* BookBaby.

Lina Montalvan, o el Terremoto Que Destruyo el Callao y la Ciudad de Lima En 1746: Con una Resena Sobre el Descubrimiento Del Peru, a Que Se Agrega Algunas Reminiscencias Historicas Acerca de Su Independencia (Classic Reprint) José Victoriano Cabral. 2018. (SPA., Illus.). 306p. (J). 30.23 *(978-0-483-81070-9(3))* Forgotten Bks.

Lina Stories. Sally Rippin. Illus. by Lucia Masciullo. 2018. (Our Australian Girl Ser.). (ENG.). 480p. (J). (gr. 3-7). 19.99 *(978-0-14-378377-0(7))* Random Hse. Australia AUS. Dist: Independent Pubs. Group.

Lina the Lion Learns to Laugh. Emily Sestito. 2023. (ENG.). 24p. (J). 14.99 ***(978-1-0879-0410-8(2))*** Indy Pub.

Linah's Helpers: A Multicultural Story. Abida Ripley. 2018. (ENG., Illus.). 26p. (J). (gr. 1-6). 13.00 *(978-1-949808-00-1(9))* Bk.worm.

Lincoln & Kennedy: A Pair to Compare. Gene Barretta. Illus. by Gene Barretta. 2016. (ENG., Illus.). 40p. (J). 18.99 *(978-0-8050-9945-4(X)*, 900127126, Holt, Henry & Co. Bks. For Young Readers) Holt, Henry & Co.

Lincoln & Twenty Other Poems (Classic Reprint) Cotton Noe. 2018. (ENG., Illus.). 36p. (J). 24.66 *(978-0-483-87442-8(6))* Forgotten Bks.

Lincoln & Washington, Vol. 20 (Classic Reprint) Marian M. George. 2018. (ENG., Illus.). 104p. (J). 26.00 *(978-0-332-08799-3(9))* Forgotten Bks.

Lincoln Children: Doll Jack Episode; Excerpts from Newspapers & Other Sources (Classic Reprint) Lincoln Financial Foundation Collection. (ENG., Illus.). (J). 2018. 22p. 24.37 *(978-0-484-61043-8(0))*; 2017. pap. 7.97 *(978-0-259-48968-9(9))* Forgotten Bks.

Lincoln Children: Playmates; Excerpts from Newspapers & Other Sources (Classic Reprint) Lincoln Financial Foundation. (ENG., Illus.). (J). 2018. 20p. 24.31 *(978-0-365-17603-9(6))*; 2017. pap. 7.97 *(978-0-259-88757-7(9))* Forgotten Bks.

Lincoln Children: Thomas (Tad) Lincoln; Excerpts from Newspapers & Other Sources (Classic Reprint) Lincoln Financial Foundation Collection. 2017. (ENG., Illus.). (J). pap. 9.57 *(978-0-259-51537-1(X))* Forgotten Bks.

Lincoln Clears a Path: Abraham Lincoln's Agricultural Legacy. Peggy Thomas. Illus. by Stacy Innerst. 2021. 48p. (J). (gr. 2-5). 18.99 *(978-1-68437-153-2(8)*, Calkins Creek) Highlights Pr., c/o Highlights for Children, Inc.

Lincoln Conscript (Classic Reprint) Homer Greene. 2018. (ENG., Illus.). 344p. (J). 30.79 *(978-0-428-73027-7(2))* Forgotten Bks.

Lincoln Explores Memphis. Hayley Perkins. Illus. by Cameron Wilson. 2022. (ENG.). 32p. (J). pap. 12.99 ***(978-1-0880-7450-3(2))*** Indy Pub.

Lincoln I Love You All Ways. Marianne Richmond. Illus. by Dubravka Kolanovic. 2023. (I Love You All Ways Ser.). (ENG.). 32p. (J). (gr. -1-3). 8.99 ***(978-1-7282-7390-7(0))*** Sourcebooks, Inc.

Lincoln in His Own Words. Milton Meltzer. Illus. by Stephen Alcorn. 2018. (ENG.). 240p. (YA). (gr. 7). pap. 12.99 *(978-1-328-89574-5(2)*, 1699521, Clarion Bks.) HarperCollins Pubs.

Lincoln Logs Creator: John Lloyd Wright. Megan Borgert-Spaniol. 2018. (Toy Trailblazers Ser.). (ENG., Illus.). 32p. (J). (gr. 3-6). lib. bdg. 32.79 *(978-1-5321-1709-1(4)*, 30706, Checkerboard Library) ABDO Publishing Co.

Lincoln Memorial. Kirsten Chang. 2019. (Symbols of American Freedom Ser.). (ENG., Illus.). 24p. (J). (gr. k-3). pap. 7.99 *(978-1-61891-493-4(6)*, 12143, Blastoff! Readers) Bellwether Media.

Lincoln Memorial. Heather Kissock. 2017. (Illus.). 24p. (J). *(978-1-5105-0602-2(0))* SmartBook Media, Inc.

Lincoln Memorial, 1 vol. Barbara M. Linde. 2018. (Symbols of America Ser.). (ENG.). 24p. (gr. 1-2). 24.27 *(978-1-5382-2899-9(8)*, ec4147a1-3f4f-4d4e-a904-02d3f9a65154) Stevens, Gareth Publishing LLLP.

Lincoln Memorial. Julie Murray. 2016. (US Landmarks Ser.). (ENG., Illus.). 24p. (J). (gr. -1-2). lib. bdg. 31.36 *(978-1-68080-911-4(3)*, 23297, Abdo Kids) ABDO Publishing Co.

Lincoln Memorial: A 4D Book. Erin Edison. 2018. (National Landmarks Ser.). (ENG., Illus.). 24p. (J). (gr. 1-3). lib. bdg. 27.99 *(978-1-5435-3130-5(X)*, 138735, Capstone Pr.) Capstone.

Lincoln Memorial: All about the American Symbol. Jessica Gunderson. 2020. (Smithsonian Little Explorer: Little Historian American Symbols Ser.). (ENG., Illus.). 32p. (J). (gr. 1-3). lib. bdg. 31.32 *(978-1-9771-2589-7(1)*, 201129, Pebble) Capstone.

Lincoln Moves to Memphis. Hayley Perkins. Illus. by Cameron Wilson. 2022. (ENG.). 36p. (J). pap. 12.99 ***(978-1-0880-5537-3(0))*** Indy Pub.

Lincoln Navigator. Judy Greenspan. 2018. (Vroom! Hot SUVs Ser.). (ENG., Illus.). 32p. (gr. 4-8). lib. bdg. 32.79 *(978-1-64156-478-6(4)*, 9781641564786) Rourke Educational Media.

Lincoln Project. Dan Gutman. ed. 2017. (Flashback Four Ser.). (J). lib. bdg. 17.20 *(978-0-606-39606-6(3))* Turtleback.

Lincoln Readers: Fourth Reader (Classic Reprint) Isobel Davidson. 2017. (ENG., Illus.). (J). 30.21 *(978-0-265-20123-7(3))* Forgotten Bks.

Lincoln Readers: Third Reader (Classic Reprint) Isobel Davidson. 2017. (ENG., Illus.). (J). 296p. 30.00 *(978-0-332-77795-5(2))*; pap. 13.57 *(978-0-259-18990-9(1))* Forgotten Bks.

Lincoln School of Theatres College. Some Uses of School Assemblies, Pp. 1-67. Lincoln School of Teachers College. 2017. (ENG., Illus.). (J). pap. *(978-0-649-34502-1(9))* Trieste Publishing Pty Ltd.

Lincoln Speaks Spanish (Classic Reprint) Frank E. Henry. 2018. (ENG., Illus.). 20p. (J). 24.31 *(978-0-483-79775-8(8))*; pap. 7.97 *(978-1-332-90250-7(2))* Forgotten Bks.

Lincoln Stories of Honore Morrow: Containing Benefits Forgot, Dearer Than All & the Lost Speech of Abraham Lincoln (Classic Reprint) Honore Morrow. 2017. (ENG., Illus.). (J). 27.98 *(978-0-331-73846-9(5))*; pap. 10.57 *(978-0-243-43641-5(6))* Forgotten Bks.

Lincoln Walks in Memphis. Hayley Perkins. Illus. by Cameron Wilson. 2022. (ENG.). 28p. (J). pap. 12.99 ***(978-1-0880-9700-7(6))*** Indy Pub.

Lincolniana, or the Humors of Uncle Abe. Andrew Adderup. 2016. (ENG., Illus.). (J). pap. *(978-3-7434-2013-7(9))* Creation Pubs.

Lincolniana, or the Humors of Uncle Abe: Second Joe Miller (Classic Reprint) Andrew Adderup. 2018. (ENG., Illus.). 104p. (J). 26.04 *(978-0-483-92413-0(X))* Forgotten Bks.

Lincoln's First Love: A True Story (Classic Reprint) Carrie Douglas Wright. 2018. (ENG., Illus.). 48p. (J). 24.91 *(978-0-364-77705-3(2))* Forgotten Bks.

Lincoln's Last Trial Young Readers' Edition: The Murder Case That Propelled Him to the Presidency. David Fisher & Dan Abrams. 2019. (ENG.). 240p. (J). 17.99 *(978-1-335-91785-0(3)*, Hanover Square Pr.) Harlequin Enterprises ULC CAN. Dist: HarperCollins Pubs.

Lincoln's Love Story (Classic Reprint) Eleanor Atkinson. 2018. (ENG., Illus.). 86p. (J). 25.67 *(978-0-428-64148-1(2))* Forgotten Bks.

Lincoln's Other Mary (Classic Reprint) Olive Carruthers. 2017. (ENG., Illus.). (J). 29.14 *(978-0-331-62857-9(0))*; pap. 11.57 *(978-0-243-33563-3(6))* Forgotten Bks.

Lincoln's Own Stories (Classic Reprint) Anthony Gross. 2018. (ENG., Illus.). 236p. (J). 28.81 *(978-0-332-33572-8(0))* Forgotten Bks.

Lincoln's Teacher: A Biography (Classic Reprint) Kunigunde Duncan. (ENG., Illus.). (J). 2018. 194p. 27.92 *(978-0-666-13729-6(3))*; 2017. pap. 10.57 *(978-0-259-48414-1(8))* Forgotten Bks.

Linda: Or the Young Pilot of Belle Creole (Classic Reprint) Caroline Lee Hentz. 2018. (ENG., Illus.). 316p. (J). 30.43 *(978-0-483-92811-4(9))* Forgotten Bks.

Linda Carlton, Air Pilot. Edith Lavell. 2022. (ENG.). 136p. (J). pap. ***(978-1-387-69348-1(4))*** Lulu Pr., Inc.

Linda (Classic Reprint) Margaret Prescott Montague. 2018. (ENG., Illus.). 412p. (J). 32.39 *(978-0-483-69680-8(3))* Forgotten Bks.

Linda (Classic Reprint) Eleanor B. Wasserman. (ENG., Illus.). (J). 2018. 120p. 26.39 *(978-0-332-51962-3(7))*; 2017. pap. 9.57 *(978-0-243-33564-0(4))* Forgotten Bks.

Linda Condon (Classic Reprint) Joseph Hergesheimer. (ENG., Illus.). (J). 2017. 30.27 *(978-0-331-62646-9(2))*; 2017. 30.21 *(978-0-265-21436-7(X))*; 2016. pap. 13.57 *(978-1-334-14203-1(3))* Forgotten Bks.

Linda Condon the Happy End Gold & Iron Java Head the Three Black Pennys (Classic Reprint) Joseph Hergesheimer. 2018. (ENG., Illus.). 318p. (J). 30.48 *(978-0-365-00110-2(4))* Forgotten Bks.

Linda Estrelinha. Sylva Nnaekpe. 2019. (POR., Illus.). 32p. (J). (gr. k-4). 22.95 *(978-1-951792-13-8(0))*; pap. 11.95 *(978-1-951792-14-5(9))* SILSNORRA LLC.

Linda Lee Incorporated. Louis Joseph Vance. 2018. (ENG., Illus.). 306p. (J). *(978-3-7326-2238-2(X))* Klassik Literatur. ein Imprint der Salzwasser Verlag GmbH.

Linda Lee, Incorporated: A Novel (Classic Reprint) Louis Joseph Vance. 2018. (ENG., Illus.). 398p. (J). 32.13 *(978-0-484-47891-5(5))* Forgotten Bks.

Linda Pareja de Conejitos: Sé Mi Libro de Colorear de San Valentín para niños de 4 a 8 años: 50 Lindas y únicas Páginas para Colorear / Libro de Colorear para el día de San Valentín para Niños. Digbie Dinwiddie Coloring. 2021. (SPA.). 108p. (J). pap. 9.99 *(978-1-716-26922-6(9))* Lulu Pr., Inc.

Linda the Deer Is the Queen of the Forest Coloring Books Nature. Educando Kids. 2019. (ENG.). 42p. (J). pap. 6.99 *(978-1-64521-055-9(3)*, Educando Kids) Editorial Imagen.

Linda und der Schlussel Zum Tor. Gabi Fenske. 2017. (GER., Illus.). (J). *(978-3-7439-5606-3(3))*; pap. *(978-3-7439-5605-6(5))* tredition Verlag.

Linda's Masks. Linda Paul. Illus. by Linda Paul. 2018. (ENG., Illus.). 48p. (J). (gr. 1-6). pap. 14.99 *(978-1-68160-590-6(2))* Crimson Cloak Publishing.

Lindas Sirenitas: Libro para Colorear para niñas de 4 a 8 años: 60 Lindas y únicas Páginas para Colorear / Libro para Colorear Sirenas para Niños. Digby Dinwiddie Coloring. 2020. (SPA.). 128p. (J). pap. 10.99 *(978-1-716-27483-1(4))* Lulu Pr., Inc.

Linden Hill, or the Vanquished Life-Dream (Classic Reprint) Louise S. Harris. (ENG., Illus.). (J). 2018. 458p. 33.36 *(978-0-483-82353-2(8))*; 2017. pap. 16.57 *(978-0-282-54859-9(9))* Forgotten Bks.

Lindi Chase: A Novel (Classic Reprint) T. Adolphus Trollope. (ENG., Illus.). (J). 2018. 280p. 29.67 *(978-0-483-19467-0(0))*; 2017. pap. 13.57 *(978-0-243-93494-2(7))* Forgotten Bks.

Lindley Kays (Classic Reprint) Barry Pain. (ENG., Illus.). (J). 2018. 352p. 31.16 *(978-0-656-39951-2(1))*; 2017. pap. 13.57 *(978-0-259-45478-6(8))* Forgotten Bks.

Lindos Pajaritos: Cuaderno de Rayas. Patricia Arquioni. 2023. (SPA.). 85p. (J). pap. ***(978-1-387-21352-8(0))*** Lulu Pr., Inc.

Lindsays a Romance of Scottish Life, Vol. 2 of 3 (Classic Reprint) John K. Leys. 2018. (ENG., Illus.). 266p. (J). 29.38 *(978-0-332-20665-3(3))* Forgotten Bks.

Lindsays a Romance of Scottish Life, Vol. 3 of 3 (Classic Reprint) John K. Leys. 2018. (ENG., Illus.). 284p. (J). 29.75 *(978-0-428-32150-5(X))* Forgotten Bks.

Lindsay's Luck: A Fascinating Love Story (Classic Reprint) Frances Burnett. (ENG., Illus.). (J). 2018. 180p. 27.61 *(978-0-484-88257-6(0))*; 2016. pap. 9.97 *(978-1-334-12490-7(6))* Forgotten Bks.

Lindsays, Vol. 1 Of 3: A Romance of Scottish Life (Classic Reprint) John K. Leys. 2018. (ENG., Illus.). 256p. (J). 29.20 *(978-0-428-22046-4(0))* Forgotten Bks.

Lindsey la Profesional de SIG: Lindsey the GIS Professional. Tyler Danielson. 2020. (STEAM at Work! Ser.). (SPA.). 24p. (J). (gr. k-5). pap. 9.99 *(978-1-58948-631-7(5)*, ESRI Pr.) ESRI, Inc.

Lindsey Stirling: Violinist with More Than 2 Billion Views, 1 vol. Henrietta Toth. 2019. (Top YouTube Stars Ser.). (ENG.). 48p. (gr. 5-5). pap. 12.75 *(978-1-7253-4627-7(3)*, 223e6153-df5f-4200-87ea-40f117925ac9) Rosen Publishing Group, Inc., The.

Lindsey the GIS Professional. Tyler Danielson. 2020. (STEAM at Work! Ser.: 1). (ENG.). 24p. (J). (gr. 1-5). pap. 9.99 *(978-1-58948-612-6(9)*, ESRI Pr.) ESRI, Inc.

Lindsey Vonn. Eric Braun. 2017. (Sports All-Stars (Lerner (tm) Sports) Ser.). (ENG., Illus.). 32p. (J). (gr. 2-5). 29.32 *(978-1-5124-2580-2(X)*, 0c534438-90da-41c3-8f84-fabc1a245444, Lerner Pubns.) Lerner Publishing Group.

Lindsey Vonn, 1 vol. Ryan Nagelhout. 2016. (Sports MVPs Ser.). (ENG.). 24p. (J). (gr. 1-2). 24.27 *(978-1-4824-4641-8(3)*, b4a856d3-ddf8-4923-a0d2-8cdd3b1ad67f) Stevens, Gareth Publishing LLLP.

Lindsey Vonn. Eric Braun. ed. 2017. (Sports All-Stars (Lerner (tm) Sports) Ser.). (ENG., Illus.). 32p. (J). (gr. 2-5). E-Book 6.99 *(978-1-5124-3786-7(7)*, 9781512437867); E-Book 42.65 *(978-1-5124-2825-4(6))*; E-Book 42.65 *(978-1-5124-3785-0(9)*, 9781512437850) Lerner Publishing Group. (Lerner Pubns.).

Lindsey Vonn: Olympic Ski Champion, 1 vol. Marty Gitlin. 2018. (Living Legends of Sports Ser.). (ENG.). 48p. (gr. 5-6). pap. 15.05 *(978-1-5081-0639-5(8)*, 1480639d-17cf-43f2-8718-18dd65e04b3d, Britannica Educational Publishing) Rosen Publishing Group, Inc., The.

Lindy Loyd: A Tale of the Mountains (Classic Reprint) Marie E. Hoffman. (ENG., Illus.). (J). 2018. 270p. 29.49 *(978-0-483-41651-2(7))*; 2016. pap. 11.97 *(978-1-333-65406-1(5))* Forgotten Bks.

Line a Day (Classic Reprint) Juliet Wilbor Tompkins. 2019. (ENG., Illus.). (J). 312p. 30.33 *(978-1-397-27389-5(5))*; 314p. pap. 13.57 *(978-1-397-27366-6(6))* Forgotten Bks.

Line & Dot. Véronique Cauchy. Illus. by Laurent Simon. 2018. 32p. (J). *(978-1-4338-2873-7(1)*, Magination Pr.) American Psychological Assn.

Line & Scribble. Debora Vogrig. Illus. by Pia Valentinis. 2021. (ENG.). 64p. (J). (gr. -1-k). 18.99 *(978-1-7972-0187-0(5))* Chronicle Bks. LLC.

Line Experiment Laboratory! Connect the Dots Activity Book. Activity Book Zone for Kids. 2016. (ENG., Illus.). (J). pap. 7.55 *(978-1-68376-141-9(3))* Sabeels Publishing.

LINE FRIENDS: BROWN & FRIENDS: I Love You Beary Much: A Little Book of Happiness. Jenne Simon. Illus. by LINE FRIENDS Inc. 2021. (ENG.). 48p. (J). (gr. 3-17). 10.99 *(978-0-316-16795-6(9))* Little, Brown Bks. for Young Readers.

LINE FRIENDS: BROWN & FRIENDS: Trick or Treat Yourself: A Little Book of Mischief. Jenne Simon. Illus. by LINE FRIENDS Inc. 2022. (ENG.). 48p. (J). (gr. 3-17). 10.99 *(978-0-316-42306-9(8))* Little, Brown Bks. for Young Readers.

Line Graphs. Sherra G. Edgar. 2018. (Making & Using Graphs Ser.). (ENG.). 24p. (J). (gr. k-3). lib. bdg. 22.99 *(978-1-5105-3618-0(3))* SmartBook Media, Inc.

Line Graphs. Lizann Flatt. 2016. (Get Graphing! Building Data Literacy Skills Ser.). (ENG., Illus.). 24p. (J). (gr. 1-3). *(978-0-7787-2625-8(8))* Crabtree Publishing Co.

Line in the Dark. Malinda Lo. 288p. (YA). (gr. 9). 2022. (ENG.). pap. 11.99 *(978-0-593-61839-4(4))*; 2017. 17.99 *(978-0-7352-2742-2(X))* Penguin Young Readers Group. (Dutton Books for Young Readers).

Line in the Sand. Thao Lam. 2022. (ENG., Illus.). 48p. (J). (gr. 1). 18.95 *(978-1-77147-570-9(6))* Owlkids Bks. Inc. CAN. Dist: Publishers Group West (PGW).

Line It up! Connect the Dots Activity Book. Activibooks For Kids. 2016. (ENG., Illus.). (J). pap. 7.55 *(978-1-68321-466-3(8))* Mimaxion.

Line Lost Limericks: A Guest Book (Classic Reprint) Fred E. Woodward. (ENG., Illus.). (J). 2018. 128p. 26.54 *(978-0-365-19008-0(X))*; 2017. pap. 9.57 *(978-0-259-80924-1(1))* Forgotten Bks.

Line-O'-Verse or Two. Bert Leston Taylor. 2017. (ENG., Illus.). (J). pap. *(978-0-649-47753-1(7))* Trieste Publishing Pty Ltd.

Line-O-Verse or Two. Bert Leston Taylor. 2018. (ENG., Illus.). 70p. (J). *(978-3-7326-2681-6(4))* Klassik Literatur. ein Imprint der Salzwasser Verlag GmbH.

Line Tender. Kate Allen. 384p. (J). (gr. 5). 2020. 8.99 *(978-0-7352-3161-0(3)*, Puffin Books); 2019. (Illus.). 17.99

1180
The check digit for ISBN-10 appears in parentheses after the full ISBN-13

TITLE INDEX LINK, VOL. 16

(978-0-7352-3160-3(5), Dutton Books for Young Readers) Penguin Young Readers Group.

Line the Page! Connect the Dots Activity Book. Creative Playbooks. 2016. (ENG., Illus.). (J). pap. 10.81 *(978-1-68323-492-0(8))* Twin Flame Productions.

Line Tracing Coloring Workbook. Marissa O'Starrie. 2021. (ENG.). 56p. (J). pap. 5.39 *(978-1-716-20905-5(6))* Lulu Pr., Inc.

Line Up! Animals in Remarkable Rows. Susan Stockdale. 2023. (Illus.). 32p. (J). (-k). 18.99 *(978-1-68263-322-9(5))* Peachtree Publishing Co. Inc.

Line up the Pages! Connect the Dots Activity Book. Creative Playbooks. 2016. (ENG., Illus.). (J). pap. 10.81 *(978-1-68323-490-6(1))* Twin Flame Productions.

Line upon Line: Or a Second Series of the Earliest Religious Instruction the Infant Mind Is Capable of Receiving (Classic Reprint) Favell Lee Mortimer. 2018. (ENG., Illus.). 226p. (J). 28.56 *(978-0-267-23701-2(4))* Forgotten Bks.

Linea de la Concepción: La Sinfonía Del Silencio. Alicia Domínguez Arcos. 2022. (SPA.). 109p. (YA). pap. *(978-1-716-05745-8(0))* Lulu Pr., Inc.

Linebackers. Josh Leventhal. 2016. (Football's All-Time Greats Ser.). (ENG.). 32p. (J). (gr. 4-6). pap. 9.99 *(978-1-64466-164-2(0),* 10358); (Illus.). 31.35 *(978-1-68072-040-2(6),* 10357) Black Rabbit Bks. (Bolt).

Lined Paper for Kids & Children Aged 3 To 5: With Wipe Clean Page (9 Lines per Page) James Manning. 2018. (Lined Paper for Kids Ser.: Vol. 5). (ENG., Illus.). 104p. (J). (gr. k-1). pap. *(978-1-78917-399-4(X))* Sketchbook, Sketch Pad, Art Bk., Drawing Paper, and Writing Paper Publishing Co., The.

Lined Paper for Kids Book (Advanced 13 Lines per Page) A Handwriting & Cursive Writing Book with 100 Pages of Extra Large 8. 5 by 11. 0 Inch Writing Practise Pages. This Book Has Guidelines for Practising Writing. James Manning. 2018. (Lined Paper for Kids Book Ser.: Vol. 5). (ENG., Illus.). 104p. (J). (gr. k-6). pap. *(978-1-78970-334-4(4))* Elige Cogniscere.

Lined Paper for Kids Book (Beginners 9 Lines per Page) A Handwriting & Cursive Writing Book with 100 Pages of Extra Large 8. 5 by 11. 0 Inch Writing Practise Pages. This Book Has Guidelines for Practising Writing. James Manning. 2018. (Lined Paper for Kids Book Ser.: Vol. 3). (ENG., Illus.). 104p. (J). (gr. k-6). pap. *(978-1-78970-270-5(4))* Elige Cogniscere.

Lined Paper for Kids Book (Highly Advanced 18 Lines per Page) A Handwriting & Cursive Writing Book with 100 Pages of Extra Large 8. 5 by 11. 0 Inch Writing Practise Pages. This Book Has Guidelines for Practising Writing. James Manning. 2018. (Lined Paper for Kids Book Ser.: Vol. 6). (ENG., Illus.). 104p. (J). (gr. k-6). pap. *(978-1-78970-367-2(0))* Elige Cogniscere.

Lined Paper for Kids Book (Intermediate 11 Lines per Page) A Handwriting & Cursive Writing Book with 100 Pages of Extra Large 8. 5 by 11. 0 Inch Writing Practise Pages. This Book Has Guidelines for Practising Writing. James Manning. 2018. (Lined Paper for Kids Book Ser.: Vol. 4). (ENG., Illus.). 104p. (J). (gr. k-6). pap. *(978-1-78970-301-6(8))* Elige Cogniscere.

Lined Paper for Kids (Wide Lines) 100 Basic Handwriting Practice Sheets with Wide Lines for Children Aged 3 to 6: This Book Contains Suitable Handwriting Paper for Children Who Would Like to Practice Their Writing. James Manning. 2018. (Lined Paper for Kids (Wide Lines) Ser.: Vol. 1). (ENG., Illus.). 108p. (J). (gr. k-2). pap. *(978-1-78917-608-7(5))* Sketchbook, Sketch Pad, Art Bk., Drawing Paper, and Writing Paper Publishing Co., The.

Lined Paper for Kindergarten Writing: 130 Blank Handwriting Practice Paper ABC Kids Learn to Write. Penciol Press. 2021. (ENG.). 106p. (J). pap. 10.00 *(978-1-716-16852-9(X))* Lulu Pr., Inc.

Lined Writing Paper Book: A Handwriting & Cursive Writing Book with 100 Pages of Extra Large 8. 5 by 11. 0 Inch Writing Practise Pages. This Book Has Guidelines for Practising Writing. James Manning. 2018. (Lined Writing Paper Book Ser.: Vol. 4). (ENG., Illus.). 104p. (J). (gr. k-6). pap. *(978-1-78970-318-4(2))* Elige Cogniscere.

Lined Writing Paper Book (Advanced 13 Lines per Page) A Handwriting & Cursive Writing Book with 100 Pages of Extra Large 8. 5 by 11. 0 Inch Writing Practise Pages. This Book Has Guidelines for Practising Writing. James Manning. 2018. (Lined Writing Paper Book Ser.: Vol. 5). (ENG., Illus.). 104p. (J). (gr. k-6). pap. *(978-1-78970-352-8(2))* Elige Cogniscere.

Lined Writing Paper Book (Beginners 9 Lines per Page) A Handwriting & Cursive Writing Book with 100 Pages of Extra Large 8. 5 by 11. 0 Inch Writing Practise Pages. This Book Has Guidelines for Practising Writing. James Manning. 2018. (Lined Writing Paper Book Ser.: Vol. 3). (ENG., Illus.). 104p. (J). (gr. k-6). pap. *(978-1-78970-286-6(0))* Elige Cogniscere.

Lined Writing Paper Book (Expert 22 Lines per Page) A Handwriting & Cursive Writing Book with 100 Pages of Extra Large 8. 5 by 11. 0 Inch Writing Practise Pages. This Book Has Guidelines for Practising Writing. James Manning. 2018. (Lined Writing Paper Book Ser.: Vol. 8). (ENG., Illus.). 104p. (J). (gr. k-5). pap. *(978-1-78970-408-2(1))* Elige Cogniscere.

Lined Writing Paper Book (Highly Advanced 18 Lines per Page) A Handwriting & Cursive Writing Book with 100 Pages of Extra Large 8. 5 by 11. 0 Inch Writing Practise Pages. This Book Has Guidelines for Practising Writing. James Manning. 2018. (Lined Writing Paper Book Ser.: Vol. 7). (ENG., Illus.). 104p. (J). (gr. k-5). pap. *(978-1-78970-383-2(2))* Elige Cogniscere.

Lines: (Wordless Kids Books, Children's Winter Books, Ice Skating Story for Kids) Suzy. Lee. 2017. (ENG., Illus.). 40p. (J). (gr. -1-k). 17.99 *(978-1-4521-5665-1(4))* Chronicle Bks. LLC.

Lines & Triangles & Squares, Oh My! Zoe Burke. Illus. by Carey Hall. 2017. 24p. (J). bds. 10.95 *(978-0-7649-7864-7(0),* POMEGRANATE KIDS) Pomegranate Communications, Inc.

Lines Are Losing Me! Kids Maze Activity Book. Activity Book Zone for Kids. 2016. (ENG., Illus.). (J). pap. 7.55 *(978-1-68376-203-4(7))* Sabeels Publishing.

Lines, Bars & Circles: How William Playfair Invented Graphs. Helaine Becker. Illus. by Marie-Ève Tremblay & Marie-Ève Tremblay. 2017. (ENG.). 36p. (J). (gr. 1-4). 17.95 *(978-1-77138-570-1(7))* Kids Can Pr., Ltd. CAN. Dist: Hachette Bk. Group.

Lines Between Us. Jessica Gajda. 2019. (ENG.). 108p. (YA). pap. 12.95 *(978-1-64515-445-7(9))* Christian Faith Publishing.

Line's Busy (Classic Reprint) Albert Edward Ullman. (ENG., Illus.). (J). 2018. 130p. 26.58 *(978-0-428-86992-2(0));* 2017. pap. 9.57 *(978-1-334-95705-5(3))* Forgotten Bks.

Lines Long & Short: Biographical Sketches in Various Rhythms (Classic Reprint) Henry Blake Fuller. 2018. (ENG., Illus.). 166p. (J). 27.34 *(978-0-483-69561-0(0))* Forgotten Bks.

Lines of Courage, 1 vol. Jennifer A. Nielsen. 2022. (ENG.). 400p. (J). (gr. 3-7). 17.99 *(978-1-338-62093-1(2),* Scholastic Pr.) Scholastic, Inc.

Lines, Squiggles, Letters, Words. Ruth Rocha. Illus. by Madalena Matoso. 2016. 40p. (J). (gr. -1-k). 16.95 *(978-1-59270-208-4(2))* Enchanted Lion Bks., LLC.

Lines We Cross. Randa Abdel-Fattah. (ENG.). 400p. (YA). (gr. 7-7). 2018. pap. 10.99 *(978-1-338-28205-4(0));* 2017. 18.99 *(978-1-338-11866-7(8),* Scholastic Pr.) Scholastic, Inc.

Lines We Draw: A Story of Imprisoned Japanese Americans. Camellia Lee. Illus. by Eric Freeberg. 2019. (I Am America Ser.). (ENG.). 160p. (J). (gr. 3-4). pap. 8.99 *(978-1-63163-280-8(9),* 1631632809); lib. bdg. 28.50 *(978-1-63163-279-2(5),* 1631632795) North Star Editions. (Jolly Fish Pr.).

Ling & Ting: Together in All Weather. Grace Lin. ed. 2016. (Passport to Reading Level 3 Ser.). (J). lib. bdg. 14.75 *(978-0-606-39107-0(8))* Turtleback.

Ling & Ting: Together in All Weather. Grace Lin. 2016. (ENG.). 48p. (J). (gr. 1-4). pap. 4.99 *(978-0-316-33548-5(7))* Little, Brown Bks. for Young Readers.

Ling Gets It Right, 1 vol. Laurie Friedman. Illus. by Gal Weizman. 2022. (Super Starz Ser.). (ENG.). 48p. (J). (gr. 2-4). lib. bdg. *(978-1-0396-4595-0(X),* 16326); pap. *(978-1-0396-4722-0(7),* 17332) Crabtree Publishing Co. (Leaves Chapter Books).

Ling Vence el Miedo. Laurie Friedman. Illus. by Gal Weizman. 2022. (Las Superestrellas (the Super Starz) Ser.). (SPA.). 48p. (J). (gr. 2-4). pap. *(978-1-0396-5008-4(2),* 20267); lib. bdg. *(978-1-0396-4881-4(9),* 20266) Crabtree Publishing Co. (Leaves Chapter Books).

Lingering Echoes. Angie Smibert. (Ghosts of Ordinary Objects Ser.). (J). (gr. 5-9). 2020. (ENG.). 192p. pap. 9.99 *(978-1-68437-704-6(8));* 2019. 176p. 17.95 *(978-1-62979-851-6(7))* Astra Publishing Hse. (Astra Young Readers).

Lingo Dan: A Novel (Classic Reprint) Percival Pollard. 2017. (ENG., Illus.). (J). 27.71 *(978-0-331-24781-7(X));* pap. 10.57 *(978-0-243-31306-8(3))* Forgotten Bks.

Lingo Dingo & the Astronaut Who Spoke Spanish: Learn Spanish for Kids; Bilingual Spanish & English Books for Kids & Children. Mark Pallis. Illus. by James Cottell. 2023. (ENG.). 36p. (J). pap. *(978-1-915337-43-6(7))* Neu Westend Pr.

Lingo Dingo & the Chef Who Spoke Hindi: Learn Hindi for Kids (bilingual English Hindi Books for Kids & Children) Mark Pallis. Illus. by James Cottell. 2023. (ENG.). 38p. (J). pap. *(978-1-915337-70-2(4))* Neu Westend Pr.

Lingo Dingo & the Chef Who Spoke Tagalog: Laugh As You Learn Tagalog Kids Book; Learn Tagalog for Kids Children; Learning Tagalog Books for Kids; Tagalog English Books for Kids Children; Tagalog Stories for Kids Filipino; Tagalog Words for Kids Children. Mark Pallis & Peter Baynton. 2022. (ENG.). 38p. (J). pap. *(978-1-915337-14-6(3))* Neu Westend Pr.

Lingo Dingo & the French Astronaut: Laugh & Learn French for Kids; Bilingual French English Kids Book; Teaching Young Kids French; Easy Childrens Books French Vocabulary; Gifts for French Kids; Learn French for Children; Bilingual French Kids. Mark Pallis. Illus. by James Cottell. 2022. (ENG.). 36p. (J). pap. *(978-1-913595-93-7(5))* Neu Westend Pr.

Lingo Dingo & the French Chef: Heartwarming & Fun Bilingual French English Book to Learn French for Kids. Mark Pallis. Illus. by James Cottell. 2023. (ENG.). 38p. (J). pap. *(978-1-913595-53-1(6))* Neu Westend Pr.

Lingo Dingo & the German Astronaut: Heartwarming & Fun English German Kids Book to Learn German for Kids (learning German for Children; Bilingual German English Childrens Kids Books) Mark Pallis & James Cottell. 2022. (ENG.). 36p. (J). pap. *(978-1-913595-86-9(2))* Neu Westend Pr.

Lingo Dingo & the Greek Astronaut: Laugh As You Learn Greek for Children: Greek Books for Kids; Teach Greek Language to Kids Toddlers Babies; Greek Bilingual Books English; Gift for Greek Kids; Greek Picture Book (Story Powered Language Learning Method) Mark Pallis. Illus. by James Cottell. 2023. (ENG.). 36p. (J). pap. *(978-1-915337-08-5(9))* Neu Westend Pr.

Lingo Dingo & the Greek Chef: Laugh As You Learn Greek for Kids: Greek Books for Children; Bilingual Greek English Books for Kids; Greek Language Picture Book; Greek Gift for Kids; Learn Greek for Children (Story Powered Language Learning Method) Mark Pallis. Illus. by James Cottell. 2022. (ENG & GRE.). 38p. (J). pap. *(978-1-915337-09-2(7))* Neu Westend Pr.

Lingo Dingo & the Italian Astronaut: Laugh As You Learn Italian for Kids (bilingual Italian English Children's Book) Mark Pallis. Illus. by James Cottell. 2023. (ENG.). 36p. (J). pap. *(978-1-915337-02-3(X))* Neu Westend Pr.

Lingo Dingo & the Italian Chef: Laugh As You Learn Italian for Kids. Bilingual Italian English Book for Children; Italian Language Learning for Kids; Italian Childrens Story Books; English Italian Story (Story-Powered Language Learning Method) Mark Pallis. Illus. by James Cottell. 2022. (ENG.). 38p. (J). pap. *(978-1-913595-98-2(6))* Neu Westend Pr.

Lingo Dingo & the Polish Astronaut: Laugh & Learn 50 Polish Words! (Learn Polish for Kids; Bilingual English Polish Books for Children; Polish for Kids; Bilingual Polish Book; Gift Polish Kids Books; Polish Vocabulary for Kids, Bilingual Polish Book) Mark Pallis. Illus. by James Cottell. 2022. (ENG.). 36p. (J). pap. *(978-1-913595-95-1(1))* Neu Westend Pr.

Lingo Dingo & the Polish Chef: Laugh & Learn Polish! Enjoy Learning Polish for Children! (Polish Kids Books; Polish English Book for Children; English Polish Childrens Books; Polish Children Learning Books; Polish Story Book; Polish Books for Children) Mark Pallis. Illus. by James Cottell. 2023. (ENG.). 38p. (J). pap. *(978-1-913595-94-4(3))* Neu Westend Pr.

Lingo Dingo & the Turkish Chef: Laugh As You Learn Turkish! Turkish for Kids Book (bilingual Turkish English) Mark Pallis. Illus. by James Cottell. 2023. (ENG.). 38p. (J). pap. *(978-1-915337-49-8(6))* Neu Westend Pr.

Lingo Dingo & the Ukrainian Chef: Laugh As You Learn Ukrainian for Kids; Ukrainian Books for Children; Learning Ukrainian Kids; Gifts for Ukrainian Kids, Toddler, Baby; Bilingual English Ukrainian Book for Children (Story Powered Language Learning) Mark Pallis. Illus. by James Cottell. 2022. (ENG.). 38p. (J). pap. *(978-1-915337-11-5(9))* Neu Westend Pr.

Linh's Rooftop Garden. Janay Brown-Wood. Illus. by Samara Hardy. 2023. (Where in the Garden? Ser.). 32p. (J). (gr. -1-2). (ENG.). pap. 8.99 *(978-1-68263-627-5(5));* 16.99 *(978-1-68263-168-3(0))* Peachtree Publishing Co. Inc.

Link: April 1959 (Classic Reprint) Unknown Author. 2018. (ENG., Illus.). 68p. (J). 25.32 *(978-0-483-40387-1(3))* Forgotten Bks.

Link: August 1952 (Classic Reprint) Unknown Author. 2018. (ENG., Illus.). 54p. (J). 25.03 *(978-0-483-61893-0(4))* Forgotten Bks.

Link: August 1955 (Classic Reprint) Unknown Author. 2018. (ENG., Illus.). 54p. (J). 25.03 *(978-0-364-09219-4(X))* Forgotten Bks.

Link: December 1957 (Classic Reprint) Unknown Author. 2018. (ENG., Illus.). 54p. (J). 25.01 *(978-0-484-81133-0(9))* Forgotten Bks.

Link: December 1971, the Manger Mouse, What If They Never Hear, I'm Staying in the Ministry (Classic Reprint) Unknown Author. 2018. (ENG., Illus.). 68p. (J). 25.30 *(978-0-483-76037-0(4))* Forgotten Bks.

Link: December-January (Classic Reprint) Unknown Author. 2018. (ENG., Illus.). 52p. (J). 24.99 *(978-0-428-97091-8(5))* Forgotten Bks.

Link: July 1955 (Classic Reprint) Unknown Author. 2018. (ENG., Illus.). 50p. (J). 25.01 *(978-0-484-63968-2(4))* Forgotten Bks.

Link: June 1955 (Classic Reprint) Unknown Author. 2018. (ENG., Illus.). 54p. (J). 25.03 *(978-0-484-82316-6(7))* Forgotten Bks.

Link: March 1959 (Classic Reprint) Unknown Author. 2018. (ENG., Illus.). 68p. (J). 25.30 *(978-0-484-84139-9(4))* Forgotten Bks.

Link: May 1953 (Classic Reprint) Unknown Author. 2018. (ENG., Illus.). 56p. (J). 25.05 *(978-0-483-38344-9(9))* Forgotten Bks.

Link: November 1957 (Classic Reprint) Unknown Author. 2018. (ENG., Illus.). 56p. (J). 25.05 *(978-0-484-63326-4(X))* Forgotten Bks.

Link: November 1960 (Classic Reprint) Unknown Author. 2018. (ENG., Illus.). 70p. (J). 25.30 *(978-0-484-79751-1(4))* Forgotten Bks.

Link: November 1961 (Classic Reprint) Unknown Author. 2017. (ENG., Illus.). (J). 25.30 *(978-0-331-02607-8(4))* Forgotten Bks.

Link: November 1971 (Classic Reprint) Unknown Author. 2018. (ENG., Illus.). 70p. (J). 25.34 *(978-0-267-12115-1(6))* Forgotten Bks.

Link: Story of a Great Picture; the Big Surprise; Don't Forget Your Change; April 1958 (Classic Reprint) Unknown Author. 2017. (ENG., Illus.). (J). 25.30 *(978-0-260-03745-9(1))* Forgotten Bks.

Link, 1954, Vol. 12 (Classic Reprint) Unknown Author. 2018. (ENG., Illus.). 54p. (J). 25.03 *(978-0-483-40655-1(4))* Forgotten Bks.

Link, 1954, Vol. 12 (Classic Reprint) Joe Dana. (ENG., Illus.). (J). 2018. 56p. 25.07 *(978-0-484-37964-9(X));* 2016. pap. 9.57 *(978-1-334-12644-4(5))* Forgotten Bks.

Link, August 1957: The Lucky Shorts, Riding the Range for Good, Crossroads of the West, Reading in a Foxhole, Church That Went into the Fishing Business (Classic Reprint) Unknown Author. 2018. (ENG., Illus.). 54p. (J). 25.01 *(978-0-428-32442-1(8))* Forgotten Bks.

Link Between Two Worlds / un Lien Entre Deux Mondes: The Nightmare Begins/ le Cauchemar Commence. Gabriella Kikwaki. 2021. (ENG.). 84p. (YA). *(978-0-2288-5247-6(1));* pap. *(978-0-2288-5245-2(5))* Tellwell Talent.

Link Between Two Worlds / un Lien Entre Deux Mondes: Together Forever / Ensemble Pour Toujours - Volume 3. Gabriella Kikwaki. 2021. (Link Between Two Worlds Ser.: Vol. 4). (FRE.). 76p. (YA). *(978-0-2288-4926-1(8));* pap. *(978-0-2288-4924-7(1))* Tellwell Talent.

Link Between Two Worlds / un Lien Entre Deux Mondes: Volume 1 & 2. Gabriella Kikwaki. 2021. (Link Between Worlds/ un Lien Entre Mondes Ser.: Vol. 4). (FRE.). 100p. (YA). *(978-0-2288-4741-0(9));* pap. *(978-0-2288-4579-9(3))* Tellwell Talent.

Link (Classic Reprint) Unknown Author. (ENG., Illus.). (J). 2018. 70p. 25.34 *(978-0-364-94107-2(3));* 2018. 54p. 25.03 *(978-0-666-46392-0(1));* 2018. 56p. 25.05 *(978-0-267-46308-4(1));* 2018. 56p. 25.05 *(978-0-267-45790-8(1));* 2018. 72p. 25.38 *(978-0-484-68779-9(4));* 2018. 68p. 25.30 *(978-0-267-42326-2(8));* 2018. 54p. 25.03 *(978-0-484-87876-0(X));* 2018. 68p. 25.30 *(978-0-484-59262-8(9));* 2018. 52p. 24.99 *(978-0-483-96320-7(8));* 2018. 74p. 25.42 *(978-0-483-95120-4(X));* 2018. 70p. 25.34 *(978-0-483-63848-8(X));* 2018. 58p. 25.09 *(978-0-483-55583-9(5));* 2018. 68p. 25.30 *(978-0-483-52105-6(1));* 2018. 68p. 25.32 *(978-0-483-51496-6(9));* 2018. 72p. 25.38 *(978-0-483-46658-6(1));* 2018. 58p. 25.09 *(978-0-483-46462-9(7));* 2018. 70p. 25.36 *(978-0-483-40795-4(X));* 2018. 70p. 25.34 *(978-0-428-86045-5(1));* 2018. 68p. 25.36 *(978-0-484-34262-9(2));* 2018. 52p. 24.99 *(978-0-332-32075-5(8));* 2017. 25.03 *(978-0-265-16700-7(0))* Forgotten Bks.

Link, December 1958: A Protestant Magazine for Armed Forces Personnel (Classic Reprint) Unknown Author. 2018. (ENG., Illus.). 70p. (J). 25.36 *(978-0-267-24402-7(9))* Forgotten Bks.

Link, January 1958 (Classic Reprint) Unknown Author. 2018. (ENG., Illus.). 70p. (J). 25.34 *(978-0-267-24084-5(8))* Forgotten Bks.

Link: Legend of Zelda Hero. Kenny Abdo. 2020. (Video Game Heroes Ser.). (ENG., Illus.). 24p. (J). (gr. 2-2). pap. 8.95 *(978-1-64494-419-6(7));* lib. bdg. 31.36 *(978-1-0982-2145-4(1),* 34537) ABDO Publishing Co. (Abdo Zoom-Fly).

Link, Vol. 10: April 1952 (Classic Reprint) Thomas a Rymer. 2018. (ENG., Illus.). 54p. (J). 25.03 *(978-0-484-78941-7(4))* Forgotten Bks.

Link, Vol. 10: February, 1952 (Classic Reprint) Thomas a Rymer. (ENG., Illus.). (J). 2018. 54p. 25.01 *(978-0-267-56248-0(9));* 2016. pap. 9.57 *(978-1-333-73335-3(6))* Forgotten Bks.

Link, Vol. 10: July 1952 (Classic Reprint) Thomas a Rymer. 2018. (ENG., Illus.). 52p. (J). 24.99 *(978-0-483-99488-1(X))* Forgotten Bks.

Link, Vol. 10: June, 1952 (Classic Reprint) Thomas a Rymer. (ENG., Illus.). (J). 2018. 54p. 25.03 *(978-0-483-51430-0(6));* 2016. pap. 9.57 *(978-1-333-76331-2(X))* Forgotten Bks.

Link, Vol. 10: March 1952 (Classic Reprint) Thomas a Rymer. 2018. (ENG., Illus.). 52p. (J). 24.99 *(978-0-483-40209-6(5))* Forgotten Bks.

Link, Vol. 10: May, 1952 (Classic Reprint) Thomas a Rymer. 2018. (ENG., Illus.). 52p. (J). 24.99 *(978-0-483-39291-5(X))* Forgotten Bks.

Link, Vol. 10: November, 1952 (Classic Reprint) Thomas a Rymer. 2018. (ENG., Illus.). 54p. (J). 25.03 *(978-0-483-50675-6(3))* Forgotten Bks.

Link, Vol. 10: October 1952 (Classic Reprint) Thomas a Rymer. 2018. (ENG., Illus.). 54p. (J). 25.01 *(978-0-267-46747-1(8))* Forgotten Bks.

Link, Vol. 10: September 1952 (Classic Reprint) Thomas a Rymer. 2018. (ENG., Illus.). 54p. (J). 25.01 *(978-0-267-23190-4(3))* Forgotten Bks.

Link, Vol. 11: December 1953 (Classic Reprint) Joe Dana. 2018. (ENG., Illus.). 54p. (J). 25.03 *(978-0-484-76730-9(5))* Forgotten Bks.

Link, Vol. 11: November, 1953 (Classic Reprint) Joe Dana. 2018. (ENG., Illus.). 54p. (J). 25.01 *(978-0-267-24483-6(5))* Forgotten Bks.

Link, Vol. 11: October, 1953 (Classic Reprint) Joe Dana. (ENG., Illus.). (J). 2018. 58p. 25.09 *(978-0-483-88334-5(4));* 2016. pap. 9.57 *(978-1-334-16539-9(4))* Forgotten Bks.

Link, Vol. 12: January, 1954 (Classic Reprint) Unknown Author. 2018. (ENG., Illus.). 54p. (J). 25.01 *(978-0-484-72361-9(8))* Forgotten Bks.

Link, Vol. 12: May, 1954 (Classic Reprint) Unknown Author. 2018. (ENG., Illus.). 54p. (J). 25.01 *(978-0-267-49873-4(X))* Forgotten Bks.

Link, Vol. 12: Program Magazine for the United Fellowship of Protestants; December, 1954 (Classic Reprint) Joe Dana. (ENG., Illus.). (J). 2018. 54p. 25.03 *(978-0-483-60998-3(6));* 2016. pap. 9.57 *(978-1-334-11647-6(4))* Forgotten Bks.

Link, Vol. 12 (Classic Reprint) Unknown Author. 2018. (ENG., Illus.). 54p. (J). 25.03 *(978-0-428-87793-4(1))* Forgotten Bks.

Link, Vol. 13: January, 1955 (Classic Reprint) Joe Dana. (ENG., Illus.). (J). 2018. 54p. 25.03 *(978-0-483-51882-7(4));* 2016. pap. 9.57 *(978-1-334-02823-6(0))* Forgotten Bks.

Link, Vol. 13: March, 1955 (Classic Reprint) Joe Dana. 2018. (ENG., Illus.). 54p. (J). 25.01 *(978-0-483-52292-3(9))* Forgotten Bks.

Link, Vol. 13: May, 1955 (Classic Reprint) Joe Dana. (ENG., Illus.). (J). 2018. 52p. 24.99 *(978-0-484-54797-0(6));* 2016. pap. 9.57 *(978-1-334-13161-5(9))* Forgotten Bks.

Link, Vol. 13: October 1955 (Classic Reprint) Joe Dana. 2018. (ENG., Illus.). 54p. (J). 25.03 *(978-0-483-43994-8(0))* Forgotten Bks.

Link, Vol. 13: Program Magazine for the United Fellowship of Protestants; December 1955 (Classic Reprint) Joe Dana. 2018. (ENG., Illus.). 56p. (J). 25.05 *(978-0-483-49823-5(8))* Forgotten Bks.

Link, Vol. 13: Program Magazine for the United Fellowship of Protestants; February, 1955 (Classic Reprint) Joe Dana. 2018. (ENG., Illus.). 54p. (J). 25.01 *(978-0-267-24846-9(6))* Forgotten Bks.

Link, Vol. 14: February, 1956 (Classic Reprint) Joe Dana. 2018. (ENG., Illus.). 54p. (J). 25.03 *(978-0-332-18936-9(8))* Forgotten Bks.

Link, Vol. 14: Program Magazine for the United Fellowship of Protestants; December, 1956 (Classic Reprint) Joe Dana. 2018. (ENG., Illus.). 54p. (J). 25.01 *(978-0-483-46129-1(6))* Forgotten Bks.

Link, Vol. 14: Program Magazine for the United Fellowship of Protestants; November, 1956 (Classic Reprint) Joe Dana. 2018. (ENG., Illus.). 54p. (J). 25.03 *(978-0-483-07698-3(8))* Forgotten Bks.

Link, Vol. 14: September, 1956 (Classic Reprint) Joe Dana. (ENG., Illus.). (J). 2018. 56p. 25.07 *(978-0-483-62178-7(1));* 2016. pap. 9.57 *(978-1-334-13779-2(X))* Forgotten Bks.

Link, Vol. 15: A Program Magazine for Armed Forces Personnel; January, 1957 (Classic Reprint) Marion J. Creeger. 2018. (ENG., Illus.). 56p. (J). 25.07 *(978-0-484-88025-1(X))* Forgotten Bks.

Link, Vol. 15: A Program Magazine for Armed Forces Personnel; June 1957 (Classic Reprint) Marion J. Creeger. 2018. (ENG., Illus.). 56p. (J). 25.07 *(978-0-483-86353-8(X))* Forgotten Bks.

Link, Vol. 16: A Protestant Journal for the Armed Forces Personnel; May 1958 (Classic Reprint) Lawrence P. Fitzgerald. 2018. (ENG., Illus.). 70p. (J). 25.34 *(978-0-483-64059-7(X))* Forgotten Bks.

L

Link, Vol. 16: June 1958 (Classic Reprint) Lawrence P. Fitzgerald. 2018. (ENG., Illus.). 70p. (J). 25.34 *(978-0-332-31982-7(2))* Forgotten Bks.

Link, Vol. 24: A Protestant Magazine for Armed Forces Personnel; December, 1966 (Classic Reprint) A. Ray Appelquist. 2018. (ENG., Illus.). 68p. (J). 25.30 *(978-0-484-57071-8(4))* Forgotten Bks.

Link, Vol. 24: August, 1966 (Classic Reprint) A. Ray Appelquist. (ENG., Illus.). (J). 2018. 68p. 25.30 *(978-0-483-30391-1(7))*; 2016. pap. 9.57 *(978-1-334-11149-5(9))* Forgotten Bks.

Link, Vol. 29: September, 1971 (Classic Reprint) Lawrence P. Fitzgerald. (ENG., Illus.). (J). 2018. 70p. 25.34 *(978-0-483-88912-5(1))*; 2016. pap. 9.57 *(978-1-334-15555-0(0))* Forgotten Bks.

Link, Vol. 30: A Magazine for Armed Forces Personnel; February 1972 (Classic Reprint) Unknown Author. 2019. (ENG., Illus.). 70p. (J). 25.34 *(978-0-483-82324-2(4))* Forgotten Bks.

Link, Vol. 30: December 1972 (Classic Reprint) Edward I. Swanson. 2018. (ENG., Illus.). 68p. (J). 25.30 *(978-0-483-89670-3(5))* Forgotten Bks.

Link, Vol. 30: July, 1972 (Classic Reprint) Edward I. Swanson. 2018. (ENG., Illus.). 68p. (J). 25.30 *(978-0-428-93552-8(4))* Forgotten Bks.

Link, Vol. 30: June, 1972 (Classic Reprint) Edward I. Swanson. (ENG., Illus.). (J). 2018. 70p. 25.34 *(978-0-267-56956-4(4))*; 2016. pap. 9.57 *(978-1-334-11353-6(X))* Forgotten Bks.

Link, Vol. 31: A Magazine for Armed Forces Personnel; February, 1973 (Classic Reprint) Edward I. Swanson. (ENG., Illus.). (J). 2018. 72p. 25.38 *(978-0-267-35100-8(3))*; 2016. pap. 9.57 *(978-1-333-74308-6(4))* Forgotten Bks.

Link, Vol. 31: A Magazine for Armed Forces Personnel; March 1973 (Classic Reprint) Edward I. Swanson. 2018. (ENG., Illus.). 72p. (J). 25.38 *(978-0-267-27230-3(8))* Forgotten Bks.

Link, Vol. 31: A Magazine for Armed Forces Personnel; October, 1973 (Classic Reprint) Edward I. Swanson. 2018. (ENG., Illus.). 70p. (J). 25.36 *(978-0-267-26319-6(8))* Forgotten Bks.

Link, Vol. 31: A Magazine for Armed Forces Personnel; September, 1973 (Classic Reprint) Unknown Author. (ENG., Illus.). (J). 2018. 70p. 25.36 *(978-0-483-78644-8(6))*; 2016. pap. 9.57 *(978-1-334-16065-3(1))* Forgotten Bks.

Link, Vol. 31: April, 1973 (Classic Reprint) Unknown Author. 2018. (ENG., Illus.). 72p. (J). 25.38 *(978-0-483-56526-5(1))* Forgotten Bks.

Link, Vol. 31: August 1973 (Classic Reprint) Unknown Author. 2018. (ENG., Illus.). 70p. (J). 25.36 *(978-0-483-57037-5(0))* Forgotten Bks.

Link, Vol. 31: December 1973 (Classic Reprint) Edward I. Swanson. (ENG., Illus.). (J). 2018. 68p. 25.30 *(978-0-267-36773-3(2))*; 2016. pap. 9.57 *(978-1-334-16285-5(9))* Forgotten Bks.

Link, Vol. 31: January, 1973 (Classic Reprint) Edward I. Swanson. 2016. (ENG., Illus.). (J). pap. 9.57 *(978-1-334-11397-0(1))* Forgotten Bks.

Link, Vol. 31: July 1973 (Classic Reprint) Unknown Author. 2018. (ENG., Illus.). 72p. (J). 25.38 *(978-0-267-49866-6(7))* Forgotten Bks.

Link, Vol. 31: June 1973 (Classic Reprint) Unknown Author. 2018. (ENG., Illus.). 68p. (J). 25.30 *(978-0-332-69275-3(2))* Forgotten Bks.

Link, Vol. 31: November, 1973 (Classic Reprint) Edward I. Swanson. (ENG., Illus.) (J). 2018. 68p. 25.30 *(978-0-484-54157-2(9))*; 2016. pap. 9.57 *(978-1-334-06516-3(0))* Forgotten Bks.

Link, Vol. 32: A Magazine for Armed Forces Personnel; June 1974 (Classic Reprint) Edward I. Swanson. 2018. (ENG., Illus.). (J). 74p. 25.42 *(978-0-366-54317-5(2))*; 76p. pap. 9.57 *(978-0-365-90056-6(7))* Forgotten Bks.

Link, Vol. 32: A Magazine for Armed Forces Personnel; October 1974 (Classic Reprint) Unknown Author. 2018. (ENG., Illus.). 68p. (J). 25.30 *(978-0-483-57813-5(4))* Forgotten Bks.

Link, Vol. 32: A Magazine for Armed Forces Personnel; September 1974 (Classic Reprint) Unknown Author. 2018. (ENG., Illus.). 70p. (J). 25.34 *(978-0-483-49239-4(6))* Forgotten Bks.

Link, Vol. 32: July-August 1974 (Classic Reprint) Unknown Author. 2018. (ENG., Illus.). 70p. (J). 25.34 *(978-0-332-14539-6(5))* Forgotten Bks.

Link, Vol. 32 (Classic Reprint) Unknown Author. 2018. (ENG., Illus.). 68p. (J). 25.32 *(978-0-483-47781-0(8))* Forgotten Bks.

Link, Vol. 5: August, 1947 (Classic Reprint) Delmar L. Dyreson. (ENG., Illus.). (J). 2018. 56p. 25.05 *(978-0-267-36283-7(8))*; 2016. pap. 9.57 *(978-1-334-16731-7(1))* Forgotten Bks.

Link, Vol. 5: Official Publication, the Service Men's Christian League; November, 1947 (Classic Reprint) Delmar L. Dyreson. 2018. (ENG., Illus.). 54p. (J). 25.03 *(978-0-483-91194-9(1))* Forgotten Bks.

Link, Vol. 6: December, 1948 (Classic Reprint) Unknown Author. 2018. (ENG., Illus.). 52p. (J). 24.99 *(978-0-484-54936-3(7))* Forgotten Bks.

Link, Vol. 6: January, 1948 (Classic Reprint) Unknown Author. 2018. (ENG., Illus.). 56p. (J). 25.05 *(978-0-483-00949-3(0))* Forgotten Bks.

Link, Vol. 6: May, 1948 (Classic Reprint) Unknown Author. 2018. (ENG., Illus.). 56p. (J). 25.05 *(978-0-483-86025-4(5))* Forgotten Bks.

Link, Vol. 6: October, 1948 (Classic Reprint) Unknown Author. 2018. (ENG., Illus.). 54p. (J). 25.03 *(978-0-484-39594-6(7))* Forgotten Bks.

Link, Vol. 6 (Classic Reprint) Unknown Author. 2018. (ENG., Illus.). 56p. (J). 25.05 *(978-0-483-41093-0(4))* Forgotten Bks.

Link, Vol. 7: June 1949 (Classic Reprint) Delmar Leslie Dyreson. 2018. (ENG., Illus.). (J). 25.03 *(978-0-331-99081-2(4))* Forgotten Bks.

Link, Vol. 7: March, 1949 (Classic Reprint) Delmar L. Dyreson. (ENG., Illus.). (J). 2018. 54p. 25.03 *(978-0-483-94888-4(8))*; 2016. pap. 9.57 *(978-1-334-15367-9(1))* Forgotten Bks.

Link, Vol. 7: May, 1949 (Classic Reprint) Delmar Leslie Dyreson. (ENG., Illus.). (J). 2017. 56p. 25.07 *(978-0-332-80904-5(8))*; 2016. pap. 9.57 *(978-1-334-16176-6(3))* Forgotten Bks.

Link, Vol. 7: October-November, 1949 (Classic Reprint) Delmar Leslie Dyreson. 2018. (ENG., Illus.). 56p. (J). 25.05 *(978-0-484-37776-8(0))* Forgotten Bks.

Link, Vol. 7: September, 1949 (Classic Reprint) Delmar Leslie Dyreson. (ENG., Illus.). (J). 2018. 56p. 25.07 *(978-0-483-54544-1(9))*; 2016. pap. 9.57 *(978-1-334-16708-9(7))* Forgotten Bks.

Link, Vol. 7 (Classic Reprint) Unknown Author. 2018. (ENG., Illus.). (J). 54p. 25.03 *(978-0-483-59769-3(4))*; 56p. 25.07 *(978-0-483-63241-7(4))*; 54p. 25.01 *(978-0-483-87817-4(0))* Forgotten Bks.

Link, Vol. 8: April-May, 1950 (Classic Reprint) Unknown Author. 2018. (ENG., Illus.). 54p. (J). 25.01 *(978-0-267-48122-4(5))* Forgotten Bks.

Link, Vol. 8: August September, 1950 (Classic Reprint) Unknown Author. 2018. (ENG., Illus.). 50p. (J). 24.95 *(978-0-483-61560-1(9))* Forgotten Bks.

Link, Vol. 8: December 1950 January 1951 (Classic Reprint) Thomas a Rymer. 2018. (ENG., Illus.). 54p. (J). 25.01 *(978-0-332-74303-5(9))* Forgotten Bks.

Link, Vol. 8: June-July 1950 (Classic Reprint) Unknown Author. 2018. (ENG., Illus.). 52p. (J). 24.99 *(978-0-483-40166-2(8))* Forgotten Bks.

Link, Vol. 8: October-November, 1950 (Classic Reprint) Thomas a Rymer. 2018. (ENG., Illus.). 52p. (J). 24.99 *(978-0-428-90357-2(6))* Forgotten Bks.

Link, Vol. 9: April-May, 1951 (Classic Reprint) Thomas a Rymer. 2018. (ENG., Illus.). 54p. (J). 25.03 *(978-0-483-97872-0(8))* Forgotten Bks.

Link, Vol. 9: August-September, 1951 (Classic Reprint) Thomas a Rymer. 2018. (ENG., Illus.). 54p. (J). 25.03 *(978-0-428-58893-9(X))* Forgotten Bks.

Link, Vol. 9: December, 1951 (Classic Reprint) Unknown Author. 2018. (ENG., Illus.). 56p. (J). 25.05 *(978-0-483-48986-8(7))* Forgotten Bks.

Link, Vol. 9: February March, 1951 (Classic Reprint) Thomas a Rymer. 2018. (ENG., Illus.). 56p. (J). 25.05 *(978-0-332-91400-8(3))* Forgotten Bks.

Link, Vol. 9 (Classic Reprint) Unknown Author. 2018. (ENG., Illus.). 54p. (J). 25.03 *(978-0-483-46022-5(2))* Forgotten Bks.

Linked. Jo Dinage. 2021. (ENG.). 190p. (YA). pap. 12.99 *(978-1-0878-7918-5(3))* Indy Pub.

Linked, 1 vol. Gordon Korman. (ENG.). 256p. (J). (gr. 3-7). 2023. pap. 7.99 *(978-1-338-62913-2(1))*; 2021. 17.99 *(978-1-338-62911-8(5))* Scholastic, Inc.

Linked Lives (Classic Reprint) D. Kinmount Roy. (ENG., Illus.). (J). 2018. 350p. 31.12 *(978-0-483-61820-6(9))*; 2017. pap. 13.57 *(978-0-243-28633-1(3))* Forgotten Bks.

Linking. Justin J. Little. 2017. (ENG.). 198p. (YA). pap. 9.99 *(978-1-988247-17-5(9),* 78e04af2-fd93-49e9-95d6-a7eb26b51e27) Chapterhouse Comics CAN. Dist: Diamond Comic Distributors, Inc.

Linking the Alike: Matching Game Activity Book. Activity Book Zone for Kids. 2016. (ENG., Illus.). (J). pap. 7.55 *(978-1-68376-142-6(1))* Sabeels Publishing.

Links. Penelope Dyan. Illus. by Penelope Dyan. l.t. ed. 2023. (ENG.). 34p. (J). pap. 12.60 ***(978-1-61477-661-1(X))*** Bellissima Publishing, LLC.

Link's Book of Adventure (Nintendo(r)) Steve Foxe. Illus. by Random House. 2018. (ENG.). 72p. (J). (gr. 2-5). 9.99 *(978-1-5247-7265-9(8),* Random Hse. Bks. for Young Readers) Random Hse. Children's Bks.

Links in a Chain (Classic Reprint) Margaret Sutton Briscoe. 2018. (ENG., Illus.). 230p. (J). 28.66 *(978-0-483-85329-4(1))* Forgotten Bks.

Linn Shops for Pug. Cecilia Minden. Illus. by Sam Loman. 2023. (In Bloom Ser.). (ENG.). (J). (gr. 2-4). 24p. pap. 12.79 *(978-1-6689-1899-9(4),* 221877); 23p. lib. bdg. 30.64 ***(978-1-6689-2646-8(6),*** 222623) Cherry Lake Publishing. (Cherry Blossom Press).

Linnaeus Organising Nature: Band 18/Pearl. Liz Miles. 2017. (Collins Big Cat Ser.). (ENG., Illus.). 80p. (J). pap. 12.99 *(978-0-00-820897-4(2))* HarperCollins Pubs. Ltd. GBR. Dist: Independent Pubs. Group.

Linnet: A Romance (Classic Reprint) Grant Allen. 2018. (ENG., Illus.). 406p. (J). 32.27 *(978-0-484-71156-2(3))* Forgotten Bks.

Linnet's Trial, Vol. 2 Of 2: A Tale (Classic Reprint) Menella Bute Smedley. 2018. (ENG., Illus.). 322p. (J). 30.54 *(978-0-267-65059-0(0))* Forgotten Bks.

Linnie Lou & Stevie. Linda Kay. 2021. (ENG., Illus.). 50p. (J). 26.95 *(978-1-6624-4165-3(7))*; pap. 16.95 *(978-1-6624-2119-8(2))* Page Publishing Inc.

Linny Lockwood, Vol. 1 Of 2: A Novel (Classic Reprint) Catherine Crowe. 2017. (ENG., Illus.). (J). 29.86 *(978-0-266-26720-1(3))* Forgotten Bks.

Linny Lockwood, Vol. 2 of 2 (Classic Reprint) Catherine Crowe. 2017. (ENG., Illus.). (J). 30.21 *(978-0-266-87326-6(X))* Forgotten Bks.

Lino the Lamp Is Afraid of the Dark. Sunshine Wong. Illus. by Nicklaus Barrameda. 2016. (ENG.). (J). pap. *(978-981-09-9807-3(4))* KREATIF HANDS AND ASSOCIATES.

Linside Farm (Classic Reprint) J. F. Moore. 2018. (ENG., Illus.). 354p. (J). 31.20 *(978-0-483-54002-6(1))* Forgotten Bks.

Lint Boy. Aileen Leijten. 2017. (ENG., Illus.). 128p. (J). (gr. 3-7). 16.99 *(978-0-544-52860-4(3),* 1607349, Clarion Bks.) HarperCollins Pubs.

Lintang & the Pirate Queen. Tamara Moss. (ENG.). 368p. (J). (gr. 5-7). 2022. pap. 7.99 *(978-0-358-53977-3(3),* 1806702); 2019. 16.99 *(978-1-328-46030-1(4),* 1712799) HarperCollins Pubs. (Clarion Bks.).

Linty: a Pocketful of Adventure. Mike Shiell. Illus. by Mike Shiell. 2022. (ENG.). 64p. (J). (gr. 1-4). 12.99 *(978-1-5253-0494-1(1))* Kids Can Pr., Ltd. CAN. Dist: Hachette Bk. Group.

Linus. Stuart Hausmann. Illus. by Stuart Hausmann. 2023. (ENG., Illus.). 40p. (J). (gr. -1-3). 18.99 *(978-1-6659-0030-0(X),* Atheneum Bks. for Young Readers) Simon & Schuster Children's Publishing.

Linus Gets Glasses. Sheri Tan. ed. 2018. (Ready-To-Read Ser.). (ENG.). 32p. (J). (gr. -1-1). 13.89 *(978-1-64310-673-1(2))* Penworthy Co., LLC, The.

Linus the Little Yellow Pencil. Scott Magoon. Illus. by Scott Magoon. 2019. (ENG., Illus.). 32p. (J). (gr. -1-3). 18.99 *(978-1-368-00627-9(2))* Little, Brown Bks. for Young Readers.

Linwoods - or, Sixty Years since in America in Two Volumes - Vol. II. Catharine Maria Sedgwick. 2017. (ENG., Illus.). (J). pap. *(978-1-4733-3803-6(4))* Freeman Pr.

Linwoods, or Sixty Years since in America (Classic Reprint) Catharine Maria Sedgwick. (ENG., Illus.). (J). 2018. 132p. 26.62 *(978-0-267-10820-6(6))*; 2017. pap. 9.57 *(978-0-282-05490-8(1))* Forgotten Bks.

Linwoods; or Sixty Years since in America, Vol. 1 Of 2: By the Author of Hope Leslie, Redwood, &C (Classic Reprint) Catharine Maria Sedgwick. 2018. (ENG., Illus.). 286p. (J). 29.80 *(978-0-656-53866-9(X))* Forgotten Bks.

Linwoods; or Sixty Years since in America, Vol. 2 Of 2: By the Author of Hope Leslie, Redwood, &C (Classic Reprint) Catharine Maria Sedgwick. 2018. (ENG., Illus.). 290p. (J). 29.90 *(978-0-656-92820-0(4))* Forgotten Bks.

Lio: Making Friends. Mark Tatulli. 2016. (Lio Ser.: Vol. 8). (ENG., Illus.). (J). (gr. 3-6). 37.99 *(978-1-4494-7390-7(3))* Andrews McMeel Publishing.

Lio: There's a Monster in My Socks. Mark Tatulli. 2016. (Lio Ser.: Vol. 7). (ENG., Illus.). (J). (gr. 3-6). 29.99 *(978-1-4494-7391-4(1))* Andrews McMeel Publishing.

Lío de Caléndulas. Jacqueline Jules. Illus. by Kim Smith. 2018. (Sofía Martínez en Español Ser.). (SPA.). 32p. (J). (gr. k-2). lib. bdg. 21.32 *(978-1-5158-2447-3(0),* 137550, Picture Window Bks.) Capstone.

lío de Conjuros. Frank Cammuso. 2017. (SPA.). 96p. (J). (gr. 2-4). pap. 11.99 *(978-84-683-1292-7(4))* Edebé ESP. Dist: Lectorum Pubns., Inc.

Lío en la Feria / Cuphead in Carnival Chaos. Ron Bates. Tr. by Ignacio Gómez Calvo. 2023. (Cuphead Ser.: 1). (SPA.). 272p. (J). (gr. 4-7). 17.95 ***(978-84-19366-84-9(6),*** Alfaguara) Penguin Random House Grupo Editorial ESP. Dist: Penguin Random Hse. LLC.

Lion. Nancy Dickmann. 2023. (Life Cycles Ser.). (ENG.). 24p. (J). (gr. 2-4). pap. 10.99 *(978-1-78121-565-4(0),* 16637) Black Rabbit Bks.

Lion. Nancy Dickmann. 2020. (Life Cycles Ser.). (ENG.). 24p. (J). (gr. 2-4). 29.95 *(978-1-78121-538-8(3),* 16631) Brown Bear Bks.

Lion. Melissa Gish. (Spotlight on Nature Ser.). (ENG.). 32p. (J). (gr. 4-7). 2021. *(978-1-64026-340-6(3),* 18639, Creative Education); 2020. pap. 9.99 *(978-1-62832-872-1(X),* 18640, Creative Paperbacks) Creative Co., The.

Lion. Susan H. Gray. Illus. by Jeff Bane. 2021. (My Early Library: My Life Cycle Ser.). (ENG.). 24p. (J). (gr. k-1). lib. bdg. 30.64 *(978-1-5341-8006-2(0),* 218304) Cherry Lake Publishing.

Lion. August Hoeft. (I See Animals Ser.). (ENG.). (J). 2022. 20p. pap. 12.99 ***(978-1-5324-4226-1(2))***; 2021. 12p. pap. 5.99 *(978-1-5324-1504-3(4))* Xist Publishing.

Lion. Karen Durrie. 2017. (World Languages Ser.). (ENG.). 24p. (J). lib. bdg. 35.70 *(978-1-4896-6566-9(8),* AV2 by Weigl) Weigl Pubs., Inc.

Lion: A Long Way Home Young Readers' Edition. Saroo Brierley. ed. 2017. (ENG., Illus.). 272p. (J). (gr. 5). 8.99 *(978-0-425-29176-4(6),* Puffin Books) Penguin Young Readers Group.

Lion: And Other Stories (Classic Reprint) Unknown Author. 2017. (ENG., Illus.). 20p. (J). 24.33 *(978-0-484-35237-6(7))* Forgotten Bks.

Lion: Arabic-English Bilingual Edition. Karen Durrie. 2016. (I Am Ser.). (ARA & ENG.). (J). (gr. -1-1). 29.99 *(978-1-61913-886-5(7))* Weigl Pubs., Inc.

Lion: The Big 5 & Other Wild Animals. Megan Emmett. 2018. (Big 5 & Other Wild Animals Ser.). (ENG., Illus.). 58p. (J). (gr. k-6). pap. *(978-0-6393-0003-0(0))* Awareness Publishing.

Lion, 1934, Vol. 1 (Classic Reprint) East Mississippi Junior College. 2017. (ENG., Illus.). (J). 25.59 *(978-0-260-80252-1(2))*; pap. 9.57 *(978-1-5281-9457-0(8))* Forgotten Bks.

Lion, 1935, Vol. 2 (Classic Reprint) East Mississippi Junior College. (ENG., Illus.). (J). 2018. 84p. 25.65 *(978-0-365-33264-0(X))*; 2017. pap. 9.57 *(978-0-259-89137-6(1))* Forgotten Bks.

Lion, 1936, Vol. 3 (Classic Reprint) East Mississippi Community College. 2017. (ENG., Illus.). (J). 25.71 *(978-0-331-30156-4(3))*; pap. 9.57 *(978-0-331-09288-2(3))* Forgotten Bks.

Lion among the Ladies, Vol. 1 Of 3: A Novel (Classic Reprint) Philip Gaskell. (ENG., Illus.). (J). 2018. 266p. 29.38 *(978-0-484-05786-8(3))*; 2016. pap. 11.97 *(978-1-334-09086-8(6))* Forgotten Bks.

Lion among the Ladies, Vol. 2 Of 3: A Novel (Classic Reprint) Philip Gaskell. 2017. (ENG., Illus.). 250p. (J). 29.07 *(978-0-332-39989-8(3))* Forgotten Bks.

Lion among the Ladies, Vol. 3 Of 3: A Novel (Classic Reprint) Philip Gaskell. 2018. (ENG., Illus.). 246p. (J). 28.97 *(978-0-332-08221-9(0))* Forgotten Bks.

Lion & Lamb: Level 3. Barbara Brenner & William H. Hooks. Illus. by Bruce Degen. 2020. (Bank Street Ready-To-Read Ser.). (ENG.). 50p. (J). 17.95 *(978-1-876967-08-6(0))*; pap. 11.95 *(978-1-876965-96-9(7))* ibooks, Inc.

Lion & Lamb Step Out: Level 3. Barbara Brenner & William H. Hooks. Illus. by Bruce Degen. 2020. (Bank Street Ready-To-Read Ser.). (ENG.). 50p. (J). 17.95 *(978-1-876967-09-3(9))*; pap. 11.95 *(978-1-876965-98-3(3))* ibooks, Inc.

Lion & Mouse, 1 vol. Jairo. Buitrago. Tr. by Elisa Amado. Illus. by Rafael Yockteng. 2019. (ENG.). 32p. (J). (gr. -1-1). 18.95 *(978-1-77306-224-2(7))* Groundwood Bks. CAN. Dist: Publishers Group West (PGW).

Lion & the Clever Tortoise. C. Victory. 2022. (Tortoise & Other Animal Tales Ser.). (ENG.). 32p. (J). ***(978-1-0391-6979-1(1))***; pap. ***(978-1-0391-6978-4(3))*** FriesenPress.

Lion & the Fox. Lawrence Omotayo. 2020. (ENG.). 36p. (YA). ***(978-1-716-71664-5(0))*** Lulu Pr., Inc.

Lion & the Fox (Classic Reprint) Eimar O'Duffy. 2018. (ENG., Illus.). 276p. (J). 29.59 *(978-0-267-44261-4(0))* Forgotten Bks.

Lion & the Lyceum. Alex Beene & Taylor Wiedemann. 2016. (ENG.). (J). 19.95 *(978-1-63177-689-2(4))* Amplify Publishing Group.

Lion & the Mouse, 1 vol. Aesop Aesop. 2017. (Let's Learn Aesop's Fables Ser.). (ENG.). 24p. (gr. 2-2). 26.27 *(978-1-4994-8369-7(4),* 671d2cb3-f561-416e-b63d-842bf50098cd); pap. 9.25 *(978-1-4994-8374-1(0),* a893e800-3002-4315-81fc-fa50b67aca2f) Rosen Publishing Group, Inc., The. (Windmill Bks.).

Lion & the Mouse. Mary Berendes. Illus. by Kathleen Petelinsek. 2022. (Aesop's Fables: Timeless Moral Stories Ser.). (ENG.). 24p. (J). (gr. k-3). 32.79 *(978-1-5038-5864-0(2),* 215730) Child's World, Inc, The.

Lion & the Mouse. J. E. Franklin. Illus. by Brett Forsyth. 2022. (ENG.). 24p. (J). 15.00 ***(978-1-7359236-1-1(3))***; pap. 10.00 ***(978-0-9884780-3-9(X))*** Freedom's Hammer.

Lion & the Mouse. Blake Hoena. Illus. by Jen Khatun. 2018. (Classic Fables in Rhythm & Rhyme Ser.). (ENG.). 24p. (J). (gr. k-2). 33.99 *(978-1-68410-308-9(8),* 140699) Cantata Learning.

Lion & the Mouse. Jerry Pinkney. 2018. (CHI.). (J). (gr. k-3). *(978-7-5340-6246-9(2))* Zehjiang People's Fine Arts Publishing Hse.

Lion & the Mouse: Leveled Reader Blue Fiction Level 11 Grade 1. Hmh Hmh. 2019. (Rigby PM Ser.). (ENG.). 16p. (J). (gr. 1). pap. 11.00 *(978-0-358-08680-2(9))* Houghton Mifflin Harcourt Publishing Co.

Lion & the Mouse: a Lesson in Acts of Kindness: A Lesson in Acts of Kindness. Grace Hansen. 2021. (Lessons with Aesop's Fables Ser.). (ENG.). 32p. (J). (gr. 2-5). lib. bdg. 32.79 *(978-1-0982-4131-5(2),* 38798, DiscoverRoo) Pop!.

Lion & the Mouse & the Invaders from Zurg: A Graphic Novel. Benjamin Harper. Illus. by Pedro Rodriguez. 2017. (Far Out Fables Ser.). (ENG.). 40p. (J). (gr. 3-6). pap. 4.95 *(978-1-4965-5426-0(4),* 136359); lib. bdg. 25.32 *(978-1-4965-5422-2(1),* 136355) Capstone. (Stone Arch Bks.).

Lion & the Mouse (Classic Reprint) Charles Klein. 2018. (ENG., Illus.). 406p. (J). 32.29 *(978-0-364-12675-2(2))* Forgotten Bks.

Lion & the Mouse Green Band. Vivian French. Illus. by Alan Rogers. ed. 2016. (Cambridge Reading Adventures Ser.). (ENG.). 16p. pap. 7.95 *(978-1-107-55038-4(6))* Cambridge Univ. Pr.

Lion & the Mouse, Narrated by the Timid but Truthful Mouse. Nancy Loewen. Illus. by Cristian Bernardini. 2018. (Other Side of the Fable Ser.). (ENG.). 24p. (J). (gr. -1-3). lib. bdg. 27.99 *(978-1-5158-2866-2(2),* 138404, Picture Window Bks.) Capstone.

Lion & the Mouse/el Leon y el Raton. Teresa Miawer. 2016. (Timeless Fables Ser.). (ENG., Illus.). 32p. (J). *(978-1-941609-25-5(2))* Lake Press.

Lion & the Rabbit: Leveled Reader Blue Fiction Level 9 Grade 1. Hmh Hmh. 2019. (Rigby PM Ser.). (ENG.). 16p. (J). (gr. 1). pap. 11.00 *(978-0-358-12028-5(4))* Houghton Mifflin Harcourt Publishing Co.

Lion & the Red Balloon & Other Silly Stories. C. M. Healy. 2018. (ENG., Illus.). 24p. (J). (gr. 1-6). 16.99 *(978-1-948577-25-0(9))* Mercury West Publishing.

Lion & the Unicorn & Other Hairy Tales. Jane Ray. 2022. (Story Collector Ser.). (ENG.). 176p. (J). (gr. 3-5). pap. 18.99 *(978-1-914912-13-9(6))* Boxer Bks., Ltd. GBR. Dist: Sterling Publishing Co., Inc.

Lion & the Unicorn (Classic Reprint) Richard Harding Davis. 2018. (ENG., Illus.). (J). 316p. 30.43 *(978-0-365-47625-2(0))*; 28.64 *(978-0-266-98636-2(6))* Forgotten Bks.

Lion & the Water-Wagtail: A Mock Heroic Poem, in Three Cantos (Classic Reprint) Charles Dibdin. 2018. (ENG., Illus.). 186p. (J). 27.75 *(978-0-428-95819-0(2))* Forgotten Bks.

Lion Ben of Elm Island. Elijah Kellogg. 2017. (ENG.). 282p. (J). pap. *(978-3-7447-2257-5(0))* Creation Pubs.

Lion Ben of ELM Island (Classic Reprint) Elijah Kellogg. 2018. (ENG., Illus.). 280p. (J). 29.67 *(978-0-484-53395-9(9))* Forgotten Bks.

Lion Bible for Children. Murray Watts. Illus. by Helen Cann. 2018. (ENG.). 352p. (J). 16.99 *(978-0-7459-7748-5(0),* ea6c2d6b-434f-467f-b5e6-96ac6e78b2fe, Lion Children's) Lion Hudson PLC GBR. Dist: Baker & Taylor Publisher Services (BTPS).

Lion Bible for Children. Helen Cann, Murray Watts. Illus. by Helen Cann. ed. 2021. (ENG.). 352p. (J). (gr. 2). 21.99 *(978-0-7459-7938-0(6),* 9339e4d5-bea5-479b-9a5c-7ea611247392, Lion Children's) Lion Hudson PLC GBR. Dist: Baker & Taylor Publisher Services (BTPS).

Lion Bible Story Box, 6 vols. Sophie Piper. Illus. by Estelle Corke & Estelle Corke. ed. 2016. (ENG.). 32p. (J). pap. 18.99 *(978-0-7459-7687-7(5),* fc9f0bae-4b16-4749-b70d-0cbc4f278ed0, Lion Children's) Lion Hudson PLC GBR. Dist: Baker & Taylor Publisher Services (BTPS).

Lion Bible Verses Colouring Book, 1 vol. Antonia Jackson. Illus. by Felicity French. ed. 2017. (ENG.). 32p. (J). (gr. 2-4). pap. 9.99 *(978-0-7459-7689-1(1),* b691cef7-9e79-4c2c-83ed-79ba57f12182, Lion Books) Lion Hudson PLC GBR. Dist: Baker & Taylor Publisher Services (BTPS).

Lion Book of Prayers to Keep for Ever. Lois Rock. Illus. by Sophie Allsopp. ed. 2016. (ENG.). 64p. (J). (gr. 2-4). 10.99 *(978-0-7459-7641-9(7),* 7b717f7cc-80b1-42ba-a6ae-2329a9d44460, Lion Children's) Lion Hudson PLC GBR. Dist: Baker & Taylor Publisher Services (BTPS).

Lion Children's Bible Gift Edition. Pat Alexander. Illus. by Carolyn Cox. ed. 2021. (ENG.). 256p. (J). 21.99 *(978-0-7459-7936-6(X),* b3eb3d28-504e-4f0b-9625-868527120748, Lion Children's) Lion Hudson PLC GBR. Dist: Baker & Taylor Publisher Services (BTPS).

1182

The check digit for ISBN-10 appears in parentheses after the full ISBN-13

TITLE INDEX LIONS

Lion d'Afrique (African Lion) Amy Culliford. Tr. by Annie Everts. 2021. (Animaux les Plus Meurtriers (Deadliest Animals) Ser.). (FRE.). (J). (gr. 3-9). pap. (978-1-0396-0297-7(5), 12827, Crabtree Branches) Crabtree Publishing Co.

Lion Down. Stuart Gibbs. 2019. (FunJungle Ser.). (ENG., Illus.). 352p. (J). (gr. 3-7). 18.99 (978-1-5344-2473-9(3), Simon & Schuster Bks. For Young Readers) Simon & Schuster Bks. For Young Readers.

Lion Easy-Read Bible First Words. Jamie Smith, Deborah Lock. Illus. by Jamie Smith. ed. 2021. (ENG.). 96p. (J). (gr. -1-k). 11.99 (978-0-7459-7889-5(4), 0cefc8ff-1f47-4d1b-8364-d911863d2c79, Lion Children's) Lion Hudson PLC GBR. Dist: Baker & Taylor Publisher Services (BTPS).

Lion First Bible. Pat Alexander. Illus. by Leon Baxter. 3rd ed. 2022. (ENG.). 480p. (J). 14.99 (978-0-7459-7975-5(0), fcd2676d-d579-4bab-9eda-d66f06a296b3, Lion Children's) Lion Hudson PLC GBR. Dist: Baker & Taylor Publisher Services (BTPS).

Lion for the Emperor, Volume 2. Sophie de Mullenheim. 2021. (In the Shadows of Rome Ser.: 2). (ENG.). 224p. (J). (gr. 4-7). pap. 12.99 (978-1-62164-456-9(1)) Ignatius Pr.

Lion for Zion. Kathleen Mayeux. Ed. by Kathleen Mayeux. Illus. by Michael Verrett. 2020. (ENG.). 32p. (J). (978-1-387-59974-5(7)) Lulu Pr., Inc.

Lion Goes Roar! John Townsend. Illus. by Diego Vaisberg & Diego Vaisberg. ed. 2020. (Creature Features Ser.). (ENG.). 10p. (J). (— 1). bds. 8.95 (978-1-913337-00-1(6), Scribblers) Book Hse. GBR. Dist: Sterling Publishing Co., Inc.

Lion Graphic Bible: The Whole Story from Genesis to Revelation. Jeff Anderson & Mike Maddox. 2nd ed. 2021. (ENG., Illus.). 256p. (J). 22.99 (978-0-7459-8144-4(5), 4a0f6009-65c2-47be-b028-993f29e9df45); pap. 15.99 (978-0-7459-8143-7(7), 651c54a9-d268-4a47-bc97-8076014765bc) Lion Hudson PLC GBR. (Lion Books). Dist: Baker & Taylor Publisher Services (BTPS).

Lion Guard: Bunga the Wise. Steve Behling & John Loy. Illus. by Premise Entertainment. 2018. (World of Reading Level 1 Ser.). (ENG.). 32p. (J). (gr. -1-3). lib. bdg. 31.36 (978-1-5321-4190-4(4), 28532) Spotlight.

Lion Guard: Bunga the Wise. Disney Press Editors. ed. 2016. (World of Reading Ser.). (Illus.). 32p. (J). lib. bdg. 13.55 (978-0-606-37539-9(2)) Turtleback.

Lion Guard: Unlikely Friends. Gina Gold & Kevin Hopps. Illus. by Premise Entertainment. 2018. (World of Reading Level Pre-1 (Leveled Readers) Ser.). (ENG.). 32p. (J). (gr. -1-2). lib. bdg. 31.36 (978-1-5321-4181-2(5), 28527) Spotlight.

Lion Guard Look & Find. Veronica Wagner. ed. 2018. (Look & Find Ser.). (ENG.). 19p. (J). (gr. -1-1). 22.36 (978-1-64310-722-6(4)) Penworthy Co., LLC, The.

Lion Guard: Pride Lands Patrol. Disney Book Group. Illus. by Disney Storybook Art Team. 2019. (World of Reading Level 1 Ser.). (ENG.). 32p. (J). (gr. -1-3). lib. bdg. 31.36 (978-1-5321-4400-4(8), 33805) Spotlight.

Lion Heart: A Scarlet Novel. A. C. Gaughen. 2017. (Scarlet Ser.). (ENG.). 368p. (YA). pap. 9.99 (978-1-68119-821-7(5), 900187603, Bloomsbury USA Childrens) Bloomsbury Publishing USA.

Lion in Love: A Play (Classic Reprint) Shelagh Delaney. 2018. (ENG., Illus.). (J). 112p. 26.21 (978-1-396-74510-2(6)); 114p. pap. 9.57 (978-1-391-98348-6(3)) Forgotten Bks.

Lion in Me. Andrew Jordan Nance. Illus. by Jim Durk. 2019. 32p. (J). (gr. -1-3). 16.95 (978-1-946764-41-6(8), Plum Blossom Bks.) Parallax Pr.

Lion in the Meadow. Margaret Mahy. Illus. by Jenny Williams. 2017. 57p. pap. (978-1-897136-78-2(1), 73-W6781) Hachette New Zealand.

Lion in the Playroom. Patty Battles. 2017. (ENG., Illus.). (J). (gr. -1-2). 16.95 (978-1-5127-9047-4(8), WestBow Pr.) Author Solutions, LLC.

Lion Is a Lion. Polly Dunbar. Illus. by Polly Dunbar. 2018. (ENG., Illus.). 40p. (J). (gr. -1-2). 15.99 (978-0-7636-9731-0(1)) Candlewick Pr.

Lion Is a Lion. Polly Dunbar. 2018. (Illus.). 40p. (J). (978-1-4063-7153-6(X)) Candlewick Pr.

Lion Is Nervous: A Book about Feeling Worried. Sue Graves. Illus. by Trevor Dunton. 2022. (Behavior Matters Ser.). (ENG.). 32p. (J). (gr. -1-2). lib. bdg. 25.00 (978-1-338-75817-7(9), Watts, Franklin) Scholastic Library Publishing.

Lion Is Worried, 1 vol. Sue Graves. Illus. by Trevor Dunton. 2016. (Behavior Matters Ser.). (ENG.). 32p. (J). (gr. 2-3). lib. bdg. 28.93 (978-1-4994-8084-9(9), 58f7caaf-621c-465c-ab00-d43eba50160a, Windmill Bks.) Rosen Publishing Group, Inc., The.

Lion Island: Cuba's Warrior of Words. Margarita Engle. (ENG.). (J). (gr. 5). 2017. 192p. pap. 7.99 (978-1-4814-6113-9(3)); 2016. (Illus.). 176p. 16.99 (978-1-4814-6112-2(5), Atheneum Bks. for Young Readers) Simon & Schuster Children's Publishing.

Lion Kids Bible Comic. Ed Chatelier. Illus. by Bambos Georgiou et al. ed. 2019. (ENG.). 112p. (J). (gr. 1-4). pap. 13.99 (978-0-7459-7719-5(7), 32cbd0f6-7e96-47fe-be43-fb4aed084dc7, Lion Children's) Lion Hudson PLC GBR. Dist: Baker & Taylor Publisher Services (BTPS).

Lion King. Laura Bush. 2019. (CHI.). (YA). pap. (978-7-5562-4625-0(6)) Hunan Juvenile and Children's Publishing Hse.

Lion King. Courtney Carbone. 2019. (Step into Reading Ser.). (ENG.). 24p. (J). (gr. k-1). 14.96 (978-0-87617-444-9(6)) Penworthy Co., LLC, The.

Lion King. Bobbi Jg Weiss. Illus. by Sparky Moore. 2020. (Disney Classics Ser.). (ENG.). 48p. (J). (gr. 2-6). lib. bdg. 32.79 (978-1-5321-4540-7(3), 35187, Graphic Novels) Spotlight.

Lion, King, & Coin. Jeong-hee Nam. Illus. by Lucia Sforza. 2017. (ENG.). 36p. (J). 10.00 (978-0-8028-5475-9(3), Eerdmans Bks For Young Readers) Eerdmans, William B. Publishing Co.

Lion King Deluxe Step into Reading (Disney the Lion King) Courtney Carbone. Illus. by Disney Storybook Disney Storybook Art Team. 2019. (Step into Reading Ser.). (ENG.). 24p. (J). (gr. -1-1). 5.99 (978-0-7364-3985-5(4), RH/Disney) Random Hse. Children's Bks.

Lion King Quizzes: Hakuna Matat. Heather E. Schwartz. 2019. (Disney Quiz Magic Ser.). (ENG., Illus.). 32p. (J). (gr. 1-4). 29.32 (978-1-5415-5473-3(6), 9781541554733, Lerner Pubns.) Lerner Publishing Group.

Lion King: Simba's Pride. Disney Publishing. Illus. by Disney Publishing. 2021. (Disney Classics Ser.). (ENG.). 48p. (J). (gr. 2-6). lib. bdg. 32.79 (978-1-5321-4802-6(X), 37013, Graphic Novels) Spotlight.

Lion Lessons. Jon Agee. 2016. (Illus.). 32p. (J). (gr. -1-3). 18.99 (978-0-8037-3908-6(7), Dial Bks) Penguin Young Readers Group.

Lion Lights: My Invention That Made Peace with Lions Hardcover. Richard Turere & Shelly Pollock. Illus. by Sonia Possentini. 2022. (ENG.). 32p. (J). (gr. 2-5). 18.95 (978-0-88448-885-9(3), 884885) Tilbury Hse. Pubs.

Lion, Lion Peekaboo. Illus. by Grace Habib. 2023. (Peekaboo Ser.). (ENG.). 8p. (J). (— 1). bds. 10.99 (978-1-915801-16-6(8)) Boxer Bks., Ltd. GBR. Dist: Sterling Publishing Co., Inc.

Lion Loses His Mane. Jayne Ho. 2023. 28p. (J). 36.00 (978-1-6678-9629-8(6)) BookBaby.

Lion Must Do What a Lion Must Do! Cassie Sano. 2022. (ENG.). 44p. (J). (978-1-4357-7855-9(3)); pap. (978-1-4583-0228-1(8)) Lulu Pr., Inc.

Lion Nativity Colouring Book. Antonia Jackson. Illus. by Felicity French. ed. 2016. (ENG.). 32p. (J). (gr. 2-4). pap. 7.99 (978-0-7459-7617-4(4), 7ea7e858-faf3-4ab4-89aa-67417f414794, Lion Children's) Lion Hudson PLC GBR. Dist: Baker & Taylor Publisher Services (BTPS).

Lion Needs a Haircut. Illus. by Hyewon Yum. 2020. (ENG.). 40p. (J). (gr. -1-2). 16.99 (978-1-4197-4224-8(8), 1680001, Abrams Bks. for Young Readers) Abrams, Inc.

Lion Needs a Shot. Hyewon Yum. 2022. (ENG., Illus.). 40p. (J). (gr. -1-3). 16.99 (978-1-4197-4829-5(7), 1706901, Abrams Bks. for Young Readers) Abrams, Inc.

Lion of Flanders, Vol. 1 (Classic Reprint) Hendrik Conscience. 2018. (ENG., Illus.). 418p. (J). 32.52 (978-0-484-64439-6(4)) Forgotten Bks.

Lion of Flanders, Vol. 2: Couperus; Fate (Classic Reprint) Hendrik Conscience. 2018. (ENG., Illus.). 412p. (J). 32.39 (978-0-483-93898-4(X)) Forgotten Bks.

Lion of Janina. Mor Jokai. 2017. (ENG.). 308p. (J). pap. (978-3-337-02585-4(4)) Creation Pubs.

Lion of Janina. Mor Jokai & R. Nisbet (Robert Nisbet) Bain. 2017. (ENG.). 308p. (J). pap. (978-3-337-24104-9(2)) Creation Pubs.

Lion of Janina: Or the Last Days of the Janissaries (Classic Reprint) Mor Jokai. 2017. (ENG., Illus.). (J). 30.33 (978-1-5279-8139-3(8)) Forgotten Bks.

Lion of Lark-Hayes Manor. Aubrey Hartman. 2023. (ENG., Illus.). 320p. (J). (gr. 3-7). 16.99 (978-0-316-44822-2(2)) Little, Brown Bks. for Young Readers.

Lion of Mars. Jennifer L. Holm. ed. 2022. (Penworthy Picks - Middle Grade Ser.). (ENG.). 267p. (J). (gr. 3-7). 21.46 (978-1-68505-697-1(0)) Penworthy Co., LLC, The.

Lion of Mars. Jennifer L. Holm. (ENG.). (J). (gr. 3-7). 2022. 288p. 8.99 (978-0-593-12184-9(8), Yearling); 2021. (Illus.). 272p. 17.99 (978-0-593-12181-8(3), Random Hse. Bks. for Young Readers) Random Hse. Children's Bks.

Lion on the Bus. Gareth P. Jones. Illus. by Jeff Harter. 2021. (ENG.). 32p. (J). pap. 6.99 (978-1-4052-9432-4(9)) Farshore GBR. Dist: HarperCollins Pubs.

Lion on the Inside: How One Girl Changed Basketball. Bilqis Abdul-Qaadir & Judith Henderson. Illus. by Katherine Ahmed. 2023. (CitizenKid Ser.). (ENG.). 40p. (J). (gr. k-3). 19.99 (978-1-5253-1003-4(8)) Kids Can Pr., Ltd. CAN. Dist: Hachette Bk. Group.

Lion Picture Bible. Sarah J. Dodd. Illus. by Raffaella Ligi. gif. ed. 2016. (ENG.). 384p. (J). (gr. k-2). 21.99 (978-0-7459-7627-3(1), 469b0339-5b15-4c2c-9e6a-0a99df87576e, Lion Children's) Lion Hudson PLC GBR. Dist: Baker & Taylor Publisher Services (BTPS).

Lion Picture Puzzle Activity Bible. Peter Martin. Illus. by Len Epstein. ed. 2020. (ENG.). 32p. (J). (gr. k-2). pap. 9.99 (978-0-7459-7714-0(6), 8f7eb4e6-043c-4c0d-8e80-57b44b575555, Lion Children's) Lion Hudson PLC GBR. Dist: Baker & Taylor Publisher Services (BTPS).

Lion Pride. Julie Murray. 2018. (Animal Groups (Abdo Kids Junior) Ser.). (ENG., Illus.). 24p. (J). (gr. -1-2). lib. bdg. 31.36 (978-1-5321-0781-8(1), 28123, Abdo Kids) ABDO Publishing Co.

Lion Pride (Wild Kratts) Martin Kratt & Chris Kratt. 2019. (Step into Reading Ser.). (ENG., Illus.). 32p. (J). (gr. -1-1). pap. 5.99 (978-1-9848-4790-4(2), Random Hse. Bks. for Young Readers) Random Hse. Children's Bks.

Lion Psalms Colouring Book, 1 vol. Antonia Jackson. Illus. by Felicity French. ed. 2016. (ENG.). 32p. (J). (gr. 2-4). pap. 9.99 (978-0-7459-7618-1(2), 8b985fc1-8595-4ac1-9317-4028a37616e2, Lion Children's) Lion Hudson PLC GBR. Dist: Baker & Taylor Publisher Services (BTPS).

Lion Queens of India, 1 vol. Jan Reynolds. 2020. (ENG., Illus.). 32p. (J). (gr. 1-3). 19.95 (978-1-64379-051-0(X), leelowbooks) Lee & Low Bks., Inc.

Lion Qui Se Vit Dans L'eau: French-Arabic Edition. Idries Shah. Illus. by Jeff Jackson. 2018. (Hoopoe Teaching-Stories Ser.). (FRE.). 40p. (J). (gr. k-4). pap. 9.99 (978-1-949358-46-9(1), Hoopoe Bks.) I S H K.

Lion Read & Know Bible. Sophie Piper. Illus. by Anthony Lewis. ed. 2016. (ENG.). 384p. (J). (gr. -1-k). pap. 9.99 (978-0-7459-7659-4(X), 586274c5-2408-422a-8d95-b931da670d67, Lion Children's) Lion Hudson PLC GBR. Dist: Independent Pubs. Group, Baker & Taylor Publisher Services (BTPS).

Lion Sleeps Tonight. Julia Williamson. 2017. (ENG., Illus.). (J). pap. 12.99 (978-1-387-22582-8(0)) Lulu Pr., Inc.

Lion Spies a Tiger. Molly Coxe. 2019. (Bright Owl Bks.). (Illus.). 40p. (J). (gr. -1-2). 17.99 (978-1-63592-106-9(6), b5245a88-10d5-484f-9634-8c6491357b00, Kane Press) Astra Publishing Hse.

Lion Storyteller Bible 25th Anniversary Edition. Bob Hartman. Illus. by Krisztina Kallai Nagy. 25th ed. 2020. (ENG.). 160p. (J). 27.99 (978-0-7459-7909-0(2), e04941d7-f211-410e-98b5-0f7bf9e92eb0, Lion Children's) Lion Hudson PLC GBR. Dist: Baker & Taylor Publisher Services (BTPS).

Lion Storyteller Book of Family Values: Over 30 World Stories with Links to Bible Verses & Engaging Discussion Ideas. Bob Hartman. Illus. by Krisztina Kallai Nagy. ed. 2021. (Lion Storyteller Ser.). (ENG.). 160p. (J). 21.99 (978-0-7459-7934-2(3), fec76a6e-69b2-46f1-8284-08cc6f0c7990, Lion Children's) Lion Hudson PLC GBR. Dist: Baker & Taylor Publisher Services (BTPS).

Lion Storyteller Book of Parables. Bob Hartman. Illus. by Krisztina Kallai Nagy. ed. 2021. (ENG.). 64p. (J). (gr. 2). pap. 10.99 (978-0-7459-7939-7(4), e9e1d13b-0479-4c8c-8fb8-fe421d712e9a, Lion Children's) Lion Hudson PLC GBR. Dist: Baker & Taylor Publisher Services (BTPS).

Lion Storyteller Family Bible. Bob Hartman. Illus. by Krisztina Kallai Nagy. ed. 2020. (ENG.). 160p. (J). (gr. 1). 21.99 (978-0-7459-7842-0(8), 00071ab2-9cbb-496a-aef3-89ba5cb7388c, Lion Children's) Lion Hudson PLC GBR. Dist: Baker & Taylor Publisher Services (BTPS).

Lion Tamer's Assistant. Solet Scheeres. 2022. (ENG.). 144p. (J). pap. 9.50 (978-1-77635-347-7(1)) Penguin Random House South Africa ZAF. Dist: Casemate Pubs. & Bk. Distributors, LLC.

Lion, the Lamb, & the Rose. Ieshia Greaves. 2017. (ENG., Illus.). (J). (gr. -1-3). pap. 12.95 (978-1-63525-580-5(5)) Christian Faith Publishing.

Lion, the Witch, & the Wardrobe. C. S. Lewis. Tr. by Christian Batikian. 2017. (ARM., Illus.). 182p. (J). (gr. 2-6). pap. 15.00 (978-1-946290-00-7(9)) Roslin Pr.

Lion, the Witch & the Wardrobe Board Book. C. S. Lewis. Illus. by Joey Chou. 2021. (Chronicles of Narnia Ser.). (ENG.). 32p. (J). (gr. -1 — 1). bds. 9.99 (978-0-06-298877-5(8), HarperFestival) HarperCollins Pubs.

Lion to Guard Us. Clyde Robert Bulla. Illus. by Michele Chessare. 2018. (ENG.). 128p. (J). (gr. 3-7). pap. 9.99 (978-0-06-440333-7(5), HarperCollins) HarperCollins Pubs.

Lion vs. Cape Buffalo. Kieran Downs. 2021. (Animal Battles Ser.). (ENG., Illus.). 24p. (J). (gr. 3-7). pap. 7.99 (978-1-64834-253-0(1), 20364); lib. bdg. 26.95 (978-1-64487-460-8(1)) Bellwether Media.

Lion vs. Hyena Clan. Nathan Sommer. 2020. (Animal Battles Ser.). (ENG.). 24p. (J). (gr. 3-7). lib. bdg. 26.95 (978-1-64487-159-1(9), Torque Bks.) Bellwether Media.

Lion vs. Komodo Dragon, 1 vol. Janey Levy. 2018. (Bizarre Beast Battles Ser.). (ENG.). 24p. (J). (gr. 2-3). 24.27 (978-1-5382-1931-7(X), a5d2ad7f-b657-4370-8dec-5b913c6e5aa2) Stevens, Gareth Publishing LLLP.

Lion vs. Rabbit, 1 vol. Alex Latimer. 2017. (ENG., Illus.). 32p. (J). (gr. -1-3). pap. 7.95 (978-1-56145-898-1(8)) Peachtree Publishing Co. Inc.

Lion vs. Tiger. Jerry Pallotta. Illus. by Rob Bolster. 2023. (Who Would Win? Ser.). (ENG.). 32p. (J). (gr. 1-4). lib. bdg. 32.79 (978-1-0982-5256-4(X), 42628) Spotlight.

Lion vs. Tiger, 2 vols. Isabel Thomas. 2018. (Animal Rivals Ser.). (ENG.). (J). (gr. k-2). (978-1-4846-4124-8(8)) Heinemann Educational Bks.

Lion vs. Tiger (Who Would Win?) Jerry Pallotta. Illus. by Rob Bolster. 2019. (Who Would Win? Ser.). (ENG.). 32p. (J). (gr. 2-5). lib. bdg. 14.80 (978-1-6636-2456-7(9)) Perfection Learning Corp.

Lion Who Saw Himself in the Water: Bilingual English-Polish Edition. Idries. Shah. Illus. by Ingrid Rodriguez. 2022. (Teaching Stories Ser.). (ENG.). 38p. (J). pap. 11.90 (978-1-958289-09-9(4), Hoopoe Bks.) I S H K.

Lion Who Saw Himself in the Water: Bilingual English-Turkish Edition. Idries. Shah. Illus. by Ingrid Rodriguez. 2022. (Teaching Stories Ser.). (ENG.). 38p. (J). pap. 11.90 (978-1-953292-98-8(4), Hoopoe Bks.) I S H K.

Lion Who Saw Himself in the Water: English-Dari Edition. Idries Shah. Illus. by Ingrid Rodriguez. 2017. (Hoopoe Teaching-Stories Ser.). (ENG.). (J). (gr. k-6). pap. 9.99 (978-1-946270-12-2(1), Hoopoe Bks.) I S H K.

Lion Who Saw Himself in the Water: English-Pashto Edition. Idries Shah. Illus. by Ingrid Rodriguez. 2017. (Hoopoe Teaching-Stories Ser.). (ENG & PUS.). (J). (gr. k-6). pap. 9.99 (978-1-944493-57-8(3), Hoopoe Bks.) I S H K.

Lion Who Saw Himself in the Water: English-Ukrainian Edition. Idries. Shah. Illus. by Ingrid Rodriguez. 2022. (Teaching Stories Ser.). (ENG & UKR.). 38p. (J). pap. 11.90 (978-1-953292-66-7(6), Hoopoe Bks.) I S H K.

Lion Who Saw Himself in the Water: English-Urdu Bilingual Edition. Idries Shah. Illus. by Ingrid Rodriguez. 2016. (URD & ENG.). (J). (gr. k-6). pap. 9.99 (978-1-942698-81-4(X), Hoopoe Bks.) I S H K.

Lion Who Saw Himself in the Water / de Leeuw Die Zich Zelf in Het Water Zag: Bilingual English-Dutch Edition / Tweetalige Engels-Nederlands Editie. Idries. Shah. Illus. by Ingrid Rodriguez. 2022. (Teaching Stories Ser.). (ENG.). 38p. (J). pap. 11.90 (978-1-958289-17-4(5), Hoopoe Bks.) I S H K.

Lion Witch & the Wardrobe Novel Units Student Packet. Novel Units. 2019. (Chronicles of Narnia Ser.). (ENG.). (J). (gr. 4-8). pap. 13.99 (978-1-56137-704-6(X), Novel Units, Inc.) Classroom Library Co.

Lion Witch & the Wardrobe Novel Units Teacher Guide. Novel Units. 2019. (Chronicles of Narnia Ser.). (ENG.). (J). (gr. 4-8). pap. 12.99 (978-1-56137-243-0(9), Novel Units, Inc.) Classroom Library Co.

Lion Wondrous Bible. Alida Massari, Deborah Lock. Illus. by Alida Massari. ed. 2021. (ENG.). 256p. (J). 14.99 (978-0-7459-7928-1(9), 3d3150c8-d564-42e5-8780-a0af3b923af4, Lion Children's) Lion Hudson PLC GBR. Dist: Baker & Taylor Publisher Services (BTPS).

Lion Wondrous Bible Gift Edition. Alida Massari, Deborah Lock & Alida Massari, Deborah Lock. Illus. by Alida Massari & Alida Massari. ed. 2023. (ENG.). 256p. (J). 17.99 (978-0-7459-7929-8(7), 65efac01-3119-447f-9eac-c3274398845e, Lion Children's) Lion Hudson PLC GBR. Dist: Baker & Taylor Publisher Services (BTPS).

Lionel & Me. Corinne Fenton. Illus. by Tracie Grimwood. 2023. (ENG.). 32p. (J). (gr. -1-1). 18.99 (978-1-915167-34-7(5), 94964ddb-0b8c-40dd-a8e4-ecba5a8b4086) New Frontier Publishing AUS. Dist: Lerner Publishing Group.

Lionel Deerhurst, or Fashionable Life under the Regency, Vol. 2 of 3 (Classic Reprint) Barbara Hemphill. 2018. (ENG., Illus.). 294p. (J). 29.98 (978-0-428-89207-4(8)) Forgotten Bks.

Lionel Deerhurst, or Fashionable Life under the Regency, Vol. 3 of 3 (Classic Reprint) Barbara Hemphill. 2018. (ENG., Illus.). 274p. (J). 29.57 (978-0-483-98204-8(0)) Forgotten Bks.

Lionel Eats All by Himself. Éric Veillé. Illus. by Éric Veillé. 2022. (Lionel Ser.). (ENG., Illus.). 26p. (J). (gr. -1 — 1). bds. 9.99 (978-1-77657-464-3(8), 7874cb5a-e44a-41cc-ae8e-97587a26a4fc) Gecko Pr. NZL. Dist: Lerner Publishing Group.

Lionel Franklin's Victory: A Tale (Classic Reprint) E. Van Sommer. (ENG., Illus.). (J). 2018. 376p. 31.65 (978-0-332-99694-3(8)); 2016. pap. 16.57 (978-1-333-30707-3(1)) Forgotten Bks.

Lionel Harcourt, the Etonian: Or Like Other Fellows (Classic Reprint) G. E. Wyatt. (ENG., Illus.). (J). 2018. 322p. 30.54 (978-0-483-34970-4(4)); 2017. pap. 13.57 (978-1-334-91665-6(9)) Forgotten Bks.

Lionel Lincoln Lawrence Lepet: The Loudest Child Anyones Ever Met. Katharine Tonti. Illus. by Teguh Sulistio. 2021. (ENG.). 30p. (J). 22.27 (978-1-6678-0038-7(8)) BookBaby.

Lionel Messi. Kenny Abdo. 2022. (Sports Biographies Ser.). (ENG., Illus.). 24p. (J). (gr. 2-8). lib. bdg. 31.36 (978-1-0982-8027-7(X), 41089, Abdo Zoom-Fly) ABDO Publishing Co.

Lionel Messi. Thomas K. Adamson. 2023. (Sports Superstars Ser.). (ENG., Illus.). (J). (gr. 3-7). lib. bdg. 26.95 Bellwether Media.

Lionel Messi. Contrib. by Anthony K. Hewson. 2023. (SportsZone Biographies Ser.). (ENG.). 32p. (J). (gr. 3-9). lib. bdg. 32.79 (978-1-0982-9169-3(7), 41939, SportsZone) ABDO Publishing Co.

Lionel Messi, 1 vol. David Machajewski. 2018. (Soccer Stars Ser.). (ENG., Illus.). 24p. (J). (gr. 3-3). 25.27 (978-1-5383-4350-0(9), f3b731d9-3854-40f0-8831-a2516cf5483e, PowerKids Pr.) Rosen Publishing Group, Inc., The.

Lionel Messi. Erin Nicks. (World's Greatest Soccer Players Ser.). (ENG., Illus.). 32p. (J). 2020. (gr. 4-4). pap. 9.95 (978-1-64494-342-7(5), 1644943425); 2019. (gr. 3-9). lib. bdg. 32.79 (978-1-5321-9063-6(8), 33636) ABDO Publishing Co. (SportsZone).

Lionel Messi: A Kid's Book about Working Hard for Your Dream. Mary Nhin. 2023. (Mini Movers & Shakers Ser.: Vol. 37). (ENG.). 36p. (J). 22.99 (978-1-63731-707-5(7)) Grow Grit Pr.

Lionel Messi: Legendary Soccer Player, 1 vol. Kate Shoup. 2019. (At the Top of Their Game Ser.). (ENG.). 112p. (gr. 9-9). pap. 20.99 (978-1-5026-5116-7(5), 33aee108-2644-4423-a8c0-2a993671fd1e) Cavendish Square Publishing LLC.

Lionel Messi: Soccer Star. Derek Moon. 2022. (Biggest Names in Sports Set 7 Ser.). (ENG., Illus.). 32p. (J). (gr. 3-5). pap. 9.95 (978-1-63739-311-6(3)); lib. bdg. 31.35 (978-1-63739-259-1(1)) North Star Editions. (Focus Readers).

Lionel Messi vs. Pelé. Jonathan Avise. (Versus Ser.). (ENG., Illus.). 32p. (J). 2018. (gr. 4-4). pap. 9.95 (978-1-64185-300-2(X), 164185300X); 2017. (gr. 3-6). lib. bdg. 32.79 (978-1-5321-1356-7(0), 27654) ABDO Publishing Co. (SportsZone).

Lionel Poops. Éric Veillé. Illus. by Éric Veillé. 2022. (Lionel Ser.). (ENG., Illus.). 26p. (J). (gr. -1 — 1). bds. 9.99 (978-1-77657-463-6(X), 538c8521-9f2a-4155-a174-9184cbdd81d9) Gecko Pr. NZL. Dist: Lerner Publishing Group.

Lionel's Birthday Robot. Janny. 2022. (ENG.). 36p. (J). pap. (978-0-6397-0828-7(5)) National Library of South Africa, Pretoria Division.

Lioness of Punjab. Anita Jari Kharbanda. 2022. (ENG.). 316p. (YA). 22.99 (978-1-949528-71-8(5)) Yali Publishing LLC.

Lionfish. Julie Murray. 2020. (Animals with Venom Ser.). (ENG.). 24p. (J). (gr. 2-2). pap. 8.95 (978-1-64494-400-4(6)); (Illus.). (gr. k-4). lib. bdg. 31.36 (978-1-0982-2105-8(2), 34457) ABDO Publishing Co. (Abdo Zoom-Dash).

Lions. Valerie Bodden. 2020. (Amazing Animals Ser.). (ENG.). 24p. (J). (gr. 1-4). (978-1-64026-206-5(7), 18095, Creative Education) Creative Co., The.

Lions. Amy Culliford. Tr. by Annie Everts. 2021. (Mes Amis les Animaux du Zoo (Zoo Animal Friends) Ser.). (FRE., Illus.). 16p. (J). (gr. -1-1). pap. (978-1-0396-0759-0(4), 13292) Crabtree Publishing Co.

Lions. Sophie Geister-Jones. 2021. (Wild Cats Ser.). (ENG., Illus.). 32p. (J). (gr. 2-3). pap. 9.95 (978-1-63738-068-0(2)); lib. bdg. 31.35 (978-1-63738-032-1(1)) North Star Editions. (Apex).

Lions. Melissa Gish. 2017. (X-Books: Predators Ser.). (ENG., Illus.). 32p. (J). (gr. 3-6). (978-1-60818-819-2(1), 20390, Creative Education) Creative Co., The.

Lions. Emma Huddleston. 2019. (Wild about Animals Ser.). (ENG., Illus.). 32p. (J). (gr. 3-3). pap. 9.95 (978-1-64494-250-5(X), 164494250X) Bigfoot Bks. GBR. Dist: North Star Editions.

Lions, 1 vol. Jill Keppeler. 2019. (Killers of the Animal Kingdom Ser.). (ENG.). 24p. (gr. 3-3). pap. 9.25 (978-1-7253-0613-4(1), 1f31b745-001e-4436-ba90-de2607f8243d, PowerKids Pr.) Rosen Publishing Group, Inc., The.

Lions. Emily Kington. 2022. (Animals in Danger Ser.). (ENG., Illus.). 32p. (J). (gr. 3-6). lib. bdg. 29.32 (978-1-914087-58-5(5),

L

39463f40-7016-47fa-bf85-d5b0185a877b, Hungry Tomato (r)) Lerner Publishing Group.

Lions. Mary Ellen Klukow. 2019. (Spot African Animals Ser.). (ENG.). 16p. (J). (gr. -1-2). lib. bdg. *(978-1-68151-642-4(X),* 10774) Amicus.

Lions. Mary Meinking. 2017. (Animals of Africa Ser.). (ENG., Illus.). 32p. (J). (gr. 2-3). pap. 9.95 *(978-1-63517-331-4(0),* 1635173310); lib. bdg. 31.35 *(978-1-63517-266-9(7),* 1635172667) North Star Editions. (Focus Readers).

Lions. Julie Murray. 2019. (Animal Kingdom Ser.). (ENG.). 32p. (J). (gr. 2-5). lib. bdg. 34.21 *(978-1-5321-1643-8(8),* 32397, Big Buddy Bks.) ABDO Publishing Co.

Lions. Nick Rebman. 2018. (Animals Ser.). (ENG., Illus.). 16p. (J). (gr. k-1). pap. 7.95 *(978-1-63517-952-1(1),* 1635179521); lib. bdg. 25.64 *(978-1-63517-851-7(7),* 1635178517) North Star Editions. (Focus Readers).

Lions. Hugh Roome. 2019. (J). lib. bdg. *(978-0-531-12717-9(6),* Children's Pr.) Scholastic Library Publishing.

Lions. Leo Statts. 2016. (Savanna Animals Ser.). (ENG.). 24p. (J). (gr. -1-2). 49.94 *(978-1-68079-370-3(5),* 22991, Abdo Zoom-Launch) ABDO Publishing Co.

Lions. Marysa Storm. 2020. (Awesome Animal Lives Ser.). (ENG.). 24p. (J). (gr. k-3). lib. bdg. *(978-1-62310-150-3(6),* 14394, Bolt Jr.) Black Rabbit Bks.

Lions. Gail Terp. 2017. (Wild Animal Kingdom Ser.). (ENG.). (J). (gr. 4-7). pap. 9.95 *(978-1-68072-487-5(8));* 32p. pap. 9.99 *(978-1-64466-224-3(8),* 11501); (Illus.). 32p. lib. bdg. *(978-1-68072-191-1(7),* 10563) Black Rabbit Bks. (Bolt).

Lions. Valerie Bodden. 2nd ed. 2020. (Amazing Animals Ser.). (ENG.). 24p. (J). (gr. 1-3). pap. 9.99 *(978-1-62832-769-4(3),* 18096, Creative Paperbacks) Creative Co., The.

Lions, Vol. 12. Lee Server. 2018. (Animals in the Wild Ser.). (Illus.). 72p. (J). (gr. 7). 33.27 *(978-1-4222-4171-4(8))* Mason Crest.

Lions: Built for the Hunt. Tammy Gagne. 2016. (Predator Profiles Ser.). (ENG., Illus.). 24p. (J). (gr. 1-3). lib. bdg. 27.99 *(978-1-4914-8260-5(5),* 130748, Capstone Pr.) Capstone.

Lions: Children's Wildlife Animal Book. Bold Kids. 2022. (ENG.). 44p. (J). pap. 15.99 ***(978-1-0717-1046-3(X))*** FASTLANE LLC.

Lions & Cheetahs & Rhinos OH MY! Animal Artwork by Children in Sub-Saharan Africa. John Platt & Moira Rose Donohue. Illus. by Students from the How to Draw A. Lion Program. 2020. (ENG.). 32p. (J). (gr. 1-3). 16.99 *(978-1-5341-1054-0(2),* 204920) Sleeping Bear Pr.

Lions & Cubs, 1 vol. Natalie K. Humphrey. 2020. (Animal Family Ser.). (ENG.). 24p. (J). (gr. k-k). pap. 9.15 *(978-1-5382-5578-0(2),* d1f5cdb7-b54b-4ae3-8133-ea366f85057a) Stevens, Gareth Publishing LLLP.

Lions & Liars. Kate Beasley. Illus. by Dan Santat. 2019. (ENG.). 304p. (J). pap. 7.99 *(978-1-250-30851-1(8),* 900198365) Square Fish.

Lions & Lobsters & Foxes & Frogs: Fables from Aesop. Ennis Rees. Illus. by Edward Gorey. 2018. (ENG.). 48p. (gr. 2-7). 14.95 *(978-0-486-82017-0(3),* 820173) Dover Pubns., Inc.

Lions Are Leaping! Kelly Bontje. 2018. (ENG., Illus.). 46p. (J). *(978-1-77370-722-8(1));* pap. *(978-1-77370-721-1(3))* Tellwell Talent.

Lions at Lunchtime, 11. Mary Pope Osborne. 2019. (Magic Tree House Ser.). (ENG.). 70p. (J). (gr. 2-3). 16.96 *(978-0-87617-700-6(3))* Penworthy Co., LLC, The.

Lions Can't Eat Spaghetti. Bethany Ramos. Illus. by Nicole Morrow. 2016. (ENG.). (J). (gr. k-2). 21.99 *(978-1-940310-47-3(4))* 4RV Pub.

Lions Coloring Book for Children (6x9 Coloring Book / Activity Book) Sheba Blake. 2020. (ENG.). 28p. (J). pap. 9.99 *(978-1-222-28885-8(0))* Indy Pub.

Lions Coloring Book for Children (8. 5x8. 5 Coloring Book / Activity Book) Sheba Blake. 2021. (ENG.). 28p. (J). pap. 12.99 *(978-1-222-29131-5(2))* Indy Pub.

Lions Coloring Book for Children (8x10 Coloring Book / Activity Book) Sheba Blake. 2020. (ENG.). 28p. (J). pap. 14.99 *(978-1-222-28886-5(9))* Indy Pub.

Lion's Den. Ronald A. Beers & V. Gilbert Beers. 2019. (ENG., Illus.). 42p. (J). pap. 9.99 *(978-0-7396-0386-4(8))* Inspired Studios Inc.

Lion's Den, 1 vol. Arthur Best. 2018. (Animal Homes Ser.). (ENG.). 24p. (J). (gr. 1-1). 27.36 *(978-1-5026-3662-1(X),* 8d44694d-0b8e-4e31-b5dd-35124d12cf4e) Cavendish Square Publishing LLC.

Lion's Den. Delroy O. Walker. Illus. by Davia A. Morris. 2022. (Hawk Trilogy Ser.: 2). 62p. (J). 34.21 *(978-1-6678-2257-0(8))* BookBaby.

Lions Do Roar: A Children's Book. Gwen Gates. 2022. (ENG.). 38p. (J). pap. ***(978-1-387-95841-2(0))*** Lulu Pr., Inc.

Lions, Elephants, & Lies. Bill Myers. 2023. (Magnificent Mulligans Ser.: 2). (ENG., Illus.). 160p. (J). pap. 14.99 ***(978-1-64607-114-2(X),*** 20_44550) Focus on the Family Publishing.

Lion's in a Flap: A Book about Feeling Worried. Sue Graves. Illus. by Trevor Dunton. 2022. (Behavior Matters Ser.). (ENG.). 32p. (J). (gr. -1-2). pap. 7.99 *(978-1-338-75818-4(7),* Watts, Franklin) Scholastic Library Publishing.

Lions in the Wild Coloring Book. Kreative Kids. 2016. (ENG., Illus.). (J). pap. 9.20 *(978-1-68377-330-6(6))* Whlke, Traudl.

Lion's Legacy. L. C. Rosen. 2023. (Tennessee Russo Ser.). 304p. (YA). (gr. 7-12). 18.99 ***(978-1-4549-4805-6(1),*** Union Square Pr.) Sterling Publishing Co., Inc.

Lions Leopards & Storms Oh MY see Leones, Leopardos y Tormentas, ¡que Cosa! (Spanish Edition): Un Libro de Seguridad de Tormentas

Lions, Leopards, & Storms, Oh My! A Thunderstorm Safety Book. Heather L. Beal. 2018. (ENG., Illus.). (J). (gr. k-2). 28p. 16.99 *(978-0-9987912-7-2(X));* 24p. pap. 8.99 *(978-0-9987912-6-5(1))* Train 4 Safety Pr.

Lion's Lullaby. Mij Kelly. Illus. by Holly Clifton-Brown. 2016. (ENG.). 32p. (J). (gr. -1 — 1). 16.99 *(978-1-4847-2526-9(3))* Disney Pr.

Lion's Lullaby. Mij Kelly. Illus. by Holly Clifton-Brown. 2017. (ENG.). 32p. (J). (gr. -1 — 1). bds. 8.99 *(978-1-4847-2549-8(2))* Little, Brown Bks. for Young Readers.

Lion's Masquerade: A Sequel to the Peacock at Home (Classic Reprint) Catherine Ann Turner Dorset. (ENG., Illus.). (J). 2018. 40p. 24.80 *(978-0-332-82434-5(9));* 2017. 32p. 24.56 *(978-0-484-54611-9(2));* 2016. pap. 7.97 *(978-1-334-16524-5(6))* Forgotten Bks.

Lion's Mouse (Classic Reprint) Charles Norris Williamson. (ENG., Illus.). (J). 2018. 332p. 30.74 *(978-0-483-64165-5(0));* 2016. pap. 13.57 *(978-1-333-20674-1(7))* Forgotten Bks.

Lions of the Lord: A Tale of the Old West. Harry Leon Wilson. 2017. (ENG., Illus.). (J). pap. 17.95 *(978-1-374-89779-3(5))* Capital Communications, Inc.

Lions of the Lord: A Tale of the Old West (Classic Reprint) Harry Leon Wilson. 2017. (ENG., Illus.). (J). 35.08 *(978-1-5284-7555-6(0))* Forgotten Bks.

Lions on the Hunt. Alicia Z. Klepeis. 2017. (Searchlight Books (tm) — Predators Ser.). (ENG., Illus.). 32p. (J). (gr. 3-5). 30.65 *(978-1-5124-3395-1(0),* 01585504-76b7-4471-a276-d9ab2c058689, Lerner Pubns.); pap. 9.99 *(978-1-5124-5610-3(1),* 4c3e0947-6ecf-4c34-801d-cc944761195c) Lerner Publishing Group.

Lions Roar. Rebecca Glaser. 2016. (ENG., Illus.). 16p. (J). (gr. -1 — 1). bds. 7.99 *(978-1-68152-071-1(0),* 15817) Amicus.

Lion's Share (Classic Reprint) Arnold Bennett. 2018. (ENG., Illus.). 430p. (J). 32.77 *(978-0-484-15011-8(1))* Forgotten Bks.

Lion's Share (Classic Reprint) Octave Thanet. 2018. (ENG., Illus.). 400p. (J). 32.15 *(978-0-267-24959-6(4))* Forgotten Bks.

Lion's Tale. Laura Buller. ed. 2019. (DK Readers Ser.). (ENG.). 48p. (J). (gr. k-1). 14.49 *(978-1-64310-925-1(1))* Penworthy Co., LLC, The.

Lions, Tiger & Bears, Oh My!, Bk. 24. Jan Fields. Illus. by Dave Shephard. 2017. (Ghost Detectors Ser.: 24). (ENG.). 80p. (J). (gr. 2-5). lib. bdg. 35.64 *(978-1-5321-3156-1(9),* 27053, Calico Chapter Bks.) ABDO Publishing Co.

Lions, Tigers, & Bears: An Animal Matching Activity Book. Bobo's Children Activity Books. 2016. (ENG., Illus.). (J). pap. 7.99 *(978-1-68327-184-0(X))* Sunshine In My Soul Publishing.

Lions, Tigers & Bears! Zany Zoo Animals Coloring Book. Creative Playbooks. 2016. (ENG., Illus.). (J). pap. 7.74 *(978-1-68323-873-7(7))* Twin Flame Productions.

Lions, Tigers & Leopards Coloring Book! a Unique Collection of Coloring Pages. Bold Illustrations. 2018. (ENG., Illus.). 72p. (J). (gr. k-4). pap. 11.99 *(978-1-64193-821-1(8),* Bold Illustrations) FASTLANE LLC.

Lions, Tigers, Cheetahs, Leopards & More Big Cats for Kids Children's Lion, Tiger & Leopard Books. Baby Professor. 2017. (ENG., Illus.). 64p. (J). pap. 9.52 *(978-1-5419-1727-9(8),* Baby Professor (Education Kids)) Speedy Publishing LLC.

Lion's Tooth Magic: The Circle of Friends. Chad Cox. 2022. (ENG.). 174p. (J). pap. 12.99 *(978-0-578-29997-6(6))* Letitia de Graft-Johnson.

Lion's Whisker: Sister & Brother Take on a Challenge Together; a Circle Round Book. Rebecca Sheir. Illus. by Nikita Abuya. 2023. (Circle Round Ser.). (ENG.). 44p. (J). (gr. k-17). 14.99 *(978-1-63586-520-2(4))* Storey Publishing, LLC.

Lionsgate. Kim Broughton. 2019. (ENG.). 222p. (YA). pap. *(978-1-84897-949-9(5))* Olympia Publishers.

Liornabella. A. E. Outerbridge. 2017. (Viridian Chronicles Ser.: Vol. 1). (ENG.). 340p. (YA). pap. *(978-1-77370-118-9(5))* Tellwell Talent.

Liornabella: Book One of the Viridian Chronicles. A. E. Outerbridge. 2021. (Viridian Chronicles Ser.: Vol. 1). (ENG.). 340p. (YA). pap. *(978-0-2288-4114-2(3))* Tellwell Talent.

Lipan Apache. Laura Bufano Edge. 2016. (Illus.). 32p. *(978-1-938813-38-2(3))* State Standards Publishing, LLC.

Lippincot's Monthly Magazine, Vol. 82: A Popular Journal of General Literature; July to December, 1908 (Classic Reprint) J. B. Lippincott Company. (ENG., Illus.). (J). 2018. 786p. 40.11 *(978-0-666-39999-1(9));* 2016. pap. 23.57 *(978-1-334-12435-8(3))* Forgotten Bks.

Lippincott's Magazine of Popular Literature & Science, 1882, Vol. 30 (Classic Reprint) Unknown Author. (ENG., Illus.). (J). 2018. 632p. 36.93 *(978-0-428-37565-2(0));* 2017. pap. 19.57 *(978-0-243-92497-4(6))* Forgotten Bks.

Lippincott's Magazine of Popular Literature & Science, Vol. 13: January, 1874 (Classic Reprint) J. B. Lippincott. (ENG., Illus.). (J). 2018. 774p. 39.86 *(978-0-365-51150-2(1));* 2017. pap. 23.57 *(978-0-243-56404-0(X))* Forgotten Bks.

Lippincott's Magazine of Popular Literature & Science, Vol. 34: July, 1884 (Classic Reprint) J. B. Lippincott and Co. 2017. (ENG., Illus.). (J). 37.22 *(978-0-266-71355-5(6));* pap. 19.57 *(978-1-5276-6786-0(3))* Forgotten Bks.

Lippincott's Monthly Magazine: April 1902 (Classic Reprint) Unknown Author. 2018. (ENG., Illus.). (J). 198p. 27.98 *(978-1-396-78286-2(9));* 200p. pap. 10.57 *(978-1-391-92857-9(1))* Forgotten Bks.

Lippincott's Monthly Magazine, Vol. 42: A Popular Journal of General Literature, Science, & Politics; July to December, 1888 (Classic Reprint) J. B. Lippincott. 2017. (ENG., Illus.). (J). 43.90 *(978-0-266-68261-5(8));* pap. 26.24 *(978-1-5276-5460-0(5))* Forgotten Bks.

Lippincott's Monthly Magazine, Vol. 43: A Popular Journal of General Literature, Science, & Politics; January to June, 1889 (Classic Reprint) J. B. Lippincott Company. 2017. (ENG., Illus.). (J). 43.99 *(978-0-266-67931-8(5));* pap. 26.33 *(978-1-5276-4925-5(3))* Forgotten Bks.

Lippincott's Monthly Magazine, Vol. 45: Popular Journal of General Literature, Science, & Politics; January to June, 1890 (Classic Reprint) Unknown Author. (ENG., Illus.). (J). 2018. 980p. 44.11 *(978-0-484-18665-0(5));* 2017. pap. 26.45 *(978-0-243-28728-4(3))* Forgotten Bks.

Lippincott's Monthly Magazine, Vol. 51: A Popular Journal of General Literature, Science & Politics; January to June, 1893 (Classic Reprint) Unknown Author. 2017. (ENG., Illus.). (J). 790p. 40.19 *(978-0-332-58897-1(1));* pap. 23.57 *(978-0-259-24540-7(2))* Forgotten Bks.

Lippincott's Monthly Magazine, Vol. 70: A Popular Journal of General Literature, Science, & Politics; July to December, 1902 (Classic Reprint) Unknown Author. 2017. (ENG., Illus.). (J). 920p. 42.87 *(978-0-484-73940-5(9));* pap. 25.21 *(978-0-259-30957-4(5))* Forgotten Bks.

Lippincott's Monthly Magazine, Vol. 72: A Popular Journal of General Literature; July to December, 1903 (Classic Reprint) Unknown Author. (ENG., Illus.). (J). 2018. 964p. 43.78 *(978-0-365-27498-8(4));* 2017. pap. 26.12 *(978-0-259-40064-6(5))* Forgotten Bks.

Lippincott's Monthly Magazine, Vol. 74: A Popular Journal of General Literature, July to December, 1904 (Classic Reprint) Unknown Author. 2018. (ENG., Illus.). 812p. (J). 40.64 *(978-0-483-57970-5(X))* Forgotten Bks.

Lippincott's School Text Series. the Child's Own English Book: An Elementary English Grammar. Book One. Alice E Ball. 2017. (ENG., Illus.). (J). pap. *(978-0-649-45438-9(3))* Trieste Publishing Pty Ltd.

Liputto: Stories of Gnomes & Trolls, 1 vol. Jakob Streit. Tr. by Nina Kuettel. Illus. by Susanne Althea Mitchell. 2nd rev. ed. 2016. (ENG.). 60p. (J). pap. 16.00 *(978-1-936367-95-5(5))* Waldorf Publications.

Liputto: Stories of Gnomes & Trolls, 1 vol. Jakob Streit. Ed. by David Mitchell. Tr. by Nina J. Kuettel. Illus. by Susanne Mitchell. 2nd rev. ed. 2016. (ENG.). 60p. (J). reprint ed. pap. 16.00 *(978-1-888365-26-9(9))* Waldorf Publications.

Liquid. Cindy Rodriguez & Jared Siemens. 2016. (J). *(978-1-4896-5746-6(0))* Weigl Pubs., Inc.

Liquid Planet: Exploring Water on Earth with Science Projects. Tammy Laura Lynn Enz. 2016. (ENG., Illus.). 32p. (J). lib. bdg. *(978-1-4747-0325-3(9))* Capstone.

Líquidos y Gases: Set of 6 Common Core Edition. Erin Ash Sullivan & Benchmark Education Company, LLC Staff. 2016. (Navigators Ser.). (SPA.). (J). (gr. 3). 54.00 net. *(978-1-5125-0811-6(X))* Benchmark Education Co.

Liquids. Cindy Rodriguez. 2017. (World Languages Ser.). (ENG.). 24p. (J). (gr. 3-7). lib. bdg. 35.70 *(978-1-4896-6638-3(9),* AV2 by Weigl) Weigl Pubs., Inc.

Liquids. Cindy Rodriguez & Jared Siemens. 2017. (Illus.). 24p. (J). *(978-1-5105-0907-8(0))* SmartBook Media, Inc.

Lirael Classic Edition. Garth Nix. 2021. (Old Kingdom Ser.: 2). (ENG.). 512p. (YA). (gr. 8). pap. 12.99 *(978-0-06-308661-4(6),* HarperCollins) HarperCollins Pubs.

Lisa Cheese & Ghost Guitar (Book 1): Attack of the Snack, Bk. 1. Kevin Alvir. 2023. (Illus.). 164p. (YA). (gr. 8-12). pap. 19.99 ***(978-1-60309-528-0(4))*** Top Shelf Productions.

Lisa Lena, Vol. 1 of 2 (Classic Reprint) Edward Jenkins. 2017. (ENG., Illus.). (J). 29.84 *(978-0-331-77684-3(7))* Forgotten Bks.

Lisa Lena, Vol. 2 of 2 (Classic Reprint) Edward Jenkins. 2018. (ENG., Illus.). 304p. (J). 30.17 *(978-0-267-24469-0(X))* Forgotten Bks.

Lisa of Willesden Lane: A True Story of Music & Survival During World War II. Mona Golabek & Lee Cohen. 2021. (ENG., Illus.). 176p. (J). (gr. 1-5). pap. 6.99 *(978-0-316-46306-5(X))* Little, Brown Bks. for Young Readers.

Lisa the Brave Cat. Aleksandra Saransky. (ENG., Illus.). 22p. (J). (gr. k-2). 2018. 12.99 *(978-1-64237-030-0(4));* 2017. pap. 11.99 *(978-1-61984-834-4(1))* Gatekeeper Pr.

Lisa with Her Baby Brother. Aisha China. Illus. by Aisha China. 2018. (MUL., Illus.). 20p. (J). pap. 12.95 *(978-1-64096-161-6(5))* Newman Springs Publishing, Inc.

Lisabee's Love by the Author of John & I, in Three Volumes, Vol. 1 of 3 (Classic Reprint) Matilda Betham-Edwards. 2018. (ENG., Illus.). 318p. (J). 30.46 *(978-0-332-84616-3(4))* Forgotten Bks.

Lisabee's Love by the Author of John & I, in Three Volumes, Vol. 3 of 3 (Classic Reprint) Matilda Betham-Edwards. 2018. (ENG., Illus.). 296p. (J). 30.02 *(978-0-332-86740-3(4))* Forgotten Bks.

Lisabee's Love Story, Vol. 2 of 3 (Classic Reprint) Matilda Betham-Edwards. (ENG., Illus.). (J). 2018. 316p. 30.43 *(978-0-267-33370-7(6));* 2016. pap. 13.57 *(978-1-333-58201-2(3))* Forgotten Bks.

Lisa's Magic Dream Bed. Lisa D. Gibson. Illus. by Brittany Rollings. 2023. (Penny Collection: Vol. 1). (ENG.). 56p. (J). pap. 16.49 ***(978-1-6628-6207-6(5))*** Salem Author Services.

Lisbeth Longfrock: Translated from the Norwegian of Hans Aanrud (Classic Reprint) Laura E. Poulsson. 2018. (ENG., Illus.). 172p. (J). 27.46 *(978-0-332-43718-7(3))* Forgotten Bks.

Lisbeth Wilson: A Daughter of New Hampshire Hills (Classic Reprint) Eliza Nelson Blair. 2018. (ENG., Illus.). 388p. (J). 31.90 *(978-0-483-79012-4(5))* Forgotten Bks.

Lise Meitner. Sara Spiller. Illus. by Jeff Bane. 2018. (My Early Library: My Itty-Bitty Bio Ser.). (ENG.). 24p. (J). (gr. k-1). lib. bdg. 30.64 *(978-1-5341-2883-5(2),* 211576) Cherry Lake Publishing.

Lise Meitner: La física que inició la era atómica. Mónica Rodríguez. 2021. (Genios de la Ciencia Ser.). (SPA.). 36p. (J). (gr. 2-4). 19.95 *(978-84-17137-12-0(2))* Vegueta Ediciones S. L. ESP. Dist: Independent Pubs. Group.

Lisette the Vet. Ruth Macpete DVM. 2018. (ENG., Illus.). 34p. (J). pap. 12.95 *(978-0-9996735-1-5(3))* Forest Lane Bks.

Lisette the Vet. Ruth Macpete. 2018. (ENG., Illus.). 34p. (J). (gr. k-3). 19.99 *(978-0-9996735-0-8(5))* Forest Lane Bks.

Lisette's Lie. Catharina Valckx. Illus. by Catharina Valckx. 2022. (ENG., Illus.). 28p. (J). (gr. -1-k). 18.99 *(978-1-77657-440-7(0),* af28452c-4572-4ef3-a327-11336901d753) Gecko Pr. NZL. Dist: Lerner Publishing Group.

Lisette's Paris Notebook. Catherine Bateson. 2018. (ENG., Illus.). 304p. (YA). (gr. 8-12). pap. 15.99 *(978-1-76029-363-5(6))* Allen & Unwin AUS. Dist: Independent Pubs. Group.

Lisette's Venture, Vol. 1 of 2 (Classic Reprint) Russell Gray. 2018. (ENG., Illus.). 322p. (J). 30.54 *(978-0-483-02484-7(8))* Forgotten Bks.

Lisheen or the Test of the Spirits (Classic Reprint) P. A. Canon Sheehan. 2017. (ENG., Illus.). (J). 33.90 *(978-0-266-35930-2(2))* Forgotten Bks.

Lisheen Races, Second-Hand (Classic Reprint) Edith Somerville. 2016. (ENG., Illus.). (J). pap. 7.97 *(978-1-333-54911-4(3))* Forgotten Bks.

Lisheen Races, Second-Hand (Classic Reprint) Edith Oe Somerville. 2018. (ENG., Illus.). 24p. (J). 24.47 *(978-0-483-02011-5(7))* Forgotten Bks.

Lisowicia. Ben Garrod. Illus. by Gabriel Ugueto. 2022. (Extinct the Story of Life on Earth Ser.: 4). (ENG.). 128p. (J). pap. 15.99 ***(978-1-83893-536-8(3),*** 668852, Zephyr) Head of Zeus GBR. Dist: Bloomsbury Publishing Plc.

Lispings from Low Latitudes, or Extracts from the Journal of the Hon. Impulsia Gushington (Classic Reprint) Helen Selina Blackwood Dufferin. 2018. (ENG., Illus.). (J). 104p. 26.04 *(978-1-397-24303-4(1));* 106p. pap. 9.57 *(978-1-397-24291-4(4))* Forgotten Bks.

Lissi Anne & the Isle of the Gumdrop Trees. Pat McLaughlin. 2020. (ENG.). 30p. (J). 14.99 *(978-1-64858-551-7(5));* pap. 9.99 *(978-1-64858-523-4(X))* Matchstick Literary.

Lissy's Diary. Ellen DeLange. Illus. by Ilaria Zanellato. 2021. (ENG.). 32p. (J). 17.95 *(978-1-60537-650-9(7))* Clavis Publishing.

List. Patricia Forde. (List Ser.). (ENG.). 368p. (J). (gr. 5-8). 2018. pap. 9.99 *(978-1-4926-6085-9(X));* 2017. 16.99 *(978-1-4926-4796-6(9),* 9781492647966) Sourcebooks, Inc.

List, 2 vols. Matthew K. Manning. Illus. by Rico Lima & Carlos Furuzono. 2016. (Eod Soldiers Ser.). (ENG.). (J). (gr. 4-8). 53.32 *(978-1-4965-4501-5(X),* Stone Arch Bks.) Capstone.

List. Matthew K. Manning. Illus. by Rico Lima et al. 2016. (EOD Soldiers Ser.). (ENG.). 40p. (J). (gr. 4-8). lib. bdg. 26.65 *(978-1-4965-3110-0(8),* 132176, Stone Arch Bks.) Capstone.

List. Patricia Forde. ed. 2018. lib. bdg. 18.40 *(978-0-606-41230-8(1))* Turtleback.

List of Approved Books for Boys & Girls (Classic Reprint) Lillian H. Smith. 2017. (ENG., Illus.). (J). 24.45 *(978-0-265-83526-5(7));* pap. 7.97 *(978-1-5277-9139-8(4))* Forgotten Bks.

List of Books for Boys & Girls in the Public Library of the City of Boston (Classic Reprint) Alice Mabel Jordan. 2017. (ENG., Illus.). (J). 118p. 26.33 *(978-0-332-12547-3(5));* pap. 9.57 *(978-0-259-94709-7(1))* Forgotten Bks.

List of Books for Boys & Girls in the Public Library of the City of Boston (Classic Reprint) Boston Public Library. (ENG., Illus.). (J). 2018. 132p. 26.64 *(978-0-666-19287-5(1));* 2016. pap. 9.57 *(978-1-334-12968-1(1))* Forgotten Bks.

List of Books for Girls (Classic Reprint) Effie L. Power. (ENG., Illus.). (J). 2018. 24p. 24.41 *(978-0-267-17051-7(3));* 2017. pap. 7.97 *(978-0-259-79162-1(8))* Forgotten Bks.

List of Books for Township Libraries in the State of Wisconsin: For the Years 1908 & 1909 (Classic Reprint) Wisconsin Dept. Of Public Instruction. (ENG., Illus.). (J). 2018. 88p. 25.73 *(978-0-484-74900-8(5));* 2017. pap. 9.57 *(978-0-243-07622-2(3))* Forgotten Bks.

List of Books in the Children's Department (Classic Reprint) Buffalo Public Library. 2018. (ENG., Illus.). (J). 42p. 24.78 *(978-0-428-87106-2(2));* 44p. pap. 7.97 *(978-0-428-87064-5(3))* Forgotten Bks.

List of Books (with References to Periodicals) on Immigration. Appleton Prentiss Clark Griffin. 2017. (ENG., Illus.). (J). pap. *(978-0-649-47447-9(3))* Trieste Publishing Pty Ltd.

List of Cages. Robin Roe. 2017. (ENG.). 320p. (YA). (gr. 7-17). pap. 10.99 *(978-1-4847-7640-7(2));* 17.99 *(978-1-4847-6380-3(7))* Little, Brown Bks. for Young Readers.

List of English & American Sequel Stories (Classic Reprint) Thomas Aldred. 2016. (ENG., Illus.). (J). pap. 9.57 *(978-1-333-54278-8(X))* Forgotten Bks.

List of English Fiction, Including Juvenile Fiction, 1907 (Classic Reprint) Carnegie Library of Ottawa. (ENG., Illus.). (J). 2018. 84p. 25.63 *(978-0-656-70349-4(0));* 2017. pap. 9.57 *(978-0-259-50002-5(X))* Forgotten Bks.

List of Geographical Atlases in the Library of Congress, Vol. 2: With Bibliographical Notes; Author List, Index (Classic Reprint) Philip Lee Phillips. 2017. (ENG., Illus.). (J). 33.24 *(978-0-331-32061-9(4))* Forgotten Bks.

List of Provincial Words in Use at Wakefield in Yorkshire: With Explanations, Including a Few Descriptions of Buildings & Localities (Classic Reprint) William Stott Banks. (ENG., Illus.). (J). 2018. 90p. 25.77 *(978-0-364-95897-1(9));* 2017. pap. 9.57 *(978-0-259-99285-1(2))* Forgotten Bks.

List of Residents 20 Years of Age & Over: As of January 1, 1957 (Classic Reprint) Boston Listing Board. 2018. (ENG., Illus.). 250p. (J). 29.05 *(978-0-484-07386-8(9))* Forgotten Bks.

List of Residents 20 Years of Age & Over: As of January 1, 1957 (Classic Reprint) Boston Massachusetts. 2018. (ENG., Illus.). 334p. (J). 30.81 *(978-0-666-37899-6(1))* Forgotten Bks.

List of Residents 20 Years of Age & Over: As of January 1, 1960 (Classic Reprint) Boston Listing Board. 2018. (ENG., Illus.). 568p. (J). 35.63 *(978-0-332-90282-1(X))* Forgotten Bks.

List of Residents 20 Years of Age & Over: Non-Citizen Indicated by Males Indicated by (), As of January 1, 1957 (Classic Reprint) Boston Massachusetts Listing Board. 2016. (ENG., Illus.). (J). pap. 16.57 *(978-1-334-37455-5(4))* Forgotten Bks.

List of Residents 20 Years of Age & Over: Non-Citizen Indicated by Males Indicated by (°), As of January 1, 1957 (Classic Reprint) Boston Massachusetts Listing Board. 2018. (ENG., Illus.). 482p. (J). 33.86 *(978-0-656-46231-5(0))* Forgotten Bks.

List of Residents 20 Years of Age & Over: Non-Citizens Indicated by Females Indicated by (+) As of January 1, 1952 (Classic Reprint) Boston Listing Board. 2018. (ENG., Illus.). (J). 930p. 43.08 *(978-1-396-25315-7(7));* 932p. pap. 25.42 *(978-1-390-28772-1(6))* Forgotten Bks.

List of Residents 20 Years of Age & Over: Non-Citizens Indicated by Males Indicated by (), As of January 1, 1957 (Classic Reprint) Boston Listing Board. 2016. (ENG., Illus.). (J). pap. 19.97 *(978-1-334-16248-0(4));* pap. 19.57 *(978-1-334-16434-7(7))* Forgotten Bks.

List of Residents 20 Years of Age & Over: Non-Citizens Indicated by Males Indicated by (); As of January 1,

1959 (Classic Reprint) Boston Massachusetts Listing Board. 2016. (ENG., Illus.). (J). pap. 16.97 *(978-1-334-16393-7(6))* Forgotten Bks.

List of Residents 20 Years of Age & Over: Non-Citizens Indicated by Males Indicated by () As of January 1, 1961 (Classic Reprint) Boston Listing Board. 2016. (ENG., Illus.). (J). pap. 16.57 *(978-1-334-12186-9(9))* Forgotten Bks.

List of Residents 20 Years of Age & Over: Non-Citizens Indicated by Males Indicated by (°), As of January 1, 1957 (Classic Reprint) Boston Listing Board. 2018. (ENG., Illus.). (J). 656p. 37.45 *(978-0-666-31851-0(4))*; 574p. 35.74 *(978-0-666-61775-0(9))* Forgotten Bks.

List of Residents 20 Years of Age & Over: Non-Citizens Indicated by Males Indicated by (°) As of January 1, 1961 (Classic Reprint) Boston Listing Board. 2018. (ENG., Illus.). 386p. (J). 31.88 *(978-0-666-50949-9(2))* Forgotten Bks.

List of Series of Sequels for Juvenile Readers (Classic Reprint) Katharine Howes Wead. (ENG., Illus.). (J). 2018. 56p. 25.05 *(978-0-666-64783-2(6))*; 2017. pap. 9.57 *(978-0-259-94389-1(4))* Forgotten Bks.

List of Sound & Silent 16mm. Motion Pictures Available from Eastin 16mm. Pictures: Corrected to October 1, 1937 (Classic Reprint) Eastin 16mm Pictures. 2017. (ENG., Illus.). (J). 24.60 *(978-0-265-85766-3(X))*; pap. 7.97 *(978-1-5278-0180-6(2))* Forgotten Bks.

List of Ten. Halli Gomez. 360p. (YA). (gr. 9-12). 2022. pap. 9.99 *(978-1-4549-4576-5(1))*; 2021. 17.95 *(978-1-4549-4014-2(X))* Sterling Publishing Co., Inc.

List of the Batrachia in the Indian Museum (Classic Reprint) William Lutley Sclater. 2018. (ENG., Illus.). 60p. (J). pap. 9.57 *(978-0-364-46515-8(8))* Forgotten Bks.

List of the Birds of the West Indies, Including the Bahama Islands & the Greater & Lesser Antilles, Excepting the Islands of Tobago & Trinidad (Classic Reprint) Charles Barney Cory. 2017. (ENG., Illus.). (J). 25.28 *(978-0-331-53864-9(4))* Forgotten Bks.

List of the Elise Books & Other Popular Books (Classic Reprint) Martha Finley. 2017. (ENG., Illus.). (J). 30.87 *(978-0-266-21568-4(8))* Forgotten Bks.

List of the Elsie Books: And Other Popular Books (Classic Reprint) Martha Finley. 2018. (ENG., Illus.). (J). 266p. 29.40 *(978-0-267-26368-4(6))*; 298p. 30.04 *(978-0-483-71421-2(6))*; 336p. 30.85 *(978-0-267-25925-0(5))* Forgotten Bks.

List of the Elsie Books & Other Popular Books (Classic Reprint) Martha Finley. 2018. (ENG., Illus.). (J). 334p. 30.79 *(978-0-332-09742-8(0))*; 386p. 31.86 *(978-0-267-25733-1(3))*; 312p. 30.33 *(978-0-267-26297-7(3))* Forgotten Bks.

List of Things That Will Not Change. Rebecca Stead. (ENG.). (J). (gr. 3-7). 2022. 240p. pap. 8.99 *(978-1-101-93812-6(9)*, Yearling); 2020. 224p. 16.99 *(978-1-101-93809-6(9)*, Lamb, Wendy Bks.) Random Hse. Children's Bks.

List of Unspeakable Fears. J. Kasper Kramer. 2022. (ENG.). 304p. (J). (gr. 3-7). pap. 8.99 *(978-1-5344-8075-9(7)*, Atheneum Bks. for Young Readers) Simon & Schuster Children's Publishing.

List of Works on North American Entomology: Compiled for the Use of Students & Other Workers As Well As for Those about to Begin the Collection & Study of Insects (Classic Reprint) Nathan Banks. (ENG., Illus.). (J). 2018. 26.45 *(978-0-265-37806-9(0))*; 2017. pap. 20.57 *(978-0-331-48227-0(4))* Forgotten Bks.

List of Works on North American Entomology: Compiled under the Direction of the Entomologist, for the Use of Students & Other Workers, As Well As for Those about to Begin the Collecting & Study of Insects (Classic Reprint) Nathan Banks. (ENG., Illus.). (J). 2017. 26.02 *(978-0-266-74610-2(1))*; 2016. pap. 9.57 *(978-1-333-26991-3(9))* Forgotten Bks.

Lista de la Suerte / the Lucky List. Rachael Lippincott. 2022. (SPA.). 288p. (YA). (gr. 7). pap. 16.95 *(978-1-64473-640-1(3)*, Nube De Tinta) Penguin Random House Grupo Editorial ESP. Dist: Penguin Random Hse. LLC.

Lista de No Besar de Naomi y Ely. Rachel Cohn & David Levithan. 2017. (SPA.). 328p. (YA). (gr. 9-12). pap. *(978-987-747-250-9(3))* V&R Editoras.

Lista para la Foto. Jacqueline Jules. Illus. by Kim Smith. 2018. (Sofía Martínez en Español Ser.). (SPA.). 32p. (J). (gr. k-2). lib. bdg. 21.32 *(978-1-5158-2449-7(7)*, 137552, Picture Window Bks.) Capstone.

Listen. Tatsuya Fushimi. Illus. by Britney Vu. 2021. (ENG.). 46p. (J). 24.99 *(978-1-7376809-2-5(0))* Fushimi, Tatsuya.

Listen! Ciaran McBreen. 2022. (ENG.). 264p. (YA). pap. *(978-1-9163736-4-8(X))* Breakfree Forever Publishing.

Listen. Holly M. McGhee. Illus. by Pascal Lemaitre. 2019. (ENG.). 32p. (J). 17.99 *(978-1-250-31812-1(2)*, 900200072) Roaring Brook Pr.

Listen. Kristin McGlothlin. 2021. (Sourland Mountain Ser.). (Illus.). 146p. (J). pap. 8.95 *(978-1-7363243-3-2(0))*; (ENG., 14.95 *(978-1-7363579-1-0(3))* Girl Friday Bks. (Bird Upstairs).

Listen. Gabi Snyder. Illus. by Stephanie Graegin. 2021. (ENG.). 40p. (J). (gr. -1-3). 17.99 *(978-1-5344-6189-5(2)*, Simon & Schuster/Paula Wiseman Bks.) Simon & Schuster/Paula Wiseman Bks.

Listen: How Evelyn Glennie, a Deaf Girl, Changed Percussion. Shannon Stocker. Illus. by Devon Holzwarth. 2022. (ENG.). 40p. (J). (gr. -1-3). 18.99 *(978-0-593-10969-4(4)*, Dial Bks) Penguin Young Readers Group.

Listen! Israel's All Around. Jamie Kiffel-Alcheh. Illus. by Steve Mack. 2019. (ENG.). 12p. (J). (gr. -1 — 1). bds. 5.99 *(978-1-5415-0969-6(2)*, a8908658-d7bb-4dd5-81b6-c57b66afe737, Kar-Ben Publishing) Lerner Publishing Group.

Listen & Learn: Alphabet, Grade 1 Workbook. Evan-Moor Corporation. 2023. (Listen & Learn: Alphabet Ser.). (ENG., Illus.). (J). (gr. 1-1). pap. 12.99 ***(978-1-64514-258-4(2))*** Evan-Moor Educational Pubs.

Listen & Learn: Alphabet, Grade K Workbook. Evan-Moor Corporation. 2023. (Listen & Learn: Alphabet Ser.). (ENG., Illus.). (J). (gr. k-k). pap. 12.99 ***(978-1-64514-257-7(4))*** Evan-Moor Educational Pubs.

Listen & Learn: Alphabet, Grade PreK Workbook. Evan-Moor Corporation. 2023. (Listen & Learn: Alphabet Ser.). (ENG., Illus.). (J). (gr. -1 — 1). pap. 12.99 ***(978-1-64514-256-0(6))*** Evan-Moor Educational Pubs.

Listen & Learn First Chinese Words. 2017. (Listen & Learn First Words Ser.). (ENG.). (J). bds. 19.99 *(978-0-7945-3799-9(5)*, Usborne) EDC Publishing.

Listen & Learn First Spanish Words. 2017. (Listen & Learn First Words Ser.). (ENG.). (J). bds. 19.99 *(978-0-7945-3886-6(X)*, Usborne) EDC Publishing.

Listen & Learn Get Ready for School. 2017. (Listen & Learn First Words Ser.). (ENG.). (J). bds. 19.99 *(978-0-7945-3985-6(8)*, Usborne) EDC Publishing.

Listen & Learn Musical Instruments. Kirsteen Robson. 2018. (Listen & Learn Ser.). (ENG.). 4p. (J). 19.99 *(978-0-7945-4115-6(1)*, Usborne) EDC Publishing.

Listen & Learn with Love. Neil Landwehr. 2016. (ENG., Illus.). 26p. (J). pap. 7.99 *(978-1-61984-465-0(6)*, BlogIntoBook.com) Gatekeeper Pr.

Listen & You Can Hear the Call: the Journey of Kansas State University's Bluemont Bell. Debbie Mercer. 2021. (ENG.). 38p. (J). 18.95 *(978-1-63755-069-4(3))* Amplify Publishing Group.

Listen Carefully, Please! Claudia Helt. 2022. (ENG.). 112p. (YA). pap. 11.99 Author Solutions, LLC.

Listen Carefully. Young Defenders Book 2: Tress's Story. Michelle L. Levigne. 2022. (Young Defenders Ser.: Vol. 2). (ENG.). 154p. (J). pap. 12.99 *(978-1-952345-69-2(3))* Ye Olde Dragon Bks.

Listen Closely: Nature's Calling Coloring Book. Creative Playbooks. 2016. (ENG., Illus.). (J). pap. 7.74 *(978-1-68323-874-4(5))* Twin Flame Productions.

Listen Closely to Your Heart. Heidi Bradbury. 2017. (ENG., Illus.). 24p. (J). 19.95 *(978-0-692-98968-5(4))* Bradbury, Heidi.

Listen: How Pete Seeger Got America Singing. Leda Schubert. Illus. by Raul Colon. 2017. (ENG.). 40p. (J). 17.99 *(978-1-62672-250-7(1)*, 900147273) Roaring Brook Pr.

Listen Ladies! A Comedy in Two Acts (Classic Reprint) Emma J. True. (ENG., Illus.). (J). 2018. 48p. 24.89 *(978-0-332-97312-8(3))*; 2016. pap. 9.57 *(978-1-334-11707-7(1))* Forgotten Bks.

Listen, Layla. Yassmin Abdel-Magied. 2021. 304p. (YA). (gr. 7). 15.99 *(978-1-76089-606-5(3))* Penguin Random Hse. AUS. Dist: Independent Pubs. Group.

Listen, My Bridge Is SO Cool! The Story of the Three Billy Goats Gruff As Told by the Troll. Nancy Loewen. Illus. by Cristian Bernardini. 2018. (Other Side of the Story Ser.). (ENG.). 24p. (J). pap. 41.70 *(978-1-5158-2333-9(4)*, 27521); (gr. -1-3). lib. bdg. 27.99 *(978-1-5158-2297-4(4)*, 137006) Capstone. (Picture Window Bks.).

Listen, Slowly. Thanhha Lai. ed. 2016. (J). lib. bdg. 17.20 *(978-0-606-38747-7(1))* Turtleback.

Listen to Our World. Bill Martin, Jr. & Michael Sampson. Illus. by Melissa Sweet. 2016. (ENG.). 40p. (J). (gr. -1-3). 18.99 *(978-1-4424-5472-9(5)*, Simon & Schuster Bks. For Young Readers) Simon & Schuster Bks. For Young Readers.

Listen to the Language of the Trees: A Story of How Forests Communicate Underground. Tera Kelley. Illus. by Marie Hermansson. 2022. (J). (gr. -1-3). 40p. 16.99 *(978-1-7282-3216-4(3))*; (ENG.). 32p. 8.99 *(978-1-7282-3217-1(1))* Sourcebooks, Inc. (Dawn Pubns.).

Listen to the Music: A World of Magical Melodies - Press the Notes to Listen to a World of Music. Mary Richards. Illus. by Caroline Bonne-Müller. 2022. (ENG.). 24p. (J). (gr. -1-2). ***(978-0-7112-7425-9(8)**, Wide Eyed Editions)* Quarto Publishing Group UK.

Listen to the River. Deborah Warren. Illus. by Casey Davenport. 2020. (ENG.). 44p. (J). pap. 12.00 *(978-0-9967744-9-9(1))* Rowan Mountain Pr.

Listen to Your Heart. Kasie West. (ENG.). 336p. (YA). (gr. 7-7). 2019. pap. 9.99 *(978-1-338-21006-4(8))*; 2018. 17.99 *(978-1-338-21005-7(X))* Scholastic, Inc.

Listen to Your Heart: the London Adventure (Illustrated, Boyhood Memoir Series from Ruskin Bond) The London Adventure (Illustrated, Boyhood Memoir Series from Ruskin Bond) Ruskin Bond. 2022. (ENG., Illus.). 104p. (J). 12.99 *(978-0-14-345375-8(0)*, Puffin) Penguin Bks. India PVT, Ltd IND. Dist: Independent Pubs. Group.

Listen to Your Spirit: A Novel. Kayo Fraser. 2019. (ENG., Illus.). 180p. (J). pap. *(978-1-937849-53-5(8))* Raven Publishing Inc. of Montana.

Listen to Yourself. Jahaira Telles. 2023. (SMO.). 26p. (J). pap. 19.99 ***(978-1-0880-0534-7(9))*** Indy Pub.

Listen Up, 1 vol. Sandi Van. 2020. (YA Verse Ser.). (ENG.). 200p. (J). (gr. 2-3). 25.80 *(978-1-5383-8528-9(7)*, 687ade93-d90e-46a7-81e8-bf100ebb2e28); pap. 16.35 *(978-1-5383-8526-5(0)*, fc72aee8-6413-4c21-ab08-91cc975f4587) Enslow Publishing, LLC. (West 44 Bks.).

Listen Up: Calls to Action for the World of Today. Vivian Rong. 2022. (ENG.). 46p. (YA). pap. ***(978-1-387-63855-0(6))*** Lulu Pr., Inc.

Listen Up! Exploring the World of Natural Sound. Stephen Aitken. 2022. (Orca Footprints Ser.: 24). (ENG., Illus.). 56p. (J). (gr. 4-7). 21.95 *(978-1-4598-2710-3(4))* Orca Bk. Pubs. USA.

Listen up, Buttercup! Kiera Ezell. 2021. (ENG.). 38p. (J). 16.95 *(978-1-64543-856-4(2))* Amplify Publishing Group.

Listen up, Louella. Ashley Belote. 2022. (ENG., Illus.). 40p. (J). 18.99 *(978-1-250-81279-7(8)*, 900248176) Feiwel & Friends.

Listen up! Train Song. Victoria Allenby. (Big, Little Concepts Ser.: 2). (Illus.). 24p. (J). (gr. -1 — 1). 2022. bds. 11.95 *(978-1-77278-271-4(8))*; 2021. (ENG., 17.95 *(978-1-77278-213-4(0))* Pajama Pr. CAN. Dist: Publishers Group West (PGW).

Listener in Babel: Being a Series of Imaginary Conversations Held at the Close of the Last Century (Classic Reprint) Vida Dutton Scudder. 2017. (ENG., Illus.). (J). 30.93 *(978-0-260-08073-8(X))*; pap. 13.57 *(978-1-5279-0001-1(0))* Forgotten Bks.

Listener in Babel: Being a Series of Imaginary Conversations Held (Classic Reprint) Vida Dutton Scudder. (ENG., Illus.). (J). 2018. 336p. 30.83 *(978-0-364-37081-0(5))*; 2016. pap. 13.57 *(978-1-334-74635-2(4))* Forgotten Bks.

Listener in the Country (Classic Reprint) Joseph Edgar Chamberlin. 2018. (ENG., Illus.). 136p. (J). 26.72 *(978-0-483-35205-6(5))* Forgotten Bks.

Listener in the Town (Classic Reprint) Joseph Edgar Chamberlin. (ENG., Illus.). (J). 2018. 152p. 27.05 *(978-0-364-66619-7(6))*; 2017. pap. 9.57 *(978-1-5276-4665-0(3))* Forgotten Bks.

Listener's Guide to Music (Yesterday's Classics) Percy A. Scholes. 2021. (ENG.). 180p. (YA). pap. 11.95 *(978-1-63334-127-2(5))* Yesterday's Classics.

Listener's Lure: An Oblique Narration (Classic Reprint) E. V. Lucas. 2017. (ENG., Illus.). (J). 30.08 *(978-0-265-21502-9(1))* Forgotten Bks.

Listening. Connor Stratton. 2023. (Civic Skills & Values Ser.). (ENG., Illus.). 24p. (J). pap. 8.95 ***(978-1-64619-847-4(6))*** Little Blue Hse.

Listening. Contrib. by Connor Stratton. 2023. (Civic Skills & Values Ser.). (ENG., Illus.). 24p. (J). lib. bdg. 28.50 ***(978-1-64619-818-4(2))*** Little Blue Hse.

Listening Ninja: A Children's Book about Active Listening & Learning How to Listen. Mary Nhin. Illus. by Jelena Stupar. 2021. (Ninja Life Hacks Ser.: Vol. 43). (ENG.). 34p. (J). 19.99 *(978-1-63731-113-4(3))* Grow Grit Pr.

Listening Post (Classic Reprint) Grace S. Richmond. 2018. (ENG., Illus.). (J). 350p. 31.14 *(978-1-396-38564-3(9))*; 352p. pap. 13.57 *(978-1-390-99186-4(5))* Forgotten Bks.

Listening Time / Momento para Escuchar. Elizabeth Verdick. Illus. by Marieka Heinlen. 2016. (Toddler Tools(r) Ser.). (ENG.). 26p. (J). (— 1). bds. 9.99 *(978-1-63198-117-3(X))* Free Spirit Publishing Inc.

Listening to Both Sides: Civic Virtues, 1 vol. Mindy Huffman. 2018. (Civics for the Real World Ser.). (ENG.). 12p. (gr. 1-2). pap. *(978-1-5383-6406-2(9)*, 58381544-024b-4f15-ae55-407eb412022e, Rosen Classroom) Rosen Publishing Group, Inc., The.

Listening to My Body: A Guide to Helping Kids Understand the Connection Between Their Sensations (what the Heck Are Those?) & Feelings So That They Can Get Better at Figuring Out What They Need. Gabi Garcia. Illus. by Ying Hui Tan. 2019. (ENG.). 34p. (J). (gr. k-4). 21.99 *(978-0-9989580-1-9(8))* Skinned Knee Publishing.

Listening to My Body: A Guide to Helping Kids Understand the Connection Between Their Sensations (What the Heck Are Those?) & Feelings So That They Can Get Better at Figuring Out What They Need. Gabi Garcia. Illus. by Ying Hui Tan. 2017. (ENG.). 34p. (J). (gr. -1-3). pap. 12.99 *(978-0-9989580-0-2(X))* Skinned Knee Publishing.

Listening to Others: Civic Virtues, 1 vol. Marisa Pace. 2018. (Civics for the Real World Ser.). (ENG.). 8p. (gr. k-1). pap. *(978-1-5383-6340-9(2)*, 1786f8a0-39b8-4e34-8814-e79f770eea0d, Rosen Classroom) Rosen Publishing Group, Inc., The.

Listening to the Quiet, 25 vols. Cassie Silva. Illus. by Frances Ives. 2023. (ENG.). 32p. (J). (gr. -1-3). 18.99 ***(978-1-915244-48-2(X)**,* da325408-892c-4f3a-b448-c73ac4e306c0) Lantana Publishing GBR. Dist: Lerner Publishing Group.

Listening to the Stars: Jocelyn Bell Burnell Discovers Pulsars. Jodie Parachini. Illus. by Alexandra Badiu. 2021. (She Made History Ser.). (ENG.). 32p. (J). (gr. -1-3). 16.99 *(978-0-8075-4563-8(5)*, 807545635) Whitman, Albert & Co.

Listening to Your Dog. Michael J. Rosen. 2019. (Dog's Life Ser.). (ENG.). 24p. (J). (gr. 1-4). pap. 8.99 *(978-1-62832-643-7(3)*, 18768, Creative Paperbacks) Creative Co., The.

Listening to Your Dog. Michael J. Rosen. 2019. (Dog's Life Ser.). (ENG.). 24p. (J). (gr. 1-4). *(978-1-64026-055-9(2)*, 18767) Creative Co., The.

Listening Tree. M. J. Rayburn. 2022. (ENG., Illus.). 26p. (J). pap. 13.95 *(978-1-63692-474-8(3))* Newman Springs Publishing, Inc.

Listening with My Heart: A Complete Guide to Encouraging Children Express Their Emotions & Understand Their Feelings to Feel Calm & Focused Anytime. Laurie Alber. 2020. (ENG.). 50p. (J). pap. ***(978-1-80118-770-1(3))*** Charlie Creative Lab.

Listening with My Heart: A Story of Kindness & Self-Compassion. Gabi Garcia. Illus. by Ying Hui Tan. (ENG.). 36p. (J). 2018. (gr. 1-5). 21.99 *(978-0-9989580-4-0(2))*; 2017. pap. 12.95 *(978-0-9989580-3-3(4))* Skinned Knee Publishing.

Listenology for Kids - the Children's Guide to Horse Care, Horse Body Language & Behavior, Groundwork, Riding & Training. the Perfect Equestrian & Horsemanship Gift with Horse Grooming, Breeds, Horse Ownership & Safety for Girls & Boys Age 9-14. Heney. 2023. (ENG.). 116p. (J). ***(978-1-915542-59-5(6))*** Irish Natural Horsemanship.

Listenology for Kids - the Children's Guide to Horse Care, Horse Body Language & Behavior, Safety, Groundwork, Riding & Training. Elaine Heney. 2022. (ENG.). 114p. (J). pap. ***(978-0-9552653-9-6(8))*** Irish Natural Horsemanship.

Lister's Great Adventure (Classic Reprint) Harold Bindloss. 2017. (ENG., Illus.). (J). 30.58 *(978-1-5280-7571-8(4))* Forgotten Bks.

Listies' Big Number 2. The Listies. 2022. (Teleportaloo Ser.). 192p. (J). (gr. 2). 15.99 *(978-1-76104-212-6(2)*, Puffin) Penguin Random Hse. AUS. Dist: Independent Pubs. Group.

Listopia: Planet Earth. James Buckley, Jr. & Diane Bailey. 2016. (ENG., Illus.). 208p. (J). (gr. 2-5). pap. 9.99 *(978-1-4998-0279-5(X))* Little Bee Books Inc.

Listopia: Space. Mike Goldsmith. 2016. (ENG., Illus.). 208p. (J). (gr. 2-5). pap. 9.99 *(978-1-4998-0280-1(3))* Little Bee Books Inc.

Listos para el Fuego: Leveled Reader Card Book 26 Level S 6 Pack. Hmh Hmh. 2021. (SPA.). (J). pap. 74.40 *(978-0-358-08595-9(0))* Houghton Mifflin Harcourt Publishing Co.

Listos para ir a la Escuela, 6 bks., Set. Edward R. Ricciuti. Incl. Compartimos (We Share) lib. bdg. 25.50 *(978-0-7614-2360-7(5)*, 95b3d098-959f-4837-adc1-b57ad7c4c89c); Decimos la Verdad (We Tell the Truth) lib. bdg. 25.50 *(978-0-7614-2362-1(1)*, 5a8a188d-c56f-4227-a124-aa97f30484b7); Escuchamos (We Listen) lib. bdg. 25.50 *(978-0-7614-2359-1(1)*, 7167c3ce-f193-4119-b8d4-bc0322acd3cc); Respetamos Las Reglas (We Follow the Rules) lib. bdg. 25.50 *(978-0-7614-2358-4(3)*, 6b193d7d-bfd1-4c5d-a96e-e53ab0cd5173); Somos Amables (We Are Kind) lib. bdg. 25.50 *(978-0-7614-2356-0(7)*, e418437b-5c6d-47d9-a50a-bdab64062cd0); Somos un Equipo (We Are a Team) lib. bdg. 25.50 *(978-0-7614-2357-7(5)*, 26424f33-a340-4359-91d0-86218711856e); (Illus.). 24p. (gr. k-1). 2008. (Bookworms — Spanish Editions: Listos para Ir a la Escuela Ser.). (SPA.). 2006. lib. bdg. *(978-0-7614-2354-6(0)*, Cavendish Square) Cavendish Square Publishing LLC.

Lists & Analyses of the Mineral Springs of the United States: A Preliminary Study (Classic Reprint) Albert Charles Peale. 2018. (ENG., Illus.). (J). pap. 11.57 *(978-0-260-97964-3(3))* Forgotten Bks.

Lists of Stories & Programs for Story Hours (Classic Reprint) Effie L. Power. 2017. (ENG., Illus.). (J). 25.63 *(978-0-265-85234-7(X))*; pap. 9.57 *(978-1-5285-2503-9(5))* Forgotten Bks.

Liszts. Kyo Maclear. Illus. by Júlia Sardà. 2016. (ENG.). 40p. (J). (gr. k-4). 16.99 *(978-1-77049-496-1(0)*, Tundra Bks.) Tundra Bks. CAN. Dist: Penguin Random Hse. LLC.

LIT: Part 1 - the Dark Ignites. Maxwell F. Hurley. 2021. (ENG.). 314p. (YA). pap. *(978-1-78695-584-5(9))* Double Dragon ebooks.

Lit Crit Guides: Set 2, 12 vols. 2016. (Lit Crit Guides). (ENG.). 176p. (gr. 6-6). lib. bdg. 249.60 *(978-0-7660-7505-4(2)*, 032e8ea3-7f16-423a-8d5f-ae5c13b4af62) Enslow Publishing, LLC.

Lit Crit Guides: Set 3, 12 vols. 2016. (Lit Crit Guides). (ENG.). 176p. (J). (gr. 6-6). lib. bdg. 249.60 *(978-0-7660-8397-4(7)*, 3d93396b-35af-45f0-8f74-50b414f3665e) Enslow Publishing, LLC.

Lit Crit Guides: Set 4, 12 vols. 2017. (Lit Crit Guides). (ENG.). 160p. (J). (gr. 8-8). lib. bdg. 249.60 *(978-0-7660-8572-5(4)*, c58b09c5-93ef-4424-a193-1c803eeb994b) Enslow Publishing, LLC.

Lit Crit Guides: Sets 1 - 4, 52 vols. 2017. (Lit Crit Guides). (ENG.). (YA). (gr. 6-8). lib. bdg. 1081.60 *(978-0-7660-8573-2(2)*, 56f7f522-8f4a-4c5c-b8fc-fd35547c9f9a) Enslow Publishing, LLC.

Lit for Little Hands: Alice's Adventures in Wonderland, Volume 2. Lewis Carroll, pseud. Illus. by David W. Miles. 2018. (Lit for Little Hands Ser.: 2). (ENG.). 16p. (J). (gr. -1-1). bds. 12.99 *(978-1-945547-68-3(5)*, 554768) Familius LLC.

Lit for Little Hands: the Secret Garden, Volume 4. Brooke Jorden. Illus. by David Miles. 2019. (Lit for Little Hands Ser.: 4). (ENG.). 16p. (J). (gr. -1-1). bds. 12.99 *(978-1-64170-105-1(6)*, 550105) Familius LLC.

LIT Part 5: Darkness Comes (paperback Edition) Maxwell F. Hurley. 2023. (ENG.). 392p. (YA). pap. ***(978-1-78695-826-6(0))*** Double Dragon ebooks.

LIT Part 5 - Darkness Comes (hardback Edition) Maxwell F. Hurley. 2023. (ENG.). 268p. (YA). ***(978-1-78695-827-3(9))*** Double Dragon ebooks.

Lita. David Sage. 2019. (Heirs of the Medallion Ser.: Vol. 3). (ENG.). 260p. (J). (gr. 4-6). pap. 10.99 *(978-1-7336402-0-6(7))* Sage, David.

Litanies for Littles: Sacred Heart & Divine Mercy. Veronica Ryan. 2022. (ENG.). 38p. (J). pap. ***(978-1-387-57091-1(9))*** Lulu Pr., Inc.

Litany Lane: A Novel (Classic Reprint) Margaret Baillie-Saunders. 2018. (ENG., Illus.). 332p. (J). 30.74 *(978-0-483-15218-2(8))* Forgotten Bks.

Litany Lane: A Novel (Classic Reprint) Margaret Baillie Saunders. (ENG., Illus.). (J). 2018. 388p. 31.90 *(978-0-428-73657-6(2))*; 2017. pap. 16.57 *(978-1-334-90472-1(3))* Forgotten Bks.

Litchfield County Sketches (Classic Reprint) Newell Meeker Calhoun. 2017. (ENG., Illus.). (J). 27.59 *(978-0-265-23891-2(9))* Forgotten Bks.

Lite Too Bright. Samuel Miller. (ENG.). 480p. (YA). (gr. 8). 2019. pap. 11.99 *(978-0-06-266201-9(5))*; 2018. 17.99 *(978-0-06-266200-2(7))* HarperCollins Pubs. (Tegen, Katherine Bks).

Literacy Workshop Student Resource Package Grade 1 with 1 Year Digital 2017. Hmh Hmh. 2017. (Journeys Ser.). (ENG.). (J). (gr. 1). pap. 174.80 *(978-1-328-91773-7(8))*; pap. 174.80 *(978-1-328-95297-4(5))* Houghton Mifflin Harcourt Publishing Co.

Literacy Workshop Student Resource Package Grade 2 with 1 Year Digital 2017. Hmh Hmh. 2017. (Journeys Ser.). (ENG.). (J). (gr. 2). pap. 135.20 *(978-1-328-91774-4(6))*; pap. 135.20 *(978-1-328-95298-1(3))* Houghton Mifflin Harcourt Publishing Co.

Literacy Workshop Student Resource Package Grade 3 with 1 Year Digital 2017. Hmh Hmh. 2017. (Journeys Ser.). (ENG.). (J). (gr. 3). pap. 135.00 *(978-1-328-91775-1(4))*; pap. 135.00 *(978-1-328-95299-8(1))* Houghton Mifflin Harcourt Publishing Co.

Literacy Workshop Student Resource Package Grade 4 with 1 Year Digital 2017. Hmh Hmh. 2017. (Journeys Ser.). (ENG.). (J). (gr. 4). pap. 109.53 *(978-1-328-91776-8(2))*; pap. 109.53 *(978-1-328-95300-1(9))* Houghton Mifflin Harcourt Publishing Co.

Literacy Workshop Student Resource Package Grade 5 with 1 Year Digital 2017. Hmh Hmh. 2017. (Journeys Ser.). (ENG.). (J). (gr. 5). pap. 109.53 *(978-1-328-91777-5(0))*; pap. 109.53 *(978-1-328-95301-8(7))* Houghton Mifflin Harcourt Publishing Co.

L

Literacy Workshop Student Resource Package Grade 6 with 1 Year Digital 2017. Hmh Hmh. 2017. (Journeys Ser.). (ENG.). (J). (gr. 6). pap. 109.53 *(978-1-328-91778-2(9))*; pap. 109.53 *(978-1-328-95302-5(5))* Houghton Mifflin Harcourt Publishing Co.

Literacy Workshop Student Resource Package Grade K with 1 Year Digital 2017. Hmh Hmh. 2017. (Journeys Ser.). (ENG.). (J). (gr. k). pap. 94.53 *(978-1-328-91772-0(X))*; pap. 94.53 *(978-1-328-95296-7(7))* Houghton Mifflin Harcourt Publishing Co.

Literal Translation of Those Satires of Juvenal & Persius Which Are Read in Trinity College, Dublin: With Copious Explanatory Notes (Classic Reprint) Juvenal Juvenal. (ENG., Illus.). (J). 2018. 428p. 32.72 *(978-0-331-70689-5(X))*; 2017. pap. 16.57 *(978-0-259-49893-3(9))* Forgotten Bks.

Literally. Lucy Keating. 2018. (ENG.). 272p. (YA). (gr. 8). pap. 9.99 *(978-0-06-238005-0(2)*, HarperTeen) HarperCollins Pubs.

Literary & Miscellaneous Memoirs, Vol. 3 of 4 (Classic Reprint) Joseph Cradock. 2018. (ENG., Illus.). 420p. (J). 32.56 *(978-0-483-88928-6(8))* Forgotten Bks.

Literary & Miscellaneous Memoirs, Vol. 4 of 4 (Classic Reprint) Joseph Cradock. 2018. (ENG., Illus.). 424p. (J). 32.64 *(978-0-332-76659-1(4))* Forgotten Bks.

Literary Box, or Christmas Present (Classic Reprint) Unknown Author. (ENG., Illus.). (J). 2018. 116p. 26.29 *(978-0-365-47902-4(0))*; 2017. pap. 9.57 *(978-0-259-38425-0(9))* Forgotten Bks.

Literary Critters: William Shakesbear's Journey for Inspiration. Zondervan. 2022. (ENG., Illus.). 32p. (J). 17.99 *(978-0-310-73409-3(6))* Zonderkidz.

Literary Essays (Classic Reprint) James Russell Lowell. (ENG., Illus.). (J). 2018. 424p. 32.66 *(978-0-483-50509-4(9))*; 2018. 378p. 31.69 *(978-0-484-70980-4(1))*; 2017. pap. 16.57 *(978-0-243-24626-7(9))* Forgotten Bks.

Literary Fables: From the Spanish of Yriarte (Classic Reprint) Tomas De Yriarte. (ENG., Illus.). (J). 2018. 236p. 28.76 *(978-0-666-79673-8(4))*; 2018. 146p. 26.97 *(978-0-332-38030-8(0))*; 2017. pap. 11.57 *(978-0-259-87423-2(X))*; 2017. pap. 9.57 *(978-0-243-39724-2(0))* Forgotten Bks.

Literary Fables of Yriarte: Translated from the Spanish (Classic Reprint) Geo. H. Devereux. 2017. (ENG., Illus.). (J). 172p. 27.46 *(978-0-484-67216-0(9))*; pap. 9.97 *(978-0-259-48172-0(6))* Forgotten Bks.

Literary Friendship: Letters to Lady Alwyne Compton 1869-1881 (Classic Reprint) Thomas Westwood. 2018. (ENG., Illus.). 220p. (J). 28.43 *(978-0-365-30463-0(8))* Forgotten Bks.

Literary Garland, Vol. 2: A Canadian Magazine of Tales, Sketches, Poetry, Music, Engravings, &C. , &C. , &C.; January, 1844 (Classic Reprint) Unknown Author. (ENG., Illus.). (J). 2018. 590p. 36.07 *(978-0-364-56834-7(8))*; 2016. pap. 19.57 *(978-1-334-13031-1(0))* Forgotten Bks.

Literary Gem 1854: Consisting of Tales, Historical & Biographical Sketches, Poetry, Music, &C. , & Engravings (Classic Reprint) Unknown Author. (ENG., Illus.). (J). 2018. 592p. 36.11 *(978-0-332-19606-0(2))*; 2017. pap. 19.57 *(978-1-334-92085-1(0))* Forgotten Bks.

Literary History of the English People: From the Origins to the Renaissance. Jean Jules Jusserand. 2017. (ENG., Illus.). (J). 29.95 *(978-1-374-86446-7(3))*; pap. 20.95 *(978-1-374-86445-0(5))* Capital Communications, Inc.

Literary Lapses (Classic Reprint) Stephen Leacock. 2017. (ENG., Illus.). (J). 29.11 *(978-0-265-88268-9(0))* Forgotten Bks.

Literary Love-Letters & Other Stories. Robert Herrick. 2017. (ENG., Illus.). (J). pap. 12.95 *(978-1-374-85811-4(0))* Capital Communications, Inc.

Literary Love-Letters & Other Stories (Classic Reprint) Robert Herrick. (ENG., Illus.). (J). 2018. 260p. 29.28 *(978-0-483-58851-6(2))*; 2016. pap. 11.97 *(978-1-334-76775-3(0))* Forgotten Bks.

Literary Magnet of the Belles Lettres, Science, & the Fine Arts, Vol. 1: Consisting of I. Original Satirical Essays of Permanent Interest; II. Sketches of Society, Humorous & Sentimental; III. Original Poetry; IV. Miscellaneous Matters. Tobias Merton. 2017. (ENG., Illus.). (J). 474p. 33.67 *(978-0-484-91388-1(3))*; pap. 16.57 *(978-0-259-20746-7(2))* Forgotten Bks.

Literary Magnet of the Belles Lettres, Science, & the Fine Arts, Vol. 1: Consisting of I. Original Satirical Essays of Permanent Interest; II. Sketches of Society, Humourous & Sentimental; III. Original Poetry, IV. Miscellaneous Matters. Tobias Merton. (ENG., Illus.). (J). 2018. 484p. 33.88 *(978-0-483-77059-1(0))*; 2017. pap. 16.57 *(978-0-243-24752-3(4))* Forgotten Bks.

Literary Magnet of the Belles Lettres, Science, & the Fine Arts, Vol. 3: Consisting of, I. Original Satirical Essays of Permanent Interest; II. Sketches of Society, Humorous & Imaginative; III. Original Poetry; IV. Miscellaneous Matter; Forming A. Tobias Merton. 2018. (ENG., Illus.). 358p. (J). 31.36 *(978-0-484-81136-1(3))* Forgotten Bks.

Literary Miscellany: Or Selections & Extracts, Classical & Scientific with Originals, in Prose & Verse (Classic Reprint) George Nicholson. 2018. (ENG., Illus.). 188p. (J). 27.79 *(978-0-483-39117-8(4))* Forgotten Bks.

Literary Miscellany, or Selections & Extracts, Classical & Scientific: With Originals, in Prose & Verse (Classic Reprint) George Nicholson. (ENG., Illus.). (J). 2018. 200p. 28.02 *(978-0-267-29821-1(8))*; 2017. pap. 13.57 *(978-0-243-08214-8(2))* Forgotten Bks.

Literary Miscellany, or Selections & Extracts, Classical & Scientific, Vol. 15: With Originals, in Prose & Verse; Amatory; Viz; Letters of Werter, Letters of Yorick & Eliza, Elegies by Hammond, &C. , &C (Classic Reprint) George Nicholson. 2018. (ENG., Illus.). 288p. (J). 29.88 *(978-0-332-76260-9(2))* Forgotten Bks.

Literary Miscellany, or Selections & Extracts, Classical & Scientific, Vol. 17: With Originals, in Prose & Verse; Poets, Viz Milton, Parnell, Prior (Classic Reprint) George Nicholson. 2018. (ENG., Illus.). 266p. (J). 29.38 *(978-0-267-30038-9(7))* Forgotten Bks.

Literary Miscellany, or Selections & Extracts, Classical & Scientific, Vol. 18: With Originals, in Prose & Verse; Poets, Viz; Pope, Gay, Blair (Classic Reprint) George Nicholson. 2018. (ENG., Illus.). 230p. (J). 28.66 *(978-0-332-81429-2(7))* Forgotten Bks.

Literary Miscellany, or Selections & Extracts, Classical & Scientific, Vol. 19: With Originals, in Prose & Verse; Poets, Viz; Collins, Shenstone, Gray, Lyttelton (Classic Reprint) George Nicholson. 2018. (ENG., Illus.). 286p. (J). 29.82 *(978-0-267-30048-8(4))* Forgotten Bks.

Literary Miscellany, or Selections & Extracts, Classical & Scientific, Vol. 7: With Originals, in Prose & Verse; Tales, Viz; Old Albany, Louisa Venoni, Father Nicholas, the Shrubbery, Abbas, Dutchess of C. , Eugenio, Mr. V. , &C. , &C. George Nicholson. (ENG., Illus.). (J). 2018. 212p. 28.27 *(978-0-267-31506-2(6))*; 2016. pap. 10.57 *(978-1-333-44861-5(9))* Forgotten Bks.

Literary Miscellany, or Selections & Extracts, Classical & Scientific; with Originals, in Prose & Verse: Poets; Viz; Goldsmith; Armstrong; Jenyns; Cotton (Classic Reprint) George Nicholson. 2018. (ENG., Illus.). 298p. (J). 29.94 *(978-0-428-58696-6(1))* Forgotten Bks.

Literary Miscellany, or Selections & Extracts, Classical & Scientific; with Originals, in Prose & Verse: Songs; Ancient, Moral, Descriptive, Pastoral, Humourous, Elegiac, Sea, Scottish (Classic Reprint) George Nicholson. 2018. (ENG., Illus.). 334p. (J). 30.79 *(978-0-484-44802-4(1))* Forgotten Bks.

Literary Miscellany, or Selections & Extracts, Classical & Scientific; with Originals, in Prose & Verse (Classic Reprint) George Nicholson. 2019. (ENG., Illus.). 228p. (J). 28.60 *(978-0-267-29979-9(6))* Forgotten Bks.

Literary Monthly (Classic Reprint) Massachusetts Agricultural College. 2018. (ENG., Illus.). 72p. (J). 25.38 *(978-0-483-53805-4(1))* Forgotten Bks.

Literary Parables (Classic Reprint) Thomas William Hodgson Crosland. (ENG., Illus.). (J). 2018. 64p. 25.24 *(978-0-267-74014-7(X))*; 2016. pap. 9.57 *(978-1-334-15985-5(8))* Forgotten Bks.

Literary Portraits (Classic Reprint) Maksim Gorky. (ENG., Illus.). (J). 2018. 334p. 30.81 *(978-0-483-85866-4(8))*; 2016. pap. 13.57 *(978-1-334-16009-7(0))* Forgotten Bks.

Literary Primer: First Steps with Good Writers (Classic Reprint) Mary Elizabeth Burt. 2017. (ENG., Illus.). (J). 26.54 *(978-0-331-79637-7(6))*; pap. 9.57 *(978-0-259-48586-5(1))* Forgotten Bks.

Literary Reading Book, Vol. 2: Containing Specimens of Poetry & Prose from Chaucer to the Present Day; the 19th Century (Classic Reprint) C. Van Tiel. (ENG., Illus.). (J). 2018. 458p. 33.38 *(978-0-483-44209-2(7))*; 2016. pap. 16.57 *(978-1-334-13975-8(X))* Forgotten Bks.

Literary Recreations & Miscellanies (Classic Reprint) John G. Whittier. 2017. (ENG., Illus.). 444p. (J). 33.05 *(978-0-484-51802-4(X))* Forgotten Bks.

Literary Review, Vol. 1: June, 1928 (Classic Reprint) State Teachers College. (ENG., Illus.). (J). 2018. 44p. 24.80 *(978-0-267-00114-9(2))*; 2017. pap. 7.97 *(978-0-243-45446-4(5))* Forgotten Bks.

Literary Sense (Classic Reprint) E. Nesbit. 2018. (ENG., Illus.). 336p. (J). 30.83 *(978-0-267-22034-2(0))* Forgotten Bks.

Literary Shrines. Theodore Frelinghuysen Wolfe. 2017. (ENG.). 232p. (J). pap. *(978-3-337-28141-0(9))* Creation Pubs.

Literary Shrines: The Haunts of Some Famous American Authors (Classic Reprint) Theodore Frelinghuysen Wolfe. 2018. (ENG., Illus.). 242p. (J). 28.91 *(978-0-364-14284-4(7))* Forgotten Bks.

Literary Souvenir: A Christmas & New Year's Present for 1838 (Classic Reprint) William Evans Burton. 2018. (ENG., Illus.). (J). 250p. 29.05 *(978-1-396-75143-1(2))*; 252p. pap. 11.57 *(978-1-391-78168-6(6))* Forgotten Bks.

Literary Supplement of Wellesley College News, Vol. 3: March, 1926 (Classic Reprint) Wellesley College. 2017. (ENG., Illus.). (J). 24.35 *(978-0-260-01094-0(4))*; pap. 7.97 *(978-1-5278-6978-3(4))* Forgotten Bks.

Literary Supplement of Wellesley College News, Vol. 3: May 27, 1926 (Classic Reprint) Eleanor Moak. (ENG., Illus.). (J). 2018. 20p. 24.31 *(978-0-484-47270-8(4))*; 2017. pap. 7.97 *(978-0-243-43852-5(4))* Forgotten Bks.

Literary Supplement of Wellesley College News, Vol. 3: November 26, 1925 (Classic Reprint) Ruth Reinhart. (ENG., Illus.). (J). 2018. 20p. 24.31 *(978-0-332-81793-4(8))*; 2017. pap. 7.97 *(978-0-243-44235-5(1))* Forgotten Bks.

Literary Text Grade K Set 1 Spanish: 10-Book Set. 2019. (Fiction Readers Ser.). (ENG.). (J). pap. 59.90 *(978-1-0876-0234-9(3))* Teacher Created Materials, Inc.

Literary Text Grade K Set 2: 10-Book Set. 2019. (Fiction Readers Ser.). (ENG.). (J). pap. 59.90 *(978-1-0876-0235-6(1))* Teacher Created Materials, Inc.

Literary Text Grade K Set 3: 10-Book Set. 2019. (Fiction Readers Ser.). (ENG.). (J). pap. 59.90 *(978-1-0876-0273-8(4))* Teacher Created Materials, Inc.

Literary Tramp: Biographical Writings on the Zigzag Career of James M. Flagg, Author, Artist (Classic Reprint) John H. Ingram. (ENG., Illus.). (J). 2017. 28.29 *(978-0-331-34707-4(5))*; 2016. pap. 10.97 *(978-1-333-37922-3(6))* Forgotten Bks.

Literary World: Eighth Reader (Classic Reprint) John Calvin Metcalf. (ENG., Illus.). (J). 2018. 454p. 33.26 *(978-0-365-11148-1(1))*; 2017. pap. 16.57 *(978-0-259-24039-6(7))* Forgotten Bks.

Literary World: Seventh Reader (Classic Reprint) John Calvin Metcalf. 2018. (ENG., Illus.). 454p. (J). 33.26 *(978-0-484-50369-3(3))* Forgotten Bks.

Literary World: Sixth Reader (Classic Reprint) John Calvin Metcalf. 2017. (ENG., Illus.). (J). 33.36 *(978-0-265-68079-7(4))*; pap. 16.57 *(978-1-5276-5105-0(3))* Forgotten Bks.

Literature & Art Books, Vol. 2 (Classic Reprint) B. Ellen Burke. (ENG., Illus.). (J). 2018. 124p. 26.45 *(978-0-483-70515-9(2))*; 2016. pap. 9.57 *(978-1-333-96851-9(5))* Forgotten Bks.

Literature & Art Books, Vol. 4 (Classic Reprint) B. Ellen Burke. (ENG., Illus.). (J). 2018. 258p. 29.22 *(978-0-364-16847-9(1))*; 2017. pap. 11.57 *(978-1-5276-8380-8(X))* Forgotten Bks.

Literature & Art Books, Vol. 5 (Classic Reprint) B. Ellen Burke. (ENG., Illus.). (J). 2018. 256p. 29.18 *(978-0-364-07597-5(X))*; 2017. pap. 11.57 *(978-1-5276-3903-4(7))* Forgotten Bks.

Literature & Art Books, Vol. 7 (Classic Reprint) B. Ellen Burke. (ENG., Illus.). (J). 2018. 260p. 29.26 *(978-0-483-66632-0(7))*; 2017. pap. 11.97 *(978-0-243-96539-7(7))* Forgotten Bks.

Literature & Curiosities of Dreams, Vol. 1 Of 2: A Commonplace Book of Speculations Concerning the Mystery of Dreams & Visions, Records of Curious & Well-Authenticated Dreams, & Notes on the Various Modes of Interpretation Adopted in Ancient A. Frank Seafield. (ENG., Illus.). (J). 2017. 32.29 *(978-0-331-61927-0(X))*; 2016. pap. 16.57 *(978-1-333-81168-6(3))* Forgotten Bks.

Literature & Curiosities of Dreams, Vol. 2 Of 2: A Commonplace Book of Speculations Concerning the Mystery of Dreams & Visions, Records of Curious & Well-Authenticated Dreams, & Notes on the Various Modes of Interpretation Adopted in Ancient A. Frank Seafield. (ENG., Illus.). (J). 2017. 406p. 32.27 *(978-0-484-25831-9(1))*; 2016. pap. 16.57 *(978-1-333-26968-5(4))* Forgotten Bks.

Literature & Life, Vol. 1 (Classic Reprint) Edwin Greenlaw. 2017. (ENG., Illus.). (J). 602p. 36.31 *(978-0-331-02024-3(6))*; 604p. pap. 19.57 *(978-1-5279-9123-1(7))* Forgotten Bks.

Literature & Life, Vol. 2 (Classic Reprint) Edwin Greenlaw. (ENG., Illus.). (J). 2018. 644p. 37.18 *(978-0-483-78231-0(9))*; 2017. pap. 19.57 *(978-0-243-30357-1(2))* Forgotten Bks.

Literature for Children (Classic Reprint) Orton Lowe. 2017. (ENG., Illus.). (J). 30.37 *(978-0-331-68298-4(2))* Forgotten Bks.

Literature for Fifth-Reader Grades (Classic Reprint) Sherman Williams. 2017. (ENG., Illus.). (J). 34.33 *(978-0-266-71003-5(4))*; pap. 16.97 *(978-1-5276-6116-5(4))* Forgotten Bks.

Literature for Little Folks: Selections from Standard Authors, & Easy Lessons in Composition (Classic Reprint) Elizabeth Lloyd. 2017. (ENG., Illus.). 152p. (J). 27.05 *(978-0-484-17482-4(7))* Forgotten Bks.

Literature in Ireland: Studies Irish & Anglo-Irish. Thomas MacDonagh. 2017. (ENG., Illus.). (J). pap. *(978-0-649-63704-1(6))* Trieste Publishing Pty Ltd.

Literature in Ireland: Studies Irish & Anglo-Irish (Classic Reprint) Thomas MacDonagh. 2018. (ENG., Illus.). 274p. (J). 29.55 *(978-0-364-76154-0(7))* Forgotten Bks.

Literature of Italy: Consists of Sixteen Volumes, of Which This One Forms a Part; for Full Particulars of the Edition See the Official Certificate Bound in the Volume Entitle a History of Italian Literature (Classic Reprint) Unknown Author. 2018. (ENG., Illus.). 456p. (J). 33.30 *(978-0-267-22192-9(4))* Forgotten Bks.

Literature Units 3 & 4, 2017-2020. Annelise Balsamo. ed. 2016. (Cambridge Checkpoints Ser.). (ENG.). pap. *(978-1-316-78371-9(5))* Cambridge Univ. Pr.

Literature with a Large I & Fellow Travelers. MacGregor Jenkins. 2017. (ENG., Illus.). (J). pap. *(978-0-649-48448-5(7))* Trieste Publishing Pty Ltd.

Lithegol: The Prophecy: a Futuristic Sequel to the King Arthur Legend. Josh Oelrich. Ed. by Beth Bruno. 2018. (Lithegol Ser.: Vol. 1). (ENG., Illus.). 300p. (YA). (gr. 7-12). pap. 12.99 *(978-0-692-11120-8(4))* Oelrich, Josh.

Lithuania, 1 vol. Sakina Kagda. 2017. (Cultures of the World (Third Edition)(r) Ser.). (ENG.). 144p. (gr. 5-5). 48.79 *(978-1-5026-2739-1(6)*, beac36ab-33f6-473e-91f0-3e69c3f8caa8) Cavendish Square Publishing LLC.

Lithuanian Self-Instruction (Classic Reprint) J. Laukis. 2018. (ENG., Illus.). 78p. (J). 25.55 *(978-0-656-30085-3(X))* Forgotten Bks.

Lithuanian Village (Classic Reprint) Leon Kobrin. 2017. (ENG., Illus.). (J). 28.17 *(978-0-266-34978-5(1))* Forgotten Bks.

Litsa's Mother's Day Gift - Ana Bwaintangira Nei Litsa N Aia Bong Tiina (Te Kiribati) Jordan Dean. Illus. by Mihailo Tatic. 2023. (ENG.). 22p. (J). pap. ***(978-1-922835-59-8(5))*** Library For All Limited.

Littell's Living Age: 11 August, 1855 (Classic Reprint) Eliakim Littell. (ENG., Illus.). (J). 2018. 80p. 25.55 *(978-0-267-39090-8(4))*; 2017. pap. 9.57 *(978-0-243-44234-8(3))* Forgotten Bks.

Littell's Living Age: July, 1855 (Classic Reprint) Eliakim Littell. (ENG., Illus.). (J). 2018. 76p. 25.55 *(978-0-484-01303-1(3))*; 2017. pap. 9.57 *(978-0-243-39055-7(6))* Forgotten Bks.

Littell's Living Age: October, 1855 (Classic Reprint) Eliakim Littell. (ENG., Illus.). (J). 2018. 76p. 25.46 *(978-0-428-75428-0(7))*; 2017. pap. 9.57 *(978-0-243-43487-9(1))* Forgotten Bks.

Littell's Living Age, Vol. 1: From 11 April to 3 August, 1844; with a Complete Index (Classic Reprint) E. Littell. 2018. (ENG., Illus.). 788p. (J). 40.15 *(978-0-267-46746-4(X))* Forgotten Bks.

Littell's Living Age, Vol. 10: April, May, June, 1875 (Classic Reprint) Unknown Author. (ENG., Illus.). (J). 2018. 832p. 41.10 *(978-0-484-29225-2(0))*; 2017. pap. 23.57 *(978-1-334-90284-0(4))* Forgotten Bks.

Littell's Living Age, Vol. 107: October, November, December, 1870 (Classic Reprint) Making Of America Project. 2017. (ENG., Illus.). (J). 838p. 41.20 *(978-0-484-66264-2(3))*; pap. 23.57 *(978-1-334-90326-7(3))* Forgotten Bks.

Littell's Living Age, Vol. 116: January, February, March, 1873 (Classic Reprint) Unknown Author. (ENG., Illus.). (J). 2018. 886p. 42.17 *(978-1-397-24646-2(4))*; 2018. 888p. pap. 24.51 *(978-1-397-24627-1(8))*; 2018. 838p. 41.20 *(978-0-483-68155-2(5))*; 2017. pap. 23.57 *(978-1-334-91035-7(9))* Forgotten Bks.

Littell's Living Age, Vol. 119: October, November, December, 1873 (Classic Reprint) Unknown Author. 2017. (ENG., Illus.). (J). pap. 23.57 *(978-1-334-91919-0(4))* Forgotten Bks.

Littell's Living Age, Vol. 120: January, February, March, 1874 (Classic Reprint) Unknown Author. 2018. (ENG., Illus.). 838p. (J). 41.20 *(978-0-483-83807-9(1))* Forgotten Bks.

Littell's Living Age, Vol. 121: April, May, June, 1874 (Classic Reprint) Unknown Author. (ENG., Illus.). (J). 2018. 838p. 41.20 *(978-0-656-33473-5(8))*; 2017. 41.06 *(978-0-260-11507-2(X))*; 2017. pap. 23.57 *(978-1-5285-0102-6(0))*; 2017. pap. 16.97 *(978-1-334-90441-7(3))* Forgotten Bks.

Littell's Living Age, Vol. 122: July, August, September, 1874; Fifth Series, Volume VII (Classic Reprint) Unknown Author. (ENG., Illus.). (J). 2018. 838p. 41.20 *(978-0-483-64581-3(8))*; 2017. pap. 23.57 *(978-1-334-89910-2(X))* Forgotten Bks.

Littell's Living Age, Vol. 126: July, August, September, 1875 (Classic Reprint) Unknown Author. (ENG., Illus.). (J). 2018. 834p. 41.10 *(978-0-428-83596-5(1))*; 2017. pap. 23.57 *(978-0-243-24955-8(1))* Forgotten Bks.

Littell's Living Age, Vol. 127: October, November, December, 1875 (Classic Reprint) Eliakim Littell. (ENG., Illus.). (J). 2018. 834p. 41.10 *(978-0-484-81249-8(1))*; 2016. pap. 23.57 *(978-1-334-48502-2(X))* Forgotten Bks.

Littell's Living Age, Vol. 128: January, February, March, 1876 (Classic Reprint) Unknown Author. 2018. (ENG., Illus.). 834p. (J). 41.10 *(978-0-483-44227-6(5))* Forgotten Bks.

Littell's Living Age, Vol. 129: April, May, June, 1876 (Classic Reprint) Robert S. Littell. 2017. (ENG., Illus.). (J). 41.04 *(978-0-266-66714-8(7))*; pap. 23.57 *(978-1-5276-3720-7(4))* Forgotten Bks.

Littell's Living Age, Vol. 130: July, August, September, 1876 (Classic Reprint) Making Of America Project. (ENG., Illus.). (J). 2018. 832p. 41.06 *(978-0-666-83573-4(X))*; 2017. pap. 23.57 *(978-0-243-55402-7(8))* Forgotten Bks.

Littell's Living Age, Vol. 14 (Classic Reprint) E. Littell. 2018. (ENG., Illus.). 790p. (J). 40.21 *(978-0-484-19294-1(9))* Forgotten Bks.

Littell's Living Age, Vol. 145: April, May, June, 1880 (Classic Reprint) Unknown Author. (ENG., Illus.). (J). 2018. 838p. 41.18 *(978-0-483-88393-2(X))*; 2017. pap. 23.57 *(978-0-243-90005-3(8))* Forgotten Bks.

Littell's Living Age, Vol. 155: October, November, December, 1882 (Classic Reprint) Unknown Author. 2017. (ENG., Illus.). (J). 41.10 *(978-0-265-51720-8(6))*; pap. 23.57 *(978-1-334-90637-4(8))* Forgotten Bks.

Littell's Living Age, Vol. 159: October, November, December, 1883 (Classic Reprint) Unknown Author. 2017. (ENG., Illus.). (J). 43.78 *(978-0-331-21716-2(3))*; pap. 26.12 *(978-0-266-02668-6(0))* Forgotten Bks.

Littell's Living Age, Vol. 16: January, February, March, 1848 (Classic Reprint) E. Littell. 2018. (ENG., Illus.). 628p. (J). 36.85 *(978-0-428-84724-1(2))* Forgotten Bks.

Littell's Living Age, Vol. 162: July, August, September, 1884 (Classic Reprint) Unknown Author. 2018. (ENG., Illus.). 836p. (J). 41.16 *(978-0-428-93949-6(X))* Forgotten Bks.

Littell's Living Age, Vol. 169: April, May, June, 1886 (Classic Reprint) Eliakim Littell. 2017. (ENG., Illus.). (J). pap. 23.57 *(978-1-334-92231-2(4))* Forgotten Bks.

Littell's Living Age, Vol. 17 Of 73: April, May, June, 1862 (Classic Reprint) E. Littell. 2018. (ENG., Illus.). 646p. (J). 37.24 *(978-0-484-89231-5(2))* Forgotten Bks.

Littell's Living Age, Vol. 172: From the Beginning, January, February, March, 1887 (Classic Reprint) Unknown Author. 2018. (ENG., Illus.). (J). 840p. 41.22 *(978-1-396-42185-3(8))*; 842p. pap. 23.57 *(978-1-390-89753-1(2))* Forgotten Bks.

Littell's Living Age, Vol. 175: October, November, December, 1887 (Classic Reprint) Unknown Author. 2017. (ENG., Illus.). (J). 41.08 *(978-0-260-14684-7(6))*; pap. 23.57 *(978-1-5280-0303-2(9))* Forgotten Bks.

Littell's Living Age, Vol. 176: January, February, March, 1888 (Classic Reprint) Robert S. Littell. 2017. (ENG., Illus.). (J). pap. 23.57 *(978-1-5278-9016-9(3))* Forgotten Bks.

Littell's Living Age, Vol. 18: July, August, September, 1848 (Classic Reprint) E. Littell. 2016. (ENG., Illus.). (J). pap. 19.57 *(978-1-334-07197-3(7))* Forgotten Bks.

Littell's Living Age, Vol. 186: July, August, September, 1890 (Classic Reprint) Making Of America Project. (ENG., Illus.). (J). 2018. 834p. 41.10 *(978-0-483-44433-1(2))*; 2017. pap. 23.57 *(978-1-334-91805-6(8))* Forgotten Bks.

Littell's Living Age, Vol. 188: January, February, March, 1891 (Classic Reprint) Making Of America Project. (ENG., Illus.). (J). 2018. 836p. 41.14 *(978-0-484-47410-8(3))*; 2017. pap. 23.57 *(978-0-243-56567-2(4))* Forgotten Bks.

Littell's Living Age, Vol. 19 (Classic Reprint) E. Littell. 2018. (ENG., Illus.). 630p. (J). 36.91 *(978-0-483-04756-3(2))* Forgotten Bks.

Littell's Living Age, Vol. 190: July, August, September, 1891 (Classic Reprint) Robert S. Littell. 2017. (ENG., Illus.). (J). pap. 23.57 *(978-1-5280-6170-4(5))* Forgotten Bks.

Littell's Living Age, Vol. 192: January, February, March, 1892 (Classic Reprint) Unknown Author. (ENG., Illus.). (J). 2018. 836p. 41.14 *(978-0-483-44794-3(3))*; 2017. pap. 23.57 *(978-1-334-91312-9(9))* Forgotten Bks.

Littell's Living Age, Vol. 195: October, November, December, 1892 (Classic Reprint) Living Age Company. (ENG., Illus.). (J). 2018. 844p. 41.30 *(978-0-483-45990-8(9))*; 2017. pap. 23.97 *(978-1-334-89926-3(6))* Forgotten Bks.

Littell's Living Age, Vol. 197: April, May June, 1893 (Classic Reprint) Unknown Author. (ENG., Illus.). (J). 2018. 844p. 41.32 *(978-0-428-93131-5(6))*; 2017. pap. 23.97 *(978-0-243-92816-3(5))* Forgotten Bks.

Littell's Living Age, Vol. 20: January, February, March 1871 (Classic Reprint) Robert S. Littell. 2017. (ENG., Illus.). (J). 41.26 *(978-0-260-98346-6(2))*; pap. 23.97 *(978-1-5281-7416-9(X))* Forgotten Bks.

Littell's Living Age, Vol. 20 Of 76: January, February, March, 1863 (Classic Reprint) E. Littell. (ENG., Illus.). (J). 2018. 630p. 36.91 *(978-0-483-87044-4(7))*; 2016. pap. 19.57 *(978-1-333-16725-7(3))* Forgotten Bks.

Littell's Living Age, Vol. 203: October, November, December, 1894 (Classic Reprint) Unknown Author. 2017. (ENG., Illus.). (J). 41.14 *(978-0-266-74031-5(6))*; pap. 23.57 *(978-1-5277-0446-6(7))* Forgotten Bks.

1186

The check digit for ISBN-10 appears in parentheses after the full ISBN-13

Littell's Living Age, Vol. 23: October, November, December, 1863 (Classic Reprint) E. Littell. 2018. (ENG., Illus.). 630p. (J). 36.91 *(978-0-483-05773-9(8))* Forgotten Bks.

Littell's Living Age, Vol. 24 Of 80: January, February, March, 1864 (Classic Reprint) E. Lttell. 2018. (ENG., Illus.). 628p. (J). 36.85 *(978-0-365-03246-5(8))* Forgotten Bks.

Littell's Living Age, Vol. 25: April, May, June, 1864 (Classic Reprint) E. Littell. (ENG., Illus.). (J). 2017. 36.95 *(978-0-331-04494-2(3))*; 2016. pap. 19.57 *(978-1-334-13687-0(4))* Forgotten Bks.

Littell's Living Age, Vol. 35: October, November, December, 1852 (Classic Reprint) E. Littell. 2016. (ENG., Illus.). (J). pap. 19.57 *(978-1-334-05678-9(1))* Forgotten Bks.

Littell's Living Age, Vol. 37: April, May, June, 1853 (Classic Reprint) Eliakim Littell. 2017. (ENG., Illus.). (J). pap. 23.57 *(978-0-243-59805-2(X))* Forgotten Bks.

Littell's Living Age, Vol. 38: April 8, 1882 (Classic Reprint) Robert S. Littell. 2018. (ENG., Illus.). 906p. (J). 42.58 *(978-0-483-02139-6(3))* Forgotten Bks.

Littell's Living Age, Vol. 41: January, February, March, 1883 (Classic Reprint) Unknown Author. (ENG., Illus.). (J). 2018. 834p. 41.10 *(978-0-428-93589-4(3))*; 2017. pap. 23.57 *(978-1-334-91603-8(9))* Forgotten Bks.

Littell's Living Age, Vol. 45: January, February, March, 1884 (Classic Reprint) Unknown Author. 2017. (ENG., Illus.). (J). 41.20 *(978-0-266-51698-9(X))*; pap. 23.57 *(978-1-334-91326-6(9))* Forgotten Bks.

Littell's Living Age, Vol. 5: 17 May, 1845 (Classic Reprint) Eliakim Littell. (ENG., Illus.). (J). 2018. 56p. 25.07 *(978-0-656-34502-1(0))*; 2017. pap. 9.57 *(978-0-259-09481-4(1))* Forgotten Bks.

Littell's Living Age, Vol. 51: From the Beginning, Vol. 166; July, August, September, 1885 (Classic Reprint) Making Of America Project. (ENG., Illus.). (J). 2018. 832p. 41.06 *(978-0-332-94975-8(3))*; 2017. pap. 23.57 *(978-0-243-54469-1(3))* Forgotten Bks.

Littell's Living Age, Vol. 53: April, May, June, 1857 (Classic Reprint) Eliakim Littell. (ENG., Illus.). (J). 2018. 830p. 41.04 *(978-0-484-27862-1(2))*; 2017. pap. 23.57 *(978-0-243-56558-0(5))* Forgotten Bks.

Littell's Living Age, Vol. 55: October, November, December, 1857 (Classic Reprint) E. Littell. 2018. (ENG., Illus.). 836p. (J). 41.14 *(978-0-483-63889-1(7))* Forgotten Bks.

Littell's Living Age, Vol. 57: April, May, June, 1858 (Classic Reprint) E. Litttell. 2018. (ENG., Illus.). 1050p. (J). 45.57 *(978-0-267-00379-2(X))* Forgotten Bks.

Littell's Living Age, Vol. 65: Fifth Series; from the Beginning, Vol. CLXXX; January, February, March, 1889 (Classic Reprint) Eliakim Littell. 2017. (ENG., Illus.). (J). 40.99 *(978-0-265-74547-2(0))* Forgotten Bks.

Littell's Living Age, Vol. 66: July, August, September, 1860 (Classic Reprint) Eliakim Littell. 2017. (ENG., Illus.). (J). 41.22 *(978-0-265-74704-9(X))* Forgotten Bks.

Littell's Living Age, Vol. 78: April, May, June, 1892 (Classic Reprint) Unknown Author. 2017. (ENG., Illus.). (J). 41.45 *(978-0-265-51714-7(1))*; pap. 23.57 *(978-1-334-90652-7(1))* Forgotten Bks.

Littell's Living Age, Vol. 79: From the Beginning, Vol. CXCIV; July, August, September, 1892 (Classic Reprint) Unknown Author. 2018. (ENG., Illus.). 836p. (J). 41.14 *(978-0-483-47911-1(X))* Forgotten Bks.

Littell's Living Age, Vol. 8: January, February, March, 1846 (Classic Reprint) Eliakim Littell. 2017. (ENG., Illus.). (J). 36.85 *(978-0-265-75480-1(1))*; pap. 19.57 *(978-1-5277-2749-6(1))* Forgotten Bks.

Littell's Living Age, Vol. 80: January, February, March, 1864 (Classic Reprint) Eliakim Littell. (ENG., Illus.). (J). 2018. 42p. 24.78 *(978-0-365-16269-8(8))*; 2017. pap. 7.97 *(978-0-259-53453-2(6))* Forgotten Bks.

Littell's Living Age, Vol. 81: Fifth Series; from the Beginning, Vol. CXCVI; January, February, March, 1893 (Classic Reprint) Eliakim Littell. 2017. (ENG., Illus.). (J). 41.10 *(978-0-266-74523-5(7))*; pap. 23.57 *(978-1-5277-1370-3(9))* Forgotten Bks.

Littell's Living Age, Vol. 84: October, November, December, 1893 (Classic Reprint) Unknown Author. (ENG., Illus.). (J). 2018. 862p. 41.68 *(978-0-484-18373-4(7))*; 2017. pap. 24.02 *(978-1-334-96832-7(2))* Forgotten Bks.

Littell's Living Age, Vol. 94: July, August, September, 1867 (Classic Reprint) E. Littell. 2018. (ENG., Illus.). 830p. (J). 41.04 *(978-0-267-57428-5(2))* Forgotten Bks.

Littell's Living Age, Vol. 96: January, February, March, 1868 (Classic Reprint) E. Littell. (ENG., Illus.). (J). 2018. 826p. 40.93 *(978-0-483-85592-2(8))*; 2017. pap. 23.57 *(978-0-243-88468-1(0))* Forgotten Bks.

Little. Rosemary Reilly. 2022. (ENG.). 28p. (J). pap. 9.99 ***(978-1-6629-2534-4(4))***; 15.99 ***(978-1-6629-2533-7(6))*** Gatekeeper Pr.

Little Abe, or the Bishop of Berry Brow: Being the Life of Abraham Lockwood, a Quaint & Popular Yorkshire Local Preacher in the Methodist New Connexion (Classic Reprint) F. Jewell. (ENG., Illus.). (J). 2018. 258p. 29.24 *(978-0-483-62973-8(1))*; 2016. pap. 11.57 *(978-1-334-14888-0(0))* Forgotten Bks.

Little Accountants! - Counting Money for Kids: Children's Money & Saving Reference. Prodigy. 2016. (ENG., Illus.). (J). pap. 9.25 *(978-1-68323-225-4(9))* Twin Flame Productions.

Little Aces, a Golf Story. Rose Ostrow. 2017. (ENG., Illus.). (J). (gr. -1-3). 14.95 *(978-1-68401-051-6(9))* Amplify Publishing Group.

Little Acorn. IglooBooks. 2018. (ENG.). 24p. (J). (-k). 9.99 *(978-1-4998-8223-0(8))* Igloo Bks. GBR. Dist: Simon & Schuster, Inc.

Little Acorn. Carolyn Sparey Fox. 2021. (ENG., Illus.). 40p. (J). pap. *(978-0-9933114-9-9(0))* Resonate and Blue.

Little Activists, 6 vols., Set. Grace Hansen. 2018. (Little Activists: Endangered Species Ser.). (ENG.). 24p. (J). (gr. -1-2). lib. bdg. 196.74 *(978-1-5321-8197-9(3)*, 29853, Abdo Kids) ABDO Publishing Co.

Little Admiral (Classic Reprint) Jean N. M'Ilwraith. 2018. (ENG., Illus.). 290p. (J). 29.90 *(978-0-656-00980-0(2))* Forgotten Bks.

Little Adventurer Goes to Japan. Rachel Beswetherick. 2017. (ENG., Illus.). (J). pap. *(978-0-6481549-0-7(4))* Beswetherick, Rachel.

Little African Slave: A Tale of Our Own Times (Classic Reprint) J. Gaume. 2018. (ENG., Illus.). 112p. (J). 26.21 *(978-0-484-53449-9(1))* Forgotten Bks.

Little Agnes from Copenhagen. Maurice Liguore. 2020. (ENG.). 40p. (YA). pap. 13.95 *(978-1-68456-880-2(3))* Page Publishing Inc.

Little Al, the Angel. Anthony Vincent Salerno. Illus. by Rosemarie Gillen. 2016. (ENG.). (J). pap. 12.95 *(978-1-61286-314-6(0))* Avid Readers Publishing Group.

Little Albert Einstein see Albert

Little Alf & the Christmas Wish. Hannah Russell. 2018. (ENG., Illus.). 30p. (J). *(978-0-244-73766-5(5))* Lulu Pr., Inc.

Little Alf the Magic Helper. Hannah Russell. 2017. (ENG., Illus.). 104p. (J). pap. *(978-0-244-94052-2(5))* Lulu Pr., Inc.

Little Alfred: Or, the Influence of Home Training. William Oliphant. 2017. (ENG., Illus.). (J). pap. *(978-1-76057-705-6(7))* Trieste Publishing Pty Ltd.

Little Alfred: Or the Influence of Home Training (Classic Reprint) William Oliphant. 2018. (ENG., Illus.). 166p. (J). 27.32 *(978-0-332-88451-6(1))* Forgotten Bks.

Little Alfred (Classic Reprint) D. P. Kidder. 2018. (ENG., Illus.). 198p. (J). 27.98 *(978-0-332-90647-8(7))* Forgotten Bks.

Little Alice Circus Diva. Anthony J. Zaza. Illus. by Victoria A. Hanks. 2022. (ENG.). 27p. (J). *(978-1-387-96464-2(X))* Lulu Pr., Inc.

Little Alice's Big Christmas, Book One. Linda S. Difranco. 2019. (ENG.). 40p. (J). pap. ***(978-1-7947-0972-0(X))*** Lulu Pr., Inc.

Little Alice's Christmas Book! Book Two. Linda Difranco. 2022. (ENG.). 44p. (J). pap. ***(978-1-387-56095-0(6))*** Lulu Pr., Inc.

Little Aliens (Classic Reprint) Myra Kelly. 2018. (ENG., Illus.). 322p. (J). 30.56 *(978-0-656-88927-3(6))* Forgotten Bks.

Little Aliens Invade Earth Coloring Book. Kreative Kids. 2016. (ENG., Illus.). (J). pap. 9.20 *(978-1-68377-331-3(4))* Whlke, Traudl.

Little Aliens Invaded My School! Coloring Book. Activibooks For Kids. 2016. (ENG., Illus.). (J). pap. 9.20 *(978-1-68321-278-2(9))* Mimaxion.

Little Aliens of Outer Space Coloring Book. Jupiter Kids. 2016. (ENG., Illus.). 106p. (J). pap. 12.55 *(978-1-68326-344-9(8)*, Jupiter Kids (Childrens & Kids Fiction)) Speedy Publishing LLC.

Little Aliens on Mars Coloring Book. Bobo's Children Activity Books. 2016. (ENG., Illus.). (J). pap. 9.33 *(978-1-68327-502-2(0))* Sunshine In My Soul Publishing.

Little Alligator & Friends. Crystal Houston. 2022. (ENG.). 48p. (J). pap. 12.49 *(978-1-6628-4314-3(3))* Salem Author Services.

Little Almond Blossoms: A Book of Chinese Stories for Children (Classic Reprint) Jessie Juliet Knox. (ENG., Illus.). (J). 2018. 284p. 29.75 *(978-0-483-82342-6(2))*; 2016. pap. 13.57 *(978-1-333-23453-9(8))* Forgotten Bks.

Little Alphabet Coloring Book with Animals & Things. Mi Safari & Mike Safoory. 2022. (ENG.). 108p. pap. *(978-1-4717-4696-3(8))* Lulu Pr., Inc.

Little Alphabet Foodie. Ciara Turner. 2022. (ENG.). 37p. pap. *(978-1-387-78491-2(9))* Lulu Pr., Inc.

Little Ambassadors (Classic Reprint) Henriette Eugénie Delamare. (ENG., Illus.). (J). 2018. 302p. 30.15 *(978-0-364-80761-3(X))*; 2017. pap. 13.57 *(978-0-259-17229-1(4))* Forgotten Bks.

Little American Girl in India (Classic Reprint) Harriet Anna Cheever. 2018. (ENG., Illus.). 302p. (J). 30.13 *(978-0-483-59851-5(8))* Forgotten Bks.

Little American History Plays, for Little Americans: A Dramatic Reader for Third & Fourth Grades (Classic Reprint) Eleanore Hubbard. 2017. (ENG., Illus.). (J). 194p. 27.90 *(978-0-484-78381-1(5))*; pap. 10.57 *(978-0-259-54968-0(1))* Forgotten Bks.

Little Amish Lizzie: The Buggy Spoke Series, Book 1. Byler Linda. 2018. (Buggy Spoke Ser.). 288p. (J). (gr. 4-6). pap. 8.99 *(978-1-68099-356-1(9)*, Good Bks.) Skyhorse Publishing Co., Inc.

Little Amish Schoolhouse (Classic Reprint) Ella Maie Seyfert. (ENG., Illus.). (J). 2018. 140p. 26.78 *(978-0-656-79581-9(6))*; 2017. pap. 9.57 *(978-0-259-50536-5(6))* Forgotten Bks.

Little & Big. Carole Bloch. Illus. by Vian Oelofsen. 2022. (ENG.). 30p. (J). pap. ***(978-1-922910-76-9(7))*** Library For All Limited.

Little & Big: A Bigfoot Story. Robert L. Fouch. Illus. by Philip Bubbeo. 2017. (ENG.). (J). pap. 8.99 *(978-0-9907913-2-4(7))* Fouch, Robert L.

Little & Big - Kubwa Na Ndogo. Carole Bloch. Illus. by Vian Oelofsen. 2023. (SWA.). 30p. (J). pap. ***(978-1-922910-17-2(1))*** Library For All Limited.

Little & Big, Things Jesus Did: Exploring OPPOSITES Through the Miracles of Jesus. Karen Rosario Ingerslev. Illus. by Kristina Abbott. 2022. (Bible Explorers Ser.). (ENG.). 28p. (J). pap. ***(978-1-9989998-9-7(0))*** Pure and Fire.

Little & Lion. Brandy Colbert. (ENG.). (YA). (gr. 9-17). 2018. 352p. pap. 10.99 *(978-0-316-34901-7(1))*; 2017. 336p. 35.99 *(978-0-316-34900-0(3))* Little, Brown Bks. for Young Readers.

Little & Wise: Lessons from the Ants, the Conies, the Locusts, & the Spider (Classic Reprint) Wm. Wilberforce Newton. 2018. (ENG., Illus.). 98p. (J). 25.92 *(978-0-484-17586-9(6))* Forgotten Bks.

Little Angel. Michael Callaway & Sarah Perez. 2019. (ENG.). 40p. (J). pap. 14.99 *(978-0-359-58210-5(9))* Lulu Pr., Inc.

Little Angel. Anastasia Oldham. 2016. (ENG.). 24p. (J). ***(978-1-365-62106-2(5))*** Lulu Pr., Inc.

Little Angel: And Other Stories (Classic Reprint) Leonid Andreyev. 2018. (ENG., Illus.). 246p. (J). 28.97 *(978-0-483-60462-9(3))* Forgotten Bks.

Little Angel: There Is a Little Angel in All of Us. Malia Zimmerman. Illus. by Ruth Moen. 2022. 32p. (J). (gr. -1-k). pap. 14.95 *(978-1-6678-4987-4(5))* BookBaby.

Little Angelina. Mame Yaa. 2019. (ENG.). 34p. (J). pap. 14.99 *(978-1-950818-19-8(5))* Rushmore Pr. LLC.

Little Angels. Ann Louise Smith. 2020. (ENG.). 306p. (YA). pap. 20.95 *(978-1-0980-6640-6(5))* Christian Faith Publishing.

Little Animal Friends Mazes. Fran Newman-D'Amico. 2016. (Dover Little Activity Bks.). (ENG.). 64p. (J). (gr. k-3). pap. 2.50 *(978-0-486-81035-5(6)*, 810356) Dover Pubns., Inc.

Little Animal Stories. Joanna Dobkowska. 2018. (ENG.). 38p. (J). 14.95 *(978-1-68401-712-6(2))* Amplify Publishing Group.

Little Animals Described for Little People (Classic Reprint) Unknown Author. 2019. (ENG., Illus.). 202p. (J). 28.06 *(978-0-267-15298-8(1))* Forgotten Bks.

Little Ann: And Other Poems (Classic Reprint) Jane Taylor. 2018. (ENG., Illus.). 66p. (J). 25.26 *(978-0-365-32276-4(8))* Forgotten Bks.

Little Ann, or Familiar Conversations upon Interesting Subjects: Between a Child & Her Parents (Classic Reprint) Religious Tract Society. 2018. (ENG., Illus.). 110p. (J). 26.17 *(978-0-484-59018-1(9))* Forgotten Bks.

Little Anna: A Story for Pleasant Little Children; Translated from the German (Classic Reprint) A. Stein. 2018. (ENG., Illus.). 148p. (J). 26.95 *(978-0-267-20463-2(9))* Forgotten Bks.

Little Anna Mark (Classic Reprint) S. R. Crockett. 2017. (ENG., Illus.). 468p. (J). 33.55 *(978-0-484-32111-2(0))* Forgotten Bks.

Little Anna's Trials (Classic Reprint) Ann Augusta Gray. (ENG., Illus.). (J). 2018. 72p. 25.38 *(978-0-428-90077-9(1))*; 2017. pap. 9.57 *(978-0-259-21144-0(3))* Forgotten Bks.

Little Annie's ABC: Showing the Use & Sounds of the Letters, in Words of One Syllable (Classic Reprint) Unknown Author. 2017. (ENG., Illus.). (J). 25.30 *(978-0-265-82148-0(7))*; pap. 9.57 *(978-1-5278-1374-8(6))* Forgotten Bks.

Little Ant & Happy Grasshopper. J. E. Franklin. Illus. by Brett Forsyth. 2021. (ENG.). 30p. (J). 16.00 ***(978-1-7359236-7-3(2))*** Freedom's Hammer.

Little Ant & the Butterfly: Appearances Can Be Deceiving. S. M. R. Saia. Illus. by Tina Perko. 2022. (Little Ant Bks.: Vol. 1). (ENG.). 44p. (J). (gr. k-2). 16.99 ***(978-1-945713-49-1(6))*** Shelf Space Bks.

Little Ant & the Cricket. S. M. R. Saia. Illus. by Tina Perko. 2022. (ENG.). 44p. (J). 16.99 ***(978-1-945713-51-4(8))*** Shelf Space Bks.

Little Ant & the Dove: One Good Turn Deserves Another. S. M. R. Saia. Illus. by Tina Perko. 2022. (Little Ant Bks.: Vol. 5). (ENG.). 44p. (J). (gr. k-2). 16.99 ***(978-1-945713-50-7(X))*** Shelf Space Bks.

Little Ant & the Ice Cream Mystery. Ilene Dudek. Illus. by Ilene Dudek. 2018. (ENG., Illus.). 28p. (J). (gr. -1-2). pap. 10.00 *(978-0-578-40624-4(1))* Dudek, Ilene.

Little Ant & the Wasp. S. M. R. Saia. Illus. by Tina Perko. 2021. (ENG.). 44p. (J). pap. 7.99 ***(978-1-945713-34-7(8))*** Shelf Space Bks.

Little Ant & the White Bird: Leveled Reader Blue Fiction Level 10 Grade 1. Hmh Hmh. 2019. (Rigby PM Ser.). (ENG.). 16p. (J). (gr. 1). pap. 11.00 *(978-0-358-04921-0(0))* Houghton Mifflin Harcourt Publishing Co.

Little Ant Goes to a Picnic. S. M. R. Saia. Illus. by Tina Perko. 2023. (ENG.). 42p. (J). 16.99 ***(978-1-945713-46-0(1))*** Shelf Space Bks.

Little Ant's Valentine. S. M. R. Saia. Illus. by Tina Perko. 2022. (ENG.). 42p. (J). 16.99 *(978-1-945713-44-6(5))* Shelf Space Bks.

Little Apocalypse. Katherine Sparrow. 2019. (ENG.). 336p. (J). (gr. 3-7). 16.99 *(978-0-06-284976-2(X)*, HarperCollins) HarperCollins Pubs.

Little Apostle on Crutches (Classic Reprint) Henriette Eugénie Delamare. 2018. (ENG., Illus.). 170p. (J). 27.42 *(978-0-267-66757-4(4))* Forgotten Bks.

Little Archaeologist. Illus. by Dan Taylor. 2021. (Science Tots Book Ser.). (ENG.). 22p. (J). (gr. -1 — 1). bds. 8.99 *(978-0-7624-9753-9(X)*, Running Pr. Kids) Running Pr.

Little Archie's Lucky Day. Archie Superstars. 2019. (Illus.). 32p. (J). (gr. -1-3). 14.99 *(978-1-68255-849-2(5))* Archie Comic Pubns., Inc.

Little Architect's Activity Book for Kids 6-8. Educando Kids. 2019. (ENG.). 42p. (J). pap. 8.55 *(978-1-64521-790-9(6)*, Educando Kids) Editorial Imagen.

Little Artist. Tamara Fonteyn. 2016. (Magic Paintings Ser.). (ENG., Illus.). (J). pap. 5.50 *(978-1-62321-072-4(0))* Tommye-music Corp. DBA Tom eMusic.

Little Artist. Edith Schmidt. 2022. (ENG.). 38p. (J). 30.42 *(978-1-6678-2349-2(3))* BookBaby.

Little Artist Board Book Set. Mudpuppy. Illus. by Lydia Ortiz & Patrick Rafanan. 2019. (ENG.). (J). (gr. -1-k). bds. 14.99 *(978-0-7353-5572-9(X)*, Mudpuppy) Galison.

Little Artists. Niki Daly. Illus. by Niki Daly. 2016. (ENG., Illus.). 5p. (J). bds. 10.99 *(978-1-61067-436-2(7))* Kane Miller.

Little Ash Friendship Fix-It! Ash Barty & Jasmin McGaughey. Illus. by Jade Goodwin. 2022. (Little Ash Ser.: 02). (ENG.). 64p. 5.99 *(978-1-4607-6277-6(0)*, HarperCollins) HarperCollins Pubs.

Little Ash Goal Getter! Ash Barty & Jasmin McGaughey. Illus. by Jade Goodwin. 2022. (Little Ash Ser.: 04). 64p. 5.99 *(978-1-4607-6279-0(7)*, HarperCollins) HarperCollins Pubs.

Little Ash Lost Luck! Ash Barty & Jasmin McGaughey. Illus. by Jade Goodwin. 2023. (Little Ash Ser.: 06). (ENG.). 64p. 5.99 *(978-1-4607-6281-3(9)*, HarperCollins) HarperCollins Pubs.

Little Ash Party Problem! Ash Barty & Jasmin McGaughey. Illus. by Jade Goodwin. 2023. (Little Ash Ser.: 05). 64p. 5.99 *(978-1-4607-6280-6(0)*, HarperCollins) HarperCollins Pubs.

Little Ash Perfect Match! Ash Barty & Jasmin McGaughey. Illus. by Jade Goodwin. 2022. (Little Ash Ser.: 01).Tr. of . 64p. 5.99 *(978-1-4607-6276-9(2)*, HarperCollins) HarperCollins Pubs.

Little Ash Tennis Rush! Ash Barty & Jasmin McGaughey. Illus. by Jade Goodwin. 2022. (Little Ash Ser.: 03). (ENG.). 64p. 5.99 *(978-1-4607-6278-3(9)*, HarperCollins) HarperCollins Pubs.

Little Asha's Story. Stevie Williams. 2017. (ENG.). 50p. (J). pap. ***(978-1-326-95780-3(5))*** Lulu Pr., Inc.

Little Astronauts. Kathryn Clay. 2017. (Little Astronauts Ser.). (ENG., Illus.). 32p. (J). (gr. -1-2). 122.60 *(978-1-5157-3666-0(0)*, 25459, Capstone Pr.) Capstone.

Little Astronomer: Once upon a Sun. Julia Stilchen. 2019. (Kid Lit Science Ser.: Vol. 2). (ENG.). 64p. (J). pap. 16.99 *(978-0-578-43819-1(4))* Inkchanted Publishing LLC.

Little Athletics! Felice Arena. Illus. by Tom Jellett. 2018. (Sporty Kids Ser.). 80p. (J). (gr. 1-3). 8.99 *(978-0-14-378318-3(1))* Random Hse. Australia AUS. Dist: Independent Pubs. Group.

Little Avocado's Big Adventure. Brick Puffinton. Ed. by Cottage Door Press. Illus. by Silvia Cheung. 2019. (ENG.). 12p. (J). (gr. -1 — 1). bds. 7.99 *(978-1-68052-734-6(7)*, 1004550) Cottage Door Pr.

Little B Makes a Bunny, Little d Makes a Ducky. Heather M. Thompson. 2022. (ENG.). 28p. (J). pap. 10.99 *(978-1-0878-5693-3(0))* Indy Pub.

Little Baby Bella the Belly Rub Pug. Laurren Darr. 2017. (ENG., Illus.). (J). pap. 5.99 *(978-1-943356-54-6(8))* Left Paw Pr.

Little, Baby Froggy. Edward T. Vieira, Jr. & Kaitlyn Ripaldi. 2020. (ENG.). 27p. (J). *(978-1-716-86085-0(7))* Lulu Pr., Inc.

Little Baby Learns: Colors. Roger Priddy. 2021. (Little Baby Learns Ser.). (ENG., Illus.). 8p. (J). bds. 9.99 *(978-1-68449-150-6(9)*, 900237943) St. Martin's Pr.

Little Baby Learns: Farm. Roger Priddy. 2022. (Little Baby Learns Ser.). (ENG., Illus.). 8p. (J). bds. 9.99 *(978-1-68449-224-4(6)*, 900255036) St. Martin's Pr.

Little Baby Learns: Trucks. Roger Priddy. 2022. (Little Baby Learns Ser.). (ENG., Illus.). 8p. (J). bds. 9.99 *(978-1-68449-225-1(4)*, 900255037) St. Martin's Pr.

Little Baby Learns: Words. Roger Priddy. 2021. (Little Baby Learns Ser.). (ENG., Illus.). 8p. (J). bds. 9.99 *(978-1-68449-139-1(8)*, 900237942) St. Martin's Pr.

Little Baby Poot-Poot. Susanne Whited. Illus. by Susanne Whited. 2016. (ENG., Illus.). (J). pap. 19.99 *(978-1-944701-00-0(1))* QuadMama Pr.

Little Babymouse & the Christmas Cupcakes. Jennifer L. Holm. Illus. by Matthew Holm. 2016. (ENG.). 40p. (J). (gr. -1-2). 17.99 *(978-1-101-93743-3(2)*, Random Hse. Bks. for Young Readers) Random Hse. Children's Bks.

Little Baby's Busy Day: a Finger Wiggle Book. Sally Symes. Illus. by Nick Sharratt. 2020. (Finger Wiggle Bks.). (ENG.). 22p. (J). (— 1). bds. 8.99 *(978-1-5362-1278-5(4))* Candlewick Pr.

Little Baby's Playtime: a Finger Wiggle Book. Sally Symes. Illus. by Nick Sharratt. 2020. (Finger Wiggle Bks.). (ENG.). 22p. (J). (— 1). bds. 8.99 *(978-1-5362-1279-2(2))* Candlewick Pr.

Little Back Room: Being the Social & Political Adventures of Peter Cadogan (Classic Reprint) Edward Schuyler Chamberlayne. 2018. (ENG., Illus.). (J). 346p. 31.03 *(978-1-391-21303-3(3))*; 348p. pap. 13.57 *(978-1-390-96352-6(7))* Forgotten Bks.

Little Bad Book #1. Magnus Myst. Illus. by Thomas Hussung. 2022. (Little Bad Book Ser.: 1). 128p. (J). (gr. 4-7). 9.99 *(978-0-593-42761-3(0)*, Delacorte Pr.) Random Hse. Children's Bks.

Little Bad Book #2: Even More Dangerous! Magnus Myst. Illus. by Thomas Hussung. 2022. (Little Bad Book Ser.: 2). 160p. (J). (gr. 4-7). 9.99 *(978-0-593-42764-4(5)*, Delacorte Pr.) Random Hse. Children's Bks.

Little Bad Book #3: Your Time Has Come, Vol. 3. Magnus Myst. Illus. by Thomas Hussung. 2023. (Little Bad Book Ser.: 3). 176p. (J). (gr. 4-7). 10.99 *(978-0-593-42767-5(X)*, Delacorte Pr.) Random Hse. Children's Bks.

Little Bakery. Andrew Knowlman. Illus. by Sarah Boyce. 2017. (ENG.). 44p. (YA). (gr. 7-10). pap. *(978-1-911589-32-7(6)*, Choir Pr., The) Action Publishing Technology Ltd.

Little Bambanani's Really Big Thought. Christopher John Gagliano. 2020. (ENG.). 66p. (J). pap. 19.99 *(978-1-64921-641-0(6))* Primedia eLaunch LLC.

Little Bark: A Journey from Egg to Frog. Kasia Pintscher. Illus. by Narcisa Cret. 2022. (ENG.). 28p. (J). *(978-1-0391-3150-7(6))*; pap. *(978-1-0391-3149-1(2))* FriesenPress.

Little Basket-Maker: And Other Tales; a Story Book for Holiday Hours (Classic Reprint) Unknown Author. (ENG., Illus.). (J). 2018. 210p. 28.23 *(978-0-483-42000-7(X))*; 2016. pap. 10.57 *(978-1-334-17643-2(4))* Forgotten Bks.

Little Bat in Night School. Brian Lies. 2021. (ENG., Illus.). 32p. (J). (gr. -1-3). 14.99 *(978-0-358-26984-7(9)*, 1771173, Clarion Bks.) HarperCollins Pubs.

Little Bat up All Day. Brian Lies. 2022. (ENG., Illus.). 32p. (J). (gr. -1-3). 14.99 *(978-0-358-26985-4(7)*, 1771174, Clarion Bks.) HarperCollins Pubs.

Little Bea, Where Are You? David Villanueva Jr. 2018. (ENG., Illus.). 40p. (J). pap. 17.99 *(978-1-365-76835-4(X))* Lulu Pr., Inc.

Little Bear see Osito

Little Bear: An Inuit Folktale. Dawn Casey. Illus. by Amanda Hall. 2021. 36p. (J). (gr. k-3). pap. 17.95 *(978-1-937786-91-5(9)*, Wisdom Tales) World Wisdom, Inc.

Little Bear & the Mirror. Lydia Du Du Toit. Illus. by Karlee Lillywhite. 2019. (ENG.). 24p. (J). (gr. k-5). pap. *(978-0-9922236-9-4(5))* Mirror Word Publishing.

Little Bear & the Silver Star. Jane Hissey. 2020. (ENG.). 32p. (J). (gr. -1-1). 16.95 *(978-1-913337-59-9(6)*, Scribblers) Book Hse. GBR. Dist: Sterling Publishing Co., Inc.

Little Bear at Work & at Play (Classic Reprint) Frances Margaret Fox. 2018. (ENG., Illus.). (J). (gr. 4-7). 76p. 25.46 *(978-1-391-15415-2(0))*; 78p. pap. 9.57 *(978-1-390-90467-3(9))* Forgotten Bks.

Little Bear Dreams. Paul Schmid. 2018. (ENG., Illus.). 40p. (gr. -1 — 1). 17.95 *(978-0-7148-7724-2(7))* Phaidon Pr., Inc.

Little Bear Goes to the Doctor (Revised) Nicole A. Jones. 2017. (ENG., Illus.). 42p. (J). pap. 12.00 *(978-1-948166-04-1(6))* EnProse Bks.

Little Bear Sam from Greeley Square. Neil Williams. 2020. (ENG., Illus.). 34p. (J). pap. 13.99 *(978-1-68471-750-7(7))* Lulu Pr., Inc.

L

Little Bear That Needed a Friend. Cassandra Cannizzaro. 2019. (ENG.). 28p. (J). pap. *(978-1-78830-378-1(4))* Olympia Publishers.

Little Bear Wakes Up. Joe Rhatigan. Illus. by Sanja Rescek. 2021. (ENG.). 26p. (J). bds. 8.99 *(978-1-5037-5796-7(X),* 3802, Sunbird Books) Phoenix International Publications, Inc.

Little Bear Wants to Grow. Judith Koppens. Illus. by Suzanne Diederen. 2019. (ENG.). 32p. (J). 14.95 *(978-1-60537-408-6(3))* Clavis Publishing.

Little Bears Can Do Big Things: Growth Mindset. Esther Pia Cordova. Illus. by Vanessa Chromik. 2019. (ENG.). 34p. (J). pap. *(978-3-948298-07-4(6))* Cordova, Esther Pia Power Of Yet.

Little Bear's Christmas Fun Book. Jane Hissey. ed. 2021. (Old Bear & Friends Ser.). (ENG., Illus.). 48p. (J). (gr. -1-1). pap. 8.99 *(978-1-913971-36-6(8),* Scribblers) Book Hse. GBR. Dist: Sterling Publishing Co., Inc.

Little Bear's Friend. Janice K. Taylor. Illus. by John Thorn. 2022. (ENG.). 76p. (J). pap. 18.99 *(978-1-63984-089-2(3))* Pen It Pubns.

Little Bear's Friends see Amigos de Osito

Little Bear's Friends. Karel Hayes. 2020. (Illus.). 24p. (J). (gr. -1 — 1). 8.95 *(978-1-60893-694-6(5))* Down East Bks.

Little Bear's Treasures. Stella Dreis. 2020. (Illus.). 36p. (J). (gr. -1-3). 17.95 *(978-1-77164-653-6(5),* Greystone Kids) Greystone Books Ltd. CAN. Dist: Publishers Group West (PGW).

Little Bear's Visit see Visita de Osito

Little Beauty, Vol. 1 of 3 (Classic Reprint) Grey. 2018. (ENG., Illus.). 336p. (J). 30.85 *(978-0-267-24467-6(3))* Forgotten Bks.

Little Bee: A Day in the Life of a Little Bee. Anna Brett. Illus. by Rebeca Pintos. 2022. (Really Wild Families Ser.). (ENG.). 48p. (J). (gr. -1-2). 14.99 ***(978-0-7112-7415-0(0))*** QEB Publishing Inc.

Little Bee & Old Bear. Patricia Buell. 2019. (ENG.). 36p. (J). pap. 15.95 *(978-0-359-70624-2(X))* Lulu Pr., Inc.

Little Bee Charmer of Henrietta Street. Sarah Webb. Illus. by Helena Grimes & Rachel Corcoran. (ENG.). 320p. (J). 2021. pap. 16.99 *(978-1-78849-247-8(1));* 2nd ed. 2022. 13.99 *(978-1-78849-365-9(6))* O'Brien Pr., Ltd., The IRL. Dist: Casemate Pubs. & Bk. Distributors, LLC.

Little Bee Makes the Flowers Grow. Maya Hadar. 2020. (ENG., Illus.). 38p. (J). 15.99 *(978-0-9989098-5-1(8))* Fair Page Media LLC.

Little Bee Who Lost His Buzz. Rhonda Clark. 2017. (Zailey & Madelyn Ser.: Vol. 2). (ENG., Illus.). (J). pap. 14.99 *(978-0-9989583-1-6(X))* zandmsgma Bks.

Little Bee's Day in the Garden. Shannon L. Mokry. Illus. by Shannon L. Mokry. 2022. (ENG.). 34p. (J). 16.95 *(978-1-951521-45-5(5));* pap. 9.95 *(978-1-951521-44-8(7))* Sillygeese Publishing, LLC.

Little Bee's Flower. Jacob Souva. 2021. (Illus.). 32p. (J). (gr. -1-2). 16.99 *(978-1-5132-8947-2(0),* West Margin Pr.) West Margin Pr.

Little Bell That Wouldn't Ring: A Christmas Story. Heike Conradi. Illus. by Maja Dusíková. 2020. (ENG.). 32p. (J). (gr. -1-2). 17.95 *(978-0-7358-4386-8(4))* North-South Bks., Inc.

Little Bells: And Other Verses for Children (Classic Reprint) Joye Taylor. 2018. (ENG., Illus.). 50p. (J). 24.95 *(978-0-483-27519-5(0))* Forgotten Bks.

Little Bessie (Classic Reprint) George Hutchinson Smyth. 2018. (ENG., Illus.). 160p. (J). 27.28 *(978-0-484-18823-4(2))* Forgotten Bks.

Little Bessie, the Careless Girl. Josephine Franklin. 2017. (ENG.). 166p. (YA). pap. *(978-3-337-06164-7(8))* Creation Pubs.

Little Bessie, the Careless Girl: Or, Squirrels, Nuts, & Water-Cresses. Josephine Franklin. 2019. (ENG., Illus.). 64p. (YA). pap. *(978-93-5329-506-6(8))* Alpha Editions.

Little Bessie, the Careless Girl, or Squirrels, Nuts, & Water-Cresses (Classic Reprint) Josephine Franklin. 2018. (ENG., Illus.). (J). 180p. 27.61 *(978-0-366-55926-8(5));* 182p. pap. 9.97 *(978-0-366-06148-8(8))* Forgotten Bks.

Little Betty & the Piggy! A True Story. Betty Cabrera. 2021. (ENG., Illus.). 24p. (J). 24.95 *(978-1-0980-9546-8(4));* pap. 13.95 *(978-1-0980-9544-4(8))* Christian Faith Publishing.

Little Betty Wilkinson. Evelyn Smith. Illus. by F. E. Hiley. 2016. (ENG.). 151p. (J). pap. *(978-1-909423-70-1(X))* Bks. to Treasure.

Little Betty's Big Idea. M. Alan Young. 2016. (ENG., Illus.). (J). 29.99 *(978-1-4984-8727-6(0));* pap. 19.99 *(978-1-4984-8726-9(2))* Salem Author Services.

Little Bible Heroes Storybook (padded) Victoria Kovacs. Illus. by Mike Krome & David Ryley. 2016. (Little Bible Heroes(tm) Ser.). (ENG.). 264p. (J). 14.99 *(978-1-4336-9230-7(9),* 006109627, B&H Kids) B&H Publishing Group.

Little Bible Playbook: the First Christmas. Illus. by Marta Alvarez Miguens. 2018. (Little Bible Playbook Ser.). (ENG.). 20p. (J). (— 1). bds. 7.99 *(978-0-7944-4180-7(7),* Studio Fun International) Printers Row Publishing Group.

Little Bible Playbook: the Story of Easter. Illus. by Katya Longhi. 2020. (Little Bible Playbook Ser.). (ENG.). 10p. (J). (gr. -1-k). bds. 7.99 *(978-0-7944-4491-4(1),* Studio Fun International) Printers Row Publishing Group.

LittLE BIG Bear: A Clumsy Bear Fell Fast Asleep... While Playing a Game of Hide & Seek. Andre Royal, Jr. Illus. by Andre Royal, Jr. 2020. (ENG.). 28p. (J). pap. 5.00 *(978-1-945432-39-2(X))* Eco-Justice Pr., LLC.

Little Big Bedtime Tales. Georgie Ann Weatherby. 2018. (ENG., Illus.). 50p. (J). pap. 12.95 *(978-1-949231-02-1(X))* Yorkshire Publishing Group.

Little Big Girl. Claire Keane. 2016. (Illus.). 32p. (J). (-k). 17.99 *(978-0-8037-3912-3(5),* Dial Bks) Penguin Young Readers Group.

Little Big Heroes: A Handbook on the Tiny Creatures That Keep Our World Going. Yeen Nie Ho. Illus. by David Liew. 2023. (Change Makers Ser.). (ENG.). 72p. (J). (gr. 4-7). pap. 12.99 ***(978-981-5066-02-9(1))*** Marshall Cavendish International (Asia) Private Ltd. SGP. Dist: Independent Pubs. Group.

Little Big Heroes: A Handbook on the Tiny Creatures That Keep Our World Going. Yeen Nie Hoe. Illus. by David Liew. 2022. (Change Makers Ser.). (ENG.). 72p. (J). (gr. 3-6). 12.99 *(978-981-4928-23-6(2))* Marshall Cavendish International (Asia) Private Ltd. SGP. Dist: Independent Pubs. Group.

Little Big Jonathan & the Seed of Happiness. Jannis Bothe. 2017. (ENG., Illus.). (J). *(978-3-9818880-0-3(6))* Bothe, Jannis.

Little Big Nate: Draws a Blank, Volume 1. Lincoln Peirce. 2019. (Little Big Nate Ser.: 1). (ENG., Illus.). 12p. (J). bds. 7.99 *(978-1-5248-5178-1(7))* Andrews McMeel Publishing.

Little Big Nate: No Nap!, Volume 2. Lincoln Peirce. 2020. (Little Big Nate Ser.: 2). (ENG., Illus.). 12p. (J). bds. 7.99 *(978-1-5248-6066-0(2))* Andrews McMeel Publishing.

Little Big Sister on the Move. Amy B. McCoy. Illus. by Christine Maichin. 2019. (Little Big Sister Ser.: Vol. 2). (ENG.). 248p. (J). pap. 9.99 *(978-1-7330362-0-7(2))* McCoy, Amy.

Little Big Steps. Alene M. Arnold. 2020. (ENG.). 58p. (J). pap. 17.95 *(978-1-64462-661-0(6))* Page Publishing Inc.

Little Big Toe. Wesley Tallant. 2017. (ENG., Illus.). 42p. (J). (gr. 1-6). pap. 7.99 *(978-1-68160-406-0(X))* Crimson Cloak Publishing.

Little Big Wheels. Elizabeth Bradford. Illus. by Amy Koch Johnson. 2018. (ENG.). 32p. (J). pap. 7.99 *(978-0-692-18388-5(4))* Bradford, Elizabeth.

Little Bigfoot, Big City. Jennifer Weiner. (Littlest Bigfoot Ser.: 2). (ENG.). 336p. (J). (gr. 3-7). 2018. pap. 8.99 *(978-1-4814-7078-0(7));* 2017. (Illus.). 17.99 *(978-1-4814-7077-3(9))* Simon & Schuster Children's Publishing. (Aladdin).

Little Bigfoot, Big City. Jennifer Weiner. ed. 2018. (Littlest Bigfoot Ser.: 2). lib. bdg. 19.65 *(978-0-606-41343-5(X))* Turtleback.

Little Billy Blaster Blasts off to Grandma's House. Granny G. Illus. by Og. 2022. (ENG.). 24p. (J). *(978-1-0391-3345-7(2));* pap. *(978-1-0391-3344-0(4))* FriesenPress.

Little Binky Bear see Osito Binky

Little Biographies of Big People: Set 1, 12 vols. 2017. (Little Biographies of Big People Ser.). (ENG.). 24p. (J). (gr. 1-2). lib. bdg. 145.62 *(978-1-5382-1283-7(8),* 22e472f2-f347-46b0-ac50-696a4304d9a1) Stevens, Gareth Publishing LLLP.

Little Biographies of Big People: Set 2, 12 vols. 2018. (Little Biographies of Big People Ser.). (ENG.). 24p. (J). (gr. 1-2). lib. bdg. 145.62 *(978-1-5382-2186-0(1),* 795f9e89-c257-4508-b369-8fb3f139b589) Stevens, Gareth Publishing LLLP.

Little Biographies of Big People: Sets 1 - 2. 2018. (Little Biographies of Big People Ser.). (ENG.). (J). pap. 109.80 *(978-1-5382-2827-2(0));* (gr. 1-2). lib. bdg. 291.24 *(978-1-5382-2187-7(X),* cde53dc0-44cb-4b67-a44d-b4d4086a4857) Stevens, Gareth Publishing LLLP.

Little Biographies of Big People: Sets 1 - 3. 2018. (Little Biographies of Big People Ser.). (ENG.). (J). pap. 164.70 *(978-1-5382-3435-8(1));* (gr. 1-2). lib. bdg. 436.86 *(978-1-5382-2947-7(1),* d17e9982-916c-4444-aae5-63e0c2592aa9) Stevens, Gareth Publishing LLLP.

Little Birchwood. Mary Kelley. 2021. (ENG., Illus.). 22p. (J). 23.95 *(978-1-63692-348-2(8))* Newman Springs Publishing, Inc.

Little Bird. Patty Davidson. 2019. (ENG., Illus.). 26p. (J). pap. 12.99 *(978-1-951263-84-3(7))* Pen It Pubns.

Little Bird. Cynthia Voigt. (ENG.). 336p. (J). (gr. 3-7). 2021. pap. 7.99 *(978-0-06-299690-9(8));* 2020. (Illus.). 16.99 *(978-0-06-299689-3(4))* HarperCollins Pubs. (Greenwillow Bks.).

Little Bird & Myrtle Turtle. Vickie Ray McEntire. 2017. (ENG., Illus.). (J). pap. 13.95 *(978-1-5043-9001-9(6),* Balboa Pr.) Author Solutions, LLC.

Little Bird & the Bath: Leveled Reader Book 57 Level C 6 Pack Grade K. Hmh Hmh. 2021. (SPA.). 16p. (J). pap. 74.40 *(978-0-358-08108-1(4))* Houghton Mifflin Harcourt Publishing Co.

Little Bird & the Bath: Leveled Reader Red Fiction Level 3 Grade 1. Hmh Hmh. 2019. (Rigby PM Ser.). (ENG.). 16p. (J). (gr. 1). pap. 11.00 *(978-0-358-12108-4(6))* Houghton Mifflin Harcourt Publishing Co.

Little Bird & the Eagle Owl a Story of Courage. Johnny Roquemore. Ed. by John Solomon. Illus. by Dallas Roquemore. 2021. (ENG.). 78p. (J). pap. 25.00 *(978-0-578-95355-7(2))* Southampton Publishing.

Little Bird & the Summer Surprise. Susie Reynolds. Illus. by Sylvia Dan. 2022. (ENG.). 34p. (J). pap. ***(978-1-80227-470-7(7))*** Publishing Push Ltd.

Little Bird-Big Name. Laura Rilla. Illus. by Shirley McDaniel. 2021. (ENG.). 32p. (J). pap. 14.99 *(978-1-68515-158-4(2),* Palmetto Publishing Group) Nextone Inc.

Little Bird Blue: (a True Story) Lynne Little. 2019. (ENG., Illus.). 30p. (J). pap. 12.95 *(978-1-64471-096-8(X))* Covenant Bks.

Little Bird Blue (Classic Reprint) William L. 2018. (ENG., Illus.). 76p. (J). 25.46 *(978-0-484-85832-8(7))* Forgotten Bks.

Little Bird Finds Christmas: A Sweet Christian Holiday Story. Marianne Richmond. Illus. by Janet Samuel. 2022. (Marianne Richmond Ser.). 40p. (J). (gr. -1-2). 10.99 *(978-1-7282-5445-6(0),* Sourcebooks Jabberwocky) Sourcebooks, Inc.

Little Bird Learns about Fruits & Vegetables. Zachry Hendricken. Ed. by Ivonna Green & Janine McCallum. 2023. (Little Bird Learns about Fruits & Vegetables Ser.: Vol. 1). (ENG.). 28p. (J). pap. ***(978-0-2288-9297-7(X))*** Tellwell Talent.

Little Bird Learns to Fly. Zachry Hendricken & Ivonna Green. 2022. (ENG.). 36p. (J). pap. *(978-0-2288-7266-5(9))* Tellwell Talent.

Little Bird, Little Bird. Janice Christner. 2022. (ENG., Illus.). 34p. (J). pap. 15.95 *(978-1-68517-987-8(8))* Christian Faith Publishing.

Little Bird Told Me That Love Is a Verb. Sali Ann Sayler. 2019. (ENG., Illus.). 30p. (J). (gr. k-2). 19.99 *(978-1-63363-310-0(1))* White Bird Pubns.

Little Bird Visits the Big City. Domenico Granata. 2020. 32p. (J). (-k). 17.99 *(978-988-8342-03-7(7),* Minedition) Penguin Young Readers Group.

Little Bird Who Was Afraid to Fly. Louisa Lawson. 2020. (ENG.). 44p. (J). *(978-0-2288-2434-3(6));* pap. *(978-0-2288-2433-6(8))* Tellwell Talent.

Little Bird Wings. V. J. Jones. Illus. by Blueberry Illustrations. 2020. (ENG.). 32p. (J). 18.99 *(978-0-578-71012-9(9))* Jones, Van.

Little Birder: A Field Guide to Birds of the Alphabet. Jessalyn Claire Beasley. Illus. by Jessalyn Claire Beasley. 2018. (ENG., Illus.). 60p. (J). (gr. k-2). 25.99 *(978-0-578-40036-5(7))* One Odd Duck Bks.

Little Birds. Ernest Pope. Illus. by Jovan Carl Segura. 2021. (ENG.). 26p. (J). pap. *(978-1-922750-17-4(4))* Library For All Limited.

Little Birds Coloring Book: Cute Birds Coloring Book - Adorable Birds Coloring Pages for Kids -25 Incredibly Cute & Lovable Birds. Welove Coloringbooks. 2020. (ENG., Illus.). 106p. (J). pap. 10.49 *(978-1-716-28751-0(0))* Lulu Pr., Inc.

Little Bird's Words of Encouragement. Patty Davidson. 2020. (ENG.). 26p. (J). pap. 12.99 *(978-1-952011-00-9(0))* Pen It Pubns.

Little Bit about Little Bit. Mary Hayes. 2021. (ENG.). 70p. (J). pap. 30.99 *(978-1-0983-5918-8(6))* BookBaby.

Little Bit Brave. Nicola Kinnear. Illus. by Nicola Kinnear. 2020. (ENG., Illus.). 32p. (J). (gr. -1-2). 18.99 *(978-1-338-56327-6(0),* Orchard Bks.) Scholastic, Inc.

Little Bit Country. Brian D. Kennedy. (ENG.). (YA). (gr. 8). 2023. 368p. pap. 15.99 *(978-0-06-308566-4(6));* 2022. 352p. 17.99 *(978-0-06-308565-7(8))* HarperCollins Pubs. (Balzer & Bray).

Little Bit Goes to England. Caroline Ward. 2020. (Adventures of Little Bit Ser.: Vol. 1). (ENG.). 24p. (J). 14.99 ***(978-1-7346972-2-3(9))*** Brae, Caroline.

Little Bit Goes to France. Caroline Ward. 2020. (Adventures of Little Bit Ser.: Vol. 2). (ENG.). 26p. (J). 14.99 ***(978-1-7346972-1-6(0))*** Brae, Caroline.

Little Bit Goes to Williamsburg: The Adventures of Little Bit. Caroline Ward. Illus. by Caroline Ward. 2020. (Adventures of Little Bit Ser.: Vol. 3). (ENG., Illus.). 24p. (J). (gr. k-6). 14.99 *(978-1-7346972-0-9(2))* Brae, Caroline.

Little Bit Langston. Andrew Demcak. 2016. (ENG., Illus.). (YA). (gr. 9-12). 24.99 *(978-1-63477-928-9(2),* Harmony Ink Pr.) Dreamspinner Pr.

Little Bit of Hush. Paul Stewart. Illus. by Jane Porter. 2022. (ENG.). 32p. (J). (gr. -1-k). 22.99 *(978-1-913074-49-4(8))* Otter-Barry Bks. GBR. Dist: Independent Pubs. Group.

Little Bit of Respect. Claire Alexander. Illus. by Claire Alexander. 2022. (Ploofers Ser.). (ENG., Illus.). 32p. (J). ***(978-0-7112-6442-7(2))*** White Lion Publishing.

Little Bit Scared... but a Lot Brave. Jacque Grabouski. 2022. (ENG., Illus.). 26p. (J). pap. 14.95 *(978-1-63985-623-7(4))* Fulton Bks.

Little Bite for You. Mack van Gageldonk. 2019. (Clever Ser.: 2). (ENG., Illus.). 64p. (J). 11.95 *(978-1-60537-490-1(3))* Clavis Publishing.

Little Bits of Sky. S. E. Durrant. Illus. by Katie Harnett. 2017. (ENG.). 208p. (J). (gr. 3-7). 16.95 *(978-0-8234-3839-6(2))* Holiday Hse., Inc.

Little Black Boy: Oh, the Things You Will Do! Kirby Howell-Baptiste & Larry C. Fields, III. Illus. by Paul Davey. 2022. (ENG.). 32p. (J). (gr. -1-3). 18.99 *(978-0-593-40626-7(5),* Nancy Paulsen Books) Penguin Young Readers Group.

Little Black Cappy. Anna Samwel. 2019. (ENG., Illus.). 22p. (J). 24.99 *(978-1-7330436-0-1(8))* Light Network, The.

Little Black Dress. Linda Palund. 2016. (ENG., Illus.). (J). 24.99 *(978-1-63477-970-8(3),* Harmony Ink Pr.) Dreamspinner Pr.

Little Black Dresses, Little White Lies. Laura Stampler. 2016. (ENG., Illus.). 352p. (YA). (gr. 9). 17.99 *(978-1-4814-5989-1(9),* Simon Pulse) Simon Pulse.

Little Black Girl: Oh, the Things You Can Do! Kirby Howell-Baptiste. Illus. by Paul Davey. 2022. (ENG.). 32p. (J). (gr. -1-3). 18.99 *(978-0-593-40623-6(0),* Nancy Paulsen Books) Penguin Young Readers Group.

Little Black Girl That Could. Ed. by Marvin D. Cloud. Illus. by Widi Anto. 2020. (ENG.). 40p. (J). pap. 12.00 *(978-0-578-70336-7(X))* YP Publishing.

Little Black Girl, Who Are You? Your True Identity. Allison Dollison. 2018. (ENG., Illus.). 26p. (J). pap. 12.95 *(978-1-64191-812-1(8))* Christian Faith Publishing.

Little Black Hole. Molly Webster. Illus. by Alex Willmore. 2023. 32p. (J). (gr. -1-3). 18.99 *(978-0-593-46475-5(3),* Philomel Bks.) Penguin Young Readers Group.

Little Black Princess: A True Tale of Life in the Never-Never Land (Classic Reprint) Jeannie Gunn. 2017. (ENG., Illus.). (J). 27.30 *(978-1-5285-4741-3(1))* Forgotten Bks.

Little Black Puppy. Sandy Bedka. 2022. (ENG., Illus.). 30p. (J). pap. 13.95 *(978-1-63885-651-1(6))* Covenant Bks.

Little Blind God A-Wheel. Sidney Howard. 2017. (ENG., Illus.). (J). pap. *(978-0-649-63708-9(9))* Trieste Publishing Pty Ltd.

Little Blind God a-Wheel (Classic Reprint) Sidney Howard. 2017. (ENG., Illus.). (J). 28.64 *(978-0-260-75649-7(0))* Forgotten Bks.

Little Blossom Stories (Set), 135 vols. 2023. (Little Blossom Stories Ser.). (ENG., Illus.). 16p. (J). (gr. -1-2). pap. 1533.60 *(978-1-6689-1866-1(8),* 221844, Cherry Blossom Press) Cherry Lake Publishing.

Little Blossom's Reward: A Christmas Book for Children. Emily Hare. 2017. (ENG., Illus.). (J). pap. *(978-0-649-63709-6(7))* Trieste Publishing Pty Ltd.

Little Blossom's Reward: A Christmas Book for Children (Classic Reprint) Emily Hare. 2018. (ENG., Illus.). 160p. (J). 27.20 *(978-0-483-53994-5(5))* Forgotten Bks.

Little Blue. Mo MacPhail. 2017. (ENG., Illus.). (J). pap. 12.45 *(978-1-5043-8186-4(6),* Balboa Pr.) Author Solutions, LLC.

Little Blue & Little Yellow see Pequeño Azul y Pequeño Amarillo (Little Blue & Little Yellow, Spanish-English Bilingual Edition): Edición Bilingüe Español/inglés

Little Blue Angel. Barbara Pittman Steinkamp. 2018. (ENG., Illus.). 28p. (J). (gr. -1-3). pap. 12.95 *(978-1-64114-788-0(1))* Christian Faith Publishing.

Little Blue Boat. Ginger Swift. Ed. by Cottage Door Press. Illus. by Zoe Persico. 2016. (ENG.). 12p. (J). (gr. -1 — 1). bds. 7.99 *(978-1-68052-077-4(6),* 1000800) Cottage Door Pr.

Little Blue Boll Weevil. David Kennedy. 2019. (ENG.). 30p. (J). 22.95 *(978-1-64492-825-7(6));* pap. 12.95 *(978-1-64416-970-4(3))* Christian Faith Publishing.

Little Blue Bunny. Erin Guendelsberger. Illus. by Stila Lim. 2022. (Little Heroes, Big Hearts Ser.). 40p. (J). (gr. k-3). 17.99 *(978-1-7282-5448-7(5))* Sourcebooks, Inc.

Little Blue Bunny: Fairy Tale Story of Bunny Rabbit to the Rescue see Conejito Azul: Es un Valiente Socorrista

Little Blue Butterfly. Alexia Houde. 2020. (ENG.). 65p. (YA). pap. *(978-1-716-62137-6(2))* Lulu Pr., Inc.

Little Blue Cars Series-Four-Book Collection. Nora Luke. 2018. (ENG.). 76p. (J). pap. 11.38 *(978-1-393-29887-8(7))* Draft2Digital.

Little Blue Chair. Cary Fagan. Illus. by Madeline Kloepper. 2017. 40p. (J). (gr. -1-2). 16.99 *(978-1-77049-755-9(2),* Tundra Bks.) Tundra Bks. CAN. Dist: Penguin Random Hse. LLC.

Little Blue Devil (Classic Reprint) Dorothea Mackellar. 2018. (ENG., Illus.). 340p. (J). 30.91 *(978-0-267-22208-7(4))* Forgotten Bks.

Little Blue Dinosaur. Kardason Rawandzi. 2020. (ENG.). 30p. (J). *(978-0-2288-2356-8(0))* Tellwell Talent.

Little Blue Dinosaur. Kardason Rawandzi. Illus. by Mayhara Ferraz. 2020. (ENG.). 30p. (J). pap. *(978-0-2288-2357-5(9))* Tellwell Talent.

Little Blue Dragon with Three Heads. Diane Blackburn. Illus. by Leilani Mara. 2020. (Little Blue Dragon Ser.: Vol. 1). (ENG.). 24p. (J). *(978-0-2288-2840-2(6));* pap. *(978-0-2288-2839-6(2))* Tellwell Talent.

Little Blue-Eyes: And Other Field & Flower Stories (Classic Reprint) Unknown Author. 2017. (ENG., Illus.). (J). 28.35 *(978-0-260-12061-8(8))* Forgotten Bks.

Little Blue Flame's Big Adventure. Aaron J. Cole. 2020. (ENG., Illus.). 28p. (J). pap. 12.95 *(978-1-61244-821-3(6))* Halo Publishing International.

Little Blue Flamingo. Shannon L. Mokry. Illus. by Shannon L. Mokry. 2021. (ENG., Illus.). 36p. (J). 16.95 *(978-1-951521-34-9(X));* pap. 9.95 *(978-1-951521-35-6(8))* Sillygeese Publishing, LLC.

Little Blue Hood (Classic Reprint) Thomas Miller. 2018. (ENG., Illus.). 104p. (J). 26.04 *(978-0-483-23286-0(6))* Forgotten Bks.

Little Blue House Beside the Sea, 1 vol. Jo Ellen Bogart. Illus. by Carme Lemniscates. 2021. (ENG.). 28p. (J). (gr. -1-2). bds. 9.95 *(978-0-88448-917-7(5),* 884917) Tilbury Hse. Pubs.

Little Blue Penguin. Carolyn McCormack. 2016. (ENG., Illus.). 32p. (J). pap. *(978-1-365-51323-7(8))* Lulu Pr., Inc.

Little Blue Truck 2-Book Gift Set: Little Blue Truck Board Book, Little Blue Truck Leads the Way Board Book. Alice Schertle. Illus. by Jill McElmurry. 2023. (Little Blue Truck Ser.). (ENG.). 72p. (J). (gr. -1 — 1). pap. 21.99 ***(978-0-06-331439-9(8),*** Clarion Bks.) HarperCollins Pubs.

Little Blue Truck 6bk Box Set Costco. Alice Schertle. Illus. by Jill McElmurry. 2021. (ENG.). 24p. (J). (— 1). 15.70 *(978-0-358-66800-8(X),* 1822858, Clarion Bks.) HarperCollins Pubs.

Little Blue Truck Leads the Way Lap Board Book. Alice Schertle. Illus. by Jill McElmurry. 2016. (ENG.). 38p. (J). (— 1). bds. 12.99 *(978-0-544-70899-0(7),* 1628910, Clarion Bks.) HarperCollins Pubs.

Little Blue Truck Leads the Way Padded Board Book. Alice Schertle. Illus. by Jill McElmurry. 2022. (ENG.). 38p. (J). (gr. -1 — 1). bds. 10.99 *(978-0-358-73109-2(7),* Clarion Bks.) HarperCollins Pubs.

Little Blue Truck Makes a Friend: A Friendship Book for Kids. Alice Schertle. Illus. by Jill McElmurry. 2022. (Little Blue Truck Ser.). (ENG.). 40p. (J). (gr. -1-3). 18.99 *(978-0-358-72282-3(9),* Clarion Bks.) HarperCollins Pubs.

Little Blue Truck Padded Board Book. Alice Schertle. Illus. by Jill McElmurry. 2020. (ENG.). 30p. (J). (— 1). bds. 9.99 *(978-0-358-21178-5(6),* 1764302, Clarion Bks.) HarperCollins Pubs.

Little Blue Truck's Halloween: A Halloween Book for Kids. Alice Schertle. Illus. by Jill McElmurry. 2016. (Little Blue Truck Ser.). (ENG.). 16p. (J). (— 1). bds. 13.99 *(978-0-544-77253-3(9),* 1636990, Clarion Bks.) HarperCollins Pubs.

Little Blue Truck's Springtime: An Easter & Springtime Book for Kids. Alice Schertle. Illus. by Jill McElmurry. 2018. (ENG.). 16p. (J). (gr. -1 — 1). bds. 13.99 *(978-0-544-93809-0(7),* 1658575, Clarion Bks.) HarperCollins Pubs.

Little Blue Truck's Valentine. Alice Schertle. Illus. by Jill McElmurry. 2020. (ENG.). 20p. (J). (gr. -1). 13.99 *(978-0-358-27244-1(0),* 1771924, Clarion Bks.) HarperCollins Pubs.

Little Blue Wren. Georgia Fullard. 2017. (ENG., Illus.). (J). *(978-0-6481466-8-1(5));* pap. *(978-0-6481284-9-6(0))* Karen Mc Dermott.

Little Bluebird's Matching Game. Alice Apple. 2018. (ENG., Illus.). 24p. (J). (gr. -1-3). 12.99 *(978-1-4521-6773-2(7))* Chronicle Bks. LLC.

Little Bo. Inman L. Porter. Illus. by Iwan Darmawan. 2016. (Little Bo Ser.: Vol. 1). (ENG.). (J). (gr. k-3). pap. 14.99 *(978-0-9979766-1-8(6))* Porter, Inman.

Little Bo Peep. Hazel Quintanilla. 2018. (Hazel Q Nursery Rhymes Ser.). (ENG., Illus.). 14p. (J). (gr. -1-k). bds. 8.99 *(978-1-4867-1563-3(X),* 738449ec-6d31-4720-bf69-1d068672b2e8) Flowerpot Pr.

Little Bo Peep. Liza Woodruff. Illus. by Liza Woodruff. 2022. (Classic Mother Goose Rhymes Ser.). (ENG.). 16p. (J). (gr. -1-2). 29.93 *(978-1-5038-5718-6(2),* 215616) Child's World, Inc, The.

Little Bo-Peep: A Nursery Rhyme Picture Book (Classic Reprint) Leonard Leslie Brooke. 2018. (ENG., Illus.). 32p. (J). 24.56 *(978-0-267-55496-6(6))* Forgotten Bks.

Little Bo Peep & Her Bad, Bad Sheep: A Mother Goose Hullabaloo. A. L. Wegwerth. Illus. by Luke Flowers. 2016. (Fiction Picture Bks.). (ENG.). 40p. (J). (gr. -1-2). lib. bdg. 22.65 *(978-1-4795-6483-5(4),* 128336, Picture Window Bks.) Capstone.

1188

The check digit for ISBN-10 appears in parentheses after the full ISBN-13

Little Boat: (Taro Gomi Kids Book, Board Book for Toddlers, Children's Boat Book) Taro Gomi. 2018. (Taro Gomi by Chronicle Bks.). (ENG., Illus.). 22p. (J). (gr. -1 — 1). bds. 6.99 *(978-1-4521-6301-7(4))* Chronicle Bks. LLC.

Little Bobby's Big Idea. M. Alan Young. 2016. (ENG., Illus.). (J). 29.99 *(978-1-4984-8621-7(5))*; pap. 19.99 *(978-1-4984-8509-8(X))* Salem Author Services.

Little Bobtail: Or, the Wreck of the Penobscot (Classic Reprint) Oliver Optic, pseud. 2017. (ENG., Illus.). (J). 31.30 *(978-0-266-19310-4(2))* Forgotten Bks.

Little Bog-Trotters: Or, a Few Days at Conmore (Classic Reprint) Clara Mulholland. 2018. (ENG., Illus.). 190p. (J). 27.82 *(978-0-332-82300-3(8))* Forgotten Bks.

Little BOK: And Other Stories about Schools (Classic Reprint) C. w. Bardeen. 2017. (ENG., Illus.). (J). 28.31 *(978-0-265-73359-2(6))*; pap. 10.97 *(978-1-5276-9620-4(0))* Forgotten Bks.

Little Bonsai. Emily Stickland. 2018. (ENG., Illus.). 16p. (J). *(978-0-244-67514-1(7))* Lulu Pr., Inc.

Little Book about ABCs (Leo Lionni's Friends) Leo Lionni. Illus. by Leo Lionni & Julie Hamilton. 2019. (Leo Lionni's Friends Ser.). 28p. (J). (— 1). bds. 8.99 *(978-0-525-58228-1(2),* Random Hse. Bks. for Young Readers) Random Hse. Children's Bks.

Little Book about Colors (Leo Lionni's Friends) Leo Lionni. Illus. by Leo Lionni & Jan Gerardi. 2019. (Leo Lionni's Friends Ser.). 28p. (J). (— 1). bds. 8.99 *(978-0-525-58229-8(0),* Random Hse. Bks. for Young Readers) Random Hse. Children's Bks.

Little Book about Country Life (Classic Reprint) Myles Birket Foster. (ENG., Illus.). (J). 2018. 52p. 24.97 *(978-0-666-62023-1(7))*; 2017. pap. 9.57 *(978-0-259-87619-9(4))* Forgotten Bks.

Little Book about Food. Leo Lionni. 2022. (Leo Lionni's Friends Ser.). (Illus.). 28p. (J). (— 1). bds. 8.99 *(978-0-593-38215-8(3),* Random Hse. Bks. for Young Readers) Random Hse. Children's Bks.

Little Book about Spring (Leo Lionni's Friends) Leo Lionni. Illus. by Leo Lionni & Julie Hamilton. 2019. (Leo Lionni's Friends Ser.). 28p. (J). (— 1). bds. 8.99 *(978-0-525-58227-4(4),* Random Hse. Bks. for Young Readers) Random Hse. Children's Bks.

Little Book about Winter. Leo Lionni. 2021. (Leo Lionni's Friends Ser.). (Illus.). 28p. (J). (— 1). bds. 8.99 *(978-0-593-37474-0(6),* Random Hse. Bks. for Young Readers) Random Hse. Children's Bks.

Little Book for Christmas. Cyrus Townsend Brady. 2019. (ENG.). 82p. (J). pap. *(978-93-5329-842-5(3))* Alpha Editions.

Little Book for Christmas: Containing a Greeting, a Word of Advice, Some Personal Adventures, a Carol, a Meditation, & Three Christmas Stories for All Ages (Classic Reprint) Cyrus Townsend Brady. (ENG., Illus.). (J). 2018. 208p. 28.19 *(978-0-364-14305-6(3))*; 2017. pap. 10.57 *(978-1-5276-3122-9(2))* Forgotten Bks.

Little Book, Jody Bill. Lawrence Williams. 2018. (ENG., Illus.). 34p. (J). 23.95 *(978-1-64003-463-1(3))*; pap. 13.95 *(978-1-64003-462-4(5))* Covenant Bks.

Little Book Monster That Ate My Puppy Book. Janice W. Callaway. Illus. by Hailey Craighead. 2019. (ENG.). 34p. (J). (gr. k-2). pap. 10.00 *(978-0-578-46569-2(8))* Callaway, Janice.

Little Book of 101 Wise Words for Children. Lindzy McQueen. 2023. (ENG.). 70p. (J). ***(978-1-5289-8228-3(2))***; pap. ***(978-1-5289-8227-6(4))*** Austin Macauley Pubs. Ltd.

Little Book of Backyard Bird Songs. Andrea Pinnington et al. 2016. (ENG., Illus.). 26p. (J). (gr. k-4). 19.95 *(978-1-77085-744-5(3),* 86836d4b-c861-4c2c-b0f6-0d605f2a54df) Firefly Bks., Ltd.

Little Book of Bible Stories, 1 vol. Jean Fischer. 2017. (Precious Moments Ser.). (ENG., Illus.). 32p. (J). bds. 9.99 *(978-0-7180-9763-9(7),* Tommy Nelson) Nelson, Thomas Inc.

Little Book of Big What-Ifs. Renata Liwska. Illus. by Renata Liwska. 2019. (ENG., Illus.). 32p. (J). (gr. -1-3). 13.99 *(978-1-328-76701-1(9),* 1680368, Clarion Bks.) HarperCollins Pubs.

Little Book of Character Strengths. June Rousso. Illus. by Maima Adiputri. 2018. (ENG.). 52p. (J). (gr. k-6). pap. 14.95 *(978-1-937985-62-2(8))* Stress Free Kids.

Little Book of Christmas. John Kendrick Bangs. 2023. (ENG.). 60p. (J). (gr. k-6). pap. 12.99 ***(978-1-0881-6122-7(7))*** Indy Pub.

Little Book of Christmas. John Kendrick Bangs. Illus. by Arthur E. Becher. 2019. (ENG.). 114p. (J). (gr. k-6). pap. *(978-625-7959-13-1(6))* Uhrayoglu, Murat E Kitap Projesi.

Little Book of Christmas. Gem Moran. 2016. (ENG., Illus.). (J). pap. 15.03 *(978-1-326-85864-3(5))* Lulu Pr., Inc.

Little Book of Christmas (Classic Reprint) John Kendrick Bangs. 2018. (ENG., Illus.). 192p. (J). 27.88 *(978-0-365-49094-4(6))* Forgotten Bks.

Little Book of Christmas (Illustrated) Children's Classic - Humorous Stories & Poems for the Holiday Season: a Toast to Santa Clause, a Merry Christmas Pie, a Holiday Wish... John Kendrick Bangs. 2019. (ENG.). 48p. (J). pap. *(978-80-273-3191-8(9))* E-Artnow.

Little Book of Christmas Jokes. Illus. by Nigel Baines. 2016. (ENG.). 128p. (J). (gr. k-2). pap. 6.95 *(978-1-78344-487-8(8))* Andersen Pr. GBR. Dist: Independent Pubs. Group.

Little Book of Christmas (Unabridged) Children's Classic - Humorous Stories & Poems for the Holiday Season: a Toast to Santa Clause, a Merry Christmas Pie, a Holiday Wish... John Kendrick Bangs. 2018. (ENG.). 44p. (J). pap. *(978-80-268-9185-7(6))* E-Artnow.

Little Book of Dinosaur Sounds. Andrea Pinnington & Caz Buckingham. 2020. (ENG., Illus.). 26p. (J). (gr. k-4). 19.95 *(978-0-2281-0302-8(9),* dc718969-c307-4729-a081-adc339f0d1b3) Firefly Bks., Ltd.

Little Book of Dreams. Yueer Zhang. 2022. (ENG.). 18p. (J). pap. ***(978-0-2288-8443-9(8))*** Tellwell Talent.

Little Book of Easter Blessings, 1 vol. Jean Fischer. 2018. (Precious Moments Ser.). (ENG., Illus.). 32p. (J). bds. 9.99 *(978-0-7180-9866-7(8),* Tommy Nelson) Nelson, Thomas Inc.

Little Book of Everything. Tiara Nostrand. 2016. (ENG., Illus.). (J). pap. 12.95 *(978-1-68348-354-0(5))* Page Publishing Inc.

Little Book of Grandma's Love, 1 vol. Jean Fischer. 2019. (Precious Moments Ser.). (ENG., Illus.). 32p. (J). bds. 9.99 *(978-1-4002-1199-9(9),* Tommy Nelson) Nelson, Thomas Inc.

Little Book of Jokes for Funny Kids: 400+ Clean Kids Jokes, Knock Knock Jokes, Riddles & Tongue Twisters. Matthew Ralph. 2021. (ENG.). 88p. (J). pap. *(978-1-9162422-5-8(1))* Ralph, Matthew Publishing.

Little Book of Joy. Dalai Lama & Desmond Tutu. Illus. by Rafael López. 2022. (ENG.). 40p. (J). (gr. -1-2). 18.99 *(978-0-593-48423-4(1))*; lib. bdg. 21.99 *(978-0-593-48424-1(X))* Random Hse. Children's Bks. (Crown Books For Young Readers).

Little Book of Joy: 365 Ways to Celebrate Every Day. Joanne Ruelos Diaz. 2021. (ENG., Illus.). 368p. (J). (gr. -1-3). 19.99 *(978-1-4197-5285-8(5),* 1726001) Magic Cat GBR. Dist: Abrams, Inc.

Little Book of Kindness. Francesca. Pirrone. 2020. (Piggy Ser.: 1). (ENG., Illus.). 56p. (J). 11.95 *(978-1-60537-533-5(0))* Clavis Publishing.

Little Book of Little Activists. Penguin Young Readers. 2017. (Illus.). 48p. (J). (gr. k-4). 10.99 *(978-0-451-47854-2(1),* Viking Books for Young Readers) Penguin Young Readers Group.

Little Book of Profitable Tales. Eugene Field. 2017. (ENG., Illus.). (J). 22.95 *(978-1-374-88634-6(3))*; pap. 12.95 *(978-1-374-88633-9(5))* Capital Communications, Inc.

Little Book of Profitable Tales. Eugene Field. 2017. (ENG.). 294p. (J). pap. *(978-3-337-07403-6(0))* Creation Pubs.

Little Book of Profitable Tales (Classic Reprint) Eugene Field. 2018. (ENG., Illus.). 298p. (J). 30.04 *(978-0-267-77956-7(9))* Forgotten Bks.

Little Book of Rhymes & Nonsense for Children. Terry White. 2022. (ENG.). 48p. (J). pap. *(978-1-83975-868-3(6))* Grosvenor Hse. Publishing Ltd.

Little Book of Safari Animal Sounds. Andrea Pinnington & Caz Buckingham. 2020. (ENG., Illus.). 26p. (J). (gr. k-4). 19.95 *(978-0-2281-0251-9(0),* 7d53111f-0836-457b-9553-6b921f66e29e) Firefly Bks., Ltd.

Little Book of Simple Sayings. Cameron Killian Okeefe. 2017. (Little Bks.: Vol. 1). (ENG., Illus.). 24p. (J). (gr. k-6). 29.95 *(978-0-9997480-0-8(9))* O'Keefe, Cameron.

Little Book of Spooky Jokes. Joe King. 2018. (ENG., Illus.). 128p. (J). (gr. 2-4). pap. 8.99 *(978-1-78344-572-1(6))* Andersen Pr. GBR. Dist: Independent Pubs. Group.

Little Book of Thanks, 1 vol. Jean Fischer. 2018. (Precious Moments Ser.). (ENG., Illus.). 32p. (J). bds. 9.99 *(978-0-7180-9864-3(1),* Tommy Nelson) Nelson, Thomas Inc.

Little Book of the War. Eva March Tappan. 2022. (ENG.). 130p. (J). pap. 14.95 ***(978-1-955402-10-1(8))*** Hillside Education.

Little Book of Too Familiar Family Verse: To Which Are Added a Few Philuppics (Classic Reprint) Barry Vail. (ENG., Illus.). (J). 2018. 40p. 24.72 *(978-0-267-95576-3(6))*; 2016. pap. 7.97 *(978-1-334-11753-4(5))* Forgotten Bks.

Little Book of Trees. Caz Buckingham & Andrea Pinnington. 2019. (Little Book Of Ser.). (ENG., Illus.). 144p. (J). (gr. 4-7). 13.99 *(978-1-908489-38-8(3))* Fine Feather Pr. Ltd. GBR. Dist: Independent Pubs. Group.

Little Book of Tribune Verse: A Number of Hitherto Uncollected Poems, Grave & Gay. Eugene Field & Joseph G. Brown. 2017. (ENG., Illus.). (J). pap. *(978-0-649-04390-3(1))* Trieste Publishing Pty Ltd.

Little Book of Tribune Verse: A Number of Hitherto Uncollected Poems, Grave & Gay (Classic Reprint) Eugene Field. 2018. (ENG., Illus.). 262p. (J). 29.30 *(978-0-483-77227-4(5))* Forgotten Bks.

Little Book of Tribune Verse; a Number of Hitherto Uncollected Poems, Grave & Gay. Eugene Field. 2017. (ENG., Illus.). (J). pap. *(978-0-649-35840-3(6))* Trieste Publishing Pty Ltd.

Little Book of Tribune Verse; a Number of Hitherto Uncolleted Poems, Grave & Gay. Eugene Field. 2017. (ENG., Illus.). (J). pap. *(978-0-649-02125-3(8))* Trieste Publishing Pty Ltd.

Little Book of Western Verse. Eugene Field. 2017. (ENG., Illus.). (J). 23.95 *(978-1-374-86636-2(9))*; pap. 13.95 *(978-1-374-86635-5(0))* Capital Communications, Inc.

Little Book of Western Verse. Eugene Field. 2017. (ENG., Illus.). (J). pap. *(978-0-649-04391-0(X))*; pap. *(978-0-649-29346-9(0))* Trieste Publishing Pty Ltd.

Little Book of Western Verse (Classic Reprint) Eugene Field. 2017. (ENG., Illus.). (J). 29.32 *(978-1-5280-6817-8(3))* Forgotten Bks.

Little Book of Woodland Bird Songs. Andrea Pinnington et al. 2018. (ENG., Illus.). 26p. (J). (gr. k-4). 19.95 *(978-0-2281-0031-7(3),* f3ef4394-5291-47c0-a7c6-e5081580f176) Firefly Bks., Ltd.

Little Bookroom. Eleanor Farjeon. Illus. by Edward Ardizzone. 2020. (ENG.). 328p. (J). (gr. 4-7). pap. 12.99 *(978-1-68137-504-5(4),* NYRB Kids) New York Review of Bks., Inc., The.

Little Books Set 1 (App) The Learning The Learning Company. 2016. (ENG.). 60p. (J). pap. 0.99 *(978-0-544-48150-3(X),* Clarion Bks.) HarperCollins Pubs.

Little Boo's Halloween Party (a Lala Watkins Book) Lala Watkins. Illus. by Lala Watkins. 2023. (ENG.). 10p. (J). (— 1). bds. 7.99 *(978-1-338-82944-0(0),* Cartwheel Bks.) Scholastic, Inc.

Little Boost *see* **Pasito a Pasito**

Little Boost. 2017. (Little Boost Ser.). (ENG.). 32p. (gr. k-3). lib. bdg. 263.89 *(978-1-5158-1328-6(2),* Picture Window Bks.) Capstone.

Little Boost. Christianne Jones & Julie Gassman. Illus. by Mark Chambers & Richard Watson. 2023. (Little Boost Ser.). (ENG.). 20p. bds., bds. 15.98 *(978-1-68446-779-2(9),* 252436, Capstone Editions) Capstone.

Little Boss: A Comedy Drama in Four Acts (Classic Reprint) Frank L. Bixby. 2017. (ENG., Illus.). (J). 25.05 *(978-0-265-99003-2(3))* Forgotten Bks.

Little Bound-Boy (Classic Reprint) Timothy Shay Arthur. 2017. (ENG., Illus.). (J). 70p. 25.36 *(978-0-332-70300-8(2))*; 72p. pap. 9.57 *(978-0-332-40455-4(2))* Forgotten Bks.

Little Box. Judy Goldman. Illus. by Cecilia Varela. 2020. (ENG.). 32p. (J). pap. 7.95 *(978-1-4788-6893-4(7))* Newmark Learning LLC.

Little Box of Baby Animals: Six Cute Boardbooks Packed with Pictures!, 6 vols. Armadillo Press Staff. 2018. (Illus.). 72p. (J). (gr. -1-12). bds. 14.99 *(978-1-86147-639-5(6),* Armadillo) Anness Publishing GBR. Dist: National Bk. Network.

Little Box of Big Heroes (Boxed Set) PJ Masks Save the Library; Hero School; Super Cat Speed; Race to the Moon! ed. 2019. (PJ Masks Ser.). (ENG.). 96p. (J). (gr. -1-k). bds. 14.99 *(978-1-5344-4397-6(5),* Simon Spotlight) Simon Spotlight.

Little Box of Emotions: Matching & Memory Cards, 1 vol. Louison Nielman. Illus. by Marie Paruit. 2020. (ENG.). 32p. (J). (gr. -1-3). pap. 19.99 *(978-0-7643-5897-5(9),* 18531) Schiffer Publishing, Ltd.

Little Box of Life's Big Lessons (Boxed Set) Daniel Learns to Share; Friends Help Each Other; Thank You Day; Daniel Plays at School. ed. 2019. (Daniel Tiger's Neighborhood Ser.). (ENG., Illus.). 96p. (J). (gr. -1-2). bds. 14.99 *(978-1-5344-5390-6(3),* Simon Spotlight) Simon Spotlight.

Little Box of Truth: La Cajita de la Verdad. Maria Balotta. 2017. (ENG., Illus.). (J). pap. 12.45 *(978-1-5043-7889-5(X),* Balboa Pr.) Author Solutions, LLC.

Little Boy. Eddie Engram. 2019. (ENG.). 30p. (YA). 23.95 *(978-1-64462-422-7(2))*; pap. 13.95 *(978-1-64462-420-3(6))* Page Publishing Inc.

Little Boy & Four Giants. Daniel Fritz. 2019. (ENG.). 28p. (J). pap. 16.99 *(978-0-578-21845-8(3))* Meraki Co.

Little Boy & His Red Glasses. Sarah Victoria. 2016. (ENG., Illus.). (J). pap. 19.95 *(978-1-68394-425-6(9))* America Star Bks.

Little Boy & the Big Fish. Max Velthuijs. 2018. (ENG., Illus.). 32p. (J). (gr. -1-3). 17.95 *(978-0-7358-4309-7(0))* North-South Bks., Inc.

Little Boy & the Young Crow. Otavio Sayao. Illus. by Matt Apedaile. 2021. (ENG.). 36p. (J). pap. *(978-0-2288-5818-8(6))* Tellwell Talent.

Little Boy Blue. N. M. Mihaylov. 2017. (ENG., Illus.). (J). 22.95 *(978-1-4808-4374-5(1))*; pap. 12.45 *(978-1-4808-4373-8(3))* Archway Publishing.

Little Boy Blue. Liza Woodruff. Illus. by Liza Woodruff & Laura Ferraro Close. 2022. (Classic Mother Goose Rhymes Ser.). (ENG.). 16p. (J). (gr. -1-2). 29.93 *(978-1-5038-5719-3(0),* 215617) Child's World, Inc, The.

Little Boy from Jamaica: A Canadian History Story. Devon Clunis & Pearlene Clunis. Illus. by Emily Campbell. 2017. (ENG.). (J). pap. *(978-1-4602-9913-5(2))* FriesenPress.

Little Boy George Wants to Be a Bird. Coral Walker. 2021. (ENG., Illus.). 40p. (J). (gr. -1-3). 16.95 *(978-1-76036-137-2(2),* d6889fe3-a9cb-4974-b215-5a6eecdb708d) Starfish Bay Publishing Pty Ltd. AUS. Dist: Baker & Taylor Publisher Services (BTPS).

Little Boy In: The Land of the Sleepless Knights. Rick Pipito. 2017. (ENG., Illus.). 34p. (J). *(978-1-387-00950-3(8))* Lulu Pr., Inc.

Little Boy in Prescott Shoes. Bob Finer. 2016. (ENG., Illus.). (J). pap. 10.60 *(978-1-365-55657-9(3))* Lulu Pr., Inc.

Little Boy in the Winter Night: Based on a True Story. Liam Bailey. Ed. by Liam Bailey. 2020. (ENG.). 38p. (J). 39.63 *(978-1-716-40496-2(7))* Lulu Pr., Inc.

Little Boy James. Eric Condrin. 2023. (ENG.). 26p. (J). 16.99 ***(978-1-6653-0592-1(4))***; pap. 10.99 ***(978-1-6653-0542-6(8))*** BookLogix.

Little Boy Lost, Vol. 1 (Classic Reprint) W. H. Hudson. 2017. (ENG., Illus.). (J). 28.37 *(978-1-5279-7012-0(4))* Forgotten Bks.

Little Boy Named Barry Obama Children's Modern History. Baby Professor. 2017. (ENG., Illus.). (J). pap. 7.89 *(978-1-5419-0472-9(9),* Baby Professor (Education Kids)) Speedy Publishing LLC.

Little Boy Out of the Wood: And Other Dream Plays (Classic Reprint) Kathleen Conyngham Greene. 2018. (ENG., Illus.). 116p. (J). 26.29 *(978-0-267-48024-1(5))* Forgotten Bks.

Little Boy Philosophy (Classic Reprint) Sophronia Maria Talbot. 2018. (ENG., Illus.). 58p. (J). 25.09 *(978-0-267-97960-8(6))* Forgotten Bks.

Little Boy Star: An Allegory of the Holocaust. Rachel Hausfater et al. Illus. by Oliver Latyk. 2nd ed. 2017. (ENG.). 32p. (J). (gr. k-3). pap. 19.95 *(978-1-59687-542-5(9),* ipicturebooks) ibooks, Inc.

Little Boy Stories from Tiger Scrub. Stephen Guest. 2020. (ENG.). 46p. (J). ***(978-0-6488761-1-3(X))***; pap. ***(978-0-6488761-0-6(1))*** Guest, Stephen Weddings.

Little Boy That Could. Patrice Maguire. 2022. (ENG.). 26p. (J). pap. 13.99 ***(978-1-956267-70-9(0))*** Freiling Publishing.

Little Boy Who Lived down the Drain, 1 vol. Carolyn Huizinga Mills. Illus. by Brooke Kerrigan. 2017. (ENG.). 32p. (J). (gr. -1-2). 18.95 *(978-1-55455-395-2(4),* ae5b4efb-107a-4122-9652-61f8d91b7e20) Trifolium Bks., Inc. CAN. Dist: Firefly Bks., Ltd.

Little Boy Who Thought. Laurence McGhee. 2021. (ENG.). 24p. (J). pap. 14.99 *(978-0-578-89827-8(6))* Tognetti, Laurence.

Little Boy Who Was Different. G. K. Vega. 2019. (ENG.). 24p. (J). 23.95 *(978-1-64569-645-2(6))* Christian Faith Publishing.

Little Boys Like Pink Too. Janice Stouffer. 2020. (ENG., Illus.). 30p. (J). *(978-1-64750-214-0(4))*; pap. *(978-1-64750-215-7(2))* Austin Macauley Pubs. Ltd.

Little Boy's Secret Joys Diary for Boys. Planners & Notebooks Inspira Journals. 2019. (ENG.). 200p. (J). pap. 12.55 *(978-1-64521-287-4(4),* Inspira) Editorial Imagen.

Little Boy's Story: Memoires d'un Petit Garcon (Classic Reprint) Julie Gouraud. (ENG., Illus.). (J). 2018. 318p. 30.46 *(978-0-483-35890-4(8))*; 2016. pap. 13.57 *(978-1-333-27832-8(2))* Forgotten Bks.

Little Boy's Treasury of Precious Things (Classic Reprint) Addie Addie. 2018. (ENG., Illus.). 246p. (J). 28.97 *(978-0-483-98629-9(1))* Forgotten Bks.

Little Brain. Jyoti Mishra. 2022. (ENG., Illus.). 32p. (J). 25.95 *(978-1-63985-855-2(5))* Fulton Bks.

Little Brave. Rose Sprinkle. 2021. (Little Virtues Ser.). (ENG.). 28p. (J). pap. 11.99 *(978-1-5326-8916-1(0))* Resource Pubns., Inc.

Little Brave Sambo. Helen Bannerman. 2018. (ENG., Illus.). 24p. (J). (gr. -1-k). pap. 8.99 *(978-0-7396-0257-7(8))* Inspired Studios Inc.

LITTLE BRAVEBIRD & the Grandparents' Gifts. Josephine Ashton. 2022. (ENG.). 100p. (J). pap. ***(978-1-387-67008-6(5))*** Lulu Pr., Inc.

Little Bray. Kathryn Matthews. 2022. (ENG.). 30p. (J). pap. 16.95 ***(978-1-68570-990-7(7))*** Christian Faith Publishing.

Little Bree & Me. Gloria Okafor. 2020. (ENG., Illus.). 28p. (J). 19.99 ***(978-1-7345830-4-5(5))*** Okafor, Gloria.

Little Britches: Father & I Were Ranchers. Ralph Moody. Illus. by Edward Shenton. 2022. (Little Britches Ser.: Vol. 1). (ENG.). 264p. (J). (gr. 3-7). 24.99 ***(978-1-948959-90-2(9))*** Purple Hse. Pr.

Little Bro, Big Sis. Rocio Bonilla. Illus. by Rocio Bonilla. 2019. (ENG., Illus.). 56p. (J). (gr. -1-3). lib. bdg. 16.99 *(978-1-62354-109-5(3))* Charlesbridge Publishing, Inc.

Little Bronze Playfellows: A Phantasy for Children & Grown-Ups (Classic Reprint) Stella George Stern Perry. (ENG., Illus.). (J). 2018. 58p. 25.11 *(978-0-267-00542-0(3))*; 2017. pap. 9.57 *(978-0-259-00290-1(9))* Forgotten Bks.

Little Brother. Fitz Hugh Ludlow. 2017. (ENG.). 296p. (J). pap. *(978-3-337-14031-1(9))* Creation Pubs.

Little Brother: A Story of Tramp Life (Classic Reprint) Josiah Flynt. 2017. (ENG., Illus.). (J). 29.26 *(978-0-260-40542-5(6))* Forgotten Bks.

Little Brother: And Other Genre-Pictures (Classic Reprint) Fitz Hugh Ludlow. 2018. (ENG., Illus.). 302p. (J). 30.15 *(978-0-364-22599-8(8))* Forgotten Bks.

Little Brother & Little Sister & Other Tales by the Brothers Grimm. Jacob and Wilhelm Grimm. Illus. by Arthur Rackham. 2021. (ENG.). 286p. (J). 24.95 *(978-1-4341-0471-7(0),* Waking Lion Press) The Editorium, LLC.

Little Brother o'Dreams (Classic Reprint) Elaine Goodale Eastman. 2018. (ENG., Illus.). 206p. (J). 28.15 *(978-0-483-23022-4(7))* Forgotten Bks.

Little Brother of the Rich: A Novel (Classic Reprint) Joseph Medill Patterson. 2018. (ENG., Illus.). 374p. (J). 31.63 *(978-0-483-79802-1(9))* Forgotten Bks.

Little Brother to the Bear: And Other Animal Studies (Classic Reprint) William Joseph Long. (ENG., Illus.). (J). 2018. 296p. 30.02 *(978-0-364-97601-2(2))*; 2016. pap. 13.57 *(978-1-333-77696-1(9))* Forgotten Bks.

Little Brothers & Little Sisters. Monica Arnaldo. 2018. (ENG., Illus.). 32p. (J). (gr. k-5). 16.95 *(978-1-77147-295-1(2))* Owlkids Bks. Inc. CAN. Dist: Publishers Group West (PGW).

Little Brothers of the Air (Classic Reprint) Olive Thorne Miller. 2017. (ENG., Illus.). 290p. (J). 29.88 *(978-0-484-50993-0(4))* Forgotten Bks.

Little Brothers to the Scouts (Classic Reprint) E. A. Watson Hyde. 2018. (ENG., Illus.). 74p. (J). 25.42 *(978-0-267-49031-8(3))* Forgotten Bks.

Little Brown. Marla Frazee. Illus. by Marla Frazee. 2018. (ENG., Illus.). 40p. (J). (gr. -1-3). 17.99 *(978-1-4814-2522-3(6),* Beach Lane Bks.) Beach Lane Bks.

Little Brown Bear: the Forever Journey. Scott E. Kazarian. 2023. (ENG.). 38p. (J). 19.95 ***(978-1-63755-198-1(3))*** Amplify Publishing Group.

Little Brown Brother (Classic Reprint) Stanley Portal Hyatt. 2018. (ENG., Illus.). 346p. (J). 31.03 *(978-0-483-45080-6(4))* Forgotten Bks.

Little Brown Button. Seika Groves & Edd Scorpio. 2020. (ENG.). 38p. (J). pap. 28.46 *(978-1-716-98461-7(0))* Lulu Pr., Inc.

Little Brown Girl Experience. Shakera Le-Ann Akins. Illus. by Shakera Le-Ann Akins. 2018. (ENG., Illus.). 62p. (J). pap. 19.95 *(978-0-692-98411-6(9))* Akins, ShaKera.

Little Brown Girl Experience: As Told by Atiena. Shakera L. Akins. 2019. (ENG., Illus.). 32p. (J). (gr. k-6). 23.99 *(978-0-578-47467-0(0))* Akins, ShaKera.

Little Brown Hen Hears the Song of the Nightingale, and, the Golden Harvest (Classic Reprint) Jasmine Stone Van Dresser. 2018. (ENG., Illus.). 32p. (J). 24.58 *(978-0-267-52928-5(7))* Forgotten Bks.

Little Brown Hero Dog. James Jernigan. 2019. (ENG.). 28p. (J). pap. 13.95 *(978-1-63338-910-6(3))* Fulton Bks.

Little Brown House on the Albany Road (Classic Reprint) George Sheldon. 2018. (ENG., Illus.). 24p. (J). 24.41 *(978-0-267-42692-8(5))* Forgotten Bks.

Little Brown Jug at Kildare (Classic Reprint) Meredith Nicholson. 2018. (ENG., Illus.). 450p. (J). 33.18 *(978-0-483-90631-0(X))* Forgotten Bks.

Little Brown Jug (Classic Reprint) George Melville Baker. (ENG., Illus.). (J). 2018. 74p. 25.42 *(978-0-267-10894-7(X))*; 2016. pap. 9.57 *(978-1-333-53064-8(1))* Forgotten Bks.

Little Brown Mouse. Jack Mindock et al. 2019. (ENG., Illus.). 30p. (J). (gr. k-3). 13.95 *(978-1-950063-35-2(6))* Cervena Barva Pr.

Little Brown Mouse. Ginger Swift. Ed. by Cottage Door Press. Illus. by Riley Samels. 2022. (ENG.). 12p. (J). (gr. -1 — 1). bds. 7.99 *(978-1-64638-331-3(1),* 1007350) Cottage Door Pr.

Little Brown Spider in the Giant Caterpillar. Dennis Derobertis. 2021. (ENG.). 34p. (J). 18.99 *(978-1-7341771-2-1(8))*; pap. 10.99 *(978-1-7341771-3-8(6))* Stone Hollow Pr.

Little Brown Spider in Which Way to Go? Dennis Derobertis. Illus. by Cristian Bernardini. 2021. (Little Brown Spider Book Ser.). (ENG.). 34p. (J). 18.99 *(978-1-7341771-0-7(1))*; pap. 10.99 *(978-1-7341771-1-4(X))* Stone Hollow Pr.

Little Brown Turkey. Beth G. Wilborn. Illus. by Edison Goncalves. 2016. (ENG.). (J). pap. 12.95 *(978-1-68197-740-9(0))* Christian Faith Publishing.

Little Bruce the Spruce Tree. Cherie Smith. 2021. (ENG., Illus.). 32p. (J). 21.95 *(978-1-63985-223-9(9))*; pap. 14.95 *(978-1-63860-134-0(8))* Fulton Bks.

Little Buckaroo & Lou. Jennifer Sattler. Illus. by Jennifer Sattler. 2022. (ENG.). 20p. (J). (gr. -1-k). bds. 8.99 *(978-1-5341-1159-2(X),* 205263) Sleeping Bear Pr.

L

Little Bucket Beach Hat. Melanie Richardson Dundy. Illus. by Kara Richardson. 2019. (ENG.). 38p. (J). (gr. k-3). 24.95 *(978-0-578-54083-2(5))* M D C T Publishing.

Little Bud. Chantae Shor. 2021. (ENG.). 34p. (J). pap. 12.99 *(978-1-63752-873-0(6))* Primedia eLaunch LLC.

Little Bugler (Classic Reprint) J. H. Fry. 2018. (ENG., Illus.). 200p. (J). 28.04 *(978-0-267-22494-4(X))* Forgotten Bks.

Little Bulldozer: Leveled Reader Yellow Fiction Level 8 Grade 1. Hmh Hmh. 2019. (Rigby PM Ser.). (ENG.). 16p. (J). (gr. 1). pap. 11.00 *(978-0-358-12174-9(4))* Houghton Mifflin Harcourt Publishing Co.

Little Bulldozer Helps Again: Leveled Reader Blue Fiction Level 9 Grade 1. Hmh Hmh. 2019. (Rigby PM Ser.). (ENG.). 16p. (J). (gr. 1). pap. 11.00 *(978-0-358-12029-2(2))* Houghton Mifflin Harcourt Publishing Co.

Little Bunny. Jackie McCann. Illus. by Kat Kalindi. 2022. (You Are the Light Ser.: 1). (ENG.). 10p. (J). (— 1). bds. 7.99 *(978-0-593-46489-2(3)*, Viking Books for Young Readers) Penguin Young Readers Group.

Little Bunny. Rosalee Wren. Ed. by Cottage Door Press. Illus. by Wednesday Kirwan. 2018. (ENG.). 10p. (J). (gr. -1-k). bds. 4.99 *(978-1-68052-384-3(8)*, 1003491) Cottage Door Pr.

Little Bunny & His Magic Sword. Edenia M. Adupe. 2023. (ENG.). 42p. (J). 35.00 ***(978-1-63867-009-4(9))*** Dorrance Publishing Co., Inc.

Little Bunny & the Easter Magic. Charlotte Emily Martin. 2021. (ENG.). 20p. (J). *(978-1-64969-681-6(7))*; pap. *(978-1-64969-682-3(5))* Tablo Publishing.

Little Bunny, Big Germs. Rosemary Wells. Illus. by Rosemary Wells. 2022. (ENG., Illus.). 32p. (J). 18.99 *(978-1-250-17511-3(9)*, 900189301, Holt, Henry & Co. Bks. For Young Readers) Holt, Henry & Co.

Little Bunny Foo Foo: The Real Story. Cori Doerrfeld. 2016. (Illus.). 32p. (J). (-k). pap. 8.99 *(978-1-101-99774-1(5)*, Puffin Books) Penguin Young Readers Group.

Little Bunny's Adventure: What Little Bunny Learned. Louise Argyle Laukhuff. Illus. by Jupiters Muse. 2023. (ENG.). 48p. (J). ***(978-0-2288-8840-6(9))***; pap. ***(978-0-2288-8839-0(5))*** Tellwell Talent.

Little Bunny's Balloon. Wook Jin Jung. Illus. by Jin Jung. 2020. (ENG.). 40p. (J). pap. 10.95 *(978-1-4788-6910-8(0))* Newmark Learning LLC.

Little Bunny's Book of Thoughts. Steve Smallman. 2020. (Little Bunny Ser.). (Illus.). 48p. 11.95 *(978-1-913134-25-9(3))* Graffeg Limited GBR. Dist: Independent Pubs. Group.

Little Bunny's Sleepless Night. Carol Roth. Illus. by Valeri Gorbachev. 2022. (ENG.). 40p. (J). (gr. -1-3). 17.95 *(978-0-7358-4491-9(7))* North-South Bks., Inc.

Little Burma Girl (Classic Reprint) Nell Parsons. (ENG., Illus.). (J). 2018. 108p. 26.12 *(978-0-267-31033-3(1))*; 2016. pap. 9.57 *(978-1-333-38783-9(0))* Forgotten Bks.

Little Burnt Girl: A Memoir of Catharine Howell (Classic Reprint) Charles Peck Bush. 2018. (ENG., Illus.). (J). 72p. 25.38 *(978-1-391-28443-9(7))*; 74p. pap. 9.57 *(978-1-391-00607-9(0))* Forgotten Bks.

Little Burr, the Warwick of America: A Tale of the Old Revolutionary Days (Classic Reprint) Charles Felton Pidgin. 2018. (ENG., Illus.). 452p. (J). 33.22 *(978-0-483-71621-6(9))* Forgotten Bks.

Little Bush Maid. Mary Grant Bruce. 2018. (ENG., Illus.). 184p. (J). (gr. 2-6). pap. *(978-93-5297-026-1(8))* Alpha Editions.

Little Bush Nurse: Lorikeet Won't Sleep. Naomi Cook. 2017. (Illus.). 32p. (J). pap., pap. *(978-0-9944604-1-7(4))* Nurse Naomi Pr.

Little Busybodies (Classic Reprint) Jeannette Augustus Marks. (ENG., Illus.). (J). 2018. 196p. 27.94 *(978-0-331-93114-3(1))*; 2017. pap. 10.57 *(978-0-259-42088-0(3))* Forgotten Bks.

Little, but Affecting History of Mary Howard (Classic Reprint) Unknown Author. 2018. (ENG., Illus.). 22p. (J). 24.35 *(978-0-267-18954-0(0))* Forgotten Bks.

Little but Fierce. Joan Emerson. ed. 2020. (Scholastic Readers Ser.). (ENG.). 31p. (J). (gr. 2-3). 13.89 *(978-1-64697-198-5(1))* Penworthy Co., LLC, The.

Little but Fierce (the Dodo: Scholastic Reader, Level 2) (Library Edition) Joan Emerson. 2020. (Scholastic Reader, Level 2 Ser.). (ENG., Illus.). 32p. (J). (gr. 1-3). 22.99 *(978-1-338-62181-5(5))* Scholastic, Inc.

Little Butterfly. Laura Logan. Illus. by Laura Logan. 2016. (ENG., Illus.). 32p. (J). (gr. -1-3). 14.99 *(978-0-06-228126-5(7)*, Balzer & Bray) HarperCollins Pubs.

Little Butterfly That Could (a Very Impatient Caterpillar Book) Ross Burach. Illus. by Ross Burach. 2021. (ENG., Illus.). 40p. (J). (gr. -1-3). 18.99 *(978-1-338-61500-5(9)*, Scholastic Pr.) Scholastic, Inc.

Little Button Nose. Genevieve Smith-Bates. 2017. (ENG., Illus.). 4p. (J). *(978-1-365-74971-1(1))* Lulu Pr., Inc.

Little Button Rose (Classic Reprint) Louisa Alcott. 2018. (ENG., Illus.). 70p. (J). 25.36 *(978-0-484-34952-9(X))* Forgotten Bks.

Little by Little. Oliver Optic, pseud. 2017. (ENG.). 288p. (J). pap. *(978-3-7447-6960-0(7))* Creation Pubs.

Little by Little: Or the Cruise of the Flyaway (Classic Reprint) William Taylor Adams. 2018. (ENG., Illus.). 294p. (J). 29.96 *(978-0-267-45997-1(1))* Forgotten Bks.

Little Caesar (Classic Reprint) William Riley Burnett. 2017. (ENG., Illus.). (J). 29.20 *(978-0-265-83175-5(X))*; pap. 11.57 *(978-0-243-20683-4(6))* Forgotten Bks.

Little Calf: A Story of Courage Told in English & Chinese. Hu Dong. Illus. by Jian Li. 2020. (Stories of the Chinese Zodiac Ser.). (ENG.). 40p. (gr. -1-3). 16.95 *(978-1-60220-466-9(7))* SCPG Publishing Corp.

Little Calico: The Cat Without a Name. Roseline J. Duval. Illus. by Victor T. Bugarin. 2021. (ENG.). 28p. (J). pap. 12.49 *(978-1-6628-0913-2(1))* Salem Author Services.

Little Canadian in Me: The Journey to English As Second Language for Beginners. E. Regier. 2021. (POR.). 36p. pap. *(978-1-6780-8883-5(8))* Lulu Pr., Inc.

Little Captive Lad (Classic Reprint) Beulah Marie Dix. 2018. (ENG., Illus.). 312p. (J). 30.33 *(978-0-483-23411-6(7))* Forgotten Bks.

Little Car. Xu Han. 2022. (ENG.). 32p. (J). pap. 7.95 *(978-1-4788-7514-7(3))* Newmark Learning LLC.

Little Car. Xu Han. Illus. by Xu Han. 2021. (ENG.). 32p. (J). 16.95 *(978-1-4788-7513-0(5))* Newmark Learning LLC.

Little Car in Spring: Anti-Bullying. Nancy Sue Villabona. Ed. by Terry Hooker. Illus. by John Sekula. 2019. (Villabona Voyager Book Ser.: Vol. 2). (ENG.). 42p. (J). pap. 14.95 *(978-0-9996013-3-4(4))* Hom, Jonathan.

Little Cardinal (Classic Reprint) Olive Katharine Parr. 2018. (ENG., Illus.). 264p. (J). 29.34 *(978-0-483-53274-8(6))* Forgotten Bks.

Little Cat & Dog's Birthday Bake: A Recipe for Caring. Dori Durbin. 2022. (Little Cat Feelings Ser.). (ENG.). 126p. (J). pap. 9.99 *(978-1-7365934-3-1(9))* Little Philosopher Group, The.

Little Cat Coloring Book. POPACOLOR. 2021. (ENG.). 48p. (J). pap. ***(978-1-4461-6584-3(1))*** Lulu Pr., Inc.

Little Cat Feels Left Out. Dori Durbin. 2021. (ENG.). 42p. (J). 17.99 *(978-1-7365934-0-0(4))*; pap. 11.99 *(978-1-7365934-1-7(2))* Little Philosopher Group, The.

Little Cat with Stars in His Eyes. Christopher Evans. 2019. (ENG.). 36p. (J). *(978-1-5289-3298-1(6))*; pap. *(978-1-5289-3297-4(8))* Austin Macauley Pubs. Ltd.

Little Caterpillar: Hand Puppet Book. IglooBooks. Illus. by Francesco Zito. 2019. (ENG.). 12p. (J). (-k). 9.99 *(978-1-78905-707-2(8))* Igloo Bks. GBR. Dist: Simon & Schuster, Inc.

Little Cat's Luck. Marion Dane Bauer. Illus. by Jennifer A. Bell. 2016. (ENG.). 224p. (J). (gr. 3-7). 17.99 *(978-1-4814-2488-2(2)*, Simon & Schuster Bks. For Young Readers) Simon & Schuster Bks. For Young Readers.

Little Cat's Luck. Marion Dane Bauer. ed. 2017. lib. bdg. 18.40 *(978-0-606-39746-9(9))* Turtleback.

Little Charlotte & the Piano. Charlotte Tacy Holliday. Illus. by Izzy Bean. 2018. (ENG.). 42p. (J). pap. 12.95 *(978-1-64191-743-8(1))* Christian Faith Publishing.

Little Charmers Having Fun: A Hocus-Pocus Activity Book for Girls. Jupiter Kids. 2018. (ENG., Illus.). 106p. (J). pap. 12.55 *(978-1-5419-3711-6(2)*, Jupiter Kids (Childrens & Kids Fiction)) Speedy Publishing LLC.

Little Cheer-Up: Allegory (Classic Reprint) Lise Bentsen Henning Hommefoss. (ENG., Illus.). (J). 2018. 62p. 25.18 *(978-0-484-71963-6(7))*; 2016. pap. 9.57 *(978-1-333-33574-8(1))* Forgotten Bks.

Little Cheetah's Shadow. Marianne Dubuc. 2020. (ENG., Illus.). 30p. (J). (gr. -1-2). 17.95 *(978-1-61689-840-3(2))* Princeton Architectural Pr.

Little Chef. Elisabeth Weinberg & Matt Stine. Illus. by Paige Keiser. 2018. (ENG.). 32p. (J). 17.99 *(978-1-250-09169-7(1)*, 900159528) Feiwel & Friends.

Little Chef & Sous: And the Gingerbread Snafu. Suzanne Rothman. 2020. (ENG.). 30p. (J). pap. 12.99 *(978-1-7361251-1-3(7))* Rothman, Suzanne.

Little Chef & Sous Jam Out to School. Suzanne Rothman. 2021. (ENG.). 40p. (J). pap. 12.99 *(978-1-7361251-4-4(1))* Rothman Editions.

Little Chef Bop! Bonnie Tarbert. 2022. (ENG.). 28p. (J). 18.99 ***(978-1-0879-7681-5(2))*** Indy Pub.

Little Chef, Sous, & Kirby Blue: The Golden Egg Pursuit. Suzanne Rothman. 2021. (Little Chef Ser.). (ENG.). 34p. (J). pap. 12.99 *(978-1-7361251-6-8(8))* Rothman, Suzanne.

Little Chef's First 100 Words. Tenisha Bernal. Illus. by Tenisha Bernal. 2022. (Illus.). 18p. (J). (— 1). bds. 9.99 *(978-0-593-48266-7(2)*, Random Hse. Bks. for Young Readers) Random Hse. Children's Bks.

Little Chick. Gail Kamer. 2019. (ENG., Illus.). 38p. (J). pap. 12.99 *(978-1-950454-08-2(8))* Pen It Pubns.

Little Chick. Nat Williams. 2018. (ENG., Illus.). 36p. (J). pap. 13.95 *(978-1-64138-619-7(3))* Page Publishing Inc.

Little Chick. Nat Williams. 2021. (ENG.). 36p. (J). pap. 10.99 *(978-1-956017-21-2(6))* WorkBk. Pr.

Little Chick. Rosalee Wren & Francesca Deluca. Ed. by Cottage Door Press. 2018. (ENG., Illus.). 10p. (J). (gr. -1-k). bds. 4.99 *(978-1-68052-385-0(6)*, 1003501) Cottage Door Pr.

Little Chick: Discover an Amazing Story from the Natural World. IglooBooks. Illus. by Gina Maldonado. 2022. (ENG.). 24p. (J). (-k). bds., bds. 9.99 *(978-1-80368-435-2(6))* Igloo Bks. GBR. Dist: Simon & Schuster, Inc.

Little Chick & the Big Flock. Michelle Wanasundera. Illus. by Lilia Martynyuk. 2023. (ENG.). 30p. (J). pap. ***(978-1-922991-65-2(1))*** Library For All Limited.

Little Chick & the Big Flock. Michelle Wanasundera. Illus. by Lilia Martnyuk. 2022. (ENG.). 30p. (J). pap. ***(978-1-922895-05-9(9))*** Library For All Limited.

Little Chick & the Big Flock - Kifaranga Kidogo Na Kundi Kubwa. Michelle Wanasundera. Illus. by Lilia Martnyuk. 2023. (SWA.). 30p. (J). pap. ***(978-1-922951-07-6(2))*** Library For All Limited.

Little Chick Gets Bullied! Nat Williams. 2020. (ENG.). 32p. (J). 24.95 *(978-1-6624-0219-7(8))*; pap. 14.95 *(978-1-64628-595-2(6))* Page Publishing Inc.

Little Chick Grows Up. Yu Hongcheng. 2020. 48p. (J). (gr. -1-2). 18.99 *(978-988-8342-02-0(9)*, Minedition) Penguin Young Readers Group.

Little Chick Learns about Tourette's Syndrome. Tom Kühn. 2016. (ENG., Illus.). (J). pap. 19.95 *(978-1-68229-732-2(2))* America Star Bks.

Little Chick Looks for the Easter Bunny: A Tiny Tab Book. Illus. by Jannie Ho. 2022. (Tiny Tab Ser.). (ENG.). 10p. (J). (— 1). bds. 8.99 *(978-1-5362-2009-4(4))* Candlewick Pr.

Little Chicken. Tammi Sauer. Illus. by Dan Taylor. (J). 2022. 26p. (— 1). bds. 8.99 *(978-1-4549-4645-8(8))*; 2019. 32p. (gr. -1). 16.95 *(978-1-4549-2900-0(6))* Sterling Publishing Co., Inc.

Little Chicken. Sandra Wilson. 2021. (ENG.). 36p. (J). pap. *(978-1-7775576-0-7(7))* Wilson, Sandra.

Little Chicken, Where Are You? Lynn Duke. 2023. (ENG.). 36p. (J). 26.95 ***(978-1-958878-96-5(0))*** Booklocker.com, Inc.

Little Chick's Mother. Paek Hui-Na. 2019. (CHI.). (J). *(978-7-5448-6153-3(8))* Jieli Publishing Hse.

Little Chick's Sticker Activity Book. Make Believe Ideas. Illus. by Dawn Machell. (ENG.). (J). (gr. -1-7). 2018. 24p. pap. 3.99 *(978-1-78843-558-1(3))*; 2017. 72p. pap. 9.99 *(978-1-78692-006-5(9))* Make Believe Ideas GBR. Dist: Scholastic, Inc.

Little Child Get Up. Alisha Marie Camacho. Illus. by Trang Doan. 2020. (ENG.). 20p. (J). pap. 7.99 *(978-1-0878-0795-9(6))* Indy Pub.

Little Child in Sunday School: A Manual for Teachers of Beginners' Classes (Ages, Four & Five) (Classic Reprint) Clara T. Guild. 2018. (ENG., Illus.). 240p. (J). 28.85 *(978-0-365-10683-8(6))* Forgotten Bks.

Little Child Shall Lead Them (Classic Reprint) Adeline Margaret Teskey. (ENG., Illus.). (J). 2018. 42p. 24.78 *(978-0-364-05050-7(0))*; 2017. pap. 7.97 *(978-0-259-83432-8(7))* Forgotten Bks.

Little Children, BIG Feelings. Joan Ruddiman Edd. 2021. (ENG.). 30p. (J). 22.95 *(978-1-7363061-0-9(3))* JoanRuddimanEdD.

Little Children of the Luxembourg (Classic Reprint) Herbert Adams Gibbons. 2017. (ENG., Illus.). 90p. (J). 25.75 *(978-0-332-66914-4(9))* Forgotten Bks.

Little Children's Christmas Pad. Kirsteen Robson. 2017. (ENG.). 100p. pap. 9.99 *(978-0-7945-4138-5(0)*, Usborne) EDC Publishing.

Little Children's Dinosaur Activity Book. 2017. (Activity Books for Little Children Ser.). (ENG.). (J). pap. 9.99 *(978-0-7945-3796-8(0)*, Usborne) EDC Publishing.

Little Children's Puzzle Pad. Kirsteen Robson & Sam Smith. 2017. (ENG.). 100p. pap. 9.99 *(978-0-7945-4029-6(5)*, Usborne) EDC Publishing.

Little Child's First Communion. Mother Margaret Bolton. 2021. (ENG.). 256p. (J). pap. 27.95 *(978-1-64051-112-5(1))* St. Augustine Academy Pr.

Little Child's First Communion: Introduction to the Spiritual Way (Classic Reprint) Margaret Bolton. (ENG., Illus.). (J). 2018. 54p. 25.01 *(978-0-364-95038-8(2))*; 2018. 32p. 24.58 *(978-0-666-99361-8(0))*; 2017. pap. 9.57 *(978-0-259-47781-5(8))*; 2017. pap. 9.57 *(978-0-259-50825-0(X))*; 2017. pap. 7.97 *(978-0-259-83476-2(9))*; 2017. pap. 7.97 *(978-0-243-48634-2(0))* Forgotten Bks.

Little Child's First Communion, Vol. 5 Of 6: Introduction to the Spiritual Way (Classic Reprint) Margaret Bolton. 2018. (ENG., Illus.). 58p. (J). 25.13 *(978-0-483-11858-4(3))* Forgotten Bks.

Little Chimpanzee: A Day in the Life of a Baby Chimp. Anna Brett. Illus. by Rebeca Pintos. 2023. (Really Wild Families Ser.). (ENG.). 48p. (J). (gr. -1-2). 14.99 ***(978-0-7112-8358-9(3)***, Words & Pictures) Quarto Publishing Group UK GBR. Dist: Hachette Bk. Group.

Little Christ Stories (Classic Reprint) Elizabeth Calvert. 2018. (ENG., Illus.). 118p. (J). 26.35 *(978-0-483-46059-1(1))* Forgotten Bks.

Little Christian: A Drama in One Act (Classic Reprint) Albert Carr. 2018. (ENG., Illus.). 36p. (J). 24.66 *(978-0-267-15296-4(5))* Forgotten Bks.

Little Christmas Spider. Renee Pettit Porter. 2022. (ENG., Illus.). 24p. (J). 27.95 ***(978-1-6624-5706-7(5))***; pap. 15.95 ***(978-1-6624-5704-3(9))*** Page Publishing Inc.

Little Christmas Tree. Jessica Courtney-Tickle. Illus. by Jessica Courtney-Tickle. 2018. (ENG., Illus.). 12p. (J). (-k). bds. 15.99 *(978-1-5362-0311-0(4)*, Big Picture Press) Candlewick Pr.

Little Christmas Tree. Ruth Wielockx. Illus. by Ruth Wielockx. 2023. (ENG., Illus.). 32p. (J). 18.95 ***(978-1-60537-968-5(9))*** Clavis Publishing.

Little Chubb's: Blank Page Drawing Notebook. Rick Gailunas. 2023. (ENG.). 100p. (YA). ***(978-1-312-37663-2(5))*** Lulu Pr., Inc.

Little Chunkies: Animals in the Forest: With Adorable Animals to Touch & Discover. DK. 2023. (Little Chunkies Ser.). (ENG.). 12p. (J). (— 1). bds. 12.99 *(978-0-7440-6999-0(8)*, DK Children) Dorling Kindersley Publishing, Inc.

Little Chunkies: Animals in the Ocean: With Adorable Animals to Touch & Discover! DK. 2022. (Little Chunkies Ser.). (ENG., Illus.). 12p. (J). (— 1). bds. 12.99 *(978-0-7440-5020-2(0)*, DK Children) Dorling Kindersley Publishing, Inc.

Little Chunkies: Animals in the Wild: With Adorable Animals to Touch & Discover. DK. 2023. (Little Chunkies Ser.). (ENG.). 12p. (J). (— 1). bds. 12.99 *(978-0-7440-6998-3(X)*, DK Children) Dorling Kindersley Publishing, Inc.

Little Chunkies: Animals on the Farm: With Adorable Animals to Touch & Discover! DK. 2022. (Little Chunkies Ser.). (ENG.). 12p. (J). (— 1). bds. 12.99 *(978-0-7440-5021-9(9)*, DK Children) Dorling Kindersley Publishing, Inc.

Little Chunky Book of Sharks: Hundreds of Fun Facts Spanning the Seven Seas. Kelly Gauthier Cormier. 2021. (ENG.). 272p. (J). pap. 12.95 *(978-1-64643-123-6(5)*, Applesauce Pr.) Cider Mill Pr. Bk. Pubs., LLC.

Little Church Bird. Phyllis Didleau. (ENG.). 36p. (J). 2022. 21.95 *(978-1-943829-42-2(X))*; 2021. pap. 14.95 *(978-1-943829-39-2(X))* Rhyolite Pr. LLC.

Little Cities: Austin. DK. 2020. (Little Cities Ser.). (ENG., Illus.). 18p. (J). (-k). bds. 9.99 *(978-1-4654-9852-6(4)*, DK Children) Dorling Kindersley Publishing, Inc.

Little Cities: Boston. DK. 2020. (Little Cities Ser.). (ENG., Illus.). 18p. (J). (-k). bds. 9.99 *(978-1-4654-9854-0(0)*, DK Children) Dorling Kindersley Publishing, Inc.

Little Cities: Chicago. DK. 2020. (Little Cities Ser.). (ENG., Illus.). 18p. (J). (-k). bds. 9.99 *(978-1-4654-9853-3(2)*, DK Children) Dorling Kindersley Publishing, Inc.

Little Cities New York. DK. 2021. (Little Cities Ser.). (ENG., Illus.). 18p. (J). (-k). bds. 9.99 *(978-0-7440-2761-7(6)*, DK Children) Dorling Kindersley Publishing, Inc.

Little Cities: San Francisco. DK. 2020. (Little Cities Ser.). (ENG., Illus.). 18p. (J). (-k). bds. 9.99 *(978-1-4654-9851-9(6)*, DK Children) Dorling Kindersley Publishing, Inc.

Little Cities Seattle. DK. 2021. (Little Cities Ser.). (ENG., Illus.). 18p. (J). (-k). bds. 9.99 *(978-0-7440-3323-6(3)*, DK Children) Dorling Kindersley Publishing, Inc.

Little Citizens. Myra Kelly. 2017. (ENG., Illus.). (J). 22.95 *(978-1-374-90064-6(8))*; pap. 12.95 *(978-1-374-90063-9(X))* Capital Communications, Inc.

Little Citizens: The Humours of School Life (Classic Reprint) Myra Kelly. (ENG., Illus.). (J). 2018. 394p. 32.02 *(978-0-484-02097-8(8))*; 2016. pap. 16.57 *(978-1-333-34149-7(0))* Forgotten Bks.

Little City Girl Meets the Suburbs. Stephanie Campbell. 2020. (ENG., Illus.). 24p. (J). 16.99 *(978-1-952320-56-9(9))*; pap. 9.99 *(978-1-952320-54-5(2))* Yorkshire Publishing Group.

Little City of Hope: A Christmas Story (Classic Reprint) Francis Marion Crawford. 2017. (ENG., Illus.). (J). 28.17 *(978-1-5282-7467-8(9))* Forgotten Bks.

Little City of Hope (Christmas Classic) F. Marion Crawford. 2018. (ENG.). 48p. (J). pap. *(978-80-268-9177-2(5))* E-Artnow.

Little City of Hope (Classic Reprint) F. Marion Crawford. 2017. (ENG., Illus.). (J). 25.20 *(978-0-266-22363-4(X))* Forgotten Bks.

Little Clara (Classic Reprint) Anna Bache. 2018. (ENG., Illus.). 172p. (J). 27.44 *(978-0-267-24907-7(1))* Forgotten Bks.

Little Classics: Life (Classic Reprint) Rossiter Johnson. 2017. (ENG., Illus.). (J). 28.23 *(978-0-266-18056-2(6))* Forgotten Bks.

Little Classics: Stories of Tragedy (Classic Reprint) Rossiter Johnson. 2017. (ENG., Illus.). (J). 28.17 *(978-1-5283-8579-4(9))* Forgotten Bks.

Little Classics: With Initiative Steps in Vocal Training for Oral English (Classic Reprint) S. S. Curry. 2017. (ENG., Illus.). (J). 31.90 *(978-0-331-91438-2(7))* Forgotten Bks.

Little Classics: With Initiative Steps in Vocal Training for Oral English (Classic Reprint) Samuel Silas Curry. 2017. (ENG., Illus.). (J). 31.84 *(978-0-266-74304-0(8))*; pap. 16.57 *(978-1-5277-1000-9(9))* Forgotten Bks.

Little Classics (Classic Reprint) Rossiter Johnson. 2018. (ENG., Illus.). 232p. (J). 28.68 *(978-0-483-35856-0(8))* Forgotten Bks.

Little Classics, Vol. 10: Childhood (Classic Reprint) Rossiter Johnson. 2017. (ENG., Illus.). (J). 28.64 *(978-0-266-66279-2(X))*; pap. 11.57 *(978-1-5276-3543-2(0))* Forgotten Bks.

Little Classics, Vol. 11: Heroism (Classic Reprint) Rossiter Johnson. 2018. (ENG., Illus.). 244p. (J). 28.95 *(978-0-483-10309-2(8))* Forgotten Bks.

Little Classics, Vol. 18: Humanity; Chumming with a Savage, Doctor Marigold, a Brace of Boys, George the Third, Juliet, Is Life Worth Living? (Classic Reprint) Rossiter Johnson. 2017. (ENG., Illus.). (J). 29.38 *(978-0-265-68259-3(2))*; pap. 11.97 *(978-1-5276-5536-2(9))* Forgotten Bks.

Little Classics, Vol. 2: Intellect (Classic Reprint) Rossiter Johnson. 2018. (ENG., Illus.). 208p. (J). 28.21 *(978-0-483-35944-4(0))* Forgotten Bks.

Little Classics, Vol. 5: Laughter (Classic Reprint) Rossiter Johnson. (ENG., Illus.). (J). 2018. 224p. 28.54 *(978-0-365-25111-8(9))*; 2017. pap. 10.97 *(978-0-259-21244-7(X))* Forgotten Bks.

Little Classics, Vol. 8: Mystery; the Ghost, the Four-Fifteen Express, the Signal-Man, the Haunted Ships, a Raft That No Man Made, the Invisible Princess, the Advocate's Wedding Day, the Birthmark (Classic Reprint) Rossiter Johnson. (ENG., Illus.). (J). 2018. 232p. 28.68 *(978-0-332-94437-1(9))*; 2017. pap. 11.57 *(978-0-243-11905-9(4))* Forgotten Bks.

Little Classics, Vol. 9: Comedy (Classic Reprint) Rossiter Johnson. 2018. (ENG., Illus.). 228p. (J). 28.62 *(978-0-483-68068-5(0))* Forgotten Bks.

Little Clay Pot. Jan Renee. 2017. (ENG., Illus.). 30p. (J). pap. 11.99 *(978-0-692-90267-7(8))* Naphtali Publishing.

Little Cliff-Dweller: A Story of Lolami, for the Little Folk (Classic Reprint) Clara Kern Bayliss. 2017. (ENG., Illus.). (J). 26.54 *(978-0-265-54590-4(0))*; pap. 9.57 *(978-0-282-76914-7(5))* Forgotten Bks.

Little Cloud: The Science of a Hurricane. Johanna Wagstaffe. Illus. by Julie McLaughlin. 2020. (ENG.). 32p. (J). (gr. 1-3). 19.95 *(978-1-4598-2184-2(X))* Orca Bk. Pubs. USA.

Little Cloud, Mrs. Pea, You Pointing at Me. Colouring Storybook. M. S. Juhli Jobi. Illus. by Catnip. 2018. (ENG.). 56p. (J). pap. *(978-1-7751710-0-3(0))* Jobi, Juhli.

Little Cloud That Could Not Grow. Anita M. Everett. Illus. by Allison Frame. 2022. (ENG.). 20p. (J). ***(978-1-0391-4690-7(2))***; pap. ***(978-1-0391-4689-1(9))*** FriesenPress.

Little Clown. Atlas Henschel. 2023. (ENG.). 36p. (J). 25.00 ***(978-1-312-54584-7(4))*** Lulu Pr., Inc.

Little Clown (Classic Reprint) Thomas Cobb. 2018. (ENG., Illus.). 162p. (J). 27.24 *(978-0-484-08886-2(6))* Forgotten Bks.

Little Colonel. Annie Fellows Johnston. 2018. (ENG., Illus.). 72p. (YA). (gr. 7-12). pap. *(978-93-5297-426-9(3))* Alpha Editions.

Little Colonel: Maid of Honor. Annie Fellows Johnston. 2018. (ENG., Illus.). 172p. (YA). (gr. 7-12). pap. *(978-93-5297-427-6(1))* Alpha Editions.

Little Colonel at Boarding-School. Annie Fellows Johnston. 2019. (ENG.). 176p. (YA). (gr. 7-12). pap. *(978-93-5329-278-2(6))* Alpha Editions.

Little Colonel at Boarding-School (Classic Reprint) Annie Fellows Johnston. 2018. (ENG., Illus.). 350p. (J). 31.12 *(978-0-666-24073-6(6))* Forgotten Bks.

Little Colonel (Classic Reprint) Annie Fellows Johnston. 2018. (ENG., Illus.). 182p. (J). 27.67 *(978-0-483-74962-7(1))* Forgotten Bks.

Little Colonel in Arizona. Annie Fellows Johnston. 2018. (ENG., Illus.). 190p. (YA). (gr. 7-12). pap. *(978-93-5329-279-9(4))* Alpha Editions.

Little Colonel in Arizona (Classic Reprint) Annie Fellows Johnston. 2018. (ENG., Illus.). 356p. (J). 31.24 *(978-0-483-47162-7(3))* Forgotten Bks.

Little Colonel, Maid of Honor (Classic Reprint) Annie Fellows Johnston. 2019. (ENG., Illus.). 342p. (J). 30.95 *(978-0-483-36223-9(9))* Forgotten Bks.

Little Colonel Stories (Classic Reprint) Annie Fellows Johnston. 2018. (ENG., Illus.). 498p. (J). 34.17 *(978-0-483-65573-7(2))* Forgotten Bks.

Little Colonel's Christmas Vacation. Annie Fellows Johnston. 2018. (ENG., Illus.). 196p. (YA). (gr. 7-12). pap. *(978-93-5329-280-5(8))* Alpha Editions.

1190

The check digit for ISBN-10 appears in parentheses after the full ISBN-13

Little Colonel's Christmas Vacation (Classic Reprint) Annie Fellows Johnston. 2018. (ENG., Illus.). 378p. (J). 31.69 *(978-0-483-91180-2(1))* Forgotten Bks.

Little Colonel's Chum: Mary Ware. Annie Fellows Johnston. 2018. (ENG., Illus.). 182p. (YA). (gr. 7-12). pap. *(978-93-5297-428-3(X))* Alpha Editions.

Little Colonel's Good Times Book (Classic Reprint) Annie Fellows Johnston. (ENG., Illus.). (J). 2018. 42p. 24.78 *(978-0-364-76155-7(5))*; 2016. pap. 7.97 *(978-1-334-12841-7(3))* Forgotten Bks.

Little Colonel's Hero. Annie Fellows Johnston. 2018. (ENG., Illus.). 166p. (YA). (gr. 7-12). pap. *(978-93-5297-429-0(8))* Alpha Editions.

Little Colonel's Hero. Annie Fellows Johnston. 2017. (ENG., Illus.). (J). 23.95 *(978-1-374-96147-0(7))*; pap. 13.95 *(978-1-374-96146-3(9))* Capital Communications, Inc.

Little Colonel's Holidays. Annie Fellows Johnston. 2018. (ENG., Illus.). 140p. (YA). (gr. 7-12). pap. *(978-93-5329-281-2(6))* Alpha Editions.

Little Colonel's Holidays (Classic Reprint) Annie Fellows Johnston. 2018. (ENG., Illus.). 266p. (J). 29.38 *(978-0-483-84887-0(5))* Forgotten Bks.

Little Colonel's House Party. Annie Fellows Johnston. 2018. (ENG., Illus.). 158p. (YA). (gr. 7-12). pap. *(978-93-5297-430-6(1))* Alpha Editions.

Little Colonel's House Party. Annie Fellows Johnston. 2017. (ENG., Illus.). (J). 23.95 *(978-1-374-96551-5(0))* Capital Communications, Inc.

Little Colonel's House Party (Classic Reprint) Annie Fellows Johnston. (ENG., Illus.). (J). 2017. 30.00 *(978-0-265-42759-0(2))*; 2016. pap. 13.57 *(978-1-333-52787-7(X))* Forgotten Bks.

Little Colonel's Knight Comes Riding. Annie Fellows Johnston. 2018. (ENG., Illus.). 188p. (YA). (gr. 7-12). pap. *(978-93-5329-282-9(4))* Alpha Editions.

Little Colonel's Knight Comes Riding (Classic Reprint) Annie Fellows Johnston. 2018. (ENG., Illus.). 362p. (J). 31.38 *(978-0-484-76224-3(9))* Forgotten Bks.

Little Colonel's, Trade Mark, Hero (Classic Reprint) Annie Fellows Johnston. 2018. (ENG., Illus.). 304p. (J). 30.17 *(978-0-483-45387-6(0))* Forgotten Bks.

Little Colonial Dame: A Story of Old Manhattan Island (Classic Reprint) Agnes Carr Sage. 2018. (ENG., Illus.). 240p. (J). 28.87 *(978-0-484-74877-3(7))* Forgotten Bks.

Little Coloring Animals. Kirsteen Robson. Illus. by Jenny Brown. 2023. (Little Coloring Ser.). (ENG.). 32p. (J). pap. 4.99 ***(978-1-80507-094-8(0))*** Usborne Publishing, Ltd. GBR. Dist: HarperCollins Pubs.

Little Coloring Farm. Kate Nolan. Illus. by Jenny Brown. 2023. (Little Coloring Ser.). (ENG.). 32p. (J). pap. 4.99 ***(978-1-80507-091-7(6))*** Usborne Publishing, Ltd. GBR. Dist: HarperCollins Pubs.

Little Coloring Things That Go. Kirsteen Robson. Illus. by Jenny Brown. 2023. (Little Coloring Ser.). (ENG.). 32p. (J). pap. 4.99 ***(978-1-80507-095-5(9))*** Usborne Publishing, Ltd. GBR. Dist: HarperCollins Pubs.

Little Coloring under the Sea. Kirsteen Robson. Illus. by Jenny Brown. 2023. (Little Coloring Ser.). (ENG.). 32p. (J). pap. 4.99 ***(978-1-80507-096-2(7))*** Usborne Publishing, Ltd. GBR. Dist: HarperCollins Pubs.

Little Coloring Unicorns. Matthew Oldham. Illus. by Jenny Brown. 2023. (Little Coloring Ser.). (ENG.). 32p. (J). pap. 4.99 ***(978-1-80507-092-4(4))*** Usborne Publishing, Ltd. GBR. Dist: HarperCollins Pubs.

Little Colt. Rosalee Wren. Ed. by Cottage Door Press. Illus. by Felia Hanakata. 2019. (ENG.). 10p. (J). (gr. -1-k). bds. 4.99 *(978-1-68052-777-3(0)*, 1005000) Cottage Door Pr.

Little. com. Ralph Steadman. 2016. (ENG., Illus.). 32p. (J). 16.95 *(978-1-56792-520-3(0))* Godine, David R. Pub.

Little Comedies: Old & New (Classic Reprint) Julian Sturgis. 2018. (ENG., Illus.). 324p. (J). 30.60 *(978-0-267-20717-6(4))* Forgotten Bks.

Little Comedies of to-Day (Classic Reprint) Caroline H. W. Foster. 2018. (ENG., Illus.). 126p. (J). 26.50 *(978-0-267-47826-2(7))* Forgotten Bks.

Little Compliments of the Season, & Other Tiny Rhymes for Tiny Readers: Simple Verses, Original, Selected & Translated, for Namedays, Birthdays, Christmas, New Year, & Other Festive & Social Occasions (Classic Reprint) Eleanor Cecilia Donnelly. (ENG., Illus.). (J). 2018. 130p. 26.58 *(978-0-428-99645-1(0))*; 2017. pap. 9.57 *(978-0-259-50344-6(4))* Forgotten Bks.

Little Cookie see Galletita

Little Cookie. Margaret Hillert. Illus. by Steven James Petruccio. 2016. (BeginningtoRead Ser.). (ENG.). 32p. (J). (-2). lib. bdg. 22.60 *(978-1-59953-782-5(6))* Norwood Hse. Pr.

Little Cookie. Margaret Hillert. Illus. by Steven James Petruccio. 2016. (Beginning-To-Read Ser.). (ENG.). 32p. (J). (gr. k-2). pap. 13.26 *(978-1-60357-908-7(7))* Norwood Hse. Pr.

Little Copper Penny. Stephenie Barker. Illus. by Cynthia Meadows. 2019. (ENG.). 34p. (J). (gr. -1-3). pap. 11.99 *(978-1-61254-395-6(2))* Brown Books Publishing Group.

Little Corky: A Novel (Classic Reprint) Edward Hungerford. (ENG., Illus.). (J). 2018. 416p. 32.50 *(978-0-656-64609-8(8))*; 2017. pap. 16.57 *(978-0-259-20229-5(0))* Forgotten Bks.

Little Country Girl. Susan Coolidge. 2018. (ENG., Illus.). 138p. (YA). (gr. 7-12). pap. *(978-93-5329-238-6(7))* Alpha Editions.

Little Country Girl. Susan Coolidge. (ENG.). (J). 2018. 300p. pap. *(978-3-337-42708-5(1))*; 2017. 296p. pap. *(978-3-337-22783-8(X))* Creation Pubs.

Little Country Girl (Classic Reprint) Susan Coolidge. 2018. (ENG., Illus.). 302p. (J). 30.13 *(978-0-666-96625-4(7))* Forgotten Bks.

Little Courage. Taltal Levi. 2020. (ENG.). 48p. (J). (gr. -1-2). 17.95 *(978-0-7358-4394-3(5))* North-South Bks., Inc.

Little Coven. Penny Harrison. Illus. by Vivian Mineker. 2022. (ENG.). 32p. (J). (gr. -1-k). 17.99 *(978-1-76050-812-8(8))* Little Hare Bks. AUS. Dist: Independent Pubs. Group.

Little Cow. Agnese Baruzzi. 2021. (Happy Fox Finger Puppet Bks.). (ENG.). 12p. (J). bds. 6.99 *(978-1-64124-126-7(8)*, 1267H) Fox Chapel Publishing Co., Inc.

Little Cowboy. Ray Nelson. 2018. (ENG., Illus.). 36p. (J). 23.95 *(978-1-64140-310-8(1))*; pap. 13.95 *(978-1-64140-308-5(X))* Christian Faith Publishing.

Little Cowboy & the Big Cowboy. Margaret Hillert. Illus. by Bradley Clark. 2016. (Beginning-To-Read Ser.). (ENG.). 32p. (J). (gr. k-2). pap. 13.26 *(978-1-60357-940-7(0))* Norwood Hse. Pr.

Little Cowboy & the Big Cowboy. Margaret Hillert. Illus. by Bradley Clark. 2016. (BeginningtoRead Ser.). (ENG.). 32p. (J). (gr. 1-2). 22.60 *(978-1-59953-799-3(0))* Norwood Hse. Pr.

Little Cowboy Justin Meets Kluck Daclown. Ann Drews. Illus. by Lizy J. Campbell. 2022. (ENG.). 46p. (J). pap. 12.99 *(978-1-63984-151-6(2))* Pen It Pubns.

Little Cowboy Justin Series: Fishing with Ma. Ann Drews. 2019. (Little Cowboy Justin Ser.: Vol. 1). (ENG., Illus.). 42p. (J). pap. 13.99 *(978-1-951263-60-7(X))* Pen It Pubns.

Little Crab Finds a Friend: Book Two - a Run-In with an Aries Ewe. David M. Bensimon. Illus. by Angelica Gau. 2023. (ENG.). 44p. (J). 22.00 ***(978-1-7344633-3-0(3))*** Little Crab Productions.

Little Crab Finds a Friend: Let the Astrology Adventure Begin. David Bensimon. Illus. by Angelica Gau. 2021. (ENG.). 48p. (J). pap. 14.99 *(978-1-7344633-0-9(9))* Little Crab Productions.

Little Crab Finds a Friend: Let the Astrology Adventure Begin. David M. Bensimon. Illus. by Angelica Gau. 2021. (ENG.). 48p. (J). 21.99 *(978-1-7344633-1-6(7))* Little Crab Productions.

Little Crawlers. Ethan a Hahn. 2018. (ENG., Illus.). 40p. (J). pap. 15.40 *(978-1-387-77615-3(0))* Lulu Pr., Inc.

Little Creative Thinker's Connection Dominoes. Dorte Nielsen. 2018. (ENG., Illus.). 80p. 17.99 *(978-90-6369-513-2(6))* Bis B.V., Uitgeverij (BIS Publishers) NLD. Dist: Hachette Bk. Group.

Little Creative Thinker's Exercise Book. Dorte Nielsen. 2018. (ENG., Illus.). 28p. pap. 19.95 *(978-90-6369-491-3(1))* Bis B.V., Uitgeverij (BIS Publishers) NLD. Dist: Consortium Bk. Sales & Distribution, Hachette Bk. Group.

Little Creatures. Caroline Henton. 2019. (ENG.). 56p. (J). pap. *(978-1-78830-427-6(6))* Olympia Publishers.

Little Creatures: An Introduction to Classical Music. Ana Gerhard. Illus. by Mauricio Gómez Morin. 2019. (ENG.). 62p. (J). (gr. 2-3). 16.95 *(978-2-924774-55-7(1))* La Montagne Secrete CAN. Dist: Independent Pubs. Group.

Little Creek That Could: The Story of a Stream That Came Back to Life. Mark Angelo. 2021. (ENG.). 32p. (J). *(978-1-0391-1713-6(9))*; pap. *(978-1-0391-1712-9(0))* FriesenPress.

Little Creeping Things. Chelsea Ichaso. 2020. (ENG.). 336p. (YA). (gr. 8-12). pap. 10.99 *(978-1-7282-1052-0(6))* Sourcebooks, Inc.

Little Cricky. Domnita Georgescu-Moldoveanu. 2021. (ENG.). 36p. (J). (gr. k-2). pap. *(978-1-77838-014-3(X)*, Agora Cosmopolitan, The) Agora Publishing Consortium.

Little Critter: 5-Minute Little Critter Stories: Includes 12 Classic Stories! Mercer Mayer. Illus. by Mercer Mayer. 2022. (Little Critter Ser.). (ENG., Illus.). 192p. (J). 14.99 *(978-0-06-329772-2(8)*, HarperFestival) HarperCollins Pubs.

Little Critter & the Best Present. Mercer Mayer. ed. 2020. (Step into Reading Ser.). (ENG., Illus.). 32p. (J). (gr. 2-3). 14.96 *(978-1-64697-511-2(1))* Penworthy Co., LLC, The.

Little Critter & the Best Present. Mercer Mayer. 2020. (Step into Reading Ser.). (Illus.). 32p. (J). (gr. -1-1). pap. 5.99 *(978-1-9848-3095-1(3))*; (ENG., lib. bdg. 14.99 *(978-0-593-17845-4(9))* Random Hse. Children's Bks. (Random Hse. Bks. for Young Readers).

Little Critter: Bedtime Storybook 5-Book Box Set: 5 Favorite Critter Tales! Mercer Mayer. Illus. by Mercer Mayer. 2018. (Little Critter Ser.). (ENG., Illus.). 120p. (J). (gr. -1-3). pap. 11.99 *(978-0-06-265524-0(8)*, HarperFestival) HarperCollins Pubs.

Little Critter Collector's Quintet: Critters Who Care, Going to the Firehouse, This Is My Town, Going to the Sea Park, to the Rescue. Mercer Mayer. Illus. by Mercer Mayer. 2017. (My First I Can Read Ser.). (ENG., Illus.). 160p. (J). (gr. -1-3). pap. 19.99 *(978-0-06-265349-9(0)*, HarperCollins) HarperCollins Pubs.

Little Critter: Exploring the Great Outdoors. Mercer Mayer. Illus. by Mercer Mayer. 2019. (My First I Can Read Ser.). (ENG., Illus.). 32p. (J). (gr. -1-3). 16.99 *(978-0-06-243145-5(5))*; pap. 4.99 *(978-0-06-243144-8(7))* HarperCollins Pubs. (HarperCollins).

Little Critter Fall Storybook Favorites: Includes 7 Stories Plus Stickers! Mercer Mayer. Illus. by Mercer Mayer. 2019. (Little Critter Ser.). (ENG., Illus.). 192p. (J). (gr. -1-3). 14.99 *(978-0-06-289460-1(9)*, HarperCollins) HarperCollins Pubs.

Little Critter Goes to School. Mercer Mayer. ed. 2020. (Step into Reading Ser.). (ENG., Illus.). 32p. (J). (gr. 2-3). 14.96 *(978-1-64697-357-6(7))* Penworthy Co., LLC, The.

Little Critter Goes to School. Mercer Mayer. 2020. (Step into Reading Ser.). (Illus.). 32p. (J). (gr. -1-1). pap. 4.99 *(978-1-9848-3097-5(X))*; (ENG., lib. bdg. 12.99 *(978-1-9848-5099-7(7))* Random Hse. Children's Bks. (Random Hse. Bks. for Young Readers).

Little Critter: Just a Baby Bird. Mercer Mayer. Illus. by Mercer Mayer. 2016. (My First I Can Read Ser.). (ENG., Illus.). 32p. (J). (gr. -1-3). pap. 4.99 *(978-0-06-147821-5(0)*, HarperCollins) HarperCollins Pubs.

Little Critter: Just an Adventure at Sea. Mercer Mayer. Illus. by Mercer Mayer. 2017. (My First I Can Read Ser.). (ENG., Illus.). 32p. (J). (gr. -1-3). pap. 4.99 *(978-0-06-243140-0(4)*, HarperCollins) HarperCollins Pubs.

Little Critter: Just My Best Friend. Mercer Mayer. Illus. by Mercer Mayer. 2019. (My First I Can Read Ser.). (ENG., Illus.). 32p. (J). (gr. -1-3). 16.99 *(978-0-06-243147-9(1))*; pap. 4.99 *(978-0-06-243146-2(3))* HarperCollins Pubs. (HarperCollins).

Little Critter: Just Pick Us, Please! Mercer Mayer. Illus. by Mercer Mayer. 2017. (My First I Can Read Ser.). (ENG., Illus.). 32p. (J). (gr. -1-3). 16.99 *(978-0-06-243143-1(9))*; pap. 4.99 *(978-0-06-243142-4(0))* HarperCollins Pubs. (HarperCollins).

Little Critter: Just Storybook Favorites. Mercer Mayer. Illus. by Mercer Mayer. 2020. (Little Critter Ser.). (ENG., Illus.). 176p. (J). (gr. -1-3). 13.99 *(978-0-06-293161-0(X)*, HarperFestival) HarperCollins Pubs.

Little Critter Little Blessings Collection: Includes Four Stories!, 1 vol. Mercer Mayer. 2018. (Little Critter Ser.). (ENG.). 104p. (J). 9.99 *(978-1-4003-1082-1(2)*, Tommy Nelson) Nelson, Thomas Inc.

Little Critter: Monster Truck. Mercer Mayer. Illus. by Mercer Mayer. 2023. (My First I Can Read Ser.). (ENG., Illus.). 32p. (J). (gr. -1-3). 16.99 *(978-0-06-243149-3(8))*; pap. 5.99 *(978-0-06-243148-6(X))* HarperCollins Pubs. (HarperCollins).

Little Critter: My Trip to the Science Museum. Mercer Mayer. Illus. by Mercer Mayer. 2017. (Little Critter Ser.). (ENG., Illus.). 24p. (J). (gr. -1-3). pap. 4.99 *(978-0-06-147809-3(1)*, HarperFestival) HarperCollins Pubs.

Little Critter: the Original Classics (Little Critter) Mercer Mayer. 2019. (ENG., Illus.). 320p. (J). (gr. -1-2). 18.99 *(978-1-9848-9452-6(8)*, Random Hse. Bks. for Young Readers) Random Hse. Children's Bks.

Little Critters. Lisa J. Amstutz. 2023. (Little Critters Ser.). (ENG.). 24p. (J). 172.55 ***(978-1-6690-8552-2(X)***, 267524, Capstone Pr.) Capstone.

Little Critter's Family Treasury. Mercer Mayer. 2018. (Illus.). 176p. (J). (gr. -1-2). 9.99 *(978-1-5247-6619-1(4)*, Random Hse. Bks. for Young Readers) Random Hse. Children's Bks.

Little Critter's Little Sister: 2-Books-in-1. Mercer Mayer. 2021. 48p. (J). (gr. -1-2). pap. 5.99 *(978-0-593-30203-3(6)*, Random Hse. Bks. for Young Readers) Random Hse. Children's Bks.

Little Critter's Manners. Mercer Mayer. 2020. (ENG.). 48p. (J). (gr. -1-2). pap. 5.99 *(978-1-9848-3093-7(7)*, Random Hse. Bks. for Young Readers) Random Hse. Children's Bks.

Little Critter's Manners. Gina Mayer et al. ed. 2020. (Little Critter 8x8 Bks). (ENG., Illus.). 48p. (J). (gr. k-1). 15.96 *(978-1-64697-351-4(8))* Penworthy Co., LLC, The.

Little Croppy: And the May Queen, &C, &C (Classic Reprint) Hughs. 2018. (ENG., Illus.). 82p. (J). 25.59 *(978-0-332-59655-6(9))* Forgotten Bks.

Little Cross-Bearers (Classic Reprint) Caroline Chesebro'. (ENG., Illus.). (J). 2018. 166p. 27.32 *(978-0-483-71110-5(1))*; 2016. pap. 9.97 *(978-1-333-33819-0(8))* Forgotten Bks.

Little Crow. Vaughn Ferreira. 2017. (ENG., Illus.). 54p. (J). pap. 19.99 *(978-1-387-35917-2(7))* Lulu Pr., Inc.

Little Crow That Didn't Know How to Fly. Don Adolfson. 2017. (ENG., Illus.). (J). 22.95 *(978-1-4808-5208-2(2))*; pap. 12.45 *(978-1-4808-5209-9(0))* Archway Publishing.

Little Crowns & How to Win Them (Classic Reprint) Joseph A. Collier. (ENG., Illus.). (J). 2018. 244p. 28.93 *(978-0-267-36024-6(X))*; 2016. pap. 11.57 *(978-1-334-17082-9(7))* Forgotten Bks.

Little Crumbs, & Other Stories (Classic Reprint) Unknown Author. 2018. (ENG., Illus.). 40p. (J). pap. 7.97 *(978-1-391-61532-5(8))* Forgotten Bks.

Little Cuba Libre: A Story of Cuban Patriots for Children, Young & Old (Classic Reprint) Janie Prichard Duggan. 2018. (ENG., Illus.). 300p. (J). 30.08 *(978-0-483-40322-2(9))* Forgotten Bks.

Little Daffydowndilly & Other Stories (Classic Reprint) Nathanial Hawthorne. 2018. (ENG., Illus.). 98p. (J). 25.94 *(978-0-483-47831-2(8))* Forgotten Bks.

Little Daffydowndilly, & Other Stories (Classic Reprint) Nathanial Hawthorne. 2018. (ENG., Illus.). 188p. (J). 27.77 *(978-0-483-40358-1(X))* Forgotten Bks.

Little Daisy. W. P. Ferguson. 2022. (ENG.). 34p. (J). pap. *(978-1-3984-1464-8(6))* Austin Macauley Pubs. Ltd.

Little Daisy Lost. Violet Kuly. 2018. (ENG., Illus.). 30p. (J). *(978-1-5255-1394-7(X))*; pap. *(978-1-5255-1395-4(8))* FriesenPress.

Little Dame Crump & Her Little White Pig (Classic Reprint) Unknown Author. 2018. (ENG., Illus.). 20p. (J). 24.31 *(978-0-484-83607-4(2))* Forgotten Bks.

Little Dancer: A Children's Book Inspired by Edgar Degas. Géraldine Elschner. Illus. by Olivier Desvaux. 2020. (Children's Books Inspired by Famous Artworks Ser.). (ENG.). 32p. (J). (gr. -1-3). 14.95 *(978-3-7913-7449-9(4))* Prestel Verlag GmbH & Co KG. DEU. Dist: Penguin Random Hse. LLC.

Little Dandelion. JeanAnn Taylor. Illus. by JeanAnn Taylor. 2022. (ENG.). 32p. (J). 15.95 ***(978-1-945714-65-8(4))*** Grateful Steps.

Little Dandelion Seeds the World. Julia Richardson. Illus. by Kristen Howdeshell & Kevin Howdeshell. 2021. (ENG.). 40p. (J). (gr. k-3). 16.99 *(978-1-5341-1053-3(4)*, 205015) Sleeping Bear Pr.

Little Danny's Dream Bus Atlantis; Coloring Contest 1. David a Haave & Gary Donald Sanchez. 2018. (ENG., Illus.). 24p. (J). pap. 2.50 *(978-1-7328515-5-9(7))* Little Danny's Bks. Inc...

Little Danny's Dream Bus Atlantis; Spring Break to Mars. David Allen Haave. Illus. by Swati T. Goswamie. 2021. (ENG.). 28p. (J). 19.99 *(978-1-7339326-0-8(7))* Little Danny's Bks. Inc...

Little Danny's Dream Bus Atlantis; to the Cities of Goodness! David Allen Haave. Illus. by Swati Goswami. 2018. (Book 1 Of 10 Ser.). (ENG.). 24p. (J). 17.99 *(978-1-7328515-0-4(6))*; pap. 10.99 *(978-1-7328515-9-7(X))* Little Danny's Bks. Inc...

Little Danny's Dream Bus; Pursuit to Firefighter Red's Goodness Key! David Haave. Illus. by Swati S G. 2021. (ENG.). 26p. (J). 19.99 *(978-1-7339326-6-0(6))* Little Danny's Bks. Inc...

Little Danny's Dream Bus; Saving America's Pipeline XL Key. David Haave. 2022. (ENG.). 32p. (J). 19.99 *(978-1-7377060-7-6(5))* Little Danny's Bks. Inc...

Little Dark Christmas Light: A Happy Tale. Charles J Burk. 2019. (ENG.). 54p. (J). pap. 15.95 *(978-1-68456-787-4(4))* Page Publishing Inc.

Little Darla's Adventure. Felechia T. Childs. 2017. (ENG., Illus.). 30p. (J). pap. 16.95 *(978-1-4808-5444-4(1))* Archway Publishing.

Little Daughter of Liberty (Classic Reprint) Edith Robinson. (ENG., Illus.). (J). 2018. 138p. 26.74 *(978-0-483-79843-4(6))*; 2016. pap. 9.57 *(978-1-334-58915-7(1))* Forgotten Bks.

Little Dauphin: Translated from the German of Franz Haffmann (Classic Reprint) Franz Hoffmann. 2017. (ENG., Illus.). (J). 27.28 *(978-0-331-35082-1(3))* Forgotten Bks.

Little David's Big Light. Laura Wilkins. Illus. by Natalia Starikova. 2022. (ENG.). 32p. (J). ***(978-1-0391-3300-6(2))***; pap. ***(978-1-0391-3299-3(5))*** FriesenPress.

Little Daymond Learns to Earn. Daymond John. Illus. by Nicole Miles. 2023. 40p. (J). (gr. -1-3). 19.99 *(978-0-593-56727-2(7))*; (ENG.). 22.99 *(978-0-593-56728-9(5))* Random Hse. Children's Bks. (Random Hse. Bks. for Young Readers).

Little Deacon. J. Hunnicutt. (ENG.). 20p. (J). 2021. 26.99 *(978-1-6628-1566-9(2))*; 2018. (Illus.). pap. 16.99 *(978-1-5456-2584-2(0))* Salem Author Services.

Little Dead Riding Hood. Wiley Blevins. Illus. by Steve Cox. 2016. (Scary Tales Retold Ser.). (ENG.). 24p. (J). (gr. k-3). lib. bdg. 27.99 *(978-1-63440-102-9(6)*, e26b8b13-9493-4352-be1a-df0096c02601) Red Chair Pr.

Little Dee Dee's No Good Double Dastardly Storm. J. Mark Sheffield & Gloria D. Sheffield. 2020. (ENG., Illus.). 42p. (J). 24.95 *(978-1-64544-489-3(9))* Page Publishing Inc.

Little Demon (Classic Reprint) Feodor Sologub. 2018. (ENG., Illus.). 370p. (J). 31.55 *(978-0-483-85249-5(X))* Forgotten Bks.

Little Derwent's Breakfast (Classic Reprint) Emily Trevenen. (ENG., Illus.). (J). 2018. 104p. 26.04 *(978-0-484-33013-8(6))*; 2016. pap. 9.57 *(978-1-334-32742-1(4))* Forgotten Bks.

Little Detective Seek & Find Activity Book. Activity Book Zone for Kids. 2016. (ENG., Illus.). (J). pap. 7.55 *(978-1-68376-204-1(5))* Sabeels Publishing.

(Little Detectives) see Ranger Rob Welcome to Big Sky Park!: A Look & Find Book

Little Detectives: Odd One Out Mystery Solving Exercises. Jupiter Kids. 2017. (ENG., Illus.). (J). pap. 8.33 *(978-1-5419-3316-3(8))*, Jupiter Kids (Childrens & Kids Fiction)) Speedy Publishing LLC.

Little Detectives at Home: Look & Find Book. Illus. by Sonia Baretti. 2017. (ENG.). 14p. (J). (gr. -1-1). bds. 8.99 *(978-2-9815807-9-5(5)*, CrackBoom! Bks.) Chouette Publishing CAN. Dist: Publishers Group West (PGW).

Little Detectives at School: A Look & Find Book. Illus. by Sonia Baretti. ed. 2017. (ENG.). 14p. (J). (gr. -1-1). bds. 8.99 *(978-2-924786-00-0(2)*, CrackBoom! Bks.) Chouette Publishing CAN. Dist: Publishers Group West (PGW).

Little Detectives at the Farm. Illus. by Sonia Baretti. ed. 2018. (ENG.). 14p. (J). (gr. -1-1). bds. 8.99 *(978-2-924786-56-7(8)*, CrackBoom! Bks.) Chouette Publishing CAN. Dist: Publishers Group West (PGW).

Little Detectives: Dinosaurs: A Look-And-Find Book. Illus. by Karina Dupuis. 2023. (Little Detectives Ser.). 14p. (J). (gr. -1-1). bds. 11.99 *(978-2-89802-357-6(4)*, CrackBoom! Bks.) Chouette Publishing CAN. Dist: Publishers Group West (PGW).

Little Detectives: the Magic Kingdom of Unicorns: A Look-And-Find Book. Illus. by Sanaa Legdani. 2020. 14p. (J). (gr. -1-1). bds. 11.99 *(978-2-89802-157-2(1)*, CrackBoom! Bks.) Chouette Publishing CAN. Dist: Publishers Group West (PGW).

Little Dhonte Learns the Power of Believing in Himself. Linda Heard. Illus. by Sergio Drumond. 2020. (ENG.). 56p. (J). pap. 12.00 *(978-1-948747-69-1(3))* J2B Publishing LLC.

Little Dialogues for Little People (Classic Reprint) Margaret Holmes Bates. (ENG., Illus.). (J). 2018. 106p. 26.08 *(978-0-666-25399-6(4))*; 2017. pap. 9.57 *(978-0-259-78484-5(2))* Forgotten Bks.

Little Diddle Duck. Becky Bloom. 2020. (ENG.). 24p. (J). pap. 12.95 *(978-1-9736-9350-5(X)*, WestBow Pr.) Author Solutions, LLC.

Little Dinners with the Sphinx & Other Prose Fancies (Classic Reprint) Richard Le Gallienne. 2018. (ENG., Illus.). 310p. (J). 30.29 *(978-0-483-74270-3(8))* Forgotten Bks.

Little Dinos. Josh Anderson. 2023. (Dino Discovery Ser.). (ENG.). 24p. (J). (gr. k-3). lib. bdg. 32.79 *(978-1-5038-6527-3(4)*, 216424, Wonder Books(r)) Child's World, Inc, The.

Little Dino's Noisy Day. Rosie Greening. Illus. by Stuart Lynch. 2020. (ENG.). 16p. (J). pap. 4.99 *(978-1-78947-850-1(2))* Make Believe Ideas GBR. Dist: Scholastic, Inc.

Little Dinosaur. Samantha Ball. 2018. (ENG., Illus.). 32p. (J). pap. *(978-1-9996059-0-2(X))* Ball, Samantha.

Little Dinosaur. Carmen Crowe. Ed. by Cottage Door Press. Illus. by Andy Elkerton. 2022. (ENG.). 10p. (J). (gr. -1-k). bds. 16.99 *(978-1-64638-627-7(2)*, 1008240) Cottage Door Pr.

Little Dinosaur. Rhiannon Fielding. Illus. by Chris Chatterton. 2020. (Ten Minutes to Bed Ser.). (ENG.). 32p. (J). (-k). 12.99 *(978-0-241-48469-2(3)*, Ladybird) Penguin Bks., Ltd. GBR. Dist: Penguin Random Hse. LLC.

Little Dinosaur Fact Book a Color Me Edition. Jamie Pedrazzoli. 2019. (ENG.). 78p. (J). pap. ***(978-0-359-40990-7(3))*** Lulu Pr., Inc.

Little Dirty Diaper Girl. J. E. Young. Illus. by Eleanor Maber. 2023. (ENG.). 28p. (J). ***(978-1-0391-2847-7(5))***; pap. ***(978-1-0391-2846-0(7))*** FriesenPress.

Little Diva: 9780312370107, Includes a CD with Original Song & Reading by Lachanze. LaChanze. Illus. by Brian Pinkney. 2023. (ENG.). 32p. (J). 8.99 *(978-1-250-87866-3(7)*, 900281822) Square Fish.

Little Do We Know. Tamara Ireland Stone. (ENG.). (YA). (gr. 9-17). 2019. 432p. pap. 11.99 *(978-1-4847-7416-8(7))*; 2018. 416p. E-Book 45.00 *(978-1-4847-7397-0(7))* Little, Brown Bks. for Young Readers.

Little Doctor / el Doctorcito. Juan J. Guerra. Illus. by Victoria Castillo. 2017. (ENG & SPA.). 32p. (J). (gr. k-3). 17.95 *(978-1-55885-846-6(6)*, Piñata Books) Arte Publico Pr.

Little Doctor & the Fearless Beast. Sophie Gilmore. 2019. (ENG., Illus.). 32p. (J). 17.95 *(978-1-77147-344-6(4))* Owlkids Bks. Inc. CAN. Dist: Publishers Group West (PGW).

Little Doctor Victoria. Louise Carnahan. 2017. (ENG.). 300p. (J). pap. *(978-3-337-00238-1(2))* Creation Pubs.

L

Little Doctor Victoria: A Southern Story for Boys & Girls (Classic Reprint) Louise Carnahan. 2017. (ENG., Illus.). (J). 30.02 *(978-0-265-16951-3(8))* Forgotten Bks.

Little Dog. Alyssa Krekelberg. 2020. (Learning Sight Words Ser.). (ENG.). 24p. (J). (gr. -1-2). lib. bdg. 32.79 *(978-1-5038-3564-1(2)*, 213417) Child's World, Inc, The.

Little Dog Laughed: A Fantasy in Four Parts & an Interlude (Classic Reprint) Fergus Reddie. (ENG., Illus.). (J). 2018. 126p. 26.50 *(978-0-267-54957-3(1))*; 2016. pap. 9.57 *(978-1-333-53651-0(8))* Forgotten Bks.

Little Dog Lost. WGBH Kids. ed. 2020. (I Can Read Ser.). (ENG.). 30p. (J). (gr. k-1). 14.96 *(978-1-64697-012-4(8))* Penworthy Co., LLC, The.

Little Dog Lost: The True Story of a Brave Dog Named Baltic. Mônica Carnesi. Illus. by Mônica Carnesi. 2022. (Illus.). 40p. (J). (-k). 7.99 *(978-0-593-40784-4(9)*, Nancy Paulsen Books) Penguin Young Readers Group.

Little Dogs of Tudor City. Ralph Kennedy Pope & Jay Bua. 2023. (ENG.). 34p. (J). 29.99 ***(978-1-0880-1138-6(1))***; pap. 14.95 ***(978-1-0880-0729-7(5))*** Indy Pub.

Little Dogs of Tudor City Meet the Pandemic. Ralph K. Pope & Jay Bua. 2023. (ENG.). 56p. (J). 29.95 ***(978-1-0880-3097-4(1))***; pap. 12.95 ***(978-1-0880-3081-3(5))*** Indy Pub.

Little Dogs of Tudor City Save the Dog Show. Ralph Pope & Jay Bua. 2023. (ENG.). 72p. (J). pap. 14.95 ***(978-1-0881-7079-3(X))*** Indy Pub.

Little Dogs of Tudor City Save the Dog Show. Ralph K. Pope & Jay Bua. 2023. (ENG.). 72p. (J). 29.95 ***(978-1-0881-7083-0(8))*** Indy Pub.

Little Dolphin Rescue. Rachel Delahaye. Illus. by Suzie Mason & Artful Artful Doodlers. 2021. (Little Animal Rescue Ser.). (ENG.). 128p. (J). (gr. 1-4). pap. 5.99 *(978-1-68010-463-9(2))* Tiger Tales.

Little Don Quixote: A Story for Youth (Classic Reprint) Robert Raikes Raymond. 2017. (ENG., Illus.). (J). 27.46 *(978-0-265-73288-5(3))*; pap. 9.97 *(978-1-5276-9502-3(6))* Forgotten Bks.

Little Donkey. Shannon L. Mokry. Illus. by Shannon L. Mokry. 2020. (ENG.). 40p. (J). 15.95 *(978-1-951521-31-8(5))*; pap. 9.95 *(978-1-951521-28-8(5))* Sillygeese Publishing, LLC.

Little Donkey. Gerda Marie Scheidl. Illus. by Bernadette Watts. 2022. (ENG.). 32p. (J). (gr. k-2). 18.95 *(978-0-7358-4532-9(8))* North-South Bks., Inc.

Little Donkey Named Dolores: A Short Allegorical Christian Tale Based on the Life Journey of the Author. Nora Gonzalez. Ed. by Amy Megill. 2021. (ENG.). 74p. (YA). pap. 10.99 *(978-1-6628-2515-6(3))* Salem Author Services.

Little Dorrit. Charles Dickens. 2019. (ENG.). 690p. (J). (gr. 4-7). pap. 17.99 *(978-1-4209-6169-0(1))* Digireads.com Publishing.

Little Dorrit: Illustrated Edition. Charles Dickens. 2019. (ENG.). 548p. (J). (gr. 4-7). pap. *(978-80-268-9218-2(6))* E-Artnow.

Little Dorrit: No. 19 & 20; June 1857 (Classic Reprint) Charles Dickens. 2018. (ENG., Illus.). (J). (gr. 4-7). 90p. 25.75 *(978-1-396-63325-6(1))*; 92p. pap. 9.57 *(978-1-391-90229-6(7))* Forgotten Bks.

Little Dorrit (Classic Reprint) Charles Dickens. 2017. (ENG., Illus.). (J). 41.37 *(978-0-331-37894-8(9))*; 37.34 *(978-0-266-33101-8(7))*; pap. 23.97 *(978-0-243-38231-6(6))* Forgotten Bks.

Little Dorrit, Vol. 1 (Classic Reprint) Charles Dickens. 2017. (ENG., Illus.). (J). 34.27 *(978-1-5284-8466-4(5))* Forgotten Bks.

Little Dorrit, Vol. 1 of 2 (Classic Reprint) Charles Dickens. 2017. (ENG., Illus.). (J). 36.33 *(978-1-5283-7676-1(5))* Forgotten Bks.

Little Dorrit, Vol. 1 of 3 (Classic Reprint) Charles Dickens. (ENG., Illus.). (J). 2018. 422p. 32.62 *(978-0-332-18577-4(X))*; 2017. pap. 16.57 *(978-0-259-31074-7(3))* Forgotten Bks.

Little Dorrit, Vol. 2 (Classic Reprint) Charles Dickens. (ENG., Illus.). (J). 2018. 472p. 33.63 *(978-0-364-83277-6(0))*; 2017. 35.49 *(978-1-5279-7370-1(0))*; 2016. pap. 16.57 *(978-1-333-53323-6(3))* Forgotten Bks.

Little Dorrit, Vol. 2 of 2 (Classic Reprint) Charles Dickens. 2017. (ENG., Illus.). (J). 34.62 *(978-0-265-68316-3(5))*; pap. 16.97 *(978-1-5276-5678-9(0))* Forgotten Bks.

Little Dorrit, Vol. 4 of 4 (Classic Reprint) Charles Dickens. (ENG., Illus.). (J). 2018. 312p. 30.37 *(978-0-364-62660-3(7))*; 2017. pap. 13.57 *(978-0-259-00208-6(9))* Forgotten Bks.

Little Dorrit; Volume 2. Charles Dickens. 2017. (ENG., Illus.). (J). 29.95 *(978-1-374-85624-0(X))*; pap. 19.95 *(978-1-374-85623-3(1))* Capital Communications, Inc.

Little Dose of Nature: Outdoor Fun to Help Happiness Bloom. Alison Greenwood. Illus. by Anneli Bray. 2023. (ENG.). 32p. (J). (gr. k-3). 21.99 ***(978-0-7112-7963-6(2)***, Ivy Kids) Ivy Group, The GBR. Dist: Hachette Bk. Group.

Little Dou Dou Who Forgets a Lot. Kuroyanagi Tetsuko. 2019. (CHI.). (J). (gr. k-3). pap. *(978-7-5442-9288-7(6))* Nanhai Publishing Co.

Little Dove: A Heart Warming Story for Children & Parents. Natasha Goring. 2022. (ENG.). 26p. (J). pap. ***(978-1-80227-638-1(6))*** Publishing Push Ltd.

Little Dove & the Story of Easter, 1 vol. Illus. by Nadja Sarell. 2019. (ENG.). 22p. (J). bds. 7.99 *(978-0-310-76668-1(0))* Zonderkidz.

Little Dove Sparkling Water. Dodi Bird Dickson & Russell Cleland. 2018. (ENG., Illus.). 30p. (J). pap. 12.95 *(978-1-64349-886-7(X))* Christian Faith Publishing.

Little Doves - Pequeñas Tórtolas: A Bilingual Celebration of Birds & a Baby in English & Spanish. Susan L. Roth. Illus. by Susan L. Roth. 2021. (ENG.). 32p. (J). 19.95 *(978-1-939604-36-1(2))* Barranca Pr.

Little Doves - Pequeñas Tórtolas: Bilingual English & Spanish. Susan L. Roth. 2021. (ENG.). 32p. (J). pap. 9.99 *(978-1-939604-16-3(8))* Barranca Pr.

Little Doves Affirmation Workbook 1: Helping Children Build Self-Esteem & Confidence. Ann Fitzpatrick. Illus. by Annemarie O' Brien. 2021. (ENG.). 36p. (J). pap. 14.99 *(978-1-7356105-0-4(X))* Little Village Comics Co.

Little Doves Affirmation Workbook 2: Helping Children Build Self-Esteem & Confidence. Ann Fitzpatrick. Illus. by Annemarie O'Brien. 2021. (ENG.). 36p. (J). pap. 14.99 *(978-1-7356105-1-1(8))* Little Village Comics Co.

Little Doves Affirmation Workbook 3: Helping Children Build Self-Esteem & Confidence. Ann Fitzpatrick. Illus. by Annemarie O' Brien. 2021. (ENG.). 36p. (J). pap. 14.99 *(978-1-7356105-2-8(6))* Little Village Comics Co.

Little Dove's Discovery & Other Stories: Precious Gift Series. Nadejda Hristova. 2017. (ENG., Illus.). (J). pap. 20.45 *(978-1-5127-8875-4(9)*, WestBow Pr.) Author Solutions, LLC.

Little Downy: Or the History of a Field-Mouse; a Moral Tale; Embellished with Twelve Colored Engravings (Classic Reprint) Unknown Author. 2018. (ENG., Illus.). 56p. (J). 25.05 *(978-0-483-92422-2(9))* Forgotten Bks.

Little Dragon. Rhiannon Fielding. Illus. by Chris Chatterton. 2022. (Ten Minutes to Bed Ser.). (ENG.). 32p. (J). (-k). 12.99 *(978-0-241-56341-0(0)*, Ladybird) Penguin Bks., Ltd. GBR. Dist: Penguin Random Hse. LLC.

Little Dragon. Chibuzo Rosemary Mba. 2018. (ENG., Illus.). 32p. (J). pap. 12.95 *(978-1-64258-107-2(0))* Christian Faith Publishing.

Little Dragon & a Cranky Elf. Catherine Lean. 2019. (ENG.). 174p. (J). pap. 11.96 *(978-1-68470-021-9(3))* Lulu Pr., Inc.

Little Dragon & the New Baby. Deborah Cuneo. 2018. (ENG., Illus.). 32p. (J). (gr. -1-k). 16.99 *(978-1-5107-1268-3(2)*, Sky Pony Pr.) Skyhorse Publishing Co., Inc.

Little Dragon Dojo Martial Arts for Kids Vol. 1. Ximena Vargas. 2017. (ENG., Illus.). 36p. (J). pap. *(978-1-365-70343-0(6))* Lulu Pr., Inc.

Little Dragon Tastes All the Plants. Aili Mou. 2022. (Interesting Chinese Myths Ser.). (ENG.). 46p. (J). (gr. k-2). pap. 8.95 *(978-1-4878-0953-9(0))* Royal Collins Publishing Group Inc. CAN. Dist: Independent Pubs. Group.

Little Dreamer. Nell Jones. 2020. (ENG.). 48p. (J). pap. 9.99 *(978-1-5456-5818-5(8))* Salem Author Services.

Little Dreamers, Big Ideas. Sarah-Lou Tomlin. Illus. by Shiela Alejandro. 2017. (ENG.). 20p. (J). *(978-1-912009-91-6(9)*, Compass Publishing) Book Refinery Ltd, The.

Little Dreamers: Visionary Women Around the World. Vashti Harrison. 2018. (Vashti Harrison Ser.). (ENG., Illus.). 96p. (J). (gr. 3-7). 17.99 *(978-0-316-47517-4(3))* Little, Brown Bks. for Young Readers.

Little Drip of Paint. Jessie Zou. Illus. by Jessie Zou. 2022. (ENG.). 22p. (J). ***(978-0-2288-7777-6(6))***; pap. ***(978-0-2288-7776-9(8))*** Tellwell Talent.

Little Drummer: Or, Filial Affection; a Story of the Russian Campaign. Gustav Nieritz. 2017. (ENG., Illus.). (J). pap. *(978-0-649-63728-7(3))* Trieste Publishing Pty Ltd.

Little Drummer: Or Filial Affection; a Story of the Russian Campaign (Classic Reprint) Gustav Nieritz. (ENG., Illus.). (J). 2018. 210p. 28.23 *(978-0-364-00742-6(7))*; 2017. pap. 10.57 *(978-1-5276-6406-7(6))* Forgotten Bks.

Little Drummer Boy. Sequoia Children's Publishing. 2019. (ENG.). 16p. (J). 2.99 *(978-1-64269-139-9(9)*, 4013, Sequoia Publishing & Media LLC) Phoenix International Publications, Inc.

Little Drummer Boy. Illus. Bernadette Watts. Adapted by Bernadette Watts. 2018. (ENG.). 32p. (J). (gr. -1-2). 17.95 *(978-0-7358-4325-7(2))* North-South Bks., Inc.

Little Drummer Boy Grows Up. Kittie M. Woolliscroft. 2018. (ENG., Illus.). 22p. (J). (gr. k-6). pap. 6.99 *(978-1-949723-08-3(9))* Bookwhip.

Little Drummer Girl. Monique Morman. 2019. (ENG., Illus.). 20p. (J). pap. 10.95 *(978-1-64096-089-3(9))* Newman Springs Publishing, Inc.

Little Duchess: And Other Stories (Classic Reprint) Ethel Turner. 2018. (ENG., Illus.). 160p. (J). 27.38 *(978-0-428-81400-7(X))* Forgotten Bks.

Little Duck. Judy Dunn. 2017. (Step into Reading Ser.). (Illus.). 32p. (J). (gr. -1-1). pap. 5.99 *(978-0-553-53352-1(5)*, Random Hse. Bks. for Young Readers) Random Hse. Children's Bks.

Little Duck, Little Duck. Deloris Powell Smith. 2020. (ENG., Illus.). 34p. (J). pap. 16.95 *(978-1-6624-0737-6(8))* Page Publishing Inc.

Little Duck Who Couldn't Quack. Melba Mann. 2017. (ENG., Illus.). (J). 23.95 *(978-1-64027-265-1(8))*; pap. 13.95 *(978-1-64027-008-4(6))* Page Publishing Inc.

Little Duckling Who Wouldn't Get Wet. Gek Tessaro. (Illus.). (J). (— 1). 2021. 26p. bds. 7.99 *(978-0-8234-4580-6(1))*; 2020. 32p. 16.99 *(978-0-8234-4564-6(X))* Holiday Hse., Inc.

Little Duckling's Easter Prayers, 1 vol. Zondervan Staff. Illus. by Kasia Nowowiejska. 2020. (ENG.). 30p. (J). bds. 9.99 *(978-0-310-76835-7(7))* Zonderkidz.

Little Ducks Go. Emily Arnold McCully. ed. 2018. (I Like to Read Ser.). (ENG.). 25p. (J). (gr. -1-1). 10.00 *(978-1-64310-595-6(7))* Penworthy Co., LLC, The.

Little Duck's Missing Shirt. Renae Johns. 2021. (ENG., Illus.). 30p. (J). 24.95 *(978-1-64952-867-4(1))*; pap. 13.95 *(978-1-63985-480-6(0))* Fulton Bks.

Little Duke: Richard the Fearless (Classic Reprint) Charlotte Mary Yonge. 2017. (ENG., Illus.). (J). 28.56 *(978-1-5279-5963-7(5))* Forgotten Bks.

Little Dumplings. Susan Rich Brooke. Illus. by Bonnie Pang. 2021. (ENG.). 40p. (J). 12.99 *(978-1-5037-5710-3(2)*, 3783, Sunbird Books) Phoenix International Publications, Inc.

Little Dumplings. Jekka Kuhlmann et al. Illus. by Manita Boonyong. 2023. (ENG.). 24p. (J). (gr. -1 — 1). bds. 8.99 *(978-1-7972-1692-8(9))* Chronicle Bks. LLC.

Little Dumplings. Susan Rich Brooke. Illus. by Bonnie Pang. 2022. (Sunbird Picture Bks.). (ENG.). 34p. (J). (gr. -1-3). pap. 9.75 ***(978-1-64996-747-3(0)***, 17133, Sequoia Kids Media) Sequoia Children's Bks.

Little Dusky Hero (Classic Reprint) Harriet T. Comstock. (ENG., Illus.). (J). 2018. 108p. 26.12 *(978-0-267-13720-6(6))*; 2016. pap. 9.57 *(978-1-333-19374-4(2))* Forgotten Bks.

Little Earth: Little Earth Says: Children, Come Outside & Play. D. K. Brooks. Illus. by Marina Smoljan. 2019. (ENG.). 28p. (J). *(978-0-2288-1981-3(4))*; pap. *(978-0-2288-1980-6(6))* Tellwell Talent.

Little Echo. Al Rodin. 2022. (ENG.). 32p. (J). (gr. -1-2). 17.99 *(978-1-77488-062-3(8)*, Tundra Bks.) Tundra Bks. CAN. Dist: Penguin Random Hse. LLC.

Little Eco Experts, 16 vols. 2022. (Little Eco Experts Ser.). (ENG.). 40p. (J). (gr. 3-4). lib. bdg. 242.16 *(978-1-7253-3776-3(2)*, 979abc5f-2c9c-4681-bf1c-dd4182945615, PowerKids Pr.) Rosen Publishing Group, Inc., The.

Little Egg: When Walking on Egg Shells Ain't All It's Cracked up to Be. Randi Konikoff Ph D. 2019. (ENG.). 30p. (J). pap. 16.95 *(978-1-9736-7636-2(2)*, WestBow Pr.) Author Solutions, LLC.

Little Eggo's Great Big Adventure. Augustus Christensen. Illus. by Marissa Apstein. l.t. ed. 2022. (ENG.). 26p. (J). 29.99 ***(978-1-0880-0995-6(6))*** Indy Pub.

Little Eggs Card Games. Illus. by Olivia Chin Mueller. 2023. (ENG.). 55p. (J). (gr. -1-17). 12.99 *(978-1-7972-0342-3(8))* Chronicle Bks. LLC.

Little Egg's Journey. Claudia D. Day. Illus. by Angela Gooliaff. 2023. (ENG.). 36p. (J). ***(978-1-0391-6146-7(4))***; pap. ***(978-1-0391-6145-0(6))*** FriesenPress.

Little Elephant Who Wants to Fall Asleep: A New Way of Getting Children to Sleep. Carl-Johan Forssén Ehrlin. Illus. by Sydney Hanson. 2016. (ENG.). 40p. (J). (gr. -1-2). 16.99 *(978-0-399-55423-0(8)*, Crown Books For Young Readers) Random Hse. Children's Bks.

Little Elf. Holly Berry-Byrd. Ed. by Cottage Door Press. Illus. by Chiara Fiorentino. 2021. (ENG.). 10p. (J). (gr. -1-k). bds. 4.99 *(978-1-64638-311-5(7)*, 1007280) Cottage Door Pr.

Little Elf: My First Little Seek & Find. Sequoia Children's Publishing. 2019. (ENG.). 18p. (J). bds. 5.99 *(978-1-64269-142-9(9)*, 4016, Sequoia Publishing & Media LLC) Phoenix International Publications, Inc.

Little Elf: My First Little Seek & Find. Sequoia Kids Media. Illus. by Stacy Peterson. 2022. (My First Little Seek & Find Ser.). (ENG.). 24p. (J). (gr. k-2). lib. bdg. 24.69 *(978-1-64996-187-7(1)*, 4935, Sequoia Kids Media) Phoenix International Publications, Inc.

Little Elizabeth: The Young Princess Who Became Queen. Valerie Wilding. Illus. by Pauline Reeves. 2022. (ENG.). 32p. (J). (gr. k-2). pap. 10.99 *(978-1-5263-6300-8(3)*, Wren & Rook) Hachette Children's Group GBR. Dist: Hachette Bk. Group.

Little Ellen. Ellen DeGeneres. Illus. by Eleanor Michalka. 2022. 32p. (J). (gr. -1-3). 18.99 *(978-0-593-37860-1(1)*, Random Hse. Bks. for Young Readers) Random Hse. Children's Bks.

Little Elli Mae Is Staying Safe & Well, So How about You? Cynthia Shareen Dobbs. 2021. (ENG., Illus.). 30p. (J). pap. 13.95 *(978-1-0980-8404-2(7))* Christian Faith Publishing.

Little Ellie: And Other Tales (Classic Reprint) Hans Christian Anderson. (ENG., Illus.). (J). 2018. 168p. 27.36 *(978-0-267-30724-1(1))*; 2016. pap. 9.97 *(978-1-333-34000-1(1))* Forgotten Bks.

Little Elliot, Big Fun. Mike Curato. Illus. by Mike Curato. 2016. (Little Elliot Ser.: 3). (ENG., Illus.). 40p. (J). 18.99 *(978-0-8050-9827-3(5)*, 900121239, Holt, Henry & Co. Bks. For Young Readers) Holt, Henry & Co.

Little Elliot, Fall Friends. Mike Curato. Illus. by Mike Curato. 2017. (Little Elliot Ser.: 4). (ENG., Illus.). 40p. (J). 18.99 *(978-1-62779-640-8(1)*, 900157312, Holt, Henry & Co. Bks. For Young Readers) Holt, Henry & Co.

Little Ember: A Camping Story. Wayde S. Black. Illus. by Richard M. Black Jr. 2022. (ENG.). 44p. (J). 25.00 *(978-1-63764-479-9(5)*, RoseDog Bks.) Dorrance Publishing Co., Inc.

Little Emma & Her Father: A Lesson for Proud Children (Classic Reprint) Miss Horwood. 2017. (ENG., Illus.). 28p. (J). 24.49 *(978-0-266-55803-3(8))* Forgotten Bks.

Little Emotional. Christopher Eliopoulos. Illus. by Christopher Eliopoulos. 2023. (Illus.). 32p. (J). (gr. -1-3). 18.99 *(978-0-593-61661-1(8)*, Rocky Pond Bks.) Penguin Young Readers Group.

Little Emotional 6 Copy Prepack & L-Card. ELIOPOULOS CHRIST. 2023. (J). (gr. -1-3). 113.94 *(978-0-593-72007-3(5)*, Rocky Pond Bks.) Penguin Young Readers Group.

Little Emperors (Classic Reprint) Alfred Duggan. (ENG., Illus.). (J). 2018. 252p. 29.11 *(978-0-331-88409-8(7))*; 2017. pap. 11.57 *(978-0-259-46278-1(0))* Forgotten Bks.

Little Engine: The Original Tale From 1920. Olive Beaupre Miller. Illus. by John Kurtz. 2020. (Children's Classic Collections). 32p. (gr. -1-3). 9.99 *(978-1-63158-400-8(6)*, Racehorse Publishing) Skyhorse Publishing Co., Inc.

Little Engine That Could. Watty Piper. Illus. by George Hauman & Doris Hauman. 2021. (Little Golden Book Ser.). 24p. (J). (-k). 5.99 *(978-0-593-42643-2(6)*, Golden Bks.) Random Hse. Children's Bks.

Little Engine That Could. Wendy Straw. 2020. (Wendy Straw's Nursery Rhyme Collection). (ENG.). 12p. (J). (— 1). pap. 4.99 *(978-1-921756-51-1(9)*, Brolly Bks.) Borghesi & Adam Pubs. Pty Ltd AUS. Dist: Independent Pubs. Group.

Little Engine That Could. Watty Piper. ed. 2020. (Always a Favorite Ser.). (ENG., Illus.). 39p. (J). (gr. k-1). 15.89 *(978-1-64697-419-1(0))* Penworthy Co., LLC, The.

Little Engine That Could: A Mini Edition. Watty Piper. 2020. (Little Engine That Could Ser.). (Illus.). 48p. (J). (gr. -1-2). 5.99 *(978-0-593-09649-9(5)*, Grosset & Dunlap) Penguin Young Readers Group.

Little Engine That Could: 90th Anniversary: An Abridged Edition. Watty Piper. Illus. by Dan Santat. 2022. (Little Engine That Could Ser.). 26p. (J). (— 1). bds. 8.99 *(978-0-593-22671-1(2)*, Grosset & Dunlap) Penguin Young Readers Group.

Little Engine That Could: 90th Anniversary Edition. Watty Piper. Illus. by Dan Santat. 90th ed. 2020. (Little Engine That Could Ser.). 48p. (J). (gr. -1-2). 18.99 *(978-0-593-09439-6(5)*, Grosset & Dunlap) Penguin Young Readers Group.

Little Engine That Could: I Think I Can! Letters Workbook: ABCs, Pre-Writing, Colors, & More! Wiley Blevins. 2023. (Little Engine That Could Ser.). 96p. (J). (— 1). pap. 8.99 *(978-0-593-52289-9(3)*, Grosset & Dunlap) Penguin Young Readers Group.

Little Engine That Could: I Think I Can! Numbers Workbook: Counting 1-10, Shapes, Patterns, & More! Contrib. by Wiley Blevins. 2023. (Little Engine That Could Ser.). 96p. (J). (— 1). pap. 8.99 *(978-0-593-52290-5(7)*, Grosset & Dunlap) Penguin Young Readers Group.

Little Engine That Could: Read Together Edition. Watty Piper. Illus. by George and Doris Hauman. 2020. (Read Together, Be Together Ser.). (ENG.). 48p. (J). (gr. -1-2). 9.99 *(978-0-593-22423-6(X)*, Grosset & Dunlap) Penguin Young Readers Group.

Little Engine's Easter Egg Hunt. Watty Piper. Illus. by Jannie Ho. (Little Engine That Could Ser.). (J). (— 1). 2023. 26p. bds. 8.99 *(978-0-593-52325-4(3)*, Grosset & Dunlap); 2020. 32p. pap. 4.99 *(978-0-593-09434-1(4)*, Penguin Young Readers) Penguin Young Readers Group.

Little England (Classic Reprint) Sheila Kaye-Smith. 2018. (ENG., Illus.). 314p. (J). 30.37 *(978-0-483-99288-7(7))* Forgotten Bks.

Little English Girl: A Tale for Children (Classic Reprint) Unknown Author. 2018. (ENG., Illus.). 40p. (J). 24.72 *(978-0-267-17969-5(3))* Forgotten Bks.

Little Entomologist 4D. Melissa Higgins & Megan Cooley Peterson. (Little Entomologist 4D Ser.). (ENG.). 32p. (J). 2023. pap., pap., pap. 69.50 ***(978-0-7565-8040-7(4)***, 264601); 2020. (gr. -1-2). 306.50 *(978-1-9771-1440-2(7)*, 29812) Capstone. (Pebble).

Little Episcopalian: Or, the Child Taught by the Prayer-Book (Classic Reprint) Mary Anne Cruse. 2018. (ENG., Illus.). 294p. (J). 29.96 *(978-0-666-90095-1(7))* Forgotten Bks.

Little Eppie & Other Tales: Compiled for the Presbyterian Board of Publication (Classic Reprint) Unknown Author. 2017. (ENG., Illus.). (J). 28.52 *(978-0-265-73355-4(3))*; pap. 10.97 *(978-1-5276-9600-6(6))* Forgotten Bks.

Little Esrog. Rochelle Kochin. Illus. by Janice Hechter. 2016. (ENG.). 35p. (J). 14.95 *(978-0-8266-0044-8(1))* Merkos L'Inyonei Chinuch.

Little Esson (Classic Reprint) S. R. Crockett. 2017. (ENG., Illus.). (J). 31.53 *(978-0-265-20066-7(0))* Forgotten Bks.

Little Esther. Darla Beckham. 2017. (ENG., Illus.). (J). pap. 12.49 *(978-1-5456-0994-1(2))* Salem Author Services.

Little Eva Loves. Rebecca Elliott. Illus. by Rebecca Elliott. 2019. (ENG., Illus.). 16p. (J). (gr. -1 — 1). bds. 6.99 *(978-1-338-54910-2(3)*, Cartwheel Bks.) Scholastic, Inc.

Little Eve Edgarton (Classic Reprint) Eleanor Hallowell Abbott. 2018. (ENG., Illus.). 226p. (J). 28.56 *(978-0-483-27492-1(5))* Forgotten Bks.

Little Excavator. Anna Dewdney. 2017. (Illus.). 40p. (J). (-k). 18.99 *(978-1-101-99920-2(9)*, Viking Books for Young Readers) Penguin Young Readers Group.

Little Excitement: A Play for Girls in Three Acts (Classic Reprint) Gertrude Knevels. 2018. (ENG., Illus.). 36p. (J). 24.64 *(978-0-267-44911-8(9))* Forgotten Bks.

Little Explorers: Exploring Space: A Lift-The-Flap Book. Tr. by Delphine Rossini. Illus. by Sonia Baretti. 2019. (Little Explorers Ser.). 10p. (J). (gr. -1). bds. 6.99 *(978-2-89802-128-2(8)*, CrackBoom! Bks.) Chouette Publishing CAN. Dist: Publishers Group West (PGW).

Little Explorers: Exploring the Farm: (a Lift the Flap Book) Illus. by Sonia Baretti. 2018. 10p. (J). (gr. -1). bds. 6.99 *(978-2-924786-18-5(5)*, CrackBoom! Bks.) Chouette Publishing CAN. Dist: Publishers Group West (PGW).

Little Explorers: Outer Space. Ruth Martin. Illus. by Allan Sanders. 2016. (Little Explorers Ser.). (ENG.). 18p. (J). (gr. -1-3). 10.99 *(978-1-4998-0250-4(1))* Little Bee Books Inc.

Little Explorers: Scottish Castles (Push, Pull & Slide), 20 vols. Illus. by Louise Forshaw. 2019. 12p. (J). 14.95 *(978-1-78250-562-4(8)*, Kelpies) Floris Bks. GBR. Dist: Consortium Bk. Sales & Distribution.

Little Explorers: the Animal World. Ruth Martin. Illus. by Allan Sanders. 2016. (Little Explorers Ser.). (ENG.). 18p. (J). (gr. -1-3). 10.99 *(978-1-4998-0249-8(8))* Little Bee Books Inc.

Little Explorers: the Farm. Little Bee Books. 2018. (Little Explorers Ser.). (ENG.). 18p. (J). (gr. -1-3). 9.99 *(978-1-4998-0687-8(6))* Little Bee Books Inc.

Little Explorers: Things That Go! A Lift-The-Flap Book. Illus. by Sonia Baretti. 2019. (Little Explorers Ser.). 10p. (J). (gr. -1). bds. 6.99 *(978-2-89802-126-8(1)*, CrackBoom! Bks.) Chouette Publishing CAN. Dist: Publishers Group West (PGW).

Little Explorers: under the Sea. Little Bee Books. 2018. (Little Explorers Ser.). (ENG.). 18p. (J). (gr. -1-3). 10.99 *(978-1-4998-0695-3(7))* Little Bee Books Inc.

Little Eyolf: A Play in Three Acts (Classic Reprint) Henrik Ibsen. 2018. (ENG., Illus.). 226p. (J). 28.56 *(978-0-267-29810-5(2))* Forgotten Bks.

Little Eyolf: Newly Translated from the Definitive Dano-Norwegian Text (Classic Reprint) Henrik Ibsen. 2018. (ENG., Illus.). 166p. (J). 27.30 *(978-0-332-89969-5(1))* Forgotten Bks.

Little Eyolf (Classic Reprint) Henrik Ibsen. 2017. (ENG., Illus.). (J). 27.30 *(978-0-265-31179-0(9))* Forgotten Bks.

Little Fairies Coloring Book 1. Denise McGill. 2019. (ENG.). 38p. (J). pap. *(978-0-359-40114-7(7))* Lulu Pr., Inc.

Little Fairy Can't Sleep, 20 vols. Daniela Drescher. 2nd rev. ed. 2022. (Little Fairy Ser.). (Illus.). 24p. (J). 17.95 *(978-1-78250-767-3(1))* Floris Bks. GBR. Dist: Consortium Bk. Sales & Distribution.

Little Fairy in the Forest Coloring Book: For Girls Ages 4 Years Old & Up. Beatrice Harrison. 2019. (ENG.). 34p. (J). pap. 6.85 *(978-0-359-81823-5(4))* Lulu Pr., Inc.

Little Fairy in the Forest Coloring Book: For Girls Ages 4 Years Old & up (Book Edition: 4) Beatrice Harrison. 2019. (ENG.). 34p. (J). pap. 16.85 *(978-1-7947-0337-7(3))* Lulu Pr., Inc.

Little Fairy in the Forest Coloring Book: For Girls Ages 4 Years Old & up (Book Edition:2) Beatrice Harrison. 2019. (ENG.). 34p. (J). pap. 6.85 *(978-1-7947-0323-0(3))* Lulu Pr., Inc.

Little Fairy in the Forest Coloring Book: For Girls Ages 4 Years Old & up (Book Edition:3) Beatrice Harrison. 2019. (ENG.). 34p. (J). pap. 16.85 *(978-1-7947-0331-5(4))* Lulu Pr., Inc.

Little Fairy in the Forest Coloring Book: For Girls Ages 4 Years Old & up (Book Edition:5) Beatrice Harrison. 2019. (ENG.). 34p. (J). pap. 17.35 *(978-1-7947-0342-1(X))* Lulu Pr., Inc.

Little Fairy in the Forest Coloring Book: For Girls Ages 4 Years Old & up (Book Edition:6) Beatrice Harrison. 2019. (ENG.). 34p. (J). pap. 16.85 *(978-1-7947-0348-3(9))* Lulu Pr., Inc.

1192

The check digit for ISBN-10 appears in parentheses after the full ISBN-13

Little Fairy Makes a Wish, 50 vols. Daniela Drescher. 2016. Orig. Title: Die Kleine Elfe Wünscht Sich Was. (Illus.). 32p. (J). 16.95 *(978-1-78250-243-2(2))* Floris Bks. GBR. Dist: Consortium Bk. Sales & Distribution.

Little Fairy's Christmas, 20 vols. Daniela Drescher. 2nd rev. ed. 2022. (Little Fairy Ser.). (Illus.). 28p. (J). 17.95 *(978-1-78250-817-5(1))* Floris Bks. GBR. Dist: Consortium Bk. Sales & Distribution.

Little Fan; or, the Life & Fortunes of a London Match-Girl. G. Todd. 2017. (ENG., Illus.). (J). pap. *(978-0-649-35597-6(0))* Trieste Publishing Pty Ltd.

Little Farm. Lois Lenski. 2020. (Illus.). 32p. (J). (— 1). bds. 7.99 *(978-1-9848-3185-9(2)*, Random Hse. Bks. for Young Readers) Random Hse. Children's Bks.

Little Farm Animals: a Finger Wiggle Book. Sally Symes. Illus. by Nick Sharratt. 2022. (Finger Wiggle Bks.). (ENG.). 18p. (J). (— 1). bds. 8.99 *(978-1-5362-2048-3(5))* Candlewick Pr.

Little Farm Girls. Heather Talma & Magdalena Almero Nocea. 2020. (ENG.). 145p. (J). pap. *(978-1-716-66607-0(4))* Lulu Pr., Inc.

Little Fartlesnake. Alyssa Bishop. 2017. (ENG., Illus.). 36p. (J). pap. 10.00 *(978-1-935368-01-4(X))* K4K Bks. LLC.

Little Fashionistas! a Coloring Plus Cut & Paste Activity Book for Girls. Jupiter Kids. 2018. (ENG., Illus.). 106p. (J). pap. 12.55 *(978-1-5419-3809-0(7)*, Jupiter Kids (Childrens & Kids Fiction)) Speedy Publishing LLC.

Little Fee Fee & the Jeebie Jeebie Bees. Felicia Sawyer. 2021. (ENG.). 54p. (J). pap. 27.99 *(978-1-6628-0527-1(6))* Salem Author Services.

Little Feminist 500 Piece Family Puzzle. Galison. Illus. by Lydia Ortiz. 2017. (ENG.). (J). (gr. 3-7). 13.99 *(978-0-7353-5382-4(4))* Mudpuppy Pr.

Little Feminist Board Book Set. Mudpuppy. Illus. by Lydia Ortiz. 2017. (ENG.). 32p. (J). (gr. -1-k). bds. 16.99 *(978-0-7353-5381-7(6)*, Mudpuppy) Galison.

Little Feminist Picture Book. Mudpuppy & Yelena Moroz Alpert. Illus. by Lydia Ortiz. 2019. (ENG.). 52p. (J). (gr. -1-5). 16.99 *(978-0-7353-6103-4(7)*, Mudpuppy) Galison.

Little Feminist Playing Cards. Galison. Illus. by Lydia Ortiz. 2017. (ENG.). (J). (gr. -1-7). 12.99 *(978-0-7353-5383-1(2))* Mudpuppy Pr.

Little Fennec Fox & Jerboa Turquoise Band. Ian Whybrow. Illus. by Susan Batori. ed. 2017. (Cambridge Reading Adventures Ser.). (ENG.). 16p. pap. 6.15 *(978-1-108-43092-0(9))* Cambridge Univ. Pr.

Little Ferns for Fanny's Little Friends (Classic Reprint) Unknown Author. 2017. (ENG., Illus.). (J). 30.41 *(978-0-331-25325-2(9))* Forgotten Bks.

Little Ferry Tale. Chad Otis. Illus. by Chad Otis. 2022. (ENG., Illus.). 40p. (J). (gr. -1-3). 18.99 *(978-1-5344-8769-7(7)*, Atheneum/Caitlyn Dlouhy Books) Simon & Schuster Children's Publishing.

Little Fiddler of the Ozarks: A Novel (Classic Reprint) John Breckenridge Ellis. (ENG., Illus.). (J). 2018. 330p. 30.70 *(978-0-483-79769-7(3))*; 2017. pap. 13.57 *(978-0-259-95459-0(4))* Forgotten Bks.

Little Fig-Tree Stories (Classic Reprint) Mary Hallock Foote. (ENG., Illus.). (J). 2018. 200p. 28.04 *(978-0-666-97332-0(6))*; 2016. pap. 10.57 *(978-1-333-92304-4(X))* Forgotten Bks.

Little Fingers Ballet. Ashley Marie Mireles. Illus. by Olga Skomorokhova. 2019. (ENG.). 10p. (J). (gr. -1-k). bds. 16.99 *(978-1-64170-155-6(2)*, 550155) Familius LLC.

Little Fins Preschool Leader Manual. Ed. by Group Publishing. 2020. (Group's Weekend Vbs 2020 Ser.). (ENG.). 40p. (J). pap. 13.59 *(978-1-4707-6158-5(0))* Group Publishing, Inc.

Little Fir Tree: From an Original Story by Hans Christian Andersen. Christopher Corr. ed. 2019. (ENG., Illus.). 32p. (J). (gr. -1-2). 17.99 *(978-1-78603-662-9(2)*, 307390, Frances Lincoln Children's Bks.) Quarto Publishing Group UK GBR. Dist: Hachette UK Distribution.

Little Fire Engine. Lois Lenski. 2017. (Illus.). 32p. (J). (gr. k — 1). 7.99 *(978-0-375-82263-6(1)*, Random Hse. Bks. for Young Readers) Random Hse. Children's Bks.

Little Fire Truck. Margery Cuyler. Illus. by Bob Kolar. (Little Vehicles Ser.: 3). (ENG.). (J). 2022. 24p. bds. 8.99 *(978-1-250-86987-6(0)*, 900279247); 2017. 32p. 14.99 *(978-1-62779-805-1(6)*, 900160047) Holt, Henry & Co. (Holt, Henry & Co. Bks. For Young Readers).

Little First Look & Find PJ Masks 4-Book Set. PI Kids. 2018. (ENG.). 72p. (J). bds., bds., bds. 21.99 *(978-1-5037-2818-9(8)*, 4395, PI Kids) Phoenix International Publications, Inc.

Little First Stickers Aquarium. Hannah Watson. 2023. (Little First Stickers Ser.). (ENG.). (J). pap. 7.99 ***(978-1-80507-010-8(X))*** Usborne Publishing, Ltd. GBR. Dist: HarperCollins Pubs.

Little First Stickers Diggers & Cranes. Hannah Watson. Illus. by Joaquin Camp. 2023. (Little First Stickers Ser.). (ENG.). 32p. (J). pap. 7.99 ***(978-1-80507-098-6(3))*** Usborne Publishing, Ltd. GBR. Dist: HarperCollins Pubs.

Little First Stickers Farm. Jessica Greenwell. 2023. (Little First Stickers Ser.). (ENG.). (J). pap. 7.99 ***(978-1-80507-011-5(8))*** Usborne Publishing, Ltd. GBR. Dist: HarperCollins Pubs.

Little First Stickers Horses & Ponies. Kirsteen Robson. 2023. (Little First Stickers Ser.). (ENG.). (J). pap. 7.99 ***(978-1-80507-097-9(5))*** Usborne Publishing, Ltd. GBR. Dist: HarperCollins Pubs.

Little First Stickers Mermaids. Holly Bathie. 2023. (Little First Stickers Ser.). (ENG.). (J). pap. 7.99 ***(978-1-80507-012-2(6))*** Usborne Publishing, Ltd. GBR. Dist: HarperCollins Pubs.

Little First Stickers Pirates. Kirsteen Robson. 2023. (Little First Stickers Ser.). (ENG.). (J). pap. 7.99 ***(978-1-80507-099-3(1))*** Usborne Publishing, Ltd. GBR. Dist: HarperCollins Pubs.

Little First Stickers Rainbows. Felicity Brooks. 2023. (Little First Stickers Ser.). (ENG.). (J). pap. 7.99 ***(978-1-80507-100-6(9))*** Usborne Publishing, Ltd. GBR. Dist: HarperCollins Pubs.

Little First Stickers Seashore. Jessica Greenwell. Illus. by Stephanie Fizer Coleman. 2023. (Little First Stickers Ser.). (ENG.). 32p. (J). pap. 7.99 ***(978-1-80507-101-3(7))*** Usborne Publishing, Ltd. GBR. Dist: HarperCollins Pubs.

Little Fish. Suzanne C. De Board. Illus. by Suzanne C. De Board. 2019. (ENG.). 34p. (J). pap. 10.99 *(978-0-9989905-2-1(3))* Pen Pearls.

Little Fish: A Carousel Book. 2019. (ENG., Illus.). 10p. (J). (gr. k-2). 24.95 *(978-0-500-65162-9(0)*, 565162) Thames & Hudson.

Little Fish & Big Fish. Lou Treleaven. Illus. by Dean Gray. 2019. (Early Bird Readers — Yellow (Early Bird Stories (tm)) Ser.). (ENG.). 32p. (J). (gr. -1-2). pap. 9.99 *(978-1-5415-4632-5(6)*, b908b10e-c898-4f23-9d55-c1ac3bc35e9b) Lerner Publishing Group.

Little Fish & Friends: a Touch-And-Feel Book. Lucy Cousins. Illus. by Lucy Cousins. 2020. (Little Fish Ser.). (ENG.). 14p. (J). (— 1). 11.99 *(978-1-5362-1512-0(0))* Candlewick Pr.

Little Fish & Mommy. Lucy Cousins. Illus. by Lucy Cousins. 2019. (Little Fish Ser.). (ENG., Illus.). 22p. (J). (— 1). bds. 8.99 *(978-1-5362-0612-8(1))* Candlewick Pr.

Little Fish Lost. Pinkfong. ed. 2022. (I Can Read Ser.). (ENG., Illus.). 32p. (J). (gr. k-1). 15.46 *(978-1-68505-118-1(9))* Penworthy Co., LLC, The.

Little Fish That Wanted to Wear Shoes. R. Norfolk. 2nd ed. 2019. (ENG., Illus.). 34p. (J). (gr. k-4). 15.50 *(978-0-578-53665-1(X))* Editing Partners.

Little Fish Who Liked to Wish. Frank O'Dwyer. 2017. (ENG., Illus.). 24p. (J). *(978-0-244-31149-0(8))* Lulu Pr., Inc.

Little Fisherman, 1 vol. Margaret Wise Brown. Illus. by Dahlov Ipcar. 2017. (ENG.). 40p. (J). pap. 12.95 *(978-1-944762-15-5(9)*, 890bba07-2477-4da3-bb45-dcf7080bf72e) Islandport Pr., Inc.

Little Fisherman, 1 vol. Margaret Wise Brown. Illus. by Dahlov Ipcar. 2020. (ENG.). 24p. (J). bds. 10.95 *(978-1-944762-96-4(5)*, 7148d14b-8410-413d-99eb-408c945aa645) Islandport Pr., Inc.

Little Fishers: And Their Nets (Classic Reprint) Pansy Pansy. 2017. (ENG., Illus.). 462p. (J). 33.43 *(978-0-331-06841-2(9))* Forgotten Bks.

Little Fishes Coloring Book: Cute Fishes Coloring Book - Adorable Fishes Coloring Pages for Kids -25 Incredibly Cute & Lovable Fishes. Welove Coloringbooks. 2020. (ENG.). 106p. (J). pap. 10.49 *(978-1-716-27379-7(X))* Lulu Pr., Inc.

Little Fish's Ocean. Lucy Cousins. Illus. by Lucy Cousins. 2022. (Little Fish Ser.). (ENG.). 10p. (J). (— 1). bds. 9.99 *(978-1-5362-1685-1(2))* Candlewick Pr.

Little Fish's Treasure. Kathy Broderick. Illus. by Dean Gray. 2022. (Bilingual Bks.). (ENG.). 24p. (J). (gr. -1-3). pap. 9.50 ***(978-1-64996-738-1(1)**, 17098, Sequoia Kids Media)* Sequoia Children's Bks.

Little Flamingo on the Move. Leonie Stawniak. 2017. (ENG., Illus.). (J). pap. 21.18 *(978-1-4828-8037-3(7))* Partridge Pub.

Little Floofs Book of Money. Audrey Daum. Illus. by Jamie Harper. 2020. (ENG.). 34p. (J). 24.99 *(978-1-0983-4565-5(7))* BookBaby.

Little Flower: A Parable of St. Therese of Lisieux. Becky Arganbright. Illus. by Tracey Arvidson. 2019. (ENG.). 32p. (J). pap. 10.95 *(978-1-68192-498-4(6))* Our Sunday Visitor, Publishing Div.

Little Flower Folks, or Stories from Flowerland for the Home & School (Classic Reprint) Mara Louise Pratt-Chadwick. (ENG., Illus.). (J). 2018. 156p. 27.11 *(978-0-656-34862-6(3))*; 2017. pap. 9.57 *(978-0-259-20293-6(2))* Forgotten Bks.

Little Flower Folks, Vol. 2: Or, Stories from Flowerland for the Home & School (Classic Reprint) Mara L. Pratt. 2017. (ENG., Illus.). (J). 26.83 *(978-0-331-85673-6(5))* Forgotten Bks.

Little Flowers of a Childhood: The Record of a Child (Classic Reprint) Grace Harriet Warrack. (ENG., Illus.). (J). 2018. 182p. 27.67 *(978-0-483-41815-8(3))*; 2016. pap. 10.57 *(978-1-334-13976-5(8))* Forgotten Bks.

Little Foal's Busy Day. Sleeping Bear Press. Illus. by Jane Monroe Donovan. 2019. (ENG.). 18p. (J). (gr. -1-k). bds. 8.99 *(978-1-5341-1068-7(2)*, 204836) Sleeping Bear Pr.

Little Folk. Levi Illuitok. Illus. by Steve James. 2023. 28p. (J). (gr. 1-3). 17.95 *(978-1-77227-468-4(2))* Inhabit Media Inc. CAN. Dist: Consortium Bk. Sales & Distribution.

Little-Folk Lyrics. Frank Dempster Sherman. 2017. (ENG., Illus.). (J). pap. *(978-0-649-41121-4(8))* Trieste Publishing Pty Ltd.

Little Folk of Brittany (Classic Reprint) Alice Calhoun Haines. (ENG., Illus.). (J). 2018. 58p. 25.09 *(978-0-483-60889-4(0))*; 2017. pap. 9.57 *(978-0-243-27658-5(3))* Forgotten Bks.

Little-Folk Songs (Classic Reprint) Alexina B. White. 2018. (ENG., Illus.). 104p. (J). 26.04 *(978-0-483-00653-9(X))* Forgotten Bks.

Little Folks Astray (Classic Reprint) Sophie May. 2018. (ENG., Illus.). 216p. (J). 28.35 *(978-0-365-40437-8(3))* Forgotten Bks.

Little Folks' Christmas Stories & Plays (Classic Reprint) Ada M. Skinner. 2018. (ENG., Illus.). 290p. (J). 29.88 *(978-0-483-79954-7(8))* Forgotten Bks.

Little Folk's Every Day Book (Classic Reprint) Amanda Bartlett Harris. 2018. (ENG., Illus.). 272p. (J). 29.53 *(978-0-484-83980-8(2))* Forgotten Bks.

Little Folks' Handy Book. Lina Beard. 2017. (ENG., Illus.). (J). pap. *(978-0-649-63736-2(4))* Trieste Publishing Pty Ltd.

Little Folks in Busy-Land (Classic Reprint) Ada Van Stone Harris. 2018. (ENG., Illus.). 168p. (J). 27.36 *(978-0-267-15436-4(4))* Forgotten Bks.

Little Folks in Feathers & Fur: And Others in Neither (Classic Reprint) Olive Thorne Miller. (ENG., Illus.). (J). 2018. 378p. 31.71 *(978-0-484-84304-1(4))*; 2017. pap. 16.57 *(978-0-259-47384-8(7))* Forgotten Bks.

Little Folks Land: The Story of a Little Boy in a Big World (Classic Reprint) Madge A. Bigham. 2018. (ENG., Illus.). 288p. (J). 29.86 *(978-0-267-45391-7(4))* Forgotten Bks.

Little Folks of Animal Land (Classic Reprint) Harry Whittier Frees. (ENG., Illus.). (J). 2018. 252p. 29.09 *(978-0-331-53997-4(7))*; 2017. pap. 11.57 *(978-0-259-80151-1(8))* Forgotten Bks.

Little Folks of Many Lands (Classic Reprint) Lulu Maude Chance. 2017. (ENG., Illus.). (J). 26.52 *(978-0-331-56919-3(1))*; pap. 9.57 *(978-0-259-41853-5(6))* Forgotten Bks.

Little Folks of North America: Stories about Children Living in the Different Parts of North America (Classic Reprint) Mary Hazleton Wade. 2018. (ENG., Illus.). 246p. (J). 28.97 *(978-0-267-27049-1(6))* Forgotten Bks.

Little Folks of Redbow (Classic Reprint) Mary A. Denison. 2018. (ENG., Illus.). 372p. (J). 31.57 *(978-0-483-86645-4(8))* Forgotten Bks.

Little Folks Own: Stories, Sketches, Poems, & Paragraphs; Designed to Amuse & Benefit the Young (Classic Reprint) L. S. Goodwin. 2017. (ENG., Illus.). 242p. (J). 28.85 *(978-0-332-28305-0(4))* Forgotten Bks.

Little Folks Painting Book: A Series of Outline Engravings for Water-Colour Painting (Classic Reprint) George Weatherly. 2017. (ENG., Illus.). (J). 27.73 *(978-0-265-55569-9(8))* Forgotten Bks.

Little Folks' Reader, Vol. 1: For Use in Primary School, Home, & Kindergarten; January, 1880 (Classic Reprint) Unknown Author. 2017. (ENG., Illus.). (J). 28.06 *(978-0-331-42097-5(X))* Forgotten Bks.

Little Folks Tramping & Camping: A Nature-Study Story of Real Children & a Real Camp (Classic Reprint) Anna Blunt Morgan. (ENG., Illus.). (J). 2018. 366p. 31.45 *(978-0-656-33808-5(3))*; 2017. pap. 13.97 *(978-0-243-28872-4(7))* Forgotten Bks.

Little Folk's Verses: Choice Verses Suitable for Recitations for Little Folks (Classic Reprint) A. Paramore. (ENG., Illus.). (J). 2018. 100p. 25.96 *(978-0-364-00592-7(0))*; 2017. pap. 9.57 *(978-0-243-50105-2(6))* Forgotten Bks.

Little Folks's Books (Classic Reprint) Unknown Author. 2018. (ENG., Illus.). 98p. (J). 25.94 *(978-0-332-85954-5(1))* Forgotten Bks.

Little Forest Keepers. Mary Lundquist. 2021. (ENG., Illus.). 32p. (J). (gr. -1-3). 17.99 *(978-0-06-228782-3(6)*, Balzer & Bray) HarperCollins Pubs.

Little Foresters: A Story of Field & Woods (Classic Reprint) Clarence Hawkes. (ENG., Illus.). (J). 2018. 194p. 27.92 *(978-0-656-49803-1(X))*; 2017. pap. 10.57 *(978-0-259-44033-8(7))* Forgotten Bks.

Little Forget-Me-Not: A Token of Love, Embellished with Numerous Beautiful Engravings (Classic Reprint) Unknown Author. 2018. (ENG., Illus.). 30p. (J). 24.52 *(978-0-484-76425-4(X))* Forgotten Bks.

Little Fountain of Life (Classic Reprint) Marion Foster Washburne. (ENG., Illus.). (J). 2018. 234p. 28.72 *(978-0-483-08529-9(4))*; 2017. pap. 11.57 *(978-0-259-17231-4(6))* Forgotten Bks.

Little Fox. Nicolas Gouny. 2018. (KOR.). (J). *(978-89-92351-70-6(4))* Yeoyoudang Publishing Co.

Little Fox. Rosalee Wren. Ed. by Cottage Door Press. Illus. by Carine Hinder. 2019. (ENG.). 10p. (J). (gr. -1-k). bds. 4.99 *(978-1-68052-630-1(8)*, 1004231) Cottage Door Pr.

Little Fox & the Bear Queen. Rowan Sylva. Illus. by Daniela Gast. 2022. (ENG.). 66p. (J). pap. *(978-1-9911519-7-1(7))* Lasavia Publishing Ltd.

Little Fox & the Island of Parrots. Rowan Sylva. Illus. by Daniela Gast. 2022. (ENG.). 78p. (J). pap. *(978-1-9911605-1-5(8))* Lasavia Publishing Ltd.

Little Fox & the Missing Moon. Illus. by Ekaterina Trukhan. 2019. (ENG.). 32p. (J). (gr. -1-2). lib. bdg. 20.99 *(978-0-399-55566-4(8)*, Random Hse. Bks. for Young Readers) Random Hse. Children's Bks.

Little Fox & the Rainsticks. Rowan Sylva. Illus. by Daniela Gast. 2019. (Adventures of Little Fox Ser.: Vol. 1). (ENG.). 76p. (J). pap. *(978-0-9951165-1-1(2))* Lasavia Publishing Ltd.

Little Fox & the Wild Imagination. Jorma Taccone. Illus. by Dan Santat. 2020. (ENG.). 40p. (J). 18.99 *(978-1-250-21250-4(2)*, 900203735) Roaring Brook Pr.

Little Fox Goes Walkabout. Vicky Jallow. 2018. (ENG., Illus.). 26p. (J). pap. *(978-1-78710-255-2(6))* Austin Macauley Pubs. Ltd.

Little Fox in the Forest. Stephanie Graegin. Illus. by Stephanie Graegin. 2017. (Illus.). 40p. (J). (gr. -1-3). 17.99 *(978-0-553-53789-5(X)*, Schwartz & Wade Bks.) Random Hse. Children's Bks.

Little Fox in the Snow. Jonathan London. Illus. by Daniel Miyares. 2018. (ENG.). 40p. (J). (gr. -1-3). 16.99 *(978-0-7636-8814-1(2))* Candlewick Pr.

Little Fox. Playing in the Forest. Marja Baeten. Illus. by Annemiek Borsboom. 2021. (Little Playing Ser.: 1). (ENG.). 24p. (J). bds. 13.95 *(978-1-60537-638-7(8))* Clavis Publishing.

Little Foxes. Michael Morpurgo. 2nd ed. 2017. (ENG., Illus.). 208p. (J). (gr. 2-4). pap. 7.99 *(978-1-4052-3339-2(7))* Farshore GBR. Dist: HarperCollins Pubs.

Little Foxes: Stories for Boys & Girls (Classic Reprint) E. A. Henry. 2018. (ENG., Illus.). 166p. (J). 27.34 *(978-0-483-81857-6(7))* Forgotten Bks.

Little Fox's Day in the Snow. Shannon L. Mokry. Illus. by Shannon L. Mokry. 2022. (ENG.). 40p. (J). 20.95 ***(978-1-951521-10-3(2))***; pap. 12.99 ***(978-1-951521-11-0(0))*** Sillygeese Publishing, LLC.

Little Frank & Other Tales: Chiefly in Words of One Syllable (Classic Reprint) Unknown Author. 2018. (ENG., Illus.). 88p. (J). 25.71 *(978-0-484-74242-9(6))* Forgotten Bks.

Little Frankie & His Cousin. Madeline Leslie. 2018. (ENG., Illus.). 34p. (YA). (gr. 7-12). pap. *(978-93-5329-289-8(1))* Alpha Editions.

Little Frankie & His Cousin. Madeline Leslie. 2022. (ENG.). 29p. (YA). (gr. 7-12). pap. ***(978-1-387-69323-8(9))*** Lulu Pr., Inc.

Little Frankie & His Cousin (Classic Reprint) Madeline Leslie. 2018. (ENG., Illus.). 126p. (J). 26.50 *(978-0-484-04521-6(0))* Forgotten Bks.

Little Frankie & His Mother. Madeline Leslie. 2018. (ENG., Illus.). 30p. (YA). (gr. 7-12). pap. *(978-93-5329-290-4(5))* Alpha Editions.

Little Frankie & His Mother (Classic Reprint) Madeline Leslie. (ENG., Illus.). (J). 2018. 104p. 26.04 *(978-0-484-10446-3(2))*; 2016. pap. 9.57 *(978-1-333-77929-0(1))* Forgotten Bks.

Little Frankie at His Plays. Madeline Leslie. 2018. (ENG.). 32p. (J). pap. *(978-93-5329-291-1(3))* Alpha Editions.

Little Frankie at His Plays (Classic Reprint) Madeline Leslie. (ENG., Illus.). (J). 2018. 120p. 26.37 *(978-0-332-99994-4(7))*; 2017. pap. 9.57 *(978-0-259-58072-0(4))* Forgotten Bks.

Little Frankie at School. Madeline Leslie. 2018. (ENG., Illus.). 32p. (YA). (gr. 7-12). pap. *(978-93-5329-292-8(1))* Alpha Editions.

Little Frankie at School. Madeline Leslie. 2022. (ENG.). 26p. (YA). (gr. 7-12). pap. ***(978-1-4710-9124-7(4))*** Lulu Pr., Inc.

Little Frankie at School (Classic Reprint) Madeline Leslie. 2018. (ENG., Illus.). 124p. (J). 26.45 *(978-0-483-99184-2(8))* Forgotten Bks.

Little Frankie on a Journey (Classic Reprint) Madeline Leslie. (ENG., Illus.). (J). 2018. 112p. 26.21 *(978-0-332-03977-0(3))*; 2016. pap. 9.57 *(978-1-334-16061-5(9))* Forgotten Bks.

Little Freddie Feeding His Soul (Classic Reprint) Say Putnam. 2018. (ENG., Illus.). 130p. (J). 26.58 *(978-0-428-93957-1(0))* Forgotten Bks.

Little Frenchman & His Water Lots: With Other Sketches of the Times (Classic Reprint) George P. Morris. (ENG., Illus.). (J). 2017. 158p. 27.18 *(978-0-332-96337-2(3))*; 2016. pap. 9.57 *(978-1-334-12522-5(8))* Forgotten Bks.

Little Frida: A Story of Frida Kahlo. Anthony Browne. Illus. by Anthony Browne. 2019. (ENG., Illus.). 32p. (J). (gr. -1-1). 16.99 *(978-1-5362-0933-4(3))* Candlewick Pr.

Little Friends: All You Need Is Love: A Lift the Flaps Book. Roger Priddy. 2017. (Little Friends Ser.). (ENG., Illus.). 10p. (J). bds. 8.99 *(978-0-312-52147-9(2)*, 900178605) St. Martin's Pr.

Little Friends: Trick or Treat: A Lift-The-flap Book. Roger Priddy. 2017. (Little Friends Ser.). (ENG., Illus.). 10p. (J). bds. 8.99 *(978-0-312-52205-6(3)*, 900171722) St. Martin's Pr.

Little Frog & the Scary Autumn Thing. Jane Yolen. Illus. by Ellen Shi. 2019. (Little Frog & the Four Seasons Ser.: 1). (ENG.). 32p. (J). 8.95 *(978-1-943978-41-0(7)*, 23f3679d-b439-4c9f-81b7-8b3f86364082, Persnickety Pr.) WunderMill, Inc.

Little Frog & the Spring Polliwogs. Jane Yolen. Illus. by Ellen Shi. (Little Frog & the Four Seasons Ser.: 2). (ENG.). 32p. (J). 2019. 8.95 *(978-1-943978-37-3(9)*, c25146b4-0833-4dba-b307-214ba409b604, Persnickety Pr.); 2017. (gr. -1-k). 15.95 *(978-1-943978-22-9(0)*, f61ebcc9-0022-4e1f-9073-b170e1e42a72) WunderMill, Inc.

Little Froggy & the Case of the Missing Cupcakes. Kristin Peake. 2020. (ENG.). 28p. (J). pap. 12.49 *(978-1-63050-771-8(7))* Salem Author Services.

Little Frog's Big Mouth. Muren Hu. Illus. by Li Zhao. 2020. (ENG.). 40p. (J). pap. 8.95 *(978-1-4788-6915-3(1))* Newmark Learning LLC.

Little Frog's Big Mouth. Muren Hu. Illus. by Lei Zhao. 2020. (ENG.). 40p. (J). 17.95 *(978-1-4788-6845-3(7))* Newmark Learning LLC.

Little Full Stop: English, 8 bks., bk. 2. Mischa Brus & Matt Schlitz. Ed. by Matt Schlitz. Illus. by Mischa Brus. 2019.Tr. of French, Chinese, Spanish. (ENG., Illus.). 34p. (J). (gr. k-2). *(978-0-9751837-1-7(0))* Mambooks AUS. Dist: Ingram Content Group.

Little Fur Family Board Book. Margaret Wise Brown. Illus. by Garth Williams. 2021. (ENG.). 32p. (J). (gr. -1 — 1). bds. 8.99 *(978-0-06-075960-5(7)*, HarperFestival) HarperCollins Pubs.

Little Fuzzy. H. Beam Piper. 2019. (ENG.). (J). 134p. 19.95 *(978-1-61895-688-0(4))*; 132p. pap. 9.95 *(978-1-61895-687-3(6))* Bibliotech Pr.

Little Fuzzy: Terro-Human Future History Novel. H. Beam Piper. 2019. (ENG.). 104p. (J). pap. *(978-80-273-3207-6(9))* E-Artnow.

Little Garden Calendar: For Boys & Girls (Classic Reprint) Albert Bigelow Paine. (ENG., Illus.). (J). 2018. 338p. 30.89 *(978-0-483-74157-7(4))*; 2017. pap. 13.57 *(978-0-243-25629-7(9))* Forgotten Bks.

Little Gardener. Emily Hughes. 2018. (ENG.). 40p. (J). (gr. -1-2). 17.99 *(978-1-912497-99-7(9))* Flying Eye Bks. GBR. Dist: Penguin Random Hse. LLC.

Little Gardener. Gerda Marie Scheidl. Illus. by Bernadette Watts. 2019. (ENG.). 32p. (J). (gr. -1-2). 17.95 *(978-0-7358-4347-9(3))* North-South Bks., Inc.

Little Gardener (Classic Reprint) Unknown Author. 2018. (ENG., Illus.). (J). 94p. 25.86 *(978-1-396-32892-3(0))*; 96p. pap. 9.57 *(978-1-390-89706-7(0))* Forgotten Bks.

Little Garlic: Enchanted Tales for All Ages. Avideh Shashaani. 2nd ed. 2022. (ENG.). 178p. (J). 29.00 ***(978-1-0879-7301-2(5))***; pap. 19.00 ***(978-1-0879-7347-0(3))*** Indy Pub.

Little Garlic Companion. Avideh Shashaani. 2nd ed. 2022. (ENG.). 68p. (J). pap. 18.00 ***(978-1-0879-7374-6(0))*** Indy Pub.

Little Garlic Companion. Avideh Shashaani. 2021. (ENG.). 68p. (J). pap. 18.00 *(978-1-954332-34-8(3))* Wyatt-MacKenzie Publishing.

Little Gateway to Science: Hexapod Stories. Edith M. Patch. 2017. (ENG., Illus.). (J). pap. *(978-0-649-04396-5(0))* Trieste Publishing Pty Ltd.

Little Gateways to Science: Bird Stories (Classic Reprint) Edith M. Patch. 2017. (ENG., Illus.). (J). 28.68 *(978-0-331-83908-1(3))* Forgotten Bks.

Little Gaucho Who Loved Don Quixote. Margarita Meklina. (ENG., Illus.). (YA). (gr. 7-12). 2017. pap. *(978-1-911424-87-1(4))*; 2016. iv, 348p. *(978-1-911424-07-9(6))* Black Wolf Edition & Publishing Ltd.

Little Gems for Little People (Classic Reprint) S. H. Peirce. 2017. (ENG., Illus.). (J). pap. 11.57 *(978-0-259-45983-5(6))* Forgotten Bks.

Little George's First Journey (Classic Reprint) American Sunday School Union. (ENG., Illus.). (J). 2018. 158p. 27.18 *(978-0-483-55226-5(7))*; 2017. pap. 9.57 *(978-0-243-18514-6(6))* Forgotten Bks.

Little German Drummer Boy (Classic Reprint) Duke University. (ENG., Illus.). (J). 2018. 228p. 28.60 *(978-0-656-34167-2(X))*; 2017. pap. 10.97 *(978-0-243-38961-2(2))* Forgotten Bks.

Little German Gnome. Dan S. Terrell. Illus. by Jane T. Connolly. 2020. (ENG.). 76p. (J). 19.99

(978-1-7348596-0-7(1)); pap. 13.99 *(978-1-7348596-1-4(X))* Artful Options, LLC.

Little Gervaise: And Other Stories (Classic Reprint) John Strange Winter. 2018. (ENG., Illus.). 52p. (J). 24.97 *(978-0-483-55675-1(0))* Forgotten Bks.

Little Ghost: A Finger Puppet Board Book. IglooBooks. Illus. by Yi-Hsuan Wu. 2021. (ENG.). 10p. (J). (— 1). bds., bds. 7.99 *(978-1-80022-812-2(0))* Igloo Bks. GBR. Dist: Simon & Schuster, Inc.

Little Ghost Who Lost Her Boo! Elaine Bickell. Illus. by Raymond McGrath. 2020. (ENG.). 32p. (J). (gr. -1-3). 17.99 *(978-0-593-20215-9(5))* Flamingo Bks.

Little Ghost Who Was a Quilt. Riel Nason. Illus. by Byron Eggenschwiler. 2020. 48p. (J). (gr. -1-2). 18.99 *(978-0-7352-6447-2(3))*, Tundra Bks.) Tundra Bks. CAN. Dist: Penguin Random Hse. LLC.

Little Ghostie: Finger Puppet Book. Chronicle Books. Illus. by Emily Dove. 2022. (Little Finger Puppet Ser.). (ENG.). 12p. (J). (gr. -1 — 1). 7.99 *(978-1-7972-1288-3(5))* Chronicle Bks. LLC.

Little Ghoul Goes to School. Jef Czekaj. 2021. (ENG., Illus.). 32p. (J). (gr. -1-3). 17.99 *(978-0-06-244111-9(6))*, Balzer & Bray) HarperCollins Pubs.

Little Gift of Nothing. Patrick McDonnell. 2016. (ENG., Illus.). 30p. (J). (gr. -1 — 1). bds. 7.99 *(978-0-316-39473-4(4))* Little, Brown Bks. for Young Readers.

Little Ginger & the Moon. Dana Sherwood. 2016. (ENG., Illus.). (J). pap. 24.95 *(978-1-68229-031-6(X))* America Star Bks.

Little Ginger Crumb. Ginger Grace. 2021. (ENG.). 34p. (J). pap. 13.95 *(978-1-9822-7649-2(5))*, Balboa Pr.) Author Solutions, LLC.

Little Gingerbread Man (Classic Reprint) George Haven Putnam. 2018. (ENG., Illus.). 22p. (J). 24.47 *(978-0-484-80609-1(2))* Forgotten Bks.

Little Ginny Polkadot. Thomas L. Meros. 2022. (ENG.). 74p. (J). pap. 13.95 *(978-1-63860-463-1(0))* Fulton Bks.

Little Giraffe. Kensley E. Pitts. 2020. (ENG., Illus.). 36p. (J). 23.95 ***(978-1-7340888-8-5(5))*** Macdonald III, Fred G.

Little Girl. H. Pham-Fraser. Illus. by Akemi. 2022. (ENG.). 28p. (J). *(978-1-0391-3255-9(3))*; pap. *(978-1-0391-3254-2(5))* FriesenPress.

Little Girl & the Broken Moon. Makaila Li. Ed. by Nicole Jones. Illus. by Gary D. Sanchez. 2021. (ENG.). 28p. (J). 30.99 *(978-1-6628-3318-2(0))*; pap. 20.99 *(978-1-6628-3317-5(2))* Salem Author Services.

Little Girl & the Snow Dragon. Ian Walters. 2022. (ENG.). 44p. (J). pap. *(978-1-83975-919-2(4))* Grosvenor Hse. Publishing Ltd.

Little Girl & the Three Lions - Afaan Oromo Children's Book. Kiazpora. 2017. (ORM., Illus.). (J). 14.99 *(978-1-946057-16-7(9))* Kiazpora LLC.

Little Girl & the Unicorn. Daniel Roberts. (ENG.). (J). 2020. 31p. *(978-1-716-69281-9(4))*; 2018. 32p. pap. *(978-0-359-85457-8(5))* Lulu Pr., Inc.

Little Girl Called Me. Olga Cossi. Illus. by Mk Fleming. 2021. (ENG.). (J). 28p. 21.95 *(978-1-64559-123-8(9))*; 24p. pap. 12.95 *(978-1-64559-122-1(0))* Covenant Bks.

Little Girl from Osoyoos. Pearlene Clunis & Devon Clunis. Illus. by Emily Campbell. 2019. (ENG.). 24p. (J). *(978-1-5255-5039-3(X))*; pap. *(978-1-5255-5040-9(3))* FriesenPress.

Little Girl in Old Boston. Amanda Minnie Douglas. 2017. (ENG., Illus.). (J). 26.95 *(978-1-374-99097-5(3))* Capital Communications, Inc.

Little Girl in Old Boston; a Little Girl in Old Detroit; a Little Girl in Old Washington; etc (Classic Reprint) Amanda Minnie Douglas. 2018. (ENG., Illus.). 336p. (J). 30.83 *(978-0-483-36409-7(6))* Forgotten Bks.

Little Girl in Old Boston (Classic Reprint) Amanda M. Douglas. 2018. (ENG., Illus.). 386p. (J). 31.86 *(978-0-483-78809-1(0))* Forgotten Bks.

Little Girl in Old Chicago (Classic Reprint) Amanda M. Douglas. 2018. (ENG., Illus.). 338p. (J). 30.87 *(978-0-483-96820-2(X))* Forgotten Bks.

Little Girl in Old Detroit. Amanda Minnie Douglas. 2018. (ENG., Illus.). 270p. (YA). (gr. 7-12). pap. *(978-93-5297-433-7(6))* Alpha Editions.

Little Girl in Old Detroit. Amanda Minnie Douglas. 2017. (ENG., Illus.). (J). pap. 15.95 *(978-1-374-87025-3(0))* Capital Communications, Inc.

Little Girl in Old Detroit (Classic Reprint) Amanda Minnie Douglas. 2017. (ENG., Illus.). (J). 31.69 *(978-0-265-52161-8(0))*; pap. 16.57 *(978-0-243-97966-0(5))* Forgotten Bks.

Little Girl in Old New York (Classic Reprint) Amanda M. Douglas. 2018. (ENG., Illus.). 376p. (J). 31.65 *(978-0-364-99990-5(X))* Forgotten Bks.

Little Girl in Old Philadelphia (Classic Reprint) Amamda M. Douglas. 2018. (ENG., Illus.). 380p. (J). 31.75 *(978-0-267-22207-0(6))* Forgotten Bks.

Little Girl in Old Pittsburg (Classic Reprint) Amanda M. Douglas. 2018. (ENG., Illus.). 350p. (J). 31.14 *(978-0-267-22758-7(2))* Forgotten Bks.

Little Girl in Old Quebec. Amanda Minnie Douglas. 2017. (ENG., Illus.). (J). 24.95 *(978-1-374-99053-1(1))* Capital Communications, Inc.

Little Girl in Old Quebec (Classic Reprint) Amanda Minnie Douglas. 2018. (ENG., Illus.). 318p. (J). 30.48 *(978-0-484-71837-0(1))* Forgotten Bks.

Little Girl in Old Salem. Amanda Minnie Douglas. 2018. (ENG., Illus.). 216p. (YA). (gr. 7-12). pap. *(978-93-5297-434-4(4))* Alpha Editions.

Little Girl in Old San Francisco (Classic Reprint) Amanda M. Douglas. 2018. (ENG., Illus.). 342p. (J). 30.95 *(978-0-267-22206-3(8))* Forgotten Bks.

Little Girl in Old Washington (Classic Reprint) Amanda M. Douglas. 2018. (ENG., Illus.). 330p. (J). 30.72 *(978-0-483-95686-5(4))* Forgotten Bks.

Little Girl in the Mirror. Bonnie McMahon. 2020. (ENG., Illus.). 28p. (J). 23.95 *(978-1-64531-913-9(X))* Newman Springs Publishing, Inc.

Little Girl in the Red Coat. Gerita Liebelt. 2023. (ENG.). 78p. (J). pap. 20.95 ***(978-1-4796-1443-1(2))*** TEACH Services, Inc.

Little Girl Lost: A Tale for Little Girls (Classic Reprint) Eleanor Raper. 2018. (ENG., Illus.). 170p. (J). 27.42 *(978-0-267-20039-9(0))* Forgotten Bks.

Little Girl Lost in Rhyme: A Captivating Illustrated Book of Poetry for Inspiring Creativity in Kids & Adults. Sabine Ruh House. 2023. (ENG.). 38p. (J). pap. 16.50 ***(978-1-0881-1140-6(8))*** Indy Pub.

Little Girl Lost in Rhyme: A Captivating Illustrated Book of Poetry for Inspiring Creativity in Kids & Adults. Sabine Ruh House. Ed. by Mark Derosier. l.t. ed. 2023. (ENG.). 38p. (YA). 29.17 ***(978-1-0881-2366-9(X))*** Indy Pub.

Little Girl Monster Who Only Wore Tutus. Carla Seabra. 2018. (ENG., Illus.). 20p. (J). *(978-0-244-99868-4(X))* Lulu Pr., Inc.

Little Girl Named Gabriela. Debra Christensen. 2018. (ENG., Illus.). 30p. (J). pap. 12.95 *(978-1-64300-630-7(4))* Covenant Bks.

Little Girl Named Sad. Pk Potts. Ed. by Nancy Roehrig. 2019. (ENG., Illus.). 384p. (YA). (gr. 7-12). pap. 17.95 *(978-0-578-48767-0(5))* pk potts publishing.

Little Girl Next Door (Classic Reprint) Nina Rhoades. 2018. (ENG., Illus.). 268p. (J). 29.44 *(978-0-267-24972-5(1))* Forgotten Bks.

Little Girl on the Farm. Patricia A. Mitchell. 2022. (ENG., Illus.). 22p. (J). 24.95 ***(978-1-68570-861-0(7))*** Christian Faith Publishing.

Little Girl Red. Jacqueline Moore. 2021. (ENG., Illus.). 20p. (J). pap. 11.95 *(978-1-6624-1172-4(3))* Page Publishing Inc.

Little Girl Who Couldn't-Get-Over-It (Classic Reprint) Alfred Scott Barry. 2018. (ENG., Illus.). 318p. (J). 30.48 *(978-0-484-37609-9(8))* Forgotten Bks.

Little Girl Who Didn't Want to Go to Bed. Dave Engledow. Illus. by Dave Engledow. 2017. (ENG., Illus.). 40p. (J). (gr. -1-3). 17.99 *(978-0-06-242537-9(4))*, HarperCollins) HarperCollins Pubs.

Little Girl Who Forgot How to Dance. Alun Parry & Tracey Curtis. 2017. (ENG., Illus.). (J). pap. *(978-1-78645-174-3(3))* Beaten Track Publishing.

Little Girl Who Lost Her Sleep. Victoria Ashton. Illus. by Mike Woodcock. 2021. 36p. (J). 27.50 *(978-1-0983-9506-3(9))* BookBaby.

Little Girl Who Saved the World. Richard Gregg Lupton. Illus. by Pamela Bolick Smith. 2019. (ENG.). 48p. (J). 25.95 *(978-1-64569-141-9(1))*; pap. 15.95 *(978-1-64349-715-0(4))* Christian Faith Publishing.

Little Girl Who Stayed up Late. David Turner. Illus. by Angela Gooliaff. 2020. (ENG.). 32p. (J). *(978-1-5255-5646-3(0))*; pap. *(978-1-5255-5647-0(9))* FriesenPress.

Little Girl Who Wanted a Cat. Queen Roshaunda Alexander. 2022. (ENG.). 24p. (J). pap. 10.99 *(978-1-958176-74-0(5))* WorkBk. Pr.

Little Girl Who Was Taught by Experience (Classic Reprint) Unknown Author. (ENG., Illus.). (J). 2018. 54p. 25.09 *(978-0-428-82952-0(X))*; 2016. pap. 9.57 *(978-1-334-16245-9(X))* Forgotten Bks.

Little Girl with a Big Heart. Leven "Chuck" Wilson. 2022. (ENG.). 54p. (J). pap. 15.00 *(978-1-7340368-4-8(2))* Wilson Publishing.

Little Girls. Nicholas Aflleje. 2019. (ENG., Illus.). 176p. (YA). pap. 17.99 *(978-1-5343-1059-9(2))*, 0e5fee64-90f6-4b23-b320-889e57aafb38) Image Comics.

Little Girl's Dream. Aneika Asharee Turnbull. 2020. (ENG., Illus.). 22p. (J). *(978-0-2288-2517-3(2))*; pap. *(978-0-2288-2516-6(4))* Tellwell Talent.

Little Girls Dream of Wonderland! Pretty Wonderland Princesses, Mermaids, Ballerinas, & Fairies Coloring Book: For Girls Ages 4 Years Old & up (Book Edition:1) Beatrice Harrison. 2020. (ENG.). 34p. (J). pap. 7.25 *(978-1-6781-5292-5(7))* Lulu Pr., Inc.

Little Girls Dream of Wonderland! Pretty Wonderland Princesses, Mermaids, Ballerinas, & Fairies Coloring Book: For Girls Ages 4 Years Old & up (Book Edition:2) Beatrice Harrison. 2020. (ENG.). 34p. (J). pap. 7.25 *(978-1-6781-5293-2(5))* Lulu Pr., Inc.

Little Girls Dream of Wonderland! Pretty Wonderland Princesses, Mermaids, Ballerinas, & Fairies Coloring Book: For Girls Ages 4 Years Old & up (Book Edition:3) Beatrice Harrison. 2020. (ENG.). 34p. (J). pap. 7.25 *(978-1-6781-5294-9(3))* Lulu Pr., Inc.

Little Girls Fun Time! My Very First Coloring Book of Little Fairy Tale Princesses, Mermaids, & Ballerinas: For Girls Ages 3 Years Old & Up. Beatrice Harrison. 2018. (ENG., Illus.). 32p. (J). pap. *(978-0-359-20137-2(7))* Lulu Pr., Inc.

Little Girls Fun Time! My Very First Coloring Book of Little Fairy Tale Princesses, Mermaids, & Ballerinas: For Girls Ages 3 Years Old & up (Book Edition:2) Beatrice Harrison. 2018. (ENG., Illus.). 34p. (J). pap. 6.65 *(978-0-359-20141-9(5))* Lulu Pr., Inc.

Little Girl's Housekeeping: And Other Stories (Classic Reprint) Mitford Mitford. 2017. (ENG., Illus.). 60p. (J). 25.13 *(978-0-484-84394-2(X))* Forgotten Bks.

Little Giver/Zacchaeus Flip-Over Book. Victoria Kovacs. Illus. by David Ryley. 2016. (Little Bible Heroes(tm) Ser.). (ENG.). 32p. (J). (gr. k-2). pap. 5.99 *(978-1-4336-4326-2(X))*, 005786144, B&H Kids) B&H Publishing Group.

Little Glass Man. Wilhelm Hauff. 2017. (ENG.). 192p. (J). pap. *(978-3-337-00481-1(4))* Creation Pubs.

Little Glass Man: And Other Stories (Classic Reprint) Wilhelm Hauff. 2018. (ENG., Illus.). 186p. (J). 27.73 *(978-0-483-69212-1(3))* Forgotten Bks.

Little Globy, the Recycling Superhero & the Plastic Ogre. Cristina Steliana Mihailovici & Nicole Noelia Mihailovici. 2019. (ENG.). 34p. (J). pap. *(978-0-244-79562-7(2))* Lulu Pr., Inc.

Little Gloria's Garden: I Am Proud of Me. Angela Buchanan. Illus. by Rachel Shead. 2022. (ENG.). 32p. (J). ***(978-1-0391-2217-8(5))***; pap. ***(978-1-0391-2216-1(7))*** FriesenPress.

Little Goat. Playing at the Farm. Marja Baeten. Illus. by Annemiek Borsboom. 2021. (Little Playing Ser.: 2). (ENG.). 24p. (J). bds. 13.95 *(978-1-60537-694-3(9))* Clavis Publishing.

Little Goats, Big Dreams. Dinah Piester & Anna Piester. Illus. by Emily Piester. 2020. (ENG.). 36p. (J). 19.95 *(978-1-62967-196-3(7))* Wise Media Group.

Little Goblins Ten. Pamela Jane. ed. 2020. (ENG., Illus.). 32p. (J). (gr. k-1). 14.96 *(978-1-64697-396-5(8))* Penworthy Co., LLC, The.

Little God: Child Verse for Grown-Ups. Katherine Howard. 2017. (ENG., Illus.). (J). pap. *(978-0-649-35120-6(7))* Trieste Publishing Pty Ltd.

Little God: Child Verse for Grown-Ups (Classic Reprint) Katherine Howard. 2017. (ENG., Illus.). (J). 25.53 *(978-0-265-22370-3(9))* Forgotten Bks.

Little God Ebisu (Classic Reprint) Beulah Marie Dix. 2018. (ENG., Illus.). 214p. (J). 28.33 *(978-0-484-63180-8(2))* Forgotten Bks.

Little Goddess Girls Hello Brick Road Collection (Boxed Set) Athena & the Magic Land; Persephone & the Giant Flowers; Aphrodite & the Gold Apple; Artemis & the Awesome Animals; Athena & the Island Enchantress; Persephone & the Evil King; Aphrodite & the Magical Box; Artemis & the Wishing Kitten (QUIX Books) Joan Holub & Suzanne Williams. Illus. by Yuyi Chen. ed. 2022. (Little Goddess Girls Ser.). (ENG.). 768p. (J). (gr. k-3). pap. 47.99 *(978-1-5344-9649-1(1))*, Aladdin) Simon & Schuster Children's Publishing.

Little Gods: A Masque of the Far East (Classic Reprint) Rowland Thomas. 2018. (ENG., Illus.). 342p. (J). 30.95 *(978-0-483-04660-3(4))* Forgotten Bks.

Little Gods Laugh a Novel (Classic Reprint) Louise Maunsell Field. 2018. (ENG., Illus.). 340p. (J). 30.93 *(978-0-483-12350-2(1))* Forgotten Bks.

Little Goes a Long Way Coloring Book. Silene Bochner Corn. 2016. (ENG., Illus.). 34p. (J). pap. *(978-1-329-79933-2(X))* Lulu Pr., Inc.

Little Gold Butterfly. K. W. Arthur. 2021. 32p. (J). pap. 11.99 *(978-1-0983-9818-7(1))* BookBaby.

Little Gold Knight. Judy A. Ryder. 2021. (ENG., Illus.). 30p. (J). 23.95 *(978-1-6624-4264-3(5))*; pap. 13.95 *(978-1-6624-1487-9(0))* Page Publishing Inc.

Little Gold Miners of the Sierras: And Other Stories (Classic Reprint) Joaquin Miller. 2018. (ENG., Illus.). 264p. (J). 29.34 *(978-0-483-76801-7(4))* Forgotten Bks.

Little Golden Book Nursery Tales. Illus. by J. P. Miller. 2017. 80p. (J). (gr. -1-2). 7.99 *(978-0-553-53667-6(2))*, Golden Bks.) Random Hse. Children's Bks.

Little Golden Books Bible Stories Boxed Set: The Story of Jesus; Bible Stories of Boys & Girls; the Story of Easter; David & Goliath; Miracles of Jesus, 5 vols. 2020. (ENG., Illus.). 24p. (J). (-k). 24.95 *(978-1-9848-3035-7(X))*, Golden Bks.) Random Hse. Children's Bks.

Little Good Wolf. Susan Stevens Crummel. Illus. by Janet Stevens. 2022. (ENG.). 48p. (J). (gr. -1-3). 17.99 *(978-0-358-56188-0(4))*, 1804363, Clarion Bks.) HarperCollins Pubs.

Little Gordon Grape. Arnold Dixon. 2019. (ENG., Illus.). 24p. (J). *(978-1-78623-618-0(4))*; pap. *(978-1-78623-562-6(5))* Grosvenor Hse. Publishing Ltd.

Little Gorilla *see* **Gorilita: Little Gorilla (Spanish Edition)**

Little Gorilla Padded Board Book. Ruth Bornstein. Illus. by Ruth Bornstein. 2018. (ENG., Illus.). 28p. (J). (— 1). bds. 8.99 *(978-1-328-48541-0(2))*, 1715774, Clarion Bks.) HarperCollins Pubs.

Little Grace: Or Scenes in Nova-Scotia (Classic Reprint) Grove Grove. 2017. (ENG., Illus.). (J). 27.57 *(978-0-331-56787-8(3))*; pap. 9.97 *(978-0-259-02086-8(9))* Forgotten Bks.

Little Grains for Little People (Classic Reprint) Palmer Cox. 2018. (ENG., Illus.). 20p. (J). 24.31 *(978-0-656-08081-6(7))*; pap. 7.97 *(978-1-333-73397-1(6))* Forgotten Bks.

Little Grandfather. Sophie May. 2022. (ENG.). 72p. (J). pap. ***(978-1-387-69318-4(2))*** Lulu Pr., Inc.

Little Grandfather (Classic Reprint) Sophie May. 2018. (ENG., Illus.). 228p. (J). 28.62 *(978-0-483-79487-0(2))* Forgotten Bks.

Little Grandmother. Sophie May & Rebecca Sophia Clarke. 2022. (ENG.). 67p. (J). pap. ***(978-1-387-69317-7(4))*** Lulu Pr., Inc.

Little Gray Home in France (Classic Reprint) Helen Davenport Gibbons. (ENG., Illus.). (J). 2017. 29.51 *(978-0-331-52017-0(6))*; 2016. pap. 11.97 *(978-1-334-11691-9(1))* Forgotten Bks.

Little Gray Lady: A Play Without a Hero (Classic Reprint) Channing Pollock. 2017. (ENG., Illus.). 108p. (J). 26.14 *(978-0-484-71268-2(3))* Forgotten Bks.

Little Gray Shoe: A Romance (Classic Reprint) Percy Brebner. 2016. (ENG., Illus.). (J). pap. 13.97 *(978-1-334-14304-5(8))* Forgotten Bks.

Little Green. Bert Miller. Illus. by Daniel Roberts. 2020. (ENG.). 40p. (J). pap. 9.94 *(978-1-716-82236-0(X))* Lulu Pr., Inc.

Little Green. Bert Miller & Daniel Roberts. 2020. (ENG.). 39p. (J). *(978-1-716-78433-0(6))* Lulu Pr., Inc.

Little Green Boat. Therese Fisher. 2020. (First Reader Ser.: Vol. 9). (ENG., Illus.). 24p. (J). pap. *(978-0-9951405-9-2(6))* Kingfisher Publishing.

Little Green Boat: Action Adventure Book for Kids. Chris Stead. 2018. (Wild Imagination of Willy Nilly Ser.: Vol. 1). (ENG., Illus.). 48p. (J). *(978-1-925638-27-1(8))* Old Mate Media.

Little Green Boat: Action Adventure Story. Christopher Stead. 2nd ed. 2017. (Wild Imagination of Willy Nilly Ser.: Vol. 1). (ENG., Illus.). (J). pap. *(978-1-925638-01-1(4))* Old Mate Media.

Little Green Boxed Set of Bright & Early Board Books: Fox in Socks; Mr. Brown Can Moo! Can You?; There's a Wocket in My Pocket!; Dr. Seuss's ABC, 4 vols. Seuss. 2019. (Bright & Early Board Books(TM) Ser.). (ENG.). 96p. (J). (— 1). bds. 19.96 *(978-0-525-64814-7(3))*, Random Hse. Bks. for Young Readers) Random Hse. Children's Bks.

Little Green Car: Leveled Reader Yellow Fiction Level 6 Grade 1. Hmh Hmh. 2019. (Rigby PM Ser.). (ENG.). 16p. (J). (gr. 1). pap. 11.00 *(978-0-358-12156-5(6))* Houghton Mifflin Harcourt Publishing Co.

Little Green Donkey. Anuska Allepuz. Illus. by Anuska Allepuz. 2020. (ENG., Illus.). 32p. (J). (gr. -1-2). 16.99 *(978-1-5362-0937-2(6))* Candlewick Pr.

Little Green Envelope. Gillian Sze. Illus. by Claudine Crangle. 2023. 32p. (J). (gr. -1-1). 19.99 ***(978-1-77306-681-3(1))*** Groundwood Bks. CAN. Dist: Publishers Group West (PGW).

Little Green Eyed Aubergine. Gaya Karasi. 2020. (ENG.). 58p. (J). pap. 39.10 *(978-1-5437-5869-6(X))* Partridge Pub.

Little Green Frog. Ginger Swift. Ed. by Cottage Door Press. Illus. by Olga Demidova. 2016. (ENG.). 12p. (J). (gr. -1 — 1). bds. 7.99 *(978-1-68052-082-8(2))*, 1000650) Cottage Door Pr.

Little Green Frog. Adapted by Rozanne Williams. 2017. (Learn-To-Read Ser.). (ENG., Illus.). (J). pap. 3.49 *(978-1-68310-191-8(X))* Pacific Learning, Inc.

Little Green Gate (Classic Reprint) Stella Callaghan. (ENG., Illus.). (J). 2018. 338p. 30.89 *(978-0-483-60169-7(1))*; 2016. pap. 13.57 *(978-1-333-30063-0(8))* Forgotten Bks.

Little Green Girl. Lisa Anchin. Illus. by Lisa Anchin. 2019. (Illus.). 40p. (J). (-k). 17.99 *(978-0-7352-3073-6(0))*, Dial Bks) Penguin Young Readers Group.

Little Green Glove & Other Stories (Classic Reprint) Mary Hoskin. 2018. (ENG., Illus.). 242p. (J). 28.91 *(978-0-267-24760-8(5))* Forgotten Bks.

Little Green Goblin. James Bell Naylor & Eli Jayne. 2020. (ENG., Illus.). 140p. (J). (gr. 3-6). pap. 8.99 *(978-1-0878-6807-3(6))* Indy Pub.

Little Green Goblin (Classic Reprint) James Ball Naylor. 2017. (ENG., Illus.). (J). 28.02 *(978-0-331-96073-0(7))*; pap. 10.57 *(978-0-282-30149-1(6))* Forgotten Bks.

Little Green God (Classic Reprint) Caroline Atwater Mason. 2018. (ENG., Illus.). 150p. (J). 26.99 *(978-0-365-29783-3(6))* Forgotten Bks.

Little Green Man. Rozanne Williams. 2017. (Learn-To-Read Ser.). (ENG., Illus.). (J). pap. 3.49 *(978-1-68310-311-0(4))* Pacific Learning, Inc.

Little Green Monster: Cancer Magic! Sharon Chappell. Illus. by Jackie Gorman. 2021. 46p. (J). pap. 16.95 *(978-1-0983-5383-4(8))* BookBaby.

Little Green Peas. Keith Baker. Illus. by Keith Baker. 2016. (Peas Ser.). (ENG., Illus.). 36p. (J). (gr. -1 — 1). bds. 8.99 *(978-1-4814-6248-8(2))*, Little Simon) Little Simon.

Little Green Peas: Book & CD. Keith Baker. Illus. by Keith Baker. 2019. (Peas Ser.). (ENG., Illus.). 40p. (J). (gr. -1-3). pap. 9.99 *(978-1-5344-1846-2(6))*, Little Simon) Little Simon.

Little Green Pumpkin. Molly Carter. 2022. (ENG.). 32p. (J). 17.99 *(978-1-956357-43-1(2))*; pap. 10.99 *(978-1-956357-45-5(9))* Lawley Enterprises.

Little Green Pumpkin. Jeff Mayer. Illus. by Vineet K. Siddhartha. 2021. (ENG.). 32p. (J). (gr. -1-3). 22.95 *(978-1-951565-32-9(0))*; pap. 12.95 *(978-1-951565-33-6(9))* Brandylane Pubs., Inc. (Belle Isle Bks.).

Little Grey Elephant. Angela Ragsdill. 2021. (ENG., Illus.). 30p. (J). 23.95 *(978-1-63844-284-4(3))*; pap. 13.95 *(978-1-63844-282-0(7))* Christian Faith Publishing.

Little Grey Girl (the Wild Magic Trilogy, Book Two) Celine Kiernan. (Wild Magic Trilogy Ser.: 2). (ENG.). 224p. (J). (gr. 4-7). 2021. pap. 7.99 *(978-1-5362-1583-0(X))*; 2019. 15.99 *(978-1-5362-0151-2(0))* Candlewick Pr.

Little Grey Grub. Susie Sotiropoulos. 2017. (ENG., Illus.). (J). pap. *(978-0-6481400-0-9(8))* Sooz Bluz Creations.

Little Grey Horse Who Loved to Run: Little Stories, Big Lessons. Jacqui Shepherd. 2018. (Animal Adventures Ser.). (ENG., Illus.). 32p. (J). (gr. k-6). pap. *(978-1-77008-954-9(3))* Awareness Publishing.

Little Grey Men. B.B. 2019. (ENG., Illus.). 256p. (J). (gr. 3-7). pap. 12.99 *(978-1-68137-375-1(0))*, NYRB Kids) New York Review of Bks., Inc., The.

Little Grey Men Go down the Bright Stream. B.B. 2022. (ENG.). 256p. (J). (gr. 3-7). pap. 12.99 *(978-1-68137-654-7(7))*, NYRB Kids) New York Review of Bks., Inc., The.

Little Grey Pig: A Story about Self-Confidence. Janet H. Lau. Illus. by Angela Gooliaff. 2022. (ENG.). 40p. (J). *(978-1-0391-0055-8(4))*; pap. *(978-1-0391-0054-1(6))* FriesenPress.

Little Grey Sheep: A Novel (Classic Reprint) Hugh Fraser. 2018. (ENG., Illus.). 408p. (J). 32.29 *(978-0-483-09175-7(8))* Forgotten Bks.

Little Grumpy Cat That Wouldn't (Grumpy Cat) Golden Books. Illus. by Steph Laberis. 2016. (Little Golden Book Ser.). 24p. (J). (gr. -1-1). 5.99 *(978-0-399-55354-7(1))*, Golden Bks.) Random Hse. Children's Bks.

Little Guide to Gardening. Jo Elworthy. Illus. by Eleanor Taylor. 2018. (Little Guide Ser.). 80p. (J). (gr. k-2). pap. 15.99 *(978-0-9574907-2-7(0))* Transworld Publishers Ltd. GBR. Dist: Independent Pubs. Group.

Little Guides to Great Lives: Amelia Earhart. Isabel Thomas. Illus. by Dalia Adillon. 2018. (Little Guides to Great Lives Ser.). (ENG.). 64p. (J). (gr. 2-6). 11.99 *(978-1-78627-160-0(5))*, King, Laurence Publishing) Orion Publishing Group, Ltd. GBR. Dist: Hachette Bk. Group.

Little Guides to Great Lives: Anne Frank. Isabel Thomas. Illus. by Escobar Paola. 2022. (Little Guides to Great Lives Ser.). (ENG.). 64p. (J). (gr. 2-5). pap. 9.99 *(978-1-5102-3002-6(5))*, King, Laurence Publishing) Orion Publishing Group, Ltd. GBR. Dist: Hachette Bk. Group.

Little Guides to Great Lives: Anne Frank. Isabel Thomas. Illus. by Paola Escobar. 2019. (Little Guides to Great Lives Ser.). (ENG.). 64p. (J). (gr. 2-6). 11.99 *(978-1-78627-398-7(5))*, King, Laurence Publishing) Orion Publishing Group, Ltd. GBR. Dist: Hachette Bk. Group.

Little Guides to Great Lives: Charles Darwin. Dan Green. Illus. by Rachel Katstaller. (ENG.). 64p. (J). (gr. 2-5). 2022. pap. 9.99 *(978-1-5102-3029-3(7))*; 2018. 11.99 *(978-1-78627-295-9(4))* Orion Publishing Group, Ltd. GBR. (King, Laurence Publishing). Dist: Hachette Bk. Group.

Little Guides to Great Lives: Ferdinand Magellan. Isabel Thomas. Illus. by Dalia Adillon. 2019. (Little Guides to Great Lives Ser.). (ENG.). 64p. (J). (gr. 2-6). 11.99 *(978-1-78627-401-4(9))*, King, Laurence Publishing) Orion Publishing Group, Ltd. GBR. Dist: Hachette Bk. Group.

Little Guides to Great Lives: Frida Kahlo. Isabel Thomas. Illus. by Marianna Madriz. 2022. (Little Guides to Great Lives Ser.). (ENG.). 64p. (J). (gr. 2-5). pap. 9.99 *(978-1-5102-3011-8(4))*, King, Laurence Publishing) Orion Publishing Group, Ltd. GBR. Dist: Hachette Bk. Group.

Little Guides to Great Lives: Leonardo Da Vinci. Isabel Thomas. Illus. by Katja Spitzer. (Little Guides to Great Lives Ser.). (ENG.). 64p. (J). (gr. 2-5). 2022. pap. 9.99

(978-1-5102-3008-8(4)); 2018. 11.99 *(978-1-78627-188-4(5))* Orion Publishing Group, Ltd. GBR. (King, Laurence Publishing). Dist: Hachette Bk. Group.

Little Guides to Great Lives: Marie Curie. Isabel Thomas. Illus. by Anke Weckmann. (ENG.). 64p. (J). (gr. 2-5). 2022. pap. 9.99 *(978-1-5102-3030-9(0))*; 2018. 11.99 *(978-1-78627-153-2(2))* Orion Publishing Group, Ltd. GBR. (King, Laurence Publishing). Dist: Hachette Bk. Group.

Little Guides to Great Lives: Nelson Mandela. Isabel Thomas. Illus. by Hannah Warren. 2022. (Little Guides to Great Lives Ser.). (ENG.). 64p. (J). (gr. 2-5). pap. 9.99 *(978-1-5102-3007-1(6)*, King, Laurence Publishing) Orion Publishing Group, Ltd. GBR. Dist: Hachette Bk. Group.

Little Guides to Nature: Hello Fungi: A Little Guide to Nature. Nina Chakrabarti. 2023. (ENG.). 48p. (J). (gr. 1-3). 10.99 ***(978-1-5102-3046-0(7)***, King, Laurence Publishing) Orion Publishing Group, Ltd. GBR. Dist: Hachette Bk. Group.

Little Guides to Nature: Hello Trees: A Little Guide to Nature. Nina Chakrabarti. 2023. (ENG.). 48p. (J). (gr. 1-3). 10.99 ***(978-1-5102-3048-4(3)***, King, Laurence Publishing) Orion Publishing Group, Ltd. GBR. Dist: Hachette Bk. Group.

Little Guy with the Big Heart. Jim Desson. 2018. (ENG., Illus.). 172p. (J). (gr. 3-6). pap. *(978-1-896895-05-5(0))* Red Oak Media.

Little Guys. Vera Brosgol. 2019. (ENG., Illus.). 40p. (J). 17.99 *(978-1-62672-442-6(3)*, 900157395) Roaring Brook Pr.

Little Gypsy (Classic Reprint) Elie Sauvage. (ENG., Illus.). (J). 2018. 152p. 27.05 *(978-0-483-43433-2(7))*; 2017. pap. 9.57 *(978-0-243-08040-3(9))* Forgotten Bks.

Little Hand, Big Hand - a Telling Time for Kids. Pfiffikus. 2016. (ENG., Illus.). (J). pap. 10.81 *(978-1-68377-662-8(3))* Whlke, Traudl.

Little Hands Be Safe. Brenda Hasse. 2022. (ENG., Illus.). 30p. (J). pap. 14.95 *(978-1-63961-404-2(4))* Christian Faith Publishing.

Little Hands Help. Mike Morrison & MacKenzie Morrison. Illus. by Nina Summer. 2019. (Small Voice Says Ser.: Vol. 2). (ENG.). 32p. (J). (gr. -1-3). 18.00 ***(978-0-578-54934-7(4))*** Morrison, Mackenzie.

Little Hannah Lee: A Winter Story; from Lights & Shadows of Scottish Life; Adapted to Children (Classic Reprint) John Wilson. 2018. (ENG., Illus.). 28p. (J). 24.47 *(978-0-267-70051-6(2))* Forgotten Bks.

Little Hans & His Bible-Leaf (Classic Reprint) Franz Hoffmann. (ENG., Illus.). (J). 2018. 262p. 29.30 *(978-0-656-33800-9(8))*; 2017. pap. 11.97 *(978-0-243-28971-4(5))* Forgotten Bks.

Little Happy Dreamer. Peter H. Reynolds. Illus. by Peter H. Reynolds. 2020. (ENG., Illus.). 20p. (J). (gr. -1 — 1). bds. 8.99 *(978-1-338-62580-6(2)*, Cartwheel Bks.) Scholastic, Inc.

Little Harry, & Other Poems & Stories (Classic Reprint) Timothy S. Arthur. 2018. (ENG., Illus.). 150p. (J). 26.99 *(978-0-484-31219-6(7))* Forgotten Bks.

Little Harry's Lizard. Joann Malke. 2021. (ENG., Illus.). 30p. (J). pap. 12.95 *(978-1-64952-306-8(8))* Fulton Bks.

Little Heartbroken Angel. Philip a Riggs. 2019. (ENG.). 38p. (J). pap. *(978-0-2288-0904-3(5))* Tellwell Talent.

Little Hearts (Classic Reprint) Marjorie L. C. Pickthall. (ENG., Illus.). (J). 2018. 318p. 30.48 *(978-0-364-62890-4(1))*; 2018. 324p. 30.60 *(978-0-483-62796-3(8))*; 2018. 358p. 31.30 *(978-0-483-67795-1(7))*; 2017. pap. 13.97 *(978-0-243-28869-4(7))*; 2017. pap. 13.57 *(978-0-243-30039-6(5))* Forgotten Bks.

Little Hector & the Big Blue Whale. Ruth Paul. 2018. (Little Hector Ser.: 1). (Illus.). 24p. (J). (gr. -1-k). 15.99 *(978-0-14-377152-4(3))* Penguin Group New Zealand, Ltd. NZL. Dist: Independent Pubs. Group.

Little Hector & the Big Idea. Ruth Paul. 2019. (Little Hector Ser.: 2). (Illus.). 24p. (J). (gr. -1-k). 14.99 *(978-0-14-377395-5(X))* Penguin Group New Zealand, Ltd. NZL. Dist: Independent Pubs. Group.

Little Hedgehog. Rosalee Wren. Ed. by Cottage Door Press. Illus. by Sydney Hanson. 2019. (ENG.). 10p. (J). (gr. -1-k). bds. 4.99 *(978-1-68052-632-5(4)*, 1004251) Cottage Door Pr.

Little Helper. Sandra Asante. 2019. (ENG., Illus.). 24p. (J). 22.95 *(978-1-64300-546-1(4))*; pap. 12.95 *(978-1-64300-545-4(6))* Covenant Bks.

Little Helpers. Evelynn Thea Tirkey. 2017. (ENG., Illus.). 34p. (J). pap. *(978-1-365-86435-3(9))* Lulu Pr., Inc.

Little Helpers: Bella Helps Increase Pollination, 110 vols. Claire Culliford. Illus. by Emma Allen. 2023. (Little Helpers Ser.). (ENG.). 16p. (J). (gr. -1-1). pap. 9.99 *(978-1-80031-556-3(2))* Univ. of Buckingham Pr., The GBR. Dist: Independent Pubs. Group.

Little Helpers (Classic Reprint) Margaret Vandegrift. 2017. (ENG., Illus.). 260p. (J). 29.26 *(978-0-265-21237-0(5))* Forgotten Bks.

Little Helpers: Eddie Helps Locate Water, 110 vols. Claire Culliford. Illus. by Emma Allen. 2021. (ENG.). 16p. (J). (gr. -1-2). pap. 9.99 ***(978-1-80031-558-7(9))*** Univ. of Buckingham Pr., The GBR. Dist: Independent Pubs. Group.

Little Helpers: Hector Helps Clean up the Park, 200 vols. Claire Culliford. Illus. by Emma Allen. 2020. (Little Helpers Ser.). (ENG.). 16p. (J). 9.99 *(978-1-80031-859-5(6))* Univ. of Buckingham Pr., The GBR. Dist: Independent Pubs. Group.

Little Helpers: Pan Pan Helps Shelter from Acid Rain: (a Climate-Conscious Children's Book), 1 vol. Claire Culliford. Illus. by Emma Allen. 2022. (ENG.). 16p. (J). (gr. -1-2). pap. 9.99 ***(978-1-915054-64-7(8))*** Univ. of Buckingham Pr., The GBR. Dist: Independent Pubs. Group.

Little Helpers: Paula Helps Prevent Air Pollution, 100 vols. Claire Culliford. Illus. by Emma Allen. 2022. (Little Helpers Ser.). (ENG.). 16p. (J). (gr. -1-1). pap. 8.99 *(978-1-80031-644-7(5))* Univ. of Buckingham Pr., The GBR. Dist: Independent Pubs. Group.

Little Helpers: Penny Helps Protect the Polar Ice Caps, 200 vols. Claire Culliford. Illus. by Emma Allen. 2020. (Little Helpers Ser.). (ENG.). 16p. (J). 9.99 *(978-1-80031-861-8(8))* Univ. of Buckingham Pr., The GBR. Dist: Independent Pubs. Group.

Little Helpers: Tyler Helps Find a New Home, 100 vols. Claire Culliford. Illus. by Emma Allen. 2022. (Little Helpers Ser.). (ENG.). 16p. (J). (gr. -1-1). pap. 8.99 *(978-1-80031-642-3(9))* Univ. of Buckingham Pr., The GBR. Dist: Independent Pubs. Group.

Little Hen, Little Hen, What Can You See? Amelia Hepworth. Illus. by Pintachan. 2022. (What Can You See? Ser.). (ENG.). 12p. (J). (— 1). bds. 8.99 *(978-0-593-42725-5(4)*, Random Hse. Bks. for Young Readers) Random Hse. Children's Bks.

Little Henry: A German Tale (Classic Reprint) M. Lambert. 2018. (ENG., Illus.). 148p. (J). 26.95 *(978-0-483-06630-4(3))* Forgotten Bks.

Little Henry & His Bearer Boosey (Classic Reprint) Mary Martha Butt Henry Sherwood. 2018. (ENG., Illus.). 66p. (J). 25.26 *(978-0-332-91114-4(4))* Forgotten Bks.

Little Hermitage: A Tale; Illustrative of the Arts of Civilized Life (Classic Reprint) L. F. Jauffret. 2018. (ENG., Illus.). 80p. (J). 25.55 *(978-0-484-60930-2(0))* Forgotten Bks.

Little Heroes: The Lost Treasure. M. S. Green. 2017. (ENG., Illus.). (J). pap. 7.00 *(978-1-365-96220-2(2))* Lulu Pr., Inc.

Little Heroes of Color: 50 Who Made a BIG Difference. David Heredia. Illus. by David Heredia. 2019. (ENG., Illus.). 24p. (J). (gr. -1 — 1). bds. 10.99 *(978-1-338-32642-0(2)*, Scholastic Pr.) Scholastic, Inc.

Little Heroes: Your Ticket to a Superpowered Adventure! Colouring Book. Martin Szymczak. 2023. (ENG.). 57p. (J). pap. ***(978-1-4475-8233-5(0))*** Lulu Pr., Inc.

Little Heroine of Poverty Flat: A True Story (Classic Reprint) Elizabeth Maxwell Comfort. 2018. (ENG., Illus.). 96p. (J). 25.88 *(978-0-484-51782-9(1))* Forgotten Bks.

Little Histories for Little People: Abraham Lincoln. Sarah Stillman. 2021. (ENG.). 30p. (J). pap. 14.95 *(978-1-6624-1748-1(9))* Page Publishing Inc.

Little Histories for Little People: George Washington. Sarah Stillman. 2020. (ENG.). 30p. (J). pap. 13.95 *(978-1-6624-0781-9(5))* Page Publishing Inc.

Little Hodge (Classic Reprint) Edward Jenkins. 2018. (ENG., Illus.). 270p. (J). 29.47 *(978-0-483-89538-6(5))* Forgotten Bks.

Little Home Bird. Jo Empson. Illus. by Jo Empson. (Child's Play Library). (Illus.). 36p. (J). 2020. pap. *(978-1-84643-890-5(X))*; 2016. (ENG., *(978-1-84643-889-9(6))* Child's Play International Ltd.

Little Home Bird 8x8 Edition. Jo Empson. Illus. by Jo Empson. 2021. (Child's Play Mini-Library). (ENG., Illus.). 36p. (J). pap. *(978-1-78628-416-7(2))* Child's Play International Ltd.

Little Homespun (Classic Reprint) Ruth Ogden. (ENG., Illus.). (J). 2018. 168p. 27.36 *(978-0-483-42943-7(0))*; 2016. pap. 9.97 *(978-1-334-46180-4(5))* Forgotten Bks.

Little Homesteader: a Spring Treasury of Recipes, Crafts, & Wisdom. Angela Ferraro-Fanning. Illus. by AnneliesDraws. 2022. (Little Homesteader Ser.). (ENG.). 32p. (J). (gr. 1-3). ***(978-0-7112-7283-5(2))*** White Lion Publishing.

Little Honey Bee, 1 vol. Caryl Lewis. Illus. by Valériane Leblond. 2019. (ENG.). 32p. (J). 10.00 *(978-1-78461-561-1(7))* Y Lolfa GBR. Dist: Casemate Pubs. & Bk. Distributors, LLC.

Little Honeybee. Katie Haworth. Illus. by Jane Ormes. 2016. (ENG.). 14p. (J). (gr. -1-2). bds. 15.99 *(978-0-7636-8531-7(3)*, Big Picture Press) Candlewick Pr.

Little Honker Saves the Day. Virginia K. White. 2018. (Little Honker Ser.: Vol. 1). (ENG., Illus.). 50p. (J). (gr. 2-3). pap. 8.99 *(978-0-9990628-4-5(0))* Networlding.

Little Honker's Backyard Adventures. Virginia K. White. 2018. (Little Honker Ser.: Vol. 4). (ENG., Illus.). 78p. (J). (gr. 2-3). pap. 8.99 *(978-0-9990628-6-9(7))* Networlding.

Little Honker's Patriotic Paws. Virginia K. White. 2019. (Little Honker Ser.: Vol. 5). (ENG., Illus.). 92p. (J). (gr. 2-3). pap. 8.99 *(978-0-9990628-8-3(3))* Networlding.

Little Honker's Winter Concert. Virginia K. White. 2018. (Little Honker Ser.: Vol. 2). (ENG., Illus.). 40p. (J). (gr. 2-3). pap. 8.99 *(978-0-9990628-2-1(4))* Networlding.

Little Hoo Gets the Wiggles Out. Brenda Ponnay. Illus. by Brenda Ponnay. 2019. (Little Hoo Ser.). (ENG., Illus.). 32p. (J). (gr. -1-2). 9.99 *(978-1-5324-1327-8(0))*; pap. 18.99 *(978-1-5324-1326-1(2))* Xist Publishing.

Little Hoo Gets the Wiggles Out / Buhito Saca Sus Brios. Brenda Ponnay. Illus. by Brenda Ponnay. 2020. (Little Hoo Ser.). (ENG., Illus.). 32p. (J). (gr. k-1). pap. 12.99 *(978-1-5324-1351-3(3))* Xist Publishing.

Little Hoo Gets the Wiggles Out / Buhito Saca Sus Bríos. Brenda Ponnay. Illus. by Brenda Ponnay. 2020. (Little Hoo Ser.). (ENG., Illus.). 32p. (J). (gr. k-1). 12.99 *(978-1-5324-1352-0(1))* Xist Publishing.

Little Hoo Goes Camping. Brenda Ponnay. Illus. by Brenda Ponnay. 2020. (Little Hoo Ser.). (ENG., Illus.). 32p. (J). (gr. k-2). 12.99 *(978-1-5324-1555-5(9))*; pap. 12.99 *(978-1-5324-1554-8(0))* Xist Publishing.

Little Hoo Goes to School. Brenda Ponnay. Illus. by Brenda Ponnay. 2018. (Little Hoo Ser.). (ENG., Illus.). 32p. (J). (gr. -1-2). 9.99 *(978-1-5324-0934-9(6))*; pap. 9.99 *(978-1-5324-0904-2(4))* Xist Publishing.

Little Hoo Goes to School / el Pequeño Búho Va a la Escuela. Brenda Ponnay. Illus. by Brenda Ponnay. 2018. (Xist Kids Bilingual Spanish Ser.). (ENG & SPA., Illus.). 32p. (J). (gr. -1-k). pap. 9.99 *(978-1-5324-1055-0(7))* Xist Publishing.

Little Hoo Goes to School / el Pequeño Búho Va a la Escuela. Brenda Ponnay. Tr. by Lenny Sandoval. Illus. by Brenda Ponnay. 2018. (Little Hoo Ser.). (SPA., Illus.). 32p. (J). (gr. -1-k). 9.99 *(978-1-5324-1056-7(5))* Xist Publishing.

Little Hoo Has the Flu. Brenda Ponnay. Illus. by Brenda Ponnay. 2019. (Little Hoo Ser.). (ENG., Illus.). 32p. (J). (gr. -1-2). 9.99 *(978-1-5324-1105-2(7))*; pap. 9.99 *(978-1-5324-0940-0(0))* Xist Publishing.

Little Hoo Has the Flu / el Pequeño Búho Tiene Gripe. Brenda Ponnay. Illus. by Brenda Ponnay. 2019. (Little Hoo Ser.). (Illus.). 32p. (J). (gr. -1-2). (ENG.). 9.99 *(978-1-5324-1142-7(1))*; pap. 9.99 *(978-1-5324-1141-0(3))* Xist Publishing.

Little Hoo Makes Valentines. Brenda Ponnay. Illus. by Brenda Ponnay. 2021. (Little Hoo Ser.). (ENG.). 34p. (J). (gr. -1-2). 12.99 *(978-1-5324-2973-6(8))* Xist Publishing.

Little Horrors: Shiver with Fear - Shake with Laughter! Shoo Rayner. Illus. by Rayner Shoo. 2016. (ENG.). (J). (gr. 2-5). pap. *(978-1-908944-34-4(X))* Rayner, Shoo.

Little Horse. Helmer Luke. Illus. by Saunders Jessica. 2019. (ENG.). 32p. (J). (gr. 3-5). pap. 3.95 *(978-1-0878-2004-0(9))* Indy Pub.

Little Horse. Brick Puffinton. Ed. by Cottage Door Press. Illus. by Takako Fisher. 2020. (ENG.). 12p. (J). (gr. -1 — 1). bds. 7.99 *(978-1-68052-786-5(X)*, 1005090) Cottage Door Pr.

Little Horses Trotting Around: My Little Ponies Coloring Book. Jupiter Kids. 2016. (ENG., Illus.). 106p. (J). pap. 12.55 *(978-1-68305-278-4(1)*, Jupiter Kids (Childrens & Kids Fiction)) Speedy Publishing LLC.

Little Hours in Great Days (Classic Reprint) Agnes Castle. (ENG., Illus.). (J). 2018. 276p. 29.59 *(978-0-483-39474-2(2))*; 2016. pap. 11.97 *(978-1-334-15340-2(X))* Forgotten Bks.

Little House see Casita

Little House. Simion Wright & Sashana Anderson. Illus. by Paul Schultz. 2022. (Chirping Bird Ser.). (ENG.). 20p. (J). ***(978-1-0391-4735-5(6))***; pap. ***(978-1-0391-4734-8(8))*** FriesenPress.

Little House 75th Anniversary Edition: A Caldecott Award Winner. Virginia Lee Burton. 75th ed. 2017. (ENG., Illus.). 44p. (J). (gr. -1-3). 19.99 *(978-1-328-74194-3(X)*, 1677306, Clarion Bks.) HarperCollins Pubs.

Little House (Classic Reprint) Coningsby Dawson. 2018. (ENG., Illus.). 146p. (J). 26.93 *(978-0-483-41418-1(2))* Forgotten Bks.

Little House (Classic Reprint) Helen Smith Woodruff. 2018. (ENG., Illus.). 282p. (J). 29.71 *(978-0-483-69126-1(7))* Forgotten Bks.

Little House Complete 9-Book Box Set: Books 1 To 9, Set. Laura Ingalls Wilder. Illus. by Garth Williams. Incl. Farmer Boy. 384p. pap. 8.99 *(978-0-06-440003-9(4))*; First Four Years. 160p. pap. 9.99 *(978-0-06-440031-2(X))*; Little House in the Big Woods. 256p. pap. 9.99 *(978-0-06-440001-5(8))*; Little House on the Prairie. 352p. pap. 8.99 *(978-0-06-440002-2(6))*; Little Town on the Prairie: A Newbery Honor Award Winner. 320p. pap. 8.99 *(978-0-06-440007-7(7))*; 5. By the Shores of Silver Lake: A Newbery Honor Award Winner. 304p. pap. 9.99 *(978-0-06-440005-3(0))*; (J). (gr. 3-7). 2008. (Little House Ser.). (ENG., Illus.). 2784p. 2008. reprint ed. Set pap. 80.91 *(978-0-06-440040-4(9)*, HarperCollins) HarperCollins Pubs.

Little House Cookbook. Barbara M. Walker. Illus. by Garth Williams. 2019. (ENG.). 256p. (J). (gr. 3). pap. 14.94 *(978-1-68411-711-6(9))* Meirovich, Igal.

Little House Cookbook: New Full-Color Edition: Frontier Foods from Laura Ingalls Wilder's Classic Stories. Barbara M. Walker. Illus. by Garth Williams. 2018. (Little House Nonfiction Ser.). (ENG.). 304p. (J). (gr. 3-7). 26.99 *(978-0-06-247079-9(5)*, HarperCollins) HarperCollins Pubs.

Little House in the Big Woods Novel Units Student Packet. Novel Units. 2019. (ENG.). (J). (gr. 3-6). pap. 13.99 *(978-1-56137-705-3(8)*, Novel Units, Inc.) Classroom Library Co.

Little House in the Big Woods Novel Units Teacher Guide. Novel Units. 2019. (Little House Ser.). (ENG.). (J). (gr. 3-6). pap. 12.99 *(978-1-56137-030-6(4)*, Novel Units, Inc.) Classroom Library Co.

Little House in the Fairy Wood. Ethel Cook Eliot. 2017. (ENG., Illus.). (J). 22.95 *(978-1-374-81790-6(2))* Capital Communications, Inc.

Little House in the Fairy Wood (Classic Reprint) Ethel Cook Eliot. 2018. (ENG., Illus.). 134p. (J). 26.68 *(978-0-483-62058-2(0))* Forgotten Bks.

Little House in the Village. Fran Steinmark. Illus. by Fran Steinmark. 2019. (ENG., Illus.). 30p. (J). (gr. k-4). 19.95 *(978-0-9977582-2-1(8))* Steinmark, Frances.

Little House in the Woods (Classic Reprint) Clara Whitehill Hunt. (ENG., Illus.). (J). 2018. 208p. 28.19 *(978-0-483-77578-7(9))*; 2016. pap. 10.57 *(978-1-334-13459-3(6))* Forgotten Bks.

Little House in War Time (Classic Reprint) Agnes Castle. 2018. (ENG., Illus.). 302p. (J). 30.13 *(978-0-483-41545-4(6))* Forgotten Bks.

Little House Nobody Loved. Bernadine Hightower Chaple. 2021. (ENG.). 30p. (J). pap. 13.95 *(978-1-64801-541-0(7))* Newman Springs Publishing, Inc.

Little House of Hope. Terry Catasús Jennings. Illus. by Raúl ón. 2022. 32p. (J). (gr. -1-3). 18.99 *(978-0-8234-4716-9(2)*, Neal Porter Bks) Holiday Hse., Inc.

Little House on Everywhere Street. F. M. A. Dixon. 2022. 272p. (YA). (gr. 7). pap. 18.95 *(978-1-64603-074-3(5)*, Fitzroy Bks.) Regal Hse. Publishing, LLC.

Little House on the Hill. Victor Ruiz. 2021. (ENG., Illus.). 32p. (J). pap. 14.95 *(978-1-0980-8896-5(4))* Christian Faith Publishing.

Little House on the Prairie. Laura Ingalls Wilder & Sheila Videbeck. Illus. by Garth Williams. 7th rev. ed. 2016. (Charming Classics). (ENG.). 544p. pap. 75.99 *(978-0-06-000046-2(5))* Lippincott Williams & Wilkins.

Little House on the Prairie Novel Units Student Packet. Novel Units. 2019. (Little House Ser.). (ENG.). (J). (gr. 3-6). pap. 13.99 *(978-1-56137-834-0(8)*, Novel Units, Inc.) Classroom Library Co.

Little House Picture Book Treasury: Six Stories of Life on the Prairie. Laura Ingalls Wilder. Illus. by Renee Graef. 2017. (Little House Picture Book Ser.). (ENG.). 208p. (J). (gr. -1-3). 24.99 *(978-0-06-247077-5(9)*, HarperCollins) HarperCollins Pubs.

Little House That Lived. Eugene Anderson. 2020. (ENG.). 44p. (J). pap. 15.95 *(978-1-64424-046-5(7))* Page Publishing Inc.

Little House Who Didn't Lose Hope Second Edition. Nita Brady. Illus. by Ruth McKinsey. 2020. (ENG.). 32p. (J). (gr. k-6). 14.95 *(978-1-950768-20-2(1))*; pap. 8.95 *(978-1-950768-19-6(8))* ProsePress.

Little House Who Didn't Lose Hope Second Edition Coloring - Story Book. Nita Brady. Illus. by Ruth McKinsey. 2020. (ENG.). 26p. (J). (gr. k-6). pap. 6.95 *(978-1-950768-21-9(X))* ProsePress.

Little Houses. Kevin Henkes. Illus. by Laura Dronzek. 2022. (ENG.). 40p. (J). (gr. -1-3). 18.99 *(978-0-06-296572-1(7))*; lib. bdg. 19.89 *(978-0-06-296573-8(5))* HarperCollins Pubs. (Greenwillow Bks.).

Little Houses a Tale of Past Years (Classic Reprint) George Woden. 2018. (ENG., Illus.). 286p. (J). 29.82 *(978-0-483-84275-5(3))* Forgotten Bks.

Little Hugs from Little Loves. Mark Sperring. Illus. by Maddie Frost. 2019. (ENG.). 24p. (J). (gr. -1 — 1). bds. 7.99 *(978-0-316-48433-6(4))* Little, Brown Bks. for Young Readers.

Little Huguenot: A Romance of Fountainebleau (Classic Reprint) Max Pemberton. 2017. (ENG., Illus.). (J). 27.59 *(978-1-5280-7315-8(0))*; pap. 9.97 *(978-0-243-32983-0(0))* Forgotten Bks.

Little Hunchback: From the Arabian Nights Entertainments, in Three Cantos (Classic Reprint) Unknown Author. 2017. (ENG., Illus.). 48p. (J). 24.89 *(978-0-484-61430-6(4))* Forgotten Bks.

Little Hunchback of Clothespin Alley (Classic Reprint) Catherine Tongue. 2017. (ENG., Illus.). (J). 24.43 *(978-0-260-31098-9(0))* Forgotten Bks.

Little Hunter: English Edition. Deborah Thomas. Illus. by D. J. Herron. 2022. (Nunavummi Reading Ser.). 48p. (J). (gr. 2-4). pap. 13.95 *(978-1-77450-550-2(9))* Inhabit Education Bks. Inc. CAN. Dist: Consortium Bk. Sales & Distribution.

Little Hyena. Jennifer Lohrfink Morfea. 2017. (ENG., Illus.). (J). 25.95 *(978-1-4808-5305-8(4))*; pap. 16.95 *(978-1-4808-5304-1(6))* Archway Publishing.

Little I. Michael Hall. Illus. by Michael Hall. 2017. (ENG., Illus.). 48p. (J). (gr. -1-3). 17.99 *(978-0-06-238300-6(0)*, Greenwillow Bks.) HarperCollins Pubs.

Little I Who Lost His Dot, Volume 1. Kimberlee Gard. Illus. by Sandie Sonke. 2018. (Language Is Fun! Ser.: 1). (ENG.). 32p. (J). (gr. k-3). 16.99 *(978-1-64170-016-0(5)*, 550016) Familius LLC.

Little Ice Cream Truck. Margery Cuyler. Illus. by Bob Kolar. 2018. (Little Vehicles Ser.: 4). (ENG.). 32p. (J). 17.99 *(978-1-62779-806-8(4)*, 900160050, Holt, Henry & Co. Bks. For Young Readers) Holt, Henry & Co.

Little Ick. Anthony J. Zaza & Vicotria A. Hanks. 2022. (ENG.). 32p. (J). *(978-1-387-84905-5(0))* Lulu Pr., Inc.

Little Idyls of the Big World (Classic Reprint) William Denison McCrackan. 2018. (ENG., Illus.). 192p. (J). 27.88 *(978-0-428-96695-9(0))* Forgotten Bks.

Little Iliad (Classic Reprint) Maurice Hewlett. 2018. (ENG., Illus.). 346p. (J). 31.03 *(978-0-484-69542-8(8))* Forgotten Bks.

Little Imaginations Learning about Creation. L. C. Davis. 2019. (ENG.). 36p. (J). pap. 14.95 *(978-1-64458-909-0(5))* Christian Faith Publishing.

Little Immigrant: A True Story (Classic Reprint) Eva L. Stern. 2018. (ENG., Illus.). 68p. (J). 25.32 *(978-0-484-52502-2(6))* Forgotten Bks.

Little Incidents of the Battle of Lexington, Mo (Classic Reprint) J. L. Skinner. (ENG., Illus.). (J). 2017. 24.35 *(978-0-331-83170-2(8))*; 2016. pap. 7.97 *(978-1-334-13557-6(6))* Forgotten Bks.

Little Indian Folk: With Numerous Full-Page Colour-Plates after Painting in Water-Colour Together with Illustrations in Black-And-White (Classic Reprint) Edwin Williard Deming. (ENG., Illus.). (J). 2018. 56p. 25.07 *(978-0-267-54051-8(5))*; 2016. pap. 9.57 *(978-1-333-38289-6(8))* Forgotten Bks.

Little Indian Folk: With Numerous Full-Page Colour-Plates after Paintings in Water-Colour, Together with Illustrations in Black-And-White (Classic Reprint) Edwin Willard Deming. (ENG., Illus.). (J). 2018. 56p. 25.05 *(978-0-666-52256-6(1))*; 2017. pap. 9.57 *(978-0-282-53994-8(8))* Forgotten Bks.

Little Indian Runner. Mark E. L. Woommavovah. Illus. by James Koenig. 2019. (ENG.). 34p. (J). (gr. k-2). 17.99 *(978-0-578-51961-6(5))* Woommavovah, Mark.

Little Innovator: A Moral for the Young Innovator, the Future Inventor & Entrepreneur. Eliezer Manor. Illus. by Udi Lichtschein. 2019. (ENG.). 42p. (J). (gr. k-6). 25.95 *(978-1-948858-75-5(4))* Strategic Book Publishing & Rights Agency (SBPRA).

Little Innovator: A Moral for the Young Innovator, the Future Inventor & Entrepreneur. Eliezer Manor & Udi Lichtschein. 2019. (ENG.). 42p. (J). (gr. k-6). pap. 15.95 *(978-1-948858-74-8(6))* Strategic Book Publishing & Rights Agency (SBPRA).

Little Interpreter. Robert Houben. 2018. (ENG., Illus.). 78p. (J). pap. ***(978-1-7751575-2-6(0))*** Houben, Robert.

Little Inventor. Nancy Loewen et al. 2020. (Little Inventor Ser.). (ENG.). 32p. (J). (gr. 1-3). 306.50 *(978-1-9771-1418-1(0)*, 29794); pap., pap., pap. 69.50 *(978-1-9771-1999-5(9)*, 30006) Capstone. (Pebble).

Little Inventors Handbook. Dominic Wilcox & Katherine Mengardon. 2019. (Little Inventors Ser.). (ENG.). 152p. (J). (gr. k-3). pap. 16.95 *(978-0-00-830615-1(X))* HarperCollins Pubs. Ltd. GBR. Dist: Independent Pubs. Group.

Little Inventors in Space!: Inventing Out of This World. Dominic Wilcox & Katherine Mengardon. 2021. (Little Inventors Ser.). (ENG., Illus.). 152p. (J). (gr. 2-4). pap. 16.99 *(978-0-00-838290-2(5))* HarperCollins Pubs. Ltd. GBR. Dist: Independent Pubs. Group.

Little Irish Girl (Classic Reprint) Duchess Duchess. (ENG., Illus.). (J). 2018. 220p. 28.43 *(978-0-365-20780-1(2))*; 2017. pap. 10.97 *(978-0-259-53441-9(2))* Forgotten Bks.

Little Is Much When God Is in It. Bonnie Culp. 2017. (ENG., Illus.). (J). pap. 12.45 *(978-1-9736-0418-1(3)*, WestBow Pr.) Author Solutions, LLC.

Little Island. Smriti Prasadam-Halls. Illus. by Robert Starling. 2022. (ENG.). 32p. (J). (gr. -1-3). 17.99 *(978-1-7284-6773-3(X)*, ecf58527-a989-4bec-8ad9-7759842cab8f) Lerner Publishing Group.

Little Islanders: Or the Blessings of Industry; Embellished with Three Copper-Plate Engravings (Classic Reprint) Unknown Author. 2017. (ENG., Illus.). 42p. (J). 24.76 *(978-0-484-63606-3(5))* Forgotten Bks.

Little Jack Rabbit & Chippy Chipmunk (Classic Reprint) David Cory. 2018. (ENG., Illus.). 148p. (J). 26.95 *(978-0-666-99052-5(2))* Forgotten Bks.

Little Jack Rabbit & Danny Fox (Classic Reprint) David Cory. 2017. (ENG., Illus.). (J). 26.78 *(978-0-265-72723-2(5))* Forgotten Bks.

Little Jack Rabbit's Adventures. David Cory. 2018. (ENG., Illus.). 70p. (YA). pap. *(978-93-5329-243-0(3))* Alpha Editions.

L

Little Jackie Lantern. Tom Waltz. Illus. by Jessica Hickman. 2019. 12p. (J). (-k). bds. 7.99 *(978-1-68405-540-1(7))* Idea & Design Works, LLC.

Little Jake & the Big Fat Lie. Colleen McCarvill. Illus. by Yogita Chawdhary. 2023. (ENG.). 60p. (J). ***(978-0-2288-8427-9(6))***; pap. ***(978-0-2288-8426-2(8))*** Tellwell Talent.

Little Jakey (Classic Reprint) S. H. De Kroyft. 2018. (ENG., Illus.). 180p. (J). 27.61 *(978-0-267-18869-7(2))* Forgotten Bks.

Little Jean (Classic Reprint) Helen Dawes Brown. 2018. (ENG., Illus.). 140p. (J). 26.80 *(978-0-483-72144-9(1))* Forgotten Bks.

Little Jeemes Henry (Classic Reprint) Ellis Credle. 2017. (ENG., Illus.). (J). 48p. 24.91 *(978-0-484-17595-1(5))*; pap. 9.57 *(978-0-259-88222-0(4))* Forgotten Bks.

Little Jenna Jafferty in Changes, Challenges & Chuckles. Terra Kern. 2018. (ENG., Illus.). 72p. (J). pap. 12.95 *(978-1-64300-453-2(0))* Covenant Bks.

Little Jesus, Little Me. 1 vol. Doris Wynbeek Rikkers. 2017. (ENG., Illus.). 14p. (J). bds. 6.99 *(978-0-310-76177-8(8))* Zonderkidz.

Little Jewess, the Ransomed Child, & Time to Seek the Lord (Classic Reprint) Presbyterian Church in the U. S. A. (ENG., Illus.). (J). 2018. 40p. 24.72 *(978-0-332-02273-4(0))*; 2016. pap. 7.97 *(978-1-333-27743-7(1))* Forgotten Bks.

Little Jiang. Shirley Marr. 2021. 200p. (J). (gr. 4-7). pap. 9.95 *(978-1-925816-47-1(8))* Fremantle Pr. AUS. Dist: Independent Pubs. Group.

Little Jim Crow, & Other Stories of Children (Classic Reprint) Clara Morris. 2018. (ENG., Illus.). 240p. (J). 28.85 *(978-0-484-54349-1(0))* Forgotten Bks.

Little Joe in the Big City. Joseph P. Camel. 2023. (New York City Adventure Ser.: Vol. 1). (ENG.). 28p. (J). ***(978-0-2288-8994-6(4))***; pap. ***(978-0-2288-8993-9(6))*** Tellwell Talent.

Little Joe Meets Santa Claus. James F. Conroy. 2023. (Life of Little Joe Ser.: 2). 40p. pap. 18.00 *(978-1-0879-3286-6(6))* BookBaby.

Little Joe's Christmas. James F. Conroy. 2023. (Life of Little Joe Ser.: 1). 44p. pap. 18.00 *(978-1-0879-3285-9(8))* BookBaby.

Little Joey Goes to Camp. Joseph Savalle. Illus. by Nathan Bortz. 2019. (ENG.). 32p. (J). 19.99 *(978-1-7327194-4-6(6))* UNITED Hse. Publishing.

Little Johannes: Translated from the Dutch (Classic Reprint) Frederik Van Eeden. 2017. (ENG., Illus.). (J). 28.93 *(978-0-331-42281-8(6))*; pap. 11.57 *(978-0-243-38241-5(3))* Forgotten Bks.

Little John & the Miller, Join Robin Hood's Band: A Play in Two Scenes for Boys (Classic Reprint) Perry Boyer Corneau. 2018. (ENG., Illus.). 26p. (J). 24.43 *(978-0-484-74011-1(3))* Forgotten Bks.

Little John Crow. Ziggy Marley & Orly Marley. 2021. (ENG., Illus.). 64p. (J). 18.95 *(978-1-61775-980-2(5))* Akashic Bks.

Little Johnny & the Voice of Truth. Ron Meyers. Illus. by Ariane Trammell. 2019. (ENG.). 34p. (J). pap. 14.00 *(978-1-7334762-0-1(2))* Ron Meyers Ministries.

Little Johnny Goes to Bible School. Claudyne Shepard Brock. 2022. (ENG., Illus.). 56p. (J). 29.95 ***(978-1-68526-884-8(6))***; pap. 18.95 ***(978-1-68526-882-4(X))*** Covenant Bks.

Little Johnny Plays Hoops: Everything about Basketball - Sports for Kids Children's Sports & Outdoors Books. Baby Professor. 2017. (ENG., Illus.). (J). pap. 8.79 *(978-1-5419-3837-3(2))*, Baby Professor (Education Kids)) Speedy Publishing LLC.

Little John's Secret. Sammy Powell. Illus. by Buddy Finethy. 2017. (Fox Tree Chronicles Ser.: Vol. 2). (ENG.). 88p. (J). (gr. 1-6). pap. 6.99 *(978-0-9970445-8-4(6))* Brent Darnell International.

Little Journey in the World: A Novel (Classic Reprint) Charles Dudley Warner. 2017. (ENG., Illus.). (J). 31.32 *(978-1-5284-6244-0(0))* Forgotten Bks.

Little Journey to East Aurora: Which Is in Erie County, York State (Classic Reprint) Xavier Natalie. (ENG., Illus.). (J). 2018. 20p. 24.33 *(978-0-484-19610-9(3))*; 2016. pap. 7.97 *(978-1-334-13564-4(9))* Forgotten Bks.

Little Journey to Germany: For Intermediate & Upper Grades, Part I, North Germany, Part II, the Rhineland (Classic Reprint) Marian M. George. 2018. (ENG., Illus.). 120p. (J). 26.39 *(978-0-267-65301-0(8))* Forgotten Bks.

Little Journey to Holland: From Home & School, Intermediate & Upper Grades (Classic Reprint) Ida M. Dean. (ENG., Illus.). (J). 2018. 112p. 26.23 *(978-0-364-22944-6(6))*; 2017. pap. 9.57 *(978-0-282-39782-1(5))* Forgotten Bks.

Little Journey to Norway: For Intermediate & Upper Grades (Classic Reprint) Marian M. George. 2018. (ENG., Illus.). 110p. (J). 26.19 *(978-0-484-91585-4(1))* Forgotten Bks.

Little Journey to Switzerland: For Intermediate & Upper Grades (Classic Reprint) Marian M. George. 2018. (ENG., Illus.). 122p. (J). 26.43 *(978-0-267-45845-5(2))* Forgotten Bks.

Little Journey to the Home of Elbert Hubbard (Classic Reprint) Paul W. Mavity. 2018. (ENG., Illus.). 24p. (J). 24.41 *(978-0-484-87221-8(4))* Forgotten Bks.

Little Journey to the Yellowstone (Classic Reprint) Elbert Hubbard. (ENG., Illus.). (J). 2018. 42p. 24.78 *(978-0-365-45286-7(6))*; 2017. pap. 7.97 *(978-0-259-53500-3(1))* Forgotten Bks.

Little Journeys Abroad (Classic Reprint) Mary Bowers Warren. 2018. (ENG., Illus.). 328p. (J). 30.68 *(978-0-365-36850-2(4))* Forgotten Bks.

Little Journeys into the Invisible: A Woman's Actual Experiences in the Fourth Dimension (Classic Reprint) M. Gifford Shine. (ENG., Illus.). (J). 2017. 25.51 *(978-0-331-78699-6(0))*; 2016. pap. 9.57 *(978-1-334-11648-3(2))* Forgotten Bks.

Little Journeys of Katharine: Being the History of Various Trips Taken by Katharine Jane Black at the Ages of Four, Nine & Fourteen (Classic Reprint) David Pollock Black. (ENG., Illus.). (J). 2018. 168p. 27.38 *(978-0-267-30516-2(8))*; 2016. pap. 9.97 *(978-1-333-30145-3(6))* Forgotten Bks.

Little Journeys to the Homes of American Authors: Hawthorne (Classic Reprint) George William Curtis. (ENG., Illus.). (J). 2018. 52p. 24.97 *(978-0-666-69861-2(9))*; 2016. pap. 9.57 *(978-1-334-11899-9(X))* Forgotten Bks.

Little Journeys to the Homes of American Authors (Classic Reprint) Elbert Hubbard. (ENG., Illus.). (J). 2018. 458p. 33.34 *(978-0-267-38692-5(3))*; 2017. pap. 16.57 *(978-0-243-25933-5(6))* Forgotten Bks.

Little Journeys to the Homes of American Authors; Hawthorne; Vol. II, No. 7, Pp. 197-236. George William Curtis. 2017. (ENG., Illus.). (J). pap. *(978-0-649-19496-4(9))* Trieste Publishing Pty Ltd.

Little Journeys to the Homes of American Statesmen (Classic Reprint) Elbert Hubbard. 2017. (ENG., Illus.). (J). 31.03 *(978-0-266-37960-7(5))* Forgotten Bks.

Little Journeys to the Homes of American Statesmen; December, 1898, Vol. 4: Abraham Lincoln (Classic Reprint) Elbert Hubbard. (ENG., Illus.). (J). 2018. 56p. 25.05 *(978-0-484-23400-9(5))*; 2016. pap. 9.57 *(978-1-333-20787-8(5))* Forgotten Bks.

Little Journeys to the Homes of American Statesmen, Vol. 2 (Classic Reprint) Elbert Hubbard. 2016. (ENG., Illus.). (J). pap. 9.97 *(978-1-334-21669-5(X))* Forgotten Bks.

Little Journeys to the Homes of Eminent Artists: Corot (Classic Reprint) Elbert Hubbard. 2018. (ENG., Illus.). (J). 212p. 28.29 *(978-0-366-56057-8(3))*; 214p. pap. 10.97 *(978-0-366-05717-7(0))* Forgotten Bks.

Little Journeys to the Homes of Eminent Artists (Classic Reprint) Elbert Hubbard. (ENG., Illus.). (J). 2018. 72p. 25.40 *(978-0-666-13581-0(9))*; 2017. pap. 9.57 *(978-0-259-45704-6(3))* Forgotten Bks.

Little Journeys to the Homes of Eminent Artists, Vol. 10: Raphael; January 1902; No; 1 (Classic Reprint) Elbert Hubbard. 2018. (ENG., Illus.). 220p. (J). 28.31 *(978-0-484-89897-3(3))* Forgotten Bks.

Little Journeys to the Homes of Eminent Artists, Vol. 11: Bellini; September, 1902 (Classic Reprint) Elbert Hubbard. (ENG., Illus.). (J). 2018. 40p. 24.72 *(978-0-267-16244-4(8))*; 2016. pap. 7.97 *(978-1-334-15043-2(5))* Forgotten Bks.

Little Journeys to the Homes of Eminent Painters (Classic Reprint) Elbert Hubbard. 2018. (ENG., Illus.). 42p. (J). 24.76 *(978-0-484-86667-5(2))* Forgotten Bks.

Little Journeys to the Homes of Good Men & Great: Thomas Carlyle (Classic Reprint) Elbert Hubbard. (ENG., Illus.). (J). 2018. 40p. 24.72 *(978-0-483-63265-3(1))*; 2017. pap. 7.97 *(978-0-243-09097-6(8))* Forgotten Bks.

Little Journeys to the Homes of Good Men & Great, Vol. 1: Victor Hugo (Classic Reprint) Elbert Hubbard. 2018. (ENG., Illus.). (J). 232p. 28.68 *(978-0-366-06430-4(4))*; 234p. pap. 11.57 *(978-0-366-06424-3(X))* Forgotten Bks.

Little Journeys to the Homes of Great Musicians, Vol. 9: Franz Liszt; July 1901 (Classic Reprint) Elbert Hubbard. 2018. (ENG., Illus.). 218p. (J). 28.41 *(978-0-484-85042-1(3))* Forgotten Bks.

Little Journeys to the Homes of Great Scientists. Elbert Hubbard. 2018. (ENG., Illus.). 300p. (J). pap. 20.00 *(978-0-359-07619-2(X))* Lulu Pr., Inc.

Little Journeys to the Homes of the Great: Little Journeys to the Homes of Great Scientists; Volume 12. Elbert Hubbard. 2017. (ENG., Illus.). (J). 25.95 *(978-1-374-97381-7(5))*; pap. 15.95 *(978-1-374-97380-0(7))* Capital Communications, Inc.

Little Joy. Nadine Brun-Cosme. Illus. by Marion Cocklico. 2020. (ENG.). 14p. (J). (gr. -1-k). bds. 7.99 *(978-1-5344-7744-5(6))*, Little Simon) Little Simon.

Little Judy & the Gift of Kindness. Nancy Parent. ed. 2021. (Disney 8x8 Ser.). (ENG., Illus.). 24p. (J). (gr. k-1). 15.96 *(978-1-64697-696-6(7))* Penworthy Co., LLC, The.

Little Judy & the Gift of Kindness (Disney Zootopia) RH Disney. Illus. by RH Disney. 2021. (Pictureback(R) Ser.). (ENG., Illus.). 24p. (J). (gr. -1-2). 5.99 *(978-0-7364-4155-1(7))*, RH/Disney) Random Hse. Children's Bks.

Little Judy Goes to Bed. Nancy Parent. ed. 2022. (Disney 8x8 Ser.). (ENG.). 24p. (J). (gr. k-1). 17.46 ***(978-1-68505-346-8(7))*** Penworthy Co., LLC, The.

Little Judy Learns Something New. Nancy Parent. ed. 2021. (Disney 8x8 Ser.). (ENG., Illus.). 24p. (J). (gr. k-1). 15.96 *(978-1-64697-697-3(5))* Penworthy Co., LLC, The.

Little Judy Learns Something New (Disney Zootopia) RH Disney. Illus. by RH Disney. 2021. (Pictureback(R) Ser.). (ENG., Illus.). 24p. (J). (gr. -1-2). 5.99 *(978-0-7364-4156-8(5))*, RH/Disney) Random Hse. Children's Bks.

Little Judy Loses a Tooth. Nancy Parent. ed. 2021. (Disney 8x8 Ser.). (ENG., Illus.). 24p. (J). (gr. k-1). 16.96 *(978-1-64697-895-3(1))* Penworthy Co., LLC, The.

Little Judy Loses a Tooth (Disney Zootopia) RH Disney. Illus. by RH Disney. 2021. (Pictureback(R) Ser.). (ENG., Illus.). 24p. (J). (gr. -1-2). 5.99 *(978-0-7364-4181-0(6))*, RH/Disney) Random Hse. Children's Bks.

Little Juggler. Barbara Cooney. 2018. (Juggling the Middle Ages Ser.). (ENG., Illus.). 52p. (J). 12.50 *(978-0-88402-436-1(9))*, 30448) Dumbarton Oaks.

Little Kate Kirby, Vol. 1 of 3 (Classic Reprint) F. W. Robinson. 2018. (ENG., Illus.). 312p. (J). 30.35 *(978-0-428-92227-6(9))* Forgotten Bks.

Little Kate Kirby, Vol. 2 of 3 (Classic Reprint) F. W. Robinson. 2018. (ENG., Illus.). 324p. (J). 30.58 *(978-0-483-04665-8(5))* Forgotten Bks.

Little Kate Kirby, Vol. 3 of 3 (Classic Reprint) F. W. Robinson. 2018. (ENG., Illus.). 314p. (J). 30.39 *(978-0-483-12790-6(6))* Forgotten Bks.

Little Katie Explores the Coral Reefs. Carmela Dutra. 2018. (ENG., Illus.). 36p. (J). pap. *(978-1-387-81051-2(0))* Lulu Pr., Inc.

Little Katie Goes to the Moon. Carmela Dutra. 2018. (ENG., Illus.). 34p. (J). pap. *(978-1-387-63998-4(6))* Lulu Pr., Inc.

Little Kid, Big City!: London. Beth Beckman. Illus. by Holley Maher. 2021. (Little Kid, Big City Ser.: 2). 88p. (J). (gr. 3-7). 19.99 *(978-1-68369-248-5(9))* Quirk Bks.

Little Kid, Big City!: New York. Beth Beckman. Illus. by Holley Maher. 2021. (Little Kid, Big City Ser.: 1). 88p. (J). (gr. 3-7). 19.99 *(978-1-68369-244-7(6))* Quirk Bks.

Little Kid with the Big Green Hand. Matthew Gray Gubler. 2023. (ENG.). 224p. (J). (gr. 2-7). 19.99 ***(978-1-4197-7122-4(1))***, 1829801, Amulet Bks.) Abrams, Inc.

Little Kids Edutained Activity Book Pre K. Educando Kids. 2019. (ENG.). 42p. (J). pap. 8.55 *(978-1-64521-732-9(9))*, Educando Kids) Editorial Imagen.

Little Kids First Big Book Collector's Set: Birds & Bugs. Catherine D. Hughes. 2017. (ENG., Illus.). 256p. (J). (gr. -1-k). 25.00 *(978-1-4263-2948-7(2))*, National Geographic Kids) Disney Publishing Worldwide.

Little Kids First Big Book of Pets. Catherine D. Hughes. 2019. (National Geographic Little Kids First Big Bks.). (Illus.). 128p. (J). (gr. -1-k). 14.99 *(978-1-4263-3470-2(2))*; (ENG., lib. bdg. 24.90 *(978-1-4263-3471-9(0))* Disney Publishing Worldwide. (National Geographic Kids).

Little Kids First Big Book of Reptiles & Amphibians. Catherine D. Hughes. 2020. (National Geographic Little Kids First Big Bks.). (Illus.). 128p. (J). (gr. -1-k). 14.99 *(978-1-4263-3818-2(X))*; (ENG., lib. bdg. 24.90 *(978-1-4263-3819-9(8))* Disney Publishing Worldwide. (National Geographic Kids).

Little Kids First Big Book of Rocks, Minerals & Shells. Moira Donohue. 2021. (National Geographic Little Kids First Big Bks.). (ENG., Illus.). 128p. (J). (gr. -1-3). 14.99 *(978-1-4263-7222-3(1))*, National Geographic Kids) Disney Publishing Worldwide.

Little Kids First Big Book of Rocks, Minerals & Shells-Library Edition. Moira Rose Donohue. 2021. (National Geographic Little Kids First Big Bks.). (ENG., Illus.). 128p. (J). (gr. -1-3). lib. bdg. 24.99 *(978-1-4263-7223-0(X))*, National Geographic Kids) Disney Publishing Worldwide.

Little Kids First Board Book: Weather. Ruth A. Musgrave. 2020. (First Board Bks.). (Illus.). 26p. (J). (gr. -1 — 1). bds. 7.99 *(978-1-4263-3903-5(8))*, National Geographic Kids) Disney Publishing Worldwide.

Little Kids First Board Book African Animals. National Geographic Kids. 2022. (Little Kids First Board Book Ser.). (Illus.). 26p. (J). (gr. -1 — 1). bds. 7.99 *(978-1-4263-7309-1(0))*, National Geographic Kids) Disney Publishing Worldwide.

Little Kids First Board Book: Birds. Ruth Musgrave. 2022. (First Board Bks.). (ENG., Illus.). 26p. (J). (gr. -1 — 1). bds. 7.99 *(978-1-4263-7144-8(6))*, National Geographic Kids) Disney Publishing Worldwide.

Little Kids First Board Book: Insects. Ruth A. Musgrave. 2020. (First Board Bks.). (Illus.). 26p. (J). (gr. -1 — 1). bds. 7.99 *(978-1-4263-3902-8(X))*, National Geographic Kids) Disney Publishing Worldwide.

Little Kids First Board Book: Trucks. Ruth Musgrave. 2021. (First Board Bks.). (ENG., Illus.). 26p. (J). (gr. -1 — 1). bds. 7.99 *(978-1-4263-7145-5(4))*, National Geographic Kids) Disney Publishing Worldwide.

Little King: A Story of the Childhood of Louis XIV, King of France (Classic Reprint) 2017. (ENG., Illus.). (J). 29.24 *(978-0-331-59485-0(4))*; pap. 11.57 *(978-0-243-43723-8(4))* Forgotten Bks.

Little King David. Laurie A. Brown. 2018. (ENG., Illus.). 20p. (J). pap. 10.95 *(978-1-68102-763-0(1))* Next Century Publishing Co.

Little King of Angel's Landing (Classic Reprint) Elmore Elliott Peake. 2017. (ENG., Illus.). (J). 252p. 29.09 *(978-0-484-35017-4(X))*; pap. 11.57 *(978-1-5276-7633-6(1))* Forgotten Bks.

Little Kingdom First Reader (Classic Reprint) Nettie Alice Sawyer. 2017. (ENG., Illus.). (J). 122p. 26.41 *(978-0-484-10889-8(1))*; pap. 9.57 *(978-0-259-54036-6(6))* Forgotten Bks.

Little Kitchen of Horrors: Hideously Delicious Recipes That Disgust & Delight. Ali Vega. 2018. (ENG., Illus.). 144p. (J). (gr. 2-5). pap. 12.99 *(978-1-5124-4894-8(X))*, 91aa1e08-5ad5-4b6d-bbf5-5e81d1d4542a, Lerner Pubns.) Lerner Publishing Group.

Little Kitten. Nicola Killen. Illus. by Nicola Killen. 2020. (My Little Animal Friend Ser.). (ENG., Illus.). 32p. (J). (gr. -1-3). 17.99 *(978-1-5344-6696-8(7))*, Simon & Schuster/Paula Wiseman Bks.) Simon & Schuster/Paula Wiseman Bks.

Little Kitty Goes to School. Cheurlie Pierre-Russell. 2019. (ENG., Illus.). 40p. (J). (gr. 1-5). pap. 11.99 *(978-1-0878-5281-2(1))* J3Russell, LLC.

Little Kitty in the Big City. Robert Magliano. Illus. by Manon Rivay. 2021. (ENG.). 48p. (J). 19.99 *(978-0-578-96470-6(8))* Magliano, Robert.

Little Kitty's Knitting-Needles, & Other Stories (Classic Reprint) Unknown Author. 2018. (ENG., Illus.). 150p. (J). 27.01 *(978-0-483-46851-1(7))* Forgotten Bks.

Little Kiwi's New Year. Nikki Slade Robinson. 2020. (Illus.). 40p. (J). (gr. 1-2). 16.95 *(978-1-76036-094-8(5))*, 683da6bf-f4bd-496d-b21d-71016da41b71) Starfish Bay Publishing Pty Ltd. AUS. Dist: Baker & Taylor Publisher Services (BTPS).

Little Knightess. Julia Meder. 2017. (ENG., Illus.). (J). pap. 6.99 *(978-1-944260-12-5(9))* Meder, Julia.

Little Knightess & the Circle of Friends. Julia Meder. 2017. (ENG., Illus.). (J). pap. 5.38 *(978-1-944260-05-7(6))* Meder, Julia.

Little Known Facts of the Confederacy & Her Famous Fighting Men. Bryce. 2020. (ENG.). 68p. (YA). pap. *(978-1-716-54259-6(6))* Lulu Pr., Inc.

Little Koala & the New Toys. Tony Gunn Jr. 2016. (ENG., Illus.). (J). pap. 15.00 *(978-1-312-61245-7(2))* Lulu Pr., Inc.

Little Koko Bear. Qiusheng Zhang. Illus. by Shifang Zhu. 2019. (ENG.). 40p. (J). pap. 10.95 *(978-1-4788-6876-7(7))* Newmark Learning LLC.

Little Koko Bear & His Socks. Qiusheng Zhang. Illus. by Kaiyun Xu. 2019. (ENG.). 40p. (J). 19.95 *(978-1-4788-6805-7(8))* Newmark Learning LLC.

Little Lacers: 123: Lace & Learn Your First Numbers! Peter Hinckley. Illus. by Volha Kaliaha. 2019. (Little Lacers Ser.). (ENG.). 14p. (J). (gr. -1-k). bds. 16.99 *(978-1-64170-008-5(4))*, 550008) Familius LLC.

Little Lad Jamie (Classic Reprint) Mary Dow Brine. 2018. (ENG., Illus.). 64p. (J). 25.22 *(978-0-267-26781-1(9))* Forgotten Bks.

Little Ladies: Get a Haircut. R. M. Ladies. 2021. (ENG.). 30p. (J). pap. 13.95 *(978-1-64468-853-3(0))* Covenant Bks.

Little Lady Bertha (Classic Reprint) Fanny Alricks Shugert. (ENG., Illus.). (J). 2018. 130p. 26.60 *(978-0-483-38403-3(8))*; 2017. pap. 9.57 *(978-0-243-56405-7(8))* Forgotten Bks.

Little Lady Linton. Frank Barrett. 2017. (ENG.). (J). 310p. pap. *(978-3-337-03161-9(7))*; 284p. pap. *(978-3-337-03159-6(5))* Creation Pubs.

Little Lady Linton: A Novel (Classic Reprint) Frank Barrett. 2018. (ENG., Illus.). 276p. (J). 29.61 *(978-0-428-90366-4(5))* Forgotten Bks.

Little Lady Linton, Vol. 1 Of 3: A Novel (Classic Reprint) Frank Barrett. 2018. (ENG., Illus.). 310p. (J). 30.29 *(978-0-483-08485-8(9))* Forgotten Bks.

Little Lady Linton, Vol. 3 Of 3: A Novel (Classic Reprint) Frank Barrett. 2018. (ENG., Illus.). 282p. (J). 29.71 *(978-0-483-83260-2(X))* Forgotten Bks.

Little Lady of the Big House (Classic Reprint) Jack. London. 2018. (ENG., Illus.). 400p. (J). 32.15 *(978-0-364-99268-5(9))* Forgotten Bks.

Little Lady of the Horse (Classic Reprint) Evelyn Raymond. 2018. (ENG., Illus.). 288p. (J). 29.84 *(978-0-267-23877-4(0))* Forgotten Bks.

Little Lady, Some Other People, & Myself. Tom Hall. 2017. (ENG.). 224p. (J). pap. *(978-3-337-12025-2(3))* Creation Pubs.

Little Lady, Some Other People, & Myself (Classic Reprint) Tom Hall. (ENG., Illus.). (J). 2018. 226p. 28.56 *(978-0-483-60140-6(3))*; 2017. pap. 11.57 *(978-0-243-26566-4(2))* Forgotten Bks.

Little Lady's Matching Game Activity Book. Activity Book Zone for Kids. 2016. (ENG., Illus.). (J). pap. 7.55 *(978-1-68376-205-8(3))* Sabeels Publishing.

Little Lamb. Amber Lily. Illus. by Maaike Boot. 2022. (Seek & Find Lift-The-flap Ser.). (ENG.). 10p. (J). bds. 7.99 *(978-1-80105-072-2(4))* Top That! Publishing PLC GBR. Dist: Independent Pubs. Group.

Little Lamb. Sequoia Children's Publishing. 2020. (ENG.). 10p. (J). bds. 5.99 *(978-1-64269-173-3(9))*, 4028, Sequoia Publishing & Media LLC) Phoenix International Publications, Inc.

Little Lamb: Meets Different. Patrick McCullough. 2016. (ENG., Illus.). (J). pap. 15.95 *(978-0-9973651-1-5(0))* Fish Creek Productions, LLC.

Little Lamb from Bethlehem. Christine Stevens Mower. 2017. (Illus.). (J). 26.99 *(978-1-62972-369-3(X))* Deseret Bk. Co.

Little Lamb, Gabe: Ever Glad at Heart I Am. Carol Kolosovsky. Illus. by Rachel Tacke. 2020. (ENG.). 64p. (J). 24.49 *(978-1-63050-265-2(0))*; pap. 13.49 *(978-1-63050-264-5(2))* Salem Author Services.

Little Lame Lord, or the Child of Cloverlea (Classic Reprint) Theodora C. Elmslie. 2018. (ENG., Illus.). 278p. (J). 29.65 *(978-0-267-41265-5(7))* Forgotten Bks.

Little Lame Prince (Classic Reprint) Dinah Craik. 2017. (ENG., Illus.). (J). 29.05 *(978-1-5282-7239-1(0))* Forgotten Bks.

Little Lame Prince (Classic Reprint) G. L. Craik. 2017. (ENG., Illus.). (J). 27.32 *(978-0-266-47968-0(5))* Forgotten Bks.

Little Lame Prince; the Adventures of a Brownie; Poor Prin (Classic Reprint) Dinah Craik. 2017. (ENG., Illus.). (J). 29.86 *(978-0-331-14385-0(2))*; pap. 13.57 *(978-0-243-38464-8(5))* Forgotten Bks.

Little Lame Prince (Yesterday's Classics) Dinah Craik. 2017. (ENG., Illus.). (J). pap. 12.95 *(978-1-59915-355-1(6))* Yesterday's Classics.

Little Larry Goes to School. Mary Rand Hess. 2019. (Baby Animal Tales Ser.). (Illus.). 32p. (J). (gr. -1-k). 16.99 *(978-1-4263-3316-3(1))*, National Geographic Kids) Disney Publishing Worldwide.

Little Laveau: Bayou Beware! (Pelican Edition) Erin Rovin & Katie Campbell. 2022. (ENG., Illus.). 40p. (J). pap. 11.99 *(978-1-4556-2626-7(0))*, Pelican Publishing) Arcadia Publishing.

Little Leaders: Bold Women in Black History. Vashti Harrison. 2017. (Vashti Harrison Ser.). (ENG., Illus.). 96p. (J). (gr. 3-7). 16.99 *(978-0-316-47511-2(4))* Little, Brown Bks. for Young Readers.

Little Leaf Tree. Ron Bartalini. 2016. (ENG., Illus.). (J). pap. 10.00 *(978-0-9859811-0-5(5))* Sundie Enterprises.

Little Learner: Learning about Common Things, or Familiar Instructions for Children in Respect to the Objects Around Them, That Attract Their Attention, & Awaken Their Curiosity, in the Earliest Years of Life (Classic Reprint) Jacob Abbott. (ENG., Illus.). (J). 2018. 196p. 27.94 *(978-0-656-54231-4(4))*; 2017. pap. 10.57 *(978-0-259-43683-6(6))* Forgotten Bks.

Little Learner Board Book Set. Mudpuppy. Illus. by The Indigo Bunting & Erin Jang. 2020. (ENG.). 32p. (J). (gr. -1-k). bds. 16.99 *(978-0-7353-6380-9(3))* Mudpuppy Pr.

Little Learner Packets: Alphabet. Immacula A. Rhodes. 2018. (Little Learner Packets Ser.). (ENG.). 96p. (gr. -1-k). pap. 12.99 *(978-1-338-23029-1(8))* Scholastic, Inc.

Little Learner Packets: Sight Words. Violet Findley. 2018. (Little Learner Packets Ser.). (ENG.). 96p. (gr. k-1). pap. 12.99 *(978-1-338-22827-4(7))* Scholastic, Inc.

Little Learners Packets: Basic Concepts. Immacula A. Rhodes. 2018. (Little Learner Packets Ser.). (ENG.). 96p. (gr. -1-k). pap. 12.99 *(978-1-338-23031-4(X))* Scholastic, Inc.

Little Learners Packets: Numbers. Immacula A. Rhodes. 2018. (Little Learner Packets Ser.). (ENG.). 96p. (gr. -1-k). pap. 12.99 *(978-1-338-22829-8(3))* Scholastic, Inc.

Little Learners Packets: Phonics. Violet Findley. 2018. (Little Learner Packets Ser.). (ENG.). 96p. (gr. k-1). pap. 12.99 *(978-1-338-22828-1(5))* Scholastic, Inc.

Little Learners Packets: Word Families. Violet Findley. 2018. (Little Learner Packets Ser.). (ENG.). 96p. (gr. k-1). pap. 12.99 *(978-1-338-23030-7(1))* Scholastic, Inc.

Little Learning Labs: Geology for Kids, Abridged Paperback Edition: 26 Projects to Explore Rocks, Gems, Geodes, Crystals, Fossils, & Other Wonders of the Earth's Surface; Activities for STEAM Learners, Volume 7. Garret Romaine. 2019. (Little Learning Labs Ser.: 7). (ENG., Illus.). 80p. (J). (gr. 3-7). pap. 12.99 *(978-1-63159-811-1(2))*, 327971, Quarry Bks.) Quarto Publishing Group USA.

Little Learning Labs: Kitchen Science for Kids, Abridged Paperback Edition: 26 Fun, Family-Friendly

1196

The check digit for ISBN-10 appears in parentheses after the full ISBN-13

TITLE INDEX LITTLE MARY

Experiments for Fun Around the House; Activities for STEAM Learners, Volume 3. Liz Lee Heinecke. abr. ed. 2018. (Little Learning Labs Ser.: 3). (ENG., Illus.). 80p. (J). (gr. k-4). pap. 12.99 *(978-1-63159-562-2(8),* 305729, Quarry Bks.) Quarto Publishing Group USA.

Little Learning Labs: Math Games for Kids, Abridged Paperback Edition: 25+ Fun, Hands-On Activities for Learning with Shapes, Puzzles, & Games, Volume 6. Rebecca Rapoport & J. A. Yoder. 2019. (Little Learning Labs Ser.: 6). (ENG.). 80p. (J). (gr. 3-7). pap. 12.99 *(978-1-63159-795-4(7),* 327884, Quarry Bks.) Quarto Publishing Group USA.

Little Leaven, & What It Wrought at Mrs. Blake's School (Classic Reprint) Edward Ashley Walker. (ENG., Illus.). (J). 2018. 260p. 29.26 *(978-0-364-12758-2(9));* 2017. pap. 11.97 *(978-0-259-24113-3(X))* Forgotten Bks.

Little Leena Learns about Ramadan. Zainab Fadlallah. 2021. (ENG.). 26p. (J). *(978-1-80049-590-6(0))* Independent Publishing Network.

Little Leftovers Have a Magical Christmas! Maryann McMahon. Illus. by Agata Olszewska. 2020. (ENG.). 46p. (J). pap. 11.99 *(978-1-7320725-4-1(X))* Maryann.

Little Legacy: And Other Stories (Classic Reprint) L. B. Walford. 2017. (ENG., Illus.). (J). 31.26 *(978-0-265-19688-5(4))* Forgotten Bks.

Little Legends: Exceptional Men in Black History. Vashti Harrison. 2019. (ENG., Illus.). 96p. (J). (gr. 3-7). 17.99 *(978-0-316-47514-3(9))* Little, Brown Bks. for Young Readers.

Little Lek Longtail Learns to Sleep. Bette Killion. Illus. by Beatriz Vidal. 2016. 28p. (J). (gr. k-3). 17.95 *(978-1-937786-63-2(3),* Wisdom Tales) World Wisdom, Inc.

Little Lemon Tree That Stood! A Nature Story for 8-9 Year Olds & Young-At-Hearts Adults. N. M. Gamble. 2016. (ENG., Illus.). (J). pap. *(978-0-620-72355-8(6))* National Library of South Africa, Pretoria Division.

Little Leo. Farnaz Esnaashari. Illus. by Hedvig Haggman-Sund. 2020. (ENG.). 40p. (J). (gr. -1-3). 17.99 *(978-1-5344-4610-6(9),* Aladdin) Simon & Schuster Children's Publishing.

Little Leona & a Chessie Tale. Jae Sherwood. 2017. (ENG., Illus.). (J). 18.95 *(978-1-942914-37-2(7))* Maple Creek Media.

Little Leona & a Chessie Tale. Jae Sherwood. Illus. by Robert Charles Moore. 2017. (Little Leona Ser.: Vol. 2). (ENG.). 30p. (J). (gr. k-4). 18.95 *(978-0-692-04621-0(6))* Sherwood, Jae Anne.

Little Leona of Monsters & Fire. Jae Sherwood. Illus. by Robert Charles Moore. 2017. (ENG.). (J). pap. 14.95 *(978-1-942914-35-8(0))* Maple Creek Media.

Little Leona of Monsters & Fire. Jae Sherwood. Illus. by Robert Charles Moore. 2017. (Little Leona Ser.: Vol. 1). (ENG.). 36p. (J). (gr. k-4). 20.00 *(978-0-692-04564-0(3))* Sherwood, Jae Anne.

Little Leonardo de Vinci see Leonardo

Little Leonardo's Fascinating World of Engineering, 1 vol. Bob Cooper. Illus. by Greg Paprocki. 2018. 24p. (J). (gr. -1-3). 12.99 *(978-1-4236-4957-1(5))* Gibbs Smith, Publisher.

Little Leonardo's Fascinating World of Math, 1 vol. Bob Cooper. Illus. by Greg Paprocki. 2018. (ENG.). 24p. (J). (gr. -1-3). 12.99 *(978-1-4236-4936-6(2))* Gibbs Smith, Publisher.

Little Leonardo's Fascinating World of Science, 1 vol. Bob Cooper. Illus. by Greg Paprocki. 2018. 24p. (J). (gr. -1-3). 12.99 *(978-1-4236-4874-1(9))* Gibbs Smith, Publisher.

Little Leonardo's Fascinating World of Technology, 1 vol. Bob Cooper. Illus. by Greg Paprocki. 2018. 24p. (J). (gr. -1-3). 12.99 *(978-1-4236-4956-4(7))* Gibbs Smith, Publisher.

Little Leonardo's Fascinating World of the Arts, 1 vol. Bob Cooper. Illus. by Greg Paprocki. 2018. (ENG.). 24p. (J). (— 1). 12.99 *(978-1-4236-4873-4(0))* Gibbs Smith, Publisher.

Little Leonardo's MakerLab: Robots, 1 vol. Bart King. Illus. by Greg Paprocki. 2019. (Children's Activity Ser.). (ENG.). 32p. (J). (gr. -1-3). 12.99 *(978-1-4236-5116-1(2))* Gibbs Smith, Publisher.

Little Leonardo's MakerLab: Space, 1 vol. Bart King. Illus. by Greg Paprocki. 2019. (Children's Activity Ser.). 32p. (J). (gr. -1-3). 12.99 *(978-1-4236-5115-4(4))* Gibbs Smith, Publisher.

Little Less Little: Un Pequeñito Menos Pequeño. Aryel Hernandez. 2019. (ENG., Illus.). 24p. (J). 19.95 *(978-1-61244-720-9(1));* pap. 12.95 *(978-1-61244-719-3(8))* Halo Publishing International.

Little Lessons, for Little Learners: In Words Not Exceeding Two Syllables (Classic Reprint) Unknown Author. 2018. (ENG., Illus.). 26p. (J). 24.43 *(978-0-267-49606-8(0))* Forgotten Bks.

Little Lessons from St. Therese of Lisieux: An Introduction to Her Words & Wisdom. Therese Martin. Illus. by Jeanine Crowe. 2019. (ENG.). 44p. (J). pap. 11.95 *(978-1-68192-522-6(2))* Our Sunday Visitor, Publishing Div.

Little Liar. Julia Gray. 2018. (ENG.). 336p. (YA). (gr. 7-12). pap. 15.99 ***(978-1-78344-691-9(9))*** Andersen Pr. GBR. Dist: Independent Pubs. Group.

Little Librarians & the Key to Kindness. Jasmine McLean. Illus. by Joanna Maria. 2021. (ENG.). 48p. (J). pap. *(978-1-83975-578-1(4))* Grosvenor Hse. Publishing Ltd.

Little Libraries, Big Heroes. Miranda Paul. Illus. by John Parra. 2019. (ENG.). 40p. (J). (gr. -1-3). 17.99 *(978-0-544-80027-4(3),* 1640324, Clarion Bks.) HarperCollins Pubs.

Little Library. Margaret McNamara. Illus. by G. Brian Karas. 2021. (Mr. Tiffin's Classroom Ser.). 40p. (J). (gr. -1-3). 17.99 *(978-0-525-57833-8(1));* (ENG.). lib. bdg. 20.99 *(978-0-525-57834-5(X))* Random Hse. Children's Bks. (Schwartz & Wade Bks.).

Little Library: Bible Stories. Ed. by Publications International Ltd. Staff. 2020. (My Little Library). (ENG., Illus.). 120p. (J). (gr. -1-k). 15.98 *(978-1-64030-996-8(9),* 6115300, Little Grasshopper Bks.) Publications International, Ltd.

Little Lift & Look Garden. Anna Milbourne. 2019. (Little Lift & Look Board Books* Ser.). (ENG.). 12ppp. (J). 9.99 *(978-0-7945-4488-1(6),* Usborne) EDC Publishing.

Little Lift & Look Woods. Anna Milbourne. 2019. (Little Lift & Look Board Books* Ser.). (ENG.). 12ppp. (J). 9.99 *(978-0-7945-4487-4(8),* Usborne) EDC Publishing.

Little Light. Tyechia White. 2022. (ENG.). 38p. (J). 18.95 *(978-1-63755-014-4(6),* Mascot Kids) Amplify Publishing Group.

Little Lightning Bug Who Couldn't Play Hide-N-Seek. J. Arvid Ellison. 2017. (ENG., Illus.). 26p. (J). pap. 9.95 *(978-1-948282-26-0(7))* Yorkshire Publishing Group.

Little Lights of Love. Katerina Baigulova. 2021. (ENG.). 24p. (J). 22.95 *(978-1-64670-695-2(1))* Covenant Bks.

Little Like Waking. Adam Rex. 2023. (ENG., Illus.). 400p. (YA). 20.99 *(978-1-250-62191-7(7),* 900223527) Roaring Brook Pr.

Little Lilly. Dimitris Lamproulis. 2018. (ENG.). 74p. (J). pap. *(978-1-78830-143-5(9))* Olympia Publishers.

Little Lilly Ladybug. Donna Castle Richardson Ed D. 2017. (ENG., Illus.). 30p. (J). pap. 10.00 *(978-0-9987753-2-6(0))* Educational Dynamics, LLC.

Little Lily's Travels Through France to Switzerland (Classic Reprint) Unknown Author. (ENG., Illus.). (J). 2018. 194p. 27.90 *(978-0-483-46647-0(6));* 2016. pap. 10.57 *(978-1-334-20607-8(4))* Forgotten Bks.

Little Lindsey Gets a Haircut. Linda Wagner & Lindsey Moreland. Illus. by Jodi Youngman. 2022. (ENG.). 60p. (J). 25.00 ***(978-0-9993488-4-0(1))*** moreland story.

Little Lindsey Is a Picky Eater. Linda Wagner & Lindsey Moreland. Illus. by Jodi Youngman. 2022. (ENG.). 60p. (J). 25.00 ***(978-0-9993488-3-3(3))*** moreland story.

Little Lindsey Makes a Friend. Linda Wagner & Lindsey Moreland. 2023. (ENG.). 44p. (J). 22.00 ***(978-0-9993488-5-7(X))*** moreland story.

Little Linguists' Library, Book One (French) Où Est Mon Ballon ? William Collier. Illus. by Adit Galih. 2018. (Little Linguists' Library (French) Ser.: Vol. 1). (ENG.). 32p. (J). (gr. k-1). pap. *(978-1-9164703-0-9(0))* Cocoa Bean Pr.

Little Linguists' Library, Book One (Spanish) ¿dónde Está Mi Globo? William Collier. Illus. by Adit Galih. 2018. (Little Linguists' Library (Spanish) Ser.: Vol. 1). (ENG.). 32p. (J). (gr. k-1). *(978-1-9164703-3-0(5));* pap. *(978-1-9164703-2-3(7))* Cocoa Bean Pr.

Little Linguists' Library, Book Two (French) Je Ne Veux Pas Aller à L'école ! William Collier. Illus. by Adit Galih. 2020. (ENG.). 32p. (J). pap. *(978-1-9164703-6-1(X));* (Little Linguists' Library: Vol. 2). *(978-1-9164703-7-8(8))* Cocoa Bean Pr.

Little Linguists' Library, Book Two (Spanish) ¡No Quiero Ir a la Escuela! William Collier. Illus. by Adit Galih. 2020. (ENG.). 32p. (J). *(978-1-9164703-9-2(4));* pap. *(978-1-9164703-8-5(6))* Cocoa Bean Pr.

Little Lion Rescue. Rachel Delahaye. Illus. by Suzie Mason & Artful Artful Doodlers. 2020. (Little Animal Rescue Ser.). (ENG.). 128p. (J). (gr. 1-4). pap. 5.99 *(978-1-68010-462-2(4))* Tiger Tales.

Little Lion Who Lost Her Roar. Jedda Robaard. 2020. (Nature Stories Ser.). (ENG.). 10p. (J). bds. 6.99 *(978-1-76050-646-9(X))* Gardner Media LLC.

Little Lisa Goes Crawfishing. Alicia Holland. 2016. (ENG., Illus.). (J). pap. 7.95 *(978-1-944346-28-7(7))* IGlobal Educational Services.

Little Lise (Classic Reprint) Charles Paul De Kock. 2017. (ENG., Illus.). (J). 29.44 *(978-0-265-37007-0(8))* Forgotten Bks.

Little Little Poetry. Eva Snow. 2018. (ENG., Illus.). 46p. (J). pap. *(978-1-64268-025-6(7))* novum pocket Verlag in der novum publishing GmbH.

Little Liv & the Big Forest. Alex Girardey. 2019. (ENG.). 22p. (J). *(978-0-244-78939-8(8))* Lulu Pr., Inc.

Little Liza Jane & Her Sick Friend. Lisa Marcotte. 2023. (ENG., Illus.). 32p. (J). 25.95 ***(978-1-68526-993-7(1))*** Covenant Bks.

Little Lizzie Learns How Plants & Flowers Begin. Eliseo Caunca & Angelina Caunca. Illus. by Millard Sexty. 2022. (ENG.). 34p. (J). pap. 8.50 ***(978-1-0880-4703-3(3))*** Indy Pub.

Little Lizzy & the Big Blue Parade. Liz Caesar. Illus. by Dustin Evans. 2022. (ENG.). 26p. (J). 18.95 ***(978-1-0879-6110-1(6));*** pap. 12.99 ***(978-1-62920-982-1(1))*** Scobre Pr. Corp.

Little Lizzy, Her Cousin Lori, & the Not-So-Bucket-Filling Friends. Liz Caesar. Illus. by Dustin Evans. 2022. (ENG.). 26p. (J). 18.95 ***(978-1-0878-9082-1(9));*** pap. 12.99 ***(978-1-62920-980-7(5))*** Scobre Pr. Corp.

Little Lizzy Lacewing. Carolyn Rohrbaugh. 2020. (ENG.). 38p. (J). pap. 11.99 *(978-1-0983-3465-9(5))* BookBaby.

Little Lizzy Learns to Read. Liz Caesar. Illus. by Dustin Evans. 2022. (ENG.). 26p. (J). 18.95 ***(978-1-0879-6082-1(7));*** pap. 12.99 ***(978-1-62920-984-5(8))*** Scobre Pr. Corp.

Little Llama. Erin Rose Grobarek. Illus. by Angie Hodges. 2022. (Bilingual Bks.). (ENG.). 24p. (J). (gr. -1-3). pap. 9.50 ***(978-1-64996-728-2(4),*** 17107, Sequoia Kids Media) Sequoia Children's Bks.

Little Logic Monsters - Sudoku Games for Kids. Senor Sudoku. 2019. (ENG.). 78p. (J). pap. 10.99 *(978-1-64521-585-1(7))* Editorial Imagen.

Little Loksi. Trey Hays. Illus. by Eli Corbin. 2018. (MUL.). (J). 19.95 *(978-1-935684-71-8(X));* pap. 17.95 *(978-1-935684-72-5(8))* BHHR Energies Group.

Little Loli Loves Local Food. Phillip Joy & Roberta Jackson. Illus. by Maritza Miari. 2021. (ENG.). 52p. (J). *(978-1-0391-2646-6(4));* pap. *(978-1-0391-2645-9(6))* FriesenPress.

Little London Pirates: Book 3. Taryn Jahme. 2019. (ENG., Illus.). 46p. (J). pap. *(978-1-78963-012-1(6),* Choir Pr., The) Action Publishing Technology Ltd.

Little Look at Bottoms. Tom Karen. 2022. (ENG.). 88p. (J). *(978-1-3984-0260-7(5));* pap. *(978-1-3984-0259-1(1))* Austin Macauley Pubs. Ltd.

Little Loon Finds His Voice. Yvonne Pearson. Illus. by Regina Shklovsky. 2021. (ENG.). 32p. (J). (gr. k-2). 17.95 *(978-1-951412-33-3(8))* Collective Bk. Studio, The.

Little Loot (Classic Reprint) E. V. Knox. 2018. (ENG., Illus.). 188p. (J). 27.77 *(978-0-267-16597-1(8))* Forgotten Bks.

Little Lora's Animal Adventure, I Love Being Me! Leora Leon. 2021. (ENG.). 34p. (J). 17.99 *(978-0-9975743-8-8(0));* pap. 9.99 *(978-0-9975743-9-5(9))* LC Design Publishing.

Little Lord. L. B. Barry. 2016. (ENG.). 42p. (J). pap. ***(978-1-326-90340-4(3))*** Lulu Pr., Inc.

Little Lord Fauntleroy see Pequeño Lord

Little Lord Fauntleroy. Frances Burnett. 2020. (ENG.). (J). (gr. 4-6). 140p. 17.95 *(978-1-64799-756-4(9));* 138p. pap. 9.95 *(978-1-64799-755-7(0))* Bibliotech Pr.

Little Lord Fauntleroy. Frances Burnett. 2017. (ENG., Illus.). 66p. (J). (gr. 4-6). pap. *(978-3-337-33463-5(6))* Creation Pubs.

Little Lord Fauntleroy. Frances Burnett. 2019. (ENG.). 96p. (YA). pap. *(978-80-273-3318-9(0))* E-Artnow.

Little Lord Fauntleroy. Frances Burnett. 2020. (ENG.). 124p. (J). (gr. 4-6). *(978-1-716-60398-3(6));* pap. *(978-1-716-60391-4(9))* Lulu Pr., Inc.

Little Lord Fauntleroy. Frances Burnett. 2017. (ENG., Illus.). (J). (gr. 3-7). pap. *(978-0-649-09729-6(7))* Trieste Publishing Pty Ltd.

Little Lord Fauntleroy. Frances Burnett. 2018. (ENG., Illus.). 140p. (J). 19.99 *(978-1-5154-2943-2(1))* Wilder Pubns., Corp.

Little Lord Fauntleroy. Frances Hodgson Burnett. 2019. (ENG., Illus.). 124p. (J). (gr. 4-6). pap. *(978-0-359-96414-7(1))* Lulu Pr., Inc.

Little Lord Fauntleroy. Frances Hodgson Burnett. 2018. (Vintage Children's Classics Ser.). (Illus.). 320p. (J). (gr. 4-6). pap. 10.99 *(978-1-78487-306-6(3))* Penguin Random Hse. GBR. Dist: Independent Pubs. Group.

Little Lord Fauntleroy. Frances Hodgson Burnett. 2022. (Frances Hodgson Burnett Essential Collection). (ENG.). 304p. (J). (gr. 3). 17.99 *(978-1-6659-1690-5(7));* pap. 7.99 *(978-1-6659-1689-9(3))* Simon & Schuster Children's Publishing. (Aladdin).

Little Lord Fauntleroy: A Drama in Three Acts Founded on the Story (Classic Reprint) Frances Burnett. 2017. (ENG., Illus.). (J). (gr. 4-6). 28.81 *(978-1-5282-6906-3(3))* Forgotten Bks.

Little Lords of Creation (Classic Reprint) Hersilia a Keays. 2018. (ENG., Illus.). 282p. (J). 29.73 *(978-0-332-90103-9(3))* Forgotten Bks.

Little Lorie Had a Farm. Olga Korlevic. Illus. by Julia Khmyrova. l.t. ed. 2021. (ENG.). 34p. (J). (gr. k-1). 36.93 *(978-1-64945-145-3(8))* Primedia eLaunch LLC.

Little Lost Boogie: The Misadventures of a Free Range Boogie. Raymond Kirk Dodson. 2021. (ENG.). 32p. (J). pap. 10.00 *(978-0-578-91199-1(X))* Southampton Publishing.

Little Lost Egg. Paul Smith. Illus. by Steven Smith. 2017. (ENG.). (gr. 1). pap. *(978-1-78222-500-3(5))* Paragon Publishing, Rothersthorpe.

Little Lost Fairy. Rebecca Sosny. 2019. (ENG.). 38p. (J). 14.95 *(978-1-68401-811-6(0))* Amplify Publishing Group.

Little Lost Fox. Carolina Rabei. 2020. (ENG., Illus.). 32p. (J). pap. 6.99 *(978-1-4052-8849-1(3))* Farshore GBR. Dist: HarperCollins Pubs.

Little Lost Llama. Marie Ballard & Tracy DuCharme. 2018. (ENG.). 38p. (J). 14.95 *(978-1-68401-987-8(7))* Amplify Publishing Group.

Little Lost Penguin: Padded Board Book. IglooBooks. 2021. (ENG.). 24p. (J). (-k). bds. 8.99 *(978-1-80108-644-8(3))* Igloo Bks. GBR. Dist: Simon & Schuster, Inc.

Little Lost Puppy & the Good Little Shepherd. D. a Patten. 2023. (ENG.). 20p. (J). pap. 10.95 ***(978-1-63844-607-1(5))*** Christian Faith Publishing.

Little Lost Sister (Classic Reprint) Virginia Brooks. 2017. (ENG., Illus.). (J). pap. 13.97 *(978-0-243-99957-6(7))* Forgotten Bks.

Little Lost Whale (Miinimb Malba) - Our Yarning. Tamara Moore. Illus. by Emily Lloyd. 2023. (ENG.). 26p. (J). pap. ***(978-1-922991-01-0(5))*** Library For All Limited.

Little Lotus Flower. Gregoire Hodder. 2018. (ENG., Illus.). 32p. (J). pap. *(978-1-9999477-1-2(1))* Cambridge Children's Bks.

Little Lou's Sayings & Doings (Classic Reprint) E. Prentiss. (ENG., Illus.). (J). 2018. 308p. 30.25 *(978-0-666-72575-2(6));* 2017. pap. 13.57 *(978-0-259-41897-9(8))* Forgotten Bks.

Little Louvre: Or the Boys' & Girls' Galery of Pictures (Classic Reprint) Jacob Abbott. (ENG., Illus.). (J). 2018. 478p. 33.76 *(978-0-483-89739-7(6));* 2016. pap. 16.57 *(978-1-333-65731-4(5))* Forgotten Bks.

Little Louvre, or the Boys' & Girls' Gallery of Pictures (Classic Reprint) Jacob Abbott. 2018. (ENG., Illus.). 162p. (J). 27.24 *(978-0-267-29533-3(2))* Forgotten Bks.

Little Love. Nadine Brun-Cosme. Illus. by Marion Cocklico. 2020. (ENG.). 14p. (J). (gr. -1-k). bds. 7.99 *(978-1-5344-7745-2(4),* Little Simon) Little Simon.

Little Love. Rose Sprinkle. 2019. (Little Virtues Ser.). (ENG., Illus.). 28p. 23.99 *(978-1-5326-8460-9(6),* Resource Pubns.(OR)) Wipf & Stock Pubs.

Little Love: A Cuddle Close Book. Jonny Marx. Illus. by Kathryn Selbert. 2019. (ENG.). 18p. (J). (— 1). bds. 8.99 *(978-1-64517-095-2(0),* Silver Dolphin Bks.) Printers Row Publishing Group.

Little Love Bug: Finger Puppet Book. Chronicle Books. Illus. by Emily Dove. 2020. (Little Finger Puppet Board Bks.). (ENG.). 12p. (J). (gr. -1 — 1). 7.99 *(978-1-4521-8174-5(8))* Chronicle Bks. LLC.

Little Love Stories of Manhattan (Classic Reprint) Melville Chater. 2017. (ENG., Illus.). (J). 240p. 28.87 *(978-0-484-30933-2(1));* pap. 11.57 *(978-1-5276-3898-3(7))* Forgotten Bks.

Little Lovey Owl. Abi Adams. 2019. (ENG.). 30p. (J). pap. *(978-1-5289-2332-3(4))* Austin Macauley Pubs. Ltd.

Little l's Butterflies. Laura Roberts. Ed. by Cindy Cole. Illus. by Gretchen May. 2018. (Little l's Butterflies Ser.: Vol. 1). (ENG.). 48p. (J). 17.99 *(978-0-578-43509-1(8))* Roberts, Laura.

Little Lu Finds Courage. Denise Dagash. 2021. (ENG.). 38p. (J). 15.95 *(978-1-64543-987-5(9))* Amplify Publishing Group.

Little Lucy; or the Pleasant Day: An Example for Little Girls (Classic Reprint) Unknown Author. 2018. (ENG., Illus.). 24p. (J). 24.39 *(978-0-484-02330-6(6))* Forgotten Bks.

Little Lucy Small & Shy. Ann Goddard. 2021. (ENG.). 36p. (J). *(978-1-913946-76-0(2));* pap. *(978-1-913946-75-3(4))* Crossbridge Bks.

Little Lucy's Big Adventures: A Young American's Exploits Through Time. Theresa Broom. 2017. (ENG., Illus.). (J). pap. 16.95 *(978-1-5127-8347-6(1),* WestBow Pr.) Author Solutions, LLC.

Little Lucy's Wonderful Globe. Charlotte M. Yonge. 2019. (ENG., Illus.). 70p. (YA). pap. *(978-93-5329-507-3(6))* Alpha Editions.

Little Lucys Wonderful Globe. Charlotte Mary Yonge. 2017. (ENG., Illus.). 78p. (J). *(978-3-7326-1919-1(2));* pap. *(978-3-7326-1918-4(4))* Klassik Literatur. ein Imprint der Salzwasser Verlag GmbH.

Little Lucy's Wonderful Globe (Classic Reprint) Charlotte Mary Yonge. 2018. (ENG., Illus.). 162p. (J). 27.24 *(978-0-365-22378-8(6))* Forgotten Bks.

Little Lump of Clay. Dana S. Helton. 2022. (ENG.). 40p. (J). pap. 17.99 *(978-1-64645-551-5(7))* Redemption Pr.

Little Lumps & Big Bumps: A Reggie Wriggle Adventure. Sandie Anderson. 2017. (ENG., Illus.). 20p. (J). (gr. 1-6). pap. *(978-1-910358-17-7(7))* DaisyPr.

Little Luna's Adventure: A Story about Embracing Diversity. Amelia J. Morton. Illus. by Allister St James. 2023. (ENG.). 20p. (J). pap. 9.99 ***(978-1-0880-8278-2(5))*** Indy Pub.

Little Lunch: Loads of Laughs. Danny Katz. Illus. by Mitch Vane. ed. 2019. (ENG.). 128p. (J). (gr. 1-4). 15.99 *(978-1-5362-0914-3(7),* Candlewick Entertainment) Candlewick Pr.

Little Lunch: Triple Treats. Danny Katz. Illus. by Mitch Vane. ed. 2019. (ENG.). 112p. (J). (gr. 1-4). 15.99 *(978-0-7636-9471-5(1),* Candlewick Entertainment) Candlewick Pr.

Little Lunch Truck. Charles Beyl. 2021. (ENG., Illus.). 32p. (J). 18.99 *(978-1-250-25577-8(5),* 900219031) Feiwel & Friends.

Little Lychetts: And Other Stories (Classic Reprint) Unknown Author. 2017. (ENG., Illus.). (J). 31.69 *(978-0-265-72506-1(2));* pap. 16.57 *(978-1-5276-8401-0(6))* Forgotten Bks.

Little Mad. Nadine Brun-Cosme. Illus. by Marion Cocklico. 2021. (ENG.). 14p. (J). (gr. -1-k). bds. 7.99 *(978-1-5344-7747-6(0),* Little Simon) Little Simon.

Little Maid in Toyland. Adah Louise Sutton. 2019. (ENG., Illus.). 110p. (YA). pap. *(978-93-5329-472-4(X))* Alpha Editions.

Little Maid Marian: Children's Christmas Tale. Amy Ella Blanchard. 2019. (ENG.). 70p. (YA). pap. *(978-80-273-3355-4(5))* E-Artnow.

Little Maid of Arcady (Classic Reprint) Christian Reid. 2018. (ENG., Illus.). 288p. (J). 29.84 *(978-0-483-21604-4(6))* Forgotten Bks.

Little Maid of Concord Town: A Romance of the American Revolution (Classic Reprint) Margaret Sidney. 2018. (ENG., Illus.). 424p. (J). 32.66 *(978-0-267-17787-5(9))* Forgotten Bks.

Little Maid of Israel. Emma Howard Wight. 2019. (ENG., Illus.). 46p. (YA). (gr. 7-12). pap. *(978-93-5329-455-7(X))* Alpha Editions.

Little Maid of Massachusetts Colony (Classic Reprint) Alice Turner Curtis. 2018. (ENG., Illus.). 240p. (J). 28.85 *(978-0-483-98806-4(5))* Forgotten Bks.

Little Maid of Old Maine. Alice Turner Curtis. 2018. (ENG., Illus.). 124p. (YA). (gr. 7-12). pap. *(978-93-5297-436-8(0))* Alpha Editions.

Little Maid of Old Philadelphia (Classic Reprint) Alice Turner Curtis. 2018. (ENG., Illus.). 218p. (J). 28.39 *(978-0-428-51286-6(0))* Forgotten Bks.

Little Maid of Picardy (Classic Reprint) Amy E. Blanchard. 2018. (ENG., Illus.). 346p. (J). 31.05 *(978-0-483-34898-1(8))* Forgotten Bks.

Little Maid of Province Town. Alice Turner Curtis. 2021. (Cape Cod Classics Ser.). (ENG.). 120p. (J). pap. 8.50 *(978-1-7327626-8-8(6))* Parnassus Bk. Service.

Little Maid of Province Town (Classic Reprint) Alice Turner Curtis. 2018. (ENG., Illus.). 228p. (J). 28.60 *(978-0-267-25739-3(2))* Forgotten Bks.

Little Maid of Virginia (Classic Reprint) Alice Turner Curtis. 2017. (ENG., Illus.). (J). 28.60 *(978-0-331-15665-2(2));* pap. 10.97 *(978-0-259-83027-6(5))* Forgotten Bks.

Little Man. Diona Shelton & Zuri Book Pros. 2020. (ENG.). 25p. (J). *(978-1-716-74595-9(0))* Lulu Pr., Inc.

Little Man: And Other Satires (Classic Reprint) John Galsworthy. 2018. (ENG., Illus.). 290p. (J). 29.90 *(978-0-364-53112-9(6))* Forgotten Bks.

Little Man & Little Maid (Classic Reprint) Unknown Author. 2018. (ENG., Illus.). 28p. (J). 24.47 *(978-0-428-67941-5(2))* Forgotten Bks.

Little Man in the Soup Can. Mary Mac Ogden. Illus. by Isabel Humphreys. 2021. (ENG.). 40p. (J). pap. 20.00 *(978-1-0983-7173-9(9))* BookBaby.

Little Man, Little Man: A Story of Childhood. James Baldwin. Ed. by Nicholas Boggs & Jennifer DeVere Brody. Illus. by Yoran Cazac. 2018. (ENG.). 120p. (J). (gr. 3-6). 22.95 *(978-1-4780-0004-4(X))* Duke Univ. Pr.

Little Man of Disneyland: a Change of Luck (Disney Classic) Nick Balian. Illus. by Nick Balian. 2023. (Little Golden Book Ser.). (ENG., Illus.). 24p. (J). (-k). 5.99 *(978-0-7364-4347-0(9),* Golden/Disney) Random Hse. Children's Bks.

Little Man Whose Heart Grew Big. Steph Williams. 2021. (Little Me, Big God Ser.). (ENG., Illus.). 24p. (J). *(978-1-78498-656-8(9))* Good Bk. Co., The.

Little Manger. Kristina Jiles-Johnson. 2017. (ENG., Illus.). (J). pap. 12.95 *(978-1-68197-896-3(2))* Christian Faith Publishing.

Little Manger Mouse. Phyllis Didleau. 2021. (ENG.). 40p. (J). pap. 14.95 *(978-1-943829-37-8(3))* Rhyolite Pr. LLC.

Little Man's Big Day 2: Home Alone. Lonnie Lesane, Sr. 2022. (ENG.). 24p. (J). pap. 7.99 ***(978-1-950425-61-7(4))*** Liber Publishing Hse.

Little Maple Leaf. September Knight. 2022. (ENG., Illus.). 22p. (J). pap. 14.95 ***(978-1-68498-886-0(1))*** Newman Springs Publishing, Inc.

Little Mary. Baron Stow. 2017. (ENG.). 118p. (J). pap. *(978-3-337-05658-2(X))* Creation Pubs.

L

Little Mary: An Illustration of the Power of Jesus to Save Even the Youngest (Classic Reprint) Baron Stow. 2018. (ENG., Illus.). 116p. (J). 26.29 (978-0-332-78111-2(9)) Forgotten Bks.
Little Mary: And Other Stories (Classic Reprint) L. T. Meade. (ENG., Illus.). (J). 2018. 142p. 26.87 (978-0-428-98080-1(5)); 2017. pap. 9.57 (978-0-243-39635-1(X)) Forgotten Bks.
Little Mary: Or Talks & Tales for Children (Classic Reprint) H. Trusta. 2018. (ENG., Illus.). 200p. (J). 28.04 (978-0-332-77627-9(1)) Forgotten Bks.
Little Mary: Or, the Picture-Book (Classic Reprint) Sabina Cecil. 2018. (ENG., Illus.). 34p. (J). 24.60 (978-0-484-65782-2(8)) Forgotten Bks.
Little Massachusetts. Kate Hale. Illus. by Jeannie Brett. 2016. (Little State Ser.). (ENG.). 20p. (J). (gr. -1-k). bds. 9.95 (978-1-58536-949-2(7), 204035) Sleeping Bear Pr.
Little Master (Classic Reprint) John Townsend Trowbridge. 2018. (ENG., Illus.). 262p. (J). 29.32 (978-0-483-32485-5(X)) Forgotten Bks.
Little Masterpieces. Washington. Irving. 2017. (ENG., Illus.). (J). pap. (978-0-649-17125-5(X)) Trieste Publishing Pty Ltd.
Little Masterpieces: Dr. Heidegger's Experiment, the Birthmark, Ethan Brand, Wakefield, Drowne's Wooden Image, the Ambitious Guest, the Great Stone Face, the Gray Champion (Classic Reprint) Nathanial Hawthorne. 2017. (ENG., Illus.). (J). 28.21 (978-0-265-81298-3(4)) Forgotten Bks.
Little Masterpieces: Rip Van Winkle, Legend of Sleepy Hollow, the Devil & Tom Walker, the Voyage, Westminster Abbey, Stratford-On-Avon, the Stout Gentleman (Classic Reprint) Washington. Irving. 2018. (ENG., Illus.). 212p. (J). 28.29 (978-0-267-46532-3(7)) Forgotten Bks.
Little Masterpieces of Fiction, Vol. 3 (Classic Reprint) Hamilton Wright Mabie. 2018. (ENG., Illus.). 190p. (J). 27.84 (978-0-484-58730-3(7)) Forgotten Bks.
Little Masterpieces of Fiction, Vol. 4: The Falcon; the Black Pearl; the Great Carbuncle; the Lifted Veil; the Comet; the Gooseherd (Classic Reprint) Hamilton Wright Mabie. (ENG., Illus.). (J). 2018. 182p. 27.65 (978-0-267-89687-5(5)); 2017. pap. 10.57 (978-1-5276-1731-5(9)) Forgotten Bks.
Little Match Girl see Petite Fille Aux Allumettes
Little Match Girl. Hans Christian. Andersen. (VIE.). (J). 2019. pap. (978-604-2-14180-2(5)); 2018. pap. (978-604-2-09829-8(2)) Kim Dong Publishing Hse.
Little Match Girl. Hans Christian Anderson. 2017. (ENG., Illus.). 32p. (J). (gr. 1). 18.99 (978-1-62972-359-4(2), 5182575, Shadow Mountain) Shadow Mountain Publishing.
Little Match Girl Strikes Back. Emma Carroll. Illus. by Lauren Child. 2023. (ENG.). 208p. (J). (gr. 3-7). 19.99 (978-1-5362-3335-3(8)) Candlewick Pr.
Little Match Man (Classic Reprint) Luigi Barzini. (ENG., Illus.). (J). 2018. 27.67 (978-0-260-24560-1(7)); 2016. pap. 10.57 (978-1-333-84486-8(7)) Forgotten Bks.
Little Matchstick Girl Coloring Book for Children (6x9 Coloring Book / Activity Book) Sheba Blake. 2021. (ENG.). 36p. (J). pap. 9.99 (978-1-222-29270-1(X)) Indy Pub.
Little Matchstick Girl Coloring Book for Children (8. 5x8. 5 Coloring Book / Activity Book) Sheba Blake. 2021. (ENG.). 36p. (J). pap. 12.99 (978-1-222-29297-8(1)) Indy Pub.
Little Matchstick Girl Coloring Book for Children (8x10 Coloring Book / Activity Book) Sheba Blake. 2021. (ENG.). 36p. (J). pap. 14.99 (978-1-222-29271-8(8)) Indy Pub.
Little Matteo Saves the Game. Gwendolyn Rosales. 2023. (ENG.). 28p. (J). pap. 12.99 (978-1-0879-1071-0(4)) Indy Pub.
Little Max Big Gift. Kristen K. Hutson. 2017. (ENG., Illus.). (J). 21.95 (978-1-64079-138-1(8)) Christian Faith Publishing.
Little Me. Rebecca Stanley Crowder. Illus. by Sergio Drumond. 2019. (ENG.). 26p. (J). pap. 9.99 (978-1-948747-37-0(5)) J2B Publishing LLC.
Little Me. Rebecca Stanley Crowder. Illus. by Sergio Drumond. 2019. (ENG.). 26p. (J). 18.99 (978-1-948747-38-7(3)) J2B Publishing LLC.
Little Me à Paris: Francophile Mindfulness Journal. Evi Michailidou. 2022. (ENG.). 111p. pap. (978-1-4583-2708-6(6)) Lulu Pr., Inc.
Little Me, Big Dreams Journal: Draw, Write & Color This Journal. Maria Isabel Sanchez Vegara. 2020. (Little People, BIG DREAMS Ser.). (ENG.). 96p. (J). (gr. 1-4). 16.99 (978-0-7112-4889-2(3), Frances Lincoln Children's Bks.) Quarto Publishing Group UK GBR. Dist: Hachette Bk. Group.
Little Mean Guy. Betty J. Lok. 2018. (ENG., Illus.). 50p. (J). pap. 10.99 (978-0-9989090-6-6(8)) Mid Ohio Chiropractic.
Little Meerkat's Big Panic: A Story about Learning New Ways to Feel Calm. Jane Evans. Illus. by Izzy Bean. 2016. 48p. 18.95 (978-1-78592-703-4(5), 693957) Kingsley, Jessica Pubs. GBR. Dist: Hachette UK Distribution.
Little Meg's Children & Alone in London (Classic Reprint) Hesba Stretton. 2018. (ENG., Illus.). 308p. (J). 30.25 (978-0-483-93923-3(4)) Forgotten Bks.
Little Melvin... the Pig That Could Eat the World! David Nem. 2023. (ENG.). 44p. (J). pap. 12.99 (978-1-960142-76-4(3)) Mindstir Media.
Little Men. L. M. Alcott. 2022. (ENG.). 222p. (J). pap. 32.54 (978-1-4583-3812-9(6)) Lulu Pr., Inc.
Little Men. Louisa May Alcott. 2019. (Little Women Series,Virago Modern Classi Ser.). (ENG.). 400p. (J). (gr. 3-7). 15.99 (978-0-349-01184-4(2), Virago Press) Little, Brown Book Group Ltd. GBR. Dist: Hachette Bk. Group.
Little Men. Louisa May Alcott. 2019. (Little Women Collection: 3). (ENG.). 400p. (J). (gr. 3). 17.99 (978-1-5344-6224-3(4)); pap. 7.99 (978-1-5344-6223-6(6)) Simon & Schuster Children's Publishing. (Aladdin).
Little Men: Life at House with Jo's Boys; a Sequel to Little Women (Classic Reprint) Louisa Alcott. 2017. (ENG., Illus.). (J). 31.94 (978-0-266-46188-3(3)) Forgotten Bks.
Little Men: Life at Plumfield with Jo's Boys. Louisa Alcott. 2020. (ENG.). (J). 234p. 19.95 (978-1-64799-513-3(2)); 232p. pap. 11.95 (978-1-64799-512-6(4)) Bibliotech Pr.
Little Men: Life at Plumfield with Jo's Boys. Louisa Alcott. 2017. (ENG.). 392p. (J). (gr. 3-7). pap. (978-3-337-05609-4(1)) Creation Pubs.
Little Men (100 Copy Collector's Edition) Louisa May Alcott. 2020. (ENG.). 248p. (YA). (gr. 7-12). (978-1-77226-860-7(7)) AD Classic.
Little Men Life at Plumfield with Jo's Boys. Louisa Alcott. 2018. (ENG., Illus.). 242p. (J). 24.99 (978-1-5154-2994-4(6)) Wilder Pubns., Corp.
Little Men Play: A Two-Act, Forty-Five Minute Play (Classic Reprint) Elizabeth Lincoln Gould. 2018. (ENG., Illus.). 112p. (J). 26.21 (978-0-666-09438-4(1)) Forgotten Bks.
Little Men (Royal Collector's Edition) (Case Laminate Hardcover with Jacket) Louisa May Alcott. 2021. (ENG.). 248p. (YA). (978-1-77476-156-4(4)) AD Classic.
Little Merchant: A Story for Little Folks (Classic Reprint) Oliver Optic, pseud. 2018. (ENG., Illus.). 96p. (J). 25.88 (978-0-267-45356-6(6)) Forgotten Bks.
Little Mermaid see Petite Sirene
Little Mermaid. Hans Christian. Andersen. Illus. by Bernadette Watts. 2020. (ENG.). 48p. (J). (gr. -1-2). 17.95 (978-0-7358-4419-3(4)) North-South Bks., Inc.
Little Mermaid. Hans Christian. Andersen. Tr. by Misha Hoekstra from DAN. Illus. by Helen Crawford-White. 2020. (ENG.). 64p. (J). (gr. 2-5). pap. 9.99 (978-1-78269-249-2(5), Pushkin Children's Bks.) Steerforth Pr.
Little Mermaid. Tom Anderson. Illus. by Xavier Vives Mateu. 2020. (Disney Princesses Ser.). (ENG.). 48p. (J). (gr. 2-6). lib. bdg. 32.79 (978-1-5321-4562-9(4), 35209, Graphic Novels) Spotlight.
Little Mermaid. Campbell Books. Illus. by Nneka Myers. 2023. (First Stories Ser.). (ENG.). 10p. (J). bds. 8.99 (978-1-0350-1610-5(9), 900292690, Campbell Bks.) Pan Macmillan GBR. Dist: Macmillan.
Little Mermaid. Hannah Eliot. Illus. by Nivea Ortiz. 2018. (Once upon a World Ser.). (ENG.). 24p. (J). (gr. -1 — 1). bds. 8.99 (978-1-5344-3575-9(1), Little Simon) Little Simon.
Little Mermaid. Rhiannon Fielding. Illus. by Chris Chatterton. 2021. (Ten Minutes to Bed Ser.). (ENG.). 32p. (J). (-k). 12.99 (978-0-241-50231-0(4), Ladybird) Penguin Bks., Ltd. GBR. Dist: Penguin Random Hse. LLC.
Little Mermaid. Anna Kemp. 2021. (Illus.). 48p. (J). (gr. k-2). pap. 15.99 (978-0-241-46982-8(1), Puffin) Penguin Bks., Ltd. GBR. Dist: Independent Pubs. Group.
Little Mermaid. Carly Madden. Illus. by Cynthia Alonso. 2022. (Layer-By-Layer Ser.: Vol. 5). (ENG.). 14p. (J). (gr. -1-k). bds. (978-0-7112-7506-5(8)) White Lion Publishing.
Little Mermaid. Illus. by Beverlie Manson. 2017. 24p. (J). (gr. -1-12). pap. 7.99 (978-1-86147-828-3(3), Armadillo) Anness Publishing GBR. Dist: National Bk. Network.
Little Mermaid. Geraldine McCaughrean. Illus. by Laura Barrett. 2021. (ENG.). 32p. (J). (gr. -1-k). (978-1-4083-5723-1(2), Orchard Bks.) Hachette Children's Group.
Little Mermaid. Jerry Pinkney. 2020. (ENG., Illus.). 48p. (J). (gr. -1-3). 18.99 (978-0-316-44031-8(0)) Little, Brown Bks. for Young Readers.
Little Mermaid: A Fairy Tale of Infinity & Love Forever. Hans Christian. Andersen & Yayoi Kusama. 2016. (ENG., Illus.). 96p. 45.00 (978-87-92877-59-8(1)) Louisana Museum of Modern Art DNK. Dist: D.A.P./Distributed Art Pubs.
Little Mermaid: A Play for Young Actors. Millie Hardy-Sims. 2022. (ENG.). 86p. pap. (978-1-4717-2515-9(4)) Lulu Pr., Inc.
Little Mermaid: An Interactive Fairy Tale Adventure. Eric Braun. Illus. by Mariano Epelbaum. 2020. (You Choose: Fractured Fairy Tales Ser.). (ENG.). 112p. (J). (gr. 3-7). pap. 6.95 (978-1-4966-5813-5(2), 142245); lib. bdg. 32.65 (978-1-5435-9013-5(6), 141369) Capstone.
Little Mermaid Activity Book - Ladybird Readers Level 4. Ladybird. 2017. (Ladybird Readers Ser.). (ENG.). 16p. (J). (gr. k-2). pap. 5.99 (978-0-241-29869-5(5)) Penguin Bks., Ltd. GBR. Dist: Independent Pubs. Group.
Little Mermaid: Adventures on Land. Brittany Mazique. 2023. (ENG.). 24p. (J). (gr. 1-3). pap. 5.99 (978-1-368-07725-5(0), Disney Press Books) Disney Publishing Worldwide.
Little Mermaid: Against the Tide. J. Elle. 2023. (ENG.). 320p. (YA). (gr. 7-12). 18.99 (978-1-368-07722-4(6), Disney Press Books) Disney Publishing Worldwide.
Little Mermaid & Other Fishy Tales. Jane Ray. 2022. (Story Collector Ser.). (ENG.). 176p. (J). (gr. 3-5). pap. 18.99 (978-1-914912-12-2(8)) Boxer Bks., Ltd. GBR. Dist: Sterling Publishing Co., Inc.
Little Mermaid & Other Tales from Hans Christian Andersen. Hans Christian Andersen. Illus. by Isabelle Brent. 2019. 144p. (J). (gr. -1-12). 16.00 (978-1-86147-862-7(3), Armadillo) Anness Publishing GBR. Dist: National Bk. Network.
Little Mermaid Coloring Book for Children (6x9 Coloring Book / Activity Book) Sheba Blake. 2021. (ENG.). 46p. (J). pap. 9.99 (978-1-222-29272-5(6)) Indy Pub.
Little Mermaid Coloring Book for Children (8. 5x8. 5 Coloring Book / Activity Book) Sheba Blake. 2021. (ENG.). 46p. (J). pap. 12.99 (978-1-222-29298-5(X)) Indy Pub.
Little Mermaid Coloring Book for Children (8x10 Coloring Book / Activity Book) Sheba Blake. 2021. (ENG.). 46p. (J). pap. 14.99 (978-1-222-29273-2(4)) Indy Pub.
Little Mermaid (Disney the Little Mermaid) Illus. by Disney Storybook Disney Storybook Art Team. 2023. (Little Golden Book Ser.). (ENG.). 24p. (J). (-k). 5.99 (978-0-7364-4361-6(4), Golden/Disney) Random Hse. Children's Bks.
Little Mermaid Friends Coloring Book. Teresa Goodridge. 2019. (Dover Fantasy Coloring Bks.). (ENG.). 32p. (J). (gr. -1-2). pap. 4.99 (978-0-486-82736-0(4), 827364) Dover Pubns., Inc.
Little Mermaid: Guide to Merfolk. Eric Geron. 2023. (ENG.). 192p. (J). (gr. 3-7). 12.99 (978-1-368-08040-8(5), Disney Press Books) Disney Publishing Worldwide.
Little Mermaid Live Action Novelization. Faith Noelle. 2023. (ENG.). 256p. (J). (gr. 3-7). pap. 8.99 (978-1-368-07723-1(4), Disney Press Books) Disney Publishing Worldwide.
Little Mermaid: Make a Splash. Ashley Franklin. 2023. (ENG.). 40p. (J). (gr. -1-k). 17.99 (978-1-368-07726-2(9), Disney Press Books) Disney Publishing Worldwide.
Little Mermaids - Coloring Books 9 Year Old Girls Edition. Creative Playbooks. 2016. (ENG., Illus.). (J). pap. 7.74 (978-1-68323-098-4(1)) Twin Flame Productions.
Little Mermaid's Song. Andy Mangels. 2020. (Fractured Fairy Tales Ser.). (ENG., Illus.). 24p. (J). (gr. 3-8). lib. bdg. 32.79 (978-1-5321-3975-8(6), 36507, Graphic Planet - Fiction) Magic Wagon.
Little Merry Christmas (Classic Reprint) Winifred Arnold. 2018. (ENG., Illus.). 106p. (J). 26.08 (978-0-484-90705-7(0)) Forgotten Bks.
Little Messages for Shut-In Folk (Classic Reprint) Charles Wesley McCormick. 2017. (ENG., Illus.). (J). pap. 9.57 (978-0-243-44033-7(2)) Forgotten Bks.
Little Messenger Birds: Or, the Chimes of the Silver Bells (Classic Reprint) Caroline H. Butler. 2017. (ENG., Illus.). (J). 27.75 (978-1-5285-6736-7(6)) Forgotten Bks.
Little Metacomet, or the Indian Playmate (Classic Reprint) Hezekiah Butterworth. (ENG., Illus.). (J). 2018. 160p. 27.22 (978-0-332-64086-0(8)); 2016. pap. 9.57 (978-1-334-33437-5(4)) Forgotten Bks.
Little Mill Dam: With Other Select & Original Moral Tales (Classic Reprint) Unknown Author. 2018. (ENG., Illus.). 144p. (J). 26.87 (978-0-483-88610-0(6)) Forgotten Bks.
Little Millers (Classic Reprint) Effie W. Merriman. 2018. (ENG., Illus.). 274p. (J). 29.55 (978-0-267-25853-6(4)) Forgotten Bks.
Little Milly & the Great Lakes: Bess & the Boil. Kelly McInenly. Illus. by Sakshi Mangal. 2019. (Little Milly & the Great Lakes Ser.: Vol. 3). (ENG.). 26p. (J). pap. (978-0-2288-0876-3(6)) Tellwell Talent.
Little Milly & the Great Lakes: Marj & the Medal. Kelly McInenly. Illus. by Sakshi Mangal. 2019. (Little Milly & the Great Lakes Ser.: Vol. 1). (ENG.). 26p. (J). pap. (978-0-2288-0896-1(0)) Tellwell Talent.
Little Milly & the Great Lakes: Peg & the Party Line. Kelly McInenly. Illus. by Sakshi Mangal. 2019. (Little Milly & the Great Lakes Ser.: Vol. 2). (ENG.). 26p. (J). pap. (978-0-2288-0895-4(2)) Tellwell Talent.
Little Mimic's Superpower. Emily Leh. Illus. by John Lim. 2022. 36p. (J). (gr. -1-3). pap. 14.99 (978-981-4893-99-2(4)) Marshall Cavendish International (Asia) Private Ltd. SGP. Dist: Independent Pubs. Group.
Little Mindful Sleepyhead: A Bedtime Meditation for Children. Niki Alday. Illus. by Jason Wilkins. 2020. (ENG.). 32p. (J). (978-0-2288-3180-8(6)); pap. (978-0-2288-3179-2(2)) Tellwell Talent.
Little Mini Came to Town. Pranvera Bardhoshi. 2021. (ENG., Illus.). 20p. (J). 23.95 (978-1-63860-113-5(5)) Fulton Bks.
Little Minister (Classic Reprint) James Matthew Barrie. 2019. (ENG., Illus.). 420p. (J). 32.58 (978-0-365-21571-4(6)) Forgotten Bks.
Little Minister, Vol. 1 of 3 (Classic Reprint) James Matthew Barrie. 2017. (ENG., Illus.). (J). 29.22 (978-0-265-19850-6(X)) Forgotten Bks.
Little Minister, Vol. 2 (Classic Reprint) James Matthew Barrie. (ENG., Illus.). (J). 2018. 286p. 29.82 (978-0-364-07932-4(0)); 2016. pap. 13.57 (978-1-333-57657-8(9)) Forgotten Bks.
Little Minister, Vol. 2 of 3 (Classic Reprint) James Matthew Barrie. (ENG., Illus.). (J). 2018. 246p. 28.99 (978-0-483-37584-0(5)); 2016. pap. 11.57 (978-1-334-13523-1(1)) Forgotten Bks.
Little Minister, Vol. 3 of 3 (Classic Reprint) James Matthew Barrie. (ENG., Illus.). (J). 2018. 242p. 28.89 (978-0-483-83324-1(X)); 2016. pap. 11.57 (978-1-334-17113-0(0)) Forgotten Bks.
Little Minnie: And Other Stories (Classic Reprint) Pansy Pansy. (ENG., Illus.). (J). 2018. 98p. 25.92 (978-0-656-12355-1(9)); 2016. pap. 9.57 (978-1-333-36207-2(2)) Forgotten Bks.
Little Minx: A Sketch (Classic Reprint) Ada Cambridge. 2018. (ENG., Illus.). 282p. (J). 29.71 (978-0-483-42450-0(1)) Forgotten Bks.
Little Miss. America & the Happy Children: A Jingle History of the United States, a Patriotic Play in One Act (Classic Reprint) Mary Moncure Parker. 2018. (ENG., Illus.). 32p. (J). 24.58 (978-0-267-43305-6(0)) Forgotten Bks.
Little Miss, Big Sis Board Book. Amy Krouse Rosenthal. Illus. by Peter H. Reynolds. 2020. (ENG.). 40p. (J). (gr. -1 — 1). bds. 8.99 (978-0-06-299344-1(5), HarperFestival) HarperCollins Pubs.
Little Miss Brave. Adam Hargreaves. Illus. by Adam Hargreaves. 2023. (Mr. Men & Little Miss Ser.). (ENG.). 32p. (J). (-k). pap. 4.99 (978-0-593-52287-5(7), Grosset & Dunlap) Penguin Young Readers Group.
Little Miss. by-The-Day (Classic Reprint) Lucille Van Slyke. 2017. (ENG., Illus.). (J). 30.37 (978-0-266-21528-8(9)) Forgotten Bks.
Little Miss. Dorothy: The Story of the Wonderful Adventures of Two Little People (Classic Reprint) Martha James. 2017. (ENG., Illus.). (J). 30.21 (978-0-265-78087-9(X)); pap. 13.57 (978-1-5277-6206-0(8)) Forgotten Bks.
Little Miss. Fales (Classic Reprint) Emilie Benson Knipe. (ENG., Illus.). (J). 2018. 246p. 28.97 (978-0-483-42155-4(3)); 2016. pap. 11.57 (978-1-334-23244-2(X)) Forgotten Bks.
Little Miss Grouch: A Narrative Based on the Log of Alexander Forsyth. Samuel Hopkins Adams. 2017. (ENG., Illus.). (J). 22.95 (978-1-374-86704-8(7)); pap. 12.95 (978-1-374-86703-1(9)) Capital Communications, Inc.
Little Miss. Grouch: A Narrative Based upon the Private Log of Alexander Forsyth Smith's Maiden Transatlantic Voyage (Classic Reprint) Samuel Hopkins Adams. 2017. (ENG., Illus.). (J). 28.87 (978-0-265-19781-3(3)); pap. 11.57 (978-0-259-10212-0(1)) Forgotten Bks.
Little Miss HISTORY Travels to Hyde Park, Home of FRANKLIN D. ROOSEVELT: Presidential Library & Museum. Barbara Ann Mojica. Illus. by Victor Ramon Mojica. 2019. (Little Miss History Travels To Ser.: Vol. 10). (ENG.). 52p. (J). (gr. 3-6). 21.95 (978-0-9989154-5-6(9)) eugenus STUDIOS, LLC.
Little Miss HISTORY Travels to INDEPENDENCE HALL & the Museum of the American Revolution. Barbara Ann Mojica. Illus. by Victor Ramon Mojica. 2020. (ENG.). 54p. (J). (gr. k-6). 27.70 (978-1-7330671-5-7(9)); pap. 16.07 (978-1-7330671-6-4(7)) eugenus STUDIOS, LLC.
Little Miss History Travels to the North Pole. Barbara Ann Mojica. Illus. by Victor Ramon Mojica. 2018. (ENG.). 40p. (J). 20.95 (978-0-9989154-4-9(0)); (Little Miss History Travels To Ser.: Vol. 9). pap. 10.95 (978-0-9989154-2-5(4)) eugenus STUDIOS, LLC.
Little Miss HISTORY Travels to TOMBSTONE ARIZONA. Barbara Ann Mojica. Illus. by Victor Ramon Mojica. 2020. (Little Miss History Travels To Ser.: Vol. 11). (ENG.). 48p. (J). (gr. k-6). 19.95 (978-0-9989154-9-4(1)) eugenus STUDIOS, LLC.
Little Miss Holly: Poems & Stories & Drawings of Imagination. Yaya. Illus. by Yaya. 2020. (ENG., Illus.). 50p. (J). (978-0-2288-4723-6(0)); pap. (978-0-2288-1522-8(3)) Tellwell Talent.
Little Miss Inventor. Roger Hargreaves. 2020. (Mr. Men & Little Miss Ser.). (ENG.). 32p. (J). (gr. -1-2). 8.99 (978-0-593-09415-0(8), Grosset & Dunlap) Penguin Young Readers Group.
Little Miss Jean & the Time Machine. Karri Theis. 2022. (ENG.). 38p. (J). 23.95 (978-1-63710-994-6(6)); pap. 14.95 (978-1-63710-992-2(X)) Fulton Bks.
Little Miss. Johnstone (Classic Reprint) Frank E. Dumm. (ENG., Illus.). (J). 2018. 46p. 24.87 (978-0-267-30871-2(X)); 2016. pap. 9.57 (978-1-333-36439-7(3)) Forgotten Bks.
Little Miss Kitty. Annette Carkhuff. Illus. by Florencia Musso. 2019. (ENG.). 146p. (J). pap. 26.95 (978-1-64559-144-3(1)) Covenant Bks.
Little Miss Liberty. Chris Robertson. Illus. by Chris Robertson. 2017. (ENG., Illus.). 32p. (J). (gr. -1-2). pap. 9.99 (978-1-5324-0173-2(6)) Xist Publishing.
Little Miss. Melody (Classic Reprint) Marian Keith. 2018. (ENG., Illus.). 304p. (J). 30.17 (978-0-365-35613-4(1)) Forgotten Bks.
Little Miss Middle. Patricia Pentecost. 2021. (ENG., Illus.). 24p. (J). 23.95 (978-1-0980-8364-9(4)); pap. 13.95 (978-1-63961-014-3(6)) Christian Faith Publishing.
Little Miss Miss. Jeff Gottesfeld. 2021. (Red Rhino Ser.). (ENG., Illus.). 72p. (J). (gr. 4-7). pap. 9.95 (978-1-68021-893-0(X)) Saddleback Educational Publishing, Inc.
Little Miss Muffet. Joni Jacobs. Illus. by Joni Jacobs. 2022. (Classic Mother Goose Rhymes Ser.). (ENG.). 16p. (J). (gr. -1-2). 29.93 (978-1-5038-5721-6(2), 215619) Child's World, Inc, The.
Little Miss. Muffet: A Love Story for Grown-Ups (Classic Reprint) Elizabeth Kirby. (ENG., Illus.). (J). 2018. 304p. 30.19 (978-0-666-68633-6(5)); 2017. pap. 13.57 (978-1-5276-7404-2(5)) Forgotten Bks.
Little Miss. Muffet (Classic Reprint) Rosa Nouchette Carey. (ENG., Illus.). (J). 2018. 308p. 30.27 (978-0-267-39095-3(5)); 2016. pap. 13.57 (978-1-334-13738-9(2)) Forgotten Bks.
Little Miss. Nobody: A New Musical Comedy (Classic Reprint) Harry Graham. 2018. (ENG., Illus.). 214p. (J). 28.31 (978-0-483-24988-2(2)) Forgotten Bks.
Little Miss Peggy: Only a Nursery Story. Molesworth. 2018. (ENG., Illus.). 132p. (YA). (gr. 7-12). pap. (978-93-5329-305-5(7)) Alpha Editions.
Little Miss. Peggy: Only a Nursery Story (Classic Reprint) Molesworth. 2017. (ENG., Illus.). (J). 30.13 (978-0-265-77955-2(3)) Forgotten Bks.
Little Miss. Primrose, Vol. 1 of 3 (Classic Reprint) Eliza Tabor. (ENG., Illus.). (J). 2018. 326p. 30.62 (978-0-483-73967-3(7)); 2016. pap. 13.57 (978-1-333-29399-4(2)) Forgotten Bks.
Little Miss. Primrose, Vol. 2 of 3 (Classic Reprint) Eliza Tabor. (ENG., Illus.). (J). 2018. 300p. 30.08 (978-0-483-89270-5(X)); 2016. pap. 13.57 (978-1-334-12815-8(4)) Forgotten Bks.
Little Miss. Primrose, Vol. 3 of 3 (Classic Reprint) Eliza Tabor. 2017. (ENG., Illus.). (J). 30.50 (978-0-332-01875-1(X)); pap. 13.57 (978-0-243-49345-6(2)) Forgotten Bks.
Little Miss Riley. John Carter. 2017. (ENG., Illus.). 34p. (J). pap. (978-1-387-11119-0(1)) Lulu Pr., Inc.
Little Miss Sassy Pants. Allison Gaglio. 2022. (ENG.). 28p. (J). pap. 6.99 (978-1-959143-20-8(4)) GoldTouch Pr.
Little Miss Shopper. Jasmine Reardon. 2020. (ENG., Illus.). 32p. (J). 24.95 (978-1-64670-239-8(5)); pap. 14.95 (978-1-64670-238-1(7)) Covenant Bks.
Little Miss Solver: Math Sum Puzzles & Activity Book. Jupiter Kids. 2017. (ENG., Illus.). (J). pap. 9.05 (978-1-5419-4064-2(4), Jupiter Kids (Childrens & Kids Fiction)) Speedy Publishing LLC.
Little Miss Sparkle. Adam Hargreaves. 2016. (Mr. Men & Little Miss Ser.). (ENG., Illus.). 32p. (J). (gr. -1-2). pap. 4.99 (978-0-451-53419-4(0), Grosset & Dunlap) Penguin Young Readers Group.
Little Miss Spider. David Kirk. ed. 2018. (ENG., Illus.). 32p. (J). (gr. -1-k). 14.95 (978-0-935112-14-6(6)) Callaway Editions, Inc.
Little Miss Spider: a Christmas Wish. David Kirk. ed. 2018. (ENG., Illus.). 32p. (J). (gr. -1-3). 19.95 (978-0-935112-40-5(5)) Callaway Editions, Inc.
Little Miss Stoneybrook... & Dawn (the Baby-Sitters Club #15) Ann M. Martin. 2021. (Baby-Sitters Club Ser.: 15). (ENG.). 160p. (J). (gr. 3-7). pap. 6.99 (978-1-338-68501-5(5)) Scholastic, Inc.
Little Miss Stoneybrook... & Dawn (the Baby-Sitters Club #15) (Library Edition) Ann M. Martin. 2021. (Baby-Sitters Club Ser.: 15). (ENG.). 160p. (J). (gr. 3-7). lib. bdg. 25.99 (978-1-338-68503-9(1)) Scholastic, Inc.
Little Miss Sunshine: 50th Anniversary Edition. Roger Hargreaves. Illus. by Roger Hargreaves. 50th ed. 2021. (Mr. Men & Little Miss Ser.). (ENG., Illus.). 32p. (J). (gr. -1-2). 8.99 (978-0-593-22661-2(5), Grosset & Dunlap) Penguin Young Readers Group.
Little Miss Talk to the Trees. Gertrude Richmond Anderson. Illus. by Terry L. Holt. 2016. (ENG.). (J). pap. 9.75 (978-1-945344-02-2(4)) M.O.R.E. Pubs.

1198 The check digit for ISBN-10 appears in parentheses after the full ISBN-13

Little Miss Valentine. Adam Hargreaves. Illus. by Adam Hargreaves. 2019. (Mr. Men & Little Miss Ser.). (ENG., Illus.). 32p. (J). (-k). 16.99 *(978-1-5247-9360-9(4),* Grosset & Dunlap) Penguin Young Readers Group.

Little Miss, Wash Your Hands. Erica Basora. 2021. (ENG.). 44p. (J). 16.99 *(978-1-953751-04-1(0))* That's Love Publishing.

Little Missionary, or a Biographical Sketch of Gratia Olive Leonard (Classic Reprint) American Sunday Union. 2018. (ENG., Illus.). 96p. (J). 25.88 *(978-0-332-88198-0(9))* Forgotten Bks.

Little Missionary, or a Biographical Sketch of Gratia Olive Leonard (Classic Reprint) American Sunday School Union. 2017. (ENG., Illus.). (J). pap. 9.57 *(978-0-243-40414-8(X))* Forgotten Bks.

Little Mississippi. Michael Shoulders. Illus. by Helle Urban. 2016. (Little State Ser.). (ENG.). 20p. (J). (gr. -1-k). bds. 9.95 *(978-1-58536-974-4(8),* 204111) Sleeping Bear Pr.

Little Mistake. Nicola Davies. Illus. by Cathy Fisher. 2019. (Country Tales Ser.). (ENG.). 36p. (J). (gr. k-2). pap. 12.99 *(978-1-912654-08-6(3))* Graffeg Limited GBR. Dist: Independent Pubs. Group.

Little Mitchell: The Story of a Mountain Squirrel (Classic Reprint) Margaret Warner Morley. 2017. (ENG., Illus.). 236p. (J). 28.78 *(978-0-332-50045-4(4))* Forgotten Bks.

Little Mittens for Little Darlings: Being the Second Book of the Series (Classic Reprint) Fanny Fanny. 2018. (ENG., Illus.). 176p. (J). 27.55 *(978-0-483-66673-3(4))* Forgotten Bks.

Little Mix: Test Your Super-Fan Status. Jack Thorpe. 2019. (ENG.). 96p. (J). (gr. 4-6). pap. 9.99 *(978-1-78055-604-8(7))* O'Mara, Michael Bks., Ltd. GBR. Dist: Independent Pubs. Group.

Little Mixer (Classic Reprint) Lillian Nicholson Shearon. 2018. (ENG., Illus.). 62p. (J). 25.20 *(978-0-484-19670-3(7))* Forgotten Bks.

Little Moar & the Moon, 1 vol. Roselynn Akulukjuk. Illus. by Jazmine Gubbe. 2021. 32p. (J). (gr. 1-3). 16.95 *(978-1-77227-299-4(X))* Inhabit Media Inc. CAN. Dist: Consortium Bk. Sales & Distribution.

Little Moe. Hannah Frebowitz & Billie Staller. Illus. by Laurie Staller. 2022. 42p. (J). 29.99 *(978-1-6678-3900-4(4))* BookBaby.

Little Mole Finds Hope. Glenys Nellist. Illus. by Sally Anne Garland. 2020. (Little Mole Ser.). 32p. (J). (gr. k-3). 17.99 *(978-1-5064-4874-9(7),* Beaming Books) 1517 Media.

Little Mole's Awesome Star. Emily Lim-Leh. Illus. by Lim. 2020. 36p. (J). (gr. -1 — 1). 14.99 *(978-981-4868-54-9(X))* Marshall Cavendish International (Asia) Private Ltd. SGP. Dist: Independent Pubs. Group.

Little Mole's Wish. Sang-Keun Kim. 2019. (Illus.). 40p. (J). (gr. -1-2). 17.99 *(978-0-525-58134-5(0),* Schwartz & Wade Bks.) Random Hse. Children's Bks.

Little Molly. Tova R. Cladouhos. Illus. by Stephanie Anderson. 2020. (ENG.). 38p. (J). pap. 9.99 *(978-1-63522-035-3(1))* Rivershore Bks.

Little Molly. Tova R. Cladouhos. Illus. by Stephanie Anderson. 2020. (ENG.). 41p. (J). *(978-1-716-57375-0(0))* Lulu Pr., Inc.

Little Moment of Happiness (Classic Reprint) Clarence Budington Kelland. (ENG., Illus.). (J). 2018. 408p. 32.31 *(978-0-666-99457-8(9));* 2017. pap. 16.57 *(978-0-243-48729-5(0))* Forgotten Bks.

Little Monarchs. Jonathan Case. 2022. (Illus.). 256p. (J). (gr. 4-7). 22.99 *(978-0-8234-4260-7(8));* pap. 14.99 *(978-0-8234-5139-5(9))* Holiday Hse., Inc. (Margaret Ferguson Books).

Little Monk & the Mantis: A Bug, a Boy, & the Birth of a Kung Fu Legend. John Fusco. Illus. by Patrick Lugo. 2016. 32p. (J). (gr. -1-3). 8.95 *(978-0-8048-4650-9(2))* Tuttle Publishing.

Little Monkey Who Wouldn't Sleep. Mag Takac. 2021. (Illus.). 48p. (J). (gr. -1-1). 16.99 *(978-1-5107-6430-9(5),* Sky Pony Pr.) Skyhorse Publishing Co., Inc.

Little Monster! Tamsin Adams. 2017. (ENG., Illus.). (YA). (gr. 7-12). pap. *(978-0-9930326-6-0(4))* Wire Bridge Bks.

Little Monster. Rhiannon Fielding. Illus. by Chris Chatterton. 2021. (Ten Minutes to Bed Ser.). (ENG.). 32p. (J). (-k). 12.99 *(978-0-241-50942-5(4),* Ladybird) Penguin Bks., Ltd. GBR. Dist: Penguin Random Hse. LLC.

Little Monster Is Hungry. Rebecca Purcell. 2021. (Little Monster Ser.). (Illus.). 22p. (J). (gr. -1-3). bds. 8.95 *(978-1-80036-021-1(5),* 159284b2-e298-4050-9c4d-97cf6af4d461) Starfish Bay Publishing Pty Ltd. AUS. Dist: Baker & Taylor Publisher Services (BTPS).

Little Monster Is Sleepy. Rebecca Purcell. 2022. (Little Monster Ser.). (Illus.). 22p. (J). (gr. -1-3). bds. 8.95 *(978-1-80036-024-2(X),* 9054d46a-d7cf-48ec-88d1-f1d3818c19c9) Starfish Bay Publishing Pty Ltd. AUS. Dist: Baker & Taylor Publisher Services (BTPS).

Little Monster Plays Hide & Seek. Rebecca Purcell. 2022. (Little Monster Ser.). (Illus.). 22p. (J). (gr. -1-3). bds. 8.95 *(978-1-80036-025-9(8),* 0af1a34b-9e73-4168-87d4-2a4acad74e8f) Starfish Bay Publishing Pty Ltd. AUS. Dist: Baker & Taylor Publisher Services (BTPS).

Little Monster Reads a Book. Rebecca Purcell. 2021. (Little Monster Ser.). (Illus.). 22p. (J). (gr. -1-3). bds. 8.95 *(978-1-80036-026-6(6),* ca0fc2de-308c-4828-a44d-e8f9aea518eb) Starfish Bay Publishing Pty Ltd. AUS. Dist: Baker & Taylor Publisher Services (BTPS).

Little Monster That Jumps on Bellies & Licks Ears. Katrina Wingo. 2020. (Stories of Suzie & Mistie Ser.). (ENG., Illus.). 30p. (J). pap. 13.95 *(978-1-64670-562-7(9))* Covenant Bks.

Little Monsters. Kara Thomas. 2018. (ENG.). 368p. (YA). (gr. 9). pap. 10.99 *(978-0-553-52152-8(7),* Ember) Random Hse. Children's Bks.

Little Monsters (Disney Monsters at Work) Adapted by Nicole Johnson. 2022. (Step into Reading Ser.). (ENG., Illus.). 32p. (J). (gr. k-3). 5.99 *(978-0-7364-4308-1(8),* RH/Disney) Random Hse. Children's Bks.

Little Monsters Guide: To Learning How to Treat Computers, Ipads & Phones. Kate Marshall. 2018. (ENG., Illus.). 30p. (J). pap. 9.95 *(978-1-7327353-2-3(8))* BotDM.

Little Monsters Guide to Learning How to Treat Computers, IPads & Phones. Kate Marshall. 2018. (ENG., Illus.). 28p. (J). (gr. -1-1). pap. 10.95 *(978-1-7327353-0-9(1))* BookBaby.

Little Monsters in Your Room. Lynn Hahn. 2019. (ENG.). 32p. (J). pap. *(978-0-359-46038-0(0))* Lulu Pr., Inc.

Little Monsters of the Ocean: Metamorphosis under the Waves. Heather L. Montgomery. (ENG., Illus.). 56p. (J). (gr. 4-8). 2023. pap. 10.99 ***(978-1-7284-7778-7(6),*** 76faa326-c522-4e4f-9c38-985cfbbe4125); 2019. 33.32 *(978-1-5415-2898-7(0),* 082f2d0f-0aad-4900-b551-bdf5d8606244) Lerner Publishing Group. (Millbrook Pr.).

Little Monster's Party. Rebecca Purcell. 2021. (Little Monster Ser.). (Illus.). 22p. (J). (gr. -1-3). bds. 8.95 *(978-1-80036-023-5(1),* 72de4b80-0e43-4399-8a7f-723a2cc21e90) Starfish Bay Publishing Pty Ltd. AUS. Dist: Baker & Taylor Publisher Services (BTPS).

Little Moorland Princess: Translated from the German (Classic Reprint) Eugenie Marlitt. (ENG., Illus.). (J). 2018. 420p. 32.56 *(978-0-428-46164-5(6));* 2017. pap. 16.57 *(978-0-243-18167-4(1))* Forgotten Bks.

Little More (Classic Reprint) William Babington Maxwell. (ENG., Illus.). (J). 2018. 398p. 32.13 *(978-0-483-24835-9(5));* 2016. pap. 16.57 *(978-1-333-38086-1(0))* Forgotten Bks.

Little Mother: A Comedy Drama in One Act (Classic Reprint) Anthony J. Schindler. (ENG., Illus.). (J). 2018. 20p. 24.31 *(978-0-483-72920-9(5));* 2016. pap. 7.97 *(978-1-334-13530-9(4))* Forgotten Bks.

Little Mother America (Classic Reprint) Helen Fitzgerald Sanders. (ENG., Illus.). (J). 2018. 256p. 29.18 *(978-0-483-10053-4(6));* 2017. pap. 11.57 *(978-1-332-72603-5(8))* Forgotten Bks.

Little Mother Goose: With Numerous Illustrations in Full Color & Black & White (Classic Reprint) Jessie Willcox Smith. (ENG., Illus.). (J). 2018. 216p. 28.35 *(978-0-484-06649-5(8));* 2016. pap. 10.97 *(978-1-334-26301-9(9))* Forgotten Bks.

Little Mother of the Slums, & Other Plays (Classic Reprint) Emily Herey Denison. 2018. (ENG., Illus.). 142p. (J). 26.85 *(978-0-666-86855-8(7))* Forgotten Bks.

Little Mother to the Others (Classic Reprint) L. T. Meade. 2018. (ENG., Illus.). 314p. (J). 30.39 *(978-0-483-76970-0(3))* Forgotten Bks.

Little Mother Who Sits at Home (Classic Reprint) Marguerite Florence Laura Jarvis. (ENG., Illus.). (J). 2018. 208p. 28.21 *(978-0-483-65040-4(4));* 2016. pap. 10.57 *(978-1-333-71320-1(7))* Forgotten Bks.

Little Mountain Mermaid. Sunnie Zenger. 2020. (ENG.). 22p. (J). pap. 12.49 *(978-1-6628-0006-1(1))* Salem Author Services.

Little Mouse. Nancy Lou Deane. 2021. (ENG.). 24p. (J). pap. *(978-1-80369-034-6(8))* Authors OnLine, Ltd.

Little Mouse. C. W. Lovatt. Illus. by Angel-Rose. 2018. (ENG.). 146p. (J). pap. *(978-1-907954-67-2(8))* Wild Wolf Publishing.

Little Mouse: The Mouse Who Lived with Henry David Thoreau at Walden Pond. Bill Montague. 2018. (ENG., Illus.). 80p. (Orig.). (J). pap. 14.50 *(978-0-9638644-7-5(5))* Booklocker.com, Inc.

Little Mouse & the Apples. Miguel Dean. 2019. (ENG.). 32p. (J). pap. *(978-1-5289-0331-8(5))* Austin Macauley Pubs. Ltd.

Little Mouse & the Big Cupcake. Thomas Taylor. Illus. by Jill Barton. 2017. (ENG.). 24p. (J). (— 1). bds. 6.95 *(978-1-910716-32-8(4))* Boxer Bks., Ltd. GBR. Dist: Sterling Publishing Co., Inc.

Little Mouse & the Big Mice. Michelle Wanasundera. Illus. by Ayan Saha. (ENG.). 30p. (J). 2023. pap. ***(978-1-922991-66-9(X));*** 2022. pap. ***(978-1-922895-06-6(7))*** Library For All Limited.

Little Mouse & the Big Mice - Panya Mdogo Na Panya Mkubwa. Michelle Wanasundera. Illus. by Romulo Reyes, III. 2023. (SWA.). 30p. (J). pap. ***(978-1-922932-31-0(0))*** Library For All Limited.

Little Mouse & the Pirate's Gift. Cheryl M. Bloser. 2018. (ENG., Illus.). 28p. (J). 14.95 *(978-1-7326291-7-2(X))* Mindstir Media.

Little Mouse & the Red Wall. Britta Teckentrup. 2022. (ENG., Illus.). 32p. (J). (gr. -1-k). pap. 10.99 *(978-1-4083-4281-7(2),* Orchard Bks.) Hachette Children's Group GBR. Dist: Hachette Bk. Group.

Little Mouse Brushing Teeth. Yoshio Nakae. 2018. (CHI.). (J). *(978-986-211-840-5(7))* Hsaio Lu Publishing Co., Ltd.

Little Mouse Has a Quest. Linda Vaidulas. 2022. (ENG., Illus.). 34p. (J). pap. 15.95 *(978-1-63903-958-6(9))* Christian Faith Publishing.

Little Mouse, the Red Ripe Strawberry, & the Big Hungry Bear. Audrey Wood. Illus. by Don Wood. 2020. (ENG.). 32p. (J). (gr. -1-3). 16.99 *(978-0-358-36259-3(8),* 1784596); pap. 8.99 *(978-0-358-36260-9(1),* 1784597) HarperCollins Pubs. (Clarion Bks.).

Little Mouse, the Red Ripe Strawberry, & the Big Hungry Bear Board Book. Audrey Wood. Illus. by Don Wood. 2020. (ENG.). 32p. (J). (— 1). bds. 8.99 *(978-0-358-36261-6(X),* 1784598, Clarion Bks.) HarperCollins Pubs.

Little Mouse Who Lost Her Squeak. Jedda Robaard. 2020. (Nature Stories Ser.). (ENG., Illus.). 10p. (J). bds. 6.99 *(978-1-76050-647-6(8))* Gardner Media LLC.

Little Mouse's Big Breakfast. Christine Pym. Illus. by Christine Pym. 2018. (ENG., Illus.). 32p. (J). (gr. -1-2). 15.99 *(978-0-7636-9626-9(9))* Candlewick Pr.

Little Mouse's New Friend: A Sharing & Caring Storybook. Jo Parry. 2017. (ENG.). 26p. (J). bds. 9.95 *(978-1-78670-648-5(2))* Igloo Bks. GBR. Dist: Simon & Schuster, Inc.

Little Mower That Could. Yvonne Jones. 2016. (ENG., Illus.). (J). pap. 10.99 *(978-0-9970254-4-6(1))* LHC Publishing.

Little Moyo - Hardback: Baby Animal Environmental Heroes. Sylvia M. Medina. Illus. by Morgan Spicer. 2019. (ENG.). 43p. (J). (gr. k-3). 25.00 *(978-1-939871-92-3(1))* Green Kids Club, Inc.

Little Moyo - Paperback: Baby Animal Environmental Heroes. Sylvia M. Medina. Illus. by Morgan Spicer. 2019. (ENG.). 43p. (J). (gr. k-3). pap. 16.00 *(978-1-939871-91-6(3))* Green Kids Club, Inc.

Little Mr. Bouncer: And His Verdant Green Also Tales of College Life (Classic Reprint) Cuthbert Bede. 2017. (ENG., Illus.). (J). 30.37 *(978-0-265-19695-3(7))* Forgotten Bks.

Little Mr. Thimblefinger & His Queer Country. Joel Chandler Harris. 2017. (ENG.). 302p. (J). pap. *(978-3-337-32287-8(5))* Creation Pubs.

Little Mr. Thimblefinger & His Queer Country: What the Children Saw & Heard There (Classic Reprint) Joel Chandler Harris. 2018. (ENG., Illus.). 300p. (J). 30.08 *(978-0-364-51935-6(5))* Forgotten Bks.

Little Mr. Van Vere of China (Classic Reprint) Harriet Anna Cheever. (ENG., Illus.). (J). 2018. 248p. 29.01 *(978-0-483-42163-9(4));* 2016. pap. 11.57 *(978-1-334-23766-9(2))* Forgotten Bks.

Little Muir's Song. Illus. by Susie Ghahremani. 2019. (ENG.). 14p. (J). bds. 8.99 *(978-1-930238-89-3(4))* Yosemite Conservancy.

Little Munchkin Tales. Jennifer Rollins. 2018. (ENG., Illus.). 32p. (J). pap. 12.95 *(978-1-64028-072-4(3))* Christian Faith Publishing.

Little Museum Keepers (Classic Reprint) Silverpen Silverpen. 2018. (ENG., Illus.). 168p. (J). 27.36 *(978-0-483-46696-8(4))* Forgotten Bks.

Little Musical Animals at the Fur Ball Festival. Anita Ceravolo Maret. 2017. (ENG., Illus.). (J). pap. 10.00 *(978-0-692-93666-5(1))* Ceravolo Maret, Anita.

Little My Dear & Poojie Songs (Classic Reprint) Helen Howarth Lemmel. 2018. (ENG., Illus.). 20p. (J). 24.31 *(978-0-656-89545-8(4));* pap. 7.97 *(978-1-333-87336-3(0))* Forgotten Bks.

Little Nancy, or, the Punishment of Greediness: A Moral Tale, Embellished with Engravings (Classic Reprint) Unknown Author. 2018. (ENG., Illus.). 20p. (J). 24.31 *(978-0-332-49850-8(6))* Forgotten Bks.

Little Nate's Bowling Life. Sherina Watkins. 2022. (ENG.). 36p. (J). pap. 18.99 *(978-0-578-36325-7(9))* T&J Pubs.

Little Naturalists: Greta Thunberg Takes a Stand. Kate Coombs. Illus. by Seth Lucas. 2022. 22p. (J). (gr. k — 1). 11.99 *(978-1-4236-6164-1(8))* Gibbs Smith, Publisher.

Little Naturalists: John James Audubon Painted Birds, 1 vol. Kate Coombs. 2019. (BabyLit Ser.). (ENG., Illus.). 22p. (J). (— 1). bds. 9.99 *(978-1-4236-5151-2(0))* Gibbs Smith, Publisher.

Little Naturalists: the Adventures of John Muir, 1 vol. Kate Coombs. Illus. by Seth Lucas. 2019. (BabyLit Ser.). 22p. (J). (— 1). bds. 11.99 *(978-1-4236-5150-5(2))* Gibbs Smith, Publisher.

Little Nature Studies for Little People (Classic Reprint) John Burroughs. 2018. (ENG., Illus.). 168p. (J). 27.36 *(978-0-484-81122-4(3))* Forgotten Bks.

Little Nature Studies for Little People, Vol. 1: A Primer & a First Reader (Classic Reprint) John Burroughs. 2017. (ENG., Illus.). (J). 26.64 *(978-0-260-28374-0(6))* Forgotten Bks.

Little Nature Studies for Little People, Vol. 2: From the Essays of John Burroughs (Classic Reprint) John Burroughs. 2017. (ENG., Illus.). (J). 26.62 *(978-0-260-99963-4(6))* Forgotten Bks.

Little Ned. Michael Wagner. Illus. by Adam Carruthers. 2020. (ENG.). 24p. (J). (gr. -1-k). 18.99 *(978-1-76012-927-9(5))* Little Hare Bks. AUS. Dist: Independent Pubs. Group.

Little Netherton Book: Mario the Goldfish. Mary Ann Netherton. Illus. by Ryan Douglass. 2019. (Little Netherton Bks.: Vol. 1). (ENG.). 30p. (J). 19.99 *(978-1-949609-86-8(3))* Pen It Pubns.

Little Netherton Books: A Frog Named Spot. Mary Ann Netherton. 2019. (Little Netherton Bks.: Vol. 3). (ENG., Illus.). 32p. (J). 20.99 *(978-1-950454-98-3(3))* Pen It Pubns.

Little Netherton Books: Alo the Skunk: Book 9. Mary Ann Netherton. Illus. by Ryan Douglass. 2022. (Little Netherton Bks.: Vol. 9). (ENG.). 32p. (J). 20.99 *(978-1-63984-219-3(5))* Pen It Pubns.

Little Netherton Books: Blueberry the Bear. Mary Ann Netherton. Illus. by Ryan Douglass. 2021. (Little Netherton Bks.: Vol. 7). (ENG.). 40p. (J). 22.99 *(978-1-952894-35-0(2))* Pen It Pubns.

Little Netherton Books: BoBo the Poodle. Mary Ann Netherton. Illus. by Ryan Douglass. 2020. (ENG.). 44p. (J). 22.99 *(978-1-952894-30-5(1))* Pen It Pubns.

Little Netherton Books: BoBo the Poodle Coloring Book. Mary Ann Netherton. Illus. by Ryan Douglass. 2020. (Little Netherton Bks.: Vol. 6). (ENG.). 44p. (J). pap. 8.99 *(978-1-952894-21-3(2))* Pen It Pubns.

Little Netherton Books: Faith the Bunny. Mary Ann Netherton. 2023. (Little Netherton Bks.). (ENG.). 38p. (J). pap. 16.99 ***(978-1-63984-408-1(2))*** Pen It Pubns.

Little Netherton Books: Mario the Goldfish. Mary Ann Netherton. 2018. (ENG.). 30p. (J). pap. 12.99 *(978-1-949609-19-6(7))* Pen It Pubns.

Little Netherton Books: Pinky the Mouse: Book 4. Mary Ann Netherton. 2019. (Little Netherton Bks.: Vol. 4). (ENG., Illus.). 34p. (J). 21.99 *(978-1-951263-30-0(8))* Pen It Pubns.

Little Netherton Books: Rainbow the Duck. Mary Ann Netherton. Illus. by Ryan Douglass. 2021. (ENG.). 40p. (J). 21.99 *(978-1-63984-060-1(5))* Pen It Pubns.

Little Netherton Books: Wiggles the Worm: Book 5. Mary Ann Netherton. 2020. (Little Netherton Bks.: Vol. 5). (ENG., Illus.). 32p. (J). 21.99 *(978-1-952011-57-3(4))* Pen It Pubns.

Little Netherton Books - Coloring Book: Wiggles the Worm: Book 5. Mary Ann Netherton. 2020. (Little Netherton Bks.: Vol. 5). (ENG., Illus.). 32p. (J). pap. 8.99 *(978-1-952011-51-1(5))* Pen It Pubns.

Little Newt under the Root. Neal Papevies. Illus. by Stacy Jordon. 2022. (ENG.). 30p. (J). 24.95 ***(978-1-957479-32-3(9))*** Vabella Publishing.

Little Nic's Big Day. Nic Naitanui. Illus. by Fatima Anaya. 2019. (ENG.). 32p. (J). (gr. -1-k). 15.99 *(978-1-76087-687-6(9),* Albert Street Bks.) Allen & Unwin AUS. Dist: Independent Pubs. Group.

Little Night / Nochecita. Yuyi Morales. ed. 2016. (SPA.). (J). lib. bdg. 18.40 *(978-0-606-38443-8(X))* Turtleback.

Little Night Cat. Sonja Danowski. Illus. by Sonja Danowski. 2016. (ENG., Illus.). 48p. 19.95 *(978-0-7358-4266-3(3))* North-South Bks., Inc.

Little Nightcap Letters. Frances Elizabeth Barrow. 2018. (ENG., Illus.). 44p. (YA). (gr. 7-12). pap. *(978-93-5329-234-8(4))* Alpha Editions.

Little Nightcap Letters (Classic Reprint) Unknown Author. 2018. (ENG., Illus.). 212p. (J). 28.27 *(978-0-267-10327-0(1))* Forgotten Bks.

Little Ninja Sparrows. Ranjit Lal. Illus. by Sayantan Halder. 2017. (ENG.). 168p. (YA). (gr. 8-12). pap. *(978-93-87164-46-8(2))* Speaking Tiger Publishing.

Little Ninja That Could: Conquer Kindergarten. Mallory Howell. Illus. by Zoe Saunders. 2020. (Little Ninja That Could Ser.: Vol. 1). (ENG.). 32p. (J). 16.99 *(978-1-7324216-2-2(5));* pap. 11.99 *(978-1-7324216-1-5(7))* Howell, Mallory.

Little Norsk: Or Ol' Pap's Flaxen (Classic Reprint) Hamlin Garland. 2017. (ENG., Illus.). (J). 27.57 *(978-0-265-20290-6(6))* Forgotten Bks.

Little Nosey. Zachary Inyart & Patricia Inyart. 2018. (ENG.). 38p. (J). 23.95 *(978-1-64214-923-4(3))* Page Publishing Inc.

Little Novels (Classic Reprint) Wilkie Collins. 2018. (ENG., Illus.). 330p. (J). 30.72 *(978-0-428-95664-6(5))* Forgotten Bks.

Little Novels of Italy (Classic Reprint) Maurice Hewlett. 2018. (ENG., Illus.). 356p. (J). 31.24 *(978-0-483-44073-9(6))* Forgotten Bks.

Little Novels, Vol. 1 of 3 (Classic Reprint) Wilkie Collins. 2018. (ENG., Illus.). 328p. (J). 30.68 *(978-0-332-77952-2(1))* Forgotten Bks.

Little Novels, Vol. 2 of 3 (Classic Reprint) Wilkie Collins. 2018. (ENG., Illus.). 340p. (J). 30.93 *(978-0-267-19620-3(2))* Forgotten Bks.

Little Novels, Vol. 3 of 3 (Classic Reprint) Wilkie Collins. (ENG., Illus.). (J). 2018. 348p. 31.07 *(978-0-483-87591-3(0));* 2016. pap. 13.57 *(978-1-334-13601-6(7))* Forgotten Bks.

Little Nugget (Classic Reprint) Pelham Grenville Wodehouse. (ENG., Illus.). (J). 2017. 28.70 *(978-0-331-58148-5(5));* 2016. pap. 11.57 *(978-1-333-65454-2(5))* Forgotten Bks.

Little Number Stories Addition. Rozanne Williams. 2017. (Learn-To-Read Ser.). (ENG., Illus.). (J). pap. 3.49 *(978-1-68310-234-2(7))* Pacific Learning, Inc.

Little Number Stories Subtraction. Rozanne Williams. 2017. (Learn-To-Read Ser.). (ENG., Illus.). (J). pap. 3.49 *(978-1-68310-235-9(5))* Pacific Learning, Inc.

Little Oakley. Cecilia Mainord. Ed. by Andrea Elston. Illus. by Samantha Campbell. 2022. (ENG.). 42p. (J). pap. 14.99 ***(978-1-953158-13-0(7))*** Shine-A-Light Pr.

Little of Everything (Classic Reprint) E. V. Lucas. 2017. (ENG., Illus.). (J). 27.92 *(978-0-265-45487-9(5))* Forgotten Bks.

Little Oink: (Animal Books for Toddlers, Board Book for Toddlers) Amy Krouse Rosenthal. Illus. by Jen Corace. 2017. (Little Bks.). (ENG.). 24p. (J). bds. 7.99 *(978-1-4521-5319-3(1))* Chronicle Bks. LLC.

Little Okon & the Outside World. Omoruyi Uwuigiaren. 2023. (ENG.). 52p. (J). pap. ***(978-1-78695-839-6(2))*** Zadkiel Publishing.

Little Old Farm Folk. Andrea Wisnewski. 2017. (ENG., Illus.). 34p. (J). bds. 8.95 *(978-1-56792-594-4(4))* Godine, David R. Pub.

Little Old Lady (Classic Reprint) Lynn Harold Hough. 2018. (ENG., Illus.). 136p. (J). 26.72 *(978-0-483-92925-8(5))* Forgotten Bks.

Little Old Lady Who Was Not Afraid of Anything. Linda Williams. Illus. by Megan Lloyd. 2019. (ENG.). 32p. (J). (gr. -1-3). 17.99 *(978-0-690-04584-0(0));* lib. bdg. 18.89 *(978-0-690-04586-4(7))* HarperCollins Pubs. (HarperCollins).

Little Old Lady Who Was Not Afraid of Anything: A Halloween Book for Kids. Linda Williams. Illus. by Megan Lloyd. 2019. (ENG.). 32p. (J). (gr. -1-3). pap. 8.99 *(978-0-06-443183-5(5),* HarperCollins) HarperCollins Pubs.

Little Old Lady with the Green Ukulele. Andrew J. Hart. 2020. (ENG.). 26p. (J). pap. 12.00 *(978-1-0878-9858-2(7))* Indy Pub.

Little Old Sparrow. Shannon McCarthy-Contreras. 2017. (ENG., Illus.). 26p. (J). (gr. k-6). 28.99 *(978-0-692-99294-4(4))* McCarthy-Contreras, Shannon.

Little Oliver Goes to School. Maryanne Comer. 2022. (ENG., Illus.). 42p. (J). 19.95 *(978-1-63874-443-6(2));* pap. 13.95 *(978-1-0980-7674-0(5))* Christian Faith Publishing.

Little Olympians 1: Zeus, God of Thunder. A. I. Newton. Illus. by Anjan Sarkar. 2021. (Little Olympians Ser.). (ENG.). 112p. (J). (gr. k-3). 16.99 *(978-1-4998-1148-3(9));* pap. 5.99 *(978-1-4998-1149-0(7))* Little Bee Books Inc.

Little Olympians 2: Athena, Goddess of Wisdom. A. I. Newton. Illus. by Anjan Sarkar. 2021. (Little Olympians Ser.). (ENG.). 112p. (J). (gr. k-3). 16.99 *(978-1-4998-1151-3(9));* pap. 5.99 *(978-1-4998-1152-0(7))* Little Bee Books Inc.

Little Olympians 3: Hermes, the Fastest God. A. I. Newton. Illus. by Anjan Sarkar. 2021. (Little Olympians Ser.). (ENG.). 112p. (J). (gr. k-3). 16.99 *(978-1-4998-1153-7(5));* pap. 5.99 *(978-1-4998-1154-4(3))* Little Bee Books Inc.

Little Olympians 4: Artemis, the Archer Goddess. A. I. Newton. Illus. by Anjan Sarkar. 2022. (Little Olympians Ser.). (ENG.). 112p. (J). (gr. k-3). 16.99 *(978-1-4998-1155-1(1));* pap. 5.99 *(978-1-4998-1156-8(X))* Little Bee Books Inc.

Little One. Ariel Andres Almada. Tr. by Jon Brokenbrow. Illus. by Sonja Wimmer. 2020. (Family Love Ser.). 32p. (J). (gr. k-3). 16.95 *(978-84-16733-72-9(4))* Cuento de Luz SL ESP. Dist: Publishers Group West (PGW).

Little One. Tr. by David Boyd. 2021. (Illus.). 72p. (J). (gr. k). 16.95 *(978-1-59270-358-6(5))* Enchanted Lion Bks., LLC.

Little One Behind the Badge. Jenny Swartout. 2017. (ENG., Illus.). (J). (gr. -1-3). pap. 7.99 *(978-1-935666-95-0(9))* Nodin Pr.

Little One, God Loves You, 1 vol. Amy Warren Hilliker. Illus. by Polona Lovsin. 2016. (ENG.). 14p. (J). bds. 8.99 *(978-0-310-75307-0(4))* Zonderkidz.

L

Little One, God Loves You Gift Set, 1 vol. Amy Warren Hilliker. Illus. by Polona Lovsin. 2020. (ENG.). 14p. (J). 19.99 *(978-0-310-76858-6(6))* Zonderkidz.

Little One, God Made You, 1 vol. Amy Warren Hilliker. Illus. by Polona Lovsin. 2016. (ENG.). 14p. (J). bds. 9.99 *(978-0-310-75300-1(7))* Zonderkidz.

Little One-Inch & Other Japanese Children's Favorite Stories. Florence Sakade. Illus. by Yoshisuke Kurosaki. rev. ed. 2018. (Favorite Children's Stories Ser.). 48p. (J). (gr. -1-3). 9.99 *(978-0-8048-5059-9(3))* Tuttle Publishing.

Little One Misses His Home. Natalie Reeder. 2022. (ENG.). 24p. (J). pap. 12.95 ***(978-1-0980-9769-1(6))*** Christian Faith Publishing.

Little One Shoe. Brenda Hamilton. 2019. (ENG.). 24p. (J). 21.95 *(978-1-64492-632-1(6))* Christian Faith Publishing.

Little One Step. Simon James. Illus. by Simon James. 2016. (ENG., Illus.). 32p. (J). (-k). 7.99 *(978-0-7636-8176-0(8))* Candlewick Pr.

Little One, We Knew You'd Come. Sally Lloyd-Jones. Illus. by Eve Tharlet. 2022. (ENG.). 32p. (J). 18.99 *(978-0-310-76458-8(0))* Zonderkidz.

Little Ones: New Edition. Lori Cameron. 2022. (ENG.). 30p. (YA). 16.99 *(978-1-63767-832-9(0))* Bk.Trail Agency.

Little Ones (Classic Reprint) Dorothy Kunhardt. (ENG., Illus.). (J). 2018. 66p. 25.28 *(978-0-331-76554-0(3))*; 2017. pap. 9.57 *(978-0-259-49597-0(2))* Forgotten Bks.

Little Ones' Great Adventure. Martin Gardiner. 2022. (ENG.). 48p. (J). pap. *(978-1-6780-0256-5(9))* Lulu Pr., Inc.

Little Onion's on Big War. Keiko Sena. 2016. (CHI.). 32p. (J). *(978-957-762-590-8(8))* Hsin Yi Pubns.

Little Orange Book II: Student Voices on Excellent Teaching, Bk. 2. The University of Texas System Academy of Distinguished Teachers. 2020. (ENG.). 216p. 19.95 *(978-1-4773-1538-5(1))* Univ. of Texas Pr.

Little Orange Cat's Dream. Alexandra C. Turnbull. 2017. (ENG., Illus.). 28p. (J). pap. *(978-1-907935-62-6(2))* Musicaliti Pubs.

Little Orange Honey Hood: A Carolina Folktale. Lisa Anne Cullen. 2018. (Young Palmetto Bks.). (ENG., Illus.). 40p. 18.99 *(978-1-61117-847-0(9)*, P567980) Univ. of South Carolina Pr.

Little Orange Truck. Ginger Swift. Ed. by Cottage Door Press. Illus. by Zoe Persico. 2021. (ENG.). 12p. (J). (gr. -1 — 1). bds. 7.99 *(978-1-68052-980-7(3)*, 1006080) Cottage Door Pr.

Little Orangutan Lost in Paris, Volume 2. Jedda Robaard. 2020. (Lost Creatures Ser.). (ENG., Illus.). 10p. (J). (— 1). bds. 10.99 *(978-1-76068-320-7(5))* Little Hare Bks. AUS. Dist: Independent Pubs. Group.

Little Orator: Or Primary School Speaker (Classic Reprint) Charles Northend. 2018. (ENG., Illus.). 180p. (J). 27.61 *(978-0-364-07985-0(1))* Forgotten Bks.

Little Organ of Resnik. Donna McClure. 2020. (ENG.). 34p. (J). 16.99 *(978-1-7358186-6-5(6))* Mindstir Media.

Little Organist of St. Jerome: And Other Stories of Work & Experience (Classic Reprint) Annie L. Jack. (ENG., Illus.). (J). 2018. 94p. 25.86 *(978-0-483-96894-3(3))*; 2017. 104p. 26.06 *(978-0-484-14939-6(3))*; 2017. pap. 9.57 *(978-0-259-38542-4(5))* Forgotten Bks.

Little Orphan Andy. Shelia Sortor. 2023. (ENG., Illus.). 28p. (J). pap. 14.95 ***(978-1-68498-669-9(9))*** Newman Springs Publishing, Inc.

Little Orphan Annie (Classic Reprint) James Whitcomb Riley. 2017. (ENG., Illus.). (J). 24.39 *(978-1-5281-6508-2(X))* Forgotten Bks.

Little Otter. Rosalee Wren. Ed. by Cottage Door Press. Illus. by Sydney Hanson. 2019. (ENG.). 10p. (J). (gr. -1-k). bds. 4.99 *(978-1-68052-778-0(9)*, 1005010) Cottage Door Pr.

Little Otter Learns to Swim. Artie Knapp. 2018. (ENG., Illus.). 32p. (J). (gr. 1-4). 15.95 *(978-0-8214-2340-0(1))* Ohio Univ. Pr.

Little Otter Who Tried. Katie O'Donoghue. 2023. (ENG., Illus.). 64p. (J). 17.50 ***(978-0-7171-9603-6(8))*** Gill Bks. IRL. Dist: Casemate Pubs. & Bk. Distributors, LLC.

Little Ouch. Katherine Picarde. Illus. by Khalima Murzina. 2022. (ENG.). 38p. (J). 18.95 *(978-1-64538-945-3(6))* Orange Hat Publishing.

Little Owl. Rosalee Wren. Ed. by Cottage Door Press. Illus. by Jennifer Meyer. 2019. (ENG.). 10p. (J). (gr. -1-k). bds. 4.99 *(978-1-68052-631-8(6)*, 1004241) Cottage Door Pr.

Little Owl & the Big Tree: A Christmas Story. Jonah Winter. Illus. by Jeanette Winter. 2021. (ENG.). 32p. (J). (-3). 17.99 *(978-1-6659-0213-7(2)*, Beach Lane Bks.) Beach Lane Bks.

Little Owl in the Big City. Marcia Mogelonsky. 2021. (ENG.). 32p. (J). 19.95 *(978-0-8091-6800-2(6))* Paulist Pr.

Little Owl Rescue. Rachel Delahaye. Illus. by Suzie Mason & Artful Artful Doodlers. 2022. (Little Animal Rescue Ser.). (ENG.). 128p. (J). (gr. 1-4). pap. 5.99 *(978-1-6643-4011-4(4))* Tiger Tales.

Little Owl Says Goodnight: A Slide-And-Seek Book. Emma Parrish. 2016. (Slide-And-Seek Ser.). (ENG., Illus.). 10p. (J). (gr. -1-k). bds. 9.99 *(978-1-4998-0406-5(7))* Little Bee Books Inc.

Little Owl's Bedtime. Debi Gliori. Illus. by Alison Brown. 2020. (ENG.). 32p. (J). 17.99 *(978-1-5476-0449-4(2)*, 900223512, Bloomsbury Children's Bks.) Bloomsbury Publishing USA.

Little Owl's Bedtime. Karl Newson. Illus. by Migy Blanco. 2020. (ENG.). 24p. (J). (— 1). bds. 10.99 *(978-1-5362-1446-8(9))* Candlewick Pr.

Little Owl's Big Wait / la Gran Espera Del Pequeño Búho. Calee M. Lee. 2017. (Xist Kids Bilingual Spanish English Ser.). (ENG & SPA.). 32p. (J). (gr. -1-3). pap. 9.99 *(978-1-5324-0345-3(3))* Xist Publishing.

Little Owl's Egg. Debi Gliori. Illus. by Alison Brown. (ENG.). 32p. (J). 2018. bds. 7.99 *(978-1-68119-893-4(2)*, 900191670, Bloomsbury Children's Bks.); 2017. 16.99 *(978-1-68119-324-3(8)*, 900170041, Bloomsbury USA Childrens) Bloomsbury Publishing USA.

Little Owl's Love. Divya Srinivasan. Illus. by Divya Srinivasan. 2022. (Little Owl Ser.). (Illus.). 40p. (J). (-k). 18.99 *(978-0-593-20404-7(2)*, Viking Books for Young Readers) Penguin Young Readers Group.

Little Owl's Peekaboo. Rosie Greening. Illus. by Lara Ede. 2021. (ENG.). 10p. (J). (— 1). bds. 9.99 *(978-1-78947-735-1(2))* Make Believe Ideas GBR. Dist: Scholastic, Inc.

Little Owl's Snow. Divya Srinivasan. (Little Owl Ser.). (Illus.). (J). (— 1). 2020. 34p. bds. 8.99 *(978-0-593-11534-3(1))*; 2018. 40p. 18.99 *(978-0-670-01651-8(9))* Penguin Young Readers Group. (Viking Books for Young Readers).

Little P & Her Kittens. Ds Marshall. 2023. (ENG.). 32p. (J). 26.95 ***(978-1-6624-8797-2(5))*** Page Publishing Inc.

Little Pablo Picasso see **Pablito**

Little Page Fern: And Other Verses (Classic Reprint) Alice Wellington Rollins. (ENG., Illus.). (J). 2018. 42p. 24.76 *(978-0-484-85490-0(9))*; 2016. pap. 7.97 *(978-1-334-14895-8(3))* Forgotten Bks.

Little Painter. Shalini Vallepur. Illus. by Irene Renon. 2023. (Level 8 - Purple Set Ser.). (ENG.). 32p. (J). (gr. 1-4). lib. bdg. 19.95 Bearport Publishing Co., Inc.

Little Panda. Julie Abery. Illus. by Suzie Mason. 2019. (ENG.). 20p. (J). (gr. -1-k). bds. 9.99 *(978-1-68152-414-6(7)*, 17591) Amicus.

Little Panda. Agnese Baruzzi. 2021. (Happy Fox Finger Puppet Bks.). (ENG., Illus.). 12p. (J). bds. 6.99 *(978-1-64124-128-1(4)*, 1281) Fox Chapel Publishing Co., Inc.

Little Pansy, Vol. 1 of 3 (Classic Reprint) Randolph. 2018. (ENG., Illus.). 334p. (J). 30.79 *(978-0-483-94093-2(3))* Forgotten Bks.

Little Pansy, Vol. 2 of 3 (Classic Reprint) Randolph. 2018. (ENG., Illus.). 332p. (J). 30.74 *(978-0-483-79980-6(7))* Forgotten Bks.

Little Paper Worlds: in the Jungle: 3-D Paper Scenes Board Book. IglooBooks. Illus. by Neil Clark. 2021. (ENG.). 8p. (J). (-k). bds., bds. 9.99 *(978-1-80022-865-8(1))* Igloo Bks. GBR. Dist: Simon & Schuster, Inc.

Little Paper Worlds: in the Ocean: 3-D Paper Scenes Board Book. IglooBooks. Illus. by Neil Clark. 2021. (ENG.). 8p. (J). (-k). bds. 9.99 *(978-1-80022-866-5(X))* Igloo Bks. GBR. Dist: Simon & Schuster, Inc.

Little Parakeet, Story & Follow-Up Activities: Periquito, el Cuento y Actividades. Georgette L. Baker. Illus. by Evelyn Quijas. 2018. (ENG.). 40p. (J). pap. 9.95 *(978-1-892306-61-6(1))* Cantemos-bilingual bks. and music.

Little Parsley. Inger Hagerup. Tr. by Becky L. Crook. Illus. by Paul René Gauguin. 2019. (J). 17.95 *(978-1-59270-286-2(4))* Enchanted Lion Bks., LLC.

Little Pat with a Bat. Patrick Ware. Illus. by Araina Asher. 2021. (ENG.). 25p. (J). *(978-1-6671-9515-5(8))* Lulu Pr., Inc.

Little Paul & Other Stories (Classic Reprint) Lizzie Amory. 2018. (ENG., Illus.). 120p. (J). 26.39 *(978-0-332-79524-9(1))* Forgotten Bks.

Little Paul (Classic Reprint) M. E. Miller. 2017. (ENG., Illus.). 66p. (J). 25.26 *(978-0-484-72351-0(0))* Forgotten Bks.

Little Pea. Davide Cali. Illus. by Sébastien Mourrain. 2023. (ENG.). 36p. (J). (gr. -1-1). 16.99 *(978-1-990252-11-2(7))* Milky Way Picture Bks. CAN. Dist: Abrams, Inc.

Little Pea-Nut Merchant, or Harvard's Aspirations. Mary Atkins. 2017. (ENG.). 284p. (J). pap. *(978-3-337-19677-6(2))* Creation Pubs.

Little Pea-Nut Merchant, or Harvard's Aspirations (Classic Reprint) Mary Atkins. (ENG., Illus.). (J). 2018. 294p. 29.96 *(978-0-483-75435-5(8))*; 2017. pap. 13.57 *(978-0-243-40847-4(1))* Forgotten Bks.

Little Peachling: And Other Tales of Old Japan (Classic Reprint) Georgene Faulkner. (ENG., Illus.). (J). 2018. 100p. 25.96 *(978-0-364-09101-2(0))*; 2017. pap. 9.57 *(978-0-259-48182-9(3))* Forgotten Bks.

Little Pearl. Margot Robinson. 2016. (ENG., Illus.). (J). pap. 10.99 *(978-0-9630151-3-6(3))* Stanton & Harper Bks.

Little Pearl, 28 vols. Martin Widmark. Illus. by Emilia Dziubak. 2020. 32p. (J). 17.95 *(978-1-78250-599-0(7))* Floris Bks. GBR. Dist: Consortium Bk. Sales & Distribution.

Little Pea's Drawing School. Davide Cali. Illus. by Sébastien Mourrain. 2022. (ENG.). 40p. (J). (gr. -1-1). 15.99 *(978-1-990252-07-5(9))* Milky Way Picture Bks. CAN. Dist: Abrams, Inc.

Little Pea's Grand Journey. Davide Cali. Illus. by Sébastien Mourrain & Sébastien Mourrain. 2021. (ENG.). 36p. (J). (gr. -1-1). 15.99 *(978-1-990252-02-0(8))* Milky Way Picture Bks. CAN. Dist: Abrams, Inc.

Little Pedlington & the Pedlingtonians (Classic Reprint) John Poole. (ENG., Illus.). (J). 2018. 324p. 30.60 *(978-0-365-05210-4(8))*; 2017. pap. 13.57 *(978-1-5276-3925-6(8))* Forgotten Bks.

Little Peekaboos: Eyes, Ears, Nose, & Toes: With Soft Felt Flaps to Lift. Sophie Aggett. 2023. (ENG.). 10p. (J). (— 1). bds. 9.99 *(978-1-6643-5060-1(8))* Tiger Tales.

Little Peekaboos: Good Night, Sleep Tight: With Soft Felt Flaps to Lift. Sophie Aggett. 2023. (ENG.). 10p. (J). (— 1). bds. 9.99 *(978-1-6643-5061-8(6))* Tiger Tales.

Little Pencil Finds His Forever Friends: A Rhyming Pencil Grip Picture Book. Christine Calabrese. Illus. by Maria Victoria Flores. 2018. (Early Childhood Skills Ser.: Vol. 1). (ENG.). 36p. (J). (gr. k-2). pap. 9.99 *(978-0-9995220-2-8(7))* Calabrese, Christine.

Little Pencil Finds His Forever Friends: A Rhyming Pencil Grip Picture Book. Christine Calabrese. Illus. by Maria Flores. 2018. (Early Childhood Skills Ser.: Vol. 1). (ENG.). 36p. (J). (gr. k-3). 18.99 *(978-0-9995220-0-4(0))* Calabrese, Christine.

Little Penguin. Agnese Baruzzi. 2021. (Happy Fox Finger Puppet Bks.). (ENG., Illus.). 12p. (J). bds. 6.99 *(978-1-64124-127-4(6)*, 1274) Fox Chapel Publishing Co., Inc.

Little Penguin. Margo Gates. Illus. by Kip Noschese. 2019. (Let's Look at Animal Habitats (Pull Ahead Readers — Fiction) Ser.). (ENG.). 16p. (J). (gr. -1-1). pap. 8.99 *(978-1-5415-7308-6(0)*, b786be41-2e0e-4dfc-948a-bf60dfb28f46, Lerner Pubns.) Lerner Publishing Group.

Little Penguin. Julie Murray. (Mini Animals Ser.). (ENG., Illus.). 24p. (J). 2020. (gr. k-k). pap. 8.95 *(978-1-64494-303-8(4)*, 1644943034, Abdo Kids-Junior); 2019. (gr. -1-2). lib. bdg. 31.36 *(978-1-5321-8881-7(1)*, 32932, Abdo Kids) ABDO Publishing Co.

Little Penguin & the Lollipop. Tadgh Bentley. Illus. by Tadgh Bentley. 2017. (ENG., Illus.). 40p. (J). (gr. -1-3). 17.99 *(978-0-06-256078-0(6)*, Balzer & Bray) HarperCollins Pubs.

Little Penguin & the Mysterious Object. Tadgh Bentley. 2020. (I Can Read Level 1 Ser.). (ENG., Illus.). 32p. (J). (gr. -1-3). 16.99 *(978-0-06-269998-5(9))*; pap. 4.99 *(978-0-06-269997-8(0))* HarperCollins Pubs. (Balzer & Bray).

Little Penguin & the Mysterious Object. Laura Driscoll. ed. 2021. (I Can Read Ser.). (ENG., Illus.). 31p. (J). (gr. k-1). 14.96 *(978-1-64697-542-6(1))* Penworthy Co., LLC, The.

Little Penguin Gets the Hiccups Board Book. Tadgh Bentley. Illus. by Tadgh Bentley. 2016. (ENG., Illus.). 34p. (J). (gr. -1 — 1). bds. 8.99 *(978-0-06-265224-9(9)*, Balzer & Bray) HarperCollins Pubs.

Little Penguin Rescue. Rachel Delahaye. Illus. by Suzie Mason & Artful Artful Doodlers. 2020. (Little Animal Rescue Ser.). (ENG.). 128p. (J). (gr. 1-4). pap. 5.99 *(978-1-68010-467-7(5))* Tiger Tales.

Little Penguin Stays Awake. Tadgh Bentley. Illus. by Tadgh Bentley. 2018. (ENG., Illus.). 40p. (J). (gr. -1-3). 17.99 *(978-0-06-268977-1(0)*, Balzer & Bray) HarperCollins Pubs.

Little Penguins. Jody S. Rake. 2019. (Penguins! Ser.). (ENG., Illus.). 24p. (J). (gr. -1-2). lib. bdg. 27.32 *(978-1-9771-0938-5(1)*, 140543, Pebble) Capstone.

Little Penguins. Cynthia Rylant. Illus. by Christian Robinson. (J). (gr. -1-2). 2019. 36p. bds. 8.99 *(978-1-9848-3058-6(9))*; 2016. 40p. 18.99 *(978-0-553-50770-6(2))* Random Hse. Children's Bks. (Schwartz & Wade Bks.).

Little Penguin's New Friend. Tadgh Bentley. Illus. by Tadgh Bentley. 2019. (I Can Read Level 1 Ser.). (ENG., Illus.). 32p. (J). (gr. -1-3). 16.99 *(978-0-06-269995-4(4)*, Balzer & Bray) HarperCollins Pubs.

Little Penguin's New Friend. Laura Driscoll. ed. 2020. (I Can Read Ser.). (ENG.). 32p. (J). (gr. k-1). 14.96 *(978-1-64697-199-2(X))* Penworthy Co., LLC, The.

Little Penguin's New Friend: A Winter & Holiday Book for Kids. Tadgh Bentley. Illus. by Tadgh Bentley. 2019. (I Can Read Level 1 Ser.). (ENG., Illus.). 32p. (J). (gr. -1-3). pap. 4.99 *(978-0-06-269994-7(6)*, Balzer & Bray) HarperCollins Pubs.

Little People. Toni Thomas. 2021. (ENG.). 40p. (J). *(978-1-9163620-5-5(2))* Annalese Pr.

Little People: An Alphabet (Classic Reprint) T. W. H. Crosland. (ENG., Illus.). (J). 2017. 26.10 *(978-0-260-32753-6(0))*; 2016. pap. 9.57 *(978-1-334-16847-5(4))* Forgotten Bks.

Little People & Their Homes in Meadows, Woods & Waters (Classic Reprint) Stella Louise Hook. (ENG., Illus.). (J). 2018. 240p. 28.85 *(978-0-365-36439-9(8))*; 2017. pap. 11.57 *(978-0-259-46304-7(3))* Forgotten Bks.

Little People Angel Book. Ginny Prokop. 2019. (ENG.). 36p. (J). 23.95 *(978-1-0980-0035-6(8))*; pap. 13.95 *(978-1-64416-568-3(6))* Christian Faith Publishing.

Little People, BIG DREAMS: American Dreams: A Treasury of 40 Inspiring Americans. Maria Isabel Sanchez Vegara & Lisbeth Kaiser. 2023. (Little People, BIG DREAMS Ser.: 97). (ENG., Illus.). 176p. (J). (gr. 4-7). 30.00 ***(978-0-7112-8557-6(8)***, 1170106, Frances Lincoln Children's Bks.) Quarto Publishing Group UK GBR. Dist: Hachette UK Distribution.

Little People, BIG DREAMS: Black Voices: 3 Books from the Best-Selling Series! Maya Angelou - Rosa Parks - Martin Luther King Jr. Maria Isabel Sanchez Vegara & Lisbeth Kaiser. Illus. by Leire Salaberria et al. 2020. (Little People, BIG DREAMS Ser.). (ENG.). 96p. (J). (gr. -1-2). ***(978-0-7112-6253-9(5)***, Frances Lincoln Children's Bks.) Quarto Publishing Group UK.

Little People, BIG DREAMS Coloring Book: 15 Dreamers to Color. Maria Isabel Sanchez Vegara & Lisbeth Kaiser. abr. ed. 2020. (Little People, BIG DREAMS Ser.). (ENG., Illus.). 32p. (J). (gr. -1-2). pap. ***(978-0-7112-6136-5(9)***, Frances Lincoln Children's Bks.) Quarto Publishing Group UK.

Little People, BIG DREAMS: Earth Heroes: 3 Books from the Best-Selling Series! Jane Goodall - Greta Thunberg - David Attenborough. Maria Isabel Sanchez Vegara. Illus. by Anke Weckmann et al. 2021. (Little People, BIG DREAMS Ser.). (ENG.). 96p. (J). (gr. -1-2). 39.99 ***(978-0-7112-6139-6(3)***, Frances Lincoln Children's Bks.) Quarto Publishing Group UK GBR. Dist: Hachette Bk. Group.

Little People, BIG DREAMS Matching Game: Put Your Brain to the Test with All the Girls of the Little People, BIG DREAMS Series!, Volume 25. Concept by Maria Isabel Sanchez Vegara. 2018. (Little People, BIG DREAMS Ser.: 25). (ENG.). (J). (gr. -1-6). 19.99 *(978-1-63106-586-6(6)*, 307748, Rock Point Gift & Stationery) Quarto Publishing Group USA.

Little People, BIG DREAMS Sticker Activity Book: With 100 Stickers. Maria Isabel Sanchez Vegara. 2020. (Little People, Big Dreams Ser.). (ENG.). 32p. (J). (gr. -1-2). pap. ***(978-0-7112-6012-2(5))*** Frances Lincoln Childrens Bks.

Little People, BIG DREAMS: Treasury: 50 Stories of Brilliant Dreamers. Maria Isabel Sanchez Vegara & Lisbeth Kaiser. 2021. (Little People, Big Dreams Ser.). (ENG., Illus.). 224p. (J). (gr. 4-7). ***(978-0-7112-6417-5(1))*** Frances Lincoln Childrens Bks.

Little People, BIG DREAMS: Women in Science: 3 Books from the Best-Selling Series! Ada Lovelace - Marie Curie - Amelia Earhart, 3 vols. Maria Isabel Sanchez Vegara. 2018. (Little People, BIG DREAMS Ser.). (ENG., Illus.). 96p. (J). (gr. -1-2). 39.99 ***(978-1-78603-429-8(8)***, Frances Lincoln Children's Bks.) Quarto Publishing Group UK GBR. Dist: Hachette Bk. Group.

Little People, Big Emotions. Kylie Mort. 2021. (ENG.). 34p. (J). ***(978-0-6452689-9-7(2))*** Karen Mc Dermott.

Little People (Classic Reprint) Richard Whiteing. 2018. (ENG., Illus.). 306p. (J). 30.21 *(978-0-483-51981-7(2))* Forgotten Bks.

Little People in the Trees. 2019. (ENG.). 42p. (J). pap. *(978-0-359-47772-2(0))* Lulu Pr., Inc.

Little People of Asia (Classic Reprint) Olive Thorne Miller. 2018. (ENG., Illus.). 406p. (J). 32.29 *(978-0-483-69063-9(5))* Forgotten Bks.

Little People of the Garden (Classic Reprint) Ruth Omega Dyer. 2017. (ENG., Illus.). (J). 218p. 28.41 *(978-0-332-43719-4(1))*; pap. 10.97 *(978-0-259-40295-4(8))* Forgotten Bks.

Little People of the Snow. William Cullen Bryant. 2019. (ENG., Illus.). 36p. (YA). (gr. 7-12). pap. *(978-93-5329-456-4(8))* Alpha Editions.

Little People Who Became Great: Short Biographies of Those Every Child Should Know. Laura Antoinette Large. 2018. (ENG., Illus.). 50p. (J). pap. *(978-0-359-04474-0(3))* Lulu Pr., Inc.

Little People Who Became Great: Short Biographies of Those Every Child Should Know (Hardcover) Laura Antoinette Large. 2018. (ENG.). 50p. (J). *(978-0-359-04473-3(5))* Lulu Pr., Inc.

Little People Who Became Great: Stories of the Lives of Those Whom Every Child Should Know (Classic Reprint) Laura Antoinette Large. 2017. (ENG., Illus.). (J). 27.57 *(978-1-5282-4648-4(9))* Forgotten Bks.

Little People's Reader (Classic Reprint) Georgia A. Hodskins. (ENG., Illus.). (J). 2018. 114p. 26.27 *(978-0-666-58579-0(2))*; 2017. pap. 9.57 *(978-0-259-50789-5(X))* Forgotten Bks.

Little Person Inside. Talan Skeels-Piggins. Illus. by Natascha Taylor. 2021. (ENG.). 36p. (J). *(978-1-912206-29-2(3))* nischnasch.

Little Person Inside. Talan Skeels-Piggins. Illus. by Natascha Taylor. 2021. (ENG.). 36p. (J). pap. *(978-1-912206-32-2(3))* nischnasch.

Little Pete (Classic Reprint) Aunt Friendly. 2018. (ENG., Illus.). 78p. (J). 25.53 *(978-0-483-27183-8(7))* Forgotten Bks.

Little Peter. Lucas Malet & Paul Hardy. 2017. (ENG.). 200p. (J). pap. *(978-3-337-37986-5(9))* Creation Pubs.

Little Peter: A Christmas Morality for Children of Any Age (Classic Reprint) Lucas Malet. 2018. (ENG., Illus.). 190p. (J). 27.84 *(978-0-483-79748-2(0))* Forgotten Bks.

Little Pete's Plaid House. Dianna Forsythe. 2022. (ENG., Illus.). 26p. (J). pap. 14.95 *(978-1-6624-4634-4(9))* Page Publishing Inc.

Little Pets Chatterbox (Classic Reprint) Unknown Author. 2018. (ENG., Illus.). 126p. (J). 26.50 *(978-0-267-15631-3(6))* Forgotten Bks.

Little Pharaoh: Book 2. Tracy Blom. Illus. by Sang Nguyen. 2019. (ENG.). 32p. (J). 16.99 *(978-1-7336349-4-6(0))* Blom Pubns.

Little Philosopher, for Schools & Families: Designed to Teach Children to Think & to Reason about Common Things; & to Illustrate for Parents & Teachers Method of Instructing & Interesting Children (Classic Reprint) Jacob Abbott. (ENG., Illus.). (J). 2018. 170p. 27.40 *(978-0-332-56876-8(8))*; 2016. pap. 9.97 *(978-1-334-14311-3(0))* Forgotten Bks.

Little Philosophers & the Conscious Stream of Wisdom: Listening to Our Nature. Juel Maerz. 2023. (Little Philosophers Ser.). (ENG.). 32p. (J). ***(978-1-0391-5656-2(8))***; pap. ***(978-1-0391-5655-5(X))*** FriesenPress.

Little Philosophers & the Tree of Knowledge. Juel Maerz. Illus. by Martyna Czub. 2019. (Little Philosophers Ser.). (ENG.). 32p. (J). (gr. -1-3). *(978-1-5255-3476-8(9))*; pap. *(978-1-5255-3477-5(7))* FriesenPress.

Little Philosophies (Classic Reprint) Harry Higgins. 2018. (ENG., Illus.). 194p. (J). 27.90 *(978-0-332-34572-7(6))* Forgotten Bks.

Little Photon That Could: A Children's Story of Cosmic Illumination. Suzanne Orcutt. 2016. (ENG., Illus.). 19p. (J). pap. 11.95 *(978-1-5043-6672-4(7)*, Balboa Pr.) Author Solutions, LLC.

Little Physicist. Melissa Higgins. 2019. (Little Physicist Ser.). (ENG.). 32p. (J). (gr. 1-3). 153.25 *(978-1-9771-0968-2(3)*, 29327); pap., pap., pap. 34.75 *(978-1-9771-1161-6(0)*, 29652) Capstone. (Pebble).

Little Picasso: How to Draw Activity Book. Bobo's Children Activity Books. 2016. (ENG., Illus.). (J). pap. 9.33 *(978-1-68327-185-7(8))* Sunshine In My Soul Publishing.

Little Piece of the Big Picture: Updated Edition. Nicki MacKinnon. 2nd ed. 2022. (ENG.). 22p. (J). pap. 12.95 ***(978-1-954819-72-6(2))***; 19.99 *(978-1-954819-48-1(X))* Briley & Baxter Publications.

Little Pierre (Classic Reprint) Anatole France. 2017. (ENG., Illus.). (J). 30.02 *(978-0-260-87274-6(1))* Forgotten Bks.

Little Pierrot Vol. 2: Amongst the Stars. Alberto Varanda. 2020. (ENG., Illus.). 52p. (J). 14.99 *(978-1-941302-61-3(0)*, e261fe02-0d95-4942-8523-4d70e30ac5a8) Magnetic Pr.

Little Pierrot Vol. 3: Starry Eyes. Alberto Varanda. 2020. (ENG., Illus.). 52p. (J). 14.99 *(978-1-941302-62-0(9)*, f05490a3-8537-40d6-8948-10e9e75a3b02) Magnetic Pr.

Little Pig Saves the Ship. David Hyde Costello. Illus. by David Hyde Costello. 2017. (Illus.). 32p. (J). (gr. -1-2). 14.99 *(978-1-58089-715-0(0))* Charlesbridge Publishing, Inc.

Little Pig Saves the Ship (1 Hardcover/1 CD) David Hyde Costello. Illus. by David Hyde Costello. 2018. (ENG., Illus.). (J). (gr. -1-2). 29.95 *(978-1-4301-3112-0(8))* Live Oak Media.

Little Pig, the Bicycle, & the Moon. Pierrette Dubé. Illus. by Orbie. 2018. (ENG.). 40p. (J). (gr. -1-3). 17.99 *(978-1-5344-1472-3(X)*, McElderry, Margaret K. Bks.) McElderry, Margaret K. Bks.

Little Piglet. Rosalee Wren. Ed. by Cottage Door Press. Illus. by Joy Steuerwald. 2018. (ENG.). 10p. (J). (gr. -1-k). bds. 4.99 *(978-1-68052-383-6(X)*, 1003481) Cottage Door Pr.

Little Pigs & the Sweet Rice Cakes: A Story Told in English & Chinese (Stories of the Chinese Zodiac) Jian Li. ed. 2018. (Stories of the Chinese Zodiac Ser.). (ENG., Illus.). 42p. (gr. -1-3). 16.95 *(978-1-60220-453-9(5))* SCPG Publishing Corp.

Little Pig's Big Shot. Jeanie Smallwood. 2021. (ENG.). 36p. (J). pap. 9.99 *(978-1-63337-555-0(2)*, Proving Pr.) Columbus Pr.

Little Pilgrim: In the Seen & the Unseen (Classic Reprint) Margaret O. Oliphant. 2018. (ENG., Illus.). 126p. (J). 26.47 *(978-0-428-32954-9(3))* Forgotten Bks.

Little Pilgrim at Aunt Lou's (Classic Reprint) Ella Rodman Church. 2017. (ENG., Illus.). (J). 24.97 *(978-0-266-78867-6(X))*; pap. 9.57 *(978-1-5277-6748-5(5))* Forgotten Bks.

Little Pilgrim at Housekeeping (Classic Reprint) Ella Rodman Church. 2017. (ENG., Illus.). (J). 25.01 *(978-0-266-78860-7(2))*; pap. 9.57 *(978-1-5277-6747-8(7))* Forgotten Bks.

1200 The check digit for ISBN-10 appears in parentheses after the full ISBN-13

Little Pilgrim in the Unseen (Classic Reprint) Oliphant. (ENG., Illus.). (J). 2017. 26.80 *(978-0-266-21323-9(5))*; 2016. pap. 9.57 *(978-1-334-63308-9(8))* Forgotten Bks.

Little Pilgrims at Plymouth (Classic Reprint) Frances A. Humphrey. 2018. (ENG., Illus.). 346p. (J). 31.05 *(978-0-483-45093-6(6))* Forgotten Bks.

Little Pilgrim's Progress. Helen L. Taylor. ed. 2021. (ENG., Illus.). 320p. (J). (gr. 2-2). 34.99 *(978-0-8024-2053-4(2))* Moody Pubs.

Little Pills, 1 vol. Melody Dodds. 2019. (YA Verse Ser.). (ENG.). 200p. (YA). (gr. 3-4). 25.80 *(978-1-5383-8282-0(2),* dd61a87a-00a2-4d8e-9f55-6a2d4758edb8); pap. 16.35 *(978-1-5383-8281-3(4),* 6cd5b473-2e7b-4f9e-9396-9c94753bc8a0) Enslow Publishing, LLC.

Little Pills an Army Story (Classic Reprint) R. H. McKay. 2017. (ENG., Illus.). (J). 26.68 *(978-0-260-94104-6(2))* Forgotten Bks.

Little Pine. Dee Dee Rivera & F. M. Clark. 2019. (ENG.). 34p. (J). pap. *(978-0-359-89908-1(0))* Lulu Pr., Inc.

Little Pine Cone. Charles Murray. 2022. (ENG., Illus.). 38p. (J). pap. 16.95 *(978-1-0980-8618-3(X))* Christian Faith Publishing.

Little Pine Cone. Ella Syfers Schenck. Illus. by Laween. 2018. (ENG.). 42p. (J). (gr. k-3). 19.99 *(978-0-9996633-0-1(5))* Blynbeek Publishing.

Little Pine Cone: Wildfires & the Natural World. Johanna Wagstaffe. Illus. by Julie McLaughlin. 2022. (ENG.). 32p. (J). (gr. 1-3). 21.95 *(978-1-4598-2830-8(5))* Orca Bk. Pubs. USA.

Little Pine Tree: A Brothers Grimm Fairytale. Dorothy Clare Green. Illus. by Zackery Zdinak. 2018. (ENG.). 44p. (J). (gr. k-6). pap. 12.95 *(978-1-59713-201-5(2))* Goose River Pr.

Little Pine Tree's Wish. Diane M. Howard. Illus. by Cynthia Frenette. 2022. 28p. (J). pap. 14.99 *(978-1-6678-6764-9(4))* BookBaby.

Little Pink Dentist. Dj Matthews. Ed. by Melanie Lopata. Illus. by Denny Poliquit. 2021. (ENG.). 40p. (J). pap. 12.99 *(978-1-952879-14-2(0))* Two Girls and a Reading Corner.

Little Pink Elephant. Shannon L. Mokry. Illus. by Shannon L. Mokry. 2019. (ENG., Illus.). (J). 22p. 14.99 *(978-1-951521-05-9(6))*; 24p. pap. 9.99 *(978-0-9987112-8-7(4))* Sillygeese Publishing, LLC.

Little Pink Ophthalmologist. Dj Matthews. Ed. by Melanie Lopata. Illus. by Denny Poliquit. 2021. (ENG.). 44p. (J). pap. 12.99 *(978-1-952879-37-1(X))* Two Girls and a Reading Corner.

Little Pink Rosebud. Illus. by Sally Garland. 2019. (ENG.). 32p. (J). (gr. k-2). 16.99 *(978-1-4867-1555-8(9),* 0f24d0d9-9e26-4572-931a-76228401f274) Flowerpot Pr.

Little Pirate & the Search for the Giant Squid. Colin M. Drysdale & Lacey McCreath. Illus. by Nadia Ronquillo. 2022. (ENG.). 30p. (J). pap. ***(978-1-909832-82-4(0))*** Pictish Beast Pubns.

Little Pirate Goes to Kindergarten. Tamara Young Lowery. 2019. (ENG.). 26p. (J). pap. 14.95 *(978-1-64458-225-1(2))* Christian Faith Publishing.

Little Pirate Queen. Sally Anne Garland. Illus. by Sally Anne Garland. 2021. (ENG., Illus.). 32p. (J). (gr. -1-1). 17.99 *(978-1-913639-14-3(2),* 4b0dc19d-4437-47a0-9602-886a9b6fdf30) New Frontier Publishing AUS. Dist: Lerner Publishing Group.

Little Pirates of Seaport Village. Michael James Ihli. 2016. (ENG., Illus.). (YA). pap. 12.95 *(978-1-68409-498-1(4))* Page Publishing Inc.

Little Pisuke's First Invitation. Niki Makiko. 2018. (ENG.). (J). *(978-4-8354-5588-4(6))* Fukkan . Com Co., Ltd.

Little Pitchers: Flaxie Frizzle Stories. Sophie May. 2018. (ENG., Illus.). 90p. (YA). (gr. 7-12). pap. *(978-93-5329-299-7(9))* Alpha Editions.

Little Pitchers (Classic Reprint) Sophie May. 2018. (ENG., Illus.). 204p. (J). 28.10 *(978-0-267-25260-2(9))* Forgotten Bks.

Little Places: America Is... Editors of Silver Dolphin Books. 2020. (ENG.). 14p. (J). (— 1). bds. 6.99 *(978-1-68412-914-0(1),* Silver Dolphin Bks.) Printers Row Publishing Group.

Little Plane: (Transportation Books for Toddlers, Board Book for Toddlers) Taro Gomi. 2019. (ENG., Illus.). 22p. (J). (gr. -1 — 1). bds. 6.99 *(978-1-4521-7450-1(4))* Chronicle Bks. LLC.

Little Plane Learns to Write. Scholastic, Inc. Staff. 2018. (My Arabic Library). (ARA.). (J). pap. 7.99 *(978-1-338-28310-5(3))* Scholastic, Inc.

Little Plane That Could. Robert Delaurentis & Susan Gilbert. Illus. by Eddie Croft. 2020. (ENG.). 48p. (J). pap. 10.99 *(978-1-7324937-1-1(5))* Flying Thru Life Pubns.

Little Plays from American History for Young Folks (Classic Reprint) Alice Johnstone Walker. 2018. (ENG., Illus.). 164p. (J). 27.30 *(978-0-267-43381-0(6))* Forgotten Bks.

Little Poem Book (Classic Reprint) Sarah Simons Reese. (ENG., Illus.). (J). 2018. 64p. 25.22 *(978-0-365-26273-2(0))*; 2016. pap. 9.57 *(978-1-334-17152-9(1))* Forgotten Bks.

Little Poems for Little Children: Suitable for Memorizing & for Recitation at School & at Home (Classic Reprint) Valeria J. Campbell. 2017. (ENG., Illus.). (J). 28.27 *(978-0-331-89704-3(0))*; pap. 10.97 *(978-0-243-51025-2(X))* Forgotten Bks.

Little Poet William Shakespeare: I Love You: Little Poet William Shakespeare, 1 vol. Kate Coombs. Illus. by Carme Lemniscates. 2019. (BabyLit Ser.). 22p. (J). (— 1). bds. 11.99 *(978-1-4236-5153-6(7))* Gibbs Smith, Publisher.

Little Polar Bear. Hans de Beer. 2016. (ENG., Illus.). 32p. (J). 16.95 *(978-0-7358-4264-9(7))* North-South Bks., Inc.

Little Polar Bear. Illus. by Laura Rigo. 2017. (Mini Look at Me Bks.). 10p. (J). (gr. -1 — 1). bds. 4.99 *(978-0-7641-6880-2(0))* Sourcebooks, Inc.

Little Polar Bear & the Brave Little Hare. Hans de Beer. 2022. (ENG., Illus.). 32p. (J). (gr. -1-3). 17.95 *(978-0-7358-4492-6(5))* North-South Bks., Inc.

Little Polar Bear & the Pandas. Hans de Beer. 2021. (ENG., Illus.). 32p. (J). (gr. -1-2). 17.95 *(978-0-7358-4428-5(3))* North-South Bks., Inc.

Little Polar Bear & the Reindeer. Hans de Beer. 2021. (Little Polar Bear Ser.). (ENG., Illus.). 32p. (J). (gr. -1-2). 17.95 *(978-0-7358-4451-3(8))* North-South Bks., Inc.

Little Polar Bear Board Book. Hans de Beer. 2018. (Little Polar Bear Ser.: 13). (ENG., Illus.). 24p. (J). (— 1). bds. 7.95 *(978-0-7358-4316-5(3))* North-South Bks., Inc.

Little Polar Bear Finds a Friend. Hans de Beer. 2021. (Little Polar Bear Ser.). (ENG., Illus.). 32p. (J). (gr. -1-2). 17.95 *(978-0-7358-4450-6(X))* North-South Bks., Inc.

Little Polar Bear Rescue. Rachel Delahaye. Illus. by Suzie Mason & Artful Doodlers. 2021. (Little Animal Rescue Ser.). (ENG.). 128p. (J). (gr. 1-4). pap. 5.99 *(978-1-68010-498-1(5))* Tiger Tales.

Little Polar Bear Take Me Home. Hans de Beer. 2022. (Little Polar Bear (Hardcover) Ser.). (ENG., Illus.). 32p. (J). (gr. -1-3). 17.95 *(978-0-7358-4493-3(3))* North-South Bks., Inc.

Little Polar Bear Takes a Stand. Hans de Beer. 2018. (Little Polar Bear Ser.: 11). (ENG., Illus.). 32p. (J). (gr. -1-3). 17.95 *(978-0-7358-4297-7(3))* North-South Bks., Inc.

Little Polar Bear/Bi:libri - Eng/Arabic PB. Hans de Beer. 2020. (Bi:libri Ser.). (ARA.). 32p. (J). (gr. -1-2). 9.95 *(978-0-7358-4437-7(2))* North-South Bks., Inc.

Little Polar Bear/Bi:libri - Eng/Chinese PB. Hans de Beer. 2020. (Bi:libri Ser.). (CHI.). 32p. (J). (gr. -1-2). 9.95 *(978-0-7358-4438-4(0))* North-South Bks., Inc.

Little Polar Bear/Bi:libri - Eng/French PB. Hans de Beer. 2020. (Bi:libri Ser.). (FRE.). 32p. (J). (gr. -1-2). 9.95 *(978-0-7358-4434-6(8))* North-South Bks., Inc.

Little Polar Bear/Bi:libri - Eng/German PB. Hans de Beer. 2020. (Bi:libri Ser.). (GER.). 32p. (J). (gr. -1-2). 9.95 *(978-0-7358-4433-9(X))* North-South Bks., Inc.

Little Polar Bear/Bi:libri - Eng/Italian PB. Hans de Beer. 2020. (Bi:libri Ser.). (ITA.). 32p. (J). (gr. -1-2). 9.95 *(978-0-7358-4435-3(6))* North-South Bks., Inc.

Little Polar Bear/Bi:libri - Eng/Japanese. Hans de Beer. 2020. (Bi:libri Ser.). (JPN.). 32p. (J). (gr. -1-2). 9.95 *(978-0-7358-4440-7(2))* North-South Bks., Inc.

Little Polar Bear/Bi:libri - Eng/Korean PB. Hans de Beer. 2020. (Bi:libri Ser.). (KOR.). 32p. (J). (gr. -1-2). 9.95 *(978-0-7358-4439-1(9))* North-South Bks., Inc.

Little Polar Bear/Bi:libri - Eng/Russian PB. Hans de Beer. 2020. (Bi:libri Ser.). (RUS.). 32p. (J). (gr. -1-2). 9.95 *(978-0-7358-4441-4(0))* North-South Bks., Inc.

Little Polar Bear/Bi:libri - Eng/Spanish PB. Hans de Beer. 2020. (Bi:libri Ser.). (SPA.). 32p. (J). (gr. -1-2). 9.95 *(978-0-7358-4436-0(4))* North-South Bks., Inc.

Little Polar Bear/Bi:libri - Eng/Vietnamese PB. Hans de Beer. 2020. (Bi:libri Ser.). (VIE.). 32p. (J). (gr. -1-2). 9.95 *(978-0-7358-4442-1(9))* North-South Bks., Inc.

Little Polly Prentiss (Classic Reprint) Elizabeth Lincoln Gould. 2018. (ENG., Illus.). 206p. (J). 28.15 *(978-0-267-48549-9(2))* Forgotten Bks.

Little Pond. Shingu Susumu. 2018. (CHI.). (J). *(978-986-440-248-9(X))* Viking International Co., Ltd.

Little Pony Horse. M. McLaughlin. 2017. (ENG., Illus.). (J). pap. 11.95 *(978-1-63525-743-4(3))* Christian Faith Publishing.

Little Poodle: Practicing the UL Sound, 1 vol. Lee Young. 2016. (Rosen Phonics Readers Ser.). (ENG., Illus.). 12p. (J). (gr. -1-2). pap. *(978-1-5081-3569-2(X),* eaf43e6e-e3fd-4ba4-afd8-3987369675c1, Rosen Classroom) Rosen Publishing Group, Inc., The.

Little Pookie. Sandra Boynton. Illus. by Sandra Boynton. 2017. (Little Pookie Ser.). (ENG., Illus.). 18p. (J). (gr. -1-k). bds. 6.99 *(978-1-4814-9768-8(5))* Simon & Schuster, Inc.

Little Porcini. Belinda Hopson-Coker. 2019. (ENG., Illus.). 24p. (J). *(978-1-78693-878-7(2))*; pap. *(978-1-78693-877-0(4))* Austin Macauley Pubs. Ltd.

Little Poss & Horrible Hound: Level 3. William H. Hooks. Illus. by Carol Newsom. 2020. (Bank Street Ready-To-Read Ser.). (ENG.). 50p. (J). 17.95 *(978-1-876967-10-9(2))* ibooks, Inc.

Little Possum & Little Sweetpea: Little Sweetpea Teaches Little Possum a Lesson. Halle J. Ladd. Illus. by Halle J. Ladd. 2020. (ENG.). 22p. (J). pap. *(978-0-2288-4047-3(3))* Tellwell Talent.

Little Prayers for Ordinary Days. Tish Harrison Warren et al. Illus. by Liita Forsyth. 2022. (ENG.). 32p. (J). 15.00 *(978-1-5140-0339-8(2),* IVP Kids) InterVarsity Pr.

Little Present, for a Good Child (Classic Reprint) Unknown Author. (ENG., Illus.). (J). 2018. 24p. 24.39 *(978-0-656-22089-2(9))*; 2016. pap. 7.97 *(978-1-334-16766-9(4))* Forgotten Bks.

Little Primary Pieces for Wee Folks to Speak (Classic Reprint) Caroline Stearns Griffin. (ENG., Illus.). (J). 2018. 100p. 25.98 *(978-0-365-35750-6(2))*; 2017. pap. 9.57 *(978-0-259-38982-8(X))* Forgotten Bks.

Little Prince. Antoine De Saint-Exupéry. Tr. by Evan Kahler & Katherine Woods. 2016.Tr. of Petit Prince. (ENG., Illus.). (J). (gr. 3-7). *(978-1-77323-014-6(X))* Rehak, David.

Little Prince. Antoine De Saint-Exupéry. Tr. by Rowland Hill. Illus. by Caroline Gormand. 2016.Tr. of Petit Prince. (ENG.). (J). (gr. 3-6). pap. *(978-2-89687-592-4(1))* chouetteditions.com.

Little Prince. Antoine De Saint-Exupery. 2023. (ENG., Illus.). 80p. (J). (gr. 4). 17.99 *(978-88-544-1873-8(0))* White Star Publishers ITA. Dist: Sterling Publishing Co., Inc.

Little Prince. Antoine de Saint-Exupéry. 2021.Tr. of Petit Prince. (J). pap. *(978-1-63843-362-0(3))* Carpentino, Michela.

Little Prince. Antoine de Saint-Exupèry. (ENG.). (J). (gr. 4-7). 2019. 120p. *(978-93-89440-02-7(5))*; 2017. 114p. pap. *(978-81-8032-059-0(6))* Sumaiyah Distributors Pvt Ltd.

Little Prince. Antoine De Saint-Exupery. Illus. by Manuela Adreani. 2018. (ENG.). 80p. (J). (gr. 3). 16.95 *(978-88-544-1254-5(6))* White Star Publishers ITA. Dist: Sterling Publishing Co., Inc.

Little Prince: [illustrated Edition]. Antoine De Saint-Exupéry. Ed. by Murat Ukray. Tr. by Katherine Woods. (ENG., Illus.). (J). (gr. k-5). 2019. 132p. *(978-605-7861-53-5(1))*; 2018. (Cheapest Books Children Classics Ser.: Vol. 1). 130p. pap. *(978-605-68608-7-4(6))* Uhrayoglu, Murat E Kitap Projesi.

Little Prince: The Coloring Portfolio. Compiled by Antoine De Saint Exupéry. 2016.Tr. of Petit Prince. (ENG., Illus.). 128p. 19.95 *(978-2-37495-014-3(X),* 1355701) Cernunnos FRA. Dist: Hachette Bk. Group.

Little Prince 75th Anniversary Edition: Includes the History & Making of the Classic Story. Antoine de Saint-Exupéry. 75th ed. 2018. (ENG., Illus.). 224p. (J). (gr. 5-7). 24.99 *(978-1-328-47975-4(7),* 1715417, Clarion Bks.) HarperCollins Pubs.

Little Prince Around the World. Tr. by Robin Bright. Illus. by Antoine de Saint-Exupéry. 2022. (Little Prince Ser.). 24p. (J). (gr. k-k). 14.95 *(978-2-89802-353-8(1),* CrackBoom! Bks.) Chouette Publishing CAN. Dist: Publishers Group West (PGW).

Little Prince Brown. Brionna Burgess. 2022. (ENG., Illus.). 26p. (J). pap. 13.95 *(978-1-64952-747-9(0))* Fulton Bks.

Little Prince, Little Prince: What Will You Be? Naomi Zacharias. 2020. (ENG., Illus.). 32p. (J). (gr. -1-2). 18.99 *(978-0-7369-7946-7(8),* 6979467) Harvest Hse. Pubs.

Little Prince: My Book of Feelings. Illus. by Antoine de Saint-Exupéry. 2022. (Little Prince Ser.). 22p. (J). (gr. k-3). bds. 12.95 *(978-2-89802-355-2(8),* CrackBoom! Bks.) Chouette Publishing CAN. Dist: Publishers Group West (PGW).

Little Prince: My Sticker & Activity Book. Tr. by Carine Laforest & Robin Bright. Illus. by Antoine de Saint-Exupéry Estate. 2023. (Little Prince Ser.). 44p. (J). (gr. -1). 7.99 *(978-2-89802-487-0(2),* CrackBoom! Bks.) Chouette Publishing CAN. Dist: Publishers Group West (PGW).

Little Prince Novel Units Student Packet. Novel Units. 2019. (ENG.). (YA). pap., stu. ed., wbk. ed. 13.99 *(978-1-58130-719-1(5),* Novel Units, Inc.) Classroom Library Co.

Little Prince: Where Are You, Fox? A Touch-And-Feel Board Book with Flaps. Antoine de Antoine de Saint-Exupéry. Tr. by Carine Laforest. Illus. by Antoine de Saint-Exupéry. 2023. (Little Prince Ser.). 10p. (J). (gr. -1-k). bds. 6.99 *(978-2-89802-361-3(2),* CrackBoom! Bks.) Chouette Publishing CAN. Dist: Publishers Group West (PGW).

Little Princess see Petit Princesse

Little Princess. Frances Burnett. 2020. (ENG.). 170p. (J). *(978-1-78943-211-4(1))*; pap. *(978-1-78943-210-7(3))* Benediction Classics.

Little Princess. Frances Burnett. 2020. (ENG., Illus.). (YA). 166p. 17.95 *(978-1-64799-634-5(1))*; 164p. pap. 9.95 *(978-1-64799-633-8(3))* Bibliotech Pr.

Little Princess. Frances Burnett. 2019. (ENG.). 112p. (YA). pap. *(978-80-273-3316-5(4))* E-Artnow.

Little Princess. Frances Burnett. (ENG.). 2023. 194p. (YA). pap. ***(978-1-312-81368-7(7))***; 2020. (Illus.). 206p. (J). (gr. 1-5). pap. 19.99 *(978-1-6781-1309-4(3))* Lulu Pr., Inc.

Little Princess. Frances Burnett. 2018. (ENG., Illus.). 148p. (J). (gr. 1-5). 9.99 *(978-1-60386-773-3(2),* Merchant Bks.) Rough Draft Printing.

Little Princess. Frances Burnett. 2018. (ENG., Illus.). 266p. (J). (gr. 3-6). pap. *(978-93-5304-039-0(6))* Rupa & Co.

Little Princess. Frances Burnett. 2018. (ENG., Illus.). 162p. (J). 14.99 *(978-1-5154-2989-0(X))* Wilder Pubns., Corp.

Little Princess. Frances Hodgson Burnett. Illus. by Charlotte McLean. 2022. (ENG.). 140p. (J). pap. *(978-1-6781-9092-7(6))* Lulu Pr., Inc.

Little Princess. Frances Hodgson Burnett. 2022. (Frances Hodgson Burnett Essential Collection). (ENG.). 368p. (J). (gr. 3). 17.99 *(978-1-6659-1688-2(5))*; pap. 7.99 *(978-1-6659-1687-5(7))* Simon & Schuster Children's Publishing. (Aladdin).

Little Princess. Frances Hodgson Burnett & Carly Gledhill. 2020. (Penguin Bedtime Classics Ser.). (ENG., Illus.). 18p. (J). (— 1). bds. 7.99 *(978-0-593-11478-0(7),* Viking Books for Young Readers) Penguin Young Readers Group.

Little Princess. Frances Hodgson Burnett. Ed. by Sheba Blake. 2020. (ENG.). 188p. (YA). pap. 11.99 *(978-1-222-29314-2(5))* Indy Pub.

Little Princess. Frances Hodgson Burnett. Illus. by Graham Rust. 2019. (ENG.). 192p. (J). (gr. 4-7). reprint ed. 18.95 *(978-0-87923-784-4(8))* Godine, David R. Pub.

Little Princess. Frances Hodgson Burnett. ed. 2017. (First Avenue Classics (tm) Ser.). (ENG.). 222p. (J). (gr. 3-8). E-Book 19.99 *(978-1-5124-2605-2(9))*; E-Book 19.99 *(978-1-5124-6657-7(3),* 9781512466577) Lerner Publishing Group. (First Avenue Editions).

Little Princess: Amazing Coloring & Activity Book for Kids, Boys & Girls, Ages 4+ Cate Wilson. 2021. (ENG.). 84p. (J). pap. *(978-1-76810-742-2(4))* Preface Digital.

Little Princess: Being the Whole Story of Sara Crewe Now Told for the First Time. Frances Burnett. 2017. (ENG., Illus.). (J). (gr. 2-4). 24.95 *(978-1-374-93712-3(6))* Capital Communications, Inc.

Little Princess (Annotated) A Tar & Feather Classic: Straight up with a Twist. Frances Burnett. Ed. by Shane Emmett. annot. ed. 2019. (Tar & Feather Classic: Straight up with a Twist Ser.: Vol. 10). (ENG.). 218p. (YA). (gr. 7-9). pap. 11.99 *(978-1-60796-943-3(2))* BN Publishing.

Little Princess Being the Whole Story of Sara Crewe, Now Told for the First Time (Classic Reprint) Frances Burnett. 2018. (ENG., Illus.). 306p. (J). 30.21 *(978-0-267-44093-1(6))* Forgotten Bks.

Little Princess Dressing up! Sticker Activity Book. Tony Ross. 2018. (ENG.). 40p. (J). (gr. -1-1). pap. 9.99 *(978-1-78344-643-8(9))* Andersen Pr. GBR. Dist: Independent Pubs. Group.

Little Princess Finds Her Voice. Holly Webb. 2018. (ENG.). 208p. (J). (gr. 3-7). pap. 7.99 *(978-1-4926-3912-1(5))* Sourcebooks, Inc.

Little Princess in a Tree Trunk. Sonia Rana. 2021. (Children Bks.). (ENG., Illus.). 32p. (J). (gr. 1-6). pap. *(978-1-925823-92-9(X))* Central West Publishing.

Little Princess Library (Disney Princess) Disney Cinderella; Disney the Little Mermaid; Disney Moana; Disney Beauty & the Beast, 4 vols. RH Disney. Illus. by RH Disney. 2021. (ENG., Illus.). 96p. (J). (— 1). bds. 15.99 *(978-0-7364-4101-8(8),* RH/Disney) Random Hse. Children's Bks.

Little Princess Narina: And Her Silver-Feathered Shoes (Classic Reprint) Unknown Author. 2018. (ENG., Illus.). 94p. (J). 25.86 *(978-0-484-08917-3(X))* Forgotten Bks.

Little Princess of Cherry Tree Kingdom. Kem. 2019. (ENG.). 218p. (J). 26.95 *(978-1-64654-258-1(4))*; pap. 17.95 *(978-1-63338-995-3(2))* Fulton Bks.

Little Princess of Venice. Patricia McKee-Capuccio. 2022. (ENG., Illus.). 82p. (J). pap. 20.95 *(978-1-6624-3637-6(8))* Page Publishing Inc.

Little Princess Who Does Not Get What She Wants. Patti King Fletcher. 2016. (ENG., Illus.). (J). 25.95 *(978-1-4808-3567-2(6))*; pap. 16.95 *(978-1-4808-3565-8(X))* Archway Publishing.

Little Princesses, 8 vols. 2017. (Little Princesses Ser.). (ENG.). 32p. (J). (gr. 1-2). lib. bdg. 115.72 *(978-1-5081-9402-6(5),* 3caef765-1e71-40a1-87e8-6361b289d603, Windmill Bks.) Rosen Publishing Group, Inc., The.

Little Prudy. Sophie May. 2018. (ENG., Illus.). 80p. (YA). (gr. 7-12). pap. *(978-93-5297-437-5(9))* Alpha Editions.

Little Prudy (Classic Reprint) Sophie May. 2018. (ENG., Illus.). 202p. (J). 28.06 *(978-0-364-25594-0(3))* Forgotten Bks.

Little Prudy Series Little Prudy's Captain Horace (Classic Reprint) Sophie May. 2018. (ENG., Illus.). 168p. (J). 27.36 *(978-0-267-14991-9(3))* Forgotten Bks.

Little Prudy's Dotty Dimple. Sophie May. 2018. (ENG., Illus.). 76p. (YA). (gr. 7-12). pap. *(978-93-5297-349-1(6))* Alpha Editions.

Little Prudy's Dotty Dimple (Classic Reprint) Sophie May. 2018. (ENG., Illus.). 204p. (J). 28.10 *(978-0-267-24279-5(4))* Forgotten Bks.

Little Prudy's Sister Susy. Sophie May. 2018. (ENG., Illus.). 82p. (YA). (gr. 7-12). pap. *(978-93-5297-435-1(2))* Alpha Editions.

Little Puddle Cat. Sally J. LaBadie. Illus. by Rowan Luther. 2019. (ENG.). 24p. (J). *(978-1-5255-6454-3(4))*; pap. *(978-1-5255-6455-0(2))* FriesenPress.

Little Puff. Margaret Hillert. Illus. by Mike Dammer. 2016. (BeginningtoRead Ser.). (ENG.). 32p. (J). (gr. k-2). 22.60 *(978-1-59953-800-6(8))* Norwood Hse. Pr.

Little Puff. Margaret Hillert. Illus. by Mike Dammer. 2016. (Beginning-To-Read Ser.). (ENG.). 32p. (J). (gr. k-2). pap. 13.26 *(978-1-60357-941-4(9))* Norwood Hse. Pr.

Little Puffin's First Flight. Jonathan London. Illus. by Jon Van Zyle. 2016. (ENG.). 32p. (J). (gr. k-3). 12.99 *(978-0-88240-924-5(7),* Alaska Northwest Bks.) West Margin Pr.

Little Puff's Big Top Adventure. Terry Webb. 2022. (ENG.). 38p. (J). pap. 25.99 ***(978-1-6628-5288-6(6))*** Salem Author Services.

Little Pug Meg. Maryna Wilson. Ed. by Eldon Wilson. 2020. (ENG.). 36p. (J). 14.00 ***(978-1-7334828-2-0(2))*** Mareldon.

Little Pumpkin: A First Halloween Story. Lisa Edwards. Illus. by Kat Kalindi. 2022. (You Are the Light Ser.: 2). (ENG.). 12p. (J). (— 1). bds. 7.99 *(978-0-593-46518-9(0),* Viking Books for Young Readers) Penguin Young Readers Group.

Little Pumpkin, Where's Your Light? Bob Holt. Illus. by Bob Holt. 2023. (Bob Holt Celebrates Ser.: 3). (ENG., Illus.). 20p. (J). (gr. -1 — 1). bds. 7.99 *(978-1-5460-0434-9(3),* Worthy Kids/Ideals) Worthy Publishing.

Little Pumpkin's Halloween. Algy Craig Hall. 2019. (Little Holiday Bks.). (ENG.). 18p. (J). (— 1). bds. 6.95 *(978-1-910716-67-0(7))* Boxer Bks., Ltd. GBR. Dist: Sterling Publishing Co., Inc.

Little Puppy Who Thought He Was a Racehorse. V. Rajavelu. 2021. (ENG.). 36p. (J). *(978-0-6485064-0-9(1))* Victress.

Little Puppy's Busy Day. Illus. by Angelika Scudamore. 2016. (J). *(978-1-62885-142-7(2))* Kidsbooks, LLC.

Little Purple Gets Lost. Kelly Coryell. Illus. by Jerilynn Garry. 2016. (ENG.). (J). (gr. 1-3). pap. 11.95 *(978-0-9855233-4-3(4))* Sunshine53 Pr.

Little Purple Loses Her Color. Kelly Coryell. 2016. (Adventures of Little Purple Ser.: Vol. 2). (ENG., Illus.). (J). (gr. 1-3). pap. 11.95 *(978-0-9855233-3-6(6))* Sunshine53 Pr.

Little Purple Mardi Gras Bead, 1 vol. Julie P. Rowley. Illus. by John R. Paquette. 2016. (ENG.). 32p. pap. 9.99 *(978-1-4556-2344-0(X),* Pelican Publishing) Arcadia Publishing.

Little Purple Monster. Elanna Reiss. Illus. by Anastasiia Sokolova. 2021. (ENG.). 26p. (J). pap. 10.95 *(978-1-0879-0723-9(3))* Indy Pub.

Little Purple Plays Soccer. Kelly Coryell. Illus. by Jerilynn Garry. 2016. (Adventures of Little Purple Ser.: Vol. 3). (ENG.). (J). (gr. k-2). pap. 19.99 *(978-0-9855233-1-2(X))* Sunshine53 Pr.

Little Purple Porcupine. Shannon L. Mokry. Illus. by Shannon L. Mokry. 2019. (ENG., Illus.). 24p. (J). 16.99 *(978-1-951521-06-6(4))*; pap. 9.99 *(978-0-9987112-3-2(3))* Sillygeese Publishing, LLC.

Little Purple's Birthday Gift. Kelly Coryell. Illus. by Jerilynn Garry. 2020. (ENG.). 38p. (J). pap. 11.99 *(978-0-9855233-2-9(8))* Sunshine53 Pr.

Little Purple's Scary Surprise. Kelly Coryell. Illus. by Jerilyn Bennett. 2021. (ENG.). 30p. (J). pap. 9.99 *(978-0-9855233-5-0(2))* Sunshine53 Pr.

Little Pussy-Cats: What They Did, & What They Tried to Do (Classic Reprint) Edmund Evans. 2018. (ENG., Illus.). (J). 32p. 24.56 *(978-1-396-34638-5(4))*; 34p. pap. 7.97 *(978-1-390-92504-3(8))* Forgotten Bks.

Little Quaker, or the Triumph of Virtue: A Tale for the Instruction of Youth (Classic Reprint) Susanna Moodie. (ENG., Illus.). (J). 2018. 102p. 26.00 *(978-0-267-36169-4(6))*; 2016. pap. 9.57 *(978-1-334-16991-5(8))* Forgotten Bks.

Little Queen. Meia Geddes. Ed. by Lindsey Alexander. Illus. by Sara Zieve Miller. 2017. (ENG.). 107p. (J). pap. 8.00 *(978-1-945366-66-6(4))* Poetose Pr.

Little Queen of Hearts: An International Story (Classic Reprint) Ruth Ogden. 2017. (ENG., Illus.). (J). 28.81 *(978-1-5281-7262-2(0))* Forgotten Bks.

Little Queenie & Nathan, the Star: A Fish Tale. C. Christianne. 2021. (ENG.). 28p. (J). *(978-1-0391-0196-8(8))*; pap. *(978-1-0391-0195-1(X))* FriesenPress.

Little Question in Ladies' Rights. Parker Fillmore. 2019. (ENG., Illus.). 36p. (YA). pap. *(978-93-5329-473-1(8))* Alpha Editions.

Little Question in Ladies' Rights (Classic Reprint) Parker Fillmore Parker Hoysted Fillmore. 2018. (ENG., Illus.). 80p. (J). 25.57 *(978-0-267-27154-2(9))* Forgotten Bks.

Little Quinn the Inquisitor: The Water Cycle. Bianca Gouge. Illus. by Cynthia Meadows. 2019. (ENG.). 26p. (J). pap.

L

9.99 *(978-1-61254-384-0(7))* Brown Books Publishing Group.

Little Rabbit. Nicola Killen. Illus. by Nicola Killen. 2019. (My Little Animal Friend Ser.). (ENG., Illus.). 32p. (J). (gr. -1-3). 17.99 *(978-1-5344-3828-6(9)*, Simon & Schuster/Paula Wiseman Bks.) Simon & Schuster/Paula Wiseman Bks.

Little Rabbit, Big Bear: Interactive Lift-The-Flap Book. Igloo Igloo Books. 2019. (ENG.). 10p. (J). (gr. -1-1). bds. 12.99 *(978-1-4998-8146-2(0))* Igloo Bks. GBR. Dist: Simon & Schuster, Inc.

Little Rabbit, Big City! Frederick Warne. ed. 2020. (Peter Rabbit 8x8 Bks). (ENG.). 24p. (J). (gr. k-1). 15.49 *(978-1-64697-200-5(7))* Penworthy Co., LLC, The.

Little Rabbit Finds New Friends. Sanja Markovski. 2021. (ENG.). 44p. (J). *(978-1-5255-6298-3(3))*; pap. *(978-1-5255-6299-0(1))* FriesenPress.

Little Rabbit Has Friends. Marcus Herrenberger. Illus. by Marcus Herrenberger. 2018. (Illus.). 32p. (J). (gr. k-2). 17.99 *(978-988-8341-09-2(X)*, Minedition) Penguin Young Readers Group.

Little Rabbit Lost. Harry Horse. 2019. (Little Rabbit Ser.). (ENG., Illus.). 32p. (J). (gr. -1-k). pap. 7.99 *(978-1-68263-107-2(9))* Peachtree Publishing Co. Inc.

Little Rabbit Who Lost Her Hop. Jedda Robaard. 2018. (ENG.). 12p. (J). (gr. -1-k). bds. 7.99 *(978-1-4998-0683-0(3))* Little Bee Books Inc.

Little Rabbits' First Numbers: Learn First Numbers with the Little Rabbits. Alan Baker. 2020. (Little Rabbit Bks.). (ENG.). 32p. (J). 14.99 *(978-0-7534-7406-8(9)*, 900186974, Kingfisher) Roaring Brook Pr.

Little Rabbits' First Words: Learn First Words with the Little Rabbits. Alan Baker. 2020. (Little Rabbit Bks.). (ENG.). 40p. (J). 14.99 *(978-0-7534-7408-2(5)*, 900186976, Kingfisher) Roaring Brook Pr.

Little Rabbit's New Baby, 1 vol. Harry Horse. 2016. (Little Rabbit Ser.). (ENG., Illus.). 32p. (J). (gr. -1-k). pap. 7.95 *(978-1-56145-915-5(1))* Peachtree Publishing Co. Inc.

Little Rabbits Questions. Dayong Gan. 2017. (ENG & MUL., Illus.). 40p. (J). 15.99 ***(978-1-945295-27-0(9))*** Paper Republic LLC.

Little Radical: The ABCs of Activism. Danica Russell & Jason Russell. Illus. by Danica Russell. 2017. (ENG., Illus.). 60p. (J). 20.00 *(978-0-692-82451-1(0))* Broomstick Engine LLC.

Little Raindrop. Melissa Blatherwick. Illus. by Teresa Ritz. 2021. (ENG.). 26p. (J). pap. 13.95 *(978-1-0980-9219-1(8))* Christian Faith Publishing.

Little Raindrop - la Pequena Gota de Lluvia. Verena Buzzi. 2016. (ENG., Illus.). 32p. (J). pap. *(978-1-365-11502-8(X))* Lulu Pr., Inc.

Little Rainy May by Lindamarie Ketter. Lindamarie Ketter. 2021. (ENG.). 26p. (J). pap. 9.99 *(978-1-68524-821-5(7))* Primedia eLaunch LLC.

Little Ramblers: And Other Stories (Classic Reprint) Unknown Author. 2018. (ENG., Illus.). 36p. (J). 24.64 *(978-0-484-56987-3(2))* Forgotten Bks.

Little Rascal: The True Story of Anthony T. Rossi. Michelle Morin & Bible Visuals International. 2020. (Family Format Ser.: Vol. 5272). (ENG.). 64p. (J). pap. 19.00 *(978-1-64104-013-6(0))* Bible Visuals International, Inc.

Little Rat & the Golden Seed: A Story Told in English & Chinese. Jian Li. 2019. (Stories of the Chinese Zodiac Ser.). (Illus.). 42p. (gr. -1-3). 16.95 *(978-1-60220-459-1(4))* SCPG Publishing Corp.

Little Rats of the Opera. Emmanuel Guibert. ed. 2017. (Ariol Ser.: 10). (J). lib. bdg. 24.50 *(978-0-606-39879-4(1))* Turtleback.

Little Rays of Moonshine (Classic Reprint) A. P. Herbert. 2017. (ENG., Illus.). (J). 28.23 *(978-0-265-17774-7(X))* Forgotten Bks.

Little Red. T. Mayfield. 2018. (ENG., Illus.). 34p. (J). pap. *(978-0-359-03111-5(0))* Lulu Pr., Inc.

Little Red. Bethan Woollvin. (ENG.). 32p. (J). (gr. k-4). 2020. 8.99 *(978-1-68263-217-8(2))*; 2016. (Illus.). 18.99 *(978-1-56145-917-9(8))* Peachtree Publishing Co. Inc.

Little Red: A Fizzingly Funny Fairy Tale. Lynn Roberts. Illus. by David Roberts. 2017. (ENG.). 40p. (J). (gr. k-2). pap. 9.99 *(978-1-84365-328-8(1)*, Pavilion Children's Books) Pavilion Bks. GBR. Dist: HarperCollins Pubs.

Little Red & the Big Bad Editor. Rebecca Kraft Rector. Illus. by Shanda McCloskey. 2022. (ENG.). 40p. (J). (gr. -1-3). 18.99 *(978-1-5344-6929-7(X)*, Aladdin) Simon & Schuster Children's Publishing.

Little Red & the Cat Who Loved Cake. Barbara Lehman. Illus. by Barbara Lehman. 2021. (ENG., Illus.). 64p. (J). (gr. 1-4). 18.99 *(978-0-358-31510-0(7)*, 1778018, Clarion Bks.) HarperCollins Pubs.

Little Red & the Very Hungry Lion. Alex T. Smith. Illus. by Alex T. Smith. 2016. (ENG., Illus.). 32p. (J). (gr. -1-k). 18.99 *(978-0-545-91438-3(8)*, Scholastic Pr.) Scholastic, Inc.

Little Red Barn. Mary Vansher & Lily. 2021. (ENG.). 26p. (J). 23.95 *(978-1-64468-489-4(6))*; pap. 13.95 *(978-1-64468-488-7(8))* Covenant Bks.

Little Red Barn & Little Blue Boat 2 Pack: Chunky Lift a Flap Board Book 2 Pack. Ginger Swift. Ed. by Cottage Door Press. Illus. by David Pavon & Zoe Persico. 2016. (Lift a Flap Ser.). (ENG.). 12p. (J). (gr. -1-k). bds. 15.98 *(978-1-68052-163-4(2)*, 9000450) Cottage Door Pr.

Little Red Book of Phrasal Verbs. Terry O'Brien. 2016. (ENG., Illus.). 182p. (J). pap. *(978-81-291-1967-4(6))* Rupa & Co.

Little Red Brittle Star: An Epic-Ish Poem. Michelle De Villiers. 2017. (ENG., Illus.). (J). pap. *(978-0-9959115-3-6(3))* Star Bear Pubns.

Little Red Bus: Leveled Reader Green Fiction Level 13 Grade 1-2. Hmh Hmh. 2019. (Rigby PM Ser.). (ENG.). 16p. (J). (gr. 1-2). pap. 11.00 *(978-0-358-12063-6(2))* Houghton Mifflin Harcourt Publishing Co.

Little Red Cat Who Ran Away & Learned His ABC's (the Hard Way) Patrick McDonnell. 2017. (ENG., Illus.). 48p. (J). (gr. -1-1). 17.99 *(978-0-316-50246-7(4))* Little, Brown Bks. for Young Readers.

Little Red Chimney Being the Love Story of a Candy Man (Classic Reprint) Mary Finley Leonard. 2018. (ENG., Illus.). 192p. (J). 27.86 *(978-0-483-59968-0(9))* Forgotten Bks.

Little Red Cup. Mario Walker. 2018. (ENG., Illus.). 22p. (J). 19.95 *(978-1-64300-381-8(X))*; pap. 10.95 *(978-1-64003-376-4(9))* Covenant Bks.

Little Red Dog in a Box. Tori Carrato. 2017. (ENG., Illus.). (YA). pap. 11.95 *(978-1-64079-527-3(8))* Christian Faith Publishing.

Little Red Door: All of a Sudden! Bohannon, Sr. 2022. (ENG.). 32p. (J). pap. 14.95 *(978-1-63814-403-8(6))* Covenant Bks.

Little Red Dot Here I Come. Lk Low. Illus. by Nong Yee. 2020. (ENG.). 28p. (J). pap. 19.91 *(978-1-5437-5567-1(4))* Partridge Pub.

Little Red Fish. Slong. 2021. (Slong Cinema on Paper Picture Book Serie Ser.). (ENG.). 72p. (J). (gr. k-2). 19.95 *(978-1-4878-0766-5(X))* Royal Collins Publishing Group Inc. CAN. Dist: Independent Pubs. Group.

Little Red Foot (Classic Reprint) Robert W. Chambers. 2017. (ENG., Illus.). (J). 31.24 *(978-0-265-18341-0(3))* Forgotten Bks.

Little Red Fort (Little Ruby's Big Ideas) Brenda Maier. Illus. by Sonia Sánchez. 2018. (ENG.). 40p. (J). (gr. -1-3). 17.99 *(978-0-545-85919-6(0)*, Scholastic Pr.) Scholastic, Inc.

Little Red Gown: A True Story (Classic Reprint) Harriet Bray. 2017. (ENG., Illus.). (J). 24.37 *(978-0-266-53979-7(3))* Forgotten Bks.

Little Red Hen. David Descoteaux. 2018. (Economics & Finance for Kids Ser.: Vol. 3). (ENG., Illus.). 28p. (J). pap. *(978-2-9817684-5-2(X))* Descôteaux, David.

Little Red Hen. Mary Finch. Illus. by Kate Slater. 2018. (ENG.). 32p. (J). (gr. k-5). pap. 9.99 *(978-1-78285-041-0(4))* Barefoot Bks., Inc.

Little Red Hen. Teresa Mlawer. 2016. (Timeless Fables Ser.). (ENG.). 32p. (J). *(978-1-941609-22-4(8))* Lake Press.

Little Red Hen Board Book. Paul Galdone. 2022. (Paul Galdone Nursery Classic Ser.). (ENG., Illus.). 30p. (J). (gr. -1 — 1). bds. 7.99 *(978-0-358-73249-5(2)*, Clarion Bks.) HarperCollins Pubs.

Little Red Hen (Book & Downloadable App!) Little Grasshopper Books. Illus. by Stacy Peterson. 2020. (ENG.). 24p. (J). (gr. -1-k). bds. 5.98 *(978-1-64030-955-5(1)*, 6110400, Little Grasshopper Bks.) Publications International, Ltd.

Little Red Hen Hatches a Plan. Peggy Goodman. 2017. (ENG., Illus.). (J). (gr. k-3). 14.95 *(978-0-9990606-1-2(9))* goodman, peggy.

Little Red Hen Is a Good Hen. Maribel Rosado. 2017. (Text Connections Guided Close Reading Ser.). (J). (gr. 1). *(978-1-4900-1804-1(2))* Benchmark Education Co.

Little Red Hen, Vol. 2 (Classic Reprint) Mara L. Pratt-Chadwick. 2018. (ENG., Illus.). 120p. (J). 26.43 *(978-0-484-90906-8(1))* Forgotten Bks.

Little Red Hen/la Gallinita Roja. Teresa Mlawer. 2016. (Timeless Fables Ser.). (ENG., Illus.). 32p. (J). *(978-1-941609-26-2(0))* Lake Press.

Little Red Hen's Great Escape. Elizabeth Dale. 2016. (ENG., Illus.). 32p. (J). *(978-0-7787-2461-2(1))* Crabtree Publishing Co.

Little Red Hoodie. Martha Freeman. Illus. by Marta Sevilla. 160p. (J). (gr. 2-5). 2021. pap. 7.99 *(978-0-8234-5001-5(5))*; 2020. 16.99 *(978-0-8234-4621-6(2))* Holiday Hse., Inc.

Little Red Learns to Obey. Geri Gilstrap. 2019. (ENG., Illus.). 26p. (J). (gr. -1-3). pap. 9.99 *(978-1-950034-30-7(5))* Yorkshire Publishing Group.

Little Red Mare (Classic Reprint) O. E. Young. 2018. (ENG., Illus.). 32p. (J). 24.56 *(978-0-332-68876-3(3))* Forgotten Bks.

Little Red Monster. Zoey Busieney. Illus. by Fx and Color Studio. 2020. (ENG.). 32p. (J). pap. 10.99 *(978-1-7357857-9-0(2))* Zoey B.

Little Red Monster: Tales of Monica. Carlos Rotellar. 2019. (ENG., Illus.). 24p. (J). pap. 11.00 ***(978-1-0878-5448-9(2))*** Indy Pub.

Little Red Reading Hood & the Misread Wolf. Troy Wilson. Illus. by Ilaria Campana. 2019. (ENG.). 32p. (J). (gr. -1-3). 17.99 *(978-0-7624-9266-4(X)*, Running Pr. Kids) Running Pr.

Little Red Rescue Box (PAW Patrol) 4 Board Books, 4 vols. Random House. Illus. by Random House. 2016. (ENG., Illus.). 96p. (J). (— 1). bds. 14.99 *(978-0-399-55135-2(2)*, Random Hse. Bks. for Young Readers) Random Hse. Children's Bks.

Little Red Rhyming Hood. Sue Fliess. Illus. by Petros Bouloubasis. 2019. (ENG.). 32p. (J). (gr. -1-3). 16.99 *(978-0-8075-4597-3(X)*, 080754597X) Whitman, Albert & Co.

Little Red Riding Hood. 2017. (Picture Bks.). (ENG.). (J). 9.99 *(978-0-7945-3723-4(5)*, Usborne) EDC Publishing.

Little Red Riding Hood. Child's Play. Illus. by Subi Bosa. 2023. (Flip-Up Fairy Tales Ser.). (ENG.). 24p. (J). (gr. 1-2). ***(978-1-78628-840-0(0))*** Child's Play International Ltd.

Little Red Riding Hood. Illus. by Andrea Doss. 2017. (5 Minute Storytime Ser.). (ENG.). 32p. (J). (gr. k-3). 6.99 *(978-1-4867-1275-5(4)*, 1757b7b8-63ba-48aa-a527-dcb707b61a64) Flowerpot Pr.

Little Red Riding Hood. Brothers Grimm. Illus. by Bernadette Watts. 2018. (ENG.). 32p. (J). (gr. -1-3). 17.95 *(978-0-7358-4303-5(1))* North-South Bks., Inc.

Little Red Riding Hood. Margaret Hillert. Illus. by Winifred Barnum-Newman. 2016. (BeginningtoRead Ser.). (ENG.). 32p. (J). (-2). lib. bdg. 22.60 *(978-1-59953-783-2(4))* Norwood Hse. Pr.

Little Red Riding Hood. Margaret Hillert. Illus. by Winifred Barnum-Newman. 2016. (Beginning-To-Read Ser.). (ENG.). 32p. (J). (gr. k-2). pap. 13.26 *(978-1-60357-909-4(5))* Norwood Hse. Pr.

Little Red Riding Hood. Cara Jenkins. Illus. by Clare Fennell. 2022. (ENG.). 10p. (J). (gr. -1-k). pap. 12.99 *(978-1-80337-434-5(9))* Make Believe Ideas GBR. Dist: Scholastic, Inc.

Little Red Riding Hood. Jenna Mueller. Illus. by Roxanne Rainville. 2020. (Fairy Tales As Told by Clementine Ser.). (ENG.). 32p. (J). (gr. -1-4). 32.79 *(978-1-5321-3811-9(3)*, 35232, Looking Glass Library) Magic Wagon.

Little Red Riding Hood. Charles Perrault. 2018. (ENG., Illus.). 24p. (J). (gr. -1-k). pap. 8.99 *(978-0-7396-0259-1(4))* Inspired Studios Inc.

Little Red Riding Hood, 1 vol. Susan Purcell. 2017. (Fairy-Tale Phonics Ser.). (ENG.). 24p. (J). (gr. 1-1). 26.27 *(978-1-5081-9375-3(4)*, 8ecf9731-429c-434e-9e59-3e09ce9a69ac); pap. 9.25 *(978-1-5081-9448-4(3)*, c5bfcf88-df26-49c8-b0bd-84de406096af) Rosen Publishing Group, Inc., The. (Windmill Bks.).

Little Red Riding Hood. Sequoia Children's Publishing. Illus. by Courtney Autumn Martin. 2021. (Classic Storybooks Ser.). (ENG.). 24p. (J). (gr. k-2). 24.69 *(978-1-64996-040-5(9)*, 4102, Sequoia Publishing & Media LLC) Phoenix International Publications, Inc.

Little Red Riding Hood. Sequoia Kids Media Sequoia Kids Media. Illus. by Courtney Autumn Martin. 2021. (Classic Storybooks Ser.). (ENG.). 24p. (J). (gr. -1-3). pap. 9.50 ***(978-1-64996-659-9(8)***, 17020, Sequoia Kids Media) Sequoia Children's Bks.

Little Red Riding Hood, 2 vols. Stephen Tucker. Illus. by Nick Sharratt. 2017. (Lift-The-Flap Fairy Tales Ser.). (ENG.). 24p. (J). (gr. -1-1). 10.99 *(978-1-5098-2815-9(X))* Pan Macmillan GBR. Dist: Independent Pubs. Group.

Little Red Riding Hood. Illus. by Jenny Williams. 2017. 24p. (J). (gr. -1-12). pap. 7.99 *(978-1-86147-818-4(6)*, Armadillo) Anness Publishing GBR. Dist: National Bk. Network.

Little Red Riding Hood. Andrea Wisnewski. 2017. (ENG., Illus.). 32p. (J). (gr. 1-4). pap. 10.95 *(978-1-56792-589-0(8))* Godine, David R. Pub.

Little Red Riding Hood: A Favorite Story in Rhythm & Rhyme. Jonathan Peale. Illus. by Luke Séguin-Magee. 2018. (Fairy Tale Tunes Ser.). (ENG.). 24p. (J). (gr. -1-3). lib. bdg. 33.99 *(978-1-68410-395-9(9)*, 140349) Cantata Learning.

Little Red Riding Hood: A Keepsake Story to Share. Sequoia Children's Publishing. 2020. (ENG.). 24p. (J). 6.99 *(978-1-64269-178-8(X)*, 4033, Sequoia Publishing & Media LLC) Phoenix International Publications, Inc.

Little Red Riding Hood: An Entirely New Edition; with New Pictures by an Eminent Artist (Classic Reprint) Felix Summerly. 2017. (ENG., Illus.). (J). 24.97 *(978-0-265-60400-7(1))* Forgotten Bks.

Little Red Riding-Hood: And Other Stories, Based on the Tales in the Blue Fairy Book (Classic Reprint) Andrew Lang. 2017. (ENG., Illus.). (J). 26.12 *(978-0-260-74118-9(3))* Forgotten Bks.

Little Red Riding Hood: Augmented Reality. Sawsan Tech. 2019. (ENG., Illus.). 24p. (J). *(978-1-9990813-0-0(7))* Tech, Sawsan.

Little Red Riding Hood (40th Anniversary Edition) Trina Schart Hyman. 2023. 32p. (J). (gr. -1-3). 18.99 ***(978-0-8234-5643-7(9))*** Holiday Hse., Inc.

Little Red Riding Hood: a Nosy Crow Fairy Tale. Illus. by Ed Bryan. 2017. (ENG.). 32p. (J). (gr. -1-2). 9.99 *(978-0-7636-9331-2(6))* Candlewick Pr.

Little Red Riding Hood Activity Book - Ladybird Readers Level 2. Ladybird. 2016. (Ladybird Readers Ser.). (ENG.). 16p. (J). pap. 5.99 *(978-0-241-25454-7(X))* Penguin Bks., Ltd. GBR. Dist: Independent Pubs. Group.

Little Red Riding Hood & Lucille. Bridget Carruolo & Red Letter Set. 2016. (ENG.). (J). 14.95 *(978-1-62086-379-4(0))* Amplify Publishing Group.

Little Red Riding Hood & Other Fairy Tales from Charles Perrault: Eleven Classic Stories Including Cinderella, the Sleeping Beauty & Puss-In-Boots. Illus. by Sally Holmes. 2020. 160p. (J). (gr. -1-12). 16.00 *(978-1-86147-868-9(2)*, Armadillo) Anness Publishing GBR. Dist: National Bk. Network.

Little Red Riding Hood & the Dragon. Ying Chang Compestine. Illus. by Joy Ang. 2022. (ENG.). 48p. (J). (gr. -1-3). 18.99 *(978-1-4197-3728-2(7)*, 1277701, Abrams Bks. for Young Readers) Abrams, Inc.

Little Red Riding Hood: Ladybird Readers Level 2, Vol. 2. Ladybird. 2016. (Ladybird Readers Ser.). (Illus.). 48p. (J). (gr. 2-4). pap. 9.99 *(978-0-241-25446-2(9))* Penguin Bks., Ltd. GBR. Dist: Independent Pubs. Group.

Little Red Riding Hood of the Pacific Northwest. Marcia Crews. Illus. by Jeremiah Trammell. 2018. (Pacific Northwest Fairy Tales Ser.). 32p. (J). (gr. -1-3). 17.99 *(978-1-63217-183-2(X)*, Little Bigfoot) Sasquatch Bks.

Little Red Riding Hood Stories Around the World **see Caperucita Roja: 3 Cuentos Predliectos de Alrededor Del Mundo**

Little Red Riding Hood Story. Geraldine Vincent. 2022. (ENG.). 74p. (J). *(978-1-5289-2051-3(1))*; pap. *(978-1-5289-2050-6(3))* Austin Macauley Pubs. Ltd.

Little Red Riding Rat. Craig Taylor & Jim Allen Jackson. 2021. (ENG.). 67p. (J). pap. ***(978-1-6780-7425-8(X))*** Lulu Pr., Inc.

Little Red Riding Sheep. Linda Ravin Lodding. Illus. by Cale Atkinson. 2017. (ENG.). 40p. (J). (gr. -1-3). 17.99 *(978-1-4814-5748-4(9))* Simon & Schuster Children's Publishing.

Little Red Rocket: Kids Picture Book 4-8 Girls. Anthony Chun. Illus. by Anthony Chun. 2017. (ENG., Illus.). (J). pap. 10.97 *(978-0-9994539-0-2(4))* Chun, Anthony.

Little Red Rolls Away. Linda Whalen. Illus. by Jennifer E. Morris. 2017. (ENG.). 32p. (J). (gr. k-2). 16.99 *(978-1-58536-987-4(X)*, 204227) Sleeping Bear Pr.

Little Red Rosie. Eric Kimmel. Illus. by Monica Guttierrez. 2016. (ENG.). 32p. (J). 17.95 *(978-1-68115-518-0(4)*, cb9a49d5-9487-4801-ae67-b7a84fe713f7) Behrman Hse., Inc.

Little Red Ruthie: A Hanukkah Tale. Gloria Koster. Illus. by Sue Eastland. 2017. (ENG.). 32p. (J). (gr. -1-3). 17.99 *(978-0-8075-4646-8(1)*, 807546461) Whitman, Albert & Co.

Little Red Shop (Classic Reprint) Margaret Sidney. 2017. (ENG., Illus.). (J). 28.62 *(978-0-266-47743-3(7))* Forgotten Bks.

Little Red Sleigh. Erin Guendelsberger. Illus. by Elizaveta Tretyakova. 2020. (Little Heroes, Big Hearts Ser.). 40p. (J). (gr. -1-3). 17.99 *(978-1-7282-2355-1(5))* Sourcebooks, Inc.

Little Red Sock Monster. Billie Davenport. 2017. (ENG., Illus.). (J). pap. 13.95 *(978-1-4808-4125-3(0))* Archway Publishing.

Little Red Stroller. Joshua Furst. Illus. by Katy Wu. 2019. 40p. (J). (gr. -1-3). 18.99 *(978-0-7352-2880-1(9)*, Dial Bks) Penguin Young Readers Group.

Little Red Thread. Anne-Gaëlle Balpe. Illus. by Eve Tharlet. 2019. 32p. (J). (gr. -1-2). 17.99 *(978-988-8341-90-0(1)*, Minedition) Penguin Young Readers Group.

Little Red Truck at the Beach. Magic Jack Noel. 2021. (ENG.). 18p. (J). pap. 10.99 *(978-1-6628-2192-9(1))* Salem Author Services.

Little Ree. Ree Drummond. Illus. by Jacqueline Rogers. 2017. (J). *(978-0-06-266351-1(8))* Harper & Row Ltd.

Little Ree. Ree Drummond. Illus. by Jacqueline Rogers. 2017. (Little Ree Ser.). (ENG.). 40p. (J). (gr. -1-3). 17.99 *(978-0-06-245318-1(1)*, HarperCollins) HarperCollins Pubs.

Little Ree #2: Best Friends Forever! Ree Drummond. Illus. by Jacqueline Rogers. 2018. (Little Ree Ser.). (ENG.). 40p. (J). (gr. -1-3). 17.99 *(978-0-06-245319-8(X)*, HarperCollins) HarperCollins Pubs.

Little Ree #2 (signed Edition) Ree Drummond. Illus. by Jacqueline Rogers. 2018. (Little Ree Ser.). 32p. (J). (gr. -1-3). 17.99 *(978-0-06-282077-8(X))* HarperCollins Pubs.

Little Regenerative Farmer. Lauren Lovejoy. Illus. by Yana Gorbatiyk. 2022. (ENG.). 46p. (J). 21.99 ***(978-1-0881-7388-6(8))***; 26.99 ***(978-1-0879-4555-2(0))*** Indy Pub.

Little Reindeer. Holly Berry-Byrd. Ed. by Cottage Door Press. Illus. by Roxanne Rainville. 2021. (ENG.). 10p. (J). (gr. -1-k). bds. 4.99 *(978-1-64638-310-8(9)*, 1007270) Cottage Door Pr.

Little Reindeer. Nicola Killen. Illus. by Nicola Killen. 2017. (My Little Animal Friend Ser.). (ENG., Illus.). 32p. (J). (gr. -1-3). 17.99 *(978-1-4814-8686-6(1)*, Simon & Schuster/Paula Wiseman Bks.) Simon & Schuster/Paula Wiseman Bks.

Little Reindeer Saves Christmas: Padded Board Book. IglooBooks. Illus. by Louise Anglicas. 2022. (ENG.). 24p. (J). (-k). bds. 9.99 *(978-1-80368-363-8(5))* Igloo Bks. GBR. Dist: Simon & Schuster, Inc.

Little Reminder. Tatsuya Fushimi. Illus. by Julie Wells. 2021. (ENG.). 46p. (J). 24.99 *(978-1-7376809-0-1(4))* Fushimi, Tatsuya.

Little Review: A Quarterly Journal of Art & Letters; Autumn, 1921 (Classic Reprint) John McKernan. 2017. (ENG., Illus.). (J). 29.20 *(978-0-331-47278-3(3))* Forgotten Bks.

Little Review: Autumn 1922 (Classic Reprint) John McKernan. 2018. (ENG., Illus.). (J). 220p. 28.48 *(978-0-332-51328-7(9))*; 222p. pap. 10.97 *(978-1-333-26496-3(8))* Forgotten Bks.

Little Review, Vol. 6: May, 1918; the Ideal Giant (Classic Reprint) Wyndham Lewis. 2018. (ENG., Illus.). 766p. (J). 39.70 *(978-0-483-44769-1(2))* Forgotten Bks.

Little Review, Vol. 6: May, 1919 April, 1920 (Classic Reprint) Margaret C. Anderson. (ENG., Illus.). (J). 2017. 40.56 *(978-0-331-84852-6(X))*; 2016. pap. 23.57 *(978-1-333-12263-8(2))* Forgotten Bks.

Little Review, Vol. 7: May June, 1920 (Classic Reprint) John McKernan. (ENG., Illus.). (J). 2018. 322p. 30.54 *(978-0-483-66656-6(4))*; 2016. pap. 13.57 *(978-1-334-16476-7(2))* Forgotten Bks.

Little Rhymes for Kids' Bedtimes. Kasia Howard. Illus. by Tom Howard. 2022. (ENG.). 24p. (J). pap. *(978-1-80381-039-3(4))* Grosvenor Hse. Publishing Ltd.

Little Rhymes for Little Readers (Classic Reprint) Wilhelmina Seegmiller. (ENG., Illus.). (J). 2018. 86p. 25.69 *(978-0-365-51465-7(9))*; 2017. pap. 9.57 *(978-0-259-85877-5(3))* Forgotten Bks.

Little Rhymes of Childhood (Classic Reprint) Annie McIlhany Flynt. 2018. (ENG., Illus.). 32p. (J). 24.58 *(978-0-483-69873-4(3))* Forgotten Bks.

Little Rivers: A Book of Essays in Profitable Idleness (Classic Reprint) Henry Van Dyke. 2018. (ENG., Illus.). 376p. (J). 31.69 *(978-0-365-49193-4(4))* Forgotten Bks.

Little Robbie (Classic Reprint) Nellie Grahame. 2018. (ENG., Illus.). 146p. (J). 26.91 *(978-0-484-51853-6(4))* Forgotten Bks.

Little Robert & the Owl (Classic Reprint) Sherwood. 2018. (ENG., Illus.). 36p. (J). 24.66 *(978-0-666-49345-3(6))* Forgotten Bks.

Little Robins' Love One to Another (Classic Reprint) Madeline Leslie. 2018. (ENG., Illus.). 112p. (J). 26.21 *(978-0-656-80281-4(2))* Forgotten Bks.

Little Robin's Fighting Hood. Sarah Hines Stephens. Illus. by Agnes Garbowska. 2021. (DC Super Hero Fairy Tales Ser.). (ENG.). 72p. (J). 27.32 *(978-1-6639-1055-4(3)*, 212406); pap. 6.95 *(978-1-6639-2129-1(6)*, 212388) Capstone. (Stone Arch Bks.).

Little Robins Learning to Fly (Classic Reprint) Madeline Leslie. 2018. (ENG., Illus.). 108p. (J). 26.04 *(978-0-428-99299-6(4))* Forgotten Bks.

Little Robot Alone. Patricia MacLachlan & Emily MacLachlan Charest. Illus. by Matt Phelan. 2018. (ENG.). 40p. (J). (gr. -1-3). 17.99 *(978-0-544-44280-1(6)*, 1597246, Clarion Bks.) HarperCollins Pubs.

Little Rock Desegregation Crisis, 1 vol. Marcia Amidon Lüsted. 2017. (Spotlight on the Civil Rights Movement Ser.). (ENG., Illus.). 48p. (J). (gr. 6-6). pap. 12.75 *(978-1-5383-8041-3(2)*, e7219db8-f771-4718-8d01-72e20f24cda5) Rosen Publishing Group, Inc., The.

Little Rock Nine. John Perritano. 2017. (Red Rhino Nonfiction Ser.). (ENG., Illus.). 60p. (J). (gr. 4-7). pap. 11.95 *(978-1-68021-055-2(6))* Saddleback Educational Publishing, Inc.

Little Rock Nine. John Perritano. ed. 2018. (Red Rhino Nonfiction Ser.). lib. bdg. 20.80 *(978-0-606-41252-0(2))* Turtleback.

Little Rocks & Small Minerals! Rocks & Mineral Books for Kids Children's Rocks & Minerals Books. Baby Professor. 2017. (ENG., Illus.). 64p. (J). pap. 9.52 *(978-1-5419-1722-4(7)*, Baby Professor (Education Kids)) Speedy Publishing LLC.

Little Roebuck: In Pictures & Rhymes (Classic Reprint) Frederic Lossow. 2017. (ENG., Illus.). 30p. (J). 24.54 *(978-0-332-39751-1(3))* Forgotten Bks.

Little Ronnie's Forest. Virginia Haupt & Tina Steady. 2016. (ENG., Illus.). (J). pap. 12.95 *(978-1-68348-431-8(2))* Page Publishing Inc.

Little Room: And Other Stories (Classic Reprint) Madeline Yale Wynne. 2018. (ENG., Illus.). 154p. (J). 27.07 *(978-0-483-23266-2(1))* Forgotten Bks.

1202

The check digit for ISBN-10 appears in parentheses after the full ISBN-13

Little Rosa. E. 2017. (ENG., Illus.). (J). 20.95 *(978-0-578-18047-2(2))*; 13.95 *(978-0-578-18046-5(4))* Perky Penguin Prs.

Little Rossie (Classic Reprint) W. Thomas Perry. (ENG., Illus.). (J). 2018. 162p. 27.24 *(978-0-483-96716-8(5))*; 2017. pap. 9.97 *(978-0-243-08148-6(0))* Forgotten Bks.

Little Rosy's Voyage of Discovery: Undertaken in Company with Her Cousin Charley (Classic Reprint) Pierre-Jules Hetzel. 2018. (ENG., Illus.). 192p. (J). 27.88 *(978-0-267-24242-9(5))* Forgotten Bks.

Little Round Panda on the Big Blue Earth. Tory Christie. Illus. by Luciana Navarro Powell. 2023. (ENG.). 32p. (J). (gr. -1-1). pap. 12.00 ***(978-1-68152-925-7(4))*** Amicus.

Little Royal: A Fish Tale. Chelo Manchego. 2017. (Illus.). 72p. (J). (gr. -1-3). 16.95 *(978-1-61180-497-3(3))* Shambhala Pubns., Inc.

Little Rubi, the Wood-Carver: And Other Stories (Classic Reprint) Unknown Author. 2018. (ENG., Illus.). 76p. (J). 25.46 *(978-0-267-24361-7(8))* Forgotten Bks.

Little Rumble. Joshua Stephen Fryer. Illus. by Joshua Stephen Fryer. 2018. (ENG., Illus.). 32p. (J). pap. *(978-0-473-44945-2(5))* Big Boots Pub.

Little Runaway. Margaret Hillert. 21st ed. 2016. (BeginningtoRead Ser.). (ENG., Illus.). 32p. (J). (gr. k-2). 22.60 *(978-1-59953-801-3(6))* Norwood Hse. Pr.

Little Runaway. Margaret Hillert. Illus. by Brian Dumm. 21st ed. 2016. (Beginning-To-Read Ser.). (ENG.). 32p. (J). (gr. k-2). pap. 13.26 *(978-1-60357-942-1(7))* Norwood Hse. Pr.

Little Russian Masterpieces. Zenaide A. Ragozin. 2017. (ENG., Illus.). (J). pap. *(978-0-649-20460-1(3))* Trieste Publishing Pty Ltd.

Little Russian Masterpieces: Chosen & Translated from the Original Russian (Classic Reprint) Zenaide A. Ragozin. (ENG., Illus.). (J). 2018. 474p. 33.69 *(978-0-364-57942-8(0))*; 2016. pap. 16.57 *(978-1-334-14274-1(2))* Forgotten Bks.

Little Russian Masterpieces (Classic Reprint) S. N. Syromiatnikof. 2018. (ENG., Illus.). 214p. (J). 28.31 *(978-0-483-21751-5(4))* Forgotten Bks.

Little Russian Masterpieces, Vol. 4 Of 9: Chosen & Translated from the Original Russian (Classic Reprint) Zenaide A. Ragozin. (ENG., Illus.). (J). 2018. 250p. 29.05 *(978-0-267-38958-2(2))*; 2016. pap. 11.57 *(978-1-334-13959-8(8))* Forgotten Bks.

Little Ruth. Jane Finch. Illus. by Jack Foster. 2020. (ENG.). 30p. (J). pap. 9.99 *(978-1-68160-720-7(4))* Crimson Cloak Publishing.

Little Sailboat. Lois Lenski. 2018. (ENG., Illus.). 32p. (J). (— 1). bds. 7.99 *(978-1-5247-7079-2(5)*, Random Hse. Bks. for Young Readers) Random Hse. Children's Bks.

Little Sailor's ABCs. Elayna Carausu. 2022. (ENG.). 30p. (J). pap. ***(978-1-80042-231-5(8))*** SilverWood Bks.

Little Saint Elizabeth: And Other Stories (Classic Reprint) Frances Burnett. 2018. (ENG., Illus.). 168p. (J). 27.36 *(978-0-267-47215-4(3))* Forgotten Bks.

Little Saint Elizabeth & Other Stories. Frances Burnett & Reginald Bathurst Birch. 2017. (ENG.). 164p. (J). pap. *(978-3-337-33670-7(1))* Creation Pubs.

Little Saint Hilary: And Other Stories (Classic Reprint) Barbara Yechton. (ENG., Illus.). (J). 2018. 114p. 26.27 *(978-0-666-52378-5(9))*; 2017. pap. 9.57 *(978-0-259-47633-7(1))* Forgotten Bks.

Little Saint of Nine Years: A Biographical Notice (Classic Reprint) De Segur. 2018. (ENG., Illus.). 144p. (J). 26.87 *(978-0-483-75999-2(6))* Forgotten Bks.

Little Saint Sunshine (Classic Reprint) Charles Frederic Goss. 2018. (ENG., Illus.). 170p. (J). 27.42 *(978-0-483-78640-0(3))* Forgotten Bks.

Little Sally of the Sabbath School (Classic Reprint) Unknown Author. 2018. (ENG., Illus.). 22p. (J). 24.35 *(978-0-484-74543-7(3))* Forgotten Bks.

Little Sammy Samurai Masters Anger: A Children's Picture Book about Anger Management & Emotions. Raz Chan. Illus. by Eddie Moreno, III. 2020. (Little Sammy Samurai & Dojo Max Life Skills Ser.: Vol. 1). (ENG.). 50p. (J). pap. *(978-0-9951733-1-6(1))* Chan, Raz.

Little Sammy Samurai Masters Anxiety: A Children's Book about Managing Anxiety & Overcome Fear of Failure. Raz Chan. Illus. by Eddie Moreno. 2020. (ENG.). 46p. (J). pap. *(978-0-9951733-4-7(6))* Chan, Raz.

Little Sammy Square Finds His Voice. Lisa R. Thomas M Ed. 2021. (ENG.). 28p. (J). pap. 15.95 *(978-1-63692-715-2(7))* Newman Springs Publishing, Inc.

Little Sammy's Big Trip. Cristi Ropp. 2021. (ENG.). 26p. (J). pap. 13.95 *(978-1-64096-193-7(3))* Newman Springs Publishing, Inc.

Little Santa. Yoko Maruyama. Illus. by Yoko Maruyama. 2017. (Illus.). 40p. (J). (gr. -1-k). 17.99 *(978-988-8341-46-7(4)*, Minedition) Penguin Young Readers Group.

Little Santa: The Perfect Pet. Nashreen Seepersad. Illus. by Heidi-Kate Greef. 2017. (Little Santa Ser.: Vol. 1). (ENG.). 28p. (J). (gr. k-3). pap. *(978-0-620-73502-5(3))* Seepersad, Nashreen.

Little Santa: The Prophecy. Seepersad Nashreen. Illus. by Greef Heidi-Kate. 2017. (Little Santa Ser.: Vol. 3). (ENG.). 22p. (J). (gr. 3-6). pap. *(978-0-620-78491-7(1))* Seepersad, Nashreen.

Little Santa: The Secret in the Woods. Nashreen Seepersad. Illus. by Heidi-Kate Greef. 2017. (Little Santa Ser.: Vol. 2). (ENG.). 30p. (J). (gr. k-5). pap. *(978-0-620-75883-3(X))* Seepersad, Nashreen.

Little Santa's Workshop (a Lala Watkins Book) Lala Watkins. Illus. by Lala Watkins. 2022. (ENG., Illus.). 10p. (J). (— 1). bds. 7.99 *(978-1-338-82943-3(2)*, Cartwheel Bks.) Scholastic, Inc.

Little Scenes for Little Folks: In Words Not Exceeding Two Syllables; with Coloured Engravings (Classic Reprint) Unknown Author. 2017. (ENG., Illus.). 42p. (J). 24.76 *(978-0-484-76721-7(6))* Forgotten Bks.

Little School Bus. Margery Cuyler. Illus. by Bob Kolar. 2018. (Little Vehicles Ser.: 2). (ENG.). 24p. (J). bds. 8.99 *(978-1-250-19645-3(0)*, 900194112, Holt, Henry & Co. Bks. For Young Readers) Holt, Henry & Co.

Little School in the Woods. Sharon H. Kear. 2017. (ENG., Illus.). 22p. (J). pap. 12.95 *(978-1-64003-212-5(6))* Covenant Bks.

Little Schoolmaster Mark. Joseph Henry Shorthouse. 2017. (ENG.). (J). 228p. pap. *(978-3-337-04928-7(1))*; 308p. pap. *(978-3-7447-7558-8(5))*; 250p. pap. *(978-3-7446-7412-6(6))* Creation Pubs.

Little Schoolmaster Mark: A Spiritual Romance (Classic Reprint) Joseph Henry Shorthouse. 2018. (ENG., Illus.). 252p. (J). 29.11 *(978-0-267-18354-8(2))* Forgotten Bks.

Little Schoolmaster Mark, Vol. 2: A Spiritual Romance (Classic Reprint) J. H. Shorthouse. (ENG., Illus.). (J). 2018. 128p. 26.54 *(978-0-428-36165-5(X))*; 2017. pap. 9.57 *(978-0-243-31835-3(9))* Forgotten Bks.

Little Schoolmistress (Classic Reprint) Cleburne Lee Hayes. (ENG., Illus.). (J). 2017. 29.24 *(978-0-331-47191-5(4))*; 2016. pap. 11.97 *(978-1-334-15244-3(6))* Forgotten Bks.

Little Scientist. 2023. (Little Scientist Ser.). (ENG.). 32p. (J). pap., pap., pap. 69.50 ***(978-1-6690-8492-1(2)***, 267032, Capstone Pr.) Capstone.

Little Scientist Classroom Collection. 2022. (Little Scientist Ser.). (ENG.). 32p. (J). 378.90 *(978-1-6690-1400-3(2)*, 248661, Capstone Pr.) Capstone.

Little Scottish Ghost. Franz Hohler. Illus. by Werner Maurer. 2023. (ENG.). 48p. (J). (gr. k-2). 19.95 ***(978-0-7358-4509-1(3))*** North-South Bks., Inc.

Little Seahorse Grows up Coloring Book. Creative Playbooks. 2016. (ENG., Illus.). (J). pap. 7.74 *(978-1-68323-888-1(5))*; pap. 7.74 *(978-1-68323-820-1(6))* Twin Flame Productions.

Little Seal. Benedict Blathwayt. 2017. (Illus.). 32p. (J). (gr. -1-k). pap. 9.99 *(978-1-78027-460-7(2))* Birlinn, Ltd. GBR. Dist: Casemate Pubs. & Bk. Distributors, LLC.

Little Seed. Written Lorna Mitchell & Illustrated Nataliia Kushnir. 2023. (ENG.). 28p. (J). pap. 15.95 ***(978-1-68526-267-9(8))*** Covenant Bks.

Little Seed. C. R. Madewell. 2018. (ENG., Illus.). 34p. (J). pap. 13.95 *(978-1-64349-618-4(2))* Christian Faith Publishing.

Little Seed. Benson Shum. Illus. by Benson Shum. 2022. (ENG., Illus.). 32p. (J). (gr. -1-k). bds. 8.99 *(978-1-6659-0294-6(9)*, Little Simon) Little Simon.

Little Seed: What Will I Grow up to Be? Doc Martenson. 2020. (ENG., Illus.). 28p. (J). 22.95 *(978-1-64701-734-7(3))* Page Publishing Inc.

Little Shadow That Could. Kim Green. Illus. by Miguel Cantu. 2023. (ENG.). 44p. (J). 19.99 ***(978-1-0880-9024-4(9))*** Indy Pub.

Little Shaq: Star of the Week. Shaquille O'Neal. Illus. by Theodore Taylor, III. 2016. (ENG.). 80p. (J). 9.99 *(978-1-61963-879-2(7)*, 900150926, Bloomsbury USA Childrens) Bloomsbury Publishing USA.

Little Shavers: Sketches from Real Life (Classic Reprint) James Robert Shaver. (ENG., Illus.). (J). 2018. 172p. 27.46 *(978-0-365-37973-7(5))*; 2016. pap. 9.97 *(978-1-333-57351-5(0))* Forgotten Bks.

Little Shell & Jittery Jellyfish, 1 vol. Ester Alsina & Zuriñe Aguirre. 2019. (Heartwarming Stories Ser.). (ENG.). 32p. (J). (gr. -1-3). 19.99 *(978-0-7643-5684-1(4)*, 16310) Schiffer Publishing, Ltd.

Little Shepherd see Pastorcito: Para ninos de 4-7 Anos

Little Shepherd. Elizabeth Jaeger. Illus. by Irene Montano. 2019. 32p. (J). (gr. -1-k). 16.99 *(978-1-5064-4873-2(9)*, Beaming Books) 1517 Media.

Little Shepherd of Kingdom Come (Classic Reprint) John Fox. 2018. (ENG., Illus.). 436p. (J). 32.89 *(978-0-365-40687-7(2))* Forgotten Bks.

Little Shepherd of Provence, Vol. 1 (Classic Reprint) Evaleen Stein. 2018. (ENG., Illus.). (J). 28.76 *(978-0-260-24674-5(3))* Forgotten Bks.

Little Shepherdess. Jessica Maynard. 2021. (ENG., Illus.). 38p. (J). pap. 14.95 *(978-1-63814-667-4(5))* Covenant Bks.

Little Sherlock: a Ghost at the Carnival. Pascal Prévot. Illus. by Art Grootfontein. 2022. (ENG.). 48p. (J). 7.99 *(978-1-4413-3974-4(4)*, 8eb9ac04-79a0-4003-86eb-a85a73605c20) Peter Pauper Pr. Inc.

Little Sherlock: the Case of the Mysterious Goldfish. 2022. (ENG., Illus.). 48p. (J). 7.99 *(978-1-4413-3975-1(2)*, ced4d2d6-718f-41c1-9701-2c586ba02900) Peter Pauper Pr. Inc.

Little Sherlock: the Mystery of the Vanishing Potatoes. 2022. (ENG., Illus.). 48p. (J). 7.99 *(978-1-4413-3976-8(0)*, cd2f8a2c-418d-406b-9a98-1c157be72bf2) Peter Pauper Pr. Inc.

Little Sherlock: the Secret of the Treasure Chest. Pascal Prévot. Illus. by Art Grootfontein. 2022. (ENG.). 48p. (J). 7.99 *(978-1-4413-3973-7(6)*, 57effb9c-8aaa-4314-adbd-328cd158d746) Peter Pauper Pr. Inc.

Little Shoemaker's Silver. Ben Wolfe. Illus. by George Jung. (ENG.). (J). 2022. 38p. 26.99 *(978-0-578-37857-2(4))*; 2021. (Little Shoemaker Ser.: Vol. 1). 36p. 24.99 *(978-1-0878-9546-8(4))* Indy Pub.

Little Shortcut! a Kids Maze Activity Book. Jupiter Kids. 2016. (ENG., Illus.). 108p. (J). pap. 12.55 *(978-1-68326-144-5(5)*, Jupiter Kids (Childrens & Kids Fiction)) Speedy Publishing LLC.

Little Shots for Little Tots. Lorraine Fraser. 2021. (ENG.). 32p. (J). *(978-1-5255-7140-4(0))*; pap. *(978-1-5255-7141-1(9))* FriesenPress.

Little Silver Fox. Pope R. Bryson. Illus. by Law Hazel. 2018. (ENG.). 28p. (J). 14.99 *(978-0-692-10683-9(9))* Pope, Bryson.

Little Silver Star. Loretta Balbi. 2021. (ENG.). 30p. (J). 25.95 *(978-1-63844-231-8(2))* Christian Faith Publishing.

Little Simba's Little Roar. Oluwatobi Vaughan. 2022. (ENG.). 34p. (J). pap. ***(978-1-100-21547-1(6))*** Public Works & Government Services Canada.

Little Sir Galahad: A Novel (Classic Reprint) Phoebe Gray. 2017. (ENG., Illus.). (J). 32.15 *(978-0-266-47444-9(6))* Forgotten Bks.

Little Sir Nicholas: A Story for Children (Classic Reprint) C. A. Jones. (ENG., Illus.). (J). 2018. 274p. 29.55 *(978-0-483-88003-0(5))*; 2016. pap. 11.97 *(978-1-333-39019-8(X))* Forgotten Bks.

Little Sister Blossoms. Cheryl A. Newsome. 2018. (ENG., Illus.). 44p. (J). pap. 14.95 *(978-1-64258-887-3(3))* Christian Faith Publishing.

Little Sister for Elizabeth. Darlene Unruh. 2021. (ENG.). 24p. (J). *(978-0-2288-5724-2(4))*; pap. *(978-0-2288-5723-5(6))* Tellwell Talent.

Little Sister Lozen. June Thiele. Illus. by Jeff Bane. 2022. (My Early Library: My Itty-Bitty Bio Ser.). (ENG.). 24p. (J). (gr. k-1). pap. 12.79 *(978-1-6689-1049-8(7)*, 220994); lib. bdg. 30.64 *(978-1-6689-0889-1(1)*, 220856) Cherry Lake Publishing.

Little Sister of Destiny (Classic Reprint) Gelett Burgess. 2018. (ENG., Illus.). 274p. (J). 29.55 *(978-0-365-46451-8(1))* Forgotten Bks.

Little Sister of Wilifred (Classic Reprint) A. G. Plympton. 2017. (ENG., Illus.). (J). 28.48 *(978-0-331-78399-5(1))* Forgotten Bks.

Little Sister Rabbit Gets Lost, 46 vols. Ulf Nilsson. Tr. by Susan Beard. Illus. by Eva Eriksson. 2017. Orig. Title: Nar Lilla Syster Kanin Gick Alldeles Vilse. 32p. (J). 17.95 *(978-1-78250-377-4(3))* Floris Bks. GBR. Dist: Consortium Bk. Sales & Distribution.

Little Sister Small. Darin Peterson. 2018. (ENG., Illus.). 24p. (J). 22.95 *(978-1-4808-6238-8(X))*; pap. 12.45 *(978-1-4808-6240-1(1))* Archway Publishing.

Little Sister Snow (Classic Reprint) Frances Little. 2018. (ENG., Illus.). 176p. (J). 27.53 *(978-0-267-17595-6(7))* Forgotten Bks.

Little Sister to the Wilderness. Lilian Bell. 2017. (ENG.). 276p. (J). pap. *(978-3-337-13907-0(8))* Creation Pubs.

Little Sister to the Wilderness (Classic Reprint) Lilian Bell. 2018. (ENG., Illus.). 296p. (J). 30.00 *(978-0-428-47630-4(9))* Forgotten Bks.

Little Sisters: Or Emma & Caroline (Classic Reprint) Unknown Author. (ENG., Illus.). (J). 2018. 24p. 24.39 *(978-0-267-36197-7(1))*; 2016. pap. 7.97 *(978-1-334-16931-1(4))* Forgotten Bks.

Little Skill Seekers: 1-2-3 Draw. Scholastic. 2019. (Little Skill Seekers Ser.). (ENG.). 48p. (J). (gr. -1-1). pap. 2.99 *(978-1-338-30635-4(9))* Scholastic, Inc.

Little Skill Seekers: Alphabet. Scholastic. 2018. (Little Skill Seekers Ser.). (ENG.). 48p. (J). (gr. -1-k). pap. 2.99 *(978-1-338-25552-2(5))* Scholastic, Inc.

Little Skill Seekers: Alphabet Connect the Dots. Scholastic. 2019. (Little Skill Seekers Ser.). (ENG.). 48p. (J). (gr. -1-1). pap. 2.99 *(978-1-338-30634-7(0))* Scholastic, Inc.

Little Skill Seekers: Beginning Sounds. Scholastic. 2018. (Little Skill Seekers Ser.). (ENG.). 48p. (J). (gr. -1-1). pap. 2.99 *(978-1-338-25556-0(8))* Scholastic, Inc.

Little Skill Seekers: Connect the Dots. Scholastic. 2018. (Little Skill Seekers Ser.). (ENG.). 48p. (J). (gr. -1-1). pap. 2.99 *(978-1-338-25560-7(6))* Scholastic, Inc.

Little Skill Seekers: Early Math. Scholastic. 2019. (Little Skill Seekers Ser.). (ENG.). 48p. (J). (gr. -1-1). pap. 2.99 *(978-1-338-30636-1(7))* Scholastic, Inc.

Little Skill Seekers: Handwriting Practice. Scholastic. 2019. (Little Skill Seekers Ser.). (ENG.). 48p. (J). (gr. -1-1). pap. 2.99 *(978-1-338-30637-8(5))* Scholastic, Inc.

Little Skill Seekers: Kindergarten Workbook. Scholastic, Inc. Staff. 2019. (ENG.). 192p. (gr. k-k). pap. 10.99 *(978-1-338-60243-2(8))* Scholastic, Inc.

Little Skill Seekers: Numbers & Counting. Scholastic. 2018. (Little Skill Seekers Ser.). (ENG.). 48p. (J). (gr. -1-k). pap. 2.99 *(978-1-338-25554-6(1))* Scholastic, Inc.

Little Skill Seekers: Pre-K Math Practice. Scholastic. 2019. (Little Skill Seekers Ser.). (ENG.). 48p. (J). (gr. -1-k). pap. 2.99 *(978-1-338-30633-0(2))* Scholastic, Inc.

Little Skill Seekers: Pre-K Workbook. Scholastic, Inc. Staff. 2019. (ENG.). 192p. (gr. -1 — 1). pap. 10.99 *(978-1-338-60242-5(X))* Scholastic, Inc.

Little Skill Seekers: Preschool. Scholastic Teaching Resources. 2019. (ENG.). 192p. (gr. -1 — 1). pap. 10.99 *(978-1-338-60241-8(1))* Scholastic, Inc.

Little Skill Seekers: Sight Words. Scholastic. 2019. (Little Skill Seekers Ser.). (ENG.). 48p. (J). (gr. -1-1). pap. 2.99 *(978-1-338-30638-5(3))* Scholastic, Inc.

Little Skill Seekers: Sorting & Matching. Scholastic. 2018. (Little Skill Seekers Ser.). (ENG.). 48p. (J). (gr. -1-1). pap. 2.99 *(978-1-338-25557-7(6))* Scholastic, Inc.

Little Skill Seekers: Spot the Difference. Scholastic. 2018. (Little Skill Seekers Ser.). (ENG.). 48p. (J). (gr. -1-1). pap. 2.99 *(978-1-338-25559-1(2))* Scholastic, Inc.

Little Skill Seekers: Word Searches. Scholastic. 2019. (Little Skill Seekers Ser.). (ENG.). 48p. (J). (gr. k-2). pap. 2.99 *(978-1-338-30640-8(5))* Scholastic, Inc.

Little Sky Wants to Fly. Jackie Jones. 2021. (Journey of Little Sky Ser.: Vol. 1). (ENG.). 34p. (J). pap. 9.99 *(978-1-7372826-0-0(7))* Jackie Jordan.

Little Slave Girl: A True Story, Told by Mammy Sara Herself, Who Is Still Alive (Classic Reprint) Eileen Douglas. 2018. (ENG., Illus.). 132p. (J). 26.62 *(978-0-365-33517-7(7))* Forgotten Bks.

Little Small Red Hen (Classic Reprint) May Byron. (ENG., Illus.). (J). 2017. 56p. 25.05 *(978-0-331-56633-8(8))*; 2016. pap. 9.57 *(978-1-334-11916-3(3))* Forgotten Bks.

Little Smoke: A Tale of the Sioux (Classic Reprint) William Osborn Stoddard. (ENG., Illus.). (J). 2018. 330p. 30.70 *(978-0-364-01778-4(3))*; 2017. pap. 13.57 *(978-0-259-40020-2(3))* Forgotten Bks.

Little Smokey. Robert Neubecker. 2019. (Illus.). 40p. (J). (-k). 17.99 *(978-1-9848-5104-8(7)*, Knopf Bks. for Young Readers) Random Hse. Children's Bks.

Little Snail Book: Hide-And-Seek. Shasha Lv. 2021. (ENG., Illus.). 32p. (J). (gr. -1 — 1). bds. 10.99 *(978-1-4521-8359-6(7))* Chronicle Bks. LLC.

Little Snow Flower. M. Elwell Romancito. 2023. (ENG.). 24p. (J). ***(978-1-329-43689-3(X))*** Lulu Pr., Inc.

Little Snowflake. Antonio Boffa. 2018. (ENG.). 12p. (J). (gr. -1). bds. 12.95 *(978-88-544-1294-1(5))* White Star Publishers ITA. Dist: Sterling Publishing Co., Inc.

Little Snowflake's Grand Adventure. Tina Allen. 2021. (ENG.). 34p. (J). 17.95 *(978-1-0879-4233-9(0))* Indy Pub.

Little Snowman see muneco de Nieve

Little Snowplow Wishes for Snow. Lora Koehler. Illus. by Jake Parker. 2019. (ENG.). 40p. (J). (gr. -1-2). 16.99 *(978-1-5362-0117-8(0))* Candlewick Pr.

Little Sock. Kia Heise & Christopher D. Park. Illus. by Christopher D. Park. 2019. (ENG., Illus.). 32p. (J). (gr. -1-k). 14.99 *(978-1-5341-1005-2(4)*, 204749) Sleeping Bear Pr.

Little Sock Makes a Friend. Kia Heise & Christopher D. Park. Illus. by Christopher D. Park. 2021. (Little Sock Ser.). (ENG., Illus.). 32p. (J). (gr. -1-k). 14.99 *(978-1-5341-1126-4(3)*, 205012) Sleeping Bear Pr.

Little Soldiers in the Body - Immune System - Biology Book for Kids Children's Biology Books. Baby Professor. 2017. (ENG., Illus.). (J). pap. 9.55 *(978-1-5419-3888-5(7)*, Baby Professor (Education Kids)) Speedy Publishing LLC.

Little Songs (Classic Reprint) Follen. 2018. (ENG., Illus.). 100p. (J). 25.96 *(978-0-666-46493-4(6))* Forgotten Bks.

Little Songs for Me to Sing (Classic Reprint) Henry Leslie. (ENG., Illus.). (J). 2018. 44p. 24.80 *(978-0-267-62032-6(2))*; 2016. pap. 7.97 *(978-1-334-25972-2(0))* Forgotten Bks.

Little Songster: Consisting of Original Songs for Children; Together with Directions to Teachers for Cultivating the Ear & the Voice, & Exercises for Teaching Children the First Rudiments of Singing; for the Use of Primary Schools & Families. George James Webb. (ENG., Illus.). (J). 2018. 104p. 26.04 *(978-0-365-29981-3(2))*; 2017. pap. 9.57 *(978-0-282-54398-3(8))* Forgotten Bks.

Little Sophie. Marcela Re Ribeiro. 2019. (ENG., Illus.). 48p. (J). pap. *(978-1-7947-0102-1(8))* Lulu Pr., Inc.

Little Sophy: A True Story, for Little Children (Classic Reprint) Unknown Author. 2018. (ENG., Illus.). 100p. (J). 25.98 *(978-0-483-91404-9(5))* Forgotten Bks.

Little Sowbug & the Big Flood. Mary Vigliante Szydlowski. 2018. (I'm Reading-Easy Readers Ser.: Vol. 1). (ENG., Illus.). 34p. (J). pap. 5.99 *(978-1-7328815-2-5(9))* Szydlowski, Mary Vigliante.

Little Space for Me. Jennifer Gray Olson. 2020. (ENG., Illus.). 40p. (J). 18.99 *(978-1-250-20626-8(X)*, 900201447) Roaring Brook Pr.

Little Spaceships & Littler Aliens Coloring Book. Kreative Kids. 2016. (ENG., Illus.). (J). pap. 9.20 *(978-1-68377-421-1(3))* Whlke, Traudl.

Little Spark. Chris Parsons. Illus. by Mike Motz. 2020. (ENG.). 160p. (J). 19.95 *(978-1-7351455-0-1(5))* Zuroam Media.

Little Spark of Life: A Celebration of Born & Unborn Human Life. Courtney Siebring. Illus. by Camilla Carrossine & Camila Carrossine. 2023. (ENG.). 32p. (J). (gr. -1-3). 18.99 ***(978-1-64060-866-5(4))*** Paraclete Pr., Inc.

Little Sparkly Sticker Book. Fiona Patchett. 2019. (Little Bks.). (ENG.). (J). pap. 8.99 *(978-0-7945-4483-6(5)*, Usborne) EDC Publishing.

Little Sparkly Sticker Book Christmas. Fiona Patchett. 2019. (Little Sticker Bks.). (ENG.). (J). pap. 8.99 *(978-0-7945-4451-5(7)*, Usborne) EDC Publishing.

Little Sparkly Sticker Book Fairies Sticker Book (Offered As Sparkly Fairies Sticker Book) Kirsteen Robson. 2019. (Little Sticker Bks.). (ENG.). (J). pap. 8.99 *(978-0-7945-4663-2(3)*, Usborne) EDC Publishing.

Little Sparrow, Where Are You Going to Eat? Samuil Yakovlevich Marshak. 2019. (CHI.). (J). *(978-986-479-591-8(0))* Commonwealth Publishing Co., Ltd.

Little Speaker, & Juvenile Reader: Being a Collection of Pieces in Prose, Poetry, & Dialogue, Designed for Exercises in Speaking, & for Occasional Reading, in Primary Schools (Classic Reprint) Charles Northend. 2017. (ENG., Illus.). (J). 164p. 27.28 *(978-0-332-69686-7(3))*; pap. 9.97 *(978-0-259-26574-0(8))* Forgotten Bks.

Little Speaker, & Juvenile Reader; Being a Collection of Pieces in Prose, Poetry, & Dialogue, Designed for Exercises in Speaking, & for Occasional Reading, in Primary Schools. Charles Northend. 2017. (ENG., Illus.). (J). pap. *(978-0-649-53831-7(5))* Trieste Publishing Pty Ltd.

Little Spider in My Shoe. Ricky. 2019. (ENG.). 30p. (J). pap. 9.50 *(978-0-9966310-0-6(3))* Corey, Richard.

Little Splendid's Vacation (Classic Reprint) Clara W. T. Fry. (ENG., Illus.). (J). 2018. 174p. 27.51 *(978-0-428-51285-9(2))*; 2017. pap. 9.97 *(978-0-259-20714-6(4))* Forgotten Bks.

Little Spooky Troop & the Buried Treasure. Stewart St John. Illus. by Ryan Mabe. 2018. (ENG.). 34p. (J). (gr. k-3). 19.99 *(978-0-9830463-9-4(5))* Wonkybot Publishing.

Little Sport in Littleport. Chip Colquhoun. Illus. by Emma Marsh. 2021. (ENG.). 46p. (J). pap. *(978-1-9997523-6-1(8))* Snail Tales.

Little Spruce Tree. Elizebeth Baker. Illus. by Friesen Press. 2022. (ENG.). 34p. (J). pap. 9.50 *(978-1-956876-96-3(0))* WorkBk. Pr.

Little Spruce Tree. Elizebeth Jm Baker. 2018. (ENG., Illus.). 28p. (J). pap. *(978-1-5255-0635-2(8))* FriesenPress.

Little Squirrel. Hazel a Harris. 2018. (ENG., Illus.). 26p. (J). 21.95 *(978-1-64003-231-6(2))*; pap. 12.95 *(978-1-64003-230-9(4))* Covenant Bks.

Little Squirrel. Britta Teckentrup. 2020. (All Natural Ser.: 2). Orig. Title: Meine Kleine Eicherhörnchen. (ENG., Illus.). 14p. (J). (gr. -1 — 1). bds. 10.95 *(978-1-4598-2691-5(4))* Orca Bk. Pubs. USA.

Little Squirrel. Rosalee Wren. Ed. by Cottage Door Press. Illus. by Sydney Hanson. 2022. (ENG.). 10p. (J). (gr. -1-k). bds. 4.99 *(978-1-64638-642-0(6)*, 1008370) Cottage Door Pr.

Little Squirrel Squish Gets His Christmas Wish. Ross Hammond. Illus. by Semih Akgul. 2019. (Little Christmas Ser.: Vol. 2). (ENG.). 44p. (J). pap. *(978-1-9993187-2-7(2))* Blonc Bks.

Little Squirrel Wants to Play: Leveled Reader Book 12 Level d 6 Pack. Hmh Hmh. 2021. (SPA.). 16p. (J). pap. 74.40 *(978-0-358-08111-1(4))* Houghton Mifflin Harcourt Publishing Co.

Little Squirrel Who Ran. E. A. White. 2022. (ENG., Illus.). 26p. (J). 27.95 ***(978-1-68498-757-3(1))*** Newman Springs Publishing, Inc.

Little Squirrel Who Worried. Katie O'Donoghue. 2021. (ENG., Illus.). 64p. (J). 17.95 *(978-0-7171-9230-4(X))* Gill Bks. IRL. Dist: Casemate Pubs. & Bk. Distributors, LLC.

Little Squirrel's Adventure. Judy Boland. 2020. (ENG.). 30p. (J). 23.95 *(978-1-64670-848-2(2))*; pap. 13.95 *(978-1-64670-847-5(4))* Covenant Bks.

Little Star. Lisa Edwards. Illus. by Kat Kalindi. 2022. (You Are the Light Ser.: 3). (ENG.). 10p. (J). (— 1). bds. 7.99 *(978-0-593-46521-9(0)*, Viking Books for Young Readers) Penguin Young Readers Group.

For book reviews, descriptive annotations, tables of contents, cover images, author biographies & additional information, updated daily, subscribe to **www.booksinprint.com**

Little Star: Interactive Magical Fairy Tale Bedtime Stories for Kids Aged 3-6. Igor Vorobyov. 2022. (ENG.). 58p. (J). pap. 15.95 *(978-1-68235-728-6(7)*, Strategic Bk. Publishing) Strategic Book Publishing & Rights Agency (SBPRA).

Little Star, I See You: A Mindful Memory Keeper for You & Your Toddler. Tamara Hackett. Illus. by Tamara Hackett. 2019. (Mindful Memory Keepers Ser.: Vol. 2). (ENG., Illus.). 30p. (J). pap. *(978-1-7753443-2-2(0))* Sweet Clover Studios.

Little Stars Ballet. Taylor Farley. 2021. (Little Stars Ser.). (ENG., Illus.). 24p. (J). (gr. k-2). pap. *(978-1-4271-2991-8(6)*, 11244); lib. bdg. *(978-1-4271-2973-4(8)*, 11225) Crabtree Publishing Co.

Little Stars Baseball see Jeunes Étoiles du Baseball

Little Stars Baseball. Taylor Farley. 2021. (Little Stars Ser.). (ENG., Illus.). 24p. (J). (gr. k-2). pap. *(978-1-4271-2992-5(4)*, 11245); lib. bdg. *(978-1-4271-2974-1(6)*, 11226) Crabtree Publishing Co.

Little Stars BMX Bikes see Ciclistas de Las Pequeñas Estrellas

Little Stars BMX Bikes. Taylor Farley. 2021. (Little Stars Ser.). (ENG., Illus.). 24p. (J). (gr. k-2). pap. *(978-1-4271-2993-2(2)*, 11246); lib. bdg. *(978-1-4271-2975-8(4)*, 11227) Crabtree Publishing Co.

Little Stars Camping see Jeunes Étoiles du Camping

Little Stars Camping. Taylor Farley. 2021. (Little Stars Ser.). (ENG., Illus.). 24p. (J). (gr. k-2). pap. *(978-1-4271-2994-9(0)*, 11247); lib. bdg. *(978-1-4271-2976-5(2)*, 11228) Crabtree Publishing Co.

Little Stars Fishing. Taylor Farley. 2021. (Little Stars Ser.). (ENG., Illus.). 24p. (J). (gr. k-2). pap. *(978-1-4271-2995-6(9)*, 11248); lib. bdg. *(978-1-4271-2977-2(0)*, 11229) Crabtree Publishing Co.

Little Stars Golf see Jeunes Étoiles du Golf

Little Stars Golf. Taylor Farley. 2021. (Little Stars Ser.). (ENG., Illus.). 24p. (J). (gr. k-2). pap. *(978-1-4271-2996-3(7)*, 11249); lib. bdg. *(978-1-4271-2978-9(9)*, 11230) Crabtree Publishing Co.

Little Stars Gymnastics see Jeunes Étoiles de la Gymnastique

Little Stars Gymnastics. Taylor Farley. 2021. (Little Stars Ser.). (ENG., Illus.). 24p. (J). (gr. k-2). pap. *(978-1-4271-2997-0(5)*, 11250); lib. bdg. *(978-1-4271-2979-6(7)*, 11231) Crabtree Publishing Co.

Little Stars Hockey see Jeunes Étoiles du Hockey

Little Stars Hockey. Buffy Silverman. 2021. (Little Stars Ser.). (ENG., Illus.). 24p. (J). (gr. k-2). pap. *(978-1-4271-2998-7(3)*, 11251); lib. bdg. *(978-1-4271-2980-2(0)*, 11232) Crabtree Publishing Co.

Little Stars Ice Skating see Jeunes Étoiles Du Patinage Artistique

Little Stars Ice Skating. Taylor Farley. 2021. (Little Stars Ser.). (ENG., Illus.). 24p. (J). (gr. k-2). pap. *(978-1-4271-2999-4(1)*, 11252); lib. bdg. *(978-1-4271-2981-9(9)*, 11233) Crabtree Publishing Co.

Little Stars: My Behaviour - I Am Kind. Liz Lennon. 2017. (Little Stars,Sea-To-Sea Ser.). (ENG.). 24p. (J). (gr. -1-k). 6.99 *(978-1-4451-4762-8(9)*, Franklin Watts) Hachette Children's Group GBR. Dist: Hachette Bk. Group.

Little Stars: My Behaviour - I Don't Hit. Liz Lennon. 2017. (Little Stars,Sea-To-Sea Ser.). (ENG., Illus.). 24p. (J). pap. 6.99 *(978-1-4451-4763-5(7)*, Franklin Watts) Hachette Children's Group GBR. Dist: Hachette Bk. Group.

Little Stars Paintball see Les jeunes étoiles de paintball

Little Stars Paintball. Taylor Farley. 2021. (Little Stars Ser.). (ENG., Illus.). 24p. (J). (gr. k-2). pap. *(978-1-4271-3000-6(0)*, 11253); lib. bdg. *(978-1-4271-2982-6(7)*, 11234) Crabtree Publishing Co.

Little Stars Rodeo see Jeunes Étoiles du Rodéo

Little Stars Rodeo. Taylor Farley. 2021. (Little Stars Ser.). (ENG., Illus.). 24p. (J). (gr. k-2). pap. *(978-1-4271-3001-3(9)*, 11254); lib. bdg. *(978-1-4271-2983-3(5)*, 11235) Crabtree Publishing Co.

Little Stars Skateboarding. Taylor Farley. 2021. (Little Stars Ser.). (ENG., Illus.). 24p. (J). (gr. k-2). pap. *(978-1-4271-3002-0(7)*, 11255); lib. bdg. *(978-1-4271-2984-0(3)*, 11236) Crabtree Publishing Co.

Little Stars Skiing. Taylor Farley. 2021. (Little Stars Ser.). (ENG., Illus.). 24p. (J). (gr. k-2). pap. *(978-1-4271-3003-7(5)*, 11256); lib. bdg. *(978-1-4271-2985-7(1)*, 11237) Crabtree Publishing Co.

Little Stars Snowboarding. Buffy Silverman. 2021. (Little Stars Ser.). (ENG., Illus.). 24p. (J). (gr. k-2). pap. *(978-1-4271-3004-4(3)*, 11257); lib. bdg. *(978-1-4271-2986-4(X)*, 11238) Crabtree Publishing Co.

Little Stars Soccer see Jeunes Étoiles du Soccer

Little Stars Soccer. Taylor Farley. 2021. (Little Stars Ser.). (ENG., Illus.). 24p. (J). (gr. k-2). pap. *(978-1-4271-3005-1(1)*, 11258); lib. bdg. *(978-1-4271-2987-1(8)*, 11239) Crabtree Publishing Co.

Little Stars Swimming see Jeunes Étoiles de la Natation

Little Stars Swimming. Taylor Farley. 2021. (Little Stars Ser.). (ENG., Illus.). 24p. (J). (gr. k-2). pap. *(978-1-4271-3006-8(X)*, 11259); lib. bdg. *(978-1-4271-2988-6(6)*, 11240) Crabtree Publishing Co.

Little Stars Taekwondo. Taylor Farley. 2021. (Little Stars Ser.). (ENG., Illus.). 24p. (J). (gr. k-2). pap. *(978-1-4271-3007-5(8)*, 11260); lib. bdg. *(978-1-4271-2989-5(4)*, 11241) Crabtree Publishing Co.

Little Stars Yoga see Jeunes Étoiles du Yoga

Little Stars Yoga. Taylor Farley. 2021. (Little Stars Ser.). (ENG., Illus.). 24p. (J). (gr. k-2). pap. *(978-1-4271-3008-2(6)*, 11261); lib. bdg. *(978-1-4271-2990-1(8)*, 11242) Crabtree Publishing Co.

Little Statue Encased in Ice. Diya Goyal. 2022. (ENG.). 108p. (YA). pap. 16.99 *(978-1-956380-10-1(8))* Society of Young Inklings.

Little Steamroller. Graham Greene. Illus. by Edward Ardizzone. 2018. (Little Train Ser.: 2). (ENG.). 48p. (J). (gr. -1-k). pap. 9.99 *(978-1-78295-284-8(5)*, Red Fox) Random House Children's Books GBR. Dist: Independent Pubs. Group.

Little Steven Needs Our Help. Esmeralda Leal. 2018. (ENG., Illus.). 40p. (J). pap. 12.95 *(978-1-64114-833-7(0))* Christian Faith Publishing.

Little Stevie & the Guard Rooster. Lee Fortune. 2017. (ENG., Illus.). (J). (gr. 2-5). pap. 15.99 *(978-1-5456-1154-8(8))* Salem Author Services.

Little Sticker Dolly Dressing Christmas. Fiona Watt. 2017. (Little Sticker Dolly Dressing Ser.). (ENG.). 24p. pap. 8.99 *(978-0-7945-4137-8(2)*, Usborne) EDC Publishing.

Little Sticker Dolly Dressing Halloween. Fiona Watt. 2019. (Little Sticker Dolly Dressing Ser.). (ENG.). (J). pap. 8.99 *(978-0-7945-4453-9(3)*, Usborne) EDC Publishing.

Little Sticker Dolly Dressing Kittens. Fiona Watt. 2019. (Little Sticker Dolly Dressing Ser.). (ENG.). (J). pap. 8.99 *(978-0-7945-4725-7(7)*, Usborne) EDC Publishing.

Little Sticker Dolly Dressing Kittens. Fiona Watt. 2023. (Little Sticker Dolly Dressing Ser.). (ENG.). (J). pap. 8.99 ***(978-1-80507-107-5(6))*** Usborne Publishing, Ltd. GBR. Dist: HarperCollins Pubs.

Little Sticker Dolly Dressing Mermaid. Fiona Watt. 2023. (Little Sticker Dolly Dressing Ser.). (ENG.). (J). pap. 8.99 ***(978-1-80507-108-2(4))*** Usborne Publishing, Ltd. GBR. Dist: HarperCollins Pubs.

Little Sticker Dolly Dressing Mermaids. 2017. (Little Sticker Dolly Dressing Ser.). (ENG.). (J). pap. 8.99 *(978-0-7945-3809-5(6)*, Usborne) EDC Publishing.

Little Sticker Dolly Dressing Pets. Fiona Watt. 2023. (Little Sticker Dolly Dressing Ser.). (ENG.). (J). pap. 8.99 ***(978-1-80507-104-4(1))*** Usborne Publishing, Ltd. GBR. Dist: HarperCollins Pubs.

Little Sticker Dolly Dressing Pixies. Fiona Watt. 2018. (Little Sticker Dolly Dressing Ser.). (ENG.). 24p. (J). pap. 8.99 *(978-0-7945-4122-4(4)*, Usborne) EDC Publishing.

Little Sticker Dolly Dressing Ponies. Fiona Watt. 2018. (Little Sticker Dolly Dressing Ser.). (ENG.). 24p. (J). pap. 8.99 *(978-0-7945-4212-2(3)*, Usborne) EDC Publishing.

Little Sticker Dolly Dressing Princess. Fiona Watt. 2023. (Little Sticker Dolly Dressing Ser.). (ENG.). (J). pap. 8.99 ***(978-1-80507-109-9(2))*** Usborne Publishing, Ltd. GBR. Dist: HarperCollins Pubs.

Little Sticker Dolly Dressing Princesses. 2017. (Little Sticker Dolly Dressing Ser.). (ENG.). (J). pap. 8.99 *(978-0-7945-3919-1(X)*, Usborne) EDC Publishing.

Little Sticker Dolly Dressing Puppies. Fiona Watt. 2019. (Little Sticker Dolly Dressing Ser.). (ENG.). (J). pap. 8.99 *(978-0-7945-4506-2(8)*, Usborne) EDC Publishing.

Little Sticker Dolly Dressing Rainbow Fairy. Fiona Watt. 2023. (Little Sticker Dolly Dressing Ser.). (ENG.). (J). pap. 8.99 ***(978-1-80507-103-7(3))*** Usborne Publishing, Ltd. GBR. Dist: HarperCollins Pubs.

Little Sticker Dolly Dressing Snow White. Fiona Watt. 2019. (Little Sticker Dolly Dressing Ser.). (ENG.). (J). pap. 8.99 *(978-0-7945-4646-5(3)*, Usborne) EDC Publishing.

Little Sticker Dolly Dressing Unicorns. Fiona Watt. 2023. (Little Sticker Dolly Dressing Ser.). (ENG.). (J). pap. 8.99 ***(978-1-80507-105-1(X))*** Usborne Publishing, Ltd. GBR. Dist: HarperCollins Pubs.

Little Stickers Aquarium. Hannah Watson. 2019. (Little Sticker Books* Ser.). (ENG.). (J). pap. 7.99 *(978-0-7945-4495-9(9)*, Usborne) EDC Publishing.

Little Stickers Dinosaurs. Kirsteen Robson. 2019. (Little Sticker Bks.). (ENG.). (J). pap. 7.99 *(978-0-7945-4666-3(8)*, Usborne) EDC Publishing.

Little Stickers Farm. Jessica Greenwell. 2019. (Little Sticker Bks.). (ENG.). (J). pap. 7.99 *(978-0-7945-4665-6(X)*, Usborne) EDC Publishing.

Little Stickers Funny Faces. Krysia Ellis. 2019. (Little Sticker Bks.). (ENG.). (J). pap. 7.99 *(978-0-7945-4749-3(4)*, Usborne) EDC Publishing.

Little Stickers Jungle. Kirsteen Robson. 2019. (Little Sticker Bks.). (ENG.). (J). pap. 7.99 *(978-0-7945-4748-6(6)*, Usborne) EDC Publishing.

Little Stickers Nativity Play. Felicity Brooks. 2019. (Little Sticker Bks.). (ENG.). (J). pap. 7.99 *(978-0-7945-4784-4(2)*, Usborne) EDC Publishing.

Little Stickers Pets. Hannah Watson. 2019. (Little Sticker Bks.). (ENG.). (J). pap. 7.99 *(978-0-7945-4496-6(7)*, Usborne) EDC Publishing.

Little Stickers Pirates. Kirsteen Robson. 2019. (Little Sticker Bks.). (ENG.). (J). pap. 7.99 *(978-0-7945-4664-9(1)*, Usborne) EDC Publishing.

Little Stickers Unicorns. Hannah Watson. 2019. (Little Sticker Books* Ser.). (ENG.). (J). pap. 7.99 *(978-0-7945-4493-5(2)*, Usborne) EDC Publishing.

Little Stickers Zoo. Holly Bathie. 2019. (Little Sticker Books* Ser.). (ENG.). (J). pap. 7.99 *(978-0-7945-4494-2(0)*, Usborne) EDC Publishing.

Little Stone House: A Play in One Act. George Calderon. 2017. (ENG., Illus.). (J). pap. *(978-0-649-22666-5(6))* Trieste Publishing Pty Ltd.

Little Stone House: A Play in One Act (Classic Reprint) George Calderon. 2017. (ENG., Illus.). (J). 24.64 *(978-0-265-22363-5(6))* Forgotten Bks.

Little Stone Lion. Lang Xiong. 2018. (CHI.). (J). *(978-986-96460-4-8(2))* Heryin Cultural Co., Ltd.

Little Stories about Women (Classic Reprint) George Fleming. (ENG., Illus.). (J). 2018. 260p. 29.28 *(978-0-428-93056-1(5))*; 2017. pap. 11.97 *(978-0-243-50864-8(6))* Forgotten Bks.

Little Stories (Classic Reprint) S. Weir Mitchell. 2018. (ENG., Illus.). 118p. (J). 26.33 *(978-0-484-49315-4(9))* Forgotten Bks.

Little Stories for Little Children. Anonymous. 2018. (ENG.). 24p. (J). pap. *(978-93-5297-201-2(5))* Alpha Editions.

Little Stories for Little Children. Paul Weightman. 2019. (ENG.). 52p. (J). pap. 13.89 *(978-0-244-77372-4(6))* Lulu Pr., Inc.

Little Stories for Little People (Classic Reprint) Annie Willis McCullough. (ENG., Illus.). (J). 2017. 132p. 26.62 *(978-0-484-74537-6(9))*; 2016. pap. 9.57 *(978-1-333-42721-4(2))* Forgotten Bks.

Little Stories for Young Children. Traumear. 2017. (ENG., Illus.). 158p. (J). pap. *(978-1-326-93022-6(2))* Lulu Pr., Inc.

Little Stories from the Little House up the Little Hill. V. Brookes. 2022. (ENG.). 50p. (J). pap. *(978-1-78222-930-8(2))* Paragon Publishing, Rothersthorpe.

Little Stories from the Screen (Classic Reprint) William Addison Lathrop. 2018. (ENG., Illus.). 376p. (J). 31.65 *(978-0-483-92419-2(9))* Forgotten Bks.

Little Stories in Verse: As Unpretentious As the Wild Rose (Classic Reprint) Carrie Jacobs-Bond. 2018. (ENG., Illus.). 72p. (J). 25.38 *(978-0-484-19645-1(6))* Forgotten Bks.

Little Stories of England (Classic Reprint) Maude Barrows Dutton. (ENG., Illus.). (J). 2018. 258p. 29.22 *(978-0-365-28052-1(6))*; 2017. pap. 11.57 *(978-0-259-39663-5(X))* Forgotten Bks.

Little Stories of Married Life (Classic Reprint) Mary Stewart Cutting. 2017. (ENG., Illus.). (J). 29.53 *(978-1-5284-8544-9(0))* Forgotten Bks.

Little Stories of Quebec (Classic Reprint) James Edward Le Rossignol. 2017. (ENG., Illus.). (J). 27.44 *(978-0-260-27520-2(4))* Forgotten Bks.

Little Stories: The Blue Bird see Cuentecitos: El Pajaro Azul

Little Storm. Cora Phenix. 2020. (ENG.). 24p. (J). pap. 12.95 *(978-1-64628-423-8(2))* Page Publishing Inc.

Little Story about the Cloud Who Talked with a Girl: First Story. Fairy Be. 2021. (ENG.). 28p. (J). 16.99 ***(978-1-956373-06-6(3))***; pap. 5.99 ***(978-1-956373-05-9(5))*** Ideopage Pr. Solutions.

Little Straw Wife (Classic Reprint) Margaret Belle Houston. 2019. (ENG., Illus.). 234p. (J). 28.74 *(978-0-365-30432-6(8))* Forgotten Bks.

Little Strawman (Classic Reprint) Cora Work Hunter. 2018. (ENG., Illus.). (J). 76p. 25.46 *(978-1-397-17601-1(6))*; 78p. pap. 9.57 *(978-1-397-17426-0(9))* Forgotten Bks.

Little Stripey Button. Jess Ives. Illus. by M. Venn. 2021. (ENG.). 26p. (J). pap. *(978-1-7398458-0-3(3))* Lane, Betty.

Little Sudoku Masters - Math Activity Book 4th Grade - Volume 1. Speedy Kids. 2017. (ENG., Illus.). (J). pap. 9.20 *(978-1-5419-3422-1(9))* Speedy Publishing LLC.

Little Sudoku Masters - Math Activity Book 4th Grade - Volume 2. Speedy Kids. 2017. (ENG., Illus.). (J). pap. 9.20 *(978-1-5419-3423-8(7))* Speedy Publishing LLC.

Little Sudoku Masters - Math Activity Book 4th Grade - Volume 3. Speedy Kids. 2017. (ENG., Illus.). (J). pap. 9.20 *(978-1-5419-3424-5(5))* Speedy Publishing LLC.

Little Sue's Pink & Blue Shoes. Jason C. Taylor. 2016. (ENG., Illus.). 34p. (J). pap. *(978-1-365-55564-0(X))* Lulu Pr., Inc.

Little Sufferers: A Story of the Abuses of Children's Societies. G. Martin Jurgenson. 2017. (ENG., Illus.). (J). pap. *(978-0-649-63769-0(0))* Trieste Publishing Pty Ltd.

Little Sufferers: A Story of the Abuses of the Children's Societies (Classic Reprint) G. Martin Jurgenson. 2018. (ENG., Illus.). 236p. (J). 28.76 *(978-0-483-89457-0(5))* Forgotten Bks.

Little Summer Shower (Classic Reprint) George Blagden. (ENG., Illus.). (J). 2018. 304p. 30.17 *(978-0-656-96556-4(8))*; 2017. pap. 13.57 *(978-0-259-22314-6(X))* Forgotten Bks.

Little Sunbeams Religious Lift-A-Flap 4-Book Set (Little Sunbeams) Ed. by Cottage Door Press. 2021. (Little Sunbeams Ser.). (ENG.). 48p. (J). (gr. -1 — 1). bds. 24.99 *(978-1-64638-355-9(9)*, 9003440) Cottage Door Pr.

Little Sunshine (Classic Reprint) Walter E. Todd. 2017. (ENG., Illus.). (J). 25.30 *(978-0-331-96192-8(X))* Forgotten Bks.

Little Sunshine's Holiday. Dinah Maria Mulock Craik. 2017. (ENG.). 228p. (J). pap. *(978-3-337-29416-8(2))* Creation Pubs.

Little Sunshine's Holiday: A Picture from Life (Classic Reprint) Dinah Maria Mulock Craik. (ENG., Illus.). (J). 2018. 224p. 28.52 *(978-0-364-54941-4(6))*; 2017. pap. 10.97 *(978-0-243-21679-6(3))* Forgotten Bks.

Little Susan & Her Lamb (Classic Reprint) American Sunday School Union. 2018. (ENG., Illus.). (J). 20p. 24.33 *(978-0-483-96674-1(6))*; 22p. pap. 7.97 *(978-0-483-96634-5(7))* Forgotten Bks.

Little Susy's Little Servants (Classic Reprint) E. Prentiss. 2017. (ENG., Illus.). (J). 27.92 *(978-0-331-02522-4(1))* Forgotten Bks.

Little Susy's Six Birthdays. Elizabeth Prentiss. 2017. (ENG., Illus.). (J). (gr. 3-7). pap. 9.57 *(978-0-259-20139-7(1))* Forgotten Bks.

Little Susy's Six Birthdays (Classic Reprint) Elizabeth Prentiss. 2017. (ENG., Illus.). (J). 26.00 *(978-0-331-21808-4(9))* Forgotten Bks.

Little Susy's Six Teachers (Classic Reprint) Elizabeth Prentiss. 2017. (ENG., Illus.). (J). 240p. 28.87 *(978-0-484-17604-0(8))*; pap. 11.57 *(978-0-259-49794-3(0))* Forgotten Bks.

Little Swedish Baron (Classic Reprint) Swedish Twins. 2018. (ENG., Illus.). 194p. (J). 27.90 *(978-0-483-91304-2(9))* Forgotten Bks.

Little Sweet Pea, God Loves You, 1 vol. Illus. by Kit Chase. 2019. (ENG.). 32p. (J). 15.99 *(978-0-310-76699-5(0))* Zonderkidz.

Little Swiss Sojourn (Classic Reprint) W. D. Howells. 2018. (ENG., Illus.). 128p. (J). 26.56 *(978-0-365-38025-2(3))* Forgotten Bks.

Little Sylvia of Hartford: Her Indian Boy (Classic Reprint) Aunt Martha. 2018. (ENG., Illus.). 62p. (J). 25.18 *(978-0-267-25133-9(5))* Forgotten Bks.

Little Synagogue on the Prairie: The Building That Went for a Ride... Three Times! Jackie Mills. 2019. (ENG.). 48p. (J). *(978-1-5255-5045-4(4))*; pap. *(978-1-5255-5046-1(2))* FriesenPress.

Little Taco Truck. Tanya Valentine. Illus. by Jorge Martin. 2019. 40p. (J). (gr. -1-2). 18.99 *(978-1-5247-6585-9(6))* Random Hse. Children's Bks.

Little Tails on the Farm. édéric Brrémaud. Ed. by Mike Kennedy. 2020. (ENG., Illus.). 32p. (J). 14.99 *(978-1-942367-53-6(8)*, fd804084-2af7-43a2-9461-caca04e46c18) Magnetic Pr.

Little Tails under the Sea. édéric Brrémaud. 2020. (ENG., Illus.). 32p. (J). 14.99 *(978-1-942367-54-3(6)*, c2735654-e977-4173-88cd-7ce3284ec11f) Magnetic Pr.

Little Tales of the Desert. Ethel Twycross Foster. 2019. (ENG., Illus.). 36p. (YA). pap. *(978-93-5329-508-0(4))* Alpha Editions.

Little Tales of the Desert (Classic Reprint) Ethel Twycross Foster. 2018. (ENG., Illus.). 38p. (J). 24.70 *(978-0-484-24235-6(0))* Forgotten Bks.

Little Talks to Little People (Classic Reprint) James M. Farrar. 2018. (ENG., Illus.). 282p. (J). 29.71 *(978-0-483-32168-7(0))* Forgotten Bks.

Little Taste of Poison. R. J. Anderson. 2016. (ENG., Illus.). 368p. (J). (gr. 4-7). 18.99 *(978-1-4814-3774-5(7)*, Atheneum Bks. for Young Readers) Simon & Schuster Children's Publishing.

Little Teacher: A Comedy in Four Acts (Classic Reprint) Harry James Smith. 2018. (ENG., Illus.). 112p. (J). 26.21 *(978-0-267-27113-9(1))* Forgotten Bks.

Little Teachers: A Story for Big & Little Children. Ralph Crosman. 2017. (ENG., Illus.). (J). pap. *(978-0-649-25140-7(7))* Trieste Publishing Pty Ltd.

Little Teachers: A Story for Big & Little Children (Classic Reprint) Ralph Crosman. 2018. (ENG., Illus.). 34p. (J). 24.62 *(978-0-365-12268-5(8))* Forgotten Bks.

Little Ten-Minutes or a Pastor's Talks with His Children, 1909 (Classic Reprint) Frank Tappan Bayley. 2018. (ENG., Illus.). 192p. (J). 27.88 *(978-0-483-39353-0(3))* Forgotten Bks.

Little Terracotta Warrior. Slong. 2021. (Slong Cinema on Paper Picture Book Serie Ser.). (ENG.). 62p. (J). (gr. k-2). 19.95 *(978-1-4878-0768-9(6))* Royal Collins Publishing Group Inc. CAN. Dist: Independent Pubs. Group.

Little Thing: A Tale of Fairies. Roy R. Luna. Illus. by McKenzie E. Bunting. 2022. (ENG.). 218p. (YA). 36.99 ***(978-1-954267-03-9(7))***; pap. 22.99 ***(978-1-954267-04-6(5))*** Solution Hole Pr.

Little Things. Emma Dodd. Illus. by Emma Dodd. 2021. (Emma Dodd's Love You Bks.). (ENG., Illus.). 24p. (J). (-k). 14.99 *(978-1-5362-2001-8(9)*, Templar) Candlewick Pr.

Little Things. Nick Dyer. Illus. by Kelly Pousette. 2019. (ENG.). 32p. (J). 16.99 *(978-1-4413-2859-5(9)*, 257f1e78-ecf3-4255-97cb-b94cb912f40a) Peter Pauper Pr. Inc.

Little Things: Finding Gratitude in Life's Simple Moments. Nicole Thomson. Illus. by Arielle Shira. 2021. (ENG.). 40p. (J). *(978-1-5255-8505-0(3))*; pap. *(978-1-5255-8506-7(1))* FriesenPress.

Little Thinker: Comprising Reading Lessons So Arranged As to Exhibit the Obvious Sense of Words (Classic Reprint) Salem Town. (ENG., Illus.). (J). 2018. 132p. 26.62 *(978-0-428-24563-4(3))*; 2017. pap. 9.57 *(978-0-259-76622-3(4))* Forgotten Bks.

Little Thinkers First Grade Deluxe Edition Workbook. School Zone. 2017. (ENG.). 64p. (J). (gr. 1-1). pap. 4.49 *(978-1-60159-950-6(1)*, f6ec8414-d0cb-45e0-8e3c-3839912eedfb) School Zone Publishing Co.

Little Thinkers Kindergarten Deluxe Edition Workbook. School Zone. 2017. (ENG.). 64p. (J). (gr. k-k). pap. 4.49 *(978-1-60159-949-0(8)*, cd333f24-27fd-4d5d-98d6-831c28ebf5c0) School Zone Publishing Co.

Little Thinkers Preschool Deluxe Edition Workbook. School Zone. 2018. (ENG.). 64p. (J). (gr. -1 — 1). pap. 4.49 *(978-1-60159-948-3(X)*, 1dd593c8-1a01-466d-851d-4a40ce5480d3) School Zone Publishing Co.

Little Thor Gets Mad. Victoria Watson Nguyen. Illus. by Rubin Pingk. 2019. (ENG.). 14p. (J). (— 1). bds. 6.99 *(978-1-5344-5089-9(0)*, Little Simon) Little Simon.

Little Tiger. Julie Abery. 2019. (Illus.). 20p. (J). (gr. -1-k). bds. 9.99 *(978-1-68152-413-9(9)*, 17590) Amicus.

Little Tiger. Illus. by Laura Rigo. 2017. (Mini Look at Me Bks.). 10p. (J). (gr. -1 — 1). bds. 4.99 *(978-0-7641-6881-9(9))* Sourcebooks, Inc.

Little Tiger Lily & Her Cousin Alice: Or, How a Bad Temper Was Cured (Classic Reprint) Marianna H. Bliss. 2018. (ENG., Illus.). 178p. (J). 27.57 *(978-0-483-65237-8(7))* Forgotten Bks.

Little Tiger Rescue. Rachel Delahaye. Illus. by Suzie Mason & Artful Artful Doodlers. 2021. (Little Animal Rescue Ser.). (ENG.). 128p. (J). (gr. 1-4). pap. 5.99 *(978-1-68010-480-6(2))* Tiger Tales.

Little Tiger Tale. Steve Kveton. 2016. (ENG.). (J). 14.95 *(978-1-63177-338-9(0))* Amplify Publishing Group.

Little Tigers, 1 vol. Jo Weaver. 2019. (ENG., Illus.). 32p. (J). (gr. -1-2). 17.95 *(978-1-68263-110-2(9))* Peachtree Publishing Co. Inc.

Little Tigers, 1921 (Classic Reprint) Conroe High School. 2017. (ENG., Illus.). (J). 92p. 25.81 *(978-0-332-55479-2(1))*; pap. 9.57 *(978-0-259-88937-3(7))* Forgotten Bks.

Little Tigers, 1922 (Classic Reprint) Conroe High School. (ENG., Illus.). (J). 2018. 132p. 26.62 *(978-0-365-25758-5(3))*; 2017. pap. 9.57 *(978-0-259-94861-2(6))* Forgotten Bks.

Little Tiger's Big Adventure: Touch & Feel Squishy Book. IglooBooks. Illus. by Charlotte Archer. 2020. (ENG.). 10p. (J). (gr. -1-k). bds. 10.99 *(978-1-83903-758-0(X))* Igloo Bks. GBR. Dist: Simon & Schuster, Inc.

Little Tim & His Friend the Cobbler (Classic Reprint) Unknown Author. 2018. (ENG., Illus.). 56p. (J). 25.05 *(978-0-267-23835-4(5))* Forgotten Bks.

Little Timmy's Travels. John Leneghan. 2022. (ENG.). 90p. (J). pap. ***(978-1-80302-410-3(0))*** FeedARead.com.

Little Timothy Faith. Tameeka Griffith. Illus. by Alyssa Fisher. 2022. (ENG.). 28p. (J). pap. 20.99 *(978-1-6628-4886-5(2))* Salem Author Services.

Little Tin Gods-On-Wheels: Or, Society in Our Modern Athens; a Trilogy after the Manner of the Greek (Classic Reprint) Robert Grant. 2018. (ENG., Illus.). 52p. (J). 24.97 *(978-0-483-70693-4(0))* Forgotten Bks.

Little Tin Plate & Other Verses (Classic Reprint) Garnet Walch. (ENG., Illus.). (J). 2018. 72p. 25.44 *(978-0-484-23987-5(2))*; 2016. pap. 9.57 *(978-1-334-13623-8(8))* Forgotten Bks.

Little Tiny Pixie (Hindi Edition) Bing Ge. 2021. (Modern Stories from China for Adolescent Ser.). (ENG.). 248p. (J). pap. 19.95 *(978-1-927670-79-8(9))* Royal Collins Publishing Group Inc. CAN. Dist: Independent Pubs. Group.

Little Titch & the Great Coal Adventure. Ian Shimwell. 2020. (ENG.). 32p. (J). pap. *(978-1-716-54966-3(3))* Lulu Pr., Inc.

Little Toad's Long Wait. Amanda Scharff. 2023. (ENG.). 38p. (J). 19.95 ***(978-1-63755-528-6(8)*** , Mascot Kids) Amplify Publishing Group.

Little Toby Tiller. Beth Boso. 2022. (ENG., Illus.). 24p. (J). 23.95 *(978-1-63814-994-1(1))* Covenant Bks.
Little Toddles' Story Book. Jane Boden. 2017. (ENG., Illus.). (J). pap. *(978-0-649-63776-8(3))* Trieste Publishing Pty Ltd.
Little Tom (Classic Reprint) V. Tillie. 2018. (ENG., Illus.). 138p. (J). 26.74 *(978-0-483-44349-5(2))* Forgotten Bks.
Little Tom Tell-Truth's Pretty Stories (Classic Reprint) Unknown Author. 2017. (ENG., Illus.). 20p. (J). 24.33 *(978-0-484-85548-8(4))* Forgotten Bks.
Little Tommy & the Kingdom of Clouds: Adventures in Sports & the Arts. Nick Solonair. 2021. (Little Tommy & the Kingdom of Clouds Ser.: Vol. 2). (ENG., Illus.). 64p. (J). ***(978-1-912576-87-6(2))***; pap. ***(978-1-912576-88-3(0))*** Boughton, George Publishing.
Little Tommy & the Kingdom of Clouds: Crossing the Rainbow Bridge. Nick Solonair. 2020. (Little Tommy & the Kingdom of Clouds Ser.: Vol. 1). (ENG., Illus.). 56p. (J). *(978-1-912576-79-1(1))*; pap. ***(978-1-912576-80-7(5))*** Boughton, George Publishing.
Little Tony & Dragon Little. Jerri Kay Lincoln. 2022. (ENG.). 38p. (J). 16.00 *(978-1-938322-66-2(5))*; pap. 9.99 *(978-1-938322-65-5(7))* Ralston Store Publishing.
Little Tony's Worldly Adventures. Nadine Faustin-Parker. 2020. 118p. (J). pap. 29.99 *(978-1-0983-2114-7(6))* BookBaby.
Little Toot: The Classic Abridged Edition (80th Anniversary) Hardie Gramatky. 2019. (Little Toot Ser.). (Illus.). 32p. (J). (gr. -1-2). pap. 5.99 *(978-0-593-09545-4(6)*, Grosset & Dunlap) Penguin Young Readers Group.
Little Tora the Swedish Schoolmistress: And Other Stories (Classic Reprint) Woods Baker. 2017. (ENG., Illus.). (J). 27.28 *(978-0-266-99503-6(9))* Forgotten Bks.
Little Tot's Lessons. Madeline Leslie. 2017. (ENG., Illus.). (J). pap. *(978-0-649-63778-2(X))* Trieste Publishing Pty Ltd.
Little Tot's Picture Book (Classic Reprint) Sheila Thibodeau Lambrinos Collection. 2018. (ENG., Illus.). (J). 22p. 24.35 *(978-0-366-56908-3(2))*; 24p. pap. 7.97 *(978-0-366-48941-1(0))* Forgotten Bks.
Little Tour in Ireland: Being a Visit to Dublin, Galway, Connamara, Athlone, Limerick, Killarney, Glengarriff, Cork, etc;, etc (Classic Reprint) John Leech. 2017. (ENG., Illus.). 242p. (J). 28.89 *(978-0-484-87625-4(2))* Forgotten Bks.
Little Toymaker. Cat Min. 2022. (ENG.). 48p. (J). (gr. -1-3). 18.99 *(978-1-64614-180-7(6))* Levine Querido.
Little Tragedy at Tien-Tsin (Classic Reprint) Frances Aymar Mathews. 2017. (ENG., Illus.). (J). pap. 16.57 *(978-0-259-45943-9(7))* Forgotten Bks.
Little Train. Graham Greene. Illus. by Edward Ardizzone. 2018. (Little Train Ser.: 1). 48p. (J). (gr. -1-k). pap. 14.99 *(978-1-78295-281-7(0)*, Red Fox) Random House Children's Books GBR. Dist: Independent Pubs. Group.
Little Traitor to the South: A War Time Comedy with a Tragic Interlude. Cyrus Townsend Brady. 2019. (ENG.). 96p. (J). pap. *(978-93-5329-843-2(1))* Alpha Editions.
Little Traitor to the South: A War Time Comedy with a Tragic Interlude. Cyrus Townsend Brady. 2017. (ENG., Illus.). (J). 21.95 *(978-1-374-86426-9(9))* Capital Communications, Inc.
Little Traitor to the South: A War-Time Comedy, with a Tragic Interlude (Classic Reprint) Cyrus Townsend Brady. 2018. (ENG., Illus.). 260p. (J). 29.26 *(978-0-267-75979-8(7))* Forgotten Bks.
Little Transfer Book Fairies. Abigail Wheatley. 2019. (Little Transfer Books* Ser.). (ENG.). 24 pages plus 5p. (J). pap. 9.99 *(978-0-7945-4498-0(3)*, Usborne) EDC Publishing.
Little Transfer Book Pirates. Rob Lloyd Jones. 2019. (Little Transfer Books* Ser.). (ENG.). 24 pages plus 5p. (J). pap. 9.99 *(978-0-7945-4499-7(1)*, Usborne) EDC Publishing.
Little Transfer Book Unicorns. Hannah Watson. 2019. (Little Transfer Books* Ser.). (ENG.). 24 pages plus 5p. (J). pap. 9.99 *(978-0-7945-4467-6(3)*, Usborne) EDC Publishing.
Little Traveler. Jesica D. Talbert. 2017. (ENG., Illus.). 36p. (J). pap. *(978-1-387-42980-6(9))* Lulu Pr., Inc.
Little Traveler Board Book Set. Mudpuppy. Illus. by Erica Harrison. 2019. (ENG.). (J). (gr. -1-k). bds. 14.99 *(978-0-7353-6105-8(3)*, Mudpuppy) Galison.
Little Traveling Artist Guide Activity Book. Kreative Kids. 2016. (ENG., Illus.). (J). pap. 10.81 *(978-1-68377-061-9(7))* Whike, Traudl.
Little Treasures Board Book: Endearments from Around the World. Jacqueline Ogburn. Illus. by Chris Raschka. 2022. (ENG.). 24p. (J). (— 1). bds. 7.99 *(978-0-358-66796-4(8)*, 1822854, Clarion Bks.) HarperCollins Pubs.
Little Tree. B. 2019. (ENG.). 68p. (J). pap. 18.95 *(978-1-64544-201-1(2))* Page Publishing Inc.
Little Tree. Kim Schuelke. 2016. (ENG., Illus.). 16p. (J). *(978-1-329-89011-4(6))* Lulu Pr., Inc.
Little Tree: Book 10. Carole Crimeen & Suzanne Fletcher. 2023. (Sustainability Ser.). (ENG.). 16p. (J). (gr. -1-2). pap. 7.99 ***(978-1-925714-99-9(3)***, 68ed22f4-9cb7-4fbd-900e-dbee502b1176) Knowledge Bks. & Software AUS. Dist: Lerner Publishing Group.
Little Tree Finds His Greatest Purpose. D. J. Cantu. 2018. (ENG., Illus.). 34p. (J). 22.95 *(978-1-64003-284-2(3))*; pap. 13.95 *(978-1-64003-283-5(5))* Covenant Bks.
Little Tree That Changed Everything. David R. Gaslin. 2019. (ENG.). 90p. (J). pap. 16.95 *(978-1-64584-133-3(2))* Page Publishing Inc.
Little Tree That Grew with Grace. Bertha Wiebe. Illus. by Hunter Wilson. 2020. (ENG.). 40p. (J). *(978-1-5255-8640-8(8))*; pap. *(978-1-5255-8641-5(6))* FriesenPress.
Little Tree's Big Dream: A Christmas Story. M. J. Albert. Illus. by Sakshi Mangal. 2019. (ENG.). 28p. (J). *(978-1-5255-6153-5(7))*; pap. *(978-1-5255-6154-2(5))* FriesenPress.
Little Trolls from Norway. Gina Frisby. Illus. by Barry Curtis & Paula Curtis. 2021. (ENG.). 34p. (J). pap. *(978-0-2288-5580-4(2))* Tellwell Talent.
Little Troublemaker Makes a Mess. Luvvie Ajayi Jones. Illus. by Joey Spiotto. 2023. 40p. (J). (gr. -1-3). 18.99 ***(978-0-593-52609-5(0)***, Philomel Bks.) Penguin Young Readers Group.
Little Truck: (Transportation Books for Toddlers, Board Book for Toddlers) Taro Gomi. 2018. (Taro Gomi by Chronicle Bks.). (ENG., Illus.). 22p. (J). (gr. -1 — 1). bds. 6.99 *(978-1-4521-6300-0(6))* Chronicle Bks. LLC.
Little Truck Knew It Could: An All Inspiring Story That Will Inspire. Darren Cox. 2017. (ENG., Illus.). (J). (gr. k-6). pap. 11.99 *(978-1-68411-275-3(3))* Lulu Pr., Inc.
Little Turk Goes Wild. Virginia Grant. 2022. (ENG.). 36p. (J). pap. *(978-1-3984-0358-1(X))* Austin Macauley Pubs. Ltd.
Little Turkle. Deborah Van Dyken. Illus. by Susan Mason. 2019. (ENG.). 32p. (J). 18.95 *(978-1-949467-04-8(X)*, Blair) Carolina Wren Pr.
Little Turtle & the Changing Sea. Becky Davies. ed. 2020. (ENG., Illus.). 29p. (J). (gr. k-1). 19.96 *(978-0-87617-724-2(0))* Penworthy Co., LLC, The.
Little Turtle & the Changing Sea: A Story of Survival in Our Polluted Oceans. Becky Davies. Illus. by Jennie Poh. 2020. (ENG.). 32p. (J). (gr. -1-2). 18.99 *(978-1-68010-199-7(4))* Tiger Tales.
Little Turtle Gets His Wish. Linda McKinley. 2021. (ENG.). 30p. (J). 23.95 *(978-1-63630-008-5(1))*; pap. 12.95 *(978-1-63630-007-8(3))* Covenant Bks.
Little Turtle Gets Lost. Jean Gnap. Illus. by J. P. Roberts. 2017. (ENG.). (J). *(978-1-5255-0511-9(4))*; pap. *(978-1-4602-8755-2(X))* FriesenPress.
Little Twig's Big Adventures. Lisa Alekna. 2021. (ENG.). 32p. (J). pap. *(978-1-912765-38-6(1))* Blue Falcon Publishing.
Little Ugly Face, & Other Indian Tales (Classic Reprint) Florence Claudine Coolidge. (ENG., Illus.). (J). 2018. 190p. 27.84 *(978-0-332-97688-4(2))*; 2017. pap. 10.57 *(978-0-259-49278-8(7))* Forgotten Bks.
Little Unicorn. Rhiannon Fielding. Illus. by Chris Chatterton. 2020. (Ten Minutes to Bed Ser.). (ENG.). 32p. (J). (-k). 12.99 *(978-0-241-48471-5(5)*, Ladybird) Penguin Bks., Ltd. GBR. Dist: Penguin Random Hse. LLC.
Little Unicorn. Brick Puffinton. Ed. by Cottage Door Press. Illus. by Kathrin Fehrl. 2020. (ENG.). 12p. (J). (gr. -1 — 1). bds. 7.99 *(978-1-68052-933-3(1)*, 1005750) Cottage Door Pr.
Little Unicorn Is Angry. Aurélie Chien Chow Chine. 2019. (Little Unicorn Ser.: 1). (ENG., Illus.). 32p. (J). (gr. -1-3). 12.99 *(978-0-316-53178-8(2))* Little, Brown Bks. for Young Readers.
Little Unicorn Is Sad. Aurélie Chien Chow Chine. 2020. (Little Unicorn Ser.: 3). (ENG., Illus.). 32p. (J). (gr. -1-3). 12.99 *(978-0-316-53190-0(1))* Little, Brown Bks. for Young Readers.
Little Unicorn Is Scared. Aurélie Chien Chow Chine. 2019. (Little Unicorn Ser.: 2). (ENG., Illus.). 32p. (J). (gr. -1-3). 12.99 *(978-0-316-53185-6(5))* Little, Brown Bks. for Young Readers.
Little Unicorn Is Shy. Aurélie Chien Chow Chine. 2020. (Little Unicorn Ser.: 4). (ENG., Illus.). 32p. (J). (gr. -1-3). 12.99 *(978-0-316-53210-5(X))* Little, Brown Bks. for Young Readers.
Little Unicorn Who Could. Jerri Kay Lincoln. 2016. (ENG., Illus.). (J). (gr. k-4). 16.00 *(978-1-938322-33-4(9))* Ralston Store Publishing.
Little Unicorn's Birthday. Rhiannon Fielding. Illus. by Chris Chatterton. 2021. (Ten Minutes to Bed Ser.). (ENG.). 32p. (J). (-k). 12.99 *(978-0-241-51483-2(5)*, Ladybird) Penguin Bks., Ltd. GBR. Dist: Penguin Random Hse. LLC.
Little Unicorn's Christmas. Rhiannon Fielding. Illus. by Chris Chatterton. 2020. (Ten Minutes to Bed Ser.). (ENG.). 32p. (J). (-k). 12.99 *(978-0-241-48470-8(7)*, Ladybird) Penguin Bks., Ltd. GBR. Dist: Penguin Random Hse. LLC.
Little Unicorns for Little Unicorns. Vanessa M. Sierra. Illus. by Elisse Acevedo. 2019. (ENG.). 44p. (J). pap. 14.95 *(978-0-578-47820-3(X))* VanLiss Publishing.
Little Unicorn's Magical Mane. Sarah Creese. Illus. by Make Believe Ideas. 2020. (ENG.). 12p. (J). (— 1). 9.99 *(978-1-78947-733-7(6))* Make Believe Ideas GBR. Dist: Scholastic, Inc.
Little Union Scout (Classic Reprint) Joel Chandler Harris. 2017. (ENG., Illus.). 202p. (J). 28.08 *(978-0-266-21233-1(6))* Forgotten Bks.
Little Universes. Heather Demetrios. 2021. (ENG.). 480p. (YA). pap. 11.99 *(978-1-250-76357-0(6)*, 900208089) Square Fish.
Little Valarie & Her Big World of Options. Victoria Watkins. 2018. (ENG.). 24p. (J). 18.00 *(978-0-9998395-1-5(9))* Victorian Royalty.
Little Vampire. Angela Sommer-Bodenburg. Tr. by Ivanka T. Hahnenberger from GER. 2022. (Little Vampire Ser.: 1). (ENG.). 192p. (J). (gr. 3-7). 17.99 *(978-1-5344-9408-4(1))*; pap. 7.99 *(978-1-5344-9407-7(3))* Simon & Schuster Children's Publishing. (Aladdin).
Little Vampire Moves In. Angela Sommer-Bodenburg. Tr. by Ivanka T. Hahnenberger. 2023. (Little Vampire Ser.: 2). (ENG.). 192p. (J). (gr. 3-7). 17.99 *(978-1-5344-9411-4(1))*; pap. 7.99 *(978-1-5344-9410-7(3))* Simon & Schuster Children's Publishing. (Aladdin).
Little Van Gogh: How to Draw Activity Book. Bobo's Children Activity Books. 2016. (ENG., Illus.). (J). pap. 9.33 *(978-1-68327-186-4(6))* Sunshine In My Soul Publishing.
Little Vanities of Mrs. Whittaker: A Novel (Classic Reprint) John Strange Winter. 2018. (ENG., Illus.). 310p. (J). 30.29 *(978-0-483-86339-2(4))* Forgotten Bks.
Little Verses & Big Names (Classic Reprint) Unknown Author. 2018. (ENG., Illus.). 354p. (J). 31.22 *(978-0-483-81698-5(1))* Forgotten Bks.
Little Vessel. Leighanne Clifton. 2018. (ENG., Illus.). 34p. (J). 22.95 *(978-1-64299-537-4(1))*; pap. 13.95 *(978-1-64140-485-3(X))* Christian Faith Publishing.
Little Virtues: Volume One. Rose Sprinkle. 2022. (Little Virtues Ser.). (ENG.). 140p. (J). pap. 49.99 *(978-1-6667-4697-6(5))*; 79.00 ***(978-1-6667-4698-3(3))*** Resource Pubns., Inc.
Little Visitors: In Words Composed Chiefly of One & Two Syllables (Classic Reprint) Maria Hack. 2018. (ENG., Illus.). 116p. (J). 26.29 *(978-0-483-96241-5(4))* Forgotten Bks.
Little Visits 1-2-3 see **Little Visits for Toddlers**
Little Visits (Classic Reprint) Raymond E. Manchester. 2018. (ENG., Illus.). 48p. (J). 24.91 *(978-0-483-34961-2(5))* Forgotten Bks.
Little Wanderer. Stacey Kelly. Illus. by Ellen Gregory. 2021. (ENG.). 40p. (J). *(978-0-2288-6390-8(2))*; pap. *(978-0-2288-6388-5(0))* Tellwell Talent.
Little Wanderers: Or, Interesting Adventures of Two Pretty Orphans (Classic Reprint) Unknown Author. 2018. (ENG., Illus.). 108p. (J). 26.12 *(978-0-267-83530-0(2))* Forgotten Bks.
Little Warbler of the Cottage: And Her Dog Constant (Classic Reprint) Unknown Author. 2018. (ENG., Illus.). 88p. (J). 25.71 *(978-0-484-00125-0(6))* Forgotten Bks.
Little Warriors: A Rhymed Guide to Help Little Ones Put on & Memorize the Armor of God. Crystal Massengale. 2022. (ENG., Illus.). 20p. (J). 24.95 ***(978-1-68570-604-3(5))*** Christian Faith Publishing.
Little Warriors: We Need Weapons to Fight. , Jessica Remi-Adeoye. 2022. (ENG.). 49p. (J). pap. ***(978-1-6671-3284-6(9))*** Lulu Pr., Inc.
Little Washingtons (Classic Reprint) Lillian Elizabeth Roy. (ENG., Illus.). (J). 2018. 164p. 27.28 *(978-0-267-95814-6(5))*; 2017. pap. 9.97 *(978-0-259-50594-5(3))* Forgotten Bks.
Little Water-Folks: Stories of Lake & River (Classic Reprint) Clarence Hawkes. 2017. (ENG., Illus.). (J). 27.63 *(978-0-331-35333-4(4))*; pap. 10.57 *(978-0-259-40882-6(4))* Forgotten Bks.
Little Wave. A. Lawati. Illus. by Sanghamitra Dasgupta. 2017. (ENG.). 26p. (J). (gr. k-6). pap. 8.99 *(978-1-68160-407-7(8))* Crimson Cloak Publishing.
Little Wave & the Mission of Laura Hawksbill. Linda Joy. 2019. (ENG.). 24p. (J). (gr. k-5). pap. 7.99 *(978-1-950580-85-9(7))* Bookwhip.
Little Way: A Journey to the Summit of Love. Judith Bouilloc. Illus. by Sara Ugolotti. 2022. (ENG.). 80p. (J). (gr. 2). 16.99 *(978-1-62164-569-6(X))* Ignatius Pr.
Little Weed. Jennifer Legler. 2017. (ENG., Illus.). (J). (gr. -1-3). 20.95 *(978-1-63568-514-5(1))* Page Publishing Inc.
Little Werewolf: A Graphic Novel. Stephanie True Peters. Illus. by Omar Lozano. 2020. (Far Out Fairy Tales Ser.). (ENG.). 40p. (J). (gr. 3-6). pap. 5.95 *(978-1-4965-9906-3(3)*, 201317); lib. bdg. 25.32 *(978-1-4965-9684-0(6)*, 199251) Capstone. (Stone Arch Bks.).
Little Whale, 1 vol. Jo Weaver. 2018. (ENG., Illus.). 32p. (J). (gr. -1-2). 17.95 *(978-1-68263-049-5(8))* Peachtree Publishing Co. Inc.
Little Whale: A Day in the Life of a Whale Calf. Anna Brett. Illus. by Carmen Saldana. 2023. (Really Wild Families Ser.). (ENG.). 48p. (J). (gr. -1-2). 14.99 ***(978-0-7112-8355-8(9)***, Words & Pictures) Quarto Publishing Group UK GBR. Dist: Hachette Bk. Group.
Little Whale: A Story of the Last Tlingit War Canoe. Roy Peratrovich, Jr. Illus. by Roy Peratrovich, Jr. 2016. (ENG., Illus.). 64p. pap. 18.95 *(978-1-60223-295-2(4))* Univ. of Alaska Pr.
Little Whale Who Wanted to Be an Island. Jylinda Phalan. 2022. (ENG., Illus.). 22p. (J). pap. 13.95 ***(978-1-63985-706-7(0))*** Fulton Bks.
Little What's-His-Name (le Petit Chose) To Which Is Added la Belle-Nivernaise (Classic Reprint) Alphonse Daudet. 2017. (ENG., Illus.). (J). 31.90 *(978-0-266-55529-2(2))* Forgotten Bks.
Little White Barbara (Classic Reprint) Eleanor S. March. (ENG., Illus.). (J). 2018. 110p. 26.19 *(978-0-484-26111-1(8))*; 2016. pap. 9.57 *(978-1-334-16848-2(2))* Forgotten Bks.
Little White Bird. James Matthew Barrie. 2017. (ENG., Illus.). (J). pap. *(978-0-649-01217-6(8))* Trieste Publishing Pty Ltd.
Little White Bird: Or Adventures in Kensington Gardens (Classic Reprint) James Matthew Barrie. 2016. (ENG., Illus.). (J). 19.57 *(978-1-334-99705-1(5))* Forgotten Bks.
Little White Bird, or Adventures in Kensington Gardens (Classic Reprint) James Matthew Barrie. 2018. (ENG., Illus.). (J). 374p. 31.63 *(978-0-366-56388-3(2))*; 376p. pap. 16.57 *(978-0-366-14480-8(4))* Forgotten Bks.
Little White Dogs Can't Jump. Bruce Whatley. 2018. (ENG., Illus.). 32p. (J). (gr. -1-1). pap. 6.99 *(978-0-207-19883-0(7)*, HarperCollins) HarperCollins Pubs.
Little White Duck: El Patito Blanco. Branden Stansley. 2022. (ENG.). 24p. (J). ***(978-0-2288-7397-6(5))***; pap. ***(978-0-2288-7396-9(7))*** Tellwell Talent.
Little White Fish. Guido Van Genechten. 2018. (Little White Fish Ser.: 1). (ENG., Illus.). 18p. (J). bds. 12.95 *(978-1-60537-430-7(X))* Clavis Publishing.
Little White Fish & the Beautiful Sea. Guido Van Genechten. 2018. (Little White Fish Ser.: 7). (ENG., Illus.). 24p. (J). bds. 12.95 *(978-1-60537-413-0(X))* Clavis Publishing.
Little White Fish Deep in the Sea. Guido Van Genechten. 2020. (Little White Fish Ser.: 9). (ENG., Illus.). 18p. (J). bds. 12.95 *(978-1-60537-520-5(9))* Clavis Publishing.
Little White Fish Hears Water Music. Guido Van Genechten. 2019. (Little White Fish Ser.: 8). (ENG., Illus.). 16p. (J). 17.95 *(978-1-60537-485-7(7))* Clavis Publishing.
Little White Fox, & His Arctic Friends (Classic Reprint) Roy J. Snell. 2018. (ENG., Illus.). 158p. (J). 27.16 *(978-0-332-93159-3(5))* Forgotten Bks.
Little White Lies. Jennifer Lynn Barnes. (Debutantes Ser.: 1). (ENG.). (YA). (gr. 7-17). 2019. 416p. pap. 11.99 *(978-1-368-02375-7(4))*; 2018. (Illus.). 400p. 17.99 *(978-1-368-01413-7(5))* Little, Brown Bks. for Young Readers.
Little White Pony. Joshua Marking. 2019. (ENG.). 38p. (J). pap. 13.95 *(978-1-64424-187-5(0))* Page Publishing Inc.
Little White Wolf. Lee Allen. 2020. (ENG.). 26p. (J). pap. 7.99 *(978-1-951822-66-8(8))* INFORMA INC.
Little Why. Jonny Lambert. Illus. by Jonny Lambert. 2021. (Let's Read Together Ser.). (ENG.). 32p. (J). (gr. -1-2). pap. 8.99 *(978-1-68010-354-0(7))* Tiger Tales.
Little Wide Awake 1880: An Illustrated Magazine for Good Children (Classic Reprint) Sale Barker. (ENG., Illus.). (J). 2018. 394p. 32.02 *(978-0-484-14245-8(3))*; 2017. pap. 16.57 *(978-0-243-31699-1(2))* Forgotten Bks.
Little Wife, Vol. 3 Of 3: And the Baronet's Daughters (Classic Reprint) Grey. 2017. (ENG., Illus.). (J). 30.21 *(978-1-5282-8707-4(X))* Forgotten Bks.
Little Wiggles Toilet Training Reward Chart Sticker Book. The The Wiggles. 2021. (Wiggles Ser.). (ENG.). 16p. (J). (— 1). pap. 7.99 *(978-1-922514-03-5(9))* Bonnier Publishing GBR. Dist: Independent Pubs. Group.
Little Wild Animals: a Finger Wiggle Book. Sally Symes. Illus. by Nick Sharratt. 2022. (Finger Wiggle Bks.). (ENG.). 18p. (J). (— 1). bds. 8.99 *(978-1-5362-2049-0(3))* Candlewick Pr.
Little Wilful Princess (Classic Reprint) David Cory. (ENG., Illus.). (J). 2018. 102p. 26.00 *(978-0-483-44911-4(3))*; 2016. pap. 9.57 *(978-1-334-01410-9(8))* Forgotten Bks.
Little Will African Adventure. Ron Croft. 2019. (ENG.). 26p. (J). *(978-0-359-84418-0(9))* Lulu Pr., Inc.
Little Willie: A True Story (Classic Reprint) American Tract Society. 2018. (ENG., Illus.). 86p. (J). 25.67 *(978-0-483-44843-8(5))* Forgotten Bks.
Little Willie (Classic Reprint) Elizabeth Sara Sheppard. 2017. (ENG., Illus.). (J). 26.80 *(978-0-266-18691-5(2))* Forgotten Bks.
Little Willy Wagtail. Tammy Tangaroa. Illus. by Laila Savolainen. 2020. (Little Willy Wagtail Ser.). (ENG.). (J). 24p. pap. *(978-0-6488828-0-0(2))*; 20p. pap. *(978-0-6488828-2-4(9))* Wagtail Publishing.
Little Willy Wagtail: Floppy Hat & Pesky Cat. Tammy Tangaroa. Illus. by Laila Savolainen. 2nd ed. 2020. (Little Wagtail Wagtail Ser.). (ENG.). 28p. (J). pap. *(978-0-6488828-1-7(0))* Wagtail Publishing.
Little Willy Wagtail: Stormy Weather & Clean Feathers: Stormy Weather Clean Feathers. Tammy Tangaroa. Illus. by Laila Savolainen. 2021. (ENG.). 30p. (J). pap. *(978-0-6488828-4-8(5))* Wagtail Publishing.
Little Willy Wagtail: What's Inside. Tammy Tangaroa. Illus. by Laila Savolainen. 2021. (ENG.). 26p. (J). pap. *(978-0-6488828-6-2(1))* Wagtail Publishing.
Little Willy Wagtail: Worms Worms Worms. Tammy Tangaroa. Illus. by Laila Savolainen. 2021. (ENG.). 28p. (J). pap. *(978-0-6488828-3-1(7))* Wagtail Publishing.
Little Window Visits: On Lindenpopper Lane. R. J. Snyder. Illus. by Jason Velazquez. 2022. (ENG.). 54p. (J). pap. 16.49 *(978-1-6628-4564-2(2))* Salem Author Services.
Little Wing Learns to Fly. Calista Brill. Illus. by Jennifer A. Bell. 2016. (Little Wing Ser.). (ENG.). 32p. (J). (gr. -1-3). 17.99 *(978-0-06-236033-5(7)*, HarperCollins) HarperCollins Pubs.
Little Winter-Green (Classic Reprint) Caroline Frances Little. 2018. (ENG., Illus.). 110p. (J). 26.19 *(978-0-483-67493-6(1))* Forgotten Bks.
Little Wipe-Clean Animals to Copy & Trace. Kirsteen Robson. 2019. (Little Wipe-Clean Books* Ser.). (ENG.). 24ppp. (J). pap. 6.99 *(978-0-7945-4668-7(4)*, Usborne) EDC Publishing.
Little Wipe-Clean Dinosaurs to Copy & Trace. Kirsteen Robson. 2019. (Little Wipe-Clean Books* Ser.). (ENG.). 22ppp. (J). pap. 6.99 *(978-0-7945-4669-4(2)*, Usborne) EDC Publishing.
Little Wise Wolf. Gijs van der Hammen. Tr. by Laura Watkinson. Illus. by Hanneke Siemensma. 2020. (ENG.). 34p. (J). (gr. -1-2). 17.99 *(978-1-5253-0549-8(2))* Kids Can Pr., Ltd. CAN. Dist: Hachette Bk. Group.
Little Witch Academia (light Novel) The Nonsensical Witch & the Country of the Fairies. Momo Tachibana et al. 2019. (ENG., Illus.). 176p. (J). (gr. 3-9). pap. 10.00 *(978-1-9753-5678-1(0)*, Yen Pr.) Yen Pr. LLC.
Little Witch Academia, Vol. 1 (manga) Yoh Yoshinari & TRIGGER. 2018. (Little Witch Academia Ser.: 1). (ENG., Illus.). 176p. (J). (gr. 5-17). pap. 10.00 *(978-1-9753-2745-3(4)*, 9781975327453, Yen Pr.) Yen Pr. LLC.
Little Witch Academia, Vol. 2 (manga), Volume 2. Yoh Yoshinari. Tr. by Taylor Engel. 2018. (Little Witch Academia Ser.: 2). (ENG., Illus.). 196p. (J). (gr. 5-17). pap. 10.00 *(978-1-9753-2810-8(8)*, 9781975328108, Yen Pr.) Yen Pr. LLC.
Little Witch Academia, Vol. 3 (manga) Yoh Yoshinari & TRIGGER. 2019. (Little Witch Academia Ser.: 3). (ENG., Illus.). 192p. (J). (gr. 5-17). pap. 10.00 *(978-1-9753-5742-9(6)*, 9781975357429, Yen Pr.) Yen Pr. LLC.
Little Witch & Wizard. Alethea Kontis. Illus. by Bianca Roman-Stumpff. 2019. (ENG.). 28p. (J). (gr. k-6). 19.99 *(978-1-942541-40-0(6))* Kontis, Alethea.
Little Witch & Wizard. Alethea Kontis & Bianca Roman-Stumpff. 2019. (ENG., Illus.). 28p. (J). (gr. k-6). pap. 16.99 *(978-1-942541-41-7(4))* Kontis, Alethea.
Little Witch Hazel: A Year in the Forest. Phoebe Wahl. 2021. (Illus.). 96p. (J). (gr. -1-3). 19.99 *(978-0-7352-6489-2(9)*, Tundra Bks.) Tundra Bks. CAN. Dist: Penguin Random Hse. LLC.
Little Witch That Learns to Spell. Sonia Jones. 2023. (ENG.). 32p. (J). pap. ***(978-1-312-78402-4(4))*** Lulu Pr., Inc.
Little Witches: Magic in Concord. Leigh Dragoon. 2020. (Little Witches Ser.). (ENG., Illus.). 160p. (J). pap. 12.99 *(978-1-62010-721-8(X)*, Lion Forge) Oni Pr., Inc.
Little Witches Guide to the ABCs. Anna Fiore. Illus. by Lydia Amora. 2023. (ENG.). 36p. (J). 22.99 ***(978-1-0881-5773-2(4))*** Lulu Pr., Inc.
Little Witch's Book of Spells. Ariel Kusby. Illus. by Olga Baumert. 2020. (ENG.). 144p. (J). (gr. 3-7). 16.99 *(978-1-4521-8361-9(9))* Chronicle Bks. LLC.
Little Wizard (Classic Reprint) Stanley J. Weyman. 2017. (ENG., Illus.). (J). 28.17 *(978-1-5279-6661-1(5))* Forgotten Bks.
Little Wolf. Miss Angel. 2016. (ENG., Illus.). (J). pap. 20.00 *(978-1-365-52879-8(0))* Lulu Pr., Inc.
Little Wolf. Nigel Olvera. 2019. (ENG.). 24p. (J). *(978-0-359-78602-2(2))* Lulu Pr., Inc.
Little Wolf. Hilary Yelvington. Illus. by Vanessa Palacio. 2020. (ENG.). 36p. (J). pap. 14.00 *(978-0-578-80819-2(6))* Matchbox Pr.
Little Wolf: A Tale of the Western Frontier (Classic Reprint) M. A. Cornelius. (ENG., Illus.). (J). 2018. 464p. 33.47 *(978-0-332-89623-6(4))*; 2016. pap. 16.57 *(978-1-334-12812-7(X))* Forgotten Bks.
Little Wolf & His Gentleman's Scarf. Rosie Amazing. Illus. by Ioana Balcan & Alina Ghervase. 2021. (ENG.). 28p. (J). pap. *(978-1-990292-10-1(0))* Annelid Pr.
Little Wolf Who Crooned to the Moon. Curt Herr. Illus. by Joey Strain. 2020. (ENG.). 40p. (J). 18.99 *(978-1-5092-3447-9(0))* Wild Rose Pr., Inc., The.

L

Little Wolf's First Howling. Laura McGee Kvasnosky. Illus. by Laura McGee Kvasnosky & Kate Harvey McGee. 2017. (ENG.). 32p. (J). (gr. -1-2). 17.99 *(978-0-7636-8971-1(8))* Candlewick Pr.

Little Wolves. Svenja Herrmann. Illus. by Józef Wilkon. 2020. (ENG.). 40p. (J). (gr. -1-2). 17.95 *(978-0-7358-4397-4(X))* North-South Bks., Inc.

Little Woman. L. M. Alcott. 2022. (ENG.). 408p. (J). pap. 40.36 ***(978-1-4583-3636-1(0))*** Lulu Pr., Inc.

Little Woman, & the Pedlar: With the Strange Distraction That Seized Her, & the Undutiful Behaviour of Her Little Dog on That Occasion; Illustrated in Fifteen Elegant Engravings (Classic Reprint) Unknown Author. (ENG., Illus.). (J). 2018. 36p. 24.64 *(978-0-656-21774-8(X))*; 2016. pap. 7.97 *(978-1-333-87327-1(1))* Forgotten Bks.

Little Woman & the Pedlar: With the Strange Distraction That Seized Her, & the Undutiful Behaviour of Her Little Dog on That Occasion, Illustrated in Fifteen Elegant Engravings (Classic Reprint) Unknown Author. (ENG., Illus.). (J). 2018. 32p. 24.58 *(978-0-656-00478-2(9))*; 2016. pap. 7.97 *(978-1-333-87328-8(X))* Forgotten Bks.

Little Women. Louisa Alcott. (ENG., Illus.). 150p. (J). (gr. 3). 2020. *(978-1-78943-090-5(9))*; 2019. pap. *(978-1-78943-089-9(5))* Benediction Classics.

Little Women. Louisa Alcott. 2020. (ENG.). (J). (gr. 3-7). 334p. 19.95 *(978-1-64799-239-2(7))*; 332p. pap. 12.95 *(978-1-64799-238-5(9))* Bibliotech Pr.

Little Women. Louisa Alcott. 2017. (ENG., Illus.). (J). (gr. 4-7). pap. 21.95 *(978-1-374-87945-4(2))* Capital Communications, Inc.

Little Women. Louisa Alcott. 2019. (Illustrated Originals Ser.). (ENG.). 448ppp. (J). pap. 14.99 *(978-0-7945-4438-6(X)*, Usborne) EDC Publishing.

Little Women. Louisa Alcott. 2020. (ENG.). 228p. (J). (gr. 3). pap. 17.99 *(978-1-7948-9406-8(3))* Lulu Pr., Inc.

Little Women. Louisa Alcott. 2018. (ENG., Illus.). 430p. (J). 24.99 *(978-1-5154-2993-7(8))* Wilder Pubns., Corp.

Little Women. Louisa May Alcott. Illus. by Francesca. Rossi. 2021. (ENG.). 96p. (J). (gr. 1). 8.95 *(978-88-544-1830-1(7))* White Star Publishers ITA. Dist: Sterling Publishing Co., Inc.

Little Women. Louisa May Alcott. 2020. (ENG.). 402p. (J). (gr. 3). pap. *(978-1-78982-250-2(5))* Andrews UK Ltd.

Little Women. Louisa May Alcott. 2019. (Little Women Series,Virago Modern Classi Ser.). (ENG., Illus.). 368p. (J). (gr. 3-7). 15.99 *(978-0-349-01182-0(6)*, Virago Press) Little, Brown Book Group Ltd. GBR. Dist: Hachette Bk. Group.

Little Women. Louisa May Alcott. 2021. (ENG.). 320p. (J). (gr. 3). pap. 9.25 *(978-1-68422-570-5(1))* Martino Fine Bks.

Little Women. Louisa May Alcott. 2020. (Be Classic Ser.). 704p. (J). (gr. 3-7). pap. 10.99 *(978-0-593-11809-2(X)*, Puffin Books) Penguin Young Readers Group.

Little Women. Louisa May Alcott. 2019. (Little Women Collection: 1). (ENG.). 336p. (J). (gr. 3). 17.99 *(978-1-5344-6221-2(X))*; pap. 7.99 *(978-1-5344-6220-5(1))* Simon & Schuster Children's Publishing. (Aladdin).

Little Women. Louisa May Alcott. 2023. (Children's Signature Classics Ser.). 592p. (J). (gr. 5). pap. 14.99 ***(978-1-4549-5002-8(1)***, Union Square Pr.) Sterling Publishing Co., Inc.

Little Women. Illus. by Katarzyna Bukiert. 2017. (ENG.). 32p. (J). (gr. -1-3). *(978-1-4867-1268-7(1))* Flowerpot Children's Pr. Inc.

Little Women, 1 vol. Illus. by Ela Smietanka. 2019. (BabyLit Ser.). 28p. (J). (gr. -1-k). 14.99 *(978-1-4236-5145-1(6))* Gibbs Smith, Publisher.

Little Women. Louisa May Alcott. 150th ed. 2018. 624p. (J). (gr. 4). 24.95 *(978-1-78487-432-2(9))* Penguin Random Hse. GBR. Dist: Independent Pubs. Group.

Little Women: Or Meg, Jo, Beth, & Amy (Classic Reprint) Louisa Alcott. 2017. (ENG., Illus.). (J). 35.03 *(978-1-5285-7513-3(X))* Forgotten Bks.

Little Women: Or Meg, Jo, Beth & Amy (Classic Reprint) Louisa Alcott. 2017. (ENG., Illus.). (J). 31.40 *(978-0-266-33342-5(7))* Forgotten Bks.

Little Women: The Original Classic Novel Featuring Photos from the Film! Louisa May Alcott. (ENG., 480p. (YA). 2020. Illus.). (gr. 5-17). pap. 12.99 *(978-1-4197-5161-5(1)*, 1304003); 2019. (gr. 3-7). 16.99 *(978-1-4197-4120-3(9)*, 1304001) Abrams, Inc.

Little Women (100 Copy Collector's Edition) Louisa May Alcott. 2019. (ENG.). 436p. (YA). (gr. 7-12). *(978-1-77226-861-4(5))* AD Classic.

Little Women (100 Copy Limited Edition) Louisa Alcott. 2019. (ENG.). 436p. (YA). (gr. 7-12). *(978-1-77226-755-6(4))*; (Illus.). *(978-1-77226-571-2(3))* Engage Bks. (SF Classic).

Little Women (1000 Copy Limited Edition) Louisa Alcott. 2016. (ENG., Illus.). (YA). (gr. 7-12). *(978-1-77226-287-2(0))* AD Classic.

Little Women & Little Men (100 Copy Collector's Edition) Louisa May Alcott. 2020. (ENG.). 680p. (YA). *(978-1-77437-740-6(3))* AD Classic.

Little Women: Band 18/Pearl (Collins Big Cat) Katie Dale. Illus. by Elena Selivanova. 2016. (Collins Big Cat Ser.). (ENG.). 80p. (J). pap. 11.99 *(978-0-00-814737-2(X))* HarperCollins Pubs. Ltd. GBR. Dist: Independent Pubs. Group.

Little Women Collection (Boxed Set) Little Women; Good Wives; Little Men; Jo's Boys. Louisa May Alcott. ed. 2019. (Little Women Collection). (ENG.). 1472p. (J). (gr. 3). 71.99 *(978-1-5344-6230-4(9))*; pap. 31.99 *(978-1-5344-6229-8(5))* Simon & Schuster Children's Publishing. (Aladdin).

Little Women (HarperCollins Children's Classics) Louisa May Alcott. 2022. (HarperCollins Children's Classics Ser.). (ENG.). 400p. (J). 7.99 *(978-0-00-854270-2(8)*, HarperCollins Children's Bks.) HarperCollins Pubs. Ltd. GBR. Dist: HarperCollins Pubs.

Little Women Letters: From the House of Alcott (Classic Reprint) Jessie Bonstelle. 2017. (ENG., Illus.). (J). 28.74 *(978-0-331-57035-9(1))* Forgotten Bks.

Little Women Novel Units Student Packet. Novel Units. 2019. (ENG.). (YA). pap. 13.99 *(978-1-58130-631-6(8)*, Novel Units, Inc.) Classroom Library Co.

Little Women Novel Units Teacher Guide. Novel Units. 2019. (ENG.). (YA). pap. 12.99 *(978-1-58130-630-9(X)*, Novel Units, Inc.) Classroom Library Co.

Little Women; or, Meg, Jo, Beth, & Amy. Louisa Alcott. 2020. (ENG.). (J). 352p. 21.95 *(978-1-64799-515-7(9))*; 350p. pap. 12.95 *(978-1-64799-514-0(0))* Bibliotech Pr.

Little Women, or Meg, Jo, Beth, & Amy (Classic Reprint) Louisa Alcott. (ENG., Illus.). (J). 2017. 29.77 *(978-1-5281-8056-6(9))*; 2016. pap. 11.97 *(978-1-334-58059-8(6))* Forgotten Bks.

Little Women Play: A Two-Act, Forty-Five-Minute Play (Classic Reprint) Elizabeth Lincoln Gould. 2017. (ENG., Illus.). (J). 25.98 *(978-0-266-70889-6(7))* Forgotten Bks.

Little Women (Royal Collector's Edition) (Case Laminate Hardcover with Jacket) Louisa May Alcott. 2020. (ENG.). 436p. (YA). *(978-1-77437-834-2(5))* AD Classic.

Little Women: the Official Movie Companion. Gina McIntyre. 2019. (ENG., Illus.). 192p. (J). (gr. 5-17). 24.99 *(978-1-4197-4068-8(7)*, 1303301, Abrams Bks. for Young Readers) Abrams, Inc.

Little Wonders Bugs. Rose Nestling. Ed. by Cottage Door Press. Illus. by Hui Skipp. 2023. (Little Wonders Ser.). (ENG.). 10p. (J). (gr. -1 — 1). bds. 9.99 ***(978-1-64638-864-6(X)***, 1009230) Cottage Door Pr.

Little Wonders Weather. Rose Nestling. Ed. by Cottage Door Press. Illus. by Daniela Sosa. 2023. (Little Wonders Ser.). (ENG.). 10p. (J). bds. 9.99 ***(978-1-64638-886-8(0)***, 1009330) Cottage Door Pr.

Little Wonky House. Bryant Barnett. Illus. by Ron Monnier. 2022. (ENG.). 28p. (J). ***(978-1-68583-529-3(5))***; pap. ***(978-1-68583-528-6(7))*** Tablo Publishing.

Little Woodland Animals. Katie Peters. 2019. (Let's Look at Animal Habitats (Pull Ahead Readers — Nonfiction) Ser.). (ENG., Illus.). 16p. (J). (gr. -1-1). pap. 8.99 *(978-1-5415-7315-4(3)*, eab4cfb0-60e1-4297-bbce-127a1f562373, Lerner Pubns.) Lerner Publishing Group.

Little Woods Runner. Colleen Barksdale. Illus. by Andra Guzzo. 2016. (ENG.). (J). pap. 19.99 *(978-1-4984-8864-8(1))* Salem Author Services.

Little Woody Stories: My Shadow Must Be an Angel. Woody Dykes. Illus. by Gabriella Vazquez. 2020. (Little Woody Stories Ser.: Vol. 3). (ENG.). 148p. (J). 22.95 *(978-1-7350876-1-0(0))*; pap. 16.95 ***(978-1-7350876-0-3(2))*** Dykes, Woodrow.

Little Words Matter Jumbo Coloring Book. B&H Kids Editorial Staff. 2020. (ENG.). 384p. (J). (— 1). pap. 6.99 *(978-1-5359-9197-1(6)*, 005821573, B&H Kids) B&H Publishing Group.

Little World: A Series of College Plays for Girls (Classic Reprint) Alice Gerstenberg. 2018. (ENG., Illus.). 232p. (J). 28.68 *(978-0-656-47544-5(7))* Forgotten Bks.

Little World Apart (Classic Reprint) George Stevenson. 2018. (ENG., Illus.). 420p. (J). 32.58 *(978-0-267-48497-3(6))* Forgotten Bks.

Little World Holidays & Celebrations, 6 vols., Set. Margaret Hall. Incl. Hanukkah. (Illus.). 24p. (J). (gr. k-2). 2010. 22.79 *(978-1-61590-242-2(2))*; 2010. Set lib. bdg. 136.74 *(978-1-61590-237-8(6))* Rourke Educational Media.

Little World of London, or Pictures in Little of London Life (Classic Reprint) Charles Manby Smith. (ENG., Illus.). (J). 2018. 442p. 33.01 *(978-0-365-21824-1(3))*; 2017. pap. 16.57 *(978-0-243-91574-3(8))* Forgotten Bks.

Little Worlds. Géraldine Collet. Illus. by Sébastien Chebret. 2018. 32p. (J). *(978-1-4338-2819-5(7)*, Magination Pr.) American Psychological Assn.

Little Worm: A Story about Worry. Laura Ann Elpers Pierce. Illus. by Armando Loredo. 2019. (ENG.). 26p. (J). (gr. -1-2). pap. 9.99 *(978-1-61254-397-0(9))* Brown Books Publishing Group.

Little Worm & the Train. Marcela McKay. Illus. by Evelyn Cruz S. 2022. (ENG.). 32p. (J). pap. 9.95 *(978-1-68574-034-4(0))* ibukku, LLC.

Little Worm's Big Question, 1 vol. Illus. by Eva Schlunke. 2016. (ENG.). 36p. (J). (gr. -1-3). pap. 9.95 *(978-1-78026-261-1(2))* New Internationalist Pubns., Ltd. GBR. Dist: Consortium Bk. Sales & Distribution.

Little Worm's Talent. Sophie Sowberry. Illus. by Andrea Skromovas. 2021. (ENG.). 28p. (J). pap. 9.97 *(978-1-7322796-7-4(5))* Skromovas, Andrea.

Little Wormy. Marcia Draeger. 2018. (ENG., Illus.). 24p. (J). 21.95 *(978-1-64003-697-0(0))*; pap. 12.95 *(978-1-64003-696-3(2))* Covenant Bks.

Little Worry. Nadine Brun-Cosme. Illus. by Marion Cocklico. 2021. (ENG.). 14p. (J). (gr. -1-k). bds. 7.99 *(978-1-5344-7746-9(2)*, Little Simon) Little Simon.

Little Wrecks. Meredith Miller. 2018. (ENG.). 384p. (YA). (gr. 9). pap. 9.99 *(978-0-06-247426-1(X)*, HarperCollins) HarperCollins Pubs.

Little Writer. David Villanueva Jr. 2016. (ENG., Illus.). 36p. (J). *(978-1-365-38746-3(1))* Lulu Pr., Inc.

Little Yellow Bee. Ginger Swift. Ed. by Cottage Door Press. Illus. by Katya Longhi. 2016. (ENG.). 12p. (J). (gr. -1 — 1). bds. 7.99 *(978-1-68052-083-5(0)*, 1000660) Cottage Door Pr.

Little Yellow Bus. Erin Guendelsberger. Illus. by Suzie Mason. 2022. (Little Heroes, Big Hearts Ser.). (ENG.). 40p. (J). (gr. k-2). 17.99 *(978-1-7282-5799-0(9))* Sourcebooks, Inc.

Little Yellow Llama. Shannon L. Mokry. Illus. by Shannon L. Mokry. 2019. (ENG., Illus.). (J). 38p. 16.95 *(978-1-951521-09-7(9))*; 40p. pap. 9.95 *(978-1-951521-08-0(0))* Sillygeese Publishing, LLC.

Little Yellow Riding Hood. Snow White. 2021. (ENG.). 20p. (J). 19.99 ***(978-1-0879-9704-9(6))***; pap. 12.99 ***(978-1-0879-9685-1(6))*** Indy Pub.

Little Yellow Truck. Eve Bunting. Illus. by Kevin Zimmer. 2019. (ENG.). 32p. (J). (gr. k-3). 16.99 *(978-1-58536-407-7(X)*, 204649) Sleeping Bear Pr.

Little Yellow Wang-Lo (Classic Reprint) M. C. Bell. (ENG., Illus.). (J). 2018. 90p. 25.77 *(978-0-267-57051-5(1))*; 2016. pap. 9.57 *(978-1-334-16813-0(0))* Forgotten Bks.

Little Yogis, Big Feelings. Janessa Gazmen. Illus. by Pia Reyes. 2023. (ENG.). 36p. (J). ***(978-1-0391-3369-3(X))***; pap. ***(978-1-0391-3368-6(1))*** FriesenPress.

Little You see Little You / Gidagaashiinh

Little You / Gidagaashiinh. Richard Van Camp. Tr. by Angela Mesic & Margaret Noodin. Illus. by Julie Flett. ed. 2021. Orig. Title: Little You. (ENG & OJI.). 32p. (J). (gr. -1-k). 19.95 *(978-1-4598-2550-5(0))* Orca Bk. Pubs. USA.

Little You / Kiya Kâ-Apisîsisiyan. Richard Van Camp. Ed. by Cree Literacy Network. Tr. by Mary Cardinal Collins from ENG. Illus. by Julie Flett. ed. 2022. Orig. Title: Little You. (CRE & ENG.). 32p. (J). (gr. -1-k). 19.95 *(978-1-4598-3593-1(X))* Orca Bk. Pubs. USA.

Little Zebra. Agnese Baruzzi. 2021. (Happy Fox Finger Puppet Bks.). (ENG., Illus.). 12p. (J). bds. 6.99 *(978-1-64124-125-0(X)*, 1250) Fox Chapel Publishing Co., Inc.

Little Zebra. Amber Lily. Illus. by Maaike Boot. 2022. (Seek & Find Lift-The-flap Ser.). (ENG.). 10p. (J). bds. 7.99 *(978-1-80105-073-9(2))* Top That! Publishing PLC GBR. Dist: Independent Pubs. Group.

Little Zodiac Book: Baby Aquarius: A Little Zodiac Book. Daria Harper. Illus. by Anna Hurley. 2020. (Little Zodiac Ser.). (ENG.). 12p. (J). (gr. -1 — 1). bds. 7.99 *(978-1-7972-0237-2(5))* Chronicle Bks. LLC.

Little Zodiac Book: Baby Aries: A Little Zodiac Book. Daria Harper. Illus. by Anna Hurley. 2020. (Little Zodiac Ser.). (ENG.). 12p. (J). (gr. -1 — 1). bds. 7.99 *(978-1-7972-0227-3(8))* Chronicle Bks. LLC.

Little Zodiac Book: Baby Cancer: A Little Zodiac Book. Daria Harper. Illus. by Anna Hurley. 2020. (Little Zodiac Ser.). (ENG.). 12p. (J). (gr. -1 — 1). bds. 7.99 *(978-1-7972-0230-3(8))* Chronicle Bks. LLC.

Little Zodiac Book: Baby Capricorn: A Little Zodiac Book. Daria Harper. Illus. by Anna Hurley. 2020. (Little Zodiac Ser.). (ENG.). 12p. (J). (gr. -1 — 1). bds. 7.99 *(978-1-7972-0236-5(7))* Chronicle Bks. LLC.

Little Zodiac Book: Baby Gemini: A Little Zodiac Book. Daria Harper. Illus. by Anna Hurley. 2020. (Little Zodiac Ser.). (ENG.). 12p. (J). (gr. -1 — 1). bds. 7.99 *(978-1-7972-0229-7(4))* Chronicle Bks. LLC.

Little Zodiac Book: Baby Leo: A Little Zodiac Book. Daria Harper. Illus. by Anna Hurley. 2020. (Little Zodiac Ser.). (ENG.). 12p. (J). (gr. -1 — 1). bds. 7.99 *(978-1-7972-0231-0(6))* Chronicle Bks. LLC.

Little Zodiac Book: Baby Libra: A Little Zodiac Book. Daria Harper. Illus. by Anna Hurley. 2020. (Little Zodiac Ser.). (ENG.). 12p. (J). (gr. -1 — 1). bds. 7.99 *(978-1-7972-0233-4(2))* Chronicle Bks. LLC.

Little Zodiac Book: Baby Pisces: A Little Zodiac Book. Daria Harper. Illus. by Anna Hurley. 2020. (Little Zodiac Ser.). (ENG.). 12p. (J). (gr. -1 — 1). bds. 7.99 *(978-1-7972-0238-9(3))* Chronicle Bks. LLC.

Little Zodiac Book: Baby Sagittarius: A Little Zodiac Book. Daria Harper. Illus. by Anna Hurley. 2020. (Little Zodiac Ser.). (ENG.). 12p. (J). (gr. -1 — 1). bds. 7.99 *(978-1-7972-0235-8(9))* Chronicle Bks. LLC.

Little Zodiac Book: Baby Scorpio: A Little Zodiac Book. Daria Harper. Illus. by Anna Hurley. 2020. (Little Zodiac Ser.). (ENG.). 12p. (J). (gr. -1 — 1). bds. 7.99 *(978-1-7972-0234-1(0))* Chronicle Bks. LLC.

Little Zodiac Book: Baby Taurus: A Little Zodiac Book. Daria Harper. Illus. by Anna Hurley. 2020. (Little Zodiac Ser.). (ENG.). 12p. (J). (gr. -1 — 1). bds. 7.99 *(978-1-7972-0228-0(6))* Chronicle Bks. LLC.

Little Zodiac Book: Baby Virgo: A Little Zodiac Book. Daria Harper. Illus. by Anna Hurley. 2020. (Little Zodiac Ser.). (ENG.). 12p. (J). (gr. -1 — 1). bds. 7.99 *(978-1-7972-0232-7(4))* Chronicle Bks. LLC.

Little Zoologist. Sally Lee et al. 2018. (Little Zoologist Ser.). (ENG.). 32p. (J). (gr. -1-2). 183.90 *(978-1-5435-2660-8(8)*, 28178, Pebble) Capstone.

Little Zoologist. Illus. by Dan Taylor. 2021. (Science Tots Book Ser.). (ENG.). 22p. (J). (gr. -1 — 1). bds. 8.99 *(978-0-7624-9751-5(3)*, Running Pr. Kids) Running Pr.

LittleBits. Amber Lovett. 2016. (21st Century Skills Innovation Library: Makers As Innovators Ser.). (ENG., Illus.). 32p. (J). (gr. 4-8). lib. bdg. 32.07 *(978-1-63471-415-0(6)*, 208439) Cherry Lake Publishing.

Littledale, Vol. 1 (Classic Reprint) Sejanus Sejanus. 2018. (ENG., Illus.). 280p. (J). 29.67 *(978-0-332-91003-1(2))* Forgotten Bks.

Littledale, Vol. 2 of 3 (Classic Reprint) Sejanus Sejanus. (ENG., Illus.). (J). 2018. 316p. 30.41 *(978-0-483-49047-5(4))*; 2016. pap. 13.57 *(978-1-334-29565-2(4))* Forgotten Bks.

Littledale, Vol. 3 of 3 (Classic Reprint) Sejanus Sejanus. (ENG., Illus.). (J). 2018. 294p. 29.96 *(978-0-483-41357-3(7))*; 2016. pap. 13.57 *(978-1-334-12076-3(5))* Forgotten Bks.

LITTLEJET & the Martians Warriors. Cambraia F. Fernandes. 2020. 24p. (J). 25.00 *(978-1-0983-4574-7(6))* BookBaby.

Littlelight. Kelly Canby. 2020. (Illus.). 32p. (J). (gr. k-2). 17.95 *(978-1-925815-76-4(5))* Fremantle Pr. AUS. Dist: Independent Pubs. Group.

Littler Women. Suppl. by Laura Schaefer. 2019. (ENG.). 217p. (J). (gr. 4-5). 18.36 *(978-0-87617-774-7(7))* Penworthy Co., LLC, The.

Littler Women: A Modern Retelling. Laura Schaefer. (ENG., Illus.). 224p. (J). (gr. 3-7). 2019. pap. 7.99 *(978-1-4814-8762-7(0))*; 2017. 16.99 *(978-1-4814-8761-0(2))* Simon & Schuster/Paula Wiseman Bks. (Simon & Schuster/Paula Wiseman Bks.).

Littles. Emily Dahleen. 2022. (ENG., Illus.). 28p. (J). pap. 15.95 ***(978-1-68498-649-1(4))*** Newman Springs Publishing, Inc.

Littles. Michael H. Sacks. 2022. (ENG.). 36p. (J). pap. *(978-1-3984-5203-9(3))* Austin Macauley Pubs. Ltd.

Littles: & How They Grow. Kelly DiPucchio. Illus. by A. G. Ford. (J). 2019. 26p. (— 1). bds. 8.99 *(978-1-9848-2985-6(8))*; 2017. 32p. (gr. -1 — 1). 17.99 *(978-0-399-55526-8(9))* Random Hse. Children's Bks. (Doubleday Bks. for Young Readers).

Littles Novel Units Teacher Guide. Novel Units. 2019. (ENG.). (J). pap. 12.99 *(978-1-56137-284-3(6)*, Novel Units, Inc.) Classroom Library Co.

Littlest Acorn. Lisa Lentino. 2017. (ENG., Illus.). (J). pap. 13.95 *(978-1-64079-619-5(3))* Christian Faith Publishing.

Littlest Airplane. Brooke Hartman. Illus. by John Joseph. 2022. (ENG.). 32p. (J). 17.99 *(978-1-5131-2864-1(7)*, Alaska Northwest Bks.) West Margin Pr.

Littlest Angel. Sandy Milacek. 2021. (ENG., Illus.). 28p. (J). pap. 15.95 *(978-1-63903-650-9(4))* Christian Faith Publishing.

Littlest Angel. Brooklyn Parks. Illus. by Hailey Bischoff. 2019. (ENG.). 32p. (J). 15.99 *(978-1-4621-2316-2(3))* Cedar Fort, Inc./CFI Distribution.

Littlest Animals of the Desert Children's Science & Nature. Baby Professor. 2017. (ENG., Illus.). (J). pap. 7.89 *(978-1-5419-0405-7(2)*, Baby Professor (Education Kids)) Speedy Publishing LLC.

Littlest Bandit. Ali Pye. 2021. (ENG., Illus.). 32p. (J). pap. 11.00 *(978-1-4711-7253-3(8)*, Simon & Schuster Children's) Simon & Schuster, Ltd. GBR. Dist: Simon & Schuster, Inc.

Littlest Bigfoot. Jennifer Weiner. (Littlest Bigfoot Ser.: 1). (ENG.). (J). (gr. 3-7). 2017. 352p. pap. 8.99 *(978-1-4814-7075-9(2))*; 2016. (Illus.). 304p. 16.99 *(978-1-4814-7074-2(4))* Simon & Schuster Children's Publishing. (Aladdin).

Littlest Bigfoot. Jennifer Weiner. ed. 2017. (Littlest Bigfoot Ser.: 1). lib. bdg. 18.40 *(978-0-606-40206-4(3))* Turtleback.

Littlest Bird of All. Jordan Hucks. 2021. (ENG.). 26p. (J). *(978-1-716-08319-8(2))* Lulu Pr., Inc.

Littlest Branch. Dawn Levis. 2016. (ENG., Illus.). (J). 22.95 *(978-1-63525-526-3(0))*; pap. 12.95 *(978-1-68197-832-1(6))* Christian Faith Publishing.

Littlest Bunny. Summer Jones. 2023. (ENG.). 34p. (J). 21.99 ***(978-1-0880-9754-0(5))*** Indy Pub.

Littlest Bunny in Austin. Lily Jacobs. Illus. by Robert Dunn. 2016. (Littlest Bunny Ser.). (ENG.). 32p. (J). (gr. -1-3). 9.99 *(978-1-4926-3347-1(X)*, 9781492633471, Hometown World) Sourcebooks, Inc.

Littlest Bunny in Buffalo. Lily Jacobs. Illus. by Robert Dunn. 2016. (Littlest Bunny Ser.). (ENG.). 32p. (J). (gr. -1-3). 9.99 *(978-1-4926-3346-4(1)*, 9781492633464, Hometown World) Sourcebooks, Inc.

Littlest Bunny in Cleveland. Lily Jacobs. Illus. by Robert Dunn. 2016. (Littlest Bunny Ser.). (ENG.). 32p. (J). (gr. -1-3). 9.99 *(978-1-4926-3353-2(4)*, 9781492633532, Hometown World) Sourcebooks, Inc.

Littlest Bunny in Nashville. Lily Jacobs. Illus. by Robert Dunn. 2016. (Littlest Bunny Ser.). (ENG.). 32p. (J). (gr. -1-3). 9.99 *(978-1-4926-3351-8(8)*, 9781492633518, Hometown World) Sourcebooks, Inc.

Littlest Bunny in New Orleans. Lily Jacobs. Illus. by Robert Dunn. 2016. (Littlest Bunny Ser.). (ENG.). 32p. (J). (gr. -1-3). 9.99 *(978-1-4926-3350-1(X)*, 9781492633501, Hometown World) Sourcebooks, Inc.

Littlest Bunny in Newfoundland. Lily Jacobs. Illus. by Robert Dunn. 2016. (Littlest Bunny Ser.). (ENG.). 32p. (J). (gr. -1-3). 9.99 *(978-1-4926-3352-5(6)*, 9781492633525, Hometown World) Sourcebooks, Inc.

Littlest Bunny in San Diego. Lily Jacobs. Illus. by Robert Dunn. 2016. (Littlest Bunny Ser.). (ENG.). 32p. (J). (gr. -1-3). 9.99 *(978-1-4926-3348-8(8)*, 9781492633488, Hometown World) Sourcebooks, Inc.

Littlest Christmas Miracle. David Done. 2017. (ENG., Illus.). (J). pap. 10.00 *(978-1-946854-08-7(5))* MainSpringBks.

Littlest Christmas Tree. Heath Stallcup. Illus. by Jeffrey Kosh. 2020. (ENG.). 36p. (J). pap. 19.39 *(978-1-716-36805-9(7))* Lulu Pr., Inc.

Littlest Christmas Tree. Kathleen Whitham. 2022. (ENG.). 30p. (J). 24.95 ***(978-1-63710-527-6(4))*** Fulton Bks.

Littlest Cloud. Molly O'Connor. 2022. (ENG.). 26p. (J). pap. 12.00 *(978-1-64883-172-0(9)*, ExamWise) Total Recall Learning, Inc.

Littlest Coo Discovers His Gifts. Joanne Robertson-Eletto. 2019. (ENG.). 32p. (J). 24.95 *(978-1-0980-0662-4(3))* Christian Faith Publishing.

Littlest Coyote. N M Reed. 2021. 32p. (J). (ENG.). 14.99 *(978-1-956741-11-7(9))*; (HIN.). pap. 9.99 *(978-1-956741-21-6(6))*; (ARA.). pap. 9.99 *(978-1-956741-16-2(X))* Stellar Literary.

Littlest Coyote. N M Reed. 2021. 32p. (J). (ENG.). pap. 9.99 *(978-1-955243-71-1(9))*; (SPA.). pap. 9.99 *(978-1-956741-07-0(0))*; (POR.). pap. 9.99 *(978-1-956741-14-8(3))*; (CMN.). pap. 9.99 ***(978-1-956741-10-0(0))*** Stellar Literary.

Littlest Coyote. Nm Reed. (J). 2022. (ENG.). 56p. pap. 12.99 *(978-1-956741-13-1(5))*; 2021. (ENG.). 32p. 14.99 *(978-1-955243-72-8(7))*; 2021. (SPA.). 32p. 14.99 *(978-1-956741-08-7(9))* Stellar Literary.

Littlest Cupid. Brandi Dougherty. ed. 2021. (Littlest 8x8 Bks). (ENG., Illus.). 24p. (J). (gr. k-1). 13.96 *(978-1-64697-654-6(1))* Penworthy Co., LLC, The.

Littlest Cupid, 1 vol. Brandi Dougherty. Illus. by Jamie Pogue. 2020. (Littlest Ser.). (ENG.). 24p. (J). (gr. -1-k). pap. 4.99 *(978-1-338-32911-7(1)*, Cartwheel Bks.) Scholastic, Inc.

Littlest Donkey. Lois Beedy. 2018. (ENG.). 38p. (J). 14.95 *(978-1-64307-052-0(5))* Amplify Publishing Group.

Littlest Dragon. Jessica Minyard. 2017. (ENG., Illus.). (J). (gr. k-3). 17.99 *(978-0-692-86932-1(8))* Centurion Bks.

Littlest Dragon. Susan Quinn. Illus. by Ag Jatkowska. 2016. (J). *(978-1-4351-6573-1(X))* Barnes & Noble, Inc.

Littlest Dustball Cowboy: You're NEVER Too LITTLE... to Do SOMETHING GREAT. Anthony Locascio. 2018. (ENG.). 32p. (J). pap. 16.98 *(978-1-4834-8810-3(1))* Lulu Pr., Inc.

Littlest Easter Bunny. Brandi Dougherty. ed. 2020. (Littlest 8x8 Bks). (ENG., Illus.). 24p. (J). (gr. k-1). 13.96 *(978-1-64697-172-5(8))* Penworthy Co., LLC, The.

Littlest Easter Bunny. Brandi Dougherty. Illus. by Jamie Pogue. (Littlest Ser.). (ENG.). 24p. (J). 2023. (— 1). bds. 7.99 *(978-1-4431-9739-7(4))*; 2020. (gr. -1-k). pap. 4.99 *(978-1-338-32912-4(X)*, Cartwheel Bks.) Scholastic, Inc.

Littlest Elephant. Kate Read. 2022. (ENG.). 32p. (J). (-k). 17.99 *(978-1-68263-494-3(9))* Peachtree Publishing Co. Inc.

Littlest Family's Big Day. Emily Winfield Martin. (ENG., Illus.). (J). 2018. 38p. (— 1). bds. 8.99 *(978-0-525-57867-3(6))*; 2016. 36p. (gr. -1-2). 17.99 *(978-0-553-51101-7(7))* Random Hse. Children's Bks. (Random Hse. Bks. for Young Readers).

Littlest Firefly. Jon Edd Wynn. 2018. (ENG., Illus.). 26p. 22.95 *(978-1-4808-5713-1(0))*; pap. 16.95 *(978-1-4808-5715-5(7))* Archway Publishing.

Littlest Firehouse. Andrew S. Valero. 2020. (ENG.). 80p. (J). 17.99 *(978-0-578-76747-5(3))* ASV Productions.

1206 The check digit for ISBN-10 appears in parentheses after the full ISBN-13

Littlest Gnome & the Fairy King's Gift. Hannah Koenig. 2022. (ENG.). 56p. (J). *(978-1-0391-4986-1(3))*; pap. *(978-1-0391-4985-4(5))* FriesenPress.
Littlest Graduate. Brandi Dougherty. Illus. by Denise Hughes. 2023. (Littlest Ser.). (ENG.). 24p. (J). (gr. -1-k). pap. 4.99 *(978-1-338-84999-8(9)*, Cartwheel Bks.) Scholastic, Inc.
Littlest Grape. Conor Nixon. 2018. (ENG.). 34p. (J). pap. *(978-1-9999759-0-6(1))* Nixon, Conor.
Littlest Hummingbird. Christine Descant Gaspard. 2017. (ENG., Illus.). (J). pap. 12.95 *(978-1-63575-810-8(6))* Christian Faith Publishing.
Littlest Husky in the Land of Ice Warriors. Dave Allen. 2021. (ENG., Illus.). 36p. (J). pap. 16.95 *(978-1-6624-0098-8(5))* Page Publishing Inc.
Littlest Inventor. Mandi C. Mathis. Illus. by Danielle Ragogna. 2016. (ENG.). 32p. (J). pap. 11.95 *(978-1-935567-62-2(4))* Sensory Resources.
Littlest Leprechaun. Brandi Dougherty. ed. 2022. (Littlest 8x8 Bks). (ENG.). 24p. (J). (gr. k-1). 15.96 *(978-1-68505-263-8(0))* Penworthy Co., LLC, The.
Littlest Leprechaun, 1 vol. Brandi Dougherty. Illus. by Michelle Todd. 2022. (Littlest Ser.). (ENG.). 24p. (J). (gr. -1-k). pap. 5.99 *(978-1-338-79669-8(0)*, Cartwheel Bks.) Scholastic, Inc.
Littlest Mouse. Darrell Trett. 2021. (ENG., Illus.). 38p. (J). pap. 14.95 *(978-1-6624-1662-0(8))* Page Publishing Inc.
Littlest Mummy (the Littlest Series) Brandi Dougherty. Illus. by Michelle Todd. 2018. (Littlest Ser.). (ENG.). 24p. (J). (gr. -1-k). pap. 3.99 *(978-0-545-81091-3(4)*, Cartwheel Bks.) Scholastic, Inc.
Littlest Owl's Christmas Rescue. Sylva Fae. 2021. (ENG.). 40p. (J). pap. 12.99 *(978-1-989022-38-2(3))* Hatchling Pr.
Littlest Patriots. L. M. Haynes. 2018. (ENG., Illus.). 26p. (J). 22.95 *(978-1-64416-188-3(5))*; pap. 12.95 *(978-1-64416-186-9(9))* Christian Faith Publishing.
Littlest Patriots. L. M. Haynes. 2022. (ENG.). 24p. (J). 18.99 *(978-1-0878-8074-7(2))*; pap. 10.99 *(978-1-0878-8082-2(3))* Indy Pub.
Littlest Pinecone. Marcy Brower. 2022. (ENG., Illus.). 34p. (J). pap. 17.95 *(978-1-63903-423-9(4))* Christian Faith Publishing.
Littlest Pirate. Sherryl Clark. Illus. by Tom Jellett. 2019. (Puffin Nibbles Ser.). 80p. (J). (gr. k-2). pap. 9.99 *(978-0-14-131338-2(2)*, Puffin) Penguin Random Hse. AUS. Dist: Independent Pubs. Group.
Littlest Radish. Elizabeth Burns. 2022. (ENG.). 28p. (J). *(978-0-2288-7943-5(4))*; pap. *(978-0-2288-7942-8(6))* Tellwell Talent.
Littlest Rebel: A Play in Four Acts (Classic Reprint) Edward Peple. 2018. (ENG., Illus.). 104p. (J). 26.10 *(978-0-332-92270-6(7))* Forgotten Bks.
Littlest Rebel (Classic Reprint) Edward Peple. 2018. (ENG., Illus.). (J). 106p. 26.10 *(978-0-366-51890-6(9))*; 108p. pap. 9.57 *(978-0-366-42562-4(5))*; 288p. 29.84 *(978-0-267-19319-6(X))* Forgotten Bks.
Littlest Reindeer. Brandi Dougherty. Illus. by Michelle Todd. 2017. (Littlest Ser.). (ENG.). 24p. (J). (gr. -1-k). pap. 5.99 *(978-1-338-15738-3(8)*, Cartwheel Bks.) Scholastic, Inc.
Littlest Sea Turtle. Angel B. Shipley. 2022. (ENG.). 44p. (J). pap. 15.99 *(978-1-63984-122-6(9))* Pen It Pubns.
Littlest Shepherd. Leticia Cahue-Mendez. 2017. (ENG., Illus.). (J). 21.95 *(978-1-63575-001-0(6))* Christian Faith Publishing.
Littlest Shepherd. Laverne Story Stanley. Illus. by Morgan Gardner. 2019. (ENG.). 32p. (J). (gr. k-5). 19.99 *(978-1-7334611-0-8(8))*; pap. 9.99 *(978-1-7334611-1-5(6))* Laverne Story Stanley.
Littlest Shepherd: A Personal Christmas. Nathan Strong. 2019. (ENG.). 32p. (J). pap. 12.95 *(978-1-64299-834-4(6))* Christian Faith Publishing.
Littlest Shepherd & the Lamb of God. Jim Schieldge. 2022. (ENG., Illus.). 42p. (J). 24.95 *(978-1-63985-847-7(4))* Fulton Bks.
Littlest Star. Heath Stallcup. Illus. by Jeffrey Kosh. 2020. (ENG.). 32p. (J). pap. 19.86 *(978-1-716-32148-1(4))* Lulu Pr., Inc.
Littlest Star. Richard Littledale. Illus. by Dubravka Kolanovic. ed. 2016. (ENG.). 32p. (J). pap. 10.99 *(978-0-7459-7695-2(6)*, ca685c5d-9c95-4fbe-bd68-fcc0809e303b, Lion Children's) Lion Hudson PLC GBR. Dist: Baker & Taylor Publisher Services (BTPS).
Littlest Streetcar, 1 vol. Vernon Smith. 2017. (ENG., Illus.). 32p. (J). 16.99 *(978-1-4556-2189-7(7)*, Pelican Publishing) Arcadia Publishing.
Littlest Things Give the Loveliest Hugs. Mark Sperring. Illus. by Maddie Frost. 2018. (ENG.). 32p. (J). (gr. -1-3). 17.99 *(978-0-316-48434-3(2))* Little, Brown Bks. for Young Readers.
Littlest Train. Chris Gall. (ENG., Illus.). (J). (gr. -1 — 1). 2018. 24p. bds. 8.99 *(978-0-316-44890-1(7))*; 2017. 40p. 17.99 *(978-0-316-39286-0(3))* Little, Brown Bks. for Young Readers.
Littlest Tree. Michael Marlow. Illus. by Pat Boxell. 2019. (ENG.). 36p. (J). pap. 12.95 *(978-1-64096-778-6(8))* Newman Springs Publishing, Inc.
Littlest Valentine. Brandi Dougherty. Illus. by Michelle Todd. 2017. (Littlest Ser.). (J). (ENG.). 24p. (gr. -1-k). pap. 5.99 *(978-1-338-15739-0(6)*, Cartwheel Bks.); *(978-1-338-20702-6(4))* Scholastic, Inc.
Littlest Vampire. Thomas Hasemore. Illus. by Lauren Barker. 2018. (ENG.). 28p. (J). pap. 9.13 *(978-1-9999892-0-0(1))* TDH Publishing.
Littlest Vampire (Disney Junior Vampirina) Lauren Forte. Illus. by Bill Robinson. 2018. (Little Golden Book Ser.). (ENG.). 24p. (J). (-k). 4.99 *(978-0-7364-3781-3(9)*, Golden/Disney) Random Hse. Children's Bks.
Littlest Voyageur. Margi Preus. Illus. by Cheryl Pilgrim. 176p. (J). (gr. 2-5). 2021. 8.99 *(978-0-8234-4844-9(4))*; 2020. 16.99 *(978-0-8234-4247-8(0))* Holiday Hse., Inc. (Margaret Ferguson Books).
Littlest Watchman. Scott James. 2017. (ENG., Illus.). 32p. (J). *(978-1-78498-140-2(0))* Good Bk. Co., The.
Littlest Watchman - Advent Calendar. Alison Mitchell. 2017. (ENG.). (J). *(978-1-78498-267-6(9))* Good Bk. Co., The.
Littlest Witch. Brandi Dougherty. 2019. (Littlest 8x8 Bks). (ENG., Illus.). 24p. (J). (gr. k-1). 13.96 *(978-0-87617-666-5(X))* Penworthy Co., LLC, The.
Littlest Witch (a Littlest Book), 1 vol. Brandi Dougherty. Illus. by Jamie Pogue. 2019. (Littlest Ser.). (ENG.). 24p. (J). (gr. -1-k). pap. 6.99 *(978-1-338-32910-0(3)*, Cartwheel Bks.) Scholastic, Inc.
Littlest Wrangler. J. R. Sanders. Illus. by Vin Libassi. 2021. (ENG.). 80p. (J). pap. 12.95 *(978-1-938628-35-1(7))* Moonlight Mesa Assocs.
Littlest Yak, 1 vol. Lu Fraser. Illus. by Kate Hindley. 2021. (Littlest Yak Ser.). (ENG.). 32p. (J). (gr. -1-3). 17.99 *(978-1-68263-282-6(2))* Peachtree Publishing Co. Inc.
Liturgical Alphabet. Ed. by Sa Wassen. 2022. (ENG.). 84p. (J). pap. *(978-1-716-05079-4(0))* Lulu Pr., Inc.
Liturgical Year Coloring Book: Easter Cycle: February 13 - June 4 2022. Liturgy of the Home. 2022. (ENG.). 40p. (J). pap. 12.95 *(978-1-64413-624-9(4))* Sophia Institute Pr.
Liv & Mouse: Cooking Together: Cooking Together. Olga Zagulova. Illus. by Kadriya Shakirova-Walden. 2021. (ENG.). 28p. (J). 19.95 *(978-1-0879-8503-9(X))* Indy Pub.
Liv & Mouse: Family Adventures. Olga Zagulova. Illus. by Kadriya Shakirova-Walden. 2021. (ENG.). 24p. (J). 17.99 *(978-1-0879-8897-9(7))* Indy Pub.
Live. Muhammad Aanish & Rania Hassan. 2017. (ENG., Illus.). 124p. (J). pap. *(978-1-387-43073-4(4))* Lulu Pr., Inc.
Live: Remain Alive, Be Alive at a Specified Time, Have an Exciting or Fulfilling Life, 1 vol. Sadie Robertson. 2020. (ENG., Illus.). 224p. (YA). 19.99 *(978-1-4002-1306-1(1)*, Tommy Nelson) Nelson, Thomas Inc.
Live Again: Berühre Mich Nicht. Emmie Lou. Ed. by Cherry Publishing. 2021. (GER.). 272p. (J). pap. *(978-1-80116-137-4(2))* Lane, Betty.
Live & Learn for Kids Activity Book. Activity Book Zone for Kids. 2016. (ENG., Illus.). (J). pap. 7.55 *(978-1-68376-244-7(4))* Sabeels Publishing.
Live & Let Fry: from the Doodle Boy Joe Whale (Bad Food #4) Eric Luper. Illus. by Joe Whale. 2023. (Bad Food Ser.). (ENG.). 160p. (J). (gr. 1-3). pap. 6.99 *(978-1-338-85916-4(1))* Scholastic, Inc.
Live & Let Live; or, Domestic Service Illustrated. Catharine Maria Sedgwick. 2017. (ENG., Illus.). (J). pap. *(978-0-649-63790-4(9))* Trieste Publishing Pty Ltd.
Live & Let Live, or Domestic Service Illustrated (Classic Reprint) Catharine Maria Sedgwick. (ENG., Illus.). (J). 2018. 238p. 28.81 *(978-0-484-77675-2(4))*; 2017. pap. 11.57 *(978-0-243-31818-6(9))* Forgotten Bks.
Live & Let Witch. E. B. Lorow. 2020. (ENG.). 350p. (YA). pap. 14.99 *(978-1-7346660-4-5(8))* Imagination UnLtd.
Live Boys, or Charley & Nasho in Texas: A Narrative Relating to Two Boys of Fourteen, One a Texan, the Other a Mexican; Showing Their Life on the Great Texas Cattle Trail, & Their Adventures in the Indian Territory, Kansas, & Northern Texas. Thomas Pilgrim. (ENG., Illus.). (J). 2018. 340p. 30.91 *(978-0-267-62010-4(1))*; 2016. pap. 13.57 *(978-1-334-25628-8(4))* Forgotten Bks.
Live Brave: Devotions, Recipes, Experiments, & Projects for Every Brave Girl, 1 vol. Tama Fortner. Illus. by Alexey Ivanov & Olga Ivanov. 2020. (Brave Girls Ser.). (ENG.). 160p. (J). pap. 16.99 *(978-1-4002-1959-9(0)*, Tommy Nelson) Nelson, Thomas Inc.
Live Christmas Tree: Christmas Story (Classic Reprint) Bradley Gilman. 2018. (ENG., Illus.). 32p. (J). 24.58 *(978-0-484-18075-7(4))* Forgotten Bks.
Live Doll, or Ellen's New-Year's Gift (Classic Reprint) Unknown Author. 2018. (ENG., Illus.). 126p. (J). 26.50 *(978-0-267-52654-3(7))* Forgotten Bks.
Live Dolls' House Party (Classic Reprint) Josephine Scribner Gates. 2017. (ENG., Illus.). (J). 26.66 *(978-0-331-86889-0(X))*; pap. 9.57 *(978-0-259-81072-8(X))* Forgotten Bks.
Live Dolls in Wonderland (Classic Reprint) Josephine Scribner Gates. 2017. (ENG., Illus.). (J). 27.38 *(978-0-331-63472-3(4))*; pap. 9.97 *(978-0-243-30274-1(6))* Forgotten Bks.
Live Fearless: A Call to Power, Passion, & Purpose, 1 vol. Sadie Robertson. 2018. (ENG.). 224p. (YA). 19.99 *(978-1-4003-0939-9(5)*, Tommy Nelson) Nelson, Thomas Inc.
Live from the Crypt: Interview with the Ghost of Henry VIII. John Townsend. Illus. by Rory Walker. ed. 2021. (Live from the Crypt Ser.). (ENG.). 176p. (J). (gr. 4-7). pap. 9.95 *(978-1-913337-18-6(9))* Book Hse. GBR. Dist: Sterling Publishing Co., Inc.
Live from the Crypt: Interview with the Ghost of Qin Shi Huang. John Townsend. Illus. by Rory Walker. ed. 2021. (Live from the Crypt Ser.). (ENG.). 176p. (J). (gr. 4-7). pap. 9.95 *(978-1-913337-21-6(9))* Book Hse. GBR. Dist: Sterling Publishing Co., Inc.
Live from the Crypt: Interview with the Ghost of Queen Victoria. John Townsend. Illus. by Rory Walker. ed. 2021. (Live from the Crypt Ser.). (ENG.). 176p. (J). (gr. 4-7). pap. 9.95 *(978-1-913337-19-3(7))* Book Hse. GBR. Dist: Sterling Publishing Co., Inc.
Live from the Crypt: Interview with the Ghost of Tutankhamun. John Townsend. Illus. by Rory Walker. ed. 2021. (Live from the Crypt Ser.). (ENG.). 176p. (J). (gr. 4-7). pap. 9.95 *(978-1-913337-20-9(0))* Book Hse. GBR. Dist: Sterling Publishing Co., Inc.
Live in Infamy (a Companion to the Only Thing to Fear) Caroline Tung Richmond. 2018. (ENG.). 304p. (YA). (gr. 7). 18.99 *(978-1-338-11109-5(4)*, Scholastic Pr.) Scholastic, Inc.
Live in the Moment. Olivia Kidston. 2020. (ENG.). 336p. (J). *(978-1-5255-5895-5(1))*; pap. *(978-1-5255-5896-2(X))* FriesenPress.
Live It Out Bible Story Coloring Book. B&H Kids Editorial. 2019. (ENG.). 128p. (J). (gr. -1-3). 6.99 *(978-1-5359-7256-7(4)*, 005818047, B&H Kids) B&H Publishing Group.
Live Language Lessons, Vol. 1 (Classic Reprint) Howard Roscoe Driggs. (ENG., Illus.). (J). 2018. 294p. 29.98 *(978-0-428-50137-2(0))*; 2016. pap. 13.57 *(978-1-334-13830-0(3))* Forgotten Bks.
Live Language Lessons, Vol. 2 (Classic Reprint) Howard Roscoe Driggs. 2018. (ENG., Illus.). 290p. (J). 29.90 *(978-0-267-52826-4(4))* Forgotten Bks.
Live, Laugh, Kidnap. Gabby Noone. 2022. 336p. (YA). (gr. 9). 17.99 *(978-0-593-32729-6(2)*, Razorbill) Penguin Young Readers Group.
Live Like a Roman: Discovering the Secrets of Ancient Rome. Claire Saunders. Illus. by Ruth Hickson. 2023. (Live Like A Ser.). (ENG.). 56p. (J). 19.99 *(978-1-78708-126-0(5))* Button Bks. GBR. Dist: Publishers Group West (PGW).
Live on Purpose: 100 Devotions for Letting Go of Fear & Following God, 1 vol. Sadie Robertson Huff & Beth Clark. 2021. (ENG.). 208p. (YA). 19.99 *(978-1-4002-1309-2(6)*, Tommy Nelson) Nelson, Thomas Inc.
Live or Die: A Novelette Paranormal Horror Story for Teens. Melanie Stanchina. Ed. by David Aretha & Andrea Vanryken. l.t. ed. 2021. (ENG.). 48p. (YA). 12.99 *(978-1-63911-012-4(7))*; pap. 6.99 *(978-1-63911-011-7(9))* Twisted Key Publishing, LLC.
Live Original Devotional. Sadie Robertson. 2016. (Live Original Ser.). (ENG., Illus.). 256p. (gr. 7). 17.99 *(978-1-5011-2651-2(2)*, Howard Bks.) Howard Bks.
Live Strong with Leeny. Eileen Dowd. Illus. by Wei Lu. 2022. (ENG.). 34p. (J). 16.99 *(978-1-0880-7889-1(3))*; pap. 12.99 *(978-1-0880-7594-4(0))* Indy Pub.
Live Toys: Or Anecdotes of Our Four-Legged & Other Pets (Classic Reprint) Emma Davenport. 2018. (ENG., Illus.). 156p. (J). 27.11 *(978-0-267-49486-6(6))* Forgotten Bks.
Live Woman in the Mines, or Pike County Ahead! A Local Play in Two Acts (Classic Reprint) Alonzo Delano. (ENG., Illus.). (J). 2018. 44p. 24.82 *(978-0-267-54380-9(8))*; 2016. pap. 7.97 *(978-1-333-43786-2(2))* Forgotten Bks.
Live Your Best Lie. Jessie Weaver. 2023. (Like Me Block You Ser.). (ENG.). 368p. (YA). (gr. 7-12). 17.99 *(978-1-368-07836-8(2)*, Melissa de la Cruz Studio) Disney Publishing Worldwide.
Livelihood: Dramatic Reveries (Classic Reprint) Wilfrid Wilson Gibson. 2018. (ENG., Illus.). 128p. (J). 26.56 *(978-0-428-98950-7(0))* Forgotten Bks.
Lively Adventures of Gavin Hamilton. Molly Elliot Seawell. 2017. (ENG.). 336p. (J). pap. *(978-3-337-17971-7(1))* Creation Pubs.
Lively Adventures of Gavin Hamilton (Classic Reprint) Molly Elliot Seawell. 2018. (ENG., Illus.). 332p. (J). 30.76 *(978-0-364-18787-6(5))* Forgotten Bks.
Lively City o' Ligg: A Cycle of Modern Fairy Tales for City Children, with Fifty-Three Illustrations (Classic Reprint) Gelett Burgess. 2018. (ENG., Illus.). 234p. (J). 28.74 *(978-0-267-69880-6(1))* Forgotten Bks.
Lively Hope: An Advent Story. Jennifer Asp. Illus. by Melody Villars. 2016. (ENG.). (J). pap. 23.95 *(978-1-5127-6204-4(0)*, WestBow Pr.) Author Solutions, LLC.
Lively Letters Inside: Creative Cut Out Craziness. Bobo's Children Activity Books. 2016. (ENG., Illus.). (J). pap. 7.99 *(978-1-68327-187-1(4))* Sunshine In My Soul Publishing.
Lively Monologues & Poems (Classic Reprint) Mary Moncure Parker. 2018. (ENG., Illus.). 104p. (J). 26.04 *(978-0-483-87080-2(3))* Forgotten Bks.
Lively Plays for Live People (Classic Reprint) Thomas Stewart Denison. 2018. (ENG., Illus.). 276p. (J). 29.59 *(978-0-267-18865-9(X))* Forgotten Bks.
Liver Bear Saga. Angela & David Warner. 2023. (ENG.). 362p. (YA). pap. *(978-1-80074-753-1(5))* Olympia Publishers.
Liver Mush. Linda Wilson. 2022. (ENG.). 30p. (J). pap. 14.95 *(978-1-63692-968-2(0))* Newman Springs Publishing, Inc.
Lives Aglow, 1972 (Classic Reprint) Western Bible Institute. 2018. (ENG., Illus.). 50p. (J). 24.95 *(978-0-267-61700-5(3))* Forgotten Bks.
Lives & Exploits of English Highwaymen, Pirates, & Robbers, Vol. 1 Of 2: Drawn from the Earliest & Most Authentic Sources, & Brought down to the Present Time (Classic Reprint) C. Whitehead. (ENG., Illus.). (J). 2018. 206p. 28.17 *(978-0-365-14765-7(6))*; 2017. pap. 10.57 *(978-0-259-52873-9(0))* Forgotten Bks.
Lives & Exploits of the Most Noted Highwaymen, Robbers & Murderers, of All Nations: Drawn from the Most Authentic Sources & Brought down to the Present Time (Classic Reprint) Charles Whitehead. 2017. (ENG., Illus.). 290p. (J). 29.90 *(978-0-484-64246-0(4))* Forgotten Bks.
Lives Cut Short, 4 vols., Set. Incl. Heath Ledger: Talented Actor. Stephanie Watson. (Illus.). lib. bdg. 41.36 *(978-1-60453-789-5(2)*, 11187); John Lennon: Legendary Musician & Beatle. Jennifer Joline Anderson. lib. bdg. 41.36 *(978-1-60453-790-1(6)*, 11189); Michael Jackson: King of Pop. Mary K. Pratt. lib. bdg. 41.36 *(978-1-60453-788-8(4)*, 11185); Tupac Shakur: Multi-Platinum Rapper. Ashley Rae Harris. lib. bdg. 41.36 *(978-1-60453-791-8(4)*, 11191); (YA). (gr. 6-12). (Lives Cut Short Set 1 Ser.: 4). (ENG.). 112p. 2010. Set lib. bdg. 165.44 *(978-1-60453-787-1(6)*, 11183, Essential Library) ABDO Publishing Co.
Lives Cut Short Set 3 (Set), 2 vols. 2020. (Lives Cut Short Ser.). (ENG.). 112p. (J). (gr. 6-12). lib. bdg. 82.72 *(978-1-5321-9396-5(3)*, 34957, Essential Library) ABDO Publishing Co.
Lives Intertwined: Frederick Douglass & Sojourner Truth - African American Freedom Fighters - Biography 5th Grade - Children's Biographies. Dissected Lives. 2019. (ENG.). 74p. (J). pap. 14.89 *(978-1-5419-5091-7(7))*; 24.88 *(978-1-5419-7540-8(5))* Speedy Publishing LLC. (Dissected Lives (Auto Biographies)).
Lives of Female Mormons: A Narrative of Facts Stranger Than Fiction (Classic Reprint) Metta Victoria Fuller. (ENG., Illus.). (J). 2018. 346p. 31.03 *(978-0-483-88501-1(0))*; 2016. pap. 13.57 *(978-1-334-14225-3(4))* Forgotten Bks.
Lives of Great Artists, 12 vols. 2016. (Lives of Great Artists Ser.). (ENG.). 00080p. (YA). (gr. 8-8). 224.82 *(978-1-4994-6562-4(9)*, 21c6c152-2767-43e8-9afd-1347d8de145d, Rosen Young Adult) Rosen Publishing Group, Inc., The.
Lives of House Fairies Coloring Book. Activibooks For Kids. 2016. (ENG., Illus.). (J). pap. 9.20 *(978-1-68321-736-7(5))* Mimaxion.
Lives of Labour, or Incidents in the Career of Eminent Naturalists & Celebrated Travellers (Classic Reprint) Cecilia Lucy Brightwell. (ENG., Illus.). (J). 2018. 268p. 29.42 *(978-0-484-64075-6(5))*; 2016. pap. 11.97 *(978-1-334-12553-9(8))* Forgotten Bks.
Lives of Saints. Leigh Bardugo. Illus. by Daniel J. Zollinger. 2020. (ENG.). 128p. (YA). 24.99 *(978-1-250-76520-8(X)*, 900232226) Imprint IND. Dist: Macmillan.
Lives of Saints. Contrib. by Geert De Sutter. 2023. (Seek & Find Sara & Simon Ser.). (ENG.). 32p. (J). (gr. -1). 14.99 *(978-1-62164-605-1(X))* Ignatius Pr.
Lives of Sea Turtles Coloring Book. Activity Attic Books. 2016. (ENG., Illus.). (J). pap. 7.74 *(978-1-68323-209-4(7))* Twin Flame Productions.
Lives of the Deep. Darcy Pattison. 2018. (Deep Ser.: 3). (ENG., Illus.). 78p. (YA). (gr. 7-12). 17.99 *(978-1-62944-115-3(5))*; pap. 8.99 *(978-1-62944-116-0(3))* Mims Hse.
Lives of the Explorers: Discoveries, Disasters (and What the Neighbors Thought) Kathleen Krull. Illus. by Kathryn Hewitt. 2018. (Lives Of ... Ser.). (ENG.). 96p. (J). (gr. 5-7). pap. 8.99 *(978-1-328-74091-5(9)*, 1677133, Clarion Bks.) HarperCollins Pubs.
Lives of the Fur Folk (Classic Reprint) M. D. Haviland. 2018. (ENG., Illus.). 256p. (J). 29.18 *(978-0-483-07111-7(0))* Forgotten Bks.
Lives of the Hunted: Containing a True Account of the Doings of Five Quadrupeds Three Birds, and, in Elucidation of the Same, over 200 Drawings (Classic Reprint) Ernest Thompson Seton. 2017. (ENG., Illus.). (J). 31.42 *(978-0-266-25094-4(7))* Forgotten Bks.
Lives of the Most Remarkable Criminals Who Have Been Condemned & Executed for Murder, Highway Robberies, Housebreaking, Street Robberies, Coining, or Other Offences, Vol. 1 Of 2: From the Year 1720 to the Year 1735, Collected from Original Papers & Au. Unknown Author. 2017. (ENG., Illus.). 508p. (J). 34.37 *(978-0-484-61229-6(8))* Forgotten Bks.
Lives of the Most Remarkable Criminals Who Have Been Condemned & Executed for Murder, Highway Robberies, Housebreaking, Street Robberies, Coining, or Other Offenses, from the Year 1720 to the Year 1735, Vol. 1 Of 2: Collected from Original Papers & A. Unknown Author. 2017. (ENG., Illus.). (J). 510p. 34.42 *(978-0-484-24123-6(0))*; pap. 16.97 *(978-0-259-54059-5(5))* Forgotten Bks.
Lives of the Poets of Great Britain & Ireland; Volume II. Theophilus Cibber. 2017. (ENG., Illus.). (J). 26.95 *(978-1-374-81450-9(4))*; pap. 16.95 *(978-1-374-81449-3(0))* Capital Communications, Inc.
Lives of the Presidents: Told in Words of One Syllable (Classic Reprint) Jean S. Remy. 2018. (ENG., Illus.). 130p. (J). 26.58 *(978-0-267-30660-6(4))* Forgotten Bks.
Lives of the Super Rich: Biography of the Richest Men & Women in History - Children's Biography Books. Baby Professor. 2017. (ENG., Illus.). (J). pap. 9.55 *(978-1-5419-1542-8(9)*, Baby Professor (Education Kids)) Speedy Publishing LLC.
Lives of Two Cats (Classic Reprint) Pierre Loti. 2018. (ENG., Illus.). 116p. (J). 26.31 *(978-0-483-14581-8(5))* Forgotten Bks.
Lives of Women, 1 vol. Margaux Baum & Andrea Hopkins. 2016. (Life in the Middle Ages Ser.). (ENG.). 64p. (J). (gr. 5-5). E-Book 36.13 *(978-1-4994-6467-2(3)*, a36b64b6-1644-4a2f-8051-fc2036dc7847); (Illus.). 36.13 *(978-1-4994-6466-5(5)*, 362995aa-5630-4327-a5bc-c58924ad4f02, Rosen Central) Rosen Publishing Group, Inc., The.
Lives We Lost. Megan Crewe. 2018. (Fallen World Ser.: Vol. 2). (ENG., Illus.). 292p. (YA). (gr. 7-12). pap. 11.99 *(978-0-9952169-8-3(3))* Another World Pr.
Livestock Review Logbook. Mary Bowie. 2022. (ENG.). 122p. (J). pap. 16.28 *(978-1-4583-4456-4(8))* Lulu Pr., Inc.
Livi & Grace. Jennifer Lynch. 2019. (ENG., Illus.). (J). (gr. -1-1). 14.95 *(978-1-62634-591-1(0))* Greenleaf Book Group.
Livi & Nate. Kalle Hakkola. Tr. by Owen Witesman from FIN. Illus. by Mari Ahokoivu. 2019. (ENG.). 72p. (J). (gr. 1-5). 16.95 *(978-1-77147-372-9(X))* Owlkids Bks. Inc. CAN. Dist: Publishers Group West (PGW).
Livi Starling Loves. Karen Rosario Ingerslev. 2016. (Livi Starling Ser.: Vol. 3). (ENG., Illus.). 212p. (YA). (gr. 7-12). pap. *(978-0-9934327-4-3(3))* Pure and Fire.
Livia's Day in Rome. Sophie Levenson. Illus. by Evie Mulhern. 2021. (ENG.). 42p. (J). 18.00 *(978-1-0879-4380-0(9))* Indy Pub.
Living a Healthy Lifestyle. Toney Allman. 2019. (Teen Life Skills Ser.). (ENG.). 64p. (YA). (gr. 6-12). 41.27 *(978-1-68282-745-1(3))* ReferencePoint Pr., Inc.
Living Age, Vol. 13: August 10, 1844 (Classic Reprint) Eliakim Littell. 2018. (ENG., Illus.). (J). 74p. 25.42 *(978-0-366-55679-3(7))*; 76p. pap. 9.57 *(978-0-366-06180-8(1))* Forgotten Bks.
Living Age, Vol. 221: A Weekly Magazine of Contemporary Literature & Thought; April, May, June, 1899 (Classic Reprint) Living Age Company. (ENG., Illus.). (J). 2018. 868p. 41.80 *(978-0-666-25187-9(8))*; 2017. pap. 24.14 *(978-0-259-51578-4(7))* Forgotten Bks.
Living Age, Vol. 226: July, August, September, 1900 (Classic Reprint) Unknown Author. 2018. (ENG., Illus.). 856p. (J). pap. 23.97 *(978-1-390-89740-1(0))* Forgotten Bks.
Living Age, Vol. 234: Seventh Series, Volume XVI; July, August, September, 1902 (Classic Reprint) Unknown Author. (ENG., Illus.). (J). 2018. 842p. 41.32 *(978-0-484-69246-5(1))*; 2017. pap. 23.97 *(978-0-243-55295-5(5))* Forgotten Bks.
Living Age, Vol. 26: Third Series; July, August, September, 1864 (Classic Reprint) E. Littell. 2018. (ENG., Illus.). 628p. (J). 36.87 *(978-0-483-28840-9(3))* Forgotten Bks.
Living Age, Vol. 269: April, May, June, 1911 (Classic Reprint) Unknown Author. 2018. (ENG., Illus.). 836p. (J). 41.14 *(978-0-483-83727-0(X))* Forgotten Bks.
Living Age, Vol. 9: July, 1844 (Classic Reprint) Eliakim Littell. (ENG., Illus.). (J). 2018. 70p. 25.34 *(978-0-483-88637-7(8))*; 2017. pap. 9.57 *(978-0-243-38512-6(9))* Forgotten Bks.

L

Living Alone (Classic Reprint) Stella Benson. 2018. (ENG., Illus.). 278p. (J). 29.63 *(978-0-364-53223-2(8))* Forgotten Bks.

Living & Nonliving. Andrea Rivera. 2017. (Science Concepts Ser.). (ENG., Illus.). 24p. (J). (gr. -1-2). lib. bdg. 31.36 *(978-1-5321-2053-4(2)*, 25356, Abdo Zoom-Launch) ABDO Publishing Co.

Living & Not Living: Book 1. Carole Crimeen & Suzanne Fletcher. 2023. (Healthy Me! Ser.). (ENG., Illus.). 16p. (J). (gr. -1-2). pap. 7.99 ***(978-1-922516-47-3(3)***, d45fd3b1-909e-440b-94a0-5685d937d59e) Knowledge Bks. & Software AUS. Dist: Lerner Publishing Group.

Living & Working in Ancient China, 1 vol. Ed. by Joanne Randolph. 2017. (Back in Time Ser.). (ENG.). 48p. (gr. 5-6). pap. 12.70 *(978-0-7660-8961-7(4)*, 12fe9a8e-d89a-45c3-9c9e-55cbd839e200) Enslow Publishing, LLC.

Living & Working in Ancient Egypt, 1 vol. Ed. by Joanne Randolph. 2017. (Back in Time Ser.). (ENG.). 48p. (gr. 5-6). 29.60 *(978-0-7660-8967-9(3)*, 10d2f17b-ac09-4c48-b559-29e80bc22709) Enslow Publishing, LLC.

Living & Working in Ancient Greece, 1 vol. Ed. by Joanne Randolph. 2017. (Back in Time Ser.). (ENG.). 48p. (gr. 5-6). pap. 12.70 *(978-0-7660-8969-3(X)*, 3e4ed211-854d-4bdf-b565-db6bb994d606) Enslow Publishing, LLC.

Living & Working in Ancient Mesopotamia, 1 vol. Ed. by Joanne Randolph. 2017. (Back in Time Ser.). (ENG.). 48p. (gr. 5-6). 29.60 *(978-0-7660-8958-7(4)*, 2c99adc4-082c-41d6-8825-5878eb74f086) Enslow Publishing, LLC.

Living & Working in Ancient Rome, 1 vol. Ed. by Joanne Randolph. 2017. (Back in Time Ser.). (ENG.). 48p. (gr. 5-6). pap. 12.70 *(978-0-7660-8973-0(8)*, b8d130dc-c8af-4cb9-9dff-58bfbd55d1a5) Enslow Publishing, LLC.

Living & Working in Space. Nicole Sipe. rev. ed. 2018. (Smithsonian: Informational Text Ser.). (ENG., Illus.). 32p. (J). (gr. 4-8). pap. 11.99 *(978-1-4938-6712-7(1))* Teacher Created Materials, Inc.

Living & Working in the Pre-Columbian Americas, 1 vol. Ed. by Joanne Randolph. 2017. (Back in Time Ser.). (ENG.). 48p. (gr. 5-6). pap. 12.70 *(978-0-7660-8977-8(0)*, 5585a60e-466f-4cc7-91c3-6de42e7e6615); lib. bdg. 29.60 *(978-0-7660-8979-2(7)*, 8fffb89a-5800-491a-b0e0-aa90ffb8415b) Enslow Publishing, LLC.

Living Apart, Together: American Life During COVID-19. Marie Bender. 2020. (Battling COVID-19 Ser.). (ENG., Illus.). 32p. (J). (gr. 3-6). lib. bdg. 32.79 *(978-1-5321-9431-3(5)*, 36617, Checkerboard Library) ABDO Publishing Co.

Living Arithmetic: Beginners' Course, Teachers' Manual (Classic Reprint) Guy Thomas Buswell. 2018. (ENG., Illus.). 160p. (J). 27.22 *(978-0-267-55359-4(5))* Forgotten Bks.

Living Arithmetic: Jolly Numbers; Book Two, First Half (Classic Reprint) Guy Thomas Buswell. 2017. (ENG., Illus.). (J). 25.71 *(978-0-266-56894-0(7))* Forgotten Bks.

Living Arithmetic: Jolly Numbers, Book Two, Second Half (Classic Reprint) Guy Thomas Buswell. 2017. (ENG., Illus.). (J). 25.79 *(978-0-265-56890-3(0))*; pap. 9.57 *(978-0-282-83462-3(1))* Forgotten Bks.

Living As God's Girl: Your One-Of-a-Kind Guide to the Fruit of the Spirit. Wynter Pitts. 2022. (ENG.). 160p. (J). (gr. 2-7). pap. 12.99 *(978-0-7369-8322-8(8)*, 6983228, Harvest Kids) Harvest Hse. Pubs.

Living At 100: No Shame in His Name. Dansiea Jones Morris. 2018. (ENG., Illus.). 86p. (YA). pap. 13.49 *(978-1-5456-4668-7(6))* Salem Author Services.

Living Bayonets: A Record of the Last Push (Classic Reprint) Coningsby Dawson. 2017. (ENG., Illus.). (J). 28.72 *(978-0-332-02974-0(3))* Forgotten Bks.

Living Between the Lines. Frank Saponaro. 2022. (ENG.). 58p. (YA). pap. 12.95 *(978-1-6624-8457-5(7))* Page Publishing Inc.

Living Beyond Borders: Growing up Mexican in America. Margarita Longoria. (Illus.). (YA). (gr. 7). 2022. 240p. pap. 10.99 *(978-0-593-20498-6(0)*, Viking Books for Young Readers); 2021. 224p. 18.99 *(978-0-593-20497-9(2)*, Philomel Bks.) Penguin Young Readers Group.

Living Bravely: Super Incredible Faith Devotional. Michele Howe. 2018. (Super Incredible Faith Ser.). (ENG.). 320p. (J). pap. 15.99 *(978-1-62862-780-0(8)*, 20_41387, Tyndale Kids) Tyndale Hse. Pubs.

Living Conditions of Enslaved African Americans U. S. Economy in the Mid-1800s Grade 5 Economics. Baby Professor. 2022. (ENG.). 72p. (J). 31.99 ***(978-1-5419-8644-2(X))***; pap. 19.99 ***(978-1-5419-6050-3(5))*** Speedy Publishing LLC. (Baby Professor (Education Kids)).

Living Creature's Island: Giant Coloring Book. Jupiter Kids. 2016. (ENG., Illus.). 106p. (YA). pap. 12.55 *(978-1-68305-112-1(2)*, Jupiter Kids (Childrens & Kids Fiction)) Speedy Publishing LLC.

Living Dead Girl Collection. Mika Busch. 2016. (ENG., Illus.). (J). pap. 15.98 *(978-1-365-28840-1(4))* Lulu Pr., Inc.

Living Dinosaurs. Kira Freed. 2017. (Text Connections Guided Close Reading Ser.). (J). (gr. 2). *(978-1-4900-1843-0(3))* Benchmark Education Co.

Living Earth, 16 vols., Set. John P. Rafferty. Incl. Biomes & Ecosystems. 240p. lib. bdg. 55.29 *(978-1-61530-302-1(2)*, 2a678778-a88e-4cf4-811b-5fb716f29903); Climate & Climate Change. 368p. lib. bdg. 55.29 *(978-1-61530-303-8(0)*, c90f7502-a30a-47ba-a277-e0e566a4e570); Conservation & Ecology. 288p. lib. bdg. 55.29 *(978-1-61530-307-6(3)*, 78c7ef71-870e-4aad-b6e5-b5846d1e3ba9); Deserts & Steppes. 256p. lib. bdg. 55.29 *(978-1-61530-317-5(0)*, c2f3f9a5-4e14-4e44-9e9e-4da903c90059); Forests & Grasslands. 256p. lib. bdg. 55.29 *(978-1-61530-313-7(8)*, 421d1526-b91a-4173-9c73-17bfa4e5bef3); Lakes & Wetlands. 256p. lib. bdg. 55.29 *(978-1-61530-320-5(0)*, bbbb4bb6-1328-481a-b059-0340b9a98738); Oceans & Oceanography. 288p. lib. bdg. 55.29 *(978-1-61530-334-2(0)*, 44f3a981-16ff-47b1-aa61-216fe7d8b0ee); Rivers & Streams. 304p. lib. bdg. 55.29 *(978-1-61530-326-7(X)*, a01a3a62-fde2-4924-9a40-0a4bb48fc2cc); (YA). (gr. 10-10). (Living Earth Ser.). (ENG., Illus.). 240 ndash; 368p. 2011. Set lib. bdg. 442.32 *(978-1-61530-352-6(9)*, 6814e92f-88f2-40f3-96a6-117f8705b3aa) Rosen Publishing Group, Inc., The.

Living Earth: Exploring Life on Earth with Science Projects. Suzanne Garbe. 2016. (ENG., Illus.). 32p. (J). lib. bdg. *(978-1-4747-0326-0(7))* Capstone.

Living Earth: Processes That Change Earth - Children's Science & Nature Books. Baby Professor. 2019. (ENG.). 100p. (J). pap. 13.99 *(978-1-5419-6867-7(0)*, Baby Professor (Education Kids)) Speedy Publishing LLC.

Living Earth: Processes That Change Earth Children's Science & Nature Books. Baby Professor. 2019. (ENG.). 100p. (J). 29.99 *(978-1-5419-6870-7(0)*, Baby Professor (Education Kids)) Speedy Publishing LLC.

Living Einstein: The Stephen Hawking Story - Biography Kids Books Children's Biography Books. Dissected Lives. 2017. (ENG., Illus.). (J). pap. 9.55 *(978-1-5419-1423-0(6)*, Dissected Lives (Auto Biographies)) Speedy Publishing LLC.

Living Emunah for Teens: Achieving a Life of Serenity Through Faith. David Ashear. 2017. 284p. (J). *(978-1-4226-1952-0(4))* Mesorah Pubns., Ltd.

Living for Jesus: 5 Min. Interactive & Inspirational Devotion for Teens & Young Adults. Gloria Onoseremen Itua. 2021. (ENG.). 120p. (YA). *(978-0-2288-5144-8(0))*; pap. *(978-0-2288-5145-5(9))* Tellwell Talent.

Living for Jesus (Classic Reprint) Minnie E. Ludwig. (ENG., Illus.). (J). 2018. 118p. 26.33 *(978-0-483-95717-6(8))*; 2017. pap. 9.57 *(978-0-243-40088-1(8))* Forgotten Bks.

Living Forest (Classic Reprint) Arthur Heming. 2017. (ENG., Illus.). (J). 30.17 *(978-0-331-74415-6(5))*; pap. 13.57 *(978-0-259-49563-5(8))* Forgotten Bks.

Living Fossils: Clues to the Past. Caroline Arnold. Illus. by Andrew Plant. 2019. 32p. (J). (gr. -1-2). pap. 7.99 *(978-1-62354-169-9(7))* Charlesbridge Publishing, Inc.

Living Fossils: Survivors from Earth's Distant Past. Rebecca E. Hirsch. 2020. (ENG., Illus.). 48p. (J). (gr. 3-8). lib. bdg. 31.99 *(978-1-5415-8127-2(X)*, fb598efe-e862-401e-b613-55e11c48dd66, Millbrook Pr.) Lerner Publishing Group.

Living Ghost. Ginna Moran. 2018. (Going Ghostly Ser.: Vol. 1). (ENG., Illus.). 344p. (YA). pap. 10.99 *(978-1-942073-98-7(4))* Sunny Palms Pr.

Living Ghosts & Mischievous Monsters: Chilling American Indian Stories. Dan SaSuWeh Jones. Illus. by Weshoyot Alvitre. 2021. (ENG.). 176p. (J). (gr. 3-7). pap. 12.99 *(978-1-338-68160-4(5))*; lib. bdg. 26.99 *(978-1-338-68162-8(1))* Scholastic, Inc. (Scholastic Nonfiction).

Living Green (Set Of 8) Meg Gaertner. 2022. (Living Green Ser.). (ENG., Illus.). 8p. (J). (gr. k-1). pap. 71.60 *(978-1-64619-621-0(X))*; lib. bdg. 228.00 *(978-1-64619-594-7(9))* Little Blue Hse. (Little Blue Readers).

Living in ... Around the World Collection (Boxed Set) Living in ... Brazil; Living in ... China; Living in ... India; Living in ... Italy; Living in ... Mexico; Living in ... South Africa. Chloe Perkins. Illus. by Tom Woolley. ed. 2017. (Living In... Ser.). (ENG.). 192p. (J). (gr. k-2). pap. 17.99 *(978-1-5344-0199-0(7)*, Simon Spotlight) Simon Spotlight.

Living in ... Australia: Ready-To-Read Level 2. Chloe Perkins. Illus. by Tom Woolley. 2017. (Living In... Ser.). (ENG.). 32p. (J). (gr. k-2). pap. 4.99 *(978-1-4814-8092-5(8)*, Simon Spotlight) Simon Spotlight.

Living in ... Brazil: Ready-To-Read Level 2. Chloe Perkins. Illus. by Tom Woolley. 2016. (Living In... Ser.). (ENG.). 32p. (J). (gr. k-2). pap. 4.99 *(978-1-4814-5203-8(7))* Simon & Schuster, Inc.

Living in ... China: Ready-To-Read Level 2. Chloe Perkins. Illus. by Tom Woolley. 2016. (Living In... Ser.). (ENG.). 32p. (J). (gr. k-2). pap. 4.99 *(978-1-4814-6047-7(1)*, Simon Spotlight) Simon Spotlight.

Living in ... India: Ready-To-Read Level 2. Chloe Perkins. Illus. by Tom Woolley. 2016. (Living In... Ser.). (ENG.). 32p. (J). (gr. k-2). pap. 4.99 *(978-1-4814-7089-6(2))* Simon & Schuster.

Living in ... Italy: Ready-To-Read Level 2. Chloe Perkins. Illus. by Tom Woolley. 2016. (Living In... Ser.). (ENG.). 32p. (J). (gr. k-2). pap. 4.99 *(978-1-4814-5200-7(2))* Simon & Schuster Children's Publishing.

Living in ... Mexico: Ready-To-Read Level 2. Chloe Perkins. Illus. by Tom Woolley. 2016. (Living In... Ser.). (ENG.). 32p. (J). (gr. k-2). pap. 4.99 *(978-1-4814-6050-7(1)*, Simon Spotlight) Simon Spotlight.

Living in ... Ready-To-Read Value Pack: Living in ... Italy; Living in ... Brazil; Living in ... Mexico; Living in ... China; Living in ... South Africa; Living in ... India. Chloe Perkins. Illus. by Tom Woolley. ed. 2021. (Living In... Ser.). (ENG.). 192p. (J). (gr. k-2). pap. 17.96 *(978-1-6659-0565-7(4)*, Simon Spotlight) Simon Spotlight.

Living in ... Russia: Ready-To-Read Level 2. Jesse Burton. Illus. by Tom Woolley. 2018. (Living In... Ser.). (ENG.). 32p. (J). (gr. k-2). 17.99 *(978-1-5344-1766-3(4))*; pap. 4.99 *(978-1-5344-1765-6(6))* Simon Spotlight. (Simon Spotlight).

Living in ... South Africa: Ready-To-Read Level 2. Chloe Perkins. Illus. by Tom Woolley. 2016. (Living In... Ser.). (ENG.). 32p. (J). (gr. k-2). pap. 4.99 *(978-1-4814-7092-6(2)*, Simon Spotlight) Simon Spotlight.

Living in ... South Korea: Ready-To-Read Level 2. Chloe Perkins. Illus. by Tom Woolley. 2017. (Living In... Ser.). (ENG.). 32p. (J). (gr. k-2). 17.99 *(978-1-5344-0143-3(1))*; pap. 4.99 *(978-1-5344-0142-6(3))* Simon Spotlight. (Simon Spotlight).

Living in: Africa: Nigeria. Annabelle Lynch. 2019. (Living In Ser.). (ENG.). 24p. (J). (gr. k-2). pap. 10.99 ***(978-1-4451-4867-0(6)***, Franklin Watts) Hachette Children's Group GBR. Dist: Hachette Bk. Group.

Living in: Africa: South Africa. Jen Green. 2019. (Living In Ser.). (ENG.). 24p. (J). (gr. k-2). pap. 10.99 ***(978-1-4451-4870-0(6)***, Franklin Watts) Hachette Children's Group GBR. Dist: Hachette Bk. Group.

Living in an Earthquake Zone: Band 13/Topaz. Catriona Clarke. 2017. (Collins Big Cat Ser.). (ENG., Illus.). 32p. (J). pap. 9.99 *(978-0-00-820878-3(6))* HarperCollins Pubs. Ltd. GBR. Dist: Independent Pubs. Group.

Living in: Asia: China. Annabelle Lynch. (Living In Ser.). (ENG., Illus.). 24p. (J). 2016. (gr. 1-3). 16.99 *(978-1-4451-4859-5(5))*; 2019. (gr. k-2). pap. 10.99 *(978-1-4451-4861-8(7))* Hachette Children's Group GBR. (Franklin Watts). Dist: Hachette Bk. Group.

Living in: Asia: India. Jen Green. 2019. (Living In Ser.). (ENG.). 24p. (J). (gr. k-2). pap. 10.99 ***(978-1-4451-4864-9(1)***, Franklin Watts) Hachette Children's Group GBR. Dist: Hachette Bk. Group.

Living in Colonial America. Contrib. by Grace Hansen. 2023. (Living Through American History Ser.). (ENG.). 32p. (J). (gr. 2-5). lib. bdg. 32.79 ***(978-1-0982-4429-3(X)***, 42464, DiscoverRoo) Pop!.

Living in Different Countries. Angie Chinguwo. 2018. (ENG., Illus.). 36p. (J). *(978-0-2288-0013-2(7))*; pap. *(978-0-2288-0012-5(9))* Tellwell Talent.

Living in: Europe: France. Annabelle Lynch. 2019. (Living In Ser.). (ENG.). 24p. (J). (gr. k-2). pap. 10.99 *(978-1-4451-4839-7(0)*, Franklin Watts) Hachette Children's Group GBR. Dist: Hachette Bk. Group.

Living in: Europe: Poland. Jen Green. (Living In Ser.). (ENG.). 24p. (J). 2019. (gr. k-2). pap. 10.99 ***(978-1-4451-4858-8(7))***; 2016. (Illus.). (gr. 1-3). 16.99 *(978-1-4451-4856-4(0))* Hachette Children's Group GBR. (Franklin Watts). Dist: Hachette Bk. Group.

Living in Ghost Central: Diaries from a Very Haunted House, 1 vol. William J. Hall. 2016. (Harrowing Haunts Ser.). (ENG.). 256p. (J). (gr. 7-7). lib. bdg. 41.47 *(978-1-4994-6390-3(1)*, 90697bf9-6878-4e5c-b98d-28ac327aebfe) Rosen Publishing Group, Inc., The.

Living in God's World: A Book of Instruction for Children of All Ages. Pamela A. James. 2023. (ENG.). 28p. (J). pap. ***(978-1-998787-02-9(8))*** Mill Lake Bks.

Living in Lockdown. Samantha Kohn. 2021. (COVID-19: Meeting the Challenge Ser.). (ENG., Illus.). 48p. (J). (gr. 5-9). pap. *(978-1-4271-5610-5(7)*, 10470); lib. bdg. *(978-1-4271-5608-2(5)*, 10465) Crabtree Publishing Co. (Crabtree Classics).

Living in North Korea. John Allen. 2018. (ENG.). 80p. (YA). (gr. 6-12). 39.93 *(978-1-68282-475-7(6))* ReferencePoint Pr., Inc.

Living in Space. Kathryn Clay. 2017. (Little Astronauts Ser.). (ENG., Illus.). 32p. (J). (gr. -1-2). lib. bdg. 28.65 *(978-1-5157-3657-8(1)*, 133642, Capstone Pr.) Capstone.

Living in Space REVISED. 2019. (Beginners Ser.). (ENG.). (J). 4.99 *(978-0-7945-4816-2(4)*, Usborne) EDC Publishing.

Living in Sunlight Extremes. Dona Herweck Rice. rev. ed. 2019. (Smithsonian: Informational Text Ser.). (ENG.). 32p. (J). (gr. 2-3). pap. 10.99 *(978-1-4938-6666-3(4))* Teacher Created Materials, Inc.

Living in Swamps, Salt Marshes, & Other Wetlands, 1 vol. Joanne Mattern. 2020. (How Do You Live There? Ser.). (ENG.). 32p. (gr. 3-3). pap. 11.60 *(978-1-7253-1659-1(5)*, 7fbaa8f0-df2d-49d3-b371-11317b4e69bd, PowerKids Pr.) Rosen Publishing Group, Inc., The.

Living in the District - Sau-Batar - Moris Iha Foho - Sau-Batar. Criscencia Viana Gusmao. Illus. by Romulo Reyes, III. 2021. (TET.). 26p. (J). pap. *(978-1-922621-76-4(5))* Library For All Limited.

Living in the Jamestown Colony: A This or That Debate. Jessica Rusick. 2020. (This or That?: History Edition Ser.). (ENG., Illus.). 32p. (J). (gr. 3-5). pap. 7.95 *(978-1-4966-8785-2(X)*, 201670); lib. bdg. 29.32 *(978-1-4966-8387-8(0)*, 200259) Capstone. (Capstone Pr.).

Living in the Matrix. Mari Bolte. 2023. (Strange Science Ser.). (ENG., Illus.). 32p. (J). (gr. 4-7). lib. bdg. 30.65 ***(978-1-62920-769-8(1)***, 25572246-f119-4a81-a5fe-aadfa7cf318d) Full Tilt Pr. NZL. Dist: Lerner Publishing Group.

Living in the Present: A Novel (Classic Reprint) John Wain. (ENG., Illus.). (J). 2017. 29.32 *(978-0-331-39747-5(1))*; 2016. pap. 11.97 *(978-1-334-11593-6(1))* Forgotten Bks.

Living in the UK: England. Annabelle Lynch. 2017. (Living in the UK Ser.). (ENG.). 24p. (J). (gr. k-2). pap. 11.99 *(978-1-4451-4813-7(7)*, Franklin Watts) Hachette Children's Group GBR. Dist: Hachette Bk. Group.

Living in the UK: Northern Ireland. Annabelle Lynch. 2017. (Living in the UK Ser.). (ENG.). 24p. (J). (gr. k-2). pap. 11.99 *(978-1-4451-4820-5(X)*, Franklin Watts) Hachette Children's Group GBR. Dist: Hachette Bk. Group.

Living in the UK: Scotland. Annabelle Lynch. 2017. (Living in the UK Ser.). (ENG.). 24p. (J). (gr. k-2). pap. 11.99 *(978-1-4451-4819-9(6)*, Franklin Watts) Hachette Children's Group GBR. Dist: Hachette Bk. Group.

Living in the UK: Wales. Annabelle Lynch. 2017. (Living in the UK Ser.). (ENG.). 24p. (J). (gr. 2-4). pap. 11.99 *(978-1-4451-4814-4(5)*, Franklin Watts) Hachette Children's Group GBR. Dist: Hachette Bk. Group.

Living in Two Homes. Angie Goredema. 2023. (ENG.). 24p. (J). pap. ***(978-1-4866-2372-3(7))*** Word Alive Pr.

Living Landscape: Discovering the Critical Zone. Eric Parrish. 2022. (Illus.). 32p. (J). (gr. 3-6). 16.95 *(978-1-63076-396-1(9))* Muddy Boots Pr.

Living Large! Mountain Life Coloring Book. Activity Book Zone for Kids. 2016. (ENG., Illus.). (J). pap. 9.20 *(978-1-68376-356-7(4))* Sabeels Publishing.

Living Legacy (Classic Reprint) Ruth Underwood. 2018. (ENG., Illus.). 450p. (J). 33.18 *(978-0-364-67236-5(6))* Forgotten Bks.

Living Legends of Sports: Set 2, 10 vols. 2018. (Living Legends of Sports Ser.). (ENG.). 48p. (gr. 5-6). lib. bdg. 142.05 *(978-1-5383-0318-4(3)*, e8f728cf-1bfc-463e-bbd2-526a37cff940) Rosen Publishing Group, Inc., The.

Living Legends of Sports: Sets 1 - 2. 2018. (Living Legends of Sports Ser.). (ENG.). (J). pap. 195.65 *(978-1-5383-0393-1(0))*; (gr. 5-6). lib. bdg. 369.33 *(978-1-5383-0319-1(1)*, 2dd046a5-b121-414c-820f-26ae53fabe5d) Rosen Publishing Group, Inc., The.

Living Legends of Sports: Sets 1 - 3. 2018. (Living Legends of Sports Ser.). (ENG.). (J). pap. 285.95 *(978-1-5383-0416-7(3))*; (gr. 5-6). lib. bdg. 539.79 *(978-1-5081-0690-6(8)*, 68b4b13e-53f7-4a4b-8295-b1c120a7fc68) Rosen Publishing Group, Inc., The.

Living Lies (Classic Reprint) Esther Miller. (ENG., Illus.). (J). 2018. 396p. 32.06 *(978-0-364-02432-4(1))*; 2017. pap. 16.57 *(978-0-243-53017-5(X))* Forgotten Bks.

Living Life see Vivir la Vida

Living Life Awake: Use Knowledge of the Brain to Create a Mind Prepared for Your Future. Kristin Walker. 2021. (ENG.). 232p. (YA). 33.95 *(978-1-6657-0756-5(9))*; pap. 16.99 *(978-1-6657-0755-8(0))* Archway Publishing.

Living Life of North America: A Coloring Book. Bobo's Children Activity Books. 2016. (ENG., Illus.). (J). pap. 9.33 *(978-1-68327-140-6(8))* Sunshine In My Soul Publishing.

Living Life of the Continent: Europe. Bobo's Children Activity Books. 2016. (ENG., Illus.). (J). pap. 9.33 *(978-1-68327-549-7(7))* Sunshine In My Soul Publishing.

Living Life with Blinders On. Julius Mosley, II. 2021. (Living Life As God Intended Ser.: Vol. 2). (ENG.). 74p. (YA). pap. 10.99 *(978-1-6628-2281-0(2))* Salem Author Services.

Living Lights. Charles Frederick Holder. 2017. (ENG.). (J). 252p. pap. *(978-3-337-37451-8(4))*; 264p. pap. *(978-3-7446-7464-5(9))* Creation Pubs.

Living London, Vol. 1: Its Work & Its Play, Its Humour & Its Pathos, Its Sights & Its Scenes (Classic Reprint) George Robert Sims. (ENG., Illus.). (J). 2018. 400p. 32.15 *(978-0-484-61346-0(4))*; 2016. pap. 16.57 *(978-1-334-31179-6(X))* Forgotten Bks.

Living London, Vol. 1: Its Work & Its Play, Its Humour & Its Pathos, Its Sights & Its Scenes; Section II (Classic Reprint) George R. Sims. (ENG., Illus.). (J). 2018. 212p. 28.27 *(978-0-267-37408-3(9))*; 2016. pap. 10.97 *(978-1-334-15899-5(1))* Forgotten Bks.

Living London, Vol. 2: Its Work & Its Play, Its Humour & Its Pathos, Its Sights & Its Scenes; Section I (Classic Reprint) George R. Sims. 2018. (ENG., Illus.). 238p. (J). 28.81 *(978-0-483-28814-0(4))* Forgotten Bks.

Living London, Vol. 2: Its Work & Its Play, Its Humour & Its Pathos, Its Sights & Its Scenes; Section II (Classic Reprint) George R. Sims. (ENG., Illus.). (J). 2018. 206p. 28.15 *(978-0-267-93041-8(0))*; 2016. pap. 10.57 *(978-1-333-86700-3(X))* Forgotten Bks.

Living Lore: The Shades of the Abyss. F. Lockhaven & E. J. Illar. Ed. by Grace Lockhaven. l.t. ed. 2021. (Living Lore Ser.: Vol. 1). (ENG.). 300p. (YA). 22.97 *(978-1-947744-89-9(5))*; pap. 14.99 *(978-1-947744-88-2(7))* Twisted Key Publishing, LLC.

Living Memory. Tim Byrne & Emma Dyer. 2016. (ENG., Illus.). (YA). (gr. 7-12). *(978-0-9954582-1-5(9))*; 186p. pap. *(978-0-9954582-0-8(0))* Opposite Bks.

Living Ocean, 4 bks. Incl. Ocean Biome. Kathryn Smithyman & National Geographic Learning Staff. (gr. 2-9). pap. *(978-0-7787-1318-0(0))*; Spectacular Sharks. Bobbie Kalman & Molly Aloian. (gr. 3-4). pap. *(978-0-7787-1320-3(2))*; 32p. (J). (Illus.). 2003. Set pap. Crabtree Publishing Co.

Living Ocean, 4 bks. Bobbie Kalman & Molly Aloian. Incl. Polar Oceans. (Illus.). 32p. (J). (gr. 2-9). 2003. lib. bdg. *(978-0-7787-1297-8(4))*; (Illus.). 2003. Set lib. bdg. Crabtree Publishing Co.

Living on a Budget. Emma Huddleston. 2020. (ENG.). 80p. (YA). (gr. 6-12). 41.27 *(978-1-68282-797-0(6)*, BrightPoint Pr.) ReferencePoint Pr., Inc.

Living on a Budget. Cecilia Minden. 2018. (Personal Finance Ser.). (ENG.). 32p. (J). (gr. 4-7). lib. bdg. 22.99 *(978-1-5105-3674-6(4))* SmartBook Media, Inc.

Living on Hope Street. Demet Divaroren. 2017. (ENG.). 256p. (YA). (gr. 9-13). pap. 15.99 *(978-1-76029-209-6(5))* Allen & Unwin AUS. Dist: Independent Pubs. Group.

Living on Mars. Ty Chapman. 2023. (Destination Mars (Alternator Books (r)) Ser.). (ENG., Illus.). 32p. (J). (gr. 3-6). pap. 10.99 Lerner Publishing Group.

Living on Mars: Can You Colonize a Planet?, 1 vol. David Hawksett. 2017. (Be a Space Scientist! Ser.). (ENG.). 48p. (J). (gr. 5-5). 31.93 *(978-1-5383-2205-5(6)*, 364ab89d-04a4-4a62-92d7-407629468fc4); pap. 12.75 *(978-1-5383-2298-7(6)*, cba58767-1d72-4f5d-9fe0-28747d343e18) Rosen Publishing Group, Inc., The. (PowerKids Pr.).

Living on the Edge: How to Fight & Win the Battle for Your Mind & Heart. Gary Roe. 2019. (ENG.). 44p. (YA). pap. 4.49 *(978-1-950382-17-0(6))* Roe, Gary.

Living on the Edge: How to Fight & Win the Battle for Your Mind & Heart (Teen Edition) Gary Roe. 2019. (ENG.). 40p. (YA). (gr. 7-12). pap. 4.49 *(978-1-950382-15-6(X))* Roe, Gary.

Living on the Veg: A Kids' Guide to Life Without Meat. Clive Gifford & Jacqueline Meldrum. 2019. (ENG., Illus.). 80p. (J). 19.99 *(978-1-63198-429-7(2)*, 84297) Free Spirit Publishing Inc.

Living on Your Own. Leanne Currie-McGhee. 2019. (Teen Life Skills Ser.). (ENG.). 64p. (J). (gr. 6-12). 41.27 *(978-1-68282-747-5(X))* ReferencePoint Pr., Inc.

Living or Dead? A Series of Some Truths (Classic Reprint) John Charles Ryle. 2018. (ENG., Illus.). 366p. (J). 31.45 *(978-0-656-90748-9(7))* Forgotten Bks.

Living Organisms. Dawn Titmus. 2017. (21st Century Science Ser.). (ENG.). 48p. (J). lib. bdg. 34.99 *(978-1-5105-1891-9(6))* SmartBook Media, Inc.

Living Out Transparent Faith: Words of Advice Plus Scriptural Direction on Living Boldly & Transparently for Jesus. Lauren Faith McRoberts. 2018. (ENG., Illus.). 98p. (YA). pap. 16.95 *(978-1-64299-203-8(8))* Christian Faith Publishing.

Living Outside the Box. Cort Rogers. Illus. by Jaz Flos. 2021. (ENG.). 40p. (J). pap. 16.00 ***(978-1-942197-73-7(X))*** Autism Asperger Publishing Co.

Living, Planning, & Organizing. Monthly Planner & Journal. @ Journals and Notebooks. 2016. (ENG., Illus.). 106p. (YA). pap. 12.25 *(978-1-68326-432-3(0))* Speedy Publishing LLC.

Living Playground. Erik Ohlsen. 2016. (Storyscapes Book Ser.: Vol. 2). (ENG., Illus.). (J). (gr. k-5). pap. 12.00 *(978-0-9975202-6-2(4))* StoryScapes.

Living Processes, 12 vols., .Set. Incl. Adaptation & Survival. Richard Spilsbury. 2010. lib. bdg. 34.47 *(978-1-61532-343-2(0)*, 2fa79820-a314-4004-b155-cb9961d697e7); Animal

1208

The check digit for ISBN-10 appears in parentheses after the full ISBN-13

Variation & Classification. Richard Spilsbury. 2010. lib. bdg. 34.47 *(978-1-61532-344-9(9),* 2bd87ee9-7010-40a8-9e33-2b409d36a974); Cells & Cell Function. Carol Ballard. 2010. lib. bdg. 34.47 *(978-1-61532-342-5(2),* b738340f-862b-4aa4-b004-d3942ee73675); Food Webs. Carol Ballard. 2010. lib. bdg. 34.47 *(978-1-61532-340-1(6),* a1b0daac-3c36-41ba-9c57-53c65d154575); Life Cycles. Richard Spilsbury. 2010. lib. bdg. 34.47 *(978-1-61532-341-8(4),* 0542e7fb-10c2-4644-ab7c-831a69e3ceae); Plant Variation & Classification. Carol Ballard. 2009. lib. bdg. 34.47 *(978-1-61532-345-6(7),* 2f1cb5f8-a0ce-4fff-b2f9-2a3042dc2522); (YA). (gr. 5-5). (Living Processes Ser.). (ENG., Illus.). 48p. 2009. Set lib. bdg. 206.82 *(978-1-61532-385-2(6),* d4cb6ca2-29b3-4cd3-988a-df2081031c03, Rosen Reference) Rosen Publishing Group, Inc., The.

Living Processes: Food Relationships & Webs. Carol Ballard. 2017. (Living Processes Ser.). (ENG.). 48p. (J). (gr. 7-11). pap. 11.99 *(978-0-7502-9624-3(0),* Wayland) Hachette Children's Group GBR. Dist: Hachette Bk. Group.

Living Remnant: And Other Quaker Tales (Classic Reprint) Edith Florence O. Brien. (ENG., Illus.). (J). 2018. 178p. 27.59 *(978-0-483-32300-1(4));* 2017. pap. 9.97 *(978-0-243-13641-4(2))* Forgotten Bks.

Living Rights: Making Human Rights Come Alive. Diane Perlman. Ed. by Jeremy Elvis Herman. 2020. (ENG.). 218p. (J). pap. 19.48 *(978-0-9997068-1-7(0))* Southampton Publishing.

Living Round in a Square World. Bill Barre. Illus. by Karine Makartichan. 2019. (ENG.). 34p. (J). (gr. k-3). 10.99 ***(978-1-0878-0081-3(1));*** 15.99 ***(978-1-0878-0082-0(X))*** Indy Pub.

Living Simply: A Teen Guide to Minimalism. Sally McGraw. 2019. (ENG., Illus.). 112p. (YA). (gr. 6-12). lib. bdg. 37.32 *(978-1-5415-0054-9(7),* f14874b1-c7c8-4fdf-bd1f-79639c62e48f, Twenty-First Century Bks.) Lerner Publishing Group.

Living Sparks of God: Stories of Saints for Young Catholics to Color. Maria Lavoy. 2019. (ENG.). 32p. (J). pap. 7.95 *(978-1-68192-520-2(6))* Our Sunday Visitor, Publishing Div.

Living Statue. Anthony Matre. 2017. (ENG., Illus.). 72p. (J). pap. *(978-3-337-25293-9(1))* Creation Pubs.

Living Statue: A Comedy in Four Acts (Classic Reprint) Anthony Matre. 2018. (ENG., Illus.). 70p. (J). 25.40 *(978-0-483-19396-3(8))* Forgotten Bks.

Living Stone. What Am I? - Te Atiibu Ae Maiu. Antai Ngai? (Te Kiribati) Timon Etuare. Illus. by Michael Magpantay. 2022. (MIS.). 32p. (J). pap. ***(978-1-922910-55-4(4))*** Library For All Limited.

Living Systems. Emily Sohn. 2019. (IScience Ser.). (ENG., Illus.). 48p. (J). (gr. 5-6). 23.94 *(978-1-68450-948-5(3));* pap. 13.26 *(978-1-68404-404-7(9))* Norwood Hse. Pr.

Living Temple: A Brief Memoir of Jane Bethel (Classic Reprint) Jane Bethel. 2018. (ENG., Illus.). 86p. (J). 25.67 *(978-0-428-99445-7(8))* Forgotten Bks.

Living the Beach Life: Coloring Activity Books for Kids Bundle, 2 vols. Speedy Publishing Books. 2019. (ENG.). 212p. (J). pap. 19.99 *(978-1-5419-7264-3(3))* Speedy Publishing LLC.

Living the Christmas Spirit, Lost on Christmas Eve (Classic Reprint) Toronto Toronto. 2018. (ENG., Illus.). (J). 22p. 24.37 *(978-0-260-63803-8(X));* 24p. pap. 7.97 *(978-0-265-01638-1(X))* Forgotten Bks.

Living the Coconut Life. Meryl S. Brown. Illus. by Sarah Patterson. 2018. (ENG.). 38p. (J). (gr. 4-6). pap. ***(978-1-77342-059-2(3))*** IndieBookLauncher.com.

Living the Confidence Code: Real Girls, Real Stories, Real Confidence. Katty Kay. 2021. (ENG., Illus.). 400p. (J). (gr. 3-7). 14.99 *(978-0-06-295411-4(3),* HarperCollins) HarperCollins Pubs.

Living the Dream: American Coloring Book. Jupiter Kids. 2016. (ENG., Illus.). 106p. (J). pap. 12.55 *(978-1-68305-279-1(X),* Jupiter Kids (Childrens & Kids Fiction)) Speedy Publishing LLC.

Living the Fast Lane: The Jimmie Johnson Story - Sports Book for Boys Children's Sports & Outdoors Books. Baby Professor. 2017. (ENG., Illus.). (J). pap. 8.79 *(978-1-5419-3842-7(9),* Baby Professor (Education Kids)) Speedy Publishing LLC.

Living the Life! Michelle Wanasundera. Illus. by Kateryna Mansarliiska. 2023. (ENG.). 32p. (J). pap. ***(978-1-922991-59-1(7))*** Library For All Limited.

Living the Testimony: #omg Opinionated Moody Gifted. Miriam Fletcher. 2018. (ENG., Illus.). 262p. (YA). (gr. 9-12). pap. 16.99 *(978-1-58169-680-6(9),* Axiom Pr.) Genesis Communications, Inc.

Living Things & Nonliving Things: A Compare & Contrast Book, 1 vol. Kevin Kurtz. 2017. (Compare & Contrast Book Ser.). (ENG., Illus.). 32p. (J). (gr. k-3). 11.95 *(978-1-62855-986-6(1))* Arbordale Publishing.

Living Things & Nonliving Things: A Compare & Contrast Book in Japanese. Kevin Kurtz. Tr. by Junko Kaga Woodward. 2019. (JPN.). 32p. (J). (gr. k-3). pap. 11.95 *(978-1-64351-335-5(4))* Arbordale Publishing.

Living Things & Their Environments - 6 Pack: Set of 6 Bridges Edition with Common Core Teacher Materials. Laura McDonald. 2016. (Prime Ser.). (YA). (gr. 6-8). 69.00 *(978-1-5125-8843-9(1))* Benchmark Education Co.

Living Things & Their Environments - 6 Pack: Set of 6 with Common Core Teacher Materials. Laura McDonald. 2016. (Prime Ser.). (YA). (gr. 6-8). 69.00 *(978-1-5125-8825-5(3))* Benchmark Education Co.

Living Things Need Air. Karen Aleo. 2019. (What Living Things Need Ser.). (ENG., Illus.). 24p. (J). (gr. -1-2). pap. 6.95 *(978-1-9771-1034-3(7),* 141110); lib. bdg. 24.65 *(978-1-9771-0884-5(9),* 140492) Capstone. (Pebble).

Living Things Need Food. Karen Aleo. 2019. (What Living Things Need Ser.). (ENG., Illus.). 24p. (J). (gr. -1-2). pap. 6.95 *(978-1-9771-1035-0(5),* 141111); lib. bdg. 24.65 *(978-1-9771-0885-2(7),* 140493) Capstone. (Pebble).

Living Things Need Light. Karen Aleo. 2019. (What Living Things Need Ser.). (ENG., Illus.). 24p. (J). (gr. -1-2). pap. 6.95 *(978-1-9771-1036-7(3),* 141112); lib. bdg. 24.65 *(978-1-9771-0886-9(5),* 140494) Capstone. (Pebble).

Living Things Need Shelter. Karen Aleo. 2019. (What Living Things Need Ser.). (ENG., Illus.). 24p. (J). (gr. -1-2). pap. 6.95 *(978-1-9771-1037-4(1),* 141113); lib. bdg. 24.65 *(978-1-9771-0919-4(5),* 140520) Capstone. (Pebble).

Living Things Need Water see Hogares de los Seres Vivos

Living Things Need Water. Karen Aleo. 2019. (What Living Things Need Ser.). (ENG., Illus.). 24p. (J). (gr. -1-2). pap. 6.95 *(978-1-9771-1038-1(X),* 141114); lib. bdg. 24.65 *(978-1-9771-0887-6(3),* 140495) Capstone. (Pebble).

Living Through American History (Set), 6 vols. 2023. (Living Through American History Ser.). (ENG.). 32p. (J). (gr. 2-5). lib. bdg. 196.74 ***(978-1-0982-4428-6(1),*** 42461, DiscoverRoo) Pop!.

Living Through the Civil Rights Movement. Linden McNeilly. 2018. (American Culture & Conflict Ser.). (ENG., Illus.). 48p. (gr. 4-8). lib. bdg. 35.64 *(978-1-64156-419-9(9),* 9781641564199) Rourke Educational Media.

Living Through the Civil War. Contrib. by Grace Hansen. 2023. (Living Through American History Ser.). (ENG.). 32p. (J). (gr. 2-5). lib. bdg. 32.79 ***(978-1-0982-4430-9(3),*** 42467, DiscoverRoo) Pop!.

Living Through the Civil War. Yvette Pierre. 2018. (American Culture & Conflict Ser.). (ENG., Illus.). 48p. (gr. 4-8). lib. bdg. 35.64 *(978-1-64156-415-1(6),* 9781641564151) Rourke Educational Media.

Living Through the Great Depression. Contrib. by Grace Hansen. 2023. (Living Through American History Ser.). (ENG.). 32p. (J). (gr. 2-5). lib. bdg. 32.79 ***(978-1-0982-4431-6(1),*** 42470, DiscoverRoo) Pop!.

Living Through the Industrial Revolution. Contrib. by Grace Hansen. 2023. (Living Through American History Ser.). (ENG.). 32p. (J). (gr. 2-5). lib. bdg. 32.79 ***(978-1-0982-4432-3(X),*** 42473, DiscoverRoo) Pop!.

Living Through the Post 9-11 Era. Linden McNeilly. 2018. (American Culture & Conflict Ser.). (ENG., Illus.). 48p. (gr. 4-8). lib. bdg. 35.64 *(978-1-64156-420-5(2),* 9781641564205) Rourke Educational Media.

Living Through the Revolutionary War. Contrib. by Grace Hansen. 2023. (Living Through American History Ser.). (ENG.). 32p. (J). (gr. 2-5). lib. bdg. 32.79 ***(978-1-0982-4433-0(8),*** 42476, DiscoverRoo) Pop!.

Living Through the Revolutionary War. Clara MacCarald. 2018. (American Culture & Conflict Ser.). (ENG., Illus.). 48p. (gr. 4-8). lib. bdg. 35.64 *(978-1-64156-414-4(8),* 9781641564144) Rourke Educational Media.

Living Through the Vietnam War. Clara MacCarald. 2018. (American Culture & Conflict Ser.). (ENG., Illus.). 48p. (gr. 4-8). lib. bdg. 35.64 *(978-1-64156-418-2(0),* 9781641564182) Rourke Educational Media.

Living Through World War I. M. M. Eboch. 2018. (American Culture & Conflict Ser.). (ENG., Illus.). 48p. (gr. 4-8). lib. bdg. 35.64 *(978-1-64156-416-8(4),* 9781641564168) Rourke Educational Media.

Living Through World War II. Contrib. by Grace Hansen. 2023. (Living Through American History Ser.). (ENG.). 32p. (J). (gr. 2-5). lib. bdg. 32.79 ***(978-1-0982-4434-7(6),*** 42479, DiscoverRoo) Pop!.

Living Too Fast: Or, the Confessions of a Bank Officer (Classic Reprint) William T. Adams. 2018. (ENG., Illus.). 362p. (J). 31.38 *(978-0-483-03725-0(7))* Forgotten Bks.

Living Two Lives: Differentiating Your Private & Civic Life Political Science for Grade 6 Children's Reference Books. Baby Professor. 2020. (ENG.). 86p. (J). 25.99 *(978-1-5419-7363-3(1));* pap. 15.99 *(978-1-5419-6103-6(X))* Speedy Publishing LLC. (Baby Professor (Education Kids)).

Living up to Billy (Classic Reprint) Elizabeth Cooper. (ENG., Illus.). (J). 2018. 210p. 28.23 *(978-0-483-77594-7(0));* 2016. pap. 10.57 *(978-1-334-59211-9(X))* Forgotten Bks.

Living vs. Nonliving. Maddie Spalding. 2021. (Science Showdowns Ser.). (ENG.). 24p. (J). (gr. 1-4). lib. bdg. 32.79 *(978-1-5038-4444-5(7),* 214167) Child's World, Inc, The.

Living Water Series #1. Charlene Dance. 2021. (ENG., Illus.). 30p. (J). pap. 13.95 *(978-1-63844-968-3(6))* Christian Faith Publishing.

Living While Human. Arwinder Kaur. 2021. (ENG.). 344p. (YA). *(978-0-2288-5134-9(3));* pap. *(978-0-2288-5132-5(7))* Tellwell Talent.

Living Wild. Elaine Miller Bond. 2017. (ENG.). 28p. (J). bds. 8.99 *(978-1-59714-382-0(0))* Heyday.

Living Wild: Elk. Melissa Gish. 2017. (Living Wild Ser.). (ENG., Illus.). 48p. (J). (gr. 5-7). pap. 12.00 *(978-1-62832-432-7(5),* 20193, Creative Paperbacks) Creative Co., The.

Living Wild: Lemurs. Melissa Gish. 2017. (Living Wild Ser.). (ENG., Illus.). 48p. (J). (gr. 5-7). pap. 12.00 *(978-1-62832-433-4(3),* 20196, Creative Paperbacks) Creative Co., The.

Living Wild: Llamas. Melissa Gish. 2017. (Living Wild Ser.). (ENG., Illus.). 48p. (J). (gr. 5-7). pap. 12.00 *(978-1-62832-434-1(1),* 20199, Creative Paperbacks) Creative Co., The.

Living Wild: Pelicans. Melissa Gish. 2017. (Living Wild Ser.). (ENG., Illus.). 48p. (J). (gr. 5-7). pap. 13.99 *(978-1-62832-435-8(X),* 20202, Creative Paperbacks) Creative Co., The.

Living Wild: Prairie Dogs. Melissa Gish. 2017. (Living Wild Ser.). (ENG., Illus.). 48p. (J). (gr. 5-7). pap. 12.00 *(978-1-62832-436-5(8),* 20205, Creative Paperbacks) Creative Co., The.

Living Wild: Seahorses. Melissa Gish. 2017. (Living Wild Ser.). (ENG., Illus.). 48p. (J). (gr. 5-7). pap. 12.00 *(978-1-62832-437-2(6),* 20208, Creative Paperbacks) Creative Co., The.

Living with a Cheetah... or More. Michael Young. 2016. (ENG., Illus.). (YA). (gr. 7-12). pap. 12.99 *(978-1-943331-29-1(4))* Orange Hat Publishing.

Living with ADHD. Whitney Sanderson. 2018. (Living with Disorders & Disabilities Ser.). (ENG.). 80p. (YA). (gr. 6-12). 39.93 *(978-1-68282-479-5(9))* ReferencePoint Pr., Inc.

Living with Allergies, 1 vol. Juliana Burkhart. 2018. (Diseases & Disorders Ser.). (ENG.). 104p. (J). (gr. 7-7). pap. 20.99 *(978-1-5345-6482-4(9),* 22962fd9-371f-42bb-95c5-dbe5332b318a, Lucent Pr.) Greenhaven Publishing LLC.

Living with Angels. Peray Hilmi Harman. 2018. (ENG., Illus.). 20p. (J). *(978-1-5289-0463-6(X));* pap. *(978-1-5289-0462-9(1))* Austin Macauley Pubs. Ltd.

Living with Anxiety. Contrib. by Sheryl Normandeau. 2023. (Mental Health Support Ser.). (ENG.). 64p. (YA). (gr. 6-12). 43.93 ***(978-1-6782-0662-8(8),*** BrightPoint Pr.) ReferencePoint Pr., Inc.

Living with Bipolar Disorder. Contrib. by Tammy Gagne. 2023. (Mental Health Support Ser.). (ENG.). 64p. (YA). (gr. 6-12). 43.93 ***(978-1-6782-0664-2(4),*** BrightPoint Pr.) ReferencePoint Pr., Inc.

Living with Depression. Contrib. by Susan Wroble. 2023. (Mental Health Support Ser.). (ENG.). 64p. (YA). (gr. 6-12). 43.93 ***(978-1-6782-0666-6(0),*** BrightPoint Pr.) ReferencePoint Pr., Inc.

Living with Diabetes: A Journal for Teens. Jaimie A. Wolfelt. 2020. (ENG.). 120p. (YA). (gr. 7). pap. 11.95 *(978-1-61722-289-4(5))* Companion Pr.

Living with Gender Dysphoria. Contrib. by Rachel Kehoe. 2023. (Mental Health Support Ser.). (ENG.). 64p. (YA). (gr. 6-12). 43.93 ***(978-1-6782-0668-0(7),*** BrightPoint Pr.) ReferencePoint Pr., Inc.

Living with Learning Disabilities. Amy C. Rea. 2018. (Living with Disorders & Disabilities Ser.). (ENG.). 80p. (YA). (gr. 6-12). 39.93 *(978-1-68282-481-8(0))* ReferencePoint Pr., Inc.

Living with Mental Illness: The Mentee Workbook. Marrisa Jean Marie Cross. 2023. (ENG., Illus.). 48p. (YA). 26.95 ***(978-1-68570-696-8(7));*** pap. 15.95 ***(978-1-63844-792-4(6))*** Christian Faith Publishing.

Living with OCD. Michelle Garcia Andersen. 2018. (Living with Disorders & Disabilities Ser.). (ENG.). 80p. (YA). (gr. 6-12). 39.93 *(978-1-68282-483-2(7))* ReferencePoint Pr., Inc.

Living with Panic Disorders. Jennifer Connor-Smith. 2018. (Living with Disorders & Disabilities Ser.). (ENG.). 80p. (YA). (gr. 6-12). 39.93 *(978-1-68282-485-6(3))* ReferencePoint Pr., Inc.

Living with Phobias. Heidi Ayarbe. 2018. (Living with Disorders & Disabilities Ser.). (ENG.). 80p. (YA). (gr. 6-12). 39.93 *(978-1-68282-487-0(X))* ReferencePoint Pr., Inc.

Living with Psychotic Disorders. Contrib. by Maddie Spalding. 2023. (Mental Health Support Ser.). (ENG.). 64p. (YA). (gr. 6-12). 43.93 ***(978-1-6782-0670-3(9),*** BrightPoint Pr.) ReferencePoint Pr., Inc.

Living with PTSD. Lindsay Wyskowski. 2018. (Living with Disorders & Disabilities Ser.). (ENG.). 80p. (YA). (gr. 6-12). 39.93 *(978-1-68282-489-4(6))* ReferencePoint Pr., Inc.

Living with Religion & Faith, Vol. 10. Robert Rodi & Laura Ross. Ed. by Kevin Jennings. 2016. (Living Proud! Growing up LGBTQ Ser.). (Illus.). 64p. (J). (gr. 7). 23.95 *(978-1-4222-3507-2(6))* Mason Crest.

Living with Scoliosis. Te'andra Herbin. 2020. (ENG.). 122p. (YA). pap. ***(978-1-716-82177-6(0))*** Lulu Pr., Inc.

Living with the Dinosaurs. 2016. (Living with the Dinosaurs Ser.). 00024p. (J). pap. 48.90 *(978-1-4824-5834-3(9))* Stevens, Gareth Publishing LLLP.

Living with the Fall. Hannah Thompson. 2016. (ENG., Illus.). (J). 27.99 *(978-1-63533-043-4(2),* Harmony Ink Pr.) Dreamspinner Pr.

Living with Type 1 Diabetes: Understanding Ratios. Nicole Sipe. 2019. (Mathematics in the Real World Ser.). (ENG., Illus.). 32p. (gr. 5-8). pap. 11.99 *(978-1-4258-5879-7(1))* Teacher Created Materials, Inc.

Living with Viola. Rosena Fung. 2021. (Illus.). 272p. (J). (gr. 4-7). 22.95 *(978-1-77321-548-8(5));* pap. 17.95 *(978-1-77321-549-5(3))* Annick Pr., Ltd. CAN. Dist: Publishers Group West (PGW).

Living Without Limitations - Courage: My First Reflective Journal & Activity Book 1. Anita Sechesky. 2018. (ENG.). 62p. (J). pap. *(978-1-988867-08-3(8))* Anita Sechesky - Living Without Limitations.

Living Year (Yesterday's Classics) Richard Headstrom. Illus. by Anne Marie Jauss. 2018. (ENG.). 308p. (J). (gr. 1-6). pap. 13.95 *(978-1-63334-043-5(0))* Yesterday's Classics.

Living Your Faith: A Journey Through James. Elizabeth George. 2018. (ENG.). 144p. (J). (gr. 2-7). pap. 10.99 *(978-0-7369-6441-8(X),* 6964418) Harvest Hse. Pubs.

Livingston Girls. Briana Morgan. 2020. (Livingston Witches Ser.: Vol. 1). (ENG.). 280p. (YA). pap. 16.99 *(978-1-7340010-0-6(3))* Morgan, Briana.

Livingstone: The Pathfinder (Classic Reprint) Basil Mathews. 2018. (ENG., Illus.). 276p. (J). 29.61 *(978-0-365-00978-8(4))* Forgotten Bks.

Livingstones, Vol. 1 Of 3: A Story of Real Life (Classic Reprint) J. Elphinstone Dalrymple. 2018. (ENG., Illus.). 330p. (J). 30.70 *(978-0-483-84636-4(8))* Forgotten Bks.

Livingstones, Vol. 2 Of 3: A Story of Real Life (Classic Reprint) J. Elphinstone Dalrymple. 2018. (ENG., Illus.). 320p. (J). 30.50 *(978-0-483-79928-8(9))* Forgotten Bks.

Livonian Tales: The Disponent; the Wolves; the Jewess (Classic Reprint) Unknown Author. 2018. (ENG., Illus.). 368p. (J). 31.49 *(978-0-483-22962-4(8))* Forgotten Bks.

Livre À Papier Ligné de la Gardienne Pour les Enfants Âgés de 3 À 5 ANS: 100 Pages de Pratique d'Écriture Manuscrite Pour les Enfants Âgés de 3 À 6 Ans: Ce Livre Contient un Papier d'Écriture Approprié Avec des Lignes Très Épaisses Pour les Enfants Désir. Bernard Patrick. 2018. (Livre À Papier Ligné de la Gardienne Pour les Enfa Ser.: Vol. 1). (FRE., Illus.). 108p. (J). (gr. k). pap. *(978-1-78970-052-7(3))* Elige Cogniscere.

Livre d'activités Sur les Animaux Pour les Enfants. Deeasy Books. 2021. (FRE.). 98p. (J). pap. 10.00 *(978-1-6780-7566-8(3))* Indy Pub.

Livre de Coloration de Motifs Mignons et Joues: Pour les Enfants de 6 à 8 Ans, de 9 à 12 Ans. Young Dreamers Press. 2019. (Livres de Coloriage Pour Enfants Ser.: Vol. 1). (FRE., Illus.). 64p. (J). (gr. 3-6). pap. *(978-1-989387-93-1(4))* EnemyOne.

Livre de Coloriage Animaux: Livres de Coloriage Pour Enfants | Livre de Coloriage Pour les Tout-Petits de 2 à 4 Ans | Livre de Coloriage Pour les Tout-petits | Livre de Coloriage d'animaux | Livres de Coloriage | 52 Pages | 8. 5 X8. 5. Gabriela Oprea. 2021. (FRE.). 52p. (J). pap. ***(978-1-291-24732-9(7))*** Lulu Pr., Inc.

Livre de Coloriage Avec Versets de la Bible. Floie Rosa. 2021. (FRE.). 54p. (J). pap. *(978-1-05-947505-6(7))* Reader's Digest Assn. (Canada).

Livre de Coloriage Avions. Emil Rana O'Neil. 2021. (FRE.). 76p. (J). pap. 10.99 *(978-1-008-91988-4(8))* Ridley Madison, LLC.

Livre de Coloriage Dauphin: Livre de Coloriage des Dauphins Pour les Enfants - Garçons et Filles - 40 Pages de Coloriage Amusantes Avec d'étonnants Dauphins et Animaux de L'océan. Emil Rana O'Neil. 2021. (FRE.). 86p. (J). pap. 10.99 *(978-1-365-81281-1(2))* Ridley Madison, LLC.

Livre de Coloriage de Lapin de Pâques Pour les Enfants. Deeasy Books. 2021. (FRE.). 64p. (J). pap. 9.00 *(978-1-05-213818-7(7))* Indy Pub.

Livre de Coloriage de les Monstres et les Extraterrestres: Pour les Enfants de 4 à 8 Ans. Young Dreamers Press. Illus. by Nana Siqueira. 2020. (Livres de Coloriage Pour Enfants Ser.: Vol. 8). (FRE.). 64p. (J). pap. *(978-1-989790-42-7(9))* EnemyOne.

Livre de Coloriage de Licornes Pour les Enfants de 4 à 8 Ans: Un Magnifique Livre d'activités Pour les Tout-Petits et les Enfants d'âge Préscolaire, un Cadeau Parfait Pour les Filles et les Garçons. Lowelle Assonie. 2021. (FRE., Illus.). 108p. (J). pap. 11.75 *(978-0-901665-23-2(1))* LaGrange Publishing Co., Inc.

Livre de Coloriage de Noël Pour les Enfants: Livre de Noël Pour les Enfants de 4 à 8 Ans, 9 à 12 Ans. Young Dreamers Press. Illus. by Fairy Crocs. 2020. (Livres de Coloriage Pour Enfants Ser.: Vol. 12). (FRE.). 66p. (J). pap. *(978-1-7773753-8-6(X))* EnemyOne.

Livre de Coloriage de Poissons, Fruits et Legumes: Livre de Coloriage étonnant Pour les Adultes Avec du Poisson, des Fruits et des légumes Qui Offre de Nombreuses Heures de Détente. Queenie Activitys. 2021. (FRE.). 102p. (YA). pap. 13.69 *(978-1-75970-390-9(7))* Oak Solid Publishers.

Livre de Coloriage de Sirène Mignonne: Livre de Coloriage Pour Filles - Livres de Coloriage Pour Enfants - Livre de Coloriage Pour Enfants - Livre de Coloriage Pour Sirènes - Livres de Coloriage Pour Filles Mignonnes. Danny Lewis. l.t. ed. 2021. (FRE.). 80p. (J). pap. *(978-1-008-92340-9(0))* Lulu.com.

Livre de Coloriage de Voitures, Camions et Véhicules de Chantier: Pour les Enfants de 4 à 8 Ans, 9 à 12 Ans. Young Dreamers Press. Illus. by Anastasiia Saikova. 2020. (Livres de Coloriage Pour Enfants Ser.: Vol. 6). (FRE.). 64p. (J). (gr. 1-6). pap. *(978-1-989790-33-5(X))* EnemyOne.

Livre de Coloriage des Animaux de la Jungle Pour les Enfants: Fantastique Livre de Coloriage et d'activités Avec des Animaux Sauvages et des Animaux de la Jungle Pour les Enfants, les Tout-Petits et les Enfants, Amusant Avec de Mignons Animaux de la Jungle, des Pages de Coloriage Uniques Avec des Animaux Sauvages Pou. Happy Coloring. 2021. (FRE.). 80p. (J). pap. 11.99 *(978-1-008-94359-9(2))* McGraw-Hill Education.

Livre de Coloriage des Animaux Mignons: Livre d'activités Pour Enfants - Livre de Coloriage Pour Enfants de 4 à 8 Ans - Livre de Coloriage Avec des Animaux Mignons (Pandas, Lamas, Ours) - Livre de Coloriage D'animaux. Lena Bidden. l.t. ed. 2021. (FRE.). 30p. (J). pap. 9.99 *(978-1-358-57884-7(2))* Lulu Pr., Inc.

Livre de Coloriage des Animaux Sauvages. Daniel Lewis. l.t. ed. 2021. (FRE.). 62p. (J). pap. *(978-1-008-94169-4(7))* Lulu.com.

Livre de Coloriage des Créatures Marines Pour les Enfants. Happy Coloring. 2021. (FRE.). 80p. (J). pap. 10.99 *(978-1-008-94431-2(9))* McGraw-Hill Education.

Livre de Coloriage des Filles Chibi: Anime à Colorier Pour les Enfants de 6 à 8 Ans, 9 à 12 Ans. Young Dreamers Press. Illus. by Fairy Crocs. 2020. (Livres de Coloriage Pour Enfants Ser.: Vol. 10). (FRE.). 68p. (J). pap. *(978-1-989790-97-7(6))* EnemyOne.

Livre de Coloriage d'oiseaux Pour les Enfants: Livre de Coloriage Super Amusant Pour les Enfants et les Enfants d'âge Préscolaire, Livre de Coloriage d'oiseaux Pour les Enfants âgés de 4 à 8 Ans 2-4 8-12, Livre de Coloriage et d'activités Pour les Filles et les Garçons âgés de 3 à 8 Ans, Livre de Color. Happy Coloring. 2021. (FRE.). 80p. (J). pap. 11.99 *(978-1-383-25654-3(3))* McGraw-Hill Education.

Livre de Coloriage d'ours Pour les Enfants: Livre d'activités et de Coloriage Pour les Filles et les Garçons âgés de 4 à 8 Ans. Deeasy B. 2021. (FRE.). 90p. (J). pap. 10.45 *(978-1-4521-1487-3(0))* Chronicle Bks. LLC.

Livre de Coloriage Halloween: Pour les Enfants de 4 à 8 Ans, 9 à 12 Ans. Young Dreamers Press. Illus. by Fairy Crocs. 2021. (FRE.). 66p. (J). pap. *(978-1-990136-23-8(0))* EnemyOne.

Livre de Coloriage Licorne, Sirène et Princesse Pour les Enfants de 8 à 12 Ans: Pages à Colorier Pour les Enfants de 8 à 12 Ans Avec des Sirènes, des Princesses, des Fées, des Licornes et Bien d'autres Choses Encore. Malkovich Rickblood. 2021. (FRE.). 106p. (J). pap. 10.49 *(978-1-008-94876-1(4))* Lulu Pr., Inc.

Livre de Coloriage Pour Adulte: Livre de Coloriage Pour Adultes Incroyable Avec des Dessins d'animaux et de Mandala Pour Soulager le Stress. Elli Steele. 2020. (FRE.). 106p. (YA). pap. 10.32 *(978-1-716-29428-0(2))* Lulu Pr., Inc.

Livre de Coloriage Pour Adultes Avec des Fleurs et des Animaux: Livre de Coloriage Pour Adultes Incroyable Avec des Dessins d'animaux et de Fleurs Pour Soulager le Stress. Elli Steele. 2020. (FRE.). 128p. (YA). pap. 11.15 *(978-1-716-29468-6(1))* Lulu Pr., Inc.

Livre de Coloriage Pour Enfants (Immeubles) Nicola Ridgeway & James Manning. 2020. (FRE.). 86p. (J). pap. *(978-1-80027-230-9(8))* CBT Bks.

Livre de Coloriage Pour Enfants (Sirènes) Nicola Ridgeway & James Manning. 2020. (FRE.). 86p. (J). pap. *(978-1-80027-282-8(0))* CBT Bks.

Livre de Coloriage Pour les Enfants de 4 à 5 Ans (Abeilles) Ce Livre Dispose de 40 Pages à Colorier Sans Stress Pour Réduire la Frustration et Pour Améliorer la Confiance. Ce Livre Aidera les Jeunes Enfants à développer le Contrôle de Stylo et d'exercer

L

Leurs Compétences en Motricité Fine. Corinne Page. 2020. (Livre de Coloriage Pour les Enfants de 4 À 5 ANS Ser.: Vol. 12). (FRE., Illus.). 46p. (J). (gr. k-1). pap. *(978-1-80014-058-5(4))* CBT Bks.

Livre de Coloriage Pour les Enfants de 4 à 5 Ans (Animaux Qui Pètent) Ce Livre Dispose de 40 Pages à Colorier Sans Stress Pour Réduire la Frustration et Pour Améliorer la Confiance. Ce Livre Aidera les Jeunes Enfants à développer le Contrôle de Stylo et d'exercer Leurs Compétences en Motricité Fine. Corinne Page. 2020. (Livre de Coloriage Pour les Enfants de 4 À 5 ANS Ser.: Vol. 12). (FRE., Illus.). 46p. (J). (gr. k-1). pap. *(978-1-80014-065-3(7))* CBT Bks.

Livre de Coloriage Pour les Enfants de 4 à 5 Ans (Boissons) Ce Livre Dispose de 40 Pages à Colorier Sans Stress Pour Réduire la Frustration et Pour Améliorer la Confiance. Ce Livre Aidera les Jeunes Enfants à développer le Contrôle de Stylo et d'exercer Leurs Compétences en Motricité Fine. Corinne Page. 2020. (Livre de Coloriage Pour les Enfants de 4 À 5 ANS Ser.: Vol. 12). (FRE., Illus.). 46p. (J). (gr. k-1). pap. *(978-1-80014-050-9(9))* CBT Bks.

Livre de Coloriage Pour les Enfants de 4 à 5 Ans (Construction) Ce Livre Dispose de 40 Pages à Colorier Sans Stress Pour Réduire la Frustration et Pour Améliorer la Confiance. Ce Livre Aidera les Jeunes Enfants à développer le Contrôle de Stylo et d'exercer Leurs Compétences en Motricité Fine. Corinne Page. 2020. (Livre de Coloriage Pour les Enfants de 4 À 5 ANS Ser.: Vol. 12). (FRE., Illus.). 46p. (J). (gr. k-1). pap. *(978-1-80014-078-3(9))* CBT Bks.

Livre de Coloriage Pour les Enfants de 4 à 5 Ans (Dents) Ce Livre Dispose de 40 Pages à Colorier Sans Stress Pour Réduire la Frustration et Pour Améliorer la Confiance. Ce Livre Aidera les Jeunes Enfants à développer le Contrôle de Stylo et d'exercer Leurs Compétences en Motricité Fine. Corinne Page. 2020. (Livre de Coloriage Pour les Enfants de 4 À 5 ANS Ser.: Vol. 12). (FRE., Illus.). 46p. (J). (gr. k-1). pap. *(978-1-80014-076-9(2))* CBT Bks.

Livre de Coloriage Pour les Enfants de 4 à 5 Ans (Éléphants) Ce Livre Dispose de 40 Pages à Colorier Sans Stress Pour Réduire la Frustration et Pour Améliorer la Confiance. Ce Livre Aidera les Jeunes Enfants à développer le Contrôle de Stylo et d'exercer Leurs Compétences en Motricité Fine. Corinne Page. 2020. (Livre de Coloriage Pour les Enfants de 4 À 5 ANS Ser.: Vol. 12). (FRE., Illus.). 46p. (J). (gr. k-1). pap. *(978-1-80014-063-9(0))* CBT Bks.

Livre de Coloriage Pour les Enfants de 4 à 5 Ans (Elfes) Ce Livre Dispose de 40 Pages à Colorier Sans Stress Pour Réduire la Frustration et Pour Améliorer la Confiance. Ce Livre Aidera les Jeunes Enfants à développer le Contrôle de Stylo et d'exercer Leurs Compétences en Motricité Fine. Corinne Page. 2020. (Livre de Coloriage Pour les Enfants de 4 À 5 ANS Ser.: Vol. 12). (FRE., Illus.). 46p. (J). (gr. k-1). pap. *(978-1-80014-048-6(7))* CBT Bks.

Livre de Coloriage Pour les Enfants de 4 à 5 Ans (France) Ce Livre Dispose de 40 Pages à Colorier Sans Stress Pour Réduire la Frustration et Pour Améliorer la Confiance. Ce Livre Aidera les Jeunes Enfants à développer le Contrôle de Stylo et d'exercer Leurs Compétences en Motricité Fine. Corinne Page. 2020. (Livre de Coloriage Pour les Enfants de 4 À 5 ANS Ser.: Vol. 12). (FRE., Illus.). 46p. (J). (gr. k-1). pap. *(978-1-80014-080-6(0))* CBT Bks.

Livre de Coloriage Pour les Enfants de 4 à 5 Ans (Hippies) Ce Livre Dispose de 40 Pages à Colorier Sans Stress Pour Réduire la Frustration et Pour Améliorer la Confiance. Ce Livre Aidera les Jeunes Enfants à développer le Contrôle de Stylo et d'exercer Leurs Compétences en Motricité Fine. Corinne Page. 2020. (Livre de Coloriage Pour les Enfants de 4 À 5 ANS Ser.: Vol. 12). (FRE., Illus.). 46p. (J). (gr. k-1). pap. *(978-1-80014-664-8(7))* CBT Bks.

Livre de Coloriage Pour les Enfants de 4 à 5 Ans (Hommes et Maisons en Mains D'épices) Ce Livre Dispose de 40 Pages à Colorier Sans Stress Pour Réduire la Frustration et Pour Améliorer la Confiance. Ce Livre Aidera les Jeunes Enfants à développer le Contrôle de Stylo et d'exercer Leurs Compétences en Motricité Fine. Corinne Page. 2020. (Livre de Coloriage Pour les Enfants de 4 À 5 ANS Ser.: Vol. 12). (FRE., Illus.). 46p. (J). (gr. k-1). pap. *(978-1-80014-043-1(6))* CBT Bks.

Livre de Coloriage Pour les Enfants de 4 à 5 Ans (les Personnes Autour du Monde) Ce Livre Dispose de 40 Pages à Colorier Sans Stress Pour Réduire la Frustration et Pour Améliorer la Confiance. Ce Livre Aidera les Jeunes Enfants à développer le Contrôle de Stylo et d'exercer Leurs Compétences en Motricité Fine. Corinne Page. 2020. (Livre de Coloriage Pour les Enfants de 4 À 5 ANS Ser.: Vol. 12). (FRE., Illus.). 46p. (J). (gr. k-1). pap. *(978-1-80014-087-5(8))* CBT Bks.

Livre de Coloriage Pour les Enfants de 4 à 5 Ans (lèvres) Ce Livre Dispose de 40 Pages à Colorier Sans Stress Pour Réduire la Frustration et Pour Améliorer la Confiance. Ce Livre Aidera les Jeunes Enfants à développer le Contrôle de Stylo et d'exercer Leurs Compétences en Motricité Fine. Corinne Page. 2020. (Livre de Coloriage Pour les Enfants de 4 À 5 ANS Ser.: Vol. 12). (FRE., Illus.). 46p. (J). (gr. k-1). pap. *(978-1-80014-686-0(8))* CBT Bks.

Livre de Coloriage Pour les Enfants de 4 à 5 Ans (Phares) Ce Livre Dispose de 40 Pages à Colorier Sans Stress Pour Réduire la Frustration et Pour Améliorer la Confiance. Ce Livre Aidera les Jeunes Enfants à développer le Contrôle de Stylo et d'exercer Leurs Compétences en Motricité Fine. Corinne Page. 2020. (Livre de Coloriage Pour les Enfants de 4 À 5 ANS Ser.: Vol. 12). (FRE., Illus.). 46p. (J). (gr. k-1). pap. *(978-1-80014-041-7(X))* CBT Bks.

Livre de Coloriage Pour les Enfants de 4 à 5 Ans (Singes) Ce Livre Dispose de 40 Pages à Colorier Sans Stress Pour Réduire la Frustration et Pour Améliorer la Confiance. Ce Livre Aidera les Jeunes Enfants à développer le Contrôle de Stylo et d'exercer Leurs Compétences en Motricité Fine. Corinne Page. 2020. (Livre de Coloriage Pour les Enfants de 4 À 5 ANS Ser.: Vol. 12). (FRE., Illus.). 46p. (J). (gr. k-1). pap. *(978-1-80014-669-3(8))* CBT Bks.

Livre de Coloriage Pour les Enfants de 4 à 5 Ans (Sucreries) Ce Livre Dispose de 40 Pages à Colorier Sans Stress Pour Réduire la Frustration et Pour Améliorer la Confiance. Ce Livre Aidera les Jeunes Enfants à développer le Contrôle de Stylo et d'exercer Leurs Compétences en Motricité Fine. Corinne Page. 2020. (Livre de Coloriage Pour les Enfants de 4 À 5 ANS Ser.: Vol. 12). (FRE., Illus.). 46p. (J). (gr. k-1). pap. *(978-1-80014-085-1(1))* CBT Bks.

Livre de Coloriage Pour les Enfants de 4 à 5 Ans(Londres) Ce Livre Dispose de 40 Pages à Colorier Sans Stress Pour Réduire la Frustration et Pour Améliorer la Confiance. Ce Livre Aidera les Jeunes Enfants à développer le Contrôle de Stylo et d'exercer Leurs Compétences en Motricité Fine. Corinne Page. 2020. (Livre de Coloriage Pour les Enfants de 4 À 5 ANS Ser.: Vol. 12). (FRE., Illus.). 46p. (J). (gr. k-1). pap. *(978-1-80014-657-0(4))* CBT Bks.

Livre de Coloriage Pour les Enfants de 4 Ans (Animaux Mignons) Ce Livre Contient 40 Pages à Colorier. Ce Livre Aidera les Jeunes Enfants à développer le Contrôle du Stylo et à Exercer Leurs Compétences en Motrices Fines. Nicola Ridgeway & James Manning. 2020. (Livres de Coloriage Pour Enfants Ser.: Vol. 19). (FRE.). 86p. (J). pap. *(978-1-80027-381-8(9))* CBT Bks.

Livre de Coloriage Pour les Enfants de 4 Ans (Bonshommes et Maisons en Pain D'épice) James Manning & Nicola Ridgeway. 2020. (Livres de Coloriage Pour Enfants Ser.: Vol. 19). (FRE.). 86p. (J). pap. *(978-1-80027-370-2(3))* CBT Bks.

Livre de Coloriage Pour les Enfants de 4 Ans (Chouettes 1) Nicola Ridgeway & James Manning. 2020. (FRE.). 86p. (J). pap. *(978-1-80027-371-9(1))* CBT Bks.

Livre de Coloriage Pour les Enfants de 4 Ans (Chouettes 2) Ce Livre Contient 40 Pages à Colorier. Ce Livre Aidera les Jeunes Enfants à développer le Contrôle du Stylo et à Exercer Leurs Compétences en Motrices Fines. Nicola Ridgeway & James Manning. 2020. (Livres de Coloriage Pour Enfants Ser.: Vol. 19). (FRE.). 86p. (J). pap. *(978-1-80027-366-5(5))* CBT Bks.

Livre de Coloriage Pour les Enfants de 4 Ans (Maisons en Pain Dépice 1) Ce Livre Contient 40 Pages à Colorier. Ce Livre Aidera les Jeunes Enfants à développer le Contrôle du Stylo et à Exercer Leurs Compétences en Motrices Fines. Nicola Ridgeway & James Manning. 2020. (Livres de Coloriage Pour Enfants Ser.: Vol. 19). (FRE.). 86p. (J). pap. *(978-1-80027-369-6(X))* CBT Bks.

Livre de Coloriage Pour les Enfants de 4 Ans (Nounours 1) Ce Livre Contient 40 Pages à Colorier. Ce Livre Aidera les Jeunes Enfants à développer le Contrôle du Stylo et à Exercer Leurs Compétences en Motrices Fines. James Manning & Nicola Ridgeway. 2020. (Livres de Coloriage Pour Enfants Ser.: Vol. 19). (FRE., Illus.). 86p. (J). pap. *(978-1-80027-372-6(X))* CBT Bks.

Livre de Coloriage Pour les Enfants de 4 Ans (Nounours 2) Nicola Ridgeway & James Manning. 2020. (FRE.). 86p. (J). pap. *(978-1-80027-373-3(8))* CBT Bks.

Livre de Coloriage Pour les Enfants de 4 Ans (OEufs de Pâques 2) Ce Livre Contient 40 Pages à Colorier. Ce Livre Aidera les Jeunes Enfants à développer le Contrôle du Stylo et à Exercer Leurs Compétences en Motrices Fines. Nicola Ridgeway & James Manning. 2020. (Livres de Coloriage Pour Enfants Ser.: Vol. 19). (FRE.). 86p. (J). pap. *(978-1-80027-363-4(0))* CBT Bks.

Livre de Coloriage Pour les Enfants de Plus de 7 Ans (Animaux Qui Pètent) Ce Livre Dispose de 40 Pages à Colorier Sans Stress Pour Réduire la Frustration et Pour Améliorer la Confiance. Ce Livre Aidera les Jeunes Enfants à développer le Contrôle de Stylo et d'exercer Leurs Compétences en Motricité Fine. Corinne Page. 2020. (Livre de Coloriage Pour les Enfants de 7+ ANS Ser.: Vol. 12). (FRE., Illus.). 46p. (J). (gr. 2-6). pap. *(978-1-80014-726-3(0))* CBT Bks.

Livre de Coloriage Pour les Enfants de Plus de 7 Ans (Clowns) Ce Livre Dispose de 40 Pages à Colorier Sans Stress Pour Réduire la Frustration et Pour Améliorer la Confiance. Ce Livre Aidera les Jeunes Enfants à développer le Contrôle de Stylo et d'exercer Leurs Compétences en Motricité Fine. Corinne Page. 2020. (Livre de Coloriage Pour les Enfants de 7+ ANS Ser.: Vol. 12). (FRE., Illus.). 46p. (J). (gr. 2-6). pap. *(978-1-80014-603-7(5))* CBT Bks.

Livre de Coloriage Pour les Enfants de Plus de 7 Ans (Drapeaux Vol. 2) Ce Livre Dispose de 40 Pages à Colorier Sans Stress Pour Réduire la Frustration et Pour Améliorer la Confiance. Ce Livre Aidera les Jeunes Enfants à développer le Contrôle de Stylo et d'exercer Leurs Compétences en Motricité Fine. Corinne Page. 2020. (Livre de Coloriage Pour les Enfants de 7+ ANS Ser.: Vol. 12). (FRE., Illus.). 46p. (J). (gr. 2-6). pap. *(978-1-80014-512-2(8))* CBT Bks.

Livre de Coloriage Pour les Enfants de Plus de 7 Ans (Drapeaux Volume 1) Ce Livre Dispose de 40 Pages à Colorier Sans Stress Pour Réduire la Frustration et Pour Améliorer la Confiance. Ce Livre Aidera les Jeunes Enfants à développer le Contrôle de Stylo et d'exercer Leurs Compétences en Motricité Fine. Corinne Page. 2020. (Livre de Coloriage Pour les Enfants de 7+ ANS Ser.: Vol. 12). (FRE., Illus.). 46p. (J). (gr. 2-6). pap. *(978-1-80014-622-8(1))* CBT Bks.

Livre de Coloriage Pour les Enfants de Plus de 7 Ans (Expressions Liées Au Café) Ce Livre Dispose de 40 Pages à Colorier Sans Stress Pour Réduire la Frustration et Pour Améliorer la Confiance. Ce Livre Aidera les Jeunes Enfants à développer le Contrôle de Stylo et d'exercer Leurs Compétences en Motricité Fine. Corinne Page. 2020. (Livre de Coloriage Pour les Enfants de 7+ ANS Ser.: Vol. 12). (FRE., Illus.). 46p. (J). (gr. 2-6). pap. *(978-1-80014-547-4(0))* CBT Bks.

Livre de Coloriage Pour les Enfants de Plus de 7 Ans (Expressions Par les Amoureux des Chats) Ce Livre Dispose de 40 Pages à Colorier Sans Stress Pour Réduire la Frustration et Pour Améliorer la Confiance. Ce Livre Aidera les Jeunes Enfants à développer le Contrôle de Stylo et d'exercer Leurs Compétences en Motricité Fine. Corinne Page. 2020. (Livre de Coloriage Pour les Enfants de 7+ ANS Ser.: Vol. 12). (FRE., Illus.). 46p. (J). (gr. 2-6). pap. *(978-1-80014-648-8(5))* CBT Bks.

Livre de Coloriage Pour les Enfants de Plus de 7 Ans (Gâteaux) Ce Livre Dispose de 40 Pages à Colorier Sans Stress Pour Réduire la Frustration et Pour Améliorer la Confiance. Ce Livre Aidera les Jeunes Enfants à développer le Contrôle de Stylo et d'exercer Leurs Compétences en Motricité Fine. Corinne Page. 2020. (Livre de Coloriage Pour les Enfants de 7+ ANS Ser.: Vol. 12). (FRE., Illus.). 46p. (J). (gr. 2-6). pap. *(978-1-80014-500-9(4))* CBT Bks.

Livre de Coloriage Pour les Enfants de Plus de 7 Ans (Gnomes) Ce Livre Dispose de 40 Pages à Colorier Sans Stress Pour Réduire la Frustration et Pour Améliorer la Confiance. Ce Livre Aidera les Jeunes Enfants à développer le Contrôle de Stylo et d'exercer Leurs Compétences en Motricité Fine. Corinne Page. 2020. (Livre de Coloriage Pour les Enfants de 7+ ANS Ser.: Vol. 12). (FRE., Illus.). 46p. (J). (gr. 2-6). pap. *(978-1-80014-555-9(1))* CBT Bks.

Livre de Coloriage Pour les Enfants de Plus de 7 Ans (Nuit des Feux de Joie) Ce Livre Dispose de 40 Pages à Colorier Sans Stress Pour Réduire la Frustration et Pour Améliorer la Confiance. Ce Livre Aidera les Jeunes Enfants à développer le Contrôle de Stylo et d'exercer Leurs Compétences en Motricité Fine. Corinne Page. 2020. (Livre de Coloriage Pour les Enfants de 7+ ANS Ser.: Vol. 12). (FRE., Illus.). 46p. (J). (gr. 2-6). pap. *(978-1-80014-482-8(2))* CBT Bks.

Livre de Coloriage Pour les Enfants de Plus de 7 Ans (Paroles des Super Héros) Ce Livre Dispose de 40 Pages à Colorier Sans Stress Pour Réduire la Frustration et Pour Améliorer la Confiance. Ce Livre Aidera les Jeunes Enfants à développer le Contrôle de Stylo et d'exercer Leurs Compétences en Motricité Fine. Corinne Page. 2020. (Livre de Coloriage Pour les Enfants de Plus de 7 A Ser.: Vol. 12). (FRE., Illus.). 46p. (J). (gr. 2-6). pap. *(978-1-80014-712-6(0))* CBT Bks.

Livre de Coloriage Pour les Enfants de Plus de 7 Ans (Paysages) Ce Livre Dispose de 40 Pages à Colorier Sans Stress Pour Réduire la Frustration et Pour Améliorer la Confiance. Ce Livre Aidera les Jeunes Enfants à développer le Contrôle de Stylo et d'exercer Leurs Compétences en Motricité Fine. Corinne Page. 2020. (Livre de Coloriage Pour les Enfants de 7+ ANS Ser.: Vol. 12). (FRE., Illus.). 46p. (J). (gr. 2-6). pap. *(978-1-80014-730-0(9))* CBT Bks.

Livre de Coloriage Pour les Enfants de Plus de 7 Ans (Personnages de BD) Ce Livre Dispose de 40 Pages à Colorier Sans Stress Pour Réduire la Frustration et Pour Améliorer la Confiance. Ce Livre Aidera les Jeunes Enfants à développer le Contrôle de Stylo et d'exercer Leurs Compétences en Motricité Fine. Corinne Page. 2020. (Livre de Coloriage Pour les Enfants de 7+ ANS Ser.: Vol. 12). (FRE., Illus.). 46p. (J). (gr. 2-6). pap. *(978-1-80014-503-0(9))* CBT Bks.

Livre de Coloriage Pour les Enfants de Plus de 7 Ans (Petit Déjeuner) Ce Livre Dispose de 40 Pages à Colorier Sans Stress Pour Réduire la Frustration et Pour Améliorer la Confiance. Ce Livre Aidera les Jeunes Enfants à développer le Contrôle de Stylo et d'exercer Leurs Compétences en Motricité Fine. Corinne Page. 2020. (Livre de Coloriage Pour les Enfants de 7+ ANS Ser.: Vol. 12). (FRE., Illus.). 46p. (J). (gr. 2-6). pap. *(978-1-80014-607-5(8))* CBT Bks.

Livre de Coloriage Pour les Enfants de Plus de 7 Ans (Robots) Ce Livre Dispose de 40 Pages à Colorier Sans Stress Pour Réduire la Frustration et Pour Améliorer la Confiance. Ce Livre Aidera les Jeunes Enfants à développer le Contrôle de Stylo et d'exercer Leurs Compétences en Motricité Fine. Corinne Page. 2020. (Livre de Coloriage Pour les Enfants de 7+ ANS Ser.: Vol. 12). (FRE., Illus.). 46p. (J). (gr. 2-6). pap. *(978-1-80014-515-3(2))* CBT Bks.

Livre de Coloriage Pour les Enfants de Plus de 7 Ans (Rome Antique) Ce Livre Dispose de 40 Pages à Colorier Sans Stress Pour Réduire la Frustration et Pour Améliorer la Confiance. Ce Livre Aidera les Jeunes Enfants à développer le Contrôle de Stylo et d'exercer Leurs Compétences en Motricité Fine. Corinne Page. 2020. (Livre de Coloriage Pour les Enfants de 7+ ANS Ser.: Vol. 12). (FRE., Illus.). 46p. (J). (gr. 2-6). pap. *(978-1-80014-531-3(4))* CBT Bks.

Livre de Coloriage Pour les Enfants de Plus de 7 Ans (Sports) Ce Livre Dispose de 40 Pages à Colorier Sans Stress Pour Réduire la Frustration et Pour Améliorer la Confiance. Ce Livre Aidera les Jeunes Enfants à développer le Contrôle de Stylo et d'exercer Leurs Compétences en Motricité Fine. Corinne Page. 2020. (Livre de Coloriage Pour les Enfants de 7+ ANS Ser.: Vol. 12). (FRE., Illus.). 46p. (J). (gr. 2-6). pap. *(978-1-80014-558-0(6))* CBT Bks.

Livre de Coloriage Pour les Enfants de Plus de 7 Ans (Tableau Périodique) Ce Livre Dispose de 40 Pages à Colorier Sans Stress Pour Réduire la Frustration et Pour Améliorer la Confiance. Ce Livre Aidera les Jeunes Enfants à développer le Contrôle de Stylo et d'exercer Leurs Compétences en Motricité Fine. Corinne Page. 2020. (Livre de Coloriage Pour les Enfants de 7+ ANS Ser.: Vol. 12). (FRE., Illus.). 46p. (J). (gr. 2-6). pap. *(978-1-80014-631-0(0))* CBT Bks.

Livre de Coloriage Princesse: Livre de Coloriage de Princesses Pour les Filles de 3 à 9 Ans - Pages de Coloriage Amusantes Avec des Princesses éTonnantes Dans Leur Monde Enchanté. Emil Rana O'Neil. 2021. (FRE., Illus.). 86p. (J). pap. 11.99 *(978-1-716-03976-8(2))* Ridley Madison, LLC.

Livre de Coloriage Simple Pour les Tous Petits (Chouettes 2) Ce Livre Contient 40 Pages à Colorier Avec des Lignes Très épaisses. Ce Livre Aidera les Jeunes Enfants à développer le Contrôle du Stylo et à Exercer Leurs Compétences en Motrices Fines. Nicola Ridgeway & James Manning. 2020. (Livres de Coloriage Pour Enfants Ser.). (FRE.). 86p. (J). pap. *(978-1-80027-358-0(4))* CBT Bks.

Livre de Coloriage Simple Pour les Tous Petits (Émoticônes 1) Ce Livre Contient 40 Pages à Colorier Avec des Lignes Très épaisses. Ce Livre Aidera les Jeunes Enfants à développer le Contrôle du Stylo et à Exercer Leurs Compétences en Motrices Fines. Nicola Ridgeway. 2020. (Livres de Coloriage Pour Enfants Ser.: Vol. 16). (FRE., Illus.). 86p. (J). pap. *(978-1-80027-353-5(3))* CBT Bks.

Livre de Coloriage Simple Pour les Tous Petits (Selfies Animaux) Ce Livre Contient 40 Pages à Colorier Avec des Lignes Très épaisses. Ce Livre Aidera les Jeunes Enfants à développer le Contrôle du Stylo et à Exercer Leurs Compétences en Motrices Fines. Nicola Ridgeway. 2020. (Livres de Coloriage Pour Enfants Ser.: Vol. 16). (FRE., Illus.). 86p. (J). pap. *(978-1-80027-351-1(7))* CBT Bks.

Livre de la Jungle: Bilingue Anglais/Français (+ Lecture Audio Intégrée) Rudyard Kipling. 2018. (FRE., Illus.). 466p. (J). (gr. 4-7). pap. *(978-2-37808-017-4(4))* L'Accolade éditions.

Livre de Labyrinthe Pour Enfants: Amusants Labyrinthes Pour les Enfants, Garçons et Filles Âgés de 4 À 8 Ans: Cahier d'activités de Labyrinthe Pour Enfants Avec des Jeux de Labyrinthe Passionnants. Cahier d'exercices Maze Pour les Jeux, les Énigmes et la Résolution de Problèmes, des Débuta. Happy Books For All. 2021. (FRE.). 104p. (J). pap. *(978-1-006-87385-0(6))* Lulu.com.

Livre de Matheolus: Poème Français du Xive Siècle (Classic Reprint) Jean Le Fevre. 2018. (FRE., Illus.). (J). 154p. 27.09 *(978-0-366-07130-2(0))*; 156p. pap. 9.57 *(978-0-366-02071-3(4))* Forgotten Bks.

Livre des Enfants Pour l'Etude du Francais (Classic Reprint) Paul Bercy. 2017. (FRE., Illus.). (J). 148p. 26.95 *(978-0-332-24153-1(X))*; 150p. pap. 9.57 *(978-0-332-22760-3(X))* Forgotten Bks.

Livre des Enfants Pour l'Étude du Francais (Classic Reprint) Paul Bercy. 2018. (FRE., Illus.). 124p. (J). pap. 9.57 *(978-1-391-08943-0(X))* Forgotten Bks.

Livre des Enfants Pour l'Étude Français (Classic Reprint) Paul Bercy. 2018. (FRE., Illus.). (J). 150p. 27.01 *(978-1-391-44529-8(5))*; 152p. pap. 9.57 *(978-1-390-22986-8(6))* Forgotten Bks.

Livre des Entries, Vol. 2: Contenant Auxi un Report des Resolutions Del Court Sur Diverse Exceptions Prises As Pleadings, et Sur Auters Matters en Ley (Classic Reprint) Edward Lutwyche. 2018. (FRE., Illus.). (J). 1182p. 48.30 *(978-0-267-04266-1(3))*; 1184p. pap. 30.64 *(978-0-483-98510-0(4))* Forgotten Bks.

Livre du Très Chevalereux Comte d'Artois et de Sa Femme Fille Au Comte de Boulogne (Classic Reprint) Joseph Barrois. 2018. (FRE., Illus.). (J). 244p. 28.93 *(978-1-391-30449-6(7))*; 246p. pap. 11.57 *(978-1-390-48215-7(4))* Forgotten Bks.

Livre du Voir-Dit de Guillaume de Machaut: Où Sont Contées les Amours de Messire Guillaume de Machaut et de Peronnelle Dame d'Armentières Avec les Lettres et les Réponses, les Ballades, Lais et Rondeaux Dudit Guillaume et de Ladite Peronnelle. Paulin Guillaume. 2018. (FRE., Illus.). (J). 460p. 33.38 *(978-1-390-04387-7(8))*; 462p. pap. 16.57 *(978-1-390-04384-6(3))* Forgotten Bks.

Livres Pour les Enfants de 4 Ans (Dinosaures) Nicola Ridgeway. 2020. (FRE.). 86p. (J). pap. *(978-1-80027-227-9(8))* CBT Bks.

Livres Pour les Enfants de 4 Ans (Oeufs émoticônes) Nicola Ridgeway & James Manning. 2020. (FRE.). 86p. (J). pap. *(978-1-80027-228-6(6))* CBT Bks.

Livreur. Douglas Bender. Tr. by Annie Evearts. 2021. (Gens Que Je Rencontre (People I Meet) Ser.). (FRE., Illus.). 16p. (J). (gr. -1-1). pap. *(978-1-0396-0642-5(3)*, 12939) Crabtree Publishing Co.

Livro para Colorir Animais: Livros para Colorir para Crianças Livro para Colorir para Crianças de 2-4 Anos Livro de Colorir para Crianças de Tenra Idade Livro para Colorir Animais Livros para Colorir 52 Páginas 8. 5x8. 5. Gabriela Oprea. 2021. (POR.). 52p. (J). pap. *(978-1-291-24728-2(9))* Lulu Pr., Inc.

Livro para Colorir de Animais: Livro de Colorir Incrível Com Animais e Monstros para Relaxar. Queenie Activitys. 2021. (POR.). 102p. (YA). pap. 13.69 *(978-0-357-82172-5(6))* Oak Solid Publishers.

Livro para Colorir para Crianças de 4-5 Anos (Abelhas) Este Livro Tem 40 Páginas Coloridas Sem Stress para Reduzir a Frustração e Melhorar a ConfiançA. Este Livro Irá Ajudar As Crianças Pequenas a Desenvolver o Controlo Da Caneta e a Exercitar As Suas Capacidades Motoras Finas. Matilde Correia. 2020. (Livro para Colorir para Crianças de 4-5 Anos Ser.: Vol. 18). (POR., Illus.). 46p. (J). (gr. k-1). pap. *(978-1-80014-055-4(X))* CBT Bks.

Livro para Colorir para Crianças de 4-5 Anos (Animais Que Emitem Sons) Este Livro Tem 40 Páginas Coloridas Sem Stress para Reduzir a Frustração e Melhorar a ConfiançA. Este Livro Irá Ajudar As Crianças Pequenas a Desenvolver o Controlo Da Caneta e a Exercitar As Suas Capacidades Motoras Finas. Matilde Correia. 2020. (Livro para Colorir para Crianças de 4-5 Anos Ser.: Vol. 18). (POR., Illus.). 46p. (J). (gr. k-1). pap. *(978-1-80014-047-9(9))* CBT Bks.

Livro para Colorir para Crianças de 4-5 Anos (Bebidas) Este Livro Tem 40 Páginas Coloridas Sem Stress para Reduzir a Frustração e Melhorar a ConfiançA. Este Livro Irá Ajudar As Crianças Pequenas a Desenvolver o Controlo Da Caneta e a Exercitar As Suas Capacidades Motoras Finas. Matilde Correia. 2020. (Livro para Colorir para Crianças de 4-5 Anos Ser.: Vol. 18). (POR., Illus.). 46p. (J). (gr. k-1). pap. *(978-1-80014-062-2(2))* CBT Bks.

Livro para Colorir para Crianças de 4-5 Anos (Cacti) Este Livro Tem 40 Páginas Coloridas Sem Stress para Reduzir a Frustração e Melhorar a ConfiançA. Este Livro Irá Ajudar As Crianças Pequenas a Desenvolver o Controlo Da Caneta e a Exercitar As Suas Capacidades Motoras Finas. Matilde Correia. 2020. (Livro para Colorir para Crianças de 4-5 Anos Ser.: Vol. 18).

1210 The check digit for ISBN-10 appears in parentheses after the full ISBN-13

TITLE INDEX

LIZZIE & LEOPOLD

(POR., Illus.). 46p. (J). (gr. k-1). pap. *(978-1-80014-033-2(9))* CBT Bks.

Livro para Colorir para Crianças de 4-5 Anos (Chapéus) Este Livro Tem 40 Páginas Coloridas Sem Stress para Reduzir a Frustração e Melhorar a ConfiançA. Este Livro Irá Ajudar As Crianças Pequenas a Desenvolver o Controlo Da Caneta e a Exercitar As Suas Capacidades Motoras Finas. Matilde Correia. 2020. (Livro para Colorir para Crianças de 4-5 Anos Ser.: Vol. 18). (POR., Illus.). 46p. (J). (gr. k-1). pap. *(978-1-80014-684-6(1))* CBT Bks.

Livro para Colorir para Crianças de 4-5 Anos (Construção) Este Livro Tem 40 Páginas Coloridas Sem Stress para Reduzir a Frustração e Melhorar a ConfiançA. Este Livro Irá Ajudar As Crianças Pequenas a Desenvolver o Controlo Da Caneta e a Exercitar As Suas Capacidades Motoras Finas. Matilde Correia. 2020. (Livro para Colorir para Crianças de 4-5 Anos Ser.: Vol. 18). (POR., Illus.). 46p. (J). (gr. k-1). pap. *(978-1-80014-052-3(5))* CBT Bks.

Livro para Colorir para Crianças de 4-5 Anos (Corujas) Este Livro Tem 40 Páginas Coloridas Sem Stress para Reduzir a Frustração e Melhorar a ConfiançA. Este Livro Irá Ajudar As Crianças Pequenas a Desenvolver o Controlo Da Caneta e a Exercitar As Suas Capacidades Motoras Finas. Matilde Correia. 2020. (Livro para Colorir para Crianças de 4-5 Anos Ser.: Vol. 18). (POR., Illus.). 46p. (J). (gr. k-1). pap. *(978-1-80014-083-7(5))* CBT Bks.

Livro para Colorir para Crianças de 4-5 Anos (Dança) Este Livro Tem 40 Páginas Coloridas Sem Stress para Reduzir a Frustração e Melhorar a ConfiançA. Este Livro Irá Ajudar As Crianças Pequenas a Desenvolver o Controlo Da Caneta e a Exercitar As Suas Capacidades Motoras Finas. Matilde Correia. 2020. (Livro para Colorir para Crianças de 4-5 Anos Ser.: Vol. 18). (POR., Illus.). 46p. (J). (gr. k-1). pap. *(978-1-80014-061-5(4))* CBT Bks.

Livro para Colorir para Crianças de 4-5 Anos (Doces) Este Livro Tem 40 Páginas Coloridas Sem Stress para Reduzir a Frustração e Melhorar a ConfiançA. Este Livro Irá Ajudar As Crianças Pequenas a Desenvolver o Controlo Da Caneta e a Exercitar As Suas Capacidades Motoras Finas. Matilde Correia. 2020. (Livro para Colorir para Crianças de 4-5 Anos Ser.: Vol. 18). (POR., Illus.). 46p. (J). (gr. k-1). pap. *(978-1-80014-037-0(1))* CBT Bks.

Livro para Colorir para Crianças de 4-5 Anos (Elefantes) Este Livro Tem 40 Páginas Coloridas Sem Stress para Reduzir a Frustração e Melhorar a ConfiançA. Este Livro Irá Ajudar As Crianças Pequenas a Desenvolver o Controlo Da Caneta e a Exercitar As Suas Capacidades Motoras Finas. Matilde Correia. 2020. (Livro para Colorir para Crianças de 4-5 Anos Ser.: Vol. 18). (POR., Illus.). 46p. (J). (gr. k-1). pap. *(978-1-80014-049-3(5))* CBT Bks.

Livro para Colorir para Crianças de 4-5 Anos (Elfos) Este Livro Tem 40 Páginas Coloridas Sem Stress para Reduzir a Frustração e Melhorar a ConfiançA. Este Livro Irá Ajudar As Crianças Pequenas a Desenvolver o Controlo Da Caneta e a Exercitar As Suas Capacidades Motoras Finas. Matilde Correia. 2020. (Livro para Colorir para Crianças de 4-5 Anos Ser.: Vol. 18). (POR., Illus.). 46p. (J). (gr. k-1). pap. *(978-1-80014-079-0(7))* CBT Bks.

Livro para Colorir para Crianças de 4-5 Anos (Faces Engraçadas) Este Livro Tem 40 Páginas Coloridas Sem Stress para Reduzir a Frustração e Melhorar a ConfiançA. Este Livro Irá Ajudar As Crianças Pequenas a Desenvolver o Controlo Da Caneta e a Exercitar A. Matilde Correia. 2020. (Livro para Colorir para Crianças de 4-5 Anos Ser.: Vol. 18). (POR., Illus.). 46p. (J). (gr. k-1). pap. *(978-1-80014-068-4(1))* CBT Bks.

Livro para Colorir para Crianças de 4-5 Anos (França) Este Livro Tem 40 Páginas Coloridas Sem Stress para Reduzir a Frustração e Melhorar a ConfiançA. Este Livro Irá Ajudar As Crianças Pequenas a Desenvolver o Controlo Da Caneta e a Exercitar As Suas Capacidades Motoras Finas. Matilde Correia. 2020. (Livro para Colorir para Crianças de 4-5 Anos Ser.: Vol. 18). (POR., Illus.). 46p. (J). (gr. k-1). pap. *(978-1-80014-066-0(5))* CBT Bks.

Livro para Colorir para Crianças de 4-5 Anos (Fruta Feliz) Este Livro Tem 40 Páginas Coloridas Sem Stress para Reduzir a Frustração e Melhorar a ConfiançA. Este Livro Irá Ajudar As Crianças Pequenas a Desenvolver o Controlo Da Caneta e a Exercitar As Suas Capacidades Motoras Finas. Matilde Correia. 2020. (Livro para Colorir para Crianças de 4-5 Anos Ser.: Vol. 18). (POR., Illus.). 46p. (J). (gr. k-1). pap. *(978-1-80014-070-7(3))* CBT Bks.

Livro para Colorir para Crianças de 4-5 Anos (Gatos) Este Livro Tem 40 Páginas Coloridas Sem Stress para Reduzir a Frustração e Melhorar a ConfiançA. Este Livro Irá Ajudar As Crianças Pequenas a Desenvolver o Controlo Da Caneta e a Exercitar As Suas Capacidades Motoras Finas. Matilde Correia. 2020. (Livro para Colorir para Crianças de 4-5 Anos Ser.: Vol. 18). (POR., Illus.). 46p. (J). (gr. k-1). pap. *(978-1-80014-034-9(7))* CBT Bks.

Livro para Colorir para Crianças de 4-5 Anos (Hippies) Este Livro Tem 40 Páginas Coloridas Sem Stress para Reduzir a Frustração e Melhorar a ConfiançA. Este Livro Irá Ajudar As Crianças Pequenas a Desenvolver o Controlo Da Caneta e a Exercitar As Suas Capacidades Motoras Finas. Matilde Correia. 2020. (Livro para Colorir para Crianças de 4-5 Anos Ser.: Vol. 18). (POR., Illus.). 46p. (J). (gr. k-1). pap. *(978-1-80014-687-7(6))* CBT Bks.

Livro para Colorir para Crianças de 4-5 Anos (lábios) Este Livro Tem 40 Páginas Coloridas Sem Stress para Reduzir a Frustração e Melhorar a ConfiançA. Este Livro Irá Ajudar As Crianças Pequenas a Desenvolver o Controlo Da Caneta e a Exercitar As Suas Capacidades Motoras Finas. Matilde Correia. 2020. (Livro para Colorir para Crianças de 4-5 Anos Ser.: Vol. 18).

(POR., Illus.). 46p. (J). (gr. k-1). pap. *(978-1-80014-707-2(4))* CBT Bks.

Livro para Colorir para Crianças de 4-5 Anos (Londres) Este Livro Tem 40 Páginas Coloridas Sem Stress para Reduzir a Frustração e Melhorar a ConfiançA. Este Livro Irá Ajudar As Crianças Pequenas a Desenvolver o Controlo Da Caneta e a Exercitar As Suas Capacidades Motoras Finas. Matilde Correia. 2020. (Livro para Colorir para Crianças de 4-5 Anos Ser.: Vol. 18). (POR., Illus.). 46p. (J). (gr. k-1). pap. *(978-1-80014-828-4(3))* CBT Bks.

Livro para Colorir para Crianças de 4-5 Anos (Macacos) Este Livro Tem 40 Páginas Coloridas Sem Stress para Reduzir a Frustração e Melhorar a ConfiançA. Este Livro Irá Ajudar As Crianças Pequenas a Desenvolver o Controlo Da Caneta e a Exercitar As Suas Capacidades Motoras Finas. Matilde Correia. 2020. (Livro para Colorir para Crianças de 4-5 Anos Ser.: Vol. 18). (POR., Illus.). 46p. (J). (gr. k-1). pap. *(978-1-80014-680-8(9))* CBT Bks.

Livro para Colorir para Crianças de 4-5 Anos (Natal) Este Livro Tem 40 Páginas Coloridas Sem Stress para Reduzir a Frustração e Melhorar a ConfiançA. Este Livro Irá Ajudar As Crianças Pequenas a Desenvolver o Controlo Da Caneta e a Exercitar As Suas Cap. Matilde Correia. 2020. (Livro para Colorir para Crianças de 4-5 Anos Ser.: Vol. 18). (POR., Illus.). 46p. (J). (gr. k-1). pap. *(978-1-80014-662-4(0))* CBT Bks.

Livro para Colorir para Crianças de 4-5 Anos (Pessoas Em Todo o Mundo) Este Livro Tem 40 Páginas Coloridas Sem Stress para Reduzir a Frustração e Melhorar a ConfiançA. Este Livro Irá Ajudar As Crianças Pequenas a Desenvolver o Controlo Da Caneta e a Exercitar As Suas Capacidades Motoras Finas. Matilde Correia. 2020. (Livro para Colorir para Crianças de 4-5 Anos Ser.: Vol. 18). (POR., Illus.). 46p. (J). (gr. k-1). pap. *(978-1-80014-089-9(4))* CBT Bks.

Livro para Colorir para Crianças de 4-5 Anos (Pijamas) Este Livro Tem 40 Páginas Coloridas Sem Stress para Reduzir a Frustração e Melhorar a ConfiançA. Este Livro Irá Ajudar As Crianças Pequenas a Desenvolver o Controlo Da Caneta e a Exercitar As Suas Capacidades Motoras Finas. Matilde Correia. 2020. (Livro para Colorir para Crianças de 4-5 Anos Ser.: Vol. 18). (POR., Illus.). 46p. (J). (gr. k-1). pap. *(978-1-80014-667-9(1))* CBT Bks.

Livro para Colorir para Crianças de 4-5 Anos (Pintos) Este Livro Tem 40 Páginas Coloridas Sem Stress para Reduzir a Frustração e Melhorar a ConfiançA. Este Livro Irá Ajudar As Crianças Pequenas a Desenvolver o Controlo Da Caneta e a Exercitar As Suas Capacidades Motoras Finas. Matilde Correia. 2020. (Livro para Colorir para Crianças de 4-5 Anos Ser.: Vol. 18). (POR., Illus.). 46p. (J). (gr. k-1). pap. *(978-1-80014-053-0(3))* CBT Bks.

Livro para Colorir para Crianças de 4-5 Anos (Sapos) Este Livro Tem 40 Páginas Coloridas Sem Stress para Reduzir a Frustração e Melhorar a ConfiançA. Este Livro Irá Ajudar As Crianças Pequenas a Desenvolver o Controlo Da Caneta e a Exercitar As Suas Capacidades Motoras Finas. Matilde Correia. 2020. (Livro para Colorir para Crianças de 4-5 Anos Ser.: Vol. 18). (POR., Illus.). 46p. (J). (gr. k-1). pap. *(978-1-80014-081-3(9))* CBT Bks.

Livro para Colorir para Crianças de 4-5 Anos (Selva) Este Livro Tem 40 Páginas Coloridas Sem Stress para Reduzir a Frustração e Melhorar a ConfiançA. Este Livro Irá Ajudar As Crianças Pequenas a Desenvolver o Controlo Da Caneta e a Exercitar As Suas Cap. Matilde Correia. 2020. (Livro para Colorir para Crianças de 4-5 Anos Ser.: Vol. 18). (POR., Illus.). 44p. (J). (gr. k-1). pap. *(978-1-80014-688-4(4))* CBT Bks.

Livro para Colorir para Crianças de 4-5 Anos (Serviços de Emergência) Este Livro Tem 40 Páginas Coloridas Sem Stress para Reduzir a Frustração e Melhorar a ConfiançA. Este Livro Irá Ajudar As Crianças Pequenas a Desenvolver o Controlo Da Caneta e a Exercitar As Suas Capacidades Motoras Finas. Matilde Correia. 2020. (Livro para Colorir para Crianças de 4-5 Anos Ser.: Vol. 18). (POR., Illus.). 46p. (J). (gr. k-1). pap. *(978-1-80014-675-4(2))* CBT Bks.

Livro para Colorir para Crianças de 7+ Anos (Bandeiras) Este Livro Tem 40 Páginas Coloridas Sem Stress para Reduzir a Frustração e Melhorar a ConfiançA. Este Livro Irá Ajudar As Crianças Pequenas a Desenvolver o Controlo Da Caneta e a Exercitar As Suas. Matilde Correia. 2020. (Livro para Colorir para Crianças de 7+ Anos Ser.: Vol. 18). (POR., Illus.). 46p. (J). (gr. 2-6). pap. *(978-1-80014-549-8(7))* CBT Bks.

Livro para Colorir para Crianças de 7+ Anos (bandeiras 2) Este Livro Tem 40 Páginas Coloridas Sem Stress para Reduzir a Frustração e Melhorar a ConfiançA. Este Livro Irá Ajudar As Crianças Pequenas a Desenvolver o Controlo Da Caneta e a Exercitar As Suas Capacidades Motoras Finas. Matilde Correia. 2020. (Livro para Colorir para Crianças de 7+ Anos Ser.: Vol. 18). (POR., Illus.). 46p. (J). (gr. 2-6). pap. *(978-1-80014-728-7(7))* CBT Bks.

Livro para Colorir para Crianças de 7+ Anos (Bolas) Este Livro Tem 40 Páginas Coloridas Sem Stress para Reduzir a Frustração e Melhorar a ConfiançA. Este Livro Irá Ajudar As Crianças Pequenas a Desenvolver o Controlo Da Caneta e a Exercitar As Suas Capacidades Motoras Finas. Matilde Correia. 2020. (Livro para Colorir para Crianças de 7+ Anos Ser.: Vol. 18). (POR., Illus.). 46p. (J). (gr. 2-6). pap. *(978-1-80014-530-6(6))* CBT Bks.

Livro para Colorir para Crianças de 7+ Anos (Bolos) Este Livro Tem 40 Páginas Coloridas Sem Stress para Reduzir a Frustração e Melhorar a ConfiançA. Este Livro Irá Ajudar As Crianças Pequenas a Desenvolver o Controlo Da Caneta e a Exercitar As Suas Capacidades Motoras Finas. Matilde Correia. 2020. (Livro para Colorir para Crianças de 7+ Anos Ser.: Vol. 18). (POR., Illus.). 46p. (J). (gr. 2-6). pap. *(978-1-80014-650-1(7))* CBT Bks.

Livro para Colorir para Crianças de 7+ Anos (Ditados de Inverno) Este Livro Tem 40 Páginas Coloridas Sem Stress para Reduzir a Frustração e Melhorar a ConfiançA. Este Livro Irá Ajudar As Crianças Pequenas a Desenvolver o Controlo Da Caneta e a Exercitar As Suas Capacidades Motoras Finas. Matilde Correia. 2020. (Livro para Colorir para Crianças de 7+ Anos Ser.: Vol. 18). (POR., Illus.). 46p. (J). (gr. 2-6). pap. *(978-1-80014-714-0(7))* CBT Bks.

Livro para Colorir para Crianças de 7+ Anos (Gnomos) Este Livro Tem 40 Páginas Coloridas Sem Stress para Reduzir a Frustração e Melhorar a ConfiançA. Este Livro Irá Ajudar As Crianças Pequenas a Desenvolver o Controlo Da Caneta e a Exercitar As Suas Capacidades Motoras Finas. Matilde Correia. 2020. (Livro para Colorir para Crianças de 7+ Anos Ser.: Vol. 18). (POR., Illus.). 46p. (J). (gr. 2-6). pap. *(978-1-80014-624-2(8))* CBT Bks.

Livro para Colorir para Crianças de 7+ Anos (Paisagens) Este Livro Tem 40 Páginas Coloridas Sem Stress para Reduzir a Frustração e Melhorar a ConfiançA. Este Livro Irá Ajudar As Crianças Pequenas a Desenvolver o Controlo Da Caneta e a Exercitar As Suas Capacidades Motoras Finas. Matilde Correia. 2020. (Livro para Colorir para Crianças de 7+ Anos Ser.: Vol. 18). (POR., Illus.). 46p. (J). (gr. 2-6). pap. *(978-1-80014-513-9(6))* CBT Bks.

Livro para Colorir para Crianças de 7+ Anos (Palavras de Super-Herói) Este Livro Tem 40 Páginas Coloridas Sem Stress para Reduzir a Frustração e Melhorar a ConfiançA. Este Livro Irá Ajudar As Crianças Pequenas a Desenvolver o Controlo Da Caneta e a Exercitar As Suas Capacidades Motoras Finas. Matilde Correia. 2020. (Livro para Colorir para Crianças de 7+ Anos Ser.: Vol. 18). (POR., Illus.). 46p. (J). (gr. 2-6). pap. *(978-1-80014-694-5(9))* CBT Bks.

Livro para Colorir para Crianças de 7+ Anos (Pequeno Almoço) Este Livro Tem 40 Páginas Coloridas Sem Stress para Reduzir a Frustração e Melhorar a ConfiançA. Este Livro Irá Ajudar As Crianças Pequenas a Desenvolver o Controlo Da Caneta e a Exercitar As Suas Capacidades Motoras Finas. Matilde Correia. 2020. (Livro para Colorir para Crianças de 7+ Anos Ser.: Vol. 18). (POR., Illus.). 46p. (J). (gr. 2-6). pap. *(978-1-80014-504-7(7))* CBT Bks.

Livro para Colorir para Crianças de 7+ Anos (Pessoas Dos Desenhos Animados) Este Livro Tem 40 Páginas Coloridas Sem Stress para Reduzir a Frustração e Melhorar a ConfiançA. Este Livro Irá Ajudar As Crianças Pequenas a Desenvolver o Controlo Da Caneta e a Exercitar As Suas Capacidades Motoras Finas. Matilde Correia. 2020. (Livro para Colorir para Crianças de 7+ Anos Ser.: Vol. 18). (POR., Illus.). 46p. (J). (gr. 2-6). pap. *(978-1-80014-605-1(1))* CBT Bks.

Livro para Colorir para Crianças de 7+ Anos (Tabela Periódica) Este Livro Tem 40 Páginas Coloridas Sem Stress para Reduzir a Frustração e Melhorar a ConfiançA. Este Livro Irá Ajudar As Crianças Pequenas a Desenvolver o Controlo Da Caneta e a Exercitar As Suas Capacidades Motoras Finas. Matilde Correia. 2020. (Livro para Colorir para Crianças de 7+ Anos Ser.: Vol. 18). (POR., Illus.). 46p. (J). (gr. 2-6). pap. *(978-1-80014-556-6(X))* CBT Bks.

Liz: The Bison of Yellowstone. Jerald L. Garner. 2017. (ENG., Illus.). 24p. (J). pap. 10.95 *(978-1-4808-5476-5(X))* Archway Publishing.

Liz & the Nosy Neighbor. Callie Barkley. Illus. by Tracy Bishop. 2018. (Critter Club Ser.: 19). (ENG.). 128p. (J). (gr. k-4). 17.99 *(978-1-5344-2969-7(7))*; pap. 6.99 *(978-1-5344-2968-0(9))* Little Simon. (Little Simon).

Liz at Marigold Lake: #7. Callie Barkley. Illus. by Marsha Riti. 2020. (Critter Club Ser.). (ENG.). 120p. (J). (gr. k-4). lib. bdg. 31.36 *(978-1-5321-4736-4(8)*, 36726, Chapter Bks.) Spotlight.

Liza: A Nest of Nobles (Classic Reprint) W. R. S. Ralston. 2017. (ENG., Illus.). (J). 29.01 *(978-0-265-18323-6(5))* Forgotten Bks.

Liza Jane & the Dragon. Laura Lippman. Illus. by Kate Samworth. 2018. (ENG.). 32p. (J). 16.95 *(978-1-61775-661-0(X)*, Black Sheep) Akashic Bks.

Liza Koshy. Jessica Rusick. (YouTubers Ser.). (ENG.). 32p. (J). 2020. (gr. 4-4). pap. 9.95 *(978-1-64494-359-5(X)*, 164494359X); 2019. (Illus.). (gr. 3-6). lib. bdg. 32.79 *(978-1-5321-9181-7(2)*, 33536) ABDO Publishing Co. (Checkerboard Library).

Liza Koshy, 1 vol. Philip Wolny. 2019. (Top YouTube Stars Ser.). (ENG.). 48p. (gr. 5-5). pap. 12.75 *(978-1-7253-4612-3(5)*, cf2f93bd-f407-4064-b0f1-da06533d4586, Rosen Reference) Rosen Publishing Group, Inc., The.

Liza Në Botën E çudirave. Lewis Carroll, pseud. 2023. (ALB.). 121p. (J). pap. ***(978-1-4467-7178-5(4))*** Lulu Pr., Inc.

Liza of Bourke's & Other Stories. Cyril Vaile. 2017. (ENG., Illus.). (J). pap. *(978-0-649-35998-1(4))* Trieste Publishing Pty Ltd.

Liza of Bourke's, & Other Stories (Classic Reprint) Cyril Vaile. 2018. (ENG., Illus.). 278p. (J). 29.65 *(978-0-483-22838-2(9))* Forgotten Bks.

Liza of Lambeth (Classic Reprint) Somerset Maugham. 2017. (ENG., Illus.). (J). 28.56 *(978-0-331-30995-9(5))* Forgotten Bks.

Lizard. August Hoeft. (I See Animals Ser.). (ENG.). (J). 2022. 20p. 24.99 ***(978-1-5324-3424-2(3))***; 2021. 12p. pap. 5.99 *(978-1-5324-1505-0(2))* Xist Publishing.

Lizard. Josè Saramago. Tr. by Nick Caistor & Lucia Caistor. Illus. by J Borges. 2019. (ENG.). 24p. (J). (gr. 1-4). 17.95 *(978-1-60980-933-1(5)*, Triangle Square) Seven Stories Pr.

Lizard & the Frog. Stewart Marshall Gulley. 2021. (ENG.). 32p. (J). pap. 11.95 *(978-1-928561-15-6(2))* Gulley Institute of Creative Learning, Inc.

Lizard Brain. Jocelyn Soliz. 2020. (ENG.). 36p. (J). 18.97 *(978-1-7346844-6-9(1))* Soliz, Jocelyn.

Lizard in a Blizzard. Stephen Evans. 2017. (ENG., Illus.). (J). pap. 15.99 *(978-0-9963959-6-0(2))* Ruybal, Michael.

Lizard in a Blizzard. Lesley Sims. 2019. (Phonics Readers Ser.). (ENG.). 24ppp. (J). pap. 6.99 *(978-0-7945-4471-3(1)*, Usborne) EDC Publishing.

Lizard Lady, 1 vol. Jennifer Keats Curtis & Nicole F. Angeli. Illus. by Veronica Jones. 2018. (ENG.). 32p. (J). (gr. k-3). 17.95 *(978-1-60718-066-1(9)*, 9781607180661); pap. 9.95 *(978-1-60718-091-3(X)*, 9781607180913) Arbordale Publishing.

Lizard Lizard. Noreen Miller Maskell. 2019. (ENG.). 30p. (J). pap. 13.95 *(978-1-64544-714-6(6))* Page Publishing Inc.

Lizard Loses His Tail: Leveled Reader Red Fiction Level 5 Grade 1. Hmh Hmh. 2019. (Rigby PM Ser.). (ENG.). 16p. (J). (gr. 1). pap. 11.00 *(978-0-358-12140-4(X))* Houghton Mifflin Harcourt Publishing Co.

Lizard Music. Daniel M. Pinkwater. Illus. by Daniel M. Pinkwater. 2017. (Illus.). 160p. (J). (gr. 4-7). pap. 11.99 *(978-1-68137-184-9(7)*, NYRB Kids) New York Review of Bks., Inc., The.

Lizard of Oz. R. L. Stine. 2016. 135p. (J). *(978-1-338-10392-2(X))* Scholastic, Inc.

Lizard of Oz. R. L. Stine. ed. 2016. (Goosebumps Most Wanted Ser.: 10). (ENG.). 160p. (J). (gr. 3-7). 17.20 *(978-0-606-39142-9(8))* Turtleback.

Lizard Pals. Pat Jacobs. 2018. (Pet Pals Ser.). (Illus.). 32p. (J). (gr. 3-3). pap. *(978-0-7787-5733-7(1))* Crabtree Publishing Co.

Lizard Prince & Other South American Stories. Kate Ashwin & Kel McDonald. 2023. (Cautionary Fables & Fairytales Ser.). (Illus.). 200p. (J). (gr. 5-9). pap. 15.00 *(978-1-63899-121-2(9))* Iron Circus Comics.

Lizard Scientists: Studying Evolution in Action. Dorothy Hinshaw Patent & Nate Dappen. 2022. (Scientists in the Field Ser.). (ENG., Illus.). 80p. (J). (gr. 3-7). 18.99 *(978-0-358-38140-2(1)*, Clarion Bks.) HarperCollins Pubs.

Lizard Who Loves a Blizzard. Michael Sullivan. 2021. (ENG.). 36p. (J). pap. 13.99 *(978-1-7923-7321-3(X))* Independent Pub.

Lizards. Rose Davin. 2017. (Meet Desert Animals Ser.). (ENG., Illus.). 24p. (J). (gr. -1-2). lib. bdg. 27.32 *(978-1-5157-4599-0(6)*, 134283, Capstone Pr.) Capstone.

Lizards. Julie Murray. (Pet Care Ser.). (ENG., Illus.). 24p. (J). 2018. (gr. k-4). lib. bdg. 31.36 *(978-1-5321-2524-9(0)*, 30057, Abdo Zoom-Dash); 2016. (gr. -1-2). lib. bdg. 31.36 *(978-1-68080-532-1(0)*, 21344, Abdo Kids) ABDO Publishing Co.

Lizards. Derek Zobel. 2021. (Favorite Pets Ser.). (ENG.). 24p. (J). (gr. -1-2). lib. bdg. 25.95 *(978-1-64487-363-2(X)*, Blastoff! Readers) Bellwether Media.

Lizards: Children's Reptile & Amphibian Book. Bold Kids. 2022. (ENG.). 46p. (J). pap. 14.99 *(978-1-0717-1047-0(8))* FASTLANE LLC.

Lizards: Leveled Reader Book 49 Level I 6 Pack. Hmh Hmh. 2021. (SPA.). 24p. (J). pap. 74.40 *(978-0-358-08119-7(X))* Houghton Mifflin Harcourt Publishing Co.

Lizards: Leveled Reader Purple Level 20. Rg Rg. 2016. (PM Ser.). (ENG.). 24p. (J). (gr. 2). pap. 11.00 *(978-0-544-89204-0(6))* Rigby Education.

Lizards / Lagartijas. Xist Publishing. 2018. (Xist Kids Bilingual Spanish English Ser.). (ENG & SPA., Illus.). 28p. (J). (gr. -1-3). pap. 9.99 *(978-1-5324-0671-3(1))* Xist Publishing.

Lizards & Salamanders. Martha London. 2020. (Comparing Animal Differences Ser.). (ENG.). 24p. (J). (gr. k-3). lib. bdg. 32.79 *(978-1-5038-3595-5(2)*, 213370) Child's World, Inc, The.

Lizards at Large: 21 Remarkable Reptiles at Their Actual Size. Roxie Munro. 2023. (Illus.). 32p. (J). (gr. -1-3). 18.99 ***(978-0-8234-5360-3(X))*** Holiday Hse., Inc.

Lizards IR. James Maclaine. 2019. (Beginners Ser.). (ENG.). 32ppp. (J). 4.99 *(978-0-7945-4409-6(6)*, Usborne) EDC Publishing.

Lizard's Lagoon: La Laguna de Lagartija. Justin Kaye. Illus. by Justin Kaye & T. K. Hillyard. 2018. (ENG.). 26p. (J). pap. 9.15 *(978-1-945383-00-7(3))* CandleHill Publishing Co.

Lizardville Jimmy's Curse. Steve Altier. Ed. by Silvia Curry. 2019. (Lizardville Ser.: Vol. 2). (ENG.). (YA). (gr. 7-12). 218p. 19.99 *(978-0-578-49284-1(9))*; 220p. pap. 10.99 *(978-0-578-49281-0(4))* Dark Cloud Bks.

Lizardville the Ghost Story. Steve Altier. 2017. (Lizardville Ghost Stories Ser.: Vol. 1). (ENG., Illus.). (YA). (gr. 7-12). 19.99 *(978-0-692-91121-1(9))* Dark Cloud Bks.

Lizbeth Lou Got a Rock in Her Shoe. Troy Howell. Illus. by Kathryn Carr. 2016. (ENG.). 36p. (J). (gr. k-7). 17.99 *(978-0-9913866-5-9(5))* Ripple Grove Pr.

Lizette a Story of the Latin Quarter (Classic Reprint) Edward Marshall. 2018. (ENG., Illus.). 322p. (J). 30.54 *(978-0-428-88546-5(2))* Forgotten Bks.

Liz's Night at the Museum. Callie Barkley. Illus. by Tracy Bishop. 2016. (Critter Club Ser.: 15). (ENG.). 128p. (J). (gr. k-4). pap. 6.99 *(978-1-4814-7164-0(3)*, Little Simon) Little Simon.

Liz's Pie in the Sky. Callie Barkley. Illus. by Tracy Bishop. 2021. (Critter Club Ser.: 23). (ENG.). 128p. (J). (gr. k-4). 17.99 *(978-1-5344-8712-3(3))*; pap. 5.99 *(978-1-5344-8711-6(5))* Little Simon. (Little Simon).

Lizzie. Dawn Ius. (ENG.). (YA). (gr. 7). 2019. 352p. pap. 11.99 *(978-1-4814-9077-1(X))*; 2018. (Illus.). 336p. 18.99 *(978-1-4814-9076-4(1))* Simon Pulse. (Simon Pulse).

Lizzie & Emma: The Buggy Spoke Series, Book 2. Byler Linda. 2018. (Buggy Spoke Ser.). (ENG.). 340p. (J). (gr. 4-8). pap. 8.99 *(978-1-68099-357-8(7)*, Good Bks.) Skyhorse Publishing Co., Inc.

Lizzie & Fred: The Big Boat Race. K. J. Calhoun. 2021. (Lizzie & Fred Ser.: Vol. 1). (ENG., Illus.). 30p. (J). pap. 13.95 *(978-1-64299-816-0(8))* Christian Faith Publishing.

Lizzie & Her Dancing Letters. Macy Porterfield. 2022. (ENG.). 40p. (J). pap. 10.99 ***(978-1-915662-35-4(4))*** Indy Pub.

Lizzie & Lenny: Beach Tails. Marlene Sauriol. 2018. (ENG., Illus.). 24p. (J). (gr. -1-3). 12.95 *(978-1-64191-752-0(0))* Christian Faith Publishing.

Lizzie & Lenny: Christmas Tails. Marlene Sauriol. 2019. (Bobtail Ser.: Vol. 1). (ENG.). 32p. (J). (gr. -1-3). pap. 14.95 *(978-1-64569-359-8(7))* Christian Faith Publishing.

Lizzie & Lenny: Farm Tails. Marlene Sauriol. 2018. (Bobtail Ser.). (ENG., Illus.). 22p. (J). (gr. -1-3). pap. 11.95 *(978-1-64416-493-8(0))* Christian Faith Publishing.

Lizzie & Leopold. Patricia A. Gummeson. 2017. (ENG., Illus.). (J). pap. 13.95 *(978-1-64079-677-5(0))* Christian Faith Publishing.

L

Lizzie & Lou Seal. Patricia Keeler. 2017. (ENG., Illus.). 40p. (J). (gr. -1-k). 16.99 *(978-1-5107-0630-9(5)*, Sky Pony Pr.) Skyhorse Publishing Co., Inc.

Lizzie & the Flying Yoga Mat. Liz Palmieri-Cooniey. 2018. (ENG., Illus.). 76p. (J). (gr. k-4). pap. 12.95 *(978-1-949142-00-6(0))* All Things Liz Loves.

Lizzie & the Lost Baby. Cheryl Blackford. 2017. (ENG.). 192p. (J). (gr. 5-7). pap. 6.99 *(978-0-544-93525-9(X)*, 1658134, Clarion Bks.) HarperCollins Pubs.

Lizzie & the Storytellers. Lou Ellen Riley. 2023. (ENG.). 266p. (J). pap. 15.95 ***(978-1-7375505-6-3(3))*** Legacies & Memories.

Lizzie Borden. Michael Burgan. 2018. (History's Worst Ser.). (ENG.). 224p. (J). (gr. 3-7). 18.99 *(978-1-4814-9652-0(2))*; pap. 7.99 *(978-1-4814-9651-3(4))* Simon & Schuster Children's Publishing. (Aladdin).

Lizzie Borden Ax Murders. Carla Mooney. 2019. (American Crime Stories Ser.). (ENG., Illus.). 112p. (J). (gr. 6-12). lib. bdg. 41.36 *(978-1-5321-9010-0(7)*, 33340, Essential Library) ABDO Publishing Co.

Lizzie Bright & the Buckminster Boy: A Newbery Honor Award Winner. Gary D. Schmidt. 2020. (ENG.). 256p. (J). (gr. 5-7). pap. 7.99 *(978-0-358-20639-2(1)*, 1763734, Clarion Bks.) HarperCollins Pubs.

Lizzie Demands a Seat! Elizabeth Jennings Fights for Streetcar Rights. Beth Anderson. Illus. by E. B. Lewis. 2020. (ENG.). 32p. (J). (gr. 2-5). 17.99 *(978-1-62979-939-1(4)*, Calkins Creek) Highlights Pr., c/o Highlights for Children, Inc.

Lizzie Flying Solo. Nanci Turner Steveson. 2019. (ENG.). 336p. (J). (gr. 3-7). 16.99 *(978-0-06-267318-3(1)*, HarperCollins) HarperCollins Pubs.

Lizzie Leigh: And Other Tales (Classic Reprint) Elizabeth Cleghorn Gaskell. 2017. (ENG., Illus.). (J). 32.52 *(978-0-331-78035-2(6))*; pap. 16.57 *(978-0-243-43544-9(4))* Forgotten Bks.

Lizzie Leigh, & Other Tales (Classic Reprint) Elizabeth Cleghorn Gaskell. (ENG., Illus.). (J). 2018. 516p. 34.50 *(978-0-484-14334-9(4))*; 2017. pap. 16.97 *(978-0-243-40105-5(1))* Forgotten Bks.

Lizzie Lott's Reflection. R. a Bartle. 2016. (ENG., Illus.). 308p. (J). pap. *(978-0-9556494-6-2(3))* NotByUs.

Lizzie of the Mill, Vol. 1 Of 2: From the German of W. Heimnurg (Classic Reprint) Christina Tyrrell. 2018. (ENG., Illus.). 318p. (J). 30.46 *(978-0-483-13364-8(7))* Forgotten Bks.

Lizzie of the Mill, Vol. 2 Of 2: From the German of W. Heimburg (Classic Reprint) Christina Tyrrell. 2018. (ENG., Illus.). 300p. (J). 30.08 *(978-0-483-22837-5(0))* Forgotten Bks.

Lizzie on Koala Island. Kay Whiteley. 2020. (ENG.). 62p. (J). pap. *(978-1-5289-3192-2(0))* Austin Macauley Pubs. Ltd.

Lizzie Reaches the Rainbow. Lara Woods. Illus. by Tom Woods. 2016. (ENG.). (J). *(978-0-9953976-2-0(7))*; pap. *(978-0-9953976-0-6(0))* Karen Mc Dermott.

Lizzie the Lovely & Buddy. Zhanna Oganesyan. 2020. (ENG., Illus.). 20p. (J). 18.95 *(978-1-6624-1379-7(3))* Page Publishing Inc.

Lizzie the Snow Girl. Aleigh Qubty. 2021. (ENG.). 72p. (J). pap. 18.95 *(978-1-64531-143-0(0))* Newman Springs Publishing, Inc.

Lizzie's Fast Brain. Barbara N. Clark. 2020. (ENG.). 150p. (YA). pap. 11.99 *(978-1-952894-12-1(3))* Pen It Pubns.

Lizzie's Lesson. Sharalyn Morrison-Andrews. Illus. by Lucas Richards. 2016. (ENG.). (J). 19.95 *(978-0-9975343-1-3(1))*; pap. 12.95 *(978-0-9975343-0-6(3))* Morrison-Andrews, Sharalyn.

Lizzie's Red Socks. Sarah Ann Hall. 2020. (ENG.). 30p. (J). *(978-1-5289-2649-2(8))*; pap. *(978-1-5289-2648-5(X))* Austin Macauley Pubs. Ltd.

Lizzo. Martha London. 2020. (Biggest Names in Music Ser.). (ENG., Illus.). 32p. (J). (gr. 3-5). pap. 9.95 *(978-1-64493-644-3(5)*, 1644936445); lib. bdg. 31.35 *(978-1-64493-635-1(6)*, 1644936356) North Star Editions. (Focus Readers).

Lizzo: Breakout Artist. Lakita Wilson. 2020. (Gateway Biographies Ser.). (ENG., Illus.). 48p. (J). (gr. 4-8). lib. bdg. 31.99 *(978-1-5415-9678-8(1)*, 3391c690-9d9a-4491-9058-0d2349a364bf, Lerner Pubns.) Lerner Publishing Group.

Lizzo: 100% Unofficial - All the Juice on the Entertainer of the Year. Natasha Mulenga. 2021. (ENG., Illus.). 64p. (J). pap. 9.99 *(978-0-603-58052-9(1)*, Dean & Son) Farshore GBR. Dist: HarperCollins Pubs.

Lizzo: Singing Superstar. Rebecca Felix. 2021. (Superstars Ser.). (ENG., Illus.). 32p. (J). (gr. 2-5). lib. bdg. 34.21 *(978-1-5321-9568-6(0)*, 37386, Big Buddy Bks.) ABDO Publishing Co.

Lizzy & Buster's Time for Fall. Melissa Whitworth. Illus. by John Whitworth. 2019. (ENG.). 32p. (J). pap. 8.99 *(978-0-578-59049-3(2))* Brandrock Creative Co., The.

Lizzy & the Good Luck Girl. Susan Lubner. 2018. (ENG.). 224p. (J). (gr. 3-7). 16.99 *(978-0-7624-6502-6(6)*, Running Pr. Kids) Running Pr.

Lizzy & the Rainbow: Peep-Through Felt Book. IglooBooks. 2021. (ENG.). 10p. (J). (— 1). bds. 10.99 *(978-1-83903-659-0(1))* Igloo Bks. GBR. Dist: Simon & Schuster, Inc.

Lizzy Legend. Matthew Ross Smith. (ENG.). (J). (gr. 3-7). 2021. 256p. pap. 7.99 *(978-1-5344-2025-0(8))*; 2019. (Illus.). 240p. 17.99 *(978-1-5344-2024-3(X))* Simon & Schuster Children's Publishing. (Aladdin).

Lizzy Lin Sets the World Straight: A Mad City Kids: Book 1. K. Nieber. 2022. (Mad City Kids Book Ser.: Vol. 1). (ENG.). 182p. (J). pap. 11.99 *(978-1-63984-188-2(1))* Pen It Pubns.

Lizzy, Lizzy, Oh So Dizzy. Angela Pisaturo. 2020. (ENG.). 32p. (J). pap. 15.00 *(978-1-716-47634-1(8))* Lulu Pr., Inc.

Lizzy Mctizzy & the Busy Dizzy Day. Sarah Weeks. Illus. by Lee Wildish. 2019. (ENG.). 32p. (J). (gr. -1-3). 17.99 *(978-0-06-244205-5(8)*, HarperCollins) HarperCollins Pubs.

Lizzy 'N Dizzy. Joyce Lambert. 2019. (ENG.). 110p. (J). 23.99 *(978-1-7334396-5-7(X))*; pap. 11.99 *(978-1-7334396-4-0(1))* GoldTouch Pr.

Lizzy the Elephant. Contrib. by World Book, Inc. Staff. 2017. (Illus.). 31p. (J). *(978-0-7166-3521-5(6))* World Bk., Inc.

Lizzy the Lioness, 1 vol. Lisa Bevere. Illus. by Kirsteen Harris-Jones. 2017. (ENG.). 32p. (J). 17.99 *(978-0-7180-9658-8(4)*, Tommy Nelson) Nelson, Thomas Inc.

Lizzy the Lonely. Breanna Santana. 2019. (ENG.). 12p. (J). *(978-0-359-31152-1(0))* Lulu Pr., Inc.

Lizzy the Love Bug. Pamela J. Bither. 2022. (ENG.). 30p. (J). pap. 14.95 *(978-1-68517-948-9(7))* Christian Faith Publishing.

Lizzy the Model T. Scott Owens. 2022. (ENG., Illus.). 22p. (J). pap. 14.95 ***(978-1-68498-880-8(2))*** Newman Springs Publishing, Inc.

Lizzy y Thomas: ¿Cómo... Se Formó el Sistema Solar? Deandean. 2021. (SPA.). 39p. (J). pap. ***(978-1-387-76562-1(0))*** Lulu Pr., Inc.

Lizzy's Day of Kindness. Joanna Nabholz. Illus. by Elizabeth Henderson. 2019. (ENG.). 28p. (J). pap. 9.99 *(978-0-692-95912-1(2))* Joanna Nabholz.

Lizzy's Dragon. Melissa Gijsbers. 2017. (ENG., Illus.). 74p. (gr. k-6). 32.00 *(978-1-5326-3794-0(2)*, Stone Table Bks.) Wipf & Stock Pubs.

Lj's Big Red Truck. Etienne Y. Sweeney. Illus. by Monica Rodriguez. 2022. (ENG.). 26p. (J). 22.50 ***(978-0-578-35393-7(8))*** Ingramspark.

LKOE 18-Copy Mixed Backlist Floor Display W Riser. Max Brallier. 2023. (J). (gr. 3-7). 255.82 ***(978-0-525-48976-4(2)***, Viking Books for Young Readers) Penguin Young Readers Group.

Lkws Autos und Flugzeuge: Erstaunliches Malbuch Für Kleinkinder und Kinder Im Alter Von 3 Bis 8 Jahren, Malbuch Für Jungen und Mädchen Mit über 50 Hochwertigen Illustrationen. Lenard Vinci Press. 2020. (GER.). 114p. (J). pap. 10.99 *(978-1-716-29683-3(8))* Lulu Pr., Inc.

Ll. Bela Davis. 2016. (Alphabet Ser.). (ENG., Illus.). 24p. (J). (gr. -1-2). lib. bdg. 31.36 *(978-1-68080-888-9(5)*, 23251, Abdo Kids) ABDO Publishing Co.

Ll Ll (Spanish Language) Maria Puchol. 2017. (Abecedario (the Alphabet) Ser.). (SPA.). 24p. (J). (gr. -1-2). lib. bdg. 31.36 *(978-1-5321-0328-5(X)*, 27203, Abdo Kids) ABDO Publishing Co.

Ll (Spanish Language) Maria Puchol. 2017. (Abecedario (the Alphabet) Ser.). (SPA.). 24p. (J). (gr. -1-2). lib. bdg. 31.36 *(978-1-5321-0311-7(5)*, 27186, Abdo Kids) ABDO Publishing Co.

Llama. Valerie Bodden. 2019. (Planeta Animal Ser.). (SPA.). 24p. (J). (gr. 1-4). *(978-1-64026-099-3(4)*, 18711) Creative Co., The.

Llama. Grace Hansen. (Animales Sudamericanos Ser.). 24p. (J). (gr. -1-2). 2023. (SPA.). lib. bdg. 32.79 ***(978-1-0982-6759-9(1)***, 42747); 2022. (ENG., Illus.). lib. bdg. 32.79 *(978-1-0982-6182-5(8)*, 39417) ABDO Publishing Co. (Abdo Kids).

Llama. August Hoeft. (I See Animals Ser.). (ENG.). (J). 2022. 20p. pap. 12.99 ***(978-1-5324-4228-5(9))***; 2021. 12p. pap. 5.99 *(978-1-5324-1506-7(0))* Xist Publishing.

Llama. Penelope Dyan. Illus. by Dyan. l.t. ed. 2022. (ENG.). 34p. (J). pap. 12.60 ***(978-1-61477-610-9(5))*** Bellissima Publishing, LLC.

Llama Destroys the World. Jonathan Stutzman. Illus. by Heather Fox. 2019. (Llama Book Ser.: 1). (ENG.). 40p. (J). 18.99 *(978-1-250-30317-2(6)*, 900197052, Holt, Henry & Co. Bks. For Young Readers) Holt, Henry & Co.

Llama Drama. Rebecca Felix. 2020. (Internet Animal Stars Ser.). (ENG., Illus.). 32p. (J). (gr. 1-4). pap. 8.99 *(978-1-7284-0289-5(1)*, 844aa8b9-6ced-448e-b6aa-2bb3c65c66d6); lib. bdg. 27.99 *(978-1-5415-9717-4(6)*, c885a814-1059-4960-aed8-87ca8cc5d03a) Lerner Publishing Group. (Lerner Pubns.).

Llama Drama: A Grace Story. Kelsey Abrams. Illus. by Jomike Tejido. 2019. (Second Chance Ranch Set 2 Ser.). (ENG.). 120p. (J). (gr. 3-4). pap. 7.99 *(978-1-63163-264-8(7)*, 1631632647); lib. bdg. 27.13 *(978-1-63163-263-1(9)*, 1631632639) North Star Editions. (Jolly Fish Pr.).

Llama Drama Playing Cards to Go. Mudpuppy. Illus. by Marijke Buurlage. 2019. (ENG.). (J). (gr. -1-5). 7.99 *(978-0-7353-5732-7(3))* Mudpuppy Pr.

Llama Embriodery Kit. Lara Bryan. 2019. (Embroidery Kits Ser.). (ENG.). 16 page book, ap. (J). 12.99 *(978-0-7945-4772-1(9)*, Usborne) EDC Publishing.

Llama Glamarama. Illus. by Garry Parsons. 2021. (ENG.). 32p. (J). (gr. -1-k). 14.99 *(978-1-338-73618-2(3)*, Orchard Bks.) Scholastic, Inc.

Llama Llama 2-In-1: Gives Thanks/Jingle Bells. Anna Dewdney. 2020. (Llama Llama Ser.). (Illus.). 26p. (J). (-k). bds. 8.99 *(978-0-593-20415-3(8)*, Viking Books for Young Readers) Penguin Young Readers Group.

Llama Llama 2-In-1: Wakey-Wake/Nighty-Night. Anna Dewdney. 2020. (Llama Llama Ser.). (Illus.). 28p. (J). (-k). bds. 9.99 *(978-0-593-11807-8(3)*, Viking Books for Young Readers) Penguin Young Readers Group.

Llama Llama 5-Minute Stories. Anna Dewdney. 5th ed. 2019. (Llama Llama Ser.). (Illus.). 192p. (J). (gr. -1-1). 14.99 *(978-0-593-09404-4(2)*, Penguin Young Readers Licenses) Penguin Young Readers Group.

Llama Llama ABC. Anna Dewdney. Illus. by J. T. Morrow. 2022. (Llama Llama Ser.). 26p. (J). (— 1). bds. 8.99 *(978-0-593-46429-8(X)*, Viking Books for Young Readers) Penguin Young Readers Group.

Llama Llama ABC (Spanish Edition) Anna Dewdney. Tr. by Claudia Hoepelman. Illus. by J. T. Morrow. 2022. (Llama Llama Ser.). 24p. (J). (— 1). bds. 8.99 *(978-0-593-52779-5(8)*, Viking Books for Young Readers) Penguin Young Readers Group.

Llama Llama & Friends. Anna Dewdney. Illus. by J. J. Harrison. 2017. (Llama Llama Ser.). 32p. (J). (gr. -1-1). 16.99 *(978-1-5247-8392-1(7)*, Penguin Young Readers Licenses) Penguin Young Readers Group.

Llama Llama & the Lucky Pajamas. Created by Anna Dewdney. 2018. (Llama Llama Ser.). (Illus.). 24p. (J). (gr. -1-2). pap. 5.99 *(978-1-5247-8501-7(6)*, Penguin Young Readers Licenses) Penguin Young Readers Group.

Llama Llama & the Lucky Pajamas. Anna Dewdney. ed. 2018. (Illus.). 24p. (J). lib. bdg. 14.75 *(978-0-606-40898-1(3))* Turtleback.

Llama Llama & the Lucky Pajamas. Penguin Young Readers. ed. 2018. (Llama Llama 8x8 Bks). (ENG.). 24p. (J). (gr. -1-k). 14.89 *(978-1-64310-220-7(6))* Penworthy Co., LLC, The.

Llama, Llama Aprende a Nadar / Llama Llama Learns to Swim. Anna Dewdney. 2019. (SPA.). 24p. (J). (-k). pap. 7.95 *(978-607-31-7564-7(7)*, Altea) Penguin Random House Grupo Editorial ESP. Dist: Penguin Random Hse. LLC.

Llama Llama Back to School. Anna Dewdney & Reed Duncan. Illus. by J. T. Morrow. 2022. (Llama Llama Ser.). (ENG.). 40p. (J). (-k). 18.99 *(978-0-593-35244-1(0)*, Viking Books for Young Readers) Penguin Young Readers Group.

Llama Llama, Be My Valentine. Sreenplay by Anna Dewdney. 2019. (Penguin Young Readers Ser.). (ENG.). 30p. (J). (gr. k-1). 14.89 *(978-0-87617-759-4(3))* Penworthy Co., LLC, The.

Llama Llama Be My Valentine! Created by Anna Dewdney. 2021. (Step into Reading Ser.). (Illus.). 32p. (J). (gr. -1-1). pap. 5.99 *(978-0-593-43260-0(6)*, Random Hse. Bks. for Young Readers) Random Hse. Children's Bks.

Llama Llama Colores. Anna Dewdney. Illus. by J. T. Morrow. 2022. (Llama Llama Ser.). 16p. (J). (— 1). bds. 6.99 *(978-0-593-46405-2(2)*, Viking Books for Young Readers) Penguin Young Readers Group.

Llama Llama Colors. Anna Dewdney. Illus. by J. T. Morrow. 2021. (Llama Llama Ser.). 16p. (J). (— 1). bds. 7.99 *(978-0-593-35310-3(2)*, Viking Books for Young Readers) Penguin Young Readers Group.

Llama Llama Daddy's Day. Anna Dewdney. 2021. (Llama Llama Ser.). (Illus.). 24p. (J). (-k). pap. 4.99 *(978-0-593-22471-7(X)*, Penguin Young Readers Licenses) Penguin Young Readers Group.

Llama Llama Daddy's Day. Anna Dewdney. ed. 2021. (Llama Llama 8x8 Bks). (ENG., Illus.). 24p. (J). (gr. k-1). 14.89 *(978-1-64697-734-5(3))* Penworthy Co., LLC, The.

Llama Llama Dance Recital Fun. Told to Anna Dewdney. 2019. (Penguin Young Readers Ser.). (ENG.). 32p. (J). (gr. k-1). 14.89 *(978-0-87617-758-7(5))* Penworthy Co., LLC, The.

Llama Llama Dance Recital Fun. Anna Dewdney. 2021. (Step into Reading Ser.). (ENG., Illus.). 32p. (J). (gr. -1-1). lib. bdg. 14.99 *(978-0-593-43223-5(1)*, Random Hse. Bks. for Young Readers) Random Hse. Children's Bks.

Llama Llama Disfruta Acampar / Llama Llama Loves Camping. Anna Dewdney. 2019. (SPA.). 24p. (J). (-k). pap. 7.95 *(978-607-31-7426-8(8)*, Altea) Penguin Random House Grupo Editorial ESP. Dist: Penguin Random Hse. LLC.

Llama Llama Doctors Are Here to Help! Anna Dewdney. 2021. (Little Golden Book Ser.). (Illus.). 24p. (J). (-k). 5.99 *(978-0-593-42645-6(2)*, Golden Bks.) Random Hse. Children's Bks.

Llama Llama el Ayudante de Las Fiestas. Anna Dewdney. Ed. by Adriana Dominguez. Tr. by Isabel Mendoza. Illus. by J. J. Harrison. ed. 2022. (Llama Llama Ser.).Tr. of Llama Llama Holiday Helper. 32p. (J). (gr. -1-1). pap. 4.99 *(978-0-593-52259-2(1)*, Penguin Young Readers Licenses) Penguin Young Readers Group.

Llama Llama Family Vacation. Anna Dewdney. 2020. (Llama Llama Ser.). (Illus.). 24p. (J). (-k). pap. 4.99 *(978-0-593-09712-0(2)*, Penguin Young Readers Licenses) Penguin Young Readers Group.

Llama Llama Family Vacation. Anna Dewdney. ed. 2020. (Llama Llama 8x8 Bks). (ENG., Illus.). 24p. (J). (gr. k-1). 14.89 *(978-1-64697-446-7(8))* Penworthy Co., LLC, The.

Llama Llama Gives Thanks. Anna Dewdney. 2017. (Llama Llama Ser.). (Illus.). 14p. (J). (— 1). bds. 7.99 *(978-1-101-99715-4(X)*, Viking Books for Young Readers) Penguin Young Readers Group.

Llama Llama Happy Birthday! Anna Dewdney. 2019. (Llama Llama Ser.). (Illus.). 24p. (J). (-k). pap. 4.99 *(978-0-593-09290-3(2)*, Penguin Young Readers Licenses) Penguin Young Readers Group.

Llama Llama Happy Birthday! Anna Dewdney. 2019. (Llama Llama 8x8 Bks). (ENG.). 23p. (J). (gr. k-1). 14.89 *(978-0-87617-753-2(4))* Penworthy Co., LLC, The.

Llama Llama Hide & Seek: A Lift-The-Flap Book. Anna Dewdney. 2020. (Llama Llama Ser.). 14p. (J). (-k). bds. 12.99 *(978-0-593-09356-6(9)*, Grosset & Dunlap) Penguin Young Readers Group.

Llama Llama Holiday Helper. Anna Dewdney. Illus. by J. J. Harrison. 2020. (Llama Llama Ser.). 32p. (J). (gr. -1-1). 18.99 *(978-0-593-22259-1(8)*, Penguin Young Readers Licenses) Penguin Young Readers Group.

Llama Llama Hooray for New Friends! Anna Dewdney. 2023. (Little Golden Book Ser.). (Illus.). 24p. (J). (-k). 5.99 *(978-0-593-56938-2(5)*, Golden Bks.) Random Hse. Children's Bks.

Llama Llama Learns to Swim. Created by Anna Dewdney. 2018. (Llama Llama Ser.). (Illus.). 24p. (J). (gr. -1-1). pap. 5.99 *(978-1-5247-8719-6(1)*, Penguin Young Readers Licenses) Penguin Young Readers Group.

Llama Llama Learns to Swim. Janet Grynberg. 2019. (Llama, Llama Pic Bks). (SPA.). 24p. (J). (gr. k-1). 20.49 *(978-0-87617-732-7(1))* Penworthy Co., LLC, The.

Llama Llama Learns to Swim. Anna Dewdney. ed. 2018. (Llama Llama 8X8 Ser.). lib. bdg. 14.75 *(978-0-606-41334-3(0))* Turtleback.

Llama Llama Little Lie 8-Copy Floor Display W/ PWP Plush. Anna Dewdney. 2023. (J). (-k). 215.84 ***(978-0-593-72011-0(3)***, Viking Books for Young Readers) Penguin Young Readers Group.

Llama Llama Loose Tooth Drama. Anna Dewdney. Illus. by J. T. Morrow. 2020. (Llama Llama Ser.). 40p. (J). (-k). 18.99 *(978-0-593-20603-4(7)*, Viking Books for Young Readers) Penguin Young Readers Group.

Llama Llama Loses a Tooth. Anna Dewdney. 2021. (Step into Reading Ser.). (ENG., Illus.). 32p. (J). (gr. -1-1). pap. 5.99 *(978-0-593-43220-4(7))*; lib. bdg. 14.99 *(978-0-593-43221-1(5))* Random Hse. Children's Bks. (Random Hse. Bks. for Young Readers).

Llama Llama Loses a Tooth. Anna Dewdney. ed. 2018. (Penguin Young Readers Level 2 Ser.). (Illus.). 32p. (J). lib. bdg. 13.55 *(978-0-606-40882-0(7))* Turtleback.

Llama Llama Loves Camping. Created by Anna Dewdney. 2018. (Llama Llama Ser.). (Illus.). 24p. (J). (gr. -1-1). pap. 4.99 *(978-1-5247-8718-9(3)*, Penguin Young Readers Licenses) Penguin Young Readers Group.

Llama Llama Loves Camping. Janet Grynberg. 2019. (Llama, Llama Pic Bks). (SPA.). 24p. (J). (gr. k-1). 20.49 *(978-0-87617-731-0(3))* Penworthy Co., LLC, The.

Llama Llama Loves Camping. Anna Dewdney. ed. 2018. (Llama Llama 8X8 Ser.). (Illus.). 24p. (J). lib. bdg. 14.75 *(978-0-606-41335-0(9))* Turtleback.

Llama Llama Loves His Mama. Anna Dewdney. 2021. (Llama Llama Ser.). (Illus.). 16p. (J). (— 1). bds. 9.99 *(978-0-593-20562-4(6)*, Viking Books for Young Readers) Penguin Young Readers Group.

Llama Llama Loves to Read. Anna Dewdney & Reed Duncan. Illus. by J. T. Morrow. 2018. (Llama Llama Ser.). 40p. (J). (-k). 18.99 *(978-0-670-01397-5(8)*, Viking Books for Young Readers) Penguin Young Readers Group.

Llama Llama Meets the Babysitter. Anna Dewdney & Reed Duncan. Illus. by J. T. Morrow. 2021. (Llama Llama Ser.). 40p. (J). (-k). 18.99 *(978-0-593-35033-1(2)*, Viking Books for Young Readers) Penguin Young Readers Group.

Llama Llama Mess Mess Mess. Anna Dewdney & Reed Duncan. 2019. (Llama Llama Ser.). (Illus.). 40p. (J). (-k). 18.99 *(978-0-670-01644-0(6)*, Viking Books for Young Readers) Penguin Young Readers Group.

Llama Llama Mother's Day Present. Anna Dewdney. 2020. (Llama Llama Ser.). (Illus.). 24p. (J). (-k). pap. 4.99 *(978-0-593-09418-1(2)*, Penguin Young Readers Licenses) Penguin Young Readers Group.

Llama Llama Mother's Day Present. Anna Dewdney. ed. 2020. (Llama Llama 8x8 Bks). (ENG.). 24p. (J). (gr. k-1). 14.89 *(978-1-64697-201-2(5))* Penworthy Co., LLC, The.

Llama Llama Numbers. Anna Dewdney. Illus. by J. T. Morrow. 2021. (Llama Llama Ser.). 16p. (J). (— 1). bds. 6.99 *(978-0-593-35311-0(0)*, Viking Books for Young Readers) Penguin Young Readers Group.

Llama Llama Numeros. Anna Dewdney. Illus. by J. T. Morrow. 2022. (Llama Llama Ser.). 16p. (J). (— 1). bds. 6.99 *(978-0-593-46407-6(9)*, Viking Books for Young Readers) Penguin Young Readers Group.

Llama Llama Red Pajama Book & Plush. Anna Dewdney. 2019. (Llama Llama Ser.). (ENG.). 40p. (J). (-k). 19.99 *(978-0-593-11481-0(7)*, Viking Books for Young Readers) Penguin Young Readers Group.

Llama Llama Seasons of Fun!: a Push-And-Pull Book. Anna Dewdney. Illus. by J. T. Morrow. 2021. (Llama Llama Ser.). 8p. (J). (— 1). bds. 12.99 *(978-0-593-38259-2(5)*, Grosset & Dunlap) Penguin Young Readers Group.

Llama Llama Secret Santa Surprise. Anna Dewdney. 2019. (Llama Llama Ser.). 24p. (J). (gr. -1-1). pap. 5.99 *(978-1-5247-9362-3(0)*, Penguin Young Readers Licenses) Penguin Young Readers Group.

Llama Llama Secret Santa Surprise. Anna Dewdney. 2019. (Llama Llama 8x8 Bks). (ENG.). 24p. (J). (gr. k-1). 14.89 *(978-0-87617-754-9(2))* Penworthy Co., LLC, The.

Llama Llama Shapes. Anna Dewdney. Illus. by J. T. Morrow. 2023. (Llama Llama Ser.). 14p. (J). (— 1). bds. 7.99 *(978-0-593-46509-7(1)*, Viking Books for Young Readers) Penguin Young Readers Group.

Llama Llama Talent Show. Anna Dewdney. 2021. (Llama Llama Ser.). (Illus.). (J). (gr. 1-2). 32p. 15.99 *(978-0-593-22472-4(8))*; 48p. pap. 4.99 *(978-0-593-22473-1(6))* Penguin Young Readers Group. (Penguin Young Readers).

Llama Llama Thanks-For-Giving Day. Anna Dewdney. 2020. (Llama Llama Ser.). (Illus.). 24p. (J). (-k). pap. 5.99 *(978-0-593-09713-7(0)*, Penguin Young Readers Licenses) Penguin Young Readers Group.

Llama Llama Thanks-For-Giving Day. Anna Dewdney. ed. 2020. (Llama Llama 8x8 Bks). (ENG., Illus.). 24p. (J). (gr. k-1). 14.89 *(978-1-64697-447-4(6))* Penworthy Co., LLC, The.

Llama Llama Time to Play: A Push-And-Pull Book. Anna Dewdney. Illus. by J. T. Morrow. 2022. (Llama Llama Ser.). 8p. (J). (— 1). bds. 12.99 *(978-0-593-38362-9(1)*, Grosset & Dunlap) Penguin Young Readers Group.

Llama Llama Very Busy Springtime. Anna Dewdney. 2020. (Llama Llama Ser.). (Illus.). 24p. (J). (-k). pap. 5.99 *(978-0-593-09419-8(0)*, Penguin Young Readers Licenses) Penguin Young Readers Group.

Llama Llama Very Busy Springtime. Anna Dewdney. ed. 2020. (Llama Llama 8x8 Bks). (ENG.). 24p. (J). (gr. k-1). 14.89 *(978-1-64697-202-9(3))* Penworthy Co., LLC, The.

Llama Llama y Sus Amigos / Llama Llama & Friends. Anna Dewdney. 2019. (SPA.). 32p. (J). (gr. -1-k). pap. 7.95 *(978-607-31-7892-1(1)*, Beascoa) Penguin Random House Grupo Editorial ESP. Dist: Penguin Random Hse. LLC.

Llama Llama Yum Yum Yum! A Scratch-And-Sniff Book. Anna Dewdney. 2016. (Llama Llama Ser.). (Illus.). 14p. (J). (— 1). bds. 12.99 *(978-0-448-49638-2(0)*, Grosset & Dunlap) Penguin Young Readers Group.

Llama Llama's Holiday Library, 4 vols. Anna Dewdney. 2017. (Llama Llama Ser.). 56p. (J). (— 1). 27.96 *(978-0-425-29182-5(0)*, Viking Books for Young Readers) Penguin Young Readers Group.

Llama Llama's Little Lie. Anna Dewdney & Reed Duncan. Illus. by J. T. Morrow. 2023. 40p. (J). (-k). 18.99 ***(978-0-593-35248-9(3)***, Viking Books for Young Readers) Penguin Young Readers Group.

Llama on a Mission! Annabelle Sami. Illus. by Allen Fatimaharan. 2021. (Llama Out Loud Ser.). (ENG.). 224p. (J). 7.99 *(978-1-4052-9755-4(7))* Farshore GBR. Dist: HarperCollins Pubs.

Llama on Holiday. Annabelle Sami. 2022. (Llama Out Loud Ser.). (ENG., Illus.). 208p. (J). 7.99 *(978-0-7555-0388-9(0))* Farshore GBR. Dist: HarperCollins Pubs.

Llama on Ice. Annabelle Sami. Illus. by Allen Fatimaharan. 2022. (Llama Out Loud Ser.). (ENG.). 256p. (J). 9.99 ***(978-0-7555-0390-2(2))*** Farshore GBR. Dist: HarperCollins Pubs.

Llama or Alpaca? Christina Leaf. 2019. (Spotting Differences Ser.). (ENG., Illus.). 24p. (J). (gr. k-3). lib. bdg. 26.95 *(978-1-64487-034-1(7)*, Blastoff! Readers) Bellwether Media.

Llama Out Loud! (Llama Out Loud) Annabelle Sami. Illus. by Allen Fatimaharan. 2020. (Llama Out Loud Ser.). (ENG.). 256p. (J). pap. 7.99 *(978-1-4052-9699-1(2))* Farshore GBR. Dist: HarperCollins Pubs.

Llama Party Night! A Funny, Rhyming Read-Aloud Picture Story Book for Llama Loving Kids. Josh Hall. 2021. (ENG.). 32p. (J). pap. ***(978-0-473-59312-4(2))*** Gilda Bks.

Llama Rocks the Cradle of Chaos. Jonathan Stutzman. Illus. by Heather Fox. 2022. (Llama Book Ser.: 3). (ENG.). 48p. (J). 18.99 *(978-1-250-77676-1(7)*, 900235187, Holt, Henry & Co. Bks. For Young Readers) Holt, Henry & Co.

Llama Tres Veces/ Knock Three Times. Cressida Cowell. 2022. (Tiempo de Los Magos/ the Wizards of Once Ser.: 5). (SPA.). 384p. (J). (gr. 4-7). 20.95 *(978-84-18870-53-8(2))* Penguin Random House Grupo Editorial ESP. Dist: Penguin Random Hse. LLC.

Llama Unleashes the Alpacalypse. Jonathan Stutzman. Illus. by Heather Fox. 2020. (Llama Book Ser.: 2). (ENG.). 40p. (J). 18.99 *(978-1-250-22285-5(0)*, 900208101, Holt, Henry & Co. Bks. For Young Readers) Holt, Henry & Co.

Llamacorn Is Kind, 1 vol. Kate Coombs. Illus. by Elisa Pallmer. 2019. 32p. (J). (gr. -1-3). 16.99 *(978-1-4236-5262-5(2))* Gibbs Smith, Publisher.

Llamada de la Cienaga. Davide Cali. 2018. (SPA.). 28p. (J). *(978-84-16003-90-7(4))* Takatuka.

Llámalo Como Quieras. Brigid Kemmerer. 2019. (SPA.). 416p. (YA). (gr. 9-12). pap. 16.99 *(978-607-8712-00-7(4))* V&R Editoras.

Llamame J. T. ! Linda Koons. Illus. by Helen Poole. 2016. (Early Rising Readers Ser.). (SPA.). 16p. (J). (gr. 1-1). 29.00 *(978-1-4788-3892-0(2))* Newmark Learning LLC.

Llamanoes: Dominoes ... with Llamas! (Llama Card Game for Kids, Board Game for Children) Chronicle Books. Illus. by Shyama Golden. 2018. (ENG.). 28p. (J). (gr. -1-k). 12.99 *(978-1-4521-6371-0(5))* Chronicle Bks. LLC.

Llamaphones (a Grammar Zoo Book) Janik Coat. 2018. (Grammar Zoo Book Ser.). (ENG., Illus.). 36p. (J). (gr. -1 — 1). bds. 16.99 *(978-1-4197-2827-3(X)*, 1189010, Abrams Appleseed) Abrams, Inc.

Llamas. Valerie Bodden. 2019. (Amazing Animals Ser.). (ENG.). 24p. (J). (gr. 1-3). pap. 9.99 *(978-1-62832-625-3(5)*, 18692, Creative Paperbacks); *(978-1-64026-037-5(4)*, 18691) Creative Co., The.

Llamas. Amy Culliford. 2022. (Farm Animal Friends Ser.). (ENG.). 16p. (J). (gr. -1-1). pap. *(978-1-0396-6160-8(2)*, 19934); lib. bdg. *(978-1-0396-5965-0(9)*, 19933) Crabtree Publishing Co.

Llamas. Camilla de la Bedoyere. 2021. (Easy Readers Ser.). (ENG., Illus.). 32p. (J). (gr. k-2). lib. bdg. 29.32 *(978-0-7112-6459-5(7)*, b2adf973-4072-446a-9aaf-20309b0e5fc4) QEB Publishing Inc.

Llamas. Melissa Gish. 2017. (Living Wild Ser.). (ENG., Illus.). 48p. (J). (gr. 4-7). *(978-1-60818-831-4(0)*, 20198, Creative Education) Creative Co., The.

Llamas. Julia Jaske. 2022. (So Cute! Baby Animals Ser.). (ENG., Illus.). 16p. (J). (gr. -1-2). pap. 11.36 *(978-1-6689-0884-6(0)*, 220851, Cherry Blossom Press) Cherry Lake Publishing.

Llamas, 1 vol. Lori MacDhui. 2017. (Wild & Woolly Ser.). (ENG.). 24p. (J). (gr. 3-3). 25.27 *(978-1-5383-2531-5(4)*, 2cf94686-e8c1-4671-be65-78819fefae25, PowerKids Pr.) Rosen Publishing Group, Inc., The.

Llamas. Katie Woolley. 2022. (Reading Gems Fact Finders Ser.). (ENG., Illus.). 32p. (J). (gr. -1-2). pap. 8.99 *(978-0-7112-7316-0(2)*, 76eb7cdb-abb7-46d9-ad86-7fcdcb06c48c); lib. bdg. 27.99 *(978-0-7112-7149-4(6)*, f297dd8d-3774-470d-801b-506b8534950a) QEB Publishing Inc.

Llamas. Laura Buller. ed. 2020. (DK Readers Ser.). (ENG.). 48p. (J). (gr. k-1). 14.96 *(978-1-64697-026-1(8))* Penworthy Co., LLC, The.

Llamas. Maya Myers. ed. 2021. (National Geographic Readers Ser.). (ENG., Illus.). 32p. (J). (gr. k-1). 15.46 *(978-1-68505-068-9(9))* Penworthy Co., LLC, The.

Llamas: Animals That Change the World! (Engaging Readers, Level 2) Ashley Lee & Jared Siemens. Ed. by Alexis Roumanis. l.t. ed. 2021. (Animals That Change the World! Ser.: Vol. 16). (ENG., Illus.). 32p. (J). pap. *(978-1-77437-758-1(6))* AD Classic.

Llamas: Animals That Make a Difference! (Engaging Readers, Level 2) Ashley Lee & Jared Siemens. Ed. by Alexis Roumanis. l.t. ed. 2020. (Animals That Make a Difference! Ser.: Vol. 16). (ENG., Illus.). 32p. (J). *(978-1-77437-651-5(2))*; pap. *(978-1-77437-652-2(0))* AD Classic.

Llamas & Alpacas. Ellis M. Reed. 2020. (Comparing Animal Differences Ser.). (ENG.). 24p. (J). (gr. k-3). lib. bdg. 32.79 *(978-1-5038-3593-1(6)*, 213371) Child's World, Inc, The.

Llamas & Friends Scratch & Sketch (Trace Along) Illus. by Day Zschock Martha. 2019. (Scratch & Sketch Trace-Along Ser.). (ENG.). 64p. (J). spiral bd. 14.99 *(978-1-4413-3079-6(8)*, bf27f073-60cf-493e-a599-eb47c8c9a346) Peter Pauper Pr. Inc.

Llamas Can't Paint!! Vikki Miller. Illus. by Sheng Mei. 2021. (ENG.). 34p. (J). pap. *(978-0-2288-6177-5(2))* Tellwell Talent.

Llamas in the Field. Aly Fronis. Illus. by Luke Flowers. 2020. (ENG.). 16p. (J). (-k). bds. 6.99 *(978-1-4998-1005-9(9))* Little Bee Books Inc.

Llamas Spit, Leopards Bark, & Pandas Bite As Strong As a Shark. Linda Mosley Battisto. 2021. (ENG., Illus.). 56p. (J). 21.95 *(978-1-63710-229-9(1))*; pap. 11.95 *(978-1-63710-227-5(5))* Fulton Bks.

Llamas (Wild Life LOL!) Mara Grunbaum. 2020. (Wild Life LOL! Ser.). (ENG., Illus.). 32p. (J). (gr. 1-3). pap. 5.95 *(978-0-531-13266-1(8)*, Children's Pr.) Scholastic Library Publishing.

Llamas (Wild Life LOL!) (Library Edition) Mara Grunbaum. 2020. (Wild Life LOL! Ser.). (ENG., Illus.). 32p. (J). (gr. 1-3). lib. bdg. 25.00 *(978-0-531-12979-1(9)*, Children's Pr.) Scholastic Library Publishing.

Llamas with Lemonade: An Unusual Animal ABC. Ariana Koultourides. 2019. (Illus.). 30p. (J). (gr. -1-k). bds. 10.99 *(978-1-77321-321-7(0))* Annick Pr., Ltd. CAN. Dist: Publishers Group West (PGW).

Llamaste & Friends: Being Kind Through Yoga. Pat-A-Cake. Illus. by Annabel Tempest. import ed. 2020. (ENG.). 20p. (J). (— 1). bds. 8.99 *(978-0-593-17923-9(4)*, Rodale Kids) Random Hse. Children's Bks.

Llamita y el Lobo (Spanish Edition, Bedtime Stories, Ages 5-8) Anna-Stina Johansson. Tr. by Pertti Mustonen & Antonio Falcao. 2016. (SPA., Illus.). (J). pap. *(978-91-88235-03-9(3))* Storyteller from Lappland, The.

Llangobaith. Erasmus W. Jones. 2017. (ENG.). 368p. (J). pap. *(978-3-337-32236-6(0))* Creation Pubs.

Llangobaith: A Story of North Wales (Classic Reprint) Erasmus W. Jones. (ENG., Illus.). (J). 2018. 366p. 31.47 *(978-0-332-21495-5(8))*; 2016. pap. 13.97 *(978-1-333-34359-0(0))* Forgotten Bks.

Llave. Tone Almhjell. 2018. (SPA.). 352p. (J). (gr. 4-7). pap. 11.50 *(978-607-527-265-8(8))* Editorial Oceano de Mexico MEX. Dist: Independent Pubs. Group.

Llave de Latinoamerica: The Key to Latin America. Nelson Sosa. 2020. (SPA.). 34p. (YA). pap. 13.95 *(978-1-64334-359-4(9))* Page Publishing Inc.

Llave Esmeralda: Un Cuento de la Puerta Del Pavo Real. Wanda Kay Knight. 2021. (SPA.). 246p. (J). pap. 14.95 *(978-1-63684-849-5(4))* Waldorf Publishing.

Llegada / Anne of Green Gables. Lucy Maud Montgomery. 2022. (Ana de Las Tejas Verdes Ser.: 1). (SPA.). 192p. (J). (gr. 4-7). pap. 12.95 *(978-607-38-0830-9(5))* Penguin Random House Grupo Editorial ESP. Dist: Penguin Random Hse. LLC.

Llegaron con el Viento. Laura Santullo. 2018. (SPA.). 172p. (J). (gr. 5-8). pap. 14.99 *(978-607-746-329-0(9))* Progreso, Editorial, S. A. MEX. Dist: Lectorum Pubns., Inc.

Llegó Mi Mejor Amigo: Cuentos para Dormir Que les Harán Despertar. José Luis Navajo. 2022. (Cuentos para Dormir Que les Harán Despertar Ser.: 2). (SPA.). 128p. (J). (gr. 2-5). pap. 14.99 *(978-1-64123-828-1(3)*, 771395) Whitaker Hse.

Llévame Al Cielo / Take Me to Heaven. Carla Guelfenbein. 2018. (SPA.). 280p. (YA). (gr. 8-12). pap. 14.95 *(978-607-31-6810-6(1)*, Nube De Tinta) Penguin Random House Grupo Editorial ESP. Dist: Penguin Random Hse. LLC.

Llorona: The Legendary Weeping Woman of Mexico. Megan Cooley Peterson. 2019. (Real-Life Ghost Stories Ser.). (ENG., Illus.). 32p. (J). (gr. 3-9). pap. 7.95 *(978-1-5435-7479-1(3)*, 140919); lib. bdg. 28.65 *(978-1-5435-7337-4(1)*, 140628) Capstone.

Llorona Can't Scare Me / la Llorona No Me Asusta. Xavier Garza. Illus. by Xavier Garza. 2021. (MUL., Illus.). 32p. (J). 18.95 *(978-1-55885-924-1(1)*, Piñata Books) Arte Publico Pr.

Llorona: Counting down / Contando Hacia Atras: Counting down - Contando Hacia Atras, 1 vol. Patty Rodriguez & Ariana Stein. Illus. by Citlali Reyes. 2018. (ENG.). 22p. (J). bds. 9.99 *(978-0-9861099-2-8(4))* Little Libros, LLC.

Llueve Llueve. Maria Aduke Alabi & Andy Daniel Rosario. Illus. by Andy Daniel Rosario. 2020. (SPA., Illus.). 28p. (J). (gr. k-6). pap. 8.99 *(978-1-0878-5930-9(1))* Quisqueyana Pr.

¿Llueves o Haces Sol? Mireia Vidal. Illus. by Anna Font. 2020. (SPA.). 40p. (J). (gr. 2-4). pap. 18.00 *(978-84-17440-40-4(2))* Akiara Bks. ESP. Dist: Independent Pubs. Group.

Lluvia. Carol Thompson. Tr. by Teresa Mlawer from ENG. Illus. by Carol Thompson. 2017. (¡Haga el Tiempo Que Haga! - Whatever the Weather (Spanish) Ser.: 4). Orig. Title: Rain. (SPA., Illus.). 12p. (J). (gr. k-k). bds. *(978-1-84643-979-7(5))* Child's Play International Ltd.

Lluvia en Verso. Juan Moises de la Serna. 2019. (SPA.). 82p. (J). pap. *(978-88-9398-258-0(7))* Tektime.

LMNO Pea-Quel. Keith Baker. Illus. by Keith Baker. (Peas Ser.). (ENG., Illus.). 40p. (J). (gr. -1-3). 2019. 8.99 *(978-1-5344-6669-2(X))*; 2017. 18.99 *(978-1-4814-5856-6(6))* Beach Lane Bks. (Beach Lane Bks.).

LMNO Pea-Quel. Keith Baker. Illus. by Keith Baker. 2021. (Peas Ser.). (ENG., Illus.). 36p. (J). (gr. -1-k). bds. 7.99 *(978-1-5344-9252-3(6)*, Little Simon) Little Simon.

LMNO Pea-Quel: Book & CD. Keith Baker. Illus. by Keith Baker. 2020. (Peas Ser.). (ENG., Illus.). 40p. (J). (gr. -1-3). pap. 9.99 *(978-1-5344-1847-9(4)*, Little Simon) Little Simon.

LMNO Peas: Book & CD. Keith Baker. Illus. by Keith Baker. 2018. (Peas Ser.). (ENG., Illus.). 40p. (J). (gr. -1-3). pap. 9.99 *(978-1-5344-1844-8(X)*, Little Simon) Little Simon.

Lndiscretion of Lady Usher (Classic Reprint) Unknown Author. (ENG., Illus.). (J). 2018. 320p. 30.52 *(978-0-484-50950-3(0))*; 2016. pap. 13.57 *(978-1-334-12552-2(X))* Forgotten Bks.

Lo & Behold: A Christmas Story. Sally Breeze Green. Illus. by Melissa Green. 2019. (ENG.). 28p. (J). (gr. -1-3). 23.95 *(978-1-64569-557-8(3))* Christian Faith Publishing.

Lo, & Behold Ye (Classic Reprint) Seumas MacManus. 2018. (ENG., Illus.). (J). 312p. 30.33 *(978-0-428-50830-2(8))*; 314p. pap. 13.57 *(978-0-428-50814-2(6))* Forgotten Bks.

Lo Bueno Del Trueno: Por Qué No Hay Que Tenerle Miedo a Las Tormentas. Sharon Purtill. Tr. by Mariana Horrisberger. Illus. by Tamara Piper. 2022. (SPA.). 36p. (J). pap. ***(978-1-990469-36-7(1))*** Dunhill-Clare Publishing.

Lo Demas Es Silencio. Jordi Sierra i Fabra. 2018. 244p. (YA). pap. 15.99 *(978-958-30-5303-0(1))* Panamericana Editorial COL. Dist: Lectorum Pubns., Inc.

Lo, I Am with You Always. Crystal Gauthreaux. 2019. (ENG.). 30p. (J). pap. 13.95 *(978-1-64492-332-0(7))* Christian Faith Publishing.

Lo-Jack & the Pirates: Level 3. William H. Hooks. Illus. by Tricia Tusa. 2020. (Bank Street Ready-To-Read Ser.). (ENG.). 50p. (J). 17.95 *(978-1-876967-11-6(0))* ibooks, Inc.

Lo Más Especial. Claudia Rueda. 2021. (SPA.). 32p. (J). (gr. k-k). 13.99 *(978-958-30-6301-5(0))* Panamericana Editorial COL. Dist: Lectorum Pubns., Inc.

Lo Mas Raro de Mi Casa. Maria Fernanda Heredia. 2018. (SPA.). 44p. (J). (gr. 1-3). pap. 12.99 *(978-607-746-024-4(9))* Progreso, Editorial, S. A. MEX. Dist: Lectorum Pubns., Inc.

Lo Mejor de Mutts. Patrick McDonnell. 2020. (SPA.). 256p. (J). (gr. 4-7). pap. 23.00 *(978-607-527-725-7(0))* Editorial Oceano de Mexico MEX. Dist: Independent Pubs. Group.

Lo Mejor de Ti: Calmarse. Dona Herweck Rice. rev. ed. 2018. (TIME for KIDS(r): Informational Text Ser.). (SPA., Illus.). 24p. (J). (gr. 1-2). pap. 8.99 *(978-1-4258-2696-3(2))* Teacher Created Materials, Inc.

Lo Mejor de Ti: Ganar o Perder. Kristy Stark. rev. ed. 2019. (TIME for KIDS(r): Informational Text Ser.). (SPA., Illus.). 12p. (gr. k-1). 7.99 *(978-1-4258-2688-8(1))* Teacher Created Materials, Inc.

Lo poco que sabemos. Tamara Stone. 2020. (SPA.). 384p. (YA). (gr. 9-12). pap. 16.95 *(978-84-92918-91-1(8)*, Puck) Ediciones Urano S. A. ESP. Dist: Spanish Pubs., LLC.

Lo Que Aprendo / the Things I Learn, 12 vols. 2016. (Lo Que Aprendo / the Things I Learn Ser.). (ENG & SPA.). 24p. (gr. 1-1). 151.62 *(978-1-4994-2468-3(X)*, 2bd56930-d1de-42d2-bfad-a7b945195617, PowerKids Pr.) Rosen Publishing Group, Inc., The.

Lo Que Aprendo / the Things I Learn: Set 2, 8 vols. 2017. (Lo Que Aprendo / the Things I Learn Ser.). (ENG & SPA., Illus.). (J). (gr. 1-1). lib. bdg. 101.08 *(978-1-5081-6323-7(5)*, 5af79c91-2a8d-4591-942d-35f20536d76d, PowerKids Pr.) Rosen Publishing Group, Inc., The.

Lo Que Aprendo / the Things I Learn: Sets 1 - 2, 20 vols. 2017. (Lo Que Aprendo / the Things I Learn Ser.). (SPA & ENG.). (J). (gr. 1-1). lib. bdg. 252.70 *(978-1-5081-6320-6(0)*, 57910bc4-97a6-42d3-b1ae-3c9f11a56117, PowerKids Pr.) Rosen Publishing Group, Inc., The.

Lo Que Aprendo (the Things I Learn) Set 2, 8 vols. 2017. (Lo Que Aprendo (the Things I Learn) Ser.). (SPA., Illus.). (J). (gr. 1-1). lib. bdg. 101.08 *(978-1-5081-6324-4(3)*, 24390c5b-4cfe-4190-ab2f-53b2a0ca6518, PowerKids Pr.) Rosen Publishing Group, Inc., The.

Lo Que Aprendo (the Things I Learn): Sets 1 - 2. 2017. (Lo Que Aprendo (the Things I Learn) Ser.). (SPA.). (J). pap. 92.50 *(978-1-5081-6563-7(7))*; (gr. 1-1). lib. bdg. 252.70 *(978-1-5081-6321-3(9)*, 3d853c22-fc4f-4c8e-ac1e-59bbf5d5b887) Rosen Publishing Group, Inc., The. (PowerKids Pr.).

Lo Que Comemos: Leveled Reader Book 35 Level Q 6 Pack. Hmh Hmh. 2021. (SPA.). 32p. (J). pap. 74.40 *(978-0-358-08517-1(9))* Houghton Mifflin Harcourt Publishing Co.

Lo Que Conozco / What I Know: Sets 1 - 2, 24 vols. 2017. (Lo Que Conozco / What I Know Ser.). (SPA & ENG.). (J). (gr. k-k). lib. bdg. 291.24 *(978-1-5382-0236-4(0)*, fa9cfbb9-bb53-4d16-80ac-1bd7ecc93f91) Stevens, Gareth Publishing LLLP.

Lo Que Es Más Grande Que Cualquier Cosa? Infinito. David E. McAdams. 2nd ed. 2023. (Libros de Matemáticas para Niños Ser.). (SPA.). 28p. (J). pap. 14.95 ***(978-1-63270-329-3(7))***; 29.95 ***(978-1-63270-330-9(0))*** Life is a Story Problem LLC.

Lo Que Hacen y No Hacen Los Dinosaurios. Steve Björkman. 2020. (¡Me Gusta Leer! Ser.). (Illus.). 32p. (J). (gr. -1-3). pap. 8.99 *(978-0-8234-4692-6(1))* Holiday Hse., Inc.

Lo Que Nunca Te Dije. Antonio Ortiz. 2018. (SPA.). 218p. (YA). 16.99 *(978-958-30-5701-4(0))* Panamericana Editorial COL. Dist: Lectorum Pubns., Inc.

Lo Que Pasó. Edgar D. Álvarez. 2020. (SPA.). 272p. (YA). pap. 18.95 *(978-1-64334-615-1(6))* Page Publishing Inc.

Lo Que Puede Hacer el Sol. Sharon Coan. 2nd rev. ed. 2016. (TIME for KIDS(r): Informational Text Ser.). (SPA., Illus.). 12p. (gr. -1-k). 7.99 *(978-1-4938-2962-0(9))* Teacher Created Materials, Inc.

Lo Raro Está en Todos Lados. Deborah R. Katz. 2018. (SPA., Illus.). 34p. (J). *(978-0-9958261-6-8(1))* Miss Bird Bks.

Lo Strano Caso Della Collana Rubata. Fabio Maltagliati. 2016. (ITA., Illus.). (J). pap. 7.83 *(978-1-326-74763-3(0))* Lulu Pr., Inc.

Load on the Road. Rosemary Randall. 2023. (ENG.). 38p. (J). pap. ***(978-1-83934-627-9(2))*** Olympia Publishers.

Loaded Dice (Classic Reprint) Ellery Harding Clark. (ENG., Illus.). (J). 2018. 402p. 32.21 *(978-0-484-24998-0(3))*; 2017. pap. 16.57 *(978-0-243-41544-1(3))* Forgotten Bks.

Loaders. Mari Schuh. (Spot Ser.). (ENG., Illus.). 16p. (J). (gr. -1-1). 2018. pap. 7.99 *(978-1-68152-214-2(4)*, 14745); 2017. lib. bdg. 17.95 *(978-1-68151-103-0(7)*, 14626) Amicus.

Loads of Labyrinths: An Amazing Activity Book. Bobo's Children Activity Books. 2016. (ENG., Illus.). (J). pap. 9.33 *(978-1-68327-188-8(2))* Sunshine In My Soul Publishing.

Loaf of Bread: Zhou's Instructive Stories. Sahar Rastegar. 2022. (Zhou's Instructive Stories Ser.: Vol. 1). (ENG.). 34p. (J). pap. *(978-1-990760-11-2(2))* KidsOcado.

Loafing down Long Island (Classic Reprint) Charles Hanson Towne. 2017. (ENG., Illus.). (J). 28.52 *(978-0-266-18384-6(0))* Forgotten Bks.

Loathing Persuasion. Pamela Isla. 2021. (ENG.). 142p. (YA). pap. 10.99 *(978-1-6780-2822-0(3))* Lulu Pr., Inc.

Lob Lie-By-the-Fire: Or the Luck of Lingborough & Other Stories (Classic Reprint) Juliana Horatia Ewing. 2017. (ENG., Illus.). (J). 29.22 *(978-0-265-18324-3(3))* Forgotten Bks.

Lob Lie-By-the-Fire: Or the Luck of Lingborough & Other Tales. Juliana Horatia Ewing. 2017. (ENG., Illus.). (J). pap. *(978-0-649-63839-0(5))* Trieste Publishing Pty Ltd.

Lob-Lie-By-the-Fire, and, the Brownies: And Other Tales (Classic Reprint) Juliana Horatia Ewing. 2017. (ENG., Illus.). (J). 31.65 *(978-0-265-38964-5(X))* Forgotten Bks.

Lob Lie-By-the-Fire, or the Luck of Lingborough: And Other Tales (Classic Reprint) Juliana Horatia Ewing. 2018. (ENG., Illus.). 240p. (J). 28.85 *(978-0-483-28734-1(2))* Forgotten Bks.

Lob Lie-By-the-Fire; or, the Luck of Lingborough, & Other Stories. Juliana Horatia Ewing. 2017. (ENG., Illus.). (J). pap. *(978-0-649-21578-2(8))* Trieste Publishing Pty Ltd.

Lob Lie-By-the-Fire, or the Luck of Lingborough (Classic Reprint) Juliana Horatia Ewing. (ENG., Illus.). (J). 2018. 80p. 25.55 *(978-0-483-33472-4(3))*; 2016. pap. 9.57 *(978-1-334-16020-2(1))* Forgotten Bks.

Lobbyists & Special Interest Groups. Elisabeth Herschbach. 2016. (Illus.). 64p. (J). *(978-1-61900-090-2(3))* Eldorado Ink.

Lobizona: A Novel. Romina Garber. (Wolves of No World Ser.: 1). (ENG.). (YA). 2021. 416p. pap. 13.00 *(978-1-250-23913-6(3)*, 900211153); 2020. (Illus.). 400p. 19.99 *(978-1-250-23912-9(5)*, 900211152) St. Martin's Pr. (Wednesday Bks.).

Loblolly, the Strongest & Tallest Tree. Christian Anderson Kalivoda. 2023. (ENG., Illus.). 40p. (J). pap. 15.95 ***(978-1-0980-5668-1(X))*** Christian Faith Publishing.

Lobo. Valerie Bodden. 2020. (Planeta Animal Ser.). (SPA.). 24p. (J). (gr. 1-4). *(978-1-64026-268-3(7)*, 18142, Creative Education) Creative Co., The.

Lobo Dentro / the Wolf Inside. Pedro Mañas & Pedro Mañas. 2023. (SPA., Illus.). 304p. (YA). (gr. 7). pap. 17.95 *(978-84-18050-38-1(1)*, Nube De Tinta) Penguin Random House Grupo Editorial ESP. Dist: Penguin Random Hse. LLC.

LOBO DESNUDO. Thierry Robberecht & Loufane. 2017. (SPA.). 32p. (J). 10.95 *(978-84-16773-27-5(0))* Ediciones Urano S. A. ESP. Dist: Spanish Pubs., LLC.

Lobo en la Universidad: Colección Superviviente. Oscar Aguilar. 2020. (SPA.). 106p. (YA). pap. *(978-1-716-65227-1(8))* Lulu Pr., Inc.

Lobo Hace Huelga. Christophe Pernaudet. 2016. (SPA.). 32p. (J). (gr. k-2). 21.99 *(978-84-261-4369-3(5))* Juventud, Editorial ESP. Dist: Lectorum Pubns., Inc.

Lobo Louie & Lobo Lucy Visit the University of New Mexico. Marjori Krebs & Taylor Potter. 2019. (ENG., Illus.). 38p. (J). (gr. -1-3). 16.95 *(978-1-64307-366-8(4))* Amplify Publishing Group.

Lobo, ¿quién Eres? / Wolf, Who Are You? Laura Bour. 2018. (Altea Benjamín Ser.). (SPA.). 32p. (J). (gr. 3-7). pap. 10.99 *(978-1-947783-61-4(0)*, Altea) Penguin Random House Grupo Editorial ESP. Dist: Penguin Random Hse. LLC.

Lobos. Mari Schuh. Tr. by Aparicio Publishing Aparicio Publishing LLC. 2020. (Animals en Espanol Ser.).Tr. of Wolves. (SPA., Illus.). 32p. (J). (gr. 1-3). lib. bdg. 31.32 *(978-1-9771-2554-5(9)*, 200631, Pebble) Capstone.

Lobos: A Wolf Family Returns to the Wild. Brenda Peterson. Photos by Annie Marie Musselman. 2018. (Illus.). 32p. (J). (gr. k-4). 17.99 *(978-1-63217-084-2(1)*, Little Bigfoot) Sasquatch Bks.

Lobos Grises (Gray Wolves) Grace Hansen. 2016. (Animales de América Del Norte (Animals of North America) Ser.). (SPA.). 24p. (J). (gr. -1-2). lib. bdg. 32.79 *(978-1-62402-667-6(2)*, 24838, Abdo Kids) ABDO Publishing Co.

Lobster Lady: Maine's 102-Year-old Legend. Barbara A. Walsh. Illus. by Shelby J. Crouse. 2022. (ENG.). 36p. (J). pap. 19.99 ***(978-1-7374813-1-7(6))*** Walsh, Barbara.

Lobster Lady: Maine's 102-Year-Old Legend. Barbara A. Walsh. Illus. by Shelby J. Crouse. 2022. (ENG.). 36p. (J). 22.99 ***(978-1-7374813-2-4(4))*** Walsh, Barbara.

Lobster Lesson. Rolla Donaghy & Lynne Donaghy. 2021. (ENG., Illus.). 24p. (J). 19.95 *(978-1-64719-624-0(8))* Booklocker.com, Inc.

Lobster vs. Crab. Jerry Pallotta. ed. 2020. (Who Would Win Ser.). (ENG., Illus.). 32p. (J). (gr. 2-3). 14.36 *(978-1-64697-529-7(4))* Penworthy Co., LLC, The.

Lobster vs. Crab. Jerry Pallotta. Illus. by Rob Bolster. 2023. (Who Would Win? Ser.). (ENG.). 32p. (J). (gr. 1-4). lib. bdg. 32.79 ***(978-1-0982-5257-1(8)***, 42630) Spotlight.

Lobster vs. Crab (Who Would Win?) Jerry Pallotta. Illus. by Rob Bolster. 2020. (Who Would Win? Ser.: 13). (ENG.). 32p. (J). (gr. 1-4). pap. 4.99 *(978-0-545-68121-6(9))* Scholastic, Inc.

Lobsters. Heather Adamson. 2017. (Ocean Life up Close Ser.). (ENG., Illus.). 24p. (J). (gr. k-3). lib. bdg. 26.95 *(978-1-62617-642-3(6)*, Blastoff! Readers) Bellwether Media.

Lobster's Gizzard: And Other Poems (Classic Reprint) Richard Griffin. 2018. (ENG., Illus.). 58p. (J). 25.11 *(978-0-267-24722-6(2))* Forgotten Bks.

Lobsters' Night Before Christmas, 1 vol. Christina Laurie. Illus. by Elizabeth Moisan. 2019. (ENG.). 32p. (J). 16.99 *(978-0-7643-5826-5(X)*, 16236) Schiffer Publishing, Ltd.

Loc Bible: Learn All about Locs from the Inside Out. Ahava Yah Yisrael. 2023. (ENG.). 44p. (YA). pap. 32.50 ***(978-1-312-40968-2(1))*** Lulu Pr., Inc.

Loc Princess. Leyetta Cole Batchelor. 2019. (ENG.). 26p. (J). pap. 12.00 *(978-0-578-44012-5(1))* Batchelor, Leyetta.

Loca Aventura en el Espacio. Christer Fuglesang. 2020. (SPA.). 112p. (J). (gr. 3-5). 14.99 *(978-958-30-6070-0(4))* Panamericana Editorial COL. Dist: Lectorum Pubns., Inc.

Local Action. Wil Mara. 2016. (21st Century Skills Library: a Citizen's Guide Ser.). (ENG., Illus.). 32p. (J). (gr. 4-7). 32.07 *(978-1-63471-070-1(3)*, 208359) Cherry Lake Publishing.

Local Baby Austin. Nancy Ellwood. 2022. (Local Baby Ser.: 5). (ENG., Illus.). 16p. (J). (gr. k-1). bds. 11.99 *(978-1-4671-9847-9(1))* Arcadia Publishing.

Local Baby Hudson Valley. Valerie Light. 2023. (Local Baby Ser.: 9). (ENG., Illus.). 16p. (J). bds. 11.99 *(978-1-4671-9709-0(2))* Arcadia Publishing.

Local Baby Louisville. Nancy Ellwood. 2022. (Local Baby Ser.: 6). (ENG., Illus.). 16p. (J). (gr. k-1). bds. 11.99 *(978-1-4671-9701-4(7))* Arcadia Publishing.

Local Baby Maine. Nancy Ellwood. 2022. (Local Baby Ser.: 1). (ENG., Illus.). 16p. (J). (gr. k-1). bds. 11.99 *(978-1-4671-9845-5(5))* Arcadia Publishing.

Local Baby Nashville. Nancy Ellwood. 2022. (Local Baby Ser.: 2). (ENG., Illus.). 16p. (J). (gr. k-1). bds. 11.99 *(978-1-4671-9848-6(X))* Arcadia Publishing.

Local Baby Queens. Nancy Ellwood. 2022. (Local Baby Ser.: 3). (ENG., Illus.). 16p. (J). (gr. k-1). bds. 11.99 *(978-1-4671-9846-2(3))* Arcadia Publishing.

Local Baby Rhode Island. Scott Leta. 2023. (Local Baby Ser.). (ENG., Illus.). 16p. (J). bds. 11.99 *(978-1-4671-9718-2(1))* Arcadia Publishing.

Local Baby Wyoming. Nancy Ellwood. 2022. (Local Baby Ser.: 4). (ENG., Illus.). 16p. (J). (gr. k-1). bds. 11.99 *(978-1-4671-9859-2(5))* Arcadia Publishing.

Local Colorist (Classic Reprint) Annie Slossen Trumbull. 2018. (ENG., Illus.). 160p. (J). 27.20 *(978-0-483-32520-3(1))* Forgotten Bks.

Local Governments. Connor Stratton. 2023. (American Government Ser.). (ENG.). 24p. (J). pap. 8.95 ***(978-1-63739-648-3(1)***, Focus Readers) North Star Editions.

Local Governments. Contrib. by Connor Stratton. 2023. (American Government Ser.). (ENG.). 24p. (J). lib. bdg. 28.50 (978-1-63739-591-2(4), Focus Readers) North Star Editions.

Local Governments in Usa Amazing & Intriguing Facts Children's History Book. Bold Kids. 2022. (ENG.). 42p. (J). pap. 14.99 (978-1-0717-1849-0(5)) FASTLANE LLC.

Local Habitation (Classic Reprint) Walter Leon Sawyer. 2018. (ENG., Illus.). 320p. (J). 30.52 (978-0-483-51979-4(0)) Forgotten Bks.

Local Lays & Legends: Fantastic & Imaginary (Classic Reprint) George Robert Nicol Wright. 2018. (ENG., Illus.). 128p. (J). 26.54 (978-0-484-23344-6(0)) Forgotten Bks.

Local Legend of Iron River. William Mierzejewski. 2023. (Liam & Boo Ser.: Vol. 1). (ENG.). 188p. (YA). pap. 14.99 (978-1-5457-5671-3(6)) eBooks2go Inc.

Local Library Volunteer. Samantha Nugent. 2016. (Illus.). 32p. (J). (978-1-4896-5857-9(2), AV2 by Weigl) Weigl Pubs., Inc.

Local Loiterings: And Visits in the Vicinity of Boston (Classic Reprint) John Ross Dix. 2018. (ENG., Illus.). 150p. (J). 27.01 (978-0-364-01977-1(8)) Forgotten Bks.

Local Lyrics, & Miscellaneous Poems (Classic Reprint) Mart Taylor. 2017. (ENG., Illus.). (J). 25.94 (978-0-260-47057-7(0)) Forgotten Bks.

Local Lyrics (Classic Reprint) Ralph J. Campbell. (ENG., Illus.). (J). 2018. 38p. 24.70 (978-0-666-98928-4(1)); 2017. pap. 7.97 (978-0-243-47768-5(6)) Forgotten Bks.

Local Sketches & Legends Pertaining to Bucks & Montgomery Counties, Pennsylvania (Classic Reprint) William Joseph Buck. (ENG., Illus.). (J). 2018. 344p. 30.99 (978-0-483-89833-2(3)); 2017. pap. 13.57 (978-0-282-08094-5(5)) Forgotten Bks.

Locating Regions along the East Coast Geography of the United States Grade 5 Children's Geography & Cultures Books. Baby Professor. 2021. (ENG.). 72p. (J). 27.99 (978-1-5419-8497-4(8)); pap. 16.99 (978-1-5419-6076-3(9)) Speedy Publishing LLC. (Baby Professor (Education Kids)).

Locators: Adventure in South America. Kyle Bauer & Colleen Conner. Illus. by Wesley Jones. 2021. (ENG.). 120p. (YA). (gr. 3-5). pap. 15.99 (978-1-58948-498-6(3), ESRI Pr.) ESRI, Inc.

Loch Creran: Notes from the West Highlands (Classic Reprint) W. Anderson Smith. (ENG., Illus.). (J). 2018. 332p. 30.74 (978-0-666-65144-0(2)); 2016. pap. 13.57 (978-1-334-32792-6(0)) Forgotten Bks.

Loch Ness Monster. Jen Besel. 2020. (Little Bit Spooky Ser.). (ENG.). 24p. (J). (gr. k-3). lib. bdg. (978-1-62310-179-4(4), 14462, Bolt Jr.) Black Rabbit Bks.

Loch Ness Monster. Marty Erickson. 2022. (Legendary Creatures Ser.). (ENG.). 24p. (J). (gr. 2-5). lib. bdg. 32.79 (978-1-5038-5028-6(5), 214876) Child's World, Inc, The.

Loch Ness Monster. Ashley Gish. 2019. (X-Books: Mythical Creatures Ser.). (ENG.). 32p. (J). (gr. 3-6). (978-1-64026-196-9(6), 19240, Creative Education) Creative Co., The.

Loch Ness Monster. Contrib. by Janie Havemeyer. 2023. (Are They Real? Ser.). (ENG.). 64p. (YA). (gr. 6-12). 43.93 (978-1-6782-0632-1(6), BrightPoint Pr.) ReferencePoint Pr., Inc.

Loch Ness Monster. Laura K. Murray. 2017. (Are They Real? Ser.). (ENG., Illus.). 24p. (J). (gr. 1-4). pap. 8.99 (978-1-62832-372-6(8), 20066, Creative Paperbacks); (978-1-60818-764-5(0), 20068, Creative Education) Creative Co., The.

Loch Ness Monster, 1 vol. Frances Nagle. 2016. (Monsters! Ser.). (ENG., Illus.). 32p. (J). (gr. 1-2). pap. 11.50 (978-1-4824-4863-4(7), 7f58ea00-a432-401d-9719-0d31304df99f) Stevens, Gareth Publishing LLLP.

Loch Ness Monster. Emily Rose Oachs. 2018. (Investigating the Unexplained Ser.). (ENG., Illus.). 32p. (J). (gr. 3-8). lib. bdg. 27.95 (978-1-62617-855-7(0), Blastoff! Discovery) Bellwether Media.

Loch Ness Monster. Erin Peabody. Illus. by Victor Rivas. 2017. (Behind the Legend Ser.: 1). (ENG.). 128p. (J). (gr. 2-5). pap. 9.99 (978-1-4998-0423-2(7)) Little Bee Books Inc.

Loch Ness Monster. Marie Pearson. 2019. (Monster Histories Ser.). (ENG., Illus.). 32p. (J). (gr. 4-6). pap. 7.95 (978-1-5435-7500-2(5), 141030); lib. bdg. 30.65 (978-1-5435-7123-3(9), 140405) Capstone.

Loch Ness Monster. Xina M. Uhl. 2017. (Strange but True Ser.). (ENG.). 32p. (gr. 2-7). 9.95 (978-1-68072-480-6(0)); (J). (gr. 4-6). pap. 9.99 (978-1-64466-217-5(5), 11488); (Illus.). (J). (gr. 4-6). lib. bdg. (978-1-68072-183-6(6), 10550) Black Rabbit Bks. (Bolt).

Loch Ness Monster: Scotland's Sea Serpent: Scotland's Sea Serpent. Elizabeth Andrews. 2022. (Creatures of Legend Ser.). (ENG., Illus.). 32p. (J). (gr. 2-5). lib. bdg. 32.79 (978-1-0982-4236-7(X), 40033, DiscoverRoo) Pop!.

Loch Ness Punster. Kate Klise. Illus. by M. Sarah Klise. 2016. (43 Old Cemetery Road Ser.: 7). (ENG.). 144p. (J). (gr. 3-7). pap. 7.99 (978-0-544-81085-3(6), 1641667, Clarion Bks.) HarperCollins Pubs.

Lochandhu a Tale of the Eighteenth Century, Vol. 1 (Classic Reprint) Thomas Dick Lauder. 2018. (ENG., Illus.). 318p. (J). 30.46 (978-0-484-19043-5(1)) Forgotten Bks.

Lochandhu, Vol. 3 Of 3: A Tale of the Eighteenth Century (Classic Reprint) Unknown Author. 2018. (ENG., Illus.). 290p. (J). 29.90 (978-0-483-30901-2(X)) Forgotten Bks.

Lochinvar a Novel (Classic Reprint) S. R. Crockett. 2018. (ENG., Illus.). 452p. (J). 33.22 (978-0-484-23724-6(1)) Forgotten Bks.

Lock & Key Library: Classic Mystery & Detective Stories (Classic Reprint) Julian Hawthorn. 2017. (ENG., Illus.). (J). 31.61 (978-0-265-37357-6(3)) Forgotten Bks.

Lock & Key Library: Classic Mystery & Detective Stories (Classic Reprint) Julian Hawthorne. (ENG., Illus.). (J). 2018. 380p. 31.73 (978-0-428-85699-1(3)); 2018. 376p. 31.65 (978-0-483-96208-8(2)); 2017. 31.61 (978-0-265-37596-9(7)) Forgotten Bks.

Lock & Key Library; Classic Mystery & Detective Stories, Vol. 1 Of 10: North Europe; Russian, Swedish, Danish, Hungarian (Classic Reprint) Julian Hawthorne. 2017. (ENG., Illus.). (J). 31.69 (978-0-265-38352-0(8)) Forgotten Bks.

Lock & Key: the Downward Spiral. Ridley Pearson. 2017. (Lock & Key Ser.: 2). (ENG.). 432p. (J). (gr. 3-7). 17.99 (978-0-06-239904-5(7), HarperCollins) HarperCollins Pubs.

Lock & Key: the Final Step. Ridley Pearson. 2018. (Lock & Key Ser.: 3). (ENG.). 400p. (J). (gr. 3-7). 17.99 (978-0-06-239907-6(1), HarperCollins) HarperCollins Pubs.

Lock & Key: the Initiation. Ridley Pearson. (Lock & Key Ser.: 1). (ENG.). 384p. (J). (gr. 3-7). 2017. pap. 9.99 (978-0-06-239902-1(0)); 2016. (Illus.). 17.99 (978-0-06-239901-4(2)) HarperCollins Pubs. (HarperCollins).

Lock & Mori. Heather W. Petty. 2016. (Lock & Mori Ser.). (ENG.). 272p. (YA). (gr. 9). pap. 10.99 (978-1-4814-2304-5(5)) Simon & Schuster, Inc.

Lock & West. Alexander C. Eberhart. 2020. (ENG.). 528p. (YA). pap. 14.99 (978-1-0879-3575-1(X)) Indy Pub.

Lock-Eater. Zack Loran Clark. 2022. 368p. (J). (gr. 5). 18.99 (978-1-9848-1688-7(8), Dial Bks) Penguin Young Readers Group.

Lock of Hair. A. Rose Pritchett. 2022. (ENG.). 278p. (YA). (gr. 9-12). pap. 10.99 (978-1-0880-5547-2(8)) Indy Pub.

Lock the Doors. Vincent Ralph. 2022. (ENG.). 400p. (YA). (gr. 8-12). pap. 10.99 (978-1-7282-3189-1(2)) Sourcebooks, Inc.

Lock up Lying: Short Stories on Becoming Honest & Overcoming Lying. Sophia Day & Kayla Pearson. Illus. by Timothy Zowada. 2020. (Help Me Become Ser.: 3). (ENG.). 76p. (J). pap. 9.99 (978-1-64204-796-7(1), 956a029a-f955-47de-af7f-f224c2ee1921) MVP Kids Media.

Lockdown. Raelyn Drake. 2018. (Attack on Earth Ser.). (ENG.). 104p. (YA). (gr. 6-12). 26.65 (978-1-5415-2576-4(0), d024674c-99ad-49a8-84f7-ac4c4ad7c6bb, Darby Creek) Lerner Publishing Group.

Lockdown at Gogo's. Nthabiseng Faku-Juqula. 2023. (ENG.). 52p. (J). pap. (978-1-915522-45-0(5)) Conscious Dreams Publishing.

Lockdown Jarod. Ted Smith. Ed. by Shamiela Davids. Illus. by Mahala Urra. 2021. (ENG.). 85p. (YA). pap. (978-1-008-98222-2(9)) Lulu Pr., Inc.

Lockdown Learning with Larry the Llama. Navaya-Amor. 2021. (ENG.). 18p. (J). pap. (978-1-83934-139-7(4)) Olympia Publishers.

Lockdown Looms: Reggie's Birthday Party. Banji Alexander. Illus. by O. Himi D Niki &. 2021. (ENG.). 108p. (J). pap. (978-1-83975-716-7(7)) Grosvenor Hse. Publishing Ltd.

Locke Amsden. Daniel P. Thompson. 2017. (ENG.). 236p. (J). pap. (978-3-337-07217-9(8)) Creation Pubs.

Locke Amsden: Or the Schoolmaster, a Tale (Classic Reprint) Daniel P. Thompson. 2018. (ENG., Illus.). 234p. (J). 28.74 (978-0-365-48100-3(9)) Forgotten Bks.

Locked. Madeleine Littler. 2023. (ENG.). 144p. (YA). 39.99 (978-1-6657-4709-7(9)); pap. 16.99 (978-1-6657-4707-3(2)) Archway Publishing.

Locked Chest, and, the Sweeps of Ninety-Eight: Two One Act Plays (Classic Reprint) Masefield. 2017. (ENG., Illus.). (J). 26.41 (978-0-266-37460-2(3)) Forgotten Bks.

Locked in Chains: Unfinished Stories. Angel Deshotel. 2018. (ENG.). 80p. (J). pap. (978-0-359-23787-6(8)) Lulu Pr., Inc.

Locked Out: Leveled Reader Blue Fiction Level 11 Grade 1. Hmh Hmh. 2019. (Rigby PM Ser.). (ENG.). 16p. (J). (gr. 1). pap. 11.00 (978-0-358-11846-6(8)) Houghton Mifflin Harcourt Publishing Co.

Locked Up. Cristy Watson. 2019. (Lorimer SideStreets Ser.). (ENG.). 176p. (YA). (gr. 9-12). lib. bdg. 27.99 (978-1-4594-1405-1(5), 5271e933-4b8f-4ada-86f9-b241f05fa8d4); pap. 8.99 (978-1-4594-1403-7(9), 6c34bcd0-37c4-44d0-b0c2-a19fdf65697f) James Lorimer & Co. Ltd., Pubs. CAN. Dist: Lerner Publishing Group.

Locked up for Freedom: Civil Rights Protesters at the Leesburg Stockade. Heather E. Schwartz. 2017. (ENG., Illus.). 64p. (J). (gr. 5-8). lib. bdg. 34.65 (978-1-4677-8597-6(0), 69ff8b45-33fa-4948-8f64-695e7f11ba03, Millbrook Pr.) Lerner Publishing Group.

Locked up Mazes & Find the Difference Activity Book for Kids. Educando Kids. 2019. (ENG.). 42p. (J). pap. 8.55 (978-1-64521-719-0(1), Educando Kids) Editorial Imagen.

Locker Ate Lucy!: #2. Jack Chabert. Illus. by Sam Ricks. 2018. (Eerie Elementary Ser.). (ENG.). 96p. (J). (gr. 1-5). lib. bdg. 31.36 (978-1-5321-4261-1(7), 31071, Chapter Bks.) Spotlight.

Locker Exchange. Ann Rae. 2022. (ENG.). 264p. (YA). pap. 11.99 (978-1-989365-83-0(3), 900258258) Wattpad Bks. CAN. Dist: Macmillan.

Locket. Dax Varley. Illus. by Jon Proctor. 2016. (Demon Slayer Ser.). (ENG.). 48p. (J). (gr. 3-7). lib. bdg. 34.21 (978-1-62402-159-6(X), 21565, Spellbound) Magic Wagon.

Lockwood & Co.: the Creeping Shadow. Jonathan Stroud. (Lockwood & Co Ser.: 4). (ENG.). (J). (gr. 5-9). 2017. 480p. pap. 8.99 (978-1-4847-1190-3(4)); 2016. (Illus.). 464p. 16.99 (978-1-4847-0967-2(5)) Little, Brown Bks. for Young Readers.

Lockwood & Co.: the Empty Grave. Jonathan Stroud. (Lockwood & Co Ser.: 5). (ENG.). (J). (gr. 5-9). 2018. 480p. pap. 8.99 (978-1-4847-9006-9(5)); 2017. (Illus.). 448p. 16.99 (978-1-4847-7872-2(3)) Little, Brown Bks. for Young Readers.

Loco Amor. Samuel Sanchez. 2019. (DUT.). 60p. (J). pap. (978-0-244-46401-1(4)) Lulu Pr., Inc.

Loco Amor (en Espa?ol) Samuel Sanchez. 2019. (SPA.). 62p. (J). pap. (978-0-244-76777-8(7)) Lulu Pr., Inc.

Loco Moco Jojo. Adam Levine. 2019. (Crazy Daisy & Friends Ser.: Vol. 3). (ENG.). 30p. (J). pap. (978-1-9995385-8-3(7)) Crazy Daisy and Friends.

Locomotion! March, Hop, Skip, Gallop, Run. Michael Dahl. Illus. by Beth Hughes. 2018. (Creative Movement Ser.). (ENG.). 24p. (J). (gr. -1-2). lib. bdg. 33.99 (978-1-68410-243-3(X), 138433) Cantata Learning.

Locomotion & Mechanics, 1 vol. Kevin McCombs. 2016. (Robotics Ser.). (ENG.). 128p. (YA). (gr. 9-9). 47.36 (978-1-5026-2026-2(X), 9defa11e-141b-47d5-ac2b-ffffcafc083f) Cavendish Square Publishing LLC.

Locomotive. Julian Tuwim. 2017. (Illus.). 48p. (J). (gr. -1-5). 16.95 (978-0-500-65097-4(7), 565097) Thames & Hudson.

Locos Por Las Aves. Harold Morris. 2022. (Nuestras Mascotas Favoritas (Our Favorite Pets) Ser.). (SPA.). 24p. (J). (gr. k-2). pap. (978-1-0396-4966-8(1), 21423); lib. bdg. (978-1-0396-4839-5(8), 21422) Crabtree Publishing Co.

Locos Por los Cachorros. Harold Morris. 2022. (Nuestras Mascotas Favoritas (Our Favorite Pets) Ser.).Tr. of Crazy About Puppies. (SPA.). 24p. (J). (gr. k-2). pap. (978-1-0396-4969-9(6), 21429); lib. bdg. (978-1-0396-4842-5(8), 21428) Crabtree Publishing Co.

Locos Por los Gatitos. Harold Morris. 2022. (Nuestras Mascotas Favoritas (Our Favorite Pets) Ser.).Tr. of Crazy About Kittens. (SPA.). 24p. (J). (gr. k-2). pap. (978-1-0396-4968-2(8), 21435); lib. bdg. (978-1-0396-4841-8(X), 21434) Crabtree Publishing Co.

Locos Por los Hámsters. Harold Morris. 2022. (Nuestras Mascotas Favoritas (Our Favorite Pets) Ser.).Tr. of Crazy About Hamsters. (SPA.). 24p. (J). (gr. k-2). pap. (978-1-0396-4967-5(X), 21441); lib. bdg. (978-1-0396-4840-1(1), 21440) Crabtree Publishing Co.

Locos Por Los Libros (ENIL FSTK ONLY) Lucía M. Sánchez & John Bianchi. 2017. (1v Enil Fstk Ser.). (SPA.). 12p. (J). pap. 18.99 (978-1-63437-861-1(X), Pajarito, Conjeo y Oso) American Reading Co.

Locrian. P. C. Brown. 2019. (Moon Rising Novel Ser.: Vol. 1). (ENG.). 416p. (YA). (gr. 7-12). 26.99 (978-0-578-52176-3(8)) Brown, P.C.

Locust & the Ladybird (Classic Reprint) Archibald Birt. 2018. (ENG., Illus.). 286p. (J). 29.80 (978-0-483-61559-5(5)) Forgotten Bks.

Locust Bloom: Little Stories of the Ohio River Hills with Verses on Various Themes (Classic Reprint) Harrison D. Mason. 2018. (ENG., Illus.). 112p. (J). 26.21 (978-0-666-91345-6(5)) Forgotten Bks.

Locusts: An Augmented Reality Experience. Sandra Markle. 2021. (Creepy Crawlers in Action: Augmented Reality Ser.). (ENG., Illus.). 32p. (J). (gr. 3-6). lib. bdg. 31.99 (978-1-7284-0271-0(9), 99e5abcb-a80b-4caa-9162-05e7e82c6fd5, Lerner Pubns.) Lerner Publishing Group.

Locusts & Wild Honey (Classic Reprint) John Burroughs. 2017. (ENG., Illus.). (J). 30.10 (978-1-5282-7359-6(1)) Forgotten Bks.

Locusts Have No King (Classic Reprint) Dawn Powell. 2017. (ENG., Illus.). (J). 29.90 (978-0-265-42331-8(7)); pap. 13.57 (978-0-243-30209-3(6)) Forgotten Bks.

Locusts Years (Classic Reprint) Mary H. Fee. 2018. (ENG., Illus.). 382p. (J). 31.78 (978-0-483-56064-2(2)) Forgotten Bks.

Lodestar. Shannon Messenger. (Keeper of the Lost Cities Ser.: 5). (ENG.). (J). (gr. 3-7). 2017. 704p. pap. 9.99 (978-1-4814-7496-2(0)); 2016. (Illus.). 688p. 21.99 (978-1-4814-7495-5(2)) Simon & Schuster Children's Publishing. (Aladdin).

Lodestar (Classic Reprint) Sidney R. Kennedy. 2018. (ENG., Illus.). 358p. (J). 31.30 (978-0-483-92463-5(6)) Forgotten Bks.

Lodge Goat: Goat Rides, Butts & Goat Hairs, Gathered from the Lodge Rooms of Every Fraternal Order; More Than a Thousand Anecdotes, Incidents & Illustrations from the Humorous Side of Lodge Life (Classic Reprint) James Pettibone. 2018. (ENG., Illus.). (J). 608p. 36.46 (978-0-267-00525-3(3)); 610p. pap. 19.57 (978-0-483-73624-5(4)) Forgotten Bks.

Lodge That Beaver Built. Randi Sonenshine. Illus. by Anne Hunter. 2022. (ENG.). 32p. (J). (gr. -1-3). 18.99 (978-1-5362-1868-8(5)) Candlewick Pr.

Lodger Overhead, & Others (Classic Reprint) Charles Belmont Davis. 2018. (ENG., Illus.). 406p. (J). 32.29 (978-0-365-47735-8(4)) Forgotten Bks.

Lodgings in Town (Classic Reprint) Arthur Henry. 2018. (ENG., Illus.). 334p. (J). 30.81 (978-0-483-36329-8(4)) Forgotten Bks.

Lodipo Runs Away from His Mother - Lodipo Amtoroka Mama. John Nga'sike. Illus. by Zablon Alex Nguku. 2023. (SWA.). 32p. (J). pap. (978-1-922910-18-9(X)) Library For All Limited.

Lodoletta an Opera in Three Acts (Classic Reprint) Pietro Mascagni. 2018. (ENG., Illus.). 56p. (J). 25.07 (978-0-656-53756-3(6)) Forgotten Bks.

Lodore, Vol. 3 of 3 (Classic Reprint) Mary Shelley. 2018. (ENG., Illus.). 316p. (J). 30.43 (978-0-332-35655-6(8)) Forgotten Bks.

Lof Growley & the Magic Curtain: The Adventures of Lof Growley (Book 1) Michael Andrew, pseud. l.t. ed. 2020. (ENG.). 26p. (J). (978-1-913653-65-1(X)); pap. (978-1-913653-64-4(1)) Terence, Michael Publishing.

Loftiest Intelligence: Book One of the Divine Chaos Saga. Aidan Davies & Paula Baker. 2020. (Divine Chaos Saga Ser.: Vol. 1). (ENG.). 338p. (J). pap. (978-0-9917900-9-8(X)) LoGreco, Bruno.

Lofty & the Lowly, or Good in All & None All-Good, Vol. 2 of 2 (Classic Reprint) M. J. McIntosh. 2017. (ENG., Illus.). (J). 30.76 (978-0-266-20176-2(8)) Forgotten Bks.

Log-Book of a Fisherman & Zoologist (Classic Reprint) Frank Buckland. (ENG., Illus.). (J). 2018. 428p. 32.70 (978-0-267-09797-5(2)); 2016. pap. 16.57 (978-1-333-23964-0(5)) Forgotten Bks.

Log Cabin Days: American History for Beginners (Classic Reprint) Albert F. Blaisdell. 2018. (ENG., Illus.). 164p. (J). 27.30 (978-0-332-20961-6(X)) Forgotten Bks.

Log-Cabin Lady: An Anonymous Autobiography (Classic Reprint) Unknown Author. 2017. (ENG., Illus.). 136p. (J). 26.70 (978-0-331-97079-1(1)) Forgotten Bks.

Log-Cabin Yarns of the Rocky Mountains (Classic Reprint) Edmund Deacon Peterson. 2018. (ENG., Illus.). 150p. (J). 26.99 (978-0-428-94445-2(0)) Forgotten Bks.

Log Driver's Waltz. Wade Hemsworth. Illus. by Jennifer Phelan. 2021. (ENG.). 40p. (J). (gr. -1). 10.95 (978-1-5011-6196-4(2)) Simon & Schuster.

Log-Letters from the Challenger (Classic Reprint) George Granville Campbell. 2017. (ENG., Illus.). (J). 35.41 (978-0-266-35941-8(8)) Forgotten Bks.

Log of a Cowboy. Andy Adams. 2022. (ENG.). 272p. (J). pap. 8.99 (978-1-61104-210-8(0)) Cedar Lake Pubns.

Log of a Cowboy: A Narrative of the Old Trail Days. Andy Adams. 2017. (ENG., Illus.). (J). 25.95 (978-1-374-96927-8(3)); pap. 15.95 (978-1-374-96926-1(5)) Capital Communications, Inc.

Log of a Cowboy: A Narrative of the Old Trail Days. Andy Adams. 2018. (ENG., Illus.). 150p. (J). pap. (978-1-387-87917-5(0)) Lulu Pr., Inc.

Log of a Cowboy: A Narrative of the Old Trail Days (Classic Reprint) Andy Adams. 2017. (ENG., Illus.). (J). 32.25 (978-0-331-70789-2(6)) Forgotten Bks.

Log of a Cowboy: A Narrative of the Old Trail Days (Hardcover) Andy Adams. 2018. (ENG., Illus.). 150p. (J). (978-1-387-87918-2(9)) Lulu Pr., Inc.

Log of a Rolling Stone (Classic Reprint) Henry Arthur Broome. 2018. (ENG., Illus.). 394p. (J). 32.04 (978-0-267-83330-6(X)) Forgotten Bks.

Log of a Timber Cruiser (Classic Reprint) William Pinkney Lawson. 2018. (ENG., Illus.). 294p. (J). 29.96 (978-0-364-41809-3(5)) Forgotten Bks.

Log of a Would-Be War Correspondent (Classic Reprint) Henry Weston Farnsworth. 2017. (ENG., Illus.). (J). 28.23 (978-0-331-29550-4(4)) Forgotten Bks.

Log of an Island Wanderer: Notes of Travel in the Eastern Pacific (Classic Reprint) Edwin Pallander. 2019. (ENG., Illus.). 390p. (J). 31.94 (978-0-267-80676-8(0)) Forgotten Bks.

Log of Commodore Rollingpin: His Adventures Afloat & Ashore (Classic Reprint) John Henton Carter. 2018. (ENG., Illus.). 268p. (J). 29.42 (978-0-483-36135-5(6)) Forgotten Bks.

Log of the Ark by Noah: Hieroglyphics by Ham (Classic Reprint) Irwin Leslie Gordon. 2018. (ENG., Illus.). 160p. (J). 27.20 (978-0-267-69798-4(8)) Forgotten Bks.

Log of the Flying Fish: The Log of the Flying Fish: a Story of Aerial & Submarine Peril & Adventure. Harry Collingwood. 2017. (ENG., Illus.). (J). 26.95 (978-1-374-85312-6(7)) Capital Communications, Inc.

Log of the North Shore Club: Paddle & Portage on the Hundred Trout Rivers of Lake Superior (Classic Reprint) Kirkland B. Alexander. 2017. (ENG., Illus.). (J). 30.33 (978-0-265-24536-1(2)) Forgotten Bks.

Log of the Snark (Classic Reprint) Charmian Kittredge London. 2017. (ENG., Illus.). 548p. (J). 35.22 (978-1-5285-4804-5(3)) Forgotten Bks.

Log of the Water Wagon, or the Cruise of the Good Ship Lithia (Classic Reprint) Bert Leston Taylor. (ENG., Illus.). (J). 2018. 136p. 26.70 (978-0-484-13283-1(0)); 2016. pap. 9.57 (978-1-333-41481-8(1)) Forgotten Bks.

Log or Diary of Our Automobile Voyage: Through Maine & the White Mountains (Classic Reprint) Helen M. Angle. 2018. (ENG., Illus.). 102p. (J). 26.00 (978-0-332-14223-4(X)) Forgotten Bks.

Log, S. S. Finland (Classic Reprint) Arthur Guiterman. 2018. (ENG., Illus.). 96p. (J). 25.88 (978-0-484-04169-0(X)) Forgotten Bks.

Log School-House on the Columbia. Hezekiah Butterworth. 2018. (ENG., Illus.). 154p. (YA). (gr. 7-12). pap. (978-93-5329-236-2(0)) Alpha Editions.

Log School-House on the Columbia. Hezekiah Butterworth. 2017. (ENG.). 282p. (J). pap. (978-3-7446-6643-5(3)) Creation Pubs.

Log School-House on the Columbia: A Tale of the Pioneers of the Great Northwest (Classic Reprint) Hezekiah Butterworth. 2018. (ENG., Illus.). 280p. (J). 29.67 (978-0-483-57730-5(8)) Forgotten Bks.

Logan & Friends: Learning The 1, 2, 3s. M. T. Stevens. 2020. (ENG.). 46p. (J). pap. 13.95 (978-1-64531-980-1(6)) Newman Springs Publishing, Inc.

Logan & Lexi Meditate. Denesia D. Rodgers. Illus. by Baba Aminu Mustapha. 2022. (ENG.). 60p. (J). 16.00 (978-1-63988-391-2(6)) Primedia eLaunch LLC.

Logan & Lucas Count to Sleep. Jacqueline Lee. Illus. by Michelle Antonio. 2022. (ENG.). 34p. (J). pap. 12.99 (978-1-7364689-2-0(8)) Beantown Bks.

Logan & the Dragonfly. Jacki Alsip. 2017. (ENG., Illus.). (J). 25.95 (978-1-4808-4593-0(0)); pap. 16.95 (978-1-4808-4592-3(2)) Archway Publishing.

Logan & the Magic Tree. Cristina Hanif. Illus. by Murray Stenton. 2019. (J). (978-1-61599-422-9(X)) Loving Healing Pr., Inc.

Logan & the Missing Crown Jewels. Christine Ricci-McNamee. Illus. by Amy Avery Smith. 2023. (ENG.). 34p. (J). pap. 16.95 (978-1-950323-88-3(9)) Leaning Rock Pr.

Logan & the Missing Crown Jewels: A Magic Bone Adventure. Christine Ricci-McNamee. Illus. by Amy Avery Smith. 2023. (Magic Bone Adventure Ser.: Vol. 2). (ENG.). 34p. (J). 23.95 (978-1-950323-87-6(0)) Leaning Rock Pr.

Logan & the Time Machine. Katrina Henrys. Illus. by Adie Bergen. 2022. (ENG.). 48p. (J). (978-1-3984-4759-2(5)); pap. (978-1-3984-4758-5(7)) Austin Macauley Pubs. Ltd.

Logan Crane & the Dust of the Vampire *Lbc: Library Binding Copy* Craven Grayv. 2017. (ENG., Illus.). 504p. (J). (978-0-244-32224-3(4)) Lulu Pr., Inc.

Logan I Love You All Ways. Marianne Richmond. Illus. by Dubravka Kolanovic. 2023. (I Love You All Ways Ser.). (ENG.). 32p. (J). (gr. -1-3). 8.99 (978-1-7282-7391-4(9)) Sourcebooks, Inc.

Logan Learns about Divorce. Catherine Lowery. 2020. (ENG.). 36p. (J). pap. 11.95 (978-0-578-77103-8(9)) UCAN Publishing, LLC.

Logan Likes Mary Anne!, 8. Ann M. Martin. ed. 2020. (Baby-Sitters Club Ser.). (ENG., Illus.). 164p. (J). (gr. 4-5). 21.96 (978-1-64697-365-1(8)) Penworthy Co., LLC, The.

Logan Likes Mary Anne!: a Graphic Novel (the Baby-Sitters Club #8), Vol. 8. Ann M. Martin. Illus. by Gale Galligan. 2020. (Baby-Sitters Club Graphix Ser.: 8). (ENG.). 176p. (J). (gr. 3-7). 24.99 (978-1-338-30455-8(0)); pap. 12.99 (978-1-338-30454-1(2)) Scholastic, Inc. (Graphix).

Logan Likes Mary Anne! (Baby-Sitters Club Graphic Novel #8) Ann M. Martin. Illus. by Gale Galligan. 2019. (Baby-Sitters Club Graphic Novel Ser.: Vol. 8). (ENG.). 176p. (J). (gr. 3-7). lib. bdg. 24.50 (978-1-6636-2478-9(X)) Perfection Learning Corp.

Logan Likes Mary Anne! (the Baby-Sitters Club #10) Ann M. Martin. 2020. (Baby-Sitters Club Ser.: 10). (ENG.). 160p. (J). (gr. 3-7). pap. 7.99 *(978-1-338-64230-8(8))* Scholastic, Inc.

Logan Likes Mary Anne! (the Baby-Sitters Club #10) (Library Edition) Ann M. Martin. 2020. (Baby-Sitters Club Ser.: 10). (ENG.). 160p. (J). (gr. 3-7). lib. bdg. 25.99 *(978-1-338-65127-0(7),* Scholastic Pr.) Scholastic, Inc.

Logan Lupin: The First Battle of Xen Shi Wu. Duncan Huntley-Lamkin. 2018. (Logan Lupin Ser.: Vol. 1). (ENG., Illus.). 28p. (J). 10.95 *(978-1-948807-07-4(6),* Line By Lion Pubns.) 3 Fates Pr.

Logan on the North Pole Express. J. D. Green. Illus. by Joanne Partis. 2022. (North Pole Express Bears Ser.). (ENG.). 32p. (J). (gr. -1-3). 7.99 ***(978-1-7282-6956-6(3))*** Sourcebooks, Inc.

Logan on the North Pole Express. J. D. Green. 2019. (North Pole Express Ser.). (ENG.). 32p. (J). (gr. -1-3). 7.99 ***(978-1-7282-0362-1(7))*** Sourcebooks, Inc.

Logan Santa's Secret Elf. Put Me In The Story & Katherine Sully. Illus. by Julia Seal. 2018. (Santa's Secret Elf Ser.). (ENG.). 32p. (J). (gr. k-3). 5.99 *(978-1-4926-8160-1(1))* Sourcebooks, Inc.

Logan 'Twas the Night Before Christmas. Illus. by Lisa Alderson. 2019. (Night Before Christmas Ser.). (ENG.). 32p. (J). (gr. -1-3). 7.99 ***(978-1-7282-0255-6(8))*** Sourcebooks, Inc.

Logan's Adventures: Book 1: Based on a True Story. S. J. Forss. 2021. (Alaskan Wilderness Ser.: Vol. 1). (ENG.). 178p. (YA). 22.95 *(978-1-63885-091-5(7));* pap. 13.95 *(978-1-63885-090-8(9))* Covenant Bks.

Logan's BIG Idea. Michelle F. Bradley. 2022. (ENG.). 38p. (J). 24.99 ***(978-1-7372689-3-2(0))*** Michelle F. Bradley.

Logan's Big Move: From Olympic Gold Medalist & X Games Legend! Logan Martin & Jess Black. Illus. by Shane McGowan. 2023. 32p. (J). (gr. -1-k). 19.99 ***(978-0-14-377824-0(2),*** Puffin) Penguin Random Hse. AUS. Dist: Independent Pubs. Group.

Logan's Campfire Victory Poop: The Adventures of the Cedarwood Kids. Mazie H Leftwich Psyd Msw. 2020. (ENG.). 32p. (J). 12.99 *(978-1-4808-8137-2(6))* Archway Publishing.

Logan's Christmas Wish. Put Me In The Story & J. D. Green. Illus. by Julia Seal. 2018. (Christmas Wish Ser.). (ENG.). 32p. (J). (gr. k-3). 6.99 ***(978-1-4926-8345-2(0))*** Sourcebooks, Inc.

Logan's Greenhouse. Janay Brown-Wood. Illus. by Samara Hardy. (Where in the Garden? Ser.). 32p. (J). (gr. -1-2). 2023. (ENG.). pap. 8.99 ***(978-1-68263-626-8(7));*** 2022. 16.99 *(978-1-68263-167-6(2))* Peachtree Publishing Co. Inc.

Logan's Little Bug. Rita Russell. 2016. (ENG., Illus.). (J). pap. *(978-1-77302-002-0(1))* Tellwell Talent.

Logarithmic Tables. George William Jones. 2019. (ENG.). 164p. (J). pap. *(978-93-5389-934-9(6));* pap. *(978-93-89465-42-6(7))* Alpha Editions.

Logic Exercises for Early Learners: Counting Activity Books for Kids Age 6 Bundle, 2 vols. Speedy Publishing Books. 2019. (ENG.). 212p. (J). pap. 19.99 *(978-1-5419-7213-1(9))* Speedy Publishing LLC.

Logic Games for Clever Kids(r): More Than 100 Puzzles to Exercise Your Mind. Gareth Moore & Chris Dickason. 2021. (Buster Brain Games Ser.: 15). (ENG., Illus.). 192p. (J). (gr. 4-6). pap. 8.99 *(978-1-78055-662-8(4),* Buster Bks.) O'Mara, Michael Bks., Ltd. GBR. Dist: Independent Pubs. Group.

Logic Puzzles for Kids for Ages 8-12. Brainy Panda. 2022. (ENG.). 74p. (J). pap. 17.99 ***(978-1-956223-11-8(8))*** Services, Atom LLC.

Logie O'Buchan: An Aberdeenshire Pastoral of Last Century (Classic Reprint) Gavin Greig. 2017. (ENG., Illus.). (J). 340p. 30.93 *(978-0-484-71047-3(8));* pap. 13.57 *(978-1-5276-9795-9(9))* Forgotten Bks.

Logique, Ou l'Art de Penser: Contenant, Outre les Regles Communes, Plusieurs Observations Nouvelles Propres a Former le Jugement (Classic Reprint) Antoine Arnauld. 2018. (FRE., Illus.). (J). 234p. 28.72 *(978-0-428-80871-6(9));* 236p. pap. 11.57 *(978-0-428-21395-4(2))* Forgotten Bks.

Logique, Ou l'Art de Penser: Contenant, Outre les Regles Communes, Plusieurs Observations Nouvelles, Propres À Former le Jugement (Classic Reprint) Antoine Arnauld. 2018. (FRE., Illus.). (J). 560p. 35.47 *(978-0-366-16574-2(7));* 562p. pap. 19.57 *(978-0-366-06982-6(X))* Forgotten Bks.

Logjam. Karla Oceanak. Illus. by Kendra Spanjer. 2016. (Aldo Zelnick Comic Novel Ser.: 12). (ENG.). 160p. (gr. 1-8). 12.95 *(978-1-934649-64-0(3))* Bailiwick Pr.

Logjam: Book 12. Karla Oceanak. Illus. by Kendra Spanjer. 2018. (Aldo Zelnick Comic Novel Ser.: 12). (ENG.). 160p. (gr. 1-8). pap. 8.95 *(978-1-934649-78-7(3))* Bailiwick Pr.

Logopolis, or City of Words: Containing a Development of the Science, Grammar, Syntax, Logic & Rhetoric of the English Language (Classic Reprint) Ezekiel Hildreth. 2018. (ENG., Illus.). (J). 216p. 28.35 *(978-1-396-45630-5(9));* 218p. pap. 10.97 *(978-1-396-40274-6(8));* 218p. 28.41 *(978-0-331-87286-6(2))* Forgotten Bks.

Logos - in the Beginning. Diana Lynn Rucker. Illus. by Juliet Ulbricht. 2018. (ENG.). 30p. (J). pap. 12.49 *(978-1-4984-4115-5(7))* Salem Author Services.

Logos Cursive Book 1: The Alphabet & Bible Memory. B. J. Lloyd. 2020. (Logos Cursive Ser.). (ENG.). 96p. (J). pap. 15.99 *(978-1-952410-03-1(7))* Canon Pr.

Logos Cursive Book 2: Sayings & Proverbs. B. J. Lloyd. 2020. (Logos Cursive Ser.). (ENG.). 84p. (J). pap. 15.99 *(978-1-952410-04-8(5))* Canon Pr.

Logos Cursive Book 3: The Apostles' Creed. B. J. Lloyd. 2020. (Logos Cursive Ser.). (ENG.). 144p. (J). pap. 15.99 *(978-1-952410-05-5(3))* Canon Pr.

Logos Latin 4 Student Workbook. Julie Garfield. 2017. (Logos Latin Ser.). (ENG.). 400p. (J). pap. 23.00 *(978-1-59128-183-2(0))* Canon Pr.

Loi Khac: Hard Cover. Ha Nguyen Du. 2020. (ENG.). 194p. (J). ***(978-1-716-85703-4(1))*** Lulu Pr., Inc.

Loi Khac: TAI BAN LAN 2 Soft Cover. Ha Nguyen Du. 2020. (ENG.). 194p. (YA). pap. ***(978-1-716-85637-2(X))*** Lulu Pr., Inc.

Loi Krathong Rainbow. C. Wright. Tr. by Sunanta Meyer. 2017. (ENG., Illus.). 26p. (J). pap. 9.99 *(978-1-947702-02-8(5))* Sea Wright Publishing.

Lois (Classic Reprint) Emily Hickey. (ENG., Illus.). (J). 2018. 314p. 30.39 *(978-0-666-29483-8(6));* 2017. pap. 13.57 *(978-0-259-27524-4(7))* Forgotten Bks.

Lois Looks for Bob at Home. Illus. by Gerry Turley. 2018. (Lois Looks for Bob Ser.). (ENG.). 12p. (J). (— 1). bds. 8.99 *(978-1-5362-0254-0(1))* Candlewick Pr.

Lois Looks for Bob at the Beach. Illus. by Gerry Turley. 2019. (Lois Looks for Bob Ser.). (ENG.). 12p. (J). (— 1). bds. 8.99 *(978-1-5362-0588-6(5))* Candlewick Pr.

Lois Looks for Bob at the Museum. Illus. by Gerry Turley. 2019. (Lois Looks for Bob Ser.). (ENG.). 12p. (J). (— 1). bds. 8.99 *(978-1-5362-0589-3(3))* Candlewick Pr.

Lois Looks for Bob at the Park. Illus. by Gerry Turley. 2018. (Lois Looks for Bob Ser.). (ENG.). 12p. (J). (— 1). bds. 8.99 *(978-1-5362-0255-7(X))* Candlewick Pr.

Lois Lowry. Chris Bowman. 2016. (Children's Storytellers Ser.). (ENG., Illus.). 24p. (J). (gr. 2-5). lib. bdg. 26.95 *(978-1-62617-340-8(0),* Blastoff! Readers) Bellwether Media.

Lois the Witch, & Other Tales (Classic Reprint) Elizabeth Cleghorn Gaskell. 2017. (ENG., Illus.). (J). 31.12 *(978-0-265-66498-8(5));* pap. 13.57 *(978-1-5276-3675-0(5))* Forgotten Bks.

Loiterer's Harvest: A Book of Essays (Classic Reprint) E. V. Lucas. 2018. (ENG., Illus.). 272p. (J). 29.51 *(978-0-483-53266-3(5))* Forgotten Bks.

Loitering in Oregon (Classic Reprint) Mae Celeste Post. (ENG., Illus.). (J). 2018. 72p. 25.40 *(978-0-666-31797-1(6));* 2017. pap. 9.57 *(978-0-259-44034-5(5))* Forgotten Bks.

Loiterings in Pleasant Paths (Classic Reprint) Marion Harland. 2018. (ENG., Illus.). 456p. (J). 33.30 *(978-0-483-63718-4(1))* Forgotten Bks.

Loiterings of Travel, Vol. 1 of 3 (Classic Reprint) N. P. Willis. 2018. (ENG., Illus.). 280p. (J). 29.67 *(978-0-484-55615-6(0))* Forgotten Bks.

Loiterings of Travel, Vol. 3 of 3 (Classic Reprint) N. P. Willis. 2018. (ENG., Illus.). 300p. (J). 30.10 *(978-0-483-74799-9(8))* Forgotten Bks.

Loke Bo Sembra lo Bo Kosecha. Edelmira A. Koko-Ricardo. 2022. (PAP.). 54p. (J). pap. 15.00 ***(978-1-7379647-4-2(0))*** Kraal, Luisette.

Lokelani Learns to Love Herself: Learning Self-Love. Amari Smith. 2023. (ENG.). 20p. (J). 24.99 ***(978-1-0880-8774-9(4))*** Indy Pub.

Loki. Eric Braun. 2017. (Gods of Legend Ser.). (ENG.). 32p. (gr. 2-7). 9.95 *(978-1-68072-447-9(9));* (J). (gr. 4-6). pap. 9.99 *(978-1-64466-178-9(0),* 11404); (Illus.). (J). (gr. 4-6). lib. bdg. *(978-1-68072-138-6(0),* 10460) Black Rabbit Bks. (Bolt).

Loki. Contrib. by Kate Conley. 2023. (Norse Mythology Ser.). (ENG.). 32p. (J). (gr. 2-5). lib. bdg. 34.21 ***(978-1-0982-9120-4(4),*** 42056, Kids Core) ABDO Publishing Co.

Loki. Virginia Loh-Hagan. 2018. (Gods & Goddesses of the Ancient World Ser.). (ENG., Illus.). 32p. (J). (gr. 4-8). lib. bdg. 32.07 *(978-1-5341-2946-7(4),* 211828, 45th Parallel Press) Cherry Lake Publishing.

Loki: Where Mischief Lies. Mackenzi Lee. (Marvel Rebels & Renegades Ser.: 1). (ENG.). (YA). (gr. 7-12). 2021. 432p. pap. 9.99 *(978-1-368-02615-4(X));* 2019. (Illus.). 416p. 17.99 *(978-1-368-02226-2(X))* Marvel Worldwide, Inc.

Loki: a Bad God's Guide to Being Good. Louie Stowell. Illus. by Louie Stowell. (Loki: a Bad God's Guide Ser.: 1). (ENG.). 240p. (J). (gr. 4-7). 2023. pap. 7.99 *(978-1-5362-3244-8(0));* 2022. (Illus.). 14.99 *(978-1-5362-2327-9(1))* Candlewick Pr.

Loki: a Bad God's Guide to Taking the Blame. Louie Stowell. Illus. by Louie Stowell. 2023. (Loki: a Bad God's Guide Ser.: 2). (ENG.). 288p. (J). (gr. 4-7). 15.99 *(978-1-5362-2630-0(0))* Candlewick Pr.

Loki Little Golden Book (Marvel) Arie Kaplan. Illus. by Hollie Mengert. 2021. (Little Golden Book Ser.). (ENG.). 24p. (J). (-k). 5.99 *(978-0-593-30424-2(1),* Golden Bks.) Random Hse. Children's Bks.

Loki Out & About. Molly Bandt & Tina Murua. Illus. by Molly Bandt. 2017. (ENG., Illus.). (J). (gr. k-2). 18.99 *(978-1-943331-84-0(7))* Orange Hat Publishing.

Loki Wolf. Arthur Slade. 2022. (Northern Frights Ser.: Vol. 3). (ENG.). 188p. (J). pap. *(978-1-989252-09-3(5))* Slade, Arthur.

Loki's Dance Class. Sarah Keyes & Hannah Keyes. 2017. (ENG., Illus.). 36p. (J). pap. *(978-1-365-81409-9(2))* Lulu Pr., Inc.

Lokito Poquito: Smallest of the Big Ones. Shauna Castillo. 2022. (ENG., Illus.). 24p. (J). pap. 15.95 *(978-1-64952-579-6(6))* Fulton Bks.

Loko Boloky: Fampidirana Ankizy Ny Loko Eo Amin'ny Tontolo Voajanahary. David E. McAdams. 2nd ed. 2023. (Loko Ao Amin'ny Tontolo Voajanahary Ser.). (MLG.). 38p. (J). pap. 19.95 ***(978-1-63270-412-2(9))*** Life is a Story Problem LLC.

Lokpriya Baalgeet: Illustrated Hindi Rhymes Padded Book for Children. Wonder House Books. 2018. (ENG.). 24p. (J). (— 1). bds. 9.99 ***(978-93-88369-13-8(0))*** Prakash Bk. Depot IND. Dist: Independent Pubs. Group.

Lol: A Load of Laughs & Jokes for Kids. Craig Yoe. Illus. by Craig Yoe. 2017. (ENG., Illus.). 288p. (J). (gr. k-4). pap. 5.99 *(978-1-4814-7818-2(4),* Little Simon) Little Simon.

LOL 101: a Kid's Guide to Writing Jokes. David Roth & Rinee Shah. Illus. by Rinee Shah. 2023. (ENG.). 148p. (J). (gr. 2-5). 15.99 *(978-1-7972-1392-7(X))* Chronicle Bks. LLC.

Lol-Apalooza Jokes: More Than 444 Jokes for Kids, 1 vol. Thomas Nelson. 2019. (Knock-Knock Rocks Ser.). (ENG., Illus.). 128p. (J). pap. 4.99 *(978-1-4002-1438-9(6),* Tommy Nelson) Nelson, Thomas Inc.

Lol Jokes: Denver. Craig Yoe. 2021. (Lol Jokes Ser.). (ENG.). 98p. (J). 31.99 *(978-1-5402-4714-8(7))* Arcadia Publishing.

Lol Jokes: Los Angeles. Craig Yoe. 2021. (Lol Jokes Ser.). (ENG.). 98p. (J). 31.99 *(978-1-5402-4715-5(5))* Arcadia Publishing.

Lol Jokes: New York City. Craig Yoe. 2021. (Lol Jokes Ser.). (ENG.). 98p. (J). 31.99 *(978-1-5402-4716-2(3))* Arcadia Publishing.

Lol Jokes: Pittsburgh. Craig Yoe. 2021. (Lol Jokes Ser.). (ENG.). 98p. (J). 31.99 *(978-1-5402-4717-9(1))* Arcadia Publishing.

Lol Jokes: Portland. Craig Yoe. 2021. (ENG.). 98p. (J). 31.99 *(978-1-5402-5061-2(X))* Arcadia Publishing.

Lol Jokes: San Francisco. Craig Yoe. 2021. (ENG.). 98p. (J). 31.99 *(978-1-5402-5062-9(8))* Arcadia Publishing.

Lol Jokes: Texas. Craig Yoe. 2021. (ENG.). 98p. (J). 31.99 *(978-1-5402-5060-5(1))* Arcadia Publishing.

LOL Jokes: Cleveland. Craig Yoe. 2021. (LOL Jokes Ser.). (ENG., Illus.). 96p. (J). (gr. 2-7). pap. 9.99 *(978-1-4671-9817-2(X))* Arcadia Publishing.

LOL Jokes: Denver. Craig Yoe. 2021. (LOL Jokes Ser.). (ENG., Illus.). 96p. (J). (gr. 2-7). pap. 9.99 *(978-1-4671-9816-5(1))* Arcadia Publishing.

LOL Jokes: Los Angeles. Craig Yoe. 2021. (LOL Jokes Ser.). (ENG., Illus.). 96p. (J). (gr. 2-7). pap. 9.99 *(978-1-4671-9814-1(5))* Arcadia Publishing.

LOL Jokes: New York City. Craig Yoe. 2021. (LOL Jokes Ser.). (ENG., Illus.). 96p. (J). (gr. 2-7). pap. 9.99 *(978-1-4671-9813-4(7))* Arcadia Publishing.

LOL Jokes: Pittsburgh. Craig Yoe. 2021. (LOL Jokes Ser.). (ENG., Illus.). 96p. (J). (gr. 2-7). pap. 9.99 *(978-1-4671-9815-8(3))* Arcadia Publishing.

LOL Jokes Portland. Craig Yoe. 2021. (LOL Jokes Ser.). (ENG., Illus.). 96p. (J). (gr. 2-7). pap. 9.99 *(978-1-4671-9843-1(9))* Arcadia Publishing.

LOL Jokes San Francisco. Craig Yoe. 2021. (LOL Jokes Ser.: 7). (ENG., Illus.). 96p. (J). (gr. 2-7). pap. 9.99 *(978-1-4671-9844-8(7))* Arcadia Publishing.

LOL Jokes Texas. Craig Yoe. 2021. (LOL Jokes Ser.: 8). (ENG., Illus.). 96p. (J). (gr. 2-7). pap. 9.99 *(978-1-4671-9842-4(0))* Arcadia Publishing.

Lol Surprise! 64 Page Coloring & Activity Book with Color Your Own Slap Bracelet. Created by Bendon Publishing. 2021. (ENG.). (J). pap. 6.99 *(978-1-6902-1115-0(6))* Bendon, Inc.

Lol Surprise Coloring & Activity Book with Jumbo Twist-Up Crayons. Des. by Bendon. 2020. (ENG.). (J). pap. 5.00 ***(978-1-6902-1077-1(X))*** Bendon, Inc.

Lol Surprise Digest Imagine Ink Magic Ink. Des. by Bendon. 2020. (ENG.). (J). pap. 5.00 ***(978-1-6902-1075-7(3))*** Bendon, Inc.

Lol Surprise Imagine Ink Magic Ink Pictures. Des. by Bendon. 2020. (ENG.). (J). 4.99 ***(978-1-6902-0955-3(0))*** Bendon, Inc.

Lol Surprise Imagine Ink Magic Ink Pictures Book with Stickers (Value) Des. by Bendon. 2020. (ENG.). (J). 5.00 ***(978-1-6902-1460-1(0))*** Bendon, Inc.

Lol Text Me Bff Coloring Book. Bobo's Adult Activity Books. 2016. (ENG., Illus.). (J). pap. 9.33 *(978-1-68327-550-3(0))* Sunshine In My Soul Publishing.

Lola. Arthur Griffiths. 2017. (ENG.). (J). 332p. pap. *(978-3-337-34412-2(7));* 326p. pap. *(978-3-337-34413-9(5));* 334p. pap. *(978-3-337-34414-6(3))* Creation Pubs.

Lola. Ellen Miles. 2016. 83p. (J). *(978-1-5182-4535-0(8))* Scholastic, Inc.

Lola, 45. Ellen Miles. ed. 2018. 83p. (J). (gr. 1-4). 16.36 *(978-1-64310-117-0(X))* Penworthy Co., LLC, The.

Lola. Ellen Miles. ed. 2017. (Puppy Place Ser.: 45). lib. bdg. 14.75 *(978-0-606-40168-5(7))* Turtleback.

Lola: A Tale of Gibraltar (Classic Reprint) Arthur Griffiths. 2018. (ENG., Illus.). 378p. (J). 31.69 *(978-0-483-77834-4(6))* Forgotten Bks.

Lola: A Tale of the Rock, Vol. 2 of 3 (Classic Reprint) Arthur Griffiths. 2018. (ENG., Illus.). 324p. (J). 30.58 *(978-0-483-69183-4(6))* Forgotten Bks.

Lola: A Tale of the Rock, Vol. 3 of 3 (Classic Reprint) Arthur Griffiths. 2018. (ENG., Illus.). 332p. (J). 30.74 *(978-0-484-28357-1(X))* Forgotten Bks.

Lola: Edición en Español de ISLANDBORN. Junot Díaz. Illus. by Leo Espinosa. 2018. (SPA.). 48p. (J). (gr. k-3). 18.99 *(978-0-525-55281-9(2),* Dial Bks) Penguin Young Readers Group.

Lola: Or the Thought & Speech of Animals (Classic Reprint) Henry Kindermann. 2018. (ENG., Illus.). 210p. (J). 28.25 *(978-0-484-38587-9(9))* Forgotten Bks.

Lola: The Lonely Vampire. Anwyn Willow. 2019. (ENG.). 30p. (J). pap. *(978-1-5289-3012-3(6))* Austin Macauley Pubs. Ltd.

Lola & Crow. Ann Bensley. Illus. by Ann Bensley. 2017. (ENG., Illus.). (J). 16.99 *(978-0-9995242-1-3(6))* Bensley, Ann-Mari.

Lola & Missy & the Christmas Guitar. Leigh Hitch. 2017. (ENG., Illus.). 18p. (J). *(978-0-244-04233-2(0))* Lulu Pr., Inc.

Lola at Last. J. C. Peterson. 2023. (ENG.). 400p. (YA). (gr. 8). 19.99 *(978-0-06-306018-0(3),* HarperTeen) HarperCollins Pubs.

Lola Bans Plastics. Melaina Gasbarrino. 2020. (ENG.). 34p. (J). *(978-1-7774818-2-7(1));* pap. *(978-1-7774818-0-3(5))* Tellwell Talent.

Lola Bear's Christmas. Bette Jo Sibley. 2018. (ENG.). 38p. (J). 14.95 *(978-1-68401-804-8(8))* Amplify Publishing Group.

Lola Benko, Treasure Hunter. Beth McMullen. (Lola Benko, Treasure Hunter Ser.: 1). (ENG.). (J). (gr. 4-8). 2021. 320p. pap. 7.99 *(978-1-5344-5670-9(8));* 2020. 304p. 17.99 *(978-1-5344-5669-3(4))* Simon & Schuster Children's Publishing. (Aladdin).

Lola Dutch. Kenneth Wright. Illus. by Sarah Jane Wright. 2018. (Lola Dutch Ser.). (ENG.). 40p. (J). 17.99 *(978-1-68119-551-3(8),* 900177320, Bloomsbury USA Childrens) Bloomsbury Publishing USA.

Lola Dutch I Love You So Much. Kenneth Wright. Illus. by Sarah Jane Wright. 2019. (Lola Dutch Ser.). (ENG.). 40p. (J). 17.99 *(978-1-5476-0117-2(5),* 900199129, Bloomsbury Children's Bks.) Bloomsbury Publishing USA.

Lola Dutch When I Grow Up. Kenneth Wright. Illus. by Sarah Jane Wright. 2019. (Lola Dutch Ser.). (ENG.). 40p. (J). 17.99 *(978-1-68119-554-4(2),* 900177318, Bloomsbury Children's Bks.) Bloomsbury Publishing USA.

Lola Finds Her Colours. Leigh Carter. 2020. (ENG., Illus.). 36p. (J). pap. *(978-1-78554-899-4(9))* Austin Macauley Pubs. Ltd.

Lola Flies Alone, 1 vol. Bill Richardson. Illus. by Bill Pechet. 2022. (ENG.). 52p. (J). (gr. 1-3). 19.99 *(978-1-927917-83-1(2))* Running the Goat, Bks. & Broadsides CAN. Dist: Orca Bk. Pubs. USA.

Lola Gets a Cat see Lola Quiere un Gato / Lola Gets a Cat

Lola Gets a Cat. Anna McQuinn. Illus. by Rosalind Beardshaw. (Lola Reads Ser.: 5). (ENG.). 28p. (J). (-k). 2018. pap. 7.99 *(978-1-58089-845-4(9));* 2017. lib. bdg. 15.99 *(978-1-58089-736-5(3))* Charlesbridge Publishing, Inc.

Lola Goes to School see Lola Va a la Escuela / Lola Goes to School

Lola Goes to School. Marcia Goldman. 2016. (Lola Ser.). (ENG., Illus.). 32p. (J). (gr. -1-k). 16.95 *(978-1-939547-27-9(X),* 75f727ac-b1dd-47ad-962f-4980043a392d) Creston Bks.

Lola Goes to School. Anna McQuinn. Illus. by Rosalind Beardshaw. (Lola Reads Ser.: 6). (ENG.). 32p. (J). (-k). 2020. pap. 7.99 *(978-1-62354-171-2(9));* 2019. lib. bdg. 16.99 *(978-1-58089-938-3(2))* Charlesbridge Publishing, Inc.

Lola Goes to School. Anna McQuinn. ed. 2021. (Lola Bks). (ENG., Illus.). 25p. (J). (gr. k-1). 20.46 *(978-1-64697-897-7(8))* Penworthy Co., LLC, The.

Lola Goes to Work. Marcia Goldman. 2019. (ENG., Illus.). 24p. (J). (gr. -1-k). bds. 12.99 *(978-1-939547-60-6(1),* 51a9650f-8bec-422f-9887-ddcbc29cdfbc) Creston Bks.

Lola Levine & the Ballet Scheme. Monica Brown. 2016. (Lola Levine Ser.: 3). (ENG., Illus.). 112p. (J). (gr. 1-5). pap. 5.99 *(978-0-316-25847-0(4))* Little, Brown Bks. for Young Readers.

Lola Levine & the Ballet Scheme. Monica Brown. ed. 2016. (Lola Levine Ser.: 3). (J). lib. bdg. 16.00 *(978-0-606-40220-0(9))* Turtleback.

Lola Levine & the Halloween Scream. Monica Brown. 2017. (Lola Levine Ser.: 6). (ENG., Illus.). 96p. (J). (gr. 1-5). pap. 8.99 *(978-0-316-50643-4(5))* Little, Brown Bks. for Young Readers.

Lola Levine & the Halloween Scream. Monica Brown. ed. 2017. (Lola Levine Ser.: 6). (J). lib. bdg. 16.00 *(978-0-606-40223-1(3))* Turtleback.

Lola Levine & the Vacation Dream. Monica Brown. ed. 2017. (Lola Levine Ser.: 5). (J). lib. bdg. 16.00 *(978-0-606-40222-4(5))* Turtleback.

Lola Levine: Drama Queen. Monica Brown. 2016. (Lola Levine Ser.: 2). (ENG., Illus.). (J). (gr. 1-5). 112p. pap. 5.99 *(978-0-316-25842-5(3));* 96p. 15.99 *(978-0-316-25843-2(1))* Little, Brown Bks. for Young Readers.

Lola Levine Meets Jelly & Bean. Monica Brown. 2017. (Lola Levine Ser.: 4). (ENG., Illus.). 96p. (J). (gr. 1-5). pap. 5.99 *(978-0-316-25850-0(4))* Little, Brown Bks. for Young Readers.

Lola Levine Meets Jelly & Bean. Monica Brown. ed. 2017. (Lola Levine Ser.: 4). (J). lib. bdg. 16.00 *(978-0-606-40221-7(7))* Turtleback.

Lola Loves Stories see Lola le Encantan Los Cuentos / Lola Loves Stories

Lola, My Girl. Donna Lee Tufts. 2018. (ENG., Illus.). 64p. (J). pap. 16.95 *(978-1-64298-124-7(9))* Page Publishing Inc.

Lola Night. Mariana Collette. 2016. (ENG., Illus.). (YA). pap. *(978-0-9941227-6-6(4))* CreateBooks Ltd.

Lola Pitts' Green Eggs & Grits. Dionne Blackmon Dumas. Illus. by Sabien T. Willis. 2018. (ENG.). 34p. (J). 22.99 *(978-1-5456-5113-1(2));* pap. 12.49 *(978-1-5456-5112-4(4))* Salem Author Services.

Lola Planta un Jardín. Anna McQuinn. Illus. by Rosalind Beardshaw. 2017. (Lola Reads Ser.: 4). (SPA.). 28p. (J). (-k). 16.99 *(978-1-58089-797-6(5))* Charlesbridge Publishing, Inc.

Lola Planta un Jardín / Lola Plants a Garden. Anna McQuinn. Illus. by Rosalind Beardshaw. ed. 2017. (Lola Reads Ser.: 4).Tr. of Lola Plants a Garden. 28p. (J). (-k). pap. 7.99 *(978-1-58089-786-0(X))* Charlesbridge Publishing, Inc.

Lola Plants a Garden see Lola Planta un Jardín / Lola Plants a Garden

Lola Plants a Garden: Lola Planta un Jardín. Anna McQuinn et al. Illus. by Rosalind Beardshaw. 2017. (SPA & ENG.). (J). pap. *(978-1-63289-027-6(5))* Charlesbridge Publishing, Inc.

Lola Quiere un Gato. Anna McQuinn. Illus. by Rosalind Beardshaw. 2019. (Lola Reads Ser.: 5). (SPA.). 28p. (J). (-k). 16.99 *(978-1-58089-670-2(7))* Charlesbridge Publishing, Inc.

Lola Quiere un Gato / Lola Gets a Cat. Anna McQuinn. Illus. by Rosalind Beardshaw. ed. 2019. (Lola Reads Ser.: 5).Tr. of Lola Gets a Cat. 28p. (J). (-k). pap. 7.99 *(978-1-58089-988-8(9))* Charlesbridge Publishing, Inc.

Lola Reads to Leo: Lola le Lee Al Pequeño Leo. Anna McQuinn et al. Illus. by Rosalind Beardshaw. 2017. (SPA & ENG.). (J). pap. *(978-1-63289-028-3(3))* Charlesbridge Publishing, Inc.

Lola Shapes the Sky. Wendy Greenley. Illus. by Paolo Domeniconi. 2019. (ENG.). 32p. (J). (gr. 1-3). 19.99 *(978-1-56846-319-3(7),* 18668, Creative Editions) Creative Co., The.

Lola Sleeps Over. Anna McQuinn. Illus. by Rosalind Beardshaw. 2022. (ENG.). 32p. (J). (-k). pap. 7.99 *(978-1-62354-377-8(0))* Charlesbridge Publishing, Inc.

Lola the Ladybug. Sarah M. Brinson. Illus. by Fredy Mendoza. 2018. (Lola the Ladybug Ser.). (ENG.). 36p. (J). (gr. k-5). 24.95 *(978-0-9906301-2-8(9))* GB Pr.

Lola the Little Green Ladybug. Lauri Chase. 2022. (ENG.). 30p. (J). 23.99 ***(978-1-957262-69-7(9));*** pap. 16.99 ***(978-1-957262-70-3(2))*** Yorkshire Publishing Group.

Lola the Lizard & Friends. Louise Parsons Battles. 2017. (ENG., Illus.). 60p. (J). pap. 13.95 *(978-1-64028-050-2(2))* Christian Faith Publishing.

Lola the Loggerhead. Adrienne Palma. 2021. (ENG.). 42p. (J). pap. 12.99 *(978-1-954095-34-2(1))* Yorkshire Publishing Group.

Lola Va a la Escuela / Lola Goes to School. Anna McQuinn. Illus. by Rosalind Beardshaw. ed. 2020. (Lola Reads Ser.:

L

6).Tr. of Lola Goes to School. (SPA.). 32p. (J). (-k). pap. 7.99 *(978-1-62354-172-9(7))* Charlesbridge Publishing, Inc.

Lola, Vol. 1 Of 3: A Tale of the Rock (Classic Reprint) Arthur Griffiths. (ENG., Illus.). (J). 2018. 334p. 30.79 *(978-0-483-55885-4(0))*; 2017. pap. 13.57 *(978-0-243-19652-4(0))* Forgotten Bks.

Lola's Beach Clean-Up. Melaina Gasbarrino. 2017. (ENG., Illus.). 34p. (J). ***(978-1-77302-622-0(4))***; pap. ***(978-1-77302-623-7(2))*** Tellwell Talent.

Lola's Fandango. Anna Witte. Illus. by Micha Archer. 32p. (J). 2018. (ENG.). (gr. k-5). pap. 9.99 *(978-1-78285-398-5(7))*; 2022. (SPA.). (gr. -1-5). pap. 7.99 ***(978-1-64686-670-0(3))*** Barefoot Bks., Inc.

Lola's Farmyard Friends: Childrens Yoga Book. Laura Heslin. Illus. by Cuisle Madden. 2021. (ENG.). 38p. (J). pap. *(978-1-008-94529-6(3))* Lulu Pr., Inc.

Lola's Heart. Alexandra Boiger. Illus. by Alexandra Boiger. 2023. (ENG., Illus.). 40p. (J). (gr. -1-3). 18.99 ***(978-0-399-16590-0(8)***, Philomel Bks.) Penguin Young Readers Group.

Lola's Rules for Friendship. Jenna McCarthy. Illus. by Sara Palacios. 2017. (ENG.). 32p. (J). (gr. -1-3). 17.99 *(978-0-06-225018-6(3)*, Balzer & Bray) HarperCollins Pubs.

Lola's Secret. Alice VL. 2019. (ENG.). 398p. (YA). pap. *(978-1-393-63139-2(8))* Loggerenberg, Alice Van.

Lola's Story. Edward Nowak. 2019. (ENG.). 48p. (J). *(978-1-78823-839-7(7))*; pap. *(978-1-78823-838-0(9))* Austin Macauley Pubs. Ltd.

Lola's Super Club #1: My Dad Is a Super Secret Agent. Christine Beigel. 2020. (Lola's Super Club Ser.: 1). (ENG., Illus.). 112p. (J). 14.99 *(978-1-5458-0563-3(6)*, 900225395); pap. 9.99 *(978-1-5458-0564-0(4)*, 900225396) Mad Cave Studios. (Papercutz).

Lola's Super Club #2: My Substitute Teacher Is a Witch. Christine Beigel. 2021. (Lola's Super Club Ser.: 2). (ENG., Illus.). 112p. (J). 14.99 *(978-1-5458-0635-7(7)*, 900232896); pap. 9.99 *(978-1-5458-0636-4(5)*, 900232897) Mad Cave Studios. (Papercutz).

Lola's Teddy Bear. Marcia Goldman. 2019. (Lola Ser.). (ENG., Illus.). 32p. (J). (gr. -1-k). 16.95 *(978-1-939547-50-7(4)*, 4972b2cd-cd6c-4cfa-bc83-ea19dede52d9) Creston Bks.

Lolita & Chaplin Secrets: The Five Elements of Nature. Marta Lasheras & Francisca Braithwaite. 2020. (ENG.). 44p. (J). pap. 18.60 *(978-1-68471-891-7(0))* Lulu Pr., Inc.

Lolita Loves the Ocean: The Story of a Wild Orca. Gina Sequeira. 2017. (ENG., Illus.). (J). pap. 13.95 *(978-0-9828203-1-5(3))* Pipton Pr.

Lolita's Vacation. Lydia Lopez. 2019. (ENG., Illus.). 22p. (J). 21.95 *(978-1-64096-177-7(1))* Newman Springs Publishing, Inc.

Lollards, Vol. 2 Of 3: A Tale, Founded on the Persecutions Which Marked the Early Part of the Fifteenth (Classic Reprint) Thomas Gaspey. 2019. (ENG., Illus.). 362p. (J). 31.36 *(978-0-365-23134-9(7))* Forgotten Bks.

Lollipop Clock's First Adventure. Sherry Callison. 2021. (ENG.). 38p. (J). pap. 14.95 *(978-1-0980-7289-6(8))* Christian Faith Publishing.

Lollipop Girl. Shelia E. Bell. 2017. (ENG., Illus.). (J). pap. 9.99 *(978-1-944643-05-8(2))* His Pen Publishing, LLC.

Lollipop in My Pocket. Lavonne Drake. Illus. by Paul Schultz. 2022. (ENG.). 32p. (J). ***(978-1-0391-1740-2(6))***; pap. ***(978-1-0391-1739-6(2))*** FriesenPress.

Lollipop Kids, Vol. 1. Adam Glass & Aidan Glass. Ed. by Mike Marts. 2019. (ENG., Illus.). 120p. (YA). pap. 14.99 *(978-1-949028-15-7(1)*, d76eecfe-2d0b-4c16-93ee-df5729f81bf7) AfterShock Comics.

Lollipop Lane. Hazel Nasman. 2017. (ENG., Illus.). (J). pap. 10.99 *(978-1-5456-0768-8(0))* Salem Author Services.

Lollipop Lola & the Power of Yet. Kiki Bryant. 2021. (ENG.). 39p. (J). pap. ***(978-1-387-84238-4(2))*** Lulu Pr., Inc.

Lollipop Lulu. Darcus Shaw. 2019. (ENG.). 30p. (J). 22.95 *(978-1-64214-173-3(9))* Page Publishing Inc.

Lolly Learns about Joy. Beth S. Wilson. Illus. by Stephanie Reno. 2016. (Fruit of the Spirit Ser.: Vol. 2). (ENG.). (J). pap. 11.99 *(978-1-945620-07-2(2))* Hear My Heart Publishing.

Lollygag. Robert West. 2020. (ENG., Illus.). 44p. (YA). 24.95 *(978-1-64559-974-6(4))*; pap. 14.95 *(978-1-64559-973-9(6))* Covenant Bks.

Lolly's Eggcellent Surprise. Julie Bowyer. 2022. (ENG.). 36p. (J). pap. ***(978-0-6456529-6-3(2))*** DoctorZed Publishing.

Lolo, Bibi und Die Goldene Madonna. Volker Schowald. 2017. (GER., Illus.). (J). pap. *(978-3-7407-3224-0(5))* VICOO International Pr.

Lolo, Bibi und Piccolina, das Eselchen. Volker Schowald. 2017. (GER., Illus.). (J). pap. *(978-3-7407-2875-5(2))* VICOO International Pr.

LOLO the World Traveler Alaska: A Literary Nonfiction Travelers Educational Vacation Adventure. Barbara Ann Griffin. 2020. (ENG., Illus.). 40p. (J). pap. 10.99 *(978-1-7357556-0-1(5))* Heard Publishing.

Lolo und Bibi. Volker Schowald. 2018. (GER., Illus.). 102p. (J). pap. *(978-3-7407-5229-3(7))* VICOO International Pr.

Lolo und das Maul des Löwen. Volker Schowald. 2018. (GER., Illus.). 60p. (J). pap. *(978-3-7407-5239-2(4))* VICOO International Pr.

Lolo Weaver Swims Upstream. Polly Farquhar. 2023. (ENG.). 240p. (J). (gr. 3-7). 18.99 *(978-0-8234-5209-5(3))* Holiday Hse., Inc.

Lolo's Light. Liz Garton Scanlon. 2022. (ENG.). 232p. (J). (gr. 5-17). 16.99 *(978-1-7972-1294-4(X))* Chronicle Bks. LLC.

Lomai of Lenakel: A Hero of the New Hebrides; a Fresh Chapter in the Triumph of the Gospel (Classic Reprint) Frank H. L. Paton. 2017. (ENG., Illus.). (J). 31.45 *(978-0-260-19188-9(6))* Forgotten Bks.

Lombardy Slough. Joe-Ming Cheng. Ed. by Joyce Krieg. 2020. (ENG.). 232p. (YA). pap. 11.99 *(978-1-953120-07-6(5))* Park Place Pubns.

Lombo's Miracle. Ann Marie Kay. 2019. (Kay Farm Empathy Ser.: Vol. 2). (ENG.). 30p. (J). pap. 12.95 *(978-1-64569-399-4(6))* Christian Faith Publishing.

London. Anna Award. 2017. (ENG.). 8p. (J). 8.00 *(978-1-907604-65-2(0))* Award Pubns. Ltd. GBR. Dist: Parkwest Pubns., Inc.

London. Jessica Rudolph. 2017. (Citified! Ser.). (ENG., Illus.). 24p. (J). (gr. k-3). lib. bdg. 17.95 *(978-1-68402-232-8(0))* Bearport Publishing Co., Inc.

London, Vol. 8. Mason Crest. 2016. (Major World Cities Ser.: Vol. 8). (ENG., Illus.). 48p. (J). (gr. 5-8). 20.95 *(978-1-4222-3541-6(6))* Mason Crest.

London: A Book of Aspects (Classic Reprint) Arthur Symons. 2017. (ENG., Illus.). (J). 25.69 *(978-0-265-42053-9(9))* Forgotten Bks.

London: Children's London England Travel Book. Bold Kids. 2022. (ENG.). 42p. (J). pap. 14.99 *(978-1-0717-1048-7(6))* FASTLANE LLC.

London & Sydney Explorent le Monde: Texas. Kellen M. Coleman & Berthina Coleman. Illus. by Ron Bryant. 2018. (FRE.). 26p. (J). pap. 10.00 *(978-0-9988929-7-9(1))* Fomenky Publishing.

London Art Chase, 1 vol. Natalie Grant. 2016. (Faithgirlz / Glimmer Girls Ser.). (ENG., Illus.). 208p. (J). pap. 8.99 *(978-0-310-75265-3(5))* Zonderkidz.

London As Seen by Charles Dana Gibson (Classic Reprint) Charles Dana Gibson. 2018. (ENG., Illus.). (J). 68p. 25.30 *(978-1-397-19321-6(2))*; 70p. pap. 9.57 *(978-1-397-19198-4(8))* Forgotten Bks.

London Bazaar (Classic Reprint) John Agg. 2018. (ENG., Illus.). 22p. (J). 24.35 *(978-0-267-51099-3(3))* Forgotten Bks.

London Birds: And Other Sketches (Classic Reprint) Thomas Digby Pigott. (ENG., Illus.). (J). 2018. 302p. 30.15 *(978-0-267-71572-5(2))*; 2016. pap. 13.57 *(978-1-333-70575-6(1))* Forgotten Bks.

London Bridge Is Falling Down. Michael Allen Austin. Illus. by Michael Allen Austin. 2023. (Classic Children's Songs Ser.). (ENG.). 16p. (J). (gr. -1-2). 29.93 *(978-1-5038-6552-5(5)*, 216451) Child's World, Inc, The.

London Budget of Wit, or a Thousand Notable Jests: Many of Them Never before Printed, & the Whole Arranged on an Entire New Plan (Classic Reprint) Unknown Author. (ENG., Illus.). (J). 2018. 366p. 31.45 *(978-0-365-30719-8(X))*; 2018. 362p. 31.36 *(978-0-483-89168-5(1))*; 2017. pap. 13.97 *(978-0-259-40578-8(7))* Forgotten Bks.

London Calls Sticker Book. Gabby Dawnay. Illus. by Alex Barrow. 2017. (ENG.). 20p. (J). (gr. k-17). pap. 11.95 *(978-1-84976-384-4(4)*, 1648103) Tate Publishing, Ltd. GBR. Dist: Hachette Bk. Group.

London Characters, or Fashions & Customs of the Present Century, Vol. 1 of 2 (Classic Reprint) Barnaby Sketchwell. (ENG., Illus.). (J). 2018. 370p. 31.53 *(978-0-365-41276-2(7))*; 2017. pap. 13.97 *(978-0-259-21469-4(8))* Forgotten Bks.

London Characters, Vol. 1: Or, Anecdotes, Fashions, & Customs, of the Present Century (Classic Reprint) Barnaby Sketchwell. 2018. (ENG., Illus.). 738p. (J). 39.12 *(978-0-484-11002-0(0))* Forgotten Bks.

London Etchings (Classic Reprint) A. St John Adcock. (ENG., Illus.). (J). 2018. 92p. 25.81 *(978-0-267-58186-3(6))*; 2016. pap. 9.57 *(978-1-334-15911-4(4))* Forgotten Bks.

London Films & Certain Delightful English Towns (Classic Reprint) William Dean Howells. (ENG., Illus.). (J). 2017. 35.96 *(978-0-265-17618-4(2))*; 2016. pap. 19.57 *(978-1-333-51660-4(6))* Forgotten Bks.

London Folk Tales for Children. Anne Johnson & Sef Townsend. Illus. by Belinda Evans. 2019. (ENG.). 192p. (J). (gr. 2-6). pap. 16.99 *(978-0-7509-8689-2(1))* History Pr. Ltd.,The GBR. Dist: Independent Pubs. Group.

London Guide, & Stranger's Safeguard Against the Cheats, Swindlers, & Pickpockets That Abound Within the Bills of Mortality: Forming a Picture of London, As Regards Active Life; Collected from the Verbal Communications of William Perry, & Others. William Perry. (ENG., Illus.). (J). 2018. 258p. 29.22 *(978-0-483-01543-2(1))*; 2017. pap. 11.57 *(978-0-259-99134-2(1))* Forgotten Bks.

London Guide, & Stranger's Safeguard Against the Cheats, Swindlers, & Pickpockets That Around Within the Bills of Mortality: Forming a Picture of London; As Regrads Active Life, Collected from the Verbal Communication of William Perry, & Others, A. Gentleman Years. 2018. (ENG., Illus.). 258p. (J). 29.22 *(978-0-267-67027-7(3))* Forgotten Bks.

London Hat Hunting Mission. Winnie Mak Tselikas. 2017. (Adventures in One Dear World Ser.: Vol. 1). (ENG., Illus.). 40p. (J). *(978-1-9998200-0-8(2))* One Dear World Ltd.

London Hermit, or Rambles in Dorsetshire: A Comedy, As Performed with Universal Applause at the Theatres Royal (Classic Reprint) John O'Keeffe. 2018. (ENG., Illus.). 114p. (J). 26.25 *(978-0-267-29168-7(X))* Forgotten Bks.

London Homes: Including the Murder Hole; the Drowning Dragoon; the Priest & the Curate; Lady Mary Pierrepoint;& Frank Vansittart (Classic Reprint) Catherine Sinclair. 2018. (ENG., Illus.). 324p. (J). 30.60 *(978-0-483-83928-1(0))* Forgotten Bks.

London Idylls (Classic Reprint) William James Dawson. 2018. (ENG., Illus.). 358p. (J). 31.30 *(978-0-483-12667-1(5))* Forgotten Bks.

London in Dickens' Day (Classic Reprint) Jacob Korg. 2017. (ENG., Illus.). (J). 27.88 *(978-0-331-61150-2(3))*; pap. 10.57 *(978-0-243-26870-2(5))* Forgotten Bks.

London in the Sixties (with a Few Digressions) (Classic Reprint) One of the Old Brigade. 2017. (ENG., Illus.). (J). 30.79 *(978-0-331-29491-0(5))* Forgotten Bks.

London Labour & the London Poor: Cyclopedia of the Condition & Earnings of Those That Will Work, Those That Cannot Work, & Those That Will Not Work (Classic Reprint) Henry. Mayhew. (ENG., Illus.). (J). 2017. 35.98 *(978-0-260-39426-2(2))*; 2016. pap. 19.57 *(978-1-333-27612-6(5))* Forgotten Bks.

London Labour & the London Poor; a Cyclopaedia of the Condition & Earnings of Those That Will Work, Those That Cannot Work, & Those That Will Not Work. Henry. Mayhew. 2019. (ENG.). 554p. (J). pap. *(978-93-5386-501-6(8))* Alpha Editions.

London Labour & the London Poor; a Cyclopaedia of the Condition & Earnings of Those That Will Work, Those That Cannot Work, & Those That Will Not Work (Volume I) Henry. Mayhew. 2019. (ENG.). 540p. (J). pap. *(978-93-5389-977-6(X))* Alpha Editions.

London Labour & the London Poor, Vol. 1: A Cyclopaedia of the Condition & Earnings of Those That Will Work, Those That Cannot Work, & Those That Will Not Work (Classic Reprint) Henry. Mayhew. 2017. (ENG., Illus.). (J). 35.30 *(978-0-260-16654-8(5))* Forgotten Bks.

London Labour & the London Poor, Vol. 2: A Cyclopaedia of the Condition & Earnings of Those That Will Work, Those That Cannot Work, & Those That Will Not Work (Classic Reprint) Henry. Mayhew. 2017. (ENG., Illus.). (J). 35.92 *(978-0-260-26492-3(X))* Forgotten Bks.

London Labour & the London Poor, Vol. 3: A Cyclopedia of the Condition & Earnings of Those That Will Work, Those That Cannot Work, & Those That Will Not Work (Classic Reprint) Henry. Mayhew. (ENG., Illus.). (J). 2017. 34.29 *(978-0-260-86843-5(4))*; 2016. pap. 16.97 *(978-1-333-49526-8(9))* Forgotten Bks.

London Lavender (Classic Reprint) E. V. Lucas. 2018. (ENG., Illus.). 348p. (J). 31.07 *(978-0-364-39953-8(8))* Forgotten Bks.

London Legend, Vol. 2 of 3 (Classic Reprint) Justin H. McCarthy. 2018. (ENG., Illus.). 266p. (J). 29.38 *(978-0-483-87206-6(7))* Forgotten Bks.

London Legend, Vol. 3 of 3 (Classic Reprint) Justin Huntly McCarthy. 2018. (ENG., Illus.). 248p. (J). 29.03 *(978-0-483-02729-9(4))* Forgotten Bks.

London Legends, Vol. 1 of 2 (Classic Reprint) Paul Pindar. (ENG., Illus.). (J). 2018. 302p. 30.08 *(978-0-332-82045-3(9))*; 2016. pap. 13.57 *(978-1-334-15282-5(9))* Forgotten Bks.

London Legends, Vol. 2 of 2 (Classic Reprint) Paul Pindar. 2018. (ENG., Illus.). 282p. (J). 29.71 *(978-0-428-78588-8(3))* Forgotten Bks.

London Life; the Patagonia; the Liar; Mrs. Temperly (Classic Reprint) Henry James. 2018. (ENG., Illus.). (J). 32.02 *(978-0-265-97504-6(2))* Forgotten Bks.

London Magazine, Vol. 4: July to December, 1921 (Classic Reprint) John Scott. (ENG., Illus.). (J). 2018. 714p. 38.64 *(978-0-364-87602-2(6))*; 2017. pap. 20.97 *(978-1-334-92691-4(3))* Forgotten Bks.

London Magazine, Vol. 5: January to June 1822 (Classic Reprint) John Taylor. 2018. (ENG., Illus.). (J). 726p. 38.89 *(978-1-396-35188-4(4))*; 728p. pap. 23.57 *(978-1-390-89645-9(5))* Forgotten Bks.

London Medical Student, & Curiosities of Medical Experience (Classic Reprint) Punch Punch. (ENG., Illus.). (J). 2018. 84p. 25.63 *(978-0-483-63705-4(X))*; 2016. pap. 9.57 *(978-1-333-12674-2(3))* Forgotten Bks.

London Medical Student & Other Comicalities. Hugo Erichsen. 2017. (ENG.). 212p. (J). pap. *(978-3-337-21510-1(6))* Creation Pubs.

London Medical Student & Other Comicalities Selected & Compiled (Classic Reprint) Hugo Erichsen. 2017. (ENG., Illus.). (J). 28.25 *(978-0-260-10068-9(4))* Forgotten Bks.

London Medical Student (Classic Reprint) Albert Smith. 2018. (ENG., Illus.). 198p. (J). 28.00 *(978-0-483-34819-6(8))* Forgotten Bks.

London Men in Palestine: And How They Marched to Jerusalem (Classic Reprint) Rowlands Coldicott. (ENG., Illus.). (J). 2018. 286p. 29.80 *(978-0-483-82729-5(0))*; 2017. pap. 13.57 *(978-0-282-37335-1(7))* Forgotten Bks.

London Mosaic (Classic Reprint) W. L. George. 2018. (ENG., Illus.). 176p. (J). 27.55 *(978-0-365-05917-2(X))* Forgotten Bks.

London on Fire: a Great City at the Time of the Great Fire. John C. Miles. 2018. (ENG.). 48p. (J). (gr. 4-6). pap. 11.99 *(978-1-4451-6355-0(1)*, Franklin Watts) Hachette Children's Group GBR. Dist: Hachette Bk. Group.

London, or, a Month at Stevens's, Vol. 2 Of 3: By a Late Resident; a Satirical Novel (Classic Reprint) Thomas Brown. 2018. (ENG., Illus.). 216p. (J). 28.35 *(978-0-483-46021-8(4))* Forgotten Bks.

London, or a Month at Stevens's, Vol. 3 Of 3: A Satirical Novel (Classic Reprint) Thomas Brown. 2016. (ENG., Illus.). (J). pap. 10.97 *(978-1-333-50239-3(7))* Forgotten Bks.

London, or a Month at Stevens's, Vol. 3 Of 3: A Satirical Novel (Classic Reprint) Thomas Brown. 2018. (ENG., Illus.). 222p. (J). 28.48 *(978-0-483-60519-0(0))* Forgotten Bks.

London Pleasure Gardens of the Eighteenth Century (Classic Reprint) Warwick Wroth. (ENG., Illus.). (J). 2017. 32.56 *(978-0-265-25101-0(X))*; 2016. pap. 16.57 *(978-1-334-47044-8(8))* Forgotten Bks.

London Pride: Or When the World Was Younger (Classic Reprint) M. E. Braddon. 2017. (ENG., Illus.). (J). 34.75 *(978-0-266-95013-4(2))* Forgotten Bks.

London Pride & London Shame. L. Cope Cornford. 2017. (ENG., Illus.). (J). pap. *(978-0-649-14076-3(1))* Trieste Publishing Pty Ltd.

London Pride & London Shame (Classic Reprint) L. Cope Cornford. 2018. (ENG., Illus.). 222p. (J). 28.48 *(978-0-483-89146-3(0))* Forgotten Bks.

London Scenes (Classic Reprint) W. R. Titterton. 2018. (ENG., Illus.). 188p. (J). 27.77 *(978-0-267-48157-6(8))* Forgotten Bks.

London Side-Lights (Classic Reprint) Clarence Rook. 2017. (ENG., Illus.). (J). 31.12 *(978-0-331-66406-5(2))*; pap. 13.57 *(978-0-259-01763-9(9))* Forgotten Bks.

London Society, 1862, Vol. 2: An Illustrated Magazine of Light & Amusing Literature for the Hours of Relaxation (Classic Reprint) Florence Marryat. 2017. (ENG., Illus.). (J). 41.06 *(978-0-266-73864-0(8))*; pap. 23.57 *(978-1-5277-0293-6(6))* Forgotten Bks.

London Society, 1863, Vol. 3: An Illustrated Magazine of Light & Amusing Literature for the Hours Relaxation (Classic Reprint) Unknown Author. (ENG., Illus.). (J). 2018. 704p. 38.42 *(978-0-332-14110-7(1))*; 2016. pap. 20.97 *(978-1-334-13860-7(5))* Forgotten Bks.

London Society, 1864, Vol. 5: An Illustrated Magazine of Light & Amusing Literature for the Hours of Relaxation (Classic Reprint) Unknown Author. 2017. (ENG., Illus.). (J). 38.09 *(978-0-266-52123-5(1))*; pap. 20.57 *(978-0-243-87243-5(7))* Forgotten Bks.

London Society, 1864, Vol. 6: An Illustrated Magazine of Light & Amusing Literature for the Hours of Relaxation (Classic Reprint) Unknown Author. (ENG., Illus.). (J). 2018. 662p. 37.57 *(978-0-483-55773-4(0))*; 2017. pap. 19.97 *(978-0-243-18716-4(5))* Forgotten Bks.

London Society, 1865, Vol. 7: An Illustrated Magazine of Light & Amusing Literature for the Hours of Relaxation (Classic Reprint) Unknown Author. 2017. (ENG., Illus.). (J). 38.29 *(978-0-265-74270-9(6))*; pap. 20.97 *(978-1-5277-0976-8(0))* Forgotten Bks.

London Society, 1866, Vol. 10: An Illustrated Magazine of Light & Amusing Literature for the Hours of Relaxation (Classic Reprint) Unknown Author. 2017. (ENG., Illus.). (J). 40.13 *(978-0-265-72744-7(8))*; pap. 23.57 *(978-1-5276-8760-8(0))* Forgotten Bks.

London Society, 1866, Vol. 9: An Illustrated Magazine of Light & Amusing Literature for the Hours of Relaxation (Classic Reprint) Unknown Author. 2017. (ENG., Illus.). (J). 684p. 38.02 *(978-0-332-93082-4(3))*; pap. 20.57 *(978-0-259-26122-3(X))* Forgotten Bks.

London Society, 1867, Vol. 12: An Illustrated Magazine of Light & Amusing Literature for the Hours of Relaxation (Classic Reprint) James Hogg. 2017. (ENG., Illus.). (J). 784p. 40.07 *(978-0-265-73626-5(9))*; 786p. pap. 23.57 *(978-1-5277-0030-7(5))* Forgotten Bks.

London Society, 1868, Vol. 14: An Illustrated Magazine of Light & Amusing Literature for the Hours of Relaxation (Classic Reprint) Unknown Author. (ENG., Illus.). (J). 2018. 678p. 37.90 *(978-0-484-16811-3(8))*; 2017. pap. 20.57 *(978-0-243-53339-8(X))* Forgotten Bks.

London Society, 1869, Vol. 15: An Illustrated Magazine of Light & Amusing Literature for the Hours of Relaxation (Classic Reprint) Unknown Author. (ENG., Illus.). (J). 2018. 780p. 40.00 *(978-0-267-60820-1(9))*; 2016. pap. 23.57 *(978-1-334-12694-9(1))* Forgotten Bks.

London Society, 1870, Vol. 17: An Illustrated Magazine of Light & Amusing Literature for the House of Relaxation (Classic Reprint) Unknown Author. 2018. (ENG., Illus.). (J). 674p. 37.80 *(978-1-391-21112-1(X))*; 676p. pap. 20.57 *(978-1-390-96525-4(2))* Forgotten Bks.

London Society, 1872, Vol. 21: An Illustrated Magazine of Light & Amusing Literature for the Hours of Relaxation (Classic Reprint) Unknown Author. (ENG., Illus.). (J). 2018. 634p. 36.97 *(978-0-364-72158-2(8))*; 2017. pap. 19.57 *(978-1-334-92586-3(0))* Forgotten Bks.

London Society, 1873, Vol. 23: An Illustrated Magazine of Light & Amusing Literature for the Hours of Relaxation (Classic Reprint) Unknown Author. (ENG., Illus.). (J). 2018. 654p. 37.39 *(978-0-484-91228-0(3))*; 2017. pap. 19.97 *(978-0-243-87392-0(1))* Forgotten Bks.

London Society, 1875, Vol. 27: An Illustrated Magazine of Light & Amusing Literature for the Hours of Relaxation (Classic Reprint) Unknown Author. 2017. (ENG., Illus.). (J). 37.51 *(978-0-266-68075-8(5))*; pap. 19.97 *(978-1-5276-5109-8(6))* Forgotten Bks.

London Society, 1876, Vol. 29: An Illustrated Magazine of Light & Amusing Literature for the Hours of Relaxation (Classic Reprint) Unknown Author. 2017. (ENG., Illus.). (J). 37.51 *(978-0-266-96156-7(8))*; pap. 19.97 *(978-1-5278-6047-6(7))* Forgotten Bks.

London Society, 1877, Vol. 31: An Illustrated Magazine of Light & Amusing Literature for the Hours of Relaxation (Classic Reprint) Unknown Author. (ENG., Illus.). (J). 2018. 676p. 37.84 *(978-0-483-84609-8(0))*; 2017. pap. 20.57 *(978-0-243-90417-4(7))* Forgotten Bks.

London Society, 1879, Vol. 35: An Illustrated Magazine of Light & Amusing Literature for the Hours of Relaxation (Classic Reprint) Unknown Author. 2017. (ENG., Illus.). (J). 39.45 *(978-0-265-51615-7(3))*; pap. 23.57 *(978-1-334-93527-5(0))* Forgotten Bks.

London Society, 1879, Vol. 36: An Illustrated Magazine of Light & Amusing Literature for the Hours of Relaxation (Classic Reprint) Unknown Author. (ENG., Illus.). (J). 2018. 754p. 39.45 *(978-0-483-54975-3(4))*; 2017. pap. 23.57 *(978-0-259-19425-5(5))* Forgotten Bks.

London Society, 1880, Vol. 37: An Illustrated Magazine of Light & Amusing Literature for the Hours of Relaxation (Classic Reprint) Unknown Author. 2017. (ENG., Illus.). (J). 38.64 *(978-0-266-51726-9(9))*; pap. 20.57 *(978-1-334-95104-6(7))* Forgotten Bks.

London Society, 1880, Vol. 38: An Illustrated Magazine of Light & Amusing Literature for the Hours of Relaxation (Classic Reprint) Unknown Author. 2017. (ENG., Illus.). (J). 38.77 *(978-0-331-02428-9(4))*; pap. 23.57 *(978-0-260-29348-0(2))* Forgotten Bks.

London Society, 1881, Vol. 39: An Illustrated Magazine of Light & Amusing Literature for the Hours of Relaxation (Classic Reprint) Unknown Author. 2017. (ENG., Illus.). (J). 41.18 *(978-0-266-72388-2(8))*; pap. 23.57 *(978-1-5276-8255-9(2))* Forgotten Bks.

London Society, 1881, Vol. 40: An Illustrated Magazine of Light & Amusing Literature for the Hours of Relaxation (Classic Reprint) Unknown Author. (ENG., Illus.). (J). 2018. 762p. 39.61 *(978-0-656-39564-4(8))*; 2017. pap. 23.57 *(978-0-243-85087-7(5))* Forgotten Bks.

London Society, 1883, Vol. 43: An Illustrated Magazine of Light & Amusing Literature for the Hours of Relaxation (Classic Reprint) Unknown Author. 2017. (ENG., Illus.). (J). 41.86 *(978-0-331-62845-6(7))*; pap. 24.20 *(978-0-331-62841-8(4))* Forgotten Bks.

London Society, 1883, Vol. 44: An Illustrated Magazine of Light & Amusing Literature for the Hours of Relaxation (Classic Reprint) Unknown Author. 2017. (ENG., Illus.). (J). 41.55 *(978-0-260-89828-9(7))*; pap. 23.97 *(978-1-5281-4253-3(5))* Forgotten Bks.

London Society, 1884, Vol. 45: An Illustrated Magazine of Light & Amusing Literature for the Hours of Relaxation (Classic Reprint) Unknown Author. (ENG., Illus.). (J). 2018. 848p. 41.41 *(978-0-365-16864-5(5))*; 2017. pap. 23.97 *(978-0-259-25443-0(6))* Forgotten Bks.

London Society, 1884, Vol. 46: An Illustrated Magazine of Light & Amusing Literature for the Hours of Relaxation (Classic Reprint) Unknown Author. (ENG., Illus.). (J). 2018. 856p. 41.57 *(978-0-428-83834-8(0))*; 2017. pap. 23.97 *(978-1-334-92794-2(4))* Forgotten Bks.

London Society, 1887, Vol. 52: A Monthly Magazine of Light & Amusing Literature for the Hours of Relaxation (Classic Reprint) James Hogg. (ENG., Illus.). (J). 2018.

1216 The check digit for ISBN-10 appears in parentheses after the full ISBN-13

860p. 41.63 *(978-0-267-53524-8(4))*; 2017. pap. 23.98 *(978-0-259-35631-8(X))* Forgotten Bks.

London Society, 1889, Vol. 55: A Monthly Magazine of Light & Amusing Literature for the Hours of Relaxtion (Classic Reprint) James Hogg. (ENG., Illus.). (J). 2018. 674p. 37.80 *(978-0-483-57106-8(7))*; 2016. pap. 20.57 *(978-1-334-13087-8(6))* Forgotten Bks.

London Society, Vol. 13: An Illustrated Magazine of Light & Amusing Literature for the Hours of Relaxation (Classic Reprint) Unknown Author. (ENG., Illus.). (J). 2018. 704p. 38.42 *(978-0-428-96633-1(0))*; 2016. pap. 20.97 *(978-1-334-14114-0(2))* Forgotten Bks.

London Society, Vol. 15: An Illustrated Magazine of Light & Amusing Literature for the Hours of Relaxation (Classic Reprint) Unknown Author. 2018. (ENG., Illus.). 700p. (J). 38.33 *(978-0-483-33180-8(5))* Forgotten Bks.

London Society, Vol. 16: An Illustrated Magazine of Light & Amusing Literature for the Hours of Relaxation; July, 1869-January, 1870 (Classic Reprint) Unknown Author. 2017. (ENG., Illus.). (J). 774p. 39.86 *(978-0-332-65727-1(2))*; pap. 23.57 *(978-1-334-91971-8(2))* Forgotten Bks.

London Society, Vol. 18: An Illustrated Magazine of Light & Amusing Literature for the Hours of Relaxation; July, 1870 (Classic Reprint) Unknown Author. (ENG., Illus.). (J). 2018. 792p. 40.23 *(978-0-483-01450-3(8))*; 2017. pap. 23.57 *(978-0-243-51979-8(6))* Forgotten Bks.

London Society, Vol. 2: An Illustrated Magazine of Light & Amusing Literature for the Hours of Relaxation; July, 1862 December, 1862 (Classic Reprint) Unknown Author. (ENG., Illus.). (J). 2018. 770p. 39.78 *(978-0-483-37927-5(1))*; 2016. pap. 23.57 *(978-1-334-12826-4(X))* Forgotten Bks.

London Society, Vol. 22: An Illustrated Magazine of Light & Amusing Literature for the Hours of Relaxation; July December, 1872 (Classic Reprint) Unknown Author. (ENG., Illus.). (J). 2018. 692p. 38.17 *(978-0-267-75593-6(7))*; 2016. pap. 19.57 *(978-1-334-11766-4(7))* Forgotten Bks.

London Society, Vol. 32: An Illustrated Magazine of Light & Amusing Literature for the Hours of Relaxation (Classic Reprint) Unknown Author. (ENG., Illus.). (J). 2018. 662p. 37.55 *(978-0-484-89085-4(9))*; 2016. pap. 19.97 *(978-1-333-25341-7(9))* Forgotten Bks.

London Society, Vol. 33: An Illustrated Magazine of Light & Amusing Literature for the Hours of Relaxation (Classic Reprint) Unknown Author. 2018. (ENG., Illus.). 730p. (J). 38.95 *(978-0-483-53662-3(8))* Forgotten Bks.

London Society, Vol. 34 (Classic Reprint) Unknown Author. 2017. (ENG., Illus.). (J). 750p. 39.37 *(978-0-332-10025-8(1))*; pap. 23.57 *(978-0-243-88972-3(0))* Forgotten Bks.

London Society, Vol. 4: An Illustrated Magazine of Light & Amusing Literature for the Hours of Relaxation; July, 1863 (Classic Reprint) William Clowes And Sons. 2017. (ENG., Illus.). (J). 40.64 *(978-0-266-71345-6(9))*; pap. 23.57 *(978-1-5276-6761-7(8))* Forgotten Bks.

London Society, Vol. 41 (Classic Reprint) Unknown Author. 2018. (ENG., Illus.). 746p. (J). 39.28 *(978-0-483-05100-3(4))* Forgotten Bks.

London Society, Vol. 42 (Classic Reprint) James Hogg. (ENG., Illus.). (J). 2018. 774p. 39.88 *(978-0-267-38655-0(9))*; 2017. pap. 23.57 *(978-1-5276-0931-0(6))* Forgotten Bks.

London Society, Vol. 47: An Illustrated Magazine of Light & Amusing Literature for the Hours of Relaxation (Classic Reprint) Unknown Author. (ENG., Illus.). (J). 2018. 764p. 39.65 *(978-0-483-14675-4(7))*; 2016. pap. 23.57 *(978-1-334-55274-8(6))* Forgotten Bks.

London Society, Vol. 49 (Classic Reprint) Unknown Author. 2017. (ENG., Illus.). (J). 762p. 39.61 *(978-0-332-79400-6(8))*; pap. 23.57 *(978-0-259-20098-7(0))* Forgotten Bks.

London Society, Vol. 50: An Illustrated Magazine of Light & Amusing Literature; for the Hours of Relaxation (Classic Reprint) Unknown Author. (ENG., Illus.). (J). 2018. 758p. 39.55 *(978-0-428-25105-5(6))*; 2017. pap. 23.57 *(978-0-243-57588-6(2))* Forgotten Bks.

London Society, Vol. 51: A Monthly Magazine of Light & Amusing Literature for the House of Relaxation (Classic Reprint) Florence Marryat. (ENG., Illus.). (J). 2018. 706p. 38.46 *(978-0-483-62938-7(3))*; 2016. pap. 20.97 *(978-1-334-68819-5(2))* Forgotten Bks.

London Society, Vol. 53: A Monthly Magazine of Light & Amusing Literature for the Hours of Relaxation (Classic Reprint) Unknown Author. (ENG., Illus.). (J). 2018. 676p. 37.84 *(978-0-267-39329-9(6))*; 2017. pap. 20.57 *(978-1-5276-5918-6(6))* Forgotten Bks.

London Society, Vol. 56: A Monthly Magazine of Light & Amusing Literature for the Hours of Relaxation (Classic Reprint) Unknown Author. (ENG., Illus.). (J). 2018. 670p. 37.74 *(978-0-484-82308-1(6))*; 2016. pap. 20.57 *(978-1-334-52090-7(9))* Forgotten Bks.

London Society, Vol. 57: A Monthly Magazine of Light & Amusing Literature for the Hours of Relaxation; January to June, 1890 (Classic Reprint) Unknown Author. 2018. (ENG., Illus.). (J). 674p. 37.82 *(978-0-428-56362-2(7))*; 676p. pap. 20.57 *(978-0-428-56360-8(0))* Forgotten Bks.

London Society, Vol. 58: A Monthly Magazine of Light & Amusing Literature for Hours of Relaxation; July to December, 1890 (Classic Reprint) Unknown Author. (ENG., Illus.). (J). 2018. 674p. 37.82 *(978-0-666-35664-2(5))*; 2017. pap. 20.57 *(978-0-259-52037-5(3))* Forgotten Bks.

London Society, Vol. 60: A Monthly Magazine of Light & Amusing Literature for the Hours of Relaxation; July to December, 1891 (Classic Reprint) Unknown Author. (ENG., Illus.). (J). 2018. 678p. 37.90 *(978-0-267-13072-6(4))*; 2017. pap. 20.57 *(978-0-259-18857-5(3))* Forgotten Bks.

London Society, Vol. 61: A Monthly Magazine of Light & Amusing Literature for the Hours of Relaxation; January to June, 1892 (Classic Reprint) Unknown Author. 2017. (ENG., Illus.). (J). 37.82 *(978-0-265-67937-1(0))*; pap. 20.57 *(978-1-5276-4856-2(7))* Forgotten Bks.

London Society, Vol. 63: A Monthly Magazine of Light & Amusing Literature for the Hours of Relaxation; January to June, 1893 (Classic Reprint) Unknown Author. 2018. (ENG., Illus.). 674p. (J). 37.82 *(978-0-428-78501-7(8))* Forgotten Bks.

London Society, Vol. 63: A Monthly Magazine of Light & Amusing Literature for the Hours of Relaxation; July to December, 1895 (Classic Reprint) Unknown Author. (ENG., Illus.). (J). 2018. 674p. 37.82 *(978-0-483-43879-8(0))*; 2017. pap. 20.57 *(978-1-5276-3077-2(3))* Forgotten Bks.

London Society, Vol. 64: A Monthly Magazine of Light & Amusing Literature for the Hours of Relaxation; July to December 1893 (Classic Reprint) Unknown Author. 2017. (ENG., Illus.). (J). 676p. 37.84 *(978-0-332-83851-9(X))*; pap. 20.57 *(978-1-5276-6077-9(X))* Forgotten Bks.

London Society, Vol. 65: A Monthly Magazine of Light & Amusing Literature for the Hours of Relaxation; January to June, 1894 (Classic Reprint) James Hogg. 2017. (ENG., Illus.). (J). 37.80 *(978-0-265-71420-1(6))*; pap. 20.57 *(978-1-5276-6885-0(1))* Forgotten Bks.

London Society, Vol. 66: A Monthly Magazine of Light & Amusing Literature for Hours of Relaxation; July to December, 1894 (Classic Reprint) Unknown Author. (ENG., Illus.). (J). 2018. 674p. 37.82 *(978-0-483-70337-7(0))*; 2017. pap. 20.57 *(978-0-243-40051-5(9))* Forgotten Bks.

London Society, Vol. 67: A Monthly Magazine of Light & Amusing Literature for the Hours of Relaxation; January to June, 1895 (Classic Reprint) Unknown Author. (ENG., Illus.). (J). 2018. 678p. 37.90 *(978-0-483-83736-2(9))*; 2017. pap. 20.57 *(978-0-243-58906-7(9))* Forgotten Bks.

London Society, Vol. 69: A Monthly Magazine of Light & Amusing Literature for the Hours of Relaxation; January to June, 1896 (Classic Reprint) Unknown Author. (ENG., Illus.). (J). 2018. 678p. 37.88 *(978-0-484-00625-5(8))*; 2017. pap. 20.57 *(978-1-334-92728-7(6))* Forgotten Bks.

London Society, Vol. 70: A Monthly Magazine of Light & Amusing Literature for the Hours of Relaxation; July to December, 1896 (Classic Reprint) Unknown Author. (ENG., Illus.). (J). 2018. 674p. 37.82 *(978-0-428-88601-1(9))*; 2016. pap. 20.57 *(978-1-333-26927-2(7))* Forgotten Bks.

London Society, Vol. 71: A Monthly Magazine of Light & Amusing Literature for the Hours of Relaxation; January to June, 1897 (Classic Reprint) Unknown Author. (ENG., Illus.). (J). 2018. 676p. 37.84 *(978-0-365-47095-3(3))*; 2017. pap. 20.57 *(978-1-5276-9560-3(3))* Forgotten Bks.

London Society, Vol. 72: A Monthly Magazine of Light & Amusing Literature for the Hours of Relaxation; July to December, 1897 (Classic Reprint) Unknown Author. 2018. (ENG., Illus.). 674p. (J). 37.80 *(978-0-483-08489-6(1))* Forgotten Bks.

London Spy: A Book of Town Travels (Classic Reprint) Thomas Burke. 2018. (ENG., Illus.). 324p. (J). 30.58 *(978-0-483-73905-5(7))* Forgotten Bks.

London Street Games (Classic Reprint) Norman Douglas. (ENG., Illus.). (J). 2017. 27.51 *(978-0-331-85621-7(2))*; 2016. pap. 9.97 *(978-1-334-17102-4(5))* Forgotten Bks.

London Town (Classic Reprint) Thomas Crane. (ENG., Illus.). (J). 2019. 48p. 24.89 *(978-0-365-19844-4(7))*; 2018. 20p. 24.41 *(978-0-428-23532-1(8))* Forgotten Bks.

London Underground. Julie Murray. (Trains Ser.). (ENG., Illus.). 24p. (J). 2022. (gr. 2-2). pap. 8.95 *(978-1-64494-725-8(0))*; 2021. (gr. k-4). lib. bdg. 31.36 *(978-1-0982-2673-2(9)*, 38664) ABDO Publishing Co. (Abdo Zoom-Dash).

London Venture (Classic Reprint) Michael Arlen. 2017. (ENG., Illus.). (J). 27.90 *(978-1-5279-8121-8(5))* Forgotten Bks.

London, Vol. 1 Of 3: Or, a Month at Stevens's (Classic Reprint) Thomas Brown. 2018. (ENG., Illus.). 250p. (J). 29.05 *(978-0-483-41087-9(X))* Forgotten Bks.

Londoners (Classic Reprint) Robert Smythe Hichens. (ENG., Illus.). (J). 2017. 31.01 *(978-0-331-73701-1(9))*; 2016. pap. 13.57 *(978-1-333-58841-0(0))* Forgotten Bks.

London's Great Stink & Joseph Bazalgette: Band 09/Gold, Bd. 9. Richard Platt. 2018. (Collins Big Cat Ser.). (ENG.). 24p. (J). pap. 7.99 *(978-0-00-823037-1(4))* HarperCollins Pubs. Ltd. GBR. Dist: Independent Pubs. Group.

London's Heart, Vol. 2 of 3 (Classic Reprint) B. I. Farjeon. 2018. (ENG., Illus.). 316p. (J). 30.41 *(978-0-483-96669-7(X))* Forgotten Bks.

Londyn Bakes Cookies. Tracilyn George. 2020. (ENG.). 22p. (J). pap. 11.00 *(978-1-990153-17-4(8))* Lulu Pr., Inc.

Londyn Bakes Cookies. Tracilyn George. Illus. by Aria Jones. 2020. (ENG.). 24p. (J). pap. 17.14 *(978-1-716-61999-1(8))* Lulu Pr., Inc.

Londyn Bakes Cookies. Tracilyn George. 2020. (ENG.). 24p. (J). pap. 11.63 *(978-1-716-03763-4(8))* Lulu Pr., Inc.

Lone Adventure (Classic Reprint) Halliwell Sutcliffe. 2017. (ENG., Illus.). (J). 32.41 *(978-1-5283-7465-1(7))* Forgotten Bks.

Lone Bull's Mistake: A Lodge Pole Chief Story (Classic Reprint) James Willard Schultz. 2017. (ENG., Illus.). (J). 28.58 *(978-0-331-82732-3(8))*; pap. 10.97 *(978-0-259-43477-1(9))* Forgotten Bks.

Lone Dove: A Legend of Revolutionary Times (Classic Reprint) Diana Treat Kilbourn. (ENG., Illus.). (J). 2018. 280p. 29.69 *(978-0-332-88268-0(3))*; 2017. pap. 13.57 *(978-0-243-42462-7(0))* Forgotten Bks.

Lone Furrow (Classic Reprint) W. A. Fraser. (ENG., Illus.). (J). 2018. 378p. 31.73 *(978-0-332-85529-5(5))*; 2017. pap. 16.57 *(978-1-334-91177-4(0))* Forgotten Bks.

Lone Furrow (Classic Reprint) William Alexander Fraser. 2018. (ENG., Illus.). 372p. (J). 31.59 *(978-0-484-63096-2(2))* Forgotten Bks.

Lone Grave of the Shenandoah, & Other Tales (Classic Reprint) Donn Piatt. 2017. (ENG., Illus.). (J). 27.32 *(978-1-5282-8435-6(6))* Forgotten Bks.

Lone House (Classic Reprint) Amelia E. Barr. 2018. (ENG., Illus.). 246p. (J). 28.99 *(978-0-484-70741-1(8))* Forgotten Bks.

Lone Lassie, Vol. 1: An Autobiography (Classic Reprint) J. Jemmett Browne. 2018. (ENG., Illus.). 314p. (J). 30.37 *(978-0-364-46798-5(3))* Forgotten Bks.

Lone Lassie, Vol. 2 Of 3: An Autobiography (Classic Reprint) J. Jemmett-Browne. 2018. (ENG., Illus.). 318p. (J). 30.46 *(978-0-483-39031-7(3))* Forgotten Bks.

Lone Lassie, Vol. 3 Of 3: An Autobiography (Classic Reprint) J. Jemmett Browne. 2018. (ENG., Illus.). 304p. (J). 30.17 *(978-0-483-88069-6(8))* Forgotten Bks.

Lone Lion. Cole Hart. 2020. (ENG.). 26p. (J). pap. 12.95 *(978-1-64801-377-5(5))* Newman Springs Publishing, Inc.

Lone Patrol (Classic Reprint) John Finnemore. 2018. (ENG., Illus.). 338p. (J). 30.87 *(978-0-484-30409-2(7))* Forgotten Bks.

Lone Pine: The Story of a Lost Mine (Classic Reprint) R.B. Townshend. 2018. (ENG., Illus.). 420p. (J). 32.56 *(978-0-483-39100-0(X))* Forgotten Bks.

Lone Scout: A Tale of the United States Public Health Service (Classic Reprint) Edward Champe Carter. 2018. (ENG., Illus.). 254p. (J). 29.14 *(978-0-332-14892-2(0))* Forgotten Bks.

Lone Scouts Principle: A Two Act Scout Play (Classic Reprint) Milton F. Methfessel. 2018. (ENG., Illus.). 26p. (J). 24.43 *(978-0-332-52268-5(7))* Forgotten Bks.

Lone Star: Or, the Texas Bravo; a Tale of the Southwest (Classic Reprint) J. H. Robinson. 2018. (ENG., Illus.). 100p. (J). 25.96 *(978-0-267-18325-8(9))* Forgotten Bks.

Lone Star Bo-Peep: And Other Tales of Texan Ranch Life (Classic Reprint) Howard Seely. 2018. (ENG., Illus.). 366p. (J). 31.45 *(978-0-365-29105-3(6))* Forgotten Bks.

Lone Star Bo-Peep, & Other Tales of Texan Ranch Life. Howard Seely. 2017. (ENG.). 296p. (J). pap. *(978-3-337-03406-1(3))* Creation Pubs.

Lone Star Cowboy. Charles A. Siringo. 2020. (ENG.). 304p. (J). 19.99 *(978-1-64798-478-6(5))* Wyatt North.

Lone Star Cowboy: Being Fifty Years Experience in the Saddle As Cowboy, Detective & New Mexico Ranger, on Every Cow Trail in the Wooly Old West, Also the Doings of Some Bad Cowboys, Such As Billy the Kid, Wess Harding & Kid Curry. Charles A. Siringo. 2017. (ENG., Illus.). (J). 30.13 *(978-1-5279-8132-4(0))* Forgotten Bks.

Lone Star Legacy: The Texas Rangers Then & Now, 1 vol. Melanie Chrismer. 2016. (ENG., Illus.). 144p. (J). (gr. 4-7). pap. 10.95 *(978-1-4556-2104-0(8)*, Pelican Publishing) Arcadia Publishing.

Lone Star Ranger. Zane Grey. 2021. (Mint Editions — Westerns Ser.). (ENG.). 246p. 18.99 *(978-1-5132-0655-4(9)*, West Margin Pr.) West Margin Pr.

Lone Star Ranger (Classic Reprint) Zane Grey. 2017. (ENG., Illus.). 378p. (J). 31.69 *(978-0-484-54614-0(7))* Forgotten Bks.

Lone Star, Vol. 1 (Classic Reprint) Eugene P. Lyle. 2017. (ENG., Illus.). (J). 33.28 *(978-0-331-19581-1(X))* Forgotten Bks.

Lone Stars. Mike Lupica. (ENG.). (J). (gr. 5). 2018. 256p. pap. 8.99 *(978-0-14-751492-9(4)*, Puffin Books); 2017. 240p. 17.99 *(978-0-399-17280-9(7)*, Philomel Bks.) Penguin Young Readers Group.

Lone Trail (Classic Reprint) Luke Allan. 2018. (ENG., Illus.). (J). 328p. 30.66 *(978-0-366-56251-0(7))*; 330p. pap. 13.57 *(978-0-366-10595-3(7))* Forgotten Bks.

Lone Wolf: Finding the Pack Coloring Book. Activibooks For Kids. 2016. (ENG., Illus.). (J). pap. 9.20 *(978-1-68321-279-9(7))* Mimaxion.

Lone Woman in Africa. Agnes McAllister. 2017. (ENG.). 296p. (J). pap. *(978-3-337-11936-2(0))* Creation Pubs.

Lone Woman in Africa: Six Years on the Kroo Coast (Classic Reprint) Agnes McAllister. 2017. (ENG., Illus.). (J). 30.10 *(978-0-265-45129-8(9))* Forgotten Bks.

Loneliest Girl in the Universe. Lauren James. (ENG.). 320p. (YA). (gr. 9). 2019. pap. 15.99 *(978-0-06-266026-8(8))*; 2018. 17.99 *(978-0-06-266025-1(X))* HarperCollins Pubs. (HarperTeen).

Loneliest Kitten. Holly Webb. Illus. by Sophy Williams. 2020. (Pet Rescue Adventures Ser.). (ENG.). 128p. (J). (gr. 1-4). pap. 5.99 *(978-1-68010-456-1(X))* Tiger Tales.

Loneliest Star. Robert Gaines. 2019. (ENG.). 44p. (J). pap. 18.95 *(978-1-64515-441-9(6))* Christian Faith Publishing.

Loneliness. Meg Gaertner. 2022. (Dealing with Challenges Ser.). (ENG., Illus.). 24p. (J). (gr. k-1). pap. 8.95 *(978-1-64619-513-8(2))*; lib. bdg. 28.50 *(978-1-64619-486-5(1))* Little Blue Hse. (Little Blue Readers).

Loneliness? (Classic Reprint) Robert Hugh Benson. 2017. (ENG., Illus.). (J). 31.71 *(978-0-331-70882-0(5))* Forgotten Bks.

Lonely. Kerry Dinmont. 2019. (Learning about Emotions Ser.). (ENG.). 24p. (J). (gr. -1-2). lib. bdg. 32.79 *(978-1-5038-2811-7(5)*, 212618) Child's World, Inc, The.

Lonely. Moira Harvey. Illus. by Holly Sterling. 2020. (Everybody Feels ... Ser.). (ENG.). 24p. (J). (gr. -1-2). lib. bdg. ***(978-0-7112-5040-6(5)***, QED Publishing) Quarto Publishing Group UK.

Lonely Ayil. Rochell Weisfogel. 2017. (ENG., Illus.). (J). 21.95 *(978-1-64138-269-4(4))* Page Publishing Inc.

Lonely Balloon. Gemma Mallorey. Illus. by Cleoward Sy. 2016. (ENG.). 27p. (J). pap. *(978-0-9933603-3-6(5))* Bower Maze.

Lonely Beach Hut. Andy Kemp. 2020. (ENG.). 34p. (J). pap. *(978-1-78830-467-2(5))* Olympia Publishers.

Lonely Bwbach. Graham Howells. 2018. (ENG., Illus.). 40p. (J). pap. 8.95 *(978-1-78562-273-1(0))* Gomer Pr. GBR. Dist: Casemate Pubs. & Bk. Distributors, LLC.

Lonely Cloud. Marcey Louise Heschel. Illus. by Pei Jen. 2020. (ENG.). 32p. (J). *(978-1-5255-7197-8(4))*; pap. *(978-1-5255-7198-5(2))* FriesenPress.

Lonely Cloud. Jacqueline D. Nelson. Ed. by Terry Pate. Illus. by Ewani Pate. (ENG.). 18p. (J). 2023. 30.99 ***(978-1-6628-7792-6(7))***; 2022. pap. 20.99 *(978-1-6628-3477-6(2))* Salem Author Services.

Lonely Dead. April Henry. 2020. (ENG.). 240p. (YA). pap. 14.99 *(978-1-250-23376-9(3)*, 900185223) Square Fish.

Lonely Dino. Bailey McDougall. Illus. by Anderson Gray. 2017. (ENG.). (J). pap. *(978-0-6482127-8-2(5))* Karen Mc Dermott.

Lonely Dino: Special Edition Hard Cover. Bailey McDougall. Illus. by Anderson Gray. 2017. (ENG.). (J). *(978-0-6482127-7-5(7))* Karen Mc Dermott.

Lonely Doll: New Edition. Dare Wright. Ed. by Brook Ashley. 2022. (ENG.). 60p. (J). pap. 9.95 ***(978-1-7334312-5-5(X))*** Dare Wright Media.

Lonely Doll: The Lonely Doll Series. Dare Wright. Ed. by Brook Ashley. 2022. (Lonely Doll Ser.). (ENG.). 60p. (J). (gr. -1-3). 18.95 ***(978-1-7334312-4-8(1))*** Dare Wright Media.

Lonely Donkey. Lauraine Snelling. 2020. (ENG.). 26p. (J). pap. 6.99 *(978-1-0879-1714-6(X))* Indy Pub.

Lonely Donkey. Joan H. Young. Illus. by Linda J. Sandow. 2020. (Dubois Files Ser.: Vol. 5). (ENG.). 162p. (J). pap. 8.99 *(978-1-948910-12-5(8))* Bks. Leaving Footprints.

Lonely DRAGON: Of Dragons & Witches Series. Rae Stoltenkamp. 2020. (ENG.). 108p. (J). pap. 9.99 ***(978-1-913670-05-4(8))*** Draft2Digital.

Lonely Fry. Shellee Craig. Illus. by James Craig. 2022. (ENG.). 25p. (J). ***(978-1-4583-1871-8(0))*** Lulu Pr., Inc.

Lonely Ghost. Mike Ford. 2022. (ENG.). 256p. (J). (gr. 3-7). pap. 7.99 *(978-1-338-75797-2(0)*, Scholastic Paperbacks) Scholastic, Inc.

Lonely Giraffe. Kimberly Heeman. 2021. 24p. (J). pap. 9.99 *(978-1-0983-6015-3(X))* BookBaby.

Lonely Heart of Maybelle Lane. Kate O'Shaughnessy. 288p. (J). (gr. 3-7). 2021. 8.99 *(978-1-9848-9386-4(6)*, Yearling); 2020. 16.99 *(978-1-9848-9383-3(1)*, Knopf Bks. for Young Readers); 2020. (ENG.). lib. bdg. 19.99 *(978-1-9848-9384-0(X)*, Knopf Bks. for Young Readers) Random Hse. Children's Bks.

Lonely House. Elin Solberg. 2017. (Heartville Ser.). (ENG., Illus.). 32p. (J). *(978-91-984224-2-9(1))*; pap. *(978-91-984224-0-5(5))* Deep to Deep Bks.

Lonely Island: The Refuge of the Mutineers. Robert Michael Ballantyne. 2019. (ENG.). 262p. (J). pap. *(978-93-5329-714-5(1))* Alpha Editions.

Lonely Lady of Grosvenor Square (Classic Reprint) Henry De La Pasture. 2017. (ENG., Illus.). 394p. (J). 32.04 *(978-0-484-22062-0(4))* Forgotten Bks.

Lonely Lands Through the Heart of Australia (Classic Reprint) Francis E. Birtles. 2017. (ENG., Illus.). (J). 29.42 *(978-1-5279-6066-4(8))* Forgotten Bks.

Lonely Lesliey. J. H. Smith. 2022. (ENG.). 56p. (J). ***(978-0-2288-7388-4(6))***; pap. ***(978-0-2288-7387-7(8))*** Tellwell Talent.

Lonely Little Cloud & Princess Cecilia. Amy Spencer & Emma Spencer. 2022. (ENG., Illus.). 30p. (J). pap. 14.95 *(978-1-63874-524-2(2))* Christian Faith Publishing.

Lonely Little Fish. Gayle M. Luebke. 2016. (ENG., Illus.). 36p. (J). *(978-1-365-04965-1(5))* Lulu Pr., Inc.

Lonely Little Lighthouse, 1 vol. Lana Shupe. Illus. by Marla Lesage. 2022. (ENG.). 32p. (J). 16.95 *(978-1-77471-044-9(7)*, 6bbbab1f-9b1b-49a4-ac6a-a13ec3ce83db) Nimbus Publishing, Ltd. CAN. Dist: Baker & Taylor Publisher Services (BTPS).

Lonely Little Mesa. Brian Renshaw. 2018. (ENG., Illus.). 30p. (J). pap. 12.75 *(978-1-64138-416-2(6))* Page Publishing Inc.

Lonely Little Star: Our Differences May Help Us Discover Our Destiny. Cathy Summar Flynn. Illus. by Cathy Summar Flynn. (Lonely Little Star Ser.: Vol. 1).Tr. of Estrellita Solitaria. (ENG., Illus.). 32p. (J). 2019. (gr. k-5). pap. 14.99 *(978-0-9962188-6-3(6))*; 2nd ed. 2017. (gr. -1-5). 21.90 *(978-0-9962188-2-5(3))* — High Art Forms, LLC.

Lonely Lives: A Drama (Classic Reprint) Gerhart Hauptmann. 2017. (ENG., Illus.). (J). 27.84 *(978-0-265-70013-6(2))*; 27.69 *(978-0-265-73819-1(9))*; pap. 10.57 *(978-1-5277-0148-9(4))* Forgotten Bks.

Lonely Luna. Ricci Burchett. 2022. (ENG.). 202p. (YA). pap. ***(978-1-387-65412-3(8))*** Lulu Pr., Inc.

Lonely Maid (Classic Reprint) Hungerford. (ENG., Illus.). (J). 2018. 272p. 29.51 *(978-0-484-15029-3(4))*; 2016. pap. 11.97 *(978-1-333-32127-7(9))* Forgotten Bks.

Lonely Mailman. Susanna Isern. ed. 2018. lib. bdg. 20.80 *(978-0-606-41236-0(0))* Turtleback.

Lonely Ninja: A Children's Book about Feelings of Loneliness. Mary Nhin. Illus. by Jelena Stupar. 2021. (Ninja Life Hacks Ser.: Vol. 45). (ENG.). 32p. (J). 19.99 *(978-1-63731-141-7(9))* Grow Grit Pr.

Lonely Oak Tree. Patty Bee. 2018. (Around the Pond Ser.: Vol. 3). (ENG., Illus.). 40p. (J). pap. 9.99 *(978-1-7329953-3-8(8))* Scott, Sue Ann.

Lonely O'Malley: A Story of Boy Life (Classic Reprint) Arthur Stringer. (ENG., Illus.). (J). 2017. 32.15 *(978-0-266-45161-7(6))*; 2016. pap. 16.57 *(978-1-334-14953-5(4))* Forgotten Bks.

Lonely Peacock Pete. Rita O'Brien. 2021. (ENG., Illus.). 64p. (J). pap. 14.95 *(978-1-64701-607-4(X))* Page Publishing Inc.

Lonely Planet. Daisy Oldershaw. 2020. (ENG.). 248p. (J). pap. *(978-1-78465-703-1(4)*, Vanguard Press) Pegasus Elliot Mackenzie Pubs.

Lonely Planet Around the World Craft & Design Book 1 1st Ed, 1 vol. Lonely Planet Kids. 2019. (Lonely Planet Kids Ser.). (ENG., Illus.). 80p. (J). (gr. 1-3). pap. 9.99 *(978-1-78868-114-8(2))* Lonely Planet Global Ltd. IRL. Dist: Hachette Bk. Group.

Lonely Planet Kids 101 Small Ways to Change the World 1. Aubre Andrus. 2018. (Lonely Planet Kids Ser.). (ENG., Illus.). 112p. (J). (gr. 4-7). 14.99 *(978-1-78701-487-9(8)*, 5863) Lonely Planet Global Ltd. IRL. Dist: Hachette Bk. Group.

Lonely Planet Kids 101 Things to Do on a Walk 1. Lonely Planet Kids. 2023. (Lonely Planet Kids Ser.). (ENG., Illus.). 112p. (J). (gr. 4-7). pap. 14.99 *(978-1-83869-598-9(2))* Lonely Planet Global Ltd. IRL. Dist: Hachette Bk. Group.

Lonely Planet Kids 101 Ways to Be an Eco Hero 1. Kait Eaton. Illus. by Kait Eaton. 2022. (Lonely Planet Kids Ser.). (ENG.). 112p. (J). (gr. 4-7). 14.99 *(978-1-83869-495-1(1))* Lonely Planet Global Ltd. IRL. Dist: Hachette Bk. Group.

Lonely Planet Kids a Place Called Home 1: Look Inside Houses Around the World. Kate Baker. Illus. by Rebecca Green. 2020. (Lonely Planet Kids Ser.). (ENG.). 16p. (J). (gr. -1-k). 12.99 *(978-1-78868-934-2(8))* Lonely Planet Global Ltd. IRL. Dist: Hachette Bk. Group.

L

Lonely Planet Kids a Time to Celebrate 1. Kate Baker. Illus. by Ya-Ling Huang. 2022. (Lonely Planet Kids Ser.). (ENG.). 16p. (J). (gr. -1-k). 12.99 *(978-1-83869-532-3(X))* Lonely Planet Global Ltd. IRL. Dist: Hachette Bk. Group.

Lonely Planet Kids Airports 1. Lonely Planet Kids. Illus. by James Gulliver Hancock. 2020. (Lonely Planet Kids Ser.). (ENG.). 26p. (J). (gr. -1 — 1). bds. 8.99 *(978-1-83869-055-7(7))* Lonely Planet Global Ltd. IRL. Dist: Hachette Bk. Group.

Lonely Planet Kids Amazing World Atlas 2: The World's in Your Hands. Alexa Ward. 2nd ed. 2020. (Lonely Planet Kids Ser.). (ENG., Illus.). 240p. (J). (gr. 4-7). 19.99 *(978-1-78868-306-7(4))* Lonely Planet Global Ltd. IRL. Dist: Hachette Bk. Group.

Lonely Planet Kids Ancient Wonders - Then & Now 1. Stuart Hill. Illus. by Lindsey Spinks. 2018. (Lonely Planet Kids Ser.). (ENG.). 24p. (J). (gr. 4-7). 18.99 *(978-1-78701-340-7(5),* 5746) Lonely Planet Global Ltd. IRL. Dist: Hachette Bk. Group.

Lonely Planet Kids Animal Atlas 1. Anne Rooney. Illus. by Lucy Rose. 2019. (Creature Atlas Ser.). (ENG.). 32p. (J). (gr. 4-7). 18.99 *(978-1-78868-261-9(0))* Lonely Planet Global Ltd. IRL. Dist: Hachette Bk. Group.

Lonely Planet Kids Animal Championships 1 1st Ed: Discover the Fastest, Strongest, Most Incredible Animal Athletes on the Planet! Kate Baker. Illus. by Andres Lozano. 2020. (Lonely Planet Kids Ser.). (ENG.). 16p. (J). (gr. 1-3). 18.99 *(978-1-78868-929-8(1))* Lonely Planet Global Ltd. IRL. Dist: Hachette Bk. Group.

Lonely Planet Kids Around the World Coloring Book 1 1st Ed. Claire Sipi. Illus. by Eva Byrne. 2019. (Lonely Planet Kids Ser.). (ENG.). 80p. (J). (gr. 1-3). 9.99 *(978-1-78868-112-4(6))* Lonely Planet Global Ltd. IRL. Dist: Hachette Bk. Group.

Lonely Planet Kids Around the World in 50 Ways 1. Dan Smith. Illus. by Frances Castle. 2018. (Lonely Planet Kids Ser.). (ENG.). 164p. (J). (gr. 4-7). pap. 15.99 *(978-1-78657-756-6(9),* 5553) Lonely Planet Global Ltd. IRL. Dist: Hachette Bk. Group.

Lonely Planet Kids Atlas of Dogs 1. Frances Evans. Illus. by Kelsey Heaton. 2022. (Creature Atlas Ser.). (ENG.). 112p. (J). (gr. 1-3). 18.99 *(978-1-83869-446-3(3))* Lonely Planet Global Ltd. IRL. Dist: Hachette Bk. Group.

Lonely Planet Kids Atlas of Monsters & Ghosts 1. Lonely Planet Kids & Federica Magrin. 2019. (Lonely Planet Kids Ser.). (ENG., Illus.). 96p. (J). (gr. 4-7). 17.99 *(978-1-78868-347-0(1))* Lonely Planet Global Ltd. IRL. Dist: Hachette Bk. Group.

Lonely Planet Kids Brain Teasers 1. Sally Morgan. Illus. by Andy Mansfield. 2018. (Lonely Planet Kids Ser.). (ENG.). 160p. (J). (gr. 1-3). pap. 11.99 *(978-1-78701-315-5(4),* 5731) Lonely Planet Global Ltd. IRL. Dist: Hachette Bk. Group.

Lonely Planet Kids Brain Teasers on the Go 1. Sally Morgan. Illus. by Aviel Basil. 2020. (Lonely Planet Kids Ser.). (ENG.). 43p. (J). (gr. 1-3). 12.99 *(978-1-83869-236-0(3))* Lonely Planet Global Ltd. IRL. Dist: Hachette Bk. Group.

Lonely Planet Kids Bug Atlas 1. Joe Fullman. 2021. (Creature Atlas Ser.). (ENG.). 28p. (J). (gr. 1-3). 18.99 *(978-1-83869-439-5(0))* Lonely Planet Global Ltd. IRL. Dist: Hachette Bk. Group.

Lonely Planet Kids Build Your Own Science Museum 1. Kris Hirschmann. Illus. by Mike Love. 2022. (Build Your Own Ser.). (ENG.). 24p. (J). (gr. 1-3). 19.99 *(978-1-83869-498-2(6))* Lonely Planet Global Ltd. IRL. Dist: Hachette Bk. Group.

Lonely Planet Kids Build Your Own Space Museum 1. Claudia Martin. Illus. by Mike Love. 2023. (Build Your Own Ser.). (ENG.). 24p. (J). (gr. 1-3). 19.99 *(978-1-83869-594-1(X))* Lonely Planet Global Ltd. IRL. Dist: Hachette Bk. Group.

Lonely Planet Kids Cities - Then & Now 1. Joe Fullman. Illus. by Lindsey Spinks. 2020. (Lonely Planet Kids Ser.). (ENG.). 24p. (J). (gr. 4-7). 18.99 *(978-1-78868-923-6(2))* Lonely Planet Global Ltd. IRL. Dist: Hachette Bk. Group.

Lonely Planet Kids Cities 1. Lonely Planet Kids. Illus. by James Gulliver Hancock. 2020. (Lonely Planet Kids Ser.). (ENG.). 26p. (J). (gr. -1 — 1). bds. 8.99 *(978-1-83869-053-3(0))* Lonely Planet Global Ltd. IRL. Dist: Hachette Bk. Group.

Lonely Planet Kids City Trails - Barcelona 1. Moira Butterfield. 2018. (Lonely Planet Kids Ser.). (ENG., Illus.). 88p. (J). (gr. 4-7). pap. 12.99 *(978-1-78701-485-5(1),* 5861) Lonely Planet Global Ltd. IRL. Dist: Hachette Bk. Group.

Lonely Planet Kids City Trails - Rome 1. Moira Butterfield. Illus. by Alex Bruff & Matt Taylor. 2017. (Lonely Planet Kids Ser.). (ENG.). 104p. (J). (gr. 4-7). pap. 12.99 *(978-1-78657-964-5(2),* 5660) Lonely Planet Global Ltd. IRL. Dist: Hachette Bk. Group.

Lonely Planet Kids City Trails - Singapore 1. Helen Greathead. 2018. (Lonely Planet Kids Ser.). (ENG., Illus.). 88p. (J). (gr. 4-7). pap. 12.99 *(978-1-78701-483-1(5),* 5859) Lonely Planet Global Ltd. IRL. Dist: Hachette Bk. Group.

Lonely Planet Kids City Trails - Tokyo 1. Anna Claybourne. Illus. by Alex Bruff & Matt Taylor. 2017. (Lonely Planet Kids Ser.). (ENG.). 104p. (J). (gr. 4-7). pap. 12.99 *(978-1-78657-726-9(7),* 5656) Lonely Planet Global Ltd. IRL. Dist: Hachette Bk. Group.

Lonely Planet Kids City Trails - Washington DC 1. Moira Butterfield. Illus. by Alex Bruff & Matt Taylor. 2017. (Lonely Planet Kids Ser.). (ENG.). 104p. (J). (gr. 4-7). pap. 12.99 *(978-1-78657-962-1(6),* 5658) Lonely Planet Global Ltd. IRL. Dist: Hachette Bk. Group.

Lonely Planet Kids Create Your Own Camping Activities 1. Lonely Planet Kids. 2023. (Lonely Planet Kids Ser.). (ENG., Illus.). 144p. (J). (gr. 4-7). 18.99 ***(978-1-83869-600-9(8))*** Lonely Planet Global Ltd. IRL. Dist: Hachette Bk. Group.

Lonely Planet Kids Create Your Own Vacation Games 1. Laura Baker. 2022. (Lonely Planet Kids Ser.). (ENG.). 144p. (J). (gr. 1-3). 18.99 *(978-1-83869-515-6(X))* Lonely Planet Global Ltd. IRL. Dist: Hachette Bk. Group.

Lonely Planet Kids Dinosaur Atlas 1. Anne Rooney. Illus. by James Gilleard. 2017. (Creature Atlas Ser.). (ENG.). 32p. (J). (gr. 4-7). 18.99 *(978-1-78657-719-1(4),* 5652) Lonely Planet Global Ltd. IRL. Dist: Hachette Bk. Group.

Lonely Planet Kids Drawing Games on the Go 1. Christina Webb. Illus. by Andy Mansfield. 2023. (Lonely Planet Kids Ser.). (ENG.). 41p. (J). (gr. 1-3). 13.99 *(978-1-83869-596-5(6))* Lonely Planet Global Ltd. IRL. Dist: Hachette Bk. Group.

Lonely Planet Kids Explorapedia 1. Lonely Planet Kids. 2022. (Lonely Planet Kids Ser.). (ENG., Illus.). 128p. (J). (gr. 4-7). 19.99 *(978-1-83869-520-0(6))* Lonely Planet Global Ltd. IRL. Dist: Hachette Bk. Group.

Lonely Planet Kids Factopia - Planet Earth 1. Lonely Planet Kids. 2022. (Lonely Planet Kids Ser.). (ENG.). 128p. (J). (gr. 4-7). 18.99 *(978-1-83869-522-4(2))* Lonely Planet Global Ltd. IRL. Dist: Hachette Bk. Group.

Lonely Planet Kids First Phrases - French 1. Lonely Planet Kids. Illus. by Andy Mansfield. 2020. (Lonely Planet Kids Ser.). (ENG.). 168p. (J). (gr. 1-3). pap. 14.99 *(978-1-83869-093-9(X))* Lonely Planet Global Ltd. IRL. Dist: Hachette Bk. Group.

Lonely Planet Kids First Phrases - Italian 1. Lonely Planet Kids. Illus. by Andy Mansfield. 2020. (Lonely Planet Kids Ser.). (ENG.). 168p. (J). (gr. 1-3). pap. 14.99 *(978-1-83869-419-7(6))* Lonely Planet Global Ltd. IRL. Dist: Hachette Bk. Group.

Lonely Planet Kids First Phrases - Spanish 1. Lonely Planet Kids. Illus. by Andy Mansfield. 2020. (Lonely Planet Kids Ser.). (ENG.). 168p. (J). (gr. 1-3). pap. 14.99 *(978-1-83869-089-2(1))* Lonely Planet Global Ltd. IRL. Dist: Hachette Bk. Group.

Lonely Planet Kids First Words - English 1. Lonely Planet Kids. 2018. (Lonely Planet Kids Ser.). (ENG., Illus.). 24p. (J). (gr. -1 — 1). bds. 6.99 *(978-1-78868-248-0(3))* Lonely Planet Global Ltd. IRL. Dist: Hachette Bk. Group.

Lonely Planet Kids First Words - English 1 1st Ed. Lonely Planet Kids. Illus. by Sebastien Iwohn & Andy Mansfield. 2017. (Lonely Planet Kids Ser.). (ENG.). 208p. (J). (gr. 1-3). pap. 12.99 *(978-1-78701-279-0(4),* 5716) Lonely Planet Global Ltd. IRL. Dist: Hachette Bk. Group.

Lonely Planet Kids First Words - French 1. Lonely Planet Kids. 2018. (Lonely Planet Kids Ser.). (ENG., Illus.). 24p. (J). (gr. -1 — 1). bds. 6.99 *(978-1-78868-246-6(7))* Lonely Planet Global Ltd. IRL. Dist: Hachette Bk. Group.

Lonely Planet Kids First Words - Italian 1. Lonely Planet Kids. 2019. (Lonely Planet Kids Ser.). (ENG., Illus.). 24p. (J). (gr. -1 — 1). bds. 6.99 *(978-1-78868-480-4(X))* Lonely Planet Global Ltd. IRL. Dist: Hachette Bk. Group.

Lonely Planet Kids First Words - Italian 1: 100 Italian Words to Learn. Lonely Planet Kids. Illus. by Sebastien Iwohn & Andy Mansfield. 2018. (Lonely Planet Kids Ser.). (ENG.). 208p. (J). (gr. 1-3). pap. 12.99 *(978-1-78701-268-4(9),* 5709) Lonely Planet Global Ltd. IRL. Dist: Hachette Bk. Group.

Lonely Planet Kids First Words - Japanese 1. Lonely Planet Kids. 2019. (Lonely Planet Kids Ser.). (ENG., Illus.). 24p. (J). (gr. -1 — 1). bds. 6.99 *(978-1-78868-479-8(6))* Lonely Planet Global Ltd. IRL. Dist: Hachette Bk. Group.

Lonely Planet Kids First Words - Japanese 1: 100 Japanese Words to Learn. Lonely Planet Kids. Illus. by Sebastien Iwohn & Andy Mansfield. 2018. (Lonely Planet Kids Ser.). (ENG.). 208p. (J). (gr. 1-3). pap. 12.99 *(978-1-78701-270-7(0),* 5711) Lonely Planet Global Ltd. IRL. Dist: Hachette Bk. Group.

Lonely Planet Kids First Words - Mandarin 1. Lonely Planet Kids. 2019. (Lonely Planet Kids Ser.). (ENG., Illus.). 24p. (J). (gr. -1 — 1). bds. 6.99 *(978-1-78868-478-1(8))* Lonely Planet Global Ltd. IRL. Dist: Hachette Bk. Group.

Lonely Planet Kids First Words - Mandarin 1: 100 Mandarin Words to Learn. Lonely Planet Kids. Illus. by Sebastien Iwohn & Andy Mansfield. 2018. (Lonely Planet Kids Ser.). (ENG.). 208p. (J). (gr. 1-3). pap. 12.99 *(978-1-78701-272-1(7),* 5713) Lonely Planet Global Ltd. IRL. Dist: Hachette Bk. Group.

Lonely Planet Kids First Words - Spanish 1. Lonely Planet Kids. 2018. (Lonely Planet Kids Ser.). (ENG., Illus.). 24p. (J). (gr. -1 — 1). bds. 6.99 *(978-1-78868-247-3(5))* Lonely Planet Global Ltd. IRL. Dist: Hachette Bk. Group.

Lonely Planet Kids First Words - Spanish 1. Lonely Planet Kids. Illus. by Sebastien Iwohn & Andy Mansfield. 2017. (Lonely Planet Kids Ser.). (ENG.). 208p. (J). (gr. 1-3). pap. 12.99 *(978-1-78657-317-9(2),* 5403) Lonely Planet Global Ltd. IRL. Dist: Hachette Bk. Group.

Lonely Planet Kids Future Worlds 1. Lonely Planet Kids & Anna Claybourne. Illus. by Rob Ball. 2022. (Lonely Planet Kids Ser.). (ENG.). 24p. (J). (gr. 4-7). 18.99 *(978-1-83869-063-2(8))* Lonely Planet Global Ltd. IRL. Dist: Hachette Bk. Group.

Lonely Planet Kids Gods, Goddesses, & Heroes 1. Marzia Accatino. Illus. by Laura Brenlla. 2020. (Lonely Planet Kids Ser.). (ENG.). 80p. (J). (gr. 4-7). 17.99 *(978-1-83869-061-8(1))* Lonely Planet Global Ltd. IRL. Dist: Hachette Bk. Group.

Lonely Planet Kids Happiness Around the World 1. Kate Baker. Illus. by Wazza Pink. 2022. (Lonely Planet Kids Ser.). (ENG.). 32p. (J). (gr. -1-k). 15.99 *(978-1-83869-511-8(7))* Lonely Planet Global Ltd. IRL. Dist: Hachette Bk. Group.

Lonely Planet Kids Hidden Wonders 1. Nicole Maggi. 2019. (Lonely Planet Kids Ser.). (ENG., Illus.). 240p. (J). (gr. 4-7). 19.99 *(978-1-78868-326-5(9))* Lonely Planet Global Ltd. IRL. Dist: Hachette Bk. Group.

Lonely Planet Kids How Airports Work 1. Tom Cornell & Clive Gifford. Illus. by James Gulliver Hancock. 2018. (How Things Work Ser.). (ENG.). 24p. (J). (gr. 1-3). 18.99 *(978-1-78701-293-6(X),* 5719) Lonely Planet Global Ltd. IRL. Dist: Hachette Bk. Group.

Lonely Planet Kids How Airports Work Activity Book 1. Lonely Planet Kids. Illus. by James Gulliver Hancock. 2020. (How Things Work Ser.). (ENG.). 48p. (J). (gr. 1-3). 8.99 *(978-1-83869-106-6(5))* Lonely Planet Global Ltd. IRL. Dist: Hachette Bk. Group.

Lonely Planet Kids How Animals Build 1. Moira Butterfield. Illus. by Tim Hutchinson. 2017. (How Things Work Ser.). (ENG.). 24p. (J). (gr. 1-3). 18.99 *(978-1-78657-663-7(5),* 5633) Lonely Planet Global Ltd. IRL. Dist: Hachette Bk. Group.

Lonely Planet Kids How Cities Work 1. Jen Feroze. Illus. by James Gulliver Hancock. 2016. (How Things Work Ser.). (ENG.). 24p. (J). (gr. 1-3). 18.99 *(978-1-78657-022-2(X),* 5192) Lonely Planet Global Ltd. IRL. Dist: Hachette Bk. Group.

Lonely Planet Kids How Cities Work Activity Book 1. Lonely Planet Kids. Illus. by James Gulliver Hancock. 2020. (How Things Work Ser.). (ENG.). 48p. (J). (gr. 1-3). pap. 8.99 *(978-1-83869-104-2(9))* Lonely Planet Global Ltd. IRL. Dist: Hachette Bk. Group.

Lonely Planet Kids How Everything Works 1. Clive Gifford. Illus. by James Gulliver Hancock. 2022. (How Things Work Ser.). (ENG.). 24p. (J). (gr. 1-3). 18.99 *(978-1-83869-524-8(9))* Lonely Planet Global Ltd. IRL. Dist: Hachette Bk. Group.

Lonely Planet Kids How Ships Work 1. Clive Gifford. Illus. by James Gulliver Hancock. 2020. (How Things Work Ser.). (ENG.). 24p. (J). (gr. 1-3). 18.99 *(978-1-83869-059-5(X))* Lonely Planet Global Ltd. IRL. Dist: Hachette Bk. Group.

Lonely Planet Kids How Spaceships Work 1. Clive Gifford. Illus. by James Gulliver Hancock. 2021. (How Things Work Ser.). (ENG.). 24p. (J). (gr. 1-3). 18.99 *(978-1-83869-463-0(3))* Lonely Planet Global Ltd. IRL. Dist: Hachette Bk. Group.

Lonely Planet Kids How Trains Work 1. Clive Gifford. Illus. by James Gulliver Hancock. 2019. (How Things Work Ser.). (ENG.). 24p. (J). (gr. 1-3). 18.99 *(978-1-78868-328-9(5))* Lonely Planet Global Ltd. IRL. Dist: Hachette Bk. Group.

Lonely Planet Kids Infographic Guide to the Globe 1 1st Ed. Eliza Berkowitz. Illus. by Gwen Keraval. 2020. (Lonely Planet Kids Ser.). (ENG.). 48p. (J). (gr. 4-7). 15.99 *(978-1-83869-226-1(6))* Lonely Planet Global Ltd. IRL. Dist: Hachette Bk. Group.

Lonely Planet Kids Kids' Survival Guide 1: Practical Skills for Intense Situations. Ben Hubbard. Illus. by Dynamo Ltd. 2020. (Lonely Planet Kids Ser.). (ENG.). 128p. (J). (gr. 4-7). pap. 12.99 *(978-1-83869-083-0(2))* Lonely Planet Global Ltd. IRL. Dist: Hachette Bk. Group.

Lonely Planet Kids Let's Explore... Jungle 1. Jen Feroze. Illus. by Pippa Curnick. 2016. (Lonely Planet Kids Ser.). (ENG.). 48p. (J). (gr. 1-3). pap. 9.99 *(978-1-76034-038-4(3),* 5144) Lonely Planet Global Ltd. IRL. Dist: Hachette Bk. Group.

Lonely Planet Kids Let's Explore... Ocean 1. Jen Feroze. Illus. by Pippa Curnick. 2016. (Lonely Planet Kids Ser.). (ENG.). 48p. (J). (gr. 1-3). pap. 9.99 *(978-1-76034-040-7(5),* 5146) Lonely Planet Global Ltd. IRL. Dist: Hachette Bk. Group.

Lonely Planet Kids Let's Explore... Safari 1. Christina Webb. Illus. by Pippa Curnick. 2016. (Lonely Planet Kids Ser.). (ENG.). 48p. (J). (gr. 1-3). pap. 9.99 *(978-1-76034-039-1(1),* 5145) Lonely Planet Global Ltd. IRL. Dist: Hachette Bk. Group.

Lonely Planet Kids Lift-The-Flap Atlas 1. Kate Baker. Illus. by Liz Kay. 2020. (Lonely Planet Kids Ser.). (ENG.). 16p. (J). (gr. 1-3). 18.99 *(978-1-78868-927-4(5))* Lonely Planet Global Ltd. IRL. Dist: Hachette Bk. Group.

Lonely Planet Kids Lift the Flap Transport Atlas 1. Christina Webb. Illus. by Andy Mansfield. 2022. (Lonely Planet Kids Ser.). (ENG.). 16p. (J). (gr. 1-3). 18.99 *(978-1-83869-500-2(1))* Lonely Planet Global Ltd. IRL. Dist: Hachette Bk. Group.

Lonely Planet Kids Love Around the World 1 1st Ed: Family & Friendship Around the World. Alli Brydon. Illus. by Wazza Pink. 2020. (Lonely Planet Kids Ser.). (ENG.). 32p. (J). (gr. -1-k). 15.99 *(978-1-78868-494-1(X))* Lonely Planet Global Ltd. IRL. Dist: Hachette Bk. Group.

Lonely Planet Kids My First Lift-The-Flap World Atlas 1. Kate Baker. Illus. by Teresa Bellón. 2023. (Lonely Planet Kids Ser.). (ENG.). 16p. (J). (gr. -1-k). 15.99 ***(978-1-83869-993-2(7))*** Lonely Planet Global Ltd. IRL. Dist: Hachette Bk. Group.

Lonely Planet Kids My Travel Journal 1. Nicola Baxter. Illus. by Andy Mansfield. 2016. (Lonely Planet Kids Ser.). (ENG.). 72p. (J). (gr. 1-3). 12.99 *(978-1-76034-100-8(2),* 5184) Lonely Planet Global Ltd. IRL. Dist: Hachette Bk. Group.

Lonely Planet Kids My Vacation Scrapbook 1. Kim Hankinson. Illus. by Kim Hankinson. 2018. (Lonely Planet Kids Ser.). (ENG., Illus.). 48p. (J). (gr. 1-3). pap. 9.99 *(978-1-78701-319-3(7),* 5735) Lonely Planet Global Ltd. IRL. Dist: Hachette Bk. Group.

Lonely Planet Kids Myths & Legends of the World 1. Alli Brydon. Illus. by Julia Iredale. 2019. (Lonely Planet Kids Ser.). (ENG.). 192p. (J). (gr. 4-7). 19.99 *(978-1-78868-308-1(0))* Lonely Planet Global Ltd. IRL. Dist: Hachette Bk. Group.

Lonely Planet Kids Ocean Animal Atlas 1. Lonely Planet Kids. 2023. (Creature Atlas Ser.). (ENG.). 32p. (J). (gr. 4-7). 18.99 *(978-1-83869-526-2(5))* Lonely Planet Global Ltd. IRL. Dist: Hachette Bk. Group.

Lonely Planet Kids Our Extreme Earth 1. Anne Rooney. Illus. by Dynamo Ltd. 2020. (Lonely Planet Kids Ser.). (ENG.). 104p. (J). (gr. 1-3). pap. 14.99 *(978-1-83869-065-4(9))* Lonely Planet Global Ltd. IRL. Dist: Hachette Bk. Group.

Lonely Planet Kids Pop-Up London 1. Andy Mansfield. Illus. by Andy Mansfield. 2016. (Lonely Planet Kids Ser.). (ENG., Illus.). 8p. (J). (gr. -1-k). 9.99 *(978-1-76034-339-2(0),* 5339) Lonely Planet Global Ltd. IRL. Dist: Hachette Bk. Group.

Lonely Planet Kids Pop-Up New York 1. Andy Mansfield. Illus. by Andy Mansfield. 2016. (Lonely Planet Kids Ser.). (ENG., Illus.). 8p. (J). (gr. -1-k). 9.99 *(978-1-76034-337-8(4),* 5337) Lonely Planet Global Ltd. IRL. Dist: Hachette Bk. Group.

Lonely Planet Kids Pop-Up Paris 1. Andy Mansfield. Illus. by Andy Mansfield. 2016. (Lonely Planet Kids Ser.). (ENG., Illus.). 8p. (J). (gr. -1-k). 9.99 *(978-1-76034-335-4(8),* 5335) Lonely Planet Global Ltd. IRL. Dist: Hachette Bk. Group.

Lonely Planet Kids Seek & Find Cities 1. Kate Baker. Illus. by Sandra de la Prada. 2019. (Lonely Planet Kids Ser.). (ENG.). 48p. (J). (gr. 1-3). pap. 9.99 *(978-1-78868-618-1(7))* Lonely Planet Global Ltd. IRL. Dist: Hachette Bk. Group.

Lonely Planet Kids Sticker World - Museum 1. Becky Wilson. Illus. by Aviel Basil. 2018. (Lonely Planet Kids Ser.). (ENG.). 40p. (J). (gr. 1-3). 6.99 *(978-1-78701-135-9(6),* 5697) Lonely Planet Global Ltd. IRL. Dist: Hachette Bk. Group.

Lonely Planet Kids the Amazing Night Sky Atlas 1. Nancy Dickmann. 2022. (Lonely Planet Kids Ser.). (ENG.). 160p. (J). (gr. 4-7). 19.99 *(978-1-83869-513-2(3))* Lonely Planet Global Ltd. IRL. Dist: Hachette Bk. Group.

Lonely Planet Kids the Animal Book 1. Ruth Martin. Illus. by Dawn Cooper. 2017. (Fact Book Ser.). (ENG.). 164p. (J). (gr. 4-7). 19.99 *(978-1-78657-434-3(9),* 5372) Lonely Planet Global Ltd. IRL. Dist: Hachette Bk. Group.

Lonely Planet Kids the Big Earth Book 1. Mark Brake. Illus. by Brendan Kearney. 2017. (Fact Book Ser.). (ENG.). 256p. (J). (gr. 4-7). 19.99 *(978-1-78701-278-3(6),* 5715) Lonely Planet Global Ltd. IRL. Dist: Hachette Bk. Group.

Lonely Planet Kids the Big World of Fun Facts 1 1st Ed: Jumpstart Your Curiosity with Thousands of Fun Facts! Lonely Planet Kids & H. W. Poole. 2019. (Lonely Planet Kids Ser.). (ENG., Illus.). 208p. (J). (gr. 4-7). 19.99 *(978-1-78868-333-3(1))* Lonely Planet Global Ltd. IRL. Dist: Hachette Bk. Group.

Lonely Planet Kids the Cities Activity Book 1. Lonely Planet Kids. 2019. (Lonely Planet Kids Ser.). (ENG., Illus.). 48p. (J). (gr. 1-3). pap. 8.99 *(978-1-78868-477-4(X))* Lonely Planet Global Ltd. IRL. Dist: Hachette Bk. Group.

Lonely Planet Kids the Complete Guide to Space Exploration 1. Lonely Planet Kids & Ben Hubbard. 2020. (Lonely Planet Kids Ser.). (ENG., Illus.). 112p. (J). (gr. 4-7). 18.99 *(978-1-83869-087-8(5))* Lonely Planet Global Ltd. IRL. Dist: Hachette Bk. Group.

Lonely Planet Kids the Daredevil's Guide to Outer Space 1 1st Ed. Anna Brett. Illus. by Mike Jacobsen. 2019. (Lonely Planet Kids Ser.). (ENG.). 80p. (J). (gr. 4-7). pap. 12.99 *(978-1-78868-259-6(9))* Lonely Planet Global Ltd. IRL. Dist: Hachette Bk. Group.

Lonely Planet Kids the Flag Book 1. Moira Butterfield. 2019. (Fact Book Ser.). (ENG., Illus.). 184p. (J). (gr. 4-7). 19.99 *(978-1-78868-310-4(2))* Lonely Planet Global Ltd. IRL. Dist: Hachette Bk. Group.

Lonely Planet Kids the Incredible Human Body Tour 1. Anna Brett. 2022. (Lonely Planet Kids Ser.). (ENG., Illus.). 144p. (J). (gr. 1-3). 19.99 *(978-1-83869-528-6(1))* Lonely Planet Global Ltd. IRL. Dist: Hachette Bk. Group.

Lonely Planet Kids the Ocean Book 1: Explore the Hidden Depth of Our Blue Planet. Lonely Planet Kids & Derek Harvey. 2020. (Fact Book Ser.). (ENG., Illus.). 164p. (J). (gr. 4-7). 19.99 *(978-1-78868-237-4(8))* Lonely Planet Global Ltd. IRL. Dist: Hachette Bk. Group.

Lonely Planet Kids the Travel Activity Book 1. Lonely Planet Kids. 2019. (Lonely Planet Kids Ser.). (ENG., Illus.). 48p. (J). (gr. 1-3). pap. 8.99 *(978-1-78868-475-0(3))* Lonely Planet Global Ltd. IRL. Dist: Hachette Bk. Group.

Lonely Planet Kids the Weather Book 1. Steve Parker. 2022. (Fact Book Ser.). (ENG., Illus.). 184p. (J). (gr. 4-7). 19.99 *(978-1-83869-530-9(3))* Lonely Planet Global Ltd. IRL. Dist: Hachette Bk. Group.

Lonely Planet Kids the World of Adventure Sports 1 1st Ed. Emma Carlson Berne. Illus. by Ian Jepson. 2020. (Lonely Planet Kids Ser.). (ENG.). 128p. (J). (gr. 4-7). 19.99 *(978-1-78868-755-3(8))* Lonely Planet Global Ltd. IRL. Dist: Hachette Bk. Group.

Lonely Planet Kids This Is My World 1. Lonely Planet Kids. 2019. (Lonely Planet Kids Ser.). (ENG., Illus.). 176p. (J). (gr. 1-3). 19.99 *(978-1-78701-295-0(6),* 5721) Lonely Planet Global Ltd. IRL. Dist: Hachette Bk. Group.

Lonely Planet Kids Trains 1. Lonely Planet Kids. Illus. by James Gulliver Hancock. 2020. (Lonely Planet Kids Ser.). (ENG.). 26p. (J). (gr. -1 — 1). bds. 8.99 *(978-1-83869-057-1(3))* Lonely Planet Global Ltd. IRL. Dist: Hachette Bk. Group.

Lonely Planet Kids Wild in the City 1. Kate Baker. Illus. by Gianluca Foli. 2019. (Lonely Planet Kids Ser.). (ENG.). 112p. (J). (gr. 4-7). 18.99 *(978-1-78868-491-0(5))* Lonely Planet Global Ltd. IRL. Dist: Hachette Bk. Group.

Lonely Planet Kids World Tour 1. Lonely Planet Kids. 2021. (Lonely Planet Kids Ser.). (ENG., Illus.). 144p. (J). (gr. 1-3). 18.99 *(978-1-83869-457-9(9))* Lonely Planet Global Ltd. IRL. Dist: Hachette Bk. Group.

Lonely Planet Kids World's Coolest Jobs 1: Discover 40 Awesome Careers! Lonely Planet Kids & Anna Brett. Illus. by Duck Egg Blue Ltd. 2020. (Lonely Planet Kids Ser.). (ENG.). 96p. (J). (gr. 1-3). pap. 9.99 *(978-1-78868-925-0(9))* Lonely Planet Global Ltd. IRL. Dist: Hachette Bk. Group.

Lonely Planet Kids World's Wackiest Animals 1. Anna Poon. 2020. (Lonely Planet Kids Ser.). (ENG., Illus.). 208p. (J). (gr. 1-3). pap. 9.99 *(978-1-78868-757-7(4))* Lonely Planet Global Ltd. IRL. Dist: Hachette Bk. Group.

Lonely Plough (Classic Reprint) Constance Holme. 2018. (ENG., Illus.). 382p. (J). 31.78 *(978-0-483-38399-9(6))* Forgotten Bks.

Lonely Polar Bear. Khoa Le. (ENG.). (J). 2020. 40p. pap. 9.99 *(978-1-64124-100-7(4),* 1007L); 2018. (Illus.). 38p. 14.99 *(978-1-64124-016-1(4),* 0161) Fox Chapel Publishing Co., Inc.

Lonely Scarecrow. Joy Murray & Lori Dicarlo. 2021. (ENG.). 36p. (J). *(978-0-2288-3887-6(8))*; pap. *(978-0-2288-3886-9(X))* Tellwell Talent.

Lonely Stronghold (Classic Reprint) Baillie Reynolds. 2017. (ENG., Illus.). (J). 31.80 *(978-0-266-68130-4(1))*; pap. 16.57 *(978-1-5276-5233-0(5))* Forgotten Bks.

Lonely Summer in Kashmir (Classic Reprint) Margaret Cotter Morison. (ENG., Illus.). (J). 2018. 362p. 31.38 *(978-0-267-72679-0(1))*; 2016. pap. 13.97 *(978-1-333-66120-5(7))* Forgotten Bks.

Lonely the Heart Finds His Beat. Kelso. 2017. (ENG., Illus.). (J). 21.95 *(978-1-63575-481-0(X))*; pap. 12.95 *(978-1-63525-080-0(3))* Christian Faith Publishing.

Lonely Violin. Stephanie Butkiewicz. 2023. (ENG.). 34p. (J). pap. ***(978-1-83875-239-2(0),*** Nightingale Books) Pegasus Elliot Mackenzie Pubs.

Lonely Volk: A Tale Based on Russian Folklore. Maryna Wilson. 2020. (ENG., Illus.). 70p. (J). 22.00 *(978-1-7334828-1-3(4))* Mareldon.

Lonely Warrior (Classic Reprint) Claude C. Washburn. 2018. (ENG., Illus.). 350p. (J). 31.14 *(978-0-267-45186-9(5))* Forgotten Bks.

Lonely Wind. Rachael S. Lucas. 2020. (ENG.). 234p. (YA). pap. 12.99 *(978-1-393-38375-8(0))* Draft2Digital.

Lonely Without a Flock, 1 vol. Amy Culliford. Illus. by John Joseph. 2022. (Phoenix & Goose Ser.). (ENG.). 24p. (J). (gr. -1-3). lib. bdg. *(978-1-0396-4497-7(X),* 16303); pap.

1218

The check digit for ISBN-10 appears in parentheses after the full ISBN-13

(978-1-0396-4688-9(3), 17309) Crabtree Publishing Co. (Crabtree Blossoms).

Lonesome Era. Jon Allen. 2019. (ENG., Illus.). 424p. (YA). pap. 30.00 *(978-1-945820-38-0(1))* Iron Circus Comics.

Lonesome Land (Classic Reprint) B. M. Bower. 2018. (ENG., Illus.). 344p. (J). 30.99 *(978-0-332-58258-0(2))* Forgotten Bks.

Lonesome Little Reindeer: Written & Illustrated by Margaret Hawley. Margaret Hawley. 2019. (ENG.). 22p. (J). pap. *(978-1-922355-27-0(5))* Tablo Publishing.

Lonesome Town (Classic Reprint) Ethel Dorrance. 2018. (ENG., Illus.). 324p. (J). 30.58 *(978-0-332-38508-2(6))* Forgotten Bks.

Lonesome Trail (Classic Reprint) B. M. Bower. 2017. (ENG., Illus.). (J). 30.29 *(978-0-265-19592-5(6))* Forgotten Bks.

Lonesome Trail (Classic Reprint) John G. Neihardt. 2018. (ENG., Illus.). 306p. (J). 30.19 *(978-0-484-47676-8(9))* Forgotten Bks.

Lonewood Corner: A Countryman's Horizons (Classic Reprint) John Halsham. 2018. (ENG., Illus.). 306p. (J). 30.23 *(978-0-365-47775-4(3))* Forgotten Bks.

Long Ago: A Year of Child Life (Classic Reprint) Ellis Gray. (ENG., Illus.). (J). 2018. 264p. 29.34 *(978-0-365-27980-8(3))*; 2017. pap. 11.97 *(978-1-5276-3153-3(2))* Forgotten Bks.

Long Ago & Today. Rozanne Williams. 2017. (Learn-To-Read Ser.). (ENG., Illus.). (J). pap. 3.49 *(978-1-68310-255-7(X))* Pacific Learning, Inc.

Long Ago (Classic Reprint) Jacob William Wright. (ENG., Illus.). (J). 2018. 60p. 25.15 *(978-0-364-28637-1(7))*; 2018. 188p. 27.77 *(978-0-332-47920-0(X))*; 2016. pap. 10.57 *(978-1-334-12031-2(5))* Forgotten Bks.

Long-Ago People: How They Lived in Britain Before History Began (Classic Reprint) Louise Lamprey. (ENG., Illus.). (J). 2018. 240p. 28.85 *(978-0-483-84052-2(1))*; 2017. pap. 11.57 *(978-0-243-85835-4(3))* Forgotten Bks.

Long & Orange: What Am I? Kathryn Camisa. 2018. (American Place Puzzlers Ser.). (ENG.). 24p. (J). (gr. -1-3). lib. bdg. 17.95 *(978-1-68402-480-3(3))* Bearport Publishing Co., Inc.

Long & Short. Julie Murray. 2018. (Opposites Ser.). (ENG., Illus.). 24p. (J). (gr. -1-2). lib. bdg. 31.36 *(978-1-5321-8182-5(5),* 29837, Abdo Kids) ABDO Publishing Co.

Long & Short Tail of Colo & Ruff. Diane Lang. Illus. by Laurie Allen Klein. 2019. (ENG.). 32p. (J). (gr. k-1). 9.95 *(978-1-60718-744-8(2),* 9781607187448); 17.95 *(978-1-60718-738-7(8),* 9781607187387) Arbordale Publishing.

Long Arm (Classic Reprint) Samuel Gardenhire. (ENG., Illus.). (J). 2018. 362p. 31.38 *(978-0-483-33808-1(7))*; 2016. pap. 13.97 *(978-1-334-14010-5(3))* Forgotten Bks.

Long-Armed Ludy & the First Women's Olympics. Jean L. S. Patrick. Illus. by Adam Gustavson. 32p. (J). (gr. 1-4). 2019. pap. 8.99 *(978-1-62354-168-2(9))*; 2017. lib. bdg. 16.99 *(978-1-58089-546-0(8))* Charlesbridge Publishing, Inc.

Long Arms Lary & the Magic Old Man. C. Keelton. 2019. (ENG., Illus.). 34p. (J). (gr. k-5). 14.95 *(978-1-949756-75-3(0))* Virtualbookworm.com Publishing, Inc.

Long Battle. Shawn P. B. Robinson. 2023. (Sevordine Chronicles Ser.: Vol. 5). (ENG.). (YA). 432p. ***(978-1-989296-75-2(0))***; 420p. pap. ***(978-1-989296-63-9(7))*** BrainSwell Publishing.

Long Bomb. Eric Howling. 2020. (Lorimer Sports Stories Ser.). (ENG.). 160p. (J). (gr. 5-8). pap. 9.95 *(978-1-4594-1484-6(5),* d7653a3e-f074-48d2-8ae1-5e10c68f4ca2) James Lorimer & Co. Ltd., Pubs. CAN. Dist: Lerner Publishing Group.

Long Bridge Boys: A Story of 1861 (Classic Reprint) William Osborn Stoddard. (ENG., Illus.). (J). 2018. 366p. 31.45 *(978-0-267-61850-7(6))*; 2016. pap. 13.97 *(978-1-334-18882-4(3))* Forgotten Bks.

Long Car Ride. Jenny Lamb. Illus. by Marcin Piwowarski. 2017. (Family Time Ser.). (ENG.). 24p. (gr. -1-2). pap. 9.95 *(978-1-68342-780-3(7),* 9781683427803) Rourke Educational Media.

Long Chance (Classic Reprint) Peter B. Kyne. 2018. (ENG., Illus.). 324p. (J). 30.58 *(978-0-483-35017-5(6))* Forgotten Bks.

Long Class Goodnight. Sammy J. 2018. (ENG.). 256p. (J). (gr. 2-4). pap. 13.99 *(978-1-76040-953-1(7))* Little Hare Bks. AUS. Dist: Independent Pubs. Group.

Long Con. Dylan Meconis & Ben Coleman. Illus. by E. A. Denich. 2019. (Long Con Ser.: 1). (ENG.). 136p. (YA). pap. 19.99 *(978-1-62010-571-9(3),* Lion Forge) Oni Pr., Inc.

Long Dark Cloak. Vicki D. Thomas. 2022. (Relics Adventures Ser.: Vol. 1). (ENG.). 380p. (YA). pap. 18.99 *(978-1-5092-4074-6(8))* Wild Rose Pr., Inc., The.

Long Day: The Story of a New York Working Girl (Classic Reprint) Dorothy Richardson. 2017. (ENG., Illus.). (J). 30.54 *(978-1-5279-4863-1(3))* Forgotten Bks.

Long Day in a Short Life (Classic Reprint) Albert Maltz. 2018. (ENG., Illus.). 352p. (J). 31.16 *(978-0-484-06663-1(3))* Forgotten Bks.

Long Dim Trail (Classic Reprint) Forrestine C. Hooker. 2018. (ENG., Illus.). 370p. (J). 31.53 *(978-0-365-29127-5(7))* Forgotten Bks.

Long Distance. Sean Bernatowicz. 2023. (ENG.). 148p. (YA). 24.95 ***(978-1-64663-945-8(6))***; pap. 16.95 ***(978-1-64663-943-4(X))*** Koehler Bks.

Long-Distance Running: Leveled Reader Silver Level 23. Rg Rg. 2016. (PM Ser.). (ENG.). 24p. (J). (gr. 3). pap. 11.00 *(978-0-544-89260-6(7))* Rigby Education.

Long Engagements: A Tale of the Affghan Rebellion (Classic Reprint) John William Kaye. (ENG., Illus.) (J). 2018. 164p. 27.28 *(978-0-483-65247-7(4))*; 2016. pap. 9.97 *(978-1-334-12741-0(7))* Forgotten Bks.

Long Ever Ago (Classic Reprint) Rupert Hughes. 2017. (ENG., Illus.). (J). 30.37 *(978-0-266-19204-6(1))* Forgotten Bks.

Long Fight (Classic Reprint) George Washington Ogden. 2017. (ENG., Illus.). (J). 30.41 *(978-0-331-58000-6(4))*; pap. 13.57 *(978-1-334-50717-5(1))* Forgotten Bks.

Long Fin Silver. Davy Ocean. Illus. by Aaron Blecha. 2018. (Shark School Ser.: 9). (ENG.). 144p. (J). (gr. 1-4). 16.99 *(978-1-4814-6553-3(8))*; pap. 6.99 *(978-1-4814-6552-6(X))* Simon & Schuster Children's Publishing. (Aladdin).

Long Game: A Fixer Novel. Jennifer Lynn Barnes. 2017. (ENG.). 368p. (YA). pap. 12.99 *(978-1-61963-599-9(2),* 900141878, Bloomsbury USA Childrens) Bloomsbury Publishing USA.

Long Goodbye. Emily Evans. 2021. (ENG.). 264p. (YA). pap. 19.95 *(978-1-0980-7513-2(7))* Christian Faith Publishing.

Long-Haired Cat-Boy Cub. Etgar Keret. Tr. by Sondra Silverston. Illus. by Aviel Basil. 2020. (ENG.). 32p. (J). (gr. -1-1). 18.95 *(978-1-60980-931-7(9),* Triangle Square) Seven Stories Pr.

Long-Haired Cat Breeds. Christina Mia Gardeski. (Illus.). 24p. (J). 2017. pap. *(978-1-5157-1125-4(0))*; 2016. (ENG., (gr. -1-2). lib. bdg. 27.32 *(978-1-5157-0959-6(0),* 132282, Capstone Pr.) Capstone.

Long Island: (Travel Books for Kids, Children's Adventure Books) Drew Beckmeyer. 2018. (ENG., Illus.). 64p. (J). (gr. k-3). 17.99 *(978-1-4521-5485-5(6))* Chronicle Bks. LLC.

Long Island Miscellanies (Classic Reprint) Garrit Furman. (ENG., Illus.). (J). 2018. 198p. 28.00 *(978-0-483-57873-9(8))*; 2017. pap. 10.57 *(978-0-243-21806-6(0))* Forgotten Bks.

Long Journey. Barbara Hageman Sarvis. 2016. (ENG., Illus.). (J). pap. 12.00 *(978-0-9831346-4-0(2))* Sarvis, Barbara.

Long Journey: A Tale of Friendship. Jeannine Pickering. Illus. by Sarah Buczek. 2020. (ENG.). 24p. (J). pap. 10.95 *(978-1-9822-5072-0(0),* Balboa Pr.) Author Solutions, LLC.

Long Journey (Classic Reprint) Elsie Singmaster. 2018. (ENG., Illus.). 212p. (J). 28.27 *(978-0-364-18173-7(7))* Forgotten Bks.

Long Journey Home. Terry Jerome Green. 2022. (ENG., Illus.). 36p. (J). pap. 15.95 ***(978-1-6624-5568-1(2))*** Page Publishing Inc.

Long Lane (Classic Reprint) Marion Harland. (ENG., Illus.). (J). 2018. 378p. 31.71 *(978-0-484-60858-9(4))*; 2016. pap. 16.57 *(978-1-334-11610-0(5))* Forgotten Bks.

Long Lane, Vol. 1 of 2 (Classic Reprint) Ethel Coxon. 2018. (ENG., Illus.). 356p. (J). 31.24 *(978-0-267-19700-2(4))* Forgotten Bks.

Long Lane, Vol. 2 of 2 (Classic Reprint) Ethel Coxon. (ENG., Illus.). (J). 2018. 318p. 30.48 *(978-0-484-12931-2(7))*; 2016. pap. 13.57 *(978-1-334-15001-2(X))* Forgotten Bks.

Long Lane's Turning (Classic Reprint) Hallie Erminie Rives. 2018. (ENG., Illus.). 404p. (J). 32.23 *(978-0-364-01079-2(7))* Forgotten Bks.

Long Line of Cakes (Scholastic Gold) Deborah Wiles. (ENG.). 288p. (J). (gr. 3-7). 2020. pap. 7.99 *(978-1-338-15051-3(0))*; 2018. (Illus.). 17.99 *(978-1-338-15049-0(9),* Scholastic Pr.) Scholastic, Inc.

Long Live the King (Classic Reprint) Guy Boothby. 2018. (ENG., Illus.). 414p. (J). 32.44 *(978-0-332-87020-5(0))* Forgotten Bks.

Long Live the King (Classic Reprint) Mary Roberts Rinehart. 2017. (ENG., Illus.). (J). 34.44 *(978-0-266-18946-6(6))* Forgotten Bks.

Long Live the Pumpkin Queen: Tim Burton's the Nightmare Before Christmas. Shea Ernshaw. 2022. (ENG.). 320p. (YA). (gr. 7-12). 18.99 *(978-1-368-06960-1(6),* Disney Press Books) Disney Publishing Worldwide.

Long, Long Ago. Mike Berenstain. ed. 2018. (Berenstain Bears Ser.). (Illus.). (J). lib. bdg. 13.55 *(978-0-606-41044-1(9))* Turtleback.

Long, Longer, Longest Day. Billie N. Hicklin. 2020. (ENG.). 58p. (J). pap. 12.95 ***(978-0-578-71360-1(8))*** J. R. Johnson.

Long Look Ahead: Or, the First Stroke & the Last (Classic Reprint) A. S. Roe. (ENG., Illus.). (J). 2018. 32.99 *(978-0-332-01345-9(6))*; 2017. pap. 16.57 *(978-0-243-42123-7(0))* Forgotten Bks.

Long Look House: A Book for Boys & Girls (Classic Reprint) Edward Abbott. 2017. (ENG., Illus.). (J). 27.69 *(978-0-331-04185-9(5))* Forgotten Bks.

Long Lost. Jacqueline West. (ENG.). 288p. (J). (gr. 3-7). 2022. pap. 9.99 *(978-0-06-269176-7(7))*; 2021. 18.99 *(978-0-06-269175-0(9))* HarperCollins Pubs. (Greenwillow Bks.).

Long Lost Art Coloring Book. Activity Attic. 2016. (ENG., Illus.). (J). pap. 7.74 *(978-1-68323-937-6(7))* Twin Flame Productions.

Long-Lost Civilizations, 1 vol. Joyce Goldenstern. 2018. (Creepy, Kooky Science Ser.). (ENG.). 48p. (gr. 5-5). lib. bdg. 29.60 *(978-1-9785-0451-6(9),* f8b8b8d8-0a6e-47e3-8920-a0232a460315) Enslow Publishing, LLC.

Long Lost Cousin. Nina Cavalieri. 2022. (ENG.). 234p. (YA). pap. *(978-1-68583-447-0(7))* Tablo Publishing.

Long-Lost Locket. David Gorman. 2021. (Waldameer Mystery Files Ser.). (ENG.). 138p. (J). *(978-1-0391-2937-5(4))*; pap. *(978-1-0391-2936-8(6))* FriesenPress.

Long-Lost Secret Diary of the World's Worst Astronaut. Tim Collins. 2018. (Long-Lost Secret Diary Ser.). (ENG., Illus.). 216p. (J). (gr. 4-5). pap. 9.99 *(978-1-63163-192-4(6),* 1631631926); lib. bdg. 28.50 *(978-1-63163-191-7(8),* 1631631918) North Star Editions. (Jolly Fish Pr.).

Long-Lost Secret Diary of the World's Worst Dinosaur Hunter. Tim Collins. 2018. (Long-Lost Secret Diary Ser.). (ENG., Illus.). 216p. (J). (gr. 4-5). pap. 9.99 *(978-1-63163-196-2(9),* 1631631969); lib. bdg. 28.50 *(978-1-63163-195-5(0),* 1631631950) North Star Editions. (Jolly Fish Pr.).

Long-Lost Secret Diary of the World's Worst Hollywood Director. Tim Collins. Illus. by Isobel Lundie. 2020. (Long-Lost Secret Diary Ser.). (ENG.). 216p. (J). (gr. 4-5). pap. 9.99 *(978-1-63163-380-5(5),* 1631633805); lib. bdg. 28.50 *(978-1-63163-379-9(1),* 1631633791) North Star Editions. (Jolly Fish Pr.).

Long-Lost Secret Diary of the World's Worst Knight. Tim Collins. Illus. by Sarah Horne. 2018. (Long-Lost Secret Diary Ser.). (ENG.). 216p. (J). (gr. 4-5). lib. bdg. 28.50 *(978-1-63163-136-8(5),* 1631631365, Jolly Fish Pr.) North Star Editions.

Long-Lost Secret Diary of the World's Worst Olympic Athlete. Tim Collins. Illus. by Isobel Lundie. 2020. (Long-Lost Secret Diary Ser.). (ENG.). 200p. (J). (gr. 4-5). pap. 9.99 *(978-1-63163-446-8(1),* 1631634461); lib. bdg. 28.50 *(978-1-63163-445-1(3),* 1631634453) North Star Editions. (Jolly Fish Pr.).

Long-Lost Secret Diary of the World's Worst Pirate. Tim Collins. Illus. by Sarah Horne. 2018. (Long-Lost Secret Diary Ser.). (ENG.). 216p. (J). (gr. 4-5). lib. bdg. 28.50 *(978-1-63163-140-5(3),* 1631631403, Jolly Fish Pr.) North Star Editions.

Long-Lost Secret Diary of the World's Worst Samurai. Tim Collins. Illus. by Isobel Lundie. 2020. (Long-Lost Secret Diary Ser.). (ENG.). 200p. (J). (gr. 4-5). pap. 9.99 *(978-1-63163-450-5(X),* 163163450X); lib. bdg. 28.50 *(978-1-63163-449-9(6),* 1631634496) North Star Editions. (Jolly Fish Pr.).

Long-Lost Secret Diary of the World's Worst Tomb Hunter. Tim Collins. Illus. by Isobel Lundie. 2020. (Long-Lost Secret Diary Ser.). (ENG.). (J). (gr. 4-5). 216p. pap. 9.99 *(978-1-63163-384-3(8),* 1631633848); lib. bdg. 28.50 *(978-1-63163-383-6(X),* 163163383X) North Star Editions. (Jolly Fish Pr.).

Long May She Reign. Rhiannon Thomas. (ENG.). (YA). (gr. 8). 2018. 448p. pap. 9.99 *(978-0-06-241869-2(6))*; 2017. 432p. 17.99 *(978-0-06-241868-5(8))* HarperCollins Pubs. (HarperTeen).

Long May She Wave: The True Story of Caroline Pickersgill & Her Star-Spangled Creation. Kristen Fulton. Illus. by Holly Berry. 2017. (ENG.). 40p. (J). (gr. -1-3). 17.99 *(978-1-4814-6096-5(X),* McElderry, Margaret K. Bks.) McElderry, Margaret K. Bks.

Long Mean Road Home. Clarence Leslie. 2017. (ENG., Illus.). 120p. (J). pap. 12.95 *(978-1-64138-015-7(2))* Page Publishing Inc.

Long-Necked Dinos. Contrib. by Josh Anderson. 2023. (Dino Discovery Ser.). (ENG.). 24p. (J). (gr. k-3). lib. bdg. 32.79 *(978-1-5038-6528-0(2),* 216425, Wonder Books(r)) Child's World, Inc, The.

Long-Necked Dinosaurs: Ranking Their Speed, Strength, & Smarts. Mark Weakland. 2019. (Dinosaurs by Design Ser.). (ENG.). 32p. (J). (gr. 4-6). pap. 9.99 *(978-1-64466-030-0(X),* 12709); (Illus.). lib. bdg. *(978-1-68072-825-5(3),* 12708) Black Rabbit Bks. (Bolt).

Long-Necked Sheep. Emily Simkins. Illus. by Jessie Walker. 2021. (ENG.). 32p. (J). *(978-1-716-43396-2(7))* Lulu Pr., Inc.

Long Night for Mr. Dennis. Nancy J. Carlson. Illus. by Mariya Stoyanova. 2021. (ENG.). 40p. (J). pap. 12.49 *(978-1-6628-1016-9(4))* Salem Author Services.

Long Nose Legacy: A Dog's Story of Royalty & Loyalty. J. G. Eastman. 2019. (ENG., Illus.). 234p. (J). (gr. 3-6). 18.99 *(978-1-7323827-0-1(0))*; pap. 12.99 *(978-1-7323827-1-8(9))* Art Deco Dog Publishing.

Long Odds, Vol. 1 Of 3: A Novel (Classic Reprint) Hawley Smart. (ENG., Illus.). (J). 2018. 258p. 29.22 *(978-0-267-39522-4(1))*; 2016. pap. 11.97 *(978-1-334-13241-4(0))* Forgotten Bks.

Long Odds, Vol. 2 Of 3: A Novel (Classic Reprint) Hawley Smart. (ENG., Illus.). (J). 2018. 252p. 29.09 *(978-0-267-34440-6(6))*; 2016. pap. 11.57 *(978-1-333-67867-8(3))* Forgotten Bks.

Long Odds, Vol. 3 Of 3: A Novel (Classic Reprint) Hawley Smart. (ENG., Illus.). (J). 2018. 250p. 29.05 *(978-0-267-33150-5(9))*; 2016. pap. 11.57 *(978-1-333-24267-1(0))* Forgotten Bks.

Long Patrol: A Tale of the Mounted Police (Classic Reprint) H. a. Cody. 2018. (ENG., Illus.). 324p. (J). 30.60 *(978-0-483-69651-8(X))* Forgotten Bks.

Long Pitch Home. Natalie Dias Lorenzi. 256p. (J). (gr. 4-7). 2018. pap. 8.99 *(978-1-58089-826-3(2))*; 2016. lib. bdg. 16.95 *(978-1-58089-713-6(4))* Charlesbridge Publishing, Inc.

Long Portage (Classic Reprint) Harold Bindloss. (ENG., Illus.). (J). 2018. 376p. 31.65 *(978-0-483-38723-2(1))*; 2016. pap. 16.57 *(978-1-333-23805-6(3))* Forgotten Bks.

Long Powwow Nights. David Bouchard. 2020. (ENG., Illus.). 32p. (J). (gr. 3-7). pap. 16.95 *(978-0-88995-607-0(3),* 555c87ea-71b6-45cd-9bf9-a4a922e9e18e) Red Deer Pr. CAN. Dist: Firefly Bks., Ltd.

Long Ride. Marina Budhos. 2019. (Illus.). 208p. (J). (gr. 5). 16.99 *(978-0-553-53422-1(X),* Lamb, Wendy Bks.) Random Hse. Children's Bks.

Long Ride Home. Susan Lawrence. Illus. by Nathan Hutcheon. 2017. 139p. (J). *(978-1-62856-445-7(8))* BJU Pr.

Long Ride Home. Tawni Waters. 2017. (ENG.). 240p. (YA). (gr. 8-12). pap. 10.99 *(978-1-4926-4543-6(5))* Sourcebooks, Inc.

Long Road Back. Brook Weathersby. 2021. (ENG.). 200p. (YA). pap. 15.95 *(978-1-68517-781-2(6))* Christian Faith Publishing.

Long Road (Classic Reprint) John Oxenham. 2018. (ENG., Illus.). 384p. (J). 31.82 *(978-0-484-90914-3(2))* Forgotten Bks.

Long Road on a Short Day. Gary D. Schmidt & Elizabeth Stickney. Illus. by Eugene Yelchin. 2020. (ENG.). 64p. (J). (gr. 3-7). 17.99 *(978-0-544-88836-4(7),* 1652150, Clarion Bks.) HarperCollins Pubs.

Long Road to Charleston. Bonnie Doane. 2022. (Clearance Christopher Purdy Book Ser.). (ENG.). 80p. (J). 32.95 ***(978-1-68570-729-3(7))***; pap. 21.95 ***(978-1-68570-727-9(0))*** Christian Faith Publishing.

Long Road to the Circus. Betsy Bird. Illus. by David Small. (ENG.). 256p. (J). (gr. 5). 2023. 8.99 ***(978-0-593-30400-6(4),*** Yearling); 2021. 16.99 *(978-0-593-30393-1(8),* Knopf Bks. for Young Readers); 2021. lib. bdg. 19.99 *(978-0-593-30398-6(9),* Knopf Bks. for Young Readers) Random Hse. Children's Bks.

Long Roll (Classic Reprint) Mary Johnston. 2017. (ENG., Illus.). 728p. (J). 38.93 *(978-0-332-91789-4(4))* Forgotten Bks.

Long Run. James Acker. 2023. (ENG.). 400p. (YA). 18.99 *(978-1-335-42862-2(3))* Harlequin Enterprises ULC CAN. Dist: HarperCollins Pubs.

Long Run. Joseph Bruchac. 2016. (PathFinders Ser.). (ENG.). 116p. (YA). (gr. 8-12). pap. 9.95 *(978-1-939053-09-1(9),* 7th Generation) BPC.

Long Run (Classic Reprint) Rose Elizabeth Cleveland. 2018. (ENG., Illus.). 142p. (J). 26.83 *(978-0-428-54087-6(2))* Forgotten Bks.

Long Scary Tale of Tiny the Clown Opposites Book for Kids. Professor Gusto. 2016. (ENG., Illus.). (J). pap. 10.81 *(978-1-68321-072-6(7))* Mimaxion.

Long Search (Classic Reprint) Mary Abigail Roe. 2017. (ENG., Illus.). (J). 400p. 32.17 *(978-0-332-79485-3(7))*; pap. 16.57 *(978-0-259-48798-2(8))* Forgotten Bks.

Long, Short, & Biggly. John Grindle. 2019. (ENG.). 32p. (J). 24.95 *(978-1-0980-0036-3(6))*; pap. 14.95 *(978-1-64416-159-3(1))* Christian Faith Publishing.

Long Story of Mount Pester. Glenn Carley. Illus. by Nicholas Carley. 2023. (Long Stories Ser.: Vol. 1). (ENG.). 92p. (J). pap. ***(978-1-77244-293-9(3))*** Rock's Mills Pr.

Long Story of Mount Pootzah. Glenn Carley & Nicholas Carley. 2023. (Long Stories Ser.: Vol. 2). (ENG.). 80p. (J). pap. ***(978-1-77244-297-7(6))*** Rock's Mills Pr.

Long Story Short: A Novel. Serena Kaylor. 2022. (ENG.). 336p. (YA). 18.99 *(978-1-250-81841-6(9),* 900249867, Wednesday Bks.) St. Martin's Pr.

Long Straight Road (Classic Reprint) George Horton. 2018. (ENG., Illus.). 452p. (J). 33.22 *(978-0-267-23210-9(1))* Forgotten Bks.

Long Stretch of Bad Days. Mindy McGinnis. 2023. (ENG.). 368p. (YA). (gr. 9). 19.99 *(978-0-06-323036-1(4),* Tegen, Katherine Bks) HarperCollins Pubs.

Long Summer Days Coloring Book. Jupiter Kids. 2017. (ENG., Illus.). (J). pap. 9.20 *(978-1-68305-731-4(7),* Jupiter Kids (Childrens & Kids Fiction)) Speedy Publishing LLC.

Long Summer Nights. Aharon Appelfeld. Tr. by Jeffrey Green. Illus. by Vali Mintzi. 2019. (ENG.). 160p. (J). (gr. 5-9). 18.95 *(978-1-60980-898-3(3),* Triangle Square) Seven Stories Pr.

Long Sweetening: A Romance of the Red Woods (Classic Reprint) Grant Carpenter. 2018. (ENG., Illus.). 316p. (J). 30.41 *(978-0-483-59010-6(X))* Forgotten Bks.

Long-Tailed Dinos. Contrib. by Josh Anderson. 2023. (Dino Discovery Ser.). (ENG.). 24p. (J). (gr. k-3). lib. bdg. 32.79 *(978-1-5038-6529-7(0),* 216460, Wonder Books(r)) Child's World, Inc, The.

Long-Tailed Weasels. Rebecca Sabelko. 2018. (North American Animals Ser.). (ENG., Illus.). 24p. (J). (gr. k-3). lib. bdg. 26.95 *(978-1-62617-798-7(8),* Blastoff! Readers) Bellwether Media.

Long, Tall Lincoln. Jennifer Dussling. Illus. by Chin Ko. 2017. (I Can Read Level 2 Ser.). (ENG.). 32p. (J). (gr. -1-3). pap. 4.99 *(978-0-06-243255-1(9),* HarperCollins) HarperCollins Pubs.

Long, Tall Lincoln. Jennifer Dussling. ed. 2018. (I Can Read Ser.). (ENG.). 27p. (J). (gr. -1-1). 13.89 *(978-1-64310-515-4(9))* Penworthy Co., LLC, The.

Long Time Gone: Neighbors Divided by Civil War. Les Rolston. 2019. (ENG.). 530p. (J). ***(978-1-0878-2446-8(X))*** Lulu.com.

Long Time, No Sea Monster. Nancy Krulik. Illus. by Harry Briggs. 2021. (Ms. Frogbottom's Field Trips Ser.: 2). (ENG.). 144p. (J). (gr. 2-5). 17.99 *(978-1-5344-5400-2(4))*; pap. 5.99 *(978-1-5344-5399-9(7))* Simon & Schuster Children's Publishing. (Aladdin).

Long Time That I've Loved You. Margaret Wise Brown. Illus. by Katy Hudson. 2020. (Margaret Wise Brown Classics Ser.). (ENG.). 28p. (J). (gr. -1-k). bds. 7.99 *(978-1-64517-231-4(7),* Silver Dolphin Bks.) Printers Row Publishing Group.

Long Tradition. Joanne Winnie. 2020. (ENG., Illus.). 42p. (J). 22.99 *(978-1-952011-58-0(2))* Pen It Pubns.

Long Tradition. Joanne M. Winnie. 2018. (ENG.). 42p. (J). pap. 12.99 *(978-1-949609-00-4(6))* Pen It Pubns.

Long Trail: A Story of the Northwest Wilderness (Classic Reprint) Hamlin Garland. 2018. (ENG., Illus.). 298p. (J). 30.06 *(978-0-483-47609-7(9))* Forgotten Bks.

Long Trail (Classic Reprint) Kermit Roosevelt. 2018. (ENG., Illus.). 88p. (J). 25.73 *(978-0-484-00890-7(0))* Forgotten Bks.

Long Trail Home. Amber J. Keyser & Kiersi Burkhart. 2017. (Quartz Creek Ranch Ser.). (ENG.). 240p. (J). (gr. 4-8). 6.99 *(978-1-5124-3090-5(0),* 237da2bf-d64a-47f5-9377-07661a1f1425, Darby Creek) Lerner Publishing Group.

Long Trail Home. Kiersi Burkhart & Amber J. Keyser. ed. 2017. (Quartz Creek Ranch Ser.). (ENG.). 240p. (J). (gr. 4-8). E-Book 42.65 *(978-1-5124-2698-4(9),* Darby Creek) Lerner Publishing Group.

Long Traverse (Classic Reprint) Kathrene Pinkerton. 2017. (ENG., Illus.). (J). 29.44 *(978-0-331-64181-3(X))*; pap. 11.97 *(978-0-259-50673-7(7))* Forgotten Bks.

Long Trick (Classic Reprint) Bartimeus Bartimeus. 2017. (ENG., Illus.). (J). 30.31 *(978-0-266-19592-4(X))* Forgotten Bks.

Long Trip. Diane Schute & Gail Marshall. 2017. (ENG., Illus.). 34p. (J). pap. 12.99 *(978-0-692-98181-8(0))* Schumar Publishing.

Long Trunk. Núria Cussó. Illus. by Laia Guerrero. 2021. (Learn to Read in CAPITAL Letters & Lowercase Ser.). (ENG.). 24p. (J). (gr. k-2). pap. 7.99 *(978-84-17210-13-7(X))* Editorial el Pirata ESP. Dist: Independent Pubs. Group.

Long Vacation (Classic Reprint) Charlotte M. Yonge. 2018. (ENG., Illus.). 400p. (J). 32.15 *(978-0-483-89379-5(X))* Forgotten Bks.

Long Vowels (Set), 6 vols. 2023. (Long Vowels Ser.). (ENG.). 24p. (J). (gr. -1-2). lib. bdg. 188.16 ***(978-1-0982-8260-8(4),*** 42230, Abdo Zoom-Launch) ABDO Publishing Co.

Long Walk. Tia Guay. Illus. by Danitza Romero. 2020. 44p. (J). pap. 29.99 *(978-1-0983-1933-5(8))* BookBaby.

Long Way Down. Jason Reynolds. ed. 2022. (ENG.). 205p. (J). (gr. 6-8). 24.46 ***(978-1-68505-416-8(1))*** Penworthy Co., LLC, The.

Long Way Down. Jason Reynolds. (ENG., Illus.). (YA). (gr. 7). 2019. 336p. pap. 12.99 *(978-1-4814-3826-1(3),* Atheneum Bks. for Young Readers); 2017. 320p. 19.99 *(978-1-4814-3825-4(5),* Atheneum/Caitlyn Dlouhy Books); 2017. 320p. E-Book *(978-1-4814-3827-8(1),* Atheneum/Caitlyn Dlouhy Books) Simon & Schuster Children's Publishing.

Long Way Down: The Graphic Novel. Jason Reynolds. Illus. by Danica Novgorodoff. (ENG.). 208p. (YA). (gr. 9). 2022. pap. 12.99 *(978-1-5344-4496-6(3),* Atheneum Bks. for Young Readers); 2020. 19.99 *(978-1-5344-4495-9(5),*

L

Atheneum/Caitlyn Dlouhy Books) Simon & Schuster Children's Publishing.

Long Way from Chicago Novel Units Student Packet. Novel Units. 2019. (ENG.). (J). pap. 13.99 (978-1-58130-629-3(6), Novel Units, Inc.) Classroom Library Co.

Long Way from Chicago Novel Units Teacher Guide. Novel Units. 2019. (ENG.). (J). pap. 12.99 (978-1-58130-628-6(8), Novel Units, Inc.) Classroom Library Co.

Long Way Home. Cherie Coon. 2022. (ENG.). 166p. (YA). pap. 12.99 (978-1-5323-8865-1(9)) Independent Pub.

Long Way Home. Katie McGarry. 2017. (Thunder Road Ser.: 3). (ENG.). 416p. (YA). 18.99 (978-0-373-21217-0(8), Harlequin Teen) Harlequin Enterprises ULC CAN. Dist: HarperCollins Pubs.

Long Way Home. Gigi Priebe. Illus. by Daniel Duncan. 2017. (Adventures of Henry Whiskers Ser.: 2). (ENG.). 160p. (J). (gr. 2-5). 17.99 (978-1-4814-6578-6(3)); pap. 5.99 (978-1-4814-6577-9(5)) Simon & Schuster Children's Publishing. (Aladdin).

Long Way Home. Killara Turk. 2021. (ENG.). 42p. (J). pap. 15.00 (978-1-953507-38-9(7)) Brightlings.

Longboard Letdown. Jake Maddox. Illus. by Katie Wood. 2017. (Jake Maddox Girl Sports Stories Ser.). (ENG.). 72p. (J). (gr. 3-6). lib. bdg. 25.32 (978-1-4965-4972-3(4), 135864, Stone Arch Bks.) Capstone.

Longboarding, 1 vol. Mary-Lane Kamberg. 2016. (Skateboarding Tips & Tricks Ser.). (ENG.). 48p. (J). (gr. 5-5). pap. 12.75 (978-1-4777-8863-9(8), 7197badc-36d9-4674-b824-cee9204fe29a, Rosen Reference) Rosen Publishing Group, Inc., The.

Longbow Girl. Linda Davies. 2016. (ENG.). 336p. (YA). (gr. 7). 17.99 (978-0-545-85345-3(1), Chicken Hse., The) Scholastic, Inc.

Longcove Doings (Classic Reprint) Joseph Kennard Wilson. 2018. (ENG., Illus.). 188p. (J). 27.77 (978-0-483-62849-6(2)) Forgotten Bks.

Longer Winter: El Invierno MÁs Largo. T. Bradley. 2021. (Longer Ser.: 1). 66p. (J). 28.95 (978-1-0983-9834-7(3)) BookBaby.

Longest, Darkest Night!, Second Edition. Peter B. Lewis. Illus. by Leslie W. Lepere. 2nd ed. 2020. (ENG.). 56p. (J). (gr. k-4). pap. 12.95 (978-0-9980365-6-4(0)) AUDISEE Media.

Longest Day. Erin Hunter. ed. 2017. (Seekers: Return to the Wild Ser.: 6). (J). lib. bdg. 18.40 (978-0-606-39613-4(6)) Turtleback.

Longest Dragon in the World. Uwibami D'Jormungand. Illus. by Janette Hill. 2023. (Little Brown Spider Presents Ser.: Vol. 2). (ENG.). 26p. (J). pap. 8.99 (978-1-7341771-6-9(0)) Stone Hollow Pr.

Longest Halloween, Book Three. Contrib. by Frank Wood. 2017. (ENG., Illus.). (YA). pap. 39.50 (978-1-4999-0262-4(X)) FastPrncil, Inc.

Longest Halloween, Book Three: Gabbie Del Toro & the Mystery of the Warlock's Urn. Contrib. by Frank Wood. 2017. (ENG., Illus.). (YA). pap. 38.00 (978-1-4999-0289-1(1)) FastPrncil, Inc.

Longest Hidden Pictures(r) Puzzle Ever. Created by Highlights. 2019. (Highlights Longest Activity Books Ever Ser.). 48p. (J). (gr. 2). pap. 14.99 (978-1-68437-648-3(3), Highlights) Highlights Pr., c/o Highlights for Children, Inc.

Longest Journey (Classic Reprint) E. M. Forster. 2018. (ENG., Illus.). 366p. (J). 31.45 (978-0-428-55079-0(7)) Forgotten Bks.

Longest Letsgoboy. Derick Wilder. Illus. by Catia Chien. 2021. (ENG.). 48p. (J). (gr. -1-k). 16.99 (978-1-4521-7716-8(3)) Chronicle Bks. LLC.

Longest Night #3. Heather Knox. 2018. (Vampire Wars Ser.). (ENG.). 191p. (YA). (gr. 5-12). 32.84 (978-1-68076-906-7(5), 28610, Epic Escape) EPIC Pr.

Longest Night in Egypt, 1 vol. David Anthony Durham. Illus. by Eric Wilkerson. 2023. (Shadow Prince Ser.: 2). (ENG.). 400p. (J). (gr. 4-8). 21.95 (978-1-64379-609-3(7), leelowtu, Tu Bks.) Lee & Low Bks., Inc.

Longest Night of Charlie Noon. Christopher Edge. 2020. (ENG., Illus.). 176p. (J). (gr. 4-7). 16.99 (978-0-593-17308-4(2), Delacorte Bks. for Young Readers) Random Hse. Children's Bks.

Longest Rivers Lead to the Biggest Oceans - Geography Books for Kids Age 9-12 Children's Geography Books. Baby Professor. 2017. (ENG., Illus.). (J). pap. 9.55 (978-1-5419-1203-8(9), Baby Professor (Education Kids)) Speedy Publishing LLC.

Longest Road. Gunhild Walde Mikkelson. 2020. (ENG.). 139p. (YA). pap. (978-1-716-77228-3(1)) Lulu Pr., Inc.

Longest Winter: In NYC. Mavis Sybil. 2021. (ENG.). 68p. (J). pap. 10.99 (978-1-0879-7271-8(X)) Indy Pub.

Longfellow Leaflets: Poems & Prose Passages from the Works of Henry Wadsworth Longfellow, for Reading & Recitation (Classic Reprint) Henry Longfellow. 2017. (ENG., Illus.). (J). 26.27 (978-0-265-49274-1(2)) Forgotten Bks.

Longger-Jo Takes on the Bully. Sharon Dorival. Illus. by Obol Andrew Jackson. 2018. (ENG.). 64p. (J). pap. (978-1-5255-0912-4(8)) FriesenPress.

Longhead: The Story of the First Fire (Classic Reprint) Charles Henry Robinson. (ENG., Illus.). (J). 2018. 152p. 27.05 (978-0-428-22011-2(8)); 2016. pap. 9.57 (978-1-333-56017-1(6)) Forgotten Bks.

Longitud (Length) Julie Murray. 2019. (¡a Medir! (Measure It!) Ser.). (SPA.). 24p. (J). (gr. -1-2). lib. bdg. 31.36 (978-1-0982-0067-1(5), 33008, Abdo Kids) ABDO Publishing Co.

Longman's Handbook of English Literature. Part I: From the Earliest Times to Chaucer. R. McWilliam. 2017. (ENG., Illus.). (J). pap. (978-0-649-45882-0(6)) Trieste Publishing Pty Ltd.

Longman's Handbook of English Literature; Part IV. from Swift to Cowper. R. McWilliam. 2017. (ENG., Illus.). (J). pap. (978-0-649-50185-4(3)) Trieste Publishing Pty Ltd.

Longmans' Handbook of English Literature. Part V, from Burke to the Present Time. R. McWilliam. 2017. (ENG., Illus.). (J). pap. (978-0-649-52913-1(8)) Trieste Publishing Pty Ltd.

Longmans' Handbook of English Literature, Vol. 1: From the Earliest Times to Chaucer (Classic Reprint) R. McWilliam. 2017. (ENG., Illus.). (J). pap. 9.57 (978-0-259-91042-8(2)) Forgotten Bks.

Longmans' Handbook of English Literature, Vol. 2: From Chaucer to Shakspere (Classic Reprint) R. McWilliam. 2018. (ENG., Illus.). 130p. (J). 26.60 (978-0-332-78071-9(6)) Forgotten Bks.

Longmans' Handbook of English Literature, Vol. 4 (Classic Reprint) R. McWilliam. 2018. (ENG., Illus.). 134p. (J). 26.66 (978-0-483-41197-5(3)) Forgotten Bks.

Longman's Handbook of English Literature, Vol. 5: From Burke to the Present Time (Classic Reprint) R. McWilliam. (ENG., Illus.). (J). 2018. 172p. 27.46 (978-0-364-66549-7(1)); 2017. pap. 9.97 (978-0-259-48398-4(2)) Forgotten Bks.

Longmans' Illustrated First French Reading-Book & Grammar (Classic Reprint) John Bidgood. 2017. (FRE., Illus.). (J). 26.14 (978-0-265-41106-3(8)); pap. 9.57 (978-0-282-44126-5(3)) Forgotten Bks.

Longmans' Junior School Composition (Classic Reprint) David Salmon. (ENG., Illus.). (J). 2018. 322p. 30.54 (978-0-666-94514-3(4)); 2018. 108p. 26.12 (978-0-666-05546-0(7)); 2017. pap. 9.57 (978-0-259-47439-5(8)) Forgotten Bks.

Longman's Magazine: November, 1892-April, 1893 (Classic Reprint) Charles James Longman. (ENG., Illus.). (J). 2018. 686p. 38.05 (978-0-483-66481-4(2)); 2016. pap. 20.57 (978-1-334-76022-8(5)) Forgotten Bks.

Longman's Magazine, 1887 (Classic Reprint) Charles James Longman. (ENG., Illus.). (J). 2018. 698p. 38.29 (978-0-483-13541-3(0)); 2017. pap. 20.97 (978-0-259-02821-5(5)) Forgotten Bks.

Longman's Magazine, 1889 (Classic Reprint) Charles James Longman. (ENG., Illus.). (J). 2018. 696p. 38.25 (978-0-483-58339-9(1)); 2017. pap. 20.97 (978-0-243-94037-0(8)) Forgotten Bks.

Longman's Magazine, 1894, Vol. 1 (Classic Reprint) Charles James Longman. (ENG., Illus.). (J). 2018. 684p. 38.00 (978-0-364-59447-6(0)); 2017. pap. 20.57 (978-1-5276-6710-5(3)) Forgotten Bks.

Longman's Magazine, 1895 (Classic Reprint) Charles James Longman. (ENG., Illus.). (J). 2018. 690p. 38.13 (978-0-365-08645-1(2)); 2016. pap. 20.57 (978-1-334-76585-8(5)) Forgotten Bks.

Longman's Magazine, 1896, Vol. 28 (Classic Reprint) Charles James Longman. (ENG., Illus.). (J). 2018. 670p. 37.72 (978-0-483-20888-9(4)); 2017. pap. 20.57 (978-0-243-99429-8(X)) Forgotten Bks.

Longman's Magazine, Vol. 1: November 1882 to April 1883 (Classic Reprint) Charles James Longman. 2017. (ENG., Illus.). (J). 38.87 (978-0-331-25660-4(6)); pap. 23.57 (978-0-266-98841-0(5)) Forgotten Bks.

Longman's Magazine, Vol. 11: November 1887 to April 1888 (Classic Reprint) Charles James Longman. 2017. (ENG., Illus.). (J). 38.58 (978-0-260-40392-6(X)); pap. 20.97 (978-1-5283-1623-1(1)) Forgotten Bks.

Longman's Magazine, Vol. 12: May to October 1888 (Classic Reprint) Charles James Longman. 2017. (ENG., Illus.). (J). 38.56 (978-0-266-74305-7(6)); pap. 20.97 (978-1-5277-1003-0(3)) Forgotten Bks.

Longman's Magazine, Vol. 14: May to October, 1889 (Classic Reprint) Charles James Longman. (ENG., Illus.). (J). 2018. 710p. 38.54 (978-0-666-84104-9(7)); 2017. pap. 20.97 (978-0-259-46166-1(0)) Forgotten Bks.

Longman's Magazine, Vol. 15: November, 1889, to April, 1890 (Classic Reprint) Charles James Longman. 2017. (ENG., Illus.). (J). 696p. 38.25 (978-0-332-38898-4(0)); pap. 20.97 (978-0-259-18847-6(6)) Forgotten Bks.

Longman's Magazine, Vol. 16: May 1890 to October 1890 (Classic Reprint) Charles James Longman. 2018. (ENG., Illus.). (J). 716p. 38.66 (978-0-366-45076-3(X)); 718p. pap. 23.57 (978-0-365-72887-0(X)) Forgotten Bks.

Longman's Magazine, Vol. 17: November, 1890 to April, 1891 (Classic Reprint) Charles James Longman. (ENG., Illus.). (J). 2018. 716p. 38.66 (978-0-483-55251-7(8)); 2017. pap. 20.97 (978-0-243-88466-7(4)) Forgotten Bks.

Longman's Magazine, Vol. 18: May to October, 1891 (Classic Reprint) Charles James Longman. (ENG., Illus.). (J). 2018. 702p. 38.38 (978-0-483-46391-2(4)); 2017. pap. 20.97 (978-1-334-94174-0(2)) Forgotten Bks.

Longman's Magazine, Vol. 22: May to October 1893 (Classic Reprint) Charles James Longman. (ENG., Illus.). (J). 2018. 624p. 36.77 (978-0-666-91819-2(8)); 2017. pap. 19.57 (978-0-259-35108-5(3)) Forgotten Bks.

Longman's Magazine, Vol. 24: May, 1894 to October, 1894 (Classic Reprint) Charles James Longman. (ENG., Illus.). (J). 2018. 696p. 38.25 (978-0-364-37759-8(3)); 2016. pap. 20.97 (978-1-334-11523-3(0)) Forgotten Bks.

Longman's Magazine, Vol. 25: November 1894 to April 1895 (Classic Reprint) Charles James Longman. 2017. (ENG., Illus.). (J). 38.09 (978-0-265-74995-1(6)); pap. 20.57 (978-1-5277-1996-5(0)) Forgotten Bks.

Longman's Magazine, Vol. 27: November, 1895 to April, 1896 (Classic Reprint) Charles James Longman. (ENG., Illus.). (J). 2018. 676p. 37.84 (978-0-483-30600-4(2)); 2016. pap. 20.57 (978-1-334-15827-8(4)) Forgotten Bks.

Longman's Magazine, Vol. 3: November, 1883 to April, 1884 (Classic Reprint) Charles James Longman. (ENG., Illus.). (J). 2018. 714p. 38.62 (978-0-483-75878-0(7)); 2017. pap. 20.97 (978-0-243-44094-8(4)) Forgotten Bks.

Longman's Magazine, Vol. 30: May, 1897, to October, 1897 (Classic Reprint) Charles James Longman. (ENG., Illus.). (J). 2018. 598p. 36.23 (978-0-484-34360-2(2)); 2017. pap. 19.57 (978-0-243-87311-1(5)) Forgotten Bks.

Longman's Magazine, Vol. 31: November 1897 to April 1898 (Classic Reprint) Charles James Longman. (ENG., Illus.). (J). 2018. 590p. 36.07 (978-0-483-77659-3(9)); 2017. pap. 19.57 (978-0-243-54074-7(4)) Forgotten Bks.

Longman's Magazine, Vol. 32: May 1898 to October 1898 (Classic Reprint) Unknown Author. (ENG., Illus.). (J). 2018. 592p. 36.11 (978-0-483-55448-1(0)); 2017. pap. 19.57 (978-0-243-91596-5(9)) Forgotten Bks.

Longman's Magazine, Vol. 36: May, 1900 to October, 1900 (Classic Reprint) Charles James Longman. (ENG., Illus.). (J). 2018. 644p. 37.18 (978-0-364-73507-4(4)); 2017. pap. 19.57 (978-0-243-55647-2(0)) Forgotten Bks.

Longman's Magazine, Vol. 41: November 1902 to April 1903 (Classic Reprint) Unknown Author. (ENG., Illus.). (J). 2018. 606p. 36.40 (978-0-267-26288-5(4)); 2017. pap. 19.57 (978-0-259-17183-6(2)) Forgotten Bks.

Longman's Magazine, Vol. 43: November, 1903, to April, 1904 (Classic Reprint) Charles James Longman. (ENG., Illus.). (J). 2018. 602p. 36.31 (978-0-483-88382-6(4)); 2017. pap. 19.57 (978-0-243-89896-1(7)) Forgotten Bks.

Longman's Magazine, Vol. 45: November 1904 to April 1905 (Classic Reprint) Charles James Longman. 2017. (ENG., Illus.). (J). 36.35 (978-0-265-71105-7(3)); pap. 19.57 (978-1-5276-6343-5(4)) Forgotten Bks.

Longman's Magazine, Vol. 5: November 1884 to April 1885 (Classic Reprint) Charles James Longman. (ENG., Illus.). (J). 2018. 850p. 41.43 (978-0-483-78600-4(4)); 2017. pap. 23.97 (978-0-243-56102-5(4)) Forgotten Bks.

Longman's Magazine, Vol. 6: May to October 1885 (Classic Reprint) Charles James Longman. 2017. (ENG., Illus.). (J). 38.29 (978-0-260-96402-1(6)); pap. 20.97 (978-1-5285-6369-7(7)) Forgotten Bks.

Longman's Magazine, Vol. 7: November 1885 to April 1886 (Classic Reprint) Charles James Longman. 2017. (ENG., Illus.). (J). 38.21 (978-0-331-24573-8(6)); pap. 20.57 (978-0-265-07346-9(4)) Forgotten Bks.

Longman's Magazine, Vol. 9: November 1886 to April 1887 (Classic Reprint) Charles James Longman. 2017. (ENG., Illus.). (J). 712p. 38.58 (978-0-332-86535-5(5)); pap. 20.97 (978-0-259-26462-0(8)) Forgotten Bks.

Longmans Pictorial Geographical Readers (Classic Reprint) Unknown Author. 2019. (ENG., Illus.). 186p. (J). 27.73 (978-0-365-28011-8(9)) Forgotten Bks.

Longmans' Ship Literary Readers: The Advanced Reader (Classic Reprint) Longman Longman. (ENG., Illus.). (J). 2018. 300p. 30.08 (978-0-332-84556-2(7)); 2017. pap. 13.57 (978-0-243-92287-1(6)) Forgotten Bks.

Longmans' Ship Literary Readers: The Fourth Reader (Classic Reprint) Longmans Green and Co. (ENG., Illus.). (J). 2018. 216p. 28.35 (978-0-364-28944-0(9)); 2017. pap. 10.97 (978-0-259-31771-5(3)) Forgotten Bks.

Longmans' Ship Literary Readers: The Sixth Reader (Classic Reprint) Longman Longman. (ENG., Illus.). (J). 2018. 288p. 29.84 (978-0-483-85163-4(9)); 2017. pap. 13.57 (978-0-243-87692-1(0)) Forgotten Bks.

Longmans Ship Literary Readers the Advanced Reader, Vol. 1 (Classic Reprint) Longman Longman. 2018. (ENG., Illus.). 192p. (J). 27.88 (978-0-666-87159-6(0)) Forgotten Bks.

Longmans Ship Literary Readers the Advanced Reader, Vol. 2 (Classic Reprint) Longman Longman. 2018. (ENG., Illus.). 142p. (J). 26.83 (978-0-267-26268-7(X)) Forgotten Bks.

Longmans Ship Literary Readers, Vol. 1 (Classic Reprint) Longman Longman. 2018. (ENG., Illus.). 244p. (J). 28.93 (978-0-267-16112-6(3)) Forgotten Bks.

Longmans' Ship Literary Readers, Vol. 1 (Classic Reprint) Longman Longman. (ENG., Illus.). (J). 2018. 134p. 26.66 (978-0-364-59097-3(1)); 2017. pap. 9.57 (978-0-259-19931-1(1)) Forgotten Bks.

Longneedle. Anne Marshall Runyon. 2020. (True Tales for Young Readers Ser.). (ENG., Illus.). 72p. (J). pap. 30.00 (978-0-86526-500-4(3), 01OSPS) North Carolina Office of Archives & History.

Longnose & Rainbow Tail. Rod White. 2019. (ENG., Illus.). 42p. (J). pap. (978-1-5289-0470-4(2)) Austin Macauley Pubs. Ltd.

LongRun Stories New Beginnings. Maddison Greene & Alex Goubar. 2022. (ENG.). 34p. (J). pap. (978-1-989506-56-1(9)) Pandamonium Publishing Hse.

Longshot to a Miracle; the Kassie Arner Story. David E. Arner. 2021. (ENG., Illus.). 256p. (YA). 33.95 (978-1-63630-245-4(9)); pap. 23.95 (978-1-63630-244-7(0)) Covenant Bks.

Longus: Literally & Completely Translated from the Greek, with Introduction & Notes (Classic Reprint) Unknown Author. 2018. (ENG., Illus.). 408p. (J). 32.33 (978-0-267-63303-6(3)) Forgotten Bks.

Longwold. Sean Lee. 2018. (ENG., Illus.). 244p. (J). pap. (978-3-99064-125-5(5)) novum pocket Verlag in der novum publishing GmbH.

Lonnie Johnson. Rachel Castro. 2019. (STEM Superstars Ser.). (ENG., Illus.). 24p. (J). (gr. k-2). 22.60 (978-1-68450-924-9(6)); pap. 11.94 (978-1-68404-456-6(1)) Norwood Hse. Pr.

Lonnie Johnson: NASA Scientist & Inventor of the Super Soaker. Lucia Raatma. 2020. (Little Inventor Ser.). (ENG., Illus.). 32p. (J). (gr. 1-3). pap. 6.95 (978-1-9771-1788-5(0), 142149); lib. bdg. 30.65 (978-1-9771-1413-6(X), 141530) Capstone. (Pebble).

Lonnie the Lawnmower. Dixie Phillips & Rachel Nolt. Illus. by Jack Foster. i.t. ed. 2018. (ENG.). 16p. (J). pap. 9.95 (978-1-61633-960-9(8)) Guardian Angel Publishing, Inc.

Lonnie the Lonely Mailbox. Julia Stewart-Gissy. 2018. (ENG., Illus.). 30p. (J). 22.95 (978-1-64003-824-0(8)); pap. 12.95 (978-1-64300-405-1(0)) Covenant Bks.

Lonnie the Loon Finds His Home. Barbara Renner. Illus. by Davina Kinney. 2020. (ENG.). 32p. (J). (gr. k-3). pap. 11.95 (978-0-9990586-6-4(5)) Renner Writes.

Lonnie the Loon Flies South for the Winter. Barbara Renner. Illus. by Davina Kinney. 2016. (ENG.). 22p. (J). (gr. k-3). pap. 11.95 (978-0-9990586-5-7(7)) Renner Writes.

Lonnie the Loon Learns to Call. Barbara Renner. 2020. (ENG.). 32p. (J). pap. 11.95 (978-0-9990586-7-1(3)) Renner Writes.

Lonsdale Magazine, or Provincial Repository, for the Year 1921, Vol. 2: Comprising Topographical & Biographical Sketches, Critiques upon New Works, Literary, Scientific, & Philosophical Essays, Original Poetry, Entertaining Tales & Anecdotes, Co. J. Briggs. (ENG., Illus.). (J). 2018. 506p. 34.33 (978-0-332-15577-7(3)); 2017. pap. 16.97 (978-0-243-20789-3(1)) Forgotten Bks.

Loofie Saves Halloween. Lori Russell. Illus. by Lu Kombe. 2020. (ENG.). 26p. (J). pap. (978-0-9958086-6-9(X)) Lee, Lucia.

Look! Fiona Woodcock. 2018. (ENG., Illus.). 40p. (J). (gr. -1-3). 17.99 (978-0-06-264455-8(6), Greenwillow Bks.) HarperCollins Pubs.

Look! A Child's Guide to Advent & Christmas. Laura Alary. Illus. by Ann Boyajian. 2017. (ENG.). 32p. (J). (gr. -1-5). pap. 16.99 (978-1-61261-866-1(9)) Paraclete Pr., Inc.

Look: A Tummy Time Book. Gavin Bishop. Illus. by Gavin Bishop. 2023. (ENG., Illus.). 24p. (J). (gr. -1 — 1). bds. 16.99 (978-1-77657-501-5(6), 4497a284-2e11-4eaa-8af0-8237a85eab7c) Gecko Pr. NZL. Dist: Lerner Publishing Group.

Look - Learn - Love - Laugh. Penelope Hope. 2021. (ENG.). 52p. (J). pap. 18.95 (978-1-947589-47-6(4)) Waldenhouse Pubs., Inc.

Look, a Backhoe! Julia Jaske. 2021. (At the Construction Site Ser.). (ENG., Illus.). 16p. (J). (gr. -1-2). pap. 11.36 (978-1-5341-8822-8(3), 219024, Cherry Blossom Press) Cherry Lake Publishing.

Look, a Bulldozer! Julia Jaske. 2021. (At the Construction Site Ser.). (ENG., Illus.). 16p. (J). (gr. -1-2). pap. 11.36 (978-1-5341-8819-8(3), 219015, Cherry Blossom Press) Cherry Lake Publishing.

Look! a Cat. Katrina Streza. Illus. by Brenda Ponnay. 2023. (Little Readers Ser.: Vol. 5). (ENG.). 20p. (J). pap. 12.99 (978-1-5324-3145-6(7)) Xist Publishing.

Look, a Crane! Julia Jaske. 2021. (At the Construction Site Ser.). (ENG., Illus.). 16p. (J). (gr. -1-2). pap. 11.36 (978-1-5341-8818-1(5), 219012, Cherry Blossom Press) Cherry Lake Publishing.

Look, a Dolphin! Tessa Kenan. 2016. (Bumba Books (r) — I See Ocean Animals Ser.). (ENG., Illus.). 24p. (J). (gr. -1-1). 26.65 (978-1-5124-1424-0(7), d52157bf-e59e-49c8-ae4e-43522ea65c38, Lerner Pubns.) Lerner Publishing Group.

Look! a Double Book! 14 Adventures to Explore & Discover. Bob Staake. 2022. (Look! a Book! Ser.). (ENG., Illus.). 48p. (J). (gr. -1-3). 9.99 (978-0-316-37699-0(X)) Little, Brown Bks. for Young Readers.

Look, a Dump Truck! Julia Jaske. 2021. (At the Construction Site Ser.). (ENG., Illus.). 16p. (J). (gr. -1-2). pap. 11.36 (978-1-5341-8816-7(9), 219006, Cherry Blossom Press) Cherry Lake Publishing.

Look, a Flatbed Truck! Julia Jaske. 2021. (At the Construction Site Ser.). (ENG., Illus.). 16p. (J). (gr. -1-2). pap. 11.36 (978-1-5341-8821-1(5), 219021, Cherry Blossom Press) Cherry Lake Publishing.

Look, a Jackhammer! Julia Jaske. 2021. (At the Construction Site Ser.). (ENG., Illus.). 16p. (J). (gr. -1-2). pap. 11.36 (978-1-5341-8823-5(1), 219027, Cherry Blossom Press) Cherry Lake Publishing.

Look, a Jellyfish! Tessa Kenan. 2016. (Bumba Books (r) — I See Ocean Animals Ser.). (ENG., Illus.). 24p. (J). (gr. -1-1). 26.65 (978-1-5124-1421-9(2), 01cb9e82-3e3f-42ea-90d0-000f11a62900, Lerner Pubns.) Lerner Publishing Group.

Look, a Mixer! Julia Jaske. 2021. (At the Construction Site Ser.). (ENG., Illus.). 16p. (J). (gr. -1-2). pap. 11.36 (978-1-5341-8820-4(7), 219018, Cherry Blossom Press) Cherry Lake Publishing.

Look, a Ray! Tessa Kenan. 2016. (Bumba Books (r) — I See Ocean Animals Ser.). (ENG., Illus.). 24p. (J). (gr. -1-1). 26.65 (978-1-5124-1420-2(4), 00b9bf8c-a91b-49f8-8c44-fa377d5e76a8, Lerner Pubns.) Lerner Publishing Group.

Look, a Shark! Tessa Kenan. 2016. (Bumba Books (r) — I See Ocean Animals Ser.). (ENG., Illus.). 24p. (J). (gr. -1-1). lib. bdg. 26.65 (978-1-5124-1419-6(0), 711d9e07-72a4-40e9-9fb5-0726f32d5773, Lerner Pubns.) Lerner Publishing Group.

Look! a Wide Eyed Animal Coloring Book. Kreative Kids. 2016. (ENG., Illus.). (J). pap. 9.20 (978-1-68377-422-8(1)) Whlke, Traudl.

Look about You Nature Study Books, Book II (Yesterday's Classics) Thomas W. Hoare. 2019. (Look about You Nature Study Bks.: Vol. 2). (ENG., Illus.). 76p. (J). (gr. 2-4). pap. 14.95 (978-1-63334-112-8(7)) Yesterday's Classics.

Look about You Nature Study Books, Book III (Yesterday's Classics) Thomas W. Hoare. 2019. (ENG., Illus.). 108p. (J). pap. 14.95 (978-1-63334-111-1(9)) Yesterday's Classics.

Look after Brown! A Farce, in One Act (Classic Reprint) George A. Stewart. (ENG., Illus.). (J). 2018. 28p. 24.49 (978-0-484-24836-5(7)); 2016. pap. 7.97 (978-1-334-14889-7(9)) Forgotten Bks.

Look after Us: A Lift-The-Flap Book. Rod Campbell. Illus. by Rod Campbell. 2022. (Dear Zoo & Friends Ser.). (ENG., Illus.). 18p. (J). (— 1). bds. 8.99 (978-1-6659-1418-5(1), Little Simon) Little Simon.

Look Again. Rj Freetly. 2020. (Myth Actual Ser.: Vol. 1). (ENG.). 174p. (YA). (gr. 3-6). pap. 12.99 (978-1-0878-7063-2(1)) Indy Pub.

Look Again. Rj Freetly. 2019. (Myth Actual Ser.: Vol. 1). (ENG.). 140p. (J). (gr. 3-6). pap. 12.99 (978-1-578-47649-0(5)) Pendleton Publishing.

Look Again: Secrets of Animal Camouflage. Steve Jenkins & Robin Page. Illus. by Steve Jenkins. 2019. (ENG., Illus.). 40p. (J). (gr. -1-3). 19.99 (978-1-328-85094-2(3), 1693452, Clarion Bks.) HarperCollins Pubs.

Look Again! Adult Activities Book of Hidden Pictures. Bobo's Adult Activity Books. 2016. (ENG., Illus.). (J). pap. 7.99 (978-1-68327-191-8(2)) Sunshine In My Soul Publishing.

Look Again! an Activity Book with Hidden Pictures for Kids. Bobo's Children Activity Books. 2016. (ENG., Illus.). (J). pap. 7.99 (978-1-68327-192-5(0)) Sunshine In My Soul Publishing.

Look Alive! Brilliant Biological Beings Coloring Book. Activity Attic Books. 2016. (ENG., Illus.). (J). pap. 7.74 (978-1-68323-876-8(1)) Twin Flame Productions.

Look, an Excavator! Julia Jaske. 2021. (At the Construction Site Ser.). (ENG., Illus.). 16p. (J). (gr. -1-2). pap. 11.36 (978-1-5341-8817-4(7), 219009, Cherry Blossom Press) Cherry Lake Publishing.

Look & Find Baby Animals: More Than 800 Things to Find! Clever Publishing. Illus. by Anastasia Druzhininskaya. 2023. (Look & Find Ser.). (ENG.). 24p. (J). (gr. -1-3). 10.99 (978-1-954738-37-9(4)) Clever Media Group.

Look & Find: Can You Find Me? Roger Priddy. 2022. (Look & Find Ser.). (ENG., Illus.). 32p. (J). spiral bd. 7.99 (978-1-68449-231-2(9), 900255106) St. Martin's Pr.

Look & Find Frozen the Collection. Jennifer H. Keast et al. ed. 2022. (Look & Find Ser.). (ENG.). 41p. (J). (gr. k-1). 24.46 (978-1-68505-446-5(3)) Penworthy Co., LLC, The.

1220

The check digit for ISBN-10 appears in parentheses after the full ISBN-13

Look & Find Lightyear. Editors of Phoenix International Publications. ed. 2022. (Look & Find Ser.). (ENG.). 20p. (J). (gr. k-1). 24.46 *(978-1-68505-447-2(1))* Penworthy Co., LLC, The.

Look & Find Where's Olaf? Editors of Phoenix International Publications. ed. 2022. (Look & Find Ser.). (ENG.). 41p. (J). (gr. k-1). 24.46 *(978-1-68505-448-9(X))* Penworthy Co., LLC, The.

Look & Find Who Do You See? Editors of Phoenix International Publications. ed. 2022. (Look & Find Ser.). (ENG.). 40p. (J). (gr. k-1). 24.46 *(978-1-68505-449-6(8))* Penworthy Co., LLC, The.

Look & Learn: Words for Catholic Kids. Casey Pawelek. 2022. (ENG., Illus.). 40p. (J). (gr. k-4). 12.99 *(978-1-64060-691-3(2))* Paraclete Pr., Inc.

Look & Learn - First Words for Catholic Kids: Toddler Edition. Casey Pawelek. 2023.Tr. of Board Book. (ENG.). 14p. (J). (gr. -1). bds. 10.99 *(978-1-64060-854-2(0))* Paraclete Pr., Inc.

Look & Learn: Bedtime. Ruth A. Musgrave. 2019. (Look & Learn Ser.). (Illus.). 24p. (J). (gr. -1-k). bds. 6.99 *(978-1-4263-3321-7(8),* National Geographic Kids) Disney Publishing Worldwide.

Look & Learn: Let's Make Music. National Geographic Kids. 2018. (Look & Learn Ser.). (Illus.). 24p. (J). (gr. -1-k). bds. 6.99 *(978-1-4263-2991-3(1),* National Geographic Kids) Disney Publishing Worldwide.

Look & Learn: Pets. National Geographic Kids. 2018. (Look & Learn Ser.). (Illus.). 24p. (J). (gr. -1-k). bds. 6.99 *(978-1-4263-2992-0(X),* National Geographic Kids) Disney Publishing Worldwide.

Look & Learn Prayer Card (25 Pack) Casey Pawelek. 2022. (ENG.). 2p. (J). (gr. k-4). 70.00 *(978-1-64060-879-5(6))* Paraclete Pr., Inc.

Look & Say: Little Red Riding Hood: Little Red Riding Hood. Margot Channing. Illus. by Christine Battuz. ed. 2017. (Scribblers Look & Say Ser.). (ENG.). 18p. (J). (gr. -1-1). bds. 9.95 *(978-1-912006-23-6(5),* Scribblers) Book Hse. GBR. Dist: Sterling Publishing Co., Inc.

Look & See. Lawrence F. Lowery. 2017. (I Wonder Why Ser.). (ENG., Illus.). 36p. (J). (gr. k-2). pap. 13.99 *(978-1-68140-355-7(2),* P531927) National Science Teachers Assn.

Look & See. Rozanne Williams. 2017. (Learn-To-Read Ser.). (ENG., Illus.). (J). pap. 3.49 *(978-1-68310-306-6(8))* Pacific Learning, Inc.

Look & See Find the Difference Puzzle Books for Kids. Educando Kids. 2019. (ENG.). 42p. (J). pap. 8.55 *(978-1-64521-652-0(7),* Educando Kids) Editorial Imagen.

Look at Birds. Elizabeth Massie. 2016. (Spring Forward Ser.). (J). (gr. 1). *(978-1-4900-9393-2(1))* Benchmark Education Co.

Look at Buddhism. Contrib. by Racquel Foran. 2023. (Religions of the World Ser.). (ENG.). 64p. (J). (gr. 6-12). 43.93 *(978-1-6782-0672-7(5),* BrightPoint Pr.) ReferencePoint Pr., Inc.

Look at Christianity. Contrib. by Liana Hamm. 2023. (Religions of the World Ser.). (ENG.). 64p. (J). (gr. 6-12). 43.93 *(978-1-6782-0674-1(1),* BrightPoint Pr.) ReferencePoint Pr., Inc.

Look at Earth's Rocks. 2017. (Look at Earth's Rocks Ser.). 32p. (gr. 2-2). pap. 63.00 *(978-1-4824-6283-8(4));* (ENG.). lib. bdg. 169.62 *(978-1-4824-6281-4(8),* 4489e588-4bc2-4030-9fcc-8c3105112464) Stevens, Gareth Publishing LLLP.

Look at Hinduism. Contrib. by Racquel Foran. 2023. (Religions of the World Ser.). (ENG.). 64p. (J). (gr. 6-12). 43.93 *(978-1-6782-0676-5(8),* BrightPoint Pr.) ReferencePoint Pr., Inc.

Look at Islam. Contrib. by Rachel Kehoe. 2023. (Religions of the World Ser.). (ENG.). 64p. (J). (gr. 6-12). 43.93 *(978-1-6782-0678-9(4),* BrightPoint Pr.) ReferencePoint Pr., Inc.

Look at Judaism. Contrib. by Janie Havemeyer. 2023. (Religions of the World Ser.). (ENG.). 64p. (YA). (gr. 6-12). 43.93 *(978-1-6782-0680-2(6),* BrightPoint Pr.) ReferencePoint Pr., Inc.

Look at Life Cycles, 12 vols. 2017. (Look at Life Cycles Ser.). (ENG.). 32p. (J). (gr. 2-2). lib. bdg. 169.62 *(978-1-5382-1277-6(3),* 54bd6fe0-ffb7-4be2-a6c1-44f8f0303575) Stevens, Gareth Publishing LLLP.

Look at Life Science, 12 vols. 2019. (Look at Life Science Ser.). (ENG.). 32p. (J). (gr. 2-2). lib. bdg. 169.62 *(978-1-5382-4900-0(6),* 1cc943b9-96c0-4a6a-ab69-41529b34435e) Stevens, Gareth Publishing LLLP.

Look at Me! Robert Munsch. Illus. by Michael Martchenko. 2021. (ENG.). 32p. (J). pap. 7.99 *(978-0-545-99431-6(4))* Scholastic Canada, Ltd. CAN. Dist: Publishers Group West (PGW).

Look at Me! Scholastic, Inc. Staff. 2017. (Scholastic Early Learners Ser.). (ENG.). 10p. (J). (gr. -1 — 1). bds. 6.99 *(978-1-338-16141-0(5),* Cartwheel Bks.) Scholastic, Inc.

Look at Me! How to Attract Attention in the Animal World. Robin Page. Illus. by Steve Jenkins. 2018. (ENG.). 40p. (J). (gr. -1-3). 17.99 *(978-0-544-93553-2(5),* 1658470, Clarion Bks.) HarperCollins Pubs.

Look at Me Go! Jean Franklin. Illus. by Lina; Franklin Safar. 2016. (Spring Forward Ser.). (ENG.). (J). (gr. k). 7.02 net. *(978-1-4900-6010-1(3))* Benchmark Education Co.

Look-At-Me Lucy & the Rearview Mirror: Proverbial Kids(c) Karen Anderson Holcomb. 2017. (ENG., Illus.). (J). pap. 12.45 *(978-1-5127-9898-2(3),* WestBow Pr.) Author Solutions, LLC.

Look at My Art! a Connect the Dots Activity Book. Activity Book Zone for Kids. 2016. (ENG., Illus.). (J). pap. 7.55 *(978-1-68376-143-3(X))* Sabeels Publishing.

Look at My Giant Poo. Daniel McManus. l.t. ed. 2022. (ENG.). 28p. (J). pap. *(978-1-80227-955-9(5))* Publishing Push Ltd.

Look at Nature's Cycles, 12 vols. 2019. (Look at Nature's Cycles Ser.). (ENG.). 32p. (J). (gr. 2-2). lib. bdg. 169.62 *(978-1-5382-4157-8(9),* 6684ddf7-fe79-4b49-90e8-b7661b400aaa) Stevens, Gareth Publishing LLLP.

Look at Physical Science, 12 vols. 2018. (Look at Physical Science Ser.). (ENG.). 32p. (J). (gr. 2-2). lib. bdg. 169.62 *(978-1-5382-2173-0(X),* 343e64cb-1ca9-46a8-863f-11d38c4d2028) Stevens, Gareth Publishing LLLP.

Look at Rollo! Reed Duncan. Illus. by Keith Frawley. 2021. (Rollo Ser.). 32p. (J). (gr. 1-2). 4.99 *(978-1-5247-9253-4(5),* Penguin Workshop) Penguin Young Readers Group.

Look at Rollo! Reed Duncan. ed. 2021. (Penguin Workshop Early Readers Ser.). (ENG., Illus.). 32p. (J). (gr. k-1). 15.46 *(978-1-64697-889-2(7))* Penworthy Co., LLC, The.

Look at That! - Ao Bon Taraia! (Te Kiribati) Dannika Patterson. Illus. by Yvonne Mes. 2022. (MIS.). 26p. (J). pap. *(978-1-922918-29-1(6))* Library For All Limited.

Look at That Bird! A Young Naturalist's Guide to Pacific Northwest Birding. Karen DeWitz. 2021. (Illus.). 224p. (J). (gr. 3-7). pap. 19.99 *(978-1-63217-317-1(4),* Little Bigfoot) Sasquatch Bks.

Look at That Cute Face! an Animal Faces Coloring Book. Activity Attic Books. 2016. (ENG., Illus.). (J). pap. 7.74 *(978-1-68323-877-5(X))* Twin Flame Productions.

Look at That, I'm off My Back! Practical Ideas for Preventing Flat Head Syndrome. Arlette Pile. 2020. (ENG.). 20p. (J). *(978-1-5255-6577-9(X));* (Illus.). pap. *(978-1-5255-6578-6(8))* FriesenPress.

Look at the Animals - Angalia Wanyama. Jenny Katz. Illus. by Sandy Campbell. 2023. (SWA.). 24p. (J). pap. *(978-1-922876-43-0(7))* Library For All Limited.

Look at the Animals - Regardez les Animaux. Jenny Katz. Illus. by Sandy Campbell. 2022. (FRE.). 24p. (J). pap. *(978-1-922849-83-0(9))* Library For All Limited.

Look at the Animals All Around. Deborah Bishop Allhiser. 2021. (ENG.). 38p. (J). 24.95 *(978-1-64468-875-5(1));* pap. 14.95 *(978-1-64468-874-8(3))* Covenant Bks.

Look at the Animals on the Farm. Deborah Bishop Allhiser. 2022. (ENG.). 26p. (J). 23.95 *(978-1-63885-270-4(7));* pap. 13.95 *(978-1-63885-269-8(3))* Covenant Bks.

Look at the Birds! Xiaofang Peng. 2021. (ENG.). 60p. (J). *(978-1-5255-8430-5(8));* pap. *(978-1-5255-8431-2(6))* FriesenPress.

Look at the Birds. Rose A. Selig. 2022. (ENG.). 32p. (J). pap. 14.95 *(978-1-68517-956-4(8))* Christian Faith Publishing.

Look at the Birds. Lisa Anne Tindal. 2021. (ENG.). 22p. (J). 22.95 *(978-1-63630-434-2(6));* pap. 12.95 *(978-1-63630-433-5(8))* Covenant Bks.

Look at the Clock: A Welsh Rhapsody for Chorus, Soli (Tenor & Contralto) & Orchestra (Classic Reprint) Thomas Ingoldsby. (ENG., Illus.). (J). 2018. 104p. 26.04 *(978-0-267-96294-5(0));* 2016. pap. 9.57 *(978-1-334-56064-4(1))* Forgotten Bks.

Look at the Crane. Howie Minsky. 2019. (Hello, Everglades! Ser.). (ENG., Illus.). 16p. (J). (gr. -1-2). pap. 11.36 *(978-1-5341-5711-8(5),* 214108, Cherry Blossom Press) Cherry Lake Publishing.

Look at the Owl. Howie Minsky. 2019. (Hello, Everglades! Ser.). (ENG., Illus.). 16p. (J). (gr. -1-2). pap. 11.36 *(978-1-5341-5732-3(8),* 214171, Cherry Blossom Press) Cherry Lake Publishing.

Look at the Rain. Katie Peters. 2019. (Let's Look at Weather (Pull Ahead Readers — Nonfiction) Ser.). (ENG., Illus.). 16p. (J). (gr. -1-1). pap. 8.99 *(978-1-5415-7323-9(4),* 44224a3b-1d8f-4ff9-aca2-b3152aace4fb); lib. bdg. 27.99 *(978-1-5415-5835-9(9),* 4ecdff1b-df8d-4cfd-8ad2-c35aad74414a) Lerner Publishing Group. (Lerner Pubns.).

Look at the Skies: 2021. Bogdan Papandopol. 2019. (ENG.). 28p. (YA). *(978-0-359-97880-9(0))* Lulu Pr., Inc.

Look at the Skies New Edition. Papandopol Bogdan. 2021. (ENG.). 28p. (J). *(978-1-008-99611-3(4))* Lulu Pr., Inc.

Look at the Sky, Dear Dragon, 10 vols. Marla Conn. Illus. by David Schimmell. 2019. (Dear Dragon Developing Readers Ser.). (ENG.). 24p. (J). (gr. k-k). pap. 11.94 *(978-1-68404-324-8(7))* Norwood Hse. Pr.

Look at the Weather. Britta Teckentrup. Tr. by Shelley Tanaka from GER. 2018. Orig. Title: Alle Wetter. (ENG., Illus.). 152p. (J). (gr. 1-6). 21.95 *(978-1-77147-286-9(3))* Owlkids Bks. Inc. CAN. Dist: Publishers Group West (PGW).

Look at Those Metal Birds Fly! Aircraft Coloring Book for Boys. Educando Kids. 2019. (ENG.). 42p. (J). pap. 6.99 *(978-1-64521-009-2(X),* Educando Kids) Editorial Imagen.

Look at U. S. History. 2017. (Look at U. S. History Ser.). 32p. (gr. 2-2). pap. 63.00 *(978-1-4824-6286-9(9));* (ENG.). lib. bdg. 169.62 *(978-1-4824-6284-5(2),* 229a462a-e2d4-4df8-ad72-64cd2906f123) Stevens, Gareth Publishing LLLP.

Look at U. S. History: Set 2, 12 vols. 2018. (Look at U. S. History Ser.). (ENG.). 32p. (gr. 2-2). lib. bdg. 169.62 *(978-1-5382-2174-7(8),* 3f9dd6ae-9bda-42b5-be31-596e032f9858) Stevens, Gareth Publishing LLLP.

Look at U. S. History: Set 3, 12 vols. 2019. (Look at U. S. History Ser.). (ENG.). 32p. (J). (gr. 2-2). lib. bdg. 169.62 *(978-1-5382-4904-8(9),* 07c7a0bd-8328-45e0-8884-f235788d690a) Stevens, Gareth Publishing LLLP.

Look at U. S. History: Sets 1 - 2. 2018. (Look at U. S. History Ser.). (ENG.). (J). pap. 264.00 *(978-1-5382-2803-6(3));* (gr. 2-2). lib. bdg. 339.24 *(978-1-5382-2175-4(6),* ff2012bb-ed56-47b0-889a-20a2ebd9fad3) Stevens, Gareth Publishing LLLP.

Look at U. S. History: Sets 1 - 3. 2019. (Look at U. S. History Ser.). (ENG.). (J). pap. 207.00 *(978-1-5382-4911-6(1));* (gr. 2-2). lib. bdg. 508.86 *(978-1-5382-4905-5(7),* 9accb6f7-28b6-473e-a570-95862ac49a96) Stevens, Gareth Publishing LLLP.

Look at Ukraine. Matt Doeden. 2023. (Searchlight Books (tm) — World Traveler Ser.). (ENG., Illus.). 32p. (J). (gr. 3-5). pap. 9.99 Lerner Publishing Group.

Look at What I Did! Connecting the Dots Activity Book. Activity Book Zone for Kids. 2016. (ENG., Illus.). (J). pap. 7.55 *(978-1-68376-144-0(8))* Sabeels Publishing.

Look at World History, 12 vols. 2019. (Look at World History Ser.). (ENG.). 32p. (J). (gr. 2-2). lib. bdg. 169.62 *(978-1-5382-4158-5(7),* 589dc8e1-2962-4537-a0d5-830dac14f1fb) Stevens, Gareth Publishing LLLP.

Look at You! Look at the Mess You Made! Hsu Kung Liu. 2022. (ENG.). 32p. (J). pap. 8.95 *(978-1-4788-7542-0(9))* Newmark Learning LLC.

Look at Your Government. 2017. (Look at Your Government Ser.). 32p. (gr. 2-2). pap. 63.00 *(978-1-4824-6289-0(3));* (ENG.). lib. bdg. 169.62 *(978-1-4824-6287-6(7),* 2fb11fda-b5ce-427d-9ac3-aff642356cde) Stevens, Gareth Publishing LLLP.

Look!: Babies Head to Toe. Robie H. Harris. Illus. by Anoosha Syed. 2019. (ENG.). 20p. (J). (gr. -1 — 1). bds. 9.99 *(978-1-4197-3203-4(X),* 1206010, Abrams Appleseed) Abrams, Inc.

Look Back in Time: Memoir of a Military Kid in the 50s, Vol. II. Bernard N. Lee, Jr. Ed. by Michele Barard. 2nd ed. 2021. (Look Back in Time Memoir Ser.). (ENG.). 268p. (YA). pap. 13.00 *(978-0-9995576-2-4(9))* Lee,, Bernard N. Jr.

Look Back Laughing: The Year of the Yellow Event. Selena De Lang & Heather R. Mathew. 2019. (ENG.). 294p. (YA). (gr. 7-12). pap. *(978-0-6487429-0-6(3))* Piglet Productions UnLtd.

Look! Bec Is with Tas: Book 95. William Ricketts. Illus. by Dean Maynard. 2023. (Tas & Friends Ser.). (ENG.). 20p. (J). (gr. -1-k). pap. 7.99 *(978-1-76127-115-1(6),* da66da67-d33c-4f88-b73d-8e33a3ee9875) Knowledge Bks. & Software AUS. Dist: Lerner Publishing Group.

Look Before You Leap. Ed. by Tammy L. Maté-Peterson & Larry D. Gensch. Illus. by Rosie Lin. 2021. (ENG.). 62p. (J). pap. 14.99 *(978-1-7364346-1-1(6))* Fame's Eternal Bks., LLC.

Look Before You Leap. Alice Treaty. 2021. (ENG.). 557p. (YA). *(978-1-716-24792-7(6));* pap. *(978-1-716-23744-7(0))* Lulu Pr., Inc.

Look! Birds! Stephanie Calmenson. Illus. by Puy Pinillos. 2016. (Look! Ser.). (ENG.). 24p. (J). (gr. -1-1). 7.99 *(978-1-4998-0114-9(9))* Little Bee Books Inc.

Look Both Ways: A Tale Told in Ten Blocks. Jason Reynolds. 2020. (ENG.). 240p. (gr. 7-12). 24.94 *(978-1-5364-6605-8(0),* Atheneum Bks. for Young Readers) Simon & Schuster Children's Publishing.

Look Both Ways: A Tale Told in Ten Blocks. Jason Reynolds. Illus. by Alexander Nabaum. (ENG.). (J). (gr. 5-9). 2020. 240p. pap. 8.99 *(978-1-4814-3829-2(8));* 2019. 208p. 17.99 *(978-1-4814-3828-5(X))* Simon & Schuster Children's Publishing. (Atheneum/Caitlyn Dlouhy Books).

Look! Bugs! Stephanie Calmenson. Illus. by Jane Newland. 2018. (Look! Ser.). (ENG.). 24p. (J). (gr. -1-1). 8.99 *(978-1-4998-0543-7(8))* Little Bee Books Inc.

Look Close, You May Miss Me — Hidden Pictures. Activity Book Zone for Kids. 2016. (ENG., Illus.). (J). pap. 7.55 *(978-1-68376-145-7(6))* Sabeels Publishing.

Look, Daddy, Look! Manlu Tu. ed. 2020. (ENG., Illus.). 36p. (J). (gr. -1-1). 16.95 *(978-1-913337-08-7(1),* Scribblers) Book Hse. GBR. Dist: Sterling Publishing Co., Inc.

Look! Fish! Stephanie Calmenson. Illus. by Puy Pinillos. 2016. (Look! Ser.). (ENG.). 24p. (J). (gr. -1-1). 8.99 *(978-1-4998-0166-8(1))* Little Bee Books Inc.

Look! Flowers! Stephanie Calmenson. Illus. by Puy Pinillos. 2016. (Look! Ser.). (ENG.). 24p. (J). (gr. -1-1). 8.99 *(978-1-4998-0115-6(7))* Little Bee Books Inc.

Look for Ladybird in Ocean City. Illus. by Katherina Manolessou. 2020. (ENG.). 32p. (J). (gr. -1-3). 19.99 *(978-1-78603-775-6(0),* 307682, Frances Lincoln Children's Bks.) Quarto Publishing Group UK GBR. Dist: Hachette UK Distribution.

Look for Ladybug in Ocean City. Katherina Manolessou. 2020. (ENG., Illus.). 32p. (J). (gr. k-3). *(978-1-78603-776-3(9))* Frances Lincoln Childrens Bks.

Look for the Helpers. Illus. by Jason Fruchter. 2018. (Daniel Tiger's Neighborhood Ser.). (ENG.). 32p. (J). (gr. -1-2). pap. 4.99 *(978-1-5344-2629-0(9),* Simon Spotlight) Simon Spotlight.

Look for the Helpers. Alexandra Cassel. ed. 2019. (Daniel Tiger 8x8 Bks). (ENG.). 32p. (J). (gr. k-1). 13.89 *(978-1-64310-882-7(4))* Penworthy Co., LLC, The.

Look for the Way Out! an Entertaining Maze Activity Book. Activity Book Zone. 2016. (ENG., Illus.). (J). pap. 7.55 *(978-1-68376-146-4(4))* Sabeels Publishing.

Look Hard. Can You Spot the Difference? Activity Book. Bobo's Children Activity Books. 2016. (ENG., Illus.). (J). pap. 7.99 *(978-1-68327-196-3(3))* Sunshine In My Soul Publishing.

Look! I Wrote a Book! (and You Can Too!) Sally Lloyd-Jones. Illus. by Neal Layton. 2019. 40p. (J). (gr. -1-3). 17.99 *(978-0-399-55818-4(7));* (ENG.). lib. bdg. 20.99 *(978-0-399-55819-1(5))* Random Hse. Children's Bks. (Schwartz & Wade Bks.).

Look I'm a Cook. DK. 2017. (Look! I'm Learning Ser.). (ENG., Illus.). 48p. (J). (gr. -1-2). 12.99 *(978-1-4654-5964-0(2),* DK Children) Dorling Kindersley Publishing, Inc.

Look I'm a Lion! Learn about Animals with This Mirror Board Book. IglooBooks. Illus. by Andy Passchier. 2023. (ENG.). 10p. (J). (— 1). bds. 8.99 *(978-1-83771-664-7(1))* Igloo Bks. GBR. Dist: Simon & Schuster, Inc.

Look I'm a Mathematician. DK. 2019. (Look! I'm Learning Ser.). (ENG., Illus.). 48p. (J). (gr. -1-2). 12.99 *(978-1-4654-6847-5(1),* DK Children) Dorling Kindersley Publishing, Inc.

Look I'm a Scientist. DK. 2017. (Look! I'm Learning Ser.). (ENG., Illus.). 48p. (J). (gr. -1-2). 12.99 *(978-1-4654-5963-3(4),* DK Children) Dorling Kindersley Publishing, Inc.

Look I'm a Scientist. Dorling Kindersley Publishing Staff. 2017. (Illus.). 48p. (J). *(978-0-241-23107-4(8))* Dorling Kindersley Publishing, Inc.

Look I'm an Ecologist. DK. 2021. (Look! I'm Learning Ser.). (ENG., Illus.). 48p. (J). (gr. -1 — 1). 12.99 *(978-0-7440-3381-6(0),* DK Children) Dorling Kindersley Publishing, Inc.

Look I'm an Engineer. DK. 2018. (Look! I'm Learning Ser.). (ENG.). 48p. (J). (gr. -1-2). 12.99 *(978-1-4654-6857-4(9),* DK Children) Dorling Kindersley Publishing, Inc.

Look! I'm Drawing! How to Draw Activity Book. Smarter Activity Books for Kids. 2016. (ENG., Illus.). (J). pap. 9.22 *(978-1-68374-080-3(7))* Examined Solutions PTE. Ltd.

Look I'm Happy! Learn about Feelings with This Mirror Board Book. IglooBooks. 2023. (ENG.). 10p. (J). (— 1). bds. 8.99 *(978-1-83771-665-4(X))* Igloo Bks. GBR. Dist: Simon & Schuster, Inc.

Look in My Pocket, Dear Dragon, 10 vols. Marla Conn. Illus. by David Schimmell. 2019. (Dear Dragon Developing Readers Ser.). (ENG.). 24p. (J). (gr. k-k). pap. 11.94 *(978-1-68404-322-4(0))* Norwood Hse. Pr.

Look in the Mirror, Little One. Gabriella Alessandra Bavosa. 2022. (ENG.). 22p. (J). *(978-0-2288-5552-1(7));* pap. *(978-0-2288-5551-4(9))* Tellwell Talent.

Look Inside, 24 vols. 2017. (Look Inside Ser.). (ENG.). 24p. (J). (gr. 3-3). lib. bdg. 315.24 *(978-1-5081-9474-3(2),* 7146a5ed-56d7-4d7c-9ed1-8e90e86ba64a, Windmill Bks.) Rosen Publishing Group, Inc., The.

Look Inside. 2017. (Look Inside Ser.). (ENG.). (J). pap. 111.00 *(978-1-5081-9498-9(X))* Windmill Bks.

Look Inside a Construction Sites IR. Rob Lloyd Jones. 2017. (Look Inside Board Bks.). (ENG.). 14p. 14.99 *(978-0-7945-3955-9(6),* Usborne) EDC Publishing.

Look Inside Animal Homes IR. Emily Bone. 2019. (Look Inside Board Bks.). (ENG.). 14ppp. (J). 14.99 *(978-0-7945-4410-2(X),* Usborne) EDC Publishing.

Look Inside Bible Times. Lois Rock. Illus. by Anthony Lewis. ed. 2016. (ENG.). 8p. (J). (gr. k-2). 14.99 *(978-0-7459-7614-3(X),* 9c28a355-7bd7-4298-8d20-f9b642302fd7, Lion Children's) Lion Hudson PLC GBR. Dist: Baker & Taylor Publisher Services (BTPS).

Look Inside Nativity, 1 vol. Lois Rock. Illus. by Livia Coloji. ed. 2016. (ENG.). 12p. (J). (gr. -1 — 1). 11.99 *(978-0-7459-7611-2(5),* 393911bd-4af2-4e29-b555-344646b2bac9, Lion Books) Lion Hudson PLC GBR. Dist: Baker & Taylor Publisher Services (BTPS).

Look Inside Science RETURNING. Minna Lacey. 2019. (Look Inside Board Bks.). (ENG.). 14ppp. (J). 14.99 *(978-0-7945-4533-8(5),* Usborne) EDC Publishing.

Look Inside Seas & Oceans IR. Megan Cullis. 2019. (Look Inside Ser.). (ENG.). 14ppp. (J). 14.99 *(978-0-7945-4507-9(6),* Usborne) EDC Publishing.

Look Inside Things That Go (NEW) Rob Lloyd Jones. 2019. (Look Inside Board Bks.). (ENG.). 14ppp. (J). 14.99 *(978-0-7945-4529-1(7),* Usborne) EDC Publishing.

Look It up! Easy Matching Puzzles for Kindergarten. Jupiter Kids. 2018. (ENG., Illus.). 106p. (J). pap. 12.55 *(978-1-5419-3751-2(1),* Jupiter Kids (Childrens & Kids Fiction)) Speedy Publishing LLC.

Look! It's Baby Duck Red Band. Gabby Pritchard. Illus. by Lucy Boden. ed. 2016. (Cambridge Reading Adventures Ser.). (ENG.). 16p. pap. 7.95 *(978-1-107-54957-9(4))* Cambridge Univ. Pr.

Look, It's Hoot Hoot Owl. Camilla Reid. Illus. by Clare Youngs. 2023. (Look, It's Ser.). (ENG.). 12p. (J). (gr. -1 — 1). bds. 10.99 Nosy Crow Inc.

Look, It's Moo Moo Cow. Camilla Reid. Illus. by Clare Youngs. 2023. (Look, It's Ser.). (ENG.). 12p. (J). (gr. -1 — 1). bds. 10.99 Nosy Crow Inc.

Look, It's Roar Roar Lion. Camilla Reid. Illus. by Clare Youngs. 2023. (Look, It's Ser.: 2). (ENG.). 12p. (J). (gr. -1 — 1). bds. 10.99 Nosy Crow Inc.

Look! It's the Candycorn. Danielle McLean. import ed. 2020. (Llamacorn & Friends Ser.). (ENG., Illus.). 18p. (J). (— 1). bds. 9.99 *(978-0-593-30117-3(X),* Random Hse. Bks. for Young Readers) Random Hse. Children's Bks.

Look, It's Woof Woof Dog. Camilla Reid. Illus. by Clare Youngs. 2023. (Look, It's Ser.: 1). (ENG.). 12p. (J). (gr. -1 — 1). bds. 10.99 Nosy Crow Inc.

Look! Look! Look! at Sculpture. Nancy Elizabeth Wallace. Illus. by Nancy Elizabeth Wallace. 2020. (ENG.). 40p. (J). (gr. 1-3). pap. 9.99 *(978-1-4778-1072-9(2),* 9781477810729, Two Lions) Amazon Publishing.

Look, Look, Look! ¡Mira, Mira, Mira! Bob Barner. ed. 2022.Tr. of Look, Look, Look! ¡Mira, Mira, Mira!. (Illus.). 22p. (J). (— 1). bds. 8.99 *(978-0-8234-5252-1(2))* Holiday Hse., Inc.

Look Mama, I Can! Rosheda Darrisaw McClendon. Illus. by Vladimir Cebu. 2021. (ENG.). 30p. (J). pap. 13.00 *(978-0-578-87705-1(8))* McClendon, Rosheda.

Look Mom, I Can Do It Myself! Color by Number Kindergarten. Educando Kids. 2019. (ENG.). 42p. (J). pap. 8.55 *(978-1-64521-676-6(4),* Educando Kids) Editorial Imagen.

Look No Further. Rioghnach Robinson & Siofra Robinson. 2023. (ENG.). 336p. (J). (gr. 8-17). 18.99 *(978-1-4197-5740-2(7),* 1752901, Amulet Bks.) Abrams, Inc.

Look on the Bright Side: Being Positive. Virginia Loh-Hagan. 2020. (Just Breathe Ser.). (ENG., Illus.). 32p. (J). (gr. 4-8). pap. 14.21 *(978-1-5341-6178-8(3),* 214712); lib. bdg. 32.07 *(978-1-5341-5948-8(7),* 214711) Cherry Lake Publishing. (45th Parallel Press).

Look Out! a Storm! David Milgrim. ed. 2019. (Ready-To-Read Ser.). (ENG.). 32p. (J). (gr. k-1). 13.96 *(978-0-87617-588-0(4))* Penworthy Co., LLC, The.

Look Out! a Storm! Ready-To-Read Pre-Level 1. David Milgrim. Illus. by David Milgrim. 2019. (Adventures of Otto Ser.). (ENG., Illus.). 32p. (J). (gr. -1-k). 17.99 *(978-1-5344-4197-2(2));* pap. 4.99 *(978-1-5344-4196-5(4))* Simon Spotlight. (Simon Spotlight).

Look Out! & Dan & Dot's Trip. Katie Dale. Illus. by Dean Gray. 2023. (Early Bird Readers — Pink (Early Bird Stories (tm)) Ser.). (ENG.). 32p. (J). (gr. -1-2). pap. 9.99 *(978-1-7284-7846-3(4),* 6a3d52dc-1483-47df-8520-d7a120790bc8); lib. bdg. 30.65 *(978-1-7284-7642-1(9),* 6040565a-976e-45ef-96c2-11e82024a422) Lerner Publishing Group. (Lerner Pubns.).

Look Out Below! Dona Rice. 2020. (J). pap. *(978-1-64290-720-9(0))* Teacher Created Materials, Inc.

Look Out, Cat! Rebecca Purcell. 2021. (Cat & Friends Ser.). (Illus.). 22p. (J). (gr. -1-k). bds. 7.95 *(978-1-80036-008-2(8),* 4ecf2100-b509-4dbf-a4c3-63c8d0eef372) Starfish Bay Publishing Pty Ltd. AUS. Dist: Baker & Taylor Publisher Services (BTPS).

Look Out for Germs! Katie Marsico. Illus. by Jeff Bane. 2019. (My Early Library: My Healthy Habits Ser.). (ENG.). 24p. (J). (gr. k-1). lib. bdg. 30.64 *(978-1-5341-4281-7(9),* 212576) Cherry Lake Publishing.

L

Look Out for Low Notes. Marin Marka. Illus. by Alexandra Tatu. 2022. (ENG.). 36p. (J). pap. 16.95 *(978-1-0880-2216-0(2))* Indy Pub.

Look Out for Paint: A Farce Comedy in Three Acts (Classic Reprint) Cornelius Shea. (ENG., Illus.). (J). 2018. 46p. 24.89 *(978-0-484-00254-7(6))*; 2016. pap. 7.97 *(978-1-333-42974-4(6))* Forgotten Bks.

Look Out for the Fitzgerald-Trouts. Esta Spalding. Illus. by Sydney Smith. 2017. (ENG.). 272p. (J). (gr. 3-7). pap. 7.99 *(978-0-316-29857-5(3))* Little, Brown Bks. for Young Readers.

Look Out, Fourth Grade. Laura Everly. 2016. (ENG., Illus.). (J). (gr. k-6). pap. 9.95 *(978-1-68181-685-2(7))* Strategic Book Publishing & Rights Agency (SBPRA).

Look Out, Leonard! Jessie James. Illus. by Tamara Anegón. 2021. (Look! It's Leonard! Ser.). (ENG.). 32p. (J). (-k). 16.99 *(978-0-7440-2817-1(5)*, DK Children) Dorling Kindersley Publishing, Inc.

Look Out, Leonard! Jessie James. ed. 2021. (Look! It's Leonard! Ser.). 32p. (J). (-k). 16.99 *(978-0-7440-4867-4(2)*, DK Children) Dorling Kindersley Publishing, Inc.

Look Out, Mouse! Steve Bjorkman. ed. 2018. (I Like to Read Ser.). (ENG.). 24p. (J). (gr. -1-1). 10.00 *(978-1-64310-657-1(0))* Penworthy Co., LLC, The.

Look Out, T-Ball! Shawn Pryor. Illus. by Amanda Erb. 2020. (Kids' Sports Stories Ser.). (ENG.). 32p. (J). (gr. k-2). pap. 5.95 *(978-1-5158-5880-5(4)*, 142136); lib. bdg. 21.32 *(978-1-5158-4810-3(8)*, 141422) Capstone. (Picture Window Bks.).

Look Out, Wolf! There's a Beast in Your Book. Jude Evans. Illus. by Lucy Semple. 2022. (ENG.). 24p. (J). (gr. -1-2). 17.99 *(978-1-68010-273-4(7))* Tiger Tales.

Look Outside, 1 vol. Pam Holden. 2017. (ENG., Illus.). 23p. (J). pap. *(978-1-77654-222-2(3)*, Red Rocket Readers) Flying Start Bks.

Look Pa, a Pelican! Linda Oberlin. 2018. (ENG., Illus.). 28p. (J). (gr. k-5). pap. 10.00 *(978-0-9911382-4-1(4))* Little Worm Publishing.

Look Past. Eric Devine. 2016. (ENG.). 288p. (YA). (gr. 8-17). 17.99 *(978-0-7624-5921-6(2)*, Running Pr. Kids) Running Pr.

Look, Read & Color - Coloring & Hidden Picture Activities: Activity Book for Kids. Jupiter Kids. 2017. (ENG., Illus.). (J). pap. 9.05 *(978-1-5419-3282-1(X)*, Jupiter Kids (Childrens & Kids Fiction)) Speedy Publishing LLC.

Look-See: If You Can... Boy Detective. Anthony Nelson. 2022. (ENG.). 28p. (J). pap. 12.95 *(978-1-63881-420-7(1))* Newman Springs Publishing, Inc.

Look, See the Bird! Bill Wilson & Katie Fallon. Illus. by Leigh Anne Carter. 2017. 32p. (J). (gr. -1-2). 12.50 *(978-1-57826-687-6(4)*, Hatherleigh Pr.) Hatherleigh Co., Ltd., The.

Look, See the Farm! Bill Wilson & Katie Fallon. Illus. by Leigh Anne Carter. 2018. 32p. (J). (gr. -1-2). 12.50 *(978-1-57826-742-2(0)*, Hatherleigh Pr.) Hatherleigh Co., Ltd., The.

Look! There's a Ghost: Look & Find Book. IglooBooks. Illus. by Nicola Anderson. 2020. (ENG.). 24p. (J). (gr. k-2). 9.99 *(978-1-83903-766-5(0))* Igloo Bks. GBR. Dist: Simon & Schuster, Inc.

Look! There's a Koala: Look & Find Book. IglooBooks. Illus. by Nicola Anderson. 2020. (ENG.). 24p. (J). (gr. k-2). 9.99 *(978-1-80022-776-7(0))* Igloo Bks. GBR. Dist: Simon & Schuster, Inc.

Look! There's a Mermicorn: Look & Find Book. IglooBooks. Illus. by Nicola Anderson. 2020. (ENG.). 24p. (J). (gr. k-2). 9.99 *(978-1-83852-585-9(8))* Igloo Bks. GBR. Dist: Simon & Schuster, Inc.

Look! There's a Pug: Look & Find Book. IglooBooks. Illus. by Nicola Anderson. 2020. (ENG.). 24p. (J). (gr. k-2). 9.99 *(978-1-83852-584-2(X))* Igloo Bks. GBR. Dist: Simon & Schuster, Inc.

Look, There's a Tractor! Illus. by Esther Aarts. 2019. (Look There's Ser.). (ENG.). 10p. (J). (— 1). bds. 7.99 *(978-1-5362-0558-9(3))* Candlewick Pr.

Look Through a Magnifying Glass: Observing & Documenting the Littlest Properties Science Grade 3 Science, Nature & How It Works. Baby Professor. 2021. (ENG.). 72p. (J). 27.99 *(978-1-5419-8342-7(4))*; pap. 16.99 *(978-1-5419-7888-1(9))* Speedy Publishing LLC. (Baby Professor (Education Kids)).

Look Through the Mirror: Change Your Perspective to Change Your Life. Jovan Ortiz. 2022. (ENG.). 190p. (YA). pap. 16.95 *(978-1-6624-4539-2(3))* Page Publishing Inc.

Look to Me. Joshua (Oasis) Grant. 2017. (ENG., Illus.). (YA). pap. 11.49 *(978-1-5456-1554-6(3))* Salem Author Services.

Look to the Skies: The Magical Migration of the Monarch Butterfly. Nicola Edwards. Illus. by Hannah Tolson. 2022. (ENG.). 32p. (J). (gr. -1-2). 17.99 *(978-1-68010-274-1(5))* Tiger Tales.

Look Twice. M. Garzon. Illus. by Melanie Hutchins. 2019. (Blaze of Glory Ser.: Vol. 2). (ENG.). 306p. (YA). *(978-1-988844-07-7(X))* Petal Pr.

Look Up! Jin-Ho Jung. Tr. by Mi Hyun Kim. 2018. (ENG.). 32p. (J). (gr. -1-3). 7.99 *(978-0-8234-4013-9(3))* Holiday Hse., Inc.

Look Up. Jenna Nett. 2022. (ENG., Illus.). 32p. (J). pap. 14.95 *(978-1-63903-579-3(6))* Christian Faith Publishing.

Look Up! Sandy de Young. Illus. by Kathy Lee. 2017. (ENG.). (J). pap. 9.25 *(978-1-948227-00-1(2))* Colorfield Creative, LLC.

Look Up! Bird-Watching in Your Own Backyard. Annette LeBlanc Cate. Illus. by Annette LeBlanc Cate. 2019. (ENG., Illus.). 80p. (J). (gr. 3-7). 8.99 *(978-0-7636-9300-8(6))* Candlewick Pr.

Look up! but Be Careful. Terri Landford. 2021. (ENG.). 42p. (J). pap. *(978-1-922550-34-7(5))* Library For All Limited.

Look up! but Be Careful - Haree Ba Leten! Maibé Kuidadu. Terri Landford. 2021. (TET.). 42p. (J). pap. *(978-1-922550-73-6(6))* Library For All Limited.

Look up, Little One. Neha Patil Kumar. 2018. (ENG.). 38p. (J). 14.95 *(978-1-68401-422-4(0))* Amplify Publishing Group.

Look up, Look Down. Judy Montague. 2022. (ENG., Illus.). 30p. (J). 25.95 *(978-1-6624-7260-2(9))* Page Publishing Inc.

Look up, Look Down: Leveled Reader Red Non Fiction Level 5/6 Grade 1. Hmh Hmh. 2019. (Rigby PM Ser.). (ENG.). 16p. (J). (gr. 1). pap. 11.00 *(978-0-358-12145-9(0))* Houghton Mifflin Harcourt Publishing Co.

Look up with Me: Neil DeGrasse Tyson: a Life among the Stars. Jennifer Berne. Illus. by Lorraine Nam. 2020. (ENG.). 40p. (J). (gr. -1-3). pap. 8.99 *(978-0-06-284495-8(4)*, Tegen, Katherine Bks) HarperCollins Pubs.

Look! What Do You See? An Art Puzzle Book of American & Chinese Songs. Bing Xu. Illus. by Becca Stadtlander. 2017. 48p. (J). (gr. 2-5). 18.99 *(978-0-451-47377-6(9)*, Viking Books for Young Readers) Penguin Young Readers Group.

Look What Happened While I Was Sleeping. Alycyn Culbertson. 2019. (ENG.). 32p. (J). *(978-1-5289-2566-2(1))*; pap. *(978-1-5289-2565-5(3))* Austin Macauley Pubs. Ltd.

Look What I Can Be. Renee Harris. 2019. (ENG.). 46p. pap. *(978-0-359-74477-0(X))* Lulu Pr., Inc.

Look What I Can Do! Des. by Stephanie Meyers. 2017. (Baby Firsts Ser.). (ENG.). 20p. (J). (gr. -1-k). bds. 6.99 *(978-1-4867-1205-2(3)*, dfb635d4-83af-41e6-8042-fe2cb7048c45) Flowerpot Pr.

Look What I Can Do/Mira lo Que Puedo Hacer. Editor. 2018. (Baby Firsts Bilingual Editions Ser.). (ENG.). 16p. (J). bds. *(978-1-4867-1400-1(5))* Lake Press.

Look What I Found! a Maze Activity Book. Activity Book Zone for Kids. 2016. (ENG., Illus.). (J). pap. 9.20 *(978-1-68376-147-1(2))* Sabeels Publishing.

Look What I See. Judi Barrett. Illus. by Ron Barrett. 2019. (ENG.). 32p. (J). (gr. -1-k). bds. 8.99 *(978-1-5344-3073-0(3)*, Little Simon) Little Simon.

Look What Kate Can Do: One Hand Works As Well As Two. Katie Leatherwood & Paul Leatherwood. 2018. (ENG., Illus.). 38p. (J). 14.95 *(978-1-63177-171-2(X))* Amplify Publishing Group.

Look What We Can Do! Brittany Adkins & Kristen Bell. 2016. (ENG., Illus.). (J). 21.95 *(978-1-63525-649-9(6))*; pap. 12.95 *(978-1-63525-647-5(X))* Christian Faith Publishing.

Look What We Can Do! A Competition! Candy James. 2022. (Archie & Reddie Book Ser.: 3). (ENG., Illus.). 80p. (J). (gr. -1-3). 10.99 *(978-0-593-35016-4(2)*, Razorbill) Penguin Young Readers Group.

Look Who's Coming to Dinner! Capstone Classroom & Tony Stead. 2017. (What's the Point? Reading & Writing Expository Text Ser.). (ENG., Illus.). 24p. (J). (gr. 3-3). pap. 6.95 *(978-1-4966-0745-4(7)*, 132380, Capstone Classroom) Capstone.

Look Who's Mooing!: Scholastic Early Learners (Sound Book) Scholastic. 2021. (Scholastic Early Learners Ser.). (ENG.). 14p. (J). (gr. -1 — 1). 14.99 *(978-1-338-74366-1(X)*, Cartwheel Bks.) Scholastic, Inc.

Look Who's Talking!: Scholastic Early Learners (Sound Book) Scholastic. 2021. (Scholastic Early Learners Ser.). (ENG.). 14p. (J). (gr. -1 — 1). 14.99 *(978-1-338-74364-7(3)*, Cartwheel Bks.) Scholastic, Inc.

Look Who's Two. Illus. by Amy Jindra. 2021. (ENG.). 20p. (J). bds. 9.95 *(978-1-5319-1575-9(2))* Sellers Publishing, Inc.

Look with Your Spirit. R. J. Brandell. Illus. by Karen Garavalia. 2022. (ENG.). 42p. (J). pap. 11.99 *(978-1-7356752-1-3(0))* Rosalie Pr.

Look Within. Patricia Dousdebes. Illus. by Juliette Amaya. 2021. (ENG.). 27p. (YA). *(978-1-716-24627-2(X))* Lulu Pr., Inc.

Looking after Animals. Claire Llewellyn. ed. 2016. (Cambridge Reading Adventures Ser.). (ENG., Illus.). 16p. pap. 7.95 *(978-1-316-60582-0(5))* Cambridge Univ. Pr.

Looking after Our Fascinating Earth. School Westminster. Illus. by School Westminster. 2019. (ENG., Illus.). 38p. (J). (gr. 1-3). pap. *(978-0-9954086-7-8(X))* Logorythm.

Looking after Sandy: A Simple Romance (Classic Reprint) Margaret Turnbull. 2017. (ENG., Illus.). (J). 31.36 *(978-0-331-71741-9(7))* Forgotten Bks.

Looking Ahead (Classic Reprint) Vera Panova. (ENG., Illus.). (J). 2018. 316p. 30.43 *(978-0-483-53727-9(6))*; 2016. pap. 13.57 *(978-1-334-12160-9(5))* Forgotten Bks.

Looking Around: A Novel (Classic Reprint) A. S. Roe. 2018. (ENG., Illus.). 318p. (J). 30.48 *(978-0-483-84400-1(4))* Forgotten Bks.

Looking at a Sunflower. Elizabeth Massie. 2016. (Spring Forward Ser.). (J). (gr. 1). *(978-1-4900-2234-5(1))* Benchmark Education Co.

Looking at Countries, 6 vols., Set. Incl. Looking at Canada. Kathleen Pohl. lib. bdg. 28.67 *(978-0-8368-8168-4(0)*, e078449b-5f70-48a5-95c1-e420f38550f4); Looking at Japan. Jillian Powell. lib. bdg. 28.67 *(978-0-8368-8171-4(0)*, e07764ae-bb1f-4f0d-9280-688362417ec9); Looking at Mexico. Kathleen Pohl. lib. bdg. 28.67 *(978-0-8368-8172-1(9)*, e92d071d-4761-46c6-978b-2684617b265e); Looking at Russia. Jillian Powell. lib. bdg. 28.67 *(978-0-8368-8173-8(7)*, 1b1c43c1-b323-4421-a9dd-77138aea4843); (Illus.). 32p. (gr. 2-4). 2007., Gareth Stevens Learning Library 2007. Set lib. bdg. 151.62 *(978-0-8368-8167-7(2))* Stevens, Gareth Publishing LLLP.

Looking at Countries, 6 vols., Set. Kathleen Pohl. Incl. Looking at Argentina. lib. bdg. 28.67 *(978-0-8368-8765-5(4)*, 587f4477-8836-4b74-a699-cb3b3977d161); Looking at Germany. lib. bdg. 28.67 *(978-0-8368-8767-9(0)*, d03cb753-784a-41d5-a69f-7693531085ad); Looking at Iran. lib. bdg. 28.67 *(978-0-8368-8768-6(9)*, 92671d3e-82dd-4521-89b6-d9505cb8270c); Looking at Ireland. lib. bdg. 28.67 *(978-0-8368-8769-3(7)*, b20375e3-c7b8-4702-87e1-f7e50070b329); Looking at Israel. lib. bdg. 28.67 *(978-0-8368-8770-9(0)*, 265d70ed-8adf-412d-8ada-db56f9aa615c); Looking at the Congo. lib. bdg. 28.67 *(978-0-8368-8766-2(2)*, dd5c1158-9a77-467b-ac9f-ea8328161fd5); (Illus.). (gr. 2-4)., Gareth Stevens Learning Library (Looking at Countries Ser.). 32p. 2008. 151.62 *(978-0-8368-8764-8(6))* Stevens, Gareth Publishing LLLP.

Looking at Layers (Set), 8 vols. 2020. (Looking at Layers Ser.). (ENG.). (J). (gr. 2-5). lib. bdg. 262.32 *(978-1-5038-4522-0(2)*, 214282) Child's World, Inc, The.

Looking at Life, or Thoughts & Things (Classic Reprint) George Augustus Sala. (ENG., Illus.). (J). 2018. 482p. 33.86 *(978-0-332-57281-9(1))*; 2017. pap. 16.57 *(978-0-243-26346-2(5))* Forgotten Bks.

Looking at My Grandmother's Old Letters, 1 vol. Dewayne Hotchkins. 2016. (Rosen REAL Readers: Social Studies Nonfiction / Fiction: Myself, My Community, My World Ser.). (ENG.). 8p. (gr. k-1). pap. 5.46 *(978-1-5081-2308-8(X)*, 931a1106-c170-4035-884a-61700a6efafd, Rosen Classroom) Rosen Publishing Group, Inc., The.

Looking at the Big Picture: Holistic Thinking Kids. Kristy Hammill. Illus. by Alex Bjelica. 2019. (ENG.). 36p. (J). pap. *(978-1-7751638-7-9(3))* Hammill, Kristy.

Looking Back: An Autobiography (Classic Reprint) Merrick Abner Richardson. 2018. (ENG., Illus.). 438p. (J). 32.95 *(978-0-483-67403-5(6))* Forgotten Bks.

Looking Back: Or Personal Reminiscences (Classic Reprint) Unknown Author. 2018. (ENG., Illus.). 120p. (J). 26.37 *(978-0-484-83411-7(8))* Forgotten Bks.

Looking Book. Created by Lucia Vinti. 2022. (ENG., Illus.). 96p. pap. 12.99 ***(978-1-84365-500-8(4)***, Pavilion Children's Books) Pavilion Bks. GBR. Dist: HarperCollins Pubs.

Looking for a Jumbie. Tracey Baptiste. Illus. by Amber Ren. 2021. (ENG.). 32p. (J). (gr. -1-3). 17.99 *(978-0-06-297081-7(X)*, Balzer & Bray) HarperCollins Pubs.

Looking for a Lion. Pennie Eagen. 2019. (ENG.). 44p. (J). *(978-1-5255-5276-2(7))*; pap. *(978-1-5255-5277-9(5))* FriesenPress.

Looking for Activities? Kids Activity Book. Kreative Kids. 2016. (ENG., Illus.). (J). pap. 10.81 *(978-1-68377-210-1(5))* Whike, Traudl.

Looking for Adventures in the Jungle: Comic Book. Tatiana Argamante. 2020. (ENG.). 112p. (J). pap. *(978-1-716-38036-5(7))* Lulu Pr., Inc.

Looking for Alaska. John Green. l.t. ed. 2016. (ENG.). pap. 15.99 *(978-1-59413-982-6(2)*, Large Print Pr.) Thorndike Pr.

Looking for Bongo. Eric Velasquez. (ENG.). 32p. (J). (gr. -1-k). 2017. 7.99 *(978-0-8234-3767-2(1))*; 2016. (Illus.). 17.99 *(978-0-8234-3565-4(2))* Holiday Hse., Inc.

Looking for Bongo. Eric Velasquez. 2020. (ENG.). (J). (gr. -1-1). pap. 5.95 *(978-1-338-14487-1(1))* Scholastic, Inc.

Looking for Differences! a Spot the Difference Activity Book. Smarter Activity Books for Kids. 2016. (ENG., Illus.). (J). pap. 8.99 *(978-1-68374-081-0(5))* Examined Solutions PTE. Ltd.

Looking for Dracu see En Busca de Dracu

Looking for Dragonflies. S. L. Hollister. 2018. (ENG., Illus.). (J). (gr. 1-5). 60p. 20.00 *(978-1-7328445-0-6(X))*; 62p. pap. 15.00 *(978-1-7328445-2-0(6))* S.L.Hollister.

Looking for Friends: English Edition. Illus. by Emma Pedersen. 2018. (Nunavummi Reading Ser.: 1). (ENG.). 12p. (J). (gr. 1-1). pap. 7.95 *(978-0-2287-0157-6(0))* Inhabit Education Bks. Inc. CAN. Dist: Consortium Bk. Sales & Distribution.

Looking for God. Ammie Bouwman. 2018. (ENG., Illus.). 24p. (J). pap. 9.99 *(978-1-62586-122-1(2))* Credo Hse. Pubs.

Looking for Grace (Classic Reprint) Horace Tremlett. 2018. (ENG., Illus.). 320p. (J). 30.50 *(978-0-483-85453-6(0))* Forgotten Bks.

Looking for Grandpa. Emelda Maisil & Sylvia N'Drasas. Illus. by Romulo Reyes, III. 2021. (ENG.). 22p. (J). pap. *(978-1-922591-96-8(3))* Library For All Limited.

Looking for Group. Rory Harrison. 2017. (ENG.). 368p. (YA). (gr. 8). 17.99 *(978-0-06-245307-5(6)*, HarperTeen) HarperCollins Pubs.

Looking for Happy. Ty Chapman. Illus. by Keenon Ferrell. 2023. 40p. (J). 18.99 *(978-1-5064-8354-2(2)*, Beaming Books) 1517 Media.

Looking for Igore. Ana L. Aragon. Illus. by Alysah Fuentes. 2022. (ENG.). 20p. (J). 26.99 *(978-1-6628-4095-1(0))*; pap. 14.99 *(978-1-6628-4094-4(2))* Salem Author Services.

Looking for Inspiration. Mamta Nainy. 2023. (ENG.). 48p. (J). (— 1). pap. 9.99 ***(978-0-14-345163-1(4)***, Puffin) Penguin Bks. India PVT, Ltd IND. Dist: Independent Pubs. Group.

Looking for Jesus. Miss Lulu. 2019. (ENG.). 26p. (J). 22.95 *(978-1-64299-758-3(7))* Christian Faith Publishing.

Looking for Landmarks: Working at the Same Time, 1 vol. Dwayne Booker. 2017. (Computer Kids: Powered by Computational Thinking Ser.). (ENG.). 24p. (J). (gr. 3-4). 25.27 *(978-1-5383-2408-0(3)*, 9224c20b-8d4c-4216-a81a-fa3f8aafdf2b, PowerKids Pr.); pap. *(978-1-5081-3771-9(4)*, ec341aba-a604-4d92-9c68-9b44ff81a369, Rosen Classroom) Rosen Publishing Group, Inc., The.

Looking for Leprechauns: An Ellie & Kim Adventure. Elizabeth Bird. Illus. by David A. 2023. (ENG.). 108p. (J). ***(978-1-0391-5930-3(3))***; pap. ***(978-1-0391-5929-7(X))*** FriesenPress.

Looking for Light! Youth Maze Activity Book. Activity Book Zone for Kids. 2016. (ENG., Illus.). (J). pap. 7.55 *(978-1-68376-148-8(0))* Sabeels Publishing.

Looking for Lily. Mary Soliel. 2021. (ENG.). 42p. (J). pap. 12.00 *(978-1-7362311-0-4(3))* Twelve Twelve Productions, LLC.

Looking for Llamas: A Seek-And-Find Adventure. BuzzPop. 2019. (ENG.). 40p. (J). (gr. 1). pap. 7.99 *(978-1-4998-0986-2(7)*, BuzzPop) Little Bee Books Inc.

Looking for Lola/Taco. Jennifer Kuhns. 2017. (ENG., Illus.). (J). (gr. k-5). pap. 13.95 *(978-0-9970679-9-6(3))* Shalako Pr.

Looking for Lollie: A Story of True Friendship & Devotion. Valerie Grimes. 2019. (ENG., Illus.). 68p. (J). pap. 18.95 *(978-1-64471-810-0(3))* Covenant Bks.

Looking for Loons. Jennifer Lloyd. Illus. by Kirsti Anne Wakelin. 2017. 32p. (J). (gr. -1-3). 8.99 *(978-1-77229-015-8(7))* Simply Read Bks. CAN. Dist: Ingram Publisher Services.

Looking for Love. Larisa Sainz-Yaksic & Bob Schweppenheiser. 2019. (ENG.). 182p. (YA). 29.95 *(978-1-68456-141-4(8))*; pap. 16.95 *(978-1-68456-139-1(6))* Page Publishing Inc.

Looking for Love: An Adult Activity Book of Hidden Pictures. Smarter Activity Books. 2016. (ENG., Illus.). (J). pap. 8.99 *(978-1-68374-082-7(3))* Examined Solutions PTE. Ltd.

Looking for Lovely - Teen Girls' Bible Study: Collecting the Moments That Matter. Annie F. Downs. 2016. (ENG.). (YA). (gr. 7-12). pap. 11.99 *(978-1-4300-5253-1(8))* Lifeway Christian Resources.

Looking for Mommy: A Lift-The-flap Storybook. Becky Davies. Illus. by Anna Doherty. 2022. (ENG.). 12p. (J). (-k). bds. 9.99 *(978-1-6643-5014-4(4))* Tiger Tales.

Looking for Pictures! a Hidden Search Activity Book. Smarter Activity Books for Kids. 2016. (ENG., Illus.). (J). pap. 8.99 *(978-1-68374-083-4(1))* Examined Solutions PTE. Ltd.

Looking for Sleep. Georgiana Deutsch. Illus. by Megan Tadden. (ENG.). (J). 2023. 24p. (-k). bds. 9.99 *(978-1-6643-5058-8(6))*; 2021. 32p. (gr. -1-2). 17.99 *(978-1-68010-233-8(8))* Tiger Tales.

Looking for Smile. Ellen Tarlow. Illus. by Lauren Stringer. 2020. (ENG.). 48p. (J). (gr. -1-3). 18.99 *(978-1-5344-6619-7(3)*, Beach Lane Bks.) Beach Lane Bks.

Looking for Something. Susan Arts. 2017. (ENG., Illus.). (J). pap. 12.95 *(978-1-64079-159-6(0))*; 22.95 *(978-1-63525-845-5(6))* Christian Faith Publishing.

Looking for the Perfect Pet: A Hidden Picture Activity Book. Smarter Activity Books for Kids. 2016. (ENG., Illus.). (J). pap. 8.99 *(978-1-68374-084-1(X))* Examined Solutions PTE. Ltd.

Looking for Trouble. Erin Fischell. 2021. 34p. (J). pap. 13.00 *(978-1-0983-8597-2(7))* BookBaby.

Looking for Trouble: A School Story (Classic Reprint) William Mc Andrew. 2018. (ENG., Illus.). 58p. (J). 25.11 *(978-0-483-59666-5(3))* Forgotten Bks.

Looking for True. Tricia Springstubb. 2022. 288p. (J). (gr. 3-7). 18.99 *(978-0-8234-5099-2(6)*, Margaret Ferguson Books) Holiday Hse., Inc.

Looking for Winston. Poppy Green. Illus. by Jennifer A. Bell. 2017. (Adventures of Sophie Mouse Ser.). (ENG.). 128p. (J). (gr. k-4). lib. bdg. 31.36 *(978-1-5321-4113-3(0)*, 26986, Chapter Bks.) Spotlight.

Looking for Yesterday. Alison Jay. Illus. by Alison Jay. 2019. (ENG., Illus.). 32p. (J). (gr. -1-k). 16.99 *(978-1-5362-0421-6(8))* Candlewick Pr.

Looking Forward: Or the Story of an American Farm (Classic Reprint) John R. Rogers. 2018. (ENG., Illus.). 330p. (J). 30.72 *(978-0-483-78372-0(2))* Forgotten Bks.

Looking Forward: Set, 12 vols. 2018. (Looking Forward Ser.). (ENG.). 224p. (YA). (gr. 9-9). lib. bdg. 329.58 *(978-1-64282-095-9(4)*, eb038576-593c-439a-b829-5162e1a34883, New York Times Educational Publishing) Rosen Publishing Group, Inc., The.

Looking Forward: Set 3, 12 vols. 2019. (Looking Forward Ser.). (ENG.). 224p. (YA). (gr. 9-9). lib. bdg. 329.58 *(978-1-64282-274-8(4)*, 1f279589-1b65-4cf3-a66b-a738ce498a92, New York Times Educational Publishing) Rosen Publishing Group, Inc., The.

Looking Forward: The Phenomenal Progress of Electricity in 1912 (Classic Reprint) H. W. Hillman. 2018. (ENG., Illus.). 334p. (J). 30.87 *(978-0-483-71834-0(3))* Forgotten Bks.

Looking Forward into the Past. E. P. Tenney. 2017. (ENG., Illus.). (J). pap. *(978-0-649-63917-5(0))* Trieste Publishing Pty Ltd.

Looking Forward: Sets 1 - 2. 2018. (Looking Forward Ser.). (ENG.). (YA). pap. 293.64 *(978-1-64282-196-3(9))*; (gr. 9-9). lib. bdg. 659.16 *(978-1-64282-162-8(4)*, 0bcd37d0-a03a-4b11-b087-6847aa532871) Rosen Publishing Group, Inc., The. (New York Times Educational Publishing).

Looking Forward: Sets 1 - 3. 2019. (Looking Forward Ser.). (ENG.). (YA). pap. 440.46 *(978-1-64282-294-6(9))*; (gr. 9-9). lib. bdg. 988.74 *(978-1-64282-275-5(2)*, ce12d648-3d8e-4d46-af7b-4e12bfd3ecef) Rosen Publishing Group, Inc., The. (New York Times Educational Publishing).

Looking Glass. Janet McNally. 2018. (ENG., Illus.). 336p. (YA). (gr. 8). 17.99 *(978-0-06-243627-6(9)*, HarperTeen) HarperCollins Pubs.

Looking-Glass for the Mind, or Intellectual Mirror: Being an Elegant Collection of the Most Delightful Little Storied Interesting Tales (Classic Reprint) Berquin Berquin. 2018. (ENG., Illus.). 278p. (J). 29.65 *(978-0-365-26272-5(2))* Forgotten Bks.

Looking-Glass for the Mind, or Intellectual Mirror: Being an Elegant Collection of the Most Delightful Little Stories & Interesting Tales (Classic Reprint) Arnaud Berquin. 2017. (ENG., Illus.). (J). 29.53 *(978-0-266-99678-5(X))* Forgotten Bks.

Looking Glass Illusion. Sara Ella. 2023. (Curious Realities Ser.: 2). (ENG.). 336p. (YA). (gr. 8-12). 24.99 Oasis Audio.

Looking-Glass Lies. Catherine Fenquist. 2018. (Alice the Wonderer Ser.: Vol. 1). (ENG., Illus.). 344p. (J). (gr. 4-6). 17.99 *(978-0-692-19381-5(2))* Catherine Fenquist.

Looking-Glass, or a New Golden Present, for All Pretty Misses: Whereby They May Become Patterns & Ornaments to Their Sex (Classic Reprint) Unknown Author. (ENG., Illus.). (J). 2018. 30p. 24.52 *(978-0-364-94917-7(1))*; 2016. pap. 7.97 *(978-1-334-18479-6(8))* Forgotten Bks.

Looking Good in the Skin I'm in Baby & Toddler Size & Shape. Baby Professor. 2017. (ENG., Illus.). (J). pap. 7.89 *(978-1-5419-0290-9(4)*, Baby Professor (Education Kids)) Speedy Publishing LLC.

Looking Good!/¡Lucir Bien! Tr. by Teresa Mlawer. Illus. by Ailie Busby. 2020. (Just Like Me/¡Igual Que Yo! (English/Spanish Bilingual) Ser.: 4). (ENG.). 12p. (J). bds. *(978-1-78628-450-1(2))* Child's Play International Ltd.

Looking Inside a 3D Printer. Quenton Oakes. 2017. (21st Century Skills Innovation Library: Makers As Innovators Junior Ser.). (ENG., Illus.). 24p. (J). (gr. 2-5). pap. 12.79 *(978-1-63472-321-3(X)*, 209329); lib. bdg. 30.64 *(978-1-63472-189-9(6)*, 209328) Cherry Lake Publishing.

Looking Inside Earth. Martha London. 2020. (Looking at Layers Ser.). (ENG.). 24p. (J). (gr. 2-5). lib. bdg. 32.79 *(978-1-5038-3518-4(9)*, 213401) Child's World, Inc, The.

Looking Inside the Human Body. Emma Huddleston. 2020. (Looking at Layers Ser.). (ENG.). 24p. (J). (gr. 2-5). lib. bdg.

32.79 *(978-1-5038-3519-1(7)*, 213402) Child's World, Inc, The.

Looking into Caves. Emma Huddleston. 2020. (Looking at Layers Ser.). (ENG.). 24p. (J). (gr. 2-5). lib. bdg. 32.79 *(978-1-5038-3522-1(7)*, 213403) Child's World, Inc, The.

Looking into Soil. Emma Huddleston. 2020. (Looking at Layers Ser.). (ENG.). 24p. (J). (gr. 2-5). lib. bdg. 32.79 *(978-1-5038-3520-7(0)*, 213404) Child's World, Inc, The.

Looking into the Atmosphere. Martha London. 2020. (Looking at Layers Ser.). (ENG.). 24p. (J). (gr. 2-5). lib. bdg. 32.79 *(978-1-5038-3516-0(2)*, 213405) Child's World, Inc, The.

Looking into the Grand Canyon. Martha London. 2020. (Looking at Layers Ser.). (ENG.). 24p. (J). (gr. 2-5). lib. bdg. 32.79 *(978-1-5038-3517-7(0)*, 213406) Child's World, Inc, The.

Looking into the Ocean. Martha London. 2020. (Looking at Layers Ser.). (ENG.). 24p. (J). (gr. 2-5). lib. bdg. 32.79 *(978-1-5038-3515-3(4)*, 213407) Child's World, Inc, The.

Looking into the Rain Forest. Emma Huddleston. 2020. (Looking at Layers Ser.). (ENG.). 24p. (J). (gr. 2-5). lib. bdg. 32.79 *(978-1-5038-3521-4(9)*, 213408) Child's World, Inc, The.

Looking Mirror: Ember of Ash. Love Bro Bones. 2023. (ENG.). 346p. (YA). 43.51 ***(978-1-312-69474-3(2))*** Lulu Pr., Inc.

Looking on the Bright Side with Elmo: A Book about Positivity. Jill Colella. 2021. (Sesame Street (r) Character Guides). (ENG., Illus.). 24p. (J). (gr. -1-2). pap. 8.99 *(978-1-7284-2379-1(1)*, a2605bb0-046e-4e61-ab27-9700a9db75fb); lib. bdg. 29.32 *(978-1-7284-0389-2(8)*, a2e5060a-d6ed-44a1-8310-e39e8c14b818) Lerner Publishing Group. (Lerner Pubns.).

Looking Out the Window - Our Yarning. Azriel Bin Omar. Illus. by Meg Turner. 2023. (ENG.). 26p. (J). pap. ***(978-1-922991-91-1(0))*** Library For All Limited.

Looking Through a Maze of Hearts - a Valentine's Day Activity Book. Activity Book Zone. 2016. (ENG., Illus.). (J). pap. 7.55 *(978-1-68376-149-5(9))* Sabeels Publishing.

Looking Toward Sunset. Lydia Maria Francis Child. 2017. (ENG.). 472p. (J). pap. *(978-3-7447-4632-8(1))* Creation Pubs.

Looking Toward Sunset: From Sources Old & New, Original & Selected (Classic Reprint) Lydia Maria Child. 2017. (ENG., Illus.). (J). 33.55 *(978-1-5282-8544-5(1))* Forgotten Bks.

Looking Up. Abena Eyeson. 2019. (ENG., Illus.). 182p. (J). pap. *(978-1-9160004-0-7(1))* Eyeson, Abena.

Looking Up. Sean McCollum. Illus. by Jesse Graber. 2022. (ENG.). 24p. (J). pap. ***(978-1-922835-27-7(7))*** Library For All Limited.

Looking Up. Sally Murphy. 2017. 72p. (J). (gr. 1-3). 9.99 *(978-1-925164-57-2(8))* Fremantle Pr. AUS. Dist: Independent Pubs. Group.

Looking Up: An Illustrated Guide to Telescopes. Jacob Kramer. Illus. by Stephanie Scholz. 2021. (ENG.). 60p. (J). (gr. 2-5). 18.99 *(978-1-912497-68-3(9))* Flying Eye Bks. GBR. Dist: Penguin Random Hse. LLC.

Looking Up! The Science of Stargazing (Ready-To-Read Level 3) Joe Rao. Illus. by Mark Borgions. 2017. (Science of Fun Stuff Ser.). (ENG.). 48p. (J). (gr. 1-3). pap. 4.99 *(978-1-4814-7917-2(2)*, Simon Spotlight) Simon Spotlight.

Looking Up [3]. P. J. Gray. 2017. (Boosters Ser.). (ENG.). 64p. (YA). (gr. 9-12). pap. 9.75 *(978-1-68021-488-8(8))* Saddleback Educational Publishing, Inc.

Lookout for Germs! Katie Marsico. Illus. by Jeff Bane. 2019. (My Early Library: My Healthy Habits Ser.). (ENG.). 24p. (J). (gr. k-1). pap. 12.79 *(978-1-5341-3937-4(0)*, 212577) Cherry Lake Publishing.

Lookout Man (Classic Reprint) B. M. Bower. (ENG., Illus.). (J). 2018. 350p. 31.12 *(978-0-483-62451-1(9))*; 2017. pap. 13.57 *(978-0-243-29431-2(X))* Forgotten Bks.

Lookout Tree: A Family's Escape from the Acadian Deportation, 1 vol. Diane Carmel Léger. 2019. (ENG., Illus.). 128p. (J). pap. 11.95 *(978-1-77108-780-3(3)*, 6306bb98-7dad-4530-b796-4357e5ae4de0) Nimbus Publishing, Ltd. CAN. Dist: Baker & Taylor Publisher Services (BTPS).

Looks Like Daylight: Voices of Indigenous Kids, 1 vol. Deborah Ellis. 2018. (ENG., Illus.). 256p. (J). (gr. 7). pap. 12.99 *(978-1-55498-121-2(2))* Groundwood Bks. CAN. Dist: Publishers Group West (PGW).

Looks Like Love. Terrica Joseph. 2018. (ENG., Illus.). 34p. (J). (gr. k-2). pap. 9.99 *(978-1-970016-19-2(1))* Fruit Springs, LLC.

Looks Like Love. Terrica Joseph. Illus. by Margarita Grezina. 2018. (ENG.). 34p. (J). (gr. k-2). 16.99 *(978-1-970016-20-8(5))* Fruit Springs, LLC.

Looks Like Rain! What's the Problem?, 1 vol. Sonja Reyes. 2017. (Computer Science for the Real World Ser.). (ENG.). 8p. (gr. k-1). pap. *(978-1-5383-5028-7(9)*, d519ef39-ea75-4354-852e-bd0f3cf41d7c, Rosen Classroom) Rosen Publishing Group, Inc., The.

Looky Book. Donovan Bixley. 2022. (ENG., Illus.). 24p. (J). (gr. k-17). pap. 15.99 *(978-1-86971-272-3(2))* Hachette Australia AUS. Dist: Hachette Bk. Group.

Looky Looky: Discover Your World. Sandra Magsamen. 2020. (Looky Looky Little One Ser.). (ENG., Illus.). 40p. (J). (gr. -1-k). 17.99 *(978-1-7282-1408-5(4))* Sourcebooks, Inc.

Looky Looky Happy Halloween. Sandra Magsamen. 2020. (Looky Looky Little One Ser.). (Illus.). 40p. (J). (gr. -1-k). 9.99 *(978-1-7282-3046-7(2))* Sourcebooks, Inc.

Looky Looky Little One Baby Animals. Sandra Magsamen. 2020. (Looky Looky Little One Ser.). (ENG., Illus.). 24p. (J). (— 1). bds. 7.99 *(978-1-7282-2119-9(6))* Sourcebooks, Inc.

Looky Looky Little One Happy Easter. Sandra Magsamen. 2021. (Looky Looky Little One Ser.). 24p. (J). (— 1). bds. 7.99 *(978-1-7282-2120-5(X))* Sourcebooks, Inc.

Looky Looky Little One Happy Halloween. Sandra Magsamen. 2020. (Looky Looky Little One Ser.). 24p. (J). (— 1). bds. 7.99 *(978-1-7282-3047-4(0))* Sourcebooks, Inc.

Looky Looky Little One Merry Christmas. Sandra Magsamen. 2020. (Looky Looky Little One Ser.). (Illus.). 24p. (J). (gr. -1 — 1). bds. 7.99 *(978-1-7282-1411-5(4))* Sourcebooks, Inc.

Looky Looky Little One on the Farm. Sandra Magsamen. 2020. (Looky Looky Little One Ser.). (ENG., Illus.). 24p. (J). (gr. -1 — 1). bds. 7.99 *(978-1-7282-1409-2(2))* Sourcebooks, Inc.

Looky Looky Little One Things That Go. Sandra Magsamen. 2020. (Looky Looky Little One Ser.). (ENG., Illus.). 24p. (J). (gr. -1 — 1). bds. 7.99 *(978-1-7282-1410-8(6))* Sourcebooks, Inc.

Looky Looky Little One under the Sea. Sandra Magsamen. 2021. (Looky Looky Little One Ser.). (ENG.). 24p. (J). (— 1). bds. 7.99 *(978-1-7282-2118-2(8))* Sourcebooks, Inc.

Looky Looky Merry Christmas. Sandra Magsamen. 2020. (Looky Looky Little One Ser.). (Illus.). 40p. (J). (gr. -1-k). 9.99 *(978-1-7282-2349-0(0))* Sourcebooks, Inc.

Loolee & Sparty: Welcome Home! Gina Melissa Robles. Illus. by Marvin Alonso. 2018. (ENG.). 34p. (J). 19.99 *(978-0-578-50265-6(8))* New Age Beauty Corp.

Loolee & the Boyz: The Way Loolee Loves. Kirk Hartkemeyer & Gina Melissa Robles. Illus. by Marvin Alonso. 2020. (ENG.). 34p. (J). pap. 9.99 *(978-1-7346298-0-4(0))* New Age Beauty Corp.

Loom. J. Karl Bogartte. 2021. (ENG.). 64p. (J). pap. *(978-1-300-15500-3(0))* Lulu Pr., Inc.

Loom of Destiny (Classic Reprint) Arthur J. Stringer. 2018. (ENG., Illus.). 220p. (J). 28.45 *(978-0-483-57913-2(0))* Forgotten Bks.

Loom of the Desert (Classic Reprint) Idah Meacham Strobridge. 2017. (ENG., Illus.). (J). 27.24 *(978-0-265-74895-4(X))* Forgotten Bks.

Loom of Youth (Classic Reprint) Alec Waugh. 2017. (ENG., Illus.). (J). 31.09 *(978-0-331-33327-5(9))*; pap. 13.57 *(978-0-243-29113-7(2))* Forgotten Bks.

Looms of Time (Classic Reprint) Hugh Fraser. 2017. (ENG., Illus.). (J). 30.25 *(978-0-266-67796-3(7))*; pap. 13.57 *(978-1-5276-4770-1(6))* Forgotten Bks.

Loon, 2 vols. Susan Vande Griek. Illus. by Karen Reczuch. 2019. 48p. (J). (gr. k-2). 14.99 *(978-1-77306-236-5(0))* Groundwood Bks. CAN. Dist: Publishers Group West (PGW).

Loons Are Not Loony. Linda Thomson. 2021. (ENG.). 22p. (J). pap. *(978-0-2288-5079-3(7))* Tellwell Talent.

Loony Little: The Ice Cap Is Melting. Dianna Hutts Aston. Illus. by Kelly Murphy. 2020. 32p. (J). (gr. -1-3). lib. bdg. 16.99 *(978-1-62354-117-0(4))* Charlesbridge Publishing, Inc.

Loony the Loon & the Littered Lake: A Junior Rabbit Series. Jenny White. 2020. (ENG.). 26p. (J). pap. 9.99 *(978-1-64858-444-2(6))* Matchstick Literary.

Loop. Ben Oliver. (Loop Ser.: 1). (ENG.). (YA). 2021. 384p. (gr. 9). pap. 12.99 *(978-1-338-58931-3(8)*, Chicken Hse., The); 2020. 368p. (gr. 9-9). 18.99 *(978-1-338-58930-6(X)*, Chicken Hse., The); 2020. 384p. pap. *(978-1-912626-55-7(1))* Scholastic, Inc.

Loop Journal: A New Path to Self-Discovery. Emma Lamb. 2023. (ENG., Illus.). 160p. 16.99 *(978-1-3987-0833-4(X))* Orion Publishing Group, Ltd. GBR. Dist: Hachette Bk. Group.

Loophole. Naz Kutub. 2022. (ENG.). 336p. (YA). 17.99 *(978-1-5476-0917-8(6)*, 900253295, Bloomsbury Young Adult) Bloomsbury Publishing USA.

Loops: Repeat, Repeat! Patricia M. Stockland. Illus. by Sr. Sanchez. 2018. (Code It! Ser.). (ENG.). 24p. (C). (gr. 1-3). lib. bdg. 33.99 *(978-1-68410-390-4(8)*, 140365) Cantata Learning.

Loops & Sorting. Teddy Borth. 2021. (Coding Basics Ser.). (ENG., Illus.). 24p. (J). (gr. k-3). lib. bdg. 31.36 *(978-1-5321-6965-6(5)*, 38007, Pop! Cody Koala) Pop!.

Loopy Logic! Kirsty Holmes. 2019. (Code Academy Ser.). (ENG.). 24p. (J). (gr. 2-2). pap. *(978-0-7787-6341-3(2)*, 54832828-e7a1-41af-8fa6-78cc60a87bf7); lib. bdg. *(978-0-7787-6335-2(8)*, 04694e1b-3839-4411-a9ac-9a64929700fb) Crabtree Publishing Co.

Looranna an Australian Story (Classic Reprint) M. A. McCarter. 2018. (ENG., Illus.). 330p. (J). 30.72 *(978-0-483-97042-7(5))* Forgotten Bks.

Loos Save Lives: How Sanitation & Clean Water Help Prevent Poverty, Disease & Death. Seren Boyd. ed. 2018. (ENG., Illus.). 32p. (J). (gr. 4-6). 16.99 *(978-1-5263-0375-2(2)*, Wayland) Hachette Children's Group GBR. Dist: Hachette Bk. Group.

Loose Beads Life's Free Beauty, Its Loose, Beads: With No Straight String Running Through (Classic Reprint) Katharine Burrill. 2017. (ENG., Illus.). (J). 28.76 *(978-0-331-26495-1(1))* Forgotten Bks.

Loose Ends: The Evolution of Consciousness Part I. Cee Hunt. 2019. (Evolution of Consciousness Ser.: Vol. 1). (ENG.). 284p. (YA). (gr. 11-12). pap. 16.99 *(978-1-7340857-0-9(3))* North Node LLC.

Loose Ends List. Carrie Firestone. (ENG.). (YA). (gr. 9-17). 2017. 368p. pap. 9.99 *(978-0-316-38283-0(3))*; 2016. 352p. 17.99 *(978-0-316-38282-3(5))* Little, Brown Bks. for Young Readers.

Loose Papers, or Facts Gathered During Eight Years' Residence in Ireland, Scotland, England, France, & Germany (Classic Reprint) Asenath Nicholson. 2017. (ENG., Illus.). (J). 30.37 *(978-0-331-72410-3(3))*; pap. 13.57 *(978-0-259-23647-4(0))* Forgotten Bks.

Loose Rein (Classic Reprint) Wanderer Wanderer. 2018. (ENG., Illus.). 446p. (J). 33.10 *(978-0-332-44900-5(9))* Forgotten Bks.

Loose Sketches, an Eastern Adventure, etc (Classic Reprint) William Makepeace Thackeray. 2018. (ENG., Illus.). 138p. (J). 26.76 *(978-0-267-21598-0(3))* Forgotten Bks.

Loose to the Wilds. Martin McMurtrey. 2nd ed. 162p. (YA). reprint ed. pap. 6.00 *(978-0-9623961-0-6(9))* McMurtrey, Martin A.

Loose Tooth see Diente Está Flojo/Loose Tooth

Loose Tooth! Julianne Moore. ed. 2018. (Step into Reading Ser.). (ENG.). 26p. (J). (gr. -1-1). 7.00 *(978-1-64310-364-8(4))* Penworthy Co., LLC, The.

Loot on Cute: Papers on Proprieties with Timeless Internal Beauty & Manners Advice, Victorian Cutting Pages, Girls' Party Planning Themes, Discussion Topics for Mom & Daughter & Self-Development Character-Building Lessons for the Classroom. B. Jane Turnquest. l.t. ed. 2021. (ENG.). 86p. (J). 16.99 *(978-1-7368702-1-1(1))* Quill Ink & Parchment Pubns.

Lop Felt Worried. Amanda Cox. Illus. by M. I. M. Zariffa & Sarah Cox. 2021. (ENG.). 28p. (J). *(978-0-6450250-5-7(4))* Finding Space.

Lope, el león Miope. Beatriz Giménez de Ory. Illus. by Cecilia Varela. 2017. (SPA.). 44p. (J). (gr. k-2). 17.95 *(978-84-16566-08-2(9))* Ediciones La Fragatina ESP. Dist: Independent Pubs. Group.

Loppy Adventures of Boogernose Joe: In a Pickle. Colleen Hoffman. 2020. (ENG.). 20p. (J). (gr. -1-3). 22.95 *(978-1-64801-887-9(4))*; pap. 11.95 *(978-1-64531-342-7(5))* Newman Springs Publishing, Inc.

Loppy Adventures of Boogernose Joe: Take a Hike. Colleen Hoffman. 2019. (ENG., Illus.). 22p. (J). (gr. -1-3). 22.95 *(978-1-64531-074-7(4))*; pap. 12.95 *(978-1-64096-685-7(4))* Newman Springs Publishing, Inc.

Lopsided. Sherry Ann Ferguson. Illus. by John Jordan. 2019. (ENG.). 88p. (J). pap. 9.95 *(978-1-9736-7345-3(2)*, WestBow Pr.) Author Solutions, LLC.

Loquat's Way. Tony Arnold. 2018. (ENG., Illus.). 156p. (J). 35.00 *(978-1-387-61450-9(9))*; pap. 20.00 *(978-1-387-56402-6(1))* Lulu Pr., Inc.

Lorax Deluxe Doodle Book. Random House. 2020. (Dr. Seuss's the Lorax Bks.). (ENG.). 256p. (J). (gr. -1-2). pap. 12.99 *(978-0-593-30732-8(1)*, Random Hse. Bks. for Young Readers) Random Hse. Children's Bks.

lórax (the Lorax Spanish Edition) Seuss. 2019. (Classic Seuss Ser.). (SPA.). 72p. (J). (gr. 1-4). 16.99 *(978-0-525-70731-8(X))*; lib. bdg. 19.99 *(978-0-525-70732-5(8))* Random Hse. Children's Bks. (Random Hse. Bks. for Young Readers).

Lord Alingham, Bankrupt (Classic Reprint) Marie Manning. (ENG., Illus.). (J). 2018. 300p. 30.08 *(978-0-484-65409-8(8))*; 2016. pap. 13.57 *(978-1-333-34196-1(2))* Forgotten Bks.

Lord Arthur Savile's Crime: And Other Stories (Classic Reprint) Oscar. Wilde. (ENG., Illus.). (J). 2018. 176p. 27.53 *(978-0-365-37525-8(X))*; 2017. pap. 9.97 *(978-0-243-95889-4(7))* Forgotten Bks.

Lord Arthur Savile's Crime: The Portrait of Mr. W. H & Other Stories (Classic Reprint) Oscar. Wilde. (ENG., Illus.). (J). 2017. 29.77 *(978-1-5284-5468-1(5))*; 2016. pap. 13.57 *(978-1-334-12919-3(3))* Forgotten Bks.

Lord Arthur Savile's Crime & Other Prose Pieces. Oscar. Wilde. 2017. (ENG., Illus.). (J). pap. *(978-0-649-63922-9(7))* Trieste Publishing Pty Ltd.

Lord Attenborough's Only Son, & Katie Durose: The Abducted Girl (Classic Reprint) James J. Harkins. 2018. (ENG., Illus.). 48p. (J). 24.89 *(978-0-267-45206-4(3))* Forgotten Bks.

Lord, Bless Me & My Kids! Volume 1. Barbara W. Rogers & Christian Life Skills Inc. 2022. (ENG.). 74p. (J). pap. 12.49 ***(978-1-6628-5482-8(X))*** Salem Author Services.

Lord, Bless Me & My Kids! Volume 2. Barbara W. Rogers & Christian Life Skills Inc. 2022. (Lord, Bless Me & My Kids! Ser.: Vol. 2). (ENG.). 78p. (J). pap. 13.99 ***(978-1-6628-5665-5(2))*** Salem Author Services.

Lord Brackenbury, Vol. 1 Of 2: A Novel (Classic Reprint) Amelia Blanford Edwards. 2017. (ENG., Illus.). (J). 37.41 *(978-0-331-04267-2(3))*; pap. 19.97 *(978-1-5285-9383-0(9))* Forgotten Bks.

Lord Byron's Dream Book (Classic Reprint) George H. Sweet. 2018. (ENG., Illus.). (J). 34p. 24.60 *(978-1-396-58991-1(0))*; 36p. pap. 7.97 *(978-1-391-59600-6(5))* Forgotten Bks.

Lord Dolphin (Classic Reprint) Harriet A. Cheever. 2018. (ENG., Illus.). 108p. (J). 26.14 *(978-0-267-26753-8(3))* Forgotten Bks.

Lord Dundreary: A Memoir of Edward Askew Sothern (Classic Reprint) T. Edgar Pemberton. 2017. (ENG., Illus.). (J). 31.34 *(978-0-266-17560-5(0))* Forgotten Bks.

Lord Edward: A Study in Romance (Classic Reprint) Katharine Tynan. 2018. (ENG., Illus.). 324p. (J). 30.58 *(978-0-332-87847-8(3))* Forgotten Bks.

Lord Edward Fitzgerald: An Historical Romance (Classic Reprint) M. McDonnell Bodkin. (ENG., Illus.). (J). 2018. 458p. 33.36 *(978-0-484-86907-2(8))*; 2016. pap. 16.57 *(978-1-334-15285-6(3))* Forgotten Bks.

Lord Falconberg's Heir, Vol. 1: A Novel (Classic Reprint) Charles Clarke. 2018. (ENG., Illus.). 330p. (J). 30.70 *(978-0-483-25775-7(3))* Forgotten Bks.

Lord Falconberg's Heir, Vol. 2 Of 2: A Novel (Classic Reprint) Charles Clarke. 2018. (ENG., Illus.). (J). 31.03 *(978-0-332-00743-4(X))* Forgotten Bks.

Lord Fitzwarine, Vol. 3 of 3 (Classic Reprint) Scrutator Scrutator. 2018. (ENG., Illus.). 314p. (J). 30.37 *(978-0-483-98182-9(6))* Forgotten Bks.

Lord Ganeshas Feast of Laughter. Sudha Murty. 2016. (ENG.). 120p. (J). pap. 19.99 *(978-0-14-333427-9(1)*, Puffin) Penguin Bks. India PVT, Ltd IND. Dist: Independent Pubs. Group.

Lord-He Is God (8-1/2 X 11) Old Testament Volume 25: Kings, Chronicles, Minor Prophets. Katherine E. Hershey et al. 2019. (Visualized Bible Ser.: Vol. 2025). (ENG.). 32p. (J). pap. 15.00 *(978-1-64104-030-3(0))* Bible Visuals International, Inc.

Lord Help Me: Inspiring Prayers for Every Day. Emme Muñiz. Illus. by Brenda Figueroa. 2020. (ENG.). 40p. (J). (gr. -1-2). 18.99 *(978-0-593-12008-6(6))*; lib. bdg. 21.99 *(978-0-593-12009-5(4))* Random Hse. Children's Bks. (Crown Books For Young Readers).

Lord Hogge's Grand Ball. Frances Beresford. 2019. (ENG., Illus.). 46p. (J). *(978-1-78693-242-6(3))*; pap. *(978-1-78693-241-9(5))* Austin Macauley Pubs. Ltd.

Lord Hope's Choice (Classic Reprint) Ann S Stephens. 2017. (ENG., Illus.). (J). pap. 13.57 *(978-0-259-20594-4(X))* Forgotten Bks.

Lord Ilchester's Inheritance. Fenella J. Miller. l.t. ed. 2016. 312p. 20.99 *(978-1-4448-2801-6(0)*, Linford) Ulverscroft Large Print Bks, GBR. Dist: Ulverscroft Large Print Bks., Ltd.

Lord Is My Shepherd: A Psalm 23 Pop-Up Book. Illus. by Agostino Traini. 2020. (Agostino Traini Pop-Ups Ser.). 14p. (J). (gr. -1-5). 19.99 *(978-1-5064-5239-5(6)*, Beaming Books) 1517 Media.

Lord Is My Shepherd: An Inspirational Prayer Book of Psalm 23 with Love Letters from Jesus. Sharon L. Welsh. 2022. (ENG.). 48p. (J). pap. *(978-1-0391-1089-2(4))*; *(978-1-0391-1090-8(8))* FriesenPress.

Lord Is My Shepherd Church Fun Coloring Book. Bobo's Children Activity Books. 2016. (ENG., Illus.). (J). pap. 9.33 *(978-1-68327-141-3(6))* Sunshine In My Soul Publishing.

Lord Kilgobbin (Classic Reprint) Charles James Lever. 2017. (ENG., Illus.). (J). 35.08 *(978-1-5281-4932-7(7))* Forgotten Bks.

Lord Knows That Little Bird Friend of Mine. Mark Ira Krausman. 2022. (ENG., Illus.). 46p. (J). 27.95 *(978-1-63814-387-1(0))*; pap. 16.95 *(978-1-63814-385-7(4))* Covenant Bks.

Lord Lilford on Birds: Being a Collection of Informal & Unpublished Writings by the Late President of the British Ornithologists' Union, with Contributed Papers upon Falconry & Otter Hunting, His Favourite Sports (Classic Reprint) Thomas Powys. (ENG., Illus.). (J). 2018. 358p. 31.40 *(978-0-484-00452-7(2))*; 2016. pap. 13.97 *(978-1-333-47637-3(X))* Forgotten Bks.

Lord Lisle's Daughter: A Novel (Classic Reprint) Charlotte M. Braeme. (ENG., Illus.). (J). 2018. 194p. 27.90 *(978-0-267-74178-6(2))*; 2017. pap. 10.57 *(978-0-259-27441-4(0))* Forgotten Bks.

Lord London: A Tale of Achievement (Classic Reprint) Keble Howard. 2018. (ENG., Illus.). 362p. (J). 31.38 *(978-0-483-25978-2(0))* Forgotten Bks.

Lord Loveland Discovers America (Classic Reprint) C. N. Williamson. 2018. (ENG., Illus.). 426p. (J). 32.68 *(978-0-666-71719-1(2))* Forgotten Bks.

Lord Mayor's Fool: Of His Birth & Parentage (Classic Reprint) Charles Robert Forrester. 2018. (ENG., Illus.). 82p. (J). 25.59 *(978-0-267-28122-0(6))* Forgotten Bks.

Lord Montagu's Page: An Historical Romance of the Seventeenth Century (Classic Reprint) George Payne Rainsford James. 2017. (ENG., Illus.). (J). 33.55 *(978-0-265-66590-9(6))*; pap. 16.57 *(978-1-5276-4011-5(6))* Forgotten Bks.

Lord Montagu's Page, Vol. 1 Of 3: A Historical Romance (Classic Reprint) George Payne Rainsford James. 2018. (ENG., Illus.). 342p. (J). 30.99 *(978-0-484-69677-7(7))* Forgotten Bks.

Lord Montagu's Page, Vol. 2 Of 3: A Historical Romance (Classic Reprint) George Payne Rainsford James. 2018. (ENG., Illus.). 346p. (J). 31.05 *(978-0-483-89682-6(9))* Forgotten Bks.

Lord Montagu's Page, Vol. 3 Of 3: A Historical Romance (Classic Reprint) G. P. R. James. 2016. (ENG., Illus.). (J). pap. 16.57 *(978-1-334-15422-5(8))* Forgotten Bks.

Lord Montagu's Page, Vol. 3 Of 3: A Historical Romance (Classic Reprint) George Payne Rainsford James. 2018. (ENG., Illus.). 384p. (J). 31.82 *(978-0-483-52782-9(3))* Forgotten Bks.

Lord Oakburn's Daughters (Classic Reprint) Henry Wood. 2017. (ENG., Illus.). (J). 34.50 *(978-0-331-55106-8(3))*; pap. 16.97 *(978-0-259-25173-6(9))* Forgotten Bks.

Lord Oakburn's Daughters, Vol. 1 of 3 (Classic Reprint) Henry Wood. 2018. (ENG., Illus.). 376p. (J). 31.65 *(978-0-332-81192-5(1))* Forgotten Bks.

Lord Oakburn's Daughters, Vol. 2 of 3 (Classic Reprint) Henry Wood. 2018. (ENG., Illus.). 354p. (J). 31.20 *(978-0-484-74628-1(6))* Forgotten Bks.

Lord Oakburn's Daughters, Vol. 3 of 3 (Classic Reprint) Henry Wood. 2018. (ENG., Illus.). 362p. (J). 31.36 *(978-0-483-64950-7(3))* Forgotten Bks.

Lord of Lands (Classic Reprint) Ramsey Benson. 2018. (ENG., Illus.). 348p. (J). 31.07 *(978-0-483-46314-1(0))* Forgotten Bks.

Lord of Monsters. John Claude Bemis. 2017. (Out of Abaton Ser.: 2). (ENG.). 320p. (J). (gr. 3-7). 16.99 *(978-1-4847-0741-8(9))* Hyperion Bks. for Children.

Lord of Opium. Nancy Farmer. 2022. (House of the Scorpion Ser.). (ENG.). 448p. (YA). (gr. 7). pap. 12.99 *(978-1-6659-1826-8(8)*, Atheneum Bks. for Young Readers) Simon & Schuster Children's Publishing.

Lord of Shadows. Cassandra Clare. (YA). 2018. (Dark Artifices Ser.: 2). (ENG., Illus.). 752p. (gr. 9). pap. 14.99 *(978-1-4424-6841-2(6))*; 2017. (Dark Artifices Ser.: 2). (ENG., Illus.). 720p. (gr. 9). 24.99 *(978-1-4424-6840-5(8))*; 2017. 699p. *(978-1-5344-0617-9(4))* McElderry, Margaret K. Bks. (McElderry, Margaret K. Bks.).

Lord of the Flies Novel Units Student Packet. Novel Units. 2019. (ENG.). (YA). pap. 13.99 *(978-1-56137-384-0(2)*, NU3842SP, Novel Units, Inc.) Classroom Library Co.

Lord of the Flies Novel Units Teacher Guide. Novel Units. 2019. (ENG.). (YA). (gr. 9-12). pap. 12.99 *(978-1-56137-383-3(4)*, BK8384, Novel Units, Inc.) Classroom Library Co.

Lord of the Fly Fest. Goldy Moldavsky. 2022. (ENG.). 320p. (YA). 18.99 *(978-1-250-23012-6(8)*, 900209323, Holt, Henry & Co. Bks. For Young Readers) Holt, Henry & Co.

Lord of the Fly Fest. Goldy Moldavsky. 2023. (ENG.). 336p. (YA). pap. 12.99 ***(978-1-250-89550-9(2)***, 900209324) Square Fish.

Lord of the Forms: The True History of Dragons & Wizards. James Pesavento. 2021. (ENG.). 186p. (YA). pap. 14.95 *(978-1-7377799-0-2(0))* Pesavento, James.

Lord of the Harvest (Classic Reprint) M. Betham-Edwards. 2017. (ENG., Illus.). (J). 30.21 *(978-0-265-34516-0(2))* Forgotten Bks.

Lord of the Hat. Obert Skye. Illus. by Obert Skye. 2018. (Creature from My Closet Ser.: 5). (ENG., Illus.). 272p. (J). pap. 11.99 *(978-1-250-15836-9(2)*, 900185488) Square Fish.

Lord of the Manor, or Lights & Shades of Country Life, Vol. 2 of 2 (Classic Reprint) Thomas Hall. (ENG., Illus.). (J). 2018. 420p. 32.58 *(978-0-332-92591-2(9))*; 2016. pap. 16.57 *(978-1-334-09190-2(0))* Forgotten Bks.

Lord of the Manor, Vol. 1 Of 2: Or, Lights & Shades of Country Life (Classic Reprint) Thomas Hall. 2018. (ENG., Illus.). 318p. (J). 30.46 *(978-0-267-26141-3(1))* Forgotten Bks.

Lord of the Mountain. Ronald Kidd. 2018. (ENG.). 296p. (J). (gr. 3-7). 16.99 *(978-0-8075-4751-9(4)*, 807547514) Whitman, Albert & Co.

L

Lord of the Rings 3-Book Paperback Box Set. J. R. R. Tolkien. 2020. (Lord of the Rings Ser.). (ENG.). 1536p. (YA). (gr. 9). pap. 35.00 *(978-0-358-43919-6(1)*, 1794433, Clarion Bks.) HarperCollins Pubs.

Lord Ormont & His Aminta. George Meredith. 2017. (ENG.). (J). 454p. pap. *(978-3-337-33664-6(7))*; 434p. pap. *(978-3-337-04616-3(9))*; 248p. pap. *(978-3-337-02986-9(8))*; 250p. pap. *(978-3-337-02988-3(4))* Creation Pubs.

Lord Ormont & His Aminta: A Novel (Classic Reprint) George Meredith. 2018. (ENG., Illus.). 444p. (J). 33.05 *(978-0-364-73019-5(6))* Forgotten Bks.

Lord Ormont & His Aminta: A Novel; in Three Volumes, Vol. II. George Meredith. 2017. (ENG., Illus.). (J). pap. *(978-0-649-63941-0(3))* Trieste Publishing Pty Ltd.

Lord Ormont & His Aminta; a Novel; in Three Volumes, Vol. I. George Meredith. 2017. (ENG., Illus.). (J). pap. *(978-0-649-30399-1(7))* Trieste Publishing Pty Ltd.

Lord Ormont & His Aminta, Vol. 1 Of 3: A Novel (Classic Reprint) George Meredith. 2018. (ENG., Illus.). 246p. (J). 28.99 *(978-0-666-93859-6(8))* Forgotten Bks.

Lord Ormont & His Aminta, Vol. 2 Of 3: A Novel (Classic Reprint) George Meredith. 2018. (ENG., Illus.). 248p. (J). 29.01 *(978-0-267-72018-7(1))* Forgotten Bks.

Lord Ormont & His Aminta, Vol. 3 Of 3: A Novel (Classic Reprint) George Meredith. 2017. (ENG., Illus.). (J). 28.15 *(978-1-5279-4620-0(7))* Forgotten Bks.

Lord Richard in the Pantry (Classic Reprint) Martin Swayne. 2017. (ENG., Illus.). (J). 266p. 29.38 *(978-0-332-09303-1(4))*; pap. 11.97 *(978-0-259-41957-0(5))* Forgotten Bks.

Lord Roldan, Vol. 1 Of 2: A Romance (Classic Reprint) Allan Cunningham. 2017. (ENG., Illus.). (J). 33.28 *(978-0-265-73629-6(3))*; pap. 16.57 *(978-1-5277-0026-0(7))* Forgotten Bks.

Lord Roldan, Vol. 1 Of 3: A Romance (Classic Reprint) Allan Cunningham. 2018. (ENG., Illus.). 360p. (J). 31.34 *(978-0-484-45303-5(3))* Forgotten Bks.

Lord Roldan, Vol. 2 Of 3: A Romance (Classic Reprint) Allan Cunningham. 2018. (ENG., Illus.). 352p. (J). 31.16 *(978-0-484-24059-8(5))* Forgotten Bks.

Lord Stranleigh: Philanthropist (Classic Reprint) Robert Barr. (ENG., Illus.). (J). 2018. 352p. 31.18 *(978-0-428-78287-0(6))*; 2017. pap. 13.97 *(978-1-334-90704-3(8))* Forgotten Bks.

Lord Stranleigh Abroad (Classic Reprint) Robert Barr. (ENG., Illus.). (J). 2018. 344p. 31.12 *(978-0-428-36088-7(2))*; 2018. 338p. 30.89 *(978-0-483-75397-6(1))*; 2017. pap. 13.57 *(978-0-243-30388-5(2))* Forgotten Bks.

Lord Tony's Wife: An Adventure of the Scarlet Pimpernel (Classic Reprint) Emmuska Orczy. 2017. (ENG., Illus.). (J). 30.79 *(978-0-265-71287-0(4))*; pap. 13.57 *(978-1-5276-6955-0(6))* Forgotten Bks.

Lord, Where Are They Now? Danielle Harris. 2022. (ENG., Illus.). 26p. (J). pap. 14.95 *(978-1-68570-199-4(X))* Christian Faith Publishing.

Lords & Ladies & Their Duties- Children's Medieval History Books. Baby Professor. 2017. (ENG., Illus.). (J). pap. 7.89 *(978-1-5419-0361-6(7)*, Baby Professor (Education Kids)) Speedy Publishing LLC.

Lords & Ladies, Castles & Manors Medieval Coloring Book. Activibooks For Kids. 2016. (ENG., Illus.). (J). pap. 9.20 *(978-1-68321-805-0(1))* Mimaxion.

Lords & Ladies, Vol. 1 of 3 (Classic Reprint) Julia Cecilia Stretton. (ENG., Illus.). (J). 2018. 342p. 30.95 *(978-0-428-43430-4(4))*; 2016. pap. 13.57 *(978-1-333-49882-5(9))* Forgotten Bks.

Lords & Ladies, Vol. 2 of 3 (Classic Reprint) Julia Cecilia Stretton. (ENG., Illus.). (J). 2018. 350p. 31.14 *(978-0-267-32277-0(1))*; 2016. pap. 13.57 *(978-1-333-50392-5(X))* Forgotten Bks.

Lords & Ladies, Vol. 3 of 3 (Classic Reprint) Julia Cecilia Stretton. (ENG., Illus.). (J). 2018. 350p. 31.12 *(978-0-483-90741-6(3))*; 2016. pap. 13.57 *(978-1-333-77479-0(6))* Forgotten Bks.

Lord's Army. Sheri Rose Shepherd. 2019. (Adventures with the King: His Mighty Warrior Ser.: 2). (ENG., Illus.). 24p. (J). 11.99 *(978-1-58997-193-6(0)*, 20_33230) Focus on the Family Publishing.

Lords of Badassery. Reinhardt Suarez. 2019. (Yellowstone Ser.: Vol. 1). (ENG.). 400p. (YA). (gr. 9-12). 31.99 *(978-1-7337106-0-2(4))*; pap. 19.99 *(978-1-7337106-1-9(2))* Suarez, Reinhardt.

Lords of High Decision (Classic Reprint) Meredith Nicholson. (ENG., Illus.). (J). 2018. 544p. 35.12 *(978-0-483-63279-0(1))*; 2017. pap. 19.57 *(978-0-243-27791-9(1))* Forgotten Bks.

Lords of the Arctic. Patti Petrone Miller. Illus. by Michelle R. Goodhew. 2020. (ENG.). 88p. (J). pap. 15.99 *(978-1-0879-1156-4(7))* Indy Pub.

Lords of the Housetops: Thirteen Cat Tales (Classic Reprint) Carl Van Vechten. (ENG., Illus.). (J). 2018. 258p. 29.22 *(978-0-365-13260-8(8))*; 2017. pap. 11.97 *(978-0-243-97238-8(5))* Forgotten Bks.

Lords of the World: A Story of the Fall of Carthage & Corinth (Classic Reprint) Alfred John Church. 2018. (ENG., Illus.). 442p. (J). 33.01 *(978-0-483-50210-9(3))* Forgotten Bks.

Lord's Prayer for Children. Claire Abraham. Illus. by Dean West. 2023. (ENG.). 26p. (J). pap. 14.99 *(978-1-6642-9995-5(5)*, WestBow Pr.) Author Solutions, LLC.

Lord's Prayer for Kids. Gloria Stella & Hannah Price. Illus. by Eva Shoaf. 2020. (ENG.). 16p. (gr. -1-3). bds. 14.99 *(978-1-7339305-1-2(5))* Edifi Publishing LLC.

Lord's Supper & the Passover Ritual. Gustav Bickell & William Forbes Skene. 2017. (ENG.). 244p. (J). pap. *(978-3-337-33674-5(4))* Creation Pubs.

Lordship of Love: A Novel (Classic Reprint) Bettina Von Hutten. (ENG., Illus.). (J). 2018. 356p. 31.24 *(978-0-656-33768-2(0))*; 2017. pap. 13.97 *(978-0-243-28246-3(X))* Forgotten Bks.

Lordy... My Llama. Maryann Bershire. 2016. (ENG., Illus.). (J). pap. 24.95 *(978-1-68394-335-8(X))* America Star Bks.

Lore. Alexandra Bracken. (ENG.). (YA). (gr. 7-12). 2023. 496p. pap. 12.99 *(978-1-4847-9992-5(5))*; 2021. (Illus.). 480p. 18.99 *(978-1-4847-7820-3(0))* Disney Publishing Worldwide. (Disney-Hyperion).

Lore Isle. Jiin Kim. 2023. (ENG., Illus.). 304p. (J). pap. 10.95 *(978-1-77471-192-7(3)*, 777ff33c-1fd3-4a52-9a7a-25d7601a3ea6) Nimbus Publishing, Ltd. CAN. Dist: Baker & Taylor Publisher Services (BTPS).

Lore of Old Galena (Classic Reprint) Thomas J. McCarthy. (ENG., Illus.). (J). 2018. 100p. 25.98 *(978-0-365-34514-5(8))*; 2017. pap. 9.57 *(978-0-259-80953-1(5))* Forgotten Bks.

Lore of Proserpine (Classic Reprint) Maurice Hewlett. (ENG., Illus.). (J). 2018. 262p. 29.30 *(978-0-483-62782-6(8))*; 2017. 29.28 *(978-1-5284-8806-8(7))*; 2017. pap. 11.97 *(978-0-243-27859-6(4))* Forgotten Bks.

Lore of Ramridge: Book One of the Lore of Ramridge Series. Karuna Savoie. Illus. by Karuna Savoie. 2018. (Lore of Ramridge Ser.: Vol. 1). (ENG., Illus.). 118p. (J). (gr. 7-12). pap. 6.99 *(978-1-7323192-5-7(1))* Hybrid Age Pr.

Lore of the Honey-Bee (Classic Reprint) Tickner Edwardes. 2017. (ENG., Illus.). (J). 32.11 *(978-0-266-69217-1(6))* Forgotten Bks.

Lore of the Land: Folklore & Wisdom from the Wild Earth. Claire Cock-Starkey. Illus. by Samantha Dolan. 2022. (Nature's Folklore Ser.: 2). (ENG.). 80p. (J). (gr. 1-7). 24.99 *(978-0-7112-6984-2(X)*, Wide Eyed Editions) Quarto Publishing Group UK GBR. Dist: Hachette Bk. Group.

Lore of the Stars: Folklore & Wisdom from the Skies Above. Claire Cock-Starkey. Illus. by Hannah Bess Ross. 2023. (Nature's Folklore Ser.). (ENG.). 32p. (J). (gr. 1-7). 24.99 *(978-0-7112-8201-8(3)*, Wide Eyed Editions) Quarto Publishing Group UK GBR. Dist: Hachette Bk. Group.

Lore of the Wanderer: An Open-Air Anthology (Classic Reprint) George Goodchild. 2018. (ENG., Illus.). 258p. (J). 29.24 *(978-0-364-05094-1(2))* Forgotten Bks.

Lore of the Wild: Folklore & Wisdom from Nature. Claire Cock-Starkey. Illus. by Aitch. 2021. (Nature's Folklore Ser.: Vol. 1). (ENG.). 80p. (J). (gr. 1-7). *(978-0-7112-6071-9(0)*, Wide Eyed Editions) Quarto Publishing Group UK.

Lorena & the Magic Mocha Mirror. Valerie Williams-Sanchez. 2018. (ENG., Illus.). 40p. (J). pap. 18.00 *(978-1-4834-7803-6(3))* Lulu Pr., Inc.

Lorenzo Benoni: Or Passages in the Life of an Italian (Classic Reprint) Giovanni Ruffini. 2017. (ENG., Illus.). (J). 32.04 *(978-0-265-57436-2(6))* Forgotten Bks.

Lorenzo Benoni, or Passages in the Life of an Italian (Classic Reprint) Giovanni Ruffini. 2016. (ENG., Illus.). (J). pap. 16.57 *(978-1-333-69999-4(9))* Forgotten Bks.

Lorenzo e Genkin. Diego Scuola Primaria L Santucci. 2017. (ITA.). 56p. (J). pap. *(978-0-244-90594-1(0))* Lulu Pr., Inc.

Lorenzo of Sarzana (Classic Reprint) Elizabeth Lewis. 2017. (ENG., Illus.). (J). 32.56 *(978-0-265-73507-7(6))*; pap. 16.57 *(978-1-5276-9860-4(2))* Forgotten Bks.

Lorenzo Pignotti, Favolista: Contributo Alla Storia Della Favola in italia (Classic Reprint) Ugo Frittelli. 2018. (ITA., Illus.). (J). 84p. 25.65 *(978-1-391-39564-7(6))*; 86p. pap. 9.57 *(978-1-391-29517-6(X))* Forgotten Bks.

Lorenzo the Lizard. Iris M. Williams. 2017. (ENG., Illus.). 34p. (J). (gr. 1-3). 20.95 *(978-1-947656-18-5(X))* Butterfly Typeface, The.

Lorenzo the Lizard. Iris M. Williams. Illus. by Ashley Davis. 2016. (ENG.). (J). pap. 10.95 *(978-1-942022-81-7(6))* Butterfly Typeface, The.

Lorenzo, the Pizza-Loving Lobster. Claire Lordon. 2016. (ENG., Illus.). 32p. (J). (gr. -1-3). 16.99 *(978-1-4998-0228-3(5))* Little Bee Books Inc.

Loreta Janeta Velázquez: Cuban Confederate Soldier, 1 vol. Ash Imery-García. 2019. (Our Voices: Spanish & Latino Figures of American History Ser.). (ENG.). 48p. (gr. 6-6). pap. 12.75 *(978-1-5081-8516-1(6)*, 7d47c243-edc0-427a-99f4-b4b7b25f082e, Rosen Reference) Rosen Publishing Group, Inc., The.

Loretta Little Looks Back: Three Voices Go Tell It. Andrea Davis Pinkney. (ENG., Illus.). 288p. (J). (gr. 3-7). 2022. pap. 7.99 *(978-0-316-53673-8(3))*; 2020. 17.99 *(978-0-316-53677-6(6))* Little, Brown Bks. for Young Readers.

Loretta Lynch: First African American Woman Attorney General. Eric Braun. ed. 2016. (Gateway Biographies Ser.). (ENG., Illus.). 48p. (J). (gr. 4-8). E-Book 47.99 *(978-1-5124-0587-3(6)*, Lerner Pubns.) Lerner Publishing Group.

Loretta Mason Potts. Mary Chase. Illus. by Harold Berson. 2020. 224p. (J). (gr. 3-7). pap. 11.99 *(978-1-68137-506-9(0)*, NYRB Kids) New York Review of Bks., Inc., The.

Loretta's Gift. Pat Zietlow Miller. Illus. by Alea Marley. 2018. (ENG.). 40p. (J). (gr. -1-3). 17.99 *(978-1-4998-0681-6(7))* Little Bee Books Inc.

Lorettine, Vol. 16: August, 1921 (Classic Reprint) Loretto College. (ENG., Illus.). (J). 2019. 114p. 26.25 *(978-0-365-23837-9(6))*; 2017. pap. 9.57 *(978-0-259-47161-5(5))* Forgotten Bks.

Loretto: Or, the Choice (Classic Reprint) George H. Miles. 2018. (ENG., Illus.). 326p. (J). 30.62 *(978-0-483-82200-9(0))* Forgotten Bks.

Lorgnette, 1886 (Classic Reprint) John Kendrick Bangs. (ENG., Illus.). (J). 2018. 34p. 24.66 *(978-0-484-26977-3(1))*; 2016. pap. 7.97 *(978-1-334-14464-6(8))* Forgotten Bks.

Lori Ryder & the City of Crystals. Carmen Romero. 2018. (ENG.). 176p. (YA). pap. 13.99 *(978-1-5043-9986-9(2)*, Balboa Pr.) Author Solutions, LLC.

Loria: Fall 1942 (Classic Reprint) St Joseph's College for Women. (ENG., Illus.). (J). 2018. 172p. 27.42 *(978-0-332-67799-6(0))*; 2017. pap. 9.97 *(978-0-243-22902-4(X))* Forgotten Bks.

Loria: Fall, 1943 (Classic Reprint) St Joseph Women. 2018. (ENG., Illus.). 156p. (J). 27.11 *(978-0-332-57348-9(6))* Forgotten Bks.

Loria: Fall, 1943 (Classic Reprint) St Joseph's College for Women. 2017. (ENG., Illus.). (J). pap. 9.57 *(978-0-243-27738-4(5))* Forgotten Bks.

Loria: Fall, 1944 (Classic Reprint) St Joseph Women. 2018. (ENG., Illus.). 152p. (J). 27.03 *(978-0-332-56971-0(3))* Forgotten Bks.

Loria: Fall, 1944 (Classic Reprint) St Joseph's College for Women. 2017. (ENG., Illus.). (J). pap. 9.57 *(978-0-243-14822-6(4))* Forgotten Bks.

Loria, Vol. 1: February, 1921 (Classic Reprint) St Joseph's College. (ENG., Illus.). (J). 2018. 236p. 28.76 *(978-0-483-93872-4(6))*; 2016. pap. 11.57 *(978-1-333-28584-5(1))* Forgotten Bks.

Loria, Vol. 10: November, 1932 (Classic Reprint) St Joseph's College for Women. (ENG., Illus.). (J). 2018. 120p. 26.37 *(978-0-666-97539-3(6))*; 2017. pap. 9.57 *(978-0-243-45448-8(1))* Forgotten Bks.

Loria, Vol. 11: Fall 1934 (Classic Reprint) St Joseph's College for Women. (ENG., Illus.). (J). 2018. 136p. 26.70 *(978-0-483-62789-5(5))*; 2017. pap. 9.57 *(978-0-243-30059-4(X))* Forgotten Bks.

Loria, Vol. 12: Fall, 1935 (Classic Reprint) Mary Lavin. (ENG., Illus.). (J). 2018. 114p. 26.27 *(978-0-483-61248-8(0))*; 2017. pap. 9.57 *(978-0-243-14598-0(5))* Forgotten Bks.

Loria, Vol. 13: Fall, 1936 (Classic Reprint) St Joseph's College for Women. (ENG., Illus.). (J). 2018. 126p. 26.52 *(978-0-364-21887-7(8))*; 2017. pap. 9.57 *(978-0-243-19396-7(3))* Forgotten Bks.

Loria, Vol. 15: Fall, 1938 (Classic Reprint) St Joseph's College for Women. (ENG., Illus.). (J). 2018. 126p. 26.52 *(978-0-483-73557-6(4))*; 2017. pap. 9.57 *(978-0-243-43522-7(3))* Forgotten Bks.

Loria, Vol. 16: Winter, 1940 (Classic Reprint) Eileen Eichell. 2017. (ENG., Illus.). (J). 26.60 *(978-0-265-77471-7(3))*; pap. 9.57 *(978-1-5277-5385-3(9))* Forgotten Bks.

Loria, Vol. 17: Nov. 1940 (Classic Reprint) St Joseph York. 2018. (ENG., Illus.). 148p. (J). 26.97 *(978-0-483-73515-6(9))* Forgotten Bks.

Loria, Vol. 17: Nov. 1940 (Classic Reprint) St Joseph's College New York. 2017. (ENG., Illus.). (J). pap. 9.57 *(978-0-243-42652-2(6))* Forgotten Bks.

Loria, Vol. 18: November, 1941 (Classic Reprint) St Joseph's College. (ENG., Illus.). (J). 2018. 172p. 27.42 *(978-0-484-76146-8(3))*; 2016. pap. 9.97 *(978-1-334-11604-9(0))* Forgotten Bks.

Loria, Vol. 5: November, 1927 (Classic Reprint) St Joseph's College for Women Ne York. (ENG., Illus.). (J). 2018. 188p. 27.77 *(978-0-656-33948-8(9))*; 2017. pap. 10.57 *(978-0-243-41381-2(5))* Forgotten Bks.

Loria, Vol. 6: November, 1928 (Classic Reprint) St Joseph's College. (ENG., Illus.). (J). 2018. 166p. 27.32 *(978-0-666-97394-8(6))*; 2017. pap. 9.97 *(978-0-243-44756-5(6))* Forgotten Bks.

Loria, Vol. 7: November, 1929 (Classic Reprint) St Joseph's College for Women. (ENG., Illus.). (J). 2018. 168p. 27.36 *(978-0-656-34748-3(1))*; 2017. pap. 9.97 *(978-0-243-43678-1(5))* Forgotten Bks.

Loria, Vol. 8: November, 1930 (Classic Reprint) St Joseph's College New York. (ENG., Illus.). (J). 2018. 158p. 27.16 *(978-0-332-92559-2(5))*; 2017. pap. 9.57 *(978-0-243-41353-9(X))* Forgotten Bks.

Loria, Vol. 9: November, 1931 (Classic Reprint) St Joseph's College for Women. (ENG., Illus.). (J). 2018. 154p. 27.07 *(978-0-666-99713-5(6))*; 2017. pap. 9.57 *(978-0-243-48928-2(5))* Forgotten Bks.

Lorin Mooruck: And Other Indian Stories (Classic Reprint) George Truman Kercheval. 2017. (ENG., Illus.). (J). 27.30 *(978-0-331-78684-2(2))* Forgotten Bks.

Lo'Rine & Company Coloring Book & More. Terrence R. Carter, Jr. 2022. (ENG., Illus.). 54p. (J). pap. 17.95 *(978-1-68570-391-2(7))* Christian Faith Publishing.

Lorna & the Loch Ness Monster. Jae Malone. Illus. by Jess Hawksworth. 2019. (ENG.). 20p. (J). (gr. k-3). pap. *(978-1-78955-470-0(5))* Authors OnLine, Ltd.

Lorna Doone: A Romance of Exmoor. R. D. Blackmore. 2018. (ENG., Illus.). 726p. (J). 22.12 *(978-1-7317-0034-6(2))*; pap. 15.34 *(978-1-7317-0035-3(0))* Simon & Brown.

Lorna Doone: A Romance of Exmoor (Classic Reprint) R. D. Blackmore. 2017. (ENG., Illus.). (J). 38.93 *(978-0-266-53037-4(0))* Forgotten Bks.

Lorna Doone, Vol. 1: A Romance of Exmoor (Classic Reprint) R. D. Blackmore. 2017. (ENG., Illus.). (J). 31.30 *(978-0-331-57375-6(X))*; pap. 13.97 *(978-0-243-95012-6(8))* Forgotten Bks.

Lorna Doone, Vol. 1 Of 2: A Romance of Exmoor (Classic Reprint) R. D. Blackmore. (ENG., Illus.). (J). 2018. 638p. 37.08 *(978-0-428-90373-2(8))*; 2016. pap. 19.57 *(978-1-334-15849-0(5))* Forgotten Bks.

Lorna Doone, Vol. 1 Of 3: A Romance of Exmoor (Classic Reprint) R. D. Blackmore. 2017. (ENG., Illus.). (J). 30.76 *(978-0-266-31421-9(X))* Forgotten Bks.

Lorna Doone, Vol. 2 Of 2: A Romance of Exmoor (Classic Reprint) R. D. Blackmore. 2018. (ENG., Illus.). 670p. (J). 37.74 *(978-0-484-51066-0(5))* Forgotten Bks.

Lorna Doone, Vol. 2 Of 3: A Romance of Exmoor (Classic Reprint) R. D. Blackmore. 2018. (ENG., Illus.). 348p. (J). 31.07 *(978-0-483-92528-1(4))* Forgotten Bks.

Lorna Starts Classes. Emilie Dufresne. Illus. by Andrew Owens. 2023. (Level 4 - Blue Set Ser.). (ENG.). 32p. (J). (gr. 1-3). lib. bdg. 19.95 Bearport Publishing Co., Inc.

Loros. Mari Schuh. Tr. by Aparicio Publishing Aparicio Publishing LLC. 2020. (Animals en Espanol Ser.).Tr. of Parrots. (SPA., Illus.). 32p. (J). (gr. 1-3). lib. bdg. 31.32 *(978-1-9771-2551-4(4)*, 200628, Pebble) Capstone.

Loros de Todo el Mundo: Leveled Reader Card Book 34 Level N 6 Pack. Hmh Hmh. 2021. (SPA.). (J). pap. 74.40 *(978-0-358-08430-3(X))* Houghton Mifflin Harcourt Publishing Co.

Lorraine. Ketch Secor. Illus. by Higgins Bond. 2021. (ENG.). 32p. (J). (gr. k-4). 7.99 *(978-1-7282-5015-1(3)*, Sourcebooks Jabberwocky) Sourcebooks, Inc.

Lorraine: A Romance (Classic Reprint) Robert W. Chambers. 2018. (ENG., Illus.). 352p. (J). 31.18 *(978-0-267-93015-9(1))* Forgotten Bks.

Lorry the Lorikeet & Alice Springs Visit Hong Kong. Narelle Cridland. 2023. (ENG.). 68p. (J). pap. *(978-1-83934-674-3(4))* Olympia Publishers.

Los 10 Zapatos de Cenicienta / Cinderella's 10 Shoes. Miguel Perez. Illus. by Ana Burgos. 2021. (ClÁsicos para Contar Ser.). (SPA.). 48p. (J). (-k). 16.95 *(978-1-64473-438-4(9)*, Beascoa) Penguin Random House Grupo Editorial ESP. Dist: Penguin Random Hse. LLC.

Los 150 Chistes Favoritos de Timba Vk. Timba Vk Timba Vk. 2022. (SPA.). 160p. (J). pap. 12.95 *(978-607-07-8287-9(9))* Editorial Planeta, S. A. ESP. Dist: Two Rivers Distribution.

Los 500 Sombreros de Bartolomé Cubbins (the 500 Hats of Bartholomew Cubbins Spanish Edition) Seuss. 2019. (Classic Seuss Ser.). (SPA.). 56p. (J). (gr. k-4). 16.99 *(978-1-9848-3136-1(4))*; lib. bdg. 19.99 *(978-1-9848-9501-1(X))* Random Hse. Children's Bks. (Random Hse. Bks. for Young Readers).

Los 99 Novios de Micah Summers. Adam Sass. 2023. (SPA.). 352p. (YA). pap. 21.95 *(978-607-07-9789-7(2))* Editorial Planeta, S. A. ESP. Dist: Two Rivers Distribution.

Los Abrazos de Mamá (Mommy Hugs) Karen Katz. Tr. by Alexis Romay. Illus. by Karen Katz. 2022. (SPA., Illus.). 32p. (J). (gr. -1-k). bds. 7.99 *(978-1-6659-0220-5(5)*, Libros Para Ninos) Libros Para Ninos.

Los Abrazos de Papá (Daddy Hugs) Karen Katz. Tr. by Alexis Romay. Illus. by Karen Katz. 2022. (SPA., Illus.). 32p. (J). (gr. -1-k). bds. 7.99 *(978-1-6659-1197-9(2)*, Libros Para Ninos) Libros Para Ninos.

Los Abrigos. Mary Lindeen. Illus. by Niki Leonidou. 2016. (Early Rising Readers Ser.). (SPA.). (J). (gr. -1). 6.67 *(978-1-4788-3650-6(4))* Newmark Learning LLC.

Los Abrigos - 6 Pack. Mary Lindeen. 2016. (Early Rising Readers Ser.). (SPA.). (J). (gr. 1). 40.00 net. *(978-1-4788-4593-5(7))* Newmark Learning LLC.

Los Agujeros de Gusano. Nono Granero. 2021. (SPA.). 108p. (J). (gr. 2-4). 25.99 *(978-84-120807-8-0(5))* Babulinka Libros ESP. Dist: Lectorum Pubns., Inc.

Los Ahogados. María Teresa Andruetto. 2018. 70p. (YA). 19.99 *(978-958-8954-41-7(X))* Babel Libros COL. Dist: Lectorum Pubns., Inc.

Los Alimentos de la Granja. Nancy Dickmann. 2019. (Mundo de la Granja Ser.).Tr. of Food from Farms. (SPA.). 24p. (J). (gr. -1-1). pap. 6.29 *(978-1-4846-5174-2(X)*, 141949, Heinemann) Capstone.

Los Aludes. Pamela McDowell. 2016. (Las Fuerzas de la Naturaleza 2017 Ser.). (SPA.). 32p. (J). lib. bdg. 22.99 *(978-1-5105-2456-9(8))* SmartBook Media, Inc.

Los Angeles. Lily Erlic. 2017. (Illus.). 24p. (J). *(978-1-4896-7303-9(2)*, AV2 by Weigl) Weigl Pubs., Inc.

Los Angeles. Joyce L. Markovics. 2017. (Citified! Ser.). (ENG., Illus.). 24p. (J). (gr. k-3). 17.95 *(978-1-68402-231-1(2))* Bearport Publishing Co., Inc.

Los Angeles: A Book of Time. Ashley Evanson. Illus. by Ashley Evanson. 2021. (Hello, World Ser.). (Illus.). 14p. (J). (-k). bds. 7.99 *(978-0-593-22395-6(0)*, Penguin Workshop) Penguin Young Readers Group.

Los Angeles 1 To 10. Sara Beth Greene. Illus. by Jimmy Thompson. 2019. (City 1 To 10 Ser.). 22p. (J). (— 1). bds. 9.99 *(978-1-63217-239-6(9)*, Little Bigfoot) Sasquatch Bks.

Los Angeles Angels. Patrick Donnelly. 2022. (Inside MLB Ser.). (ENG.). 48p. (J). (gr. 3-6). lib. bdg. 34.21 *(978-1-0982-9020-7(8)*, 40797, SportsZone) ABDO Publishing Co.

Los Angeles Angels. Jim Whiting. (Creative Sports: Major League Baseball Ser.). (ENG.). 32p. (J). 2021. (gr. 4-7). *(978-1-64026-306-2(3)*, 17782, Creative Education); 2020. (gr. 3-5). pap. 9.99 *(978-1-62832-838-7(X)*, 17783, Creative Paperbacks) Creative Co., The.

Los Angeles Chargers. Kenny Abdo. 2021. (NFL Teams Ser.). (ENG., Illus.). 32p. (J). (gr. 2-8). lib. bdg. 32.79 *(978-1-0982-2468-4(X)*, 37170, Abdo Zoom-Fly) ABDO Publishing Co.

Los Angeles Chargers. Josh Anderson. 2022. (Professional Football Teams Ser.). (ENG.). 32p. (J). (gr. 2-5). lib. bdg. 35.64 *(978-1-5038-5781-0(6)*, 215755, Stride) Child's World, Inc, The.

Los Angeles Chargers. Nate Cohn. 2018. 24p. (J). *(978-1-4896-5549-3(2)*, AV2 by Weigl) Weigl Pubs., Inc.

Los Angeles Chargers. Robert Cooper. 2019. (Inside the NFL Ser.). (ENG., Illus.). 48p. (J). (gr. 3-6). lib. bdg. 34.21 *(978-1-5321-1853-1(8)*, 32575, SportsZone) ABDO Publishing Co.

Los Angeles Chargers. Contrib. by Joanne Mattern. 2023. (NFL Team Profiles Ser.). (ENG., Illus.). (J). (gr. 3-7). lib. bdg. 26.95 Bellwether Media.

Los Angeles Chargers. Jim Whiting. rev. ed. 2019. (NFL Today Ser.). (ENG.). 48p. (J). (gr. 4-7). pap. 12.00 *(978-1-62832-709-0(X)*, 19046, Creative Paperbacks) Creative Co., The.

Los Angeles Chargers All-Time Greats. Ted Coleman. 2022. (NFL All-Time Greats Set 2 Ser.). (ENG., Illus.). 24p. (J). (gr. 3-3). pap. 8.95 *(978-1-63494-446-5(1))*; lib. bdg. 28.50 *(978-1-63494-429-8(1))* Pr. Room Editions LLC.

Los Angeles Clippers. Patrick Donnelly. 2022. (Inside the NBA (2023) Ser.). (ENG., Illus.). 48p. (J). (gr. 3-6). lib. bdg. 34.22 *(978-1-5321-9830-4(2)*, 39765, SportsZone) ABDO Publishing Co.

Los Angeles Clippers. K. C. Kelley. 2019. (Insider's Guide to Pro Basketball Ser.). (ENG.). 32p. (J). (gr. 1-4). lib. bdg. 35.64 *(978-1-5038-2461-4(6)*, 212268) Child's World, Inc, The.

Los Angeles Clippers. Jim Whiting. 2017. (NBA: a History of Hoops Ser.). (ENG., Illus.). 48p. (J). (gr. 4-7). *(978-1-60818-847-5(7)*, 20246, Creative Education) Creative Co., The.

Los Angeles Clippers All-Time Greats. Brendan Flynn. 2020. (NBA All-Time Greats Ser.). (ENG., Illus.). 24p. (J). (gr. 3-3). pap. 8.95 *(978-1-63494-168-6(3)*, 1634941683); lib. bdg. 28.50 *(978-1-63494-155-6(1)*, 1634941551) Pr. Room Editions LLC.

Los ángeles de Adriana. Ruth Goring. Illus. by Erika Meza. 2017. 32p. (J). 16.99 *(978-1-5064-2507-8(0)*, Sparkhouse Family) 1517 Media.

Los Angeles Dodgers. Contrib. by Anthony K. Hewson. 2022. (Inside MLB Ser.). (ENG., Illus.). 48p. (J). (gr. 3-6). lib. bdg. 34.21 *(978-1-0982-9021-4(6)*, 40799, SportsZone) ABDO Publishing Co.

Los Angeles Dodgers. Katie Lajiness. 2018. (MLB's Greatest Teams Ser.). (ENG., Illus.). 32p. (J). (gr. 2-5). lib. bdg. 34.21 *(978-1-5321-1517-2(2)*, 28870, Big Buddy Bks.) ABDO Publishing Co.

1224

The check digit for ISBN-10 appears in parentheses after the full ISBN-13

Los Angeles Dodgers. Jim Whiting. (Creative Sports: Major League Baseball Ser.). (ENG.). 32p. (J). 2021. (gr. 4-7). *(978-1-64026-307-9(1)*, 17786, Creative Education); 2020. (gr. 3-5). pap. 9.99 *(978-1-62832-839-4(8)*, 17787, Creative Paperbacks) Creative Co., The.

Los Angeles Dodgers All-Time Greats. Brendan Flynn. 2021. (MLB All-Time Greats Ser.). (ENG., Illus.). 24p. (J). (gr. 3-3). pap. 8.95 *(978-1-63494-310-9(4))*; lib. bdg. 28.50 *(978-1-63494-292-8(2))* Pr. Room Editions LLC.

Los Angeles Football Club. Chrös McDougall. 2021. (Inside MLS Ser.). (ENG., Illus.). 48p. (J). (gr. 3-6). lib. bdg. 34.21 *(978-1-5321-9474-0(9)*, 37460, SportsZone) ABDO Publishing Co.

Los Angeles Galaxy. Mark Stewart. 2017. (First Touch Soccer Ser.). (ENG., Illus.). 24p. (J). (gr. k-3). 23.93 *(978-1-59953-864-8(4))* Norwood Hse. Pr.

Los Angeles Is ... Elisa Parhad. Illus. by Alexander Vidal. 2018. (ENG.). 24p. (J). (gr. -1 — 1). bds. 12.95 *(978-1-944903-23-7(2)*, 1313310, Cameron Kids) Cameron + Co.

Los Angeles Kings. Ethan Olson. 2023. (NHL Teams Set 3 Ser.). (ENG., Illus.). 32p. (J). pap. 9.95 ***(978-1-63494-699-5(5))*** Pr. Room Editions LLC.

Los Angeles Kings. Contrib. by Ethan Olson. 2023. (NHL Teams Set 3 Ser.). (ENG., Illus.). 32p. (J). lib. bdg. 31.35 ***(978-1-63494-675-9(8))*** Pr. Room Editions LLC.

Los Angeles Lakers. Patrick Donnelly. 2022. (Inside the NBA (2023) Ser.). (ENG., Illus.). 48p. (J). (gr. 3-6). lib. bdg. 34.22 *(978-1-5321-9831-1(0)*, 39767, SportsZone) ABDO Publishing Co.

Los Angeles Lakers. Michael E. Goodman. 2018. (NBA Champions Ser.). (ENG.). 24p. (J). (gr. 1-4). pap. 8.99 *(978-1-62832-576-8(3)*, 19823, Creative Paperbacks); (Illus.). lib. bdg. *(978-1-64026-021-4(8)*, 19805, Creative Education) Creative Co., The.

Los Angeles Lakers. K. C. Kelley. 2019. (Insider's Guide to Pro Basketball Ser.). (ENG.). 32p. (J). (gr. 1-4). lib. bdg. 35.64 *(978-1-5038-2462-1(4)*, 212269) Child's World, Inc, The.

Los Angeles Lakers. Jim Whiting. 2017. (NBA: a History of Hoops Ser.). (ENG., Illus.). 48p. (J). (gr. 4-7). *(978-1-60818-848-2(5)*, 20249, Creative Education) Creative Co., The.

Los Angeles Lakers. Jim Whiting. 2nd ed. 2017. (NBA: a History of Hoops Ser.). (ENG., Illus.). 48p. (J). (gr. 4-7). pap. 12.00 *(978-1-62832-451-8(1)*, 20250, Creative Paperbacks) Creative Co., The.

Los Angeles Lakers All-Time Greats. Brendan Flynn. 2020. (NBA All-Time Greats Ser.). (ENG., Illus.). 24p. (J). (gr. 3-3). pap. 8.95 *(978-1-63494-169-3(1)*, 1634941691); lib. bdg. 28.50 *(978-1-63494-156-3(X)*, 163494156X) Pr. Room Editions LLC.

Los Angeles Rams. Kenny Abdo. 2021. (NFL Teams Ser.). (ENG., Illus.). 32p. (J). (gr. 2-8). lib. bdg. 32.79 *(978-1-0982-2469-1(8)*, 37172, Abdo Zoom-Fly) ABDO Publishing Co.

Los Angeles Rams. Josh Anderson. 2022. (Professional Football Teams Ser.). (ENG.). 32p. (J). (gr. 2-5). lib. bdg. 35.64 *(978-1-5038-5790-2(5)*, 215764, Stride) Child's World, Inc, The.

Los Angeles Rams. Michael E. Goodman. 2022. (Creative Sports: Campeones Del Super Bowl Ser.). (SPA.). 24p. (J). (gr. 2-5). pap. 10.99 *(978-1-68277-220-1(9)*, 22807, Creative Paperbacks) Creative Co., The.

Los Angeles Rams. Katie Lajiness. 2016. (NFL's Greatest Teams Set 3 Ser.). (ENG., Illus.). 32p. (J). (gr. 2-5). lib. bdg. 34.21 *(978-1-68078-537-1(0)*, 23637, Big Buddy Bks.) ABDO Publishing Co.

Los Angeles Rams. William Meier. 2019. (Inside the NFL Ser.). (ENG.). 48p. (J). (gr. 3-6). lib. bdg. 34.21 *(978-1-5321-1854-8(6)*, 32577, SportsZone) ABDO Publishing Co.

Los Angeles Rams. Allan Morey. 2016. (NFL Teams Ser.). (ENG., Illus.). 32p. (J). (gr. 3-7). lib. bdg. 26.95 *(978-1-62617-383-5(4)*, Torque Bks.) Bellwether Media.

Los Angeles Rams, 1 vol. Dan Myers & Earl McGee. 2016. (NFL up Close Ser.). (ENG., Illus.). 32p. (J). (gr. 3-9). lib. bdg. 32.79 *(978-1-68078-234-9(7)*, 22045, SportsZone) ABDO Publishing Co.

Los Angeles Rams. Contrib. by Janie Scheffer. 2023. (NFL Team Profiles Ser.). (ENG., Illus.). (J). (gr. 3-7). lib. bdg. 26.95 Bellwether Media.

Los Angeles Rams. Jim Whiting. rev. ed. 2019. (NFL Today Ser.). (ENG.). 48p. (J). (gr. 4-7). pap. 12.00 *(978-1-62832-710-6(3)*, 19049, Creative Paperbacks) Creative Co., The.

Los Angeles Rams All-Time Greats. Ted Coleman. 2022. (NFL All-Time Greats Set 2 Ser.). (ENG., Illus.). 24p. (J). (gr. 3-3). pap. 8.95 *(978-1-63494-447-2(X))*; lib. bdg. 28.50 *(978-1-63494-430-4(5))* Pr. Room Editions LLC.

Los Animales: Ciencia Theme. 2016. (Early Rising Readers Ser.). (SPA.). (J). (gr. 1-2). 109.00 *(978-1-4788-5170-7(8))* Newmark Learning LLC.

Los Animales: Desarrollo Físico Theme. 2016. (Early Rising Readers Ser.). (SPA.). (J). (gr. 1-2). 109.00 *(978-1-4788-5140-0(6))* Newmark Learning LLC.

Los Animales: Desarrollo Social y Emocional Theme. 2016. (Early Rising Readers Ser.). (SPA.). (J). (gr. 1-2). 109.00 *(978-1-4788-5130-1(9))* Newmark Learning LLC.

Los Animales: Estudios Sociales Theme. 2016. (Early Rising Readers Ser.). (SPA.). (J). (gr. 1-2). 109.00 *(978-1-4788-5160-8(0))* Newmark Learning LLC.

Los Animales: Expresión Creativa Theme. 2016. (Early Rising Readers Ser.). (SPA.). (J). (gr. 1-2). 109.00 *(978-1-4788-5180-6(5))* Newmark Learning LLC.

Los Animales: Matemática Theme. 2016. (Early Rising Readers Ser.). (SPA.). (J). (gr. 1-2). 109.00 *(978-1-4788-5150-9(3))* Newmark Learning LLC.

Los animales Astutos: Individual Title Six-Packs. (Literatura 2000 Ser.). (SPA.). (gr. 2-3). 33.00 *(978-0-7635-1082-4(3))* Rigby Education.

Los Animales Bebés see My First Bilingual Baby Animals

Los Animales de Granja de Los Presidentes. Grace Hansen. 2022. (Mascotas Presidenciales Ser.). (SPA.). 24p. (J). (gr. -1-2). lib. bdg. 31.36 *(978-1-0982-6520-5(3)*, 40985, Abdo Kids) ABDO Publishing Co.

Los Animales de la Finca see DK Super Readers Pre-Level Bilingual Farm Animals - Los Animales de la Granja

Los Animales de la Granja. Alexia Romatif. 2019. (SPA.). 44p. (J). (gr. 3-5). 24.99 *(978-84-9142-177-1(7))* Algar Editorial, Feditres, S.L. ESP. Dist: Lectorum Pubns., Inc.

Los Animales de la Sabana. Christine Pompéï. 2019. (SPA.). 44p. (J). 24.99 *(978-84-9142-113-9(0))* Algar Editorial, Feditres, S.L. ESP. Dist: Lectorum Pubns., Inc.

Los Animales Del Bosque. Alexia Romatif. 2019. (SPA.). 44p. (J). (gr. 3-5). 24.99 *(978-84-9142-157-3(2))* Algar Editorial, Feditres, S.L. ESP. Dist: Lectorum Pubns., Inc.

Los Animales Del Mar. Alexia Romatif. 2019. (SPA.). 40p. (J). 24.99 *(978-84-9142-114-6(9))* Algar Editorial, Feditres, S.L. ESP. Dist: Lectorum Pubns., Inc.

Los Animales en Mi Cerebro: Una Guía de niños para Entender y Controlar Sus Comportamientos. Sarah Joseph. Tr. by Julie Morgan. Illus. by Rachel Griffiths. 2020. (SPA.). 34p. (J). pap. *(978-1-9994994-5-7(X))* & Bks.

Los Animales Me Hacen Feliz: Un Libro Del Abecedario. America Hispanic Consulting Group. Illus. by Leonard Filgate. 2016. (SPA.). (J). pap. 12.00 *(978-0-9978819-3-6(3))* America Hispanic Consulting Group Inc.

¿Los Animales Se Comunican? / ¿Do They Talk? Eom Hye Suk. Illus. by Kim Do Yeon. 2018. (Click Click: Ciencia Básica / Basic Science Ser.). (SPA.). 40p. (J). (gr. 3-7). pap. 16.99 *(978-1-949061-46-8(9)*, Altea) Penguin Random House Grupo Editorial ESP. Dist: Penguin Random Hse. LLC.

Los Animales Se Esconden: Leveled Reader Book 36 Level B 6 Pack. Hmh Hmh. 2021. (SPA.). 16p. (J). pap. 74.40 *(978-0-358-08164-7(5))* Houghton Mifflin Harcourt Publishing Co.

Los Animales Son Deliciosos (Animals Are Delicious) (Spanish Edition) Sarah Hutt. 2016. (SPA.). 48p. (J). (gr. -1 — 1). 19.95 *(978-0-7148-7169-1(9))* Phaidon Pr., Inc.

Los Animales Viven Aquí (Animals Live Here) (Set Of 6) Connor Stratton. 2023. (Los Animales Viven Aquí (Animals Live Here) Ser.). (SPA.). (J). (gr. k-1). pap. 53.70 *(978-1-64619-722-4(4))*; lib. bdg. 171.00 *(978-1-64619-690-6(2))* Little Blue Hse. (Little Blue Readers).

Los Arboles. Judy Kentor Schmauss. 2016. (Early Rising Readers Ser.). (SPA.). 16p. (J). (gr. 1). 6.67 *(978-1-4788-4192-0(3))* Newmark Learning LLC.

Los árboles - 6 Pack. Judy Kentor Schmauss. 2016. (Early Rising Readers Ser.). (SPA.). (J). (gr. 1). 40.00 net. *(978-1-4788-4771-7(9))* Newmark Learning LLC.

Los Armadillos. Aaron Carr. 2016. (Animales en Mi Patio Ser.). (SPA.). 24p. (J). pap. 31.41 *(978-1-4896-4246-2(3))* Weigl Pubs., Inc.

Los Armadillos. Jill Sherman. 2018. (Animales Norteamericanos Ser.). (SPA.). 24p. (J). (gr. 1-4). lib. bdg. *(978-1-68151-619-6(5)*, 15227) Amicus.

Los Arrecifes de Coral. Alexis Roumanis. 2016. (Explorando Los Ecosistemas Ser.). (SPA.). 24p. (J). pap. 31.41 *(978-1-4896-4306-3(0))* Weigl Pubs., Inc.

Los Asentamientos y la Expansión de la Frontera (Homesteading & Settling the Frontier), 1 vol. Alison Morretta. Tr. by Christina Green. 2017. (Fuentes Primarias de la Expansión Hacia el Oeste (Primary Sources of Westward Expansion) Ser.). (SPA.). 64p. (gr. 6-6). lib. bdg. 35.93 *(978-1-5026-2897-8(X)*, 8db95d58-0187-459d-85a8-19889dd8173f) Cavendish Square Publishing LLC.

Los Autobuses Escolares. Quinn M. Arnold. 2019. (Semillas Del Saber Ser.). (SPA.). 24p. (J). (gr. -1-k). *(978-1-64026-108-2(7)*, 18837) Creative Co., The.

Los Avatares de Bacadh. M. Di Turi. 2020. (SPA.). 56p. (J). pap. 11.00 *(978-1-62375-174-6(8))* MQuills Publishing.

Los Aviones. Wendy Strobel Dieker. 2019. (Máquinas Poderosas Ser.). (SPA.). 16p. (J). (gr. -1-2). *(978-1-68151-883-1(X)*, 10828) Amicus.

Los Baltimore Ravens. Michael E. Goodman. 2022. (Creative Sports: Campeones Del Super Bowl Ser.). (SPA.). 24p. (J). (gr. 2-5). pap. 10.99 *(978-1-68277-203-4(9)*, 22811, Creative Paperbacks) Creative Co., The.

Los Bandidos de Rio Frio. Manuel Payno. 2018. (SPA.). 96p. (YA). (gr. 8-12). pap. 6.95 *(978-607-453-392-7(X))* Selector, S.A. de C.V. MEX. Dist: Spanish Pubs., LLC.

Los Barcos de Rescate. Lori Dittmer. 2019. (Increíbles Vehículos de Rescate Ser.). (SPA.). 24p. (J). (gr. 1-4). *(978-1-64026-106-8(0)*, 18734) Creative Co., The.

Los Barquitos Dragón: Leveled Reader Book 1 Level I 6 Pack. Hmh Hmh. 2021. (SPA.). 16p. (J). pap. 74.40 *(978-0-358-08307-8(9))* Houghton Mifflin Harcourt Publishing Co.

Los Bastardos Reales. Andrew Shvarts. 2018. (SPA.). 464p. (YA). (gr. 9-12). pap. 23.99 *(978-84-17390-01-3(4))* Editorial Hidra ESP. Dist: Lectorum Pubns., Inc.

Los Bibliotecarios. Jared Siemens. 2016. (Gente de Mi Comunidad Ser.). (SPA.). 24p. (J). pap. 31.41 *(978-1-4896-4426-8(1))* Weigl Pubs., Inc.

Los Bindis de Bindu (Spanish Edition) Supriya Kelkar. Illus. by Parvati Pillai. 2023. 28p. (J). (gr. k-3). 8.99 ***(978-1-4549-5075-2(7)***, Union Square Pr.) Sterling Publishing Co., Inc.

Los Bloques Salen de Noche/the Blocks Come Out at Night (Spanish) Javier Garay. Illus. by Keenan Hopson. 2019. (Los Bloques / the Blocks Bks.: Vol. 1). (SPA.). 34p. (J). (gr. k-3). 18.99 *(978-1-7335441-3-9(5))*; pap. 9.99 *(978-1-7335441-4-6(3))* Gil Harp Bks.

Los Bloques Se Pierden en la India/the Blocks Get Lost in India (Spanish) Javier Garay. Illus. by Keenan Hopson. 2022. (Los Bloques / the Blocks Bks.: Vol. 1). (SPA.). 34p. (J). 18.99 *(978-1-7335441-9-1(4))*; pap. 9.99 *(978-1-956990-00-3(3))* Gil Harp Bks.

Los Bolsillos Saltarines see Wiggling Pockets/Los Bolsillos Saltarines: Bilingual English-Spanish

Los Bomberos. Nick Rebman. 2017. (Colaboradores de la Comunidad Ser.). (SPA.). 16p. (J). (gr. -1-2). pap. 7.95 *(978-1-68320-117-5(5)*, 16937) RiverStream Publishing.

Los Bomberos. Jared Siemens. 2016. (Gente de Mi Comunidad Ser.). (SPA.). 24p. (J). pap. 31.41 *(978-1-4896-4423-7(7))* Weigl Pubs., Inc.

Los Boogies y Los Woogies. Marianne Reed. 2023. (SPA.). 32p. (J). pap. 14.95 ***(978-1-954396-38-8(4))*** Barringer Publishing.

Los Bosques Boreales. Patricia Miller-Schroeder. 2016. (Los Biomas Del Mundo Ser.). (SPA.). 32p. (J). lib. bdg. 22.99 *(978-1-5105-2457-6(6))* SmartBook Media, Inc.

Los Bosques Caducifolios. Jennifer Hurtig. 2016. (Los Biomas Del Mundo Ser.). (SPA.). 32p. (J). lib. bdg. 24.99 *(978-1-5105-2459-0(2))* SmartBook Media, Inc.

Los Bosques Caducifolios. John Willis. 2018. (Los Hábitats Ser.). (SPA.). 24p. (J). lib. bdg. 23.99 *(978-1-5105-3352-3(4))* SmartBook Media, Inc.

Los Búhos Bebé: Leveled Reader Book 59 Level C 6 Pack. Hmh Hmh. 2021. (SPA.). 16p. (J). pap. 74.40 *(978-0-358-08187-6(4))* Houghton Mifflin Harcourt Publishing Co.

Los Caballos. Jared Siemens. 2017. (¿quién Vive en la Granja? Ser.). (SPA.). 24p. (J). lib. bdg. 22.99 *(978-1-5105-2371-5(5))* SmartBook Media, Inc.

Los Caballos de Los Presidentes. Grace Hansen. 2022. (Mascotas Presidenciales Ser.). (SPA.). 24p. (J). (gr. -1-2). lib. bdg. 31.36 *(978-1-0982-6521-2(1)*, 40987, Abdo Kids) ABDO Publishing Co.

Los Cachorros. Xist Publishing. 2018. (Xist Kids Spanish Bks.). (SPA., Illus.). 28p. (J). (gr. -1-3). pap. 9.99 *(978-1-5324-0776-5(9))* Xist Publishing.

Los Cachorros de Puccini. Nancy Hahn. 2017. (SPA., Illus.). (J). pap. 14.99 *(978-1-61813-260-4(1))* eBooks2go Inc.

Los Cachorros de Puccini 2. Nancy Hahn. 2017. (SPA., Illus.). (J). pap. 14.99 *(978-1-61813-265-9(2))* eBooks2go Inc.

Los Caimanes Comen. Lucía M. Sánchez & Kristina Rupp. 2017. (1V Animales Ser.). (SPA., Illus.). 28p. (J). pap. 9.60 *(978-1-63437-676-1(5))* American Reading Co.

Los Calcetines de la Suerte: Leveled Reader Book 37 Level K 6 Pack. Hmh Hmh. 2020. (SPA.). 16p. (J). pap. 74.40 *(978-0-358-08348-1(6))* Houghton Mifflin Harcourt Publishing Co.

Los Calzoncillos Maleficos. Aaron Reynolds. 2018. (SPA.). 40p. (J). 19.95 *(978-84-9145-087-0(4)*, Picarona Editorial) Ediciones Obelisco ESP. Dist: Spanish Pubs., LLC.

Los Cambios Lentos de la Tierra: Set of 6 Common Core Edition. Melissa McDaniel & Benchmark Education Company, LLC Staff. 2016. (Navigators Ser.). (SPA.). (J). (gr. 4). 58.00 net. *(978-1-5125-0812-3(8))* Benchmark Education Co.

Los Cambios Rápidos de la Tierra: Set of 6 Common Core Edition. Erin Fry & Benchmark Education Company, LLC Staff. 2016. (Navigators Ser.). (SPA.). (J). (gr. 4). 58.00 net. *(978-1-5125-0813-0(6))* Benchmark Education Co.

Los Caminos Más Fantásticos Del Mundo: Leveled Reader Book 56 Level R 6 Pack. Hmh Hmh. 2021. (SPA.). 32p. (J). pap. 74.40 *(978-0-358-08536-2(5))* Houghton Mifflin Harcourt Publishing Co.

Los Camiones see My First Bilingual Trucks

Los Camiones Cisterna. Wendy Strobel Dieker. 2018. (Máquinas Poderosas Ser.). (SPA.). 16p. (J). (gr. -1-2). *(978-1-68151-608-0(X)*, 15216) Amicus.

Los Camiones de Basura. Aaron Carr. 2016. (Máquinas Poderosas Ser.). (SPA.). 24p. (J). pap. 31.41 *(978-1-4896-4408-4(3))* Weigl Pubs., Inc.

Los Camiones de Basura. Wendy Strobel Dieker. 2018. (Máquinas Poderosas Ser.). (SPA.). 16p. (J). (gr. -1-2). lib. bdg. *(978-1-68151-606-6(3)*, 15214) Amicus.

Los Camiones de Bomberos. Aaron Carr. 2016. (Máquinas Poderosas Ser.). (SPA.). 24p. (J). pap. 31.41 *(978-1-4896-4405-3(9))* Weigl Pubs., Inc.

Los Camiones de Bomberos. Wendy Strobel Dieker. 2018. (Máquinas Poderosas Ser.). (SPA.). 16p. (J). (gr. -1-2). lib. bdg. *(978-1-68151-605-9(5)*, 15213) Amicus.

Los Camiones de Bomberos. Lori Dittmer. 2019. (Increíbles Vehículos de Rescate Ser.). (SPA.). 24p. (J). (gr. 1-4). *(978-1-64026-104-4(4)*, 18730) Creative Co., The.

Los Camiones de Bomberos de Color Rosado see Pink Fire Trucks

Los Camiones de Remolque. Wendy Strobel Dieker. 2018. (Máquinas Poderosas Ser.). (SPA.). 16p. (J). (gr. -1-2). *(978-1-68151-609-7(8)*, 15217) Amicus.

Los Camiones Grandes. Wendy Strobel Dieker. 2018. (Máquinas Poderosas Ser.). (SPA.). 16p. (J). (gr. -1-2). lib. bdg. *(978-1-68151-604-2(7)*, 15212) Amicus.

Los Camiones Volquetes (Dump Trucks) Mari Schuh. 2017. (Spot Mighty Machines Ser.). (ENG & SPA., Illus.). 16p. (J). (gr. k-3). 17.95 *(978-1-68151-268-6(8)*, Amicus Readers) Amicus Learning.

Los Canones. Sara Gilbert. 2018. (¡Viva la Tierra! Ser.). (SPA.). 24p. (J). (gr. 1-4). *(978-1-60818-941-0(4)*, 19593, Creative Education) Creative Co., The.

Los Carnívoros. Heather C. Hudak. 2016. (Cadena Alimentaria de la Naturaleza 2017 Ser.). (SPA.). 24p. (J). lib. bdg. 22.99 *(978-1-5105-2435-4(5))* SmartBook Media, Inc.

Los Casagrandes: el Caso Del Pastel Desaparecido (the Casagrandes: Case of the Missing Cake) Daniel Mauleon. 2022.Tr. of the Casagrandes: Case of the Missing Cake. (SPA.). 128p. (J). (gr. 2-5). pap. 6.99 *(978-1-338-83085-9(6)*, Scholastic en Espanol) Scholastic, Inc.

Los Casos de Chelo Gómez. Orlando. Ortiz. 2019. (SPA.). 93p. (J). (gr. 2-4). 18.00 *(978-607-9409-51-7(8))* Malpaso Ediciones SL ESP. Dist: Independent Pubs. Group.

Los Castores y Sus Madrigueras. Elizabeth Raum. Illus. by Romina Martí. 2018. (SPA.). 24p. (J). lib. bdg. *(978-1-68151-278-5(5))* Amicus Learning.

Los Cavernícolas de Arriba. Flor Aguilera. 2022. (SPA.). 136p. (J). pap. 9.95 *(978-607-07-8617-4(3))* Editorial Planeta, S. A. ESP. Dist: Two Rivers Distribution.

Los Cazadores de la Isla see Island Hunters Book II: Trail of the Tomb Robbers

Los Cerdos. Jared Siemens. 2017. (¿quién Vive en la Granja? Ser.). (SPA.). 24p. (J). lib. bdg. 22.99 *(978-1-5105-2372-2(3))* SmartBook Media, Inc.

Los Cerritos: A Romance of the Modern Time (Classic Reprint) Gertrude Franklin Atherton. 2017. (ENG., Illus.). (J). 30.25 *(978-0-260-57272-1(1))* Forgotten Bks.

Los Chaparrales. Michael de Medeiros. 2017. (Los Biomas Del Mundo Ser.). (SPA.). 32p. (J). lib. bdg. 22.99 *(978-1-5105-2402-6(9))* SmartBook Media, Inc.

Los Chicago Bears. Michael E. Goodman. 2022. (Creative Sports: Campeones Del Super Bowl Ser.). (SPA.). 24p. (J). (gr. 2-5). pap. 10.99 *(978-1-68277-204-1(7)*, 22815, Creative Paperbacks) Creative Co., The.

Los Chicos Del Hambre. David Arnold. 2018. (SPA.). 352p. (YA). (gr. 9-12). pap. 15.99 *(978-607-7547-96-9(4))* V&R Editoras.

Los Chicos Del Vagon de Carga (the Boxcar Children) Gertrude Chandler Warner. ed. 2016. (Boxcar Children Ser.: 1). (SPA.). (J). lib. bdg. 16.00 *(978-0-606-40332-0(9))* Turtleback.

Los Chicos Fantasmas (Ghost Boys Spanish Edition) Jewell Parker Rhodes. 2022. (SPA.). 240p. (J). (gr. 5-17). pap. 7.99 *(978-0-316-40821-9(2))* Little, Brown Bks. for Young Readers.

Los Cíclopes. Mireya Fonseca. 2018. (SPA.). 36p. (J). (gr. 2-4). pap. 12.99 *(978-958-30-2546-4(1))* Panamericana Editorial COL. Dist: Lectorum Pubns., Inc.

Los Ciclos de la Vida (Life Cycles) Todo, Desde el Principio Hasta el Final. DK. 2021. (DK Life Cycles Ser.). (SPA.). 144p. (J). (gr. 2-4). 19.99 *(978-0-7440-4025-8(6)*, DK Children) Dorling Kindersley Publishing, Inc.

Los Ciclos de Vida — Las Mariposas. Maria Koran. 2018. (Eyediscover Ser.). (SPA.). 24p. (J). lib. bdg. 31.41 *(978-1-4896-8217-8(1))* Weigl Pubs., Inc.

Los Ciclos de Vida — Las Ranas. Maria Koran. 2018. (Eyediscover Ser.). (SPA.). 24p. (J). lib. bdg. 31.41 *(978-1-4896-8221-5(X))* Weigl Pubs., Inc.

Los Ciclos de Vida — Los Pollos. Maria Koran. 2018. (Eyediscover Ser.). (SPA.). 24p. (J). lib. bdg. 31.41 *(978-1-4896-8219-2(8))* Weigl Pubs., Inc.

Los Ciclos de Vida de Las Aves (Bird Life Cycles), 1 vol. Bray Jacobson. Tr. by Alberto Jiménez. 2017. (Veamos Los Ciclos de Vida (a Look at Life Cycles) Ser.). (SPA.). 32p. (J). (gr. 2-2). pap. 11.50 *(978-1-5382-1570-8(5)*, 98db1702-9620-4d46-9134-c3837405dc80); lib. bdg. 28.27 *(978-1-5382-1525-8(X)*, 431a8a96-741f-4b94-9c84-6e163db3347d) Stevens, Gareth Publishing LLLP.

Los Ciclos de Vida de Los Anfibios (Amphibian Life Cycles), 1 vol. Bray Jacobson. Tr. by Alberto Jiménez. 2017. (Veamos Los Ciclos de Vida (a Look at Life Cycles) Ser.). (SPA.). 32p. (J). (gr. 2-2). pap. 11.50 *(978-1-5382-1571-5(3)*, 3a6b1b07-6571-4366-b910-bc7900f8308d); lib. bdg. 28.27 *(978-1-5382-1526-5(8)*, c3349166-58ca-42c1-a94a-46c554c62791) Stevens, Gareth Publishing LLLP.

Los Ciclos de Vida de Los Insectos (Insect Life Cycles), 1 vol. Bray Jacobson. Tr. by Alberto Jiménez. 2017. (Veamos Los Ciclos de Vida (a Look at Life Cycles) Ser.). (SPA.). 32p. (J). (gr. 2-2). pap. 11.50 *(978-1-5382-1569-2(1)*, a3449948-d635-417a-966f-a884802ab9ed); lib. bdg. 28.27 *(978-1-5382-1524-1(1)*, 0885e2a4-0953-4e57-b8a3-286b17411785) Stevens, Gareth Publishing LLLP.

Los Ciclos de Vida de Los Mamíferos (Mammal Life Cycles), 1 vol. Bray Jacobson. Tr. by Alberto Jiménez. 2017. (Veamos Los Ciclos de Vida (a Look at Life Cycles) Ser.). (SPA.). 32p. (J). (gr. 2-2). pap. 11.50 *(978-1-5382-1568-5(3)*, f15a1827-80f4-447f-966b-fd96e5409899); lib. bdg. 28.27 *(978-1-5382-1523-4(3)*, 35743408-4ddf-4cc3-9899-fe0169b8958a) Stevens, Gareth Publishing LLLP.

Los Ciclos de Vida de Los Peces (Fish Life Cycles), 1 vol. Bray Jacobson. Tr. by Alberto Jiménez. 2017. (Veamos Los Ciclos de Vida (a Look at Life Cycles) Ser.). (SPA.). 32p. (J). (gr. 2-2). pap. 11.50 *(978-1-5382-1567-8(5)*, ac7a9ee5-da25-4821-bd0b-b24c20153770); lib. bdg. 28.27 *(978-1-5382-1522-7(5)*, 944c447b-e480-4654-b293-75612bacd391) Stevens, Gareth Publishing LLLP.

Los Ciclos de Vida de Los Reptiles (Reptile Life Cycles), 1 vol. Bray Jacobson. Tr. by Alberto Jiménez. 2017. (Veamos Los Ciclos de Vida (a Look at Life Cycles) Ser.). (SPA.). 32p. (J). (gr. 2-2). pap. 11.50 *(978-1-5382-1566-1(7)*, 95013610-916e-42b5-8d39-dab04af68638); lib. bdg. 28.27 *(978-1-5382-1521-0(7)*, 4de6ad1d-6535-4d6b-a93a-37e5760e4f4e) Stevens, Gareth Publishing LLLP.

Los Ciempiés. Gail Radley. 2019. (Criaturas Rastreras Ser.). (SPA., Illus.). 32p. (J). (gr. 4-6). lib. bdg. *(978-1-62310-198-5(0)*, 12840, Bolt) Black Rabbit Bks.

Los Cientos de Hiyabs de Hana. Razeena Omar Gutta. Illus. by Manal Mirza. 2023. (SPA.). 24p. (J). (gr. -1-4). pap. 9.99 Barefoot Bks., Inc.

Los Cinco Colección de Aventuras. Enid Blyton. 2021. (SPA.). 238p. (J). (gr. 2-4). pap. 25.99 *(978-84-261-4731-8(3))* Juventud, Editorial ESP. Dist: Lectorum Pubns., Inc.

Los Cinco Guantes. Vivian Mansour Manzur. Illus. by Margarita Sada. 2019. (Torre Azul Ser.). (SPA.). 128p. (J). pap. *(978-607-722-129-6(5))* Norma Ediciones, S.A.

Los Cinco Sentidos: Leveled Reader Book 9 Level C 6 Pack. Hmh Hmh. 2021. (SPA.). 16p. (J). pap. 74.40 *(978-0-358-08225-5(0))* Houghton Mifflin Harcourt Publishing Co.

Los Clones Ninja / Ninja Clones. Anh Do. 2022. (Ninja Kid Ser.: 5). (SPA.). 192p. (J). (gr. 2-5). pap. 12.95 *(978-607-38-1069-2(5))* Penguin Random House Grupo Editorial ESP. Dist: Penguin Random Hse. LLC.

Los Coches de Carreras. Wendy Strobel Dieker. 2019. (Máquinas Poderosas Ser.). (SPA.). 16p. (J). (gr. -1-2). *(978-1-68151-886-2(4)*, 10831) Amicus.

Los Cocodrilos. Mary Ellen Klukow. 2019. (Animales Africanos Ser.). (SPA.). 16p. (J). (gr. -1-2). *(978-1-68151-876-3(7)*, 10821) Amicus.

Los Colores see My First Bilingual Colors

Los Colores: Tralalarte. Sandrine Andrews. 2021. (Primeras Travesías Ser.). (SPA.). 10p. (J). (— 1). bds. 13.50 *(978-607-557-006-8(3))* Editorial Oceano de Mexico MEX. Dist: Independent Pubs. Group.

Los Colores de la Amistad (Bilingual) Gaby Martínez Huesca. Illus. by Gaby Martínez Huesca. 2022. (SPA.). 26p. (J). 20.95 (978-1-63765-348-7(4)); pap. 13.95 (978-1-63765-346-3(8)) Halo Publishing International.

Los Colores de la Primavera. Tweedy. 2021. (SPA.). 44p. (J). pap. 14.99 (978-1-943960-84-2(4)) Kodzo Bks.

Los Colores Del Dia. Tweedy. 2021. (SPA.). 44p. (J). pap. 14.99 (978-1-943960-82-8(8)) Kodzo Bks.

Los Colores Del Invierno. Tweedy. Illus. by Tweedy. 2021. (ENG.). 44p. (J). pap. 14.99 (978-1-943960-72-9(0)) Kodzo Bks.

Los Colores Del Otoño. Tweedy. 2021. (SPA.). 44p. (J). pap. 14.99 (978-1-943960-86-6(0)) Kodzo Bks.

Los colores y el el Número 3 see Colors & the Number 3/Los Colores y el Número 3

Los colores y el Número 2 see Colors & the Number 2/Los Colores y el Número 2

Los colores y el Número 4 see Colors & the Number 4/Los colores y el Número 4

Los colores y el Número 5 see Colors & the Number 5/Los colores y el Número 5

Los colores y el Número 6 see Colors & the Number 6/Los colores y el Número 6

Los colores y el Número 7 see Colors & the Number 7/Los Colores y el Número 7

Los colores y el Número 8 see Colors & the Number 8/Los Colores y el Número 8

Los colores y el Número 9 see Colors & the Number 9/Los Colores y el Número 9

Los Colores y las Figuras see Colors & Shapes

Los Comienzos de la Economía de EE. UU: Set of 6 Common Core Edition. Christian Garcia & Benchmark Education Company, LLC Staff. 2016. (Navigators Ser.). (SPA.). (J). (gr. 5). 58.00 net. (978-1-5125-0814-7(4)) Benchmark Education Co.

Los Compañeros de Básquetbol. Elliott Smith. Illus. by Katie Kear. 2023. (Historias Deportivas para Niños Ser.). (SPA.). 32p. (J). 21.32 (978-1-4846-7322-5(0), 246169); pap. 6.99 (978-1-4846-7330-0(1), 246171) Capstone. (Picture Window Bks.).

Los Compas Escapan de la Prisión. El Trollino El Trollino et al. 2019. (SPA.). 224p. (J). pap. 9.95 (978-607-07-6256-7(8)) Editorial Planeta, S. A. ESP. Dist: Two Rivers Distribution.

Los Compas Perdidos en el Espacio. Mikecrack Mikecrack et al. 2022. (Los Compas Ser.: 5). (SPA.). 224p. (J). pap. 13.95 (978-607-07-7628-1(3)) Editorial Planeta, S. A. ESP. Dist: Two Rivers Distribution.

Los Compas y el Diamantito Legendario. Mikecrack Mikecrack et al. 2019. (SPA.). 240p. (YA). pap. 14.95 (978-607-07-5604-7(5)) Editorial Planeta, S. A. ESP. Dist: Two Rivers Distribution.

Los Compas y la Entidad. Exe. Mikecrack Mikecrack et al. 2022. (SPA.). 224p. (J). pap. 14.95 (978-607-07-8147-6(3)) Editorial Planeta, S. A. ESP. Dist: Two Rivers Distribution.

Los Compas y la Maldición de Mikecrack. Mikecrack Mikecrack et al. 2021. (SPA.). 224p. (J). pap. 14.95 (978-607-07-7272-6(5)) Editorial Planeta, S. A. ESP. Dist: Two Rivers Distribution.

Los Conejos. Lori Dittmer. 2018. (Semillas Del Saber Ser.). (SPA.). 24p. (J). (gr. -1-k). lib. bdg. (978-1-64026-093-1(5), 19953, Creative Education) Creative Co., The.

Los Coquies aun Cantan: Un Cuento Sobre Hogar, Esperanza y Reconstruccion. Karina Nicole Gonzalez. Tr. by Amparo Ortiz from ENG. Illus. by Krystal Quiles. 2022. (SPA.). 40p. (J). 18.99 (978-1-250-78858-0(7), 900237851) Roaring Brook Pr.

Los Cristales. Helen Lepp Friesen. 2016. (Ciencia de Las Rocas Ser.). (SPA.). 24p. (J). lib. bdg. 24.99 (978-1-5105-2441-5(X)) SmartBook Media, Inc.

Los Cruceros. Aaron Carr. 2016. (Máquinas Poderosas Ser.). (SPA.). 24p. (J). pap. 31.41 (978-1-4896-4402-2(4)) Weigl Pubs., Inc.

Los Cuatro Vientos: Leveled Reader Card Book 79 Level Q 6 Pack. Hmh Hmh. 2021. (SPA.). (J). pap. 74.40 (978-0-358-08473-0(3)) Houghton Mifflin Harcourt Publishing Co.

Los Cuentos Del Rescate Del Gatito. Vicky Alhadeff & Katherine Napper. Illus. by Anja Kolenko. 2017. (SPA.). (J). (gr. 1-6). pap. (978-1-9998608-2-0(9)) Generation 2050.

Los Cuerpos Son Geniales. Tyler Feder. Tr. by Aurora Humaran from ENG. 2023. (SPA.). 32p. (J). (-k). 18.99 (978-0-593-61750-2(9), Rocky Pond Bks.) Penguin Young Readers Group.

Los Dallas Cowboys. Michael E. Goodman. 2022. (Creative Sports: Campeones Del Super Bowl Ser.). (SPA.). 24p. (J). (gr. 2-5). pap. 10.99 (978-1-68277-205-8(5), 22819, Creative Paperbacks) Creative Co., The.

Los Dálmatas. Mary Ellen Klukow. 2019. (Razas de Perros Favoritas Ser.). (SPA.). 24p. (J). (gr. 1-4). (978-1-68151-889-3(9), 10834) Amicus.

Los Dentistas. Quinn M. Arnold. 2017. (Semillas Del Saber Ser.). (SPA.). 24p. (J). (gr. -1-k). (978-1-60818-928-1(7), 20421, Creative Education) Creative Co., The.

Los Dentistas. Nick Rebman. 2017. (Colaboradores de la Comunidad Ser.). (SPA.). 16p. (J). (gr. -1-2). pap. 7.95 (978-1-68320-116-8(7), 16936) RiverStream Publishing.

Los Denver Broncos. Michael E. Goodman. 2022. (Creative Sports: Campeones Del Super Bowl Ser.). (SPA.). 24p. (J). (gr. 2-5). pap. 10.99 (978-1-68277-206-5(3), 22823, Creative Paperbacks) Creative Co., The.

Los Deportes de Combate. M. K. Osborne. 2020. (Deportes Olímpicos de Verano Ser.). (SPA.). 32p. (J). (gr. 2-5). lib. bdg. (978-1-68151-896-1(1), 10706) Amicus.

Los Derrumbes. Sara Gilbert. 2018. (¡Viva la Tierra! Ser.). (SPA.). 24p. (J). (gr. 1-4). (978-1-60818-945-8(7), 19595, Creative Education) Creative Co., The.

Los Descomponedores. Megan Lappi. 2016. (Cadena Alimentaria de la Naturaleza 2017 Ser.). (SPA.). 24p. (J). lib. bdg. 22.99 (978-1-5105-2436-1(3)) SmartBook Media, Inc.

Los Deseos de Carmela. Matt de la Peña. Illus. by Christian Robinson. 2018. 40p. (J). (gr. -1-3). 18.99 (978-0-525-51870-9(3), G.P. Putnam's Sons Books for Young Readers) Penguin Young Readers Group.

Los Desiertos. Erinn Banting. 2016. (Los Biomas Del Mundo Ser.). (SPA.). 32p. (J). lib. bdg. 22.99 (978-1-5105-2460-6(6)) SmartBook Media, Inc.

Los Desiertos. Alexis Roumanis. 2018. (Los Hábitats Ser.). (SPA.). 24p. (J). lib. bdg. 23.99 (978-1-5105-3350-9(8)) SmartBook Media, Inc.

Los Desiertos. Alexis Roumanis. 2016. (Explorando Los Ecosistemas Ser.). (SPA.). 24p. (J). pap. 31.41 (978-1-4896-4309-4(5)) Weigl Pubs., Inc.

Los Devoradores de Libros. Sunyi Dean. 2023. (SPA.). 496p. (YA). pap. 25.00 (978-607-557-701-2(7)) Editorial Oceano de Mexico MEX. Dist: Independent Pubs. Group.

Los Diamantes Del Cielo. Yanitzia Canetti. Illus. by Patricia Yuste. 2017. (Rising Readers Ser.). (SPA.). (J). (gr. 1). 5.83 (978-1-4788-2718-4(1)) Newmark Learning LLC.

Los Diamantes Del Cielo: Set of 6 Common Core Edition. Yanitzia Canetti & Newmark Learning, LLC. 2017. (Rising Readers Ser.). (SPA.). (J). (gr. 1). 38.00 (978-1-4788-2887-7(0)) Newmark Learning LLC.

Los Diarios Secretos de Las Chicas (in)completas. Miguel Mendoza Luna. 2018. (SPA.). 304p. (YA). (gr. 9-12). pap. 18.99 (978-958-30-5718-2(5)) Panamericana Editorial COL. Dist: Lectorum Pubns., Inc.

Los días de Yucatán. Sagrario Pinto Martín. 2018. (SPA.). 184p. (J). (gr. 5-8). pap. 15.99 (978-84-140-1537-7(9)) Vives, Luis Editorial (Edelvives) ESP. Dist: Lectorum Pubns., Inc.

Los Dinosaurios Blindados: Clasificación Por Velocidad, Fuerza e Inteligencia. Mark Weakland. 2019. (Dinosaurios Por Diseño Ser.). (SPA., Illus.). 32p. (J). (gr. 4-6). 34.25 (978-1-62310-204-3(9), 12858, Bolt) Black Rabbit Bks.

Los Dinosaurios Carnívoros de Dos Patas: Clasificación Por Velocidad, Fuerza e Inteligencia. Mark Weakland. 2019. (Dinosaurios Por Diseño Ser.). (SPA.). 32p. (J). (gr. 4-6). lib. bdg. (978-1-62310-209-8(X), 12873, Bolt) Black Rabbit Bks.

Los Dinosaurios con Cuernos: Clasificación Por Velocidad, Fuerza e Inteligencia. Mark Weakland. 2019. (Dinosaurios Por Diseño Ser.). (SPA.). 32p. (J). (gr. 4-6). lib. bdg. (978-1-62310-207-4(3), 12867, Bolt) Black Rabbit Bks.

Los Dinosaurios de Cuello Largo: Clasificación Por Velocidad, Fuerza e Inteligencia. Mark Weakland. 2019. (Dinosaurios Por Diseño Ser.). (SPA.). 32p. (J). (gr. 4-6). lib. bdg. (978-1-62310-208-1(1), 12870, Bolt) Black Rabbit Bks.

Los Dinosaurios Pico de Pato: Clasificación Por Velocidad, Fuerza e Inteligencia. Mark Weakland. 2019. (Dinosaurios Por Diseño Ser.). (SPA.). 32p. (J). (gr. 4-6). 34.25 (978-1-62310-205-0(7), 12861, Bolt) Black Rabbit Bks.

Los Disenos see Patterns

Los Distintos. Monica Montanes. 2020. (SPA.). 52p. (J). (gr. 3-5). 21.99 (978-84-121636-1-2(3)) Ekare, Ediciones VEN. Dist: Lectorum Pubns., Inc.

Los Dos Lobos. Wilfred (Guillermo Gil Schröder). 2019. (SPA.). 40p. (J). (gr. k-2). pap. 17.95 (978-84-17440-10-7(0)) Akiara Bks. ESP. Dist: Independent Pubs. Group.

Los Duendes de Las Horas. Margarita Londono. Illus. by Anita Magaldi. 2019. (Torre Roja Ser.). (SPA.). 55p. (J). pap. (978-958-8774-15-2(2)) Norma Ediciones, S.A.

Los Edificios. Nick Rebman. 2017. (Mi Mundo Ser.). (SPA.). 16p. (J). (gr. -1-2). pap. 7.95 (978-1-68320-125-0(6), 16957) RiverStream Publishing.

Los Elefantes. Mary Ellen Klukow. 2019. (Animales Africanos Ser.). (SPA.). 16p. (J). (gr. -1-2). (978-1-68151-877-0(5), 10822) Amicus.

Los Elefantes No Son Artistas. William Hart & Dinton Law. Tr. by Jaden Turley. 2023. (SPA.). 36p. (J). pap. 12.99 (978-1-958302-11-8(2)) Lawley Enterprises.

Los Embrollos de Winnie y Wilbur. 8 Historias (Nueva Edición) Korky Paul & Laura Owen. 2017. (Mundo de Winnie Ser.). (SPA.). 172p. (J). (gr. k-2). pap. 17.95 (978-607-527-093-7(0)) Editorial Oceano de Mexico MEX. Dist: Independent Pubs. Group.

Los Enfermeros. Quinn M. Arnold. 2017. (Semillas Del Saber Ser.). (SPA.). 24p. (J). (gr. -1-k). (978-1-60818-930-4(9), 20423, Creative Education) Creative Co., The.

¡Los Erizos PUEDEN Saltar! Teri Bergens. 2018. (SPA.). 36p. (J). pap. (978-0-359-14372-6(5)) Lulu Pr., Inc.

Los Escorpiones. Lyn Sirota. 2019. (Criaturas Rastreras Ser.). (SPA., Illus.). 32p. (J). (gr. 4-6). lib. bdg. (978-1-62310-201-2(4), 12849, Bolt) Black Rabbit Bks.

Los Estados de la Materia — Los Gases. Maria Koran. 2018. (Eyediscover Ser.). (SPA.). 24p. (J). lib. bdg. 31.41 (978-1-4896-8231-4(7)) Weigl Pubs., Inc.

Los Estados de la Materia — Los Líquidos. Maria Koran. 2018. (Eyediscover Ser.). (SPA.). 24p. (J). lib. bdg. 31.41 (978-1-4896-8233-8(3)) Weigl Pubs., Inc.

Los Estados de la Materia — Los Sólidos. Maria Koran. 2018. (Eyediscover Ser.). (SPA.). 24p. (J). lib. bdg. 31.41 (978-1-4896-8235-2(X)) Weigl Pubs., Inc.

Los Estados Del Medio Oeste: Set of 6 Common Core Edition. Julia Schaffer & Benchmark Education Company, LLC Staff. 2016. (Navigators Ser.). (SPA.). (J). (gr. 4). 58.00 net. (978-1-5125-0815-4(2)) Benchmark Education Co.

Los Eventos Divertidos de la Historia (the Funniest Events in History), 6 vols. 2022. (Los Eventos Divertidos de la Historia (the Funniest Events in History) Ser.). (SPA.). 72p. (J). (gr. 3-4). lib. bdg. 108.81 (978-1-5382-8154-3(6), 9816a983-bb12-4ea6-a9dc-ef88ec54a3d7) Stevens, Gareth Publishing LLLP.

Los Everglades: Leveled Reader Book 43 Level Q 6 Pack. Hmh Hmh. 2021. (SPA.). 32p. (J). pap. 74.40 (978-0-358-08525-6(X)) Houghton Mifflin Harcourt Publishing Co.

Los Exploradores Secretos y la Caída Del Cometa (Secret Explorers Comet Collision) S. J. King. 2023. (Secret Explorers Ser.). (SPA.). 128p. (J). (gr. 2-4). 18.99 (978-0-7440-8917-2(4), DK Children) Dorling Kindersley Publishing, Inc.

Los Exploradores Secretos y Las Ballenas Perdidas (Secret Explorers Lost Whales) S. J. King. 2023. (Secret Explorers Ser.). (SPA.). 128p. (J). (gr. 2-4). 18.99 (978-0-7440-8918-9(2), DK Children) Dorling Kindersley Publishing, Inc.

Los Fantasmas de Fernando. Jaime Alfonso Sandoval. 2018. (a la Orilla Del Viento Ser.). (SPA.). 286p. (J). pap. 9.99 (978-607-16-5851-7(9)) Fondo de Cultura Economica USA.

Los Fantasmas Favoritos de Roald Dahl / Roald Dahl's Book of Ghost Stories. Roald Dahl. 2023. (SPA.). 304p. (J). (gr. 5). pap. 22.95 (978-84-19654-21-2(3)) Blackie Bks. ESP. Dist: Penguin Random Hse. LLC.

Los fantasmas no llaman a la puerta. Eulàlia Canal Iglesias. 2018. (SPA.). (J). (978-84-9845-823-7(4)) Algar Editorial, Feditres, S.L.

Los Felinos de Los Presidentes. Grace Hansen. 2022. (Mascotas Presidenciales Ser.). (SPA.). 24p. (J). (gr. -1-2). lib. bdg. 31.36 (978-1-0982-6518-2(1), 40981, Abdo Kids) ABDO Publishing Co.

Los Fósiles. Megan Lappi. 2018. (Geología Ser.). (SPA.). 24p. (J). lib. bdg. 29.99 (978-1-5105-3450-6(4)) SmartBook Media, Inc.

Los Frijoles Mágicos. Margaret Hillert. Illus. by Farida Zaman. 2018. (Beginning-To-Read Ser.). (SPA.). 32p. (J). (gr. k-2). pap. 13.26 (978-1-68404-239-5(9)) Norwood Hse. Pr.

Los Frijoles Magicos. Margaret Hillert & Eida Del Risco. Illus. by Pharida Jamana. 2018. (BeginningtoRead Ser.). (SPA.). 32p. (J). (gr. -1-2). lib. bdg. 22.60 (978-1-59953-955-3(1)) Norwood Hse. Pr.

Los Frutos Malditos. Nora Z. Wilson. 2021. (SPA.). 512p. (YA). (gr. 7). E-Book 22.00 (978-987-609-769-7(5)) Editorial de Nuevo Extremo S.A. ARG. Dist: Independent Pubs. Group.

Los Gases. Cindy Rodriguez. 2017. (Los Estados de la Materia Ser.). (SPA.). 24p. (J). lib. bdg. 22.99 (978-1-5105-2395-1(2)) SmartBook Media, Inc.

Los Gatos Black on Halloween. Marisa Montes. ed. 2016. (ENG & SPA.). (J). lib. bdg. 18.40 (978-0-606-39564-9(4)) Turtleback.

Los Gaviales (Gavials) Grace Hansen. 2021. (Animales Espeluznantes (Spooky Animals) Ser.).Tr. of Gavials. (SPA.). 24p. (J). (gr. -1-2). lib. bdg. 32.79 (978-1-0982-6072-9(4), 38176, Abdo Kids) ABDO Publishing Co.

Los Geiseres. Sara Gilbert. 2018. (¡Viva la Tierra! Ser.). (SPA.). 24p. (J). (gr. 1-4). (978-1-60818-943-4(0), 19597, Creative Education) Creative Co., The.

Los Glaciares. Sara Gilbert. 2018. (¡Viva la Tierra! Ser.). (SPA.). 24p. (J). (gr. 1-4). (978-1-60818-944-1(9), 19599, Creative Education) Creative Co., The.

Los Glaciares. Christine Webster. 2016. (Agua de la Tierra 2017 Ser.). (SPA.). 24p. (J). (gr. 3-7). lib. bdg. 22.99 (978-1-5105-2429-3(0)) SmartBook Media, Inc.

Los Globos Rojos: Leveled Reader Book 22 Level B 6 Pack. Hmh Hmh. 2021. (SPA.). 16p. (J). pap. 74.40 (978-0-358-08151-7(3)) Houghton Mifflin Harcourt Publishing Co.

Los Golden Retrievers. Mary Ellen Klukow. 2019. (Razas de Perros Favoritas Ser.). (SPA.). 24p. (J). (gr. 1-4). (978-1-68151-890-9(2), 10835) Amicus.

Los Gorilas. Mary Ellen Klukow. 2019. (Animales Africanos Ser.). (SPA.). 16p. (J). (gr. -1-2). (978-1-68151-879-4(1), 10824) Amicus.

Los Gran Daneses. Mary Ellen Klukow. 2019. (Razas de Perros Favoritas Ser.). (SPA.). 24p. (J). (gr. 1-4). (978-1-68151-891-6(0), 10836) Amicus.

Los Grande Planes de Dios para Mi. Rick Warren. 2018. (SPA.). 224p. (J). pap. 14.99 (978-0-7899-2401-8(3)) Editorial Unilit.

Los Grandes Momentos Del Fútbol. Megan Cooley Peterson. 2018. (SPA., Illus.). 31p. (J). lib. bdg. (978-1-68072-568-1(8)) Black Rabbit Bks.

Los Granjeros. Quinn M. Arnold. 2017. (Semillas Del Saber Ser.). (SPA.). 24p. (J). (gr. -1-k). (978-1-60818-929-8(5), 20422, Creative Education) Creative Co., The.

Los Granos Integrales. Samantha Nugent. 2016. (Aprendamos Sobre Los Alimentos Ser.). (SPA.). 24p. (J). pap. 31.41 (978-1-4896-4399-5(0)) Weigl Pubs., Inc.

Los Green Bay Packers. Michael E. Goodman. 2022. (Creative Sports: Campeones Del Super Bowl Ser.). (SPA.). 24p. (J). (gr. 2-5). pap. 10.99 (978-1-68277-207-2(1), 22827, Creative Paperbacks) Creative Co., The.

Los Guepardos. Mary Ellen Klukow. 2019. (Animales Africanos Ser.). (SPA.). 16p. (J). (gr. -1-2). (978-1-68151-875-6(9), 10820) Amicus.

Los Hábitats De África: Set of 6 Common Core Edition. Bernice Rappoport & Benchmark Education Company, LLC Staff. 2016. (Navigators Ser.). (SPA.). (J). (gr. 3). 54.00 net. (978-1-5125-0817-8(9)) Benchmark Education Co.

Los Hábitats de América Del Sur: Set of 6 Common Core Edition. Joaquin Carr & Benchmark Education Company, LLC Staff. 2016. (Navigators Ser.). (SPA.). (J). (gr. 3). 54.00 net. (978-1-5125-0818-5(7)) Benchmark Education Co.

Los Helicópteros. Aaron Carr. 2016. (Máquinas Poderosas Ser.). (SPA.). 24p. (J). pap. 31.41 (978-1-4896-4411-4(3)) Weigl Pubs., Inc.

Los Helicópteros. Wendy Strobel Dieker. 2019. (Máquinas Poderosas Ser.). (SPA.). 16p. (J). (gr. -1-2). (978-1-68151-884-8(8), 10829) Amicus.

Los Helicópteros. Lori Dittmer. 2019. (Increíbles Vehículos de Rescate Ser.). (SPA.). 24p. (J). (gr. 1-4). (978-1-64026-105-1(2), 18732) Creative Co., The.

Los Herbívoros. Jill Foran. 2016. (Cadena Alimentaria de la Naturaleza 2017 Ser.). (SPA.). 24p. (J). lib. bdg. 22.99 (978-1-5105-2437-8(1)) SmartBook Media, Inc.

Los Héroes de la COVID-19 (Heroes of COVID-19) Grace Hansen. 2020. (Coronavirus (the Coronavirus) Ser.). (SPA.). 24p. (J). (gr. -1-2). lib. bdg. 32.79 (978-1-0982-0869-1(2), 36908, Abdo Kids) ABDO Publishing Co.

Los Hijos Del Rey / the Children of the King. Max Lucado. Illus. by Sergio Martinez. 2020. (SPA.). 32p. (J). (gr. k-3). pap. 9.99 (978-1-64473-180-2(0)) Penguin Random House Grupo Editorial ESP. Dist: Penguin Random Hse. LLC.

Los Hipopótamos. Mary Ellen Klukow. 2019. (Animales Africanos Ser.). (SPA.). 16p. (J). (gr. -1-2). 27.10 (978-1-68151-880-0(5), 10825) Amicus.

Los Hollyhocks de Holly. Marsha Jackson. Illus. by Sheena Whatcott. 2022. (SPA.). 36p. (J). pap. 10.99 (978-1-956357-02-8(5)) Lawley Enterprises.

Los Huracanes. Anastasia Suen. (Clima Extremo Ser.). (SPA.). 16p. (J). (gr. -1-2). 2021. 27.10 (978-1-64549-197-2(8), 11351); 2020. pap. 7.99 (978-1-68152-726-0(X), 11272) Amicus.

Los Huracanes. Jack Zayarny. 2016. (Las Fuerzas de la Naturaleza 2017 Ser.). (SPA.). 32p. (J). lib. bdg. 22.99 (978-1-5105-2455-2(X)) SmartBook Media, Inc.

Los Husky Siberianos. Mary Ellen Klukow. 2019. (Razas de Perros Favoritas Ser.). (SPA.). 24p. (J). (gr. 1-4). (978-1-68151-893-0(7), 10838) Amicus.

Los Imanes. Julia Vogel. 2018. (Ciencia De Ser.). (SPA.). 24p. (J). lib. bdg. 23.99 (978-1-5105-3438-4(5)) SmartBook Media, Inc.

Los Incendios Forestales. Pamela McDowell. 2018. (Las Fuerzas de la Naturaleza Ser.). (SPA.). 32p. (J). lib. bdg. 24.99 (978-1-5105-3462-9(8)) SmartBook Media, Inc.

Los Increíbles Dinosaurios. Martín Morón. 2017. (Quiero Saber Ser.). (SPA.). 16p. (J). (gr. k-2). 19.95 (978-987-718-371-9(4)) Ediciones Lea S.A. ARG. Dist: Independent Pubs. Group.

Los Increíbles Espeluznantes en la Terrible Vecindad. Judith Allert. 2018. (SPA.). 156p. (J). (gr. 4-6). 13.99 (978-958-30-5596-6(4)) Panamericana Editorial COL. Dist: Lectorum Pubns., Inc.

Los Indianapolis Colts. Michael E. Goodman. 2022. (Creative Sports: Campeones Del Super Bowl Ser.). (SPA.). 24p. (J). (gr. 2-5). pap. 10.99 (978-1-68277-208-9(X), 22831, Creative Paperbacks) Creative Co., The.

Los Indígenas Americanos de Texas. Sandy Phan. 2019. (Primary Source Readers: la Historia de Texas Ser.). (SPA.). 32p. (J). lib. bdg. 20.80 (978-1-6636-2794-0(0)) Perfection Learning Corp.

Los Infinitos Latidos Del Corazón. Alessio Puleo. 2018. (SPA.). 224p. (YA). (gr. 7). pap. 17.95 (978-987-609-681-2(8)) Editorial de Nuevo Extremo S.A. ARG. Dist: Independent Pubs. Group.

Los Ingenios. Gerardo Sanchez. 2019. (SPA.). 358p. (J). pap. (978-0-359-94047-9(1)) Lulu Pr., Inc.

Los Jardines de la Abuela. Hillary Clinton & Chelsea Clinton. Illus. by Carme Lemniscates. 2020. (SPA.). 40p. (J). (gr. -1-3). 18.99 (978-0-593-11538-1(4), Philomel Bks.) Penguin Young Readers Group.

Los Juegos Del Hambre / the Hunger Games. Suzanne Collins. 2022. (Juegos Del Hambre Ser.: 1). (SPA.). 400p. (YA). (gr. 9). pap. 19.95 (978-607-38-0784-5(8)) Penguin Random House Grupo Editorial ESP. Dist: Penguin Random Hse. LLC.

Los Juguetes. Jaclyn Nunez. Illus. by David Silva. 2016. (Early Rising Readers Ser.). (SPA.). (J). (gr. -1). 6.67 (978-1-4788-3661-2(X)) Newmark Learning LLC.

Los Juguetes - 6 Pack. Jaclyn Nunez. 2016. (Early Rising Readers Ser.). (SPA.). (J). (gr. 1). 40.00 net. (978-1-4788-4604-8(6)) Newmark Learning LLC.

Los Kansas City Chiefs. Michael E. Goodman. 2022. (Creative Sports: Campeones Del Super Bowl Ser.). (SPA.). 24p. (J). (gr. 2-5). pap. 10.99 (978-1-68277-209-6(8), 22835, Creative Paperbacks) Creative Co., The.

Los Lácteos. Samantha Nugent. 2016. (Aprendamos Sobre Los Alimentos Ser.). (SPA.). 24p. (J). pap. 31.41 (978-1-4896-4387-2(7)) Weigl Pubs., Inc.

Los Ladrones de Elefantes. Claudio Comini. 2020. (SPA.). 138p. (J). (gr. 3-5). 12.99 (978-958-30-6079-3(8)) Panamericana Editorial COL. Dist: Lectorum Pubns., Inc.

Los Ladrones de Humo. Sally Green. 2019. (SPA.). 588p. (YA). (gr. 7). pap. 22.00 (978-607-527-694-6(7)) Editorial Oceano de Mexico MEX. Dist: Independent Pubs. Group.

Los Lagos. John Willis. 2018. (Los Hábitats Ser.). (SPA.). 24p. (J). lib. bdg. 23.99 (978-1-5105-3356-1(7)) SmartBook Media, Inc.

Los Las Vegas Raiders. Michael E. Goodman. 2022. (Creative Sports: Campeones Del Super Bowl Ser.). (SPA.). 24p. (J). (gr. 2-5). pap. 10.99 (978-1-68277-217-1(9), 22839, Creative Paperbacks) Creative Co., The.

Los Leones. Mary Ellen Klukow. 2019. (Animales Africanos Ser.). (SPA.). 16p. (J). (gr. -1-2). (978-1-68151-881-7(3), 10826) Amicus.

Los Linces Rojos. Aaron Carr. 2016. (Animales en Mi Patio Ser.). (SPA.). 24p. (J). pap. 31.41 (978-1-4896-4249-3(8)) Weigl Pubs., Inc.

Los Líquidos. Cindy Rodriguez. 2017. (Los Estados de la Materia Ser.). (SPA.). 24p. (J). lib. bdg. 23.99 (978-1-5105-2396-8(0)) SmartBook Media, Inc.

Los Lobos. Rachel A. Koestler-Grack. 2019. (SPA.). (J). lib. bdg. (978-1-68151-625-7(X)) Amicus Learning.

Los Macarrones y de la Chef Kate (Chef Kate's Mac-And-Say-Cheese) Bilingual. Laurie Friedman. Illus. by Gal Weizman. 2022. (Cocina de la Chef Kate (Chef Kate's Kitchen) Bilingual Ser.).Tr. of Los Macarrones y de la Chef Kate. (SPA.). 24p. (J). (gr. -1-3). pap. (978-1-0396-2478-8(2), 20059, Crabtree Blossoms) Crabtree Publishing Co.

Los Maestros. Quinn M. Arnold. 2017. (Semillas Del Saber Ser.). (SPA.). 24p. (J). (gr. -1-k). (978-1-60818-931-1(7), 20424, Creative Education) Creative Co., The.

Los Maestros. Jared Siemens. 2016. (Gente de Mi Comunidad Ser.). (SPA.). 24p. (J). pap. 31.41 (978-1-4896-4432-9(6)) Weigl Pubs., Inc.

Los Magos Romanticos. Paul Benichou. 2017. (Lengua y Estudios Literarios Ser.). (SPA.). 613p. (J). pap. 36.99 (978-607-16-2014-9(7)) Fondo de Cultura Economica USA.

Los Maravidulces. Christel Rosemarie Guczka Pacheco. Illus. by Jaqueline Velazquez. 2016. (Cuentamelo Otra Vez Ser.). (SPA.). 24p. (J). 16.95 (978-1-68165-257-3(9)) Trialtea USA, LLC.

Los Maravillosos Patines de Emma. Nadja. 2019. (Illus.). 32p. (J). (gr. 1-3). pap. 7.99 (978-607-8614-11-0(8)) V&R Editoras.

Los Médicos. Jared Siemens. 2016. (Gente de Mi Comunidad Ser.). (SPA.). 24p. (J). pap. 31.41 (978-1-4896-4420-6(2)) Weigl Pubs., Inc.

Los Meteoritos Odiaban a Los Dinosaurios. Jorge Accame. Illus. by Hector Borlasca. 2019. (Torre Azul Ser.). (SPA.). 112p. (J). pap. (978-987-545-629-7(2)) Norma Ediciones, S.A.

Los Miami Dolphins. Michael E. Goodman. 2022. (Creative Sports: Campeones Del Super Bowl Ser.). (SPA.). 24p. (J).

1226 The check digit for ISBN-10 appears in parentheses after the full ISBN-13

(gr. 2-5). pap. 10.99 *(978-1-68277-210-2(1)*, 22843, Creative Paperbacks) Creative Co., The.

Los Mil y un Dias: Cuentos Juveniles Cortos. Daniel Guerra & Ann Guerra. 2018. (Mil y un Dias Ser.: Vol. 1). (SPA., Illus.). 300p. (J). pap. *(978-1-9805-4886-7(2))* Ifsa publishing, s.l.

Los Milpiés. Gail Radley. 2019. (Criaturas Rastreras Ser.). (SPA., Illus.). 32p. (J). (gr. 4-6). lib. bdg. *(978-1-62310-200-5(6)*, 12846, Bolt) Black Rabbit Bks.

Los Miserables. Victor Hugo. 2018. (SPA.). 96p. (YA). (gr. 8-12). pap. 6.95 *(978-607-453-234-0(6))* Selector, S.A. de C.V. MEX. Dist: Spanish Pubs., LLC.

Los Miserables. Crystal Silvermoon & Victor Hugo. Illus. by SunNeko Lee. 2016. (Clasicos Manga Ser.). (SPA.). 338p. (YA). (gr. 7). pap. 19.99 *(978-84-679-2208-0(7))* Norma Editorial, S.A. ESP. Dist: Independent Pubs. Group.

Los Monopatines. Quinn M. Arnold. 2019. (Semillas Del Saber Ser.). (SPA.). 24p. (J). (gr. -1-k). *(978-1-64026-257-7(1)*, 19146, Creative Education) Creative Co., The.

Los Monorrieles. Quinn M. Arnold. 2020. (Semillas Del Saber Ser.). (SPA.). 24p. (J). (gr. -1-k). *(978-1-64026-271-3(7)*, 18287, Creative Education) Creative Co., The.

Los Monstruos: Felice & the Wailing Woman. Diana López. 2023. 288p. (J). (gr. 3-7). 17.99 *(978-0-593-32649-7(0)*, Kokila) Penguin Young Readers Group.

Los Monstruos Juegan ... ¡a Contar! Flavia Z. Drago. Illus. by Flavia Z. Drago. 2023. (Monsters Play Ser.). (SPA.). 24p. (J). (— 1). bds. 8.99 ***(978-1-5362-3330-8(7))*** Candlewick Pr.

Los Monstruos Juegan ... ¡Cucú! Flavia Z. Drago. Illus. by Flavia Z. Drago. 2023. (Monsters Play Ser.). (SPA.). 24p. (J). (— 1). bds. 8.99 ***(978-1-5362-3331-5(5))*** Candlewick Pr.

Los Monumentos de Texas (Texas Monuments), 1 vol. Victor Galvan. 2016. (Explora Texas (Explore Texas) Ser.). (SPA.). 24p. (gr. 9-12). (J). lib. bdg. 26.27 *(978-1-5383-8009-3(9)*, 3c9c63e9-2aaa-4871-a5ca-5d3377aabfab); (YA). pap. 10.70 *(978-1-5081-7612-1(4)*, 2cb19cbd-94d4-49e3-a1de-7f58db4aba30) Rosen Publishing Group, Inc., The.

Los Mosquitos. Aaron Carr. 2016. (Los niños y la Ciencia: Los Ciclos de Vida Ser.). (SPA.). 24p. (J). pap. 31.41 *(978-1-4896-4471-8(7))* Weigl Pubs., Inc.

Los Muchos Colores de Harpreet Singh (Spanish Edition) Supriya Kelkar. Illus. by Alea Marley. 2022. 28p. (J). (gr. -1-k). 8.99 *(978-1-4549-4741-7(1)*, Union Square Pr.) Sterling Publishing Co., Inc.

Los Muertos Hablan. Ignacio Trejo & Carlos Bracho. 2018. (SPA.). 216p. (J). pap. *(978-607-453-552-5(3))* Selector, S.A. de C.V.

Los Mundos Colisionan. Chris Colfer. 2020. (SPA.). 352p. (J). (gr. 5-8). pap. 16.99 *(978-987-747-610-1(X))* V&R Editoras.

Los New England Patriots. Michael E. Goodman. 2022. (Creative Sports: Campeones Del Super Bowl Ser.). (SPA.). 24p. (J). (gr. 2-5). pap. 10.99 *(978-1-68277-211-9(X)*, 22847, Creative Paperbacks) Creative Co., The.

Los New Orleans Saints. Michael E. Goodman. 2022. (Creative Sports: Campeones Del Super Bowl Ser.). (SPA.). 24p. (J). (gr. 2-5). pap. 10.99 *(978-1-68277-212-6(8)*, 22851, Creative Paperbacks) Creative Co., The.

Los New York Giants. Michael E. Goodman. 2022. (Creative Sports: Campeones Del Super Bowl Ser.). (SPA.). 24p. (J). (gr. 2-5). pap. 10.99 *(978-1-68277-213-3(6)*, 22855, Creative Paperbacks) Creative Co., The.

Los New York Jets. Michael E. Goodman. 2022. (Creative Sports: Campeones Del Super Bowl Ser.). (SPA.). 24p. (J). (gr. 2-5). pap. 10.99 *(978-1-68277-214-0(4)*, 22859, Creative Paperbacks) Creative Co., The.

Los niños Del Agua. Tavo de Armas. 2018. (SPA.). 92p. (J). pap. ***(978-0-244-07044-1(X))*** Lulu Pr., Inc.

Los niños No Lloran, Las niñas No Juegan Fut. Ruth Rocha. 2023. (SPA.). 56p. (J). pap. 12.95 ***(978-607-07-4572-0(8))*** Editorial Planeta, S. A. ESP. Dist: Two Rivers Distribution.

Los niños Que Amaban Los Libros. Peter Carnavas. 2021. (SPA.). 32p. (J). (gr. k-2). 19.99 *(978-84-16470-16-7(2))* Fineo Editorial, S.L. ESP. Dist: Independent Pubs. Group.

Los Nombres de Las Cosas / Words (Spanish Edition) Jaye Garnett. Ed. by Cottage Door Press. Illus. by Maria Neradova. ed. 2022. (Peek-A-Flap Ser.). (SPA.). 12p. (J). (gr. -1-1). bds. 9.99 *(978-1-64638-412-9(1)*, 1006980-SLA) Cottage Door Pr.

Los Nombres Prestados / Borrowed Names. Veronica Sukaczer. 2018. (SPA.). 168p. (YA). (gr. 8-12). pap. 12.95 *(978-607-529-478-0(3)*, Nube De Tinta) Penguin Random House Grupo Editorial ESP. Dist: Penguin Random Hse. LLC.

Los Numbers. Anael Dena. (SPA.). 46p. (J). *(978-84-263-3289-9(7))* Vives, Luis Editorial (Edelvives) ESP. Dist: Lectorum Pubns., Inc.

Los Numeros see Numbers

Los Números de la Gran Depresión: Set of 6 Common Core Edition. Antonia E. Malchik & Benchmark Education Company, LLC Staff. 2016. (Navigators Ser.). (SPA.). (J). (gr. 6). 60.00 net. *(978-1-5125-0819-2(5))* Benchmark Education Co.

Los Obreros de la Construccion. Quinn M. Arnold. 2017. (Semillas Del Saber Ser.). (SPA.). 24p. (J). (gr. -1-k). *(978-1-60818-927-4(9)*, 20420, Creative Education) Creative Co., The.

Los Océanos. Heather C. Hudak. 2017. (Los Biomas Del Mundo Ser.). (SPA.). 32p. (J). lib. bdg. 24.99 *(978-1-5105-2403-3(7))* SmartBook Media, Inc.

Los Océanos. Alexis Roumanis. 2018. (Los Hábitats Ser.). (SPA.). 24p. (J). lib. bdg. 23.99 *(978-1-5105-3358-5(3))* SmartBook Media, Inc.

Los Océanos. Alexis Roumanis. 2016. (Explorando Los Ecosistemas Ser.). (SPA.). 24p. (J). pap. 31.41 *(978-1-4896-4318-6(4))* Weigl Pubs., Inc.

Los Océanos, Lagos y Ríos. Melanie Ostopowich. 2016. (Agua de la Tierra Ser.). (SPA.). 24p. (J). lib. bdg. 24.99 *(978-1-5105-2430-9(4))* SmartBook Media, Inc.

Los Ocho Excéntricos de Yangzhou: Zheng Banqiao (Spanish Edition) Zirong ZENG. 2021. (Conozcamos a Los Pintores Famosos Ser.). (ENG.). 32p. (J). 19.95 *(978-1-4878-0824-2(0))* Royal Collins Publishing Group Inc. CAN. Dist: Independent Pubs. Group.

Los Oficiales de Policia. Laura K. Murray. 2023. (SPA., Illus.). 24p. (J). (gr. 1-3). pap. 10.99 *(978-1-68277-265-2(9)*, 23648, Creative Paperbacks) Creative Co., The.

Los Ojos Del Perro Siberiano. Antonio Santa Ana. 2019. (Zona Libre Ser.). (SPA.). 136p. (J). pap. *(978-958-776-000-2(X))* Norma Ediciones, S.A.

Los Olchis en el Castillo de Rabenstein / the Olchis in Rabenstein Castle (Serie Amarilla) Spanish Edition. Erhard Dietl. 2017. (Serie Amarilla Ser.). (SPA., Illus.). (J). pap. 10.99 *(978-607-01-3252-0(1))* Santillana USA Publishing Co., Inc.

Los Omnívoros. Heather C. Hudak. 2016. (Cadena Alimentaria de la Naturaleza Ser.). (SPA.). 24p. (J). lib. bdg. 24.99 *(978-1-5105-2438-5(X))* SmartBook Media, Inc.

Los Orangutanes y Sus Nidos. 2017. (Animales Constructores Ser.). (Illus.). 24p. (J). (gr. 1-4). lib. bdg. 20.95 *(978-1-68151-282-2(3)*, 14723) Amicus.

Los Orangutanes y Sus Nidos (Orangutans Build Tree Nests) Elizabeth Raum. Illus. by Romina Martí. 2017. (Animal Builders Ser.). (ENG & SPA.). 24p. (J). (gr. 1-4). 20.95 *(978-1-68151-283-9(1)*, Amicus Illustrated) Amicus Learning.

Los Organismos. Jared Siemens. 2017. (¿qué Da Forma a la Tierra? Ser.). (SPA.). 24p. (J). lib. bdg. 22.99 *(978-1-5105-2378-4(2))* SmartBook Media, Inc.

Los órganos Principales. Krystyna Poray Goddu. 2018. (Asombroso Cuerpo Humano Ser.). (SPA., Illus.). 32p. (J). (gr. 4-6). lib. bdg. *(978-1-68072-960-3(8)*, 12429, Bolt) Black Rabbit Bks.

Los Pájaros Carpinteros. Aaron Carr. 2016. (Animales en Mi Patio Ser.). (SPA.). 24p. (J). pap. 31.41 *(978-1-4896-4258-5(7))* Weigl Pubs., Inc.

Los Pájaros y Sus Nidos. 2017. (Animales Constructores Ser.). (Illus.). 24p. (J). (gr. 1-4). lib. bdg. 20.95 *(978-1-68151-280-8(7)*, 14721) Amicus.

Los Pájaros y Sus Nidos (Birds Build Nests) Elizabeth Raum. Illus. by Romina Martí. 2017. (Animal Builders Ser.). (ENG & SPA.). 24p. (J). (gr. 1-4). 20.95 *(978-1-68151-281-5(5)*, Amicus Illustrated) Amicus Learning.

Los Pantanos. Galadriel Watson. 2016. (Los Biomas Del Mundo Ser.). (SPA.). 32p. (J). lib. bdg. 24.99 *(978-1-5105-2462-0(2))* SmartBook Media, Inc.

Los Pantanos. John Willis. 2018. (Los Hábitats Ser.). (SPA.). 24p. (J). lib. bdg. 23.99 *(978-1-5105-3360-8(5))* SmartBook Media, Inc.

Los Papeles de una Mamá. Karlie Burnham. Illus. by Andrea Stevenson. 2020. (SPA.). 30p. (J). pap. 9.99 *(978-1-952209-13-0(7))* Lawley Enterprises.

Los Parásitos. Megan Kopp. 2016. (Cadena Alimentaria de la Naturaleza 2017 Ser.). (SPA.). 24p. (J). lib. bdg. 22.99 *(978-1-5105-2439-2(8))* SmartBook Media, Inc.

Los Parques Naturales de Texas (Natural Parks of Texas), 1 vol. Sandra Colmenares. 2016. (Explora Texas (Explore Texas) Ser.). (SPA.). 24p. (gr. 9-12). (J). lib. bdg. 26.27 *(978-1-5081-7615-2(9)*, 86d7c65a-ce3b-41e8-90df-178fec113e77); (YA). pap. 10.70 *(978-1-5081-7614-5(0)*, a06b0093-3166-4d24-a8a5-8768aec70568) Rosen Publishing Group, Inc., The.

Los Patitos Pasean. Emily Arnold McCully. 2020. (¡Me Gusta Leer! Ser.). (Illus.). 24p. (J). (gr. -1-3). pap. 8.99 *(978-0-8234-4687-2(5))* Holiday Hse., Inc.

Los Patos. Kate Riggs. 2018. (Semillas Del Saber Ser.). (SPA.). 24p. (J). (gr. -1-k). lib. bdg. *(978-1-64026-090-0(0)*, 19950, Creative Education) Creative Co., The.

¡Los Patos También Tienen Sentimientos! (Ducks Have Feelings Too!) Bilingual. David Armentrout & Patricia Armentrout. 2022. (Mejor Versión de Ti Mismo (Being Your Best) Bilingual Ser.).Tr. of ¡Los Patos También Tienen Sentimientos!. (SPA.). 24p. (J). (gr. k-2). pap. *(978-1-0396-2471-9(5)*, 20194) Crabtree Publishing Co.

Los Patrulleros. Quinn M. Arnold. 2019. (Semillas Del Saber Ser.). (SPA.). 24p. (J). (gr. -1-k). *(978-1-64026-107-5(9)*, 18835) Creative Co., The.

Los Peces. Jaclyn Nunez. 2016. (Early Rising Readers Ser.). (SPA.). 16p. (J). (gr. 1). 6.67 *(978-1-4788-4205-7(9))* Newmark Learning LLC.

Los Peces - 6 Pack. Jaclyn Nunez. 2016. (Early Rising Readers Ser.). (SPA.). (J). (gr. 1). 40.00 net. *(978-1-4788-4724-3(7))* Newmark Learning LLC.

Los peces Besan see Do Fish Kiss?

Los Peces de Maui: Leveled Reader Card Book 78 Level Q 6 Pack. Hmh Hmh. 2021. (SPA.). (J). pap. 74.40 *(978-0-358-08472-3(5))* Houghton Mifflin Harcourt Publishing Co.

Los peinados de papá. Francis Martin. 2019. (SPA., Illus.). 32p. (J). (gr. -1-2). 14.95 *(978-84-9145-255-3(9)*, Picarona Editorial) Ediciones Obelisco ESP. Dist: Spanish Pubs., LLC.

Los Pejesapos Rayados (Hairy Frogfish) Grace Hansen. 2021. (Animales Espeluznantes (Spooky Animals) Ser.).Tr. of Hairy Frogfish. (SPA.). 24p. (J). (gr. -1-2). lib. bdg. 32.79 *(978-1-0982-6075-0(9)*, 38182, Abdo Kids) ABDO Publishing Co.

Los Pequenitos de Dios en Mozambique: God's Little People of Mozambique (Spanish) Thelma Goszleth. 2016. (SPA., Illus.). (J). (gr. k-5). pap. 9.99 *(978-1-945423-03-1(X))* International Localization Network.

Los Pequenos Bailarines. Maryann Macdonald. 2020. (SPA.). 32p. (J). (gr. -1-3). 16.95 *(978-84-9145-388-8(1)*, Picarona Editorial) Ediciones Obelisco ESP. Dist: Spanish Pubs., LLC.

Los Pequeños Gigantes Del Planeta, la Esperanza: Un Cuento para Toda la Familia. Francisco Javier Ayala Jiménez. 2023. (SPA., Illus.). 84p. (J). 33.95 ***(978-1-6624-9998-2(1))*** Page Publishing.

Los Perros. Aaron Carr. 2016. (Los niños y la Ciencia: Los Ciclos de Vida Ser.). (SPA.). 24p. (J). pap. 31.41 *(978-1-4896-4465-7(2))* Weigl Pubs., Inc.

Los Perros de Los Presidentes. Grace Hansen. 2022. (Mascotas Presidenciales Ser.). (SPA.). 24p. (J). (gr. -1-2). lib. bdg. 31.36 *(978-1-0982-6519-9(X)*, 40985, Abdo Kids) ABDO Publishing Co.

Los Petirrojos. Quinn M. Arnold. 2018. (Semillas Del Saber Ser.). (SPA.). 24p. (J). (gr. -1-k). lib. bdg. *(978-1-64026-094-8(3)*, 19954, Creative Education) Creative Co., The.

Los Petresqui y el Corazón Encantado. Yana Faris. Ed. by Publicaciones Lola. 2022. (SPA.). 300p. (YA). pap. 21.95 ***(978-1-0880-6021-6(8))*** Indy Pub.

Los Philadelphia Eagles. Michael E. Goodman. 2022. (Creative Sports: Campeones Del Super Bowl Ser.). (SPA.). 24p. (J). (gr. 2-5). pap. 10.99 *(978-1-68277-215-7(2)*, 22863, Creative Paperbacks) Creative Co., The.

Los Picozapatos (Shoebills) Grace Hansen. 2021. (Animales Espeluznantes (Spooky Animals) Ser.).Tr. of Shoebills. (SPA.). 24p. (J). (gr. -1-2). lib. bdg. 32.79 *(978-1-0982-6076-7(7)*, 38184, Abdo Kids) ABDO Publishing Co.

Los Piratas. Korky Paul. 2017. (Mundo de Winnie Ser.). (SPA.). 24p. (J). (gr. k-2). 11.95 *(978-607-527-098-2(1))* Editorial Oceano de Mexico MEX. Dist: Independent Pubs. Group.

Los Pittsburgh Steelers. Michael E. Goodman. 2022. (Creative Sports: Campeones Del Super Bowl Ser.). (SPA.). 24p. (J). (gr. 2-5). pap. 10.99 *(978-1-68277-216-4(0)*, 22867, Creative Paperbacks) Creative Co., The.

Los Planetas Enanos. Alexis Roumanis. 2018. (Descubre Los Planetas Ser.). (SPA.). 24p. (J). lib. bdg. 22.99 *(978-1-5105-3384-4(2))* SmartBook Media, Inc.

Los Planetas Enanos. Alexis Roumanis. 2016. (Los Planetas Ser.). (SPA.). 24p. (J). pap. 31.41 *(978-1-4896-4462-6(8))* Weigl Pubs., Inc.

Los Policías. Nick Rebman. 2017. (Colaboradores de la Comunidad Ser.). (SPA.). 16p. (J). (gr. -1-2). pap. 7.95 *(978-1-68320-119-9(1)*, 16939) RiverStream Publishing.

Los Policías. Jared Siemens. 2016. (Gente de Mi Comunidad Ser.). (SPA.). 24p. (J). pap. 31.41 *(978-1-4896-4429-9(6))* Weigl Pubs., Inc.

Los Pollitos No Comen Caramelos. Kelly Tills. 2023. (SPA.). 28p. (J). 19.99 ***(978-1-955758-61-1(1))*** FDI Publishing.

Los Pollos. Jared Siemens. 2017. (¿quién Vive en la Granja? Ser.). (SPA.). 24p. (J). lib. bdg. 22.99 *(978-1-5105-2373-9(1))* SmartBook Media, Inc.

Los Príncipes y el Tesoro. Jeffrey A. Miles. Illus. by J. L. Phillips. 2018. (SPA.). 30p. (J). (gr. k-6). 22.99 *(978-0-9961115-7-7(3))* Handsome Prince Publishing.

Los Principios de la Democracia (the Principles of Democracy) (Set), 14 vols. 2019. (Los Principios de la Democracia (the Principles of Democracy) Ser.). (SPA.). 24p. (J). (gr. 3-3). lib. bdg. 176.89 *(978-1-5383-4945-8(0)*, 7384365d-0878-4343-bd4f-8ecb6f0d6b5a, PowerKids Pr.) Rosen Publishing Group, Inc., The.

Los Productores. Kaite Goldsworthy. 2016. (Cadena Alimentaria de la Naturaleza Ser.). (SPA.). 24p. (J). lib. bdg. 24.99 *(978-1-5105-2440-8(1))* SmartBook Media, Inc.

Los Puentes. Nick Rebman. 2017. (Mi Mundo Ser.). (SPA.). 16p. (J). (gr. -1-2). pap. 7.95 *(978-1-68320-124-3(8)*, 16956) RiverStream Publishing.

Los Puercoespines. Jill Sherman. 2018. (Animales Norteamericanos Ser.). (SPA.). 24p. (J). (gr. 1-4). lib. bdg. *(978-1-68151-624-0(1)*, 15232) Amicus.

Los Pumas. Rachel Grack. 2018. (Animales Norteamericanos Ser.). (SPA.). 24p. (J). (gr. 1-4). lib. bdg. *(978-1-68151-623-3(3)*, 15231) Amicus.

Los Puntos: Libro para Colorear para niños a Partir de 5 Años. Esel Press. 2020. (SPA.). 104p. (J). pap. 8.95 *(978-1-68474-431-2(8))* Lulu Pr., Inc.

Los Quitanieves. Quinn M. Arnold. 2019. (Semillas Del Saber Ser.). (SPA.). 24p. (J). (gr. -1-k). *(978-1-64026-109-9(5)*, 18839) Creative Co., The.

Los Rasgos de Las Criaturas Explorar Las Características Animales: Leveled Reader Book 86 Level W 6 Pack. Hmh Hmh. 2021. (SPA.). 56p. (J). pap. 74.40 *(978-0-358-08650-5(7))* Houghton Mifflin Harcourt Publishing Co.

Los Ratones. Lori Dittmer. 2018. (Semillas Del Saber Ser.). (SPA.). 24p. (J). (gr. -1-k). lib. bdg. *(978-1-64026-091-7(9)*, 19951, Creative Education) Creative Co., The.

Los Reinos en Llamas: Los Ladrones de Humo 3. Sally Green. 2022. (SPA.). 492p. (YA). (gr. 7). pap. 22.00 *(978-607-557-306-9(2))* Editorial Oceano de Mexico MEX. Dist: Independent Pubs. Group.

Los San Francisco 49ers. Michael E. Goodman. 2022. (Creative Sports: Campeones Del Super Bowl Ser.). (SPA.). 24p. (J). (gr. 2-5). pap. 10.99 *(978-1-68277-218-8(7)*, 22871, Creative Paperbacks) Creative Co., The.

Los Sapos. Quinn M. Arnold. 2018. (Semillas Del Saber Ser.). (SPA.). 24p. (J). (gr. -1-k). lib. bdg. *(978-1-64026-096-2(X)*, 19956, Creative Education) Creative Co., The.

Los Scooters. Quinn M. Arnold. 2019. (Semillas Del Saber Ser.). (SPA.). 24p. (J). (gr. -1-k). *(978-1-64026-256-0(3)*, 19148, Creative Education) Creative Co., The.

Los Seattle Seahawks. Michael E. Goodman. 2022. (Creative Sports: Campeones Del Super Bowl Ser.). (SPA.). 24p. (J). (gr. 2-5). pap. 10.99 *(978-1-68277-219-5(5)*, 22875, Creative Paperbacks) Creative Co., The.

Los Secretos de Dumbledore / Fantastic Beasts: the Secrets of Dumbledore -The Complete Screenplay. J. K. Rowling & Steve KLOVES. 2022. (Animales Fantasticos / Fantastic Beasts Ser.: 3). (SPA.). 272p. (J). (gr. 4-7). pap. 14.95 *(978-607-38-1677-9(4))* Publicaciones y Ediciones Salamandra, S.A. ESP. Dist: Penguin Random Hse. LLC.

Los Semirremolques. Aaron Carr. 2016. (Máquinas Poderosas Ser.). (SPA.). 24p. (J). pap. 31.41 *(978-1-4896-4414-5(8))* Weigl Pubs., Inc.

Los Sentimientos en un País de Maravilla: The Feelings of a Wonderland. Alexandra Martínez. 2020. (SPA.). 32p. (J). pap. 12.95 *(978-1-64334-486-7(2))* Page Publishing Inc.

Los Seres Vivos y Su Medio Ambiente. Laura McDonald. 2017. (Vitales Ser.). (SPA.). (YA). (gr. 6-8). pap. *(978-1-5021-6888-7(X))* Benchmark Education Co.

Los Seres Vivos y Su Medio Ambiente - 6 Pack: Set of 6 Common Core Edition. Laura McDonald. 2017. (Vitales Ser.). (SPA.). (YA). (gr. 6-8). 75.00 *(978-1-5021-7110-8(4))* Benchmark Education Co.

Los Shih Tzu. Mary Ellen Klukow. 2019. (Razas de Perros Favoritas Ser.). (SPA.). 24p. (J). (gr. 1-4). *(978-1-68151-892-3(9)*, 10837) Amicus.

Los Siete Tremendos Cabritos. Sebastian Meschenmoser. 2018. (Especiales de a la Orilla Del Viento Ser.). (SPA., Illus.). 32p. (J). (gr. -1-3). 10.99 *(978-607-16-5607-0(9))* Fondo de Cultura Economica USA.

Los Sistemas de Mi Cuerpo: Trabajar en Equipo (My Body Systems: Working As a Team), 1 vol. Marisa Pace. 2017. (Niños Digitales: Superdotados con Pensamiento Computacional (Computer Kids: Powered by Computational Thinking) Ser.). (SPA.). 24p. (J). (gr. 3-4). 25.27 *(978-1-5383-2883-5(6)*, d2bb4474-73e0-4d9f-b74b-c07d32457efd, PowerKids Pr.) Rosen Publishing Group, Inc., The.

Los Sneetches y Otros Cuentos (the Sneetches & Other Stories Spanish Edition) Seuss. 2020. (Classic Seuss Ser.). (SPA.). 72p. (J). (gr. k-4). 16.99 *(978-1-9848-3162-0(3))*; lib. bdg. 19.99 *(978-0-593-12814-5(1))* Random Hse. Children's Bks. (Random Hse. Bks. for Young Readers).

Los Sólidos. Aaron Carr. 2017. (Los Estados de la Materia Ser.). (SPA.). 24p. (J). lib. bdg. 23.99 *(978-1-5105-2397-5(9))* SmartBook Media, Inc.

Los Suenos de Brianna: Solamente Quisiera Saber. Iris M. Williams. Tr. by Maria Narvaez. Illus. by Helen Y. 2018. (Los Suenos de Brianna Ser.: Vol. 1). (SPA.). 34p. (J). pap. 15.95 *(978-1-947656-88-8(0))* Butterfly Typeface, The.

Los Sueños de Mi Padre (Edición Adaptada para Jóvenes) / Dreams from My Father (Adapted for Young Adults) Barack. Obama. 2022. (SPA.). 342p. (YA). (gr. 7). pap. 14.95 *(978-1-64473-693-7(4))* Penguin Random House Grupo Editorial ESP. Dist: Penguin Random Hse. LLC.

Los Sueños Increíbles: Tu Luz Guía el Camino. Lili Young. 2022. (ENG.). 48p. (J). *(978-1-0391-4597-9(3))*; pap. *(978-1-0391-4596-2(5))* FriesenPress.

Los Sueños Que Compartimos. Alex Beene. Illus. by Omari Booker. 2021. (SPA.). 34p. (J). 19.99 *(978-1-7342711-6-4(7))* Hilliard Pr.

Los Sujetalibros Horripilantes. Michael Dahl. Tr. by Aparicio Publishing Aparicio Publishing LLC. Illus. by Bradford Kendall. 2020. (Biblioteca Maldita Ser.).Tr. of Creeping Bookends. (SPA.). 40p. (J). (gr. 4-8). pap. 6.95 *(978-1-4965-9307-8(3)*, 142319); lib. bdg. 24.65 *(978-1-4965-9168-5(2)*, 142081) Capstone. (Stone Arch Bks.).

Los Superchivitos Gruff: Una Novela Gráfica. Sean Tulien. Illus. by Fernando Cano. 2020. (Cuentos de Hadas Futuristas Ser.).Tr. of Super Billy Goats Gruff: a Graphic Novel. (SPA.). 40p. (J). (gr. 3-6). pap. 5.95 *(978-1-4965-9961-2(6)*, 201607); lib. bdg. 25.32 *(978-1-4965-9815-8(6)*, 200703) Capstone. (Stone Arch Bks.).

Los Superhéroes Están en Todas Partes. Kamala Harris. Illus. by Mechal Renee Roe. 2019. (SPA.). 40p. (J). (gr. -1-2). 17.99 *(978-0-593-11332-5(2)*, Philomel Bks.) Penguin Young Readers Group.

Los Superhéroes Xunguis / Xunguis Superheroes. Juan Carlos Ramis & Joaquín Cera. 2017. (Coleccion Los Xunguis Ser.). (SPA.). 32p. (J). (gr. k-1). 15.95 *(978-84-16075-90-4(5)*, B De Blook) Penguin Random House Grupo Editorial ESP. Dist: Penguin Random Hse. LLC.

Los Superpreguntones. Animales. Aguas Rodríguez. 2019. (SPA.). 96p. (J). (gr. k-2). 16.99 *(978-607-21-1274-2(9))* Larousse, Ediciones, S. A. de C. V. MEX. Dist: Independent Pubs. Group.

Los Superpreguntones. Mundo Mundial. Aguas Rodríguez. 2019. (SPA.). 96p. (J). (gr. k-2). 16.99 *(978-607-21-1272-8(2))* Larousse, Ediciones, S. A. de C. V. MEX. Dist: Independent Pubs. Group.

Los Supervehículos. Nicolas Archieri. 2019. (Mis Primeros Descubrimientos Ser.). (SPA.). 10p. (J). (gr. -1-k). 15.00 *(978-2-07-507875-7(0))* Blume ESP. Dist: Independent Pubs. Group.

Los Tambores de Mi Hermana / My Sister's Drums, 1 vol. Jack Reader. Tr. by Eida de la Vega. 2018. (¡Vamos a Hacer Música! / Making Music! Ser.). (ENG & SPA.). 24p. (J). (gr. 1-1). 25.27 *(978-1-5383-3454-6(2)*, fd0059a8-a05d-49bd-a18e-eaea4404c8c6, PowerKids Pr.) Rosen Publishing Group, Inc., The.

Los Tambores de Mi Hermana (My Sister's Drums), 1 vol. Jack Reader. Tr. by Eida de la Vega. 2018. (¡Vamos a Hacer Música! (Making Music) Ser.). (SPA.). 24p. (J). (gr. 1-1). 25.27 *(978-1-5383-3248-1(5)*, 2a5209e3-fbd2-4f61-9f33-8c57fa6785bb); pap. 9.25 *(978-1-5383-3249-8(3)*, 87302d46-88a0-45b7-b522-ccfd58d2abb8) Rosen Publishing Group, Inc., The. (PowerKids Pr.).

Los Tampa Bay Buccaneers. Michael E. Goodman. 2022. (Creative Sports: Campeones Del Super Bowl Ser.). (SPA.). 24p. (J). (gr. 2-5). pap. 10.99 *(978-1-68277-221-8(7)*, 22879, Creative Paperbacks) Creative Co., The.

Los Tanques. Wendy Strobel Dieker. 2019. (Máquinas Poderosas Ser.). (SPA.). 16p. (J). (gr. -1-2). 27.10 *(978-1-68151-887-9(2)*, 10832) Amicus.

Los Taxis. Quinn M. Arnold. 2019. (Semillas Del Saber Ser.). (SPA.). 24p. (J). (gr. -1-k). *(978-1-64026-110-5(9)*, 18841) Creative Co., The.

Los Temblores en Chile: Su Causa Inmediata I el Porque de Sus Efectos (Classic Reprint) Miguel R. Machado. 2017. (SPA., Illus.). (J). 20p. 24.33 *(978-1-5285-6050-4(7))*; pap. 7.97 *(978-0-243-94373-9(3))* Forgotten Bks.

Los Temblores en Chile: Su Causa Inmediata I el Porqué de Sus Efectos (Classic Reprint) Miguel R. Machado. 2018. (SPA., Illus.). 34p. (J). 24.60 *(978-0-267-02002-7(3))* Forgotten Bks.

Los Terremotos. Sara Gilbert. 2018. (¡Viva la Tierra! Ser.). (SPA.). 24p. (J). (gr. 1-4). *(978-1-60818-942-7(2)*, 19601, Creative Education) Creative Co., The.

Los Terremotos. Jennifer Nault. 2018. (Geología Ser.). (SPA.). 24p. (J). lib. bdg. 29.99 *(978-1-5105-3448-3(2))* SmartBook Media, Inc.

Los Terremotos. Anastasia Suen. 2020. (Clima Extremo Ser.). (SPA.). 16p. (J). (gr. -1-2). pap. 7.99 *(978-1-68152-724-6(3)*, 11274) Amicus.

Los Terremotos Del Mes de Abril (Classic Reprint) Manuel Miranda y Marron. 2018. (SPA., Illus.). (J). 50p. 24.93

L

For book reviews, descriptive annotations, tables of contents, cover images, author biographies & additional information, updated daily, subscribe to www.booksinprint.com

1227

(978-1-391-76423-8(4)); 52p. pap. 9.57 *(978-1-390-77595-2(X))* Forgotten Bks.

Los Tiburones Duende (Goblin Sharks) Grace Hansen. 2021. (Animales Espeluznantes (Spooky Animals) Ser.).Tr. of Goblin Sharks. (SPA.). 24p. (J). (gr. -1-2). lib. bdg. 32.79 *(978-1-0982-6074-3(0)*, 38180, Abdo Kids) ABDO Publishing Co.

Los Tiempos Revueltos. Leonor García Mille. 2022. (Historias de Verdad Historia de México Ser.). (SPA.). 104p. (J). (gr. 4-7). pap. 21.99 *(978-607-8469-92-5(4))* Nostra Ediciones MEX. Dist: Independent Pubs. Group.

Los Tigres. Alissa Thielges. (Los Gatos Salvajes Ser.). (SPA.). 16p. (J). (gr. -1-2). 2021. 27.10 *(978-1-64549-185-9(4)*, 11325); 2020. pap. 7.99 *(978-1-68152-714-7(6)*, 11247) Amicus.

Los Tipos Malos: el Ataque de Los Zombigatitos, No. 4. Aaron Blabey. Illus. by Aaron Blabey. 2019. (Tipos Malos, Los Ser.: 4). (SPA., Illus.). 144p. (J). (gr. 2-5). pap. 5.99 *(978-1-338-56602-4(4)*, Scholastic en Espanol) Scholastic, Inc.

Los Tipos Malos en ¡¿ustedes-Creen-que-él-saurio?! (the Bad Guys in Do-You-Think-He-Saurus?!) Aaron Blabey. 2021. (Tipos Malos, Los Ser.: 7). (SPA.). 176p. (J). (gr. 2-5). pap. 6.99 *(978-1-338-76755-1(0)*, Scholastic en Espanol) Scholastic, Inc.

Los Topos. Lori Dittmer. 2018. (Semillas Del Saber Ser.). (SPA.). 24p. (J). (gr. -1-k). lib. bdg. *(978-1-64026-092-4(7)*, 19952, Creative Education) Creative Co., The.

Los Tornados. Helen Lepp Friesen. 2018. (Las Fuerzas de la Naturaleza Ser.). (SPA.). 32p. (J). lib. bdg. 24.99 *(978-1-5105-3458-2(X))* SmartBook Media, Inc.

Los Tornados. Anastasia Suen. (Clima Extremo Ser.). (SPA.). 16p. (J). (gr. -1-2). 2021. 27.10 *(978-1-64549-198-9(6)*, 11352); 2020. pap. 7.99 *(978-1-68152-727-7(8)*, 11275) Amicus.

Los Trenes. Aaron Carr. 2016. (Máquinas Poderosas Ser.). (SPA.). 24p. (J). pap. 31.41 *(978-1-4896-4417-6(2))* Weigl Pubs., Inc.

Los Trenes. Wendy Strobel Dieker. 2019. (Máquinas Poderosas Ser.). (SPA.). 16p. (J). (gr. -1-2). *(978-1-68151-888-6(0)*, 10833) Amicus.

Los Trenes Cargueros. Quinn M. Arnold. 2020. (Semillas Del Saber Ser.). (SPA.). 24p. (J). (gr. -1-k). *(978-1-64026-269-0(5)*, 18281, Creative Education) Creative Co., The.

Los Trenes de Pasajeros. Quinn M. Arnold. 2020. (Semillas Del Saber Ser.). (SPA.). 24p. (J). (gr. -1-k). *(978-1-64026-272-0(5)*, 18290, Creative Education) Creative Co., The.

Los Trenes Ligeros. Quinn M. Arnold. 2020. (Semillas Del Saber Ser.). (SPA.). 24p. (J). (gr. -1-k). *(978-1-64026-270-6(9)*, 18284, Creative Education) Creative Co., The.

Los tres cerditos. Nina Filipek. 2016. (SPA.). 32p. (J). (gr. -1-4). 9.95 *(978-84-16117-41-3(1))* Ediciones Obelisco ESP. Dist: Spanish Pubs., LLC.

Los Tres Cerditos. Margaret Hillert. Illus. by Michelle Dorenkamp. 2018. (Beginning-To-Read Ser.). (SPA.). 32p. (J). (gr. k-2). pap. 13.26 *(978-1-68404-240-1(2))* Norwood Hse. Pr.

Los Tres Cerditos. Margaret Hillert et al. Illus. by Michelle Dorenkamp. 2018. (BeginningtoRead Ser.). (SPA.). 32p. (J). (gr. -1-2). lib. bdg. 22.60 *(978-1-59953-956-0(X))* Norwood Hse. Pr.

Los Tres Cerditos y Las Formas. Pablo Zamboni. 2021. (Clasiquitos Ser.). (SPA & ENG.). 14p. (J). (gr. -1-k). bds. 6.99 *(978-987-48006-4-0(X))* Editorial EKEKA ARG. Dist: Independent Pubs. Group.

Los Tres Chivos. Margaret Hillert. Illus. by Timothy Banks. 2018. (Beginning-To-Read Ser.). (SPA.). 32p. (J). (gr. k-2). pap. 13.26 *(978-1-68404-241-8(0))* Norwood Hse. Pr.

Los Tres Chivos. Margaret Hillert et al. Illus. by Timothy Banks. 2018. (BeginningtoRead Ser.). (SPA.). 32p. (J). (gr. -1-2). lib. bdg. 22.60 *(978-1-59953-957-7(8))* Norwood Hse. Pr.

Los Tres Osos. Margaret Hillert. Illus. by Gary Undercuffler. 2018. (Beginning-To-Read Ser.). (SPA.). 32p. (J). (gr. k-2). pap. 13.26 *(978-1-68404-242-5(9))* Norwood Hse. Pr.

Los Tres Osos. Margaret Hillert et al. Illus. by Gary Undercuffler. 2018. (BeginningtoRead Ser.). (SPA.). 32p. (J). (gr. -1-2). lib. bdg. 22.60 *(978-1-59953-958-4(6))* Norwood Hse. Pr.

Los Tsunamis. Megan Kopp. 2018. (Las Fuerzas de la Naturaleza Ser.). (SPA.). 32p. (J). lib. bdg. 24.99 *(978-1-5105-3460-5(1))* SmartBook Media, Inc.

Los túneles de huesos. V. E. Schwab. 2019. (SPA.). 256p. (YA). (gr. 5-12). pap. 14.95 *(978-84-92918-72-0(1))* Ediciones Urano S. A. ESP. Dist: Spanish Pubs., LLC.

Los Unicornios Adoran Los Colores / Unicorns Love Colors (Spanish Edition) (a Tuffy Book) Dawn Nesting. Ed. by Cottage Door Press. Illus. by Kathryn Selbert. ed. 2022. (Tuffy Book Ser.). (SPA.). 10p. (J). (gr. -1 — 1). 8.99 *(978-1-64638-484-6(9)*, 1006620-SLA) Cottage Door Pr.

Los Unicornios Existen. Moats. Illus. by Shay Page. 2022. (SPA.). 30p. (J). pap. 10.99 ***(978-1-0880-6913-4(4))*** Indy Pub.

Los Vaqueros y el Arreo de Ganado: Set of 6 Common Core Edition. Margaret Moran & Benchmark Education Company, LLC Staff. 2016. (Navigators Ser.). (SPA.). (J). (gr. 4). 58.00 net. *(978-1-5125-0821-5(7))* Benchmark Education Co.

Los Vegetales. Samantha Nugent. 2016. (Aprendamos Sobre Los Alimentos Ser.). (SPA.). 24p. (J). pap. 31.41 *(978-1-4896-4396-4(6))* Weigl Pubs., Inc.

Los Vehículos para la Nieve. Quinn M. Arnold. 2019. (Semillas Del Saber Ser.). (SPA.). 24p. (J). (gr. -1-k). *(978-1-64026-258-4(X)*, 19142, Creative Education) Creative Co., The.

Los Veterinarios. Quinn M. Arnold. 2017. (Semillas Del Saber Ser.). (SPA.). 24p. (J). (gr. -1-k). *(978-1-60818-932-8(5)*, 20425, Creative Education) Creative Co., The.

Los Veterinarios. Jared Siemens. 2016. (Gente de Mi Comunidad Ser.). (SPA.). 24p. (J). pap. 31.41 *(978-1-4896-4435-0(0))* Weigl Pubs., Inc.

Los Viajeros y el Oso: Leveled Reader Book 68 Level M 6 Pack. Hmh Hmh. 2021. (SPA.). 24p. (J). pap. 74.40 *(978-0-358-08376-4(1))* Houghton Mifflin Harcourt Publishing Co.

Los Viajes de Gulliver. Jonathan Swift. 2019. (SPA.). 80p. (J). (gr. 4). pap. *(978-970-643-823-2(8))* Selector, S.A. de C.V.

Los Viajes de Olivia: Una Guia Sobre Los Medios de Transporte: Olivia Lauren. Olivia Lauren John & Melissa-Sue S. John. 2022. (SPA.). 34p. (J). pap. 11.99 ***(978-1-948071-54-3(1))*** Lauren Simone Publishing Hse.

Los Vikingos Heroes de Los Mares. Gilles Ragache. 2018. (SPA.). 96p. (J). (gr. 4-6). pap. 13.99 *(978-958-30-5578-2(6))* Panamericana Editorial COL. Dist: Lectorum Pubns., Inc.

Los Visitantes Mutantes / Mutant Visitors. Begona Oro. 2022. (Misterios a Domicilio Ser.: 4). (SPA.). 208p. (J). (gr. 2-5). pap. 12.95 *(978-607-38-1290-0(6))* Penguin Random House Grupo Editorial ESP. Dist: Penguin Random Hse. LLC.

Los Vivientes. Matt De La Peña. 2017. (Los Vivientes Ser.). (SPA.). 368p. (YA). (gr. 7). pap. 18.50 *(978-607-735-624-0(7))* Editorial Oceano de Mexico MEX. Dist: Independent Pubs. Group.

Los Volcanes. Sara Gilbert. 2018. (¡Viva la Tierra! Ser.). (SPA.). 24p. (J). (gr. 1-4). *(978-1-60818-946-5(5)*, 19603, Creative Education) Creative Co., The.

Los Volcanes. Jennifer Nault. 2018. (Geología Ser.). (SPA.). 24p. (J). lib. bdg. 29.99 *(978-1-5105-3454-4(7))* SmartBook Media, Inc.

Los Volcanes, Montañas Vivientes / Volcanoes: Living Mountains. Maurice Krafft. Illus. by Luc Favreau. 2018. (Altea Benjamín Ser.). (SPA.). 32p. (J). (gr. 3-7). pap. 10.99 *(978-1-947783-59-1(9)*, Altea) Penguin Random House Grupo Editorial ESP. Dist: Penguin Random Hse. LLC.

Los Yorkshire Terriers. Mary Ellen Klukow. 2019. (Razas de Perros Favoritas Ser.). (SPA.). 24p. (J). (gr. 1-4). *(978-1-68151-894-7(5)*, 10839) Amicus.

Los Zanates de Valle Verde Protegen Sus Tierras. Norman Giddan & Jane Giddan. Illus. by Lori Vankirk Schue. 2017. (SPA.). (J). pap. 9.99 *(978-0-9981068-0-9(1))* Cult Classics Pub.

Los Zapatos Deportivos de Leonor: Leveled Reader Book 22 Level M 6 Pack. Hmh Hmh. 2021. (SPA.). 32p. (J). pap. 74.40 *(978-0-358-08419-8(9))* Houghton Mifflin Harcourt Publishing Co.

¡Los Zombis No Comen Verduras!, 1 vol. Jorge Lacera. Illus. by Megan Lacera. 2019. (SPA.). 40p. (J). (gr. 4-3). 21.95 *(978-1-62014-851-8(X)*, leelowcbp, Children's Book Press) Lee & Low Bks., Inc.

Los Zorros. Aaron Carr. 2016. (Animales en Mi Patio Ser.). (SPA.). 24p. (J). pap. 31.41 *(978-1-4896-4252-3(8))* Weigl Pubs., Inc.

Los Zorros Voladores (Flying Foxes) Grace Hansen. 2021. (Animales Espeluznantes (Spooky Animals) Ser.).Tr. of Flying Foxes. (SPA.). 24p. (J). (gr. -1-2). lib. bdg. 32.79 *(978-1-0982-6071-2(6)*, 38174, Abdo Kids) ABDO Publishing Co.

Lose You to Find Me. Erik J. Brown. 2023. (ENG.). 368p. (YA). (gr. 8). 19.99 *(978-0-06-305502-5(3)*, Balzer & Bray) HarperCollins Pubs.

Loser. Jerry Spinelli. 2018. (ENG.). 240p. (J). (gr. 3-7). pap. 9.99 *(978-0-06-054074-6(5)*, HarperCollins) HarperCollins Pubs.

Loser: Confessions of a High School Shooter. David Abis. 2017. (ENG., Illus.). (J). pap. 10.99 *(978-0-9863890-4-7(8))* Sweet Spot Publishing.

Loser Novel Units Student Packet. Novel Units. 2019. (ENG.). (J). pap. 13.99 *(978-1-58130-518-0(4)*, Novel Units, Inc.) Classroom Library Co.

Loser Novel Units Teacher Guide. Novel Units. 2019. (ENG.). (J). pap. 12.99 *(978-1-58130-517-3(6)*, Novel Units, Inc.) Classroom Library Co.

Loser Pays: A Story of the French Revolution (Classic Reprint) Mary Openshaw. 2017. (ENG., Illus.). (J). 352p. 31.18 *(978-0-332-51349-2(1))*; pap. 13.57 *(978-1-5276-7909-2(8))* Forgotten Bks.

Losers & Winners. Frances A. Miller. 2016. (ENG.). 196p. (Orig.). (J). (gr. 6-13). pap. 11.99 *(978-1-5040-2036-7(7))* Open Road Integrated Media, Inc.

Losers at the Center of the Galaxy. Mary Winn Heider. (ENG.). (J). (gr. 3-7). 2022. 320p. pap. 7.99 *(978-0-316-10549-1(X))*; 2021. 304p. 16.99 *(978-0-7595-5542-6(7))* Little, Brown Bks. for Young Readers.

Losers Bracket. Chris Crutcher. (ENG.). 256p. (YA). (gr. 9). 2019. pap. 10.99 *(978-0-06-222008-0(X))*; 2018. 17.99 *(978-0-06-222006-6(3))* HarperCollins Pubs. (Greenwillow Bks.).

Losers Club. Andrew Clements. 2017. 240p. (J). (gr. 3-7). 16.99 *(978-0-399-55755-2(5)*, Random Hse. Bks. for Young Readers) Random Hse. Children's Bks.

Losers Take All. David Klass. ed. 2016. (YA). lib. bdg. 20.85 *(978-0-606-39480-2(X))* Turtleback.

Losh: Abigail Discovers the Land of Sleepy Headzzz - Rose & the Heart of Gold (Book Two): Losh: Rose & the Heart of Gold, 1 vol. Theodore Beres. 2018. (ENG., Illus.). 170p. (J). pap. *(978-0-9958095-9-8(3))* Magical Forest Pr., The.

Losh: Abigail Discovers the Land of Sleepy Headzzz - Starbear! (Book Three): Losh: Starbear, 1 vol. David W. H. Matheson et al. 2018. (Losh: Abigail Discovers the Land of Sleepy Headzzz... Ser.: Vol. 3). (ENG., Illus.). 170p. (J). pap. *(978-1-7752781-0-8(7))* WORDIT CONTENT DESIGN AND EDITING SERVICES PVT LTD.

Losing a Tooth. Nicole A. Mansfield. 2023. (My Teeth Ser.). (ENG.). 24p. (J). 29.99 *(978-0-7565-7083-5(2)*, 244962); pap. 6.99 *(978-0-7565-7119-1(7)*, 244947) Capstone. (Pebble).

Losing a Tooth. Nicole Wright. Illus. by Kelly O'Neill. 2022. (ENG.). 32p. (J). (gr. k-2). 23.95 *(978-1-953021-91-5(3))*; pap. 13.95 *(978-1-953021-92-2(1))* Brandylane Pubs., Inc. (Belle Isle Bks.).

Losing Brave, 1 vol. Stefne Miller & Bailee Madison. (ENG.). 352p. (YA). 2019. pap. 9.99 *(978-0-310-76066-5(6))*; 2018. 17.99 *(978-0-310-76054-2(2))* Blink.

Losing Gain (Classic Reprint) Blanche Upright. (ENG., Illus.). (J). 2018. 316p. 30.43 *(978-0-483-81184-3(X))*; 2016. pap. 13.57 *(978-1-334-15758-5(8))* Forgotten Bks.

Losing Game a Novel (Classic Reprint) Will Payne. 2018. (ENG., Illus.). 376p. (J). 31.65 *(978-0-483-82858-2(0))* Forgotten Bks.

Losing Leah. Tiffany King. 2018. (ENG.). 320p. (YA). 29.99 *(978-1-250-12466-1(2)*, 900174487) Feiwel & Friends.

Losing Leah. Tiffany King. 2019. (ENG.). 320p. (YA). pap. 21.99 *(978-1-250-29464-7(9)*, 900174488) Square Fish.

Losing Normal. Francis Moss. 2018. (ENG., Illus.). 266p. (YA). (gr. 7-12). pap. 12.95 *(978-1-7327910-2-2(3))* Moss, Francis C.

Losing Side, a Poem, and, Why He Didn't Insure, a Dialogue (Classic Reprint) Frank Lee. (ENG., Illus.). (J). 2018. 22p. 24.35 *(978-0-267-40288-5(0))*; 2016. pap. 7.97 *(978-1-334-12039-8(0))* Forgotten Bks.

Losing the Field. Abbi Glines. (Field Party Ser.). (ENG.). (YA). (gr. 9). 2019. 352p. pap. 12.99 *(978-1-5344-0390-1(6))*; 2018. (Illus.). 336p. 19.99 *(978-1-5344-0389-5(2))* Simon Pulse. (Simon Pulse).

Losing Titus. Cameron Pendergraft. Ed. by Lynn Berner Coble. Illus. by Jennifer Tipton Cappoen. 2022. (ENG.). 40p. (J). pap. 15.99 ***(978-1-946198-32-7(3))*** Paws and Claws Publishing, LLC.

Losing to Win: A Novel (Classic Reprint) Theodore Davies. (ENG., Illus.). (J). 2017. 410p. 32.37 *(978-0-265-75955-4(2))*; 2016. pap. 16.57 *(978-1-334-50899-8(2))* Forgotten Bks.

Losing Well. Katie Peters. 2022. (Be a Good Sport (Pull Ahead Readers People Smarts — Nonfiction) Ser.). (ENG., Illus.). 16p. (J). (gr. -1-1). pap. 8.99 *(978-1-7284-4807-7(7)*, 1b8c21ed-3f74-4ea1-828a-e3a64144d281, Lerner Pubns.) Lerner Publishing Group.

Loss & Gain: Or Margaret's Home (Classic Reprint) Alice B. Haven. 2018. (ENG., Illus.). 332p. (J). 30.74 *(978-0-267-21778-6(1))* Forgotten Bks.

Loss de Plott & a Bear Called Ted - the Colour Red Plotter's Edition: A Book of Dreams. Stephan J. Myers. 2017. (Loss de Plott & a Bear Called Ted Ser.: Vol. 5). (ENG., Illus.). 122p. (J). pap. 12.99 *(978-1-9999420-0-7(0))* Kronos Publishing.

Loss Gained (Classic Reprint) Philip Cresswell. (ENG., Illus.). (J). 2018. 320p. 30.50 *(978-0-483-39574-9(9))*; 2016. pap. 13.57 *(978-1-334-13577-4(0))* Forgotten Bks.

Loss of Biodiversity, 1 vol. Rachael Hames. 2017. (Earth's Environment in Danger Ser.). (ENG.). 24p. (J). (gr. 3-3). 25.27 *(978-1-5383-2539-1(X)*, 6fcf148f-7f8f-466c-96c6-8f4380ffd811); pap. 9.25 *(978-1-5383-2609-1(4)*, 99c133b3-966e-4ba8-a13c-d6690d434bad) Rosen Publishing Group, Inc., The. (PowerKids Pr.).

Loss, the Recovery: And Other Stories (Classic Reprint) Unknown Author. 2018. (ENG., Illus.). 68p. (J). 25.30 *(978-0-484-50419-5(3))* Forgotten Bks.

Lost. Cindy Cipriano. (Sidhe Ser.: Vol. 3). (ENG.). 192p. (J). (gr. 4-6). 2022. pap. 9.60 ***(978-1-83919-289-0(5))***; 2020. pap. 11.99 *(978-1-912701-72-8(3))* Vulpine Pr.

Lost. T. J. Fagella. 2020. (ENG.). 144p. (J). pap. 7.99 *(978-1-7324129-1-0(X))* moonshadow publishing.

Lost. Joshua Fryer. Ed. by Rebekah Fryer. Illus. by Joshua Fryer. 2019. (Big Boots Publisher Ser.: Vol. 2). (ENG., Illus.). 32p. (J). *(978-0-473-48596-2(6))* Big Boots Pub.

Lost! Terry Lynn Johnson. Illus. by Jani Orban. 2018. (Survivor Diaries). (ENG.). 112p. (J). (gr. 1-5). 9.99 *(978-0-544-97118-9(3)*, 1662530); pap. 6.99 *(978-1-328-51907-8(4)*, 1720643) HarperCollins Pubs. (Clarion Bks.).

Lost. Illus. by Alexandra Mirzac. 2021. (ENG.). 32p. (J). (gr. k-2). 16.99 *(978-1-84976-733-0(5))* Tate Publishing, Ltd. GBR. Dist: Abrams, Inc.

Lost. Natasha Preston. 2019. (ENG.). 304p. (YA). (gr. 8-12). pap. 10.99 *(978-1-4926-5226-7(1))* Sourcebooks, Inc.

Lost. Sam Usher. Illus. by Sam Usher. 2022. (Seasons Quartet Ser.). (ENG.). 40p. (J). (gr. -1-2). 17.99 *(978-1-5362-2664-5(5)*, Templar) Candlewick Pr.

Lost! Terry Lynn Johnson. ed. 2021. (Survivor Diaries). (ENG., Illus.). 104p. (J). (gr. 2-3). 16.46 *(978-1-64697-824-3(2))* Penworthy Co., LLC, The.

Lost! Terry Lynn Johnson. ed. 2018. (Survivor Diaries). lib. bdg. 16.00 *(978-0-606-41210-0(7))* Turtleback.

Lost. John Wilson. ed. 2016. (Orca Currents Ser.). lib. bdg. 20.80 *(978-0-606-38694-4(7))* Turtleback.

Lost. P. C. Cast & Kristin Cast. unabr. ed. (House of Night Other World Ser.: 2). (ENG.). 2019. 416p. pap. 14.99 *(978-1-9825-4647-2(6)*, PBahrs); 2018. 408p. (YA). 18.99 *(978-1-5384-4074-2(1)*, HCahrs) Blackstone Audio, Inc.

Lost. John Wilson. 2nd ed. 2022. (Orca Currents Ser.). (ENG.). 128p. (J). (gr. 4-8). pap. 10.95 *(978-1-4598-3456-9(9))* Orca Bk. Pubs. USA.

Lost, Set. Gill Munton. Illus. by Tim Archbold. 2016. (ENG.). 16p. (J). pap. *(978-0-19-837207-3(8))* Oxford Univ. Pr., Inc.

Lost: A Drama in Four Acts (Classic Reprint) Dawson A. Blanchard. 2018. (ENG., Illus.). 52p. (J). 24.97 *(978-0-483-78098-9(7))* Forgotten Bks.

Lost: Niloya 3. Ed. by Zambak Çucok Publishing Staff. 2016. (J). pap. 4.99 *(978-1-4621-1864-9(X)*, Horizon Pubs.) Cedar Fort, Inc./CFI Distribution.

Lost: The Adventures of Boomer & Matilda. J. Irene Hickey. 2022. (ENG.). 118p. (J). 30.95 *(978-1-63710-692-1(0))*; pap. 21.95 *(978-1-63710-432-3(4))* Fulton Bks.

Lost: The Whole Crowd & the Parrot (Classic Reprint) Septima Septima. (ENG., Illus.). (J). 2018. 36p. 24.66 *(978-0-483-92295-2(1))*; 2017. pap. 7.97 *(978-0-243-40317-2(8))* Forgotten Bks.

Lost - A Wild Tale of Survival. Thomas Kingsley Troupe. Illus. by Kirbi Fagan. 2016. (Survive! Ser.). (ENG.). 56p. (J). (gr. 4-8). lib. bdg. 25.32 *(978-1-4965-2557-4(4)*, 130516, Stone Arch Bks.) Capstone.

Lost a Chaperon: A Comedy in Three Acts (Classic Reprint) Courtney Bruerton. 2018. (ENG., Illus.). 78p. (J). 25.51 *(978-0-483-90296-1(9))* Forgotten Bks.

Lost! a Mesmerizing Maze Adventure Activity Book. Smarter Activity Books for Kids. 2016. (ENG., Illus.). (J). pap. 9.22 *(978-1-68374-090-2(4))* Examined Solutions PTE. Ltd.

Lost amid the Fogs. Robert Barlow McCrea. 2017. (ENG.). 328p. (J). pap. *(978-3-337-34075-9(X))* Creation Pubs.

Lost amid the Fogs: Sketches of Life in Newfoundland, England's Ancient Colony (Classic Reprint) Robert Barlow McCrea. (ENG., Illus.). (J). 2018. 322p. 30.54 *(978-0-365-25050-0(3))*; 2017. pap. 13.57 *(978-0-259-57523-8(2))* Forgotten Bks.

Lost among the Affghans: Being the Adventures of John Campbell (Otherwise Feringhee Bacha), Amongst the Wild Tribes of Central Asia (Classic Reprint) John Campbell. (ENG., Illus.). (J). 2018. 368p. 31.49 *(978-0-666-69937-4(2))*; 2017. pap. 13.97 *(978-0-259-18787-5(9))* Forgotten Bks.

Lost & Forgotten Magic Activity Book. Kreative Kids. 2016. (ENG., Illus.). (J). pap. 10.81 *(978-1-68377-063-3(3))* Whlke, Traudl.

Lost & Found. Ava Andrews. 2020. (ENG.). 106p. (YA). pap. *(978-0-6489481-1-7(0))* NB Change Services.

Lost & Found. Kate Banks. Illus. by Galia Bernstein. 2022. (ENG.). 40p. (J). (gr. -1-3). 17.99 *(978-0-358-00422-6(5)*, 1736764, Clarion Bks.) HarperCollins Pubs.

Lost & Found. B. E. Bradshaw-Baird. Illus. by Daniel J Pouncey. 2022. (ENG.). 90p. (YA). pap. ***(978-1-3984-2331-2(9))*** Austin Macauley Pubs. Ltd.

Lost & Found. Laura Buller. 2018. (Illus.). 31p. (J). *(978-1-5490-5625-3(5))* Disney Publishing Worldwide.

Lost & Found. Kenzie Lam. 2023. (ENG.). 84p. (J). pap. 16.99 ***(978-1-956380-26-2(4))*** Society of Young Inklings.

Lost & Found. Sharon Ledwith. 2017. (Mysterious Tales from Fairy Falls Ser.: Vol. 1). (ENG., Illus.). (YA). (gr. 7-12). pap. *(978-1-987976-29-8(0))* Mirror World Publishing.

Lost & Found. Katrina Leno. 2016. (ENG.). 352p. (YA). (gr. 8). 17.99 *(978-0-06-223120-8(0)*, HarperTeen) HarperCollins Pubs.

Lost & Found. Tara Seahorn. 2019. (ENG., Illus.). 30p. (J). 22.95 *(978-1-64559-680-6(X))* Covenant Bks.

Lost & Found. Laura Buller. ed. 2019. (World of Reading Ser.). (ENG., Illus.). 32p. (J). (gr. k-2). 13.89 *(978-1-64310-800-1(X))* Penworthy Co., LLC, The.

Lost & Found: A Heart of the City Collection, Volume 2. Steenz. 2023. (Heart of the City Ser.: 2). (ENG., Illus.). 176p. (J). pap. 12.99 *(978-1-5248-7930-3(4))* Andrews McMeel Publishing.

Lost & Found: A QUIX Book. Jarrett Lerner. Illus. by Serge Seidlitz. 2021. (Geeger the Robot Ser.). (ENG.). 96p. (J). (gr. k-3). 17.99 *(978-1-5344-5220-6(6))*; pap. 5.99 *(978-1-5344-5219-0(2))* Simon & Schuster Children's Publishing. (Aladdin).

Lost & Found: A Tale of Tiger Meets Unicorn. Dena Moon. 2019. (ENG.). 22p. (J). (gr. -1-3). pap. 15.95 *(978-1-0980-0554-2(6))* Christian Faith Publishing.

Lost & Found: Five People. Three Stories. New Beginnings. Lily Van Allen. 2017. (ENG., Illus.). (YA). (gr. 7-12). pap. 14.95 *(978-0-9987157-6-6(X))* RMA Publicity LLC dba Sigma's Bookshelf.

Lost & Found: Lost at the Park. Dina Hendricks. 2019. (ENG.). 30p. (J). (gr. -1-3). 12.95 *(978-1-64458-598-6(7))*; 22.95 *(978-1-64515-311-5(8))* Christian Faith Publishing.

Lost & Found: Miraculous Love. Dina Hendricks. 2021. (ENG., Illus.). 28p. (J). pap. 13.95 *(978-1-0980-9946-6(X))* Christian Faith Publishing.

Lost & Found: Seek & Find Activity Book. Activity Book Zone for Kids. 2016. (ENG., Illus.). (J). pap. 7.55 *(978-1-68376-150-1(2))* Sabeels Publishing.

Lost & Found: The Adventures of Marco the Cat. Austin J. Bell. Illus. by Kayleigh Castle. 2022. (ENG.). 36p. (J). 24.95 ***(978-1-61493-859-0(8))***; pap. 16.95 ***(978-1-61493-855-2(5))*** Peppertree Pr., The.

Lost & Found - a Realm-Span Story. Rufus Cribbles. 2023. (ENG.). 35p. (J). pap. ***(978-1-4478-0394-2(9))*** Lulu Pr., Inc.

Lost & Found: #1. Anne Schraff. 2021. (Bluford Ser.). (ENG.). 144p. (YA). (gr. 6-12). lib. bdg. 32.79 *(978-1-0982-5036-2(2)*, 38127, Chapter Bks.) Spotlight.

Lost & Found #2. Erica S. Perl. Illus. by Chris Chatterton. 2019. (Arnold & Louise Ser.: 2). (ENG.). 64p. (J). (gr. 1-3). 6.99 *(978-1-5247-9042-4(7))*; lib. bdg. 15.99 *(978-1-5247-9043-1(5))* Penguin Young Readers Group. (Penguin Workshop).

Lost & Found Cat: The True Story of Kunkush's Incredible Journey. Doug Kuntz & Amy Shrodes. Illus. by Sue Cornelison. 48p. (J). (gr. -1-3). 2019. pap. 8.99 *(978-1-5247-1550-2(6)*, Dragonfly Bks.); 2017. 17.99 *(978-1-5247-1547-2(6)*, Crown Books For Young Readers) Random Hse. Children's Bks.

Lost & Found (Classic Reprint) William Smith Urmy. 2018. (ENG., Illus.). (J). 27.73 *(978-0-260-13664-0(6))* Forgotten Bks.

Lost & Found (Cutiecorns #5) Shannon Penney. Illus. by Addy River-Sonda. 2022. (Cutiecorns Ser.). (ENG.). 112p. (J). (gr. 2-5). pap. 5.99 *(978-1-338-84708-6(2))* Scholastic, Inc.

Lost & Found Department: Life Stories & Spiritual Essays. Randall Heckman. 2021. (ENG.). 374p. (J). pap. 15.99 *(978-1-7363097-0-4(6))* R.K. Heckman.

Lost & Found Ducklings. Valeri Gorbachev. 2019. (Illus.). 32p. (J). (-k). 17.99 *(978-0-8234-4107-5(5))* Holiday Hse., Inc.

Lost & Found Journal of a Miner 49er: Vol. 1. Jack Dublin. 2019. (Lost & Found Journal Ser.: Vol. 1). (ENG., Illus.). 200p. (J). (gr. 3-6). 19.99 *(978-1-7339429-0-4(4))* Oldenworld Bks.

Lost & Found Journal of a Miner 49er: Vol. 2. Jack Dublin. 2019. (Lost & Found Journal Ser.: Vol. 2). (ENG., Illus.). 204p. (J). (gr. 3-6). 19.99 *(978-1-7339429-1-1(2))* Oldenworld Bks.

Lost & Found Journal of Me: A Year in the Life of the Awesomest Girl Who Ever Lived (January-June) J. C. Dublin. 2020. (Lost & Found Journal of Me Ser.: Vol. 1). (ENG.). 216p. (J). pap. 13.99 *(978-1-7339429-6-6(3))* Oldenworld Bks.

Lost & Found Journal of Me: A Year in the Life of the Awesomest Girl Who Ever Lived (July-December) J. C. Dublin. 2020. (Lost & Found Journal of Me (Journal for Girls) Ser.: Vol. 2). (ENG.). 218p. (J). pap. 12.99 *(978-1-7339429-8-0(X))* Oldenworld Bks.

Lost & Found Journal of Me: A Year in the Life of the Coolest Boy Who Ever Lived (January-June) J. C. Dublin. 2020. (Lost & Found Journal of Me Ser.: Vol. 3). (ENG.). 216p. (J). pap. 13.99 *(978-1-7339429-7-3(1))* Oldenworld Bks.

1228 The check digit for ISBN-10 appears in parentheses after the full ISBN-13

TITLE INDEX LOST HOUSE

Lost & Found Journal of Me: A Year in the Life of the Coolest Boy Who Ever Lived (July-December) J. C. Dublin. 2020. (Lost & Found Journal of Me (Journal for Boys) Ser.: Vol. 2). (ENG.). 218p. (J). pap. 12.99 *(978-1-7339429-9-7(8))* Oldenworld Bks.

Lost & Found, or an Autobiography of Robert Carr, the Reformed Drunkard, of Castleford: With a Preface by the REV. J. S Balmer (Classic Reprint) Robert Carr. 2018. (ENG., Illus.). 84p. (J). 25.63 *(978-0-483-58601-7(3))* Forgotten Bks.

Lost & Found, What's That Sound? Jonathan Ying. Illus. by Victoria Ying. 2017. (ENG.). 32p. (J). (gr. -1-3). 14.99 *(978-0-06-238068-5(0)*, HarperCollins) HarperCollins Pubs.

Lost & Found, What's That Sound? Board Book. Jonathan Ying. Illus. by Victoria Ying. 2018. (ENG.). 28p. (J). (gr. -1 — 1). bds. 7.99 *(978-0-06-238069-2(9)*, HarperFestival) HarperCollins Pubs.

Lost & Found with the Unlikely Three. Linda Budge. 2023. (ENG.). 36p. (J). 18.99 ***(978-1-916761-17-9(8))***; pap. 11.99 ***(978-1-916761-16-2(X))*** Indy Pub.

Lost & Monkey Around. Rachel Adema-Hannes. Illus. by Erin Cutler. 2020. (ENG.). 32p. (J). pap. *(978-1-989506-19-6(4))* Pandamonium Publishing Hse.

Lost & the Found. Cat Clarke. 2016. (ENG.). 368p. (YA). (gr. 9). 17.99 *(978-1-101-93204-9(X)*, Crown Books For Young Readers) Random Hse. Children's Bks.

Lost Angel. James M. McCracken. 2020. (Charlie Maccready Mystery Ser.: Vol. 4). (ENG.). 258p. (YA). 25.00 *(978-1-7359233-8-3(9))*; pap. 15.00 *(978-1-7359233-6-9(2))* JK Pr.

Lost Angel: A Christmas Dream. John Snyder. 2017. (ENG., Illus.). (J). pap. *(978-0-649-31560-4(X))* Trieste Publishing Pty Ltd.

Lost Angel: A Christmas Dream (Classic Reprint) John Snyder. (ENG., Illus.). (J). 2018. 58p. 25.09 *(978-0-365-18207-8(9))*; 2017. pap. 9.57 *(978-1-5276-5282-8(3))* Forgotten Bks.

Lost Angel (Classic Reprint) Katharine Tynan. 2017. (ENG., Illus.). (J). 30.74 *(978-0-266-91778-6(X))* Forgotten Bks.

Lost Art: A Hidden Pictures Book for Adults. Smarter Activity Books. 2016. (ENG., Illus.). (J). pap. 8.99 *(978-1-68374-085-8(8))* Examined Solutions PTE. Ltd.

Lost Art: Look Again Activity Book with Hidden Pictures. Kreativ Entspannen. 2016. (ENG., Illus.). (J). pap. 10.81 *(978-1-68377-064-0(1))* Whlke, Traudl.

Lost at Sea. Peter Millett. Illus. by Giorgio Bacchin. ed. 2016. (Cambridge Reading Adventures Ser.). (ENG.). 26p. pap. 8.80 *(978-1-316-50344-7(5))* Cambridge Univ. Pr.

Lost at the Fun Park: Leveled Reader Blue Fiction Level 9 Grade 1. Hmh Hmh. 2019. (Rigby PM Ser.). (ENG.). 16p. (J). (gr. 1). pap. 11.00 *(978-0-358-12030-8(6))* Houghton Mifflin Harcourt Publishing Co.

Lost Beach. Patience Ezinwoke. Illus. by Louse Sterling. 2017. (ENG.). (J). pap. 5.99 *(978-978-100-656-2(0))* Lantern Publishing & Media.

Lost Bear. Jane Kopper Hilleary. 2017. (ENG., Illus.). 30p. (J). 25.95 *(978-1-4808-5622-6(3))*; pap. 16.95 *(978-1-4808-5624-0(X))* Archway Publishing.

Lost Beast, Found Friend. Josh Trujillo. Illus. by Nick Kennedy & Melanie Lapovich. 2020. (Lost Beast, Found Friend Ser.). (ENG.). 48p. (J). 16.99 *(978-1-62010-742-3(2)*, Lion Forge) Oni Pr., Inc.

Lost Beauties of the English Language: An Appeal to Authors, Poets, Clergymen & Public Speakers. Charles MacKay. 2019. (ENG.). 324p. (J). pap. *(978-93-5395-156-6(9))* Alpha Editions.

Lost Beauties of the English Language: An Appeal to Authors, Poets, Clergymen & Public Speakers (Classic Reprint) Charles MacKay. 2018. (ENG., Illus.). 374p. (J). 31.61 *(978-0-364-25291-8(X))* Forgotten Bks.

Lost Birds: The Pet Vet Series Book #3. Cindy Prince. Illus. by Ali Prince. 2022. (ENG.). 44p. (J). 16.99 *(978-1-955286-38-1(8))* Button Pr.

Lost! Blue Band. Gabby Pritchard. Illus. by Jon Stuart. ed. 2016. (Cambridge Reading Adventures Ser.). (ENG.). 16p. pap. 7.95 *(978-1-316-60078-8(5))* Cambridge Univ. Pr.

Lost Boogie. Melanie Parm. 2017. (ENG., Illus.). 32p. (J). pap. *(978-1-387-11774-1(2))* Lulu Pr., Inc.

Lost Book. Kalanit Ben-Ari. 2016. (ENG., Illus.). (J). (gr. k-3). pap. *(978-0-9935993-0-9(3))* Ben-Ari, Kalanit.

Lost Book. Margarita Surnaite. 2019. (ENG., Illus.). 32p. (J). (gr. -1-3). 17.99 *(978-1-5344-3818-7(1)*, McElderry, Margaret K. Bks.) McElderry, Margaret K. Bks.

Lost Book of the White. Cassandra Clare & Wesley Chu. (Eldest Curses Ser.: 2). (ENG.). 400p. (YA). (gr. 9). 2021. pap. 12.99 *(978-1-4814-9513-4(5))*; 2020. (Illus.). 24.99 *(978-1-4814-9512-7(7))* McElderry, Margaret K. Bks. (McElderry, Margaret K. Bks.).

Lost Books: the Scroll of Kings. Sarah Prineas. 2018. (ENG.). 304p. (J). (gr. 3-7). 16.99 *(978-0-06-266558-4(8)*, HarperCollins) HarperCollins Pubs.

Lost Bots! Lauren Clauss. ed. 2020. (Step into Reading Ser.). (ENG., Illus.). 32p. (J). (gr. 2-3). 14.96 *(978-1-64697-358-3(5))* Penworthy Co., LLC, The.

Lost Boy. C. S. Bernhardt. 2017. (ENG., Illus.). 328p. (J). pap. 14.99 *(978-0-9995878-1-2(1))* What If? Publishing.

Lost Boy (Classic Reprint) Henry Van Dyke. 2017. (ENG., Illus.). 110p. (J). 26.17 *(978-0-332-97786-7(2))* Forgotten Bks.

Lost Boys. Darcey Rosenblatt. 2018. (ENG.). 288p. (J). pap. 12.99 *(978-1-250-15882-6(6)*, 900159430) Square Fish.

Lost Boys: Book One of the Lost Boys Trilogy. Riley Quinn. 2019. (Lost Boys Trilogy Ser.: Vol. 1). (ENG., Illus.). 422p. (YA). (gr. 7-12). pap. *(978-1-7753730-1-8(0))* Quinn, Riley.

Lost Boy's Gift. Kimberly Willis Holt. 2021. (ENG., Illus.). 240p. (J). pap. 8.99 *(978-1-250-61873-3(8)*, 900222962) Square Fish.

Lost Boys of Lampson. P. N. Holland. 2020. (ENG.). 156p. (J). pap. 10.99 *(978-1-393-86044-0(3))* Draft2Digital.

Lost Boys of Lampson. P. N. Holland. 2017. (ENG., Illus.). (J). pap. *(978-1-77127-918-5(4))* MuseItUp Publishing.

Lost Bride, Vol. 2 of 3 (Classic Reprint) Georgiana Chatterton. 2017. (ENG., Illus.). (J). 30.43 *(978-0-265-20502-0(6))* Forgotten Bks.

Lost Bride, Vol. 3 of 3 (Classic Reprint) Georgiana Chatterton. 2017. (ENG., Illus.). (J). 30.95 *(978-0-266-19203-9(3))* Forgotten Bks.

Lost Brother. Karla Lehmann. 2018. (ENG., Illus.). 188p. (J). pap. 8.99 *(978-0-9841685-6-9(7))* Geographic Tongue, LLC.

Lost Bunny. Doc Martenson. 2020. (ENG.). 18p. (J). 22.95 *(978-1-64801-167-2(5))* Newman Springs Publishing, Inc.

Lost Bunny. Delicia Miller. Illus. by Maxine Kuepfer. 2023. (ENG.). 28p. (J). pap. ***(978-1-990336-47-8(7))*** Rusnak, Alanna.

Lost but Found: A Boy's Story of Grief & Recovery. Lauren Persons. Illus. by Noah Hrbek. 2020. (ENG.). 26p. (J). 26.95 *(978-1-61599-548-6(X))*; pap. 14.95 *(978-1-61599-547-9(1))* Loving Healing Pr., Inc.

Lost but Found, or the Jewish Home (Classic Reprint) Madeline Leslie. (ENG., Illus.). (J). 2017. 29.92 *(978-0-265-41412-5(1))*; 2016. pap. 13.57 *(978-1-333-59325-4(2))* Forgotten Bks.

Lost but Not Forgotten. the Ultimate Search & Find Activity Book. Smarter Activity Books. 2016. (ENG., Illus.). (J). pap. 8.99 *(978-1-68374-086-5(6))* Examined Solutions PTE. Ltd.

Lost Cabin Mine (Classic Reprint) Frederick Niven. (ENG., Illus.). (J). 2018. 336p. 30.83 *(978-0-483-61819-0(5))*; 2017. pap. 13.57 *(978-0-243-28629-4(5))* Forgotten Bks.

Lost Camera. Russ Bolts. Illus. by Jay Cooper. 2020. (Bots Ser.: 8). (ENG.). 128p. (J). (gr. k-9). 17.99 *(978-1-5344-6096-6(9))*; pap. 6.99 *(978-1-5344-6095-9(0))* Little Simon. (Little Simon).

Lost Cat! Jacqueline Rayner. Illus. by Jacqueline Rayner. 2023. (ENG., Illus.). 40p. (J). (gr. -1-3). 19.99 *(978-1-328-96720-6(4)*, Clarion Bks.) HarperCollins Pubs.

Lost Cause, Vol. 1 Of 3: A Story of the Last Rebellion in Poland (Classic Reprint) W. W. Aldred. 2018. (ENG., Illus.). 290p. (J). 29.88 *(978-0-428-79436-1(X))* Forgotten Bks.

Lost Cause, Vol. 2 Of 3: A Story of the Last Rebellion in Poland (Classic Reprint) W. W. Aldred. 2018. (ENG., Illus.). (J). 29.94 *(978-0-331-98236-7(6))* Forgotten Bks.

Lost Cause, Vol. 3 Of 3: A Story of the Last Rebellion in Poland (Classic Reprint) W. W. Aldred. 2018. (ENG., Illus.). 272p. (J). 29.51 *(978-0-484-25296-6(8))* Forgotten Bks.

Lost Causes. Jessica Koosed Etting & Alyssa Embree Schwartz. 2018. (ENG.). 344p. (YA). (gr. 9-12). pap. 10.99 *(978-1-5253-0133-9(0))* Kids Can Pr., Ltd. CAN. Dist: Hachette Bk. Group.

Lost Celt. A. E. Conran. 2016. (ENG.). 264p. (J). (gr. 2-7). 14.99 *(978-1-937463-54-0(0))* Goosebottom Bks. LLC.

Lost Child (Classic Reprint) Henry Kingsley. 2018. (ENG., Illus.). 44p. (J). 24.82 *(978-0-484-06764-5(8))* Forgotten Bks.

Lost Child of Trinqueta. Dianne Goudie. 2016. (ENG., Illus.). 132p. (J). pap. *(978-1-326-77535-3(9))* Lulu Pr., Inc.

Lost Child of Trinqueta: The Great Evil. Dianne Goudie. 2016. (ENG., Illus.). 156p. (J). pap. *(978-1-326-87675-3(9))* Lulu Pr., Inc.

Lost Children. Debra Sweeting. 2016. (ENG., Illus.). (J). pap. 11.99 *(978-0-9986891-5-9(7))* Admirable Publishing LLC.

Lost Children: Or, Henry & His Torch (Classic Reprint) Josephine Nall. 2018. (ENG., Illus.). 94p. (J). 25.86 *(978-0-483-40782-4(8))* Forgotten Bks.

Lost Children, & Other Stories (Classic Reprint) T. S. Arthur. (ENG., Illus.). (J). 2017. 164p. 27.28 *(978-0-332-27006-7(8))*; 2016. pap. 9.57 *(978-1-333-54931-2(8))* Forgotten Bks.

Lost Chords. Arthur Compton-Rickett. 2017. (ENG., Illus.). (J). pap. *(978-3-7446-9284-7(1))* Creation Pubs.

Lost Chords: Some Emotions Without Morals (Classic Reprint) Arthur Compton-Rickett. 2018. (ENG., Illus.). 128p. (J). 26.54 *(978-0-267-21019-0(1))* Forgotten Bks.

Lost Christmas. B. B. Cronin. 2018. (Illus.). 40p. (J). (gr. -1-2). 18.99 *(978-0-451-47904-4(1)*, Viking Books for Young Readers) Penguin Young Readers Group.

Lost Christmas Ornament. Kathleen B. Riordan. 2019. (ENG.). 46p. (J). pap. 24.95 *(978-1-7947-8660-8(0))* Lulu Pr., Inc.

Lost Chronicles of East London: The Streets of Darkness. Guy Evans. 2020. (ENG.). 176p. (YA). pap. *(978-1-78465-871-7(5)*, Vanguard Press) Pegasus Elliot Mackenzie Pubs.

Lost Cipher. Michael Oechsle. (ENG.). 272p. (J). (gr. 3-7). 2017. pap. 9.99 *(978-0-8075-8065-3(1)*, 807580651); 2016. 14.99 *(978-0-8075-8063-9(5)*, 807580635) Whitman, Albert & Co.

Lost Cities. Giles Laroche. Illus. by Giles Laroche. 2020. (ENG., Illus.). 40p. (J). (gr. 1-4). 17.99 *(978-1-328-75364-9(6)*, 1678710, Clarion Bks.) HarperCollins Pubs.

Lost City. Carol Ryback. 2020. (J). pap. *(978-1-64290-722-3(7))* Teacher Created Materials, Inc.

Lost City: The Omte Origins (from the World of the Trylle) Amanda Hocking. 2020. (Omte Origins Ser.: 1). (ENG.). 400p. (YA). pap. 10.99 *(978-1-250-20426-4(7)*, 900199950, Wednesday Bks.) St. Martin's Pr.

Lost City Explorers, Vol 1. Zack Kaplan. Ed. by Mike Marts. 2019. (ENG., Illus.). 120p. (YA). pap. 14.99 *(978-1-949028-02-7(X)*, 46fbcb31-7d20-4bd6-934b-516bc99a8f36) AfterShock Comics.

Lost City of Atlantis, 1 vol. Natalie Hyde. 2016. (Crabtree Chrome Ser.). (ENG., Illus.). 48p. (J). (gr. 2-2). pap. *(978-0-7787-2237-3(6))* Crabtree Publishing Co.

Lost City Spotted from Space! (XBooks: Strange) Is an Ancient Land under the Sand? Denise Ronaldo. 2020. (Xbooks Ser.). (ENG., Illus.). 48p. (J). (gr. 3-8). pap. 6.95 *(978-0-531-24378-7(8)*, Children's Pr.) Scholastic Library Publishing.

Lost City Spotted from Space! (XBooks: Strange) (Library Edition) Is an Ancient Land under the Sand? Denise Ronaldo. 2020. (Xbooks Ser.). (ENG., Illus.). 48p. (J). (gr. 3-8). lib. bdg. 29.00 *(978-0-531-23812-7(1)*, Children's Pr.) Scholastic Library Publishing.

Lost Civilisations. Pello Gutierrez. Ed. by Saure Publisher. Illus. by Daniel Redondo. 2016. (Uncut Edition Ser.: Vol. 2). (ENG.). (YA). (gr. 7-9). *(978-84-16197-79-8(2))* Saure, Jean-Francois Editor.

Lost Coast. A. R. Capetta. (ENG.). 352p. (gr. 9). 2022. (YA). pap. 10.99 *(978-1-5362-2301-9(8))*; 2019. (J). 17.99 *(978-1-5362-0096-6(4))* Candlewick Pr.

Lost Colony, the-Artemis Fowl, Book 5. Eoin Colfer. 2018. (Artemis Fowl Ser.: 5). (ENG.). 432p. (J). (gr. 5-9). pap. 8.99 *(978-1-368-03696-2(1)*, Disney-Hyperion) Disney Publishing Worldwide.

Lost Compass. Joel Ross. (Fog Diver Ser.: 2). (ENG.). (J). (gr. 3-7). 2017. 368p. pap. 9.99 *(978-0-06-235309-2(8))*; 2016. 352p. 16.99 *(978-0-06-235297-2(0))* HarperCollins Pubs. (HarperCollins).

Lost Compass. Joel Ross. ed. 2017. (Fog Diver Ser.: Vol. 2). (ENG.). (J). (gr. 3-7). lib. bdg. 17.20 *(978-0-606-40052-7(4))* Turtleback.

Lost Continent (Wings of Fire #11) Tui T. Sutherland. (Wings of Fire Ser.: 11). (ENG.). 336p. (J). (gr. 3-7). 2019. pap. 8.99 *(978-1-338-21444-4(6))*; Bk. 11. 2018. (Illus.). 16.99 *(978-1-338-21443-7(8))* Scholastic, Inc. (Scholastic Pr.).

Lost Countess Falka: A Story of the Orient (Classic Reprint) Richard Henry Savage. 2018. (ENG., Illus.). 322p. (J). 30.54 *(978-0-267-20484-7(1))* Forgotten Bks.

Lost Cousins. B. B. Cronin. 2019. (Illus.). 40p. (J). (gr. -1-2). 19.99 *(978-0-451-47908-2(4)*, Viking Books for Young Readers) Penguin Young Readers Group.

Lost Crow Conspiracy (Blood Rose Rebellion, Book 2) Rosalyn Eves. (Blood Rose Rebellion Ser.). (ENG.). 464p. (YA). (gr. 7). 2019. pap. 10.99 *(978-1-101-93610-8(X)*, Ember); 2018. 18.99 *(978-1-101-93607-8(X)*, Knopf Bks. for Young Readers) Random Hse. Children's Bks.

Lost Curl: Strange Tales from Humble Life (Classic Reprint) John Ashworth. 2018. (ENG., Illus.). 24p. (J). 24.39 *(978-0-484-04572-8(5))* Forgotten Bks.

Lost Daughter: And Other Stories of the Heart (Classic Reprint) Caroline Lee Hentz. (ENG., Illus.). (J). 2018. 30.74 *(978-0-331-98622-8(1))*; 2016. pap. 13.57 *(978-1-333-31093-6(5))* Forgotten Bks.

Lost Despatch (Classic Reprint) Natalie Sumner Lincoln. (ENG., Illus.). (J). 2018. 344p. 30.99 *(978-0-365-18315-0(6))*; 2017. pap. 13.57 *(978-0-243-33067-6(7))* Forgotten Bks.

Lost Diamonds: A Play in One Scene & One Tableau (Classic Reprint) C. P. E. Burgwyn. 2018. (ENG., Illus.). 28p. (J). 24.49 *(978-0-267-51107-5(8))* Forgotten Bks.

Lost Diaries (Classic Reprint) Maurice Baring. 2017. (ENG., Illus.). 230p. (J). 28.64 *(978-0-484-77644-8(4))* Forgotten Bks.

Lost Dispatch (Classic Reprint) Richard Hooker Wilmer. (ENG., Illus.). (J). 2018. 122p. 26.43 *(978-0-267-38312-2(6))*; 2016. pap. 9.57 *(978-1-334-15276-4(4))* Forgotten Bks.

Lost Dog. Alexandra C. Turnbull. 2017. (ENG., Illus.). 26p. (J). pap. *(978-1-907935-79-4(7))* Musicaliti Pubs.

Lost Dog. Michael Garland. ed. 2018. (I Like to Read Ser.). (ENG.). 24p. (J). (gr. -1-1). 10.00 *(978-1-64310-370-9(9))* Penworthy Co., LLC, The.

Lost Dog & the Lone Wolf. Sarah Elizabeth Ganesh. 2022. (ENG.). 88p. (J). pap. ***(978-1-990330-28-5(2))*** words ... along the path.

Lost Dog Doodles: A Raspberry Noodles Kid's Adventure. Linda Barboa & Jan Luck. 2018. (ENG.). 34p. (J). pap. 12.99 *(978-1-949609-24-0(3))* Pen It Pubns.

Lost Dog Part 2. Alexandra C. Turnbull. 2019. (Lost Dog Ser.: Vol. 2). (ENG.). 70p. (J). pap. *(978-1-907935-87-9(8))* Musicaliti Pubs.

Lost Donkey Who Saved Christmas. Derek W. Smith. 2022. (ENG.). 86p. (J). pap. *(978-1-80227-699-2(8))* Publishing Push Ltd.

Lost Dreamer. Lizz Huerta. 2022. (Lost Dreamer Duology Ser.: 1). (ENG.). 384p. (YA). 18.99 *(978-1-250-75485-1(2)*, 900225730, Farrar, Straus & Giroux (BYR)) Farrar, Straus & Giroux.

Lost Dreamer. Lizz Huerta. 2023. (Lost Dreamer Duology Ser.: 1). (ENG.). 384p. (YA). pap. 11.99 *(978-1-250-89801-2(3)*, 900225731) Square Fish.

Lost Dreams. Dianne Shannon. 2019. (ENG.). 22p. (YA). 20.95 *(978-1-68456-719-5(X))*; pap. 11.95 *(978-1-68456-717-1(3))* Page Publishing Inc.

Lost Dryad (Classic Reprint) Frank R. Stockton. 2018. (ENG., Illus.). 36p. (J). 24.64 *(978-0-365-30720-4(3))* Forgotten Bks.

Lost Eaglet. Tina Ponce. 2020. (ENG.). 28p. (J). pap. 12.95 *(978-1-64584-951-3(1))* Page Publishing Inc.

Lost Egg. Scholastic Staff. ed. 2018. (Scholastic Readers Ser.). (ENG.). 32p. (J). (gr. -1-k). 13.89 *(978-1-64310-246-7(X))* Penworthy Co., LLC, The.

Lost Empire of Koomba (the Secrets of Droon #35) Tony Abbott. 2018. (True Book (Relaunch) Ser.: 35). (ENG.). 128p. (J). (gr. 3-5). E-Book 7.95 *(978-0-545-41849-2(6)*, Scholastic Paperbacks) Scholastic, Inc.

Lost Endeavor (Classic Reprint) Guy Newell Boothby. 2018. (ENG., Illus.). 210p. (J). 28.25 *(978-0-483-51501-7(9))* Forgotten Bks.

Lost Endeavour (Classic Reprint) John Masefield. 2018. (ENG., Illus.). 380p. (J). 31.75 *(978-0-484-11037-2(3))* Forgotten Bks.

Lost Expedition. Mitch Krpata. Illus. by Kory Merritt. ed. 2016. (Poptropica Graphic Novels Ser.: 2). (J). lib. bdg. 20.80 *(978-0-606-39019-4(7))* Turtleback.

Lost Explorer. Mark Greenwood. 2017. (History Mysteries Ser.). 96p. (J). (gr. 3-7). 8.99 *(978-0-14-330927-7(7))* Random Hse. Australia AUS. Dist: Independent Pubs. Group.

Lost Explorers: A Story of the Trackless Desert (Classic Reprint) Alexander MacDonald. (ENG., Illus.). (J). 2018. 372p. 31.57 *(978-0-428-76562-0(9))*; 2017. pap. 13.97 *(978-0-243-87387-6(5))* Forgotten Bks.

Lost Eye of the Serpent. Jeremy Philips. 2016. (ENG., Illus.). (J). pap. 13.99 *(978-1-68058-747-0(1))* Limitless Publishing, LLC.

Lost Face (Classic Reprint) Jack. London. 2017. (ENG., Illus.). 320p. (J). 30.50 *(978-0-484-83257-1(3))* Forgotten Bks.

Lost Farm Camp (Classic Reprint) Henry Herbert Knibbs. (ENG., Illus.). (J). 2018. 388p. 31.90 *(978-0-365-22509-6(6))*; 2017. pap. 16.57 *(978-0-259-29699-7(6))* Forgotten Bks.

Lost Fish. Annette Ziegler. 2018. (ENG., Illus.). 56p. (J). pap. 14.95 *(978-1-68197-141-4(0))* Christian Faith Publishing.

Lost for a Woman. May Agnes Fleming. 2017. (ENG.). 460p. (J). pap. *(978-3-337-02738-4(5))* Creation Pubs.

Lost for a Woman: A Novel (Classic Reprint) May Agnes Fleming. 2018. (ENG., Illus.). 460p. (J). 33.38 *(978-0-484-78725-3(X))* Forgotten Bks.

Lost for Love, Vol. 1 Of 2: A Novel (Classic Reprint) Mary Elizabeth Braddon. 2018. (ENG., Illus.). (J). 36.66 *(978-0-331-18298-9(X))* Forgotten Bks.

Lost for Love, Vol. 1 Of 3: A Novel (Classic Reprint) Mary Elizabeth Braddon. (ENG., Illus.). (J). 2018. 338p. 30.87 *(978-0-483-77884-9(2))*; 2016. pap. 13.57 *(978-1-334-15476-8(7))* Forgotten Bks.

Lost for Love, Vol. 2 Of 3: A Novel (Classic Reprint) Mary Elizabeth Braddon. 2018. (ENG., Illus.). 294p. (J). 29.98 *(978-0-483-68447-8(3))* Forgotten Bks.

Lost for Love, Vol. 3 Of 3: A Novel (Classic Reprint) Mary Elizabeth Braddon. (ENG., Illus.). (J). 2018. 304p. 30.17 *(978-0-483-65249-1(0))*; 2016. pap. 13.57 *(978-1-334-12230-9(X))* Forgotten Bks.

Lost for Words, 1 vol. Natalie Russell. 2020. (ENG., Illus.). 32p. (J). (gr. -1-3). pap. 7.99 *(978-1-68263-157-7(5))* Peachtree Publishing Co. Inc.

Lost for Words. Aoife Walsh. 2019. (ENG.). 272p. (J). (gr. 5-8). 14.99 *(978-1-78344-834-0(2))* Andersen Pr. GBR. Dist: Independent Pubs. Group.

Lost Forest. Phyllis Root. Illus. by Betsy Bowen. 2019. (ENG.). 40p. (J). 17.95 *(978-0-8166-9796-0(5))* Univ. of Minnesota Pr.

Lost Frequencies: The Soul Prophecies. Caitlin Lynagh. 2019. (ENG., Illus.). 314p. (YA). (gr. 9-12). pap. *(978-1-9995965-4-5(4))* Outlet Publishing.

Lost Frog. Mary C. Bell. 2023. (ENG., Illus.). 22p. (J). pap. 13.95 ***(978-1-6624-4845-4(7))*** Page Publishing.

Lost Frost Girl. Amy Wilson. 2017. (ENG.). 320p. (J). (gr. 3-7). 16.99 *(978-0-06-267148-6(0)*, Tegen, Katherine Bks) HarperCollins Pubs.

Lost Galumpus. Joseph Helgerson. Illus. by Udayana Lugo. 2023. (ENG.). 384p. (J). (gr. 3-7). 16.99 *(978-0-358-41522-0(5)*, Clarion Bks.) HarperCollins Pubs.

Lost Genie Diaries (Clock Winders) J. H. Sweet. 2018. (Clock Winders Ser.: Vol. 9). (ENG., Illus.). 170p. (YA). (gr. 7-12). 17.94 *(978-1-936660-29-2(6))* Sweet, Joanne.

Lost Girl. Anne Ursu. (ENG.). (J). (gr. 3-7). 2020. 384p. pap. 9.99 *(978-0-06-227510-3(0))*; 2019. (Illus.). 368p. 16.99 *(978-0-06-227509-7(7))* HarperCollins Pubs. (Waldon Pond Pr.).

Lost Girl Missing. Janet de Castro. 2018. (ENG., Illus.). 308p. (J). (gr. 3-6). pap. 16.00 *(978-1-7324219-0-5(0))* JL De Castro.

Lost Girl Missing. Janet L. de Castro. 2018. (ENG., Illus.). 306p. (J). (gr. 3-6). 25.00 *(978-1-7324219-1-2(9))* JL De Castro.

Lost Girl of Astor Street, 1 vol. Stephanie Morrill. 2018. (ENG.). 352p. (YA). pap. 10.99 *(978-0-310-75840-2(8))* Blink.

Lost Girl vs Wounded Boy. Jordan Ford. 2020. (Forever Love Ser.: Vol. 5). (ENG.). 362p. (J). pap. ***(978-0-473-51092-3(8))*** Ford, Jordan Bks.

Lost Gold Mine. Denise Ouellette. 2020. (ENG.). 100p. (J). pap. 7.99 *(978-1-7357335-0-0(4))* JaJa's Publishing.

Lost Gold Mine of the Hudson (Classic Reprint) Unknown Author. 2018. (ENG., Illus.). 84p. (J). 25.63 *(978-0-267-69019-0(3))* Forgotten Bks.

Lost Gold of the Montezumas a Story of the Alamo (Classic Reprint) William Osborn Stoddard. 2017. (ENG., Illus.). (J). 30.95 *(978-0-265-95342-6(1))* Forgotten Bks.

Lost Gonk. Chris Steward. Illus. by Sona and Jacob. 2022. (ENG.). 32p. (J). pap. ***(978-1-7391322-0-0(3))*** Nielsen Bk. Services.

Lost Hat. Albert Ventura. Illus. by Albert Ventura. 2020. (ENG.). 50p. (J). pap. *(978-1-910542-64-4(4))* Chapeltown.

Lost Heir. Chris Gourley. 2021. (Inheritance Ring Ser.). (ENG.). 362p. (YA). pap. 15.99 *(978-1-0878-6186-9(1))* Indy Pub.

Lost Heir. Reilly Woodhouse. 2018. (ENG., Illus.). 192p. (YA). pap. 15.95 *(978-1-64214-522-9(X))* Page Publishing Inc.

Lost Heir, 2. Barry Deutsch. 2019. (Wings of Fire Ser.). (ENG.). 212p. (J). (gr. 4-5). 23.96 *(978-0-87617-936-9(7))* Penworthy Co., LLC, The.

Lost Heir (Classic Reprint) G. A. Henty. 2018. (ENG., Illus.). 354p. (J). 31.22 *(978-0-483-57179-2(2))* Forgotten Bks.

Lost Heir (Classic Reprint) Rs Southworth. 2017. (ENG., Illus.). (J). 30.54 *(978-0-265-72174-2(1))* Forgotten Bks.

Lost Hero. Elizabeth Stuart Phelps Ward & Herbert D. Ward. 2019. (ENG., Illus.). 34p. (YA). pap. *(978-93-5329-474-8(6))* Alpha Editions.

Lost Hero (Classic Reprint) Elizabeth Stuart Phelps Ward. 2018. (ENG., Illus.). 74p. (J). 25.42 *(978-0-267-27868-8(3))* Forgotten Bks.

Lost Home World. Cerberus Jones. 2017. (Illus.). 136p. (J). *(978-1-61067-694-6(7))* Kane Miller.

Lost Home World: The Gateway. Cerberus Jones. 2018. (ENG., Illus.). 144p. (J). pap. 5.99 *(978-1-61067-660-1(2))* Kane Miller.

Lost Homework. Richard O'Neill. Illus. by Kirsti Beautyman. 2019. (Travellers Tales Ser.). 32p. (J). (gr. k-4). pap. *(978-1-78628-345-0(X))*; *(978-1-78628-346-7(8))* Child's Play International Ltd.

Lost Horizon. Michael Ford. 2019. (Forgotten City Ser.: 2). (ENG.). 272p. (J). (gr. 3-7). 16.99 *(978-0-06-269699-1(8)*, HarperCollins) HarperCollins Pubs.

Lost Horse - Book 6 in the Connemara Horse Adventure Series for Kids. Elaine Heney. 2022. (Connemara Horse Adventure Ser.: Vol. 6). (ENG.). 166p. (J). pap. ***(978-1-915542-11-3(1))*** Irish Natural Horsemanship.

Lost Horse - Book 6 in the Connemara Horse Adventure Series for Kids the Perfect Gift for Children. Elaine Heney. 2023. (Connemara Pony Adventures Ser.: Vol. 6). (ENG.). 170p. (J). ***(978-1-915542-49-6(9))*** Irish Natural Horsemanship.

Lost House. B. B. Cronin. 2016. (Illus.). 40p. (J). (gr. -1-2). 18.99 *(978-1-101-99921-9(7)*, Viking Books for Young Readers) Penguin Young Readers Group.

L

Lost House. M. G. Higgins. 2020. (Red Rhino Ser.). (ENG., Illus.). 68p. (J). (gr. 4-7). pap. 9.95 *(978-1-68021-879-4(4))* Saddleback Educational Publishing, Inc.

Lost Hunter (Classic Reprint) John Turvill Adams. 2018. (ENG., Illus.). 472p. (J). 33.59 *(978-0-484-69317-2(4))* Forgotten Bks.

Lost Illusion (Classic Reprint) Leslie Keith. (ENG., Illus.). (J). 2018. 468p. 33.57 *(978-0-666-82606-0(4))*; 2017. pap. 16.57 *(978-0-259-41070-6(5))* Forgotten Bks.

Lost Illusions. Brittany Launiuvao. 2020. (ENG.). 48p. (YA). 20.50 *(978-1-716-65725-2(3))* Lulu Pr., Inc.

Lost in a Book: A Library of Mazes. Mark Walker. 2019. (ENG.). 64p. (J). 12.99 *(978-1-78950-521-4(6),* 0abae326-f7ea-4e3a-85fb-f490d2025f4c) Arcturus Publishing GBR. Dist: Baker & Taylor Publisher Services (BTPS).

Lost in a Box of Chocolates! Valentine's Day Hidden Picture Activity Book. Smarter Activity Books. 2016. (ENG., Illus.). (J). pap. 8.99 *(978-1-68374-087-2(4))* Examined Solutions PTE. Ltd.

Lost in a Great City (Classic Reprint) Amanda M. Douglas. 2018. (ENG., Illus.). (J). 33.92 *(978-0-260-56434-4(6))* Forgotten Bks.

Lost in a Story: Beyond Reality & Time. Joseph H. Krasinski. 2018. (ENG., Illus.). 424p. (YA). (gr. 7-12). pap. 16.95 *(978-1-64492-980-3(5))*; 27.95 *(978-1-64140-243-9(1))*; pap. 16.95 *(978-1-64079-883-0(8))* Christian Faith Publishing.

Lost in Ceylon. William Dalton. 2017. (ENG.). 464p. (J). pap. *(978-3-337-32140-6(2))* Creation Pubs.

Lost in Dreams. Ginna Moran. 2018. (Destined for Dreams Ser.: Vol. 1). (ENG., Illus.). 336p. (YA). pap. 9.99 *(978-1-942073-39-0(9))* Sunny Palms Pr.

Lost in Ghostville. John Bladek. (Middle-Grade Novels Ser.). (ENG., Illus.). 208p. (J). (gr. 4-7). 2017. pap. 8.95 *(978-1-4965-3361-6(5),* 132509, Stone Arch Bks.); 2016. lib. bdg. 25.99 *(978-1-4965-3360-9(7),* 132508, Stone Arch Bks.); 2016. 10.95 *(978-1-62370-776-7(5),* 132510, Capstone Young Readers) Capstone.

Lost in Hollywood. Cindy Callaghan. 2016. (Mix Ser.). (ENG., Illus.). 240p. (J). (gr. 4-8). pap. 8.99 *(978-1-4814-6571-7(6),* Aladdin) Simon & Schuster Children's Publishing.

Lost in Hollywood. Cindy Callaghan. 2016. (Mix Ser.). (ENG., Illus.). 240p. (J). (gr. 4-8). 17.99 *(978-1-4814-6572-4(4),* Simon & Schuster/Paula Wiseman Bks.) Simon & Schuster/Paula Wiseman Bks.

Lost in Ireland. Cindy Callaghan. 2016. (Mix Ser.). (ENG., Illus.). 224p. (J). (gr. 4-8). pap. 7.99 *(978-1-4814-6206-8(7),* Aladdin) Simon & Schuster Children's Publishing.

Lost in La: The Bikini Collective 2. Kate McMahon. 2019. (Bikini Collective Ser.: 2). (ENG., Illus.). 206p. (YA). pap. *(978-0-6484782-0-1(3))* McMahon, Kate My Word.

Lost in London: A New & Original Drama, in Three Acts (Classic Reprint) Watts Phillips. 2018. (ENG., Illus.). 70p. (J). 25.34 *(978-0-483-81380-9(X))* Forgotten Bks.

Lost in Love. Hannah V. Lander. 2022. (ENG.). 232p. (YA). pap. 28.95 *(978-1-63710-902-1(4))* Fulton Bks.

Lost in New York, 15. Kate Egan. ed. 2019. (Flat Stanley's Worldwide Adv Ser.). (ENG.). 119p. (J). (gr. 2-3). 15.36 *(978-0-87617-951-2(0))* Penworthy Co., LLC, The.

Lost in Nicaragua: Or among Coffee Farms & Banana, Lands, in the Countries of the Great Canal (Classic Reprint) Hezekiah Butterworth. 2018. (ENG., Illus.). 314p. (J). 30.37 *(978-0-483-89205-7(X))* Forgotten Bks.

Lost in Nowhere. Barbara Pietron. 2021. (Legacy in Legend Ser.: 3). (ENG.). 348p. (YA). (gr. 7). pap. 13.99 *(978-0-9916021-8-6(8))* Scribe Publishing Co.

Lost in NYC: A Subway Adventure. Nadja Spiegelman. Illus. by Sergio García Sánchez. 2016. (Toon Graphics Ser.). (ENG.). 52p. (J). (gr. 3-6). lib. bdg. 34.21 *(978-1-61479-499-8(5),* 21435, Graphic Novels) Spotlight.

Lost in Oz: The Complete Trilogy. Joshua Patrick Dudley. 2018. (ENG., Illus.). 584p. (J). pap. *(978-1-387-74042-0(3))* Lulu Pr., Inc.

Lost in Pawfur. Keilana M. Nikiforova. 2020. (ENG.). 58p. (J). pap. 15.00 *(978-1-953507-06-8(9))* Brightlings.

Lost in Space. Anne Giulieri. Illus. by Gary Cherrington. 2016. (Engage Literacy Orange - Extension A Ser.). (ENG.). 16p. (J). pap. 36.94 *(978-1-5157-5060-4(4),* 26054, Capstone Pr.) Capstone.

Lost in Space: An Activity Book for Adults with Hidden Pictures. Smarter Activity Books. 2016. (ENG., Illus.). (J). pap. 8.99 *(978-1-68374-088-9(2))* Examined Solutions PTE. Ltd.

Lost in Space: An Up2U Action Adventure. Jan Fields. Illus. by Oriol Vidal. 2017. (Up2U Adventures Set 3 Ser.). (ENG.). 80p. (J). (gr. 2-5). lib. bdg. 35.64 *(978-1-5321-3030-4(9),* 25508, Calico Chapter Bks.) ABDO Publishing Co.

Lost in Space Hacks. Virginia Loh-Hagan. 2019. (Could You Survive? Ser.). (ENG.). 32p. (J). (gr. 4-8). pap. 14.21 *(978-1-5341-5069-0(2),* 213583); (Illus.). lib. bdg. 32.07 *(978-1-5341-4783-6(7),* 213582) Cherry Lake Publishing. (45th Parallel Press).

Lost in the Air. Roy J. Snell. 2017. (ENG., Illus.). (J). pap. 12.95 *(978-1-374-89311-5(0))* Capital Communications, Inc.

Lost in the Alaskan Wilderness. G. B. Jones. 2021. (ENG.). 72p. (J). pap. 14.95 *(978-1-57833-851-1(4))* Todd Communications.

Lost in the Amazon: Juliane Koepcke. Betsy Rathburn. Illus. by Taylor Yotter. 2021. (True Survival Stories Ser.). (ENG.). 24p. (J). (gr. 3-8). pap. 8.99 *(978-1-64834-504-3(2),* 21169, Black Sheep) Bellwether Media.

Lost in the Amazon: a Battle for Survival in the Heart of the Rainforest (Lost #3) Tod Olson. 2018. (Lost Ser.: 3). (ENG., Illus.). 176p. (J). (gr. 3-7). pap. 7.99 *(978-0-545-92827-4(3),* Scholastic Nonfiction) Scholastic, Inc.

Lost in the Antarctic: the Doomed Voyage of the Endurance (Lost #4), Vol. 4. Tod Olson. 2019. (Lost Ser.: 4). (ENG., Illus.). 224p. (J). (gr. 3-7). pap. 7.99 *(978-1-338-20734-7(2))* Scholastic, Inc.

Lost in the Blinded Blizzard. John R. Erickson. Illus. by Gerald L. Holmes. 2017. (Hank the Cowdog Ser.: Vol. 16). (ENG.). 115p. (J). (gr. 3-6). 15.99 *(978-1-59188-216-9(8))* Maverick Bks., Inc.

Lost in the Canon: The Story of Sam Willett's Adventures on the Great Colorado of the West (Classic Reprint) Alfred Rochefort Calhoun. 2017. (ENG., Illus.). (J). 29.59 *(978-0-331-80423-2(9))* Forgotten Bks.

Lost in the City: Daytime. Sue Downing. 2020. (Lost in the City Ser.). (ENG.). 12p. (J). (— 1). bds. 15.99 *(978-1-76040-935-7(9))* Little Hare Bks. AUS. Dist: Independent Pubs. Group.

Lost in the City: Night Time. Sue Downing. 2020. (Lost in the City Ser.). (ENG.). 12p. (J). (— 1). bds. 15.99 *(978-1-76040-936-4(7))* Little Hare Bks. AUS. Dist: Independent Pubs. Group.

Lost in the Clouds. Shubhi Agrawal. 2021. (ENG.). 52p. (J). pap. 15.00 *(978-1-953507-65-5(4))* Brightlings.

Lost in the Clouds. DK. 2021. (ENG., Illus.). 32p. (J). pap. *(978-0-241-48803-4(6))* Dorling Kindersley Publishing, Inc.

Lost in the Clouds: A Gentle Story to Help Children Understand Death & Grief. DK & Tom Tinn-Disbury. 2021. (Difficult Conversations Ser.). (Illus.). 32p. (J). (-k). 16.99 *(978-0-7440-3659-6(3),* DK Children) Dorling Kindersley Publishing, Inc.

Lost in the Crater of Fear. Tracey Turner. 2016. (ENG., Illus.). 128p. (J). *(978-0-7787-2353-0(4))* Crabtree Publishing Co.

Lost in the Dark. Rich Wallace. Illus. by Daniela Volpari. 2016. (Haunted Ser.). (ENG.). 48p. (J). (gr. 3-7). 34.21 *(978-1-62402-148-0(4),* 21573, Spellbound) Magic Wagon.

Lost in the Dark & Twisty Woods Maze Activity Book. Smarter Activity Books for Kids. 2016. (ENG., Illus.). (J). pap. 8.99 *(978-1-68374-089-6(0))* Examined Solutions PTE. Ltd.

Lost in the Dark Unchanted Forest. John R. Erickson. Illus. by Gerald L. Holmes. 2017. (Hank the Cowdog Ser.: Vol. 11). (ENG.). 124p. (J). (gr. 3-6). 15.99 *(978-1-59188-211-4(7))* Maverick Bks., Inc.

Lost in the Ditch. Cathy March. Illus. by Paul Schultz. 2023. (Detectives Lucy the Nose & Ricky the Ears Ser.). (ENG.). 24p. (J). ***(978-1-0391-5969-3(9))***; pap. ***(978-1-0391-5968-6(0))*** FriesenPress.

Lost in the End: Lost Minecraft Journals, Book Three. Winter Morgan. 2016. (Lost Minecraft Journals Ser.). (ENG.). 112p. (J). (gr. 1-7). pap. 7.99 *(978-1-5107-0352-0(7),* Sky Pony Pr.) Skyhorse Publishing Co., Inc.

Lost in the Fog. James De Mille. 2017. (ENG., Illus.). (J). 24.95 *(978-1-374-91534-3(3))*; pap. 14.95 *(978-1-374-91533-6(5))* Capital Communications, Inc.

Lost in the Fog. James De Mille. 2017. (ENG.). 330p. (J). pap. *(978-3-337-33917-3(4))* Creation Pubs.

Lost in the Forest. David Rei Miller. Illus. by Haden Clendinning. 2023. 36p. (J). (gr. k-2). 17.95 *(978-1-76036-173-0(9),* bb5e0361-cfde-4bcf-b8f5-cf91fa678b37) Starfish Bay Publishing Pty Ltd. AUS. Dist: Baker & Taylor Publisher Services (BTPS).

Lost in the Fourth Dimension (Measurement) Jonathan Litton. Illus. by Sam LeDoyen. 2017. (Mission Math Ser.). (ENG.). 48p. (J). (gr. 2-4). lib. bdg. 31.99 *(978-1-68297-191-8(0),* 4fab9378-44be-40ab-a792-4616c6bde20d) QEB Publishing Inc.

Lost in the Great Dismal Swamp (Classic Reprint) Lawrence J. Leslie. (ENG., Illus.). (J). 2017. 27.69 *(978-0-331-70363-4(7))*; 2016. pap. 10.57 *(978-1-334-13176-9(7))* Forgotten Bks.

Lost in the Imagination: a Journey Through Nine Worlds in Nine Nights. Hiawyn Oram. Illus. by David Wyatt. 2020. (ENG.). 48p. (J). (gr. 3-7). 19.99 *(978-1-5362-1073-6(0))* Candlewick Pr.

Lost in the Jungle: Jack & the Geniuses Book #3. Bill Nye & Gregory Mone. Illus. by Nicholas Iluzada. (Jack & the Geniuses Ser.). (ENG.). 288p. (J). (gr. 3-7). 2019. pap. 7.99 *(978-1-4197-3485-4(7),* 1158103); 2018. 13.99 *(978-1-4197-2867-9(9),* 1158101) Abrams, Inc. (Amulet Bks.).

Lost in the Jungle: Narrated for Young People (Classic Reprint) Paul Du Chaillu. 2018. (ENG., Illus.). 262p. (J). 29.30 *(978-0-484-21963-1(4))* Forgotten Bks.

Lost in the Jungle: Secrets of an Overworld Survivor, #1. Greyson Mann. Illus. by Grace Sandford. 2017. (Secrets of an Overworld Survivor Ser.). (ENG.). 112p. (J). (gr. 1-4). 13.99 *(978-1-5107-1325-3(5),* Sky Pony Pr.) Skyhorse Publishing Co., Inc.

Lost in the Library: A Story of Patience & Fortitude. Josh Funk. Illus. by Stevie Lewis. 2018. (New York Public Library Book Ser.). (ENG.). 40p. (J). 18.99 *(978-1-250-15501-6(0),* 900184517, Holt, Henry & Co. Bks. For Young Readers) Holt, Henry & Co.

Lost in the Lines: Kids Maze Activity Book. Activity Book Zone for Kids. 2016. (ENG., Illus.). (J). pap. 7.55 *(978-1-68376-151-8(0))* Sabeels Publishing.

Lost in the Mouseum. Eleanor May. 2018. (Mouse Math Ser.). (ENG.). 32p. (J). (gr. -1-1). lib. bdg. 34.28 *(978-1-4896-8291-8(0),* AV2 by Weigl) Weigl Pubs., Inc.

Lost in the Never Woods. Aiden Thomas. 2021. (ENG.). 384p. (YA). 18.99 *(978-1-250-31397-3(X),* 900199464) Feiwel & Friends.

Lost in the Pacific, 1942: Not a Drop to Drink. Tod Olson. 2016. (J). *(978-0-545-92808-3(7))* Scholastic, Inc.

Lost in the Pacific, 1942: Not a Drop to Drink (Lost #1) Tod Olson. 2016. (Lost Ser.: 1). (ENG., Illus.). 176p. (J). (gr. 5-9). 14.99 *(978-0-545-92811-3(7),* Scholastic Nonfiction) Scholastic, Inc.

Lost in the Picture, Find Me — Hidden Pictures. Activity Book Zone for Kids. 2016. (ENG., Illus.). (J). pap. 7.55 *(978-1-68376-152-5(9))* Sabeels Publishing.

Lost in the Red Hills of Mars. Jackie Hunter. 2017. (ENG., Illus.). 290p. (J). pap. 10.99 *(978-0-692-92260-6(1))* BAYADA Publishing Hse., LLC.

Lost in the Rockies: A Story of Adventure in the Rocky Mountains (Classic Reprint) Edward Sylvester Ellis. 2018. (ENG., Illus.). 326p. (J). 30.60 *(978-0-484-73261-1(7))* Forgotten Bks.

Lost in the Sun. Lisa Graff. ed. 2016. lib. bdg. 19.65 *(978-0-606-38835-1(4))* Turtleback.

Lost in the Swamp of Terror. Tracey Turner. 2016. (ENG., Illus.). 128p. (J). *(978-0-7787-2354-7(2))* Crabtree Publishing Co.

Lost in the Underworld. Paul Ellinghorst. 2019. (ENG.). 60p. (J). pap. 4.58 *(978-0-244-17585-6(3))* Lulu Pr., Inc.

Lost in the Wild. E. M. Gonzalez. 2020. (ENG.). 262p. (YA). pap. 18.95 *(978-1-0980-3471-9(6))* Christian Faith Publishing.

Lost in the Wild! Steve Behling. ed. 2021. (Step into Reading Ser.). (ENG., Illus.). 31p. (J). (gr. 2-3). 14.96 *(978-1-64697-701-7(7))* Penworthy Co., LLC, The.

Lost in the Wild! (Jurassic World: Camp Cretaceous) Steve Behling. Illus. by Patrick Spaziante. 2021. (Step into Reading Ser.). (ENG.). 32p. (J). (gr. k-3). 5.99 *(978-0-593-18029-7(1))*; 14.99 *(978-0-593-30431-0(4))* Random Hse. Children's Bks. (Random Hse. Bks. for Young Readers).

Lost in the Woods. Stephanie Gaston. 2022. (Luca & Lucky Adventures Ser.). (ENG.). 24p. (J). (gr. 2-4). pap. 8.95 *(978-1-63897-620-2(1),* 20559); lib. bdg. 27.93 *(978-1-63897-505-2(1),* 20558) Seahorse Publishing.

Lost in the Woods. Simon Mitchell. 2016. (ENG.). 64p. (J). pap. 7.48 ***(978-1-326-53688-6(5))*** Lulu Pr., Inc.

Lost in Time. Melissa de la Cruz. 2023. (Blue Bloods Ser.). (ENG.). 352p. (YA). (gr. 7-12). pap. 10.99 *(978-1-368-09419-1(8),* Disney-Hyperion) Disney Publishing Worldwide.

Lost in Time. Donna Shelton. 2017. (Monarch Jungle Ser.). (ENG.). 84p. (YA). (gr. 9-12). pap. 10.95 *(978-1-68021-478-9(0))* Saddleback Educational Publishing, Inc.

Lost in Time. Donna Shelton. ed. 2018. (Monarch Jungle Ser.). lib. bdg. 19.60 *(978-0-606-41257-5(3))* Turtleback.

Lost in Yellowstone: The Extraordinary True Adventure Story of Truman Everts & His Courage, Endurance & Survival in the Wilderness. Drake Quinn. 2019. (ENG.). 38p. (J). pap. *(978-1-908567-59-8(7))* Hope Bks., Ltd.

Lost Inheritance, Vol. 1 Of 3: A Novel (Classic Reprint) Unknown Author. 2018. (ENG., Illus.). 324p. (J). 30.58 *(978-0-267-16677-0(X))* Forgotten Bks.

Lost Inheritance, Vol. 2 Of 3: A Novel (Classic Reprint) Unknown Author. 2018. (ENG., Illus.). 300p. (J). 30.08 *(978-0-483-72120-3(4))* Forgotten Bks.

Lost Innocence Peter Matthews. 2021. (ENG.). 408p. (YA). pap. 18.88 *(978-1-716-06543-9(7))* Lulu Pr., Inc.

Lost Interest (Classic Reprint) Mary C. E. Wemyss. (ENG., Illus.). (J). 2018. 340p. 30.93 *(978-0-267-00207-8(6))*; 2017. pap. 13.57 *(978-0-243-53026-7(9))* Forgotten Bks.

Lost Is Found. Laura Amme. 2020. (ENG.). 26p. (J). pap. *(978-1-64969-399-0(0))* Tablo Publishing.

Lost Island. MarcyKate Connolly. 2021. (Hollow Dolls Ser.: 2). (ENG.). 208p. (J). (gr. 3-9). 16.99 *(978-1-4926-8822-8(3))* Sourcebooks, Inc.

Lost Island. Eilis Dillon. Illus. by Richard Kennedy. 2019. (ENG.). 208p. (J). (gr. 4-7). pap. 12.99 *(978-1-68137-355-3(6),* NYRB Kids) New York Review of Bks., Inc., The.

Lost Island (Classic Reprint) Ralph Henry Barbour. (ENG., Illus.). (J). 2018. 416p. 32.50 *(978-0-364-80472-8(6))*; 2017. pap. 16.57 *(978-0-259-30445-6(X))* Forgotten Bks.

Lost Island of Pirates, Curses & Dinosaurs. Aaron Bonsall. Illus. by Spencer Liriano Navarro. 2022. (ENG.). 116p. (J). pap. 9.99 *(978-1-956357-64-6(5))*; 15.99 *(978-1-956357-62-2(9))* Lawley Enterprises.

Lost Jewel of the Mortimers (Classic Reprint) Anna T. Sadlier. 2017. (ENG., Illus.). (J). 29.51 *(978-0-331-81121-6(9))*; pap. 11.97 *(978-0-243-28397-2(0))* Forgotten Bks.

Lost Journals of Bud Wiper: A Middle Grade Adventure Kids Will Love. S. M. Morgan. 2021. (Lost Journals of Bud Wiper Ser.: Vol. 1). (ENG.). 166p. (J). 16.99 *(978-0-9977331-5-0(2))* Adazing.

Lost Key: An International Episode (Classic Reprint) Lady Acland. 2018. (ENG., Illus.). 356p. (J). 31.26 *(978-0-483-02425-0(2))* Forgotten Bks.

Lost Key (Classic Reprint) Sarah Maria Fry. 2017. (ENG., Illus.). 170p. (J). 27.42 *(978-0-332-52606-5(2))* Forgotten Bks.

Lost King. Frazier Alexander. 2020. (ENG.). 370p. (YA). pap. 22.95 *(978-0-578-78242-3(1))* FyreSyde Publishing.

Lost Kingdom. William Forde. 2018. (ENG.). 126p. (J). pap. ***(978-0-244-66540-1(0))*** Lulu Pr., Inc.

Lost Kingdom. Matt Myklusch. (Order of the Majestic Ser.: 2). (ENG.). 464p. (J). (gr. 3-7). 2021. pap. 8.99 *(978-1-5344-2491-3(1))*; 2020. 18.99 *(978-1-5344-2490-6(3))* Simon & Schuster Children's Publishing. (Aladdin).

Lost Kingdom. Shawn P. B. Robinson. 2023. (Sevordine Chronicles Ser.: Vol. 2). (ENG.). (YA). 256p. ***(978-1-989296-73-8(4))***; 246p. pap. ***(978-1-989296-60-8(2))*** BrainSwell Publishing.

Lost Kingdom of Bamarre. Gail Carson Levine. (ENG.). (J). (gr. 3-7). 2018. 416p. pap. 6.99 *(978-0-06-207468-3(7))*; 2017. 400p. 16.99 *(978-0-06-207466-9(0))* HarperCollins Pubs. (HarperCollins).

Lost Kings & Kingdoms, 1 vol. Robyn Hardyman. 2016. (Mystery Hunters Ser.). (ENG.). 48p. (J). (gr. 5-5). lib. bdg. 33.60 *(978-1-4824-6009-4(2),* 46ec4985-6b7e-48a0-aa19-88d8f02e4bb0) Stevens, Gareth Publishing LLLP.

Lost Kitten. Katherine Cox. ed. 2018. (Scholastic Readers Ser.). (ENG.). 32p. (J). (gr. -1-1). 9.00 *(978-1-64310-403-4(9))* Penworthy Co., LLC, The.

Lost Kitty. Siddha Smaran. 2021. (ENG.). 18p. (J). pap. 8.99 *(978-1-68494-735-5(9))* Notion Pr., Inc.

Lost Kitty (Classic Reprint) Madeline Leslie. 2018. (ENG., Illus.). 104p. (J). 26.06 *(978-0-483-97738-9(1))* Forgotten Bks.

Lost Lamb: And Other Tales (Classic Reprint) Joseph Alden. 2018. (ENG., Illus.). 116p. (J). 26.29 *(978-0-267-25170-4(X))* Forgotten Bks.

Lost Lamb & the Good Shepherd. Dandi Daley Mackall. Illus. by Lisa Manuzak. 2016. (Flipside Stories Ser.). (ENG.). 48p. (J). 14.99 *(978-1-4964-1121-1(8),* 4612796) Tyndale Hse. Pubs.

Lost Lands. Kenny Abdo. (Guidebooks to the Unexplained Ser.). (ENG., Illus.). 24p. (J). (gr. 2-2). 2020. pap. 8.95 *(978-1-64494-288-8(7),* 1644942887); 2019. lib. bdg. 31.36 *(978-1-5321-2935-3(1),* 33154) ABDO Publishing Co. (Abdo Zoom-Fly).

Lost Lands (Rise of the Dragons, Book 2) (Library Edition) Jessica Khoury. 2020. (ENG.). 272p. (J). (gr. 3-7). lib. bdg. 24.99 *(978-1-338-67120-9(0),* Scholastic Pr.) Scholastic, Inc.

Lost Language. Claudia Mills. 2022. 304p. (J). (gr. 4-7). pap. 8.99 *(978-0-8234-5250-7(6),* Margaret Ferguson Books) Holiday Hse., Inc.

Lost Language of Crazy. Pamela Laskin. 2021. (ENG.). 222p. (YA). pap. 14.99 *(978-1-63752-818-1(3))* Primedia eLaunch LLC.

Lost Legacy: Descending. C. E. Dimond. 2019. (Lost Legacies Ser.: Vol. 2). (ENG.). 264p. (YA). (gr. 7-12). pap. *(978-0-9938701-2-5(0))* Write Addictions.

Lost Legacy of St. Benedict's. E. S. Townsend. 2016. (ENG., Illus.). (J). (gr. 3-6). pap. *(978-0-9928658-6-3(7))* Swain and Nephew.

Lost Legends: The Rise of Flynn Rider. Jen Calonita. 2021. (Disney's Lost Legends Ser.). 192p. (J). (gr. 3-7). 16.99 *(978-1-368-04486-8(7),* Disney-Hyperion) Disney Publishing Worldwide.

Lost Legends: Who Shaped American History. Jen Calonita. 2022. (Disney's Lost Legends Ser.). 208p. (J). (gr. 3-7). 16.99 *(978-1-368-04861-3(7),* Disney-Hyperion) Disney Publishing Worldwide.

Lost Legends of Nothing. Alejandra Green & Fanny Rodriguez. 2023. (ENG., Illus.). 320p. (J). (gr. 3-7). 22.99 *(978-0-06-283951-0(9))*; pap. 13.99 *(978-0-06-283950-3(0))* HarperCollins Pubs. (Tegen, Katherine Bks).

Lost Legends of the Nursery Songs. Mary Senior Clark & Horace Harral. 2017. (ENG.). 320p. (J). pap. *(978-3-7447-6758-3(2))* Creation Pubs.

Lost Legends of the Nursery Songs (Classic Reprint) Mary Senior Clark. 2018. (ENG., Illus.). 320p. (J). 30.50 *(978-0-332-47955-2(2))* Forgotten Bks.

Lost Lenore: Or the Adventures of a Rolling Stone (Classic Reprint) Mayne Reid. 2018. (ENG., Illus.). 410p. (J). 32.35 *(978-0-483-45864-2(3))* Forgotten Bks.

Lost Lenore, or the Adventures of a Rolling Stone, Vol. 1 of 3 (Classic Reprint) Charles Beach. 2018. (ENG., Illus.). 310p. (J). 30.29 *(978-0-332-51163-4(4))* Forgotten Bks.

Lost Lenore, or the Adventures of a Rolling Stone, Vol. 2 of 3 (Classic Reprint) Mayne Reid. (ENG., Illus.). (J). 2018. 352p. 31.16 *(978-0-483-68987-9(4))*; 2016. pap. 13.57 *(978-1-333-41190-9(1))* Forgotten Bks.

Lost Lenore, Vol. 3 Of 3: Or the Adventures of a Rolling Stone (Classic Reprint) Charles Beach. (ENG., Illus.). (J). 2018. 336p. 30.83 *(978-0-267-60507-1(2))*; 2016. pap. 13.57 *(978-1-334-13271-1(2))* Forgotten Bks.

Lost Library. Jess McGeachin. 2022. (ENG., Illus.). 32p. (J). (gr. -1-3). 18.99 *(978-0-593-35133-8(9),* Viking Books for Young Readers) Penguin Young Readers Group.

Lost Library. Rebecca Stead & Wendy Mass. 2023. (ENG.). 224p. (J). 17.99 ***(978-1-250-83881-0(9),*** 900255029) Feiwel & Friends.

Lost Life: A Novel (Classic Reprint) Emily H. Moore. (ENG., Illus.). (J). 2018. 296p. 30.02 *(978-0-483-84039-3(4))*; 2017. pap. 13.57 *(978-0-243-85155-3(3))* Forgotten Bks.

Lost Lineage (Classic Reprint) Carrie Goldsmith Childs. 2018. (ENG., Illus.). (J). 414p. 32.44 *(978-0-428-18886-3(9))*; 416p. pap. 16.57 *(978-0-428-18563-3(0))* Forgotten Bks.

Lost Links in the Indian Mutiny. Hugh Poyntz Malet. 2017. (ENG.). 324p. (J). pap. *(978-3-337-30503-1(2))* Creation Pubs.

Lost Links in the Indian Mutiny (Classic Reprint) Hugh Poyntz Malet. 2017. (ENG., Illus.). (J). 30.62 *(978-0-331-88829-4(7))* Forgotten Bks.

Lost Lion: Practicing the l Sound, 1 vol. Jamal Brown. 2016. (Rosen Phonics Readers Ser.). (ENG., Illus.). 8p. (J). (gr. -1-2). pap. *(978-1-5081-3100-7(7),* d3dd6af7-0523-4d6e-9a7d-a66c2331a990, Rosen Classroom) Rosen Publishing Group, Inc., The.

Lost Little Goslings. Theresa Vallone. 2020. (ENG., Illus.). 34p. (J). pap. 13.95 *(978-1-64670-534-4(3))* Covenant Bks.

Lost Little Lady (Classic Reprint) Emilie Benson Knipe. (ENG., Illus.). (J). 2018. 422p. 32.60 *(978-0-332-35430-9(X))*; 2017. pap. 16.57 *(978-0-243-97299-9(7))* Forgotten Bks.

Lost Lode: And Stella's Discipline (Classic Reprint) Christian Reid. 2018. (ENG., Illus.). 286p. (J). 29.80 *(978-0-483-32345-2(4))* Forgotten Bks.

Lost Lost-And-Found Case: A QUIX Book. Paul DuBois Jacobs & Jennifer Swender. Illus. by Karl West. 2022. (Mack Rhino, Private Eye Ser.: 4). (ENG.). 80p. (J). (gr. k-3). 17.99 *(978-1-5344-8000-1(5))*; pap. 5.99 *(978-1-5344-7999-9(6))* Simon & Schuster Children's Publishing. (Aladdin).

Lost Love (Classic Reprint) Ashford Owen. 2017. (ENG., Illus.). (J). 28.76 *(978-0-331-93427-4(2))* Forgotten Bks.

Lost Man's Lane: A Second Episode in the Life of Amelia Butterworth (Classic Reprint) Anna Katharine Green. 2018. (ENG., Illus.). 416p. (J). 32.50 *(978-0-428-95018-7(3))* Forgotten Bks.

Lost Manuscript: A Novel (Classic Reprint) Gustav Freytag. (ENG., Illus.). (J). 2017. 29.42 *(978-0-266-46171-5(9))*; 2016. pap. 11.97 *(978-1-334-14488-2(5))* Forgotten Bks.

Lost Manuscript, Vol. 1: A Novel (Classic Reprint) Gustav Freytag. 2019. (ENG., Illus.). (J). 974p. 43.99 *(978-1-396-72657-6(8))*; 976p. pap. 26.33 *(978-1-396-05522-5(3))* Forgotten Bks.

Lost Manuscript, Vol. 1 Of 2: A Novel (Classic Reprint) Gustav Freytag. 2018. (ENG., Illus.). 428p. (J). 32.72 *(978-0-483-25699-6(4))* Forgotten Bks.

Lost Manuscript, Vol. 2 Of 2: A Novel (Classic Reprint) Gustav Freytag. 2019. (ENG., Illus.). 552p. (J). 35.28 *(978-0-267-16490-5(4))* Forgotten Bks.

Lost Mermaid. Juliana O'Neill. Illus. by Kaytlin Parise. 2021. (Reading Stars Ser.). (ENG.). 24p. (J). (gr. k-2). 12.99 *(978-1-5324-1582-1(6))*; pap. 12.99 *(978-1-5324-1581-4(8))* Xist Publishing.

Lost Mitten. J. S. Morley. Illus. by Sofia Oxelstrand. 2018. (Hiding Behind the Couch Ser.). (ENG.). 42p. (J). *(978-1-78645-208-5(1))*; pap. *(978-1-78645-189-7(1))* Beaten Track Publishing.

Lost Narwhal. Tori McGee. Illus. by Roksolana Panchyshyn. 2019. (ENG.). 38p. (J). (gr. -1-2). 10.95

1230

The check digit for ISBN-10 appears in parentheses after the full ISBN-13

(978-1-7339196-0-9(0)); 17.95 (978-1-7339196-1-6(9)) Rowboat Pr.

Lost Naval Papers (Classic Reprint) Bennet Copplestone. 2018. (ENG., Illus.). 310p. (J). 30.29 (978-0-483-60190-1(X)) Forgotten Bks.

Lost Navigators: Or Frank Reade, Jr. 's Mid-Air Search (Classic Reprint) Luis Senarens. 2018. (ENG., Illus.). (J). 42p. 24.78 (978-1-396-67591-1(4)); 44p. pap. 7.97 (978-1-391-93413-6(X)) Forgotten Bks.

Lost Nest, Little Tweets! Patricia Okongwu. 2021. (Weekend at Grandma's House: Lost Nest, Little Tweets! Ser.: Vol. 2). (ENG.). 26p. (J). pap. (978-0-2288-3447-2(3)) Tellwell Talent.

Lost Nowhere: A Journey of Self-Discovery. Phoebe Garnsworthy. 2019. (ENG.). 258p. (YA). (gr. 7-12). (978-0-9954119-4-4(8)) Garnsworthy, Phoebe.

Lost Oasis, or with Frank Reade, Jr., in the Australian Desert: An Exciting Story of the Antipodes (Classic Reprint) Luis Senarens. 2018. (ENG., Illus.). (J). 20p. 24.33 (978-1-396-58750-4(0)); 22p. pap. 7.97 (978-1-391-92978-1(0)) Forgotten Bks.

Lost on a Field Trip: A Fun & Educational Storybook for Kids on Safety & Following Rules. Nesrine Sleiman. Illus. by Gustavo Merlo. 2023. (Learning Through Reflection Ser.: Vol. 2). (ENG.). 28p. (J). pap. 15.99 **(978-1-7352937-3-8(3))** Southampton Publishing.

Lost on Base: Storming Area 51. Jason M. Burns. Illus. by Dustin Evans. 2022. (Declassified: the et Files Ser.). (ENG.). 32p. (J). (gr. 4-8). pap. 14.21 (978-1-6689-1152-5(3), 221097); lib. bdg. 32.07 (978-1-6689-0992-8(8), 220959) Cherry Lake Publishing. (Torch Graphic Press).

Lost on du-Corrig or Twixt Earth & Ocean (Classic Reprint) O'Grady O'Grady. 2017. (ENG., Illus.). (J). 30.74 (978-0-266-82100-7(6)) Forgotten Bks.

Lost on Earth (Book 2) Jeff Dinardo. Illus. by Dave Clegg. 2018. (Funny Bone Books (tm) First Chapters — the Jupiter Twins Ser.: Vol. 2). (ENG.). 32p. (J). (gr. k-2). lib. bdg. 19.99 (978-1-63440-250-7(2), 2095c0c4-de74-4dce-8ea1-005fdbc5304d) Red Chair Pr.

Lost on Mars: Getting Back to Basecamp. Jason M. Burns. Illus. by Dustin Evans. 2022. (Malcolm's Martians: Exploring Mars Ser.). (ENG.). 32p. (J). (gr. 4-8). pap. 14.21 (978-1-6689-0088-8(2), 220179); lib. bdg. 32.07 (978-1-5341-9974-3(8), 220035) Cherry Lake Publishing. (Torch Graphic Press).

Lost on the Edge of Eternity. Jonathan Floyd. 2021. (ENG.). 294p. (YA). pap. 13.95 (978-0-9620031-7-2(4)) Wild Ideas.

Lost on the Goodwin Sands. Verena Flocke. 2020. (ENG., Illus.). 224p. (YA). pap. (978-1-912505-91-3(6)) ShieldCrest.

Lost on the Moon: Or in Quest of the Field of Diamonds (Classic Reprint) Roy Rockwood. (ENG., Illus.). (J). 2018. 262p. 29.30 (978-0-483-61092-7(5)); 2017. pap. 11.97 (978-0-243-28049-0(1)) Forgotten Bks.

Lost on the Titanic (Out of Time Book 1) Jessica Rinker. Illus. by Bethany Stancliffe. 2020. (Out of Time Ser.). (ENG.). 136p. (J). 12.99 (978-1-5248-6043-1(3)); pap. 6.99 (978-1-5248-5825-4(0)) Andrews McMeel Publishing.

Lost on the Trail. Tom Carroll. 2021. (ENG.). 56p. (J). pap. 15.00 (978-1-0879-2065-8(5)) Indy Pub.

Lost on Umbagog (Classic Reprint) Willis Boyd Allen. 2018. (ENG., Illus.). 134p. (J). 26.68 (978-0-484-72141-7(0)) Forgotten Bks.

Lost Ones. Michaela Maccoll. 2016. (Hidden Histories Ser.). (ENG.). 256p. (J). (gr. 4-7). 17.95 (978-1-62091-625-4(8), Calkins Creek) Highlights Pr., c/o Highlights for Children, Inc.

Lost Ones. Harry Markos. 2023. (ENG.). 46p. (J). pap. **(978-1-915860-25-5(3))** Markosia Enterprises, Ltd.

Lost Ones: an AFK Novel (Bendy #2) Adrienne Kress. 2021. (Bendy Ser.). (ENG.). 304p. (YA). (gr. 7-7). pap. 12.99 (978-1-338-57221-6(0)) Scholastic, Inc.

Lost Package. Richard Ho. Illus. by Jessica Lanan. 2021. (ENG.). 40p. (J). 18.99 (978-1-250-23135-2(3), 900209678) Roaring Brook Pr.

Lost Paradise (Classic Reprint) Frederic Arnold Kummer. 2018. (ENG., Illus.). 318p. (J). 30.43 (978-0-484-51259-6(5)) Forgotten Bks.

Lost Parcel. Rule Of Law Education Centre. 2023. (ENG.). 34p. (J). pap. **(978-1-922815-48-4(9))** Connor Court Publishing Pty Ltd.

Lost Penguin: An Oliver & Patch Story. Claire Freedman. Illus. by Kate Hindley. 2018. (ENG.). 32p. (J). 17.99 (978-1-4711-1733-6(2)); (gr. -1). 7.99 (978-1-4711-1734-3(0)) Simon & Schuster, Ltd. GBR. (Simon & Schuster Children's). Dist: Simon & Schuster, Inc.

Lost Pet Blues (Love Puppies #2) Janay Brown-Wood. 2023. (Love Puppies Ser.). (ENG.). 128p. (J). (gr. 2-5). pap. 5.99 (978-1-338-83409-3(6), Scholastic Paperbacks) Scholastic, Inc.

Lost Pibroch: And Other Sheiling Stories (Classic Reprint) Neil Munro. (ENG., Illus.). (J). 2018. 290p. 29.90 (978-0-666-98221-6(X)); 2017. pap. 13.57 (978-0-243-45971-1(8)) Forgotten Bks.

Lost Picnic. B. B. Cronin. 2017. (Illus.). 40p. (J). (gr. -1-2). 18.99 (978-1-101-99922-6(5), Viking Books for Young Readers) Penguin Young Readers Group.

Lost Prince. Frances Burnett. 2020. (ENG.). (J). 224p. 19.95 (978-1-64799-760-1(7)); 222p. pap. 10.95 (978-1-64799-759-5(3)) Bibliotech Pr.

Lost Prince. Frances Burnett. 2019. (ENG.). 156p. (J). pap. (978-80-273-3319-6(9)) E-Artnow.

Lost Prince. Frances Hodgson Burnett. 2022. (Frances Hodgson Burnett Essential Collection). (ENG.). 528p. (J). (gr. 3). 17.99 (978-1-6659-3163-2(9)); pap. 7.99 (978-1-6659-3162-5(0)) Simon & Schuster Children's Publishing. (Aladdin).

Lost Prince. Matt Myklusch. 2017. (Seaborne Ser.). (ENG.). 400p. (J). (gr. 3-6). pap. 9.99 (978-1-5124-8175-4(0), e357d49a-1f6d-4710-86d4-0e1c1d4e4d77, Carolrhoda Bks.) Lerner Publishing Group.

Lost Prince: Sticking to It, 1 vol. Manuel Martinez. 2017. (Computer Science for the Real World Ser.). (ENG.). 8p. (gr. k-1). pap. (978-1-5383-5110-9(2), e474f334-8cb0-4785-aa90-d07feb4b4a84, Rosen Classroom) Rosen Publishing Group, Inc., The.

Lost Prince (Classic Reprint) Frances Burnett. 2017. (ENG., Illus.). (J). 33.32 (978-0-266-33236-7(6)) Forgotten Bks.

Lost Princess. Sister Mary John & Sergey Avdeev. 2020. (ENG.). 80p. (J). pap. (978-1-716-73787-9(7)) Lulu Pr., Inc.

Lost Princess. George MacDonald. 2016. (ENG., Illus.). 300p. (J). (978-1-365-61981-8(8)) Lulu Pr., Inc.

Lost Princess (Classic Reprint) William Frederick Dix. 2018. (ENG., Illus.). 306p. (J). 30.23 (978-0-483-34734-2(5)) Forgotten Bks.

Lost Princess of Oz, 1 vol. L. Frank Baum. 2nd ed. 2016. (Wizard of Oz Collection: 11). (ENG., Illus.). 192p. (J). (gr. 4-8). 7.99 (978-1-78226-315-9(2), e0357e23-5ff9-4f99-99d4-c546cf99469b) Sweet Cherry Publishing GBR. Dist: Baker & Taylor Publisher Services (BTPS).

Lost Princess of Oz (Classic Reprint) L. Frank Baum. 2018. (ENG., Illus.). 308p. (J). 30.27 (978-0-365-27399-8(6)) Forgotten Bks.

Lost Property. Alison Baxter. Illus. by Andy S. Gray. 2018. (ENG.). 164p. (J). pap. (978-1-9993466-0-7(2)) Baxter, Alison J.

Lost Property: The Story of Maggie Cannon (Classic Reprint) W. Pett Ridge. (ENG., Illus.). (J). 2018. 128p. 26.56 (978-0-267-35126-8(7)); 2016. pap. 9.57 (978-1-332-71303-5(3)) Forgotten Bks.

Lost Property Office. James R. Hannibal. 2016. (Section 13 Ser.: 1). (ENG., Illus.). 400p. (J). (gr. 3-7). 18.99 (978-1-4814-6709-4(3), Simon & Schuster Bks. For Young Readers) Simon & Schuster Bks. For Young Readers.

Lost Provinces, How Vansittart Came Back to France (Classic Reprint) Louis Tracy. 2018. (ENG., Illus.). 452p. (J). 33.18 (978-0-332-43525-1(3)) Forgotten Bks.

Lost Pumpkin's Halloween Adventure: Adapted from the Lost Son Parable from the Gospel of Luke. Wanda Y. Hernandez. Illus. by Wanda Y. Hernandez. 2018. (ENG., Illus.). 38p. (J). pap. 15.00 (978-0-692-16936-0(9)) W&D Parables.

Lost Puppy. Mike Schmidke. 2021. (ENG.). 34p. (J). pap. 14.95 (978-1-63692-162-4(0)) Newman Springs Publishing, Inc.

Lost Puppy. Holly Webb. Illus. by Sophy Williams. 2016. (Pet Rescue Adventures Ser.). (ENG.). 128p. (J). (gr. 1-4). pap. 4.99 (978-1-58925-491-6(0)) Tiger Tales.

Lost Puppy: A Touch-And-feel Book. Rosie Adams. Illus. by Lucy Barnard. 2022. (ENG.). 10p. (J). (-k). bds. 7.99 (978-1-6643-5017-5(9)) Tiger Tales.

Lost Puppy (Dotty Detective, Book 4) Clara Vulliamy. 2018. (Dotty Detective Ser.: 4). (ENG.). 176p. (J). 4.99 (978-0-00-828245-5(5), HarperCollins Children's Bks.) HarperCollins Pubs. Ltd. GBR. Dist: HarperCollins Pubs.

Lost Queen of Egypt. Lucile Morrison. Illus. by Franz Geritz. 2021. (ENG.). xiv, 367p. (J). 28.00 (978-1-948959-15-5(1)) Purple Hse. Pr.

Lost Race Car: A Fox & Goat Mystery, 1 vol. Misti Kenison. 2018. (Fox & Goat Mysteries Ser.: 2). (ENG., Illus.). 28p. (J). bds. 12.99 (978-0-7643-5599-8(6), 16098) Schiffer Publishing, Ltd.

Lost Rainforest: Mez's Magic. Eliot Schrefer. 2018. (Illus.). 368p. (J). (978-0-06-283959-6(4), Tegen, Katherine Bks) HarperCollins Pubs.

Lost Rainforest #1: Mez's Magic. Eliot Schrefer. Illus. by Emilia Dziubak. 2018. (ENG.). (J). (gr. 3-7). 384p. pap. 6.99 (978-0-06-249113-8(X)); 368p. 16.99 (978-0-06-249107-7(5)) HarperCollins Pubs. (Tegen, Katherine Bks).

Lost Rainforest #2: Gogi's Gambit. Eliot Schrefer. Illus. by Emilia Dziubak. 2019. (ENG.). (J). (gr. 3-7). 368p. pap. 6.99 (978-0-06-249115-2(6)); 352p. 16.99 (978-0-06-249111-4(3)) HarperCollins Pubs. (Tegen, Katherine Bks).

Lost Rainforest #3: Rumi's Riddle. Eliot Schrefer & Emilia Dziubak. 2020. (ENG., Illus.). 336p. (J). (gr. 3-7). pap. 7.99 (978-0-06-249119-0(9), Tegen, Katherine Bks) HarperCollins Pubs.

Lost Rainforest #3: Rumi's Riddle. Eliot Schrefer. Illus. by Emilia Dziubak. 2020. (ENG.). 320p. (J). (gr. 3-7). 17.99 (978-0-06-249120-6(2), Tegen, Katherine Bks) HarperCollins Pubs.

Lost Realm. J. D. Rinehart. (Crown of Three Ser.: 2). (ENG., Illus.). (J). (gr. 4-8). 2017. 512p. pap. 9.99 (978-1-4814-2447-9(5)); 2016. 496p. 17.99 (978-1-4814-2446-2(7)) Simon & Schuster Children's Publishing. (Aladdin).

Lost Receipt: Or Frustrated Designs (Classic Reprint) Mary J. Salter. 2018. (ENG., Illus.). 208p. (J). 28.21 (978-0-484-72440-1(1)) Forgotten Bks.

Lost Reindeer: A Beautiful Picture Book for Preschool Children Featuring Santa & a Thrilling Adventure in the Snow. Paul Wootton. 2021. (ENG.). 44p. (J). (978-0-6450827-3-9(2)) Wootton, Paul.

Lost Reputation. Kimberly Ann Miller. 2016. (ENG., Illus.). (J). pap. (978-1-77339-028-4(7)) Evernight Publishing.

Lost Ring: An Eid Story. Fawzia Gilani-Williams. 2020. (Illus.). 30p. (J). (gr. 2-6). 8.95 (978-0-86037-747-4(4)) Islamic Foundation, Ltd. GBR. Dist: Consortium Bk. Sales & Distribution.

Lost River: Anompolichi II. Phillip Carroll Morgan. 2022. (Anompolichi Ser.). (ENG.). 200p. (YA). 34.95 **(978-1-952397-48-6(0))**; mass mkt. 24.95 **(978-1-952397-70-7(7))** BHHR Energies Group.

Lost River 1918. Faith Shearin. 2022. (ENG.). 144p. (YA). pap. 12.95 (978-1-948585-51-4(0)) Leapfrog Pr.

Lost Road (Classic Reprint) Richard Harding Davis. (ENG., Illus.). (J). 2018. 370p. 31.53 (978-0-364-36923-4(X)); 2017. pap. 13.57 (978-0-243-30314-4(9)) Forgotten Bks.

Lost Roads. Jonathan Maberry. (Broken Lands Ser.: 2). (ENG.). (YA). (gr. 9). 2021. 544p. pap. 13.99 (978-1-5344-0641-4(7)); 2020. 528p. 19.99 (978-1-5344-0640-7(9)) Simon & Schuster Bks. For Young Readers. (Simon & Schuster Bks. For Young Readers).

Lost Roanoke Colony. Megan Cooley Peterson. 2022. (History's Mysteries Ser.). (ENG.). 32p. (J). 31.32 (978-1-6639-5877-8(7), 222539); pap. 7.95 (978-1-6663-2078-7(1), 222533) Capstone. (Capstone Pr.).

Lost Rose, Vol. 1 Of 3: And Other Stories (Classic Reprint) Katharine Sarah Macquoid. 2018. (ENG., Illus.). 304p. (J). 30.17 (978-0-267-21730-4(7)) Forgotten Bks.

Lost Rose, Vol. 2 Of 3: And Other Stories (Classic Reprint) Katharine S. Macquoid. 2018. (ENG., Illus.). 302p. (J). 30.13 (978-0-483-34907-0(0)) Forgotten Bks.

Lost Rose, Vol. 3 Of 3: And Other Stories (Classic Reprint) Katharine S. Macquoid. 2018. (ENG., Illus.). 294p. (J). 29.98 (978-0-483-79751-2(0)) Forgotten Bks.

Lost Sapphire. Belinda Murrell. 2016. 320p. (YA). (gr. 4-7). pap. 12.99 (978-1-925324-11-2(7)) Random Hse. Australia AUS. Dist: Independent Pubs. Group.

Lost Scroll of the Physician. Alisha Sevigny. 2020. (Secrets of the Sands Ser.: 1). (ENG.). 272p. (J). (gr. 4-7). pap. 8.99 (978-1-4597-4429-5(2)) Dundurn Pr. CAN. Dist: Publishers Group West (PGW).

Lost Shadow. Claire Gilchrist. 2021. (Song Dog Adventure Ser.: 2). (ENG.). 216p. (J). (gr. 4-7). pap. 9.99 (978-1-4597-4825-5(5)) Dundurn Pr. CAN. Dist: Publishers Group West (PGW).

Lost Sheep. Su Box. Illus. by Simona Sanfilippo. 2017. (My Bible Stories Ser.). (ENG.). 24p. (J). (gr. -1-k). lib. bdg. 19.99 (978-1-68297-174-1(0), 0facdb0a-b6ce-4ed0-bbde-5d7d0afda4a0) QEB Publishing Inc.

Lost Shoe. Judith Wilkie & Colin Wilkie. 2019. (ENG., Illus.). 30p. (J). pap. 12.95 (978-1-64471-451-5(5)) Covenant Bks.

Lost Shoes for Boys. Elaine Ouston. 2021. (ENG.). 18p. (J). pap. (978-0-6453719-2-5(0)) Morris Publishing Australia.

Lost Shoes for Girls. Elaine Ouston. 2nd ed. 2021. (ENG.). 18p. (J). pap. (978-0-6453719-1-8(2)) Morris Publishing Australia.

Lost Silver of Briffault (Classic Reprint) Amelia Edith Huddleston Barr. 2017. (ENG., Illus.). (J). 30.52 (978-1-5281-8589-9(7)) Forgotten Bks.

Lost Sir Massingberd. James Payn. 2017. (ENG.). 372p. (J). pap. (978-3-337-34888-5(2)) Creation Pubs.

Lost Sir Massingberd: A Romance of Real Life (Classic Reprint) James Payn. 2018. (ENG., Illus.). (J). 324p. 30.58 (978-1-391-78675-9(0)); 326p. pap. 13.57 (978-1-391-59174-2(7)) Forgotten Bks.

Lost Sister of Wyoming: An Authentic Tale (Classic Reprint) John Todd. 2017. (ENG., Illus.). (J). 27.28 (978-0-266-94888-9(X)) Forgotten Bks.

Lost Skeleton. Michael Dahl. Illus. by Andy Catling. 2016. (Igor's Lab of Fear Ser.). (ENG.). 40p. (J). (gr. 4-8). lib. bdg. 23.99 (978-1-4965-3529-0(4), 132643, Stone Arch Bks.) Capstone.

Lost Soldier. R C Burch. 2016. (ENG., Illus.). (J). pap. 12.45 (978-1-5127-6270-9(9), WestBow Pr.) Author Solutions, LLC.

Lost Somewhere. Gerald Wolfe. 2021. (ENG.). 278p. (YA). 35.95 (978-1-6642-2424-7(6)); pap. 19.95 (978-1-6642-2422-3(X)) Author Solutions, LLC. (WestBow Pr.).

Lost Son & Me. Martha Yamnitz. 2019. (ENG., Illus.). 36p. (J). pap. 15.95 (978-1-64515-720-5(2)) Christian Faith Publishing.

Lost Song (Classic Reprint) Loren Scott Noblitt. (ENG., Illus.). (J). 2018. 288p. 29.84 (978-0-656-11380-4(4)); 2017. pap. 13.57 (978-0-259-20777-1(2)) Forgotten Bks.

Lost Soul. H. M. Gooden. 2020. (Born of Destiny Ser.: Vol. 1). (ENG.). 122p. (J). pap. (978-1-989156-22-3(3)) Gooden, H.M.

Lost Soul, Be at Peace. Maggie Thrash. Illus. by Maggie Thrash. (ENG., Illus.). 192p. (YA). (gr. 9). 2020. pap. 12.99 (978-1-5362-1315-7(2)); 2018. 18.99 (978-0-7636-9419-7(3)) Candlewick Pr.

Lost Souls. Jacey K. Dew. 2023. (Three Souls Ser.: Vol. 3). (ENG.). 552p. (YA). pap. **(978-1-7387710-3-5(2))** Dew, Jacey.

Lost Souls. K. D. Worth. 2019. (Grim Life Ser.: 3). (ENG.). 194p. (YA). pap. 14.99 (978-1-64405-292-1(X), Harmony Ink Pr.) Dreamspinner Pr.

Lost Space Warrior. Sara Swearingen. 2017. (ENG., Illus.). (YA). pap. 9.95 (978-1-4566-2843-7(7)) eBookit.com.

Lost Space Warrior (Volume 3) Sara Swearingen. 2018. (Lost Space Warrior Ser.: Vol. 3). (ENG., Illus.). 204p. (YA). pap. 9.95 (978-1-4566-3128-4(4)) eBookit.com.

Lost Spectacles: And Other Stories (Classic Reprint) Unknown Author. 2018. (ENG., Illus.). 186p. (J). 27.73 (978-0-483-76879-6(0)) Forgotten Bks.

Lost Spirit. L. G. Anderson. Illus. by J. E. Corbett. 2022. (ENG.). 102p. (J). (978-1-0391-3645-8(1)); pap. (978-1-0391-3644-1(3)) FriesenPress.

Lost Spirituals (Classic Reprint) Lily Young Cohen. 2018. (ENG., Illus.). (J). 170p. 27.42 (978-1-397-19515-9(0)); 172p. pap. 9.97 (978-1-397-19470-1(7)) Forgotten Bks.

Lost Star. Lisa Rimmer. 2020. (ENG.). 76p. (J). pap. (978-1-83945-332-8(X)) FeedARead.com.

Lost Star. Przemyslaw Wechterowicz. Illus. by Marcin Minor. ed. 2019. (ENG.). 40p. (J). (gr. k). 16.95 (978-1-912537-84-6(2), Scribblers) Book Hse. GBR. Dist: Sterling Publishing Co., Inc.

Lost Stars. Lisa Selin Davis. 2017. (ENG.). 288p. (YA). (gr. 9). pap. 9.99 (978-1-328-78731-6(1), 1684477, Clarion Bks.) HarperCollins Pubs.

Lost Stars. Steve Foxe. 2019. (I Can Read Ser.). (ENG.). 31p. (J). (gr. k-1). 14.96 (978-0-87617-620-7(1)) Penworthy Co., LLC, The.

Lost Stone of SkyCity. H. M. Waugh. 2020. 280p. (J). (gr. 4-7). 12.95 (978-1-925815-94-8(3)) Fremantle Pr. AUS. Dist: Independent Pubs. Group.

Lost Stories of the Great War. Rosalie Lauerman. 2018. (ENG., Illus.). 142p. (YA). (gr. 7-12). pap. 15.00 (978-0-692-08224-9(7)) Lauerman, Rosalie.

Lost Sunflower. Walter Hultgren. 2021. (ENG.). 28p. (J). (978-0-2288-4324-5(3)); pap. (978-0-2288-4323-8(5)) Tellwell Talent.

Lost Temple. Alessia Dickson. 2019. (Crystal Chronicles Ser.). (ENG.). 432p. (YA). (978-1-5255-5826-9(9)); pap. (978-1-5255-5827-6(7)) FriesenPress.

Lost Then Found. Sharon Conway. 2018. (ENG., Illus.). 28p. (J). pap. 12.95 (978-1-64079-521-1(9)) Christian Faith Publishing.

Lost Things. Sam Haviland. 2023. (ENG.). 62p. (YA). pap. **(978-1-312-81112-6(9))** Lulu Pr., Inc.

Lost Things. Carey Sookocheff. Illus. by Carey Sookocheff. 2021. (ENG., Illus.). 32p. (J). (gr. -1-1). 17.99 (978-1-5253-0544-3(1)) Kids Can Pr., Ltd. CAN. Dist: Hachette Bk. Group.

Lost Things Club. J. S. Puller. 2022. (ENG., Illus.). 304p. (J). (gr. 3-7). pap. 7.99 (978-0-7595-5612-6(1)) Little, Brown Bks. for Young Readers.

Lost Tide Warriors. Catherine Doyle. (Storm Keeper's Island Ser.: 2). (ENG.). (J). 2021. 336p. pap. 7.99 (978-1-5476-0289-6(9), 900210110); 2020. 320p. 16.99 (978-1-5476-0272-8(4), 900209549) Bloomsbury Publishing USA. (Bloomsbury Children's Bks.).

Lost Treasure Cave, or Adventures with the Cowboys of Colorado (Classic Reprint) Everett M'Neil. 2017. (ENG., Illus.). (J). 31.69 (978-0-260-24986-9(6)) Forgotten Bks.

Lost Treasure of Blackbeard. David Morton. 2021. (ENG.). 96p. (J). pap. (978-1-78465-836-6(7), Vanguard Press) Pegasus Elliot Mackenzie Pubs.

Lost Tribes (Classic Reprint) George A. Birmingham. 2018. (ENG., Illus.). 334p. (J). 30.93 (978-0-484-69539-8(8)) Forgotten Bks.

Lost Tribes: Tribes: Trials. Christine Taylor-Butler. 2017. (Lost Tribes Ser.: 3). (Illus.). 336p. (J). (gr. 4-7). 18.95 (978-1-7322137-5-3(5), Charlesbridge Moves) Charlesbridge Publishing, Inc.

Lost Tucker's Island. Kathleen Donnelly. 2023. (ENG., Illus.). 124p. (YA). pap. 15.95 **(978-1-6624-8172-7(1))** Page Publishing.

Lost Tudor Plays: Wealth & Health, C. 1557-8; Impatient Poverty, 1560; John the Evangelist, C. 1520 (Classic Reprint) Unknown Author. 2017. (ENG., Illus.). (J). 244p. 28.93 (978-0-332-68115-3(7)); 246p. pap. 11.57 (978-0-332-33008-2(7)) Forgotten Bks.

Lost Twin. Sophie Cleverly. 2017. (Scarlet & Ivy Ser.: 1). (ENG.). 320p. (J). (gr. 5-8). 7.99 (978-1-4926-4792-8(6), 9781492647928) Sourcebooks, Inc.

Lost Ugew. Steven Piriano. 2020. (ENG.). 94p. (J). pap. 11.99 (978-1-7340080-9-8(1)) InspireGrowth Enterprises, LLC.

Lost Unicorn. Leah Kaminski. Illus. by Jared Sams. 2020. (Secret Society of Monster Hunters Ser.). (ENG.). 32p. (J). (gr. 5-8). lib. bdg. 32.07 (978-1-5341-6942-5(3), 215655, Torch Graphic Press) Cherry Lake Publishing.

Lost Valley: A Novel (Classic Reprint) Katharine Gerould. 2018. (ENG., Illus.). 462p. (J). 33.43 (978-0-483-19800-5(5)) Forgotten Bks.

Lost Valley (Classic Reprint) J. M. Walsh. 2018. (ENG., Illus.). 284p. (J). 29.77 (978-0-483-14145-2(3)) Forgotten Bks.

Lost Viol (Classic Reprint) Matthew Phipps Shiel. 2018. (ENG., Illus.). 314p. (J). 30.39 (978-0-483-46117-8(2)) Forgotten Bks.

Lost Wallet - Te Bwauti ni Mwane Ae Bua (Te Kiribati) Maiee Aare. Illus. by John Maynard Balinggao. 2022. (MIS.). 26p. (J). pap. **(978-1-922918-44-4(X))** Library For All Limited.

Lost Warrior. Shawn P. B. Robinson. 2023. (Sevordine Chronicles Ser.: Vol. 3). (ENG.). (YA). 300p. **(978-1-989296-74-5(2))**; 290p. pap. **(978-1-989296-61-5(0))** BrainSwell Publishing.

Lost Whale. Hannah Gold. 2022. (ENG., Illus.). 304p. (J). (gr. 3-7). 16.99 (978-0-06-304111-0(1), HarperCollins) HarperCollins Pubs.

Lost Witch. Melvin Burgess. (ENG.). 336p. (YA). 2021. (gr. 6). pap. 11.99 (978-1-78344-835-7(0)); 2018. (gr. 7). 24.99 (978-1-78344-690-2(0)) Andersen Pr. GBR. Dist: Independent Pubs. Group.

Lost Wolf. Vanessa Regan. 2022. (ENG.). 43p. (J). **(978-1-387-45342-9(4))** Lulu Pr., Inc.

Lost Words. Kevin Peake. 2018. (ENG., Illus.). 202p. (J). pap. (978-0-9935582-6-9(7)) Crystal Peake Publisher.

Lost World. Arthur Conan Doyle. 2017. (ENG., Illus.). (J). 24.95 (978-1-374-90566-5(6)) Capital Communications, Inc.

Lost World. Arthur Conan Doyle. 2020. (ENG.). (YA). (gr. 7-9). 178p. 19.95 (978-1-61895-823-5(2)); 176p. pap. 10.95 (978-1-61895-822-8(4)) Bibliotech Pr.

Lost World. Arthur Conan Doyle. 2019. (ENG.). 248p. (YA). (gr. 7-12). pap. (978-93-89231-84-7(1)) Speaking Tiger Publishing.

Lost World: Book Two. Esteban Vazquez. 2021. (ENG., Illus.). 66p. (YA). pap. 18.95 (978-1-63692-321-5(6)) Newman Springs Publishing, Inc.

Lost World: With Map, & 12 Original Illustrations. Arthur Conan Doyle. 2020. (ENG., Illus.). 160p. (YA). (gr. 7-9). pap. (978-1-911405-64-1(0)) Aziloth Bks.

Lost Worm. Susan Norman. 2020. (ENG.). 26p. (J). (978-1-78878-125-1(2)); pap. (978-1-78878-124-4(4)) Austin Macauley Pubs. Ltd.

Lost Year: A Survival Story of the Ukrainian Famine. Katherine Marsh. 2023. (ENG., Illus.). 368p. (J). 17.99 (978-1-250-31360-7(0), 900199404) Roaring Brook Pr.

Lot 12. Carol E. Doxey. 2017. (ENG., Illus.). (J). pap. 10.95 (978-1-942766-31-5(9)) Vabella Publishing.

Lot 13 (Classic Reprint) Dorothea Gerard. (ENG., Illus.). (J). 2017. 322p. 30.54 (978-1-5279-8890-3(2)); 2016. pap. 13.57 (978-1-334-72192-2(0)) Forgotten Bks.

Lot & Company (Classic Reprint) Will Levington Comfort. 2017. (ENG., Illus.). (J). 31.20 (978-1-5285-8063-2(X)) Forgotten Bks.

Lot Barrow (Classic Reprint) Viola Meynell. 2017. (ENG., Illus.). (J). 30.00 (978-0-260-40791-7(7)) Forgotten Bks.

Lot Like Batman (DC Batman) Keith Negley. Illus. by Random House. 2023. (ENG.). 32p. (J). (-k). 20.99 **(978-0-593-38039-0(8))**; 17.99 **(978-0-593-38038-3(X))** Random Hse. Children's Bks. (Random Hse. Bks. for Young Readers).

Lot of Bugs & Teacups. Joslin Fitzgerald. 2016. (ENG., Illus.). (J). pap. 10.99 (978-0-692-95799-8(5)) Circles Legacy Publishing, LLC.

Lot to Like! Derek Anderson. Illus. by Derek Anderson. 2022. (Croc & Ally Ser.). (Illus.). 32p. (J). (gr. k-2). 9.99 (978-0-593-38759-7(7)); 4.99 (978-0-593-38758-0(9)) Penguin Young Readers Group. (Penguin Workshop).

Lot to Love Coloring Book. Creative Playbooks. 2016. (ENG., Illus.). (J). pap. 7.74 (978-1-68323-732-7(3)) Twin Flame Productions.

Lotería. Karla Arenas Valenti. Illus. by Dana Sanmar. 2023. 320p. (J). (gr. 3-7). 8.99 (978-0-593-17699-3(5), Yearling) Random Hse. Children's Bks.

L

LOTHAIR (CLASSIC REPRINT)

Lothair (Classic Reprint) Benjamin Disraeli. (ENG., Illus.). (J). 2018. 514p. 34.52 (978-0-267-38930-8(2)); 2016. pap. 16.97 (978-1-334-14032-7(4)) Forgotten Bks.

Lotions, Potions, & Polish: DIY Crafts & Recipes for Hands, Nails, & Feet. Aubre Andrus. 2017. (DIY Day Spa Ser.). (ENG., Illus.). 48p. (J). (gr. 4-8). lib. bdg. 31.99 (978-1-5157-3445-1(5), 133422, Capstone Pr.) Capstone.

Lots More Animals Should Definitely Not Wear Clothing. Judi Barrett. Illus. by Ron Barrett. 2018. (ENG.). 40p. (J). (gr. -1-3). 17.99 (978-1-4814-8866-2(X), Atheneum/Caitlyn Dlouhy Books) Simon & Schuster Children's Publishing.

Lots More Animals Should Definitely Not Wear Clothing. Judith Barrett. ed. 2021. (Animals Should Definitely Not Ser.). (ENG., Illus.). 32p. (J). (gr. k-1). 18.96 (978-1-64697-578-5(2)) Penworthy Co., LLC, The.

Lots More Animals Should Definitely Not Wear Clothing. Judith Barrett. Illus. by Ron Barrett. 2019. (ENG.). 40p. (J). (gr. -1-3). 7.99 (978-1-5344-6667-8(3), Atheneum/Caitlyn Dlouhy Books) Simon & Schuster Children's Publishing.

Lots of Animal Jokes for Kids, 1 vol. Whee Winn. 2020. (ENG., Illus.). 128p. (J). pap. 4.99 (978-0-310-76952-1(3)) Zonderkidz.

Lots of Bots. C. J. Richards. Illus. by Goro Fujita. 2016. (Robots Rule Ser.: 2). (ENG.). 224p. (J). (gr. 3-7). pap. 6.99 (978-0-544-81082-2(1), 1641524, Clarion Bks.) HarperCollins Pubs.

Lots of Cats. E. Dee Taylor. 2018. (ENG., Illus.). 40p. (J). (gr. -1-3). 16.99 (978-0-06-267569-9(9), HarperCollins) HarperCollins Pubs.

Lots of Christmas Jokes for Kids, 1 vol. Whee Winn. 2018. (ENG., Illus.). 128p. (J). pap. 4.99 (978-0-310-76710-7(5)) Zonderkidz.

Lots of Frogs. Howard Calvert. Illus. by Claudia Boldt. 2020. (ENG.). 32p. (J). (gr. -1-k). pap. 10.99 (978-1-4449-3965-1(3)) Hachette Children's Group GBR. Dist: Hachette Bk. Group.

Lots of Hugs & Kisses. Lisa Palumbo. 2018. (ENG.). 20p. (J). pap. 11.95 (978-1-64350-871-9(7)) Page Publishing Inc.

Lots of Jokes & Riddles Box Set, 1 vol. Whee Winn. 2019. (ENG.). 384p. (J). E-Book 14.99 (978-0-310-76734-3(2)) Zonderkidz.

Lots of Knock-Knock Jokes for Kids, 1 vol. Whee Winn. 2016. (ENG., Illus.). 128p. (J). pap. 4.99 (978-0-310-75062-8(8)) Zonderkidz.

Lots of Love, 1 vol. Jacqueline East. 2016. (ENG., Illus.). 18p. (J). bds. 8.99 (978-0-310-75861-7(0)) Zonderkidz.

Lots of People Love Lake City: ... a Small Southern Town. Melinda Hoffman. Ed. by Sara Helen Taylor. 2020. (ENG., Illus.). 42p. (J). pap. 13.99 (978-0-578-58928-2(1)) HOFFMAN, MELINDA.

Lots of Stops. Joanne Meier & Cecilia Minden. Illus. by Bob Ostrom. 2022. (Bear Essential Readers Ser.). (ENG.). 32p. (J). (gr. -1-2). lib. bdg. 35.64 (978-1-5038-5921-0(5), 215819, First Steps) Child's World, Inc, The.

Lots of Things to Draw. Fiona Watt. 2019. (ENG.). 96ppp. (J). pap. 9.99 (978-0-7945-4698-4(6), Usborne) EDC Publishing.

Lots of Tongue Twisters for Kids, 1 vol. Whee Winn. 2019. (ENG., Illus.). 128p. (J). pap. 4.99 (978-0-310-76708-4(3)) Zonderkidz.

Lots to Spot: Animals. Ed Myer & Matthew Scott. 2020. (ENG.). 96p. (J). pap. 9.99 (978-1-78950-142-1(3), 5ffde519-ff74-4dd0-adf4-fdb6b9984376) Arcturus Publishing GBR. Dist: Baker & Taylor Publisher Services (BTPS).

Lots to Spot: Ocean. Mathew Scott. 2018. (ENG.). 48p. (J). 9.99 (978-1-78428-931-7(0), 8b9d521d-bb2b-4af4-aea5-4bc073bd6a12) Arcturus Publishing GBR. Dist: Baker & Taylor Publisher Services (BTPS).

Lotta Embury's Career (Classic Reprint) Elia W. Peattie. 2018. (ENG., Illus.). 234p. (J). 28.68 (978-0-484-78909-7(0)) Forgotten Bks.

Lotta Schmidt & Other Stories. Anthony Trollope. 2017. (ENG.). 376p. (J). pap. (978-3-7447-4793-6(X)) Creation Pubs.

Lotta Schmidt & Other Stories (Classic Reprint) Anthony Trollope. 2018. (ENG., Illus.). 380p. (J). 31.73 (978-0-483-53622-7(9)) Forgotten Bks.

Lotta Von Abinosia: Im Reich der Nichtmagier. Stephanie Schwegler. 2019. (Lotta Von Abinosia Ser.: Vol. 2). (GER.). 178p. (J). pap. (978-3-96400-051-4(5)) Bühl, Markus Red&Easy.

Lotta Von Abinosia: Und Die Palindrafen. Stephanie Schwegler. 2019. (Lotta Von Abinosia Ser.: Vol. 3). (GER.). 226p. (J). pap. (978-3-96400-052-1(3)) Bühl, Markus Red&Easy.

Lottery Boy. Michael Byrne. 2016. (ENG.). 304p. (YA). (gr. 7). 16.99 (978-0-7636-7996-5(8)) Candlewick Pr.

Lottery Dog: As Told by Mac. Elizabeth F. Szewczyk. 2019. (Lottery Dog Ser.: Vol. 1). (ENG.). 146p. (J). pap. 12.99 (978-1-950454-90-7(8)) Pen It Pubns.

Lottery Dog 2 the Great Rescue. Elizabeth F. Szewczyk. 2019. (Lottery Dog Ser.: Vol. 2). (ENG.). 112p. (J). pap. 12.99 (978-1-950454-91-4(6)) Pen It Pubns.

Lottery Rose. Irene Hunt. 2021. (ENG.). 224p. (J). (gr. 3-7). 17.99 (978-1-5344-7847-3(7)); pap. 7.99 (978-1-5344-7848-0(5)) McElderry, Margaret K. Bks. (McElderry, Margaret K. Bks.).

Lottery Ticket (Classic Reprint) John Townsend Trowbridge. 2017. (ENG., Illus.). (J). 28.52 (978-0-260-15468-2(7)) Forgotten Bks.

Lotterys Plus One. Emma Donoghue. l.t. ed. 2018. (ENG.). (J). lib. bdg. 22.99 (978-1-4328-4994-8(8)) Cengage Gale.

Lotterys Plus One. Emma Donoghue. Illus. by Caroline Hadilaksono. 2018. (ENG.). 336p. (J). (gr. 3-7). pap. 7.99 (978-0-545-92584-6(3)) Scholastic, Inc.

Lottie & Dottie Grow Pumpkins (Early Reader) Claire Burgess. 2016. (Early Reader Ser.). (ENG.). 64p. (J). (gr. k-2). 6.99 (978-1-4440-1471-6(4), Orion Children's Bks.) Hachette Children's Group GBR. Dist: Hachette Bk. Group.

Lottie & Grace, or the Two Paths: A Tale (Classic Reprint) Unknown Author. 2018. (ENG., Illus.). 54p. (J). 25.01 (978-0-483-90718-8(9)) Forgotten Bks.

Lottie & Walter. Anna Walker. Illus. by Anna Walker. 2019. (ENG., Illus.). 40p. (J). (gr. -1-3). 17.99

(978-1-328-47038-6(5), 1714020, Clarion Bks.) HarperCollins Pubs.

Lottie Lostalot: A Magical Adventure. Pj Sandz. Illus. by We Are Alien. 2023. (ENG.). 54p. (J). pap. **(978-1-80381-507-7(8))** Grosvenor Hse. Publishing Ltd.

Lottie Perkins: Ballerina (Lottie Perkins, #2) Katrina Nannestad. Illus. by Makoto Koji. 2019. (Lottie Perkins Ser.: 02). 64p. 4.99 (978-0-7333-3910-3(7)) ABC Bks. AUS. Dist: HarperCollins Pubs.

Lottie Perkins: Fashion Designer (Lottie Perkins, #4) Katrina Nannestad. Illus. by Makoto Koji. 2020. (Lottie Perkins Ser.: 04). 64p. 4.99 (978-0-7333-3912-7(3)) ABC Bks. AUS. Dist: HarperCollins Pubs.

Lottie Perkins: Movie Star (Lottie Perkins, #1) Katrina Nannestad. Illus. by Makoto Koji. 2019. (Lottie Perkins Ser.: 01). 64p. 4.99 (978-0-7333-3909-7(3)) ABC Bks. AUS. Dist: HarperCollins Pubs.

Lottie Perkins: Pop Singer (Lottie Perkins, #3) Katrina Nannestad. Illus. by Makoto Koji. 2020. (Lottie Perkins Ser.: 03). 64p. 4.99 (978-0-7333-3911-0(5)) ABC Bks. AUS. Dist: HarperCollins Pubs.

Lottie Perkins the Ultimate Collection (Lottie Perkins, #1-4) Katrina Nannestad. Illus. by Makoto Koji. 2022. (Lottie Perkins Ser.: 4.1). 240p. 10.99 (978-0-7333-4098-7(9)) ABC Bks. AUS. Dist: HarperCollins Pubs.

Lottie Saves the Bees: Imagine a World Without Bees! Heather B. Moon. Illus. by Heather B. Moon. 2017. (Lottie Lovall International Investigator Ser.: Vol. 1). (ENG., Illus.). 160p. (J). pap. (978-1-9997043-1-5(2)) Reading Holdings.

Lottie Saves the Bees (Manchester Special Edition) Full-Colour Edition Dedicated to Manchester. Heather B. Moon. 2017. (ENG., Illus.). 168p. (J). pap. (978-1-9997043-2-2(0)) Reading Holdings.

Lottie Saves the Dolphins: Imagine a Life of Captivity! Heather B. Moon. Illus. by Heather B. Moon. 2018. (ENG., Illus.). 204p. (J). pap. (978-1-9997043-4-6(7)) Reading Holdings.

Lottie Saves the Polar Bears: Lottie Lovall International Investigator. Heather B. Moon. Illus. by Heather B. Moon. 2020. (Lottie Lovall: International Investigator Ser.: Vol. 4). (ENG., Illus.). 136p. (J). (gr. 4-6). pap. (978-1-9162337-0-6(8)) Reading Holdings.

Lottie Saves the Turtles: Lottie Lovall International Investigator. Heather B. Moon. Ed. by Rachel Mann. 2019. (Lottie Lovall International Investigator Ser.: Vol. 3). (ENG., Illus.). 142p. (J). (gr. 3-6). pap. (978-1-9997043-9-1(8)) Reading Holdings.

Lottie Sees It Through: An One Act Play for Three Men & Four Women (Classic Reprint) Ragna B. Eskil. 2018. (ENG., Illus.). 28p. (J). 24.47 (978-0-483-51252-8(4)) Forgotten Bks.

Lotus: For 1913 (Classic Reprint) Peace Institute. (ENG., Illus.). (J). 2018. 160p. 27.18 (978-0-332-71144-7(7)); 2016. pap. 9.57 (978-1-334-16401-9(0)) Forgotten Bks.

Lotus, 1903 (Classic Reprint) Peace Institute. (ENG., Illus.). (J). 2018. 110p. 26.17 (978-0-483-43581-0(3)); 2016. pap. 9.57 (978-1-334-16378-4(2)) Forgotten Bks.

Lotus, 1904 (Classic Reprint) Peace Institute. (ENG., Illus.). (J). 2018. 150p. 26.89 (978-0-484-30086-5(5)); 2016. pap. 9.57 (978-1-334-15271-9(3)) Forgotten Bks.

Lotus, 1905, Vol. 4 (Classic Reprint) Peace Institute. (ENG., Illus.). (J). 2018. 162p. 27.24 (978-0-267-35072-8(4)); 2016. pap. 9.97 (978-1-333-73973-7(7)) Forgotten Bks.

Lotus, 1906, Vol. 5 (Classic Reprint) Peace Institute. (ENG., Illus.). (J). 2018. 126p. 26.52 (978-0-267-57565-7(3)); 2016. pap. 9.57 (978-1-334-16251-0(4)) Forgotten Bks.

Lotus, 1907, Vol. 6 (Classic Reprint) Peace Institute. 2018. (ENG., Illus.). 132p. (J). 26.64 (978-0-267-53233-9(4)) Forgotten Bks.

Lotus, 1908, Vol. 7 (Classic Reprint) Peace College. (ENG., Illus.). (J). 2018. 130p. 26.60 (978-0-484-80718-0(8)); 2016. pap. 9.57 (978-1-334-13631-3(9)) Forgotten Bks.

Lotus, 1909, Vol. 8 (Classic Reprint) Hilda Way. 2018. (ENG., Illus.). 150p. (J). 26.99 (978-0-332-44359-1(0)) Forgotten Bks.

Lotus, 1910, Vol. 9 (Classic Reprint) Peace Institute. 2018. (ENG., Illus.). (J). 154p. 27.07 (978-1-396-19254-8(9)); 156p. pap. 9.57 (978-1-390-38766-7(6)) Forgotten Bks.

Lotus, 1911, Vol. 10 (Classic Reprint) Peace Institute. (ENG., Illus.). (J). 2018. 164p. 27.28 (978-0-656-47905-4(1)); 2016. pap. 9.97 (978-1-334-15810-0(X)) Forgotten Bks.

Lotus, 1912, Vol. 11 (Classic Reprint) Peace Institute. 2018. (ENG., Illus.). 180p. (J). 27.61 (978-0-666-62573-1(5)) Forgotten Bks.

Lotus 1914: Published Annually by the SIGMA Phi Kappa & Pi Theta Mu Literary Societies of Peace Institute, Raleigh, N. C (Classic Reprint) Peace Institute. (ENG., Illus.). (J). 2017. 27.40 (978-0-266-94889-6(8)); 2016. pap. 9.97 (978-1-334-15801-8(0)) Forgotten Bks.

Lotus, 1920 (Classic Reprint) Peace Institute. (ENG., Illus.). (J). 2018. 138p. 26.76 (978-0-484-07440-7(7)); 2016. pap. 9.57 (978-1-334-15999-2(8)) Forgotten Bks.

Lotus 1925: Published Annually by the Pi Theta Mu & SIGMA Phi Kappa Literary Societies of Peace Institute, Raleigh, N. C (Classic Reprint) Peace Institute. 2018. (ENG., Illus.). (J). 148p. 26.95 (978-1-396-00594-7(3)); 150p. pap. 9.57 (978-1-396-00577-0(3)) Forgotten Bks.

Lotus, 1926 (Classic Reprint) Peace Institute. 2017. (ENG., Illus.). (J). 146p. 26.91 (978-0-332-01403-6(7)); pap. 9.57 (978-0-332-01382-4(0)) Forgotten Bks.

Lotus, 1927 (Classic Reprint) Peace Institute. 2017. (ENG., Illus.). (J). 27.09 (978-0-260-73137-1(4)); pap. 9.57 (978-1-5279-9952-7(1)) Forgotten Bks.

Lotus, 1929 (Classic Reprint) Raleigh Peace Institute. 2017. (ENG., Illus.). (J). 26.91 (978-0-260-69065-4(1)); pap. 9.57 (978-0-266-00176-8(9)) Forgotten Bks.

Lotus Bloom & the Afro Revolution. Sherri Winston. 2022. (ENG.). 304p. (J). 17.99 (978-1-5476-0846-1(3), 900250151, Bloomsbury Children's Bks.) Bloomsbury Publishing USA.

Lotus Buds (Classic Reprint) Amy Wilson-Carmichael. 2017. (ENG., Illus.). (J). 33.78 (978-0-331-82513-8(9)); pap. 16.57 (978-0-243-08284-1(3)) Forgotten Bks.

Lotus (Classic Reprint) Peace Institute. 2018. (ENG., Illus.). 162p. (J). 27.26 (978-0-332-88420-2(1)) Forgotten Bks.

Lotus Elise. Julie Murray. 2019. (Car Stars Ser.). (ENG., Illus.). 24p. (J). (gr. k-4). lib. bdg. 31.36 (978-1-5321-2914-8(9), 33110, Abdo Zoom-Dash) ABDO Publishing Co.

Lotus Flowers & Superpowers. Julie Seel Renaud. 2023. (ENG.). 72p. (J). pap. 21.95 **(978-1-63755-485-2(0)**, Mascot Kids) Amplify Publishing Group.

Lotus for 1915 (Classic Reprint) Peace Institute. (ENG., Illus.). (J). 2018. 158p. 27.16 (978-0-656-21495-2(3)); 2016. pap. 9.57 (978-1-333-77095-2(2)) Forgotten Bks.

Lotus Lantern (Classic Reprint) Mary Imlay Taylor. 2017. (ENG., Illus.). (J). 30.68 (978-0-265-22097-9(1)); pap. 13.57 (978-0-243-23893-4(2)) Forgotten Bks.

Lotus Pearl. Cassandra Beck. 2019. (ENG.). 370p. (YA). (978-0-2288-0820-6(0)); pap. (978-0-2288-0819-0(7)) Tellwell Talent.

Lotus's Secret. Richard Dodd. 2018. (Fluffy the Magic Penguin Ser.: Vol. 4). (ENG., Illus.). 60p. (J). (gr. 1-3). pap. (978-0-9956297-3-8(0)) Upbury Pr. Pubs.

Lou: A Children's Picture Book about a Fire Hydrant & Unlikely Neighborhood Hero. Breanna Carzoo. Illus. by Breanna Carzoo. 2022. (ENG., Illus.). 32p. (J). (gr. -1-3). 19.99 (978-0-06-305405-9(1), HarperCollins) HarperCollins Pubs.

Lou & Her Love Pup. Kylie Bushell. Illus. by Maggie Bushell. 2023. (ENG.). 26p. (J). 22.95 **(978-1-6657-3703-6(4))**; pap. 13.95 **(978-1-6657-3702-9(6))** Archway Publishing.

Lou & His Mane. Emma Ugarelli. 2021. (ENG.). 32p. (J). (978-1-5255-8863-1(X)); pap. (978-1-5255-8862-4(1)) FriesenPress.

Lou & Missy Moo: The Beginning. Megan Mikles. 2016. (ENG., Illus.). (J). pap. 11.99 (978-0-9960922-7-2(7)) Rae, Karyn Publishing.

Lou Battles Bullies. Donna Jones. Illus. by Janice Upham. 2019. (ENG.). 26p. (J). (gr. 1-6). pap. 9.95 (978-0-9967744-5-1(9)) Rowan Mountain Pr.

Lou Gets a Clue. Lori Houran. Illus. by Edward Miller. 2022. (ENG.). 32p. (J). (gr. -1-k). pap. 8.99 (978-1-64517-876-7(5), Silver Dolphin Bks.) Printers Row Publishing Group.

Lou Gets a Clue. Lori Houran. Illus. by Edward Miller. 2022. (ENG.). 32p. (J). (gr. -1-k). 14.99 (978-1-6672-0036-1(4), Silver Dolphin Bks.) Printers Row Publishing Group.

Lou Know What to Do Birthday Party, Vol. 3. Kimberly Tice & Venita Litvack. Illus. by Kerry. ed. 2017. (Lou Knows What to Do Ser.). (ENG.). 23p. (J). (gr. -1-5). pap. 10.95 (978-1-944882-16-7(2)) Boys Town Pr.

Lou Knows What to Do: Special Diet, Vol. 2. Kimberly Tice & Venita Litvack. Illus. by Kerry. ed. 2017. (Lou Knows What to Do Ser.: 2). (ENG.). 23p. (J). (gr. -1-5). pap. 10.95 (978-1-944882-15-0(4)) Boys Town Pr.

Lou Knows What to Do Supermarket, Vol. 1. Kimberly Tice & Venita Litvack. Illus. by Kerry. ed. 2017. (Lou Knows What to Do Ser.: 1). (ENG.). 23p. (J). (gr. -1-5). pap. 10.95 (978-1-944882-14-3(6)) Boys Town Pr.

Lou Lou & Pea & the Bicentennial Bonanza. Jill Diamond. Illus. by Lesley Vamos. 2018. (Lou Lou & Pea Ser.). (ENG.). 272p. (J). 16.99 (978-0-374-30298-6(7), 900152885, Farrar, Straus & Giroux (BYR)) Farrar, Straus & Giroux.

Lou Lou & Pea & the Mural Mystery. Jill Diamond. Illus. by Lesley Vamos. 2018. (Lou Lou & Pea Ser.). (ENG.). 288p. (J). pap. 10.99 (978-1-250-14373-0(X), 900180548) Square Fish.

Lou, the Lieutenant. Catherine Bishop. 2023. (ENG.). 38p. (J). 18.95 **(978-1-63755-581-1(4)**, Mascot Kids) Amplify Publishing Group.

Loud & Proud: The Life of Congresswoman Shirley Chisholm. Lesa Cline-Ransome. Illus. by Kaylani Juanita. 2023. (ENG.). 48p. (J). (gr. -1-3). 18.99 (978-1-5344-6352-3(6), Simon & Schuster/Paula Wiseman Bks.) Simon & Schuster/Paula Wiseman Bks.

Loud & Quiet. Emilie DuFresne. 2019. (Opposites Ser.). (ENG.). 24p. (J). (gr. -1-k). lib. bdg. 22.99 (978-1-5105-4629-5(4)) SmartBook Media, Inc.

Loud & Quiet in Music Class, 1 vol. Eileen Greer. 2017. (Opposites at School Ser.). (ENG.). 24p. (J). (gr. 1-1). 25.27 (978-1-5081-6353-4(7), a1afe78c-764c-4449-a8aa-8bc2758df403, PowerKids Pr.) Rosen Publishing Group, Inc., The.

Loud Book! Deborah Underwood. Illus. by Renata Liwska. 2018. (ENG.). 32p. (J). (gr. -1-3). pap. 7.99 (978-1-328-86929-6(6), 1696691, Clarion Bks.) HarperCollins Pubs.

Loud Book! Deborah Underwood. ed. 2018. lib. bdg. 18.40 (978-0-606-41007-6(4)) Turtleback.

Loud Cow. Mark Mariano et al. 2020. (ENG.). 42p. (J). 22.99 (978-0-9823750-4-4(2)) My Pal Mark.

Loud House #10: The Many Faces of Lincoln Loud. The Loud The Loud House Creative Team. 2020. (Loud House Ser.: 10). (ENG., Illus.). 64p. (J). 12.99 (978-1-5458-0474-2(5), 900219408); pap. 7.99 (978-1-5458-0473-5(7), 900219385) Mad Cave Studios. (Papercutz).

Loud House #11: Who's the Loudest? The Loud The Loud House Creative Team. 2020. (Loud House Ser.: 11). (ENG.). 64p. (J). 12.99 (978-1-5458-0559-6(8), 900225378); (Illus.). pap. 7.99 (978-1-5458-0558-9(X), 900225379) Mad Cave Studios. (Papercutz).

Loud House #12: The Case of the Stolen Drawers. The Loud The Loud House Creative Team. 2021. (Loud House Ser.: 12). (ENG., Illus.). 64p. (J). 12.99 (978-1-5458-0620-3(9), 900232748); pap. 7.99 (978-1-5458-0621-0(7), 900232749) Mad Cave Studios. (Papercutz).

Loud House #13: Lucy Rolls the Dice. The Loud The Loud House Creative Team. 2021. (Loud House Ser.: 13). (ENG.). 64p. (J). 12.99 (978-1-5458-0704-0(3), 900235861); pap. 7.99 (978-1-5458-0705-7(1), 900235862) Mad Cave Studios. (Papercutz).

Loud House #14: Guessing Games. The Loud The Loud House Creative Team. 2021. (Loud House Ser.: 14). (ENG., Illus.). 64p. (J). 12.99 (978-1-5458-0723-1(X), 900240049); pap. 7.99 (978-1-5458-0724-8(8), 900240050) Mad Cave Studios. (Papercutz).

Loud House #15: The Missing Linc. The Loud The Loud House Creative Team. 2022. (Loud House Ser.: 15). (ENG.,

Illus.). 64p. (J). 12.99 (978-1-5458-0867-2(8), 900249212); pap. 7.99 (978-1-5458-0868-9(6), 900249213) Mad Cave Studios. (Papercutz).

Loud House #16: Loud & Clear. The Loud The Loud House Creative Team. 2022. (Loud House Ser.: 16). (ENG., Illus.). 64p. (J). 12.99 (978-1-5458-0888-7(0), 900253342); pap. 7.99 (978-1-5458-0889-4(9), 900253343) Mad Cave Studios. (Papercutz).

Loud House #17: Sibling Rivalry. The Loud The Loud House Creative Team. 2022. (Loud House Ser.: 17). (ENG.). 64p. (J). 12.99 (978-1-5458-0977-8(1), 900259343); pap. 7.99 (978-1-5458-0979-2(8), 900259344) Mad Cave Studios. (Papercutz).

Loud House 3-In-1: There Will Be Chaos, There Will Be More Chaos, & Live Life Loud! The Loud The Loud House Creative Team. 2019. (Loud House Ser.: 1). (ENG., Illus.). 160p. (J). pap. 14.99 (978-1-5458-0530-5(X), 900197412, Papercutz) Mad Cave Studios.

Loud House 3-In-1 #2: After Dark, Loud & Proud, & Family Tree. The Loud The Loud House Creative Team. 2019. (Loud House Ser.: 2). (ENG., Illus.). 160p. (J). pap. 14.99 (978-1-5458-0334-9(X), 900209544, Papercutz) Mad Cave Studios.

Loud House 3-In-1 #3: The Struggle Is Real, Livin' la Casa Loud, Ultimate Hangout. The Loud The Loud House Creative Team. 2020. (Loud House Ser.: 3). (ENG.). 160p. (J). pap. 14.99 (978-1-5458-0560-2(1), 900225386, Papercutz) Mad Cave Studios.

Loud House 3-In-1 #4: The Many Faces of Lincoln Loud, Who's the Loudest? & the Case of the Stolen Drawers. The Loud The Loud House Creative Team. 2021. (Loud House Ser.: 4). (ENG.). 160p. (J). pap. 14.99 (978-1-5458-0639-5(X), 900233441, Papercutz) Mad Cave Studios.

Loud House 3-in-1 #5: Collecting Lucy Rolls the Dice, Guessing Games, & the Missing Linc The Loud The Loud House Creative Team. 2022. (Loud House Ser.: 5). (ENG., Illus.). 160p. (J). pap. 14.99 (978-1-5458-0892-4(9), 900253801, Papercutz) Mad Cave Studios.

Loud House 3 in 1 Boxed Set. The Loud The Loud House Creative Team. 2022. (Loud House Ser.). (ENG.). 480p. (J). pap. 44.99 (978-1-5458-0962-4(3), 900260107, Papercutz) Mad Cave Studios.

Loud House 3 in 1 Vol. 6. The Loud The Loud House Creative Team. 2023. (Loud House Ser.: 6). (ENG.). 160p. (J). pap. 14.99 **(978-1-5458-1125-2(3)**, Papercutz) Mad Cave Studios.

Loud House #6: Loud & Proud. The Loud The Loud House Creative Team. 2019. (Loud House Ser.: 6). (ENG., Illus.). 64p. (J). pap. 7.99 (978-1-5458-0210-6(6), 900197411, Papercutz) Mad Cave Studios.

Loud House #7: The Struggle Is Real. The Loud The Loud House Creative Team. 2019. (Loud House Ser.: 7). (ENG., Illus.). 64p. (J). 12.99 (978-1-62991-796-2(6), 900179871); pap. 7.99 (978-1-62991-797-9(4), 900179872) Mad Cave Studios. (Papercutz).

Loud House #8: Livin' la Casa Loud! The Loud The Loud House Creative Team. 2019. (Loud House Ser.: 8). (ENG., Illus.). 64p. (J). 12.99 (978-1-5458-0342-4(0), 900209655); pap. 7.99 (978-1-5458-0343-1(9), 900209656) Mad Cave Studios. (Papercutz).

Loud House #9: Ultimate Hangout. The Loud The Loud House Creative Team. 2020. (Loud House Ser.: 9). (ENG.). 64p. (J). 12.99 (978-1-5458-0406-3(0), 900211146); (Illus.). pap. 7.99 (978-1-5458-0405-6(2), 900211147) Mad Cave Studios. (Papercutz).

Loud House Back to School Special. The Loud The Loud House Creative Team. 2022. (Loud House Ser.). (ENG., Illus.). 64p. (J). 12.99 (978-1-5458-0890-0(2), 900253344); pap. 7.99 (978-1-5458-0891-7(0), 900253345) Mad Cave Studios. (Papercutz).

Loud House Love Out Loud Special. The Loud The Loud House Creative Team. 2021. (Loud House Ser.). (ENG., Illus.). 64p. (J). 12.99 (978-1-5458-0853-5(8), 900249409); pap. 7.99 (978-1-5458-0854-2(6), 900249410) Mad Cave Studios. (Papercutz).

Loud House Summer Special. The Loud The Loud House Creative Team. 2021. (Loud House Ser.). (ENG.). 64p. (J). 12.99 (978-1-5458-0691-3(8), 900235409); pap. 7.99 (978-1-5458-0692-0(6), 900235410) Mad Cave Studios. (Papercutz).

Loud House Super Special. The Loud The Loud House Creative Team. 2023. (Loud House Ser.). (ENG., Illus.). 64p. (J). 12.99 (978-1-5458-1023-1(0), 900278682); pap. 7.99 (978-1-5458-1024-8(9), 900278683) Mad Cave Studios. (Papercutz).

Loud House Vol. 18: Sister Resister, Vol. 18. The Loud The Loud House Creative Team. 2023. (Loud House Ser.: 18). (ENG.). 64p. (J). 12.99 (978-1-5458-1035-4(4), 900278678); pap. 7.99 (978-1-5458-1036-1(2), 900278679) Mad Cave Studios. (Papercutz).

Loud House Winter Special. The Loud The Loud House Creative Team. 2020. (Loud House Ser.). (ENG., Illus.). 64p. (J). 12.99 (978-1-5458-0686-9(1), 900235625); pap. 7.99 (978-1-5458-0687-6(X), 900235626) Mad Cave Studios. (Papercutz).

Loud Librarian. James A. Vinson. 2021. (ENG.). 32p. (J). pap. 10.95 (978-1-6624-2718-3(2)) Page Publishing Inc.

Loud Proud Lenny Lion. Kate Thomson. Illus. by Barry Green. 2017. (Hand Puppet Bks.). (ENG.). 16p. (J). (gr. -1-1). 9.99 (978-1-78700-256-2(X)) Top That! Publishing PLC GBR. Dist: Independent Pubs. Group.

Loud Silence: Poetry That Is Silenced. Ruth Nyama. 2016. (ENG., Illus.). (YA). (gr. 7-12). pap. 13.95 (978-1-68181-458-2(7)) Strategic Book Publishing & Rights Agency (SBPRA).

Loud Silence of Francine Green. Karen Cushman. 2019. (ENG.). 240p. (J). (gr. 5-7). pap. 9.99 (978-1-328-49799-4(2), 1717855, Clarion Bks.) HarperCollins Pubs.

Loud Whisper. Sheiko Nagawo. Illus. by Nicole Stremlow Monahan. 2017. (ENG.). (J). pap. **(978-1-4602-9371-3(1))** FriesenPress.

Loud Winter's Nap. Katy Hudson. Illus. by Katy Hudson. 2017. (ENG., Illus.). 32p. (J). (gr. -1-1). 15.95 (978-1-62370-869-6(9), 135087, Capstone Young Readers) Capstone.

Louder Than Words. Kathy Kacer. 2020. (Heroes Quartet Ser.: 3). (Illus.). 240p. (J). (gr. 4-7). (ENG.). 18.95 *(978-1-77321-355-2(5))*; pap. 9.95 *(978-1-77321-354-5(7))* Annick Pr., Ltd. CAN. Dist: Publishers Group West (PGW).

Loudest Lions in Africa Coloring Book. Activibooks For Kids. 2016. (ENG., Illus.). (J). pap. 9.20 *(978-1-68321-830-2(2))* Mimaxion.

Loudwater Mystery. Edgar Jepson. 2017. (ENG., Illus.). (J). 23.95 *(978-1-374-83368-5(1))*; pap. 13.95 *(978-1-374-83367-8(3))* Capital Communications, Inc.

Loudwater Tragedy (Classic Reprint) T. w. Speight. 2018. (ENG., Illus.). 332p. (J). 30.74 *(978-0-332-48399-3(1))* Forgotten Bks.

Louess: A Musical Farce, in Two Acts (Classic Reprint) Byron P. Glenn. 2018. (ENG., Illus.). (J). 36p. 24.64 *(978-1-396-37524-8(4))*; 38p. pap. 7.97 *(978-1-396-37496-8(5))* Forgotten Bks.

Loui & the Grass Tree: Loui & the Grass Tree. Leanne Murner. 2021. (ENG.). 32p. (J). ***(978-0-6451307-6-8(1))*** Karen Mc Dermott.

Louie. Ellen Miles. ed. 2019. (Puppy Place Ser.). (ENG.). 73p. (J). (gr. 2-3). 16.36 *(978-1-64310-877-3(8))* Penworthy Co., LLC, The.

Louie: A Book about Animal Sounds. Katriona Jaspersen. 2023. (ENG.). 24p. (J). 24.99 ***(978-1-6657-4823-0(0))***; pap. 12.99 ***(978-1-6657-4824-7(9))*** Archway Publishing.

Louie & Bear Bite Back: A Graphic Novel. Brady Smith. Illus. by Brady Smith. (ENG.). 160p. (J). (gr. 2-5). 2023. pap. 12.99 ***(978-0-593-65989-2(9))***; 2022. 14.99 *(978-0-593-22417-5(5))* Penguin Young Readers Group. (Penguin Workshop).

Louie & Bear in the Land of Anything Goes: A Graphic Novel. Brady Smith. Illus. by Brady Smith. (ENG.). 160p. (J). (gr. 2-5). 2023. pap. 12.99 ***(978-0-593-65988-5(0))***; 2021. (Illus.). 14.99 *(978-0-593-22415-1(9))* Penguin Young Readers Group. (Penguin Workshop).

Louie & the Dictator. Lisa Bournelis. 2021. (ENG.). 64p. (J). pap. *(978-0-2288-5768-6(6))* Tellwell Talent.

Louie & the Lobster Lympics: Run Louie Run! Wayne Nabors. Illus. by Austin Smith. 2018. (ENG.). 44p. (J). 24.95 *(978-1-64003-391-7(2))* Covenant Bks.

Louie Finds a Friend: A Louie the Duck Story. Vivian Zabel. Illus. by Jeanne Conway. 2019. (Louie the Duck Story Ser.: Vol. 2). (ENG.). 48p. (J). (gr. k-5). 21.99 *(978-1-950074-04-4(8))*; pap. 16.99 *(978-1-950074-03-7(X))* 4RV Pub.

Louie, Louie! The Story of a Very Scared Kitty. Belinda Wilburn. 2017. (ENG., Illus.). (J). pap. 9.45 *(978-0-9984241-1-8(0))* Sammy Bks.

Louie the Bulldog Volume I. Brenda Zintgraff. 2018. (ENG., Illus.). 74p. (J). 21.99 *(978-1-5456-3911-5(6))*; pap. 11.49 *(978-1-5456-3910-8(8))* Salem Author Services.

Louie the Bulldog Volume II. Brenda Zintgraff. 2018. (ENG.). 82p. (J). 23.99 *(978-1-5456-4835-3(2))*; pap. 12.49 *(978-1-5456-4834-6(4))* Salem Author Services.

LOUIE the Bulldog Volume III: Louie Moves to the Country: Volume III: Louie Moves to the Country. Brenda Zintgraff. 2020. (ENG.). 78p. (J). 23.99 *(978-1-63050-906-4(X))*; (Louie the Bulldog Ser.: Vol. 3). pap. 12.49 *(978-1-5456-7046-0(3))* Salem Author Services.

Louie the Lucky Looker: A Math-Infused Story about Division. Marianne V. Strayton. Illus. by Richard H. Walsh. 2020. (ENG.). 38p. (J). pap. 14.95 *(978-1-7328503-1-6(3))* Math4Minors LLC.

Louie's Last Term at St. Mary's. Miriam Coles Harris. 2017. (ENG.). 256p. (J). pap. *(978-3-337-10717-8(6))* Creation Pubs.

Louie's Last Term at St. Mary's (Classic Reprint) Miriam Coles Harris. (ENG., Illus.). (J). 2017. 29.14 *(978-0-265-39357-4(4))*; 2016. pap. 11.57 *(978-1-333-17672-3(4))* Forgotten Bks.

Louie's Lent. Claudia Cangilla McAdam. 2022. (ENG.). 32p. (J). 11.95 ***(978-1-950784-64-6(9))*** Ascension Pr.

Louie's Little Legs: The Magic of Kindness (SB) Danise Distasi. Illus. by Rachel Royer. 2020. (ENG.). 36p. (J). pap. 12.99 *(978-1-7327067-3-6(5))* DiStasi Advisors, LLC.

Louie's Little Legs & the Power of Hope (Paperback) Danise Distasi & Rachel Royer. 2023. (ENG.). 30p. (J). pap. 13.99 ***(978-1-7327067-8-1(6))*** DiStasi Advisors, LLC.

Louie's Little Legs; the Magic of Patience (Hard Cover) Danise Distasi. Illus. by Rachel Royer. 2022. (ENG.). 32p. (J). 19.99 ***(978-1-7327067-4-3(3))*** DiStasi Advisors, LLC.

Louie's Little Legs; the Magic of Patience (Soft Cover) Danise Distasi. Illus. by Rachel Royer. 2021. (ENG.). 32p. (J). pap. 14.97 *(978-1-7327067-5-0(1))* DiStasi Advisors, LLC.

Louis. Tom Lichtenheld. Illus. by Julie Rowan-Zoch. 2022. (ENG.). 32p. (J). (— 1). bds. 7.99 *(978-0-358-69535-6(X)*, 1828443, Clarion Bks.) HarperCollins Pubs.

Louis & Lola. Sara Shadravan. 2019. (ENG.). 48p. (J). 21.95 *(978-1-64584-940-7(6))*; pap. 12.95 *(978-1-64584-265-1(7))* Page Publishing Inc.

Louis & Zélie: The Holy Parents of Saint Thérèse. GinaMarie Tennant. 2021. (New Vision Bks.). (ENG.). 268p. (gr. 3-10). pap. 12.95 *(978-1-62164-371-5(9))* Ignatius Pr.

Louis & Zélie Martin: Saints for Matrimony. Barbara Yoffie. 2018. (Saints & Me Ser.). (ENG.). 32p. (J). pap. 6.49 *(978-0-7648-2794-5(4))* Liguori Pubns.

Louis Armstrong: Jazz Musician, 1 vol. Joel Newsome. 2017. (History Makers Ser.). (ENG.). 144p. (YA). (gr. 9-9). 47.36 *(978-1-5026-3292-0(6)*, f407f0ce-1c17-4c24-8582-2725df99846b) Cavendish Square Publishing LLC.

Louis Braille. Emma Bassier. 2019. (Amazing Young People Ser.). (ENG., Illus.). 32p. (J). (gr. 3-3). pap. 9.95 *(978-1-64494-039-6(6)*, 1644940396) North Star Editions.

Louis Braille. Emma Bassier. 2019. (Amazing Young People Ser.). (ENG., Illus.). 32p. (J). (gr. 2-5). lib. bdg. 32.79 *(978-1-5321-6366-1(5)*, 32047, DiscoverRoo) Pop!.

Louis Braille Invents the Braille System Louis Braille Biography Grade 5 Children's Biographies. Dissected Lives. 2020. (ENG.). 72p. (J). 24.99 *(978-1-5419-7920-8(6))*; pap. 14.99 *(978-1-5419-6087-9(4))* Speedy Publishing LLC. (Dissected Lives (Auto Biographies)).

Louis Duval: A Tale of the French Revolution (Classic Reprint) Edward Whymper. 2018. (ENG., Illus.). 56p. (J). 25.05 *(978-0-267-20098-6(6))* Forgotten Bks.

Louis Helps Ajani Fight Racism. Caryn Rivadeneira. Illus. by Priscilla Alpaugh. 2021. (Helper Hounds Ser.). (ENG.). 72p. (J). (gr. 1-3). 12.99 *(978-1-64371-086-0(9)*, 6f8975c3-d803-4065-be27-e69d67d1be06); pap. 6.99 *(978-1-64371-087-7(7)*, 776d4b58-409f-4bd6-98a1-8b17bdd7dabc) Red Chair Pr.

Louis in the Land of Tetra, 1 vol. Thomas Nelson Publishing Staff & Frank J. Ling. 2018. (ENG.). 252p. (YA). 29.99 *(978-1-59555-778-0(4))*; pap. 14.99 *(978-1-59555-671-4(0))* Elm Hill.

Louis James Acting Version of Peer Gynt (Classic Reprint) Henrik Ibsen. 2017. (ENG., Illus.). (J). pap. 9.97 *(978-0-243-06298-0(2))* Forgotten Bks.

Louis James Acting Version of Peer Gynt (Classic Reprint) Henrik Ibsen. 2017. (ENG., Illus.). 152p. (J). 27.05 *(978-0-332-23928-6(4))* Forgotten Bks.

Louis Pasteur. Illus. by Isabel Munoz. 2020. (Genius Ser.). (ENG.). 42p. (J). (gr. 1). 9.95 *(978-88-544-1621-5(5))* White Star Publishers ITA. Dist: Sterling Publishing Co., Inc.

Louis Pasteur. Maria Isabel Sanchez Vegara. Illus. by Shelly Laslo. 2023. (Little People, BIG DREAMS Ser.: Vol. 96). (ENG.). 32p. (J). (gr. -1-2). 15.99 ***(978-0-7112-8313-8(3)***, Frances Lincoln Children's Bks.) Quarto Publishing Group UK GBR. Dist: Hachette Bk. Group.

Louis Pasteur, Vol. 11. Harvey Warren. 2018. (Scientists & Their Discoveries Ser.). (Illus.). 96p. (J). (gr. 7). lib. bdg. 34.60 *(978-1-4222-4033-5(9))* Mason Crest.

Louis Réard: Bikini Designer. Rebecca Felix. 2017. (First in Fashion Ser.). (ENG., Illus.). 32p. (J). (gr. 3-6). lib. bdg. 32.79 *(978-1-5321-1076-4(6)*, 25728, Checkerboard Library) ABDO Publishing Co.

Louis Riel - Freedom Fighter for the Indigenous Peoples of Canada Canadian History for Kids True Canadian Heroes - Indigenous People of Canada Edition. Professor Beaver. 2021. (ENG.). 84p. (J). 25.99 *(978-0-2282-3586-6(3))*; pap. 15.99 *(978-0-2282-3526-2(X))* Speedy Publishing LLC. (Professor Beaver).

Louis Riel Day: The Fur Trade Project. Deborah L. Delaronde. Illus. by Sheldon Dawson. 2021. (ENG.). 32p. (J). (gr. 1-3). 19.95 *(978-1-926886-61-9(5))* Theytus Bks., Ltd. CAN. Dist: Orca Bk. Pubs. USA.

Louis' School Days: A Story for Boys. E. J. May. 2017. (ENG., Illus.). (J). 25.95 *(978-1-374-91366-0(9))*; pap. 15.95 *(978-1-374-91365-3(0))* Capital Communications, Inc.

Louis School Days: A Story for Boys (Classic Reprint) Edith J. May. 2018. (ENG., Illus.). 364p. (J). 31.40 *(978-0-483-59452-4(0))* Forgotten Bks.

Louis Sinclair; or the Silver Prize Medals: The Story of a Boy Who Escaped the Hands of a Real Enchanter (Classic Reprint) Lawrence Lancewood. (ENG., Illus.). (J). 2018. 264p. 29.34 *(978-0-332-76174-9(6))*; 2017. pap. 11.97 *(978-0-259-00499-8(5))* Forgotten Bks.

Louis the Lovebug. Giovanna Yessoufou & Gisele a Molina. 2019. (Frenchie Diaries: Vol. 2). (ENG., Illus.). 40p. (J). *(978-0-2288-0837-4(6))*; pap. *(978-0-2288-0836-7(7))* Tellwell Talent.

Louis Undercover, 1 vol. Fanny Britt. Illus. by Isabelle Arsenault. 2017. (ENG.). 160p. (J). (gr. 5-9). 19.95 *(978-1-55498-859-4(4))* Groundwood Bks. CAN. Dist: Publishers Group West (PGW).

Louisa Alcott Reader. Louisa Alcott. 2017. (ENG., Illus.). (J). 22.95 *(978-1-374-92352-2(4))*; pap. 12.95 *(978-1-374-92351-5(6))* Capital Communications, Inc.

Louisa Alcott Reader: A Supplementary Reader for the Fourth Year of School (Classic Reprint) Louisa Alcott. 2018. (ENG., Illus.). 276p. (J). 29.59 *(978-0-483-50161-4(1))* Forgotten Bks.

Louisa Alcott Story Book (Classic Reprint) Louisa Alcott. 2018. (ENG., Illus.). 232p. (J). 28.68 *(978-0-483-78288-4(2))* Forgotten Bks.

Louisa Freya, Dragon Slayer: And Other Tales. Amy Scott Robinson. Illus. by Evelt Yanait. ed. 2022. (Adventuring Girls Ser.). (ENG.). 128p. (J). pap. 10.99 *(978-0-7459-7947-2(5)*, 7dd1705f-5efe-4c2e-8cc2-f63bda0b87bf, Lion Children's) Lion Hudson PLC GBR. Dist: Baker & Taylor Publisher Services (BTPS).

Louisa June & the Nazis in the Waves. L. M. Elliott. l.t. ed. 2023. (ENG.). (J). lib. bdg. 22.99 Cengage Gale.

Louisa June & the Nazis in the Waves. L. M. Elliott. (ENG.). (J). (gr. 3-7). 2023. 336p. pap. 9.99 *(978-0-06-305657-2(7))*; 2022. (Illus.). 320p. 19.99 *(978-0-06-305656-5(9))* HarperCollins Pubs. (Tegen, Katherine Bks).

Louisa Kirkbride: A Tale of New York (Classic Reprint) A. J. Thebaud. (ENG., Illus.). (J). 2018. 554p. 35.16 *(978-0-483-03085-5(6))*; 2017. pap. 19.57 *(978-0-243-30387-8(4))* Forgotten Bks.

Louisa May Alcott: Her Life, Letters, & Journals (Classic Reprint) Ednah D. Cheney. 2017. (ENG., Illus.). (J). 32.66 *(978-0-265-18097-6(X))* Forgotten Bks.

Louisa May Alcott: The Children's Friend (Classic Reprint) Ednah D. Cheney. (ENG., Illus.). (J). 2017. 62p. 25.18 *(978-0-331-56140-1(9))*; 2016. pap. 9.57 *(978-1-334-12278-1(4))* Forgotten Bks.

Louisa May Alcott, Dreamer & Worker: A Story of Achievement (Classic Reprint) Belle Moses. 2017. (ENG., Illus.). (J). 31.20 *(978-1-5281-7796-2(7))* Forgotten Bks.

Louisa May Alcott Hidden Gems Collection (Boxed Set) Eight Cousins; Rose in Bloom; an Old-Fashioned Girl; under the Lilacs; Jack & Jill. Louisa May Alcott. ed. 2023. (Louisa May Alcott Hidden Gems Collection). (ENG.). 1696p. (J). (gr. 3). 89.99 ***(978-1-6659-2631-7(7))***; pap. 39.99 ***(978-1-6659-2632-4(5))*** Simon & Schuster Children's Publishing. (Aladdin).

Louisa May Alcott: Little Women. Illus. by Roberta Bordone. 2022. (ENG.). 128p. (J). pap. 6.95 *(978-1-78226-834-5(0)*, 23019e0e-c31f-44ad-9061-6a45fbf27270) Sweet Cherry Publishing GBR. Dist: Baker & Taylor Publisher Services (BTPS).

Louisa May Alcott's Little Women: A Paper Doll Collectible. Eileen Rudisill Miller. 2019. (Dover Paper Dolls Ser.). (ENG.). 32p. (J). (gr. 4). 11.99 *(978-0-486-83797-0(1)*, 837971) Dover Pubns., Inc.

Louisa Moo Alcott. Jan Oleamick. 2017. (ENG., Illus.). (J). 22.95 *(978-1-4808-4223-6(0))*; pap. 16.95 *(978-1-4808-4225-0(7))* Archway Publishing.

Louisa, My First-Born: A Sketch for Mothers (Classic Reprint) Louisa Fisher. Hawes. 2018. (ENG., Illus.). 70p. (J). 25.34 *(978-0-267-26867-2(X))* Forgotten Bks.

Louisa of Prussia & Her Times. Luise Muhlbach & F. Jordan. 2017. (ENG.). 296p. (J). pap. *(978-3-337-29905-7(9))* Creation Pubs.

Louisa of Prussia & Her Times: A Historical Novel. Luise Muhlbach. 2017. (ENG., Illus.). (J). 33.95 *(978-1-374-85438-3(7))*; pap. 24.95 *(978-1-374-85437-6(9))* Capital Communications, Inc.

Louisa of Prussia & Her Times: An Historical Novel (Classic Reprint) Luise Muhlbach. (ENG., Illus.). (J). 2018. 292p. 29.92 *(978-0-484-71205-7(5))*; 2017. pap. 13.57 *(978-0-243-39954-3(5))* Forgotten Bks.

Louisa of Prussia, & Her Times, an Historical Novel (Classic Reprint) L. Muhlbach. 2017. (ENG., Illus.). (J). 35.08 *(978-0-331-79684-1(8))* Forgotten Bks.

Louisa, or the Cottage on the Moor (Classic Reprint) Elizabeth Helme. (ENG., Illus.). (J). 2019. 182p. 27.65 *(978-0-365-21860-9(X))*; 2017. pap. 10.57 *(978-0-259-21125-9(7))* Forgotten Bks.

Louisa, or the Virtuous Villager: A Catholic Tale, from the French; Intended for Youth (Classic Reprint) Unknown Author. 2018. (ENG., Illus.). 148p. (J). 26.95 *(978-0-484-66679-4(7))* Forgotten Bks.

Louisa Varena (Classic Reprint) Eliza Houk. 2018. (ENG., Illus.). 328p. (J). 30.66 *(978-0-483-40625-4(2))* Forgotten Bks.

Louisa Von Plettenhaus: The Journal of a Poor Young Lady; Translated from the German (Classic Reprint) Louis Von Plettenhaus. (ENG., Illus.). (J). 2018. 240p. 28.87 *(978-0-483-56326-1(9))*; 2016. pap. 11.57 *(978-1-334-14044-0(8))* Forgotten Bks.

Louisburg Square (Classic Reprint) Robert Cutler. (ENG., Illus.). (J). 2018. 352p. 31.16 *(978-0-428-83651-1(8))*; 2017. 31.12 *(978-1-5284-8751-1(6))* Forgotten Bks.

Louise & Andie: The Art of Friendship. Kelly Light. 2016. (ENG., Illus.). 40p. (J). (gr. -1-3). 17.99 *(978-0-06-234440-3(4)*, Balzer & Bray) HarperCollins Pubs.

Louise & Barnavaux (Classic Reprint) Pierre Mille. 2017. (ENG., Illus.). (J). 29.80 *(978-0-266-16953-6(8))* Forgotten Bks.

Louise & the Class Pet. Kelly Light. Illus. by Kelly Light. 2018. (I Can Read Level 1 Ser.). (ENG., Illus.). 32p. (J). (gr. -1-3). 16.99 *(978-0-06-236369-5(7))*; pap. 4.99 *(978-0-06-236368-8(9))* HarperCollins Pubs. (Balzer & Bray).

Louise & the Class Pet. Kelly Light. 2019. (I Can Read 88 Ser.). (ENG.). 30p. (J). (gr. k-1). 14.96 *(978-1-64310-976-3(6))* Penworthy Co., LLC, The.

Louise & the Little People. Carolyn L. Anger. 2022. (ENG.). 192p. (J). pap. 14.95 ***(978-1-5069-1045-1(9))*** First Edition Design Publishing.

Louise Bourgeois. Maria Isabel Sanchez Vegara. Illus. by Helena Perez Garcia. 2020. (Little People, BIG DREAMS Ser.: 48). (ENG.). 32p. (J). (gr. -1-2). 15.99 ***(978-0-7112-4690-4(4)***, Frances Lincoln Children's Bks.) Quarto Publishing Group UK GBR. Dist: Hachette Bk. Group.

Louise Loves Bake Sales. Kelly Light. 2018. (I Can Read Level 1 Ser.). (ENG., Illus.). 32p. (J). (gr. -1-3). 16.99 *(978-0-06-236366-4(2)*, Balzer & Bray) HarperCollins Pubs.

Louise Loves Bake Sales. Kelly Light. Illus. by Kelly Light. 2018. (I Can Read Level 1 Ser.). (ENG., Illus.). 32p. (J). (gr. -1-3). pap. 4.99 *(978-0-06-236365-7(4)*, Balzer & Bray) HarperCollins Pubs.

Louise Musical Romance in Four Acts & Seven Scenes (Classic Reprint) Gustave Charpentier. (ENG., Illus.). (J). 2017. 25.61 *(978-1-5281-8672-8(9))*; 2016. pap. 9.57 *(978-1-333-85166-8(9))* Forgotten Bks.

Louise Necker, at Ten Years of Age, or the Authoress of Corinne: An Historical & Moral Comedy, in One Act (Classic Reprint) Alphonse A. Roux. (ENG., Illus.). (J). 2018. 82p. 25.59 *(978-0-656-43737-5(5))*; 2016. pap. 9.57 *(978-1-333-40134-4(5))* Forgotten Bks.

Louise, or the Beauty of Integrity: A Story for the Young; to Which Are Added the Mother's Grave, & No Place Like Home (Classic Reprint) Unknown Author. 2017. (ENG., Illus.). (J). 118p. 26.35 *(978-0-484-38931-0(9))*; pap. 9.57 *(978-0-259-27149-9(7))* Forgotten Bks.

Louisiana. Frances Burnett. 2016. (ENG.). 176p. (J). pap. *(978-3-7433-6771-5(8))* Creation Pubs.

Louisiana, 1 vol. John Hamilton. 2016. (United States of America Ser.). (ENG., Illus.). 48p. (J). (gr. 5-9). 34.21 *(978-1-68078-320-9(3)*, 21625, Abdo & Daughters) ABDO Publishing Co.

Louisiana. Ann Heinrichs. Illus. by Matt Kania. 2017. (U. S. A. Travel Guides). (ENG.). 40p. (J). (gr. 2-5). lib. bdg. 38.50 *(978-1-5038-1958-0(2)*, 211595) Child's World, Inc, The.

Louisiana. Richard Sebra. 2022. (Core Library of US States Ser.). (ENG., Illus.). 48p. (J). (gr. 4-8). lib. bdg. 35.64 *(978-1-5321-9759-8(4)*, 39609) ABDO Publishing Co.

Louisiana. Anita Yasuda. 2018. (Illus.). 24p. (J). *(978-1-4896-7437-1(3)*, AV2 by Weigl) Weigl Pubs., Inc.

Louisiana: Children's American Local History Book. Bold Kids. 2022. (ENG.). 44p. (J). pap. 15.99 ***(978-1-0717-1049-4(4))*** FASTLANE LLC.

Louisiana: The Pelican State. Robb Johnstone. 2016. (J). *(978-1-4896-4869-3(0))* Weigl Pubs., Inc.

Louisiana: The Pelican State, 1 vol. Derek Miller et al. 2018. (It's My State! (Fourth Edition)(r) Ser.). (ENG.). 80p. (gr. 4-4). 35.93 *(978-1-5026-2627-1(6)*, 2c73a35a-fb87-41e7-aca9-b1bfa1ace9f0); pap. 18.64 *(978-1-5026-4444-2(4)*, 329fe6d5-93b0-4ca4-b196-e8e7b0541005) Cavendish Square Publishing LLC.

Louisiana: The Pretty Sister of Jose (Classic Reprint) Frances Burnett. (ENG., Illus.). (J). 2018. 270p. 29.44 *(978-0-484-16576-1(3))*; 2017. pap. 11.97 *(978-0-243-40365-3(8))* Forgotten Bks.

Louisiana (a True Book: My United States) Jennifer Zeiger. 2017. (True Book (Relaunch) Ser.). (ENG., Illus.). 48p. (J). (gr. 3-5). pap. 7.95 *(978-0-531-23287-3(5)*, Children's Pr.) Scholastic Library Publishing.

Louisiana (ARC Edition) The Pelican State, 1 vol. Derek Miller et al. 2020. (It's My State! (Fourth Edition)(r) Ser.). (ENG.). 80p. (J). (gr. 4-4). pap. 18.64 *(978-1-5026-6211-8(6)*, bf49f4b5-b509-4b2c-bb67-736dde92d8da) Cavendish Square Publishing LLC.

Louisiana (Classic Reprint) Frances Burnett. 2018. (ENG., Illus.). 190p. (J). 27.82 *(978-0-666-46879-6(6))* Forgotten Bks.

Louisiana Dreams. Rebecka Bihm Lester. 2022. (FRE & ENG.). 38p. (J). 16.95 *(978-1-64543-990-5(9))* Amplify Publishing Group.

Louisiana Folk-Tales, Vol. 2: In French Dialect & English, Translation (Classic Reprint) Alcee Fortier. 2017. (ENG., Illus.). (J). 26.87 *(978-1-5283-7860-4(1))* Forgotten Bks.

Louisiana Lou: A Western Story (Classic Reprint) William West Winter. 2018. (ENG., Illus.). 310p. (J). 30.29 *(978-0-484-65068-7(8))* Forgotten Bks.

Louisiana Purchase. Blythe Lawrence. 2018. (Expansion of Our Nation Ser.). (ENG., Illus.). 32p. (J). (gr. 3-5). pap. 9.95 *(978-1-63517-984-2(X)*, 163517984X); lib. bdg. 31.35 *(978-1-63517-883-8(5)*, 1635178835) North Star Editions. (Focus Readers).

Louisiana Purchase. Blythe Lawrence. 2018. (Illus.). 32p. (J). *(978-1-4896-9874-2(4)*, AV2 by Weigl) Weigl Pubs., Inc.

Louisiana Purchase, 1 vol. Seth Lynch. 2018. (Look at U. S. History Ser.). (ENG.). 32p. (J). (gr. 2-2). 28.27 *(978-1-5382-2131-0(4)*, 6a875d97-be5b-480b-a71b-9c467ad9da6c) Stevens, Gareth Publishing LLLP.

Louisiana Purchase. Michael Burgan. rev. ed. 2016. (Making a New Nation Ser.). (ENG., Illus.). 48p. (J). (gr. 3-5). pap. 8.99 *(978-1-4846-3596-4(5)*, 133674, Heinemann) Capstone.

Louisiana Purchase: Asking Tough Questions. Nel Yomtov. 2020. (Questioning History Ser.). (ENG.). 48p. (J). (gr. 3-5). pap. 8.95 *(978-1-4966-8814-9(7)*, 201747); (Illus.). lib. bdg. 31.99 *(978-1-4966-8468-4(0)*, 200344) Capstone. (Capstone Pr.).

Louisiana Purchase Amazing & Intriguing Facts Children's History Book. Bold Kids. 2022. (ENG.). 42p. (J). pap. 14.99 ***(978-1-0717-1850-6(9))*** FASTLANE LLC.

Louisiana Purchase & the Lewis & Clark Expedition. Therese M. Shea. 2017. (Westward Expansion: America's Push to the Pacific Ser.). (Illus.). 48p. (J). (gr. 10-14). 84.30 *(978-1-5383-0013-8(3))*; (ENG., (gr. 6-7). pap. 15.05 *(978-1-68048-790-9(6)*, e3a8ec93-25d6-4e7e-82ab-fe30c88fb8d1) Rosen Publishing Group, Inc., The. (Britannica Educational Publishing).

Louisiana's Way Home. Kate Dicamillo. 2018. 232p. (J). *(978-1-4063-8754-4(1))* Candlewick Pr.

Louisiana's Way Home. Kate DiCamillo. (ENG.). 240p. (J). (gr. 5). 2020. pap. 7.99 *(978-1-5362-0799-6(3))*; 2018. 16.99 *(978-0-7636-9463-0(0))* Candlewick Pr.

Louis's Garden Party. Patricia Snelling. 2020. (ENG., Illus.). 26p. (J). *(978-0-473-52309-1(4))* Snelling, Patricia.

Louis's Visitor. Kathleen Caulfield & Atonella Cammarano. 2019. (ENG.). 34p. (J). 19.95 *(978-0-9978732-4-5(8))* Conquistador Pubns.

Loukas & the Game of Chance. Anthony L Manna. 2019. (ENG.). 96p. (J). 16.95 *(978-1-68401-433-0(6))* Amplify Publishing Group.

Loukas & the Game of Chance. Anthony L. Manna. Illus. by Donald Babisch. 2020. (ENG.). 78p. (J). pap. 13.99 *(978-1-937985-53-0(9))* Stress Free Kids.

Lounge Lizards! Reptile Fun Coloring Book. Creative Playbooks. 2016. (ENG., Illus.). (J). pap. 7.74 *(978-1-68323-855-3(9))*; pap. 7.74 *(978-1-68323-878-2(8))* Twin Flame Productions.

Lounger's Common-Place Book, or Miscellaneous Anecdotes, Vol. 3: A Biographic, Political, Literary, & Satirical Compilation; Which He Who Runs May Read (Classic Reprint) Jeremiah Whitaker Newman. 2018. (ENG., Illus.). 264p. (J). (gr. -1-3). 29.36 *(978-0-483-45621-1(7))* Forgotten Bks.

Lounging by the Poolside Activity Book. Smarter Activity Books. 2016. (ENG., Illus.). (J). pap. 8.99 *(978-1-68374-091-9(2))* Examined Solutions PTE. Ltd.

Loup Arctique. William Flaherty & Sean Bigham. 2020. (Animaux Illustrés Ser.: 1). Orig. Title: Animals Illustrated: Arctic Wolf. (FRE., Illus.). 32p. (J). (gr. 1-3). 14.95 *(978-2-7644-3931-9(8))* Quebec Amerique CAN. Dist: Orca Bk. Pubs. USA.

Loup Endormi. Filippo Aramu. 2023. (FRE.). 28p. (J). ***(978-1-4478-6471-4(9))*** Lulu Pr., Inc.

Loup et le Mystère de la Mort. Mona Valney & Cedric Dutertre. 2018. (FRE., Illus.). 36p. (J). pap. 9.50 *(978-0-244-37486-0(4))* Lulu Pr., Inc.

Loup Garou - French Canadian Werewolf That Failed Its Easter Duty Mythology for Kids True Canadian Mythology, Legends & Folklore. Professor Beaver. 2021. (ENG.). 76p. (J). 24.99 *(978-0-2282-3610-8(X))*; pap. 14.99 *(978-0-2282-3574-3(X))* Speedy Publishing LLC. (Professor Beaver).

Loup-Garou! (Classic Reprint) Eden Phillpotts. (ENG., Illus.). (J). 2018. 288p. 29.84 *(978-0-483-51595-6(7))*; 2016. pap. 13.57 *(978-1-334-14388-5(9))* Forgotten Bks.

Loups-Garous, Vampires et Autres Monstres... Joel Verbauwhede. 2018. (FRE.). 68p. (J). pap. *(978-2-37830-020-3(4))* Joël, Verbauwhede.

Loups-Garous, Vampires et Autres Monstres... - Version Dys. Joel Verbauwhede. 2018. (FRE., Illus.). 96p. (J). pap. *(978-2-37830-023-4(9))* Joël, Verbauwhede.

Lourd Secret. Myriam Demoncourt. 2022. (FRE.). 75p. (YA). pap. ***(978-1-4710-3387-2(2))*** Lulu Pr., Inc.

Lourdaut Vagabond: Rencontre Par l'Esprit de la Cour, a la Monstre Qui Se Faisoit Au Pre Aux Clercs Pres de Paris (Classic Reprint) Pierre Beaunis de Chanterain. 2017. (FRE., Illus.). (J). pap. 7.97 *(978-0-282-31333-3(8))* Forgotten Bks.

Lourdaut Vagabond: Rencontré Par l'Esprit de la Cour, à la Monstre Qui Se Faisoit Au PRé Aux Clercs PRès de Paris (Classic Reprint) Pierre Beaunis de Chanterain.

L

2018. (FRE., Illus.). 20p. (J). 24.33 *(978-0-666-48840-4(1))* Forgotten Bks.

Lourdes (Classic Reprint) Robert Hugh Benson. 2017. (ENG., Illus.). 114p. (J). 26.25 *(978-0-332-45270-8(0))* Forgotten Bks.

Louvain: A Personal Experience (Classic Reprint) Englebert Cappuyns. (ENG., Illus.). (J). 2018. 36p. 24.64 *(978-0-666-27010-8(4))*; 2017. pap. 7.97 *(978-0-282-56703-3(8))* Forgotten Bks.

Louvre. Claude Delafosse. Illus. by Tony Ross. 2nd ed. 2018. (My First Discoveries Ser.). (ENG.). 36p. (J). (gr. k-2). spiral bd. 19.99 *(978-1-85103-463-5(3)*, 1851034633) Moonlight Publishing, Ltd. GBR. Dist: Independent Pubs. Group.

Lovable Crank, or More Leaves from the Roses (Classic Reprint) Barbara Yechton. 2018. (ENG., Illus.). 388p. (J). 31.90 *(978-0-483-96830-1(7))* Forgotten Bks.

Lovable Lion. Sandra Wilson. 2018. (Emotional Animal Alphabet Ser.: Vol. 12). (ENG.). 44p. (J). pap. *(978-1-988215-30-3(7))* words ... along the path.

Lovable Loser 1: Dart Guns at Dawn. Daniel Kenney. 2017. (ENG., Illus.). (J). pap. 7.99 *(978-1-947865-01-3(3))* Trendwood Pr.

Lovable Loser 2: Sledding at Sunset. Daniel Kenney. 2017. (ENG., Illus.). 154p. (J). pap. 7.99 *(978-1-947865-06-8(4))* Trendwood Pr.

Lovable Meddler (Classic Reprint) Leona Dalrymple. (ENG., Illus.). (J). 2018. 388p. 31.92 *(978-0-483-99802-5(8))*; 2016. pap. 16.57 *(978-1-333-69298-8(6))* Forgotten Bks.

Lovanna. Draconai Auracto. 2021. (ENG.). 216p. (YA). pap. *(978-0-2288-5419-7(9))* Tellwell Talent.

Love see Amor

Love. Corrinne Averiss. Illus. by Kirsti Beautyman. 2021. (ENG.). 32p. (J). (gr. -1-1). *(978-0-7112-5547-0(4)*, Words & Pictures) Quarto Publishing Group UK.

Love, 1 vol. Patricia Billings. 2020. (ENG., Illus.). 24p. (J). (— 1). bds. 8.99 *(978-1-78508-874-2(2))* Milet Publishing.

Love. Matt de la Peña. Illus. by Loren Long. 2018. 40p. (J). (gr. -1-3). 17.99 *(978-1-5247-4091-7(8)*, G.P. Putnam's Sons Books for Young Readers) Penguin Young Readers Group.

Love. Czeena Devera. Illus. by Jeff Bane. 2021. (My Early Library: My Many Emotions Ser.). (ENG.). 24p. (J). (gr. k-1). pap. 12.79 *(978-1-5341-8839-6(8)*, 219091); lib. bdg. 30.64 *(978-1-5341-8699-6(9)*, 219090) Cherry Lake Publishing.

Love. Emma Dodd. Illus. by Emma Dodd. (Emma Dodd's Love You Bks.). (ENG., Illus.). (J). (— 1). 2018. 22p. bds. 9.99 *(978-0-7636-9941-3(1))*; 2016. 24p. 14.99 *(978-0-7636-8941-4(6))* Candlewick Pr.

Love. Mona Koth & Vicki Scott. Illus. by Mona Koth. 2019. (ENG., Illus.). 24p. (J). (gr. -1-k). bds. 7.99 *(978-1-68052-769-8(X)*, 1004790) Cottage Door Pr.

Love. Cheri Love-Byrd. Ed. by Cottage Door Press. Illus. by Kathrin Fehrl. 2020. (Peek-A-Flap Ser.). (ENG.). 12p. (J). (gr. -1-1). bds. 9.99 *(978-1-64638-050-3(9)*, 1006240) Cottage Door Pr.

Love. Stacy McAnulty. Illus. by Joanne Lew-Vriethoff. 2018. (ENG.). 32p. (J). (gr. -1-3). 17.99 *(978-0-7624-6212-4(4)*, Running Pr. Kids) Running Pr.

Love. Helen O'Dare. Illus. by Nicola O'Byrne. 2016. (ENG.). 26p. (J). (gr. -1 — 1). bds. 6.99 *(978-1-62686-677-5(5)*, Silver Dolphin Bks.) Printers Row Publishing Group.

Love. Robert Sabuda. Illus. by Robert Sabuda. 2021. (ENG.). 24p. (J). (gr. k-3). 29.99 *(978-1-5362-1037-8(4))* Candlewick Pr.

Love. Jackie Zinni. 2018. (ENG.). 28p. (J). bds. 16.00 *(978-1-9822-0517-1(2)*, Balboa Pr.) Author Solutions, LLC.

Love: A Celebration of Mindfulness. Katie Wilson. 2021. (Celebration of Mindfulness Ser.). (ENG.). 20p. (J). (gr. -1-2). bds. 8.99 *(978-1-4867-2111-5(7)*, 49f1c25f-0f45-4554-b18f-9b7c5777b026) Flowerpot Pr.

Love: Emotions & Feelings (Engaging Readers, Level 2) Sarah Harvey. Ed. by Alexis Roumanis. l.t. ed. 2023. (Emotions & Feelings Ser.: Vol. 2). (ENG., Illus.). 32p. (J). *(978-1-77878-155-1(1))*; pap. *(978-1-77878-156-8(X))* AD Classic.

Love: From Sesame Street. Sesame Workshop. (Sesame Street Scribbles Ser.). (ENG.). (J). 2020. 40p. (gr. -1-3). 10.99 *(978-1-7282-1367-5(3))*; 2018. (Illus.). 32p. (gr. k-3). 12.99 *(978-1-4926-7749-9(3))* Sourcebooks, Inc.

Love - a Girly Coloring & Activity Book Sweets, Flowers, & Hearts: Oodle Style Coloring Pages for Girls Age 4+, Prompted Journal with Quotes, Advices Beginner-Friendly Coloring Book for Kids, Teens, Adults 57 Inspiring Designs. The Smart Mermaid Publishing. 2021. (ENG.). 120p. (J). pap. 10.00 *(978-1-716-06651-1(4))* Lulu Pr., Inc.

Love - or a Name. Julian Hawthorne. 2016. (ENG.). 308p. (J). pap. *(978-3-7434-6492-6(6))* Creation Pubs.

Love, a Baker & a Music Maker. Rebekah Nance. 2021. (ENG.). 232p. (YA). 23.00 *(978-1-0879-6157-6(2))* Indy Pub.

Love-Acre: An Idyl in Two Worlds (Classic Reprint) Havelock Ellis. 2018. (ENG., Illus.). 300p. (J). 30.08 *(978-0-365-27968-6(4))* Forgotten Bks.

Love Affair in Wonderland (Classic Reprint) M. M. Quaw. 2017. (ENG., Illus.). (J). 46p. 24.85 *(978-0-332-54925-5(9))*; pap. 7.97 *(978-0-259-84117-3(X))* Forgotten Bks.

Love Affairs of an Old Maid (Classic Reprint) Lilian Bell. (ENG., Illus.). (J). 2018. 208p. 28.19 *(978-0-483-89938-4(0))*; 2016. pap. 10.57 *(978-1-334-11705-3(5))* Forgotten Bks.

Love after Marriage: And Other Stories of the Heart (Classic Reprint) Caroline Lee Hentz. (ENG., Illus.). (J). 2018. 260p. 29.26 *(978-0-267-55585-7(7))*; 2016. pap. 11.97 *(978-1-333-65097-1(3))* Forgotten Bks.

Love, Agnes: Postcards from an Octopus. Irene Latham. Illus. by Thea Baker. 2018. (ENG.). 32p. (J). (gr. k-3). 19.99 *(978-1-5124-3993-9(2)*, 6f85c822-9167-442d-b494-39920b7b3efd, Millbrook Pr.) Lerner Publishing Group.

Love among the Chickens. P. G. Wodehouse. 2019. (ENG.). (J). 158p. 19.95 *(978-1-61895-655-2(8))*; 156p. pap. 10.95 *(978-1-61895-654-5(X))* Bibliotech Pr.

Love among the Chickens: A Story of the Haps & Mishaps on an English Chicken Farm (Classic Reprint) Pelham Grenville Wodehouse. 2017. (ENG., Illus.). (J). 31.57 *(978-0-265-34702-7(5))* Forgotten Bks.

Love among the Lions: A Matrimonial Experience (Classic Reprint) F. Anstey, pseud. 2018. (ENG., Illus.). 130p. (J). 26.58 *(978-0-267-99307-9(2))* Forgotten Bks.

Love & Care: The Secret to Relaxation: a Coloring Book for Teens. Chidimma Aririguzo. 2020. (ENG.). 20p. (YA). pap. 12.00 *(978-1-0879-3053-4(7))*; pap. 12.00 *(978-1-0879-2587-5(8))* Indy Pub.

Love & Chicken Nuggets. Annie Kelsey. Illus. by Kate Larsen. 2017. (Pippa Morgan's Diary Ser.: 2). (ENG.). 176p. (J). (gr. 3-7). pap. 9.99 *(978-1-4926-4794-2(2))* Sourcebooks, Inc.

Love & Collection (Boxed Set) Love & Gelato; Love & Luck; Love & Olives. Jenna Evans Welch. ed. 2020. (ENG.). 1232p. (YA). (gr. 7). 57.99 *(978-1-5344-7379-9(3)*, Simon Pulse) Simon Pulse.

Love & Courage in Troubled Times. Charlotte Cameron. 2021. (ENG.). 220p. (YA). pap. *(978-1-927663-70-7(9))* BizNet Communications.

Love & First Sight. Josh Sundquist. (ENG.). (YA). (gr. 7-17). 2018. 304p. pap. 16.99 *(978-0-316-30536-5(7))*; 2017. 288p. 17.99 *(978-0-316-30535-8(9))* Little, Brown Bks. for Young Readers.

Love & Freindship: And Other Early Works (Classic Reprint) Jane. Austen. 2017. (ENG., Illus.). (J). 27.98 *(978-1-5279-5201-0(0))* Forgotten Bks.

Love & Friendship. Jane. Austen. 2018. (ENG.). 44p. (J). *(978-1-5287-7162-7(1))*; (Illus.). pap. *(978-1-5287-0621-6(8))* Freeman Pr.

Love & Friendship: Book Nerd Edition. Jane. Austen & Gray & Gold Publishing. 2017. (ENG., Illus.). 86p. (J). pap. 6.99 *(978-1-64001-809-9(3))* Gray & Gold Publishing.

Love & Gelato. Jenna Evans Welch. (ENG., Illus.). 400p. (YA). (gr. 7). 2017. pap. 11.99 *(978-1-4814-3255-9(9))*; 2016. 19.99 *(978-1-4814-3254-2(0))* Simon Pulse. (Simon Pulse).

Love & Gravity: A Graphic Novel (Always Human, #2) Ari North. 2023. (Always Human Ser.). (ENG.). 288p. (YA). (gr. 6). 24.99 *(978-1-4998-1279-4(5))*; pap. 14.99 *(978-1-4998-1278-7(7))* Bonnier Publishing USA. (Yellow Jacket).

Love & Grumpiness. Frank Berrios. ed. 2020. (Grumpy Cat 8x8 Bks). (ENG.). 24p. (J). (gr. k-1). 15.96 *(978-1-64697-171-8(X))* Penworthy Co., LLC, The.

Love & Heart, Vol. 2. Chitose Kaido. 2021. (Love & Heart Ser.: 2). (ENG., Illus.). 192p. (gr. 13-17). pap., pap. 13.00 *(978-1-9753-2044-7(1)*, Yen Pr.) Yen Pr. LLC.

Love & Help. Gail Forsyth-Vail. 2016. (J). pap. *(978-1-55896-788-5(5))* Unitarian Universalist Assn.

Love & Hugs: Winter. Tracey Colliston. 2023. (ENG.). 32p. (J). (gr. -1-k). 12.99 *(978-1-914912-34-4(9))* Boxer Bks., Ltd. GBR. Dist: Sterling Publishing Co., Inc.

Love & Knowledge (the Perfect Match) Louis Goulet. 2019. (ENG.). 262p. (J). *(978-0-2288-1362-0(X))*; pap. *(978-0-2288-1360-6(3))* Tellwell Talent.

Love & Lechery at Albert Hall: Pina & Katie & the Stalker of Albert Hall. Dolores Maggiore. 2018. (ENG., Illus.). 326p. (YA). (gr. 7-12). pap. 16.95 *(978-1-948232-02-9(2))* Sapphire Bks. Publishing.

Love & Liberation: The Songs of Adsched of Meru & Other Poems. John Hall Wheelock. 2017. (ENG., Illus.). (J). pap. *(978-0-649-63998-4(7))* Trieste Publishing Pty Ltd.

Love & Liberation: The Songs of Adsched of Meru & Other Poems (Classic Reprint) John Hall Wheelock. 2018. (ENG., Illus.). 226p. (J). 28.58 *(978-0-483-93567-9(0))* Forgotten Bks.

Love & Liberty. Alexandre Dumas. 2017. (ENG.). 362p. (J). pap. *(978-3-337-23510-9(7))* Creation Pubs.

Love & Liberty: A Romance of Anti-Slavery Days (Classic Reprint) William Capron Townsend. 2018. (ENG., Illus.). 508p. (J). 34.37 *(978-0-483-75645-8(8))* Forgotten Bks.

Love & Liberty: A Thrilling Narrative of the French Revolution of 1792 (Classic Reprint) Alexander Dumas. 2016. (ENG., Illus.). (J). pap. 16.57 *(978-1-333-14535-4(7))* Forgotten Bks.

Love & Liberty: A Thrilling Narrative of the French Revolution of 1792 (Classic Reprint) Alexandre Dumas. 2018. (ENG., Illus.). (J). 31.78 *(978-0-331-66973-2(0))* Forgotten Bks.

Love & Lies 6. Musawo. 2018. (Love & Lies Ser.: 6). (Illus.). 192p. (gr. 11). pap. 12.99 *(978-1-63236-625-2(8))* Kodansha America, Inc.

Love & Lies 7. Musawo. 2018. (Love & Lies Ser.: 7). (Illus.). 192p. (gr. 11). pap. 12.99 *(978-1-63236-626-9(6))* Kodansha America, Inc.

Love & Lies of Rukhsana Ali. Sabina Khan. (ENG.). 336p. (gr. 9). 2020. (J). pap. 10.99 *(978-1-338-58215-4(1))*; 2019. (YA). 17.99 *(978-1-338-22701-7(7))* Scholastic, Inc. (Scholastic Pr.).

Love & Life; An Old Story in Eighteenth Century Costume - Vol. 2. Charlotte M. Yonge. 2019. (ENG.). 318p. (J). pap. *(978-3-337-87259-5(X))* Creation Pubs.

Love & Life: An Old Story in Eighteenth Century Costume (Classic Reprint) Charlotte M. Yonge. 2018. (ENG., Illus.). 458p. (J). 33.34 *(978-0-428-80460-2(8))* Forgotten Bks.

Love & Life an Old Story in Eighteenth Century Costume, Vol. 2 of 2 (Classic Reprint) Charlotte Mary Yonge. 2018. (ENG., Illus.). 316p. (J). 30.41 *(978-0-483-91399-8(5))* Forgotten Bks.

Love & Life, Vol. 1 Of 2: An Old Story in Eighteenth Century Costume (Classic Reprint) Charlotte M. Yonge. (ENG., Illus.). (J). 2018. 302p. 30.13 *(978-0-484-36546-8(0))*; 2016. pap. 13.57 *(978-1-334-11968-2(6))* Forgotten Bks.

Love & Liking: A Novel (Classic Reprint) Smith. 2018. (ENG., Illus.). 258p. (J). 29.22 *(978-0-483-39983-9(3))* Forgotten Bks.

Love & Liking, Vol. 2 Of 3: A Novel (Classic Reprint) M. E. Smith. 2018. (ENG., Illus.). 256p. (J). 29.18 *(978-0-332-56859-1(8))* Forgotten Bks.

Love & Liking, Vol. 3 Of 3: A Novel (Classic Reprint) M. E. Smith. 2018. (ENG., Illus.). 220p. (J). 28.43 *(978-0-267-29999-7(0))* Forgotten Bks.

Love & Lordship (Classic Reprint) Florence Warden. 2017. (ENG., Illus.). (J). 438p. 32.93 *(978-0-332-95828-6(0))*; pap. 16.57 *(978-0-259-22494-5(4))* Forgotten Bks.

Love & Luck. Jenna Evans Welch. (ENG.). (YA). (gr. 7). 2019. 336p. pap. 11.99 *(978-1-5344-0101-3(6))*; 2018. (Illus.). 320p. 18.99 *(978-1-5344-0100-6(8))* Simon Pulse. (Simon Pulse).

Love & Lucy (Classic Reprint) Maurice Hewlett. (ENG., Illus.). (J). 2018. 326p. 30.62 *(978-0-656-49667-9(3))*; 2017. pap. 13.57 *(978-0-259-38866-1(1))* Forgotten Bks.

Love & Lucy (Classic Reprint) Maurice Henry Hewlett. 2018. (ENG., Illus.). 364p. (J). 31.40 *(978-0-483-19473-1(5))* Forgotten Bks.

Love & Money. Mary Botham Howitt. 2017. (ENG.). 180p. (J). pap. *(978-3-7447-3479-0(X))* Creation Pubs.

Love & Money: An Every-Day Tale (Classic Reprint) Mary Botham Howitt. 2018. (ENG., Illus.). 180p. (J). 27.63 *(978-0-267-17814-8(X))* Forgotten Bks.

Love & Money (Classic Reprint) J. B. Jones. 2017. (ENG., Illus.). (J). 32.11 *(978-0-266-68435-0(1))*; pap. 16.57 *(978-1-5276-5961-2(5))* Forgotten Bks.

Love & Mr. Lewisham (Classic Reprint) H. G. Wells. 2017. (ENG., Illus.). (J). 31.55 *(978-0-266-94531-4(7))* Forgotten Bks.

Love & Olives. Jenna Evans Welch. 2021. (ENG., Illus.). 528p. (YA). (gr. 7). pap. 12.99 *(978-1-5344-4884-1(5)*, Simon & Schuster Bks. For Young Readers) Simon & Schuster Bks. For Young Readers.

Love & Olives. Jenna Evans Welch. 2020. (ENG., Illus.). 512p. (YA). (gr. 7). 18.99 *(978-1-5344-4883-4(7)*, Simon Pulse) Simon Pulse.

Love & Other Alien Experiences. Kerry Winfrey. 2017. (ENG.). 272p. (YA). pap. 19.99 *(978-1-250-11952-0(9)*, 900172820) Feiwel & Friends.

Love & Other Carnivorous Plants. Florence Gonsalves. (ENG.). 352p. (YA). (gr. 9-17). 2020. pap. 10.99 *(978-0-316-43668-7(2))*; 2018. 17.99 *(978-0-316-43672-4(0))* Little, Brown Bks. for Young Readers.

Love & Other Curses. Michael Thomas Ford. (ENG.). (YA). (gr. 9). 2020. 368p. pap. 10.99 *(978-0-06-279121-4(4))*; 2019. (Illus.). 352p. 17.99 *(978-0-06-279120-7(6))* HarperCollins Pubs. (HarperTeen).

Love & Other Detours: Love & Gelato; Love & Luck. Jenna Evans Welch. 2020. (ENG.). 704p. (YA). (gr. 7). pap. 14.99 *(978-1-5344-7814-5(0)*, Simon Pulse) Simon Pulse.

Love & Other Great Expectations. Becky Dean. 384p. (YA). (gr. 7). 2023. pap. 12.99 *(978-0-593-42945-7(1)*, Ember); 2022. 17.99 *(978-0-593-42942-6(7)*, Delacorte Pr.) Random Hse. Children's Bks.

Love & Other Natural Disasters. Misa Sugiura. (ENG.). (YA). (gr. 8). 2022. 368p. pap. 10.99 *(978-0-06-299124-9(8))*; 2021. 352p. 17.99 *(978-0-06-299123-2(X))* HarperCollins Pubs. (HarperTeen).

Love & Other Stories: From de Maupassant (Classic Reprint) Guy De Maupassant. 2018. (ENG., Illus.). 244p. (J). 28.95 *(978-0-483-81856-9(9))* Forgotten Bks.

Love & Other Train Wrecks. Leah Konen. 2018. (ENG.). 368p. (YA). (gr. 8). 17.99 *(978-0-06-240250-9(1)*, Tegen, Katherine Bks) HarperCollins Pubs.

Love & Other Wicked Things. Philline Harms. 2023. (ENG.). 392p. (YA). pap. 12.99 *(978-1-990259-94-4(4)*, 900282869) Wattpad Bks. CAN. Dist: Macmillan.

Love & Paperback Collection: Love & Gelato; Love & Luck; Love & Olives. Jenna Evans Welch. ed. 2022. (ENG.). 1264p. (YA). (gr. 7). pap. 35.99 *(978-1-6659-1160-3(3)*, Simon & Schuster Bks. For Young Readers) Simon & Schuster Bks. For Young Readers.

Love & Patriotism: Or, the Extraordinary Adventures of M. Duportail, Late Major-General in the Armies of the United States; Interspersed with Many Surprising Incidents in the Life of the Late Count Pulaski (Classic Reprint) Louvet De Couvray. 2018. (ENG., Illus.). 126p. (J). 26.52 *(978-0-267-24817-9(2))* Forgotten Bks.

Love & Peace in a Cornfield see Popcorn Romance

Love & Purrs, Spicy. Lorraine Abrams. 2017. (Adventures of Spicy - 2 Ser.). (ENG., Illus.). (J). (gr. k-6). pap. 9.50 *(978-1-62880-119-4(0))* Published by Westview, Inc.

Love & Quiet Life: Somerset Idylls. Walter Raymond. 2017. (ENG., Illus.). (J). pap. *(978-0-649-15712-9(5))* Trieste Publishing Pty Ltd.

Love & Quiet Life: Somerset Idylls (Classic Reprint) Walter Raymond. 2018. (ENG., Illus.). 326p. (J). 30.62 *(978-0-484-32625-4(2))* Forgotten Bks.

Love & Remorse (Classic Reprint) E. Adams. 2018. (ENG., Illus.). 40p. (J). 24.74 *(978-0-267-20741-1(7))* Forgotten Bks.

Love & Resistance. Kara H. L. Chen. 2023. (ENG.). 352p. (YA). (gr. 8). 19.99 *(978-0-06-323783-4(0)*, Quill Tree Bks.) HarperCollins Pubs.

Love & Roast Chicken: A Trickster Tale from the Andes Mountains. Barbara Knutson. Illus. by Barbara Knutson. 2023. (ENG., Illus.). 40p. (J). (gr. k-3). 10.99 *(978-1-7284-9300-8(5)*, a5a3ee12-5720-4405-96d2-2f87fe8b789e, Carolrhoda Bks.) Lerner Publishing Group.

Love & Rocks (Classic Reprint) Laura E. Richards. 2018. (ENG., Illus.). (J). 26.12 *(978-0-331-94041-1(8))* Forgotten Bks.

Love & Stardust: A Message from the StarChild. Nadin E. Hopfer. Illus. by Bonnie Lemaire. 2021. (ENG.). 42p. (J). *(978-0-2288-5644-3(2))*; pap. *(978-0-2288-5643-6(4))* Tellwell Talent.

Love & the Ironmonger (Classic Reprint) F. J. Randall. (ENG., Illus.). (J). 2018. 330p. 30.70 *(978-0-483-03463-1(0))*; 2016. pap. 13.57 *(978-1-333-22602-2(0))* Forgotten Bks.

Love & the Ironmonger (Classic Reprint) Frederick John Randall. (ENG., Illus.). (J). 2018. 328p. 30.66 *(978-0-483-07940-3(5))*; 2017. pap. 13.57 *(978-1-334-93306-6(5))* Forgotten Bks.

Love, & the Philosopher: A Study in Sentiment (Classic Reprint) Marie Corelli. 2018. (ENG., Illus.). (J). 290p. 29.90 *(978-1-396-84512-3(7))*; 292p. pap. 13.57 *(978-1-396-84484-3(8))* Forgotten Bks.

Love & the Rocking Chair. Illus. by Diane Dillon & Leo Dillon. 2019. (ENG.). 40p. (J). (gr. -1-k). 18.99 *(978-1-338-33265-0(1)*, Blue Sky Pr., The) Scholastic, Inc.

Love & the Soul Hunters (Classic Reprint) John Oliver Hobbes. 2017. (ENG., Illus.). (J). 31.51 *(978-0-265-18056-3(2))* Forgotten Bks.

Love & Theology (Classic Reprint) Celia Parker Woolley. (ENG., Illus.). (J). 2018. 446p. 33.10 *(978-0-267-39752-5(6))*; 2017. pap. 16.57 *(978-0-259-02083-7(4))* Forgotten Bks.

Love & Twenty (Classic Reprint) John Strange Winter. 2018. (ENG., Illus.). 322p. (J). 30.56 *(978-0-483-72122-7(0))* Forgotten Bks.

Love & Valor (Classic Reprint) Tom Hood. (ENG., Illus.). (J). 2018. 164p. 27.28 *(978-0-483-33177-6(X))*; 2016. pap. 9.97 *(978-1-334-14205-5(X))* Forgotten Bks.

Love & Vandalism. Laurie Boyle Crompton. 2017. (ENG.). 336p. (YA). (gr. 8-12). pap. 10.99 *(978-1-4926-3605-2(3)*, 9781492636052) Sourcebooks, Inc.

Love & War. Melissa de la Cruz. (Alex & Eliza Trilogy Ser.: 2). (YA). (gr. 7). 2020. 400p. pap. 10.99 *(978-1-5247-3967-6(7)*, Penguin Books); 2018. 384p. 18.99 *(978-1-5247-3965-2(0)*, G.P. Putnam's Sons Books for Young Readers) Penguin Young Readers Group.

Love & War. K. J. Wynne. 2020. (ENG.). 90p. (YA). *(978-1-64378-623-0(7))*; pap. *(978-1-64378-622-3(9))* Austin Macauley Pubs. Ltd.

Love & War, a Photograph of the Confederate War in the United States, Taken from Kentucky: A Monument to One Who Died to Be Free (Classic Reprint) Unknown Author. (ENG., Illus.). (J). 2018. 308p. 30.27 *(978-0-365-35761-2(8))*; 2017. pap. 13.57 *(978-0-259-40633-4(3))* Forgotten Bks.

Love & War in Cuba: Including Many Thrilling Scenes of the Last Years of Spanish Rule (Classic Reprint) P. L. Stanton. 2018. (ENG., Illus.). 322p. (J). 30.54 *(978-0-484-45313-4(0))* Forgotten Bks.

Love & What Then? A Comedy in Three Acts (Classic Reprint) Basil Macdonald Hastings. 2018. (ENG., Illus.). 100p. (J). 25.98 *(978-0-267-49968-7(X))* Forgotten Bks.

Love As a Fascinating Tale. Tinashe Nyangaire. 2022. (ENG.). 53p. (J). pap. 18.00 *(978-1-4717-6310-6(2))* Lulu Pr., Inc.

Love at First Croak! Kroo Coo. C. Géraldine. 2021. (ENG.). 32p. (J). 29.99 *(978-0-9984231-3-5(0))* Triddias.

Love at First Croak! Kroo Coo Kroo Coo. C. Géraldine. 2022. (ENG.). 32p. (J). pap. 12.99 *(978-1-7379997-4-4(9))* Triddias.

Love at First Sight. Cindy Hedrick. 2021. (ENG.). 94p. (YA). 17.50 *(978-1-955095-04-4(3))* CLASS LLC.

Love at Fourteen, Vol. 10. Fuka Mizutani. 2021. (Love at Fourteen Ser.: 10). (ENG., Illus.). 196p. (J). (gr. 8-17). pap. 15.00 *(978-1-9753-1685-3(1)*, Yen Pr.) Yen Pr. LLC.

Love at Home. Nancy Calzado, PT. Illus. by Edna G. Felix. 2022. (ENG.). 34p. (J). 23.99 *(978-1-6678-2202-0(0))* BookBaby.

Love at the Lake. Theresa Berweiler. 2020. (ENG.). 144p. (YA). pap. 15.95 *(978-1-64544-351-3(5))* Page Publishing Inc.

Love Before It's Time. T. H. Renee. 2022. (ENG.). 58p. (YA). pap. 12.95 *(978-1-6624-4313-8(7))* Page Publishing Inc.

Love Being Me. Terrica Joseph. 2017. (ENG., Illus.). (J). (gr. 3-5). 15.99 *(978-1-970016-27-7(2))* Fruit Springs, LLC.

Love (Berenstain Bears Gifts of the Spirit) Mike Berenstain. 2022. (Berenstain Bears Gifts of the Spirit Ser.). (Illus.). 32p. (J). (gr. -1-2). 9.99 *(978-0-593-30250-7(8)*, Random Hse. Bks. for Young Readers) Random Hse. Children's Bks.

Love Between Grandpa & Me: A Grandfather & Grandchild Keepsake Journal. Katie Clemons. 2020. (ENG.). 144p. (J). (gr. 3-8). pap. 14.99 *(978-1-7282-2027-7(0))* Sourcebooks, Inc.

Love Big. Kat Kronenberg. 2019. (ENG., Illus.). 48p. (gr. -1-5). 15.95 *(978-1-62634-600-0(3))* Greenleaf Book Group.

Love Bird. August Hoeft. (I See Animals Ser.). (ENG.). (J). 2022. 20p. pap. 12.99 *(978-1-5324-4229-2(7))*; 2021. 12p. pap. 5.99 *(978-1-5324-1507-4(9))* Xist Publishing.

Love-Birds in the Coco-Nuts (Classic Reprint) Peter Blundell. 2018. (ENG., Illus.). (J). 30.95 *(978-0-265-99261-6(3))* Forgotten Bks.

Love Bites. Sam Siggs. 2021. (ENG.). 80p. pap. 15.95 *(978-1-914228-39-1(1))* Salamander Street Ltd. GBR. Dist: Consortium Bk. Sales & Distribution.

Love Blind. C. Desir & Jolene Perry. (ENG.). (YA). (gr. 9). 2017. 336p. pap. 10.99 *(978-1-4814-1694-8(4))*; 2016. (Illus.). 320p. 17.99 *(978-1-4814-1693-1(6))* Simon Pulse. (Simon Pulse).

Love Box. Lizzie Lange. Illus. by Valentina Jaskina. 2023. (ENG.). 34p. (J). 19.99 *(978-1-7323835-1-7(0))* Wisdom Hse. Bks.

Love Bridge. Jonathan Schkade. 2017. (ENG., Illus.). 42p. (J). (gr. -1-3). 10.99 *(978-0-7586-5777-0(3))* Concordia Publishing Hse.

Love Bug. Rosie Greening. 2020. (ENG.). 14p. (J). bds. 9.99 *(978-1-78947-372-8(1))* Make Believe Ideas GBR. Dist: Scholastic, Inc.

Love by Sophia. Jim Averbeck. Illus. by Yasmeen Ismail. 2020. (Sophia Bks.). (ENG.). 40p. (J). (gr. -1-3). 17.99 *(978-1-4814-7790-1(0)*, McElderry, Margaret K. Bks.) McElderry, Margaret K. Bks.

Love Came to Make All Crooked Things Straight. Yehuwdiyth Yisrael. 2020. (ENG.). 60p. (YA). pap. 41.78 *(978-1-716-50767-0(7))* Lulu Pr., Inc.

Love Can: A Story of God's Superpower Helper. Quina Aragon. 2023. (ENG., Illus.). 32p. (J). (gr. -1-3). 17.99 *(978-0-7369-7440-0(7)*, 6974400, Harvest Kids) Harvest Hse. Pubs.

Love Can Come in Many Ways. Terry Pierce. Illus. by Suzy Ultman. 2020. (ENG.). 18p. (J). (gr. -1 — 1). 12.99 *(978-1-4521-7260-6(9))* Chronicle Bks. LLC.

Love Canal. Julie Knutson. 2021. (21st Century Skills Library: Unnatural Disasters: Human Error, Design Flaws, & Bad Decisions Ser.). (ENG., Illus.). 32p. (J). (gr. 3-6). lib. bdg. 32.07 *(978-1-5341-8018-5(4)*, 218352) Cherry Lake Publishing.

Love Child (Classic Reprint) Thomas Bailey Clegg. (ENG., Illus.). (J). 2018. 368p. 31.49 *(978-0-483-12428-8(1))*; 2016. pap. 13.97 *(978-1-334-67908-7(8))* Forgotten Bks.

Love (Classic Reprint) Leonie Aminoff. 2018. (ENG., Illus.). 316p. (J). 30.43 *(978-0-364-00901-7(2))* Forgotten Bks.

Love (Classic Reprint) Hester Caldwell Oakley. (ENG., Illus.). (J). 2018. 172p. 27.44 *(978-0-483-53167-3(7))*; 2017. pap. 9.97 *(978-0-243-15558-3(1))* Forgotten Bks.

Love Code. Mette Bach. 2022. (Lorimer Real Love Ser.). (ENG.). 184p. (YA). (gr. 9-12). pap. 8.99

1234 The check digit for ISBN-10 appears in parentheses after the full ISBN-13

(978-1-4594-1584-3(1), aa1363af-6f75-48df-a9bc-408a422d98ed); lib. bdg. 27.99 (978-1-4594-1586-7(8), f8757538-2123-4bfc-8f3b-738ae0e0c8a2) James Lorimer & Co. Ltd., Pubs. CAN. Dist: Lerner Publishing Group.

Love Coloring Book. Cristie Publishing. 2021. (ENG.). 102p. (J). pap. 10.50 (978-1-716-24732-3(2)) Lulu Pr., Inc.

Love Coloring Book: The Ultimate Love Words Coloring Book, with Self Love Affirmations & Graphics. A4 - Large Print. Ruva Publishers. 2023. (ENG.). 88p. (YA). pap. (978-1-4478-7102-6(2)) Lulu Pr., Inc.

Love Comes on Little Cat Feet. Wendy Reed. 2022. (ENG.). 44p. (J). pap. (978-1-387-94545-0(9)) Lulu Pr., Inc.

Love Conquers All: The Complete Story. Jason Menendez. 2018. (ENG., Illus.). 578p. (YA). 36.95 (978-1-64298-487-3(6)) Page Publishing Inc.

Love Conquers All (Classic Reprint) Robert C. Benchley. 2018. (ENG., Illus.). 354p. (J). 31.20 (978-0-483-35060-1(5)) Forgotten Bks.

Love Counts. Jo Parker. Illus. by Matt Kaufenberg. 2020. 20p. (J). (-k). 8.99 (978-0-593-38261-5(7), Grosset & Dunlap) Penguin Young Readers Group.

Love, Creekwood: A Simonverse Novella. Becky Albertalli. (ENG.). 128p. (YA). (gr. 9). 2021. pap. 7.99 (978-0-06-304813-3(2)); 2020. 14.99 (978-0-06-304812-6(4)) HarperCollins Pubs. (Balzer & Bray).

Love Curse of Melody Mcintyre. Robin Talley. (ENG.). (YA). (gr. 9). 2021. 480p. pap. 10.99 (978-0-06-240927-0(1)); 2020. (Illus.). 464p. 17.99 (978-0-06-240926-3(3)) HarperCollins Pubs. (HarperTeen).

Love, Dad & Me: A Father-Daughter Journal. Katie Clemons. 2019. 144p. (J). (gr. 3-8). pap. 14.99 (978-1-4926-9363-5(4)) Sourcebooks, Inc.

Love Day. Lauren Holowaty. ed. 2021. (Paddington Bear 8x8 Bks). (ENG., Illus.). 24p. (J). (gr. k-1). 14.96 (978-1-64697-625-6(8)) Penworthy Co., LLC, The.

Love, Decoded. Jennifer Yen. 2022. 320p. (YA). (gr. 7). 18.99 (978-0-593-11755-2(7), Razorbill) Penguin Young Readers Group.

Love, Diana: Boris the School Bully. Inc. PocketWatch. 2022. (I Can Read Level 1 Ser.). (ENG.). 32p. (J). (gr. -1-3). pap. 4.99 (978-0-06-320442-3(8), HarperCollins) HarperCollins Pubs.

Love, Diana: Happy Halloween! Inc. PocketWatch. 2022. (Love, Diana Ser.). (ENG.). 24p. (J). (gr. -1-3). 5.99 (978-0-06-320441-6(X), HarperCollins) HarperCollins Pubs.

Love, Diana: Happy Valentine's Day! Inc. PocketWatch. 2021. (Love, Diana Ser.). (ENG.). 24p. (J). (gr. -1-3). pap. 5.99 (978-0-06-320435-5(5), HarperCollins) HarperCollins Pubs.

Love, Diana: Meet Diana. Inc. PocketWatch. 2022. (I Can Read Level 1 Ser.). (ENG., Illus.). 32p. (J). (gr. -1-3). pap. 4.99 (978-0-06-320439-3(8), HarperCollins) HarperCollins Pubs.

Love, Diana: the Princess Handbook. Inc. PocketWatch. 2022. (Love, Diana Ser.). (ENG., Illus.). 64p. (J). (gr. -1-3). pap. 6.99 (978-0-06-320440-9(1), HarperCollins) HarperCollins Pubs.

Love Divine: Stories Illustrating the Power of the Love of Christ (Classic Reprint) Isaac M. Anderson. 2017. (ENG., Illus.). (J). 26.33 (978-0-331-75470-4(3)); pap. 9.57 (978-0-243-17528-4(0)) Forgotten Bks.

Love Does for Kids, 1 vol. Bob Goff & Lindsey Goff Viducich. Illus. by Michael Lauritano. 2018. (ENG.). 224p. (J). 16.99 (978-0-7180-9522-2(7), Tommy Nelson) Nelson, Thomas Inc.

Love Doesn't Hate Back. Genesis Avila. 2021. (ENG.). 22p. (YA). pap. 14.00 (978-1-6629-1556-7(X)); 24.00 (978-1-6629-1555-0(1)) Gatekeeper Pr.

Love Done Right: Reflections. Jessica Harris. 2017. (ENG., Illus.). (YA). pap. 10.99 (978-0-692-84752-7(9)) Harris, Jessica.

Love Dragon. Rosie Amazing. Illus. by Andreea Balcan. 2022. (ENG.). 28p. (J). pap. (978-1-990292-30-9(5)) Annelid Pr.

Love Each Other. Rosie Nash. 2022. (ENG.). 20p. (J). 26.99 (978-1-6628-3750-0(X)); pap. 14.99 (978-1-6628-3749-4(6)) Salem Author Services.

Love Elephant. Morgan Hunsaker. 2023. (ENG.). 36p. (J). (978-1-0391-1255-1(2)); pap. (978-1-0391-1254-4(4)) FriesenPress.

Love Episode (Classic Reprint) Emile Zola. (ENG., Illus.). (J). 2018. 402p. 32.19 (978-0-483-33963-7(6)); 2017. 32.58 (978-0-266-72426-1(4)); 2017. pap. 16.57 (978-1-5276-8309-9(5)) Forgotten Bks.

Love Eternal (Classic Reprint) H. Rider Haggard. 2018. (ENG., Illus.). 382p. (J). 31.78 (978-0-666-04248-4(9)) Forgotten Bks.

Love Everywhere. Jacqueline Stonis. 2022. (ENG., Illus.). 36p. (J). 30.95 (978-1-63885-265-0(0)); pap. 18.95 (978-1-63885-264-3(2)) Covenant Bks.

Love Finds the Way (Classic Reprint) Paul Leicester Ford. (ENG., Illus.). (J). 2018. 140p. 26.78 (978-0-364-01353-3(2)); 2018. 126p. 26.50 (978-0-428-99632-1(9)); 2017. pap. 9.57 (978-0-243-51080-1(2)); 2016. pap. 9.57 (978-1-333-34021-6(4)) Forgotten Bks.

Love for an Hour Is Love Forever (Classic Reprint) Amelia Edith Barr. 2017. (ENG., Illus.). (J). 30.46 (978-1-5281-8945-3(0)) Forgotten Bks.

Love for Coffee Illustrations. Carlos Arroyo. 2022. (ENG.). 43p. (YA). pap. (978-1-387-68695-7(X)) Lulu Pr., Inc.

Love for Harrison. Jennifer Miller Siegel. 2022. (ENG., Illus.). 34p. (J). pap. 15.95 (978-1-63874-227-2(8)) Christian Faith Publishing.

Love for Harrison. Jennifer Miller Siegel. 2022. (ENG., Illus.). 34p. (J). 25.95 (978-1-63874-229-6(4)) Christian Faith Publishing.

Love for Love's Sake (Classic Reprint) Helen Marion Burnside. 2018. (ENG., Illus.). (J). 20p. 24.31 (978-0-366-47323-6(9)); 22p. pap. 7.97 (978-0-366-47307-6(7)) Forgotten Bks.

Love for the Children. Joan E. Calliste. 2021. (ENG.). 58p. (J). pap. 13.95 (978-1-63630-453-3(2)) Covenant Bks.

Love for Three Oranges. Dandi Palmer. 2017. (ENG., Illus.). (J). pap. (978-1-906442-64-4(9)) Dodo Bks.

Love from a to Z. S. K. Ali. (ENG.). (YA). (gr. 9). 2020. 368p. pap. 12.99 (978-1-5344-4273-3(1)); 2019. (Illus.). 352p. 19.99 (978-1-5344-4272-6(3)) Simon & Schuster Bks. For Young Readers. (Salaam Reads).

Love from Above. Emily Threadgill & Steven K. Mittwede EdS. 2022. (Illus.). 26p. (J). pap. 18.95 (978-1-6678-6795-3(4)) BookBaby.

Love from Anna Hibiscus! Atinuke. Illus. by Lauren Tobia. 2018. (ENG.). 112p. (J). pap. 5.99 (978-1-61067-680-9(7)) Kane Miller.

Love from Australia. Ruth Waters. 2021. (ENG.). 32p. (J). (gr. -1-k). 18.99 (978-1-76050-553-0(6)) Little Hare Bks. AUS. Dist: Independent Pubs. Group.

Love from Giraffes Can't Dance. Giles Andreae. Illus. by Guy Parker-Rees. 2020. (ENG.). 32p. (J). (gr. -1-3). 8.99 (978-1-338-66676-2(2), Orchard Bks.) Scholastic, Inc.

Love from Lexie (the Lost & Found) Cathy Cassidy. 2019. (Lost & Found Ser.: 1). (Illus.). 336p. (J). (gr. 4-6). pap. 9.99 (978-0-14-138512-9(X)) Penguin Random Hse. AUS. Dist: Independent Pubs. Group.

Love from Llama Llama. Anna Dewdney. Illus. by Anna Dewdney. 2022. (Llama Llama Ser.). 32p. (J). (gr. k-3). 9.99 (978-0-593-52174-8(9), Grosset & Dunlap) Penguin Young Readers Group.

Love from Madeline. Ludwig Bemelmans. Illus. by Steven Salerno. 2021. (Madeline Ser.). (ENG.). 32p. (J). (— 1). 9.99 (978-0-593-34983-0(0), Viking Books for Young Readers) Penguin Young Readers Group.

Love from Matilda. Roald Dahl. Illus. by Quentin Blake. 2022. (ENG.). 32p. (J). (gr. k-3). 9.99 (978-0-593-52060-4(2), Grosset & Dunlap) Penguin Young Readers Group.

Love from Me to You. Patricia Hegarty. Illus. by Fhiona Galloway. 2019. (ENG.). 20p. (J). (gr. -1-k). bds. 7.99 (978-1-68412-696-5(7), Silver Dolphin Bks.) Printers Row Publishing Group.

Love from Mecca to Medina. S. K. Ali. 2022. (ENG.). 352p. (YA). (gr. 9). 19.99 (978-1-6659-1607-3(9), Salaam Reads) Simon & Schuster Bks. For Young Readers.

Love from Peter Rabbit. Beatrix Potter. 2017. (Peter Rabbit Ser.). (ENG., Illus.). 32p. (J). (gr. -1-2). 8.99 (978-0-241-30134-0(3), Warne) Penguin Young Readers Group.

Love from Scratch. Kaitlyn Hill. (YA). (gr. 7). 2023. 384p. pap. 11.99 (978-0-593-37919-6(5), Ember); 2022. 368p. 17.99 (978-0-593-37916-5(0), Delacorte Pr.) Random Hse. Children's Bks.

Love from the Crayons. Drew Daywalt. Illus. by Oliver Jeffers. 2019. (ENG.). 32p. (J). (gr. k-3). 9.99 (978-1-5247-9268-8(3), Penguin Workshop) Penguin Young Readers Group.

Love from the Little Engine That Could. Watty Piper. Illus. by Jill Howarth. 2019. (Little Engine That Could Ser.). 32p. (J). (gr. k-3). 9.99 (978-0-593-09433-4(6), Grosset & Dunlap) Penguin Young Readers Group.

Love from Your Heart. Susan Hally. Illus. by Karen Taylor. 2021. (ENG.). 24p. (J). 22.00 (978-1-0983-7982-7(9)) BookBaby.

Love Gave: A Story of God's Greatest Gift. Quina Aragon. 2021. (ENG.). 32p. (J). (gr. -1-2). 17.99 (978-0-7369-7438-7(5), 6974387) Harvest Hse. Pubs.

Love Giraffe Children's Tales: La Jirafa Del Amor Cuentos para Niños. Cavazos. 2020. (SPA.). 128p. (J). pap. 24.95 (978-1-64334-704-2(7)) Page Publishing Inc.

Love God Has for You. Nancy Lynn Mies. 2016. (ENG., Illus.). (J). pap. (978-1-4602-7619-8(1)) FriesenPress.

Love Goes a Long Way: Padded Board Book. IglooBooks. Illus. by Janet Samuel. 2023. (ENG.). 24p. (J). (-k). bds. 9.99 (978-1-83771-562-6(9)) Igloo Bks. GBR. Dist: Simon & Schuster, Inc.

Love Goes Around. Bonnie Mottola. Illus. by Catherine Pacheco. 2021. (Love Goes Ser.: Vol. 1). (ENG.). 24p. (J). pap. 11.96 (978-1-6629-0982-5(9)); 14.96 (978-1-6629-0981-8(0)) Gatekeeper Pr.

Love Gone Astray (Classic Reprint) Albert Ross. (ENG., Illus.). (J). 2018. 304p. 30.17 (978-0-484-91976-0(8)); 2016. pap. 13.57 (978-1-334-28589-9(6)) Forgotten Bks.

Love, Grace, & Faith. David Atterberry. 2020. (ENG.). 200p. (YA). pap. (978-1-716-61840-6(1)) Lulu Pr., Inc.

Love, Grandma & Me: A Grandmother & Granddaughter Keepsake Journal. Katie Clemons. 2020. 144p. (J). (gr. 3-8). pap. 14.99 (978-1-7282-2026-0(2)) Sourcebooks, Inc.

Love Grows: The Sweet Potato Vines Story. Maltee McMahon. 2022. (ENG.). 30p. (J). pap. 10.95 (978-1-63868-079-6(5)) Virtualbookworm.com Publishing, Inc.

Love Grows Everywhere. Barry Timms. Illus. by Tisha Lee. ed. 2022. (ENG.). 32p. (J). (gr. -1-2). (978-0-7112-6422-9(8)) Frances Lincoln Childrens Bks.

Love Has Four Paws. Elizabeth Whitesel Allen. 2020. (ENG.). 36p. (J). pap. 13.99 (978-1-954004-13-9(3)) Pen It Pubns.

Love, Hate & Other Filters. Samira Ahmed. (ENG.). (YA). (gr. 9). 2019. 312p. pap. 10.99 (978-1-61695-999-9(1)); 2018. 288p. 18.99 (978-1-61695-847-3(2)) Soho Pr., Inc. (Soho Teen).

Love Hate Thing. Whitney D. Grandison. 2021. (ENG.). 464p. (YA). pap. 15.99 (978-1-335-40983-6(1)) Harlequin Enterprises ULC CAN. Dist: HarperCollins Pubs.

Love Him/Hate Him. Chris Bedell. 2021. (ENG.). 222p. (YA). pap. 12.99 (978-1-950502-35-6(X), Willow River Pr.) Between the Lines Publishing.

Love, Home & Mother: The Book for Our Darlings (Classic Reprint) Mary Dow Brine. 2018. (ENG., Illus.). (J). 160p. 27.20 (978-1-396-41336-0(7)); 162p. pap. 9.57 (978-1-390-90157-3(2)) Forgotten Bks.

Love I Gave Away. S. H. E. I. L. a G a R N E R. 2019. (ENG.). 60p. (YA). pap. 12.95 (978-1-64544-672-9(7)) Page Publishing Inc.

Love Idylls (Classic Reprint) S. R. Crockett. 2018. (ENG., Illus.). 392p. (J). 31.98 (978-0-483-12446-2(X)) Forgotten Bks.

Love in a Hurry (Classic Reprint) Gelett Burgess. 2018. (ENG., Illus.). 374p. (J). 31.63 (978-0-483-70054-3(1)) Forgotten Bks.

Love in a Village: A Comic Opera, As It Is Performed at the Theatre Royal in Covent-Garden (Classic Reprint) Unknown Author. (ENG., Illus.). (J). 2018. 82p. 25.61 (978-0-656-34854-1(2)); 2017. pap. 9.57 (978-0-243-44066-5(9)) Forgotten Bks.

Love in Action. Natasha Nguyen. Illus. by Hortencia Mitchell. 2022. (ENG.). 36p. (J). (978-1-0391-5516-9(2)); pap. (978-1-0391-5515-2(4)) FriesenPress.

Love in Bloom. 64p. (YA). (gr. 6-12). pap. (978-0-8224-2380-5(4)) Globe Fearon Educational Publishing.

Love in Cholesterol Times see Amor en Tiempos del Colesterol

Love in Danger: Three Plays (Classic Reprint) Havelock Ellis. (ENG., Illus.). (J). 2018. 98p. 25.92 (978-0-364-83566-1(4)); 2017. pap. 9.57 (978-0-259-79208-6(X)) Forgotten Bks.

Love in English. Maria E. Andreu. (ENG.). 336p. 2022. (YA). (gr. 9). pap. 10.99 (978-0-06-299652-7(5)); 2021. (YA). (gr. 9). 18.99 (978-0-06-299651-0(7)); 2021. (J). (978-0-06-308308-0(6)) HarperCollins Pubs. (Balzer & Bray).

Love in Idleness: A Summer Story (Classic Reprint) Ellen W. Olney. 2018. (ENG., Illus.). 138p. (J). 26.76 (978-0-483-65353-5(5)) Forgotten Bks.

Love in Idleness: A Tale of Bar Harbour of Bar (Classic Reprint) F. Marion Crawford. 2017. (ENG., Illus.). (J). 28.60 (978-0-331-33255-1(8)) Forgotten Bks.

Love in Idleness - a Tale of Bar Harbour. F. Marion Crawford. 2016. (ENG., Illus.). (J). pap. (978-3-7433-0293-8(4)) Creation Pubs.

Love in Idleness, a Tale of Bar Harbor: Marion Darche, a Story Without Comment (Classic Reprint) F. Marion Crawford. 2018. (ENG., Illus.). 506p. (J). 34.35 (978-0-267-22673-3(X)) Forgotten Bks.

Love in Idleness. a Tale of Bar Harbour. F. Marion Crawford. 2017. (ENG., Illus.). (J). pap. (978-0-649-64007-2(1)) Trieste Publishing Pty Ltd.

Love in Idleness, Vol. 1 Of 3: The Story of a Winter in Florida (Classic Reprint) Iza Duffus Hardy. 2018. (ENG., Illus.). 248p. (J). 29.03 (978-0-332-80494-1(1)) Forgotten Bks.

Love in Idleness, Vol. 2 Of 3: The Story of a Winter in Florida (Classic Reprint) Iza Duffus Hardy. 2018. (ENG., Illus.). 266p. (J). 29.38 (978-0-483-84254-0(0)) Forgotten Bks.

Love in Idleness, Vol. 3 Of 3: The Story of a Winter in Florida (Classic Reprint) Iza Duffus Hardy. (ENG., Illus.). (J). 2018. 288p. 29.86 (978-0-428-73255-4(0)); 2016. pap. 13.57 (978-1-334-13456-2(1)) Forgotten Bks.

Love in Literature & Art (Classic Reprint) Esther Singleton. 2018. (ENG., Illus.). 364p. (J). 31.42 (978-0-483-13352-5(3)) Forgotten Bks.

Love in Manitoba (Classic Reprint) E. Antony Wharton Gill. (ENG., Illus.). (J). 2018. 336p. 30.83 (978-0-365-43571-6(6)); 2016. pap. 13.57 (978-1-334-15885-8(1)) Forgotten Bks.

Love in Me... in You I See! Debbi Mazor. 2016. (ENG., Illus.). (J). pap. 15.95 (978-0-9977115-0-9(7)) Create Loving Kindness.

Love in Old Cloathes: And Other Stories (Classic Reprint) H. C. Bunner. 2018. (ENG., Illus.). 266p. (J). 29.40 (978-0-267-21997-1(0)) Forgotten Bks.

Love in Our Village (Classic Reprint) Orme Agnus. (ENG., Illus.). (J). 2018. 236p. 28.76 (978-0-666-91880-2(5)); 2017. pap. 11.57 (978-0-259-19529-0(4)) Forgotten Bks.

Love in the Backwoods. Langdon Elwyn Mitchell. 2017. (ENG.). 292p. (J). pap. (978-3-337-29765-7(X)) Creation Pubs.

Love in the Backwoods: Two Mormons from Muddlety Alfred's Wife (Classic Reprint) Langdon Elwyn Mitchell. 2018. (ENG., Illus.). 290p. (J). 29.88 (978-0-428-95410-9(3)) Forgotten Bks.

Love in the Library. Maggie Tokuda-Hall. Illus. by Yas Imamura. 2022. (ENG.). 40p. (J). (gr. 1-4). 18.99 (978-1-5362-0430-8(7)) Candlewick Pr.

Love in the the Time of Assumption. Mariah Huehner. ed. 2018. (Stitched Ser.: 2). (J). lib. bdg. 20.85 (978-0-606-40831-8(2)) Turtleback.

Love in the Weaving (Classic Reprint) Edith Hall Orthwein. (ENG., Illus.). (J). 2018. 208p. 28.21 (978-0-483-87295-0(4)); 2016. pap. 10.57 (978-1-334-15547-5(X)) Forgotten Bks.

Love in the Wild Board Book. Katy Tanis. Illus. by Katy Tanis. 2021. (ENG.). 30p. (J). (gr. -1-k). 9.99 (978-0-7353-6800-2(7)) Mudpuppy Pr.

Love in Youth (Classic Reprint) Frank Harris. 2018. (ENG., Illus.). (J). 344p. 31.01 (978-0-366-56136-0(7)); 346p. pap. 13.57 (978-0-366-06720-6(6)) Forgotten Bks.

Love Insurance (Classic Reprint) Earl Derr Biggers. 2018. (ENG., Illus.). 448p. (J). 33.14 (978-0-666-81614-6(X)) Forgotten Bks.

Love Interest. Cale Dietrich. 2018. (ENG.). 384p. (YA). pap. 11.99 (978-1-250-15864-2(8), 900164748) Square Fish.

Love, IRL. Tracy Goldfarb. 2021. (Lorimer Real Love Ser.). (ENG.). 224p. (YA). (gr. 9-12). pap. 8.99 (978-1-4594-1562-1(0), 7613b5da-566b-4f70-a854-c7866663cd56); lib. bdg. 27.99 (978-1-4594-1565-2(5), 8a9e7b3e-5bd8-415f-99ba-ff50370f5b40) James Lorimer & Co. Ltd., Pubs. CAN. Dist: Lerner Publishing Group.

Love Is... Monica Dumont. 2016. (ENG., Illus.). (J). pap. (978-0-9917611-8-0(9)) Dumont, Monica.

Love Is ... Noah James. Illus. by Gabi Murphy. 2021. (Padded Board Bks.). (ENG.). 24p. (J). bds. 9.99 (978-1-80105-113-2(5)) Top That! Publishing PLC GBR. Dist: Independent Pubs. Group.

Love Is, 1 vol. Zondervan. Illus. by Paola Escobar. 2021. (ENG.). 32p. (J). 17.99 (978-0-310-76775-6(X)) Zonderkidz.

Love Is: (Illustrated Story Book about Caring for Others, Book about Love for Parents & Children, Rhyming Picture Book) Diane Adams. Illus. by Claire Keane. 2017. (ENG.). 32p. (J). (gr. -1-k). 15.99 (978-1-4521-3997-5(0)) Chronicle Bks. LLC.

Love Is / el Amor Es (Bilingual) (Bilingüe), 1 vol. Paola Escobar. 2022. (SPA.). 32p. (J). 12.99 (978-0-8297-3988-6(2)) Vida Pubs.

Love Is a Revolution. Renee Watson. (ENG.). 304p. (YA). 2022. pap. 10.99 (978-1-5476-0862-1(5), 900250867); 2021. 18.99 (978-1-5476-0060-1(8), 900196520) Bloomsbury Publishing USA. (Bloomsbury Young Adult).

Love Is a Serious Matter: Translation from Russian. Tatyana Tidy. 2022. (ENG.). 270p. (YA). pap. 20.95 (978-1-63881-897-7(5)) Newman Springs Publishing, Inc.

Love Is a Story. Todd Tarpley. Illus. by Sophie Leu. 2023. 32p. (J). (gr. -1). 18.99 (978-1-4549-4418-8(8), Union Square Pr.) Sterling Publishing Co., Inc.

Love Is a Truck. Amy Novesky. Illus. by Sara Gillingham. 2016. (ENG.). 24p. (J). (gr. -1-1). bds. 13.99 (978-1-937359-86-7(7), 1330001) Abrams, Inc.

Love Is a Tutu. Amy Novesky. Illus. by Sara Gillingham. 2016. (ENG.). 24p. (J). (gr. -1-k). bds. 13.99 (978-1-937359-81-2(6), 1330101, Cameron Kids) Cameron + Co.

Love Is All Around. Danielle McLean. Illus. by Sebastien Braun. 2020. (ENG.). 22p. (J). (-k). bds. 12.99 (978-1-68010-637-4(6)) Tiger Tales.

Love Is All Around - a Wedding Coloring Book. Activity Attic. 2016. (ENG., Illus.). (J). pap. 7.74 (978-1-68323-879-9(6)) Twin Flame Productions.

Love Is Beautiful Because It Has Your Face. Wegahta Afewerki. 2021. (ENG.). 26p. (J). 18.99 (978-0-578-83778-9(1)) Afewerki, Wegahta.

Love Is Blind: A Real Love Story. Candice Thomas. 2023. (ENG.). 26p. (J). (978-1-312-72440-2(4)) Lulu Pr., Inc.

Love Is Everything. Charles Ghigna. Illus. by Jacqueline East. 2021. (ENG.). 32p. (J). (gr. -1-3). 16.99 (978-0-7643-6223-1(2), 24736) Schiffer Publishing, Ltd.

Love Is Here. Mike Malbrough. 2021. (Illus.). 40p. (J). (gr. -1-3). 17.99 (978-0-593-20352-1(6)) Flamingo Bks.

LOVE Is in the AIR: Love Blank Coupon Book Coupons for Husband Wife Girlfriend Boyfriend. Heaven O'Heather. 2021. (ENG.). 56p. (YA). (978-1-6780-5291-1(4)); pap. (978-0-7477-6505-9(7)) ATC Publications Ltd.

Love Is in the Air: Seek & Find Activity Book. Smarter Activity Books. 2016. (ENG., Illus.). (J). pap. 8.99 (978-1-68374-092-6(0)) Examined Solutions PTE. Ltd.

Love Is in the Heart. Taylor "Tulasi" Rae. 2021. (ENG.). 40p. (J). pap. 16.49 (978-1-6628-1383-2(X)) Salem Author Services.

Love Is Kind, 1 vol. Laura Sassi. Illus. by Lison Chaperon. 2019. (ENG.). 28p. (J). bds. 9.99 (978-0-310-75484-8(4)) Zonderkidz.

Love Is Light: Transmute Fear into Love. Angelica Ganea. 2021. (ENG.). 48p. (YA). pap. (978-0-9784940-6-3(7)) Stream Entertainment, Inc.

Love Is Like No Other. Katina Boykin & Brittany Deanes. 2022. (ENG.). 28p. (J). 25.99 (978-1-951300-58-6(0)) Liberation's Publishing.

Love Is Love. Michael Genhart. Illus. by Ken Min. 2018. (ENG.). 32p. (J). (gr. -1-3). 18.99 (978-1-939775-13-9(2), Little Pickle Pr.) Sourcebooks, Inc.

Love Is Love Is Love Is Love. Sourcebooks. 2018. (Illus.). 72p. 9.99 (978-1-4926-6406-2(5)) Sourcebooks, Inc.

Love Is Magic! (Disney Encanto) Random House. Illus. by Disney Storybook Disney Storybook Art Team. 2022. (ENG.). 22p. (J). (— 1). bds. 8.99 (978-0-593-64661-8(4), RH/Disney) Random Hse. Children's Bks.

Love Is Me. Qiana Davis. Illus. by Nina (hh-Pax) Didenko. 2020. (ENG.). 26p. (J). 12.99 (978-1-953237-04-0(5)); pap. 10.99 (978-1-953237-03-3(7)) Kia Harris, LLC (Publishing Co.).

Love Is of the Valley: An Old-Fashioned Story (Classic Reprint) David Lyall. 2018. (ENG., Illus.). 324p. (J). 30.58 (978-0-483-93347-7(3)) Forgotten Bks.

Love Is Powerful. Heather Dean Brewer. Illus. by LeUyen Pham. 2020. (ENG.). 32p. (J). (gr. k-3). 17.99 (978-1-5362-0199-4(5)) Candlewick Pr.

Love Is the Answer. Julienne Maguire. 2017. (ENG., Illus.). (J). (gr. 3-7). 22.95 (978-1-63525-718-2(2)) Christian Faith Publishing.

Love Is the Greatest! Make Believe Ideas. Illus. by Nadine Wickenden. 2021. (ENG.). 26p. (J). (— 1). bds. 8.99 (978-1-78947-377-3(2)) Make Believe Ideas GBR. Dist: Scholastic, Inc.

Love Is the Most Important Thing in the Universe. Christopher Phillip. Illus. by Baldo Lazaro Lopez. 2019. (ENG.). 48p. (J). (gr. k-6). pap. 13.50 (978-1-946539-83-0(X)) Strategic Book Publishing & Rights Agency (SBPRA).

Love Is the Sum, of It All: A Plantation Romance (Classic Reprint) George Cary Eggleston. 2017. (ENG., Illus.). (J). 32.68 (978-1-5284-8066-6(X)) Forgotten Bks.

Love, Ish. Karen Rivers. 2018. (ENG.). 288p. (gr. 4-8). pap. 13.99 (978-1-61620-798-4(1), 73798) Algonquin Young Readers.

Love, Ish. Karen Rivers. ed. 2019. (Penworthy Picks Middle School Ser.). (ENG.). 282p. (J). (gr. 4-5). 19.96 (978-1-64310-951-0(0)) Penworthy Co., LLC, The.

Love, Jacaranda. Alex Flinn. (ENG.). 368p. (YA). (gr. 8). 2021. pap. 10.99 (978-0-06-244788-3(2)); 2020. 18.99 (978-0-06-244786-9(6)) HarperCollins Pubs. (HarperTeen).

Love Jar. P. N. Tankersley. Illus. by P. N. Tankersley. 2021. (ENG.). 42p. (J). 19.95 (978-0-578-81607-4(5)) Free Moment Publishing.

Love, Joanah. Julie Mitchell. 2020. (ENG.). 278p. (YA). pap. 10.99 (978-1-0879-7423-1(2)) Indy Pub.

Love Laughs Last (Classic Reprint) Stephen G. Tallentyre. (ENG., Illus.). (J). 2018. 358p. 31.28 (978-0-365-15424-2(5)); 2017. pap. 13.97 (978-0-259-37363-6(X)) Forgotten Bks.

Love Legend (Classic Reprint) Woodward Boyd. 2018. (ENG., Illus.). 338p. (J). 30.89 (978-0-666-23419-3(1)) Forgotten Bks.

Love Letter. Anika Aldamuy Denise. Illus. by Lucy Ruth Cummins. 2019. (ENG.). 40p. (J). (gr. -1-3). 17.99 (978-0-06-274157-8(8), HarperCollins) HarperCollins Pubs.

Love Letter from God. P. K. Hallinan. Illus. by Laura Watson. 2023. (ENG.). 24p. (J). (gr. -1 — 1). bds. 7.99 (978-1-5460-0502-5(1), Worthy Kids/Ideals) Worthy Publishing.

Love Letters for Joy. Melissa See. 2023. (ENG.). 304p. (YA). (gr. 7). 18.99 (978-1-338-87538-6(8), Scholastic Pr.) Scholastic, Inc.

Love Letters from God; Bible Stories for a Girl's Heart, Updated Edition: Bible Stories. Glenys Nellist. Illus. by Rachel Clowes. rev. ed. 2023. (Love Letters from God Ser.). (ENG.). 32p. (J). 16.99 *(978-0-310-15474-7(X))* Zonderkidz.

Love Letters from God, Updated Edition: Bible Stories. Glenys Nellist. Illus. by Sophie Allsopp. rev. ed. 2023. (Love Letters from God Ser.). (ENG.). 40p. (J). 16.99 *(978-0-310-15472-3(3))* Zonderkidz.

Love Letters in the Wall. Demetra Demi Gregorakis. 2017. (ENG., Illus.). 294p. (J). 17.95 *(978-1-78629-961-1(5),* 662955ce-9ce4-4c58-86c3-ac633b35778f) Austin Macauley Pubs. Ltd. GBR. Dist: Baker & Taylor Publisher Services (BTPS).

Love-Letters of a Worldly Woman (Classic Reprint) W. K. Clifford. 2017. (ENG., Illus.). (J). 29.94 *(978-1-5285-7815-8(5))* Forgotten Bks.

Love Letters of Abelard & Lily. Laura Creedle. (ENG.). 352p. (YA). (gr. 7). 2019. pap. 10.99 *(978-1-328-60366-1(0),* 1732073); 2017. 17.99 *(978-0-544-93205-0(6),* 1658576) HarperCollins Pubs. (Clarion Bks.).

Love Letters of an Actress (Classic Reprint) Elsie Janis. 2018. (ENG., Illus.). 132p. (J). 26.62 *(978-0-267-41116-0(2))* Forgotten Bks.

Love Letters of an Irishwoman (Classic Reprint) Frank C. Voorhies. 2018. (ENG., Illus.). 36p. (J). 24.64 *(978-0-267-22001-4(4))* Forgotten Bks.

Love Letters of Bill to Mable Comprising Dere Mable: Thats Me All over, Mable; Same (Classic Reprint) Edward Streeter. 2017. (ENG., Illus.). (J). 31.14 *(978-0-331-34827-9(6))* Forgotten Bks.

Love-Letters of the King: Or the Life Romantic (Classic Reprint) Richard Le Gallienne. 2018. (ENG., Illus.). 340p. (J). 30.91 *(978-0-483-16246-4(9))* Forgotten Bks.

Love Letters Padded Board Book with Fill-In Bookplate. Clarion Clarion Books. 2020. (ENG., Illus.). 24p. (J). (— 1). bds. 8.99 *(978-0-358-21275-1(8),* 1765784, Clarion Bks.) HarperCollins Pubs.

Love-Letters That Caused a Divorce (Classic Reprint) May Aldington. (ENG., Illus.). (J). 2018. 176p. 27.61 *(978-0-428-95699-8(8))*; 2016. pap. 9.97 *(978-1-334-14549-0(0))* Forgotten Bks.

Love Letters to Jane's World. Paige Braddock. 2018. (ENG., Illus.). 304p. pap. 22.99 *(978-1-5493-0275-6(2),* 674d6a4f-0749-46b0-8c40-bc727ac56626, Lion Forge) Oni Pr., Inc.

Love, Life & the Hereafter. Gerald McFadden. 2021. (ENG.). 158p. (J). *(978-1-6780-6429-7(7))* Lulu Pr., Inc.

Love, Life, & the List. Kasie West. 2018. (ENG.). 400p. (YA). (gr. 8). pap. 10.99 *(978-0-06-274045-8(8))*; 2018. 375p. (J). *(978-0-06-283569-7(6))*; 2017. (ENG.). 384p. (YA). (gr. 8). 17.99 *(978-0-06-267577-4(X))* HarperCollins Pubs. (HarperTeen).

Love Like a Bee. Alana Renee Hess. 2022. (ENG.). 22p. (J). 22.00 *(978-0-578-29621-0(7))* Hess, Alana.

Love Like Louie: An Adventure of a Girl & a Lost Dog. Evi I. Sobb & Danise C. Distasi. 2018. (Love Like Louie Ser.: Vol. 1). (ENG.). 190p. (J). pap. 12.99 *(978-1-7327067-0-5(0))* DiStasi Advisors, LLC.

Love Like This. Skyler Houston. Illus. by Gaurav Bhatnagar. 2021. (ENG.). 20p. (J). pap. 14.99 *(978-1-5178-92382-6(3))* Houston, Skyler.

Love-Locks of Diana (Classic Reprint) Kate Horn. (ENG., Illus.). (J). 2018. 368p. 31.49 *(978-0-332-77590-6(9))*; 2017. pap. 13.97 *(978-0-243-51856-2(0))* Forgotten Bks.

Love Lost: Alethea's Lament Verse 1. Cathryn Leigh. 2019. (Alethea's Lament Ser.: Vol. 1). (ENG.). 192p. (YA). pap. 9.99 *(978-1-950903-11-5(7))* Erendi Publishing.

Love, Love. Victoria Chang. (Illus.). 224p. (J). (gr. 3-7). 2021. (ENG.). pap. 8.99 *(978-1-4549-4410-2(2))*; 2020. 16.95 *(978-1-4549-3832-3(3))* Sterling Publishing Co., Inc.

Love Love & Dragonfly. L. L. Anderson. 2021. (ENG.). 50p. (YA). *(978-0-2288-4988-9(8))*; pap. *(978-0-2288-4989-6(6))* Tellwell Talent.

Love, Lucy. April Lindner. 2016. (ENG.). 304p. (YA). (gr. 10-17). pap. 9.99 *(978-0-316-40068-8(8),* Poppy) Little, Brown Bks. for Young Readers.

Love, Luna. Meghan Q Garcia. Illus. by Luis San Vicente. 2022. (ENG.). 24p. (J). pap. 14.95 *(978-1-63765-233-6(X))* Halo Publishing International.

Love, Lust, & Combustion. Mingo Moran. 2019. (ENG.). 184p. (gr. 7-12). pap. 9.50 *(978-1-64361-918-7(7))* Westwood Bks. Publishing.

Love Made: A Story of God's Overflowing, Creative Heart. Quina Aragon. 2019. (ENG., Illus.). 32p. (J). (gr. -1-2). 17.99 *(978-0-7369-7436-3(9),* 6974363) Harvest Hse. Pubs.

Love Made Manifest (Classic Reprint) Guy Newell Boothby. (ENG., Illus.). (J). 2018. 344p. 30.99 *(978-0-483-42806-5(X))*; 2016. pap. 13.57 *(978-1-334-71325-5(1))* Forgotten Bks.

Love Made Me More. Colleen Rowan Kosinski. Illus. by Sonia Sánchez. 2022. (ENG.). 32p. (J). (gr. -1-3). 17.99 *(978-1-5420-0620-0(1),* 9781542006200, Two Lions) Amazon Publishing.

Love Made to Order, & Other Comedies (Classic Reprint) Francis Gellatly. (ENG., Illus.). (J). 2018. 226p. 28.56 *(978-0-267-41078-1(6))*; 2016. pap. 10.97 *(978-1-334-25847-3(3))* Forgotten Bks.

Love Magnet of Oz. Alan Lindsay. Illus. by Dennis Anfuso. 2022. (ENG.). 256p. (YA). pap. 16.95 *(978-1-57433-050-2(0),* Guild of Limners, The) Interset Pr.

Love Makes a Family. Sophie Beer. 2018. (ENG., Illus.). 26p. (J). (— 1). bds. 11.99 *(978-0-525-55422-6(X),* Dial Bks) Penguin Young Readers Group.

Love Makes a Family: Friends, Family, & Significant Others. Willi Vision. 2019. (LGBTQ Life Ser.). 96p. (J). (gr. 12). lib. bdg. 34.60 *(978-1-4222-4280-3(3))* Mason Crest.

Love Makes the World Go Round: Padded Board Book. IglooBooks. Illus. by Gabrielle Murphy. (ENG.). 24p. (J). (-k). 2022. bds. 9.99 *(978-1-80368-356-0(2))*; 2021. bds. 8.99 *(978-1-83903-602-6(8))* Igloo Bks. GBR. Dist: Simon & Schuster, Inc.

Love, Mama. Jeanette Bradley. Illus. by Jeanette Bradley. 2019. (ENG., Illus.). 28p. (J). bds. 7.99 *(978-1-250-24035-4(2),* 900211506) Roaring Brook Pr.

Love Match. Priyanka Taslim. 2023. (ENG.). 400p. (YA). (gr. 7). 19.99 *(978-1-6659-0110-9(1),* Salaam Reads) Simon & Schuster Bks. For Young Readers.

Love Match: A Novel (Classic Reprint) Sylvanus Cobb. 2018. (ENG., Illus.). 294p. (J). 29.96 *(978-0-483-19586-8(3))* Forgotten Bks.

Love Match (Classic Reprint) Henry Cockton. 2018. (ENG., Illus.). 422p. (J). 32.62 *(978-0-483-93734-5(7))* Forgotten Bks.

Love Me Anyway. J. P. Grider. 2nd ed. 2017. (ENG., Illus.). (YA). (gr. 8-12). 400p. 24.99 *(978-0-9997834-1-2(6))*; 398p. pap. 14.99 *(978-0-9997834-2-9(4))* Fated Hearts Publishing.

Love Me Don't Hurt Me: A Stand for School Safety No Bullying No Violence. Yushonda Midgette. 2021. (ENG.). 36p. (J). 21.99 *(978-1-63837-921-8(1))*; pap. 13.99 *(978-1-63837-922-5(X))* Palmetto Publishing.

Love Me for Me. Shabarbara Best- Everette. Illus. by Vladimir Cebu. 2020. (ENG.). 30p. (J). pap. 10.00 *(978-1-7355012-0-8(4))* Words From The Heart Publishing Co.

Love Me for Who I Am. Andrew Rowe. 2018. (ENG., Illus.). 30p. (J). pap. 12.95 *(978-1-64299-089-8(2))* Christian Faith Publishing.

Love Me Little Love Me Long (Classic Reprint) Charles Reade. 2017. (ENG., Illus.). (J). 32.95 *(978-1-5279-3391-0(1))* Forgotten Bks.

Love Me Little, Love Me Long, Vol. 2 of 2 (Classic Reprint) Charles Reade. 2018. (ENG., Illus.). 366p. (J). 31.47 *(978-0-484-30451-1(8))* Forgotten Bks.

Love Me More Journal. Lpc Lmft O'Rourke. 2022. (ENG.). 100p. (YA). pap. *(978-1-387-84977-2(8))* Lulu Pr., Inc.

Love Me Never. Sara Wolf. 2016. (Lovely Vicious Ser.: 1). (ENG.). 304p. (J). pap. 9.99 *(978-1-63375-229-0(1),* 900154724) Entangled Publishing, LLC.

Love Me Not (the Valentines, Book 3) Holly Smale. 2022. (Valentines Ser.: 3). (ENG.). 528p. (J). 10.99 *(978-0-00-848870-3(3),* HarperCollins Children's Bks.) HarperCollins Pubs. Ltd. GBR. Dist: HarperCollins Pubs.

Love Me or Miss Me: Hot Girl, Bad Boy. Dream Jordan. 2019. (ENG.). 432p. (YA). pap. 19.99 *(978-1-250-30821-4(6),* 900196936, Wednesday Bks.) St. Martin's Pr.

Love Me Please. Chris Bedell. 2022. (ENG.). 198p. (YA). pap. 12.99 *(978-1-950502-65-3(1),* Willow River Pr.) Between the Lines Publishing.

Love Mints. Jeff Gottesfeld. 2022. (Red Rhino Ser.). (ENG.). 72p. (J). (gr. 4-7). pap. 9.95 *(978-1-63889-187-1(7))* Saddleback Educational Publishing, Inc.

Love, Mom. Jalyn Scott & Scott Westman Allison. 2022. (ENG.). 38p. (J). 18.95 *(978-1-63755-289-6(0),* Mascot Kids) Amplify Publishing Group.

Love, Mom & Me: A Mother-Daughter Journal. Katie Clemons. 2019. (ENG.). 144p. (J). (gr. 3-8). pap. 14.99 *(978-1-4926-9358-1(8))* Sourcebooks, Inc.

Love Monster & the Scary Something. Rachel Bright. 2016. (Love Monster Ser.). (ENG., Illus.). 32p. (J). 21.99 *(978-0-374-34691-1(7),* 900149207, Farrar, Straus & Giroux (BYR)) Farrar, Straus & Giroux.

Love My Dad - Ik Hou Van Mijn Vader: English Dutch Bilingual Edition. Shelley Admont & S. a Publishing. 2016. (English Dutch Bilingual Collection). (DUT., Illus.). (J). (gr. k-3). *(978-1-5259-0021-1(8))* Shelley Admont Publishing.

Love My Mom: Romanian English Bilingual Edition. Shelley Admont. 2016. (Romanian English Bilingual Collection). (RUM., Illus.). (J). (gr. k-3). pap. *(978-1-5259-0156-0(7))* Kidkiddos Bks.

Love Never Says Goodbye. Stephanie Slevin. 2021. (ENG.). 32p. (J). 19.99 *(978-1-0880-2830-8(6))* Indy Pub.

Love Ninja: A Children's Book about Love. Mary Nhin. Illus. by Jelena Stupar. 2020. (Ninja Life Hacks Ser.: Vol. 37). (ENG.). 34p. (J). 18.99 *(978-1-63731-038-0(2))* Grow Grit Pr.

Love Notebook with Loving Bears. Cristie Publishing. 2020. (ENG.). 102p. (J). pap. 10.50 *(978-1-716-30205-3(6))* Lulu Pr., Inc.

Love Notes Instructor's Guide: Relationship Skills for Love, Life & Work. Marline E. Pearson. 2016. 520p. (YA). 399.00 *(978-1-940815-06-0(1))* Dibble Institute for Marriage Education, The.

Love Notes Participant's Workbook: Relationship Skills for Love, Life & Work. Marline E. Pearson. 2016. 58p. (YA). 13.00 *(978-1-940815-07-7(X))* Dibble Institute for Marriage Education, The.

Love of a Bright Star. Tammy Self. 2018. (ENG., Illus.). 64p. (J). 26.95 *(978-1-64299-002-7(7))* Christian Faith Publishing.

Love of a Creator: Learning to Be Loved. Joshua Rosa. 2020. (ENG.). 78p. (YA). pap. *(978-1-716-82174-5(6))* Lulu Pr., Inc.

Love of a King. Hannah Woolf. 2023. (ENG.). 32p. (J). 23.95 *(978-1-63874-895-3(0))* Christian Faith Publishing.

Love of a Lifetime (Classic Reprint) Caroline Gardiner Cary Curtis. (ENG., Illus.). (J). 2018. 244p. 28.95 *(978-0-365-50929-5(9))*; 2017. pap. 11.57 *(978-0-259-37192-2(0))* Forgotten Bks.

Love of a Six Year Old: That Changed Her Community. F. Monday. 2020. (ENG.). 32p. (J). 22.99 *(978-1-63221-481-2(4))*; pap. 12.49 *(978-1-63129-233-0(1))* Salem Author Services. (Mill City Press, Inc).

Love of an Unknown Soldier: Found in a Dug Out (Classic Reprint) John Lane. 2018. (ENG., Illus.). 212p. (J). 28.29 *(978-0-365-43985-1(1))* Forgotten Bks.

Love of Break Dancing. Frida Love. 2020. (ENG.). 166p. (YA). pap. 14.95 *(978-1-64350-129-1(1))* Page Publishing Inc.

Love of Brothers (Classic Reprint) Katharine Tynan. 2018. (ENG., Illus.). 288p. (J). 29.86 *(978-0-267-18930-4(3))* Forgotten Bks.

Love of Comrades: A Romance. Frank Mathew. 2017. (ENG., Illus.). (J). pap. *(978-0-649-64002-7(0))* Trieste Publishing Pty Ltd.

Love of Comrades: A Romance (Classic Reprint) Frank Mathew. (ENG., Illus.). (J). 2018. 258p. 29.22 *(978-0-267-17498-0(5))*; 2017. pap. 11.57 *(978-0-243-96271-6(1))* Forgotten Bks.

Love of Her Life see Otra Oportunidad

Love of Landry (Classic Reprint) Paul Laurence Dunbar. 2018. (ENG., Illus.). 208p. (J). 28.19 *(978-0-656-45982-7(4))* Forgotten Bks.

Love of Life: And Other Stories (Classic Reprint) Jack London. 2017. (ENG., Illus.). (J). 29.53 *(978-0-265-83419-0(8))* Forgotten Bks.

Love of Life, & Other Stories. Jack. London. 2017. (ENG., Illus.). (J). pap. *(978-0-649-14667-3(0))* Trieste Publishing Pty Ltd.

Love of Likes. Cheurie Pierre-Russell. 2020. (ENG., Illus.). 98p. (YA). (gr. 8-12). pap. 16.99 *(978-1-0878-5943-9(3))* J3Russell, LLC.

Love of Long Ago: And Other Stories (Classic Reprint) Marie Corelli. 2017. (ENG., Illus.). (J). 30.19 *(978-1-5281-8942-2(6))*; pap. 13.57 *(978-0-243-17308-2(3))* Forgotten Bks.

Love of Loot & Women (Classic Reprint) Edgar Beecher Bronson. (ENG., Illus.). (J). 2018. 304p. 30.19 *(978-0-666-97592-8(2))*; 2016. pap. 13.57 *(978-1-333-37663-5(4))* Forgotten Bks.

Love of Oliver. Gay Haines. Illus. by Trudi Gilliam. 2021. (ENG.). 28p. (J). 25.00 *(978-0-578-91087-1(X))* BookBaby.

Love of One's Neighbor (Classic Reprint) Leonid Andreyev. 2018. (ENG., Illus.). 44p. (J). 24.82 *(978-0-666-48017-0(6))* Forgotten Bks.

Love of Parson Lord: And Other Stories (Classic Reprint) Mary Wilkins Freeman. (ENG., Illus.). (J). 2018. 286p. 29.80 *(978-0-483-99995-4(4))*; 2016. pap. 13.57 *(978-1-334-13902-4(4))* Forgotten Bks.

Love of Red: A Girl's Journey Back to Riding Through the Love & Bond of a Special Horse. Tracey Skinner. 2022. (ENG.). 176p. (YA). *(978-0-2288-7101-9(8))*; pap. *(978-0-2288-7100-2(X))* Tellwell Talent.

Love of Sisters (Classic Reprint) Katharine Tynan. 2017. (ENG., Illus.). (J). 31.36 *(978-0-265-71213-9(0))*; pap. 13.97 *(978-1-5276-6545-3(3))* Forgotten Bks.

Love of the Wild (Classic Reprint) Archie P. McKishnie. 2017. (ENG., Illus.). (J). pap. 13.57 *(978-1-5276-3942-3(8))* Forgotten Bks.

Love on the Fireline. Ashton M. Stevenson. 2021. (ENG.). 282p. (YA). pap. 17.95 *(978-1-63874-071-1(2))* Christian Faith Publishing.

Love One Another! Linda Roller. 2021. (ENG.). 30p. (J). 29.99 *(978-1-6628-0534-9(9))*; pap. 19.99 *(978-1-6628-0533-2(0))* Salem Author Services.

Love One Another. Jessica Solomon. 2023. (ENG.). 42p. (J). pap. 10.99 *(978-1-387-29808-2(9))* Lulu Pr., Inc.

Love or a Name: A Story (Classic Reprint) Julian Hawthorne. 2018. (ENG., Illus.). 308p. (J). 30.25 *(978-0-267-15119-6(5))* Forgotten Bks.

Love Pastiche. Carl Denyer. 2020. (ENG.). 86p. (YA). pap. 10.99 *(978-1-716-50547-8(X))* Lulu Pr., Inc.

Love (Peek-A-Boo Art) Amy Guglielmo & Julie Appel. 2020. (ENG., Illus.). 24p. (J). (gr. -1 — 1). 9.99 *(978-1-338-32497-6(7),* Cartwheel Bks.) Scholastic, Inc.

Love Project. Mj Padgett. 2020. (ENG.). 210p. (YA). pap. 14.99 *(978-1-393-65042-3(2))* Draft2Digital.

Love Pug: a Wish Novel. J. J. Howard. 2019. (ENG.). 272p. (J). (gr. 3-7). pap. 7.99 *(978-1-338-33934-5(6))* Scholastic, Inc.

Love Radio. Ebony LaDelle. 2022. (ENG.). 320p. (YA). (gr. 7). 19.99 *(978-1-6659-0815-3(7),* Simon & Schuster Bks. For Young Readers) Simon & Schuster Bks. For Young Readers.

Love Rules: A Family's True Story of Adoption & Unconditional Love. Andrea Melvin et al. 2022. (ENG., Illus.). 40p. (J). 18.99 *(978-1-250-78056-0(X),* 900236095) Feiwel & Friends.

Love Shall Not Pass (Classic Reprint) Roland Williamson. 2018. (ENG., Illus.). 40p. (J). 24.74 *(978-0-484-05788-2(X))* Forgotten Bks.

Love Sketchbook (Because of Love) A Blank Sketchbook with 100 Pages Suitable for Sketching, Drawing, & Art. This Blank Sketchbook May Make a Loving Gift. James Manning. 2019. (Love Sketchbook Ser.: Vol. 2). (ENG.). 100p. (YA). pap. *(978-1-83884-069-3(9))* Coloring Pages.

Love Snaggs - a Little Dog's Courageous Journey. Melanie Joy Mezzancello. 2017. (ENG., Illus.). (YA). (gr. 7-12). pap. 17.95 *(978-1-61296-925-1(9))* Black Rose Writing.

Love Somebody. Rachel Roasek. 2022. (ENG.). 368p. (YA). 17.99 *(978-0-374-38896-6(2),* 900248177, Farrar, Straus & Giroux (BYR)) Farrar, Straus & Giroux.

Love Somebody. Rachel Roasek. 2023. (ENG.). 368p. (YA). pap. 11.99 *(978-1-250-81278-0(X),* 900248178) Square Fish.

Love Song of Ivy K. Harlowe. Hannah Moskowitz. 2021. (ENG.). 330p. (YA). 17.99 *(978-1-64937-049-5(0),* 900243446) Entangled Publishing, LLC.

Love Songs & Other Lies. Jessica Pennington. 2019. (ENG.). 288p. (YA). pap. 9.99 *(978-0-7653-9229-9(1),* 900173333, Tor Teen) Doherty, Tom Assocs., LLC.

Love Sonnets of a Car Conductor. Wallace Irwin. 2017. (ENG., Illus.). (J). pap. *(978-0-649-16559-9(4))* Trieste Publishing Pty Ltd.

Love Sonnets of a Car Conductor (Classic Reprint) Wallace Irwin. (ENG., Illus.). (J). 2018. 32p. 24.60 *(978-0-332-07960-8(0))*; 2017. 34p. 24.60 *(978-0-332-50137-6(X))*; 2017. pap. 7.97 *(978-0-259-89148-2(7))* Forgotten Bks.

Love Sonnets of a Hoodlum (Classic Reprint) Wallace Irwin. 2017. (ENG., Illus.). (J). 24.62 *(978-0-331-65791-3(0))* Forgotten Bks.

Love Sonnets of an Office Boy (Classic Reprint) Samuel Ellsworth Kiser. 2018. (ENG., Illus.). 50p. (J). 24.93 *(978-0-666-82986-3(1))* Forgotten Bks.

Love, Sophia on the Moon. Anica Mrose Rissi. Illus. by Mika Song. 2020. (ENG.). 32p. (J). (gr. -1-3). 17.99 *(978-1-368-02285-9(5))* Little, Brown Bks. for Young Readers.

Love Stories (Classic Reprint) Mary Roberts Rinehart. 2018. (ENG., Illus.). 356p. (J). 31.24 *(978-0-656-68192-1(6))* Forgotten Bks.

Love Stories of the English Watering-Places, Vol. 1 of 3 (Classic Reprint) English Watering-Places. (ENG., Illus.). (J). 2018. 302p. 30.13 *(978-0-332-86820-2(6))*; 2016. pap. 13.57 *(978-1-333-33922-7(4))* Forgotten Bks.

Love Stories of the English Watering-Places, Vol. 2 of 3 (Classic Reprint) Unknown Author. (ENG., Illus.). (J). 2018. 302p. 30.13 *(978-0-483-63444-2(1))*; 2016. pap. 13.57 *(978-1-334-13596-5(7))* Forgotten Bks.

Love Stories of the English Watering-Places, Vol. 3 of 3 (Classic Reprint) Unknown Author. (ENG., Illus.). (J). 2018. 298p. 30.06 *(978-0-267-31546-8(5))*; 2016. pap. 13.57 *(978-1-333-45436-4(8))* Forgotten Bks.

Love Story. Enrique Muchacho. 2022. (ENG.). (YA). 222p. 26.99 *(978-1-62720-366-1(4))*; 292p. pap. 16.99 *(978-1-62720-367-8(2))* Apprentice Hse.

Love Story of a Maiden of Cathay (Classic Reprint) Florence Rush Nance. 2018. (ENG., Illus.). 96p. (J). 25.90 *(978-0-484-90082-9(X))* Forgotten Bks.

Love Story of Abner Stone (Classic Reprint) Edwin Carlile Litsey. (ENG., Illus.). (J). 2018. 186p. 27.73 *(978-0-483-51688-5(0))*; 2016. pap. 10.57 *(978-1-334-26519-8(4))* Forgotten Bks.

Love-Story of Aliette Brunton. Gilbert Frankau. 2019. (Historic Romances Book Ser.: Vol. 3). (ENG.). 460p. (J). 19.99 *(978-1-5154-4342-1(6))*; pap. 12.99 *(978-1-5154-4343-8(4))* Revell.

Love Story of Aliette Brunton. Gilbert Frankau. 2019. (ENG.). 470p. (J). pap. *(978-93-5392-662-5(9))* Alpha Editions.

Love-Story of Aliette Brunton (Classic Reprint) Gilbert Frankau. 2018. (ENG., Illus.). 496p. (J). 34.15 *(978-0-267-41229-7(0))* Forgotten Bks.

Love Story of Two Bald Eagles. Ann Parris-Stewart. 2017. (ENG., Illus.). (J). pap. 12.50 *(978-1-941632-04-8(1))* Livity Bks. LLC.

Love Story of Two Bald Eagles. Anne Parris-Stewart. 2017. (ENG., Illus.). (J). 16.50 *(978-1-941632-14-7(9))* Livity Bks. LLC.

Love Sugar Magic: A Mixture of Mischief. Anna Meriano. Illus. by Mirelle Ortega. 2021. (Love Sugar Magic Ser.: 3). (ENG.). 304p. (J). (gr. 3-7). pap. 7.99 *(978-0-06-291591-7(6),* Walden Pond Pr.) HarperCollins Pubs.

Love Sugar Magic: a Dash of Trouble. Anna Meriano. Illus. by Mirelle Ortega. (Love Sugar Magic Ser.: 1). (ENG.). (J). (gr. 3-7). 2019. 336p. pap. 7.99 *(978-0-06-249847-2(9))*; 2018. 320p. 16.99 *(978-0-06-249846-5(0))* HarperCollins Pubs. (Walden Pond Pr.).

Love Sugar Magic: a Mixture of Mischief. Anna Meriano. Illus. by Mirelle Ortega. 2020. (Love Sugar Magic Ser.: 3). (ENG.). 304p. (J). (gr. 3-7). 16.99 *(978-0-06-291590-0(8),* Walden Pond Pr.) HarperCollins Pubs.

Love Sugar Magic: a Sprinkle of Spirits. Anna Meriano. Illus. by Mirelle Ortega. (Love Sugar Magic Ser.: 2). (ENG.). (J). (gr. 3-7). 2020. 336p. pap. 9.99 *(978-0-06-249852-6(5))*; 2019. 320p. 16.99 *(978-0-06-249849-6(5))* HarperCollins Pubs. (Walden Pond Pr.).

Love, Sun. Heather Glenn Vines. 2020. (ENG.). 34p. (J). 19.95 *(978-1-950241-15-6(7))* Aviva Publishing.

Love Sweetens Truth; or How Caleb Conquered (Classic Reprint) Religious Tract Society. 2018. (ENG., Illus.). 178p. (J). 27.57 *(978-0-483-53254-0(1))* Forgotten Bks.

Love That I Have. James Moloney. I.t. ed. 2020. (ENG.). 318p. (YA). pap. *(978-1-78782-258-0(3))* Aurora.

Love That Prevailed (Classic Reprint) Frank Frankfort Moore. 2017. (ENG., Illus.). 328p. (J). 30.66 *(978-0-332-85530-1(9))* Forgotten Bks.

Love That Will Last a Lifetime Coloring Book. Kreative Kids. 2016. (ENG., Illus.). (J). pap. 9.20 *(978-1-68377-423-5(X))* Whike, Traudl.

Love the Bully. Shameka Ethridge. 2018. (ENG., Illus.). 20p. (J). pap. 11.95 *(978-1-64424-183-7(8))* Page Publishing Inc.

Love the Criminal (Classic Reprint) John Burland Harris -Burland. 2017. (ENG., Illus.). (J). 30.76 *(978-1-5281-5008-8(2))*; pap. 13.57 *(978-1-5276-7997-9(7))* Forgotten Bks.

Love the Debt, Vol. 2 of 3 (Classic Reprint) Basil Basil. 2018. (ENG., Illus.). 332p. (J). 30.74 *(978-0-484-39681-3(1))* Forgotten Bks.

Love the Earth. Julian Lennon. Illus. by Smiljana Coh. 2020. (Julian Lennon's Children's Adventures Ser.: 3). (ENG.). 40p. (J). (gr. -1-1). bds. 9.99 *(978-1-5107-5189-7(0),* Sky Pony Pr.) Skyhorse Publishing Co., Inc.

Love the Earth: Understanding Climate Change, Speaking up for Solutions, & Living an Earth-Friendly Life. Mel Hammond. 2020. (American Girl(r) Wellbeing Ser.). (ENG.). 88p. (J). pap. 9.99 *(978-1-68337-178-6(X))* American Girl Publishing, Inc.

Love the Earth Mad Libs: World's Greatest Word Game. Corey Powell. 2021. (Mad Libs Ser.). 48p. (J). (gr. 3-7). pap. 5.99 *(978-0-593-22413-7(2),* Mad Libs) Penguin Young Readers Group.

Love, the Fiddler (Classic Reprint) Lloyd Osbourne. (ENG., Illus.). (J). 2018. 336p. 30.85 *(978-0-666-58031-3(6))*; 2017. 29.88 *(978-1-5279-7770-9(6))*; 2017. pap. 13.57 *(978-0-259-19169-8(8))* Forgotten Bks.

Love the Fur You're in (Sesame Street) Random House. 2019. (ENG., Illus.). 112p. (J). (gr. 5-12). 12.99 *(978-1-5247-1585-4(9),* Random Hse. Bks. for Young Readers) Random Hse. Children's Bks.

Love, the Harvester: Being a Story of the Gleaners in the Winter of the Year, & of Those That Went a Hunting in the Days When George the Third Was King. Max Pemberton & Frank Dadd. 2017. (ENG., Illus.). (J). pap. *(978-0-649-64005-8(5))* Trieste Publishing Pty Ltd.

Love, the Harvester: Being a Story of the Gleaners in the Winter, of the Year, & of Those That Went a Hunting in the Days When George the Third Was King (Classic Reprint) Max Pemberton. 2018. (ENG., Illus.). 256p. (J). 29.18 *(978-0-483-70354-4(0))* Forgotten Bks.

Love, the Pony That Could. Jessica Simien Curl. Illus. by Ellie Behrmann. 2022. 22p. (J). (-2). pap. 14.95 *(978-1-6678-5859-3(9))* BookBaby.

Love, the Sovereign (Classic Reprint) George Streiby Cottman. 2018. (ENG., Illus.). 70p. (J). 25.34 *(978-0-428-37391-7(7))* Forgotten Bks.

Love the Stationery in Your Classroom. Rebecca Palliser. 2018. (ENG., Illus.). 18p. (J). pap. *(978-1-912262-84-7(3))* Clink Street Publishing.

1236 The check digit for ISBN-10 appears in parentheses after the full ISBN-13

Love, the Tyrant, or Where Her Heart Led (Classic Reprint) Charles Garvice. 2018. (ENG., Illus.). 356p. (J). 31.24 *(978-0-483-05490-5(9))* Forgotten Bks.

Love the World. todd Parr. (ENG., Illus.). (J). (gr. -1 — 1). 2019. 22p. bds. 7.99 *(978-0-316-45716-3(7))*; 2017. 32p. 17.99 ***(978-0-316-50658-8(3))*** Little, Brown Bks. for Young Readers.

Love the World. todd Parr. Illus. by todd Parr. 2019. (Todd Parr Picture Bks.). (ENG., Illus.). 32p. (J). (gr. -1-2). 31.36 *(978-1-5321-4376-2(1)*, 31826, Picture Bk.) Spotlight.

Love-Thirst of Elaine: A Melodramatic Story (Classic Reprint) Shafto Justin Adair Fitz-Gerald. (ENG., Illus.). (J). 2018. 322p. 30.56 *(978-0-332-50592-3(8))*; 2016. pap. 13.57 *(978-1-334-12594-2(5))* Forgotten Bks.

Love Those Animals. Rose Klopf Tithof. 2021. (ENG.). 30p. (J). pap. 10.00 *(978-0-9891006-5-6(0))* Reading with Rose.

Love Thrives in War: A Romance of the Frontier in 1812 (Classic Reprint) Mary Catherine Crowley. 2018. (ENG., Illus.). 364p. (J). 31.40 *(978-0-365-32960-2(6))* Forgotten Bks.

Love Thy Sister, Guard Thy Man. Kimberlee R. Mendoza. 2016. (Russell Family Ser.). (ENG.). 254p. (J). pap. 12.99 *(978-1-5092-0959-0(X))* Wild Rose Pr., Inc., The.

Love Time in Picardy (Classic Reprint) William Addison Lathrop. (ENG., Illus.). (J). 2018. 352p. 31.16 *(978-0-483-54548-9(1))*; 2016. pap. 13.57 *(978-1-334-14086-0(3))* Forgotten Bks.

Love Times Infinity. Lane Clarke. 2023. (ENG.). 368p. (YA). (gr. 8-17). pap. 11.99 ***(978-0-7595-5669-0(5)***, Poppy) Little, Brown Bks. for Young Readers.

Love, Tink: The Complete Series. Elle Strauss. 2016. (ENG., Illus.). 304p. (J). pap. *(978-1-927547-93-9(8))* Strauss, Elle Bks.

Love, Tink: The Complete Series. Lee Strauss. (ENG.). 350p. 2020. (YA). pap. *(978-1-77409-120-3(8))*; 2016. (J). pap. *(978-1-77409-112-8(7))* Strauss, Elle Bks.

Love to Be Loved. Emma Maiorana. Illus. by Gayle Cobb. 2021. (ENG.). 34p. (J). 21.99 *(978-1-955791-22-9(8))*; pap. 15.99 *(978-1-955791-21-2(X))* Braughler Bks. LLC.

Love to Brush My Teeth (Serbian Language Children's Book) Serbian Book for Kids. Shelley Admont & S. a Publishing. 2017. (Serbian Bedtime Collection). (SRP., Illus.). 36p. (J). (gr. k-3). *(978-1-5259-0610-7(0))*; pap. *(978-1-5259-0609-1(7))* Kidkiddos Bks.

Love to Everyone. Hilary McKay. 2018. (ENG., Illus.). 336p. (J). (gr. 5-9). 17.99 *(978-1-5344-2710-5(4)*, McElderry, Margaret K. Bks.) McElderry, Margaret K. Bks.

Love, Triangle. Marcie Colleen. Illus. by Bob Shea. 2017. (ENG.). 32p. (J). (gr. -1-3). 17.99 *(978-0-06-241084-9(9)*, Balzer & Bray) HarperCollins Pubs.

Love under Fire (Classic Reprint) Randall Parrish. 2018. (ENG., Illus.). 410p. (J). 32.35 *(978-0-483-55479-5(0))* Forgotten Bks.

Love, Violet. Charlotte Sullivan Wild. Illus. by Charlene Chua. 2022. (ENG.). 40p. (J). 18.99 *(978-0-374-31372-2(5)*, 900219799, Farrar, Straus & Giroux (BYR)) Farrar, Straus & Giroux.

Love Was Inside. Andrew Joyner. 2021. (Illus.). 40p. (J). (gr. -1-3). 17.99 *(978-0-593-37518-1(1))*; (ENG., lib. bdg. 20.99 *(978-0-593-37520-4(3))* Random Hse. Children's Bks.

Love Will Find Your Home. Adam Starks. 2020. (ENG.). 34p. (YA). pap. 14.95 *(978-1-64654-814-9(0))* Fulton Bks.

Love with Honour (Classic Reprint) Charles Marriott. 2018. (ENG., Illus.). 364p. (J). 31.40 *(978-0-484-60924-1(6))* Forgotten Bks.

Love Without Bounds: An IntersectionAllies Book about Families. Chelsea Johnson et al. 2023. (Illus.). 48p. (J). 19.95 *(978-1-948340-51-9(8))* Dottir Pr.

Love Works Wonders. Bertha M. Clay. Ed. by Beatriz Liberatti. 2019. (Forgotten Female Voices Ser.). (ENG.). 312p. (J). pap. *(978-1-909362-38-3(7))* Kingston Univ. Pr.

Love Works Wonders: A Novel (Classic Reprint) Bertha M. Clay. 2018. (ENG., Illus.). 338p. (J). 30.87 *(978-0-365-06497-8(1))* Forgotten Bks.

Love You a Bushel & a Peck Coloring Book. Activity Attic Books. 2016. (ENG., Illus.). (J). pap. 7.74 *(978-1-68323-284-1(4))* Twin Flame Productions.

Love You Always. Rachelle Sadler. Illus. by Kimberly Pacheco. 2021. (ENG.). 42p. (J). pap. *(978-1-922550-46-0(9))* Library For All Limited.

Love You Always. Eileen Spinelli. Illus. by Gillian Flint. 2018. (ENG.). 22p. (J). (gr. -1-k). bds. 7.99 *(978-0-8249-1667-1(0))* Worthy Publishing.

Love You Always - Sempre Hadomi Ó. Rachelle Sadler. 2021. (TET.). 42p. (J). pap. *(978-1-922550-75-0(2))* Library For All Limited.

Love You Always: Grandma Wishes & All the Love in the World: Padded Board Book 2 Pack. Julia Lobo & Rose Bunting. Ed. by Cottage Door Press. Illus. by Helen Rowe & Olivia Chin Mueller. 2016. (Love You Always Ser.). (ENG.). 18p. (J). (gr. -1-k). bds., bds., bds. 19.98 *(978-1-68052-249-5(3)*, 9000830) Cottage Door Pr.

Love You Around the Universe & Back. Mya Farial Mahedi & Zahra Mahedi. Illus. by Paul Schultz. 2022. (ENG.). 32p. (J). ***(978-1-0391-0781-6(8))***; pap. ***(978-1-0391-0780-9(X))*** FriesenPress.

Love You by Heart. Peter H. Reynolds. Illus. by Peter H. Reynolds. 2022. (ENG., Illus.). 32p. (J). (gr. -1-k). 9.99 *(978-1-338-78363-6(7)*, Orchard Bks.) Scholastic, Inc.

Love You Forever. Robert Munsch. Illus. by Sheila McGraw. 2018. (ENG.). 32p. (J). (gr. -1-1). bds. 8.95 *(978-0-2281-0104-8(2)*, 93279bc2-9280-4ed0-8e4f-216516529c98) Firefly Bks., Ltd.

Love You Forever Pop-Up Edition. Robert Munsch. Illus. by Sheila McGraw. 2017. (ENG.). 14p. (J). (gr. -1-1). 29.95 *(978-1-77085-965-4(9)*, a9e2dca8-f177-424e-8b80-a3c02dd73a41) Firefly Bks., Ltd.

Love You Head to Toe. Ashley Barron. 2020. (ENG., Illus.). 28p. (J). bds. 9.95 *(978-1-77147-403-0(3))* Owlkids Bks. Inc. CAN. Dist: Publishers Group West (PGW).

Love You Like a Sister. Robin Palmer. 2017. (Mix Ser.). (ENG., Illus.). 256p. (J). (gr. 4-8). pap. 7.99 *(978-1-4814-6642-4(9)*, Aladdin) Simon & Schuster Children's Publishing.

Love You, Little Lady, 1 vol. Brett Young. Illus. by Katy Hudson. 2021. (ENG.). 32p. (J). 17.99 *(978-1-4002-2507-1(8)*, Tommy Nelson) Nelson, Thomas Inc.

Love You, Little Peanut, 1 vol. Annette Bourland. Illus. by Rosalinde Bonnet. 2021. (ENG.). 18p. (J). bds. 8.99 *(978-0-310-76658-2(3))* Zonderkidz.

Love You, Love You, 1 vol. Alison Brown. 2020. (ENG., Illus.). 20p. (J). bds. 9.99 *(978-0-310-76841-8(1))* Zonderkidz.

Love You, Me. Random House Random House Australia. 2016. (ENG., Illus.). 96p. (YA). (gr. 8). 9.99 *(978-0-85798-585-9(X))* Random Hse. Australia AUS. Dist: Independent Pubs. Group.

Love You More. Gary Urda. Illus. by Jennifer A. Bell. (ENG.). (J). 2022. 26p. (— 1). bds. 8.99 *(978-1-4998-1396-8(1))*; 2021. 40p. (gr. -1-3). 7.99 *(978-1-4998-1346-3(5))*; 2018. 40p. (gr. -1-3). 17.99 *(978-1-4998-0652-6(3))* Little Bee Books Inc.

Love You More: Padded Board Book. IglooBooks. (ENG.). 24p. (J). (-k). 2022. bds. 9.99 *(978-1-80368-351-5(1))*; 2020. bds. 8.99 *(978-1-80022-790-3(6))* Igloo Bks. GBR. Dist: Simon & Schuster, Inc.

Love You More Than Anything, 1 vol. Doretta Groenendyk. 2017. (ENG., Illus.). 32p. (J). (gr. -1-k). 19.95 *(978-1-927502-93-8(4)*, 0d131819-71b6-4f62-9a73-ea52f3e706a8) Acorn Pr., The CAN. Dist: Baker & Taylor Publisher Services (BTPS).

Love You, Night Night. Iris M. Williams. 2016. (ENG., Illus.). (J). pap. 10.95 *(978-1-942022-52-7(2))* Butterfly Typeface, The.

Love You S'more. Melinda Lee Rathjen. Illus. by Rob McClurkan. 2022. (ENG.). 20p. (J). (gr. -1 — 1). bds. 7.99 *(978-1-5460-0215-4(4)*, Worthy Kids/Ideals) Worthy Publishing.

Love You to the Moon Coloring Book. Kreativ Entspannen. 2016. (ENG., Illus.). (J). pap. 9.20 *(978-1-68377-424-2(8))* Whlke, Traudl.

Love You to the Moon Coloring Book. Kreative Kids. 2016. (ENG., Illus.). (J). pap. 9.20 *(978-1-68377-332-0(2))* Whlke, Traudl.

Love Your Amazing Self: Joyful Verses for Young Voices. Ofosu Jones-Quartey. Illus. by Ndubisi Okoye. 2022. (ENG.). 72p. (J). (gr. 2-17). 17.99 *(978-1-63586-547-9(6)*, 626547) Storey Publishing, LLC.

Love, Your Friend Jesus: Notes from Jesus for Little Ones. Mikal Keefer. 2023. (ENG.). 16p. (J). bds. 7.99 ***(978-1-4707-7291-8(4))*** Group Publishing, Inc.

Love Your Hair: Coloring Book for Girls with Natural Hair - Self Esteem Book for Black Girls & Brown Girls - African American Children. Phoenyx Austin. 2021. (ENG.). 72p. (J). pap. 12.99 *(978-0-9848630-5-1(2))* Austin, Phoenyx.

Love Your Look: Care & Keeping Advice for Girls. Mary Richards Beaumont. 2021. (American Girl(r) Wellbeing Ser.). (ENG.). 64p. (J). spiral bd. 9.99 *(978-1-68337-179-3(8))* American Girl Publishing, Inc.

Love Your Puppy. Sam T. Scaling. 2021. (ENG., Illus.). 28p. (J). pap. 12.95 *(978-1-68517-107-0(9))* Christian Faith Publishing.

Love Yourself. Sally Chau. Illus. by Julie Chau. 2022. (ENG.). 36p. (J). pap. *(978-1-0391-4245-9(1))* FriesenPress.

Love Yourself. Khari Toure. 2017. (ENG., Illus.). (J). (gr. 1-6). pap. 15.00 *(978-0-692-82465-8(0))* Toure, Khari.

Love Yourself Book: This Book Will Be Helpful to Parents, Therapists, Counsellors, Carers, Teachers & Social Workers Who Are Working with or Looking after Children Struggling with Low Self-Worth or Low Self-Esteem. James Manning & Nicola Ridgeway. 2018. (ENG., Illus.). 74p. (J). pap. *(978-1-78917-383-3(3))* Sketchbook, Sketch Pad, Art Bk., Drawing Paper, and Writing Paper Publishing Co., The.

Love, Z. Jessie Sima. Illus. by Jessie Sima. 2018. (ENG., Illus.). 48p. (J). (gr. -1-3). 17.99 *(978-1-4814-9677-3(8)*, Simon & Schuster Bks. For Young Readers) Simon & Schuster Bks. For Young Readers.

Loveable. Malene Kai. 2022. (ENG.). pap. 10.99 Malene Kai Bell.

Lovebird Lou. Tammi Sauer. Illus. by Stephanie Laberis. 2022. 32p. (J). (gr. -1-3). 16.99 *(978-1-4549-4188-0(X))* Sterling Publishing Co., Inc.

Lovebirds. Gregoire Hodder. Illus. by Jamie Sugg. 2021. (ENG.). 34p. (J). *(978-1-9999477-4-3(6))* Cambridge Children's Bks.

Loveblock (an Abrams Block Book) Christopher Franceschelli. Illus. by Peskimo. 2020. (Abrams Block Book Ser.). (ENG.). 84p. (J). (gr. -1 — 1). bds. 16.99 *(978-1-4197-3153-2(X)*, 1208310) Abrams, Inc.

Loveblood. M.J. O'Shea. 2016. (ENG., Illus.). (J). 27.99 *(978-1-63533-044-1(0)*, Harmony Ink Pr.) Dreamspinner Pr.

Loveboat Reunion. Abigail Hing Wen. (Loveboat Ser.). (ENG.). (YA). (gr. 8). 2023. 464p. pap. 12.99 *(978-0-06-295731-3(7))*; 2022. 448p. 18.99 *(978-0-06-295730-6(9))* HarperCollins Pubs. (HarperTeen).

Loveboat, Taipei. Abigail Hing Wen. (Loveboat Ser.). (ENG.). (YA). (gr. 8). 2021. 448p. pap. 15.99 *(978-0-06-295728-3(7))*; 2020. 432p. 18.99 *(978-0-06-295727-6(9))* HarperCollins Pubs. (HarperTeen).

LoveBugs, Party Shoes Give Layla the Blues. Joanne Grady. Ed. by Naomi C. Rose. Illus. by Adam Turner. 2019. (Lovebugs Ser.: Vol. 2). (ENG.). 34p. (J). 16.95 *(978-0-9990075-3-2(X))* Grady Bunch Bks., LLC.

Loved. P. C. Cast & Kristin Cast. unabr. ed. 2017. (House of Night Other World Ser.: 1). (ENG.). 352p. 18.99 *(978-1-5384-3112-2(2)*, HCahrr) Blackstone Audio, Inc.

Loved: The Lord's Prayer, 1 vol. Sally Lloyd-Jones & Jago. 2018. (Jesus Storybook Bible Ser.). (ENG., Illus.). 20p. (J). bds. 10.99 *(978-0-310-75761-0(4))* Zonderkidz.

Loved & Cherished: 100 Devotions for Girls, 1 vol. Lynn Cowell & Michelle Nietert. 2020. (ENG.). 224p. (J). 16.99 *(978-0-310-76997-2(3))* Zonderkidz.

Loved at Last, Vol. 1 Of 3: A Story (Classic Reprint) Mark Lemon. 2018. (ENG., Illus.). 304p. (J). 30.19 *(978-0-267-16915-3(9))* Forgotten Bks.

Loved at Last, Vol. 2 Of 3: A Story (Classic Reprint) Mark Lemon. 2018. (ENG., Illus.). 300p. (J). 30.10 *(978-0-483-74449-3(2))* Forgotten Bks.

Loved at Last, Vol. 3 Of 3: A Story (Classic Reprint) Mark Lemon. 2018. (ENG., Illus.). 292p. (J). 29.92 *(978-0-483-71371-0(6))* Forgotten Bks.

Loved by Grandma & Grandpa. Jill Addai. 2022. (ENG.). 26p. (J). pap. 8.99 ***(978-1-0879-7150-6(0))*** Indy Pub.

Loved Forever. Mariana Neufeld. Illus. by Monica Ortiz. 2022. (ENG.). 22p. (J). 14.99 *(978-1-0879-4770-9(7))* Primedia eLaunch LLC.

Loved in the Locket of God's Heart: Devotions for Foster Children & Orphans. Teresa Ann Winton. Ed. by Ian Winton. Illus. by Valentina Burimenko. 2020. (ENG.). 144p. (YA). pap. 14.95 *(978-1-7344627-2-2(8))* Teresa Ann Winton.

Loved One with Dementia: Insights & Tips for Teenagers. Jean Rawitt. 2020. (Empowering You Ser.). (Illus.). 150p. (YA). (gr. 8-17). pap. 32.00 *(978-1-5381-3698-0(8))* Rowman & Littlefield Publishers, Inc.

Loved People Love People. Jessica Vander Leahy. 2021. (ENG.). 36p. (J). *(978-1-64969-890-2(9))*; pap. *(978-1-64969-889-6(5))* Tablo Publishing.

Loveday's History: A Tale of Many Changes (Classic Reprint) Lucy Ellen Guernsey. 2018. (ENG., Illus.). 382p. (J). 31.78 *(978-0-483-48788-8(0))* Forgotten Bks.

Love/Hate. L. C. Mawson. 2017. (ENG.). 232p. (YA). pap. 8.99 *(978-1-393-55187-4(4))* Draft2Digital.

Lovel the Widower: The Wolves & the Lamb & Notes of a Journey from Cornhill, to Grand Cairo (Classic Reprint) William Makepeace Thackeray. 2018. (ENG., Illus.). 370p. (J). 31.53 *(978-0-364-01749-4(X))* Forgotten Bks.

Lovel the Widower; the Wolves & the Lamb; Denis Duval: To Which Is Added an Essay on the Writings of W. M. Thackeray by Leslie Stephen (Classic Reprint) William Makepeace Thackeray. 2018. (ENG., Illus.). 386p. (J). 31.88 *(978-0-267-20973-6(8))* Forgotten Bks.

Loveland Stories in Verse (Classic Reprint) Elsie M. MacKay. (ENG., Illus.). (J). 2018. 60p. 25.15 *(978-0-484-29996-1(4))*; 2016. pap. 9.57 *(978-1-334-12043-5(9))* Forgotten Bks.

Loveless. Marissa Howard. 2017. (ENG., Illus.). (YA). (gr. 7-12). 19.99 *(978-0-9985935-2-4(4))* Howard, Marissa.

Loveless. Alice Oseman. 2022. (ENG.). 432p. (J). (gr. 9-9). 18.99 *(978-1-338-75193-2(X)*, Scholastic Pr.) Scholastic, Inc.

Loveless. Alice Oseman. 2022. (SPA.). 464p. (YA). (gr. 9-12). pap. 18.99 *(978-987-747-799-3(8))* V&R Editoras.

Lovelights of Ireland (Classic Reprint) D. L. Kelleher. (ENG., Illus.). (J). 2018. 106p. 26.10 *(978-0-484-58967-3(9))*; 2016. pap. 9.57 *(978-1-333-36184-6(X))* Forgotten Bks.

Loveliness: A Story. Elizabeth Stuart Phelps. 2017. (ENG., Illus.). (J). pap. *(978-0-649-32524-5(9))* Trieste Publishing Pty Ltd.

Loveliness: A Story (Classic Reprint) Elizabeth Stuart Phelps. (ENG., Illus.). (J). 2018. 62p. 25.18 *(978-0-364-58545-0(5))*; 2017. pap. 9.57 *(978-0-243-40688-3(6))* Forgotten Bks.

Loveliness of Ladybugs. Kathy Broderick. Illus. by Gabriele Tafuni. 2022. (Wonderful Words Ser.). (ENG.). 34p. (J). (gr. 1-3). lib. bdg. 29.89 *(978-1-64996-160-0(X)*, 4105, Sequoia Kids Media) Phoenix International Publications, Inc.

Loveliness of Ladybugs. Kathy Sequoia Kids Media. Illus. by Gabriele Tafuni. 2021. (Wonderful Words Ser.). (ENG.). 34p. (J). (gr. 1-3). pap. 9.75 ***(978-1-64996-682-7(2)***, 17083, Sequoia Kids Media) Sequoia Children's Bks.

Lovely. Jess Hong. 2017. (ENG., Illus.). 32p. (J). (gr. -1-2). 17.99 *(978-1-939547-37-8(7)*, 7a3e89e7-b6da-4086-8605-c007eaba4b42) Creston Bks.

Lovely Amelia Travels. Stephany Salazar Nelson. Illus. by Michelle Baron. 2017. (ENG.). (J). (gr. k-6). (Costa Rica Ser.: Vol. 1). pap. 16.99 *(978-0-9990974-1-0(5))*; 38p. 24.99 *(978-0-9990974-0-3(7))* Nelson, Tracy C.

Lovely & the Lost. Jennifer Lynn Barnes. 2019. (ENG.). 336p. (YA). (gr. 7-17). 17.99 *(978-1-4847-7620-9(8))* Hyperion Pr.

Lovely & the Lost. Jennifer Lynn Barnes. 2020. (ENG.). 352p. (YA). (gr. 7-17). pap. 10.99 *(978-1-4847-8241-5(0))* Little, Brown Bks. for Young Readers.

Lovely Beasts: The Surprising Truth. Kate Gardner. Illus. by Heidi Smith. (ENG.). 48p. (J). (gr. -1-3). 2021. pap. 9.99 *(978-0-06-301975-1(2))*; 2018. 17.99 *(978-0-06-274161-5(6))* HarperCollins Pubs. (Balzer & Bray).

Lovely Birds Coloring Book for Teens & Young Adults - Create Your Own Doodle Cover (8x10 Softcover Personalized Coloring Book / Activity Book) Sheba Blake. 2021. (ENG.). 26p. (YA). pap. 14.99 *(978-1-222-31314-7(6))* Indy Pub.

Lovely Birds Coloring Book for Young Adults & Teens (6x9 Coloring Book / Activity Book) Sheba Blake. 2020. (ENG.). 24p. (YA). pap. 9.99 *(978-1-222-28317-4(4))* Indy Pub.

Lovely Birds Coloring Book for Young Adults & Teens (6x9 Hardcover Coloring Book / Activity Book) Sheba Blake. 2021. (ENG.). 24p. (YA). 19.99 *(978-1-222-30124-3(5))* Indy Pub.

Lovely Birds Coloring Book for Young Adults & Teens (8. 5x8. 5 Coloring Book / Activity Book) Sheba Blake. 2020. (ENG., Illus.). 24p. (YA). pap. 12.99 *(978-1-222-28735-6(8))* Indy Pub.

Lovely Birds Coloring Book for Young Adults & Teens (8x10 Coloring Book / Activity Book) Sheba Blake. 2020. (ENG.). 24p. (YA). pap. 14.99 *(978-1-222-28318-1(2))* Indy Pub.

Lovely Birds Coloring Book for Young Adults & Teens (8x10 Hardcover Coloring Book / Activity Book) Sheba Blake. 2021. (ENG.). 24p. (YA). 24.99 *(978-1-222-30125-0(3))* Indy Pub.

Lovely Coloring Book Valentine's Day for Kids: Amazing & Big Coloring Pages for Kids & Toddlers Valentine's Day, One-Sided Printing, A4 Size, Premium Quality Paper, Beautiful Illustrations, Perfect for Boys & Girls. Elli Steele. 2021. (ENG.). 144p. (J). pap. 11.99 *(978-1-716-10371-1(1))* Lulu Pr., Inc.

Lovely Dark. K. A. Last. 2017. (ENG., Illus.). 316p. (YA). pap. *(978-0-6480257-2-6(1))* Last, K. A.

Lovely, Dark, & Deep. Justina Chen. 2018. (ENG.). 352p. (YA). (gr. 7-7). 18.99 *(978-1-338-13406-3(X)*, Levine, Arthur A. Bks.) Scholastic, Inc.

Lovely Day (Picture Book Based on the Song by Bill Withers) Bill Withers & Skip Scarborough. Illus. by Olivia Duchess. 2023. (ENG.). 40p. (J). (gr. -1-3). 18.99 *(978-1-338-81538-2(5))* Scholastic, Inc.

Lovely Dog Coloring Book: Awesome & Adorable Dogs Coloring Book Adults, A4 Size, Premium Quality Paper, Beautiful Illustrations, Perfect for Adults. Elli Steele. 2021. (ENG.). 54p. (YA). pap. 8.99 *(978-1-008-99996-1(2))* Lulu Pr., Inc.

Lovely Ela y el Libro Encantado. Lovely Ela. 2022. (SPA.). 192p. (J). pap. 12.95 *(978-607-07-8451-4(0))* Editorial Planeta, S. A. ESP. Dist: Two Rivers Distribution.

Lovely Feather: A Soothing Coloring Book. Bobo's Children Activity Books. 2016. (ENG., Illus.). (J). pap. 9.33 *(978-1-68327-037-9(1))* Sunshine In My Soul Publishing.

Lovely Forest Creatures: Cute Wild Animals Cartoon Coloring Book. Activity Attic Books. 2016. (ENG., Illus.). (J). pap. 7.74 *(978-1-68323-694-8(7))* Twin Flame Productions.

Lovely Journey. Yingfan Chen. Illus. by Yingfan Chen. 2020. (ENG.). 40p. (J). pap. 7.95 *(978-1-4788-6921-4(6))* Newmark Learning LLC.

LOVELY K-9, a Prison Puppy. Rada Jones. 2021. (ENG.). 186p. (YA). pap. 9.99 ***(978-1-0880-0775-4(9))*** Indy Pub.

Lovely Lady (Classic Reprint) Mary Hunter Austin. 2018. (ENG., Illus.). 282p. (J). 29.73 *(978-0-483-32059-8(5))* Forgotten Bks.

Lovely Lies in the Dark Part1. Lawanda Taylor. Ed. by Lawanda Taylor. 2022. (ENG.). 198p. (YA). pap. 36.54 *(978-1-6780-4358-2(3))* Lulu Pr., Inc.

Lovely Line Adventures: Connect the Dots Activities. Kreative Kids. 2016. (ENG., Illus.). (J). pap. 9.20 *(978-1-68377-078-7(1))* Whlke, Traudl.

Lovely Lines & Crazy Curves Connect the Dots Activities. Smarter Activity Books for Kids. 2016. (ENG., Illus.). (J). pap. 8.99 *(978-1-68374-093-3(9))* Examined Solutions PTE. Ltd.

Lovely Lucy's Christmas Dream, Spanish Translation. Julianne Weinmann & Alena Lomkova. 2020. (SPA.). 33p. (J). *(978-1-716-69942-9(8))* Lulu Pr., Inc.

Lovely Malincourt: A Novel (Classic Reprint) Helen Mathers. (ENG., Illus.). (J). 2018. 310p. 30.29 *(978-0-484-62714-6(7))*; 2017. pap. 13.57 *(978-0-243-56565-8(8))* Forgotten Bks.

Lovely Man. Mar Pavón. Illus. by Joao Vaz de Carvalho. 2019. (ENG.). 36p. (J). (gr. -1-k). 16.95 *(978-84-16566-84-6(4))* Ediciones La Fragatina ESP. Dist: Independent Pubs. Group.

Lovely Mrs. Pemberton (Classic Reprint) Florence Warden. (ENG., Illus.), (J). 2018. 338p. 30.87 *(978-0-332-84089-5(1))*; 2017. pap. 13.57 *(978-0-259-02232-9(2))* Forgotten Bks.

Lovely Reckless. Kami Garcia. 2017. (ENG.). 400p. (YA). pap. 16.99 *(978-1-250-12968-0(0)*, 900176106) Square Fish.

Lovely Scars. Cassandra Jamison. 2017. (ENG., Illus.). (J). pap. *(978-1-77339-318-6(9))* Evernight Publishing.

#Love(ly) Story. Mirelle Hdb. 2016. (FRE., Illus.). (J). pap. *(978-2-9557150-0-0(X))* HDB, Mireille.

Lovely Things: The Blessings of the Seasons. Jolene Stubby. Illus. by Jim Stukey. l.t. ed. 2018. (ENG.). 22p. (J). (gr. k-3). pap. 10.95 *(978-1-61633-916-6(0))* Guardian Angel Publishing, Inc.

Lovely War. Julie Berry. 2019. 400p. (YA). *(978-1-9848-3623-6(4)*, Viking Adult) Penguin Publishing Group.

Lovely War. Julie Berry. 480p. (YA). 2020. (gr. 9). pap. 12.99 *(978-0-14-751297-0(2)*, Penguin Books); 2019. (gr. 7). 18.99 *(978-0-451-46993-9(3)*, Viking Books for Young Readers) Penguin Young Readers Group.

Lovely Word Search for Mum's: In Need of Some Quality Time with Mum? Lovely Word Search for Mum's Is Here to Provide You with 100 Puzzles & 1000 Searching Words. Bulent Kusev. 2022. (ENG.). 120p. (J). pap. ***(978-1-4709-8456-4(3))*** Lulu Pr., Inc.

Lover Fugitives: A Romance (Classic Reprint) John Finnemore. 2017. (ENG., Illus.). (J). 31.16 *(978-0-266-71052-3(2))*; pap. 13.57 *(978-1-5276-6226-1(8))* Forgotten Bks.

Lover or Friend?, Vol. 1 of 3 (Classic Reprint) Rosa Nouchette Carey. 2018. (ENG., Illus.). 332p. (J). 30.74 *(978-0-267-22198-1(3))* Forgotten Bks.

Lover or Friend (Classic Reprint) Rosa Nouchette Carey. 2018. (ENG., Illus.). 486p. (J). 33.94 *(978-0-267-45976-6(9))* Forgotten Bks.

Lover, Written in Imitation of the Tatler (Classic Reprint) Marmaduke Myrtle. (ENG., Illus.). (J). 2018. 392p. 31.98 *(978-0-483-40708-4(9))*; 2016. pap. 16.57 *(978-1-334-15609-0(3))* Forgotten Bks.

Lovers a Romance (Classic Reprint) Eden Phillpotts. 2017. (ENG., Illus.). (J). 32.33 *(978-1-5279-7002-1(7))* Forgotten Bks.

Lover's Creed a Novel, Vol. 1 of 3 (Classic Reprint) Cashel Hoey. 2018. (ENG., Illus.). 312p. (J). 30.35 *(978-0-483-59154-7(8))* Forgotten Bks.

Lover's Creed, Vol. 2 Of 3: A Novel (Classic Reprint) Cashel Hoey. 2018. (ENG., Illus.). 332p. (J). 30.74 *(978-0-267-44794-7(9))* Forgotten Bks.

Lover's Creed, Vol. 3 Of 3: A Novel (Classic Reprint) Cashel Hoey. 2018. (ENG., Illus.). 320p. (J). 30.52 *(978-0-483-46652-4(2))* Forgotten Bks.

Lover's Grave, Vol. 1: Or the Tragedy of Marshend, a Domestic Tale, Founded on Facts (Classic Reprint) R. Rowlatt. 2018. (ENG., Illus.). 324p. (J). 30.58 *(978-0-483-72862-2(4))* Forgotten Bks.

Lover's Grave, Vol. 2: Or the Tragedy of Marshend, a Domestic Tale, Founded on Facts (Classic Reprint) R. Rowlatt. 2018. (ENG., Illus.). 292p. (J). 29.92 *(978-0-332-47062-7(8))* Forgotten Bks.

Lover's Library, Vol. 1: Tales of Sentiment & Passion (Classic Reprint) Unknown Author. (ENG., Illus.). (J). 2018. 244p. 28.93 *(978-0-364-45673-6(6))*; 2017. pap. 11.57 *(978-0-259-53492-1(7))* Forgotten Bks.

Lovers of Louisiana (to-Day) (Classic Reprint) George W. Cable. 2018. (ENG., Illus.). 360p. (J). 31.34 *(978-0-364-73438-4(8))* Forgotten Bks.

Lovers of Sanna: A Novel (Classic Reprint) Mary Stewart Cutting. 2018. (ENG., Illus.). 246p. (J). 28.99 *(978-0-483-09198-6(7))* Forgotten Bks.

Lovers of the Woods (Classic Reprint) William H. Boardman. 2018. (ENG., Illus.). 248p. (J). 29.03 *(978-0-267-14816-5(X))* Forgotten Bks.

Lover's Progress: Told by Himself (Classic Reprint) Unknown Author. (ENG., Illus.). (J). 2018. 506p. 34.33 *(978-0-332-96996-1(7))*; 2016. pap. 16.97 *(978-1-333-70390-5(2))* Forgotten Bks.

Lover's Quarrel, or Marion Marlowe's Deceitful Friend (Classic Reprint) Grace Shirley. 2018. (ENG., Illus.). (J). 38p. 24.68 *(978-1-396-63989-0(6))*; 40p. pap. 7.97 *(978-1-391-90781-9(7))* Forgotten Bks.

Lover's Quarrel, or the County Ball, Vol. 1 of 3 (Classic Reprint) Smythies Smythies. 2018. (ENG., Illus.). 314p. (J). 30.37 *(978-0-483-87565-4(1))* Forgotten Bks.

Lover's Quarrel, Vol. 2 Of 3: Or, the County Ball (Classic Reprint) Unknown Author. 2018. (ENG., Illus.). 310p. (J). 30.29 *(978-0-483-81699-2(X))* Forgotten Bks.

Lover's Revolt (Classic Reprint) John William DeForest. (ENG., Illus.). (J). 2018. 428p. 32.74 *(978-0-483-43399-1(3))*; 2017. pap. 16.57 *(978-0-243-08629-0(6))* Forgotten Bks.

Lovers' Saint Ruth's. Louise Imogen Guiney. 2016. (ENG., Illus.). (J). pap. *(978-3-7433-0289-1(6))* Creation Pubs.

Lovers' Saint Ruth's: And Three Other Tales (Classic Reprint) Louise Imogen Guiney. 2017. (ENG., Illus.). (J). 26.83 *(978-0-266-20251-6(9))* Forgotten Bks.

Lover's Stratagem: Or, the Two Suitors (Classic Reprint) Emilie Flygare Carlen. 2017. (ENG., Illus.). (J). 26.89 *(978-0-260-56371-2(4))* Forgotten Bks.

Lovers Tale (Classic Reprint) Maurice Henry Hewlett. 2017. (ENG., Illus.). (J). 31.07 *(978-1-5280-6669-3(3))* Forgotten Bks.

Love's Bitterest Cup: A Sequel to Her Mother's Secret (Classic Reprint) E. D. E. N. Southworth. (ENG., Illus.). (J). 2018. 316p. 30.41 *(978-0-483-56404-6(4))*; 2017. pap. 13.57 *(978-0-243-20309-3(8))* Forgotten Bks.

Loves' Chase (Classic Reprint) Emile Zola. 2017. (ENG., Illus.). (J). 25.67 *(978-0-260-77755-3(2))* Forgotten Bks.

Love's Cross-Currents: A Year's Letters (Classic Reprint) Algernon Charles Swinburne. 2018. (ENG., Illus.). 230p. (J). 28.66 *(978-0-428-76766-2(4))* Forgotten Bks.

Loves Flowers Hates Weeds. Betty Lou Rogers. 2017. (ENG., Illus.). (J). pap. 12.95 *(978-0-9985225-8-6(9))* Skookum Bks.

Love's Labour Won, Vol. 1 Of 3: A Novel (Classic Reprint) James Grant. 2018. (ENG., Illus.). 268p. (J). 29.40 *(978-0-428-43236-2(0))* Forgotten Bks.

Love's Labour Won, Vol. 2 Of 3: A Novel (Classic Reprint) James Grant. 2018. (ENG., Illus.). 270p. (J). 29.47 *(978-0-484-17691-0(9))* Forgotten Bks.

Love's Labour Won, Vol. 3 Of 3: A Novel (Classic Reprint) James Grant. 2018. (ENG., Illus.). 268p. (J). 29.42 *(978-0-483-49008-6(3))* Forgotten Bks.

Love's Legend (Classic Reprint) H. Fielding-Hall. 2018. (ENG., Illus.). 334p. (J). 30.81 *(978-0-428-29824-1(9))* Forgotten Bks.

Love's Logic: And Other Stories (Classic Reprint) Anthony Hope. 2017. (ENG., Illus.). (J). 330p. 30.72 *(978-0-266-66259-4(5))*; pap. 13.57 *(978-1-5276-3511-1(2))* Forgotten Bks.

Love's Loyalty, Vol. 1 of 2 (Classic Reprint) Cecil Clarke. 2018. (ENG., Illus.). 322p. (J). 30.54 *(978-0-267-24465-2(7))* Forgotten Bks.

Love's Loyalty, Vol. 2 (Classic Reprint) Cecil Clarke. 2018. (ENG., Illus.). 334p. (J). 30.81 *(978-0-483-89346-7(3))* Forgotten Bks.

Love's Martyr (Classic Reprint) Laurence Alma-Tadema. 2017. (ENG., Illus.). (J). 28.81 *(978-0-331-77951-6(X))*; pap. 11.57 *(978-0-259-20892-1(2))* Forgotten Bks.

Love's Meinie: Lectures on Greek & English Birds (Classic Reprint) John Ruskin. 2018. (ENG., Illus.). 78p. (J). 25.51 *(978-0-267-17362-4(8))* Forgotten Bks.

Love's Meinie, and, Proserpina (Classic Reprint) John Ruskin. 2017. (ENG., Illus.). (J). 38.38 *(978-0-260-24144-3(X))* Forgotten Bks.

Love's Meinie, Vol. 1: Lectures on Greek & English Birds, Given Before the University of Oxford (Classic Reprint) John Ruskin. 2018. (ENG., Illus.). 50p. (J). 24.93 *(978-0-267-28127-5(7))* Forgotten Bks.

Loves of a Lawyer, His Quandary, & How It Came Out (Classic Reprint) Andrew Shuman. 2018. (ENG., Illus.). 218p. (J). 28.39 *(978-0-332-82124-5(2))* Forgotten Bks.

Loves of Ambrose (Classic Reprint) Margaret Vandercook. (ENG., Illus.). (J). 2018. 250p. 29.05 *(978-0-484-34771-6(3))*; 2017. pap. 11.57 *(978-1-5276-2966-0(X))* Forgotten Bks.

Loves of Camarpa & Cmalat, an Ancient Indian Tale: Elucidating the Customs & Manners of the Oriental, in a Series of Adventures of Rajab Cmarpa, & His Companions; Translated from the Persian (Classic Reprint) William Franklin. 2018. (ENG., Illus.). 296p. (J). 30.00 *(978-0-656-98743-6(X))* Forgotten Bks.

Loves of Camarupa & Camalata, an Ancient Indian Tale: Elucidating the Customs & Manners of the Oriental, in a Series of Adventures of Rajab Camarupa, & His Companions; Translated from the Persian (Classic Reprint) William Franklin. 2017. (ENG., Illus.). (J). pap. 13.57 *(978-0-282-11953-9(1))* Forgotten Bks.

Loves of Chaereas & Callirrhoe, Vol. 1 Of 2: Written Originally in Greek (Classic Reprint) Chariton of Aphrodisias. 2017. (ENG., Illus.). (J). pap. 11.57 *(978-0-259-36778-9(8))* Forgotten Bks.

Loves of Chreas & Callirrhoe, Vol. 1 Of 2: Written Originally in Greek (Classic Reprint) Chariton of Aphrodisias. 2018. (ENG., Illus.). 242p. (J). 28.91 *(978-0-666-01018-6(8))* Forgotten Bks.

Loves of Pelleas & Etarre (Classic Reprint) Zona Gale. 2017. (ENG., Illus.). (J). 31.14 *(978-1-5281-8140-2(9))* Forgotten Bks.

Love's Old Sweet Song: A Novel (Classic Reprint) Clifton Bingham. 2018. (ENG., Illus.). (J). 304p. 30.17 *(978-1-396-83004-4(9))*; 306p. pap. 13.57 *(978-1-396-82999-4(7))* Forgotten Bks.

Love's Pilgrimage: A Novel (Classic Reprint) Upton Sinclair. 2018. (ENG., Illus.). 674p. (J). 37.82 *(978-0-483-31016-2(6))* Forgotten Bks.

Love's Progress (Classic Reprint) Caroline Howard Gilman. (ENG., Illus.). (J). 2017. 202p. 28.06 *(978-0-484-42934-4(5))*; 2016. pap. 10.57 *(978-1-334-15516-1(X))* Forgotten Bks.

Love's Purple (Classic Reprint) S. Ella Wood Dean. 2017. (ENG., Illus.). (J). 30.97 *(978-1-5285-8549-1(6))* Forgotten Bks.

Love's Shadow (Classic Reprint) Ada Leverson. (ENG., Illus.). (J). 2018. 318p. 30.48 *(978-0-267-36075-8(4))*; 2016. pap. 13.57 *(978-1-334-16983-0(7))* Forgotten Bks.

Love's Trilogy, 1908, Vol. 4: Julie's Diary, Marie, God's Peace (Classic Reprint) Julia Le Gallienne. 2018. (ENG., Illus.). 378p. (J). 31.71 *(978-0-483-59362-6(1))* Forgotten Bks.

Love's Unlikely Alliance: Embracing the Enemy Within. Spiritwalker Shikata. 2023. (ENG.). 192p. (YA). pap. 24.90 ***(978-1-312-44660-1(9))*** Lulu Pr., Inc.

Love's Way in Dixie: Some Short Stories from Cupid's Favorite Field (Classic Reprint) Katharine Hopkins Chapman. (ENG., Illus.). (J). 2018. 146p. 26.91 *(978-0-364-25172-0(7))*; 2017. pap. 9.57 *(978-0-282-11157-1(3))* Forgotten Bks.

Loves Wonders. Gigi Mazaola. 2021. (ENG.). 30p. (J). 20.00 ***(978-0-578-99878-7(5))*** Mazzola, Gigi.

Lovestruck. Kate Watson. 2019. (ENG.). 352p. (YA). (gr. 9-12). pap. 14.99 *(978-1-63583-030-9(3)*, 1635830303, Flux) North Star Editions.

Lovey & Rusty. Cheyenne Balsley. 2022. (ENG.). 34p. (J). pap. 14.95 *(978-1-63860-883-7(0))* Fulton Bks.

Lovey Dovey Ooey Gooey Coloring Book. Kreativ Entspannen. 2016. (ENG., Illus.). (J). pap. 9.20 *(978-1-68377-333-7(0))* Whlke, Traudl.

Lovey Mary (Classic Reprint) Wiggs. 2017. (ENG., Illus.). (J). 29.92 *(978-0-331-88830-0(0))* Forgotten Bks.

Lovey That Came to Life. Karen M. Bobos. Illus. by Emily Hercock. 2021. (ENG.). 26p. (J). 17.99 *(978-1-7374375-8-1(9))*; pap. 12.99 *(978-1-7374375-9-8(7))* Bobos babes, Ltd.

Lovey the Comfort Monkey. Amy Randell. 2020. (ENG.). 34p. (J). pap. *(978-0-2288-2919-5(4))* Tellwell Talent.

Lovice (Classic Reprint) Hungerford. (ENG., Illus.). (J). 2018. 298p. 30.06 *(978-0-656-33357-8(X))*; 2017. pap. 13.57 *(978-0-243-07565-2(0))* Forgotten Bks.

Loving & Serving, Vol. 3 of 3 (Classic Reprint) Holme Lee. 2018. (ENG., Illus.). 304p. (J). 30.19 *(978-0-364-17747-1(0))* Forgotten Bks.

Loving As We Do, & Other Plays (Classic Reprint) Gertrude Robins. 2018. (ENG., Illus.). 98p. (J). 25.92 *(978-0-484-80547-6(9))* Forgotten Bks.

Loving Cup: A Play in One Act (Classic Reprint) Alice Brown. 2018. (ENG., Illus.). 30p. (J). 24.54 *(978-0-666-26646-0(8))* Forgotten Bks.

Loving God. E. B. Angel. 2022. (ENG.). 34p. (J). 23.95 ***(978-1-68517-460-6(4))***; pap. 13.95 ***(978-1-68517-458-3(2))*** Christian Faith Publishing.

Loving God Lavishly. Lauren Burnett. 2018. (ENG., Illus.). 34p. (J). 18.71 *(978-0-9988319-7-8(2)*, Nana Says) Inner Quality Publishing.

Loving Grace. April Smith. 2018. (ENG.). 224p. (YA). pap. 15.99 *(978-1-62020-619-5(6))* Emerald Hse. Group, Inc.

Loving Granna Rose. Dorie Deats. Illus. by Joanna Pasek. 2018. (ENG.). 36p. (J). pap. 12.00 *(978-1-7326064-0-1(4))* Deats, Dorie.

Loving Hands. Tony Johnston. Illus. by Amy June Bates. 2018. (ENG.). 32p. (J). (gr. -1-1). 16.99 *(978-0-7636-7993-4(3))* Candlewick Pr.

Loving in Laughter. Karena Schroeder. 2020. (ENG.). 24p. (J). pap. 12.99 *(978-1-952894-60-2(3))* Pen It Pubns.

Loving Kindness. Deborah Underwood. Illus. by Tim Hopgood. 2021. (ENG.). 40p. (J). 18.99 *(978-1-250-21720-2(2)*, 900206857, Holt, Henry & Co. Bks. For Young Readers) Holt, Henry & Co.

Loving Kindness. Whitney Stewart. Illus. by Rocio Alejandro. ed. (Mindful Tots Ser.). 14p. (J). (gr. -1-k). 2022. (HIN.). bds. 7.99 ***(978-1-64686-646-5(0))***; 2021. (AMH.). bds. 7.99 ***(978-1-64686-535-2(9))***; 2021. (BUR.). bds. 7.99 ***(978-1-64686-534-5(0))***; 2021. (RUS.). bds. 7.99 ***(978-1-64686-537-6(5))***; 2021. (POR.). bds. 7.99 ***(978-1-64686-536-9(7))***; 2021. (KOR.). bds. 7.99 ***(978-1-64686-684-7(3))***; 2021. (PUS.). bds. 7.99 ***(978-1-64686-685-4(1))***; 2021. (FRE.). bds. 7.99 ***(978-1-64686-467-6(0))***; 2021. (HAT.). bds. 7.99 ***(978-1-64686-466-9(2))***; 2021. (CHI.). bds. 7.99 ***(978-1-64686-360-0(7))***; 2021. (ARA.). bds. 7.99 ***(978-1-64686-359-4(3))***; 2021. (KAR.). bds. 7.99 ***(978-1-64686-358-7(5))***; 2021. (HMN.). bds. 7.99 ***(978-1-64686-362-4(3))***; 2021. (VIE.). bds. 7.99 ***(978-1-64686-361-7(5))***; 2019. (SOM.). bds. 7.99 ***(978-1-64686-114-9(0))***; 2019. (SPA.). bds. 7.99 ***(978-1-78285-899-7(7))*** Barefoot Bks., Inc.

Loving Kittens: Coloring Book. Gilmore Publishing & George Creations. 2023. (ENG.). 116p. (J). pap. ***(978-1-312-67694-7(9))*** Lulu Pr., Inc.

Loving Lael. Hope Rosemond. 2022. (ENG., Illus.). 20p. (J). pap. 14.95 ***(978-1-63903-874-9(4))*** Christian Faith Publishing.

Loving Leia. Leslee Mackey. Illus. by Michael Duncan. 2022. (ENG.). 30p. (J). pap. 12.99 *(978-1-63984-121-9(0))* Pen It Pubns.

Loving Me! Ann-Marie Zoe Coore. Illus. by Tajha T. Winkle. 2022. 46p. (J). 32.95 *(978-1-6678-5296-6(5))* BookBaby.

Loving Me Within the Foster Care Walls. Katina Boykin. Illus. by Brittany Deanes. 2022. (ENG.). 28p. (J). 25.99 *(978-1-951300-49-4(1))*; pap. 14.99 *(978-1-951300-60-9(2))* Liberation's Publishing.

Loving Nellie. Encarnación Rodríguez Requena. 2021. (ENG.). 46p. (J). pap. ***(978-1-83934-319-3(2))*** Olympia Publishers.

Loving Saint Sai Baba. Arthi Gokarn. 2019. (ENG., Illus.). 40p. (J). 14.95 *(978-1-64307-422-1(9))* Amplify Publishing Group.

Loving the Image of Me. Ann-Marie Zoë Coore. Illus. by Davia A. Morris. 2022. 48p. (J). 32.95 *(978-1-6678-5374-1(0))* BookBaby.

Loving Unicorns Journal for Girls. Cristie Publishing. 2020. (ENG.). 102p. (J). pap. 11.99 *(978-1-716-29623-9(4))* Lulu Pr., Inc.

Loving V. Virginia. Duchess Harris & Mame Ventura. 2019. (Freedom's Promise Ser.). (ENG., Illus.). 48p. (J). (gr. 4-8). lib. bdg. 35.64 *(978-1-5321-1877-7(5)*, 32623) ABDO Publishing Co.

Loving vs. Virginia: A Documentary Novel of the Landmark Civil Rights Case (Books about Love for Kids, Civil Rights History Book) Patricia Hruby Powell. Illus. by Shadra Strickland. 2017. (ENG.). 260p. (YA). (gr. 7-12). 21.99 *(978-1-4521-2590-9(2))* Chronicle Bks. LLC.

Loving You Just the Way You Are Baby & Toddler Size & Shape. Pfiffikus. 2016. (ENG., Illus.). (J). pap. 10.81 *(978-1-68377-690-1(9))* Whlke, Traudl.

Lovlee & Huggy Save Happy Town! Jayakaran A. P. Mukundan. 2023. (ENG.). 32p. (J). pap. ***(978-1-3984-5737-9(X))*** Austin Macauley Pubs. Ltd.

Low Belly Bunch. Nina Marie Rothfuss. Illus. by Nina Marie Rothfuss. 2016. (ENG., Illus.). (J). (gr. k-2). pap. 9.99 *(978-1-942922-29-2(9))* Wee Creek Pr. LLC.

Low Ceilings (Classic Reprint) W. Douglas Newton. (ENG., Illus.). (J). 2018. 304p. 30.17 *(978-0-484-52264-9(7))*; 2016. pap. 13.57 *(978-1-334-16138-4(0))* Forgotten Bks.

Low Diabetic Scare. Shatyna Lee. 2022. (ENG.). 30p. (J). pap. 10.99 ***(978-1-7372867-2-1(6))*** AGD Publishing Services, LLC.

Low Places in the Road. Mark Stirling. 2018. (ENG., Illus.). 116p. (YA). 22.95 *(978-1-64300-359-7(3))*; pap. 12.95 *(978-1-64300-215-6(5))* Covenant Bks.

Low Places in the Road. Mark Stirling. 2022. (ENG.). 212p. (YA). pap. 9.99 ***(978-1-952754-82-1(8))*** WorkBk. Pr.

Low Power. Michael Rex. Illus. by Michael Rex. 2023. (Your Pal Fred Ser.: 2). (Illus.). 272p. (J). (gr. 2-5). 22.99 ***(978-0-593-20635-5(5))***; pap. 13.99 ***(978-0-593-20638-6(X))*** Penguin Young Readers Group. (Viking Books for Young Readers).

Low Self-Esteem Books: This Book Will Be Helpful to Parents, Therapists, Counsellors, Carers, Teachers & Social Workers Who Are Working with or Looking after Children Struggling with Low Self-Worth or Low Self-Esteem. James Manning & Nicola Ridgeway. 2018. (ENG., Illus.). 74p. (J). pap. *(978-1-78917-385-7(X))* Sketchbook, Sketch Pad, Art Bk., Drawing Paper, and Writing Paper Publishing Co., The.

Low Society (Classic Reprint) Robert Halifax. 2018. (ENG., Illus.). 330p. (J). 30.72 *(978-0-483-89624-6(1))* Forgotten Bks.

Low-Tech Mission. Shannon McClintock Miller & Blake Hoena. Illus. by Alan Brown. 2018. (Adventures in Makerspace Ser.). (ENG.). 32p. (J). (gr. 3-5). 30.65 *(978-1-4965-7744-3(2)*, 138430); pap. 7.95 *(978-1-4965-7748-1(5)*, 139047) Capstone. (Stone Arch Bks.).

Low-Tech Mission. Shannon Miller & B. A. Hoena. 2018. (J). *(978-1-68410-227-3(8))* Cantata Learning.

Lowell Offering: January, 1845 (Classic Reprint) Harriet Farley. (ENG., Illus.). (J). 2018. 290p. 29.88 *(978-0-483-46264-9(0))*; 2017. pap. 13.57 *(978-1-334-92426-2(0))* Forgotten Bks.

Lowell Offering (Classic Reprint) Harriet Farley. 2018. (ENG., Illus.). 296p. (J). 30.02 *(978-0-484-16779-6(0))* Forgotten Bks.

Löwenritter: Yvain (Classic Reprint) Chretien de Troyes. 2018. (GER., Illus.). 372p. (J). 31.59 *(978-0-364-18356-4(X))* Forgotten Bks.

löwenritter (Yvain) (Classic Reprint) Christian von Troyes. 2018. (GER., Illus.). 374p. (J). pap. 13.97 *(978-1-391-16587-5(X))* Forgotten Bks.

Lower Case Letters Age 3-5 Wipe Clean Activity Book: Ideal for Home Learning. Collins Easy Learning. 2017. (Collins Easy Learning Preschool Ser.). (ENG.). 24p. (J). (gr. -1-k). 7.99 *(978-0-00-821292-6(9))* HarperCollins Pubs. Ltd. GBR. Dist: Independent Pubs. Group.

Lower Elementary Student Pack (Nt1) Concordia Publishing House. 2016. (ENG.). 128p. (J). pap. 7.80 *(978-0-7586-5116-7(3))* Concordia Publishing Hse.

Lower Elementary Student Pack (Nt2) Concordia Publishing House. 2016. (ENG.). 128p. (J). pap. 7.80 *(978-0-7586-5306-2(9))* Concordia Publishing Hse.

Lower Elementary Student Pack (Nt3) Concordia Publishing House. 2016. (ENG.). 128p. (J). pap. 7.80 *(978-0-7586-5196-9(1))* Concordia Publishing Hse.

Lower Elementary Student Pack (Nt4) Concordia Publishing House. 2016. (ENG.). 128p. (J). pap. 7.80 *(978-0-7586-5367-3(0))* Concordia Publishing Hse.

Lower Elementary Student Pack (Nt5) Concordia Publishing House. 2016. (ENG.). 128p. (J). pap. 7.80 *(978-0-7586-5423-6(5))* Concordia Publishing Hse.

Lower Elementary Student Pack (Ot1) Concordia Publishing House. 2016. (ENG.). 56p. (J). ring bd. 7.80 *(978-0-7586-5339-0(5))* Concordia Publishing Hse.

Lower Elementary Student Pack (Ot2) Concordia Publishing House. 2016. (ENG.). 128p. (J). pap. 7.80 *(978-0-7586-5085-6(X))* Concordia Publishing Hse.

Lower Elementary Student Pack (Ot3) Concordia Publishing House. 2016. (ENG.). 128p. (J). pap. 7.80 *(978-0-7586-5278-2(X))* Concordia Publishing Hse.

Lower Elementary Student Pack (Ot4) Concordia Publishing House. 2016. (ENG.). 128p. (J). pap. 7.80 *(978-0-7586-5395-6(6))* Concordia Publishing Hse.

Lower Elementary Teacher Guide (Nt1) Concordia Publishing House. 2016. (ENG.). 56p. (J). ring bd. 18.49 *(978-0-7586-5113-6(9))* Concordia Publishing Hse.

Lower Elementary Teacher Guide (Nt2) Concordia Publishing House. 2016. (ENG.). 56p. (J). ring bd. 18.49 *(978-0-7586-5304-8(2))* Concordia Publishing Hse.

Lower Elementary Teacher Guide (Nt3) Concordia Publishing House. 2016. (ENG.). 56p. (J). ring bd. 18.49 *(978-0-7586-5194-5(5))* Concordia Publishing Hse.

Lower Elementary Teacher Guide (Nt4) Concordia Publishing House. 2016. (ENG.). 56p. (J). ring bd. 18.49 *(978-0-7586-5365-9(4))* Concordia Publishing Hse.

Lower Elementary Teacher Guide (Nt5) Concordia Publishing House. 2016. (ENG.). 56p. (J). ring bd. 18.49 *(978-0-7586-5421-2(9))* Concordia Publishing Hse.

Lower Elementary Teacher Guide (Ot1) Concordia Publishing House. 2016. (ENG.). 128p. (J). pap. 13.49 *(978-0-7586-5337-6(9))* Concordia Publishing Hse.

Lower Elementary Teacher Guide (Ot2) Concordia Publishing House. 2016. (ENG.). 56p. (J). ring bd. 18.49 *(978-0-7586-5083-2(3))* Concordia Publishing Hse.

Lower Elementary Teacher Guide (Ot3) Concordia Publishing House. 2016. (ENG.). 56p. (J). ring bd. 18.49 *(978-0-7586-5276-8(3))* Concordia Publishing Hse.

Lower Elementary Teacher Guide (Ot4) Concordia Publishing House. 2016. (ENG.). 56p. (J). ring bd. 18.49 *(978-0-7586-5393-2(X))* Concordia Publishing Hse.

Lower Secondary English As a Second Language Workbook: Stage 8 (Collins Cambridge Lower Secondary English As a Second Language) Anna Osborn. 2018. (ENG.). 96p. (J). pap., wbk. ed. 14.99 *(978-0-00-821546-0(4))* HarperCollins Pubs. Ltd. GBR. Dist: Independent Pubs. Group.

Lower Secondary Science Student's Book: Stage 7 (Collins Cambridge Lower Secondary Science) Mark Levesley et al. 2018. (Collins Cambridge Checkpoint Science Ser.). (ENG.). 240p. (YA). (gr. 7-9). pap., stu. ed. 24.99 *(978-0-00-825465-0(6))* HarperCollins Pubs. Ltd. GBR. Dist: Independent Pubs. Group.

Lower Secondary Science Student's Book: Stage 8 (Collins Cambridge Lower Secondary Science) Beverly Rickwood et al. 2018. (Collins Cambridge Checkpoint Science Ser.). (ENG.). 264p. (YA). (gr. 7-9). pap., stu. ed. 24.99 *(978-0-00-825466-7(4))* HarperCollins Pubs. Ltd. GBR. Dist: Independent Pubs. Group.

Lower Secondary Science Student's Book: Stage 9 (Collins Cambridge Lower Secondary Science) Lucy Hawkins et al. 2018. (Collins Cambridge Checkpoint Science Ser.). (ENG.). 264p. (YA). (gr. 7-9). pap., stu. ed. 24.99 *(978-0-00-825467-4(2))* HarperCollins Pubs. Ltd. GBR. Dist: Independent Pubs. Group.

Lower Umpqua Texts & Notes on the Kusan Dialects (Classic Reprint) Leo J. Frachtenberg. 2017. (ENG., Illus.). (J). 27.34 *(978-0-331-10421-9(0))* Forgotten Bks.

Lowercase Alphabet. Barbara Gregorich et al. rev. ed. 2017. (ENG., Illus.). 64p. (J). (gr. -1-k). pap., wbk. ed. 4.49 *(978-1-58947-345-4(0)*, 096764a4-0124-448b-98f9-2f6a20a6fc64) School Zone Publishing Co.

Lowest Places on the Planet. Karen Soll. 2016. (Extreme Earth Ser.). (ENG., Illus.). 24p. (J). (gr. -1-2). lib. bdg. 27.32 *(978-1-4914-8343-5(1)*, 130813, Capstone Pr.) Capstone.

Lowest Rung: Together with the Hand on the Latch, St. Luke's Summer & the Understudy (Classic Reprint) Mary Cholmondeley. 2018. (ENG., Illus.). 182p. (J). 27.65 *(978-0-483-69207-7(7))* Forgotten Bks.

Lowriders. Thomas K. Adamson. 2018. (Full Throttle Ser.). (ENG., Illus.). 24p. (J). (gr. 3-7). lib. bdg. 26.95 *(978-1-62617-873-1(9)*, Epic Bks.) Bellwether Media.

Lowriders. Deanna Caswell. 2017. (Gearhead Garage Ser.). (ENG., Illus.). 32p. (J). (gr. 4-6). lib. bdg. *(978-1-68072-032-7(5)*, 10450, Bolt) Black Rabbit Bks.

Lowriders. Deanna Caswell. 2017. (Passion Mécanique Ser.). (FRE.). 32p. (J). (gr. 4-6). *(978-1-77092-416-1(7)*, 10610, Bolt) Black Rabbit Bks.

Lowriders. Matt Doeden. 2018. (Horsepower Ser.). (ENG., Illus.). 32p. (J). (gr. 3-9). pap. 7.95 *(978-1-5435-2476-5(1)*, 137984); lib. bdg. 27.32 *(978-1-5435-2468-0(0)*, 137976) Capstone. (Capstone Pr.).

Lowriders. Martha London. 2019. (Start Your Engines! Ser.). (ENG., Illus.). 32p. (J). (gr. 3-3). pap. 9.95 *(978-1-64494-216-1(X)*, 164494216X) Bigfoot Bks. GBR. Dist: North Star Editions.

Lowriders Blast from the Past. Cathy Camper. Illus. by Raul the Third. 2018. (Lowriders Ser.: 3). (ENG.). 128p. (J). (gr. 3-7). pap. 9.99 *(978-1-4521-6316-1(2))* Chronicle Bks. LLC.

Lowriders to the Center of the Earth, Bk. 2. Cathy Camper. Illus. by Raul the Third. 2016. (Lowriders Ser.). (ENG.). 128p. (J). (gr. 3-7). pap. 9.99 *(978-1-4521-3836-7(2))* Chronicle Bks. LLC.

Loyal Hearts & True: A Tale of the Days of Queen Elizabeth (Classic Reprint) E. Everett-Green. 2018. (ENG., Illus.). 608p. (J). 36.44 *(978-0-483-24959-2(9))* Forgotten Bks.

Loyal Hearts & True (Classic Reprint) Ruth Ogden. 2018. (ENG., Illus.). 380p. (J). 31.73 *(978-0-484-69723-1(4))* Forgotten Bks.

Loyal Lass: A Story of the Niagara Campaign of 1814 (Classic Reprint) Amy E. Blanchard. 2018. (ENG., Illus.). 332p. (J). 30.76 *(978-0-332-96106-4(0))* Forgotten Bks.

Loyal Little Maid (Classic Reprint) Edith Robinson. 2018. (ENG., Illus.). 102p. (J). 26.00 *(978-0-267-46298-8(0))* Forgotten Bks.

Loyal Little Red-Coat: A Story of Child-Life in New York a Hundred Years Ago. Ruth Ogden. 2017. (ENG., Illus.). (J). pap. *(978-0-649-18004-2(6))* Trieste Publishing Pty Ltd.

Loyal Little Red-Coat: A Story of Child-Life in New York a Hundred Years Ago (Classic Reprint) Ruth Ogden. 2017. (ENG., Illus.). (J). 28.45 *(978-0-331-32763-2(5))* Forgotten Bks.

Loyal Luke (Classic Reprint) Chas J. Fame. 2018. (ENG., Illus.). 34p. (J). 24.62 *(978-0-332-19499-8(X))* Forgotten Bks.

Loyal Mountaineers (Classic Reprint) J. N. Culver. 2017. (ENG., Illus.). (J). 24.85 *(978-0-266-69850-0(6))* Forgotten Bks.

Loyal Ronins: An Historical Romance, Translated from the Japanese of Tamenga Shunsui (Classic Reprint) Edward Greey. 2018. (ENG., Illus.). 362p. (J). 31.36 *(978-0-484-64273-6(1))* Forgotten Bks.

Loyal Ronins, an Historical Romance, Translated from the Japanese (Classic Reprint) Shiuichiro Saito. 2017. (ENG., Illus.). (J). 31.47 *(978-0-266-40917-5(2))* Forgotten Bks.

Loyal Spectre, or the True Hearts of Atlanta (Classic Reprint) Edward Willett. (ENG., Illus.). (J). 2018. 84p. 25.63 *(978-0-267-35514-3(9))*; 2016. pap. 9.57 *(978-1-334-17198-7(X))* Forgotten Bks.

Loyalists & the Patriots: The Revolutionary War Factions - History Picture Books Children's History Books. Baby

Professor. 2017. (ENG., Illus.). (J). pap. 8.79 *(978-1-5419-1109-3(1)*, Baby Professor (Education Kids)) Speedy Publishing LLC.

Loyalist's Daughter, a Novel, or Tale of the Revolution, Vol. 1 of 4 (Classic Reprint) Unknown Author. (ENG., Illus.). (J). 2018. 368p. 31.49 *(978-0-428-96873-1(2))*; 2016. pap. 13.97 *(978-1-334-19057-5(7))* Forgotten Bks.

Loyalist's Daughter, or Tale of the Revolution, Vol. 3 of 4 (Classic Reprint) Royalist Royalist. 2018. (ENG., Illus.). 296p. (J). 30.00 *(978-0-483-89238-5(6))* Forgotten Bks.

Loyalist's Daughter, Vol. 2 Of 4: A Novel or Tale of the Revolution (Classic Reprint) A. Royalist. 2018. (ENG., Illus.). 324p. (J). 30.60 *(978-0-484-03292-6(5))* Forgotten Bks.

Loyalty. Cynthia Amoroso. 2022. (Learning Core Values Ser.). (ENG.). 24p. (J). (gr. -1-2). lib. bdg. 32.79 *(978-1-5038-5850-3(2)*, 215716, Wonder Books(r)) Child's World, Inc, The.

Loyalty. Avi. 2022. (ENG., Illus.). 352p. (J). (gr. 3-7). 16.99 *(978-0-358-24807-1(8)*, 1768499, Clarion Bks.) HarperCollins Pubs.

Loyalty. Avi. 2023. (ENG.). 352p. (J). (gr. 3-7). pap. 9.99 ***(978-0-358-67253-1(8)***, Clarion Bks.) HarperCollins Pubs.

Loyalty: And Other Poems (Classic Reprint) Melvin E. Crandall. 2018. (ENG., Illus.). 36p. (J). 24.64 *(978-0-428-98250-8(6))* Forgotten Bks.

Loyalty George (Classic Reprint) Parr. 2018. (ENG., Illus.). 478p. (J). 33.76 *(978-0-483-10874-5(X))* Forgotten Bks.

Loyola Kids Book of Bible Stories: 60 Scripture Stories Every Catholic Child Should Know. Amy Welborn. 2017. (ENG., Illus.). 200p. (J). (gr. 2-8). 19.95 *(978-0-8294-4539-8(0))* Loyola Pr.

Loyola Kids Book of Catholic Signs & Symbols: An Illustrated Guide to Their History & Meaning. Amy Welborn. 2018. (ENG., Illus.). 192p. (J). 19.95 *(978-0-8294-4651-7(6))* Loyola Pr.

Loyola Kids Book of Seasons, Feasts, & Celebrations. Amy Welborn. 2023. (ENG.). 160p. (J). (gr. 3-7). 21.99 ***(978-0-8294-5487-1(X))*** Loyola Pr.

LSU Tigers. Robert Cooper. 2020. (Inside College Football Ser.). (ENG.). 48p. (J). (gr. 4-4). pap. 11.95 *(978-1-64494-467-7(7))*; (Illus.). lib. bdg. 34.21 *(978-1-5321-9243-2(6)*, 35097) ABDO Publishing Co. (SportsZone).

LSU Tigers. K. C. Kelley. 2021. (College Football Teams Ser.). (ENG.). 24p. (J). (gr. 3-6). lib. bdg. 32.79 *(978-1-5038-5033-0(1)*, 214881) Child's World, Inc, The.

Ltimo Mago. Lisa Maxwell. 2018. (SPA.). 696p. (YA). (gr. 9-12). pap. 22.99 *(978-987-747-356-8(9))* V&R Editoras.

Lu, 4. Jason Reynolds. ed. 2020. (Penworthy Picks YA Fiction Ser.). (ENG.). 218p. (J). (gr. 6-8). 18.49 *(978-1-64697-204-3(X))* Penworthy Co., LLC, The.

Lu. Jason Reynolds. (Track Ser.: 4). (ENG.). (J). (gr. 5). 2019. 240p. pap. 7.99 *(978-1-4814-5025-6(5)*, Atheneum Bks. for Young Readers); 2018. (Illus.). 224p. 16.99 *(978-1-4814-5024-9(7)*, Atheneum/Caitlyn Dlouhy Books) Simon & Schuster Children's Publishing.

Lu of the Ranges (Classic Reprint) Elinor Mordaunt. 2018. (ENG., Illus.). 374p. (J). 31.63 *(978-0-483-32409-1(4))* Forgotten Bks.

Lua the Llama & the Mountain of Joy. Alison a Birks. Illus. by Linda Weston. 2017. (ENG.). 28p. (J). (gr. k-6). pap. 12.95 *(978-0-9997208-0-6(5))* Birks, Alison.

Lub Kho Neeg Lub Siab Miv: Hmong Edition of the Healer Cat. Tuula Pere. Tr. by Thainas Eldorka. Illus. by Klaudia Bezak. 2019. (SIT.). 40p. (J). (gr. k-4). *(978-952-357-172-3(9))*; pap. *(978-952-357-173-0(7))* Wickwick oy.

Lubaya's Quiet Roar. Marilyn Nelson. Illus. by Philemona Williamson. 2020. 32p. (J). (gr. k-3). 17.99 *(978-0-525-55555-1(2)*, Dial Bks) Penguin Young Readers Group.

Lubna & Pebble. Wendy Meddour. Illus. by Daniel Egnéus. 2019. (ENG.). 32p. (J). (gr. -1-3). 17.99 *(978-0-525-55416-5(5)*, Dial Bks) Penguin Young Readers Group.

Luc Vizite Jakmèl. Justine A P Louis. Illus. by Rodney Sanon. l.t. ed. 2020. (HAT.). 44p. (J). 21.99 *(978-1-7357147-1-4(2))* VivLiv Bks.

Luca & Lucky. Stephanie Gaston. 2022. (Luca & Lucky Adventures Ser.). (ENG.). 24p. (J). (gr. 2-4). pap. 8.95 *(978-1-63897-619-6(8)*, 20563); lib. bdg. 27.93 *(978-1-63897-504-5(3)*, 20562) Seahorse Publishing.

Luca & the Coastal Wattle. Leanne Murner. 2021. (ENG.). 30p. (J). ***(978-0-6452689-1-1(7))*** Karen Mc Dermott.

Luca & the Unwanted Cats of Rome. Scott Olin. 2021. (ENG., Illus.). 30p. (J). pap. 10.95 *(978-1-63710-626-6(2))* Fulton Bks.

Luca Got What for Christmas. Michael Verrett. 2019. (ENG., Illus.). 34p. (J). pap. 15.95 *(978-0-359-29239-4(9))* Lulu Pr., Inc.

Luca Sarto: A Novel; a History of His Perilous Journey into France in the Year Fourteen Hundred & Seventy-One (Classic Reprint) Charles S. Brooks. 2018. (ENG., Illus.). 374p. (J). 31.61 *(978-0-484-85273-9(6))* Forgotten Bks.

Luca: Silenzio, Bruno!: When in Doubt, Shout It Out! Meredith Rusu. ed. 2021. (ENG., Illus.). 40p. (J). (gr. -1-k). 16.99 *(978-1-368-06707-2(7)*, Disney Press Books) Disney Publishing Worldwide.

Luca (the College Collection Set 1 - for Reluctant Readers), 6, 4. Georgina Jonas. 2016. (College Collection). (ENG., Illus.). 64p. (YA). pap. 4.95 *(978-1-78583-103-4(8))* Crown Hse. Publishing LLC.

Luca the Wonder Dog. Karen Schulz. 2017. (ENG., Illus.). (J). pap. 17.45 *(978-1-5043-1134-2(5)*, Balboa Pr.) Author Solutions, LLC.

Luca und Die Reise Am Tag Auerhalb der Zeit. Oliver Erhardt. 2017. (GER., Illus.). (J). *(978-3-7439-7001-4(5))* tredition Verlag.

Lucas a Mal À L'Oreille: Otites. Nicole Audet. Illus. by Mylene Villeuve. 2018. (FRE.). 30p. (J). pap. *(978-1-989041-20-8(5))* Dr. Nicole Publishing.

Luca's Adventures in Florence: Leveled Reader Emerald Level 26. Rg Rg. 2019. (PM Ser.). (ENG.). 32p. (J). (gr. 3-4). pap. 11.00 *(978-0-544-89282-8(8))* Rigby Education.

Lucas' Annual (Classic Reprint) E. V. Lucas. 2018. (ENG., Illus.). 214p. (J). 28.33 *(978-0-428-88878-7(X))* Forgotten Bks.

Lucas at the Paralympics. Igor Plohl. Illus. by Urska Stropnik Sonc. 32p. (J). (gr. -1-3). 2023. pap. 8.99 *(978-0-8234-5335-1(9))*; 2021. 17.99 *(978-0-8234-4765-7(0))* Holiday Hse., Inc.

Lucas Has an Earache: Otitis. Nicole Audet. Illus. by Mylène Villeneuve. 2017. (ENG.). 26p. (J). pap. 9.99 *(978-1-989041-02-4(7))* Nicole Publishing.

Lucas I Love You All Ways. Marianne Richmond. Illus. by Dubravka Kolanovic. 2023. (I Love You All Ways Ser.). (ENG.). 32p. (J). (gr. -1-3). 8.99 ***(978-1-7282-7392-1(7))*** Sourcebooks, Inc.

Lucas Lightfoot & the Fire Crystal. Hugo Haselhuhn & Luke Cowdell. 2016. (ENG., Illus.). 180p. (J). pap. 12.95 *(978-1-63047-783-7(4))* Morgan James Publishing.

Lucas Makes a Comeback. Igor Plohl. Illus. by Urska Stropnik Sonc. 32p. (J). (gr. -1-3). 2023. pap. 8.99 *(978-0-8234-5336-8(7))*; 2021. 17.99 *(978-0-8234-4766-4(9))* Holiday Hse., Inc.

Lucas Meets Liam: Personalize Edition. Jessica Brook Adams. 2022. (ENG.). 46p. (J). 20.49 ***(978-1-0879-8364-6(9))*** Indy Pub.

Lucas Meteoro: E a Princesa das Estrelas. Cambraia Fonseca Fernandes. 2020. 24p. (J). 22.00 *(978-1-0983-2930-3(9))* BookBaby.

Lucas on the North Pole Express. J. D. Green. Illus. by Joanne Partis. 2022. (North Pole Express Bears Ser.). (ENG.). 32p. (J). (gr. -1-3). 7.99 ***(978-1-7282-6957-3(1))*** Sourcebooks, Inc.

Lucas on the North Pole Express. J. D. Green. 2019. (North Pole Express Ser.). (ENG.). 32p. (J). (gr. -1-3). 7.99 ***(978-1-7282-0363-8(5))*** Sourcebooks, Inc.

Lucas Santa's Secret Elf. Put Me In The Story & Katherine Sully. Illus. by Julia Seal. 2018. (Santa's Secret Elf Ser.). (ENG.). 32p. (J). (gr. k-3). 5.99 *(978-1-4926-8161-8(X))* Sourcebooks, Inc.

Lucas, Service Dog. Stephanie Webb. Illus. by Stephanie Webb. 2021. (ENG.). 42p. (J). pap. 9.99 *(978-1-0880-0444-9(X))* From My Shelf Bks. & Gifts.

Lucas Tames the Anger Dragon; Feeling Anger & Learning Delight. Sophia Day & Megan Johnson. Illus. by Stephanie Strouse. 2019. (Help Me Understand Ser.: 1). (ENG.). 72p. (J). pap. 9.99 *(978-1-64370-758-7(2)*, 0467cc99-c8c3-4c8d-b9cf-02e8bea8b743) MVP Kids Media.

Lucas the Lamb. Duane Whitely. 2021. (ENG., Illus.). 36p. (J). 25.95 *(978-1-63903-553-3(2))*; pap. 14.95 *(978-1-0980-7666-5(4))* Christian Faith Publishing.

Lucas the Spy Cat: A Children's Mystery Adventure with Creativity & Imagination Boosting Activities. Samantha Shannon. Illus. by Leí Yang. 2022. (ENG.). 46p. (J). 22.50 ***(978-1-7347447-7-4(4))*** Rawlings Bks., LLC.

Lucas the Star's Journey. Simone Christina. Illus. by Suzanne Adam. 2020. (ENG.). 32p. (J). pap. *(978-1-83975-371-8(4))* Grosvenor Hse. Publishing Ltd.

Lucas 'Twas the Night Before Christmas. Illus. by Lisa Alderson. 2019. (Night Before Christmas Ser.). (ENG.). 32p. (J). (gr. -1-3). 7.99 ***(978-1-7282-0256-3(6))*** Sourcebooks, Inc.

Lucas Warbuck: Darkotika. Ariel Roma. 2016. (Lucas Warbuck Ser.: Vol. 2). (ENG., Illus.). (YA). (gr. 7-11). pap. *(978-0-9879358-6-1(0))* Moody Mountain Publishing.

Lucas y Lucas. Pilar Mateos. 2018. (SPA.). 80p. (J). (gr. 5-7). pap. 14.99 *(978-84-9845-045-3(4))* Algar Editorial, Feditres, S.L. ESP. Dist: Lectorum Pubns., Inc.

Lucas's Christmas Wish. Put Me In The Story & J. D. Green. Illus. by Julia Seal. 2018. (Christmas Wish Ser.). (ENG.). 32p. (J). (gr. k-3). 6.99 ***(978-1-4926-8346-9(9))*** Sourcebooks, Inc.

Lucent Library of Black History: Set 2, 12 vols. annot. ed. 2017. (Lucent Library of Black History Ser.). (ENG.). 104p. (YA). (gr. 7-7). lib. bdg. 246.18 *(978-1-5345-6256-1(7)*, 06819c08-3975-4ce6-88e8-28b8a9c9e2c7) Greenhaven Publishing LLC.

Lucent Library of Black History: Set 3, 10 vols. annot. ed. 2019. (Lucent Library of Black History Ser.). (ENG.). 104p. (YA). (gr. 7-7). lib. bdg. 205.15 *(978-1-5345-6859-4(X)*, f09b970e-d89b-47c3-9312-532df1bbc2c9, Lucent Pr.) Greenhaven Publishing LLC.

Lucent Library of Black History: Sets 1 - 2, 24 vols. 2017. (Lucent Library of Black History Ser.). (ENG.). (YA). (gr. 7-7). lib. bdg. 492.36 *(978-1-5345-6314-8(8)*, c29ffc75-7f8f-4766-9e83-63cf3a700944, Lucent Pr.) Greenhaven Publishing LLC.

Lucent Library of Black History: Sets 1 - 3, 34 vols. 2019. (Lucent Library of Black History Ser.). (ENG.). (YA). (gr. 7-7). lib. bdg. 697.51 *(978-1-5345-6860-0(3)*, b3d63441-61f4-4a40-aed7-7cc6b4b0cb32, Lucent Pr.) Greenhaven Publishing LLC.

Lucent Library of Black History (Spring 2020 Bundle) 2019. (Lucent Library of Black History Ser.). (ENG.). (YA). pap. 230.89 *(978-1-5345-6893-8(X)*, Lucent Pr.) Greenhaven Publishing LLC.

Lucero. Yuyi Morales. 2021. (Illus.). 40p. (J). (gr. -1-3). 18.99 *(978-0-8234-4784-8(7)*, Neal Porter Bks) Holiday Hse., Inc.

Lucero. Marco Paschetta. 2021. (SPA.). 64p. (J). (gr. 2-4). 17.95 *(978-84-16817-79-5(0))* Thule Ediciones, S. L. ESP. Dist: Independent Pubs. Group.

Luces en el Firmamento (Sky Lights) (Set), 6 vols. Grace Hansen. 2021. (Luces en el Firmamento (Sky Lights) Ser.). (SPA.). 24p. (J). (gr. -1-2). lib. bdg. 196.74 *(978-1-0982-0444-0(1)*, 35378, Abdo Kids) ABDO Publishing Co.

Lucha Libre. Thomas Kingsley Troupe. 2022. (Los Mejores Deportes de la Escuela Secundaria (Top High School Sports) Ser.). (SPA.). 32p. (J). (gr. 3-9). pap. *(978-1-0396-5017-6(1)*, 20538); lib. bdg. *(978-1-0396-4890-6(8)*, 20537) Crabtree Publishing Co. (Crabtree Branches).

Lucha Libre: Anatomy / Anatomía: Anatomy - Anatomia, 1 vol. Patty Rodriguez & Ariana Stein. Illus. by Citlali Reyes. 2018. (ENG.). 22p. (J). bds. 9.99 *(978-0-9861099-1-1(6))* Little Libros, LLC.

Lucha of the Night Forest. Tehlor Kay Mejia. 2023. (Illus.). 368p. (YA). (gr. 7). 18.99 *(978-0-593-37836-6(9))*; (ENG., lib. bdg. 21.99 *(978-0-593-37837-3(7))* Random Hse. Children's Bks. (Make Me a World).

Lucharon Por la Justicia: Leveled Reader Book 74 Level V 6 Pack. Hmh Hmh. 2021. (SPA.). 32p. (J). pap. 74.40 *(978-0-358-08638-3(8))* Houghton Mifflin Harcourt Publishing Co.

Luchtbakens: Gedichten Demer Uitgeverij. En Dichteressen Uit Vlaanderen En Ned. 2022. (DUT.). 70p. (YA). pap. *(978-1-4716-2319-6(X))* Lulu Pr., Inc.

Luci Soars. Lulu Delacre. Illus. by Lulu Delacre. 2020. (Illus.). 32p. (J). (gr. -1-3). 17.99 *(978-1-9848-1288-9(2)*, Philomel Bks.) Penguin Young Readers Group.

Lucia, Her Problem (Classic Reprint) Amanda M. Douglas. 2018. (ENG., Illus.). 328p. (J). 30.66 *(978-0-483-50737-1(7))* Forgotten Bks.

Lucia the Luchadora. Cynthia Leonor Garza. Illus. by Alyssa Bermudez. 2017. (ENG.). 32p. (J). (gr. -1-2). 16.99 *(978-1-57687-827-9(9)*, powerHouse Bks.) powerHse. Bks.

Lucia the Luchadora & the Million Masks. Cynthia Leonor Garza. Illus. by Alyssa Bermudez. 2018. (ENG.). 32p. (J). (gr. -1-2). 16.99 *(978-1-57687-894-1(5)*, powerHouse Bks.) powerHse. Bks.

Lucía Villar Habla Sin Parar. Christianne C. Jones. Tr. by Aparicio Publishing Aparicio Publishing LLC. Illus. by Richard Watson. (Pasito a Pasito Ser.).Tr. of Lacey Walker, Nonstop Talker. (SPA.). 32p. (J). (gr. -1-1). 2020. pap. 9.95 *(978-1-5158-6083-9(3)*, 142361); 2019. lib. bdg. 23.99 *(978-1-5158-4734-2(9)*, 141332) Capstone. (Picture Window Bks.).

Luciade, Ou l'Ane de Lucius de Patras: Avec le Texte Grec Revu Sur Plusieurs Manuscrits (Classic Reprint) Lucien De Samosate. 2018. (FRE., Illus.). 364p. (J). 31.42 *(978-0-666-48084-2(2))* Forgotten Bks.

Luciade, Ou l'Ane de Lucius de Patras: Avec le Texte Grec Revu Sur Plusieurs Manuscrits (Classic Reprint) Lucien De Samosate. 2017. (FRE., Illus.). (J). pap. 13.97 *(978-0-282-08290-1(5))* Forgotten Bks.

Lucian (Classic Reprint) W. Lucas Collins. 2018. (ENG., Illus.). 194p. (J). 27.90 *(978-0-428-42729-0(4))* Forgotten Bks.

Lucian the Dreamer (Classic Reprint) Joseph Smith Fletcher. (ENG., Illus.). (J). 2018. 274p. 29.55 *(978-0-484-72183-7(6))*; 2016. pap. 11.97 *(978-1-334-27621-7(8))* Forgotten Bks.

Lucian, Vol. 1 of 8 (Classic Reprint) Lucian Lucian. (ENG., Illus.). (J). 2018. 492p. 34.04 *(978-0-267-93731-8(8))*; 2016. pap. 16.57 *(978-1-334-14476-9(1))* Forgotten Bks.

Lucian, Vol. 2 Of 7: With an English Translation (Classic Reprint) Lucian Of Samosata. 2018. (ENG., Illus.). 536p. (J). 34.95 *(978-0-656-05402-2(6))* Forgotten Bks.

Luciana. Erin Teagan. Illus. by Lucy Truman. 2018. 164p. (J). *(978-1-5490-0282-3(1))* Scholastic, Inc.

Luciana: Out of This World, 3. Erin Teagan. ed. 2019. (American Girl Contemporary Ser.). (ENG.). 160p. (J). (gr. 4-6). 17.49 *(978-1-64310-821-6(2))* Penworthy Co., LLC, The.

Luciana #6. Maggie Wells. 2016. (ENG., Illus.). (YA). (gr. 8-12). pap. 12.99 *(978-1-68076-643-1(0)*, Epic Pr.) ABDO Publishing Co.

Lucias the Fallen. Rosaline Saul. 2021. (ENG.). 322p. (YA). pap. 14.99 *(978-1-393-33988-5(3))* Draft2Digital.

Lucid. Lane Catherine Cho. 2023. (Dreamwalker Trilogy Ser.). (ENG.). 384p. (YA). ***(978-1-0391-7847-2(2))***; pap. ***(978-1-0391-7846-5(4))*** FriesenPress.

Lucid Sea Creatures: Mermaid Coloring Books. Jupiter Kids. 2016. (ENG., Illus.). 106p. (J). pap. 12.55 *(978-1-68305-280-7(3)*, Jupiter Kids (Childrens & Kids Fiction)) Speedy Publishing LLC.

Lucie & Lu's Adventures: Travelling Vancouver, Canada & Australia. Chantal Adolphe. 2022. (ENG.). 156p. (YA). *(978-1-0391-3543-7(9))*; pap. *(978-1-0391-3542-0(0))* FriesenPress.

Lucien, de la Traduction de N. Perrot, Sr. d'Ablancourt, Vol. 2: Avec des Remarques Sur la Traduction (Classic Reprint) Lucien De Samosate. 2017. (FRE., Illus.). (J). 35.53 *(978-0-260-29152-3(8))*; pap. 19.57 *(978-0-265-11791-0(7))* Forgotten Bks.

Lucile, Bringer of Joy (Classic Reprint) Elizabeth M. Duffield. (ENG., Illus.). (J). 2018. 322p. 30.56 *(978-0-483-70720-7(1))*; 2016. pap. 13.57 *(978-1-334-15560-4(7))* Forgotten Bks.

Lucile on the Heights (Classic Reprint) Elizabeth M. Duffield. (ENG., Illus.). (J). 2018. 320p. 30.52 *(978-0-364-23331-3(1))*; 2017. pap. 13.57 *(978-0-282-63257-1(3))* Forgotten Bks.

Lucile Rhodes: La Grande Porte de Verre. Jean-Claude Moueza. 2018. (FRE., Illus.). 382p. (J). pap. *(978-2-9528248-5-9(1))* Mouëza (Jean-Claude).

Lucilla, or the Reconciliation, Vol. 1 of 2 (Classic Reprint) Elizabeth Sandham. 2018. (ENG., Illus.). 260p. (J). 29.28 *(978-0-267-21116-6(3))* Forgotten Bks.

Lucilla, or the Reconciliation, Vol. 2 of 2 (Classic Reprint) Elizabeth Sandham. 2018. (ENG., Illus.). 258p. (J). 29.22 *(978-0-267-19955-6(4))* Forgotten Bks.

Lucille. Jacalyn Eiche. 2018. (ENG., Illus.). 30p. (J). 22.95 *(978-1-64114-199-4(9))*; pap. 12.95 *(978-1-64114-197-0(2))* Christian Faith Publishing.

Lucille Ball: a Little Golden Book Biography. Wendy Loggia. Illus. by Chin Ko. 2022. (Little Golden Book Ser.). 24p. (J). (gr. -1-3). 5.99 *(978-0-593-48264-3(6)*, Golden Bks.) Random Hse. Children's Bks.

Lucille Ball Had No Eyebrows? Dan Gutman. Illus. by Allison Steinfeld. 2023. (Wait! What? Ser.: 0). (ENG.). 112p. (J). (gr. 2-5). 16.95 *(978-1-324-03072-0(0)*, 343072); pap. 6.95 *(978-1-324-03073-7(9)*, 343073) Norton, W. W. & Co., Inc. (Norton Young Readers).

Lucille Belmont, Vol. 1 Of 3: A Novel (Classic Reprint) Unknown Author. 2018. (ENG., Illus.). 302p. (J). 30.13 *(978-0-267-16958-0(2))* Forgotten Bks.

Lucina Sine Concubitu: A Letter Humbly Address'd to the Royal Society; in Which Is Proved by Most Incontestible Evidence, Drawn from Reason & Practice, That a Woman May Conceive & Be Brought to Bed Without Any Commerce with Man (Classic Reprint) John Hill. 2018. (ENG., Illus.). 56p. (J). 25.05 *(978-0-484-47682-9(3))* Forgotten Bks.

Lucinda Belinda Melinda Mccool. Jeanne Willis. Illus. by Tony Ross. 2016. (ENG.). 32p. (J). (-k). 23.99 *(978-1-78344-202-7(6))* Andersen Pr. GBR. Dist: Independent Pubs. Group.

Lucinda, or the Mountain Mourner: Being Authentic Facts, in a Series of Letters, from Mrs. Manvill, in the State of New York, to Her Sister in Pennsylvania (Classic Reprint) P. D. Manvill. 2017. (ENG., Illus.). (J). 27.44 *(978-0-331-52605-9(0))*; pap. 9.97 *(978-0-243-45570-6(4))* Forgotten Bks.

Lucinda Osburn, Vol. 1 Of 2: A Novel (Classic Reprint) Unknown Author. (ENG., Illus.). (J). 2018. 286p. 29.80 *(978-0-656-00438-6(X))*; 2017. pap. 13.57 *(978-0-259-22242-2(9))* Forgotten Bks.

Lucinda Snowdrop. Marian Grudko. Illus. by Magdalene Carson. 2018. (ENG.). 48p. (J). (gr. k-4). 17.95 ***(978-0-9982768-5-4(5))*** 138 In Progress Publishing.

Lucinda Snowdrop. Marian Grudko & Magdalene Carson. 2018. (ENG., Illus.). 48p. (J). (gr. k-4). pap. 14.95 ***(978-0-9982768-4-7(7))*** 138 In Progress Publishing.

Lucinda's Outdoor Adventures. Elisabeth Steed. Illus. by Elisabeth Steed. 2021. (ENG.). 24p. (J). *(978-1-008-91148-2(8))* Lulu Pr., Inc.

Lucinda's Secret. Tony DiTerlizzi & Holly Black. Illus. by Tony DiTerlizzi. 2023. (Spiderwick Chronicles Ser.: 3). (ENG., Illus.). (J). (gr. 1-5). 128p. 17.99 *(978-1-6659-2869-4(7))*; 128p. 13.99 *(978-1-6659-2998-1(7))*; 144p. pap. 8.99 *(978-1-6659-2870-0(0))* Simon & Schuster Bks. For Young Readers. (Simon & Schuster Bks. For Young Readers).

Lucinda's Wormy Journey. Valerie J. Ryan. 2017. (ENG., Illus.). (J). 21.95 *(978-1-4808-4545-9(0))* Archway Publishing.

Lucius Barca & the Gladiators' Rebellion. Daniel Layton. 2021. (ENG.). 238p. (YA). pap. *(978-1-78465-853-3(7)*, Vanguard Press) Pegasus Elliot Mackenzie Pubs.

Lucius Davoren or Publican & Sinners, Vol. 1 Of 3: A Novel (Classic Reprint) Unknown Author. 2018. (ENG., Illus.). 332p. (J). 30.76 *(978-0-483-66737-2(4))* Forgotten Bks.

Lucius Davoren, or Publican & Sinners, Vol. 2 Of 3: A Novel (Classic Reprint) M. E. Braddon. 2018. (ENG., Illus.). 322p. (J). 30.54 *(978-0-484-84284-6(6))* Forgotten Bks.

Lucius Davoren, or Publican & Sinners, Vol. 3: A Novel (Classic Reprint) M. E. Braddon. 2018. (ENG., Illus.). 344p. (J). 30.99 *(978-0-483-73399-2(7))* Forgotten Bks.

Luck; & What Came of It. Charles MacKay. 2016. (ENG.). 316p. (J). pap. *(978-3-7433-9431-5(6))* Creation Pubs.

Luck & What Came of It. Charles MacKay. 2016. (ENG.). (J). 336p. pap. *(978-3-7433-9430-8(8))*; 394p. pap. *(978-3-7433-9432-2(4))* Creation Pubs.

Luck; & What Came of It, Vol. 2: A Tale of Our Times (Classic Reprint) Charles MacKay. 2018. (ENG., Illus.). 396p. (J). 32.06 *(978-0-428-90471-5(8))* Forgotten Bks.

Luck of a Lowland Laddie (Classic Reprint) May Crommelin. (ENG., Illus.). (J). 2018. 322p. 30.56 *(978-0-483-60718-7(5))*; 2017. pap. 13.57 *(978-0-259-01500-0(8))* Forgotten Bks.

Luck of a Wandering Dane (Classic Reprint) Hans Lykkeleger. 2018. (ENG., Illus.). 136p. (J). 26.70 *(978-0-483-53854-2(X))* Forgotten Bks.

Luck of Alden Farm. Zachariah Atwell Mudge. 2017. (ENG.). 404p. (J). pap. *(978-3-337-01148-2(9))* Creation Pubs.

Luck of Alden Farm: With a Sketch of the History of Crane's Corner, Where Luck Was Slowly Learned; the Whole Intended As a Safe Guide of All Young People to Good Luck (Classic Reprint) Z. A. Mudge. 2017. (ENG., Illus.). (J). 32.21 *(978-0-265-36053-8(6))* Forgotten Bks.

Luck of Barerakes (Classic Reprint) Caroline Marriage. (ENG., Illus.). (J). 2018. 352p. 31.16 *(978-0-666-64039-0(4))*; 2017. pap. 13.57 *(978-1-5276-1770-4(X))* Forgotten Bks.

Luck of Denewood (Classic Reprint) Emilie Benson Knipe. 2017. (ENG., Illus.). (J). 31.67 *(978-0-331-76736-0(8))*; pap. 16.57 *(978-0-259-01683-0(7))* Forgotten Bks.

Luck of Roaring Camp. Bret Harte et al. 2017. (ENG.). 92p. (J). pap. *(978-3-7446-7761-5(3))* Creation Pubs.

Luck of Roaring Camp: And Other Sketches (Classic Reprint) Bret Harte. (ENG., Illus.). (J). 2018. 284p. 29.75 *(978-0-267-00638-0(1))*; 2017. 268p. 29.42 *(978-0-484-44385-2(2))*; 2017. pap. 13.57 *(978-0-259-02989-2(0))* Forgotten Bks.

Luck of Roaring Camp: Susy, a Story of the Plains (Classic Reprint) Bret Harte. 2018. (ENG., Illus.). 558p. (J). 35.41 *(978-0-484-88661-1(4))* Forgotten Bks.

Luck of Roaring Camp: The Outcasts of Poker Flat; Tennessee's Partner (Classic Reprint) Bret Harte. 2018. (ENG., Illus.). 80p. (J). 25.57 *(978-0-267-67197-7(0))* Forgotten Bks.

Luck of Roaring Camp, and, in the Carquinez Woods: And Other Stories & Sketches (Classic Reprint) Bret Harte. (ENG., Illus.). (J). 2018. 928p. 43.04 *(978-0-428-85555-0(5))*; 2017. pap. 25.38 *(978-1-334-97346-8(6))* Forgotten Bks.

Luck of Roaring Camp, & Other Sketches. Bret Harte. 2017. (ENG.). 272p. (YA). (gr. 9). pap. *(978-3-337-09328-0(0))* Creation Pubs.

Luck of Roaring Camp, & Other Sketches. Bret Harte. 2017. (ENG., Illus.). (J). pap. *(978-0-649-31138-5(8))* Trieste Publishing Pty Ltd.

Luck of Roaring Camp, & Other Sketches. Bret Harte & Mark Twain. 2017. (ENG.). 252p. (YA). (gr. 9). pap. *(978-3-337-01141-3(1))* Creation Pubs.

Luck of Roaring Camp, & Other Sketches (Classic Reprint) Bret Harte. (ENG., Illus.). (J). 2018. 96p. 25.90 *(978-0-364-73661-6(5))*; 2016. pap. 9.57 *(978-1-333-16879-7(9))* Forgotten Bks.

Luck of Roaring Camp & Other Stories: Including Earlier Papers, Spanish & American Legends, Tales of the Argonauts, etc (Classic Reprint) Bret Harte. (ENG., Illus.). (J). 2018. 722p. 38.79 *(978-0-483-63079-6(9))*; 2017. 32.70 *(978-0-265-68443-6(9))*; 2017. pap. 16.57 *(978-1-5276-6020-5(6))* Forgotten Bks.

Luck of Roaring Camp & Other Tales: With Condensed Novels, Spanish & American Legends, & Earlier Papers (Classic Reprint) Bret Harte. 2017. (ENG., Illus.). (J). 33.59 *(978-1-5284-6937-1(2))* Forgotten Bks.

L

Luck of Roaring Camp, & Other Tales: With Condensed Novels, Spanish & American Legends, & Earlier Papers (Classic Reprint) Bret Harte. (ENG., Illus.). (J). 2018. 462p. 33.45 *(978-0-483-30645-5(2))*; 2017. 32.77 *(978-0-331-95750-1(7))*; 2017. pap. 16.57 *(978-0-259-41959-4(1))*; 2016. pap. 16.57 *(978-1-334-15490-4(2))* Forgotten Bks.

Luck of Roaring Camp. in the Carquinez Woods & Other Stories & Sketches. Bret Harte. 2019. (ENG.). 928p. (J). pap. *(978-93-5389-148-0(5))* Alpha Editions.

Luck of Roaring Camp; Susy, a Story of the Plains (Classic Reprint) Bret Harte. 2018. (ENG., Illus.). (J). 276p. 29.59 *(978-0-366-55765-3(3))*; 278p. pap. 11.97 *(978-0-366-06305-2(5))* Forgotten Bks.

Luck of Santa Claus: A Play for Young People (Classic Reprint) B. C. Porter. (ENG., Illus.). (J). 2018. 24p. 24.39 *(978-0-267-71121-5(2))*; 2016. pap. 7.97 *(978-1-333-27472-6(6))* Forgotten Bks.

Luck of the Bean-Rows: A Fairy Tale (Classic Reprint) Charles. Nodier. 2018. (ENG., Illus.). 68p. (J). 25.32 *(978-0-267-20434-2(5))* Forgotten Bks.

Luck of the Dudley Grahams: As Related in Extracts from Elizabeth Graham's Diary (Classic Reprint) Alice Calhoun Hains. (ENG., Illus.). (J). 2018. 314p. 30.37 *(978-0-365-14797-8(4))*; 2017. pap. 13.57 *(978-0-259-18322-8(9))* Forgotten Bks.

Luck of the Fairfaxes (Classic Reprint) Katharine Tynan. 2017. (ENG., Illus.). (J). 31.96 *(978-0-260-51392-2(X))* Forgotten Bks.

Luck of the Irish a Romance (Classic Reprint) Harold Macgrath. 2017. (ENG., Illus.). (J). 31.16 *(978-1-5280-6831-4(9))* Forgotten Bks.

Luck of the Irish St. Patrick's Day Coloring Book. Jupiter Kids. 2016. (ENG., Illus.). 106p. (J). pap. 12.55 *(978-1-68326-345-6(6))*, Jupiter Kids (Childrens & Kids Fiction)) Speedy Publishing LLC.

Luck of the Leura (Classic Reprint) Campbell Praed. (ENG., Illus.). (J). 2018. 324p. 30.58 *(978-0-483-47908-1(X))*; 2016. pap. 13.57 *(978-1-334-23836-9(7))* Forgotten Bks.

Luck of the Mounted: A Tale of the Royal Northwest Mounted Police (Classic Reprint) Ralph S. Kendall. 2017. (ENG., Illus.). 324p. (J). 30.58 *(978-0-332-47317-8(1))* Forgotten Bks.

Luck of the Titanic. Stacey Lee. (ENG., Illus.). (YA). (gr. 7). 2022. 400p. pap. 12.99 *(978-1-5247-4100-6(0))*; 2021. 384p. 18.99 *(978-1-5247-4098-6(5))* Penguin Young Readers Group. (G.P. Putnam's Sons Books for Young Readers).

Luck of Thirteen: Wanderings & Flight Through Montenegro & Serbia (Classic Reprint) Jan Gordon. (ENG., Illus.). (J). 2017. 428p. 32.72 *(978-0-484-08052-1(0))*; 2016. pap. 16.57 *(978-1-333-72912-7(X))* Forgotten Bks.

Luck on the Wing: Thirteen Stories of a Sky Spy (Classic Reprint) Elmer Haslett. 2017. (ENG., Illus.). (J). 31.14 *(978-0-260-82788-3(6))* Forgotten Bks.

Luck the Duck: Short Vowel U Sound. Stephanie Marie Bunt. 2019. (ENG.). 38p. (J). pap. 10.95 *(978-1-948863-53-7(7))* Bunt, Stephanie.

Luck Uglies #2: Fork-Tongue Charmers. Paul Durham. Illus. by Petur Antonsson. 2016. (Luck Uglies Ser.: 2). (ENG.). 432p. (J). (gr. 3-7). pap. 7.99 *(978-0-06-227154-9(7))*, HarperCollins) HarperCollins Pubs.

Luck Uglies #3: Rise of the Ragged Clover. Paul Durham. Illus. by Petur Antonsson. 2016. (Luck Uglies Ser.: 3). (ENG.). 400p. (J). (gr. 3-7). 16.99 *(978-0-06-227156-3(3))*, HarperCollins) HarperCollins Pubs.

Luckie Duckie. J. L. Moorehead. 2018. (ENG., Illus.). 40p. (J). pap. 13.95 *(978-1-64096-327-6(8))* Newman Springs Publishing, Inc.

Luckiest Girl in the School. Angela Brazil. 2019. (ENG.). 212p. (J). pap. *(978-93-5329-845-6(8))* Alpha Editions.

Luckiest Man in the World: A Romance (Classic Reprint) Charles K. Harris. (ENG., Illus.). (J). 2018. 24p. 24.39 *(978-0-484-35269-7(5))*; 2016. pap. 7.97 *(978-1-333-43447-2(2))* Forgotten Bks.

Luckiest Sheep in the World. C. L. Worley. 2018. (ENG., Illus.). 32p. (J). pap. *(978-0-244-12494-6(9))* Lulu Pr., Inc.

Luckiest Snowball. Elliot Kreloff. (Illus.). 40p. (J). (gr. -1-2). 2021. pap. 8.99 *(978-0-8234-4995-8(5))*; 2019. 17.99 *(978-0-8234-4105-1(9))* Holiday Hse., Inc.

Luckiest Snowball. Elliot Kreloff. ed. 2022. (ENG., Illus.). 40p. (J). (gr. k-1). 20.46 *(978-1-68505-130-3(8))* Penworthy Co., LLC, The.

Lucky. Erin Brown. 2021. (ENG., Illus.). 32p. (J). 14.95 *(978-1-5319-1481-3(0))* Sellers Publishing, Inc.

Lucky. Bill Girvin. 2018. (ENG., Illus.). 132p. (YA). pap. 13.95 *(978-1-64214-800-8(8))* Page Publishing Inc.

Lucky. Christy Mandin. 2022. (ENG., Illus.). 40p. (J). (gr. -1-3). 17.99 *(978-0-06-304734-1(9))*, HarperCollins) HarperCollins Pubs.

Lucky: A Whale of a Tale. Tom Dirsa. 2017. (ENG., Illus.). (J). pap. 16.58 *(978-1-387-26659-3(4))* Lulu Pr., Inc.

Lucky: A Whale of a Tale! Tom Dirsa. 2018. (ENG., Illus.). 52p. (J). pap. 19.18 *(978-1-387-53614-6(1))* Lulu Pr., Inc.

Lucky 8 (Set), 4 vols. Abdo. 2017. (Lucky 8 Ser.). (ENG., Illus.). 48p. (J). (gr. 3-7). lib. bdg. 136.88 *(978-1-5321-3052-6(X))*, 27059, Spellbound) Magic Wagon.

Lucky a Tale of the Western Prairie (Classic Reprint) Eva Bell Botsford. 2018. (ENG., Illus.). 176p. (J). 27.53 *(978-0-483-58134-0(8))* Forgotten Bks.

Lucky & the Mosquito Band. Myrie E. Brooks. 2018. (ENG., Illus.). 34p. (J). pap. 18.99 *(978-1-4834-8365-8(7))* Lulu Pr., Inc.

Lucky Arnold's Rocky Mountain Adventure. Kendy Moore. 2023. 28p. (J). pap. 11.99 *(978-1-6678-9628-1(8))* BookBaby.

Lucky at Bat. Alisse Lee Goldenberg & Joseph Goldenberg. 2022. (ENG.). 144p. (J). 25.95 *(978-1-64663-861-1(1))*; pap. 16.95 *(978-1-64663-859-8(X))* Koehler Bks.

Lucky Bag, 1894 (Classic Reprint) S. P. Fullinwider. (ENG., Illus.). (J). 2018. 202p. 28.08 *(978-0-365-33851-2(6))*; 2017. pap. 10.57 *(978-0-259-82371-1(6))* Forgotten Bks.

Lucky Bag, 1907, Vol. 14: A History of the Year 1906-1907 (Classic Reprint) Earl William Pritchard. (ENG., Illus.). (J). 2018. 132p. 26.62 *(978-0-483-25201-1(8))*; 2017. pap. 9.57 *(978-0-259-81621-8(3))* Forgotten Bks.

Lucky Bag of 1919, Vol. 26: The Annual of the Regiment of Midshipmen (Classic Reprint) United States Naval Academy. (ENG., Illus.). (J). 2018. 482p. 33.84 *(978-0-666-99043-3(3))*; 2017. pap. 16.57 *(978-0-243-48162-0(4))* Forgotten Bks.

Lucky Bag of the United States Naval Academy, Vol. 7: Class of 1900 (Classic Reprint) Paul Foley. 2017. (ENG., Illus.). (J). 27.55 *(978-0-266-61309-1(8))*; pap. 9.97 *(978-0-282-99002-2(X))* Forgotten Bks.

Lucky Bargee (Classic Reprint) Harry Lander. (ENG., Illus.). (J). 2018. 370p. 31.53 *(978-0-484-90577-0(5))*; 2017. pap. 13.97 *(978-0-243-14322-1(2))* Forgotten Bks.

Lucky Baseball. Luis Castillo. 2022. (ENG., Illus.). 46p. (J). pap. 15.95 *(978-1-68498-347-6(9))* Newman Springs Publishing, Inc.

Lucky Baseball Bat. Matt Christopher. Illus. by Robert Henneberger. ed. 2019. (ENG.). 128p. (J). pap. 6.99 *(978-0-316-53132-0(4))* Little, Brown Bks. for Young Readers.

Lucky Bird. Margaret Williamson. 2023. (Decodables - Fables & Folktales Ser.). (ENG.). 24p. (J). (gr. 2-3). 27.93 *(978-1-68450-680-4(8))*; pap. 11.93 *(978-1-68404-911-0(3))* Norwood Hse. Pr.

Lucky Bob. Rev Francis J. Finn. 2016. (ENG., Illus.). (J). (gr. 4-6). pap. 12.95 *(978-1-936639-88-5(2))* St. Augustine Academy Pr.

Lucky Bob (Classic Reprint) Francis James Finn. (ENG., Illus.). (J). 2018. 254p. 29.14 *(978-0-484-91247-1(X))*; 2016. pap. 11.57 *(978-1-334-11915-6(5))* Forgotten Bks.

Lucky Break. Marty Kelley. Illus. by Marty Kelley. 2017. (Molly Mac Ser.). (ENG., Illus.). 56p. (J). (gr. k-2). lib. bdg. 22.65 *(978-1-5158-0837-4(8))*, 134387, Picture Window Bks.) Capstone.

Lucky Brilliant. Maureen Sherbondy. 2020. (ENG., Illus.). 186p. (YA). pap. 17.95 *(978-1-68433-545-9(0))* Black Rose Writing.

Lucky Broken Girl. Ruth Behar. (ENG.). (J). (gr. 5). 2018. 272p. 8.99 *(978-0-399-54645-7(6))*, Puffin Books); 2017. 256p. 17.99 *(978-0-399-54644-0(8))*, Nancy Paulsen Books) Penguin Young Readers Group.

Lucky Broken Girl. Ruth Behar. ed. 2018. lib. bdg. 19.65 *(978-0-606-40874-5(6))* Turtleback.

Lucky Bug: Practicing the Short U Sound, 1 vol. Lee Young. 2016. (Rosen Phonics Readers Ser.). (ENG., Illus.). 8p. (J). (gr. -1-2). pap. *(978-1-5081-3097-0(3))*, b6f33d42-7557-4891-86a8-dfade26e53d1, Rosen Classroom) Rosen Publishing Group, Inc., The.

Lucky Caller. Emma Mills. 2021. (ENG.). 336p. (YA). pap. 13.99 *(978-1-250-76353-2(3))*, 900190033) Square Fish.

Lucky Cat. AsianBoss Girl et al. Illus. by Eunice Chen. ed. 2022. (ENG.). 32p. (J). (gr. -1-2). *(978-0-7112-7047-3(3))* Frances Lincoln Childrens Bks.

Lucky Charm. Z. A. G. Entertainment et al. 2017. (ENG., Illus.). 192p. (J). pap. 9.99 *(978-1-63229-276-6(9))*, 322cdb0b-95c0-4ad4-ade3-5fc559bba6d6) Action Lab Entertainment.

Lucky Charms & Leprechauns: St. Patrick's Day Coloring Book. Activibooks. 2016. (ENG., Illus.). (J). pap. 9.20 *(978-1-68321-806-7(X))* Mimaxion.

Lucky Coupon. Jerry C. Mayo. 2017. (ENG., Illus.). (J). pap. 7.99 *(978-0-9985792-3-8(8))* Mayo, Jerry.

Lucky Day for Little Dinosaur: Leveled Reader Yellow Fiction Level 8 Grade 1. Hmh Hmh. 2019. (Rigby PM Ser.). (ENG.). 16p. (J). (gr. 1). pap. 11.00 *(978-0-358-12170-1(1))* Houghton Mifflin Harcourt Publishing Co.

Lucky Dip, 1 vol. Catharine Boddy. Illus. by Johnn Taylor. 2016. (ENG.). 36p. (J). (gr. 2-6). pap. 6.99 *(978-1-908853-79-0(4))* Valley Pr.

Lucky Dog. Julia Waskiewicz. 2023. (ENG.). 28p. (J). 17.50 *(978-1-0880-8699-5(3))*; pap. 14.00 *(978-1-0880-8519-6(9))* Indy Pub.

Lucky Doll. Evan Jacobs. 2019. (Amazing Adventures of Abby Mcquade Ser.). (ENG.). 84p. (J). (gr. 4-7). pap. 10.95 *(978-1-68021-473-4(X))* Saddleback Educational Publishing, Inc.

Lucky Duck. R. L. Bethune. 2019. (ENG.). 34p. (J). pap. 11.95 *(978-1-64350-147-5(X))* Page Publishing Inc.

Lucky Duck. Barbara Spilman Lawson. 2016. (Spring Forward Ser.). (J). (gr. 2). *(978-1-4900-9433-5(4))* Benchmark Education Co.

Lucky Ducky. Doreen Mulryan. 2019. (ENG.). 32p. (J). (gr. k-1). 14.36 *(978-0-87617-418-0(7))* Penworthy Co., LLC, The.

Lucky Enough, 1 vol. Fred Bowen. 2018. (Fred Bowen Sports Story Ser.: 22). 144p. (J). (gr. 2-6). pap. 6.99 *(978-1-56145-958-2(5))* Peachtree Publishing Co. Inc.

Lucky Escape Weebee Book 22. R. M. Price-Mohr. 2021. (ENG.). 34p. (J). pap. *(978-1-913946-51-7(7))* Crossbridge Bks.

Lucky Escape Weebee Book 22a. R. M. Price-Mohr. 2021. (ENG.). 34p. (J). pap. *(978-1-913946-60-9(6))* Crossbridge Bks.

Lucky Few. Kathryn Ormsbee. (ENG., Illus.). (YA). (gr. 9). 2017. 400p. pap. 10.99 *(978-1-4814-5529-9(X))*; 2016. 384p. 17.99 *(978-1-4814-5528-2(1))* Simon & Schuster Bks. For Young Readers. (Simon & Schuster Bks. For Young Readers).

Lucky Find. Patricia Patrick. 2018. (ENG., Illus.). 38p. (J). *(978-1-77370-608-5(X))*; pap. *(978-1-77370-607-8(1))* Tellwell Talent.

Lucky for Daisey. Lynn King Grieve. 2020. (ENG.). 34p. (J). 18.95 *(978-1-7346422-1-6(1))*; pap. 12.95 *(978-1-7346422-2-3(X))* LilyBoo Pr.

Lucky Girl. Maria Isabel Arbeláez Muñoz. 2021. (ENG.). 57p. (J). pap. *(978-1-312-01911-9(5))* Lulu Pr., Inc.

Lucky Goes to Dog School: Leveled Reader Yellow Fiction Level 7 Grade 1. Hmh Hmh. 2019. (Rigby PM Ser.). (ENG.). 16p. (J). (gr. 1). pap. 11.00 *(978-0-358-12166-4(3))* Houghton Mifflin Harcourt Publishing Co.

Lucky Grapes: A New Year's Eve Story. Tracey Kyle. Illus. by Marina Astudillo. 2022. (ENG.). 32p. (J). (gr. -1-1). 19.99 *(978-1-5107-6888-8(2))*, Sky Pony Pr.) Skyhorse Publishing Co., Inc.

Lucky Gulch: A Comedy Drama in Three Acts (Classic Reprint) Charles S. Bird. (ENG., Illus.). (J). 2018. 68p. 25.32 *(978-0-267-32422-4(7))*; 2016. pap. 9.57 *(978-1-333-51408-2(5))* Forgotten Bks.

Lucky Horseshoes. Contrib. by Janie Havemeyer. 2023. (Scoop on Superstitions Ser.). (ENG.). 24p. (J). (gr. 2-5). lib. bdg. 32.79 *(978-1-5038-6507-5(X))*, 216404, Stride) Child's World, Inc, The.

Lucky Jars & Broken Promises. Chrissie Perry. Illus. by Hardie Grant Egmont. 2017. (Penelope Perfect Ser.: 3). (ENG.). 144p. (J). (gr. 2-5). 16.99 *(978-1-4814-9088-7(5))*; pap. 5.99 *(978-1-4814-9087-0(7))* Simon & Schuster Children's Publishing. (Aladdin).

Lucky Kate. Gerard Ronan. 2021. (Tales of Old Turvey Ser.). (ENG.). 182p. (J). pap. *(978-1-914348-03-7(6))* Fingal County Libraries.

Lucky Lady (Classic Reprint) Margaret Prescott Montague. (ENG., Illus.). (J). 2018. 68p. 25.32 *(978-0-483-50477-6(7))*; 2017. pap. 9.57 *(978-0-243-04814-4(9))* Forgotten Bks.

Lucky Lazlo. Steve Light. Illus. by Steve Light. 2016. (ENG., Illus.). 32p. (J). (gr. -1-2). 16.99 *(978-0-7636-8825-7(8))* Candlewick Pr.

Lucky Leprechaun. Wes Adams. 2019. (Pout-Pout Fish 8x8 Bks). (ENG.). 24p. (J). (gr. k-1). 14.96 *(978-1-64310-986-2(3))* Penworthy Co., LLC, The.

Lucky Lindy & His Amazing Planes Coloring Book. Activity Attic Books. 2016. (ENG., Illus.). (J). pap. 7.74 *(978-1-68323-285-8(2))* Twin Flame Productions.

Lucky List. Rachael Lippincott. (ENG.). (YA). (gr. 7). 2022. 320p. pap. 11.99 *(978-1-5344-6854-2(4))*; 2021. 304p. 18.99 *(978-1-5344-6853-5(6))* Simon & Schuster Bks. For Young Readers. (Simon & Schuster Bks. For Young Readers).

Lucky Little Girl. Lori McPhearson. 2017. (ENG., Illus.). (J). pap. 13.99 *(978-1-4834-7517-2(4))* Lulu Pr., Inc.

Lucky Little Things. Janice Erlbaum. 2019. (ENG.). 288p. (J). pap. 7.99 *(978-1-250-30850-4(X))*, 900176840) Square Fish.

Lucky Lukas. Jura Reilly. 2021. (ENG.). 50p. (YA). pap. *(978-0-6482038-4-1(0))* Geelong Writers Inc..

Lucky Luke Vol. 70: O. K. Corral. Illus. by Morris Adam. 2018. (Lucky Luke Ser.: 70). 48p. pap. 11.95 *(978-1-84918-417-5(8))* CineBook GBR. Dist: National Bk. Network.

Lucky Luke Vol. 71: A Cowboy in Paris. Jul. 2019. (Lucky Luke Ser.: 71). (Illus.). 48p. (J). (gr. -1-12). pap. 12.95 *(978-1-84918-431-1(3))* CineBook GBR. Dist: National Bk. Network.

Lucky Luna. Diana Lopez. 2018. (ENG., Illus.). 192p. (J). (gr. 3-7). 16.99 *(978-1-338-23273-8(8))*, Scholastic Pr.) Scholastic, Inc.

Lucky Me. Saba Kapur. 2016. (Lucky Us Ser.). (ENG.). 446p. (YA). (gr. 7-18). pap. 11.95 *(978-0-692-53639-1(6))* Amberjack Publishing Co.

Lucky Me. Millie Richardson. 2020. (ENG.). 34p. (J). 16.99 *(978-1-7359487-2-0(1))* Mindstir Media.

Lucky Me, 1 vol. Lora Rozler. Illus. by Jan Dolby. 2017. (ENG.). 32p. (J). (gr. -1-3). 18.95 *(978-1-55455-410-2(1))*, 85a5f0f7-a2a7-4f52-b3a0-85a39c952feb) Fitzhenry & Whiteside, Ltd. CAN. Dist: Firefly Bks., Ltd.

Lucky Me. Donna Shelton. 2020. (Vintage Rose Mysteries Ser.). (ENG.). 96p. (J). (gr. 6-8). pap. 10.95 *(978-1-68021-759-9(3))* Saddleback Educational Publishing, Inc.

Lucky Me. Saba Kapur. 2nd ed. 2018. (Lucky Us Ser.). (ENG.). 368p. (YA). (gr. 7-12). pap. 12.99 *(978-1-948705-01-1(X))* Amberjack Publishing Co.

Lucky Me, Lucy Mcgee. Mary Amato. Illus. by Jessica Meserve. 2020. (Lucy Mcgee Ser.: 3). 176p. (J). (gr. 2-5). 15.99 *(978-0-8234-4364-2(7))*; pap. 7.99 *(978-0-8234-4525-7(9))* Holiday Hse., Inc.

Lucky Mill (Classic Reprint) Ioan Slavici. (ENG., Illus.). (J). 2018. 262p. 29.32 *(978-0-483-09414-7(5))*; 2016. pap. 11.97 *(978-1-334-15432-4(5))* Forgotten Bks.

Lucky Number Nine: Connect the Dots Activity Book. Activity Book Zone for Kids. 2016. (ENG., Illus.). (J). pap. 9.20 *(978-1-68376-153-2(7))* Sabeels Publishing.

Lucky Number, Vol. 1 (Classic Reprint) I. K. Friedman. 2018. (ENG., Illus.). 220p. (J). 28.43 *(978-0-483-46201-4(2))* Forgotten Bks.

Lucky Numbers. Contrib. by Tammy Gagne. 2023. (Scoop on Superstitions Ser.). (ENG.). 24p. (J). (gr. 2-5). lib. bdg. 32.79 *(978-1-5038-6508-2(8))*, 216405, Stride) Child's World, Inc, The.

Lucky Ones. Linda Williams Jackson. 2022. (ENG.). 320p. (J). (gr. 3-7). 18.99 *(978-1-5362-2255-5(0))* Candlewick Pr.

Lucky Ones. Liz Lawson. 352p. (YA). (gr. 9). 2021. pap. 10.99 *(978-0-593-11852-8(9))*, Ember); 2020. (ENG.). lib. bdg. 21.99 *(978-0-593-11850-4(2))*, Delacorte Pr.) Random Hse. Children's Bks.

Lucky Pehr: A Drama in Five Acts (Classic Reprint) August Stringberg. 2018. (ENG., Illus.). 196p. (J). 27.96 *(978-0-331-97095-1(3))* Forgotten Bks.

Lucky Penny: Color Edition. Ananth Hirsh. Illus. by Yuko Ota. 2022. (ENG.). 208p. (YA). pap. 24.99 *(978-1-63715-039-9(3))* Oni Pr., Inc.

Lucky Piece: A Tale of the North Woods (Classic Reprint) Albert Bigelow Paine. 2018. (ENG., Illus.). (J). 29.26 *(978-0-260-51332-8(6))* Forgotten Bks.

Lucky Pups! Brooke Vitale. 2019. (World of Reading Ser.). (ENG.). 16p. (J). (gr. k-1). 13.96 *(978-0-87617-905-5(7))* Penworthy Co., LLC, The.

Lucky Roby 42. Stephen Wunderli. 2021. (ENG.). 164p. (YA). pap. 16.95 *(978-1-68433-627-2(9))* Black Rose Writing.

Lucky Seven (Classic Reprint) John Taintor Foote. 2018. (ENG., Illus.). 316p. (J). 30.43 *(978-0-483-89005-3(7))* Forgotten Bks.

Lucky Sixpence (Classic Reprint) Emilie Benson Knipe. 2017. (ENG., Illus.). (J). 32.02 *(978-0-265-42124-6(1))* Forgotten Bks.

Lucky Stars. Daniella Grsic. 2017. (ENG., Illus.). (J). pap. *(978-1-4602-9987-6(6))* FriesenPress.

Lucky Stars. Aron Nels Steinke. 2019. (Mr. Wolf's Class Ser.). (ENG.). 169p. (J). (gr. 2-3). 20.96 *(978-0-87617-931-4(6))* Penworthy Co., LLC, The.

Lucky Stars: a Graphic Novel (Mr. Wolf's Class #3) Aron Nels Steinke. 2019. (Mr. Wolf's Class Ser.: 3). (ENG., Illus.). 176p. (J). (gr. 2-5). pap. 9.99 *(978-1-338-04783-7(3))*, Graphix) Scholastic, Inc.

Lucky Stone (Classic Reprint) Abbie Farwell Brown. 2017. (ENG., Illus.). (J). 28.66 *(978-0-265-66985-3(5))*; pap. 11.57 *(978-1-5276-4136-5(8))* Forgotten Bks.

Lucky Stone Day: Start the Search! Mary Kay Worth. 2021. (ENG.). 28p. (J). 16.99 *(978-1-956742-34-3(4))*; pap. 9.99 *(978-1-956742-33-6(6))* Good River Print & Media.

Lucky Strikes. Louis Bayard. 2016. (ENG., Illus.). 320p. (YA). 29.99 *(978-1-62779-390-2(9))*, 900148815, Holt, Henry & Co. Bks. For Young Readers) Holt, Henry & Co.

Lucky Strikes. Louis Bayard. ed. 2017. (YA). lib. bdg. 20.85 *(978-0-606-39951-7(8))* Turtleback.

Lucky the Buffalo & Her Adventures. Edward Bieniek. 2017. (ENG., Illus.). (J). pap. 12.95 *(978-1-68197-416-3(9))* Christian Faith Publishing.

Lucky the Golden Elephant. Eliot Raffit. 2018. (ENG., Illus.). 20p. (J). 21.95 *(978-1-64416-892-9(8))*; pap. 11.95 *(978-1-64416-890-5(1))* Christian Faith Publishing.

Lucky the Lost Key & the Case of Mistaken Identity. Maureen Gordon. 2022. (ENG.). 32p. (J). pap. *(978-1-9999675-8-1(5))* Gordon, Maureen.

Lucky, the Young Navyman (Classic Reprint) Elmer Sherwood. (ENG., Illus.). (J). 2018. 212p. 28.27 *(978-0-484-62869-3(0))*; 2017. pap. 10.97 *(978-0-259-19149-0(3))* Forgotten Bks.

Lucky to Live in Alabama. Kate B. Jerome. 2017. (Arcadia Kids Ser.). (ENG., Illus.). 32p. (J). 16.99 *(978-0-7385-2789-5(0))* Arcadia Publishing.

Lucky to Live in Alaska. Kate B. Jerome. 2017. (Arcadia Kids Ser.). (ENG., Illus.). 32p. (J). 16.99 *(978-0-7385-2807-6(2))* Arcadia Publishing.

Lucky to Live in Arizona. Kate B. Jerome. 2017. (Arcadia Kids Ser.). (ENG., Illus.). 32p. (J). 16.99 *(978-0-7385-2779-6(3))* Arcadia Publishing.

Lucky to Live in Arkansas. Kate B. Jerome. 2017. (Arcadia Kids Ser.). (ENG., Illus.). 32p. (J). 16.99 *(978-0-7385-2766-6(1))* Arcadia Publishing.

Lucky to Live in Colorado. Kate B. Jerome. 2017. (Arcadia Kids Ser.). (ENG., Illus.). 32p. (J). 16.99 *(978-0-7385-2781-9(5))* Arcadia Publishing.

Lucky to Live in Connecticut. Kate B. Jerome. 2017. (Arcadia Kids Ser.). (ENG., Illus.). 32p. (J). 16.99 *(978-0-7385-2796-3(3))* Arcadia Publishing.

Lucky to Live in Florida. Kate B. Jerome. 2017. (Arcadia Kids Ser.). (ENG., Illus.). 32p. (J). 16.99 *(978-0-7385-2771-0(8))* Arcadia Publishing.

Lucky to Live in Georgia. Kate B. Jerome. 2017. (Arcadia Kids Ser.). (ENG., Illus.). 32p. (J). 16.99 *(978-0-7385-2780-2(7))* Arcadia Publishing.

Lucky to Live in Hawaii. Kate B. Jerome. 2017. (Arcadia Kids Ser.). (ENG., Illus.). 32p. (J). 16.99 *(978-0-7385-2800-7(5))* Arcadia Publishing.

Lucky to Live in Idaho. Kate B. Jerome. 2017. (Arcadia Kids Ser.). (ENG., Illus.). 32p. (J). 16.99 *(978-0-7385-2805-2(6))* Arcadia Publishing.

Lucky to Live in Illinois. Kate B. Jerome. 2017. (Arcadia Kids Ser.). (ENG., Illus.). 32p. (J). 16.99 *(978-0-7385-2776-5(9))* Arcadia Publishing.

Lucky to Live in Indiana. Kate B. Jerome. 2017. (Arcadia Kids Ser.). (ENG., Illus.). 32p. (J). 16.99 *(978-0-7385-2784-0(X))* Arcadia Publishing.

Lucky to Live in Iowa. Kate B. Jerome. 2017. (Arcadia Kids Ser.). (ENG., Illus.). 32p. (J). 16.99 *(978-0-7385-2801-4(3))* Arcadia Publishing.

Lucky to Live in Kansas. Kate B. Jerome. 2017. (Arcadia Kids Ser.). (ENG., Illus.). 32p. (J). 16.99 *(978-0-7385-2798-7(X))* Arcadia Publishing.

Lucky to Live in Kentucky. Kate B. Jerome. 2017. (Arcadia Kids Ser.). (ENG., Illus.). 32p. (J). 16.99 *(978-0-7385-2797-0(1))* Arcadia Publishing.

Lucky to Live in Louisiana. Kate B. Jerome. 2017. (Arcadia Kids Ser.). (ENG., Illus.). 32p. (J). 16.99 *(978-0-7385-2792-5(0))* Arcadia Publishing.

Lucky to Live in Maryland. Kate B. Jerome. 2017. (Arcadia Kids Ser.). (ENG., Illus.). 32p. (J). 16.99 *(978-0-7385-2785-7(8))* Arcadia Publishing.

Lucky to Live in Massachusetts. Kate B. Jerome. 2017. (Arcadia Kids Ser.). (ENG., Illus.). 32p. (J). 16.99 *(978-0-7385-2795-6(5))* Arcadia Publishing.

Lucky to Live in Michigan. Kate B. Jerome. 2017. (Arcadia Kids Ser.). (ENG., Illus.). 32p. (J). 16.99 *(978-0-7385-2777-2(7))* Arcadia Publishing.

Lucky to Live in Minnesota. Kate B. Jerome. Illus. by Roger Radtke. 2017. (Arcadia Kids Ser.). (ENG.). 32p. (J). 16.99 *(978-0-7385-2786-4(6))* Arcadia Publishing.

Lucky to Live in Missouri. Kate B. Jerome. 2017. (Arcadia Kids Ser.). (ENG., Illus.). 32p. (J). 16.99 *(978-0-7385-2788-8(2))* Arcadia Publishing.

Lucky to Live in Montana. Kate B. Jerome. 2017. (Arcadia Kids Ser.). (ENG., Illus.). 32p. (J). 16.99 *(978-0-7385-2803-8(X))* Arcadia Publishing.

Lucky to Live in Nevada. Kate B. Jerome. 2017. (Arcadia Kids Ser.). (ENG., Illus.). 32p. (J). 16.99 *(978-0-7385-2802-1(1))* Arcadia Publishing.

Lucky to Live in New Jersey. Kate B. Jerome. 2017. (Arcadia Kids Ser.). (ENG., Illus.). 32p. (J). 16.99 *(978-0-7385-2782-6(3))* Arcadia Publishing.

Lucky to Live in New Mexico. Kate B. Jerome. 2017. (Arcadia Kids Ser.). (ENG., Illus.). 32p. (J). 16.99 *(978-0-7385-2804-5(8))* Arcadia Publishing.

Lucky to Live in New York. Kate B. Jerome. 2017. (Arcadia Kids Ser.). (ENG., Illus.). 32p. (J). 16.99 *(978-0-7385-2778-9(5))* Arcadia Publishing.

Lucky to Live in NorCal. Kate B. Jerome. 2017. (Arcadia Kids Ser.). (ENG., Illus.). 32p. (J). 16.99 *(978-0-7385-2770-3(X))* Arcadia Publishing.

Lucky to Live in North Carolina. Kate B. Jerome. 2017. (Arcadia Kids Ser.). (ENG., Illus.). 32p. (J). 16.99 *(978-0-7385-2783-3(1))* Arcadia Publishing.

Lucky to Live in Ohio. Kate B. Jerome. 2017. (Arcadia Kids Ser.). (ENG., Illus.). 32p. (J). 16.99 *(978-0-7385-2773-4(4))* Arcadia Publishing.

Lucky to Live in Oklahoma. Kate B. Jerome. 2017. (Arcadia Kids Ser.). (ENG., Illus.). 32p. (J). 16.99 *(978-0-7385-2799-4(8))* Arcadia Publishing.

Lucky to Live in Oregon. Kate B. Jerome. 2017. (Arcadia Kids Ser.). (ENG., Illus.). 32p. (J). 16.99 *(978-0-7385-2791-8(2))* Arcadia Publishing.

1240

The check digit for ISBN-10 appears in parentheses after the full ISBN-13

Lucky to Live in Pennsylvania. Kate B. Jerome. 2017. (Arcadia Kids Ser.). (ENG., Illus.). 32p. (J). 16.99 *(978-0-7385-2772-7(6))* Arcadia Publishing.

Lucky to Live in Socal. Kate B. Jerome. 2017. (Arcadia Kids Ser.). (ENG., Illus.). 32p. (J). 16.99 *(978-0-7385-2768-0(8))* Arcadia Publishing.

Lucky to Live in South Carolina. Kate B. Jerome. 2017. (Arcadia Kids Ser.). (ENG., Illus.). 32p. (J). 16.99 *(978-0-7385-2794-9(7))* Arcadia Publishing.

Lucky to Live in South Dakota. Kate B. Jerome. 2017. (Arcadia Kids Ser.). (ENG., Illus.). 32p. (J). 16.99 *(978-0-7385-2808-3(0))* Arcadia Publishing.

Lucky to Live in Tennessee. Kate B. Jerome. 2017. (Arcadia Kids Ser.). (ENG., Illus.). 32p. (J). 16.99 *(978-0-7385-2790-1(4))* Arcadia Publishing.

Lucky to Live in Texas. Kate B. Jerome. 2017. (Arcadia Kids Ser.). (ENG., Illus.). 32p. (J). 16.99 *(978-0-7385-2769-7(6))* Arcadia Publishing.

Lucky to Live in Utah. Kate B. Jerome. 2017. (Arcadia Kids Ser.). (ENG., Illus.). 32p. (J). 16.99 *(978-0-7385-2793-2(9))* Arcadia Publishing.

Lucky to Live in Virginia. Kate B. Jerome. 2017. (Arcadia Kids Ser.). (ENG., Illus.). 32p. (J). 16.99 *(978-0-7385-2775-8(0))* Arcadia Publishing.

Lucky to Live in Washington. Kate B. Jerome. 2017. (Arcadia Kids Ser.). (ENG., Illus.). 32p. (J). 16.99 *(978-0-7385-2774-1(2))* Arcadia Publishing.

Lucky to Live in Wisconsin. Kate B. Jerome. 2017. (Arcadia Kids Ser.). (ENG., Illus.). 32p. (J). 16.99 *(978-0-7385-2787-1(4))* Arcadia Publishing.

Lucky Wheels (DC Batman: Batwheels) Andrew Guastaferro. Illus. by Sean Calico. 2022. (ENG.). 32p. (J). (gr. -1-2). 12.99 *(978-0-593-56500-1(2)*, Random Hse. Bks. for Young Readers) Random Hse. Children's Bks.

Lucky Young Woman: A Novel (Classic Reprint) Francis Charles Philips Ilip. 2018. (ENG., Illus.). 348p. (J). 31.07 *(978-0-483-15405-6(9))* Forgotten Bks.

Lucky Young Woman. a Novel. Francis Charles Philips. 2016. (ENG.). 268p. (J). pap. *(978-3-7434-2006-9(6))* Creation Pubs.

Lucky Young Woman a Novel, Vol. 1 of 3 (Classic Reprint) Francis Charles Philips. 2018. (ENG., Illus.). 266p. (J). 29.38 *(978-0-483-19841-8(2))* Forgotten Bks.

Lucky Young Woman, Vol. 3 Of 3: A Novel (Classic Reprint) F. C. Philips. 2018. (ENG., Illus.). 240p. (J). 28.85 *(978-0-483-58337-5(5))* Forgotten Bks.

Lucky's Class Contest. Jennifer Fox. 2019. (Passport to Reading Ser.). (ENG.). 32p. (J). (gr. k-1). 13.89 *(978-0-87617-896-6(4))* Penworthy Co., LLC, The.

Lucky's Day at the Beach with Pinchers. Sarah A. M. Collins. Illus. by Tajha T. Winkle. 2022. 46p. (J). 32.95 *(978-1-6678-5823-4(8))* BookBaby.

Lucky's Treasure Hunt. Meredith Rusu. ed. 2021. (Passport to Reading Ser.). (ENG., Illus.). 32p. (J). (gr. 2-3). 15.46 *(978-1-68505-026-9(3))* Penworthy Co., LLC, The.

Lucretia. Noel Barton. 2022. (Whirlwind Ser.: Vol. 3). (ENG.). 422p. (YA). pap. 21.99 *(978-1-0880-2847-6(0))* Barton, Carol.

Lucretia Lombard (Classic Reprint) Kathleen Norris. 2018. (ENG., Illus.). 330p. (J). 30.70 *(978-0-484-70756-5(6))* Forgotten Bks.

Lucretia or the Children of Night, Vol. 1 of 2 (Classic Reprint) Edward Bulwer Lytton. 2018. (ENG., Illus.). 374p. (J). 31.63 *(978-0-483-91750-7(8))* Forgotten Bks.

Lucretia, or the Children of Night, Vol. 2 of 2 (Classic Reprint) Edward Bulwer Lytton. 2018. (ENG., Illus.). 362p. (J). 31.36 *(978-0-332-37284-6(7))* Forgotten Bks.

Lucretia, or the Children of the Night (Classic Reprint) Edward Bulwer Lytton. 2017. (ENG., Illus.). (J). 31.88 *(978-0-331-34095-2(X))* Forgotten Bks.

Lucretia, Vol. 1 Of 2: Or, the Children of Night (Classic Reprint) Edward Bulwer Lytton. 2018. (ENG., Illus.). 390p. (J). 31.96 *(978-0-332-06617-2(7))* Forgotten Bks.

Lucrezia in Cile. Italy. 2016. (ITA., Illus.). 188p. (J). pap. *(978-1-326-88670-7(3))* Lulu Pr., Inc.

Lucubrations of Isaac Bickerstaff, Esq. , Vol. 1 (Classic Reprint) Richard Steele. 2017. (ENG., Illus.). (J). 30.23 *(978-0-265-75568-6(9))*; pap. 13.57 *(978-1-5277-3023-6(9))* Forgotten Bks.

Lucubrations of Isaac Bickerstaff, Esq. , Vol. 4 (Classic Reprint) Richard Steele. (ENG., Illus.). (J). 2018. 386p. 31.88 *(978-0-365-50536-5(6))*; 2017. 30.91 *(978-0-266-54367-1(7))*; 2017. pap. 13.57 *(978-0-282-76120-2(9))*; 2017. pap. 16.57 *(978-0-259-27670-8(7))* Forgotten Bks.

Lucy. Randy Cecil. Illus. by Randy Cecil. 2016. (ENG., Illus.). 144p. (J). (gr. k-3). 19.99 *(978-0-7636-6808-2(7))* Candlewick Pr.

Lucy. Thea Ramsay. 2018. (ENG., Illus.). 168p. (YA). pap. *(978-0-2288-0039-2(0))* Tellwell Talent.

Lucy: Speak Out!, 12. Charles M. Schulz. ed. 2019. (Peanuts Collection). (ENG.). 168p. (J). (gr. 4-5). 20.96 *(978-0-87617-326-8(1))* Penworthy Co., LLC, The.

Lucy: Speak Out!: a Peanuts Collection. Charles M. Schulz. 2019. (Peanuts Kids Ser.: Vol. 12). (ENG., Illus.). 178p. (J). (gr. 3-6). 35.99 *(978-1-5248-5129-3(9))* Andrews McMeel Publishing.

Lucy & Andy Neanderthal. Jeffrey Brown. 2018. (Lucy & Andy Neanderthal Ser.: 1). (Illus.). 240p. (J). (gr. 3-7). pap. 7.99 *(978-0-525-64397-5(4)*, Yearling) Random Hse. Children's Bks.

Lucy & Andy Neanderthal. Jeffrey Brown. Illus. by Jeffrey Brown. 2016. (Lucy & Andy Neanderthal Ser.: 1). (Illus.). 224p. (J). (gr. 3-7). 12.99 *(978-0-385-38835-1(7)*, Crown Books For Young Readers) Random Hse. Children's Bks.

Lucy & Andy Neanderthal: Bad to the Bones. Jeffrey Brown. 2018. (Lucy & Andy Neanderthal Ser.: 3). (Illus.). 208p. (J). (gr. 3-7). 12.99 *(978-0-385-38841-2(1)*, Crown Books For Young Readers) Random Hse. Children's Bks.

Lucy & Andy Neanderthal: Bad to the Bones. Jeffrey Brown. 2019. (Lucy & Andy Neanderthal Ser.: 3). (Illus.). 208p. (J). (gr. 3-7). pap. 7.99 *(978-0-525-64399-9(0)*, Yearling) Random Hse. Children's Bks.

Lucy & Andy Neanderthal: the Stone Cold Age. Jeffrey Brown. (Lucy & Andy Neanderthal Ser.: 2). (Illus.). 224p. (J). (gr. 3-7). 2018. pap. 7.99 *(978-0-525-64398-2(2)*, Yearling); 2017. 12.99 *(978-0-385-38838-2(1)*, Crown Books For Young Readers) Random Hse. Children's Bks.

Lucy & Clark: A Story of Puppy Love. Jared Haibon. 2019. (ENG.). 38p. (J). 16.95 *(978-1-64307-402-3(4))* Amplify Publishing Group.

Lucy & Dee: The Caves of Wonder. Kirsten Marion. 2023. (Lucy & Dee Ser.: 2). (ENG.). 282p. (J). (gr. 5-8). pap. 12.95 ***(978-1-988761-80-0(8))*** Common Deer Pr. CAN. Dist: National Bk. Network.

Lucy & Feather: A Sunny Friendship. Rosina Anderson. 2020. (ENG.). 40p. (J). 28.95 *(978-1-64701-910-5(9))* Page Publishing Inc.

Lucy & Henrietta the Hummingbird. Debbie Sullivan. 2019. (ENG.). 30p. (J). 23.95 *(978-1-0980-0209-1(1))*; pap. 13.95 *(978-1-64299-548-0(7))* Christian Faith Publishing.

Lucy & Henry Are Twins. Elizabeth Winthrop. Illus. by Jane Massey. 2023. (ENG.). 25p. (J). (gr. -1-k). pap. 9.99 *(978-1-5039-4938-6(9)*, 9781503949386, Two Lions) Amazon Publishing.

Lucy & Linh. Alice Pung. 2018. (ENG.). 352p. (YA). (gr. 7). pap. 9.99 *(978-0-399-55051-5(8)*, Ember) Random Hse. Children's Bks.

Lucy & the Equiman. Susan Johnson. 2021. (ENG.). 166p. (YA). *(978-0-2288-5881-2(X))*; pap. *(978-0-2288-5880-5(1))* Tellwell Talent.

Lucy & the Magic Loom: the Daring Rescue: A Rainbow Loomer's Adventure Story. Madeline Downest. 2016. (ENG.). 112p. (J). (gr. k-5). pap. 7.99 *(978-1-63450-215-3(9)*, Sky Pony Pr.) Skyhorse Publishing Co., Inc.

Lucy & the Magic Shell. Jan Richey King. 2022. (ENG.). 26p. (J). ***(978-0-2288-7512-3(9))***; pap. ***(978-0-2288-7511-6(0))*** Tellwell Talent.

Lucy & the Small Fat Hen. Dolly Unnikrishnan. 2021. (ENG.). 26p. (J). pap. 8.00 *(978-1-63640-398-4(0)*, White Falcon Publishing) White Falcon Publishing.

Lucy & the String. Vanessa Roeder. Illus. by Vanessa Roeder. 2018. (Illus.). 40p. (J). (-k). 17.99 *(978-0-7352-3049-1(8)*, Dial Bks) Penguin Young Readers Group.

Lucy & the Tummy Ache Pie. Diana Graniela. 2022. (ENG., Illus.). 40p. (YA). pap. 16.95 ***(978-1-6624-2354-3(3))*** Page Publishing Inc.

Lucy & the Turtle Who Slowed down Time. Ashley Hartson. 2020. (ENG.). 38p. (J). pap. 14.95 *(978-1-64584-332-0(7))* Page Publishing Inc.

Lucy & Their Majesties: A Comedy in Wax (Classic Reprint) B. I. Farjeon. 2018. (ENG., Illus.). 344p. (J). 30.99 *(978-0-428-35834-1(9))* Forgotten Bks.

Lucy & Tom at School. Shirley Hughes. 2018. (Lucy & Tom Ser.). (Illus.). 32p. (J). (gr. -1-k). pap. 12.99 *(978-1-78295-659-4(X)*, Red Fox) Random House Children's Books GBR. Dist: Independent Pubs. Group.

Lucy & Tom at the Seaside. Shirley Hughes. 2016. (Illus.). 32p. (J). (-k). pap. 12.99 *(978-1-78295-516-0(X)*, Red Fox) Random House Children's Books GBR. Dist: Independent Pubs. Group.

Lucy & Tom's 123. Shirley Hughes. 2019. (Illus.). 32p. (J). (-k). pap. 9.99 *(978-1-78295-726-3(X))* Penguin Random Hse. AUS. Dist: Independent Pubs. Group.

Lucy & Tom's ABC. Shirley Hughes. 2018. (Lucy & Tom Ser.). (Illus.). 32p. (J). (-k). pap. 11.99 *(978-1-78295-725-6(1)*, Red Fox) Random House Children's Books GBR. Dist: Independent Pubs. Group.

Lucy & Tyson. Lise Gallant. 2020. (ENG.). 44p. (J). pap. *(978-1-716-49247-1(5))* Lulu Pr., Inc.

Lucy Arlyn (Classic Reprint) J. T. Trowbridge. 2017. (ENG., Illus.). (J). 35.61 *(978-0-266-19198-8(3))* Forgotten Bks.

Lucy Aylmer, Vol. 1 (Classic Reprint) Harriette Amiel Chalcraft. 2018. (ENG., Illus.). 318p. (J). 30.46 *(978-0-483-94309-4(6))* Forgotten Bks.

Lucy Aylmer, Vol. 2 of 3 (Classic Reprint) George Herbert. 2018. (ENG., Illus.). 318p. (J). 30.46 *(978-0-267-24904-6(7))* Forgotten Bks.

Lucy Aylmer, Vol. 3 of 3 (Classic Reprint) Harriette Amiel Chalcraft. (ENG., Illus.). (J). 2018. 312p. 30.33 *(978-0-484-41730-3(4))*; 2016. pap. 13.57 *(978-1-333-41695-9(4))* Forgotten Bks.

Lucy Bee & the Secret Gene. Anne Ingram. 2017. (ENG., Illus.). (J). pap. *(978-0-9941281-9-5(3))* White Gull Pr.

Lucy Boston, or Woman's Rights & Spiritualism: Illustrating the Follies & Delusions of the Nineteenth Century (Classic Reprint) Fred Folio. (ENG., Illus.). (J). 2018. 430p. 32.77 *(978-0-484-63563-9(8))*; 2016. pap. 16.57 *(978-1-333-41941-7(4))* Forgotten Bks.

Lucy Carmichael (Classic Reprint) Margaret Kennedy. 2017. (ENG., Illus.). (J). 31.26 *(978-0-260-98373-2(X))*; pap. 13.97 *(978-0-243-28437-5(3))* Forgotten Bks.

Lucy Castor Finds Her Sparkle. Natasha Lowe. (ENG.). 240p. (J). (gr. 3-7). 2019. pap. 7.99 *(978-1-5344-0197-6(0))*; 2018. (Illus.). 16.99 *(978-1-5344-0196-9(2))* Simon & Schuster/Paula Wiseman Bks. (Simon & Schuster/Paula Wiseman Bks.).

Lucy Clark Will Not Apologize. Margo Rabb. (ENG.). (YA). (gr. 9). 2022. 400p. pap. 11.99 *(978-0-06-232241-8(9))*; 2021. (Illus.). 384p. 17.99 *(978-0-06-232240-1(0))* HarperCollins Pubs. (Quill Tree Bks.).

Lucy Crisp & the Vanishing House. Janet Hill. 2020. (ENG., Illus.). 224p. (YA). (gr. 7). 17.99 *(978-1-77049-924-9(5)*, Tundra Bks.) Tundra Bks. CAN. Dist: Penguin Random Hse. LLC.

Lucy Doesn't Wear Pink, 1 vol. Nancy N. Rue. 2016. (Faithgirlz / a Lucy Novel Ser.: 1). (ENG.). 256p. (J). pap. 7.99 *(978-0-310-75442-8(9))* Zonderkidz.

Lucy, Dr Quack & the Beast of Antioc. Chris Fitchett. 2023. (ENG.). 192p. (J). (gr. 3-7). pap. 16.99 ***(978-1-922677-15-0(9))*** Bonnier Publishing GBR. Dist: Independent Pubs. Group.

Lucy e il Colore Del Cuore. Diana del Grande. 2022. (ITA.). 32p. (J). 17.99 *(978-1-956357-37-0(8))* Lawley Enterprises.

Lucy Fights the Flames: A Triangle Shirtwaist Factory Survival Story. Julie Gilbert. Illus. by Alessia Trunfio. 2019. (Girls Survive Ser.). (ENG.). 112p. (J). (gr. 3-7). pap. 7.95 *(978-1-4965-8448-9(1)*, 140973); lib. bdg. 26.65 *(978-1-4965-8386-4(8)*, 140682) Capstone. (Stone Arch Bks.).

Lucy Finds Her Way, 1 vol. Nancy N. Rue. 2016. (Faithgirlz / a Lucy Novel Ser.: 4). (ENG.). 192p. (J). pap. 7.99 *(978-0-310-75452-7(6))* Zonderkidz.

Lucy Fitzadam, Vol. 1 Of 2: An Autobiography (Classic Reprint) Edward Whitaker. 2018. (ENG., Illus.). 320p. (J). 30.50 *(978-0-332-18974-1(0))* Forgotten Bks.

Lucy Fitzadam, Vol. 2 Of 2: An Autobiography (Classic Reprint) Lucy Fitzadam. (ENG., Illus.). (J). 2018. 326p. 30.62 *(978-0-332-89043-2(0))*; 2016. pap. 13.57 *(978-1-333-34994-3(7))* Forgotten Bks.

Lucy Goosey & Her Wonderful Smelling Nose. Melissa Langenhorst. 2017. (ENG., Illus.). 36p. (J). pap. 12.99 *(978-0-692-95655-7(7))* Clever Girl Publishing.

Lucy Gort: A Study in Temperament (Classic Reprint) Alice Askew. (ENG., Illus.). (J). 2018. 440p. 32.97 *(978-0-483-62961-5(8))*; 2016. pap. 16.57 *(978-1-333-32267-0(4))* Forgotten Bks.

Lucy Herbert: Or the Little Girl Who Would Have an Education (Classic Reprint) Estelle Estelle. 2018. (ENG., Illus.). 132p. (J). 26.62 *(978-0-483-63692-7(4))* Forgotten Bks.

Lucy Hosmer, or the Guardian & Ghost: A Tale of Avarice & Crime Defeated (Classic Reprint) Daniel Pierce Thompson. (ENG., Illus.). (J). 2018. 92p. 25.79 *(978-0-483-62793-2(3))*; 2017. pap. 9.57 *(978-0-243-30035-8(2))* Forgotten Bks.

Lucy Howard's Journal (Classic Reprint) L. H. Sigourney. 2017. (ENG., Illus.). (J). 31.16 *(978-1-5279-8983-2(6))* Forgotten Bks.

Lucy I Love You All Ways. Marianne Richmond. Illus. by Dubravka Kolanovic. 2023. (I Love You All Ways Ser.). (ENG.). 32p. (J). (gr. -1-3). 8.99 ***(978-1-7282-7393-8(5))*** Sourcebooks, Inc.

Lucy in Her Secret Wood. Christina Pages. 2019. (ENG., Illus.). 276p. (YA). (gr. 7-12). 22.95 *(978-1-64633-018-8(8))* Waldorf Publishing.

Lucy in the Sky. Kiara Brinkman. Illus. by Sean Chiki. 2021. (ENG.). 304p. (J). pap. 14.99 *(978-1-62672-720-5(1)*, 900171728, First Second Bks.) Roaring Brook Pr.

Lucy Joue Au Baseball. Lisa Bowes. Tr. by Rachel Martinez from ENG. Illus. by James Hearne. 2023. (Lucy Fait du Sport Ser.). Orig. Title: Lucy Tries Baseball. (FRE.). 32p. (J). (gr. 1-3). 14.95 *(978-1-4598-3497-2(6))* Orca Bk. Pubs. USA.

Lucy Joue Au Basketball, 1 vol. Lisa Bowes. Illus. by James Hearne. 2019. (Lucy Fait du Sport Ser.: 5). (FRE.). 32p. (J). (gr. 1-3). 12.95 *(978-1-4598-2338-9(9))* Orca Bk. Pubs. USA.

Lucy Joue Au Soccer. Lisa Bowes. Tr. by Rachel Martinez from ENG. Illus. by James Hearne. 2021. (Lucy Fait du Sport Ser.: 3). Orig. Title: Lucy Tries Soccer. (FRE.). 32p. (J). (gr. 1-3). 12.95 *(978-1-4598-3169-8(1))* Orca Bk. Pubs. USA.

Lucy Juega Al Béisbol. Lisa Bowes. Tr. by Lawrence Schimel from ENG. Illus. by James Hearne. 2023. (Lucy Hace Deporte Ser.). Orig. Title: Lucy Tries Baseball. (SPA.). 32p. (J). (gr. 1-3). 14.95 *(978-1-4598-3500-9(X))* Orca Bk. Pubs. USA.

Lucy Juega Al Fútbol. Lisa Bowes. Tr. by Lawrence Schimel from ENG. Illus. by James Hearne. 2021. (Lucy Hace Deporte Ser.: 3). Orig. Title: Lucy Tries Soccer. (SPA.). 32p. (J). (gr. 1-3). 12.95 *(978-1-4598-3172-8(1))* Orca Bk. Pubs. USA.

Lucy-Kissa Ja Cristiano. Pertti Pietarinen. 2018. (Lucy-Kissa Ser.: Vol. 1). (FIN., Illus.). 68p. (J). (gr. k-6). *(978-952-7304-08-2(3))* Papan Publishing.

Lucy Knows Best. Kama Einhorn. ed. 2018. (Ready-To-Read Ser.). (ENG.). 32p. (J). (gr. -1-1). 9.00 *(978-1-64310-607-6(4))* Penworthy Co., LLC, The.

Lucy Learns Inner Magic. Beth Costanzo. 2020. (ENG.). 25p. (J). ***(978-1-716-93676-0(4))*** Lulu Pr., Inc.

Lucy Limone. Christina Hülsmann. 2018. (GER., Illus.). 76p. (J). *(978-3-7469-0624-9(5))*; pap. *(978-3-7469-0623-2(7))* tredition Verlag.

Lucy Longlegs Goes Out on Her Own. Penelope Lombardo. 2017. (ENG., Illus.). 30p. (J). (Lucy Longlegs Adventure Ser.: Vol. 1). (gr. 3-6). 19.99 *(978-0-9974413-5-2(6))*; pap. 9.99 *(978-0-9974413-4-5(8))* Thompson, Jeniffer. (MCM Publishing).

Lucy Lopez: Coding Star. Claudia Mills. Illus. by Grace Zong. 2020. (After-School Superstars Ser.: 3). 128p. (J). (gr. 2-5). 15.99 *(978-0-8234-4628-5(X))*; pap. 7.99 *(978-0-8234-4921-7(1))* Holiday Hse., Inc. (Margaret Ferguson Books).

Lucy Lost on Land. Krista Kay Fuentes. 2022. (ENG.). 44p. (J). pap. 24.99 ***(978-1-7370121-0-8(3))*** Fuentes, Krista.

Lucy Lou the Littlest Lamb. Kimberly Nyagol. 2019. (ENG., Illus.). 34p. (J). pap. 13.95 *(978-1-64559-508-3(0))* Covenant Bks.

Lucy Loves Sherman. Catherine Bailey. Illus. by Meg Walters. 2017. (ENG.). 32p. (J). (gr. -1-k). 16.99 *(978-1-63450-705-9(3)*, Sky Pony Pr.) Skyhorse Publishing Co., Inc.

Lucy Lu, Where Are You? Jennifer L. Grazioso. 2017. (ENG., Illus.). (J). (gr. 1-4). 23.95 *(978-1-64082-412-6(X))* Page Publishing Inc.

Lucy Maud Montgomery: Creator of Anne of Green Gables: I Can Read Level 1. Sarah Howden. Illus. by Nick Craine. 2020. (ENG.). 32p. (J). pap. 4.99 *(978-1-4434-6026-2(5)*, HarperCollins) HarperCollins Pubs.

Lucy of the Stars (Classic Reprint) Frederick Palmer. 2018. (ENG., Illus.). 368p. (J). 31.49 *(978-0-483-67191-1(6))* Forgotten Bks.

Lucy on the North Pole Express. J. D. Green. 2019. (North Pole Express Ser.). (ENG.). 32p. (J). (gr. -1-3). 7.99 ***(978-1-7282-0364-5(3))*** Sourcebooks, Inc.

Lucy, or the Little Enquirer: Being the Conversation of a Mother with Her Infant Daughter (Classic Reprint) Unknown Author. 2018. (ENG., Illus.). 78p. (J). 25.53 *(978-0-267-49660-0(5))* Forgotten Bks.

Lucy Out of Bounds, 1 vol. Nancy N. Rue. 2016. (Faithgirlz / a Lucy Novel Ser.: 2). (ENG.). 224p. (J). pap. 7.99 *(978-0-310-75505-0(0))* Zonderkidz.

Lucy Patoocy & Her Pink Piggy Racer. Lucyann Wagner & Delia Blackstone. 2020. (ENG.). 42p. (J). pap. 18.00 *(978-1-68471-762-0(0))* Lulu Pr., Inc.

Lucy-Roo & Family Too. Rachel Holdsworth. 2023. (ENG.). 38p. (J). 18.95 ***(978-1-63755-392-3(7)***, Mascot Kids) Amplify Publishing Group.

Lucy: Speak Out! A PEANUTS Collection. Charles M. Schulz. 2019. (Peanuts Kids Ser.: 12). (ENG., Illus.). 176p. (J). pap. 9.99 *(978-1-4494-9355-4(6))* Andrews McMeel Publishing.

Lucy the Bee & the Healing Honey. Alessandra Macaluso. 2019. (Lucy the Bee Ser.: Vol. 1). (ENG., Illus.). 102p. (J). (gr. 2-4). pap. 12.95 *(978-1-7341262-4-2(8))* Warren Publishing, Inc.

Lucy the Explorer. Dorothy Fallows-Thompson. 2019. (ENG.). 60p. (J). pap. 22.73 *(978-0-244-83177-6(7))* Lulu Pr., Inc.

Lucy, the Inquisitive Calf. Ted Smith. Ed. by Ted Smith. Illus. by Valentina Rinaldi. 2020. (ENG.). 76p. (J). pap. *(978-1-716-53834-6(3))* Lulu Pr., Inc.

Lucy the Ladybird Loses Her Spots. Millie Coton. 2017. (ENG., Illus.). 42p. (J). pap. 14.27 *(978-0-244-34941-7(X))* Lulu Pr., Inc.

Lucy the Ladybug on Race Day. Lisa J Levy. 2018. (ENG., Illus.). 46p. (J). pap. 14.95 *(978-1-64298-454-5(X))* Page Publishing Inc.

Lucy the Lake Dog. Merrie Costello. Illus. by Jacqueline Kerr. 2022. (ENG.). 46p. (J). 21.95 *(978-1-63860-083-1(X))* Fulton Bks.

Lucy, the Sold Orphan. Sarah Lucy McKay. 2017. (ENG., Illus.). 68p. (J). pap. *(978-3-337-34319-4(8))* Creation Pubs.

Lucy, the Sold Orphan: A Drama from Real Life, in 12 Acts (Classic Reprint) Sarah Lucy McKay. 2018. (ENG., Illus.). 64p. (J). 25.24 *(978-0-332-79415-0(6))* Forgotten Bks.

Lucy to the Rescue: Lucy's Story. Katie Yarber. 2017. (ENG., Illus.). 24p. (J). *(978-1-365-91349-5(X))* Lulu Pr., Inc.

Lucy to the Rescue: Zeus's Story. Katie Anderson. 2018. (ENG., Illus.). 20p. (J). *(978-1-387-85289-5(2))* Lulu Pr., Inc.

Lucy Tries Baseball. Lisa Bowes. Illus. by James Hearne. 2023. (Lucy Tries Sports Ser.: 6). (ENG.). 32p. (J). (gr. 1-3). 14.95 *(978-1-4598-3494-1(1))* Orca Bk. Pubs. USA.

Lucy Tries Basketball, 1 vol. Lisa Bowes. Illus. by James Hearne. 2019. (Lucy Tries Sports Ser.: 5). (ENG.). 32p. (J). (gr. 1-3). 14.95 *(978-1-4598-1697-8(8))* Orca Bk. Pubs. USA.

Lucy Tries Hockey. Lisa Bowes. ed. 2019. (Lucy Tries Sports Ser.). (ENG.). 32p. (J). (gr. k-1). 15.69 *(978-1-64310-893-3(X))* Penworthy Co., LLC, The.

Lucy Tries Team Sports Four Pack. Lisa Bowes. Illus. by James Hearne. 2023. (Lucy Tries Sports Ser.). (ENG.). 128p. (J). (gr. 1-3). 39.95 ***(978-1-4598-3868-0(8))*** Orca Bk. Pubs. USA.

Lucy 'Twas the Night Before Christmas. Illus. by Lisa Alderson. 2019. (Night Before Christmas Ser.). (ENG.). 32p. (J). (gr. -1-3). 7.99 ***(978-1-7282-0257-0(4))*** Sourcebooks, Inc.

Lucy Vampoosy: The Little Vampire Dog. Melanie Tomlin. 2016. (ENG., Illus.). (J). (gr. k-4). pap. *(978-0-9946160-2-9(3))* Kylani Pr.

Lucy Versus the Mares. E. J. Yardley. 2021. (ENG.). 200p. (J). pap. *(978-1-9998894-2-5(8))* Perfect Puddle Pr.

Lucy's Blooms. Dawn Babb Prochovnic. Illus. by Alice Brereton. 2021. (ENG.). 32p. (J). (gr. 1-4). 16.99 *(978-1-5132-6719-7(1)*, West Margin Pr.) West Margin Pr.

Lucy's Christmas Wish. Put Me In The Story & J. D. Green. Illus. by Julia Seal. 2018. (Christmas Wish Ser.). (ENG.). 32p. (J). (gr. k-3). 6.99 ***(978-1-4926-8535-7(6))*** Sourcebooks, Inc.

Lucy's Dream & the Sun Blokkers. Leo Phoenix. 2016. (ENG., Illus.). (J). 19.99 *(978-0-9983183-0-1(2))* Mindstir Media.

Lucy's Light. Jo Rooks. 2019. (ENG., Illus.). 32p. (J). *(978-1-4338-3088-4(4)*, Magination Pr.) American Psychological Assn.

Lucy's New Home. Elizabeth Peerman. 2021. (ENG., Illus.). 32p. (J). 24.95 *(978-1-6624-4002-1(2))* Page Publishing Inc.

Lucy's Perfect Summer, 1 vol. Nancy N. Rue. 2016. (Faithgirlz / a Lucy Novel Ser.: 3). (ENG.). 192p. (J). pap. 7.99 *(978-0-310-75504-3(2))* Zonderkidz.

Lucy's Social Web. Charles Conway. 2017. (ENG.). 130p. (J). pap. ***(978-0-244-33677-6(6))*** Lulu Pr., Inc.

Lucy's Utica Library Adventure. Mindy Macisco. Ed. by Melanie Lopata. Illus. by Denny Poliquit. 2021. (ENG.). 74p. (J). pap. 18.00 *(978-1-0879-6697-7(3))* Indy Pub.

Lucy's Web. Charles Conway. 2016. (ENG.). 110p. (J). pap. ***(978-1-326-77823-1(4))*** Lulu Pr., Inc.

Lucy's Web & Steve's Web Operation: Stay Safe Online. Charles Conway. 2016. (ENG.). 186p. (J). pap. ***(978-1-326-78506-2(0))*** Lulu Pr., Inc.

Luda & Chairsy: Making Friends. Luda Gogolushko. Illus. by Kevin Nordstrom. 2019. (ENG.). 32p. (J). (gr. k-5). 21.99 *(978-0-9861927-6-0(7))* INCLUDAS Publishing.

Luddy Pig & Buffy. NIki Hill. 2017. (ENG., Illus.). (J). pap. 13.00 *(978-0-9894443-0-9(9))* Family Value Series.

Luddy, the Teaching Cat. Lcsw Jack Given. 2017. (ENG., Illus.). (J). (gr. 3-6). pap. 16.50 *(978-1-68181-829-0(9))* Strategic Book Publishing & Rights Agency (SBPRA).

Ludemus, 1900 (Classic Reprint) Unknown Author. (ENG., Illus.). (J). 2018. 52p. 24.97 *(978-0-483-25440-4(1))*; 2017. pap. 9.57 *(978-0-259-82652-1(9))* Forgotten Bks.

Ludewig Schmuddelig und der Zauberstock. J. W. Pfaff. 2017. (GER., Illus.). (J). pap. *(978-3-7407-3046-8(3))* VICOO International Pr.

Ludicrous Lanza: Dream Doodles. Lyn Phillips. 2017. (Challenging Art Colouring Bks.: Vol. 3). (ENG., Illus.). 64p. (YA). (gr. 7-12). pap. *(978-1-908135-80-3(8))* U P Pubns.

Ludicrous Light, 1 vol. Michael Clark. 2017. (Strange Science & Explosive Experiments Ser.). (ENG.). 32p. (J). (gr. 4-5). 29.27 *(978-1-5383-2270-3(6)*, 707ecc47-17ca-4673-a102-3bdf8196f097); pap. 12.75 *(978-1-5383-2366-3(4)*, 3a173671-9fd2-4c89-8692-d388a53be0c5) Rosen Publishing Group, Inc., The. (PowerKids Pr.).

Ludlow Lost. Kate Robinson Dunne. 2017. (ENG., Illus.). (J). (gr. 4-7). *(978-0-9918161-8-7(8))* Two Pigeons Pr.

Ludovic Zam Affair (Classic Reprint) Percie William Edward Hart. 2018. (ENG., Illus.). 274p. (J). 29.55 *(978-0-483-48265-4(X))* Forgotten Bks.

Ludwig & the Rhinoceros. Noemi Schneider. Tr. by Marshall Yarbrough. Illus. by Golden COSMOS. 2023. (ENG.). 40p. (J). (gr. k-2). 19.95 *(978-0-7358-4527-5(1))* North-South Bks., Inc.

Ludwig Bemelmans' Favorite Stories: Hansi, Rosebud & the Castle No. 9. Ludwig Bemelmans. 2016. (Dover Children's Classics Ser.). (ENG., Illus.). 144p. (J). (gr. 1-5). pap. 14.99 *(978-0-486-80718-8(5))* Dover Pubns., Inc.

Ludwig Tieck und Die Volksbücher: Ein Beitrag Zur Geschichte der Älteren Romantischen Schule (Classic Reprint) Bernhard Steiner. 2018. (GER., Illus.). 94p. (J). 25.86 *(978-0-365-98125-1(7))* Forgotten Bks.

Ludwig Van Beethoven (Classic Reprint) Franz Hofmann. (ENG., Illus.). (J). 2018. 130p. 26.58 *(978-0-484-27657-3(3))*; 2016. pap. 9.57 *(978-1-334-15634-2(4))* Forgotten Bks.

Lue Gim Gong: The Citrus Wizard (Florida) Christina Hill. rev. ed. 2016. (Social Studies: Informational Text Ser.). (ENG., Illus.). 32p. (J). (gr. 4-8). pap. 11.99 *(978-1-4938-3549-2(1))* Teacher Created Materials, Inc.

Lug-Tooth: The Last Monster. Louis Orozco Lopez. Illus. by Aissa Mutiara Putri. 2023. (ENG.). 42p. (J). 37.32 *(978-1-4478-9447-6(2))* Lulu Pr., Inc.

Lugar Alejado Más Cercano Posible. Hayley Long. 2019. (SPA.). 324p. (YA). (gr. 7). pap. 17.50 *(978-607-527-573-4(8))* Editorial Oceano de Mexico MEX. Dist: Independent Pubs. Group.

Lugar Cómodo, Cómodo. Didi Grau. 2018. (SPA.). (J). pap. 11.99 *(978-607-746-034-3(6))* Progreso, Editorial, S. A. MEX. Dist: Lectorum Pubns., Inc.

Lugar para Mí. Melissa de la Cruz. 2018. (SPA.). 432p. (YA). pap. 23.99 *(978-84-16384-94-5(0))* Ediciones Kiwi S.L. ESP. Dist: Lectorum Pubns., Inc.

Lugar Perfecto. Stephanie Edenholm. Tr. by Tere Jimena. Illus. by Daniel Jackson. 2021. (SPA.). 36p. (J). 19.95 *(978-1-0879-7839-0(4))*; pap. 9.95 *(978-1-0878-9752-3(1))* Indy Pub.

Lugares Asombrosos: Travesías Insólitas y Otras Maneras Extrañas de Conocer Al Mundo / Amazing Places: Unusual Journeys & Other Strange Ways of Getting& Luisito Luisito Comunica. 2020. (SPA.). 280p. (YA). (gr. 9). pap. 18.95 *(978-607-31-8445-8(X)*, Alfaguara) Penguin Random House Grupo Editorial ESP. Dist: Penguin Random Hse. LLC.

¡Lugares Sorprendentes! Grace Hansen. 2017. (Ver para Creer Ser.). (SPA.). 24p. (J). (gr. -1-2). pap. 7.95 *(978-1-4966-1333-2(3)*, 135036, Capstone Classroom) Capstone.

Lugares Sorprendentes! (Places to Amaze You!) Grace Hansen. 2016. (Ver para Creer (Seeing Is Believing) Ser.). (SPA., Illus.). 24p. (J). (gr. -1-2). lib. bdg. 32.79 *(978-1-68080-770-7(6)*, 22702, Abdo Kids) ABDO Publishing Co.

Luggage. Jared O. Bekoe. 2017. (ENG., Illus.). (YA). *(978-1-4602-9901-2(9))*; pap. *(978-1-4602-9902-9(7))* FriesenPress.

Lui, il Re! Claudio Raspollini. 2020. (ITA.). 194p. (YA). pap. 13.80 *(978-1-716-56828-2(5))* Lulu Pr., Inc.

Luigi Bear Helps the Guardian of the Pacific. A. J. Bridle. 2017. (ENG., Illus.). (J). (gr. k-5). pap. *(978-1-78719-339-0(X))* Authors OnLine, Ltd.

Luigi Bear Helps the Guardian of the Pacific. A. J. & N. Bridle. 2017. (ENG., Illus.). (J). (gr. k-5). *(978-1-78719-340-6(3))* Authors OnLine, Ltd.

Luigi Bear Helps the Guardian of the Pacific (Japanese) A. J. Bridle. 2017. (JPN., Illus.). (J). (gr. k-5). pap. *(978-1-78719-341-3(1))* Authors OnLine, Ltd.

Luigi Bear Helps the Guardian of the Pacific (Japanese) A. J. & N. Bridle. 2017. (JPN., Illus.). (J). (gr. k-5). *(978-1-78719-342-0(X))* Authors OnLine, Ltd.

Luigi's Spaghetti: A Story of Balance. Charmaine Trofin. 2018. (ENG., Illus.). 24p. (J). pap. *(978-1-77370-789-1(2))* Tellwell Talent.

Luis & Tabitha. Stephanie Campisi. Illus. by Hollie Mengert. 2018. (ENG.). 32p. (J). (gr. k-3). 16.99 *(978-1-64170-040-5(8)*, 550040) Familius LLC.

Luis Barros, el Chismoso. Christianne C. Jones. Tr. by Aparicio Publishing Aparicio Publishing LLC. Illus. by Elina Ellis. 2019. (Pasito a Pasito Ser.). (SPA.). 32p. (J). (gr. -1-2). lib. bdg. 23.99 *(978-1-5158-4654-3(7)*, 141255, Picture Window Bks.) Capstone.

Luis Decide Participar: Fragmentar el Problema, 1 vol. Miriam Phillips. 2017. (Computación Científica en el Mundo Real (Computer Science for the Real World) Ser.). (SPA.). 24p. (J). (gr. 3-4). pap. *(978-1-5383-5761-3(5)*, 291d8668-8d2f-4915-9669-0568fcd2637b, Rosen Classroom) Rosen Publishing Group, Inc., The.

Luis Decide Participar: Fragmentar el Problema (Luis Gets Involved: Breaking down the Problem), 1 vol. Miriam Phillips. 2017. (Niños Digitales: Superdotados con Pensamiento Computacional (Computer Kids: Powered by Computational Thinking) Ser.). (SPA.). 24p. (J). (gr. 3-4). 25.27 *(978-1-5383-2884-2(4)*, c272061b-017c-4a54-9634-58eb281fc0c5, PowerKids Pr.) Rosen Publishing Group, Inc., The.

Luis Gets Involved: Breaking down the Problem, 1 vol. Miriam Phillips. 2017. (Computer Kids: Powered by Computational Thinking Ser.). (ENG.). 24p. (J). (gr. 3-4). 25.27 *(978-1-5383-2409-7(1)*, 02c66cd3-b396-4d45-a981-a6e8dc01dc34, PowerKids Pr.); pap. *(978-1-5081-3783-2(8)*, 00d3ce44-17fd-458d-aa8a-afebedf1eff2, Rosen Classroom) Rosen Publishing Group, Inc., The.

Luis Ortega Survival Club. Sonora Reyes. 2023. (ENG.). 320p. (YA). (gr. 8). 19.99 *(978-0-06-306030-2(2)*, Balzer & Bray) HarperCollins Pubs.

Luis Paints the World. Terry Farish. Illus. by Oliver Dominguez. ed. 2016. (ENG.). 32p. (J). (gr. k-4). E-Book 30.65 *(978-1-5124-0667-2(8)*, 9781512406672, Carolrhoda Bks.) Lerner Publishing Group.

Luis Suárez, 1 vol. Brianna Battista. 2018. (Soccer Stars Ser.). (ENG.). 24p. (J). (gr. 3-3). 25.27 *(978-1-5383-4351-7(7)*, aeaf56de-bfb6-4d5a-94c3-e085d816d428, PowerKids Pr.) Rosen Publishing Group, Inc., The.

Luis Suarez - a Striker's Story. Michael Part. 2017. (ENG., Illus.). (J). pap. 9.99 *(978-1-938591-50-1(X))* Sole Bks.

Luis Suarez: el Pistolero. Matt Oldfield & Tom Oldfield. 2016. (ENG., Illus.). 160p. (J). (gr. 4-7). pap. 8.99 *(978-1-78606-012-9(4))* Blake, John Publishing, Ltd. GBR. Dist: Independent Pubs. Group.

Luisa Viaja en Tren. Julia Mercedes Castilla. Illus. by Juliana Salcedo Barrero. 2019. (Torre Azul Ser.). (SPA.). 122p. (J). (gr. 4-7). pap. *(978-958-45-3922-9(1))* Norma Ediciones, S.A.

Luise: Ein ländliches Gedicht in Drei Idyllen (Classic Reprint) Johann Heinrich Voss. 2018. (GER., Illus.). (J). 80p. 25.55 *(978-0-267-05929-4(9))*; 82p. pap. 9.57 *(978-0-483-47869-5(5))* Forgotten Bks.

Luiseño, 1 vol. Nora Ellison. 2017. (Spotlight on the American Indians of California Ser.). (ENG.). 32p. (J). (gr. 4-5). 27.93 *(978-1-5383-2461-5(X)*, 01cc2da5-1981-4ed5-af93-26e944e74d21); pap. 12.75 *(978-1-5383-2464-6(4)*, 6632ba57-95f2-4018-b1d6-8dede9aeb2df) Rosen Publishing Group, Inc., The. (PowerKids Pr.).

Luisol y Las Pesadillas. Martha Elena Romero. 2019. (SPA.). 24p. (J). (gr. -1-2). pap. 9.95 *(978-607-453-645-4(7))* Selector, S.A. de C.V. MEX. Dist: Spanish Pubs., LLC.

Luis's Lucky Day. Kathleen Caulfield. Illus. by Antonella Cammarano. 2018. (ENG.). (J). 32p. 19.95 *(978-0-9978732-2-1(1))*; 48p. pap. 14.95 *(978-0-9978732-0-7(5))* Conquistador Pubns.

Luis's Visitor. Kathleen Caulfield. Illus. by Antonella Cammarano. 2018. (ENG.). 48p. (J). pap. 14.95 *(978-0-9978732-3-8(X))* Conquistador Pubns.

Luka Doncic. Jon M. Fishman. 2020. (Sports All-Stars (Lerner (tm) Sports) Ser.). (ENG., Illus.). 32p. (J). (gr. 2-5). 29.32 *(978-1-5415-9752-5(4)*, 46ddd12e-0021-4fa4-8a7c-2d489a5f48fe); pap. 9.99 *(978-1-7284-1403-4(2)*, 70ec6e46-f202-46b1-b0a7-7d8a14d89b96) Lerner Publishing Group. (Lerner Pubns.).

Luka Doncic: Basketball Star. Alex Monnig. 2020. (Biggest Names in Sports Set 5 Ser.). (ENG., Illus.). 32p. (J). (gr. 3-5). pap. 9.95 *(978-1-64493-131-8(1)*, 1644931311); lib. bdg. 31.35 *(978-1-64493-052-6(8)*, 1644930528) North Star Editions. (Focus Readers).

Luka Modri¿. Michael Decker. 2019. (World's Greatest Soccer Players Ser.). (ENG., Illus.). 32p. (J). (gr. 3-9). lib. bdg. 32.79 *(978-1-5321-9064-3(6)*, 33638, SportsZone) ABDO Publishing Co.

Luka the Light Chaser. Rod Hilsabeck. 2017. (ENG., Illus.). (J). pap. 12.45 *(978-1-4808-4907-5(3))* Archway Publishing.

Lukaku: From the Playground to the Pitch. Matt Oldfield. 2018. (Ultimate Football Heroes Ser.). (ENG.). 176p. (J). (gr. 2-7). pap. 9.99 *(978-1-78606-885-9(0))* Blake, John Publishing, Ltd. GBR. Dist: Independent Pubs. Group.

Lukas & the Ghost Train. Stuart Adams. 2022. (Lukas Encounters Ser.: Vol. 1). (ENG.). 142p. (J). *(978-1-77244-256-4(9))*; pap. *(978-1-77244-255-7(0))* Rock's Mills Pr.

Luka's Maybe Day: A Fun Children's Book with Gentle Morals. Deanne M. Temple. 2022. (Evergreen Jungle Ser.: Vol. 3). (ENG.). 38p. (J). pap. *(978-0-6480013-3-1(4))* BBT Productions.

Luke & Leia Adventure, 2. Cavan Scott. ed. 2019. (Star Wars Choose Your Destiny Ser.). (ENG.). 144p. (J). (gr. 2-4). 15.59 *(978-1-64310-798-1(4))* Penworthy Co., LLC, The.

Luke & Leia Adventure. Cavan Scott. Illus. by Elsa Charretier. 2020. (Star Wars: Choose Your Destiny Ser.). (ENG.). 144p. (J). (gr. 2-6). lib. bdg. 32.79 *(978-1-5321-4572-8(1)*, 36068, Chapter Bks.) Spotlight.

Luke & Lottie. It's Christmas! Ruth Wielockx. 2019. (Luke & Lottie Ser.: 2). (ENG., Illus.). 32p. (J). 9.95 *(978-1-60537-501-4(2))*; 17.95 *(978-1-60537-491-8(1))* Clavis Publishing.

Luke & Lottie. It's Easter. Ruth Wielockx. 2020. (Luke & Lottie Ser.: 3). (ENG., Illus.). 32p. (J). (gr. -1). 17.95 *(978-1-60537-525-0(X))*; 9.95 *(978-1-60537-526-7(8))* Clavis Publishing.

Luke & Lottie. It's Halloween! Ruth Wielockx. 2018. (Luke & Lottie Ser.: 1). (ENG., Illus.). 32p. (J). 17.95 *(978-1-60537-411-6(3))* Clavis Publishing.

Luke & Lottie. Spring Is Here! Ruth Wielockx. Illus. by Ruth Wielockx. 2021. (Luke & Lottie Ser.: 5). (ENG., Illus.). 24p. (J). 14.95 *(978-1-60537-626-4(4))* Clavis Publishing.

Luke & the Cheese of Hope. Shivani Panneri & Chithra Anoop. Illus. by Shyju K. Maloor. 2022. (ENG.). 54p. (J). pap. *(978-0-2288-6918-4(8))* Tellwell Talent.

Luke & the Ghost Dog. K. J. W. Hornby. Illus. by Bethany Griib. 2021. (ENG.). 24p. (J). pap. *(978-1-80227-249-9(6))* Publishing Push Ltd.

Luke & the Lost Jedi Temple. Jason Fry. ed. 2018. (Star Wars 8x8 Ser.). (ENG.). 24p. (J). (gr. -1-1). 9.00 *(978-1-64310-322-8(9))* Penworthy Co., LLC, The.

Luke Baldwin's Vow. Morley Callaghan & Jane Urquhart. 2016. (Exile Classics Ser.). (ENG.). 192p. pap. 17.95 *(978-1-55096-604-6(9)*, P519940) Exile Editions, Ltd. CAN. Dist: Europan Group, The.

Luke Barnicott: And Other Stories (Classic Reprint) William Howitt. 2018. (ENG., Illus.). 100p. (J). 25.96 *(978-0-267-24463-8(0))* Forgotten Bks.

Luke Cage - Everyman. Anthony Del. Illus. by Jahnoy Lindsay. 2018. 136p. (gr. 8-17). pap. 19.99 *(978-1-302-91291-8(7)*, Marvel Universe) Marvel Worldwide, Inc.

Luke Celebrates 100 Days: A Book about the 100th Day of School. Charly Haley. 2018. (My Day Readers Ser.). (ENG.). 24p. (J). (gr. -1-2). lib. bdg. 32.79 *(978-1-5038-2490-4(X)*, 212358) Child's World, Inc, The.

Luke Delmege (Classic Reprint) Patrick Augustine Sheehan. 2017. (ENG., Illus.). (J). 36.11 *(978-0-331-74743-0(X))* Forgotten Bks.

Luke Faces the Truth. Mariliz Ischi. 2021. (ENG.). 196p. (YA). pap. 16.95 *(978-1-63874-896-0(9))* Christian Faith Publishing.

Luke I Love You All Ways. Marianne Richmond. Illus. by Dubravka Kolanovic. 2023. (I Love You All Ways Ser.). (ENG.). 32p. (J). (gr. -1-3). 8.99 *(978-1-7282-7394-5(3))* Sourcebooks, Inc.

Luke Kuechly. Matt Doeden. 2017. (Sports All-Stars (Lerner (tm) Sports) Ser.). (ENG., Illus.). 32p. (J). (gr. 2-5). 29.32 *(978-1-5124-2584-0(2)*, 39e4e141-56a8-45fc-8f42-6560ad0ef867); E-Book 42.65 *(978-1-5124-3788-1(3)*, 9781512437881); E-Book 42.65 *(978-1-5124-2829-2(9))*; E-Book 6.99 *(978-1-5124-3789-8(1)*, 9781512437898) Lerner Publishing Group. (Lerner Pubns.).

Luke on the North Pole Express. J. D. Green. Illus. by Joanne Partis. 2022. (North Pole Express Bears Ser.). (ENG.). 32p. (J). (gr. -1-3). 7.99 *(978-1-7282-6958-0(X))* Sourcebooks, Inc.

Luke on the North Pole Express. J. D. Green. 2019. (North Pole Express Ser.). (ENG.). 32p. (J). (gr. -1-3). 7.99 *(978-1-7282-0365-2(1))* Sourcebooks, Inc.

Luke Skywalker. Lucas Film Book Group. ed. 2016. (Star Wars: Force Awakens 8X8 Ser.). (J). lib. bdg. 14.75 *(978-0-606-39175-7(4))* Turtleback.

Luke Stevens & the Blood of St George. Ben Peyton. 2022. (ENG.). 230p. (J). pap. *(978-1-7396896-0-5(7))* Lambie, Kenneth Michael.

Luke the Lion Looks at All Sides: What Could Happen?, 1 vol. Leigh McClure. 2019. (Social & Emotional Learning for the Real World Ser.). (ENG.). 8p. (gr. k-1). pap. *(978-1-7253-5458-6(6)*, 002aff00-6931-4e94-876f-32217fe22f43, Rosen Classroom) Rosen Publishing Group, Inc., The.

Luke the Loving Dog. Sia Chandler. 2022. (ENG.). 22p. (J). pap. 9.99 *(978-1-956017-61-8(5))* WorkBk. Pr.

Luke the Loving Dog: Luke Finds His Numbers. Sia Y. Chandler. 2022. (ENG.). 30p. (J). pap. 8.99 *(978-1-954753-45-7(4))* WorkBk. Pr.

Luke the Loving Dog: Luke Learns His Colors. Sia Y. Chandler. Illus. by Kasalina Bastian. 2022. (ENG.). 28p. (J). pap. 9.99 *(978-1-952754-36-4(4))* WorkBk. Pr.

Luke 'Twas the Night Before Christmas. Illus. by Lisa Alderson. 2019. (Night Before Christmas Ser.). (ENG.). 32p. (J). (gr. -1-3). 7.99 *(978-1-7282-0258-7(2))* Sourcebooks, Inc.

Luke Walton or the Chicago Newsboy (Classic Reprint) Horatio Alger. 2018. (ENG., Illus.). 190p. (J). (gr. 3-7). 27.82 *(978-0-484-63366-6(X))* Forgotten Bks.

Luke y Lottie y Su Huerto de Vegetales. Ruth Wielockx. 2022. (SPA., Illus.). 32p. (J). 18.95 *(978-1-60537-755-1(4))* Clavis Publishing.

Luke's Christmas Wish. Put Me In The Story & J. D. Green. Illus. by Julia Seal. 2018. (Christmas Wish Ser.). (ENG.). 32p. (J). (gr. k-3). 6.99 *(978-1-4926-8536-4(4))* Sourcebooks, Inc.

Luke's Double Turn. Robin C. Sturm. Illus. by Laura Goodwin. 2018. (ENG.). 46p. (J). pap. 9.99 *(978-1-935355-26-7(0)*, GraceNotes Pr.) New Shelves Bks.

Luke's Moon. Carol Malzone. Illus. by Kyle Fleming. 2021. (ENG.). 34p. (J). pap. 10.99 *(978-0-578-83952-3(0))* Malzone, Carol.

Luke's New Glasses. Virginia Mohler. 2021. (ENG., Illus.). 32p. (J). pap. 14.95 *(978-1-63814-531-8(8))* Covenant Bks.

Luke's Rainforest Adventure. Thomas Whaley. 2018. (ENG., Illus.). 54p. (J). pap. 15.95 *(978-1-64082-868-1(0))* Page Publishing Inc.

Luke's Summer Secret. Randall Wisehart. 2017. 135p. (YA). pap. 12.00 *(978-0-913408-45-2(X))* Friends United Pr.

Lukezilla Beats the Game. Kurtis Scaletta. Illus. by David Sossella. 2020. (ENG.). 240p. (YA). (gr. 4-8). 16.99 *(978-1-68446-204-9(5)*, 200652, Capstone Editions) Capstone.

Lukkuu Diimtuu Xiqqoo - the Little Red Hen - Afaan Oromo Children's Book. Kiazpora. 2018. (ORM., Illus.). 52p. (J). pap. 8.99 *(978-1-946057-22-8(3))* Kiazpora LLC.

Lukkuu Diimtuu Xiqqoo - the Little Red Hen - Afaan Oromo Children's Book. Created by Kiazpora. 2018. (ORM., Illus.). 52p. (J). 14.99 *(978-1-946057-20-4(7))* Kiazpora LLC.

Lula & the Broken Jebena - Children Book. Kiazpora. 2018. (ENG., Illus.). 22p. (J). 12.99 *(978-1-946057-29-7(0))* Kiazpora LLC.

Lula & the Broken Jebena - Children Book (Amharic) Kiazpora. 2018. (ENG., Illus.). 22p. (J). 12.99 *(978-1-946057-25-9(8))* Kiazpora LLC.

Lula & the Sea Monster, 1 vol. Alex Latimer. 2019. (ENG., Illus.). 32p. (J). (gr. -1-3). 16.95 *(978-1-68263-122-5(2))* Peachtree Publishing Co. Inc.

Lula Az'ya Injera T'efetu - Tigrinya Children's Book. Kiazpora Publication. 2020. (TIR.). 24p. (J). 12.99 *(978-1-946057-43-3(6))* Kiazpora LLC.

Lula Ena YeteseBerech Jebena - Children's Book: Amharic Version. Kiazpora. 2020. (AMH., Illus.). 22p. (J). 12.99 *(978-1-946057-67-9(3))* Kiazpora LLC.

Lula Got a New Krar - Children Book. Kiazpora. 2018. (ENG., Illus.). 22p. (J). 12.99 *(978-1-946057-24-2(X))* Kiazpora LLC.

Lula Injera T'weDalech - Amharic Children's Book. Kiazpora Publication. 2020. (AMH., Illus.). 24p. (J). 12.99 *(978-1-946057-68-6(1))* Kiazpora LLC.

Lula Kate Meets Eliza. Christie Jones Ray. Illus. by Christie Jones Ray. 2018. (ENG., Illus.). 38p. (J). (gr. 2-5). 18.95 *(978-0-9961393-5-9(4))* Rose Water Cottage Pr.

Lula Loves Injera - Children Book: Lula Storybook Series. Kiazpora. 2018. (ENG., Illus.). 24p. (J). 12.99 *(978-1-946057-23-5(1))* Kiazpora LLC.

Lula the Dog: New Jungle Friends. Patricia Rae Kessler. 2020. (ENG.). 32p. (J). (gr. k-2). 4.99 *(978-1-890379-46-9(8))* Randall, Charles Inc.

Lula y Su Amiga Tilica. Marichel Roca. 2017. (SPA.). 30p. (J). 7.95 *(978-607-748-062-4(2))* Ediciones Urano S. A. ESP. Dist: Spanish Pubs., LLC.

Lulabelle's Adventures. Cathy McConaghy. 2019. (ENG.). 46p. (J). *(978-1-78554-266-4(4))*; pap. *(978-1-78554-265-7(6))* Austin Macauley Pubs. Ltd.

Lula'N e'ta Hadas Krar - Tigrinya Children Book. Kiazpora. 2020. (TIR., Illus.). 22p. (J). 12.99 *(978-1-946057-45-7(2))* Kiazpora LLC.

Lula'n Eta Ztesebret Jebena - Children Book: Tigrinya Version. Kiazpora. 2018. (TIR., Illus.). 22p. (J). 12.99 *(978-1-946057-26-6(6))* Kiazpora LLC.

Lula'Na a'disu Krar - Amharic Children's Book. Kiazpora. 2021. (AMH., Illus.). 22p. (J). 12.99 *(978-1-946057-71-6(1))* Kiazpora LLC.

Lullaby: A Collection of Sonnets, for the Amusement of Children (Classic Reprint) Unknown Author. 2018. (ENG., Illus.). 30p. (J). 24.52 *(978-0-332-87452-4(4))* Forgotten Bks.

Lullaby & Good Night. Sally Garland. 2018. (ENG., Illus.). 20p. (J). (gr. -1-2). bds. 7.99 *(978-1-4867-1546-6(X)*, 37626c1c-7e00-4708-b710-4c7f7881a9cb) Flowerpot Pr.

Lullaby Farm. Stephanie Shaw. Illus. by Rebecca Harry. 2017. (ENG.). 22p. (J). (gr. -1-k). bds. 8.99 *(978-1-68010-512-4(4))* Tiger Tales.

Lullaby (for a Black Mother) Board Book. Langston Hughes. Illus. by Sean Qualls. 2021. (ENG.). 20p. (J). (— 1). bds. 8.99 *(978-0-358-56615-1(0)*, 1809768, Clarion Bks.) HarperCollins Pubs.

Lullaby for Alana. Christopher Kypros. 2019. (ENG.). 32p. (J). *(978-1-5255-3623-6(0))*; pap. *(978-1-5255-3624-3(9))* FriesenPress.

Lullaby for Little Black Boys. Jae Bryson. 2017. (ENG., Illus.). (J). pap. 12.50 *(978-0-9701879-9-4(8))* Black Heart, Inc.

Lullaby for Toby. Tom K. Reynolds. 2019. (ENG.). 270p. (YA). (gr. 9-12). pap. 10.00 *(978-0-578-50131-4(7))* Reynolds, Tom K.

Lullaby Lake: a Branches Book (the Last Firehawk #4) Katrina Charman. Illus. by Jeremy Norton. 2018. (Last Firehawk Ser.: 4). (ENG.). 96p. (J). (gr. 1-3). pap. 5.99 *(978-1-338-12267-1(3))* Scholastic, Inc.

Lullaby Lake: a Branches Book (the Last Firehawk #4) (Library Edition), Vol. 4. Katrina Charman. Illus. by Jeremy Norton. 2018. (Last Firehawk Ser.: 4). (ENG.). 96p. (J). (gr. 1-3). lib. bdg. 24.99 *(978-1-338-12271-8(1))* Scholastic, Inc.

Lullaby-Land: Songs of Childhood (Classic Reprint) Eugene Field. 2018. (ENG., Illus.). (J). 250p. 29.07 *(978-1-397-25345-3(2))*; 252p. pap. 11.57 *(978-1-397-25266-1(9))* Forgotten Bks.

Lullaby Luna. Patricia Donovan. Illus. by Kari Snyder. 2018. (ENG.). 18p. (J). pap. 9.99 *(978-0-578-41284-9(5))* All Systems Grow.

Lullaby of Summer Things. Natalie Ziarnik. Illus. by Madeline Valentine. 2018. 40p. (J). (gr. -1-3). 17.99 *(978-1-101-93552-1(9)*, Schwartz & Wade Bks.) Random Hse. Children's Bks.

Lullaby of the Valley: Pacifistic Book about War & Peace. Tuula Pere. Ed. by Susan Korman. Illus. by Andrea Alemanno. 2018. (ENG.). 36p. (J). (gr. k-4). *(978-952-7107-12-6(1))*; pap. *(978-952-5878-88-2(0))* Wickwick oy.

Lullaby Prayer, 1 vol. Tamara Bundy. 2020. (ENG., Illus.). 32p. (J). 16.99 *(978-1-4002-2147-9(1)*, Tommy Nelson) Nelson, Thomas Inc.

Lulu: A Tale of the National Hotel Poisoning (Classic Reprint) Mansfield Tracy Walworth. 2018. (ENG., Illus.). 374p. (J). 31.63 *(978-0-331-75199-4(2))* Forgotten Bks.

Lulu, Alice & Jimmie Wibblewobble. Howard R. Garis. 2019. (ENG., Illus.). 130p. (YA). pap. *(978-93-5329-509-7(2))* Alpha Editions.

Lulu & Boo. Roxanne Rudkin. 2018. (ENG., Illus.). 28p. (J). *(978-1-77370-681-8(0))*; pap. *(978-1-77370-396-1(X))* Tellwell Talent.

Lulu & Boo Meet Banjo. Roxanne Rudkin. 2019. (ENG., Illus.). 34p. (J). *(978-0-2288-0234-1(2))*; (Lulu & Boo Ser.: Vol. 2). pap. *(978-0-2288-0233-4(4))* Tellwell Talent.

Lulu & Malek: Sail off to Sea! June Foster & Rob Scheer. Illus. by Gill Guile. 2022. (ENG.). 32p. (J). (gr. -1-2). pap. 10.99 *(978-1-78711-763-1(4)*, Hubble & Hattie) Veloce Publishing Ltd. GBR. Dist: National Bk. Network.

Lulu & Milagro's Search for Clarity. Angela Velez. (ENG.). 400p. (YA). (gr. 8). 2023. pap. 15.99 *(978-0-06-307179-7(7))*; 2022. 18.99 *(978-0-06-307178-0(9))* HarperCollins Pubs. (Balzer & Bray).

Lulu & Rocky in Detroit. Barbara Joosse. Illus. by Renée Graef. 2019. (Lulu & Rocky Adventures Ser.). (ENG.). 32p. (J). (gr. k-3). 16.99 *(978-1-5341-1018-2(6)*, 204751) Sleeping Bear Pr.

Lulu & Rocky in Indianapolis. Barbara Joosse. Illus. by Renée Graef. 2020. (Lulu & Rocky Adventures Ser.). (ENG.). 32p. (J). (gr. k-3). 16.99 *(978-1-5341-1066-3(6)*, 204914) Sleeping Bear Pr.

Lulu & Rocky in Milwaukee. Barbara Joosse. Illus. by Renée Graef. 2018. (Lulu & Rocky Adventures Ser.). (ENG.). 32p. (J). (gr. k-3). 16.99 *(978-1-5341-1017-5(8)*, 204642) Sleeping Bear Pr.

Lulu & Rocky in Nashville. Barbara Joosse. Illus. by Renée Graef. 2020. (Lulu & Rocky Adventures Ser.). (ENG.). 32p. (J). (gr. k-3). 16.99 *(978-1-5341-1065-6(8)*, 204843) Sleeping Bear Pr.

Lulu & Rocky in Rocky Mountain National Park. Barbara Joosse. Illus. by Renée Graef. 2021. (Lulu & Rocky Adventures Ser.). (ENG.). 32p. (J). (gr. k-3). 16.99 *(978-1-5341-1133-2(6)*, 205008) Sleeping Bear Pr.

Lulu & Skeeter Get up to Mischief. Carole May Brownjohn. 2022. (ENG.). 32p. (J). pap. *(978-1-3984-6702-6(2))* Austin Macauley Pubs. Ltd.

Lulu & the Chocolate Wedding. Posy Simmonds. 2016. (ENG., Illus.). 32p. (J). (-k). pap. 12.99 *(978-1-78344-407-6(X))* Andersen Pr. GBR. Dist: Independent Pubs. Group.

Lulu & the Flying Babies. Posy Simmonds. 2018. (ENG., Illus.). 32p. (J). (-k). pap. 11.99 *(978-1-78344-570-7(X))* Andersen Pr. GBR. Dist: Independent Pubs. Group.

Lulu & the Hamster in the Night. Hilary McKay. ed. 2016. (Lulu Ser.: 6). (J). lib. bdg. 14.75 *(978-0-606-41568-2(8))* Turtleback.

Lulu & the Hunger Monster / Lulu y el Monstruo Del Hambre. Erik Talkin. Illus. by Sheryl Murray. 2022. (ENG.). 40p. (J). (gr. -1-4). 15.99 *(978-1-63198-725-0(9)*, 87250) Free Spirit Publishing Inc.

Lulu & the Noisy Baby. Camilla Reid. Illus. by Ailie Busby. 2016. (Lulu Ser.). (ENG.). 20p. (J). (gr. -1-k). 12.99 *(978-1-4088-2818-2(9)*, 900146195, Bloomsbury Children's Bks.) Bloomsbury Publishing USA.

The check digit for ISBN-10 appears in parentheses after the full ISBN-13

Lulu & the Tiny Elephants. Azrah Osman. 2016. (ENG., Illus.). (J). pap. 22.99 *(978-1-4828-7611-6(6))* Partridge Pub.

Lulu & the Wilderness. Yosef Mehari. 2022. (ENG.). 202p. (YA). pap. *(978-1-64979-330-0(8))* Austin Macauley Pubs. Ltd.

Lulu & Wilderness. Yosef Mehari. 2016. (ENG., Illus.). v, 250p. (YA). pap. *(978-1-78623-038-6(0))* Grosvenor Hse. Publishing Ltd.

Lulu, Are You Going to Sleep All Day? Monday. L. S. Miller. Illus. by Scott Hill. 2018. (ENG.). 32p. (J). (gr. k-4). *(978-1-989049-02-0(8))* Twin Kids Media Inc.

Lulu Bell & the Arabian Nights. Belinda Murrell. Illus. by Serena Geddes. 2020. (Lulu Bell Ser.: 10). 96p. (J). (gr. 1-3). 9.99 *(978-1-76089-180-0(0),* Puffin) Penguin Random Hse. AUS. Dist: Independent Pubs. Group.

Lulu Bell & the Birthday Unicorn. Belinda Murrell. Illus. by Serena Geddes. 2020. (Lulu Bell Ser.: 1). 96p. (J). (gr. 1-3). 9.99 *(978-1-76089-219-7(X),* Puffin) Penguin Random Hse. AUS. Dist: Independent Pubs. Group.

Lulu Bell & the Christmas Elf. Belinda Murrell. Illus. by Serena Geddes. 2020. (Lulu Bell Ser.: 8). 128p. (J). (gr. 2-4). 9.99 *(978-1-76089-220-3(3),* Puffin) Penguin Random Hse. AUS. Dist: Independent Pubs. Group.

Lulu Bell & the Circus Pup. Belinda Murrell. Illus. by Serena Geddes. 2020. (Lulu Bell Ser.: 5). 96p. (J). (gr. 2-5). 9.99 *(978-1-76089-221-0(1),* Puffin) Penguin Random Hse. AUS. Dist: Independent Pubs. Group.

Lulu Bell & the Cubby Fort. Belinda Murrell. Illus. by Serena Geddes. 2020. (Lulu Bell Ser.: 3). 96p. (J). (gr. 2-5). 9.99 *(978-1-76089-222-7(X),* Puffin) Penguin Random Hse. AUS. Dist: Independent Pubs. Group.

Lulu Bell & the Fairy Penguin. Belinda Murrell. Illus. by Serena Geddes. 2020. (Lulu Bell Ser.: 2). 96p. (J). (gr. 2-5). 9.99 *(978-1-76089-223-4(8),* Puffin) Penguin Random Hse. AUS. Dist: Independent Pubs. Group.

Lulu Bell & the Koala Joey. Belinda Murrell. Illus. by Serena Geddes. 2020. (Lulu Bell Ser.: 11). 96p. (J). (gr. 1-3). 9.99 *(978-1-76089-224-1(6),* Puffin) Penguin Random Hse. AUS. Dist: Independent Pubs. Group.

Lulu Bell & the Magical Garden. Belinda Murrell. Illus. by Serena Geddes. 2021. (Lulu Bell Ser.: 13). 96p. (J). (gr. 1-3). 9.99 *(978-1-76089-225-8(4),* Puffin) Penguin Random Hse. AUS. Dist: Independent Pubs. Group.

Lulu Bell & the Moon Dragon. Belinda Murrell. Illus. by Serena Geddes. 2020. (Lulu Bell Ser.: 4). 96p. (J). (gr. 2-5). 9.99 *(978-1-76089-226-5(2),* Puffin) Penguin Random Hse. AUS. Dist: Independent Pubs. Group.

Lulu Bell & the Pirate Fun. Belinda Murrell. Illus. by Serena Geddes. 2020. (Lulu Bell Ser.: 12). 96p. (J). (gr. 1-3). 9.99 *(978-1-76089-227-2(0),* Puffin) Penguin Random Hse. AUS. Dist: Independent Pubs. Group.

Lulu Bell & the Pyjama Party. Belinda Murrell. Illus. by Serena Geddes. 2020. (Lulu Bell Ser.: 7). 96p. (J). (gr. 2-5). 9.99 *(978-1-76089-228-9(9),* Puffin) Penguin Random Hse. AUS. Dist: Independent Pubs. Group.

Lulu Bell & the Tiger Cub. Belinda Murrell. Illus. by Serena Geddes. 2020. (Lulu Bell Ser.: 9). 96p. (J). (gr. 2-5). 9.99 *(978-1-76089-230-2(0),* Puffin) Penguin Random Hse. AUS. Dist: Independent Pubs. Group.

Lulu Bell's Amazing Animal Adventures. Belinda Murrell. Illus. by Serena Geddes. 2020. (Lulu Bell Ser.). 384p. (J). (gr. 2-5). 19.99 *(978-1-76089-101-5(0),* Puffin) Penguin Random Hse. AUS. Dist: Independent Pubs. Group.

Lulu Bell's Best Friends Ever. Belinda Murrell. Illus. by Serena Geddes. 2020. (Lulu Bell Ser.). 384p. (J). (gr. 2-5). 19.99 *(978-1-76089-102-2(9),* Puffin) Penguin Random Hse. AUS. Dist: Independent Pubs. Group.

Lulu Bell's Fantastic Holiday Fun. Belinda Murrell. Illus. by Serena Geddes. 2020. (Lulu Bell Ser.). 384p. (J). (gr. 2-5). 19.99 *(978-1-76089-157-2(6),* Puffin) Penguin Random Hse. AUS. Dist: Independent Pubs. Group.

Lulu Collection (If You Don't Read Them, She Will NOT Be Pleased) (Boxed Set) Lulu & the Brontosaurus; Lulu Walks the Dogs; Lulu's Mysterious Mission; Lulu Is Getting a Sister. Judith Viorst. Illus. by Lane Smith & Kevin Cornell. ed. 2019. (Lulu Ser.). (ENG.). 688p. (J). (gr. 1-5). pap. 35.99 *(978-1-5344-5088-2(2),* Atheneum/Caitlyn Dlouhy Books) Simon & Schuster Children's Publishing.

Lulú Dice Basta / Lulu Says Enough Is Enough. Josefa Araos & June García. Illus. by Natalia (Natichuleta Silva. 2022. (SPA.). 100p. (J). (gr. 3-7). pap. 12.95 *(978-607-38-1825-4(4),* B DE Books) Penguin Random House Grupo Editorial ESP. Dist: Penguin Random Hse. LLC.

Lulu! How Do You? How Do You What? Be Good to Your Gut! Janice Maximov Condon. Illus. by Steve Ferchaud & Chris Ficken. 2021. (ENG.). 40p. (J). pap. 14.00 *(978-1-7369608-2-0(2))* Jans Lulu Bks.

Lulu Is a Rhinoceros. Jason Flom & Allison Flom. Ed. by Michael Hermann. 2018. (ENG., Illus.). 40p. (J). 16.99 *(978-0-692-07098-7(2),* 21a0ff5d-6774-416d-96c0-659245705ddb) Wicked Cow Studios.

Lulu Is Getting a Sister: (Who WANTS Her? Who NEEDS Her?) Judith Viorst. Illus. by Kevin Cornell. (Lulu Ser.). (ENG.). 192p. (J). (gr. 1-5). 2019. pap. 8.99 *(978-1-4814-7191-6(0));* 2018. 16.99 *(978-1-4814-7190-9(2))* Simon & Schuster.

Lulu Loves Her Bed Net! Stephanie Watel et al. 2022. (ENG.). 56p. (J). pap. *(978-1-922827-45-6(2))* Library For All Limited.

Lulú Quiere Ser Presidenta / Lulu Wants to Be President. Josefa Araos. 2022. (SPA.). 104p. (J). (gr. 3-7). pap. 12.95 *(978-607-38-1075-3(X),* B DE Books) Penguin Random House Grupo Editorial ESP. Dist: Penguin Random Hse. LLC.

Lulu Saves the Day! Supersmart Pig. Sarah Eason. Illus. by Diego Vaisberg. 2023. (Animal Masterminds Ser.). (ENG.). 24p. (J). (gr. 3-6). lib. bdg. 28.50 Bearport Publishing Co., Inc.

Lulu the Broadway Mouse. Jenna Gavigan. 2020. (Broadway Mouse Ser.). (ENG.). 272p. (J). (gr. 3-7). 15.99 *(978-0-7624-6459-3(3),* Running Pr. Kids) Running Pr.

Lulu the Broadway Mouse: the Show Must Go On. Jenna Gavigan. 2020. (Broadway Mouse Ser.). (ENG., Illus.). 272p. (J). (gr. 3-7). 16.99 *(978-0-7624-9648-8(7),* Running Pr. Kids) Running Pr.

Lulu the Llamacorn. Rosina Mirabella. Illus. by Morgan Huff. 2020. (ENG.). 24p. (J). (gr. -1-3). 9.99 *(978-0-06-297866-0(7),* HarperCollins) HarperCollins Pubs.

Lulu the One & Only. Lynnette Mawhinney. Illus. by Jennie Poh. 2020. 32p. (J). *(978-1-4338-3159-1(7),* Magination Pr.) American Psychological Assn.

Lulú Ya No Quiere Ser Princesa. Loreto Corvalán. 2020. (Mirador Bolsillo Ser.). (SPA.). 32p. (J). (gr. k-2). pap. 11.00 *(978-607-8469-65-9(7))* Nostra Ediciones MEX. Dist: Independent Pubs. Group.

Lulubelle Loves to Bake: Baking with the Alphabet. Dawn Doig. 2020. (ENG.). 60p. (J). 21.99 *(978-1-952011-08-5(6));* pap. 14.99 *(978-1-952011-22-1(1))* Pen It Pubns.

Lululemon Athletica. Racquel Foran. 2022. (Sports Brands Ser.). (ENG., Illus.). 112p. (J). (gr. 6-12). lib. bdg. 41.36 *(978-1-5321-9812-0(4),* 39697, Essential Library) ABDO Publishing Co.

Lulu's Activity Book: Childrens Activity Book. Lahza SAMAIN. 2023. 42p. (J). (gr. k-5). pap. 20.88 BookBaby.

Lulu's Library, Vol. 2 (Classic Reprint) Louisa Alcott. 2018. (ENG., Illus.). 290p. (J). 29.88 *(978-0-483-73409-8(8))* Forgotten Bks.

Lulu's Sweet Tooth: A Fun Children's Book with Gentle Morals. Deanne M. Temple. Illus. by Deanne M. Temple. 2021. (Evergreen Jungle Ser.: Vol. 2). (ENG.). 40p. (J). pap. *(978-0-6480013-2-4(6))* BBT Productions.

Luma & the Grumpy Dragon: Luma & the Pet Dragon: Book Three. Leah Mohammed. Illus. by Loretta Schauer. 3rd ed. 2023. (Luma & the Pet Dragon Ser.: 3). (ENG.). 160p. (J). (gr. k-3). pap. 8.95 *(978-1-80130-050-6(X))* Welbeck Publishing Group Ltd. GBR. Dist: Two Rivers Distribution.

Luma & the Hiccuping Dragon: Heart-Warming Stories of Magic, Mischief & Dragons. Leah Mohammed. Illus. by Loretta Schauer. 2022. (Luma & the Pet Dragon Ser.: 2). (ENG.). 160p. (J). (gr. k-3). pap. 8.95 *(978-1-80130-028-5(3))* Welbeck Publishing Group Ltd. GBR. Dist: Two Rivers Distribution.

Luma & the Pet Dragon: Heart-Warming Stories of Magic, Mischief & Dragons. Leah Mohammed. 2022. (Luma & the Pet Dragon Ser.: 1). (ENG.). 192p. (J). (gr. k-3). pap. 8.95 *(978-1-80130-011-7(9))* Welbeck Publishing Group Ltd. GBR. Dist: Two Rivers Distribution.

Lumber Jills: The Unsung Heroines of World War II. Alexandra Davis. Illus. by Katie Hickey. 2019. (ENG.). 32p. (J). (gr. -1-3). 16.99 *(978-0-8075-4795-3(6),* 807547956) Whitman, Albert & Co.

Lumber Lyrics (Classic Reprint) Walt Mason. 2018. (ENG., Illus.). 36p. (J). 24.66 *(978-0-267-51110-5(8))* Forgotten Bks.

Lumber Room: And Other Plays (Classic Reprint) Catherine Bellairs Gaskoin. (ENG., Illus.). (J). 2018. 198p. 28.00 *(978-0-267-76254-5(2));* 2016. pap. 10.57 *(978-1-334-14390-8(0))* Forgotten Bks.

Lumber Room & Other Plays (Classic Reprint) Catherine Bellairs Gaskoin. 2018. (ENG., Illus.). 104p. (J). 26.04 *(978-0-267-17894-0(8))* Forgotten Bks.

Lumberjack & Friends: A New Day. Nick Carter. 2021. (ENG.). 26p. (J). pap. *(978-1-80031-523-6(5))* Authors OnLine, Ltd.

Lumberjack & Friends: A New Day (Colouring Book) Nick Carter. 2021. (ENG.). 26p. (J). pap. *(978-1-80031-521-1(X))* Authors OnLine, Ltd.

Lumberjack & Friends to the Rescue! (Colouring Book) Nick Carter. 2021. (ENG.). 42p. (J). (gr. 1-4). pap. *(978-1-78955-927-9(8))* Authors OnLine, Ltd.

Lumberjack's Beard. Duncan Beedie. Illus. by Duncan Beedie. 2017. (ENG., Illus.). 40p. (J). (gr. k-3). 16.99 *(978-0-7636-9649-8(8),* Templar) Candlewick Pr.

Lumberjanes 9. Kat Leyh. ed. 2018. (Lumberjanes (Graphic Novels) Ser.): 9). lib. bdg. 26.95 *(978-0-606-41295-7(6))* Turtleback.

Lumberjanes BEASTiary: The Most Amazing Guide to All the Coolest Creatures You've Ever Heard of & a Few You Haven't. Mariko Tamaki. Illus. by Gus Allen. 2020. (Lumberjanes Ser.). (ENG.). 144p. (J). (gr. 3-17). 16.99 *(978-1-4197-3644-5(2),* 1274101, Amulet Bks.) Abrams, Inc.

Lumberjanes: Campfire Songs. Created by Shannon Watters. 2020. (Lumberjanes Ser.). (ENG., Illus.). 112p. (J). pap. 14.99 *(978-1-68415-567-5(3))* BOOM! Studios.

Lumberjanes: Ghost Cabin (Lumberjanes #4) Mariko Tamaki. Illus. by Gus Allen. (Lumberjanes Ser.). (ENG.). 256p. (J). (gr. 3-7). 2020. pap. 8.99 *(978-1-4197-4698-7(7),* 1193603); 2019. 14.99 *(978-1-4197-3361-1(3),* 1193601, Amulet Bks.) Abrams, Inc.

Lumberjanes Graphic Novel Gift Set. Lilah Sturges. Illus. by Polterink. 2020. (Lumberjanes Ser.). (ENG.). 432p. (J). pap. 39.99 *(978-1-68415-615-3(7))* BOOM! Studios.

Lumberjanes Original Graphic Novel: the Infernal Compass. Lilah Sturges. Illus. by polterink. 2018. (Lumberjanes Ser.). (ENG.). 144p. (J). (gr. 4-7). pap. 14.99 *(978-1-68415-252-0(6))* BOOM! Studios.

Lumberjanes Original Graphic Novel: the Shape of Friendship. Lilah Sturges. Illus. by polterink. 2019. (Lumberjanes Ser.). (ENG.). 144p. (J). pap. 14.99 *(978-1-68415-451-7(0))* BOOM! Studios.

Lumberjanes Original Graphic Novel: True Colors. Created by Shannon Watters. 2020. (Lumberjanes Ser.). (ENG., Illus.). 144p. (J). pap. 14.99 *(978-1-68415-617-7(3))* BOOM! Studios.

Lumberjanes: the Good Egg (Lumberjanes #3) Mariko Tamaki. Illus. by Gus Allen. 2020. (Lumberjanes Ser.). (ENG.). 240p. (J). (gr. 3-7). pap. 8.99 *(978-1-4197-4092-3(X),* 1193503, Amulet Bks.) Abrams, Inc.

Lumberjanes: the Good Egg (Lumberjanes #3), Bk. 3. Mariko Tamaki & BOOM! Studios. Illus. by Brooklyn Allen. 2018. (ENG.). 208p. (J). (gr. 3-7). 14.99 *(978-1-4197-3131-0(9),* 1193501, Amulet Bks.) Abrams, Inc.

Lumberjanes: the Moon Is Up (Lumberjanes #2) Mariko Tamaki & BOOM! Studios. Illus. by Gus Allen. (Lumberjanes Ser.). (ENG.). (J). (gr. 3-7). 2019. 224p. pap. 8.99 *(978-1-4197-3951-4(4),* 1193403); 2018. 208p. 14.99 *(978-1-4197-2868-6(7),* 1193401) Abrams, Inc. (Amulet Bks.).

Lumberjanes: to the Max Vol. 5. Kat Leyh. Illus. by Carolyn Nowak & Ayme Sotuyo. 2019. (Lumberjanes Ser.). (ENG.). 256p. (J). (gr. 4-7). 39.99 *(978-1-68415-312-1(3))* BOOM! Studios.

Lumberjanes: to the Max Vol. 6. Created by Shannon Watters. 2020. (Lumberjanes Ser.: 6). (ENG., Illus.). 256p. (J). 39.99 *(978-1-68415-494-4(4))* BOOM! Studios.

Lumberjanes: Unicorn Power! (Lumberjanes #1) Mariko Tamaki. Illus. by Gus Allen. (Lumberjanes Ser.). (ENG.). (J). 2019. 272p. (gr. 3-7). pap. 8.99 *(978-1-4197-2726-9(5),* 1193303); 2017. 256p. (gr. 5-9). 14.99 *(978-1-4197-2725-2(7),* 1193301) Abrams, Inc. (Amulet Bks.).

Lumberjanes Vol. 10: Parents' Day. Kat Leyh. Illus. by Ayme Sotuyo. 2018. (Lumberjanes Ser.: 10). (ENG.). 112p. (J). (gr. 5). pap. 14.99 *(978-1-68415-278-0(X))* BOOM! Studios.

Lumberjanes Vol. 11. Kat Leyh. Illus. by Ayme Sotuyo. 2019. (Lumberjanes Ser.). (ENG.). 112p. (J). (gr. 4-7). pap. 14.99 *(978-1-68415-325-1(5))* BOOM! Studios.

Lumberjanes Vol. 12. Created by Shannon Watters et al. 2019. (Lumberjanes Ser.: 12). (ENG., Illus.). 112p. (YA). pap. 14.99 *(978-1-68415-380-0(8))* BOOM! Studios.

Lumberjanes Vol. 13. Kat Leyh. Illus. by Dozerdraws. 2019. (Lumberjanes Ser.: 13). (ENG.). 112p. (J). pap. 14.99 *(978-1-68415-450-0(2))* BOOM! Studios.

Lumberjanes Vol. 16. Created by Shannon Watters. 2020. (Lumberjanes Ser.). (ENG., Illus.). 112p. (J). pap. 14.99 *(978-1-68415-616-0(5))* BOOM! Studios.

Lumberjanes Vol. 17. Kat Leyh & Shannon Watters. Illus. by Kanesha C. Bryant. 2021. (Lumberjanes Ser.: 17). (ENG.). 112p. (J). pap. 14.99 *(978-1-68415-667-2(X))* BOOM! Studios.

Lumberjanes Vol. 18. Kat Leyh & Shannon Watters. Illus. by Kanesha C. Bryant. 2021. (Lumberjanes Ser.: 18). (ENG.). 112p. (J). pap. 14.99 *(978-1-68415-698-6(X))* BOOM! Studios.

Lumberjanes Vol. 19. Shannon Watters. Illus. by Kat Leyh. 2021. (Lumberjanes Ser.: 19). (ENG.). 112p. (J). pap. 14.99 *(978-1-68415-699-3(8))* BOOM! Studios.

Lumberjanes Vol. 20. Shannon Watters & Kat Leyh. Illus. by Gus Allen. 2021. (Lumberjanes Ser.: 20). (ENG.). 144p. (J). pap. 14.99 *(978-1-68415-743-3(9))* BOOM! Studios.

Lumberjanes/Gotham Academy. Chynna Clugston-Flores. ed. 2017. lib. bdg. 33.05 *(978-0-606-39766-7(3))* Turtleback.

Lumen Caligo: Fallen. Lawrence C. Cobb. 2023. (ENG.). 262p. (YA). 43.99 *(978-1-6657-4446-1(4));* pap. 20.99 *(978-1-6657-4447-8(2))* Archway Publishing.

Lumens: A Ghost Story. Mary Jane Capps. 2018. (ENG., Illus.). 194p. (J). pap. 11.99 *(978-0-9992614-4-6(4))* By the Light of the Moon Pr.

Lumens, a Ghost Story. Mary Jane Capps. 2018. (ENG.). 194p. (YA). pap. 15.99 *(978-0-9992614-5-3(2))* By the Light of the Moon Pr.

Lumi: Adventures in Kindness. Molly Coxe. 2022. (ENG., Illus.). 40p. (J). 19.95 *(978-1-61429-792-5(4))* Wisdom Pubns.

Lumiere. Austin Wolfe. 2016. (ENG., Illus.). 32p. (J). pap. *(978-1-365-87985-2(2))* Lulu Pr., Inc.

Lumiére: l'Énergie Que Nous Pouvons Voir! Julie K. Lundgren. Tr. by Annie Evearts. 2021. (Science Dans Mon Monde: Niveau 2 (Science in My World: Level 2) Ser.).Tr. of Light: Energy We Can See!. (FRE.). 32p. (J). (gr. k-2). pap. *(978-1-0396-0942-6(2),* 12805) Crabtree Publishing Co.

Lumière! Ça Nous Aide À Voir. Alan Walker. Tr. by Claire Savard. 2021. (Mes Premiers Livres de Science (My First Science Books) Ser.). (FRE.). 24p. (J). (gr. k-2). pap. *(978-1-4271-3687-9(4),* 13371) Crabtree Publishing Co.

Lumière! Ça Nous Aide À Voir (Light! It Helps Us See) Alan Walker. Tr. by Claire Savard. 2021. (FRE.). 24p. (J). (gr. k-2). lib. bdg. *(978-1-4271-5067-7(2))* Crabtree Publishing Co.

Lumière Pour Cadeau. Gildwen EVENO. 2022. (FRE.). 317p. (YA). pap. *(978-1-716-52633-6(7))* Lulu Pr., Inc.

Lumiere, Ses Causes et Ses Effects, Vol. 2: Effets de la Lumiere (Classic Reprint) Edmond Becquerel. 2018. (FRE., Illus.). 390p. (J). 32.35 *(978-0-428-32864-1(4))* Forgotten Bks.

Lumières! Action! ALLEZ-Y! Nadia Comeau. Tr. by Josée Gratton. Illus. by Sara Damiani. 2023. (ENG.). 32p. (J). *(978-1-0391-8397-1(2));* pap. *(978-1-0391-8396-4(4))* FriesenPress.

Lumin Empire: Lumin Finds the Lighthouse. Created by Zandre Botha. 2017. (ENG., Illus.). 58p. (J). 15.99 *(978-1-947649-02-6(7))* Fire Quill Publishing.

Luminaries. Susan Dennard. 2022. (Luminaries Ser.: 1). (ENG., Illus.). 304p. (YA). 18.99 *(978-1-250-19404-6(0),* 900193639, Tor Teen) Doherty, Tom Assocs., LLC.

Luminary: A Magical Guide to Self-Care. Kate Scelsa. 2022. (ENG.). 368p. (YA). (gr. 7). 18.99 *(978-1-6659-0234-2(5),* Simon & Schuster Bks. For Young Readers) Simon & Schuster Bks. For Young Readers.

Luminosity. Annabelle Jay. 2018. (Sun Dragon Ser.: 5). (ENG., Illus.). 180p. (YA). pap. 14.99 *(978-1-64080-181-3(2),* Harmony Ink Pr.) Dreamspinner Pr.

Luminous. Mara Rutherford. (ENG.). 384p. (YA). 2022. pap. 11.99 *(978-1-335-42685-7(X));* 2021. (Illus.). 19.99 *(978-1-335-40565-4(8))* Harlequin Enterprises ULC CAN. Dist: HarperCollins Pubs.

Luminous Blossom Product Catalog. Paula Thomas. 2021. (ENG.). 36p. (YA). pap. *(978-1-7948-5842-8(3))* Lulu Pr., Inc.

Luminous Finds Her Aura. John Heine. Illus. by Kirsten. Carlson. 2019. (ENG.). 122p. (J). (gr. 4-6). pap. 8.99 *(978-1-947239-18-0(X))* Best Publishing Co.

Luminous Mysteries: An Illustrated Rosary Book for Kids & Their Families. Jerry Windley-Daoust & Mark Daoust. 2019. (ENG.). (J). pap. 19.95 *(978-1-68192-511-0(7))* Our Sunday Visitor, Publishing Div.

Lumley, the Painter (Classic Reprint) John Strange Winter. (ENG., Illus.). (J). 2018. 126p. 26.50 *(978-0-364-62876-8(6));* 2017. pap. 9.57 *(978-0-259-27586-2(7))* Forgotten Bks.

Lump Lump & the Blanket of Dreams: Inspired by Navajo Culture & Folklore. Gwen Jackson. Illus. by Lissa Calvert. 2016. (ENG.). (J). *(978-1-4602-9929-6(9))* FriesenPress.

Lump of Gold (Classic Reprint) Esther Baldwin Ferguson. 2018. (ENG., Illus.). 238p. (J). 28.83 *(978-0-484-04476-9(1))* Forgotten Bks.

Lumpia. Richard Sebra. 2020. (Cultural Cuisine Ser.). (ENG., Illus.). 32p. (J). (gr. 2-5). lib. bdg. 32.79 *(978-1-5321-6775-1(X),* 34711, DiscoverRoo) Pop!.

Lumps of Koal. Alicia Knight. Illus. by Rhonda Knight. 2019. (Helpville Learner Series 1 Ser.: Vol. 6). (ENG.). 46p. (J). pap. 12.99 *(978-0-9980263-6-7(0))* Lady Knight Enterprises Publishing.

Lumps on a Log. Samantha Wood. 2016. (ENG., Illus.). (J). pap. *(978-1-77302-233-8(4))* Tellwell Talent.

Lumpy Hippo & Friends Coloring Book. Activity Attic Books. 2016. (ENG., Illus.). (J). pap. 7.74 *(978-1-68323-210-0(0))* Twin Flame Productions.

Lumpy Snow & Frosty Hats. Gerry Keryluik. 2022. (ENG.). 36p. (J). *(978-1-0391-3702-8(4));* pap. *(978-1-0391-3701-1(6))* FriesenPress.

Lumpy Socks. Claudia Martial. 2020. (ENG.). 48p. (J). pap. *(978-1-78830-500-6(0))* Olympia Publishers.

Luna. David Armentrout & Patricia Armentrout. 2022. (Destino: el Espacio (Destination Space) Ser.). (SPA.). 24p. (J). (gr. k-2). pap. *(978-1-0396-4946-0(7),* 19690); lib. bdg. *(978-1-0396-4819-7(3),* 19689) Crabtree Publishing Co.

Luna. Grace Hansen. 2017. (Nuestra Galaxia (Our Galaxy) Ser.).Tr. of Moon. (SPA.). 24p. (J). (gr. -1-2). lib. bdg. 32.79 *(978-1-5321-0666-8(1),* 27256, Abdo Kids) ABDO Publishing Co.

Luna. Ed. by Kissock Heather. 2016. (Viaje Al Espacio Ser.). (SPA.). 24p. (J). lib. bdg. 23.99 *(978-1-5105-2476-7(2))* SmartBook Media, Inc.

Luna: Leveled Reader Book 52 Level C 6 Pack. Hmh Hmh. 2021. (SPA.). 16p. (J). pap. 74.40 *(978-0-358-08181-4(5))* Houghton Mifflin Harcourt Publishing Co.

Luna: The Science & Stories of Our Moon. David A. Aguilar. 2019. (Illus.). 64p. (J). (gr. 5-9). 17.99 *(978-1-4263-3322-4(6));* (ENG., lib. bdg. 27.90 *(978-1-4263-3323-1(4))* Disney Publishing Worldwide. (National Geographic Kids).

Luna & the Dog Park Bully. A. N. Minerva. 2019. (ENG.). 32p. (J). (gr. -1-2). pap. 11.95 *(978-1-7322584-6-4(5))* Changing Lives Pr.

Luna & the Treasure of Tlaloc: Brownstone's Mythical Collection 5. Joe Todd-Stanton. 2023. (Brownstone's Mythical Collection: 5). (ENG.). 64p. (J). (gr. k-4). pap. 12.99 *(978-1-83874-855-5(5))* Flying Eye Bks. GBR. Dist: Penguin Random Hse. LLC.

Luna Benamor (Classic Reprint) Vicente Blasco Ibanez. 2018. (ENG., Illus.). 216p. (J). 28.37 *(978-0-484-48789-4(2))* Forgotten Bks.

Luna de Búho / Owl Moon. Jane Yolen. Tr. by Teresa Mlawer. Illus. by John Schoenherr. 2020. (SPA.). 32p. (J). (gr. k-3). 17.95 *(978-1-64473-242-7(4),* Beascoa) Penguin Random House Grupo Editorial ESP. Dist: Penguin Random Hse. LLC.

Luna de Los niños (the Children's Moon) Carmen Agra Deedy. Illus. by Jim LaMarche. 2022. (SPA.). 40p. (J). (gr. -1-3). pap. 7.99 *(978-1-338-83076-7(7),* Scholastic en Espanol) Scholastic, Inc.

Luna Dentro de Mí (the Moon Within) Aida Salazar. 2020. (SPA., Illus.). 240p. (J). (gr. 3-7). pap. 7.99 *(978-1-338-63106-7(3),* Scholastic en Espanol) Scholastic, Inc.

Luna: en la Oscuridad / Moon. Ana Coello. 2019. (Wattpad. en la Oscuridad Ser.: 1). (SPA.). 400p. (YA). (gr. 8-12). pap. 17.95 *(978-958-59866-1-9(2),* B De Blook) Penguin Random House Grupo Editorial ESP. Dist: Penguin Random Hse. LLC.

Luna Es Mía. Julieta Montelongo. 2022. (SPA.). 48p. (J). pap. *(978-607-07-5463-0(8))* Editorial Planeta, S. A. ESP. Dist: Two Rivers Distribution.

Luna Estudia la Población: Analizar los Datos, 1 vol. Vanessa Flores. 2017. (Computación Científica en el Mundo Real (Computer Science for the Real World) Ser.). (SPA.). 24p. (J). (gr. 4-5). pap. *(978-1-5383-5848-1(4),* b4f9c7a1-6218-4269-9dd4-abb2d33e4890, Rosen Classroom) Rosen Publishing Group, Inc., The.

Luna Estudia la Población: Analizar Los Datos (Luna Studies Population: Analyzing Data), 1 vol. Vanessa Flores. 2017. (Niños Digitales: Superdotados con Pensamiento Computacional (Computer Kids: Powered by Computational Thinking) Ser.). (SPA.). 24p. (J). (gr. 4-5). 25.27 *(978-1-5383-2914-6(X),* 2b412f07-c545-49d9-8e89-f2f6d285ba9d, PowerKids Pr.) Rosen Publishing Group, Inc., The.

Luna Finds a Home. Gail S. Jones. 2021. (ENG., Illus.). 22p. (J). 24.95 *(978-1-68517-849-9(9));* pap. 13.95 *(978-1-0980-9192-7(2))* Christian Faith Publishing.

Luna Finds Love Everywhere: A Self-Love Book for Kids. Shainna Ali. Illus. by Catarina Oliveira. 2021. (ENG.). 32p. (J). 16.95 *(978-1-64604-192-3(5))* Ulysses Pr.

Luna Fortuna (Lucky Luna) Diana Lopez. 2018. (SPA.). 208p. (J). (gr. 3-7). pap. 6.99 *(978-1-338-33129-5(9),* Scholastic en Espanol) Scholastic, Inc.

Luna Howls at the Moon. Kristin O'Donnell Tubb. (ENG.). (J). (gr. 3-7). 2022. 256p. pap. 7.99 *(978-0-06-301863-1(2));* 2021. 240p. 16.99 *(978-0-06-301862-4(4))* HarperCollins Pubs. (Tegen, Katherine Bks).

Luna I Love You All Ways. Marianne Richmond. Illus. by Dubravka Kolanovic. 2023. (I Love You All Ways Ser.). (ENG.). 32p. (J). (gr. -1-3). 8.99 *(978-1-7282-7395-2(1))* Sourcebooks, Inc.

Luna le Encanta el Museo. Fiona Lumbers & Joseph Coelho. 2022. (SPA.). 32p. (J). (gr. k-2). pap. 12.50 *(978-607-557-317-5(8))* Editorial Oceano de Mexico MEX. Dist: Independent Pubs. Group.

Luna Lovebug. Rachel D. Zaiger. 2021. (ENG., Illus.). 30p. (J). pap. 14.95 *(978-1-64952-737-0(3))* Fulton Bks.

Luna Loves Biscuits. Stephanie Hewitt. 2020. (Luna's Adventures Ser.: Vol. 2). (ENG.). 26p. (J). *(978-0-2288-3668-1(9));* pap. *(978-0-2288-3666-7(2))* Tellwell Talent.

L

Luna Loves Library Day. Joseph Coelho. Illus. by Fiona Lumbers. 2018. (ENG.). 32p. (J). 12.99 *(978-1-61067-675-5(0))* Kane Miller.

Luna Lucy. Lisa Van Der Wielen. Illus. by Joseph Hopkins. 2018. (Luna Lucy Ser.: Vol. 1). (ENG.). 26p. (J). (gr. k-4). pap. *(978-1-5272-2863-4(0))* Van Der Wielen, Lisa.

Luna, Lunita Lunera see Moony Luna

Luna Mango: Cuando la Deportación Divide a una Familia. Diane de Anda. Illus. by Sue Cornelison. 2021. (SPA.). 32p. (J). (gr. -1-3). pap. 7.99 *(978-0-8075-4963-6(0),* 807549630) Whitman, Albert & Co.

Luna, Moon Phases for Little Minds. Jessica Lake. Illus. by Jasmine Bailey. 2022. (Moon Ser.). (ENG.). 26p. (J). pap. ***(978-0-473-59458-9(7))*** Jessica Lake.

Luna Moon Wants More Light. Ren Wolf. 2022. (ENG., Illus.). 36p. (J). 28.95 *(978-1-63885-428-9(9));* pap. 17.95 *(978-1-63885-381-7(9))* Covenant Bks.

Luna Moonies. Edward Zammit. 2019. (ENG.). 32p. (J). (gr. k-6). 12.99 *(978-1-76079-065-3(6))* New Holland Pubs. Pty, Ltd. AUS. Dist: Independent Pubs. Group.

Luna Moths. Quinn M. Arnold. 2019. (Creatures of the Night Ser.). (ENG.). 24p. (J). (gr. 1-4). pap. 8.99 *(978-1-62832-682-6(4),* 18946, Creative Paperbacks) Creative Co., The.

Luna Moth's Life. John Himmelman. Illus. by John Himmelman. l.t. ed. 2022. (Nature Upclose Ser.). (ENG.). 34p. (J). pap. 14.95 ***(978-1-956381-18-4(X))*** Mazo Pubs.

Luna Negra. Romina Russell. 2018. (Zodiaco Ser.). (SPA.). 352p. (YA). (gr. 7). pap. 22.99 *(978-987-609-682-9(6))* Editorial de Nuevo Extremo S.A. ARG. Dist: Independent Pubs. Group.

Luna No Es de Nadie. Tohby Riddle. 2020. (SPA.). 32p. (J). (gr. k-2). 24.99 *(978-84-120807-4-2(2))* Babulinka Libros ESP. Dist: Lectorum Pubns., Inc.

Luna Nueva / New Moon. Stephenie Meyer. 2021. (Saga Crepusculo / the Twilight Saga Ser.: 2). (SPA.). 576p. (YA). (gr. 8-12). pap. 16.95 *(978-607-31-5051-4(2),* Debolsillo) Penguin Random House Grupo Editorial ESP. Dist: Penguin Random Hse. LLC.

Luna on the North Pole Express. J. D. Green. Illus. by Joanne Partis. 2022. (North Pole Express Bears Ser.). (ENG.). 32p. (J). (gr. -1-3). 7.99 ***(978-1-7282-6959-7(8))*** Sourcebooks, Inc.

Luna Studies Population: Analyzing Data, 1 vol. Vanessa Flores. 2017. (Computer Kids: Powered by Computational Thinking Ser.). (ENG.). 24p. (J). (gr. 4-5). 25.27 *(978-1-5383-2410-3(5),* e51eecf4-5e0d-4f6c-9532-395159c06fa2, PowerKids Pr.); pap. *(978-1-5383-5315-8(6),* b28fcd35-1d14-4584-a57e-3e641794c607, Rosen Classroom) Rosen Publishing Group, Inc., The.

Luna the Lightning Bug. Al Different. 2021. (ENG., Illus.). 30p. (J). pap. 13.95 *(978-1-0980-6136-4(5))* Christian Faith Publishing.

Luna the Lion. Laura Elizabeth Necci. Illus. by Sarah K. Turner. 2022. (ENG.). 24p. (J). 21.95 ***(978-1-63765-347-0(6));*** pap. 13.95 ***(978-1-63765-299-2(2))*** Halo Publishing International.

Luna (the Moon) Descubre Los Misterios de Nuestra Vecina Más Cercana. Sanlyn Buxner. 2023. (SPA.). 80p. (J). (gr. 2-4). 14.99 *(978-0-7440-7919-7(5),* DK Children) Dorling Kindersley Publishing, Inc.

Luna the Vampire: Pickled Zits. Yasmin Sheikh. 2018. (Luna the Vampire Ser.: 2). (Illus.). 72p. (J). (gr. 2-5). pap. 9.99 *(978-1-68405-260-8(2))* Idea & Design Works, LLC.

Luna 'Twas the Night Before Christmas. Illus. by Lisa Alderson. 2021. (Night Before Christmas Ser.). (ENG.). 32p. (J). (gr. -1-3). 7.99 ***(978-1-7282-5216-2(4))*** Sourcebooks, Inc.

Lunacion. J. J. Gadd. 2017. (SPA.). 200p. (YA). pap. 16.95 *(978-607-530-017-7(1))* Ediciones B ESP. Dist: Spanish Pubs., LLC.

Lunar Coven: The Supermoon Transformation. James Gibbens. 2019. (ENG.). 110p. (J). (gr. 2-6). pap. 14.95 ***(978-0-578-50761-3(7))*** Maglione, Concetta A.

Lunar Mooner Lula Learns: A Few Life Lessons That Aren't Just for the Birds. Tarri N. Driver. 2017. (ENG.). (J). pap. 15.99 *(978-1-63505-433-0(8))* Salem Author Services.

Lunar New Year. Hannah Eliot. Illus. by Alina Chau. 2018. (Celebrate the World Ser.). (ENG.). 24p. (J). (gr. -1 — 1). bds. 8.99 *(978-1-5344-3303-8(1),* Little Simon) Little Simon.

Lunar New Year. Susan E. Hamen. 2020. (Cultural Celebrations Ser.). (ENG., Illus.). 32p. (J). (gr. 2-5). lib. bdg. 32.79 *(978-1-5321-6770-6(9),* 34701, DiscoverRoo) Pop!.

Lunar New Year. Betsy Rathburn. 2022. (Happy Holidays! Ser.). (ENG., Illus.). 24p. (J). (gr. -1-2). pap. 7.99 *(978-1-64834-858-7(0),* 21712, Blastoff! Readers) Bellwether Media.

Lunar New Year Mad Libs: World's Greatest Word Game. Ellen Lee. 2021. (Mad Libs Ser.). 48p. (J). (gr. 3-7). pap. 4.99 *(978-0-593-38392-6(3),* Mad Libs) Penguin Young Readers Group.

Lunar Princess II: Nightmare. T. S. Cherry. 2nd ed. 2017. (Lunar Princess Ser.: Vol. 2). (ENG., Illus.). (J). (gr. 3-6). pap. 7.99 *(978-1-947029-10-1(X))* Pop Academy of Music.

Lunar Probes. Allan Morey. 2017. (Space Tech Ser.). (ENG., Illus.). 24p. (J). (gr. 3-7). lib. bdg. 26.95 *(978-1-62617-702-4(3),* Epic Bks.) Bellwether Media.

Lunar Unconditional Journal. Taylor MaiRangi & Christine Philippa. 2021. (ENG.). 290p. (YA). ***(978-1-008-99147-7(3))*** Lulu Pr., Inc.

Lunartiks(r) Sandra Vetter. 2016. (ENG., Illus.). (J). pap. 14.95 *(978-1-365-44190-5(3))* Lulu Pr., Inc.

Luna's Birthday. Kenya Rhodes. Illus. by S. C. Watson. 2nd ed. 2019. (ENG.). 34p. (J). (gr. k-4). pap. 14.99 *(978-1-0878-6386-3(4))* Indy Pub.

Luna's Green Pet. Kirsten Pendreigh. Illus. by Carmen Mok. 2022. (ENG.). 40p. (J). (gr. k-3). 17.99 *(978-1-5341-1161-5(1),* 205275) Sleeping Bear Pr.

Luna's Ladder. Faith Matson. Illus. by Marilee Donivan. 2020. (ENG.). 32p. (J). pap. 9.95 *(978-1-940728-14-8(2))* Sunrise Mountain Bks.

Luna's Obedience School: A QUIX Book. Allison Gutknecht. Illus. by Anja Grote. 2022. (Pet Pals Ser.: 2). (ENG.). 80p. (J). (gr. k-3). 17.99 *(978-1-5344-7402-4(1));* pap. 5.99 *(978-1-5344-7401-7(3))* Simon & Schuster Children's Publishing. (Aladdin).

Lunatic at Large: A Novel (Classic Reprint) J. Storer Clouston. 2018. (ENG., Illus.). 322p. (J). 30.54 *(978-0-483-74787-6(4))* Forgotten Bks.

Lunatick. Donald Rosenblit. 2021. (ENG.). 184p. (J). pap. 7.59 *(978-0-578-80408-8(5))* Southampton Publishing.

Lunav. Jenn Polish. 2018. (ENG., Illus.). 262p. (YA). pap. 13.99 *(978-1-948608-33-6(2))* NineStar Pr.

Lunch. Charis Mather. 2023. (Pick a Plate Ser.). (ENG.). 24p. (J). (gr. 1-3). lib. bdg. 19.95 Bearport Publishing Co., Inc.

Lunch! Matthew Holm & Jennifer L. Holm. ed. 2016. (Comics Squad Ser.: 2). lib. bdg. 18.40 *(978-0-606-38446-9(4))* Turtleback.

Lunch: A Children's Story. Eleanor Blackwell. 2016. (ENG., Illus.). (J). pap. 13.95 *(978-1-4808-3743-0(1))* Archway Publishing.

Lunch: A Children's Story. Eleanor Blackwell. 2021. (ENG.). 22p. (J). 18.99 ***(978-1-956373-33-2(0));*** pap. 7.99 ***(978-1-956373-32-5(2))*** Ideopage Pr. Solutions.

Lunch Around the World (Around the World) Jeanette Ferrara. 2021. (Around the World Ser.). (ENG., Illus.). 32p. (J). (gr. k-2). pap. 7.99 *(978-1-338-76868-8(9));* lib. bdg. 28.00 *(978-1-338-76867-1(0))* Scholastic Library Publishing. (Children's Pr.).

Lunch Box Bully. Hans Wilhelm. (I Like to Read Ser.). (Illus.). 32p. (J). (gr. -1-3). 2022. pap. 7.99 *(978-0-8234-4542-4(9));* 2020. 15.99 *(978-0-8234-3933-1(X))* Holiday Hse., Inc.

Lunch Box Notes for Brave Boys. Compiled by Compiled by Barbour Staff. 2020. (Brave Boys Ser.). (ENG., Illus.). 96p. (J). pap. 7.99 *(978-1-64352-513-6(1),* Shiloh Kidz) Barbour Publishing, Inc.

Lunch Box Notes for Courageous Girls. Compiled by Compiled by Barbour Staff. 2020. (Courageous Girls Ser.). (ENG.). 96p. (J). pap. 7.99 *(978-1-64352-514-3(X),* Shiloh Kidz) Barbour Publishing, Inc.

Lunch Box Riddles Scratch-Off Deck (60 Cards), 60 vols. Created by Peter Pauper Press. 2023. (ENG., Illus.). (J). 7.99 ***(978-1-4413-4127-3(7),*** 8d66d117-bcca-4ded-80e9-383a71d253f7) Peter Pauper Pr. Inc.

Lunch Buddies: Battle in the Backyard. Daniel Wiseman. Illus. by Daniel Wiseman. 2023. (Lunch Buddies Ser.: 1). (ENG., Illus.). 64p. (J). (gr. 1-5). 14.99 ***(978-0-06-323623-3(0));*** pap. 8.99 ***(978-0-06-323622-6(2))*** HarperCollins Pubs. (HarperAlley).

Lunch Bunch Books: Betty's First Day at School (Book #4) Jerry Arthur Newcomb. 2022. (ENG.). 58p. (J). pap. 9.99 ***(978-1-0880-6960-8(6))*** Indy Pub.

Lunch Counter Sit-Ins: How Photographs Helped Foster Peaceful Civil Rights Protests. Danielle Smith-Llera. 2018. (Captured History Ser.). (ENG., Illus.). 64p. (J). (gr. 5-9). pap. 8.95 *(978-0-7565-5880-2(8),* 138648); lib. bdg. 35.32 *(978-0-7565-5878-9(6),* 138646) Capstone. (Compass Point Bks.).

Lunch from Home. Joshua David Stein. Illus. by Jing Li. 2022. 40p. (J). (-k). 17.99 *(978-0-593-38445-9(8))* Penguin Young Readers Group.

Lunch in the Leaves. Marzieh A. Ali. Illus. by Lala Stellune. 2022. (Nadia & Nadir Ser.). (ENG.). 32p. (J). (gr. 2-2). pap. 9.95 *(978-1-64494-823-1(0),* Calico Kid) ABDO Publishing Co.

Lunch in the Leaves. Marzieh A. Ali. Illus. by Lala Stellune. 2022. (Nadia & Nadir Ser.). (ENG.). 32p. (J). (gr. -1-3). lib. bdg. 32.79 *(978-1-0982-3309-9(3),* 39851, Calico Chapter Bks) Magic Wagon.

Lunch Money Can't Shoot. Michael Levin & Jack Pannell. 2017. (ENG.). 146p. pap. 12.95 *(978-1-68350-110-7(1))* Morgan James Publishing.

Lunch, or What's That? Julianne Moore. ed. 2018. (Step into Reading Ser.). (ENG.). 32p. (J). (gr. -1-1). 7.00 *(978-1-64310-671-7(6))* Penworthy Co., LLC, The.

Lunch Recipe Queen. Gail Green & Marci Peschke. Illus. by Tuesday Mourning. 2018. (Kylie Jean Recipe Queen Ser.). (ENG.). 32p. (J). (gr. 1-3). lib. bdg. 27.99 *(978-1-5158-2848-8(4),* 138397, Picture Window Bks.) Capstone.

Lunch Swap Disaster. Bruce Coville. Illus. by Glen Mullaly. 2020. (Sixth-Grade Alien Ser.: 4). (ENG.). 176p. (J). (gr. 3-7). 17.99 *(978-1-5344-6486-5(7));* pap. 6.99 *(978-1-5344-6485-8(9))* Simon & Schuster Children's Publishing. (Aladdin).

Lunch Thief: A Story of Hunger, Homelessness & Friendship. Anne C. Bromley. Illus. by Robert Casilla. ed. 2020. (ENG.). 32p. (J). (gr. 3-7). pap. 9.95 *(978-0-88448-837-8(3),* 884837) Tilbury Hse. Pubs.

Lunch Will Never Be the Same! #1. Veera Hiranandani. Illus. by Christine Almeda. 2020. (Phoebe G. Green Ser.: 1). 128p. (J). (gr. 1-3). 6.99 *(978-0-593-09689-5(4));* 15.99 *(978-0-593-09690-1(8))* Penguin Young Readers Group. (Penguin Workshop).

Lunch with Cat & Dog. Rozanne Williams. 2017. (Learn-To-Read Ser.). (ENG., Illus.). (J). pap. 3.49 *(978-1-68310-228-1(2))* Pacific Learning, Inc.

Lunch with Lions. Jordan Gyori et al. 2021. (ENG.). 80p. (J). 24.99 ***(978-0-578-34764-6(4));*** pap. 18.99 ***(978-0-578-34763-9(6))*** Will Makes Bks.

Lunchbox Devotions for Kids. Myrna Conrad. Illus. by Marcie Caddell. 2022. (ENG.). 410p. (J). pap. 25.95 *(978-1-68517-791-1(3))* Christian Faith Publishing.

Lunchbox Está en el Caso Episodio 2: La niña Perdida. Jennifer Schick. Illus. by Sebastián Varela. 2023. (SPA.). 30p. (J). pap. 11.99 ***(978-1-0879-5476-9(2))*** Indy Pub.

Lunchbox Está en el Caso Episodio 3: Lonchera Visita Kenya. Jennifer Schick. Illus. by Sebastián Varela. 2023. (SPA.). 36p. (J). pap. 11.99 ***(978-1-0879-6329-7(X))*** Indy Pub.

Lunchbox Is on the Case. Jennifer Schick. Illus. by Sebastián Varela. 2022. (ENG.). 34p. (J). pap. 11.99 ***(978-1-0880-6816-8(2))*** Indy Pub.

Lunchbox Is on the Case Episode 2: The Missing Girl. Jennifer Schick. Illus. by Sebastián Varela. 2023. (ENG.). 30p. (J). pap. 11.99 ***(978-1-0879-2673-5(4))*** Indy Pub.

Lunchbox Is on the Case Episode 3: Lunchbox Goes to Kenya. Jennifer Schick. Illus. by Sebastián Varela. 2023. (ENG.). 36p. (J). pap. 11.99 ***(978-1-0879-5475-2(4))*** Indy Pub.

Lunchbox Is on the Case Episodio 1. Jennifer Schick. Illus. by Sebastián Varela. 2023. (SPA.). 34p. (J). pap. 11.99 ***(978-1-0879-2672-8(6))*** Indy Pub.

Lunchbox Note: A Story about Loving Others. Kristi Hayes & Marianne Booth. 2020. (ENG., Illus.). 24p. (J). (gr. k-4). 19.95 *(978-1-61244-840-4(2))* Halo Publishing International.

Lunchbox Words: 65 Word-Based Notes to Pack in Your Speller's Lunchbox or Backpack. Tracey West. 2017. (Scripps National Spelling Bee Ser.). (ENG., Illus.). 144p. (J). pap. 14.99 *(978-1-62672-718-2(X),* 900171567) Roaring Brook Pr.

Lunchmeat Lenny 1: The Extraordinary Crew. Daniel Kenney. 2018. (ENG., Illus.). 202p. (J). pap. 9.99 *(978-1-947865-09-9(9))* Trendwood Pr.

Lunchmeat Lenny 2: Danger Mountain. Daniel Kenney. 2018. (ENG., Illus.). 200p. (J). pap. 9.99 *(978-1-947865-11-2(0))* Trendwood Pr.

Lunchtime. Lauren Miller. 2018. (ENG.). 38p. (J). 14.95 *(978-1-63177-720-2(3))* Amplify Publishing Group.

Lunchtime: A Story about Appreciating All Different Kinds of Lunches. Julia Yeonmi Rubin. 2021. (ENG.). 24p. (J). 24.95 *(978-1-63972-597-7(0))* BookBaby.

Lune. Marie Lhuissier. Illus. by Elis Tamula. 2017. (FRE.). 50p. (J). pap. *(978-2-9560767-0-4(1))* Marie, Lhuissier.

Lune Est un étang d'argentThe Moon Is a Silver Pond. Sara Cassidy. Tr. by Rachel Martinez from ENG. Illus. by Josée Bisaillon & Josée Bisaillon. 2020. Orig. Title: The Moon Is a Silver Pond. (FRE.). 32p. (J). (gr. -1-k). 19.95 *(978-1-4598-2452-2(0))* Orca Bk. Pubs. USA.

Lunes con un Genio Loco. Mary Pope Osborne et al. Illus. by Sal Murdocca. 2018. (SPA.). 132p. (J). (gr. 2-4). pap. 6.99 *(978-1-63245-681-6(8))* Lectorum Pubns., Inc.

Lungless Salamanders. Emily Hudd. 2019. (Unique Animal Adaptations Ser.). (ENG., Illus.). 32p. (J). (gr. 4-6). pap. 7.95 *(978-1-5435-7508-8(0),* 141038) Capstone.

Lungs. Joyce Markovics. 2022. (Hello, Body! Ser.). (ENG., Illus.). 24p. (J). (gr. 4-6). pap. 12.79 *(978-1-6689-1122-8(1),* 221067); lib. bdg. 30.64 *(978-1-6689-0962-1(6),* 220929) Cherry Lake Publishing.

Lungs: All about the Respiratory System. Simon Rose. 2017. (Illus.). 32p. (J). *(978-1-5105-0896-5(1))* SmartBook Media, Inc.

Lungs: Children's Anatomy Book with Interesting & Informative Facts. Bold Kids. 2022. (ENG.). 46p. (J). pap. 14.99 *(978-1-0717-1050-0(8))* FASTLANE LLC.

Lunhabella & the Blue Garden, English-Spanish: Compass of Light & Shadow II. Azucena Ordoñez Rodas. 2022. (ENG.). 85p. pap. ***(978-1-387-80228-9(3))*** Lulu Pr., Inc.

Lunhabella y el Jardín Azul: Compas de Luz y Sombras II. Azucena Perez. 2022. (SPA.). 70p. (J). pap. *(978-1-387-84522-4(5))* Lulu Pr., Inc.

Luning-Ning. Lenie Palor. 2022. (ENG.). 54p. (J). pap. ***(978-1-80042-217-9(2))*** SilverWood Bks.

Lupe Lopez: Reading Rock Star! E. E. Charlton-Trujillo & Pat Zietlow Miller. Illus. by Joe Cepeda. 2023. (ENG.). 32p. (J). (gr. -1-2). 17.99 *(978-1-5362-0955-6(4))* Candlewick Pr.

Lupe Lopez: ¡Reglas de una Estrella de Rock! E. E. Charlton-Trujillo & Pat Zietlow Miller. Illus. by Joe Cepeda. 2022. (SPA.). 32p. (J). (gr. -1-2). 17.99 *(978-1-5362-2006-3(X))* Candlewick Pr.

Lupe Lopez: Rock Star Rules! E. E. Charlton-Trujillo & Pat Zietlow Miller. Illus. by Joe Cepeda. 2022. (ENG.). 32p. (J). (gr. -1-2). 17.99 *(978-1-5362-0954-9(6))* Candlewick Pr.

Lupe Lopez:¡Estrella de Lectura! E. E. Charlton-Trujillo & Pat Zietlow Miller. Illus. by Joe Cepeda. 2023. (SPA.). 32p. (J). (gr. -1-2). 17.99 *(978-1-5362-2987-5(3))* Candlewick Pr.

Lupe Says. T. L. Jones. Illus. by Callie Lips. 2016. (ENG.). (J). 17.99 *(978-0-9907449-4-8(9))* Cedar Loft Publishing.

Lupe Wong No Baila: (Lupe Wong Won't Dance Spanish Edition) Donna Barba Higuera. Tr. by Libia Brenda. 2021. (ENG.). 320p. (J). (gr. 3-7). pap. 9.99 *(978-1-64614-032-9(X))* Levine Querido.

Lupin Leaps In: A Breaking Cat News Adventure. Georgia Dunn. 2019. (ENG., Illus.). (J). 210p. (gr. 2-6). 38.99 *(978-1-5248-5130-9(2));*Volume 1. (Breaking Cat News Ser.: 1). 208p. pap. 9.99 *(978-1-4494-9522-0(2))* Andrews McMeel Publishing.

Lupin Leaves Las Vegas. Kelsey Bell-Bechtol. 2023. (ENG.). 38p. (J). 19.99 ***(978-1-0880-9332-0(9))*** Indy Pub.

Lupina Book One: Wax. James Wright. Illus. by Li Buszka. 2021. (ENG.). 96p. (YA). (gr. 9-17). pap. 17.99 *(978-1-68116-066-5(8))* Legendary Comics.

Lupina Book Two: Wane. James Wright. Illus. by Li Buszka. 2023. (Lupina Ser.). (ENG.). 112p. (YA). pap. 9.99 *(978-1-68116-099-3(4))* Legendary Comics.

Lupita Mañana Novel Units Student Packet. Novel Units. 2019. (ENG.). (J). pap. 13.99 *(978-1-58130-815-0(9),* Novel Units, Inc.) Classroom Library Co.

Lupita Mañana Novel Units Teacher Guide. Novel Units. 2019. (ENG.). (J). pap. 12.99 *(978-1-58130-814-3(0),* Novel Units, Inc.) Classroom Library Co.

Lupita Nyong'o. Stephanie Watson. 2020. (Influential People Ser.). (ENG., Illus.). 32p. (J). (gr. 4-6). pap. 7.95 *(978-1-4966-6585-0(6),* 142263); lib. bdg. 28.65 *(978-1-5435-9076-0(4),* 141398) Capstone.

Lupita Nyong'o: Actor, Filmmaker, Activist. Heather E. Schwartz. 2021. (Gateway Biographies Ser.). (ENG., Illus.). 48p. (J). (gr. 4-8). lib. bdg. 31.99 *(978-1-5415-9675-7(7),* 220dbe71-41e8-46d4-823f-c1857689f737, Lerner Pubns.) Lerner Publishing Group.

Lupita Nyong'o: Groundbreaking Actor. Rachel Rose. 2023. (Bearport Biographies (set 2) Ser.). (ENG.). 24p. (J). (gr. 2-5). lib. bdg. 19.95 Bearport Publishing Co., Inc.

Lupita Nyong'o: Oscar-Winning Actress, 1 vol. Therese M. Shea. 2019. (Junior Biographies Ser.). (ENG.). 24p. (gr. 3-4). 24.27 *(978-1-9785-0792-0(5),* 6aec7c9a-0d86-4224-b1eb-96b438b5c5f9) Enslow Publishing, LLC.

Lupo & the Labyrinth of the Lost Palace. Aby King. 2016. (Lupo Ser.). (ENG.). 240p. (J). (gr. 4-17). pap. 7.99 *(978-1-4449-2157-1(6))* Hachette Children's Group GBR. Dist: Hachette Bk. Group.

Lupo Dormiglione. Filippo Aramu. 2023. (ITA.). 30p. (YA). 24.62 ***(978-1-4478-6690-9(8))*** Lulu Pr., Inc.

Lupus the Heavenly Wolf. Kr Ashbeck. 2017. (ENG., Illus.). (J). pap. 12.95 *(978-1-68197-635-8(8))* Christian Faith Publishing.

Luran Agus a' Mhaighdeann-Mhara. Migi Macnill. Ed. by Seumas Dòmhnallach. Illus. by Eimilidh Dhòmhnallach. 2021. (GLA.). 34p. (J). pap. *(978-1-988747-91-0(0));* pap. *(978-1-988747-86-6(4))* Bradan Pr.

Luran & the Mermaid. Mickey MacNeil. Ed. by Shamus Y. MacDonald. Illus. by Emily MacDonald. 2021. (ENG.). 34p. (J). pap. *(978-1-988747-89-7(9))* Bradan Pr.

Lurching to the Beat, Bk. 1. Johanna Gohmann. Illus. by Aleksandar Zoloti?. 2018. (Electric Zombie Ser.). (ENG.). 112p. (J). (gr. 2-5). lib. bdg. 38.50 *(978-1-5321-3361-9(8),* 31145, Calico Chapter Bks.) ABDO Publishing Co.

Lure (Classic Reprint) George Scarborough. 2018. (ENG., Illus.). 324p. (J). 30.46 *(978-0-428-77148-5(3))* Forgotten Bks.

Lure of Fame (Classic Reprint) Clive Holland. (ENG., Illus.). (J). 2018. 248p. 29.03 *(978-0-332-19019-8(6));* 2017. pap. 11.57 *(978-0-243-58843-5(7))* Forgotten Bks.

Lure of San Francisco: A Romance amid Old Landmarks (Classic Reprint) Elizabeth Gray Potter. 2016. (ENG., Illus.). (J). pap. 9.57 *(978-1-334-45612-1(7))* Forgotten Bks.

Lure of the Black Hills (Classic Reprint) Dietrich Lange. 2018. (ENG., Illus.). 296p. (J). 30.02 *(978-0-267-44092-4(8))* Forgotten Bks.

Lure of the Camera (Classic Reprint) Charles S. Olcott. 2017. (ENG., Illus.). 418p. (J). 32.52 *(978-0-332-90147-3(5))* Forgotten Bks.

Lure of the Dim Trails (Classic Reprint) B. M. Bower. 2018. (ENG., Illus.). 236p. (J). 28.78 *(978-0-267-18300-5(3))* Forgotten Bks.

Lure of the Flame (Classic Reprint) Mark Danger. 2018. (ENG., Illus.). 324p. (J). 30.58 *(978-0-483-99389-1(1))* Forgotten Bks.

Lure of the Labrador Wild: The Story of the Exploring Expedition Conducted by Leonidas Hubbard, Jr. (Classic Reprint) Dillon Wallace. 2017. (ENG., Illus.). (J). 31.75 *(978-0-265-66837-5(9))* Forgotten Bks.

Lure of the Land (Classic Reprint) E. m. Weetwood. 2018. (ENG., Illus.). 376p. (J). 31.65 *(978-0-267-23860-6(6))* Forgotten Bks.

Lure of the Leopard Skin: A Story of the African Wilds (Classic Reprint) Josephine Hope Westervelt. 2017. (ENG., Illus.). (J). 28.97 *(978-0-265-66987-7(1));* pap. 11.57 *(978-1-5276-4144-0(9))* Forgotten Bks.

Lure of the Little Drum (Classic Reprint) Margaret Peterson. (ENG., Illus.). (J). 2018. 356p. 31.24 *(978-0-483-56275-2(0));* 2016. pap. 13.97 *(978-1-333-72152-7(8))* Forgotten Bks.

Lure of the Mask. Harold Macgrath. 2017. (ENG., Illus.). (J). 25.95 *(978-1-374-85616-5(9));* pap. 15.95 *(978-1-374-85615-8(0))* Capital Communications, Inc.

Lure of the Mask (Classic Reprint) Harold Macgrath. (ENG., Illus.). (J). 2018. 424p. 32.66 *(978-0-332-04382-1(7));* 2017. 31.78 *(978-0-265-74235-8(8));* 2017. pap. 16.57 *(978-1-5277-0914-0(0));* 2016. pap. 16.57 *(978-1-333-61077-7(7))* Forgotten Bks.

Lure of the North (Classic Reprint) Harold Bindloss. (ENG., Illus.). (J). 2018. 334p. 30.81 *(978-0-483-62201-2(X));* 2017. pap. 13.57 *(978-0-243-28866-3(2))* Forgotten Bks.

Lurking Lima Bean, 2. Joe McGee. ed. 2022. (Night Frights Ser.). (ENG.). 134p. (J). (gr. 2-5). 19.96 ***(978-1-68505-570-7(2))*** Penworthy Co., LLC, The.

Lurking Lima Bean. Joe McGee. Illus. by Teo Skaffa. 2021. (Night Frights Ser.: 2). (ENG.). 144p. (J). (gr. 2-5). 17.99 *(978-1-5344-8092-6(7));* pap. 6.99 *(978-1-5344-8091-9(9))* Simon & Schuster Children's Publishing. (Aladdin).

Lurking Turnips. Emilie Dufresne. Illus. by Kris Jones. 2023. (Level 4 - Blue Set Ser.). (ENG.). 32p. (J). (gr. 1-3). lib. bdg. 19.95 Bearport Publishing Co., Inc.

Lurpal the Murpal. Mike Kubista. Illus. by Richard Fleming. 2021. (ENG.). 52p. (J). 29.99 *(978-1-0983-4415-3(4))* BookBaby.

Luscious Legs & Lips Coloring Book. Activity Attic Books. 2016. (ENG., Illus.). (J). pap. 7.74 *(978-1-68323-695-5(5))* Twin Flame Productions.

Lush. Anne-Marie Yerks. 2020. (ENG.). 262p. (YA). pap. *(978-1-922311-20-7(0))* Odyssey Bks.

Lusine's Blessing. Will Spokes. 2022. (ENG.). 144p. (YA). pap. ***(978-1-922850-08-9(X))*** Shawline Publishing Group.

Lust of Hate (Classic Reprint) Guy Boothby. (ENG., Illus.). (J). 2018. 324p. 30.58 *(978-0-483-67159-1(2));* 2016. pap. 13.57 *(978-1-334-14445-5(1))* Forgotten Bks.

Lustige Tier-ABC: Alphabet Mit Tieren Lernen, Ausmalen und Spaß Haben, Ausmalbuch Für Kinder Im Vorschulalter (Malbuch Für Kinder Von 2-6 Jahren) Marta March. 2022. (GER.). 66p. (J). pap. 19.99 ***(978-1-0880-0618-4(3))*** Indy Pub.

Lustrials of Arcadia - Chapter One: Introducing. Roderick Galloway. 2021. (ENG.). 26p. (J). *(978-1-7947-7664-7(8))* Lulu Pr., Inc.

Lutaniste of St. Jacobi's: A Tale (Classic Reprint) Catharine Drew. 2018. (ENG., Illus.). 264p. (J). 29.34 *(978-0-332-87763-1(9))* Forgotten Bks.

Lutchmee & Dilloo, Vol. 1 Of 3: A Study of West Indian Life (Classic Reprint) Edward Jenkins. (ENG., Illus.). (J). 2018. 292p. 29.94 *(978-0-484-35612-1(7));* 2016. pap. 13.57 *(978-1-333-51702-1(5))* Forgotten Bks.

Lutchmee & Dilloo, Vol. 2 Of 3: A Story of West Indian Life (Classic Reprint) Edward Jenkins. 2018. (ENG., Illus.). 292p. (J). 29.92 *(978-0-332-19781-4(6))* Forgotten Bks.

Lutchmee & Dilloo, Vol. 3: A Story of West Indian Life (Classic Reprint) Edward Jenkins. 2018. (ENG., Illus.). 364p. (J). 31.42 *(978-0-484-03496-8(0))* Forgotten Bks.

Luther High: Overtime. Starlove Annulysse. 2021. (ENG.). 245p. (C). pap. *(978-0-557-94603-7(4))* Lulu Pr., Inc.

Luther in Rome: Or, Corradina, the Last of the Hohenstaufen; a Religio-Historical Romance (Classic Reprint) Eudora Lindsay South. 2018. (ENG., Illus.). 414p. (J). 32.44 *(978-0-483-50207-9(3))* Forgotten Bks.

Lutherans of New York: Their Story & Their Problems. George U. Wenner. 2017. (ENG., Illus.). (J). 22.95 *(978-1-374-95871-5(9));* pap. 12.95 *(978-1-374-95870-8(0))* Capital Communications, Inc.

1244

The check digit for ISBN-10 appears in parentheses after the full ISBN-13

Luther's Letters to Women. Martin Luther et al. 2017. (ENG.). 182p. (J). pap. *(978-3-337-12705-3(3))* Creation Pubs.

Lutins du Pere Noel Font des Betises. Christine Gschwind. 2016. (FRE., Illus.). (J). pap. *(978-2-9556805-0-6(8))* Christine, Gschwind.

Lutte Pour la Sante: Essai de Pathologie Generale. Burlureaux. 2017. (FRE., Illus.). (J). 24.95 *(978-1-374-84476-6(4))*; pap. 14.95 *(978-1-374-84475-9(6))* Capital Communications, Inc.

Luttrell of Aran, Vol. 2 Of 2: To Which Is Added, Paul Gosslett's Confessions (Classic Reprint) Charles Lever. (ENG., Illus.). (J). 2018. 392p. 31.98 *(978-0-483-37769-1(4))*; 2016. pap. 16.57 *(978-1-334-13203-2(8))* Forgotten Bks.

Luttrell of Arran (Classic Reprint) Charles Lever. (ENG., Illus.). (J). 2018. 484p. 33.88 *(978-0-267-96766-7(7))*; 2016. pap. 16.57 *(978-1-334-13086-1(8))* Forgotten Bks.

Luttrell of Arran (Classic Reprint) Charles James Lever. 2017. (ENG., Illus.). (J). 35.74 *(978-1-5285-7868-4(6))* Forgotten Bks.

Lux, 1914 (Classic Reprint) Liberty High School. (ENG., Illus.). (J). 2018. 88p. 25.71 *(978-0-267-59940-0(4))*; 2016. pap. 9.57 *(978-1-334-14261-1(0))* Forgotten Bks.

Lux Chronicles. A. R. Lore. 2018. (ENG., Illus.). 246p. (YA). pap. 16.95 *(978-1-64298-312-8(8))* Page Publishing Inc.

Lux Establishments: Sectors of Truth. Laura T. Espinal Corpeno. 2022. (ENG.). 166p. (YA). 31.95 *(978-1-6624-7251-0(X))* Page Publishing Inc.

Lux: the New Girl #1. Ashley Woodfolk. 2020. (Fiyy Girls Ser.: 1). 144p. (YA). (gr. 7). 15.99 *(978-0-593-09602-4(9))*; mass mkt. 6.99 *(978-0-593-09601-7(0))* Penguin Young Readers Group. (Penguin Workshop).

Luxembourg, 1 vol. Patricia Sheehan. 2017. (Cultures of the World (Third Edition)(r) Ser.). (ENG.). 144p. (gr. 5-5). lib. bdg. 48.79 *(978-1-5026-2743-8(4),* f879082e-a69c-4d09-8843-23c1f71f9901) Cavendish Square Publishing LLC.

Luxo 1: Le début d'un Lynx électrique. Julieta Ladino. Illus. by Carlos Gonzalez. 2022. (FRE.). 24p. (J). 19.90 ***(978-1-943255-70-2(9))*** LNG LLC.

Luxo 2: A Life Full of Adventures: the Past. Julieta Ladino Forero. Illus. by Carlos Felipe Gonzalez. 2023. (Luxo Ser.: Vol. 2). (SPA.). 40p. (J). 19.90 ***(978-1-943255-77-1(6))*** LNG LLC.

Luxo 2: Una Vida Llena de Aventuras: el Pasado. Julieta Ladino Forero. Illus. by Carlos Gonzalez. 2023. (SPA.). 40p. (J). 19.90 ***(978-1-943255-74-0(1))*** LNG LLC.

Luxury Cars Coloring Book: Amazing SuperCars Coloring Book for Teens & Adults / Cars Activity Book for Kids Ages 4-8 And 4-12. Welove Coloringbooks. 2020. (ENG.). 106p. (J). pap. 10.49 *(978-1-716-34598-2(7))* Lulu Pr., Inc.

Luz de Luna (Leyenda) Azucena Ordonez Rodas. 2019. (SPA.). 54p. (J). pap. *(978-0-359-92300-7(3))* Lulu Pr., Inc.

Luz Ilumina la Dislexia. Eulalia Canal. 2021. (Mundo Mejor Ser.). (SPA.). 36p. (J). (gr. 2-4). 19.95 *(978-84-17137-22-9(X))* Vegueta Ediciones S. L. ESP. Dist: Independent Pubs. Group.

Luz (Light) Grace Hansen. 2018. (Ciencia Básica (Beginning Science) Ser.). (SPA.). 24p. (J). (gr. -1-2). lib. bdg. 32.79 *(978-1-5321-8389-8(5),* 29971, Abdo Kids) ABDO Publishing Co.

Luz para Todos (Light for All) Margarita Engle. Tr. by Alexis Romay. Illus. by Raúl ón. 2023. (SPA.). 40p. (J). (gr. -1-3). 8.99 ***(978-1-6659-2952-3(9))***; 18.99 ***(978-1-6659-2953-0(7))*** Simon & Schuster/Paula Wiseman Bks. (Simon & Schuster/Paula Wiseman Bks.).

Luz Roja, Luz Verde. el Juego Del Calamar. ¿Hasta dónde Llegarías Por Dinero? / Red Light, Green Light. the Squid Game. an Unofficial. 2022. (SPA.). 192p. (YA). (gr. 8-12). pap. 17.95 *(978-607-38-1436-2(4),* Montena) Penguin Random House Grupo Editorial ESP. Dist: Penguin Random Hse. LLC.

Luz Star-Eye's Dream Journey to the Isles of the Southern Sea: A Story for Children (Classic Reprint) Ylva Ylva. 2018. (ENG., Illus.). 146p. (J). 26.93 *(978-0-364-32824-8(X))* Forgotten Bks.

Luz y Sombras 1. Guard'an Oculto. Julian Moraleda Lozano. 2016. (SPA., Illus.). 340p. (J). pap. *(978-1-365-60278-8(8))* Lulu Pr., Inc.

Luzia. Luz Ortiz. 2016. (SPA., Illus.). 32p. (J). pap. *(978-1-365-41082-6(X))* Lulu Pr., Inc.

Lw-Tiger, 1951 (Classic Reprint) Lick-Wilmerding School. 2017. (ENG., Illus.). (J). 25.73 *(978-0-266-83349-9(7))*; pap. 9.57 *(978-1-5279-2791-9(1))* Forgotten Bks.

Lwanda & the Sun Compass. Victoria Odoi-Atsem. 2018. (ENG., Illus.). 66p. (J). (gr. 1-3). 19.99 *(978-0-578-43722-4(8))* SF Publishing.

Lwl Life, Vol. 1: March, 1916 (Classic Reprint) Lick Wilmerding and Lux Schools. 2017. (ENG., Illus.). (J). 24.99 *(978-0-266-55395-3(8))*; pap. 9.57 *(978-1-282-82029-9(9))* Forgotten Bks.

Ly Huy's Escape: A Story of Vietnam. Rose-Mae Carvin & Bible Visuals International. 2020. (Flash Card Format Ser.). (ENG.). 42p. (J). pap. 19.00 *(978-1-64104-112-6(9))* Bible Visuals International, Inc.

Lycan the Traitor. Lg Hensel. 2018. (ENG., Illus.). 312p. (YA). pap. 18.95 *(978-1-64298-516-0(3))* Page Publishing Inc.

Lycanthropy & Other Chronic Illnesses: A Novel. Kristen O'Neal. (Illus.). 384p. (YA). (gr. 9). 2022. pap. 10.99 *(978-1-68369-307-9(8))*; 2021. 18.99 *(978-1-68369-234-8(9))* Quirk Bks.

Lychgate Hall: A Romance (Classic Reprint) M. E. Francis. 2018. (ENG., Illus.). 356p. (J). 31.26 *(978-0-332-28194-0(9))* Forgotten Bks.

Lyddy: A Tale of the Old South (Classic Reprint) Eugenia J. Bacon. 2018. (ENG., Illus.). 288p. (J). 29.86 *(978-0-484-17178-6(X))* Forgotten Bks.

Lydgate und Die Assembly of Gods, eine Untersuchung Über Die Autorschaft Dieses Werkes Auf Grund Einer Stilvergleichung: Inaugural-Dissertation Verfasst und der Hohen Philosophischen Fakultät der Kgl. Bayer. Julius-Maximilians-Universität Würzburg Zur. Albert Rudolph. 2018. (ENG., Illus.). (J). 92p. 25.79 *(978-1-396-28312-3(9))*; 94p. pap. 9.57 *(978-1-390-25494-5(1))* Forgotten Bks.

Lydgate's Fall of Princes, Vol. 1 (Classic Reprint) Henry Bergen. 2017. (ENG., Illus.). (J). 32.15 *(978-0-331-20302-8(2))*; pap. 16.57 *(978-0-260-01134-3(7))* Forgotten Bks.

Lydgate's Fall of Princes, Vol. 3: Books VI. -IX (Classic Reprint) John Lydgate. 2017. (ENG., Illus.). (J). 31.78 *(978-0-265-88918-3(9))*; pap. 16.57 *(978-1-5276-1010-5(0))* Forgotten Bks.

Lydgate's Reason & Sensuality, Vol. 1: Edited from the Fairfax Ms. 16 (Bodleian) & the Additional Ms. 29, 729 (Brit. Mus.); the Manuscripts, Text (with Side-Notes by Dr. Furnivall), Glossary (Classic Reprint) John Lydgate. 2017. (ENG., Illus.). (J). 31.92 *(978-0-266-36389-7(X))* Forgotten Bks.

Lydgate's Troy Book, A. D. 1412-20, Vol. 1: Edited from the Best Manuscripts, with Introduction, Notes, & Glossary; Prologue, Book I. , & Book II (Classic Reprint) John Lydgate. 2018. (ENG., Illus.). 416p. (J). 32.50 *(978-0-666-82533-9(5))* Forgotten Bks.

Lydgate's Troy Book, A. D. 1412-20, Vol. 1: Edited from the Best Manuscripts, with Introduction, Notes, & Glossary; Prologue, Book I, & Book II (with Side-Notes) (Classic Reprint) Henry Bergen. 2018. (ENG., Illus.). (J). 906p. 42.60 *(978-0-365-57324-1(8))*; 908p. pap. 24.94 *(978-0-365-57323-4(X))* Forgotten Bks.

Lydgate's Troy Book, A. D. 1412-20, Vol. 2: Edited from the Best Manuscripts; Book III (Classic Reprint) John Lydgate. (ENG., Illus.). (J). 2018. 492p. 34.11 *(978-0-428-85727-1(2))*; 2016. pap. 16.57 *(978-1-334-15727-1(8))* Forgotten Bks.

Lydia, a Woman's Book (Classic Reprint) Newton Crosland. (ENG., Illus.). (J). 2018. 288p. 29.84 *(978-0-484-68251-0(2))*; 2017. pap. 13.57 *(978-0-243-09589-6(9))* Forgotten Bks.

Lydia Green of Mulberry Glen. Millie Florence. Illus. by Josiah Dyrud. 2019. (ENG.). (J). (gr. 4-6). 322p. 18.99 *(978-1-7328789-1-4(9))*; 358p. pap. 12.99 *(978-1-7328789-0-7(0))* Greever, Millie.

Lydia Greenfingers. Joseph Hopkins. 2016. (ENG., Illus.). 29p. (J). pap. 13.95 *(978-1-78554-949-6(9),* 69328b67-6c4e-44b4-a47c-2199d1403148) Austin Macauley Pubs. Ltd. GBR. Dist: Baker & Taylor Publisher Services (BTPS).

Lydia of the Pines (Classic Reprint) Honore Morrow. 2018. (ENG., Illus.). (J). 362p. 31.38 *(978-1-396-36067-1(0))*; 364p. pap. 13.97 *(978-1-390-97618-2(1))* Forgotten Bks.

Lydia, or Filial Piety, Vol. 1 Of 4: A Novel (Classic Reprint) John Shebbeare. (ENG., Illus.). (J). 2018. 320p. 30.50 *(978-0-483-67885-9(6))*; 2016. pap. 13.57 *(978-1-334-19140-4(9))* Forgotten Bks.

Lydia; or Filial Piety, Vol. 3: A Novel (Classic Reprint) John Shebbeare. (ENG., Illus.). (J). 2018. 312p. 30.33 *(978-0-364-98757-5(X))*; 2017. pap. 13.57 *(978-0-259-20634-7(2))* Forgotten Bks.

Lydia the Reading Fairy. Daisy Meadows. ed. 2018. 64p. (J). (gr. 1-4). 15.36 *(978-1-64310-188-0(9))* Penworthy Co., LLC, The.

Lydia the Reading Fairy. Daisy Meadows. ed. 2016. (Rainbow Magic — the School Day Fairies Ser.: 3). lib. bdg. 14.75 *(978-0-606-38791-0(9))* Turtleback.

Lying. Joy Berry. 2018. (Help Me Be Good Ser.). (ENG.). 34p. (J). pap. 8.99 *(978-0-7396-0323-9(X))* Inspired Studios Inc.

Lying in the Deep. Diana Urban. 2023. 384p. (YA). (gr. 9). 18.99 *(978-0-593-52760-3(7),* Razorbill) Penguin Young Readers Group.

Lying on the Bed with a Monkey on Her Head. Tonda R. Gainey. Illus. by Garrett McConnell. 2018. (ENG.). 22p. (J). 21.95 *(978-1-64003-854-7(X))*; pap. 11.95 *(978-1-64003-853-0(1))* Covenant Bks.

Lying Planet. Carol Riggs. 2016. (ENG., Illus.). (YA). (gr. 7). pap. 17.99 *(978-1-68281-304-1(5))* Entangled Publishing, LLC.

Lying Prophets. Eden Phillpotts. 2017. (ENG.). (J). 502p. pap. *(978-3-337-03669-0(4))*; 400p. pap. *(978-3-337-00164-3(5))* Creation Pubs.

Lying Prophets: A Novel (Classic Reprint) Eden Phillpotts. 2018. (ENG., Illus.). 500p. (J). 34.21 *(978-0-483-36106-5(2))* Forgotten Bks.

Lying Season. Heather Christie. 2021. (ENG.). 278p. (YA). pap. 19.95 *(978-1-68433-755-2(0))* Black Rose Writing.

Lying Woods. Ashley Elston. (ENG.). 336p. (YA). (gr. 9-12). 2019. pap. 9.99 *(978-1-368-01591-2(3))*; 2018. 17.99 *(978-1-368-01478-6(X))* Hyperion Bks. for Children.

Lykan HyperSport. Emily Rose Oachs. 2017. (Car Crazy Ser.). (ENG., Illus.). 24p. (J). (gr. 3-7). lib. bdg. 26.95 *(978-1-62617-580-8(2),* Torque Bks.) Bellwether Media.

Lyla & the Nightlight. Cecilia Minden. Illus. by Rachael McLean. 2022. (Little Blossom Stories Ser.). (ENG.). 16p. (J). (gr. -1-2). pap. 11.36 *(978-1-5341-9872-2(5),* 220077, Cherry Blossom Press) Cherry Lake Publishing.

Lyla, the Pussycat with the Pussycatness. James F. Park. 2017. (ENG.). 36p. (J). pap. ***(978-0-244-04268-4(3))*** Lulu Pr., Inc.

Lyla: Through My Eyes - Natural Disaster Zones. Fleur Beale. Ed. by Lyn White. 2018. (Through My Eyes Ser.). (ENG., Illus.). 208p. (J). (gr. 6-9). pap. 15.99 *(978-1-76011-378-0(6))* Allen & Unwin AUS. Dist: Independent Pubs. Group.

Lyle, Lyle, Crocodile. Bernard Waber. 2022. (Lyle the Crocodile Ser.). (ENG., Illus.). 48p. (J). (gr. -1-3). pap. 7.99 *(978-0-395-13720-8(9),* 497521); tchr. ed. 19.99 *(978-0-395-16995-7(X),* 597524) HarperCollins Pubs. (Clarion Bks.).

Lyle, Lyle Crocodile: Meet Lyle. Bernard Waber. 2022. (I Can Read Level 1 Ser.). (ENG., Illus.). 32p. (J). (gr. -1-3). pap. 5.99 *(978-0-06-325644-6(4),* Clarion Bks.) HarperCollins Pubs.

Lyle, Lyle Crocodile: Sing with Lyle. Bernard Waber. 2022. (ENG., Illus.). 12p. (J). (gr. -1 — 1). bds. 7.99 *(978-0-06-325643-9(6),* Clarion Bks.) HarperCollins Pubs.

Lyle, Lyle, Crocodile: The Junior Novelization. Bernard Waber. 2022. (ENG., Illus.). 208p. (J). (gr. 1-7). pap. 9.99 *(978-0-358-75543-2(3),* Clarion Bks.) HarperCollins Pubs.

Lyle, Lyle, Crocodile Board Book. Bernard Waber. 2020. (Lyle the Crocodile Ser.). (ENG.). 22p. (J). (— 1). bds. 9.99 *(978-0-358-27261-8(0),* 1771360, Clarion Bks.) HarperCollins Pubs.

Lyle, Lyle, Crocodile Novel Units Teacher Guide. Novel Units. 2019. (Lyle the Crocodile Ser.). (ENG.). (J). (gr. -1-3). pap., tchr. ed. 12.99 *(978-1-56137-327-7(3),* Novel Units, Inc.) Classroom Library Co.

Lyle, Lyle, Crocodile Storybook Favorites: 4 Complete Books Plus Stickers! Bernard Waber. 2022. (Lyle the Crocodile Ser.). (ENG.). 192p. (J). (gr. -1-3). 13.99 *(978-0-06-328876-8(1),* Clarion Bks.) HarperCollins Pubs.

Lynacia's Dragon. L. M. Walsh. 2021. (ENG., Illus.). 30p. (J). 25.95 *(978-1-63961-691-6(8))*; pap. 14.95 *(978-1-0980-8841-5(7))* Christian Faith Publishing.

Lynch Lawyers (Classic Reprint) William Patterson White. 2017. (ENG., Illus.). (J). 32.23 *(978-0-265-95066-1(X))* Forgotten Bks.

Lynda Mullaly Hunt Collection, 3 vols. Lynda Mullaly Hunt. 2020. 864p. (J). (gr. 5). 25.97 *(978-0-593-32588-9(5),* Puffin Books) Penguin Young Readers Group.

Lyndi Lane's Big Day. Christina Condron. 2023. 26p. (J). (gr. -1-3). pap. 12.00 BookBaby.

Lyndon B. Johnson. Kevin Blake. 2016. (First Look at America's Presidents Ser.). (ENG., Illus.). 24p. (J). (gr. -1-3). 26.99 *(978-1-943553-32-7(7))* Bearport Publishing Co., Inc.

Lyndon B. Johnson, 1 vol. Ed. by Meredith Day. 2016. (Pivotal Presidents: Profiles in Leadership Ser.). (ENG., Illus.). 80p. (gr. 8-8). lib. bdg. 36.47 *(978-1-68048-527-1(X),* 5e555973-7621-4474-aec5-45e2fe88a7dc) Rosen Publishing Group, Inc., The.

Lyndon B. Johnson. Czeena Devera. Illus. by Jeff Bane. 2017. (My Early Library: My Itty-Bitty Bio Ser.). (ENG.). 24p. (J). (gr. k-1). 30.64 *(978-1-63472-817-1(3),* 209694) Cherry Lake Publishing.

Lyndon B. Johnson. Megan M. Gunderson. (United States Presidents Ser.). (ENG., Illus.). (J). 2020. 48p. (gr. 3-6). lib. bdg. 35.64 *(978-1-5321-9360-6(2),* 34877, Checkerboard Library); 2016. 40p. (gr. 2-5). lib. bdg. 35.64 *(978-1-68078-104-5(9),* 21825, Big Buddy Bks.) ABDO Publishing Co.

Lyndon B. Johnson & the Civil Rights ACT, 1 vol. Marcia Amidon Lüsted. 2017. (Spotlight on the Civil Rights Movement Ser.). (ENG., Illus.). 48p. (J). (gr. 6-6). 33.47 *(978-1-5383-8048-2(X),* 7e6c6e30-9ee8-43e5-9413-0bf6bf097a92); pap. 12.75 *(978-1-5081-7746-3(5),* cb9830f6-0104-416a-bb10-efb9ad35aa6c) Rosen Publishing Group, Inc., The.

Lyndon Baines Johnson: Our 36th President. Melissa Maupin. 2020. (United States Presidents Ser.). (ENG.). 48p. (J). (gr. 3-6). lib. bdg. 41.36 *(978-1-5038-4427-8(7),* 214204) Child's World, Inc, The.

Lynette. Alfabeto de la a la N. Beatriz Fuentes. 2019. (Mundo de Lynette Ser.: Vol. 2). (SPA.). 54p. (J). pap. *(978-3-9525088-3-1(7))* Alquibla S.L.

Lynette's Journey. Linda Carr. 2020. (ENG.). 32p. (J). *(978-1-5289-4178-5(0))*; pap. *(978-1-5289-4177-8(2))* Austin Macauley Pubs. Ltd.

Lynn Haverhill, Vol. 3 Of 3: Or the Life of a Soldier (Classic Reprint) Unknown Author. 2018. (ENG., Illus.). 356p. (J). 31.24 *(978-0-484-13226-8(1))* Forgotten Bks.

Lynn's Itchy Skin: Beautiful with Eczema Outside & In. April Lynn Foster. Ed. by Valerie J. Lewis Coleman. Illus. by Sashai Dean. 2021. (ENG.). 26p. (J). pap. 12.99 *(978-0-9962991-4-5(9))* Queen V Publishing.

Lynton Abbott's Children, Vol. 1: A Novel (Classic Reprint) Unknown Author. 2018. (ENG., Illus.). 260p. (J). 29.26 *(978-0-483-70119-9(X))* Forgotten Bks.

Lynton Abbott's Children, Vol. 2 Of 3: A Novel (Classic Reprint) Unknown Author. 2018. (ENG., Illus.). 248p. (J). 29.01 *(978-0-483-74534-6(0))* Forgotten Bks.

Lynton Abbott's Children, Vol. 3 Of 3: A Novel (Classic Reprint) Unknown Author. 2018. (ENG., Illus.). 278p. (J). 29.63 *(978-0-483-70457-2(1))* Forgotten Bks.

Lynx. Sophie Geister-Jones. 2021. (Wild Cats Ser.). (ENG., Illus.). 32p. (J). (gr. 2-3). pap. 9.95 *(978-1-63738-069-7(0))*; lib. bdg. 31.35 *(978-1-63738-033-8(X))* North Star Editions. (Apex).

Lynx Chase, Hares Dash, 1 vol. Jens Haakonsen. 2017. (Hunter & Hunted: Animal Survival Ser.). (ENG.). 24p. (J). (gr. 3-3). 25.27 *(978-1-5081-5664-2(6),* 17f2f6ae-49fe-4b7b-9cc7-12f4efaf168c, PowerKids Pr.) Rosen Publishing Group, Inc., The.

Lynx-Hunting, Vol. 4: From Notes by the Author of Camping Out (Classic Reprint) C. A. Stephens. 2017. (ENG., Illus.). (J). 30.10 *(978-0-260-39007-3(0))* Forgotten Bks.

LYNX... the Beginning. L. S. Yannachione. 2021. (ENG.). 92p. (YA). 22.95 *(978-1-63692-455-7(7))*; pap. 13.95 *(978-1-63692-454-0(9))* Newman Springs Publishing, Inc.

Lyra & Bon Bon & the Mares from S. M. I. L. E. G. M. Berrow. ed. 2016. (My Little Pony Chapter Bks.). (J). lib. bdg. 16.00 *(978-0-606-38301-1(8))* Turtleback.

Lyra & Louise: An Unlikely Friendship. Brett Hillary Aronowitz. Illus. by Brett Hillary Aronowitz. 2021. (ENG.). 32p. (J). 28.00 ***(978-1-7353338-2-3(4))***; pap. 15.00 *(978-1-7353338-3-0(2))* chickenscratchPr.

Lyra Elegantiarum. Frederick Locker-Lampson. 2017. (ENG.). (J). 384p. pap. *(978-3-7447-5624-2(6))*; 390p. pap. *(978-3-7447-4608-3(9))* Creation Pubs.

Lyra Elegantiarum. Frederick Locker-Lampson & Coulson Kernahan. 2017. (ENG.). 450p. (J). pap. *(978-3-337-21758-7(3))* Creation Pubs.

Lyra Heroica. William Ernest Henley. 2017. (ENG.). (J). 386p. pap. *(978-3-337-18891-7(5))*; 396p. pap. *(978-3-337-18893-1(1))* Creation Pubs.

Lyra Heroica: A Book of Verse for Boys (Classic Reprint) William Ernest Henley. 2018. (ENG., Illus.). 394p. (J). 32.02 *(978-0-666-67934-5(7))* Forgotten Bks.

Lyra Heroica (Yesterday's Classics) William Ernest Henley. 2022. (ENG.). 354p. (YA). pap. 14.95 *(978-1-63334-165-4(8))* Yesterday's Classics.

Lyra Nigeriæ (Classic Reprint) Adamu Adamu. 2018. (ENG., Illus.). 110p. (J). 26.19 *(978-0-484-81096-8(0))* Forgotten Bks.

Lyre & Lancet. F. Anstey, pseud. 2017. (ENG.). 272p. (J). pap. *(978-3-7447-4929-9(0))* Creation Pubs.

Lyre & Lancet: A Story in Scenes (Classic Reprint) F. Anstey, pseud. 2018. (ENG., Illus.). 270p. (J). 29.49 *(978-0-364-10715-7(4))* Forgotten Bks.

Lyrebirds: Master Mimics. Katie Lajiness. 2018. (Awesome Animal Powers Ser.). (ENG., Illus.). 32p. (J). (gr. 2-5). lib. bdg. 34.21 *(978-1-5321-1501-1(6),* 28856, Big Buddy Bks.) ABDO Publishing Co.

Lyric - the Baby Sparrow with Two Mothers: Based on a True Story from the Great Smoky Mountains. JoAnn Conrad. 2020. (ENG.). 30p. (J). (gr. 2-4). 23.00 *(978-1-0983-4086-5(8))* BookBaby.

Lyric Loves Lollipops. Tracilyn George. 2020. (ENG.). 22p. (J). pap. 11.00 *(978-1-990153-18-1(6))* Lulu Pr., Inc.

Lyric Loves Lollipops. Tracilyn George. Illus. by Aria Jones. 2020. (ENG.). 24p. (J). pap. 17.14 *(978-1-716-62086-7(4))* Lulu Pr., Inc.

Lyric Mckerrigan, Secret Librarian. Jacob Sager Weinstein. Illus. by Vera Brosgol. 2018. (ENG.). 48p. (J). (gr. -1-3). 17.99 *(978-0-544-80122-6(9),* 1640248, Clarion Bks.) HarperCollins Pubs.

Lyrics: Lyrics Notebook. Eloisa Bustos. 2022. (ENG.). 101p. (YA). pap. ***(978-1-387-70510-8(5))*** Lulu Pr., Inc.

Lyric's Amazing Spirit: A Story of Courage. Toya Gooden. Illus. by Kevin Esparza. 2022. (ENG.). 60p. (J). pap. 12.49 *(978-1-6628-4405-8(0))* Salem Author Services.

Lyrics, & Philippics (Classic Reprint) J. H. Scourfield. 2018. (ENG., Illus.). 96p. (J). 25.88 *(978-0-483-01507-4(5))* Forgotten Bks.

Lyrics (Classic Reprint) John Henry Philipps Scourfield. 2018. (ENG., Illus.). 84p. (J). 25.63 *(978-0-332-06287-7(2))* Forgotten Bks.

Lyrics of Childhood (Classic Reprint) Edward Mayhugh. 2018. (ENG., Illus.). 66p. (J). 25.28 *(978-0-428-68465-5(3))* Forgotten Bks.

Lyrics of Eliza (Classic Reprint) D. K. Stevens. (ENG., Illus.). (J). 2017. 25.20 *(978-0-266-46133-3(6))*; 2016. pap. 9.57 *(978-1-334-14477-6(X))* Forgotten Bks.

Lysbeth: A Tale of the Dutch (Classic Reprint) H. Rider Haggard. (ENG., Illus.). (J). 2017. 35.65 *(978-0-265-45333-9(X))*; 2016. pap. 19.57 *(978-1-334-14771-5(X))* Forgotten Bks.

Lysriellandor. M. T. Boulton. 2017. (ENG., Illus.). (J). pap. 10.97 *(978-1-326-94353-0(7))* Lulu Pr., Inc.

Lyttel Booke of Nonsense (Classic Reprint) Randall Davies. (ENG., Illus.). (J). 2018. 140p. 26.80 *(978-0-332-10947-3(X))*; 2016. pap. 9.57 *(978-1-333-55923-6(2))* Forgotten Bks.

M

M. Xist Publishing. 2019. (Discover the Alphabet Ser.). (ENG.). 20p. (J). (gr. -1-1). pap. 24.99 *(978-1-5324-1365-0(3))* Xist Publishing.

M. Xist Publishing & Xist Publishing. 2019. (Discover the Alphabet Ser.). (ENG.). 22p. (J). (gr. -1-1). 22.99 *(978-1-5324-1311-7(4))* Xist Publishing.

M. A. S. H. Activity Book - 100 Pages! MASH Game Notebook - Play with Friends - Discover Your Future - Classic Pen & Paper Games (8. 5 X 11 Inches) Max Personal. 2021. (ENG.). 102p. (YA). pap. 8.79 *(978-1-716-18293-8(X))* Lulu Pr., Inc.

M Ás de lo Que Podemos Decir. Brigid Kemmerer. 2019. (SPA.). 560p. (YA). pap. 16.99 *(978-607-8614-03-5(7))* V&R Editoras.

M Avengers 10-Piece Wooden Doll with Fold-Out Storybook (Value) Des. by Bendon. 2020. (ENG.). (J). 3.00 ***(978-1-6902-1213-3(6))*** Bendon, Inc.

M Avengers 8 X 8 Color & Read along Storybook with Stickers. Des. by Bendon. 2020. (ENG.). (J). 3.00 ***(978-1-6902-1384-0(1))*** Bendon, Inc.

M Avengers Activity Book with Stacking Crayons (Value) Des. by Bendon. 2020. (ENG.). (J). spiral bd. 5.00 ***(978-1-6902-1471-7(6))*** Bendon, Inc.

M Avengers Coloring & Activity Book (Value) Des. by Bendon. 2020. (ENG.). (J). pap. 1.00 *(978-1-6902-1281-2(0))* Bendon, Inc.

M Avengers Coloring & Activity Book with Crayons. Des. by Bendon. 2017. (ENG.). (J). pap. 4.99 ***(978-1-5050-4877-3(X))*** Bendon, Inc.

M Avengers Coloring & Activity Book with Giant Eraser. Des. by Bendon. 2020. (ENG.). (J). pap. 3.00 ***(978-1-6902-0659-0(4))*** Bendon, Inc.

M Avengers Coloring & Activity Book with Jumbo Twist-Up Crayons. Des. by Bendon. 2020. (ENG.). (J). pap. 5.00 ***(978-1-6902-1076-4(1))*** Bendon, Inc.

M Avengers Coloring & Activity Book with Stickers. Des. by Bendon. 2018. (ENG.). (J). pap. 9.99 ***(978-1-5050-8119-0(X))*** Bendon, Inc.

M Avengers Coloring & Activity Book with Tattoos. Des. by Bendon. 2020. (ENG.). (J). pap. 3.98 ***(978-1-6902-1280-5(2))*** Bendon, Inc.

M Avengers Coloring & Activity Book with Tattoos (Value) Des. by Bendon. 2019. (ENG.). (J). pap. 3.00 ***(978-1-5050-9925-6(0))*** Bendon, Inc.

M Avengers Digest Imagine Ink Magic Ink. Des. by Bendon. 2020. (ENG.). (J). pap. 5.00 ***(978-1-6902-1074-0(5))*** Bendon, Inc.

M Avengers Flip-Over Jumbo Coloring & Activity Book. Des. by Bendon. 2020. (ENG.). (J). pap. 1.00 ***(978-1-6902-1435-9(X))*** Bendon, Inc.

M Avengers Giant 11 X 16 Coloring & Activity Book. Des. by Bendon. 2020. (ENG.). (J). pap. 1.00 ***(978-1-6902-1719-0(7))*** Bendon, Inc.

M Avengers Imagine Ink Magic Ink Pictures. Des. by Bendon. (ENG.). (J). 2020. 4.99 ***(978-1-6902-0958-4(5))***; 2018. 4.99 ***(978-1-5050-6663-0(8))*** Bendon, Inc.

M Avengers Imagine Ink Magic Ink Pictures Book with Stickers (Value) Des. by Bendon. 2020. (ENG.). (J). 5.00 ***(978-1-6902-1461-8(9))*** Bendon, Inc.

M Avengers Imagine Ink Magic Ink Pictures (Value) Des. by Bendon. 2020. (J). (ENG.). 3.50 ***(978-1-6902-1440-3(6))***; (FRE.). 3.50 ***(978-1-6902-1441-0(4))***; (ENG.). 3.00 ***(978-1-6902-1169-3(5))*** Bendon, Inc.

M Avengers Jumbo Coloring & Activity Book. Des. by Bendon. 2020. (ENG.). (J). pap. 1.00 *(978-1-6902-1036-8(2))* Bendon, Inc.
M Avengers Read & Color Kit. Des. by Bendon. 2020. (ENG.). (J). 5.00 *(978-1-6902-1080-1(X))* Bendon, Inc.
M Avengers Storybook Activity Floor Pad with Side Panel Activity (Clubs) Des. by Bendon. 2019. (FRE.). (J). spiral bd. 14.99 *(978-1-5050-8729-1(5))* Bendon, Inc.
M Avengers Storybook Stencil Fun (Clubs) Des. by Bendon. 2020. (ENG.). (J). spiral bd. 9.98 *(978-1-6902-1290-4(X))* Bendon, Inc.
M Avengers Ultimate 11 X 16 Coloring & Activity Book. Des. by Bendon. 2020. (ENG.). (J). pap. 3.00 *(978-1-6902-1575-2(5))* Bendon, Inc.
M Avengers/Spider-Man Flip-Over Jumbo Coloring & Activity Book. Des. by Bendon. 2020. (ENG.). (J). pap. 1.00 *(978-1-6902-1170-9(9))* Bendon, Inc.
M. C. Higgins Great Novel Units Student Packet. Novel Units. 2019. (ENG.). (J). pap. 13.99 *(978-1-58130-603-3(2),* Novel Units, Inc.) Classroom Library Co.
M. C. Higgins Great Novel Units Teacher Guide. Novel Units. 2019. (ENG.). (J). pap. 12.99 *(978-1-58130-602-6(4),* Novel Units, Inc.) Classroom Library Co.
M. Dragon Oublieux: Vol 1, Ed 2 (Francais), Egalement Traduit en Anglais & Espagnol (the Dragon Series) (French Edition) Linda J. Keep. 2016. (FRE., Illus.). (J). pap. *(978-0-9952922-4-6(8))* Psychology Center Inc.
M. E. Shorts: Volume I. M. E. Champey. 2022. (ENG.). 54p. (J). pap. 4.99 *(978-1-0880-3433-0(0))* Indy Pub.
M. H. S. Annual, 1915, Vol. 8 (Classic Reprint) Mansfield High School. 2017. (ENG., Illus.). (J). pap. 9.57 *(978-0-259-93935-1(8))* Forgotten Bks.
M. I. A. - Ma Réalité Augmentée. Fabrice Boulanger. 2023. (M. I. A. Ser.: 1). (FRE.). 136p. (YA). (gr. 8-12). pap. 14.95 *(978-2-7644-4772-7(8))* Quebec Amerique CAN. Dist: Orca Bk. Pubs. USA.
M. I. A. & the Book of Damien. Shawnee Morris. 2020. (M. I. A. Ser.: 2). (ENG.). 116p. (YA). pap. 17.50 *(978-1-0983-3630-1(5))* BookBaby.
M. I. C. E. & the Dragon Worm. William Coniston. 2017. (M. I. C. E. Ser.: Vol. 2). (ENG., Illus.). (J). (gr. 2-6). pap. *(978-0-9935224-1-3(6))* Coniston, William.
M. I. C. E. & the Future. William Coniston. 2019. (M. I. C. E. Ser.: Vol. 3). (ENG.). 252p. (J). (gr. 3-6). pap. *(978-0-9935224-2-0(4))* Coniston, William.
M. I. C. E. & the Stone. William Coniston. 2016. (M. I. C. E. Ser.: Vol. 1). (ENG., Illus.). (J). (gr. 2-6). pap. *(978-0-9935224-0-6(8))* Coniston, William.
M in the Middle: Secret Crushes, Mega-Colossal Anxiety & the People's Republic of Autism. The Students of Limpsfield Grange School & Vicky Martin. 2016. (Illus.). 352p. (J). pap. 18.95 *(978-1-78592-034-9(0),* 694000) Kingsley, Jessica Pubs. GBR. Dist: Hachette UK Distribution.
M Is for Maddox: Now I Know My ABCs & 123s Coloring & Activity Book with Writing & Spelling Exercises (Age 2-6) 128 Pages. Learning Books & Crawford House Learning Books. 2020. (ENG.). 130p. (J). pap. *(978-1-989828-17-5(5))* Crawford Hse.
M Is for Madelyn: Now I Know My ABCs & 123s Coloring & Activity Book with Writing & Spelling Exercises (Age 2-6) 128 Pages. Crawford House Learning Books. 2020. (ENG.). 130p. (J). pap. *(978-1-989828-39-7(6))* Crawford Hse.
M Is for Madison: Now I Know My ABCs & 123s Coloring & Activity Book with Writing & Spelling Exercises (Age 2-6) 128 Pages. Crawford House Learning Books. 2020. (ENG.). 130p. (J). pap. *(978-1-989828-05-2(1))* Crawford Hse.
M Is for Manger. Teri McKinley & Crystal Bowman. Illus. by Claire Keay. 2016. (ENG.). 32p. (J). bds. 6.99 *(978-1-4964-2004-6(7),* 20_29070, Tyndale Kids) Tyndale Hse. Pubs.
M Is for Mason: Now I Know My ABCs & 123s Coloring & Activity Book with Writing & Spelling Exercises (Age 2-6) 128 Pages. Crawford House Learning Books. 2020. (ENG.). 130p. (J). pap. *(978-1-989828-47-2(7))* Crawford Hse.
M Is for Maxi Taxi: My Trini Alphabet. Nneka Edwards. 2018. (ENG., Illus.). 60p. (J). pap. *(978-976-8278-12-8(9))* Edwards, Nneka.
M Is for Maxi Taxi: My Trini Alphabet. Nneka Edwards. Tr. by Jose Ocando & Rawle Aimey. 2016. (ENG., Illus.). (J). pap. *(978-976-95855-5-3(6))* Edwards, Nneka.
M Is for Melanin: A Celebration of the Black Child. Tiffany Rose. (ENG.). (J). (gr. -1-1). 2021. 30p. bds., bds. 8.99 *(978-1-4998-1205-3(1))*; 2019. 40p. 17.99 *(978-1-4998-0916-9(6))* Little Bee Books Inc.
M Is for Mia: Now I Know My ABCs & 123s Coloring & Activity Book with Writing & Spelling Exercises (Age 2-6) 128 Pages. Crawford House Learning Books. 2020. (ENG.). 130p. (J). pap. *(978-1-989828-40-3(X))* Crawford Hse.
M Is for Michael: Now I Know My ABCs & 123s Coloring & Activity Book with Writing & Spelling Exercises (Age 2-6) 128 Pages. Crawford House Learning Books. 2020. (ENG.). 130p. (J). pap. *(978-1-989828-41-0(8))* Crawford Hse.
M Is for Minnesota: Written by Kids for Kids. Jewish Family and Children's Service of Minneapolis. 2018. (See-My-State Alphabet Book Ser.). (ENG., Illus.). 32p. (J). (gr. -1-3). 9.99 *(978-1-5132-6225-3(4),* West Winds Pr.) West Margin Pr.
M Is for Monkey. Nick Rebman. 2021. (Alphabet Fun Ser.). (ENG., Illus.). 24p. (J). (gr. k-1). pap. 8.95 *(978-1-64619-404-9(7))*; lib. bdg. 28.50 *(978-1-64619-377-6(6))* Little Blue Hse. (Little Blue Readers).
M Is for Monster. Mel Gilden. Illus. by John Pierard & Steve Fastner. 2018. (ENG.). 104p. (J). (gr. 4-7). pap. 11.95 *(978-1-59687-778-8(2))* ibooks, Inc.
M Is for Montana. Stephanie Miles & Christin Farley. Illus. by Volha Kaliaha. 2018. (ABC Regional Board Bks.). (ENG.). 20p. (J). (gr. -1 — 1). bds. 12.99 *(978-1-945547-88-1(X),* 554788) Familius LLC.
M Is for Movement. Innosanto Nagara. Illus. by Innosanto Nagara. 2019. (ENG., Illus.). 96p. (J). (gr. 3-7). 19.95 *(978-1-60980-935-5(1),* Triangle Square) Seven Stories Pr.
M. M. C: A Story of the Great Rockies (Classic Reprint) Charlotte M. Vaile. 2018. (ENG., Illus.). 252p. (J). 29.11 *(978-0-483-70404-6(0))* Forgotten Bks.
M. O. U. E. T. T. e. Bérengère Berte. 2019. (FRE.). 83p. (J). pap. *(978-0-244-21640-5(1))* Lulu Pr., Inc.
M. or N. Similia Similibus Curantur (Classic Reprint) G. Whyte-Melville. 2018. (ENG., Illus.). 416p. (J). 32.50 *(978-0-428-87789-7(3))* Forgotten Bks.
M. or Similia Similibus Curantur, Vol. 1 of 2 (Classic Reprint) G. J. Whyte-Melville. 2018. (ENG., Illus.). 324p. (J). 30.60 *(978-0-483-93845-8(9))* Forgotten Bks.
M. or Similia Similibus Curantur, Vol. 2 of 2 (Classic Reprint) G. J. Whyte-Melville. 2018. (ENG., Illus.). 326p. (J). 30.62 *(978-0-428-79711-9(3))* Forgotten Bks.
M. P. or the Blue-Stocking: A Comic Opera, in Three Acts, First Performed at the English Opera, Theatre Royal, Lyceum, on Monday, Sept; 9, 1811 (Classic Reprint) Unknown Author. 2017. (ENG., Illus.). 334p. (J). 30.79 *(978-0-484-53982-1(5))* Forgotten Bks.
M Spider-Man Giant Sticker Activity Pad (Clubs) Des. by Bendon. 2020. (ENG.). (J). 9.99 *(978-1-6902-1328-4(0))* Bendon, Inc.
M Spider-Man Imagine Ink Magic Ink Pictures. Des. by Bendon. 2020. (ENG.). (J). 4.99 *(978-1-6902-0987-4(9))* Bendon, Inc.
M Spider-Man Imagine Ink Mess Free Game Book. Des. by Bendon. 2020. (ENG.). (J). 5.99 *(978-1-6902-1110-5(5))* Bendon, Inc.
M Spider-Man Jumbo Coloring & Activity Book. Des. by Bendon. 2020. (ENG.). (J). pap. 1.00 *(978-1-6902-1578-3(X))*; pap. 1.00 *(978-1-6902-1436-6(8))* Bendon, Inc.
M Star Prince & Princess. Alan Robinson. 2018. (ENG., Illus.). 94p. (YA). 22.95 *(978-1-64349-158-5(X))*; pap. 12.95 *(978-1-64299-709-5(9))* Christian Faith Publishing.
M. Steinert Collection of Keyed & Stringed Instruments: With Various Treatises on the History of These Instruments, the Method of Playing Them, & Their Influence on Musical Art (Classic Reprint) Morris Steinert. 2016. (ENG., Illus.). (J). pap. 9.97 *(978-1-333-39576-6(0))* Forgotten Bks.
M-Step Grade 3 English Language Arts Success Strategies Workbook: Comprehensive Skill Building Practice for the Michigan Student Test of Educational Progress. Ed. by M-Step Exam Secrets Test Prep. 2016. (ENG.). (J). pap. 40.99 *(978-1-5167-0094-3(5))* Mometrix Media LLC.
M-Step Grade 3 Mathematics Success Strategies Workbook: Comprehensive Skill Building Practice for the Michigan Student Test of Educational Progress. Ed. by M-Step Exam Secrets Test Prep. 2016. (ENG.). (J). pap. 40.99 *(978-1-5167-0095-0(3))* Mometrix Media LLC.
M-Step Grade 4 English Language Arts Success Strategies Workbook: Comprehensive Skill Building Practice for the Michigan Student Test of Educational Progress. Ed. by M-Step Exam Secrets Test Prep. 2016. (ENG.). (J). pap. 40.99 *(978-1-5167-0096-7(1))* Mometrix Media LLC.
M-Step Grade 4 Mathematics Success Strategies Workbook: Comprehensive Skill Building Practice for the Michigan Student Test of Educational Progress. Ed. by M-Step Exam Secrets Test Prep. 2016. (ENG.). (J). pap. 40.99 *(978-1-5167-0097-4(X))* Mometrix Media LLC.
M-STEP Grade 5 English Language Arts Success Strategies Workbook: Comprehensive Skill Building Practice for the Michigan Student Test of Educational Progress. Ed. by M-Step Exam Secrets Test Prep. 2016. (ENG.). (J). pap. 40.99 *(978-1-5167-0099-8(6))* Mometrix Media LLC.
M-STEP Grade 5 Mathematics Success Strategies Workbook: Comprehensive Skill Building Practice for the Michigan Student Test of Educational Progress. Ed. by M-Step Exam Secrets Test Prep. 2016. (ENG.). (J). pap. 40.99 *(978-1-5167-0100-1(3))* Mometrix Media LLC.
M-STEP Grade 6 English Language Arts Success Strategies Study Guide: M-STEP Test Review for the Michigan Student Test of Educational Progress. Ed. by M-Step Exam Secrets Test Prep. 2016. (ENG.). (J). pap. 40.99 *(978-1-5167-0101-8(1))* Mometrix Media LLC.
M-STEP Grade 6 Mathematics Success Strategies Study Guide: M-STEP Test Review for the Michigan Student Test of Educational Progress. Ed. by M-Step Exam Secrets Test Prep. 2016. (ENG.). (J). pap. 40.99 *(978-1-5167-0102-5(X))* Mometrix Media LLC.
M-STEP Grade 7 English Language Arts Success Strategies Study Guide: M-STEP Test Review for the Michigan Student Test of Educational Progress. Ed. by M-Step Exam Secrets Test Prep. 2016. (ENG.). (J). pap. 40.99 *(978-1-5167-0103-2(8))* Mometrix Media LLC.
M-STEP Grade 7 Mathematics Success Strategies Study Guide: M-STEP Test Review for the Michigan Student Test of Educational Progress. Ed. by M-Step Exam Secrets Test Prep. 2016. (ENG.). (J). pap. 40.99 *(978-1-5167-0104-9(6))* Mometrix Media LLC.
M-STEP Grade 7 Science Success Strategies Study Guide: M-STEP Test Review for the Michigan Student Test of Educational Progress. Ed. by M-Step Exam Secrets Test Prep. 2016. (ENG.). (J). pap. 40.99 *(978-1-5167-0105-6(4))* Mometrix Media LLC.
M-STEP Grade 8 English Language Arts Success Strategies Study Guide: M-STEP Test Review for the Michigan Student Test of Educational Progress. Ed. by M-Step Exam Secrets Test Prep. 2016. (ENG.). (J). pap. 40.99 *(978-1-5167-0106-3(2))* Mometrix Media LLC.
M-STEP Grade 8 Mathematics Success Strategies Study Guide: M-STEP Test Review for the Michigan Student Test of Educational Progress. Ed. by M-Step Exam Secrets Test Prep. 2016. (ENG.). (J). pap. 40.99 *(978-1-5167-0107-0(0))* Mometrix Media LLC.
M-STEP Grade 8 Social Studies Success Strategies Study Guide: M-STEP Test Review for the Michigan Student Test of Educational Progress. Ed. by M-Step Exam Secrets Test Prep. 2016. (ENG.). (J). pap. 40.99 *(978-1-5167-0108-7(9))* Mometrix Media LLC.
M Super Hero Adventures Activity Book with 3D Sticker. Des. by Bendon. 2019. (ENG.). (J). pap. 12.99 *(978-1-6902-0068-0(5))* Bendon, Inc.
M Super Hero Adventures Color by Number with Crayons. Des. by Bendon. 2019. (ENG.). (J). pap. 5.99 *(978-1-5050-8840-3(2))* Bendon, Inc.
M Super Hero Adventures Coloring & Activity Book with Paint & Crayons. Des. by Bendon. 2019. (ENG.). (J). pap. 10.99 *(978-1-5050-8838-0(0))* Bendon, Inc.
M Super Hero Adventures Imagine Ink Magic Ink Coloring Book. Des. by Bendon. 2018. (ENG.). (J). pap. 7.99 *(978-1-5050-7615-8(3))* Bendon, Inc.
M Super Hero Adventures Imagine Ink Magic Ink Pictures. Des. by Bendon. 2019. (ENG.). (J). 5.99 *(978-1-5050-8966-0(2))* Bendon, Inc.
M Super Hero Adventures Jumbo Coloring & Activity Book. Des. by Bendon. 2018. (ENG.). (J). pap. 1.99 *(978-1-5050-7150-4(X))*; pap. 1.00 *(978-1-5050-7156-6(9))* Bendon, Inc.
M. T. BOULTON's Library: Clappity the Runaway Steamy. M. T. Boulton. 2018. (ENG.). 86p. (J). pap. *(978-0-244-41050-6(X))* Lulu Pr., Inc.
M. T. BOULTON's Library: The Trixter Clown. M. T. Boulton. 2018. (ENG.). 82p. (J). pap. *(978-0-244-11056-7(5))* Lulu Pr., Inc.
M. Tulli Ciceronis Cato Maior de Senectute (Classic Reprint) Marcus Tullius Cicero. 2018. (LAT., Illus.). (J). 66p. 25.26 *(978-1-396-43222-4(1))*; 68p. pap. 9.57 *(978-1-391-06958-6(7))* Forgotten Bks.
M. Tullii Ciceronis Cato Maior de Senectute: Für Den Schulgebrauch Erklärt (Classic Reprint) Marcus Tullius Cicero. 2018. (LAT., Illus.). (J). 84p. 25.65 *(978-1-391-38544-0(6))*; 86p. pap. 9.57 *(978-1-390-20262-5(3))* Forgotten Bks.
M. Tullii Ciceronis Cato Maior de Senectute, Aelius de Amicitia, Paradoxa (Classic Reprint) Marcus Tullius Cicero. 2018. (LAT., Illus.). (J). 98p. 25.94 *(978-0-366-19512-1(3))*; 100p. pap. 9.57 *(978-0-366-04833-5(3))* Forgotten Bks.
M. Tullii Ciceronis Cato Maior de Senectute, Laelius de Amicitia, Paradoxa (Classic Reprint) Marcus Tullius Cicero. 2018. (LAT., Illus.). (J). 88p. 25.73 *(978-1-391-83781-9(9))*; 90p. pap. 9.57 *(978-1-390-67415-6(0))*; 92p. 25.79 *(978-0-366-64845-0(4))*; 94p. pap. 9.57 *(978-0-366-64839-9(X))* Forgotten Bks.
M. Tullii Ciceronis Cato Major Sive de Senectute, Laelius Sive de Amicitia, et Epistolae Selectae (Classic Reprint) Marcus Tullius Cicero. 2018. (LAT., Illus.). (J). 118p. 26.33 *(978-0-366-24907-7(X))*; 120p. pap. 9.57 *(978-0-366-24813-1(8))* Forgotten Bks.
Ma Famille: My Family. Mandie Davis. Ed. by Badger Davis. Illus. by Pete Williamson. 2017. (FRE.). 68p. (J). pap. *(978-0-9954653-4-3(7))* Davis, Mandie.
Ma Llorona: A Ghost Story, a Love Story. Maya Gonzalez. 2017. (ENG., Illus.). 163p. (J). (gr. 7-12). pap. 12.95 *(978-1-945289-03-3(1))* Reflection Pr.
Ma-Ma. Ralph M. McMillan. 2017. (ENG., Illus.). 32p. (J). 22.95 *(978-1-64191-097-2(6))*; pap. 13.95 *(978-1-64079-894-6(3))* Christian Faith Publishing.
Ma Ma, ni Zai Na Li ? Hiroko Ikezumi. 2016. (CHI.). 32p. (J). *(978-986-211-607-4(2))* Hsaio Lu Publishing Co., Ltd.
Ma MacDonald Flees the Farm: It's Not a Pretty Picture ... Book. Karl Beckstrand. Illus. by Alycia Mark. I.t. ed. 2019. (Careers for Kids Ser.: Vol. 2). (ENG.). 34p. (J). 26.55 *(978-1-951599-02-7(0))* Premio Publishing & Gozo Bks., LLC.
Ma Maison Dans la Ville. Miranda Kelly. Tr. by Claire Savard. 2021. (Dans Ma Communauté (in My Community) Ser.). (FRE.). 24p. (J). (gr. -1-1). pap. *(978-1-4271-3655-8(6),* 12501) Crabtree Publishing Co.
Ma Maison Dans la Ville (My Home in the City) Miranda Kelly. Tr. by Claire Savard. 2021. (FRE.). 24p. (J). (gr. -1-1). lib. bdg. *(978-1-4271-4977-0(1))* Crabtree Publishing Co.
Ma Maison Est Mon Château: My Home Is My Castle. Mandie Davis. Ed. by Badger Davis. Illus. by Pete Williamson. 2019. (FRE.). 74p. (J). pap. *(978-1-9164839-6-5(8))* Davis, Mandie.
Ma Maman Est une Docteure Militaire. Tamika Hamlet. Illus. by Naiyah Hamlet. 2022. (FRE.). 24p. (J). pap. *(978-0-2288-8509-2(4))* Tellwell Talent.
Ma Mère Est une Baleine. Martine PANGLOSSE. Illus. by Martine PANGLOSSE. 2021. (FRE.). 32p. (J). pap. *(978-1-716-07010-5(4))* Lulu Pr., Inc.
Ma Pettengill (Classic Reprint) Harry Leon Wilson. 2017. (ENG., Illus.). (J). 30.81 *(978-0-266-20544-9(5))* Forgotten Bks.
Maajabu: Hungry Animals. Zuri Kaloki. Illus. by Shazeb Khan. 2021. (ENG.). 34p. (J). pap. 12.96 *(978-1-63821-969-9(9))* Primedia eLaunch LLC.
Maakusie Loves Music: English Edition. Chelsey June and Jaaji (Twin Flames). Illus. by Tamara Campeau. 2022. 36p. (J). (gr. 3-3). 21.95 *(978-1-77450-574-8(6))* Inhabit Education Bks. Inc. CAN. Dist: Consortium Bk. Sales & Distribution.
Maasai. Rennay Craats. 2017. (World Cultures Ser.). (ENG.). 32p. (J). (gr. 3-7). lib. bdg. 29.99 *(978-1-5105-2267-1(0))* SmartBook Media, Inc.
Ma'at. Virginia Loh-Hagan. 2019. (Gods & Goddesses of the Ancient World Ser.). (ENG., Illus.). 32p. (J). (gr. 4-8). pap. 14.21 *(978-1-5341-5064-5(1),* 213563); lib. bdg. 32.07 *(978-1-5341-4778-2(0),* 213562) Cherry Lake Publishing. (45th Parallel Press).
Maat. Allan Morey. 2022. (Egyptian Mythology Ser.). (ENG., Illus.). 32p. (J). (gr. 2-5). lib. bdg. 34.22 *(978-1-5321-9869-4(8),* 39731, Kids Core) ABDO Publishing Co.
Maat. Allan Morey. 2022. (Egyptian Mythology Ser.). (ENG., Illus.). 32p. (J). (gr. 3-3). pap. 9.95 *(978-1-64494-777-7(3))* North Star Editions.
Mabee & the Gravy. Allen Edgar Rogers. Illus. by Whitney Hill. 2021. (ENG.). 52p. (J). (gr. k-3). 25.95 *(978-1-953021-12-0(3))*; pap. 15.95 *(978-1-953021-13-7(1))* Brandylane Pubs., Inc. (Belle Isle Bks.).
Mabel: A Mermaid Fable (Mermaid Book for Kids about Friendship, Read-Aloud Book for Toddlers) Rowboat Watkins. 2020. (ENG., Illus.). 40p. (J). (gr. -1-k). 16.99 *(978-1-4521-5527-2(5))* Chronicle Bks. LLC.
Mabel & Sam at Home: (Imagination Books for Kids, Children's Books about Creative Play) Linda Urban. Illus. by Hadley Hooper. 2018. (ENG.). 60p. (J). (gr. k-3). 17.99 *(978-1-4521-3996-8(2))* Chronicle Bks. LLC.
Mabel & the Queen of Dreams, 1 vol. Henry Herz et al. Illus. by Lisa Woods. 2016. (ENG.). 32p. (J). 16.99 *(978-0-7643-5137-2(0),* 7522) Schiffer Publishing, Ltd.
Mabel Beecher: Future Teacher. Cari Best. Illus. by Lisa Hunt. 2018. (ENG.). 32p. (J). (gr. -1 — 1). 16.99 *(978-1-5107-2071-8(5),* Sky Pony Pr.) Skyhorse Publishing Co., Inc.
Mabel Finds a Friend. Trisha Taylor. 2021. (ENG.). 24p. (J). pap. 12.95 *(978-1-9822-6783-4(6),* Balboa Pr.) Author Solutions, LLC.
Mabel Finds Her Happy. Allie Mary. 2022. (ENG.). 42p. (J). pap. *(978-1-3984-5865-9(1))* Austin Macauley Pubs. Ltd.
Mabel Hartley & the Burial Chamber. J. E. Reddington. 2017. (ENG., Illus.). 204p. (J). pap. *(978-1-7750700-1-6(8))* Reddington, Jane.
Mabel Hartley & the Crusader's Map. J. E. Reddington. 2017. (ENG., Illus.). 168p. (J). pap. *(978-1-7750700-2-3(6))* Reddington, Jane.
Mabel Hartley & the Egyptian Vault. J. E. Reddington. 2017. (ENG., Illus.). 170p. (J). pap. *(978-1-7750700-0-9(X))* Reddington, Jane.
Mabel on Midsummer Day: A Story of the Olden Time (Classic Reprint) Mary Howitt. (ENG., Illus.). (J). 2018. 40p. 24.74 *(978-0-656-01552-8(7))*; 2017. pap. 7.97 *(978-0-259-59692-9(2))* Forgotten Bks.
Mabel, or Heart Histories (Classic Reprint) Rosella Rice. 2017. (ENG., Illus.). (J). 32.60 *(978-0-331-88669-6(3))* Forgotten Bks.
Mabel Ross, the Sewing-Girl (Classic Reprint) John N. Hyde. (ENG., Illus.). (J). 2018. 448p. 33.14 *(978-0-483-52631-0(2))*; 2017. pap. 16.57 *(978-0-243-25543-6(8))* Forgotten Bks.
Mabel, Vol. 1 Of 3: A Novel (Classic Reprint) Emma Warburton. (ENG., Illus.). (J). 2018. 354p. 31.22 *(978-0-483-88540-0(1))*; 2016. pap. 13.57 *(978-1-334-04131-0(8))* Forgotten Bks.
Mabel's Miraculous Manner: Stories of Kindness & Friendship. Frank English. 2022. (ENG.). 116p. (J). pap. *(978-1-914083-70-9(9))* Andrews UK Ltd.
Mabel's Mistake (Classic Reprint) Ann S Stephens. (ENG., Illus.). (J). 2018. 436p. 32.89 *(978-0-267-32285-5(2))*; 2016. pap. 16.57 *(978-1-333-24080-6(5))* Forgotten Bks.
Mabel's Place: Math Reader 2 Grade K. Hmh Hmh. 2018. (SPA.). 8p. (J). pap. 9.00 *(978-1-328-57677-4(9))* Houghton Mifflin Harcourt Publishing Co.
Mabel's Place: Math Reader Grade K. Hmh Hmh. 2017. (Math Expressions Ser.). (ENG.). 8p. (J). (gr. k). pap. 4.93 *(978-1-328-77221-3(7))* Houghton Mifflin Harcourt Publishing Co.
Mabel's Topsy-Turvy Homes. Candy Wellins. Illus. by Jess Rose. 2022. 32p. (J). 17.99 *(978-1-5064-8286-6(4))* 1517 Media.
Mabinogion. Anonymous. Tr. by Lady Charlotte Guest. 2019. (ENG.). 196p. (J). *(978-1-78943-049-3(6))* Benediction Classics.
Mabinogion. Anonymous. Tr. by Lady Charlotte Guest. 2019. (ENG.). 194p. (J). pap. *(978-1-78943-048-6(8))* Benediction Classics.
Mable Grace Says... Respect the Flag! Camille Takuski. I.t. ed. 2018. (Mable Grace Says... Ser.: 2). 36p. 21.00 *(978-0-9990639-1-0(X))* BookBaby.
Mabon. Kellie M. Davies. 2018. (ENG., Illus.). 272p. (YA). pap. *(978-0-6481851-6-1(8))* Aurora House.
Mabuhay!: a Graphic Novel. Zachary Sterling. Illus. by Zachary Sterling. 2023. (ENG.). 240p. (J). (gr. 3-7). 24.99 *(978-1-338-73864-3(X))*; pap. 12.99 *(978-1-338-73860-5(7))* Scholastic, Inc. (Graphix).
Mac & Geeeez! ... being Real Is What It's All About. Michael Genhart. Illus. by Steve Mack. 2017. 32p. (J). *(978-1-4338-2723-5(9),* Magination Pr.) American Psychological Assn.
Mac & Molly Learn to Pray. Fiona McDonald. 2018. (ENG.). 26p. (J). pap. *(978-1-8381291-0-1(3))* Lily Bks.
Mac & the Magic. Marriott Little Sheldon. 2020. (ENG.). 38p. (J). pap. 14.99 *(978-1-7947-5299-3(4))* Lulu Pr., Inc.
Mac & the Rainbow Crystal. James Griffiths. 2017. (ENG., Illus.). 44p. (J). pap. *(978-1-326-91653-4(X))* Lulu Pr., Inc.
Mac B. , Kid Spy Box Set, Books 1-4 (Mac B. , Kid Spy), 1 vol. Mac Barnett. Illus. by Mike Lowery. 2021. (Mac B. , Kid Spy Ser.). (ENG.). 656p. (J). (gr. 2-5). 51.96 *(978-1-338-77763-5(7),* Orchard Bks.) Scholastic, Inc.
Mac Cracks the Code (Mac B. , Kid Spy #4) Mac Barnett. Illus. by Mike Lowery. 2019. (Mac B. , Kid Spy Ser.: 4). (ENG.). 176p. (J). (gr. 2-5). 12.99 *(978-1-338-59423-2(0),* Orchard Bks.) Scholastic, Inc.
Mac Jones: Football Star. Alex Monnig. 2022. (Biggest Names in Sports Set 7 Ser.). (ENG., Illus.). 32p. (J). (gr. 3-5). pap. 9.95 *(978-1-63739-310-9(5))*; lib. bdg. 31.35 *(978-1-63739-258-4(3))* North Star Editions. (Focus Readers).
Mac of Placid (Classic Reprint) T. Morris Longstreth. (ENG., Illus.). (J). 2018. 31.32 *(978-0-260-25667-6(6))*; 2016. pap. 13.97 *(978-1-334-74637-6(0))* Forgotten Bks.
Mac Saves the World (Mac B. , Kid Spy #6) Mac Barnett. Illus. by Mike Lowery. 2021. (Mac B. , Kid Spy Ser.: 6). (ENG.). 176p. (J). (gr. 2-5). 12.99 *(978-1-338-74245-9(0),* Orchard Bks.) Scholastic, Inc.
Mac, the Butterfly Horse. Kristen Halverson. Illus. by Snezana Grncaroska. 2018. (ENG.). 36p. (J). 21.99 *(978-1-64440-710-3(8))* The Tale of Noel: The Holiday Horse Angel, The.
Mac Undercover (Mac B. , Kid Spy #1) Mac Barnett. Illus. by Mike Lowery. 2018. (Mac B. , Kid Spy Ser.: 1). (ENG.). 160p. (J). (gr. 2-5). 12.99 *(978-1-338-14359-1(X),* Orchard Bks.) Scholastic, Inc.
Maca Iscjeliteljka: Bosnian Edition of the Healer Cat. Tuula Pere. Tr. by Irma Karamustafic. Illus. by Klaudia Bezak. 2019. (BOS.). 40p. (J). (gr. k-4). *(978-952-325-015-4(9))*; pap. *(978-952-357-128-0(1))* Wickwick oy.
Maca Iscjeliteljka: Croatian Edition of the Healer Cat. Tuula Pere. Tr. by Irma Karamustafic. Illus. by Klaudia

1246 The check digit for ISBN-10 appears in parentheses after the full ISBN-13

M

Bezak. 2019. (HRV.). 40p. (J). (gr. k-4). *(978-952-325-016-1(7))*; pap. *(978-952-357-131-0(1))* Wickwick oy.

Macaria: A Novel (Classic Reprint) Augusta J. Evans. 2018. (ENG., Illus.). 482p. (J). 33.84 *(978-0-483-58526-3(2))* Forgotten Bks.

Macaron Mishap As Told by Jack the Raccoon. K. Patton. Illus. by Joe Huffman. 2020. (ENG.). 36p. (J). 16.00 *(978-1-0879-1566-1(X))* Indy Pub.

Macaroni & Cheese. Christina Leaf. 2020. (Our Favorite Foods Ser.). (ENG.). 24p. (J). (gr. k-3). lib. bdg. 26.95 *(978-1-64487-146-1(7),* Blastoff! Readers) Bellwether Media.

Macaroni & Cheese: an Out-Of-the-Box Story. Julie Knutson. 2021. (21st Century Skills Library: the Dish on the Dish: a History of Your Favorite Foods Ser.). (ENG., Illus.). 32p. (J). (gr. 4-7). pap. 14.21 *(978-1-5341-8872-3(X),* 219199); lib. bdg. 32.07 *(978-1-5341-8732-0(4),* 219198) Cherry Lake Publishing.

Macaroni & Cheese & His Great Migration. Sarah Grace Labra. 2017. (ENG., Illus.). (J). pap. 16.95 *(978-1-5043-8093-5(2),* Balboa Pr.) Author Solutions, LLC.

Macaroni & Cheese for Thanksgiving. Cheryl C. Malandrinos. Illus. by Marina Movshina. l.t. ed. 2016. (ENG.). (J). (gr. k-3). pap. 9.95 *(978-1-61633-811-4(3))* Guardian Angel Publishing, Inc.

Macaroni the Great & the Sea Beast. Whitney Childers. Illus. by Whitney Childers. 2018. (ENG., Illus.). 26p. (J). (gr. -1-3). pap. 9.99 *(978-1-5324-0768-0(8))* Xist Publishing.

Macarons. Richard Sebra. 2020. (Cultural Cuisine Ser.). (ENG., Illus.). 32p. (J). (gr. 2-5). lib. bdg. 32.79 *(978-1-5321-6776-8(8),* 34713, DiscoverRoo) Pop!.

Macarrones y «Digan Queso» de la Chef Kate. Laurie Friedman. Illus. by Gal Weizman. 2022. (Cocina de la Chef Kate (Chef Kate's Kitchen) Ser.).Tr. of Chef Kate's Mac-And-Say-Cheese. (SPA.). 32p. (J). (gr. -1-3). pap. *(978-1-0396-4985-9(8),* 20093); lib. bdg. *(978-1-0396-4858-6(4),* 20092) Crabtree Publishing Co. (Crabtree Blossoms).

Macaulay's Dialogues for Little Folks: Containing a Very Large Number of Interesting & Spirited Dialogues on Various Subjects, for from Two to Twenty Children (Classic Reprint) Unknown Author. (ENG., Illus.). (J). 2018. 202p. 28.06 *(978-0-364-00101-1(1))*; 2017. pap. 10.57 *(978-0-243-49733-1(4))* Forgotten Bks.

Macaulay's Dialogues for Young People, on Various Subjects & in Different Styles: Containing a Large Number of the Most Excellent Pieces, Original & Selected (Classic Reprint) Unknown Author. (ENG., Illus.). (J). 2018. 212p. 28.27 *(978-0-332-68680-6(9))*; 2017. pap. 10.97 *(978-0-243-41634-9(2))* Forgotten Bks.

Macavity: The Mystery Cat. T. S. Eliot. Illus. by Arthur Robins. 75th ed. 2016. (Old Possum Picture Bks.). (ENG.). 32p. (J). (-k). pap. 9.95 *(978-0-571-30813-2(9))* Faber & Faber, Inc.

Macavity's Not There! A Lift-The-Flap Book. T. S. Eliot. Illus. by Arthur Robins. (Old Possum Picture Bks.). (ENG.). 16p. 2018. (J). bds. 8.00 *(978-0-571-33528-2(4))*; 2017. 14.95 *(978-0-571-32863-5(6))* Faber & Faber, Inc.

Macaw Flock see Bandada de Guacamayos

Macaw Flock. Julie Murray. 2018. (Animal Groups (Abdo Kids Junior) Ser.). (ENG., Illus.). 24p. (J). (gr. -1-2). lib. bdg. 31.36 *(978-1-5321-0782-5(X),* 28125, Abdo Kids) ABDO Publishing Co.

Macaws. Karen Latchana Kenney. 2020. (Animals of the Rain Forest Ser.). (ENG., Illus.). 24p. (J). (gr. k-3). lib. bdg. 26.95 *(978-1-64487-225-3(0),* Blastoff! Readers) Bellwether Media.

Macbeth. Sam Kuehnel. 2016. (Lightbox Literature Studies). (ENG., Illus.). 32p. (J). lib. bdg. 34.99 *(978-1-5105-1174-3(1))* SmartBook Media, Inc.

Macbeth. William Shakespeare. 2019. (ENG.). 106p. (J). (gr. 4-6). pap. *(978-1-989201-58-9(X))* East India Publishing Co.

Macbeth. William Shakespeare & William George Clark. 2017. (ENG.). 244p. (J). (gr. 4-6). pap. *(978-3-337-11628-6(0))* Creation Pubs.

Macbeth. William Shakespeare & Christoph Martin Wieland. 2017. (GER.). 114p. (J). (gr. 4-6). pap. *(978-3-337-35221-9(9))* Creation Pubs.

Macbeth: A Tragedy; with All the Alterations, Amendments, Additions, & New Songs (Classic Reprint) William Shakespeare. 2017. (ENG., Illus.). 158p. (YA). (gr. 7-13). 27.16 *(978-0-484-90305-9(5))* Forgotten Bks.

Macbeth: Traduction Nouvelle et Littérale, Avec une PRéface et des Notes (Classic Reprint) William Shakespeare. 2018. (FRE., Illus.). 90p. (YA). (gr. 8-12). 25.77 *(978-0-484-37638-9(1))* Forgotten Bks.

Macbeth: AQA GCSE 9-1 English Literature Text Guide: Ideal for Home Learning, 2022 & 2023 Exams. Collins GCSE. 2017. (ENG., Illus.). 80p. (YA). (gr. 9-11). pap. 7.99 *(978-0-00-824708-9(0))* HarperCollins Pubs. Ltd. GBR. Dist: Independent Pubs. Group.

Macbeth Novel Units Student Packet. Novel Units. 2019. (ENG.). (YA). pap. 13.99 *(978-1-56137-437-3(7),* NU4377SP, Novel Units, Inc.) Classroom Library Co.

Macbeth Novel Units Teacher Guide. Novel Units. 2019. (ENG.). (YA). pap. 12.99 *(978-1-56137-436-6(9),* NU4369, Novel Units, Inc.) Classroom Library Co.

Macbeth (Worldview Edition) William Shakespeare. 2018. (ENG.). (YA). pap. 9.95 *(978-1-944503-06-2(4))* Canon Pr.

Macbeth Worldview Guide. Brian Kohl. 2016. (Illus.). 43p. (J). pap. *(978-1-944503-42-0(0))* Canon Pr.

MacBud. M. G. 2018. (ENG., Illus.). 75p. (J). 29.95 *(978-1-78612-651-1(6),* 952572b5-4e1a-49d8-8855-eed1c371d42a); pap. 18.95 *(978-1-78612-650-4(8),* af8b81f0-3610-461d-8bb4-93eff22e6900) Austin Macauley Pubs. Ltd. GBR. Dist: Baker & Taylor Publisher Services (BTPS).

Macca la Alpaca (Macca the Alpaca) Matt Cosgrove. Illus. by Matt Cosgrove. 2021. (SPA., Illus.). 24p. (J). (gr. -1-k). pap. 5.99 *(978-1-338-63102-9(0),* Scholastic en Espanol) Scholastic, Inc.

Macca the Alpaca. Matt Cosgrove. Illus. by Matt Cosgrove. 2020. (ENG., Illus.). 24p. (J). (gr. -1-k). 14.99 *(978-1-338-60282-1(9),* Scholastic Pr.) Scholastic, Inc.

Macchina Acchiappasogni: Frammenti Quasi Poetici. Mario Scippa. 2022. (ITA.). 188p. (J). pap. 13.48 ***(978-1-4710-7154-6(5))*** Lulu Pr., Inc.

MacCoo's Adventures: The Get-A-Way. Shirley Leitham. 2019. (Maccoo's Adventures Ser.). (ENG., Illus.). 40p. (J). *(978-1-5255-5021-8(7))*; pap. *(978-1-5255-5022-5(5))* FriesenPress.

MacCousins. Mairi Illsley. 2020. (ENG.). 28p. (J). pap. *(978-1-5289-4543-1(3))* Austin Macauley Pubs. Ltd.

Macdermots of Ballycloran (Classic Reprint) Anthony Trollope. 2017. (ENG., Illus.). (J). 31.57 *(978-0-265-84958-3(6))* Forgotten Bks.

MacDonald College Magazine, Vol. 14: December 1923-January 1924 (Classic Reprint) MacDonald College. 2017. (ENG., Illus.). (J). 26.29 *(978-0-331-10063-1(0))*; pap. 9.57 *(978-0-260-22977-9(6))* Forgotten Bks.

MacDonald College Magazine, Vol. 14: October-November, 1923 (Classic Reprint) MacDonald College. 2018. (ENG., Illus.). (J). 106p. 26.08 *(978-1-391-66827-7(8))*; 108p. pap. 9.57 *(978-1-391-66215-2(6))* Forgotten Bks.

MacDonald College Magazine, Vol. 22: Summer 1932 (Classic Reprint) MacDonald College. 2018. (ENG., Illus.). (J). 38p. 24.68 *(978-1-396-69310-6(6))*; 40p. pap. 7.97 *(978-1-390-82545-9(0))* Forgotten Bks.

Macedonian Musings (Classic Reprint) V. J. Seligman. (ENG., Illus.). (J). 2018. 198p. 27.98 *(978-0-267-78304-5(3))*; 2016. pap. 10.57 *(978-1-334-25552-6(0))* Forgotten Bks.

Mace's Fairy Book: Home Fairy Tales (Contes du Petit-Chateau) (Classic Reprint) Jean Mace. (ENG., Illus.). (J). 2018. 316p. 30.41 *(978-0-483-51423-2(3))*; 2016. pap. 13.57 *(978-1-333-42502-9(3))* Forgotten Bks.

Macey & Mick. Tamara Kudelic. 2023. (ENG.). 34p. (J). pap. 9.01 ***(978-1-4477-1484-2(9))*** Lulu Pr., Inc.

MacFooey. Sandra L. Dodge. 2022. (ENG.). 34p. (J). 18.99 ***(978-0-9861987-8-6(1))***; pap. 7.99 ***(978-0-9861987-9-3(X))*** Red Cove.

MacGregor. Nancy MacGregor. Illus. by Robin a Sykes M D. 2018. (ENG.). 28p. (J). *(978-1-5255-2925-2(0))*; pap. *(978-1-5255-2926-9(9))* FriesenPress.

Macgregor & the Sea Turtles. Nancy MacGregor. Illus. by Robin a Sykes M.D. 2019. (ENG.). 28p. (J). *(978-1-5255-6409-3(9))*; pap. *(978-1-5255-6410-9(2))* FriesenPress.

Macgregors (Classic Reprint) Marshall Home. (ENG., Illus.). (J). 2018. 296p. 30.02 *(978-0-656-41198-6(8))*; 2017. pap. 13.57 *(978-0-259-22549-2(5))* Forgotten Bks.

Macgrigor & Clarendon, or the Recluse Lovers: A Novel (Classic Reprint) Alexander Gordon. (ENG., Illus.). (J). 2018. 196p. 27.94 *(978-0-267-59991-2(9))*; 2017. pap. 10.57 *(978-0-243-26133-8(0))* Forgotten Bks.

Mache Mit Beim Punktespiel: 48 Punkt Zu Punkt Rätsel Für Kinder Von 4 Bis 6 Jahren. James Manning. 2018. (Mache Mit Beim Punktespiel Ser.: Vol. 1). (GER., Illus.). 52p. (J). (gr. k-1). pap. *(978-1-78970-042-8(6))* Elige Cogniscere.

Machinations of Janet (Classic Reprint) Sarah Tytler. (ENG., Illus.). (J). 2018. 340p. 30.93 *(978-0-483-61247-1(2))*; 2017. pap. 13.57 *(978-0-243-09206-2(7))* Forgotten Bks.

Machinations of the Myo-Ok (Classic Reprint) Cecil Lowis. 2018. (ENG., Illus.). 366p. (J). 31.45 *(978-0-364-04812-2(3))* Forgotten Bks.

Machine à Rêves. Candace Amarante. Ed. by Argerie Tsimicalis. Illus. by Dave Reed. 2023. (ENG.). 126p. (J). pap. ***(978-0-2288-4709-0(5))*** Tellwell Talent.

Machine Gun Inventors: A Military History Coloring Book. Robert G. Segel. Illus. by Lauren Pajot. 2016. 16p. 4.95 *(978-0-9823918-2-2(X))* Chipotle Publishing, LLC.

Machine Learning: How Artificial Intelligence Learns. Readyai. 2021. (AI+me Ser.: Vol. 3). (ENG.). 46p. (J). 19.99 *(978-1-0879-4243-8(8))* Indy Pub.

Machine Learning for Babies & Toddlers (Tinker Toddlers) Dhoot. 2019. (Tinker Toddlers Ser.: Vol. 1). (ENG., Illus.). 26p. (J). 13.99 *(978-1-7325080-3-3(8))*; pap. 9.99 *(978-1-7325080-0-2(3))* GenBeam LLC. (Tinker Toddlers).

Machine Learning para niños (Tinker Toddlers) - Spanish. Dhoot. 2019. (Tinker Toddlers Ser.: Vol. 1). (SPA., Illus.). 26p. (J). pap. 9.99 *(978-1-950491-97-1(8))* GenBeam LLC.

Machine-Shop Arithmetic: Shows How All Shop Problems Are Worked Out & Why; Includes Change Gears for Cutting Any Threads; Drills, Taps, Shink & Force Fits; Metric System of Measurements & Threads; Used by All Classes of Mechanics, Apprentices, Etc. Fred Herbert Colvin. 2017. (ENG., Illus.). (J). 27.57 *(978-0-265-35942-6(2))*; pap. 9.97 *(978-0-282-97137-3(8))* Forgotten Bks.

Machine-Shop Mathematics. George Wentworth. 2017. (ENG., Illus.). (J). pap. *(978-0-649-02765-1(5))* Trieste Publishing Pty Ltd.

Machine Stops. E. M. Forster. 2022. (ENG.). 60p. (J). 15.99 ***(978-1-64594-156-9(6))*** Athanatos Publishing Group.

Machine War. Jeff Lemire. 2018. (ENG., Illus.). 120p. (YA). pap. 16.99 *(978-1-5343-0690-5(0),* 659d5091-5e89-47fd-aa1a-3f63489a0704) Image Comics.

Machineries of Mercy: Official Edition. Tim Major. 2020. (ENG.). 242p. (YA). (gr. 7). pap. *(978-1-913387-24-2(0))* Luna Pr. Publishing.

Machinery Maintenance & Repair. Mike Heuer. 2021. (Careers with Earning Potential Ser.). (ENG.). (YA). (gr. 7-12). 34.60 *(978-1-4222-4477-7(6))* Mason Crest.

Machines. Janice Parker. 2016. (Illus.). 24p. (J). *(978-1-5105-2241-1(7))* SmartBook Media, Inc.

Machines: Gears, Levers, Pulleys, Engines. Chris Oxlade & Graham Peacock. 2016. (Illus.). 64p. (J). (gr. -1-12). 12.99 *(978-1-86147-490-2(3),* Armadillo) Anness Publishing GBR. Dist: National Bk. Network.

Machines! / ¡Las Máquinas! Erin Falligant & Nadia Higgins. Illus. by Sr. Sanchez. 2019. (Machines! / ¡Las Máquinas! Ser.). (MUL.). 24p. (J). (gr. -1-2). pap., pap., pap. 47.70 *(978-1-4966-1946-4(3),* 29280) Cantata Learning.

Machines & Motor Vehicles. Tamara Fonteyn. 2016. (Giant Colouring Posters Ser.). (ENG.). (J). pap. *(978-1-910538-63-0(9))* Nanook Bks. Ltd.

Machines & Motors, 1 vol. Jon Richards & Ed Simkins. 2017. (Infographics: How It Works). (ENG.). 32p. (J). (gr. 4-5). pap. 11.50 *(978-1-5382-1352-0(4),* ec665422-f59b-47fb-93db-570b05c9d393); lib. bdg. 28.27 *(978-1-5382-1354-4(0),* 8f15fddf-3331-4963-8450-21fa57723952) Stevens, Gareth Publishing LLLP.

Machines at Sea, 10 vols. 2017. (Machines at Sea Ser.). 32p. (ENG.). (gr. 4-5). 139.65 *(978-1-4994-3401-9(4),* b3e0d11f-fd58-410b-be7f-9a88ef6720db); (gr. 9-10). pap. 50.00 *(978-1-5081-5429-7(5))* Rosen Publishing Group, Inc., The. (PowerKids Pr.).

Machines Close-Up, 12 vols., Set. Illus. by Alex Pang. Incl. Military Vehicles. Daniel Gilpin. 31.21 *(978-1-60870-109-4(3),* 14a3a8bb-2574-46e7-aa93-863cf03f9611); Modern Military Aircraft. Daniel Gilpin. 31.21 *(978-1-60870-108-7(5),* 747283ab-fe32-435c-a207-73801e7bb1ca); Modern Warships & Submarines. David West. 31.21 *(978-1-60870-110-0(7),* 4bec0be5-c9bd-4986-8690-2b3f3a283437); Record Breakers. Daniel Gilpin. 31.21 *(978-1-60870-113-1(1),* 4582474e-2edb-4155-a62a-6f9144194f4c); Rescue Vehicles. Daniel Gilpin. 31.21 *(978-1-60870-111-7(5),* 2b5c3164-2cb9-466b-80f6-484ba3f35644); Spacecraft. Daniel Gilpin. 31.21 *(978-1-60870-112-4(3),* 3d924006-0a5a-4d82-a29b-abe9a8227f78); (Illus.). 32p. (gr. 4-4). (Machines Close-Up Ser.). (ENG.). 2011. Set lib. bdg. 187.26 *(978-1-60870-107-0(7),* c80e0190-38d1-4e7e-8d6a-efb456074e84, Cavendish Square) Cavendish Square Publishing LLC.

Machines Effect on Force 4th Grade Children's Science Book. Bold Kids. 2023. (ENG.). 42p. (J). pap. 14.99 ***(978-1-0717-1804-9(5))*** FASTLANE LLC.

Machines in Motion: The Amazing History of Transportation. Tom Jackson. Illus. by Chris Mould. 2020. 64p. (J). *(978-1-5476-0338-1(0))* Bloomsbury Pr.

Machines in Motion: The Amazing History of Transportation. Tom Jackson. 2020. (ENG., Illus.). 64p. (J). 19.99 *(978-1-5476-0337-4(2),* 900211327, Bloomsbury Children's Bks.) Bloomsbury Publishing USA.

Machines in the North: Bilingual Inuktitut & English Edition. Inhabit Education Books. 2021. (Nunavummi Reading Ser.). (ENG., Illus.). (J). pap. ***(978-1-77450-011-8(6))*** Inhabit Education Bks. Inc. CAN. Dist: Consortium Bk. Sales & Distribution.

Machines on the Farm. Teddy Borth. 2016. (On the Farm Ser.). (ENG.). 24p. (J). (gr. -1-2). pap. 7.95 *(978-1-4966-1004-1(0),* 134909, Capstone Classroom) Capstone.

Machines That Think! Big Ideas That Changed the World #2. Don Brown. 2020. (Big Ideas That Changed the World Ser.). (ENG., Illus.). 128p. (J). (gr. 3-7). 14.99 *(978-1-4197-4098-5(9),* 1254801, Amulet Bks.) Abrams, Inc.

Machines to Thrill You! Grace Hansen. 2017. (Seeing Is Believing Ser.). (ENG.). 24p. (J). (gr. -1-2). pap. 7.95 *(978-1-4966-1317-2(1),* 135029, Capstone Classroom) Capstone.

Machu Picchu. Grace Hansen. 2017. (World Wonders Ser.). (ENG., Illus.). 24p. (J). (gr. -1-2). lib. bdg. 32.79 *(978-1-5321-0442-8(1),* 26568, Abdo Kids) ABDO Publishing Co.

Machu Picchu. K. S. Mitchell. 2023. (Structural Wonders Ser.). (ENG., Illus.). 32p. (J). (gr. 3-5). lib. bdg. 31.35 *(978-1-63739-481-6(0),* Focus Readers) North Star Editions.

Machu Picchu. Contrib. by Ks Mitchell. 2023. (Structural Wonders Ser.). (ENG., Illus.). 32p. (J). (gr. 3-5). pap. 9.95 *(978-1-63739-518-9(3),* Focus Readers) North Star Editions.

Machu Picchu. Julie Murray. (Amazing Archaeology Ser.). (ENG., Illus.). 24p. (J). 2022. (gr. 2-2). pap. 8.95 *(978-1-64494-638-1(6))*; 2021. (gr. k-4). lib. bdg. 31.36 *(978-1-0982-2665-7(8),* 38606) ABDO Publishing Co. (Abdo Zoom-Dash).

Machu Picchu. Elizabeth Noll. 2020. (Seven Wonders of the Modern World Ser.). (ENG., Illus.). 32p. (J). (gr. 3-8). lib. bdg. 27.95 *(978-1-64487-269-7(2),* Blastoff! Readers) Bellwether Media.

Machu Picchu. G. Richardson. 2018. (Structural Wonders of the World Ser.). (ENG.). 24p. (J). (gr. 2-5). lib. bdg. 28.55 *(978-1-4896-8169-0(8),* AV2 by Weigl) Weigl Pubs., Inc.

Machu Picchu: Children's Latin American History Book. Bold Kids. 2022. (ENG.). 42p. (J). pap. 14.99 *(978-1-0717-1051-7(6))* FASTLANE LLC.

Machu Picchu: The Lost Civilization. Christina Leaf. 2017. (Abandoned Places Ser.). (ENG., Illus.). 24p. (J). (gr. 3-7). lib. bdg. 26.95 *(978-1-62617-696-6(5),* Torque Bks.) Bellwether Media.

Machu Picchu (Machu Picchu) Grace Hansen. 2018. (Maravillas Del Mundo (World Wonders) Ser.). (SPA., Illus.). 24p. (J). (gr. -1-2). lib. bdg. 32.79 *(978-1-5321-8053-8(5),* 28321, Abdo Kids) ABDO Publishing Co.

Machu Picchu Mystery: A (Dyslexia Adapted) Monstacademy Mystery. Matt Beighton. Illus. by Amalia Rendon. 2020. (Monstacademy Dyslexia Adapted Ser.: Vol. 4). (ENG.). 188p. (J). pap. *(978-1-9161360-7-6(9))* Green Monkey Pr.

Machu Picchu Mystery: A Monstacademy Mystery. Matt Beighton. Illus. by Amalia Rendon. 2020. (Monstacademy Ser.: Vol. 4). (ENG.). 124p. (J). pap. *(978-1-9161360-6-9(0))* Green Monkey Pr.

Machzor Bo Yeshua (español) Ryan Engelbrecht. 2023. (ENG.). 60p. (J). pap. 9.16 ***(978-1-312-73734-1(4))*** Lulu Pr., Inc.

Macie Adventure. Samuel Deutscher & Kathleen Holmes. 2019. (ENG.). 24p. (J). pap. 10.95 *(978-1-9736-7223-4(5),* WestBow Pr.) Author Solutions, LLC.

Macie Comes to Terms. Mariliz Ischi. 2022. (ENG.). 190p. (YA). pap. 17.95 *(978-1-68570-460-5(3))* Christian Faith Publishing.

Macie Dances a Winner. Tracilyn George. 2020. (ENG.). 22p. (J). pap. 11.00 *(978-1-990153-19-8(4))* Lulu Pr., Inc.

Macie Dances a Winner. Tracilyn George. Illus. by Aria Jones. 2020. (ENG.). 24p. (J). pap. 17.14 *(978-1-716-62083-6(X))* Lulu Pr., Inc.

Macie's Mirror. Adam Ciccio. Illus. by Gertie Jaquet. 2020. (ENG.). 32p. (J). (gr. k). 17.95 *(978-1-60537-513-7(6))*; 9.95 *(978-1-60537-537-3(3))* Clavis Publishing.

Macja Shëruese: Albanian Edition of the Healer Cat. Tuula Pere. Tr. by Iliriana Bisha Tagani. Illus. by Klaudia Bezak. 2019. (ALB.). 40p. (J). (gr. k-4). pap. *(978-952-357-126-6(5))* Wickwick oy.

Mack at Rainbow Bridge. Laurie Thornberry. 2020. (ENG.). 44p. (J). pap. 15.95 *(978-1-64584-790-8(X))* Page Publishing Inc.

MacKay of the Great Lake (Classic Reprint) C. E. Padwick. 2018. (ENG., Illus.). 178p. (J). 27.57 *(978-0-484-35862-0(6))* Forgotten Bks.

Mackensie Butterfly Lark in Central Park. Deborah Ogden. 2017. (ENG., Illus.). 50p. pap. 23.95 *(978-1-4808-4354-7(7))* Archway Publishing.

MacKenzie Goes Adventuring. J. L. Baumann. Illus. by Gabriel Roman. 2017. (ENG.). (J). (gr. k-6). 24.95 *(978-1-941880-16-6(9))*; pap. 19.95 *(978-1-941880-15-9(0))* Post Mortem Publications, Inc.

MacKenzie Jo. Kandice Bowe. 2017. (ENG., Illus.). (J). (gr. -1-3). pap. 15.95 *(978-1-946047-18-2(X),* DoodleCake) Irresistible Pr., LLC.

Mackenzie Poltergeist. Virginia Loh-Hagan. 2018. (Urban Legends: Don't Read Alone! Ser.). (ENG.). 32p. (J). (gr. 4-8). pap. 14.21 *(978-1-5341-0867-7(X),* 210832); (Illus.). lib. bdg. 32.07 *(978-1-5341-0768-7(1),* 210831) Cherry Lake Publishing. (45th Parallel Press).

Mackinac & Lake Stories (Classic Reprint) Mary Hartwell Catherwood. 2017. (ENG., Illus.). (J). 29.30 *(978-1-5279-8366-3(8))* Forgotten Bks.

Mackinac Passage: A Summer Adventure. Robert A. Lytle. Illus. by Karen Howell. 2020. (ENG.). 176p. (J). (gr. 4-7). pap. 12.95 *(978-1-882376-11-7(0))* Thunder Bay Pr.

Macklemore. C. F. Earl. 2016. (ENG., Illus.). (J). (gr. 3-7). pap. 15.99 *(978-1-62524-389-8(8),* Village Earth Pr.) Harding Hse. Publishing Sebice Inc.

Mack's World of Wonder. the Cutest Baby Animals. Mack van Gageldonk. 2018. (World of Wonder Ser.: 9). (ENG., Illus.). 80p. (J). 19.95 *(978-1-60537-422-2(9))* Clavis Publishing.

Macky (A. K. A. Mack) & His Beloved Fries. Robert J. Cotnam. 2020. (Macky (A. K. A. Mack) Ser.: Vol. 2). (ENG.). 24p. (J). *(978-0-2288-4661-1(7))*; pap. *(978-0-2288-3024-5(9))* Tellwell Talent.

Macky (A. K. A. Mack) & His Super Helpful Sea Friends. Robert J. Cotnam. Illus. by Bonnie Lemaire. 2021. (Macky (A. K. A. Mack) Ser.: Vol. 3). (ENG.). 26p. (J). pap. *(978-0-2288-3071-9(0))* Tellwell Talent.

Macky (A. K. A. Mack) & His Super Helpful Sea Friends. Robert J. Cotnam. Illus. by Bonnie Lemaire. 2021. (Macky (A. K. A. Mack) Ser.: Vol. 3). (ENG.). 26p. (J). *(978-0-2288-4663-5(3))* Tellwell Talent.

MacLean's Magazine, Vol. 21: May, 1911 (Classic Reprint) John Bayne MacLean. (ENG., Illus.). (J). 2017. 744p. 39.26 *(978-0-484-78853-3(1))*; 2016. pap. 23.57 *(978-1-334-14713-5(2))* Forgotten Bks.

MacLean's Magazine, Vol. 22: October, 1911 (Classic Reprint) Unknown Author. (ENG., Illus.). (J). 2018. 294p. 29.96 *(978-0-656-33524-4(6))*; 2017. pap. 13.57 *(978-1-334-97731-2(3))* Forgotten Bks.

MacLean's Magazine, Vol. 23: November, 1911 April, 1912 (Classic Reprint) Unknown Author. (ENG., Illus.). (J). 2018. 652p. 37.34 *(978-0-484-78654-6(7))*; 2016. pap. 19.97 *(978-1-334-14954-2(2))* Forgotten Bks.

MacLean's Magazine, Vol. 24: May 1912 (Classic Reprint) Unknown Author. 2018. (ENG., Illus.). 738p. (J). 39.14 *(978-0-483-31617-1(2))* Forgotten Bks.

MacLean's Magazine, Vol. 25: November, 1912 April, 1913 (Classic Reprint) Unknown Author. (ENG., Illus.). (J). 2018. 806p. 40.52 *(978-0-428-84819-4(2))*; 2016. pap. 23.57 *(978-1-334-15362-4(0))* Forgotten Bks.

MacLean's Magazine, Vol. 26: May, 1913 (Classic Reprint) Unknown Author. (ENG., Illus.). (J). 2017. 544p. 35.12 *(978-0-332-13826-8(7))*; 2016. pap. 19.57 *(978-1-334-14013-6(8))* Forgotten Bks.

MacLean's Magazine, Vol. 26: September December, 1913 (Classic Reprint) Unknown Author. 2018. (ENG., Illus.). 572p. (J). 35.69 *(978-0-483-28689-4(3))* Forgotten Bks.

MacLean's Magazine, Vol. 30: November, 1916 (Classic Reprint) T. B. Costain. 2017. (ENG., Illus.). (J). 45.90 *(978-0-331-65137-9(8))*; pap. 28.24 *(978-0-259-27765-1(7))* Forgotten Bks.

MacLeod of Dare. William Black. 2017. (ENG.). (J). 344p. pap. *(978-3-337-04360-5(7))*; 324p. pap. *(978-3-337-04362-9(3))*; 340p. pap. *(978-3-337-04363-6(1))* Creation Pubs.

MacLeod of Dare: A Novel (Classic Reprint) William Black. 2017. (ENG., Illus.). (J). 28.08 *(978-1-5283-7016-5(3))* Forgotten Bks.

MacLeod of Dare, Vol. 1 Of 3: A Novel (Classic Reprint) William Black. 2018. (ENG., Illus.). 350p. (J). 31.12 *(978-0-267-43926-3(1))* Forgotten Bks.

MacLeod of Dare, Vol. 2 Of 3: A Novel (Classic Reprint) William Black. 2018. (ENG., Illus.). 326p. (J). 30.64 *(978-0-332-97709-6(9))* Forgotten Bks.

MacLeod of Dare, Vol. 3: A Novel (Classic Reprint) William Black. 2018. (ENG., Illus.). 340p. (J). 30.93 *(978-0-267-53602-3(X))* Forgotten Bks.

MacMillan's Colonial Library: Salted Almonds (Classic Reprint) F. Anstey, pseud. 2018. (ENG., Illus.). 330p. (J). 30.70 *(978-0-483-07845-1(X))* Forgotten Bks.

MacMillan's Magazine, 1861, Vol. 3 (Classic Reprint) David Masson. 2018. (ENG., Illus.). 514p. (J). 34.50 *(978-0-332-96770-7(0))* Forgotten Bks.

MacMillan's Magazine, 1861, Vol. 4 (Classic Reprint) David Masson. 2018. (ENG., Illus.). 514p. (J). 34.50 *(978-0-666-72304-8(4))* Forgotten Bks.

MacMillan's Magazine, 1872, Vol. 25 (Classic Reprint) David Masson. 2017. (ENG., Illus.). (J). 34.87 *(978-1-5285-7534-8(2))* Forgotten Bks.

Macmillan's Magazine, 1872, Vol. 26 (Classic Reprint) David Masson. 2018. (ENG., Illus.). 524p. (J). 34.70 *(978-0-364-64041-8(3))* Forgotten Bks.

MacMillan's Magazine, 1874, Vol. 29 (Classic Reprint) David Masson. 2017. (ENG., Illus.). (J). 35.86 *(978-1-5281-8261-4(8))* Forgotten Bks.

MacMillan's Magazine, 1874, Vol. 30 (Classic Reprint) David Masson. 2017. (ENG., Illus.). (J). 35.86 *(978-1-5281-8755-8(5))* Forgotten Bks.

MacMillan's Magazine, 1881, Vol. 44 (Classic Reprint) John Morley. 2018. (ENG., Illus.). 498p. (J). 34.17 *(978-0-484-86877-8(2))* Forgotten Bks.

Macmillan's Magazine, 1893, Vol. 69 (Classic Reprint) George Grove. 2018. (ENG., Illus.). (J). 560p. 35.45 *(978-1-397-19831-0(1))*; 562p. pap. 19.57 *(978-1-397-19787-0(0))* Forgotten Bks.

MacMillan's Magazine, 1896 (Classic Reprint) John Morley. 2017. (ENG., Illus.). (J). 34.72 *(978-1-5280-8408-6(X))* Forgotten Bks.

MacMillan's Magazine, 1898 (Classic Reprint) John Morley. 2018. (ENG., Illus.). 526p. (J). 34.70 *(978-0-484-39827-5(X))* Forgotten Bks.

MacMillan's Magazine & List of New Books, Vol. 2: July, 1907 (Classic Reprint) MacMillan and Co Limited. (ENG., Illus.). (J). 2018. 118p. 26.35 *(978-0-656-10198-6(9))*; 2016. pap. 9.57 *(978-1-334-15182-8(2))* Forgotten Bks.

MacMillan's Magazine, Vol. 1: December, 1859 (Classic Reprint) Unknown Author. (ENG., Illus.). (J). 2018. 414p. 32.44 *(978-0-483-87914-0(2))*; 2016. pap. 16.57 *(978-1-334-14712-8(4))* Forgotten Bks.

MacMillan's Magazine, Vol. 1: November, 1905 to October, 1906 (Classic Reprint) MacMillan and Co Limited. (ENG., Illus.). (J). 2017. 43.96 *(978-0-266-48020-4(9))*; 2016. pap. 26.31 *(978-1-334-13755-6(2))* Forgotten Bks.

MacMillan's Magazine, Vol. 10: May, 1864 October, 1864 (Classic Reprint) David Masson. (ENG., Illus.). (J). 2017. 530p. 34.83 *(978-0-266-44733-7(3))*; 2016. pap. 19.57 *(978-1-334-15119-4(9))* Forgotten Bks.

MacMillan's Magazine, Vol. 12 (Classic Reprint) Unknown Author. 2017. (ENG., Illus.). (J). 35.24 *(978-1-5281-8904-0(3))* Forgotten Bks.

MacMillan's Magazine, Vol. 2: November, 1906 to October, 1907 (Classic Reprint) Unknown Author. 2017. (ENG., Illus.). (J). 43.86 *(978-0-260-18822-9(0))*; pap. 26.20 *(978-1-5283-0437-5(3))* Forgotten Bks.

MacMillan's Magazine, Vol. 27: November, 1872 to April, 1873 (Classic Reprint) MacMillan and Co Limited. (ENG., Illus.). (J). 2017. 35.45 *(978-0-265-44649-2(X))*; 2016. pap. 19.57 *(978-1-334-15178-1(4))* Forgotten Bks.

MacMillan's Magazine, Vol. 28: May, 1873, to October, 1873 (Classic Reprint) David Masson. 2017. (ENG., Illus.). (J). 36.04 *(978-1-5282-7769-3(4))* Forgotten Bks.

MacMillan's Magazine, Vol. 3: November, 1860-April, 1861 (Classic Reprint) David Masson. (ENG., Illus.). (J). 2018. 540p. 35.03 *(978-0-428-92619-9(3))*; 2017. pap. 19.57 *(978-1-334-90055-6(8))* Forgotten Bks.

MacMillan's Magazine, Vol. 34: May, 1876, to October, 1876 (Classic Reprint) Unknown Author. 2017. (ENG., Illus.). (J). pap. 19.57 *(978-1-334-91542-0(3))* Forgotten Bks.

MacMillan's Magazine, Vol. 46: May to October, 1882 (Classic Reprint) Unknown Author. (ENG., Illus.). (J). 2018. 514p. 34.50 *(978-0-428-76632-0(3))*; 2016. pap. 16.97 *(978-1-334-57411-5(1))* Forgotten Bks.

MacMillan's Magazine, Vol. 50: May 1884, to October 1884 (Classic Reprint) George Grove. 2017. (ENG., Illus.). (J). 33.98 *(978-0-266-52103-7(7))* Forgotten Bks.

MacMillan's Magazine, Vol. 55 (Classic Reprint) Unknown Author. 2017. (ENG., Illus.). (J). 34.11 *(978-1-5281-8412-0(2))* Forgotten Bks.

MacMillan's Magazine, Vol. 59: November, 1888, to April, 1889 (Classic Reprint) Unknown Author. (ENG., Illus.). (J). 2018. 490p. 34.00 *(978-0-483-39750-7(4))*; 2016. pap. 16.57 *(978-1-334-12417-4(5))* Forgotten Bks.

MacMillan's Magazine, Vol. 6 (Classic Reprint) Unknown Author. 2018. (ENG., Illus.). 544p. (J). 35.12 *(978-0-483-13836-0(3))* Forgotten Bks.

MacMillan's Magazine, Vol. 60 (Classic Reprint) David Masson. 2017. (ENG., Illus.). (J). 34.00 *(978-1-5285-7786-1(8))* Forgotten Bks.

MacMillan's Magazine, Vol. 62: May, 1890, to October, 1890 (Classic Reprint) Unknown Author. (ENG., Illus.). (J). 2018. 490p. 34.00 *(978-0-267-39978-9(2))*; 2016. pap. 16.57 *(978-1-334-12430-3(2))* Forgotten Bks.

MacMillan's Magazine, Vol. 64 (Classic Reprint) David Masson. 2017. (ENG., Illus.). (J). 34.11 *(978-1-5284-8312-4(X))* Forgotten Bks.

MacMillan's Magazine, Vol. 66: May, 1892, to October, 1892 (Classic Reprint) John Morley. 2017. (ENG., Illus.). (J). 35.12 *(978-0-265-51659-1(5))*; pap. 19.57 *(978-1-334-92132-2(6))* Forgotten Bks.

MacMillan's Magazine, Vol. 67: November, 1892, to April, 1893 (Classic Reprint) David Masson. 2017. (ENG., Illus.). (J). 35.67 *(978-0-266-52127-3(4))*; pap. 16.97 *(978-0-243-87318-0(2))* Forgotten Bks.

MacMillan's Magazine, Vol. 68: May to October, 1893 (Classic Reprint) Unknown Author. (ENG., Illus.). (J). 2018. 542p. 35.10 *(978-0-483-15117-8(3))*; 2016. pap. 19.57 *(978-1-334-71382-8(0))* Forgotten Bks.

MacMillan's Magazine, Vol. 72: May, 1895 to October, 1895 (Classic Reprint) David Masson. 2018. (ENG., Illus.). 530p. (J). 34.81 *(978-0-332-37792-6(X))* Forgotten Bks.

MacMillan's Magazine, Vol. 74: May, 1896, to October, 1896 (Classic Reprint) MacMillan MacMillan. (ENG., Illus.). (J). 2018. 516p. 34.54 *(978-0-656-90912-4(9))*; 2016. pap. 16.97 *(978-1-334-12375-7(6))* Forgotten Bks.

MacMillan's Magazine, Vol. 74: May, 1896, to October, 1896 (Classic Reprint) John Morley. 2017. (ENG., Illus.). (J). 34.75 *(978-0-265-72328-9(0))*; pap. 19.57 *(978-1-5276-8147-7(5))* Forgotten Bks.

MacMillan's Magazine, Vol. 75 (Classic Reprint) Unknown Author. 2017. (ENG., Illus.). (J). 34.35 *(978-1-5282-7583-5(7))* Forgotten Bks.

MacMillan's Magazine, Vol. 76: May to October, 1897 (Classic Reprint) Unknown Author. (ENG., Illus.). (J). 2018. 36.04 *(978-0-331-99451-3(8))*; 2016. pap. 19.57 *(978-1-334-14778-4(7))* Forgotten Bks.

MacMillan's Magazine, Vol. 79: November, 1898, to April, 1899 (Classic Reprint) Unknown Author. 2017. (ENG., Illus.). (J). 35.34 *(978-0-265-51338-5(3))* Forgotten Bks.

MacMillan's Magazine, Vol. 81: November, 1899 to April, 1900 (Classic Reprint) Unknown Author. 2018. (ENG., Illus.). 496p. (J). 34.13 *(978-0-483-21771-3(9))* Forgotten Bks.

MacMillan's Magazine, Vol. 82: May to October, 1900 (Classic Reprint) David Masson. 2017. (ENG., Illus.). (J). pap. 16.57 *(978-1-334-92425-5(2))* Forgotten Bks.

Macmillan's Magazine, Vol. 82: May to October, 1900 (Classic Reprint) David Masson. 2018. (ENG., Illus.). 520p. (J). 34.64 *(978-0-365-02789-8(8))* Forgotten Bks.

MacMillan's Magazine, Vol. 83: November, 1900, to April, 1901 (Classic Reprint) Unknown Author. (ENG., Illus.). (J). 2017. 34.00 *(978-0-266-45499-1(2))*; 2016. pap. 16.57 *(978-1-334-14739-5(6))* Forgotten Bks.

MacMillan's Magazine, Vol. 84: May to October, 1901 (Classic Reprint) Unknown Author. (ENG., Illus.). (J). 2018. 490p. 34.00 *(978-0-428-95692-9(0))*; 2016. pap. 16.57 *(978-1-334-12427-3(2))* Forgotten Bks.

MacMillan's Magazine, Vol. 85: November, 1901, to April, 1902 (Classic Reprint) David Masson. 2018. (ENG., Illus.). 496p. (J). 34.15 *(978-0-483-40064-1(5))* Forgotten Bks.

MacMillan's Magazine, Vol. 86: May to October, 1902 (Classic Reprint) Unknown Author. (ENG., Illus.). (J). 2018. 414p. 32.46 *(978-0-428-75596-6(8))*; 2018. 558p. 35.41 *(978-0-428-82539-3(7))*; 2017. pap. 19.57 *(978-1-334-92198-8(9))*; 2016. pap. 16.57 *(978-1-334-11560-8(5))* Forgotten Bks.

Macmillan's Magazine, Vol. 87: November, 1902 to April, 1903 (Classic Reprint) David Masson. 2018. (ENG., Illus.). 490p. (J). 34.00 *(978-0-483-61799-5(7))* Forgotten Bks.

MacMillan's Magazine, Vol. 88: May to October, 1903 (Classic Reprint) Unknown Author. 2017. (ENG., Illus.). (J). 34.06 *(978-0-331-20499-5(1))*; pap. 16.57 *(978-0-266-01809-4(2))* Forgotten Bks.

MacMillan's Magazine, Vol. 88: May to October, 1903 (Classic Reprint) MacMillan and Co Limited. (ENG., Illus.). (J). 2017. 36.31 *(978-0-266-49033-3(6))*; 2016. pap. 16.57 *(978-1-334-12791-5(3))* Forgotten Bks.

MacMillan's Magazine, Vol. 90 (Classic Reprint) David Masson. (ENG., Illus.). (J). 2018. 532p. 34.89 *(978-0-483-31047-6(6))*; 2017. pap. 19.57 *(978-0-243-90145-6(3))* Forgotten Bks.

MacMillan's Magazine, Vol. 92: May, 1905, to October, 1905 (Classic Reprint) Unknown Author. (ENG., Illus.). (J). 2018. 480p. 34.00 *(978-0-484-44536-8(7))*; 2016. pap. 16.57 *(978-1-334-12414-3(0))* Forgotten Bks.

MacMillan's Magazine, Vol. 92: May, 1905 to October 1905 (Classic Reprint) John Morley. 2017. (ENG., Illus.). (J). pap. 19.57 *(978-0-243-60237-7(5))* Forgotten Bks.

Macmillan's Magazine, Vol. 92: May, 1905 to October 1905 (Classic Reprint) John Morley. 2018. (ENG., Illus.). 544p. (J). 35.14 *(978-0-365-28746-9(6))* Forgotten Bks.

Macmillan's Reading Books, Vol. 4: Standard IV (Classic Reprint) MacMillan And Company. 2018. (ENG., Illus.). (J). 176p. 27.53 *(978-1-396-35184-6(1))*; 178p. pap. 9.97 *(978-1-390-89987-0(X))* Forgotten Bks.

Macon the Martian. Terry Jerome Green. 2021. (ENG., Illus.). 46p. (J). pap. 15.95 *(978-1-6624-2696-4(8))* Page Publishing Inc.

Mac's Of '37: A Story of the Canadian Rebellion (Classic Reprint) Price Brown. 2018. (ENG., Illus.). 340p. (J). 30.91 *(978-0-365-27197-0(7))* Forgotten Bks.

Mac's Sports Report (set Of 4) Kyle Jackson. Illus. by Simon Rumble. 2018. (Mac's Sports Report). (ENG.). 512p. (J). (gr. 3-4). pap. 31.96 *(978-1-63163-220-4(5)*, 1631632205); lib. bdg. 108.52 *(978-1-63163-219-8(1)*, 1631632191) North Star Editions. (Jolly Fish Pr.).

Macsen's Magical Story. Janet Corsaro. Illus. by Michael Angelo Corsaro, Jr. 2020. (ENG.). 28p. (J). *(978-1-5255-7720-8(4))*; pap. *(978-1-5255-7721-5(2))* FriesenPress.

Macstodger's Affinity: A Tale (Classic Reprint) David Whitelaw. 2018. (ENG., Illus.). (J). 27.11 *(978-0-331-97162-0(3))* Forgotten Bks.

MacWolfen Collector's Edition. Megan Brock. 2022. (ENG.). 98p. (J). pap. 15.99 ***(978-1-4357-6466-8(8))*** Lulu Pr., Inc.

Macy Mcmillan & the Rainbow Goddess. Shari Green. 2017. (ENG.). 240p. (J). (gr. 3-7). 16.95 *(978-1-77278-033-8(2))*; pap. 12.95 *(978-1-77278-017-8(0))* Pajama Pr. CAN. Dist: Publishers Group West (PGW).

Macy the Mermaid: A Chesapeake Bay Adventure. Cindy Freland. 2017. (ENG., Illus.). (J). (gr. 1-4). 18.00 *(978-1-941927-80-9(7))*; pap. 12.00 *(978-1-941927-79-3(3))* Maryland Secretarial Services, Inc.

Mad about Meatloaf (Weenie Featuring Frank & Beans Book #1) Maureen Fergus. Illus. by Alexandra Bye. (Weenie Featuring Frank & Beans Ser.: 1). 56p. (J). (gr. 1-4). 2022. pap. 9.99 *(978-0-7352-6793-0(6))*; 2021. 13.99 *(978-0-7352-6791-6(X))* Tundra Bks. CAN. (Tundra Bks.). Dist: Penguin Random Hse. LLC.

Mad about Munsch! (Combined Volume) A Robert Munsch Collection. Robert Munsch. Illus. by Michael Martchenko. ed. 2022. (ENG.). 184p. (J). (gr. -1-3). 24.99 *(978-1-4431-8905-7(7))* Scholastic Canada, Ltd. CAN. Dist: Publishers Group West (PGW).

Mad about Plaid. Jill McElmurry. Illus. by Jill McElmurry. 2020. (ENG., Illus.). 40p. (J). (gr. -1-3). 17.99 *(978-0-358-17244-4(6)*, 1758824, Clarion Bks.) HarperCollins Pubs.

Mad about the Hatter. Dakota Chase. 2016. (ENG., Illus.). (YA). 24.99 *(978-1-63533-045-8(9)*, Harmony Ink Pr.) Dreamspinner Pr.

Mad Adventures of Freya Waggytail - the Rescue Dog with the Waggiest Tail! Helly Eaton. Illus. by Jenny Beck. 2022. (ENG.). 64p. (J). pap. *(978-1-3984-5285-5(8))* Austin Macauley Pubs. Ltd.

Mad at Dad! Give Dad What He Deserves. Jj Leyland. 2018. (Mad at Dad Ser.: Vol. 1). (ENG., Illus.). 30p. (J). (gr. k-3). *(978-94-92839-03-9(2))* Treat Basket Publishing.

Mad at School: Kyky. Kate Moore. Illus. by Sudesha Shrestha & Anamika Gautam. 2019. (Love, Always Ser.: Vol. 1). (ENG.). 30p. (J). pap. *(978-1-9995539-0-6(X))* Moore, Kate.

Mad Awakening. Sasha Hibbs. 2022. (ENG.). 114p. (J). pap. *(978-0-3695-0652-8(9))* Evernight Publishing.

Mad, Bad & Dangerous to Know. Samira Ahmed. 2021. (ENG.). 336p. (YA). (gr. 9). pap. 10.99 *(978-1-64129-231-3(8)*, Soho Teen) Soho Pr., Inc.

Mad, Bad Wolf. Cassandra Pletcher & Rory Pletcher. 2018. (ENG., Illus.). 38p. (J). pap. 15.50 *(978-1-387-93156-9(3))* Lulu Pr., Inc.

Mad Barbara (Classic Reprint) Deeping. 2017. (ENG., Illus.). (J). 384p. 31.84 *(978-0-332-15977-5(9))*; pap. 16.57 *(978-1-5276-7548-3(3))* Forgotten Bks.

Mad Cash Dash (the Secret Slide Money Club, Book 2) Art Rainer. 2019. (ENG., Illus.). 96p. (J). (gr. 1-4). pap. 5.99 *(978-1-5359-4092-4(1)*, 005811431, B&H Kids) B&H Publishing Group.

Mad Dad, Fun Dad: Finding Hope That Things Will Get Better, 1 vol. Doug Draper. 2018. (ENG.). 268p. (YA). pap. 14.99 *(978-1-59554-198-7(5))* Elm Hill.

Mad Dash: A Little League Team's Pursuit of Championship Glory. David Aretha. (ENG.). (J). (gr. 1-6). 2019. 100p. 14.99 *(978-1-947744-59-2(3))*; 2017. (Illus.). pap. 9.95 *(978-1-947744-09-7(7))* Twisted Key Publishing, LLC.

Mad Dash - Bite My Dust. Tom Kiernan. Illus. by Debby Hedison & Kaewket Dachamont Earth. 2016. (Mad Dash Ser.: Vol. 1). (ENG.). (J). (gr. 4-6). 19.99 *(978-0-9975965-2-6(X))* Mad Dash Co., The.

Mad Dash - Bite My Dust: Noah Text - Just Syllables. Tom Kiernan. 3rd ed. 2017. (Mad Dash Ser.: Vol. 1). (ENG., Illus.). (J). (gr. 4-6). 14.99 *(978-0-9975965-6-4(2))* Mad Dash Co., The.

Mad Dash - Bite My Dust: Noah Text - Syllables & Long Vowels. Tom Kiernan. 2nd ed. 2017. (Mad Dash Ser.: Vol. 1). (ENG., Illus.). (J). (gr. 4-6). 14.99 *(978-0-9975965-3-3(8))* Mad Dash Co., The.

Mad Dash - Junkyard Dogg. Tom Kiernan. 2019. (Mad Dash Ser.: Vol. 2). (ENG.). 262p. (J). (gr. 4-6). 14.99 *(978-0-9975965-8-8(9))* Mad Dash Co., The.

Mad for Ads: How Advertising Gets (and Stays) in Our Heads. Erica Fyvie. Illus. by Ian Turner. 2021. (ENG.). 64p. (J). (gr. 5-7). 17.99 *(978-1-5253-0131-5(4))* Kids Can Pr., Ltd. CAN. Dist: Hachette Bk. Group.

Mad for Math, Grade 5. Ed. by Linda Bertola. Illus. by Agnese Baruzzi. 2018. (Math Adventures Ser.). (ENG.). 72p. (J). (gr. 5). pap. 9.95 *(978-1-4114-7909-8(2)*, Spark Publishing Group) Sterling Publishing Co., Inc.

Mad Hatter of Musketry. Bárbara Anderson. (ENG., Illus.). (J). 2017. pap. 24.99 *(978-1-365-82112-7(9))*; 2016. pap. 21.99 *(978-1-365-46261-0(7))* Lulu Pr., Inc.

Mad Hatter's Tea Party (Disney Alice in Wonderland) Jane Werner. Illus. by RH Disney. 2016. (Little Golden Book Ser.). (ENG.). 24p. (J). (-k). 5.99 *(978-0-7364-3627-4(8)*, Golden/Disney) Random Hse. Children's Bks.

Mad Libs 2022 50pc Full Display W/ RISER. 2022. (J). (gr. 3-7). pap., pap., pap. 249.50 *(978-0-593-32247-5(9)*, Mad Libs) Penguin Young Readers Group.

Mad Libs 2022 50pc Pre-Pack. 2022. (J). (gr. 3-7). pap., pap., pap. 249.50 *(978-0-593-32248-2(7)*, Mad Libs) Penguin Young Readers Group.

Mad Libs 50 Floor Display, 50 vols. 2019. (J). (gr. 3-7). pap., pap., pap. 249.50 *(978-0-525-60540-9(1)*, Mad Libs) Penguin Young Readers Group.

Mad Libs Super Summer Activity Book: Sticker & Activity Book. Gabriella DeGennaro. 2023. (Mad Libs Workbooks Ser.). 16p. (J). (gr. 3-7). pap. 7.99 *(978-0-593-52321-6(0)*, Mad Libs) Penguin Young Readers Group.

Mad Libs Wild, Wild Words Activity Book: Sticker & Activity Book. Gabriella DeGennaro. 2023. (Mad Libs Workbooks Ser.). 16p. (J). (gr. 3-7). pap. 7.99 *(978-0-593-52322-3(9)*, Mad Libs) Penguin Young Readers Group.

Mad Libs Workbook: Summer Activities. Catherine Nichols & Mad Libs. 2022. (Mad Libs Workbooks Ser.). 96p. (J). (gr. 1-2). pap. 8.99 *(978-0-593-22579-0(1)*, Mad Libs) Penguin Young Readers Group.

Mad Libs Workbook: Grade 1 Reading: World's Greatest Word Game. Wiley Blevins & Mad Libs. 2020. (Mad Libs Workbooks Ser.). 96p. (J). (gr. 1-2). pap. 8.99 *(978-0-593-09615-4(0)*, Mad Libs) Penguin Young Readers Group.

Mad Libs Workbook: Grade 2 Reading: World's Greatest Word Game. Wiley Blevins & Mad Libs. 2020. (Mad Libs Workbooks Ser.). 96p. (J). (gr. 2-3). pap. 8.99 *(978-0-593-09616-1(9)*, Mad Libs) Penguin Young Readers Group.

Mad Libs Workbook: Grade 3 Reading: World's Greatest Word Game. Wiley Blevins & Mad Libs. 2021. (Mad Libs Workbooks Ser.). 96p. (J). (gr. 3-4). pap. 8.99 *(978-0-593-22283-6(0)*, Mad Libs) Penguin Young Readers Group.

Mad Libs Workbook: Grade 4 Reading: World's Greatest Word Game. Wiley Blevins & Mad Libs. 2021. (Mad Libs Workbooks Ser.). 96p. (J). (gr. 3-5). pap. 8.99 *(978-0-593-22284-3(9)*, Mad Libs) Penguin Young Readers Group.

'Mad' Lorrimer (Classic Reprint) Finch Mason. 2018. (ENG., Illus.). 268p. (J). 29.42 *(978-0-483-76435-4(3))* Forgotten Bks.

Mad Love: The Strange Story of a Musician (Classic Reprint) Frank Harris. (ENG., Illus.). (J). 2018. 74p. 25.44 *(978-0-483-57156-3(3))*; 2017. pap. 9.57 *(978-0-243-21083-1(3))* Forgotten Bks.

Mad Machinations of a Mechanical Mind Versus the Universe: A Schema of Maker Millwright. Seth Giolle. 2022. (ENG.). 225p. (YA). pap. *(978-1-716-00413-1(6))* Lulu Pr., Inc.

Mad, Mad Bear! Kimberly Gee. Illus. by Kimberly Gee. 2018. (Bear's Feelings Ser.). (ENG., Illus.). 40p. (J). (gr. -1-3). 17.99 *(978-1-4814-4971-7(0)*, Beach Lane Bks.) Beach Lane Bks.

Mad, Mad, MAD. Leslie Patricelli. Illus. by Leslie Patricelli. 2020. (Leslie Patricelli Board Bks.). (ENG., Illus.). 26p. (J). (— 1). bds. 8.99 *(978-1-5362-0380-6(7))* Candlewick Pr.

Mad, Madder, Maddest Mad Libs: World's Greatest Word Game. Mad Libs. 2018. (Mad Libs Ser.). 480p. (J). (gr. 3-7). pap. 14.99 *(978-1-5247-9152-0(0)*, Mad Libs) Penguin Young Readers Group.

Mad Mama II: Testify You Die. Brenda Neulieb. 2017. (ENG., Illus.). (YA). pap. 12.95 *(978-1-64082-453-9(7))* Page Publishing Inc.

Mad Marriage. May Agnes Fleming. 2016. (ENG., Illus.). (J). pap. *(978-3-7433-0894-7(0))* Creation Pubs.

Mad Marriage: A Novel (Classic Reprint) May Agnes Fleming. 2018. (ENG., Illus.). 466p. (J). 33.51 *(978-0-483-87071-0(4))* Forgotten Bks.

Mad Max & Sweet Sarah. Ellie Collins. 2020. (Greek Mythology Fantasy Ser.: Vol. 3). (ENG., Illus.). 128p. (YA). (gr. 7-12). 14.90 *(978-1-947867-71-0(7))*; pap. 8.90 *(978-1-947867-72-7(5))* Fresh Ink Group.

Mad Michael. Colleen Aynn. 2017. (ENG., Illus.). (J). pap. *(978-1-988071-55-8(0))* Hasmark Services Publishing.

Mad Monster. Christopher Eyton. Illus. by Gina Song. 2020. (ENG.). 36p. (J). pap. *(978-0-9938273-5-8(7))* Syniad Hse.

Mad Mummy. John Sazaklis. Illus. by Patrycja Fabicka. 2022. (Boo Bks.). (ENG.). 32p. (J). 22.65 *(978-1-6663-3994-9(6)*, 236886, Picture Window Bks.) Capstone.

Mad Pranks & Merry Jests of Robin Goodfellow: Reprinted from the Edition of 1628 (Classic Reprint) Robin Goodfellow. 2017. (ENG., Illus.). (J). 25.32 *(978-0-266-18843-8(5))* Forgotten Bks.

Mad Pranks of Tom Tram, Son-In-Law to Mother Winter: To Which Are Added His Merry Jests, Odd Conceits, & Pleasant Tales; Being Very Delightful to Read (Classic Reprint) Humphrey Crouch. 2018. (ENG., Illus.). 28p. (J). 24.49 *(978-0-484-81392-1(7))* Forgotten Bks.

Mad Scientist Academy: the Ocean Disaster. Matthew McElligott. 2019. (Mad Scientist Academy Ser.). (Illus.). 40p. (J). (gr. k-3). 17.99 *(978-1-5247-6719-8(0))*; (ENG., lib. bdg. 20.99 *(978-1-5247-6720-4(4))* Random Hse. Children's Bks. (Crown Books For Young Readers).

Mad Scientist Academy: the Space Disaster. Matthew McElligott. (Mad Scientist Academy Ser.: 3). 40p. (J). (gr. k-3). 2019. 8.99 *(978-0-553-52385-0(6)*, Dragonfly Bks.); 2017. (Illus.). 17.99 *(978-0-553-52382-9(1)*, Crown Books For Young Readers) Random Hse. Children's Bks.

Mad Scientist Academy: the Weather Disaster. Matthew McElligott. 2018. (Mad Scientist Academy Ser.: 2). (Illus.). 40p. (J). (gr. k-3). 8.99 *(978-0-553-52381-2(3)*, Dragonfly Bks.) Random Hse. Children's Bks.

Mad Shepherds, & Other Human Studies. L. P. Jacks. 2017. (ENG., Illus.). (J). pap. *(978-0-649-37121-1(6))* Trieste Publishing Pty Ltd.

Mad Shepherds, & Other Human Studies (Classic Reprint) L. P. Jacks. (ENG., Illus.). (J). 2018. 268p. 29.42 *(978-0-483-86254-8(1))*; 2016. pap. 11.97 *(978-1-333-30108-8(1))* Forgotten Bks.

Mad Wolf's Daughter. Diane Magras. 2019. (ENG.). 304p. (J). (gr. 4-7). 8.99 *(978-0-7352-2928-0(7)*, Puffin Books) Penguin Young Readers Group.

Mad Words: Silly Story Fill-Ins. Jenny Patterson & The Puzzler. 2019. (ENG.). 82p. (J). (gr. 3-6). pap. 7.95 *(978-1-7332138-6-8(4))* Old Town Publishing.

Mad World & Its Inhabitants (Classic Reprint) Julius Chambers. (ENG., Illus.). (J). 2017. 30.50 *(978-0-260-99179-9(1))*; 2016. pap. 13.57 *(978-1-334-12568-3(6))* Forgotten Bks.

Madagascar. Golriz Golkar. 2021. (Country Profiles Ser.). (ENG., Illus.). 32p. (J). (gr. 3-8). lib. bdg. 27.95 *(978-1-64487-449-3(0)*, Blastoff! Readers) Bellwether Media.

Madagascar, 1 vol. Jay Heale et al. 2017. (Cultures of the World (Third Edition)(r) Ser.). (ENG.). 144p. (gr. 5-5). lib. bdg. 48.79 *(978-1-5026-3242-5(X)*, 5e1571f8-33be-43bb-a449-67cf421ff889) Cavendish Square Publishing LLC.

Madagascar & Its Martyrs: A Book for the Young (Classic Reprint) Unknown Author. 2018. (ENG., Illus.). 166p. (J). 27.32 *(978-0-483-40409-0(8))* Forgotten Bks.

Madagascar, or Robert Drury's Journal, During Fifteen Years' Captivity on That Island: And a Further Description of Madagascar by the ABBE Alexis Rochon (Classic Reprint) Daniel Dafoe. (ENG., Illus.). (J). 2017. 32.72 *(978-0-266-48151-5(5))*; 2016. pap. 16.57 *(978-1-334-13654-2(8))* Forgotten Bks.

Madam: A Novel (Classic Reprint) Margaret Oliphant. 2018. (ENG., Illus.). 484p. (J). 33.90 *(978-0-332-82999-9(5))* Forgotten Bks.

Madam: A Novel (Classic Reprint) Margaret O. W. Oliphant. 2016. (ENG., Illus.). (J). pap. 16.57 *(978-1-334-12932-2(0))* Forgotten Bks.

Madam C. J. Walker: Entrepreneur. Lori Hobkirk. 2021. (Black American Journey Ser.). (ENG.). 32p. (J). (gr. 4-7). lib. bdg. 35.64 *(978-1-5038-5376-8(4)*, 215265) Child's World, Inc, The.

Madam C. J. Walker: Entrepreneur & Self-Made Millionaire, 1 vol. P. J. Graham. 2019. (Great American Entrepreneurs Ser.). (ENG.). 128p. (J). (gr. 9-9). pap. 22.16 *(978-1-5026-4542-5(4)*, 94050a44-c183-44b8-8cd0-85a169353b05) Cavendish Square Publishing LLC.

Madam C. J. Walker: Inventor & Businesswoman. Lisa M. Bolt Simons. 2018. (STEM Scientists & Inventors Ser.). (ENG.). 24p. (J). pap. 47.70 *(978-1-5435-0677-8(1)*, 27700); (Illus.). (gr. 1-3). lib. bdg. 27.99 *(978-1-5435-0644-0(5)*, 137407) Capstone. (Capstone Pr.).

Madam C. J. Walker: Self-Made Millionaire. Ngeri Nnachi. 2023. (Gateway Biographies Ser.). (ENG., Illus.). 48p. (J). (gr. 4-8). pap. 11.99 *(978-1-7284-6319-3(X)*, d0f9befb-de12-4ff0-8be5-651284453de1); lib. bdg. 31.99 *(978-1-7284-5847-2(1)*, 9a537a0a-245a-40d4-ad61-0b01668c227a) Lerner Publishing Group. (Lerner Pubns.).

Madam C. J. Walker: The Woman Behind Hair Care Products for African Americans. Sally Lee. 2019. (Little Inventor Ser.). (ENG., Illus.). 32p. (J). (gr. 1-3). pap. 6.95 *(978-1-9771-1058-9(4)*, 141133); lib. bdg. 28.65 *(978-1-9771-0971-2(3)*, 140556) Capstone. (Pebble).

Madam C. J. Walker & Her Beauty Empire, 1 vol. Caitie McAneney. 2016. (Great Entrepreneurs in U. S. History Ser.). (ENG., Illus.). 32p. (J). (gr. 5-5). pap. 12.75 *(978-1-4994-2131-6(1)*, d7b275ff-661a-4273-9ab8-6294348ee9b2, PowerKids Pr.) Rosen Publishing Group, Inc., The.

1248

The check digit for ISBN-10 appears in parentheses after the full ISBN-13

Madam C. J. Walker: the Beauty Boss (Bright Minds) Janel Rodriguez. Illus. by Subi Bosa. 2023. (Bright Minds Ser.). (ENG.). 40p. (J). (gr. 3-4). 29.00 *(978-1-338-86531-8(5))*; pap. 8.99 *(978-1-338-86532-5(3))* Scholastic Library Publishing. (Children's Pr.).

Madam (Classic Reprint) Ethel Sidgwick. 2017. (ENG., Illus.). (J). 31.09 *(978-0-265-20305-7(8))* Forgotten Bks.

Madam Constantia: The Romance of a Prisoner of War in the Revolution (South Carolina) (Classic Reprint) Jefferson Carter. 2017. (ENG., Illus.). 302p. (J). 30.13 *(978-1-5285-7202-6(5))* Forgotten Bks.

Madam Domino (Classic Reprint) W. Bourne Cooke. (ENG., Illus.). (J). 2017. 30.46 *(978-0-331-58214-7(7))*; 2016. pap. 13.57 *(978-1-334-51208-7(6))* Forgotten Bks.

Madam Dorrington of the Dene, Vol. 1 Of 3: The Story of a Life (Classic Reprint) William Howitt. 2018. (ENG., Illus.). 310p. (J). 30.29 *(978-0-483-44825-4(7))* Forgotten Bks.

Madam Dorrington of the Dene, Vol. 2 Of 3: The Story of a Life (Classic Reprint) William Howitt. 2018. (ENG., Illus.). 340p. (J). 30.93 *(978-0-483-69088-2(0))* Forgotten Bks.

Madam Dorrington of the Dene, Vol. 3 Of 3: The Story of a Life (Classic Reprint) William Howitt. 2018. (ENG., Illus.). 332p. (J). 30.74 *(978-0-483-89456-3(7))* Forgotten Bks.

Madam Hortensia. Carmen. Gil. Tr. by Jon Brokenbrow. Illus. by Miguel Cerro. 2021. (ENG.). 32p. (J). (gr. k-3). 16.95 *(978-84-18302-13-8(5))* Cuento de Luz SL ESP. Dist: Publishers Group West (PGW).

Madam How & Lady Why. Charles Kingsley. 2017. (ENG.). 370p. (J). pap. *(978-3-7446-6628-2(X))* Creation Pubs.

Madam How & Lady Why: First Lessons in Earth Lore for Children. Charles Kingsley. 2021. (ENG.). 288p. (J). pap. 9.75 *(978-1-68422-549-1(3))* Martino Fine Bks.

Madam How & Lady Why: Or, First Lessons in Earth Lore for Children. Charles Kingsley. 2017. (ENG., Illus.). (J). pap. 14.95 *(978-1-374-82919-0(6))* Capital Communications, Inc.

Madam How & Lady Why: Or First Lessons in Earth Lore for Children (Classic Reprint) Charles Kingsley. 2017. (ENG., Illus.). (J). 29.88 *(978-1-5282-4660-6(8))* Forgotten Bks.

Madam of the Ivies (Classic Reprint) Elizabeth Phipps Train. 2018. (ENG., Illus.). 274p. (J). 29.57 *(978-0-483-89512-6(1))* Forgotten Bks.

Madam Pele the Volcano Goddess Coloring Book. Creative Playbooks. 2016. (ENG., Illus.). (J). pap. 7.74 *(978-1-68323-696-2(3))* Twin Flame Productions.

Madam President: Women Who Paved the Way. Nichola D. Gutgold & Abigail Kennedy. Illus. by Ramsey Jane. 2019. (ENG.). 38p. (J). pap. 9.99 *(978-1-63233-227-1(2))* Eifrig Publishing.

Madam Speaker: Nancy Pelosi Calls the House to Order. Carole Boston Weatherford. Illus. by Chris Hsu. 2021. (ENG.). 40p. (J). (gr. -1-3). 17.99 *(978-1-4998-1189-6(6))* Little Bee Books Inc.

Madam, Vol. 1 of 3 (Classic Reprint) Margaret O. W. Oliphant. 2018. (ENG., Illus.). 296p. (J). 30.02 *(978-0-483-87867-9(7))* Forgotten Bks.

Madam, Vol. 3 of 3 (Classic Reprint) Margaret O. W. Oliphant. 2018. (ENG., Illus.). 268p. (J). 29.42 *(978-0-267-47724-1(4))* Forgotten Bks.

Madame: A Novel (Classic Reprint) Frank Lee Benedict. (ENG., Illus.). (J). 2018. 492p. 34.06 *(978-0-267-32461-3(8))*; 2017. pap. 16.57 *(978-0-243-09817-0(0))* Forgotten Bks.

Madame Agnes (Classic Reprint) Charles DuBois. 2018. (ENG., Illus.). 286p. (J). 29.80 *(978-0-483-90676-1(X))* Forgotten Bks.

Madame Alexander: the Creator of the Iconic American Doll. Susan Goldman Rubin. Illus. by Sarah Dvojack. 2022. (ENG.). 48p. (J). 19.99 *(978-1-250-13859-0(0)*, 900179127) Feiwel & Friends.

Madame Badobedah. Sophie Dahl. Illus. by Lauren O'Hara. 2020. (Madame Badobedah Ser.). (ENG.). 56p. (J). (gr. k-3). 18.99 *(978-1-5362-1022-4(6))* Candlewick Pr.

Madame Birchini's Dance: A Modern Tale; with Considerable Additions, & Original Anecdotes Collected in the Fashionable Circles (Classic Reprint) Termagant Flaybum. 2017. (ENG., Illus.). (J). 25.22 *(978-0-331-87383-2(4))* Forgotten Bks.

Madame Bovary. Gustave. Flaubert. 2020. (ENG.). 260p. (YA). pap. *(978-1-6780-1213-7(0))* Lulu Pr., Inc.

Madame Bovary: Moeurs de Province. Gustave. Flaubert. 2021. (FRE.). 465p. (J). *(978-1-6671-7532-4(7))* Lulu Pr., Inc.

Madame Bovary. para Jovenes. Gustave. Flaubert. 2018. (SPA.). 96p. (YA). pap. 6.95 *(978-970-643-928-4(5))* Selector, S.A. de C.V. MEX. Dist: Spanish Pubs., LLC.

Madame Cat. Richard Dow. Illus. by Rose Grier Evans. 2017. (ENG.). (J). 17.99 *(978-0-9983859-1-4(3))* Madame Cat Publishing.

Madame Cat. Richard Dow. Illus. by Rose Evans. 2016. (ENG.). (J). pap. 12.99 *(978-0-9983859-0-7(5))* Madame Cat Publishing.

Madame CJ Walker: Beauty & Brains Woman Entrepreneur Books Grade 5 Children's Biographies. Dissected Lives. 2022. (ENG.). 72p. (J). 31.99 ***(978-1-5419-8617-6(2))***; pap. 19.99 ***(978-1-5419-6089-3(0))*** Speedy Publishing LLC. (Dissected Lives (Auto Biographies)).

Madame How & Lady Why. Charles Kingsley. 2020. (ENG., Illus.). 166p. (J). pap. 8.99 *(978-1-4209-7020-3(8))* Digireads.com Publishing.

Madame Katalina's Love Spell. Mavis Sybil. 2021. (ENG.). 52p. (J). pap. 6.99 *(978-1-0879-6819-3(4))* Indy Pub.

Madame la Marquise, & Other Novelettes (Classic Reprint) Ouida Ouida. (ENG., Illus.). (J). 2018. 316p. 30.43 *(978-0-365-16191-2(8))*; 2017. pap. 13.57 *(978-0-259-41759-0(9))* Forgotten Bks.

Madame Moselle: Produced under Direction of Chase & Everall (Classic Reprint) Edward A. Paulton. 2018. (ENG., Illus.). 54p. (J). 25.03 *(978-0-483-87569-2(4))* Forgotten Bks.

Madame Prince (Classic Reprint) William Pett Ridge. 2017. (ENG., Illus.). (J). 30.54 *(978-0-265-54322-1(3))*; pap. 13.57 *(978-0-282-75912-4(3))* Forgotten Bks.

Madame Prune (Classic Reprint) Pierre Loti. 2018. (ENG., Illus.). 266p. (J). 29.40 *(978-0-484-00180-9(9))* Forgotten Bks.

Madame Sans-Gene an Historical Romance: Founded on the Play (Classic Reprint) Victorien Sardou. 2018. (ENG., Illus.). 408p. (J). 32.31 *(978-0-483-59986-4(7))* Forgotten Bks.

Madame Saqui: Revolutionary Rope Dancer. Lisa Robinson. Illus. by Rebecca Green. 2020. 44p. (J). (gr. -1-3). 17.99 *(978-0-525-57997-7(4)*, Schwartz & Wade Bks.) Random Hse. Children's Bks.

Madame Tellier's Establishment, & Short Stories (Classic Reprint) Guy De Maupassant. (ENG., Illus.). (J). 2017. 30.50 *(978-1-5279-8452-3(4))*; 2016. pap. 13.57 *(978-1-334-39459-1(8))* Forgotten Bks.

Madame Therese: Or the Volunteers of '92 (Classic Reprint) Erckmann-Chatrian Erckmann-Chatrian. 2018. (ENG., Illus.). 290p. (J). 29.88 *(978-0-483-32495-4(7))* Forgotten Bks.

Madame Voodoo. A. W. Jackson. 2023. (ENG.). 282p. (YA). pap. ***(978-1-80378-157-0(2))*** Cranthorpe Millner Pubs.

Madame Zadkiel's Fortune Teller & Mirror of Fate: With Illustrations (Classic Reprint) Jesse Haney. (ENG., Illus.). (J). 2018. 164p. 27.28 *(978-0-267-55005-0(7))*; 2016. pap. 9.97 *(978-1-333-18911-2(7))* Forgotten Bks.

Madcap (Classic Reprint) George Gibbs. 2018. (ENG., Illus.). 364p. (J). 31.40 *(978-0-483-55711-6(0))* Forgotten Bks.

Madcap of the School (Classic Reprint) Angela Brazil. (ENG., Illus.). (J). 2018. 292p. 29.92 *(978-0-332-17895-0(1))*; 2017. pap. 13.57 *(978-0-282-61080-7(4))* Forgotten Bks.

Madcap Violet: A Novel (Classic Reprint) William Black. 2017. (ENG., Illus.). (J). 32.89 *(978-1-5280-6531-3(X))* Forgotten Bks.

Madcap Violet, Vol. 1 of 3 (Classic Reprint) William Black. 2018. (ENG., Illus.). 368p. (J). 31.49 *(978-0-267-21516-4(9))* Forgotten Bks.

Madcap Violet, Vol. 2 of 3 (Classic Reprint) William Black. 2018. (ENG., Illus.). 332p. (J). 30.72 *(978-0-332-93060-2(2))* Forgotten Bks.

Madcap Violet, Vol. 3 of 3 (Classic Reprint) William Black. 2018. (ENG., Illus.). 340p. (J). 30.93 *(978-0-428-79047-9(X))* Forgotten Bks.

Madd Truth: Lasting Lessons for Students of Life. Alfonso Wyatt. 2017. (ENG., Illus.). (YA). pap. 14.99 *(978-0-9982566-0-3(9))* Strategic Destiny, LLC.

Maddalena. Laura Orsolini. 2016. (Illus.). 36p. (J). (gr. -1-3). 16.95 *(978-1-77229-007-3(6))* Simply Read Bks. CAN. Dist: Ingram Publisher Services.

Maddalena's Day: And Other Sketches (Classic Reprint) Laura Wolcott. 2018. (ENG., Illus.). 138p. (J). 26.74 *(978-0-483-74823-1(4))* Forgotten Bks.

Madden NFL. Mari Bolte. 2021. (Great Game! Ser.). (ENG.). 48p. (J). (gr. 3-5). 30.60 *(978-1-68450-830-3(4))*; pap. 14.60 *(978-1-68404-648-5(3))* Norwood Hse. Pr.

Madden NFL. Paige V. Polinsky. (Game On! Ser.). (ENG.). 32p. (J). 2020. (gr. 4-4). pap. 9.95 *(978-1-64494-281-9(X)*, 164494281X); 2019. (gr. 3-6). lib. bdg. 32.79 *(978-1-5321-9166-4(9)*, 33506) ABDO Publishing Co. (Checkerboard Library).

Madden of Musketry. Barbara Anderson. 2017. (ENG., Illus.). 34p. (J). pap. *(978-1-387-25322-7(0))*; pap. *(978-1-387-07500-3(4))* Lulu Pr., Inc.

Maddi Unchained. Wolfgang Stangl. 2018. (GER., Illus.). 46p. (J). *(978-3-7439-8757-9(0))*; pap. *(978-3-7439-8756-2(2))* tredition Verlag.

Maddie: Isn't Life Grand! Jack Crockett. 2019. (ENG.). 122p. (J). pap. 13.95 *(978-1-64515-169-2(7))* Christian Faith Publishing.

Maddie & Liam at the Museum. Ed Shankman. Illus. by Dave O'Neill. 2021. (Shankman & O'Neill Ser.). (ENG.). 32p. (J). 17.99 *(978-1-64194-109-9(X)*, Commonwealth Editions) Applewood Bks.

Maddie & Miss Birdie: An Apple Orchard Adventure. Sherri C. Brady. 2018. (ENG., Illus.). 28p. (J). (gr. -1-3). pap. 12.95 *(978-1-64191-108-5(5))* Christian Faith Publishing.

Maddie & Miss Birdie: Barnyard Buddies. Sherri C. Brady. 2018. (ENG., Illus.). 26p. (J). (gr. -1-3). pap. 12.95 *(978-1-64299-732-3(3))* Christian Faith Publishing.

Maddie & Miss Birdie: Cousins Can Be So Cool. Sherri C. Brady. 2019. (ENG.). 26p. (J). (gr. -1-3). pap. 12.95 *(978-1-64458-215-2(5))* Christian Faith Publishing.

Maddie & Saraya. Sanjyot P. Dunung. 2017. 181p. (YA). pap. *(978-1-943967-88-9(1)*, Full Circle Media, Inc.) Atma Global Knowledge Media, Inc.

Maddie & the Pirates. Freya Beaumont. 2020. (ENG.). 48p. (J). pap. 7.99 *(978-1-716-46513-0(3))* Lulu Pr., Inc.

Maddie & the Talking Jug. Nana Nicholls. 2020. (ENG.). 22p. (J). pap. *(978-1-5289-8605-2(9))* Austin Macauley Pubs. Ltd.

Maddie Ann's Playground. MacKenzie Drew. 2022. (ENG.). 328p. (YA). pap. 13.99 ***(978-1-0880-4241-0(4))*** Indy Pub.

Maddie Diaries: A Memoir. Maddie Ziegler. 2018. (ENG., Illus.). 240p. pap. 15.99 *(978-1-5011-5067-8(7)*, Gallery Bks.) Gallery Bks.

Maddie Hatter & the Gilded Gauge. Jayne Barnard. 2017. (ENG., Illus.). (YA). pap. *(978-1-928025-67-2(6))* Tyche Bks., Ltd.

Maddie Hatter & the Timely Taffeta. Jayne Barnard. Illus. by Robin Robinson. 2017. (Maddie Hatter Adventures Ser.: Vol. 3). (ENG.). (YA). pap. *(978-1-928025-76-4(5))* Tyche Bks., Ltd.

Maddie Hoffman Gymnastics Superstar: Triple Trouble Plus One Book 2. Diane C. Wander. 2017. (Triple Trouble Plus One Ser.: Vol. 2). (ENG., Illus.). (J). (gr. 2-6). 19.99 *(978-0-9970558-4-9(7))*; pap. 8.99 *(978-0-9970558-3-2(9))* Bridges to Better Learning.

Maddie in the Middle. Julia Lawrinson. 2019. 224p. (J). (gr. 4-7). 12.95 *(978-1-925815-93-1(5))* Fremantle Pr. AUS. Dist: Independent Pubs. Group.

Maddie Makes a Movie. Sonia Garrett. 2018. (ENG., Illus.). 138p. (J). (gr. 4-6). pap. *(978-1-7750106-0-9(0))* Garrett, Sonia.

Maddie Makes Money. Sonia Garrett. Illus. by Stevie Hale-Jones. 2019. (ENG.). 128p. (J). (gr. 3-5). pap. *(978-1-7750106-2-3(7))* Garrett, Sonia.

Maddie the Mathematician: The Discovery of Polygons. Nnenia Joseph. Illus. by Al Danso. 2018. (Maddie the Mathematician Ser.: Vol. 3). (ENG.). 26p. (J). (gr. k-5). 19.99 *(978-1-64316-557-8(7))* Primedia eLaunch LLC.

Maddie the Mitzvah Clown. Karen Rostoker-Gruber. Illus. by Christine Grove. 2017. (ENG.). 32p. (J). 17.95 *(978-1-68115-523-4(0)*, e191c28c-c839-4584-a784-db033b746a0c) Behrman Hse., Inc.

Maddie Ziegler. Andrea Pelleschi. 2020. (Influential People Ser.). (ENG., Illus.). 32p. (J). (gr. 4-6). pap. 7.95 *(978-1-4966-6586-7(4)*, 142264); lib. bdg. 28.65 *(978-1-5435-9078-4(0)*, 141399) Capstone.

Maddie's New Purse. Scott Kelley. 2018. (ENG., Illus.). 34p. (J). pap. 12.95 *(978-1-64140-609-3(7))* Christian Faith Publishing.

Maddie's Poppa. Richard Themm. 2019. (ENG., Illus.). 36p. (J). pap. 13.95 *(978-1-64471-590-1(2))* Covenant Bks.

Maddison's Tree Magic: The Adventure Begins. Roger Cotton. 2021. (ENG.). 76p. (J). pap. ***(978-1-80227-286-4(0))*** Publishing Push Ltd.

Maddox Plays Police Officer. Tracilyn George. 2021. (ENG.). 22p. (J). pap. 11.00 *(978-1-77475-336-1(7))* Lulu Pr., Inc.

Maddy & Grace at the Haunted House. Gerald Ruhoy. 2022. (ENG., Illus.). 34p. (J). 24.95 *(978-1-6624-6407-2(X))* Page Publishing Inc.

Maddy & Grace at the Racetrack. Gerald Ruhoy. 2022. (ENG., Illus.). 34p. (J). 24.95 *(978-1-6624-6411-9(8))* Page Publishing Inc.

Maddy & Grace Meet the Alien. Gerald Ruhoy. 2022. (ENG., Illus.). 30p. (J). 22.95 *(978-1-6624-6413-3(4))* Page Publishing Inc.

Maddy & Grace Solve the Crime. Gerald Ruhoy. 2022. (ENG., Illus.). 40p. (J). 25.95 *(978-1-6624-6415-7(0))* Page Publishing Inc.

Maddy & Grandma Bake Rhubarb Pie. Jennifer Mary Croy. 2018. (ENG., Illus.). 36p. (J). *(978-1-387-68798-5(0))* Lulu Pr., Inc.

Maddy & Mia: TriPaw Tales. Pamela Adler. Illus. by Monique Seibel. 2020. (ENG.). 56p. (J). (gr. 2-6). pap. 12.95 *(978-1-947860-79-7(8)*, Belle Isle Bks.) Brandylane Pubs., Inc.

Maddy & the Monstrous Storm: A Schoolhouse Blizzard Survival Story. Julie Gilbert. Illus. by Wendy Tan. 2022. (Girls Survive Ser.). (ENG.). 112p. (J). 26.65 *(978-1-6663-4068-6(5)*, 237660); pap. 7.95 *(978-1-6663-4072-3(3)*, 237655) Capstone. (Stone Arch Bks.).

Maddy Learns from Her Garden. Timothy Wright. 2021. (ENG., Illus.). 44p. (J). 19.95 *(978-1-0980-2992-0(5))*; pap. 9.95 *(978-1-0980-5791-6(0))* Christian Faith Publishing.

Maddy Lou & Mack at the State Fair of Texas. Krystal Granzow. Illus. by Alvina Kwong. 2019. (ENG.). 26p. (J). (gr. -1-3). pap. 10.99 *(978-1-61254-398-7(7))* Brown Books Publishing Group.

Maddy Mcguire, CEO (Set), 4 vols. 2018. (Maddy Mcguire, CEO Ser.). (ENG., Illus.). 112p. (J). (gr. 2-5). lib. bdg. 154.00 *(978-1-5321-3182-0(8)*, 28459, Calico Chapter Bks.) ABDO Publishing Co.

Maddy the Dragonslayer. Charlene M. Cavers. Illus. by Margaret Cavers May. 2017. (ENG.). 24p. (J). *(978-1-5255-1924-6(7))*; pap. *(978-1-5255-1925-3(5))* FriesenPress.

Maddy West & the Tongue Taker. Brian Falkner. Illus. by Donovan Bixley. 2018. (ENG.). 236p. (J). pap. 12.95 *(978-0-6482879-0-2(4)*, Red Button Pr.) Lulu Pr., Inc.

Maddy's Dream. Gerald Ruhoy. 2022. (ENG., Illus.). 30p. (J). 24.95 *(978-1-6624-6409-6(6))* Page Publishing Inc.

Maddy's First Winter. Charlene M. Cavers. Illus. by Margaret Cavers May. 2018. (Maddy Chronicles Ser.). (ENG.). 32p. (J). *(978-1-5255-3227-6(8))*; pap. *(978-1-5255-3228-3(6))* FriesenPress.

Maddy's Very Bad Day. Timothy Wright. 2020. (ENG., Illus.). 40p. (J). 19.95 *(978-1-0980-3308-8(6))*; pap. 9.95 *(978-1-0980-5807-4(0))* Christian Faith Publishing.

Made 4 You. Eric Walters. 2022. (ENG.). 288p. (YA). (gr. 8-12). pap. 15.95 *(978-1-77086-661-4(2)*, Dancing Cat Bks.) Cormorant Bks. Inc. CAN. Dist: Orca Bk. Pubs. USA.

Made by God: Celebrating God's Gloriously Diverse World. Tony Evans. 2021. (ENG., Illus.). 32p. (J). (gr. -1-2). 16.99 *(978-0-7369-8444-7(5)*, 6984447) Harvest Hse. Pubs.

Made by Hand: a Crafts Sampler. Carole Lexa Schaefer. Illus. by Becca Stadtlander. 2018. (ENG.). 48p. (J). (gr. 3-7). 17.99 *(978-0-7636-7433-5(8))* Candlewick Pr.

Made by Maxine. Ruth Spiro. Illus. by Holly Hatam. 2018. 32p. (J). (gr. -1-3). 17.99 *(978-0-399-18629-5(8)*, Dial Bks) Penguin Young Readers Group.

Made for a Purpose. Kristie Wilde. Illus. by Kristie Wilde. 2016. (Joyful Creation Ser.: Vol. 1). (ENG., Illus.). 24p. (J). pap. 12.99 *(978-0-9974828-0-5(X))* Wilde Art.

Made for Me. Zack Bush. Illus. by Gregorio De Lauretis. (ENG.). (J). (gr. -1-k). 2019. 20p. bds. 12.99 *(978-1-64170-200-3(1)*, 550200); 2018. 32p. 16.99 *(978-1-945547-69-0(3)*, 554769) Familius LLC.

Made in France: French Tales Retold with an United States Twist (Classic Reprint) H. C. Bunner. 2018. (ENG., Illus.). 226p. (J). 28.56 *(978-0-483-72837-0(3))* Forgotten Bks.

Made in Maine. Shawn Samuelson Henry. 2023. 406p. (YA). (gr. 6). pap. 19.95 ***(978-1-954907-80-5(X))*** Woodhall Pr.

Made in the Image of the Goddess: The Legacy of Zyanthia - Book One. Chantelle Griffin. 2nd ed. 2017. (Legacy of Zyanthia Ser.: Vol. 1). (ENG., Illus.). (YA). (gr. 7-12). *(978-0-9943921-6-9(8))*; pap. *(978-0-9943921-0-7(9))* Griffin, Chantelle.

Made in the Shade! Summer Fun Connect the Dots. Activity Book Zone for Kids. 2016. (ENG., Illus.). (J). pap. 7.55 *(978-1-68376-154-9(5))* Sabeels Publishing.

Made in the Trenches, Composed Entirely from Articles Sketches Contributed by Soldiers: Edited by Sir Frederick Treves & George Goodchild (Classic Reprint) Frederick Treves. 2017. (ENG., Illus.). (J). 29.01 *(978-1-5285-7731-1(0))* Forgotten Bks.

Made of Stars. Jenna Voris. 2023. (ENG.). 368p. (YA). (gr. 7). 18.99 *(978-0-593-52521-0(3)*, Viking Books for Young Readers) Penguin Young Readers Group.

Made or Marred, and, One of Three (Classic Reprint) Jessie Fothergill. (ENG., Illus.). (J). 2018. 338p. 30.89 *(978-0-483-69929-8(2))*; 2016. pap. 13.57 *(978-1-334-59216-4(0))* Forgotten Bks.

Made Powerful, 1 vol. Myra King. Illus. by Subrata Mahajan. 2016. (Apley Towers Ser.: 2). (ENG.). 202p. (J). 7.99 *(978-1-78226-278-7(4)*, ba0cee3b-0ea2-4558-b571-d207b02c83d3) Sweet Cherry Publishing GBR. Dist: Baker & Taylor Publisher Services (BTPS).

Made to Love, Payton Learns a Lesson on Boys & Behavior. Vikki Jones. 2021. (ENG.). 28p. (J). pap. 12.99 *(978-1-0880-0518-7(7))* VMH Publishing.

Made to Measure. Lori Mortensen. 2016. (Spring Forward Ser.). (J). (gr. 2). *(978-1-4900-9442-7(3))* Benchmark Education Co.

Made to Order: Short Stories from a College Course (Classic Reprint) Howard Maynadier. 2018. (ENG., Illus.). 318p. (J). 30.48 *(978-0-483-44291-7(7))* Forgotten Bks.

Made to Play! (Disney/Pixar Toy Story 4) Natasha Bouchard. Illus. by Disney Storybook Disney Storybook Art Team. 2019. (Step into Reading Ser.). (ENG.). 24p. (J). (gr. -1-1). 5.99 *(978-0-7364-3987-9(0))*; 12.99 *(978-0-7364-8277-6(6))* Random Hse. Children's Bks. (RH/Disney).

Made with Love. Christina Rondeau. 2023. (ENG.). 26p. (J). 19.99 ***(978-1-0881-6778-6(0))***; pap. 12.99 ***(978-1-0881-6745-8(4))*** Indy Pub.

Made with Love: Pancakes! Lea Redmond. Illus. by Flora Waycott. 2020. (ENG.). 20p. (J). (gr. -1 — 1). bds. 9.99 *(978-1-4521-8026-7(1))* Chronicle Bks. LLC.

Made with Love: Pizza! Lea Redmond. Illus. by Flora Waycott. 2022. (ENG.). 20p. (J). (gr. -1 — 1). bds. 9.99 *(978-1-7972-1083-4(1))* Chronicle Bks. LLC.

Made You Laugh! Jokes for Kids. Sandy Silverthorne. 2020. (ENG., Illus.). 144p. (J). mass mkt. 4.99 *(978-0-8007-3766-5(0))* Revell.

Made You Up. Francesca Zappia. 2017. (ENG.). 464p. (YA). (gr. 9). pap. 11.99 *(978-0-06-229011-3(8)*, Greenwillow Bks.) HarperCollins Pubs.

Madeira Party: Also, a Little More Burgundy (Classic Reprint) Silas Weir Mitchell. 2018. (ENG., Illus.). 176p. (J). 27.55 *(978-0-666-55365-2(3))* Forgotten Bks.

Madelaine Tube & Her Blind Brother: A Christmas Story for Young People (Classic Reprint) Unknown Author. 2018. (ENG., Illus.). 52p. (J). 24.99 *(978-0-483-31227-2(4))* Forgotten Bks.

Madeleine: An Autobiography (Classic Reprint) Unknown Author. 2018. (ENG., Illus.). 338p. (J). 30.87 *(978-0-483-32072-7(2))* Forgotten Bks.

Madeleine Albright. Katlin Sarantou. Illus. by Jeff Bane. 2019. (My Early Library: My Itty-Bitty Bio Ser.). (ENG.). 24p. (J). (gr. k-1). pap. 12.79 *(978-1-5341-4986-1(4)*, 213251); lib. bdg. 30.64 *(978-1-5341-4700-3(4)*, 213250) Cherry Lake Publishing.

Madeleine at Her Mirror: A Woman's Diary (Classic Reprint) Marcelle Tinayre. (ENG., Illus.). (J). 2018. 296p. 30.02 *(978-0-656-39208-7(8))*; 2017. pap. 13.57 *(978-0-259-37374-2(5))* Forgotten Bks.

Madeleine Goes to the Moon: 2nd Edition. Peter Lynas. Illus. by Charlotte Roberts. 2017. (Madeleine Goes Ser.: Vol. 1). (ENG.). 24p. (J). pap. *(978-0-9933403-4-5(2))* Lynas, P J.

Madeleine l'Engle: the Kairos Novels: the Wrinkle in Time & Polly o'Keefe Quartets: A Library of America Boxed Set, 2 vols. Madeleine L'Engle. Ed. by Leonard S. Marcus. 2018. 1925p. (J). (gr. 5). 80.00 *(978-1-59853-577-8(3))* Library of America, The.

Madeleine l'Engle: the Polly o'Keefe Quartet (LOA #310) The Arm of the Starfish / Dragons in the Waters / a House Like a Lotus / an Acceptable Time. Madeleine L'Engle. Ed. by Leonard S. Marcus. 2018. (Library of America Madeleine l'Engle Edition Ser.: 2). (Illus.). 1050p. (J). (gr. 5). 42.50 *(978-1-59853-579-2(X))* Library of America, The.

Madeleine l'Engle: the Wrinkle in Time Quartet (LOA #309) A Wrinkle in Time / a Wind in the Door / a Swiftly Tilting Planet / Many Waters. Madeleine L'Engle. Ed. by Leonard S. Marcus. 2018. (Library of America Madeleine l'Engle Edition Ser.: 1). (Illus.). 875p. (J). (gr. 5). 37.50 *(978-1-59853-578-5(1))* Library of America, The.

Madeline. Ludwig Bemelmans. l.t. ed. 2018. (ENG., Illus.). 54p. (J). (gr. k-6). pap. *(978-4-87187-929-3(1))* Ishi Pr., Inc., The.

Madeline & Her Dog. John Bemelmans Marciano. Illus. by J. T. Morrow. 2021. (Step into Reading Ser.). (ENG.). 32p. (J). (gr. -1-1). pap. 5.99 *(978-0-593-43240-2(1))*; lib. bdg. 14.99 *(978-0-593-43241-9(X))* Random Hse. Children's Bks. (Random Hse. Bks. for Young Readers).

Madeline at the White House. John Bemelmans Marciano. 2016. (Madeline Ser.). lib. bdg. 19.65 *(978-0-606-38845-0(1))* Turtleback.

Madeline Finn & the Blessing of the Animals. Lisa Papp. 2023. 32p. (J). (gr. -1-3). 18.99 ***(978-1-68263-486-8(8))*** Peachtree Publishing Co. Inc.

Madeline Finn & the Library Dog. Lisa Papp. (ENG., Illus.). 32p. (J). (gr. -1-3). 2020. pap. 8.99 *(978-1-68263-059-4(5))*; 2016. 17.95 *(978-1-56145-910-0(0))* Peachtree Publishing Co. Inc.

Madeline Finn & the Shelter Dog. Lisa Papp. (ENG., Illus.). 32p. (J). (gr. -1-3). 2022. pap. 8.99 *(978-1-68263-405-9(1))*; 2019. 17.95 *(978-1-68263-075-4(7))* Peachtree Publishing Co. Inc.

Madeline Finn & the Therapy Dog. Lisa Papp. 2020. (ENG.). 32p. (J). (gr. -1-3). 17.99 *(978-1-68263-149-2(4))* Peachtree Publishing Co. Inc.

Madeline Learns about Lacrosse. Tracilyn George. 2023. (ENG.). 24p. (J). pap. 12.99 ***(978-1-77475-458-0(4))*** Draft2Digital.

Madeline of the Desert (Classic Reprint) Arthur Weigall. (ENG., Illus.). (J). 2018. 448p. 33.14 *(978-0-666-63982-0(5))*; 2017. pap. 16.57 *(978-0-259-20411-4(0))* Forgotten Bks.

Madeline Talbot Has a Bunny on Her Head. Kiah Thomas. Illus. by Connah Brecon. 2021. (ENG.). 24p. (J). (gr. -1-k). 15.99 (978-1-76050-583-7(8)) Little Hare Bks. AUS. Dist: Independent Pubs. Group.

Madeline the Mermaid - Happy to Be Colorfully Me! Holly Andreason & Julie Awerkamp. Illus. by Jesi Yap. 2021. (ENG.). 28p. (J). 16.99 (978-1-952209-62-8(5)) Lawley Enterprises.

Madeline the Mermaid - Happy to Be Colorfully Me! Julie Awerkamp & Holly Andreason. Illus. by Jesi Yapp. 2021. (ENG.). 28p. (J). pap. 10.99 (978-1-956357-05-9(X)) Lawley Enterprises.

Madeline Travels the World: A Little Miss Madeline Adventure. M. a D'Costa. 2022. (ENG.). 54p. (J). (978-1-0391-0964-3(0)); pap. (978-1-0391-0963-6(2)) FriesenPress.

Madeline, Vol. 1: A Tale (Classic Reprint) Amelia Alderson Opie. (ENG., Illus.). (J). 2018. 354p. 31.22 (978-0-483-83702-7(4)); 2016. pap. 13.57 (978-1-334-21730-2(0)) Forgotten Bks.

Madeline, Vol. 2: A Tale (Classic Reprint) Opie. 2018. (ENG., Illus.). 338p. (J). 30.89 (978-0-332-13970-8(0)) Forgotten Bks.

Madeline's 123. Ludwig Bemelmans. 2022. (Madeline Ser.). (Illus.). 14p. (J). (— 1). bds. 7.99 (978-0-593-34989-2(X), Viking Books for Young Readers) Penguin Young Readers Group.

Madeline's ABCs. Ludwig Bemelmans. 2022. (Madeline Ser.). (Illus.). 26p. (J). (— 1). bds. 8.99 (978-0-593-34980-9(6), Viking Books for Young Readers) Penguin Young Readers Group.

Madeline's Rescue Novel Units Teacher Guide. Novel Units. 2019. (ENG.). (J). pap. 12.99 (978-1-56137-473-1(3), Novel Units, Inc.) Classroom Library Co.

Madeline's Seasons. Ludwig Bemelmans. 2023. (Illus.). 12p. (J). (— 1). bds. 8.99 (978-0-593-34992-2(X), Viking Books for Young Readers) Penguin Young Readers Group.

Madeline's Tea Party. John Bemelmans Marciano. Illus. by J. T. Morrow. 2021. (Step into Reading Ser.). (ENG.). 32p. (J). (gr. -1-1). pap. 5.99 (978-0-593-43238-9(X)); lib. bdg. 14.99 (978-0-593-43239-6(8)) Random Hse. Children's Bks. (Random Hse. Bks. for Young Readers).

Madelon: A Novel (Classic Reprint) Mary E. Wilkins. 2018. (ENG., Illus.). 384p. (J). 31.82 (978-0-483-55926-4(1)) Forgotten Bks.

Madelon Passes: And Mam'selle Delphine, a Story of the Christmas (Classic Reprint) Harry Stillwell Edwards. 2018. (ENG., Illus.). 38p. (J). 24.70 (978-0-364-03511-5(0)) Forgotten Bks.

Madelyn & the Unicorn Beach. Dayne Edmondson. 2020. (ENG.). 92p. (J). pap. 9.99 (978-1-393-44668-2(X)) Draft2Digital.

Madelyn on the North Pole Express. J. D. Green. 2019. (North Pole Express Ser.). (ENG.). 32p. (J). (gr. -1-3). 7.99 (978-1-7282-0366-9(X)) Sourcebooks, Inc.

Madelyn 'Twas the Night Before Christmas. Illus. by Lisa Alderson. 2019. (Night Before Christmas Ser.). (ENG.). 32p. (J). (gr. -1-3). 7.99 (978-1-7282-0259-4(0)) Sourcebooks, Inc.

Madelyn's Christmas Wish. Put Me In The Story & J. D. Green. Illus. by Julia Seal. 2018. (Christmas Wish Ser.). (ENG.). 32p. (J). (gr. k-3). 6.99 (978-1-4926-8537-1(2)) Sourcebooks, Inc.

Mademoiselle Blanche: A Novel (Classic Reprint) John D. Barry. 2018. (ENG., Illus.). 336p. (J). 30.85 (978-0-483-91741-5(9)) Forgotten Bks.

Mademoiselle Fifi: And Twelve Other Stories (Classic Reprint) Guy De Maupassant. 2018. (ENG., Illus.). 254p. (J). 29.16 (978-0-483-27122-7(5)) Forgotten Bks.

Mademoiselle Grands Doigts: A Cajun New Year's Eve Tale, 1 vol. Johnette Downing. Illus. by Heather Stanley. 2018. (ENG.). 32p. (gr. -1-3). 16.99 (978-1-4556-2393-8(8), Pelican Publishing) Arcadia Publishing.

Mademoiselle Jessica see Señorita Jessica

Mademoiselle Mathilde (Classic Reprint) Henry Kingsley. (ENG., Illus.). (J). 2018. 376p. 31.65 (978-0-267-58248-8(X)); 2016. pap. 16.57 (978-1-334-15922-0(X)) Forgotten Bks.

Mademoiselle Mathilde, Vol. 2 Of 3: A Novel (Classic Reprint) Henry Kingsley. (ENG., Illus.). (J). 2018. 280p. 29.69 (978-0-428-76109-7(7)); 2017. pap. 13.57 (978-1-5276-2950-9(3)) Forgotten Bks.

Mademoiselle Miss. Henry Harland. 2017. (ENG.). 216p. (J). pap. (978-3-7447-5050-9(7)) Creation Pubs.

Mademoiselle Miss: Letters from an American Girl Serving with the Rank of Lieutenant in a French Army Hospital at the Front (Classic Reprint) Richard Clarke Cabot. 2018. (ENG., Illus.). 126p. (J). 26.35 (978-0-428-42808-2(8)) Forgotten Bks.

Mademoiselle Miss: To Which Is Added: the Funeral March of a Marionette the Prodigal Father a Sleeveless Errand a Light Sovereign (Classic Reprint) Henry Harland. 2018. (ENG., Illus.). 194p. (J). 27.90 (978-0-332-92850-0(0)) Forgotten Bks.

Mademoiselle Mom. Nancy Parent. ed. 2019. (I Can Read Ser.). (ENG.). 30p. (J). (gr. k-1). 14.96 (978-0-87617-470-8(5)) Penworthy Co., LLC, The.

Mademoiselle Mori. Margaret Roberts. 2017. (ENG.). (J). 356p. pap. (978-3-7447-8637-9(4)); 438p. pap. (978-3-337-12224-9(8)) Creation Pubs.

Mademoiselle Mori: A Tale of Modern Rome. Margaret Roberts. 2017. (ENG.). 360p. (J). pap. (978-3-7447-8582-2(3)) Creation Pubs.

Mademoiselle Mori: A Tale of Modern Rome (Classic Reprint) Margaret Roberts. 2017. (ENG., Illus.). (J). 34.87 (978-0-331-82285-4(7)) Forgotten Bks.

Mademoiselle Mori, Vol. 1: A Tale of Modern Rome, in Two Volumes (Classic Reprint) Margaret Roberts. 2018. (ENG., Illus.). 358p. (J). 31.28 (978-0-483-90737-9(5)) Forgotten Bks.

Mademoiselle Mori, Vol. 2 Of 2: A Tale of Modern Rome (Classic Reprint) Margaret B. Robert. (ENG., Illus.). (J). 2018. 360p. 31.32 (978-0-484-35376-2(4)); 2016. pap. 13.97 (978-1-333-24021-9(X)) Forgotten Bks.

Mademoiselle of Cambrai (Classic Reprint) David Skaats Foster. (ENG., Illus.). (J). 2018. 346p. 31.03 (978-0-666-98785-3(8)); 2017. pap. 13.57 (978-0-282-62713-3(8)) Forgotten Bks.

Madge: Or, Night & Morning (Classic Reprint) H. B. G. 2018. (ENG., Illus.). 410p. (J). 32.37 (978-0-483-23167-2(3)) Forgotten Bks.

Madge & Mo. James F. Park. 2019. (ENG.). 92p. (J). pap. (978-0-244-75234-7(6)) Lulu Pr., Inc.

Madge o' the Pool: The Gypsy Christ & Other Tales (Classic Reprint) William Sharp. 2018. (ENG., Illus.). 192p. (J). 27.86 (978-0-332-48286-6(3)) Forgotten Bks.

Madge, Vol. 1 of 3 (Classic Reprint) Duffus-Hardy Duffus-Hardy. 2018. (ENG., Illus.). 292p. (J). 29.94 (978-0-483-76401-9(9)) Forgotten Bks.

Madge, Vol. 2 of 3 (Classic Reprint) Duffus-Hardy Duffus-Hardy. 2018. (ENG., Illus.). 280p. (J). 29.67 (978-0-484-37901-4(1)) Forgotten Bks.

Madi Monkey Learns the Body. Stephanie S. Liu. 2018. (ENG., Illus.). 18p. (J). (978-0-2288-0801-5(4)); pap. (978-0-2288-0800-8(6)) Tellwell Talent.

Madiba Is Back. Pusch Kobina Commey. 2020. (ENG.). 60p. (J). pap. 9.00 (978-1-63625-376-3(8)); (Real African Writers Ser.: Vol. 16). pap. 6.99 (978-1-64764-963-0(3)) Primedia eLaunch LLC.

Madigans (Classic Reprint) Miriam Michelson. 2017. (ENG., Illus.). (J). 31.55 (978-0-265-21489-3(0)) Forgotten Bks.

Madi's Mom Goes to Work. Stephanie Liu. 2021. (ENG.). 20p. (J). (978-1-77354-283-6(4)) PageMaster Publication Services, Inc.

Madi's Mom Goes to Work. Stephanie Liu. Illus. by Gillian Greenbaum. 2021. (ENG.). 20p. (J). pap. (978-1-77354-280-5(X)) PageMaster Publication Services, Inc.

Madison: The Tale of a Corgi with No Tail. Susan Erickson Catucci & Susan Permuy. 2022. (ENG.). 34p. (J). pap. (978-1-83875-566-9(7), Nightingale Books) Pegasus Elliot Mackenzie Pubs.

Madison & the Square Apple. Deirdre Ryan Eynaud. 2017. (ENG., Illus.). 48p. (J). pap. (978-0-244-01521-3(X)) Lulu Pr., Inc.

Madison Children's Museum. Julie Knutson. 2020. (21st Century Skills Library: Changing Spaces Ser.). (ENG., Illus.). 32p. (J). (gr. 4-7). lib. bdg. 32.07 (978-1-5341-6899-2(0), 215483) Cherry Lake Publishing.

Madison Hood (Classic Reprint) Hamilton Drane. 2017. (ENG., Illus.). 324p. (J). 30.58 (978-0-484-03725-9(0)) Forgotten Bks.

Madison I Love You All Ways. Marianne Richmond. Illus. by Dubravka Kolanovic. 2023. (I Love You All Ways Ser.). (ENG.). 32p. (J). (gr. -1-3). 8.99 (978-1-7282-7396-9(X)) Sourcebooks, Inc.

Madison Kleigh & the Onyx Stone. Jeffrey David Montanye. 2020. (ENG.). 304p. (YA). 21.95 (978-1-951801-03-8(2)) Montanye Arts.

Madison Kleigh Lost in the Amazon. Jeffrey David Montanye. 2021. (ENG.). 250p. (YA). pap. 11.95 (978-1-951801-02-1(4)) Montanye Arts.

Madison Morris Is NOT a Mouse! (Class Critters #3) Kathryn Holmes. Illus. by Ariel Landy. (Class Critters Ser.). (ENG.). 128p. (J). (gr. 1-4). 2023. pap. 6.99 (978-1-4197-6747-0(X), 1720603, Amulet Bks.); 2022. 12.99 (978-1-4197-5569-9(2), 1720601) Abrams, Inc.

Madison on the North Pole Express. J. D. Green. Illus. by Joanne Partis. 2022. (North Pole Express Bears Ser.). (ENG.). 32p. (J). (gr. -1-3). 7.99 (978-1-7282-6960-3(1)) Sourcebooks, Inc.

Madison on the North Pole Express. J. D. Green. 2019. (North Pole Express Ser.). (ENG.). 32p. (J). (gr. -1-3). 7.99 (978-1-7282-0367-6(8)) Sourcebooks, Inc.

Madison Santa's Secret Elf. Put Me In The Story & Katherine Sully. Illus. by Julia Seal. 2018. (Santa's Secret Elf Ser.). (ENG.). 32p. (J). (gr. k-3). 5.99 (978-1-4926-8162-5(8)) Sourcebooks, Inc.

Madison Saves the Day. Stella Green. Illus. by Benjamin Woodyard & Paul Jeaurond. 2017. (ENG.). (J). pap. (978-0-9937118-5-5(5)) Green, Stella Mary.

Madison the Middle Mouse. Lorna Emma Paisley. 2023. (ENG.). 36p. (J). (978-1-0391-7050-6(1)); pap. (978-1-0391-7049-0(8)) FriesenPress.

Madison 'Twas the Night Before Christmas. Illus. by Lisa Alderson. 2019. (Night Before Christmas Ser.). (ENG.). 32p. (J). (gr. -1-3). 7.99 (978-1-7282-0260-0(4)) Sourcebooks, Inc.

Madison's Christmas Wish. Put Me In The Story & J. D. Green. Illus. by Julia Seal. 2018. (Christmas Wish Ser.). (ENG.). 32p. (J). (gr. k-3). 6.99 (978-1-4926-8347-6(7)) Sourcebooks, Inc.

Madison's Great Adventures. Madison Rivera. 2022. (ENG.). 36p. (J). 24.99 (978-1-0879-8564-0(1)) Indy Pub.

Madison's TELL-ALL Journal. Christy Mollet. 2020. (ENG., Illus.). 36p. (J). pap. 14.95 (978-1-0980-0069-1(2)) Christian Faith Publishing.

Madlenka. Peter Sís. 2018. (SPA.). 48p. (J). (-2). 28.99 (978-84-948859-1-4(X)) Ekare, Ediciones VEN. Dist: Lectorum Pubns., Inc.

Madman & the Pirate. R. M. Ballantyne. 2018. (ENG., Illus.). 126p. (J). 14.99 (978-1-5154-2245-7(3)) Wilder Pubns., Corp.

Madman in Manhattan. Marianne Hering. 2020. (AIO Imagination Station Bks.: 21). (ENG.). 144p. (J). pap. 5.99 (978-1-64607-009-1(7), 20_34398) Focus on the Family Publishing.

Madman of Black Bear Mountain. Franklin W. Dixon. 2016. (Hardy Boys Adventures Ser.: 12). (ENG., Illus.). 144p. (J). (gr. 3-7). pap. 6.99 (978-1-4814-3880-3(8), Aladdin) Simon & Schuster Children's Publishing.

Madman of Piney Woods (Scholastic Gold) Christopher Paul Curtis. 2019. (ENG.). 416p. (J). (gr. 3-7). pap. 8.99 (978-1-338-35965-7(7)) Scholastic, Inc.

Madness. Zac Brewer. 2017. (ENG.). 304p. (YA). (gr. 9). 17.99 (978-0-06-245785-1(3), HarperTeen) HarperCollins Pubs.

Madness. Aurore Muse. 2019. (ENG.). 126p. (YA). pap. 14.95 (978-1-64628-061-2(X)) Page Publishing Inc.

Madness in the Magic Maze. Samuel Warren Joseph & Phil Proctor. 2020. (Magic Maze Trilogy Ser.: Vol. 2). (ENG.). 112p. (J). pap. 10.00 (978-1-7357908-0-0(X)) Sam/Phil Bks.

Madness of May (Classic Reprint) Meredith Nicholson. 2018. (ENG., Illus.). 206p. (J). 28.17 (978-0-483-39279-3(0)) Forgotten Bks.

Madness of Philip: And Other Tales of Childhood (Classic Reprint) Josephine Daskam Bacon. 2017. (ENG., Illus.). 248p. (J). 29.01 (978-0-332-29221-2(5)) Forgotten Bks.

Madness the Rage, Vol. 2 Of 2: Or, Memoirs of a Man Without a Name (Classic Reprint) Unknown Author. 2018. (ENG., Illus.). 260p. (J). 29.26 (978-0-483-84911-2(1)) Forgotten Bks.

Madonna: Fighting for Self-Expression, 1 vol. Carol Gnojewski. 2017. (Rebels with a Cause Ser.). (ENG.). 128p. (gr. 8-8). 38.93 (978-0-7660-9255-6(0), 8361f07d-bca5-4de3-b8d4-edc5249c8e78) Enslow Publishing, LLC.

Madonna Di Campiglio: Our Lady of the Fields, Also Bits (Classic Reprint) Frank R. Lawrence. 2018. (ENG., Illus.). 82p. (J). 25.61 (978-0-267-50416-9(0)) Forgotten Bks.

Madonna Dianora: A Play in Verse (Classic Reprint) Hugo Von Hofmannsthal. 2017. (ENG., Illus.). 48p. (J). 24.89 (978-0-332-64102-7(3)) Forgotten Bks.

Madonna Mary, Vol. 1 of 2 (Classic Reprint) Margaret O. W. Oliphant. 2018. (ENG., Illus.). 424p. (J). 32.66 (978-0-267-41262-4(2)) Forgotten Bks.

Madonna Mary, Vol. 1 of 3 (Classic Reprint) Margaret Oliphant. 2018. (ENG., Illus.). 306p. (J). 30.21 (978-0-483-85791-9(2)) Forgotten Bks.

Madonna Mary, Vol. 2 of 2 (Classic Reprint) Oliphant. 2017. (ENG., Illus.). (J). pap. 13.57 (978-0-259-38856-2(4)) Forgotten Bks.

Madonna Mary, Vol. 2 of 2 (Classic Reprint) Margaret O. W. Oliphant. 2019. (ENG., Illus.). 330p. (J). 30.70 (978-0-365-24732-6(4)) Forgotten Bks.

Madonna Mary, Vol. 2 of 3 (Classic Reprint) Margaret Oliphant. 2018. (ENG., Illus.). (J). 30.29 (978-0-260-98762-4(X)) Forgotten Bks.

Madonna Mary, Vol. 2 of 3 (Classic Reprint) Margaret O. W. Oliphant. 2016. (ENG., Illus.). (J). pap. 13.57 (978-1-333-33145-0(2)) Forgotten Bks.

Madonna Mary, Vol. 3 (Classic Reprint) Margaret O. W. Oliphant. 2018. (ENG., Illus.). 286p. (J). 29.80 (978-0-483-72047-3(X)) Forgotten Bks.

Madonna of a Day: A Study (Classic Reprint) L. Dougall. 2018. (ENG., Illus.). 456p. (J). 33.32 (978-0-483-46238-0(1)) Forgotten Bks.

Madonna of the Cello (Classic Reprint) Robert Bagg. 2017. (ENG., Illus.). (J). pap. 9.57 (978-0-259-44134-2(1)) Forgotten Bks.

Madonna of the Curb (Classic Reprint) Anna Balmer Myers. 2018. (ENG., Illus.). 348p. (J). 31.07 (978-0-483-99690-8(4)) Forgotten Bks.

Madonna of the Future. Henry James. 2020. (ENG.). 74p. (J). 33.99 (978-1-6627-1915-8(9)); pap. 23.99 (978-1-6627-1914-1(0)) Queenior LLC.

Madonna of the Future: Bundle of Letters; the Diary of a Man of Fifty; Eugene Pickering (Classic Reprint) Henry James. (ENG., Illus.). (J). 2018. 194p. 27.92 (978-0-483-11907-9(5)); 2017. pap. 10.57 (978-0-259-10198-7(2)) Forgotten Bks.

Madonna of the Goldfinch (Classic Reprint) Amy Steedman. 2017. (ENG., Illus.). (J). 28.48 (978-0-266-32914-5(4)) Forgotten Bks.

Madonna of the Hills: A Story of a New York Cabaret Girl (Classic Reprint) Arthur Guy Empey. (ENG., Illus.). (J). 2018. 416p. 32.48 (978-0-483-78192-4(4)); 2016. pap. 16.57 (978-1-334-12886-8(3)) Forgotten Bks.

Madonna of the Tubs (Classic Reprint) Elizabeth Stuart Phelps. 2018. (ENG., Illus.). 106p. (J). 26.10 (978-0-267-47789-0(9)) Forgotten Bks.

Madre de Aguas of Cuba. Adam Gidwitz & Emma Otheguy. Illus. by Hatem Aly. (Unicorn Rescue Society Ser.: 5). 224p. (J). (gr. 2-5). 2021. 8.99 (978-0-7352-3144-3(3), Puffin Books); 2020. 14.99 (978-0-7352-3142-9(7), Dutton Books for Young Readers) Penguin Young Readers Group.

Madre de Los Tiburones. Melissa Cristina Márquez. Illus. by Devin Elle Kurtz. 2023. 48p. (J). (gr. k-3). 19.99 (978-0-593-65986-1(4), Penguin Workshop) Penguin Young Readers Group.

Madre Goose: Nursery Rhymes for Los Niños. Susan Middleton Elya. Illus. by Juana Martinez-Neal. ed. 2016. 32p. (J). (gr. k-3). 16.99 (978-0-399-25157-3(X), G.P. Putnam's Sons Books for Young Readers) Penguin Young Readers Group.

Madrigueras (Burrows) Julie Murray. (Casas de Animales Ser.). (SPA.). 24p. (J). 2020. (gr. k-k). pap. 8.95 (978-1-64494-368-7(9), 1644943689, Abdo Kids-Junior); 2019. (gr. -1-2). lib. bdg. 31.36 (978-1-0982-0060-2(8), 32994, Abdo Kids) ABDO Publishing Co.

Madrilenia; or, Pictures of Spanish Life. H. Drummond Wolff. 2017. (ENG., Illus.). (J). pap. (978-0-649-64153-6(1)) Trieste Publishing Pty Ltd.

Madrilenia, or Pictures of Spanish Life (Classic Reprint) H. Drummond Wolff. (ENG., Illus.). (J). 2018. 312p. 30.35 (978-0-267-78495-0(3)); 2016. pap. 13.57 (978-1-334-30568-9(4)) Forgotten Bks.

Maduvin Iragasiyam. Thiagalingam Ratnam. 2020. (TAM.). 68p. pap. (978-0-244-27384-2(7)) Lulu Pr., Inc.

Madventures of Merlin & Ivy: The Good, the Bad, & the Grumpy. Hailey Ward. 2023. (ENG.). 40p. (J). pap. (978-1-989506-72-1(0)) Pandamonium Publishing Hse.

Madyson & the Pink Pony. John Sanya. 2022. (ENG., Illus.). 30p. (J). pap. 14.95 (978-1-6624-8421-6(6)) Page Publishing Inc.

Madyson Moon & the Midnight Screecher. Levita Malloy and Children. 2020. (ENG.). 38p. (J). pap. 13.99 (978-1-63684-865-5(6)) Primedia eLaunch LLC.

Mae among the Stars. Roda Ahmed. Illus. by Stasia Burrington. 2018. (ENG.). 40p. (J). (gr. -1-3). 19.99 (978-0-06-265173-0(0), HarperCollins) HarperCollins Pubs.

Mae & June & the Wonder Wheel. Charise Mericle Harper. Illus. by Ashley Spires. 2018. (ENG.). 128p. (J). (gr. 1-4). pap. 7.99 (978-1-328-90012-8(6), 1700041, Clarion Bks.) HarperCollins Pubs.

Mae & June & the Wonder Wheel. Charise Mericle Harper. ed. 2018. lib. bdg. 17.20 (978-0-606-40999-5(8)) Turtleback.

Mae C. Jemison: First African American Woman in Space, 1 vol. Kristin Thiel. 2017. (Fearless Female Soldiers, Explorers, & Aviators Ser.). (ENG.). 128p. (YA). (gr. 9-9). 47.36 (978-1-5026-2751-3(5), 0bec01d1-695b-4bcc-a9cb-357a9fc229d2) Cavendish Square Publishing LLC.

Mae Carol Jemison: Astronaut & Educator. Iemima Ploscariu. 2017. (Women in Science Ser.). (ENG., Illus.). 112p. (J). (gr. 6-12). lib. bdg. 41.36 (978-1-5321-1045-0(6), 25666, Essential Library) ABDO Publishing Co.

Mae Day: SOS for Love. Al Vinloft & Aniq M. 2019. (ENG.). 460p. (YA). (gr. 9-12). pap. 15.99 (978-0-578-54437-3(7)) VINLOFT & ANIQ M LLC.

Mae Jemison. Rachel Castro. 2019. (STEM Superstars Ser.). (ENG., Illus.). 24p. (J). (gr. k-2). pap. 11.94 (978-1-68404-460-3(X)) Norwood Hse. Pr.

Mae Jemison, 1 vol. Janey Levy. 2018. (Heroes of Black History Ser.). (ENG.). 32p. (gr. 3-4). 28.27 (978-1-5382-3020-6(8), b3b2ace8-1fbd-4542-956f-346352fbec0e) Stevens, Gareth Publishing LLLP.

Mae Jemison. Maria Isabel Sanchez Vegara. Illus. by Janna Morton. 2022. (Little People, BIG DREAMS Ser.: 85). (ENG.). 32p. (J). (gr. -1-2). 15.99 (978-0-7112-7095-4(3), Frances Lincoln Children's Bks.) Quarto Publishing Group UK GBR. Dist: Hachette Bk. Group.

Mae Jemison. Katlin Sarantou. Illus. by Jeff Bane. 2021. (My Early Library: My Itty-Bitty Bio Ser.). (ENG.). 24p. (J). (gr. k-1). pap. 12.79 (978-1-5341-8825-9(8), 219035); lib. bdg. 30.64 (978-1-5341-8685-9(9), 219034) Cherry Lake Publishing.

Mae Jemison. Jennifer Strand. 2016. (Pioneering Explorers Ser.). (ENG., Illus.). 24p. (J). (gr. -1-2). 49.94 (978-1-68079-412-0(4), 23033, Abdo Zoom-Launch) ABDO Publishing Co.

Mae Jemison, 1 vol. Xina M. Uhl & Magdalena Alagna. 2019. (Super Female Scientists Ser.). (ENG.). 104p. (gr. 7-7). pap. 18.65 (978-1-7253-4047-3(X), bcabbea8-be1d-48bd-8ce7-f70872f58087) Rosen Publishing Group, Inc., The.

Mae Jemison. Laurie Calkhoven. ed. 2018. (Ready-To-Read Ser.). (ENG.). 48p. (J). (gr. 1-3). 9.00 (978-1-64310-697-7(X)) Penworthy Co., LLC, The.

Mae Jemison: A 4D Book. Mary Boone. 2018. (STEM Scientists & Inventors Ser.). (ENG., Illus.). 24p. (J). (gr. 1-3). lib. bdg. 27.99 (978-1-5435-2774-2(4), 138224, Capstone Pr.) Capstone.

Mae Jemison: A Kid's Book about Reaching Your Dreams. Mary Nhin. Illus. by Yuliia Zolotova. 2020. (Mini Movers & Shakers Ser.: Vol. 4). (ENG.). 34p. (J). 19.99 (978-1-63731-050-2(1)) Grow Grit Pr.

Mae Jemison: Ready-To-Read Level 3. Laurie Calkhoven. Illus. by Monique Dong. 2016. (You Should Meet Ser.). (ENG.). 48p. (J). (gr. 1-3). pap. 4.99 (978-1-4814-7649-2(1), Simon Spotlight) Simon Spotlight.

Mae Jemison: The First African American Astronaut - Women Astronaut Book Grade 3 - Children's Biographies. Dissected Lives. 2019. (ENG.). 72p. (J). pap. 14.72 (978-1-5419-5289-8(8)); 24.71 (978-1-5419-7544-6(8)) Speedy Publishing LLC. (Dissected Lives (Auto Biographies)).

Mae Jemison: Trailblazing Astronaut, Doctor, & Teacher. Linda Barghoorn. 2016. (Remarkable Lives Revealed Ser.). (ENG., Illus.). 32p. (J). (gr. 2-5). (978-0-7787-2693-7(2)) Crabtree Publishing Co.

Mae Jemison (Work It, Girl) Blast off into Space Like. Caroline Moss. Illus. by Sinem Erkas. 2020. (Work It, Girl Ser.). (ENG.). 64p. (J). (gr. 2-6). 15.99 (978-0-7112-4514-3(2), 327178, Frances Lincoln Children's Bks.) Quarto Publishing Group UK GBR. Dist: Hachette UK Distribution.

Mae Madden: With an Introductory Poem (Classic Reprint) Joaquin Miller. 2017. (ENG., Illus.). (J). 27.98 (978-1-5285-5352-0(7)) Forgotten Bks.

Mae Makes a Way: The True Story of Mae Reeves, Hat & History Maker. Olugbemisola Rhuday-Perkovich. Illus. by Andrea Pippins. 2022. 48p. (J). (gr. 2-5). 18.99 (978-0-525-64585-6(3)); (ENG.). lib. bdg. 21.99 (978-0-525-64586-3(1)) Random Hse. Children's Bks. (Crown Books For Young Readers).

Mae Saves the Sea. Angela Rispoli-Abbott. 2019. (ENG.). 46p. (J). 24.95 (978-1-64416-711-3(5)) Christian Faith Publishing.

Mae the Mayfly. Denise Brennan-Nelson. Illus. by Florence Weiser. 2020. (ENG.). 40p. (J). (gr. k-3). 16.99 (978-1-5341-1051-9(8), 204848) Sleeping Bear Pr.

Maelstrom. Sarah Elizabeth. 2020. (Ocean Academy Ser.: Vol. 3). (ENG.). 308p. (YA). pap. 13.99 (978-1-393-77627-7(2)) Draft2Digital.

Maelstrom: A Leafy Tom Adventure. Robin Buckallew. 2023. (ENG.). 206p. (YA). pap. 13.99 (978-1-312-74773-9(0)) Lulu Pr., Inc.

Maersk Alabama Hijacking. John Hamilton. 2020. (Xtreme Rescues Ser.). (ENG.). 32p. (J). (gr. 4-4). pap. 9.95 (978-1-64494-351-9(4), 1644943514, A&D Xtreme) ABDO Publishing Co.

Maersk Alabama Hijacking. S. L. Hamilton. 2019. (Xtreme Rescues Ser.). (ENG., Illus.). 32p. (J). (gr. 3-9). lib. bdg. 32.79 (978-1-5321-9003-2(4), 33326, Abdo & Daughters) ABDO Publishing Co.

Mae's First Day of School. Kate Berube. (ENG., Illus.). 32p. (J). (gr. -1-3). 2022. pap. 5.99 (978-1-4197-5242-1(1), 1723803); 2018. 16.99 (978-1-4197-2325-4(1), 1107001) Abrams, Inc. (Abrams Bks. for Young Readers).

Maestra de Avonlea / Anne of Avonlea. Lucy Maud Montgomery. 2022. (Ana de Las Tejas Verdes Ser.: 3). (SPA.). 192p. (J). (gr. 4-7). pap. 12.95 (978-607-38-0870-5(4)) Penguin Random House Grupo Editorial ESP. Dist: Penguin Random Hse. LLC.

Maestra Evarista et Son Orchestre. Illus. by Raquel Bonita. 2023. (ENG.). 24p. (J). (gr. -1 — 1). 18.95 (978-2-89836-018-3(X)) Secret Mountain CAN. Dist: Independent Pubs. Group.

Maestro see Maestro (Teacher) Bilingual

Maestro. Jared Siemens. 2018. (Gente de Mi Vecindario Ser.). (SPA.). 24p. (J). lib. bdg. 23.99 (978-1-5105-3416-2(4)) SmartBook Media, Inc.

1250

The check digit for ISBN-10 appears in parentheses after the full ISBN-13

Maestro de Hacer Comedias: Drama en Tres Actos; en Verso. Enrique Perez Escrich. 2017. (SPA., Illus.). (J). 22.95 *(978-1-374-86882-3(5))*; pap. 12.95 *(978-1-374-86881-6(7))* Capital Communications, Inc.

Maestro Evarista's Orchestra. Raquel Bonita. Illus. by Raquel Bonita. 2022. (ENG., Illus.). 24p. (J). (gr. k-2). 18.95 *(978-2-89836-016-9(3))* La Montagne Secrete CAN. Dist: Independent Pubs. Group.

Maestro Que Olvidaba Casi Todo. Steve Brezenoff. Illus. by Chris Barnard Canga. 2019. (Misterios de Excursión Ser.). (SPA.). 88p. (J). (gr. 3-6). lib. bdg. 25.32 *(978-1-4965-8540-0(2)*, 141289, Stone Arch Bks.) Capstone.

Maestro (Teacher) Bilingual. Douglas Bender. 2022. (Gente Que Conozco (People I Meet) Bilingual Ser.).Tr. of Maestro. (SPA.). 16p. (J). (gr. -1-1). pap. *(978-1-0396-2463-4(4)*, 20182) Crabtree Publishing Co.

Maestros. Julie Murray. 2016. (Trabajos en Mi Comunidad Ser.). (SPA.). 24p. (J). (gr. -1-2). pap. 7.95 *(978-1-4966-0727-0(9)*, 131752, Capstone Classroom) Capstone.

Maestros: Tiempo. Seth Rogers. rev. ed. 2019. (Mathematics in the Real World Ser.). (SPA., Illus.). 24p. (J). (gr. 1-2). pap. 9.99 *(978-1-4258-2853-0(1))* Teacher Created Materials, Inc.

Maeterlinck's Dogs (Classic Reprint) Georgette LeBlanc-Maeterlinck. (ENG., Illus.). (J). 2018. 228p. 28.62 *(978-0-267-30650-3(4))*; 2016. pap. 10.97 *(978-1-333-32927-3(X))* Forgotten Bks.

Maeve: A Psychological Drama in Two Acts (Classic Reprint) Edward Martyn. (ENG., Illus.). (J). 2018. 62p. 25.18 *(978-0-484-75840-6(3))*; 2016. pap. 9.57 *(978-1-333-23402-7(3))* Forgotten Bks.

Maeve's Makeup. Alyssa D'Amicantonio. 2020. (ENG.). 42p. (J). pap. 15.95 *(978-1-64701-465-0(4))* Page Publishing Inc.

Maevis Follows the Rules. Vicky Bureau. 2022. (Manners Matter to Maevis Ser.). (ENG.). 24p. (J). (gr. k-2). pap. 8.95 *(978-1-63897-574-8(4)*, 20579); lib. bdg. 27.93 *(978-1-63897-459-8(4)*, 20578) Seahorse Publishing.

Maevis Has Good Attendance. Vicky Bureau. 2022. (Manners Matter to Maevis Ser.). (ENG.). 24p. (J). (gr. k-2). pap. 8.95 *(978-1-63897-575-5(2)*, 20583); lib. bdg. 27.93 *(978-1-63897-460-4(8)*, 20582) Seahorse Publishing.

Maevis Is Kind. Vicky Bureau. 2022. (Manners Matter to Maevis Ser.). (ENG.). 24p. (J). (gr. k-2). pap. 8.95 *(978-1-63897-578-6(7)*, 20587); lib. bdg. 27.93 *(978-1-63897-463-5(2)*, 20586) Seahorse Publishing.

Maevis Minds Her Manners. Vicky Bureau. 2022. (Manners Matter to Maevis Ser.). (ENG.). 24p. (J). (gr. k-2). pap. 8.95 *(978-1-63897-573-1(6)*, 20591); lib. bdg. 27.93 *(978-1-63897-458-1(6)*, 20590) Seahorse Publishing.

Maevis Shares. Vicky Bureau. 2022. (Manners Matter to Maevis Ser.). (ENG.). 24p. (J). (gr. k-2). pap. 8.95 *(978-1-63897-577-9(9)*, 20595); lib. bdg. 27.93 *(978-1-63897-462-8(4)*, 20594) Seahorse Publishing.

Maevis Takes Turns. Vicky Bureau. 2022. (Manners Matter to Maevis Ser.). (ENG.). 24p. (J). (gr. k-2). pap. 8.95 *(978-1-63897-576-2(0)*, 20599); lib. bdg. 27.93 *(978-1-63897-461-1(6)*, 20598) Seahorse Publishing.

Mafia: Mirame y Dispara 5: Bajo el Cielo Purpura de Roma. Alessandra Neymar. 2016. (SPA., Illus.). (J). pap. *(978-84-617-4174-8(9))* Ifsa publishing, s.l.

Mafoota: A Romance of Jamaica (Classic Reprint) Dolf Wyllarde. 2018. (ENG., Illus.). 318p. (J). 30.46 *(978-0-483-45070-7(7))* Forgotten Bks.

Mag Ich Nicht. Iiiiiih! Margarete Jaeckel. 2018. (GER., Illus.). 44p. (J). pap. *(978-3-7469-3117-3(7))* tredition Verlag.

MAG Junior Gymnastics Goalbook (green Cover #9) MAG Junior. Created by Dream Co Publishing. 2019. (Gymnastics Goal Bks.: Vol. 9). (ENG.). 100p. (J). (gr. k-6). pap. ***(978-0-9951317-1-2(6))*** Dream Be Publishing.

Mag Pye (Classic Reprint) Bettina Von Hutten. 2018. (ENG., Illus.). 364p. (J). 31.42 *(978-0-428-79439-2(4))* Forgotten Bks.

Mag the Flag: Short Vowel a Sound. Stephanie Marie Bunt. 2020. (ENG.). 28p. (J). pap. 10.95 *(978-1-948863-91-9(X))* Bunt, Stephanie.

Maga Excursion Papers (Classic Reprint) Unknown Author. 2018. (ENG., Illus.). 320p. (J). 30.52 *(978-0-267-20393-2(4))* Forgotten Bks.

Maga Stories (Classic Reprint) Unknown Author. 2017. (ENG., Illus.). (J). 30.56 *(978-0-260-25203-6(4))*; pap. 13.57 *(978-0-243-12881-5(9))* Forgotten Bks.

Magalina y el Gran Misterio / Magalina & the Great Mystery. Sylvia Douye. Illus. by Paola Antista. 2020. (Serie Magalina Ser.: 2). (SPA.). 48p. (J). (gr. 4-7). 19.95 *(978-84-204-5209-8(2)*, Alfaguara) Penguin Random House Grupo Editorial ESP. Dist: Penguin Random Hse. LLC.

Magazine, Vol. 36: April, 1919 (Classic Reprint) University of North Carolina. (ENG., Illus.). (J). 2018. 202p. 28.06 *(978-0-484-01123-5(5))*; 2017. pap. 10.57 *(978-0-243-27685-1(0))* Forgotten Bks.

Magdalen: And Other Tales (Classic Reprint) James Sheridan Knowles. (ENG., Illus.). (J). 2018. 48p. 24.89 *(978-0-483-56023-9(5))*; 2016. pap. 9.57 *(978-1-334-12670-3(4))* Forgotten Bks.

Magdalen (Classic Reprint) Josef Svatopluk Machar. 2018. (ENG., Illus.). 258p. (J). 29.24 *(978-0-267-21728-1(5))* Forgotten Bks.

Magdalen Stafford, or a Gleam of Sunshine on a Rainy Day (Classic Reprint) Magdalen Stafford. (ENG., Illus.). (J). 2018. 288p. 29.84 *(978-0-484-06707-2(9))*; 2016. pap. 13.57 *(978-1-334-39161-3(0))* Forgotten Bks.

Magdalena Gottschalk: The Slippery Slope. M. Gail Grant. 2017. (Magdalena Gottschalk Ser.: Vol. 2). (ENG., Illus.). 182p. (J). (gr. 3-6). 19.99 *(978-0-692-98832-9(7))*; pap. 10.99 *(978-0-692-98591-5(3))* Keebie Pr. (Keebie Pr.).

Magdalen's Husband (Classic Reprint) Vincent Brown. 2017. (ENG., Illus.). (J). 31.22 *(978-0-266-71218-3(5))*; pap. 13.57 *(978-1-5276-6561-3(5))* Forgotten Bks.

Magdalen's Life (Classic Reprint) Georgie Young. 2018. (ENG., Illus.). 122p. (J). 26.41 *(978-0-483-52742-3(4))* Forgotten Bks.

Magdalen's Vow (Classic Reprint) May Agnes Fleming. (ENG., Illus.). (J). 2018. 330p. 30.70 *(978-0-483-91074-4(0))*; 2016. pap. 13.57 *(978-1-333-35577-7(7))* Forgotten Bks.

Mage: The Hero Discovered. Matt Wagner. 2017. (ENG., Illus.). 216p. (Orig.). (YA). pap. 19.99 *(978-1-5343-0369-0(3)*, dd9c6cdb-97e1-4476-a04d-6de9825fa5e7) Image Comics.

Mage Bk. 2, Vol. 3: The Hero Defined. Matt Wagner. 2018. (ENG., Illus.). 208p. (YA). pap. 19.99 *(978-1-5343-0476-5(2)*, 64670272-3b37-44a5-a7e5-b00bb80b9972) Image Comics.

Mage Bk. 2, Vol. 4: The Hero Defined. Matt Wagner. 2018. (ENG., Illus.). 208p. (YA). pap. 19.99 *(978-1-5343-0659-2(5)*, 85fb5956-69df-4deb-8c89-a84a0bfb6a31) Image Comics.

Mage Destinies: Path of the Daydreamer. Brett Galen. 2nd ed. 2017. (Mage Destinies Ser.). (ENG., Illus.). 458p. (YA). (gr. 7-12). 27.49 *(978-0-578-42221-3(2))* Cronier, Brett.

Mage (Foxcraft, Book 3), 1 vol. Inbali Iserles. 2017. (Foxcraft Ser.: 3). (ENG., Illus.). 320p. (J). (gr. 3-7). 18.99 *(978-0-545-69087-4(0)*, Scholastic Pr.) Scholastic, Inc.

Mage of Trelian. Michelle Knudsen. 2016. (Trelian Ser.: 3). (ENG.). 432p. (J). (gr. 5). 17.99 *(978-0-7636-7436-6(2))* Candlewick Pr.

Mageborn. Dayne Edmondson. 2018. (ENG.). 206p. (YA). pap. 14.99 *(978-1-386-22981-0(4))* Dark Star Publishing.

Magedeedo Adventures: Saving the Kingdom. Cressida S-D. Illus. by Naushad Mohammed & Nifty Illustration. 2021. (ENG.). 102p. (J). *(978-1-0391-2463-9(1))*; pap. *(978-1-0391-2462-2(3))* FriesenPress.

Magee Intermediate Reader, Vol. 1: Part One Fourth Year (Classic Reprint) Anna F. Magee. 2017. (ENG., Illus.). (J). 32.23 *(978-0-266-22040-4(1))* Forgotten Bks.

Magellan: over the Edge of the World: Over the Edge of the World. Laurence Bergreen. 2017. (ENG., Illus.). 224p. (J). (gr. 5-9). 21.99 *(978-1-62672-120-3(3)*, 900138153) Roaring Brook Pr.

Magellan Sails Around the World, 1 vol. Rachael Morlock. 2018. (Real-Life Scientific Adventures Ser.). (ENG.). 32p. (gr. 4-5). 29.27 *(978-1-5081-6854-6(7)*, e078633b-3d16-45f3-9e72-0d445088ecc0, PowerKids Pr.) Rosen Publishing Group, Inc., The.

Mage's Daughter. Amelia G. Sides. 2020. (ENG.). 294p. (J). pap. 11.00 *(978-1-7360059-1-0(X))* River Rocks Publishing, LLC.

Maggie, a Christmas Story of Simple Gifts of Love. Juanita Walker. 2017. (ENG., Illus.). (J). pap. 10.49 *(978-1-5456-1853-0(4))* Salem Author Services.

Maggie Adopts a Kitten: (It Really Happened!) Marci Kladnik. Illus. by Stephanie Piro. 2020. (Maggie Stories Ser.: Vol. 1). (ENG.). 48p. (J). (gr. k-2). 17.99 *(978-1-7345516-0-0(7))*; pap. 9.99 *(978-1-7345516-1-7(5))* Kladnik, Mary.

Maggie: Alaska's Last Elephant, 1 vol. Jennifer Keats Curtis. Illus. by Phyllis Saroff. 2018. (ENG.). 32p. (J). (gr. k-3). 17.95 *(978-1-60718-450-8(8)*, 9781607184508); pap. 9.95 *(978-1-60718-461-4(3)*, 9781607184614) Arbordale Publishing.

Maggie & Abby & the Shipwreck Treehouse. Will Taylor. 2019. (ENG.). 400p. (J). (gr. 3-7). 16.99 *(978-0-06-264434-3(3)*, HarperCollins) HarperCollins Pubs.

Maggie & Abby's Neverending Pillow Fort. Will Taylor. 2018. (ENG.). 304p. (J). (gr. 3-7). 16.99 *(978-0-06-264431-2(9)*, HarperCollins) HarperCollins Pubs.

Maggie & Barney & the Allergic Photographer: (It Really Happened!) Marci Kladnik. Illus. by Stephanie Piro. 2020. (Maggie Stories Ser.: Vol. 2). (ENG.). 58p. (J). 18.99 ***(978-1-7345516-2-4(3))***; pap. 10.99 ***(978-1-7345516-3-1(1))*** Kladnik, Mary.

Maggie & Daisy Explore the Farm. David G. McAfee. Illus. by Vincent Deporter. 2022. 36p. (J). (gr. -1-k). 17.99 *(978-1-63431-219-6(8))* Pitchstone LLC.

Maggie & Her Friends Meet Ashur & Scout. Lynne Reid. 2021. (ENG., Illus.). 30p. (J). pap. 15.95 *(978-1-0980-9230-6(9))* Christian Faith Publishing.

Maggie & Max Visit the Haunted Castle. Collective. 2017. (Earlyreads Ser.). (ENG.). 80p. (J). pap. 14.95 *(978-88-530-1265-4(X)*, Black Cat) Grove/Atlantic, Inc.

Maggie & Pie & the Big Breakfast. Carolyn Cory Scoppettone. Illus. by Paula Becker. 2021. (Highlights Puzzle Readers Ser.). 32p. (J). (gr. -1-2). 16.99 *(978-1-64472-478-1(2))*; pap. 4.99 *(978-1-64472-477-4(4))* Highlights Pr., c/o Highlights for Children, Inc. (Highlights).

Maggie & Pie & the Cookie Contest. Carolyn Cory Scoppettone. Illus. by Paula Becker. 2022. (Highlights Puzzle Readers Ser.). 32p. (J). (gr. -1-2). 16.99 *(978-1-64472-695-2(5))*; pap. 4.99 *(978-1-64472-694-5(7))* Highlights Pr., c/o Highlights for Children, Inc. (Highlights).

Maggie & Pie & the Perfect Picnic. Carolyn Cory Scoppettone. Illus. by Paula Becker. 2022. (Highlights Puzzle Readers Ser.). 32p. (J). (gr. -1-2). 16.99 *(978-1-64472-698-3(X))*; pap. 4.99 *(978-1-64472-697-6(1))* Highlights Pr., c/o Highlights for Children, Inc. (Highlights).

Maggie & Pie & the Pizza Party. Carolyn Cory Scoppettone. Illus. by Paula Becker. 2021. (Highlights Puzzle Readers Ser.). 32p. (J). (gr. -1-2). 16.99 *(978-1-64472-481-1(2))*; pap. 4.99 *(978-1-64472-480-4(4))* Highlights Pr., c/o Highlights for Children, Inc. (Highlights).

Maggie & the Big Move. Patricia Ann Haveman. Illus. by Donna Mae Bouma. 2018. (ENG.). 82p. (J). pap. 15.95 *(978-1-64300-158-6(2))* Covenant Bks.

Maggie & the Magic Bookcase: The Prehistoric Prologue. Megan Murray. 2017. (ENG., Illus.). 182p. (J). pap. *(978-1-78723-154-2(2))* CompletelyNovel.com.

Maggie & the Magic Bookcase: The Roman Rumpus. Megan Murray. 2018. (ENG., Illus.). 296p. (J). pap. *(978-1-78723-234-1(4))* CompletelyNovel.com.

Maggie & the Stone Egg. Geraldine Margaret Aldridge. 2016. (ENG., Illus.). (J). pap. *(978-1-78697-201-9(8))* FeedARead.com.

Maggie & Wendel: Imagine Everything! Cori Doerrfeld. Illus. by Cori Doerrfeld. 2016. (ENG., Illus.). 48p. (J). (gr. -1-3). 19.99 *(978-1-4814-3974-9(X)*, Simon & Schuster Bks. For Young Readers) Simon & Schuster Bks. For Young Readers.

Maggie Discovers the Rainbow. Kara Navolio. Illus. by Tracie Timmer. 2023. (ENG.). 36p. (J). (gr. -1-3). pap. 15.95 ***(978-1-958754-25-2(0)***, Belle Isle Bks.) Brandylane Pubs., Inc.

Maggie, el último Elefante en Alaska, 1 vol. Jennifer Keats Curtis. Illus. by Phyllis Saroff. 2018.Tr. of Maggie: Alaska's Last Elephant. (SPA.). 32p. (J). (gr. k-3). pap. 11.95 *(978-1-60718-466-9(4)*, 9781607184669) Arbordale Publishing.

Maggie May & Lizzie Loo. Maggie Cordish & Lizzie Schaul. 2019. (ENG.). 38p. (J). 14.95 *(978-1-68401-574-0(X))* Amplify Publishing Group.

Maggie Mcnitch. Margaret Salter. Illus. by Margaret Salter. 2021. (Poetry Pages Ser.). (ENG.). 32p. (J). (gr. 1-5). lib. bdg. *(978-1-4271-5640-2(9)*, 11827); (Illus.). pap. *(978-1-4271-5642-6(5)*, 11832) Crabtree Publishing Co. (Crabtree Classics).

Maggie Miller: Or Old Hagar's Secret (Classic Reprint) Mary Holmes. 2018. (ENG., Illus.). 324p. (J). 30.58 *(978-0-484-36559-8(2))* Forgotten Bks.

Maggie of Virginsburg a Story of the Pennsylvania Dutch (Classic Reprint) Helen Reimensnyder Martin. 2018. (ENG., Illus.). 416p. (J). 32.48 *(978-0-267-17606-9(6))* Forgotten Bks.

Maggie Special Gift: Maggie's Favorite Doll, Eliza, Troublemaker. Michel Bell. Illus. by Kendra Bell. 2022. (ENG.). 42p. (J). pap. ***(978-1-387-57407-0(8))*** Lulu Pr., Inc.

Maggie Stays Calm. Brandi Krayeski. 2022. (ENG.). 36p. (J). 25.95 ***(978-1-6624-7801-7(1))***; pap. 15.95 ***(978-1-6624-7378-4(8))*** Page Publishing Inc.

Maggie, the Dog with a Heart: The Adventures of a Jack Russell Terrier. Catherine Fitzgerald. 2021. (ENG., Illus.). 38p. (J). pap. 14.95 *(978-1-6624-2974-3(6))* Page Publishing Inc.

Maggie the Magnificent. Erin Lee. 2020. (ENG.). 28p. (J). 19.99 *(978-1-952011-62-7(0))*; pap. 12.99 *(978-1-952894-45-9(X))* Pen It Pubns.

Maggie the Milkshake Baby. Dawn H. Bostick. Illus. by Jessica Dean. 2020. (ENG.). 30p. (J). 23.95 *(978-1-63630-290-4(4))*; pap. 13.95 *(978-1-63630-289-8(0))* Covenant Bks.

Maggie the Muskie: The Lost Glasses. Tracy McGlynn. 2022. (ENG.). 28p. (J). *(978-1-0391-2169-0(1))*; pap. *(978-1-0391-2168-3(3))* FriesenPress.

Maggie the One-Eyed Peregrine Falcon: A True Story of Rescue & Rehabilitation, 1 vol. Christie Gove-Berg. 2016. (Wildlife Rescue Stories Ser.). (ENG., Illus.). 32p. (J). (gr. -1-3). 14.95 *(978-1-59193-516-2(4)*, Adventure Pubns.) AdventureKEEN.

Maggie the Therapy Dog. Naomi G. Sved. 2016. (ENG.). 26p. (J). 21.95 *(978-1-78612-002-1(X)*, 8e7173bc-9e39-4af8-92c0-051112c7d0f3); pap. 11.95 *(978-1-78612-001-4(1)*, 2e5d62d5-a24f-4889-b6e4-bbce61a88248) Austin Macauley Pubs. Ltd. GBR. Dist: Baker & Taylor Publisher Services (BTPS).

Maggie the Whale. David N. Birman. Illus. by Angela Gooliaff. 2023. (ENG.). 24p. (J). ***(978-1-0391-4792-8(5))***; pap. ***(978-1-0391-4791-1(7))*** FriesenPress.

Maggie Vaults over the Moon. Grant Overstake. 2nd ed. 2021. (ENG.). 246p. (YA). pap. 14.99 *(978-1-7323047-2-7(6))* Grain Valley Publishing.

Maggie's Collection of Whimsical Stories. Maggie Grinnell. 2021. (ENG.). 44p. (J). *(978-1-304-87488-7(5))* Lulu Pr., Inc.

Maggie's Magic Chocolate Moon. Laura Dower. Illus. by Lilly Lazuli. 2016. (Dessert Diaries). (ENG.). 160p. (J). (gr. 4-8). pap. 5.95 *(978-1-4965-4141-3(3)*, 133429, Stone Arch Bks.) Capstone.

Maggie's Magic Map: An Adventure with Olive the Octopus & Her Thousand Hatchlings. Bruce F Scharschmidt. 2021. (ENG.). 30p. (J). 16.99 *(978-1-4808-9823-3(6))* Archway Publishing.

Maggie's Mittens. Coo Clayton & Alison Soye. 2017. (Maggie Ser.). (ENG., Illus.). 36p. (J). (gr. -1-k). pap. 9.99 *(978-1-78530-148-3(9))* Black and White Publishing Ltd. GBR. Dist: Independent Pubs. Group.

Maggie's Monsters. Coo Clayton. Illus. by Alison Soye. 2018. (Maggie Ser.). (ENG.). 36p. (J). (gr. -1-k). pap. 12.99 *(978-1-78530-177-3(2))* Black and White Publishing Ltd. GBR. Dist: Independent Pubs. Group.

Maggie's Moon. A.J. Eagle. 2021. (ENG., Illus.). 28p. (J). 19.95 *(978-1-64952-211-5(8))*; pap. 11.95 *(978-1-64952-209-2(6))* Fulton Bks.

Maggie's Not So Big Move. Meg G. Demakas. Illus. by Meg Demakas. 2022. (ENG.). 100p. (J). pap. 10.99 *(978-1-63984-176-9(8))* Pen It Pubns.

Maggie's Treasure, 1 vol. Jon-Erik Lappano. Illus. by Kellen Hatanaka. 2020. (ENG.). 32p. (J). (gr. -1-2). 18.95 *(978-1-77306-237-2(9))* Groundwood Bks. CAN. Dist: Publishers Group West (PGW).

Maggie's Trip to the Hospital. Colleen Baxter Sullivan. 2020. (ENG.). 36p. (J). pap. 5.99 *(978-1-64764-862-6(9))* Waldorf Publishing.

Magia con Imanes, 1 vol. Terry Catasús Jennings. Illus. by Andrea Gabriel. 2016. (SPA.). 32p. (J). (gr. 2-3). pap. 11.95 *(978-1-62855-863-0(6)*, 9457964f-2bfa-4e00-aec5-926979a9d07f) Arbordale Publishing.

Magia de Ensueño. Joshua Khan. 2019. (SPA.). 548p. (J). (gr. 4-7). pap. 21.00 *(978-607-527-510-9(X))* Editorial Oceano de Mexico MEX. Dist: Independent Pubs. Group.

Magia de Las Peque & Ntilde: As Cosas. Estelle Laure. 2016. (SPA.). 256p. (YA). pap. 15.95 *(978-84-96886-53-7(0))* Ediciones Urano S. A. ESP. Dist: Spanish Pubs., LLC.

Magia de Mi Cuarto: My Magical Room. Carina Ríos. 2022. (SPA., Illus.). 26p. (J). pap. 15.95 ***(978-1-6624-9393-5(2))*** Page Publishing Inc.

Magia de Oz. L. Frank Baum. 2018. (ENG & SPA.). 252p. (J). pap. *(978-607-415-835-9(5))* Grupo Editorial Tomo, S.A. de C.V.

Magia de Sirena Libro de Colorear para Niños. Nadine Aghenie. 2021. (SPA.). 52p. (J). pap. *(978-1-7948-6070-4(3))* Lulu.com.

Magia Di una Scopa: Il Racconto Del Sogno Di una Strega. John McIntyre. 2021. (ITA.). (J). 36p. ***(978-1-80227-063-1(9))***; 42p. pap. ***(978-1-80227-061-7(2))*** Publishing Push Ltd.

Magia È Dentro. Angelo Mirra. 2019. (ITA.). 90p. (J). *(978-0-244-24709-6(9))* Lulu Pr., Inc.

Magia. en una Tierra Muy Lejana / Magic. Once upon a Faraway Land. Mirelle Ortega. 2023. (SPA.). 40p. (J). (gr. -1-3). 18.95 ***(978-1-64473-795-8(7))*** Penguin Random House Grupo Editorial ESP. Dist: Penguin Random Hse. LLC.

Magia ígnea. Joshua Khan. 2021. (SPA.). 520p. (J). (gr. 4-7). pap. 21.00 *(978-607-557-203-1(1))* Editorial Oceano de Mexico MEX. Dist: Independent Pubs. Group.

Magia Oculta. Anabel Botella. 2018. (SPA.). 224p. (J). pap. 18.99 *(978-84-945196-6-6(2))* Ediciones DiQueSi ESP. Dist: Lectorum Pubns., Inc.

Magia para niños (Children's Book of Magic) Descubre Los Secretos Del Ilusionismo y Aprende. DK. 2022. (SPA.). 128p. (J). (gr. 2-5). 19.99 *(978-0-7440-5958-8(5)*, DK Children) Dorling Kindersley Publishing, Inc.

Magia Salvaje. Allison Allison. 2023. (SPA.). 416p. (YA). pap. 24.95 ***(978-607-07-9640-1(3))*** Editorial Planeta, S. A. ESP. Dist: Two Rivers Distribution.

Magia Sombría. Joshua Khan. 2017. (SPA.). 536p. (J). (gr. 4-7). pap. 21.00 *(978-607-527-128-6(7))* Editorial Oceano de Mexico MEX. Dist: Independent Pubs. Group.

Magic. S. F. Radley. 2017. (ENG.). 76p. (J). pap. *(978-0-9585487-7-9(3))* Creative 30 Publishing.

Magic: Beginnings. J. A. Gandulla. 2021. (Magic Ser.: 1). 84p. (YA). pap. 8.99 *(978-1-0983-6899-9(1))* BookBaby.

Magic: Immersed. J. A. Gandulla. 2022. (Magic Ser.: 2). 98p. (J). pap. 8.99 *(978-1-6678-4065-9(7))* BookBaby.

Magic? Who Needs It! A Modern Fairy Tale. Lani Grace. (ENG., (J). 2019. Illus.), 162p. pap. *(978-0-6485137-1-1(8))*; 2nd ed. 2021. 184p. pap. *(978-0-6485137-9-7(3))* Grace, Lani.

Magic? Who Needs It! A Modern Fairy Tale (black & White Edition) Lani Grace. 2019. (ENG., Illus.). 162p. (J). pap. *(978-0-6485137-2-8(6))* Grace, Lani.

Magic 8 Ball Mad Libs: World's Greatest Word Game. Carrie Cray. 2022. (Mad Libs Ser.). (ENG.). 48p. (J). (gr. 3-7). pap. 5.99 *(978-0-593-38272-1(2)*, Mad Libs) Penguin Young Readers Group.

Magic ABC House. Jolisha Hines. 2019. (ENG.). 32p. (J). pap. 14.00 *(978-0-359-44314-7(1))* Lulu Pr., Inc.

Magic & Beauty. Kathleen Kinmont. Illus. by April Ballentine. 2019. (ENG.). 26p. (J). (gr. k-3). 24.95 *(978-1-64713-274-3(6))* Primedia eLaunch LLC.

Magic & Enchantment Children's European Folktales. Baby Professor. 2017. (ENG., Illus.). (J). pap. 7.89 *(978-1-5419-0375-3(7)*, Baby Professor (Education Kids)) Speedy Publishing LLC.

Magic & Mayhem. Hannah Ball. Illus. by Jacqueline Tee. 2021. (ENG.). 68p. (J). pap. *(978-1-83975-361-9(7))* Grosvenor Hse. Publishing Ltd.

Magic & Merry - Christmas. Jenny Copper. Illus. by Rachael McLean. 2021. (Paint with Water Ser.). (ENG.). 56p. (J). 12.99 *(978-1-80105-100-2(3))* Top That! Publishing PLC GBR. Dist: Independent Pubs. Group.

Magic & Mischief (Spellbound Ponies, Book 1) Stacy Gregg. 2023. (Spellbound Ponies Ser.: 1). (ENG., Illus.). 128p. (J). 5.99 *(978-0-00-855862-8(0)*, HarperCollins Children's Bks.) HarperCollins Pubs. Ltd. GBR. Dist: HarperCollins Pubs.

Magic & Misery: Traditional Tales from Around the World. Maggie Pearson. Illus. by Francesca Greenwood. 2016. (World of Stories Ser.). (ENG.). 176p. (J). (gr. 2-6). 26.65 *(978-1-5124-1319-9(4)*, f025840c-e5d7-4247-8039-9cc41aace5d4, Darby Creek) Lerner Publishing Group.

Magic & Monsters: The Icy Adventure. Brody McCanless. Illus. by Mason Russ. 2020. (ENG.). 36p. (J). pap. 9.95 *(978-1-63066-505-0(3))* Indigo Sea Pr., LLC.

Magic & Mystery of Trees. Jen Green. Illus. by Claire McElfatrick. 2019. (Magic & Mystery of Nature Ser.). (ENG.). 80p. (J). (gr. 2-4). 16.99 *(978-1-4654-7936-5(8)*, DK Children) Dorling Kindersley Publishing, Inc.

Magic & Myth: Ireland's Fairy Tales. Michael Scott. (J). (gr. 4-7). 2022. 208p. 7.99 *(978-0-593-38172-4(6)*, Yearling); 2021. (ENG.). 192p. lib. bdg. 19.99 *(978-0-593-38174-8(2)*, Delacorte Bks. for Young Readers) Random Hse. Children's Bks.

Magic & Other Misdemeanors (the Sisters Grimm #5) 10th Anniversary Edition. Michael Buckley. Illus. by Peter Ferguson. 10th ed. 2017. (Sisters Grimm Ser.). (ENG.). 280p. (J). (gr. 3-7). pap. 9.99 *(978-1-4197-2010-9(4)*, 608806, Amulet Bks.) Abrams, Inc.

Magic & the Terror at Loch Ness. Gale Gene. 2022. (ENG.). 128p. (J). pap. 9.99 ***(978-1-64133-877-6(6))*** Mainspring Foundations Publishing.

Magic & the Venetian Amulet. Gale Gene. 2022. (ENG.). 134p. (YA). pap. 10.99 ***(978-1-64133-765-6(6))*** Mainspring Foundations Publishing.

Magic Angels Coloring Book. Cristie Publishing. 2020. (ENG.). 102p. (J). pap. 8.99 *(978-1-716-33267-8(2))* Lulu Pr., Inc.

Magic Animal Cafe: Herriot the Caretaker Mouse (US) Stella Tarakson. Illus. by Fabiana Attanasio. 2022. (ENG.). 128p. (J). pap. 6.99 *(978-1-78226-829-1(4)*, 13d851da-04e0-4179-85a7-652b7005db50) Sweet Cherry Publishing GBR. Dist: Baker & Taylor Publisher Services (BTPS).

Magic Animal Cafe: Robbie the Rebel Squirrel (US) Stella Tarakson. Illus. by Fabiana Attanasio. 2023. (ENG.). 128p. (J). pap. 6.99 *(978-1-80263-058-9(9)*, f5650a0b-f6ef-4f6e-9765-e10e518a8e99) Sweet Cherry Publishing GBR. Dist: Baker & Taylor Publisher Services (BTPS).

Magic Animal Cafe: Shazza the Homesick Cockatoo (US) Stella Tarakson. Illus. by Fabiana Attanasio. 2022. (ENG.). 128p. (J). pap. 6.99 *(978-1-80263-042-8(2)*, 47765227-a1b1-4b12-980d-9d27e50bf985) Sweet Cherry Publishing GBR. Dist: Baker & Taylor Publisher Services (BTPS).

Magic Animal Friends: Freya Snufflenose's Lost Laugh: Book 14. Daisy Meadows. 2022. (Magic Animal Friends Ser.). (ENG.). 112p. (J). (gr. k-2). pap. 7.99 *(978-1-4083-4108-7(5)*, Orchard Bks.) Hachette Children's Group GBR. Dist: Hachette Bk. Group.

Magic Animal Friends: Layla Brighteye Keeps a Lookout: Book 26. Daisy Meadows. 2022. (Magic Animal Friends Ser.). (ENG.). 112p. (J). (gr. k-2). pap. 7.99 ***(978-1-4083-4420-0(3)***, Orchard Bks.) Hachette Children's Group GBR. Dist: Hachette Bk. Group.

Magic Animal Friends: Mia Floppyear's Snowy Adventure: Special 3. Daisy Meadows. 2022. (Magic Animal Friends Ser.). (ENG., Illus.). 176p. (J). (gr. k-2). pap. 8.99 *(978-1-4083-3887-2(4)*, Orchard Bks.) Hachette Children's Group GBR. Dist: Hachette Bk. Group.

Magic Animal Friends: Sarah Scramblepaw's Big Step: Book 24. Daisy Meadows. 2022. (Magic Animal Friends Ser.). (ENG., Illus.). 112p. (J). (gr. k-2). 7.99 *(978-1-4083-4418-7(1)*, Orchard Bks.) Hachette Children's Group GBR. Dist: Hachette Bk. Group.

Magic Animal Rescue 1: Maggie & the Flying Horse. E. D. Baker. Illus. by Lisa Manuzak. 2017. (ENG.). 128p. (J). pap. 5.99 *(978-1-68119-141-6(5)*, 900159887, Bloomsbury USA Childrens) Bloomsbury Publishing USA.

Magic Animal Rescue 4: Maggie & the Flying Pigs. E. D. Baker. 2017. (ENG., Illus.). 128p. (J). 16.99 *(978-1-68119-489-9(9)*, 900175461); pap. 5.99 *(978-1-68119-485-1(6)*, 900175433) Bloomsbury Publishing USA. (Bloomsbury USA Childrens).

Magic at Midnight, 1. Lindsey Kelk. ed. 2022. (Cinders & Sparks Ser.). (ENG.). 204p. (J). (gr. 3-7). 19.96 ***(978-1-68505-583-7(4))*** Penworthy Co., LLC, The.

Magic at Villa Verde. Maryam Nemazie. Illus. by Gale Kenison. 2020. (ENG.). 84p. (J). pap. 31.95 *(978-1-9822-4617-4(0)*, Balboa Pr.) Author Solutions, LLC.

Magic Baby. Simon Ipoo & Jackline Akute. Illus. by Wiehan de Jager. 2022. (ENG.). 38p. (J). pap. ***(978-1-922910-86-8(4))*** Library For All Limited.

Magic Baby - Mtoto Wa Miujiza. Simon Ipoo & Jackline Akute. Illus. by Wiehan de Jager. 2023. (SWA.). 38p. (J). pap. ***(978-1-922910-28-8(7))*** Library For All Limited.

Magic Ball (Reading Ladder Level 3) Anne Fine. Illus. by Matt Robertson. 2017. (Reading Ladder Level 3 Ser.). (ENG.). 48p. pap. 4.99 *(978-1-4052-8455-4(2)*, Reading Ladder) Farshore GBR. Dist: HarperCollins Pubs.

Magic Banana Trees. David Descoteaux. 2018. (Economics & Finance for Kids Ser.: Vol. 2). (ENG., Illus.). 26p. (J). pap. *(978-2-9817684-3-8(3))* Descôteaux, David.

Magic Beans. Margaret Hillert. Illus. by Pharida Jamana & Farida Zaman. 2016. (BeginningtoRead Ser.). (ENG.). 32p. (J). (-2). lib. bdg. 22.60 *(978-1-59953-784-9(2))* Norwood Hse. Pr.

Magic Beans. Margaret Hillert. Illus. by Farida Zaman. 2016. (Beginning-To-Read Ser.). (ENG.). 32p. (J). (gr. k-2). pap. 13.26 *(978-1-60357-910-0(9))* Norwood Hse. Pr.

Magic Beans & Wicked Spells Children's European Folktales. Baby Professor. 2017. (ENG., Illus.). (J). pap. 7.89 *(978-1-5419-0362-3(5)*, Baby Professor (Education Kids)) Speedy Publishing LLC.

Magic Below. Laura J. Burns. 2016. (Bewitched in Oz Ser.). (ENG.). 240p. (J). (gr. 4-8). lib. bdg. 30.65 *(978-1-4965-2603-8(1)*, 130909, Stone Arch Bks.) Capstone.

Magic Bird's Nest. Josephine Chaudoin Harrison. 2019. (ENG., Illus.). 140p. (J). (gr. k-6). *(978-0-9877067-9-9(9))* Shaw, Raymond.

Magic Blanket. Bernadette Leilani Gutierrez. 2016. (ENG., Illus.). (J). 22.95 *(978-1-68197-571-9(8))*; pap. 12.95 *(978-1-68197-167-4(4))* Christian Faith Publishing.

Magic Blue Bike. Dee Harris. Illus. by Lisa Bohart. 2018. (ENG.). 40p. (J). (gr. k-6). 26.95 *(978-1-61493-588-9(2))* Peppertree Pr., The.

Magic Blueberry Bush. Gabriella Zorzi Ryan. Illus. by Kateryna Sofishchenko. 2023. (ENG.). 32p. (J). pap. 14.99 ***(978-1-6628-7216-7(X))*** Salem Author Services.

Magic Boat see Bateau MagiqueThe Magic Boat

Magic Boat, 1 vol. Kit Pearson & Katherine Farris. Illus. by Gabrielle Grimard. 2019. (ENG.). 32p. (J). (gr. -1-k). 19.95 *(978-1-4598-1432-5(0))* Orca Bk. Pubs. USA.

Magic Boat. Kit Pearson. ed. 2019. (ENG.). 32p. (J). (gr. k-2). 20.96 *(978-1-64310-838-4(7))* Penworthy Co., LLC, The.

Magic Bookcase. Robert Ingpen. 2020. 32p. (J). (gr. -1-2). 19.99 *(978-1-6626-5001-7(9)*, Minedition) Penguin Young Readers Group.

Magic Boots, 1 vol. Scott Emerson & Howard Post. Illus. by Howard Post. 3rd ed. 2019. (ENG., Illus.). 32p. (J). (gr. -1-3). reprint ed. 16.99 *(978-0-87905-603-2(7))* Gibbs Smith, Publisher.

Magic Boots, Paperback, 1 vol. Scott Emerson & Howard Post. Illus. by Howard Post. ed. 2019. (ENG., Illus.). 32p. (J). (gr. -1-3). reprint ed. pap. 7.99 *(978-0-87905-874-6(9))* Gibbs Smith, Publisher.

Magic Bottle. Mai O'Shea. Illus. by János Orbán. 2022. (ENG.). 42p. (J). pap. ***(978-1-3984-3593-3(7))*** Austin Macauley Pubs. Ltd.

Magic Bound. Fi Phillips. 2nd ed. 2022. (Haven Chronicles Ser.: Vol. 2). (ENG.). 266p. (YA). pap. *(978-1-912946-26-6(2))* Burning Chair Publishing.

Magic Box. Melissa Di Donato Roos. 2021. (ENG.). 32p. (J). pap. ***(978-1-914078-85-9(3))*** Publishing Push Ltd.

Magic Box: Level 3. Barbara Brenner. Illus. by Manuel Boix. 2020. (Bank Street Ready-To-Read Ser.). (ENG.). 50p. (J). 17.95 *(978-1-876967-21-5(8))*; pap. 11.95 *(978-1-876966-18-8(1))* ibooks, Inc.

Magic Bunnies Visit the Farmers Market. James Schlichtmann et al. Illus. by Anna A. Schlichtmann. 2021. (Magic Bunnies Ser.: 2). (ENG.). 24p. (J). 24.00 *(978-1-0983-7304-7(9))* BookBaby.

Magic Button. Kirsty Holmes. Illus. by Brandon Mattless. 2023. (Level 10 - White Set Ser.). (ENG.). 40p. (J). (gr. 2-4). lib. bdg. 19.95 Bearport Publishing Co., Inc.

Magic by the Lake. Edward Eager. Illus. by N. M. Bodecker. 2016. (Tales of Magic Ser.: 2). (ENG.). 224p. (J). (gr. 3-7). pap. 7.99 *(978-0-544-67170-6(8)*, 1625816, Clarion Bks.) HarperCollins Pubs.

Magic Campervan: Book 1 - the Forbidden Slide. Lisa Selvidge. Illus. by Paula Watt. 2021. (ENG.). 166p. (J). pap. ***(978-989-53400-0-2(1))*** Montanha Bks. GBR. Dist: Lulu Pr., Inc.

Magic Candle: Or How We Got Home. Hallie Rive Appel. 2022. (ENG.). 120p. (J). ***(978-1-0391-2295-6(7))***; pap. ***(978-1-0391-2294-9(9))*** FriesenPress.

Magic Cap. Mireille Messier. Illus. by Charlotte Parent. 2023. (ENG.). 48p. (J). (gr. -1-2). 18.99 *(978-1-990252-21-1(4))* Milky Way Picture Bks. CAN. Dist: Abrams, Inc.

Magic Cardigan. Sarah Newcombe. Illus. by Lyn Stone. 2022. (ENG.). 32p. (J). pap. *(978-1-83975-714-3(0))* Grosvenor Hse. Publishing Ltd.

Magic Carpet Race! Delphine Finnegan. ed. 2018. (Step into Reading Ser.). (ENG.). 24p. (J). (gr. -1-1). 13.89 *(978-1-64310-499-7(3))* Penworthy Co., LLC, The.

Magic Casement: An Anthology of Fairy Poetry. Alfred Noyes. 2016. (ENG.). 414p. (J). pap. 21.25 *(978-1-63391-053-9(9))* Westphalia Press.

Magic Casements: A Second Fairy Book (Classic Reprint) Kate Douglas Wiggin. (ENG., Illus.). (J). 2017. 34.06 *(978-0-266-90248-5(0))*; 2016. pap. 16.57 *(978-1-333-19279-2(7))* Forgotten Bks.

Magic Casements (Classic Reprint) Arthur Shearly Cripps. 2018. (ENG., Illus.). 204p. (J). 28.10 *(978-0-483-56527-2(X))* Forgotten Bks.

Magic Ceiling. Aurelia Marcelli Uriati. 2018. (ENG., Illus.). 42p. (J). pap. 14.95 *(978-1-64298-513-9(9))* Page Publishing Inc.

Magic Charm Chase. Adapted by Jenne Simon. 2016. (Little Charmers Ser.). (ENG., Illus.). 24p. (J). (gr. -1-1). 16.19 *(978-1-4844-8691-7(9))* Scholastic, Inc.

Magic Charm Chase. Jenne Simon. 2016. (ENG., Illus.). 24p. (J). (gr. -1-k). 3.99 *(978-0-545-94302-4(7))* Scholastic, Inc.

Magic Charms: Canadian Castaways, Bk. 4. Louise Marie Miller. 2020. (ENG.). 200p. (J). pap. *(978-1-6781-6481-2(X))* Lulu Pr., Inc.

Magic Charms: The Adventure Begins. Louise Miller. 2017. (ENG., Illus.). 96p. (J). pap. *(978-1-365-98706-9(X))* Lulu Pr., Inc.

Magic Chocolate Shop. Amber Victoria & Reinker Brian. Ed. by Linsin Christina. 2019. (ENG., Illus.). 50p. (J). pap. 8.99 *(978-1-7335285-6-6(3))* Amber Victoria LLC.

Magic Choices. Mihaela Dodan. 2017. (ENG., Illus.). 36p. (J). pap. 16.95 *(978-1-5043-9181-8(0)*, Balboa Pr.) Author Solutions, LLC.

Magic Christmas. Sue Bentley. Illus. by Angela Swan. 2019. (ENG.). 384p. (J). (gr. 1-3). 9.99 *(978-0-593-09644-4(4)*, Grosset & Dunlap) Penguin Young Readers Group.

Magic City. E. Nesbit. 2018. (ENG., Illus.). 204p. (YA). (gr. 7-12). pap. *(978-93-5329-314-7(6))* Alpha Editions.

Magic City. E. Nesbit. 2017. (ENG., Illus.). (J). 24.95 *(978-1-374-92012-5(6))*; pap. 14.95 *(978-1-374-92011-8(8))* Capital Communications, Inc.

Magic City. Edith. Nesbit. 2018. (ENG., Illus.). 160p. (J). 14.99 *(978-1-5154-3189-3(4))* Wilder Pubns., Corp.

Magic Clocks: Space Adventure. Christine A. Watson. Illus. by Frongia Daniela. 2020. (ENG.). 24p. (J). pap. 10.95 *(978-1-4808-8974-3(1))* Archway Publishing.

Magic Closet. Erika Ruiz. 2021. (ENG.). 26p. (J). 19.99 *(978-1-0879-6496-6(2))* Indy Pub.

Magic Closet. Erika Ruiz. 2021. (ENG.). 25p. (J). *(978-1-716-15852-0(4))* Lulu Pr., Inc.

Magic Clothesline. Scott Hume. 2018. (ENG., Illus.). 38p. (J). pap. 13.95 *(978-1-64214-288-4(3))* Page Publishing Inc.

Magic Coin. John Gowans. 2020. (ENG.). 146p. (YA). pap. *(978-0-2288-4191-3(7))* Tellwell Talent.

Magic Coloring Book: Beautiful Princess, Fantasy Fairies, Magical Unicorns & Wonderful Mermaids Coloring Pages for Girls Ages 3-6, 4-8. Magical Coloring Books for Kids. Big Princesses, Mermaids & Fairies Coloring Book! Colority Book. 2021. (ENG.). 104p. (J). pap. *(978-1-6671-9483-7(6))* Lulu.com.

Magic Convention. Sandra Hochman. 2nd ed. 2017. (ENG., Illus.). 40p. (J). 19.99 *(978-1-68336-529-7(1))*; pap. 12.99 *(978-1-68336-528-0(3))* Turner Publishing Co.

Magic Crayon. Amy Sparkes. 2021. (Illus.). 32p. (J). (— 1). pap. 14.99 ***(978-0-14-137898-5(0)***, Puffin) Penguin Bks., Ltd. GBR. Dist: Independent Pubs. Group.

Magic Crook, or the Stolen Baby: A Fairy Story (Classic Reprint) Greville MacDonald. 2018. (ENG., Illus.). 276p. (J). 29.59 *(978-0-483-28454-8(8))* Forgotten Bks.

Magic Custard Factory. Leyland Perree. Illus. by Stuart McGhee. 2016. (ENG.). 32p. (J). (gr. 1-3). pap. *(978-0-9932915-8-6(9))* GLUE Publishing.

Magic Dark & Strange. Kelly Powell. 2020. (ENG.). 208p. (YA). (gr. 7). 18.99 *(978-1-5344-6608-1(8)*, McElderry, Margaret K. Bks.) McElderry, Margaret K. Bks.

Magic Darling. Leah Kernan. 2022. (ENG., Illus.). 28p. (J). pap. 13.95 *(978-1-6624-5732-6(4))* Page Publishing Inc.

Magic Days of a Child. Linda Kulivan. 2021. (ENG.). 40p. (J). pap. 14.95 *(978-1-63630-173-0(8))* Covenant Bks.

Magic Diamond. Lindamarie Ketter. Illus. by Yousra Zekrifa. 2021. (ENG.). 26p. (J). pap. 9.99 *(978-1-68524-812-3(8))* Primedia eLaunch LLC.

Magic Diamond. Gayle Vidal. 2018. (ENG., Illus.). 24p. (J). pap. *(978-1-78555-093-5(4))* Inspired Publishing.

Magic Disappearing Acts. Elsie Olson. 2019. (Lightning Bolt Books (r) — Magic Tricks Ser.). (ENG., Illus.). 24p. (J). (gr. 1-3). pap. 9.99 *(978-1-5415-4579-3(6)*, 0d04c662-2df5-42f7-a418-572ff891bdf3); lib. bdg. 29.32 *(978-1-5415-3897-9(8)*, a9d6e800-dec2-4068-a8cb-ea765945e3f3, Lerner Pubns.) Lerner Publishing Group.

Magic Doll: A Children's Book Inspired by African Art. Adrienne Yabouza. Illus. by Élodie Nouhen. 2020. (Children's Books Inspired by Famous Artworks Ser.). (ENG.). 32p. (J). (gr. -1-3). 14.95 *(978-3-7913-7446-8(X))* Prestel Verlag GmbH & Co KG. DEU. Dist: Penguin Random Hse. LLC.

Magic Doors in the Field of the Tall Trees. Patricia Gilbertson. 2020. (ENG.). 49p. (J). *(978-1-716-95135-0(6))* Lulu Pr., Inc.

Magic, Dragons & Princesses Coloring Book. Kreative Kids. 2016. (ENG., Illus.). (J). pap. 9.20 *(978-1-68377-548-5(1))* Whlke, Traudl.

Magic Dress. W. L. Sivers. 2018. (ENG., Illus.). 100p. (YA). pap. 13.95 *(978-1-64140-153-1(2))* Christian Faith Publishing.

Magic Egg. Terri Dill. 2020. (ENG.). 86p. (J). pap. 14.95 *(978-1-64701-244-1(9))* Page Publishing Inc.

Magic Eraser #1. Aaron Starmer. Illus. by Courtney La Forest. 2020. (Locker 37 Ser.: 1). (ENG.). 224p. (J). (gr. 3-7). 16.99 *(978-0-593-09428-0(X))*; pap. 8.99 *(978-0-593-22285-0(7))* Penguin Young Readers Group. (Penguin Workshop).

Magic Eye. Annie Day. 2023. (ENG.). 132p. (J). pap. ***(978-1-922751-62-1(6))*** Shawline Publishing Group.

Magic Factory (Oliver Blue & the School for Seers-Book One) Morgan Rice. 2018. (Oliver Blue & the School for Seers Ser.: Vol. 1). (ENG., Illus.). (J). (gr. 4-6). 308p. 16.99 *(978-1-64029-672-5(7))*; 324p. pap. 11.99 *(978-1-64029-671-8(9))* Morgan Rice Bks.

Magic Fairies of Hilo, Hawaii. Cassandra Sandy Cordeiro-Gaspar. 2021. (ENG., Illus.). 46p. (J). pap. 14.95 *(978-1-0980-7790-7(3))* Christian Faith Publishing.

Magic Fairy Godmother. Jessica Hill. 2019. (ENG., Illus.). 18p. (J). pap. *(978-1-912850-48-8(6))* Clink Street Publishing.

Magic Far-Ago Island. H. Larcombe-Lilford. Illus. by Brady Sato. 2021. (ENG.). 156p. (J). *(978-1-0391-1577-4(2))*; pap. *(978-1-0391-1576-7(4))* FriesenPress.

Magic Feather. Tommaso Martino. 2021. (ENG.). 40p. (J). pap. *(978-1-312-39392-9(0))* Lulu Pr., Inc.

Magic Feet. Sherryl Clark & Ellyse Perry. 2017. (Ellyse Perry Ser.: 2). 160p. (J). (gr. 4-7). 14.99 *(978-0-14-378126-4(X))* Random Hse. Australia AUS. Dist: Independent Pubs. Group.

Magic Fell. Andi Van. 2016. (ENG., Illus.). (YA). 24.99 *(978-1-63533-046-5(7)*, Harmony Ink Pr.) Dreamspinner Pr.

Magic Fiddle: A Musical Fairy Drama in Five Acts (Classic Reprint) Thomas J. Livingstone. (ENG., Illus.). (J). 2018. 68p. 25.30 *(978-0-267-57227-4(1))*; 2016. pap. 9.57 *(978-1-334-16657-0(9))* Forgotten Bks.

Magic Fifteen. U. P. Topka. 2018. (ENG., Illus.). 284p. (J). pap. *(978-0-620-78210-4(2))* Quickfox Publishing.

Magic Finger see Dedo Magico

Magic Fishbone: A Holiday Romance from the Pen of Miss. Alice Rainbird, Aged 7 (Classic Reprint) Charles Dickens. 2018. (ENG., Illus.). 42p. (J). 24.76 *(978-0-267-28131-2(5))* Forgotten Bks.

Magic Fishbowl: An Adventure under the Sea. Robin T. Nelson. Illus. by Robin T. Nelson. 2nd ed. 2020. (Colibri Ser.: Vol. 3). (ENG., Illus.). 38p. (J). 17.95 *(978-1-950323-31-9(5))*; pap. 12.95 *(978-1-950323-30-2(7))* Leaning Rock Pr.

Magic Fishbowl / la Pecera Magica: An Adventure under the Sea / una Aventura Bajo el Mar. Robin T. Nelson. Tr. by Leslie a Woods. Illus. by Robin T. Nelson. 2018. (Colibri Children's Adventures Ser.: Vol. 1). (ENG., Illus.). 42p. (J). (gr. k-4). 17.95 *(978-0-9994985-6-9(8))* Leaning Rock Pr.

Magic Fishbowl / la Pecera Magica: An Adventure under the Sea / una Aventura Bajo el Mar. Robin T. Nelson & Leslie a Woods. Illus. by Robin T. Nelson. 2018. (ENG., Illus.). 42p. (J). (gr. k-4). pap. 12.95 *(978-0-9994985-7-6(6))* Leaning Rock Pr.

Magic Flute. Rosemary Detrolio. 2019. (Flute Ser.: Vol. 1). (ENG.). 38p. (J). pap. 9.99 *(978-1-7339869-0-8(1))* Horn, Jonathan.

Magic Flute. Chris Raschka. Illus. by Chris Raschka. 2019. (ENG., Illus.). 48p. (J). (gr. -1-3). 17.99 *(978-1-4814-4902-1(8))* Simon & Schuster Children's Publishing.

Magic for Marigold & Jane of Lantern Hill. L. M. Montgomery. 2017. (ENG., Illus.). (YA). (gr. 7-12). pap. *(978-1-4733-4480-8(8))* Freeman Pr.

Magic for Sale. Carrie Clickard. Illus. by John Shelley. 2017. (ENG.). 32p. (J). (gr. -1-3). 16.95 *(978-0-8234-3559-3(8))* Holiday Hse., Inc.

Magic for Unlucky Girls. A. A. Balaskovits. 2017. (SFWP Literary Awards Ser.). (ENG.). 230p. pap. 14.95 *(978-1-939650-66-5(6))* Santa Fe Writers Project.

Magic Forest. Rosa Delgado. 2022. (ENG., Illus.). 30p. (J). pap. 13.95 *(978-1-63885-881-2(0))* Covenant Bks.

Magic Fox. Paula Harrison. Illus. by Sophy Williams. 2017. (Secret Rescuers Ser.: 4). (ENG.). 112p. (J). (gr. 2-5). 16.99 *(978-1-4814-7620-1(3))*; pap. 6.99 *(978-1-4814-7619-5(X))* Simon & Schuster Children's Publishing. (Aladdin).

Magic Frisbee. John Watkins. 2016. (ENG., Illus.). 64p. (J). pap. *(978-1-988186-70-2(6))* Tellwell Talent.

Magic Garden. Dennis Lightfoot. 2021. (ENG.). 42p. (J). pap. *(978-0-6488970-0-2(1))* Gudzenovs, M R .

Magic Garden. Gayle Vidal. 2018. (ENG., Illus.). 30p. (J). pap. *(978-1-78555-092-8(6))* Inspired Publishing.

Magic Gate: Cecily's Story. Pamela McRae-Dux. 2021. (ENG.). 73p. (J). pap. *(978-1-7947-7155-0(7))* Lulu Pr., Inc.

Magic Glasses. Elysse Stiles. Illus. by Jenny lyn Young. 2021. (ENG.). 32p. (J). *(978-0-2288-4847-9(4))*; pap. *(978-0-2288-4846-2(6))* Tellwell Talent.

Magic Glasses: A Play in One Act (Classic Reprint) George Fitzmaurice. (ENG., Illus.). (J). 2018. 30p. 24.52 *(978-0-267-61290-1(7))*; 2016. pap. 7.97 *(978-1-334-12313-9(6))* Forgotten Bks.

Magic Gumboots. Jim Cullinane. Illus. by Susie McKinstry. 2020. (Elbowskin Chronicles Ser.: Vol. 2). (ENG.). 38p. (J). (gr. k-2). pap. ***(978-0-9951004-2-8(X))*** Kahuna Education.

Magic Hair Stick. Jade Calder. 2021. (ENG.). 50p. (J). pap. *(978-1-9169010-6-3(9))* Calder, Jade.

Magic Hands: Professional Card Tricks for the Amateur Magician. Herbert L. Becker. 2017. xvii, 121p. (YA). pap. 16.99 *(978-1-4621-2059-8(8)*, Horizon Pubs.) Cedar Fort, Inc./CFI Distribution.

Magic Harbor: Dimension 8, Book Two. Kristen L. Jackson. 2019. (Keeper of the Watch Ser.: Vol. 2). (ENG., Illus.). 294p. (YA). (gr. 7-12). pap. 19.95 *(978-1-68433-338-7(5))* Black Rose Writing.

Magic Has No Borders. Samira Ahmed. 2023. (ENG.). 352p. (YA). (gr. 8). 19.99 *(978-0-06-320826-1(1)*, HarperTeen) HarperCollins Pubs.

Magic Hat: The Adventures of the Little Hippie-Witch, Volume 1. Ueli Sonderegger. 2016. (Adventures of the Little Hippie-Witch Ser.: Vol. 1). (ENG., Illus.). (J). pap. *(978-85-92973-04-9(X))*; *(978-85-92973-03-2(1))* Pitanga.

Magic Hat Shop. Sonja Wimmer. Tr. by Jon Brokenbrow. Illus. by Sonja Wimmer. 2019. (ENG., Illus.). 32p. (J). (gr. k). 11.95 *(978-84-16733-65-1(1))* Cuento de Luz SL ESP. Dist: Publishers Group West (PGW).

Magic Healing Rock. Elva Beers Hainzey. 2021. (ENG.). 28p. (J). pap. 13.95 *(978-1-63630-805-0(8))* Covenant Bks.

Magic Helmet. Cath Jones. Illus. by Dean Gray. 2021. (Early Bird Readers — Gold (Early Bird Stories (tm)) Ser.). (ENG.). 32p. (J). (gr. k-3). 30.65 *(978-1-5415-9009-0(0)*, 2cb67c0e-c1b9-458b-ab34-b7f29347e3a4); pap. 9.99 *(978-1-7284-1337-2(0)*, 6461a959-9936-4b47-a7c1-459c323b1d6b) Lerner Publishing Group. (Lerner Pubns.).

Magic Herb. Dorothy Burroughes. Ed. by Jack Zipes. Illus. by Dorothy Burroughes. 2021. (ENG., Illus.). 64p. (J). (gr. 2-3). 23.00 *(978-1-7332232-5-6(8))* Little Mole & Honey Bear.

Magic High. Christina G Gaudet. 2019. (ENG.). 224p. (YA). (gr. 7-12). pap. *(978-0-9869221-5-2(3))* Gaudet, Christina.

Magic Hill. Stephanie Marie Bunt. Illus. by Sam Vest. 2018. (ENG.). 34p. (J). pap. 11.00 *(978-1-948863-04-9(9))* Bunt, Stephanie.

Magic Home: A Displaced Boy Finds a Way to Feel Better. Isabella Cassina. 2020. (ENG., Illus.). 52p. (J). 29.95 *(978-1-61599-512-7(9))*; pap. 17.95 *(978-1-61599-511-0(0))* Loving Healing Pr., Inc.

Magic Horse: English-Dari Edition. Idries Shah. Illus. by Julie Freeman. 2017. (Hoopoe Teaching-Stories Ser.). (ENG.). (J). (gr. k-6). pap. 9.99 *(978-1-946270-14-6(8)*, Hoopoe Bks.) I S H K.

Magic Horse: English-Pashto Edition. Idries Shah. Illus. by Julie Freeman. 2017. (Hoopoe Teaching-Stories Ser.). (ENG & PUS.). (J). (gr. 2-6). pap. 9.99 *(978-1-944493-59-2(X)*, Hoopoe Bks.) I S H K.

Magic Horse: English-Urdu Bilingual Edition. Idries Shah. Illus. by Julie Freeman. 2016. (URD & ENG.). (J). (gr. k-6). pap. 9.99 *(978-1-942698-76-0(3)*, Hoopoe Bks.) I S H K.

Magic Horse / Het Toverpaard: Bilingual English-Dutch Edition / Tweetalige Engels-Nederlands Editie. Idries. Shah. Illus. by Julie Freeman. 2022. (Teaching Stories Ser.). (ENG.). 40p. (J). pap. 11.90 ***(978-1-958289-34-1(5)***, Hoopoe Bks.) I S H K.

Magic Horses of Beanie Land: A Story of Ancient Star Wisdom for Young & Old Dreamers. Judy Kay King. 2016. (ENG., Illus.). (J). (gr. k-6). 22.00 *(978-0-9762814-4-3(9))* Envision Editions Ltd.

Magic Hour. Ian Beck. Illus. by Ian Beck. 2019. (ENG., Illus.). 32p. (J). (gr. -1-17). 16.99 *(978-1-84976-624-1(X)*, 1362401) Tate Publishing, Ltd. GBR. Dist: Abrams, Inc.

Magic Hug: A Story about Emotions. Fifi Kuo. 2021. (ENG.). 32p. (J). (gr. -1-2). 17.95 *(978-1-910716-92-2(8))* Boxer Bks., Ltd. GBR. Dist: Sterling Publishing Co., Inc.

Magic in a Smile, 1 vol. Ester Alsina & Zuriñe Aguirre. 2019. (Heartwarming Stories Ser.). (ENG.). 32p. (J). (gr. -1-3). 19.99 *(978-0-7643-5686-5(0)*, 16309) Schiffer Publishing, Ltd.

Magic in a Year. Frank Boylan. Illus. by Sally Garland. 2017. (ENG.). 32p. (J). (gr. k-2). 16.99 *(978-1-4867-1319-6(X)*, 9df002b5-0a00-44a9-8fdd-458d402e24cf) Flowerpot Pr.

Magic in Changing Your Stars. Leah Henderson. 304p. (J). (gr. 3-7). 2022. pap. 8.99 *(978-1-4549-4404-1(8))*; 2020. 16.95 *(978-1-4549-3406-6(9))* Sterling Publishing Co., Inc.

Magic in Me: An Educational Workbook about Mindfulness, Diversity, & Compassion. Rachel O'Hagan. Illus. by Jamie Pye. 2022. (ENG.). 28p. (J). ***(978-1-387-52339-9(2))*** Lulu Pr., Inc.

Magic in the Attic: a Button & Squeaky Adventure. Jim Shore. 2020. (ENG.). 48p. (J). 14.99 *(978-1-64124-064-2(4)*, 0642) Fox Chapel Publishing Co., Inc.

Magic in the Mountains. Olivia R. Runco. 2020. (ENG.). 46p. (J). pap. 15.00 *(978-1-953507-15-0(8))* Brightlings.

Magic in the Valley: The Story of Moira Green, Witch. Brittany Long Olsen. 2020. (ENG., Illus.). 130p. (J). (gr. 4-6). pap. 17.00 *(978-1-0878-7290-2(1))* Indy Pub.

Magic in This Other World Is Too Far Behind! Volume 1. Gamei Hitsuji. Tr. by Hikoki. Illus. by himesuz. 2019. (Magic in This Other World Is Too Far Behind! (light Novel) Ser.: 1). 288p. pap. 14.99 *(978-1-7183-5400-5(2))* J-Novel Club.

Magic in This Other World Is Too Far Behind! Volume 2. Gamei Hitsuji. Tr. by Hikoki. Illus. by himesuz. 2019. (Magic in This Other World Is Too Far Behind! (light Novel) Ser.: 2). 328p. pap. 14.99 *(978-1-7183-5401-2(0))* J-Novel Club.

Magic in This Other World Is Too Far Behind! Volume 3. Gamei Hitsuji. Tr. by Hikoki. Illus. by himesuz. 2019. (Magic in This Other World Is Too Far Behind! (light Novel) Ser.: 3). 308p. pap. 14.99 *(978-1-7183-5402-9(9))* J-Novel Club.

Magic in This Other World Is Too Far Behind! Volume 4. Gamei Hitsuji. Tr. by Hikoki. Illus. by himesuz. 2019. (Magic in This Other World Is Too Far Behind! (light Novel) Ser.: 4). 300p. pap. 14.99 *(978-1-7183-5403-6(7))* J-Novel Club.

Magic in This Other World Is Too Far Behind! Volume 5. Gamei Hitsuji. Tr. by Hikoki. Illus. by himesuz. 2019. (Magic in This Other World Is Too Far Behind! (light Novel) Ser.: 5). 300p. pap. 14.99 *(978-1-7183-5404-3(5))* J-Novel Club.

Magic Ink: And Other Tales (Classic Reprint) William Black. 2018. (ENG., Illus.). 292p. (J). 29.94 *(978-0-483-23099-6(5))* Forgotten Bks.

Magic Is Everywhere. Michal Yair. 2023. (ENG.). (J). 38p. 44.60 ***(978-1-312-42138-7(X))***; 37p. pap. ***(978-1-312-51553-6(8))*** Lulu Pr., Inc.

Magic Is Inside the Crystal: I Hope You're Not Afraid of Spirits. Neeta Ravariya. 2021. (ENG.). 38p. (YA). pap. 6.99 *(978-1-68494-521-4(6))* Notion Pr., Inc.

Magic Is Within Me Coloring Book. Rebecca Fegan. 2021. (ENG.). 94p. (YA). pap. *(978-1-716-05707-6(8))* Lulu Pr., Inc.

Magic Islands. Irene Edwards. 2020. (ENG., Illus.). 292p. (J). pap. *(978-1-8382805-0-5(2))* Cambria Bks.

Magic Islands. Irene Edwards. Illus. by Robert Brown & Tony Paultyn. 2019. (ENG.). 206p. (J). pap. *(978-1-9161619-4-8(4))* Cambria Bks.

Magic Jaw Bone: A Book of Fairy Tales from the South Sea Islands (Classic Reprint) Hartwell James. 2017. (ENG., Illus.). (J). 26.21 *(978-0-266-73887-9(7))* Forgotten Bks.

Magic Jewel: Mala's Quest to Save Her Father. Noah Elitzur. 2018. (ENG., Illus.). 70p. (J). (gr. k-4). 15.99 *(978-0-9988004-3-1(0))* LENKK Pr.

Magic Johnson. Katlin Sarantou. Illus. by Jeff Bane. 2021. (My Early Library: My Itty-Bitty Bio Ser.). (ENG.). 24p. (J). (gr. k-1). pap. 12.79 *(978-1-5341-8829-7(0)*, 219051); lib. bdg. 30.64 *(978-1-5341-8689-7(1)*, 219050) Cherry Lake Publishing.

Magic Johnson: Basketball Legend, Entrepreneur, & HIV/AIDS Activist. Diane Dakers. 2016. (Crabtree

Groundbreaker Biographies Ser.). (ENG.). 112p. (J). (gr. 5-9). *(978-0-7787-2608-1(8))* Crabtree Publishing Co.

Magic Keys of Tanglewood. Malcolm Chester. 2018. (ENG., Illus.). 174p. (J). pap. 9.99 *(978-1-949746-48-8(8))* Lettra Pr. LLC.

Magic Kingdoms, Mystic Forest Children's European Folktales. Baby Professor. 2017. (ENG., Illus.). (J). pap. 7.89 *(978-1-5419-0468-2(0)*, Baby Professor (Education Kids)) Speedy Publishing LLC.

Magic Kitten: Books 1-2. Sue Bentley. Illus. by Angela Swan. 2020. (Magic Kitten Ser.). (ENG.). 256p. (J). (gr. 1-3). 7.99 *(978-0-593-22500-4(7)*, Grosset & Dunlap) Penguin Young Readers Group.

Magic Knight: You're the Monster! Beighton Matt. Illus. by Rendon Amalia. 2018. (Monstacademy Ser.). (ENG.). 126p. (J). (gr. 1-5). pap. *(978-1-9997244-5-0(3))* Green Monkey Pr.

Magic Knight: You're the Monster! - Dyslexia Friendly Edition. Matt Beighton. Illus. by Amalia Rendon. 2018. (Monstacademy Dyslexia Adapted Ser.). (ENG.). 158p. (J). (gr. 1-5). pap. *(978-1-9997244-9-8(6))* Green Monkey Pr.

Magic Lake: A Once in a Nighttime Adventure. Nadin E. Hopfer. Illus. by Bonnie Lemaire. 2021. (ENG.). 46p. (J). *(978-0-2288-4252-1(2))*; pap. *(978-0-2288-4251-4(4))* Tellwell Talent.

Magic Lantern: Or, Sketches of Scenes in the Metropolis (Classic Reprint) Marguerite Blessington. 2018. (ENG., Illus.). 114p. (J). 26.27 *(978-0-364-04010-2(6))* Forgotten Bks.

Magic Like That, 1 vol. Samara Cole Doyon. Illus. by Geneva Bowers. 2021. (ENG.). 32p. (J). (gr. k-3). 19.95 *(978-1-64379-070-1(6)*, leelowbooks) Lee & Low Bks., Inc.

Magic London (Classic Reprint) Netta Syrett. 2018. (ENG., Illus.). 184p. (J). 27.69 *(978-0-332-04663-1(X))* Forgotten Bks.

Magic Looking Glass, 4. Tom Percival. ed. 2020. (Little Legends Ser.). (ENG.). 180p. (J). (gr. 4-5). 16.96 *(978-1-64697-061-2(6))* Penworthy Co., LLC, The.

Magic Looking Glass. Tom Percival. 2017. (Little Legends Ser.: 4). (ENG.). 192p. (J). (gr. 2-5). pap. 8.99 *(978-1-4926-4259-6(2)*, Sourcebooks Jabberwocky) Sourcebooks, Inc.

Magic Lunch Box. Hanna Kim. Illus. by Emily Paik. 2023. (Ben Lee Ser.). (ENG.). 112p. (J). 25.99 ***(978-1-6690-1440-9(1)**, 248866)*; pap. 7.99 ***(978-1-6690-1757-8(5)**, 248861)* Capstone. (Stone Arch Bks.).

Magic Mack & the Mischief-Makers. J. C. Paulson. 2022. (ENG.). 38p. (J). pap. *(978-1-7776050-2-5(4))* Paulson, Joanne.

Magic, Madness, & Mischief. Kelly McCullough. 2019. (Magic, Madness, & Mischief Ser.). (ENG.). 304p. (J). pap. 8.99 *(978-1-250-29420-3(7)*, 900164885) Square Fish.

Magic Mail: (Birthday Gift, Holiday Gift, Magic-Themed Interactive Gift, Kid's Magic Kit, Children's Magic Book) Joshua Jay. Illus. by Michael Lauritano. 2020. (ENG.). 30p. (J). (gr. 3-7). 19.99 *(978-1-4521-5916-4(5))* Chronicle Bks. LLC.

Magic Makers. Linda Hamagami. 2021. (ENG.). 30p. (J). *(978-0-2288-5872-0(0))*; pap. *(978-0-2288-5871-3(2))* Tellwell Talent.

Magic Maze Trilogy. Samuel Warren Joseph & Phil Proctor. 2020. (ENG.). 252p. (J). pap. 20.00 *(978-1-7357908-4-8(2))* Sam/Phil Bks.

Magic Mermaid. Florence Shearer. 2018. (ENG.). 32p. (J). pap. *(978-0-359-28527-3(9))* Lulu Pr., Inc.

Magic Mermaids. Make Believe Ideas. Illus. by Make Believe Ideas. 2020. (ENG., Illus.). 12p. (J). (— 1). bds. 9.99 *(978-1-78947-743-6(3))* Make Believe Ideas GBR. Dist: Scholastic, Inc.

Magic Mine, or Frank Reade, Jr. 's Trip up the Yukon with His Electric Combination Traveller: A Wonderful Story of Northern Gold Fields (Classic Reprint) Luis Senarens. 2018. (ENG., Illus.). (J). 20p. 24.33 *(978-1-391-93048-0(7))*; 22p. pap. 7.97 *(978-1-391-92983-5(7))* Forgotten Bks.

Magic Mirror. William Gilbert. 2017. (ENG.). 300p. (J). pap. *(978-3-337-02490-1(4))* Creation Pubs.

Magic Mirror, 1. Anna Staniszewski. ed. 2019. (Branches Early Ch Bks). (ENG.). 89p. (J). (gr. 2-3). 15.36 *(978-1-64697-101-5(9))* Penworthy Co., LLC, The.

Magic Mirror: A Round of Tales for Young & Old (Classic Reprint) William Gilbert. (ENG., Illus.). (J). 2018. 296p. 30.02 *(978-0-364-66060-7(0))*; 2018. 300p. 30.08 *(978-0-483-95395-6(4))*; 2017. pap. 13.57 *(978-0-259-56709-7(4))* Forgotten Bks.

Magic Mirror: An Orange Porange Story. Howard Pearlstein. Illus. by Rob Hardison. 2023. (Orange Porange Ser.). (ENG.). 32p. (J). (gr. 4-7). pap. 9.99 ***(978-981-5044-86-7(9))***; (gr. -1-k). 15.99 *(978-981-4974-09-7(9))* Marshall Cavendish International (Asia) Private Ltd. SGP. Dist: Independent Pubs. Group.

Magic Mirror: Concerning a Lonely Princess, a Foundling Girl, a Scheming King & a Pickpocket Squirrel. Susan Hill Long. 2016. (ENG., Illus.). 320p. (J). (gr. 3-7). 16.99 *(978-0-553-51134-5(3)*, Knopf Bks. for Young Readers) Random Hse. Children's Bks.

Magic Mirror: a Branches Book (Once upon a Fairy Tale #1) Anna Staniszewski. Illus. by Macky Pamintuan. 2019. (Once upon a Fairy Tale Ser.: 1). (ENG.). 96p. (J). (gr. 1-3). pap. 4.99 *(978-1-338-34971-9(6))* Scholastic, Inc.

Magic Mirror: the Tomb of Time. Luther Tsai & Nury Vittachi. 2020. (Magic Mirror Ser.: Vol. 3). (ENG.). 112p. (J). (gr. 3-7). pap. 7.95 *(978-1-4788-6857-6(0))* Newmark Learning LLC.

Magic Mirror: the Traveler's Tale. Luther Tsai & Nury Vittachi. 2019. (Magic Mirror Ser.: Vol. 2). (ENG.). (J). (gr. 3-7). 12.95 *(978-1-4788-6904-7(6))*; 144p. pap. 7.95 *(978-1-4788-6811-8(2))* Newmark Learning LLC.

Magic Mirror: the Visionary Voyage. Luther Tsai & Nury Vittachi. 2019. (Magic Mirror Ser.: Vol. 1). (ENG.). (J). (gr. 3-7). 12.95 *(978-1-4788-6903-0(8))* Newmark Learning LLC.

Magic Mirror: the Visionary Voyage. Luther Tsai et al. 2019. (Magic Mirror Ser.: Vol. 1). (ENG.). 112p. (J). (gr. 3-7). pap. 6.95 *(978-1-4788-6810-1(4))* Newmark Learning LLC.

Magic Misfits. Neil Patrick Harris. Illus. by Lissy Marlin & Kyle Hilton. (Magic Misfits Ser.: 1). (ENG.). (J). (gr. 3-7). 2018. 288p. pap. 8.99 *(978-0-316-35557-5(7))*; 2017. 272p. 16.99 *(978-0-316-39182-5(4))*; 2017. 336p. 34.99 *(978-0-316-43984-8(3))* Little, Brown Bks. for Young Readers.

Magic Misfits: The Second Story. Neil Patrick Harris & Alec Azam. Illus. by Lissy Marlin. 2018. xii, 312p. (J). *(978-0-316-52639-5(8))*; *(978-0-316-48724-5(4))* Little Brown & Co.

Magic Misfits Complete Collection. Neil Patrick Harris. Illus. by Lissy Marlin & Kyle Hilton. 2021. (ENG.). 1344p. (J). (gr. 3-7). pap. 32.00 *(978-0-7595-5625-6(3))* Little, Brown Bks. for Young Readers.

Magic Misfits: the Fourth Suit. Neil Patrick Harris. (Magic Misfits Ser.: 4). (ENG., Illus.). (J). (gr. 3-7). 2021. 352p. pap. 8.99 *(978-0-316-39192-4(1))*; 2020. 224p. 16.99 *(978-0-316-39195-5(6))* Little, Brown Bks. for Young Readers.

Magic Misfits: the Minor Third. Neil Patrick Harris. (Magic Misfits Ser.: 3). (ENG.). (J). (gr. 3-7). 2020. Illus.). 352p. pap. 8.99 *(978-0-316-39188-7(3))*; 2019. (Illus.). 336p. 16.99 *(978-0-316-39187-0(5))*; 2019. 400p. 36.99 *(978-0-316-42589-6(3))* Little, Brown Bks. for Young Readers.

Magic Misfits: the Second Story. Neil Patrick Harris. Illus. by Lissy Marlin & Kyle Hilton. (Magic Misfits Ser.: 2). (ENG.). (J). (gr. 3-7). 2019. 352p. pap. 8.99 *(978-0-316-39184-9(0))*; 2018. 336p. 16.99 *(978-0-316-39185-6(9))*; 2018. 400p. 37.99 *(978-0-316-41986-4(9))* Little, Brown Bks. for Young Readers.

Magic Mistakes. Belinda Blecher. Illus. by Lisa Allen. 2020. (ENG.). 32p. (J). (gr. k-3). 18.00 *(978-1-925231-95-3(X)*, IP Kidz) Interactive Pubns. Pty, Ltd. AUS. Dist: Ingram Content Group.

Magic Mixies: a Mixed-Up Adventure. Mickey Domenici. 2023. (I Can Read Level 1 Ser.). (ENG.). 32p. (J). (gr. -1-3). pap. 5.99 *(978-0-06-331090-2(2)*, HarperCollins) HarperCollins Pubs.

Magic Mixies: Castle Quest! Mickey Domenici. 2023. (I Can Read Level 1 Ser.). (ENG.). 32p. (J). (gr. -1-3). pap. 5.99 ***(978-0-06-331093-3(7)**, HarperCollins)* HarperCollins Pubs.

Magic Mixies: Welcome to Mixia! Mickey Domenici. 2023. (I Can Read Level 1 Ser.). (ENG.). 32p. (J). (gr. -1-3). pap. 5.99 *(978-0-06-331088-9(0)*, HarperCollins) HarperCollins Pubs.

Magic Molly. Marty Kelley. 2018. (Molly Mac Ser.). (ENG., Illus.). 56p. (J). (gr. k-2). pap. 4.95 *(978-1-5158-2388-9(1)*, 137203); lib. bdg. 22.65 *(978-1-5158-2384-1(9)*, 137196) Capstone. (Picture Window Bks.).

Magic Money Box. Rozanne Williams. 2017. (Learn-To-Read Ser.). (ENG., Illus.). (J). pap. 3.49 *(978-1-68310-236-6(3))* Pacific Learning, Inc.

Magic Monsters: From Witches to Goblins. Katie Marsico. 2017. (Monster Mania Ser.). (ENG., Illus.). 32p. (J). (gr. 2-5). 26.65 *(978-1-5124-2595-6(8)*, 6ee6e0ef-68ff-4a76-ab82-2ae5adf99180); E-Book 39.99 *(978-1-5124-3822-2(7)*, 9781512438222); E-Book 4.99 *(978-1-5124-3821-5(9)*, 9781512438215); E-Book 39.99 *(978-1-5124-2815-5(9))* Lerner Publishing Group. (Lerner Pubns.).

Magic Moon Grimoire: Lined Notebook - 120 Pages - Vintage Book. Alicia Friedl. 2021. (ENG.). 121p. (YA). *(978-1-008-93257-9(4))* Lulu Pr., Inc.

Magic Moon: Two Worlds (Vol. 3), null 3. Shirley Moulton. Ed. by Shilo Dennis. Illus. by Marilyn Whitchurch. 2017. (Magic Moon Ser.: 3). (ENG.). 146p. (gr. 3-5). pap. *(978-0-9983137-1-9(8))* Magic Moon Bks., LLC.

Magic Mountain of Knowledge Activity Book for 7 Year Old Boy. Educando Kids. 2019. (ENG.). 42p. (J). pap. 8.55 *(978-1-64521-788-6(4)*, Educando Kids) Editorial Imagen.

Magic Music (Classic Reprint) Fannie R. Buchanan. 2018. (ENG., Illus.). (J). 166p. 27.32 *(978-1-396-68919-2(2))*; 168p. pap. 9.97 *(978-1-391-59537-5(8))* Forgotten Bks.

Magic, Myth, & Mystery Express (Set), 6 vols. Virginia Loh-Hagan. 2023. (Magic, Myth, & Mystery Express Ser.). (ENG., Illus.). 24p. (J). (gr. 2-5). 183.84 *(978-1-6689-1879-1(X)*, 221857); pap., pap., pap. 76.74 *(978-1-6689-2009-1(3)*, 221987) Cherry Lake Publishing. (45th Parallel Press).

Magic, Myth, & Mystery (Set), 20 vols. Virginia Loh-Hagan. 2018. (Magic, Myth, & Mystery Ser.). (ENG., Illus.). 32p. (J). (gr. 4-8). 641.40 *(978-1-5341-2852-1(2)*, 211468); pap., pap., pap. 284.29 *(978-1-5341-3188-0(4)*, 211469) Cherry Lake Publishing. (45th Parallel Press).

Magic Necklace: A Dragon Story. Audrey Kruger. 2021. (ENG.). 38p. (J). pap. 15.00 *(978-1-953507-33-4(6))* Brightlings.

Magic Net. Fatima Wittemund. 2020. (ENG., Illus.). 20p. (J). (gr. -1-3). pap. *(978-0-2288-2141-0(X))* Tellwell Talent.

Magic Numbers: A Handbook on the Power of Mathematics & How It Has Transformed Our World. Yeen Nie Hoe. Illus. by David Liew. 2023. (Change Makers Ser.). (ENG.). 72p. (J). (gr. 2-4). 12.99 *(978-981-4974-39-4(0))* Marshall Cavendish International (Asia) Private Ltd. SGP. Dist: Independent Pubs. Group.

Magic Numbers: A Handbook on the Power of Mathematics & How It Has Transformed Our World. Yeen Nie Hoe. Illus. by David Liew. 2023. (Change Makers Ser.). (ENG.). 72p. (J). (gr. 2-4). pap. 12.99 ***(978-981-5066-03-6(X))*** Marshall Cavendish International (Asia) Private Ltd. SGP. Dist: Independent Pubs. Group.

Magic Nutcracker. Margaret Hillert. Illus. by Jared Osterhold. 2016. (Beginning-To-Read Ser.). (ENG.). 32p. (J). (gr. k-2). pap. 13.26 *(978-1-60357-943-8(5))* Norwood Hse. Pr.

Magic Nutcracker. Margaret Hillert. Illus. by Jared Osterhold. 2016. (BeginningtoRead Ser.). (ENG.). 32p. (J). (gr. 1-2). 22.60 *(978-1-59953-802-0(4))* Norwood Hse. Pr.

Magic Oat Field: A Health Play for Children (Classic Reprint) Eleanor Glendower Griffith. (ENG., Illus.). (J). 2018. 20p. 24.33 *(978-0-267-53922-2(3))*; 2016. pap. 7.97 *(978-1-333-36428-1(8))* Forgotten Bks.

Magic of a Small Town Christmas. Megan Alexander. Illus. by Hiroe Nakata. 2022. (ENG.). 32p. (J). (gr. -1-3). 19.99 *(978-1-6659-2980-6(4)*, Aladdin) Simon & Schuster Children's Publishing.

Magic of a Voice: A Novel (Classic Reprint) Margaret Russell MacFarlane. 2018. (ENG., Illus.). 284p. (J). 29.77 *(978-0-484-85454-2(2))* Forgotten Bks.

Magic of Big Words: How to Impress Grownups with Grownup Words & Get Anything You Want from Them: Social Skills, Social Rules, Talking & Listening Skills for Kids Ages 7 - 11. Catherine Fet. 2021. (ENG.). 40p. (J). pap. 9.99 ***(978-1-0881-3610-2(9))*** Stratostream LLC.

Magic of Choice: My Powers Within. Susie Moore & Eevi Jones. Illus. by Nina Khalova. 2020. (ENG.). 36p. (J). 16.00 *(978-1-952517-99-0(0))* LHC Publishing.

Magic of Christmas. Rosie Greening. 2020. (ENG., Illus.). 12p. (J). bds. 6.99 *(978-1-78947-719-1(0))* Make Believe Ideas GBR. Dist: Scholastic, Inc.

Magic of Daydreaming. Kyra Kalweit & Dayán Mantecón Roldán. 2022. (ENG.). 40p. (J). *(978-0-2288-5621-4(3))*; pap. *(978-0-2288-5622-1(1))* Tellwell Talent.

Magic of Fear: The Archer Chronicles. Shantel Norton. 2021. (ENG.). 320p. (YA). pap. 18.95 *(978-1-6624-4391-6(9))* Page Publishing Inc.

Magic of Forests: A Fascinating Guide to Forests Around the World. Contrib. by Vicky Woodgate. 2023. (Magic Of... Ser.). (ENG.). 72p. (J). (gr. 2-4). 17.99 ***(978-0-7440-8310-1(9)**, DK Children)* Dorling Kindersley Publishing, Inc.

Magic of Friendship in the Magical Kingdom. Charlotte Louisa. Illus. by Charles Chan. 2017. (ENG.). 36p. (J). pap. *(978-0-9957419-5-9(6))* Magical Kingdom Publishing.

Magic of Gathering Place. Christy Means-Stephens. 2022. (ENG.). 74p. (J). pap. 14.99 *(978-1-957262-15-4(X))* Yorkshire Publishing Group.

Magic of Golf at Hook's Hideaway: Eric's Story. Anne Braun. Illus. by Sandy Vazan. 2020. (ENG.). 318p. (J). pap. *(978-1-5255-4490-3(X))*; *(978-1-5255-4489-7(6))* FriesenPress.

Magic of Kindness: Or, the Wondrous Story of the Good Huan (Classic Reprint) Brothers Mayhew. 2017. (ENG., Illus.). (J). 29.22 *(978-0-260-57790-0(1))* Forgotten Bks.

Magic of Kindness, or the Wondrous Story of the Good Huan (Classic Reprint) Henry. Mayhew. (ENG., Illus.). (J). 2018. 524p. 34.72 *(978-0-483-33699-5(8))*; 2016. pap. 19.57 *(978-1-334-14180-5(0))* Forgotten Bks.

Magic of Kindness! Triple Trouble Plus One-Book 5. Diane Wander. 2021. (ENG.). 140p. (J). pap. 9.99 *(978-0-9970558-8-7(X))* Bridges to Better Learning.

Magic of Letters. Tony Johnston. Illus. by Wendell Minor. 2019. 32p. (J). (gr. -1-3). 18.99 *(978-0-8234-4159-4(8)*, Neal Porter Bks) Holiday Hse., Inc.

Magic of Light. Tom Costa. 2020. (ENG.). 186p. (J). pap. 14.99 ***(978-1-0880-7170-0(8))*** Indy Pub.

Magic of Malaya (Classic Reprint) Cuthbert Woodville Harrison. 2017. (ENG., Illus.). 256p. (J). 29.18 *(978-0-332-77382-7(5))* Forgotten Bks.

Magic of Meditation: Stories & Practices to Develop Gratitude & Empathy with Your Child. Marie-Christine Champeaux-Cunin & Dominique Butet. 2018. (Illus.). 120p. (gr. -1-2). pap. 16.95 *(978-1-61180-529-1(5))* Shambhala Pubns., Inc.

Magic of Melanin. Phylicia Antoinette. 2022. (ENG.). 24p. (J). 19.95 ***(978-1-7370953-8-5(6))*** Lincross Publishing.

Magic of Melwick Orchard. Rebecca Caprara. 2018. (ENG.). 376p. (J). (gr. 4-8). 17.99 *(978-1-5124-6687-4(5)*, cbdf4843-d3d6-457a-9fa0-9e41212c3008, Carolrhoda Bks.) Lerner Publishing Group.

Magic of Misty Nook: Bruno & His Friends. Christine Skippins. Illus. by Christine Skippins. 2022. (Magic of Misty Nook Ser.: Vol. 1). (ENG.). 76p. (J). pap. ***(978-1-80227-534-6(7))*** Publishing Push Ltd.

Magic of Misty Nook: The Family from Castle Farm. Christine Skippins. 2022. (Magic of Misty Nook Ser.: Vol. 2). (ENG.). 78p. (J). pap. ***(978-1-80227-706-7(4))*** Publishing Push Ltd.

Magic of Nature. Henry R. Hermann. 2020. (Magic of Nature Ser.: Vol. 1). (ENG.). 158p. (J). pap. 10.95 *(978-0-9845162-4-7(7))* Masterwork Bks.

Magic of Our World: From the Night Sky to the Pacific Islands with Favorite Disney Characters. Paul Dichter & Larry Heiman. 2018. (ENG., Illus.). 176p. (J). (gr. 2-5). pap. 14.99 *(978-1-5415-4250-1(9)*, Lerner Pubns.) Lerner Publishing Group.

Magic of Oz. L. Frank Baum. 2019. (ENG.). 180p. (J). pap. 18.00 *(978-1-7947-6883-3(1))* Lulu Pr., Inc.

Magic of Oz, 1 vol. L. Frank Baum. 2nd ed. 2016. (Wizard of Oz Collection: 13). (ENG., Illus.). 160p. (J). (gr. 4-8). 7.99 *(978-1-78226-317-3(9)*, 171260bb-bab0-4fa9-857c-6c70549b9b9f) Sweet Cherry Publishing GBR. Dist: Baker & Taylor Publisher Services (BTPS).

Magic of Oz: A Faithful Record of the Remarkable Adventures of Dorothy & Trot & the Wizard of Oz, Together with the Cowardly Lion, the Hungry Tiger & Cap'n Bill, in Their Successful Search for a Magical & Beautiful Birthday Present for Princes. L. Frank Baum. (ENG., Illus.). (J). 2018. 276p. 29.59 *(978-0-267-57174-1(7))*; 2016. pap. 11.97 *(978-1-334-16730-0(3))* Forgotten Bks.

Magic of Seasons: A Fascinating Guide to Seasons Around the World. Vicky Woodgate. 2022. (Magic Of... Ser.). (ENG.). 72p. (J). (gr. 2-4). 17.99 *(978-0-7440-5009-7(X)*, DK Children) Dorling Kindersley Publishing, Inc.

Magic of Sleep: A Fascinating Guide to the World of Slumber. Vicky Woodgate. 2021. (Magic Of... Ser.). (ENG., Illus.). 72p. (J). (gr. 2-4). 14.99 *(978-0-7440-2654-2(7)*, DK Children) Dorling Kindersley Publishing, Inc.

Magic of Sleep Thinking: How to Solve Problems, Reduce Stress, & Increase Creativity While You Sleep. Eric Maisel & Natalya Maisel. 2018. (ENG.). 240p. pap. 14.95 *(978-0-486-82428-4(4)*, 824284, Ixia Pr.) Dover Pubns., Inc.

Magic of the Book. Carol Kasser. 2018. (ENG., Illus.). 80p. (J). pap. 10.99 *(978-1-949609-47-9(2))* Pen It Pubns.

Magic of the Crystal Caves. Sarah Jane Starr. Illus. by Karena H. J. Michie. 2018. (ENG.). 46p. (J). pap. 20.45 *(978-1-9822-0273-6(4)*, Balboa Pr.) Author Solutions, LLC.

Magic of the Lost Story. Sudha Murty. 2023. (ENG.). 208p. (J). (gr. 3-5). pap. 9.99 ***(978-0-14-345818-0(3)**, Puffin)* Penguin Bks. India PVT, Ltd IND. Dist: Independent Pubs. Group.

Magic of the Old Oak Tree. Donna Sims. 2017. (ENG., Illus.). (J). pap. 23.95 *(978-1-5043-5554-4(7)*, Balboa Pr.) Author Solutions, LLC.

Magic of the Unicorn. Mavis Sybil. 2021. (ENG.). 68p. (J). pap. 10.99 *(978-1-0879-7193-3(4))* Indy Pub.

Magic of Unicorns: Magic. Gina L. Grandi. Illus. by Ximena Jeria. 2018. (ENG.). 48p. (J). (gr. k-3). 17.99 *(978-1-941367-61-2(5))* Downtown Bookworks.

Magic of We. Danielle Anderson-Craig. Illus. by Carly Dooling. 2018. (ENG.). 40p. (J). 17.95 *(978-0-9964016-3-0(6))* Third Man Books.

Magic of We: Paperback. Danielle Anderson-Craig. Illus. by Carly Dooling. 2019. (ENG.). 40p. (J). pap. 14.95 *(978-0-9974578-6-5(4))* Third Man Books.

Magic of Words. Amy Mucci. 2021. (ENG.). 32p. (J). 18.99 *(978-1-7377277-0-5(6))*; pap. 11.99 *(978-1-7377277-1-2(4))* Bright Wish Bks.

Magic on Robins' Hill. Diane Marie Kramer. 2019. (ENG.). 34p. (J). *(978-1-5255-4655-6(4))*; pap. *(978-1-5255-4656-3(2))* FriesenPress.

Magic on the Map #1: Let's Mooove! Courtney Sheinmel & Bianca Turetsky. Illus. by Stevie Lewis. 2019. (Magic on the Map Ser.: 1). 128p. (J). (gr. 2-5). 6.99 *(978-1-63565-166-9(2)*, Random Hse. Bks. for Young Readers) Random Hse. Children's Bks.

Magic on the Map #2: the Show Must Go On. Courtney Sheinmel & Bianca Turetsky. Illus. by Stevie Lewis. 2019. (Magic on the Map Ser.: 2). 128p. (J). (gr. 2-5). 5.99 *(978-1-63565-169-0(7)*, Random Hse. Bks. for Young Readers) Random Hse. Children's Bks.

Magic on the Map #3: Texas Treasure, 3. Courtney Sheinmel & Bianca Turetsky. Illus. by Stevie Lewis. 2020. (Magic on the Map Ser.: 3). 128p. (J). (gr. 2-5). 5.99 *(978-1-9848-9569-1(9)*, Random Hse. Bks. for Young Readers) Random Hse. Children's Bks.

Magic on the Map #4: Escape from Camp California. Courtney Sheinmel & Bianca Turetsky. Illus. by Stevie Lewis. 2020. (Magic on the Map Ser.: 4). 128p. (J). (gr. 2-5). pap. 5.99 *(978-1-9848-9572-1(9))*; (ENG.). lib. bdg. 12.99 *(978-1-9848-9573-8(7))* Random Hse. Children's Bks. (Random Hse. Bks. for Young Readers).

Magic Paintbrush. Julia Donaldson. Illus. by Joel Stewart. 2017. (ENG.). 32p. (J). (gr. -1-1). pap. 14.99 *(978-1-5098-3046-6(4)*, 900326053, Macmillan Children's Bks.) Pan Macmillan GBR. Dist: Macmillan.

Magic Paintbrush - Ladybird Readers Level 2. Ladybird. 2019. (Ladybird Readers Ser.). (Illus.). 48p. (J). (gr. k-2). pap. 9.99 *(978-0-241-35822-1(1))* Penguin Random Hse. AUS. Dist: Independent Pubs. Group.

Magic Paintbrush Activity Book - Ladybird Readers Level 2. Ladybird. 2019. (Ladybird Readers Ser.). (ENG., Illus.). 16p. (J). (gr. k-2). pap. 5.99 *(978-0-241-35823-8(X))* Penguin Random Hse. AUS. Dist: Independent Pubs. Group.

Magic Painting Jungle. 2017. (Magic Painting Bks.). (ENG.). (J). pap. 9.99 *(978-0-7945-3982-5(3)*, Usborne) EDC Publishing.

Magic Pajamas. Toni Lee. 2023. (ENG.). 42p. (J). 36.00 ***(978-1-68537-365-8(8))*** Dorrance Publishing Co., Inc.

Magic Path: The Making of Magic Wherever You Go! Maureen Towers. 2018. (ENG., Illus.). 24p. (J). *(978-1-77370-403-6(6))*; pap. *(978-1-77370-004-5(9))* Tellwell Talent.

Magic Pea. Madeline Tyler. Illus. by Margherita Borin. 2023. (Level 7 - Turquoise Set Ser.). (ENG.). 32p. (J). (gr. 1-4). lib. bdg. 19.95 Bearport Publishing Co., Inc.

Magic Pearl. Delphine Davis. Illus. by Adele K. Thomas. 2020. (Mermaid Holidays Ser.: 2). 128p. (J). (gr. 1-4). 9.99 *(978-0-14-379649-7(6)*, Puffin) Penguin Random Hse. AUS. Dist: Independent Pubs. Group.

Magic Pearl Necklace. Simrit Bharaj. 2019. (ENG.). 100p. (J). pap. *(978-1-78830-255-5(9))* Olympia Publishers.

Magic Pen. Heaven Jackson & Danielle Jackson. Illus. by Jaida Abram. 2020. (ENG.). 24p. (J). pap. 12.99 *(978-1-0878-8688-6(0))* Indy Pub.

Magic Pencil. Deborah Deel Clayton. 2019. (ENG., Illus.). 68p. (J). (gr. k-3). pap. 5.99 *(978-1-942261-21-6(7))* Dew Bear Enterprises, Inc.

Magic Pencil. Ema Subotic. 2022. (ENG.). 32p. (J). pap. 15.00 *(978-1-953507-73-0(5))* Brightlings.

Magic Pencil 1. Aw Faber-Castell. 2021. (ENG.). 190p. (YA). *(978-0-2288-5777-8(5))*; pap. *(978-0-2288-5776-1(7))* Tellwell Talent.

Magic Pencil 2. Aw Faber-Castell. 2022. (ENG.). 152p. (YA). *(978-0-2288-5917-8(4))* Tellwell Talent.

Magic Pencil 2. Aw Faber-Castell. Illus. by Caroline Webb. 2022. (ENG.). 152p. (YA). pap. *(978-0-2288-5916-1(6))* Tellwell Talent.

Magic Pencil 3. Aw Faber-Castell. Illus. by Caroline Webb. 2022. (ENG.). 134p. (YA). *(978-0-2288-5903-1(4))*; pap. *(978-0-2288-5902-4(6))* Tellwell Talent.

Magic Pencil 4. Aw Faber-Castell. Illus. by Caroline Webb. 2022. (ENG.). 136p. (YA). ***(978-0-2288-8086-8(6))***; pap. ***(978-0-2288-8085-1(8))*** Tellwell Talent.

Magic Pictures of the Long Ago: Stories of the People of Many Lands (Classic Reprint) Anna Curtis Chandler. 2018. (ENG., Illus.). 162p. (J). 27.24 *(978-0-267-47719-7(8))* Forgotten Bks.

Magic Pointe Shoes. Jodi Parry. 2022. (ENG.). 112p. (J). *(978-0-2288-7576-5(5))*; pap. *(978-0-2288-7577-2(3))* Tellwell Talent.

Magic Pond. Hélène Schweiger. 2020. (ENG.). 40p. (J). 23.00 *(978-1-64237-522-0(5))* Gatekeeper Pr.

Magic Porridge Pot: Ladybird Readers Level 1. Ladybird. 2016. (Ladybird Readers Ser.). (Illus.). 48p. (J). pap. 9.99 *(978-0-241-25406-6(X))* Penguin Bks., Ltd. GBR. Dist: Independent Pubs. Group.

Magic Portal: The Adventures of the Taylor Twins. W. G. Haslam. Illus. by Jessica Corbett. 2021. (ENG.). 162p. (J). pap. *(978-1-0391-0543-0(2))* FriesenPress.

Magic Pot. Collective. 2017. (Earlyreads Ser.). (ENG.). 112p. (J). pap. 14.95 *(978-88-530-1410-8(5)*, Black Cat) Grove/Atlantic, Inc.

Magic Potions & Elixirs - Recipes & Spells for Kids in Magic Training. Catherine Fet. 2020. (ENG.). 34p. (J). pap. 10.99 *(978-1-0879-2048-1(5))* Indy Pub.

For book reviews, descriptive annotations, tables of contents, cover images, author biographies & additional information, updated daily, subscribe to **www.booksinprint.com** 1253

Magic Pudding. Norman Lindsay. 2018. (ENG., Illus.). 176p. (YA). (gr. 7-12). pap. *(978-93-5297-039-1(X))* Alpha Editions.

Magic Pudding. Norman Lindsay. 2017. (ENG., Illus.). (J). 21.95 *(978-1-374-99077-7(9))* Capital Communications, Inc.

Magic Pudding. Norman Lindsay. Illus. by Norman Lindsay. 2016. (ENG., Illus.). 184p. (J). (gr. 4-7). pap. 9.99 *(978-1-59017-994-9(3)*, NYRB Kids) New York Review of Bks., Inc., The.

Magic Pumpkin Farmer. Lacey L. Bakker. Illus. by Alex Goubar. 2020. (ENG.). 34p. (J). pap. *(978-1-989506-20-2(8))* Pandamonium Publishing Hse.

Magic Puppy. Caleigh Lee. 2018. (ENG.). 28p. (J). pap. 9.99 *(978-1-63581-050-9(7))* Vinvatar Publishing.

Magic Puppy: Books 1-2. Sue Bentley. Illus. by Angela Swan. 2019. (Magic Puppy Ser.). (ENG.). 256p. (J). (gr. 1-3). 6.99 *(978-0-593-22214-0(8)*, Grosset & Dunlap) Penguin Young Readers Group.

Magic Puzzle. Toni M. Blake. 2019. (ENG.). 100p. (J). pap. 8.99 *(978-1-4808-7594-4(5))* Archway Publishing.

Magic Puzzle. Payal Gandhi. Illus. by Francesca Cosanti. 2021. (ENG.). 42p. (J). 18.00 ***(978-1-7378846-5-1(8))*** Organic Study, The.

Magic Ramen: The Story of Momofuku Ando. Andrea Wang. Illus. by Kana Urbanowicz. 2019. (ENG.). 40p. (J). (gr. -1-3). 18.99 *(978-1-4998-0703-5(1))* Little Bee Books Inc.

Magic Realm: A Storyline Adventure. Peter B. Dunfield. 2022. (ENG.). 246p. (YA). *(978-0-2288-6811-8(4))*; pap. *(978-0-2288-6813-2(0))* Tellwell Talent.

Magic Realm under the Sea Coloring Book. Activity Book Zone for Kids. 2016. (ENG., Illus.). (J). pap. 9.20 *(978-1-68376-357-4(2))* Sabeels Publishing.

Magic Reef. Alana Hazell. 2021. (ENG.). 46p. (J). pap. 15.00 *(978-1-953507-63-1(8))* Brightlings.

Magic Reveal Spectrespecs: Hidden Pictures in the Wizarding World (Harry Potter) Jenna Ballard. 2023. (ENG.). 32p. (J). (gr. 1-3). 12.99 *(978-1-338-84477-1(6))* Scholastic, Inc.

Magic Reversed: Celtic Bestiary Tales Book 1. Kenneth McIntosh. 2020. (ENG.). 384p. (YA). pap. 17.99 *(978-1-62524-817-6(2))* Harding Hse. Publishing Sebice Inc.

Magic Ring: And Other Oriental Fairy Tales (Classic Reprint) Johann Gottfried Herder. (ENG., Illus.). (J). 2017. 30.74 *(978-0-331-79294-2(X))*; 2016. pap. 13.57 *(978-1-334-16206-0(9))* Forgotten Bks.

Magic Ring, Vol. 1 Of 3: A Romance, from the German of Frederick Baron de la Motte Fouque (Classic Reprint) La Motte-Fouque. 2018. (ENG., Illus.). 336p. (J). 30.85 *(978-0-483-93642-3(1))* Forgotten Bks.

Magic Rocking Chair Series: Papaw & the Talking Donkey. Melissa Tucker. 2018. (ENG., Illus.). 36p. (J). pap. 11.95 *(978-1-64140-752-6(2))* Christian Faith Publishing.

Magic Scarves. Tiffany Mannino. 2018. (ENG., Illus.). 42p. (J). pap. *(978-1-387-68506-6(6))* Lulu Pr., Inc.

Magic School Bus Explores Human Evolution. Joanna Cole. Illus. by Bruce Degen. 2021. (Magic School Bus Ser.). (ENG.). 56p. (J). (gr. -1-3). 17.99 *(978-0-590-10828-7(X)*, Scholastic Pr.) Scholastic, Inc.

Magic School Bus Rides Again: Meet the Class. Samantha Brooke. ed. 2018. lib. bdg. 13.55 *(978-0-606-41173-8(9))* Turtleback.

Magic Seed. Augustin Pacheco. 2020. (ENG., Illus.). 30p. (YA). pap. 13.95 *(978-1-64628-496-2(8))* Page Publishing Inc.

Magic Shard. Eelonqa K. Harris. Ed. by Lisa Kenney. 2022. (ENG.). 58p. (J). pap. *(978-1-989388-25-9(6))* TaleFeather Publishing.

Magic Shell. Jillian Christmas. Illus. by Diana G. A. Mungaray. 2022. (ENG.). 28p. (J). (gr. 1-3). 15.95 *(978-1-9991562-4-4(2))* Flamingo Rampant! CAN. Dist: Orca Bk. Pubs. USA.

Magic Shoe & the Kind Man. Christine Warugaba. Illus. by Peter Gitego. 2017. (ENG.). 28p. (J). pap. *(978-99977-772-3-2(9))* FURAHA Pubs. Ltd.

Magic Shoes. D. M. Miller. Ed. by Laurie Chittenden. 2019. (ENG.). 100p. (J). pap. 6.99 *(978-1-7339768-0-0(9))* Miller, D.M.

Magic Show. Virginia Loh-Hagan. 2016. (D. I. Y. Make It Happen Ser.). (ENG., Illus.). 32p. (J). (gr. 4-8). 32.07 *(978-1-63470-493-9(2)*, 207703) Cherry Lake Publishing.

Magic Show from the Black Lagoon. Mike Thaler. Illus. by Jared Lee. 2021. (Black Lagoon Adventures Ser.). (ENG.). 64p. (J). (gr. 2-6). lib. bdg. 31.36 *(978-1-0982-5054-6(0)*, 38859, Chapter Bks.) Spotlight.

Magic Skin, and, the Quest of the Absolute: And Other Stories (Classic Reprint) Honore de Balzac. 2018. (ENG., Illus.). 838p. (J). 41.18 *(978-0-365-41920-4(6))* Forgotten Bks.

Magic Slippers & Other Princess Footwear Coloring Book. Kreative Kids. 2016. (ENG., Illus.). (J). pap. 9.20 *(978-1-68377-547-8(3))* Whlke, Traudl.

Magic Smells Awful. Matthew K. Manning. Illus. by Joey Ellis. 2018. (Xander & the Rainbow-Barfing Unicorns Ser.). (ENG.). 128p. (J). (gr. 3-5). pap. 7.95 *(978-1-4965-5719-3(0)*, 136708); lib. bdg. 22.65 *(978-1-4965-5715-5(8)*, 136704) Capstone. (Stone Arch Bks.).

Magic Smile. Gayle Vidal. 2018. (ENG., Illus.). 24p. (J). pap. *(978-1-78555-091-1(8))* Inspired Publishing.

Magic Snowflake. Jean Maye. Illus. by Steve Ince. 2021. (ENG.). 38p. (J). pap. *(978-1-8382356-3-5(9))* Mouse Chased Cat Pub.

Magic Soap Bubble. David Cory. 2018. (ENG., Illus.). 62p. (YA). pap. *(978-93-5329-247-8(6))* Alpha Editions.

Magic Spark. Jessica Young. ed. 2020. (Acorn Early Readers Ser.). (ENG., Illus.). 51p. (J). (gr. k-1). 14.96 *(978-1-64697-461-0(1))* Penworthy Co., LLC, The.

Magic Spear, or Camped with the Blacks: A Tale of the Early Days (Classic Reprint) William Thomson Hill. 2018. (ENG., Illus.). 68p. (J). 25.30 *(978-0-267-48324-2(4))* Forgotten Bks.

Magic Speech Flower, or Little Luke & His Animal Friends (Classic Reprint) Melvin Hix. (ENG., Illus.). (J). 2018. 190p. 27.82 *(978-0-365-14082-5(1))*; 2017. pap. 10.57 *(978-0-259-39275-0(8))* Forgotten Bks.

Magic Spell. Julie Paschkis. Illus. by Julie Paschkis. 2017. (ENG., Illus.). 32p. (J). (gr. -1-3). 17.99 *(978-1-4814-2210-9(3)*, Simon & Schuster Bks. For Young Readers) Simon & Schuster Bks. For Young Readers.

Magic Squad: Shake, Turn, & Wiggle in This Interactive Storybook. IglooBooks. Illus. by Kristen Humphrey. 2022. (ENG.). 24p. (J). (-k). 9.99 *(978-1-80368-367-6(8))* Igloo Bks. GBR. Dist: Simon & Schuster, Inc.

Magic Square: Trial & Error. James Hook. 2022. (ENG.). 148p. (J). pap. *(978-1-4583-9815-4(3))* Lulu Pr., Inc.

Magic Starts Here! Three Magical Creatures Chapter Books in One: Puppy Pirates, Mermicorns, & Unicorn Academy. Sudipta Bardhan-Quallen et al. 2022. (ENG.). 304p. (J). (gr. 1-4). 8.99 *(978-0-593-48448-7(7)*, Random Hse. Bks. for Young Readers) Random Hse. Children's Bks.

Magic Steeped in Poison. Judy I. Lin. 2022. (Book of Tea Ser.: 1). (ENG.). 384p. (YA). 18.99 *(978-1-250-76708-0(3)*, 900232645) Feiwel & Friends.

Magic Stone. Anne Schraff. 2021. (Red Rhino Ser.). (ENG., Illus.). 76p. (J). (gr. 4-7). pap. 9.95 *(978-1-68021-894-7(8))* Saddleback Educational Publishing, Inc.

Magic Stone - Te Atiibu Ae Mwaaka (Te Kiribati) Benian Tooma. Illus. by John Robert Azuelo. 2022. (MIC.). 34p. (J). pap. ***(978-1-922910-05-9(8))*** Library For All Limited.

Magic Stone Soup - BIG BOOK, 1 vol. Pam Holden. Illus. by Kelvin Hawley. 2016. (ENG.). 16p. (-1). pap. *(978-1-77654-164-5(2)*, Red Rocket Readers) Flying Start Bks.

Magic Stones. Kristen R. Jaccodine. Illus. by Jeremy Dearolf. 2018. (ENG.). 52p. (J). pap. 13.99 *(978-0-9978108-1-3(5))* K Jacks Publishing.

Magic Strawberries. Cora Kaufman. Illus. by Cora Kaufman. 2021. (ENG.). 55p. (J). *(978-1-6671-4802-1(8))* Lulu Pr., Inc.

Magic Stunts, 1 vol. John Wood. 2018. (Magic Tricks Ser.). (ENG.). 32p. (J). (gr. 3-4). lib. bdg. 28.27 *(978-1-5382-2587-5(5)*, e0855f31-f7ab-4ff0-9649-99a926d8a8c2) Stevens, Gareth Publishing LLLP.

Magic Sword (Early Reader) James Mayhew. 2016. (Early Reader Ser.). (ENG., Illus.). 64p. (J). (gr. k-2). pap. 6.99 *(978-1-4440-1573-7(7)*, Orion Children's Bks.) Hachette Children's Group GBR. Dist: Hachette Bk. Group.

Magic Talisman: A Comedy in Four Acts (Classic Reprint) George E. Waller. (ENG., Illus.). (J). 2018. 30p. 24.52 *(978-0-267-54736-4(6))*; 2016. pap. 7.97 *(978-1-333-49947-1(7))* Forgotten Bks.

Magic Tapestry: A Chinese Graphic Folktale. Ailynn Collins. Illus. by Arief Putra. 2022. (Discover Graphics: Global Folktales Ser.). (ENG.). 32p. (J). 22.65 *(978-1-6663-4082-2(0)*, 219045); pap. 6.95 *(978-1-6663-4083-9(9)*, 219015) Capstone. (Picture Window Bks.).

Magic Teapot. Gail Lynette McNamee. 2019. (ENG.). 36p. (J). pap. *(978-1-78710-826-4(0))* Austin Macauley Pubs. Ltd.

Magic the Cat. Riantee Lydia Rand. 2023. (ENG.). 34p. (J). 19.99 ***(978-1-0880-9101-2(6))*** Indy Pub.

Magic Through the Mirror. Aria Raposo Trueman. 2019. (On the Other Side Ser.: Vol. 1). (ENG.). 398p. (YA). *(978-0-2288-1483-2(9))*; pap. *(978-0-2288-1482-5(0))* Tellwell Talent.

Magic Thunder Children's Norse Folktales. Baby Professor. 2017. (ENG., Illus.). (J). pap. 7.89 *(978-1-5419-0263-3(7)*, Baby Professor (Education Kids)) Speedy Publishing LLC.

Magic to Brew. Grace Ellis. 2018. (ENG., Illus.). 120p. (YA). pap. 9.99 *(978-1-5343-0477-2(0)*, 10d896f6-6f81-478b-8fb8-0280746a0492) Image Comics.

Magic Torch. Leonard Henry West. 2023. (ENG.). 36p. (J). ***(978-0-9929037-7-0(7))*** L. R. Price Pubns. Ltd.

Magic Toy Panda. Yvonne Martin. l.t. ed. 2021. (ENG.). 104p. (J). pap. 27.60 *(978-1-954368-06-4(2))* Diamond Media Pr.

Magic Toyshop see Reino de los Juguetes

Magic Trapdoor. M. R. Nelson. Illus. by Katie Mazeika. 2018. (Magic Trapdoor Ser.). (ENG.). 32p. (J). (gr. k-3). 5.99 *(978-1-5324-0935-6(4))*; pap. 5.99 *(978-1-5324-0822-9(6))* Xist Publishing.

Magic Tree: Friends Come & Go; Family Will Always Be There. Rose Tk. 2022. (ENG.). 50p. (J). pap. ***(978-1-80227-270-3(4))*** Publishing Push Ltd.

Magic Tree House 1-4 Treasury Boxed Set. Mary Pope Osborne. 2023. (Magic Tree House (R) Ser.). (ENG.). 320p. (J). (gr. 1-4). 51.96 ***(978-0-593-70383-0(9)***, Random Hse. Bks. for Young Readers) Random Hse. Children's Bks.

Magic Tree House Amazing Activity Book: Two Magic Tree House Puzzle Books in One! Mary Pope Osborne. 2020. (Magic Tree House (R) Ser.). 512p. (J). (gr. 1-4). 8.99 *(978-0-593-37312-5(X)*, Random Hse. Bks. for Young Readers) Random Hse. Children's Bks.

Magic Tree House Box of Puzzles, Games, & Activities (3 Book Set), 3 vols. Mary Pope Osborne & Natalie Pope Boyce. Illus. by Sal Murdocca. 2020. (Magic Tree House (R) Ser.). 640p. (J). (gr. 1-4). 19.97 *(978-0-593-37311-8(1)*, Random Hse. Bks. for Young Readers) Random Hse. Children's Bks.

Magic Tree House Deluxe Edition: Dinosaurs Before Dark. Mary Pope Osborne. Illus. by Antonio Javier Caparo. 2020. (Magic Tree House (R) Ser.: 1). 96p. (J). (gr. 1-4). 18.99 *(978-0-593-12726-1(9))*; (ENG.). lib. bdg. 21.99 *(978-0-593-12727-8(7))* Random Hse. Children's Bks. (Random Hse. Bks. for Young Readers).

Magic Tree House Deluxe Holiday Edition: Christmas in Camelot. Mary Pope Osborne. Illus. by Antonio Javier Caparo. 2019. (Magic Tree House (R) Merlin Mission Ser.: 1). 144p. (J). (gr. 2-5). 18.99 *(978-1-9848-9519-6(2))*; (ENG.). lib. bdg. 21.99 *(978-1-9848-9520-2(6))* Random Hse. Children's Bks. (Random Hse. Bks. for Young Readers).

Magic Tree House Graphic Novel Starter Set: (a Graphic Novel Boxed Set) Mary Pope Osborne. Illus. by Kelly Matthews & Nichole Matthews. 2022. (Magic Tree House (R) Ser.). 704p. (J). (gr. 1-4). 39.96 *(978-0-593-64496-6(4)*, Random Hse. Bks. for Young Readers) Random Hse. Children's Bks.

Magic Tree House Graphic Novels 1-2 Boxed Set: (a Graphic Novel Boxed Set) Mary Pope Osborne. Illus. by Kelly Matthews & Nichole Matthews. 2021. (Magic Tree House (R) Ser.). (ENG.). 336p. (J). (gr. 1-4). pap., pap. 19.98 *(978-0-593-43474-1(9)*, Random Hse. Bks. for Young Readers) Random Hse. Children's Bks.

Magic Tree House Merlin Missions Books 1-25 Boxed Set, 25 vols. Mary Pope Osborne. 2017. (Magic Tree House (R) Merlin Mission Ser.). (ENG.). 144p. (J). (gr. 2-5). 149.75 *(978-1-5247-6524-8(4)*, Random Hse. Bks. for Young Readers) Random Hse. Children's Bks.

Magic Tree House Merlin Missions Books 1-4 Boxed Set, 4 vols. Mary Pope Osborne. 2017. (Magic Tree House (R) Merlin Mission Ser.). (Illus.). 144p. (J). (gr. 2-5). 23.96 *(978-1-5247-7053-2(1)*, Random Hse. Bks. for Young Readers) Random Hse. Children's Bks.

Magic Tree House Night of the Ninjas 9-Copy Graphic Novel Floor Display Summer 2. Mary Pope Osborne. 2023. (J). (gr. 1-4). pap. 89.91 ***(978-0-593-57691-5(8)***, Random Hse. Bks. for Young Readers) Random Hse. Children's Bks.

Magic Tree House Survival Guid. Mary Pope Osborne et al. ed. 2022. (Magic Tree House Ser.). (ENG., Illus.). 149p. (J). (gr. 2-3). 22.46 *(978-1-68505-137-2(5))* Penworthy Co., LLC, The.

Magic Tree House Survival Guide. Mary Pope Osborne & Natalie Pope Boyce. Illus. by Sal Murdocca. 2021. (Magic Tree House (R) Ser.). 160p. (J). (gr. 2-5). pap. 8.99 *(978-0-593-42879-5(X))*; (ENG.). lib. bdg. 12.99 *(978-0-593-43493-2(5))* Random Hse. Children's Bks. (Random Hse. Bks. for Young Readers).

Magic Tree of Candy. George K. Lewis. 2018. (ENG., Illus.). 52p. (J). pap. *(978-1-912183-67-8(6))* UK Bk. Publishing.

Magic Trick. Megan Roth. ed. 2020. (Paddington Bear 8x8 Bks). (ENG., Illus.). 24p. (J). (gr. k-1). 14.96 *(978-1-64697-394-1(1))* Penworthy Co., LLC, The.

Magic Tricks, 12 vols. 2018. (Magic Tricks Ser.). (ENG.). 32p. (J). (gr. 3-4). lib. bdg. 169.62 *(978-1-5382-2723-7(1)*, ff681e32-a0ea-48a5-afbb-b18dea0edfc6) Stevens, Gareth Publishing LLLP.

Magic Tricks with Cards. Elsie Olson. 2019. (Lightning Bolt Books (r) — Magic Tricks Ser.). (ENG., Illus.). 24p. (J). (gr. 1-3). pap. 9.99 *(978-1-5415-4580-9(X)*, 3119964f-30cb-4441-8f01-8279ebba40cd); lib. bdg. 29.32 *(978-1-5415-3894-8(3)*, b626b322-2744-4b3a-aad1-dda995e3f93d, Lerner Pubns.) Lerner Publishing Group.

Magic Tricks with Coins, Cards, & Everyday Objects. Jake Banfield. 2017. (ENG.). 120p. (J). (gr. 2-6). 19.99 ***(978-1-68297-151-2(1)***, Words & Pictures) Quarto Publishing Group UK GBR. Dist: Hachette Bk. Group.

Magic Tricks with Optical Illusions. Elsie Olson. 2019. (Lightning Bolt Books (r) — Magic Tricks Ser.). (ENG., Illus.). 24p. (J). (gr. 1-3). 29.32 *(978-1-5415-3896-2(X)*, 86686e6c-6ceb-4c9d-8cca-e332a715d694, Lerner Pubns.); pap. 9.99 *(978-1-5415-4581-6(8)*, 381d3a1b-ef93-40f0-8c72-6bf3e71a45ed) Lerner Publishing Group.

Magic Tricks with Props. Elsie Olson. 2019. (Lightning Bolt Books (r) — Magic Tricks Ser.). (ENG., Illus.). 24p. (J). (gr. 1-3). 29.32 *(978-1-5415-3895-5(1)*, 14893d78-e6f2-46e6-89ca-dd0eb8ffe9a3, Lerner Pubns.); pap. 9.99 *(978-1-5415-4582-3(6)*, c21f82c2-8c6f-44fc-b2c0-ec5b3013d3f9) Lerner Publishing Group.

Magic Umbrella: Bratasaurus vs Tyrannosaurus. Kwaku Amoateng. 2021. (ENG.). 60p. (J). *(978-1-0391-0154-8(2))*; pap. *(978-1-0391-0153-1(4))* FriesenPress.

Magic Umbrella: Change of Plans. Kwaku Amoateng. 2022. (Magic Umbrella Ser.). (ENG.). 44p. (J). *(978-1-0391-4438-5(1))*; pap. *(978-1-0391-4437-8(3))* FriesenPress.

Magic under the Pear Tree. Lauresa A. Tomlinson. 2020. (ENG.). 196p. (J). 30.99 *(978-1-950421-28-2(7))*; pap. 20.99 *(978-1-950421-01-5(5))* Young of Heart Publishing.

Magic Unicorn Coloring Book for Kids: Coloring for Children, Tweens & Teenagers, Ages 7 & up. Core Age 8-12 Years Old, Kids Arts & Crafts, Travel Activity, Girls ... 11-14 Year Olds. Rachel Helen Jara. 2021. (ENG.). 90p. (J). pap. 10.99 *(978-1-64320-448-2(3))* 90-Minute Bks.

Magic Unicorn Music. Arami Walker. 2021. (ENG.). 32p. (J). 16.00 ***(978-1-0879-9159-7(5))*** Indy Pub.

Magic Unicorns Coloring Book. Cristie Dozaz. 2020. (ENG.). 70p. (J). pap. 15.00 *(978-1-716-38728-9(0))* Lulu Pr., Inc.

Magic Unicorns Coloring Book. Stunning Coloring Book for Kids Ages 4-8. Cristie Dozaz. 2021. (ENG.). 62p. (J). pap. 10.99 *(978-1-367-34321-4(6))* Lulu Pr., Inc.

Magic Vest. Shereen Quraeshi. Illus. by Madeleine Sibthorpe. 2022. (ENG.). 48p. (J). pap. *(978-1-0391-2693-0(6))*; *(978-1-0391-2694-7(4))* FriesenPress.

Magic Violin. Christine Platt. 2020. (Ana & Andrew Set 2 Ser.). (ENG., Illus.). 32p. (J). (gr. 2-2). pap. 9.95 *(978-1-64494-261-1(5)*, 1644942615, Calico Kid) ABDO Publishing Co.

Magic Violin. Christine Platt. Illus. by Junissa Bianda. 2019. (Ana & Andrew Ser.). (ENG.). 32p. (J). (gr. -1-3). lib. bdg. 32.79 *(978-1-5321-3637-5(4)*, 33720, Calico Chapter Bks) Magic Wagon.

Magic Wand. Katrina Pope. 2018. (ENG., Illus.). 28p. (J). *(978-1-387-99343-7(7))* Lulu Pr., Inc.

Magic Wand (Classic Reprint) Tudor Jenks. 2017. (ENG., Illus.). (J). 26.17 *(978-0-260-18877-9(8))* Forgotten Bks.

Magic Wand Tales. Donna Mintey. 2019. (ENG.). 36p. (J). pap. *(978-1-78830-452-8(7))* Olympia Publishers.

Magic Waters. Ginna Moran. 2018. (Call of the Ocean Ser.: Vol. 3). (ENG.). 306p. (YA). pap. 10.99 *(978-1-942073-83-3(6))* Sunny Palms Pr.

Magic Wheel: A Novel (Classic Reprint) John Strange Winter. 2017. (ENG., Illus.). (J). 388p. 31.92 *(978-0-484-73531-5(4))*; pap. 16.57 *(978-1-5276-0443-8(8))* Forgotten Bks.

Magic Whistle: And Other Fairy Tale Plays (Classic Reprint) Frank Nesbitt. (ENG., Illus.). (J). 2018. 178p. 27.57 *(978-0-365-47542-2(4))*; 2017. pap. 9.97 *(978-0-259-88909-0(1))* Forgotten Bks.

Magic Whistle & the Tiny Bag of Wishes. Frank English & Ellah Louise Ramsey. 2020. (ENG.). 68p. (J). *(978-1-914083-00-6(8))*; pap. *(978-1-913071-94-3(4))* Andrews UK Ltd.

Magic Wishbone. John Sealey. 2018. (ENG., Illus.). 76p. (J). pap. *(978-1-910705-89-6(6))* New Haven Publishing, Ltd.

Magic Wishing Rock. Edie Delp. 2019. (ENG.). 38p. (J). 14.95 *(978-1-64307-202-9(1))* Amplify Publishing Group.

Magic with Mysterio: Sticks & Stones. Doug Wonder & Orion Wonder. Illus. by Scott Evans. 2019. (ENG.). 46p. (J). pap. ***(978-1-716-02165-7(0))*** Lulu Pr., Inc.

Magic Within. Paightyn Armstrong. Illus. by Amy Bradley. 2019. (ENG.). 138p. (J). *(978-1-5255-3914-5(0))*; pap. *(978-1-5255-3915-2(9))* FriesenPress.

Magic Word. Mac Barnett. Illus. by Elise Parsley. 2016. (ENG.). 40p. (J). (gr. -1-3). 17.99 *(978-0-06-235484-6(1)*, Balzer & Bray) HarperCollins Pubs.

Magic Word. Joel D. Joseph. 2016. (Pandamonium Bks.). (ENG., Illus.). (J). (gr. k-4). pap. 12.95 *(978-0-9973316-2-2(3))* Inprint Bks.

Magic Word. Leanne Wright-Phillips. 2016. (ENG., Illus.). (J). 16.99 *(978-0-9983183-6-3(1))* Mindstir Media.

Magic Words. Frances McAliley. 2020. (ENG.). 46p. (J). 22.95 *(978-1-64654-823-1(X))* Fulton Bks.

Magic Words. Elena Ulyeva & Clever Publishing. Illus. by Victoriya Kurcheva. 2022. (Clever Manners Ser.). (ENG.). 20p. (J). (gr. -1-k). bds. 9.99 *(978-1-954738-99-7(4))* Clever Media Group.

Magic Words: A Tale for Christmas Time (Classic Reprint) Emilie Maceroni. 2018. (ENG., Illus.). 78p. (J). 25.51 *(978-0-267-19543-5(5))* Forgotten Bks.

Magic World. Edith. Nesbit. 2021. (Mint Editions — The Children's Library). (ENG.). 152p. (gr. 4-7). 13.99 *(978-1-5132-2009-3(8)*, West Margin Pr.) West Margin Pr.

Magic World. Edith. Nesbit. 2018. (ENG., Illus.). 156p. (J). 19.99 *(978-1-5154-3188-6(6))* Wilder Pubns., Corp.

Magica Notte Di Natale. Clement Clarke Moore & Sally M. Veillette. Illus. by Marco Nifosi. 2020. (ITA.). 62p. (J). pap. 12.99 ***(978-1-953501-05-9(2))*** Sally Veillette.

Magica the Healing of Faith & Love. Erika Ruiz. 2019. (ENG.). 27p. (J). *(978-1-716-16405-7(2))* Lulu Pr., Inc.

Magical: Children's Stories. Pamela Rasmussen. 2021. (ENG.). 44p. (J). pap. *(978-0-2288-6630-5(8))* Tellwell Talent.

Magical Adventure. Barbara Anderson. 2018. (ENG., Illus.). 176p. (J). pap. *(978-0-359-19875-7(9))* Lulu Pr., Inc.

Magical Adventure of Benny the Bear: Embark on a Playful Adventure Through the Realm of Imagination. Jeane Clarke & Myjwc Publishing. 2023. (ENG.). 44p. (J). pap. 14.60 ***(978-1-312-38116-2(7))*** Lulu Pr., Inc.

Magical Adventure of Little Alf - the Mystery Map. Hannah Russell. 2018. (ENG., Illus.). 70p. (J). pap. *(978-0-244-09989-3(8))* Lulu Pr., Inc.

Magical Adventure of Little Alf - the Secrets in the Wood. Hannah Russell. 2016. (ENG., Illus.). 70p. (J). pap. *(978-0-244-05409-0(6))* Lulu Pr., Inc.

Magical Adventures. Sonia Jones. 2023. (ENG.). 116p. (J). pap. ***(978-1-312-58409-9(2))*** Lulu Pr., Inc.

Magical Adventures of Bug & Pumpkin. Rosemarie Caldovino de Manna. 2021. (ENG.). 34p. (J). 19.95 *(978-1-64801-989-0(7))* Newman Springs Publishing, Inc.

Magical Adventures of Charlie Greenstick. Brian Mitchell. 2021. (ENG.). (J). 126p. *(978-1-83975-473-9(7))*; 120p. pap. *(978-1-83975-551-4(2))* Grosvenor Hse. Publishing Ltd.

Magical Adventures of Daisy the Giraffe: The Magical Adventures of Daisy the Giraffe. Annie Torney Smith. Illus. by Yasemin Suwahjo. 2019. (ENG.). 32p. (J). (gr. k-3). pap. *(978-0-646-80798-0(6))* Smith, Anne.

Magical Adventures of Detective Sam. Gail Morin. Illus. by Bella Maher. 2023. (ENG.). 30p. (J). pap. 9.99 ***(978-1-0880-2229-0(4))*** Indy Pub.

Magical Adventures of Detective Sam Coloring Book. Gail Morin. 2023. (ENG.). 50p. (J). pap. 9.99 ***(978-1-0880-2683-0(4))*** Indy Pub.

Magical Adventures of Inky & the Gift. Hasaan And Myrna Newberry. 2022. (ENG.). 124p. (YA). pap. 15.95 ***(978-1-63844-280-6(0))*** Christian Faith Publishing.

Magical Adventures of Jimmy Crikey. Wallace E. Briggs. 2017. (ENG., Illus.). (J). pap. *(978-0-9956006-8-3(6))* Blossom Spring Publishing.

Magical Adventures of Lori & Bonnie B. Bunny. Elaine Blackstien. 2021. (ENG.). 40p. (J). pap. *(978-1-913206-04-8(1))* Notebook Publishing.

Magical Adventures of Luna Vanx. Luna Vanx. 2016. (ENG.). (J). pap. 7.06 *(978-1-326-88998-2(2))* Lulu Pr., Inc.

Magical Adventures of Phoebe & Her Unicorn: Two Books in One. Dana Simpson. 2020. (ENG.). 448p. (J). pap. 14.99 *(978-1-5248-6177-3(4))* Andrews McMeel Publishing.

Magical Adventures of Quizzle & Pinky Palm. Teresa Mae Waterland. Illus. by Aletha Heyman. 2023. (ENG.). 124p. (J). ***(978-1-0391-1537-8(3))*** FriesenPress.

Magical Adventures of Squishville: Welcome to Squishville. Taira Foo. Illus. by Ann Foo. 2019. (Magical Adventures of Squishville Ser.: Vol. 1). (ENG.). 54p. (J). pap. 10.00 *(978-1-9162904-0-2(X))* BookBaby.

Magical Adventures of Teddy the Bear. Robin Scott Bicknell. Illus. by Nicolas Peruzzo. 2023. (ENG.). 38p. (J). 14.99 ***(978-1-960752-96-3(0))***; pap. 9.99 ***(978-1-960752-42-0(1))*** WorkBk. Pr.

Magical Adventures of Tweens & the Enchanted Wood. Gary Wilkinson & Jane Armes. Illus. by Gary Wilkinson. 2022. (ENG.). 92p. (J). pap. *(978-1-3984-2369-5(6))*; ***(978-1-3984-2370-1(X))*** Austin Macauley Pubs. Ltd.

Magical Animals. Nikki Potts. 2018. (Magical Animals Ser.). (ENG.). 32p. (J). (gr. -1-2). 119.96 *(978-1-5157-9483-7(0)*, 27378, Capstone Pr.) Capstone.

Magical Art Coloring Book (Harry Potter) Illus. by Violet Tobacco. 2022. (ENG.). 96p. (J). (gr. 1-3). pap. 15.99 *(978-1-338-80000-5(0))* Scholastic, Inc.

Magical Beads & Charms: Craft Box Set for Kids. IglooBooks. 2021. (ENG.). 24p. (J). pap. 12.99 *(978-1-80022-739-2(6))* Igloo Bks. GBR. Dist: Simon & Schuster, Inc.

Magical Bear. Debbie Swanson. 2021. (ENG., Illus.). 30p. (J). 24.95 *(978-1-64952-755-4(1))* Fulton Bks.

1254

The check digit for ISBN-10 appears in parentheses after the full ISBN-13

Magical Beginning. Catherine Coe. 2016. (Illus.). 83p. (J). *(978-0-545-92890-8(7))* Scholastic, Inc.

Magical Bird Beach of Long Island: A Children's Rhyming Picture Book about Shore Birds on Long Island. Vicki Jauron. 2020. (ENG., Illus.). 42p. (J). (gr. k-4). 23.95 *(978-0-578-63294-0(2))* Babylon & Beyond Photography.

Magical Birthday Cake — -For You! Jeannie Dapra. Illus. by Vicki Newton. 2020. (ENG.). 38p. (J). 17.99 *(978-1-7355880-8-7(3))* Mindstir Media.

Magical Birthday Fairy: A Family Tradition. Maria Tracy. (ENG.). (J). 2021. 36p. 19.95 *(978-1-7355685-1-5(1))*; 2020. 34p. pap. 9.95 *(978-1-7355685-0-8(3))* tracy, maria.

Magical Book & the Seven Wonders. Kmav Gupta. 2021. (ENG.). 164p. (YA). pap. 9.99 *(978-1-63640-236-9(4),* White Falcon Publishing) White Falcon Publishing.

Magical Bookshop. Katja Frixe. Tr. by Ruth Ahmedzai Kemp from GER. Illus. by Florentine Prechtel. 2021. (ENG.). 176p. (J). pap. 8.99 *(978-0-86154-109-6(X),* Rock the Boat) Oneworld Pubns. GBR. Dist: Simon & Schuster, Inc.

Magical Box: A Country Fresh Farms Tale. Michelle Smith. Illus. by Courtney Smith. 2021. (ENG.). 38p. (J). pap. 14.99 *(978-0-578-78185-3(9))* Country Fresh Farms.

Magical Boy Volume 1: a Graphic Novel. The Kao. Illus. by The Kao. 2022.Tr. of Volume 1. (ENG., Illus.). 320p. (YA). (gr. 7-7). 24.99 *(978-1-338-77553-2(7))*; pap. 15.99 *(978-1-338-77552-5(9))* Scholastic, Inc. (Graphix).

Magical Boy Volume 2: a Graphic Novel. The Kao. Illus. by The Kao. 2022. (ENG.). 336p. (YA). (gr. 7). 24.99 *(978-1-338-81597-9(0),* Graphix) Scholastic, Inc.

Magical Butterfly. Christina Sisto. 2020. (ENG.). 30p. (J). (gr. k-2). *(978-1-989059-70-8(8))* Ingenium Bks. Publishing Inc.

Magical Cave Guardians: The Tale of Two Coyotes. Christine Burt. 2017. (ENG., Illus.). (J). pap. 9.95 *(978-1-947491-56-4(3))* Yorkshire Publishing Group.

Magical Celtic Tales. Una Leavy. Illus. by Fergal O'Connor. 2016. (ENG.). 96p. (J). 25.00 *(978-1-84717-546-5(5))* O'Brien Pr., Ltd., The IRL. Dist: Casemate Pubs. & Bk. Distributors, LLC.

Magical Christmas - Coloring Books Xmas Edition. Creative Playbooks. 2016. (ENG., Illus.). (J). pap. 7.74 *(978-1-68323-090-8(6))* Twin Flame Productions.

Magical Christmas Activity Book. Gemma Barder. Illus. by Sam Loman. 2020. (ENG.). 96p. (J). pap. 9.99 *(978-1-83940-609-6(7),* 46a4e764-d598-48aa-bbd4-5b3465a7663f) Arcturus Publishing GBR. Dist: Baker & Taylor Publisher Services (BTPS).

Magical Christmas Bull at Bowling Green: Where Fantasy & Reality Collide to Save Christmas. Arthur Piccolo. 2021. (ENG.). 192p. (YA). pap. 14.99 *(978-1-6678-1256-4(4))* BookBaby.

Magical Christmas for Paul Stewart. Matthew Sherman. 2018. (ENG., Illus.). 38p. (J). (gr. k-6). 16.99 *(978-1-7328684-2-7(5))* Matchu Pichu Pr.

Magical Christmas in the Forest. Thomas D. Breeden. Illus. by Chad Thompson. 2022. (ENG.). 22p. (J). pap. 15.95 ***(978-1-63765-294-7(1))*** Halo Publishing International.

Magical Christmas! (Peppa Pig) Cala Spinner. 2020. (ENG.). 10p. (J). (gr. -1-k). bds. 12.99 *(978-1-338-54170-0(6))* Scholastic, Inc.

Magical Christmas Store. Maudie Powell-Tuck. Illus. by Hoang Giang. 2021. (ENG.). 36p. (J). (gr. -1-2). 17.99 *(978-1-68010-264-2(8))* Tiger Tales.

Magical Coloring: Inspirational Artworks to Spark Your Creativity. Tracey Kelly. 2023. (ENG.). 64p. (J). pap. 9.99 *(978-1-3988-2565-9(4),* 260b89b6-7d08-4a55-b490-1ea6c0fe731c) Arcturus Publishing GBR. Dist: Baker & Taylor Publisher Services (BTPS).

Magical Coloring Book: Fairies & Flowers Coloring Designs for Relaxation & Fun. Easy & Simple Print Designs with Cute Fantasy Scenes & Beautiful Nature. Sally Berry. 2021. (ENG.). 64p. (J). pap. 10.99 *(978-1-005-59462-6(7))* Smashwords.

Magical Coloring Book: Fairies & Flowers Coloring Pages for Relaxation & Fun. Easy & Simple Print Designs with Cute Fantasy Scenes & Beautiful Nature: Fairies & Flowers Coloring Pages for Relaxation & Fun. Easy & Simple Print Designs With. Sally Berry. 2020. (ENG.). 62p. (J). pap. 9.99 *(978-1-005-74342-0(8))* Smashwords.

Magical Creature Origami, 1 vol. Joe Fullman. 2020. (Enchanting Origami Ser.). (ENG., Illus.). 24p. (J). (gr. 3-3). pap. 9.25 *(978-1-4994-8529-5(8),* 533c6cee-ad9c-4929-b500-5ab8e162f770); lib. bdg. 26.27 *(978-1-4994-8531-8(X),* 6d7bbb3d-41de-40d3-94bd-6422dea435de) Rosen Publishing Group, Inc., The. (Windmill Bks.).

Magical Creatures & Mythical Beasts: Includes Magic Flashlight Which Illuminates More Than 30 Magical Beasts! Emily Hawkins & Professor Mortimer. Illus. by Victo Ngai. 2020. (See the Supernatural Ser.). (ENG.). 48p. (J). (gr. 3-7). 29.99 *(978-1-4197-4839-4(4),* 1708701) Magic Cat GBR. Dist: Abrams, Inc.

Magical Creatures Magic Painting Book. Abigail Wheatley. 2019. (Magic Painting Bks.). (ENG.). 16ppp. (J). pap. 9.99 *(978-0-7945-4478-2(9),* Usborne) EDC Publishing.

Magical Creatures Maze Board: Maze Book for Kids. IglooBooks. Illus. by César Samaniego. 2020. (ENG.). 8p. (J). (-1). bds. 14.99 *(978-1-83903-728-3(8))* Igloo Bks. GBR. Dist: Simon & Schuster, Inc.

Magical Day. April Showers. Illus. by Anthony Conley. 2023. (Afro Unicorn Ser.). 24p. (J). (gr. -1-2). pap. 6.99 ***(978-0-593-70285-7(9),*** Random Hse. Bks. for Young Readers) Random Hse. Children's Bks.

Magical Day Activity Book. Sandra Elaine Scott. Illus. by Jasmine Mills. 2019. (ENG.). 18p. (J). (gr. k-3). pap. 8.00 *(978-0-9969049-3-3(X))* Vision Your Dreams.

Magical Day in Grandpa's Garden. Felicity Meadowsweet. Illus. by Erin Taylor. 2019. (Magical Garden Ser.: Vol. 1). (ENG.). 36p. (J). (gr. k-5). pap. 9.99 *(978-1-7338765-0-6(2))* Magic Mountain Pr.

Magical Days of Fairies & Friendship. M. S. Pamela Foland. Illus. by Milton Bass. 2017. (ENG.). (J). pap. 10.89 *(978-0-9990745-4-1(7))* Sonny's Legacy Publishing.

Magical Dragon Mirror. Michelle Gordon. Illus. by Lucja Fratczak-Kay. 2023. (ENG.). 226p. (J). pap. *(978-1-912257-45-4(9))*; (Magical Doorway Ser.: Vol. 3). *(978-1-912257-44-7(0))* Amethyst Angel, The.

Magical Dragons: Traditional & Fairytale Dragons Coloring Book for Children & Adults. Melanie Voland. 2021. (ENG.). 68p. (J). pap. *(978-1-9196054-0-1(1))* Rare Design Ltd.

Magical Dress-Up: Sticker Play Scenes with Reusable Stickers. IglooBooks. Illus. by Benedetta Capriotti. 2021. (ENG.). 12p. (J). (gr. -1-1). 9.99 *(978-1-80022-801-6(5))* Igloo Bks. GBR. Dist: Simon & Schuster, Inc.

Magical Eggs on Dragon's Lair. Gina Sano. 2020. (ENG.). 106p. (J). pap. 17.99 *(978-1-950425-26-6(6))* Liber Publishing Hse.

Magical Element. Ells Future. 2016. (ENG., Illus.). (J). pap. 24.99 *(978-1-365-31311-0(5))* Lulu Pr., Inc.

Magical Eyes: Dawn of the Sand. Jessica D'Agostini. 2017. (ENG., Illus.). (J). *(978-1-4602-9719-3(9))*; pap. *(978-1-4602-9720-9(2))* FriesenPress.

Magical Fairies Activity Book. Sam Loman. Illus. by Sam Loman. 2019. (ENG., Illus.). 96p. (J). pap. 9.99 *(978-1-78950-524-5(0),* cb711095-a034-4d25-b614-582a888f738e) Arcturus Publishing GBR. Dist: Baker & Taylor Publisher Services (BTPS).

Magical Fairies Activity Fun. Lisa Regan & Trudi Webb. Illus. by Barry Green. 2019. (Dover Children's Activity Bks.). (ENG.). 48p. (J). (gr. 1-4). pap. 7.99 *(978-0-486-83292-0(9),* 832929) Dover Pubns., Inc.

Magical Fairies & Mystical Beings Coloring Book. Activity Book Zone for Kids. 2016. (ENG., Illus.). (J). pap. 9.20 *(978-1-68376-358-1(0))* Sabeels Publishing.

Magical Fairy Tales: Aladdin & the Lamp; the Ugly Duckling; the Emperor's New Clothes; Puss in Boots. Illus. by Jan Lewis. 2016. 48p. (J). (gr. -1-12). bds. 9.99 *(978-1-86147-700-2(7),* Armadillo) Anness Publishing GBR. Dist: National Bk. Network.

Magical Fairy Tales & Bedtime Stories for Children of All Ages (Volume: 2) Beatrice Harrison. 2022. (ENG.). 48p. (J). pap. 12.92 ***(978-1-387-77489-0(1))*** Lulu Pr., Inc.

Magical Flute. Joseph Treiber. 2018. (ENG., Illus.). 26p. (J). pap. 12.95 *(978-1-64114-100-0(X))* Christian Faith Publishing.

Magical Forest. Brett Alan Nelson. Illus. by Kumiko Ueda. 2020. (ENG.). 42p. (J). (gr. k-4). 19.95 *(978-0-9655078-7-5(4))* Windsong Publishing Co.

Magical Forest. Amparo Polanco. (ENG.). (J). 2019. 60p. pap. 14.95 *(978-1-5069-0823-6(3))*; 2016. (Illus.). 16.95 *(978-1-5069-0268-5(5))*; 2016. (Illus.). pap. 12.95 *(978-1-5069-0269-2(3))* First Edition Design Publishing.

Magical Forest Fairy Crafts Through Seas. L. Paredes. 2018. (ENG., Illus.). 144p. (J). (gr. 2-6). pap. 21.95 *(978-1-61745-661-9(6),* FunStitch Studio) C & T Publishing.

Magical Forest! Faries & Other Mythical Images - Adult Coloring Books Enchanted Forest Edition. Activity Attic Books. 2016. (ENG., Illus.). (J). pap. 7.74 *(978-1-68323-100-4(7))* Twin Flame Productions.

Magical Forests, Mystical Waters Children's Norse Folktales. Baby Professor. 2017. (ENG., Illus.). (J). pap. 7.89 *(978-1-5419-0376-0(5),* Baby Professor (Education Kids)) Speedy Publishing LLC.

Magical Friends Dot-To-Dot Fun! Count from 1 To 101. Arkady Roytman. 2021. (Dover Kids Activity Books: Fantasy Ser.). (ENG.). 48p. (J). (gr. k-3). pap. 4.99 *(978-0-486-84614-9(8),* 846148) Dover Pubns., Inc.

Magical Games Coloring Book (Harry Potter) Jenna Ballard. Illus. by Violet Tobacco. 2023. (ENG.). 96p. (J). (gr. 1-3). pap. 15.99 *(978-1-338-89060-0(3))* Scholastic, Inc.

Magical Garden at Laburnum Cottage. Laura Laurent. 2019. (ENG.). 30p. (J). pap. *(978-1-5289-0555-8(5))* Austin Macauley Pubs. Ltd.

Magical Gift. Jenni Pearce. 2023. (ENG.). 32p. (J). pap. ***(978-1-7392833-1-5(7))*** Lane, Betty.

Magical Girl Raising Project, Vol. 2 (light Novel) Restart I. Asari Endou. 2017. (Magical Girl Raising Project (light Novel) Ser.: 2). (ENG., Illus.). 208p. (gr. 11-17). pap. 14.00 *(978-0-316-55991-1(1),* Yen Pr.) Yen Pr. LLC.

Magical Girl Raising Project, Vol. 3 (light Novel) Restart II. Asari Endou. 2018. (Magical Girl Raising Project (light Novel) Ser.: 3). (ENG., Illus.). 212p. (gr. 11-17). pap. 14.00 *(978-0-316-55996-6(2),* Yen Pr.) Yen Pr. LLC.

Magical Girls. Hannah Conrad. 2020. (ENG.). 154p. (YA). pap. 10.99 *(978-1-393-36894-6(8))* Draft2Digital.

Magical Gods Children's Norse Folktales. Baby Professor. 2017. (ENG., Illus.). (J). pap. 7.89 *(978-1-5419-0387-6(0),* Baby Professor (Education Kids)) Speedy Publishing LLC.

Magical History Tour: Hidden Oil, Vol. 3. Fabrice Erre. Illus. by Sylvain Savoia. 2021. (Magical History Tour Ser.: 3). (ENG.). 48p. (J). 6.99 *(978-1-5458-0690-6(X),* 900235408, Papercutz) Mad Cave Studios.

Magical History Tour The Crusades & the Holy Wars, Vol. 4. Fabrice Erre. Illus. by Sylvain Savoia. 2021. (Magical History Tour Ser.: 4). (ENG.). 48p. (J). 6.99 *(978-1-5458-0714-9(0),* 900240056, Papercutz) Mad Cave Studios.

Magical History Tour: Slavery: A Crime Against Humanity, Vol. 11. Fabrice Erre. Illus. by Sylvain Savoia. 2022. (Magical History Tour Ser.: 11). (ENG.). 48p. (J). 6.99 *(978-1-5458-0982-2(8),* 900260096, Papercutz) Mad Cave Studios.

Magical History Tour Vol. 1: the Great Pyramid: The Great Pyramid. Fabrice Erre. Illus. by Sylvain Savoia. 2021. (Magical History Tour Ser.: 1). (ENG.). 48p. (J). 6.99 *(978-1-5458-0633-3(0),* 900232894, Papercutz) Mad Cave Studios.

Magical History Tour Vol. 10: the First Steps on the Moon: The First Steps on the Moon. Fabrice Erre. Illus. by Sylvain Savoia. 2022. (Magical History Tour Ser.: 10). (ENG.). 48p. (J). 6.99 *(978-1-5458-0894-8(5),* 900254578, Papercutz) Mad Cave Studios.

Magical History Tour Vol. 12: the Samurai: The Samurai, Vol. 12. Fabrice Erre. Illus. by Sylvain Savoia. 2023. (Magical History Tour Ser.: 12). (ENG.). 48p. (J). 6.99 *(978-1-5458-1034-7(6),* 900278801, Papercutz) Mad Cave Studios.

Magical History Tour Vol. 13: Marie Curie: Marie Curie, Vol. 13. Fabrice Erre. Illus. by Sylvain Savoia. 2023. (Magical History Tour Ser.: 13). (ENG.). 48p. (J). 6.99 *(978-1-5458-1055-2(9),* 900281977, Papercutz) Mad Cave Studios.

Magical History Tour Vol. 2: the Great Wall of China: The Great Wall of China. Fabrice Erre. Illus. by Sylvain Savoia. 2021. (Magical History Tour Ser.: 2). (ENG.). 48p. (J). 6.99 *(978-1-5458-0634-0(9),* 900232895, Papercutz) Mad Cave Studios.

Magical History Tour Vol. 5: the Plague: The Plague. Fabrice Erre. Illus. by Sylvain Savoia. 2021. (Magical History Tour Ser.: 5). (ENG.). 64p. (J). 6.99 *(978-1-5458-0772-9(8),* 900245413, Papercutz) Mad Cave Studios.

Magical History Tour Vol. 6: Albert Einstein: Albert Einstein. Fabrice Erre. Illus. by Sylvain Savoia. 2021. (Magical History Tour Ser.: 6). (ENG.). 64p. (J). 6.99 *(978-1-5458-0773-6(6),* 900245414, Papercutz) Mad Cave Studios.

Magical History Tour Vol. 7: Ghandi: Gandhi. Fabrice Erre. Illus. by Sylvain Savoia. 2022. (Magical History Tour Ser.: 7). (ENG.). 48p. (J). 6.99 *(978-1-5458-0858-0(9),* 900249417, Papercutz) Mad Cave Studios.

Magical History Tour Vol. 8: Vikings: Vikings. Fabrice Erre. Illus. by Sylvain Savoia. 2022. (Magical History Tour Ser.: 8). (ENG.). 48p. (J). 6.99 *(978-1-5458-0875-7(9),* 900250832, Papercutz) Mad Cave Studios.

Magical History Tour Vol. 9: the Titanic: The Titanic. Fabrice Erre. Illus. by Sylvain Savoia. 2022. (Magical History Tour Ser.: 9). (ENG.). 48p. (J). 6.99 *(978-1-5458-0893-1(7),* 900254577, Papercutz) Mad Cave Studios.

Magical Hole - le Trou Magique. Juliette Fougeras. Illus. by Giward Musa. 2022. (FRE.). 36p. (J). pap. ***(978-1-922932-20-4(5))*** Library For All Limited.

Magical Holiday. Lauren Forte. ed. 2018. (Masha & Bear 8x8 Bks). (ENG.). 24p. (J). (gr. -1-1). 13.89 *(978-1-64310-709-7(7))* Penworthy Co., LLC, The.

Magical House. Yakoob Azimi. 2018. (ENG., Illus.). 66p. (J). pap. *(978-0-244-37771-7(5))* Lulu Pr., Inc.

Magical I AM Affirmation Bedtime Story. Amy Petsalis. Illus. by Jenny Lyn Edaño Young. 2021. (ENG.). 22p. (J). *(978-0-2288-4950-6(0))*; pap. *(978-0-2288-4949-0(7))* Tellwell Talent.

Magical Ice in Elf City. Jerry J. Lee. 2017. (ENG., Illus.). (J). pap. 12.95 *(978-1-68197-157-5(7))* Christian Faith Publishing.

Magical Ice Palace: A Doodle Girl Adventure. Suzanne Smith & Lindsay Taylor. Illus. by Marnie Maurri. 2018. (ENG.). 32p. (J). 9.99 *(978-1-4711-2319-1(7),* Simon & Schuster Children's) Simon & Schuster, Ltd. GBR. Dist: Simon & Schuster, Inc.

Magical Imperfect. Chris Baron. 2021. (ENG.). 336p. (J). 16.99 *(978-1-250-76782-0(2),* 900232764) Feiwel & Friends.

Magical Imperfect. Chris Baron. 2022. (ENG.). 336p. (J). pap. 8.99 *(978-1-250-83307-5(8),* 900232765) Square Fish.

Magical Island of Pickerdilly: Captain Humpshinger's Journal. M. J. Foreman. 2021. (ENG.). 52p. (J). pap. 15.99 *(978-1-954868-22-9(7))* Pen It Pubns.

Magical Journey of Bob Crane. Karen Marie Nicksich. Illus. by Pam Sharp. 2019. (ENG.). 54p. (J). (gr. 3-6). pap. 20.00 *(978-0-578-49282-7(2))* Nicksich, Karen M.

Magical Kaleidoscope: The Quest for Nature Spirits Continues. Thom Cherney. 2018. (ENG.). 84p. (J). pap. 16.99 *(978-1-948390-85-9(X))* Pen It Pubns.

Magical Kingdom of Maralear. Yvonne Ediger. Ed. by Casia Schreyer. Illus. by Maddy Clincke. 2022. (Stories from Maralear Ser.: Vol. 1). (ENG.). 80p. (J). pap. *(978-1-988853-47-5(8))* Schreyer Ink Publishing.

Magical Kite. Bing Bo. Illus. by Gui Tuzi. 2021. (Perfect Picture Bks.). (ENG.). 36p. (J). (gr. 1-3). lib. bdg. 27.29 *(978-1-64996-173-0(1),* 4928, Sequoia Kids Media) Phoenix International Publications, Inc.

Magical Land of Birthdays. Amirah Kassem. Illus. by Elisa Chavarri. 2021. (Magical Land of Birthdays Ser.). (ENG.). 208p. (J). (gr. 2-6). pap. 7.99 *(978-1-4197-3744-2(9),* 1280103, Amulet Bks.) Abrams, Inc.

Magical Land of Birthdays. Amirah Kassem. 2019. (Magical Land of Birthdays Ser.). (ENG., Illus.). 192p. (J). (gr. 2-6). 14.99 *(978-1-4197-3743-5(0),* 1280101, Amulet Bks.) Abrams, Inc.

Magical Land of Hearts. Sherry Dahl. Illus. by Aidar Zeineshev. 2022. (ENG.). 32p. (J). pap. 11.99 ***(978-1-0878-7632-0(X))*** Indy Pub.

Magical Life of Me. S. G. Lee. 2020. (ENG.). 38p. (J). pap. *(978-1-987977-37-0(8))* LoGreco, Bruno.

Magical London Adventure: Book 1. Taryn Jahme. 2019. (ENG., Illus.). 46p. (J). pap. *(978-1-78963-010-7(X),* Choir Pr., The) Action Publishing Technology Ltd.

Magical Manners! (Shimmer & Shine) Mary Tillworth. Illus. by Cartobaleno. 2019. (Little Golden Book Ser.). (ENG.). 24p. (J). (-k). 4.99 *(978-1-5247-7246-8(1),* Golden Bks.) Random Hse. Children's Bks.

Magical Master Snowman & the Black Dragon. Josephine Chaudoin Harrison. 2016. (ENG., Illus.). 95p. (J). (gr. 3-6). *(978-0-9877067-7-5(2))* Shaw, Raymond.

Magical Matches! Puzzles & Activities for Kids Activity Book. Smarter Activity Books for Kids. 2016. (ENG., Illus.). (J). pap. 8.99 *(978-1-68374-094-0(7))* Examined Solutions PTE. Ltd.

Magical Me! Julian Freeman & Josalyn Freeman. 2021. (ENG.). 34p. (J). 13.99 *(978-1-0879-1887-7(1))* Indy Pub.

Magical Measuring. Amy Culliford. Illus. by Shane Crampton. 2022. (Math Wiz Ser.). (ENG.). 16p. (J). (gr. -1-3). pap. *(978-1-0396-6273-5(0),* 20651); lib. bdg. *(978-1-0396-6078-6(9),* 20650) Crabtree Publishing Co. (Crabtree Blossoms).

Magical Mermaid Activity Book. Sam Loman & Lisa Regan. 2018. (ENG., Illus.). 96p. (J). pap., act. bk. ed. 9.99 *(978-1-78888-156-2(7),* 22172d25-81f7-45df-adb6-442d48ef3f07) Arcturus Publishing GBR. Dist: Baker & Taylor Publisher Services (BTPS).

Magical Mermaid & the Poisoned Ice Cream. Phoenix Rose Crane & Rozalyn DuPont Fagan. 2017. (Magical Mermaid Ser.: Vol. 2). (ENG., Illus.). (J). pap. 14.99 *(978-0-9964109-7-7(X))* Stepup Strategies.

Magical Mermaid Portal. Michelle Louise Gordon. Illus. by Lucja Fratczak-Kay. 2022. (ENG.). 216p. (J). ***(978-1-912257-42-3(4))***; pap. ***(978-1-912257-43-0(2))*** Amethyst Angel, The.

Magical Mermaids! Brian Swenlin & Jennifer Bardekoff. Illus. by Dave Aikins. 2017. 24p. (J). *(978-1-5182-3609-9(X))* Random Hse., Inc.

Magical Mermaids Activity Book. Becky J. Radtke. 2019. (Dover Kids Activity Books: Fantasy Ser.). (ENG.). 48p. (J). (gr. 1-4). 4.99 *(978-0-486-83653-9(3),* 836533) Dover Pubns., Inc.

Magical Mermaids & Fairies. Sienna Hunt. Illus. by Lindsey Hunt. 2021. (ENG.). 54p. (J). pap. *(978-1-716-20991-8(9))* Lulu Pr., Inc.

Magical Mermaids! (Shimmer & Shine) Random House. Illus. by Dave Aikins. 2017. (Step into Reading Ser.). (ENG.). 24p. (J). (gr. -1-1). pap. 4.99 *(978-0-399-55886-3(1),* Random Hse. Bks. for Young Readers) Random Hse. Children's Bks.

Magical Mia: Kindness Is Contagious. Julie Cassetta. Illus. by Elena Taranenko. 2021. (Magical Mia Ser.). (ENG.). 34p. (J). pap. 11.99 *(978-1-7364208-1-2(X))* Grow Good Publishing.

Magical Midwinter Star. Jenny Chapman. Illus. by Jenny Chapman. 2016. (ENG., Illus.). 119p. (J). *(978-1-910637-06-7(8))*; (Tales from the Adventures of Algy Ser.: Vol. 3). pap. *(978-1-910637-07-4(6))* An Sithean Pr.

Magical Mischief. Steve Korté. Illus. by Mike Kunkel. 2023. (Amazing Adventures of the DC Super-Pets Ser.). (ENG.). 32p. (J). 22.65 *(978-1-4846-7210-5(0),* 247359); pap. 6.99 *(978-1-4846-7206-8(2),* 247355) Capstone. (Picture Window Bks.).

Magical Miss Morgan. Michael Beyer. 2017. (ENG., Illus.). 192p. (YA). pap. 14.95 *(978-1-64138-688-3(6))* Page Publishing Inc.

Magical Moments: A Fairy Fun & Fantasy Coloring Book. Kreativ Entspannen. 2016. (ENG., Illus.). (J). pap. 9.20 *(978-1-68377-425-9(6))* Whlke, Traudl.

Magical Moments of Christmas. Kent Mower. 2019. (ENG.). 110p. (J). 19.95 *(978-1-950241-39-2(4))* Aviva Publishing.

Magical Moments with Emmie Marie. Liz Bordelon. 2022. (ENG.). 48p. (J). 25.00 *(978-1-6781-8121-5(8))* Lulu Pr., Inc.

Magical Moments with Emmie Marie: A Child's First Chapter Book. Liz Bordelon. 2022. (ENG.). 48p. (J). pap. 10.00 *(978-1-716-00352-3(0))* Lulu Pr., Inc.

Magical Moments with Emmie Marie: The Giant Bubbles & Bed: Book 1. Liz Bordelon. 2022. (ENG.). 54p. (J). 25.00 *(978-1-4583-4442-7(8))* Lulu Pr., Inc.

Magical Moments with Emmie Marie: The Giant Bubbles Book 1. Liz Bordelon. 2022. (ENG.). 56p. (J). 25.00 *(978-1-6781-0203-6(2))* Lulu Pr., Inc.

Magical Moments with Emmie Marie: The Giant Cake & Sprinkles: Book 2. Liz Bordelon. 2022. (ENG.). 31p. (J). *(978-1-4583-3151-9(2))* Lulu Pr., Inc.

Magical Moments with Emmie Marie: The Giant Smiling Sunflower: Book 3. Liz Bordelon. 2022. (ENG.). 52p. (J). 23.50 *(978-1-4583-2773-4(6))* Lulu Pr., Inc.

Magical Musical Kingdom Song Book. Frances Turnbull. 2016. (ENG., Illus.). (J). pap. *(978-1-907935-77-0(0))* Musicaliti Pubs.

Magical Mysterious Treehouse. Craig MacDonald. 2022. (ENG., Illus.). 84p. (J). pap. 20.95 *(978-1-6624-7891-8(7))* Page Publishing Inc.

Magical Neighbors. Mary Ellen Spencer. Illus. by Meg Roby. 2021. (ENG.). 38p. (J). 24.99 *(978-0-578-86621-5(9))* Mary Ellen Spencer.

Magical Path Leading to the Glass Bottom Boat. Candice Zafran. 2022. (ENG.). 38p. (J). 15.95 *(978-1-64543-877-9(5))* Amplify Publishing Group.

Magical Pen. Myra Manji. Illus. by Sofie Engstorm Von Alten. 2022. (ENG.). 34p. (J). pap. 12.99 ***(978-1-6629-3096-6(8))*** Gatekeeper Pr.

Magical Pencils. Nicole McGonigal. 2023. (ENG.). 30p. (J). 19.99 ***(978-1-6629-3366-0(5))***; pap. 10.99 ***(978-1-6629-3367-7(3))*** Gatekeeper Pr.

Magical Princess Coloring Book: An Adult Coloring Book Featuring over 30 Pages of Giant Super Jumbo Large Designs of Fun & Relaxing Beautiful Magical Princesses for Stress Relief. Beatrice Harrison. 2020. (ENG.). 34p. (YA). pap. 7.86 *(978-1-716-50743-4(X))* Lulu Pr., Inc.

Magical Reality of Nadia (the Magical Reality of Nadia #1) Bassem Youssef & Catherine R. Daly. Illus. by Douglas Holgate. 2021. (ENG.). 176p. (J). (gr. 3-7). 14.99 *(978-1-338-57228-5(8))* Scholastic, Inc.

Magical Rescue Vets: Jade the Gem Dragon. Melody Lockhart. Illus. by Morgan Huff. 2021. (Magical Rescue Vets Ser.: 2). (ENG.). 128p. (J). pap. 5.99 *(978-1-3988-0262-9(X),* c9f7a55e-e810-48fb-8d04-22dce718ad3b) Arcturus Publishing GBR. Dist: Baker & Taylor Publisher Services (BTPS).

Magical Rescue Vets: Oona the Unicorn. Melody Lockhart. Illus. by Morgan Huff. 2021. (Magical Rescue Vets Ser.: 1). (ENG.). 128p. (J). pap. 5.99 *(978-1-3988-0263-6(8),* 4b04bc75-c87d-40d8-8214-5da63902036a) Arcturus Publishing GBR. Dist: Baker & Taylor Publisher Services (BTPS).

Magical Rescue Vets: Snowball the Baby Yeti. Melody Lockhart. Illus. by Morgan Huff. 2022. (ENG.). 128p. (J). pap. 5.99 *(978-1-3988-1916-0(6),* cee8156f-ea2f-439d-954b-e0c3bf0961f0) Arcturus Publishing GBR. Dist: Baker & Taylor Publisher Services (BTPS).

Magical Rescue Vets: Suki the Sea Dragon. Melody Lockhart. Illus. by Morgan Huff. 2023. (ENG.). 128p. (J). pap. 5.99 *(978-1-3988-1917-7(4),* 61134a17-5dac-452e-b1b1-cb9957839562) Arcturus Publishing GBR. Dist: Baker & Taylor Publisher Services (BTPS).

Magical River. John Graham & Robert Graham. 2020. (ENG., Illus.). 46p. (J). pap. 19.95 *(978-1-64670-767-6(2))* Covenant Bks.

Magical Seasons. Marilyn S. Sant Huppi & Judd. 2020. (ENG., Illus.). 30p. (J). pap. 11.95 *(978-1-6624-1740-5(3))* Page Publishing Inc.

M

Magical Secret of the Crystal Kingdom. P. S. Nicholls. 2018. (ENG.). 208p. (J). pap. 8.57 (978-0-244-70809-2(6)) Lulu Pr., Inc.

Magical Secret of the Crystal Kingdom. P. S. Nicholls. 2018. (ENG.). 136p. (J). (gr. 3-6). pap. 9.95 (978-1-64606-362-8(7)) Primedia eLaunch LLC.

Magical Shoe Tree. Mary and Phil Mullett. Illus. by Byford Hannah. 2016. (ENG.). (J). (978-1-78623-044-7(5)) Grosvenor Hse. Publishing Ltd.

Magical Simon & Roxie. Susan Markowitz Meredith. 2016. (Spring Forward Ser.). (J). (gr. 2). (978-1-4900-9469-4(5)) Benchmark Education Co.

Magical Singing Wood. 2017. (ENG., Illus.). 176p. (J). 9.00 (978-1-78270-141-5(9)) Award Pubns. Ltd. GBR. Dist: Parkwest Pubns., Inc.

Magical Snowflake. Bernette Ford. Illus. by Erin Robinson. 2023. (ENG.). 32p. (J). (gr. -1-1). 18.99 (978-1-914912-22-1(5)) Boxer Bks., Ltd. GBR. Dist: Sterling Publishing Co., Inc.

Magical Starfruit Tree: A Chinese Folktale. Rosalind Wang. 2023. (ENG.). 32p. (J). pap. 10.99 (978-1-58270-891-1(6), Beyond Words) Simon & Schuster.

Magical Stories. Annemarie Nikolaus. 2019. (ENG.). 42p. (J). pap. (978-2-902412-59-4(2)) Nikolaus, Annemarie.

Magical Story Library: With 10 Storybooks. IglooBooks. 2021. (ENG.). 24p. (J). (-k). pap. 29.99 (978-1-80108-660-8(5)) Igloo Bks. GBR. Dist: Simon & Schuster, Inc.

Magical Story of the Tuatha dé Danann. Ann Carroll. 2017. (ENG., Illus.). 50p. (J). pap. (978-1-78199-881-6(7)) Poolbeg - In A Nutshell.

Magical Stress Relief with Circle Mandalas: An Adult Coloring Book. Activity Attic. 2016. (ENG., Illus.). (J). pap. 7.74 (978-1-68323-880-5(X)) Twin Flame Productions.

Magical Sturgeon. Joseph Dandurand. Illus. by Elinor Atkins. 2022. 32p. (J). pap. 15.95 (978-0-88971-390-1(1), 09c02fcf-5924-4e4b-ad5d-75fde4205bbf) Nightwood Editions CAN. Dist: Harbour Publishing Co., Ltd.

Magical Summer of Miranda Stone. A. D. Brazeau. 2023. (ENG.). 244p. (J). pap. (978-0-3695-0807-2(6)) Evernight Publishing.

Magical Sunglasses. Nicole McGrath. 2019. (ENG., Illus.). 20p. (J). pap. (978-1-912850-72-3(9)) Clink Street Publishing.

Magical Super Duper Powers of Rodney the Ordinary Kid. John Martin, Sr. 2019. (ENG.). 52p. (J). pap. (978-0-359-66490-0(3)) Lulu Pr., Inc.

Magical Tale of Child's Lake. Christy Trafananko. Illus. by Christy Trafananko. 2021. (ENG.). 54p. (J). (978-0-2288-5513-2(6)); pap. (978-0-2288-5512-5(8)) Tellwell Talent.

Magical Tale of Hillary & Harold Greenwood. Alexander Saunders. 2018. (ENG., Illus.). 150p. (YA). (gr. 7-12). pap. 17.95 (978-1-68433-053-9(X)) Black Rose Writing.

Magical Tale of Snow White. Brian Luff. 2021. (ENG.). 94p. (YA). pap. (978-1-008-99897-1(4)) Lulu Pr., Inc.

Magical Tales of Hamilton - Wenham: 'wenham: Lord's Hill' & 'hamilton's Special Fox' Mary Anne Miceli. 2018. (ENG., Illus.). 58p. (J). (gr. k-3). pap. 20.00 (978-0-9888654-8-8(3)) Miceli.

Magical Teddy Bear. Susan Lacey. Illus. by Louise Rabey. 2019. (ENG.). 50p. (J). pap. (978-1-78623-453-7(X)) Grosvenor Hse. Publishing Ltd.

Magical Things: How to Draw Books for Kids with Unicorns, Dragons, Mermaids, & More. Alli Koch. 2023. (How to Draw for Kids Ser.). 80p. (J). (gr. 2). pap. 14.95 (978-1-941325-94-0(7), Paige Tate & Co.) Blue Star Pr.

Magical Time Travel. Michal Yair. 2023. (ENG.). 40p. (J). 45.38 (978-1-312-40343-7(8)) Lulu Pr., Inc.

Magical Times: Doing All the Work. Aj Hard. 2019. (ENG.). 76p. (J). 24.25 (978-0-359-60580-4(X)) Lulu Pr., Inc.

Magical Times: In a Deal of a Situation. Aj Hard. 2018. (ENG.). 68p. (J). pap. 22.95 (978-0-359-14010-7(6)) Lulu Pr., Inc.

Magical Town of Freezyville: Secret Adventures of the North Pole. Nancy Sullivan & Eddie Sullivan. 2019. (Secret Adventures of the North Pole Ser.: Vol. 1). (ENG., Illus.). 128p. (J). (gr. 1-6). pap. 13.95 (978-1-63498-873-5(6)) Bookstand Publishing.

Magical Toy Box: Padded Board Book. IglooBooks. Illus. by James Newman Gray. 2021. (ENG.). 24p. (J). (-k). bds. 8.99 (978-1-80108-643-1(5)) Igloo Bks. GBR. Dist: Simon & Schuster, Inc.

Magical Treasure Hunt: An a-MAZE-Ing Storybook Game. IglooBooks. 2021. (ENG.). 8p. (J). (gr. k-2). bds., bds. 9.99 (978-1-80022-732-3(9)) Igloo Bks. GBR. Dist: Simon & Schuster, Inc.

Magical Treasury: The Adventures of Rosie Hart Collection. Iveta Ongley. 2022. (Adventures of Rosie Hart Ser.). (ENG.). (J). 464p. (978-0-473-65289-0(7)); 520p. pap. (978-0-473-65288-3(9)) Ongley, Iveta.

Magical Tree. Crystal Spence. 2022. (ENG.). 24p. (J). pap. 13.95 (978-1-6624-7462-0(8)) Page Publishing Inc.

Magical Tree: A Children's Book Inspired by Gustav Klimt, 1 vol. Myriam Ouyessad. 2016. (Children's Books Inspired by Famous Artworks Ser.). (ENG., Illus.). 32p. (J). (gr. -1-3). 14.95 (978-3-7913-7214-3(9)) Prestel Verlag GmbH & Co KG. DEU. Dist: Penguin Random Hse. LLC.

Magical Underwater Coloring Book for Kids. Deeasy Books. 2021. (ENG.). 84p. (J). pap. 7.00 (978-1-716-19790-1(2)) Indy Pub.

Magical Unicorn: The Super-Duper Triplets. Suzanne Varney. Illus. by Pia Reyes. 2022. (Super-Duper Triplets Ser.). (ENG.). 52p. (J). (978-1-0391-2691-6(X)); pap. (978-1-0391-2690-9(1)) FriesenPress.

Magical Unicorn Academy: Adding & Subtracting. Lisa Regan. Illus. by Sam Loman. 2022. (Magical Unicorn Academy Ser.: 1). (ENG.). 96p. (J). pap. 9.99 (978-1-3988-1514-8(4), 0606e235-87ee-4654-a1bf-c3194a000947) Arcturus Publishing GBR. Dist: Baker & Taylor Publisher Services (BTPS).

Magical Unicorn Academy: Fractions & Decimals. Lisa Regan. Illus. by Sam Loman. 2023. 3. (ENG.). 96p. (J). pap. 9.99 (978-1-3988-2580-2(8), e823f524-f22a-4904-84c0-3544df901156) Arcturus Publishing GBR. Dist: Baker & Taylor Publisher Services (BTPS).

Magical Unicorn Academy: Multiplying & Dividing. Lisa Regan. Illus. by Sam Loman. 2022. (Magical Unicorn Academy Ser.: 2). (ENG.). 96p. (J). pap. 9.99 (978-1-3988-1516-2(0), 6385a55d-b6ab-4624-9e2c-6324c7bbf5b2) Arcturus Publishing GBR. Dist: Baker & Taylor Publisher Services (BTPS).

Magical Unicorn Academy: Times Tables. Lisa Regan. Illus. by Sam Loman. 2023. 4. (ENG.). 96p. (J). pap. 9.99 (978-1-3988-2581-9(6), abd9eefb-0b4c-42a3-b55c-c77b3b7c1836) Arcturus Publishing GBR. Dist: Baker & Taylor Publisher Services (BTPS).

Magical Unicorn Activity Book. Sam Loman. Illus. by Sam Loman. 2019. (ENG., Illus.). 176p. (J). pap. 16.99 (978-1-78950-829-1(0), d39a6a67-509e-4b02-804f-ad3b61056380) Arcturus Publishing GBR. Dist: Baker & Taylor Publisher Services (BTPS).

Magical Unicorn Activity Book. Sam Loman. 2018. (ENG.). 96p. (J). pap. 9.99 (978-1-78828-715-9(0), acfc23f5-38d6-4207-8211-870d8e1a26cb) Arcturus Publishing GBR. Dist: Baker & Taylor Publisher Services (BTPS).

Magical Unicorn Activity Book: Fun Games for Kids with Stickers! 80 Stickers for Extra Fun! Glenda Horne. 2020. (ENG., Illus.). 112p. (J). pap. 12.99 (978-1-250-27265-2(3), 900233449) St. Martin's Pr.

Magical Unicorn Activity Kit. Make Believe Ideas. Illus. by Mark McKeown. 2018. (ENG.). 36p. (J). 16.99 (978-1-78843-617-5(2)) Make Believe Ideas GBR. Dist: Scholastic, Inc.

Magical Unicorn Christmas Activity Book. Illus. by Sam Loman. 2019. (Dover Christmas Activity Books for Kids Ser.). (ENG.). 96p. (J). (gr. 1-4). pap. 10.99 (978-0-486-83226-5(0), 832260) Dover Pubns., Inc.

Magical Unicorn Color by Numbers. Claire Stamper. 2019. (ENG.). 96p. (J). pap. 9.99 (978-1-78950-486-6(4), 12262e33-a808-46ec-9ff3-e8c692983bf6) Arcturus Publishing GBR. Dist: Baker & Taylor Publisher Services (BTPS).

Magical Unicorn Craft Kit. Make Believe Ideas. Illus. by Make Believe Ideas. 2018. (ENG.). 24p. (J). (gr. 1-5). 9.99 (978-1-78692-914-3(7)) Make Believe Ideas GBR. Dist: Scholastic, Inc.

Magical Unicorn Dot-To-Dots. Natasha Rimmington. 2019. (ENG.). 96p. (J). pap. 9.99 (978-1-78950-485-9(6), 863e29be-8314-4377-b39d-351a9966fd01) Arcturus Publishing GBR. Dist: Baker & Taylor Publisher Services (BTPS).

Magical Unicorn Jigsaw Book. Lisa Regan. Illus. by Louise Wright. 2020. (ENG.). 10p. (J). 9.99 (978-1-83857-694-3(0), ce539997-d107-42c6-a9d3-aef4ca80e6c8) Arcturus Publishing GBR. Dist: Baker & Taylor Publisher Services (BTPS).

Magical Unicorn Lined Journal. Cristie Dozaz. 2020. (ENG.). 112p. (J). pap. 14.99 (978-1-716-35426-7(9)) Lulu Pr., Inc.

Magical Unicorn Mazes. Natasha Rimmington. 2020. (ENG.). 96p. (J). pap. 9.99 (978-1-83857-558-8(8), 8f2cf9ea-6353-491e-9e82-15beebf8936a) Arcturus Publishing GBR. Dist: Baker & Taylor Publisher Services (BTPS).

Magical Unicorn Poop Saves the Village. Amy Morris. 2020. (ENG.). 24p. (J). pap. 13.95 (978-1-6624-2030-6(7)) Page Publishing Inc.

Magical Unicorn Puzzle & Activity Book. Sam Loman. Illus. by Sam Loman. 2019. (ENG., Illus.). 96p. (J). pap. 9.99 (978-1-78950-466-8(X), 3d5bf2fd-d302-4857-96d3-2d37b641c2b2) Arcturus Publishing GBR. Dist: Baker & Taylor Publisher Services (BTPS).

Magical Unicorn Society: a Brief History of Unicorns. Selwyn E. Phipps. Illus. by Aitch & Oana Befort. 2019. (Magical Unicorn Society Ser.: 2). (ENG.). 128p. (J). 12.99 (978-1-250-25187-9(7), 900215260) Feiwel & Friends.

Magical Unicorn Society Official Boxed Set: The Official Handbook & a Brief History of Unicorns. Selwyn E. Phipps. Illus. by Aitch & Helen Dardik. 2020. (Magical Unicorn Society Ser.: 3). (ENG.). (J). 25.98 (978-1-250-75648-0(0), 900226086) Feiwel & Friends.

Magical Unicorn Society Official Coloring Book. Oana Befort et al. 2019. (ENG.). 64p. (J). (gr. 2-4). pap. 9.95 (978-1-4549-3453-0(0)) Sterling Publishing Co., Inc.

Magical Unicorn Society Official Handbook. Selwyn E. Phipps. Illus. by Helen Dardik & Harry Goldhawk. 2018. (Magical Unicorn Society Ser.: 1). (ENG.). 128p. (J). 12.99 (978-1-250-20619-0(7), 900201438) Feiwel & Friends.

Magical Unicorn Spot the Differences. Illus. by Sam Loman. 2019. (Dover Kids Activity Books: Fantasy Ser.). (ENG.). 96p. (J). (gr. -1-3). pap. 10.99 (978-0-486-83229-6(5), 832295) Dover Pubns., Inc.

Magical Unicorn Wordsearch. Ivy Finnegan. Illus. by Natasha Rimmington. 2020. (ENG.). 96p. (J). pap. 9.99 (978-1-83940-587-7(2), 6f8fa140-3f82-4d00-8b40-bdb0aae7a7a9) Arcturus Publishing GBR. Dist: Baker & Taylor Publisher Services (BTPS).

Magical Unicorns. Rosie Greening. Illus. by Shannon Hays. 2020. (ENG.). 12p. (J). (— 1). bds. 9.99 (978-1-78947-370-4(5)) Make Believe Ideas GBR. Dist: Scholastic, Inc.

Magical Unicorns. Cordelia Nash. Illus. by Benjamin Richards. 2021. (Spray Pen Art Ser.). (ENG.). 60p. (J). 12.99 (978-1-78958-856-9(1)) Top That! Publishing PLC GBR. Dist: Independent Pubs. Group.

Magical Unicorns - Coloring Books Unicorns Edition. Creative Playbooks. 2016. (ENG., Illus.). (J). pap. 7.74 (978-1-68323-088-5(4)) Twin Flame Productions.

Magical Unicorns Coloring & Activity Book for Kids. Myrian Coloring Books. 2022. (ENG.). 84p. (YA). pap. 9.99 (978-1-6780-4079-6(7)) Lulu Pr., Inc.

Magical Unicorns Diary & Doodle Book for Girls. Angel Journal & Mary Susan Carey. 2019. (ENG., Illus.). 96p. (J). pap. (978-1-9992131-0-7(6), Angel Journal and Bks.) Carey, MS Media.

Magical Venice Story: the Girl of Glass: Book 4, Bk. 4. Holly Webb. 2018. (Magical Venice Story Ser.). (ENG.). 256p. (J). (gr. 4-7). 9.99 (978-1-4083-2768-5(6), Orchard Bks.) Hachette Children's Group GBR. Dist: Hachette Bk. Group.

Magical Venice Story: the Maskmaker's Daughter: Book 3. Holly Webb. 2018. (Magical Venice Story Ser.). (ENG.). 256p. (J). (gr. 4-7). pap. 9.99 (978-1-4083-2766-1(X), Orchard Bks.) Hachette Children's Group GBR. Dist: Hachette Bk. Group.

Magical Venice Story: the Mermaid's Sister: Book 2. Holly Webb. 2018. (Magical Venice Story Ser.). (ENG.). 272p. (J). (gr. 4-7). pap. 9.99 (978-1-4083-2764-7(3), Orchard Bks.) Hachette Children's Group GBR. Dist: Hachette Bk. Group.

Magical Walk in a Park. Christina B. Fiore. 2016. (ENG., Illus.). 28p. 22.95 (978-1-4808-1793-7(7)); pap. 16.95 (978-1-4808-1790-6(2)) Archway Publishing.

Magical Warriors Adult Coloring Book. P. E. BLOOM. 2023. (ENG.). 100p. (YA). pap. (978-1-312-55254-8(9)) Lulu Pr., Inc.

Magical Warrior's Arise! Cherryl Majoros. 2020. (ENG.). 24p. (J). pap. (978-1-78830-555-6(8)) Olympia Publishers.

Magical Water Painting: Amazing Dinosaurs: (Art Activity Book, Books for Family Travel, Kids' Coloring Books, Magic Color & Fade) Insight Insight Kids. 2022. (ISeek Ser.). (ENG.). 24p. (J). 12.99 (978-1-64722-729-6(1)) Insight Editions.

Magical Water Painting: Fun on the Farm: (Art Activity Book, Books for Family Travel, Kids' Coloring Books, Magic Color & Fade) Insight Insight Kids. 2022. (ISeek Ser.). (ENG.). 24p. (J). 12.99 (978-1-64722-730-2(5)) Insight Editions.

Magical White Satin Ballerina Slippers. Barbara Kasey Smith. 2019. (ENG.). 112p. (J). pap. (978-0-359-71184-0(7)) Lulu Pr., Inc.

Magical Window Art: Color, Cut, & Stick on Your Window! IglooBooks. Illus. by Isabelle Nicolle. 2022. (ENG.). 32p. (J). (gr. -1-1). 7.99 (978-1-80108-650-9(8)) Igloo Bks. GBR. Dist: Simon & Schuster, Inc.

Magical Winter. Carl R. Sams II. 2016. (ENG., Illus.). (J). 19.95 (978-0-9827625-8-5(5)) Sams, II, Carl R. Photography, Inc.

Magical Wishing Fish: The Classic Grimm's Tale of the Fisherman & His Wife, 30 vols. Jacob and Wilhelm Grimm. Illus. by Loek Koopmans. 2018. Orig. Title: Het Wensvisje. 24p. (J). 16.95 (978-1-78250-524-2(5)) Floris Bks. GBR. Dist: Consortium Bk. Sales & Distribution.

Magical Witch: A Finger Puppet Board Book Ages 0-4. IglooBooks. Illus. by Yi-Hsuan Wu. 2021. (ENG.). 10p. (J). (— 1). bds., bds. 7.99 (978-1-80022-813-9(9)) Igloo Bks. GBR. Dist: Simon & Schuster, Inc.

Magical Wizard & the Easter Egg Hunt. Gedling Day Services. 2017. (ENG., Illus.). (J). (gr. k-3). pap. (978-1-78719-454-0(X)) Authors OnLine, Ltd.

Magical Wonderland Scenes Coloring Book: An Adult Coloring Book Features over 30 Pages of Giant Super Jumbo Large Designs of Enchanting Magical Land, Magical Forest, Beautiful Flowers, & Fairies for Meditation & Relaxation. Beatrice Harrison. 2020. (ENG.). 34p. (YA). pap. 7.86 (978-1-716-73776-3(1)) Lulu Pr., Inc.

Magical World Becomes the Night. Lori Chown. Ed. by Jan Goeman. Illus. by Lori Chown. 2017. (ENG., Illus.). 34p. (J). pap. 15.00 (978-0-9997161-0-6(7)) Utopian Dreams Gifts.

Magical World of Dogtopia. Rachel Kaplan. 2019. (ENG.). 78p. (J). pap. (978-1-7947-8120-7(X)) Lulu Pr., Inc.

Magical World of Fairies. Federica Magrin. Illus. by Claudia Brodin. 2021. (ENG.). 40p. (J). 16.99 (978-1-64124-130-4(6), 1304) Fox Chapel Publishing Co., Inc.

Magical World of J. K. Rowling. Bryan Pezzi. 2016. (Great Storytellers Ser.). (ENG., Illus.). 32p. (J). (gr. 3-7). lib. bdg. 22.99 (978-1-5105-1220-7(9)) SmartBook Media, Inc.

Magical World of Poetry for Children. Karen Block. 2020. (ENG.). 50p. (J). pap. 16.95 (978-1-64701-756-9(4)) Page Publishing Inc.

Magical World of Unicorns Coloring Book. Activity Attic Books. 2016. (ENG., Illus.). (J). pap. 7.74 (978-1-68323-211-7(9)) Twin Flame Productions.

Magical World of Victoria, the Friendly Ghost. Dean Rowell. (ENG.). 130p. (J). 2023. (978-1-80369-876-2(4)); 2022. pap. (978-1-80369-562-4(5)) Authors OnLine, Ltd.

Magical Worlds: With 6 Sound Buttons. IglooBooks. Illus. by Nanette Regan. 2019. (ENG.). 10p. (J). (gr. -1-1). bds. 12.99 (978-1-83852-509-5(2)) Igloo Bks. GBR. Dist: Simon & Schuster, Inc.

Magical Worlds Unicorn Coloring Book. Kreative Kids. 2016. (ENG., Illus.). (J). pap. 9.20 (978-1-68377-426-6(4)) Whike, Traudl.

Magical Yearbook: a Cinematic Journey: Imagine, Draw, Create (J. K. Rowling's Wizarding World) Emily Stead. 2017. (ENG.). 64p. (J). (gr. 3). 12.99 (978-1-338-23650-7(4)) Scholastic, Inc.

Magical Zoo: Padded Board Book. IglooBooks. Illus. by Lee Cosgrove. 2022. (ENG.). 24p. (J). (-k). bds. 9.99 (978-1-80368-894-7(7)) Igloo Bks. GBR. Dist: Simon & Schuster, Inc.

Magically Maximus, 1. Kiki Thorpe. ed. 2022. (Horsetail Hollow Ser.). (ENG.). 116p. (J). (gr. 1-4). 17.46 (978-1-68505-527-1(3)) Penworthy Co., LLC, The.

Magicals. Stephanie Nichole. 2019. (Dark Prophecy Ser.: Vol. 1). (ENG.). 350p. (YA). (gr. 7-12). pap. 9.99 (978-1-64533-026-4(5)) Kingston Publishing Co.

Magician. Stephanie Turnbull. 2016. (How to Be ... Ser.). (ENG.). 24p. (J). (gr. 2-5). 28.50 (978-1-62588-369-8(2), 17300) Black Rabbit Bks.

Magician. Mao Xiao. Illus. by Rong Li. 2020. (ENG.). 48p. (J). 18.95 (978-1-4788-6970-2(4)) Newmark Learning LLC.

Magician & the Basket of Coloured Balls. Granny. 2022. (ENG.). 34p. (J). pap. (978-1-3984-6420-9(1)) Austin Macauley Pubs. Ltd.

Magician & the Spirits. Deborah Noyes. 2017. (Illus.). 160p. (J). (gr. 5). 18.99 (978-0-8037-4018-1(2), Viking Books for Young Readers) Penguin Young Readers Group.

Magician (Classic Reprint) Somerset Maugham. (ENG., Illus.). (J). 2018. 292p. 29.92 (978-0-332-00859-2(2)); 2016. pap. 13.57 (978-1-333-58559-4(4)) Forgotten Bks.

Magician's Daughter (Classic Reprint) Guy Irwin. 2018. (ENG., Illus.). 314p. (J). 30.39 (978-0-483-15124-6(6)) Forgotten Bks.

Magician's Elephant Movie Tie-In. Kate DiCamillo. Illus. by Yoko Tanaka. 2023. (ENG.). 224p. (J). (gr. 3-7). pap. 8.99 (978-1-5362-3031-4(6)) Candlewick Pr.

Magician's Hat. Malcolm Mitchell. Illus. by Joanne Lew-Vriethoff. 2018. (ENG.). 32p. (J). (gr. -1-3). 18.99 (978-1-338-11454-6(9)) Scholastic, Inc.

Magician's Map (the House on Hoarder Hill Book #2), 2. Mikki Lish & Kelly Ngai. 2022. (ENG., Illus.). 304p. (J). (gr. 3-7). pap. 7.99 (978-1-338-66519-2(7), Chicken Hse., The) Scholastic, Inc.

Magician's Mazes! Maze Activity Book. Activity Book Zone for Kids. 2016. (ENG., Illus.). (J). pap. 7.55 (978-1-68376-206-5(1)) Sabeels Publishing.

Magician's Nephew. C. S. Lewis. Tr. by Nanor Mikayelian. 2018. (ARM., Illus.). 194p. (J). (gr. 3-7). pap. 15.00 (978-1-946290-05-2(X)) Roslin Pr.

Magician's Nephew Novel Units Student Packet. Novel Units. 2019. (ENG.). (J). pap. 13.99 (978-1-58130-860-0(4), Novel Units, Inc.) Classroom Library Co.

Magician's Nephew Novel Units Teacher Guide. Novel Units. 2019. (ENG.). (J). pap., tchr. ed. 12.99 (978-1-58130-859-4(0), Novel Units, Inc.) Classroom Library Co.

Magicians of Elephant County. Adam Perry. Illus. by Adam Perry. 2018. (ENG., Illus.). 384p. (J). (gr. 3-7). 16.99 (978-0-06-279535-9(X), HarperCollins) HarperCollins Pubs.

Magician's Plot. Sandra Hanna. 2023. (ENG.). 48p. (J). (978-1-80381-338-7(5)) Grosvenor Hse. Publishing Ltd.

Magician's Secret. Zachary Hyman. Illus. by Joe Bluhm. 2018. 40p. (J). (gr. k-3). 17.99 (978-1-77049-894-5(X), Tundra Bks.) Tundra Bks. CAN. Dist: Penguin Random Hse. LLC.

Magician's Show Box: And Other Stories (Classic Reprint) Unknown Author. (ENG., Illus.). (J). 2018. 306p. 30.23 (978-0-428-96421-4(4)); 2017. pap. 13.57 (978-0-243-54784-5(6)) Forgotten Bks.

Magicienne. Ning Cai & Don Bosco. 2017. (ENG.). 192p. (YA). (gr. 7). pap. 16.95 (978-981-4771-40-5(6)) Marshall Cavendish International (Asia) Private Ltd. SGP. Dist: Independent Pubs. Group.

Magic's Most Wanted. Tyler Whitesides. (ENG.). (J). (gr. 3-7). 2022. 368p. pap. 7.99 (978-0-06-256838-0(8)); 2021. 352p. 16.99 (978-0-06-256837-3(X)) HarperCollins Pubs. (HarperCollins).

Maginty's Quest: A Swashbuckling Adventures Story for All Readers from 10 Years Old To 90! Chelsy Swann. 2016. (ENG., Illus.). vi, 231p. (J). pap. (978-0-9935414-1-4(0)) Avanti Ventures Ltd.

Magische Geschichten. Annemarie Nikolaus. 2019. (GER.). 44p. (J). pap. (978-2-902412-48-8(7)) Nikolaus, Annemarie.

Magische Zyponom. Ronny Neumann. 2019. (GER.). 302p. (J). pap. (978-3-7407-5430-3(3)) VICOO International Pr.

Magistellus Bad Trip, Vol. 1 (light Novel) Kazuma Kamachi. Tr. by Jake Humphrey. 2021. (Magistellus Bad Trip (light Novel) Ser.). (ENG., Illus.). 264p. (gr. 11-17). pap. 15.00 (978-1-9753-1426-2(3), Yen Pr.) Yen Pr. LLC.

Magistrate a Farce in Three Acts (Classic Reprint) Arthur Wing Pinero. 2017. (ENG., Illus.). (J). 27.65 (978-0-265-64229-0(9)) Forgotten Bks.

Maglaro Tayo, Ina! Let's Play, Mom! - Tagalog (Filipino) Edition. Shelley Admont & Kidkiddos Books. 2019. (Tagalog Bedtime Collection). (TGL., Illus.). 32p. (J). (gr. k-3). (978-1-5259-1464-5(2)); pap. (978-1-5259-1463-8(4)) Kidkiddos Bks.

Magma. John Willis. 2019. (Rock Cycle Ser.). (ENG.). 24p. (J). lib. bdg. 22.99 (978-1-5105-4440-6(2)) SmartBook Media, Inc.

Magma Chambers. Faye Carlisle. Illus. by Sunil Kalbandi. 2017. (ENG.). 140p. (J). pap. (978-0-9957101-2-2(0)) Keen Zebra.

Magma Prophecy. Alan Zemek. 2017. (ENG., Illus.). (J). pap. 9.99 (978-0-9960921-3-5(7)) Zemek, Alan.

Magna Carta. Richard Barrington. 2016. (J). lib. bdg. (978-1-68048-549-3(0)) Windmill Bks.

Magna Carta. Marcia Amidon Lusted. 2019. (Shaping the United States of America Ser.). (ENG., Illus.). 24p. (J). (gr. 1-3). pap. 7.95 (978-1-9771-1014-5(2), 140957); lib. bdg. 25.99 (978-1-9771-0915-6(2), 140516) Capstone. (Pebble).

Magnanimous Penny Campaign. Sheryl Tillis. 2021. (ENG.). (YA). 128p. 22.99 (978-1-6628-3083-9(1)); 130p. pap. 14.49 (978-1-6628-2718-1(0)) Salem Author Services.

Magnet. Lida Abbie Churchill. 2017. (ENG., Illus.). (J). pap. (978-0-649-40180-2(8)) Trieste Publishing Pty Ltd.

Magnet: A Romance (Classic Reprint) Henry C. Rowland. 2017. (ENG., Illus.). (J). 31.26 (978-1-5284-7868-7(1)) Forgotten Bks.

Magnet: Familiarly Described & Illustrated by a Box of Magnetic Toys. Charles Tomlinson. 2017. (ENG., Illus.). (J). pap. (978-0-649-31455-3(7)) Trieste Publishing Pty Ltd.

Magnet Power! Tex Huntley. ed. 2018. (Step into Reading Ser.). (ENG.). 24p. (J). (gr. -1-1). 13.89 (978-1-64310-626-7(0)) Penworthy Co., LLC, The.

Magnet Stories for Summer Days & Winter Nights (Classic Reprint) David Henry Friston. 2018. (ENG., Illus.). 348p. (J). 30.99 (978-0-483-42259-9(2)) Forgotten Bks.

Magnetic. Helen Vivienne Fletcher. 2022. (Reactive Magic Ser.: Vol. 2). (ENG.). 138p. (YA). pap. (978-1-9911672-0-0(2)) HVF Publishing.

Magnetic: Large Print Edition. Helen Vivienne Fletcher. l.t. ed. 2022. (ENG.). 374p. (YA). pap. (978-1-9911672-3-1(7)) HVF Publishing.

Magnetic Electricity! the Power of Magnets & Their Role in Electricity - Science for Kids - Children's Energy Books. Baby Iq Builder Books. 2016. (ENG., Illus.). (J). pap. 8.99 (978-1-68374-711-6(9)) Examined Solutions PTE. Ltd.

Magnetic Magic, 1 vol. Terry Catasús Jennings. Illus. by Andrea Gabriel. 2016. (ENG.). 32p. (J). (gr. k-3). 17.95 (978-1-62855-861-6(X)) Arbordale Publishing.

Magnetic Mess. J. L. Anderson. Illus. by Alan Brown. 2016. (Paisley Atoms Ser.). (ENG.). 64p. (gr. 2-5). 28.50

1256 The check digit for ISBN-10 appears in parentheses after the full ISBN-13

M

(978-1-68191-717-7(3), 9781681917177) Rourke Educational Media.

Magnetic North (Classic Reprint) Elizabeth Robins. 2017. (ENG., Illus.). (J). 32.66 *(978-1-5280-8905-0(7))* Forgotten Bks.

Magnetic Paris (Classic Reprint) Flora Adelaide McLane Woodson. (ENG., Illus.). (J). 2018. 264p. 29.34 *(978-0-267-77927-7(5))*; 2016. pap. 11.97 *(978-1-334-11771-8(3))* Forgotten Bks.

Magnetic Play Fairies. Joshua George. Illus. by Lauren Ellis. 2018. (Magnetic Play Ser.). (ENG.). 12p. (J). (gr. -1-1). 12.99 *(978-1-78700-261-6(6))* Top That! Publishing PLC GBR. Dist: Independent Pubs. Group.

Magnetic Shift. Lucy D. Briand. 2016. (ENG.). 268p. (YA). (gr. 8-12). pap. 9.95 *(978-1-63392-066-8(6))* Spencer Hill Pr.

Magnetical & Meteorological Observations at Lake Athabasca & Fort Simpson, & at Fort Confidence, in Great Bear Lake (Classic Reprint) John Henry Lefroy. 2017. (ENG., Illus.). (J). pap. 16.57 *(978-1-5281-2659-5(9))* Forgotten Bks.

Magnetifico. Joe King. 2021. (ENG.). 160p. (YA). pap. 7.99 *(978-1-393-48683-1(5))* Draft2Digital.

Magnetism. Carolyn Bernhardt. 2018. (Science Starters Ser.). (ENG., Illus.). 24p. (J). (gr. k-3). pap. 7.99 *(978-1-61891-465-1(0)*, 12118); lib. bdg. 26.95 *(978-1-62617-809-0(7))* Bellwether Media. (Blastoff! Readers).

Magnetism, 1 vol. Joanna Brundle. 2019. (Science in Action Ser.). (ENG.). 32p. (gr. 4-5). pap. 11.50 *(978-1-5345-3089-8(4)*, 7db8c325-276f-4463-a955-4cdd51c021a7); lib. bdg. 28.88 *(978-1-5345-3018-8(5)*, 8d2fff61-8f8f-446b-b27f-28f51cb618e8) Greenhaven Publishing LLC. (KidHaven Publishing).

Magnetism, 1 vol. Kathleen Connors. 2018. (Look at Physical Science Ser.). (ENG.). 32p. (gr. 2-2). 28.27 *(978-1-5382-2155-6(1)*, 3d4265c9-bc9f-485e-bfc5-4092d76555be) Stevens, Gareth Publishing LLLP.

Magnetism. Abbie Dunne. 2016. (Physical Science Ser.). (ENG., Illus.). 24p. (J). (gr. -1-2). lib. bdg. 27.32 *(978-1-5157-0938-1(8)*, 132237, Capstone Pr.) Capstone.

Magnetism. Grace Hansen. 2018. (Beginning Science Ser.). (ENG., Illus.). 24p. (J). (gr. -1-2). lib. bdg. 32.79 *(978-1-5321-0810-5(9)*, 28181, Abdo Kids) ABDO Publishing Co.

Magnetism. Karen Latchana Kenney. 2022. (Intro to Physics: Need to Know Ser.). (ENG.). (J). (gr. 5-7). lib. bdg. 28.50 Bearport Publishing Co., Inc.

Magnetism. Joseph Midthun. Illus. by Samuel Hiti. 2016. (Building Blocks of Physical Science/Hardcover Ser.: Vol. 7). (ENG.). 34p. (J). *(978-0-7166-7856-4(X))* World Bk.-Childcraft International.

Magnetism. Joseph Midthun. Illus. by Samuel Hiti. 2022. (ENG.). 42p. (J). pap. ***(978-0-7166-5060-7(6))*** World Bk.-Childcraft International.

Magnetism. Dawn Titmus. 2017. (Physics Ser.). (ENG.). 48p. (J). lib. bdg. 34.99 *(978-1-5105-2117-9(8))* SmartBook Media, Inc.

Magnetism & Electricity. Emily Sohn. 2019. (IScience Ser.). (ENG., Illus.). 32p. (J). (gr. 3-4). 23.94 *(978-1-68450-961-4(0))*; pap. 13.26 *(978-1-68404-380-4(8))* Norwood Hse. Pr.

Magnetism at Work. Rebecca Felix. 2016. (Science at Work Ser.). (ENG.). 24p. (J). (gr. -1-3). 48.50 *(978-1-68077-585-3(5)*, 22477, SandCastle) ABDO Publishing Co.

Magnetism Investigations. Karen Latchana Kenney. 2017. (Key Questions in Physical Science (Alternator Books (r)) Ser.). (ENG., Illus.). 32p. (J). (gr. 3-6). 29.32 *(978-1-5124-4005-8(1)*, 6e61acbe-b52b-447b-a5ff-8e12ccab5247, Lerner Pubns.) Lerner Publishing Group.

Magnetisme et Hypnotisme: Expose des Phenomenes Observes Pendant le Sommeil Nerveux Provoque, Au Point de Vue Clinique, Psychologique, Therapeutique et Medico-Legal, Avec un Resume Historique du Magnetisme Animal (Classic Reprint) Alexandre Cullerre. 2018. (FRE., Illus.). (J). 378p. 31.69 *(978-0-428-31612-9(3))*; 380p. pap. 16.57 *(978-0-484-99846-8(3))* Forgotten Bks.

Magnetismo (Magnetism) Grace Hansen. 2018. (Ciencia Básica (Beginning Science) Ser.). (SPA.). 24p. (J). (gr. -1-2). lib. bdg. 32.79 *(978-1-5321-8390-4(9)*, 29973, Abdo Kids) ABDO Publishing Co.

Magnetology: Animals. Maud Poulain. Illus. by Camille Tisserand. 2021. (Magnetology Ser.). (ENG.). 12p. (J). (gr. -1-k). 22.99 Éditions Tourbillon FRA. Dist: Hachette Bk. Group.

Magnetology: Vehicles. Anne-Sophie Baumann. Illus. by Helene Convert. 2020. (Magnetology Ser.). (ENG.). 12p. (J). (gr. k-3). 21.99 Éditions Tourbillon FRA. Dist: Hachette Bk. Group.

Magnets see Los Imanes

Magnets. Steffi Cavell-Clarke. (First Science Ser.). (J). (gr. 1-1). 2017. pap. 49.50 *(978-1-5345-2077-6(5))*; 2016. (ENG.). 24p. pap. 9.25 *(978-1-5345-2076-9(7)*, 04012681-7775-4f1d-bba3-bf56465f7aed); 2016. (ENG.). 24p. lib. bdg. 26.23 *(978-1-5345-2078-3(3)*, fb778daf-450c-4b25-ada6-e9447276a718) Greenhaven Publishing LLC. (KidHaven Publishing).

Magnets. Rocco V. Feravolo. Illus. by Evelyn Urbanowich. 2017. (ENG.). (J). pap. 12.95 *(978-0-692-83664-4(0))* Living Library Pr.

Magnets. Meg Gaertner. 2019. (Science All Around Ser.). (ENG., Illus.). 24p. (J). (gr. k-3). lib. bdg. 31.36 *(978-1-5321-6358-6(4)*, 32031, Pop! Cody Koala) Pop!.

Magnets. Gina Hagler. 2016. (J). *(978-1-4896-5286-7(8))* Weigl Pubs., Inc.

Magnets. Christine Taylor-Butler. 2018. (Super Cool Science Experiments Ser.). (ENG.). 32p. (J). (gr. 4-8). lib. bdg. 22.99 *(978-1-5105-3686-9(8))* SmartBook Media, Inc.

Magnets. Contrib. by Roxanne Troup. 2023. (DK Super Readers Ser.). (ENG., Illus.). 32p. (J). (gr. 3-5). pap. 4.99 *(978-0-7440-7136-8(4)*, DK Children) Dorling Kindersley Publishing, Inc.

Magnets. Julia Vogel. 2017. (Science Of Ser.). (ENG.). 24p. (J). lib. bdg. 22.99 *(978-1-5105-2419-4(3))* SmartBook Media, Inc.

Magnets: Pulling Together & Pushing Apart see Imanes: Atraen y Rechazan

Magnets & the Things They Attract: Characteristics & Uses of Magnets Physical Science Book Grade 1 Children's Books on Science, Nature & How It Works. Baby Professor. 2022. (ENG.). 72p. (J). 31.99 ***(978-1-5419-8802-6(7))***; pap. 19.99 ***(978-1-5419-8724-1(1))*** Speedy Publishing LLC. (Baby Professor (Education Kids)).

Magnets Attract vs. Magnets Repel. Aubrey Zalewski. 2021. (Science Showdowns Ser.). (ENG.). 24p. (J). (gr. 1-4). lib. bdg. 32.79 *(978-1-5038-4441-4(2)*, 214164) Child's World, Inc, The.

Magnets Push, Magnets Pull. David A. Adler. Illus. by Anna Raff. 2018. 32p. (J). (gr. k-3). pap. 8.99 *(978-0-8234-4018-4(4))* Holiday Hse., Inc.

Magnets, Stick Together: A STEM Story for Young Readers (Perfect Book to Inspire Child's Curiosity about Science at Very Young Age): Ie & COO's STEM-STORY for Young Readers: Ie & COO's STEM-STORY for Young Readers. Shiva S. Mohanty. 2023. (ENG.). 32p. (J). pap. 14.99 ***(978-1-0881-3268-5(5))*** Indy Pub.

Magnhild, and, Dust (Classic Reprint) Bjornstjerne Bjornson. (ENG., Illus.). (J). 2017. 30.25 *(978-0-266-41908-2(9))*; 2016. pap. 13.57 *(978-1-333-68086-2(4))* Forgotten Bks.

Magnificat Readers: First Reader. Ed. by Lisa Bergman. 2019. (Magnificat Readers Ser.: Vol. 1). (ENG., Illus.). 246p. (J). (gr. k-2). pap. 23.95 *(978-1-64051-021-0(4))* St. Augustine Academy Pr.

Magnificat Readers: Second Reader. Ed. by Lisa Bergman. 2018. (Magnificat Readers Ser.: Vol. 2). (ENG., Illus.). 224p. (J). (gr. 1-3). pap. 21.95 *(978-1-64051-025-8(7))* St. Augustine Academy Pr.

Magnificat Readers: Third Reader. Ed. by Lisa Bergman. 2020. (ENG., Illus.). 496p. (J). (gr. k-2). pap. 32.95 *(978-1-64051-029-6(X))* St. Augustine Academy Pr.

Magnificence of Mazes: Kids Maze Activity Book. Activity Book Zone for Kids. 2016. (ENG., Illus.). (J). pap. 7.55 *(978-1-68376-207-2(X))* Sabeels Publishing.

Magnificent Adventure: This Being the Story of the World's Greatest Exploration, & the Romance of a Very Gallant Gentleman; a Novel (Classic Reprint) Emerson Hough. (ENG., Illus.). (J). 2018. 382p. 31.96 *(978-0-332-83787-1(4))*; 2017. pap. 16.57 *(978-0-243-28551-8(5))* Forgotten Bks.

Magnificent Adventure: This Being the Story of the World's Greatest Exploration, & the Romance of a Very Gallant Gentleman (Classic Reprint) Emerson Hough. 2017. (ENG., Illus.). (J). 31.73 *(978-1-5280-6242-8(6))* Forgotten Bks.

Magnificent Ambersons. Booth Tarkington. 2020. (ENG.). (J). 238p. 19.95 *(978-1-64799-875-2(1))*; 236p. pap. 10.95 *(978-1-64799-874-5(3))* Bibliotech Pr.

Magnificent Ambersons. Booth Tarkington. 2022. (ENG.). 242p. (J). pap. 33.38 *(978-1-4583-3088-8(5))* Lulu Pr., Inc.

Magnificent Ambersons: (+ Audiobook) Booth Tarkington. 2018. (ENG., Illus.). 382p. (J). pap. *(978-2-37808-036-5(0))* L'Accolade éditions.

Magnificent Ambersons: Illustrated (Classic Reprint) Booth Tarkington. 2018. (ENG., Illus.). 260p. (J). 29.26 *(978-0-365-14603-2(X))* Forgotten Bks.

Magnificent Birds. Candlewick Press. Illus. by Narisa Togo. 2018. (ENG.). 32p. (J). (gr. 5-9). 20.00 *(978-1-5362-0169-7(3))* Candlewick Pr.

Magnificent Book of Animals. Tom Jackson. Illus. by Val Walerczuk. 2023. (Magnificent Book Of Ser.). (ENG.). 80p. (J). 19.99 Weldon Owen, Inc.

Magnificent Book of Birds. Weldon Weldon Owen. 2021. (Magnificent Book Of Ser.). (ENG., Illus.). 80p. (J). (gr. 3-6). 18.99 *(978-1-68188-768-5(1))* Weldon Owen, Inc.

Magnificent Book of Cats: (Kids Books about Cats, Middle Grade Cat Books, Books about Animals) Barbara Taylor. Illus. by Andrew Beckett. 2023. (Magnificent Book Of Ser.). (ENG.). 80p. (J). (gr. 3-6). 19.99 *(978-1-68188-886-6(6))* Weldon Owen, Inc.

Magnificent Book of Creatures of the Abyss: (Ocean Animal Books for Kids, Natural History Books for Kids) Josh Hestermann & Bethanie Hestermann. Illus. by Val Walerczuk. 2023. (Magnificent Book Of Ser.). (ENG.). 80p. (J). 19.99 *(978-1-68188-900-9(5))* Weldon Owen, Inc.

Magnificent Book of Dangerous Animals. Tom Jackson. Illus. by Val Walerczuk. 2022. (Magnificent Book Of Ser.). (ENG.). 80p. (J). (gr. 3-6). 19.99 *(978-1-68188-869-9(6))* Weldon Owen, Inc.

Magnificent Book of Dinosaurs. Tom Jackson. Illus. by Rudolf Farkas. 2023. (Magnificent Book Of Ser.). (ENG.). 80p. (J). (gr. 3-6). 19.99 Weldon Owen, Inc.

Magnificent Book of Dragons. Stella Caldwell. Illus. by Gonzalo Kenny. 2021. (Magnificent Book Of Ser.). (ENG.). 80p. (J). (gr. 3-6). 18.99 *(978-1-68188-739-5(8))* Weldon Owen, Inc.

Magnificent Book of Extinct Animals: (Extinct Animal Books for Kids, Natural History Books for Kids) Barbara Taylor. Illus. by Walerczuk Val. 2022. (Magnificent Book Of Ser.). (ENG.). 80p. (J). (gr. 3-6). 18.99 *(978-1-68188-737-1(1))* Weldon Owen, Inc.

Magnificent Book of Horses. Weldon Weldon Owen et al. Illus. by Simon Mendez & Val Walerczuk. 2021. (Magnificent Book Of Ser.). (ENG.). 80p. (J). (gr. 3-6). 18.99 *(978-1-68188-769-2(X))* Weldon Owen, Inc.

Magnificent Book of Insects & Spiders: (Animal Books for Kids, Natural History Books for Kids) Weldon Weldon Owen. 2022. (Magnificent Book Of Ser.). (ENG., Illus.). 80p. (J). (gr. 3-6). 18.99 *(978-1-68188-773-9(8))* Weldon Owen, Inc.

Magnificent Book of Monkeys & Apes. Barbara Taylor. Illus. by Simon Treadwell. 2023. (Magnificent Book Of Ser.). (ENG.). 80p. (J). 19.99 ***(978-1-68188-898-9(X))*** Weldon Owen, Inc.

Magnificent Book of Monsters. Diana Ferguson. Illus. by Gonzalo Kenny. 2023. (Magnificent Book Of Ser.). (ENG.). 80p. (J). 19.99 ***(978-1-68188-875-0(0))*** Weldon Owen, Inc.

Magnificent Book of Sharks. Barbara Taylor & Weldon Weldon Owen. Illus. by Val Walerczuk. 2022. (Magnificent Book Of Ser.). (ENG.). 80p. (J). (gr. 3-6). 18.99 *(978-1-68188-798-2(3))* Weldon Owen, Inc.

Magnificent Book of Treasures: Ancient Egypt. Philip Steele. Illus. by Eugenia Nobati. 2021. (Magnificent Book Of Ser.). (ENG.). 80p. (J). (gr. 3-6). 18.99 *(978-1-68188-558-2(1))* Weldon Owen, Inc.

Magnificent Book of Treasures: Ancient Rome. Stella Caldwell. Illus. by Eugenia Nobati. 2022. (Magnificent Book Of Ser.). (ENG.). 80p. (J). (gr. 3-6). 19.99 *(978-1-68188-744-9(4))* Weldon Owen, Inc.

Magnificent Book of Treasures: Vikings. Stella Caldwell. Illus. by Eugenia Nobati. 2023. (Magnificent Book Of Ser.). (ENG.). 80p. (J). 19.99 ***(978-1-68188-902-3(1))*** Weldon Owen, Inc.

Magnificent Creatures: Animals on the Move! Anna Wright. Illus. by Anna Wright. 2018. (ENG., Illus.). 32p. (J). 17.95 *(978-0-571-33068-3(1)*, Faber & Faber Children's Bks.) Faber & Faber, Inc.

Magnificent Dancing Circle Snails. Michael Read. 2018. (ENG., Illus.). 104p. (J). (gr. k-1). pap. *(978-1-911589-27-3(X)*, Choir Pr., The) Action Publishing Technology Ltd.

Magnificent Dancing Circle Snails. Calendar Snails! Michael Reed. 2019. (Magnificent Dancing Circle Snails Ser.: Vol. 4). (ENG., Illus.). 102p. (J). (gr. k-2). pap. *(978-1-78963-043-5(6)*, Choir Pr., The) Action Publishing Technology Ltd.

Magnificent Dynasty: The Story of the Great Mughals & Their Meteoric Rise. Akul DIDDI. 2018. (ENG., Illus.). 170p. (J). pap. 9.99 *(978-1-64324-257-6(1))* Notion Pr., Inc.

Magnificent Experiments with Materials. Thomas Canavan. Illus. by Adam Linley. 2017. (Mind-Blowing Science Experiments Ser.). 32p. (gr. 4-5). pap. 63.00 *(978-1-5382-0732-1(X))* Stevens, Gareth Publishing LLLP.

Magnificent Flying Baron Estate. Eric Bower. 2017. (Bizarre Baron Inventions Ser.: 1). (ENG., Illus.). 250p. (J). (gr. 4-7). 15.99 *(978-1-944995-13-3(7))* Amberjack Publishing Co.

Magnificent Journey of Roopert the Scribe & the Great Princess Paasha. Beatriz M. Robinson. Illus. by Kylie Papson. 2018. (ENG.). 66p. (J). 33.99 *(978-1-68314-837-1(1))*; pap. 23.99 *(978-1-68314-695-7(6))* Redemption Pr.

Magnificent Machines That Move. Hannah Lippard. 2019. (Do You Know About? Ser.). (ENG.). 48p. (J). (gr. 3-5). 9.99 *(978-1-4867-1654-8(7)*, 435ca4c9-efe0-4186-9300-2bafc7367af0) Flowerpot Pr.

Magnificent Magical Beasts: Inside Their Secret World. Simon Holland. Illus. by David Wyatt & Kev Walker. 2016. (ENG.). 48p. (J). 17.99 *(978-1-68119-430-1(9)*, 9781681194301, Bloomsbury USA Childrens) Bloomsbury Publishing USA.

Magnificent Makers #1: How to Test a Friendship. Theanne Griffith. Illus. by Reggie Brown. 2020. (Magnificent Makers Ser.: 1). 112p. (J). (gr. 2-5). 6.99 *(978-0-593-12298-3(4)*, Random Hse. Bks. for Young Readers) Random Hse. Children's Bks.

Magnificent Makers #2: Brain Trouble. Theanne Griffith. Illus. by Reggie Brown. 2020. (Magnificent Makers Ser.: 2). (ENG.). 112p. (J). (gr. 2-5). 6.99 *(978-0-593-12301-0(8)*, Random Hse. Bks. for Young Readers) Random Hse. Children's Bks.

Magnificent Makers #6: Storm Chasers. Theanne Griffith. Illus. by Leo Trinidad. 2022. (Magnificent Makers Ser.: 6). 112p. (J). (gr. 2-5). 6.99 *(978-0-593-56307-6(7))*; (ENG.). lib. bdg. 12.99 *(978-0-593-56308-3(5))* Random Hse. Children's Bks. (Random Hse. Bks. for Young Readers).

Magnificent Mask. Janine Skeens. 2022. (ENG.). 42p. (J). 24.95 *(978-1-63985-837-8(7))*; pap. 15.95 *(978-1-64952-417-1(X))* Fulton Bks.

Magnificent Masks at the Masquerade Ball Coloring Book. Activity Book Zone. 2016. (ENG., Illus.). (J). pap. 9.20 *(978-1-68376-359-8(9))* Sabeels Publishing.

Magnificent Matt & the Missing Coin. Debra Lenser. Illus. by Kim Sponaugle. 2021. (ENG.). 28p. (J). (gr. -1-2). 21.95 *(978-1-938796-56-2(X)*, Fruitbearer Kids) Fruitbearer Publishing, LLC.

Magnificent Mazes: Kids Maze Activity Book. Activity Book Zone for Kids. 2016. (ENG., Illus.). (J). pap. 7.55 *(978-1-68376-155-6(3))* Sabeels Publishing.

Magnificent Me! Randa Canter. Illus. by Rebecca Tibbetts. 2022. (ENG.). 40p. (J). pap. 12.99 *(978-1-956357-33-2(5))* Lawley Enterprises.

Magnificent Me! Randa Canter. Illus. by Rebecca Tibbets. 2022. (ENG.). 40p. (J). 17.99 *(978-1-956357-13-4(0))* Lawley Enterprises.

Magnificent Migration: On Safari with Africa's Last Great Herds. Sy Montgomery. Illus. by Roger Wood & Logan Wood. 2019. (ENG.). 176p. (J). (gr. 5). 24.99 *(978-0-544-76113-1(8)*, 1634615, Clarion Bks.) HarperCollins Pubs.

Magnificent Minds, 2nd Edition: 17 Pioneering Women in Science & Medicine. Pendred E. Noyce. 2nd ed. 2021. (Magnificent Minds Ser.). (Illus.). 150p. (YA). (gr. 7). pap. 16.95 *(978-1-943431-64-9(7))* Tumblehome Learning.

Magnificent Moles of Mede Meadow. Anne Gordon Perry. 2016. (ENG., Illus.). (J). pap. 16.25 *(978-0-9984256-0-3(5))* Nine Petal Pr.

Magnificent Monsters of Cedar Street. Lauren Oliver. (ENG.). (J). (gr. 3-7). 2021. 400p. pap. 7.99 *(978-0-06-234508-0(7)*, Quill Tree Bks.); 2020. (Illus.). 384p. 17.99 *(978-0-06-234507-3(9)*, HarperCollins) HarperCollins Pubs.

Magnificent Moths. Ruth Owen. 2021. (Tell Me More! Science Ser.). (ENG., Illus.). 24p. (J). (gr. 2-5). pap. 9.99 *(978-1-78856-154-9(6)*, 56db0ac0-d7a6-4e55-8f84-de84a134d8ec); lib. bdg. 29.32 *(978-1-78856-153-2(8)*, befbe930-3d79-444e-b958-4aa4b1af6ea1) Ruby Tuesday Books Limited GBR. Dist: Lerner Publishing Group.

Magnificent Moths. Martha E. H. Rustad. 2017. (Bugs Are Beautiful! Ser.). (ENG., Illus.). 32p. (J). (gr. -1-2). lib. bdg. 27.99 *(978-1-5157-4499-3(X)*, 134198, Capstone Pr.) Capstone.

Magnificent Mya Tibbs: Mya in the Middle. Crystal Allen. 2018. (ENG., Illus.). 288p. (J). (gr. 3-7). 16.99 *(978-0-06-283939-8(X)*, Balzer & Bray) HarperCollins Pubs.

Magnificent Mya Tibbs: Mya in the Middle. Crystal Allen. 2020. (ENG., Illus.). 288p. (J). (gr. 3-7). pap. 9.99 *(978-0-06-283940-4(3)*, Balzer & Bray) HarperCollins Pubs.

Magnificent Mya Tibbs: Spirit Week Showdown. Crystal Allen. Illus. by Eda Kaban. (ENG.). (J). (gr. 3-7). 2017. 256p. pap. 9.99 *(978-0-06-234234-8(7))*; 2016. 240p. 16.99 *(978-0-06-234233-1(9))* HarperCollins Pubs. (Balzer & Bray).

Magnificent Mya Tibbs: the Wall of Fame Game. Crystal Allen. Illus. by Eda Kaban. (ENG.). 272p. (J). (gr. 3-7). 2018. pap. 9.99 *(978-0-06-234237-9(1))*; 2017. 16.99 *(978-0-06-234236-2(3))* HarperCollins Pubs. (Balzer & Bray).

Magnificent Names of Jesus: Prayers & Praises to Love Him More. Jimmy Dodd & Sally Dodd. 2022. (ENG., Illus.). 176p. (J). (gr. -1-3). 16.99 *(978-1-0877-4053-9(3)*, 005831304, B&H Kids) B&H Publishing Group.

Magnificent Nine. Misha Zubarev. Illus. by Dov Ber Cohen. 2018. (ENG.). 40p. (J). 19.95 *(978-0-9861106-2-7(0))* Ariella Publishing.

Magnificent Obsession (Classic Reprint) Lloyd C. Douglas. 2017. (ENG., Illus.). (J). 30.87 *(978-1-5282-4809-9(0))*; pap. 13.57 *(978-0-243-50491-6(8))* Forgotten Bks.

Magnificent Reveal: The Adventures of Tom Mcguire Vol. 5. Rayner Tapia. 2018. (ENG., Illus.). 160p. (YA). (gr. 7-12). 28.95 *(978-1-948260-29-9(8))* Strategic Book Publishing & Rights Agency (SBPRA).

Magnificent Spider. Dredious. 2022. (ENG.). 33p. (J). ***(978-1-387-38092-3(3))*** Lulu Pr., Inc.

Magnificent Time Machine. Sinclair B. Ferguson. 2022. (ENG., Illus.). 40p. (J). 14.99 *(978-1-5271-0791-5(4)*, af90f8cf-cfd3-4a48-a71a-e8831316c6a0, CF4Kids) Christian Focus Pubns. GBR. Dist: Baker & Taylor Publisher Services (BTPS).

Magnificent Women of Marvel: Pop up, Play, & Display! Evie Daye. 2022. (UpLifting Editions Ser.). (ENG., Illus.). 24p. (J). (gr. -1-17). bds. 16.99 *(978-1-4197-5448-7(3)*, 1732610, Abrams Bks. for Young Readers) Abrams, Inc.

Magnificent Young Man, Vol. 1: A Novel (Classic Reprint) John Strange Winter. 2018. (ENG., Illus.). 332p. (J). 30.74 *(978-0-484-84758-2(9))* Forgotten Bks.

Magnifique Paons Livre de Coloriage Pour Adultes: Livres à Colorier Paon Pour Adultes Conceptions de Livres Pour Soulager le Stress, un Côté... Livre Pour Adultes Relaxation et Soulagement du Stress. Rhea Stokes. 2021. (FRE., Illus.). 60p. (YA). pap. 9.97 *(978-1-006-88599-0(4))* Lulu Pr., Inc.

Magnolia. Nancy L. Farrow. 2020. (SPA.). 24p. (J). pap. 11.95 *(978-1-61244-897-8(6))* Halo Publishing International.

Magnolia: Or Gift-Book of Friendship (Classic Reprint) Clara Arnold. 2018. (ENG., Illus.). 306p. (J). 30.21 *(978-0-364-15648-3(1))* Forgotten Bks.

Magnolia Flower. Zora Neale Hurston & Ibram X. Kendi. Illus. by Loveis Wise. 2022. (ENG.). 40p. (J). (gr. -1-3). 19.99 *(978-0-06-309831-2(8)*, Amistad) HarperCollins Pubs.

Magnolia Mudd & Super Jumptastic Launc. Katey Howes. 2018. (ENG., Illus.). 40p. (J). (gr. -1). 16.95 *(978-1-4549-2174-5(9))* Sterling Publishing Co., Inc.

Magnolia Run. Kimberly Filkins. 2018. (ENG.). 136p. (J). pap. 13.95 *(978-1-64458-099-8(3))* Christian Faith Publishing.

Magnolia Sword: a Ballad of Mulan, 1 vol. Sherry Thomas. 2019. (ENG.). 352p. (YA). (gr. 7-12). 19.95 *(978-1-62014-804-4(8)*, leelowtu, Tu Bks.) Lee & Low Bks., Inc.

Magnolia's Magnificent Map. Lauren Bradshaw. Illus. by Wednesday Kirwan. 2018. (Walnut Animal Society Ser.). (ENG.). 32p. (J). (gr. -1-3). 16.95 *(978-1-944903-12-1(7)*, 1313401, Cameron Kids) Cameron + Co.

Magnolia's Mile. J. L. Johns. 2021. (ENG.). 24p. (J). pap. 12.95 *(978-1-61244-921-0(2))* Halo Publishing International.

Magnum Bonum: Or Mother Carey's Brood (Classic Reprint) Charlotte M. Yonge. 2017. (ENG., Illus.). 486p. (J). 33.92 *(978-0-484-06438-5(X))* Forgotten Bks.

Magnum Bonum or Mother Carey's Brood, Vol. 1 of 3 (Classic Reprint) Charlotte M. Yonge. 2018. (ENG., Illus.). 322p. (J). 30.56 *(978-0-484-16004-9(4))* Forgotten Bks.

Magnum Bonum, or Mother Carey's Brood, Vol. 2 of 3 (Classic Reprint) Charlotte M. Yonge. (ENG., Illus.). (J). 2018. 332p. 30.74 *(978-0-365-00629-9(7))*; 2016. pap. 13.57 *(978-1-333-30131-6(6))* Forgotten Bks.

Magnum Bonum, Vol. 3 Of 3: Or Mother Carey's Brood (Classic Reprint) Charlotte M. Yonge. 2018. (ENG., Illus.). 330p. (J). 30.70 *(978-0-656-98585-2(2))* Forgotten Bks.

Magnum Dictionarium Latinum et Gallicum: Ad Pleniorem Planioremque Scriptorum Latinorum Intelligentiam, Collegit, Digessit, AC Nostro Vernaculo Reddidit Cum Notis (Classic Reprint) Pierre Danet. 2018. (FRE., Illus.). (J). 1162p. 47.88 *(978-0-364-84278-2(4))*; 1164p. pap. 30.22 *(978-0-364-42844-3(9))* Forgotten Bks.

Magnus Carlsen's Most Instructive Games. Martyn Kravtsiv. Tr. by Graham Burgess. 2021. (ENG., Illus.). 176p. (YA). (gr. 6-17). pap. 21.95 *(978-1-911465-66-9(X))* Gambit Pubns., Ltd. GBR. Dist: Two Rivers Distribution.

Magnus Chase & the Gods of Asgard. Rick Riordan. 2016. (VIE.). (J). (gr. 5-8). pap. *(978-604-68-2929-4(1))* Nha xuat bn Van hoa-van nghe.

Magnus Chase & the Gods of Asgard Book 1: Sword of Summer, the-Magnus Chase & the Gods of Asgard Book 1. Rick Riordan. 2017. (Magnus Chase & the Gods of Asgard Ser.: 1). (ENG.). 544p. (J). (gr. 3-7). pap. 9.99 *(978-1-4231-6337-4(0)*, Disney-Hyperion) Disney Publishing Worldwide.

Magnus Chase & the Gods of Asgard, Book 2: Hammer of Thor. Rick Riordan. 2018. (Magnus Chase & the Gods of Asgard Ser.: 2). (ENG.). 496p. (J). (gr. 3-7). pap. 9.99 *(978-1-4231-6338-1(9)*, Disney-Hyperion) Disney Publishing Worldwide.

Magnus Chase & the Gods of Asgard, Book 2: Hammer of Thor, the-Magnus Chase & the Gods of Asgard, Book 2. Rick Riordan. 2016. (Magnus Chase & the Gods of Asgard Ser.: 2). (ENG.). 480p. (J). (gr. 5-9). 19.99 *(978-1-4231-6092-2(4)*, Disney-Hyperion) Disney Publishing Worldwide.

Magnus Chase & the Gods of Asgard, Book 3: Ship of the Dead. Rick Riordan. 2019. (Magnus Chase & the Gods of Asgard Ser.). (ENG.). 464p. (J). (gr. 5-9). pap. 9.99 *(978-1-368-02444-0(0)*, Disney-Hyperion) Disney Publishing Worldwide.

Magnus Chase & the Gods of Asgard, Book 3: Ship of the Dead, the-Magnus Chase & the Gods of Asgard, Book 3. Rick Riordan. 2017. (Magnus Chase & the Gods of Asgard Ser.: 3). (ENG.). 432p. (J). (gr. 5-9). 19.99 *(978-1-4231-6093-9(2)*, Disney-Hyperion) Disney Publishing Worldwide.

Magnus Chase & the Gods of Asgard Paperback Boxed Set. Rick Riordan. 2019. (Magnus Chase & the Gods of Asgard Ser.). (ENG.). 1584p. (J). (gr. 5-9). pap. 29.97 *(978-1-4847-8062-6(0)*, Disney-Hyperion) Disney Publishing Worldwide.

Magnus o'Meere, Mind Pioneer. Kristin S. Pierce. Illus. by Mar Fandos. 2019. (ENG.). 40p. (J). (gr. k-3). *(978-1-9990881-0-1(7))* Inner Compass Bks.

Magnus o'Meere, Mind Pioneer. Kristin S. Pierce & Mar Fandos. 2019. (ENG., Illus.). 40p. (J). (gr. k-4). pap. *(978-1-9990881-1-8(5))* Inner Compass Bks.

Magnus the Micro-Mutt & the Space God. Ronald Kinsella & Philip Kinsella. 2019. (ENG.). 156p. (J). 16.41 *(978-0-244-50399-4(0))* Lulu Pr., Inc.

Magnus und der Nachtlöwe see Night Lion

Mago de Los Pensamientos. Pepa Horno. 2022. (SPA.). 28p. (J). (gr. k-2). pap. 12.95 *(978-607-95474-5-5(7))* Fineo Editorial, S.L. ESP. Dist: Independent Pubs. Group.

Mago de Oz: Clasicos para Ninos. L. Frank Baum. 2017. (SPA., Illus.). 82p. (J). pap. *(978-607-453-011-7(4))* Selector, S.A. de C.V.

Mago Merlin: Clasicos para Ninos. Anonimo. 2019. (SPA.). 82p. (J). pap. *(978-607-453-024-7(6))* Selector, S.A. de C.V.

Magonia. Maria Dahvana Headley. 2016. (Magonia Ser.: 1). (ENG.). 336p. (YA). (gr. 8). pap. 10.99 *(978-0-06-232053-7(X)*, HarperCollins) HarperCollins Pubs.

Magos Rebeldes (Enemigos en Las Sombras, la Destrucción de Miklagard, la Traición) Trilogía. Kristian Alva. Ed. by Moises Serrato. 2022. (SPA.). 616p. (J). pap. 21.99 ***(978-1-937361-66-2(7))*** Passkey Online Educational Services.

Magos y Semidioses Percy Jackson Se une a Los Kane/ Demigods & Magicians: Percy & Annabeth Meet the Kanes. Rick Riordan. 2018. (Las Cronicas de Los Kane Ser.). (SPA.). 224p. (J). (gr. 5-9). pap. 10.95 *(978-607-31-6073-5(9)*, Montena) Penguin Random House Grupo Editorial ESP. Dist: Penguin Random Hse. LLC.

Magozwe - Magozwe. Lesley Koyi. Illus. by Wiehan de Jager. 40p. (J). 2023. (SWA.). pap. ***(978-1-922876-44-7(5))***; 2022. (FRE.). pap. ***(978-1-922849-84-7(7))*** Library For All Limited.

Magpie & the Turtle: A Native American-Inspired Folk Tale. Timothy Yeahquo. Illus. by Sarah Gledhill. 2019. (ENG.). 26p. (J). (gr. k-5). pap. 12.99 *(978-1-64633-089-8(7))* Primedia eLaunch LLC.

Magpie, One of the Ephemerals (Classic Reprint) Kenneth Brown. 2018. (ENG., Illus.). 110p. (J). 26.12 *(978-0-332-80444-6(5))* Forgotten Bks.

Magpie Society: One for Sorrow. Amy McCulloch & Zoe Sugg. 2023. (Magpie Society Ser.: 1). 352p. (YA). (gr. 7). 15.99 *(978-0-241-40235-1(2))* Penguin Bks., Ltd. GBR. Dist: Independent Pubs. Group.

Magpie Society: Two for Joy. Amy McCulloch & Zoe Sugg. 2023. (Magpie Society Ser.: 2). 352p. (YA). (gr. 7). 15.99 ***(978-0-241-40238-2(7))*** Penguin Bks., Ltd. GBR. Dist: Independent Pubs. Group.

Magpie's Baking Day: Leveled Reader Blue Fiction Level 9 Grade 1. Hmh Hmh. 2019. (Rigby PM Ser.). (ENG.). 16p. (J). (gr. 1). pap. 11.00 *(978-0-358-12031-5(4))* Houghton Mifflin Harcourt Publishing Co.

Magpie's Library, 1 vol. Kate Blair. 2019. (ENG.). 240p. (J). (gr. 4-7). pap. 13.95 *(978-1-77086-554-9(3)*, Dancing Cat Bks.) Cormorant Bks. Inc. CAN. Dist: Orca Bk. Pubs. USA.

Magpie's Nest (Classic Reprint) Isabel Paterson. 2018. (ENG., Illus.). 304p. (J). 30.19 *(978-0-428-95871-8(0))* Forgotten Bks.

Magpie's Tail: A Swedish Graphic Folktale. Stephanie True Peters. Illus. by Antonella Fant. 2022. (Discover Graphics: Global Folktales Ser.). (ENG.). 32p. (J). 22.65 *(978-1-6663-4100-3(2)*, 219044); pap. 6.95 *(978-1-6663-4101-0(0)*, 219014) Capstone. (Picture Window Bks.).

Magritte's Apple. Klaas Verplancke. 2016. (ENG., Illus.). 40p. (J). (gr. -1-2). 19.95 *(978-1-63345-016-5(3)*, 1643301) Museum of Modern Art.

Mags & Mary. James F. Park. 2018. (ENG.). 92p. (J). pap. ***(978-0-244-12410-6(8))*** Lulu Pr., Inc.

Magyar a Story of the Social Revolution (Classic Reprint) Alex Irvine. 2017. (ENG., Illus.). (J). 29.82 *(978-1-5281-7408-4(9))* Forgotten Bks.

Mahadho. Fathia Absie. 2021. (SOM.). 212p. (YA). pap. 15.50 *(978-1-7947-0991-1(6))* Lulu Pr., Inc.

Mahahaa. Neil Christopher. Ed. by Jeela Palluq-Cloutier. Illus. by Babah Kalluk. 2023. 40p. (YA). (gr. 4-7). pap. 17.95 *(978-1-77227-464-6(X))* Inhabit Media Inc. CAN. Dist: Consortium Bk. Sales & Distribution.

Mahal Ko Ang Aking Nanay: I Love My Mom (Tagalog Edition) Shelley Admont & Kidkiddos Books. 2nd ed. 2019. (Tagalog Bedtime Collection). (TGL.). 32p. (J). (gr. k-3). pap. *(978-1-5259-1450-8(2))* Kidkiddos Bks.

Mahal Ko Ang Aking Nanay I Love My Mom: Bilingual Book Tagalog English. Shelley Admont & Kidkiddos Books. 2nd ed. 2019. (Tagalog English Bilingual Collection). (TGL., Illus.). 32p. (J). (gr. k-3). pap. *(978-1-5259-1176-7(7))* Kidkiddos Bks.

Mahal Ko Ang Tatay Ko: I Love My Dad (Tagalog Edition) Shelley Admont & Kidkiddos Books. 2nd ed. 2020. (Tagalog Bedtime Collection). (TGL., Illus.). 34p. (J). (gr. k-3). pap. *(978-1-5259-2133-9(9))* Kidkiddos Bks.

Mahal Ko Ang Tatay Ko I Love My Dad: Tagalog English Bilingual Book. Shelley Admont & Kidkiddos Books. 2nd ed. 2019. (Tagalog English Bilingual Collection). (TGL., Illus.). 34p. (J). (gr. k-3). pap. *(978-1-5259-1427-0(8))* Kidkiddos Bks.

Mahalinda: Or, the Two Cousins (Classic Reprint) Nathaniel James Walter Le Cato. (ENG., Illus.). (J). 2018. 274p. 29.57 *(978-0-365-46309-2(4))*; 2017. pap. 11.97 *(978-0-282-97681-1(7))* Forgotten Bks.

Maharaja Yashwant Rao Holkar: Bhartiya Swatantra Ke Mahanayak. Ghanshyam Holkar. 2018. (HIN., Illus.). 258p. (J). pap. 12.99 *(978-1-64249-869-1(6))* Notion Pr., Inc.

Mahatma & the Hare: A Dream Story (Classic Reprint) H. Rider Haggard. 2017. (ENG., Illus.). (J). 27.90 *(978-0-331-69623-3(1))* Forgotten Bks.

Mahatma Gandhi, 1 vol. Tim Cooke. 2018. (Meet the Greats Ser.). (ENG.). 48p. (gr. 5-5). lib. bdg. 34.93 *(978-1-5382-2584-4(0)*, 38e3d9fb-2676-4f38-8f0f-6cc6197c6964) Stevens, Gareth Publishing LLLP.

Mahatma Gandhi. Laura K. Murray. 2019. (Odysseys in Peace Ser.). (ENG.). 80p. (gr. 7-12). (YA). pap. 14.99 *(978-1-62832-727-4(8)*, 19108, Creative Paperbacks); (J). *(978-1-64026-164-8(8)*, 19111, Creative Education) Creative Co., The.

Mahatma Gandhi. Meeg Pincus. Illus. by Jeff Bane. 2021. (My Early Library: My Itty-Bitty Bio Ser.). (ENG.). 24p. (J). (gr. k-1). lib. bdg. 30.64 *(978-1-5341-7992-9(5)*, 218248) Cherry Lake Publishing.

Mahatma Gandhi. Maria Isabel Sanchez Vegara & Albert Arrayas. 2019. (Little People, BIG DREAMS Ser.: 25). (ENG., Illus.). 32p. (J). (gr. -1-2). 15.99 ***(978-1-78603-787-9(4)**, Frances Lincoln Children's Bks.)* Quarto Publishing Group UK GBR. Dist: Hachette Bk. Group.

Mahatma Gandhi. Jennifer Strand. 2016. (Legendary Leaders Ser.). (ENG.). 24p. (J). (gr. -1-2). 49.94 *(978-1-68079-406-9(X)*, 23027, Abdo Zoom-Launch); E-Book 57.07 *(978-1-68079-495-3(7)*, 23113) ABDO Publishing Co.

Mahatma Gandhi: Champion of the Indian Independence Movement. Monique Vescia & Michael Nicholson. 2017. (Spotlight on Civic Courage: Heroes of Conscience Ser.). 48p. (J). (gr. 10-15). 70.50 *(978-1-5383-8084-0(6))*; (ENG.). (gr. 6-6). pap. 12.75 *(978-1-5383-8083-3(8)*, f3b85104-520d-4ce4-8ad0-bca42a298a39) Rosen Publishing Group, Inc., The. (Rosen Young Adult).

Mahatma Gandhi: Fighting for Indian Independence, 1 vol. Eileen Lucas. 2017. (Rebels with a Cause Ser.). (ENG.). 128p. (gr. 8-8). lib. bdg. 38.93 *(978-0-7660-8513-8(9)*, 7939188e-3ec5-4be9-bb21-fc0384bf8c3d) Enslow Publishing, LLC.

Mahatma Gandhi: March to Independence, 1 vol. Derek Miller. 2017. (Peaceful Protesters Ser.). (ENG.). 112p. (YA). (gr. 9-9). pap. 20.99 *(978-1-5026-3396-5(5)*, 97541f3e-8abe-46ee-adf0-e21ca841f103) Cavendish Square Publishing LLC.

Mahatma Gandhi: My First Mahatma Gandhi. Maria Isabel Sanchez Vegara & Albert Arrayas. 2020. (Little People, BIG DREAMS Ser.: 25). (ENG., Illus.). 24p. (J). (gr. -1 — 1). bds. ***(978-0-7112-4609-6(2)**, Frances Lincoln Children's Bks.)* Quarto Publishing Group UK.

Mahatma Gandhi (Junior Lives) Sonia Mehta. 2017. (Junior Lives Ser.). (ENG.). 96p. (J). pap. 8.99 *(978-0-14-342826-8(8)*, Puffin) Penguin Bks. India PVT, Ltd IND. Dist: Independent Pubs. Group.

Mahina & Koa the Gecko. Tenajah Nae'ole-Turner. 2017. (ENG., Illus.). (J). pap. 16.95 *(978-1-5127-8402-2(8)*, WestBow Pr.) Author Solutions, LLC.

Mahina & the Missing Link. Arriam Gebre. 2023. 54p. (J). pap. 7.06 ***(978-1-6678-8973-3(7))*** BookBaby.

Mahoney Million (Classic Reprint) Charles Townsend. (ENG., Illus.). (J). 2018. 232p. 28.68 *(978-0-365-03210-6(7))*; 2017. pap. 11.57 *(978-1-5276-7625-1(0))* Forgotten Bks.

Mai & the Tricky Transformation, 2. Kallie George. ed. 2023. (Bibbidi Bobbidi Academy Ser.). (ENG.). 71p. (J). (gr. 1-4). 17.46 ***(978-1-68505-731-2(4))*** Penworthy Co., LLC, The.

Maia & the Very Tall Wall. Brian Wray & Shiloh Penfield. 2020. (ENG., Illus.). 32p. (J). (gr. -1-3). 16.99 *(978-0-7643-6080-0(9)*, 17511) Schiffer Publishing, Ltd.

Maia Loves Gaia. Emma Forsberg. 2021. (ENG.). 170p. (J). *(978-0-2288-3992-7(0))*; pap. *(978-0-2288-3991-0(2))* Tellwell Talent.

Maia's Rescue: Kaha the Puppy. Sarah Knipping. 2020. (ENG.). 69p. (J). pap. *(978-1-716-60058-6(8))* Lulu Pr., Inc.

Maid & a Man (Classic Reprint) Ethel Smith Dorrance. (ENG., Illus.). (J). 2018. 264p. 29.32 *(978-0-484-43476-8(4))*; 2016. pap. 11.97 *(978-1-333-14962-8(X))* Forgotten Bks.

Maid & the Middy: An Operetta (Classic Reprint) David Stevens. (ENG., Illus.). (J). 2018. 82p. 25.61 *(978-0-267-67698-9(0))*; 2016. pap. 9.57 *(978-1-333-30192-7(8))* Forgotten Bks.

Maid & the Milk Pail. Mary Berendes. Illus. by Nancy Harrison. 2022. (Aesop's Fables: Timeless Moral Stories Ser.). (ENG.). 24p. (J). (gr. k-3). 32.79 *(978-1-5038-5867-1(7)*, 215733) Child's World, Inc, The.

Maid-At-Arms. Robert W. Chambers. 2017. (ENG., Illus.). (J). 26.95 *(978-1-374-83640-2(0))* Capital Communications, Inc.

Maid-At-Arms: A Novel (Classic Reprint) Robert W. Chambers. 2018. (ENG., Illus.). 384p. (J). 31.82 *(978-0-483-19750-3(5))* Forgotten Bks.

Maid Ellice a Novel (Classic Reprint) Theo Gift. 2017. (ENG., Illus.). (J). 33.76 *(978-0-260-40629-3(5))*; pap. 16.57 *(978-0-260-40625-5(2))* Forgotten Bks.

Maid for It. Jamie Sumner. 2023. (ENG.). 240p. (J). (gr. 5). 17.99 ***(978-1-6659-0577-0(8)**, Atheneum Bks. for Young Readers)* Simon & Schuster Children's Publishing.

Maid He Married (Classic Reprint) Harriet Prescott Spofford. 2018. (ENG., Illus.). 210p. (J). 28.25 *(978-0-267-24902-2(0))* Forgotten Bks.

Maid I Hired Recently Is Mysterious, Vol. 1. Wakame Konbu. 2021. (Maid I Hired Recently Is Mysterious Ser.: 1). (ENG., Illus.). 130p. (gr. 11-17). pap., pap. 13.00 *(978-1-9753-2476-6(5)*, Yen Pr.) Yen Pr. LLC.

Maid in Arcady (Classic Reprint) Ralph Henry Barbour. 2018. (ENG., Illus.). 234p. (J). 28.72 *(978-0-267-29939-3(7))* Forgotten Bks.

Maid in Panama (Classic Reprint) Sue Core. (ENG., Illus.). (J). 2018. 216p. 28.37 *(978-0-267-60835-5(7))*; 2016. pap. 10.97 *(978-1-334-12660-4(7))* Forgotten Bks.

Maid in Waiting (Classic Reprint) John Galsworthy. 2017. (ENG., Illus.). (J). 31.53 *(978-0-331-88723-5(1))*; pap. 13.97 *(978-1-334-92941-0(6))* Forgotten Bks.

Maid Margaret of Galloway the Life Story of Her Whom Four Centuries Have Called, the Fair Maid of Galloway (Classic Reprint) Samuel Rutherford Crockett. 2018. (ENG., Illus.). 398p. (J). 32.11 *(978-0-484-87292-8(3))* Forgotten Bks.

Maid Marian: I Love Peacock (Classic Reprint) Thomas Love Peacock. (ENG., Illus.). (J). 2018. 174p. 27.49 *(978-0-267-77503-3(2))*; 2016. pap. 9.97 *(978-1-334-12381-8(0))* Forgotten Bks.

Maid Marian & Crotchet Castle (Classic Reprint) Thomas Love Peacock. 2017. (ENG., Illus.). (J). 31.26 *(978-0-266-70752-3(1))* Forgotten Bks.

Maid Marian, and, Crotchet Castle (Classic Reprint) Thomas Love Peacock. 2018. (ENG., Illus.). (J). 232p. 28.68 *(978-1-397-20700-5(0))*; 234p. pap. 11.57 *(978-1-397-20690-9(X))* Forgotten Bks.

Maid Marion, & Other Stories (Classic Reprint) Molly Elliot Seawell. 2017. (ENG., Illus.). (J). 28.99 *(978-0-266-57592-4(7))*; pap. 11.57 *(978-0-282-85347-1(2))* Forgotten Bks.

Maid of '76 (Classic Reprint) Emilie Benson Knipe. 2017. (ENG., Illus.). (J). 30.04 *(978-1-5279-8966-5(6))* Forgotten Bks.

Maid of Athens, 1928 (Classic Reprint) Athens College for Young Women. 2017. (ENG., Illus.). (J). 27.32 *(978-0-331-35668-7(6))*; pap. 9.97 *(978-0-260-96601-8(0))* Forgotten Bks.

Maid of Athens (Classic Reprint) Lafayette McLaws. 2018. (ENG., Illus.). 318p. (J). 30.48 *(978-0-483-53824-5(8))* Forgotten Bks.

Maid of Bar Harbor (Classic Reprint) Henrietta G. Rowe. 2018. (ENG., Illus.). 394p. (J). 32.02 *(978-0-656-24865-0(3))* Forgotten Bks.

Maid of Honor (Classic Reprint) Richard S. Holmes. 2018. (ENG., Illus.). 378p. (J). 31.69 *(978-0-484-06916-8(0))* Forgotten Bks.

Maid of Honour, Vol. 1 Of 3: A Tale of the Dark Days of France (Classic Reprint) Lewis Wingfield. (ENG., Illus.). (J). 2018. 308p. 30.27 *(978-0-267-99078-8(2))*; 2017. pap. 13.57 *(978-0-259-52490-8(5))* Forgotten Bks.

Maid of Honour, Vol. 2 of 3 (Classic Reprint) Hon Lewis Wingfield. 2018. (ENG., Illus.). 310p. (J). 30.29 *(978-0-483-56145-8(2))* Forgotten Bks.

Maid of Honour, Vol. 3 Of 3: A Tale of the Dark Days of France (Classic Reprint) Lewis Wingfield. 2018. (ENG., Illus.). 322p. (J). 30.56 *(978-0-483-08038-6(1))* Forgotten Bks.

Maid of Japan (Classic Reprint) Hugh Fraser. 2017. (ENG., Illus.). (J). 28.74 *(978-0-265-78445-7(X))* Forgotten Bks.

Maid of Killeena: And the Marriage of Moira Fergus (Classic Reprint) William Black. 2018. (ENG., Illus.). 308p. (J). 30.27 *(978-0-265-92602-4(5))* Forgotten Bks.

Maid of Killeena, & Other Stories (Classic Reprint) William Black. 2017. (ENG., Illus.). (J). 30.91 *(978-1-5282-8219-2(1))* Forgotten Bks.

Maid of Mirabelle: A Romance of Lorraine (Classic Reprint) Eliot H. Robinson. (ENG., Illus.). (J). 2017. 30.58 *(978-0-331-93517-2(1))*; 2016. pap. 13.57 *(978-1-333-90140-0(2))* Forgotten Bks.

Maid of Montauk (Classic Reprint) Forest Monroe. 2017. (ENG., Illus.). (J). 27.40 *(978-0-265-47623-9(2))* Forgotten Bks.

Maid of Old Manhattan (Classic Reprint) Emilie Benson Knipe. (ENG., Illus.). (J). 2018. 318p. 30.46 *(978-0-483-99358-7(1))*; 2017. pap. 13.57 *(978-0-243-33631-9(4))* Forgotten Bks.

Maid of Old New York: A Romance of Peter Stuyvesant's Time (Classic Reprint) Amelia Edith Huddleston Barr. 2018. (ENG., Illus.). 390p. (J). 31.96 *(978-0-484-64954-4(X))* Forgotten Bks.

Maid of Ontario: A Story of Buffalo, Toronto, & the Fenian Raid of 1866 (Classic Reprint) James Leroy Nixon. 2017. (ENG., Illus.). (J). 31.38 *(978-0-266-93836-1(1))*; pap. 13.97 *(978-0-243-50521-0(3))* Forgotten Bks.

Maid of Sker (Classic Reprint) R. D. Blackmore. 2017. (ENG., Illus.). (J). 33.82 *(978-0-260-91915-1(2))* Forgotten Bks.

Maid of Sker, Vol. 1 of 3 (Classic Reprint) R. D. Blackmore. 2017. (ENG., Illus.). (J). 30.70 *(978-0-265-79096-0(4))* Forgotten Bks.

Maid of Sker, Vol. 2 of 3 (Classic Reprint) R. D. Blackmore. 2017. (ENG., Illus.). (J). 30.79 *(978-0-266-61344-2(6))* Forgotten Bks.

Maid of Sker, Vol. 3 of 3 (Classic Reprint) R. D. Blackmore. 2017. (ENG., Illus.). 316p. (J). 30.41 *(978-0-265-51686-7(2))* Forgotten Bks.

Maid of Sonora (Classic Reprint) Charles Edmund Haas. (ENG., Illus.). (J). 2018. 174p. 27.49 *(978-0-483-83690-7(7))*; 2016. pap. 9.97 *(978-1-333-70072-0(5))* Forgotten Bks.

Maid of the Combahee: A Romance of the South from the Manuscript of Sir Thomas Yeld, Bart (Classic Reprint) Israel Plummer Taft. 2017. (ENG., Illus.). (J). 332p. 30.76 *(978-0-484-19562-1(X))*; pap. 13.57 *(978-0-259-48258-1(7))* Forgotten Bks.

Maid of the Frontier (Classic Reprint) Henry Spofford Canfield. (ENG., Illus.). (J). 2018. 224p. 28.54 *(978-0-666-54993-8(1))*; 2017. pap. 10.97 *(978-0-259-52333-8(X))* Forgotten Bks.

Maid of the King's Court. Lucy Worsley. 2017. (ENG.). 368p. (J). (gr. 7). 16.99 *(978-0-7636-8806-6(1))* Candlewick Pr.

Maid of the Mist. Melissa Franckowiak. (ENG.). (J). 2019. 168p. pap. 9.99 *(978-1-7326808-1-4(7))*; 2019. (Illus.). 40p. pap. 11.99 *(978-0-9992059-7-6(8))*; 2018. 212p. pap. 9.99 *(978-0-9992059-5-2(1))* MelissaCrickard.

Maid of the Mohawk (Classic Reprint) Frederick Augustus Ray. (ENG., Illus.). (J). 2018. 368p. 31.49 *(978-0-484-25234-8(8))*; 2016. pap. 13.97 *(978-1-334-14254-3(8))* Forgotten Bks.

Maid of the Mountains (Classic Reprint) Dorothy C. Paine. 2018. (ENG., Illus.). 362p. (J). 31.36 *(978-0-484-67643-4(1))* Forgotten Bks.

Maid, Wife, & Widow, Vol. 1: A Tale (Classic Reprint) Henry Siddons. 2018. (ENG., Illus.). 290p. (J). 29.88 *(978-0-332-98393-6(5))* Forgotten Bks.

Maid, Wife, & Widow, Vol. 2 Of 3: A Tale (Classic Reprint) Henry Siddons. 2018. (ENG., Illus.). 268p. (J). 29.44 *(978-0-483-41032-9(2))* Forgotten Bks.

Maid, Wife, & Widow, Vol. 3 Of 3: A Tale (Classic Reprint) Henry Siddons. 2018. (ENG., Illus.). 282p. (J). 29.73 *(978-0-267-17235-1(4))* Forgotten Bks.

Maid, Wife, or Widow? (Classic Reprint) Alexander. 2017. (ENG., Illus.). (J). pap. 13.57 *(978-0-243-30438-7(2))* Forgotten Bks.

Maid, Wife, or Widow? (Classic Reprint) Alexander. 2018. (ENG., Illus.). 282p. (J). 29.73 *(978-0-428-24229-9(4))* Forgotten Bks.

Maid, Wife or Widow? (Classic Reprint) Alexander. 2018. (ENG., Illus.). 216p. (J). 28.35 *(978-0-267-29754-2(8))* Forgotten Bks.

Maida: A Child of Sorrow (Classic Reprint) Charles Garvice. (ENG., Illus.). (J). 2018. 354p. 31.20 *(978-0-483-48373-6(7))*; 2017. pap. 13.57 *(978-1-334-96071-0(2))* Forgotten Bks.

Maida's Little House (Classic Reprint) Inez Haynes Irwin. 2017. (ENG., Illus.). (J). 29.51 *(978-0-260-18807-6(7))*; pap. 11.97 *(978-0-243-26982-2(X))* Forgotten Bks.

Maida's Little Shop. Inez Haynes Gillmore. 2017. (ENG., Illus.). (J). 23.95 *(978-1-374-82488-1(7))*; pap. 13.95 *(978-1-374-82487-4(9))* Capital Communications, Inc.

Maida's Little Shop. Inez Haynes Irwin. 2018. (ENG., Illus.). 160p. (YA). (gr. 7-12). pap. *(978-93-5297-440-5(9))* Alpha Editions.

Maiden All Forlorn, & Other Stories. Margaret Wolfe Hungerford. 2017. (ENG.). 384p. (J). pap. *(978-3-337-28060-4(9))* Creation Pubs.

Maiden All Forlorn, & Other Stories: By the Author of P8phyllis, Molly Bawn, Loys, Lord Beresford, etc (Classic Reprint) Margaret Wolfe Hungerford. 2018. (ENG., Illus.). 386p. (J). 31.88 *(978-0-666-48580-9(1))* Forgotten Bks.

Maiden & Married Life of Mary Powell. Anne Manning. 2017. (ENG.). 432p. (J). pap. *(978-3-337-01763-7(0))* Creation Pubs.

Maiden & Married Life of Mary Powell: Afterwards Mistress Milton (Classic Reprint) Anne Manning. 2018. (ENG., Illus.). 304p. (J). 30.17 *(978-0-364-06773-4(X))* Forgotten Bks.

Maiden & Princess. Daniel Haack & Isabel Galupo. Illus. by Becca Human. 2019. (ENG.). 40p. (J). (gr. -1-3). 17.99 *(978-1-4998-0776-9(7))* Little Bee Books Inc.

Maiden & the Toad. Melinda K. Busch. Illus. by Jeff Gerke. 2017. (ENG.). 28p. (J). 15.00 *(978-0-692-99192-3(1))* Busch, Melinda K.

Maiden Manifest (Classic Reprint) Delia Campbell MacLeod. 2018. (ENG., Illus.). 378p. (J). 31.69 *(978-0-483-42270-4(3))* Forgotten Bks.

Maiden Mona the Mermaid: A Fairy Play for Fairy People (Classic Reprint) Frederick A. Dixon. 2017. (ENG., Illus.). (J). 24.80 *(978-0-331-50608-2(4))*; pap. 7.97 *(978-0-243-48422-5(4))* Forgotten Bks.

Maiden Monarch, Vol. 1 Of 2: Or Island Queen (Classic Reprint) Unknown Author. 2017. (ENG., Illus.). (J). 29.38 *(978-1-5285-6326-0(3))* Forgotten Bks.

Maiden Monarch, Vol. 2 Of 2: Or, Island Queen (Classic Reprint) Unknown Author. 2018. (ENG., Illus.). 310p. (J). 30.29 *(978-0-483-60429-2(1))* Forgotten Bks.

Maiden Voyage: a Titanic Story. Sarah Jane. 2018. (ENG.). 256p. (J). (gr. 7-7). pap. 9.99 *(978-1-338-22665-2(7)*, Scholastic Pr.) Scholastic, Inc.

Maiden Voyage of the Dreamchaser. Al C. Myst. 2022. (ENG.). 212p. (YA). pap. 19.99 *(978-1-0880-1352-6(X))* Indy Pub.

Maidenhead Adventure Trail One, Can You Restore the Magic to the Butterflies in Ockwelland? Debbie Brewer. 2019. (ENG.). 62p. (J). pap. *(978-0-244-77887-3(6))* Lulu Pr., Inc.

Maidenhood, Vol. 1 of 3 (Classic Reprint) Sara Anna Marsh. 2018. (ENG., Illus.). 340p. (J). 30.91 *(978-0-483-69731-7(1))* Forgotten Bks.

Maidenhood, Vol. 2 of 3 (Classic Reprint) Sara Anna Marsh. 2018. (ENG., Illus.). 334p. (J). 30.81 *(978-0-267-23214-7(4))* Forgotten Bks.

Maidenhood, Vol. 3 of 3 (Classic Reprint) Sara Anna Marsh. 2018. (ENG., Illus.). 344p. (J). 30.99 *(978-0-267-22149-3(5))* Forgotten Bks.

Maiden's Choice (Classic Reprint) W. Heimburg. (ENG., Illus.). (J). 2018. 374p. 31.61 *(978-0-483-77891-7(5))*; 2017. pap. 13.97 *(978-0-243-30644-2(X))* Forgotten Bks.

Maiden's Progress a Novel in Dialogue (Classic Reprint) Violet Hunt. 2018. (ENG., Illus.). 300p. (J). 30.08 *(978-0-656-72426-0(9))* Forgotten Bks.

Maiden's Talisman, Vol. 2 Of 3: And Other Strange Tales (Classic Reprint) James Dalton. 2018. (ENG., Illus.). 302p. (J). 30.21 *(978-0-428-98590-5(4))* Forgotten Bks.

Maidenthorpe, Vol. 1: Or, Interesting Events about the Year 1825 (Classic Reprint) Jeremiah Briefless. 2018. (ENG., Illus.). 330p. (J). 30.70 *(978-0-428-65412-2(6))* Forgotten Bks.

Maidenthorpe, Vol. 2: Or, Interesting Events about the Year 1825 (Classic Reprint) Jeremiah Briefless. 2018. (ENG., Illus.). 328p. (J). 30.66 *(978-0-267-25907-6(7))* Forgotten Bks.

Maids & a Man, 1920, Vol. 1 (Classic Reprint) Students of Tubman High School. 2018. (ENG., Illus.). 138p. (J). 26.76 *(978-0-267-50513-5(2))* Forgotten Bks.

Maids & a Man, 1921, Vol. 2 (Classic Reprint) Tubman High School. (ENG., Illus.). (J). 2018. 142p. 26.83 *(978-0-267-55719-6(1))*; 2016. pap. 9.57 *(978-1-333-68047-3(3))* Forgotten Bks.

Maids & a Man 1922, Vol. 3 (Classic Reprint) Students of Tubman High School. 2018. (ENG., Illus.). (J). 154p. 27.09 *(978-0-365-56535-2(0))*; 156p. pap. 9.57 *(978-0-365-56534-5(2))* Forgotten Bks.

Maids & a Man, 1923, Vol. 4 (Classic Reprint) Tubman High School. (ENG., Illus.). (J). 2018. 168p. 27.38 *(978-0-656-07893-6(6))*; 2017. pap. 9.97 *(978-0-259-91476-1(2))* Forgotten Bks.

1258 The check digit for ISBN-10 appears in parentheses after the full ISBN-13

Maids & a Man, 1924, Vol. 5 (Classic Reprint) Tubman High School. (ENG., Illus.). (J). 2018. 160p. 27.20 (978-0-365-46024-4(9)); 2017. pap. 9.57 (978-0-259-96498-8(0)) Forgotten Bks.

Maids & a Man, 1926 (Classic Reprint) Tubman High School. (ENG., Illus.). (J). 2018. 168p. 27.38 (978-0-483-11584-2(3)); 2017. pap. 9.97 (978-0-259-93562-9(X)) Forgotten Bks.

Maids & a Man, 1927 (Classic Reprint) Tubman High School. (ENG., Illus.). (J). 2018. 88p. 25.71 (978-0-365-31645-9(8)); 2017. pap. 9.57 (978-0-259-93322-9(8)) Forgotten Bks.

Maids & a Man, 1928 (Classic Reprint) Tubman High School. 2017. (ENG., Illus.). (J). pap. 9.57 (978-0-259-90082-5(6)) Forgotten Bks.

Maids & a Man, 1930 (Classic Reprint) Tubman High School. 2017. (ENG., Illus.). (J). 66p. 25.26 (978-0-332-76280-7(7)); 68p. pap. 9.57 (978-0-332-59458-3(0)) Forgotten Bks.

Maids & a Man, 1934 (Classic Reprint) Tubman High School. 2017. (ENG., Illus.). (J). 25.28 (978-0-260-62114-6(5)); pap. 9.57 (978-0-265-02187-3(1)) Forgotten Bks.

Maids in a Market Garden (Classic Reprint) Clo Graves. 2017. (ENG., Illus.). (J). 29.96 (978-1-5280-8474-1(8)) Forgotten Bks.

Maids in a Market Garden (Classic Reprint) Clotilde Graves. (ENG., Illus.). (J). 2018. 306p. 30.23 (978-0-484-81989-3(5)); 2017. pap. 13.57 (978-0-243-28476-4(4)) Forgotten Bks.

Maids of Honour, Vol. 1 Of 3: A Tale of the Court of George I (Classic Reprint) Robert Folkestone Williams. 2017. (ENG., Illus.). 310p. (J). 30.31 (978-0-484-38794-1(4)) Forgotten Bks.

Maids of Honour, Vol. 2 Of 3: A Tale of the Court of George I (Classic Reprint) Robert Folkestone Williams. 2017. (ENG., Illus.). 328p. (J). 30.66 (978-0-484-81986-2(0)) Forgotten Bks.

Maids of Honour, Vol. 3 Of 3: A Tale of the Court of George I (Classic Reprint) Robert Folkestone Williams. 2017. (ENG., Illus.). 328p. (J). 30.66 (978-0-484-89496-8(X)) Forgotten Bks.

Maids of Paradise: A Novel (Classic Reprint) Robert W. Chambers. 2017. (ENG., Illus.). (J). 32.39 (978-1-5284-6413-0(3)) Forgotten Bks.

Maidservant. Chidi Ezeobi. 2021. (ENG.). 280p. (YA). pap. 17.95 (978-1-6624-4766-2(3)) Page Publishing Inc.

Maidu Texts, Vol. 4 (Classic Reprint) Roland B. Dixon. 2018. (ENG., Illus.). 248p. (J). 29.03 (978-0-267-47981-8(6)) Forgotten Bks.

Mail & Express Fourth of July Prize Stories & Poems: Founded on the American Revolution (Classic Reprint) New York Mail and Express. (ENG., Illus.). (J). 2018. 110p. 26.19 (978-0-483-88954-5(7)); 2016. pap. 9.57 (978-1-333-14018-2(5)) Forgotten Bks.

Mail Bid Sale of United States Gold, Silver & Copper Coins Mostly in Proof & Uncirculated Condition: Closing Date June 5th 1942 (Classic Reprint) Horace M. Grant. 2017. (ENG., Illus.). (J). 24.33 (978-0-331-46159-6(5)); pap. 7.97 (978-0-265-76399-5(1)) Forgotten Bks.

Mail Carrier. Czeena Devera. Illus. by Jeff Bane. 2018. (Mi Mini Biografía (My Itty-Bitty Bio): My Early Library). (ENG.). 24p. (J). (gr. k-1). pap. 12.79 (978-1-5341-0816-5(5), 210628); lib. bdg. 30.64 (978-1-5341-0717-5(7), 210627) Cherry Lake Publishing.

Mail Carriers. Christina Leaf. 2018. (Community Helpers Ser.). (ENG., Illus.). 24p. (J). (gr. k-3). pap. 7.99 (978-1-61891-308-1(5), 12094, Blastoff! Readers) Bellwether Media.

Mail Carriers. Julie Murray. 2016. (My Community: Jobs Ser.). (ENG.). 24p. (J). (gr. -1-2). pap. 7.95 (978-1-4966-1055-3(5), 134960, Capstone Classroom) Capstone.

Mail Carriers. Laura K. Murray. 2023. (Seedlings Ser.). (ENG., Illus.). 24p. (J). (gr. 1-3). pap. 10.99 (978-1-62832-946-9(7), 23576, Creative Paperbacks) Creative Co., The.

Mail Duck (a Mail Duck Special Delivery) A Book of Shapes & Surprises. Erica Sirotich. 2020. (Mail Duck Special Delivery Ser.). (ENG.). 20p. (J). (gr. -1 — 1). bds. 9.99 (978-1-4197-3989-7(1), 1297210, Abrams Appleseed) Abrams, Inc.

Mail Duck Helps a Friend (a Mail Duck Special Delivery) A Book of Colors & Surprises. Erica Sirotich. 2023. (Mail Duck Special Delivery Ser.). (ENG.). 20p. (J). (gr. -1 — 1). bds., bds. 10.99 (978-1-4197-6564-3(7), 1794410, Abrams Appleseed) Abrams, Inc.

Mail Movers. Finn Coyle. Illus. by Srimalie Bassani. 2019. (Finn's Fun Trucks Ser.). (ENG.). 32p. (J). (gr. k-2). 6.99 (978-1-4867-1788-0(8), 98117558-6376-49d6-8b8b-ef315143408c) Flowerpot Pr.

Mail Movers: A Lift-The-Page Truck Book. Finn Coyle. Illus. by Srimalie Bassani. 2019. (Finn's Fun Trucks Ser.). (ENG.). 14p. (J). (gr. k-2). bds. 8.99 (978-1-4867-1648-7(2), 2d9d3ce3-6c0c-465f-9ce1-47354f61d008) Flowerpot Pr.

Mailbox in the Forest. Kyoko Hara. Illus. by Kazue Takahashi. 2021. (Forest Friends Ser.). (ENG.). 74p. (J). (gr. -1-3). 14.99 (978-1-940842-53-0(0)) Museyon.

Mailman Sonny. Sonny Workman. 2020. (ENG.). 36p. (J). 19.99 (978-1-7356963-5-9(0)) Mindstir Media.

Main Chance (Classic Reprint) Meredith Nicholson. 2018. (ENG., Illus.). 464p. (J). 33.43 (978-0-484-69554-1(1)) Forgotten Bks.

Main Character Vibes Journal. Angie Wehking. 2021. (ENG.). 100p. (J). pap. (978-1-312-08846-7(X)) Lulu Pr., Inc.

Main Event #2. Corey Oaneill. 2016. (ENG., Illus.). (J). pap. 12.99 (978-1-68076-695-0(3), Epic Pr.) ABDO Publishing Co.

Main Road a Novel (Classic Reprint) Maude Radford Warren. 2017. (ENG., Illus.). (J). 402p. 32.21 (978-0-484-69277-9(1)); pap. 16.57 (978-1-5276-7428-8(2)) Forgotten Bks.

Main Street: The Story of Carol Kennicott (Classic Reprint) Sinclair Lewis. 2017. (ENG., Illus.). (J). 33.47 (978-1-5284-8954-6(3)) Forgotten Bks.

Main Street School ~Kids with Character Set 2 - 6 Titles, 4 vols., Vol. 2. Anastasia Suen. Illus. by Jeff Ebbeler. Incl. Game Over: Dealing with Bullies. 32.79 (978-1-60270-270-7(5), 11275); Girls Can, Too! A Tolerence Story. 32.79 (978-1-60270-271-4(3), 11277); Trust Me: A Loyalty Story. 32.79 (978-1-60270-273-8(X), 11281); Vote for Isaiah! A Citizenship Story. 32.79 (978-1-60270-274-5(8), 11283); (J). (gr. k-4). (Main Street School~ Kids with Character Ser.). (ENG., Illus.). 32p. 2008. 131.16 (978-1-60270-268-4(3), 11271, Looking Glass Library) Magic Wagon.

Main-Travelled Roads. Hamlin Garland. 2017. (ENG., Illus.). (J). 25.95 (978-1-374-83930-4(2)) Capital Communications, Inc.

Main-Travelled Roads: Being Six Stories of the Mississippi Valley (Classic Reprint) Hamlin Garland. 2017. (ENG., Illus.). (J). pap. 11.97 (978-1-332-92843-9(9)) Forgotten Bks.

Main-Travelled Roads: Being Six Stories of the Mississippi Valley (Classic Reprint) Hamlin Garland. 2018. (ENG., Illus.). 268p. (J). 29.42 (978-0-656-63592-4(4)) Forgotten Bks.

Main-Travelled Roads (Classic Reprint) Hamlin Garland. 2017. (ENG., Illus.). (J). 29.28 (978-0-265-60879-1(1)) Forgotten Bks.

Maine, 1 vol. John Hamilton. 2016. (United States of America Ser.). (ENG., Illus.). 48p. (J). (gr. 5-9). 34.21 (978-1-68078-321-6(1), 21627, Abdo & Daughters) ABDO Publishing Co.

Maine. Ann Heinrichs. Illus. by Matt Kania. 2017. (U. S. A. Travel Guides). (ENG.). 40p. (J). (gr. 2-5). lib. bdg. 38.50 (978-1-5038-1959-7(0), 211596) Child's World, Inc, The.

Maine. Hannah Perkins. 2022. (Core Library of US States Ser.). (ENG., Illus.). 48p. (J). (gr. 4-8). lib. bdg. 35.64 (978-1-5321-9760-4(8), 39611) ABDO Publishing Co.

Maine. Angie Swanson & Bridget Parker. 2016. (States Ser.). (ENG., Illus.). 32p. (J). (gr. 3-6). lib. bdg. 27.99 (978-1-5157-0406-5(8), 132017, Capstone Pr.) Capstone.

Maine: Children's Books on the USA. Bold Kids. 2022. (ENG.). 40p. (J). pap. 15.99 *(978-1-0717-1052-4(4))* FASTLANE LLC.

Maine: Discover Pictures & Facts about Maine for Kids! Bold Kids. 2021. (ENG.). 34p. (J). pap. 11.99 (978-1-0717-0826-2(0)) FASTLANE LLC.

Maine: The Pine Tree State, 1 vol. Ashley M. Ehman et al. 2019. (It's My State! (Fourth Edition)(r) Ser.). (ENG.). 80p. (gr. 4-4). 35.93 (978-1-5026-4222-6(0), 533c59e1-906d-446f-8d54-ebeefa7affd9) Cavendish Square Publishing LLC.

Maine: The Pine Tree State. Jill Foran. 2016. (J). (978-1-4896-4872-3(0)) Weigl Pubs., Inc.

Maine (a True Book: My United States) (Library Edition) Robin S. Doak. 2018. (True Book (Relaunch) Ser.). (ENG., Illus.). 48p. (J). (gr. 3-5). 31.00 (978-0-531-23166-1(6), Children's Pr.) Scholastic Library Publishing.

Maine Coon Cats. Elizabeth Andrews. 2022. (Cats (CK) Ser.). (ENG., Illus.). 24p. (J). (gr. k-3). lib. bdg. 31.36 (978-1-0982-4311-1(0), 41197, Pop! Cody Koala) Pop!.

Maine Coon Cats. Nancy Furstinger. 2016. (Illus.). 24p. (J). (978-1-4896-5623-0(5)) Weigl Pubs., Inc.

Maine Coon Cats. Katie Lajiness. 2017. (Big Buddy Cats Ser.). (ENG., Illus.). 32p. (J). (gr. 2-5). lib. bdg. 34.21 (978-1-5321-1199-0(1), 27551, Big Buddy Bks.) ABDO Publishing Co.

Maine Coon Cats. Mari Schuh. (Favorite Cat Breeds Ser.). (ENG., Illus.). 24p. (J). 2017. (gr. k-2). pap. 8.99 (978-1-68152-098-8(2), 15703); 2016. (gr. 1-4). lib. bdg. 20.95 (978-1-60753-969-8(1), 15695) Amicus.

Maine Coon Cats. Leo Statts. 2019. (Cats (AZ) Ser.). (ENG., Illus.). 24p. (J). (gr. -1-2). lib. bdg. 31.36 (978-1-5321-2710-6(3), 31627, Abdo Zoom-Launch) ABDO Publishing Co.

Maine Coons. Nicki Clausen-Grace. 2019. (Cat Stats Ser.). (ENG.). 32p. (J). (gr. 4-6). pap. 9.99 (978-1-64466-016-4(4), 12653); lib. bdg. (978-1-68072-799-9(0), 12652) Black Rabbit Bks. (Bolt).

Maine, in Verse & Story (Classic Reprint) George A. Cleveland. 2017. (ENG., Illus.). (J). 29.65 (978-1-5279-4330-8(5)) Forgotten Bks.

Maine Monsters: A Search & Find Book. Illus. by Julie Cossette. 2018. (ENG.). 22p. (J). (gr. -1). bds. 9.99 (978-2-924734-14-8(2)) City Monsters Bks. CAN. Dist: Publishers Group West (PGW).

Mainland (Classic Reprint) Grant Watson. 2018. (ENG., Illus.). 316p. (J). 30.43 (978-0-483-44940-4(7)) Forgotten Bks.

Mainly by Moonlight: Book Two of the Mage Web Series. C. Lavielle. 2018. (Mage Web Ser.: Vol. 2). (ENG., Illus.). 376p. (YA). pap. 16.99 (978-0-9983260-1-6(1)) C. LaVielle.

Mainly for Mother (Classic Reprint) Armine Norris. 2018. (ENG., Illus.). 236p. (J). 28.78 (978-0-483-99770-7(6)) Forgotten Bks.

Mainspring (Classic Reprint) Charles Agnew MacLean. (ENG., Illus.). (J). 2018. 328p. 30.68 (978-0-483-26380-2(X)); 2017. pap. 13.57 (978-0-243-21793-9(5)) Forgotten Bks.

Mainstone's Housekeeper (Classic Reprint) Eliza Meteyard. 2017. (ENG., Illus.). (J). 34.77 (978-0-266-68413-8(0)); pap. 19.57 (978-1-5276-5917-9(8)) Forgotten Bks.

Mainstream News. Wil Mara. 2018. (21st Century Skills Library: Global Citizens: Modern Media Ser.). (ENG.). 32p. (J). (gr. 4-7). pap. 14.21 (978-1-5341-3251-1(1), 211769); (Illus.). lib. bdg. 32.07 (978-1-5341-2931-3(6), 211768) Cherry Lake Publishing.

Maintain the Mischief (the Selwood Boys, #4) Tony Wilson et al. 2018. (Selwood Boys Ser.: 04). 160p. 5.99 (978-0-7333-3548-8(9)) ABC Bks. AUS. Dist: HarperCollins Pubs.

Maintaining & Upgrading a Gaming PC. Josh Gregory. 2022. (21st Century Skills Innovation Library: Unofficial Guides). (ENG., Illus.). 32p. (J). (gr. 4-8). pap. 14.21 (978-1-6689-0080-2(7), 220171); lib. bdg. 32.07 (978-1-5341-9966-8(7), 220027) Cherry Lake Publishing.

Mairi's Mermaid (Reading Ladder Level 2) Lucy Richards & Michael Morpurgo. Illus. by Lucy Richards. 2nd ed. 2016. (Reading Ladder Level 2 Ser.). (ENG., Illus.). 48p. (gr. k-2). pap. 4.99 (978-1-4052-8201-7(0), Reading Ladder) Farshore GBR. Dist: HarperCollins Pubs.

Mai's Bus Ride: Leveled Reader Turquoise Level 17. Rg Rg. 2016. (PM Ser.). (ENG.). 16p. (J). (gr. 2). pap. 11.00 (978-0-544-89170-8(8)) Rigby Education.

Mais Que Um Sonho. Tatiane Gusmao Reis. 2017. (POR., Illus.). (J). pap. (978-85-69030-88-1(6)) Drago Editorial.

Mais Que Vas-Tu Faire de Tes Cheveux? Ndija Anderson-Yantha. Tr. by Nathalie Michele Biwole. Illus. by Kaela Beals. 2018. (FRE.). 56p. (J). pap. (978-0-9958577-2-8(5)) Anderson-Yantha, Ndija.

Maisey Daise Stories - Book One. Terri S. Lee. 2023. (ENG.). 78p. (J). *(978-0-473-59915-7(5))*; pap. *(978-0-473-59914-0(7))* MaiseyDaiseStories.

Maisha y el Hombre Lobo: Colección Supervíviente. Oscar Aguilar. 2020. (SPA.). 115p. (J). pap. (978-1-716-65985-0(X)) Lulu Pr., Inc.

Maisie & the Botanic Garden Mystery, 70 vols. Aileen Paterson. 2023. (ENG., Illus.). 32p. (J). (gr. -1-k). pap. 9.99 *(978-1-910877-46-3(8))* Royal Botanic Gardens Edinburgh GBR. Dist: Independent Pubs. Group.

Maisie & the Clootie Tree. Seána Walsh. 2021. (ENG.). 48p. (J). pap. (978-1-989033-71-5(7)) Saga Pr. & Little Bird Bks.

Maisie Lockwood Adventures #1: off the Grid (Jurassic World) Tess Sharpe. Illus. by Chloe Dominique. 2022. (Maisie Lockwood Adventures Ser.: 1). (ENG.). 208p. (J). (gr. 3-7). 13.99 (978-0-593-37313-2(8)); lib. bdg. 16.99 (978-0-593-37314-9(6)) Random Hse. Children's Bks. (Random Hse. Bks. for Young Readers).

Maisie Lockwood Adventures #2: the Yosemite Six (Jurassic World) Tess Sharpe. Illus. by Chloe Dominique. 2022. (Maisie Lockwood Adventures Ser.: 2). (ENG.). 208p. (J). (gr. 3-7). 13.99 (978-0-593-38035-2(5), Random Hse. Bks. for Young Readers) Random Hse. Children's Bks.

Maisie Mammoth's Memoirs: A Guide to Ice Age Celebs. Illus. by Rob Hodgson. 2020. (ENG.). 48p. (J). (gr. k-3). 19.95 (978-0-500-65206-0(6), 565206) Thames & Hudson.

Maisie Mcgillicuddy's Sheep Got Muddy. Kelly Grettler. Illus. by Darya Beklemesheva. 2020. (ENG.). 42p. (J). 17.99 (978-1-0878-8512-4(4)) Indy Pub.

Maisie's Merry Rescue. Bretworth B. Apthorp. Illus. by Ros Webb. 2021. (ENG.). 24p. (J). 22.95 (978-0-578-30515-8(1)) Apthorp, Bretworth B.

Maisley's Moon. A. Joseph Claycomb. 2021. (ENG., Illus.). 40p. (J). pap. 15.95 (978-1-63874-105-3(0)) Christian Faith Publishing.

Maison de Shine: More Stories of the Actors Boarding House (Classic Reprint) Helen Green. 2018. (ENG., Illus.). 314p. (J). 30.37 (978-0-483-96138-8(8)) Forgotten Bks.

Maison Pour Toujours. Isabelle Bernier. 2017. (FRE., Illus.). (J). pap. (978-2-9816809-1-4(9)) Bernier, Isabelle.

Maison Rouge: Memories of a Childhood in War, 1 vol. Liliane Leila Juma. 2020. (ENG.). 120p. (YA). (gr. 8-12). pap. 10.95 (978-1-926890-30-2(2)) Tradewind Bks. CAN. Dist: Orca Bk. Pubs. USA.

Maisons et les Manoirs Hantés (Haunted Houses & Mansions) Thomas Kingsley Troupe. Tr. by Annie Evearts. 2021. (Lieux Hantés! (the Haunted!) Ser.). (FRE.). (J). (gr. 3-9). pap. *(978-1-0396-0372-1(6)*, 13076, Crabtree Branches) Crabtree Publishing Co.

Maistre Wace's Roman de Rou et des Ducs de Normandie, Vol. 1: I. und II. Theil (Classic Reprint) Wace Wace. 2018. (FRE., Illus.). (J). 332p. 30.74 (978-1-391-28874-1(2)); 334p. pap. 13.57 (978-1-390-73588-8(5)) Forgotten Bks.

Maisy & the Missing Mice (the Maisy Files Book 1) Elizabeth Woodrum. 2016. (ENG., Illus.). (J). 23.99 (978-1-365-53744-8(7)) Lulu Pr., Inc.

Maisy & the Money Marauder (the Maisy Files Book 2) Elizabeth Woodrum. 2016. (ENG., Illus.). (J). 24.99 (978-1-365-53809-4(5)) Lulu Pr., Inc.

Maisy & the Mystery Manor (the Maisy Files Book 3) Elizabeth Woodrum. 2016. (ENG., Illus.). (J). 24.99 (978-1-365-53943-5(1)) Lulu Pr., Inc.

Maisy at Home: a First Words Book. Lucy Cousins. Illus. by Lucy Cousins. 2019. (Maisy Ser.). (ENG., Illus.). 22p. (J). (— 1). bds. 8.99 (978-1-5362-0385-1(8)) Candlewick Pr.

Maisy at the Farm. Lucy Cousins. Illus. by Lucy Cousins. 2021. (Maisy Ser.). (ENG.). 16p. (J). (gr. -1-2). 14.99 (978-1-5362-1682-0(8)) Candlewick Pr.

Maisy at Work: a First Words Book. Lucy Cousins. Illus. by Lucy Cousins. 2022. (Maisy Ser.). (ENG.). 20p. (J). (— 1). bds. 9.99 (978-1-5362-2442-9(1)) Candlewick Pr.

Maisy Explores: a First Words Book. Lucy Cousins. Illus. by Lucy Cousins. 2020. (Maisy Ser.). (ENG., Illus.). 20p. (J). (— 1). bds. 8.99 (978-1-5362-1291-4(1)) Candlewick Pr.

Maisy Gets a Pet. Lucy Cousins. Illus. by Lucy Cousins. (Maisy Ser.). (ENG.). 32p. (J). (-k). 2021. 6.99 (978-1-5362-2309-5(3)); 2020. (Illus.). 12.99 (978-1-5362-1159-7(1)) Candlewick Pr.

Maisy Goes on a Nature Walk. Lucy Cousins. Illus. by Lucy Cousins. (Maisy Ser.). (ENG.). 32p. (J). (gr. -1-2). 2023. pap. 7.99 (978-1-5362-3076-5(6)); 2022. 14.99 (978-1-5362-2424-5(3)) Candlewick Pr.

Maisy Goes on a Plane: A Maisy First Experiences Book. Lucy Cousins. Illus. by Lucy Cousins. 2017. (Maisy Ser.). (ENG., Illus.). 32p. (J). (-k). 7.99 (978-0-7636-9791-4(5)) Candlewick Pr.

Maisy Goes on a Sleepover. Lucy Cousins. Illus. by Lucy Cousins. ed. 2016. (Maisy First Experiences Ser.). (ENG., Illus.). 32p. (gr. -1-2). 17.20 (978-0-606-39089-7(8)) Turtleback.

Maisy Goes Shopping: Complete with Durable Play Scene: A Fold-Out & Play Book. Lucy Cousins. Illus. by Lucy Cousins. 2019. (Maisy Ser.). (ENG., Illus.). 16p. (J). (-k). bds. 9.99 (978-1-5362-0862-7(0)) Candlewick Pr.

Maisy Goes to a Show. Lucy Cousins. Illus. by Lucy Cousins. (Maisy Ser.). (ENG., Illus.). 32p. (J). (-k). 2020. 6.99 (978-1-5362-1295-2(4)); 2019. 12.99 (978-1-5362-0463-6(3)) Candlewick Pr.

Maisy Goes to a Show. Lucy Cousins. ed. 2021. (Maisy First Experiences Pic Bks). (ENG., Illus.). 26p. (J). (gr. k-1). 17.36 (978-1-64697-555-6(3)) Penworthy Co., LLC, The.

Maisy Goes to a Wedding. Lucy Cousins. Illus. by Lucy Cousins. 2019. (Maisy Ser.). (ENG., Illus.). 32p. (J). (-k). 6.99 (978-1-5362-0614-2(8)) Candlewick Pr.

Maisy Goes to a Wedding. Lucy Cousins. 2018. (Illus.). 32p. (J). (978-1-4063-7851-1(8)) Candlewick Pr.

Maisy Goes to a Wedding. Lucy Cousins. ed. 2019. (Maisy First Experiences Pic Bks). (ENG.). 26p. (J). (gr. k-1). 17.36 (978-0-87617-298-8(2)) Penworthy Co., LLC, The.

Maisy Goes to a Wedding: A Maisy First Experiences Book. Lucy Cousins. Illus. by Lucy Cousins. 2018. (Maisy Ser.). (ENG., Illus.). 32p. (J). (-k). 12.99 (978-1-5362-0011-9(5)) Candlewick Pr.

Maisy Goes to the Dentist. Lucy Cousins. Illus. by Lucy Cousins. 2023. (Maisy Ser.). (ENG.). 32p. (J). (-k). 7.99 (978-1-5362-3156-4(8)) Candlewick Pr.

Maisy Goes to the Local Bookstore. Lucy Cousins. ed. 2018. (Maisy First Experiences Pic Bks). (ENG.). 26p. (J). (gr. -1-k). 17.36 (978-1-64310-238-2(9)) Penworthy Co., LLC, The.

Maisy Goes to the Local Bookstore. Lucy Cousins. ed. 2018. (Maisy First Experiences Ser.). lib. bdg. 17.20 (978-0-606-40914-8(9)) Turtleback.

Maisy Goes to the Local Bookstore: A Maisy First Experiences Book. Lucy Cousins. Illus. by Lucy Cousins. (Maisy Ser.). (ENG., Illus.). 32p. (J). (-k). 2018. 6.99 (978-1-5362-0085-0(9)); 2017. 12.99 (978-0-7636-9255-1(7)) Candlewick Pr.

Maisy, the Motorcycle Mutt. R. Will. 2016. (ENG., Illus.). (J). pap. 19.95 (978-1-63448-700-9(1)) America Star Bks.

Maisy's Ambulance. Lucy Cousins. Illus. by Lucy Cousins. 2023. (Maisy Ser.). (ENG.). 18p. (J). (— 1). bds. 7.99 (978-1-5362-3075-8(8)) Candlewick Pr.

Maisy's Animals: a First Words Book. Lucy Cousins. Illus. by Lucy Cousins. 2020. (Maisy Ser.). (ENG., Illus.). 20p. (J). (— 1). bds. 9.99 (978-1-5362-1292-1(X)) Candlewick Pr.

Maisy's Big Book of Kindness. Lucy Cousins. Illus. by Lucy Cousins. 2023. (Maisy Ser.). (ENG.). 48p. (J). (— 1). 17.99 *(978-1-5362-3354-4(4))* Candlewick Pr.

Maisy's Bus. Lucy Cousins. Illus. by Lucy Cousins. 2017. (Maisy Ser.). (ENG., Illus.). 18p. (J). (— 1). bds. 7.99 (978-0-7636-9406-7(1)) Candlewick Pr.

Maisy's Chinese New Year: A Maisy First Experiences Book. Lucy Cousins. Illus. by Lucy Cousins. (Maisy Ser.). (ENG.). 32p. (J). (gr. -1-2). 2022. 6.99 (978-1-5362-1678-3(X)); 2020. 12.99 (978-1-5362-1564-9(3)) Candlewick Pr.

Maisy's Christmas Party: With 6 Festive Letters & Secret Surprises! Lucy Cousins. Illus. by Lucy Cousins. 2019. (Maisy Ser.). (ENG., Illus.). 32p. (J). (-k). 14.99 (978-1-5362-0861-0(2)) Candlewick Pr.

Maisy's Circus Show: Push, Slide, & Play! Lucy Cousins. Illus. by Lucy Cousins. 2022. (Maisy Ser.). (ENG.). 10p. (J). (— 1). bds. 9.99 (978-1-5362-1684-4(4)) Candlewick Pr.

Maisy's Construction Site: Push, Slide, & Play! Lucy Cousins. Illus. by Lucy Cousins. 2020. (Maisy Ser.). (ENG.). 8p. (J). (— 1). bds. 9.99 (978-1-5362-1294-5(6)) Candlewick Pr.

Maisy's Day Out: a First Words Book. Lucy Cousins. Illus. by Lucy Cousins. 2019. (Maisy Ser.). (ENG., Illus.). 22p. (J). (— 1). bds. 9.99 (978-1-5362-0386-8(6)) Candlewick Pr.

Maisy's Farm: Complete with Durable Play Scene: A Fold-Out & Play Book. Lucy Cousins. Illus. by Lucy Cousins. 2019. (Maisy Ser.). (ENG., Illus.). 16p. (J). (-k). bds. 9.99 (978-1-5362-0613-5(X)) Candlewick Pr.

Maisy's Field Day. Lucy Cousins. ed. 2019. (Maisy First Experiences Pic Bks). (ENG.). 26p. (J). (gr. k-1). 17.36 (978-0-87617-299-5(0)) Penworthy Co., LLC, The.

Maisy's Field Day: A Maisy First Experiences Book. Lucy Cousins. Illus. by Lucy Cousins. 2016. (Maisy Ser.). (ENG., Illus.). 32p. (J). (-k). 12.99 (978-0-7636-8441-9(4)) Candlewick Pr.

Maisy's Garage: Push, Slide, & Play! Lucy Cousins. Illus. by Lucy Cousins. 2021. (Maisy Ser.). (ENG.). 10p. (J). (— 1). bds. 9.99 (978-1-5362-1683-7(6)) Candlewick Pr.

Maisy's House: Complete with Durable Play Scene: A Fold-Out & Play Book. Lucy Cousins. Illus. by Lucy Cousins. 2018. (Maisy Ser.). (ENG., Illus.). 16p. (J). (-k). bds. 9.99 (978-1-5362-0378-3(5)) Candlewick Pr.

Maisy's Moon Mission: Push, Slide, & Play! Lucy Cousins. Illus. by Lucy Cousins. 2021. (Maisy Ser.). (ENG.). 10p. (J). (— 1). bds. 9.99 (978-1-5362-1508-3(2)) Candlewick Pr.

Maisy's Preschool: Complete with Durable Play Scene. Lucy Cousins. Illus. by Lucy Cousins. 2019. (Maisy Ser.). (ENG., Illus.). 16p. (J). (-k). bds. 8.99 (978-1-5362-0678-4(4)) Candlewick Pr.

Maisy's Recycling Truck. Lucy Cousins. Illus. by Lucy Cousins. 2023. (Maisy Ser.). (ENG.). 18p. (J). (— 1). bds. 7.99 (978-1-5362-3074-1(X)) Candlewick Pr.

Maisy's Sailboat. Lucy Cousins. Illus. by Lucy Cousins. 2017. (Maisy Ser.). (ENG., Illus.). 18p. (J). (— 1). bds. 7.99 (978-0-7636-9405-0(3)) Candlewick Pr.

Maisy's Snowy Day: A Maisy First Experiences Book. Lucy Cousins. Illus. by Lucy Cousins. 2022. (Maisy Ser.). (ENG.). 32p. (J). (gr. -1-2). 14.99 (978-1-5362-2857-1(5)) Candlewick Pr.

Maisy's Town: a First Words Book. Lucy Cousins. Illus. by Lucy Cousins. 2022. (Maisy Ser.). (ENG.). 20p. (J). (— 1). bds. 9.99 (978-1-5362-2443-6(X)) Candlewick Pr.

Maitland Varne, or the Bells of de Thaumaturge (Classic Reprint) Du Bois Henry Loux. 2017. (ENG., Illus.). (J). 32.27 (978-0-266-68097-0(6)); pap. 16.57 (978-1-5276-5175-3(4)) Forgotten Bks.

Maître François, Ou Nouvelle Méthode Pour Apprendre à Bien Lire, et à Bien Orthographier, Vol. 1: Avec des Remarques Pour Rendre la Lecture et la Prononciation Aisées à l'Écolier (Classic Reprint) Unknown Author. 2018. (FRE., Illus.). (J). 116p. 26.31 (978-0-364-86835-5(X)); 118p. pap. 9.57 (978-0-364-23066-4(5)) Forgotten Bks.

Maiyya Mori: A Little Krishna Story. Chaya Baliga. 2022. (ENG.). 26p. (J). 15.99 *(978-1-6629-1716-5(3))*; pap. 9.99 *(978-1-6629-1717-2(1))* Gatekeeper Pr.

Maíz para la Venta: Leveled Reader Book 37 Level F 6 Pack. Hmh Hmh. 2021. (SPA.). 16p. (J). pap. 74.40 (978-0-358-08256-9(0)) Houghton Mifflin Harcourt Publishing Co.

Maizy & Charlie's Germ Book. Annie Decosta. Illus. by Gilly Decosta. (ENG.). (J). 2023. 38p. pap. 16.95 *(978-1-954819-77-1(3))*; 2022. 36p. 24.95 *(978-1-954819-51-1(X))* Briley & Baxter Publications.

Maizy Chen's Last Chance: (Newbery Honor Award Winner) Lisa Yee. 2023. 288p. (J). (gr. 3-7). 8.99 *(978-1-9848-3027-2(9),* Yearling) Random Hse. Children's Bks.

Majeckles. Regina Nay. Illus. by Alyssa Baker. 2021. 22p. (J). pap. 8.99 *(978-1-0983-3658-5(5))* BookBaby.

Majesta the Monarch Butterfly. Hilary Ortega. Illus. by Maliana Bowie. 2017. (ENG.). 48p. (J). pap. 12.95 *(978-1-63575-905-1(6))* Christian Faith Publishing.

Majestic Beasts & Where to Meet Them Coloring Book of Wild Animals. Educando Kids. 2019. (ENG.). 42p. (J). pap. 6.99 *(978-1-64521-030-6(8),* Educando Kids) Editorial Imagen.

Majestic Feather Tree Coloring Book. Bobo's Adult Activity Books. 2016. (ENG., Illus.). (J). pap. 9.33 *(978-1-68327-586-2(1))* Sunshine In My Soul Publishing.

Majestic Kings of the Savannah Coloring Book. Jupiter Kids. 2016. (ENG., Illus.). 106p. (J). pap. 12.55 *(978-1-68326-346-3(4),* Jupiter Kids (Childrens & Kids Fiction)) Speedy Publishing LLC.

Majestic Mountains: Discover Earth's Mighty Peaks. Mia Cassany. Illus. by Marcos Navarro. 2022. (ENG.). 48p. (J). (gr. 3-7). 19.95 *(978-1-914519-30-7(2))* Welbeck Publishing Group Ltd. GBR. Dist: Two Rivers Distribution.

Majestic Oceans: Discover the World Beneath the Waves. Mia Cassany. Illus. by Marcos Navarro. 2022. (ENG.). 48p. (J). (gr. 3-7). 19.95 *(978-1-914519-32-1(9))* Welbeck Publishing Group Ltd. GBR. Dist: Two Rivers Distribution.

Majestic Pigeon. William Hart. Illus. by Amara Venayas Rodriguez. 2023. (ENG.). 32p. (J). 16.99 ***(978-1-958302-88-0(0))*** Lawley Enterprises.

Majestic Unicorn. Dayna Chantel. 2017. (ENG., Illus.). (J). pap. 11.95 *(978-1-64028-830-0(9))* Christian Faith Publishing.

Majesty. Louis Couperus. 2017. (ENG.). 428p. (J). pap. *(978-3-337-03184-8(6))* Creation Pubs.

Majesty: A Novel (Classic Reprint) Louis Couperus. 2017. (ENG., Illus.). (J). 31.09 *(978-1-5280-4679-4(X))* Forgotten Bks.

Majesty of Man: A Novel (Classic Reprint) Alien Alien. 2018. (ENG., Illus.). 354p. (J). 31.20 *(978-0-483-49228-8(0))* Forgotten Bks.

Majik the Flying Pug. M. S. Margaret Meenaghan. Illus. by Rob Simpson. 2018. (ENG.). 32p. (J). pap. *(978-1-9997094-3-3(8))* Trench Publishing.

Majo No Takkyubin see Kiki's Delivery Service Film Comic, Vol. 4

Major. Francesca Hepton. Ed. by Daniel Chan. Illus. by Aya Suarjaya. 2021. (Kiki & Friends Ser.: Vol. 4). (ENG.). 70p. (J). pap. ***(978-1-8383005-2-4(X))*** Babili Bks.

Major Barbara. George Bernard Shaw. 2022. (ENG.). (J). 146p. 19.95 *(978-1-63637-789-6(0));* 144p. pap. 9.95 *(978-1-63637-788-9(2))* Bibliotech Pr.

Major Barbara: With an Essay As First Aid to Critics (Classic Reprint) George Bernard Shaw. 2017. (ENG., Illus.). (J). 158p. 27.18 *(978-0-484-54313-2(X));* pap. 9.57 *(978-0-259-37582-1(9))* Forgotten Bks.

Major Battles 1776 - 1777 American Revolutionary War Battles Grade 4 Children's Military Books. Baby Professor. 2020. (ENG.). 76p. (J). 24.99 *(978-1-5419-7923-9(0));* pap. 14.99 *(978-1-5419-5977-4(9))* Speedy Publishing LLC. (Baby Professor (Education Kids)).

Major Battles in US History, 8 vols. 2017. (Major Battles in US History Ser.). (ENG.). 256p. (J). (gr. 3-5). pap. 79.60 *(978-1-63517-082-5(6),* 1635170826); lib. bdg. 250.80 *(978-1-63517-026-9(5),* 1635170265) North Star Editions. (Focus Readers).

Major Battles in World History Children's Military & War History Books. Baby Professor. 2017. (ENG., Illus.). (J). pap. 7.89 *(978-1-5419-0446-0(X),* Baby Professor (Education Kids)) Speedy Publishing LLC.

Major (Classic Reprint) Ralph Connor. (ENG., Illus.). (J). 2018. 386p. 31.86 *(978-0-484-06071-4(6));* 2016. pap. 16.57 *(978-1-333-77775-3(2))* Forgotten Bks.

Major Competitive Reality Shows, 11 vols., Set. Incl. American Idol. Emma Kowalski. pap. 7.95 *(978-1-4222-1931-7(3));* America's Best Dance Crew. Diane Bailey. pap. 7.95 *(978-1-4222-1932-4(1));* America's Got Talent. Jim Whiting. pap. 7.95 *(978-1-4222-1933-1(X));* America's Next Top Model. Emma Kowalski. pap. 7.95 *(978-1-4222-1934-8(8));* Biggest Loser. Robert Grayson. pap. 7.95 *(978-1-4222-1935-5(6));* Dancing with the Stars. Robert Grayson. pap. 7.95 *(978-1-4222-1936-2(4));* Making the Band. Karen Schweitzer. pap. 7.95 *(978-1-4222-1937-9(2));* Project Runway. Emma Kowalski. pap. 7.95 *(978-1-4222-1938-6(0));* Real World. Karen Schweitzer. pap. 7.95 *(978-1-4222-1939-3(9));* So You Think You Can Dance. Judy Hasday. pap. 7.95 *(978-1-4222-1940-9(2));* Survivor. Travis Clark. pap. 7.95 *(978-1-4222-1941-6(0));* 48p. (YA). (gr. 7-18). 2010. 2011. Set pap. 87.45 *(978-1-4222-1930-0(5));* Set lib. bdg. 219.45 *(978-1-4222-1667-5(5))* Mason Crest.

Major Detours: A Choices Novel. Zachary Sergi. 2021. (ENG., Illus.). 320p. (YA). (gr. 8-17). 17.99 *(978-0-7624-7141-6(7),* Running Pr. Kids) Running Pr.

Major Eights 1: Battle of the Bands. Melody Reed. Illus. by Émilie Pépin. 2018. (Major Eights Ser.: 1). (ENG.). 112p. (J). (gr. k-3). 16.99 *(978-1-4998-0565-9(9));* pap. 5.99 *(978-1-4998-0564-2(0))* Little Bee Books Inc.

Major Eights 2: Scarlet's Big Break. Melody Reed. Illus. by Émilie Pépin. 2018. (Major Eights Ser.: 2). (ENG.). 112p. (J). (gr. k-3). 16.99 *(978-1-4998-0568-0(3));* pap. 5.99 *(978-1-4998-0567-3(5))* Little Bee Books Inc.

Major Eights 3: the Goo Disaster! Melody Reed. Illus. by Émilie Pépin. 2018. (Major Eights Ser.: 3). (ENG.). 112p. (J). (gr. k-3). 16.99 *(978-1-4998-0587-1(X));* pap. 5.99 *(978-1-4998-0586-4(1))* Little Bee Books Inc.

Major Eights 4: Starstruck. Melody Reed. Illus. by Émilie Pépin. 2018. (Major Eights Ser.: 4). (ENG.). 112p. (J). (gr. k-3). 16.99 *(978-1-4998-0590-1(X));* pap. 5.99 *(978-1-4998-0589-5(6))* Little Bee Books Inc.

Major Eights 5: the New Bandmate. Melody Reed. Illus. by Émilie Pépin. 2018. (Major Eights Ser.: 5). (ENG.). 112p. (J). (gr. k-3). 16.99 *(978-1-4998-0760-8(0));* pap. 5.99 *(978-1-4998-0759-2(7))* Little Bee Books Inc.

Major Eights 6: the Secret Valentine. Melody Reed. Illus. by Émilie Pépin. 2020. (Major Eights Ser.: 6). (ENG.). 112p. (J). (gr. k-3). pap. 5.99 *(978-1-4998-0761-5(9));* (gr. 2-5). 16.99 *(978-1-4998-0762-2(7))* Little Bee Books Inc.

Major Events of the Cold War Conflict with Vietnam, Cuban Missile Crisis & the Sputnik Launch Military History History Book 7th Grade Children's Military Books. Baby Professor. 2022. (ENG.). 72p. (J). 31.99 ***(978-1-5419-9704-2(2));*** pap. 19.99 ***(978-1-5419-5045-0(3))*** Speedy Publishing LLC. (Baby Professor (Education Kids)).

Major Geological Events: Leveled Reader Card Book 7 Level U. Hmh Hmh. 2019. (ENG.). (J). pap. 14.13 *(978-0-358-16196-7(7))* Houghton Mifflin Harcourt Publishing Co.

Major Geological Events: Leveled Reader Card Book 7 Level U 6 Pack. Hmh Hmh. 2021. (J). (ENG.). pap. 69.33 *(978-0-358-18935-0(7));* (SPA.). pap. 74.40 *(978-0-358-27332-5(3))* Houghton Mifflin Harcourt Publishing Co.

Major Hall's Wife: A Thrilling Story of the Life of a Southern Wife & Mother, While a Refugee in the Confederacy, During the Late Struggle (Classic Reprint) Frances Hall. (ENG., Illus.). (J). 2018. 52p. 24.99 *(978-0-656-74769-6(2));* 2017. pap. 9.57 *(978-0-259-43970-7(3))* Forgotten Bks.

Major Hook's Defense, to the Action or Criminal Conversation, Brought Against Him by Capt. Charles Campbell, & Tried at Westminster: 26th February, 1793 (Classic Reprint) Archibald Hook. 2018. (ENG., Illus.). 182p. (J). 27.65 *(978-0-267-52358-0(0))* Forgotten Bks.

Major Impossible (Nathan Hale's Hazardous Tales #9) A Grand Canyon Tale. Nathan Hale. 2019. (Nathan Hale's Hazardous Tales Ser.). (ENG., Illus.). 128p. (YA). (gr. 3-7). 14.99 *(978-1-4197-3708-4(2),* 1256701) Abrams, Inc.

Major Industries in the US Basic Economics Grade 6 Economics. Biz Hub. 2022. (ENG.). 74p. (J). 31.99 ***(978-1-5419-8650-3(4));*** pap. 20.99 ***(978-1-5419-5504-2(8))*** Speedy Publishing LLC. (Biz Hub (Business & Investing)).

Major Inventions Through History, 7 bks., Set. Incl. History of Communication. Michael Woods & Mary B. Woods. (J). (gr. 4-7). lib. bdg. 26.60 *(978-0-8225-3807-3(5));* History of Energy. Elaine Landau. (gr. 5-8). lib. bdg. 26.60 *(978-0-8225-3806-6(7));* History of Food. Judith Jango-Cohen. (gr. 5-8). lib. bdg. 26.60 *(978-0-8225-2484-7(8));* History of Medicine. Michael Woods & Mary B. Woods. (gr. 5-8). lib. bdg. 26.60 *(978-0-8225-2636-0(0));* History of Transportation. Judith Herbst. (gr. 5-8). lib. bdg. 26.60 *(978-0-8225-2496-0(1));* History of Weapons. Judith Herbst. (gr. 5-8). lib. bdg. 26.60 *(978-0-8225-3805-9(9));* (Illus.). 56p. 2005. 2006. 186.20 *(978-0-8225-2475-5(9),* Twenty-First Century Bks.) Lerner Publishing Group.

Major Jones's Courtship: Detailed, with Other Scenes, Incidents, & Adventures, in a Series of Letters by Himself (Classic Reprint) Joseph Jones. 2018. (ENG., Illus.). 320p. (J). 30.52 *(978-0-483-84462-9(4))* Forgotten Bks.

Major Jones's Courtship: Detailed, with Other Scenes, Incidents, & Adventures, in a Series of Letters, by Himself (Classic Reprint) Joseph Jones. (ENG., Illus.). (J). 2018. 390p. 31.94 *(978-0-365-24583-4(6));* 2016. pap. 16.57 *(978-1-334-13099-1(X))* Forgotten Bks.

Major Jones's Sketches of Travel: Comprising the Scenes, Incidents, & Adventures, in His Tour from Georgia to Canada (Classic Reprint) Joseph Jones. 2018. (ENG., Illus.). (J). 29.01 *(978-0-260-45028-9(6))* Forgotten Bks.

Major Joshua: A Novel (Classic Reprint) Francis Forster. 2018. (ENG., Illus.). 346p. (J). 31.03 *(978-0-428-97245-4(1))* Forgotten Bks.

Major Lawrence, a Novel (Classic Reprint) Emily. Lawless. (ENG., Illus.). (J). 2018. 396p. 32.08 *(978-0-483-64811-1(6));* 2017. pap. 16.57 *(978-0-243-91328-2(1))* Forgotten Bks.

Major Lawrence, a Novel, Vol. 2 of 3 (Classic Reprint) Emily. Lawless. 2018. (ENG., Illus.). 262p. (J). 29.30 *(978-0-483-15217-5(X))* Forgotten Bks.

Major Lawrence, F. L. S. Emily. Lawless. 2017. (ENG.). (J). 262p. pap. *(978-3-337-03262-3(1));* 240p. pap. *(978-3-337-03263-0(X))* Creation Pubs.

Major Lawrence, F. L. S, Vol. 1 Of 3: A Novel (Classic Reprint) Emily. Lawless. 2018. (ENG., Illus.). 238p. (J). 28.83 *(978-0-483-19562-2(6))* Forgotten Bks.

Major Lawrence, F. L. S., Vol. 3 Of 3: A Novel (Classic Reprint) Hon. Emily Lawless. 2018. (ENG., Illus.). 318p. (J). 30.48 *(978-0-483-19598-1(7))* Forgotten Bks.

Major Makes History: From the Shelter to the White House. Jill Twiss. Illus. by Maribel Lechuga. 2021. (ENG.). 40p. (J). (gr. -1-3). 18.99 *(978-0-06-311876-8(9),* HarperCollins) HarperCollins Pubs.

Major Milestones in Space Exploration - Astronomy History Books Grade 3 - Children's Astronomy & Space Books. Baby Professor. 2019. (ENG.). 74p. (J). pap. 14.89 *(978-1-5419-5277-5(4));* 24.88 *(978-1-5419-7479-1(4))* Speedy Publishing LLC. (Baby Professor (Education Kids)).

Major Monster Mess. Andres Miedoso. Illus. by Victor Rivas. 2018. (Desmond Cole Ghost Patrol Ser.: 6). (ENG.). 128p. (J). (gr. k-4). 17.99 *(978-1-5344-2695-5(7));* pap. 6.99 *(978-1-5344-2694-8(9))* Little Simon. (Little Simon).

Major Monster Mess, 6. Andres Miedoso. 2019. (Desmond Cole Ghost Patrol Ser.). (ENG.). 122p. (J). (gr. 2-3). 15.36 *(978-0-87617-677-1(5))* Penworthy Co., LLC, The.

Major Monster Mess: #6. Andres Miedoso. Illus. by Victor Rivas. 2021. (Desmond Cole Ghost Patrol Ser.). (ENG.). 128p. (J). (gr. 1-3). lib. bdg. 31.36 *(978-1-5321-4984-9(0),* 36973, Chapter Bks.) Spotlight.

Major Muslim Nations, 29 vols., Set. Incl. Afghanistan. Kim Whitehead. 136p. (YA). (gr. 5-18). lib. bdg. 25.95 *(978-1-4222-1403-9(6));* Algeria. James Morrow. 112p. (YA). (gr. 5-18). lib. bdg. 25.95 *(978-1-4222-1392-6(7));* Bahrain. Lisa McCoy. (Illus.). 112p. (J). (gr. 5-18). lib. bdg. 25.95 *(978-1-4222-1397-1(8));* Egypt. Clarissa Aykroyd. (Illus.). 112p. (J). (gr. 5-18). lib. bdg. 25.95 *(978-1-4222-1381-0(1));* Indonesia. Lynda Cohen Cassanos. 128p. (YA). (gr. 5-18). lib. bdg. 25.95 *(978-1-4222-1405-3(2));* Iran. William Mark Habeeb. 128p. (YA). (gr. 4-8). lib. bdg. 25.95 *(978-1-4222-1401-5(X));* Iraq. William Thompson & Dorcas Thompson. (Illus.). 136p. (J). (gr. 4-8). lib. bdg. 25.95 *(978-1-4222-1384-1(6),* 1306234); Israel. Adam M. Garfinkle. 144p. (YA). (gr. 5-18). lib. bdg. 25.95 *(978-1-4222-1402-2(8));* Jordan. Anna Carew-Miller. 112p. (YA). (gr. 5-18). lib. bdg. 25.95 *(978-1-4222-1383-4(8));* Kurds. LeeAnne Gelletly. (Illus.). 120p. (J). (gr. 5-18). lib. bdg. 25.95 *(978-1-4222-1407-7(9));* Kuwait. Hal Marcovitz. 112p. (YA). (gr. 5-18). lib. bdg. 25.95 *(978-1-4222-1386-5(2));* Lebanon. Jan McDaniel. 128p. (YA). (gr. 5-18). lib. bdg. 25.95 *(978-1-4222-1387-2(0));* Libya. Daniel E. Harmon. 119p. (YA). (gr. 5-18). lib. bdg. 25.95 *(978-1-4222-1388-9(9));* Malaysia. Barbara Aoki Poisson. 128p. (YA). (gr. 5-18). lib. bdg. 25.95 *(978-1-4222-1409-1(5));* Middle East: Facts & Figures. Lisa McCoy. (Illus.). 112p. (J). (gr. 5-18). lib. bdg. 25.95 *(978-1-4222-1400-8(1));* Morocco. Lynda Cohen Cassanos. 128p. (YA). (gr. 5-18). lib. bdg. 25.95 *(978-1-4222-1391-9(9));* Pakistan. Clarissa Aykroyd. 128p. (YA). (gr. 7-18). 25.95 *(978-1-4222-1408-4(7));* Palestinians. Anna Carew-Miller. 135p. (YA). (gr. 5-18). lib. bdg. 25.95 *(978-1-4222-1389-6(7));* Qatar. Lisa McCoy. (Illus.). 111p. (YA). (gr. 5-18). lib. bdg. 25.95 *(978-1-4222-1398-8(6));* Saudi Arabia. Susan Katz Keating. 112p. (YA). (gr. 7-18). 25.95 *(978-1-4222-1385-8(4));* Somalia. LeeAnne Gelletly. (Illus.). 112p. (YA). (gr. 5-18). lib. bdg. 25.95 *(978-1-4222-1395-7(1));* Sudan. Gail Snyder. 112p. (YA). (gr. 4-8). 25.95 *(978-1-4222-1394-0(3));* Syria. Anne Marie Sullivan. 126p. (YA). (gr. 5-18). lib. bdg. 25.95 *(978-1-4222-1382-7(X));* Tunisia. Anna Carew-Miller. 120p. (YA). (gr. 5-18). lib. bdg. 25.95 *(978-1-4222-1393-3(5));* Turkey. Daniel E. Harmon. (Illus.). 119p. (J). (gr. 4-8). 25.95 *(978-1-4222-1399-5(4));* United Arab Emirates. Lisa McCoy. (Illus.). 112p. (YA). (gr. 5-18). lib. bdg. 25.95 *(978-1-4222-1390-2(0),* 1306268); Yemen. Hal Marcovitz. (Illus.). 120p. (J). (gr. 7-18). 25.95 *(978-1-4222-1396-4(X));* 2010. 2010. Set lib. bdg. 752.55 *(978-1-4222-1380-3(3))* Mason Crest.

Major Organs. Krystyna Poray Goddu. 2018. (Amazing Human Body Ser.). (ENG.). 32p. (gr. 2-7). 9.95 *(978-1-68072-684-8(6));* (J). (gr. 4-6). pap. 9.99 *(978-1-64466-237-3(X),* 12205); (Illus.). (J). (gr. 4-6). lib. bdg. *(978-1-68072-390-8(1),* 12204) Black Rabbit Bks. (Bolt).

Major Owen: And Other Tales (Classic Reprint) Christopher Nicholson Johnston. (ENG., Illus.). (J). 2018. 366p. 31.47 *(978-0-365-26978-6(6));* 2017. pap. 13.97 *(978-0-259-48200-0(5))* Forgotten Bks.

¡Major Que Las Bicis! Katrina Streza & Ariana Vargas. Illus. by Brenda Ponnay. 2023. (Little Lectores Ser.: Vol. 32). (SPA.). 20p. (J). 24.99 ***(978-1-5324-4449-4(4));*** pap. 12.99 ***(978-1-5324-4448-7(6))*** Xist Publishing.

Major Reality Shows, 11 vols., Set. Incl. Brooke Knows Best. Gail Snyder. (YA). pap. 7.95 *(978-1-4222-1943-0(7));* City. Kristine Brennan. (YA). pap. 7.95 *(978-1-4222-1944-7(5));* Guys from Jackass Go Out on Their Own. Hal Marcovitz. (YA). pap. 7.95 *(978-1-4222-1945-4(3));* Hills. Martin Gitlin. (YA). pap. 7.95 *(978-1-4222-1946-1(1));* Jackass. Hal Marcovitz. (Illus.). (YA). pap. 7.95 *(978-1-4222-1947-8(X));* Keeping up with the Kardashians. John Cashin. (Illus.). (J). pap. 7.95 *(978-1-4222-1948-5(8),* 1318043); My Super Sweet 16. Martin Gitlin. (YA). pap. 7.95 *(978-1-4222-1949-2(6));* Nitro Circus. David A. Cane. (YA). pap. 7.95 *(978-1-4222-1950-8(X));* Punk'd. Travis Clark. (YA). pap. 7.95 *(978-1-4222-1951-5(8));* Rob Dyrdek's Fantasy Factory. Terry Dougherty. (YA). pap. 7.95 *(978-1-4222-1952-2(6));* Run's House. Emma Kowalski. (YA). pap. 7.95 *(978-1-4222-1953-9(4));* 48p. (gr. 7-18). 2010. 2011. Set pap. 87.45 *(978-1-4222-1942-3(9));* Set lib. bdg. 219.45 *(978-1-4222-1679-8(9))* Mason Crest.

Major Rivers of the World Earth Geography Grade 4 Children's Geography & Cultures Books. Baby Professor. 2020. (ENG.). 78p. (J). 25.99 *(978-1-5419-7977-2(X));* pap. 14.99 *(978-1-5419-5367-3(3))* Speedy Publishing LLC. (Baby Professor (Education Kids)).

Major Sports Championships. Tyler Omoth. 2018. (Major Sports Championships Ser.). (ENG.). 32p. (J). (gr. 3-9). 117.28 *(978-1-5435-0526-9(0),* 27657, Capstone Pr.) Capstone.

Major Sports Events (Set Of 8) 2023. (Major Sports Events Ser.). (ENG.). 8p. (J). (gr. 2-3). pap. 79.60 *(978-1-63738-325-4(8));* lib. bdg. 250.80 *(978-1-63738-289-9(8))* North Star Editions. (Apex).

Major Taylor: World Cycling Champion. Charles R. Smith. Illus. by Leo Espinosa. 2023. (ENG.). 48p. (J). (gr. 2-5). 18.99 ***(978-1-5362-1498-7(1))*** Candlewick Pr.

Major Underdog: From the Shelter to the White House. Bailey Cornell. 2021. (ENG.). 26p. (J). 17.99 *(978-1-6629-1041-8(X))* Gatekeeper Pr.

Major Vigoureux (Classic Reprint) A. T. Quiller-Couch. 2017. (ENG., Illus.). (J). 31.45 *(978-0-266-21195-2(X))* Forgotten Bks.

Major Weir (Classic Reprint) K. L. Montgomery. 2018. (ENG., Illus.). 436p. (J). 32.77 *(978-0-332-92370-3(3))* Forgotten Bks.

Majority Rule & Minority Rights, 1 vol. Julia McMeans. 2017. (Civic Values Ser.). (ENG.). 32p. (gr. 3-3). pap. 11.58 *(978-1-5026-3211-1(X),* f8260e20-f6ba-4d41-ba16-c8c118395c73); lib. bdg. 30.21 *(978-1-5026-3198-5(9),* f15e0f41-89c0-4a23-8835-f92468af076f) Cavendish Square Publishing LLC.

Majority Rule vs. Individual Rights, 1 vol. Erika Meersman. 2017. (Spotlight on Civic Action Ser.). (ENG.). 32p. (J). (gr. 4-5). pap. 12.75 *(978-1-5383-2792-0(9),* 6ba18107-9fff-442f-89aa-828f1087f2d8); lib. bdg. 27.93 *(978-1-5081-6394-7(4),* 033ff170-40ff-4239-b75c-8b40d5f043f2) Rosen Publishing Group, Inc., The. (PowerKids Pr.).

Major's Favourite a Novel (Classic Reprint) John Strange Winter. 2018. (ENG., Illus.). 202p. (J). 28.08 *(978-0-483-35992-5(0))* Forgotten Bks.

Major's Niece (Classic Reprint) George A. Birmingham. (ENG., Illus.). (J). 2018. 282p. 29.73 *(978-0-483-29216-1(8));* 2016. pap. 13.57 *(978-1-333-35855-6(5))* Forgotten Bks.

Mak the Kraken: Illustrated by Nick Mccarthy. London J. Maddison. 2016. (ENG., Illus.). (J). pap. 18.99 *(978-1-4834-6029-1(0))* Lulu Pr., Inc.

Makaela Mouse, Where Are You? Debbie Rider. 2020. (ENG., Illus.). 36p. (J). pap. 13.95 *(978-1-64670-540-5(8))* Covenant Bks.

Makala & Henry's Vacation on the Farm: The Souper Supper Surprise. Nancy Gautier-Stuck. 2022. (ENG., Illus.). 34p. (J). pap. 13.95 ***(978-1-63985-915-3(2))*** Fulton Bks.

Makali'i the Littlest Key. Geeta Isardas. 2023. (ENG.). 36p. (J). 16.95 ***(978-1-6657-1444-0(1))*** Archway Publishing.

MAKANA Is a Gift: A Little Green Sea Turtle's Quest for Identity & Purpose. Janet Lucy. Illus. by Alexis Cantu. 2022. (ENG.). 56p. (J). pap. 14.95 ***(978-1-940654-04-1(1))*** Seven Seas Pr.

Makani & the Tiki Mikis. Mike P. Leon. Illus. by Kosta Gregory. 2018. (ENG.). 44p. (J). pap. 11.99 *(978-1-64204-919-0(0))* Primedia eLaunch LLC.

Makanna, or the Land of the Savage, Vol. 1 of 3 (Classic Reprint) Unknown Author. 2018. (ENG., Illus.). 322p. (J). 30.54 *(978-0-484-47501-3(0))* Forgotten Bks.

Makanna, or the Land of the Savage, Vol. 2 of 3 (Classic Reprint) Unknown Author. 2018. (ENG., Illus.). 322p. (J). 30.54 *(978-0-483-63163-2(9))* Forgotten Bks.

Makanna, or the Land of the Savage, Vol. 3 of 3 (Classic Reprint) Unknown Author. 2018. (ENG., Illus.). 346p. (J). 31.03 *(978-0-484-12529-1(X))* Forgotten Bks.

Makapala-By-the-Sea, Vol. 1: Hawaii (Classic Reprint) Anne M. Prescott. 2018. (ENG., Illus.). 184p. (J). 27.71 *(978-0-484-91584-7(3))* Forgotten Bks.

Makarony Fables: With the New Fable of the Bees; in Two Cantos; Addressed to the Society (Classic Reprint) John Hall-Stevenson. (ENG., Illus.). (J). 2018. 60p. 25.15 *(978-0-656-05675-0(4));* 2016. pap. 9.57 *(978-1-333-32156-7(2))* Forgotten Bks.

Makarony Fables: With the New Fables of the Bees, in Two Cantos (Classic Reprint) Cosmo Cosmo. (ENG., Illus.). (J). 2018. 260p. 29.28 *(978-0-364-28580-0(X));* 2017. pap. 11.97 *(978-0-259-28386-7(X))* Forgotten Bks.

Makar's Dream, & Other Stories (Classic Reprint) Vladimir Korolenko. 2017. (ENG., Illus.). (J). 30.39 *(978-0-266-21318-5(9))* Forgotten Bks.

MaKaya's New Friends. Mavis Johnson. 2021. (ENG.). 32p. (J). 17.99 *(978-0-578-88837-8(8))* GDI Enterprises.

Makayla & Sammy's Show & Tell Adventure. Janet Gruetzman. Illus. by James Francis. 2021. (Makayla & Sammy Ser.). (ENG.). 32p. (J). *(978-1-5255-9046-7(4));* pap. *(978-1-5255-9045-0(6))* FriesenPress.

Make a Book. Calee M. Lee. Illus. by Cartoon Saloon. 2023. (Secret of Kells Readers Ser.). (ENG.). 30p. (J). pap. 12.99 ***(978-1-5324-3226-2(7))*** Xist Publishing.

Make a Book: The Secret of Kells Beginning Reader. Calee M. Lee. Illus. by Cartoon Saloon. 2023. (Secret of Kells Readers Ser.). (ENG.). 28p. (J). (gr. -1-2). 24.99 ***(978-1-5324-4370-1(6));*** pap. 12.99 ***(978-1-5324-3225-5(9))*** Xist Publishing.

Make a Castle Your Way! Rachael L. Thomas. 2018. (Super Simple DIY Ser.). (ENG.). 32p. (J). (gr. k-4). lib. bdg. 34.21 *(978-1-5321-1715-2(9),* 30718, Super SandCastle) ABDO Publishing Co.

Make a Catapult. Meg Gaertner. (Make Your Own: Make It Go! Ser.). (ENG.). 32p. (J). (gr. 2-4). 2020. pap. 13.26 *(978-1-68404-639-3(4));* 2018. 26.60 *(978-1-59953-926-3(8))* Norwood Hse. Pr.

Make a Creepy Costume Your Way! Elsie Olson. 2020. (DIY Monsters & Mischief Makerspace Ser.). (ENG., Illus.). 32p. (J). (gr. k-4). lib. bdg. 34.21 *(978-1-5321-9316-3(5),* 35141, Super SandCastle) ABDO Publishing Co.

Make a Difference. David Nix. 2021. (ENG., Illus.). 32p. (J). 23.95 *(978-1-63961-920-7(8));* pap. 13.95 *(978-1-63903-782-7(9))* Christian Faith Publishing.

Make a Difference & Go Green Activity Book. Elanor Best. Illus. by Scott Barker. 2021. (ENG.). 96p. (J). pap. 9.99 *(978-1-80058-447-1(4))* Make Believe Ideas GBR. Dist: Scholastic, Inc.

Make a Difference: Talk to Your Child about Alcohol: Talk to Your Child about Alcohol. National Institute of Alcohol Abuse and Alcoholism (U S). 2017. (ENG.). 24p. (gr. 4). pap. 8.00 *(978-0-16-093722-4(1),* National Institute on Alcohol Abuse & Alcoholism) United States Government Printing Office.

Make a Dinosaur Your Way! Elsie Olson. 2018. (Super Simple DIY Ser.). (ENG., Illus.). 32p. (J). (gr. k-4). lib. bdg. 34.21 *(978-1-5321-1716-9(7),* 30720, Super SandCastle) ABDO Publishing Co.

Make a Face. Ricardo Alegria. Illus. by Anya Kuvarzina. 2017. (ENG.). 32p. (J). (-k). 15.99 *(978-1-57687-850-7(3),* powerHouse Bks.) powerHse. Bks.

Make a Face Exercise Book: E. B. Willis Children's Exercise Book. E. B. Willis. Photos by Sally K. Hunt. 2016. (ENG., Illus.). (J). pap. 9.99 *(978-0-9976634-2-6(1))* Willis, E.B. Bks.

Make a Fitness Plan, 1 vol. The Experts at Gold's Gym at. 2018. (Gold's Gym Guide to Fitness Ser.). (ENG.). 48p. (YA). (gr. 7-7). lib. bdg. 29.60 *(978-1-9785-0655-8(4),* 4f026f35-5afd-4da1-8c6f-0135fd11112a) Enslow Publishing, LLC.

Make a Haunted House Your Way! Rachael L. Thomas. 2020. (DIY Monsters & Mischief Makerspace Ser.). (ENG., Illus.). 32p. (J). (gr. k-4). lib. bdg. 34.21 *(978-1-5321-9317-0(3),* 35143, Super SandCastle) ABDO Publishing Co.

Make a Masterpiece, 12 vols. 2018. (Make a Masterpiece Ser.). (ENG.). 32p. (J). (gr. 3-4). lib. bdg. 169.62 *(978-1-5382-3603-1(6),* 1a004239-cc6e-4a57-99a5-b926284a522e) Stevens, Gareth Publishing LLLP.

Make a Match! Puzzles for Kids Activity Book. Smarter Activity Books for Kids. 2016. (ENG., Illus.). (J). pap. 8.99 *(978-1-68374-095-7(5))* Examined Solutions PTE. Ltd.

Make a Mess with Trash Coloring Books. Smarter Activity Books for Kids. 2016. (ENG., Illus.). (J). pap. 9.22 *(978-1-68374-367-5(9))* Examined Solutions PTE. Ltd.

1260

The check digit for ISBN-10 appears in parentheses after the full ISBN-13

TITLE INDEX

Make a Million with Ant & Bee (Ant & Bee) Angela Banner. 2020. (Ant & Bee Ser.). (ENG., Illus.). 112p. (J). 9.99 (978-1-4052-9848-3(0)) Farshore GBR. Dist: HarperCollins Pubs.

Make a Mini Monster Your Way! Elsie Olson. 2018. (Super Simple DIY Ser.). (ENG., Illus.). 32p. (J). (gr. k-4). lib. bdg. 34.21 (978-1-5321-1717-6(5), 30722, Super SandCastle) ABDO Publishing Co.

Make a Mini UFO Your Way! Elsie Olson. 2020. (DIY Monsters & Mischief Makerspace Ser.). (ENG., Illus.). 32p. (J). (gr. k-4). lib. bdg. 34.21 (978-1-5321-9318-7(1), 35145, Super SandCastle) ABDO Publishing Co.

Make a Mobile: Solar System. Jean Claude. Illus. by Jean Claude. 2020. (ENG., Illus.). 8p. (J). bds. 9.99 (978-1-83857-657-8(6), 87302e1e-6732-4c2d-a1b6-af8283595548) Arcturus Publishing GBR. Dist: Baker & Taylor Publisher Services (BTPS).

Make a Movie! 4D. Thomas Kingsley Troupe. 2019. (Make a Movie! 4D Ser.). (ENG.). 48p. (J). (gr. 3-5). 135.96 (978-1-5435-4019-2(8), 28699) Capstone.

Make a Nature Sculpture. Emily Kington. 2019. (Get Outside! Ser.). (ENG., Illus.). 24p. (J). (gr. 1-3). lib. bdg. 26.65 (978-1-5415-5525-9(2), 032504a-79f2-4789-ab1f-aeec0ad8187e, Hungry Tomato (r)) Lerner Publishing Group.

Make a New Friend: With Autism. Tricia Lynn. 2017. (ENG., Illus.). (J). pap. 17.45 (978-1-5043-7955-7(1), Balboa Pr.) Author Solutions, LLC.

Make a Pet Monster Your Way! Elsie Olson. 2020. (DIY Monsters & Mischief Makerspace Ser.). (ENG., Illus.). 32p. (J). (gr. k-4). lib. bdg. 34.21 (978-1-5321-9319-4(X), 35147, Super SandCastle) ABDO Publishing Co.

Make a Picture! a Dot to Dot Activity Book. Activity Book Zone for Kids. 2016. (ENG., Illus.). (J). pap. 7.55 (978-1-68376-156-3(1)) Sabeels Publishing.

Make a Pop Rocket. Maddie Spalding. (Make Your Own: Make It Go! Ser.). (ENG.). 32p. (J). (gr. 2-4). 2020. pap. 13.26 (978-1-68404-640-9(8)); 2018. (Illus.). 26.60 (978-1-59953-923-2(3)) Norwood Hse. Pr.

Make a Powered Boat. Meg Gaertner. (Make Your Own: Make It Go! Ser.). (ENG.). 32p. (J). (gr. 2-4). 2020. pap. 13.26 (978-1-68404-641-6(6)); 2018. (Illus.). 26.60 (978-1-59953-924-9(1)) Norwood Hse. Pr.

Make a Propeller Airplane. Rosalyn Clark. (Make Your Own: Make It Go! Ser.). (ENG.). 32p. (J). (gr. 2-4). 2020. pap. 13.26 (978-1-68404-642-3(4)); 2018. (Illus.). 26.60 (978-1-59953-925-6(X)) Norwood Hse. Pr.

Make a Race Car Your Way! Elsie Olson. 2018. (Super Simple DIY Ser.). (ENG., Illus.). 32p. (J). (gr. k-4). lib. bdg. 34.21 (978-1-5321-1718-3(3), 30724, Super SandCastle) ABDO Publishing Co.

Make a Research Plan, 1 vol. Caitie McAneney. 2018. (Think Like a Scientist Ser.). (ENG.). 32p. (gr. 3-4). lib. bdg. 26.06 (978-1-5383-0226-2(8), 180b42ef-aaa5-439b-9688-40e32a7f3a41, Britannica Educational Publishing) Rosen Publishing Group, Inc., The.

Make a Robo Pet Your Way! Rachael L. Thomas. 2018. (Super Simple DIY Ser.). (ENG., Illus.). 32p. (J). (gr. k-4). lib. bdg. 34.21 (978-1-5321-1719-0(1), 30726, Super SandCastle) ABDO Publishing Co.

Make a Robot BFF Your Way! Elsie Olson. 2020. (DIY Monsters & Mischief Makerspace Ser.). (ENG., Illus.). 32p. (J). (gr. k-4). lib. bdg. 34.21 (978-1-5321-9320-0(3), 35149, Super SandCastle) ABDO Publishing Co.

Make a Roller Coaster. Meg Gaertner. (Make Your Own: Make It Go! Ser.). (ENG.). 32p. (J). (gr. 2-4). 2020. pap. 13.26 (978-1-68404-643-0(2)); 2018. (Illus.). 26.60 (978-1-59953-927-0(6)) Norwood Hse. Pr.

Make a Space Alien Your Way! Rachael L. Thomas. 2020. (DIY Monsters & Mischief Makerspace Ser.). (ENG., Illus.). 32p. (J). (gr. k-4). lib. bdg. 34.21 (978-1-5321-9321-7(1), 35151, Super SandCastle) ABDO Publishing Co.

Make a Space Center. Anna Claybourne. 2020. (J). (978-0-7787-7355-9(8)) Crabtree Publishing Co.

Make a Spaceship Your Way! Rachael L. Thomas. 2018. (Super Simple DIY Ser.). (ENG., Illus.). 32p. (J). (gr. k-4). lib. bdg. 34.21 (978-1-5321-1720-6(5), 30728, Super SandCastle) ABDO Publishing Co.

Make a Star Light! & More Circuitry Challenges. Rebecca Felix. 2020. (Super Simple Makerspace STEAM Challenge Ser.). (ENG., Illus.). 32p. (J). (gr. k-4). lib. bdg. 34.21 (978-1-5321-9439-9(0), 36633, Super SandCastle) ABDO Publishing Co.

Make a Wind-Powered Car. Meg Gaertner. (Make Your Own: Make It Go! Ser.). (ENG.). 32p. (J). (gr. 2-4). 2020. pap. 13.26 (978-1-68404-644-7(0)); 2018. (Illus.). 26.60 (978-1-59953-922-5(5)) Norwood Hse. Pr.

Make a Wish for Me. Alissa Buoni. 2017. (ENG., Illus.). (J). 19.99 (978-1-945355-44-8(1)) Rocket Science Productions, LLC.

Make a Wish, Henry Bear. Liam Francis Walsh. 2019. (ENG., Illus.). 40p. (J). 17.99 (978-1-62672-332-0(X), 900152327) Roaring Brook Pr.

Make a Wish on a Fish. Jennie Wiley. Illus. by Mina Anguelova. 2018. (ENG.). 46p. (J). 14.99 (978-1-948256-11-7(8)); pap. 10.99 (978-1-948256-10-0(X)) Willow Moon Publishing.

Make a Wish with Marley. Ashley Holt. 2017. (ENG., Illus.). 24p. (J). pap. 10.95 (978-1-5043-9273-0(6), Balboa Pr.) Author Solutions, LLC.

Make & Make-Believe (Classic Reprint) Arthur I. Gates. (ENG., Illus.). (J). 2018. 324p. 30.58 (978-0-364-40455-3(8)); 2017. pap. 13.57 (978-0-259-46470-9(8)) Forgotten Bks.

Make & Paint Trucks & More: Craft Box Set for Kids. IglooBooks. 2021. (ENG.). 24p. (J). pap. 12.99 (978-1-80022-748-4(5)) Igloo Bks. GBR. Dist: Simon & Schuster, Inc.

Make & Play Arcade. Rebecca Felix. 2021. (Makerspace Play Ser.). (ENG., Illus.). 24p. (J). (gr. k-4). lib. bdg. 32.79 (978-1-5321-9585-3(0), 37438, Super SandCastle) ABDO Publishing Co.

Make & Play: Christmas. Illus. by Joey Chou. 2017. (ENG.). 26p. (J). (gr. -1-2). 11.99 (978-0-7636-9616-0(1)) Candlewick Pr.

Make & Play Dinosaurs. Margot Channing & Liz and Kate Pope. ed. 2018. (ENG., Illus.). 12p. (J). (gr. -1-k). bds. 8.95 (978-1-912233-98-4(3), Scribblers) Book Hse. GBR. Dist: Sterling Publishing Co., Inc.

Make & Play Farm Animals. Margot Channing. Illus. by Liz and Kate Pope. ed. 2018. (ENG.). 12p. (J). (gr. -1-k). bds. 8.95 (978-1-912233-97-7(5), Scribblers) Book Hse. GBR. Dist: Sterling Publishing Co., Inc.

Make & Play Grocery Store. Megan Borgert-Spaniol. 2021. (Makerspace Play Ser.). (ENG., Illus.). 24p. (J). (gr. k-4). lib. bdg. 32.79 (978-1-5321-9586-0(9), 37440, Super SandCastle) ABDO Publishing Co.

Make & Play Hardware Store. Rebecca Felix. 2021. (Makerspace Play Ser.). (ENG., Illus.). 24p. (J). (gr. k-4). lib. bdg. 32.79 (978-1-5321-9587-7(7), 37442, Super SandCastle) ABDO Publishing Co.

Make & Play: Nativity. Illus. by Joey Chou. 2017. (ENG.). 26p. (J). (gr. -1-2). 11.99 (978-0-7636-9617-7(X)) Candlewick Pr.

Make & Play Pet Supply Store. Rebecca Felix. 2021. (Makerspace Play Ser.). (ENG., Illus.). 24p. (J). (gr. k-4). lib. bdg. 32.79 (978-1-5321-9588-4(5), 37444, Super SandCastle) ABDO Publishing Co.

Make & Play Post Office. Rebecca Felix. 2021. (Makerspace Play Ser.). (ENG., Illus.). 24p. (J). (gr. k-4). lib. bdg. 32.79 (978-1-5321-9589-1(3), 37446, Super SandCastle) ABDO Publishing Co.

Make & Play Restaurant. Megan Borgert-Spaniol. 2021. (Makerspace Play Ser.). (ENG., Illus.). 24p. (J). (gr. k-4). lib. bdg. 32.79 (978-1-5321-9590-7(7), 37448, Super SandCastle) ABDO Publishing Co.

Make & Take Sequencing Fun Practice Book Prek-Grade 2 - Ages 4 To 8. Bobo's Little Brainiac Books. 2016. (ENG., Illus.). (J). pap. 7.99 (978-1-68327-812-2(7)) Sunshine In My Soul Publishing.

Make & Upload Your Own Videos. Karen Latchana Kenney. 2018. (Digital Makers (Alternator Books (r)) Ser.). (ENG., Illus.). 32p. (J). (gr. 3-6). 29.32 (978-1-5124-8340-6(0), effd9500-c87a-4a19-a305-1ef5a3394743, Lerner Pubns.) Lerner Publishing Group.

Make Art with Circuits: 4D an Augmented Reading Experience. Chris Harbo & Sarah Schuette. 2019. (Circuit Creations 4D Ser.). (ENG., Illus.). 48p. (J). (gr. 3-5). pap. 7.95 (978-1-5435-3992-9(0), 139033); lib. bdg. 33.99 (978-1-5435-3988-2(2), 139029) Capstone.

Make Believe. H. D. (Henry Dawson) Lowry. 2017. (ENG.). 180p. (J). pap. (978-3-337-41408-5(7)) Creation Pubs.

Make-Believe: A Comedietta (Classic Reprint) E. C. Rackstraw. (ENG., Illus.). (J). 2018. 32p. 24.56 (978-0-267-58813-8(5)); 2016. pap. 7.97 (978-1-334-09096-7(3)) Forgotten Bks.

Make-Believe (Classic Reprint) Henry Dawson Lowry. 2018. (ENG., Illus.). 172p. (J). 27.46 (978-0-483-34744-1(2))

Forgotten Bks.

Make-Believe Store. Joanne Meier & Cecilia Minden. Illus. by Bob Ostrom. 2022. (Bear Essential Readers Ser.). (ENG.). 32p. (J). (gr. -1-2). lib. bdg. 35.64 (978-1-5038-5917-3(7), 215815, First Steps) Child's World, Inc., The.

Make Build Create: Sculpture Projects for Children. Paula Briggs. 2016. (ENG., Illus.). 144p. pap. 24.95 (978-1-910433-70-6(5)) Black Dog Publishing Ltd. GBR. Dist: Consortium Bk. Sales & Distribution.

Make Buildings. Christopher Harrisson. Illus. by Charlotte Farmer. 2016. (ENG.). 112p. (J). pap. 11.99 (978-1-61067-410-2(3)) Kane Miller.

Make Circuits That Glow or Go: 4D an Augmented Reading Experience. Chris Harbo & Sarah Schuette. 2019. (Circuit Creations 4D Ser.). (ENG., Illus.). 48p. (J). (gr. 3-5). pap. 7.95 (978-1-5435-3994-3(7), 139035); lib. bdg. 33.99 (978-1-5435-3990-5(4), 139031) Capstone.

Make Circuits You Can Wear: 4D an Augmented Reading Experience. Chris Harbo & Sarah Schuette. 2019. (Circuit Creations 4D Ser.). (ENG., Illus.). 48p. (J). (gr. 3-5). pap. 7.95 (978-1-5435-3993-6(9), 139034); lib. bdg. 33.99 (978-1-5435-3989-9(0), 139030) Capstone.

Make College Count: A Faithful Guide to Life & Learning. Derek Melleby. 2018. (ENG.). 124p. (YA). pap. 13.00 (978-0-8010-9420-0(8)) Baker Bks.

Make Forest Faces & Mud Monsters. Emily Kington. 2019. (Get Outside! Ser.). (ENG., Illus.). 24p. (J). (gr. 1-3). lib. bdg. 26.65 (978-1-5415-5527-3(9), 0a08c9ae-3d67-46b5-a92d-a13500e070ae, Hungry Tomato (r)) Lerner Publishing Group.

Make Friends Like a Meerkat. Michelle Wanasundera. Illus. by Carissa Harris. (ENG.). 30p. (J). 2023. pap. (978-1-922991-77-5(5)); 2022. pap. (978-1-922895-27-1(X)) Library For All Limited.

Make Friends Like a Meerkat - Pata Marafiki Wapya Kama Nguchiro. Michelle Wanasundera. Illus. by Carissa Harris. 2023. (SWA.). 30p. (J). pap. (978-1-922951-17-5(X)) Library For All Limited.

Make Frightful Props: DIY Eyeballs, Organs, & More. Mary Meinking. 2018. (Hair-Raising Halloween Ser.). (ENG., Illus.). 32p. (J). (gr. 3-9). lib. bdg. 27.32 (978-1-5435-3031-5(1), 138615, Capstone Pr.) Capstone.

Make Games with Circuits: 4D an Augmented Reading Experience. Chris Harbo & Sarah Schuette. 2019. (Circuit Creations 4D Ser.). (ENG., Illus.). 48p. (J). (gr. 3-5). pap. 7.95 (978-1-5435-3995-0(5), 139036); lib. bdg. 33.99 (978-1-5435-3991-2(2), 139032) Capstone.

Make Herstory. Giavanna Grein. 2019. (ENG.). 38p. (J). 17.95 (978-1-64307-022-3(3)) Amplify Publishing Group.

Make in a Day: Crafts for Kids. Cintia Gonzalez-Pell. 2017. (Make in a Day Ser.). (ENG., Illus.). 64p. (gr. 1-6). pap. 14.95 (978-0-486-81373-8(8), 813738) Dover Pubns., Inc.

Make It: Henna Designs (Level 2) Georgia Beth. 2017. (TIME for KIDS(r): Informational Text Ser.). (ENG., Illus.). 28p. (J). (gr. 2-3). pap. 10.99 (978-1-4258-4962-7(8)) Teacher Created Materials, Inc.

Make It: Pattern Art. Kristy Stark. 2018. (TIME for KIDS(r): Informational Text Ser.). (ENG., Illus.). 12p. (J). (gr. k-1). 7.99 (978-1-4258-4947-4(4)) Teacher Created Materials, Inc.

Make It: Unusual Art. Heather E. Schwartz. 2018. (TIME for KIDS(r): Informational Text Ser.). (ENG., Illus.). 24p. (J). (gr. 1-2). pap. 8.99 (978-1-4258-4958-0(X)) Teacher Created Materials, Inc.

Make It a Good Day. Jennifer Universe. 2017. (ENG., Illus.). 32p. (J). (gr. -1-3). 16.95 (978-1-59298-711-5(7)) Beaver's Pond Pr., Inc.

Make It, Build It! Alice Boynton. 2021. (What a Job (LOOK! Books (tm)) Ser.). (ENG., Illus.). 24p. (J). (gr. k-2). pap. 8.99 (978-1-63440-833-2(0), d6536ede-f6a3-4daa-9aaf-1c46357d5e5a); lib. bdg. 25.32 (978-1-63440-829-5(2), 780d100c-fa2d-4dc5-bbba-2bb64f291b99) Red Chair Pr.

Make It Count: You Have Just One Life. Chinedu Isoh. 2021. (ENG.). 82p. (YA). pap. 13.95 (978-1-0980-7541-5(2)) Christian Faith Publishing.

Make It Fashion Activity Book: A World of Fashion to Create, Draw & Explore. Nina Chakrabarti. 2023. (ENG.). 64p. (J). (gr. 2-4). pap. 12.99 **(978-1-5102-3069-9(6),** King, Laurence Publishing) Orion Publishing Group, Ltd. GBR. Dist: Hachette Bk. Group.

Make It Like Michelangelo: How to Draw Book. Smarter Activity Books for Kids. 2016. (ENG., Illus.). (J). pap. 9.22 (978-1-68374-096-4(3)) Examined Solutions PTE. Ltd.

Make It Now!: Animals: Press Out & Play. Geraldine Cosneau. Illus. by Geraldine Cosneau. 2018. (Make It Now! Ser.). (ENG., Illus.). 12p. (J). (gr. -1-3). pap. 8.99 (978-1-328-71497-8(7), 1674063, Clarion Bks.) HarperCollins Pubs.

Make It Now!: Princesses: Press Out & Play. Stephanie Rousseau. 2018. (Make It Now! Ser.). (ENG., Illus.). 12p. (J). (gr. -1-3). pap. 8.99 (978-1-328-71498-5(5), 1674064, Clarion Bks.) HarperCollins Pubs.

Make It or Bake It: Recipes for Transitioning Foster Youth. Sonya Carey. Ed. by Debra Warner. 2021. (ENG.). 76p. (YA). pap. 12.95 (978-0-578-91960-7(5)) Warner, Debra Psy.D.

Make It Rain [4]. Shanna Silva. 2018. (Boosters Ser.). (ENG.). 64p. (YA). (gr. 9-12). pap. 9.75 (978-1-68021-156-6(0)) Saddleback Educational Publishing, Inc.

Make It Spooky, 8 vols. 2022. (Make It Spooky Ser.). (ENG.). 32p. (J). (gr. 3-3). lib. bdg. 107.72 (978-1-9785-3198-7(2), 808273f0-1515-4bc1-aacb-93235c2a68fa) Enslow Publishing, LLC.

Make It Yourself! - Bots & Circuits. Kelly Coss. 2017. (Cool Makerspace Ser.). (ENG., Illus.). 32p. (J). (gr. 3-6). lib. bdg. 34.21 (978-1-5321-1066-5(9), 25708, Checkerboard Library) ABDO Publishing Co.

Make It Yourself! Collages & Sculptures. Carol Hove. 2017. (Cool Makerspace Ser.). (ENG., Illus.). 32p. (J). (gr. 3-6). lib. bdg. 34.21 (978-1-5321-1067-2(7), 25710, Checkerboard Library) ABDO Publishing Co.

Make It Yourself! Coloring & Doodling. Paige V. Polinsky. 2017. (Cool Makerspace Ser.). (ENG., Illus.). 32p. (J). (gr. 3-6). lib. bdg. 34.21 (978-1-5321-1068-9(5), 25712, Checkerboard Library) ABDO Publishing Co.

Make It Yourself! Comics & Graphic Novels. Christa Schneider. 2017. (Cool Makerspace Ser.). (ENG., Illus.). 32p. (J). (gr. 3-6). lib. bdg. 34.21 (978-1-5321-1069-6(3), 25714, Checkerboard Library) ABDO Publishing Co.

Make It Yourself! from Junk to Jewelry. Carol Hove. 2017. (Cool Makerspace Ser.). (ENG., Illus.). 32p. (J). (gr. 3-6). lib. bdg. 34.21 (978-1-5321-1070-2(7), 25716, Checkerboard Library) ABDO Publishing Co.

Make It Yourself! Paper Pop-Up Art. Pam Chenevert. 2017. (Cool Makerspace Ser.). (ENG., Illus.). 32p. (J). (gr. 3-6). lib. bdg. 34.21 (978-1-5321-1071-9(5), 25718, Checkerboard Library) ABDO Publishing Co.

Make Lemonade Novel Units Student Packet. Novel Units. 2019. (ENG.). (J). pap. 13.99 (978-1-58130-937-9(6), Novel Units, Inc.) Classroom Library Co.

Make Me a Flower Garden: A Floral Coloring Book. Kreative Kids. 2016. (ENG., Illus.). (J). pap. 9.20 (978-1-68377-334-4(9)) Whlke, Traudl.

Make Me a Monster: (Juvenile Fiction, Kids Novelty Book, Children's Monster Book, Children's Lift the Flaps Book) Mark Rogalski. 2019. (ENG., Illus.). 16p. (J). (gr. -1-k). bds. 14.99 (978-1-4521-6715-2(X)) Chronicle Bks. LLC.

Make Me a Robot. Mark Rogalski. 2020. (ENG., Illus.). 16p. (J). (gr. -1-k). 14.99 (978-1-7972-0525-0(0)) Chronicle Bks. LLC.

Make Me an Offer: A Musical Play, Music & Lyrics (Classic Reprint) Monty Norman. 2018. (ENG., Illus.). 86p. (J). 25.69 (978-0-332-69562-4(X)) Forgotten Bks.

Make Me Real. Dare Wright. 2020. (ENG.). 32p. (J). 15.95 (978-1-7334312-3-1(3)) Dare Wright Media.

Make Me Smile. IglooBooks. 2019. (ENG.). 24p. (J). 9.99 (978-1-83852-551-4(3)) Igloo Bks. GBR. Dist: Simon & Schuster, Inc.

Make Me Smile: Padded Board Book. IglooBooks. Illus. by Gabi Murphy. (ENG.). 24p. (J). (-k). 2022. bds. 9.99 (978-1-80368-355-3(4)); 2021. bds. 8.99 (978-1-80022-784-2(1)) Igloo Bks. GBR. Dist: Simon & Schuster, Inc.

Make Me the Best at Track & Field. Ken Stone. 2016. (Make Me the Best Athlete Ser.). (ENG., Illus.). 48p. (J). (gr. 4-6). lib. bdg. 34.21 (978-1-68078-485-5(4), 23779, SportsZone) ABDO Publishing Co.

Make Me the Best Athlete (Set), 8 vols. 2016. (Make Me the Best Athlete Ser.). (ENG.). 48p. (J). (gr. 4-6). lib. bdg. 273.76 (978-1-68078-484-8(6), 23777, SportsZone) ABDO Publishing Co.

Make Me the Best Baseball Player. Todd Kortemeier. 2016. (Make Me the Best Athlete Ser.). (ENG., Illus.). 48p. (J). (gr. 4-6). lib. bdg. 34.21 (978-1-68078-486-2(2), 23781, SportsZone) ABDO Publishing Co.

Make Me the Best Basketball Player. Will Graves. 2016. (Make Me the Best Athlete Ser.). (ENG., Illus.). 48p. (J). (gr. 4-6). lib. bdg. 34.21 (978-1-68078-487-9(0), 23783, SportsZone) ABDO Publishing Co.

Make Me the Best Football Player. Dan Myers. 2016. (Make Me the Best Athlete Ser.). (ENG., Illus.). 48p. (J). (gr. 4-6). lib. bdg. 34.21 (978-1-68078-488-6(9), 23785, SportsZone) ABDO Publishing Co.

Make Me the Best Hockey Player. Todd Kortemeier. 2016. (Make Me the Best Athlete Ser.). (ENG., Illus.). 48p. (J). (gr. 4-6). lib. bdg. 34.21 (978-1-68078-489-3(7), 23787, SportsZone) ABDO Publishing Co.

Make Me the Best Lacrosse Player. Jess Myers. 2016. (Make Me the Best Athlete Ser.). (ENG., Illus.). 48p. (J). (gr. 4-6). lib. bdg. 34.21 (978-1-68078-490-9(0), 23789, SportsZone) ABDO Publishing Co.

Make Me the Best Soccer Player. Todd Kortemeier. 2016. (Make Me the Best Athlete Ser.). (ENG., Illus.). 48p. (J). (gr. 4-6). lib. bdg. 34.21 (978-1-68078-491-6(9), 23791, SportsZone) ABDO Publishing Co.

Make Me the Best Volleyball Player. Jon Ackerman. 2016. (Make Me the Best Athlete Ser.). (ENG., Illus.). 48p. (J). (gr. 4-6). lib. bdg. 34.21 (978-1-68078-492-3(7), 23793, SportsZone) ABDO Publishing Co.

Make Meatballs Sing: The Life & Art of Corita Kent. Matthew Burgess. Illus. by Kara Kramer. ed. 2021. 80p. (J). (gr. 1-12). 18.95 (978-1-59270-316-6(X)) Enchanted Lion Bks., LLC.

Make Mind-Blowing Music Videos: 4D an Augmented Reading Experience. Thomas Kingsley Troupe. 2019. (Make a Movie! 4D Ser.). (ENG., Illus.). 48p. (J). (gr. 3-5). lib. bdg. 33.99 (978-1-5435-4009-3(0), 139043) Capstone.

Make Money the SMART Way: A Teen's Guide to Being Financially Successful. Elizabeth Abols. 2019. (ENG.). 132p. (J). pap. (978-1-77277-288-3(7)) 10-10-10 Publishing.

Make More S'mores. Cathy Ballou Mealey. Illus. by Ariel Landy. 2023. (ENG.). 32p. (J). (gr. k-3). 18.99 (978-1-5341-1176-9(X), 205371) Sleeping Bear Pr.

Make Music! A Kid's Guide to Creating Rhythm, Playing with Sound, & Conducting & Composing Music. Norma Jean Haynes et al. 2019. (ENG.). 144p. (J). (gr. k-17). pap. 16.95 (978-1-63586-035-1(0), 626035) Storey Publishing, LLC.

Make My World a Better Place: How to Live in Peace & Harmony with Others. Miss Ra'eesa Baksh. 2018. (ENG.). 114p. (J). pap. (978-1-77277-228-9(3)) 10-10-10 Publishing.

Make or Break: Or, the Rich Man's Daughter (Classic Reprint) Oliver Optic, pseud. 2018. (ENG., Illus.). 348p. (J). 31.07 (978-0-428-29443-4(X)) Forgotten Bks.

Make Papel Picado *see* **Haz Papel Picado**

Make Paper Lantern Animals. Editors of Klutz. 2016. (ENG.). 32p. (J). (gr. 2-5). 19.99 (978-1-338-03755-5(2)) Klutz.

Make Plastic Fantastic: With over 25 Recycling Craft Projects. IglooBooks. 2020. (ENG.). 64p. (J). (gr. k-5). 12.99 (978-1-83852-391-6(X)) Igloo Bks. GBR. Dist: Simon & Schuster, Inc.

Make Room: A Child's Guide to Lent & Easter. Laura Alary. Illus. by Ann Boyajian. 2016. (ENG.). 32p. (J). (gr. -1). pap. 16.99 (978-1-61261-659-9(3), 6599) Paraclete Pr., Inc.

Make Science Fun. Strickling Jacob. 2017. (Illus.). 192p. (J). 14.99 (978-1-74257-907-8(8)) New Holland Pubs. Pty, Ltd. AUS. Dist: Independent Pubs. Group.

Make Science Fun: Experiments. Jacob Strickling. 2018. (Illus.). 192p. (J). pap. 14.99 (978-1-74257-071-6(2)) New Holland Pubs. Pty, Ltd. AUS. Dist: Independent Pubs. Group.

Make-Shift Marriage (Classic Reprint) Baillie Reynolds. (ENG., Illus.). (J). 2018. 328p. 30.66 (978-0-483-64394-9(7)); 2017. pap. 13.57 (978-0-243-28331-6(8)) Forgotten Bks.

Make Some Noise! Sarah Creese. Illus. by Jess Moorhouse. 2021. (ENG.). 12p. (J). (— 1). bds. 10.99 (978-1-80058-314-6(1)) Make Believe Ideas GBR. Dist: Scholastic, Inc.

Make Space for Jesus: Learning about Lent & Easter. Laura Alary. Illus. by Ann Boyajian. 2022. (ENG.). 20p. (J). (gr. -1-k). bds. 11.99 (978-1-64060-759-0(5)) Paraclete Pr., Inc.

Make: Tech DIY: Easy Electronics Projects for Parents & Kids. Ji Sun Lee & Jaymes Dec. 2016. (ENG., Illus.). 192p. pap. 19.99 (978-1-68045-177-1(4)) O'Reilly Media, Inc.

Make Teddy Better: With 20 Colorful Felt Play Pieces. Danielle McLean. 2021. (Funtime Felt Ser.). (ENG.). 10p. (J). (-k). bds. 12.99 (978-0-593-30556-0(6), Random Hse. Bks. for Young Readers) Random Hse. Children's Bks.

Make the Best of It! ¡haz lo Mejor Posible! Georgette Baker. Illus. by Eric Shaffer. 2018. (ENG.). 30p. (J). pap. 9.95 (978-1-892306-56-2(5)) Cantemos-bilingual bks. and music.

Make the Best of It, or Cheerful Cherry: And Other Tales (Classic Reprint) Samuel G. Goodrich. 2018. (ENG., Illus.). 182p. (J). 27.67 (978-0-483-70035-2(5)) Forgotten Bks.

Make the Earth Your Companion. J. Patrick Lewis. Illus. by Anna Balbusso & Elena Balbusso. 2017. (ENG.). 32p. (J). (gr. 1-3). pap. 18.99 (978-1-56846-269-1(7), 20166, Creative Education) Creative Co., The.

Make the Fireflies Dance. Rachel Bateman. 2023. (ENG.). 352p. (YA). (gr. 8-17). 18.99 (978-0-7624-7891-0(8), Running Pr. Kids) Running Pr.

Make This! Ella Schwartz. ed. 2020. (Nat'l Geo Kids Hands-On STEM Ser.). (ENG.). 157p. (J). (gr. 4-5). 28.96 (978-1-64697-153-4(1)) Penworthy Co., LLC, The.

Make This! Building Thinking, & Tinkering Projects for the Amazing Maker in You. Ella Schwartz. 2019. (Illus.). 160p. (J). (gr. 3-7). pap. 16.99 (978-1-4263-3324-8(2)); (ENG., lib. bdg. 26.90 (978-1-4263-3325-5(0)) Disney Publishing Worldwide. (National Geographic Kids).

Make Tracks: Building Site. Illus. by Johnny Dyrander. 2023. (Make Tracks Ser.). (ENG.). 8p. (J). (gr. -1-k). bds. 10.99 Nosy Crow Inc.

Make Tracks: Cars. Illus. by Johnny Dyrander. 2023. (Make Tracks Ser.). (ENG.). 8p. (J). (gr. -1-k). bds. 10.99 Nosy Crow Inc.

Make Trash Fun with These Coloring Books. Jupiter Kids. 2016. (ENG., Illus.). 106p. (J). pap. 12.55 (978-1-68326-347-0(2), Jupiter Kids (Childrens & Kids Fiction)) Speedy Publishing LLC.

Make Trouble Young Readers Edition: Standing up, Speaking Out, & Finding the Courage to Lead. Cecile Richards. 2019. (ENG., Illus.). 256p. (J). (gr. 5-9). 17.99 (978-1-5344-5195-7(1), McElderry, Margaret K. Bks.) McElderry, Margaret K. Bks.

Make up or Break Up: Choose Your Own Ever After. Kate Welshman. 2016. (ENG.). 256p. (J). pap. 5.99 (978-1-61067-387-7(5)) Kane Miller.

Make: Volume 75. Mike Senese. 2020. (ENG.). 128p. (YA). pap. 14.99 (978-1-68045-678-3(4)) O'Reilly Media, Inc.

Make Waves: Experiments with Light, Energy & Sound. Nick Arnold. 2019. (Hands-On Science Ser.). (ENG., Illus.). 24p. (J). (gr. 2-5). lib. bdg. 26.65 *(978-0-7112-4225-8(9)*, 15e4fb9c-118c-41bc-9dff-3da05f043bed) QEB Publishing Inc.

Make Way: The Story of Robert Mccloskey, Nancy Schön, & Some Very Famous Ducklings. Angela Burke Kunkel. Illus. by Claire Keane. 2023. 48p. (J). (gr. -1-3). 19.99 *(978-0-593-37335-4(9))*; (ENG.). lib. bdg. 22.99 *(978-0-593-37336-1(7))* Random Hse. Children's Bks.

Make Way for Animals! A World of Wildlife Crossings. Meeg Pincus. Illus. by Bao Luu. 2022. (ENG.). 32p. (J). (gr. k-3). 19.99 *(978-1-5415-8938-4(6)*, 26e0dd10-4833-4f6c-9ce9-91aa0197d2b8, Millbrook Pr.) Lerner Publishing Group.

Make Way for Butterfly (a Very Impatient Caterpillar Book) Ross Burach. Illus. by Ross Burach. 2023. (ENG.). 32p. (J). (gr. -1-3). 18.99 *(978-1-338-75263-2(4)*, Scholastic Pr.) Scholastic, Inc.

Make Way for Ducklings see Abran Paso a los Patitos

Make Way for Ducklings 75th Anniversary Edition. Robert McCloskey. 75th anniv. ed. 2016. (Illus.). 68p. (J). (gr. -1-2). 25.99 *(978-1-101-99795-6(8)*, Viking Books for Young Readers) Penguin Young Readers Group.

Make Way for Readers. Judy Sierra. Illus. by G. Brian Karas. 2016. (ENG.). 32p. (J). (gr. -1-3). 17.99 *(978-1-4814-1851-5(3)*, Simon & Schuster Bks. For Young Readers) Simon & Schuster Bks. For Young Readers.

Make Way for the Christmas Hush. Tim Huff. 2019. (ENG., Illus.). 42p. (J). *(978-1-988928-29-6(X))* BayRidge Bks.

Make Way for the Christmas Hush. Tim Huff. Illus. by Tim Huff. 2019. (ENG., Illus.). 42p. (J). (gr. k-6). pap. *(978-1-927355-89-3(3))* BayRidge Bks.

Make Way Through the Maze! Kids Maze Activity Book. Activity Book Zone for Kids. 2016. (ENG., Illus.). (J). pap. 7.55 *(978-1-68376-157-0(X))* Sabeels Publishing.

Make with Art! Activities to Find Purpose. Lauren Kukla. 2022. (Wellness Workshop Ser.). (ENG., Illus.). 32p. (J). (gr. 3-6). lib. bdg. 34.21 *(978-1-5321-9981-3(3)*, 40751, Checkerboard Library) ABDO Publishing Co.

Make Your Bed with Skipper the Seal. William H. McRaven. Illus. by Howard McWilliam. 2021. (ENG.). 48p. (J). (gr. -1-3). 18.99 *(978-0-316-59235-2(8))* Little, Brown Bks. for Young Readers.

Make Your Dreams Colorful-Coloring Book & Various Activities. Nadean Barton. 2021. (ENG.). 52p. (J). pap. 19.98 *(978-1-716-12724-3(6))* Lulu Pr., Inc.

Make Your Game; or, the Adventures of the Stout Gentleman. George Augustus Sala. 2017. (ENG.). 324p. (J). pap. *(978-3-337-17987-8(8))* Creation Pubs.

Make Your Game, or the Adventures of the Stout Gentleman, the Slim Gentleman, & the Man with the Iron Chest: A Narrative of the Rhine & Thereabouts (Classic Reprint) George Augustus Sala. 2018. (ENG., Illus.). 318p. (J). 30.48 *(978-0-484-91729-2(3))* Forgotten Bks.

Make Your Mark. Peg Marrin. Illus. by Sarah Rice. 2021. (ENG.). 62p. (J). *(978-1-3984-8573-0(X))* Austin Macauley Pubs. Ltd.

Make Your Mark Gallery: a Coloring Book-Ish. Peter H. Reynolds. Illus. by Peter H. Reynolds. 2020. (ENG.). 96p. (J). (gr. -1-3). 9.99 *(978-1-5362-0931-0(7))* Candlewick Pr.

Make Your Own Amazing YouTube Videos: Learn How to Film, Edit, & Upload Quality Videos to YouTube. Brett Juilly. 2017. 136p. (gr. 3-7). pap. 12.99 *(978-1-63158-202-8(X)*, Racehorse Publishing) Skyhorse Publishing Co., Inc.

Make Your Own Art: Set 2, 10 vols. Sally Henry & Trevor Cook. Incl. Eco Crafts. lib. bdg. 30.27 *(978-1-4488-1582-1(7)*, 9954893c-0fed-4f20-854d-2d05e915234b); Making Masks. 30.27 *(978-1-4488-1583-8(5)*, fcf75343-3ae6-4fcf-9ad0-59c260787f14); Making Mosaics. 30.27 *(978-1-4488-1585-2(1)*, b486d950-5a61-4480-bf95-a93f3b05f98a); Making Puppets. 30.27 *(978-1-4488-1584-5(3)*, 91ded940-cb87-486c-916d-7905a13bfef3); Papier-Mâché. 30.27 *(978-1-4488-1587-6(8)*, 140b6f37-b163-4556-bfa4-cb69696f6108); (J). (gr. 3-4). (Make Your Own Art Ser.). (ENG., Illus.). 32p. 2010. Set lib. bdg. 151.35 *(978-1-4488-1625-5(4)*, ab4eeb4f-5340-4fa7-af2c-a6391e8949de, PowerKids Pr.) Rosen Publishing Group, Inc., The.

Make Your Own Art: Sets 1-2, 22 vols. Incl. Make Your Own Art: Set 2. 2010. lib. bdg. 151.35 *(978-1-4488-1625-5(4)*, ab4eeb4f-5340-4fa7-af2c-a6391e8949de); Set 1. Drawing. 2008. lib. bdg. 181.62 *(978-1-4358-2549-9(7)*, 3fce187b-c18a-47c1-b974-447e2b54b804); (J). (gr. 3-4). (Make Your Own Art Ser.). (ENG., Illus.). 32p. 2010. Set lib. bdg. 332.97 *(978-1-4488-1626-2(2)*, a3f3628d-9f30-4b44-93b7-bf632de74ed6, PowerKids Pr.) Rosen Publishing Group, Inc., The.

Make Your Own Birds of Prey: Includes Four Amazing Press-Out Models. Joe Fullman. Illus. by Kate Slater. 2021. (Make Your Own Ser.). (ENG.). 8p. (J). bds. 9.99 *(978-1-83857-722-3(X)*, 97d73417-6aeb-4981-b773-0b59a94c5ae0) Arcturus Publishing GBR. Dist: Baker & Taylor Publisher Services (BTPS).

Make Your Own Clay Dinosaur: Craft Box Set for Kids. IglooBooks. Illus. by Gabriele Tafuni. 2022. (ENG.). 16p. (J). (gr. k). 14.99 *(978-1-80108-679-0(6))* Igloo Bks. GBR. Dist: Simon & Schuster, Inc.

Make Your Own Dancing Slime: By Julia Garstecki & Stephanie Derkovitz. Julia Garstecki & Stephanie Derkovitz. 2020. (J). pap. *(978-1-62310-126-8(3))* Black Rabbit Bks.

Make Your Own Dragon Poop: Craft Box Set for Kids. IglooBooks. 2021. (ENG.). 24p. (J). pap. 12.99 *(978-1-80022-740-8(X))* Igloo Bks. GBR. Dist: Simon & Schuster, Inc.

Make Your Own Drinkable Blood. Julia Garstecki. 24p. (J). 2019. (Illus.). pap. *(978-1-68072-757-9(5))*; 2018. (ENG.). (gr. 4-6). pap. 8.99 *(978-1-64466-310-3(4)*, 12535, Hi Jinx); 2018. (ENG., Illus.). (gr. 4-6). lib. bdg. 28.50 *(978-1-68072-621-3(8)*, 12534, Hi Jinx) Black Rabbit Bks.

Make Your Own Erasers: Craft Box Set for Kids. IglooBooks. 2021. (ENG.). 24p. (J). pap. 12.99 *(978-1-80108-647-9(8))* Igloo Bks. GBR. Dist: Simon & Schuster, Inc.

Make Your Own Fairy Garden Sticker Activity Book. Fran Newman-D'Amico. 2023. (Dover Little Activity Bks.). (ENG.). 4p. (J). (gr. -1-3). 2.50 *(978-0-486-85063-4(3)*, 850633) Dover Pubns., Inc.

Make Your Own Fake Poo. Julia Garstecki. 24p. (J). 2019. (Illus.). pap. *(978-1-68072-761-6(3))*; 2018. (ENG.). (gr. 4-6). pap. 8.99 *(978-1-64466-314-1(7)*, 12551, Hi Jinx); 2018. (ENG., Illus.). (gr. 4-6). lib. bdg. 28.50 *(978-1-68072-625-1(0)*, 12550, Hi Jinx) Black Rabbit Bks.

Make Your Own Fake Skin. Julia Garstecki. 24p. (J). 2019. (Illus.). pap. *(978-1-68072-758-6(3))*; 2018. (ENG.). (gr. 1-3). pap. 8.99 *(978-1-64466-311-0(2)*, 12539, Hi Jinx); 2018. (ENG., Illus.). (gr. 4-6). lib. bdg. 28.50 *(978-1-68072-622-0(6)*, 12538, Hi Jinx) Black Rabbit Bks.

Make Your Own Fake Snot. Julia Garstecki. 24p. (J). 2019. (Illus.). pap. *(978-1-68072-759-3(1))*; 2018. (ENG.). (gr. 4-6). pap. 8.99 *(978-1-64466-312-7(0)*, 12543, Hi Jinx); 2018. (ENG., Illus.). (gr. 4-6). lib. bdg. 28.50 *(978-1-68072-623-7(4)*, 12542, Hi Jinx) Black Rabbit Bks.

Make Your Own Fake Vomit. Julia Garstecki. (J). 2019. pap. *(978-1-68072-762-3(1))*; 2018. 24p. (gr. 1-4). lib. bdg. 28.50 *(978-1-68072-626-8(9))*; 2018. (ENG.). 24p. (gr. 4-6). pap. 8.99 *(978-1-64466-315-8(5)*, 12555, Hi Jinx); 2018. (ENG.). 24p. (gr. 4-6). lib. bdg. 28.50 *(978-1-68072-631-2(5)*, 12554, Hi Jinx) Black Rabbit Bks.

Make Your Own Farting Goo. Julia Garstecki. 24p. (J). 2019. (Illus.). pap. *(978-1-68072-760-9(5))*; 2018. (ENG.). (gr. 1-3). pap. 8.99 *(978-1-64466-313-4(9)*, 12547, Hi Jinx); 2018. (ENG., Illus.). (gr. 4-6). lib. bdg. 28.50 *(978-1-68072-624-4(2)*, 12546, Hi Jinx) Black Rabbit Bks.

Make Your Own Flower Bouquet Sticker Activity Book. Susan Bloomenstein. 2016. (Dover Little Activity Books Stickers Ser.). (ENG.). 8p. (J). (gr. -1-2). pap. 2.50 *(978-0-486-80589-4(1)*, 805891) Dover Pubns., Inc.

Make Your Own LED Flashlight. Julia Garstecki & Stephanie Derkovitz. 2020. (J). pap. *(978-1-62310-127-5(1)*, Bolt) Black Rabbit Bks.

Make Your Own Maze! Kids Activity Book. Activity Book Zone for Kids. 2016. (ENG., Illus.). (J). pap. 7.55 *(978-1-68376-158-7(8))* Sabeels Publishing.

Make Your Own Mini Erasers, 1 vol. Editors of Klutz. 2016. (ENG.). 48p. (J). (gr. 3-7). 21.99 *(978-1-338-03750-0(1))* Klutz.

Make Your Own Mini Rocket Car. Julia Garstecki & Stephanie Derkovitz. 2020. (J). pap. *(978-1-62310-128-2(X))* Black Rabbit Bks.

Make Your Own Money: How Kids Can Earn It, Save It, Spend It, & Dream Big, with Danny Dollar, the King of Cha-Ching. Ty Allan Jackson. Illus. by Nicole Miles. 2021. (ENG.). 128p. (J). (gr. 3-7). pap. 12.95 *(978-1-63586-371-0(6)*, 626371) Storey Publishing, LLC.

Make Your Own Money! 5-Copy Prepack. Ty Allan Jackson. Illus. by Nicole Miles. 2022. (ENG.). pap. 64.75 *(978-1-63586-428-1(3))* Storey Publishing, LLC.

Make Your Own Nerf Launchers. Kris Hirschmann. 2021. (ENG.). 32p. (J). (gr. 3-7). 14.99 *(978-1-338-66323-5(2))* Scholastic, Inc.

Make Your Own Paper Projects. Nick Pierce. Illus. by Alan Brown. 2017. (ENG.). 48p. (J). (gr. 2). pap. 8.95 *(978-1-911242-92-5(X)*, Scribo) Book Hse. GBR. Dist: Sterling Publishing Co., Inc.

Make Your Own Party Invites. David Antram. 2019. (ENG.). 62p. (J). (gr. k). pap. 8.95 *(978-1-912537-47-1(8)*, Scribblers) Book Hse. GBR. Dist: Sterling Publishing Co., Inc.

Make Your Own Pixel Art: Create Graphics for Games, Animations, & More! Jennifer Dawe & Matthew Humphries. 2019. (Illus.). 200p. pap. 19.95 *(978-1-59327-886-1(1))* No Starch Pr., Inc.

Make Your Own Press-Out Bulldozers. David Hawcock. 2018. (ENG.). 22p. (gr. 2-7). pap. 12.99 *(978-0-486-82734-6(8)*, 827348) Dover Pubns., Inc.

Make Your Own Press-Out Spaceships. David Hawcock. 2018. (ENG.). 22p. (gr. 1-5). pap. 12.99 *(978-0-486-82503-8(5)*, 825035) Dover Pubns., Inc.

Make Your Own Room Alarm. Julia Garstecki & Stephanie Derkovitz. 2020. (J). pap. *(978-1-62310-129-9(8)*, Hi Jinx) Black Rabbit Bks.

Make Your Own Scratch Games! Anna Anthropy. 2019. (Illus.). 144p. (J). (gr. 4-7). pap. 17.95 *(978-1-59327-936-3(1))* No Starch Pr., Inc.

Make Your Own Silly Bugs Sticker Activity Book. Fran Newman-D'Amico. 2021. (Dover Little Activity Bks.). (ENG.). 4p. (J). (gr. k-3). pap. 2.50 *(978-0-486-84758-0(6)*, 847586) Dover Pubns., Inc.

Make Your Own Soap. Editors of Klutz. 2017. (ENG.). 36p. (J). (gr. k-7). 21.99 *(978-1-338-10645-9(7))* Klutz.

Make Your Own Squishies: 15 Slow-Rise & Smooshy Projects for You to Create. Ann Stacia. 2018. (ENG., Illus.). 96p. (J). (gr. 3-9). pap. 12.99 *(978-1-63158-451-0(0)*, Racehorse Publishing) Skyhorse Publishing Co., Inc.

Make Your Own Stomp Rocket. Julia Garstecki & Stephanie Derkovitz. 2020. (J). pap. *(978-1-62310-130-5(1))* Black Rabbit Bks.

Make Your Own Thank You Cards. David Antram. 2019. (ENG.). 62p. (J). (gr. k). pap. 8.95 *(978-1-912904-49-5(7)*, Scribo) Book Hse. GBR. Dist: Sterling Publishing Co., Inc.

Make Your Own Time Travel Games. Nick Pierce. Illus. by Laura Catalán. 2017. (ENG.). 48p. (J). (gr. 2). pap. 8.95 *(978-1-911242-91-8(1)*, Scribo) Book Hse. GBR. Dist: Sterling Publishing Co., Inc.

Make Your Own Twine Games! Anna Anthropy. 2019. (Illus.). 144p. (J). (gr. 4-7). pap. 17.95 *(978-1-59327-938-7(8))* No Starch Pr., Inc.

Make Your Own Water Balloon Launcher. Julia Garstecki & Stephanie Derkovitz. 2020. (J). pap. *(978-1-62310-131-2(X))* Black Rabbit Bks.

Make Yourself at Home. Signe Torp. 2020. (ENG., Illus.). 48p. (J). (gr. k-4). 19.95 *(978-0-500-65214-5(7)*, 565214) Thames & Hudson.

Makeba's Faith: Seeds of Faith. Alex Young. Ed. by Khalia K. Murray. Illus. by Mikayla A. 2023. (ENG.). 38p. (J). pap. 13.99 ***(978-1-0880-9590-4(9))*** Journal Joy, LLC.

Makeda: The Queen of Sheba. Marlon McKenney. Ed. by Jesse Byrd. Illus. by Marlon McKenney. 2021. (ENG.). 50p. (J). pap. 9.99 *(978-1-7364666-0-5(7))* Conscious Culture Publishing.

Makeda Makes a Birthday Treat. Olugbemisola Rhuday-Perkovich. Illus. by Lydia Mba. 2023. (I Can Read Level 2 Ser.). (ENG.). 32p. (J). (gr. -1-3). 17.99 ***(978-0-06-321726-3(0))***; pap. 5.99 ***(978-0-06-321724-9(4))*** HarperCollins Pubs. (Balzer & Bray).

Makena's Fire. Debbie Taborn. 2022. (ENG.). 49p. (J). *(978-1-4717-1718-5(6))* Lulu Pr., Inc.

Makeover Extremo. Dan Wells. 2021. (SPA.). 512p. (YA). pap. 19.99 *(978-607-8712-73-1(X))* V&R Editoras.

Makeover Machine. Amani Uduman. Illus. by Margarita Yeromina. 2023. (ENG.). 32p. (J). pap. ***(978-1-922991-50-8(3))*** Library For All Limited.

Maker. D. F. Anderson. 2018. (ENG., Illus.). 264p. (J). pap. *(978-0-9918003-3-9(8))* Underdog Bks.

Maker Comics: Bake Like a Pro! Falynn Koch. 2019. (Maker Comics Ser.). (ENG., Illus.). 128p. (J). pap. 14.99 *(978-1-250-15006-6(X)*, 900182466, First Second Bks.) Roaring Brook Pr.

Maker Comics: Build a Robot! The Ultimate DIY Guide; with 6 Robot Projects. Colleen AF Venable. Illus. by Kathryn Hudson. 2021. (Maker Comics Ser.). (ENG.). 128p. (J). 19.99 *(978-1-250-15215-2(1)*, 900183546); pap. 12.99 *(978-1-250-15216-9(X)*, 900183547) Roaring Brook Pr. (First Second Bks.).

Maker Comics: Conduct a Science Experiment! Der-shing Helmer. Illus. by Andrea Bell. 2021. (Maker Comics Ser.). (ENG.). 128p. (J). 19.99 *(978-1-250-75480-6(1)*, 900225724); pap. 12.99 *(978-1-250-75481-3(X)*, 900225725) Roaring Brook Pr. (First Second Bks.).

Maker Comics: Create a Costume! Sarah Myer. 2019. (Maker Comics Ser.). (ENG., Illus.). 128p. (J). pap. 14.99 *(978-1-250-15208-4(9)*, 900183534, First Second Bks.) Roaring Brook Pr.

Maker Comics: Design a Game! Bree Wolf & Jesse Fuchs. Illus. by Bree Wolf. 2022. (Maker Comics Ser.). (ENG., Illus.). 128p. (J). 21.99 *(978-1-250-75051-8(2)*, 900224653); pap. 14.99 *(978-1-250-75052-5(0)*, 900224654) Roaring Brook Pr. (First Second Bks.).

Maker Comics: Draw a Comic! J. P. Coovert. 2019. (Maker Comics Ser.). (ENG., Illus.). 128p. (J). pap. 13.99 *(978-1-250-15212-1(7)*, 900183539, First Second Bks.) Roaring Brook Pr.

Maker Comics: Fix a Car! Chris Schweizer. 2019. (Maker Comics Ser.). (ENG., Illus.). 128p. (J). pap. 14.99 *(978-1-250-15004-2(3)*, 900182464, First Second Bks.) Roaring Brook Pr.

Maker Comics: Grow a Garden! Alexis Frederick-Frost. 2020. (Maker Comics Ser.). (ENG., Illus.). 128p. (J). pap. 14.99 *(978-1-250-15214-5(3)*, 900183544, First Second Bks.) Roaring Brook Pr.

Maker Comics: Live Sustainably! Angela Boyle. Illus. by Les McClaine. 2022. (Maker Comics Ser.). (ENG.). 128p. (J). 19.99 *(978-1-250-62063-7(5)*, 900223349); pap. 14.99 *(978-1-250-62064-4(3)*, 900223350) Roaring Brook Pr. (First Second Bks.).

Maker Comics: Survive in the Outdoors! Mike Lawrence. 2021. (Maker Comics Ser.). (ENG., Illus.). 128p. (J). 19.99 *(978-1-250-62065-1(1)*, 900223351); pap. 13.99 *(978-1-250-62066-8(X)*, 900223352) Roaring Brook Pr. (First Second Bks.).

Maker Fun Factory Ultimate Starter Kit. Contrib. by Group Publishing. 2016. (Group Easy VBS 2017 Ser.). (ENG.). (J). 179.99 *(978-1-4707-4388-8(4))* Group Publishing, Inc.

Maker Genius: 50+ Home Science Experiments. Scholastic. 2019. (ENG.). 128p. (J). (gr. 3-7). 19.99 *(978-1-338-29195-7(5))* Scholastic, Inc.

Maker Lab: 28 Super Cool Projects. Jack Challoner. 2016. (DK Activity Lab Ser.). (ENG., Illus.). 160p. (J). (gr. 3-7). 19.99 *(978-1-4654-5135-4(8)*, DK Children) Dorling Kindersley Publishing, Inc.

Maker Lab: Outdoors: 25 Super Cool Projects. Jack Challoner. 2018. (DK Activity Lab Ser.). (ENG., Illus.). 160p. (J). (gr. 3-7). 19.99 *(978-1-4654-6887-1(0)*, DK Children) Dorling Kindersley Publishing, Inc.

Maker Lab Outdoors: 25 Super Cool Projects: Build, Invent, Create, Discover. Jack Challoner. 2018. (Illus.). 160p. (J). *(978-1-4654-7392-9(0))* Dorling Kindersley Publishing, Inc.

Maker Magician's Handbook: A Beginner's Guide to Magic + Making. Mario Marchese. 2021. (ENG., Illus.). 120p. (J). pap. 19.99 *(978-1-68045-658-5(X))* O'Reilly Media, Inc.

Maker of Moons (Classic Reprint) Robert W. Chambers. 2017. (ENG., Illus.). (J). 32.60 *(978-1-5280-6762-1(2))* Forgotten Bks.

Maker of Opportunities (Classic Reprint) George Gibbs. 2018. (ENG., Illus.). 294p. (J). 29.96 *(978-0-483-90761-4(8))* Forgotten Bks.

Maker of Saints (Classic Reprint) Hamilton Drummond. 2018. (ENG., Illus.). 294p. (J). 29.98 *(978-0-483-44066-1(3))* Forgotten Bks.

Maker Projects for Kids Who Love Animation. Sarah Levete. 2016. (Be a Maker! Ser.). (ENG., Illus.). 32p. (J). (gr. 5-8). *(978-0-7787-2244-1(9))* Crabtree Publishing Co.

Maker Projects for Kids Who Love Designing Communities. Megan Kopp. 2017. (Be a Maker! Ser.). 32p. (J). (gr. 5-5). *(978-0-7787-2879-5(X))* Crabtree Publishing Co.

Maker Projects for Kids Who Love Designing Spaces. Megan Kopp. 2016. (Be a Maker! Ser.). (ENG.). 32p. (J). (gr. 5-9). *(978-0-7787-2574-9(X))* Crabtree Publishing Co.

Maker Projects for Kids Who Love Electronics. Megan Kopp. 2016. (Be a Maker! Ser.). (ENG.). 32p. (J). (gr. 5-9). *(978-0-7787-2575-6(8))* Crabtree Publishing Co.

Maker Projects for Kids Who Love Exploring the Outdoors. Sarah Levete. 2016. (Be a Maker! Ser.). (ENG., Illus.). 32p. (J). (gr. 5-9). *(978-0-7787-2576-3(6))* Crabtree Publishing Co.

Maker Projects for Kids Who Love Fashion. Sarah Levete. 2016. (Be a Maker! Ser.). (ENG., Illus.). 32p. (J). (gr. 5-8). *(978-0-7787-2246-5(5))* Crabtree Publishing Co.

Maker Projects for Kids Who Love Games. Rebecca Sjonger. 2016. (Be a Maker! Ser.). (ENG., Illus.). 32p. (J). (gr. 5-8). *(978-0-7787-2248-9(1))* Crabtree Publishing Co.

Maker Projects for Kids Who Love Greening up Spaces. Megan Kopp. 2017. (Be a Maker! Ser.). (ENG., Illus.). 32p. (J). (gr. 5-5). *(978-0-7787-2881-8(1))* Crabtree Publishing Co.

Maker Projects for Kids Who Love Music. Rebecca Sjonger. 2016. (Be a Maker! Ser.). (ENG., Illus.). 32p. (J). *(978-0-7787-2252-6(X))* Crabtree Publishing Co.

Maker Projects for Kids Who Love Paper Engineering. Rebecca Sjonger. 2016. (Be a Maker! Ser.). (ENG., Illus.). 32p. (J). (gr. 5-9). *(978-0-7787-2577-0(4))* Crabtree Publishing Co.

Maker Projects for Kids Who Love Photography. Kelly Spence. 2016. (Be a Maker! Ser.). (ENG.). 32p. (J). (gr. 5-9). *(978-0-7787-2578-7(2))* Crabtree Publishing Co.

Maker Projects for Kids Who Love Printmaking. Joan Marie Galat. 2017. (Be a Maker! Ser.). (ENG., Illus.). 32p. (J). (gr. 5-5). *(978-0-7787-2889-4(7))* Crabtree Publishing Co.

Maker Projects for Kids Who Love Robotics. James Bow. 2016. (Be a Maker! Ser.). (ENG., Illus.). 32p. (J). *(978-0-7787-2254-0(6))* Crabtree Publishing Co.

Maker Projects for Kids Who Love Sports. Sarah Levete. 2017. (Be a Maker! Ser.). (ENG., Illus.). 32p. (J). (gr. 5-5). *(978-0-7787-2877-1(3))*; pap. *(978-0-7787-2891-7(9))* Crabtree Publishing Co.

Maker Projects for Kids Who Love Woodworking. Sarah Levete. 2016. (Be a Maker! Ser.). (ENG., Illus.). 32p. (J). (gr. 5-9). *(978-0-7787-2579-4(0))* Crabtree Publishing Co.

Maker Workshop: Amazing Projects You Can Make Today. Alison Alison Buxton. 2021. (Maker Ser.). (ENG.). 112p. (J). (gr. 3-7). 14.95 *(978-1-78312-644-6(2))* Welbeck Publishing Group Ltd. GBR. Dist: Two Rivers Distribution.

Makers & Artisans (Set), 8 vols. Josh Gregory. 2021. (21st Century Skills Library: Makers & Artisans Ser.). (ENG., Illus.). 32p. (J). (gr. 4-7). 256.56 *(978-1-5341-9283-6(2)*, 218902); pap., pap., pap. 113.71 *(978-1-5341-9301-7(4)*, 218903) Cherry Lake Publishing.

Makers As Innovators Junior (Set), 32 vols. (21st Century Skills Innovation Library: Makers As Innovators Junior Ser.). (ENG., Illus.). 24p. (J). (gr. 2-5). 2020. 980.48 *(978-1-5341-6329-4(8)*, 214340); 2020. pap., pap., pap. 409.14 *(978-1-5341-6349-2(2)*, 214341); 2018. 735.36 *(978-1-5341-0702-1(9)*, 210531) Cherry Lake Publishing.

Makers As Innovators (Set), 28 vols. 2017. (21st Century Skills Innovation Library: Makers As Innovators Ser.). (ENG., Illus.). 32p. (J). (gr. 4-8). 897.96 *(978-1-5341-0222-4(1)*, 209662); pap., pap., pap. 398.00 *(978-1-5341-0272-9(8)*, 209663) Cherry Lake Publishing.

Makers Faire. Kristin Fontichiaro. 2017. (Makerspace Ser.). (ENG.). 32p. (J). (gr. 4-8). lib. bdg. 29.99 *(978-1-5105-2023-3(6))* SmartBook Media, Inc.

Maker's Guide to Building Robots: A Step-By-Step Guide to Ordering Parts, Using Sensors & Lights, Programming, & More. Raúl Laperia & Andreu Marsal. Illus. by Alejandra Morenilla. 2019. (ENG.). 208p. (J). (gr. 2-6). 14.99 *(978-1-5107-4428-8(2)*, Sky Pony Pr.) Skyhorse Publishing Co., Inc.

Maker's Medicine Girl: The Maker's Medicine Girl. Alan W. Harris. 2020. (Flintlock Sagas Ser.: Vol. 2). (ENG.). 378p. (YA). pap. 16.00 *(978-1-7341845-2-5(3))* Fruitful Tree Publishing.

Makers of America. John Winthrop, First Governor of the Massachusetts Colony. Joseph Hopkins Twichell. 2017. (ENG., Illus.). (J). pap. *(978-0-649-61901-6(3))* Trieste Publishing Pty Ltd.

Makers of Georgia's Name & Fame (Classic Reprint) Albert Carlton Whitehead. 2018. (ENG., Illus.). 242p. (J). 28.89 *(978-0-267-27015-6(1))* Forgotten Bks.

Makers of History: Alfred the Great. Jacob Abbott. 2019. pap. *(978-1-947644-16-8(5))* Canon Pr.

Makerspace Cardboard Challenge! (Set), 6 vols. 2020. (Makerspace Cardboard Challenge! Ser.). (ENG.). 32p. (J). (gr. 2-5). lib. bdg. 196.74 *(978-1-5321-6789-8(X)*, 34739, DiscoverRoo) Pop!.

Makerspace Cardboard Challenge! (Set Of 6) 2020. (Makerspace Cardboard Challenge! Ser.). (ENG., Illus.). 192p. (J). (gr. 3-3). pap. 59.70 *(978-1-64494-449-3(9))* Pop!.

Makerspace Careers (Set), 14 vols. 2019. (Makerspace Careers Ser.). (ENG.). 80p. (YA). (gr. 7-7). lib. bdg. 262.29 *(978-1-4994-6774-1(5)*, d44f2c7f-a9f0-4585-b506-0e07bb9d9f36) Rosen Publishing Group, Inc., The.

Makerspace Play (Set), 6 vols. Rebecca Felix & Megan Borgert-Spaniol. 2021. (Makerspace Play Ser.). (ENG.). 24p. (J). (gr. k-4). lib. bdg. 196.74 *(978-1-5321-9584-6(2)*, 37436, Super SandCastle) ABDO Publishing Co.

Makerspace Projects for Understanding Plant Science, 1 vol. Rachael Morlock. 2020. (STEM Makerspace Projects Ser.). (ENG.). 32p. (gr. 4-5). lib. bdg. 27.93 *(978-1-7253-1184-8(4)*, 4213bb0e-67c9-495e-b875-72e806ebd893, PowerKids Pr.) Rosen Publishing Group, Inc., The.

Makerspace Survival, 12 vols. 2017. (Makerspace Survival Ser.). 48p. (ENG.). (gr. 5-5). 191.58 *(978-1-4994-3405-7(7)*, 3bf7f305-39fb-4ba1-8cca-28f5cd1678cb); (gr. 9-10). pap. 70.50 *(978-1-4994-3410-1(3))* Rosen Publishing Group, Inc., The. (PowerKids Pr.).

Makerspace Trios (Set), 6 vols. 2021. (Makerspace Trios Ser.). (ENG.). 32p. (J). (gr. k-4). lib. bdg. 205.32 *(978-1-5321-9639-3(3)*, 38424, Super SandCastle) ABDO Publishing Co.

Makerspaces. Samantha Roslund. 2017. (Makerspace Ser.). (ENG.). 32p. (J). (gr. 4-8). lib. bdg. 29.99 *(978-1-5105-2025-7(2))* SmartBook Media, Inc.

Makeup & Skin Hacks: Your Skin Situations Solved! Rebecca Rissman. 2017. (Beauty Hacks Ser.). (ENG., Illus.). 48p. (J). (gr. 4-8). lib. bdg. 31.99 *(978-1-5157-6828-9(7)*, 135360, Capstone Pr.) Capstone.

Makeup & Styling in TV & Film, 1 vol. Jeri Freedman. 2018. (Exploring Careers in TV & Film Ser.). (ENG.). 96p. (gr. 7-7). pap. 20.99 *(978-1-5026-4125-0(9)*, 9fb087b7-980a-4624-b9cf-0e3f003dc6ae) Cavendish Square Publishing LLC.

1262

The check digit for ISBN-10 appears in parentheses after the full ISBN-13

M

Makeup Magic with Glam & Gore Beauty: 4D an Augmented Reading & Fashion Experience. Rebecca Rissman. 2018. (DIY Fearless Fashion Ser.). (ENG., Illus.). 48p. (J). (gr. 4-8). lib. bdg. 34.65 *(978-1-5435-1098-0(1),* 137704, Compass Point Bks.) Capstone.

Makeup Mess. Robert Munsch. Illus. by Michael Martchenko. 2019. (ENG.). 32p. (J). pap. 7.99 *(978-0-439-98896-4(9))* Scholastic Canada, Ltd. CAN. Dist: Publishers Group West (PGW).

Makey Makey. Sandy Ng. 2016. (21st Century Skills Innovation Library: Makers As Innovators Ser.). (ENG., Illus.). 32p. (J). (gr. 4-8). lib. bdg. 32.07 *(978-1-63471-414-3(8),* 208435) Cherry Lake Publishing.

Maki (Classic Reprint) R. J. Minney. 2017. (ENG., Illus.). (J). 29.82 *(978-0-265-62789-1(3))* Forgotten Bks.

Makiah's Show & Tell. Makiah Shipp. Ed. by Ebba Gurney. Illus. by Hannah Anderson. 2023. 32p. (J). pap. 20.00 ***(978-1-6678-8302-1(X))*** BookBaby.

Makin' o' Joe (Classic Reprint) Louis Matthews Sweet. 2018. (ENG., Illus.). 302p. (J). 30.13 *(978-0-484-32581-3(7))* Forgotten Bks.

Makin' Rhymes & Other Rhymes, Vol. 6 (Classic Reprint) Edwin P. Haworth. 2018. (ENG., Illus.). 84p. (J). 25.63 *(978-0-332-37642-4(7))* Forgotten Bks.

Making 10. Charles Ghigna. Illus. by Misa Saburi. 2017. (Winter Math Ser.). (ENG.). 24p. (J). (gr. -1-3). 33.99 *(978-1-68410-037-8(2),* 31594) Cantata Learning.

Making a Baby. Rachel Greener. Illus. by Clare Owen. 2021. (ENG.). 32p. (J). (gr. k-3). 17.99 *(978-0-593-32485-1(4),* Dial Bks) Penguin Young Readers Group.

Making a Better World, 4 bks. Gary Chandler & Kevin Graham. Incl. Guardians of Wildlife. (YA). lib. bdg. 25.90 *(978-0-8050-4626-7(7));* Recycling. lib. bdg. 25.90 *(978-0-8050-4622-9(4));* 64p. (gr. 5-18). 1997. (Illus.). Set lib. bdg. 103.60 *(978-0-7613-3066-0(6),* Twenty-First Century Bks.) Lerner Publishing Group.

Making a Book. Meg Gaertner. 2019. (Sequencing Stories Ser.). (ENG.). 24p. (J). (gr. -1-2). lib. bdg. 32.79 *(978-1-5038-3509-2(X),* 213047) Child's World, Inc, The.

Making a Book. Nadia Higgins. 2018. (Sequence Entertainment Ser.). (ENG.). 32p. (J). (gr. 2-5). pap. 9.99 *(978-1-68152-360-6(4),* 15200); lib. bdg. 31.35 *(978-1-68151-440-6(0),* 15194) Amicus.

Making a Book. Wendy Hinote Lanier. 2020. (How It's Done Ser.). (ENG., Illus.). 32p. (J). (gr. 2-3). pap. 9.95 *(978-1-64493-117-2(6),* 1644931176); lib. bdg. 31.35 *(978-1-64493-038-0(2),* 1644930382) North Star Editions. (Focus Readers).

Making a Bridge for the Gingerbread Man. Sue Gagliardi. 2020. (Fairy Tale Science Ser.). (ENG., Illus.). 32p. (J). (gr. 2-3). pap. 9.95 *(978-1-64493-107-3(9),* 1644931079); lib. bdg. 31.35 *(978-1-64493-028-1(5),* 1644930285) North Star Editions. (Focus Readers).

Making a Budget, 1 vol. Xina M. Uhl & Judy Monroe Peterson. 2019. (Managing Your Money & Finances Ser.). (ENG.). 64p. (gr. 6-6). pap. 13.95 *(978-1-5081-8854-4(8),* 2b44b628-53fb-4cc9-bf4f-c2164a875501) Rosen Publishing Group, Inc., The.

Making a Business Woman (Classic Reprint) Anne Shannon Monroe. 2018. (ENG., Illus.). 326p. (J). 30.64 *(978-0-483-56498-5(2))* Forgotten Bks.

Making a Car. Cambridge Reading Adventures. Blue Band. Claire Llewellyn. Illus. by Jonatronix. ed. 2016. (Cambridge Reading Adventures Ser.). (ENG.). 16p. pap. 7.95 *(978-1-107-57597-4(4))* Cambridge Univ. Pr.

Making a Clown Piñata: Leveled Reader Purple Level 19. Rg Rg. 2016. (PM Ser.). (ENG.). 16p. (J). (gr. 2). pap. 11.00 *(978-0-544-89190-6(2))* Rigby Education.

Making a Difference: Teaching Kindness, Character & Purpose. Cheri J. Meiners. 2018. (ENG., Illus.). 42p. (J). pap. 14.99 *(978-1-63353-987-7(3))* Mango Media.

Making a Difference: Teaching Kindness, Character & Purpose (Kindness Book for Children, Good Manners Book for Kids, Learn to Read Ages 4-6) Cheri J. Meiners. 2018. (ENG., Illus.). 48p. (J). 16.95 *(978-1-63353-598-5(3))* Mango Media.

Making a Difference (American Girl) Rebecca Mallary. Illus. by Zhen Liu. 2022. (Little Golden Book Ser.). (ENG.). 24p. (J). (-k). 5.99 *(978-0-593-43167-2(7),* Golden Bks.) Random Hse. Children's Bks.

Making a Difference at School. Hermione Redshaw. 2023. (Saving the World Ser.). (ENG.). 24p. (J). (gr. 1-3). lib. bdg. 19.95 Bearport Publishing Co., Inc.

Making a Difference from Home. Hermione Redshaw. 2023. (Saving the World Ser.). (ENG.). 24p. (J). (gr. 1-3). lib. bdg. 19.95 Bearport Publishing Co., Inc.

Making a Difference on Vacation. Hermione Redshaw. 2023. (Saving the World Ser.). (ENG.). 24p. (J). (gr. 1-3). lib. bdg. 19.95 Bearport Publishing Co., Inc.

Making a Difference Outside. Hermione Redshaw. 2023. (Saving the World Ser.). (ENG.). 24p. (J). (gr. 1-3). lib. bdg. 19.95 Bearport Publishing Co., Inc.

Making a Friend. Tammi Sauer. Illus. by Alison Friend. 2018. (ENG.). 40p. (J). (gr. -1-3). 19.99 *(978-0-06-227893-7(2),* HarperCollins) HarperCollins Pubs.

Making a Gangsta: Forgive Me, Father, for I Have Sinned a Slow I Novel. Larry Johnson. 2021. (ENG.). 224p. (YA). pap. 17.95 *(978-1-6624-1622-4(9))* Page Publishing Inc.

Making a Mobile: Leveled Reader Turquoise Level 17. Rg Rg. 2016. (PM Ser.). (ENG.). 16p. (J). (gr. 2). pap. 11.00 *(978-0-544-89171-5(6))* Rigby Education.

Making a Model Sports Stadium: Leveled Reader Purple Level 19. Rg Rg. 2016. (PM Ser.). (ENG.). 16p. (J). (gr. 2). pap. 11.00 *(978-0-544-89192-0(9))* Rigby Education.

Making a Movie. Nadia Higgins. 2018. (Sequence Entertainment Ser.). (ENG.). 32p. (J). (gr. 2-5). pap. 9.99 *(978-1-68152-361-3(2),* 15201); lib. bdg. *(978-1-68151-441-3(9),* 15195) Amicus.

Making a Mummy. Dona Herweck Rice. rev. ed. 2018. (Smithsonian: Informational Text Ser.). (ENG., Illus.). 32p. (J). (gr. 3-4). pap. 11.99 *(978-1-4938-6679-3(6))* Teacher Created Materials, Inc.

Making a Mystery with Annie Tillery: The Madonna Ghost, Linda Maria Frank. 2018. (ENG., Illus.). 376p. (J). pap. 15.95 *(978-0-9989714-0-7(5))* annie tillery mysteries.

Making a Play. Abbi Glines. (Field Party Ser.). (ENG.). (YA). (gr. 9). 2021. 336p. pap. 12.99 *(978-1-5344-0393-2(0));* 2019. 320p. 19.99 *(978-1-5344-0392-5(2))* Simon Pulse. (Simon Pulse).

Making a Podcast. Nadia Higgins. 2018. (Sequence Entertainment Ser.). (ENG.). 32p. (J). (gr. 2-5). pap. 9.99 *(978-1-68152-362-0(0),* 15202); lib. bdg. *(978-1-68151-442-0(7),* 15196) Amicus.

Making a Pulley System for Rapunzel. Nikole Brooks Bethea. 2020. (Fairy Tale Science Ser.). (ENG., Illus.). 32p. (J). (gr. 2-3). pap. 9.95 *(978-1-64493-108-0(7),* 1644931087); lib. bdg. 31.35 *(978-1-64493-029-8(3),* 1644930293) North Star Editions. (Focus Readers).

Making a Raft for the Three Billy Goats Gruff. Sue Gagliardi. 2020. (Fairy Tale Science Ser.). (ENG., Illus.). 32p. (J). (gr. 2-3). pap. 9.95 *(978-1-64493-109-7(5),* 1644931095); lib. bdg. 31.35 *(978-1-64493-030-4(7),* 1644930307) North Star Editions. (Focus Readers).

Making a Rainbow. Brooke Rowe. Illus. by Jeff Bane. 2017. (My Early Library: My Science Fun Ser.). (ENG.). 24p. (J). (gr. k-1). lib. bdg. 30.64 *(978-1-63472-819-5(X),* 209702) Cherry Lake Publishing.

Making a Telephone. Brooke Rowe. Illus. by Jeff Bane. 2016. (My Early Library: My Science Fun Ser.). (ENG.). 24p. (J). (gr. k-1). 30.64 *(978-1-63471-029-9(0),* 208196) Cherry Lake Publishing.

Making a Toy Parachute: Leveled Reader Turquoise Level 18. Rg Rg. 2016. (PM Ser.). (ENG.). 16p. (J). (gr. 2). pap. 11.00 *(978-0-544-89180-7(5))* Rigby Education.

Making a TV Show. Nadia Higgins. 2018. (Sequence Entertainment Ser.). (ENG.). 32p. (J). (gr. 2-5). pap. 9.99 *(978-1-68152-363-7(9),* 15203); lib. bdg. *(978-1-68151-443-7(5),* 15197) Amicus.

Making a Valentine. Meg Gaertner. 2019. (Sequencing Stories Ser.). (ENG.). 24p. (J). (gr. -1-2). lib. bdg. 32.79 *(978-1-5038-3513-9(8),* 213050) Child's World, Inc, The.

Making a Video Game. Nadia Higgins. 2018. (Sequence Entertainment Ser.). (ENG.). 32p. (J). (gr. 2-5). pap. 9.99 *(978-1-68152-364-4(7),* 15204); lib. bdg. *(978-1-68151-444-4(3),* 15198) Amicus.

Making a Way Out! Kids Maze Activity Book. Activity Book Zone for Kids. 2016. (ENG., Illus.). (J). pap. 7.55 *(978-1-68376-159-6(6))* Sabeels Publishing.

Making a Web Page. Colleen Van Lent & Christopher van Lent. 2018. (21st Century Skills Innovation Library: Makers As Innovators Junior Ser.). (ENG.). 24p. (J). (gr. 2-5). pap. 12.79 *(978-1-5341-0879-0(3),* 210880); (Illus.). lib. bdg. 30.64 *(978-1-5341-0780-9(0),* 210879) Cherry Lake Publishing.

Making a Whole Person: Traditional Inuit Education: English Edition. Monica Ittusardjuat. Illus. by Yong Ling Kang. 2020. (Qinuisaarniq Ser.). (ENG.). 26p. (J). 18.95 *(978-1-77450-205-1(4))* Inhabit Education Bks. Inc. CAN. Dist: Consortium Bk. Sales & Distribution.

Making a Windproof House for the Three Little Pigs. Sue Gagliardi. 2020. (Fairy Tale Science Ser.). (ENG., Illus.). 32p. (J). (gr. 2-3). pap. 9.95 *(978-1-64493-110-3(9),* 1644931109); lib. bdg. 31.35 *(978-1-64493-031-1(5),* 1644930315) North Star Editions. (Focus Readers).

Making a Witch Trap for Hansel & Gretel. Joanne Mattern. 2020. (Fairy Tale Science Ser.). (ENG., Illus.). 32p. (J). (gr. 2-3). pap. 9.95 *(978-1-64493-111-0(7),* 1644931117); lib. bdg. 31.35 *(978-1-64493-032-8(3),* 1644930323) North Star Editions. (Focus Readers).

Making America Great: Immigrant Success Stories, 12 vols. 2017. (Making America Great: Immigrant Success Stories Ser.). (ENG.). (J). (gr. 7-7). lib. bdg. 233.58 *(978-0-7660-9247-1(X),* 729f7c45-a1a4-48b3-abc8-7a65d2e428e3) Enslow Publishing, LLC.

Making an Animated Movie. Wendy Hinote Lanier. 2020. (How It's Done Ser.). (ENG., Illus.). 32p. (J). (gr. 2-3). pap. 9.95 *(978-1-64493-118-9(4),* 1644931184); lib. bdg. 31.35 *(978-1-64493-039-7(0),* 1644930390) North Star Editions. (Focus Readers).

Making an App. Nadia Higgins. 2018. (Sequence Entertainment Ser.). (ENG.). 32p. (J). (gr. 2-5). pap. 9.99 *(978-1-68152-365-1(5),* 15205); lib. bdg. *(978-1-68151-445-1(1),* 15199) Amicus.

Making an Artist: Early Stages; Connect the Dots Activity Book. Activity Book Zone for Kids. 2016. (ENG., Illus.). (J). pap. 7.55 *(978-1-68376-160-0(X))* Sabeels Publishing.

Making & Keeping Friends. Emily Rose. 2022. (21st Century Junior Library: Read & Reflect: a Social-Emotional Guide Ser.). (ENG.). 24p. (J). (gr. 2-5). pap. 12.79 *(978-1-6689-0024-6(6),* 220115); (Illus.). lib. bdg. 30.64 *(978-1-5341-9910-1(1),* 219971) Cherry Lake Publishing.

Making & Saving Money: Jobs, Taxes, Inflation... & Much More! (a True Book: Money) Janet Liu & Melinda Liu. 2023. (True Book (Relaunch) Ser.). (ENG.). 48p. (J). (gr. 3-5). 31.00 ***(978-1-339-00490-7(9),*** Scholastic Pr.) Scholastic, Inc.

Making & Saving Money: Jobs, Taxes, Inflation... & Much More! (a True Book: Money) Contrib. by Janet Liu & Melinda Liu. 2023. (True Book (Relaunch) Ser.). (ENG.). 48p. (J). (gr. 3-5). pap. 7.99 ***(978-1-339-00491-4(7),*** Scholastic Pr.) Scholastic, Inc.

Making Art from Anything. Robin Johnson. 2019. (Full STEAM Ahead! - Arts in Action Ser.). (Illus.). 24p. (J). (gr. 1-1). *(978-0-7787-6229-4(7));* pap. *(978-0-7787-6290-4(4))* Crabtree Publishing Co.

Making Bombs for Hitler. Marsha Forchuk Skrypuch. 2019. (ENG.). 240p. (J). (gr. 3-7). pap. 8.99 *(978-1-338-31283-6(9))* Scholastic, Inc.

Making Breakfasts with Grains, Fruit & Proteins. Megan Borgert-Spaniol. 2022. (Kitchen Trios Ser.). (ENG., Illus.). 32p. (J). (gr. k-4). lib. bdg. 34.21 *(978-1-5321-9905-9(8),* 39803, Super SandCastle) ABDO Publishing Co.

Making Butter - Halo Manteiga. Amy Tao. Illus. by Romulo Reyes, III. 2021. (TET.). 32p. (J). pap. *(978-1-922621-63-4(3))* Library For All Limited.

Making Choices. Kelly Lewis. 2016. (Spring Forward Ser.). (J). (gr. 2). *(978-1-4900-9440-3(7))* Benchmark Education Co.

Making Choices at Home. Diane Lindsey Reeves. 2018. (21st Century Junior Library: Smart Choices Ser.). (ENG., Illus.). 24p. (J). (gr. k-2). pap. 12.79 *(978-1-5341-0885-1(8),* 210904); lib. bdg. 30.64 *(978-1-5341-0786-1(X),* 210903) Cherry Lake Publishing.

Making Choices at School. Diane Lindsey Reeves. 2018. (21st Century Junior Library: Smart Choices Ser.). (ENG., Illus.). 24p. (J). (gr. k-2). pap. 12.79 *(978-1-5341-0884-4(X),* 210900); lib. bdg. 30.64 *(978-1-5341-0785-4(1),* 210899) Cherry Lake Publishing.

Making Choices at School. Diane Lindsey Reeves. 2018. (21st Century Junior Library: Smart Choices Ser.). (ENG.). 24p. (J). (gr. k-2). 19.75 *(978-1-5311-8580-0(0))* Perfection Learning Corp.

Making Choices for a Healthy Body. Diane Lindsey Reeves. 2018. (21st Century Junior Library: Smart Choices Ser.). (ENG., Illus.). 24p. (J). (gr. k-2). lib. bdg. 30.64 *(978-1-5341-0790-8(8),* 210919) Cherry Lake Publishing.

Making Choices for My Healthy Body. Diane Lindsey Reeves. 2018. (21st Century Junior Library: Smart Choices Ser.). (ENG., Illus.). 24p. (J). (gr. k-2). pap. 12.79 *(978-1-5341-0889-9(0),* 210920) Cherry Lake Publishing.

Making Choices in My Community. Diane Lindsey Reeves. 2018. (21st Century Junior Library: Smart Choices Ser.). (ENG., Illus.). 24p. (J). (gr. k-2). pap. 12.79 *(978-1-5341-0887-5(4),* 210912); lib. bdg. 30.64 *(978-1-5341-0788-5(6),* 210911) Cherry Lake Publishing.

Making Choices on My Team. Diane Lindsey Reeves. 2018. (21st Century Junior Library: Smart Choices Ser.). (ENG., Illus.). 24p. (J). (gr. k-2). pap. 12.79 *(978-1-5341-0888-2(2),* 210916); lib. bdg. 30.64 *(978-1-5341-0789-2(4),* 210915) Cherry Lake Publishing.

Making Choices with Friends. Diane Lindsey Reeves. 2018. (21st Century Junior Library: Smart Choices Ser.). (ENG.). 24p. (J). (gr. k-2). pap. 12.79 *(978-1-5341-0886-8(6),* 210908); (Illus.). lib. bdg. 30.64 *(978-1-5341-0787-8(8),* 210907) Cherry Lake Publishing.

Making Colors Move. Brooke Rowe. Illus. by Jeff Bane. 2017. (My Early Library: My Science Fun Ser.). (ENG.). 24p. (J). (gr. k-1). lib. bdg. 30.64 *(978-1-63472-820-1(3),* 209706) Cherry Lake Publishing.

Making Communities Resilient to Pandemics. Linda Barghoorn. 2021. (COVID-19: Meeting the Challenge Ser.). (ENG.). 48p. (J). (gr. 5-9). pap. *(978-1-4271-5605-1(0),* 10471); (Illus.). lib. bdg. *(978-1-4271-5603-7(4),* 10466) Crabtree Publishing Co. (Crabtree Classics).

Making Connections: The Circuit Coloring Book. Jupiter Kids. 2016. (ENG., Illus.). 106p. (J). pap. 12.55 *(978-1-68326-348-7(0),* Jupiter Kids (Childrens & Kids Fiction)) Speedy Publishing LLC.

Making Connections! Connect the Dots Activity Book. Bobo's Children Activity Books. 2016. (ENG., Illus.). (J). pap. 7.99 *(978-1-68327-268-7(4))* Sunshine In My Soul Publishing.

Making Cookies. Meg Gaertner. 2019. (Sequencing Stories Ser.). (ENG.). 24p. (J). (gr. -1-2). lib. bdg. 32.79 *(978-1-5038-3510-8(3),* 213052) Child's World, Inc, The.

Making Cookies. Amy Joy. 2021. (ENG.). 30p. (J). 23.95 *(978-1-64670-826-0(1));* pap. 13.95 *(978-1-64670-825-3(3))* Covenant Bks.

Making Crayons. Dona Herweck Rice. rev. ed. 2019. (Smithsonian: Informational Text Ser.). (ENG., Illus.). 20p. (J). (gr. k-1). 7.99 *(978-1-4938-6637-3(0))* Teacher Created Materials, Inc.

Making Dams & Reservoirs, 1 vol. Elizabeth Krajnik. 2018. (Impacting Earth: How People Change the Land Ser.). (ENG.). 24p. (gr. 2-2). pap. 9.25 *(978-1-5383-4192-6(1),* b5134104-39eb-490d-b137-0a0b74b0efc1, PowerKids Pr.) Rosen Publishing Group, Inc., The.

Making Decisions on the Supreme Court: Understanding Government, 1 vol. Leona Fowler. 2018. (Civics for the Real World Ser.). (ENG.). 16p. (gr. 2-3). pap. *(978-1-5383-6519-9(7),* 7b67ec02-0eeb-4d90-9af8-ecb17041a4b0, Rosen Classroom) Rosen Publishing Group, Inc., The.

Making Desserts with Math!, 1 vol. Santana Hunt. 2019. (Cooking with Math! Ser.). (ENG.). 24p. (gr. 1-2). pap. 9.15 *(978-1-5382-4553-8(1),* e1d53aeb-b4ea-4c5b-a4f7-416ede5e3532) Stevens, Gareth Publishing LLLP.

Making Dollar Make $ense: Business Ownership at Any Age. Cheurlie Pierre-Russell. 2019. (ENG., Illus.). 38p. (J). (gr. 1-6). pap. 14.99 *(978-1-0878-0768-3(9))* J3Russell, LLC.

Making Electric Jewelry. Amy Quinn. 2017. (21st Century Skills Innovation Library: Makers As Innovators Junior Ser.). (ENG., Illus.). 24p. (J). (gr. 2-5). lib. bdg. 30.64 *(978-1-63472-191-2(8),* 209336) Cherry Lake Publishing.

Making Electricity: Book 27. Carole Crimeen & Suzanne Fletcher. 2023. (Sustainability Ser.). (ENG.). 16p. (J). (gr. -1-k). pap. 7.99 ***(978-1-922370-33-4(9),*** bbbecd2b-b44d-4153-8588-c2b0668a5e6b) Knowledge Bks. & Software AUS. Dist: Lerner Publishing Group.

Making Faces: A First Book of Emotions. Abrams Appleseed. 2017. (ENG., Illus.). 14p. (J). (gr. -1 — 1). bds. 7.99 *(978-1-4197-2383-4(9),* 1165410) Abrams, Inc.

Making Faces — An Animal Faces Coloring Book. Creative Playbooks. 2016. (ENG., Illus.). (J). pap. 7.74 *(978-1-68323-881-2(8))* Twin Flame Productions.

Making Fate (Classic Reprint) Isabella MacDonald Alden. (ENG., Illus.). (J). 2018. 410p. 32.35 *(978-0-267-34206-8(3));* 2016. pap. 16.57 *(978-1-333-65858-8(3))* Forgotten Bks.

Making Five with Kittens. Taylor Farley. 2022. (Learning with Pets Ser.). (ENG.). 24p. (J). (gr. k-2). pap. *(978-1-0396-6200-1(5),* 20393); lib. bdg. *(978-1-0396-6005-2(3),* 20392) Crabtree Publishing Co.

Making Food Earth-Friendly: It's Time to Take Eco Action! Sarah Eason. 2023. (Eco Action Ser.). (ENG., Illus.). 48p. (J). (gr. 5-8). pap. 10.99 *(978-1-915153-64-7(6),* 04978213-51f1-45b5-b0a3-b6003a102c08); lib. bdg. 31.99 *(978-1-914383-80-9(X),* a7f44cdb-8daf-43a8-b152-a0e82029d9a2) Cheriton Children's Bks. GBR. Dist: Lerner Publishing Group.

Making Forever Friends. Melissa Johnson. 2022. (Adventures of Forever Dreaming Farm Ser.: 1). 44p. (J). pap. 15.00 *(978-1-6678-3594-5(7))* BookBaby.

Making Friends. Steffi Cavell-Clarke. 2017. (Our Values - Level 2 Ser.). (Illus.). 24p. (J). (gr. 2-3). *(978-0-7787-3720-9(9))* Crabtree Publishing Co.

Making Friends: a Graphic Novel (Making Friends #1) Kristen Gudsnuk. Illus. by Kristen Gudsnuk. 2018. (Making Friends Ser.: 1). (ENG., Illus.). 272p. (J). (gr. 3-7). pap. 12.99 *(978-1-338-13921-1(5));* Vol. 1. 24.99 *(978-1-338-13922-8(3))* Scholastic, Inc. (Graphix).

Making Friends Again Party the Kindergarten Coloring Book of Best Friends. Educando Kids. 2019. (ENG.). 42p. (J). pap. 6.99 *(978-1-64521-075-7(8),* Educando Kids) Editorial Imagen.

Making Friends & Horsing Around: A 4D Book. D. L. Green. Illus. by Leandra La Rosa. 2018. (Funny Girl Ser.). (ENG.). 112p. (J). (gr. 3-5). pap. 7.95 *(978-1-4965-6471-9(5),* 138380); lib. bdg. 26.65 *(978-1-4965-6467-2(7),* 138376) Capstone. (Stone Arch Bks.).

Making Friends & Keeping Them Is Not Easy! How to Be a Good Friend for Kids Grade 5 Children's Friendship & Social Skills Books. Baby Professor. 2021. (ENG.). 72p. (J). 27.99 *(978-1-5419-8430-1(7));* pap. 16.99 *(978-1-5419-5397-0(5))* Speedy Publishing LLC. (Baby Professor (Education Kids)).

Making Friends at School. Margo Gates. 2022. (Read about School (Read for a Better World (tm)) Ser.). (ENG., Illus.). 24p. (J). (gr. k-2). pap. 9.99 *(978-1-7284-6422-0(6),* 14c64e28-0c29-40f6-887d-f53e0d5c2055); lib. bdg. 29.32 *(978-1-7284-5931-8(1),* 8640e555-fb35-49b5-8cee-0e3afd233cca) Lerner Publishing Group. (Lerner Pubns.).

Making Friends: Back to the Drawing Board: a Graphic Novel (Making Friends #2) Kristen Gudsnuk. Illus. by Kristen Gudsnuk. 2019. (Making Friends Ser.: 2). (ENG., Illus.). 208p. (J). (gr. 3-7). pap. 12.99 *(978-1-338-13926-6(6),* Graphix) Scholastic, Inc.

Making Friends Is an Art!, Volume 10. Julia Cook & K. D. Smith. Illus. by Bridget A. Barnes. 2nd ed. 2020. (Building Relationships Ser.). (ENG.). 31p. (J). (gr. k-6). pap. 11.95 *(978-1-944882-56-3(1))* Boys Town Pr.

Making Friends Is Fun Coloring Book. Bobo's Children Activity Books. 2016. (ENG., Illus.). (J). pap. 9.33 *(978-1-68327-101-7(7))* Sunshine In My Soul Publishing.

Making Friends: Third Time's a Charm: a Graphic Novel (Making Friends #3) Kristen Gudsnuk. Illus. by Kristen Gudsnuk. 2021. (Making Friends Ser.: 3). (ENG., Illus.). 208p. (J). (gr. 3-7). 24.99 *(978-1-338-63080-0(6));* pap. 12.99 *(978-1-338-63079-4(2))* Scholastic, Inc. (Graphix).

Making Friends with Alice Dyson. Poppy Nwosu. 2020. (ENG., Illus.). 304p. (YA). (gr. 7). 17.99 *(978-1-5362-1478-9(7))* Candlewick Pr.

Making Friends with Ourselves. Caroline Sherwood. 2021. (ENG.). 90p. (J). pap. *(978-1-8384185-4-0(7))* Green Magic Pubs.

Making Good: A Story of Northwest Canada (Classic Reprint) George Burdon McKean. 2017. (ENG., Illus.). (J). 28.97 *(978-0-266-16418-0(8))* Forgotten Bks.

Making Good Choices. Steffi Cavell-Clarke. 2017. (Our Values - Level 2 Ser.). (Illus.). 24p. (J). (gr. 2-3). *(978-0-7787-3262-4(2))* Crabtree Publishing Co.

Making Good Decisions Book Set Of 4. Courtney Dicmas et al. Illus. by Courtney Dicmas et al. 2020. (Social & Emotional Learning Sets Ser.). (ENG.). 144p. (J). pap., pap., pap. *(978-1-78628-537-9(1))* Child's Play International Ltd.

Making Good with Margaret (Classic Reprint) E. Ward Strayer. 2018. (ENG., Illus.). 280p. (J). 29.67 *(978-0-267-47446-2(6))* Forgotten Bks.

Making Great Leaders Happen: Shaping Leaders of Tomorrow. Kalyankumar S Hatti. 2018. (ENG., Illus.). 114p. (J). pap. 9.99 *(978-1-64249-339-9(2))* Notion Pr., Inc.

Making Headlines, 10 vols. 2016. (Making Headlines Ser.). (ENG.). 160p. (J). (gr. 7-7). lib. bdg. 208.00 *(978-0-7660-8399-8(3),* 75ebdfad-765c-454a-a696-eb8b2e6ec70d) Enslow Publishing, LLC.

Making Her Mark. P. D. Workman. 2017. (ENG., Illus.). (YA). (gr. 7-12). *(978-1-988390-68-0(0));* pap. *(978-1-988390-63-5(X));* pap. *(978-1-988390-67-3(2))* PD Workman.

Making His Way: Frank Courtney's Struggle Upward. Horatio Alger. 2019. (ENG.). 178p. (YA). (gr. 7-12). pap. *(978-93-5329-601-8(3))* Alpha Editions.

Making His Way: Or Frank Courtney's Struggle Upward (Classic Reprint) Horatio Alger. 2018. (ENG., Illus.). 292p. (J). 29.92 *(978-0-483-93927-1(7))* Forgotten Bks.

Making History: The Obamas, 8 vols. Amelie von Zumbusch. Incl. Barack Obama: Man of Destiny. lib. bdg. 26.27 *(978-1-4358-9387-0(5),* 3e3364d2-8945-4a03-bc46-b5f5f79e1823); Barack Obama's Family Tree: Roots of Achievement. lib. bdg. 26.27 *(978-1-4358-9390-0(5),* c4826398-32e9-4a8a-be59-60f8cdd62981); First Family: The Obamas in the White House. lib. bdg. 26.27 *(978-1-4358-9389-4(1),* 2248e056-c7f7-4e7f-b083-bcbee019cd64); Michelle Obama: Our First Lady. lib. bdg. 26.27 *(978-1-4358-9388-7(3),* 62b0413a-3e96-4376-9e00-b445bdcb7d73); (J). (gr. 2-3). (Making History: the Obamas Ser.). (ENG., Illus.). 24p. 2010. Set lib. bdg. 105.08 *(978-1-4358-9407-5(3),* 36d46a30-a7a4-4bff-beb4-bdb093b45c13, PowerKids Pr.) Rosen Publishing Group, Inc., The.

Making Honey, or Frances Stuart (Classic Reprint) Sarah a Flint. (ENG., Illus.). (J). 2018. 334p. 30.79 *(978-0-483-74162-1(0));* 2016. pap. 13.57 *(978-1-334-18751-3(7))* Forgotten Bks.

Making Ice: Checking Your Work, 1 vol. Leona Fowler. 2017. (Computer Science for the Real World Ser.). (ENG.). 8p. (gr. k-1). pap. *(978-1-5383-5076-8(9),* d2be4ebd-1202-4e7c-89b8-6212606c9a1a, Rosen Classroom) Rosen Publishing Group, Inc., The.

Making Inferences & Predictions Scientific Method for Kids Grade 3 Children's Science Education Books. Baby Professor. 2022. (ENG.). 72p. (J). 31.99 ***(978-1-5419-8466-0(8));*** pap. 19.99 ***(978-1-5419-5889-0(6))*** Speedy Publishing LLC. (Baby Professor (Education Kids)).

Making Inventions: Women Who Led the Way (Super SHEroes of Science) Devra Newberger Speregen. 2022. (Super SHEroes of Science Ser.). (ENG., Illus.). 48p. (J).

(gr. 3-5). 29.00 (978-1-338-80028-9(0), Children's Pr.) Scholastic Library Publishing.

Making Invisible Ink. Brooke Rowe. Illus. by Jeff Bane. 2017. (My Early Library: My Science Fun Ser.). (ENG.). 24p. (J). (gr. k-1). lib. bdg. 30.64 (978-1-63472-825-6(4), 209726) Cherry Lake Publishing.

Making It Happen. Emily Arrow. Illus. by Noémie Gionet Landry. 2019. (My Feelings, My Choices Ser.). (ENG.). 24p. (J). (gr. -1-2). pap. 7.95 (978-1-68410-432-1(7), 141227) Cantata Learning.

Making It Home: An Unofficial Minecraft(r) Adventure, 1 vol. Jill Keppeler. 2019. (Minecraft(r) Explorers Ser.). (ENG.). 64p. (J). (gr. 2-3). 23.25 (978-1-5383-8417-6(5), 5d6da50d-1b39-4962-9158-30a1bb5721a5); pap. 13.35 (978-1-5383-8411-4(6), e302d332-8f8f-4aca-8ab2-103a2e4ba9d1) Enslow Publishing, LLC. (West 44 Bks.).

Making Knot Projects. Dana Meachen Rau. Illus. by Kathleen Petelinsek. 2016. (How-To Library). (ENG.). 32p. (J). (gr. 3-6). 32.07 (978-1-63471-420-4(2), 208459) Cherry Lake Publishing.

Making Lemonade. Meg Gaertner. 2019. (Sequencing Stories Ser.). (ENG.). 24p. (J). (gr. -1-2). lib. bdg. 32.79 (978-1-5038-3508-5(1), 213051) Child's World, Inc, The.

Making Magic. Alex Miles. 2019. (Girl Geeks Ser.: 4). 176p. (J). (gr. 2-4). 14.99 (978-0-14-379508-7(2), Puffin) Penguin Random Hse. AUS. Dist: Independent Pubs. Group.

Making Magic Together: In the Place Where the Trees Sleep. Mike Kitchens & Suzy Lang. 2022. (Where the Trees Sleep Ser.: 1). (ENG.). 42p. (J). pap. 12.99 (978-1-6678-1938-9(0)) BookBaby.

Making Magic Together: In the Place Where Trees Sleep. Micheal Kitchens & Suzy Lang. 2022. (In the Place Where Trees Sleep Ser.: 1). (ENG.). 42p. (J). 25.95 (978-1-6678-1939-6(9)) BookBaby.

Making Make-Believe: Hands-On Projects for Play & Pretend. MaryAnn F. Kohl. 2nd ed. 2018. (Bright Ideas for Learning Ser.: 6). (ENG., Illus.). 192p. (gr. -1-3). pap. 16.99 (978-0-914090-48-9(8)) Chicago Review Pr., Inc.

Making Maps, 1 vol. Todd Bluthenthal. 2017. (Where on Earth? Mapping Parts of the World Ser.). (ENG.). 24p. (gr. 1-2). pap. 9.15 (978-1-4824-6425-2(X), 65f4beff-36d1-44d4-be23-cd34866a6db3) Stevens, Gareth Publishing LLLP.

Making Memories: Practice Mindfulness, Learn to Journal & Scrapbook, Find Calm Every Day. Amy Tangerine. Illus. by Tracey English. 2022. (ENG.). 48p. (J). (gr. 2-4). 12.99 (978-0-7440-2655-9(5), DK Children) Dorling Kindersley Publishing, Inc.

Making Memories Jeffery & Grandpa. Dorothy Neil. 2022. (ENG.). 30p. (J). pap. 14.95 (978-1-63844-665-1(2)) Christian Faith Publishing.

Making Memory. V. C. Sanford & Victoria Sanford. 2021. (ENG.). 316p. (YA). pap. 16.99 (978-1-7370688-5-3(0)) 341 Enterprise.

Making Mistakes on Purpose. Elise Primavera. 2017. (Ms. Rapscott's Girls Ser.: 2). (Illus.). 384p. (J). (gr. 3-7). 8.99 (978-0-14-751768-5(0), Puffin Books) Penguin Young Readers Group.

Making Money. Jennifer Boothroyd. 2023. (Personal Finance: Need to Know Ser.). (ENG.). 32p. (J). (gr. 5-7). lib. bdg. 28.50 Bearport Publishing Co., Inc.

Making Money (Classic Reprint) Owen Johnson. 2018. (ENG., Illus.). 350p. (J). 31.14 (978-0-483-59006-9(1)) Forgotten Bks.

Making More Doughnuts. Anne Montgomery. rev. ed. 2019. (Smithsonian: Informational Text Ser.). (ENG., Illus.). 20p. (J). (gr. k-1). 7.99 (978-1-4938-6642-7(7)) Teacher Created Materials, Inc.

Making Movies in Technicolor. Lisa Holewa. rev. ed. 2018. (Smithsonian: Informational Text Ser.). (ENG., Illus.). 32p. (gr. 3-5). pap. 11.99 (978-1-4938-6698-4(2)) Teacher Created Materials, Inc.

Making Music!, 8 vols. 2018. (Making Music! Ser.). (ENG.). 24p. (J). (gr. 1-1). lib. bdg. 101.08 (978-1-5383-3190-3(X), effc543c-f873-480b-95a3-4e1285f33da, PowerKids Pr.) Rosen Publishing Group, Inc., The.

Making Music. Dona Rice & Elizabeth Austin. rev. ed. 2019. (Smithsonian: Informational Text Ser.). (ENG., Illus.). 24p. (J). (gr. 1-2). pap. 8.99 (978-1-4938-6649-6(4)) Teacher Created Materials, Inc.

Making Music with Magnets. Kristina Mercedes Urquhart. rev. ed. 2018. (Smithsonian: Informational Text Ser.). (ENG., Illus.). 32p. (J). (gr. 4-8). pap. 12.99 (978-1-4938-6713-4(X)) Teacher Created Materials, Inc.

Making New Friends. Kimberly Dean et al. ed. 2021. (I Can Read Comics Ser.). (ENG., Illus.). 31p. (J). (gr. k-1). 16.46 (978-1-68505-032-0(8)) Penworthy Co., LLC, The.

Making of a Big Leaguer (Classic Reprint) Burt L. Standish. 2017. (ENG., Illus.). (J). 30.23 (978-0-265-22200-3(1)); pap. 13.57 (978-0-243-96097-2(2)) Forgotten Bks.

Making of a Bigot (Classic Reprint) Rose Macaulay. 2018. (ENG., Illus.). 302p. (J). 30.15 (978-0-267-24230-6(1)) Forgotten Bks.

Making of a Canadian (Classic Reprint) Joseph Allen. (ENG., Illus.). (J). 2018. 426p. 32.70 (978-0-484-69696-8(3)); 2017. pap. 16.57 (978-0-259-44185-4(6)) Forgotten Bks.

Making of a Country Home (Classic Reprint) J. P. Mowbray. 2017. (ENG., Illus.). (J). 29.42 (978-1-5285-7970-4(4)) Forgotten Bks.

Making of a Fortune: A Romance (Classic Reprint) Harriet Prescott Spofford. 2018. (ENG., Illus.). 134p. (J). 26.66 (978-0-483-50165-2(4)) Forgotten Bks.

Making of a Hero (Classic Reprint) Nicholas Ostrovski. 2017. (ENG., Illus.). (J). 33.01 (978-0-331-20076-8(7)); pap. 16.57 (978-0-243-25491-0(1)) Forgotten Bks.

Making of a Man: A Novel (Classic Reprint) Edmund Henry Lacon Watson. 2018. (ENG., Illus.). 306p. (J). 30.23 (978-0-332-58715-8(0)) Forgotten Bks.

Making of a Man (Classic Reprint) William Mumford Baker. 2017. (ENG., Illus.). (J). 30.58 (978-0-331-86436-6(3)) Forgotten Bks.

Making of a Man (Classic Reprint) W. D. Flatt. (ENG., Illus.). (J). 2018. 210p. 28.23 (978-0-267-37211-9(6)); 2016. pap. 10.57 (978-1-333-15219-2(1)) Forgotten Bks.

Making of a Marchioness (Classic Reprint) Frances Burnett. 2017. (ENG., Illus.). (J). 27.92 (978-0-266-22787-8(2)) Forgotten Bks.

Making of a Millionaire: A True Story (Classic Reprint) A. B. Montgomery. 2017. (ENG., Illus.). (J). 28.68 (978-0-265-56398-4(4)); pap. 11.57 (978-0-282-82623-9(8)) Forgotten Bks.

Making of a Modern Day Child Starlet. William Smith. 2021. (ENG.). 356p. (J). (978-1-312-27124-1(8)) Lulu Pr., Inc.

Making of a Monster: Vampires & Werewolves, 9 vols., Set. Incl. Ancient Werewolves & Vampires: The Roots of the Teeth. Adelaide Bennett. pap. 9.95 (978-1-4222-1955-3(0)); Dracula & Beyond: Famous Vampires & Werewolves in Literature & Film. Shaina Carmel Indovino. (Illus.). pap. 9.95 (978-1-4222-1956-0(9)); Fighting the Fangs: A Guide to Vampires & Werewolves. Nicholas Martin. (Illus.). pap. 9.95 (978-1-4222-1957-7(7)); Global Legends & Lore: Vampires & Werewolves Around the World. Adelaide Bennett. pap. 9.95 (978-1-4222-1963-8(1)); Howling at the Moon: Vampires & Werewolves in the New World. Kim Etingoff. (Illus.). pap. 9.95 (978-1-4222-1958-4(5)); Pop Monsters: The Modern-Day Craze for Vampires & Werewolves. Emily Sanna. pap. 9.95 (978-1-4222-1959-1(3)); Psychology of Our Dark Side: Humans' Love Affair with Vampires & Werewolves. Sheila Stewart. (Illus.). pap. 9.95 (978-1-4222-1960-7(7)); Science of the Beast: The Facts Behind the Fangs. Kim Etingoff. (Illus.). pap. 9.95 (978-1-4222-1961-4(5)); Transylvania & Beyond: Vampires & Werewolves in Old Europe. Shaina Carmel Indovino. pap. 9.95 (978-1-4222-1962-1(3)); 64p. (YA). (gr. 7-18). 2010. 2011. Set pap. 89.55 (978-1-4222-1954-6(2)); Set lib. bdg. 206.55 (978-1-4222-1801-3(5)) Mason Crest.

Making of a Ninja! (Teenage Mutant Ninja Turtles: Mutant Mayhem) Random House. Illus. by Random House. 2023. (Pictureback(R) Ser.). (ENG., Illus.). 24p. (J). (gr. -1-2). pap. 5.99 (978-0-593-64687-8(8), Random Hse. Bks. for Young Readers) Random Hse. Children's Bks.

Making of a Novelist, an Experiment in Autobiography. David Christie Murray. 2017. (ENG., Illus.). (J). pap. (978-0-649-28963-9(3)) Trieste Publishing Pty Ltd.

Making of a Novelist, an Experiment in Autobiography (Classic Reprint) David Christie Murray. 2017. (ENG., Illus.). (J). 28.58 (978-1-5281-4747-7(2)) Forgotten Bks.

Making of a Prig (Classic Reprint) Evelyn Sharp. 2018. (ENG., Illus.). 432p. (J). 32.81 (978-0-483-76501-6(5)) Forgotten Bks.

Making of a Saint: A Romance of Mediaeval Italy (Classic Reprint) Somerset Maugham. 2017. (ENG., Illus.). (J). 31.49 (978-1-5285-7295-8(5)) Forgotten Bks.

Making of a Statesman: And Other Stories (Classic Reprint) Joel Chandler Harris. 2018. (ENG., Illus.). 294p. (J). 29.98 (978-0-666-55124-5(3)) Forgotten Bks.

Making of a Successful Wife: Letters of a Father to His Daughter (Classic Reprint) Casper Salathiel Yost. 2018. (ENG., Illus.). (J). 194p. 27.90 (978-0-428-61827-8(8)); 196p. pap. 10.57 (978-0-428-14691-7(0)) Forgotten Bks.

Making of a Unikey. Jinai Michele. 2019. (ENG.). 34p. (J). pap. 12.99 (978-0-9969282-4-3(3)) Holmes, Jinai Michele.

Making of an American (Classic Reprint) Jacob A. Riis. 2018. (ENG., Illus.). 482p. (J). 33.84 (978-0-428-99597-3(7)) Forgotten Bks.

Making of an Angel. Janet Ortbals. 2017. (ENG., Illus.). (J). 21.95 (978-1-63525-265-1(2)) Christian Faith Publishing.

Making of an Englishman (Classic Reprint) W. L. George. 2018. (ENG., Illus.). 438p. (J). 32.95 (978-0-656-81156-4(0)) Forgotten Bks.

Making of an Englishman (Classic Reprint) Walter Lionel George. (ENG., Illus.). (J). 2018. 418p. 32.54 (978-0-364-01773-9(2)); 2017. pap. 16.57 (978-0-243-52198-2(7)) Forgotten Bks.

Making of Animal Crossing. Josh Gregory. 2021. (21st Century Skills Innovation Library: Unofficial Guides). (ENG., Illus.). 32p. (J). (gr. 4-8). pap. 14.21 (978-1-5341-8913-3(0), 219363); lib. bdg. 32.07 (978-1-5341-8773-3(1), 219362) Cherry Lake Publishing.

Making of Apex Legends. Josh Gregory. 2020. (21st Century Skills Innovation Library: Unofficial Guides). (ENG., Illus.). 32p. (J). (gr. 4-8). pap. 14.21 (978-1-5341-6198-6(8), 214792); lib. bdg. 32.07 (978-1-5341-5968-6(1), 214791) Cherry Lake Publishing.

Making of Avatar. Kenny Abdo. 2023. (Blockbusters Ser.). (ENG.). 24p. (J). (gr. 2-8). lib. bdg. 31.36 (978-1-0982-8128-1(4), 42359, Abdo Zoom-Fly) ABDO Publishing Co.

Making of Birdcraft Sanctuary (Classic Reprint) Mabel Osgood Wright. 2018. (ENG., Illus.). 36p. (J). 24.66 (978-0-267-69498-3(9)) Forgotten Bks.

Making of Black Panther. Kenny Abdo. 2023. (Blockbusters Ser.). (ENG.). 24p. (J). (gr. 2-8). lib. bdg. 31.36 (978-1-0982-8129-8(2), 42362, Abdo Zoom-Fly) ABDO Publishing Co.

Making of Bobby Burnit: Being a Record of the Adventures of a Live American Young (Classic Reprint) George R. Chester. 2018. (ENG., Illus.). 440p. (J). 32.97 (978-0-484-81311-2(0)) Forgotten Bks.

Making of Butterflies. Zora Neale Hurston. Illus. by Kah Yangni. 2023. (ENG.). 24p. (J). (gr. -1 — 1). bds. 9.99 (978-0-06-311158-5(6), Amistad) HarperCollins Pubs.

Making of Christopher Ferringham (Classic Reprint) Beulah Marie Dix. (ENG., Illus.). (J). 2018. 468p. 33.55 (978-0-364-67256-3(0)); 2017. pap. 16.57 (978-0-259-07652-0(X)) Forgotten Bks.

Making of Everyday Things, 12 vols. 2019. (Making of Everyday Things Ser.). (ENG.). 24p. (J). (gr. 1-1). lib. bdg. 155.58 (978-1-5026-4763-4(X), db6afc36-c208-4c12-8c26-04648cb553f6) Cavendish Square Publishing LLC.

Making of Everyday Things (Set) 2019. (Making of Everyday Things Ser.). (ENG.). 24p. (J). pap. 49.32 (978-1-5026-4882-2(2)) Cavendish Square Publishing LLC.

Making of Fortnite. Josh Gregory. 2019. (21st Century Skills Innovation Library: Unofficial Guides). (ENG., Illus.). 32p. (J). (gr. 4-8). pap. 14.21 (978-1-5341-5103-1(6), 213719); lib. bdg. 32.07 (978-1-5341-4817-8(5), 213718) Cherry Lake Publishing.

Making of George Groton (Classic Reprint) Bruce Barton. (ENG., Illus.). (J). 2018. 344p. 31.01 (978-0-428-83023-6(4)); 2017. pap. 13.57 (978-0-243-27936-4(1)) Forgotten Bks.

Making of Herbert Hoover (Classic Reprint) Rose Wilder Lane. 2017. (ENG., Illus.). (J). 31.40 (978-0-265-61660-4(3)) Forgotten Bks.

Making of Jane: A Novel (Classic Reprint) Sarah Barnwell Elliott. 2019. (ENG., Illus.). 440p. (J). 32.97 (978-0-365-03027-0(9)) Forgotten Bks.

Making of Jaws. Kenny Abdo. 2023. (Blockbusters Ser.). (ENG.). 24p. (J). (gr. 2-8). lib. bdg. 31.36 (978-1-0982-8130-4(6), 42365, Abdo Zoom-Fly) ABDO Publishing Co.

Making of Jim O'Neill: A Story of Seminary Life (Classic Reprint) M. J. F. 2018. (ENG., Illus.). 148p. (J). 26.95 (978-0-483-71931-6(5)) Forgotten Bks.

Making of Joe Wild. Andrew Komarnyckyj. 2022. (ENG.). 288p. (YA). pap. 12.99 (978-1-59580-111-1(1)) Santa Monica Pr.

Making of Jurassic Park. Kenny Abdo. 2023. (Blockbusters Ser.). (ENG.). 24p. (J). (gr. 2-8). lib. bdg. 31.36 (978-1-0982-8131-1(4), 42368, Abdo Zoom-Fly) ABDO Publishing Co.

Making of Mabel. Julie Sleightholme. 2018. (ENG., Illus.). 84p. (J). pap. 8.97 (978-0-244-37973-5(4)) Lulu Pr., Inc.

Making of Mary (Classic Reprint) Jean Forsyth. 2018. (ENG., Illus.). 200p. (J). 28.02 (978-0-267-46831-7(8)) Forgotten Bks.

Making of Matthias (Classic Reprint) Joseph Smith Fletcher. (ENG., Illus.). (J). 2018. 142p. 26.85 (978-0-364-50044-6(1)); 2017. pap. 9.57 (978-0-282-98541-7(7)) Forgotten Bks.

Making of Minecraft. Jennifer Zeiger. 2017. (21st Century Skills Innovation Library: Unofficial Guides). (ENG., Illus.). 32p. (J). (gr. 4-8). lib. bdg. 32.07 (978-1-63472-193-6(4), 209344) Cherry Lake Publishing.

Making of Mollie. Anna Carey. 2016. (ENG.). 304p. (J). pap. 17.00 (978-1-84717-847-3(2)) O'Brien Pr., Ltd., The IRL. Dist: Casemate Pubs. & Bk. Distributors, LLC.

Making of Motown. Duchess Harris & Rebecca Rowell. 2018. (Freedom's Promise Ser.). (ENG., Illus.). 48p. (J). (gr. 4-8). lib. bdg. 35.64 (978-1-5321-1771-8(X), 30830) ABDO Publishing Co.

Making of Mozart: Band 12/Copper. Ciaran Murtagh. 2017. (Collins Big Cat Ser.). (ENG., Illus.). 32p. (J). pap. 7.99 (978-0-00-820876-9(X)) HarperCollins Pubs. Ltd. GBR. Dist: Independent Pubs. Group.

Making of... Mr Pie. Robert David Langrish. 2022. (Making Of... Ser.). (ENG.). 38p. (J). pap. (978-1-914083-55-6(5)) 2QT, Ltd. (Publishing).

Making of Rosalie. Elizabeth Pass. 2018. (ENG., Illus.). 50p. (J). pap. (978-1-387-87979-3(0)) Lulu Pr., Inc.

Making of Star Wars. Kenny Abdo. 2023. (Blockbusters Ser.). (ENG.). 24p. (J). (gr. 2-8). lib. bdg. 31.36 (978-1-0982-8132-8(2), 42371, Abdo Zoom-Fly) ABDO Publishing Co.

Making of the Middle East, 10 vols., Set. Incl. Arab-Israeli Relations, 1950-1979. Brian Baughan. 80p. (YA). (gr. 3-7). 2009. lib. bdg. 22.95 (978-1-4222-0171-8(6)); Arabian Peninsula in the Age of Oil. John Calvert. 88p. (YA). (gr. 3-7). 2009. lib. bdg. 22.95 (978-1-4222-0172-5(4)); Cold War in the Middle East, 1950-1991. Brent Sasley. 80p. (YA). (gr. 7-18). 2009. lib. bdg. 22.95 (978-1-4222-0173-2(2)); First World War & the End of the Ottoman Order. Kristine Brennan. 80p. (YA). (gr. 7-18). 2009. lib. bdg. 22.95 (978-1-4222-0168-8(6)); Iranian Revolution & the Resurgence of Islam. Barry A. Rubin. 88p. (YA). (gr. 7-18). 2009. lib. bdg. 22.95 (978-1-4222-0174-9(0)); Middle East in the Age of Uncertainty, 1991-Present. Barry A. Rubin. 78p. (YA). (gr. 3-7). 2009. lib. bdg. 22.95 (978-1-4222-0176-3(7)); Ottoman & Qajar Empires in the Age of Reform. Gerald Robbins. 80p. (YA). (gr. 7-18). 2009. lib. bdg. 22.95 (978-1-4222-0167-1(8)); Palestine Mandate & the Creation of Israel, 1920-1949. Alan Luxenberg. 80p. (J). (gr. 3-7). 2007. lib. bdg. 22.95 (978-1-4222-0170-1(8)); Rise of Nationalism: The Arab World, Turkey, & Iran. Jonathan Spyer & Cameron Brown. 80p. (YA). (gr. 7-18). 2007. lib. bdg. 22.95 (978-1-4222-0169-5(4)); Tensions in the Gulf, 1978-1991. J. E. Peterson. 88p. (J). (gr. 3-7). 2007. lib. bdg. 22.95 (978-1-4222-0175-6(9)); (Illus.). (Making of the Middle East Ser.). 2009. Set lib. bdg. 229.95 (978-1-4222-0166-4(X)) Mason Crest.

Making of the Million: Tales of the Twentieth Century Fund (Classic Reprint) John Ackworth. 2018. (ENG., Illus.). 150p. (J). 26.99 (978-0-332-05898-6(0)) Forgotten Bks.

Making of the Modern World: 1945 to the Present: Culture & Customs in a Connected World, Vol. 9. John Perritano. 2016. (Making of the Modern World: 1945 to the Present Ser.: Vol. 9). (ENG., Illus.). 64p. (J). (gr. 7-12). 23.95 (978-1-4222-3635-2(8)) Mason Crest.

Making of the Modern World: 1945 to the Present: Governance & the Quest for Security, Vol. 9. Ruud Van Dijk. 2016. (Making of the Modern World: 1945 to the Present Ser.: Vol. 9). (ENG., Illus.). 64p. (J). (gr. 7-12). 23.95 (978-1-4222-3638-3(2)) Mason Crest.

Making of the Modern World: 1945 to the Present: Migration & Refugees, Vol. 9. John Perritano. Ed. by Ruud van Dijk. 2016. (Making of the Modern World: 1945 to the Present Ser.: Vol. 9). (ENG.). 64p. (J). (gr. 7-12). 23.95 (978-1-4222-3640-6(4)) Mason Crest.

Making of the Modern World: 1945 to the Present: Trade, Economic Life & Globalization, Vol. 9. John Perritano. Ed. by Ruud van Dijk. 2016. (Making of the Modern World: 1945 to the Present Ser.: Vol. 9). (ENG., Illus.). 64p. (J). (gr. 7-12). 23.95 (978-1-4222-3642-0(0)) Mason Crest.

Making of Thomas Barton (Classic Reprint) Anna Nicholas. 2017. (ENG., Illus.). (J). 31.01 (978-1-5282-8725-8(8)) Forgotten Bks.

Making of Toy Story. Kenny Abdo. 2023. (Blockbusters Ser.). (ENG.). 24p. (J). (gr. 2-8). lib. bdg. 31.36 (978-1-0982-8133-5(0), 42374, Abdo Zoom-Fly) ABDO Publishing Co.

Making Our Food Sustainable. Paul Mason. 2018. (Putting the Planet First Ser.). (Illus.). 32p. (J). (gr. 4-4). (978-0-7787-5030-7(2)) Crabtree Publishing Co.

Making over Martha (Classic Reprint) Julie M. Lippmann. 2018. (ENG., Illus.). 308p. (J). 30.27 (978-0-332-15771-9(7)) Forgotten Bks.

Making Paper Airplanes. Amber Lovett. 2017. (21st Century Skills Innovation Library: Makers As Innovators Junior Ser.). (ENG., Illus.). 24p. (J). (gr. 2-5). lib. bdg. 30.64 (978-1-63472-696-2(0), 210082) Cherry Lake Publishing.

Making Pasta with Math!, 1 vol. Santana Hunt. 2019. (Cooking with Math! Ser.). (ENG.). 24p. (gr. 1-2). pap. 9.15 (978-1-5382-4557-6(4), 0075e2c6-bf0c-4f8c-abc9-9e9bdfc87ee4) Stevens, Gareth Publishing LLLP.

Making Pastas with Noodles, Sauce & Cheese. Megan Borgert-Spaniol. 2022. (Kitchen Trios Ser.). (ENG., Illus.). 32p. (J). (gr. k-4). lib. bdg. 34.21 (978-1-5321-9906-6(6), 39805, Super SandCastle) ABDO Publishing Co.

Making Patterns see ¿Qué Son Patrones?: Set Of 6

Making Peas. S. M. R. Saia. Illus. by Tina Perko. 2021. (Gertie in the Garden Ser.: Vol. 1). (ENG.). 90p. (J). 14.99 (978-1-945713-40-8(2)) Shelf Space Bks.

Making Pizza with Math!, 1 vol. Santana Hunt. 2019. (Cooking with Math! Ser.). (ENG.). 24p. (gr. 1-2). pap. 9.15 (978-1-5382-4562-0(0), 613786fe-fef2-442d-acd2-a769a8a51327) Stevens, Gareth Publishing LLLP.

Making Pizzas with Crust, Sauce & Toppings. Megan Borgert-Spaniol. 2022. (Kitchen Trios Ser.). (ENG., Illus.). 32p. (J). (gr. k-4). lib. bdg. 34.21 (978-1-5321-9907-3(4), 39807, Super SandCastle) ABDO Publishing Co.

Making PSHE Matter: A Practical Guide to Planning & Teaching Creative PSHE in Primary School. Siân Rowland. 2018. 200p. pap. 29.95 (978-1-78592-286-2(6), 696521) Kingsley, Jessica Pubs. GBR. Dist: Hachette UK Distribution.

Making Rainbows. Nicola Gothard. Illus. by Anja Kolenko. 2016. (ENG.). (J). (gr. 1-6). pap. (978-0-9934631-8-1(5)) Generation 2050.

Making Secret Codes & Messages. Deanna Caswell. 24p. (J). 2019. (Illus.). pap. (978-1-68072-742-5(7)); 2018. (ENG.). (gr. 1-3). pap. 8.99 (978-1-64466-295-3(7), 12475, Hi Jinx); 2018. (ENG., Illus.). (gr. 4-6). lib. bdg. 28.50 (978-1-68072-588-9(2), 12474, Hi Jinx) Black Rabbit Bks.

Making Sense of Climate Change: Know Your Facts, Understand the Science, What Can We Do? Alex Standish. 2021. (ENG., Illus.). 32p. (J). (gr. 3-6). pap. 9.99 (978-1-78856-199-0(6), b235a786-94de-4f0c-9d18-4022bf7ce962); lib. bdg. 29.32 (978-1-78856-198-3(8), 657a681b-4915-4552-8c9d-32797dbbd999) Ruby Tuesday Books Limited GBR. Dist: Lerner Publishing Group.

Making Sense with Money - Children's Money & Saving Reference. Baby Professor. 2017. (ENG., Illus.). (J). pap. 7.89 (978-1-5419-0291-6(2), Baby Professor (Education Kids)) Speedy Publishing LLC.

Making Shapes: A Connect the Dots Activity Book. Activity Book Zone for Kids. 2016. (ENG., Illus.). (J). pap. 7.55 (978-1-68376-161-7(8)) Sabeels Publishing.

Making Slime. Amy Quinn. 2018. (21st Century Skills Innovation Library: Makers As Innovators Junior Ser.). (ENG.). 24p. (J). (gr. 2-5). pap. 12.79 (978-1-5341-0882-0(3), 210892); (Illus.). lib. bdg. 30.64 (978-1-5341-0783-0(5), 210891) Cherry Lake Publishing.

Making Smart Money Choices. Moira Rose Donohue. 2019. (Financial Literacy Ser.). (ENG.). 112p. (J). (gr. 6-12). lib. bdg. 41.36 (978-1-5321-1913-2(5), 32291, Essential Library) ABDO Publishing Co.

Making Snacks That Are Sweet, Salty & Crunchy. Megan Borgert-Spaniol. 2022. (Kitchen Trios Ser.). (ENG., Illus.). 32p. (J). (gr. k-4). lib. bdg. 34.21 (978-1-5321-9908-0(2), 39809, Super SandCastle) ABDO Publishing Co.

Making Snacks with Math!, 1 vol. Santana Hunt. 2019. (Cooking with Math! Ser.). (ENG.). 24p. (gr. 1-2). pap. 9.15 (978-1-5382-4574-3(4), b5200501-7554-41d2-bcc8-fcafc5f54237) Stevens, Gareth Publishing LLLP.

Making Soups with Broth, Proteins & Veggies. Megan Borgert-Spaniol. 2022. (Kitchen Trios Ser.). (ENG., Illus.). 32p. (J). (gr. k-4). lib. bdg. 34.21 (978-1-5321-9909-7(0), 39811, Super SandCastle) ABDO Publishing Co.

Making Soups with Math!, 1 vol. Santana Hunt. 2019. (Cooking with Math! Ser.). (ENG.). 24p. (gr. 1-2). pap. 9.15 (978-1-5382-4566-8(3), a6c99a70-f44c-498b-8e82-8234daf701be) Stevens, Gareth Publishing LLLP.

Making Spy Disguises. Deanna Caswell. 24p. (J). 2019. (Illus.). pap. (978-1-68072-741-8(9)); 2018. (ENG.). (gr. 4-6). pap. 8.99 (978-1-64466-294-6(9), 12471, Hi Jinx); 2018. (ENG., Illus.). (gr. 4-6). lib. bdg. 28.50 (978-1-68072-587-2(4), 12470, Hi Jinx) Black Rabbit Bks.

Making Tacos with Tortillas, Fillings & Toppings. Megan Borgert-Spaniol. 2022. (Kitchen Trios Ser.). (ENG., Illus.). 32p. (J). (gr. k-4). lib. bdg. 34.21 (978-1-5321-9910-3(4), 39813, Super SandCastle) ABDO Publishing Co.

Making Tea. Margo Gates. Illus. by Kip Noschese. 2019. (Science All Around Me (Pull Ahead Readers — Fiction) Ser.). (ENG.). 16p. (J). (gr. -1-1). 27.99 (978-1-5415-5856-4(1), a70d4402-ad6f-439e-ab7d-5b3b3c5f5d04, Lerner Pubns.) Lerner Publishing Group.

Making Ten in My Aquarium. Kelli Hicks. 2022. (Learning with Pets Ser.). (ENG.). 24p. (J). (gr. k-2). pap. (978-1-0396-6201-8(3), 20399); lib. bdg. (978-1-0396-6006-9(1), 20398) Crabtree Publishing Co.

Making the Band. Martha Maker. Illus. by Xindi Yan. 2018. (Craftily Ever After Ser.: 2). (ENG.). 128p. (J). (gr. k-4). 17.99 (978-1-5344-0911-8(4)); pap. 6.99 (978-1-5344-0910-1(6)) Little Simon. (Little Simon).

Making the Band. Maria S. Barbo. ed. 2018. (Scholastic Readers Ser.). (ENG.). 32p. (J). (gr. -1-k). 13.89 (978-1-64310-247-4(8)) Penworthy Co., LLC, The.

Making the Best of Our Children: Eight to Sixteen Years of Age (Classic Reprint) Mary Wood-Allen. (ENG., Illus.). (J). 2018. 290p. 29.90 (978-0-483-67588-9(1)); 2017. pap. 13.57 (978-0-243-33063-8(4)) Forgotten Bks.

Making the Best of Our Children: First Series, One to Eight Years of Age (Classic Reprint) Mary Wood-Allen.

2018. (ENG., Illus.). 258p. (J). 29.24 *(978-0-483-65286-6(5))* Forgotten Bks.

Making the Bill of Rights. Wil Mara. 2018. (Forming Our Nation Ser.). (ENG.). 32p. (J). lib. bdg. 22.99 *(978-1-5105-3793-4(7))* SmartBook Media, Inc.

Making the Cut: Revolution Hockey Series. Bradley J. Burton. 2020. (Revolution Hockey Ser.: Vol. 1). (ENG.). 196p. (YA). pap. *(978-0-2288-3265-2(9))* Tellwell Talent.

Making the Final 32. Andrew Luke. 2018. (J). *(978-1-4222-3949-0(7))* Mason Crest.

Making the Grade: #1. Gary Fabbri. Illus. by Alan Brown. 2022. (Back of the Net Ser.). (ENG.). 112p. (J). (gr. 4-9). lib. bdg. 38.50 *(978-1-0982-3334-1(4),* 41181, Claw) ABDO Publishing Co.

Making the House a Home (Classic Reprint) Edgar A. Guest. 2018. (ENG., Illus.). 60p. (J). 25.15 *(978-0-365-51268-4(0))* Forgotten Bks.

Making the Miracle: The Biggest Comebacks in Sports. Eric Braun. 2023. (Sports Illustrated Kids Heroes & Heartbreakers Ser.). (ENG.). 32p. (J). 31.32 *(978-1-6690-1115-6(1),* 248333); pap. 7.99 *(978-1-6690-1110-1(0),* 248318) Capstone. (Capstone Pr.).

Making the Most of Communications & Social Media in a Political Campaign, 1 vol. Angie Timmons. 2019. (Be the Change! Political Participation in Your Community Ser.). (ENG.). 64p. (gr. 7-7). 36.13 *(978-1-7253-4087-9(9),* d1b75c4d-894a-4ac7-bd46-926a1f97d6e0); pap. 13.95 *(978-1-7253-4086-2(0),* 594767fe-7b8b-483d-8ac6-12adbb8f969d) Rosen Publishing Group, Inc., The. (Rosen Young Adult).

Making the Nine (Classic Reprint) Albertus True Dudley. 2017. (ENG., Illus.). (J). 31.45 *(978-0-266-19780-5(9))* Forgotten Bks.

Making Their Voices Heard: The Inspiring Friendship of Ella Fitzgerald & Marilyn Monroe. Vivian Kirkfield. Illus. by Alleanna Harris. 2020. (ENG.). 40p. (J). (gr. -1-3). 17.99 *(978-1-4998-0915-2(8))* Little Bee Books Inc.

Making Things, Doing Things. Kira Freed. 2017. (Text Connections Guided Close Reading Ser.). (J). (gr. k). *(978-1-4900-1779-2(8))* Benchmark Education Co.

Making Time to Change the World: A Student Handbook for Engaging in Service. Kent Schietinger & Grant Schietinger. 2018. (ENG.). 92p. (YA). pap. 8.99 *(978-1-4808-6089-6(1))* Archway Publishing.

Making Tracks. Scott G. Gibson. 2017. (ENG., Illus.). (J). pap. 7.00 *(978-1-5337-5294-9(X))* Draft2Digital.

Making up with Mr. Dog: Hollow Tree Stories. Albert Bigelow Paine. 2018. (ENG., Illus.). 62p. (YA). (gr. 7-12). pap. *(978-93-5329-324-6(3))* Alpha Editions.

Making up with Mr. Dog: Hollow Tree Stories (Classic Reprint) Albert Bigelow Paine. 2018. (ENG., Illus.). 138p. (J). 26.74 *(978-0-332-99728-5(6))* Forgotten Bks.

Making Water Safe. Dona Rice & Nellie Wilder. rev. ed. 2019. (Smithsonian: Informational Text Ser.). (ENG., Illus.). 24p. (J). (gr. 1-2). pap. 8.99 *(978-1-4938-6656-4(7))* Teacher Created Materials, Inc.

Making Waves, 4. Vicky Fang. ed. 2022. (Branches Early Ch Bks). (ENG.). 69p. (J). (gr. 2-3). 16.46 *(978-1-68505-362-8(9))* Penworthy Co., LLC, The.

Making Waves: EJ12 Girl Hero. Susannah McFarlane. 2017. 128p. (J). pap. 5.99 *(978-1-61067-508-6(8))* Kane Miller.

Making Waves: a Branches Book (Layla & the Bots #4) Vicky Fang. Illus. by Christine Nishiyama. 2022. (Layla & the Bots Ser.). (ENG.). 80p. (J). (gr. k-2). pap. 5.99 *(978-1-338-58300-7(X))* Scholastic, Inc.

Making Waves: a Branches Book (Layla & the Bots #4) (Library Edition) Vicky Fang. Illus. by Christine Nishiyama. 2022. (Layla & the Bots Ser.). (ENG.). 80p. (J). (gr. k-2). 24.99 *(978-1-338-58301-4(8),* Graphix) Scholastic, Inc.

Making with Metal: DIY Metalworking Projects. Contrib. by Jessica Rusick & Ruthie Van Oosbree. 2022. (Craft to Career Ser.). (ENG., Illus.). 64p. (J). (gr. 5-9). lib. bdg. 35.64 *(978-1-5321-9889-2(2),* 39523, Abdo & Daughters) ABDO Publishing Co.

Makings of the US Constitution - United States Civics - History 4th Grade - Children's American History. Universal Politics. 2019. (ENG.). 74p. (J). pap. 14.89 *(978-1-5419-5037-5(2));* 24.88 *(978-1-5419-7526-2(X))* Speedy Publishing LLC. (Universal Politics (Politics & Social Sciences)).

Mako le Petit Machin ! Mais Qui Est-Il ? Nadjat Samai. 2017. (FRE., Illus.). (J). pap. 9.16 *(978-1-326-99733-5(5))* Lulu Pr., Inc.

Mako Shark. Jennifer Boothroyd. 2022. (Shark Shock! Ser.). (ENG., Illus.). 24p. (J). (gr. 2-5). lib. bdg. 26.99 *(978-1-63691-533-3(7),* 18646) Bearport Publishing Co., Inc.

Mako Sharks. Nico Barnes. 2016. (Sharks Ser.). (ENG., Illus.). 24p. (J). (gr. -1-2). pap. 7.95 *(978-1-4966-1033-1(4),* 134938, Capstone Classroom) Capstone.

Mako Sharks. Allan Morey. 2016. (Sharks Ser.). (ENG., Illus.). 32p. (J). (gr. 2-5). pap. 9.99 *(978-1-68152-092-6(3),* 15737); lib. bdg. 20.95 *(978-1-60753-979-7(9),* 15729) Amicus.

Mako Sharks. Contrib. by Julie Murray. 2023. (Sharks Ser.). (ENG.). 24p. (J). (gr. k-3). lib. bdg. 31.36 *(978-1-0982-4425-5(7),* 42452, Pop! Cody Koala) Pop!.

Mako Sharks. Deborah Nuzzolo. 2017. (All about Sharks Ser.). (ENG., Illus.). 24p. (J). (gr. -1-2). pap. 6.95 *(978-1-5157-7007-7(9),* 135454, Capstone Pr.) Capstone.

Mako Sharks. Rebecca Pettiford. 2020. (Shark Frenzy Ser.). (ENG., Illus.). 24p. (J). (gr. k-3). lib. bdg. 26.95 *(978-1-64487-247-5(1),* Blastoff! Readers) Bellwether Media.

Mako Sharks. Leo Statts. 2017. (Sharks (Launch!) Ser.). (ENG., Illus.). 24p. (J). (gr. -1-2). lib. bdg. 31.36 *(978-1-5321-2010-7(9),* 25368, Abdo Zoom-Launch) ABDO Publishing Co.

Mako Sharks, Vol. 10. Elizabeth Roseborough. 2018. (Amazing World of Sharks Ser.). (Illus.). 64p. (J). (gr. 7). 31.93 *(978-1-4222-4128-8(9))* Mason Crest.

Mako Sharks in Action. Buffy Silverman. 2017. (Lightning Bolt Books (r) — Shark World Ser.). (ENG., Illus.). 24p. (J). (gr. 1-3). 29.32 *(978-1-5124-3378-4(0),* ee9494a6-1c3a-4590-a75b-d61049453c41, Lerner Pubns.) Lerner Publishing Group.

Makoona. John Morano. Illus. by Sarah Anderson. 2017. (John Morano Eco-Adventure Ser.: Vol. 2). (ENG.). (YA). (gr. 8-12). pap. 9.99 *(978-1-945760-04-4(4))* Grey Gecko Pr.

Makoons. Louise Erdrich. Illus. by Louise Erdrich. (Birchbark House Ser.: 5). (ENG., Illus.). (J). (gr. 3-7). 2018. 192p. pap. 9.99 *(978-0-06-057795-7(9));* 2016. 176p. 16.99 *(978-0-06-057793-3(2))* HarperCollins Pubs. (HarperCollins).

Makox. Delphine Herrenberger. 2018. (FRE.). 74p. (YA). pap. *(978-0-244-71697-4(8))* Lulu Pr., Inc.

Maksat el Principe Mágico o a Través de Las Espinas a Las Estrellas: Colección 3. Aizhan. Tr. by Mayya Nechasna. 2021. (SPA.). 80p. (J). pap. *(978-1-008-96564-5(2))* Lulu Pr., Inc.

Maksat Navega Al Mediterráneo: Colección 4. Aizhan. Tr. by Mayya Nechasna. 2021. (SPA.). 78p. (J). pap. *(978-1-008-96533-1(2))* Lulu Pr., Inc.

Maksat y Los Dioses Del Olimpo: Colección 5. Aizhan. Tr. by Mayya Nechasna. 2021. (SPA.). 84p. (J). pap. *(978-1-312-41866-0(4))* Lulu Pr., Inc.

Maktoub: A Romance of French North Africa (Classic Reprint) Matthew Craig. (ENG., Illus.). (J). 2018. 424p. 32.64 *(978-0-267-30242-0(8));* 2016. pap. 16.57 *(978-1-333-22054-9(5))* Forgotten Bks.

Mal Camino de Ruby. P. D. Workman. Tr. by Christian Carvajal & Guillermo Osorio. 2022. (SPA.). 566p. (J). pap. *(978-1-77468-288-3(5))* PD Workman.

Mal día para Mia. Laurie Friedman. Illus. by Gal Weizman. 2022. (Las Superestrellas (the Super Starz) Ser.).Tr. of Mia's Bad Day. (SPA.). 48p. (J). (gr. 2-4). pap. *(978-1-0396-5006-0(6),* 20279); lib. bdg. *(978-1-0396-4879-1(7),* 20278) Crabtree Publishing Co. (Leaves Chapter Books).

Mala Semilla / the Bad Seed. Jory John. Ed. by Omar Peris. Illus. by Pete Oswald. 2023. (SPA.). 40p. (J). (gr. -1-3). 17.95 *(978-1-64473-801-6(5))* Penguin Random House Grupo Editorial ESP. Dist: Penguin Random Hse. LLC.

¡Mala Suerte! Édouard Manceau. 2020. (SPA.). 44p. (J). (gr. k-2). 18.99 *(978-84-17886-67-7(2))* Plataforma Editorial SL ESP. Dist: Lectorum Pubns., Inc.

Mala Suerte / Hard Luck. Jeff Kinney. 2022. (Diario Del Wimpy Kid Ser.: 8). (SPA.). 224p. (J). (gr. 3-7). 15.95 *(978-1-64473-511-4(3))* Penguin Random House Grupo Editorial ESP. Dist: Penguin Random Hse. LLC.

Malachi's Final Message: The Minor Prophets, Book 5. Brian J. Wright & John Robert Brown. 2023. (ENG.). 40p. (J). 10.99 *(978-1-5271-0944-5(5),* a916b428-b7cc-4edc-ae90-243757eb6a57, CF4Kids) Christian Focus Pubns. GBR. Dist: Baker & Taylor Publisher Services (BTPS).

Malady of the Century: From the German (Classic Reprint) Max Simon Nordau. 2017. (ENG., Illus.). (J). 33.26 *(978-0-266-46203-3(0))* Forgotten Bks.

Malaika, an Angel? Suzanne Chenault. 2017. (Malaika Trilogy Ser.: Vol. 1). (ENG., Illus.). 54p. (J). 21.95 *(978-1-63132-029-3(7))* Advanced Publishing LLC.

Malaika & the Angel - BEING. Swaady Martin. 2018. (ENG.). 60p. (J). pap. *(978-0-620-77712-4(5))* Martin, Swaady.

Malaika & the Angel - INTUITION. Swaady Martin. Illus. by Maria Baumann. 2018. (ENG.). 56p. (J). pap. *(978-0-620-77711-7(7))* Martin, Swaady.

Malaika, Carnival Queen. Nadia L. Hohn. Illus. by Irene Luxbacher. 2023. (Malaika Ser.: 4). 32p. (J). (gr. -1-1). 18.99 *(978-1-77306-850-3(4))* Groundwood Bks. CAN. Dist: Publishers Group West (PGW).

Malaika's Costume, 1 vol. Nadia L. Hohn & Irene Luxbacher. 2016. (Malaika Ser.: 1). (ENG., Illus.). 32p. (J). (gr. -1-1). 19.99 *(978-1-55498-754-2(7))* Groundwood Bks. CAN. Dist: Publishers Group West (PGW).

Malaika's Surprise, 1 vol. Nadia L. Hohn. Illus. by Irene Luxbacher. 2021. (Malaika Ser.: 3). (ENG.). 32p. (J). (gr. -1-2). 18.95 *(978-1-77306-264-8(6))* Groundwood Bks. CAN. Dist: Publishers Group West (PGW).

Malala. Shana Corey. ed. 2018. (Step into Reading Ser.). (ENG.). 48p. (J). (gr. 1-3). 13.89 *(978-1-64310-534-5(5))* Penworthy Co., LLC, The.

Malala: Activist for Girls' Education. Raphaële Frier. Illus. by Aurélia Fronty. 2017. 45p. (J). *(978-1-63289-592-9(7))* Charlesbridge Publishing, Inc.

Malala: My Story of Standing up for Girls' Rights. Malala Yousafzai. 2018. (ENG.). 176p. (J). (gr. 1-5). 15.99 *(978-0-316-52714-9(9));* pap. 6.99 *(978-0-316-52715-6(7))* Little, Brown Bks. for Young Readers.

Malala: a Hero for All. Shana Corey. Illus. by Elizabeth Sayles. 2016. (Step into Reading Ser.). 48p. (J). (gr. 2-4). pap. 4.99 *(978-0-553-53761-1(X),* Random Hse. Bks. for Young Readers) Random Hse. Children's Bks.

Malala: Activist for Girls' Education. Raphaële Frier. Illus. by Aurélia Fronty. (ENG.). 48p. (J). (gr. 1-4). 2023. pap. 8.99 *(978-1-58089-517-0(4));* 2017. 17.99 *(978-1-58089-785-3(1))* Charlesbridge Publishing, Inc.

Malala, la niña Que Quería Ir a la Escuela. Adriana Carranca. 2017. (SPA.). 96p. (J). (gr. 3-5). pap. *(978-987-747-245-5(7))* V&R Editoras.

Malala Speaks Out. Malala Yousafzai. Tr. by Susan Ouriou. Illus. by Yael Frankel. 2023. (Speak Out Ser.: 2). (ENG.). 76p. (J). (gr. 4-7). 14.99 *(978-1-77306-916-6(0))* Groundwood Bks. CAN. Dist: Publishers Group West (PGW).

Malala Yousafzai, 1 vol. Tim Cooke. 2018. (Meet the Greats Ser.). (ENG.). 48p. (gr. 5-5). lib. bdg. 34.93 *(978-1-5382-2578-3(6),* 1ef298cb-6426-483f-a9fd-1dee8aa8f505) Stevens, Gareth Publishing LLLP.

Malala Yousafzai. Stephanie Gaston. 2022. (Biographies of Diverse Heroes Ser.). (ENG.). 24p. (J). (gr. k-2). lib. bdg. *(978-1-0396-6002-1(9),* 19355); (Illus.). pap. *(978-1-0396-6197-4(1),* 19356) Crabtree Publishing Co.

Malala Yousafzai. Martha London. 2019. (Amazing Young People Ser.). (ENG., Illus.). 32p. (J). (gr. 3-3). pap. 9.95 *(978-1-64494-040-2(X),* 164494040X) North Star Editions.

Malala Yousafzai. Martha London. 2019. (Amazing Young People Ser.). (ENG., Illus.). 32p. (J). (gr. 2-5). lib. bdg. 32.79 *(978-1-5321-6367-8(3),* 32049, DiscoverRoo) Pop!.

Malala Yousafzai. Claire Sipi. Illus. by Leanne Goodall. 2023. (Genius Ser.). (ENG.). 40p. (J). (gr. 2). 9.99 *(978-88-544-2009-0(3))* White Star Publishers ITA. Dist: Sterling Publishing Co., Inc.

Malala Yousafzai. Sara Spiller. Illus. by Jeff Bane. 2019. (My Early Library: My Itty-Bitty Bio Ser.). (ENG.). 24p. (J). (gr. k-1). pap. 12.79 *(978-1-5341-3927-5(3),* 212537); lib. bdg. 30.64 *(978-1-5341-4271-8(1),* 212536) Cherry Lake Publishing.

Malala Yousafzai, 1 vol. Joan Stoltman. 2018. (Little Biographies of Big People Ser.). (ENG.). 24p. (gr. 1-2). 24.27 *(978-1-5382-2894-4(7),* e07fe2cf-0feb-42cd-b6b7-4a6037f33745) Stevens, Gareth Publishing LLLP.

Malala Yousafzai. Jennifer Strand. 2016. (Great Women Ser.). (ENG.). 24p. (J). (gr. -1-2). 49.94 *(978-1-68079-390-1(X),* 23011, Abdo Zoom-Launch) ABDO Publishing Co.

Malala Yousafzai. Gail Terp. 2016. (Women Who Rock Ser.). (ENG., Illus.). 32p. (J). (gr. 4-6). 31.35 *(978-1-68072-064-8(3),* 10435, Bolt) Black Rabbit Bks.

Malala Yousafzai. Maria Isabel Sanchez Vegara. Illus. by Manal Mirza. ed. 2021. (Little People, BIG DREAMS Ser.: 57). (ENG.). 32p. (J). (gr. -1-2). 15.99 *(978-0-7112-5904-1(6),* Frances Lincoln Children's Bks.) Quarto Publishing Group UK GBR. Dist: Hachette Bk. Group.

Malala Yousafzai: Activista Por la Educación (Spanish Version) Grace Hansen. 2016. (Biografías: Personas Que Han Hecho Historia (History Maker Biographies) Ser.). (SPA., Illus.). 24p. (J). (gr. -1-2). lib. bdg. 32.79 *(978-1-68080-740-0(4),* 22642, Abdo Kids) ABDO Publishing Co.

Malala Yousafzai: Education Activist. Meg Gaertner. 2021. (Important Women Ser.). (ENG., Illus.). 32p. (J). (gr. 2-3). pap. 9.95 *(978-1-64493-730-3(1));* lib. bdg. 31.35 *(978-1-64493-694-8(1))* North Star Editions. (Focus Readers).

Malala Yousafzai: Education Activist. Grace Hansen. 2017. (History Maker Biographies Ser.). (ENG.). 24p. (J). (gr. -1-2). pap. 7.95 *(978-1-4966-1226-7(4),* 134990, Capstone Classroom) Capstone.

Malala Yousafzai: Education Activist. Kate Moening. 2019. (Women Leading the Way Ser.). (ENG., Illus.). 24p. (J). (gr. k-3). pap. 7.99 *(978-1-61891-724-9(2),* 12305); lib. bdg. 26.95 *(978-1-64487-101-0(7))* Bellwether Media. (Blastoff! Readers).

Malala Yousafzai: Guerrera con Palabras, 1 vol. Karen Leggett Abouraya. Illus. by Susan L. Roth. 2019.Tr. of Malala Yousafzai: Warrior with Words. (SPA.). 40p. (J). (gr. k-3). pap. 11.95 *(978-1-62014-800-6(5),* leelowbooks) Lee & Low Bks., Inc.

Malala Yousafzai: Heroic Education Activist. Heather E. Schwartz. 2020. (Boss Lady Bios (Alternator Books (r)) Ser.). (ENG., Illus.). 32p. (J). (gr. 3-6). lib. bdg. 30.65 *(978-1-5415-9711-2(7),* 80b170e6-84e5-4c9d-8cc6-90f8dc975c65, Lerner Pubns.) Lerner Publishing Group.

Malala Yousafzai: Mi Historia Es la Historia de Muchas Chicas. Clara Fons Duocastella. Illus. by Yael Frankel. 2020. (Akiparla Ser.). (SPA.). 80p. (YA). (gr. 7). pap. 12.95 *(978-84-17440-46-6(1))* Akiara Bks. ESP. Dist: Independent Pubs. Group.

Malala Yousafzai: Pakistani Activist for Female Education, 1 vol. Elisa Peters. 2017. (Spotlight on Civic Courage: Heroes of Conscience Ser.). (ENG., Illus.). 48p. (J). (gr. 6-6). 33.47 *(978-1-5081-7749-4(X),* 92731d4f-26f7-4da6-ae6b-19013b03ff01) Rosen Publishing Group, Inc., The.

Malala Yousafzai: The Girl Who Stood up Against the Taliban - Biography for Kids 9-12 Children's Biography Books. Baby Professor. 2017. (ENG., Illus.). (J). pap. 9.55 *(978-1-5419-1194-9(6),* Baby Professor (Education Kids)) Speedy Publishing LLC.

Malala Yousafzai: Warrior with Words, 1 vol. Karen Leggett Abouraya & Susan L. Roth. 2019. (ENG., Illus.). 40p. (J). (gr. k-3). pap. 11.95 *(978-1-62014-799-3(8),* leelowbooks) Lee & Low Bks., Inc.

Malala Yousafzai (She Dared) Jenni L. Walsh. 2019. (ENG., Illus.). 128p. (J). (gr. 3-7). pap. 6.99 *(978-1-338-14904-3(0),* Scholastic Nonfiction) Scholastic, Inc.

Malala Yousafzai (the First Names Series) Lisa Williamson. Illus. by Mike Smith. (First Names Ser.). (ENG.). (J). (gr. 3-7). 2021. 176p. pap. 6.99 *(978-1-4197-4680-2(4),* 1279303); 2020. 160p. 9.99 *(978-1-4197-4074-9(1),* 1279301, Abrams Bks. for Young Readers) Abrams, Inc.

Malala Yousafzai: Warrior with Words see Malala Yousafzai: Guerrera con Palabras

Malala's Magic Pencil. Malala Yousafzai. Illus. by Kerascoët. 2017. (ENG.). 48p. (J). (gr. -1-3). 17.99 *(978-0-316-31957-7(0))* Little, Brown Bks. for Young Readers.

Malamander. Thomas Taylor. Illus. by Tom Booth. (Legends of Eerie-On-Sea Ser.: 1). (ENG.). (J). (gr. 3-7). 2020. 320p. pap. 8.99 *(978-1-5362-1515-1(5));* 2019. 304p. 16.99 *(978-1-5362-0722-4(5))* Candlewick Pr.

Malan's Narratives: The Good Tract, & the Good Boys (Classic Reprint) D. P. Kidder. 2018. (ENG., Illus.). 68p. (J). 25.30 *(978-0-483-81859-0(3))* Forgotten Bks.

Malaria. Mary Bates. 2021. (Deadly Diseases Ser.). (ENG., Illus.). 48p. (J). (gr. 4-8). lib. bdg. 35.64 *(978-1-5321-9660-7(1),* 38332) ABDO Publishing Co.

Malaria: How a Parasite Changed History. Jeanne Marie Ford. 2019. (Infected! Ser.). (ENG., Illus.). 32p. (J). (gr. 3-9). lib. bdg. 28.65 *(978-1-5435-5505-9(5),* 139377, Capstone Pr.) Capstone.

Malaria Parasites. Barbara Ciletti. 2016. (Awful, Disgusting Parasites Ser.). (ENG.). 32p. (J). (gr. 4-6). 31.35 *(978-1-68072-008-2(2),* 10253); pap. 9.99 *(978-1-64466-138-3(1),* 10254) Black Rabbit Bks. (Bolt).

Malavak Trilogy: Malavak, the Actor, the Tapestry. Matti Charlton. 2023. (ENG.). 410p. (YA). pap. *(978-1-312-27475-4(1))* Lulu Pr., Inc.

Malavikagnimitra: A Sanskrit Play Kalidasa, Literally Translated into English Prose (Classic Reprint) C.H. Tawney. 2018. (ENG., Illus.). (J). 25.98 *(978-0-331-53291-3(3))* Forgotten Bks.

Malayan Memories (Classic Reprint) R. O. Winstedt. 2017. (ENG., Illus.). (J). 26.10 *(978-0-331-75429-2(0))* Forgotten Bks.

Malaysia. Catrina Daniels-Cowart. 2019. (Asian Countries Today Ser.). (Illus.). 96p. (J). (gr. 12). lib. bdg. 34.60 *(978-1-4222-4268-1(4))* Mason Crest.

Malaysia, 1 vol. Laura L. Sullivan. 2018. (Exploring World Cultures (First Edition) Ser.). (ENG.). 32p. (gr. 3-3). pap. 12.16 *(978-1-5026-4342-1(1),* 79172a82-094a-449b-a1a7-bf7f04b8d679) Cavendish Square Publishing LLC.

Malbeno de Tarumo Kaj Nurana. J. M. Progiante. 2020. (EPO.). 78p. (J). pap. 24.68 *(978-0-244-86850-5(6))* Lulu Pr., Inc.

Malbrook: A Novel (Classic Reprint) Ruth Woodland. (ENG., Illus.). (J). 2018. 362p. 31.36 *(978-0-428-77897-2(6));* 2016. pap. 13.97 *(978-1-333-29161-7(2))* Forgotten Bks.

Malbuch Für 4-Jährige (Tier Selfies) Dieses Buch Bietet 40 Seiten in Farbe. Dieses Buch Soll Kleinen Kindern Helfen, Die Kontrolle über Den Stift Zu Entwickeln und Ihre Feinmotorik Zu Trainieren. Nicola Ridgeway & James Manning. 2020. (Malbuch Für 4-Jährige Ser.: Vol. 17). (GER.). 86p. (J). pap. *(978-1-80027-266-8(9))* CBT Bks.

Malbuch Für Erwachsene 130 Mandalas: Schönste Stressabbau und Haben Spaß Mandala Designs Für Erwachsene, Toller Antistress-Zeitvertreib Zum Entspannen Mit Schönen Malvorlagen Zum Ausmalen. Victor Freeman. 2021. (GER.). 266p. (YA). pap. 17.99 *(978-1-4458-1447-6(1),* Joseph Henry Pr.) National Academies Pr.

Malbuch Für Mädchen: Feen, Prinzessinnen, Meerjungfrauen. Topo Malbücher. 2019. (GER., Illus.). 66p. (J). pap. *(978-3-7482-1821-0(4))* tredition Verlag.

Malbuch Meerjungfrau: Für Kinder Im Alter Von 4-8, 9-12 Jahren. Young Dreamers Press. 2020. (Malbücher Für Kinder Ser.: Vol. 9). (GER.). 66p. (J). pap. *(978-1-989790-68-7(2))* EnemyOne.

Malcolm Edward & the Disappearing Merry Christmas. Diana Hill. 2017. (ENG., Illus.). (J). 21.95 *(978-1-63575-437-7(2));* pap. 13.95 *(978-1-63575-435-3(6))* Christian Faith Publishing.

Malcolm Kid & the Perfect Song. Austin Paramore. Illus. by Sarah Bollinger. 2023. (ENG.). 208p. (YA). pap. 24.99 *(978-1-63715-223-2(X))* Oni Pr., Inc.

Malcolm Mouse, Explorer. Janet Graber. 2021. (ENG., Illus.). 116p. (J). (gr. 2-4). pap. 15.95 *(978-1-64603-062-0(1),* Fitzroy Bks.) Regal Hse. Publishing, LLC.

Malcolm, Vol. 1 of 3 (Classic Reprint) George Mac Donald. 2018. (ENG., Illus.). 332p. (J). 30.74 *(978-0-267-49485-9(8))* Forgotten Bks.

Malcolm Webster, (Aspiring) 5th-Grade Whiz Kid. Dakota B. Klaes. 2022. (Malcolm Webster, (Serious) Scholar of Science Ser.: 1). 98p. (J). pap. 9.99 *(978-1-6678-6115-9(8))* BookBaby.

Malcolm, Who Will You Be? Dawn Wayman. 2022. 48p. (J). pap. 18.00 *(978-1-6678-0996-0(2))* BookBaby.

Malcolm X, 1 vol. Joan Stoltman. 2018. (Heroes of Black History Ser.). (ENG.). 32p. (gr. 3-4). 28.27 *(978-1-5382-3019-0(4),* 5baf4fe1-a895-43e9-b752-d7fe2d35f552) Stevens, Gareth Publishing LLLP.

Malcolm X, Vol. 9. Jillian Redmond. 2018. (Civil Rights Leaders Ser.). 128p. (J). (gr. 7). lib. bdg. 35.93 *(978-1-4222-4007-6(X))* Mason Crest.

Malcolm X: By Any Means Necessary Novel Units Student Packet. Novel Units. 2019. (ENG.). (YA). pap. 13.99 *(978-1-58130-883-9(3),* Novel Units, Inc.) Classroom Library Co.

Malcolm X: By Any Means Necessary Novel Units Teacher Guide. Novel Units. 2019. (ENG.). (YA). pap. 12.99 *(978-1-58130-882-2(5),* Novel Units, Inc.) Classroom Library Co.

Malcolm X: Fighting for Human Rights, 1 vol. Jeff Burlingame. 2017. (Rebels with a Cause Ser.). (ENG., Illus.). 128p. (gr. 8-8). lib. bdg. 38.93 *(978-0-7660-8519-0(8),* 134a6980-d408-4fd9-b9fb-02c1f2e2a05c) Enslow Publishing, LLC.

Malcolm X: Get to Know the Civil Rights Activist, 2 vols. Ebony Joy Wilkins. 2020. (People You Should Know Ser.). (ENG., Illus.). (J). 53.32 *(978-1-4966-7343-5(3));* 32p. (gr. 3-5). pap. 7.95 *(978-1-4966-6579-9(1),* 142257); 32p. (gr. 3-5). lib. bdg. 29.99 *(978-1-5435-9091-3(8),* 141496) Capstone.

Malcolm X: by Any Means Necessary (Scholastic Focus), 1 vol. Walter Dean Myers. 2019. (ENG.). 224p. (YA). (gr. 7-7). pap. 9.99 *(978-1-338-30985-0(4))* Scholastic, Inc.

Malcolm's Martians: Exploring Mars (Set), 8 vols. Jason Burns. Illus. by Dustin Evans. 2022. (Malcolm's Martians: Exploring Mars Ser.). (ENG.). 32p. (J). (gr. 4-8). 256.56 *(978-1-5341-9862-3(8),* 219951); pap., pap., pap. 113.71 *(978-1-6689-0004-8(1),* 220067) Cherry Lake Publishing. (Torch Graphic Press).

Malcom Kirk: A Tale of Moral Heroism in Overcoming the World (Classic Reprint) Charles Monroe Sheldon. (ENG., Illus.). (J). 2018. 268p. 29.42 *(978-0-365-36021-6(X));* 2017. pap. 11.97 *(978-0-259-54917-8(7))* Forgotten Bks.

Malcom the Moose's Alaska Vacation. Paul Stafford. Illus. by MacKenzie Reagan. 2021. (ENG.). 20p. (J). 16.95 *(978-1-6629-2063-9(6));* pap. 11.95 *(978-1-6629-2064-6(4))* Gatekeeper Pr.

Maldicion Del Mar. Shea Ernshaw. 2018. (SPA.). 320p. (YA). pap. 16.95 *(978-84-92918-02-7(0),* Puck) Ediciones Urano S. A. ESP. Dist: Spanish Pubs., LLC.

Maldives' Sea of Stars. Patricia Hutchison. 2020. (Nature's Mysteries Ser.). (ENG., Illus.). 32p. (J). (gr. 2-5). lib. bdg. 32.79 *(978-1-5321-6918-2(3),* 36457, DiscoverRoo) Pop!.

Maldwyn's Quest. Pauline Taylor. 2018. (ENG., Illus.). 384p. (J). pap. *(978-1-78465-465-8(5),* Vanguard Press) Pegasus Elliot Mackenzie Pubs.

Male Della Mente. Eva Gianella. 2023. (ITA.). 236p. (YA). pap. *(978-1-312-77430-8(4))* Lulu Pr., Inc.

Male Life among the Mormons: Or the Husband in Utah; Detailing Sights & Scenes among the Mormons; with Remarks on Their Moral & Social Economy (Classic Reprint) Austin N. Ward. 2018. (ENG., Illus.). 326p. (J). 30.62 *(978-0-267-47943-6(3))* Forgotten Bks.

M

Male Monologues from Published Plays: 81 Monologues for Teens & Adults. Ed. by Deborah Fendrich. 2022. (ENG.). 184p. (YA). 28.95 *(978-1-56608-281-5(1))* Meriwether Publishing, Ltd.

Male Privilege. Heidi Deal. 2017. (Being Female in America Ser.). (ENG., Illus.). 112p. (J). (gr. 6-12). lib. bdg. 41.36 *(978-1-5321-1307-9(2)*, 27515, Essential Library) ABDO Publishing Co.

Male Privilege, 1 vol. Ed. by Anna Wenzel. 2019. (At Issue Ser.). (ENG.). 128p. (gr. 10-12). 41.03 *(978-1-5345-0521-6(0)*, c9b2d82d-1b5c-46df-879a-8b8bccec859b) Greenhaven Publishing LLC.

Malecite Tales (Classic Reprint) W. H. Mechling. 2017. (ENG., Illus.). 148p. (J). 26.95 *(978-0-484-65760-0(7))* Forgotten Bks.

Malediction. Erzabet Bishop. 2021. (Curse Workers Ser.: Vol. 3). (ENG.). 280p. (YA). pap. *(978-1-77357-285-7(7))* Naughty Nights Pr.

Maledizione Dello Scettro. Fabio Maltagliati. 2016. (ITA., Illus.). (J). pap. 9.91 *(978-1-326-74765-7(7))* Lulu Pr., Inc.

Malefactor (Classic Reprint) E. Phillips Oppenheim. 2018. (ENG., Illus.). 326p. (J). 30.62 *(978-0-365-38546-2(8))* Forgotten Bks.

Malefison. Braxton Husk. 2017. (ENG.). 169p. (YA). (gr. 7-11). pap. 9.99 *(978-0-578-18412-8(5)*, 9780578184128) Husk, Braxton.

Malen'kaja Zljuka. Milla Henrich. 2020. (RUS.). 28p. (J). pap. 10.27 *(978-0-244-54603-8(7))* Lulu Pr., Inc.

Mâles Fêtard (Aliex) Florian Fahem. 2023. (FRE.). 76p. (YA). pap. *(978-1-4478-4998-8(1))* Lulu Pr., Inc.

Maleta Perdida: Leveled Reader Book 13 Level I 6 Pack. Hmh Hmh. 2021. (SPA.). 16p. (J). pap. 74.40 *(978-0-358-08318-4(4))* Houghton Mifflin Harcourt Publishing Co.

Malevolence: A Legacy Novel. Roxanna Rose. 2018. (Legacy Novel Ser.: Vol. 2). (ENG., Illus.). 252p. (YA). (gr. 7-12). 21.99 *(978-0-9982801-3-4(5))*; pap. 17.50 *(978-0-9982801-4-1(3))* Take 2 Creative Storywriters, LLC.

Malhar in the Middle (hOle Books) Shruthi Rao. Illus. by Lavanya Naidu. 2022. (ENG.). 80p. (J). (gr. 2-4). pap. 7.99 *(978-0-14-345170-9(7))* Penguin Bks. India PVT, Ltd IND. Dist: Independent Pubs. Group.

Malheurs de Sophie. Comtesse de Segur. 2019. (FRE., Illus.). 102p. (YA). (gr. 7-12). pap. *(978-2-917260-73-9(4))* Prodinnova.

Malheurs de Sophie: L'Édition Intégrale. Comtesse De Segur. 2018. (FRE., Illus.). 200p. (J). pap. *(978-0-244-99140-1(5))* Lulu Pr., Inc.

Malheurs de Sophie (Classic Reprint) Unknown Author. 2017. (FRE., Illus.). (J). 29.20 *(978-0-260-33852-5(4))* Forgotten Bks.

Malheurs de Sophie (Classic Reprint) Mme La Comtesse De Segur. 2017. (FRE., Illus.). (J). 26.33 *(978-1-5280-6031-8(8))* Forgotten Bks.

Malheurs de Sophie (Classic Reprint) Sophie Comtesse De Segur. 2017. (FRE., Illus.). (J). 29.49 *(978-0-331-56867-7(5))*; pap. 11.97 *(978-0-243-97794-9(8))* Forgotten Bks.

Malia & Teacup: Kingdom of the Thunder Dragon. Molly Barrow. 2017. (Malia & Teacup Ser.: Vol. 2). (ENG., Illus.). 272p. (J). (gr. 4-6). pap. 18.95 *(978-0-9989069-1-1(3))* Barringer Publishing.

Malia Gets a New Puppy: A Papaw & Malia Adventure Book - Book 2. Bob Freeman. Illus. by Bryan Werts. 2022. (Papaw & Malia Adventure Ser.: Vol. 2). (ENG.). 40p. (J). pap. 12.99 *(978-1-63984-181-3(4))* Pen It Pubns.

Malia, la Mecánica: Compartir y Reutilizar, 1 vol. Rachael Morlock. 2017. (Computación Científica en el Mundo Real (Computer Science for the Real World) Ser.). (SPA.). 24p. (J). (gr. 4-5). pap. *(978-1-5383-5851-1(4)*, aeb5e972-17d2-4f51-a77d-78ae67684018, Rosen Classroom) Rosen Publishing Group, Inc., The.

Malia, la Mecánica: Compartir y Reutilizar (Malia the Mechanic: Sharing & Reusing), 1 vol. Rachael Morlock. 2017. (Niños Digitales: Superdotados con Pensamiento Computacional (Computer Kids: Powered by Computational Thinking) Ser.). (SPA.). 24p. (J). (gr. 4-5). 25.27 *(978-1-5383-2915-3(8)*, a370d008-ccd8-44c4-b784-182f1490a80b, PowerKids Pr.) Rosen Publishing Group, Inc., The.

Malia Learns about the Dark: A Papaw & Malia Adventure Book. Bob Freeman. Illus. by Bryan Werts. 2022. (Papaw & Malia Adventure Ser.: Vol. 3). (ENG.). 30p. (J). pap. 12.99 *(978-1-63984-194-3(6))* Pen It Pubns.

Malia Loves Kareem Abdul-Jabbar. Tracilyn George. 2023. (ENG.). 22p. (J). pap. 12.99 *(978-1-77475-669-0(2))* Draft2Digital.

Malia the Mechanic: Sharing & Reusing, 1 vol. Rachael Morlock. 2017. (Computer Kids: Powered by Computational Thinking Ser.). (ENG.). 24p. (J). (gr. 4-5). 25.27 *(978-1-5383-2411-0(3)*, 94e1dae7-cb4a-48d0-84ea-f163c8a7abe3, PowerKids Pr.); pap. *(978-1-5081-3755-9(2)*, 7a0db659-0ff6-49ca-9e9b-5833b4a861e6, Rosen Classroom) Rosen Publishing Group, Inc., The.

Malice. Pintip Dunn. 2020. (ENG.). 400p. (YA). 17.99 *(978-1-64063-412-1(6)*, 900194443) Entangled Publishing, LLC.

Malice in Kulturland (Classic Reprint) Horace Wyatt. 2017. (ENG., Illus.). (J). 25.67 *(978-0-266-23351-0(1))* Forgotten Bks.

Malicia en el País de Las Fechorías 2. Jenni Jennings & Hannah Peck. 2022. (SPA.). 184p. (J). pap. 13.95 *(978-607-07-9044-7(8))* Editorial Planeta, S. A. ESP. Dist: Two Rivers Distribution.

Malik Chooses Generosity. Sasha Wright. 2018. (ENG., Illus.). 52p. (J). pap. 10.00 *(978-0-578-41785-1(5))* Wright, Sasha.

Malik Likes Mayonnaise. Regina Lewis-Ward. 2021. (ENG.). 28p. (J). pap. 16.95 *(978-1-6657-0508-0(6))* Archway Publishing.

Malikia: Two Is Better Than One. Dorris Fortson. l.t. ed. 2017. (ENG., Illus.). (J). pap. 10.95 *(978-1-61633-833-6(4))* Guardian Angel Publishing, Inc.

Malik's Number Thoughts: A Story about Ocd. Natalie Rompella. Illus. by Alessia Girasole. 2022. (ENG.). 32p. (J). (gr. -1-3). 17.99 *(978-0-8075-4950-6(9)*, 0807549509) Whitman, Albert & Co.

Malina's Jam: Walt Disney Animation Studios Artist Showcase. Svetla Radivoeva. 2020. (Artist Showcase Ser.). (Illus.). 20p. (J). (gr. -1-k). 17.99 *(978-1-368-02458-7(0)*, Disney Press Books) Disney Publishing Worldwide.

Malinche: Indigenous Translator for Hernán Cortés in Mexico, 1 vol. Laura Loria. 2017. (Women Who Changed History Ser.). (ENG., Illus.). 48p. (J). (gr. 6-7). pap. 15.05 *(978-1-68048-649-0(7)*, 3b67bd0f-a6fb-4595-8081-5ff479f11cf6, Britannica Educational Publishing) Rosen Publishing Group, Inc., The.

Malinda & the Duke (Classic Reprint) Mary Bonham. (ENG., Illus.). (J). 2018. 20p. 24.31 *(978-0-656-25473-6(4))*; 2016. pap. 7.97 *(978-1-334-13120-2(1))* Forgotten Bks.

Malini: Through My Eyes. Robert Hillman & Lyn White. 2016. (Through My Eyes Ser.). (ENG.). 208p. (J). (gr. 6-9). 15.99 *(978-1-74331-255-1(5))* Allen & Unwin AUS. Dist: Independent Pubs. Group.

Malique Returns to School. John Conde. 2021. (ENG., Illus.). 22p. (J). 22.95 *(978-1-6624-6184-2(4))*; pap. 12.95 *(978-1-6624-5254-3(3))* Page Publishing Inc.

Mali's Magical Day. Victoria Byron. 2023. (Illus.). 36p. (J). (gr. k-4). 17.95 *(978-1-76036-160-0(7)*, bf573092-2fb5-4067-98b6-ee838e4fd922) Starfish Bay Publishing Pty Ltd. AUS. Dist: Baker & Taylor Publisher Services (BTPS).

Malison. Tamsin Adams. 2022. (ENG.). 290p. (YA). pap. *(978-0-9930326-9-1(9))* Wire Bridge Bks.

Malketh & the Undead. Dave Maruszewski. 2023. (Raven, Romda & Ravai Ser.: 2). 126p. (J). pap. 10.49 *(978-1-6678-8009-9(8))* BookBaby.

Mall Map Saves the Day. Terry Miller Shannon. 2016. (Spring Forward Ser.). (J). (gr. 2). *(978-1-4900-9449-6(0))* Benchmark Education Co.

Mallard, Mallard, Moose, 1 vol. Lori Doody. 2018. (ENG., Illus.). 40p. (J). (gr. -1-3). pap. 9.95 *(978-1-927917-16-9(6))* Running the Goat, Bks. & Broadsides CAN. Dist: Orca Bk. Pubs. USA.

Malleville: A Franconia Story (Classic Reprint) Jacob Abbott. 2018. (ENG., Illus.). 226p. (J). 28.56 *(978-0-656-13357-4(0))* Forgotten Bks.

Mallko & Dad. Gusti. Tr. by Mara Lethem. 2018. (Illus.). 120p. (J). (gr. 4). 19.95 *(978-1-59270-259-6(7))* Enchanted Lion Bks., LLC.

Mallorie Loves Dolphins. Tracilyn George. 2023. (ENG.). 22p. (J). pap. 12.99 *(978-1-77475-671-3(4))* Draft2Digital.

Mallory & the Dragon. Jeffrey Scott. Illus. by Karen Swartz. 2021. (ENG.). 36p. (J). 17.95 *(978-1-948807-27-2(0)*, Line By Lion Pubns.) 3 Fates Pr.

Mallory & the Dream Horse (the Baby-Sitters Club #54) Ann M. Martin. 2022. (Hombre Mosca Presenta Ser.: 54). (ENG.). 160p. (J). (gr. k-2). E-Book 4.99 *(978-0-545-69047-8(1))* Scholastic, Inc.

Mallory & the Ghost Cat *see* **Mallory y el Gato Fantasma**

Mallory & the Time Machine. Jeff Scott. 2023. (ENG.). 36p. (J). 21.95 *(978-1-948807-58-6(0)*, Line By Lion Pubns.) 3 Fates Pr.

Mallory & the Trouble with Twins (the Baby-Sitters Club #21) Ann M. Martin. 2022. (Baby-Sitters Club Ser.). (ENG.). 160p. (J). (gr. 3-7). pap. 6.99 *(978-1-338-81471-2(0)*, Scholastic Paperbacks) Scholastic, Inc.

Mallory Brown at Super Fun Town. David Disspain. 2017. (ENG.). (J). 19.95 *(978-1-68401-018-9(7))* Amplify Publishing Group.

Mallory Makes a Difference. Laurie Friedman. Illus. by Jennifer Kalis. 2018. (Mallory Ser.). (ENG.). 152p. (J). (gr. 2-5). pap. 6.99 *(978-1-5415-2816-1(6)*, a33b0439-34ff-42da-8e72-ae42a5d91648, Darby Creek) Lerner Publishing Group.

Mallory Mcdonald, Super Sitter. Laurie Friedman. Illus. by Jennifer Kalis. ed. (Mallory Ser.: 27). (ENG.). 160p. (J). (gr. 2-5). 2017. E-Book 23.99 *(978-1-5124-2696-0(2))*; Bk. 27. 2018. pap. 7.99 *(978-1-5415-0110-2(1)*, 7db40c11-5879-4407-839c-24bfaffc5352); Bk. 27. 2017. 15.95 *(978-1-4677-5031-8(X)*, f52b1c57-a870-4180-8715-0d71a834d409) Lerner Publishing Group. (Darby Creek).

Mallory Pugh: Soccer Superstar. Shane Frederick. 2020. (Sports Illustrated Kids Stars of Sports Ser.). (ENG., Illus.). 32p. (J). (gr. 3-5). lib. bdg. 31.32 *(978-1-4966-8380-9(3)*, 200252, Capstone Pr.) Capstone.

Mallow Marsh Monster. Gary Ghislain. 2020. (Goolz Next Door Ser.). (ENG.). 224p. (J). (gr. 3-7). 17.99 *(978-1-62979-678-9(6)*, Astra Young Readers) Astra Publishing Hse.

Mally in the Middle. Jordan Sullen. 2019. (ENG., Illus.). 30p. (J). (gr. k-4). 22.95 *(978-1-61244-708-7(2))* Halo Publishing International.

Malnutrition. Mason Crest. 2019. (Health & Nutrition Ser.). (Illus.). 80p. (J). (gr. 12). lib. bdg. 34.60 *(978-1-4222-4223-0(4))* Mason Crest.

Malnutrition. Contrib. by Mason Crest Publishers Staff. 2019. (Illus.). 80p. (J). *(978-1-4222-4217-9(X))* Mason Crest.

Malraux & the Midnight Organ Fight. Alex Green. 2020. (ENG.). 218p. (YA). pap. 16.99 *(978-1-393-71295-4(9))* Draft2Digital.

Malta, 1 vol. Debbie Nevins et al. 2019. (Cultures of the World (Third Edition)(r) Ser.). (ENG.). 144p. (gr. 5-5). lib. bdg. 48.79 *(978-1-5026-4748-1(6)*, 1a45bacf-a54d-4aa8-9fd4-94b28576d8d9) Cavendish Square Publishing LLC.

Malta, the Nurse of the Mediterranean (Classic Reprint) Albert G. MacKinnon. 2017. (ENG., Illus.). (J). 29.73 *(978-1-5281-5986-9(1))* Forgotten Bks.

Maltese. Kaitlyn Duling. 2020. (Awesome Dogs Ser.). (ENG., Illus.). 24p. (J). (gr. k-3). lib. bdg. 26.95 *(978-1-64487-115-7(7)*, Blastoff! Readers) Bellwether Media.

Maltese Cat: Illustrated by Lionel Edwards. Rudyard Kipling. 2021. (ENG.). 65p. (YA). pap. *(978-1-008-97475-3(7))* Lulu Pr., Inc.

Malty the Blue Tiger (Maddie la Tigresse Bleue) A Dual Language Children's Book in English & French. K. Kloss. Tr. by Eliette Pebay-Maes. Illus. by Risa Horiuchi. 2019. (ENG.). 42p. (J). pap. 11.95 *(978-0-578-48064-0(6))* Rincon Point, LLC.

Malty the Blue Tiger (Marita la Tigresita Azul) K. Kloss. Illus. by Risa Horiuchi. 2018. (ENG.). 42p. (J). (gr. k-2). pap. 11.95 *(978-0-692-97467-4(9))* Rincon Point, LLC.

Malu Bhalu. Kamla Bhasin. 2022. (ENG., Illus.). 32p. (J). (gr. -1-k). pap. 11.99 *(978-81-86896-01-3(5))* Tulika Pubs. IND. Dist: Independent Pubs. Group.

Malvada Bruja Del Lago. Laurie Friedman. Illus. by Jake Hill. 2022. (Campamento de Terror (Camp Creepy Lake) Ser.). (SPA.). 48p. (J). (gr. 2-4). pap. *(978-1-0396-5003-9(1)*, 19489); lib. bdg. *(978-1-0396-4876-0(2)*, 19488) Crabtree Publishing Co. (Leaves Chapter Books).

Malvaloca: A Drama in Three Acts (Suggested by an Andalusian Song) (Classic Reprint) Serafin Serafin. 2017. (ENG., Illus.). (J). 27.67 *(978-1-5281-7017-8(2))* Forgotten Bks.

Malwen's Get Well Wishes. C. Géraldine. 2021. (ENG.). 24p. (J). pap. 10.99 *(978-0-9984231-7-3(3))* Triddias.

Mam Linda: A Novel (Classic Reprint) Will N. Harben. 2018. (ENG., Illus.). 416p. (J). 32.50 *(978-0-267-16910-8(8))* Forgotten Bks.

Mama. Tina Mejia. 2018. (ENG., Illus.). 30p. (J). 22.95 *(978-1-64003-186-9(3))* Covenant Bks.

Mama: A World of Mothers & Motherhood, 15 vols. Helene Delforge. Illus. by Quentin Greban. 2022. 50p. 19.95 *(978-1-78250-771-0(X))* Floris Bks. GBR. Dist: Consortium Bk. Sales & Distribution.

Mamá adivina. Yolanda De Sousa. 2018. (SPA.). 28p. (J). (-2). 15.99 *(978-84-948110-3-6(7))* Ekare, Ediciones VEN. Dist: Lectorum Pubns., Inc.

Mama Africa! How Miriam Makeba Spread Hope with Her Song. Kathryn Erskine. Illus. by Charly Palmer. 2017. (ENG.). 48p. (J). 18.99 *(978-0-374-30301-3(0)*, 900152887, Farrar, Straus & Giroux (BYR)) Farrar, Straus & Giroux.

Mamá Al Galope. Jimena Tello. 2017. 36p. (J). (-2). 18.99 *(978-84-946486-0-1(8))* Editorial Flamboyant ESP. Dist: Lectorum Pubns., Inc.

Mama Al Galope. Jimena Tello. 2022. (SPA.). 40p. (J). (gr. k-2). 21.99 *(978-84-18304-71-2(5))* Editorial Flamboyant ESP. Dist: Lectorum Pubns., Inc.

Mama & Baby Box's Crafty-Riffic Activities (Gabby's Dollhouse) Jesse Tyler. 2022. (ENG.). 24p. (J). (gr. -1-k). pap. 7.99 *(978-1-338-80448-5(0))* Scholastic, Inc.

Mama & Louise. Katherine Marcha. 2019. (ENG., Illus.). 26p. (J). pap. 11.95 *(978-1-64096-195-1(X))* Newman Springs Publishing, Inc.

Mama & Me, Springtime on Misty Hill Lane. 2016. (ENG., Illus.). (J). 14.99 *(978-0-692-80292-2(4))* Stubblefield, Jean A.

Mama & Mommy & Me in the Middle. Nina LaCour. Illus. by Kaylani Juanita. 2022. (ENG.). 32p. (J). (gr. -1-2). 17.99 *(978-1-5362-1151-1(6))* Candlewick Pr.

Mama & Papa Have a Store, 1 vol. Amelia Lau Carling. 2016. (ENG., Illus.). 32p. (J). (gr. k-6). pap. 11.95 *(978-1-62014-308-7(9)*, leelowbooks) Lee & Low Bks., Inc.

Mama Baby. Chris Raschka. Illus. by Chris Raschka. 2020. (ENG., Illus.). 32p. (J). (gr. -1-2). 14.99 *(978-0-7636-9060-1(0))* Candlewick Pr.

Mama Bear. Carla Atkinson. 2018. (ENG., Illus.). 46p. (J). pap. 12.95 *(978-1-64082-495-9(2))* Page Publishing Inc.

Mama Bear's Lullaby. Loretta a Nelson. Illus. by Kourtney Bartel. 2016. (ENG.). (J). pap. *(978-1-4602-9700-1(8))* FriesenPress.

Mama Bird Lost an Egg. Tr. by N. Penn. Illus. by Chiloula. 2019. 32p. (J). (gr. -1). 15.95 *(978-2-89802-082-7(6)*, CrackBoom! Bks.) Chouette Publishing CAN. Dist: Publishers Group West (PGW).

Mama Bunny's Good Pie. Lisa Moser. Illus. by Sally Garland. 2022. (ENG.). 32p. (J). (gr. -1-3). 17.99 *(978-0-8075-5224-7(0)*, 0807552240) Whitman, Albert & Co.

Mama Cat Moves into Our House. Rae Harless. 2017. (ENG., Illus.). 72p. (J). pap. *(978-1-365-96892-1(8))* Lulu Pr., Inc.

Mama Deuce: Etiqueta Del Tenis y Las Reglas Del Juego. George Poppel. 2022. (SPA.). 24p. (J). pap. 12.95 *(978-1-0879-3870-7(8))* Indy Pub.

Mama, Do You Love Me? & Papa, Do You Love Me? Boxed Set: (Children's Emotions Books, Parent & Child Stories, Family Relationship Books for Kids), Set. Barbara M. Joosse. Illus. by Barbara Lavallee. 2017. (Mama & Papa, Do You Love Me? Ser.). (ENG.). 62p. (J). (gr. -1 — 1). bds. 14.99 *(978-1-4521-6612-4(9))* Chronicle Bks. LLC.

Mama Duck's Surprise. Mary Alice Umstott Lewis. 2019. (ENG.). 24p. (J). pap. 12.45 *(978-1-4808-8364-2(6))* Archway Publishing.

Mama Dug a Little Den. Jennifer Ward. Illus. by Steve Jenkins. 2018. (ENG.). 32p. (J). (gr. -1-3). 17.99 *(978-1-4814-8037-6(5)*, Beach Lane Bks.) Beach Lane Bks.

Mamá Elizabeti, 1 vol. Stephanie Stuve-Bodeen. Illus. by Christy Hale. 2023. (Elizabeti Ser.). (SPA.). 32p. (J). (gr. -1-2). pap. 12.95 *(978-1-64379-621-5(6)*, leelowbooks) Lee & Low Bks., Inc.

Mamá, Existe Santa Claus? Susan J. Berger. Illus. by Kc Snider. l.t. ed. 2018. (SPA.). 24p. (J). (gr. 3-5). pap. 10.95 *(978-1-61633-942-5(X))* Guardian Angel Publishing, Inc.

Mamá Gallina (Mother Hen) Amy Cobb. Illus. by Alexandria Neonakis. 2021. (Libby Wimbley Ser.).Tr. of Mother Hen. (SPA.). 32p. (J). (gr. -1-3). lib. bdg. 32.79 *(978-1-0982-3277-1(1)*, 38728, Calico Chapter Bks) Magic Wagon.

Mama Ginger Has to Work Again? Nina Long. Illus. by Milena Matic. 2022. (ENG.). 26p. (J). *(978-1-950817-97-9(0))* Power Corner Pr..com(r).

Mama Glo. Christine Platt. Illus. by Evelt Yanait. 2021. (Folktales Ser.). (ENG.). 32p. (J). (gr. -1-3). lib. bdg. 32.79 *(978-1-0982-3026-5(4)*, 37669, Calico Chapter Bks) Magic Wagon.

Mamá Glo. Christine Platt. Illus. by Evelt Yanait. 2022. (Cuentos Folclóricos Ser.). (SPA.). 32p. (J). (gr. -1-3). lib. bdg. 32.79 *(978-1-0982-3541-3(X)*, 41119, Calico Chapter Bks) Magic Wagon.

Mamá Goose: Bilingual Lullabies Nanas. Alma Flor Ada & F. Isabel Campoy. Illus. by Maribel Suarez. ed. 2019. (SPA.). 18p. (J). (gr. -1 — 1). bds. 7.99 *(978-1-368-04541-4(3))* Little, Brown Bks. for Young Readers.

Mama Graciela's Secret. Mayra Calvani. 2017. (ENG., Illus.). (J). (gr. k-6). pap. 13.99 *(978-1-365-86155-0(4))* Lulu Pr., Inc.

Mama Graciela's Secret Dyslexic Font. Mayra Calvani. 2017. (ENG., Illus.). (J). (gr. k-6). 17.99 *(978-1-365-86154-3(6))*; pap. 13.99 *(978-1-365-86156-7(2))* Lulu Pr., Inc.

¡Mamá, Hay una Nube en la Cocina! Frank Joseph Ortiz Bello. Illus. by Isis De Sousa. 2018. (SPA.). 36p. (J). pap. 15.00 *(978-1-881741-83-1(4)*, FJ Multimedia LLC) Ediciones Eleos.

Mama, How Do You Get to Heaven? Veronica Watford. 2017. (ENG., Illus.). (J). pap. 13.95 *(978-1-5127-3494-2(2)*, WestBow Pr.) Author Solutions, LLC.

Mama, I Feel... Angry. Brenna Lee Dambrough. 2022. (ENG.). 18p. (J). *(978-0-2288-7720-2(2))*; pap. *(978-0-2288-7719-6(9))* Tellwell Talent.

Mama, I Feel... Anxious. Brenna Lee Dambrough. 2022. (ENG.). 18p. (J). *(978-0-2288-7718-9(0))*; pap. *(978-0-2288-7717-2(2))* Tellwell Talent.

Mama, I Feel... Sad. Brenna Lee Dambrough. 2022. (ENG.). 18p. (J). *(978-0-2288-7364-8(9))*; pap. *(978-0-2288-7363-1(0))* Tellwell Talent.

Mama in Congress: Rashida Tlaib's Journey to Washington. Rashida Tlaib et al. Illus. by Olivia Aserr. 2022. (ENG.). 40p. (J). (gr. -1-3). 18.99 *(978-0-358-68343-8(2)*, Clarion Bks.) HarperCollins Pubs.

MaMa in the Holler. Jaime McKoy. 2020. (ENG., Illus.). 22p. (J). (gr. 1-3). 15.99 *(978-1-7341507-2-8(6))*; pap. 9.99 *(978-1-7341507-3-5(4))* Vinspire Publishing LLC.

Mama, Is It Summer Yet? Nikki McClure. 2018. (ENG., Illus.). 30p. (J). (gr. -1 — 1). bds. 9.99 *(978-1-4197-2828-0(8)*, 1202510, Abrams Appleseed) Abrams, Inc.

Mama James' Veggie Rhymes. Tabatha James. Illus. by Mel Casipit. 2022. (ENG.). 34p. (J). pap. 16.00 *(978-1-0880-6659-1(3))* Indy Pub.

Mama Kisses, Papa Hugs. Lisa Tawn Bergren. Illus. by Aleksander Zolotic. 2020. (ENG.). 40p. (J). (gr. -1-2). 11.99 *(978-0-525-65409-4(7)*, WaterBrook Pr.) Crown Publishing Group, The.

Mama Lion Wins the Race. Jon J. Muth. Illus. by Jon J. Muth. 2017. (ENG., Illus.). 56p. (J). (gr. -1-k). 19.99 *(978-0-545-85282-1(X)*, Scholastic Pr.) Scholastic, Inc.

Mamá Llega Tarde: Leveled Reader Book 42 Level G 6 Pack. Hmh Hmh. 2021. (SPA.). 16p. (J). pap. 74.40 *(978-0-358-08261-3(7))* Houghton Mifflin Harcourt Publishing Co.

Mama Loved to Worry. Maryann Weidt. Illus. by Rachael Balsaitis. 2016. (ENG.). 32p. (J). (gr. -1-1). 16.95 *(978-0-87351-994-6(9))* Minnesota Historical Society Pr.

Mama Loves Her Little Llama. Sandra Magsamen. Illus. by Sandra Magsamen. 2020. (ENG., Illus.). 10p. (J). (gr. -1 — 1). bds. 7.99 *(978-1-338-62917-0(4)*, Cartwheel Bks.) Scholastic, Inc.

Mama Loves Her Silly Goose! Sandra Magsamen. Illus. by Sandra Magsamen. 2018. (ENG., Illus.). 10p. (J). (gr. -1 — 1). bds. 6.99 *(978-1-338-30577-7(8)*, Cartwheel Bks.) Scholastic, Inc.

Mama Loves You More. Leanne Peck. 2019. (ENG., Illus.). 34p. (J). 23.95 *(978-1-64300-771-7(8))*; pap. 13.95 *(978-1-64300-770-0(X))* Covenant Bks.

Mama Loves You So. Terry Pierce. Illus. by Simone Shin. 2017. (New Books for Newborns Ser.). (ENG.). 16p. (J). (gr. -1 — 1). bds. 7.99 *(978-1-4814-8159-5(2)*, Little Simon) Little Simon.

Mama Mable's All-Gal Big Band Jazz Extravaganza! Annie Sieg. 2019. (Illus.). 40p. (J). (gr. -1-3). 17.99 *(978-1-5247-1808-4(4))*; (ENG., lib. bdg. 20.99 *(978-1-5247-1809-1(2)*, Make Me a World) Random Hse. Children's Bks.

Mama Mary Gave Birth in a Manger - Coloring Book for 5 Year Old. Speedy Kids. 2018. (ENG., Illus.). 106p. (J). pap. 12.55 *(978-1-5419-3511-2(X))* Speedy Publishing LLC.

Mama Mea Este Extradinara: My Mom Is Awesome - Romanian Edition. Shelley Admont & Kidkiddos Books. 2nd ed. 2019. (Romanian Bedtime Collection). (RUM., Illus.). 34p. (J). (gr. 1-4). pap. *(978-1-5259-1796-7(X))* Kidkiddos Bks.

Mama Mudbug's Look Book: A Young Explorer's Guide to Critters of the Missouri Ozarks. Janet Price. 2022. (ENG.). 78p. (J). pap. 24.99 *(978-1-951960-37-7(8)*, Compass Flower Pr.) AKA:yoLa.

Mama Needs a Minute. Nicole Sloan. 2020. (ENG.). 16p. (J). bds. 8.99 *(978-1-5248-5457-7(3))* Andrews McMeel Publishing.

Mama Pooch Peanut Butter & Jelly. Adriana S. Jasso. Illus. by Amy Rottinger. 2021. (ENG.). 28p. (J). pap. 12.95 *(978-1-63765-097-4(3))* Halo Publishing International.

¿Mamá, Puedo Dormir Contigo Esta Noche? Ayudando a Los niños a Superar el Impacto Del COVID-19. Jenny Delacruz. Tr. by Natalia Sepúlveda. Illus. by Danko Herrera. l.t. ed. 2020. (SPA.). 30p. (J). 19.99 *(978-1-7342219-3-0(3))* Cobbs Creek Publishing.

Mama Says... Tmartindale. 2022. (ENG., Illus.). 46p. (J). pap. 13.95 *(978-1-68498-767-2(9))* Newman Springs Publishing, Inc.

Mama Says. Penelope Dyan. Illus. by Penelope Dyan. l.t. ed. 2018. (ENG., Illus.). 34p. (J). (gr. k-4). pap. 12.60 *(978-1-61477-343-6(2))* Bellissima Publishing, LLC.

Mama Shamsi at the Bazaar. Mojdeh Hassani & Samira Iravani. Illus. by Maya Fidawi. 2023. 40p. (J). (gr. -1-3). 18.99 *(978-0-593-11061-4(7)*, Dial Bks) Penguin Young Readers Group.

Mama, Sing My Song: A Sweet Melody of God's Love for Me. Sally Garland. Illus. by Amanda Seibert. 2022. (ENG.). 32p. (J). 12.99 *(978-1-4002-3554-4(5)*, Tommy Nelson) Nelson, Thomas Inc.

Mama Talks to Germs. Amanda Jones. Illus. by Felipe Calv. 2021. (ENG.). 38p. (J). *(978-1-68489-327-0(5))*; pap. *(978-1-68564-884-8(3))* Jones, Amanda.

Mama Teach Me! Wendy Belice. 2020. (ENG.). 20p. (J). pap. 7.00 *(978-0-578-74711-8(1))* Belice, Wendy.

Mama the Alien/Mama la Extraterrestre (Bilingual Edition) (Spanish & English Edition), 1 vol. Rene Colato Lainez.

1266 The check digit for ISBN-10 appears in parentheses after the full ISBN-13

2016. (ENG., Illus.). 32p. (J). (gr. 1-4). 18.95 *(978-0-89239-298-8(3),* leelowcbp) Lee & Low Bks., Inc.

Mama the Storyteller. Stella Sabina, Sr. 2020. (ENG.). 288p. (J). pap. 20.77 *(978-1-716-56253-2(8))* Lulu Pr., Inc.

Mama Tiger Cub. Steve Light. Illus. by Steve Light. 2019. (Illus.). 16p. (J). (— 1). bds. 7.99 *(978-1-5362-0677-7(6))* Candlewick Pr.

Mama Travels for Work. Illus. by Jason Fruchter. 2019. (Daniel Tiger's Neighborhood Ser.). (ENG.). 16p. (J). (gr. -1-2). pap. 5.99 *(978-1-5344-4176-7(X),* Simon Spotlight) Simon Spotlight.

Mama Tree. Julie K. Illus. by Jackson Hill. 2023. (ENG.). 56p. (J). pap. 12.49 ***(978-1-6628-6589-3(9))*** Salem Author Services.

Mama Votes! Madeleine Meyers & Priscilla Stevens. 2020. (ENG.). 108p. (J). pap. 8.99 *(978-1-64786-587-0(5))* Flying Corgi Media, Inc.

Mama, Will I Get Wings Too? Janie Houston. 2018. (ENG., Illus.). 26p. (J). pap. 12.99 *(978-0-692-11454-4(8))* Bunnyone Bks.

Mamá y la Vecina de Arriba. Cristina Rebull. 2022. (SPA.). 142p. (J). (gr. 4-6). 12.99 ***(978-958-30-6486-9(6))*** Panamericana Editorial COL. Dist: Lectorum Pubns., Inc.

Mamamele Tnyame - Nana Dig. Margaret James. Illus. by Wendy Paterson. 2021. (AUS.). 24p. (J). pap. *(978-1-922647-14-6(4))* Library For All Limited.

Mamamele Tnyame Rrerkele - Nana Digs in the Red Sand. Margaret James. Illus. by Wendy Paterson. 2021. (AUS.). 32p. (J). pap. *(978-1-922647-15-3(2))* Library For All Limited.

Maman, Est-Ce Que Je Peux Dormir Avec Toi Ce Soir? Aider les Enfants à Surmonter les Effets de la COVID-19. Jenny Delacruz. Tr. by Mary Metcalfe. Illus. by Danko Herrera. 2020. (FRE.). 30p. (J). 19.99 *(978-1-7361533-0-7(7))* Cobbs Creek Publishing.

Maman, Raconte Moi une Histoire. vaniliane vaniliane. 2021. (FRE.). 101p. (J). pap. ***(978-1-7947-5699-1(X))*** Lulu Pr., Inc.

Mamaqtuq! The Jerry Cans. Illus. by Eric Kim. ed. 2019. (ENG & IKU.). 36p. (J). (gr. 1-3). 16.95 *(978-1-77227-230-7(2))* Inhabit Media Inc. CAN. Dist: Consortium Bk. Sales & Distribution.

Mamas Apologize Too... a BOOK about ACCOUNTABILITY & a MESSAGE for PARENTS. Candi Purdiman. Illus. by Cameron Wilson. 2022. (ENG.). 24p. (J). pap. 12.99 ***(978-1-0880-0120-2(3))*** Indy Pub.

Mama's Baby Egg: A Bed Time Story. Esmael Villasana. 2022. (ENG.). 30p. (J). pap. 5.99 ***(978-1-63751-201-2(5))*** Cadmus Publishing.

Mama's Bag. Anat Tour. Illus. by Anat Tour. 2016. (ENG., Illus.). (J). pap. 9.49 *(978-0-9978432-1-7(7))* Anat Tour.

Mama's Brown Girls. Tameka Lewis & Lakeisha Sykes-Bell. 2017. (ENG., Illus.). (J). (gr. k-4). pap. 10.99 *(978-1-945304-54-5(5));* 14.99 *(978-1-945304-55-2(3))* Richardson, Whitni.

Mama's Chickens. Michelle Worthington. Illus. by Nicky Johnston. 2023. (ENG.). 32p. (J). (gr. 4-9). 19.99 *(978-1-922539-45-8(7),* EK Bks.) Exisle Publishing Pty Ltd. AUS. Dist: Two Rivers Distribution.

Mama's Cloud. Jessica Williams. Illus. by Mateya Ark. 2018. (ENG.). 26p. (J). (gr. k-2). pap. *(978-1-7753456-1-9(0))* All Write Here Publishing.

Mama's Daycare. Ngozi Edema. Illus. by Swapan Debnath. 2020. (ENG.). 46p. (J). pap. *(978-1-9991007-6-6(X))* Edema, Ngozi.

Mama's Daycare. Ngozi Edema. 2019. (ENG.). 24p. (J). pap. *(978-1-9991007-0-4(0))* Edema, Ngozi.

Mamas Don't Murf! Doig. 2020. (ENG.). 30p. (J). 19.99 *(978-1-952011-13-9(2))* Pen It Pubns.

Mamas Don't Murf! Dawn Doig. 2020. (ENG.). 30p. (J). pap. 12.99 *(978-1-950454-84-6(3))* Pen It Pubns.

Mama's Flying Boots. Kim Gatewood. Ed. by Tammie Killeen Tx Rhodes. Illus. by Cynthia J. Jacksonville Ar Mosely. 2021. (ENG.). 30p. (J). 27.49 *(978-1-6628-3061-7(0));* pap. 17.99 *(978-1-6628-3060-0(2))* Salem Author Services.

Mama's Hats. Kim Gatewood. Ed. by Tammie J. Killeen Tx Rhodes. Illus. by Cynthia J. Jacksonville Ar Mosley. 2021. (ENG.). 48p. (J). 23.49 *(978-1-6628-3058-7(0));* pap. 12.49 *(978-1-6628-3057-0(2))* Salem Author Services.

Mama's Home. Shay Youngblood. Illus. by Lo Harris. 2022. 40p. (J). (gr. -1-3). 18.99 *(978-0-593-18022-8(4));* (ENG.). lib. bdg. 21.99 *(978-0-593-18023-5(2))* Random Hse. Children's Bks. (Make Me a World).

Mama's Little Lady: A Special Pony. Francine Paino. 2019. (ENG.). 28p. (J). pap. 11.99 *(978-1-7326489-0-6(5))* Paino, Francine.

Mama's Map. Cindi Handley Goodeaux. Illus. by Sanghamitra Dasgupta. 2019. (Jellibean Adventures Ser.: Vol. 2). (ENG.). 48p. (J). (gr. 1-4). pap. 10.99 *(978-1-68160-661-3(5))* Crimson Cloak Publishing.

Mama's Milk & Poppy the Magical Milk Fairy. Jessica Palmer MA. 2021. (ENG.). 24p. (J). pap. 12.95 *(978-1-6657-0706-0(2))* Archway Publishing.

Mama's Pajamas. Mara Van Fleet. Illus. by Mara Van Fleet. 2017. (ENG., Illus.). 12p. (J). (gr. -1 — 1). 15.99 *(978-1-4814-7975-2(X),* Simon & Schuster Bks. For Young Readers) Simon & Schuster Bks. For Young Readers.

Mama's Portraits & Me: The Legacy, Life, & Love of Artist Carolyn Coffield Mends. Ekuwah Mends Moses. 2022. (ENG.). 50p. (J). 26.99 *(978-1-953852-86-1(6));* pap. 17.99 *(978-1-953852-73-1(4))* EduMatch.

Mama's Quilt & Blizzard the White River Otter: A Christmas Story. Don Harris. Illus. by Whitney Wallace Harris. 2016. (ENG.). (J). (gr. 1-6). 18.95 *(978-1-943258-25-3(2))* Warren Publishing, Inc.

Mama's Sleeping Scarf. Chimamanda Ngozi Adichie. Illus. by Joelle Avelino. 2023. (ENG.). 32p. (J). (gr. -1-2). lib. bdg. 21.99 ***(978-0-593-80122-2(9),*** Knopf) Knopf Doubleday Publishing Group.

Mama's Workout Buddy. Carina Parks. 2018. (ENG.). 38p. (J). 14.95 *(978-1-64307-243-2(9))* Amplify Publishing Group.

Mama's Year with Cancer. Nancy Churnin & Shayna Vincent. Illus. by Wazza Pink. 2023. (ENG.). 32p. (J). (gr. -1-3). 18.99 ***(978-0-8075-8079-0(1),*** 0807580791) Whitman, Albert & Co.

Mamba Noir (Black Mamba) Amy Culliford. Tr. by Annie Evearts. 2021. (Animaux les Plus Meurtriers (Deadliest Animals) Ser.). (FRE.). (J). (gr. 3-9). pap. ***(978-1-0396-0298-4(3),*** 12828, Crabtree Branches) Crabtree Publishing Co.

Mambas. S. L. Hamilton. 2018. (Xtreme Snakes Ser.). (ENG., Illus.). 32p. (J). (gr. 3-9). lib. bdg. 32.79 *(978-1-5321-1602-5(0),* 28780, Abdo & Daughters) ABDO Publishing Co.

Mamba's Daughters: A Novel of Charleston (Classic Reprint) Du Bose Heyward. 2017. (ENG., Illus.). (J). 30.50 *(978-0-331-24595-0(7));* pap. 13.57 *(978-0-259-27262-5(0))* Forgotten Bks.

Mambo & Jambo: Doing the Right Thing. Bryan Baraka Katarama. 2019. (Mambo & Jambo Ser.: Vol. 1). (ENG.). 32p. (J). pap. *(978-1-9991162-0-0(8))* Gauvin, Jacques.

¡Mambo Mucho Mambo! el Baile Que Atravesó la Barrera Del Color. Dean Robbins. Illus. by Eric Velasquez. 2021. (SPA.). 40p. (J). (gr. 2-4). 17.99 *(978-1-5362-1335-5(7))* Candlewick Pr.

¡Mambo Mucho Mambo! the Dance That Crossed Color Lines. Dean Robbins. Illus. by Eric Velasquez. 2021. (ENG.). 40p. (J). (gr. 2-4). 17.99 *(978-1-5362-0608-1(3))* Candlewick Pr.

Mambo Rescue! Ready-To-Read Level 1. Patricia Lakin. Illus. by Chiara Galletti. 2023. (Tow on the Go! Ser.). (ENG.). 32p. (J). (gr. -1-1). 17.99 ***(978-1-6659-2007-0(6));*** pap. 4.99 ***(978-1-6659-2006-3(8))*** Simon Spotlight. (Simon Spotlight).

Mamelukes, Vol. 1 Of 3: A Romance of Life in Grand Cairo (Classic Reprint) A. A. Paton. (ENG., Illus.). (J). 2018. 320p. 30.52 *(978-0-483-11401-2(4));* 2016. pap. 13.57 *(978-1-334-31876-4(X))* Forgotten Bks.

Mamelukes, Vol. 2 Of 3: A Romance of Life in Grand Cairo (Classic Reprint) A. A. Paton. 2018. (ENG., Illus.). 314p. (J). 30.37 *(978-0-267-45468-6(6))* Forgotten Bks.

Mamelukes, Vol. 3 Of 3: A Romance of Life in Grand Cairo (Classic Reprint) A. A. Paton. (ENG., Illus.). (J). 2018. 324p. 30.58 *(978-0-332-09100-6(7));* 2016. pap. 13.57 *(978-1-333-29922-4(2))* Forgotten Bks.

Mami. Leslie Patricelli. Illus. by Leslie Patricelli. 2021. (Leslie Patricelli Board Bks.). (ENG & SPA., Illus.). 26p. (J). (— 1). bds. 8.99 *(978-1-5362-1811-4(1))* Candlewick Pr.

Mami, ¿dime Por Qué Soy Radiante? see Mommy, Tell Me Why I Am Radiant: Mami, ¿dime Por Qué Soy Radiante?

Mami, Would You Help Me Find My Voice? Sabina Osadca. Illus. by Bryor Atchison. 2021. (ENG.). 24p. (J). *(978-1-0391-1414-2(8));* pap. *(978-1-0391-1413-5(X))* FriesenPress.

Mami y Yo / Mommy & Me (Spanish Edition) Sarah Ward. Ed. by Cottage Door Press. 2020. (SPA.). 12p. (J). (gr. -1 — 1). bds. 7.99 *(978-1-68052-889-3(0),* 2000390-SLA) Cottage Door Pr.

Mamie on the Mound: A Woman in Baseball's Negro Leagues. Leah Henderson. Illus. by George Doutsiopoulos. (ENG.). 32p. 2023. pap. 9.99 *(978-1-68446-799-0(3),* 255033); 2020. (J). (gr. 3-5). 18.95 *(978-1-68446-023-6(9),* 139306) Capstone. (Capstone Editions).

Mamie's Watchword: Thou God Seest Me. Joanna Hooe Mathews. 2018. (ENG., Illus.). 116p. (YA). (gr. 7-12). pap. *(978-93-5329-295-9(6))* Alpha Editions.

Mamie's Watchword (Classic Reprint) Joanna H. Mathews. (ENG., Illus.). (J). 2018. 246p. 28.95 *(978-0-428-88157-3(2));* 2017. pap. 11.57 *(978-0-243-44165-5(7))* Forgotten Bks.

Mamíferos. Xist Publishing. 2018. (Xist Kids Spanish Bks.). (SPA., Illus.). 28p. (J). (gr. -1-3). pap. 9.99 *(978-1-5324-0721-5(1))* Xist Publishing.

Mamis Felices. Kathleen T. Pelley. 2016. (SPA., Illus.). 30p. 14.95 *(978-1-58760-161-3(3),* P544296, CWLA Pr.) Child Welfare League of America, Inc.

Mamma, Giochiamo! Let's Play, Mom! - Italian Edition. Shelley Admont & Kidkiddos Books. 2019. (Italian Bedtime Collection). (ITA., Illus.). 32p. (J). (gr. k-3). *(978-1-5259-1141-5(4));* pap. *(978-1-5259-1140-8(6))* Kidkiddos Bks.

Mamma, Giochiamo! Let's Play, Mom! Italian English Bilingual Book. Shelley Admont & Kidkiddos Books. 2019. (Italian English Bilingual Collection). (ITA., Illus.). 32p. (J). (gr. k-3). *(978-1-5259-1449-2(9));* pap. *(978-1-5259-1448-5(0))* Kidkiddos Bks.

Mammal Fossils, 1 vol. Danielle Haynes. 2016. (Fossil Files Ser.). (ENG.). 32p. (J). (gr. 5-5). 27.93 *(978-1-4994-2859-9(6),* ad056739-de75-4fbc-bd76-d1cefb1310f7); pap. 11.00 *(978-1-4994-2743-1(3),* 706660e3-0e1a-4d5d-a216-5c0de51fc389) Rosen Publishing Group, Inc., The. (PowerKids Pr.).

Mammal Is an Animal. Lizzy Rockwell. 2020. (Illus.). 40p. (J). (gr. -1-3). pap. 8.99 *(978-0-8234-4696-4(4));* 2018. *(978-0-8234-4070-2(2));* 2018. (ENG., Illus.). 40p. (J). (gr. -1-3). 17.95 *(978-0-8234-3670-5(5))* Holiday Hse., Inc.

Mammal Life Cycle. Tracy Vonder Brink. 2022. (Life Cycles of Living Things Ser.). (ENG.). 24p. (J). (gr. k-2). pap. 8.95 *(978-1-63897-570-0(1),* 20483); lib. bdg. 27.93 *(978-1-63897-455-0(1),* 20482) Seahorse Publishing.

Mammal Life Cycles, 1 vol. Bray Jacobson. 2017. (Look at Life Cycles Ser.). (ENG.). 32p. (J). (gr. 2-2). pap. 11.50 *(978-1-5382-1048-2(7),* 69f7c8a2-c7ea-4ea7-8ed4-ccdf0817bdcb) Stevens, Gareth Publishing LLLP.

Mammal Mania: 30 Activities & Observations for Exploring the World of Mammals. Lisa J. Amstutz. 2021. (Young Naturalists Ser.: 7). (Illus.). 144p. (J). (gr. 2-4). pap. 16.99 *(978-1-64160-436-9(0))* Chicago Review Pr., Inc.

Mammal MIA! Really Cool Mammals for Kids - Animal Encyclopedia - Children's Biological Science of Mammals Books. Baby Iq Builder Books. 2016. (ENG., Illus.). (J). pap. 8.99 *(978-1-68374-689-8(9))* Examined Solutions PTE. Ltd.

Mammal Takeover! (Earth Before Us #3) Journey Through the Cenozoic Era. Abby Howard. (Earth Before Us Ser.). (ENG., Illus.). (J). (gr. 3-7). 2021. 144p. pap. 9.99 *(978-1-4197-4699-4(5),* 1145103); 2019. 128p. 15.99 *(978-1-4197-3624-7(8),* 1145101) Abrams, Inc. (Amulet Bks.).

Mammals. 2019. (Illus.). 96p. (J). *(978-0-7166-3730-1(8))* World Bk., Inc.

Mammals. John Allan. 2019. (Amazing Life Cycles Ser.). (ENG., Illus.). 32p. (J). (gr. 1-3). lib. bdg. 29.32 *(978-1-912108-11-4(9),* c6e95e53-37dc-4c51-9670-33b7ca08480d, Hungry Tomato (r)) Lerner Publishing Group.

Mammals. Heron Books. 2022. (ENG.). 72p. (J). pap. ***(978-0-89739-283-9(3),*** Heron Bks.) Quercus.

Mammals! Nick Forshaw. Illus. by William Exley. 2019. (Explorer Ser.). (ENG.). 38p. (J). 14.95 *(978-0-9955770-7-7(2))* What on Earth Bks GBR. Dist: Ingram Publisher Services.

Mammals. Kelly Gaffney. 2017. (Engage Literacy Silver - Extension A Ser.). (ENG.). 24p. (J). pap. 36.94 *(978-1-5157-3521-2(4),* 25393); pap. 7.99 *(978-1-5157-3518-2(4),* 133503) Capstone. (Capstone Pr.).

Mammals. Grace Jones. 2019. (Living Things & Their Habitats Ser.). (ENG.). 24p. (J). (gr. k-3). pap. 7.99 *(978-1-78637-640-4(7))* BookLife Publishing Ltd. GBR. Dist: Independent Pubs. Group.

Mammals. Megan Kopp. 2016. (Illus.). 32p. (J). *(978-1-5105-1116-3(4))* SmartBook Media, Inc.

Mammals, 1 vol. Victoria Munson. 2018. (My First Book of Nature Ser.). (ENG.). 24p. (gr. 2-2). 26.27 *(978-1-5081-9615-0(X),* 702d4457-e668-400e-a432-5e97041b562c, Windmill Bks.) Rosen Publishing Group, Inc., The.

Mammals. Julie Murray. 2018. (Animal Classes Ser.). (ENG., Illus.). 24p. (J). (gr. k-4). lib. bdg. 31.36 *(978-1-5321-2299-6(3),* 28365, Abdo Zoom-Dash) ABDO Publishing Co.

Mammals. Laura Perdew. 2020. (Field Guides). (ENG., Illus.). 112p. (J). (gr. 4-8). lib. bdg. 44.21 *(978-1-5321-9306-4(8),* 34797) ABDO Publishing Co.

Mammals. Dalton Rains. 2023. (Animal Groups Ser.). (ENG., Illus.). 24p. (J). (gr. -1-2). pap. 8.95 ***(978-1-64619-839-9(5));*** lib. bdg. 28.50 ***(978-1-64619-810-8(7))*** Little Blue Hse.

Mammals, 1 vol. Kristen Rajczak Nelson. 2018. (Investigate Biodiversity Ser.). (ENG.). 24p. (gr. 2-2). 25.60 *(978-1-9785-0195-9(1),* b96517c2-77ac-4e9a-b0ef-4b3d50f91eaf) Enslow Publishing, LLC.

Mammals. Rebecca Woodbury. 2023. (ENG.). 26p. (J). pap. 12.68 ***(978-1-953542-30-4(1))*** Gravitas Pubns., Inc.

Mammals: A 4D Book. Jaclyn Jaycox. 2018. (Little Zoologist Ser.). (ENG., Illus.). 32p. (J). (gr. -1-2). lib. bdg. 30.65 *(978-1-5435-2646-2(2),* 138106, Pebble) Capstone.

Mammals: Children's Zoology Book. Bold Kids. 2022. (ENG.). 42p. (J). pap. 14.99 *(978-1-0717-1053-1(2))* FASTLANE LLC.

Mammals - BBC Earth Do You Know... ? Level 3. Ladybird. 2020. 32p. (J). (gr. k-3). pap. 9.99 *(978-0-241-38285-1(8),* Ladybird) Penguin Bks., Ltd. GBR. Dist: Independent Pubs. Group.

Mammals / Mamíferos. Xist Publishing. 2018. (Xist Kids Bilingual Spanish English Ser.). (ENG & SPA., Illus.). 28p. (J). (gr. -1-3). pap. 9.99 *(978-1-5324-0673-7(8))* Xist Publishing.

Mammals: a Compare & Contrast Book, 1 vol. Katharine Hall. 2016. (Compare & Contrast Ser.). (ENG., Illus.). 39p. (J). (gr. k-3). 17.95 *(978-1-62855-729-9(X))* Arbordale Publishing.

Mammals: a Compare & Contrast Book: Spanish, 1 vol. Katharine Hall. 2016. (SPA.). 39p. (J). (gr. k-3). pap. 11.95 *(978-1-62855-743-5(5))* Arbordale Publishing.

Mammals Guide Book - from a to F Mammals for Kids Encyclopedia Children's Mammal Books. Baby Professor. 2017. (ENG., Illus.). 64p. (J). pap. 9.52 *(978-1-5419-1713-2(8),* Baby Professor (Education Kids)) Speedy Publishing LLC.

Mammals in the Wild. Kathryn Clay. 2018. (Mammals in the Wild Ser.). (ENG.). 24p. (J). (gr. -1-2). 147.90 *(978-1-9771-0100-6(3),* 28296, Pebble) Capstone.

Mammals of Canada, 1 vol. Tamara Einstein. 2016. (KidsWorld Ser.). (ENG., Illus.). 64p. (J). pap. 6.99 *(978-0-9940069-3-6(4),* c5d02ba5-61cc-4af0-abf2-3ad9311b9119) KidsWorld Bks. CAN. Dist: Lone Pine Publishing USA.

Mammals of Colorado: An Account of the Several Species Found Within the Boundaries of the State, Together with a Record of Their Habits & of Their Distribution (Classic Reprint) Edward Royal Warren. 2017. (ENG., Illus.). (J). pap. 13.57 *(978-1-5277-6654-9(3))* Forgotten Bks.

Mammals of the African Savanna - Animal Book 2nd Grade Children's Animal Books. Baby Professor. 2017. (ENG., Illus.). (J). pap. 9.55 *(978-1-5419-1554-1(2),* Baby Professor (Education Kids)) Speedy Publishing LLC.

Mammals of the High Mountain Ranges Children's Science & Nature. Baby Professor. 2017. (ENG., Illus.). (J). pap. 7.89 *(978-1-5419-0223-7(8),* Baby Professor (Education Kids)) Speedy Publishing LLC.

Mammals (Wild World: Big & Small Animals) Brenna Maloney. 2023. (Wild World Ser.). (ENG., Illus.). 32p. (J). (gr. k-2). 25.00 *(978-1-338-85356-8(2));* pap. 6.99 *(978-1-338-85357-5(0))* Scholastic Library Publishing. (Children's Pr.).

Mammals (Wild World: Fast & Slow Animals) Eric Geron. 2022. (Wild World Ser.). (ENG., Illus.). 32p. (J). (gr. k-2). 25.00 *(978-1-338-83658-5(7));* pap. 6.99 *(978-1-338-83659-2(5))* Scholastic Library Publishing. (Children's Pr.).

Mamma's Darling (Classic Reprint) Unknown Author. (ENG., Illus.). (J). 2018. 40p. 24.72 *(978-0-267-78004-4(4));* 2016. pap. 7.97 *(978-1-334-11652-0(0))* Forgotten Bks.

Mamma's Pictures, or the History of Fanny & Mary, Vol. 3 (Classic Reprint) Unknown Author. 2018. (ENG., Illus.). 66p. (J). 25.26 *(978-0-267-28549-5(3))* Forgotten Bks.

Mamma's Stories about Birds (Classic Reprint) Unknown Author. 2018. (ENG., Illus.). 128p. (J). 26.56 *(978-0-267-69642-0(6))* Forgotten Bks.

Mamma's Tales, or Pleasing Stories of Childhood: Adapted to the Infant Mind (Classic Reprint) Leinstein Leinstein. 2016. (ENG., Illus.). (J). pap. 7.97 *(978-1-333-76915-4(6))* Forgotten Bks.

Mamma's Tales, or Pleasing Stories of Childhood: Adapted to the Infant Mind (Classic Reprint in French) Madame Leinstein. 2017. (ENG., Illus.). (J). 24.68 *(978-0-265-42264-9(7))* Forgotten Bks.

Mamma's Verses, or Lines for Little Londoners (Classic Reprint) Unknown Author. (ENG., Illus.). (J). 2018. 82p. 25.59 *(978-0-267-60667-2(2));* 2016. pap. 9.57 *(978-1-334-12988-9(6))* Forgotten Bks.

Mammi & Me My Loving Mommy Coloring Books 4 Year Old. Educando Kids. l.t. ed. 2019. (ENG.). 42p. (J). pap. 6.99 *(978-1-64521-069-6(3),* Educando Kids) Editorial Imagen.

Mammifères: Points Communs et Différences: (Mammals: a Compare & Contrast Book in French) Katharine Hall. Tr. by Sophie Troff. 2019. (FRE., Illus.). 32p. (J). (gr. 2-3). 11.95 *(978-1-64351-734-6(1))* Arbordale Publishing.

Mammon Co (Classic Reprint) E. F. Benson. 2017. (ENG., Illus.). (J). 31.67 *(978-0-260-14167-5(4))* Forgotten Bks.

Mammon of Unrighteousness (Classic Reprint) Hjalmar Hjorth Boyeson. 2018. (ENG., Illus.). 390p. (J). 31.94 *(978-0-365-48033-4(9))* Forgotten Bks.

Mammon; or the Hardships of an Heiress, Vol. 1 of 2 (Classic Reprint) Gore. 2017. (ENG., Illus.). (J). 31.22 *(978-0-266-96611-1(X))* Forgotten Bks.

Mammon or the Hardships of an Heiress, Vol. 2 (Classic Reprint) Gore Gore. (ENG., Illus.). (J). 2018. 334p. 30.81 *(978-0-365-39017-6(8));* 2017. pap. 13.57 *(978-0-259-10127-7(3))* Forgotten Bks.

Mammoot: Lost in Time. Shaun Bray. 2016. (ENG.). 111p. (J). 20.95 *(978-1-78554-632-7(5),* 1e010a9e-43af-4815-b018-7034c93923c6); (Illus.). pap. 13.95 *(978-1-78554-631-0(7),* 9f9ae11c-117b-4b23-90bf-5993da295440) Austin Macauley Pubs. Ltd. GBR. Dist: Baker & Taylor Publisher Services (BTPS).

Mammoth. Jill Baguchinsky. 2018. (Illus.). 304p. (YA). (ENG.). 26.99 *(978-1-68442-195-4(0));* pap. 17.99 *(978-1-68442-194-7(2))* Turner Publishing Co.

Mammoth Adventure (the Princess Rules) Philippa Gregory. Illus. by Chris Chatterton. 2022. (Princess Rules Ser.). (ENG.). 288p. (J). 6.99 *(978-0-00-849228-1(X),* HarperCollins Children's Bks.) HarperCollins Pubs. Ltd. GBR. Dist: HarperCollins Pubs.

Mammoth Book of Graphic Novels for Minecrafters: Three Unofficial Adventures for Minecrafters. Cara J. Stevens. 2019. (Unofficial Graphic Novel for Minecrafters Ser.). (ENG., Illus.). 576p. (J). (gr. 2-6). pap. 24.99 *(978-1-5107-4734-0(6),* Sky Pony Pr.) Skyhorse Publishing Co., Inc.

Mammoth Book of Math Activities for Minecrafters: Super Fun Addition, Subtraction, Multiplication, Division, & Code-Breaking Activities! — an Unofficial Activity Book. Jen Funk Weber. Illus. by Amanda Brack. 2022. 312p. (J). (gr. 1-4). pap. 19.99 *(978-1-5107-7114-7(X),* Sky Pony Pr.) Skyhorse Publishing Co., Inc.

Mammoth Book of Modern Children's Poems. Tom Corbett. 2020. (ENG.). 54p. (J). pap. *(978-1-6781-1379-7(4))* Lulu Pr., Inc.

Mammoth Math: Everything You Need to Know about Numbers. David Macaulay. 2022. (DK David Macaulay How Things Work Ser.). (ENG., Illus.). 160p. (J). (gr. 2-6). 19.99 *(978-0-7440-5611-2(X),* DK Children) Dorling Kindersley Publishing, Inc.

Mammoth Mystery, 15. Gerónimo Stilton. ed. 2018. (Geronimo Stilton Ser.). (ENG.). 111p. (J). (gr. 2-3). 18.36 *(978-1-64310-225-2(7))* Penworthy Co., LLC, The.

Mammoth Science: The Big Ideas That Explain Our World. DK. Illus. by David Macaulay. 2020. (DK David Macaulay How Things Work Ser.). (ENG.). 160p. (J). (gr. 3-7). 19.99 *(978-1-4654-9146-6(5),* DK Children) Dorling Kindersley Publishing, Inc.

Mammoth Story Book (Classic Reprint) Unknown Author. (ENG., Illus.). (J). 2018. 288p. 29.84 *(978-0-483-33324-6(7));* 2016. pap. 13.57 *(978-1-333-44069-5(3))* Forgotten Bks.

Mammoths. Sara Gilbert. 2017. (Ice Age Mega Beasts Ser.). (ENG., Illus.). 24p. (J). (gr. 1-4). pap. 8.99 *(978-1-62832-375-7(2),* 20075, Creative Paperbacks); *(978-1-60818-767-6(5),* 20077, Creative Education) Creative Co., The.

Mammy: An Appeal to the Heart of the South (Classic Reprint) Charlotte Hawkins Brown. 2017. (ENG., Illus.). (J). 24.47 *(978-0-266-21850-0(4))* Forgotten Bks.

Mammy Rosie (Classic Reprint) Albert Morris Bagby. 2017. (ENG., Illus.). (J). 31.01 *(978-0-331-70119-7(7));* pap. 13.57 *(978-0-259-10208-3(3))* Forgotten Bks.

Mammy's Baby (Classic Reprint) Amy Ella Blanchard. (ENG., Illus.). (J). 2018. 20p. 24.39 *(978-0-483-16139-9(X));* 2016. pap. 7.97 *(978-1-333-39969-6(3))* Forgotten Bks.

Mammy's Reminiscences: And Other Sketches (Classic Reprint) Martha Sawyer Gielow. 2018. (ENG., Illus.). 128p. (J). 26.54 *(978-0-656-03432-1(7))* Forgotten Bks.

Mammy's White Folks (Classic Reprint) Emma Speed Sampson. 2018. (ENG., Illus.). 338p. (J). 30.87 *(978-0-483-89784-7(1))* Forgotten Bks.

Mamo. Sas Milledge. 2022. (ENG., Illus.). 224p. (J). pap. 14.99 *(978-1-68415-817-1(6))* BOOM! Studios.

Mamounette. Sophie Moullot. Illus. by Samanta Bednarczyk. 2017. (FRE.). (J). pap. *(978-2-917822-49-4(X))* Pgcom Editions.

Mam'selle Jo (Classic Reprint) Harriet T. Comstock. (ENG., Illus.). (J). 2018. 386p. 31.88 *(978-0-483-45731-7(0));* 2017. pap. 16.57 *(978-0-243-98831-0(1))* Forgotten Bks.

Mamta's Lovely Mustache. Puja Suri & Michelle Simpson. 2023. (ENG., Illus.). 36p. (J). (gr. 3-5). 26.95 ***(978-1-958754-47-4(1));*** pap. 15.95 ***(978-1-958754-48-1(X))*** Brandylane Pubs., Inc.

Man. Michael S. Corcoran. 2018. (ENG., Illus.). 34p. (J). pap. 13.95 *(978-1-64003-665-9(2))* Covenant Bks.

Man: His Mark; a Romance (Classic Reprint) W. C. Morrow. 2017. (ENG., Illus.). (J). 29.22 *(978-0-260-27918-7(8))* Forgotten Bks.

Man about Town (Classic Reprint) A. P. Herbert. 2018. (ENG., Illus.). (J). 302p. 30.15 *(978-1-390-99370-7(1))*; 304p. pap. 13.57 *(978-1-390-76166-5(5))* Forgotten Bks.

Man about Town, Vol. 1 of 2 (Classic Reprint) Cornelius Webbe. (ENG., Illus.). (J). 2018. 434p. 32.85 *(978-0-428-55315-9(X))*; 2017. pap. 16.57 *(978-1-5276-3043-7(9))* Forgotten Bks.

Man among Ye Volume 1. Stephanie Phillips. 2021. (ENG., Illus.). 128p. (YA). pap. 14.99 *(978-1-5343-1691-1(4)*, ab9624e7-2802-4a86-bf51-3ad03b6c8ede) Image Comics.

Man among Ye, Volume 2. Stephanie Phillips. 2022. (ENG., Illus.). 128p. (YA). pap., pap. 16.99 *(978-1-5343-2061-1(X))* Image Comics.

Man & a Woman: A Human Story of Life (Classic Reprint) Dale Drummond. (ENG., Illus.). (J). 2018. 466p. 33.51 *(978-0-484-60738-4(3))*; 2017. pap. 16.57 *(978-0-259-21625-4(9))* Forgotten Bks.

Man & Beast: Here & Hereafter (Classic Reprint) J. g. Wood. 2017. (ENG., Illus.). (J). 26.89 *(978-0-331-12306-7(1))* Forgotten Bks.

Man & His Books. A. B. Chesler. 2016. (ENG., Illus.). (J). *(978-1-4602-9599-1(4))*; pap. *(978-1-4602-9600-4(1))* FriesenPress.

Man & His Money (Classic Reprint) Frederic Stewart Isham. (ENG., Illus.). (J). 2018. 378p. 31.69 *(978-0-483-72761-8(X))*; 2017. pap. 16.57 *(978-0-243-14187-6(4))* Forgotten Bks.

Man & Maid (Classic Reprint) Elinor Glyn. (ENG., Illus.). (J). 2018. 346p. 31.05 *(978-0-483-19914-9(1))*; 2016. pap. 13.57 *(978-1-334-13915-4(6))* Forgotten Bks.

Man & Maid (Classic Reprint) E. Nesbit. 2018. (ENG., Illus.). 322p. (J). 30.54 *(978-0-428-38003-8(4))* Forgotten Bks.

Man & Nature on the Broads (Classic Reprint) Arthur Patterson. 2018. (ENG., Illus.). (J). 144p. 26.89 *(978-0-365-46471-6(6))*; 146p. pap. 9.57 *(978-0-365-46465-5(1))* Forgotten Bks.

Man & Nature on Tidal Waters (Classic Reprint) Arthur H. Patterson. (ENG., Illus.). (J). 2017. 31.55 *(978-0-265-86302-2(3))*; 2016. pap. 16.57 *(978-1-333-68508-9(4))* Forgotten Bks.

Man & the Cub. Sharnim Ahmed. 2022. (ENG.). 125p. (YA). pap. 4.67 *(978-1-4116-1196-2(9))* Lulu Pr., Inc.

Man & the Dragon (Classic Reprint) Alexander Otis. 2018. (ENG., Illus.). 344p. (J). 30.99 *(978-0-483-70785-6(6))* Forgotten Bks.

Man & the Fox: English-Dari Edition. Idries Shah. Illus. by Sally Mallam. 2017. (Hoopoe Teaching-Stories Ser.). (ENG.). (J). (gr. k-6). pap. 9.99 *(978-1-946270-13-9(X)*, Hoopoe Bks.) I S H K.

Man & the Fox: English-Pashto Edition. Idries Shah. Illus. by Sally Mallam. 2017. (Hoopoe Teaching-Stories Ser.). (ENG & PUS.). (J). (gr. k-6). pap. 9.99 *(978-1-944493-58-5(1)*, Hoopoe Bks.) I S H K.

Man & the Fox: English-Urdu Bilingual Edition. Idries Shah. Illus. by Sally Mallam. 2016. (URD & ENG.). (J). (gr. k-6). pap. 9.99 *(978-1-942698-82-1(8)*, Hoopoe Bks.) I S H K.

Man & the Fox / de Man en de Vos: Bilingual English-Dutch Edition / Tweetalige Engels-Nederlands Editie. Idries. Shah. Illus. by Sally Mallam. 2022. (Teaching Stories Ser.). (ENG.). 38p. (J). pap. 11.90 ***(978-1-958289-31-0(0)***, Hoopoe Bks.) I S H K.

Man & the Lost Crocodile. Rose Tk. 2021. (ENG.). 28p. (J). pap. ***(978-1-80227-268-0(2))*** Publishing Push Ltd.

Man & the Moment (Classic Reprint) Elinor Glyn. 2017. (ENG., Illus.). (J). 30.79 *(978-1-5281-5473-4(8))* Forgotten Bks.

Man & Wife, Vol. 1: A Novel (Classic Reprint) Wilkie Collins. 2017. (ENG., Illus.). (J). 36.52 *(978-1-5285-7728-1(0))* Forgotten Bks.

Man & Wife, Vol. 1 Of 3: A Novel (Classic Reprint) Wilkie Collins. (ENG., Illus.). (J). 2017. 31.61 *(978-0-331-76752-0(X))*; 2016. pap. 13.97 *(978-1-334-12093-0(5))* Forgotten Bks.

Man-At-arms. Clinton Scollard. 2017. (ENG.). 388p. (J). pap. *(978-3-7447-6426-1(5))* Creation Pubs.

Man-At-Arms: A Romance of the Days of Gian Galeazzo Visconti, the Great Viper (Classic Reprint) Clinton Scollard. 2018. (ENG., Illus.). 392p. (J). 32.00 *(978-0-484-72360-2(X))* Forgotten Bks.

Man at the Wheel (Classic Reprint) John Henton Carter. 2018. (ENG., Illus.). 252p. (J). 29.11 *(978-0-484-57207-1(5))* Forgotten Bks.

Man Behind the Mask. Michael Dahl. Illus. by Dan Schoening. 2019. (Batman Ser.). (ENG.). 56p. (J). (gr. 3-6). pap. 6.95 *(978-1-4965-8654-4(9)*, 141342); lib. bdg. 27.32 *(978-1-4965-8650-6(6)*, 141341) Capstone. (Stone Arch Bks.).

Man Between (Classic Reprint) Walter Archer Frost. 2018. (ENG., Illus.). 322p. (J). 30.54 *(978-0-484-90855-9(3))* Forgotten Bks.

Man Called Horse: John Horse & the Black Seminole Underground Railroad. Glennette Tilley Turner. 2021. (ENG., Illus.). 112p. (J). (gr. 5-9). 16.99 *(978-1-4197-4933-9(1)*, 1095101, Abrams Bks. for Young Readers) Abrams, Inc.

Man Called Oval: The Story of Oval Rubber & the Early Days of the Church of Golly — Part Three. Ethyl Rubber. 2018. (ENG., Illus.). 160p. (J). pap. *(978-1-387-62944-2(1))* Lulu Pr., Inc.

Man Day. Terence Houston et al. 2018. (Adventures of David & Joshua Ser.: Vol. 1). (ENG.). 26p. (J). pap. 14.95 *(978-1-947574-14-4(0))* TDR Brands Publishing.

Man-Eaters of Tsavo. John Henry Patterson. 2018. (ENG., Illus.). 152p. (J). 14.99 *(978-1-5154-3297-5(1))* Wilder Pubns., Corp.

Man-Eaters of Tsavo: And Other East African Adventures. J. H. Patterson. 2020. (ENG.). 206p. (J). *(978-1-77441-257-2(8))* Westland, Brian.

Man-Eaters Volume 2. Chelsea Cain. 2019. (ENG., Illus.). 128p. (YA). pap. 16.99 *(978-1-5343-1309-5(5)*, f5e2ddd1-e24c-4ffc-b4aa-e9e7d2ea996a5) Image Comics.

Man-Eaters Volume 3. Chelsea Cain. 2019. (ENG., Illus.). 152p. (YA). pap. 16.99 *(978-1-5343-1424-5(5)*, bb7651d3-3223-4e35-8eb8-4e6a9f76b1c9) Image Comics.

Man-Eaters, Volume 4: the Cursed. Chelsea Cain. 2022. (ENG., Illus.). 160p. pap. pap. 19.99 *(978-1-5343-2112-0(8))* Image Comics.

Man Elephant: A Book of African Fairy Tales (Classic Reprint) Hartwell James. 2017. (ENG., Illus.). (J). 104p. 26.06 *(978-0-332-75920-3(2))*; 106p. pap. 9.57 *(978-0-332-57935-1(2))* Forgotten Bks.

Man for Maine: A Humorous Episode in the Life of Asa King (Classic Reprint) Frank Carlos Griffith. 2018. (ENG., Illus.). 292p. (J). 29.92 *(978-0-484-87457-1(8))* Forgotten Bks.

Man for the Ages: A Story of the Builders of Democracy (Classic Reprint) Irving Bacheller. 2018. (ENG., Illus.). 462p. (J). 33.43 *(978-0-483-31367-5(X))* Forgotten Bks.

Man Four-Square (Classic Reprint) William MacLeod Raine. 2018. (ENG., Illus.). 298p. (J). 30.04 *(978-0-332-99642-4(5))* Forgotten Bks.

Man from America: A Sentimental Comedy (Classic Reprint) Henry De La Pasture. (ENG., Illus.). (J). 2018. 346p. 31.05 *(978-0-484-67685-4(7))*; 2016. pap. 13.57 *(978-1-334-23109-4(5))* Forgotten Bks.

Man from Bar 20: A Story of the Cow Country (Classic Reprint) Clarence Edward Mulford. 2018. (ENG., Illus.). 332p. (J). 30.74 *(978-0-666-05412-8(6))* Forgotten Bks.

Man from Blankley's, & Other Sketches: Reprinted from Punch (Classic Reprint) F. Anstey, pseud. 2018. (ENG., Illus.). 168p. (J). 27.36 *(978-0-364-26263-4(X))* Forgotten Bks.

Man from Brodneys (Classic Reprint) George Barr McCutcheon. 2018. (ENG., Illus.). 390p. (J). 31.94 *(978-0-332-20438-3(3))* Forgotten Bks.

Man from Corpus Christi: Or the Adventures of Two Bird Hunters & a Dog in Texan Bogs (Classic Reprint) A. C. Peirce. 2017. (ENG., Illus.). (J). 29.88 *(978-0-331-10669-5(8))*; pap. 13.57 *(978-0-282-00395-1(9))* Forgotten Bks.

Man from Curdie's River, or Where Men Are Made (Classic Reprint) Donald MacLean. (ENG., Illus.). (J). 2018. 298p. 30.04 *(978-0-483-48123-7(8))*; 2016. pap. 13.57 *(978-1-333-39263-5(X))* Forgotten Bks.

Man from Glengarry: A Tale of the Ottawa. Ralph Connor. 2018. (ENG., Illus.). 344p. (J). pap. *(978-93-5297-122-0(1))* Alpha Editions.

Man from Glengarry: A Tale of the Ottawa (Classic Reprint) Ralph Connor. 2017. (ENG., Illus.). 476p. (J). 33.73 *(978-0-332-88254-3(3))* Forgotten Bks.

Man from Home: A Novel (Classic Reprint) Harry Leon Wilson. 2018. (ENG., Illus.). 328p. (J). 30.66 *(978-0-365-30003-8(9))* Forgotten Bks.

Man from Nowhere (Classic Reprint) Flora Haines Loughead. 2018. (ENG., Illus.). 62p. (J). 25.18 *(978-0-483-84307-3(5))* Forgotten Bks.

Man from R. I. V. E. R. D. A. L. E. Archie Superstars. 2019. (Archie Comics Presents Ser.). (Illus.). 224p. (J). (gr. 4-7). pap. 10.99 *(978-1-68255-845-4(2))* Archie Comic Pubns., Inc.

Man from Rome: And Other Stories (Classic Reprint) Marie Van Vorst. 2018. (ENG., Illus.). 326p. (J). 30.64 *(978-0-428-94150-5(8))* Forgotten Bks.

Man from Snowy River: And Other Verse (Classic Reprint) A. B. Paterson. 2017. (ENG., Illus.). (J). 28.76 *(978-0-260-61378-3(9))* Forgotten Bks.

Man from Tall Timber (Classic Reprint) Thomas K. Holmes. 2017. (ENG., Illus.). (J). 33.18 *(978-0-265-66007-2(6))*; pap. 16.57 *(978-1-5276-3342-1(X))* Forgotten Bks.

Man from the Bitter Roots (Classic Reprint) Caroline Lockhart. 2017. (ENG., Illus.). (J). 31.12 *(978-1-5284-8042-0(2))* Forgotten Bks.

Man from the Clouds (Classic Reprint) J. Storer Clouston. 2017. (ENG., Illus.). (J). 29.92 *(978-0-265-73862-7(8))*; pap. 13.57 *(978-1-5277-0341-4(X))* Forgotten Bks.

Man from the North (Classic Reprint) Arnold Bennett. 2017. (ENG., Illus.). (J). 29.63 *(978-1-5281-8557-8(9))* Forgotten Bks.

Man from Toronto: A Comedy in Three Acts (Classic Reprint) Douglas Murray. (ENG., Illus.). (J). 2018. 114p. 26.27 *(978-0-332-87641-2(1))*; 2016. pap. 9.57 *(978-1-333-16761-5(X))* Forgotten Bks.

Man in Black (Classic Reprint) Stanley J. Weyman. 2018. (ENG., Illus.). 246p. (J). 28.99 *(978-0-483-51502-4(7))* Forgotten Bks.

Man in Gray: A Romance of the North & South (Classic Reprint) Thomas Dixon. 2017. (ENG., Illus.). (J). 33.26 *(978-1-5283-7111-7(9))* Forgotten Bks.

Man in Lonely Land (Classic Reprint) Kate Langley Bosher. 2018. (ENG., Illus.). 202p. (J). 28.08 *(978-0-364-27810-9(2))* Forgotten Bks.

Man in Love (Classic Reprint) Alice M. Diehl. (ENG., Illus.). (J). 2018. 328p. 30.68 *(978-0-656-69623-9(0))*; 2017. pap. 13.57 *(978-0-259-20923-2(6))* Forgotten Bks.

Man in Lower Ten (Classic Reprint) Mary Roberts Rinehart. 2017. (ENG., Illus.). (J). 31.98 *(978-0-265-19297-9(8))* Forgotten Bks.

Man in Possession (Classic Reprint) Rita Rita. 2018. (ENG., Illus.). 324p. (J). 30.60 *(978-0-483-66480-7(4))* Forgotten Bks.

Man in Ratcatcher & Other Stories (Classic Reprint) Cyril McNeile. 2018. (ENG., Illus.). 286p. (J). 29.80 *(978-0-483-19982-8(6))* Forgotten Bks.

Man in the Box. Christina G Gaudet. 2019. (Box Ser.: Vol. 1). (ENG.). 280p. (YA). (gr. 7-12). pap. *(978-0-9869221-7-6(X))* Gaudet, Christina.

Man in the Brown Derby (Classic Reprint) Wells Hastings. (ENG., Illus.). (J). 2018. 370p. 31.53 *(978-0-484-66070-9(5))*; 2016. pap. 13.97 *(978-1-333-49428-5(9))* Forgotten Bks.

Man in the Camlet Cloak (Classic Reprint) Carlen Bateson. 2018. (ENG., Illus.). 334p. (J). 30.74 *(978-0-484-69507-7(X))* Forgotten Bks.

Man in the Crow's Nest: And Other Talks to Children (Classic Reprint) Frank T. Bayley. 2017. (ENG., Illus.). (J). 26.25 *(978-0-260-44640-4(8))* Forgotten Bks.

Man in the Drum & Other Tales, Vol. 2: Stories in Music Appreciation (Classic Reprint) Hazel Gertrude Kinscella. (ENG., Illus.). (J). 2018. 224p. 28.52 *(978-0-666-01380-4(2))*; 2017. pap. 10.97 *(978-0-259-49565-9(4))* Forgotten Bks.

Man in the Iron Mask. Alexandre Dumas. 2022. (ENG.). 356p. (J). 29.95 ***(978-1-63637-990-6(7))***; pap. 19.95 ***(978-1-63637-989-0(3))*** Bibliotech Pr.

Man in the Iron Mask. Alexandre Dumas. 2018. (ENG., Illus.). 580p. (J). 19.99 *(978-1-61382-558-7(7))*; pap. 12.81 *(978-1-61382-559-4(5))* Simon & Brown.

Man in the Iron Mask. Alexandre Dumas & Unabridged - Original Story. 2018. (ENG.). 530p. (J). pap. *(978-1-387-81628-6(4))* Lulu Pr., Inc.

Man in the Little Yellow Canoe: Adventures with Duchess. Dennis Ryan. Illus. by Kennady Osborne. 2023. (ENG.). 44p. (J). ***(978-1-5255-5707-1(6))***; pap. ***(978-1-5255-5708-8(4))*** FriesenPress.

Man in the Mirror. Jarold Imes. 2016. (ENG., Illus.). (J). pap. 10.99 *(978-1-934195-93-2(6))* Write Sing Work, Inc.

Man in the Mirror (Classic Reprint) Hudson Douglas. 2017. (ENG., Illus.). (J). 30.48 *(978-0-331-80898-8(6))* Forgotten Bks.

Man in the Moon. Alice C. Brasky. 2017. (ENG., Illus.). (J). pap. 9.99 *(978-0-578-18965-9(8))* P.C. Pubns.

Man in the Moon: Or the Unexpected (Classic Reprint) Bertram Dendron. (ENG., Illus.). (J). 2018. 100p. 25.96 *(978-0-364-25822-4(5))*; 2017. pap. 9.57 *(978-0-259-19052-3(7))* Forgotten Bks.

Man in the Open (Classic Reprint) Roger Pocock. 2018. (ENG., Illus.). 366p. (J). 31.45 *(978-0-267-24961-9(6))* Forgotten Bks.

Man in the Shadow (Classic Reprint) Richard Washburn Child. (ENG., Illus.). (J). 2018. 402p. 32.19 *(978-0-483-54577-9(5))*; 2017. pap. 16.57 *(978-0-243-85954-2(6))* Forgotten Bks.

Man in the Shadows, Volume 1. Chris Morphew. 2017. (Phoenix Files Ser.: 1). (ENG.). 512p. (YA). (gr. 7). pap. 13.95 *(978-1-76012-425-0(7))* Hardie Grant Children?s Publishing AUS. Dist: Independent Pubs. Group.

Man in the Twilight (Classic Reprint) Ridgwell Cullum. (ENG., Illus.). (J). 2018. 388p. 31.90 *(978-0-483-88655-1(6))*; 2017. pap. 16.57 *(978-0-243-43640-8(8))* Forgotten Bks.

Man in the White Robe. Sandra Darrett. 2021. (ENG., Illus.). 22p. (J). pap. 12.95 *(978-1-0980-9358-7(5))* Christian Faith Publishing.

Man in the Zoo (Classic Reprint) David Garnett. 2018. (ENG., Illus.). (J). 102p. 26.00 *(978-1-397-17767-4(5))*; 104p. pap. 9.57 *(978-1-397-17691-2(1))* Forgotten Bks.

Man-Killers (Classic Reprint) Dane Coolidge. 2018. (ENG., Illus.). 250p. (J). 29.07 *(978-0-267-44123-5(1))* Forgotten Bks.

Man Labisa Thiyab Sanjub? Salma Ataallah. Illus. by Layla Hamzah. 2017. (ARA.). 24p. (J). *(978-9953-37-287-7(X))* Academia.

Man Made of Money, and, the Chronicles of Clovernook (Classic Reprint) Douglas Jerrold. (ENG., Illus.). (J). 2018. 350p. 31.12 *(978-0-483-08449-0(2))*; 2017. pap. 13.57 *(978-0-243-58397-3(4))* Forgotten Bks.

Man Made of Money (Classic Reprint) Douglas William Jerrold. 2018. (ENG., Illus.). 312p. (J). 30.33 *(978-0-267-16343-4(6))* Forgotten Bks.

Man Mine Equal (Classic Reprint) E. k. Stokely. 2018. (ENG., Illus.). 46p. (J). 24.87 *(978-0-332-82509-0(4))* Forgotten Bks.

Man Named Sam. Michael Gentile. 2019. (ENG.). 36p. (J). pap. 13.95 *(978-1-64515-687-1(7))* Christian Faith Publishing.

Man Next Door (Classic Reprint) Emerson Hough. 2018. (ENG., Illus.). 332p. (J). 30.74 *(978-0-267-23213-0(6))* Forgotten Bks.

Man Nobody Knew (Classic Reprint) Holworthy Hall. 2018. (ENG., Illus.). 334p. (J). 30.81 *(978-0-483-97673-3(3))* Forgotten Bks.

Man o' War. Cory McCarthy. (ENG.). 336p. (YA). (gr. 9). 2023. pap. 11.99 *(978-0-593-35372-1(2))*; 2022. 18.99 *(978-0-593-35370-7(6))* Penguin Young Readers Group. (Dutton Books for Young Readers).

Man of Ambition: A Story of Peru (Classic Reprint) Julien Caton. (ENG., Illus.). (J). 2018. 298p. 30.06 *(978-0-483-29218-5(4))*; 2016. pap. 13.57 *(978-1-333-36318-5(4))* Forgotten Bks.

Man of Athens (Classic Reprint) Julia D. Dragoumis. 2018. (ENG., Illus.). 470p. (J). 33.61 *(978-0-484-56867-8(1))* Forgotten Bks.

Man of Clay: A Tale of Life (Classic Reprint) Hiram Wallace Hayes. 2017. (ENG., Illus.). (J). 31.98 *(978-0-260-10300-0(4))* Forgotten Bks.

Man of Devon (Classic Reprint) John Galsworthy. (ENG., Illus.). (J). 2018. 344p. 30.99 *(978-0-267-36669-9(8))*; 2016. pap. 13.57 *(978-1-334-16349-4(9))* Forgotten Bks.

Man of Faith: Or the Harmony of Christian Faith & Christian Character. John Abercrombie. 2017. (ENG., Illus.). (J). pap. *(978-0-649-64223-6(6))* Trieste Publishing Pty Ltd.

Man of Feeling. Henry MacKenzie. 2019. (ENG.). 178p. (J). pap. *(978-93-5392-274-0(7))* Alpha Editions.

Man of Feeling: A New Edition (Classic Reprint) Henry MacKenzie. 2017. (ENG., Illus.). (J). 29.90 *(978-0-266-65869-6(5))* Forgotten Bks.

Man of Feeling, and, Julia de Roubigne (Classic Reprint) Henry MacKenzie. (ENG., Illus.). (J). 2018. 286p. 29.82 *(978-0-483-76473-6(6))*; 2016. pap. 13.57 *(978-1-334-14626-8(8))* Forgotten Bks.

Man of Feeling (Classic Reprint) Henry MacKenzie. (ENG., Illus.). (J). 2018. 204p. 28.10 *(978-0-267-52968-1(6))*; 2018. 290p. 29.90 *(978-0-483-59994-9(8))*; 2017. 27.59 *(978-1-5284-7430-6(9))*; 2017. pap. 10.57 *(978-0-259-19437-8(9))*; 2016. pap. 13.57 *(978-1-334-13236-0(4))* Forgotten Bks.

Man of Fortune, & Other Tales, Vol. 1 of 3 (Classic Reprint) Gore. 2018. (ENG., Illus.). 322p. (J). 30.56 *(978-0-483-03878-3(4))* Forgotten Bks.

Man of Fortune, Vol. 1 Of 2: And Other Tales (Classic Reprint) Catherine Grace Frances Gore. 2017. (ENG., Illus.). (J). pap. 16.57 *(978-0-282-04420-6(5))* Forgotten Bks.

Man of Fortune, Vol. 2 Of 3: And Other Tales (Classic Reprint) Gore. 2018. (ENG., Illus.). 324p. (J). 30.60 *(978-0-267-49280-0(4))* Forgotten Bks.

Man of Genius: A Story of the Judgment of Paris (Classic Reprint) M. P. Willcocks. 2018. (ENG., Illus.). 440p. (J). 32.97 *(978-0-483-86531-0(1))* Forgotten Bks.

Man of Gold (Classic Reprint) Rufino Blanco Fombona. 2018. (ENG., Illus.). 336p. (J). 30.85 *(978-0-483-58160-9(7))* Forgotten Bks.

Man of Honor (Classic Reprint) George Cary Eggleston. 2018. (ENG., Illus.). 230p. (J). 28.64 *(978-0-483-97122-6(7))* Forgotten Bks.

Man of Honour, & the Reclaimed, Vol. 2 of 2 (Classic Reprint) Henry MacKenzie. 2018. (ENG., Illus.). (J). 204p. 28.10 *(978-1-391-18205-6(7))*; 206p. pap. 10.57 *(978-1-390-96052-5(8))* Forgotten Bks.

Man of Iron (Classic Reprint) Richard Dehan. (ENG., Illus.). (J). 2018. 852p. 41.49 *(978-0-366-56265-7(7))*; 2018. 854p. pap. 23.97 *(978-0-366-10808-4(5))*; 2017. 37.84 *(978-0-266-20932-4(7))* Forgotten Bks.

Man of Last Resort: Or the Clients of Randolph Mason (Classic Reprint) Melville Davisson Post. 2018. (ENG., Illus.). 310p. (J). 30.29 *(978-0-483-59609-2(4))* Forgotten Bks.

Man of Leisure: A Play in Three Acts (Classic Reprint) David Lowe. 2018. (ENG., Illus.). 126p. (J). 26.50 *(978-0-483-59303-9(6))* Forgotten Bks.

Man of Many Friends: An Original Comedy, in Three Acts (Classic Reprint) Joseph Stirling Coyne. 2018. (ENG., Illus.). 48p. (J). 24.91 *(978-0-267-27489-5(0))* Forgotten Bks.

Man of Many Minds. Edward Everett Evans. 2017. (ENG., Illus.). (J). 24.95 *(978-1-374-84520-6(5))*; pap. 14.95 *(978-1-374-84519-0(1))* Capital Communications, Inc.

Man of Mark, Vol. 1 of 3 (Classic Reprint) Janet Maughan. (ENG., Illus.). (J). 2018. 312p. 30.35 *(978-0-483-92042-2(8))*; 2016. pap. 13.57 *(978-1-334-18466-6(6))* Forgotten Bks.

Man of Mark, Vol. 2 of 3 (Classic Reprint) Janet Maughan. (ENG., Illus.). (J). 2018. 308p. 30.27 *(978-0-267-36067-3(3))*; 2016. pap. 13.57 *(978-1-333-81031-3(8))* Forgotten Bks.

Man of Mark, Vol. 3 of 3 (Classic Reprint) Janet Maughan. (ENG., Illus.). (J). 2018. 310p. 30.29 *(978-0-428-78158-3(6))*; 2016. pap. 13.57 *(978-1-333-44315-3(3))* Forgotten Bks.

Man of Millions (Classic Reprint) S. R. Keightley. 2018. (ENG., Illus.). 344p. (J). 30.99 *(978-0-484-62601-9(9))* Forgotten Bks.

Man of Property (Classic Reprint) John Galsworthy. 2018. (ENG., Illus.). 386p. (J). 31.86 *(978-0-365-26954-0(9))* Forgotten Bks.

Man of Sark (Classic Reprint) John Oxenham. (ENG., Illus.). (J). 2018. 448p. 33.14 *(978-0-484-88088-6(8))*; 2017. pap. 16.57 *(978-1-334-92742-3(1))* Forgotten Bks.

Man of Sorrow, Vol. 1: A Novel (Classic Reprint) Alfred Allendale. (ENG., Illus.). (J). 2018. 272p. 29.53 *(978-0-332-97731-7(5))*; 2016. pap. 11.97 *(978-1-334-13494-4(4))* Forgotten Bks.

Man of Sorrow, Vol. 2 Of 3: A Novel (Classic Reprint) Alfred Allendale. (ENG., Illus.). (J). 2018. 280p. 29.67 *(978-0-483-85803-9(X))*; 2016. pap. 13.57 *(978-1-333-32993-8(8))* Forgotten Bks.

Man of Sorrow, Vol. 3 Of 3: A Novel (Classic Reprint) Alfred Allendale. (ENG., Illus.). (J). 2018. 242p. 28.89 *(978-0-332-17016-9(0))*; 2016. pap. 11.57 *(978-1-333-43617-9(3))* Forgotten Bks.

Man of Straw (Classic Reprint) Edwin William Pugh. 2017. (ENG., Illus.). (J). 32.00 *(978-0-260-91153-7(4))* Forgotten Bks.

Man of the Desert (Classic Reprint) Grace Livingston Hill. (ENG., Illus.). (J). 2018. 290p. 29.88 *(978-0-483-51107-1(2))*; 2016. pap. 13.57 *(978-1-333-14500-2(4))* Forgotten Bks.

Man of the Family. Ralph Moody. Illus. by Edward Shenton. 2019. 274p. (J). *(978-1-948959-07-0(0))* Purple Hse. Pr.

Man of the Family. Christian Reid. 2017. (ENG.). 344p. (J). pap. *(978-3-337-00186-5(6))* Creation Pubs.

Man of the Family: A Novel (Classic Reprint) Christian Reid. 2018. (ENG., Illus.). 342p. (J). 30.95 *(978-0-483-08317-2(8))* Forgotten Bks.

Man of the Forest. Zane Grey. 2020. (ENG.). (J). 284p. 19.95 *(978-1-63637-061-3(6))*; 282p. pap. 12.95 *(978-1-63637-060-6(8))* Bibliotech Pr.

Man of the Forest: A Novel (Classic Reprint) Zane Grey. 2017. (ENG., Illus.). (J). 31.96 *(978-1-5283-8942-6(5))* Forgotten Bks.

Man of the Hour (Classic Reprint) Wm a Brady. 2017. (ENG., Illus.). (J). 29.42 *(978-0-260-56416-0(8))* Forgotten Bks.

Man of the Hour (Classic Reprint) Octave Thanet. 2018. (ENG., Illus.). 530p. (J). 34.83 *(978-0-666-75088-4(2))* Forgotten Bks.

Man of the Moon: And Other Stories from Greenland. Gunvor Bjerre. Illus. by Miki Jacobsen. 2021. (ENG.). 202p. 29.95 *(978-1-77227-295-6(7))* Inhabit Media Inc. CAN. Dist: Consortium Bk. Sales & Distribution.

Man of the People, Vol. 1 of 3 (Classic Reprint) William Howitt. 2018. (ENG., Illus.). (J). 340p. 30.93 *(978-0-332-81153-6(0))*; 348p. 31.07 *(978-0-267-29899-0(4))* Forgotten Bks.

Man of the People, Vol. 3 (Classic Reprint) William Howitt. 2018. (ENG., Illus.). 346p. (J). 31.03 *(978-0-483-52351-7(8))* Forgotten Bks.

Man of the World, or Vanities of the Day: With Illustrations on Steel (Classic Reprint) Stephen Watson Fullom. 2017. (ENG., Illus.). (J). 480p. 33.80 *(978-0-332-20746-9(3))*; pap. 16.57 *(978-0-259-20047-5(6))* Forgotten Bks.

Man of the World, Vol. 1 (Classic Reprint) Henry MacKenzie. 2018. (ENG., Illus.). 348p. (J). 31.07 *(978-0-483-97089-2(1))* Forgotten Bks.

Man of the World, Vol. 2 Of 2: In Two Parts (Classic Reprint) Henry MacKenzie. 2018. (ENG., Illus.). 258p. (J). 29.22 *(978-0-483-23244-0(0))* Forgotten Bks.

Man of to-Day, Vol. 1 Of 3: A Novel (Classic Reprint) Helen Mathers. (ENG., Illus.). (J). 2018. 242p. 28.91 *(978-0-267-36771-9(6))*; 2016. pap. 11.57 *(978-1-334-16273-2(5))* Forgotten Bks.

Man of Today, Vol. 2 Of 3: A Novel (Classic Reprint) Helen Mathers. (ENG., Illus.). (J). 2018. 258p. 29.24

1268 The check digit for ISBN-10 appears in parentheses after the full ISBN-13

(978-0-483-30275-4(9)); 2016. pap. 11.97 *(978-1-334-07405-9(4))* Forgotten Bks.

Man of Today, Vol. 3 Of 3: A Novel (Classic Reprint) Helen Mathers. 2018. (ENG., Illus.). 256p. (J). 29.18 *(978-0-483-76792-8(1))* Forgotten Bks.

Man of Yesterday: A Romance of a Vanishing Race (Classic Reprint) Mary Holland Kinkaid. (ENG., Illus.). (J). 2018. 332p. 30.74 *(978-0-483-29096-9(3))*; 2016. pap. 13.57 *(978-1-333-35438-1(X))* Forgotten Bks.

Man on Horseback: A Story of Life among the West Virginia Hills (Classic Reprint) Floyd Forney Farnsworth. 2017. (ENG., Illus.). (J). 29.42 *(978-0-260-28031-2(3))*; pap. 11.97 *(978-0-243-15020-5(2))* Forgotten Bks.

Man on Horseback (Classic Reprint) Achmed Abdullah. 2018. (ENG., Illus.). 352p. (J). 31.16 *(978-0-484-70332-1(3))* Forgotten Bks.

Man on the Beach (Classic Reprint) Bret Harte. 2018. (ENG., Illus.). 134p. (J). 26.76 *(978-0-484-59427-1(3))* Forgotten Bks.

Man on the Box (Classic Reprint) Harold Macgrath. 2018. (ENG., Illus.). 400p. (J). 32.15 *(978-0-484-20842-0(X))* Forgotten Bks.

Man on the Mat. Hazel Scrimshire. 2023. (ENG.). 10p. (J). 3.99 ***(978-1-5271-1043-4(5)***, fd0d69eb-90a6-432b-b712-755bba579abe, CF4Kids) Christian Focus Pubns. GBR. Dist: Baker & Taylor Publisher Services (BTPS).

Man on the Other Side (Classic Reprint) Ada Barnett. (ENG., Illus.). (J). 2018. 286p. 29.82 *(978-0-483-15978-5(6))*; 2017. pap. 13.57 *(978-1-5276-8062-3(2))* Forgotten Bks.

Man Opposite Has Died. Bill Webster. 2018. (ENG.). 126p. (J). 17.95 *(978-1-78710-714-4(0)*, 92fac61c-17a8-4fe1-a21c-41b877879ec8); (Illus.). pap. 13.95 *(978-1-78710-713-7(2)*, 8f1c4f5b-f00a-40b0-88ad-1f03876a3b56) Austin Macauley Pubs. Ltd. GBR. Dist: Baker & Taylor Publisher Services (BTPS).

Man Outside (Classic Reprint) Helen Bagg. 2018. (ENG., Illus.). 40p. (J). 24.72 *(978-0-484-85158-9(6))* Forgotten Bks.

Man Outside (Classic Reprint) Wyndham Martyn. (ENG., Illus.). (J). 2018. 342p. 30.95 *(978-0-428-44307-8(9))*; 2017. pap. 13.57 *(978-1-334-90047-1(7))* Forgotten Bks.

Man Overboard! A Naughty Novel (Classic Reprint) Hervey White. (ENG., Illus.). (J). 2018. 314p. 30.39 *(978-0-365-07627-8(9))*; 2017. pap. 13.57 *(978-0-282-63289-2(1))* Forgotten Bks.

Man Overboard (Classic Reprint) F. Marion Crawford. 2017. (ENG., Illus.). (J). 26.21 *(978-0-260-39222-0(7))* Forgotten Bks.

Man Proposes. Francis Henry Underwood. 2017. (ENG.). 348p. (J). pap. *(978-3-337-00100-1(9))* Creation Pubs.

Man Proposes: A Novel (Classic Reprint) Francis Henry Underwood. 2017. (ENG., Illus.). (J). 31.20 *(978-1-5283-6541-3(0))* Forgotten Bks.

Man Proposes: Or the Romace of John Alden Shaw (Classic Reprint) Eliot H. Robinson. 2018. (ENG., Illus.). 392p. (J). 31.98 *(978-0-483-46311-0(6))* Forgotten Bks.

Man Proposes, Vol. 1: An Original Comedietta in One Act (Classic Reprint) Sydney Grundy. 2018. (ENG., Illus.). 26p. (J). 24.45 *(978-0-267-20700-8(X))* Forgotten Bks.

Man?s Best Friend: Dogs Coloring Book. Jupiter Kids. 2016. (ENG., Illus.). 106p. (J). pap. 12.55 *(978-1-68326-349-4(9)*, Jupiter Kids (Childrens & Kids Fiction)) Speedy Publishing LLC.

Man She Cared for, Vol. 1 of 3 (Classic Reprint) F. W. Robinson. 2018. (ENG., Illus.). 312p. (J). 30.35 *(978-0-428-73200-4(3))* Forgotten Bks.

Man She Cared for, Vol. 3 of 3 (Classic Reprint) F. W. Robinson. 2018. (ENG., Illus.). 296p. (J). 30.00 *(978-0-483-89391-7(9))* Forgotten Bks.

Man-Size (Classic Reprint) William MacLeod Raine. 2017. (ENG., Illus.). (J). 30.58 *(978-0-260-62343-0(1))* Forgotten Bks.

Man-Stories of a Black Snake (Classic Reprint) William Arthur Boord. (ENG., Illus.). (J). 2018. 248p. 29.01 *(978-0-365-30535-4(9))*; 2017. pap. 11.57 *(978-0-259-30828-7(5))* Forgotten Bks.

Man Story (Classic Reprint) E. W. Howe. 2018. (ENG., Illus.). 386p. (J). 31.88 *(978-0-484-38764-4(2))* Forgotten Bks.

Man That Corrupted Hadleyburg: And Other Essays & Stories (Classic Reprint) Mark Twain, pseud. 2017. (ENG., Illus.). (J). 32.17 *(978-0-266-84247-7(X))* Forgotten Bks.

Man That Corrupted Hadleyburg: And Other Stories & Essays (Classic Reprint) Mark Twain, pseud. 2018. (ENG., Illus.). 438p. (J). 32.93 *(978-0-483-73234-6(6))* Forgotten Bks.

Man That Corrupted Hadleyburg, & Other Stories. Mark Twain, pseud. 2022. (ENG.). 266p. (J). pap. 34.38 *(978-1-4583-3076-5(1))* Lulu Pr., Inc.

Man That Never Grew Up: A Novel (Classic Reprint) Mabel C. 2018. (ENG., Illus.). 320p. (J). 30.50 *(978-0-428-79816-1(0))* Forgotten Bks.

Man That Rum Made: With Temperance Lessons & Stories (Classic Reprint) J. E. White. (ENG., Illus.). (YA). (gr. 7-12). 2018. 262p. 29.30 *(978-0-666-94190-9(4))*; 2017. pap. 11.97 *(978-0-243-49090-5(9))* Forgotten Bks.

Man, the Boy & the Donkey - Amharic Children's Book. Kiazpora. 2020. (AMH.). 48p. (J). 14.99 *(978-1-946057-47-1(9))*; pap. 8.99 *(978-1-946057-46-4(0))* Kiazpora LLC.

Man, the Boy & the Donkey - Tigrinya Children's Book. Kiazpora. 2020. (TIR.). 48p. (J). 14.99 *(978-1-946057-49-5(5))* Kiazpora LLC.

Man, the Boy & the Donkey - Tigrinya Children's Book. Kiazpora. 2020. (TIR.). 48p. (J). pap. 8.99 *(978-1-946057-48-8(7))* Kiazpora LLC.

Man, the Monkey, & the Princess in the Land of the Lost Garden. Joseph R. Ampolo. 2018. (ENG., Illus.). 62p. (J). pap. 16.95 *(978-1-64140-306-1(3))* Christian Faith Publishing.

Man, the Tiger, & the Snake (Classic Reprint) Ferdin Reyher. 2017. (ENG., Illus.). (J). 28.85 *(978-1-5279-6648-2(8))* Forgotten Bks.

Man Thou Gavest (Classic Reprint) Harriet Theresa Comstock. (ENG., Illus.). (J). 2018. 378p. 31.65 *(978-0-484-54627-0(9))*; 2016. pap. 16.57 *(978-1-334-23911-3(8))* Forgotten Bks.

Man to Can. Joyce Markovics. 2019. (Read & Rhyme Level 1 Ser.). (ENG., Illus.). 16p. (J). (gr. -1-1). 24.21 *(978-1-64280-540-6(8))* Bearport Publishing Co., Inc.

Man to Man (Classic Reprint) Jackson Gregory. 2018. (ENG., Illus.). 396p. (J). 32.06 *(978-0-484-62986-7(7))* Forgotten Bks.

Man Up. Kim Oclon. 2020. (ENG.). 240p. (YA). pap. 12.95 *(978-0-9993886-3-1(0))* Mrs. Weisz Bks.

Man Uvring Mother, Vol. 2 of 3 (Classic Reprint) Charlotte Campbell Bury. 2016. (ENG., Illus.). (J). pap. 13.57 *(978-1-334-29293-4(0))* Forgotten Bks.

Man vs Machine: The Future Begins Now... Rosie Cammish. 2021. (ENG.). 304p. (J). pap. *(978-1-906954-64-2(X))* Britain's Next Bestseller.

Man vs. Nature: Controlling Forest Fires - Nature Books for Kids Children's Nature Books. Baby Professor. 2017. (ENG., Illus.). (J). pap. 8.79 *(978-1-5419-3828-1(3)*, Baby Professor (Education Kids)) Speedy Publishing LLC.

Man Walks on the Moon: Odysseys in History. Valerie Bodden. 2016. (Odysseys in History Ser.). (ENG.). 80p. (J). (gr. 7-10). pap. 14.99 *(978-1-62832-129-6(6)*, 20957, Creative Paperbacks) Creative Co., The.

Man Who Bucked Up: A Fact Story (Classic Reprint) A. Howard. 2017. (ENG., Illus.). 282p. (J). 29.71 *(978-0-484-88358-0(5))* Forgotten Bks.

Man Who Could Not Lose (Classic Reprint) Richard Harding Davis. (ENG., Illus.). (J). 2018. 384p. 31.84 *(978-0-364-84205-8(9))*; 2017. 25.73 *(978-0-265-37960-8(1))* Forgotten Bks.

Man Who Couldn't Sleep (Classic Reprint) Arthur Stringer. 2018. (ENG., Illus.). 370p. (J). 31.53 *(978-0-484-80154-6(6))* Forgotten Bks.

Man Who Did the Right Thing: A Romance (Classic Reprint) Sir Harry Johnston. 2017. (ENG., Illus.). (J). 33.32 *(978-1-5280-5020-3(7))* Forgotten Bks.

Man Who Discovered Himself - Illustrated by A. Hutchins. Willis George Emerson. 2019. (ENG.). 346p. (J). pap. *(978-1-5287-1165-4(3))* Freeman Pr.

Man Who Discovered Himself (Classic Reprint) Willis George Emerson. 2017. (ENG., Illus.). (J). 346p. 31.05 *(978-0-484-22540-3(5))*; pap. 13.57 *(978-0-282-02853-4(6))* Forgotten Bks.

Man Who Ended War (Classic Reprint) Hollis Godfrey. 2018. (ENG., Illus.). 334p. (J). 30.79 *(978-0-483-14586-3(6))* Forgotten Bks.

Man Who Fell Through the Earth (Classic Reprint) Carolyn Wells. (ENG., Illus.). (J). 2018. 300p. 30.10 *(978-0-656-26696-8(1))*; 2017. pap. 13.57 *(978-0-259-21042-9(0))* Forgotten Bks.

Man Who Forgot: A Novel (Classic Reprint) James Hay. 2017. (ENG., Illus.). (J). 30.76 *(978-1-5283-5162-1(2))*; pap. 13.57 *(978-0-243-51727-5(0))* Forgotten Bks.

Man Who Found Christmas (Classic Reprint) Walter Prichard Eaton. (ENG., Illus.). (J). 2018. 64p. 25.24 *(978-0-666-05927-7(6))*; 2017. pap. 9.57 *(978-0-259-79235-2(7))* Forgotten Bks.

Man Who Found Himself: Uncle Simon (Classic Reprint) Margaret Margaret. 2018. (ENG., Illus.). 254p. (J). 29.14 *(978-0-364-96192-6(9))* Forgotten Bks.

Man Who Killed Lincoln: The Story of John Wilkes Booth & His Part in the Assassination (Classic Reprint) Philip Van Doren Stern. (ENG., Illus.). (J). 2018. 392p. 31.98 *(978-0-483-54121-4(4))*; 2017. pap. 16.57 *(978-0-243-15575-0(1))* Forgotten Bks.

Man Who Knew Better: A Christmas Dream (Classic Reprint) Tom Gallon. (ENG., Illus.). (J). 2018. 260p. 29.34 *(978-0-484-39200-6(X))*; 2017. pap. 11.97 *(978-0-243-89291-4(8))* Forgotten Bks.

Man Who Knew Everything: The Strange Life of Athanasius Kircher. Marilee Peters. Illus. by Roxanna Bikadoroff. 2017. (ENG.). 60p. (J). (gr. 5-8). 19.95 *(978-1-55451-974-3(8))*; pap. 12.95 *(978-1-55451-973-6(X))* Annick Pr., Ltd. CAN. Dist: Publishers Group West (PGW).

Man Who Knew Too Much. Gilbert Chesterton. 2018. (ENG., Illus.). 180p. (J). 24.80 *(978-1-7317-0486-3(0))*; pap. 12.74 *(978-1-7317-0487-0(9))* Simon & Brown.

Man Who Knew Too Much. Gilbert K. Chesterton. 2017. (ENG.). 74p. (J). pap. *(978-1-77356-074-8(3))* Devoted Publishing.

Man Who Knew Too Much (Classic Reprint) G. K. Chesterton. 2017. (ENG., Illus.). (J). 320p. 30.50 *(978-0-332-39119-9(1))*; 31.67 *(978-0-266-52037-5(5))*; pap. 13.57 *(978-0-243-40546-6(4))* Forgotten Bks.

Man Who Laughs. Victor Hugo. 2017. (ENG., Illus.). (J). 32.95 *(978-1-374-94397-1(5))*; pap. 23.95 *(978-1-374-94396-4(7))* Capital Communications, Inc.

Man Who Laughs, Vol. 1 of 2 (Classic Reprint) Victor Hugo. 2017. (ENG., Illus.). (J). 33.01 *(978-1-5280-5037-1(1))* Forgotten Bks.

Man Who Laughs, Vol. 2 (Classic Reprint) Victor Hugo. 2017. (ENG., Illus.). (J). 32.23 *(978-0-266-90304-8(5))* Forgotten Bks.

Man Who Lied on Arkansas & What Got Him (Classic Reprint) Bernie Babcock. 2018. (ENG., Illus.). 98p. (J). 25.92 *(978-0-666-52591-8(9))* Forgotten Bks.

Man Who Likes Mexico: The Spirited Chronicle of Adventurous Wanderings in Mexican Highways & Byways (Classic Reprint) Wallace Gillpatrick. 2017. (ENG., Illus.). (J). 32.15 *(978-0-331-65145-4(9))* Forgotten Bks.

Man Who Lived (Classic Reprint) Beryl Tucker. 2018. (ENG., Illus.). 290p. (J). 29.90 *(978-0-484-49065-8(6))* Forgotten Bks.

Man Who Lived in a Shoe (Classic Reprint) Henry James Forman. 2017. (ENG., Illus.). (J). 30.91 *(978-0-260-64771-9(3))* Forgotten Bks.

Man Who Loved Libraries: The Story of Andrew Carnegie. Andrew Larsen. Illus. by Katty Maurey. 2023. (ENG.). 32p. (J). (gr. 1-5). 10.95 ***(978-1-77147-624-9(9))*** Owlkids Bks. Inc. CAN. Dist: Publishers Group West (PGW).

Man Who Outlived Himself. Albion W. Tourgee. 2017. (ENG., Illus.). (J). pap. *(978-0-649-64312-7(7))* Trieste Publishing Pty Ltd.

Man Who Outlived Himself (Classic Reprint) Albion W. Tourgee. (ENG., Illus.). (J). 2018. 224p. 28.54 *(978-0-428-95399-7(9))*; 2017. pap. 10.97 *(978-0-243-52046-6(8))* Forgotten Bks.

Man Who Sang to Ghosts: A Japanese Legend, Retold from the Story of Hoichi & Based on the Tale of the Heike. Aaron Shepard. (ENG., Illus.). (J). (gr. 4-6). 2018. 40p. 16.00 *(978-1-62035-570-1(1))*; 2017. pap. 6.00 *(978-1-62035-546-6(9))* Shepard Pubns. (Skyhook Pr.).

Man Who Saved Books. Lynn Plourde. 2022. (Illus.). 32p. (J). (gr. -1-12). 18.95 *(978-1-68475-054-2(7))* Down East Bks.

Man Who Saw Wrong (Classic Reprint) Jacob Fisher. 2017. (ENG., Illus.). (J). 31.30 *(978-0-331-71452-4(3))* Forgotten Bks.

Man Who Shot Liberty Valance: And a Man Called Horse, the Hanging Tree, & Lost Sister. Dorothy M. Johnson. 2017. (ENG.). 240p. per. 19.95 *(978-1-931832-58-8(7)*, 8667872363) Riverbend Publishing.

Man Who Stayed at Home: A Play in Three Acts (Classic Reprint) J.E. Harold Terry. (ENG., Illus.). (J). 2018. 156p. 27.13 *(978-0-267-60596-5(X))*; 2016. pap. 9.57 *(978-1-334-13174-5(0))* Forgotten Bks.

Man Who Stole a Meeting-House: And Preaching for Selwyn (Classic Reprint) John Townsend Trowbridge. 2018. (ENG., Illus.). 86p. (J). 25.67 *(978-0-483-57367-3(1))* Forgotten Bks.

Man Who Stole a Meeting-House (Classic Reprint) John Townsend Trowbridge. (ENG., Illus.). (J). 2018. 36p. 24.64 *(978-0-267-39367-1(9))*; 2016. pap. 7.97 *(978-1-334-13484-5(7))* Forgotten Bks.

Man Who Stole Bird Songs. Cathryn Davis. 2017. (Maggie & Mable's Nonsensical Adventures Ser.: Vol. 1). (ENG., Illus.). (J). (gr. k-6). 21.50 *(978-0-692-97849-8(6))* Thumb Print Productions.

Man Who Stretched Valentine's Day. Walter Huffman. 2018. (ENG., Illus.). 26p. (J). 22.95 *(978-1-64028-220-9(3))*; pap. 12.95 *(978-1-64028-218-6(1))* Christian Faith Publishing.

Man Who Survived (Classic Reprint) Camille Marbo. (ENG., Illus.). (J). 2018. 202p. 28.08 *(978-0-365-04598-4(5))*; 2017. pap. 10.57 *(978-0-282-99266-8(9))* Forgotten Bks.

Man Who Tramps: A Story of to-Day (Classic Reprint) Lee O. Harris. (ENG., Illus.). (J). 2018. 306p. 30.23 *(978-0-666-96911-8(6))*; 2017. pap. 13.57 *(978-0-243-95213-7(9))* Forgotten Bks.

Man Who Understood Women, & Other Stories (Classic Reprint) Leonard Merrick. 2017. (ENG., Illus.). (J). 32.04 *(978-0-332-00678-9(6))* Forgotten Bks.

Man Who Understood Women (Classic Reprint) Leonard Merrick. 2017. (ENG., Illus.). (J). 29.65 *(978-0-265-77317-8(2))* Forgotten Bks.

Man Who Wanted a Bungalow. Lionel Josaphare. 2017. (ENG., Illus.). (J). pap. *(978-0-649-41019-4(X))* Trieste Publishing Pty Ltd.

Man Who Wanted a Bungalow: Being the Veracious Account of an Author Who Went Back to Nature to Get Inspiration & Reduce Expenses (Classic Reprint) Lionel Josaphare. 2018. (ENG., Illus.). 100p. (J). 25.96 *(978-0-484-71326-9(4))* Forgotten Bks.

Man Who Was Afraid: Foma Gordyeeff (Classic Reprint) Maxim Gorky. 2018. (ENG., Illus.). 460p. (J). 33.38 *(978-0-484-35190-4(7))* Forgotten Bks.

Man Who Was Good. Leonard Merrick. 2017. (ENG.). (J). 242p. pap. *(978-3-337-04935-5(4))*; 220p. pap. *(978-3-337-04937-9(0))* Creation Pubs.

Man Who Was Good: A Novel. Vol II. Leonard Merrick. 2017. (ENG., Illus.). (J). pap. *(978-0-649-64313-4(5))* Trieste Publishing Pty Ltd.

Man Who Was Good a Novel, Vol. 1 of 2 (Classic Reprint) Leonard Merrick. 2018. (ENG., Illus.). 242p. (J). 28.89 *(978-0-483-79896-0(7))* Forgotten Bks.

Man Who Was Good (Classic Reprint) Leonard Merrick. 2017. (ENG., Illus.). (J). 30.02 *(978-1-5282-4659-0(4))* Forgotten Bks.

Man Who Was Good, Vol. 2 Of 2: A Novel (Classic Reprint) Leonard Merrick. 2018. (ENG., Illus.). 250p. (J). 29.05 *(978-0-656-53951-2(8))* Forgotten Bks.

Man Who Was Guilty (Classic Reprint) Flora Haines Loughead. (ENG., Illus.). (J). 2018. 406p. 32.27 *(978-0-332-65353-2(6))*; 2017. pap. 16.57 *(978-1-334-95899-1(8))* Forgotten Bks.

Man Who Was Not a Colonel (Classic Reprint) Unknown Author. 2018. (ENG., Illus.). 204p. (J). 28.10 *(978-0-267-21341-2(7))* Forgotten Bks.

Man Who Was Poe Novel Units Student Packet. Novel Units. 2019. (ENG.). (J). pap. 13.99 *(978-1-58130-617-0(2)*, Novel Units, Inc.) Classroom Library Co.

Man Who Was Poe Novel Units Teacher Guide. Novel Units. 2019. (ENG.). (J). pap. 12.99 *(978-1-58130-616-3(4)*, Novel Units, Inc.) Classroom Library Co.

Man Who Was Thursday: A Nightmare (Classic Reprint) G. K. Chesterton. (ENG., Illus.). (J). 2018. 294p. 29.96 *(978-0-483-61974-6(4))*; 2016. pap. 13.57 *(978-1-333-59355-1(4))* Forgotten Bks.

Man Who Was Thursday: A Nightmare: the Original 1908 Edition. G. K. Chesterton. 2017. (ENG.). 174p. (J). 14.95 *(978-1-64594-045-6(4))* Athanatos Publishing Group.

Man Who Went to the Far Side of the Moon: The Story of Apollo 11 Astronaut Michael Collins (NASA Books, Apollo 11 Book for Kids, Children's Astronaut Books) Bea Uusma Schyffert. 2019. (ENG.). 80p. (J). (gr. 3-7). pap. 12.99 *(978-1-4521-8023-6(7))* Chronicle Bks. LLC.

Man Who Wins: A Novel (Classic Reprint) Robert Herrick. 2017. (ENG., Illus.). 146p. (J). 26.91 *(978-0-332-88060-0(5))* Forgotten Bks.

Man Who Won, or the Career & Adventures of the Younger Mr. Harrison (Classic Reprint) Leon D. Hirsch. 2017. (ENG., Illus.). (J). 426p. 32.70 *(978-0-484-80403-5(0))*; pap. 16.57 *(978-0-259-21160-0(5))* Forgotten Bks.

Man Who Worked for Collister (Classic Reprint) Mary Tracy Earle. 2018. (ENG., Illus.). 294p. (J). 29.96 *(978-0-483-60850-4(5))* Forgotten Bks.

Man Who Would Not Be King: Being the Adventures of One Fenimore Slavington, Who Was Neither Born Great nor Achieved Greatness, but Had Greatness Thrust upon Him Much to His Own Discomfort & the Discomfort of Many Others (Classic Reprint) Sidney Dark. (ENG., Illus.). (J). 2018. 346p. 31.03 *(978-0-656-34252-5(8))*; 2017. pap. 13.57 *(978-0-243-39390-9(3))* Forgotten Bks.

Man with a Secret, Vol. 1 Of 3: A Novel (Classic Reprint) Fergus Hume. 2018. (ENG., Illus.). 242p. (J). 28.89 *(978-0-267-15244-5(2))* Forgotten Bks.

M

Man with a Shadow, Vol. 1 of 3 (Classic Reprint) G. Manville Fenn. (ENG., Illus.). (J). 2018. 282p. 29.71 *(978-0-483-96923-0(0))*; 2016. pap. 13.57 *(978-1-333-55626-6(8))* Forgotten Bks.

Man with a Shadow, Vol. 2 of 3 (Classic Reprint) G. Manville Fenn. 2018. (ENG., Illus.). 278p. (J). 29.65 *(978-0-483-99400-3(6))* Forgotten Bks.

Man with a Shadow, Vol. 3 of 3 (Classic Reprint) G. Manville Fenn. 2018. (ENG., Illus.). 272p. (J). 29.51 *(978-0-483-63693-4(2))* Forgotten Bks.

Man with Bad Manners: Bilingual English-Dari Edition. Idries. Shah. Illus. by Rose Mary Santiago. 2022. (Teaching Stories Ser.). (ENG.). 36p. (J). pap. 11.90 *(978-1-953292-93-3(3)*, Hoopoe Bks.) I S H K.

Man with Bad Manners: Bilingual English-Pashto Edition. Idries. Shah. Tr. by Muhammad Farid Bazger. Illus. by Rose Mary Santiago. 2022. (Teaching Stories Ser.). (ENG.). 36p. (J). pap. 11.90 ***(978-1-953292-94-0(1)***, Hoopoe Bks.) I S H K.

Man with Bad Manners / de Man Met de Slechte Manieren: Bilingual English-Dutch Edition / Tweetalige Engels-Nederlands Editie. Idries. Shah. Illus. by Rose Mary Santiago. 2022. (Teaching Stories Ser.). (ENG.). 36p. (J). pap. 11.90 ***(978-1-958289-33-4(7)***, Hoopoe Bks.) I S H K.

Man with Pigeons on His Feet. Paul Trinkle. 2019. (ENG.). 34p. (J). 23.95 *(978-1-64544-309-4(4))*; pap. 13.95 *(978-1-64544-462-6(7))* Page Publishing Inc.

Man with Small Hair. Jane Jolly. Illus. by Andrew Joyner. 2020. (ENG.). 32p. (J). (gr. -1-k). 18.99 *(978-1-74297-758-4(8))* Little Hare Bks. AUS. Dist: Independent Pubs. Group.

Man with the Black Shoebox & Other Strange Stories. Colin R. Parsons. 2021. (ENG.). 144p. (J). pap. *(978-1-913853-04-4(7))* Black Bee Bks.

Man with the Broken Ear. Edmond About. 2017. (ENG., Illus.). (J). 23.95 *(978-1-374-92776-6(7))* Capital Communications, Inc.

Man with the Broken Ear: Translated from the French (Classic Reprint) Edmond About. (ENG., Illus.). (J). 2018. 276p. 29.59 *(978-0-483-73248-3(6))*; 2016. pap. 11.97 *(978-1-334-26191-6(1))* Forgotten Bks.

Man with the Brooding Eyes (Classic Reprint) John Goodwin. 2018. (ENG., Illus.). 442p. (J). 33.01 *(978-0-483-60988-4(9))* Forgotten Bks.

Man with the Double Heart (Classic Reprint) Muriel Hine. (ENG., Illus.). (J). 2018. 330p. 30.70 *(978-0-364-01726-5(0))*; 2017. pap. 13.57 *(978-0-243-51604-9(5))* Forgotten Bks.

Man with the Hoe: A Picture of American Farm Life As It Is to-Day (Classic Reprint) Adam Blake. 2018. (ENG., Illus.). 456p. (J). 33.32 *(978-0-267-22193-6(2))* Forgotten Bks.

Man with the Lamp (Classic Reprint) Janet Laing. (ENG., Illus.). (J). 2018. 326p. 30.64 *(978-0-364-29266-2(0))*; 2017. pap. 13.57 *(978-1-5276-3001-7(3))* Forgotten Bks.

Man with the Pitcher & His Story, Retold for the Christmas Season (Classic Reprint) John Franklin Genung. 2018. (ENG., Illus.). 104p. (J). 26.04 *(978-0-332-80800-0(9))* Forgotten Bks.

Man with the Rake (Classic Reprint) Marion Beveridge Lee. 2018. (ENG., Illus.). 284p. (J). 29.77 *(978-0-483-84984-6(7))* Forgotten Bks.

Man with the Sad Face. Stacy Vayenas. 2023. (ENG.). 28p. (J). ***(978-0-2288-9466-7(2))***; pap. ***(978-0-2288-9053-9(5))*** Tellwell Talent.

Man with the Weird Beard. Gary Ziskovsky. 2021. (ENG.). 52p. (J). pap. 13.99 *(978-1-63752-899-0(X))* Primedia eLaunch LLC.

Man-With-the-Wooden-Face (Classic Reprint) Fred Reynolds. 2017. (ENG., Illus.). (J). 30.46 *(978-0-260-91637-2(4))*; pap. 13.57 *(978-0-259-02828-4(2))* Forgotten Bks.

Man with Three Names (Classic Reprint) Harold Mac Grath. 2017. (ENG., Illus.). (J). 30.04 *(978-1-5282-8522-3(0))* Forgotten Bks.

Man Without a Country, and, the Fair of the Pilgrims (Classic Reprint) Ellen Shyne. (ENG., Illus.). (J). 2018. 26p. 24.43 *(978-0-484-50656-4(0))*; 2017. pap. 7.97 *(978-0-259-97471-0(4))* Forgotten Bks.

Man Without a Memory: And Other Stories (Classic Reprint) William Henry Shelton. (ENG., Illus.). (J). 2018. 346p. 31.05 *(978-0-332-95568-1(0))*; 2016. pap. 13.57 *(978-1-334-16727-0(3))* Forgotten Bks.

Man Without a Profession, Vol. 1 of 3 (Classic Reprint) Charles Rowcroft. (ENG., Illus.). (J). 2018. 302p. 30.15 *(978-0-483-85970-8(2))*; 2016. pap. 13.57 *(978-1-333-37882-0(3))* Forgotten Bks.

Man Without a Profession, Vol. 2 of 3 (Classic Reprint) Charles Rowcroft. 2018. (ENG., Illus.). 298p. (J). 30.06 *(978-0-428-83297-1(0))* Forgotten Bks.

Man Without a Profession, Vol. 3 of 3 (Classic Reprint) Charles Rowcroft. (ENG., Illus.). (J). 2018. 302p. 30.13 *(978-0-428-76017-5(1))*; 2016. pap. 13.57 *(978-1-333-30484-3(6))* Forgotten Bks.

Manabozho, the Great White Rabbit: And Other Indian Stories (Classic Reprint) Maude Radford Warren. (ENG., Illus.). (J). 2018. 152p. 27.03 *(978-0-332-92558-5(7))*; 2016. pap. 9.57 *(978-1-334-12272-9(5))* Forgotten Bks.

Manada de Babuinos (Baboon Troop) Julie Murray. 2018. (Grupos de Animales (Animal Groups) Ser.). (SPA.). 24p. (J). (gr. -1-2). lib. bdg. 31.36 *(978-1-5321-8359-1(3)*, 29911, Abdo Kids) ABDO Publishing Co.

Manada de Leones (Lion Pride) Julie Murray. 2018. (Grupos de Animales (Animal Groups) Ser.). (SPA.). 24p. (J). (gr. -1-2). lib. bdg. 31.36 *(978-1-5321-8361-4(5)*, 29915, Abdo Kids) ABDO Publishing Co.

Manada de Lobos (Wolf Pack) Julie Murray. 2018. (Grupos de Animales (Animal Groups) Ser.). (SPA.). 24p. (J). (gr.

-1-2). lib. bdg. 31.36 *(978-1-5321-8364-5(X)*, 29921, Abdo Kids) ABDO Publishing Co.

Manada de Orcas (Orca Whale Pod) Julie Murray. 2018. (Grupos de Animales (Animal Groups) Ser.). (SPA.). 24p. (J). (gr. -1-2). lib. bdg. 31.36 *(978-1-5321-8363-8(1)*, 29919, Abdo Kids) ABDO Publishing Co.

Manager of the B: A Novel (Classic Reprint) Vaughan Kester. 2018. (ENG., Illus.). 292p. (J). 29.92 *(978-0-483-94282-0(0))* Forgotten Bks.

Manager Woods' Happy-Burnt District Home (Classic Reprint) Pauline Jacobson. 2017. (ENG., Illus.). (J). 24.33 *(978-0-331-47414-5(X))*; pap. 7.97 *(978-0-260-82255-0(8))* Forgotten Bks.

Managing Anxiety. Hal Marcovitz. 2021. (Managing Mental Health Ser.). (ENG.). 64p. (YA). (gr. 6-12). 43.93 *(978-1-6782-0106-7(5))* ReferencePoint Pr., Inc.

Managing Bank Accounts & Investments, 1 vol. Xina M. Uhl & Jeri Freedman. 2019. (Managing Your Money & Finances Ser.). (ENG.). 64p. (gr. 6-6). 36.13 *(978-1-5081-8849-0(1)*, 39158deb-acfa-4050-8d1f-6353998978a9) Rosen Publishing Group, Inc., The.

Managing Bank Accounts & Investments: Set, 12 vols. 2019. (Managing Your Money & Finances Ser.). (ENG.). 64p. (YA). (gr. 6-6). lib. bdg. 216.78 *(978-1-4994-6776-5(1)*, 36f5d027-3852-4446-8fb3-8253baff735e) Rosen Publishing Group, Inc., The.

Managing Credit. Jennifer Boothroyd. 2023. (Personal Finance: Need to Know Ser.). (ENG.). 32p. (J). (gr. 5-7). lib. bdg. 28.50 Bearport Publishing Co., Inc.

Managing Debt. Alexis Burling. 2019. (Financial Literacy Ser.). (ENG.). 112p. (J). (gr. 6-12). lib. bdg. 41.36 *(978-1-5321-1914-9(3)*, 32293, Essential Library) ABDO Publishing Co.

Managing Finances & Shopping Online, 1 vol. Xina M. Uhl & Judy Monroe Peterson. 2019. (Managing Your Money & Finances Ser.). (ENG.). 64p. (gr. 6-6). pap. 13.95 *(978-1-5081-8839-1(4)*, 28878704-b653-4aae-849e-7dbeca094161) Rosen Publishing Group, Inc., The.

Managing Friendships. Meg Gaertner. 2022. (Taking Care of Myself Ser.). (ENG., Illus.). 24p. (J). (gr. k-1). pap. 8.95 *(978-1-64619-521-3(3))*; lib. bdg. 28.50 *(978-1-64619-494-0(2))* Little Blue Hse. (Little Blue Readers).

Managing Money. Craig E. Blohm. 2019. (Teen Life Skills Ser.). (ENG.). 64p. (YA). (gr. 6-12). 41.27 *(978-1-68282-749-9(6))* ReferencePoint Pr., Inc.

Managing Money. Jennifer Colby. Illus. by Jeff Bane. 2018. (My Early Library: My Guide to Money Ser.). (ENG.). 24p. (J). (gr. k-1). lib. bdg. 30.64 *(978-1-5341-2895-8(6)*, 211624) Cherry Lake Publishing.

Managing Money. Emma Huddleston. 2020. (Life Skills Ser.). (ENG., Illus.). 24p. (J). (gr. 1-2). pap. 8.95 *(978-1-64493-420-3(5)*, 1644934205); lib. bdg. 28.50 *(978-1-64493-344-2(6)*, 1644933446) North Star Editions. (Focus Readers).

Managing OCD. Craig E. Blohm. 2021. (Managing Mental Health Ser.). (ENG.). 64p. (YA). (gr. 6-12). 43.95 *(978-1-6782-0108-1(1))* ReferencePoint Pr., Inc.

Managing Panic Disorder. Katie Sharp. 2021. (Managing Mental Health Ser.). (ENG.). 64p. (YA). (gr. 6-12). 43.93 *(978-1-6782-0110-4(3))* ReferencePoint Pr., Inc.

Managing PTSD. Stephanie Lundquist-Arora. 2021. (Managing Mental Health Ser.). (ENG.). 64p. (YA). (gr. 6-12). 43.93 *(978-1-6782-0112-8(X))* ReferencePoint Pr., Inc.

Managing Stress, Pressure & the Ups & Downs of Life: For Teens & Young Adults. Jennifer Youngs & Youngs Bettie. 2019. (Smart Teens-Smart Choices Ser.). (ENG.). 98p. (YA). (gr. 7-12). pap. 19.95 *(978-1-940784-80-9(8)*, Teen Town Pr. / Bettie Youngs Bks.) Youngs, Bettie Bks.

Managing Time. Meg Gaertner. 2022. (Taking Care of Myself Ser.). (ENG., Illus.). 24p. (J). (gr. k-1). pap. 8.95 *(978-1-64619-522-0(1))*; lib. bdg. 28.50 *(978-1-64619-495-7(0))* Little Blue Hse. (Little Blue Readers).

Manal Mahal & the Double Cookie Party. Hodo Hussein. 2021. (ENG.). 24p. (J). *(978-1-5255-9154-9(1))*; pap. *(978-1-5255-9153-2(3))* FriesenPress.

Manalive. G. K. Chesterton. 2017. (ENG., Illus.). (J). 23.95 *(978-1-374-82952-7(8))*; pap. 13.95 *(978-1-374-82951-0(X))* Capital Communications, Inc.

Manalive (Classic Reprint) G. K. Chesterton. 2017. (ENG., Illus.). (J). 30.62 *(978-0-260-65057-3(9))* Forgotten Bks.

Manami Symone - Inspirational Books from the Heart Collection: Stop Bullying, Be a Friend, Stand up & Speak Out. Linda Williams-Bright. 2021. (ENG.). 44p. (J). *(978-0-2288-3762-6(6))*; pap. *(978-0-2288-3761-9(8))* Tellwell Talent.

Manana: Individual Title Two-Packs. (Chiquilibros Ser.). (SPA.). (gr. -1-1). 12.00 *(978-0-7635-8551-8(3))* Rigby Education.

mañana de Pascua see On Easter Morning/la mañana de Pascua

Mañanaland. Pam Muñoz Ryan. 2020. (ENG., Illus.). 256p. (J). (gr. 3-7). 18.99 *(978-1-338-15786-4(8)*, Scholastic Pr.) Scholastic, Inc.

Manantis. el Corazón de Leo. Sra Alycia Alba Minano. Ed. by La Fabrica de Suenos. Illus. by Sr Joan Guasp. 2017. (SPA.). 242p. (J). pap. *(978-84-944449-9-9(9))* La Fabrica De Suenos S.C.

Manasseh a Story of the Stirring Days of 48 (Classic Reprint) Maurus Jokai. 2017. (ENG., Illus.). (J). 31.26 *(978-1-5281-6665-2(5))* Forgotten Bks.

Manatee Miracle: The Adventures of Shelly Beach #1. Shelly Mateer. 2021. (ENG.). 98p. (J). pap. 5.99 *(978-0-578-89261-0(8))* False Buddha LLC.

Manatee Rescue. Nicola Davies. Illus. by Annabel Wright. 2016. (Heroes of the Wild Ser.). (ENG.). 112p. (J). (gr. 2-5). 16.99 *(978-0-7636-7830-2(9))* Candlewick Pr.

Manatee Scientists: Saving Vulnerable Species. Peter Lourie. 2016. (Scientists in the Field Ser.). (ENG., Illus.). 80p. (J). (gr. 5-7). pap. 10.99 *(978-0-544-22529-9(5)*, 1563372, Clarion Bks.) HarperCollins Pubs.

Manatee Scientists: The Science of Saving the Vulnerable. Peter Lourie. 2016. (Scientists in the Field Ser.). lib. bdg. 20.85 *(978-0-606-37985-4(1))* Turtleback.

Manatee Summer. Evan Griffith. (ENG.). 288p. (J). (gr. 3-7). 2023. pap. 9.99 *(978-0-06-309492-5(4))*; 2022. 18.99 *(978-0-06-309491-8(6))* HarperCollins Pubs. (Quill Tree Bks.).

Manatees. Katie Chanez. 2021. (Giants of the Sea Ser.). (ENG., Illus.). 32p. (J). (gr. 2-3). pap. 9.95 *(978-1-63738-041-3(0))*; lib. bdg. 31.35 *(978-1-63738-005-5(4))* North Star Editions. (Apex).

Manatees. Melissa Gish. (Living Wild Ser.). (ENG., Illus.). 48p. (J). (gr. 4-7). 2017. pap. 12.00 *(978-1-62832-301-6(9)*, 20611, Creative Paperbacks); 2016. *(978-1-60818-705-8(5)*, 20613, Creative Education) Creative Co., The.

Manatees. Contrib. by Rachel Grack. 2023. (Animals at Risk Ser.). (ENG., Illus.). (J). (gr. k-3). lib. bdg. 26.95 Bellwether Media.

Manatees, 1 vol. Walter LaPlante. 2019. (Ocean Animals Ser.). (ENG.). 24p. (gr. k-k). pap. 9.15 *(978-1-5382-4457-9(8)*, 6bed7f4a-d354-43ea-afd5-69e3051be4b5) Stevens, Gareth Publishing LLLP.

Manatees. Rebecca Pettiford. 2017. (Ocean Life up Close Ser.). (ENG., Illus.). 24p. (J). (gr. k-3). lib. bdg. 26.95 *(978-1-62617-570-9(5)*, Blastoff! Readers) Bellwether Media.

Manatees. Kate Riggs. 2018. (Amazing Animals Ser.). (ENG., Illus.). 24p. (J). (gr. 1-4). *(978-1-60818-879-6(5)*, 19606, Creative Education) Creative Co., The.

Manatees. Martha E. H. Rustad. 2020. (Animals Ser.). (ENG.). 32p. (J). (gr. 1-3). pap. 6.95 *(978-1-9771-2651-1(0)*, 201635); (Illus.). lib. bdg. 31.32 *(978-1-9771-2317-6(1)*, 199493) Capstone. (Pebble).

Manatee's Best Friend. Sylvia Liu. 2021. (ENG., Illus.). 224p. (J). (gr. 3-7). pap. 7.99 *(978-1-338-66226-9(0))* Scholastic, Inc.

Manati. Kate Riggs. 2018. (Planeta Animal Ser.). (SPA.). 24p. (J). (gr. 1-4). *(978-1-60818-935-9(X)*, 19554, Creative Education) Creative Co., The.

Manch (Classic Reprint) Mary Edwards Bryan. (ENG., Illus.). (J). 2018. 318p. 30.41 *(978-0-484-18163-1(7))*; 2016. pap. 13.57 *(978-1-334-12657-4(7))* Forgotten Bks.

Mancha Pegajosa. Irma Ilia Terron Tamez. Ed. by Frank Joseph Ortiz Bello. Illus. by Isis de Sousa. 2019. (SPA.). 34p. (J). pap. 15.00 *(978-1-881741-86-2(9))* Ediciones Eleos.

Manchester Man (Classic Reprint) G. Linnaeus Banks. 2017. (ENG., Illus.). (J). 31.40 *(978-1-5281-7365-0(1))* Forgotten Bks.

Manchester Man, Vol. 1 of 3 (Classic Reprint) G. Linnaeus Banks. 2018. (ENG., Illus.). 314p. (J). 30.37 *(978-0-483-51290-0(7))* Forgotten Bks.

Manchester Man, Vol. 2 of 3 (Classic Reprint) George Linneus Banks. (ENG., Illus.). (J). 2018. 300p. 30.08 *(978-0-483-44614-4(9))*; 2016. pap. 13.57 *(978-1-333-46481-3(9))* Forgotten Bks.

Manchester Man, Vol. 3 of 3 (Classic Reprint) G. Linnaeus Banks. 2018. (ENG., Illus.). 330p. (J). 30.70 *(978-0-656-67517-3(9))* Forgotten Bks.

Manchester Rebels of the Fatal '45 (Classic Reprint) William Harrison Ainsworth. 2018. (ENG., Illus.). 416p. (J). 32.48 *(978-0-267-19125-3(1))* Forgotten Bks.

Manchester Tradition (Classic Reprint) G. F. Bradby. 2018. (ENG., Illus.). 198p. (J). 27.98 *(978-0-483-25804-4(0))* Forgotten Bks.

Manchester United. Todd Karpovich. 2017. (Europe's Best Soccer Clubs Ser.). (ENG.). 48p. (J). (gr. 3-6). lib. bdg. 34.21 *(978-1-5321-1135-8(5)*, 25846, SportsZone) ABDO Publishing Co.

Manchester United. Mark Stewart. 2017. (First Touch Soccer Ser.). (ENG., Illus.). 24p. (J). (gr. k-3). 23.93 *(978-1-59953-860-0(1))* Norwood Hse. Pr.

Manchester United: Soccer Champions. Jeff Savage. 2018. (Champion Soccer Clubs Ser.). (ENG., Illus.). 32p. (J). (gr. 2-5). lib. bdg. 27.99 *(978-1-5415-1987-9(6)*, e518ec36-2ae7-4e64-9eed-325032c9ae7d, Lerner Pubns.) Lerner Publishing Group.

Manchester United FC, 1 vol. Cathleen Small. 2019. (Soccer's Greatest Clubs Ser.). (ENG.). 64p. (gr. 5-5). pap. 16.28 *(978-1-5026-5264-5(1)*, b60b03d4-5a3d-4faf-99c6-227a49574863) Cavendish Square Publishing LLC.

Manchitas la Gata. Lisa Mullarkey. Illus. by Paula Franco. 2023. (Amigos de la Granja Ser.). (SPA.). 32p. (J). (gr. -1-3). lib. bdg. 32.79 ***(978-1-0982-3740-0(4)***, 42786, Calico Chapter Bks) Magic Wagon.

Manda Panda Goes to Tea. Lorraine Stacy. Illus. by Daniel Traynor. 2016. (ENG.). (J). (gr. k-2). pap. 16.99 *(978-0-9975539-3-2(6))* True Perspective Publishing Hse.

Mandala. M. Caesar. 2021. (ENG.). 103p. (J). pap. *(978-1-008-99407-2(3))* Lulu Pr., Inc.

Mandala: 50 Beautiful Full-Page Floral Mandala Pattern Designs. M. Caesar. 2021. (ENG.). 103p. (J). pap. *(978-1-008-98375-5(6))* Lulu Pr., Inc.

Mandala: Libro Da Colorare Più Bello per Adulti, Mandala per Alleviare lo Stress e Relax, Libro Da Colorare Mandala Mistico. Lenard Vinci Press. 2020. (ITA.). 90p. (J). pap. 8.99 *(978-1-716-35323-9(8))* Lulu Pr., Inc.

Mandala: Libro de Colorear Más Hermoso para Adultos, Mandalas para Aliviar el Estrés y Relajación, Libro de Colorear de Mandala Místico. Lenard Vinci Press. 2020. (SPA.). 90p. (J). pap. 8.99 *(978-1-716-35317-8(3))* Lulu Pr., Inc.

Mandala: Most Beautiful Coloring Book for Adults, Mandalas for Stress Relief & Relaxation, Mystical Mandala Coloring Book. Lenard Vinci Press. 2020. (ENG.). 90p. (J). pap. 8.99 *(978-1-716-35341-3(6))* Lulu Pr., Inc.

Mandala: Schönstes Malbuch Für Erwachsene, Mandalas Zum Stressabbau und Zur Entspannung, Mystisches Mandala-Malbuch. Lenard Vinci Press. 2020. (GER.). 90p. (J). pap. 8.99 *(978-1-716-37541-5(X))* Lulu Pr., Inc.

Mandala Adult Coloring Book: Awesome Mandala Adult Coloring Book Stress Relieving. Elli Steele. 2020. (ENG.). 106p. (YA). pap. 10.34 *(978-1-716-32272-3(3))* Lulu Pr., Inc.

Mandala Alphabet & Numbers Coloring Pages: Amazing Large & Floral Letter & Number Coloring Page Designs for Girls, Boys, Teens, Adults & Seniors Stress Relief. Elli Steele. 2021. (ENG.). 80p. (YA). pap. 9.78 *(978-1-008-99823-0(0))* Lulu Pr., Inc.

Mandala & Animals Coloring Book. A. Green. 2020. (ENG.). 100p. (J). pap. 7.00 *(978-1-716-35889-0(2))* Lulu Pr., Inc.

Mandala Animali Libro Da Colorare: Allevia lo Stress Attraverso l'arte/Libro Da Colorare Antistress con Disegni Rilassanti. Sara C. Shine. 2021. (ITA.). 106p. (YA). pap. *(978-1-4709-7544-9(0))* Lulu.com.

Mandala Coloring Book: 72 Plus Intricate Images of Mandalas, an Adult Coloring Book for Stress Relief & Relaxation. Silver Line Publishing. 2021. (ENG.). 144p. (YA). pap. ***(978-1-312-60741-5(6))*** Lulu Pr., Inc.

Mandala Coloring Book: Beautiful Designs to Inspire Creativity. Tansy Willow. 2023. (ENG.). 128p. (J). pap. 12.99 *(978-1-3988-2556-7(5)*, 4a8231fc-a048-4595-8a89-23ebe480e2e3) Arcturus Publishing GBR. Dist: Baker & Taylor Publisher Services (BTPS).

Mandala Coloring Book: Fabulous Images to Free Your Mind. Tansy Willow. 2022. (ENG., Illus.). 128p. pap. 12.99 *(978-1-3988-1266-6(8)*, 08bef503-e932-4c6d-8fbb-b60d6cfcedf4) Arcturus Publishing GBR. Dist: Baker & Taylor Publisher Services (BTPS).

Mandala Coloring Book: The Art of Mandala - Adult Coloring Book - Featuring Beautiful Mandalas Designed - Mindful Mandalas - a Coloring Book for Peacefulness - Soothe the Soul. Buster Mcjames. 2021. (Sherlock Holmes in the 22nd Century (Video) Ser.). (ENG.). (J). pap. 7.99 *(978-1-58817-528-1(6))* Lions Gate Home Entertainment.

Mandala Coloring Book Children Bundle: Includes A, 2 vols. Speedy Publishing LLC Staff. 2016. (ENG., Illus.). 100p. (J). pap. 15.99 *(978-1-68326-054-7(6))* Speedy Publishing LLC.

Mandala Coloring Book for Children (6x9 Coloring Book / Activity Book) Sheba Blake. 2020. (ENG.). (J). 84p. pap. 9.99 *(978-1-222-28939-8(3))*; 46p. pap. 9.99 *(978-1-222-28454-6(5))* Indy Pub.

Mandala Coloring Book for Children (8. 5x8. 5 Coloring Book / Activity Book) Sheba Blake. (ENG.). (J). 2021. 84p. pap. 12.99 *(978-1-222-29146-9(0))*; 2020. 46p. pap. 12.99 *(978-1-222-28768-4(4))* Indy Pub.

Mandala Coloring Book for Children (8x10 Coloring Book / Activity Book) Sheba Blake. 2020. (ENG.). (J). 84p. pap. 14.99 *(978-1-222-28940-4(7))*; 46p. pap. 14.99 *(978-1-222-28455-3(3))* Indy Pub.

Mandala Coloring Book for Kids. Deeasy Books. 2021. (ENG.). 90p. (J). pap. 9.00 *(978-1-716-59656-8(4))* Indy Pub.

Mandala Coloring Book for Kids. R. R. Fratica. 2020. (ENG.). 100p. (J). pap. 10.00 *(978-1-716-31650-0(2))* Lulu Pr., Inc.

Mandala Coloring Book for Kids. Cristie Publishing. 2020. (ENG.). 90p. (J). pap. 8.99 *(978-1-716-31350-9(3))* Lulu Pr., Inc.

Mandala Coloring Book for KIDS: Activity Book for Children, Beautiful Big Mandalas to Color, Beginners Mandala Collection, Fun, Easy, for Kids Ages 4-7, 8-12. Great Gift for Boys & Girls. Liliane Fortier. 2021. (ENG.). 26p. (J). pap. *(978-1-326-72391-0(X))*; 2nd ed. pap. *(978-1-326-72131-2(3))*; 3rd ed. pap. *(978-1-326-72115-2(1))*; 4th ed. pap. *(978-1-326-69768-6(4))* Lulu.com.

Mandala Coloring Book for Kids: Amazing Mandala Coloring for Kids, Big Mandalas to Color for Relaxation, over 40 Mandala Coloring Pages, Fun Coloring Book for Kids & Toddlers, Page Large 8. 5 X 11. Elma Angels. 2020. (ENG.). 86p. (J). pap. 9.97 *(978-1-716-31912-9(9))* Lulu Pr., Inc.

Mandala Coloring Book for KIDS: Beautiful Big Mandalas to Color, Beginners Mandala Collection, Fun, Easy, for Kids Ages 4-7, 8-12. Christopher Morrison. 2021. (ENG.). 208p. (J). pap. *(978-1-008-98160-7(5))* Lulu.com.

Mandala Coloring Book for Kids: Big Mandalas to Color for Relaxation, Book 1 (Mandala Coloring Collection) Max Tar. 2021. (ENG.). 54p. (YA). pap. 12.89 *(978-1-716-19113-8(0))* Lulu Pr., Inc.

Mandala Coloring Book for Kids: Big Mandalas to Color for Relaxation, Mandalas for Calming Children down, Stress Free Relaxation, Coloring Book with Fun, Easy, & Relaxing Mandalas for Boys, Girls, & Beginners. Stanley O'Starrie. l.t. ed. 2021. (ENG.). 100p. (YA). pap. *(978-0-86297-404-6(6))* National Housing Federation.

Mandala Coloring Book for Kids: Childrens Coloring Book with Fun, Easy, & Relaxing Mandalas for Boys, Girls, & Beginners. Young Dreamers Press. 2019. (Coloring Books for Kids Ser.: Vol. 2). (ENG., Illus.). 66p. (J). (gr. 3-6). pap. *(978-1-989387-46-7(2))* EnemyOne.

Mandala Coloring Book for Kids: Color Beautiful Mandala Pages - Children Gift - Fun Coloring Book for Girls & Boys - Big Mandala for Relaxation. Lena Bidden. 2021. (ENG.). (J). 54p. pap. 9.00 *(978-1-716-24579-4(6))*; 42p. pap. 7.00 *(978-1-716-27097-0(9))* Lulu Pr., Inc.

Mandala Coloring Book for Kids Ages 3 & Up: Cute Coloring Book with Black Outlines, 36 Single Pages Promoting Creativity, Good for Seniors Too, for All Ages. Anastasia Reece. 2021. (ENG.). 77p. (J). pap. *(978-1-291-22166-4(2))* Lulu Pr., Inc.

Mandala Coloring Book for Teens & Young Adults (6x9 Coloring Book / Activity Book) Sheba Blake. (Mandala Coloring Bks.: Vol. 3). (ENG., Illus.). 64p. (YA). 2021. pap. 9.99 *(978-1-222-29115-5(0))*; 2021. pap. 9.99 *(978-1-222-29117-9(7))*; 2021. pap. 9.99 *(978-1-222-29119-3(3))*; 2020. pap. 9.99 *(978-1-222-28682-3(3))*; 2020. pap. 9.99 *(978-1-222-28684-7(X))* Indy Pub.

Mandala Coloring Book for Teens & Young Adults (8. 5x8. 5 Coloring Book / Activity Book) Sheba Blake. (ENG., 64p. (YA). 2021. Illus.). pap. 12.99 *(978-1-222-29211-4(4))*; 2021. (Illus.). pap. 12.99 *(978-1-222-29212-1(2))*; 2021. (Illus.). pap. 12.99 *(978-1-222-29213-8(0))*; 2020. (Mandala Coloring Bks.: Vol. 2). pap. 12.99 *(978-1-222-28817-9(6))*; 2020. (Mandala Coloring Bks.: Vol. 1). (Illus.). pap. 12.99 *(978-1-222-28816-2(8))* Indy Pub.

Mandala Coloring Book for Teens & Young Adults (8x10 Coloring Book / Activity Book) Sheba Blake. (Mandala Coloring Bks.: Vol. 3). (ENG., Illus.). 64p. (YA). 2021. pap. 14.99 *(978-1-222-29116-2(9))*; 2021. pap. 14.99 *(978-1-222-29118-6(5))*; 2021. pap. 14.99 *(978-1-222-29120-9(7))*; 2020. pap. 14.99 *(978-1-222-28683-0(1))*; 2020. pap. 14.99 *(978-1-222-28685-4(8))* Indy Pub.

Mandala Coloring Books. Pleasantly Perplexing Mandala Patterns on Animal Fur. Unique Designs for Happiness, Meditation & Stress Relief. Ideal for Teens. Jupiter Kids. 2017. (ENG., Illus.). 200p. (J). pap. 12.26 *(978-1-5419-4805-1(X)*, Jupiter Kids (Childrens & Kids Fiction)) Speedy Publishing LLC.

Mandala Coloring Collections: Mandala Coloring Books for Adults Relaxation Edition. Activibooks. 2016. (ENG., Illus.). (J). pap. 9.20 *(978-1-68321-104-4(9))* Mimaxion.

Mandala Coloring for Kids. Ava Row. 2021. (ENG.). 116p. (J). pap. 6.99 *(978-1-716-20136-3(5))* Lulu Pr., Inc.

Mandala Coloring Journey: An Art Therapy Coloring Book to Inspire Creativity & de-Stress - Coloring Books for Adults. Activibooks. 2016. (ENG., Illus.). (J). pap. 9.20 *(978-1-68321-035-1(2))* Mimaxion.

Mandala Coloring Notebook: A Relaxation Coloring Book for Adults. Activibooks. 2016. (ENG., Illus.). (J). pap. 9.20 *(978-1-68321-034-4(4))* Mimaxion.

Mandala Colouring Book: This Mandala Colouring Book Is a Perfect Gift for Boys & Girls. Neek Nicole. 2021. (ENG.). 102p. (J). pap. ***(978-0-512-80353-5(6)***, Fodor) Ebury Publishing.

Mandala Da Colorare per Bambini: Libro Da Colorare per Bambini con Mandala Divertimento, Facili e Rilassanti per Ragazzi, Ragazze e Principianti. Young Dreamers Press. 2020. (Album Da Colorare per Bambini Ser.: Vol. 2). (ITA., Illus.). 66p. (J). (gr. 3-6). pap. *(978-1-989790-22-9(4))* EnemyOne.

Mandala Daydream: Adult Coloring Book: Meditation Designs. Max Targ. 2021. (ENG.). 86p. (YA). pap. 9.39 *(978-1-716-18253-2(0))* Lulu Pr., Inc.

Mandala Easter Eggs Coloring Book: Amazing Easter Coloring Book for Adults with Beautiful Mandala Design, Tangled Ornaments, Vintage Flower Illustrations & More! Elli Steele. 2021. (ENG.). 104p. (YA). pap. 10.15 *(978-1-716-09537-5(9))* Lulu Pr., Inc.

Mandala Enfant: Livre de Coloriage Pour Enfants Avec des Mandalas Amusants, Faciles et Relaxants Pour les Garçons, les Filles et les Débutants. Young Dreamers Press. 2020. (Livres de Coloriage Pour Enfants Ser.: Vol. 2). (FRE., Illus.). 66p. (J). (gr. 3-6). pap. *(978-1-989790-19-9(4))* EnemyOne.

Mandala Libro de Colorear para Niños. Boghi Publishing. 2021. (SPA.). 104p. (J). pap. *(978-0-86464-436-7(1))* INL Magazines.

Mandala-Malbuch Für Kinder: Malbuch Für Kinder - Mandala Für Kinder - Aktivitätsbuch Mit Ausmal-Seiten Für Kinder Von 6-12 Jahren - Nettes Geschenk Für Mädchen Oder Jungen. Lena Bidden. l.t. ed. 2021. (GER.). 52p. (J). pap. 10.99 *(978-1-997156-07-9(5))* Lulu Pr., Inc.

Mandala Mania! Tyrtaeus Publishing. 2022. (ENG.). 93p. (J). pap. *(978-1-716-63855-8(0))* Lulu Pr., Inc.

Mandala Simple & Beautiful Flower Design: Awesome Flowers Mandala Adult Coloring Book: Stress Relieving. Rhea Stokes. 2021. (ENG.). 64p. (YA). pap. 10.10 *(978-1-006-88349-1(5))* Lulu Pr., Inc.

Mandala Valentine's Day for Adults: Beautiful Valentine's Day Mandala Adult Coloring Book: Stress Relieving. Elli Steele. 2021. (ENG.). 124p. (YA). pap. 11.00 *(978-1-716-21592-6(7))* Lulu Pr., Inc.

Mandalas: Coloring Book for Kids. Jack Newman. 2021. (ENG.). 86p. (J). pap. *(978-0-87837-589-9(9)*, Sidgwick & Jackson) Pan Macmillan.

Mandalas! Color Me Calm Coloring Book for Kids: Calming Coloring Books for Kids. Activibooks For Kids. 2016. (ENG., Illus.). (J). pap. 9.20 *(978-1-68321-020-7(4))* Mimaxion.

Mandalas Coloring Book for Adults: Beautiful Mandalas - Designed for Stress Relief & Relaxation / Birds & Animals Designs for Teenagers & Adults. Mina Bee Lewis. 2021. (ENG.). 99p. (J). pap. *(978-1-008-90978-6(5))* Lulu Pr., Inc.

Mandalas Coloring Book for Beginners: Simple, Easy & Less Complex Mandala Patterns to Color for Seniors, Adults, & Kids. Personal Book. 2021. (ENG.). 54p. (YA). pap. 17.99 *(978-1-716-18818-3(0))* Lulu Pr., Inc.

Mandalas Conscientes Libro para Colorear para Niños: Diseños Divertidos y Relajantes, Atención Plena para Niños. Young Dreamers Press. 2022. (Cuadernos para Colorear Niños Ser.: Vol. 19). (SPA., Illus.). 68p. (J). pap. *(978-1-990136-63-4(X))* EnemyOne.

Mandalas de San Valentín Libro para Colorear: Dibujos para Colorear de San Valentín para Adolescentes y Adultos, Mandalas Románticas con Rosas, Corazones y Palabras de Amor, el Amor Esta en Todas Partes. Maggie C. Love. 2021. (SPA.). 66p. (YA). pap. 7.49 *(978-1-716-16184-1(3))* Lulu Pr., Inc.

Mandalas! for Peace & Tranquility to Color: Mandala Coloring for Artists. Activibooks. 2016. (ENG., Illus.). (J). pap. 9.20 *(978-1-68321-091-7(3))* Mimaxion.

Mandalas for Stress Management: A Coloring Book. Creative Playbooks. 2016. (ENG., Illus.). (J). pap. 6.92 *(978-1-68323-882-9(6))* Twin Flame Productions.

Mandalas Malbuch Für Kinder: 50 Wunderschöne Mandalas Zum Ausmalen Malen und Entspannen Ab 6 Jahren Ausmalbuch Zur Entspannung und Kreativität. Nina Binder. 2021. (GER.). 104p. (J). pap. *(978-1-4467-1402-7(0))* Lulu.com.

Mandalas para Colorear Niños: 50 Mandalas para niños a Partir de 6 años - Concentración y Relajación - Libro de Colorear Infantiles. Nina Binder. 2021. (SPA.). 104p. (J). pap. *(978-1-4467-0851-4(9))* Lulu.com.

Mandalas para Colorear Niños: Libro para Colorear con Mandalas Divertidos, Fáciles y Relajantes para niños,

1270

The check digit for ISBN-10 appears in parentheses after the full ISBN-13

TITLE INDEX MANNERS & ME

niñas y Principiantes. Young Dreamers Press. 2020. (Cuadernos para Colorear Niños Ser.: Vol. 2). (SPA., Illus.). 66p. (J). pap. *(978-1-989790-20-5(8))* EnemyOne.
Mandalas to Color, a Coloring Book. Bobo's Adult Activity Books. 2016. (ENG., Illus.). (J). pap. 9.33 *(978-1-68327-551-0(9))* Sunshine In My Soul Publishing.
Mandalorian: Season 1: Volume 1 (Star Wars) RH Disney. 2021. (Screen Comix Ser.). (ENG.). 320p. (J). (gr. 3-7). pap. 14.99 *(978-0-7364-4141-4(7),* Random Hse. Bks. for Young Readers) Random Hse. Children's Bks.
Mandalorian Season 2 Junior Novel. Joe Schreiber. ed. 2022. (ENG., Illus.). 224p. (J). (gr. 3-7). pap. 6.99 *(978-1-368-07596-1(7),* Disney Lucasfilm Press) Disney Publishing Worldwide.
Mandalorian: the Rescue (Star Wars) RH Disney. 2022. (Screen Comix Ser.). (ENG., Illus.). 80p. (J). (gr. 3-7). pap. 7.99 *(978-0-7364-4167-4(0),* Random Hse. Bks. for Young Readers) Random Hse. Children's Bks.
Mandalorian's Quest. Brooke Vitale. ed. 2022. (Star Wars 8x8 Ser.). (ENG.). 24p. (J). (gr. k-1). 16.46 ***(978-1-68505-283-6(5))*** Penworthy Co., LLC, The.
Mandarin Bottle. Linda Allison Shields. 2021. (ENG.). 230p. (YA). pap. 16.99 *(978-1-64719-361-4(3))* Booklocker.com, Inc.
Mandarin (Classic Reprint) Carlton Dawe. 2018. (ENG., Illus.). 362p. (J). 31.36 *(978-0-483-39162-8(X))* Forgotten Bks.
Mandarin Duck. Contrib. by Julie Murray. 2023. (Animals with Color Ser.). (ENG.). 24p. (J). (gr. k-4). lib. bdg. 31.36 ***(978-1-0982-8115-1(2),*** 42320, Abdo Zoom-Dash) ABDO Publishing Co.
Mandarin-Romanized Dictionary of Chinese (Classic Reprint) Donald Macgillivray. 2017. (ENG., Illus.). (J). 44.34 *(978-0-265-52660-6(4))* Forgotten Bks.
Mandarin the Monkey: Book Two: Drake & Friends Series. K. L. White-Hartman. Illus. by Yacqueline Hoefler. 2023. (ENG.). 44p. (J). pap. ***(978-1-312-80870-6(5))*** Lulu Pr., Inc.
Mandarin's Fan (Classic Reprint) Fergus Hume. 2018. (ENG., Illus.). 356p. (J). 31.26 *(978-0-483-58124-1(0))* Forgotten Bks.
Manda's Magical Zoo. Amanda Young. l.t. ed. 2022. (ENG.). 32p. (J). 18.00 *(978-1-0879-3174-6(6))* Indy Pub.
Mandatory Minimum Sentences, 1 vol. Ed. by H. Craig Erskine, III. 2018. (Opposing Viewpoints Ser.). (ENG.). 200p. (gr. 10-12). 50.43 *(978-1-5345-0295-6(5),* 55b352b2-0ca5-4cfe-8fc3-1be28b33708d) Greenhaven Publishing LLC.
Manders: A Tale of Paris (Classic Reprint) Elwyn Alfred Barron. (ENG., Illus.). (J). 2018. 354p. 31.16 *(978-0-483-13217-7(9));* 2016. pap. 13.57 *(978-1-334-24255-7(0))* Forgotten Bks.
Mandie: The Outer Banks Mysterious Unicorn. Jd Wise. 2023. (ENG.). 42p. (J). pap. ***(978-1-329-84191-8(3))*** Lulu Pr., Inc.
Mandolin Chords for Kids... & Big Kids Too! Nancy Eriksson & Richard Lunn. 2016. (Fretted Friends Beginners Ser.: Vol. 12). (ENG., Illus.). (J). pap. *(978-1-906207-82-3(8))* Cabot Bks.
Mandorla. Nathan T. Braymen. Illus. by Iskander R. Aminov. 2018. (ENG.). 40p. (J). (gr. k-6). 24.95 *(978-0-692-11432-2(7))* Aminov, Iskander.
M&Q Take 2 Making New Friends Really Isn't Scary!! Fallon Jones. 2021. (ENG.). 20p. (J). pap. 11.00 *(978-1-63821-771-8(8))* Primedia eLaunch LLC.
Mandrill. Contrib. by Julie Murray. 2023. (Animals with Color Ser.). (ENG.). 24p. (J). (gr. k-4). lib. bdg. 31.36 ***(978-1-0982-8116-8(0),*** 42323, Abdo Zoom-Dash) ABDO Publishing Co.
Mandy in the Clouds. Masa Ragheb. 2016. (ENG., Illus.). (J). pap. 21.18 *(978-1-4828-7980-3(8))* Partridge Pub.
Mandy Lamb & the Full Moon. Corinna Turner. 2017. (ENG., Illus.). 272p. (J). (gr. 4-6). pap. *(978-1-910806-52-4(8))* Zephyr Publishing.
Mandy (the Not So Magnificent Helper) Karen CHRISTOPHER. Illus. by Jamel Carroll. 2021. (Mandy (the Not So Magnificent Helper) Ser.: 1). 28p. (J). 21.98 *(978-1-0983-6347-5(7))* BookBaby.
Mandy's Barn. Moleboheng Mokhothu. 2021. (ENG.). 38p. (J). pap. *(978-0-620-86695-8(0))* National Library of South Africa, Pretoria Division.
Mandy's Market. Nelson Eae. Illus. by Kimberly Pacheco. 2021. (ENG.). 38p. (J). pap. *(978-1-922621-37-5(4))* Library For All Limited.
Mandy's Problem. Eric Schmidl. 2021. (ENG.). 20p. (J). pap. 11.95 *(978-1-63630-276-8(9))* Covenant Bks.
Mandy's Summer. Savannah Wiebe. Ed. by Marja Kostamo. Illus. by Marja Kostamo. 2021. (ENG.). 92p. (J). pap. ***(978-1-6671-9129-4(2))*** Lulu Pr., Inc.
Manes & Tails - Horses & Unicorns. Jenny Copper. Illus. by Rachael McLean. 2019. (Paint with Water Ser.). (ENG.). 32p. (J). (gr. -1-2). 14.99 *(978-1-78700-959-2(9))* Top That! Publishing PLC GBR. Dist: Independent Pubs. Group.
Manet: April 1934 (Classic Reprint) North Quincy High School. (ENG., Illus.). (J). 2018. 62p. 25.18 *(978-0-483-63289-9(9));* 2017. pap. 9.57 *(978-0-243-31489-8(2))* Forgotten Bks.
Manet: June 1932 (Classic Reprint) North Quincy High School. (ENG., Illus.). (J). 2018. 44p. 24.80 *(978-0-364-51266-1(0));* 2017. pap. 7.97 *(978-0-282-29663-6(8))* Forgotten Bks.
Manet: June, 1933 (Classic Reprint) North Quincy High School. (ENG., Illus.). (J). 2018. 62p. 25.18 *(978-0-332-78494-6(0));* 2017. pap. 9.57 *(978-0-259-85156-1(6))* Forgotten Bks.
Manet: June 1935 (Classic Reprint) North Quincy High School. 2017. (ENG., Illus.). (J). 25.26 *(978-0-265-80230-4(X))* Forgotten Bks.
Manet, 1933, Vol. 6 (Classic Reprint) North Quincy High School. (ENG., Illus.). (J). 2018. 50p. 24.93 *(978-0-364-32329-8(9));* 2017. pap. 9.57 *(978-0-259-81911-0(5))* Forgotten Bks.
Manet, Vol. 10: January, 1937 (Classic Reprint) Stephen H. Horton. (ENG., Illus.). (J). 2018. 72p. 25.40 *(978-0-483-05706-7(1));* 2017. pap. 9.57 *(978-0-259-88564-1(9))* Forgotten Bks.
Manet, Vol. 11: December 16, 1937 (Classic Reprint) North Quincy High School. 2017. (ENG., Illus.). (J). 44p. 24.80 *(978-0-332-60499-2(3));* pap. 7.97 *(978-0-259-91901-8(2))* Forgotten Bks.
Manet, Vol. 5: January, 1932 (Classic Reprint) Anna Cummings. (ENG., Illus.). (J). 2018. 38p. 24.68 *(978-0-666-99450-9(1));* 2017. pap. 7.97 *(978-0-243-48678-6(2))* Forgotten Bks.
Manet, Vol. 7: December, 1933 (Classic Reprint) North Quincy High School. 2017. (ENG., Illus.). (J). 60p. 25.13 *(978-0-332-87048-9(0));* pap. 9.57 *(978-0-259-81999-8(9))* Forgotten Bks.
Manet, Vol. 8: February, 1935 (Classic Reprint) Catherine Zottoli. (ENG., Illus.). (J). 2018. 62p. 25.18 *(978-0-666-99875-0(2));* 2017. pap. 9.57 *(978-0-243-49093-6(3))* Forgotten Bks.
Maneuvering Teenage Life: Helping Teenagers Transition from Childhood to Adulthood. Princess Lukhele. 2022. (ENG.). 478p. (J). pap. *(978-1-77633-581-7(3))* African Public Policy & Research Institute, The.
Maneuvring Mother, Vol. 3 of 3 (Classic Reprint) Charlotte Campbell. (ENG., Illus.). (J). 2018. 344p. 30.99 *(978-0-483-93282-1(5));* 2016. pap. 13.57 *(978-1-334-16582-5(3))* Forgotten Bks.
Manfred: Or, the Battle of Benevento (Classic Reprint) Francesco Domenico Guerrazzi. 2018. (ENG., Illus.). 456p. (J). 33.32 *(978-0-483-32293-6(8))* Forgotten Bks.
Manga: A How to Draw Activity Book. Smarter Activity Books for Kids. 2016. (ENG., Illus.). (J). pap. 9.22 *(978-1-68374-099-5(8))* Examined Solutions PTE. Ltd.
Manga Classics Anne of Green Gables. L. M. Montgomery & Crystal Chan. 2020. (ENG., Illus.). 308p. (YA). 24.99 *(978-1-947808-17-1(6),* 726fe5f5-c37c-4f59-acb7-23af274986d7); pap. 19.99 *(978-1-947808-18-8(4),* b77f97ce-0d81-42e9-aaa4-30b028a6203c) Manga Classics Inc.
Manga Classics Count of Monte Cristo: New Edition. Alexandre Dumas. 2021. (ENG., Illus.). 404p. (YA). pap. 19.99 *(978-1-947808-97-3(4))* Manga Classics Inc.
Manga Classics: Hamlet. William Shakespeare. Illus. by Julien Choy. (ENG.). 476p. (YA). (gr. 9-12). 2022. pap. 19.99 *(978-1-947808-12-6(5),* ba9f06fa-531b-4fdf-815f-40ac05730e1c); 2020. 24.99 *(978-1-947808-11-9(7),* 49efca79-3350-4095-8a44-e297689d6a2a) Manga Classics Inc.
Manga Classics Othello. William Shakespeare & Crystal Chan. 2021. (ENG., Illus.). 420p. (YA). 24.99 *(978-1-947808-13-3(3));* pap. 19.99 *(978-1-947808-14-0(1))* Manga Classics Inc.
Manga Classics Pride & Prejudice New Edition. Jane. Austen. Ed. by Stacy King. 2021. (ENG., Illus.). 372p. (YA). pap. 19.99 *(978-1-947808-98-0(2),* 061c11bd-5b73-4cfc-ab24-8c3facf8a3a5) Manga Classics Inc.
Manga Classics: Romeo & Juliet (Modern English Edition) William Shakespeare & Crystal S. Chan. 2021. (ENG., Illus.). 412p. (YA). pap. 19.99 *(978-1-947808-22-5(2))* Manga Classics Inc.
Manga Classics Stories of Edgar Allan Poe: New Edition. Edgar Allan Poe. 2021. (ENG., Illus.). 308p. (YA). pap. 19.99 *(978-1-947808-99-7(0))* Manga Classics Inc.
Manga Dissected: Steps to Improving Your Drawing Prowess Activity Book. Smarter Activity Books. 2016. (ENG., Illus.). (J). pap. 9.22 *(978-1-68374-097-1(1))* Examined Solutions PTE. Ltd.
Manga How To: Step-By-Step to Drawing Anime Activity Book. Smarter Activity Books for Kids. 2016. (ENG., Illus.). (J). pap. 9.22 *(978-1-68374-098-8(X))* Examined Solutions PTE. Ltd.
Manges-Tu Mon Lunch ?/Are You Eating My Lunch? Nicole Audet. Illus. by Kathy Kerber. 2023. (FRE.). 34p. (J). pap. ***(978-1-998096-07-7(6))*** Dr. Nicole Publishing.
Mangilaluk: A Graphic Memoir about Friendship, Perseverance, & Resiliency. Bernard Andreason. Illus. by Alan Gallo. 2023. (Qinuisaarniq Ser.). 100p. (YA). (gr. 9-12). pap. 18.95 ***(978-1-77450-738-4(2))*** Inhabit Education Bks. Inc. CAN. Dist: Consortium Bk. Sales & Distribution.
Mango All the Time. Fracaswell Hyman. 2022. (Mango Delight Ser.: 3). 288p. (J). (gr. 4-8). 16.99 *(978-1-4549-3395-3(X))* Sterling Publishing Co., Inc.
Mango Delight. Fracaswell Hyman. Illus. by Frank Morrison. 2018. (Mango Delight Ser.: 1). (ENG.). 224p. (J). (gr. 4-8). pap. 8.99 *(978-1-4549-2962-8(6))* Sterling Publishing Co., Inc.
Mango et Papaye - Mes Chats Inséparables. Micheline Millas. 2022. (FRE.). 68p. (J). pap. ***(978-1-4477-5855-6(2))*** Lulu Pr., Inc.
Mango Huddle. Miriam Komuhendo. Illus. by Benjamin Buhamizo. 2020. (ENG.). 28p. (J). *(978-1-5255-8046-8(9));* pap. *(978-1-5255-8047-5(7))* FriesenPress.
Mango in the City. Fracaswell Hyman. 2022. (Mango Delight Ser.). (ENG.). 288p. (J). (gr. 3-7). pap. 8.99 *(978-1-4549-4405-8(6))* Sterling Publishing Co., Inc.
Mango Kitty & Friends: The Colouring Book. Marilyn Osaka. 2020. (ENG.). 108p. (J). *(978-1-5255-7618-8(6));* pap. *(978-1-5255-7619-5(4))* FriesenPress.
Mango Moon: When Deportation Divides a Family. Diane de Anda. Illus. by Sue Cornelison. (ENG.). 32p. (J). (gr. -1-3). 2021. pap. 8.99 *(978-0-8075-4962-9(2),* 807549622); 2019. 16.99 *(978-0-8075-4957-5(6),* 807549576) Whitman, Albert & Co.
MANGO (the Long Haired Ginger Cat) LEARNS SHE IS ADOPTED: It's Ok to Be Different, Because Love Is What Makes a Family. Grandma Krazy. Illus. by Lauren Garcia. 2021. (ENG.). 52p. (J). pap. 14.99 ***(978-1-0879-1457-2(4))*** Indy Pub.
Mango, the Scaredy Bat. Maria Wasiak. Illus. by Maria Wasiak. 2016. (ENG., Illus.). 32p. (J). (gr. 1-3). pap. *(978-0-9946242-0-8(4))* Province Pr.
Mango Tree. Candelario Ortiz. 2021. (ENG.). 34p. (J). pap. 14.95 *(978-1-64334-436-2(6));* (Illus.). 25.95 *(978-1-6624-9223-5(5))* Page Publishing Inc.
Mango Tree. Brooke Smith. Illus. by Tania Gomes. 2018. (ENG.). 42p. (J). 21.95 *(978-0-578-41819-3(3))* Wonder Storm Productions, LLC.
Mangoes, Mischief, & Tales of Friendship: Stories from India. Chitra Soundar. Illus. by Uma Krishnaswamy. 2021. (Chitra Soundar's Stories from India Ser.). (ENG.). 192p. (J). (gr. 1-4). pap. 6.99 *(978-1-5362-1915-9(0))* Candlewick Pr.
Mango's Winter Wonderland. Sue Mason. Illus. by Steve Mason. 2022. (Mango the Small Brown Bear Ser.: Vol. 1). (ENG.). 26p. (J). pap. ***(978-0-6456195-9-1(0))*** DoctorZed Publishing.
Mangrove Fun in the Florida Sun. Susan Connelly. Illus. by Teri Smith. 2016. (ENG.). 19p. (J). pap. *(978-1-78623-031-7(3))* Grosvenor Hse. Publishing Ltd.
Mangrove Sands. L. J. Nilsson. 2020. (ENG.). 108p. (J). pap. *(978-1-5289-4591-2(3))* Austin Macauley Pubs. Ltd.
Mangrove Sands, the Enchanted Seaworld & Beyond. L. J. Nilsson. Illus. by Sallie-Anne Swift. 2022. (ENG.). 196p. (YA). pap. *(978-1-3984-0661-2(9))* Austin Macauley Pubs. Ltd.
Mangrove Tree: Planting Trees to Feed Families, 1 vol. Susan L. Roth & Cindy Trumbore. 2018. (ENG., Illus.). 40p. (J). (gr. 1-6). 12.95 *(978-1-62014-580-7(4),* leelowbooks) Lee & Low Bks., Inc.
Mangroves Grow in Salt Water!, 1 vol. Janey Levy. 2019. (World's Weirdest Plants Ser.). (ENG.). 24p. (gr. 2-3). pap. 9.15 *(978-1-5382-4646-7(5),* 20d5018f-9360-4ab3-b2f3-b3e677b18e08) Stevens, Gareth Publishing LLLP.
Manhattan: Mapping the Story of an Island. Jennifer Thermes. 2019. (ENG., Illus.). 64p. (J). (gr. 3-7). 19.99 *(978-1-4197-3655-1(8),* 1219101, Abrams Bks. for Young Readers) Abrams, Inc.
Manhattan Girls. J.D. Fitzgerald. Ed. by Sarah Hopskins & Valerie Valentine. 2018. (Manhattan Girls Ser.: Vol. 1). (ENG., Illus.). 222p. (YA). (gr. 10-12). 40.00 *(978-1-5136-3895-9(5))* Jonathan.
Manhattan Pastures (Classic Reprint) Sandra Hochman. 2017. (ENG., Illus.). (J). 25.51 *(978-0-266-58269-4(9));* pap. 9.57 *(978-0-282-86666-2(3))* Forgotten Bks.
Manhattan Project. Matt Doeden. 2018. (Heroes of World War II (Alternator Books (r)) Ser.). (ENG., Illus.). 32p. (J). (gr. 3-6). 30.65 *(978-1-5415-2150-6(1),* e2e6a5d2-827b-4c5a-80ad-3897eb71e2bc, Lerner Pubns.) Lerner Publishing Group.
Manhattan Project. Ryan Gale. 2021. (Atomic Bomb Perspectives Ser.). (ENG., Illus.). 48p. (J). (gr. 4-8). lib. bdg. 35.64 *(978-1-5321-9268-5(1),* 34925) ABDO Publishing Co.
Manhunt. James L. Swanson. 2016. (ENG.). 498p. (YA). (gr. 10-13). pap. 15.99 *(978-0-06-216333-2(7),* Morrow, William & Co.) HarperCollins Pubs.
Maniac: A Realistic Study of Madness from the Maniac's Point of View (Classic Reprint) Unknown Author. 2018. (ENG., Illus.). 326p. (J). 30.62 *(978-0-483-40347-5(4))* Forgotten Bks.
Maniac Magee Novel Units Student Packet. Novel Units. 2019. (ENG.). (J). pap., stu. ed., wbk. ed. 13.99 *(978-1-56137-604-9(3),* Novel Units, Inc.) Classroom Library Co.
Maniac Magee Novel Units Teacher Guide. Novel Units. 2019. (ENG.). (J). pap. 12.99 *(978-1-56137-348-2(6),* Novel Units, Inc.) Classroom Library Co.
Maniacal Mischief of the Marauding Monsters (the Epic Tales of Captain Underpants TV), 1 vol. Adapted by Meredith Rusu. 2023. (Captain Underpants Ser.). (ENG.). 80p. (J). (gr. 1-3). pap. 7.99 *(978-1-338-86556-1(0))* Scholastic, Inc.
Maniac's Cat. Paul Chiles. 2016. (ENG., Illus.). (YA). (gr. 7-12). pap. 12.95 *(978-1-63491-407-9(4))* Booklocker.com, Inc.
Manic for Mazes! Kids Maze Activity Book. Activity Book Zone for Kids. 2016. (ENG., Illus.). (J). pap. 7.55 *(978-1-68376-162-4(6))* Sabeels Publishing.
Manifest. Brittany Cavallaro. 2023. (ENG., Illus.). 384p. (YA). (gr. 9). 19.99 *(978-0-06-284029-5(0),* Tegen, Katherine Bks) HarperCollins Pubs.
Manifest Destiny. N. J. Damschroder. 2018. (ENG., Illus.). 402p. (YA). (gr. 7-10). pap. 8.99 *(978-0-692-19827-8(X))* Dragonsoul Bks.
Manifest Destiny & the Journey West. Cynthia Kennedy Henzel. 2018. (Expansion of Our Nation Ser.). (ENG., Illus.). 32p. (J). (gr. 3-5). pap. 9.95 *(978-1-63517-985-9(8),* 1635179858); lib. bdg. 31.35 *(978-1-63517-884-5(3),* 1635178843) North Star Editions. (Focus Readers).
Manifest Destiny & the Mexican-American War, 1 vol. Zachary Deibel. 2017. (Primary Sources of Westward Expansion Ser.). (ENG.). 64p. (J). (gr. 6-6). lib. bdg. 35.93 *(978-1-5026-2643-1(8),* a4378558-bf98-40fa-baa8-802b89a94b03) Cavendish Square Publishing LLC.
Manifest Destiny & the US International Expansion Grade 5 Children's American History. Baby Professor. 2021. (ENG.). 72p. (J). 27.99 *(978-1-5419-8494-3(3));* pap. 16.99 *(978-1-5419-6038-1(6))* Speedy Publishing LLC. (Baby Professor (Education Kids)).
Manifestation Journal. DaVondra Turner. 2021. (ENG.). 100p. (YA). pap. ***(978-1-387-84408-1(3))*** Lulu Pr., Inc.
Manifesting Butterflies. Etienne Pema La Fleur. Illus. by Violette Pema La Fleur. 2020. (ENG.). 24p. (J). pap. 12.95 *(978-1-9822-5407-0(6),* Balboa Pr.) Author Solutions, LLC.
Manifesting Color Adult Coloring Book: An Adult Coloring Book. Breonnte Lopez. 2023. (ENG.). 76p. (J). pap. 21.70 ***(978-1-312-42412-8(5))*** Lulu Pr., Inc.
Manifesting Destiny. M. Pepper Langlinais. 2016. (ENG., Illus.). (J). pap. *(978-1-77233-984-0(9))* Evernight Publishing.
Manifesting with Queen Na'Zaria: Volume 1. Na'zaria Brown & Tonya Faithful Love Brown. 2022. (ENG., Illus.). 26p. (J). 24.95 *(978-1-63985-010-5(4))* Fulton Bks.
Manifesto: Addressed by General Francisco Villa to the Nation, & Documents Justifying the Disavowal of Venustiano Carranza As First Chief of the Revolution (Classic Reprint) Unknown Author. 2017. (ENG., Illus.). (J). 25.57 *(978-0-265-56025-9(X))* Forgotten Bks.
Manifesto for Excellence in Schools. Rob Carpenter. 2018. (ENG., Illus.). 176p. pap. *(978-1-4729-4634-8(0),* 353725, Bloomsbury Education) Bloomsbury Publishing Plc.
Manipulative Consumable Module a Grades 6-8. Hmh Hmh. 2019. (Science Dimensions Ser.). (ENG.). (J). (gr. 6-8). pap. 97.73 *(978-1-328-85380-6(2))* Houghton Mifflin Harcourt Publishing Co.
Manipulative Consumable Module d Grades 6-8. Hmh Hmh. 2019. (Science Dimensions Ser.). (ENG.). (J). (gr. 6-8). pap. 58.93 *(978-1-328-87972-1(0))* Houghton Mifflin Harcourt Publishing Co.
Manipulative Consumable Module e Grades 6-8. Hmh Hmh. 2019. (Science Dimensions Ser.). (ENG.). (J). (gr. 6-8). pap. 45.53 *(978-1-328-87973-8(9))* Houghton Mifflin Harcourt Publishing Co.
Manipulative Consumable Module K Grades 6-8. Hmh Hmh. 2019. (Science Dimensions Ser.). (ENG.). (J). (gr. 6-8). pap. 161.20 *(978-1-328-87986-8(0))* Houghton Mifflin Harcourt Publishing Co.
Manipulative Nonconsumable Module a Grades 6-8. Hmh Hmh. 2019. (Science Dimensions Ser.). (ENG.). (J). (gr. 6-8). pap. 180.33 *(978-1-328-85379-0(9))* Houghton Mifflin Harcourt Publishing Co.
Manipulative Nonconsumable Module B Grades 6-8. Hmh Hmh. 2019. (Science Dimensions Ser.). (ENG.). (J). (gr. 6-8). pap. 281.00 *(978-1-328-85381-3(0))* Houghton Mifflin Harcourt Publishing Co.
Manipulative Nonconsumable Module C Grades 6-8. Hmh Hmh. 2019. (Science Dimensions Ser.). (ENG.). (J). (gr. 6-8). pap. 371.53 *(978-1-328-87987-5(9))* Houghton Mifflin Harcourt Publishing Co.
Manipulative Nonconsumable Module d Grades 6-8. Hmh Hmh. 2019. (Science Dimensions Ser.). (ENG.). (J). (gr. 6-8). pap. 151.73 *(978-1-328-87988-2(7))* Houghton Mifflin Harcourt Publishing Co.
Manipulative Nonconsumable Module e Grades 6-8. Hmh Hmh. 2019. (Science Dimensions Ser.). (ENG.). (J). (gr. 6-8). pap. 443.00 *(978-1-328-87989-9(5))* Houghton Mifflin Harcourt Publishing Co.
Manipulative Nonconsumable Module F Grades 6-8. Hmh Hmh. 2019. (Science Dimensions Ser.). (ENG.). (J). (gr. 6-8). pap. 350.93 *(978-1-328-85383-7(7))* Houghton Mifflin Harcourt Publishing Co.
Manipulative Nonconsumable Module G Grades 6-8. Hmh Hmh. 2019. (Science Dimensions Ser.). (ENG.). (J). (gr. 6-8). pap. 423.73 *(978-1-328-87990-5(9))* Houghton Mifflin Harcourt Publishing Co.
Manipulative Nonconsumable Module H Grades 6-8. Hmh Hmh. 2019. (Science Dimensions Ser.). (ENG.). (J). (gr. 6-8). pap. 381.33 *(978-1-328-87991-2(7))* Houghton Mifflin Harcourt Publishing Co.
Manipulative Nonconsumable Module J Grades 6-8. Hmh Hmh. 2019. (Science Dimensions Ser.). (ENG.). (J). (gr. 6-8). pap. 399.93 *(978-1-328-88150-2(4))* Houghton Mifflin Harcourt Publishing Co.
Manipulative Nonconsumable Module K Grades 6-8. Hmh Hmh. 2019. (Science Dimensions Ser.). (ENG.). (J). (gr. 6-8). pap. 734.73 *(978-1-328-88151-9(2))* Houghton Mifflin Harcourt Publishing Co.
Manipulative Nonconsumable Module I Grades 6-8. Hmh Hmh. 2019. (Science Dimensions Ser.). (ENG.). (J). (gr. 6-8). pap. 228.53 *(978-1-328-85385-1(3))* Houghton Mifflin Harcourt Publishing Co.
Manitoba. Harry Beckett. 2018. (O Canada Ser.). (ENG.). 32p. (J). lib. bdg. 22.99 *(978-1-5105-3642-5(6))* SmartBook Media, Inc.
Manitoba Chore Boy: The Experiences of a Young Emigrant Told from His Letters (Classic Reprint) E. A. Wharton Gill. 2017. (ENG., Illus.). (J). 26.41 *(978-0-260-32367-5(5))* Forgotten Bks.
Manitoba Educational Facts. Bold Kids. 2023. (ENG.). 42p. (J). pap. 14.99 ***(978-1-0717-2083-7(X))*** FASTLANE LLC.
Manito's Moccasin: A Play for Boy Scouts (Classic Reprint) Leland W. Kingman. 2018. (ENG., Illus.). 34p. (J). 24.62 *(978-0-267-45758-8(8))* Forgotten Bks.
Manitou Island (Classic Reprint) M. G. McClelland. 2018. (ENG., Illus.). 304p. (J). 30.17 *(978-0-483-91056-0(2))* Forgotten Bks.
Manjhi Moves a Mountain. Nancy Churnin. Illus. by Danny Popovici. 2017. (ENG.). 36p. (J). (gr. k-5). 17.99 *(978-1-939547-34-7(2),* 0a896958-b1ae-4265-a6a8-dcccf4d81698) Creston Bks.
Manju's Stupendous Masala Thosai. Abhi Krish. Illus. by Vasudevan Ananthakrishnan. 2022. (ENG.). 32p. (J). (gr. 2-4). pap. 15.99 *(978-981-5009-78-1(8))* Marshall Cavendish International (Asia) Private Ltd. SGP. Dist: Independent Pubs. Group.
Manly Boy's Own Heroic Alphabet. Tony Arnold. 2017. (ENG., Illus.). (J). pap. 21.00 *(978-1-387-17258-0(1))* Lulu Pr., Inc.
Manna from Heaven. Roger Zelazny. 2021. (ENG.). 402p. (YA). 29.99 *(978-1-5154-5071-9(6))* Wilder Pubns., Corp.
Manna in the Desert, Vol. 1: A Revelation of the Great Karroo (Classic Reprint) Alfred de Jager Jackson. 2018. (ENG., Illus.). 336p. (J). 30.85 *(978-0-267-49484-2(X))* Forgotten Bks.
Mannequin (Classic Reprint) Valentine Williams. (ENG., Illus.). (J). 2017. 30.58 *(978-0-260-49089-6(X));* 2016. pap. 13.57 *(978-1-334-51604-7(9))* Forgotten Bks.
Mannerings (Classic Reprint) Alice Brown. 2018. (ENG., Illus.). 396p. (J). 32.06 *(978-0-483-31356-9(4))* Forgotten Bks.
Manners. Heron Books. 2021. (ENG.). 48p. (J). pap. ***(978-0-89739-265-5(5),*** Heron Bks.) Quercus.
Manners. Rose Marie Colucci. 2019. (ENG.). 38p. (J). pap. *(978-1-7947-7691-3(5))* Lulu Pr., Inc.
Manners All Around. Emma Bassier. (Manners Matter Ser.). (ENG.). 24p. (J). 2020. (gr. 1-1). pap. 8.95 *(978-1-64494-293-2(3),* 1644942933); 2019. (Illus.). (gr. k-3). lib. bdg. 31.36 *(978-1-5321-6560-3(9),* 33222, Pop! Cody Koala) Pop!.
Manners & Conduct in School & Out (Classic Reprint) Deans of Girls in Chicago High Schools. 2017. (ENG., Illus.). (J). 24.70 *(978-0-260-91916-8(0))* Forgotten Bks.
Manners & Customs of Ye Englyshe Drawn from Ye Quick (Classic Reprint) Richard Doyle. (ENG., Illus.). (J). 2019. 170p. 27.40 *(978-0-365-24461-5(9));* 2018. 108p. 26.14 *(978-0-483-07732-4(1));* 2017. pap. 9.97 *(978-0-259-40825-3(5));* 2016. pap. 9.57 *(978-1-333-57425-3(8))* Forgotten Bks.
Manners & Me: An Easy-Peasy Guide for Kids & the Grown Ups Who Love Them. Nancy Dorrier. Illus. by

M

Ralph Voltz. 2019. (ENG.). 26p. (J). (gr. -1-2). pap. 9.99 *(978-1-61254-378-9(2))* Brown Books Publishing Group.

Manners & More for Girls. Gail Reed. 2016. (ENG., Illus.). (J). 22.99 *(978-1-4808-3632-7(X))*; pap. 16.99 *(978-1-4808-3587-0(0))* Archway Publishing.

Manners & More for Little Ones. Gail Reed. 2016. (ENG., Illus.). (J). 22.99 *(978-1-4808-3633-4(8))*; pap. 16.99 *(978-1-4808-3589-4(7))* Archway Publishing.

Manners & Mutiny. Gail Carriger. 2016. (Finishing School Ser.: 4). (ENG., Illus.). 352p. (YA). (gr. 7-17). pap. 18.99 *(978-0-316-19029-9(2))* Little, Brown Bks. for Young Readers.

Manners & Tea with Mrs. B: An Enrichment Workbook. Rebecca Czarniecki. 2016. (ENG., Illus.). (J). pap. 12.00 *(978-0-9863560-0-1(X))* Tea with Mrs. B.

Manners Are Not for Monkeys. Heather Tekavec. Illus. by David Huyck. 2016. (ENG.). 32p. (J). (gr. -1-2). 16.95 *(978-1-77138-051-5(9))* Kids Can Pr., Ltd. CAN. Dist: Hachette Bk. Group.

Manners at School. Emma Bassier. (Manners Matter Ser.). (ENG.). 24p. (J). 2020. (gr. 1-1). pap. 8.95 *(978-1-64494-294-9(1)*, 1644942941); 2019. (Illus.). (gr. k-3). lib. bdg. 31.36 *(978-1-5321-6561-0(7)*, 33224, Pop! Cody Koala) Pop!.

Manners at the Table. Emma Bassier. (Manners Matter Ser.). (ENG.). 24p. (J). 2020. (gr. 1-1). pap. 8.95 *(978-1-64494-295-6(X)*, 164494295X); 2019. (Illus.). (gr. k-3). lib. bdg. 31.36 *(978-1-5321-6562-7(5)*, 33226, Pop! Cody Koala) Pop!.

Manners at the Theater for Young People. Gail Reed. 2016. (ENG., Illus.). (J). 22.99 *(978-1-4808-3659-4(1))*; pap. 16.99 *(978-1-4808-3591-7(9))* Archway Publishing.

Manners Can Be Fun. Munro Leaf. 2018. (VIE.). (J). (gr. -1-3). pap. *(978-604-2-11179-9(5))* Kim Dong Publishing Hse.

Manners Fun Book: A Fun Workbook with Activities for Pre-K Through Elementary School Years. Staci Ericson. Illus. by Steve Teare. 2016. (ENG.). (J). pap. 7.50 *(978-0-9964175-3-2(2))* Golly Gee-pers.

Manners Handbook for Kids. Tuan Anh Vu. 2019. (VIE.). (J). pap. *(978-604-9825-80-4(7))* Publishing Hse. of Writers's Assn.

Manners in the Library. Emma Bassier. (Manners Matter Ser.). (ENG.). 24p. (J). 2020. (gr. 1-1). pap. 8.95 *(978-1-64494-296-3(8)*, 1644942968); 2019. (Illus.). (gr. k-3). lib. bdg. 31.36 *(978-1-5321-6563-4(3)*, 33228, Pop! Cody Koala) Pop!.

Manners, Manners Are for Me! Claudia Abbondondolo. 2022. (ENG.). 34p. (J). pap. 9.50 ***(978-1-6629-2135-3(7))***; 18.50 ***(978-1-6629-2134-6(9))*** Gatekeeper Pr.

Manner's Manor. Mike Resh. Illus. by Steven Kernen. I.t. ed. 2023. (ENG.). 54p. (J). 18.99 ***(978-1-7342071-8-7(3))*** Pops & Hops Publishing.

Manners Matter, 8 vols. 2017. (Manners Matter Ser.). 24p. (ENG.). (gr. 1-1). 101.08 *(978-1-5081-5788-5(X)*, 00372387-8992-4a5f-83cd-a6c0389e49e5); (gr. 4-6). pap. 33.00 *(978-1-5081-5799-1(5))* Rosen Publishing Group, Inc., The. (PowerKids Pr.).

Manners Matter: Kuddle Kitty. Pam Cobler. Illus. by Stefanie St Denis. 2022. (ENG.). 24p. (J). *(978-0-2288-7709-7(1))*; pap. *(978-0-2288-7171-2(9))* Tellwell Talent.

Manners Matter (Set), 6 vols. 2022. (Manners Matter Ser.). (ENG.). (J). (gr. -1-2). lib. bdg. 196.74 *(978-1-5038-5889-3(8)*, 215779) Child's World, Inc, The.

Manners Matter (Set), 6 vols. Emma Bassier. 2019. (Manners Matter Ser.). (ENG.). 24p. (J). (gr. k-3). lib. bdg. 188.16 *(978-1-5321-6559-7(5)*, 33220, Pop! Cody Koala) Pop!.

Manners Matter (Set Of 6) Emma Bassier. 2020. (Manners Matter Ser.). (ENG.). 144p. (J). (gr. 1-1). pap. 53.70 *(978-1-64494-292-5(5)*, 1644942925) Pop!.

Manners Matters-Paperback. Evelyn Armstrong. 2020. (ENG.). 52p. (J). pap. *(978-1-716-79042-3(5))* Lulu Pr., Inc.

Manners on the Playground. Emma Bassier. (Manners Matter Ser.). (ENG., Illus.). 24p. (J). 2020. (gr. 1-1). pap. 8.95 *(978-1-64494-297-0(6)*, 1644942976); 2019. (gr. k-3). lib. bdg. 31.36 *(978-1-5321-6564-1(1)*, 33230, Pop! Cody Koala) Pop!.

Manners Online. Emma Bassier. (Manners Matter Ser.). (ENG., Illus.). 24p. (J). 2020. (gr. 1-1). pap. 8.95 *(978-1-64494-298-7(4)*, 1644942984); 2019. (gr. k-3). lib. bdg. 31.36 *(978-1-5321-6565-8(X)*, 33232, Pop! Cody Koala) Pop!.

Manners Time / Los Buenos Modales. Elizabeth Verdick. Illus. by Marieka Heinlen. 2016. (Toddler Tools(r) Ser.). (ENG.). 26p. (J). (— 1). bds. 9.99 *(978-1-63198-120-3(X))* Free Spirit Publishing Inc.

Manners, Vol. 1 Of 2: A Novel (Classic Reprint) Unknown Author. (ENG., Illus.). (J). 2018. 254p. 29.16 *(978-0-332-16624-7(4))*; 2016. pap. 11.57 *(978-1-334-13545-3(2))* Forgotten Bks.

Manners, Vol. 1 Of 3: A Novel (Classic Reprint) Frances Brooke. (ENG., Illus.). (J). 2018. 312p. 30.33 *(978-0-267-40623-4(1))*; 2016. pap. 13.57 *(978-1-334-11727-5(6))* Forgotten Bks.

Manners, Vol. 2 Of 2: A Novel (Classic Reprint) William B. Gilley. (ENG., Illus.). (J). 2018. 370p. 31.53 *(978-0-332-08419-0(1))*; 2016. pap. 11.57 *(978-1-333-11070-3(7))* Forgotten Bks.

Manners, Vol. 2 Of 3: A Novel (Classic Reprint) Frances Brooke. (ENG., Illus.). (J). 2018. 342p. 30.95 *(978-0-428-90148-6(4))*; 2016. pap. 13.57 *(978-1-334-12542-3(2))* Forgotten Bks.

Manning Up, 1 vol. Bee Walsh. 2019. (YA Verse Ser.). (ENG.). 200p. (J). (gr. 3-4). 25.80 *(978-1-5383-8268-4(7)*, c399e1ce-a5f7-42b7-a404-39c963d62de4); pap. 16.35 *(978-1-5383-8267-7(9)*, 9042566c-1d52-40e4-bbe8-3c4937d501c8) Enslow Publishing, LLC. (West 44 Bks.).

Mannon Makes Friends: Book 1 of the Mannon the Manchester Series. Yolanda Stanton. 2022. (ENG.). 38p. (J). 18.95 *(978-1-63755-526-2(1)*, Mascot Kids) Amplify Publishing Group.

Manny & Mason: Manny Meets a Bully. R. L. Wallace. 2018. (ENG., Illus.). 24p. (J). pap. 12.95 *(978-1-64349-237-7(3))* Christian Faith Publishing.

Manny & Mason: Manny's First Christmas. Rhonda Wallace. 2018. (ENG., Illus.). 30p. (J). pap. 12.95 *(978-1-64140-187-6(7))* Christian Faith Publishing.

Manny Loses His Fangs. Giuliano Ferri. Illus. by Giuliano Ferri. 2019. (Illus.). 32p. (J). (gr. k-2). 17.99 *(978-988-8341-83-2(9)*, Minedition) Penguin Young Readers Group.

Manny Machado: Baseball Superstar. Todd Kortemeier. 2019. (PrimeTime Ser.). (ENG., Illus.). 32p. (J). (gr. 3-4). pap. 9.95 *(978-1-63494-094-8(6)*, 1634940946); lib. bdg. 31.35 *(978-1-63494-093-1(8)*, 1634940938) Pr. Room Editions LLC.

Manny the Mantis. Anailia Joy Pantaleon & Becky Pantaleon. 2018. (ENG., Illus.). 28p. (J). pap. 12.95 *(978-1-64298-978-6(9))* Page Publishing Inc.

Manny's Mood Clouds: A Story about Moods & Mood Disorders. Lourdes Ubidia. ed. 2023. (Illus.). 48p. (J). 16.95 *(978-1-83997-495-3(8)*, 867745) Kingsley, Jessica Pubs. GBR. Dist: Hachette UK Distribution.

Mano de la Muñeca Dice Adiós: Y Otros Cuentos de Miedo. Michael Dahl. Illus. by Xavier Bonet. 2020. (Cuentos Escalofriantes de Michael Dahl Ser.). Tr. of Doll That Waved Goodbye & Other Scary Tales. (SPA.). 72p. (J). (gr. 1-3). lib. bdg. 25.32 *(978-1-4965-9820-2(2)*, 200708, Stone Arch Bks.) Capstone.

Mano Del Destino. J Gonzo. 2021. (ENG., Illus.). 240p. (YA). pap. 24.99 *(978-1-5343-1947-9(6))* Image Comics.

Mano Mesei. Laszlo Sandor. 2016. (HUN., Illus.). (J). pap. *(978-3-7103-1511-4(5))* united p.c. Verlag.

Manoeuvring Mother, Vol. 1 of 3 (Classic Reprint) Unknown Author. 2018. (ENG., Illus.). 336p. (J). 30.85 *(978-0-267-19953-2(8))* Forgotten Bks.

Manoeuvring Mother, Vol. 2 of 3 (Classic Reprint) Charlotte Campbell Bury. 2018. (ENG., Illus.). 322p. (J). 30.54 *(978-0-267-78425-7(2))* Forgotten Bks.

Manojo de Palitos: Leveled Reader Book 86 Level K 6 Pack. Hmh Hmh. 2021. (SPA.). 16p. (J). pap. 74.40 *(978-0-358-08302-3(8))* Houghton Mifflin Harcourt Publishing Co.

Manors in Medieval Times-Children's Medieval History Books. Baby Professor. 2017. (ENG., Illus.). (J). pap. 7.89 *(978-1-5419-0327-2(7)*, Baby Professor (Education Kids)) Speedy Publishing LLC.

Manos a la Obra. Stacey Sparks. Illus. by Juan Bautista Juan. 2023. (SPA.). 16p. (J). (gr. -1-1). pap. 36.00 *(978-1-4788-2325-4(9)*, 6e0b2ac8-62ef-4f05-92a5-63c6027b865d); pap. 5.75 *(978-1-4788-1980-6(4)*, b62114a5-ef15-4445-b099-7aed8468e43d) Newmark Learning LLC.

Manos Que Bailan (Dancing Hands) Cómo Teresa Carreño Tocó el Piano para el Presidente Lincoln. Margarita Engle. Tr. by Alexis Romay. Illus. by Rafael López. 2021. (SPA.). 40p. (J). (gr. -1-3). pap. 8.99 *(978-1-5344-9474-9(X)*, Atheneum Bks. for Young Readers) Simon & Schuster Children's Publishing.

Manos y Pies. Linda Koons. 2016. (Early Rising Readers Ser.). (SPA.). (J). (gr. -1). 6.67 *(978-1-4788-3654-4(7))* Newmark Learning LLC.

Manos y Pies - 6 Pack. Linda Koons. 2016. (Early Rising Readers Ser.). (SPA.). (J). (gr. 1). 40.00 net. *(978-1-4788-4597-3(X))* Newmark Learning LLC.

Manosaurs Vol. 1: Walk Like a Manosaur. Stefan Petrucha. Illus. by Yellowhale Yellowhale Studios. 2017. (Manosaurs Ser.: 1). (ENG.). 64p. (J). 12.99 *(978-1-62991-814-3(8)*, 900181017); pap. 7.99 *(978-1-62991-813-6(X)*, 900181018) Mad Cave Studios. (Papercutz).

Manrattan: The Truth Is Finally Revealed. Sir Rhymesalot. 2022. 32p. (J). (gr. 4-6). 9.99 *(978-1-953652-53-9(0))* Imagine & Wonder.

Man's Best Friend: Coloring Household Pets. Smarter Activity Books for Kids. 2016. (ENG., Illus.). (J). pap. 9.22 *(978-1-68374-368-2(7))* Examined Solutions PTE. Ltd.

Man's Conscience: A Novel (Classic Reprint) Avery MacAlpine. 2018. (ENG., Illus.). 354p. (J). 31.20 *(978-0-484-64283-5(9))* Forgotten Bks.

Man's Family: A Satiric Comedy Drama, in Three Acts (Classic Reprint) Moses L. 2018. (ENG., Illus.). 146p. (J). 26.91 *(978-0-428-77041-9(X))* Forgotten Bks.

Man's Foes (Classic Reprint) Euphans H. Strain. 2017. (ENG., Illus.). (J). 484p. 33.90 *(978-0-332-99565-6(8))*; pap. 16.57 *(978-0-259-23384-8(6))* Forgotten Bks.

Man's Foes, Vol. 1 (Classic Reprint) E. H. Strain. 2017. (ENG., Illus.). 294p. (J). 29.98 *(978-0-332-91803-7(3))* Forgotten Bks.

Man's Foes, Vol. 3 (Classic Reprint) E. H. Strain. 2018. (ENG., Illus.). 302p. (J). 30.15 *(978-0-483-01506-7(7))* Forgotten Bks.

Man's Furry Best Friend: All about Dogs - Animal Book for Toddlers Children's Animal Books. Baby Professor. 2017. (ENG., Illus.). (J). pap. 9.55 *(978-1-5419-1438-4(4)*, Baby Professor (Education Kids)) Speedy Publishing LLC.

Man's Game (Classic Reprint) John Brent. 2018. (ENG., Illus.). 310p. (J). 30.37 *(978-0-484-36932-9(6))* Forgotten Bks.

Man's Hands, & Other Stories (Classic Reprint) Richard Philip Garrold. 2017. (ENG., Illus.). (J). 226p. 28.56 *(978-0-332-87633-7(0))*; pap. 10.97 *(978-1-5276-2991-2(0))* Forgotten Bks.

Man's Hearth (Classic Reprint) Eleanor M. Ingram. 2018. (ENG., Illus.). 336p. (J). 30.83 *(978-0-484-09753-6(9))* Forgotten Bks.

Man's Helpers (Classic Reprint) Edith Carrington. (ENG., Illus.). (J). 2018. 190p. 27.82 *(978-0-332-09413-7(8))*; 2016. pap. 10.57 *(978-1-334-13673-3(4))* Forgotten Bks.

Man's Man (Classic Reprint) Ian Hay. (ENG., Illus.). (J). 2017. 32.11 *(978-0-266-50347-7(0))*; 2017. pap. 16.57 *(978-0-243-28735-2(6))*; 2016. pap. 16.57 *(978-1-334-11936-1(8))* Forgotten Bks.

Man's Mistake (Classic Reprint) Eliza Tabor. 2018. (ENG., Illus.). 304p. (J). 30.19 *(978-0-267-23212-3(8))* Forgotten Bks.

Man's Mistake, Vol. 3 of 3 (Classic Reprint) Eliza Tabor. 2018. (ENG., Illus.). (J). 336p. 30.83 *(978-0-366-55693-9(2))*; 338p. pap. 13.57 *(978-0-366-07168-5(8))* Forgotten Bks.

Man's Reach (Classic Reprint) Sally Nelson Robins. (ENG., Illus.). (J). 2018. 362p. 31.36 *(978-0-483-58000-8(7))*; 2016. pap. 13.57 *(978-1-334-15484-3(8))* Forgotten Bks.

Man's Therapist. Azcian Hope. 2020. (ENG.). 75p. (YA). pap. ***(978-1-716-35155-6(3))*** Lulu Pr., Inc.

Man's Woman. Frank Norris. 2017. (ENG., Illus.). (J). 24.95 *(978-1-374-84036-2(X))*; pap. 14.95 *(978-1-374-84035-5(1))* Capital Communications, Inc.

Man's Woman: Complete Works of Norris (Classic Reprint) Frank Norris. 2018. (ENG., Illus.). 298p. (J). 30.04 *(978-0-483-49771-9(1))* Forgotten Bks.

Man's World (Classic Reprint) Arthur Bullard. 2019. (ENG., Illus.). 326p. (J). 30.64 *(978-0-483-69310-4(3))* Forgotten Bks.

Mansa Musa, 1 vol. Barbara Krasner. 2016. (Silk Road's Greatest Travelers Ser.). (ENG.). 112p. (J). (gr. 6-6). 38.80 *(978-1-5081-7151-5(3)*, b17cbd0a-277d-43eb-90c0-166677ab31c7) Rosen Publishing Group, Inc., The.

Manse at Barren Rocks (Classic Reprint) Albert Benjamin Cunningham. (ENG., Illus.). (J). 2018. 304p. 30.19 *(978-0-483-63336-0(4))*; 2016. pap. 13.57 *(978-1-334-32746-9(7))* Forgotten Bks.

Mansfield College, Oxford: Its Origin & Opening, October 14-16 1889. R. W. Dale. 2017. (ENG., Illus.). (J). pap. *(978-0-649-64248-9(1))* Trieste Publishing Pty Ltd.

Mansfield High School Annual, 1923, Vol. 16 (Classic Reprint) Mansfield High School. (ENG., Illus.). (J). 2018. 216p. 28.35 *(978-0-365-04120-7(3))*; 2017. pap. 10.97 *(978-0-259-97514-4(1))* Forgotten Bks.

Mansfield Park. Henry Fielding. 2021. (ENG.). 316p. (J). (gr. 4-6). pap. 11.99 *(978-1-4209-7475-1(0))* Digireads.com Publishing.

Mansfield Park. Henry Fielding. 2020. (ENG.). 318p. (J). (gr. 4-6). pap. *(978-1-6780-1166-6(5))* Lulu Pr., Inc.

Mansfield Park (Classic Reprint) Jane. Austen. 2017. (ENG., Illus.). (J). 34.37 *(978-0-331-75383-7(9))*; 32.89 *(978-1-5281-5319-5(7))*; pap. 16.97 *(978-0-259-46231-6(4))* Forgotten Bks.

Mansfield Park, Vol. 1 (Classic Reprint) Jane. Austen. 2017. (ENG., Illus.). (J). 31.69 *(978-1-5281-7807-5(6))* Forgotten Bks.

Mansfield Park, Vol. 1 Of 3: A Novel (Classic Reprint) Jane. Austen. (ENG., Illus.). (J). 2018. 1036p. 45.26 *(978-0-484-76403-2(9))*; 2017. pap. 27.61 *(978-0-259-51886-0(7))* Forgotten Bks.

Mansfield Park, Vol. 2 (Classic Reprint) Jane. Austen. 2017. (ENG., Illus.). (J). 31.80 *(978-1-5282-5465-6(1))* Forgotten Bks.

Mansfield Park, Vol. 2 Of 3: A Novel (Classic Reprint) Jane. Austen. 2018. (ENG., Illus.). 300p. (J). 30.08 *(978-0-484-31238-7(3))* Forgotten Bks.

Mansion. Henry Van Dyke. 2022. (ENG.). 34p. (J). pap. 3.99 ***(978-1-61104-198-9(8))*** Cedar Lake Pubns.

Mansion. Henry Van Dyke. 2018. (ENG., Illus.). 26p. (J). (gr. 3-7). 9.99 *(978-1-61382-568-6(4))*; pap. 3.26 *(978-1-61382-570-9(6))* Simon & Brown.

Mansion (Classic Reprint) Henry Van Dyke. 2018. (ENG., Illus.). 60p. (J). 25.15 *(978-0-666-87061-2(6))* Forgotten Bks.

Mansion de Las Furias. Madeleine Roux. 2017. (SPA.). 424p. (YA). (gr. 9-12). pap. *(978-987-747-287-5(2))* V&R Editoras.

Mansion of Mystery: Being a Certain Case of Importance, Taken from the Note-Book of Adam Adams, Investigator & Detective (Classic Reprint) Chester K. Steele. (ENG., Illus.). (J). 2017. 30.41 *(978-0-266-40677-8(7))*; 2016. pap. 13.57 *(978-1-333-45743-3(X))* Forgotten Bks.

Mansión Secreta: Dentro de Las Habitaciones. Mavis Sybil. 2021. (SPA.). 84p. (J). pap. 9.99 *(978-1-0879-8573-2(0))* Indy Pub.

Mansiones Encantadas: Un Cuento Muy Asustador. Craig Lopetz. Tr. by Santiago Ochoa. 2021. (Leo y Rimo (I Read-N-Rhyme) Ser.). Tr. of Haunted Mansions: a Terribly Creepy Tale. (SPA.). 24p. (J). (gr. -1-3). lib. bdg. *(978-1-4271-3098-3(1)*, 14614) Crabtree Publishing Co.

Mansiones Encantadas: un Cuento Muy Asustador. Craig Lopetz. Tr. by Santiago Ochoa. 2021. (Leo y Rimo (I Read-N-Rhyme) Ser.). (SPA.). 24p. (J). (gr. -1-3). pap. *(978-1-4271-3109-6(0)*, 14626) Crabtree Publishing Co.

Manslaughter (Classic Reprint) Alice Duer Miller. 2018. (ENG., Illus.). 318p. (J). 30.46 *(978-0-484-84150-4(5))* Forgotten Bks.

Manslaughter Park. Tirzah Price. 2023. (Jane Austen Murder Mysteries Ser.: 3). (ENG.). 416p. (YA). (gr. 9). 19.99 *(978-0-06-288986-7(9)*, HarperTeen) HarperCollins Pubs.

Manson Family Murders. Tom Streissguth. 2019. (American Crime Stories Ser.). (ENG., Illus.). 112p. (J). (gr. 6-12). lib. bdg. 41.36 *(978-1-5321-9011-7(5)*, 33342, Essential Library) ABDO Publishing Co.

Manson's Approved Spelling Primer, or Child's Best Guide: With a Variety of Reading Lessons, & Addition, Subtraction & Multiplication Tables (Classic Reprint) David Manson. 2018. (ENG., Illus.). (J). 108p. 26.12 *(978-0-366-56433-0(1))*; 110p. pap. 9.57 *(978-0-366-15369-5(2))* Forgotten Bks.

Manta de Amor (Blanket of Love) Alyssa Satin Capucilli. Tr. by Alexis Romay. Illus. by Brooke Boynton-Hughes. 2019. (New Books for Newborns Ser.). (SPA.). 16p. (J). (— 1). bds. 7.99 *(978-1-5344-5077-6(7)*, Libros Para Ninos) Libros Para Ninos.

Manta Ray. Beth Costanzo. 2020. (ENG.). 28p. (J). pap. 12.95 *(978-1-7948-9438-9(1))* Lulu Pr., Inc.

Manta Rays. Heather Kissock. 2016. (Sea Life Ser.). (ENG., Illus.). 24p. (J). lib. bdg. 22.99 *(978-1-5105-0587-2(3))* SmartBook Media, Inc.

Manta Rays. Angela Lim. 2021. (Giants of the Sea Ser.). (ENG., Illus.). 32p. (J). (gr. 2-3). pap. 9.95 *(978-1-63738-042-0(9))*; lib. bdg. 31.35 *(978-1-63738-006-2(2))* North Star Editions. (Apex).

Mantel-Piece Minstrels, & Other Stories (Classic Reprint) John Kendrick Bangs. (ENG., Illus.). (J). 2018. 76p. 25.48 *(978-0-267-39177-6(3))*; 2016. pap. 9.57 *(978-1-334-13665-8(3))* Forgotten Bks.

Mantenerse Saludable: Ciencia Theme. 2016. (Early Rising Readers Ser.). (SPA.). (J). (gr. 1-2). 109.00 *(978-1-4788-5173-8(2))* Newmark Learning LLC.

Mantenerse Saludable: Desarrollo Físico Theme. 2016. (Early Rising Readers Ser.). (SPA.). (J). (gr. 1-2). 109.00 *(978-1-4788-5143-1(0))* Newmark Learning LLC.

Mantenerse Saludable: Desarrollo Social y Emocional Theme. 2016. (Early Rising Readers Ser.). (SPA.). (J). (gr. 1-2). 109.00 *(978-1-4788-5133-2(3))* Newmark Learning LLC.

Mantenerse Saludable: Estudios Sociales Theme. 2016. (Early Rising Readers Ser.). (SPA.). (J). (gr. 1-2). 109.00 *(978-1-4788-5163-9(5))* Newmark Learning LLC.

Mantenerse Saludable: Expresión Creativa Theme. 2016. (Early Rising Readers Ser.). (SPA.). (J). (gr. 1-2). 109.00 *(978-1-4788-5183-7(X))* Newmark Learning LLC.

Mantenerse Saludable: Matemática Theme. 2016. (Early Rising Readers Ser.). (SPA.). (J). (gr. 1-2). 109.00 *(978-1-4788-5153-0(8))* Newmark Learning LLC.

Manticore. Linda Ross Meyer. 2016. (ENG.). 198p. (J). pap. *(978-1-716-48904-4(0))* Lulu Pr., Inc.

Mantis. Laura Lyte. 2018. (ENG.). 192p. (YA). pap. 12.99 *(978-1-948390-97-2(3))* Pen It Pubns.

Mantises up Close, 1 vol. Caitie McAneney. 2019. (Bugs up Close! Ser.). (ENG.). 24p. (gr. 1-2). pap. 9.25 *(978-1-7253-0794-0(4)*, 3b985616-3575-41f8-bde0-8410225edf62, PowerKids Pr.) Rosen Publishing Group, Inc., The.

Mantita. Ben Clanton. 2022. (SPA.). 24p. (J). (gr. k-k). bds. 18.99 *(978-84-261-4747-9(X))* Juventud, Editorial ESP. Dist: Lectorum Pubns., Inc.

Mantle & Other Stories (Classic Reprint) Nicholas Gogol. 2018. (ENG., Illus.). 254p. (J). 29.07 *(978-0-332-65959-6(3))* Forgotten Bks.

Mantle of Elijah: A Novel (Classic Reprint) Israel Zangwill. 2017. (ENG., Illus.). (J). 33.98 *(978-0-331-85961-4(0))* Forgotten Bks.

Mantle of the East (Classic Reprint) Edmund Candler. 2018. (ENG., Illus.). 340p. (J). 30.93 *(978-0-484-17941-6(1))* Forgotten Bks.

Mantras to Help Kids Win at Life. Colin M. Drysdale. 2019. (ENG.). 36p. (J). (gr. 2-6). pap. *(978-1-909832-72-5(3))* Pictish Beast Pubns.

Manu: a Graphic Novel. Kelly Fernández. Illus. by Kelly Fernández. 2021. (ENG., Illus.). 192p. (J). (gr. 3-7). 24.99 *(978-1-338-26419-7(2))*; pap. 12.99 *(978-1-338-26418-0(4))* Scholastic, Inc. (Graphix).

Manu, the Boy Who Loved Birds. Caren Loebel-Fried. 2020. (ENG., Illus.). 48p. (J). 16.99 *(978-0-8248-8272-3(5)*, 13537, Latitude 20) Univ. of Hawaii Pr.

Manual (Containing Course of Study) Elson Fourth Grade Reader (Classic Reprint) William H. Elson. 2018. (ENG., Illus.). 86p. (J). 25.65 *(978-0-428-72123-7(0))* Forgotten Bks.

Manual (Containing Course of Study) Elson Third Grade Reader (Classic Reprint) William Harris Elson. 2017. (ENG., Illus.). (J). pap. 9.57 *(978-0-259-53501-0(X))* Forgotten Bks.

Manual de Ictiología Marina Concretado Á Las Especies Alimenticias Conocidas en Las Costas de España É Islas Baleares: Con Descripción de Las Artes Más Empleados para Su Pesca Comercial y Extracto de Su Legislación Presentado Al Sr. Ministro de Mar. Adolfo Navarrete. 2018. (SPA., Illus.). (J). 320p. 30.50 *(978-1-396-66089-4(5))*; 322p. pap. 13.57 *(978-1-391-58791-2(X))* Forgotten Bks.

Manual de Ictiologia Marina Concretado a Las Especies Alimenticias Conocidas en Las Costas de Espana e Islas Baleares: Con Descripcion de Los Artes Mas Empleados para Su Pesca y Extracto de Su Legislacion (Classic Reprint) Adolfo Navarrete. 2017. (SPA., Illus.). (J). 29.90 *(978-0-266-35759-9(8))*; pap. 13.57 *(978-1-332-69939-1(1))* Forgotten Bks.

Manual of Aesopic Fable Literature. George Charles Keidel. 2017. (ENG., Illus.). (J). pap. *(978-3-7447-8347-7(2))* Creation Pubs.

Manual of Anthropometry, or a Guide to the Physical Examination & Measurement of the Human Body: Containing a Systematic Table of Measurements, an Anthropometrical Chart or Register, & Instructions for Making Measurements on an Uniform Plan. Charles Roberts. 2017. (ENG., Illus.). (J). 28.89 *(978-0-260-74467-8(0))* Forgotten Bks.

Manual of Assaying Gold, Silver, Copper & Lead Ores (Classic Reprint) Walter Lee Brown. 2018. (ENG., Illus.). 324p. (J). 30.58 *(978-0-365-33546-7(0))* Forgotten Bks.

Manual of Astronomy & the Use of the Globes: For Schools & Academies (Classic Reprint) Henry Kiddle. 2017. (ENG., Illus.). (J). 146p. 26.91 *(978-0-484-55168-7(X))*; pap. 9.57 *(978-0-259-99708-5(0))* Forgotten Bks.

Manual of Bible History: In Connection with the General History of the World (Classic Reprint) William Garden Blaikie. 2018. (ENG., Illus.). 514p. (J). 34.50 *(978-0-365-36380-4(4))* Forgotten Bks.

Manual of Chemistry for the Use of Medical Students (Classic Reprint) Brandreth Symonds. 2017. (ENG., Illus.). (J). pap. 9.97 *(978-1-5277-6300-5(5))* Forgotten Bks.

Manual of Chemistry, on the Basis of Dr. Turner's Elements of Chemistry: Containing, in a Condensed Form, All the Most Important Facts & Principles of the Science (Classic Reprint) John Johnston. 2016. (ENG., Illus.). (J). pap. 16.57 *(978-1-334-20847-8(6))* Forgotten Bks.

Manual of Chemistry, on the Basis of Dr. Turner's Elements of Chemistry: Containing, in a Condensed Form, All the Most Important Facts & Principles of the Science; Designed for a Text Book in Colleges & Other Seminaries of Learning. John Johnston. 2016. (ENG., Illus.). (J). 2018. 486p. 33.92 *(978-1-396-66906-4(X))*; 2018. 488p. pap. 16.57 *(978-1-391-63116-5(1))*; 2017. 38.38 *(978-0-266-47327-5(X))*; 2016. pap. 16.57 *(978-1-334-33455-9(2))* Forgotten Bks.

Manual of Chemistry, on the Basis of Dr. Turner's Elements of Chemistry: Containing, in a Condensed Form, All the Most Important Facts & Principles of the Science, Designed for a Text Book in Colleges & Other

1272

The check digit for ISBN-10 appears in parentheses after the full ISBN-13

M

Seminaries of Learning. John Johnston. 2018. (ENG., Illus.). (J). 484p. 33.88 *(978-1-396-36767-0(5))*; 486p. pap. 16.57 *(978-1-390-98053-0(7))* Forgotten Bks.

Manual of Chemistry, on the Basis of Professor Brande's: Containing the Principal Facts of the Science, Arranged in the Order in Which They Are Discussed & Illustrated in the Lectures at Harvard University, N. e (Classic Reprint) William Thomas Brande. 2017. (ENG., Illus.). (J). pap. 19.57 *(978-1-5277-6412-5(5))* Forgotten Bks.

Manual of Classical Erotology: De Figuris Veneris (Classic Reprint) Friedrich Karl Forberg. 2017. (ENG., Illus.). (J). 29.22 *(978-0-331-44153-6(5))*; pap. 11.57 *(978-0-259-49357-0(0))* Forgotten Bks.

Manual of Conversation: Exercises for Conversation for the Use of Schools & Private Lessons (Classic Reprint) Bertha von der Lage. (ENG., Illus.). (J). 2018. 98p. 25.92 *(978-0-267-38871-4(3))*; 2016. pap. 9.57 *(978-1-334-14207-9(6))* Forgotten Bks.

Manual of Diseases of the Ear: Including Those of the Nose & Throat in Relation to the Ear; for the Use of Students & Practitioners of Medicine (Classic Reprint) Thomas Barr. 2017. (ENG., Illus.). (J). 35.55 *(978-0-266-52513-4(X))*; pap. 16.57 *(978-0-282-21396-1(1))* Forgotten Bks.

Manual of Diseases of the Ear, Nose & Throat, Vol. 2 (Classic Reprint) John Johnson Kyle. 2017. (ENG., Illus.). (J). 38.62 *(978-1-5281-8365-9(7))* Forgotten Bks.

Manual of Dissection & Practical Anatomy: Founded on Gray & Gerrish (Classic Reprint) William Thomas Eckley. 2017. (ENG., Illus.). (J). 32.17 *(978-0-266-89878-8(5))*; pap. 16.57 *(978-1-5279-1621-0(9))* Forgotten Bks.

Manual of Elementary Chemistry, Theoretical & Practical (Classic Reprint) George Fownes. 2017. (ENG., Illus.). (J). 41.96 *(978-0-266-78067-0(9))* Forgotten Bks.

Manual of French Phrases, & French Conversations: Adapted to Wanostrocht's Grammar; Containing an Extensive Collection of Words & Dialogues upon Each Rule, with Examples from the First French Authors; Calculated to Assist the Pupil in Writing the Ex. Nicholas Marcellus Hentz. 2017. (ENG., Illus.). (J). 158p. 27.16 *(978-0-484-87024-5(6))*; pap. 9.57 *(978-0-259-21091-7(9))* Forgotten Bks.

Manual of Geology: Treating of the Principles of the Science with Special Reference to American Geological History (Classic Reprint) James Dwight Dana. 2017. (ENG., Illus.). (J). 46.58 *(978-0-265-53799-2(1))*; 41.43 *(978-0-266-53090-9(7))* Forgotten Bks.

Manual of Geology: Treating of the Principles of the Science, with Special Reference to American Geological History (Classic Reprint) James Dwight Dana. 2018. (ENG., Illus.). (J). 43.47 *(978-0-265-66238-0(9))* Forgotten Bks.

Manual of German Conversation: A Choice & Comprehensive Collection of Sentences on the Ordinary Subjects of Every-Day Life, with a Copious Vocabulary; on an Entirely New & Simple Plan (Classic Reprint) Oscar Busch. 2017. (ENG., Illus.). (J). 31.05 *(978-0-265-55595-4(9))*; pap. 13.57 *(978-0-282-99833-2(0))* Forgotten Bks.

Manual of Graded Bible Courses & Habit, Health First-Aid Outlines: For Use in Daily Vacation Bible Schools (Classic Reprint) Robert G. Boville. 2018. (ENG., Illus.). 154p. (J). 27.07 *(978-0-483-56448-0(6))* Forgotten Bks.

Manual of Instruction (for Teachers) Presenting a Perfectly Natural & Systematic Method of Teaching Reading to Primary Children, Without the Use of Diacritical Marks, & Including Complete Sets of Phonetic Parts, Words & Sentences Arranged in Proper. Lew a Ball. 2018. (ENG., Illus.). 100p. (J). 25.96 *(978-0-365-46404-4(X))* Forgotten Bks.

Manual of Lipreading (Classic Reprint) Mary E. B. Stormonth. 2017. (ENG., Illus.). (J). 28.43 *(978-0-266-73013-2(2))* Forgotten Bks.

Manual of Moral & Humane Education: June to September Inclusive (Classic Reprint) Flora Helm Krause. 2018. (ENG., Illus.). 386p. (J). 31.86 *(978-0-267-21420-4(0))* Forgotten Bks.

Manual of Polish & English Conversation (Classic Reprint) E. Kasprowicz. (ENG., Illus.). (J). 2018. 442p. 33.03 *(978-0-267-76745-8(5))*; 2017. 32.97 *(978-0-266-89726-2(6))*; 2016. pap. 16.57 *(978-1-334-13838-6(9))*; 2016. pap. 16.57 *(978-1-334-27489-3(4))* Forgotten Bks.

Manual of Reading: In Four Parts; Orthophony, Class Methods, Gesture, & Elocution; Designed for Teachers & Students (Classic Reprint) H. L. D. Potter. 2018. (ENG., Illus.). 434p. (J). 32.85 *(978-0-365-25208-5(5))* Forgotten Bks.

Manual of Stories (Classic Reprint) William Byron Forbush. 2018. (ENG., Illus.). 322p. (J). 30.54 *(978-0-365-40938-0(3))* Forgotten Bks.

Manual of the Anatomy of Invertebrated Animals (Classic Reprint) Thomas Henry Huxley. 2017. (ENG., Illus.). (J). 36.44 *(978-1-5284-6674-5(8))* Forgotten Bks.

Manual of the Elements of Natural History (Classic Reprint) Johann Friedrich Blumenbach. 2018. (ENG., Illus.). 444p. (J). 33.07 *(978-0-364-96398-2(0))* Forgotten Bks.

Manual of the Mechanics of Engineering & of the Construction of Machines, Vol. 2 Of 3: Designed As a Text-Book for Technical Schools & Colleges, & for the Use of Engineers, Architects, etc.; Section II. Application of Mechanics to Machines; Part I. Julius Weisbach. 2016. (ENG., Illus.). (J). pap. 19.57 *(978-1-334-35709-1(9))* Forgotten Bks.

Manual of the Mechanics of Engineering & of the Construction of Machines, Vol. 2 Of 3: Designed As a Text-Book for Technical Schools & Colleges, & for the Use of Engineers, Architects, etc;; Section II. , Application of Mechanics to Machines; Part. Julius Weisbach. (ENG., Illus.). (J). 2017. 734p. 39.06 *(978-0-332-81725-5(3))*; 2016. pap. 23.57 *(978-1-333-67554-7(2))* Forgotten Bks.

Manual of the Mechanics of Engineering & of the Construction of Machines, with an Introduction to the Calculus, Vol. 1 Of 3: Designed As a Text-Book for Technical Schools & Colleges, & for the Use of Engineers, Architects, etc.; Theoretical Mechan. Julius Weisbach. 2017. (ENG., Illus.). (J). 46.96 *(978-0-331-77072-8(5))*; pap. 29.36 *(978-0-282-07531-6(3))* Forgotten Bks.

Manual of the Short Story Art (Classic Reprint) Glenn Clark. 2017. (ENG., Illus.). (J). 29.55 *(978-0-331-34314-4(2))* Forgotten Bks.

Manual of the Steam Engine & Other Prime Movers (Classic Reprint) William John Macquorn Rankine. 2018. (ENG., Illus.). (J). 594p. 36.17 *(978-1-396-73928-6(9))*; 596p. pap. 19.57 *(978-1-391-96693-9(7))* Forgotten Bks.

Manual of the Trees of North America (Exclusive of Mexico) (Classic Reprint) Charles Sprague Sargent. 2017. (ENG., Illus.). (J). 43.33 *(978-0-260-89664-3(0))* Forgotten Bks.

Manual of the Vertebrate Animals of the Northern United States. David Starr Jordan. 2017. (ENG.). 408p. (J). pap. *(978-3-337-37732-8(7))*; pap. *(978-3-337-18627-2(0))* Creation Pubs.

Manual of Translation: One Hundred & Twenty Lessons (Classic Reprint) W. W. Yen. 2017. (ENG., Illus.). (J). 26.10 *(978-0-265-99710-9(0))* Forgotten Bks.

Manual of Weights, Measures, & Specific Gravity: Including Principles of Metrology; the Weights & Measures Now in Use; Weight & Volume, & Their Reciprocal Relations; Weighing & Measuring; Balances (Scales) & Weights; Measures of Capacity; Sp. Oscar Oldberg. 2017. (ENG., Illus.). (J). 29.09 *(978-0-265-61890-5(8))*; pap. 11.57 *(978-0-266-61769-3(7))* Forgotten Bks.

Manual of Zoology. Richard Hertwig. 2019. (ENG.). 720p. (J). pap. *(978-93-5395-002-6(3))* Alpha Editions.

Manual of Zoology: For the Use of Students with a General Introduction on the Principles of Zoology (Classic Reprint) Henry Alleyne Nicholson. 2017. (ENG., Illus.). (J). 38.19 *(978-0-260-10178-5(8))* Forgotten Bks.

Manual of Zoology for the Use of Students, Vol. 1: With a General Introduction on the Principles of Zoology; Invertebrate Animals (Classic Reprint) Henry Alleyne Nicholson. 2016. (ENG., Illus.). (J). pap. 13.57 *(978-1-334-72762-7(7))* Forgotten Bks.

Manual of Zoology for the Use of Students, Vol. 2: With a General Introduction on the Principles of Zoology; Vertebrate Animals (Classic Reprint) Henry Alleyne Nicholson. 2016. (ENG., Illus.). (J). pap. 13.57 *(978-1-334-68284-1(4))* Forgotten Bks.

Manual para la vida Z. Ocean Vicky. 2022. (SPA.). 224p. (J). (gr. 7). pap. 18.95 *(978-84-18915-06-2(4))*, Alfaguara) Penguin Random House Grupo Editorial ESP. Dist: Penguin Random Hse. LLC.

Manual to Manhood. Pref. by Jonathan Catherman. 2020. (ENG.). 290p. (YA). 29.99 *(978-0-8007-4093-1(9))* Revell.

Manual to Middle School: The Do This, Not That Survival Guide for Guys. Jonathan Catherman. 2017. (ENG., Illus.). 224p. pap. 15.99 *(978-0-8007-2847-2(5))* Revell.

Manual Training High School Annual: June, 1904 (Classic Reprint) Manual Training High School. 2017. (ENG., Illus.). (J). 52p. 24.99 *(978-0-484-70100-6(2))*; pap. 9.57 *(978-0-259-84492-1(6))* Forgotten Bks.

Manual Training High School Annual: May, 1899 (Classic Reprint) Allen J. Mac Corkle. (ENG., Illus.). (J). 2018. 68p. 25.32 *(978-0-267-40135-2(3))*; 2016. pap. 9.57 *(978-1-334-12182-1(6))* Forgotten Bks.

Manual Training High School Annual: May, 1900 (Classic Reprint) Manual Training High School. 2018. (ENG., Illus.). 72p. (J). 25.38 *(978-0-656-74649-1(1))* Forgotten Bks.

Manual Training High School Annual: May, 1906 (Classic Reprint) Carl H. O. Adam. (ENG., Illus.). (J). 2018. 72p. 25.38 *(978-0-267-61683-1(X))*; 2016. pap. 9.57 *(978-1-334-11701-5(2))* Forgotten Bks.

Manual Treatment of Diseases of Women. Gustaf Norstrom. 2017. (ENG., Illus.). (J). pap. *(978-0-649-64302-8(X))* Trieste Publishing Pty Ltd.

Manuale Di Conversazione in Inglese Ed Italiano, Ad USO Delle Scuole e Dei Viaggiatori: Conversation-Book of English & Italian, for the Use of Schools & Travellers (Classic Reprint) James Connor. 2017. (ENG., Illus.). (J). 28.74 *(978-0-265-35400-1(5))*; pap. 11.57 *(978-0-266-20506-7(2))* Forgotten Bks.

Manualidades: Arte con Patrones. Kristy Stark. rev. ed. 2019. (TIME for KIDS(r): Informational Text Ser.). (SPA., Illus.). 12p. (gr. k-1). 7.99 *(978-1-4258-2684-0(9))* Teacher Created Materials, Inc.

Manualidades: Arte Inusual. Heather E. Schwartz. rev. ed. 2018. (TIME for KIDS(r): Informational Text Ser.). (SPA & ENG., Illus.). 24p. (J). (gr. 1-2). pap. 8.99 *(978-1-4258-2695-6(4))* Teacher Created Materials, Inc.

Manualidades de Papel para el Otoño (Divertidas Actividades Artísticas y de Manualidades de Nivel Fácil a Intermedio para Niños) 28 Plantillas de Copos de Nieve: Divertidas Actividades Artísticas y de Manualidades de Nivel Fácil a Intermedio para Niños. James Manning. 2019. (Manualidades de Papel para el Otoño Ser.: Vol. 9). (SPA., Illus.). 58p. (J). (gr. 1-6). pap. *(978-1-83917-630-2(X))* Elige Cogniscere.

Manualidades para Dias Lluviosos / Rainy-Day Crafts, 8 vols. 2018. (Manualidades para días Lluviosos / Rainy-Day Crafts Ser.). (ENG & SPA.). 24p. (J). (gr. 1-1). lib. bdg. 101.08 *(978-1-5383-3195-8(0))*, b0d5ef77-f362-49c2-a0f4-720c3c437040, PowerKids Pr.) Rosen Publishing Group, Inc., The.

Manualidades para Dias Lluviosos (Rainy-Day Crafts), 8 vols. 2018. (Manualidades para días Lluviosos (Rainy-Day Crafts) Ser.). (SPA.). 24p. (J). (gr. 1-1). lib. bdg. 101.08 *(978-1-5383-3194-1(2))*, 11987a33-9933-4e16-8014-8bae3a90b16c, PowerKids Pr.) Rosen Publishing Group, Inc., The.

Manualidades para niñas de 5 años (Divertidas Actividades Artísticas y de Manualidades de Nivel Fácil a Intermedio para Niños) 28 Plantillas de Copos de Nieve: Divertidas Actividades Artísticas y de Manualidades de Nivel Fácil a Intermedio para Niños. James Manning. 2019. (Manualidades para niñas de 5 Años Ser.: Vol. 9). (SPA., Illus.). 58p. (J). (gr. 1-6). pap. *(978-1-83917-608-1(3))* West Suffolk CBT Service Ltd., The.

Manuel: A Novel. Wanda Istenes. 2016. (ENG.). 138p. (J). pap. 13.00 *(978-1-4809-2442-0(3))* Dorrance Publishing Co., Inc.

Manuel des Jeunes Gens Ou Sciences, Arts et Récréations Qui Leur Conviennent. Sans Auteur. 2018. (FRE., Illus.). 302p. (J). (gr. 4-7). pap. *(978-2-01-918957-0(7))* Hachette Groupe Livre.

Manuel du Galvanisme: Ou Description et Usage des Divers Appareils Galvaniques Employés Jusqu'à Ce Jour, Tant Pour les Recherches Physiques et Chimiques, Que Pour les Applications Médicales (Classic Reprint) Joseph Izarn. 2018. (FRE., Illus.). (J). 340p. 30.93 *(978-0-366-64476-6(9))*; 342p. pap. 13.57 *(978-0-366-64473-5(4))* Forgotten Bks.

Manuel du Microscope Dans Ses Applications Au Diagnostic et a la Clinique (Classic Reprint) Mathias Duval. 2017. (FRE., Illus.). (J). 31.94 *(978-0-266-64053-0(2))*; pap. 16.57 *(978-0-259-31194-2(4))* Forgotten Bks.

Manuel Goes to the Moon: Practicing the M Sound, 1 vol. Serena Snyder. 2016. (Rosen Phonics Readers Ser.). (ENG., Illus.). 8p. (J). (gr. -1-2). pap. *(978-1-5081-3067-3(1))*, 57b1631b-da8f-422f-9012-10ff67cecf60, Rosen Classroom) Rosen Publishing Group, Inc., The.

Manuel in Mexico (Classic Reprint) Etta Blaisdell McDonald. 2018. (ENG., Illus.). 152p. (J). 27.05 *(978-0-483-58265-1(4))* Forgotten Bks.

Manuel Pour la Lutte Contre les Moustiques (Classic Reprint) Bruno Galli-Valerio. 2018. (FRE., Illus.). (J). 248p. 29.03 *(978-1-391-45153-4(8))*; 250p. pap. 11.57 *(978-1-390-32482-2(6))* Forgotten Bks.

Manuel Pratique du Fabricant d'Alcools, Alcools de Vin, de Cidre, de Poire, de Betteraves, de Melasses, etc (Classic Reprint) Édouard Robinet. 2018. (FRE., Illus.). (J). 272p. 29.53 *(978-0-483-25215-8(8))*; 274p. pap. 11.97 *(978-0-483-22238-0(0))* Forgotten Bks.

Manuela Parédes (Classic Reprint) William Mellen Chamberlain. 2018. (ENG., Illus.). 398p. (J). 32.13 *(978-0-365-33693-8(9))* Forgotten Bks.

Manuelito. Elisa Amado. Illus. by Abraham Urias. 2019. (ENG.). 104p. (YA). (gr. 7). 19.99 *(978-1-77321-266-1(4))* Annick Pr., Ltd. CAN. Dist: Publishers Group West (PGW).

Manuelito (Spanish Edition) Elisa Amado. Illus. by Abraham Urias. 2019. 104p. (YA). (gr. 7). 19.99 *(978-1-77321-271-5(0))* Annick Pr., Ltd. CAN. Dist: Publishers Group West (PGW).

Manuella, the Executioner's Daughter, Vol. 1 Of 3: A Story of Madrid (Classic Reprint) Edward Smallwood. (ENG., Illus.). (J). 2018. 298p. 30.04 *(978-0-365-45128-0(2))*; 2017. pap. 13.57 *(978-0-259-56747-9(7))* Forgotten Bks.

Manufacture of Ethyl Alcohol from Wood Waste (Classic Reprint) Frederick William Kressman. 2017. (ENG., Illus.). 114p. (J). 26.25 *(978-0-332-28236-7(8))* Forgotten Bks.

Manufactured Witches. Michelle Rene. 2019. (ENG., Illus.). 174p. (YA). (gr. 7-12). pap. 16.95 *(978-1-68433-179-6(X))* Black Rose Writing.

Manufacturing. Lydia Lukidis. 2017. (J). *(978-1-5105-1937-4(8))* SmartBook Media, Inc.

Manufacturing. Diane Lindsey Reeves. 2017. (Bright Futures Press: World of Work Ser.). (ENG., Illus.). 32p. (J). (gr. 4-7). lib. bdg. 32.07 *(978-1-63472-627-6(8))*, 209542) Cherry Lake Publishing.

Manufacturing Robots, 1 vol. Daniel R. Faust. 2016. (Robots & Robotics Ser.). (ENG.). 32p. (J). (gr. 5-5). pap. 12.75 *(978-1-4994-2171-2(0))*, 952af780-a7a4-4d75-90d4-ca53be26b4a3, PowerKids Pr.) Rosen Publishing Group, Inc., The.

Manulito: Or, a Strange Friendship (Classic Reprint) William Bruce Leffingwell. 2018. (ENG., Illus.). 326p. (J). 30.62 *(978-0-483-39299-1(5))* Forgotten Bks.

Manuscript, Vol. 1 (Classic Reprint) Unknown Author. 2017. (ENG., Illus.). (J). 32.39 *(978-1-5281-8394-9(0))* Forgotten Bks.

Manuscript Writing K-2. Marie Veinje. Illus. by Robin Boyer. 2019. (ENG.). 64p. (J). (gr. k-2). pap. 4.49 *(978-1-58947-397-3(3))*, 0d117dbf-0d21-4ec1-ad45-4005f86b43d0) School Zone Publishing Co.

Manx. Christina Leaf. 2016. (Cool Cats Ser.). (ENG., Illus.). 24p. (J). (gr. k-3). lib. bdg. 26.95 *(978-1-62617-312-5(5))*, Blastoff! Readers) Bellwether Media.

Manx & the Mansfield Mods. Philip Mumby. 2022. (ENG.). 140p. (J). pap. ***(978-1-4716-3597-7(X))*** Lulu Pr., Inc.

Manx Cats. Tammy Gagne. 2016. (Illus.). 24p. (J). *(978-1-4896-5626-1(X))* Weigl Pubs., Inc.

Manx Cats. Katie Lajiness. 2017. (Big Buddy Cats Ser.). (ENG., Illus.). 32p. (J). (gr. 2-5). lib. bdg. 34.21 *(978-1-5321-1200-3(9)*, 27552, Big Buddy Bks.) ABDO Publishing Co.

Manx Cats. Leo Statts. 2019. (Cats (AZ) Ser.). (ENG., Illus.). 24p. (J). (gr. -1-2). lib. bdg. 31.36 *(978-1-5321-2711-3(1))*, 31629, Abdo Zoom-Launch) ABDO Publishing Co.

Manx Fairy Tales. Sophia Morrison. 2019. (ENG.). 182p. (J). (gr. k-6). *(978-605-7748-60-7(3))*; pap. *(978-605-7876-36-2(9))* Uhrayoglu, Murat E Kitap Projesi.

Manx Fairy Tales (Classic Reprint) Sophia Morrison. 2018. (ENG., Illus.). 200p. (J). 28.02 *(978-0-267-16648-0(6))* Forgotten Bks.

Manx National Songs: With English Words, Selected from the Ms. Collection of the Deemster Gill, Dr. J. Clauge, & W. H. Gill (Classic Reprint) W. H. Gill. 2018. (ENG., Illus.). 178p. (J). 27.59 *(978-0-364-34767-6(8))* Forgotten Bks.

Manx Witch: And Other Poems (Classic Reprint) T. E. Brown. 2018. (ENG., Illus.). 278p. (J). 29.65 *(978-0-331-57461-6(6))* Forgotten Bks.

Manxland: A Tale; with an Introductory Sketch of Manx Home Missions (Classic Reprint) Bellanne Stowell. 2017. (ENG., Illus.). (J). 28.37 *(978-0-260-79220-4(9))* Forgotten Bks.

Manxman: A Novel (Classic Reprint) Hall Caine. 2017. (ENG., Illus.). (J). 35.16 *(978-1-5281-4917-4(3))* Forgotten Bks.

Many Accomplishments of Elijah Mccoy African-American Inventor Grade 5 Children's Biographies. Dissected Lives. 2022. (ENG.). 72p. (J). 31.99 ***(978-1-5419-7326-8(7))***, Dissected Lives (Auto Biographies)) Speedy Publishing LLC.

Many Adventures of Bruiser the Jack Russell Terrier MVP (Most Valuable Pup) David Rodriguez, III. Illus. by Chad Thompson. 2022. (ENG.). 28p. (J). 21.95 *(978-1-63765-228-2(3))*; pap. 15.95 *(978-1-63765-199-5(6))* Halo Publishing International.

Many Adventures of Bukowski the Cat: Book # 2: the Baby Brother Blues Chris Brady. 2021. (Many Adventures of Bukowski the Cat Ser.: 2). (ENG.). 40p. (J). pap. 11.99 *(978-1-0983-7544-7(0))* BookBaby.

Many Adventures of Bukowski the Cat: Book 1: the Royal Introduction. Chris Brady. 2020. (Many Adventures of Bukowski the Cat Ser.: 1). 36p. (J). pap. 11.99 *(978-1-0983-1656-3(8))* BookBaby.

Many Adventures of Pencil & Eraser: Pencil & Eraser Go to the Zoo. William Skiffington. 2022. 28p. (J). 21.98 *(978-1-6678-5857-9(2))* BookBaby.

Many Adventures of Spentak the Space Magician - Book 1 - the Purple Planet. Catherine Ellen Herbert & Emily Rawling. 2020. (ENG.). 48p. (J). pap. *(978-1-83945-353-3(2))* FeedARead.com.

Many Animals That Live on a Farm - Children's Agriculture Books. Baby Professor. 2017. (ENG., Illus.). (J). pap. 7.89 *(978-1-5419-0403-3(6)*, Baby Professor (Education Kids)) Speedy Publishing LLC.

MANY ANIMALS VISIT HERE Trekking Through the Jungle. C. Géraldine. 2022. (ENG.). 24p. (J). pap. 8.99 ***(978-1-7379997-7-5(3))*** Triddias.

Many Are Called: Forty-Two Short Stories (Classic Reprint) Edward Newhouse. (ENG., Illus.). (J). 2018. 394p. 32.02 *(978-0-483-84812-2(3))*; 2017. pap. 16.57 *(978-0-243-38163-0(8))* Forgotten Bks.

Many Burdens of US President James Madison Britain vs. America vs. Native Americans Grade 7 Children's United States History Books. Baby Professor. 2022. (ENG.). 72p. (J). 31.99 ***(978-1-5419-8900-9(7))***; pap. 19.99 ***(978-1-5419-8832-3(9))*** Speedy Publishing LLC. (Baby Professor (Education Kids)).

Many Children (Classic Reprint) Schuyler Van Rensselaer. (ENG., Illus.). (J). 2018. 96p. 25.90 *(978-0-666-81717-4(0))*; 2016. pap. 9.57 *(978-1-334-13682-5(3))* Forgotten Bks.

Many Colored Coats. Penny Lockwood. Illus. by Luisa Gioffre-Suzuki. 2016. (ENG.) (J). (gr. k-2). pap. 11.99 *(978-1-940310-54-1(7))* 4RV Pub.

Many Colors of Harpreet Singh. Supriya Kelkar. Illus. by Alea Marley. 2019. 32p. (J). (gr. -1-2). 17.99 *(978-1-4549-3184-3(1))* Sterling Publishing Co., Inc.

Many Different Medical Professions Coloring Book. Creative Playbooks. 2016. (ENG., Illus.). (J). pap. 7.74 *(978-1-68323-582-8(7))* Twin Flame Productions.

Many Faces of Grief. Libby Kopec. Illus. by Sarah K. Turner. (ENG.). 24p. (J). 2022. 21.95 *(978-1-63765-167-4(8))*; 2021. pap. 14.95 *(978-1-63765-031-8(0))* Halo Publishing International.

Many Feathered Thing. Lisa Gerlits. 2020. (ENG.). 304p. (J). (gr. 3-7). 16.95 *(978-1-68446-071-7(9)*, 140526, Capstone Editions) Capstone.

Many Fingers, One Hand: A Concept Book. Aaron Shepard. Illus. by Anne L. Watson. 2023. (ENG.). 28p. (J). pap. 12.50 ***(978-1-62035-619-7(8)***, Skyhook Pr.) Shepard Pubns.

Many Fortunes of Maya. Nicole D. Collier. 2023. (ENG., Illus.). 240p. (J). (gr. 3-7). 16.99 *(978-0-358-43464-1(5)*, Versify) HarperCollins Pubs.

Many Galaxies of Mickie Dalton. Michael Davies. 2018. (Mickie Dalton Trilogy Ser.: Vol. 2). (ENG., Illus.). 318p. (J). pap. *(978-0-9876304-5-2(8))* Dalton, Mickie Foundation, The.

Many Gifts of Our Gracious Father Children's Christianity Books. Baby Professor. 2017. (ENG., Illus.). (J). pap. 7.89 *(978-1-5419-0480-4(X)*, Baby Professor (Education Kids)) Speedy Publishing LLC.

Many Greetings, Many Faces. Reed McCloskey. Illus. by Monique Machut. 2022. (ENG.). 36p. (J). 17.99 ***(978-1-64538-406-9(3))***; pap. 12.99 ***(978-1-64538-405-2(5))*** Orange Hat Publishing.

Many Happy Returns of the Day! (Classic Reprint) Ellis Parker Butler. (ENG., Illus.). (J). 2018. 60p. 25.13 *(978-0-483-91137-6(2))*; 2017. pap. 9.57 *(978-0-243-40375-2(5))* Forgotten Bks.

Many Hats of Louie the Rat. Sakshi Mangal. 2022. (ENG., Illus.). 32p. (J). (gr. 2). 18.95 *(978-1-77147-495-5(5))* Owlkids Bks. Inc. CAN. Dist: Publishers Group West (PGW).

Many Inventions (Classic Reprint) Rudyard Kipling. 2017. (ENG., Illus.). (J). 31.82 *(978-0-266-69411-3(X))* Forgotten Bks.

Many Inventions, Vol. 2 of 2 (Classic Reprint) Rudyard Kipling. 2017. (ENG., Illus.). (J). 30.17 *(978-0-260-68813-2(4))* Forgotten Bks.

Many Junes (Classic Reprint) Archibald Marshall. 2018. (ENG., Illus.). 326p. (J). 30.62 *(978-0-365-27368-4(6))* Forgotten Bks.

Many Kinds of Energy & Their Unique Uses Energy & Environment Grade 4 Children's Physics Books. Baby Professor. 2020. (ENG.). 72p. (J). 24.99 *(978-1-5419-8072-3(7))*; pap. 14.99 *(978-1-5419-5944-6(2))* Speedy Publishing LLC. (Baby Professor (Education Kids)).

Many Kingdoms (Classic Reprint) Elizabeth Jordan. 2018. (ENG., Illus.). 326p. (J). 30.62 *(978-0-483-56706-1(X))* Forgotten Bks.

Many Lands, One Bridge. Adele M. Lim. Illus. by Degphilip. 2018. (ENG.). 44p. (J). pap. *(978-1-912145-66-9(9))* Acorn Independent Pr.

Many Landscapes of the USA Coloring Book. Smarter Activity Books for Kids. 2016. (ENG., Illus.). (J). pap. 9.22 *(978-1-68374-478-8(0))* Examined Solutions PTE. Ltd.

Many Lives of Eddie Rickenbacker. Andrew Speno. 2020. (Biographies for Young Readers Ser.). (ENG., Illus.). 144p. (J). (gr. 3-6). 32.95 *(978-0-8214-2430-8(0))*; pap. 15.95 *(978-0-8214-2431-5(9))* Ohio Univ. Pr.

Many Marriages (Classic Reprint) Sherwood Anderson. (ENG., Illus.). (J). 2017. 29.67 *(978-0-266-59693-6(2))*; 2016. pap. 9.57 *(978-1-334-15991-6(2))* Forgotten Bks.

Many Masks of Andy Zhou. Jack Cheng. 2023. (ENG.). 320p. (J). (gr. 5). 17.99 *(978-0-525-55382-3(7),* Dial Bks) Penguin Young Readers Group.

Many Mazes of Doom! Activity Book. Kreative Kids. 2016. (ENG., Illus.). (J). pap. 9.20 *(978-1-68377-065-7(X))* Whlke, Traudl.

Many Mazes! the Master Collection Maze Activity Book. Activity Book Zone. 2016. (ENG., Illus.). (J). pap. 7.55 *(978-1-68376-163-1(4))* Sabeels Publishing.

Many Meanings of Meilan. Andrea Wang. 368p. (J). (gr. 4-7). 2022. 9.99 *(978-0-593-11130-7(3))*; 2021. 17.99 *(978-0-593-11128-4(1))* Penguin Young Readers Group. (Kokila).

Many Mice of Mr. Brice. Seuss. 2021. (Bright & Early Board Books(TM) Ser.). (Illus.). 24p. (J). (— 1). bds. 5.99 *(978-1-9848-5181-9(0),* Random Hse. Bks. for Young Readers) Random Hse. Children's Bks.

Many Moons. James Thurber. 2016. (CHI., Illus.). 48p. (J). *(978-986-91815-6-3(2))* Heryin Cultural Co., Ltd.

Many More of Janice Vancleave's Wild, Wacky, & Weird: Earth Science Experiments, 1 vol. Janice Pratt VanCleave. 2017. (Janice VanCleave's Wild, Wacky, & Weird Science Experiments Ser.). (ENG.). 64p. (J). (gr. 5-5). 38.47 *(978-1-4994-3951-9(2),* 41c317bc-37f3-4297-afc8-9024ed6f85ac, Rosen Reference) Rosen Publishing Group, Inc., The.

Many More of Janice VanCleave's Wild, Wacky, & Weird Astronomy Experiments, 1 vol. Janice Pratt VanCleave. 2017. (Janice VanCleave's Wild, Wacky, & Weird Science Experiments Ser.). (ENG.). 64p. (J). (gr. 5-5). 38.47 *(978-1-4994-3941-0(5),* bb5cd719-423a-445b-a3ab-da6744868dbc); pap. 14.53 *(978-1-4994-3939-7(3),* 5ca96e92-62f7-441d-b422-f416f675628d) Rosen Publishing Group, Inc., The.

Many More of Janice VanCleave's Wild, Wacky, & Weird Biology Experiments, 1 vol. Janice Pratt VanCleave. 2017. (Janice VanCleave's Wild, Wacky, & Weird Science Experiments Ser.). (ENG.). 64p. (J). (gr. 5-5). 38.47 *(978-1-4994-3943-4(1),* 239fab82-e877-4807-bc7b-93d2bbd5dbf9); pap. 14.53 *(978-1-4994-3944-1(X),* 37cc3c6b-99ea-4b4e-bdc0-d21950c6af0c) Rosen Publishing Group, Inc., The.

Many More of Janice VanCleave's Wild, Wacky, & Weird Chemistry Experiments, 1 vol. Janice Pratt VanCleave. 2017. (Janice VanCleave's Wild, Wacky, & Weird Science Experiments Ser.). (ENG.). 64p. (J). (gr. 5-5). 38.47 *(978-1-4994-3947-2(4),* 3c613b6e-0ebe-47d5-acd2-3597def71632, Rosen Reference) Rosen Publishing Group, Inc., The.

Many More of Janice VanCleave's Wild, Wacky, & Weird Physics Experiments, 1 vol. Janice Pratt VanCleave. 2017. (Janice VanCleave's Wild, Wacky, & Weird Science Experiments Ser.). (ENG., Illus.). 64p. (J). (gr. 5-5). pap. 14.53 *(978-1-4994-3955-7(5),* 7b8737be-45cd-405a-8c9d-3a174660eca6) Rosen Publishing Group, Inc., The.

Many Mysteries of the Finkel Family. Sarah Kapit. 2021. 288p. (J). (gr. 3-7). 17.99 *(978-0-593-11229-8(6),* Dial Bks) Penguin Young Readers Group.

Many Names of Penelope Jane. Penney Camper. Illus. by Lynn Mohney. 2016. (ENG.). (J). pap. 11.99 *(978-1-945620-15-7(3))* Hear My Heart Publishing.

Many Points of Me. Caroline Gertler. (ENG.). 352p. (J). (gr. 3-7). 2022. pap. 7.99 *(978-0-06-302701-5(1))*; 2021. (Illus.). 16.99 *(978-0-06-302700-8(3))* HarperCollins Pubs. (Greenwillow Bks.).

Many Reflections of Miss Jane Deming. J. Anderson Coats. 2017. (ENG., Illus.). 288p. (J). (gr. 5-7). 16.99 *(978-1-4814-6496-3(5),* Atheneum Bks. for Young Readers) Simon & Schuster Children's Publishing.

Many Shapes of Butterflies Coloring Book. Activity Attic Books. 2016. (ENG., Illus.). (J). pap. 7.74 *(978-1-68323-581-1(9))* Twin Flame Productions.

Many Shapes of Clay: A Story of Healing. Kenesha Sneed. 2021. (ENG., Illus.). 44p. (J). (gr. -1-1). 16.95 *(978-3-7913-7468-0(0))* Prestel Verlag GmbH & Co KG. DEU. Dist: Penguin Random Hse. LLC.

Many Smells of the World's Foods Sense & Sensation Books for Kids. Baby Professor. 2017. (ENG., Illus.). (J). pap. 7.89 *(978-1-5419-0237-4(8),* Baby Professor (Education Kids)) Speedy Publishing LLC.

Many Tales of Mitzie Mouse. Irma Crustchfield. 2017. (ENG., Illus.). (J). (gr. k-4). pap. 9.99 *(978-1-941516-22-5(X))* Franklin Scribes.

Many Tales of Mitzie Mouse. Irma Crutchfield. 2017. (ENG., Illus.). (J). (gr. k-4). 15.99 *(978-1-941516-32-4(7))* Franklin Scribes.

Many: the Diversity of Life on Earth. Nicola Davies. Illus. by Emily Sutton. (Our Natural World Ser.). (ENG.). 40p. (J). (gr. k-3). 2020. 7.99 *(978-1-5362-1596-0(1))*; 2017. 17.99 *(978-0-7636-9483-8(5))* Candlewick Pr.

Many Types of Big Fish Coloring Book. Bobo's Children Activity Books. 2016. (ENG., Illus.). (J). pap. 9.33 *(978-1-68327-653-1(1))* Sunshine In My Soul Publishing.

Many Universes of Mickie Dalton. Michael Davies. 2018. (ENG., Illus.). 286p. (J). pap. *(978-0-9876304-6-9(6))* Dalton, Mickie Foundation, The.

Many Waters: A Story of New York (Classic Reprint) Robert Shackleton. (ENG., Illus.). (J). 2018. 390p. 31.94 *(978-0-267-40051-5(9))*; 2016. pap. 16.57 *(978-1-334-12327-6(6))* Forgotten Bks.

Many Ways to Be a Friend. Christy Peterson. 2022. (Sesame Street (r) Celebrating You & Me Ser.). (ENG., Illus.). 24p. (J). (gr. -1-2). pap. 8.99 *(978-1-7284-6371-1(8),* 3806047f-5fc1-4f8f-8632-20d1c073f523); lib. bdg. 27.99 *(978-1-7284-5616-4(9),* 45086c2e-1e22-46c2-be37-3e9698958fa0) Lerner Publishing Group. (Lerner Pubns.).

Many Ways to Believe. Christy Peterson. 2022. (Sesame Street (r) Celebrating You & Me Ser.). (ENG., Illus.). 24p. (J). (gr. -1-2). pap. 8.99 *(978-1-7284-6376-6(9),* a368baaa-9b8d-41ba-93d1-a14fdd96ef41); lib. bdg. 27.99 *(978-1-7284-5621-8(5),* b8a65c93-4385-4b42-bff2-113a96883e43) Lerner Publishing Group. (Lerner Pubns.).

Many Ways to Dress. Christy Peterson. 2022. (Sesame Street (r) Celebrating You & Me Ser.). (ENG., Illus.). 24p. (J). (gr. -1-2). pap. 8.99 *(978-1-7284-6375-9(0),* c41572db-16e7-4391-9dd7-addb93f13e69); lib. bdg. 27.99 *(978-1-7284-5620-1(7),* baed3dc5-3b92-46d5-8116-69bf522e8d5a) Lerner Publishing Group. (Lerner Pubns.).

Many Worlds of Albie Bright. Christopher Edge. 2019. (ENG.). 192p. (J). (gr. 4-7). 6.99 *(978-1-5247-1360-7(0),* Yearling) Random Hse. Children's Bks.

Many Worlds of Albie Bright. Christopher Edge. ed. 2020. (Penworthy Picks YA Fiction Ser.). (ENG.). 167p. (J). (gr. 6-8). 18.49 *(978-1-64697-205-0(8))* Penworthy Co., LLC, The.

Many Worlds of Mickie Dalton. Michael Davies. 2018. (Mickie Dalton Trilogy Ser.: Vol. 1). (ENG., Illus.). 376p. (J). pap. *(978-0-9876304-4-5(X))* Dalton, Mickie Foundation, The.

Many Worlds of Rorlitzer Screw. Juliana Morgado. Illus. by Lilly Shurbet. 2019. (ENG.). 80p. (YA). pap. 8.99 *(978-1-4808-7500-5(7))* Archway Publishing.

Many Years of a Florence Balcony (Classic Reprint) Virginia W. Johnson. (ENG., Illus.). (J). 2018. 192p. 27.86 *(978-0-484-07369-1(9))*; 2016. pap. 10.57 *(978-1-334-14459-2(1))* Forgotten Bks.

Manzana de Oro. Francisco Chacon Marin. 2017. (SPA.). 38p. (J). pap. ***(978-1-326-95151-1(3))*** Lulu Pr., Inc.

Manzana Es Roja - Spanish for 1st Graders Children's Foreign Language Books. Baby Professor. 2018. (ENG., Illus.). 64p. (J). pap. 12.99 *(978-1-5419-3193-0(9),* Baby Professor (Education Kids)) Speedy Publishing LLC.

Mao Zedong: The Founding Father of China - Biography of Famous People Children's Biography Books. Baby Professor. 2017. (ENG., Illus.). 64p. (J). pap. 9.52 *(978-1-5419-1530-5(5),* Baby Professor (Education Kids)) Speedy Publishing LLC.

Maori. Leslie Strudwick. 2017. (World Cultures Ser.). (ENG.). 32p. (J). lib. bdg. 29.99 *(978-1-5105-2269-5(7))* SmartBook Media, Inc.

Maori Lore: The Traditions of the Maori People, with the More Important of Their Legends (Classic Reprint) George Grey. 2017. (ENG., Illus.). (J). 34.56 *(978-1-5280-5011-1(8))* Forgotten Bks.

Maoriland Stories (Classic Reprint) Alfred A. Grace. (ENG., Illus.). (J). 2018. 220p. 28.45 *(978-0-267-38595-9(1))*; 2016. pap. 10.97 *(978-1-334-14645-9(4))* Forgotten Bks.

Map & Track Deserts. Linda Barghoorn. 2019. (Map & Track Biomes & Animals Ser.). (Illus.). 32p. (J). (gr. 4-5). *(978-0-7787-5366-7(2))*; pap. *(978-0-7787-5378-0(6))* Crabtree Publishing Co.

Map & Track Grasslands. Nancy Dickmann. 2019. (Map & Track Biomes & Animals Ser.). (Illus.). 32p. (J). (gr. 4-5). *(978-0-7787-5367-4(0))*; pap. *(978-0-7787-5379-7(4))* Crabtree Publishing Co.

Map & Track Mountains. Heather C. Hudak. 2019. (Map & Track Biomes & Animals Ser.). (Illus.). 32p. (J). (gr. 4-5). *(978-0-7787-5368-1(9))*; pap. *(978-0-7787-5380-3(8))* Crabtree Publishing Co.

Map & Track Oceans. Lauren Ishak. 2019. (Map & Track Biomes & Animals Ser.). (Illus.). 32p. (J). (gr. 4-5). *(978-0-7787-5369-8(7))*; pap. *(978-0-7787-5381-0(6))* Crabtree Publishing Co.

Map & Track Rain Forests. Heather C. Hudak. 2019. (Map & Track Biomes & Animals Ser.). (Illus.). 32p. (J). (gr. 4-5). *(978-0-7787-5370-4(0))*; pap. *(978-0-7787-5382-7(4))* Crabtree Publishing Co.

Map & Track Wetlands. Linda Barghoorn. 2019. (Map & Track Biomes & Animals Ser.). (Illus.). 32p. (J). (gr. 4-5). *(978-0-7787-6186-0(X))*; pap. *(978-0-7787-5383-4(2))* Crabtree Publishing Co.

Map Basics: Sets 1 - 2. 2018. (Map Basics Ser.). (ENG.). (J). pap. 109.80 *(978-1-5382-3439-6(4))*; (gr. 2-3). lib. bdg. 291.24 *(978-1-5382-3401-3(7),* 8d394b1e-7384-4cd2-810d-8ad4e8d0355c) Stevens, Gareth Publishing LLLP.

Map Colouring Book: A World of Things to Colour. Natalie Hughes. Illus. by Natalie Hughes. 2021. (ENG., Illus.). 48p. (J). (gr. 2-4). pap. 9.99 *(978-1-78055-729-8(9),* Buster Bks.) O'Mara, Michael Bks., Ltd. GBR. Dist: Independent Pubs. Group.

Map for Wrecked Girls. Jessica Taylor. ed. 2018. lib. bdg. 22.10 *(978-0-606-41318-3(9))* Turtleback.

Map from Here to There. Emery Lord. 2020. (ENG.). 368p. (YA). 17.99 *(978-1-68119-938-2(6),* 900194066, Bloomsbury Young Adult) Bloomsbury Publishing USA.

Map into the World. Kao Kalia Yang. Illus. by Seo Kim. 2019. (ENG.). 32p. (J). (gr. k-3). lib. bdg. 17.99 *(978-1-5415-3836-8(6),* 183bd87b-f1ce-48e2-862a-a43f05dc762b, Carolrhoda Bks.) Lerner Publishing Group.

Map into the World (Chinese Edition) Kao Kalia Yang. Illus. by Seo Kim. 2021. (CHI.). 40p. (J). (gr. k-3). 17.99 *(978-1-7284-4888-6(3),* ed077dcc-96c9-4180-9d89-503da062d8d8, Carolrhoda Bks.) Lerner Publishing Group.

Map It! Jr Landforms Boardbook. Rand McNally. 2018. (ENG., Illus.). (J). bds. *(978-0-528-02089-6(7))* Rand McNally Canada.

Map It! Jr Waterways Boardbook. Rand McNally. 2018. (Map It! Jr Ser.). (ENG., Illus.). 20p. (J). bds. *(978-0-528-02034-6(X))* Rand McNally Canada.

Map Maze Book. Sam Smith. 2017. (Maze Bks.). (ENG.). 64p. (J). pap. 9.99 *(978-0-7945-4028-9(7),* Usborne) EDC Publishing.

Map My Community. Harriet Brundle. 2018. (Mapping My World Ser.). (Illus.). 24p. (J). (gr. 2-2). *(978-0-7787-5001-7(9))* Crabtree Publishing Co.

Map My Country. Harriet Brundle. 2018. (Mapping My World Ser.). (Illus.). 24p. (J). (gr. 2-2). *(978-0-7787-5002-4(7))* Crabtree Publishing Co.

Map My Planet. Harriet Brundle. 2018. (Mapping My World Ser.). (Illus.). 24p. (J). (gr. 2-2). *(978-0-7787-5003-1(5))* Crabtree Publishing Co.

Map My School. Harriet Brundle. 2018. (Mapping My World Ser.). (Illus.). 24p. (J). (gr. 2-2). *(978-0-7787-5000-0(0))* Crabtree Publishing Co.

Map of Bones. Erzabet Bishop. 2021. (Curse Workers Ser.: Vol. 2). (ENG.). 138p. (YA). pap. *(978-1-77357-284-0(9))* Naughty Nights Pr.

Map of Days. Ransom Riggs. (Miss Peregrine's Peculiar Children Ser.: 4). (ENG.). 496p. (YA). (gr. 7). 2019. pap. 14.99 *(978-0-7352-3149-8(4),* Penguin Books); 2018. 22.99 *(978-0-7352-3214-3(8),* Dutton Books for Young Readers) Penguin Young Readers Group.

Map of Flames (the Forgotten Five, Book 1) Lisa McMann. 2022. (Forgotten Five Ser.: 1). (J). (gr. 3-7). (ENG.). 400p. 9.99 *(978-0-593-32542-1(7))*; 384p. 17.99 *(978-0-593-32540-7(0))* Penguin Young Readers Group. (G.P. Putnam's Sons Books for Young Readers).

Map of You. Sophie Williams. 2022. (ENG., Illus.). 76p. (J). pap. 12.99 *(978-1-80066-015-1(4))* Cicada Bks. GBR. Dist: Consortium Bk. Sales & Distribution.

Map Scale. Kerri Mazzarella. 2022. (Learning Map Skills Ser.). (ENG.). 24p. (J). (gr. -1-1). pap. *(978-1-0396-6171-4(8),* 20327); lib. bdg. *(978-1-0396-5976-6(4),* 20326) Crabtree Publishing Co. (Crabtree Roots).

Map Skills for Today: Grade 1. Scholastic. 2018. (Map Skills for Today Ser.). (ENG.). 48p. (gr. 1-1). pap. 4.99 *(978-1-338-21487-1(X))* Scholastic, Inc.

Map Skills for Today: Grade 2. Scholastic. 2018. (Map Skills for Today Ser.). (ENG.). 48p. (gr. 2-2). pap. 4.99 *(978-1-338-21489-5(6))* Scholastic, Inc.

Map Skills for Today: Grade 3. Scholastic, Inc. Staff. 2018. (Map Skills for Today Ser.). (ENG.). 48p. (gr. 3-3). pap. 4.99 *(978-1-338-21490-1(X))* Scholastic, Inc.

Map Skills for Today: Grade 4. Scholastic. 2018. (Map Skills for Today Ser.). (ENG.). 48p. (gr. 4-4). pap. 4.99 *(978-1-338-21491-8(8))* Scholastic, Inc.

Map Skills for Today: Grade 5. Scholastic. 2018. (Map Skills for Today Ser.). (ENG.). 48p. (gr. 5-5). pap. 4.99 *(978-1-338-21492-5(6))* Scholastic, Inc.

Map Symbols & Scales. Samantha S. Bell. 2019. (All about Maps Ser.). (ENG.). 24p. (J). (gr. 1-4). lib. bdg. 32.79 *(978-1-5038-2769-1(0),* 212589) Child's World, Inc, The.

Map to the Sun. Sloane Leong. 2020. (ENG., Illus.). 368p. (YA). pap. 17.99 *(978-1-250-14668-7(2),* 900181281, First Second Bks.) Roaring Brook Pr.

Map Tools Help Us Move from Place to Place, 1 vol. Wayan James. 2016. (Rosen REAL Readers: Social Studies Nonfiction / Fiction: Myself, My Community, My World Ser.). (ENG.). 12p. (gr. k-1). pap. 6.33 *(978-1-5081-2356-9(X),* 2cd9b412-3bca-473b-98f9-77b3eaf7bd27, Rosen Classroom) Rosen Publishing Group, Inc., The.

Map Trap. Andrew Clements. Illus. by Dan Andreasen. 2016. (ENG.). 160p. (J). (gr. 3-7). pap. 7.99 *(978-1-4169-9728-3(8))* Simon & Schuster Children's Publishing.

Map Trap, 1 vol. Cameron Macintosh. Illus. by Dave Atze. 2021. (Max Booth: Future Sleuth Ser.). (ENG.). 128p. (J). (gr. 4-4). pap. 16.35 *(978-1-5383-8474-9(4),* 095d0f8a-0770-4646-a2ad-d1ef2ac7369c); lib. bdg. 25.80 *(978-1-5383-8473-2(6),* 8c72f87b-eac7-4808-9222-be7eb151a486) Enslow Publishing, LLC. (West 44 Bks.).

Map Trap. Marie Powell. Illus. by Amy Cartwright. 2016. (Word Families Ser.). (ENG.). 16p. (J). (gr. k-2). lib. bdg. 17.95 *(978-1-60753-928-5(4),* 15541) Amicus.

Map Trap. Andrew Clements. ed. 2016. lib. bdg. 18.40 *(978-0-606-38977-8(6))* Turtleback.

Mapa de Los Anhelos. Alice Kellen. 2022. (SPA.). 496p. (YA). pap. 19.95 *(978-607-07-8628-0(9))* Editorial Planeta, S. A. ESP. Dist: Two Rivers Distribution.

Mapa de Los días. el Hogar de Miss Peregrine / a Map of Days. Ransom Riggs. 2019. (Hogar de Miss Peregrine Ser.). (SPA.). 504p. (YA). (gr. 7). pap. 15.95 *(978-607-31-7753-5(4),* Alfaguara) Penguin Random House Grupo Editorial ESP. Dist: Penguin Random Hse. LLC.

Mapa de Los Instantes Perfectos. Lev Grossman. 2023. (SPA.). 80p. (YA). (gr. 9-12). pap. 9.95 ***(978-607-557-382-3(8))*** Editorial Oceano de Mexico MEX. Dist: Independent Pubs. Group.

Mapa Hacia el Mundo (a Map into the World) Kao Kalia Yang. Illus. by Seo Kim. 2021. (SPA.). 40p. (J). (gr. k-3). 17.99 *(978-1-7284-4889-3(1),* 121165cf-d579-4c81-834f-4dba4a028e26, Carolrhoda Bks.) Lerner Publishing Group.

Mapache. 2017. (Animales Del Patio Ser.). (Illus.). 16p. (J). (gr. -1-2). lib. bdg. 17.95 *(978-1-68151-275-4(0),* 14716) Amicus.

Mapas Del Mundo: Leveled Reader Book 53 Level U 6 Pack. Hmh Hmh. 2021. (SPA.). 48p. (J). pap. 74.40 *(978-0-358-08621-5(3))* Houghton Mifflin Harcourt Publishing Co.

Maple & Rosemary. Alison James. Illus. by Jennifer K. Mann. 2023. 48p. (J). (gr. -1-3). 18.99 *(978-0-8234-4967-5(X),* Neal Porter Bks) Holiday Hse., Inc.

Maple & the Crystal Cavern. Kate Monkman. 2022. (ENG.). 78p. (J). *(978-1-80042-148-6(6))*; pap. *(978-1-80042-147-9(8))* SilverWood Bks.

Maple & Willow's Christmas Tree. Lori Nichols. Illus. by Lori Nichols. 2016. (Illus.). 32p. (J). (-k). 17.99 *(978-0-399-16756-0(0),* Nancy Paulsen Books) Penguin Young Readers Group.

Maple Festival. Poppy Green. Illus. by Jennifer A. Bell. 2017. (Adventures of Sophie Mouse Ser.). (ENG.). 128p. (J). (gr. k-4). lib. bdg. 31.36 *(978-1-5321-4114-0(9),* 26987, Chapter Bks.) Spotlight.

Maple Hill, or Aunt Lucy's Stories (Classic Reprint) American Tract Society. (ENG., Illus.). (J). 2018. 136p. 26.72 *(978-0-656-34943-2(3))*; 2017. pap. 9.57 *(978-0-243-44371-0(4))* Forgotten Bks.

Maple Leaf: And Other Sketches (Classic Reprint) C. T. Phillips. (ENG., Illus.). (J). 2018. 128p. 26.54 *(978-0-364-01760-9(0))*; 2017. pap. 9.57 *(978-0-243-51739-8(4))* Forgotten Bks.

Maple Leaf: August, 1852 (Classic Reprint) Unknown Author. (ENG., Illus.). (J). 2018. 42p. 24.76 *(978-0-483-30827-5(7))*; 2017. pap. 7.97 *(978-0-243-28654-6(6))* Forgotten Bks.

Maple Leaves in England (Classic Reprint) M. E. Bagshaw. 2018. (ENG., Illus.). 146p. (J). 26.91 *(978-0-267-47292-5(7))* Forgotten Bks.

Maple Leaves in Flanders Fields. Herbert Rae. 2017. (ENG., Illus.). (J). pap. *(978-0-649-13899-9(6))* Trieste Publishing Pty Ltd.

Maple Leaves in Flanders Fields (Classic Reprint) Herbert Rae. 2018. (ENG., Illus.). 286p. (J). 29.82 *(978-0-364-98759-9(6))* Forgotten Bks.

Maple Lee Zuckerman & Magic Junction Village. Aven D'Brey. 2023. (ENG.). 36p. (J). pap. 14.99 ***(978-1-5243-1856-7(6))*** Lantia LLC.

Maple Lee Zuckerman & Magic Junction Village. Aven D'Brey. Illus. by Pilar Díaz Sánchez. 2023. (ENG.). 34p. (J). 27.99 ***(978-1-5243-1873-4(6))*** Lantia LLC.

Maple Murders. Micol Ostow. ed. 2020. (Penworthy Picks YA Fiction Ser.). (ENG.). 296p. (J). (gr. 6-8). 19.96 *(978-1-64697-206-7(6))* Penworthy Co., LLC, The.

Maple Murders (Riverdale, Novel 3), Vol. 3. Micol Ostow. 2019. (Riverdale Ser.: 3). (ENG.). 304p. (YA). (gr. 7-7). pap. 9.99 *(978-1-338-55262-1(7))* Scholastic, Inc.

Maple Range (Classic Reprint) Edna A. Barnard. 2017. (ENG., Illus.). (J). 33.30 *(978-1-5285-8588-0(7))* Forgotten Bks.

Maple Street. A. M. Dorhauer. 2018. (ENG., Illus.). 228p. (J). pap. 12.00 *(978-1-7327442-1-9(1))* Dorhauer, Amanda.

Maple Syrup from the Sugarhouse. Laurie Lazzaro Knowlton. Illus. by Kathryn Mitter. 2017. (ENG.). 32p. (J). (gr. -1-3). 17.99 *(978-0-8075-7943-5(2),* 807579432) Whitman, Albert & Co.

Maple Tree. Tracy L. Gilbert. 2021. (ENG.). 28p. (J). *(978-0-2288-4647-5(1))*; pap. *(978-0-2288-4648-2(X))* Tellwell Talent.

Maple Tree. Susan H. Gray. Illus. by Jeff Bane. 2021. (My Early Library: My Life Cycle Ser.). (ENG.). 24p. (J). (gr. k-1). lib. bdg. 30.64 *(978-1-5341-8000-0(1),* 218280) Cherry Lake Publishing.

Maple Tree Monster. Bryan Kwasnik. 2017. (ENG., Illus.). 80p. (J). pap. *(978-1-365-85876-5(6))* Lulu Pr., Inc.

Mapleton, or More Work for the Maine Law (Classic Reprint) Pharcellus Church. 2016. (ENG., Illus.). (J). pap. 16.57 *(978-1-334-12778-6(6))* Forgotten Bks.

Mapmaker. Mark Bomback & Galaxy Craze. 2017. (ENG.). 272p. (YA). (gr. 9). pap. 10.99 *(978-1-61695-633-2(X),* Soho Teen) Soho Pr., Inc.

MapMaker. Lisa Moore Ramée. (ENG.). 320p. (J). (gr. 3-7). 2023. pap. 9.99 ***(978-0-06-303943-8(5))***; 2022. 17.99 *(978-0-06-303942-1(7))* HarperCollins Pubs. (Balzer & Bray).

Mapmaker. Ben Slabak. Illus. by Francesca Carita. 2021. (ENG.). 120p. (YA). pap. 14.99 *(978-1-949514-75-9(7))* Scout Comics.

Mapmakers. Tamzin Merchant. Illus. by Paola Escobar. 2023. (ENG.). 384p. (YA). (gr. 4-7). pap. 9.95 *(978-1-324-05252-4(X),* 345252, Norton Young Readers) Norton, W. W. & Co., Inc.

Mapmakers & the Enchanted Mountain: (a Graphic Novel) Cameron Chittock & Amanda Castillo. 2023. (Mapmakers Ser.: 2). (Illus.). 240p. (J). (gr. 3-7). 21.99 *(978-0-593-17291-9(4))*; pap. 13.99 *(978-0-593-17290-2(6))*; (ENG., lib. bdg. 24.99 *(978-0-593-17292-6(2))* Penguin Random Hse. LLC.

Mapmakers & the Lost Magic: (a Graphic Novel) Cameron Chittock & Amanda Castillo. 2022. (Mapmakers Ser.: 1). (Illus.). 256p. (J). (gr. 3-7). (ENG.). lib. bdg. 23.99 *(978-0-593-17288-9(4))*; 20.99 *(978-0-593-17287-2(6))*; pap. 12.99 *(978-0-593-17286-5(8))* Penguin Random Hse. LLC.

Mapping Africa. Paul Rockett. 2016. (Mapping the Continents Ser.). (Illus.). 32p. (J). (gr. 3-6). *(978-0-7787-2612-8(6))* Crabtree Publishing Co.

Mapping Asia. Paul Rockett. 2016. (Mapping the Continents Ser.). (Illus.). 32p. (J). (gr. 3-6). *(978-0-7787-2613-5(4))* Crabtree Publishing Co.

Mapping Australia & Oceania, & Antarctica. Paul Rockett. 2016. (Mapping the Continents Ser.). (Illus.). 32p. (J). (gr. 3-6). *(978-0-7787-2614-2(2))* Crabtree Publishing Co.

Mapping Europe. Paul Rockett. 2016. (Mapping the Continents Ser.). (ENG., Illus.). 32p. (J). (gr. 3-6). *(978-0-7787-2615-9(0))* Crabtree Publishing Co.

Mapping Human Activity. Tim Cooke. 2017. (Leaving My Homeland Ser.). (Illus.). 32p. (J). (gr. 5-5). *(978-0-7787-3222-8(3))* Crabtree Publishing Co.

Mapping in a Digital World. Enzo George. 2017. (Mapping in the Modern World Ser.). (ENG., Illus.). 32p. (J). (gr. 5-5). *(978-0-7787-3223-5(1))*; pap. *(978-0-7787-3241-9(X))* Crabtree Publishing Co.

Mapping Information. Melanie Waldron. rev. ed. 2022. (Let's Get Mapping! Ser.). (ENG.). 32p. (J). pap. 8.29 *(978-1-4109-9931-3(9),* 249743, Raintree) Capstone.

Mapping Money & Trade, 1 vol. Madeline Tyler. 2019. (Maps & Mapping Ser.). (ENG.). 32p. (gr. 4-4). pap. 11.50 *(978-1-5345-3112-3(2),* 36f54b8a-a673-4b73-9514-5f21b6a601b3); lib. bdg. 28.88 *(978-1-5345-3023-2(1),* 38ee0d1e-204b-45c5-b212-f5255a0bd5da) Greenhaven Publishing LLC. (KidHaven Publishing).

Mapping My Country (Learn about: Mapping) Jeanette Ferrara. 2022. (Learn About Ser.). (ENG., Illus.). 32p. (J). (gr. k-2). 25.00 *(978-1-338-83680-6(3))*; pap. 6.99 *(978-1-338-83682-0(X))* Scholastic Library Publishing. (Children's Pr.).

Mapping My Day. Julie Dillemuth. Illus. by Laura Wood. 2017. 40p. (J). *(978-1-4338-2333-6(0),* Magination Pr.) American Psychological Assn.

Mapping My House (Learn about: Mapping) Jeanette Ferrara. 2022. (Learn About Ser.). (ENG., Illus.). 32p. (J). (gr. k-2). 25.00 *(978-1-338-83671-4(4))*; pap. 6.99 *(978-1-338-83673-8(0))* Scholastic Library Publishing. (Children's Pr.).

Mapping My Town (Learn about: Mapping) Jeanette Ferrara. 2022. (Learn About Ser.). (ENG., Illus.). 32p. (J). (gr. k-2). 25.00 *(978-1-338-83713-1(3))*; pap. 6.99 *(978-1-338-83714-8(1))* Scholastic Library Publishing. (Children's Pr.).

Mapping My World (Learn about: Mapping) Jeanette Ferrara. 2022. (Learn About Ser.). (ENG.). 32p. (J). (gr. k-2). pap. 6.99 *(978-1-338-83688-2(9))*; (Illus.). 25.00 *(978-1-338-83687-5(0))* Scholastic Library Publishing. (Children's Pr.).

1274

The check digit for ISBN-10 appears in parentheses after the full ISBN-13

Mapping North America. Paul Rockett. 2016. (Mapping the Continents Ser.). (Illus.). 32p. (J). (gr. 3-6). *(978-0-7787-2616-6(9))* Crabtree Publishing Co.

Mapping Oceans, 1 vol. Alex Brinded. 2019. (Maps & Mapping Ser.). (ENG.). 32p. (gr. 4-4). pap. 11.50 *(978-1-5345-3114-7(9),* a4586506-e56e-449d-abef-9dde3a8d22ab); lib. bdg. 28.88 *(978-1-5345-3025-6(8),* dc8292d9-4efa-426f-9ed6-224bd672164e) Greenhaven Publishing LLC. (KidHaven Publishing).

Mapping People, 1 vol. Madeline Tyler. 2019. (Maps & Mapping Ser.). (ENG.). 32p. (gr. 4-4). pap. 11.50 *(978-1-5345-3111-6(4),* 0ae9e4a8-35e7-4877-bacf-8793a339ad06); lib. bdg. 28.88 *(978-1-5345-3022-5(3),* 712b78e8-dcc9-4470-bdc8-82f429b35394) Greenhaven Publishing LLC. (KidHaven Publishing).

Mapping Physical Geography, 1 vol. Alex Brinded. 2019. (Maps & Mapping Ser.). (ENG.). 32p. (gr. 4-4). pap. 11.50 *(978-1-5345-3110-9(6),* 73f40b6e-1c16-4e16-bdc3-f8430c345132); lib. bdg. 28.88 *(978-1-5345-3021-8(5),* 6055cce0-b6d0-47bf-8901-c0c463abc49f) Greenhaven Publishing LLC. (KidHaven Publishing).

Mapping Sam. Joyce Hesselberth. (ENG., Illus.). 40p. (J). (gr. -1-3). 2021. pap. 8.99 *(978-0-06-304322-0(X))*; 2018. 18.99 *(978-0-06-274122-6(5))* HarperCollins Pubs. (Greenwillow Bks.).

Mapping South America. Paul Rockett. 2016. (Mapping the Continents Ser.). (Illus.). 32p. (J). (gr. 3-6). *(978-0-7787-2617-3(7))* Crabtree Publishing Co.

Mapping the Bones. Jane Yolen. 2019. (ENG.). 432p. (YA). (gr. 7). pap. 12.99 *(978-0-399-54667-9(7),* Penguin Books) Penguin Young Readers Group.

Mapping the Earth, 12 vols. 2022. (Mapping the Earth Ser.). (ENG.). 24p. (J). (gr. 1-2). lib. bdg. 145.62 *(978-1-5382-8155-0(4),* 301a9f2d-076f-418d-ac8b-a63a63075757) Stevens, Gareth Publishing LLLP.

Mapping the Earth. Dwayne Hicks. 2022. (Mapping the Earth Ser.). (ENG.). 24p. (J). pap. 51.90 *(978-1-5382-8215-1(1))* Stevens, Gareth Publishing LLLP.

Mapping the Future. James Bow. 2017. (Mapping in the Modern World Ser.). (ENG., Illus.). 32p. (J). (gr. 5-5). *(978-0-7787-3238-9(X))*; pap. *(978-0-7787-3244-0(4))* Crabtree Publishing Co.

Mapping the Milky Way (Grade 3) Nicole Sipe. rev. ed. 2018. (Smithsonian: Informational Text Ser.). (ENG., Illus.). 32p. (J). (gr. 3-4). pap. 11.99 *(978-1-4938-6689-2(3))* Teacher Created Materials, Inc.

Mapping the Physical World. Charlie Samuels. 2017. (Mapping in the Modern World Ser.). (ENG.). 32p. (J). (gr. 5-5). *(978-0-7787-3236-5(3))*; pap. *(978-0-7787-3242-6(8))* Crabtree Publishing Co.

Mapping the Weather, 1 vol. John Wood. 2019. (Maps & Mapping Ser.). (ENG.). 32p. (gr. 4-4). pap. 11.50 *(978-1-5345-3113-0(0),* c39aaaa8-716b-45a2-85b5-8643bb95f7dd); lib. bdg. 28.88 *(978-1-5345-3024-9(X),* a02a8920-0ac6-45f5-9570-0099ddf24b3e) Greenhaven Publishing LLC. (KidHaven Publishing).

Mapping Towns & Cities, 1 vol. Holly Duhig & Madeline Tyler. 2019. (Maps & Mapping Ser.). (ENG.). 32p. (gr. 4-4). pap. 11.50 *(978-1-5345-3109-3(2),* 78b67575-f847-4ca4-94fb-3175a4883a4f); lib. bdg. 28.88 *(978-1-5345-3020-1(7),* 6e13d409-bc57-4140-87c8-68052fbfa07b) Greenhaven Publishing LLC. (KidHaven Publishing).

Mapping: Where People Work. Jen Green. (Mapping Ser.). (ENG.). 32p. (J). (gr. k-2). 2018. pap. 9.99 *(978-1-5263-0510-7(0))*; 2016. (Illus.). 17.99 *(978-0-7502-8576-6(1))* Hachette Children's Group GBR. (Wayland). Dist: Hachette Bk. Group.

Maps. Joellyn T. Cicciarelli. 2017. (Learn-To-Read Ser.). (ENG., Illus.). (J). pap. 3.49 *(978-1-68310-251-9(7))* Pacific Learning, Inc.

Maps: Leveled Reader Sapphire Level 29. Rg Rg. 2019. (PM Ser.). (ENG.). 32p. (J). (gr. 4-5). pap. 11.00 *(978-0-544-89316-0(6))* Rigby Education.

Maps: What You Need to Know. Linda Crotta Brennan. 2017. (Fact Files Ser.). (ENG., Illus.). 24p. (J). (gr. 1-3). lib. bdg. 27.99 *(978-1-5157-8109-7(7),* 136116, Capstone Pr.) Capstone.

Maps Activity Book. Eddie Reynolds & Darran Strobbart. 2019. (ENG.). (J). pap. 12.99 *(978-0-7945-4767-7(2),* Usborne) EDC Publishing.

Maps & Globes. Dona Herweck Rice. rev. ed. 2018. (Social Studies: Informational Text Ser.). (ENG., Illus.). 24p. (J). (gr. 1-3). pap. 10.99 *(978-1-4258-2515-7(X))* Teacher Created Materials, Inc.

Maps & Mapping. 2019. (Maps & Mapping Ser.). (ENG.). 32p. (J). pap. 63.00 *(978-1-5345-3139-0(4))*; (gr. 4-4). lib. bdg. 173.28 *(978-1-5345-3044-7(4),* d79e0404-e140-41d4-80b7-ba38e4b115b7) Greenhaven Publishing LLC. (KidHaven Publishing).

Maps & More Maps. Terry Miller Shannon. 2016. (Spring Forward Ser.). (J). (gr. 1). *(978-1-4900-9381-9(8))* Benchmark Education Co.

Maps Are Useful. Susan Markowitz Meredith. 2016. (Spring Forward Ser.). (J). (gr. 2). *(978-1-4900-9431-1(8))* Benchmark Education Co.

Maps, Curves, & Fractals: Fun, Hands-On Activities for Learning with Coloring Maps, Stitching Curves, & Fantastic Fractals. Rebecca Rapoport & J. A. Yoder. 2018. (Math Lab for Kids Ser.). (ENG., Illus.). 32p. (J). (gr. 3-6). lib. bdg. 27.99 *(978-1-63159-448-9(6),* c07637aa-3603-4ec2-b3bc-9fd7c1d9ca43, Quarry Bks.) Quarto Publishing Group USA.

Maps of Memory: Return to Butterfly Hill. Marjorie Agosin. Illus. by Lee White. 2020. (Butterfly Hill Ser.). (ENG.). 368p. (J). (gr. 5-9). 18.99 *(978-1-4814-6901-2(0),* Atheneum/Caitlyn Dlouhy Books) Simon & Schuster Children's Publishing.

Maps of My Emotions. Bimba Landmann. 2021. (ENG., Illus.). 48p. (J). (gr. -1-3). 18.99 *(978-0-7643-6221-7(6),* 24716) Schiffer Publishing, Ltd.

Maps of the United Kingdom. Rachel Dixon & Livi Gosling. 2018. (ENG., Illus.). 112p. (J). (gr. k-4). 28.99 *(978-1-78603-025-2(X),* 302826, Wide Eyed Editions) Quarto Publishing Group UK GBR. Dist: Hachette UK Distribution.

Maps of the World: An Illustrated Children's Atlas of Adventure, Culture, & Discovery. Enrico Lavagno. Illus. by Sacco Vallarino. 2018. (ENG.). 136p. (J). (gr. 1-5). 24.99 *(978-0-316-41770-9(X),* Black Dog & Leventhal Pubs. Inc.) Running Pr.

Maps of the World, a Travel Coloring Book. Bobo's Children Activity Books. 2016. (ENG., Illus.). (J). pap. 9.33 *(978-1-68327-655-5(8))* Sunshine In My Soul Publishing.

Maps of the World's Oceans: An Illustrated Children's Atlas to the Seas & All the Creatures & Plants That Live There. Enrico Lavagno & Angelo Mojetta. 2019. (ENG., Illus.). 144p. (J). (gr. 3-7). 24.99 *(978-0-7624-6797-6(5),* Black Dog & Leventhal Pubs. Inc.) Running Pr.

Maps Poster Book. Aleksandra Mizielinska & Daniel Mizielinski. 2016. (ENG.). 56p. (J). (gr. 2-4). 22.00 *(978-0-7636-8835-6(5),* Big Picture Press) Candlewick Pr.

Maps Show Where to Go. Barbara Spilman Lawson. 2016. (Spring Forward Ser.). (J). (gr. 2). *(978-1-4900-2245-1(7))* Benchmark Education Co.

Maps Throughout American History, 1 vol. Michael Rajczak. 2019. (Journey to the Past: Investigating Primary Sources Ser.). (ENG.). 32p. (gr. 4-5). pap. 11.50 *(978-1-5382-4042-7(4),* 7e62c4e6-d1cc-4184-b31f-9c97c2f98f22) Stevens, Gareth Publishing LLLP.

Mapupula: The One Who Touches (Classic Reprint) Florence M. Blaxall. (ENG., Illus.). (J). 2018. 56p. 25.05 *(978-0-484-56806-7(X))*; 2017. pap. 9.57 *(978-0-259-59280-8(3))* Forgotten Bks.

Maquina de Hacer Tareas. Cecilia Pisos. 2018. (SPA.). 148p. (J). pap. *(978-607-746-406-8(6))* Progreso, Editorial, S. A.

Maquinas Asombrosas! (Machines to Thrill You!) Grace Hansen. 2016. (Ver para Creer (Seeing Is Believing) Ser.). (SPA., Illus.). 24p. (J). (gr. -1-2). lib. bdg. 32.79 *(978-1-68080-769-1(2),* 22700, Abdo Kids) ABDO Publishing Co.

Máquinas Simples y Complejas. Andrea Pelleschi. 2017. (Vitales Ser.). (SPA.). (YA). (gr. 6-8). pap. *(978-1-5021-6877-1(4))* Benchmark Education Co.

Máquinas Simples y Complejas - 6 Pack: Set of 6 Common Core Edition. Andrea Pelleschi. 2017. (Vitales Ser.). (SPA.). (YA). (gr. 6-8). 75.00 *(978-1-5021-7099-6(X))* Benchmark Education Co.

Mar. Caio H. V Ramos. 2018. (OS Deuses de Bel'qamar Ser.: Vol. 2). (POR., Illus.). 386p. (J). pap. *(978-85-920072-1-8(6))* Ramos, Caio H.

Mar Libro de Colorear: Increíbles Criaturas Marinas y Vida Marina Submarina, un Libro para Colorear para niños con Increíbles Animales Del Océano (Libro de Actividades Del Océano para niños y Niñas) Lenard Vinci Press. 2020. (SPA.). 88p. (J). pap. 9.99 *(978-1-716-36827-1(8))* Lulu Pr., Inc.

Mara & the Horrible Hiccups. Allison Moodry. 2021. (ENG.). 20p. (J). pap. 12.00 *(978-1-0879-7804-8(1))* Indy Pub.

Mara the Space Traveler. An Leysen. 2020. (ENG., Illus.). 56p. (J). (gr. 1). 23.95 *(978-1-60537-527-4(6))* Clavis Publishing.

Marabel & the Book of Fate. Tracy Barrett. 2018. (Marabel Novel Ser.). (ENG.). 304p. (J). (gr. 3-7). 16.99 *(978-0-316-43399-0(3))* Little, Brown Bks. for Young Readers.

Marable Family: A Novel (Classic Reprint) Shaler Hillyer. 2017. (ENG., Illus.). (J). 31.67 *(978-0-260-57239-4(X))* Forgotten Bks.

Maradick at Forty: A Transition (Classic Reprint) Hugh Walpole. 2017. (ENG., Illus.). (J). 32.79 *(978-0-266-52580-6(6))* Forgotten Bks.

Maradona. Matt Oldfield & Tom Oldfield. 2018. (Football Heroes - International Editions Ser.). (ENG., Illus.). 176p. (J). (gr. 4-7). pap. 9.99 *(978-1-78606-924-5(5))* Blake, John Publishing, Ltd. GBR. Dist: Independent Pubs. Group.

Maral & Lupita: a Celebration of Friendship. Judith Verduzco & Maral Pushian Sultanian. 2022. (ENG.). 96p. (J). 18.95 *(978-1-64543-920-2(8),* Mascot Kids) Amplify Publishing Group.

Maralee & the Turtles of the Sea. Rebecca Chamberlain. 2018. (ENG., Illus.). 34p. (J). (gr. k-3). 25.00 *(978-1-7321544-1-4(4))* Gossamer Wings Pr.

Marama: A Tale of the South Pacific (Classic Reprint) Ralph Stock. 2018. (ENG., Illus.). 316p. (J). 30.50 *(978-0-332-06355-3(0))* Forgotten Bks.

Marannos: A Tale of the Inquisition, During the Reign of Ferdinand & Isabella; (Spain's Most Eventful Era) (Classic Reprint) J. H. Carey. 2018. (ENG., Illus.). 104p. (J). 26.04 *(978-0-483-26369-7(9))* Forgotten Bks.

Marathi English Primer, Vol. 1 (Classic Reprint) Ganesh Hari Bhide. (ENG., Illus.). (J). 2018. 168p. 27.38 *(978-0-666-69021-0(9))*; 2017. pap. 9.97 *(978-0-282-50113-6(4))* Forgotten Bks.

Marathi-English Second Book, Vol. 2 (Classic Reprint) Ganesh Hari Bhide. (ENG., Illus.). (J). 2018. 190p. 27.84 *(978-0-365-24200-0(4))*; 2017. pap. 10.57 *(978-0-282-48707-2(7))* Forgotten Bks.

Marauder's Map Guide to Hogwarts (Harry Potter) Erinn Pascal. Illus. by Helen Cann. 2018. (ENG.). 52p. (J). (gr. 2-2). 14.99 *(978-1-338-25280-4(1))* Scholastic, Inc.

Maravilla de la Creación: 100 Devocionales Más Acerca de Dios y la Ciencia. Louie Giglio. 2022. (Indescribable Kids Ser.). (SPA.). 208p. (J). pap. 16.99 *(978-1-4002-3631-2(2))* Grupo Nelson.

Maravillas de la Naturaleza, 6 vols., Set. Dana Meachen Rau. Incl. Arco Iris (Rainbows) lib. bdg. 25.50 *(978-0-7614-2807-7(0),* 08fae9c6-ba1b-483d-b51e-baf9ed491d8e); Las Cataratas (Waterfalls) lib. bdg. 25.50 *(978-0-7614-2810-7(0),* d8bd4814-7ee1-4171-8d36-fdeef15fe221); Las Cuevas (Caves) lib. bdg. 25.50 *(978-0-7614-2804-6(6),* 70379ba1-5d38-4335-bd46-c598bec779dc); Los Arrecifes de Coral (Coral Reefs) lib. bdg. 25.50 *(978-0-7614-2805-3(4),* 60940e12-0148-4d4f-97d3-fcf595e12af7); Los Desiertos (Deserts) lib. bdg. 25.50 *(978-0-7614-2806-0(2),* 697e14fe-e992-4976-bffd-6613de1b8322); Los Volcanes (Volcanoes) lib. bdg. 25.50 *(978-0-7614-2808-4(9),* 018a2962-b534-455a-bcb2-e6d476e5c878); (Illus.). 32p. (gr. 1-2). 2009. (Bookworms — Spanish Editions: Maravillas de la Naturaleza Ser.). (SPA.). 2007. lib. bdg. *(978-0-7614-2803-9(8),* Cavendish Square) Cavendish Square Publishing LLC.

Maravillas de Los EE. UU: Shine-A-light. Carron Brown. Illus. by Wesley Robbins. 2019.Tr. of Wonders of the USA. (SPA.). (J). 12.99 *(978-1-61067-916-9(4))* Kane Miller.

Maravillas Del Cuerpo Humano. Alejandro Algarra. 2019. (SPA.). 96p. (J). (gr. 2-3). 18.99 *(978-84-17928-10-0(3))* Pluton Ediciones ESP. Dist: Lectorum Pubns., Inc.

Maravillas Del Mundo (World Wonders) (Set), 6 vols. 2018. (Maravillas Del Mundo (World Wonders) Ser.). (SPA.). 24p. (J). (gr. -1-2). lib. bdg. 196.74 *(978-1-5321-8049-1(7),* 28313, Abdo Kids) ABDO Publishing Co.

Maravillas Naturales (the Wonders of Nature) Ben Hoare. 2020. (DK Children's Anthologies Ser.). (SPA.). 224p. (J). (gr. 2-4). 21.99 *(978-0-7440-2705-1(5),* DK Children) Dorling Kindersley Publishing, Inc.

Maravillosa Creacion de Dios - la Biblia en Rompecabezas. Contrib. by Casscom Media. 2017. (Puzzle Bibles Ser.). (ENG & SPA.). (J). bds. *(978-87-7132-576-8(X))* Scandinavia Publishing Hse.

Maravilloso Ciclo Del Agua: Leveled Reader Book 52 Level I 6 Pack. Hmh Hmh. 2021. (SPA.). 16p. (J). pap. 74.40 *(978-0-358-08361-0(3))* Houghton Mifflin Harcourt Publishing Co.

Maravilloso Mago de Oz. L. Frank Baum & David Guerra. 2020.Tr. of Wonderful Wizard of Oz. (SPA.). 212p. (J). (gr. 4-7). pap. *(978-1-716-94156-6(3))* Lulu Pr., Inc.

Maravilloso Mago de Oz. L. Frank Baum. I.t. ed. 2018.Tr. of Wonderful Wizard of Oz. (ENG & SPA.). 235p. (J). (gr. 4-7). pap. *(978-607-415-802-1(9))* Grupo Editorial Tomo, S.A. de C.V.

Marbeau Cousins (Classic Reprint) Harry Stillwell Edwards. 2018. (ENG., Illus.). 296p. (J). 30.00 *(978-0-483-75784-4(5))* Forgotten Bks.

Marble City (Classic Reprint) George Brown Burgin. 2018. (ENG., Illus.). 342p. (J). 30.89 *(978-0-483-10881-3(2))* Forgotten Bks.

Marble (Classic Reprint) Nathanial Hawthorne. 2017. (ENG., Illus.). (J). 34.93 *(978-0-331-15689-8(X))* Forgotten Bks.

Marble Composition Notebook College Ruled: Black Marble Notebooks, School Supplies, Notebooks for School. Young Dreamers Press. 2019. (Notebooks College Ruled Ser.: Vol. 1). (ENG.). 102p. (J). (gr. 3-6). pap. *(978-1-989387-67-2(5))* EnemyOne.

Marble Composition Notebook College Ruled: Blue Marble Notebooks, School Supplies, Notebooks for School. Young Dreamers Press. 2019. (Notebooks College Ruled Ser.: Vol. 2). (ENG.). 102p. (J). (gr. 3-6). pap. *(978-1-989387-68-9(3))* EnemyOne.

Marble Composition Notebook College Ruled: Coral Pink Marble Notebooks, School Supplies, Notebooks for School. Young Dreamers Press. 2019. (Notebooks College Ruled Ser.: Vol. 9). (ENG.). 102p. (J). (gr. 3-6). pap. *(978-1-989387-83-2(7))* EnemyOne.

Marble Composition Notebook College Ruled: Green Marble Notebooks, School Supplies, Notebooks for School. Young Dreamers Press. 2019. (Notebooks College Ruled Ser.: Vol. 8). (ENG.). 102p. (J). (gr. 3-6). pap. *(978-1-989387-74-0(8))* EnemyOne.

Marble Composition Notebook College Ruled: Lavender Marble Notebooks, School Supplies, Notebooks for School. Young Dreamers Press. 2019. (Notebooks College Ruled Ser.: Vol. 4). (ENG.). 102p. (J). pap. *(978-1-989387-70-2(5))* EnemyOne.

Marble Composition Notebook College Ruled: Orange Marble Notebooks, School Supplies, Notebooks for School. Young Dreamers Press. 2019. (Notebooks College Ruled Ser.: Vol. 3). (ENG.). 102p. (J). (gr. 3-6). pap. *(978-1-989387-69-6(1))* EnemyOne.

Marble Composition Notebook College Ruled: Pumpkin Marble Notebooks, School Supplies, Notebooks for School. Young Dreamers Press. 2019. (Notebooks College Ruled Ser.: Vol. 11). (ENG.). 102p. (J). (gr. 3-6). pap. *(978-1-989387-85-6(3))* EnemyOne.

Marble Composition Notebook College Ruled: Red Marble Notebooks, School Supplies, Notebooks for School. Young Dreamers Press. 2019. (Notebooks College Ruled Ser.: Vol. 5). (ENG.). 102p. (J). (gr. 3-6). pap. *(978-1-989387-71-9(3))* EnemyOne.

Marble Composition Notebook College Ruled: Teal Marble Notebooks, School Supplies, Notebooks for School. Young Dreamers Press. 2019. (Notebooks College Ruled Ser.: Vol. 10). (ENG.). 102p. (J). (gr. 3-6). pap. *(978-1-989387-84-9(5))* EnemyOne.

Marble Composition Notebook College Ruled: Turquoise Marble Notebooks, School Supplies, Notebooks for School. Young Dreamers Press. 2019. (Notebooks College Ruled Ser.: Vol. 6). (ENG.). 102p. (J). (gr. 3-6). pap. *(978-1-989387-72-6(1))* EnemyOne.

Marble Composition Notebook College Ruled: Yellow Marble Notebooks, School Supplies, Notebooks for School. Young Dreamers Press. 2019. (Notebooks College Ruled Ser.: Vol. 7). (ENG.). 102p. (J). (gr. 3-6). pap. *(978-1-989387-73-3(X))* EnemyOne.

Marble Faun, Vol. 1 Of 2: Or the Romance of Monte Beni (Classic Reprint) Nathanial Hawthorne. 2018. (ENG., Illus.). 312p. (J). 30.33 *(978-0-364-81661-5(9))* Forgotten Bks.

Marble Faun, Vol. 2 Of 2: Or Romance of Monte Beni (Classic Reprint) Nathanial Hawthorne. 2018. (ENG., Illus.). 394p. (J). 32.02 *(978-0-666-64342-1(3))* Forgotten Bks.

Marble Hill: New Kids on the Block. C. L. Lind. 2021. (ENG.). 72p. (J). pap. 10.00 *(978-1-716-12659-8(2))* Lulu Pr., Inc.

Marble Match, 1 vol. Wayan James. 2016. (Rosen REAL Readers: STEM & STEAM Collection). (ENG.). 8p. (gr. k-1). pap. 5.46 *(978-1-5081-2583-9(X),* f1787a41-08fd-4a40-8c65-c6750401bab4, Rosen Classroom) Rosen Publishing Group, Inc., The.

Marble Story. Liz Batton. 2022. (ENG., Illus.). 30p. (J). pap. 13.95 *(978-1-6624-5252-9(7))* Page Publishing Inc.

Marbled Composition Notebook: Black Marble Wide Ruled Paper Hardcover Subject Book. Young Dreamers Press. 2019. (Hardback School Essentials Ser.: Vol. 1). (ENG.). 102p. (J). (gr. 3-6). *(978-1-989387-64-1(0))* EnemyOne.

Marbled Composition Notebook: Black Marble Wide Ruled Paper Subject Book. Young Dreamers Press. 2019. (School Essentials Ser.: Vol. 1). (ENG.). 102p. (J). (gr. 3-6). pap. *(978-1-989387-47-4(0))* EnemyOne.

Marbled Composition Notebook: Blue Marble Wide Ruled Paper Subject Book. Young Dreamers Press. 2019. (School Essentials Ser.: Vol. 8). (ENG.). 102p. (J). (gr. 3-6). pap. *(978-1-989387-59-7(4))* EnemyOne.

Marbled Composition Notebook: Coral Pink Marble Wide Ruled Paper Subject Book. Young Dreamers Press. 2019. (School Essentials Ser.: Vol. 6). (ENG.). 102p. (J). (gr. 3-6). pap. *(978-1-989387-55-9(1))* EnemyOne.

Marbled Composition Notebook: Green Marble Wide Ruled Paper Subject Book. Young Dreamers Press. 2019. (School Essentials Ser.: Vol. 10). (ENG.). 102p. (J). (gr. 3-6). pap. *(978-1-989387-66-5(7))* EnemyOne.

Marbled Composition Notebook: Lavender Marble Wide Ruled Paper Subject Book. Young Dreamers Press. 2019. (School Essentials Ser.: Vol. 2). (ENG.). 102p. (J). (gr. 3-6). pap. *(978-1-989387-51-1(9))* EnemyOne.

Marbled Composition Notebook: Orange Marble Wide Ruled Paper Subject Book. Young Dreamers Press. 2019. (School Essentials Ser.: Vol. 3). (ENG.). 102p. (J). (gr. 3-6). pap. *(978-1-989387-52-8(7))* EnemyOne.

Marbled Composition Notebook: Pink Marble Wide Ruled Paper Subject Book. Young Dreamers Press. 2020. (School Essentials Ser.: Vol. 12). (ENG.). 102p. (J). pap. *(978-1-989790-60-1(7))* EnemyOne.

Marbled Composition Notebook: Pumpkin Marble Wide Ruled Paper Subject Book. Young Dreamers Press. 2019. (School Essentials Ser.: Vol. 11). (ENG.). 102p. (J). (gr. 3-6). pap. *(978-1-989387-86-3(1))* EnemyOne.

Marbled Composition Notebook: Purple Marble Wide Ruled Paper Subject Book. Young Dreamers Press. 2020. (School Essentials Ser.: Vol. 13). (ENG.). 102p. (J). pap. *(978-1-989790-61-8(5))* EnemyOne.

Marbled Composition Notebook: Red Marble Wide Ruled Paper Subject Book. Young Dreamers Press. 2019. (School Essentials Ser.: Vol. 4). (ENG.). 102p. (J). (gr. 3-6). pap. *(978-1-989387-53-5(5))* EnemyOne.

Marbled Composition Notebook: Teal Marble Wide Ruled Paper Subject Book. Young Dreamers Press. 2019. (School Essentials Ser.: Vol. 5). (ENG.). 102p. (J). (gr. 3-6). pap. *(978-1-989387-54-2(3))* EnemyOne.

Marbled Composition Notebook: Turquoise Marble Wide Ruled Paper Subject Book. Young Dreamers Press. 2019. (School Essentials Ser.: Vol. 7). (ENG.). 102p. (J). (gr. 3-6). pap. *(978-1-989387-58-0(6))* EnemyOne.

Marc und der Mars. Axel Hahlweg. 2019. (GER.). 216p. (J). *(978-3-7482-6308-1(2))*; pap. *(978-3-7482-6307-4(4))* tredition Verlag.

Marca de Sara. Elena Garcia. 2017. (SPA., Illus.). 452p. (J). pap. *(978-84-17142-00-1(2))* Nova Casa Editorial.

Marcaboth Women (Classic Reprint) Viña Delmar. (ENG., Illus.). (J). 2018. 292p. 29.92 *(978-0-483-61319-5(3))*; 2017. pap. 13.57 *(978-0-243-27707-0(5))* Forgotten Bks.

Marcel le Vampire. Guillaume Dufrénoy. 2022. (FRE.). 157p. (YA). pap. *(978-1-4716-3879-4(0))* Lulu Pr., Inc.

Marcelin & Marcy: Two Elephants for a Cleaner World. Claude Alain Solliard. 2022. 30p. (J). 23.00 *(978-1-6678-3550-1(5))* BookBaby.

Marcelle of the Quarter (Classic Reprint) Clive Holland. (ENG., Illus.). (J). 2018. 302p. 30.15 *(978-0-483-90791-1(X))*; 2016. pap. 13.57 *(978-1-334-14166-9(5))* Forgotten Bks.

Marcel's Masterpiece: How a Toilet Shaped the History of Art. Jeff Mack. Illus. by Jeff Mack. 2022. (ENG., Illus.). 48p. (J). 19.99 *(978-1-250-77716-4(X),* 900235233, Holt, Henry & Co. Bks. For Young Readers) Holt, Henry & Co.

Marcel's Mouse Museum. Hannah Abbo. 2023. (ENG., Illus.). 32p. (J). (gr. 1-5). 17.99 *(978-1-64170-743-5(7),* 550743) Familius LLC.

March. Julie Murray. 2017. (Months Ser.). (ENG., Illus.). 24p. (J). (gr. -1-2). lib. bdg. 31.36 *(978-1-5321-0017-8(5),* 25116, Abdo Kids) ABDO Publishing Co.

March Against Fear: The Last Great Walk of the Civil Rights Movement & the Emergence of Black Power. Ann Bausum. 2017. (Illus.). 144p. (J). (gr. 7-12). 18.99 *(978-1-4263-2665-3(3),* National Geographic Kids) Disney Publishing Worldwide.

March: Book Three. John Lewis & Andrew Aydin. Illus. by Nate Powell. 2016. (March Ser.: Vol. 3). (ENG.). 256p. (YA). (gr. 8-11). lib. bdg. 30.80 *(978-1-5311-9480-2(X))* Perfection Learning Corp.

March Fong Eu: Activist & Politician. Duchess Harris & Samantha S. Bell. 2019. (Freedom's Promise Set 3 Ser.). (ENG., Illus.). 48p. (J). (gr. 4-8). lib. bdg. 35.64 *(978-1-5321-9086-5(7),* 33682) ABDO Publishing Co.

March Forward, Girl: From Young Warrior to Little Rock Nine. Melba Pattillo Beals. Illus. by Frank Morrison. (ENG.). 224p. (J). (gr. 5). 2019. pap. 9.99 *(978-1-328-60392-0(X),* 1732112); 2018. 17.99 *(978-1-328-88212-7(8),* 1697888) HarperCollins Pubs. (Clarion Bks.).

March Hares (Classic Reprint) Harold Frederic. 2018. (ENG., Illus.). 292p. (J). 29.94 *(978-0-483-52877-2(3))* Forgotten Bks.

March of Boys & Girls (Hindi Edition) Hongyou Dong. 2021. (Modern Stories from China for Adolescent Ser.). (ENG.). 232p. (J). pap. 19.95 *(978-1-927670-93-4(4))* Royal Collins Publishing Group Inc. CAN. Dist: Independent Pubs. Group.

March of Fate, Vol. 1: A Novel (Classic Reprint) L. Farjeon. 2018. (ENG., Illus.). 248p. (J). 29.01 *(978-0-484-10960-4(X))* Forgotten Bks.

March of Fate, Vol. 2 Of 3: A Novel (Classic Reprint) B. L. Farjeon. 2018. (ENG., Illus.). 252p. (J). 29.09 *(978-0-483-86104-6(9))* Forgotten Bks.

March of the Mini Beasts. Ada Hopper. Illus. by Sam Ricks. 2016. (DATA Set Ser.: 1). (ENG.). 128p. (J). (gr. k-4). pap. 5.99 *(978-1-4814-5728-6(4),* Little Simon) Little Simon.

March of the Mini Beasts. Ada Hopper. Illus. by Sam Ricks. ed. 2018. 125p. (J). (gr. 1-4). 15.96 *(978-1-64310-195-8(1))* Penworthy Co., LLC, The.

March of the Vanderpants. Troy Cummings. ed. 2017. (Notebook of Doom — Branches Ser.: 12). lib. bdg. 14.75 *(978-0-606-40192-0(X))* Turtleback.

March of the Vanderpants: #12. Troy Cummings. Illus. by Troy Cummings. 2018. (Notebook of Doom Ser.). (ENG., Illus.). 96p. (J). (gr. 2-5). lib. bdg. 31.36 *(978-1-5321-4283-3(8))*, 31100, Chapter Bks.) Spotlight.

March of the Vanderpants: a Branches Book (the Notebook of Doom #12) Troy Cummings. Illus. by Troy Cummings. 2017. (Notebook of Doom Ser.: 12). (ENG., Illus.). 96p. (J). (gr. 1-3). pap. 5.99 *(978-1-338-03452-3(9))* Scholastic, Inc.

March on (Classic Reprint) George Madden Martin. 2017. (ENG., Illus.). (J). 31.26 *(978-0-266-57547-4(1))*; pap. 13.97 *(978-0-282-85344-0(8))* Forgotten Bks.

March on London: Being a Story of Wat Tyler's Insurrection (Classic Reprint) G. A. Henty. 2018. (ENG., Illus.). 382p. (J). 31.78 *(978-0-267-16207-9(3))* Forgotten Bks.

March on Washington. L. S. Summer. 2023. (Black American Journey Ser.). (ENG.). 32p. (J). (gr. 4-7). lib. bdg. 35.64 ***(978-1-5038-8068-9(0)***, 216979) Child's World, Inc, The.

March on Washington. Bonnie Bader et al. ed. 2019. (American Girl Historical Ser.). (ENG.). 118p. (J). (gr. 2-3). 15.96 *(978-0-87617-600-9(7))* Penworthy Co., LLC, The.

March on Washington & Its Legacy. Duchess Harris. 2018. (Freedom's Promise Ser.). (ENG., Illus.). 48p. (J). (gr. 4-8). lib. bdg. 35.64 *(978-1-5321-1772-5(8))*, 30832) ABDO Publishing Co.

March to Opulence: A Special Assortment of Classics, Biographies, Histories, Speeches, & More, for the Makers of a Bright Tomorrow. Ed. by Parikshit Nagesh Samant. 2017. (ENG., Illus.). (YA). pap. *(978-81-933853-0-2(6))* Parikshit Nagesh/Samant.

March Wind. Inez Rice. Illus. by Vladimir Bobri. 2017. 32p. (J). 20.00 *(978-1-85124-461-4(1))* Bodleian Library GBR. Dist: Chicago Distribution Ctr.

March with Kyle & Learn Your Body Parts. Kim McPherson Greene. 2017. (ENG., Illus.). (J). pap. 15.99 *(978-0-692-92453-2(1))* Kids Rehab Spa.

Marchen - eine Brucke Zwischen Zwei Welten. Karin Priebisch. 2018. (GER., Illus.). 200p. (J). pap. *(978-3-7103-2461-1(0))* united p.c. Verlag.

Märchen-Bärchen Geht Auf Wanderschaft. Annegret Winkel-Schmelz. 2019. (GER.). 100p. (J). pap. *(978-3-96692-001-8(8))* Stockmann, Bernd. Stockwärter Verlag.

Märchen Malbuch: Nette Malvorlagen Für Mädchen und Kinder Mit Schönen Designs. Lenard Vinci Press. 2020. (GER.). 86p. (J). pap. 9.99 *(978-1-716-31325-7(2))* Lulu Pr., Inc.

Marching Band Nerds Handbook: Rules from the 13th Chair Trombone Player. D. J. Corchin. Illus. by Dan Dougherty. 2020. (Band Nerds Ser.). 128p. (YA). (gr. 7-12). pap. 12.99 *(978-1-7282-1976-9(0))* Sourcebooks, Inc.

Marching for Change: Movements Across America. Joyce Markovics. 2021. (SBP Learning Ser.). (ENG., Illus.). 48p. (J). (gr. 2-4). 17.99 *(978-1-5341-8677-4(8))*, 205091) Sleeping Bear Pr.

Marching for Equality: The Journey from Selma to Montgomery, 1 vol. Vanessa Oswald. 2017. (Lucent Library of Black History Ser.). (ENG.). 104p. (J). (gr. 7-7). pap. 20.99 *(978-1-5345-6296-7(6)*, 2e40c4b5-df77-47da-b603-1f02397c6f5a); lib. bdg. 41.03 *(978-1-5345-6241-7(9)*, 9382b94f-df2a-4f5d-9400-d772dfcoda12) Greenhaven Publishing LLC. (Lucent Pr.).

Marching Men (Classic Reprint) Sherwood Anderson. 2018. (ENG., Illus.). 314p. (J). 30.37 *(978-0-483-55016-2(7))* Forgotten Bks.

Marching Plays: Designed for Little Children at Home; with Suggestions to Mothers for Their Further Use in Connection with Stories, Pictures, & Drawing Lessons (Classic Reprint) Grey Burleson. (ENG., Illus.). (J). 2018. 86p. 25.71 *(978-0-484-26154-8(1))*; 2016. pap. 9.57 *(978-1-334-16517-7(3))* Forgotten Bks.

Marching Sands (Classic Reprint) Unknown Author. (ENG., Illus.). (J). 2018. 316p. 30.41 *(978-0-267-68617-9(X))*; 2017. pap. 13.57 *(978-0-259-46538-6(0))* Forgotten Bks.

Marching with Soldiers: Army Coloring Book. Jupiter Kids. 2016. (ENG., Illus.). 106p. (J). pap. 12.55 *(978-1-68305-282-1(X)*, Jupiter Kids (Childrens & Kids Fiction)) Speedy Publishing LLC.

Marcia & the Major: A Story of Life in the Rockies (Classic Reprint) Jefferson Lee Harbour. (ENG., Illus.). (J). 2018. 92p. 25.81 *(978-0-656-22285-8(9))*; 2017. pap. 9.57 *(978-0-259-53627-7(X))* Forgotten Bks.

Marcia in Germany: An Indiscreet Chronicle (Classic Reprint) Unknown Author. (ENG., Illus.). (J). 2018. 318p. 30.46 *(978-0-365-15498-3(9))*; 2017. pap. 13.57 *(978-0-259-17249-9(9))* Forgotten Bks.

Marcia; or Cross Purposes (Classic Reprint) Mattie Dyer Britts. 2018. (ENG., Illus.). 178p. (J). 27.57 *(978-0-483-85770-4(X))* Forgotten Bks.

Marcia Schuyler (Classic Reprint) Grace Livingston Hill. 2017. (ENG., Illus.). (J). 31.07 *(978-0-331-85866-2(5))*; pap. 13.57 *(978-0-243-48699-1(5))* Forgotten Bks.

Marcia, Vol. 1 (Classic Reprint) W. E. Norris. 2018. (ENG., Illus.). 260p. (J). 29.26 *(978-0-267-45032-9(X))* Forgotten Bks.

Marcia, Vol. 2 of 3 (Classic Reprint) W. E. Norris. 2018. (ENG., Illus.). 250p. (J). 29.05 *(978-0-267-20414-4(0))* Forgotten Bks.

Marci's Gift. Tonia Winchester. Illus. by Naomi Tewinkel. 2019. (ENG.). 40p. (J). pap. *(978-1-9991841-0-0(6))* Gauvin, Jacques.

Marco & Me: Adventures of Marco, a Lovable & Real Dog. Johnny Marfia. 2022. (Marco & Me Ser.: 1). (ENG.). 42p. (J). 26.99 *(978-1-6678-1324-0(2))* BookBaby.

Marco de Ninos: Libro uno de una Serie para Ninos. Mary Mulligan. 2022. (SPA.). 256p. (YA). pap. 10.99 ***(978-1-7352954-4-2(2))*** Keane, Sharon L.

Marco Griffi, the Italian Patriot (Classic Reprint) Annie Webb-Peploe. 2017. (ENG., Illus.). (J). 31.40 *(978-0-331-19243-8(8))*; pap. 13.97 *(978-0-260-03359-6(8))* Forgotten Bks.

Marco Paul's Adventures in Pursuit of Knowledge: City of Boston (Classic Reprint) Jacob Abbott. 2018. (ENG., Illus.). 194p. (J). 27.90 *(978-0-666-64644-6(9))* Forgotten Bks.

Marco Paul's Adventures in Pursuit of Knowledge: Forests of Maine (Classic Reprint) Jacob Abbott. 2018. (ENG., Illus.). 140p. (J). 26.80 *(978-0-656-14937-7(X))* Forgotten Bks.

Marco Paul's Travels & Adventures in the Pursuit of Knowledge: City of New York (Classic Reprint) Jacob Abbott. 2018. (ENG., Illus.). 194p. (J). 27.96 *(978-0-483-82875-9(0))* Forgotten Bks.

Marco Paul's Travels & Adventures in the Pursuit of Knowledge: On the Erie Canal (Classic Reprint) Jacob Abbott. 2017. (ENG., Illus.). (J). 26.99 *(978-0-331-39587-7(8))* Forgotten Bks.

Marco Paul's Travels & Adventures in the Pursuit of Knowledge: Springfield Armory (Classic Reprint) Jacob Abbott. 2018. (ENG., Illus.). 192p. (J). 27.86 *(978-0-267-69040-4(1))* Forgotten Bks.

Marco Paul's Travels & Adventures in the Pursuit of Knowledge. City of Boston. Jacob Abbott. 2017. (ENG., Illus.). (J). pap. *(978-0-649-54244-4(4))* Trieste Publishing Pty Ltd.

Marco Paul's Travels & Adventures in the Pursuit of Knowledge. on the Erie Canal. Jacob Abbott. 2017. (ENG., Illus.). (J). pap. *(978-0-649-64329-5(1))* Trieste Publishing Pty Ltd.

Marco Paul's Voyages & Travels: Vermont (Classic Reprint) Jacob Abbott. 2018. (ENG., Illus.). 216p. (J). 28.35 *(978-0-332-26273-4(1))* Forgotten Bks.

Marco Paul's Voyages & Travels; Vermont. Jacob Abbott. 2018. (ENG., Illus.). 104p. (J). pap. 4.75 *(978-1-5154-0143-8(X))* Wilder Pubns., Corp.

Marco Polo, 1 vol. Jason Porterfield. 2016. (Silk Road's Greatest Travelers Ser.). (ENG.). 112p. (gr. 6-6). 38.80 *(978-1-5081-7152-2(1)*, a388d701-fba5-41e0-bcba-5a0e27a2b525) Rosen Publishing Group, Inc., The.

Marco Polo. Jennifer Strand. 2016. (Pioneering Explorers Ser.). (ENG.). 24p. (J). (gr. -1-2). 49.94 *(978-1-68079-413-7(2)*, 23034, Abdo Zoom-Launch) ABDO Publishing Co.

Marco Polo: Epic Traveler Throughout Asia. Samuel Willard Crompton. 2017. (Spotlight on Explorers & Colonization Ser.). (Illus.). 48p. (J). (gr. 10-11). 70.50 *(978-1-5081-7504-9(7)*, Rosen Young Adult) Rosen Publishing Group, Inc., The.

Marco Polo: The Boy Who Explored China Biography for Kids 9-12 Children's Historical Biographies. Baby Professor. 2017. (ENG., Illus.). (J). pap. 8.79 *(978-1-5419-3994-3(8)*, Baby Professor (Education Kids)) Speedy Publishing LLC.

Marco the Malta Bus. Margaret Evans & Angele Galea. 2018. (ENG., Illus.). 116p. (J). (gr. 1-5). pap. *(978-1-5289-2437-5(1))* Austin Macauley Pubs. Ltd.

Marco Wong Stories from the UK Journeys - a Collection of the UK Journals by Marco Wong. Wing Hung Wong. 2023. (ENG.). 135p. (YA). pap. ***(978-1-329-71615-5(9))*** Lulu Pr., Inc.

Marcos, Did You Hear Me? A Story about Active Listening, Volume 2. Bryan Smith. Illus. by Lisa M. Griffin. 2023. (Social Strategies Ser.). (ENG.). 31p. (J). (gr. -1-5). pap. 11.95 Boys Town Pr.

Marcos Olvida Sus Cosas: Leveled Reader Book 24 Level B 6 Pack. Hmh Hmh. 2021. (SPA.). 16p. (J). pap. 74.40 *(978-0-358-08153-1(X))* Houghton Mifflin Harcourt Publishing Co.

Marc's Mission: Way of the Warrior Kid. Jocko Willink. Illus. by Jon Bozak. 2018. (Way of the Warrior Kid Ser.: 2). (ENG.). 224p. (J). 14.99 *(978-1-250-15679-2(3)*, 900185103) Feiwel & Friends.

Marc's Mission: Way of the Warrior Kid. Jocko Willink. Illus. by Jon Bozak. 2019. (Way of the Warrior Kid Ser.: 2). (ENG.). 224p. (J). pap. 8.99 *(978-1-250-29443-2(6)*, 900195076) Square Fish.

Marc's Rebellion. Kathi Linz. 2019. (ENG.). 258p. (YA). pap. 12.99 *(978-1-951263-99-7(5))* Pen It Pubns.

Marcus: Or, the Boy-Tamer (Classic Reprint) Walter Aimwell. 2018. (ENG., Illus.). 330p. (J). 30.70 *(978-0-364-87887-3(8))* Forgotten Bks.

Marcus: The Young Centurion. George Manville Fenn. 2017. (ENG., Illus.). (J). 25.95 *(978-1-374-86262-3(2))*; pap. 15.95 *(978-1-374-86261-6(4))* Capital Communications, Inc.

Marcus & Rorden's Adventures on Bark Lane. Jan Alcock. 2016. (ENG., Illus.). 52p. (J). pap. 13.95 *(978-1-78554-619-8(8)*, 4220bdb4-d17c-4ef3-bc9b-62f45afa2c7b) Austin Macauley Pubs. Ltd. GBR. Dist: Baker & Taylor Publisher Services (BTPS).

Marcus & the Caterpillar. Margaret Smolik. 2017. (ENG., Illus.). (J). pap. 12.45 *(978-1-5127-7242-5(9)*, WestBow Pr.) Author Solutions, LLC.

Marcus & the Folding Flower. Joshua Marking. 2018. (ENG., Illus.). 22p. (J). pap. 11.95 *(978-1-64214-254-9(9))* Page Publishing Inc.

Marcus Aurelius & Musa the Frog Go to Boston. Eric Wilhelm. 2019. (ENG.). 96p. (J). pap. *(978-0-359-91493-7(4))* Lulu Pr., Inc.

Marcus Aurelius & Musa the Frog Go to the Dentist. Eric Wilhelm. 2019. (ENG.). 66p. (J). pap. *(978-0-359-83665-9(8))* Lulu Pr., Inc.

Marcus Clarke: His Work & Genius (Classic Reprint) A. W. Brazier. 2018. (ENG., Illus.). 36p. (J). 24.66 *(978-0-483-88212-6(7))* Forgotten Bks.

Marcus Clarke Memorial Volume: Containing Selections from the Writings of Marcus Clarke, Together with Lord Rosebery's Letter, etc., & a Biography of the Deceased Author (Classic Reprint) Hamilton MacKinnon. 2017. (ENG., Illus.). (J). 30.95 *(978-0-265-71794-3(9))*; pap. 13.57 *(978-1-5276-7424-0(X))* Forgotten Bks.

Marcus King, Mormon (Classic Reprint) Nephi Anderson. 2017. (ENG., Illus.). (J). 28.33 *(978-0-331-93323-9(3))* Forgotten Bks.

Marcus' Last Stand. Brianna Zonneveld. Illus. by Emily Brett. 2018. (ENG.). 96p. (J). pap. *(978-0-9958021-2-4(2))* Cascia Bks.

Marcus Learns about the Different Types of Doctors. Obed Figueroa. 2020. (ENG., Illus.). 26p. (J). (gr. -1-3). pap. *(978-1-5289-0989-1(5))* Austin Macauley Pubs. Ltd.

Marcus Makes a Movie, 1. Kevin Hart. ed. 2022. (Marcus Ser.). (ENG.). 202p. (J). (gr. 3-7). 19.96 ***(978-1-68505-541-7(9))*** Penworthy Co., LLC, The.

Marcus Makes a Movie. Kevin Hart. Illus. by David Cooper. (Marcus Ser.). (J). (gr. 3-7). 2022. 224p. pap. 8.99 *(978-0-593-17917-8(X)*, Yearling); 2021. 208p. 16.99 *(978-0-593-17914-7(5)*, Crown Books For Young Readers); 2021. (ENG.). 208p. lib. bdg. 19.99 *(978-0-593-17915-4(3)*, Crown Books For Young Readers) Random Hse. Children's Bks.

Marcus Makes It Big. Kevin Hart. Illus. by David Cooper. 2022. (Marcus Ser.). 240p. (J). (gr. 3-7). 16.99 *(978-0-593-17918-5(8)*, Crown Books For Young Readers) Random Hse. Children's Bks.

Marcus Mender. Deanna Roy. 2016. (Magic Mayhem Ser.: 2). (ENG., Illus.). (J). (gr. 3-6). pap. 11.99 *(978-1-945017-13-1(9))* Spellbound River Pr.

Marcus Molbeach's Daughter (Classic Reprint) Alice Jones. 2018. (ENG., Illus.). 350p. (J). 31.16 *(978-0-656-92364-9(4))* Forgotten Bks.

Marcus Rashford. Maria Isabel Sanchez Vegara. Illus. by Guilherme Karsten. 2022. (Little People, BIG DREAMS Ser.: Vol. 87). (ENG.). 32p. (J). (gr. -1-2). 15.99 ***(978-0-7112-7099-2(6)***, Frances Lincoln Children's Bks.) Quarto Publishing Group UK GBR. Dist: Hachette Bk. Group.

Marcus Vega Doesn't Speak Spanish. Pablo Cartaya. (ENG.). (J). (gr. 5). 2019. 288p. 8.99 *(978-1-101-99728-4(1)*, Puffin Books); 2018. 272p. 17.99 *(978-1-101-99726-0(5)*, Viking Books for Young Readers) Penguin Young Readers Group.

Marcus Warland, or the Long Moss Spring: A Tale of the South (Classic Reprint) Caroline Lee Hentz. (ENG., Illus.). (J). 2018. 294p. 29.98 *(978-0-364-14034-5(8))*; 2016. pap. 13.57 *(978-1-333-69512-5(8))* Forgotten Bks.

Marcy & the Riddle of the Sphinx: Brownstone's Mythical Collection 2. Joe Todd-Stanton. 2020. (Brownstone's Mythical Collection: 2). (ENG., Illus.). 56p. (J). (gr. k-4). pap. 10.99 *(978-1-912497-49-2(2))* Flying Eye Bks. GBR. Dist: Penguin Random Hse. LLC.

Marcy Pam. Carol M. Kearns. 2019. (ENG.). 32p. (J). pap. *(978-0-244-18387-5(2))* Lulu Pr., Inc.

Marcy the Mole Sees Something New. Mark Edward Buske. Illus. by Brandon Michaud. 2022. (ENG.). 36p. (J). pap. 15.99 *(978-1-0879-6352-5(4))* Indy Pub.

Marcy, the Refugee (Classic Reprint) Harry Castlemon. 2017. (ENG., Illus.). (J). 33.34 *(978-1-5281-8353-6(3))* Forgotten Bks.

Marcy's Journal: A Guide to Amphibia. Adam ás. Illus. by Catharina Sukiman. 2022. (ENG.). 176p. (J). (gr. 3-1). 29.99 *(978-1-4278-7152-7(3))*; pap. 16.99 *(978-1-4278-7175-6(2))* TOKYOPOP, Inc. (TOKYOPOP Manga).

Mardi Gras. Jill Foran. 2020. (Celebrating Cultures Ser.). (ENG.). 24p. (J). lib. bdg. 22.99 *(978-1-5105-5341-5(X))* SmartBook Media, Inc.

Mardi Gras. Michelle Lee. 2016. (World's Greatest Celebrations Ser.). (ENG., Illus.). 32p. (gr. 3-8). 27.99 *(978-1-62920-569-4(9))* Scobre Pr. Corp.

Mardi Gras a Variety of Facts Children's Holiday Book. Bold Kids. 2022. (ENG.). 42p. (J). pap. 14.99 ***(978-1-0717-1754-7(5))*** FASTLANE LLC.

Mardi Gras Almost Didn't Come This Year. Kathy Z. Price. Illus. by Carl Joe Williams. 2022. (ENG.). 48p. (J). (gr. -1-3). 17.99 *(978-1-5344-4425-6(4)*, Atheneum Bks. for Young Readers) Simon & Schuster Children's Publishing.

Mardi Gras Mystery (Classic Reprint) Henry Bedford-Jones. (ENG., Illus.). (J). 2018. 326p. 30.62 *(978-0-483-35891-1(6))*; 2016. pap. 13.57 *(978-1-333-27833-5(0))* Forgotten Bks.

Mardi the Healing Dog. Donna H. Frazier. 2019. (ENG., Illus.). 34p. (J). (gr. -1-3). pap. 14.99 ***(978-0-578-55304-7(X))*** Donna H Frazier.

Mare Libro Da Colorare: Incredibili Creature Marine e Vita Marina Subacquea, un Libro Da Colorare per Bambini con Incredibili Animali Oceanici (Libro Di Attività Oceaniche per Ragazzi e Ragazze) Lenard Vinci Press. 2020. (ITA.). 88p. (J). pap. 9.99 *(978-1-716-36831-8(6))* Lulu Pr., Inc.

Mare the Hare. S. G. Lee. 2017. (ENG., Illus.). 94p. (J). pap. *(978-1-987977-24-0(6))* Lee, S.G.

Marea Está Llegando. Calee M. Lee. Illus. by Joanna Czernichowska. 2018. (Xist Kids Spanish Bks.). (SPA.). 32p. (J). (gr. -1-3). pap. 9.99 *(978-1-5324-0717-8(3))* Xist Publishing.

Maren Stoffels Box of Horrors: Escape Room, Fright Night, Room Service. Maren Stoffels. 2023. 720p. (YA). (gr. 7). 29.97 *(978-0-593-56977-1(6)*, Underlined) Random Hse. Children's Bks.

Mares Míos/la Pirueta. Patricia Iglesias Torres. 2021. (SPA.). 48p. (J). pap. 12.99 *(978-607-8712-77-9(2))* V&R Editoras.

Maresi. Maria Turtschaninoff. 2017. (ENG.). 256p. (J). (gr. 8-17). 17.95 *(978-1-4197-2269-1(7)*, 1157601, Amulet Bks.) Abrams, Inc.

Maresi: The Red Abbey Chronicles Book 1. Maria Turtschaninoff. 2018. (Red Abbey Chronicles Ser.). (ENG.). 272p. (J). (gr. 8-17). pap. 9.99 *(978-1-4197-2698-9(6)*, 1157603, Amulet Bks.) Abrams, Inc.

Margarash. Mark Riddle. Illus. by Tim Miller. 2016. (ENG.). 48p. (J). (gr. -1-3). 17.95 *(978-1-59270-216-9(3))* Enchanted Lion Bks., LLC.

Margaret: A Tale of the Real & Ideal, Blight & Bloom; Including Sketches of a Place Not Before Described, Called Mons Christi (Classic Reprint) Sylvester Judd. 2017. (ENG., Illus.). (J). 33.47 *(978-0-266-66590-8(X))*; pap. 16.57 *(978-1-5276-4013-9(2))* Forgotten Bks.

Margaret: A Tale of the Real & the Ideal, Blight & Bloom, Vol. 1 of 2: Including Sketches of a Place Not Before Described, Called Mons Christi (Classic Reprint) Sylvester Judd. 2018. (ENG., Illus.). 312p. (J). 30.33 *(978-0-483-73843-0(3))* Forgotten Bks.

Margaret a Story of Life in a Prairie Home (Classic Reprint) Fl Lyndon. 2018. (ENG., Illus.). 364p. (J). 31.40 *(978-0-484-69597-8(5))* Forgotten Bks.

Margaret, a Tale of the Real & the Ideal, Blight & Bloom, Vol. 1 Of 2: Including Sketches of a Place Not Before Described, Called Mons Christi (Classic Reprint) Sylvester Judd. 2017. (ENG., Illus.). (J). 30.79 *(978-0-265-38663-7(2))* Forgotten Bks.

Margaret & Her Bridesmaids (Classic Reprint) Julia Cecilia Collinson Stretton. (ENG., Illus.). (J). 2018. 376p. 31.65 *(978-0-332-86892-9(3))*; 2017. pap. 16.57 *(978-0-243-25741-6(4))* Forgotten Bks.

Margaret & Her Bridesmaids, Vol. 1 of 3 (Classic Reprint) Julia Cecilia Stretton. 2018. (ENG., Illus.). 326p. (J). 30.62 *(978-0-483-99732-5(3))* Forgotten Bks.

Margaret & Her Bridesmaids, Vol. 2 of 3 (Classic Reprint) Julia Cecilia Stretton. (ENG., Illus.). (J). 2018. 314p. 30.37 *(978-0-483-83685-3(0))*; 2016. pap. 13.57 *(978-1-333-33798-8(1))* Forgotten Bks.

Margaret & Her Bridesmaids, Vol. 3 of 3 (Classic Reprint) Julia Cecilia Stretton. 2018. (ENG., Illus.). 324p. (J). 30.58 *(978-0-483-98187-4(7))* Forgotten Bks.

Margaret & the Moon. Dean Robbins. Illus. by Lucy Knisley. 2017. 40p. (J). (gr. -1-3). 18.99 *(978-0-399-55185-7(9)*, Knopf Bks. for Young Readers) Random Hse. Children's Bks.

Margaret & the Pope Go to Assisi. Jon M. Sweeney. Illus. by Roy DeLeon. 2020. (Pope's Cat Ser.). (ENG.). 64p. (J). (gr. 1-4). pap. 10.99 *(978-1-64060-170-3(8)*, 01703) Paraclete Pr., Inc.

Margaret Arnold's Christmas, & Other Stories (Classic Reprint) Mary Dow Brine. 2018. (ENG., Illus.). 324p. (J). 30.60 *(978-0-483-56732-0(9))* Forgotten Bks.

Margaret Byng (Classic Reprint) Francis Charles Philips. 2018. (ENG., Illus.). 306p. (J). 30.21 *(978-0-483-69204-6(2))* Forgotten Bks.

Margaret Capel, Vol. 1 Of 3: A Novel (Classic Reprint) Ellen Wallace. 2018. (ENG., Illus.). 322p. (J). 30.56 *(978-0-332-39550-0(2))* Forgotten Bks.

Margaret Capel, Vol. 2 Of 3: A Novel (Classic Reprint) Ellen Wallace. 2018. (ENG., Illus.). 300p. (J). 30.10 *(978-0-483-66456-2(1))* Forgotten Bks.

Margaret Capel, Vol. 3 Of 3: A Novel (Classic Reprint) Ellen Wallace. 2018. (ENG., Illus.). 306p. (J). 30.21 *(978-0-267-15869-0(6))* Forgotten Bks.

Margaret Cecil: Or I Can, Because I Ought (Classic Reprint) Catherine D. Bell. 2018. (ENG., Illus.). 424p. (J). 32.66 *(978-0-483-68791-2(X))* Forgotten Bks.

Margaret Cho: Comedian, Actress, & Activist, 1 vol. Michael A. Schuman. 2016. (Influential Asians Ser.). (ENG.). 128p. (gr. 6-7). 38.93 *(978-0-7660-7904-5(X)*, 24e4a3b6-cd56-4801-a458-cea37bbb64f4) Enslow Publishing, LLC.

Margaret (Classic Reprint) H. Rider Haggard. 2017. (ENG., Illus.). (J). 32.48 *(978-0-266-74269-2(6))*; pap. 16.57 *(978-1-5277-0957-7(4))* Forgotten Bks.

Margaret Craven: Or, Beauty of the Heart (Classic Reprint) Sarah Maria Fry. 2018. (ENG., Illus.). 186p. (J). 27.73 *(978-0-483-73177-6(3))* Forgotten Bks.

Margaret Davis, Tutor (Classic Reprint) Anna Chapin Ray. 2018. (ENG., Illus.). 366p. (J). 31.45 *(978-0-483-32333-9(0))* Forgotten Bks.

Margaret Dunmore, or a Socialist Home (Classic Reprint) Jane Hume Clapperton. 2017. (ENG., Illus.). (J). 29.11 *(978-0-265-73926-6(8))*; pap. 11.57 *(978-1-5277-0330-8(4))* Forgotten Bks.

Margaret Gordon, or Can I Forgive? (Classic Reprint) S. a Myers. 2017. (ENG., Illus.). (J). 33.94 *(978-0-331-46690-4(2))*; pap. 16.57 *(978-0-260-28032-9(1))* Forgotten Bks.

Margaret Graham, Vol. 1 Of 2: A Tale, Founded on Facts (Classic Reprint) George Payne Rainsford James. 2018. (ENG., Illus.). 306p. (J). 30.21 *(978-0-483-38143-8(8))* Forgotten Bks.

Margaret Hamilton. Rachel Castro. 2020. (STEM Superstars Ser.). (ENG., Illus.). 24p. (J). (gr. k-2). 22.60 *(978-1-68450-835-8(5))*; pap. 11.94 *(978-1-68404-633-1(5))* Norwood Hse. Pr.

Margaret Haughery: Bread Woman of New Orleans. Flora Strousse. 2016. (ENG., Illus.). (J). (gr. 5-6). pap. 14.95 *(978-0-9976647-5-1(4))* Hillside Education.

Margaret in the Forest. David E. Bergstein. 2016. (ENG., Illus.). (J). (gr. k-3). pap. 16.99 *(978-0-9972233-2-3(4))* Mindstir Media.

Margaret Knight & the Paper Bag. Virginia Loh-Hagan. 2018. (21st Century Junior Library: Women Innovators Ser.). (ENG., Illus.). 24p. (J). (gr. 2-5). lib. bdg. 29.21 *(978-1-5341-2913-9(8)*, 211696) Cherry Lake Publishing.

Margaret Maliphant, Vol. 1 Of 3: A Novel (Classic Reprint) Comyns Carr. 2018. (ENG., Illus.). 280p. (J). 29.67 *(978-0-483-67965-8(8))* Forgotten Bks.

Margaret Maliphant, Vol. 2 Of 3: A Novel (Classic Reprint) Comyns Carr. 2017. (ENG., Illus.). (J). 29.73 *(978-0-331-85531-9(3))* Forgotten Bks.

Margaret Maliphant, Vol. 3 Of 3: A Novel (Classic Reprint) Comyns Carr. 2017. (ENG., Illus.). (J). 30.08 *(978-0-331-88789-1(4))* Forgotten Bks.

Margaret Montfort. Laura E. Richards. 2018. (ENG., Illus.). 146p. (YA). (gr. 7-12). pap. *(978-93-5329-348-2(0))* Alpha Editions.

Margaret Montfort (Classic Reprint) Laura E. Richards. 2018. (ENG., Illus.). 302p. (J). 30.13 *(978-0-656-46822-5(X))* Forgotten Bks.

Margaret Ogilvy (Classic Reprint) James Matthew Barrie. 2017. (ENG., Illus.). (J). 28.52 *(978-0-266-18023-4(X))* Forgotten Bks.

Margaret, or Prejudice at Home, & Its Victims: An Autobiography (Classic Reprint) Unknown Author. (ENG., Illus.). (J). 2018. 360p. 31.34 *(978-0-483-54094-1(3))*; 2016. pap. 13.97 *(978-1-334-35777-0(3))* Forgotten Bks.

Margaret Percival in America: A Tale (Classic Reprint) Edward Everett Hale. (ENG., Illus.). (J). 2018. 286p. 29.80

TITLE INDEX MARIBEL MOUSE

M

(978-0-364-42907-5(0)); 2016. pap. 13.57 *(978-1-334-11967-5(8))* Forgotten Bks.

Margaret Percival in America: A Tale. Edited by a New England Minister, A. B.; Being a Sequel to Margaret Percival: a Tale. Edited by REV. William Sewell, B. A. , Pp. 1-283. Edward Everett Hale. 2017. (ENG., Illus.). (J). pap. *(978-0-649-64338-7(0))* Trieste Publishing Pty Ltd.

Margaret Percival, Vol. 1 of 2 (Classic Reprint) Elizabeth Missing Sewell. (ENG., Illus.). (J). 2018. 522p. 34.66 *(978-0-364-67562-5(4))*; 2016. pap. 19.57 *(978-1-334-29030-5(X))* Forgotten Bks.

Margaret Smith's Journal: Tales Sketches (Classic Reprint) John G. Whittier. 2017. (ENG., Illus.). (J). 32.99 *(978-1-5282-8996-2(X))*; pap. 16.57 *(978-1-5276-7375-5(8))* Forgotten Bks.

Margaret Thatcher: The Iron Lady Who Made History - Biography 3rd Grade Children's Biography Books. Baby Professor. 2017. (ENG., Illus.). (J). pap. 9.55 *(978-1-5419-1195-6(4)*, Baby Professor (Education Kids)) Speedy Publishing LLC.

Margaret Tudor: A Romance of Old St. Augustine (Classic Reprint) Annie T. Colcock. 2018. (ENG., Illus.). 184p. (J). 27.67 *(978-0-483-44622-9(X))* Forgotten Bks.

Margaret Warrener (Classic Reprint) Alice Brown. 2018. (ENG., Illus.). 510p. (J). 34.44 *(978-0-484-29082-1(7))* Forgotten Bks.

Margaret Wise Brown 5-Minute Stories. Margaret Wise Brown. 2019. (5-Minute Stories Ser.). (ENG.). 200p. (J). (gr. -1-k). 12.99 *(978-1-68412-849-5(8)*, Silver Dolphin Bks.) Printers Row Publishing Group.

Margaret Wise Brown's Manners. Margaret Wise Brown. Illus. by Nicola Slater. 2017. (Little Golden Book Ser.). 24p. (J). (-k). 4.99 *(978-1-101-93973-4(7)*, Golden Bks.) Random Hse. Children's Bks.

Margaret Wise Brown's the Whispering Rabbit. Margaret Wise Brown. Illus. by Annie Won. 2017. (J). *(978-1-5182-2278-8(1))*; 24p. 4.99 *(978-0-399-55518-3(8))* Random Hse. Children's Bks. (Golden Bks.).

Margaret Worthington: Or Holding Forth the Word of Life (Classic Reprint) Katherine Prevost. 2018. (ENG., Illus.). 342p. (J). 30.97 *(978-0-483-97677-1(6))* Forgotten Bks.

Margaret's First Holy Week. Jon M. Sweeney. Illus. by Roy DeLeon. 2019. (Pope's Cat Ser.). (ENG.). 64p. (J). (gr. 1-4). pap. 9.99 *(978-1-61261-937-8(1))* Paraclete Pr., Inc.

Margaret's Mead (Classic Reprint) Jane Harding. 2018. (ENG., Illus.). (J). 29.34 *(978-0-260-25296-8(4))* Forgotten Bks.

Margaret's Night in St. Peter's (a Christmas Story) Jon M. Sweeney. Illus. by Roy DeLeon. 2018. (Pope's Cat Ser.: 2). (ENG.). 64p. (J). (gr. 1-4). pap. 10.99 *(978-1-61261-936-1(3))* Paraclete Pr., Inc.

Margaret's Travels: Letters from Margaret Lee of New York to Florence Jackson of Chicago (Classic Reprint) Anthony Yorke. 2018. (ENG., Illus.). 304p. (J). 30.17 *(978-0-267-43907-2(5))* Forgotten Bks.

Margaret's Unicorn. Briony May Smith. 2020. (ENG., Illus.). 40p. (J). (gr. -1-3). 18.99 *(978-1-9848-9653-7(9))*; lib. bdg. 20.99 *(978-1-9848-9654-4(7))* Random Hse. Children's Bks. (Schwartz & Wade Bks.).

Margate Mystery (Classic Reprint) Burford Delannoy. 2017. (ENG., Illus.). (J). 312p. 30.35 *(978-0-332-39966-9(4))*; pap. 13.57 *(978-1-5276-7321-2(9))* Forgotten Bks.

Marge & the Wobbly Onkey. L. Sydney Abel. 2018. (ENG., Illus.). 144p. (J). pap. 12.95 *(978-1-62815-677-5(5))* Speaking Volumes, LLC.

Marge Askinforit (Classic Reprint) Barry Pain. (ENG., Illus.). (J). 2018. 98p. 25.94 *(978-0-483-33317-8(4))*; 2016. pap. 9.57 *(978-1-333-42183-0(4))* Forgotten Bks.

Marge in Charge. Isla Fisher. Illus. by Eglantine Ceulemans. (Marge in Charge Ser.: 1). (ENG.). (J). (gr. 3-7). 2018. 192p. pap. 6.99 *(978-0-06-266219-4(8))*; 2017. 176p. 15.99 *(978-0-06-266218-7(X))* HarperCollins Pubs. (HarperCollins).

Marge in Charge & the Missing Orangutan. Isla Fisher. Illus. by Eglantine Ceulemans. 2019. (Marge in Charge Ser.: 3). (ENG.). 160p. (J). (gr. 3-7). pap. 6.99 *(978-0-06-266225-5(2)*, HarperCollins) HarperCollins Pubs.

Marge in Charge & the Stolen Treasure. Isla Fisher. Illus. by Eglantine Ceulemans. 2019. (Marge in Charge Ser.: 2). (ENG.). 192p. (J). (gr. 3-7). pap. 6.99 *(978-0-06-266222-4(8)*, HarperCollins) HarperCollins Pubs.

Margery (Gred) A Tale of Old Nuremberg (Classic Reprint) Georg Ebers. 2017. (ENG., Illus.). (J). 44.21 *(978-0-265-67895-4(1))*; pap. 26.55 *(978-1-5276-4834-0(6))* Forgotten Bks.

Margery Gred a Tale of Old Nuremberg, Vol. 1 of 2 (Classic Reprint) Georg Ebers. 2018. (ENG., Illus.). 294p. (J). 29.98 *(978-0-483-57049-8(4))* Forgotten Bks.

Margery (Gred), Vol. 1: A Tale of Old Nuremberg (Classic Reprint) Georg Ebers. 2018. (ENG., Illus.). 602p. (J). 36.27 *(978-0-484-18202-7(1))* Forgotten Bks.

Margery, (Gred), Vol. 2 Of 2: A Tale of Old Nuremberg (Classic Reprint) Georg Ebers. 2017. (ENG., Illus.). (J). pap. 13.57 *(978-0-243-87490-3(1))* Forgotten Bks.

Margery Keith (Classic Reprint) Virginia F. Townsend. 2018. (ENG., Illus.). 158p. (J). 27.16 *(978-0-483-32058-1(7))* Forgotten Bks.

Margery Morris (Classic Reprint) Violet Gordon Gray. 2018. (ENG., Illus.). 356p. (J). 31.24 *(978-0-267-10011-8(6))* Forgotten Bks.

Margery o' the Mill (Classic Reprint) M. E. Francis. (ENG., Illus.). (J). 2018. 358p. 31.28 *(978-0-483-85937-1(0))*; 2017. pap. 13.97 *(978-0-259-38915-6(3))* Forgotten Bks.

Margery of Quether: And Other Stories (Classic Reprint) S. Baring-Gould. 2017. (ENG., Illus.). (J). 30.48 *(978-0-266-31056-3(7))* Forgotten Bks.

Margey Wins the Game (Classic Reprint) John Van Alstyne Weaver. 2017. (ENG., Illus.). (J). 26.12 *(978-0-266-19384-5(6))* Forgotten Bks.

Margie Kelly Breaks the Dress Code. Bridget Farr. (ENG.). (J). (gr. 3-7). 2022. 320p. pap. 7.99 *(978-0-316-46158-0(X))*; 2021. 304p. 16.99 *(978-0-316-46157-3(1))* Little, Brown Bks. for Young Readers.

Margo the Nut Lady. Allison McWood. Illus. by Terry Castellani. 2019. (ENG.). 26p. (J). pap. *(978-1-9994377-7-0(2))* Annelid Pr.

Margo Zimmerman Gets the Girl. Sara Waxelbaum & Brianna R. Shrum. 2023. (ENG.). 304p. (YA). 19.99 *(978-1-335-45365-5(2))* Harlequin Enterprises ULC CAN. Dist: HarperCollins Pubs.

Margoleen (Classic Reprint) Poca T. Smith. (ENG., Illus.). (J). 2018. 252p. 29.09 *(978-0-365-47098-4(8))*; 2017. pap. 11.57 *(978-0-282-63407-0(X))* Forgotten Bks.

Margo's Diary & Notebook. Corinna Turner. 2016. (I Am Margaret Ser.: Vol. 5). (ENG., Illus.). (YA). (gr. 9-12). pap. *(978-1-910806-14-2(5))* Zephyr Publishing.

Margo's Fire. Lori Futcher. 2018. (ENG.). 72p. (J). pap. *(978-1-387-32335-7(0))* Lulu Pr., Inc.

Margot & Mateo Save the World. Darcy Miller. 2018. (ENG.). 224p. (J). (gr. 3-7). 16.99 *(978-0-06-246131-5(1)*, HarperCollins) HarperCollins Pubs.

Margot & the Moon Landing. A. C. Fitzpatrick. Illus. by Erika Medina. 40p. (J). (gr. -1-2). 2023. 9.99 *(978-1-77321-359-0(8))*; 2020. 18.95 *(978-1-77321-360-6(1))* Annick Pr., Ltd. CAN. Dist: Publishers Group West (PGW).

Margot Had a Problem. Daniel Kenney. 2019. (ENG.). 36p. (J). pap. 10.99 *(978-1-947865-24-2(2))* Trendwood Pr.

Margot Mertz for the Win. Carrie McCrossen & Ian McWethy. 2022. (ENG.). 384p. (YA). (gr. 9). 18.99 *(978-0-593-20528-0(6)*, Viking Books for Young Readers) Penguin Young Readers Group.

Margot Mertz Takes It Down. Carrie McCrossen & Ian McWethy. 2021. (ENG.). 384p. (YA). (gr. 9). 18.99 *(978-0-593-20525-9(1)*, Philomel Bks.) Penguin Young Readers Group.

Margot Moose: Summertime Sensations. Sarah Ventura-Wright. 2022. (ENG.). 24p. (J). ***(978-0-2288-8067-7(X))***; pap. ***(978-0-2288-8066-0(1))*** Tellwell Talent.

Margot's Fabulous Hats - les Fabuleux Chapeaux de Margaux. Dominique Curtiss. Tr. by Rowland Hill. Illus. by Muriel Gestin. 2019. (ENG.). 50p. (J). (gr. 1-5). *(978-2-89687-824-6(6))* chouetteditions.com.

Margot's Fabulous Hats - Los Fabulosos Sombreros de Margot. Dominique Curtiss. Tr. by Rowland Hill. Illus. by Muriel Gestin. 2019. (ENG.). 50p. (J). (gr. 1-5). *(978-2-89687-826-0(2))* chouetteditions.com.

Margot's Missing Scrunchie. Diana Braddom. Illus. by Elena Kochetova. 2021. (ENG.). 32p. (J). pap. 9.99 *(978-1-7363928-2-9(4))* Magnolia.

Margret Howth: A Story of to-Day (Classic Reprint) Rebecca Harding Davis. 2018. (ENG., Illus.). 292p. (J). 29.94 *(978-0-483-42053-3(0))* Forgotten Bks.

Marguerite (Classic Reprint) Mary J. Holmes. (ENG., Illus.). (J). 2018. 486p. 33.92 *(978-0-483-75608-3(3))*; 2017. pap. 16.57 *(978-0-243-38727-4(X))* Forgotten Bks.

Marguerite Henry's Misty Inn Treasury Books 1-8 (Boxed Set) Welcome Home!; Buttercup Mystery; Runaway Pony; Finding Luck; a Forever Friend; Pony Swim; Teacher's Pet; Home at Last. Kristin Earhart & Judy Katschke. Illus. by Serena Geddes. ed. 2018. (Marguerite Henry's Misty Inn Ser.). (ENG.). 1088p. (J). (gr. 2-5). pap. 47.99 *(978-1-5344-2215-5(3)*, Aladdin) Simon & Schuster Children's Publishing.

Marguerite Henry's Ponies of Chincoteague Complete Collection (Boxed Set) Maddie's Dream; Blue Ribbon Summer; Chasing Gold; Moonlight Mile; a Winning Gift; True Riders; Back in the Saddle; the Road Home. Catherine Hapka, pseud. ed. 2017. (Marguerite Henry's Ponies of Chincoteague Ser.). (ENG., Illus.). 1584p. (J). (gr. 3-7). pap. 59.99 *(978-1-5344-1429-7(0)*, Aladdin) Simon & Schuster Children's Publishing.

Marguerite, Wipe Your Feet! Vikki R. Franklin. 2023. (Illus.). 30p. (J). pap. 10.00 ***(978-1-6678-7851-5(4))*** BookBaby.

Marguerite's Journal 1875: A Story for Girls (Classic Reprint) Miriam Coles Harris. 2018. (ENG., Illus.). 338p. (J). 30.93 *(978-0-484-69377-6(8))* Forgotten Bks.

Mari. Michele Rae Eich. 2017. (ENG., Illus.). (J). (gr. k-4). 14.99 *(978-1-61984-662-3(4))*; pap. 9.99 *(978-1-61984-661-6(6))* Author Academy Elite.

Mari Aprende a Leer. Phelicia E. Lang. 2019. (Mari Ser.: Vol. 1). (SPA., Illus.). 46p. (J). (gr. k-2). pap. 12.00 *(978-1-7338064-4-2(X))* Me On the Page.

Mari Baila para la Feria Comunitaria. Phelicia Elaine Lang. 2020. (Mari Ser.: Vol. 2). (SPA.). 46p. (J). pap. 13.00 *(978-1-7338064-8-0(2))* Me On the Page.

Mari Dances for the Community Fair. Phelicia Elaine Lang. 2020. (Mari Ser.: Vol. 2). (ENG.). 46p. (J). (gr. 1-3). pap. 13.00 *(978-1-7338064-3-5(1))* Me On the Page.

Mari e Teo Giocano a Nascondino. Daniel Egger. Illus. by Lera Munoz. 2019. (ITA.). 22p. (J). *(978-3-9504270-6-6(6))* Egger, Daniel.

Mari-Gold's Garden Tea. Karla Harney-Thompson. 2019. (Big Back Yard Ser.: Vol. 3). (ENG., Illus.). 28p. (J). 20.99 *(978-1-951263-04-1(9))*; pap. 12.99 *(978-1-951263-43-0(X))* Pen It Pubns.

Mari Learns to Read. Phelicia E. Lang. 2019. (Mari Ser.: Vol. 1). (ENG., Illus.). 44p. (J). (gr. k-2). pap. 12.00 *(978-1-7338064-2-8(3))* Me On the Page.

Mari y Teo Juegan Al Escondite. Daniel Egger. Ed. by Eliana Pereira. Illus. by Lera Munoz. 2019. (SPA.). 26p. (J). *(978-3-9504270-3-5(1))* Egger, Daniel.

Mari y Teo Juegan Al Escondite. Daniel Egger & Lera Munoz. Ed. by Eliana Pereira. 2019. (SPA., Illus.). 22p. (J). pap. *(978-3-9504270-2-8(3))* Egger, Daniel.

Maria. Jorge. Isaacs. 2017.Tr. of Maria. (ENG.). 324p. (J). (gr. 4-7). pap. *(978-3-337-31574-0(7))* Creation Pubs.

Maria. Jorge. Isaacs. 2018.Tr. of Maria. (SPA.). 96p. (YA). (gr. 8-12). pap. 6.95 *(978-607-453-413-9(6))* Selector, S.A. de C.V. MEX. Dist: Spanish Pubs., LLC.

María. Jorge. Isaacs. 2017. (SPA., Illus.). 118p. (J). (gr. 4-7). pap. *(978-9978-18-210-9(1))* Radmandi Editorial, Compania Ltd.

Maria: A South American Romance (Classic Reprint) Jorge. Isaacs. (ENG., Illus.). (J). 2017. 30.60 *(978-0-266-45827-2(0))*; 2016. pap. 13.57 *(978-1-334-14606-0(3))* Forgotten Bks.

Maria: Novela Americana (Classic Reprint) Jorge. Isaacs. 2017. (SPA., Illus.). (J). 30.21 *(978-1-5281-6971-4(9))* Forgotten Bks.

Maria - Hombres y Mujeres de la Biblia. Contrib. by Casscom Media. 2017. (Men & Women of the Bible - Revised Ser.). (ENG & SPA.). (J). pap. *(978-87-7132-618-5(9))* Scandinavia Publishing Hse.

Maria, a Domestic Tale, Vol. 2 Of 3: Dedicated by Permission to Her Royal Highness the Princess Charlotte of Saxe-Coburg (Classic Reprint) Catherine St George. 2018. (ENG., Illus.). 214p. (J). 28.31 *(978-0-483-98045-7(5))* Forgotten Bks.

Maria & the Magic of the Rainbow. Suzanna L. Royse. 2017. (ENG., Illus.). (J). 124p. 23.95 *(978-1-64191-406-2(8))*; pap. 12.95 *(978-1-63525-290-3(3))* Christian Faith Publishing.

Maria Antoinette, Vol. 19 (Classic Reprint) John S. C. Abbott. 2018. (ENG., Illus.). 272p. (J). 29.53 *(978-0-484-34566-8(4))* Forgotten Bks.

Maria Bartlett, or the Advantages of Application: Embracing Remarks on the Education & Manners of Females (Classic Reprint) Mary Ann Saunders. (ENG., Illus.). (J). 2018. 166p. 27.34 *(978-0-483-93171-8(3))*; 2016. pap. 9.97 *(978-1-333-76096-0(5))* Forgotten Bks.

Maria Beasley & Life Rafts. Ellen Labrecque. 2017. (21st Century Junior Library: Women Innovators Ser.). (ENG., Illus.). 24p. (J). (gr. 2-5). lib. bdg. 29.21 *(978-1-63472-179-0(9)*, 209288) Cherry Lake Publishing.

Maria Bia & the Angel Brigade. William C. Lloyd III. 2018. (ENG., Illus.). 154p. (J). pap. 14.49 *(978-1-5456-5147-6(7))* Salem Author Services.

Maria Cecilia, or Life & Adventures of the Daughter of Achmet III, Emperor of the Turks, Vol. 1 of 2 (Classic Reprint) Joseph Lavallee. (ENG., Illus.). (J). 2018. 294p. 29.98 *(978-0-364-28689-0(X))*; 2017. pap. 13.57 *(978-0-259-20444-2(7))* Forgotten Bks.

Maria Chapdelaine: A Romance of French Canada (Classic Reprint) Louis Hemon. 2017. (ENG., Illus.). (J). 28.45 *(978-0-266-65175-8(5))* Forgotten Bks.

Maria Chapdelaine: A Tale of the Lake St. John Country (Classic Reprint) Louis Hemon. 2017. (ENG., Illus.). (J). 29.49 *(978-0-331-96382-3(5))* Forgotten Bks.

Maria Chapdelaine: Récit du Canada Français (Classic Reprint) Louis Hemon. 2019. (FRE., Illus.). (J). 126p. 26.52 *(978-1-397-25561-7(7))*; 128p. pap. 9.57 *(978-1-397-25550-1(1))* Forgotten Bks.

Maria Cheeseman, or the Candy-Girl: With a Preface (Classic Reprint) American Sunday Union. 2018. (ENG., Illus.). 184p. (J). 27.69 *(978-0-332-04562-7(5))* Forgotten Bks.

Maria Cheeseman, or the Candy-Girl: With a Preface (Classic Reprint) American Sunday School Union. 2017. (ENG., Illus.). (J). pap. 10.57 *(978-0-243-30257-4(6))* Forgotten Bks.

Maria (Classic Reprint) Bettina Von Hutten. 2017. (ENG., Illus.). (J). 31.30 *(978-0-265-68389-7(0))*; pap. 13.97 *(978-1-5276-5856-1(2))* Forgotten Bks.

Maria Edgeworth: Selections from Her Works, with an Introduction (Classic Reprint) Maria Edgeworth. 2018. (ENG., Illus.). 468p. (J). 33.55 *(978-0-428-84100-3(7))* Forgotten Bks.

Maria Finds Courage: A Team Dungy Story about Soccer. Tony Dungy & Lauren Dungy. 2018. (Team Dungy Ser.). (ENG., Illus.). 32p. (J). (gr. 1-4). 16.99 *(978-0-7369-7323-6(0)*, 6973236) Harvest Hse. Pubs.

Maria Had a Little Llama see Maria Had a Little Llama / María Tenía una Llamita: Bilingual

Maria' Magdalena - Hombres y Mujeres de la Biblia. Contrib. by Casscom Media. 2017. (Men & Women of the Bible - Revised Ser.). (ENG & SPA.). (J). pap. *(978-87-7132-619-2(7))* Scandinavia Publishing Hse.

Maria Monk's Daughter: An Autobiography (Classic Reprint) L. St. John Eckel. (ENG., Illus.). (J). 2018. 666p. 37.63 *(978-0-483-62088-9(2))*; 2016. pap. 20.57 *(978-1-334-15956-5(4))* Forgotten Bks.

Maria Montessori. Maria Isabel Sanchez Vegara. Illus. by Raquel Martín. 2019. (Little People, BIG DREAMS Ser.: 23). (ENG.). 32p. (J). (gr. -1-2). 15.99 ***(978-1-78603-755-8(6)***, Frances Lincoln Children's Bks.) Quarto Publishing Group UK GBR. Dist: Hachette Bk. Group.

Maria Montessori (My First Little People, Big Dreams) Maria Isabel Sanchez Vegara. Illus. by Raquel Martin. 2020. (Little People, BIG DREAMS Ser.: 23). (ENG.). 24p. (J). (— 1). bds. 9.99 *(978-0-7112-4592-1(4)*, 329966, Frances Lincoln Children's Bks.) Quarto Publishing Group UK GBR. Dist: Hachette UK Distribution.

Maria of the Mountain: Or, the Castle of Balahana, Founded on Facts (Classic Reprint) George Boswell. 2017. (ENG., Illus.). (J). 25.28 *(978-0-265-21646-0(X))*; pap. 9.57 *(978-1-5283-0364-4(4))* Forgotten Bks.

Maria Orosa Freedom Fighter: Scientist & Inventor from the Philippines. Norma Olizon-Chikiamco. Illus. by Mark Salvatus. 2023. 32p. (J). (gr. 4-8). 16.99 *(978-0-8048-5532-7(3))* Tuttle Publishing.

Maria Sharapova: Tennis Grand Slam Champion, 1 vol. Jason Porterfield. 2018. (Living Legends of Sports Ser.). (ENG.). 48p. (gr. 5-6). pap. 15.05 *(978-1-5081-0636-4(3)*, e2cfda1b-ec09-44f0-94a1-5b6fc0bf973f, Britannica Educational Publishing) Rosen Publishing Group, Inc., The.

Maria Sibylla Merian: Artist, Scientist, Adventurer. Sarah B. Pomeroy & Jeyaraney Kathirithamby. (J). 2018. (ENG., Illus.). 96p. (gr. 3-7). 21.95 *(978-1-947440-01-2(2)*, 1317301); 2017. *(978-1-60606-555-6(6)*, J. Paul Getty Museum) Getty Pubns.

Maria Tallchief. June Thiele. Illus. by Jeff Bane. 2022. (My Early Library: My Itty-Bitty Bio Ser.). (ENG.). 24p. (J). (gr. k-1). pap. 12.79 *(978-1-6689-0006-2(8)*, 220097); lib. bdg. 30.64 *(978-1-5341-9892-0(X)*, 219953) Cherry Lake Publishing.

Maria Tallchief: Native America's Prima Ballerina. Jennifer Marino Walters. Illus. by Nigel Dobbyn. 2020. (Beginner Biography (LOOK! Books (tm)) Ser.). (ENG.). 24p. (J). (gr. k-2). pap. 8.99 *(978-1-63440-049-7(6)*, cfde316d-1d79-4f46-951e-0f456858aae3); lib. bdg. 25.32 *(978-1-63440-999-5(X)*, 31e6c836-57d9-4f08-a2a8-623d03c7af63) Red Chair Pr.

Maria Tallchief: Prima Ballerina. Kate Moening. 2020. (Women Leading the Way Ser.). (ENG., Illus.). 24p. (J). (gr. k-3). pap. 7.99 *(978-1-68103-834-6(X)*, 12923); lib. bdg. 26.95 *(978-1-64487-210-9(2))* Bellwether Media. (Blastoff! Readers).

Maria Tallchief: The First Native American Ballerina - Biography of Famous People Children's Biography Books. Baby Professor. 2017. (ENG., Illus.). (J). pap. 9.55 *(978-1-5419-1187-1(3)*, Baby Professor (Education Kids)) Speedy Publishing LLC.

Maria the Matador. Anne Lambelet. Illus. by Anne Lambelet. 2019. (ENG., Illus.). 32p. (J). 17.99 *(978-1-62414-656-5(2)*, 900196528) Page Street Publishing Co.

Maria the Monarch. Homero Aridjis. Tr. by Eva Aridjis. Illus. by Juan Palomino. 2017. (Young Eco Fiction Ser.: 1). (ENG.). 64p. (J). (gr. 2-7). 19.95 *(978-1-942134-34-3(7))*; pap. 12.99 *(978-1-942134-33-6(9))* Mandel Vilar Pr.

Maria, Vol. 1 Of 3: A Domestic Tale (Classic Reprint) Catherine St George. 2018. (ENG., Illus.). 180p. (J). 27.61 *(978-0-483-73189-9(7))* Forgotten Bks.

Mariah: Stories from the Dolls Storybook. Peggy Stuart. 2020. (ENG.). 60p. (J). pap. 14.95 *(978-1-0983-4438-2(3))* BookBaby.

Mariah Fearing: The Girl Who Dreamed of Distant Lands. K. A. Ellison. Illus. by Taylor Barron & Isabel Muñoz. 2023. (ENG.). 24p. (J). *(978-1-78498-826-5(X))* Good Bk. Co., The.

Mariam: A Romance of Persia. Samuel Graham Wilson. 2017. (ENG., Illus.). (J). pap. *(978-0-649-49487-3(3))* Trieste Publishing Pty Ltd.

Mariam: A Romance of Persia (Classic Reprint) Samuel Graham Wilson. 2018. (ENG., Illus.). 158p. (J). 27.16 *(978-0-666-42458-7(6))* Forgotten Bks.

Mariam Sharma Hits the Road. Sheba Karim. (ENG.). (YA). (gr. 8). 2020. 336p. pap. 10.99 *(978-0-06-244574-2(X))*; 2018. 320p. 17.99 *(978-0-06-244573-5(1))* HarperCollins Pubs. (Quill Tree Bks.).

Mariama - Different but Just the Same. Jerónimo Cornelles. Tr. by Jon Brokenbrow. Illus. by Nivola Uya. 2023. (J). (gr. k-3). 12.95 ***(978-84-19464-33-0(3))*** Cuento de Luz SL ESP. Dist: Publishers Group West (PGW).

Mariamne, Vol. 1: An Historical Novel of Palestine (Classic Reprint) Nathaniel Ogle. 2018. (ENG., Illus.). 284p. (J). 29.75 *(978-0-484-39549-6(1))* Forgotten Bks.

Marian. Ella Lyons. (ENG., Illus.). (YA). 2017. 25.99 *(978-1-64080-366-4(1))*; 2016. 180p. pap. 14.99 *(978-1-63477-420-8(5))* Dreamspinner Pr. (Harmony Ink Pr.).

Marian: A Story of the South (Classic Reprint) Mary A. Palmer. (ENG., Illus.). (J). 2018. 252p. 29.11 *(978-0-332-93623-9(6))*; 2017. pap. 11.57 *(978-0-259-24415-8(5))* Forgotten Bks.

Marian Anderson. Emma E. Haldy. Illus. by Jeff Bane. 2016. (My Early Library: My Itty-Bitty Bio Ser.). (ENG.). 24p. (J). (gr. k-1). 30.64 *(978-1-63471-023-7(1)*, 208172) Cherry Lake Publishing.

Marian Anderson: A Portrait (Classic Reprint) Kosti Vehanen. 2017. (ENG., Illus.). (J). 29.71 *(978-0-331-58336-6(4))*; pap. 13.57 *(978-0-243-25810-9(0))* Forgotten Bks.

Marian Consecration for Children. Carrie Gress. 2018. (ENG.). 208p. (J). (gr. k-5). pap. 19.95 *(978-1-5051-1118-7(8)*, 2698) TAN Bks.

Marian Grey: Or the Heiress of Redstone Hall (Classic Reprint) Mary J. Holmes. 2017. (ENG., Illus.). 410p. (J). 32.35 *(978-0-332-32867-6(8))* Forgotten Bks.

Marian, or a Young Maid's Fortunes (Classic Reprint) S. C. Hall. (ENG., Illus.). (J). 2018. 348p. 31.07 *(978-0-364-34304-3(4))*; 2017. pap. 13.57 *(978-0-259-38216-4(7))* Forgotten Bks.

Marian, or the Light of Some One's Home: A Tale of Australian Bush Life (Classic Reprint) Maud Jean Franc. (ENG., Illus.). (J). 2018. 388p. 31.92 *(978-0-483-69471-2(1))*; 2016. pap. 16.57 *(978-1-334-15815-5(0))* Forgotten Bks.

Marian Rooke, or the Quest for Fortune: A Tale of the Younger World (Classic Reprint) Henry Sedley. 2017. (ENG., Illus.). (J). 33.84 *(978-1-5283-7924-3(1))* Forgotten Bks.

Mariana & Her Familia. Monica Mancillas. Illus. by Erika Meza. 2022. (ENG.). 32p. (J). (gr. -1-3). 17.99 *(978-0-06-296246-1(9)*, Balzer & Bray) HarperCollins Pubs.

Mariana Se Valora. Omayra Font. 2023. (Serie Jovencitas Valientes Ser.: 1). (SPA.). 64p. (J). (gr. 4-7). pap. 12.99 *(978-1-64123-941-7(7)*, 222713) Whitaker Hse.

Mariana the Goldilocks Fairy. Daisy Meadows. 2017. (Illus.). 65p. (J). *(978-1-5182-3953-3(6))* Scholastic, Inc.

Mariana the Goldilocks Fairy. Daisy Meadows. ed. 2017. (Rainbow Magic — Storybook Fairies Ser.: 2). (Illus.). 65p. (J). lib. bdg. 14.75 *(978-0-606-39718-6(3))* Turtleback.

Marianela (Classic Reprint) B. Perez Galdos. 2017. (ENG., Illus.). (J). 29.96 *(978-0-266-24476-9(9))* Forgotten Bks.

Marianna May & Nursey. Tomie dePaola. Illus. by Tomie dePaola. (ENG., Illus.). 32p. (J). (gr. -1-3). 2021. 7.99 *(978-1-5344-6648-7(7))*; 2020. 17.99 *(978-1-5344-6646-3(0))* Simon & Schuster Bks. For Young Readers. (Simon & Schuster Bks. For Young Readers).

Marianthe's Story: Painted Words & Spoken Memories. Aliki. Illus. by Aliki. 2019. (ENG., Illus.). 64p. (J). (gr. k-5). pap. 8.99 *(978-0-06-185774-4(2)*, Greenwillow Bks.) HarperCollins Pubs.

Maria's Ballet Slippers. Charley Ioannou. 2019. (ENG.). 32p. (J). *(978-1-5255-2305-2(8))*; pap. *(978-1-5255-2306-9(6))* FriesenPress.

Maria's Creative Workshop: A Story That Supports Creativity in Young Children. Maria Teresa Ruiz. Illus. by Alejandra Lopez. 2022. (ENG.). 30p. (J). 15.99 ***(978-1-0879-9044-6(0))*** Indy Pub.

Maria's Magic Magnet: A Book about Magnets. Kerry Dinmont. 2017. (My Day Readers Ser.). (ENG.). 24p. (J). (gr. -1-2). lib. bdg. 32.79 *(978-1-5038-2033-3(5)*, 211866) Child's World, Inc, The.

Maria's Marvelous Bones. Carrie Kollias. 2018. (ENG., Illus.). 34p. (J). pap. *(978-0-2288-0222-8(9))* Tellwell Talent.

Maria's Wonderland. Amber Hawthorne-Spratlen. Illus. by Bonnie Lemaire. 2022. (ENG.). 22p. (J). 21.95 ***(978-1-63765-300-5(X))***; pap. 13.95 ***(978-1-63765-265-7(8))*** Halo Publishing International.

Maribel Mouse: (and the Barn Bakery) J. Humann. Illus. by Sharon Graham Smith. 2022. (Barnhof Adventures Ser.: Vol. 1). (ENG.). 30p. (J). 14.99 *(978-1-6629-2301-2(5))*; pap. 9.99 *(978-1-6629-2302-9(3))* Gatekeeper Pr.

Maribel Versus the Volcano: A Mount St. Helens Survival Story. Sarah Hannah Gómez. Illus. by Jane Pica. 2020. (Girls Survive Ser.). (ENG.). 112p. (J). (gr. 3-6). pap. 7.95 *(978-1-4965-9912-4(8)*, 201323); lib. bdg. 25.99 *(978-1-4965-9692-5(7)*, 199287) Capstone. (Stone Arch Bks.).

Maribel's Year. Michelle Sterling. Illus. by Sarah Gonzales. 2023. (ENG.). 40p. (J). (gr. -1-3). 19.99 *(978-0-06-311435-7(6)*, Tegen, Katherine Bks) HarperCollins Pubs.

Maridel Travels to Space. 2020. (ENG.). 24p. (J). pap. 12.99 *(978-1-952330-39-1(4))* Csb Innovations.

Marie: A Story of Russian Love (Classic Reprint) Alexander Pushkin. 2017. (ENG., Illus.). (J). 28.39 *(978-1-5285-6845-6(1))* Forgotten Bks.

Marie: Or Glimpses of Life in France (Classic Reprint) Marie Ryan Trevorec. 2018. (ENG., Illus.). 220p. (J). 28.43 *(978-0-483-44167-5(8))* Forgotten Bks.

Marie & the Pre-Monday Blues. Shaunte Hester Hobgood. 2019. (ENG., Illus.). 30p. (J). (gr. k-4). pap. 12.95 *(978-1-64471-752-3(2))* Covenant Bks.

Marie Antoinette & Her Lavish Parties - the Royal Biography Book for Kids Children's Biography Books. Baby Professor. 2017. (ENG., Illus.). (J). pap. 8.79 *(978-1-5419-1375-2(2)*, Baby Professor (Education Kids)) Speedy Publishing LLC.

Marie Antoinette & Her Son: An Historical Novel (Classic Reprint) L. Muhlbach. 2017. (ENG., Illus.). (J). 36.02 *(978-0-331-72354-0(9))* Forgotten Bks.

Marie Antoinette, Serial Killer. Katie Alender. 2022. (ENG.). 304p. (YA). (gr. 7). pap. 9.99 *(978-1-338-83751-3(6)*, Scholastic Paperbacks) Scholastic, Inc.

Marie Antoinette, the Chevalier of the Red House: A Tale of the French Revolution in 1973 (Classic Reprint) Alexandre Dumas. 2018. (ENG., Illus.). 416p. (J). 32.48 *(978-0-267-43341-4(7))* Forgotten Bks.

Marie Callender: Homemade Pie Maven. Rebecca Felix. 2017. (Female Foodies Ser.). (ENG., Illus.). 32p. (J). (gr. 3-6). lib. bdg. 32.79 *(978-1-5321-1265-2(3)*, 27589, Checkerboard Library) ABDO Publishing Co.

Marie-Claire (Classic Reprint) Marguerite Audoux. 2018. (ENG., Illus.). 228p. (J). 28.60 *(978-0-484-70977-4(1))* Forgotten Bks.

Marie Claire's Workshop (Classic Reprint) Marguerite Audoux. 2018. (ENG., Illus.). 260p. (J). 29.22 *(978-0-332-69009-4(1))* Forgotten Bks.

Marie (Classic Reprint) Laura E. Richards. 2018. (ENG., Illus.). 106p. (J). 26.08 *(978-0-484-35115-7(X))* Forgotten Bks.

Marie Curie. Eduardo Alonso. 2020. (SPA.). 128p. (J). (gr. 6-8). pap. 21.99 *(978-84-682-7275-7(2))* Vicens-Vives, Editorial, S.A. ESP. Dist: Lectorum Pubns., Inc.

Marie Curie. Kaara Kallen. Illus. by Rosie Baker. 2022. (It's Her Story Ser.). (ENG.). 42p. (J). (gr. 2-5). pap. 9.95 ***(978-1-64996-740-4(3)***, 17114, Sequoia Kids Media) Sequoia Children's Bks.

Marie Curie. Virginia Loh-Hagan. Illus. by Jeff Bane. 2018. (Mi Mini Biografía (My Itty-Bitty Bio): My Early Library). (ENG.). 24p. (J). (gr. k-1). pap. 12.79 *(978-1-5341-0814-1(9)*, 210620); lib. bdg. 30.64 *(978-1-5341-0715-1(0)*, 210619) Cherry Lake Publishing.

Marie Curie. Illus. by Isabel Munoz. 2019. (Genius Ser.). (ENG.). 42p. (J). (gr. 1). 9.95 *(978-88-544-1361-0(5))* White Star Publishers ITA. Dist: Sterling Publishing Co., Inc.

Marie Curie. Peter Peter. Illus. by Conz. 2023. (Great Minds Ser.: 2). (ENG.). 32p. (J). 17.95 *(978-1-60537-859-6(3))* Clavis Publishing.

Marie Curie. Wonder House Books. 2023. (Illustrated Biography for Kids Ser.). (ENG.). 32p. (J). (gr. 3-7). 9.99 ***(978-93-5856-199-9(8))*** Prakash Bk. Depot IND. Dist: Independent Pubs. Group.

Marie Curie: Chemist & Physicist. Valerie Bodden. 2017. (Women in Science Ser.). (ENG., Illus.). 112p. (J). (gr. 6-12). lib. bdg. 41.36 *(978-1-5321-1041-2(3)*, 25658, Essential Library) ABDO Publishing Co.

Marie Curie: My First Marie Curie [BOARD BOOK]. Maria Isabel Sanchez Vegara. Illus. by Frau Isa. ed. 2018. (Little People, BIG DREAMS Ser.: 6). (ENG.). 24p. (J). (gr. -1 — 1). bds. 9.99 ***(978-1-78603-253-9(8)***, Frances Lincoln Children's Bks.) Quarto Publishing Group UK GBR. Dist: Hachette Bk. Group.

Marie Curie: Physicist & Chemist. Lisa M. Bolt Simons. 2018. (STEM Scientists & Inventors Ser.). (ENG.). 24p. (J). pap. 47.70 *(978-1-5435-0679-2(8)*, 27702); (Illus.). (gr. 1-3). pap. 7.95 *(978-1-5435-0649-5(6)*, 137413); (Illus.). (gr. 1-3). lib. bdg. 27.99 *(978-1-5435-0643-3(7)*, 137406) Capstone. (Capstone Pr.).

Marie Curie: The Woman Behind Radioactivity. Nancy Dickmann. 2019. (Little Inventor Ser.). (ENG., Illus.). 32p. (J). (gr. 1-3). pap. 6.95 *(978-1-9771-1059-6(2)*, 141134); lib. bdg. 28.65 *(978-1-9771-0976-7(4)*, 140560) Capstone. (Pebble).

Marie Curie: a Quest for Light. Frances Andreasen Østerfelt & Anja Cetti Andersen. Illus. by Anna Blaszczyk. 2021. 136p. (J). (gr. 4-7). pap. 17.99 *(978-1-68405-837-2(6))* Idea & Design Works, LLC.

Marie Curie & the Power of Persistence. Karla Valenti. Illus. by Annalisa Beghelli. 2020. (My Super Science Heroes Ser.). 48p. (J). (gr. -1-3). 17.99 *(978-1-7282-1356-9(8))* Sourcebooks, Inc.

Marie Curie for Kids: Her Life & Scientific Discoveries, with 21 Activities & Experiments. Amy M. OQuinn. 2016. (For Kids Ser.: 65). (ENG., Illus.). 144p. (J). (gr. 4). pap. 18.99 *(978-1-61373-320-2(8))* Chicago Review Pr., Inc.

Marie Curie (Spanish Edition) Maria Isabel Sanchez Vegara. Illus. by Frau Isa. 2023. (Little People, Big Dreams en Español Ser.: Vol. 6). (SPA.). 32p. (J). (gr. -1-2). pap. ***(978-0-7112-8468-5(7))*** Frances Lincoln Childrens Bks.

Marie Derville: A Story of a French Boarding-School (Classic Reprint) Mary G. Wells. 2017. (ENG., Illus.). 242p. (J). 28.91 *(978-0-332-03208-5(6))* Forgotten Bks.

Marie Grubbe: A Lady of the Seventeenth Century (Classic Reprint) J. P. Jacobsen. 2017. (ENG., Illus.). (J). 29.82 *(978-0-266-16347-3(5))* Forgotten Bks.

Marie Manning: And Others (Classic Reprint) Bittersweet Bittersweet. 2018. (ENG., Illus.). 98p. (J). 25.94 *(978-0-483-53653-1(9))* Forgotten Bks.

Marie of Aragon. Marian Castro Shearer. 2021. (ENG.). 178p. (YA). pap. 15.99 *(978-1-6628-2980-2(9))* Salem Author Services.

Marie Tello Phillips' Book of Verses (Classic Reprint) Marie Tello Phillips. 2018. (ENG., Illus.). 114p. (J). 26.23 *(978-0-483-00999-8(7))* Forgotten Bks.

Marie und Ihre Abenteuer. Marion Kinzig. 2018. (GER., Illus.). 290p. (J). *(978-3-7439-8599-5(3))* tredition Verlag.

Marie Van Brittan Brown & Home Security. Virginia Loh-Hagan. 2018. (21st Century Junior Library: Women Innovators Ser.). (ENG., Illus.). 24p. (J). (gr. 2-5). lib. bdg. 29.21 *(978-1-5341-2911-5(1)*, 211688) Cherry Lake Publishing.

Marieken & Wichbold: The Assignment. Nico Herwig. 2016. (ENG., Illus.). (J). pap. 24.95 *(978-1-68290-816-7(X))* America Star Bks.

Marieken & Wichbold: The Retreat 3. Nico Herwig. 2016. (ENG., Illus.). (J). pap. 24.95 *(978-1-68290-817-4(8))* America Star Bks.

Mariella; of Out-West (Classic Reprint) Ella Higginson. 2016. (ENG., Illus.). (J). 23.57 *(978-1-334-99889-8(2))* Forgotten Bks.

Mariel's Messy Mission. Yolanda Guess. 2020. (ENG., Illus.). 32p. (J). pap. 14.95 *(978-1-64531-288-8(7))* Newman Springs Publishing, Inc.

Marie's Ocean: Marie Tharp Maps the Mountains under the Sea. Josie James. Illus. by Josie James. 2020. (ENG., Illus.). 48p. (J). 19.99 *(978-1-250-21473-7(4)*, 900204216, Holt, Henry & Co. Bks. For Young Readers) Holt, Henry & Co.

Marietta a Maid of Venice (Classic Reprint) F. Marion Crawford. 2018. (ENG., Illus.). 466p. (J). 33.51 *(978-0-483-13796-7(0))* Forgotten Bks.

Marietta, Vol. 1 Of 2: A Novel (Classic Reprint) Thomas Adolphus Trollope. 2018. (ENG., Illus.). 302p. (J). 30.13 *(978-0-365-49738-7(X))* Forgotten Bks.

Marietta, Vol. 2 Of 2: A Novel (Classic Reprint) Thomas Adolphus Trollope. (ENG., Illus.). (J). 2018. 302p. 30.15 *(978-0-656-83550-8(8))*; 2017. pap. 13.57 *(978-1-5276-6646-7(8))* Forgotten Bks.

Marigold & the Snoring King. J. D. Rempel. 2019. (ENG., Illus.). 32p. (J). (gr. k-4). pap. 14.95 *(978-1-61244-756-8(2))* Halo Publishing International.

Marigold Fairy Makes a Friend. Elizabeth Dennis. Illus. by Natalie Smillie. 2018. (J). *(978-1-5444-0276-5(7))* Simon & Schuster Children's Publishing.

Marigold Fairy Makes a Friend: Ready-To-Read Level 1. Elizabeth Dennis. Illus. by Natalie Smillie. 2018. (Flower Wings Ser.: 2). (ENG.). 24p. (J). (gr. -1-1). 17.99 *(978-1-5344-1174-6(7))*; pap. 4.99 *(978-1-5344-1173-9(9))* Simon Spotlight. (Simon Spotlight).

Marigold Finds the Magic Words. Mike Malbrough. Illus. by Mike Malbrough. 2019. (Illus.). 40p. (J). (gr. -1-2). 17.99 *(978-1-5247-3743-6(7))* Flamingo Bks.

Marigold Garden. Kate Greenaway & Grandma's Treasures. 2019. (ENG.). 62p. (J). pap. *(978-0-359-66671-3(X))* Lulu Pr., Inc.

Marigold Garden: Pictures & Rhymes (Classic Reprint) Kate Greenaway. 2017. (ENG., Illus.). (J). 25.22 *(978-0-266-45965-1(X))* Forgotten Bks.

Marigold Learns about Loss: The Marigold Series. Paola Alexandra. 2017. (ENG., Illus.). (J). pap. 23.95 *(978-1-4808-5374-4(7))* Archway Publishing.

Marigold Star. Elise Primavera. Illus. by Elise Primavera. 2020. (ENG., Illus.). 256p. (J). (gr. 3-7). pap. 7.99 *(978-0-06-056951-8(4)*, HarperCollins) HarperCollins Pubs.

Marigold the Honeybee. Timala Melancon. Illus. by Shane K. Stelly. 2021. (ENG.). 36p. (J). pap. 14.99 *(978-0-578-84851-8(1))* Wright Honey.

Marigold's Adventure: A Mouse Tale. Linda Smaltz Bellomo. 2021. (ENG.). 30p. (J). pap. 16.95 *(978-1-64654-679-4(2))* Fulton Bks.

Marigold's Show & Tell. Anne Plagge. 2017. (ENG., Illus.). (J). (gr. -1-1). 21.95 *(978-1-63525-596-6(1))* Christian Faith Publishing.

Marijuana. Carol Hand. 2018. (Drugs in Real Life Ser.). (ENG., Illus.). 112p. (J). (gr. 6-12). lib. bdg. 41.36 *(978-1-5321-1417-5(6)*, 28816, Essential Library) ABDO Publishing Co.

Marijuana: Abuse & Legalization, 1 vol. Anna Collins & Hal Marcovitz. 2016. (Drug Education Library). (ENG.). 104p. (YA). (gr. 7-7). lib. bdg. 39.08 *(978-1-5345-6001-7(7)*, b9302d17-39b4-4329-b8cf-c6807c0aba7d, Lucent Pr.) Greenhaven Publishing LLC.

Marijuana: Affecting Lives. Janie Havemeyer. 2021. (Affecting Lives: Drugs & Addiction Ser.). (ENG.). 32p. (J). (gr. 4-7). lib. bdg. 35.64 *(978-1-5038-4485-8(4)*, 214252, MOMENTUM) Child's World, Inc, The.

Marijuana: Facts, Figures, & Opinions, Vol. 5. Leigh Clayborne. 2018. (Marijuana Today Ser.). 80p. (J). (gr. 7). lib. bdg. 33.27 *(978-1-4222-4106-6(8))* Mason Crest.

Marijuana Abuse, 1 vol. Bridey Heing. 2018. (Overcoming Addiction Ser.). (ENG.). 64p. (gr. 7-7). 36.13 *(978-1-5081-7944-3(1)*, 96097747-d6d9-4c10-b093-c510e0ce03fe) Rosen Publishing Group, Inc., The.

Marijuana & Its Dangers. Kari A. Cornell. 2019. (Drugs & Their Dangers Ser.). (ENG.). 80p. (YA). (gr. 6-12). 41.27 *(978-1-68282-709-3(7)*, BrightPoint Pr.) ReferencePoint Pr., Inc.

Marijuana & Synthetics, Vol. 13. John Perritano. Ed. by Sara Becker. 2016. (Drug Addiction & Recovery Ser.). (Illus.). 64p. (J). (gr. 7). 23.95 *(978-1-4222-3606-2(4))* Mason Crest.

Marijuana in Society, Vol. 5. Julie Nelson. 2018. (Marijuana Today Ser.). 80p. (J). (gr. 7). lib. bdg. 33.27 *(978-1-4222-4105-9(X))* Mason Crest.

Marijuana's Harmful Effects on Youth, Vol. 5. Julie Nelson. 2018. (Marijuana Today Ser.). 80p. (J). (gr. 7). lib. bdg. 33.27 *(978-1-4222-4107-3(6))* Mason Crest.

Marika Marches for Equality. Salima Alikhan. Illus. by Andrea Rossetto. 2022. (Smithsonian Historical Fiction Ser.). (ENG.). 72p. (J). 25.32 *(978-1-6639-1192-6(4)*, 219055); pap. 5.95 *(978-1-6639-2138-3(5)*, 219057) Capstone. (Stone Arch Bks.).

Mariko Takashi & the Case of the Gremlin Horde. Christopher Bair. Illus. by Paola Zavala. 2nd ed. 2018. (Mariko Takashi Ser.: Vol. 1). (ENG.). 168p. (YA). pap. 9.95 *(978-0-9992311-0-4(3))* Elfen Media.

Mariko Takashi & the Case of the Living Dinosaur. Christopher Bair. 2019. (Mariko Takashi Ser.: Vol. 3). (ENG., Illus.). 210p. (YA). pap. 10.95 *(978-0-9992311-2-8(X))* Elfen Media.

Mariko Takashi & the Case of the Visiting Changeling. Christopher Bair. 2018. (Mariko Takashi Ser.: Vol. 2). (ENG., Illus.). 204p. (YA). pap. 10.95 *(978-0-9992311-1-1(1))* Elfen Media.

Marilyn Monroe. Maria Isabel Sanchez Vegara. Illus. by Ana Albero. 2021. (Little People, BIG DREAMS Ser.: 67). (ENG.). 32p. (J). (gr. -1-2). ***(978-0-7112-5779-5(5)***, Frances Lincoln Children's Bks.) Quarto Publishing Group UK.

Marilyn's Monster. Michelle Knudsen. Illus. by Matt Phelan. 2017. (ENG.). 40p. (J). (gr. -1-3). 8.99 *(978-0-7636-9301-5(4))* Candlewick Pr.

Marilyn's Monster. Michelle Knudsen. Illus. by Matt Phelan. ed. 2017. (ENG.). (J). (gr. -1-3). lib. bdg. 17.20 *(978-0-606-39844-2(9))* Turtleback.

Marina: A Story about Plastic & the Planet. Jesse Byrd. Illus. by Andressa Meissner. 2023. 40p. (J). 19.99 ***(978-1-223-18665-8(2)***, afab5ada-94de-4f51-babf-31638dc5dd65, Paw Prints) Baker & Taylor, CATS.

Marina & the Kraken: The Mythics #1, Vol. 1. Lauren Magaziner. Illus. by Mirelle Ortega. 2023. (Mythics Ser.: 1). (ENG.). 144p. (J). (gr. 3-7). pap. 9.99 *(978-0-06-305887-3(1)*, Tegen, Katherine Bks) HarperCollins Pubs.

Marina & the Treasure Chest. Ripleys Believe It Or Not!. 2020. (Story Book Ser.: 5). (ENG.). 40p. (J). 16.99 *(978-1-60991-330-4(2))* Ripley Entertainment, Inc.

Marina la Furiosa. Jaime Alfonso Martinez Sandoval. Illus. by Marcos Almada. 2016. (Cuentamelo Otra Vez Ser.). (ENG & SPA.). (J). 16.95 *(978-1-68165-259-7(5))* Trialtea USA, LLC.

Marina's Cloud 9: Collection of Short Stories. Marina A. Popova. 2022. (ENG.). 274p. (YA). pap. 17.99 *(978-1-9822-9455-7(8)*, Balboa Pr.) Author Solutions, LLC.

Marine Biologist. Contrib. by Lisa Owings. 2023. (Careers in STEM Ser.). (ENG., Illus.). (J). (gr. k-3). lib. bdg. 26.95 Bellwether Media.

Marine Biologist. Marne Ventura. 2019. (Jobs with Animals Ser.). (ENG., Illus.). 32p. (J). (gr. 4-6). pap. 7.95 *(978-1-5435-6046-6(6)*, 140091); lib. bdg. 28.65 *(978-1-5435-5784-8(8)*, 139740) Capstone.

Marine Biologists on a Dive. Sue Fliess. Illus. by Mia Powell. 2022. (Kid Scientist Ser.). (ENG.). 32p. (J). (gr. -1-3). 17.99 *(978-0-8075-4158-6(3)*, 807541583) Whitman, Albert & Co.

Marine Biology: Cool Women Who Dive. Karen Bush Gibson. Illus. by Lena Chandhok. 2016. (Girls in Science Ser.). (ENG.). 112p. (J). (gr. 3-7). 19.95 *(978-1-61930-431-4(7)*, 5e4bf935-9b66-4bec-bee7-4693c99466ed) Nomad Pr.

Marine Biology: Of the Florida Keys & the Bahamas. Michael Lane. Illus. by Charlotte Fohner. 2023. (ENG.). 174p. (YA). pap. 39.29 ***(978-1-312-46906-8(4))*** Lulu Pr., Inc.

Marine Biology of the Florida Keys & the Bahamas: (2023 Release) Michael Lane. Ed. by Joie Suson. Illus. by Michaela Lane Vorwerk. 2022. (ENG.). 174p. (J). pap. 39.29 ***(978-1-387-80361-3(1))*** Lulu Pr., Inc.

Marine Biome. Elizabeth Andrews. 2021. (Beautiful Biomes Ser.). (ENG.). 24p. (J). (gr. k-3). lib. bdg. 31.36 *(978-1-0982-4104-9(5)*, 38772, Pop! Cody Koala) Pop!.

Marine Biome. Kerri Mazzarella. 2022. (Biomes on Planet Earth Ser.). (ENG.). 24p. (J). (gr. k-2). pap. 8.95 *(978-1-63897-583-0(3)*, 19390); lib. bdg. 27.93 *(978-1-63897-468-0(3)*, 19389) Seahorse Publishing.

Marine Biomes. Contrib. by Cecilia Pinto McCarthy. 2023. (Explore Biomes Ser.). (ENG.). 32p. (J). (gr. 2-5). lib. bdg. 34.21 ***(978-1-0982-9111-2(5)***, 42029, Kids Core) ABDO Publishing Co.

Marine Biomes. Louise Spilsbury & Richard Spilsbury. 2018. (Earth's Natural Biomes Ser.). (Illus.). 32p. (J). (gr. 4-4). *(978-0-7787-3996-8(1))* Crabtree Publishing Co.

MARINE BIOMES. Contrib. by Louise Spilsbury & Richard Spilsbury. 2018. (Earth's Natural Biomes Ser.). (Illus.). 32p. (J). (gr. 4-4). pap. *(978-0-7787-4181-7(8))* Crabtree Publishing Co.

Marine Biomes Around the World. Phillip Simpson. 2019. (Exploring Earth's Biomes Ser.). (ENG., Illus.). 32p. (J). (gr. 3-6). pap. 7.95 *(978-1-5435-7535-4(8)*, 141066); lib. bdg. 29.99 *(978-1-5435-7234-6(0)*, 140518) Capstone.

Marine Corps. Bernard Conaghan. 2022. (Serving with Honor Ser.). (ENG.). 32p. (J). (gr. 3-9). pap. *(978-1-0396-6230-8(7)*, 21613); lib. bdg. *(978-1-0396-6035-9(5)*, 21612) Crabtree Publishing Co. (Crabtree Branches).

Marine Ecosystems. Tammy Gagne. 2018. (Earth's Ecosystems Ser.). (ENG., Illus.). 32p. (J). (gr. 3-6). 32.80 *(978-1-63235-458-7(6)*, 13870, 12-Story Library) Bookstaves, LLC.

Marine Force Recon. Ashley Gish. 2022. (X-Books: Special Forces Ser.). (ENG., Illus.). 32p. (J). (gr. 3-5). pap. 9.99 *(978-1-62832-906-3(8)*, 18569, Creative Paperbacks); *(978-1-64026-372-7(1)*, 18568, Creative Education) Creative Co., The.

Marine Force Recon. Jim Whiting. 2018. (U. S. Special Forces Ser.). (ENG.). 48p. (J). (gr. 3-6). *(978-1-60818-984-7(8)*, 19984, Creative Education) Creative Co., The.

Marine Fossils, 1 vol. Heather Moore Niver. 2016. (Fossil Files Ser.). (ENG., Illus.). 32p. (J). (gr. 5-5). pap. 11.00 *(978-1-4994-2742-4(5)*, 2bf9fa01-3786-4a35-95bf-4ae20c923bc5, PowerKids Pr.) Rosen Publishing Group, Inc., The.

Marine Life Coloring Book. Cristie Publishing. 2020. (ENG.). 92p. (J). pap. 9.99 *(978-1-716-29210-1(7))* Lulu Pr., Inc.

Marine Life Coloring Book for Kids! Discover These Fun & Enjoyable Coloring Pages. Bold Illustrations. 2022. (ENG.). 82p. (J). pap. 14.99 *(978-1-0717-0663-3(2)*, Bold Illustrations) FASTLANE LLC.

Marine Life Meet & Greet Kids Coloring Book of Animals. Educando Kids. 2019. (ENG.). 42p. (J). pap. 6.99 *(978-1-64521-153-2(3)*, Educando Kids) Editorial Imagen.

Marine Madness: An Unofficial Minecrafters Graphic Novel for Fans of the Aquatic Update. Megan Miller. 2022. (S. Q. U. I. D. Squad Ser.: 6). 192p. (J). (gr. 2-6). pap. 11.99 *(978-1-5107-6501-6(8)*, Sky Pony Pr.) Skyhorse Publishing Co., Inc.

Marine Raiders Regiment. Julia Garstecki. 2018. (Elite Warriors Ser.). (ENG.). 32p. (gr. 2-7). 9.95 *(978-1-68072-723-4(0))*; (J). (gr. 4-6). pap. 9.99 *(978-1-64466-276-2(0)*, 12357); (J). (gr. 4-6). lib. bdg. *(978-1-68072-429-5(0)*, 12356) Black Rabbit Bks. (Bolt).

Marine Science for Kids: Exploring & Protecting Our Watery World, Includes Cool Careers & 21 Activities. Bethanie Hestermann & Josh Hestermann. 2017. (For Kids Ser.: 66). (Illus.). 144p. (J). (gr. 4). pap. 18.99 *(978-1-61373-536-7(7))* Chicago Review Pr., Inc.

Marine Science in the Real World. Carol Hand. 2016. (STEM in the Real World Set 2 Ser.). (ENG., Illus.). 48p. (J). (gr. 4-8). lib. bdg. 35.64 *(978-1-68078-480-0(3)*, 23897) ABDO Publishing Co.

Marine, Sir! (Classic Reprint) Edward Champe Carter. (ENG., Illus.). (J). 2018. 184p. 27.71 *(978-0-666-61421-6(0))*; 2017. pap. 10.57 *(978-0-259-83942-2(6))* Forgotten Bks.

Marined Heart. Pablo Casper. 2021. (ENG.). 38p. (J). pap. 11.95 *(978-1-6624-4223-0(8))* Page Publishing Inc.

Mariner: A Poem in Two Cantos (Classic Reprint) Archibald Johnston. (ENG., Illus.). (J). 2017. 27.20 *(978-0-331-56474-7(2))*; 2016. pap. 9.57 *(978-1-334-64719-2(4))* Forgotten Bks.

Marinero en Tierra Firme. Laia de Ahumada. Tr. by Isabel Llasat. Illus. by Gemma Capdevila. 2020. (SPA.). 64p. (J). (gr. 4-7). pap. 17.95 *(978-84-17440-35-0(6))* Akiara Bks. ESP. Dist: Independent Pubs. Group.

Marines: And Other War Verse (Classic Reprint) Adolphe E. Smylie. 2018. (ENG., Illus.). 88p. (J). 25.71 *(978-0-428-30932-9(1))* Forgotten Bks.

Mario. Paige V. Polinsky. (Game On! Ser.). (ENG.). 32p. (J). 2020. (gr. 4-4). pap. 9.95 *(978-1-64494-282-6(8)*, 1644942828); 2019. (gr. 3-6). lib. bdg. 32.79 *(978-1-5321-9167-1(7)*, 33508) ABDO Publishing Co. (Checkerboard Library).

Mario & Luigi: Super Mario Bros Heroes. Kenny Abdo. 2020. (Video Game Heroes Ser.). (ENG., Illus.). 24p. (J). (gr. 2-2). pap. 8.95 *(978-1-64494-420-2(0))*; lib. bdg. 31.36 *(978-1-0982-2146-1(X)*, 34539) ABDO Publishing Co. (Abdo Zoom-Fly).

Mario & Slimer's Race. Cailan Cardell Craddock. Illus. by Sabrina Latrice Brooks. 2022. (ENG.). 22p. (J). 20.00 ***(978-1-0880-4708-8(4))*** Indy Pub.

Mario & the Aliens. Carolina Zanotti. Illus. by Thai My Phuong. 2019. (ENG.). 40p. (J). 14.99 *(978-1-64124-027-7(X)*, 0277) Fox Chapel Publishing Co., Inc.

Mario & the Aliens (SC) Illus. by Thai My Phuong. 2019. (ENG.). 40p. (J). pap. 9.99 *(978-1-64124-040-6(7)*, 0406) Fox Chapel Publishing Co., Inc.

Mario & the Cow. Miguel Antonia Ortiz. 2019. (Illus.). 50p. (J). pap. 19.95 *(978-0-9795986-6-1(4)*, Irene Weinberger Bks.) Hamilton Stone Editions.

Mario & the Hole in the Sky see Mario y el Agujero en el Cielo / Mario & the Hole in the Sky: Cómo un Químico Salvó Nuestro Planeta

Mario & the Hole in the Sky: How a Chemist Saved Our Planet. Elizabeth Rusch. Illus. by Teresa Martinez. 2019. 40p. (J). (gr. 1-4). lib. bdg. 17.99 *(978-1-58089-581-1(6))* Charlesbridge Publishing, Inc.

Mario el Pez Dorado. Mary Ann Netherton. 2018. (ENG., Illus.). 30p. (J). pap. 12.99 *(978-1-949609-61-5(8))* Pen It Pubns.

Mario Imaginario. Eoin Colfer. 2018. (Álbumes Ser.). (SPA.). 48p. (J). (gr. k-2). 16.95 *(978-607-527-409-6(X))* Editorial Oceano de Mexico MEX. Dist: Independent Pubs. Group.

Mario Kart: Beginner's Guide. Josh Gregory. 2022. (21st Century Skills Innovation Library: Unofficial Guides). (ENG., Illus.). 32p. (J). (gr. 4-8). pap. 14.21 *(978-1-6689-0083-3(1)*, 220174); lib. bdg. 32.07 *(978-1-5341-9969-9(1)*, 220030) Cherry Lake Publishing.

Mario Time! (Nintendo(r)) Courtney Carbone. Illus. by Random House. 2018. (ENG.). 72p. (J). (gr. 2-5). 12.99 *(978-1-5247-7264-2(X)*, Random Hse. Bks. for Young Readers) Random Hse. Children's Bks.

Mario y el Agujero en el Cielo / Mario & the Hole in the Sky: Cómo un Químico Salvó Nuestro Planeta. Elizabeth Rusch. Tr. by Carlos E. Calvo. Illus. by Teresa Martinez. ed.Tr. of Mario & the Hole in the Sky. 40p. (J). (gr. 1-4). 2023. pap. 7.99 *(978-1-62354-187-3(5))*; 2019. lib. bdg. 16.99 *(978-1-58089-582-8(4))* Charlesbridge Publishing, Inc.

Mario y la Vaca. Miguel Antonio Ortiz. 2019. (SPA.). (J). *(978-0-9795986-7-8(2)*, Irene Weinberger Bks.) Hamilton Stone Editions.

Marion & the Girls' Getaway. Callie Barkley. Illus. by Tracy Bishop. 2019. (Critter Club Ser.: 20). (ENG.). 128p. (J). (gr. k-4). 17.99 *(978-1-5344-4870-4(5))*; pap. 5.99 *(978-1-5344-4869-8(1))* Little Simon. (Little Simon).

Marion & the Secret Letter. Callie Barkley. Illus. by Tracy Bishop. 2017. (Critter Club Ser.: 16). (ENG.). 128p. (J). (gr. k-4). pap. 6.99 *(978-1-4814-8702-3(7)*, Little Simon) Little Simon.

Marion & the Secret Letter. Callie Barkley. ed. 2017. (Critter Club Ser.: 16). lib. bdg. 16.00 *(978-0-606-39739-1(6))* Turtleback.

Marion (Classic Reprint) Florence Taylor Haselden. 2018. (ENG., Illus.). 116p. (J). 26.29 *(978-0-365-19613-6(4))* Forgotten Bks.

Marion Darche: A Story Without Comment (Classic Reprint) F. Marion Crawford. 2018. (ENG., Illus.). 320p. (J). 30.50 *(978-0-483-69604-4(8))* Forgotten Bks.

Marion Donovan & the Disposable Diaper. Virginia Loh-Hagan. 2018. (21st Century Junior Library: Women Innovators Ser.). (ENG., Illus.). 24p. (J). (gr. 2-5). lib. bdg. 29.21 *(978-1-5341-2915-3(4)*, 211704) Cherry Lake Publishing.

Marion Fay (Classic Reprint) Anthony Trollope. 2017. (ENG., Illus.). (J). 32.95 *(978-0-265-17751-8(0))* Forgotten Bks.

1278

The check digit for ISBN-10 appears in parentheses after the full ISBN-13

M

Marion Fay, Vol. 1 Of 2: A Novel (Classic Reprint) Trollope. 2016. (ENG., Illus.). (J). pap. 13.97 *(978-1-334-14694-7(2))* Forgotten Bks.

Marion Fay, Vol. 1 Of 2: A Novel (Classic Reprint) Anthony Trollope. 2018. (ENG., Illus.). 368p. (J). 31.51 *(978-0-267-59698-0(7))* Forgotten Bks.

Marion Graham, or Higher Than Happiness (Classic Reprint) Meta Lander. (ENG., Illus.). (J). 2018. 492p. 34.04 *(978-0-428-79583-2(8))*; 2016. pap. 16.57 *(978-1-333-49487-2(4))* Forgotten Bks.

Marion Howard, or Trials & Triumphs (Classic Reprint) F. Ames. 2017. (ENG., Illus.). (J). 37.36 *(978-0-266-18751-6(X))*; pap. 19.97 *(978-1-5278-9981-0(0))* Forgotten Bks.

Marion Leslie, Vol. 1 Of 3: A Story (Classic Reprint) Rev P. Beaton. 2018. (ENG., Illus.). 312p. (J). 30.35 *(978-0-483-40962-0(6))* Forgotten Bks.

Marion Leslie, Vol. 2 Of 3: A Story (Classic Reprint) P. Beaton. (ENG., Illus.). (J). 2018. 328p. 30.68 *(978-0-267-56794-2(4))*; 2016. pap. 13.57 *(978-1-334-17109-3(2))* Forgotten Bks.

Marion Marlow Entrapped, or the Victim of Professional Jealousy (Classic Reprint) Lurana W. Sheldon. 2018. (ENG., Illus.). (J). 40p. 24.74 *(978-1-396-64751-2(1))*; 42p. pap. 7.97 *(978-1-391-91061-1(3))* Forgotten Bks.

Marion Marlowe in Buffalo, or Betrayed by a Rival Company (Classic Reprint) Grace Shirley. 2018. (ENG., Illus.). (J). 40p. 24.74 *(978-1-396-64020-9(7))*; 42p. pap. 7.97 *(978-1-391-90893-9(7))* Forgotten Bks.

Marion Marlowe in Chicago, or Trapped by a Lunatic (Classic Reprint) Lurana W. Sheldon. 2018. (ENG., Illus.). (J). 40p. 24.74 *(978-1-396-63600-4(5))*; 42p. pap. 7.97 *(978-1-391-90682-9(9))* Forgotten Bks.

Marion Marlowe in Cleveland, or the Mystery of the Blood-Red Rose (Classic Reprint) Grace Shirley. 2018. (ENG., Illus.). (J). 40p. 24.74 *(978-1-396-63708-7(7))*; 42p. pap. 7.97 *(978-1-391-90763-5(9))* Forgotten Bks.

Marion Marlowe in Columbus, or Accused of a Crime (Classic Reprint) Grace Shirley. 2018. (ENG., Illus.). (J). 40p. 24.74 *(978-1-396-63698-1(6))*; 42p. pap. 7.97 *(978-1-391-90774-1(4))* Forgotten Bks.

Marion Marlowe in Denver, or the Tragedy of Pike's Peak (Classic Reprint) Grace Shirley. 2018. (ENG., Illus.). (J). 40p. 24.74 *(978-1-396-64035-3(5))*; 42p. pap. 7.97 *(978-1-391-90902-8(X))* Forgotten Bks.

Marion Marlowe in Indianapolis, or the Adventure of Doctor Brookes (Classic Reprint) Grace Shirley. 2018. (ENG., Illus.). (J). 40p. 24.74 *(978-1-396-63682-0(X))*; 42p. pap. 7.97 *(978-1-391-90776-5(0))* Forgotten Bks.

Marion Marlowe in Omaha, or Held up by Accident (Classic Reprint) Grace Shirley. 2018. (ENG., Illus.). (J). 40p. 24.72 *(978-1-396-63819-0(9))*; 42p. pap. 7.97 *(978-1-391-90761-1(2))* Forgotten Bks.

Marion Marlowe in Salt Lake City, or a Bad Deal in Mormon Land (Classic Reprint) Grace Shirley. 2018. (ENG., Illus.). (J). 40p. 24.74 *(978-1-396-63777-3(X))*; 42p. pap. 7.97 *(978-1-391-90766-6(3))* Forgotten Bks.

Marion Marlowe in Society, or a Race for a Title (Classic Reprint) Grace Shirley. 2018. (ENG., Illus.). (J). 38p. 24.70 *(978-1-396-64034-6(7))*; 40p. pap. 7.97 *(978-1-391-90941-7(0))* Forgotten Bks.

Marion Marlowe in St. Louis, or a Forger's Bold Deed (Classic Reprint) Grace Shirley. 2018. (ENG., Illus.). (J). 40p. 24.74 *(978-1-396-63670-7(6))*; 42p. pap. 7.97 *(978-1-391-90604-1(7))* Forgotten Bks.

Marion Marlowe in St. Paul, or the Company's Mascot in a Double Deal (Classic Reprint) Grace Shirley. 2018. (ENG., Illus.). (J). 40p. 24.74 *(978-1-391-90792-5(2))*; 42p. pap. 7.97 *(978-1-391-90749-9(3))* Forgotten Bks.

Marion Marlowe in Washington, or Meeting the President (Classic Reprint) Grace Shirley. 2018. (ENG., Illus.). (J). 40p. 24.74 *(978-1-396-63779-7(6))*; 42p. pap. 7.97 *(978-1-391-90760-4(4))* Forgotten Bks.

Marion Marlowe on the Prairie, or a Thrilling Ride Across Kansas (Classic Reprint) Grace Shirley. 2018. (ENG., Illus.). (J). 40p. 24.74 *(978-1-396-63817-6(2))*; 42p. pap. 7.97 *(978-1-391-90762-8(0))* Forgotten Bks.

Marion Marlowe's Christmas Eve, or the Treachery of a Factory Inspector (Classic Reprint) Grace Shirley. 2018. (ENG., Illus.). (J). 40p. 24.72 *(978-1-396-64033-9(9))*; 42p. pap. 7.97 *(978-1-391-90942-4(9))* Forgotten Bks.

Marion Marlowe's Cleverness, or Exposing a Bold Fraud (Classic Reprint) Grace Shirley. 2018. (ENG., Illus.). (J). 40p. 24.72 *(978-1-396-26509-9(0))*; 42p. pap. 7.97 *(978-1-391-90891-5(0))* Forgotten Bks.

Marion Marlowe's Courage, or a Brave Girl's Struggle for Life & Honor (Classic Reprint) Grace Shirley. 2018. (ENG., Illus.). (J). 38p. 24.68 *(978-1-396-63486-4(X))*; 40p. pap. 7.97 *(978-1-391-90534-1(2))* Forgotten Bks.

Marion Marlowe's Disappearance, or Almost a Crime (Classic Reprint) Grace Shirley. 2018. (ENG., Illus.). (J). 40p. 24.74 *(978-1-396-64036-0(3))*; 42p. pap. 7.97 *(978-1-391-90899-1(6))* Forgotten Bks.

Marion Marlowe's Escape, or a Dangerous Mistake on the Road (Classic Reprint) Grace Shirley. 2018. (ENG., Illus.). (J). 40p. 24.74 *(978-1-396-64025-4(8))*; 42p. pap. 7.97 *(978-1-391-90775-8(2))* Forgotten Bks.

Marion Marlowe's Money, or Brave Work in the Slums (Classic Reprint) Lurana W. Sheldon. 2018. (ENG., Illus.). (J). 40p. 24.74 *(978-1-396-62932-7(7))*; 42p. pap. 7.97 *(978-1-391-89787-5(0))* Forgotten Bks.

Marion Marlowe's Noble Work, or the Tragedy at the Hospital (Classic Reprint) Grace Shirley. 2018. (ENG., Illus.). (J). 40p. 24.74 *(978-1-391-90217-3(3))*; 42p. pap. 7.97 *(978-1-391-90198-5(3))* Forgotten Bks.

Marion Marlowe's Peril, or a Mystery Unveiled (Classic Reprint) Grace Shirley. 2018. (ENG., Illus.). (J). 40p. 24.74 *(978-1-396-62937-2(8))*; 42p. pap. 7.97 *(978-1-391-89786-8(2))* Forgotten Bks.

Marion Marlowe's Skill, or a Week As a Private Detective (Classic Reprint) Grace Shirley. 2018. (ENG., Illus.). (J). 40p. 24.72 *(978-1-396-19347-7(2))*; 42p. pap. 7.97 *(978-1-391-90892-2(9))* Forgotten Bks.

Marion Marlowe's Triumph, or in Spite of Her Enemies (Classic Reprint) Grace Shirley. 2018. (ENG., Illus.). (J). 38p. 24.70 *(978-1-391-90906-6(2))*; 40p. pap. 7.97 *(978-1-391-90900-4(3))* Forgotten Bks.

Marion Marlowe's True Heart, or How a Daughter Forgave (Classic Reprint) Grace Shirley. 2018. (ENG., Illus.). (J). 40p. 24.74 *(978-1-396-63409-3(6))*; 42p. pap. 7.97 *(978-1-391-90287-6(4))* Forgotten Bks.

Marion Strikes a Pose: #8. Callie Barkley. Illus. by Marsha Riti. 2020. (Critter Club Ser.). (ENG.). 120p. (J). (gr. k-4). lib. bdg. 31.36 *(978-1-5321-4737-1(6))*, 36727, Chapter Bks.) Spotlight.

Marion, Vol. 1 of 3 (Classic Reprint) Joseph Alfred Scoville. 2018. (ENG., Illus.). 316p. (J). 30.41 *(978-0-483-84450-6(0))* Forgotten Bks.

Marion, Vol. 2 of 3 (Classic Reprint) Unknown Author. 2018. (ENG., Illus.). 274p. (J). 29.55 *(978-0-483-92510-6(1))* Forgotten Bks.

Marion, Vol. 3 of 3 (Classic Reprint) Joseph Alfred Scoville. 2018. (ENG., Illus.). 284p. (J). 29.75 *(978-0-483-72961-2(2))* Forgotten Bks.

Marionettes (Classic Reprint) Julien Gordon. 2018. (ENG., Illus.). 326p. (J). 30.62 *(978-0-483-39053-9(4))* Forgotten Bks.

Marion's Faith. Charles King. (ENG.). (J). 2017. 458p. pap. *(978-3-7447-9018-5(5))*; 2016. 456p. pap. *(978-3-7433-5783-9(6))* Creation Pubs.

Marion's Faith: A Sequel to the Colonel's Daughter (Classic Reprint) Charles King. 2017. (ENG., Illus.). (J). 33.30 *(978-1-5284-8106-9(2))* Forgotten Bks.

Marion's Got the Butterflies. Callie Barkley. Illus. by Tracy Bishop. 2022. (Critter Club Ser.: 24). (ENG.). 128p. (J). (gr. k-4). 17.99 *(978-1-6659-1372-0(X))*; pap. 6.99 *(978-1-6659-1371-3(1))* Little Simon. (Little Simon).

Mario's Big Adventure (Nintendo(r) & Illumination Present the Super Mario Bros. Movie) Mary Man-Kong. 2023. (Step into Reading Ser.). (Illus.). 24p. (J). (gr. k-3). pap. 5.99 ***(978-0-593-64601-4(0))***; (ENG., lib. bdg. 14.99 ***(978-0-593-64602-1(9))*** Random Hse. Children's Bks. (Random Hse. Bks. for Young Readers).

Mariposa. Xist Publishing. 2017. (Xist Kids Spanish Bks.). (SPA., Illus.). 28p. (J). (gr. -1-3). pap. 9.99 *(978-1-5324-0236-4(8))* Xist Publishing.

Mariposa de Bella: Una y Otra Vez, 1 vol. Dalton Blaine. 2017. (Computación Científica en el Mundo Real (Computer Science for the Real World) Ser.). (SPA.). 16p. (J). (gr. 2-3). pap. *(978-1-5383-5629-6(5))*, d60b0866-8c1b-4c8e-bc22-a9a7cd5d4cbd, Rosen Classroom) Rosen Publishing Group, Inc., The.

Mariposa Magazine (Classic Reprint) Ladies Relief Society of Oakland. 2018. (ENG., Illus.). 148p. (J). 26.97 *(978-0-483-70449-7(0))* Forgotten Bks.

Mariposa, Where Did You Get Your Colors? Virginia Padilla-Vigil. Illus. by Nanibah Chacon. 2021. (ENG.). 40p. (J). pap. 18.95 *(978-1-931079-44-0(7))*; 24.95 *(978-1-931079-23-5(4))* Condor Publishing, Inc.

Mariposa y Escorpiones see Butterfly & Scorpions: Story of a First Love

Mariposas Bajo Cero: Leveled Reader Book 67 Level P 6 Pack. Hmh Hmh. 2021. (SPA.). 32p. (J). pap. 74.40 *(978-0-358-08461-7(X))* Houghton Mifflin Harcourt Publishing Co.

Mariposas de Río. Sonia Santoro. 2022. (SPA.). 216p. (YA). (gr. 9-12). pap. 13.99 ***(978-607-557-054-6(8))*** Progreso, Editorial, S. A. MEX. Dist: Lectorum Pubns., Inc.

Mariposas en el Primer día de Clases. Annie Silvestro. Illus. by Dream Chen. 2022. (SPA.). 28p. (J). (gr. -1-k). pap. 8.99 *(978-1-4549-4599-4(0))* Sterling Publishing Co., Inc.

Mariposas Libro de Colorear para Ninos: Libro de Colorear Relajante para niñas y niños Pequeños de 4 a 12 Años. R. R. Fratica. 2021. (SPA.). 72p. (J). pap. 8.50 *(978-1-716-06416-6(3))* Lulu Pr., Inc.

Mariposilla: A Novel (Classic Reprint) Charles Stewart Daggett. (ENG., Illus.). (J). 2017. 29.47 *(978-0-265-41040-0(1))*; 2016. pap. 11.97 *(978-1-333-52576-7(1))* Forgotten Bks.

Mariquita: A Novel (Classic Reprint) John Ayscough. 2018. (ENG., Illus.). 282p. (J). 29.73 *(978-0-483-75927-5(9))* Forgotten Bks.

Mariquita Malhumorada: The Grouchy Ladybug Board Book (Spanish Edition) Eric Carle. Illus. by Eric Carle. 2020. (SPA., Illus.). 44p. (J). (gr. -1 — 1). bds. 9.99 *(978-0-06-297350-4(9))* HarperCollins Español.

Mari's Hope. Sandy Brehl. 2017. (Odin's Promise Trilogy Ser.: Vol. 3). (ENG., Illus.). (J). pap. 14.95 *(978-1-883953-89-8(8))*, Crispin Bks.) Great Lakes Literary, LLC.

Marisa's First Fishing Trip: A Big Shoe Bears & Friends Adventure. Dawn Doig. 2020. (Big Shoe Bears & Friends Adventures Ser.: Vol. 4). (ENG.). 26p. (J). 19.99 *(978-1-952894-51-0(4))*; pap. 11.99 *(978-1-952894-57-2(3))* Pen It Pubns.

Marisol & the Book of Doors. Alex Markus. 2021. (ENG.). 268p. (J). pap. *(978-1-7773597-6-8(7))* LoGreco, Bruno.

Marisol Loves Cats. Tracilyn George. 2023. (ENG.). 24p. (J). pap. 12.99 ***(978-1-77475-460-3(6))*** Draft2Digital.

Marisol Mcdonald & the Monster: Marisol Mcdonald y el Monstruo (English & Spanish Edition), 1 vol. Monica Brown. 2016. (Marisol Mcdonald Ser.). (ENG., Illus.). 32p. (J). (gr. k-3). 19.95 *(978-0-89239-326-8(2))*, leelowcbp) Lee & Low Bks., Inc.

Marisol's Hair. India Kelvonia. Illus. by Baobab Publishing. 2018. (ENG.). 28p. (J). pap. 12.99 *(978-1-947045-24-8(5))* Baobab Publishing.

Marissa the Mermaid: Counting by the Sea. Brianna Sims. 2019. (ENG., Illus.). 26p. (J). (gr. k-2). 9.99 *(978-0-9980949-1-5(9))* Growsies.

Marissa the Mermaid: Counting by the Sea. Brianna Sims. Illus. by Rodriguez Amy. 2019. (ENG.). 26p. (J). (gr. k-2). 18.99 *(978-0-9980949-2-2(7))* Growsies.

Marissa the Science Fairy. Daisy Meadows. ed. 2018. 64p. (J). (gr. 1-4). 15.36 *(978-1-64310-189-7(7))* Penworthy Co., LLC, The.

Marissa the Science Fairy. Daisy Meadows. ed. 2016. (Rainbow Magic — the School Day Fairies Ser.: 1). lib. bdg. 14.75 *(978-0-606-38789-7(7))* Turtleback.

Marissa's Scrunchie Collection. S. Miterature LLC. 2020. (ENG.). 36p. (J). pap. 15.99 *(978-1-63649-760-0(8))* Primedia eLaunch LLC.

Marital Education in Texas: Treble-Up: Use 3 Forms of Birth Control. Treble-Up. 2017. (ENG., Illus.). (YA). (gr. 7-12). pap. 14.95 *(978-1-63492-471-9(1))* Booklocker.com, Inc.

Maritime Monsters, 1 vol. Steve Vernon. Illus. by Jeff Solway. 2nd ed. 2019. (ENG.). 48p. (J). pap. 11.95 *(978-1-77108-814-5(1)*, 818dc097-1af7-4fa2-8e0d-94838d134121) Nimbus Publishing, Ltd. CAN. Dist: Baker & Taylor Publisher Services (BTPS).

Maritime Monthly, 1873, Vol. 1: A Magazine of Literature, Science, & Art (Classic Reprint) Unknown Author. 2017. (ENG., Illus.). (J). 38.42 *(978-0-265-71321-1(8))*; pap. 20.97 *(978-1-5276-6704-4(9))* Forgotten Bks.

Maritime Monthly, 1873, Vol. 2: A Magazine of Literature, Science, & Art (Classic Reprint) Unknown Author. (ENG., Illus.). (J). 2018. 644p. 37.22 *(978-0-364-15414-4(4))*; 2017. pap. 19.57 *(978-0-243-52875-2(2))* Forgotten Bks.

Maritime Monthly, 1874, Vol. 4: A Magazine of Literature, Science, & Art (Classic Reprint) H. L. Spencer. 2018. (ENG., Illus.). (J). 580p. 35.86 *(978-1-396-37198-1(2))*; 582p. pap. 19.57 *(978-1-390-98286-2(6))* Forgotten Bks.

Maritime Monthly, Vol. 3 (Classic Reprint) Unknown Author. 2018. (ENG., Illus.). 580p. (J). 35.86 *(978-0-483-21079-0(X))* Forgotten Bks.

Maritime Signal Flags! How Boats Speak to Each Other (Boats for Kids) - Children's Boats & Ships Books. Left Brain Kids. 2016. (ENG., Illus.). (J). pap. 7.51 *(978-1-68376-611-7(3))* Sabeels Publishing.

Marjie of the Lower Ranch (Classic Reprint) Frances Parker. (ENG., Illus.). (J). 2017. 32.79 *(978-0-260-42694-9(6))*; 2016. pap. 16.57 *(978-1-334-13566-8(5))* Forgotten Bks.

Marjorie at Seacote. Carolyn Wells. 2018. (ENG., Illus.). 194p. (YA). (gr. 7-12). pap. *(978-93-5297-441-2(7))* Alpha Editions.

Marjorie at Seacote (Classic Reprint) Carolyn Wells. 2018. (ENG., Illus.). 302p. (J). 30.13 *(978-0-267-25183-4(1))* Forgotten Bks.

Marjorie Daw, & Other People (Classic Reprint) Thomas Bailey Aldrich. 2017. (ENG., Illus.). (J). 29.65 *(978-1-5279-7891-1(5))* Forgotten Bks.

Marjorie Daw & Other Stories (Classic Reprint) Thomas Bailey Aldrich. (ENG., Illus.). (J). 2019. 294p. 29.96 *(978-1-396-82470-8(7))*; 2019. 296p. pap. 13.57 *(978-1-396-82457-9(X))*; 2017. 30.33 *(978-1-5282-7582-8(9))*; 2017. 30.74 *(978-0-265-52180-9(7))*; 2017. pap. 13.57 *(978-0-259-18971-8(5))* Forgotten Bks.

Marjorie Daw, Goliath: And Other Stories (Classic Reprint) Thomas Bailey Aldrich. 2018. (ENG., Illus.). 94p. (J). 25.86 *(978-0-267-24708-0(7))* Forgotten Bks.

Marjorie Dean, College Senior (Classic Reprint) Pauline Lester. 2018. (ENG., Illus.). 260p. (J). 29.26 *(978-0-483-12567-4(9))* Forgotten Bks.

Marjorie Dean, College Sophomore. Pauline Lester. 2018. (ENG., Illus.). 174p. (YA). (gr. 7-12). pap. *(978-93-5297-446-7(8))* Alpha Editions.

Marjorie Dean High School Freshman. Pauline Lester. 2018. (ENG., Illus.). 164p. (YA). (gr. 7-12). pap. *(978-93-5297-447-4(6))* Alpha Editions.

Marjorie Fleming: A Sketch, Being the Paper Entitled Pet Marjorie: a Story of Child-Life Fifty Years Ago. John Brown. 2017. (ENG., Illus.). (J). pap. *(978-0-649-29716-0(4))* Trieste Publishing Pty Ltd.

Marjorie Fleming: A Sketch Being the Paper Entitled Pet Marjorie: a Story of Child-Life Fifty Years Ago (Classic Reprint) John Brown. 2018. (ENG., Illus.). 126p. (J). 26.62 *(978-0-332-46928-7(X))* Forgotten Bks.

Marjorie Fleming: A Sketch, Being the Paper Entitled, Pet Marjorie, a Story of Child-Life Fifty Years Ago (Classic Reprint) John Brown. (ENG., Illus.). (J). 2018. 50p. 24.95 *(978-0-483-70339-1(7))*; 2017. pap. 9.57 *(978-0-243-39994-9(4))* Forgotten Bks.

Marjorie Fleming: The Story of Pet Marjorie, Together with Her Journals & Her Letters (Classic Reprint) L. Macbean. (ENG., Illus.). (J). 2018. 248p. 29.03 *(978-0-483-97972-7(4))*; 2016. pap. 11.57 *(978-1-334-12433-4(7))* Forgotten Bks.

Marjorie Fleming: The Story of Pet Marjorie Together with Her Journals & Her Letters. to Which Is Added Marjorie Fleming, a Story of Child-Life Fifty Years Ago. L. Macbean & John Brown. 2017. (ENG., Illus.). (J). pap. *(978-0-649-64365-3(8))* Trieste Publishing Pty Ltd.

Marjorie Flemings Book the Story of Pet Marjorie (Classic Reprint) L. Macbean. 2018. (ENG., Illus.). 258p. (J). 29.24 *(978-0-666-24984-5(9))* Forgotten Bks.

Marjorie Kinnan Rawlings: Writing in Rural Florida. Heather E. Schwartz. rev. ed. 2016. (Social Studies: Informational Text Ser.). (ENG., Illus.). 32p. (J). (gr. 3-8). pap. 11.99 *(978-1-4938-3543-0(2))* Teacher Created Materials, Inc.

Marjorie's Busy Days. Carolyn Wells. 2017. (ENG., Illus.). (J). 23.95 *(978-1-374-98201-7(6))* Capital Communications, Inc.

Marjorie's Busy Days. Carolyn Wells. 2018. (ENG., Illus.). 174p. (YA). (gr. 7-12). pap. *(978-93-5297-442-9(5))* Alpha Editions.

Marjorie's Literary Dolls (Classic Reprint) Patten Beard. (ENG., Illus.). (J). 2018. 132p. 26.64 *(978-0-483-74161-4(2))*; 2016. pap. 9.57 *(978-1-334-13132-5(5))* Forgotten Bks.

Marjorie's Maytime. Carolyn Wells. 2018. (ENG., Illus.). 158p. (YA). (gr. 7-12). pap. *(978-93-5297-443-6(3))* Alpha Editions.

Marjorie's Maytime (Classic Reprint) Carolyn Wells. 2018. (ENG., Illus.). 262p. (J). 29.30 *(978-0-483-98808-8(1))* Forgotten Bks.

Marjorie's New Friend. Carolyn Wells. 2018. (ENG., Illus.). 184p. (YA). (gr. 7-12). pap. *(978-93-5297-444-3(1))* Alpha Editions.

Marjorie's New Friend (Classic Reprint) Carolyn Wells. (ENG., Illus.). (J). 2018. 30.29 *(978-0-331-98889-5(5))*; 2016. pap. 13.57 *(978-1-334-16443-9(6))* Forgotten Bks.

Marjorie's Quest (Classic Reprint) Jeanie Thomas Gould. 2018. (ENG., Illus.). 384p. (J). 31.82 *(978-0-483-89160-9(6))* Forgotten Bks.

Marjorie's Three Gifts (Classic Reprint) Louisa Alcott. 2017. (ENG., Illus.). 62p. (J). 25.18 *(978-0-332-54306-2(4))* Forgotten Bks.

Marjorie's Vacation. Carolyn Wells. 2018. (ENG., Illus.). 156p. (YA). (gr. 7-12). pap. *(978-93-5297-445-0(X))* Alpha Editions.

Marjorie's Vacation (Classic Reprint) Carolyn Wells. 2018. (ENG., Illus.). 312p. (J). 30.33 *(978-0-484-09142-8(5))* Forgotten Bks.

Marjorie's Way (Classic Reprint) Alice Turner Curtis. (ENG., Illus.). (J). 2017. 28.27 *(978-0-331-71609-2(7))*; 2016. pap. 10.97 *(978-1-334-15641-0(7))* Forgotten Bks.

Marjory Maxwell: The Major's Daughter (Classic Reprint) Ida Jackson. (ENG., Illus.). (J). 2018. 276p. 29.59 *(978-0-484-56664-3(4))*; 2016. pap. 11.97 *(978-1-334-13573-6(8))* Forgotten Bks.

Marjory, or, the Gift of Peace. Emma Marshall. 2017. (ENG., Illus.). (J). pap. *(978-0-649-64366-0(6))* Trieste Publishing Pty Ltd.

Marjory Saves the Everglades: The Story of Marjory Stoneman Douglas. Sandra Neil Wallace. Illus. by Rebecca Gibbon. 2020. (ENG.). 56p. (J). (gr. -1-3). 18.99 *(978-1-5344-3154-6(3))*, Simon & Schuster/Paula Wiseman Bks.) Simon & Schuster/Paula Wiseman Bks.

Marjory, Vol. 1 Of 3: A Study (Classic Reprint) Ellen Clutton-Brock. 2018. (ENG., Illus.). 358p. (J). 31.28 *(978-0-483-27045-9(8))* Forgotten Bks.

Mark. Edyth Bulbring. 2016. (ENG.). 236p. (J). pap. *(978-0-620-72174-5(X))* Bulbring, Edyth.

Mark Chester, or a Mill & a Million: A Tale of Southern California (Classic Reprint) Carlyle Petersilea. 2018. (ENG., Illus.). 200p. (J). 28.02 *(978-0-267-19557-2(5))* Forgotten Bks.

Mark (Classic Reprint) Aquila Kempster. 2017. (ENG., Illus.). (J). 32.19 *(978-1-5283-6403-4(1))* Forgotten Bks.

Mark (Classic Reprint) Frances Newbold Noyes. 2018. (ENG., Illus.). 290p. (J). 29.88 *(978-0-267-21332-0(8))* Forgotten Bks.

Mark Enderby, Engineer (Classic Reprint) Robert Fulkerson Hoffman. 2017. (ENG., Illus.). (J). 31.75 *(978-0-265-18877-4(6))* Forgotten Bks.

Mark Everard: A Romance (Classic Reprint) Knox Magee. 2018. (ENG., Illus.). 424p. (J). 32.66 *(978-0-332-83805-2(6))* Forgotten Bks.

Mark Gildersleeve. John S. Sauzade. 2017. (ENG.). 384p. (J). pap. *(978-3-337-03055-1(6))* Creation Pubs.

Mark Gildersleeve: A Novel (Classic Reprint) John S. Sauzade. (ENG., Illus.). (J). 2018. 386p. 31.86 *(978-0-267-39139-4(0))*; 2016. pap. 16.57 *(978-1-334-13786-0(2))* Forgotten Bks.

Mark Gives Back: A Book about Citizenship. Meg Gaertner. 2018. (My Day Readers Ser.). (ENG.). 24p. (J). (gr. -1-2). lib. bdg. 32.79 *(978-1-5038-2753-0(4)*, 212582) Child's World, Inc, The.

Mark Heffron: A Novel (Classic Reprint) Alice Ward Bailey. 2017. (ENG., Illus.). (J). 31.45 *(978-0-331-84821-2(X))* Forgotten Bks.

Mark Hurdlestone, or the Two Brothers (Classic Reprint) Moodie. (ENG., Illus.). (J). 2018. 362p. 31.38 *(978-0-332-86475-4(8))*; 2017. pap. 13.97 *(978-0-259-20689-7(X))* Forgotten Bks.

Mark Manning's Mission: The Story of a Shoe Factory Boy (Classic Reprint) Horatio Alger. 2019. (ENG., Illus.). 288p. (J). 29.84 *(978-0-365-29675-1(9))* Forgotten Bks.

Mark Markiplier Fischbach: Star YouTube Gamer with 10 Billion+ Views, 1 vol. Philip Wolny. 2019. (Top Video Gamers in the World Ser.). (ENG.). 48p. (gr. 5-5). pap. 12.75 *(978-1-7253-4603-1(6)*, d92ab8e7-4c84-40c0-bb94-81c04b8cc320, Rosen Reference) Rosen Publishing Group, Inc., The.

Mark Marksen's Secret a Story (Classic Reprint) Jessie Armstrong. (ENG., Illus.). (J). 2018. 218p. 28.39 *(978-0-483-66330-5(1))*; 2017. pap. 10.97 *(978-0-243-32944-1(X))* Forgotten Bks.

Mark Mason's Victory: The Trials & Triumphs of a Telegraph Boy (Classic Reprint) Horatio Alger. 2018. (ENG., Illus.). 174p. (J). 27.51 *(978-0-483-23301-0(3))* Forgotten Bks.

Mark Mcgee & the Journey to the Dragon's Lair: Book 3. Billy Stancil. 2021. (Mark Mcgee Ser.: Vol. 3). (ENG.). 276p. (YA). pap. 17.99 *(978-1-6628-2411-1(4))* Salem Author Services.

Mark My Words: Poetic Expressions of Love, Food, Family & Life Travel, Marque Drummond. 2018. (ENG.). 114p. pap. 5.00 *(978-0-9845161-2-4(3))* Protective Hands Communications.

Mark of Cain. Lindsey Barraclough. 2016. (ENG.). 496p. (YA). (gr. 9). 17.99 *(978-0-7636-7864-7(3))* Candlewick Pr.

Mark of Cain, Vol. 13 (Classic Reprint) Andrew Lang. 2017. (ENG., Illus.). (J). 28.19 *(978-1-5281-7549-4(2))* Forgotten Bks.

Mark of Cthulhu: An Escape Room Adventure Book. Gauthier Wendling. Illus. by David Chapoulet. 2023. 288p. (J). (gr. 6-12). pap. 19.99 *(978-1-5107-6061-5(X)*, Sky Pony Pr.) Skyhorse Publishing Co., Inc.

Mark of the Beast. Sidney Watson. 2017. (ENG., Illus.). (J). 24.95 *(978-1-374-97165-3(0))*; pap. 14.95 *(978-1-374-97164-6(2))* Capital Communications, Inc.

Mark of the Dragonfly. Bobbie J. Shafer. 2018. (ENG.). 134p. (J). pap. 7.99 *(978-0-9988339-8-9(3))* Dancing With Bear Publishing.

Mark of the Green Dragon. K. B. Sprague. 2nd ed. 2020. (Sparx Incarnation Ser.: Vol. 1). (ENG., Illus.). 298p. (YA). pap. *(978-1-988363-17-2(9))*, GaleWind Bks.) Whisperwood Publishing.

Mark of the Plague. Kevin Sands. (Blackthorn Key Ser.: 2). (ENG.). (J). (gr. 5-9). 2017. 560p. pap. 9.99 *(978-1-4814-4675-4(4))*; 2016. (Illus.). 544p. 19.99 *(978-1-4814-4674-7(6))* Simon & Schuster Children's Publishing. (Aladdin).

Mark on the Wall. Virginia Woolf. 2016. (ENG., Illus.). (J). pap. 7.97 *(978-1-334-14936-8(4))* Forgotten Bks.

Mark on the Wall (Classic Reprint) Virginia Woolf. 2017. (ENG., Illus.). (J). 24.39 *(978-0-260-94617-1(6))* Forgotten Bks.

Mark Steadman: Or Show Your Colors (Classic Reprint) Unknown Author. 2018. (ENG., Illus.). 218p. (J). 28.39 (978-0-267-21774-8(9)) Forgotten Bks.

Mark, the Match Boy, or Richard Hunter's Ward (Classic Reprint) Horatio Alger Jr. (ENG., Illus.). (J). 2017. 29.90 (978-0-331-95273-5(4)); 2016. pap. 13.57 (978-1-334-16431-6(2)) Forgotten Bks.

Mark the Motorcycle Messenger. Mary Khazak Grant. 2019. (ENG.). 28p. (J). (978-0-359-90047-3(X)) Lulu Pr., Inc.

Mark Tidd: His Adventures & Strategies (Classic Reprint) Clarence B. Kelland. 2017. (ENG., Illus.). (J). 30.87 (978-0-260-00787-2(0)) Forgotten Bks.

Mark Tidd, Editor (Classic Reprint) Clarence Budington Kelland. 2017. (ENG., Illus.). (J). 30.13 (978-0-331-57592-7(2)) Forgotten Bks.

Mark Tidd in the Backwoods (Classic Reprint) Clarence B. Kelland. 2017. (ENG., Illus.). (J). 30.21 (978-0-331-19059-5(1)) Forgotten Bks.

Mark Tidd, Manufacturer (Classic Reprint) Clarence Budington Kelland. 2018. (ENG., Illus.). (J). 29.36 (978-0-331-67496-5(3)) Forgotten Bks.

Mark Twain. Georgina Lázaro León. Illus. by Margaret Lindmark. 2019. (SPA.). 32p. (J). (gr. 4-6). 14.99 (978-1-63245-762-2(8)) Lectorum Pubns., Inc.

Mark Twain & the Happy Island (Classic Reprint) Elizabeth Wallace. 2017. (ENG., Illus.). (J). 27.69 (978-1-5283-8507-7(1)) Forgotten Bks.

Mark Twain: the Adventures of Huckleberry Finn. Illus. by Roberta Bordone. 2022. (ENG.). 120p. (J). pap. 6.95 (978-1-78226-987-8(8), b9fb7e3a-805d-419e-9e61-8d3d11a7d818) Sweet Cherry Publishing GBR. Dist: Baker & Taylor Publisher Services (BTPS).

Mark Twain's Library of Humor: The Primrose Way (Classic Reprint) Twain. 2016. (ENG., Illus.). (J). pap. 13.57 (978-1-334-14173-7(8)) Forgotten Bks.

Mark Twain's Library of Humor: The Primrose Way (Classic Reprint) Mark Twain, pseud. 2017. (ENG., Illus.). (J). 30.23 (978-0-331-65799-9(6)) Forgotten Bks.

Mark Twain's Library of Humor: Women & Things (Classic Reprint) Twain. 2017. (ENG., Illus.). (J). pap. 13.57 (978-0-243-07532-4(4)) Forgotten Bks.

Mark Twain's Library of Humor: Women & Things (Classic Reprint) Mark Twain, pseud. 2018. (ENG., Illus.). 308p. (J). 30.27 (978-0-483-43632-9(1)) Forgotten Bks.

Mark Twain's Library of Humor (Classic Reprint) Mark Twain, pseud. 2017. (ENG., Illus.). (J). 39.63 (978-0-331-73517-8(2)) Forgotten Bks.

Mark Twain's Speeches (Classic Reprint) William Dean Howells. 2017. (ENG., Illus.). 452p. (J). 33.22 (978-0-484-91928-9(8)) Forgotten Bks.

Mark Twain's Youthful Adventures US Author with the Wildest Imagination Biography 6th Grade Children's Biographies. Dissected Lives. 2020. (ENG.). 72p. (J). 24.99 (978-1-5419-7692-4(4)); pap. 14.99 (978-1-5419-5092-4(5)) Speedy Publishing LLC. (Dissected Lives (Auto Biographies)).

Mark Wilton, the Merchant's Clerk (Classic Reprint) Charles B. Tayler. (ENG., Illus.). (J). 2018. 242p. 28.91 (978-0-365-51212-7(5)); 2016. pap. 11.57 (978-1-334-13827-0(3)) Forgotten Bks.

Mark Zuckerberg: Shaping Social Media, 1 vol. Therese Harasymiw. 2019. (People in the News Ser.). (ENG.). 104p. (gr. 7-7). 41.03 (978-1-5345-6707-8(0), cb9884a9-7887-4872-8bad-d86f055ce3e7, Lucent Pr.) Greenhaven Publishing LLC.

Mark Zuckerberg & Priscilla Chan: Top Couple in Tech & Philanthropy, 1 vol. Lita Sorensen. 2018. (Influential Lives Ser.). (ENG.). 128p. (gr. 7-7). 40.27 (978-1-9785-0345-8(8), d6eb6c78-4a06-4e93-acb1-860d86f0e963) Enslow Publishing, LLC.

Marked. Laura Williams McCaffrey. 2017. (ENG.). 368p. (YA). (gr. 7). pap. 9.99 (978-0-544-93884-7(4), 1658461, Clarion Bks.) HarperCollins Pubs.

Marked by Fate: Official Coloring Book. Dionne Lister. 2017. (Marked by Fate Ser.). (ENG., Illus.). (YA). (gr. 7-12). pap. 4.99 (978-1-943207-83-1(6)) Kasian Publishing.

Marked by Fate: Origins. Kristin D. Van Risseghem. 2017. (Marked by Fate Ser.). (ENG., Illus.). (YA). (gr. 7-12). 18.99 (978-1-943207-99-2(2)); pap. 12.99 (978-1-943207-76-3(3)) Kasian Publishing.

Marked for Magic. Roan Black. Illus. by Glass House Glass House Graphics. 2023. (Guardians of Horsa Ser.: 3). (ENG.). 144p. (J). (gr. k-4). 19.99 (978-1-6659-4045-0(X)); pap. 9.99 (978-1-6659-4044-3(1)) Little Simon. (Little Simon).

Marked in Haste: A Story of to-Day (Classic Reprint) Blanche Roosevelt. (ENG., Illus.). (J). 2018. 376p. 31.65 (978-0-483-43401-1(9)); 2017. pap. 13.97 (978-0-243-08601-6(6)) Forgotten Bks.

Marked Man: Some Episodes in His Life (Classic Reprint) Ada Cambridge. (ENG., Illus.). (J). 2018. 370p. 31.53 (978-0-484-22456-7(5)); 2016. pap. 13.97 (978-1-334-53256-6(7)) Forgotten Bks.

Marked Personal (Classic Reprint) Anne Katharine Green. (ENG., Illus.). (J). 2018. 436p. 32.89 (978-0-364-53034-4(0)); 2017. pap. 16.57 (978-0-259-21257-7(1)) Forgotten Bks.

Marken & Its People: Being Some Account Written from Time to Time Both During & after Visits Covering Some Considerable Space of Time upon This Most Curious & Comparatively Unknown Island (Classic Reprint) George Wharton Edwards. 2017. (ENG., Illus.). (J). 28.64 (978-0-265-83191-5(1)) Forgotten Bks.

Marker. Anna Kang. Illus. by Christopher Weyant. 2023. (ENG.). 40p. (J). (gr. -1-2). 17.99 (978-1-5420-3961-1(4), 9781542039611, Two Lions) Amazon Publishing.

Marker Everything. Editors of Klutz. 2016. (ENG.). 48p. (J). (gr. 3-7). 19.99 (978-0-545-85851-9(8)) Klutz.

Marker of Hope. Nely Cab. 2021. (Creatura Ser.: Vol. 3). (ENG.). 356p. (YA). (gr. 7-12). pap. 12.99 (978-1-63422-414-7(0)) Clean Teen Publishing.

Market. Julia Jaske. 2023. (Let's Have an Adventure Ser.). (ENG., Illus.). 16p. (J). (gr. -1-2). 11.36 (978-1-6689-1911-8(7), 221889, Cherry Blossom Press) Cherry Lake Publishing.

Market Bundle (Classic Reprint) Albert Neil Lyons. 2017. (ENG., Illus.). (J). 30.46 (978-0-266-20288-2(8)) Forgotten Bks.

Market Day. Lulu Ebenis. Illus. by Mihailo Tatic. 2021. (ENG.). 20p. (J). pap. (978-1-922621-27-6(7)) Library For All Limited.

Market Day - Tain Te Mwaakete (Te Kiribati) Lulu Ebenis. Illus. by Mihailo Tatic. 2023. (ENG.). 20p. (J). pap. (978-1-922835-54-3(4)) Library For All Limited.

Market for Souls (Classic Reprint) Elizabeth Goodnow. (ENG., Illus.). (J). 2018. 160p. 27.22 (978-0-267-09641-1(0)); 2017. pap. 9.57 (978-1-5276-6801-0(0)) Forgotten Bks.

Market Harborough & Inside the Bar (Classic Reprint) G. J. Whyte-Melville. 2018. (ENG., Illus.). 472p. (J). 33.63 (978-0-483-49995-9(1)) Forgotten Bks.

Marketing Professionals: A Practical Career Guide. Kezia Endsley. 2021. (Practical Career Guides). (Illus.). 112p. (YA). (gr. 8-17). pap. 37.00 (978-1-5381-5930-9(9)) Rowman & Littlefield Publishers, Inc.

Marketing, Sales & Service. Diane Lindsey Reeves. 2017. (Bright Futures Press: World of Work Ser.). (ENG., Illus.). 32p. (J). (gr. 4-7). lib. bdg. 32.07 (978-1-5341-0177-7(2), 210178) Cherry Lake Publishing.

Markhor: Sport in Cashmere (Classic Reprint) Hans Von Koenigsmarck. 2017. (ENG., Illus.). (J). 27.77 (978-0-265-16144-9(4)) Forgotten Bks.

Markhors. Emma Bassier. (Weird & Wonderful Animals Ser.). (ENG., Illus.). 32p. (J). 2020. (gr. 3-3). pap. 9.95 (978-1-64494-336-6(0), 1644943360); 2019. (gr. 2-5). lib. bdg. 32.79 (978-1-5321-6606-8(0), 33314, DiscoverRoo) Pop!.

Markie's Pockets. Barbara Williams. 2021. (ENG., Illus.). 28p. (J). 19.95 (978-1-63860-424-2(X)); pap. 9.95 (978-1-63710-752-2(8)) Fulton Bks.

Marking the Boundary (Classic Reprint) Edward Everett Billings. (ENG., Illus.). (J). 2018. 316p. 30.43 (978-0-365-16207-0(8)); 2016. pap. 13.57 (978-1-333-33037-8(5)) Forgotten Bks.

Marking the Religious New Year, Vol. 10. Betsy Richardson. 2018. (Celebrating Holidays & Festivals Around the World Ser.). (Illus.). 96p. (J). (gr. 7). lib. bdg. 34.60 (978-1-4222-4151-6(3)) Mason Crest.

Marking the Way Out - a Maze Activity Book. Activity Book Zone. 2016. (ENG., Illus.). (J). pap. 7.55 (978-1-68376-164-8(2)) Sabeels Publishing.

Markings. Catherine A. Downen. 2020. (Markings Ser.: Vol. 1). (ENG.). 446p. (YA). 19.99 (978-1-0879-1517-3(1)) Indy Pub.

Markiplier, 1 vol. Philip Wolny. 2019. (Top Video Gamers in the World Ser.). (ENG.). 48p. (gr. 5-5). 33.47 (978-1-7253-4604-8(4), c2cc43e3-60fc-4b01-8199-35d4232d7263, Rosen Reference) Rosen Publishing Group, Inc., The.

Marko Fixes the Museum. Victoria Shearham. 2022. (ENG.). 28p. (J). pap. (978-0-9880665-3-3(X)) Join In Pr.

Markof: The Russian Violinist (Classic Reprint) Henry Greville. (ENG., Illus.). (J). 2018. 484p. 33.88 (978-0-483-85857-2(9)); 2016. pap. 16.57 (978-1-333-43404-5(9)) Forgotten Bks.

Marks of a Changing City. Jake Hampson. 2020. (ENG.). 100p. (YA). pap. 8.99 (978-1-4808-9012-1(X)) Archway Publishing.

Marks of a Changing City. Jake Hampson. 2021. (ENG.). 96p. (YA). 14.99 (978-1-956010-79-4(3)) Rushmore Pr. LLC.

Marks of the Bear Claws. Rev Henry S. Spalding S J. 2016. (ENG., Illus.). (J). (gr. 4-6). pap. 12.95 (978-1-936639-49-6(1)) St. Augustine Academy Pr.

Markus. Mark Relic. 2019. (ENG.). 146p. (YA). pap. 15.95 (978-1-64544-893-8(2)) Page Publishing Inc.

Markus Notch Persson: Minecraft Mogul. Matt Doeden. 2018. (Gateway Biographies Ser.). (ENG., Illus.). 48p. (J). (gr. 4-8). lib. bdg. 31.99 (978-1-5415-2446-0(2), 489f1a9b-2c50-474c-95f6-b35ccbc94ff6, Lerner Pubns.) Lerner Publishing Group.

Marla & the Magic Ink Bottle. Paul A. Martini. Illus. by Bianke Taylor. 2021. (Magical Misadventures of Marla Ser.: 1). (ENG.). 34p. (J). 26.99 (978-1-0983-7354-2(5)) BookBaby.

Marley - a Re-Markable Cat. Courtney Shaw. 2017. (ENG., Illus.). (J). 19.99 (978-1-945355-65-3(4)); pap. 14.99 (978-1-945355-64-6(6)) Rocket Science Productions, LLC.

Marley Dias. Jenny Benjamin. 2019. (Influential People Ser.). (ENG., Illus.). 32p. (J). (gr. 4-6). pap. 7.95 (978-1-5435-6036-7(9), 140082); lib. bdg. 28.65 (978-1-5435-5791-6(0), 139747) Capstone.

Marley Dias Gets It Done: & So Can You! Marley Dias. 2018. (ENG., Illus.). 208p. (J). (gr. 5-5). pap. 14.99 (978-1-338-13689-0(5), Scholastic Pr.) Scholastic, Inc.

Marley Mongoose & the Hurricane. Josie Harvey-Christian. 2022. (ENG., Illus.). 30p. (J). pap. 13.95 (978-1-63881-081-0(8)) Newman Springs Publishing, Inc.

Marley the Mealworm. N. T. Ignatius. Illus. by Tullip Studio. 2022. (ENG.). 26p. (J). 14.99 (978-1-0880-4853-5(6)) Lulu Pr., Inc.

Marley's Beach Adventure Coloring Book. Kimaada Le Gendre. Illus. by Antonella Cammarano. 2019. (Naturebella's Kids Coloring Bks.: Vol. 1). (ENG.). 28p. (J). pap. 6.95 (978-1-7326320-2-8(2)) Le Gendre, Kimaada.

Marley's Dream Love. Nichola Zacher. 2019. (ENG., Illus.). 50p. (J). (gr. 4-5). 18.84 (978-1-949513-14-1(9)) DP Group LLC, The.

Marley's Ghost. Brian Katcher. 2022. (ENG.). 230p. (J). pap. 16.99 (978-1-63789-854-3(1), Otherside Pr.) Crossroad Pr.

Marley's Gnarliest Hair Day. Dana Browne. 2017. (ENG., Illus.). 48p. (J). pap. (978-1-365-72710-8(6)) Lulu Pr., Inc.

Marley's Grand Adventures: Book 1: Marley Gets a New Home. Kathy Hicks & Braden Hicks. Illus. by Alexandria Praught. 2018. (Marley's Grand Adventures Ser.: Vol. 1). (ENG.). 28p. (J). 22.95 (978-1-64114-802-3(0)); pap. 12.95 (978-1-64114-800-9(4)) Christian Faith Publishing.

Marley's Grand Adventures: Book 2: Marley Goes to the Horse Show. Kathy Hicks & Braden Hicks. 2018. (ENG., Illus.). 28p. (J). 22.95 (978-1-64492-536-2(2)); pap. 12.95 (978-1-64458-104-9(3)) Christian Faith Publishing.

Marlie & the Magic Achoo. Gaia Papaya. 2022. (ENG.). 30p. (J). (978-0-2288-7658-8(3)); pap. (978-0-2288-7657-1(5)) Tellwell Talent.

Marlin. Katie Chanez. 2021. (Giants of the Sea Ser.). (ENG., Illus.). 32p. (J). (gr. 2-3). pap. 9.95 (978-1-63738-043-7(7)); lib. bdg. 31.35 (978-1-63738-007-9(0)) North Star Editions. (Apex).

Marlo. Christopher Browne. 2017. (ENG., Illus.). 40p. (J). (gr. -1-3). 17.99 (978-0-06-244113-3(2), Balzer & Bray) HarperCollins Pubs.

Marlo & the Dinosaurs. Christopher Browne. 2018. (ENG., Illus.). 40p. (J). (gr. -1-3). 17.99 (978-0-06-244115-7(9), Balzer & Bray) HarperCollins Pubs.

Marlo, I Love You More Than... Joseph Einhorn. 2022. (ENG.). 30p. (J). 20.00 (978-1-0879-3323-8(4)) Indy Pub.

Marlon Bundo's Best Christmas Ever. Charlotte Pence. Illus. by Karen Pence. 2019. (ENG.). 40p. (J). 18.99 (978-1-62157-870-3(4), Regnery Kids) Regnery Publishing.

Marlon Bundo's Day in the Life of the Vice President. Charlotte Pence. Illus. by Karen Pence. 2018. (ENG.). 40p. (J). (gr. -1-3). 18.99 (978-1-62157-776-8(7), Regnery Kids) Regnery Publishing.

Marlowe, 1 vol. Avraham Oz. 2017. (New Casebooks Ser.: 32). (ENG., Illus.). 232p. (C). 120.00 (978-0-333-62498-2(X), 900263046, Red Globe Pr.) Palgrave Macmillan Ltd. GBR. Dist: Macmillan.

Marly & the Goat: Marly: Book 3, Bk. 3. Alice Pung. 3rd ed. 2016. (Our Australian Girl Ser.: 3). (Illus.). 144p. (J). (gr. 3-7). 14.99 (978-0-14-330851-5(3)) Penguin Random Hse. AUS. Dist: Independent Pubs. Group.

Marly Walks on the Moon: Marly: Book 4. Alice Pung. 2016. (Our Australian Girl Ser.: 4). 144p. (J). (gr. 3-7). 14.99 (978-0-14-330852-2(1)) Penguin Random Hse. AUS. Dist: Independent Pubs. Group.

Marly's Business: Marly: Book 2. Alice Pung. 2016. (Our Australian Girl Ser.: 2). (Illus.). 144p. (J). (gr. 3-7). 7.99 (978-0-14-330850-8(5)) Penguin Random Hse. AUS. Dist: Independent Pubs. Group.

Marm Lisa (Classic Reprint) Kate Douglas Wiggin. 2017. (ENG., Illus.). 292p. (J). 29.92 (978-0-332-90621-8(3)) Forgotten Bks.

Marmaduke (Classic Reprint) Flora Annie Steel. 2018. (ENG., Illus.). 300p. (J). 30.08 (978-0-483-21957-1(6)) Forgotten Bks.

Marmaduke Herbert, or the Fatal Error: Founded on Fact (Classic Reprint) Marguerite Blessington. (ENG., Illus.). (J). 2018. 150p. 27.01 (978-0-483-55447-4(2)); 2017. pap. 9.57 (978-0-243-31180-4(X)) Forgotten Bks.

Marmaduke Herbert, or the Fatal Error, Vol. 1 Of 2: A Novel Founded on Fact (Classic Reprint) Marguerite Blessington. (ENG., Illus.). (J). 2018. 320p. 30.50 (978-0-332-20373-7(5)); 2016. pap. 13.57 (978-1-334-13999-4(7)) Forgotten Bks.

Marmaduke Herbert, Vol. 2 Of 2: Or, the Fatal Error, a Novel Founded on Fact (Classic Reprint) Countess of Blessington. 2017. (ENG., Illus.). 298p. (J). 30.04 (978-0-332-17345-0(3)) Forgotten Bks.

Marmaduke of Tennessee (Classic Reprint) Edward Cummings. 2018. (ENG., Illus.). 380p. (J). 31.75 (978-0-364-68590-7(5)) Forgotten Bks.

Marmaduke Wyvil or the Maid's Revenge: A Historical Romance (Classic Reprint) Henry William Herbert. 2018. (ENG., Illus.). 226p. (J). 28.56 (978-0-484-35975-7(4)) Forgotten Bks.

Marmalade & Fatso. Sarah-Jane Yates. 2018. (ENG., Illus.). 32p. (J). (978-1-78823-741-3(2)); pap. (978-1-78823-740-6(4)) Austin Macauley Pubs. Ltd.

Marmalade Joe. A. L. Adams. 2022. (ENG.). 26p. (J). pap. (978-1-5289-0178-9(9)) Austin Macauley Pubs. Ltd.

Marmi y el Curioso Sombrero. Susanna Isern. 2018. (SPA.). 36p. (J). (gr. k-2). 22.99 (978-84-271-4188-9(2)) Loyola Grupo de Comunicacion ESP. Dist: Lectorum Pubns., Inc.

Marna's Mutiny (Classic Reprint) Hugh Fraser. (ENG., Illus.). (J). 2018. 334p. 30.79 (978-0-483-83128-5(X)); 2017. pap. 13.57 (978-0-243-07657-4(6)) Forgotten Bks.

Marne: A Tale of the War (Classic Reprint) Edith Warton. 2017. (ENG., Illus.). (J). 26.95 (978-0-265-35548-0(6)) Forgotten Bks.

Marni Makes Music. Breana Garratt-Johnson. 2021. (ENG.). 32p. (J). pap. (978-1-922550-39-2(6)) Library For All Limited.

Marni Makes Music - Maria Toka Múzika. Breana Garratt-Johnson. 2021. (TET.). 32p. (J). pap. (978-1-922591-43-2(2)) Library For All Limited.

Marny. Anthea Sharp. 2023. (Feyland Ser.: Vol. 7). (ENG.). 392p. (YA). 29.99 (978-1-68013-033-1(1)) Fiddlehead Pr.

Maroon. Mayne Reid. 2017. (ENG.). 388p. (J). pap. (978-3-337-00215-2(3)) Creation Pubs.

Maroon: A Legend of the Caribbees, & Other Tales (Classic Reprint) William Gilmore Simms. (ENG., Illus.). (J). 2018. 424p. 32.64 (978-0-483-33247-8(X)); 2016. pap. 16.57 (978-1-333-31360-9(8)) Forgotten Bks.

Maroon: A Novel (Classic Reprint) Mayne Reid. (ENG., Illus.). (J). 2018. 384p. 31.84 (978-0-483-64571-4(0)); 2016. pap. 16.57 (978-1-333-56525-1(9)) Forgotten Bks.

Maroon, 1922 (Classic Reprint) Champaign High School. 2017. (ENG., Illus.). (J). 26.68 (978-0-260-31647-9(4)); pap. 9.57 (978-0-266-11290-7(0)) Forgotten Bks.

Maroon Tales: University of Chicago Stories (Classic Reprint) Will J. Cuppy. 2017. (ENG., Illus.). (J). 30.93 (978-0-265-42937-2(4)) Forgotten Bks.

Maroon, Vol. 1 of 3 (Classic Reprint) Mayne Reid. 2017. (ENG., Illus.). (J). 30.95 (978-0-266-22155-5(6)) Forgotten Bks.

Maroon, Vol. 2 of 3 (Classic Reprint) Mayne Reid. (ENG., Illus.). (J). 2018. 344p. 30.99 (978-0-666-07293-1(0)); 2016. pap. 13.57 (978-1-333-54407-2(3)) Forgotten Bks.

Marooned in Crater Lake: Stories of the Skyline Trail, the Umpqua Trail, & the Old Oregon Trail. Alfred Powers. 2017. (ENG., Illus.). (J). pap. (978-1-76057-821-3(5)) Trieste Publishing Pty Ltd.

Marooned in Crater Lake: Stories of the Skyline Trail, the Umpqua Trail, & the Old Oregon Trail (Classic Reprint) Alfred Powers. (ENG., Illus.). (J). 2017. 27.82 (978-0-265-89259-6(7)); 2016. pap. 10.57 (978-1-334-16365-4(0)) Forgotten Bks.

Marooned in the Arctic: The True Story of Ada Blackjack, the Female Robinson Crusoe Peggy Caravantes. 2016. (Women of Action Ser.: 15). (ENG., Illus.). 208p. (YA). (gr. 7). 19.95 (978-1-61373-098-0(5)) Chicago Review Pr., Inc.

Marot & Walter's Almanack, for the Year of Our Lord 1826: Being the Second after Bissextile, or Leap Year, & the 50th & 51st, of American Independence (Classic Reprint) Joshua Sharp. 2017. (ENG., Illus.). (J). 24.31 (978-0-266-75163-2(6)); pap. 7.97 (978-1-5277-2297-2(X)) Forgotten Bks.

Marotz (Classic Reprint) John Ayscough. 2017. (ENG., Illus.). (J). 32.81 (978-0-265-70962-7(8)); pap. 16.57 (978-1-5276-6059-5(1)) Forgotten Bks.

Marozia (Classic Reprint) A. G. Hales. 2017. (ENG., Illus.). (J). 31.28 (978-0-331-54467-1(9)) Forgotten Bks.

Marplot (Classic Reprint) Sidney Royse Lysaght. (ENG., Illus.). (J). 2018. 440p. 32.97 (978-0-484-11610-7(X)); 2016. pap. 16.57 (978-1-334-14493-6(1)) Forgotten Bks.

Marplot Cupid: With Illustrations (Classic Reprint) Evangeline Mars Simpson. 2018. (ENG., Illus.). 270p. (J). 29.47 (978-0-428-89350-7(3)) Forgotten Bks.

Marplot, Vol. 1 of 3 (Classic Reprint) Sidney Royse Lysaght. 2018. (ENG., Illus.). 268p. (J). 29.42 (978-0-484-38250-2(0)) Forgotten Bks.

Marplot, Vol. 3 of 3 (Classic Reprint) Sidney Royse Lysaght. (ENG., Illus.). (J). 2018. 310p. 30.29 (978-0-428-75310-8(8)); 2016. pap. 13.57 (978-1-334-22137-8(5)) Forgotten Bks.

Marqueray's Duel (Classic Reprint) Agnes Russell Weekes. 2018. (ENG., Illus.). 418p. (J). 32.58 (978-0-332-92496-0(3)) Forgotten Bks.

Marquis & Merchant, Vol. 1 of 3 (Classic Reprint) Mortimer Collins. 2018. (ENG., Illus.). 328p. (J). 30.68 (978-0-483-73236-0(2)) Forgotten Bks.

Marquis & Merchant, Vol. 2 (Classic Reprint) Mortimer Collins. 2018. (ENG., Illus.). 318p. (J). 30.46 (978-0-483-82138-5(1)) Forgotten Bks.

Marquis & Merchant, Vol. 3 of 3 (Classic Reprint) Mortimer Collins. 2018. (ENG., Illus.). (J). 30.87 (978-0-331-98587-0(X)) Forgotten Bks.

Marquis de Lafayette: The Hero of Two Worlds - Biography 4th Grade Children's Biography Books. Baby Professor. 2017. (ENG., Illus.). (J). pap. 8.79 (978-1-5419-1377-6(9), Baby Professor (Education Kids)) Speedy Publishing LLC.

Marquis de Lafayette & the French (Alexander Hamilton) Christine Dugan. rev. ed. 2017. (Social Studies: Informational Text Ser.). (ENG., Illus.). 32p. (gr. 4-8). pap. 11.99 (978-1-4258-6353-1(1)) Teacher Created Materials, Inc.

Marquis Gets a Bicycle for Christmas. Mary J. Bryant. 2019. (Marquis Adventures Ser.: Vol. 1). (ENG.). 36p. (J). (gr. k-4). pap. 12.50 (978-0-578-58063-0(2)) Kingdom Builders Pubn.

Marquis of Carabas (Classic Reprint) Harriet Prescott Spofford. 2018. (ENG., Illus.). 218p. (J). 28.39 (978-0-483-67340-3(4)) Forgotten Bks.

Marquis of Carabas, Vol. 1 Of 3: A Story of to-Day (Classic Reprint) Aaron Watson. (ENG., Illus.). (J). 2018. 300p. 30.10 (978-0-364-54019-0(2)); 2016. pap. 13.57 (978-1-334-21353-3(4)) Forgotten Bks.

Marquis of Carabas, Vol. 2 Of 3: A Story of to-Day (Classic Reprint) Aaron Watson. 2018. (ENG., Illus.). 306p. (J). 30.21 (978-0-483-25589-0(0)) Forgotten Bks.

Marquis of Lossie: A Romance (Classic Reprint) George MacDonald. (ENG., Illus.). (J). 2018. 252p. 29.09 (978-0-428-87131-4(3)); 2017. pap. 11.57 (978-1-334-92761-4(8)) Forgotten Bks.

Marquis of Lossie (Classic Reprint) George MacDonald. 2017. (ENG., Illus.). (J). 32.15 (978-0-265-31930-7(7)) Forgotten Bks.

Marquis of Lossie, Vol. 2 of 3 (Classic Reprint) George Mac Donald. 2018. (ENG., Illus.). 314p. (J). 30.39 (978-0-483-21938-0(X)) Forgotten Bks.

Marquis of Penalta (Marta y Marla) A Realistic Social Novel (Classic Reprint) Palacio Valdes. 2018. (ENG., Illus.). (J). 31.14 (978-0-260-39287-9(1)) Forgotten Bks.

Marquis of Putney (Classic Reprint) Richard Marsh. 2017. (ENG., Illus.). (J). 31.36 (978-0-266-71034-9(4)); pap. 13.97 (978-1-5276-6173-8(3)) Forgotten Bks.

Marquis, the Escape & the Fox. Jenny L. Cote. 2023. (Epic Order of the Seven Ser.: 7). (ENG.). 672p. (YA). (gr. 5). pap. 18.99 (978-1-61715-605-2(1), Living Ink Bks.) AMG Pubs.

Marr'd in Making (Classic Reprint) Bettina Riddle Von Hutten. (ENG., Illus.). (J). 2018. 308p. 30.27 (978-0-483-55827-4(3)); 2017. pap. 13.57 (978-0-243-18997-7(4)) Forgotten Bks.

Marriage (Classic Reprint) Susan Ferrier. (ENG., Illus.). (J). 2017. 33.10 (978-0-331-90393-5(8)); 2016. pap. 16.57 (978-1-333-32620-3(3)) Forgotten Bks.

Marriage (Classic Reprint) H. G. Wells. 2017. (ENG., Illus.). (J). 34.97 (978-1-5283-6028-9(1)) Forgotten Bks.

Marriage for Love (Classic Reprint) Frank Hunter Potter. 2018. (ENG., Illus.). 174p. (J). 27.51 (978-0-267-47811-8(9)) Forgotten Bks.

Marriage in Burmah: A Novel (Classic Reprint) M. Chan-Toon. 2018. (ENG., Illus.). 310p. (J). 30.29 (978-0-483-85942-5(7)) Forgotten Bks.

Marriage in China, Vol. 5 (Classic Reprint) Archibald Little. 2017. (ENG., Illus.). (J). 30.62 (978-0-265-84853-1(9)) Forgotten Bks.

Marriage in the Orthodox Church. Geoffrey Korz. 2016. (ENG., Illus.). (J). pap. (978-0-9949941-0-3(9)) Desert Wisdom Publishing.

Marriage Lines: Notes of a Student Husband (Classic Reprint) Ogden Nash. 2017. (ENG., Illus.). (J). 26.45 (978-0-331-57352-7(0)); pap. 9.57 (978-0-243-44704-6(3)) Forgotten Bks.

Marriage Medicine Volume 9: Planning Our Perfect Date. Jessica Davis. 2020. (ENG.). 52p. (YA). pap. 12.00 (978-1-716-33966-0(9)) Lulu Pr., Inc.

Marriage of Aphrodite & Hephaestus - Mythology & Folklore Children's Greek & Roman Books. Baby Professor. 2017. (ENG., Illus.). 64p. (J). pap. 9.52 (978-1-5419-1616-6(6), Baby Professor (Education Kids)) Speedy Publishing LLC.

1280

The check digit for ISBN-10 appears in parentheses after the full ISBN-13

TITLE INDEX MARSTON LYNCH

Marriage of Belfagor: Written Originally in Italian (Classic Reprint) Niccolo Machiavelli. 2018. (ENG., Illus.). 20p. (J). 24.33 *(978-1-396-73061-0(3))*; pap. 7.97 *(978-1-391-93206-4(4))* Forgotten Bks.

Marriage of Captain Kettle (Classic Reprint) Charles John Cutcliffe Wright Hyne. 2017. (ENG., Illus.). (J). 31.84 *(978-1-5281-8321-5(5))* Forgotten Bks.

Marriage of Edward (Classic Reprint) Louise Mack. (ENG., Illus.). (J). 2018. 354p. 31.20 *(978-0-267-30736-4(5))*; 2016. pap. 13.57 *(978-1-333-34131-2(8))* Forgotten Bks.

Marriage of Loti (Rarahu) (Classic Reprint) Pierre Loti. 2017. (ENG., Illus.). (J). 28.58 *(978-1-5284-8708-5(7))* Forgotten Bks.

Marriage of Mr. Merivale (Classic Reprint) Cecil Headlam. 2018. (ENG., Illus.). 396p. (J). 32.06 *(978-0-332-11058-5(3))* Forgotten Bks.

Marriage of Mrs. Merlin (Classic Reprint) Charles Stokes Wayne. 2018. (ENG., Illus.). (J). 29.51 *(978-0-331-99671-5(5))* Forgotten Bks.

Marriage of Patricia Pepperday (Classic Reprint) Grace Miller White. (ENG., Illus.). (J). 2018. 360p. 31.34 *(978-0-428-98079-5(1))*; 2016. pap. 13.97 *(978-1-333-68193-7(3))* Forgotten Bks.

Marriage of Susan (Classic Reprint) Helen Reimensnyder Martin. 2018. (ENG., Illus.). 296p. (J). 30.02 *(978-0-484-07762-0(7))* Forgotten Bks.

Marriage of William Ashe: A Novel (Classic Reprint) Humphry Ward. 2017. (ENG., Illus.). (J). 30.64 *(978-1-5282-7230-8(7))* Forgotten Bks.

Marriage of William Ashe (Classic Reprint) Humphry Ward. 2017. (ENG., Illus.). (J). 36.13 *(978-1-5281-8921-7(3))* Forgotten Bks.

Marriage of William Ashe, Vol. 2 of 2 (Classic Reprint) Humpry Ward. 2017. (ENG., Illus.). (J). 30.06 *(978-1-5283-4675-7(0))* Forgotten Bks.

Marriage, Race, & the Law. Duchess Harris & Rebecca Morris. 2019. (Race & American Law Ser.). (ENG., Illus.). 112p. (J). (gr. 6-12). lib. bdg. 41.36 *(978-1-5321-9028-5(X)*, 33376, Essential Library) ABDO Publishing Co.

Marriage, Vol. 1 Of 2: A Novel (Classic Reprint) Susan Ferrier. 2018. (ENG., Illus.). 318p. (J). 30.48 *(978-0-484-03396-1(4))* Forgotten Bks.

Marriage, Vol. 2 Of 2: A Novel (Classic Reprint) Susan Ferrier. 2018. (ENG., Illus.). 334p. (J). 30.79 *(978-0-483-98615-2(1))* Forgotten Bks.

Marriage, Vol. 2 Of 3: A Novel (Classic Reprint) Susan Ferrier. (ENG., Illus.). (J). 2018. 318p. 30.46 *(978-0-364-06626-3(1))*; 2017. pap. 13.57 *(978-0-259-20289-9(4))* Forgotten Bks.

Marriage Yoke (Classic Reprint) Arabella Kenealy. (ENG., Illus.). (J). 2018. 360p. 31.32 *(978-0-428-82886-8(8))*; 2017. pap. 13.97 *(978-0-243-88388-2(9))* Forgotten Bks.

Marriageables a Farcical Comedy from Modern Life in New York in Three Acts (Classic Reprint) Alex B. Ebin. 2017. (ENG., Illus.). (J). 25.32 *(978-0-260-50986-4(8))* Forgotten Bks.

Marriages of Mayfair: A Novel; Adapted from the Drury Lane Drama of Cecil Raleigh & Henry Hamilton (Classic Reprint) Edward Keble Chatterton. (ENG., Illus.). (J). 2018. 268p. 29.44 *(978-0-364-01747-0(3))*; 2017. pap. 11.97 *(978-0-243-51630-8(4))* Forgotten Bks.

Married? (Classic Reprint) Marjorie Benton Cooke. 2018. (ENG., Illus.). 290p. (J). 29.88 *(978-0-364-23404-4(0))* Forgotten Bks.

Married Beneath Him: A Novel (Classic Reprint) James Payn. (ENG., Illus.). (J). 2018. 448p. 33.14 *(978-0-332-99872-5(X))*; 2016. pap. 16.57 *(978-1-334-13541-5(X))* Forgotten Bks.

Married (Classic Reprint) August Strindberg. 2017. (ENG., Illus.). (J). 32.81 *(978-0-260-35505-8(4))* Forgotten Bks.

Married in Haste (Classic Reprint) Bertha M. Clay. (ENG., Illus.). (J). 2018. 178p. 27.59 *(978-0-483-79835-9(5))*; 2016. pap. 9.97 *(978-1-334-11999-6(6))* Forgotten Bks.

Married Life. John Baldwin Buckstone. 2017. (ENG., Illus.). (J). pap. *(978-3-7447-8820-5(2))* Creation Pubs.

Married Life: A Comedy in Three Acts (Classic Reprint) John Baldwin Buckstone. (ENG., Illus.). (J). 2018. 56p. 25.07 *(978-0-483-88823-4(0))*; 2016. pap. 9.57 *(978-1-333-33146-7(0))* Forgotten Bks.

Married Life in Sacred Story (Classic Reprint) John Fleming Carson. 2017. (ENG., Illus.). (J). pap. 9.57 *(978-0-259-49133-0(0))* Forgotten Bks.

Married Life of the Frederic Carrolls (Classic Reprint) Jesse Lynch Williams. (ENG., Illus.). (J). 2018. 638p. 37.06 *(978-0-484-31766-5(0))*; 2017. pap. 19.57 *(978-0-243-27584-7(6))* Forgotten Bks.

Married Man: An English Tale; in Which Is Attempted an Illustration of the Passion of Jealousy, in Its Effects on the Human Mind (Classic Reprint) George Moore. (ENG., Illus.). (J). 2018. 470p. 33.61 *(978-0-267-61910-8(3))*; 2016. pap. 16.57 *(978-1-334-21927-6(3))* Forgotten Bks.

Married Man: An English Tale, in Which Is Attempted an Illustration of the Passion of Jealousy, in Its Effects on the Human Mind (Classic Reprint) George Moore. (ENG., Illus.). (J). 2018. 420p. 32.56 *(978-0-267-74432-9(3))*; 2017. pap. 16.57 *(978-0-243-26926-6(9))* Forgotten Bks.

Married, Not Mated, or How They Lived at Woodside & Throckmorton Hall (Classic Reprint) Alice Cary. 2018. (ENG., Illus.). 426p. (J). 32.70 *(978-0-483-36299-4(9))* Forgotten Bks.

Married or Single?, Vol. 1 of 2 (Classic Reprint) Catharine Maria Sedgwick. 2018. (ENG., Illus.). 266p. (J). 29.40 *(978-0-267-23698-5(0))* Forgotten Bks.

Married or Single?, Vol. 1 of 3 (Classic Reprint) B. M. Croker. 2018. (ENG., Illus.). 262p. (J). 29.30 *(978-0-484-57831-8(6))* Forgotten Bks.

Married or Single?, Vol. 3 of 3 (Classic Reprint) B. M. Croker. 2018. (ENG., Illus.). 294p. (J). 29.96 *(978-0-484-44715-7(7))* Forgotten Bks.

Married or Single, Vol. 2 of 3 (Classic Reprint) B. M. Croker. 2018. (ENG., Illus.). 270p. (J). 29.47 *(978-0-428-85238-2(6))* Forgotten Bks.

Married to a Suffragette: A Sketch of Modern Life (Classic Reprint) Willis N. Bugbee. 2017. (ENG., Illus.). (J). 24.41 *(978-0-331-83875-6(3))*; pap. 7.97 *(978-0-243-26096-6(2))* Forgotten Bks.

Married Unmarried, Vol. 1 of 3 (Classic Reprint) Charles White. (ENG., Illus.). (J). 2018. 316p. 30.41 *(978-0-483-28888-1(8))*; 2016. pap. 13.57 *(978-1-333-23338-9(8))* Forgotten Bks.

Married Unmarried, Vol. 2 of 3 (Classic Reprint) Charles White. 2018. (ENG., Illus.). 350p. (J). 31.14 *(978-0-483-95354-3(7))* Forgotten Bks.

Married Unmarried, Vol. 3 of 3 (Classic Reprint) Charles White. (ENG., Illus.). (J). 2018. 382p. 31.80 *(978-0-364-30505-8(3))*; 2016. pap. 16.57 *(978-1-333-54428-7(6))* Forgotten Bks.

Married, Vol. 1 Of 3: A Tale (Classic Reprint) C. J. Newby. (ENG., Illus.). (J). 2018. 290p. 29.88 *(978-0-332-83782-6(3))*; 2016. pap. 13.57 *(978-1-333-64170-2(2))* Forgotten Bks.

Married, Vol. 2 Of 3: A Tale (Classic Reprint) C. J. Newby. (ENG., Illus.). (J). 2018. 290p. 29.88 *(978-0-483-41817-2(X))*; 2016. pap. 13.57 *(978-1-334-12758-8(1))* Forgotten Bks.

Married Woman see Atrapada

Marriotts & the Powells: A Tribal Chronicle (Classic Reprint) Isabella Holt. (ENG., Illus.). (J). 2018. 336p. 30.83 *(978-0-484-13292-3(X))*; 2016. pap. 13.57 *(978-1-333-41722-2(5))* Forgotten Bks.

Marrow of Tradition. Charles W. Chesnutt. 2019. (ENG.). 236p. (YA). (gr. 10). pap. *(978-0-359-87892-5(X))* Lulu Pr., Inc.

Marrow of Tradition. Charles W. Chesnutt. 2019. (ENG.). 220p. (YA). (gr. 10). pap. 6.75 *(978-1-68422-323-7(7))* Martino Fine Bks.

Marrow Thieves, 1 vol. Cherie Dimaline. 2017. (ENG.). 260p. (YA). (gr. 8-12). pap. 16.95 *(978-1-77086-486-3(5)*, Dancing Cat Bks.) Cormorant Bks. Inc. CAN. Dist: Orca Bk. Pubs. USA.

Marry Me Vol. 1. Bobby Crosby. Illus. by Remy Eisu Mokhtar. 2020. (ENG.). 104p. (YA). (gr. 6). pap. 14.99 *(978-1-932775-74-7(9))* Keenspot Entertainment.

Marryers: A History Gathered from a Brief of the Honorable Socrates Potter (Classic Reprint) Irving Bacheller. 2017. (ENG., Illus.). (J). 28.87 *(978-0-266-19935-9(6))* Forgotten Bks.

Marrying a Beggar: Or the Angel in Disguise, & Other Tales (Classic Reprint) William T. Adams. 2018. (ENG., Illus.). 334p. (J). 30.79 *(978-0-483-89007-7(3))* Forgotten Bks.

Marrying Man (Classic Reprint) G. B. Stern. 2018. (ENG., Illus.). 324p. (J). 30.60 *(978-0-428-94239-7(3))* Forgotten Bks.

Marrying of Sarah Garland (Classic Reprint) Emily Pearson Finnemore. (ENG., Illus.). (J). 2018. 334p. 30.81 *(978-0-483-26250-8(1))*; 2016. pap. 13.57 *(978-1-334-68038-0(8))* Forgotten Bks.

Mars. Quinn M. Arnold. 2018. (Graines de Savoir Ser.). (Illus.). 24p. (J). (FRE.). *(978-1-77092-407-9(8)*, 19696); (ENG., (gr. -1-k). *(978-1-60818-915-1(5)*, 19609, Creative Education); (ENG., (gr. -1-k). pap. 8.99 *(978-1-62832-531-7(3)*, 19607, Creative Paperbacks) Creative Co., The.

Mars. Emma Bassier. 2020. (Planets Ser.). (ENG., Illus.). 24p. (J). (gr. k-3). lib. bdg. 31.36 *(978-1-5321-6909-0(4)*, 36439, Pop! Cody Koala) Pop!.

Mars. J. P. Bloom. 2017. (Planets Ser.). (ENG.). 24p. (J). (gr. -1-2). pap. 7.95 *(978-1-4966-1282-3(5)*, 135014, Capstone Classroom) Capstone.

Mars. Coming Soon. 2018. (Eyediscover Ser.). (ENG., Illus.). 24p. (J). (gr. k-2). 28.55 *(978-1-4896-8009-9(8)*, AV2 by Weigl) Weigl Pubs., Inc.

Mars. Czeena Devera. Illus. by Jeff Bane. 2020. (My Early Library: My Guide to the Planets Ser.). (ENG.). 24p. (J). (gr. k-1). pap. 12.79 *(978-1-5341-6112-2(0)*, 214448); lib. bdg. 30.64 *(978-1-5341-5882-5(0)*, 214447) Cherry Lake Publishing.

Mars. Ellen Lawrence. 2022. (Zoom into Space Ser.). (ENG.). 24p. (J). (gr. 3-6). pap. 9.50 ***(978-1-64996-766-4(7)***, 17153, Sequoia Kids Media) Sequoia Children's Bks.

Mars. Michelle Lomberg & John Willis. 2016. (Illus.). 24p. (J). *(978-1-5105-0977-1(1))* SmartBook Media, Inc.

Mars. Kerri Mazzarella. 2023. (Our Amazing Solar System Ser.). (ENG.). (J). (gr. 3-6). 24p. lib. bdg. 27.93 ***(978-1-63897-974-6(X)***, 33389); (Illus.). pap. 8.95 Seahorse Publishing.

Mars. Julie Murray. 2018. (Planets (Dash!) Ser.). (ENG., Illus.). 24p. (J). (gr. k-4). lib. bdg. 31.36 *(978-1-5321-2528-7(3)*, 30065, Abdo Zoom-Dash) ABDO Publishing Co.

Mars. Jody S. Rake. 2020. (Planets in Our Solar System Ser.). (ENG., Illus.). 32p. (J). (gr. 1-3). pap. 7.95 *(978-1-9771-2694-8(4)*, 201728); lib. bdg. 29.32 *(978-1-9771-2394-7(5)*, 200404) Capstone. (Pebble).

Mars. Alexis Roumanis. 2016. (J). *(978-1-5105-2049-3(X))* SmartBook Media, Inc.

Mars. Nathan Sommer. 2019. (Space Science Ser.). (ENG., Illus.). 24p. (J). (gr. 3-7). lib. bdg. 26.95 *(978-1-62617-973-8(5)*, Torque Bks.) Bellwether Media.

Mars. Alissa Thielges. 2023. (ENG.). 16p. (J). (gr. 1-3). pap. 9.99 ***(978-1-68152-791-8(X))*** Amicus.

Mars: A First Look. Percy Leed. 2022. (Read about Space (Read for a Better World (tm)) Ser.). (ENG., Illus.). 24p. (J). (gr. k-2). pap. 9.99 *(978-1-7284-6433-6(1)*, 3b937e44-378a-43f5-a368-7389fcfe0e7b); lib. bdg. 29.32 *(978-1-7284-5925-7(7)*, 654c0104-96d5-4854-ac91-88431b9eb281) Lerner Publishing Group. (Lerner Pubns.).

Mars: Children's Aeronautics & Space Book. Bold Kids. 2022. (ENG.). 40p. (J). pap. 15.99 ***(978-1-0717-1056-2(7))*** FASTLANE LLC.

Mars: Ready-To-Read Level 1. Marion Dane Bauer. Illus. by John Wallace. 2021. (Our Universe Ser.). (ENG.). 32p. (J). (gr. -1-1). 17.99 *(978-1-5344-8646-1(1))*; pap. 4.99 *(978-1-5344-8645-4(3))* Simon Spotlight. (Simon Spotlight).

Mars: Sinus Titanum; November, 1894 (Classic Reprint) Percival Lowell. 2017. (ENG., Illus.). (J). 30.62 *(978-0-265-49967-2(4))* Forgotten Bks.

Mars: The Red Planet. John Hamilton. 2018. (Mission to Mars Ser.). (ENG., Illus.). 48p. (J). (gr. 5-9). lib. bdg. 34.21 *(978-1-5321-1597-4(0)*, 28770, Abdo & Daughters) ABDO Publishing Co.

Mars Bound (Set), 4 vols. Tracy Wolff. Illus. by Pat Kinsella. 2016. (Mars Bound Ser.). (ENG.). 48p. (J). (gr. 3-7). lib. bdg. 136.88 *(978-1-62402-196-1(4)*, 24571, Spellbound) Magic Wagon.

Mars Challenge. Alison Wilgus. Illus. by Wyeth Yates. 2020. (ENG.). 208p. (YA). pap. 17.99 *(978-1-62672-083-1(5)*, 900134907, First Second Bks.) Roaring Brook Pr.

Mars Colonization. Virginia Loh-Hagan. 2020. (Out of This World Ser.). (ENG., Illus.). 32p. (J). (gr. 4-8). lib. bdg. 32.07 *(978-1-5341-6929-6(6)*, 215603, 45th Parallel Press) Cherry Lake Publishing.

Mars! Earthlings Welcome. Stacy McAnulty. Illus. by Stevie Lewis. 2021. (Our Universe Ser.: 5). (ENG.). 40p. (J). 19.99 *(978-1-250-25688-1(7)*, 900219384, Holt, Henry & Co. Bks. For Young Readers) Holt, Henry & Co.

Mars Exploration Rovers: An Interactive Space Exploration Adventure. Steve Kortenkamp. 2016. (You Choose: Space Ser.). (ENG., Illus.). 112p. (J). (gr. 3-7). lib. bdg. 32.65 *(978-1-4914-8106-6(4)*, 130589, Capstone Pr.) Capstone.

Mars Explorer: (Age 6 & Above) Tj Rob. 2017. (Exploring Space Ser.). (ENG., Illus.). (J). pap. *(978-1-988695-00-6(7))* TJ Rob.

Mars Explorers: Giant Foil Sticker Book with Puzzles & Activities. IglooBooks. Illus. by Giorgia Broseghini. 2019. (ENG.). 24p. (J). (gr. -1-1). 9.99 *(978-1-83852-852-2(0))* Igloo Bks. GBR. Dist: Simon & Schuster, Inc.

Mars for Kids (Tinker Toddlers) Dhoot. 2019. (ENG.). (J). 40p. pap. 11.99 ***(978-1-950491-99-5(4))***; (Tinker Toddlers Ser.: Vol. 6). (Illus.). 34p. 14.30 *(978-1-950491-91-9(9))* GenBeam LLC. (Tinker Toddlers).

Mars God of War. Teri Temple. 2019. (Gods & Goddesses of Ancient Rome Ser.). (ENG.). 32p. (J). (gr. 3-6). pap. 13.95 *(978-1-4896-9500-0(1))*; lib. bdg. 29.99 *(978-1-4896-9499-7(4))* Weigl Pubs., Inc.

Mars Is: Stark Slopes, Silvery Snow, & Startling Surprises. Suzanne Slade. 2021. (Illus.). 48p. (J). (gr. 1-4). 19.99 *(978-1-68263-188-1(5))* Peachtree Publishing Co. Inc.

Mars Landers. John Hamilton. 2018. (Mission to Mars Ser.). (ENG.). 48p. (J). (gr. 5-9). lib. bdg. 34.21 *(978-1-5321-1593-6(8)*, 28762, Abdo & Daughters) ABDO Publishing Co.

Mars Missions: A Space Discovery Guide. Buffy Silverman. 2017. (Space Discovery Guides). (ENG., Illus.). 48p. (J). (gr. 4-6). 31.99 *(978-1-5124-2585-7(0)*, 72b2d712-8724-4432-84d7-5be2d3aacef4); E-Book 47.99 *(978-1-5124-2795-0(0))*; E-Book 4.99 *(978-1-5124-3809-3(X)*, 9781512438093); E-Book 47.99 *(978-1-5124-3810-9(3)*, 9781512438109) Lerner Publishing Group. (Lerner Pubns.).

Mars Myths & Legends. John Hamilton. 2018. (Mission to Mars Ser.). (ENG., Illus.). 48p. (J). (gr. 5-9). lib. bdg. 34.21 *(978-1-5321-1594-3(6)*, 28764, Abdo & Daughters) ABDO Publishing Co.

Mars One. Jonathan Maberry. 2017. (ENG., Illus.). 448p. (YA). (gr. 7). 19.99 *(978-1-4814-6161-0(3)*, Simon & Schuster Bks. For Young Readers) Simon & Schuster Bks. For Young Readers.

Mars or Bust! Orion & the Mission to Deep Space. Ailynn Collins. 2019. (Future Space Ser.). (ENG., Illus.). 32p. (J). (gr. 3-9). pap. 7.95 *(978-1-5435-7514-9(5)*, 141045); lib. bdg. 28.65 *(978-1-5435-7268-1(5)*, 140599) Capstone.

Mars Orbiters. John Hamilton. 2018. (Mission to Mars Ser.). (ENG., Illus.). 48p. (J). (gr. 5-9). lib. bdg. 34.21 *(978-1-5321-1595-0(4)*, 28766, Abdo & Daughters) ABDO Publishing Co.

Mars: Our Mysterious Neighbor see Marte (Mars)

Mars Rover: How a Self-Portrait Captured the Power of Curiosity. Danielle Smith-Llera. 2017. (Captured Science History Ser.). (ENG., Illus.). 64p. (J). (gr. 5-9). lib. bdg. 35.32 *(978-0-7565-5641-9(4)*, 136081, Compass Point Bks.) Capstone.

Mars Rovers. Ty Chapman. 2023. (Destination Mars (Alternator Books (r)) Ser.). (ENG., Illus.). 32p. (J). (gr. 3-6). pap. 10.99. lib. bdg. 30.65 ***(978-1-7284-9067-0(7)***, 458e5400-c140-4e79-a602-f2e4cb408bc9) Lerner Publishing Group. (Lerner Pubns.).

Mars Rovers. John Hamilton. 2018. (Mission to Mars Ser.). (ENG., Illus.). 48p. (J). (gr. 5-9). lib. bdg. 34.21 *(978-1-5321-1596-7(2)*, 28768, Abdo & Daughters) ABDO Publishing Co.

Mars Rovers. Allan Morey. 2017. (Space Tech Ser.). (ENG., Illus.). 24p. (J). (gr. 3-7). lib. bdg. 26.95 *(978-1-62617-703-1(1)*, Epic Bks.) Bellwether Media.

Mars Rovers (a True Book: Space Exploration) Jessica Cohn. 2022. (True Book (Relaunch) Ser.). (ENG.). 48p. (J). (gr. 3-5). pap. 7.99 *(978-1-338-82589-3(5))* Scholastic, Inc.

Mars Science Lab Engineer Diana Trujillo. Kari Cornell. 2016. (STEM Trailblazer Bios Ser.). (ENG., Illus.). 32p. (J). (gr. 2-5). pap. 8.99 *(978-1-4677-9721-4(9)*, a151d2de-059c-425b-9844-3dfc69db621c) Lerner Publishing Group.

Mars Stript of His Armour, or the Army Displayed in All Its True Colours (Classic Reprint) Edward Ward. (ENG., Illus.). (J). 2018. 82p. 25.59 *(978-0-365-42190-0(1))*; 2016. pap. 9.57 *(978-1-334-11611-7(3))* Forgotten Bks.

Marsena: And Other Stories of the Wartime (Classic Reprint) Harold Frederic. 2017. (ENG., Illus.). (J). 28.50 *(978-0-331-53349-1(9))* Forgotten Bks.

Marsh Island (Classic Reprint) Sarah Orne Jewett. 2018. (ENG., Illus.). 312p. (J). 30.35 *(978-0-365-13534-0(8))* Forgotten Bks.

Marsh Leaves (Classic Reprint) Peter Henry Emerson. (ENG., Illus.). (J). 2017. 28.91 *(978-0-266-45876-0(9))*; 2016. pap. 11.57 *(978-1-333-59788-7(6))* Forgotten Bks.

Marsha Is Magnetic. Beth Ferry. Illus. by Lorena Alvarez. 2021. (ENG.). 32p. (J). (gr. -1-3). 17.99 *(978-0-544-73584-2(6)*, 1632536, Clarion Bks.) HarperCollins Pubs.

Marshal (Classic Reprint) Mary Raymond Shipman Andrews. (ENG., Illus.). (J). 2017. 33.24 *(978-0-265-50778-0(2))*; 2016. pap. 16.57 *(978-1-334-18214-3(0))* Forgotten Bks.

Marshall Mcluhan - the Theorist Who Challenged Mass Communication Systems - Canadian History for Kids - True Canadian Heroes. Professor Beaver. 2021. (ENG.). 78p. (J). 25.99 *(978-0-2282-3600-9(2)*, Professor Beaver) Speedy Publishing LLC.

Marshall Mcluhan - the Theorist Who Challenged Mass Communication Systems Canadian History for Kids True Canadian Heroes. Professor Beaver. 2021. (ENG.). 78p. (J). pap. 14.99 *(978-0-2282-3554-5(5)*, Professor Beaver) Speedy Publishing LLC.

Marshall Mouse's Mornings - Marshall Mouse's Nights. Luisa Adam. Illus. by Natalie Parker. 2016. (Marshall Mouse Ser.). (ENG.). 16p. (J). (— 1). bds. 6.99 *(978-1-925386-14-1(7)*, Brolly Bks.) Borghesi & Adam Pubs. Pty Ltd AUS. Dist: Independent Pubs. Group.

Marshall Plan & the Truman Doctrine, 1 vol. George Capaccio. 2017. (Cold War Chronicles Ser.). (ENG.). 112p. (YA). (gr. 9-9). lib. bdg. 44.50 *(978-1-5026-2731-5(0)*, 955a3398-c13b-423c-a3b1-9fc1d9870bdc) Cavendish Square Publishing LLC.

Marshall the Brave Knight. Andrea Mizzi. 2023. (ENG.). 28p. (J). pap. ***(978-1-83875-515-7(2)***, Nightingale Books) Pegasus Elliot Mackenzie Pubs.

Marshall to the Rescue! Contrib. by MJ Illustrations (Group) Staff. 2016. (Illus.). (J). *(978-1-4806-9669-3(2)*, Golden Bks.) Random Hse. Children's Bks.

Marshall's Christmas Box: A Juvenile Annual (Classic Reprint) Thomas Crofton Croker. 2018. (ENG., Illus.). 232p. (J). 28.68 *(978-0-483-32234-9(2))* Forgotten Bks.

Marsha's Past. Nancy L. Smith. 2021. (ENG.). 242p. (YA). pap. 17.95 *(978-1-6624-2473-1(6))* Page Publishing Inc.

Marshdikes (Classic Reprint) Helen Ashton. 2017. (ENG., Illus.). (J). 30.66 *(978-0-265-72108-7(3))*; pap. 13.57 *(978-1-5276-7777-7(X))* Forgotten Bks.

Marshes & Swamps! With 25 Science Projects for Kids. J. K O'Sullivan. Illus. by Tom Casteel. 2018. (Explore Your World Ser.). (ENG.). 96p. (J). (gr. 3-4). 19.95 *(978-1-61930-705-6(7)*, 284372aa-bcd9-4f5f-8fd0-714ad199f44e) Nomad Pr.

Marshes & Swamps (New & Updated Edition) Gail Gibbons. 2021. (Illus.). 32p. (J). (gr. -1-3). 18.99 *(978-0-8234-4925-5(4))* Holiday Hse., Inc.

Marshfield 1919: The Story of Wayne Schooley. Mark Gengler. 2022. (ENG.). 184p. (YA). pap. 14.95 ***(978-1-944072-73-5(X))*** First Steps Publishing.

Marshfield Memories: More Stories about Growing Up. Ralph Fletcher. 2021. (ENG., Illus.). 208p. (J). pap. 8.99 *(978-1-250-80180-7(X)*, 900243082) Square Fish.

Marshfield the Observer: And the Death-Dance, Studies of Character & Action (Classic Reprint) Egerton Castle. 2017. (ENG., Illus.). (J). 31.90 *(978-1-5280-5200-9(5))* Forgotten Bks.

Marshland of His Own. Gavin Zastrow. 2018. (ENG., Illus.). 156p. (YA). (gr. 8-12). pap. 11.99 *(978-1-948365-48-2(0)*, TEN16 Pr.) Orange Hat Publishing.

Marshland Rescue. Maria Atlan. Illus. by Adriana Santos. 2021. (Adventures of Harley & Lucy Ser.). (ENG.). 108p. (J). (gr. 2-4). pap. 9.99 *(978-1-912678-21-1(7))* Little Steps Bks AUS. Dist: Independent Pubs. Group.

Marshmallians. Laura Silver. 2020. (ENG., Illus.). 72p. (YA). pap. 15.95 *(978-1-64531-196-6(1))* Newman Springs Publishing, Inc.

Marshmallow & Jordan. Alina Chau. 2021. (ENG., Illus.). 384p. (J). 22.99 *(978-1-250-30060-7(6)*, 900196501); pap. 17.99 *(978-1-250-30061-4(4)*, 900196502) Roaring Brook Pr. (First Second Bks.).

Marshmallow Clouds: Two Poets at Play among Figures of Speech. Ted Kooser & Connie Wanek. Illus. by Richard Jones. 2022. (ENG.). 72p. (J). (gr. 5). 19.99 *(978-1-5362-0303-5(3))* Candlewick Pr.

Marshmallow Clouds & Candy Cane Trees. Mary Moore. 2018. (ENG., Illus.). 32p. (J). 18.95 *(978-0-692-99090-2(9))* Three Pups Publishing & Creative Studio.

Marshmallow Ghost: A QUIX Book. Helen Perelman. Illus. by Olivia Chin Mueller. 2019. (Royal Sweets Ser.: 4). (ENG.). 80p. (J). (gr. k-3). 16.99 *(978-1-4814-9487-8(2))*; pap. 5.99 *(978-1-4814-9486-1(4))* Simon & Schuster Children's Publishing. (Aladdin).

Marshmallow Pie the Cat Superstar in Hollywood (Marshmallow Pie the Cat Superstar, Book 3) Clara Vulliamy. 2022. (Marshmallow Pie the Cat Superstar Ser.: 3). (ENG.). 128p. (J). 5.99 *(978-0-00-846136-2(8)*, HarperCollins Children's Bks.) HarperCollins Pubs. Ltd. GBR. Dist: HarperCollins Pubs.

Marshmallow Pie the Cat Superstar (Marshmallow Pie the Cat Superstar, Book 1) Clara Vulliamy. 2021. (Marshmallow Pie the Cat Superstar Ser.: 1). (ENG.). 128p. (J). 5.99 *(978-0-00-846134-8(1)*, HarperCollins Children's Bks.) HarperCollins Pubs. Ltd. GBR. Dist: HarperCollins Pubs.

Marshmallow Pie the Cat Superstar on Stage (Marshmallow Pie the Cat Superstar, Book 4) Clara Vulliamy. 2022. (Marshmallow Pie the Cat Superstar Ser.: 4). (ENG.). 128p. (J). 5.99 *(978-0-00-846137-9(6)*, HarperCollins Children's Bks.) HarperCollins Pubs. Ltd. GBR. Dist: HarperCollins Pubs.

Marshmallow Pie the Cat Superstar on TV (Marshmallow Pie the Cat Superstar, Book 2) Clara Vulliamy. 2021. (Marshmallow Pie the Cat Superstar Ser.: 2). (ENG.). 128p. (J). 5.99 *(978-0-00-846135-5(X)*, HarperCollins Children's Bks.) HarperCollins Pubs. Ltd. GBR. Dist: HarperCollins Pubs.

Marshmallow's Big Move. Kate del. Illus. by Zoe Fox. 2020. (Marshmallow's Big Adventures Ser.: Vol. 1). (ENG.). 20p. (J). (gr. k-3). pap. 9.99 *(978-1-7352597-0-3(5))* Kate DeL.

Marsoc. Ashley Gish. 2022. (X-Books: Special Forces Ser.). (ENG., Illus.). 32p. (J). (gr. 3-5). pap. 9.99 *(978-1-62832-904-9(1)*, 18573, Creative Paperbacks) Creative Co., The.

Marstella: A Day in the Life of a Sea Star. Janet Raiche. 2020. (Marstella Ser.: Vol. 1). (ENG.). 36p. (J). pap. 11.99 *(978-1-7353593-0-4(0))* Raiche, Janet.

Marston a Novel, in Three Volumes, by a Lady Rosalia St. Clair, Vol. 1 of 3 (Classic Reprint) St. Clair. 2018. (ENG., Illus.). 318p. (J). 30.46 *(978-0-267-17081-4(5))* Forgotten Bks.

Marston Lynch: His Life & Times, His Friends & Enemies, His Victories & Defeats, His Kicks & Halfpence; a Personal Biography (Classic Reprint) Robert B. Brough.

2018. (ENG., Illus.). 368p. (J). 31.49 *(978-0-483-92804-6(6))* Forgotten Bks.

Marston, or the Soldier & Statesman, Vol. 1 of 3 (Classic Reprint) George Croly. 2018. (ENG., Illus.). 352p. (J). 31.16 *(978-0-331-67242-8(1))* Forgotten Bks.

Marsupials, 1 vol. Madeline Tyler. 2019. (Animal Classification Ser.). (ENG.). 32p. (gr. 3-4). pap. 11.50 *(978-1-5345-3058-4(4),* 3a08a6fa-eafc-4101-8cb9-ee36d1f690e0); lib. bdg. 28.88 *(978-1-5345-3026-3(6),* 17ba8062-1ef5-42fb-af09-c79bf71bc995) Greenhaven Publishing LLC. (KidHaven Publishing).

Marsupilami: Fordlandia. Franquin. 2021. (Marsupilami Ser.: Volume 6). (Illus.). 48p. (J). (gr. 3-8). pap. 11.95 *(978-1-80044-026-5(X))* CineBook GBR. Dist: National Bk. Network.

Marsupilami Vol. 3: Black Mars. Batem Franquin & Andrew Bateman. 2019. (Marsupilami Ser.: 3). (Illus.). 48p. (J). (gr. -1-12). pap. 11.95 *(978-1-84918-418-2(6))* CineBook GBR. Dist: National Bk. Network.

Marsupilami's Nest. Franquin. 2020. (Spirou Ser.: 17). (Illus.). 64p. (J). (gr. 3). pap. 15.95 *(978-1-84918-533-2(6))* CineBook GBR. Dist: National Bk. Network.

Marta, 1 vol. David Machajewski. 2018. (Soccer Stars Ser.). (ENG.). 24p. (J). (gr. 3-3). pap. 9.25 *(978-1-5383-4510-8(2),* e66b15cd-8c99-404b-a03e-2388970e3c36, PowerKids Pr.) Rosen Publishing Group, Inc., The.

Marta! Big & Small. Jen Arena. Illus. by Angela Dominguez. 2023. (ENG.). 20p. (J). bds. 8.99 *(978-1-250-88685-9(6),* 900287007) Roaring Brook Pr.

Marta! Big & Small. Jennifer Arena. 2016. (ENG., Illus.). 32p. (J). 18.99 *(978-1-62672-243-9(9),* 900146476) Roaring Brook Pr.

Marta in Holland: A Geographical Reader (Classic Reprint) Etta Blaisdell McDonald. (ENG., Illus.). (J). 2018. 148p. 26.95 *(978-0-483-30583-0(9))*; 2016. pap. 9.57 *(978-1-334-15753-0(7))* Forgotten Bks.

Marta Ray & the Undersea Kingdom. W. R. Smith. 2022. (ENG.). 270p. (J). pap. 18.95 ***(978-1-958848-10-4(7))*** Waterside Pr.

Marte. Quinn M. Arnold. 2018. (Semillas Del Saber Ser.). (SPA.). 24p. (J). (gr. -1-k). *(978-1-60818-949-6(X),* 19611, Creative Education) Creative Co., The.

Marte. J. P. Bloom. 2017. (Planetas Ser.). (SPA.). 24p. (J). (gr. -1-2). pap. 7.95 *(978-1-4966-1300-4(7),* 135022, Capstone Classroom) Capstone.

Marte. Alexis Roumanis. 2018. (Descubre Los Planetas Ser.). (SPA.). 24p. (J). lib. bdg. 22.99 *(978-1-5105-3388-2(5))* SmartBook Media, Inc.

Marte. Alexis Roumanis. 2016. (Los Planetas Ser.). (SPA.). 24p. (J). pap. 31.41 *(978-1-4896-4444-2(X))* Weigl Pubs., Inc.

Marte. Alissa Thielges. 2023. (SPA.). 16p. (J). (gr. 1-3). pap. 9.99 ***(978-1-68152-909-7(2))*** Amicus.

Marte (Mars), 1 vol. J. P. Bloom. 2016. (Planetas (Planets) Ser.). (SPA., Illus.). 24p. (J). (gr. -1-2). lib. bdg. 32.79 *(978-1-68080-754-7(4),* 22670, Abdo Kids) ABDO Publishing Co.

Martha: A Comic Opera, in Four Acts (Classic Reprint) Friedrich von Flotow. 2017. (ENG., Illus.). (J). 25.55 *(978-0-260-69721-9(4))*; pap. 9.57 *(978-1-5285-9994-8(2))* Forgotten Bks.

Martha Aime la Danse: Danse. Barbara Desrochers. Illus. by Marie Prévost. 2021. (FRE.). 34p. (J). pap. ***(978-1-304-54569-5(5))*** Lulu Pr., Inc.

Martha & Cupid (Classic Reprint) Julie M. Lippmann. 2018. (ENG., Illus.). 222p. (J). 28.48 *(978-0-483-11598-9(3))* Forgotten Bks.

Martha & Mary (Classic Reprint) Olive Mary Salter. 2017. (ENG., Illus.). (J). 316p. 30.41 *(978-0-484-39760-5(5))*; pap. 13.57 *(978-0-259-10197-0(4))* Forgotten Bks.

Martha & Me. It's Raining Elephants. 2018. (ENG., Illus.). 80p. (J). (gr. -1-4). 16.95 *(978-0-500-65142-1(6),* 565142) Thames & Hudson.

Martha & Me: A Handicapped Child with a Purpose in Life. Jane N. Vassil. 2016. (ENG., Illus.). (J). pap. 20.95 *(978-1-4808-2456-0(9))* Archway Publishing.

Martha & the Slave Catchers. Harriet Hyman Alonso. Illus. by Elizabeth Zunon. 2017. 256p. (J). (gr. 3-7). 17.95 *(978-1-60980-800-6(2),* Triangle Square) Seven Stories Pr.

Martha B. Rabbit: The Fairies' Cook. Shirley Barber. 2022. (Martha B. Rabbit Ser.). (ENG.). 32p. (J). (gr. 1-2). pap. 15.99 ***(978-1-922418-74-6(9)***, Brolly Bks.) Borghesi & Adam Pubs. Pty Ltd AUS. Dist: Independent Pubs. Group.

Martha-By-the-Day (Classic Reprint) Julie Mathilde Lippmann. 2018. (ENG., Illus.). 210p. (J). 28.23 *(978-0-365-19292-3(9))* Forgotten Bks.

Martha (Classic Reprint) Hutton C. Hamilton. 2018. (ENG., Illus.). 144p. (J). 26.87 *(978-0-483-51126-2(9))* Forgotten Bks.

Martha Doesn't Say Sorry. Samantha Berger. 2018. (My Arabic Library). (ARA.). 40p. (J). (gr. -1-2). pap. 7.99 *(978-1-338-26788-4(4))* Scholastic, Inc.

Martha Dreams of Dinosaurs. Christy Watson. 2018. (ENG., Illus.). 28p. (J). (gr. k-2). 22.99 *(978-1-7327606-0-8(8))* Yellow Sun Bks.

Martha Goes to Boarding School. Angela Bettoni. 2017. (Edmund & Martha Ser.: Vol. 3). (ENG., Illus.). (J). (gr. 3-6). pap. *(978-0-9566421-3-4(6))* Angela Bettoni Publishing.

Martha Habla: Martha, la Perra Pastora/Martha Speaks: Farm Dog Martha (Bilingual Reader) Susan Meddaugh. 2016. (Martha Speaks Ser.). (ENG., Illus.). 24p. (J). (gr. -1-3). 12.99 *(978-0-544-64103-7(5),* HMH Books For Young Readers) Houghton Mifflin Harcourt Publishing Co.

Martha Had a Little Lamb. Heidi Drew. 2016. (ENG., Illus.). (J). pap. 14.95 *(978-1-935914-76-1(6))* River Sanctuary Publishing.

Martha Mayhem & the Witch from the Ditch. Joanne Owen. Illus. by Tony Ross. 2017. (Martha Mayhem Ser.). (ENG.). 192p. (J). (gr. 2-4). pap. 9.99 ***(978-1-84812-536-0(4))*** Piccadilly Pr., Ltd. GBR. Dist: Independent Pubs. Group.

Martha of California, Vol. 9: A Story of the California Trail (Classic Reprint) James Otis. 2018. (ENG., Illus.). 148p. (J). 26.97 *(978-0-365-11299-0(2))* Forgotten Bks.

Martha Rose, Teacher (Classic Reprint) Matilda Betham-Edwards. 2018. (ENG., Illus.). 328p. (J). 30.66 *(978-0-365-02945-8(9))* Forgotten Bks.

Martha Speaks American Reading Company Edition. Susan Meddaugh. 2021. (Martha Speaks Ser.). (ENG.). 32p. (J). (gr. -1-3). pap. 7.99 *(978-0-358-68336-0(X),* 1826170, Clarion Bks.) HarperCollins Pubs.

Martha the Mathemagician & the Medieval Castle. Louise Matthews. Illus. by Joh Amos. 2023. (Martha the Mathemagician Ser.). (ENG.). 48p. (J). (gr. k-2). pap. 7.99 *(978-1-911093-14-5(2))* Tarquin Pubns. GBR. Dist: Independent Pubs. Group.

Martha the Mathemagician & the Secret Code. Louise Matthews. Illus. by Joh Amos. 2023. (Martha the Mathemagician Ser.). (ENG.). 48p. (J). (gr. k-2). pap. 7.99 *(978-1-911093-13-8(4))* Tarquin Pubns. GBR. Dist: Independent Pubs. Group.

Martha Washington. Jennifer Strand. 2017. (First Ladies (Launch!) Ser.). (ENG., Illus.). 24p. (J). (gr. -1-2). lib. bdg. 31.36 *(978-1-5321-2020-6(6),* 25290, Abdo Zoom-Launch) ABDO Publishing Co.

Martha Washington: Her First Few Days As First Lady. Barbara M. Schlichting. 2018. (First Ladies Picture Bks.: Vol. 1). (ENG., Illus.). 30p. (J). (gr. k-3). pap. 19.95 *(978-0-9995630-6-9(8))* First Lady Pr.

Martha's Hooks & Eyes (Classic Reprint) Unknown Author. 2018. (ENG., Illus.). 132p. (J). 26.64 *(978-0-267-20722-0(0))* Forgotten Bks.

Martha's Story - the Girl Who Broke Her Chains: Second Edition. Tony Barnsley. 2019. (ENG., Illus.). 156p. (J). pap. *(978-1-78623-441-4(6))* Grosvenor Hse. Publishing Ltd.

Martial Adventures, of Henry & Me (Classic Reprint) William Allen White. 2018. (ENG., Illus.). 362p. (J). 31.38 *(978-0-666-01489-4(2))* Forgotten Bks.

Martial Arts: Arabic-English Bilingual Edition. Karen Durrie. 2016. (Let's Play Ser.). (ARA & ENG.). (J). (gr. k-2). 29.99 *(978-1-61913-914-5(6))* Weigl Pubs., Inc.

Martial Arts & Me: A Kung Fu Kid Coloring Book. Bobo's Children Activity Books. 2016. (ENG., Illus.). (J). pap. 9.33 *(978-1-68327-552-7(7))* Sunshine In My Soul Publishing.

Martial Arts for Fun & Fitness, 1 vol. Jeff Mapua. 2019. (Sports for Fun & Fitness Ser.). (ENG.). 32p. (gr. 3-3). pap. 11.53 *(978-1-9785-1341-9(0),* 6cb453a7-887b-4976-a482-58981ba76c5a) Enslow Publishing, LLC.

Martial Arts Masters & Pioneers: Amaaf Special Tribute to Chuck Norris - Giving Back For a Lifetime. Jessie Bowen. 2020. (ENG.). 524p. (J). pap. *(978-1-716-79763-7(2))* Lulu Pr., Inc.

Martial Arts Masters & Pioneers: Tribute to Chuck Norris: Giving Back for a Lifetime. Jessie Bowen. 2020. (ENG.). 524p. *(978-1-716-83677-0(8))* Lulu Pr., Inc.

Martial Arts Masters & Pioneers Tribute to Chuck Norris: Giving Back for a Lifetime Volume 2. Jessie Bowen. 2020. (ENG.). 593p. *(978-1-716-41956-0(5))* Lulu Pr., Inc.

Martial Arts Time. Cecilia Smith. 2022. (Entry Level Readers Ser.). (ENG.). (J). 20p. pap. 12.99 ***(978-1-5324-4165-3(7))***; 16p. (gr. -1-2). 24.99 ***(978-1-5324-3881-3(8))***; 16p. (gr. -1-2). pap. 12.99 ***(978-1-5324-2779-4(4))*** Xist Publishing.

Martian: A Novel (Classic Reprint) George Du Maurier. 2018. (ENG., Illus.). 486p. (J). 33.94 *(978-0-656-65242-6(X))* Forgotten Bks.

Martian Almanac 220, Volume 1. Thomas Gangale. 2023. (ENG.). 222p. (YA). pap. 45.00 ***(978-1-0880-8257-7(2))*** Indy Pub.

Martian Debut. Antonio Romero. 2022. (Illus.). 36p. (YA). 6.00 ***(978-0-9823778-7-1(8))*** ARTiCHOKE presents.

Martian Ghost Centaur. Mat Heagerty. Illus. by Steph Mided. 2021. (ENG.). 192p. (J). pap. 19.99 *(978-1-62010-849-9(6))* Oni Pr., Inc.

Martian Invasion: Tales of a Terrarian Warrior, Book Four. Winter Morgan. 2017. (ENG.). 112p. (J). (gr. 1-7). pap. 7.99 *(978-1-5107-2196-8(7),* Sky Pony Pr.) Skyhorse Publishing Co., Inc.

Martian Jones. Dan Boulet. 2018. (ENG., Illus.). 202p. (YA). 28.95 *(978-1-64140-681-9(X))*; pap. 15.95 *(978-1-64140-679-6(8))* Christian Faith Publishing.

Martian Wisdom. Jessica Yang. 2018. (ENG., Illus.). 184p. (YA). pap. 14.95 *(978-1-64082-788-2(9))* Page Publishing Inc.

Martians: ... a Tour of the Planets... Semisi Pule. 2020. (ENG.). 48p. (J). pap. *(978-1-988511-87-0(9))* Rainbow Enterprises.

Martians Are Not Green! Alien Coloring Books Kids 9-12. Educando Kids. 2019. (ENG.). 42p. (J). pap. 6.99 *(978-1-64521-043-6(X),* Educando Kids) Editorial Imagen.

Martie Merganser & the Big Waterfall. Cassie Sano. 2022. (ENG.). 39p. (J). pap. ***(978-1-387-99105-1(1))*** Lulu Pr., Inc.

Martie the Dreamer: A Kids' Guide to Overcoming Worry & Stress. Vanessa Wolf. 2022. (ENG.). 30p. (J). *(978-0-2288-7318-1(5))*; pap. *(978-0-2288-7317-4(7))* Tellwell Talent.

Martie, the Unconquered (Classic Reprint) Kathleen Norris. 2018. (ENG., Illus.). (J). 414p. 32.44 *(978-0-366-56406-4(4))*; 416p. pap. 16.57 *(978-0-366-14980-3(6))* Forgotten Bks.

Martin & Bobby: A Journey Toward Justice. Claire Rudolf Murphy. 2021. (ENG., Illus.). 176p. (J). (gr. 4-7). pap. 12.99 *(978-1-64160-525-0(1))* Chicago Review Pr., Inc.

Martin & Chris Kratt: the Wild Life. Chris Kratt & Martin Kratt. Illus. by Richard Walz. 2022. (Step into Reading Ser.). 48p. (J). (gr. -1-2). 5.99 *(978-0-593-37316-3(2))*; (ENG.). 14.99 *(978-0-593-37317-0(0))* Random Hse. Children's Bks. (Random Hse. Bks. for Young Readers).

Martin & James, or, the Reward of Integrity. John Lee. 2017. (ENG., Illus.). (J). pap. *(978-3-337-01189-5(6))* Creation Pubs.

Martin & James, or the Reward of Integrity: A Moral Tale Designed for the Improvement of Children (Classic Reprint) John Lee. (ENG., Illus.). (J). 2018. 100p. 25.98 *(978-0-332-88965-8(3))*; 2016. pap. 9.57 *(978-1-334-16741-6(9))* Forgotten Bks.

Martin & Lorna: Starter 14. Ladybird. 2019. (Ladybird Readers Ser.). (Illus.). 32p. (gr. k). pap. 9.99 *(978-0-241-39381-9(7),* Ladybird) Penguin Bks., Ltd. GBR. Dist: Independent Pubs. Group.

Martin & Lorna Activity Book - Ladybird Readers Starter Level 14. Ladybird. 2019. (Ladybird Readers Ser.). (Illus.). 16p. (gr. k). pap. 6.99 *(978-0-241-39398-7(1),* Ladybird) Penguin Bks., Ltd. GBR. Dist: Independent Pubs. Group.

Martin & the Miller (Classic Reprint) Josephine Franklin. (ENG., Illus.). (J). 2018. 190p. 27.82 *(978-0-483-42057-1(3))*; 2017. pap. 10.57 *(978-0-243-09721-0(2))* Forgotten Bks.

Martin & the Pigeon. Joseph McIver. 2016. (ENG., Illus.). 63p. (J). 26.95 *(978-1-78629-016-8(2),* 2333d417-25d1-47f3-b8c7-ed106c238e5a) Austin Macauley Pubs. Ltd. GBR. Dist: Baker & Taylor Publisher Services (BTPS).

Martin & the River. Jon-Erik Lappano. Illus. by Josée Bisaillon. 2022. (ENG.). 36p. (J). (gr. -1-1). 18.99 *(978-1-77306-444-4(4))* Groundwood Bks. CAN. Dist: Publishers Group West (PGW).

Martin Brodeur. Will Graves. 2016. (Illus.). 32p. *(978-1-62143-283-8(1))* Pr. Room Editions LLC.

Martin Brook: A Novel (Classic Reprint) Morgan Bates. 2018. (ENG., Illus.). 376p. (J). 31.65 *(978-0-484-05853-7(3))* Forgotten Bks.

Martin Chuzzlewit (Classic Reprint) Charles Dickens. (ENG., Illus.). (J). 2017. 30.85 *(978-0-331-64515-6(7))*; 2016. pap. 13.57 *(978-1-334-58889-1(9))* Forgotten Bks.

Martin Chuzzlewit, Vol. 2: American Notes; with Introduction, Critical Comments, Argument, Notes, etc (Classic Reprint) Charles Dickens. 2018. (ENG., Illus.). (J). 618p. 36.66 *(978-1-397-20703-6(5))*; 620p. pap. 19.57 *(978-1-397-20693-0(4))* Forgotten Bks.

Martin Creswick - Year Seven. Graeme Witney. 2022. (ENG.). 366p. (J). pap. ***(978-0-9775779-1-0(0))*** Enterprise Robotics.

Martin Eden. Jack. London. 2020. (ENG.). (J). 262p. 19.95 *(978-1-64799-417-4(9))*; 260p. pap. 11.95 *(978-1-64799-416-7(0))* Bibliotech Pr.

Martin Eden (Classic Reprint) Jack. London. 2017. (ENG., Illus.). (J). 32.58 *(978-1-5281-8472-4(6))* Forgotten Bks.

Martin Hewitt Investigator (Classic Reprint) Arthur. Morrison. 2017. (ENG., Illus.). (J). 28.68 *(978-1-5285-7030-5(8))* Forgotten Bks.

Martin Hyde: The Duke's Messenger (Classic Reprint) Masefield. 2017. (ENG., Illus.). (J). 31.05 *(978-1-5285-8033-5(8))* Forgotten Bks.

Martin Luther: Life & Legacy - Grade 3-4 Student Book. Marian Baden. 2017. (ENG.). (J). pap. 5.25 *(978-0-7586-5918-7(0))* Concordia Publishing Hse.

Martin Luther: Life & Legacy - Grade 5-6 Student Book. Marian Baden. 2017. (ENG.). (J). pap. 5.25 *(978-0-7586-5919-4(9))* Concordia Publishing Hse.

Martin Luther: Life & Legacy - Grade 7-8 Student Book. Marian Baden. 2017. (ENG.). (J). pap. 5.25 *(978-0-7586-5920-0(2))* Concordia Publishing Hse.

Martin Luther: Life & Legacy - K-2 Student Book. Marian Baden. 2017. (ENG.). (J). pap. 5.25 *(978-0-7586-5917-0(2))* Concordia Publishing Hse.

Martin Luther & the Reformation. Lou Hunley. 2019. (ENG.). 62p. (YA). pap. 16.95 *(978-1-64299-961-7(X))* Christian Faith Publishing.

Martin Luther King: The Peaceful Warrior. Ed Clayton. Illus. by Donald Bermudez. (ENG.). 128p. (J). (gr. 3-7). 2022. pap. 7.99 *(978-1-5362-2290-6(9))*; 2017. 16.99 *(978-0-7636-7471-7(0))* Candlewick Pr.

Martin Luther King Jr. Valerie Bodden. 2019. (Odysseys in Peace Ser.). (ENG.). 80p. (gr. 7-12). (YA). pap. 14.99 *(978-1-62832-728-1(6),* 19112, Creative Paperbacks); (J). *(978-1-64026-165-5(6),* 19115, Creative Education) Creative Co., The.

Martin Luther King Jr. Elizabeth Cook. Illus. by Leanne Daphne. 2022. (Genius Ser.). (ENG.). 48p. (J). (gr. 2). 9.99 *(978-88-544-1845-5(5))* White Star Publishers ITA. Dist: Sterling Publishing Co., Inc.

Martin Luther King Jr, 1 vol. Tim Cooke. 2016. (Meet the Greats Ser.). (ENG.). 48p. (J). (gr. 5-5). pap. 15.65 *(978-1-4824-5952-4(3),* fe39fcdb-5a5e-4b1e-933c-6afdae0fd1f7) Stevens, Gareth Publishing LLLP.

Martin Luther King, Jr. Emma E. Haldy. Illus. by Jeff Bane. 2016. (My Early Library: My Itty-Bitty Bio Ser.). (ENG.). 24p. (J). (gr. k-1). 30.64 *(978-1-63470-477-9(0),* 207639) Cherry Lake Publishing.

Martin Luther King, Jr, 1 vol. Ed. by he New York Times. 2018. (Public Profiles Ser.). (ENG.). 224p. (YA). (gr. 9-9). lib. bdg. 54.93 *(978-1-64282-030-0(X),* 3004cee6-1c1b-4cf8-8feb-87a08a5c5e97, New York Times Educational Publishing) Rosen Publishing Group, Inc., The.

Martin Luther King Jr. Izzi Howell. 2021. (Black History Biographies Ser.). (ENG., Illus.). 24p. (J). (gr. 2-5). pap. *(978-1-4271-2796-9(4),* 10335); lib. bdg. *(978-1-4271-2790-7(5),* 10328) Crabtree Publishing Co. (Crabtree Classics).

Martin Luther King, Jr. Pamela McDowell. 2019. (History Makers Ser.). (ENG.). 24p. (J). (gr. 3-7). lib. bdg. 22.99 *(978-1-5105-4527-4(1))* SmartBook Media, Inc.

Martin Luther King Jr. Maria Isabel Sanchez Vegara. Illus. by Mai Ly Degnan. 2020. (Little People, BIG DREAMS Ser.: 33). (ENG.). 32p. (J). (gr. -1-2). 15.99 ***(978-0-7112-4567-9(3)***, Frances Lincoln Children's Bks.) Quarto Publishing Group UK GBR. Dist: Hachette Bk. Group.

Martin Luther King, Jr, 1 vol. Ed. by The New York Times Editorial. 2018. (Public Profiles Ser.). (ENG.). 224p. (YA). (gr. 9-9). pap. 24.47 *(978-1-64282-031-7(8),* e827a2bc-491b-443d-ae2f-34f3c27caaf8, New York Times Educational Publishing) Rosen Publishing Group, Inc., The.

Martin Luther King, Jr, Vol. 9. Randolph Jacoby. 2018. (Civil Rights Leaders Ser.). 144p. (J). (gr. 7). lib. bdg. 35.93 *(978-1-4222-4008-3(8))* Mason Crest.

Martin Luther King, Jr: A Kid's Book about Advancing Civil Rights with Nonviolence. Mary Nhin. Illus. by Yuliia Zolotova. 2022. (ENG.). 38p. (J). 19.99 *(978-1-63731-319-0(5))* Grow Grit Pr.

Martin Luther King Jr: A Peaceful Leader. Sarah Albee. Illus. by Chin Ko. 2018. (I Can Read Level 2 Ser.). (ENG.). 32p. (J). (gr. -1-3). 16.99 *(978-0-06-243276-6(1),* HarperCollins) HarperCollins Pubs.

Martin Luther King Jr: Civil Rights Activist. Grace Hansen. 2022. (Historical Biographies Ser.). (ENG.). 32p. (J). (gr. 2-5). lib. bdg. 32.79 *(978-1-0982-4342-5(0),* 41259, DiscoverRoo) Pop!.

Martin Luther King, Jr: Civil Rights Leader. Grace Hansen. 2017. (History Maker Biographies Ser.). (ENG., Illus.). 24p. (J). (gr. -1-2). pap. 7.95 *(978-1-4966-1227-4(2),* 134991, Capstone Classroom) Capstone.

Martin Luther King Jr: Civil Rights Leader. Andrew Santella. 2021. (Black American Journey Ser.). (ENG.). 32p. (J). (gr. 4-7). lib. bdg. 35.64 *(978-1-5038-5447-5(7),* 215324) Child's World, Inc, The.

Martin Luther King Jr: Destined to Lead. Torrey Maloof. rev. ed. 2016. (Social Studies: Informational Text Ser.). (ENG., Illus.). 32p. (gr. 2-4). pap. 10.99 *(978-1-4938-2559-2(3))* Teacher Created Materials, Inc.

Martin Luther King Jr: Fighting for Civil Rights, 1 vol. Michael A. Schuman & Anne E. Schraff. 2017. (Rebels with a Cause Ser.). (ENG.). 128p. (gr. 8-8). lib. bdg. 38.93 *(978-0-7660-8511-4(2),* 7a340404-6627-4d60-9799-7a9b25a8b7a0) Enslow Publishing, LLC.

Martin Luther King Jr: Fulfilling a Dream, 1 vol. Jacqueline Conciatore Senter. 2017. (Peaceful Protesters Ser.). (ENG.). 112p. (YA). (gr. 9-9). 44.50 *(978-1-5026-3116-9(4),* 732cbef2-8e3b-4d15-aa1d-97193f456ead); pap. 20.99 *(978-1-5026-3395-8(7),* 64747d2c-0d02-4da8-9bd6-f8ec9b4c6800) Cavendish Square Publishing LLC.

Martin Luther King Jr: Lider de Los Derechos Humanos. Grace Hansen. 2017. (Biografías: Personas Que Han Hecho Historia Ser.). (SPA.). 24p. (J). (gr. -1-2). pap. 7.95 *(978-1-4966-1241-0(8),* 134997, Capstone Classroom) Capstone.

Martin Luther King Jr: Lider de Los Derechos Humanos (Martin Luther King Jr.: Civil Rights Leader) Grace Hansen. 2016. (Biografías: Personas Que Han Hecho Historia (History Maker Biographies) Ser.). (SPA., Illus.). 24p. (J). (gr. -1-2). lib. bdg. 32.79 *(978-1-68080-741-7(2),* 22644, Abdo Kids) ABDO Publishing Co.

Martin Luther King Jr: My First Martin Luther King Jr. Maria Isabel Sanchez Vegara. Illus. by Mai Ly Degnan. 2021. (Little People, BIG DREAMS Ser.: 33). (ENG.). 24p. (J). (gr. -1 — 1). bds. 9.99 ***(978-0-7112-6654-4(9)***, Frances Lincoln Children's Bks.) Quarto Publishing Group UK GBR. Dist: Hachette Bk. Group.

Martin Luther King Jr: Walking in the Light. Jon M. Fishman. 2019. (Gateway Biographies Ser.). (ENG., Illus.). 48p. (J). (gr. 4-8). 31.99 *(978-1-5415-3918-1(4),* 2135e841-305b-4c7c-99fd-f7192fb7ad43, Lerner Pubns.) Lerner Publishing Group.

Martin Luther King Jr.: a Peaceful Leader. Sarah Albee. Illus. by Chin Ko. 2018. (I Can Read Level 2 Ser.). (ENG.). 32p. (J). (gr. -1-3). pap. 4.99 *(978-0-06-243275-9(3),* HarperCollins) HarperCollins Pubs.

Martin Luther King Jr.: Civil Rights Leader & American Hero (Rookie Biographies) Hugh Roome. 2017. (Rookie Biographies Ser.). (ENG., Illus.). 32p. (J). (gr. 1-2). pap. 5.95 *(978-0-531-23861-5(X),* Children's Pr.) Scholastic Library Publishing.

Martin Luther King Jr.: Voice for Equality! James Buckley, Jr. Illus. by YouNeek Studios. 2019. (Show Me History! Ser.). (ENG.). 96p. (J). (gr. 3-7). 12.99 *(978-1-68412-546-3(4),* Portable Pr.) Printers Row Publishing Group.

Martin Luther King Jr. & Peaceful Protest, 1 vol. Kelly Spence. 2016. (Primary Sources of the Civil Rights Movement Ser.). (ENG., Illus.). 64p. (gr. 6-6). 35.93 *(978-1-5026-1864-1(8),* 73f31652-3792-42c7-a262-6049a98b218c) Cavendish Square Publishing LLC.

Martin Luther King, Jr. Day. Aaron Carr. 2016. (Great American Holidays Ser.). (ENG., Illus.). 24p. (J). lib. bdg. 22.99 *(978-1-5105-1008-1(7))* SmartBook Media, Inc.

Martin Luther King Jr. Day. Meredith Dash. 2016. (National Holidays Ser.). (ENG., Illus.). 24p. (J). (gr. -1-2). pap. 7.95 *(978-1-4966-0992-2(1),* 134897, Capstone Classroom) Capstone.

Martin Luther King Jr. Day, 1 vol. Carol Gnojewski & Joanna Ponto. 2016. (Story of Our Holidays Ser.). (ENG., Illus.). 32p. (gr. 3-3). pap. 11.52 *(978-0-7660-8340-0(3),* fd394b20-e8f0-40d9-a830-d9072dd33c2b) Enslow Publishing, LLC.

Martin Luther King, Jr. Day. Rachel Grack. 2018. (Celebrating Holidays Ser.). (ENG., Illus.). 24p. (J). (gr. k-3). lib. bdg. 26.95 *(978-1-62617-752-9(X),* Blastoff! Readers) Bellwether Media.

Martin Luther King, Jr. Day. Betsy Rathburn. 2023. (Happy Holidays! Ser.). (ENG., Illus.). (J). (gr. -1-2). pap. 7.99 Bellwether Media.

Martin Luther King, Jr. Day. Contrib. by Betsy Rathburn. 2023. (Happy Holidays! Ser.). (ENG., Illus.). (J). (gr. -1-2). lib. bdg. 25.95 Bellwether Media.

Martin Luther King, Jr. (Little People, Big Dreams) Maria Isabel Sanchez Vegara. Illus. by Mai Ly Degnan. ed. 2020. (Little People, BIG DREAMS Ser.: 33). (ENG.). 32p. (J). (gr. -1-1). 14.99 *(978-0-7112-4566-2(5),* 328307, Frances Lincoln Children's Bks.) Quarto Publishing Group UK GBR. Dist: Hachette UK Distribution.

Martin Luther King Jr. Memorial. Julie Murray. 2016. (US Landmarks Ser.). (ENG., Illus.). 24p. (J). (gr. -1-2). lib. bdg. 31.36 *(978-1-68080-912-1(1),* 23299, Abdo Kids) ABDO Publishing Co.

Martin Luther King, Jr. Memorial (a True Book: National Parks) (Library Edition) Christine Taylor-Butler. 2019. (True Book (Relaunch) Ser.). (ENG., Illus.). 48p. (J). (gr. 3-5). lib. bdg. 31.00 *(978-0-531-12934-0(9),* Children's Pr.) Scholastic Library Publishing.

Martin Luther King, Jr. Memorial (Rookie National Parks) (Library Edition) Stephanie Fitzgerald. 2019. (Rookie National Parks Ser.). (ENG., Illus.). 32p. (J). (gr. 1-2). lib. bdg. 25.00 *(978-0-531-13321-7(4),* Children's Pr.) Scholastic Library Publishing.

Martin Luther King, Jr. National Memorial: A Stone of Hope. Joanne Mattern. 2017. (Core Content Social Studies — Let's Celebrate America Ser.). (ENG., Illus.). 32p. (J). (gr. 2-5). pap. 8.99 *(978-1-63440-237-8(5),* 0cb298c1-d6e0-443a-a3c8-833b15dd797f); lib. bdg. 26.65 *(978-1-63440-227-9(8),* e01c5cb3-4ce1-4148-88fa-1ab88866015b) Red Chair Pr.

1282

The check digit for ISBN-10 appears in parentheses after the full ISBN-13

M

Martin Luther King Jr. 's I Have a Dream. Tamra Orr. 2020. (21st Century Skills Library: Front Seat of History: Famous Speeches Ser.). (ENG., Illus.). 32p. (J). (gr. 4-7). lib. bdg. 32.07 *(978-1-5341-6881-7(8)*, 215411) Cherry Lake Publishing.

Martin Luther King, Jr. SP. Emma E. Haldy. Illus. by Jeff Bane. 2018. (My Early Library: Mi Mini Biografía (My Itty-Bitty Bio) Ser.). (SPA.). 24p. (J). (gr. k-1). lib. bdg. 30.64 *(978-1-5341-2998-6(7)*, 212040) Cherry Lake Publishing.

Martin Luther King Jr. (Spanish Edition) Maria Isabel Sanchez Vegara. Illus. by Mai Ly Degnan. 2023. (Little People, Big Dreams en Español Ser.: Vol. 33). (SPA.). 32p. (J). (gr. -1-2). pap. ***(978-0-7112-8473-9(3))*** Frances Lincoln Childrens Bks.

Martin Luther King Mitzvah. Mathew Tekulsky. Illus. by AlohaHawaii & Lightfield Studios. 2018. (ENG.). 152p. (J). (gr. 4-7). pap. 12.95 *(978-1-947548-08-4(5)*, Fitzroy Bks.) Regal Hse. Publishing, LLC.

Martin Luther's Reformation Day: The Story. Cari Haus. 2021. (ENG.). 30p. (J). pap. 6.99 ***(978-1-61104-103-3(1))*** Cedar Lake Pubns.

Martin Mclean, Middle School Queen. Alyssa Zaczek. 272p. (J). (gr. 3-7). 2021. pap. 8.99 *(978-1-4549-4381-5(5))*; 2020. (Illus.). 16.95 *(978-1-4549-3570-4(7))* Sterling Publishing Co., Inc.

Martin Merrivale: His X Mark (Classic Reprint) John Townsend Trowbridge. (ENG., Illus.). (J). 2018. 628p. 36.85 *(978-0-484-56367-3(X))*; 2016. pap. 19.57 *(978-1-334-15157-6(1))* Forgotten Bks.

Martin of Mansfeld (Classic Reprint) Margaret R. Seebach. 2018. (ENG., Illus.). 268p. (J). 29.44 *(978-0-483-34864-6(3))* Forgotten Bks.

Martin Pippin in the Apple Orchard. Eleanor Farjeon. Illus. by Richard Kennedy. 2021. (ENG.). 324p. (J). pap. *(978-1-78943-294-7(4))* Benediction Classics.

Martin Pippin in the Apple-Orchard (Classic Reprint) Eleanor Farjeon. 2017. (ENG., Illus.). (J). 32.21 *(978-0-265-20393-4(7))* Forgotten Bks.

Martin Pole, Vol. 1 of 2 (Classic Reprint) John Saunders. (ENG., Illus.). (J). 2018. 336p. 30.87 *(978-0-428-51421-1(9))*; 2016. pap. 13.57 *(978-1-334-09199-5(4))* Forgotten Bks.

Martin Pole, Vol. 2 of 2 (Classic Reprint) John Saunders. 2018. (ENG., Illus.). 358p. (J). 31.28 *(978-0-483-40770-1(4))* Forgotten Bks.

Martin Rattler. R. M. Ballantyne. 2017. (ENG., Illus.). (J). pap. *(978-0-649-36455-8(4))* Trieste Publishing Pty Ltd.

Martin Rattler (Classic Reprint) R. M. Ballantyne. 2017. (ENG., Illus.). (J). 30.29 *(978-0-266-16341-1(6))* Forgotten Bks.

Martin Rising: Requiem for a King. Andrea Davis Pinkney. Illus. by Brian Pinkney. 2018. (ENG.). 128p. (J). (gr. 4-7). 19.99 *(978-0-545-70253-9(4)*, Scholastic Pr.) Scholastic, Inc.

Martin Schuler (Classic Reprint) Romer Wilson. 2017. (ENG., Illus.). (J). 30.21 *(978-1-5282-7841-6(0))* Forgotten Bks.

Martin, the Foundling, or Memoirs of a Valet de Chambre (Classic Reprint) Eugene Sue. (ENG., Illus.). (J). 2018. 340p. 30.91 *(978-0-483-58088-6(0))*; 2016. pap. 13.57 *(978-1-334-15013-5(3))* Forgotten Bks.

Martin the Guitar - in the Big City. Harry Musselwhite. 2019. (ENG.). 32p. pap. 9.99 *(978-1-57424-362-8(4)*, 00278526) Centerstream Publishing.

Martin the Tap-Dancing Frog. Lacey L. Bakker. 2018. (ENG., Illus.). 34p. (J). pap. *(978-1-7753119-3-5(7))* Pandamonium Publishing Hse.

Martin Toutrond: Frenchman in London in 1831 (Classic Reprint) James Justinian Morier. (ENG., Illus.). (J). 2018. 406p. 32.35 *(978-0-428-97685-9(9))*; 2017. pap. 16.57 *(978-0-243-31304-4(7))* Forgotten Bks.

Martin Van Buren. BreAnn Rumsch. (United States Presidents Ser.). (ENG., Illus.). (J). 2020. 48p. (gr. 3-6). lib. bdg. 35.64 *(978-1-5321-9378-1(5)*, 34913, Checkerboard Library); 2016. 40p. (gr. 2-5). lib. bdg. 35.64 *(978-1-68078-121-2(9)*, 21859, Big Buddy Bks.) ABDO Publishing Co.

Martin Van Buren: Our 8th President. Steven Ferry. 2020. (United States Presidents Ser.). (ENG.). 48p. (J). (gr. 3-6). lib. bdg. 41.36 *(978-1-5038-4400-1(5)*, 214177) Child's World, Inc, The.

Martín Viaja Al Espacio. Nicolás Schuff. 2018. (SPA.). (J). pap. 11.99 *(978-607-746-035-0(4))* Progreso, Editorial, S. A. MEX. Dist: Lectorum Pubns., Inc.

Martin y el Rey Del Bosque. Sebastian Meschennmoser. 2017. (Especiales de a la Orilla Del Viento Ser.). (SPA.). (J). 9.99 *(978-607-16-4721-4(5))* Fondo de Cultura Economica USA.

Martina & Chrissie: The Greatest Rivalry in the History of Sports. Phil Bildner. Illus. by Brett Helquist. (ENG.). 40p. (J). (gr. 2-5). 2019. 8.99 *(978-1-5362-0564-0(8))*; 2017. 16.99 *(978-0-7636-7308-6(0))* Candlewick Pr.

Martina Ballerina. Imelda Rose Sobiloff. 2017. (ENG., Illus.). (J). 19.99 *(978-1-4808-5462-8(X))*; pap. 12.99 *(978-1-4808-5461-1(1))* Archway Publishing.

Martina Mctripaw & the Goldmeister General. Rachel Julia Levy. Illus. by Lynda Louise Mangoro. 2018. (ENG.). 24p. (J). pap. 5.95 *(978-0-9743626-9-4(7))* Hope Through Healing Pubns.

Martins Dream. Christine Platt. Illus. by Anuki López. 2021. (Ana & Andrew Set 3 Ser.). (ENG.). 32p. (J). (gr. 2-2). pap. 9.95 *(978-1-64494-523-0(1)*, Calico Kid) ABDO Publishing Co.

Martins. Mary Hall. 2019. (ENG.). 40p. (J). pap. *(978-0-359-93993-0(7))* Lulu Pr., Inc.

Martin's Dream. Christine Platt. Illus. by Anuki López. 2020. (Ana & Andrew Ser.). (ENG.). 24p. (J). (gr. -1-3). lib. bdg. 32.79 *(978-1-5321-3969-7(1)*, 36495, Calico Chapter Bks) Magic Wagon.

Martin's Dream Day. Kitty Kelley. 2017. (ENG., Illus.). 40p. (J). (gr. k). 17.99 *(978-1-4814-6766-7(2))* Simon & Schuster Children's Publishing.

Martins of Cro' Martin (Classic Reprint) Charles Lever. (ENG., Illus.). (J). 2018. 834p. 41.10 *(978-0-483-61404-8(1))*; 2016. pap. 23.57 *(978-1-333-72148-0(X))* Forgotten Bks.

Martins of Cro Martin, Vol. 2 (Classic Reprint) Charles Lever. 2017. (ENG., Illus.). 408p. (J). 32.33 *(978-0-332-94620-7(7))* Forgotten Bks.

Martins of Cro'martin (Classic Reprint) Charles James Lever. 2018. (ENG., Illus.). 724p. (J). 38.83 *(978-0-428-86352-4(3))* Forgotten Bks.

Martita y la Máquina de Coser Mágica. Karla Gonzalez Penaflor. 2018. (SPA., Illus.). 34p. (J). pap. 13.99 *(978-1-7323960-0-5(0))* Pueblo Magico Pr.

Martlet Seal (Classic Reprint) Jeannette Hadermann Walworth. 2017. (ENG., Illus.). (J). 27.36 *(978-0-265-72456-9(2))*; pap. 9.97 *(978-1-5276-8357-0(5))* Forgotten Bks.

Martus & the Cave. Sharon Farritor Raimondo. 2017. (ENG., Illus.). (J). pap. 12.95 *(978-1-64028-934-5(8))* Christian Faith Publishing.

Martus & the Cave. Sharon Raimondo. 2017. (ENG., Illus.). (J). 22.95 *(978-1-68197-946-5(2))* Christian Faith Publishing.

Marty: A Novel (Classic Reprint) John Strange Winter. 2018. (ENG., Illus.). 324p. (J). 30.58 *(978-0-483-78455-0(9))* Forgotten Bks.

Marty & Lenny. Tania Woznicki. 2022. (ENG.). 24p. (J). *(978-0-2288-7072-2(0))*; pap. *(978-0-2288-7071-5(2))* Tellwell Talent.

Marty & Maggie's Day at the Rodeo. Michelle Path. 2017. (ENG., Illus.). (J). (gr. 1-3). pap. *(978-1-911569-01-5(5))* Rowanvale Bks.

Marty & the Lost Boy. Mary Beth Rose. 2019. (ENG.). 38p. (J). 14.95 *(978-1-64307-279-1(X))* Amplify Publishing Group.

Marty Macphee's Strange Odyssey: A Deserted Teen Finds His Place in the World. Glenn G. Parker. 2020. (ENG.). 152p. (YA). (gr. 7-12). pap. ***(978-0-2288-2241-7(6))*** Tellwell Talent.

Marty Moves In. Vicki Schofield. 2019. (ENG., Illus.). 28p. (J). (gr. k-2). pap. *(978-1-9990033-1-9(4))* Schofield, Vicki.

Marty Noble's Cats Around the World: New York Times Bestselling Artists' Adult Coloring Books. Marty Noble. 2018. (ENG.). 104p. (gr. 7). 9.99 *(978-1-63158-236-3(4)*, Racehorse Publishing) Skyhorse Publishing Co., Inc.

Marty Noble's Sugar Skull Animals: New York Times Bestselling Artists' Adult Coloring Books. Marty Noble. 2017. (ENG.). 104p. (gr. 7). 9.99 *(978-1-63158-235-6(6)*, Racehorse Publishing) Skyhorse Publishing Co., Inc.

Marty Pants #1: Do Not Open! Mark Parisi. 2017. (Marty Pants Ser.: 1). (ENG., Illus.). 256p. (J). (gr. 3-7). 15.99 *(978-0-06-242776-2(8)*, HarperCollins) HarperCollins Pubs.

Marty Pants #2: Keep Your Paws Off! Mark Parisi. Illus. by Mark Parisi. 2018. (Marty Pants Ser.: 2). (ENG., Illus.). 256p. (J). (gr. 3-7). 12.99 *(978-0-06-242778-6(4)*, HarperCollins) HarperCollins Pubs.

Marty Pants #3: How to Defeat a Wizard. Mark Parisi. Illus. by Mark Parisi. (Marty Pants Ser.: 3). (ENG., Illus.). 256p. (J). (gr. 3-7). 13.99 *(978-0-06-242780-9(6)*, HarperCollins) HarperCollins Pubs.

Marty Pants ¡No Abrir! Mark Parisi. 2021. (SPA.). 254p. (J). (gr. 3-5). 13.99 *(978-958-30-6298-8(7))* Panamericana Editorial COL. Dist: Lectorum Pubns., Inc.

Marty the Bat. Kathy Surmi. 2023. (ENG., Illus.). 34p. (J). 24.95 ***(978-1-68570-517-6(0))***; pap. 16.95 ***(978-1-68570-515-2(4))*** Christian Faith Publishing.

Marty the Dinosaur. Regina Peloso. 2020. (ENG., Illus.). 48p. (J). pap. 15.95 *(978-1-6624-1580-7(X))* Page Publishing Inc.

Martyn of Fenrose, or the Wizard & the Sword (Classic Reprint) Henry Summersett. 2018. (ENG., Illus.). (J). 28.52 *(978-0-331-01747-2(4))* Forgotten Bks.

Martyn of Fenrose, or the Wizard & the Sword, Vol. 3: A Romance (Classic Reprint) Henry Summersett. 2017. (ENG., Illus.). (J). 222p. 28.48 *(978-0-332-14014-8(8))*; pap. 10.97 *(978-0-259-19034-9(9))* Forgotten Bks.

Martyr, a Tragedy of Belguim: Drama in Five Acts (Classic Reprint) Jean Leeman. 2018. (ENG., Illus.). 100p. (J). 25.96 *(978-0-666-47311-0(0))* Forgotten Bks.

Martyr of Glencree, Vol. 1 Of 3: A Romance Too True (Classic Reprint) Robert Somers. (ENG., Illus.). (J). 2018. 306p. 30.21 *(978-0-483-04566-8(7))*; 2016. pap. 13.57 *(978-1-334-17143-7(2))* Forgotten Bks.

Martyr of Glencree, Vol. 2 Of 3: A Romance Too True (Classic Reprint) Robert Somers. 2018. (ENG., Illus.). 258p. (J). 29.22 *(978-0-332-97895-6(8))* Forgotten Bks.

Martyr of Glencree, Vol. 3 Of 3: A Romance Too True (Classic Reprint) Robert Somers. (ENG., Illus.). (J). 2018. 254p. 29.16 *(978-0-267-96444-4(7))*; 2016. pap. 11.57 *(978-1-334-59804-3(5))* Forgotten Bks.

Martyrdom: Christians in the Roman Empire, 1 vol. Andrew Coddington. 2016. (Public Persecutions Ser.). (ENG., Illus.). 128p. (YA). (gr. 9-9). 47.36 *(978-1-5026-2327-0(7)*, e83fe10b-9ce1-49cd-9f78-b5ccbb318438) Cavendish Square Publishing LLC.

Martyrdom of Madeline (Classic Reprint) Robert Williams Buchanan. 2019. (ENG., Illus.). 306p. (J). 30.21 *(978-0-267-16785-2(7))* Forgotten Bks.

Martyred Armenia & the Story of My Life (Classic Reprint) Krikor Gayjikian. 2018. (ENG., Illus.). 312p. (J). 30.33 *(978-0-483-44518-5(5))* Forgotten Bks.

Martyred Fool: A Novel (Classic Reprint) David Christie Murray. (ENG., Illus.). (J). 2018. 278p. 29.63 *(978-0-483-37798-1(8))*; 2016. pap. 13.57 *(978-1-334-13152-3(X))* Forgotten Bks.

Martyrs & the Fugitive, or a Narrative of the Captivity, Sufferings, & Death of an African Family, & the Slavery & Escape of Their Son (Classic Reprint) Smith H. Platt. (ENG., Illus.). (J). 2018. 100p. 25.98 *(978-0-656-28801-4(9))*; 2017. pap. 9.57 *(978-0-259-49118-7(7))* Forgotten Bks.

Martyr's Heir: The Tale of John Kent; A. D. 1563 1594 (Classic Reprint) Arthur Shearly Cripps. (ENG., Illus.). (J). 2018. 194p. 27.90 *(978-0-332-85673-5(9))*; 2016. pap. 10.57 *(978-1-333-58193-0(9))* Forgotten Bks.

Martyrs' Isle, or Madagascar: The Country, the People, & the Missions (Classic Reprint) Annie Sharman. 2018. (ENG., Illus.). 186p. (J). 27.65 *(978-0-484-39764-3(8))* Forgotten Bks.

Martyrs of Empire, or Dinkinbar (Classic Reprint) Herbert C. McIlwaine. (ENG., Illus.). (J). 2018. 332p. 30.76 *(978-0-484-10570-5(1))*; 2016. pap. 13.57 *(978-1-334-15305-1(1))* Forgotten Bks.

Marty's Miraculous Monday: The Student Reader. Peter R. Bergethon. Illus. by Edith Noble Bacon. 2022. 89p. (J). (gr. k-3). pap. *(978-1-58447-011-3(9))* Symmetry Learning Pr.

Marty's Mission: An Apollo 11 Story. Judy Young. Illus. by David Miles. 2019. (Tales of Young Americans Ser.). (ENG.). 32p. (J). (gr. 1-4). 17.99 *(978-1-5341-1014-4(3)*, 204648) Sleeping Bear Pr.

MARTY's ROAD TRIP (c) Patricia D. Ensing. Illus. by Blueberry Illustrations. 2020. (ENG.). 38p. (J). 18.99 *(978-1-7361707-0-0(8))* Patricia D. Ensing.

Maruja, the Story of a Mine: And Other Tales (Classic Reprint) Bret Harte. 2017. (ENG., Illus.). (J). 926p. 43.00 *(978-0-332-15617-0(6))*; pap. 25.34 *(978-0-243-24409-6(6))* Forgotten Bks.

Marv & the Attack of the Dinosaurs. Alex Falase-Koya. Illus. by Paula Bowles. 2022. (Marv Ser.: 1). (ENG.). 128p. (J). (gr. k-2). pap. 6.99 ***(978-0-19-278044-7(1))*** Oxford Univ. Pr., Inc.

Marv & the Mega Robot. Alex Falase-Koya. Illus. by Paula Bowles. 2022. (Marv Ser.: 2). (ENG.). 128p. (J). (gr. k-2). pap. 6.99 ***(978-0-19-278042-3(5))*** Oxford Univ. Pr., Inc.

Marv & the Pool of Peril. Alex Falase-Koya. Illus. by Paula Bowles. 2022. (Marv Ser.: 3). (ENG.). 128p. (J). (gr. k-2). pap. 6.99 ***(978-0-19-278046-1(8))*** Oxford Univ. Pr., Inc.

Marvel Absolutely Everything You Need to Know. DK. 2019. (ENG.). 240p. (J). (gr. 5-9). pap. 9.99 *(978-1-4654-9039-1(6)*, DK Children) Dorling Kindersley Publishing, Inc.

Marvel Alphablock (an Abrams Block Book) The Marvel Cinematic Universe from a to Z. Peskimo. 2019. (Abrams Block Book Ser.). (ENG., Illus.). 106p. (J). (gr. -1-17). bds. 17.99 *(978-1-4197-3588-2(8)*, 1269601) Abrams, Inc.

Marvel Amazing Powers. DK. 2019. (Illus.). 48p. (J). *(978-0-241-40977-0(2))* Dorling Kindersley Publishing, Inc.

Marvel Amazing Powers [RD3]. Catherine Saunders & DK. 2019. (DK Readers Level 3 Ser.). (ENG., Illus.). 48p. (J). (gr. 2-4). 16.99 *(978-1-4654-9058-2(2))*; pap. 4.99 *(978-1-4654-9057-5(4))* Dorling Kindersley Publishing, Inc. (DK Children).

Marvel Ant-Man Look & Find. Derek Harmening. ed. 2018. (Look & Find Ser.). (ENG.). 19p. (J). (gr. k-1). 22.36 *(978-1-64310-272-6(9))* Penworthy Co., LLC, The.

Marvel Ant-Man: Tiny but Mighty Adventure Sound Book. Riley Beck. 2017. (ENG.). 12p. (J). bds. 14.99 *(978-1-5037-3522-4(2)*, 2859, PI Kids) Phoenix International Publications, Inc.

Marvel Art of Adam Kubert. Adam Kubert. Illus. by Adam Kubert. 2020. (Illus.). 224p. (gr. 8-17). 50.00 *(978-1-302-92380-8(3)*, Marvel Universe) Marvel Worldwide, Inc.

Marvel Avengers: Assembled We Stand Sound Book. PI Kids. 2018. (ENG., Illus.). 12p. (J). bds. 14.99 *(978-1-5037-3406-7(4)*, 2828, PI Kids) Phoenix International Publications, Inc.

Marvel Avengers: Look & Find. PI Kids. Illus. by Art Mawhinney. 2018. (ENG.). 24p. (J). 10.99 *(978-1-5037-3405-0(6)*, 2827, PI Kids) Phoenix International Publications, Inc.

Marvel Avengers Look & Find. Derek Harmening. ed. 2018. (Look & Find Ser.). (ENG.). (J). (gr. k-1). 22.36 *(978-1-64310-273-3(7))* Penworthy Co., LLC, The.

Marvel Avengers: Movie Theater Storybook & Movie Projector. Editors of Studio Fun International. 2020. (Movie Theater Storybook Ser.). (ENG.). 28p. (J). (gr. -1-k). 19.99 *(978-0-7944-4550-8(0)*, Studio Fun International) Printers Row Publishing Group.

Marvel Avengers the Ultimate Character Guide New Edition. DK. 2021. (ENG., Illus.). 208p. (J). (gr. 2-4). 16.99 *(978-0-7440-4324-2(7)*, DK Children) Dorling Kindersley Publishing, Inc.

Marvel Beginnings: First Shapes, Colors, Numbers. Sheila Sweeny Higginson. Illus. by Jay Fosgitt. 2023. (Marvel Beginnings Ser.). (ENG.). 24p. (J). (gr. -1 — 1). bds. 6.99 ***(978-1-368-09093-3(1))*** Marvel Worldwide, Inc.

Marvel Beginnings: Hulk's Big Feelings. Steve Behling. Illus. by Jay Fosgitt. 2023. (Marvel Beginnings Ser.). (ENG.). 10p. (J). (— 1). bds. 10.99 ***(978-1-368-09094-0(X))*** Marvel Worldwide, Inc.

Marvel Beginnings: Spider-Man's Spooky Halloween. Steve Behling. Illus. by Jay Fosgitt. 2023. (Marvel Beginnings Ser.). (ENG.). 10p. (J). (gr. -1 — 1). bds. 9.99 ***(978-1-368-09095-7(8))*** Marvel Worldwide, Inc.

Marvel: Best of Marvel Look & Find. PI Kids. Illus. by Art Mawhinney. 2019. (ENG.). 48p. (J). 10.99 *(978-1-5037-4789-0(1)*, 3376, PI Kids) Phoenix International Publications, Inc.

Marvel Big Book of Fun & Games. Marvel Entertainment. Illus. by Doaly. 2022. (ENG.). 144p. (J). (gr. 1-17). pap. 14.99 *(978-1-4197-6112-6(9)*, 1770003, Abrams Bks. for Young Readers) Abrams, Inc.

Marvel: Black Panther. Adapted by Steve Behling. 2022. (Disney Die-Cut Classics Ser.). (ENG.). 60p. (J). (gr. 1-3). 9.99 *(978-0-7944-5026-7(1)*, Studio Fun International) Printers Row Publishing Group.

Marvel Black Panther Rules! Billy Wrecks. ed. 2020. (Discover What It Takes Ser.). (ENG., Illus.). 127p. (J). (gr. 2-3). 18.96 *(978-1-64697-399-6(2))* Penworthy Co., LLC, The.

Marvel Black Panther Rules! Discover What It Takes to Be a Super Hero. Billy Wrecks. 2020. (ENG., Illus.). 128p. (J). *(978-0-241-40897-1(0))* Dorling Kindersley Publishing, Inc.

Marvel Black Panther Rules! Discover What It Takes to Be a Super Hero (Library Edition) Billy Wrecks. 2020. (Discover What It Takes Ser.). (ENG., Illus.). 128p. (J). (gr. 2-4). 17.99 *(978-1-4654-8999-9(1)*, DK Children) Dorling Kindersley Publishing, Inc.

Marvel Black Panther Shuri Defender of Wakanda. Pamela Afram. 2022. (DK Readers Level 2 Ser.). (ENG.). 48p. (J). (gr. k-2). 17.99 *(978-0-7440-4818-6(4))*; pap. 4.99 *(978-0-7440-4817-9(6))* Dorling Kindersley Publishing, Inc. (DK Children).

Marvel: Black Panther, Thor, & Captain Marvel Movie Theater Storybook & Movie Projector. Adapted by Grace Baranowski. 2022. (Movie Theater Storybook Ser.). (ENG.). 28p. (J). (gr. 1-3). 19.99 *(978-0-7944-5001-4(6)*, Studio Fun International) Printers Row Publishing Group.

Marvel Black Panther Wakanda Forever! Julia March. 2021. (DK Readers Level 2 Ser.). (ENG., Illus.). 48p. (J). (gr. k-2). 17.99 *(978-0-7440-3713-5(1))*; pap. 4.99 *(978-0-7440-3712-8(3))* Dorling Kindersley Publishing, Inc. (DK Children).

Marvel Can the Hulk Lift a House? And 50 More Super Questions for Super Heroes. Melanie Scott. 2021. (ENG., Illus.). 96p. (J). (gr. k-2). 16.99 *(978-0-7440-3128-7(1))*; pap. 6.99 *(978-0-7440-2728-0(4))* Dorling Kindersley Publishing, Inc. (DK Children).

Marvel (Classic Reprint) Unknown Author. (ENG., Illus.). (J). 2018. 372p. 31.57 *(978-0-656-37151-8(X))*; 2016. pap. 13.97 *(978-1-333-47882-7(8))* Forgotten Bks.

Marvel Classic Sticker Activity Pad with Lenticular Sticker (Clubs) Des. by Bendon. 2020. (ENG.). (J). 12.98 ***(978-1-6902-1051-1(6))*** Bendon, Inc.

Marvel Classic Sticker Book. Marvel Entertainment. 2020. (ENG.). 76p. (J). (gr. 1-17). pap. 14.99 *(978-1-4197-4343-6(0)*, 1684003, Abrams Bks. for Young Readers) Abrams, Inc.

Marvel: Die-Cut Classic: Avengers Endgame. Editors of Studio Fun International. 2021. (Disney Die-Cut Classics Ser.). (ENG.). 68p. (J). (gr. 1-3). 9.99 *(978-0-7944-4676-5(0)*, Studio Fun International) Printers Row Publishing Group.

Marvel Die-Cut Classic: Avengers Infinity War. Editors of Studio Fun International. 2021. (Disney Die-Cut Classics Ser.). (ENG.). 68p. (J). (gr. 1-3). 9.99 *(978-0-7944-4677-2(9)*, Studio Fun International) Printers Row Publishing Group.

Marvel: Doodles. Marvel Press Marvel Press Book Group. 2016. (Doodle Book Ser.). (ENG.). 128p. (J). (gr. 1-3). pap. 12.99 *(978-1-4847-8636-9(X))* Marvel Worldwide, Inc.

Marvel Fall Fun 36-Copy LGB Display Fall 2023. 2023. (J). (-k). 215.64 ***(978-0-593-78049-7(3)***, Golden Bks.) Random Hse. Children's Bks.

Marvel Fall Fun 6-Copy Clip Strip Fall 2023. 2023. (J). (-k). 35.94 ***(978-0-593-78050-3(7)***, Golden Bks.) Random Hse. Children's Bks.

Marvel Fearless & Fantastic! Female Super Heroes Save the World. Dorling Kindersley Publishing Staff. 2018. (ENG., Illus.). 128p. (J). *(978-0-241-35749-1(7))* Dorling Kindersley Publishing, Inc.

Marvel Guardians of the Galaxy. Illus. by Ronald Lim et al. 2017. 32p. (J). *(978-1-5182-4191-8(3))* Little Brown & Co.

Marvel Guardians of the Galaxy: Space Riot. Patrick Shand. ed. 2017. lib. bdg. 24.50 *(978-0-606-40199-9(7))* Turtleback.

Marvel Guardians of the Galaxy: a Groot Surprise Sound Book. PI Kids. Illus. by Cali Atkinson. 2021. (ENG.). 10p. (J). bds. 6.99 *(978-1-5037-5677-9(7)*, 3763, PI Kids) Phoenix International Publications, Inc.

Marvel Guardians of the Galaxy: Little Look & Find. PI Kids. Illus. by Art Mawhinney. 2018. (ENG.). 24p. (J). 2.99 *(978-1-5037-4505-6(8)*, 3215, PI Kids) Phoenix International Publications, Inc.

Marvel Guardians of the Galaxy Look & Find. Derek Hermening. ed. 2018. (Look & Find Ser.). (ENG.). 19p. (J). (gr. -1-1). 22.36 *(978-1-64310-332-7(6))* Penworthy Co., LLC, The.

Marvel: Here Come the Heroes Stories & Activities to Save the Day! Look & Find. PI Kids. 2020. (ENG.). 80p. (J). 5.99 *(978-1-5037-5455-3(3)*, 3650, PI Kids) Phoenix International Publications, Inc.

Marvel: Look & Find. PI Kids. Illus. by Art Mawhinney. 2016. (ENG.). 24p. (J). 10.99 *(978-1-5037-0696-5(6)*, 2031, PI Kids) Phoenix International Publications, Inc.

Marvel: Look & Find 4-Book Collection. PI Kids. Illus. by Art Mawhinney. 2019. (ENG.). 96p. (J). 29.99 *(978-1-5037-4203-1(2)*, 4464, PI Kids) Phoenix International Publications, Inc.

Marvel Masterworks - the Invincible Iron Man, Vol. 13. David Michelinie. Illus. by John Romita, Sr. 2021. 360p. (gr. 4-17). 75.00 *(978-1-302-92232-0(7)*, Marvel Universe) Marvel Worldwide, Inc.

Marvel Masterworks: Marvel Two-In-one Vol. 5, Vol. 5. Bill Mantlo & Mark Gruenwald. Illus. by John Byrne & George Perez. 2020. 320p. (gr. 4-17). 75.00 *(978-1-302-92220-7(3)*, Marvel Universe) Marvel Worldwide, Inc.

Marvel Masterworks: the Black Panther Vol. 3, Vol. 3. Don McGregor & Peter B. Gillis. Illus. by Denys Cowan et al. 2021. 400p. (gr. 8-17). 75.00 *(978-1-302-92869-8(4)*, Marvel Universe) Marvel Worldwide, Inc.

Marvel Masterworks: the Defenders Vol. 7, Vol. 7. David Anthony Kraft & Marvel Various. Illus. by Marvel Various & Ed Hannigan. 2020. 352p. (gr. 4-17). 75.00 *(978-1-302-92226-9(2)*, Marvel Universe) Marvel Worldwide, Inc.

Marvel: Me Reader 8-Book Library & Electronic Reader Sound Book Set. PI Kids. Illus. by Eduardo Mello et al. 2020. (ENG.). 192p. (J). 34.99 *(978-1-5037-4805-7(7)*, 3385, PI Kids) Phoenix International Publications, Inc.

Marvel Monsters: Creatures of the Marvel Universe Explored. Kelly Knox. 2021. (ENG., Illus.). 200p. (J). (gr. 7). 25.00 *(978-0-7440-2862-1(0)*, DK Children) Dorling Kindersley Publishing, Inc.

Marvel Movie Theater Storybook & Movie Projector. Marvel. 2nd ed. 2018. (Movie Theater Storybook Ser.). (ENG.). 32p. (J). (gr. k-3). 19.99 *(978-0-7944-4216-3(1)*, Studio Fun International) Printers Row Publishing Group.

Marvel: Powers of a Girl. Lorraine Cink. 2019. (ENG., Illus.). 144p. (YA). (gr. 7-12). 16.99 *(978-1-368-02526-3(9))* Marvel Worldwide, Inc.

Marvel: Searchers, Assemble! Look & Find. PI Kids. 2020. (ENG.). 24p. (J). pap. 5.99 *(978-1-5037-5326-6(3)*, 3591, PI Kids) Phoenix International Publications, Inc.

Marvel: Sound Storybook Treasury. PI Kids. (ENG.). 34p. (J). 2020. 29.99 *(978-1-5037-5503-1(7)*, 3687); 2017. (Illus.). 29.99 *(978-1-5037-1386-4(5)*, 2275) Phoenix International Publications, Inc. (PI Kids).

Marvel Spider-Man: Busy Board with Wind-Up Car & Track. IglooBooks. 2019. (ENG.). 8p. (J). (-1). 19.99 *(978-1-83852-376-3(6))* Igloo Bks. GBR. Dist: Simon & Schuster, Inc.

Marvel Spider-Man: Look & Find. Derek Harmening. Illus. by Art Mawhinney. 2021. (Look & Find Ser.). (ENG.). 24p. (J). (gr. k-2). 14.29 *(978-1-64996-015-3(8)*, 4758, Sequoia Publishing & Media LLC) Phoenix International Publications, Inc.

Marvel Spider-Man Across the Spider-Verse Ultimate Sticker Book. Matt Jones. 2023. (Ultimate Sticker Book Ser.). (ENG.). 16p. (J). (gr. k-2). pap. 6.99 *(978-0-7440-5028-8(6)*, DK Children) Dorling Kindersley Publishing, Inc.

Marvel Spider-Man Character Encyclopedia New Edition. Melanie Scott. 2022. (ENG.). 208p. (J). (gr. 2-6). 19.99 *(978-0-7440-6347-9(7)*, DK Children) Dorling Kindersley Publishing, Inc.

Marvel Spider-Man: Here Comes Spider-Man! Book & 5-Sound Flashlight Set. PI Kids. 2020. (ENG.). 10p. (J). bds. 16.99 *(978-1-5037-5500-0(2)*, 3684, PI Kids) Phoenix International Publications, Inc.

Marvel Spider-Man: I'm Ready to Read Sound Book. PI Kids. 2020. (ENG., Illus.). 24p. (J). 11.99 *(978-1-5037-5502-4(9)*, 3686, PI Kids) Phoenix International Publications, Inc.

Marvel Spider-Man: into the Spider-Verse Magnetic Play Set. Editors of Studio Fun International. 2020. (Magnetic Play Set Ser.). (ENG.). 32p. (J). (gr. -1-k). pap. 15.99 *(978-0-7944-4551-5(9)*, Studio Fun International) Printers Row Publishing Group.

Marvel Spider-Man: into the Spider-Verse Movie Theater Storybook & Movie Projector. Eleni Roussos. 2019. (Movie Theater Storybook Ser.). (ENG.). 32p. (J). (gr. -1-k). 19.99 *(978-0-7944-4326-9(5)*, Studio Fun International) Printers Row Publishing Group.

Marvel Spider-Man: It's Spider Time! Action Sounds Sound Book. PI Kids. 2021. (ENG., Illus.). 96p. (J). 15.99 *(978-1-5037-5303-7(4)*, 3583, PI Kids) Phoenix International Publications, Inc.

Marvel Spider-Man Little Golden Book Favorites (Marvel: Spider-Man), Vol. 2. Billy Wrecks & Frank Berrios. Illus. by Golden Books. 2021. (Little Golden Book Ser.). (ENG.). 80p. (J). (-k). 8.99 *(978-0-307-97659-8(9)*, Golden Bks.) Random Hse. Children's Bks.

Marvel Spider-Man: Little Look & Find. PI Kids. Illus. by Art Mawhinney. 2017. (ENG.). 24p. (J). 2.99 *(978-1-5037-1524-0(8)*, 2311, PI Kids) Phoenix International Publications, Inc.

Marvel Spider-Man Look & Find. Derek Harmening. ed. 2018. (Look & Find Ser.). (ENG.). 19p. (J). (gr. -1-1). 22.36 *(978-1-64310-773-8(9))* Penworthy Co., LLC, The.

Marvel Spider-Man: Me Reader 8-Book Library & Electronic Reader Sound Book Set. Illus. by Simone Buonfantino et al. 2019. (ENG.). 192p. (J). 34.99 *(978-1-5037-4792-0(1)*, 3378, PI Kids) Phoenix International Publications, Inc.

Marvel Spider-Man: Miles Morales to the Rescue! Meet the Amazing Web-Slinger! David Fentiman. 2021. (DK Readers Level 1 Ser.). (ENG., Illus.). (J). (gr. k-2). 24p. 17.99 *(978-0-7440-3717-3(4))*; 48p. pap. 4.99 *(978-0-7440-3716-6(6))* Dorling Kindersley Publishing, Inc. (DK Children).

Marvel Spider-Man: Never a Dull Day Sound Book. PI Kids. 2021. (ENG.). 12p. (J). bds. 14.99 *(978-1-5037-5507-9(X)*, 3691, PI Kids) Phoenix International Publications, Inc.

Marvel Spider-Man Phonics. Inc Scholastic. ed. 2021. (Disney Learning Phonics Coll Ser.). (ENG., Illus.). 96p. (J). (gr. k-1). 19.46 *(978-1-64697-922-6(2))* Penworthy Co., LLC, The.

Marvel Spider-Man Pocket Expert: All the Facts You Need to Know. Catherine Saunders. 2022. (Pocket Expert Ser.). (ENG., Illus.). 80p. (J). (gr. 2-4). pap. 7.99 *(978-0-7440-4823-0(0)*, DK Children) Dorling Kindersley Publishing, Inc.

Marvel Spider-Man Swing into Action! Shari Last. 2021. (Discover What It Takes Ser.). (ENG., Illus.). 128p. (J). (gr. 2-4). 17.99 *(978-0-7440-2783-9(7))*; pap. 7.99 *(978-0-7440-2782-2(9))* Dorling Kindersley Publishing, Inc. (DK Children).

Marvel Spider-Man: Web-Slinging Adventure Look, Find & Listen Sound Book. PI Kids. Illus. by Art Mawhinney. 2019. (ENG.). 16p. (J). bds. 21.99 *(978-1-5037-4791-3(3)*, 3377, PI Kids) Phoenix International Publications, Inc.

Marvel Spidey & His Amazing Friends: Glow Webs Glow! Grace Baranowski. Illus. by Adam Devaney. 2023. (Push-Pull-Turn Ser.). (ENG.). 8p. (J). (gr. -1-k). bds. 9.99 *(978-0-7944-5136-3(5))* Studio Fun International.

Marvel: Spidey & His Amazing Friends: Go, Team Spidey! Steve Behling. Illus. by Watermark Rights. 2021. (Multi-Novelty Ser.). (ENG.). 12p. (J). (gr. -1-k). bds., bds. 10.99 *(978-0-7944-4731-1(7)*, Studio Fun International) Printers Row Publishing Group.

Marvel: Spidey & His Amazing Friends: Spidey to the Rescue! Grace Baranowski. 2022. (Flip Flap Fun Ser.). (ENG.). 12p. (J). (gr. -1-k). bds. 10.99 *(978-0-7944-4805-9(4)*, Studio Fun International) Printers Row Publishing Group.

Marvel Storybook Collection. Marvel Press Marvel Press Book Group. 2020. (Storybook Collection). (ENG., Illus.). 304p. (J). (gr. 1-3). 17.99 *(978-1-368-05494-2(3))* Marvel Worldwide, Inc.

Marvel: Storybook Collection Advent Calendar: 24 Book Countdown to Christmas. IglooBooks. (ENG.). 24p. (J). (gr. -1). 2022. 31.99 *(978-1-80368-428-4(3))*; 2021. 29.99 *(978-1-80108-727-8(X))* Igloo Bks. GBR. Dist: Simon & Schuster, Inc.

Marvel Studios Character Encyclopedia. Adam Bray. 2019. (ENG., Illus.). 176p. (J). (gr. 2-4). 16.99 *(978-1-4654-7889-4(2)*, DK Children) Dorling Kindersley Publishing, Inc.

Marvel Super Hero Adventures: Buggin' Out! An Early Chapter Book. MacKenzie Cadenhead. 2018. (Super Hero Adventures Chapter Bks.: 3). (ENG., Illus.). 80p. (J). (gr. 1-3). pap. 4.99 *(978-1-368-00857-0(7))* Marvel Worldwide, Inc.

Marvel Super Hero Adventures: Captain Marvel & the Epic Clash. JoAnn Padgett. 2019. (Magnetic Hardcover Ser.). (ENG., Illus.). 10p. (J). (gr. -1-k). 12.99 *(978-0-7944-4111-1(4)*, Studio Fun International) Printers Row Publishing Group.

Marvel Super Hero Adventures Graphic Novels (Set), 13 vols. 2019. (Marvel Super Hero Adventures Graphic Novels Ser.). (ENG.). 24p. (J). (gr. 1-5). lib. bdg. 407.68 *(978-1-5321-4444-8(X)*, 33849, Marvel Age) Spotlight.

Marvel Super Hero Adventures: Meet Ant-Man & the Wasp. Alexandra West. Illus. by Dario Brizuela. 2019. (World of Reading Level 1 Ser.). (ENG.). 32p. (J). (gr. -1-3). lib. bdg. 31.36 *(978-1-5321-4401-1(6)*, 33806) Spotlight.

Marvel Super Hero Adventures (Set), 4 vols. MacKenzie Cadenhead & Sean Ryan. Illus. by Derek Laufman & Dario Brizuela. 2019. (Marvel Super Hero Adventures Ser.). (ENG.). 80p. (J). (gr. 1-5). lib. bdg. 125.44 *(978-1-5321-4311-3(7)*, 31841, Chapter Bks.) Spotlight.

Marvel Super Hero Adventures: Super Hero Pop-Ups: Pop-Up Book. IglooBooks. 2020. (ENG.). 8p. (J). (gr. -1-1). 12.99 *(978-1-83903-238-7(3))* Igloo Bks. GBR. Dist: Simon & Schuster, Inc.

Marvel Super Hero Adventures: These Are the Avengers. Alexandra West. Illus. by Derek Laufman & Dario Brizuela. 2019. (World of Reading Level 1 Ser.). (ENG.). 32p. (J). (gr. -1-3). lib. bdg. 31.36 *(978-1-5321-4402-8(4)*, 33807) Spotlight.

Marvel Super Hero Adventures: Thwip! You Are It! Alexandra West. Illus. by Dario Brizuela. 2019. (World of Reading Level Pre-1 Ser.). (ENG.). 32p. (J). (gr. -1-2). lib. bdg. 31.36 *(978-1-5321-4392-2(3)*, 33797) Spotlight.

Marvel Super Hero Adventures: Tricky Trouble! Alexandra West. Illus. by Dario Brizuela. 2019. (World of Reading Level Pre-1 Ser.). (ENG.). 32p. (J). (gr. -1-2). lib. bdg. 31.36 *(978-1-5321-4393-9(1)*, 33798) Spotlight.

Marvel Super Heroes: the Ultimate Pop-Up Book. Matthew Reinhart. 2022. (ENG., Illus.). 12p. (J). (gr. k-17). 49.99 *(978-1-4197-4911-7(0)*, 1710101) Abrams, Inc.

Marvel Superheroes: Look & Find. Derek Harmening. Illus. by Art Mawhinney. 2021. (Look & Find Ser.). (ENG.). 24p. (J). (gr. k-2). 14.29 *(978-1-64996-017-7(4)*, 4761, Sequoia Publishing & Media LLC) Phoenix International Publications, Inc.

Marvel: Talking Quiz Sound Book. PI Kids. 2020. (ENG., Illus.). 96p. (J). 21.99 *(978-1-5037-5195-8(3)*, 3521, PI Kids) Phoenix International Publications, Inc.

Marvel the Way of the Warrior: Marvel's Mightiest Martial Artists. Alan Cowsill. 2021. (ENG.). 200p. (J). 25.00 *(978-0-7440-2719-8(5)*, DK) Dorling Kindersley Publishing, Inc.

Marvel Thor Look & Find. Riley Beck. ed. 2018. (Look & Find Ser.). (ENG.). 19p. (J). (gr. -1-1). 22.36 *(978-1-64310-760-8(7))* Penworthy Co., LLC, The.

Marvel Ultimate Quiz Book: Are You a Marvel Expert? Melanie Scott. 2019. (ENG.). 128p. (J). (gr. 2-5). pap. 9.99 *(978-1-4654-7894-8(9)*, DK Children) Dorling Kindersley Publishing, Inc.

Marvel Ultimate Villains. Dorling Kindersley Publishing Staff. ed. 2018. (DK Reader Level 2 Ser.). lib. bdg. 14.75 *(978-0-606-41166-0(6))* Turtleback.

Marvel-Verse - Hawkeye. Jeff Parker & Marvel Various. Illus. by Marvel Various & Steve Scott. 2021. 120p. (J). (gr. 5-9). pap. 9.99 ***(978-1-302-93214-5(4)***, Outreach/New Reader) Marvel Worldwide, Inc.

Marvel-Verse - Ms. Marvel. G. Willow Wilson & Marvel Various. Illus. by Marvel Various & Adrian Alphona. 2022. 104p. (gr. 5-9). pap. 9.99 *(978-1-302-94781-1(8)*, Outreach/New Reader) Marvel Worldwide, Inc.

Marvel-Verse - Shang-Chi. Fred Van Lente. Illus. by Francis Portela. ed. 2021. 120p. (J). (gr. 5-9). pap. 9.99 ***(978-1-302-92777-6(9)***, Outreach/New Reader) Marvel Worldwide, Inc.

Marvel-Verse - She-Hulk. Stan Lee & Marvel Various. Illus. by Marvel Various & John Buscema. 2021. 112p. (J). (gr. 5-9). pap. 9.99 ***(978-1-302-93083-7(4)***, Outreach/New Reader) Marvel Worldwide, Inc.

Marvel-Verse - Shuri. Nnedi Okorafor & Vita Ayala. Illus. by Leonardo. Romero & Marvel Various. ed. 2022. 120p. (gr. 5-9). pap. 9.99 *(978-1-302-94599-2(8)*, Outreach/New Reader) Marvel Worldwide, Inc.

Marvel-Verse - Spider-Gwen: Ghost-Spider. Jason Latour. Illus. by Robbi Rodriguez. 2023. 112p. (J). (gr. 5-9). pap. 9.99 ***(978-1-302-95345-4(1)***, Outreach/New Reader) Marvel Worldwide, Inc.

MARVEL-VERSE: ANT-MAN & the WASP. Roberto Aguirre-Sacasa & Marvel Various. Illus. by Marvel Various & Stephanie Hans. ed. 2023. 120p. (gr. 5-9). pap. 9.99 *(978-1-302-95066-8(5)*, Outreach/New Reader) Marvel Worldwide, Inc.

Marvel-Verse: Captain America. Brian Clevinger & Marvel Various. Illus. by Marvel Various & G. Gurihiru. 2020. 112p. (J). (gr. 5-9). pap. 9.99 ***(978-1-302-92513-0(X)***, Outreach/New Reader) Marvel Worldwide, Inc.

Marvel-Verse: Captain Marvel. Kelly Sue DeConnick. 2021. (Illus.). 120p. (J). (gr. 5-9). pap. 9.99 ***(978-1-302-92684-7(5)***, Outreach/New Reader) Marvel Worldwide, Inc.

Marvel-Verse: Ironheart. Eve L. Ewing & Brian Michael Bendis. Illus. by Kevin Libranda & Marvel Various. 2023. 120p. (gr. 5-9). pap. 9.99 *(978-1-302-95102-3(5)*, Outreach/New Reader) Marvel Worldwide, Inc.

Marvel-Verse: Kraven the Hunter. Erik Burnham & Marvel Various. Illus. by Marvel Various & Christopher Jones. 2023. 120p. (gr. 5-9). pap. 9.99 *(978-1-302-95064-4(9)*, Outreach/New Reader) Marvel Worldwide, Inc.

Marvel-Verse: Thor. Louise Simonson & Marvel Various. Illus. by Marvel Various & Chris Samnee. 2021. 128p. (J). (gr. 5-9). pap. 9.99 ***(978-1-302-92685-4(3)***, Outreach/New Reader) Marvel Worldwide, Inc.

Marvel vs. DC: A Superhero Showdown. Kenny Abdo. 2022. (Versus Ser.). (ENG.). 24p. (J). (gr. 2-8). lib. bdg. 31.36 *(978-1-0982-2864-4(2)*, 41105, Abdo Zoom-Fly) ABDO Publishing Co.

Marvel Who Is Captain Marvel? Travel to Space with Earth's Defender. Nicole Reynolds. 2022. (DK Readers Level 2 Ser.). (ENG.). 48p. (J). (gr. k-2). 17.99 *(978-0-7440-6100-0(8))*; pap. 4.99 *(978-0-7440-6099-7(0))* Dorling Kindersley Publishing, Inc. (DK Children).

Marvellers. Dhonielle Clayton. Illus. by Khadijah Khatib. 2022. (Conjureverse Ser.: 1). (ENG.). 416p. (J). 16.99 *(978-1-250-17494-9(5)*, 900189274, Holt, Henry & Co. Bks. For Young Readers) Holt, Henry & Co.

Marvellers. Dhonielle Clayton. Illus. by Khadijah Khatib. 2023. (Conjureverse Ser.: 1). (ENG.). 432p. (J). pap. 9.99 ***(978-1-250-87884-7(5)***, 900189275) Square Fish.

Marvellous Adventures & Rare Conceits of Master Tyll Owlglass: Newly Collected, Chronicled & Set Forth, in Our English Tongue (Classic Reprint) Kenneth R. H. MacKenzie. 2017. (ENG., Illus.). (J). 30.43 *(978-0-331-76315-7(X))* Forgotten Bks.

Marvellous Adventures of Maggie & Methuselah: A Mystery in Hong Kong. Sarah Brennan. Illus. by Charly Cheung. 2022. (ENG.). 220p. (J). (gr. 3-7). pap. 12.95 *(978-988-75546-0-8(X))* Blacksmith Bks. HKG. Dist: National Bk. Network.

Marvellous Country: Or, Three Years in Arizona & New Mexico (Classic Reprint) Samuel Woodworth Cozzens. 2018. (ENG., Illus.). 586p. (J). 36.00 *(978-0-483-78631-8(4))* Forgotten Bks.

Marvellous Funambulist of Middle Harbour & Other Sydney Firsts. Hilary Bell. Illus. by Matthew Martin. 2016. 48p. (J). (gr. 1-4). 24.99 *(978-1-74223-440-3(2)*, UNSW Press) NewSouth Publishing AUS. Dist: Independent Pubs. Group.

Marvellous History of King Arthur in Avalon. Geoffrey Junior. 2018. (ENG., Illus.). 62p. (J). 12.99 *(978-1-5154-2175-7(9))* Wilder Pubns., Corp.

Marvellous History of the Shadowless Man, and, the Cold Heart (Classic Reprint) Adelbert von Chamisso. (ENG., Illus.). (J). 2017. 29.59 *(978-0-260-44711-1(0))*; 2016. pap. 11.97 *(978-1-333-72272-2(9))* Forgotten Bks.

Marvellous Land of Oz. Frank L. Baum. 2018. (VIE., Illus.). (J). (gr. 3-6). pap. *(978-604-957-452-8(9))* Van hoc.

Marvellous Land of Oz, 1 vol. L. Frank Baum. 2nd ed. 2016. (Wizard of Oz Collection: 2). (ENG., Illus.). 176p. (J). (gr. 4-8). 7.99 *(978-1-78226-306-7(3)*, d72398e7-0a24-4ea1-930a-0a5a8a2bab11) Sweet Cherry Publishing GBR. Dist: Baker & Taylor Publisher Services (BTPS).

Marvellous Magicians: The Greatest Magicians of All Time! Lydia Corry. 2020. (ENG., Illus.). 48p. (J). (gr. 2-6). 19.95 *(978-0-500-65221-3(X)*, 565221) Thames & Hudson.

Marvelous. Claire Kann. 2022. (ENG.). 336p. (YA). pap. 10.99 *(978-1-250-83313-6(2)*, 900193199) Square Fish.

Marvelous Adventures of Gwendolyn Gray. B. A. Williamson. 2018. (Chronicles of Gwendolyn Gray Ser.). (ENG., Illus.). 336p. (J). (gr. 3-7). pap. 11.99 *(978-1-63163-172-6(1)*, 1631631721, Jolly Fish Pr.) North Star Editions.

Marvelous Adventures of Gwendolyn Gray. B. A. Williamson. ed. 2018. lib. bdg. 23.30 *(978-0-606-41248-3(4))* Turtleback.

Marvelous Adventures of Nico see Maravilloso Viaje

Marvelous, Amazing, Pig-Tastic Gracie Laroo! Marsha Qualey. Illus. by Kristyna Litten & Kristyna Litten. ed. 2018. (Gracie Laroo Ser.). (ENG.). 128p. (J). (gr. k-2). pap., pap., pap. 5.95 *(978-1-5158-1458-0(0)*, 135717, Picture Window Bks.) Capstone.

Marvelous & Amazing Maize Maze Activity Book. Kreative Kids. 2016. (ENG., Illus.). (J). pap. 10.81 *(978-1-68377-066-4(8))* Whike, Traudl.

Marvelous Boxing Bunny. Steve Korté. Illus. by Mike Kunkel. 2022. (Amazing Adventures of the DC Super-Pets Ser.). (ENG.). 32p. (J). 22.65 *(978-1-6663-4433-2(8)*, 238395); pap. 5.95 *(978-1-6663-4437-0(0)*, 238380) Capstone. (Picture Window Bks.).

Marvelous but True. Mission to the Bottom of the Sea. Jan Leyssens. Illus. by Joachim Sneyers. 2020. (Marvelous but True Ser.: 1). (ENG.). 32p. (J). (gr. 1). 16.95 *(978-1-60537-531-1(4))* Clavis Publishing.

Marvelous Comic Creator: Blank Comic Book for Kids (150 Pages) Gazzapper Press. 2018. (ENG., Illus.). 172p. (J). pap. *(978-0-9934744-7-0(0))* Gazzapper Pr.

Marvelous Discoveries. Tamra B. Orr. 2018. (Marvelous Discoveries Ser.). (ENG.). 32p. (J). (gr. 2-5). 122.60 *(978-1-5435-2635-6(7)*, 28170, Capstone Pr.) Capstone.

Marvelous Evidence, or a Witness from the Grave: A Psychological Study (Classic Reprint) Thomas Henry Bates. (ENG., Illus.). (J). 2018. 192p. 27.88 *(978-0-484-74151-4(9))*; 2017. pap. 10.57 *(978-0-259-50324-8(X))* Forgotten Bks.

Marvelous Exploits of Paul Bunyan: As Told in the Camps of the White Pine Lumbermen for Generation During Which Time the Loggers Have Pioneered the Way Through the North Woods from Maine to California (Classic Reprint) W. B. Laughead. 2017. (ENG., Illus.). (J). 24.70 *(978-1-5283-7369-2(3))* Forgotten Bks.

Marvelous Invention of Orion Mcbride. Tyler Rogers. 2020. (ENG.). 230p. (J). pap. 9.99 *(978-1-7360770-0-9(7))* Syncopation Pr.

Marvelous Land of Oz. L. Frank Baum. 2023. (ENG.). 147p. (YA). pap. ***(978-1-312-83632-7(6))*** Lulu Pr., Inc.

Marvelous Land of Oz. L. Frank Baum. Illus. by John R. Neill. 2022. (Wizard of Oz Ser.: 2). 320p. (J). (gr. 2-8). 14.99 *(978-1-63158-575-3(4)*, Racehorse Publishing) Skyhorse Publishing Co., Inc.

Marvelous Land of Snergs. Veronica Cossanteli. Illus. by Melissa Castrillón. 2022. (ENG.). 307p. (J). 17.99 *(978-1-60945-808-9(7))* Europa Editions, Inc.

Marvelous Machinery/the Royal Engine (Thomas & Friends) Christy Webster. Illus. by Random House. 2020. (Pictureback(R) Ser.). (ENG.). 24p. (J). (gr. -1-2). 5.99 *(978-0-593-12763-6(3)*, Random Hse. Bks. for Young Readers) Random Hse. Children's Bks.

Marvelous Macki Brown. Casey G. Hyman. Ed. by G. E. M. Illus. by Paul J. Valencia. 2020. (ENG.). 44p. (J). 25.00 *(978-1-951883-37-9(3))* Butterfly Typeface, The.

Marvelous Maddie. Leslee Mackey. 2020. (ENG., Illus.). 28p. (J). pap. 12.99 *(978-1-952011-67-2(1))* Pen It Pubns.

Marvelous Maddie Monkey. Michael Amaral. Illus. by Shauna Maroney-Hamade. 2021. (ENG.). 38p. (J). pap. 12.95 *(978-1-6678-0049-3(3))* BookBaby.

Marvelous Magic of Miss Mabel. Natasha Lowe. (Poppy Pendle Ser.). (ENG.). (J). (gr. 3-7). 2017. 304p. pap. 8.99 *(978-1-4814-6534-2(1))*; 2016. (Illus.). 288p. 16.99 *(978-1-4814-6533-5(3))* Simon & Schuster/Paula Wiseman Bks. (Simon & Schuster/Paula Wiseman Bks.).

Marvelous Magical Door. Leo Perry. Illus. by Vicky Kuhn. 2023. (ENG.). 32p. (J). pap. ***(978-1-915680-00-6(X))*** Trigger Publishing.

Marvelous Maker: A Creation & Redemption Parable. April Graney. 2020. (ENG.). 32p. (J). (gr. -1-3). 14.99 *(978-1-4300-7032-0(3)*, 005823500, B&H Kids) B&H Publishing Group.

Marvelous Mammals. Lily Schell. 2022. (Amazing Animal Classes Ser.). (ENG., Illus.). 24p. (J). (gr. k-3). pap. 7.99 *(978-1-64834-835-8(1)*, 21689, Blastoff! Readers) Bellwether Media.

Marvelous Mandolins Musical Coloring Book. Jupiter Kids. 2018. (ENG., Illus.). 106p. (J). pap. 12.55 *(978-1-68326-842-0(3)*, Jupiter Kids (Childrens & Kids Fiction)) Speedy Publishing LLC.

Marvelous Maps: Our Changing World in 40 Amazing Maps. Simon Kuestenmacher. Illus. by Margarida Esteves. 2023. (ENG.). 96p. (J). (gr. 3-7). 24.95 *(978-1-80338-042-1(X))* Welbeck Publishing Group Ltd. GBR. Dist: Two Rivers Distribution.

Marvelous Maravilloso: Me & My Beautiful Family. Carrie Lara & Christine Battuz. 2018. (ENG., Illus.). 32p. (J). *(978-1-4338-2856-0(1)*, Magination Pr.) American Psychological Assn.

Marvelous Maritime Adventures of the Tugboat Cheryl Ann: Done Right. Robert H. Ellenberg. Ed. by Cheryl Garrison. Illus. by Carolyn Frank. 2021. (ENG.). 32p. (J). *(978-1-5255-9650-6(0))*; pap. *(978-1-5255-9649-0(7))* FriesenPress.

Marvelous Marsupials: Australia's Most Amazing Animals Coloring Book. Activity Book Zone for Kids. 2016. (ENG., Illus.). (J). pap. 9.20 *(978-1-68376-360-4(2))* Sabeels Publishing.

Marvelous Marvella J. Q. 2022. (Marvelous Marvella J. Q. Ser.). (ENG.). (J). pap. 40.05 ***(978-1-9785-9630-6(8)***, West 44 Bks.) Enslow Publishing, LLC.

Marvelous Maze. Maxine Schur. Illus. by Robin DeWitt & Patricia Grush-DeWitt. 2020. (ENG.). 44p. (J). 19.99 *(978-1-952209-34-5(X))* Lawley Enterprises.

Marvelous Mazes: Level 1. Clever Publishing. Illus. by Inna Anikeeva. 2019. (Clever Mazes Ser.). (ENG.). 32p. (J). (gr. -1-1). pap. 4.99 *(978-1-949998-21-4(5))* Clever Media Group.

Marvelous Mazes! a Challenging Adult Activity Book. Smarter Activity Books. 2016. (ENG., Illus.). (J). pap. 8.99 *(978-1-68374-101-5(3))* Examined Solutions PTE. Ltd.

Marvelous Mazes Activity Book. Smarter Activity Books for Kids. 2016. (ENG., Illus.). (J). pap. 9.22 *(978-1-68374-100-8(5))* Examined Solutions PTE. Ltd.

Marvelous Me! a Personalized Coloring Book. Andrée Tracey. 2016. (Dover Coloring Bks.). (ENG.). 32p. (J). (gr. -1-3). pap. 4.99 *(978-0-486-80758-4(4)*, 807584) Dover Pubns., Inc.

Marvelous Middle Grade 24-Copy Prepack W/ Guide. 2020. (J). (gr. 4-7). pap., pap., pap. 235.76 *(978-0-593-36172-6(5)*, Dial Bks) Penguin Young Readers Group.

Marvelous Migrations (Set), 8 vols. Susan H. Gray. 2020. (21st Century Junior Library: Marvelous Migrations Ser.). (ENG., Illus.). 24p. (J). (gr. 2-5). 245.12 *(978-1-5341-6804-6(4)*, 215117); pap., pap., pap. 102.29 *(978-1-5341-6986-9(5)*, 215118) Cherry Lake Publishing.

Marvelous Mind of Marvin. Aldous Bunting. 2020. (ENG.). 32p. (J). pap. 9.99 *(978-1-7321263-7-4(2))* PenLit Publishing.

Marvelous Mirza Girls. Sheba Karim. (ENG.). (YA). (gr. 8). 2022. 416p. pap. 11.99 *(978-0-06-284549-8(7))*; 2021. (Illus.). 400p. 17.99 *(978-0-06-284548-1(9))* HarperCollins Pubs. (Quill Tree Bks.).

Marvelous Miss May. Linda Lowney. 2017. (ENG., Illus.). (J). pap. 13.95 *(978-1-5043-7384-5(7)*, Balboa Pr.) Author Solutions, LLC.

Marvelous Mister Moon. Christine Ramondetta. Illus. by Allison Cain. 2018. (ENG.). 52p. (J). *(978-4-902837-45-2(5))*; pap. *(978-4-902837-46-9(3))* Aoishima Kenkyusha.

Marvelous Moleon, Volume 3. Nova Weetman. Illus. by Chris Kennett. 2019. (Noah & Blue's Zooniverse Ser.: 3). (ENG.). 96p. (J). (gr. 2-4). pap. 7.99 *(978-1-76050-401-4(7))* Hardie Grant Children's Publishing AUS. Dist: Independent Pubs. Group.

Marvelous Monster MASH Bash Halloween Fun Coloring Book. Bobo's Children Activity Books. 2016. (ENG., Illus.). (J). pap. 9.33 *(978-1-68327-553-4(5))* Sunshine In My Soul Publishing.

Marvelous Moths Insect Coloring Book. Smarter Activity Books for Kids. 2016. (ENG., Illus.). (J). pap. 9.22 *(978-1-68374-369-9(5))* Examined Solutions PTE. Ltd.

Marvelous Motorcycles. Tony Mitton. Illus. by Ant Parker. 2018. (Amazing Machines Ser.). (ENG.). 20p. (J). bds. 6.99 *(978-0-7534-7419-8(0)*, 900187154, Kingfisher) Roaring Brook Pr.

Marvelous Mud House: A Story of Finding Fullness & Joy. April Graney. Illus. by Alida Massari. 2017. (ENG.). 32p. (J). (gr. -1-3). 14.99 *(978-1-4627-4099-4(5)*, 005793053, B&H Kids) B&H Publishing Group.

Marvelous Musical Prodigy, Blind Tom, the Negro Boy Pianist, Whose Performances at the Great St. James & Egyptian Halls, London, & Salle Hertz, Paris, Have Created Such a Profound Sensation: Anecdotes, Songs, Sketches of the Life, Testimonials Of. Unknown Author. (ENG., Illus.). (J). 2018. 40p. 24.72 *(978-0-483-75427-0(7))*; 2017. pap. 7.97 *(978-0-243-40984-6(2))* Forgotten Bks.

Marvelous Mustard Seed. Amy-Jill Levine & Sandy Eisenberg Sasso. Illus. by Margaux Meganck. 2018. (ENG.). 48p. (J). (gr. -1-3). 16.00 *(978-0-664-26275-4(9)*, 664262759, Flyaway Bks.) Westminster John Knox Pr.

Marvelous Stan Lee: Filmstars Volume 3. Ellen Aim. 2017. (ENG., Illus.). (J). pap. 9.99 *(978-1-938438-52-3(3))* Creative Media Publishing.

Marvelous Work. Jena' Lowry. Illus. by Christie Leggett. 2020. (ENG.). 38p. (J). pap. 14.95 *(978-1-0879-0224-1(X))* Indy Pub.

Marvels. Brian Selznick. 2016. (CHI.). (J). *(978-986-479-039-5(0))* Commonwealth Publishing Co., Ltd.

1284 The check digit for ISBN-10 appears in parentheses after the full ISBN-13

Marvels & Mysteries (Classic Reprint) Richard Marsh. (ENG., Illus.). (J). 2018. 362p. 31.36 *(978-0-267-35520-4(3))*; 2016. pap. 13.97 *(978-1-333-25235-9(8))* Forgotten Bks.

Marvel's Captain America Civil War Junior Novel. Marvel Editors. ed. 2016. (J). lib. bdg. 17.20 *(978-0-606-38313-4(1))* Turtleback.

Marvel's Guardians of the Galaxy, Vol. 2. Marvel Editors. ed. 2017. (Passport to Reading Level 2 Ser.). (J). lib. bdg. 14.75 *(978-0-606-39905-0(4))*; lib. bdg. 14.75 *(978-0-606-39906-7(2))* Turtleback.

Marvel's SpiderMan:: the Ultimate SpiderMan. Liz Marsham. 2017. (ENG., Illus.). 24p. (J). (gr. 1-3). pap. 4.99 *(978-1-368-00310-0(9))* Marvel Worldwide, Inc.

Marvels: the Hero I'm Meant to Be. Pamela Bobowicz. ed. 2023. (ENG.). 32p. (J). (gr. -1-3). 17.99 ***(978-1-368-08050-7(2))*** Marvel Worldwide, Inc.

Marvelwood Magicians. Diane Zahler. 2017. (ENG.). 192p. (J). (gr. 3-7). 16.95 *(978-1-62979-724-3(3)*, Astra Young Readers) Astra Publishing Hse.

Marvin: Based on the Way I Was by Marvin Hamlisch, 1 vol. Ian David Marsden et al. 2020. (ENG., Illus.). 64p. (gr. 3-6). pap. 12.99 *(978-0-7643-5904-0(5)*, 17429) Schiffer Publishing, Ltd.

Marvin & His Marvelous Marvaphone. Allene Warren. 2020. (ENG.). 34p. (J). pap. 9.99 *(978-1-951772-55-0(5))* Kids Bk. Pr.

Marvin & James Save the Day & Elaine Helps! Elise Broach. Illus. by Kelly Murphy. 2020. (Masterpiece Adventures Ser.: 4). (ENG.). 112p. (J). pap. 7.99 *(978-1-250-23321-9(6)*, 900191476) Square Fish.

Marvin & the Explosive Experiment. Kevin Gallagher. Illus. by Christopher Tupa. 2022. (Holy Moleys Ser.). (ENG.). 32p. (J). (gr. -1-3). pap. 14.95 *(978-1-955492-00-3(X)*, GT2003) Good & True Media.

Marvin & the Giant Bubble: The Magic Mommy Series. Karin McCay. 2017. (Magic Mommy Ser.: 1). (ENG., Illus.). 32p. (J). 14.95 *(978-1-945176-20-3(2)*, 9781945176203) Waldorf Publishing.

Marvin & the Surprise Package. Karin McCay. 2017. (Magic Mommy Ser.: 2). (ENG., Illus.). 33p. (J). 14.95 *(978-1-68419-257-1(9)*, 9781684192571) Waldorf Publishing.

Marvin the Cat a Ricky Rat Adventure. Larry Bubar. 2017. (ENG., Illus.). 40p. (J). pap. *(978-1-387-06205-8(0))* Lulu Pr., Inc.

Marvin the Marvelous Mosquito. Linda Serven Cavanaugh. 2021. (ENG., Illus.). 34p. (J). pap. 13.95 *(978-1-63630-421-2(4))* Covenant Bks.

Marvin the Mouse: In Search of the Perfect Christmas Present. Jacquelyn Commander. 2022. (ENG.). 24p. (J). 22.95 ***(978-1-6657-3048-8(X))***; pap. 12.95 ***(978-1-6657-3047-1(1))*** Archway Publishing.

Marvin the Turtle. Olivia McNabb. 2021. (ENG.). 30p. (J). 23.95 *(978-1-6624-7350-0(8))*; (Illus.). pap. 13.95 *(978-1-6624-4760-0(4))* Page Publishing Inc.

Marvin's Marvelous Memories on MacIntosh Lane. Robert French & Elizabeth French. 2020. (ENG., Illus.). 108p. (J). 32.95 *(978-1-0980-6744-1(4))* Christian Faith Publishing.

Marvin's Monster Diary: ADHD Attacks! (but I Rock It, Big Time) Raun Melmed & Annette Sexton. 2016. (ENG., Illus.). 106p. (J). (gr. 2-6). pap. 12.99 *(978-1-942934-10-3(6)*, 553410) Familius LLC.

Marvin's Monster Diary 5: ADHD Self-Esteem Blues. Raun Melmed. Illus. by Arief Kriembonga. 2023. (Monster Diaries). (ENG.). 112p. (J). (gr. -1-1). pap. 12.99 ***(978-1-64170-739-8(9))*** Familius LLC.

Marwan's Journey. Patricia De Arias. Illus. by Laura Borràs. 2018. 36p. (J). (gr. k-2). 17.99 *(978-988-8341-55-9(3)*, Minedition) Penguin Young Readers Group.

Marx He Knew (Classic Reprint) John Spargo. 2017. (ENG., Illus.). (J). 25.96 *(978-0-265-21212-7(X))* Forgotten Bks.

Mary: A Tale of Sorrow: Strange Tales from a Humble Life (Classic Reprint) John Ashworth. 2018. (ENG., Illus.). 22p. (J). 24.35 *(978-0-483-93417-7(8))* Forgotten Bks.

Mary: The Inner Life of a Child (Classic Reprint) Una Hunt. 2018. (ENG., Illus.). 282p. (J). 29.71 *(978-0-267-25993-9(X))* Forgotten Bks.

Mary - Men & Women of the Bible Revised. Contrib. by Casscom Media. 2017. (Men & Women of the Bible - Revised Ser.). (ENG., Illus.). (J). pap. *(978-87-7132-584-3(0))* Scandinavia Publishing Hse.

Mary - the Best Girl. Catherine MacKenzie. 2020. (ENG., Illus.). 16p. (J). bds. 3.99 *(978-1-5271-0115-9(0)*, e5c04885-2231-4eed-b2ef-7e4daa3976fb, CF4Kids) Christian Focus Pubns. GBR. Dist: Baker & Taylor Publisher Services (BTPS).

Mary & Charlie: Or, Every Day Faults (Classic Reprint) Society For Promoting Christi Knowledge. 2018. (ENG., Illus.). 80p. (J). 25.55 *(978-0-332-93610-9(4))* Forgotten Bks.

Mary & Charlie: Or, Every Day Faults (Classic Reprint) Society for Promoting Christian Knowledge. 2017. (ENG., Illus.). (J). pap. 9.57 *(978-1-331-81152-7(X))* Forgotten Bks.

Mary & Her New Friends. Fawzia Reza. 2019. (ENG., Illus.). 42p. (J). *(978-1-5289-2884-7(9))*; pap. *(978-1-5289-2883-0(0))* Austin Macauley Pubs. Ltd.

Mary & Joy Save Christmas. Wayne Harris-Wyrick. Illus. by Carrie Salazar. 2016. (ENG.). (J). (gr. 4-6). 19.99 *(978-1-940310-51-0(2))*; pap. 14.99 *(978-1-940310-50-3(4))* 4RV Pub.

Mary & Me. Kate Woodard. 2018. (ENG., Illus.). 40p. (J). pap. 9.99 *(978-0-9979221-2-7(5))* Woodard, Kate.

Mary & the Fireflies. Mary Perrone Davis. Ed. by Nancy E. Williams. Illus. by Grace Metzger Forrest. 2018. (ENG.). 24p. (J). (gr. k-3). pap. 14.98 *(978-1-943523-51-1(7))* Laurus Co., Inc., The.

Mary & the Little Lamb. Mary Perrone Davis. Ed. by Nancy E. Williams. Illus. by Grace Metzger Forrest. 2019. (ENG.). 24p. (J). (gr. k-6). pap. 14.98 *(978-1-943523-80-1(0))* Laurus Co., Inc., The.

Mary & the Little Shepherds of Fatima. Marlyn Monge. Illus. by Maria Joao Lopez. 2017. (ENG.). 34p. (J). 14.95 *(978-0-8198-4959-5(6))* Pauline Bks. & Media.

Mary & the Potter's Wheel. Mary Perrone Davis. Ed. by Nancy E. Williams. Illus. by Grace Metzger Forrest. 2020. (ENG.). 24p. (J). pap. 14.98 *(978-1-943523-88-7(6))* Laurus Co., Inc., The.

Mary & the Trail of Tears: A Cherokee Removal Survival Story. Andrea L. Rogers. Illus. by Matt Forsyth. 2020. (Girls Survive Ser.). (ENG.). 112p. (J). (gr. 3-7). pap. 7.95 *(978-1-4965-9216-3(6)*, 142248); lib. bdg. 26.65 *(978-1-4965-8714-5(6)*, 141520) Capstone. (Stone Arch Bks.).

Mary Anderson & Windshield Wipers. Ellen Labrecque. 2017. (21st Century Junior Library: Women Innovators Ser.). (ENG., Illus.). 24p. (J). (gr. 2-5). lib. bdg. 29.21 *(978-1-63472-178-3(0)*, 209284) Cherry Lake Publishing.

Mary Anerley: A Yorkshire Tale (Classic Reprint) R. D. Blackmore. 2018. (ENG., Illus.). (J). 33.22 *(978-0-260-66289-7(5))* Forgotten Bks.

Mary Anerley, Vol. 1 Of 3: A Yorkshire Tale (Classic Reprint) R. D. Blackmore. 2018. (ENG., Illus.). 336p. (J). 30.85 *(978-0-428-21293-3(X))* Forgotten Bks.

Mary Anerley, Vol. 2 Of 3: A Yorkshire Tale (Classic Reprint) R. D. Blackmore. 2018. (ENG., Illus.). 330p. (J). 30.72 *(978-0-483-86174-9(X))* Forgotten Bks.

Mary Anerley, Vol. 3 Of 3: A Yorkshire Tale (Classic Reprint) R. D. Blackmore. 2018. (ENG., Illus.). 350p. (J). 31.14 *(978-0-428-92937-4(0))* Forgotten Bks.

Mary, Anna, & the Little Brother: The Lion, the Bear, & the Fox Remixed. Connie Colwell Miller. Illus. by Victoria Assanelli. 2016. (Aesop's Fables Remixed Ser.). (ENG.). 24p. (J). (gr. 1-4). lib. bdg. 20.95 *(978-1-60753-955-1(1)*, 15615) Amicus.

Mary Anne & the Search for Tigger (the Baby-Sitters Club #25) Ann M. Martin. 2023. (Baby-Sitters Club Ser.). (ENG.). 160p. (J). (gr. 3-7). pap. 6.99 *(978-1-338-81507-8(5))* Scholastic, Inc.

Mary Anne Saves the Day, 3. Raina Telgemeier. ed. 2020. (Baby-Sitters Club Ser.). (ENG.). 154p. (J). (gr. 4-5). 21.96 *(978-0-87617-887-4(5))* Penworthy Co., LLC, The.

Mary Anne Saves the Day: a Graphic Novel (the Baby-Sitters Club #3) Ann M. Martin. Illus. by Raina Telgemeier. 2023. (Baby-Sitters Club Graphix Ser.).Tr. of (the Baby-Sitters Club #3). (ENG.). 160p. (J). (gr. 3-7). pap. 12.99 *(978-1-338-88825-6(0)*, Graphix) Scholastic, Inc.

Mary Anne Saves the Day (the Baby-Sitters Club #4) Ann M. Martin. 2020. (Baby-Sitters Club Ser.: 4). (ENG.). 176p. (J). (gr. 3-7). pap. 6.99 *(978-1-338-64223-0(5)*, Scholastic Paperbacks) Scholastic, Inc.

Mary Anne Saves the Day (the Baby-Sitters Club #4) (Library Edition) Ann M. Martin. 2020. (Baby-Sitters Club Ser.: 4). (ENG.). 176p. (J). (gr. 3-7). lib. bdg. 25.99 *(978-1-338-65120-1(X))* Scholastic, Inc.

Mary Anne Wellington, the Soldier's Daughter, Wife, & Widow, Vol. 1 of 3 (Classic Reprint) Richard Cobbold. 2018. (ENG., Illus.). 320p. (J). 30.52 *(978-0-267-48247-4(7))* Forgotten Bks.

Mary Anne's Bad-Luck Mystery see Mala Suerte de Mary Anne

Mary Anne's Bad Luck Mystery, 13. Cynthia Yuan Cheng. ed. 2023. (Baby-Sitters Club Ser.). (ENG.). 166p. (J). (gr. 3-7). 24.96 ***(978-1-68505-865-4(5))*** Penworthy Co., LLC, The.

Mary Anne's Bad Luck Mystery: a Graphic Novel (the Baby-Sitters Club #13), Vol. 13. Ann M. Martin. Illus. by Cynthia Yuan Cheng. adapted ed. 2022. (Baby-Sitters Club Graphix Ser.). (ENG.). 176p. (J). (gr. 3-7). 24.99 *(978-1-338-61611-8(0))*; pap. 12.99 *(978-1-338-61610-1(2))* Scholastic, Inc. (Graphix).

Mary Anne's Bad Luck Mystery (the Baby-Sitters Club #17) Ann M. Martin. 2021. (Baby-Sitters Club Ser.: 17). (ENG.). 160p. (J). (gr. 3-7). 25.99 *(978-1-338-75552-7(8))*; pap. 6.99 *(978-1-338-75551-0(X))* Scholastic, Inc.

Mary Anning. Maria Isabel Sanchez Vegara. Illus. by Popy Matigot. 2021. (Little People, BIG DREAMS Ser.: 58). (ENG.). 32p. (J). (gr. -1-2). 15.99 ***(978-0-7112-5554-8(7)***, Frances Lincoln Children's Bks.) Quarto Publishing Group UK GBR. Dist: Hachette Bk. Group.

Mary Anning. Sara Spiller. Illus. by Jeff Bane. 2018. (My Early Library: My Itty-Bitty Bio Ser.). (ENG.). 24p. (J). (gr. k-1). lib. bdg. 30.64 *(978-1-5341-2884-2(0)*, 211580) Cherry Lake Publishing.

Mary Anning Fossil Hunter: Band 17/Diamond, Bd. 17. Anna Claybourne. 2017. (Collins Big Cat Ser.). (ENG., Illus.). 56p. (J). pap. 12.99 *(978-0-00-820893-6(X))* HarperCollins Pubs. Ltd. GBR. Dist: Independent Pubs. Group.

Mary Anning (Spanish Edition) Maria Isabel Sanchez Vegara. Illus. by Popy Matigot. 2023. (Little People, Big Dreams en Español Ser.: Vol. 58). (SPA.). 32p. (J). (gr. -1-2). pap. ***(978-0-7112-8477-7(6))*** Frances Lincoln Childrens Bks.

Mary Anning's Curiosity. Monica Kulling. Illus. by Melissa Castrillon. 120p. (J). (gr. 4-7). 2023. pap. 12.99 ***(978-1-77306-990-6(X))***; 2017. 14.95 *(978-1-55498-898-3(5))* Groundwood Bks. CAN. Dist: Publishers Group West (PGW).

Mary Anning's Grewsome Beasts. Deshan Tennekoon & Linki Brand. 2022. (ENG.). (J). pap. 9.50 *(978-0-6396-0829-7(9))* Penguin Random House South Africa ZAF. Dist: Casemate Pubs. & Bk. Distributors, LLC.

Mary Baldwin Seminary: Session of 1905 1906 (Classic Reprint) Mary Baldwin College. 2018. (ENG., Illus.). 148p. (J). 26.97 *(978-0-364-45794-8(5))* Forgotten Bks.

Mary Barker: A Thrilling Narrative of Early Life in North Carolina (Classic Reprint) Charlie Vernon. 2018. (ENG., Illus.). 78p. (J). 25.51 *(978-0-332-78141-9(0))* Forgotten Bks.

Mary Barton, & Other Tales (Classic Reprint) Elizabeth Cleghorn Gaskell. 2016. (ENG., Illus.). (J). pap. 16.57 *(978-1-333-32308-0(5))* Forgotten Bks.

Mary Barton, Vol. 1 Of 2: A Tale of Manchester Life (Classic Reprint) Elizabeth Cleghorn Gaskell. 2018. (ENG., Illus.). 330p. (J). 30.70 *(978-0-364-23487-7(3))* Forgotten Bks.

Mary Barton, Vol. 2 Of 2: A Tale of Manchester Life (Classic Reprint) Unknown Author. 2018. (ENG., Illus.). 316p. (J). 30.41 *(978-0-483-87252-3(0))* Forgotten Bks.

Mary Bell: A Franconia Story (Classic Reprint) Jacob Abbott. 2018. (ENG., Illus.). 204p. (J). 28.12 *(978-0-365-41723-1(8))* Forgotten Bks.

Mary Blair's Unique Flair: The Girl Who Became One of the Disney Legends. Amy Novesky. 2019. (ENG., Illus.). 40p. (J). (gr. 1-3). 17.99 *(978-1-4847-5720-8(3)*, Disney Press Books) Disney Publishing Worldwide.

Mary Brandegee: An Autobiography (Classic Reprint) Ellen Peck. (ENG., Illus.). (J). 2019. 398p. 32.11 *(978-0-365-14611-7(0))*; 2017. pap. 16.57 *(978-0-259-21204-1(0))* Forgotten Bks.

Mary Brown at Naples, Pompeii, & Herculaneum: An Instructive Story for Boys & Girls (Classic Reprint) Esther Fenn. 2017. (ENG., Illus.). (J). 28.27 *(978-0-266-38111-2(1))* Forgotten Bks.

Mary Browne, Vol. 1 of 3 (Classic Reprint) L. E. Wilton. 2018. (ENG., Illus.). 310p. (J). 30.29 *(978-0-428-72900-4(2))* Forgotten Bks.

Mary Browne, Vol. 2 of 3 (Classic Reprint) L. E. Wilton. (ENG., Illus.). (J). 2018. 322p. 30.56 *(978-0-267-32005-9(1))*; 2016. pap. 13.57 *(978-1-333-48535-1(2))* Forgotten Bks.

Mary Browne, Vol. 3 of 3 (Classic Reprint) L. E. Wilton. 2018. (ENG., Illus.). 318p. (J). 30.46 *(978-0-428-84385-4(9))* Forgotten Bks.

Mary Bunyan, the Dreamer's Blind Daughter. Sallie Rochester Ford. 2017. (ENG.). 492p. (J). pap. *(978-3-337-02288-4(X))* Creation Pubs.

Mary Bunyan, the Dreamer's Blind Daughter: A Tale of Religious Persecution (Classic Reprint) Sallie Rochester Ford. (ENG., Illus.). (J). 2018. 492p. 34.04 *(978-0-483-79440-5(6))*; 2016. pap. 16.57 *(978-1-333-67434-2(1))* Forgotten Bks.

Mary Burns: Or, Besetting Sins (Classic Reprint) Aunt Friendly. 2017. (ENG., Illus.). 160p. (J). 27.22 *(978-0-332-83600-3(2))* Forgotten Bks.

Mary Burton & Other Stories: A Book for Girls (Classic Reprint) Pansy Pansy. 2018. (ENG., Illus.). 310p. (J). 30.29 *(978-0-483-15847-4(X))* Forgotten Bks.

Mary Cameron: A Romance of Fisherman's Island. Edith A. Sawyer. 2017. (ENG., Illus.). (J). pap. *(978-0-649-20663-6(0))* Trieste Publishing Pty Ltd.

Mary Cameron: A Romance of Fisherman's Island (Classic Reprint) Edith A. Sawyer. 2018. (ENG., Illus.). 234p. (J). 28.72 *(978-0-483-68470-6(8))* Forgotten Bks.

Mary Can! Mary J. Blige. Illus. by Ashleigh Corrin. 2023. (ENG.). 40p. (J). (gr. -1-3). 19.99 *(978-0-06-321639-6(6)*, HarperCollins) HarperCollins Pubs.

Mary Canary & the Worried Feeling. Rachel Vinciguerra. Illus. by Haley Fig Barber. 2021. (ENG.). 34p. (J). 18.99 *(978-1-7358506-4-1(0))*; pap. 11.99 *(978-1-7358506-5-8(9))* Helden, Rachel.

Mary Cary: Frequently Martha (Classic Reprint) Kate Langley Bosher. 2017. (ENG., Illus.). (J). 27.73 *(978-0-266-36054-4(8))* Forgotten Bks.

Mary Cassatt: An American Impressionist, Vol. 8. Gerhard Gruitrooy. 2018. (American Artists Ser.). 80p. (J). (gr. 7). 33.27 *(978-1-4222-4162-2(9))* Mason Crest.

Mary Cassatt: Famous Female Impressionist, 1 vol. Rachael Morlock. 2018. (Eye on Art Ser.). (ENG.). 104p. (gr. 7-7). pap. 20.99 *(978-1-5345-6609-5(0)*, 22dc5ed8-8d03-48e0-bdb6-7ae7c5e23115, Lucent Pr.) Greenhaven Publishing LLC.

Mary Catherine Finds Her Way: A Play about Insect Intelligence. Nick D'Alto. 2019. (Mary Catherine's Adventures in Science!: Exploring Science Through Plays Ser.). (ENG.). 24p. (gr. 4-5). 52.80 *(978-1-5383-7239-5(8))*; (Illus.). pap. *(978-1-5383-7238-8(X)*, 19c36b43-2ecd-40c0-b482-7d92ad3093b6) Rosen Publishing Group, Inc., The. (Rosen Classroom).

Mary Catherine Makes Everything Fun! A Play about the Physics Behind Roller Coasters, 1 vol. Nick D'Alto. 2019. (Mary Catherine's Adventures in Science!: Exploring Science Through Plays Ser.). (ENG.). 24p. (gr. 4-5). pap. *(978-1-5383-7235-7(5)*, 24014d4b-162c-412c-8400-eaa903721f42, Rosen Classroom) Rosen Publishing Group, Inc., The.

Mary Catherine Seeks Energy Alternatives: A Play about Alternative Oil Solutions, 1 vol. Nick D'Alto. 2019. (Mary Catherine's Adventures in Science!: Exploring Science Through Plays Ser.). (ENG.). 24p. (gr. 4-5). pap. *(978-1-5383-7226-5(6)*, 99becf5b-df65-4931-9532-16c54fe92d3b, Rosen Classroom) Rosen Publishing Group, Inc., The.

Mary Catherine Stories (Classic Reprint) Mary Catherine Lee Griffith. (ENG., Illus.). (J). 2019. 54p. 25.01 *(978-0-365-21207-2(5))*; 2017. pap. 9.57 *(978-0-259-52564-6(2))* Forgotten Bks.

Mary Catherine Wins the Vote! A Play about Voting Systems & Elections, 1 vol. Nick D'Alto. 2019. (Mary Catherine's Adventures in Science!: Exploring Science Through Plays Ser.). (ENG.). 24p. (gr. 4-5). pap. *(978-1-5383-7229-6(0)*, b884abf0-6f66-4a96-bb88-a43086b25c6e, Rosen Classroom) Rosen Publishing Group, Inc., The.

Mary Celeste. Virginia Loh-Hagan. 2017. (Urban Legends: Don't Read Alone! Ser.). (ENG., Illus.). 32p. (J). (gr. 4-8). lib. bdg. 32.07 *(978-1-63472-899-7(8)*, 210022, 45th Parallel Press) Cherry Lake Publishing.

Mary Celeste. Kimberly Ziemann. 2023. (Unsolved Mysteries Ser.). (ENG., Illus.). 32p. (J). (gr. 2-3). pap. 9.95 *(978-1-63738-462-6(9))*; lib. bdg. 31.35 *(978-1-63738-435-0(1))* North Star Editions. (Apex).

Mary Celeste Ghost Ship. Anita Nahta Amin. 2022. (History's Mysteries Ser.). (ENG.). 32p. (J). 31.32 *(978-1-6639-5875-4(0)*, 225984); pap. 7.95 *(978-1-6663-2064-0(1)*, 225978) Capstone. (Capstone Pr.).

Mary Chilton Winslow: Survivor of the Mayflower Voyage. Joyce Prince. Illus. by Tara Garvey. 2019. (ENG.). 68p. (J). (gr. k-6). pap. 14.95 *(978-1-60571-466-0(6)*, Shires Press) Northshire Pr.

Mary Chilton Winslow: Survivor of the Mayflower Voyage. Joyce a Prince. 2017. (ENG., Illus.). (J). (gr. 2-6). pap. 14.95 *(978-1-60571-373-1(2))* Northshire Pr.

Mary (Classic Reprint) Bjornstjerne Bjornson. 2018. (ENG., Illus.). 246p. (J). 28.99 *(978-0-483-63991-1(5))* Forgotten Bks.

Mary (Classic Reprint) M. E. Braddon. 2018. (ENG., Illus.). 374p. (J). 31.61 *(978-0-483-97116-5(2))* Forgotten Bks.

Mary (Classic Reprint) Molesworth. 2018. (ENG., Illus.). 254p. (J). 29.14 *(978-0-483-71263-8(9))* Forgotten Bks.

Mary Coloring Book: A Story Coloring Book. Agnes De Bezenac. Illus. by Agnes De Bezenac. 2017. (ENG., Illus.). (J). (gr. k-1). pap. 5.45 *(978-1-62387-589-3(7))* iCharacter.org.

Mary, Crying & Laughing see Mary's Big Surprise

Mary Day Orchard. Alexander Crowder. 2019. (ENG.). 520p. (YA). pap. 25.95 *(978-1-64424-776-1(3))* Page Publishing Inc.

Mary Derwent: A Tale of Wyoming & Mohawk Valleys in 1778 (Classic Reprint) Ann S Stephens. 2017. (ENG., Illus.). (J). 32.64 *(978-0-260-33985-0(7))* Forgotten Bks.

Mary, Did You Know? Mark Restaino. Illus. by Ricardo Souza. 2021. (ENG.). 28p. (J). 21.99 *(978-1-0880-0894-2(1))* Restaino, Mark.

Mary Downing Hahn 8 Bk Box Set Costco. Mary Downing Hahn. 2021. (ENG.). 192p. (J). (gr. 5-7). pap. 10.30 *(978-0-358-64724-9(X)*, Clarion Bks.) HarperCollins Pubs.

Mary Downing Hahn Ghostly Collection: 3 Books in 1. Mary Downing Hahn. 2021. (ENG.). 624p. (J). (gr. 3-7). pap. 12.99 *(978-0-358-66263-1(X)*, 1822085, Clarion Bks.) HarperCollins Pubs.

Mary Edwards Walker: The Only Female Medal of Honor Recipient, 1 vol. Alison Gaines. 2017. (Fearless Female Soldiers, Explorers, & Aviators Ser.). (ENG.). 128p. (YA). (gr. 9-9). 47.36 *(978-1-5026-2745-2(0)*, 4f3af724-2a96-4315-a3da-8590d2a2d372) Cavendish Square Publishing LLC.

Mary Eliska Girl Detective Volume 1 Books 1 To 13. William Stricklin. 2021. (Mary Eliska Girl Detective 565 Mystery Adventures Ser.: 1). (ENG.). 840p. (J). 82.00 *(978-1-0983-7244-6(1))* BookBaby.

Mary Engelbreit's 5-Minute Fairy Tales: Includes 12 Nursery & Fairy Tales! Mary Engelbreit. Illus. by Mary Engelbreit. 2018. (ENG., Illus.). 192p. (J). (gr. -1-3). 12.99 *(978-0-06-266326-9(7)*, HarperCollins) HarperCollins Pubs.

Mary Engelbreit's a Merry Little Christmas Board Book: Celebrate from a to Z: a Christmas Holiday Book for Kids. Mary Engelbreit. Illus. by Mary Engelbreit. 2019. (ENG., Illus.). 32p. (J). (gr. -1 — 1). bds. 7.99 *(978-0-06-074161-7(9)*, HarperFestival) HarperCollins Pubs.

Mary Engelbreit's Color ME Christmas Book of Postcards: A Christmas Holiday Book for Kids. Mary Engelbreit. Illus. by Mary Engelbreit. 2017. (ENG., Illus.). 20p. (J). (gr. -1). pap. 9.99 *(978-0-06-266327-6(5)*, HarperCollins) HarperCollins Pubs.

Mary Engelbreit's Color Me Christmas Coloring Book. Mary Engelbreit. 2016. (ENG., Illus.). 96p. (J). (gr. -1-3). pap. 16.99 *(978-0-06-256260-9(6)*, HarperCollins) HarperCollins Pubs.

Mary Engelbreit's Color ME Too Coloring Book: Coloring Book for Adults & Kids to Share. Mary Engelbreit. Illus. by Mary Engelbreit. 2016. (ENG., Illus.). 96p. (J). (gr. -1-3). pap. 15.99 *(978-0-06-256258-6(4)*, HarperFestival) HarperCollins Pubs.

Mary Engelbreit's Greeting Card Book: 24 Cards, 24 Envelopes, Plus Stickers! Mary Engelbreit. Illus. by Mary Engelbreit. 2018. (ENG., Illus.). 74p. (J). (gr. -1-3). pap. 12.99 *(978-0-06-280375-7(1)*, HarperCollins) HarperCollins Pubs.

Mary Engelbreit's Little Book of Love. Mary Engelbreit. 2020. (ENG., Illus.). 48p. (J). (gr. -1-3). 12.99 *(978-0-06-301722-1(9)*, HarperCollins) HarperCollins Pubs.

Mary Engelbreit's Little Book of Thanks. Mary Engelbreit. 2021. (ENG., Illus.). 48p. (J). (gr. -1-3). 12.99 *(978-0-06-301721-4(0)*, HarperCollins) HarperCollins Pubs.

Mary Engelbreit's Mother Goose Board Book. Mary Engelbreit. Illus. by Mary Engelbreit. 2018. (ENG., Illus.). 36p. (J). (gr. -1-3). bds. 8.99 *(978-0-06-274123-0(X)*, HarperFestival) HarperCollins Pubs.

Mary Engelbreit's Nursery & Fairy Tales Storybook Favorites: Includes 20 Stories Plus Stickers! Mary Engelbreit. Illus. by Mary Engelbreit. 2020. (ENG., Illus.). 192p. (J). (gr. -1-3). 13.99 *(978-0-06-294266-1(2)*, HarperCollins) HarperCollins Pubs.

Mary Engelbreit's the Littlest Night Before Christmas: A Christmas Holiday Book for Kids. Mary Engelbreit. Illus. by Mary Engelbreit. 2022. (ENG., Illus.). 40p. (J). (gr. -1-3). 18.99 *(978-0-06-296933-0(1)*, Quill Tree Bks.) HarperCollins Pubs.

Mary Engelbreit's the World Is Yours. Mary Engelbreit. Illus. by Mary Engelbreit. 2019. (ENG., Illus.). 48p. (J). (gr. -1-3). 12.99 *(978-0-06-288994-2(X)*, HarperCollins) HarperCollins Pubs.

Mary Erskine: A Franconia Story (Classic Reprint) Jacob Abbott. 2017. (ENG., Illus.). (J). 28.23 *(978-1-5282-8011-2(3))* Forgotten Bks.

Mary Fenwick's Daughter a Novel (Classic Reprint) Beatrice Whitby. 2018. (ENG., Illus.). 396p. (J). 32.06 *(978-0-365-22446-4(4))* Forgotten Bks.

Mary Fields. Kelisa Wing. Illus. by Jeff Bane. 2023. (My Early Library: My Itty-Bitty Bio Ser.). (ENG.). 24p. (J). (gr. k-1). pap. 12.79 *(978-1-6689-2018-3(2)*, 221996); lib. bdg. 30.64 *(978-1-6689-1916-3(8)*, 221894) Cherry Lake Publishing.

Mary Frances Garden Book: Or Adventures among the Garden People (Classic Reprint) Jane Eayre Fryer. 2018. (ENG., Illus.). 400p. (J). 32.15 *(978-0-365-37545-6(4))* Forgotten Bks.

Mary Frances Story or Adventures among the Story People (Classic Reprint) Jane Eayre Fryer. 2017. (ENG., Illus.). (J). 30.91 *(978-0-266-78594-1(8))* Forgotten Bks.

Mary Gay, or Work for Girls (Classic Reprint) Jacob Abbott. 2018. (ENG., Illus.). 138p. (J). 26.76 *(978-0-484-22881-7(1))* Forgotten Bks.

Mary Gay; or, Work for Girls, Vol. 1 of 4 (Classic Reprint) Jacob Abbott. 2018. (ENG., Illus.). 202p. (J). 28.06 *(978-0-267-27069-9(0))* Forgotten Bks.

Mary Gay, or Work for Girls, Vol. 4 Of 4: Work for Autumn (Classic Reprint) Jacob Abbott. 2017. (ENG., Illus.). (J). 202p. 28.06 *(978-0-484-38963-1(7))*; pap. 10.57 *(978-0-259-29429-0(2))* Forgotten Bks.

Mary Gay, or, Work with Girls. Jacob Abbott. 2017. (ENG., Illus.). (J). pap. *(978-0-649-64408-7(5))* Trieste Publishing Pty Ltd.

Mary Gilbert, or a Peep at the Elephant: With Elegant Engravings (Classic Reprint) Unknown Author. 2019. (ENG., Illus.). (J). 32p. 24.58 *(978-1-397-28924-7(4))*; 34p. pap. 7.97 *(978-1-397-28806-6(X))* Forgotten Bks.

Mary Goes First, Vol. 5: A Comedy in Three Acts & an Epilogue (Classic Reprint) Henry Arthur Jones. 2018. (ENG., Illus.). 112p. (J). 26.21 *(978-0-365-49279-5(5))* Forgotten Bks.

Mary Goes to the Amusement Park. Tracilyn George. 2020. (ENG.). 22p. (J). pap. 11.00 *(978-1-990153-68-6(2))* Lulu Pr., Inc.

Mary Grace: And the Clarmont Girls. Debra Burr Downing. 2019. (ENG.). 164p. (YA). pap. 14.49 *(978-1-5456-6530-5(3))* Salem Author Services.

Mary Gray: A Tale for Little Girls (Classic Reprint) Anne Knight. 2018. (ENG., Illus.). 160p. (J). 27.20 *(978-0-332-20070-5(1))* Forgotten Bks.

Mary Gray (Classic Reprint) Katharine Tynan. (ENG., Illus.). (J). 2018. 346p. 31.05 *(978-0-483-52182-7(5))*; 2016. pap. 13.57 *(978-1-333-97562-3(7))* Forgotten Bks.

Mary Had a Little Glam. Tammi Sauer. Illus. by Vanessa Brantley-Newton. (Mary Had a Little Glam Ser.: 1). (J). 2018. 24p. (— 1). bds. 8.95 *(978-1-4549-3285-7(6))*; 2016. (ENG.). 32p. (gr. -1-2). 16.95 *(978-1-4549-1393-1(2))* Sterling Publishing Co., Inc.

Mary Had a Little Jam: And Other Silly Rhymes. Illus. by Stephen Carpenter. ed. 2017. (Giggle Poetry Ser.). (ENG.). 80p. (J). (gr. -1-2). pap. 8.99 *(978-1-4814-9278-2(0)*, Running Pr.) Running Pr.

Mary Had a Little Jam & Other Silly Rhymes: Expanded with Twice As Many Rhymes. Illus. by Stephen Carpenter. 2016. 80p. (J). *(978-0-88166-597-0(5))* Meadowbrook Pr.

Mary Had a Little Lab. Sue Fliess. ed. 2021. (ENG., Illus.). 32p. (J). (gr. k-1). 19.96 *(978-1-64697-716-1(5))* Penworthy Co., LLC, The.

Mary Had a Little Lab. Sue Fliess. 2018. (2019 Av2 Fiction Ser.). (ENG.). 32p. (J). lib. bdg. 34.28 *(978-1-4896-8247-5(3)*, AV2 by Weigl) Weigl Pubs., Inc.

Mary Had a Little Lab. Sue Fliess. Illus. by Petros Bouloubasis. (ENG.). 32p. (J). (gr. -1-3). 2020. pap. 7.99 *(978-0-8075-4986-5(X)*, 080754986X); 2018. 16.99 *(978-0-8075-4982-7(7)*, 807549827) Whitman, Albert & Co.

Mary Had a Little Lamb. Lucy Bell. Illus. by Andrea Doss. 2017. (ENG.). 20p. (J). (gr. -1-2). bds. *(978-1-4867-1241-0(X))* Flowerpot Children's Pr. Inc.

Mary Had a Little Lamb. Ed. by Cottage Door Press. 2018. (ENG.). 12p. (J). (gr. -1 — 1). bds. 7.99 *(978-1-68052-439-0(9)*, 2000380) Cottage Door Pr.

Mary Had a Little Lamb. Hazel Quintanilla. 2019. (Hazel Q Nursery Rhymes Ser.). (ENG.). 14p. (J). (gr. -1-k). bds. 7.99 *(978-1-4867-1667-8(9)*, 9fb167ed-b2ba-4290-856d-f507bc935a4a) Flowerpot Pr.

Mary Had a Little Lamb. Julia Randall. 2021. (ENG.). 26p. (J). pap. 9.99 *(978-1-937912-39-0(6))* Cordon Pubns.

Mary Had a Little Lamb. Liza Woodruff. Illus. by Liza Woodruff. 2022. (Classic Mother Goose Rhymes Ser.). (ENG.). 16p. (J). (gr. -1-2). 29.93 *(978-1-5038-5722-3(0)*, 215620) Child's World, Inc, The.

Mary Had a Little Lamb: a Colors Book. Jarvis. Illus. by Jarvis. 2019. (ENG., Illus.). 22p. (J). (— 1). bds. 8.99 *(978-1-5362-1111-5(7))* Candlewick Pr.

Mary Had a Little Lizard. Kayla Harren. 2017. (ENG., Illus.). 40p. (J). (gr. -1-2). 16.99 *(978-1-5107-1635-3(1)*, Sky Pony Pr.) Skyhorse Publishing Co., Inc.

Mary Had a Little Plan. Tammi Sauer. Illus. by Vanessa Brantley-Newton. 2022. (Mary Had a Little Glam Ser.: 2). 32p. (J). (gr. -1-2). 17.99 *(978-1-4549-3303-8(8))* Sterling Publishing Co., Inc.

Mary Has a Balding Lamb. Suzanne Durón. 2022. (ENG., Illus.). 18p. (J). pap. 12.95 *(978-1-63692-943-9(5))* Newman Springs Publishing, Inc.

Mary Has the Best Pet. Sally Rippin. ed. 2022. (School of Monsters Ser.). (ENG.). 33p. (J). (gr. k-1). 19.46 ***(978-1-68505-432-8(3))*** Penworthy Co., LLC, The.

Mary Holmes: Or, Pride & Repentance (Classic Reprint) M. M. B Goodwin. 2018. (ENG., Illus.). 84p. (J). 25.63 *(978-0-484-63310-9(4))* Forgotten Bks.

Mary Howitt's Story-Book (Classic Reprint) Unknown Author. (ENG., Illus.). (J). 2018. 480p. 33.80 *(978-0-483-30018-7(7))*; 2017. pap. 16.57 *(978-0-243-94927-4(8))* Forgotten Bks.

Mary in California (Classic Reprint) Constance Johnson. 2017. (ENG., Illus.). (J). 29.38 *(978-0-260-57366-7(3))* Forgotten Bks.

Mary in New Mexico (Classic Reprint) Constance Johnson. 2017. (ENG., Illus.). (J). 28.70 *(978-0-266-78849-2(1))*; pap. 11.57 *(978-1-5277-6763-8(9))* Forgotten Bks.

Mary Jackson. Virginia Loh-Hagan. Illus. by Jeff Bane. 2018. (Mi Mini Biografía (My Itty-Bitty Bio): My Early Library). (ENG.). 24p. (J). (gr. k-1). pap. 12.79 *(978-1-5341-0811-0(4)*, 210608); lib. bdg. 30.64 *(978-1-5341-0712-0(6)*, 210607) Cherry Lake Publishing.

Mary Jane: Her Visit (Classic Reprint) Clara Ingram Judson. (ENG., Illus.). (J). 2018. 222p. 28.50 *(978-0-666-05557-6(2))*; 2016. pap. 10.97 *(978-1-334-16734-8(6))* Forgotten Bks.

Mary Jane down South (Classic Reprint) Clara Ingram Judson. 2017. (ENG., Illus.). (J). 28.27 *(978-0-265-84533-2(5))* Forgotten Bks.

Mary Jane in New England (Classic Reprint) Clara Ingram Judson. 2018. (ENG., Illus.). 228p. (J). 28.62 *(978-0-666-70979-0(3))* Forgotten Bks.

Mary Jane's Adventures - Caroline's Hemp Farm Coloring Book. Justin Hamilton & Zach Mountford. 2016. (ENG., Illus.). 44p. (J). pap. *(978-1-365-42927-9(X))* Lulu Pr., Inc.

Mary Jane's Adventures - Caroline's Hemp Farm Full Color. Justin Hamilton & Zach Mountford. 2016. (ENG., Illus.). 46p. (J). pap. *(978-1-365-42983-5(0))* Lulu Pr., Inc.

Mary Janes Adventures - Grandpa's Agritourism Farm Coloring Book. Justin Hamilton & Zach Mountford. 2016. (ENG., Illus.). 40p. (J). pap. *(978-1-365-42708-4(0))* Lulu Pr., Inc.

Mary Janes Adventures - Grandpa's Agritourism Farm Full Color Book. Justin Hamilton & Zach Mountford. 2016. (ENG., Illus.). 42p. (J). pap. *(978-1-365-42910-1(5))* Lulu Pr., Inc.

Mary Jane's City Home. Clara Ingram Judson. 2017. (ENG., Illus.). (J). pap. *(978-0-649-64411-7(5))* Trieste Publishing Pty Ltd.

Mary Jane's City Home (Classic Reprint) Clara Ingram Judson. 2017. (ENG., Illus.). (J). 220p. 28.45 *(978-0-332-93635-2(X))*; pap. 10.97 *(978-0-259-52678-0(9))* Forgotten Bks.

Mary Jane's Kindergarten (Classic Reprint) Clara Ingram Judson. (ENG., Illus.). (J). 2018. 202p. 28.08 *(978-0-428-52305-3(6))*; 2017. pap. 10.57 *(978-0-259-51245-5(1))* Forgotten Bks.

Mary Jane's Pa: A Play in Three Acts (Classic Reprint) Edith Ellis. 2018. (ENG., Illus.). 190p. (J). 27.77 *(978-0-484-80812-5(5))* Forgotten Bks.

Mary Jones: And Other Books for Children (Classic Reprint) American Tract Society. 2018. (ENG., Illus.). 136p. (J). 26.70 *(978-0-483-74095-2(0))* Forgotten Bks.

Mary Kale, or Big Thunder! Chief of the Anti-Renters (Classic Reprint) Tom Shortfellow. (ENG., Illus.). (J). 2018. 58p. 25.09 *(978-0-484-55030-7(6))*; 2016. pap. 9.57 *(978-1-333-46374-8(X))* Forgotten Bks.

Mary-Kate & Ashley Olsen: Chic, High-Fashion Designers. Jessica Rusick. 2019. (Fashion Figures Ser.). (ENG., Illus.). 32p. (J). (gr. 3-6). lib. bdg. 32.79 *(978-1-5321-1953-8(4)*, 32491, Checkerboard Library) ABDO Publishing Co.

Mary Kingwood's School: A Real Story (Classic Reprint) Corinne Johnson. 2018. (ENG., Illus.). 130p. (J). 26.60 *(978-0-483-76353-1(5))* Forgotten Bks.

Mary Lee (Classic Reprint) Geoffrey Dennis. 2018. (ENG., Illus.). 456p. (J). 33.30 *(978-0-267-23363-2(9))* Forgotten Bks.

Mary Lincoln: Home Scenes from the Life of a Young Lady (Classic Reprint) Robert Clarke and Company. 2017. (ENG., Illus.). (J). 28.70 *(978-0-331-62544-8(X))* Forgotten Bks.

Mary Lindsay's Trial (Classic Reprint) Jean an Owen. (ENG., Illus.). (J). 2018. 40p. 24.72 *(978-0-483-10891-2(X))*; 2017. pap. 7.97 *(978-1-334-92934-2(3))* Forgotten Bks.

Mary Little. Lizabeth Mars. 2020. (ENG.). 36p. (YA). pap. 9.00 *(978-1-716-13665-8(2))* Lulu Pr., Inc.

Mary Louise. Edith Van Dyne. 2018. (ENG., Illus.). 152p. (YA). (gr. 7-12). pap. *(978-93-5297-448-1(4))* Alpha Editions.

Mary Louise & Josie O'Gorman. Emma Speed Sampson. 2018. (ENG., Illus.). 122p. (YA). (gr. 7-12). pap. *(978-93-5297-449-8(2))* Alpha Editions.

Mary Louise & the Liberty Girls. Edith Van Dyne (Aka L Frank Baum). 2018. (ENG., Illus.). 148p. (YA). (gr. 7-12). pap. *(978-93-5297-450-4(6))* Alpha Editions.

Mary Louise in the Country. L. Frank Baum. 2018. (ENG., Illus.). 168p. (YA). (gr. 7-12). pap. *(978-93-5297-451-1(4))* Alpha Editions.

MARY LOUISE SERIES (Children's Mystery & Detective Books) The Adventures of a Girl Detective on a Quest to Solve a Mystery. L. Frank Baum & Edith Van Dyne. 2019. (ENG.). 344p. (J). pap. *(978-80-268-9165-9(1))* E-Artnow.

Mary Louise Solves a Mystery. L. Frank Baum. 2018. (ENG., Illus.). 150p. (YA). (gr. 7-12). pap. *(978-93-5297-452-8(2))* Alpha Editions.

Mary Loves to Sing. Mary Perrone Davis. Illus. by Grace Metzger Forrest. 2018. (ENG.). 24p. (J). (gr. k-3). pap. 14.98 *(978-1-943523-69-6(X))* Laurus Co., Inc., The.

Mary Lyndon, or Revelations of a Life: An Autobiography (Classic Reprint) Mary Sargeant Gove Nichols. 2018. (ENG., Illus.). 400p. (J). 32.15 *(978-0-331-64088-5(0))* Forgotten Bks.

Mary Lyndsay, Vol. 1 of 3 (Classic Reprint) Emily Charlotte Mary Ponsonby. 2018. (ENG., Illus.). 298p. (J). 30.04 *(978-0-428-92857-5(9))* Forgotten Bks.

Mary Lyndsay, Vol. 2 of 3 (Classic Reprint) Emily Charlotte Mary Ponsonby. 2018. (ENG., Illus.). 296p. (J). 30.00 *(978-0-484-29504-8(7))* Forgotten Bks.

Mary Magdalen: A Chronicle (Classic Reprint) Edgar Saltus. (ENG., Illus.). (J). 2017. 28.85 *(978-0-260-36578-1(5))*; 2016. pap. 11.57 *(978-1-333-31911-3(8))* Forgotten Bks.

Mary Magdalene - Men & Women of the Bible Revised. Contrib. by Casscom Media. 2017. (Men & Women of the Bible - Revised Ser.). (ENG., Illus.). (J). pap. *(978-87-7132-585-0(9))* Scandinavia Publishing Hse.

Mary Magdalene a Disciple & Friend of Jesus. Bonnie Ring. 2022. (ENG.). 58p. (J). pap. 10.00 ***(978-1-954368-62-0(3))*** Diamond Media Pr.

Mary Margaret Mcmickle & the Fabulous Dragon. E. G. Sparer. Illus. by Luke Valentine. 2019. (ENG.). 68p. (J). pap. 19.00 *(978-0-578-44135-1(7))* Hom, Jonathan.

Mary Marie (Classic Reprint) Eleanor H. Porter. 2018. (ENG., Illus.). 320p. (J). 30.50 *(978-0-483-70033-8(9))* Forgotten Bks.

Mary Marston. George MacDonald. 2017. (ENG., Illus.). (J). pap. 20.95 *(978-1-374-88083-2(3))* Capital Communications, Inc.

Mary Marston. George MacDonald. 2017. (ENG.). 472p. (J). pap. *(978-3-337-10221-0(2))* Creation Pubs.

Mary Marston: A Novel (Classic Reprint) George MacDonald. 2017. (ENG., Illus.). (J). 33.63 *(978-0-266-73361-4(1))* Forgotten Bks.

Mary, Mary (Classic Reprint) James Stephens. 2017. (ENG., Illus.). (J). 28.83 *(978-0-265-20254-8(X))* Forgotten Bks.

Mary, Mary, Mary Christmas! an Activity Book for Christmas Morning. Jupiter Kids. 2018. (ENG., Illus.). 106p. (J). pap. 12.55 *(978-1-5419-3516-7(0)*, Jupiter Kids (Childrens & Kids Fiction)) Speedy Publishing LLC.

Mary Mcleod Bethune. Emma Gelders Sterne. Illus. by Raymond Lufkin. 2022. (ENG.). 228p. (YA). pap. 12.99 *(978-1-948959-66-7(6))* Purple Hse. Pr.

Mary Mcleod Bethune, Vol. 9. Mary Hasday. 2018. (Civil Rights Leaders Ser.). 128p. (J). (gr. 7). lib. bdg. 35.93 *(978-1-4222-4009-0(6))* Mason Crest.

Mary McLeod Bethune: Education & Equality. Heather E. Schwartz. rev. ed. 2016. (Social Studies: Informational Text Ser.). (ENG., Illus.). 32p. (J). (gr. 4-8). pap. 11.99 *(978-1-4938-3545-4(9))* Teacher Created Materials, Inc.

Mary Mcleod Bethune: Pioneering Educator. Amy Robin Jones. 2021. (Black American Journey Ser.). (ENG.). 32p. (J). (gr. 4-7). lib. bdg. 35.64 *(978-1-5038-5375-1(6)*, 215264) Child's World, Inc, The.

Mary Mcscary. R. L. Stine. Illus. by Marc Brown. 2017. (ENG.). 40p. (J). (gr. -1-3). 17.99 *(978-1-338-03856-9(7)*, Orchard Bks.) Scholastic, Inc.

Mary Melville: The Psychic (Classic Reprint) Flora MacDonald. 2018. (ENG., Illus.). 276p. (J). 29.61 *(978-0-332-35770-6(8))* Forgotten Bks.

Mary Midthorne (Classic Reprint) George Barr McCutcheon. (ENG., Illus.). (J). 2018. 454p. 33.28 *(978-0-267-38624-6(9))*; 2018. 450p. 33.18 *(978-0-484-80897-2(4))*; 2016. pap. 16.57 *(978-1-334-14610-7(1))* Forgotten Bks.

Mary Minds Her Business. George Weston. 2017. (ENG., Illus.). (J). 24.95 *(978-1-374-94713-9(X))* Capital Communications, Inc.

Mary Minds Her Business (Classic Reprint) George Weston. (ENG., Illus.). (J). 2018. 348p. 31.09 *(978-0-483-07030-1(0))*; 2017. pap. 13.57 *(978-1-334-93435-3(5))* Forgotten Bks.

Mary Moreland: A Novel (Classic Reprint) Marie Van Vorst. 2018. (ENG., Illus.). 384p. (J). 31.84 *(978-0-267-15587-3(5))* Forgotten Bks.

Mary Morland: Or the Fortunes & Misfortunes of an Orphan (Classic Reprint) Benjamin Barker. (ENG., Illus.). (J). 2018. 58p. 25.09 *(978-0-484-52651-7(0))*; 2017. pap. 9.57 *(978-0-259-58208-3(5))* Forgotten Bks.

Mary Morton & Her Sister: Or, the Advantages of the Savings Bank (Classic Reprint) Society For Promoting Christi Knowledge. 2018. (ENG., Illus.). 204p. (J). 28.10 *(978-0-484-62651-4(5))* Forgotten Bks.

Mary Mother of Jesus (Bb) Marlyn Monge. 2018. (ENG., Illus.). 14p. (J). bds. 12.95 *(978-0-8198-4970-0(7))* Pauline Bks. & Media.

Mary Musgrove: Bringing People Together. Torrey Maloof. rev. ed. 2016. (Social Studies: Informational Text Ser.). (ENG., Illus.). 32p. (gr. 2-4). pap. 10.99 *(978-1-4938-2557-8(7))* Teacher Created Materials, Inc.

Mary North: A Novel (Classic Reprint) Lucy Rider Meyer. 2017. (ENG., Illus.). (J). 30.85 *(978-0-266-98911-0(X))* Forgotten Bks.

Mary of Magdala (Classic Reprint) George H. Eisenhart. 2018. (ENG., Illus.). 214p. (J). 28.31 *(978-0-483-23147-4(9))* Forgotten Bks.

Mary of Magdala, or the Magdalene of Old: An Interpretation (Classic Reprint) Dolores Cortez. (ENG., Illus.). (J). 2017. 24.43 *(978-0-266-40214-5(3))*; 2016. pap. 7.97 *(978-1-333-36267-6(6))* Forgotten Bks.

Mary of Philiphia & Her Seven Children. Elena Sommers. 2020. (ENG.). 66p. (J). pap. *(978-1-5289-8053-1(0))* Austin Macauley Pubs. Ltd.

Mary of Plymouth: A Story of the Pilgrim Settlement (Classic Reprint) James Otis. 2018. (ENG., Illus.). 166p. (J). 27.32 *(978-0-666-05933-8(0))* Forgotten Bks.

Mary Olivier: A Life. May' Sinclair. 2017. (ENG., Illus.). (J). 28.95 *(978-1-374-83326-5(6))* Capital Communications, Inc.

Mary Olivier: A Life (Classic Reprint) May' Sinclair. 2017. (ENG., Illus.). (J). 32.15 *(978-0-265-51160-2(7))* Forgotten Bks.

Mary Our Mother Col Bk (5pk) Rosa Ramalho. Illus. by Ivan Coutinho. 2017. (ENG.). 40p. (J). pap. 3.95 *(978-0-8198-4964-9(2))* Pauline Bks. & Media.

Mary Pope Osborne. Chris Bowman. 2017. (Children's Storytellers Ser.). (ENG., Illus.). 24p. (J). (gr. 2-5). lib. bdg. 26.95 *(978-1-62617-649-2(3)*, Blastoff! Readers) Bellwether Media.

Mary Poppins Abc. P. L. Travers & Mary Shepard. Illus. by Mary Shepard. 2018. (Mary Poppins Ser.). (ENG., Illus.). 26p. (J). (— 1). bds. 8.99 *(978-1-328-91118-6(7)*, 1702057, Clarion Bks.) HarperCollins Pubs.

Mary Poppins: the Collectible Picture Book. P. L. Travers. Illus. by Genevieve Godbout. 2018. (Mary Poppins Ser.). (ENG.). 32p. (J). (gr. -1-3). 17.99 *(978-1-328-91677-8(4)*, 1702240, Clarion Bks.) HarperCollins Pubs.

Mary Poppins: the Illustrated Gift Edition. P. L. Travers. Illus. by Júlia Sardà. 2018. (Mary Poppins Ser.). (ENG.). 248p. (J). (gr. 5-7). 24.99 *(978-1-328-49884-7(0)*, 1717674, Clarion Bks.) HarperCollins Pubs.

Mary Poppins up, up & Away. Hélène Druvert. 2017. (ENG., Illus.). 36p. (J). (gr. k-4). 24.95 *(978-0-500-65104-9(3)*, 565104) Thames & Hudson.

Mary Powell Deborah's Diary (Classic Reprint) Anne Manning. 2018. (ENG., Illus.). 432p. (J). 32.81 *(978-0-364-25228-4(6))* Forgotten Bks.

Mary Price, or the Memoirs of a Servant-Maid, Vol. 1 (Classic Reprint) George William McArthur Reynolds. (ENG., Illus.). (J). 2017. 32.60 *(978-0-331-86096-2(1))*; 2016. pap. 16.57 *(978-1-333-51369-6(0))* Forgotten Bks.

Mary Price, Vol. 2: Or, the Memoirs of a Servant-Maid (Classic Reprint) George William Macarthur Reynolds. 2017. (ENG., Illus.). (J). 32.68 *(978-0-266-72574-9(0))* Forgotten Bks.

Mary Quant: Miniskirt Maker. Rebecca Felix. 2017. (First in Fashion Ser.). (ENG., Illus.). 32p. (J). (gr. 3-6). lib. bdg. 32.79 *(978-1-5321-1075-7(8)*, 25726, Checkerboard Library) ABDO Publishing Co.

Mary, Queen of Scots: A Shakespearean-Style Play. Erin Hylands. 2023. (ENG.). 54p. (YA). pap. ***(978-1-365-18008-8(5))*** Lulu Pr., Inc.

Mary Queen of Scots & All That. Alan Burnett & Allan Burnett. Illus. by Scoular Anderson. 2016. (and All That Ser.). 112p. (gr. 4-8). pap. 7.95 *(978-1-78027-388-4(6))* Birlinn, Ltd. GBR. Dist: Casemate Pubs. & Bk. Distributors, LLC.

Mary, Queen of Scots: Escape from Lochleven Castle, 48 vols. Theresa Breslin. Illus. by Teresa Martinez. 2018. (Traditional Scottish Tales Ser.). 32p. (J). 14.95 *(978-1-78250-512-9(1)*, Kelpies) Floris Bks. GBR. Dist: Consortium Bk. Sales & Distribution.

Mary Read: Pirate in Disguise. Christina Leaf. Illus. by Tate Yotter. 2020. (Pirate Tales Ser.). (ENG.). 24p. (J). (gr. 3-8). pap. 8.99 *(978-1-68103-843-8(9)*, 12932); lib. bdg. 29.95 *(978-1-64487-304-5(4))* Bellwether Media. (Black Sheep).

Mary Roberts Rinehart's Romance Book: K; the Amazing Interlude; the Street of Seven Stars (Classic Reprint) Mary Roberts Rinehart. (ENG., Illus.). (J). 2018. 1106p. 46.77 *(978-0-484-86335-3(5))*; 2017. pap. 29.07 *(978-0-243-20505-9(8))* Forgotten Bks.

Mary Robinson: A Voice for Fairness. John Burke & Fatti Burke. 2020. (Little Library: 5). (ENG., Illus.). 32p. (J). 12.95 *(978-0-7171-8993-9(7))* Gill Bks. IRL. Dist: Casemate Pubs. & Bk. Distributors, LLC.

Mary Rose & Me: Learn Bible Truths Together. Gwendolyn a Schnell. 2019. (ENG.). 122p. (J). pap. 29.99 *(978-1-943245-15-4(0))* Kay, James Publishing.

Mary Rose of Mifflin (Classic Reprint) Frances R. Sterrett. 2017. (ENG., Illus.). (J). 338p. 30.89 *(978-0-484-41225-4(6))*; pap. 13.57 *(978-0-259-26924-3(7))* Forgotten Bks.

Mary Russell Mitford: And Her Surroundings (Classic Reprint) Constance Hill. 2018. (ENG., Illus.). 440p. (J). 32.97 *(978-0-267-16584-1(6))* Forgotten Bks.

Mary Schweidler, the Amber Witch. W. Meinhold. 2017. (ENG., Illus.). (J). pap. *(978-0-649-15382-4(0))* Trieste Publishing Pty Ltd.

Mary Schweidler, the Amber Witch: The Most Interesting Trial for Witchcraft Ever Known; Printed from an Imperfect Manuscript by Her Father Abraham Schweidler, the Pastor of Coserow, in the Island of Usedom (Classic Reprint) W. Meinhold. 2017. (ENG., Illus.). (J). 31.65 *(978-0-331-61665-1(3))*; pap. 16.57 *(978-0-259-53117-3(0))* Forgotten Bks.

Mary Seacole: Bound for the Battlefield. Susan Goldman Rubin. Illus. by Richie Pope. 2020. (ENG.). 48p. (J). (gr. 3-7). 17.99 *(978-0-7636-7994-1(1))* Candlewick Pr.

Mary Seaham, Vol. 1 Of 3: A Novel (Classic Reprint) Elizabeth Caroline Grey. (ENG., Illus.). (J). 2018. 304p. 30.17 *(978-0-267-32781-2(1))*; 2016. pap. 13.57 *(978-1-333-54185-9(6))* Forgotten Bks.

Mary Shelley. Maria Isabel Sanchez Vegara. Illus. by Yelena Bryksenkova. 2019. (Little People, BIG DREAMS Ser.: 32). (ENG.). 32p. (J). (gr. -1-2). 14.99 ***(978-1-78603-748-0(3)***, Frances Lincoln Children's Bks.) Quarto Publishing Group UK GBR. Dist: Hachette Bk. Group.

Mary Shelley: The Strange True Tale of Frankenstein's Creator. Catherine Reef. 2018. (ENG., Illus.). 224p. (YA). (gr. 7). 19.99 *(978-1-328-74005-2(6)*, 1677049, Clarion Bks.) HarperCollins Pubs.

Mary Shelley Club. Goldy Moldavsky. 2021. (ENG.). 480p. (YA). 18.99 *(978-1-250-23010-2(1)*, 900209320, Holt, Henry & Co. Bks. For Young Readers) Holt, Henry & Co.

Mary Shelley Club. Goldy Moldavsky. 2022. (ENG.). 480p. (YA). pap. 11.99 *(978-1-250-82123-2(1)*, 900209321) Square Fish.

MARY SHELLEY: MONSTER HUNTER Vol. 1. Adam Glass & Olivia Cuartero-Briggs. Ed. by Mike Marts. 2019. (ENG., Illus.). 120p. (YA). pap. 14.99 *(978-1-949028-25-6(9)*, 355f1c89-a4e3-4f49-941c-263e8f0e5470) AfterShock Comics.

Mary St. John: A Novel (Classic Reprint) Rosa Nouchette Carey. 2017. (ENG., Illus.). 524p. (J). 34.70 *(978-0-484-58858-4(3))* Forgotten Bks.

Mary Stories from the Bible. Charlotte Grossetête. Illus. by Eric Puybaret et al. 2018. (ENG.). 48p. (J). (gr. -1-5). 15.99 *(978-1-62164-254-1(2))* Ignatius Pr.

Mary Stuart. Alexandre Dumas. 2022. (ENG.). 166p. (J). 24.95 ***(978-1-63637-984-5(2))***; pap. 13.95 ***(978-1-63637-983-8(4))*** Bibliotech Pr.

Mary Stuart. Alexandre Dumas & J. M. Howell. 2017. (ENG.). 348p. (J). pap. *(978-3-337-32547-3(5))*; pap. *(978-3-7446-6603-9(4))* Creation Pubs.

Mary Stuart: Queen of Scots (Classic Reprint) Alexandre Dumas. 2017. (ENG., Illus.). (J). 30.99 *(978-0-266-69784-8(4))* Forgotten Bks.

Mary Stuart; a Play. John Drinkwater. 2017. (ENG., Illus.). (J). pap. *(978-0-649-36284-4(5))* Trieste Publishing Pty Ltd.

Mary Stuart, Vol. 3: Illustrated (Classic Reprint) Dumas. 2016. (ENG., Illus.). (J). pap. 13.57 *(978-1-333-59277-6(9))* Forgotten Bks.

Mary Stuart, Vol. 3: Illustrated (Classic Reprint) Alexandre Dumas. 2017. (ENG., Illus.). (J). 30.79 *(978-0-260-96640-7(1))* Forgotten Bks.

Mary Sumeridge: Beginnings. Mary Filmer. 2017. (Mary Sumeridge Ser.: Vol. 1). (ENG., Illus.). (J). (gr. 1-6). pap. 9.99 *(978-1-68160-382-7(9))* Crimson Cloak Publishing.

Mary Sumeridge & the Golden Locket. Mary Filmer. 2018. (Mary Sumeridge Ser.: Vol. 2). (ENG., Illus.). 160p. (J). (gr. 3-6). pap. 10.99 *(978-1-68160-587-6(2))* Crimson Cloak Publishing.

Mary the Dream Fairy. Caroline Butler. 2022. (ENG.). 18p. (J). 15.99 *(978-1-6629-2165-0(9))*; pap. 9.99 *(978-1-6629-2166-7(7))* Gatekeeper Pr.

Mary the Merry: And Other Tales (Classic Reprint) Leo Robbins. (ENG., Illus.). (J). 2018. 92p. 25.79 *(978-0-331-99314-1(7))*; 2016. pap. 9.57 *(978-1-334-13334-3(4))* Forgotten Bks.

Mary, the Mother of Jesus. Tomie dePaola. 2020. (ENG.). 32p. (J). (gr. 2-2). 14.99 *(978-1-62164-432-3(4))* Ignatius Pr.

Mary the Mother of Jesus. Tiffany Spann Casey. 2022. (ENG., Illus.). 32p. (J). pap. 14.95 *(978-1-63860-633-8(1))* Fulton Bks.

Mary the Sharing Fairy. Daisy Meadows. 2017. (Illus.). 65p. (J). *(978-1-5379-1875-4(3))* Scholastic, Inc.

Mary the Sharing Fairy. Daisy Meadows. ed. 2017. (Rainbow Magic — Friendship Fairies Ser.: 2). (Illus.). 65p. (J). lib. bdg. 14.75 *(978-0-606-40176-0(8))* Turtleback.

Mary Todd Lincoln. Jennifer Strand. 2018. (First Ladies (Launch!) Ser.). (ENG., Illus.). 24p. (J). (gr. -1-2). lib. bdg. 31.36 *(978-1-5321-2285-9(3)*, 28337, Abdo Zoom-Launch) ABDO Publishing Co.

Mary Todd Lincoln: Girl of the Bluegrass (Classic Reprint) Katharine Elliott Wilkie. 2017. (ENG., Illus.). (J). (gr. 4-7). 27.94 *(978-0-265-91230-0(X))*; pap. 10.57 *(978-0-243-39790-7(9))* Forgotten Bks.

Mary Underwater. Shannon Doleski. (ENG.). (J). (gr. 5-9). 2022. 256p. pap. 8.99 *(978-1-4197-5939-0(6)*, 1276903); 2020. (Illus.). 240p. 16.99 *(978-1-4197-4080-0(6)*, 1276901) Abrams, Inc. (Amulet Bks.).

Mary Visits a Farm. Mary Perrone Davis. Ed. by Nancy E. Williams. Illus. by Grace Metzger Forrest. 2019. (ENG.). 24p. (J). (gr. k-3). pap. 14.98 *(978-1-943523-71-9(1))* Laurus Co., Inc., The.

1286

The check digit for ISBN-10 appears in parentheses after the full ISBN-13

TITLE INDEX MASK OF SHADOWS

M

Mary Ware: The Little Colonel's Chum (Classic Reprint) Annie Fellows Johnston. 2018. (ENG., Illus.). 358p. (J). 31.28 *(978-0-666-18061-2(X))* Forgotten Bks.
Mary Ware in Texas. Annie Fellows Johnston. 2018. (ENG., Illus.). 222p. (YA). (gr. 7-12). pap. *(978-93-5329-388-8(X))* Alpha Editions.
Mary Ware in Texas (Classic Reprint) Annie F. Johnston. 2018. (ENG., Illus.). 432p. (J). 32.81 *(978-0-483-61082-8(8))* Forgotten Bks.
Mary Ware's Promised Land. Annie Fellows Johnston. 2018. (ENG., Illus.). 186p. (YA). (gr. 7-12). pap. *(978-93-5297-453-5(0))* Alpha Editions.
Mary Ware's Promised Land (Classic Reprint) Annie F. Johnston. 2017. (ENG., Illus.). (J). 31.24 *(978-1-5282-8106-5(3))* Forgotten Bks.
Mary Wears What She Wants. Keith Negley. Illus. by Keith Negley. 2019. (ENG., Illus.). 48p. (J). (gr. -1-3). 18.99 *(978-0-06-284679-2(5)*, Balzer & Bray) HarperCollins Pubs.
Mary Who Wrote Frankenstein. Linda Bailey. Illus. by Júlia Sardà. 2018. (Who Wrote Classics Ser.). (ENG.). 56p. (J). (gr. k-4). 17.99 *(978-1-77049-559-3(2)*, Tundra Bks.) Tundra Bks. CAN. Dist: Penguin Random Hse. LLC.
Mary, Will I Die? Shawn Sarles. (ENG.). 304p. (gr. 7). 2023. (YA). pap. 12.99 *(978-1-338-68006-5(4))*; 2021. (J). 18.99 *(978-1-338-67927-4(9)*, Scholastic Pr.) Scholastic, Inc.
Mary Wollaston (Classic Reprint) Henry Kitchell Webster. 2018. (ENG., Illus.). 382p. (J). 31.78 *(978-0-483-34904-9(6))* Forgotten Bks.
Mary Wollstonecraft - Original Stories: All the Sacred Rights of Humanity Are Violated by Insisting on Blind Obedience. Mary Wollstonecraft. 2019. (ENG.). 56p. (J). pap. *(978-1-78780-704-4(5))* Copyright Group Ltd.
Mary Wollstonecraft's Original Stories: With Five Illustrations (Classic Reprint) William Blake. 2018. (ENG., Illus.). 130p. (J). 26.58 *(978-0-331-82869-6(3))* Forgotten Bks.
Mary Wollstonecraft's Original Stories: With Five Illustrations (Classic Reprint) Mary Wollstonecraft. 2017. (ENG., Illus.). (J). 26.45 *(978-0-331-70069-5(7))*; pap. 9.57 *(978-0-243-87554-2(1))* Forgotten Bks.
Marya Khan & the Fabulous Jasmine Garden (Marya Khan #2) Saadia Faruqi. Illus. by Ani Bushry. 2023. (Marya Khan Ser.). (ENG.). (J). (gr. 1-4). 160p. pap. 6.99 ***(978-1-4197-6119-5(6)***, 1770403); 144p. 14.99 *(978-1-4197-6118-8(8)*, 1770401) Abrams, Inc. (Amulet Bks.).
Marya Khan & the Incredible Henna Party (Marya Khan #1) Saadia Faruqi. Illus. by Ani Bushry. (Marya Khan Ser.). (ENG.). (J). (gr. 1-4). 2023. 160p. pap. 6.99 *(978-1-4197-6117-1(X)*, 1770303, Amulet Bks.); 2022. 144p. 14.99 *(978-1-4197-6116-4(1)*, 1770301) Abrams, Inc.
Maryam's Magic: The Story of Mathematician Maryam Mirzakhani. Megan Reid. Illus. by Aaliya Jaleel. 2021. (ENG.). 40p. (J). (gr. -1-3). 18.99 *(978-0-06-291596-2(7)*, Balzer & Bray) HarperCollins Pubs.
Maryland, 1 vol. John Hamilton. 2016. (United States of America Ser.). (ENG., Illus.). 48p. (J). (gr. 5-9). 34.21 *(978-1-68078-322-3(X)*, 21629, Abdo & Daughters) ABDO Publishing Co.
Maryland. Ann Heinrichs. Illus. by Matt Kania. 2017. (U. S. A. Travel Guides). (ENG.). 40p. (J). (gr. 2-5). lib. bdg. 38.50 *(978-1-5038-1960-3(4)*, 211597) Child's World, Inc, The.
Maryland. Marcia Amidon Lusted. 2022. (Core Library of US States Ser.). (ENG., Illus.). 48p. (J). (gr. 4-8). lib. bdg. 35.64 *(978-1-5321-9761-1(6)*, 39613) ABDO Publishing Co.
Maryland. Angie Swanson & Bridget Parker. 2016. (States Ser.). (ENG., Illus.). 32p. (J). (gr. 3-6). lib. bdg. 27.99 *(978-1-5157-0407-2(6)*, 132018, Capstone Pr.) Capstone.
Maryland: Children's American Local History with Interesting & Informative Facts. Bold Kids. 2022. (ENG.). 42p. (J). pap. 14.99 *(978-1-0717-1057-9(5))* FASTLANE LLC.
Maryland: Discover Pictures & Facts about Maryland for Kids! Bold Kids. 2021. (ENG.). 34p. (J). pap. 11.99 *(978-1-0717-0814-9(7))* FASTLANE LLC.
Maryland: The Old Line State. Rennay Craats. 2016. (J). *(978-1-4896-4875-4(5))* Weigl Pubs., Inc.
Maryland: The Old Line State, 1 vol. Derek Miller et al. 3rd ed. 2018. (It's My State! (Fourth Edition)(r) Ser.). (ENG.). 80p. (gr. 4-4). 35.93 *(978-1-5026-2631-8(4)*, df623c09-8413-400f-839e-156bdc6b08a6); pap. 18.64 *(978-1-5026-4442-8(8)*, 7a81bf66-2600-406c-ad26-25945253e076) Cavendish Square Publishing LLC.
Maryland (a True Book: My United States) Vicky Franchino. 2017. (True Book (Relaunch) Ser.). (ENG., Illus.). 48p. (J). (gr. 3-5). pap. 7.95 *(978-0-531-23288-0(3)*, Children's Pr.) Scholastic Library Publishing.
Maryland Manor: A Novel of Plantation Aristocracy & Its Fall (Classic Reprint) Frederic Emory. 2017. (ENG., Illus.). (J). 33.30 *(978-0-331-19752-5(9))* Forgotten Bks.
Maryland State Board of Forestry: Report of the State Board of Forestry For 1906-1907. 2017. (ENG., Illus.). (J). pap. *(978-0-649-26102-4(X))* Trieste Publishing Pty Ltd.
MaryLou Found a Really Big Shoe. Paula Guerard. 2022. (ENG.). 34p. (J). pap. 13.99 *(978-1-64645-513-3(4))* Redemption Pr.
MaryLou's Purpose Blooms: Includes Coloring & Activity Book. Chris W. Scholl. 2020. (ENG., Illus.). 42p. (J). pap. 18.95 *(978-1-63302-158-7(0)*, Total Publishing & Media) Yorkshire Publishing Group.
Marymae & the Nightmare Man. A. M. Freeman. Illus. by Jeslyn Kate. 2020. (ENG.). 60p. (J). 19.99 *(978-0-9976460-9-2(8))*; pap. 9.99 *(978-0-9976460-8-5(X))* Wisecraft Publishing.
Mary's Adventure with the Stars. Tom Guzick. 2021. (ENG., Illus.). 62p. (J). pap. 13.95 *(978-1-63874-039-1(9))* Christian Faith Publishing.
Mary's Ankle: A Farcical Display in Three Views (Classic Reprint) May Tully. 2018. (ENG., Illus.). 142p. (J). 26.83 *(978-0-483-89286-6(6))* Forgotten Bks.
Mary's Beauty: A Spiritual Outlook on Beauty for Preteens. Rosemarie C. Pomilla. 2021. (ENG., Illus.). 170p. (YA). 36.95 *(978-1-63814-112-9(6))*; pap. 26.95 *(978-1-63814-111-2(8))* Covenant Bks.
Mary's Butterfly Garden. Mary Perrone Davis. Ed. by Nancy E. Williams. Illus. by Grace Metzger Forrest. 2017. (ENG.). 24p. (J). (gr. k-1). pap. 14.98 *(978-1-943523-42-9(8))* Laurus Co., Inc., The.
Mary's Community Garden: Feed My Sheep. James R. Strickland. 2022. (ENG., Illus.). 30p. (J). pap. 14.95 ***(978-1-68526-367-6(4))*** Covenant Bks.
Mary's Garden & How It Grew. Frances Duncan. 2017. (ENG., Illus.). (J). pap. *(978-0-649-20899-9(4))* Trieste Publishing Pty Ltd.
Mary's Garden & How It Grew (Classic Reprint) Frances Duncan. 2017. (ENG., Illus.). (J). 29.53 *(978-0-331-19256-8(X))* Forgotten Bks.
Mary's Idea. Chris Raschka. Illus. by Chris Raschka. 2023. (ENG., Illus.). 32p. (J). (gr. -1-3). 19.99 *(978-0-06-321050-9(9)*, Greenwillow Bks.) HarperCollins Pubs.
Mary's Lamb Goes to School: Lap Book Edition. Carrie Smith. Illus. by Begoña Corbalán. 2016. (My First Reader's Theater Tales Ser.). (J). (gr. k). *(978-1-5021-5506-1(0))* Benchmark Education Co.
Mary's Lamb Goes to School: Small Book Edition. Carrie Smith. Illus. by Begoña Corbalán. 2016. (My First Reader's Theater Tales Ser.). (J). (gr. k). *(978-1-5021-5511-5(7))* Benchmark Education Co.
Mary's Little Donkey, 30 vols. Gunhild Sehlin. Illus. by Helene Muller. 2016. 32p. (J). 17.95 *(978-1-78250-294-4(7))* Floris Bks. GBR. Dist: Consortium Bk. Sales & Distribution.
Mary's Little G. O. A. T. Lala Dunson. 2021. (ENG.). 50p. (YA). 25.00 *(978-1-7365473-0-4(5))* Lala Dunn.
Mary's Little Lamb (Classic Reprint) Tom Masson. (ENG., Illus.). (J). 2018. 22p. 24.35 *(978-0-267-61486-8(1))*; 2016. pap. 7.97 *(978-1-334-11861-6(2))* Forgotten Bks.
Mary's Magic Word: Story & Activity Book. Aviva Gittle & Mark Megson. Illus. by Andrés Cornejo. 2017. (ENG.). (J). pap. 12.95 *(978-1-942736-09-7(6))* Aviva Gittle Publishing.
Mary's Meadow: And Letters from a Little Garden (Classic Reprint) Juliana Horatia Ewing. 2018. (ENG., Illus.). 100p. (J). 25.96 *(978-0-483-45082-0(0))* Forgotten Bks.
Mary's Meadow & Other Tales of Fields & Flowers (Classic Reprint) Juliana Horatia Ewing. (ENG., Illus.). (J). 2018. 248p. 29.01 *(978-0-483-77809-2(5))*; 2016. pap. 11.57 *(978-1-334-25848-0(1))* Forgotten Bks.
Mary's Meadow Papers (Classic Reprint) Violet Bullock-Webster. 2018. (ENG., Illus.). (J). 196p. 27.96 *(978-1-396-71326-2(3))*; 198p. pap. 10.57 *(978-1-391-59310-4(3))* Forgotten Bks.
Mary's Meadow, Snap-Dragons, Dandelion Clocks: And Other Stories (Classic Reprint) Juliana Horatia Ewing. 2018. (ENG., Illus.). 404p. (J). 32.23 *(978-0-483-60695-1(2))* Forgotten Bks.
Mary's Millions: A Comedy in Three Acts (Classic Reprint) Frederick G. Johnson. 2018. (ENG., Illus.). 120p. (J). 26.37 *(978-0-332-94353-4(4))* Forgotten Bks.
Mary's Misfortune. Christopher Von Collins. 2018. (ENG., Illus.). 44p. (J). pap. 9.99 *(978-0-692-18621-3(2))* Gall, Frank.
Mary's Mommy Is a Lawyer: What's a Lawyer? Leatrice Lynne Latts Jd Cpa. 2018. (ENG., Illus.). 56p. (J). (gr. k-6). pap. 9.95 *(978-0-9965398-7-6(5))* See Movement.
Mary's Neighborhood. Janet Heavin. 2017. (ENG., Illus.). (J). (gr. -1-3). 22.95 *(978-1-64028-493-7(1))*; pap. 12.95 *(978-1-63575-097-3(0))* Christian Faith Publishing.
Mary's Reflections. Payter. 2021. (ENG.). 330p. (YA). pap. 18.95 *(978-1-68235-543-5(8))* Strategic Book Publishing & Rights Agency (SBPRA).
Mary's Story. Ron Francis. 2022. (ENG.). 110p. (J). pap. 13.95 *(978-1-68526-111-5(6))* Covenant Bks.
Mary's Story. Mélanie Grandgirard. 2017. (ENG., Illus.). 20p. (J). (gr. -1 — 1). bds. 14.99 *(978-1-61261-916-3(9))* Paraclete Pr., Inc.
Mary's Wedding: A Play in One Act (Classic Reprint) Gilbert Cannan. (ENG., Illus.). (J). 2018. 26p. 24.45 *(978-0-483-64577-6(X))*; 2017. 24.47 *(978-0-265-76546-3(3))*; 2016. pap. 7.97 *(978-1-334-12797-7(2))*; 2016. pap. 7.97 *(978-1-333-40034-7(9))* Forgotten Bks.
Marzio's Crucifix, and, Zoroaster (Classic Reprint) F. Marion Crawford. 2017. (ENG., Illus.). (J). 35.28 *(978-0-265-37320-0(4))* Forgotten Bks.
Marzipan Pig. Russell Hoban. Illus. by Quentin Blake. 2016. (ENG.). 48p. (J). (gr. 1-4). 15.95 *(978-1-59017-999-4(4)*, NYR Children's Collection) New York Review of Bks., Inc., The.
Marzo. Julie Murray. 2017. (Los Meses (Months) Ser.).Tr. of March. (SPA.). 24p. (J). (gr. -1-2). lib. bdg. 31.36 *(978-1-5321-0630-9(0)*, 27221, Abdo Kids) ABDO Publishing Co.
Más Agua, Por Favor Animales de Lugares Secos: Leveled Reader Book 26 Level M 6 Pack. Hmh Hmh. 2021. (SPA.). 16p. (J). pap. 74.40 *(978-0-358-08423-5(7))* Houghton Mifflin Harcourt Publishing Co.
Más Allá de Las Ciudades. Alejandra Gamez. 2019. (SPA.). 152p. (J). (gr. 4-7). pap. 16.50 *(978-607-527-615-1(7))* Editorial Oceano de Mexico MEX. Dist: Independent Pubs. Group.
Más allá de las estrellas: ¿Estamos solos en el universo? Álex Riveiro. 2021. (SPA.). 240p. (J). (gr. 7). pap. 17.95 *(978-84-204-4415-4(4)*, Alfaguara) Penguin Random House Grupo Editorial ESP. Dist: Penguin Random Hse. LLC.
Más Allá de Las Nubes / Beyond the Clouds. Kaira Pérez Aguada. 2023. 170p. (J). pap. 24.95 *(978-0-89556-295-1(2))* Gateways Bks. & Tapes.
Más Allá de Los Dinosaurios / Farther Than the Dinosaurs. Carlos Chimal. 2018. (SPA.). 32p. (J). (gr. 3-7). pap. 13.95 *(978-1-947783-62-1(9)*, Altea) Penguin Random House Grupo Editorial ESP. Dist: Penguin Random Hse. LLC.
Mas Alla de Los Reinos. Chris Colfer. 2018. (SPA.). 416p. (J). (gr. 5-8). pap. 16.99 *(978-987-747-377-3(1))* V&R Editoras.
Más Allá Del átomo / Beyond the Atom. Carlos Chimal. 2019. (SPA.). 40p. (J). (gr. 4-7). pap. 15.95 *(978-1-947783-80-5(7)*, Altea) Penguin Random House Grupo Editorial ESP. Dist: Penguin Random Hse. LLC.
Más Allá Del Espacio / Space & Beyond. R. A. Montgomery. 2022. (Elige Tu Propia Aventura Ser.: 2). (SPA.). 160p. (J). (gr. 3-7). pap. 10.95 *(978-607-38-0841-5(0))* Penguin Random House Grupo Editorial ESP. Dist: Penguin Random Hse. LLC.
Más Aventuras en Avonlea (Edición Ilustrada) / Anne of Avonlea (Illustrated Editi On) Lucy Maud Montgomery. Illus. by Maria Llovet. 2022. (Ana de Las Tejas Verdes Ser.: 4). (SPA.). 224p. (J). (gr. 4-7). pap. 12.95 *(978-607-38-1219-1(1))* Penguin Random House Grupo Editorial ESP. Dist: Penguin Random Hse. LLC.
Más Bella Mariposa. Angy Cartagena. 2022. (SPA.). 26p. (J). pap. 13.95 *(978-1-63765-272-5(0))* Halo Publishing International.
Más Extraño Que un Fanfiction. Chris Colfer. 2018. (SPA.). 358p. (YA). (gr. 9-12). pap. 16.99 *(978-987-747-391-9(7))* V&R Editoras.
Más Faulera. Mónica Lavín. 2023. (SPA.). 96p. (J). pap. 13.95 ***(978-607-07-4534-8(5))*** Editorial Planeta, S. A. ESP. Dist: Two Rivers Distribution.
Más Feliz Entre Los Mortales: Zhao Mengfu (Spanish Edition) Zirong ZENG. 2021. (Conozcamos a Los Pintores Famosos Ser.). (ENG.). 32p. (J). 19.95 *(978-1-4878-0823-5(2))* Royal Collins Publishing Group Inc. CAN. Dist: Independent Pubs. Group.
Más Grande: Leveled Reader Book 41 Level G 6 Pack. Hmh Hmh. 2021. (SPA.). 16p. (J). pap. 74.40 *(978-0-358-08260-6(9))* Houghton Mifflin Harcourt Publishing Co.
Más Grande, el Más Pequeño, el Más Rápido, el Más Lento: Leveled Reader Book 68 Level I 6 Pack. Hmh Hmh. 2021. (SPA.). 16p. (J). pap. 74.40 *(978-0-358-08285-9(4))* Houghton Mifflin Harcourt Publishing Co.
Mas Pobre Hombre Rico: Null. Gran Mini Kun. 2022. (ENG.). 626p. (YA). pap. ***(978-1-387-69932-2(6))*** Lulu Pr., Inc.
Mas Que Deslizar. Kristin Fry. 2019. (SPA.). 160p. (YA). pap. 12.99 *(978-0-7899-2458-2(7))* Lulu Pr., Inc.
MÁS Que Tus Montañas. Whitney Ward. Tr. by Christian Belman. Illus. by Courtney Smith. 2022. (SPA.). 36p. (J). 19.99 *(978-1-64949-498-6(X))* Elk Lake Publishing, Inc.
MÁS Que Tus Montañas. Whitney Ward. Tr. by Christian Belman. Illus. by Courtney Ward. 2022. (SPA.). 36p. (J). pap. 9.99 *(978-1-64949-497-9(1))* Elk Lake Publishing, Inc.
Masada Will Not Fall Again: A Novel. Sophie Greenspan. 2019. (ENG., Illus.). 186p. (J). (gr. 3-5). pap. 17.95 *(978-0-8276-1469-7(1))* Jewish Pubn. Society.
Masala Chai, Fast & Slow. Rajani LaRocca. Illus. by Neha Rawat. 2023. (ENG.). 40p. (J). (gr. -1-2). 17.99 ***(978-1-5362-1940-1(1))*** Candlewick Pr.
Masani & Abbo. Savanna Honerkamp-Smith. Illus. by Moe & Phyo. 2022. (ENG.). 34p. (J). pap. ***(978-1-922827-49-4(5))*** Library For All Limited.
Máscara Contra Máscara (el Enmascarado de Terciopelo 3) / Mask vs. Mark (the Velvet Masked Wrestler 3) Diego Mejia Eguiluz. 2019. (ENMASCARADO de TERCIOPELO / the VELVET MASKED WRESTLER Ser.: 3). (SPA.). 256p. (J). (gr. 3-7). pap. 11.95 *(978-607-31-7624-8(4)*, Alfaguara) Penguin Random House Grupo Editorial ESP. Dist: Penguin Random Hse. LLC.
Máscara Misteriosa: Leveled Reader Book 81 Level N 6 Pack. Hmh Hmh. 2020. (SPA.). 40p. (J). pap. 74.40 *(978-0-358-08389-4(3))* Houghton Mifflin Harcourt Publishing Co.
Mascha und der Bär Malbuch Für Kinder Alter 4-8: Eine Sammlung Von 60 Ausgewählten Schönen Illustrationen Zum Ausmalen. Amelia Yardley. 2021. (GER.). 128p. (J). *(978-1-365-44247-6(0))*; pap. *(978-1-365-43288-0(2))* Lulu.com.
Mascherina Del Drago: Una Simpatica Storia per Bambini, per Insegnare Loro l'importanza Di Indossare la Mascherina per Prevenire la Diffusione Di Germi e Virus. Steve Herman. 2020. (My Dragon Books Italiano Ser.: Vol. 38). (ITA.). 46p. (J). 18.95 *(978-1-64916-086-7(0))*; pap. 12.95 *(978-1-64916-085-0(2))* Digital Golden Solutions LLC.
Mascot. Antony John. (ENG.). (J). (gr. 3-7). 2019. 352p. pap. 9.99 *(978-0-06-283563-5(7))*; 2018. 336p. 16.99 *(978-0-06-283562-8(9))* HarperCollins Pubs. (HarperCollins).
Mascot Chapter Book: (Step 8) Sound Out Books (systematic Decodable) Help Developing Readers, Including Those with Dyslexia, Learn to Read with Phonics. Pamela Brookes. 2020. (Dog on a Log Chapter Books: Vol. 37). (ENG., Illus.). 60p. (J). (gr. 2-6). 15.99 *(978-1-64831-043-0(5)*, DOG ON A LOG Bks.) Jojoba Pr.
Mascot (Classic Reprint) Robert Campbell. 2018. (ENG., Illus.). 24p. (J). 24.41 *(978-0-484-10128-8(5))* Forgotten Bks.
Mascot of Sweet Briar Gulch (Classic Reprint) Henry Wallace Phillips. 2018. (ENG., Illus.). 170p. (J). 27.42 *(978-0-483-52930-4(3))* Forgotten Bks.
Mascot University: A Dandelion Girl. Christopher Jude. Ed. by Teah Lynn Dioguardi. 2021. (ENG.). 32p. (J). pap. 11.99 *(978-1-7376581-0-8(0))* Home.
Mascota para Tom. Joan Pont. 2021. (SPA.). 126p. (YA). pap. 6.99 *(978-1-393-11076-7(2))* Draft2Digital.
Mascota Perfecta (the Perfect Pet) Christine Platt. Illus. by Anuki López. 2021. (Ana & Andrew Set 2 (Spanish) Ser.). (ENG.). 32p. (J). (gr. 2-2). pap. 9.95 *(978-1-64494-530-8(4)*, Calico Kid) ABDO Publishing Co.
Mascota Perfecta (the Perfect Pet) Christine Platt. Illus. by Junissa Bianda. 2021. (Ana & Andrew (Spanish Version) Ser.). (SPA.). 32p. (J). (gr. -1-3). lib. bdg. 32.79 *(978-1-0982-3137-8(6)*, 37723, Calico Chapter Bks) Magic Wagon.
Mascotas. Xist Publishing. 2018. (Xist Kids Spanish Bks.). (SPA., Illus.). 28p. (J). (gr. -1-3). pap. 9.99 *(978-1-5324-0723-9(8))* Xist Publishing.
Mascotas Presidenciales (Set), 6 vols. 2022. (Mascotas Presidenciales Ser.). (SPA.). 24p. (J). (gr. -1-2). lib. bdg. 188.16 *(978-1-0982-6516-8(5)*, 40977, Abdo Kids) ABDO Publishing Co.
Mascotas Raras de Los Presidentes. Grace Hansen. 2022. (Mascotas Presidenciales Ser.). (SPA.). 24p. (J). (gr. -1-2). lib. bdg. 31.36 *(978-1-0982-6522-9(X)*, 40989, Abdo Kids) ABDO Publishing Co.
Masculinity in the Twenty-First Century, 1 vol. Ed. by M. M. Eboch. 2018. (Introducing Issues with Opposing Viewpoints Ser.). (ENG.). 120p. (gr. 7-10). 43.63 *(978-1-5345-0361-8(7)*, 8fcf224e-b227-4be4-88a2-31553bf2d09e) Greenhaven Publishing LLC.
Masculinity Workbook for Teens: Discover What Being a Guy Means to You. Christopher S. Reigeluth. 2022. (ENG.). 216p. (YA). (gr. 6-12). pap. 20.95 *(978-1-68403-949-4(5)*, 49494, Instant Help Books) New Harbinger Pubns.
Maserati. Jennifer Colby. 2022. (Floored! Supercars Ser.). (ENG., Illus.). 32p. (J). (gr. 4-8). pap. 14.21 *(978-1-6689-1116-7(7)*, 221061); lib. bdg. 32.07 *(978-1-6689-0956-0(1)*, 220923) Cherry Lake Publishing. (45th Parallel Press).
Maserati. S. L. Hamilton. 2022. (Xtreme Cars Ser.). (ENG., Illus.). 48p. (J). (gr. 3-9). lib. bdg. 34.22 *(978-1-5321-9608-9(3)*, 39505, Abdo & Daughters) ABDO Publishing Co.
Maserati GranTurismo. Julie Murray. 2019. (Car Stars Ser.). (ENG., Illus.). 24p. (J). (gr. k-4). lib. bdg. 31.36 *(978-1-5321-2915-5(7)*, 33112, Abdo Zoom-Dash) ABDO Publishing Co.
Maserati GranTurismo. Emily Rose Oachs. 2018. (Car Crazy Ser.). (ENG., Illus.). 24p. (J). (gr. 3-7). lib. bdg. 26.95 *(978-1-62617-778-9(3)*, Torque Bks.) Bellwether Media.
Maserati GranTurismo. Megan Cooley Peterson. 2021. (Voitures Hors du Commun Ser.). (FRE.). 32p. (J). (gr. 4-6). lib. bdg. *(978-1-77092-510-6(4)*, 13296, Bolt) Black Rabbit Bks.
Maserati GranTurismo. Megan Cooley Peterson. (Coches épicos Ser.). (SPA.). 32p. (J). (gr. 4-6). 2021. lib. bdg. *(978-1-62310-508-2(0)*, 13204); 2020. pap. 9.99 *(978-1-64466-462-9(3)*, 13205) Black Rabbit Bks. (Bolt).
Maserati MC20. Contrib. by Kaitlyn Duling. 2023. (Cool Cars Ser.). (ENG., Illus.). (J). (gr. 3-7). lib. bdg. 26.95 Bellwether Media.
#MásGordoElAmor. Antonio Malpica. 2017. (SPA.). 436p. (YA). (gr. 7). pap. 12.50 *(978-607-527-184-2(8))* Editorial Oceano de Mexico MEX. Dist: Independent Pubs. Group.
Masha & Her Sisters: (Russian Doll Board Books, Children's Activity Books, Interactive Kids Books) Illus. by Suzy Ultman. 2017. (ENG.). 10p. (J). bds. 9.99 *(978-1-4521-5159-5(8))* Chronicle Bks. LLC.
Masha & the Bear: A Tale from Russia. Lari Don. Illus. by Melanie Williamson. 2019. (Stories from Around the World Ser.). (ENG.). 48p. (J). (gr. 1-5). pap. 6.99 ***(978-1-78285-840-9(7))*** Barefoot Bks., Inc.
Masha & the Bear Coloring Book for Kids 4-8: A Collection of 60 Selected Beautiful Illustrations to Color. Amelia Yardley. 2021. (ENG.). (J). 128p. *(978-1-387-54286-4(9))*; 124p. pap. *(978-1-008-91722-4(2))* Lulu.com.
Mashallah! Charles Warren Stoddard. 2017. (ENG.). 238p. (J). pap. *(978-3-337-23997-8(8))* Creation Pubs.
Mashallah! A Flight into Egypt (Classic Reprint) Charles Warren Stoddard. (ENG., Illus.). (J). 2018. 238p. 28.83 *(978-0-332-97978-6(4))*; 2016. pap. 11.57 *(978-1-334-13215-5(1))* Forgotten Bks.
Masha's World: Coloring & Activity Book: (Interactive Kids Books, Arts & Crafts Books for Kids) Illus. by Suzy Ultman. 2018. (ENG.). 48p. (J). (gr. -1-k). 14.99 *(978-1-4521-6644-5(7))* Chronicle Bks. LLC.
Mashed Banana Pie. Melissa Jakeman. Illus. by Charles Davis & Angela Davis. 2018. (ENG.). 32p. (J). pap. *(978-0-646-98961-7(8))* Jakeman, Melissa.
Mashi: And Other Stories (Classic Reprint) Rabindranath Tagore. 2017. (ENG., Illus.). (J). 28.74 *(978-0-331-60251-7(2))* Forgotten Bks.
Mashkiki Road: The Seven Grandfather Teachings. Elizabeth S. Barrett. Illus. by Jonathan Thunder. 2022. (ENG.). 32p. (J). 17.95 *(978-1-68134-238-2(3))* Minnesota Historical Society Pr.
Masjid Bilal Weekend School Coloring Book. Weekend School Students. 2019. (ENG.). 88p. (J). pap. 18.00 *(978-0-359-44061-0(4))* Lulu Pr., Inc.
Masjid Kamal Loves. Ashley Franklin. Illus. by Aaliya Jaleel. 2023. (ENG.). 32p. (J). (gr. -1-3). 18.99 ***(978-1-5344-9983-6(0)***, Salaam Reads) Simon & Schuster Bks. For Young Readers.
Mask. Kate Hannigan. Illus. by Patrick Spaziante. (League of Secret Heroes Ser.: 2). (ENG.). (J). (gr. 3-7). 2021. 288p. pap. 8.99 *(978-1-5344-3915-3(3))*; 2020. 272p. 17.99 *(978-1-5344-3914-6(5))* Simon & Schuster Children's Publishing. (Aladdin).
Mask: A Novel (Classic Reprint) Florence Irwin. 2018. (ENG., Illus.). 336p. (J). 30.85 *(978-0-483-89836-3(8))* Forgotten Bks.
Mask: A Play in One Act (Classic Reprint) H. M. Harwood. (ENG., Illus.). (J). 2018. 24p. 24.41 *(978-0-365-30020-5(9))*; 2017. pap. 7.97 *(978-0-259-83570-7(6))* Forgotten Bks.
Mask: A Story of Love & Adventure. Arthur Hornblow. 2017. (ENG., Illus.). (J). 24.95 *(978-1-374-84840-5(9))* Capital Communications, Inc.
Mask: A Story of Love & Adventure (Classic Reprint) Arthur Hornblow. 2018. (ENG., Illus.). 382p. (J). 31.78 *(978-0-483-95302-4(4))* Forgotten Bks.
Mask (Classic Reprint) John Cournos. 2017. (ENG., Illus.). (J). 30.62 *(978-1-5281-8526-4(9))* Forgotten Bks.
Mask Mess Up: Ella & Gareth. Darya Ahmadi. Illus. by Ghazaleh Salamati. 2nd ed. 2021. (ENG.). 46p. (J). pap. *(978-1-989880-45-6(2))* KidsOcado.
Mask of Fashion, Vol. 1 Of 2: A Plain Tale (Classic Reprint) Thomas Skinner Surr. (ENG., Illus.). (J). 2018. 282p. 29.71 *(978-0-483-98575-9(9))*; 2016. pap. 13.57 *(978-1-333-34044-5(3))* Forgotten Bks.
Mask of Fashion, Vol. 2: A Plain Tale, with Anecdotes Foreign & Domestic (Classic Reprint) T. S. Surr. 2018. (ENG., Illus.). 232p. (J). 28.68 *(978-0-483-80634-4(X))* Forgotten Bks.
Mask of Maliban (the Secrets of Droon #13) Tony Abbott. Illus. by Tim Jessell. 2018. (Math Counts, New & Updated Ser.: 13). (ENG.). 128p. (J). (gr. k-3). E-Book 25.00 *(978-0-545-41826-3(7)*, Scholastic Paperbacks) Scholastic, Inc.
Mask of Shadows. Linsey Miller. 2018. (Mask of Shadows Ser.: 1). 368p. (YA). (gr. 8-12). pap. 15.99 *(978-1-4926-6089-7(2))* Sourcebooks, Inc.

Mask of Shadows. Linsey Miller. ed. 2018. (Mask of Shadows Ser.: 1). lib. bdg. 22.10 *(978-0-606-41234-6(4))* Turtleback.

Mask of the Wolf Boy: Introducing Jonathan & Rosalind Goforth. Dave Jackson & Neta Jackson. 2016. (ENG., Illus.). (J). pap. 7.99 *(978-1-939445-30-8(2))* Castle Rock Creative, Inc.

Mask That Loved to Count. Luo Xi. Illus. by Luo Xi. 2020. (Hopeful Picture Bks.). (ENG.). 32p. (J). (gr. k-2). lib. bdg. 27.29 *(978-1-64996-004-7(2)*, 4094, Sequoia Publishing & Media LLC) Phoenix International Publications, Inc.

Masked. Shari Cross. 2019. (Divided Kingdom Ser.: Vol. 1). (ENG.). 360p. (YA). (gr. 9-12). 31.99 *(978-1-0878-0354-8(3))* Indy Pub.

Masked Munchkins. Elizabeth Allatta. 2021. (ENG.). 24p. (J). pap. 10.99 *(978-1-0983-6763-3(4))* BookBaby.

Masks: With Jim's Beast, Tides, among the Lions, the Reason, the House One Act Plays of Contemporary Life (Classic Reprint) George Middleton. 2018. (ENG., Illus.). 240p. (J). 28.87 *(978-0-365-37081-9(9))* Forgotten Bks.

Masks & Capes. Mykenley Augustin. 2021. (ENG.). 38p. (J). ***(978-1-257-16071-6(0))*** Lulu Pr., Inc.

Masks As Art Therapy: A Coloring Book for Angry Children. Speedy Kids. 2018. (ENG., Illus.). 106p. (J). pap. 12.55 *(978-1-5419-3489-4(X))* Speedy Publishing LLC.

Masks Find a New Home. Matilda Canales. 2021. (ENG.). 90p. (YA). pap. 14.95 *(978-1-6624-3203-3(8))* Page Publishing Inc.

Masks in the Forest: A Story Told with Masks. Laurent Moreau. 2016. (ENG., Illus.). 40p. (J). (gr. -1-3). 19.95 *(978-3-89955-763-3(8))* Die Gestalten Verlag DEU. Dist: Ingram Publisher Services.

Masks of Mardi Gras Coloring Book. Activity Attic. 2016. (ENG., Illus.). (J). pap. 7.74 *(978-1-68323-931-4(8))* Twin Flame Productions.

Masks of the Opera Coloring Book. Activity Attic Books. 2016. (ENG., Illus.). (J). pap. 7.74 *(978-1-68323-579-8(7))* Twin Flame Productions.

Masks Worn in Different Professions Coloring Book. Bobo's Adult Activity Books. 2016. (ENG., Illus.). (J). pap. 9.33 *(978-1-68327-656-2(6))* Sunshine In My Soul Publishing.

Masollam a Problem of the Period, Vol. 1 Of 3: A Novel (Classic Reprint) Laurence Oliphant. 2018. (ENG., Illus.). 288p. (J). 29.84 *(978-0-428-78872-8(6))* Forgotten Bks.

Masollam; a Problem of the Period, Vol. 3 Of 3: A Novel (Classic Reprint) Laurence Oliphant. 2018. (ENG., Illus.). 298p. (J). 30.04 *(978-0-483-68626-7(3))* Forgotten Bks.

Mason. Regan Ure. 2016. (ENG., Illus.). 235p. (J). pap. *(978-1-911213-11-6(3))* Regan Ure.

Mason & the Pandemic. Pamella Fine. Illus. by Cadence Paramore. 2020. (ENG.). 38p. (J). 19.99 *(978-1-6629-0294-9(8))*; pap. 7.99 *(978-1-6629-0295-6(6))* Gatekeeper Pr.

Mason-Bees (Classic Reprint) J. Henri Fabre. 2018. (ENG., Illus.). 330p. (J). 30.72 *(978-0-656-94740-9(3))* Forgotten Bks.

Mason Discovers: I Can Be... Kestle Bess. 2019. (ENG.). 38p. (J). 14.95 *(978-1-64307-334-7(6))* Amplify Publishing Group.

Mason Goes Mushrooming. Melany Kahn. Illus. by Ellen Korbonski. 2022. (ENG.). 32p. (J). (gr. -1-4). 17.95 *(978-1-950584-88-8(7))* Green Writers Pr.

Mason I Love You All Ways. Marianne Richmond. Illus. by Dubravka Kolanovic. 2023. (I Love You All Ways Ser.). (ENG.). 32p. (J). (gr. -1-3). 8.99 ***(978-1-7282-7397-6(8))*** Sourcebooks, Inc.

Mason Jar Science: 40 Slimy, Squishy, Super-Cool Experiments; Capture Big Discoveries in a Jar, from the Magic of Chemistry & Physics to the Amazing Worlds of Earth Science & Biology. Jonathan Adolph. 2018. (ENG., Illus.). 136p. (J). (gr. 3-7). 14.95 *(978-1-61212-986-0(2)*, 622986) Storey Publishing, LLC.

Mason Jar Scientist: 30 Jarring STEAM-Based Projects. Brenda Priddy. 2018. (ENG., Illus.). 128p. (J). (gr. 2-6). pap. 12.99 *(978-1-63158-311-7(5)*, Racehorse Publishing) Skyhorse Publishing Co., Inc.

Mason Kane Makes Gumbo. Gregory Atkins. 2020. (ENG., Illus.). 40p. (J). (gr. k-5). pap. 15.00 ***(978-1-0878-0873-4(1))*** ATKINS ARTHse.

Mason Madrid Is a Very Funny Kid. Mike Artell. 2017. (ENG., Illus.). (J). (gr. 1-5). pap. 6.95 *(978-0-9910894-9-9(9))* MJA Creative, LLC.

Mason Makes a Mess. Tracilyn George. 2020. (ENG.). 20p. (J). pap. 11.00 *(978-1-990153-20-4(8))* Lulu Pr., Inc.

Mason Makes a Mess. Tracilyn George. Illus. by Aria Jones. 2020. (ENG.). 20p. (J). pap. 16.46 *(978-1-716-62078-2(3))* Lulu Pr., Inc.

Mason Makes Money. Candace Okin. 2020. (ENG.). 46p. (J). pap. 19.99 *(978-1-953156-08-2(8))* 13th & Joan.

Mason Mooney: Doppelgänger Detective. Seaerra Miller. 2021. (Mason Mooney Ser.: 2). (ENG., Illus.). 72p. (J). (gr. 2-6). pap. 12.99 *(978-1-83874-003-0(1))* Flying Eye Bks. GBR. Dist: Penguin Random Hse. LLC.

Mason Mooney: Paranormal Investigator. Seaerra Miller. 2020. (Mason Mooney Ser.: 1). (ENG.). 72p. (J). (gr. 2-6). pap. 12.99 *(978-1-912497-64-5(6))* Flying Eye Bks. GBR. Dist: Penguin Random Hse. LLC.

Mason Mooney: Supernatural Sleuth. Seaerra Miller. 2023. (ENG., Illus.). 72p. (J). (gr. 2-6). pap. 13.99 *(978-1-83874-038-2(4))* Flying Eye Bks. GBR. Dist: Penguin Random Hse. LLC.

Mason on the North Pole Express. J. D. Green. Illus. by Joanne Partis. 2022. (North Pole Express Bears Ser.). (ENG.). 32p. (J). (gr. -1-3). 7.99 ***(978-1-7282-6961-0(X))*** Sourcebooks, Inc.

Mason on the North Pole Express. J. D. Green. 2019. (North Pole Express Ser.). (ENG.). 32p. (J). (gr. -1-3). 7.99 ***(978-1-7282-0368-3(6))*** Sourcebooks, Inc.

Mason Santa's Secret Elf. Put Me In The Story & Katherine Sully. Illus. by Julia Seal. 2018. (Santa's Secret Elf Ser.). (ENG.). 32p. (J). (gr. k-3). 5.99 *(978-1-4926-8163-2(6))* Sourcebooks, Inc.

Mason the Bull. Crystal Day. 2017. (ENG.). (J). 14.95 *(978-1-68401-423-1(9))* Amplify Publishing Group.

Mason the Bull: A Story Inspired by True Events. Day Crystal. Illus. by Young Alicia. 2018. (Mason the Bull Ser.: Vol. 1). (ENG.). 40p. (J). (gr. k-2). pap. 12.00 *(978-0-692-87176-8(4))* ODE.

Mason 'Twas the Night Before Christmas. Illus. by Lisa Alderson. 2019. (Night Before Christmas Ser.). (ENG.). 32p. (J). (gr. -1-3). 7.99 ***(978-1-7282-0261-7(2))*** Sourcebooks, Inc.

Masonry Worker, Vol. 10. Andrew Morkes. 2018. (Careers in the Building Trades: a Growing Demand Ser.). 80p. (J). (gr. 7). lib. bdg. 33.27 *(978-1-4222-4117-2(3))* Mason Crest.

Mason's Christmas Wish. Put Me In The Story & J. D. Green. Illus. by Julia Seal. 2018. (Christmas Wish Ser.). (ENG.). 32p. (J). (gr. k-3). 6.99 ***(978-1-4926-8348-3(5))*** Sourcebooks, Inc.

Mason's This-And-That Day. Sue Kotchman. Illus. by Linda Cowen. 2016. (ENG.). (J). (gr. k-6). 17.00 *(978-1-941251-84-3(6))* Thewordverve.

Masoud the Bedouin (Classic Reprint) Alfreda Post Carhart. 2018. (ENG., Illus.). 280p. (J). 29.67 *(978-0-483-00218-0(6))* Forgotten Bks.

Masquerade & Other Poems (Classic Reprint) John Godfrey Saxe. 2018. (ENG., Illus.). 248p. (J). 29.03 *(978-0-666-50441-8(5))* Forgotten Bks.

Masquerade, or the History of Lord Avon & Miss. Tameworth, Vol. 2: In a Series of Letters (Classic Reprint) Unknown Author. (ENG., Illus.). (J). 2018. 222p. 28.48 *(978-0-428-94811-5(1))*; 2016. pap. 10.97 *(978-1-333-23294-8(2))* Forgotten Bks.

Masquerade Party. Giuliano Ferri. 2020. (Illus.). 16p. (J). (— 1). bds. 11.99 *(978-988-8342-06-8(1)*, Minedition) Penguin Young Readers Group.

Masquerade, Vol. 1 of 3 (Classic Reprint) Algernon Gissing. (ENG., Illus.). (J). 2018. 306p. 30.21 *(978-0-267-34147-4(4))*; 2016. pap. 13.57 *(978-1-333-65397-2(2))* Forgotten Bks.

Masquerading for Two: A Comedietta in One Act (Classic Reprint) Octave Gastineau. 2017. (ENG., Illus.). (J). 22p. 24.35 *(978-0-332-79883-7(6))*; pap. 7.97 *(978-0-259-17335-9(5))* Forgotten Bks.

Masques of Cupid (Classic Reprint) Evangeline Wilbour Blashfield. (ENG., Illus.). (J). 2018. 374p. 31.61 *(978-0-365-18802-5(6))*; 2017. pap. 13.97 *(978-1-331-82737-5(X))* Forgotten Bks.

Mass & Weight, 1 vol. Arthur Best. 2018. (Properties of Matter Ser.). (ENG.). 24p. (J). (gr. 1-1). pap. 9.22 *(978-1-5026-4224-0(7)*, 958bc6c7-67ef-4264-9965-236e6200c1a9) Cavendish Square Publishing LLC.

Mass for Little Ones. Maïte Roche. 2022. (ENG.). 14p. (J). (gr. -1). bds. 8.99 *(978-1-62164-522-1(3))* Ignatius Pr.

Mass' George: A Boy's Adventures in the Old Savannah. George Manville Fenn. 2017. (ENG., Illus.). (J). 28.95 *(978-1-374-86178-7(2))*; pap. 18.95 *(978-1-374-86177-0(4))* Capital Communications, Inc.

Mass Government Surveillance: Spying on Citizens, 1 vol. Andrew Coddington. 2017. (Spying, Surveillance, & Privacy in the 21st Century Ser.). (ENG.). 112p. (YA). (gr. 8-8). 44.50 *(978-1-5026-2672-1(1)*, ffd99925-2eeb-4b09-9dcb-1df4d331b902) Cavendish Square Publishing LLC.

Mass Incarceration, 1 vol. Ed. by Rebecca Aldridge. 2017. (Opposing Viewpoints Ser.). (ENG.). 296p. (gr. 10-12). pap. 34.80 *(978-1-5345-0043-3(X)*, cbdc726e-9eec-4c29-b762-0daeb825fc14); lib. bdg. 50.43 *(978-1-5345-0045-7(6)*, 3f9817a6-6912-49fe-8b33-8c1d0909c1ff) Greenhaven Publishing LLC.

Mass Incarceration. Tom Head. 2023. (Focus on Current Events Set 2 Ser.). (ENG., Illus.). 48p. (J). lib. bdg. 34.21 ***(978-1-63739-642-1(2)***, Focus Readers) North Star Editions.

Mass Incarceration. Contrib. by Tom Head. 2023. (Focus on Current Events Set 2 Ser.). (ENG., Illus.). 48p. (J). pap. 11.95 ***(978-1-63739-699-5(6)***, Focus Readers) North Star Editions.

Mass Incarceration, Black Men, & the Fight for Justice. Cicely Lewis. 2021. (Issues in Action (Read Woke (tm) Books) Ser.). (ENG., Illus.). 32p. (J). (gr. 4-8). pap. 10.99 *(978-1-7284-3137-6(9)*, ba6a91e6-976f-4289-97c9-f615f1be5a9c, Lerner Pubns.) Lerner Publishing Group.

Mass Shootings in America. Duchess Harris & Jennifer Simms. 2018. (Special Reports). (ENG., Illus.). 112p. (J). (gr. 6-12). lib. bdg. 41.36 *(978-1-5321-1678-0(0)*, 30608, Essential Library) ABDO Publishing Co.

Massachusetts. Kate Conley. 2022. (Core Library of US States Ser.). (ENG., Illus.). 48p. (J). (gr. 4-8). lib. bdg. 35.64 *(978-1-5321-9762-8(4)*, 39615) ABDO Publishing Co.

Massachusetts. Christina Earley. 2023. (My State Ser.). (ENG.). 24p. (J). (gr. k-2). pap. ***(978-1-0396-9766-9(6)***, 33334); lib. bdg. ***(978-1-0396-9659-4(7)***, 33333) Crabtree Publishing Co.

Massachusetts, 1 vol. John Hamilton. 2016. (United States of America Ser.). (ENG., Illus.). 48p. (J). (gr. 5-9). 34.21 *(978-1-68078-323-0(8)*, 21631, Abdo & Daughters) ABDO Publishing Co.

Massachusetts. Ann Heinrichs. Illus. by Matt Kania. 2017. (U. S. A. Travel Guides). (ENG.). 40p. (J). (gr. 2-5). lib. bdg. 38.50 *(978-1-5038-1961-0(2)*, 211598) Child's World, Inc, The.

Massachusetts. Jordan Mills & Bridget Parker. 2016. (States Ser.). (ENG., Illus.). 32p. (J). (gr. 3-6). lib. bdg. 27.99 *(978-1-5157-0408-9(4)*, 132019, Capstone Pr.) Capstone.

Massachusetts. Bryan Pezzi. 2018. (Our American States Ser.). (ENG.). 48p. (J). (gr. 3-9). lib. bdg. 22.99 *(978-1-5105-3471-1(7))* SmartBook Media, Inc.

Massachusetts: Children's American Local History Book. Bold Kids. 2022. (ENG.). 42p. (J). pap. 14.99 *(978-1-0717-1058-6(3))* FASTLANE LLC.

Massachusetts: The Bay State. Bryan Pezzi. 2016. (J). *(978-1-4896-4878-5(X))* Weigl Pubs., Inc.

Massachusetts: The Bay State, 1 vol. Elizabeth Schmermund et al. 2018. (It's My State! (Fourth Edition)(r) Ser.). (ENG.). 80p. (gr. 4-4). 35.93 *(978-1-5026-2630-1(6)*, e22730a5-d636-44c4-9a6c-0a3302ac6e51); pap. 18.64 *(978-1-5026-4443-5(6)*, 5c4ac018-d0d2-4c3d-a3de-6f9720739971) Cavendish Square Publishing LLC.

Massachusetts Body of Liberties, 1 vol. Ann Byers. 2018. (America's Most Important Documents: Inquiry into Historical Sources Ser.). (ENG.). 64p. (gr. 6-6). lib. bdg. 37.36 *(978-1-5026-3613-3(1)*, ff55a05c-256f-492b-a265-0c54b6489c05) Cavendish Square Publishing LLC.

Massachusetts Legislature Of 1873: Resolutions Offered, & Remarks Thereon, by George A. Marden, at the Close of the Session, on Wednesday, June 11th, 1873 (Classic Reprint) George a Marden. (ENG., Illus.). (J). 2018. 34p. 24.60 *(978-0-332-58896-4(3))*; 2016. pap. 7.97 *(978-1-334-11726-8(8))* Forgotten Bks.

Massacre in Munich: How Terrorists Changed the Oylmpics & the World. Don Nardo. 2016. (Captured History Sports Ser.). (ENG., Illus.). 64p. (J). (gr. 5-9). lib. bdg. 35.32 *(978-0-7565-5292-3(3)*, 130887, Compass Point Bks.) Capstone.

Massacre of the Innocents (Classic Reprint) Maurice Maeterlinck. (ENG., Illus.). (J). 2018. 46p. 24.87 *(978-0-484-66162-1(0))*; 2016. pap. 9.57 *(978-1-334-16137-7(2))* Forgotten Bks.

Massage Therapist: Providing Relief & Relaxation. Connor Syrewicz & Andrew Morkes. 2019. (Careers with Earning Potential Ser.). (Illus.). 80p. (J). (gr. 12). lib. bdg. 34.60 *(978-1-4222-4327-5(3))* Mason Crest.

Massarenes: A Novel (Classic Reprint) Ouida Ouida. 2019. (ENG., Illus.). 596p. (J). 36.19 *(978-0-365-12786-4(8))* Forgotten Bks.

Massive Animal Migrations, 12 vols. 2018. (Massive Animal Migrations Ser.). (ENG.). 24p. (gr. 2-3). lib. bdg. 145.62 *(978-1-5382-1724-5(4)*, e8d04a6a-9a87-4a93-a46e-166b7a2445c4) Stevens, Gareth Publishing LLLP.

Massive Giants & Tiny Superheroes: Leveled Reader Card Book 17 Level W. Hmh Hmh. 2019. (ENG.). (J). pap. 14.13 *(978-0-358-16197-4(5))* Houghton Mifflin Harcourt Publishing Co.

Massive Giants & Tiny Superheroes: Leveled Reader Card Book 17 Level W 6 Pack. Hmh Hmh. (J). 2021. (ENG.). pap. 69.33 *(978-0-358-18936-7(5))*; 2019. (SPA.). pap. 74.40 *(978-0-358-27333-2(1))* Houghton Mifflin Harcourt Publishing Co.

Massive Maze Mania! a Fun Adventure Awaits Kids Activity Book. Smarter Activity Books for Kids. 2016. (ENG., Illus.). (J). pap. 8.99 *(978-1-68374-102-2(1))* Examined Solutions PTE. Ltd.

Massive Moose, 1 vol. Mary Molly Shea. 2016. (Cutest Animals... That Could Kill You! Ser.). (ENG., Illus.). 24p. (J). (gr. 2-3). 24.27 *(978-1-4824-4913-6(7)*, d038e997-a1b5-4217-b379-ce9d8c26f075) Stevens, Gareth Publishing LLLP.

Massive Rhinos, 1 vol. Charles M. Jones. 2017. (Great Big Animals Ser.). (ENG.). 24p. (J). (gr. k-k). pap. 9.15 *(978-1-5382-0911-0(X)*, 8e4d478a-facb-43ec-a6ec-cbf9cdb94c2f); lib. bdg. 25.27 *(978-1-5382-0913-4(6)*, 08992079-66a5-4121-aef7-0b9163a65b5e) Stevens, Gareth Publishing LLLP.

Massive to Micro: Book 3. Carole Crimeen & Suzanne Fletcher. 2023. (Healthy Me! Ser.). (ENG., Illus.). 16p. (J). (gr. -1-2). pap. 7.99 ***(978-1-922516-49-7(X)***, 26501974-6104-48dd-ae09-b962325a33b3) Knowledge Bks. & Software AUS. Dist: Lerner Publishing Group.

Masston a Story of These Modern Days, Vol. 1 of 2 (Classic Reprint) Alexander James Duffield. 2018. (ENG., Illus.). 318p. (J). 30.46 *(978-0-484-19174-6(8))* Forgotten Bks.

Masston a Story of These Modern Days, Vol. 2 of 2 (Classic Reprint) Alexander James Duffield. 2018. (ENG., Illus.). 306p. (J). 30.23 *(978-0-483-13489-8(9))* Forgotten Bks.

Master: A Novel (Classic Reprint) I. Zangwill. 2018. (ENG., Illus.). 550p. (J). 35.24 *(978-0-483-86675-1(X))* Forgotten Bks.

Master: An Adventure Story (Classic Reprint) T. H. White. 2017. (ENG., Illus.). (J). 29.14 *(978-0-266-90593-6(5))*; pap. 11.57 *(978-1-334-90660-2(2))* Forgotten Bks.

Master: Being in Part Copied from the Minutes of the School for Novelists, a Round Table of Good Fellows Who, Long, since, Dined Every Saturday at the Sign o' the Lanthorne, on Golden Hill, in New York City (Classic Reprint) Irving Bacheller. 2018. (ENG., Illus.). 312p. (J). 30.33 *(978-0-365-19563-4(4))* Forgotten Bks.

Master & Maid (Classic Reprint) Lizzie Allen Harker. 2018. (ENG., Illus.). 324p. (J). 30.60 *(978-0-483-98628-2(3))* Forgotten Bks.

Master & Man. Leo Tolstoi. 2020. (ENG.). (J). 122p. 16.95 *(978-1-64799-050-3(5))*; 120p. pap. 9.95 *(978-1-64799-049-7(1))* Bibliotech Pr.

Master & Man. Leo Tolstoi. 2020. (ENG.). 58p. (J). 15.99 *(978-1-64798-537-0(4))* Wyatt North.

Master & Man: A Story (Classic Reprint) Lyof N. Tolstoi. 2018. (ENG., Illus.). 68p. (J). 25.30 *(978-0-267-87545-0(2))* Forgotten Bks.

Master & Man: And Other Parables & Tales (Classic Reprint) Leo Tolstoi. 2017. (ENG., Illus.). (J). 30.83 *(978-0-265-15600-1(9))* Forgotten Bks.

Master & Man: The Kreutzer Sonata Dramas (Classic Reprint) Lyof N. Tolstoi. (ENG., Illus.). (J). 2018. 464p. 33.47 *(978-0-267-38719-9(9))*; 2016. pap. 16.57 *(978-1-334-14380-9(3))* Forgotten Bks.

Master & Man, & Other Parables & Tales. Leo Tolstoi. 2017. (ENG., Illus.). (J). pap. *(978-0-649-64442-1(5))* Trieste Publishing Pty Ltd.

Master & Man (Classic Reprint) Leo Tolstoi. (ENG., Illus.). (J). 2018. 120p. 26.39 *(978-0-666-34147-1(8))*; 2017. pap. 9.57 *(978-0-259-27757-6(6))* Forgotten Bks.

Master & the Queen. Nora Heiskell. 2022. (ENG.). 432p. (YA). pap. 16.99 ***(978-1-956380-23-1(X))*** Society of Young Inklings.

Master Assassins of Russia: A Satire Based upon the Grotesque Reports Concerning the Bolsheviki Leaders & Their Followers, Appearing in the Columns of the Daily Press (Classic Reprint) Hamish Hamish. 2017. (ENG., Illus.). (J). 34p. 24.60 *(978-0-484-48285-1(8))*; pap. 7.97 *(978-0-259-84622-6(8))* Forgotten Bks.

Master Beast: Being a True Account of the Ruthless Tyranny Inflicted on the British People by Socialism, A. D. 1888-2020 (Classic Reprint) Horace W.C. Newte. 2017. (ENG., Illus.). (J). 29.38 *(978-0-265-21528-9(5))* Forgotten Bks.

Master Blasters: Working with Explosives in Demolition & Construction. Ruth Owen. 2016. (Get to Work with Science & Technology Ser.). (ENG., Illus.). 32p. (J). (gr. 2-7). 29.32 *(978-1-910549-93-3(2)*, 12e5ced6-d8bb-4eb3-af74-b0fd020abfc4) Ruby Tuesday Books Limited GBR. Dist: Lerner Publishing Group.

Master Builder. Henrik Ibsen. 2017. (ENG., Illus.). (J). 24.95 *(978-1-374-92754-4(6))* Capital Communications, Inc.

Master Builder: A Play in Three Acts (Classic Reprint) Henrik Ibsen. 2018. (ENG., Illus.). 254p. (J). 29.16 *(978-0-666-73290-3(6))* Forgotten Bks.

Master Builder: Or, Life at a Trade (Classic Reprint) Day Kellogg Lee. 2017. (ENG., Illus.). (J). 30.83 *(978-0-265-95095-1(3))* Forgotten Bks.

Master Builder: Minecraft Ancient Wonders (Independent & Unofficial) A Step-By-step Guide to Building Your Own Ancient Buildings, Packed with Amazing Historical Facts to Inspire You! Sara Stanford. 2021. (Minecraft Master Builder Ser.). (ENG.). 80p. (J). (gr. 3-7). pap. 11.95 *(978-1-83935-098-6(9)*, Mortimer Children's Bks.) Welbeck Publishing Group Ltd. GBR. Dist: Two Rivers Distribution.

Master Builder: Minecraft Dinosaurs (Independent & Unofficial) Create Fearsome Dinosaurs in Minecraft. Sara Stanford. 2020. (Minecraft Master Builder Ser.). (ENG., Illus.). 80p. (J). (gr. 4-7). pap. 11.95 *(978-1-83935-001-6(6)*, Mortimer Children's Bks.) Welbeck Publishing Group Ltd. GBR. Dist: Two Rivers Distribution.

Master Builder: Minecraft Dragons (Independent & Unofficial) A Step-By-Step Guide to Creating Your Own Dragons, Packed with Amazing Mythical Facts to Inspire You! Sara Stanford. 2020. (Minecraft Master Builder Ser.). (ENG., Illus.). 80p. (J). (gr. 1-3). pap. 11.95 *(978-1-78312-493-0(8))* Carlton Kids GBR. Dist: Two Rivers Distribution.

Master Builder: Minecraft Mega Metropolis (Independent & Unofficial) Build Your Own Minecraft City & Theme Park. Anne Rooney. 2020. (Minecraft Master Builder Ser.). (ENG.). 320p. (J). (-7). pap. 19.95 *(978-1-83935-033-7(4)*, Mortimer Children's Bks.) Welbeck Publishing Group Ltd. GBR. Dist: Two Rivers Distribution.

Master Builder: Minecraft Minigames (Independent & Unofficial) Amazing Games to Make in Minecraft. Sara Stanford. 2022. (Minecraft Master Builder Ser.). (ENG.). 80p. (J). (gr. 3-7). pap. 11.95 *(978-1-83935-152-5(7)*, Mortimer Children's Bks.) Welbeck Publishing Group Ltd. GBR. Dist: Two Rivers Distribution.

Master Builder: Minecraft Monsters (Independent & Unofficial) Independent & Unofficial. Sarah Stanford. 2020. (Minecraft Master Builder Ser.). (ENG., Illus.). 80p. (J). (gr. 3-7). pap. 11.95 *(978-1-78312-496-1(2)*, Mortimer Children's Bks.) Welbeck Publishing Group Ltd. GBR. Dist: Two Rivers Distribution.

Master Builder: Minecraft Time Machine (Independent & Unofficial) A Step-By-Step Guide to Creating Masterpieces Inspired by Buildings & Inventions Through Time! Jonathan Green & Juliet Stanley. 2019. (Minecraft Master Builder Ser.). (ENG., Illus.). 72p. (J). (gr. 1-3). pap. 11.95 *(978-1-78312-419-0(9))* Carlton Kids GBR. Dist: Two Rivers Distribution.

Master Builder: Minecraft Toolkit (Independent & Unofficial) All You Need to Create Your Own Masterpiece! Jonathan Green. 2018. (Minecraft Master Builder Ser.). (ENG., Illus.). 72p. (J). (gr. 1-3). pap. 11.95 *(978-1-78312-290-5(0))* Carlton Kids GBR. Dist: Two Rivers Distribution.

Master Builder: Minecraft World Tour (Independent & Unofficial) A Step-By-Step Guide to Creating Masterpieces Inspired by Buildings from Around the World! Juliet Stanley. 2018. (Minecraft Master Builder Ser.). (ENG., Illus.). 72p. (J). (gr. 1-3). pap. 11.95 *(978-1-78312-336-0(2))* Carlton Kids GBR. Dist: Two Rivers Distribution.

Master Builders (Classic Reprint) James Edmund Dunning. (ENG., Illus.). (J). 2018. 360p. 31.32 *(978-0-483-21591-7(0))*; 2016. pap. 13.97 *(978-1-334-68675-7(0))* Forgotten Bks.

Master Bun the Bakers' Boy. Allan Ahlberg. 2017. (Happy Families Ser.). (Illus.). 24p. (J). (gr. k-2). pap. 12.99 *(978-0-14-137746-9(1))* Penguin Bks., Ltd. GBR. Dist: Independent Pubs. Group.

Master Christian (Classic Reprint) Marie Corelli. 2018. (ENG., Illus.). 688p. (J). 38.11 *(978-0-483-53874-0(4))* Forgotten Bks.

Master Christopher (Classic Reprint) Henry De La Pasture. (ENG., Illus.). (J). 2018. 414p. 32.44 *(978-0-332-36874-0(2))*; 2016. pap. 16.57 *(978-1-334-55281-6(9))* Forgotten Bks.

Master (Classic Reprint) Mary Andrews Denison. (ENG., Illus.). (J). 2018. 282p. 29.71 *(978-0-483-99239-9(9))*; 2016. pap. 13.57 *(978-1-333-31295-4(4))* Forgotten Bks.

Master Computer Programmers. Christine E. Balsley. 2018. (It's a Digital World! Ser.). (ENG.). 32p. (J). (gr. 3-6). lib. bdg. 32.79 *(978-1-5321-1535-6(0)*, 28924, Checkerboard Library) ABDO Publishing Co.

Master Connector: Connect the Dots Activity Book. Activity Book Zone for Kids. 2016. (ENG., Illus.). (J). pap. 7.55 *(978-1-68376-165-5(0))* Sabeels Publishing.

Master Craftsman (Classic Reprint) Walter Besant. 2017. (ENG., Illus.). 360p. (J). 31.32 *(978-0-332-39476-3(X))* Forgotten Bks.

Master Craftsman, Vol. 1 of 2 (Classic Reprint) Walter Besant. 2018. (ENG., Illus.). 224p. (J). 28.54 *(978-0-483-65090-9(0))* Forgotten Bks.

Master Craftsman, Vol. 2 of 2 (Classic Reprint) Walter Besant. 2018. (ENG., Illus.). 256p. (J). 29.22 *(978-0-484-09812-0(8))* Forgotten Bks.

Master Dao & the Energy of Life. Katherine Orr. Illus. by Katherine Orr. 2nd ed. 2020. (ENG., Illus.). 38p. (J). (gr.

k-5). pap. 10.99 *(978-0-578-67655-5(9))* Dragongate Publishing.

Master Eustace (Classic Reprint) Henry James. 2017. (ENG., Illus.). (J). 29.80 *(978-1-5283-8939-6(5))* Forgotten Bks.

Master Eye: Hidden Picture Activity Book. Activity Book Zone for Kids. 2016. (ENG., Illus.). (J). pap. 7.55 *(978-1-68376-166-2(9))* Sabeels Publishing.

Master Fixer: The Forevers Book Two. G. Michael Smith. 2017. (Forevers Ser.: Vol. 2). (ENG., Illus.). 306p. (YA). pap. *(978-1-927755-58-7(1))* Agio Publishing Hse.

Master Flachsmann: ALS Erzieher a Comedy in Three Acts (Classic Reprint) Otto Ernst. 2018. (ENG., Illus.). 160p. (J). 27.20 *(978-0-483-40758-9(5))* Forgotten Bks.

Master Frisky (Classic Reprint) Clarence Hawkes. 2017. (ENG., Illus.). (J). 26.27 *(978-0-331-92300-1(9))* Forgotten Bks.

Master Gardener. Dan Henderson. 2018. (ENG.). 42p. (J). 19.95 *(978-1-64298-139-1(7))* Page Publishing Inc.

Master-Girl: A Romance (Classic Reprint) Ashton Hilliers. 2018. (ENG., Illus.). 318p. (J). 30.46 *(978-0-483-26110-5(6))* Forgotten Bks.

Master Goodwill-Blank Journal Notebook, Medium 6x9 Inches, 100 Pages: Notebook to Remember Me of My Daily Schedule. Master 105 Goodwill. 2023. (ENG.). 100p. (YA). pap. ***(978-1-312-34237-8(4))*** Lulu Pr., Inc.

Master Harry Hendershot, the Brave Drummer Boy of the Rappahannock! A Drama in 4 Acts (Classic Reprint) Dell Hendershot. 2018. (ENG., Illus.). 22p. (J). 24.35 *(978-0-267-19018-8(2))* Forgotten Bks.

Master Hathorne's Family: A Story of the Early Boston Baptists (Classic Reprint) George E. Merrill. 2018. (ENG., Illus.). 396p. (J). 32.06 *(978-0-483-46896-2(7))* Forgotten Bks.

Master Hope (Classic Reprint) Phyllis Bottome. 2017. (ENG., Illus.). (J). 344p. 30.99 *(978-0-332-93939-1(1))*; pap. 13.57 *(978-0-259-93372-4(4))* Forgotten Bks.

Master Humphrey's Clock, Vol. 1 (Classic Reprint) Charles Dickens. 2017. (ENG., Illus.). (J). 30.54 *(978-0-265-37415-3(4))* Forgotten Bks.

Master Humphrey's Clock, Vol. 1 of 2 (Classic Reprint) Charles Dickens. 2017. (ENG., Illus.). (J). 32.15 *(978-0-265-73411-7(8))*; pap. 16.57 *(978-1-5276-9783-6(5))* Forgotten Bks.

Master Humphrey's Clock, Vol. 2 (Classic Reprint) Charles Dickens. 2017. (ENG., Illus.). (J). 30.41 *(978-1-5280-7551-0(X))* Forgotten Bks.

Master Humphrey's Clock, Vol. 3 of 3 (Classic Reprint) Charles Dickens. 2019. (ENG., Illus.). (J). 434p. 32.85 *(978-1-396-82316-9(6))*; 436p. pap. 16.57 *(978-1-396-82290-2(9))* Forgotten Bks.

Master Johann Dietz, Surgeon in the Army of the Great Elector & Barber to the Royal Court: From the Old Manuscript in the Royal Library of Berlin (Classic Reprint) Johann Dietz. (ENG., Illus.). (J). 2018. 320p. 30.50 *(978-0-365-14048-1(1))*; 2017. pap. 13.57 *(978-0-259-51853-2(0))* Forgotten Bks.

Master Key: An Electric Fairy Tale. L. Frank Baum. 2022. (Mint Editions — Fantasy & Fairytale Ser.). (ENG.). 102p. (J). 10.99 *(978-1-5131-3437-6(X)*, West Margin Pr.) West Margin Pr.

Master-Knot (Classic Reprint) Alice Birkhead. 2018. (ENG., Illus.). 342p. (J). 30.95 *(978-0-428-96170-1(3))* Forgotten Bks.

Master-Knot of Human Fate. Ellis Meredith. 2017. (ENG., Illus.). (J). 22.95 *(978-1-374-92866-4(6))* Capital Communications, Inc.

Master-Knot of Human Fate (Classic Reprint) Ellis Meredith. 2018. (ENG., Illus.). 322p. (J). 30.54 *(978-0-483-27279-8(5))* Forgotten Bks.

Master Matcher! a Matching Game Activity Book for Girls. Activity Book Zone for Kids. 2016. (ENG., Illus.). (J). pap. 7.55 *(978-1-68376-167-9(7))* Sabeels Publishing.

Master Matching! Kids Matching Game Activity Book. Activity Book Zone for Kids. 2016. (ENG., Illus.). (J). pap. 7.55 *(978-1-68376-168-6(5))* Sabeels Publishing.

Master Maze Runner! Boost Kindergarten Brain Power with Maze Activities. Smarter Activity Books for Kids. 2016. (ENG., Illus.). (J). pap. 9.22 *(978-1-68374-103-9(X))* Examined Solutions PTE. Ltd.

Master Miyamoto Musashi's Two-Handed Coloring Book. Smarter Activity Books for Kids. 2016. (ENG., Illus.). (J). pap. 9.22 *(978-1-68374-370-5(9))* Examined Solutions PTE. Ltd.

Master Mosaic-Workers (Classic Reprint) George Sand. 2017. (ENG., Illus.). (J). 28.81 *(978-0-265-77415-1(2))* Forgotten Bks.

Master Mummer (Classic Reprint) E. Phillips Oppenheim. 2017. (ENG., Illus.). (J). 30.72 *(978-1-5281-7970-6(6))* Forgotten Bks.

Master of Appleby: A Novel Tale Concerning Itself in Part with the Great Struggle in the Two Carolinas; but Chiefly with the Adventures Therein of Two Gentlemen Who Loved One & the Same Lady (Classic Reprint) Francis Lynde. 2018. (ENG., Illus.). 608p. (J). 36.44 *(978-0-483-25921-8(7))* Forgotten Bks.

Master of Ballantrae. Robert Louis Stevenson. 2017. (ENG.). (J). 368p. pap. *(978-3-337-25704-0(6))*; 360p. pap. *(978-3-337-25703-3(8))*; 264p. pap. *(978-3-337-24651-8(6))*; 380p. pap. *(978-3-337-07810-4(8))* Creation Pubs.

Master of Ballantrae. Robert Louis Stevenson. 2017. (GER.). 362p. (J). pap. *(978-3-337-25868-9(9))* Creation Pubs.

Master of Ballantrae: A Winter's Tale (Classic Reprint) Robert Louis Stevenson. 2017. (ENG., Illus.). (J). 33.16 *(978-0-266-28861-9(8))* Forgotten Bks.

Master of Ballantrae: A Winter's Tale (Illustrated Edition): the Master of Ballantrae: a Winter's Tale (Illustrated Edition) Robert Louis Stevenson. 2018. (ENG.). 136p. (J). pap. *(978-80-268-9074-4(4))* E-Artnow.

Master of Ballantrae: A Winters Tale (the Unabridged Illustrated Edition): Historical Adventure Novel. Robert Louis Stevenson. 2018. (ENG.). 136p. (J). pap. *(978-80-268-9106-2(6))* E-Artnow.

Master of Ballantrae, and, Prince Otto, Vol. 3: And Other Stories (Classic Reprint) Robert Louis Stevenson. 2017. (ENG., Illus.). (J). 37.57 *(978-0-266-37652-1(5))* Forgotten Bks.

Master of Ballantrae; Weir of Hermiston; Poems (Classic Reprint) Robert Louis Stevenson. (ENG., Illus.). (J). 2017. 37.98 *(978-0-331-79530-1(2))*; 2016. pap. 20.57 *(978-1-334-48629-6(8))* Forgotten Bks.

Master of Ballantrea. Robert Louis Stevenson. 2016. (ENG.). 194p. (J). pap. *(978-3-7428-9973-6(2))* Creation Pubs.

Master of Caxton (Classic Reprint) Hildegard Brooks. 2018. (ENG., Illus.). 422p. (J). 32.62 *(978-0-483-64286-7(X))* Forgotten Bks.

Master of Craft (Classic Reprint) W. W. Jacobs. 2018. (ENG., Illus.). 422p. (J). 32.62 *(978-0-483-96886-8(2))* Forgotten Bks.

Master of Disaster. B. T. Higgins. 2nd ed. 2020. (Master of Disaster Ser.). (ENG.). 144p. (J). pap. 13.99 *(978-1-0879-2556-1(8))* Indy Pub.

Master of Fortune: Being Further Adventures of Captain Kettle (Classic Reprint) Charles John Cutcliffe Wright Hyne. 2018. (ENG., Illus.). 352p. (J). 31.16 *(978-0-365-42592-2(3))* Forgotten Bks.

Master of Fortune (Classic Reprint) Julian Sturgis. 2018. (ENG., Illus.). 198p. (J). 27.98 *(978-0-428-76174-5(7))* Forgotten Bks.

Master of Gray (Classic Reprint) Henry Christopher Bailey. (ENG., Illus.). (J). 2018. 320p. 30.50 *(978-0-332-17838-7(2))*; 2016. pap. 13.57 *(978-1-334-45365-6(9))* Forgotten Bks.

Master of Greylands. Henry Wood. 2017. (ENG.). (J). 344p. pap. *(978-3-337-03250-0(8))*; 306p. pap. *(978-3-337-03251-7(6))*; 348p. pap. *(978-3-337-03252-4(4))* Creation Pubs.

Master of Greylands: A Novel (Classic Reprint) Henry Wood. 2017. (ENG., Illus.). (J). 33.16 *(978-0-266-71232-9(0))*; pap. 16.57 *(978-1-5276-6590-3(9))* Forgotten Bks.

Master of Greylands, Vol. 1 Of 3: A Novel (Classic Reprint) Henry Wood. 2018. (ENG., Illus.). 342p. (J). 30.97 *(978-0-483-28715-0(6))* Forgotten Bks.

Master of Greylands, Vol. 2 Of 3: A Novel (Classic Reprint) Henry Wood. 2018. (ENG., Illus.). 346p. (J). 31.05 *(978-0-332-07740-6(3))* Forgotten Bks.

Master of Greylands, Vol. 3 Of 3: A Novel (Classic Reprint) Henry Wood. 2018. (ENG., Illus.). 304p. (J). 30.17 *(978-0-483-30912-8(5))* Forgotten Bks.

Master of His Fate: Roosevelt's Rise from Polio to the Presidency. James Tobin. 2021. (ENG., Illus.). 272p. (J). 19.99 *(978-1-62779-520-3(0)*, 900153690, Holt, Henry & Co. Bks. For Young Readers) Holt, Henry & Co.

Master of Iron. Tricia Levenseller. 2022. (Bladesmith Ser.: 2). (ENG.). 400p. (YA). 18.99 *(978-1-250-75682-4(0)*, 900226120) Feiwel & Friends.

Master of Life (Classic Reprint) Zola M. Boyle. 2018. (ENG., Illus.). 232p. (J). 28.78 *(978-0-484-45464-3(1))* Forgotten Bks.

Master of Man: The Story of a Sin (Classic Reprint) Hall Caine. 2017. (ENG., Illus.). (J). 33.22 *(978-1-5279-5379-6(3))* Forgotten Bks.

Master of Manners. Tina Gallo. ed. 2016. (Kung Fu Panda 8x8 Ser.). lib. bdg. 13.55 *(978-0-606-38996-9(2))* Turtleback.

Master of Marton, Vol. 1 of 3 (Classic Reprint) Eliza Tabor. (ENG., Illus.). (J). 2018. 330p. 30.70 *(978-0-428-69563-7(9))*; 2016. pap. 13.57 *(978-1-333-16420-1(3))* Forgotten Bks.

Master of Marton, Vol. 2 of 3 (Classic Reprint) Eliza Tabor. (ENG., Illus.). (J). 2018. 358p. 31.28 *(978-0-332-89305-1(7))*; 2016. pap. 13.97 *(978-1-334-13186-8(4))* Forgotten Bks.

Master of Marton, Vol. 3 of 3 (Classic Reprint) Eliza Tabor. 2018. (ENG., Illus.). 320p. (J). 30.50 *(978-0-332-92396-3(7))* Forgotten Bks.

Master of Millions: A Novel (Classic Reprint) George Claude Lorimer. 2017. (ENG., Illus.). (J). 36.17 *(978-0-266-52146-4(0))*; pap. 19.57 *(978-0-243-93377-8(0))* Forgotten Bks.

Master of Millshaven (Classic Reprint) Clarence Hawkes. (ENG., Illus.). (J). 2018. 192p. 27.86 *(978-0-332-08405-3(1))*; 2017. pap. 10.57 *(978-0-243-39032-8(7))* Forgotten Bks.

Master of Mindfulness: How to Be Your Own Superhero in Times of Stress. Laurie Grossman & Musumeci's Musumeci's 5th Grade Class. 2016. (ENG., Illus.). 72p. (J). (gr. k-5). pap. 14.95 *(978-1-62625-464-0(8)*, 34640) New Harbinger Pubns.

Master of Mysteries: Being an Account of the Problems Solved by Astro, Seer of Secrets, & His Love Affair with Valeska Wynne, His Assistant (Classic Reprint) Gelett Burgess. 2018. (ENG., Illus.). 542p. (J). 35.08 *(978-0-483-31168-8(5))* Forgotten Bks.

Master of Naptime. Tina Gallo. Illus. by Sydney Hanson. 2020. (Baby by DreamWorks Ser.). (ENG.). 20p. (J). (— 1). 8.99 *(978-1-5344-7982-1(1)*, Simon Spotlight) Simon Spotlight.

Master of One. Jaida Jones & Dani Bennett. (ENG., Illus.). 544p. (YA). (gr. 8). 2022. pap. 11.99 *(978-0-06-294145-9(3))*; 2020. 18.99 *(978-0-06-294144-2(5))* HarperCollins Pubs. (HarperTeen).

Master of Rathkelly, Vol. 2 Of 2: A Novel (Classic Reprint) Hawley Smart. (ENG., Illus.). (J). 2018. 276p. 29.59 *(978-0-483-64578-3(8))*; 2016. pap. 11.97 *(978-1-334-12593-5(7))* Forgotten Bks.

Master of Riverswood a Novel, Vol. 1 of 3 (Classic Reprint) Arthur Lewis. 2018. (ENG., Illus.). 288p. (J). 29.84 *(978-0-267-16688-6(5))* Forgotten Bks.

Master of Riverswood, Vol. 2 Of 3: A Novel (Classic Reprint) Arthur Lewis. 2018. (ENG., Illus.). 298p. (J). 30.04 *(978-0-428-95660-8(2))* Forgotten Bks.

Master of Souls. Rena Barron. 2023. (Kingdom of Souls Ser.: 3). (ENG., Illus.). 432p. (YA). (gr. 8). 21.99 *(978-0-06-287116-9(1)*, HarperTeen) HarperCollins Pubs.

Master of St. Benedict's, Vol. 1 of 2 (Classic Reprint) Alan St. Aubyn. 2018. (ENG., Illus.). 226p. (J). 28.58 *(978-0-483-27278-1(7))* Forgotten Bks.

Master of St. Benedict's, Vol. 2 of 2 (Classic Reprint) Alan St. Aubyn. (ENG., Illus.). (J). 2018. 258p. 29.22 *(978-0-267-35849-6(0))*; 2016. pap. 11.57 *(978-1-334-17105-5(X))* Forgotten Bks.

Master of the Ceremonies, Vol. 1: A Novel (Classic Reprint) George Manville Fenn. 2018. (ENG., Illus.). 260p. (J). 29.28 *(978-0-483-74027-3(6))* Forgotten Bks.

Master of the Ceremonies, Vol. 2 Of 3: A Novel (Classic Reprint) George Manville Fenn. 2018. (ENG., Illus.). 270p. (J). 29.49 *(978-0-483-83985-4(X))* Forgotten Bks.

Master of the Ceremonies, Vol. 3 Of 3: A Novel (Classic Reprint) George Manville Fenn. (ENG., Illus.). (J). 2018. 310p. 30.29 *(978-0-484-52399-8(6))*; 2016. pap. 13.57 *(978-1-334-23110-0(9))* Forgotten Bks.

Master of the Hills: A Tale of the Georgia Mountains (Classic Reprint) Sarah Johnson Cocke. 2018. (ENG., Illus.). 342p. (J). 30.95 *(978-0-483-97665-8(2))* Forgotten Bks.

Master of the Hounds (Classic Reprint) Knightley William Horlock. 2018. (ENG., Illus.). 436p. (J). 32.89 *(978-0-267-21112-8(0))* Forgotten Bks.

Master of the Hounds, Vol. 1 of 3 (Classic Reprint) Knightley William Horlock. 2018. (ENG., Illus.). 326p. (J). 30.62 *(978-0-483-85606-6(1))* Forgotten Bks.

Master of the Hounds, Vol. 2 of 3 (Classic Reprint) Knightley William Horlock. 2018. (ENG., Illus.). 310p. (J). 30.29 *(978-0-484-84578-6(0))* Forgotten Bks.

Master of the Hounds, Vol. 3 of 3 (Classic Reprint) Scrutator William Horlock. 2018. (ENG., Illus.). 352p. (J). 31.16 *(978-0-483-72148-7(4))* Forgotten Bks.

Master of the House: A Story of Modern American Life, Adapted from the Play of Edgar James (Classic Reprint) Edward Marshall. (ENG., Illus.). (J). 2018. 382p. 31.80 *(978-0-483-77171-0(6))*; 2016. pap. 16.57 *(978-1-333-37776-2(2))* Forgotten Bks.

Master of the Inn (Classic Reprint) Robert Herrick. 2018. (ENG., Illus.). 92p. (J). 25.79 *(978-0-364-02032-6(6))* Forgotten Bks.

Master of the Maze: Kids Maze Activity Book. Activity Book Zone for Kids. 2016. (ENG., Illus.). (J). pap. 7.55 *(978-1-68376-208-9(8))* Sabeels Publishing.

Master of the Mine, Vol. 1 of 2 (Classic Reprint) Robert Buchanan. 2018. (ENG., Illus.). 302p. (J). 30.15 *(978-0-483-22836-8(2))* Forgotten Bks.

Master of the Mine, Vol. 2 of 2 (Classic Reprint) Robert Williams Buchanan. 2018. (ENG., Illus.). 280p. (J). 29.67 *(978-0-483-88428-1(6))* Forgotten Bks.

Master of the Phantom Isle. Brandon Mull. 2019. (Dragonwatch Ser.: 3). (ENG., Illus.). 496p. (J). (gr. 5). 18.99 *(978-1-62972-604-5(4)*, 5222032, Shadow Mountain) Deseret Bk. Co.

Master of the Phantom Isle: A Fablehaven Adventure. Brandon Mull. 2020. (Dragonwatch Ser.: 3). (ENG., Illus.). 496p. (J). (gr. 3-8). pap. 9.99 *(978-1-4814-8506-7(7)*, Aladdin) Simon & Schuster Children's Publishing.

Master of the Red Buck & the Bay Doe: A Story of Whig & Tory Warfare, in North Carolina in 1781-83 (Classic Reprint) William Laurie Hill. 2017. (ENG., Illus.). (J). 30.83 *(978-0-266-59316-4(X))* Forgotten Bks.

Master of the Strong Hearts: A Story of Custer's Last Rally (Classic Reprint) Elbridge Streeter Brooks. (ENG., Illus.). (J). 2018. 342p. 30.95 *(978-0-365-21175-4(3))*; 2017. pap. 13.57 *(978-0-259-50810-6(1))* Forgotten Bks.

Master of the Strong Hearts a Story of Custer's Last Rally (Classic Reprint) Elbridge S. Brooks. 2017. (ENG., Illus.). (J). 30.99 *(978-0-331-68675-3(9))* Forgotten Bks.

Master of the Vineyard (Classic Reprint) Myrtle Reed. (ENG., Illus.). (J). 2018. 392p. 31.98 *(978-0-267-31515-4(5))*; 2016. pap. 16.57 *(978-1-333-44964-3(X))* Forgotten Bks.

Master of the World. Jules Vern. 2017. (ENG., Illus.). (J). 22.95 *(978-1-374-92022-4(3))*; pap. 12.95 *(978-1-374-92021-7(5))* Capital Communications, Inc.

Master of Warlock: A Virginia War Story (Classic Reprint) George Cary Eggleston. 2018. (ENG., Illus.). 452p. (J). 33.22 *(978-0-666-89874-6(X))* Forgotten Bks.

Master of Wingbourne, Vol. 1 Of 2: A Novel (Classic Reprint) Unknown Author. (ENG., Illus.). (J). 2018. 344p. 30.99 *(978-0-483-84511-4(6))*; 2016. pap. 13.57 *(978-1-334-13502-6(9))* Forgotten Bks.

Master of Wingbourne, Vol. 2 Of 2: A Novel (Classic Reprint) Unknown Author. (ENG., Illus.). (J). 2018. 316p. 30.41 *(978-0-483-28945-1(0))*; 2016. pap. 13.57 *(978-1-333-27346-0(0))* Forgotten Bks.

Master Passion, or the History of Frederick Beaumont, Vol. 1 of 4 (Classic Reprint) Unknown Author. (ENG., Illus.). (J). 2018. 326p. 30.62 *(978-0-483-02384-0(1))*; 2016. pap. 13.57 *(978-1-334-15570-3(4))* Forgotten Bks.

Master Passion, or the History of Frederick Beaumont, Vol. 3 (Classic Reprint) Unknown Author. (ENG., Illus.). (J). 2018. 304p. 30.17 *(978-0-483-02386-4(8))*; 2016. pap. 13.57 *(978-1-334-67710-6(7))* Forgotten Bks.

Master Passion, or the History of Frederick Beaumont, Vol. 4 (Classic Reprint) Unknown Author. (ENG., Illus.). (J). 2018. 238p. 28.83 *(978-0-483-70303-2(6))*; 2016. pap. 11.57 *(978-1-334-66963-7(5))* Forgotten Bks.

Master-Pieces: Flip & Flop 10 Great Works of Art. Will Lach. 2016. (ENG., Illus.). 28p. (J). (-3). 15.95 *(978-0-7892-1274-0(9)*, 791274, Abbeville Kids) Abbeville Pr., Inc.

Master Puzz Books: #1 A. Katherine Munday. 2019. (ENG.). 94p. (J). pap. *(978-0-9947693-0-5(X))* Tellwell Talent.

Master Reading Comprehension & Writing Skills: Volume 1, Year 3 - 4. Al Amin. 2021. (ENG.). 236p. (J). pap. *(978-1-64969-546-8(2))* Tablo Publishing.

Master-Rogue: The Confessions of a Croesus (Classic Reprint) David Graham Phillips. 2018. (ENG., Illus.). 326p. (J). 30.62 *(978-0-656-05258-5(9))* Forgotten Bks.

Master Skylark: A Story of Shakspere's Time (Classic Reprint) John Bennett. 2018. (ENG., Illus.). 400p. (J). 32.15 *(978-0-267-73059-9(4))* Forgotten Bks.

Master Skylark (Yesterday's Classics) John Bennett. Illus. by Henry Pitz. 2020. (ENG.). 328p. (J). pap. 13.95 *(978-1-59915-413-8(7))* Yesterday's Classics.

Master Smith, Mad Scientist. Anna Zafiron. 2022. (ENG., Illus.). 30p. (J). 22.95 ***(978-1-63860-859-2(8))*** Fulton Bks.

Master St. Elmo, the Autobiography of a Celebrated Dog (Classic Reprint) Caro Smith Senour. 2018. (ENG., Illus.). (J). 27.42 *(978-0-260-33740-5(4))* Forgotten Bks.

Master Tales of Mystery, Vol. 1 (Classic Reprint) Francis Joseph Reynolds. (ENG., Illus.). (J). 2018. 382p. 31.78 *(978-0-666-59002-2(8))*; 2017. pap. 16.57 *(978-0-282-98514-1(X))* Forgotten Bks.

Master Tales of Mystery, Vol. 2 (Classic Reprint) Francis Joseph Reynolds. 2017. (ENG., Illus.). (J). 31.94 *(978-0-265-68121-3(9))*; pap. 16.57 *(978-1-5276-5201-9(7))* Forgotten Bks.

Master Tales of Mystery, Vol. 3 (Classic Reprint) Francis J. Reynolds. 2018. (ENG., Illus.). 390p. (J). 32.08 *(978-0-483-13808-7(8))* Forgotten Bks.

Master Thaddeus, Vol. 2: Or the Last Foray in Lithuania (Classic Reprint) Adam Mickiewicz. 2018. (ENG., Illus.). 274p. (J). 29.55 *(978-0-666-86759-9(3))* Forgotten Bks.

Master the English Verbs see Domine los verbos en Ingles

Master Traveler. Derek Bailey. 2022. (ENG.). 178p. (YA). pap. 17.95 *(978-1-6624-5650-3(6))* Page Publishing Inc.

Master Travers (Classic Reprint) Florence M. Story. (ENG., Illus.). (J). 2018. 166p. 27.32 *(978-0-483-70320-9(6))*; 2017. pap. 9.97 *(978-0-243-40558-9(8))* Forgotten Bks.

Master Vision: Hidden Picture Activity Book. Activity Book Zone For Kids. 2016. (ENG., Illus.). (J). pap. 9.43 *(978-1-68376-169-3(3))* Sabeels Publishing.

Master Wilberforce: The Study of a Boy (Classic Reprint) Rita Rita. (ENG., Illus.). (J). 2018. 354p. 31.20 *(978-0-666-16691-3(9))*; 2017. pap. 13.57 *(978-0-243-40045-4(4))* Forgotten Bks.

Master Will of Stratford: A Midwinter Night's Dream in Three Acts, with Prologue & an Epilogue (Classic Reprint) Louise Ayres Garnett. 2017. (ENG., Illus.). (J). 26.78 *(978-0-260-67165-3(7))* Forgotten Bks.

Master William Mitten. Augustus Baldwin Longstreet. 2017. (ENG.). 244p. (J). pap. *(978-3-337-12074-0(1))* Creation Pubs.

Master William Mitten: Or a Youth of Brilliant Talent, Who Was Ruined by Bad Luck (Classic Reprint) Augustus Baldwin Longstreet. 2017. (ENG., Illus.). (J). 28.95 *(978-0-331-90461-1(6))* Forgotten Bks.

Master Your Addition & Subtraction Number Facts Children's Science & Nature. Pfiffikus. 2016. (ENG., Illus.). (J). pap. 10.81 *(978-1-68377-700-7(X))* Whike, Traudl.

Masterbuilder: A Drama in Three Acts (Classic Reprint) Henrik Ibsen. 2017. (ENG., Illus.). (J). 27.32 *(978-0-265-45964-5(8))* Forgotten Bks.

Mastered Men. F. A. Robinson. 2017. (ENG., Illus.). (J). pap. *(978-0-649-17345-7(7))*; pap. *(978-0-649-38753-3(8))* Trieste Publishing Pty Ltd.

Mastered Men: With an Introduction (Classic Reprint) F. A. Robinson. 2018. (ENG., Illus.). 260p. (J). 29.28 *(978-0-332-63694-8(1))* Forgotten Bks.

Masterfolk Wherein Is Attempted the Unravelling, of the Strange Affair of My Lord Wyntwarde of Cavil & Miss. Betty Modeyne (Classic Reprint) Haldane Macfall. 2017. (ENG., Illus.). (J). 33.47 *(978-0-331-47986-7(9))* Forgotten Bks.

Mastering Artwork - How to Draw Activity Book. Activity Book Zone for Kids. 2016. (ENG., Illus.). (J). pap. 9.20 *(978-1-68376-170-9(7))* Sabeels Publishing.

Mastering Flame (Classic Reprint) Unknown Author. (ENG., Illus.). (J). 2018. 384p. 31.82 *(978-0-666-42782-3(8))*; 2017. pap. 16.57 *(978-0-259-59897-8(6))* Forgotten Bks.

Mastering Martial Arts, 12 vols. 2017. (Mastering Martial Arts Ser.). (ENG.). 128p. (gr. 6-6). lib. bdg. 233.58 *(978-0-7660-8595-4(3)*, 1496b4bb-688f-4758-adca-4cb3e6d5c800) Enslow Publishing, LLC.

Mastering Math Word Problems. (Mastering Math Word Problems Ser.). 48p. (J). 2017. (ENG.). pap. 421.20 *(978-0-7660-8400-1(0))*; 2016. pap. 70.20 *(978-0-7660-8401-8(9))* Enslow Publishing, LLC.

Mastering Media, 1 vol., Set. Stergios Botzakis. Incl. Entertainment & Gaming. (ENG., Illus.). 56p. (J). (gr. 6-10). 2010. 37.32 *(978-1-4109-3844-2(1)*, 112982, Raintree); (Mastering Media Ser.). (ENG.). 56p. 2010. 70.64 *(978-1-4109-3846-6(8)*, 14977, Raintree) Capstone.

Mastering Origami, 8 vols. 2016. (Mastering Origami Ser.). 48p. (ENG.). (gr. 5-6). lib. bdg. 118.40 *(978-0-7660-7943-4(0)*, bf6b76ef-5fd8-4148-8577-b2c5b8ff2185); (gr. 6-5). pap. 46.80 *(978-0-7660-7985-4(6))* Enslow Publishing, LLC.

Mastering Reading Comprehension Workbook Year 6. Champions Learning Centre. 2019. (ENG.). 182p. (J). pap. 17.12 *(978-0-244-42069-7(6))* Lulu Pr., Inc.

Mastering Spy Techniques. Deanna Caswell. 24p. (J). 2019. (Illus.). pap. *(978-1-68072-743-2(5))*; 2018. (ENG.). (gr. 1-3). pap. 10.99 *(978-1-64466-296-0(5)*, 12479, Hi Jinx); 2018. (ENG., Illus.). (gr. 4-6). lib. bdg. 28.50 *(978-1-68072-589-6(0)*, 12478, Hi Jinx) Black Rabbit Bks.

Mastering the Analog Clock- a Telling Time for Kids. Pfiffikus. 2016. (ENG., Illus.). (J). pap. 10.81 *(978-1-68377-701-4(8))* Whlke, Traudl.

Mastering the Art of Manga! a How to Draw Activity Book. Smarter Activity Books. 2016. (ENG., Illus.). (J). pap. 9.22 *(978-1-68374-104-6(8))* Examined Solutions PTE. Ltd.

Mastering the Escape: A Kids Maze Activity Book. Activity Book Zone for Kids. 2016. (ENG., Illus.). (J). pap. 7.55 *(978-1-68376-171-6(5))* Sabeels Publishing.

Mastering the World of Mazes: Kids Maze Activity Book. Activity Book Zone for Kids. 2016. (ENG., Illus.). (J). pap. 7.55 *(978-1-68376-172-3(3))* Sabeels Publishing.

Masterman & Son (Classic Reprint) William James Dawson. (ENG., Illus.). (J). 2018. 366p. 31.47 *(978-0-483-71262-1(0))*; 2017. pap. 13.97 *(978-0-243-96080-4(8))* Forgotten Bks.

Masterman Ready (Classic Reprint) Frederick Marryat. 2017. (ENG., Illus.). 484p. (J). 33.88 *(978-0-332-36212-0(4))* Forgotten Bks.

Masterman Ready, or the Wreck of the Pacific: Written for Young People (Classic Reprint) Frederick Marryat. 2017. (ENG., Illus.). (J). 27.94 *(978-0-266-22227-9(7))* Forgotten Bks.

Masterman Ready, or the Wreck of the Pacific, Vol. 2 Of 2: Written for Young People (Classic Reprint) Frederic Marryat. 2018. (ENG., Illus.). 324p. (J). 30.58 *(978-0-332-61799-2(8))* Forgotten Bks.

Masterman Ready, Vol. 2: Or, the Wreck of the Pacific; Written for Young People (Classic Reprint) Marryat Marryat. 2018. (ENG., Illus.). 274p. (J). 29.57 (978-0-267-25957-1(3)) Forgotten Bks.

Masterman Ready, Vol. 3: Or, the Wreck of the Pacific; Written for Young People (Classic Reprint) Marryat Marryat. 2018. (ENG., Illus.). 234p. (J). 28.72 (978-0-332-70968-0(X)) Forgotten Bks.

Mastermind: Over 100 Games, Tests, & Puzzles to Unleash Your Inner Genius. Stephanie Warren Drimmer. 2016. (Illus.). 176p. (J). (gr. 3-7). pap. 12.99 (978-1-4263-2110-8(4), National Geographic Kids) Disney Publishing Worldwide.

Masterminds. Gordon Korman. ed. 2016. (Masterminds Ser.: 1). (J). lib. bdg. 18.40 (978-0-606-38138-3(4)) Turtleback.

Masterminds: Criminal Destiny. Gordon Korman. 2016. (Masterminds Ser.: 2). (ENG.). 320p. (J). (gr. 3-7). 17.99 (978-0-06-230002-7(4), Balzer & Bray) HarperCollins Pubs.

Masterminds: Criminal Destiny. Gordon Korman. 2017. (Masterminds Ser.: 2). (ENG.). 336p. (J). (gr. 3-7). 9.99 (978-0-06-230003-4(2), Balzer & Bray) HarperCollins Pubs.

Masterminds: Leonardo Davinci. Izzi Howell. 2021. (Masterminds Ser.). (ENG.). 32p. (J). (gr. 2-5). 12.99 (978-1-4380-8934-8(1)) Sourcebooks, Inc.

Masterminds: Marie Curie. Izzi Howell. 2021. (Masterminds Ser.). (ENG.). 32p. (J). (gr. 2-5). 12.99 (978-1-4380-8933-1(3)) Sourcebooks, Inc.

Masterminds: Nikola Tesla. Izzi Howell. 2021. (Masterminds Ser.). (ENG.). 32p. (J). (gr. 2-5). 12.99 (978-1-4380-8936-2(8)) Sourcebooks, Inc.

Masterminds: Payback. Gordon Korman. (Masterminds Ser.: 3). (ENG.). 320p. (J). (gr. 3-7). 2018. pap. 9.99 (978-0-06-230006-5(7)); 2017. 16.99 (978-0-06-230005-8(9)) HarperCollins Pubs. (Balzer & Bray).

Masterminds: Rosalind Franklin. Izzi Howell. 2021. (Masterminds Ser.). (ENG.). 32p. (J). (gr. 2-5). 12.99 (978-1-4380-8935-5(X)) Sourcebooks, Inc.

Masterpiece Mix. Roxie Munro. 32p. (J). (gr. -1-3). 2019. pap. 8.99 (978-0-8234-4435-9(X)); 2017. (ENG., Illus.). 16.95 (978-0-8234-3699-6(3)) Holiday Hse., Inc.

Masterpiece Robot: And the Ferocious Valerie Knick Knack!, 1 vol. Frank Tra. Illus. by Rebecca Evans. 2018. (ENG.). 36p. (J). (gr. 2-6). 17.95 (978-0-88448-518-6(8), 884518) Tilbury Hse. Pubs.

Masterpiece Studies in Literature (Classic Reprint) George Elliott. (ENG., Illus.). (J). 2018. 482p. 33.92 (978-0-483-04308-4(7)); 2016. pap. 16.57 (978-1-333-76437-1(5)) Forgotten Bks.

Masterpieces from Charles Dickens (Classic Reprint) Charles Dickens. 2018. (ENG., Illus.). 414p. (J). 32.44 (978-0-484-76324-0(5)) Forgotten Bks.

Masterpieces of Adventure: In Four Volumes; Oriental Stories (Classic Reprint) Nella Braddy. 2018. (ENG., Illus.). 176p. (J). 27.55 (978-0-267-52947-6(3)) Forgotten Bks.

Masterpieces of Adventure: Stories of Desert Places (Classic Reprint) Nella Braddy. 2018. (ENG., Illus.). 194p. (J). 27.92 (978-0-483-40045-0(9)) Forgotten Bks.

Masterpieces of Adventures, Vol. 1 Of 4: Adventures Within Walls (Classic Reprint) Nella Braddy Henney. 2018. (ENG., Illus.). 174p. (J). 27.49 (978-0-483-42077-9(8)) Forgotten Bks.

Masterpieces of American Wit & Humor, Vol. 1 (Classic Reprint) Thomas Lansing Masson. 2018. (ENG., Illus.). 206p. (J). 28.15 (978-0-483-68254-2(3)) Forgotten Bks.

Masterpieces of American Wit & Humor, Vol. 2 (Classic Reprint) Thomas Lansing Masson. 2017. (ENG., Illus.). (J). 27.94 (978-1-5281-8737-4(7)) Forgotten Bks.

Masterpieces of American Wit & Humor, Vol. 3 (Classic Reprint) Thomas Lansing Masson. 2018. (ENG., Illus.). 196p. (J). 27.94 (978-0-484-91829-9(X)) Forgotten Bks.

Masterpieces of American Wit & Humor, Vol. 4 (Classic Reprint) Thomas L. Masson. 2018. (ENG., Illus.). 196p. (J). 27.94 (978-0-484-84501-4(2)) Forgotten Bks.

Masterpieces of American Wit & Humor, Vol. 5 (Classic Reprint) Thomas L. Masson. 2017. (ENG., Illus.). 196p. (J). 27.94 (978-1-5281-9014-5(9)) Forgotten Bks.

Masterpieces of American Wit & Humor, Vol. 6 (Classic Reprint) Thomas Lansing Masson. 2018. (ENG., Illus.). 196p. (J). 27.94 (978-0-483-32216-5(4)) Forgotten Bks.

Masterpieces of Chinese Art. Rhonda Cooper. 2017. (Art Collections: Vol. 7). (ENG., Illus.). 128p. (J). (gr. 9-12). 26.95 (978-1-4222-3936-0(5)) Mason Crest.

Masterpieces of la Fontaine: Done in a Vein of Phrasing Terse & Fancy into English Verse (Classic Reprint) La Fontaine. 2018. (ENG., Illus.). 152p. (J). 27.03 (978-0-267-44396-3(X)) Forgotten Bks.

Masterpieces of Mystery: In Four Volumes; Ghost Stories (Classic Reprint) Joseph Lewis French. 2018. (ENG., Illus.). 252p. (J). 29.07 (978-0-484-90651-7(8)) Forgotten Bks.

Masterpieces of Mystery (Classic Reprint) Joseph Lewis French. 2018. (ENG., Illus.). 272p. (J). 29.51 (978-0-483-31042-1(5)) Forgotten Bks.

Masterpieces of Prose: Selected from the Works of the Greatest English & American Writers; from Chaucer to Ruskin & Longfellow (Classic Reprint) Unknown Author. 2018. (ENG., Illus.). 380p. (J). 31.73 (978-0-483-26220-1(X)) Forgotten Bks.

Masterpieces of the World's Best Literature (Classic Reprint) Jeannette L. Gilder. (ENG., Illus.). (J). 2018. 328p. 30.66 (978-0-483-83719-5(9)); 2016. pap. 13.57 (978-1-333-67762-6(6)) Forgotten Bks.

Masterpieces of the World's Best Literature (Classic Reprint) Jeannette Leonard Gilder. (ENG., Illus.). (J). 2018. 326p. 30.62 (978-0-484-60001-9(X)); 2018. 326p. 30.64 (978-0-483-29068-6(8)); 2018. 328p. 30.66 (978-0-483-70953-9(0)); 2017. pap. 13.57 (978-0-243-38495-2(5)); 2016. pap. 13.57 (978-1-333-34077-3(X)) Forgotten Bks.

Masterpieces of the World's Literature, Ancient & Modern: The Great Authors of the World with Their Master Productions (Classic Reprint) Harry Thurston Peck. 2018. (ENG., Illus.). 438p. (J). 32.93 (978-0-332-84751-1(9)) Forgotten Bks.

Masterpieces of the World's Literature, Ancient & Modern, Vol. 1: The Great Authors of the World with Their Master Productions (Classic Reprint) Harry Thurston Peck. 2017. (ENG., Illus.). 598p. (J). 36.23 (978-0-332-78810-4(5)) Forgotten Bks.

Masterpieces of the World's Literature, Ancient & Modern, Vol. 10: The Great Authors of the World with Their Master Productions (Classic Reprint) Harry Thurston Peck. (ENG., Illus.). (J). 2018. 642p. 37.16 (978-0-483-79832-8(0)); 2016. pap. 19.57 (978-1-334-15365-5(5)) Forgotten Bks.

Masterpieces of the World's Literature, Ancient & Modern, Vol. 11: The Great Authors of the World with Their Master Productions (Classic Reprint) Harry Thurston Peck. (ENG., Illus.). (J). 2018. 636p. 37.01 (978-0-483-42117-2(0)); 2016. pap. 19.57 (978-1-334-14819-4(8)) Forgotten Bks.

Masterpieces of the World's Literature, Ancient & Modern, Vol. 12: The Great Authors of the World with Their Master Productions (Classic Reprint) Harry Thurston Peck. (ENG., Illus.). (J). 2018. 632p. 36.95 (978-0-332-07724-6(1)); 2016. pap. 19.57 (978-1-334-14348-9(X)) Forgotten Bks.

Masterpieces of the World's Literature, Ancient & Modern, Vol. 14: The Great Authors of the World with Their Master Productions (Classic Reprint) Harry Thurston Peck. 2017. (ENG., Illus.). (J). 36.87 (978-1-5284-8410-7(X)) Forgotten Bks.

Masterpieces of the World's Literature, Ancient & Modern, Vol. 15: The Great Authors of the World with Their Master Productions (Classic Reprint) Harry Thurston Peck. 2018. (ENG., Illus.). 648p. (J). 37.28 (978-0-484-23364-4(5)) Forgotten Bks.

Masterpieces of the World's Literature, Ancient & Modern, Vol. 16: The Great Authors of the World with Their Master Productions (Classic Reprint) Harry Thurston Peck. (ENG., Illus.). (J). 2018. 648p. 37.28 (978-0-267-38810-3(1)); 2016. pap. 19.97 (978-1-334-14284-0(X)) Forgotten Bks.

Masterpieces of the World's Literature, Ancient & Modern, Vol. 17: The Great Authors of the World with Their Master Productions (Classic Reprint) Harry Thurston Peck. 2018. (ENG., Illus.). 670p. (J). 37.74 (978-0-483-44978-7(4)) Forgotten Bks.

Masterpieces of the World's Literature, Ancient & Modern, Vol. 19: The Great Authors of the World with Their Master Productions (Classic Reprint) Harry Thurston Peck. 2018. (ENG., Illus.). 660p. (J). 37.53 (978-0-483-52228-2(7)) Forgotten Bks.

Masterpieces of the World's Literature, Ancient & Modern, Vol. 2: The Great Authors of the World with Their Master Productions (Classic Reprint) Harry Thurston Peck. 2017. (ENG., Illus.). (J). 36.54 (978-0-260-56863-2(5)) Forgotten Bks.

Masterpieces of the World's Literature, Ancient & Modern, Vol. 20: The Great Authors of the World with Their Master Productions (Classic Reprint) Harry Thurston Peck. (ENG., Illus.). (J). 2018. 646p. 37.24 (978-0-483-50233-8(2)); 2016. pap. 19.97 (978-1-334-14309-0(9)) Forgotten Bks.

Masterpieces of the World's Literature, Ancient & Modern, Vol. 3: The Great Authors of the World with Their Master Productions (Classic Reprint) Harry Thurston Peck. 2018. (ENG., Illus.). 606p. (J). 36.40 (978-0-365-13350-6(7)) Forgotten Bks.

Masterpieces of the World's Literature, Ancient & Modern, Vol. 4: The Great Authors of the World with Their Master Productions (Classic Reprint) Harry Thurston Peck. (ENG., Illus.). (J). 2018. 612p. 36.54 (978-0-666-48649-3(2)); 2016. pap. 19.57 (978-1-334-15055-5(9)) Forgotten Bks.

Masterpieces of the World's Literature, Ancient & Modern, Vol. 6: The Great Authors of the World with Their Master Productions (Classic Reprint) Harry Thurston Peck. 2018. (ENG., Illus.). 602p. (J). 36.33 (978-0-267-19736-1(5)) Forgotten Bks.

Masterpieces of the World's Literature, Ancient & Modern, Vol. 7: The Great Authors of the World with Their Master Productions (Classic Reprint) Harry Thurston Peck. (ENG., Illus.). (J). 2018. 630p. 36.89 (978-0-428-35317-9(7)); 2016. pap. 19.57 (978-1-334-15049-4(4)) Forgotten Bks.

Masterpieces of the World's Literature, Ancient & Modern, Vol. 8: The Great Authors of the World with Their Master Productions (Classic Reprint) Harry Thurston Peck. 2018. (ENG., Illus.). 622p. (J). 36.75 (978-0-428-92841-4(2)) Forgotten Bks.

Masterpieces of the World's Literature, Ancient & Modern, Vol. 9: The Great Authors of the World with Their Master Productions (Classic Reprint) Harry Thurston Peck. 2017. (ENG., Illus.). (J). 36.89 (978-1-5282-8133-1(0)) Forgotten Bks.

Master's Birthday: A Play for Children, in Three Acts; with an Epilogue in Pantomime (Classic Reprint) Hannah Rea Woodman. 2018. (ENG., Illus.). 40p. (J). 24.74 (978-0-484-49054-2(0)) Forgotten Bks.

Master's Chef. Jack Prince. 2019. (ENG.). 30p. (J). pap. 13.95 (978-1-64416-826-4(X)) Christian Faith Publishing.

Master's Degree (Classic Reprint) Margaret Hill McCarter. 2018. (ENG., Illus.). 302p. (J). 30.15 (978-0-364-24256-8(6)) Forgotten Bks.

Master's House: A Tale of Southern Life (Classic Reprint) Thomas Bangs Thorpe. (ENG., Illus.). (J). 2017. 32.35 (978-0-331-60236-4(9)); 2016. pap. 16.57 (978-1-333-57529-8(7)) Forgotten Bks.

Master's Maze Mix - Kids Activity Book. Activity Book Zone for Kids. 2016. (ENG., Illus.). (J). pap. 7.55 (978-1-68376-209-6(6)) Sabeels Publishing.

Masters of Camouflage! a Kid's Ultimate Hidden Object Challenge Activity Book. Kreative Kids. 2016. (ENG., Illus.). (J). pap. 9.20 (978-1-68377-067-1(6)) Whlke, Traudl.

Masters of Disguise: Amazing Animal Tricksters. Rebecca L. Johnson. (ENG., Illus.). 48p. (J). (gr. 4-8). 2022. pap. 9.99 (978-1-7284-6709-2(8), 9ef5d890-6af9-4fbe-8f3a-5253236756d6); 2016. 31.99 (978-1-5124-0087-8(4), 759f4375-d2fa-46bb-974f-6e2c11b7ca75); 2016. E-Book 47.99 (978-1-5124-0105-9(6)) Lerner Publishing Group. (Millbrook Pr.).

Masters of Disguise: Camouflaging Creatures & Magnificent Mimics. Marc Martin. Illus. by Marc Martin. 2021. (ENG., Illus.). 56p. (J). (gr. -1-3). 18.99 (978-1-5362-1405-5(1)) Candlewick Pr.

Masters of Literature, Defoe (Classic Reprint) John Masefield. 2018. (ENG., Illus.). 464p. (J). 33.49 (978-0-267-10026-2(4)) Forgotten Bks.

Masters of Literature Thackeray (Classic Reprint) G. K. Chesterton. 2018. (ENG., Illus.). 382p. (J). 31.78 (978-0-267-23106-5(7)) Forgotten Bks.

Masters of Math. Rob Colson. 2018. (STEM-Gineers Ser.). (Illus.). 32p. (J). (gr. 5-5). (978-0-7787-5737-5(4)) Crabtree Publishing Co.

Masters of Men: A Romance of the New Navy (Classic Reprint) Morgan Robertson. 2017. (ENG., Illus.). (J). 29.42 (978-1-5282-8334-2(1)) Forgotten Bks.

Masters of Silence. Kathy Kacer. 2019. (Heroes Quartet Ser.: 2). (Illus.). 272p. (J). (gr. 4-7). 18.95 (978-1-77321-262-3(1)); (ENG., pap. 9.95 (978-1-77321-261-6(3)) Annick Pr., Ltd. CAN. Dist: Publishers Group West (PGW).

Masters of the Guild (Classic Reprint) L. Lamprey. 2018. (ENG., Illus.). 280p. (J). 29.67 (978-0-483-27103-6(9)) Forgotten Bks.

Masters of the Peaks: A Story of the Great North Woods. Joseph A. Altsheler. 2019. (ENG.). 230p. (J). pap. (978-93-5329-650-6(1)) Alpha Editions.

Masters of the Peaks: A Story of the Great North Woods. Joseph A. Altsheler. 2020. (ENG.). (J). 190p. 19.95 (978-1-61895-750-4(3)); 188p. pap. 11.95 (978-1-61895-749-8(X)) Bibliotech Pr.

Masters of the Peaks: A Story of the Great North Woods. Joseph A. Altsheler. 2017. (ENG., Illus.). (J). 24.95 (978-1-374-89896-7(1)) Capital Communications, Inc.

Masters of the Peaks: A Story of the Great North Woods (Classic Reprint) Joseph A. Altsheler. 2018. (ENG., Illus.). 318p. (J). 30.56 (978-0-332-63607-8(0)) Forgotten Bks.

Masters of the Sky. Victoria Mullins. 2018. (ENG., Illus.). 58p. (J). pap. (978-1-78465-417-7(5), Vanguard Press) Pegasus Elliot Mackenzie Pubs.

Masters of the Universe Mad Libs: World's Greatest Word Game. Tristan Roarke. 2020. (Mad Libs Ser.). (ENG.). 48p. (J). (gr. 3-7). pap. 4.99 (978-0-593-22355-0(1), Mad Libs) Penguin Young Readers Group.

Masters of the Universe: Revelation Official Coloring Book (Essential Gift for Fans) Mattel. Illus. by Diego Vaisberg. 2021. (ENG.). 96p. (gr. 4). 14.99 (978-1-4998-1277-0(9), BuzzPop) Little Bee Books Inc.

Masters of the Wheat-Lands (Classic Reprint) Harold Bindloss. 2017. (ENG., Illus.). (J). 31.75 (978-0-266-18742-4(0)) Forgotten Bks.

Masters of the World, Vol. 1 of 3 (Classic Reprint) Mary A. M. Hoppus. 2018. (ENG., Illus.). 346p. (J). 31.03 (978-0-483-38380-7(5)) Forgotten Bks.

Masters of the World, Vol. 2 of 3 (Classic Reprint) Mary A. M. Hoppus. 2018. (ENG., Illus.). 346p. (J). 31.03 (978-0-483-23402-4(8)) Forgotten Bks.

Masters of the World, Vol. 3 of 3 (Classic Reprint) Mary A. M. Hoppus. 2017. (ENG., Illus.). 336p. (J). 30.83 (978-0-332-05131-4(5)) Forgotten Bks.

Master's Reach. 2018. (Unfolding Trilogy Ser.: Vol. 3). (ENG., Illus.). 542p. (YA). 23.99 (978-0-9834761-7-7(9)) CheeTrann Creations LLC.

Master's Violin (Classic Reprint) Myrtle Reed. 2018. (ENG., Illus.). 322p. (J). 30.54 (978-0-365-24347-2(7)) Forgotten Bks.

Mastery of Subduing the Flesh: (the Teachings of Apostle Paul) Oguama O. Anne. 2021. (ENG.). 88p. (YA). pap. 11.49 (978-1-6628-1782-3(7)) Salem Author Services.

Mastery of Words: Book Four of the See & Say Series. a Series of Lessons Based upon the Ordinary Essential Vocabulary, to Secure for the Pupil Prompt Recognition of Words, Accurate Spelling, & the Power to Help Himself in the Study of Words. Sarah Louise Arnold. 2017. (ENG., Illus.). (J). pap. (978-0-649-64456-8(5)) Trieste Publishing Pty Ltd.

Mastery of Words: Book One: a Course in Spelling Arranged for Grades Six, Seven, & Eight. Sarah Louise Arnold. 2017. (ENG., Illus.). (J). pap. (978-0-649-45377-1(8)) Trieste Publishing Pty Ltd.

Mastery Series: French (Classic Reprint) Thomas Prendergast. 2017. (ENG., Illus.). (J). 26.76 (978-0-260-26064-2(9)) Forgotten Bks.

Mastery Series: Latin (Classic Reprint) Thomas Prendergast. 2017. (ENG., Illus.). (J). 26.45 (978-0-266-76767-1(2)); pap. 9.57 (978-1-5277-4482-0(5)) Forgotten Bks.

Masticate & Swallow: A Cuban-American Childhood. Fabio Alberto Hurtado. 2017. (ENG., Illus.). 104p. (J). pap. 12.00 (978-0-930549-54-1(6)) Termino Editorial.

Mastiffs. Paige V. Polinsky. 2018. (Awesome Dogs Ser.). (ENG., Illus.). 24p. (J). (gr. k-3). lib. bdg. 26.95 (978-1-62617-793-2(7), Blastoff! Readers) Bellwether Media.

Masturbation, Autism & Learning Disabilities: A Guide for Parents & Professionals. Melanie Gadd. 2021. 160p. (C). 24.95 (978-1-78775-561-1(4), 748333) Kingsley, Jessica Pubs. GBR. Dist: Hachette UK Distribution.

Mat with Only One T. Jeff Thomas. Illus. by Andrea Alemanno. 2016. (ENG.). (J). (gr. -1-3). 14.95 (978-1-63177-596-3(0)) Amplify Publishing Group.

Matabele Land & the Victoria Falls: A Naturalist's Wanderings in the Interior of South Africa, from the Letters & Journals of the Late Frank Oates (Classic Reprint) Frank Oates. (ENG., Illus.). (J). 2018. 544p. 35.12 (978-0-428-98817-3(2)); 2016. pap. 19.57 (978-1-333-77626-8(8)) Forgotten Bks.

Matabele Land & the Victoria Falls: From the Letters & Journals of the Late Frank Oates; Appendix IV, Entomology (Classic Reprint) Frank Oates. 2017. (ENG., Illus.). (J). pap. 9.57 (978-0-259-41616-6(9)) Forgotten Bks.

Matadero. Esteban Echeverria. 2018. (Cara y Cruz Ser.). (SPA.). 77p. (J). pap. (978-958-04-6906-3(7)) Norma Ediciones, S.A.

Matador of the Five Towns: And Other Stories (Classic Reprint) Arnold Bennett. (ENG., Illus.). (J). 2018. 372p. 31.53 (978-0-484-23001-8(8)); 2018. 348p. 31.09 (978-0-483-62795-6(X)); 2017. 32.66 (978-0-265-39393-2(0)); 2017. pap. 13.57 (978-0-243-30044-0(1)); 2016. pap. 16.57 (978-1-333-21920-8(2)) Forgotten Bks.

Matamas Geheimnis Gesamtausgabe. Robert Bahr. 2017. (GER., Illus.). 628p. (J). pap. (978-0-244-92933-6(5)) Lulu Pr., Inc.

Matamata. E. Merwin. 2018. (Even Weirder & Cuter Ser.). (ENG.). 24p. (J). (gr. -1-3). 17.95 (978-1-68402-464-3(1)) Bearport Publishing Co., Inc.

Matangaa's Cat - Ana Katamwa Matangaa (Te Kiribati) Bwebweata Moannatu. Illus. by Giward Musa. 2023. (ENG.). 26p. (J). pap. **(978-1-922876-08-9(9))** Library For All Limited.

Matar un Reino. Alexandra Christo. 2019. (SPA.). 404p. (YA). (gr. 7). pap. 19.95 (978-607-527-613-7(0)) Editorial Oceano de Mexico MEX. Dist: Independent Pubs. Group.

Match. Emma Grace. 2023. (ENG.). 212p. (YA). pap. 14.99 **(978-1-0880-7649-1(1))** Indy Pub.

Match a Mummy: The Ancient Egypt Memory Game. Anna Claybourne. Illus. by Lea Maupetit. 2020. (ENG.). 40p. (J). (gr. 2-6). 16.99 (978-1-78627-583-7(X), King, Laurence Publishing) Orion Publishing Group, Ltd. GBR. Dist: Hachette Bk. Group.

Match & Color Activity Book for Boys Activity Book. Smarter Activity Books for Kids. 2016. (ENG., Illus.). (J). pap. 8.99 (978-1-68374-105-3(6)) Examined Solutions PTE. Ltd.

Match & Learn! an Educational Activity Book. Smarter Activity Books for Kids. 2016. (ENG., Illus.). (J). pap. 8.99 (978-1-68374-107-7(2)) Examined Solutions PTE. Ltd.

Match & Learn for Preschoolers: A Matching Activity Book. Smarter Activity Books for Kids. 2016. (ENG., Illus.). (J). pap. 9.22 (978-1-68374-106-0(4)) Examined Solutions PTE. Ltd.

Match Attack! Puzzle & Activity Book for Kids Vol. 1. Activity Book Zone for Kids. 2016. (ENG., Illus.). (J). pap. 7.55 (978-1-68376-692-6(X)) Sabeels Publishing.

Match Attack! Puzzle & Activity Book for Kids Vol. 2. Activity Book Zone for Kids. 2016. (ENG., Illus.). (J). pap. 7.55 (978-1-68376-693-3(8)) Sabeels Publishing.

Match Attack! Puzzle & Activity Book for Kids Vol. 3. Activity Book Zone for Kids. 2016. (ENG., Illus.). (J). pap. 7.55 (978-1-68376-694-0(6)) Sabeels Publishing.

Match Attack! Puzzle & Activity Book for Kids Vol. 4. Activity Book Zone for Kids. 2016. (ENG., Illus.). (J). pap. 7.55 (978-1-68376-695-7(4)) Sabeels Publishing.

Match Attack! Puzzle & Activity Book for Kids Vol. 5. Activity Book Zone for Kids. 2016. (ENG., Illus.). (J). pap. 7.55 (978-1-68376-696-4(2)) Sabeels Publishing.

Match Batch: Matching Game Activity Book. Activity Book Zone for Kids. 2016. (ENG., Illus.). (J). pap. 7.55 (978-1-68376-173-0(1)) Sabeels Publishing.

Match Girl, Vol. 1 Of 3: A Novel (Classic Reprint) Maria Edgeworth. 2018. (ENG., Illus.). 246p. (J). 28.99 (978-0-483-82919-0(6)) Forgotten Bks.

Match Girl, Vol. 2 Of 3: A Novel (Classic Reprint) Edgeworth. 2018. (ENG., Illus.). 222p. (J). 28.48 (978-0-484-41898-0(X)) Forgotten Bks.

Match Like a Master! Matching Game Activity Book. Activity Book Zone for Kids. 2016. (ENG., Illus.). (J). pap. 7.55 (978-1-68376-174-7(X)) Sabeels Publishing.

Match Made in Heaven: Ricky's Journey from Birth to Foster Family. Tami Bukvic & Rick Johns. 2021. 28p. (J). 21.98 (978-1-6678-0121-6(X)) BookBaby.

Match Made in Mehendi. Nandini Bajpai. (ENG., Illus.). 320p. (YA). (gr. 7-17). 2020. pap. 10.99 (978-0-316-52255-7(4)); 2019. 17.99 (978-0-316-52258-8(9)) Little, Brown Bks. for Young Readers.

Match Mania! Matching Game Activity Book. Kreative Kids. 2016. (ENG., Illus.). (J). pap. 10.81 (978-1-68377-140-1(0)) Whlke, Traudl.

Match Math: A Fun, Educational Activity Book. Smarter Activity Books for Kids. 2016. (ENG., Illus.). (J). pap. 8.99 (978-1-68374-108-4(0)) Examined Solutions PTE. Ltd.

Match Me If You Can. Tiana Smith. 2020. (ENG.). 304p. (YA). pap. 17.99 (978-1-250-23345-5(3), 900187739) Square Fish.

Match Me If You Can. Anna Staniszewski. 2017. (Switched at First Kiss Ser.: 3). 240p. (J). (gr. 5-8). pap. 12.99 (978-1-4926-1552-1(8), 9781492615521) Sourcebooks, Inc.

Match of the Day Annual 2021: (Annuals 2021) 2020. (ENG.). 96p. (YA). (gr. 7). 15.99 (978-1-78594-554-0(8), BBC Bks.) Penguin Random Hse. GBR. Dist: Independent Pubs. Group.

Match of the Day: Footy Facts & Stats. Match of the Day Magazine. 2021. (Illus.). 160p. (J). (gr. 2-7). 12.99 (978-1-78594-636-3(6), BBC Bks.) Penguin Random Hse. GBR. Dist: Independent Pubs. Group.

Match Point! Maddie Gallegos. 2023. (ENG., Illus.). 256p. (J). 22.99 **(978-1-250-78415-5(8)**, 900236949); pap. 14.99 **(978-1-250-78414-8(X)**, 900236950) Roaring Brook Pr. (First Second Bks.).

Match Point: Ready-To-Read Level 2. David Sabino. Illus. by Setor Fiadzigbey. 2020. (Game Day Ser.). (ENG.). 40p. (J). (gr. k-2). 17.99 (978-1-5344-5392-0(X)); pap. 4.99 (978-1-5344-5391-3(1)) Simon Spotlight. (Simon Spotlight).

Match the Flag with the Country Activity Book. Smarter Activity Books for Kids. 2016. (ENG., Illus.). (J). pap. 8.99 (978-1-68374-110-7(2)) Examined Solutions PTE. Ltd.

Match the Magic Alphabet Shapes Matching Game Activity Book. Smarter Activity Books for Kids. 2016. (ENG., Illus.). (J). pap. 8.99 (978-1-68374-112-1(9)) Examined Solutions PTE. Ltd.

Match the Shape to the Word: Matching for Kids. Speedy Kids. 2017. (ENG., Illus.). (J). pap. 8.33 (978-1-5419-3322-4(2)) Speedy Publishing LLC.

Match the Sight Words: A Memory Game: Reading Books for Kindergarten Children's Reading & Writing Books. Baby Professor. 2017. (ENG., Illus.). (J). pap. 9.55 (978-1-5419-2598-4(X), Baby Professor (Education Kids)) Speedy Publishing LLC.

1290

The check digit for ISBN-10 appears in parentheses after the full ISBN-13

Match the Sum Activities for Kids: Intermediate Level. Jupiter Kids. 2017. (ENG., Illus.). (J). pap. 9.20 *(978-1-5419-3309-5(5)*, Jupiter Kids (Childrens & Kids Fiction)) Speedy Publishing LLC.

Match the Sum Activity Book for Would-Be Mathematicians. Speedy Kids. 2017. (ENG., Illus.). (J). pap. 9.20 *(978-1-5419-3348-4(6))* Speedy Publishing LLC.

Match the Wine with the Food Activity Book. Smarter Activity Books for Kids. 2016. (ENG., Illus.). (J). pap. 8.99 *(978-1-68374-113-8(7))* Examined Solutions PTE. Ltd.

Match This & Match That! Matching Game Kids Edition Activity Books for Kids 5-7. Baby Professor. 2017. (ENG., Illus.). (J). (gr. k-6). pap. 13.00 *(978-1-5419-1030-0(3)*, Baby Professor (Education Kids)) Speedy Publishing LLC.

Match to Complete These Wild Animals: Matching Book for Kindergarten. Speedy Kids. 2017. (ENG., Illus.). (J). pap. 8.33 *(978-1-5419-3352-1(4))* Speedy Publishing LLC.

Match with Me: A Matching Activity Book. Smarter Activity Books for Kids. 2016. (ENG., Illus.). (J). pap. 8.99 *(978-1-68374-114-5(5))* Examined Solutions PTE. Ltd.

Match with Yedi! (Ages 3-5) Practice with Yedi! (Matching, Shadow Images, 20 Animals) Lauren Dick. l.t. ed. 2021. (ENG.). 48p. (J). *(978-1-77476-480-0(6))*; pap. *(978-1-77476-479-4(2))* AD Classic.

Match Your Way: A Math Themed Activity Book. Activity Book Zone for Kids. 2016. (ENG., Illus.). (J). pap. 7.55 *(978-1-68376-000-9(X))* Sabeels Publishing.

Matchbox Diary. Paul Fleischman. Illus. by Bagram Ibatoulline. 2016. (ENG.). 40p. (J). (gr. 1-4). 8.99 *(978-0-7636-7638-4(1))* Candlewick Pr.

Matchbox Diary. Paul Fleischman. Illus. by Bagram Ibatoulline. ed. 2016. (ENG.). 40p. (J). (gr. 1-4). 18.40 *(978-0-606-39097-2(9))* Turtleback.

Matchbreaker Summer. Annie Rains. 2022. 288p. (YA). (gr. 7). pap. 9.99 *(978-0-593-48155-4(0)*, Underlined) Random Hse. Children's Bks.

Matched see Juntos

Matched Deluxe Edition. Ally Condie. 2020. (Matched Ser.). (ENG., Illus.). 416p. (YA). (gr. 7). pap. 11.99 *(978-0-593-32481-3(1)*, Penguin Books) Penguin Young Readers Group.

Matching Activities That Develop Important Skills in Children. Activity Book Zone for Kids. 2016. (ENG., Illus.). (J). pap. 7.55 *(978-1-68376-001-6(8))* Sabeels Publishing.

Matching Activity Book for Children. Speedy Kids. 2017. (ENG., Illus.). (J). pap. 9.20 *(978-1-5419-0955-7(0))* Speedy Publishing LLC.

Matching & Mazes Activity Book for Kids. Bobo's Children Activity Books. 2016. (ENG., Illus.). (J). pap. 7.99 *(978-1-68327-408-7(3))* Sunshine In My Soul Publishing.

Matching, Counting Skills & Mazes Activity Book for Kids. Bobo's Children Activity Books. 2016. (ENG., Illus.). (J). pap. 7.99 *(978-1-68327-429-2(6))* Sunshine In My Soul Publishing.

Matching Dinosaurs for Fun! the Activity Book. Activity Book Zone for Kids. 2016. (ENG., Illus.). (J). pap. 7.55 *(978-1-68376-002-3(6))* Sabeels Publishing.

Matching, Dot to Dot & Hidden Pictures Activity Book for Kids. Smarter Activity Books for Kids. 2016. (ENG., Illus.). (J). pap. 8.99 *(978-1-68374-642-3(2))* Examined Solutions PTE. Ltd.

Matching Game: Math in a Activity Book. Kreative Kids. 2016. (ENG., Illus.). (J). pap. 10.81 *(978-1-68377-069-5(2))* Whlke, Traudl.

Matching Game Activities for Kids — Colorful & Interesting. Activity Book Zone for Kids. 2016. (ENG., Illus.). (J). pap. 7.55 *(978-1-68376-003-0(4))* Sabeels Publishing.

Matching Game Activity Book for Boys Activity Book. Kreative Kids. 2016. (ENG., Illus.). (J). pap. 10.81 *(978-1-68377-068-8(4))* Whlke, Traudl.

Matching Game Activity Book for Kids. Speedy Kids. 2017. (ENG., Illus.). (J). pap. 9.20 *(978-1-5419-0951-9(8))* Speedy Publishing LLC.

Matching Game Book: Zoom! 4 Activities In 1! Stephanie Babin & Stephanie Babin. Illus. by Ben Newman. 2019. (TW Matching Game Book Ser.: 2). (ENG.). 12p. (J). (gr. -1-k). bds. 14.99 *(978-2-408-01283-0(X))* Editions Tourbillon FRA. Dist: Hachette Bk. Group.

Matching Game for 2 Year Old. Smarter Activity Books for Kids. 2016. (ENG., Illus.). (J). pap. 8.99 *(978-1-68374-355-2(5))* Examined Solutions PTE. Ltd.

Matching Game for 3 Year Old. Smarter Activity Books for Kids. 2016. (ENG., Illus.). (J). pap. 8.99 *(978-1-68374-356-9(3))* Examined Solutions PTE. Ltd.

Matching Game for 4 Year Old. Smarter Activity Books for Kids. 2016. (ENG., Illus.). (J). pap. 8.99 *(978-1-68374-351-4(2))* Examined Solutions PTE. Ltd.

Matching Game for 4 Year Olds. Smarter Activity Books for Kids. 2016. (ENG., Illus.). (J). pap. 8.99 *(978-1-68374-354-5(7))* Examined Solutions PTE. Ltd.

Matching Game for Kids. Smarter Activity Books for Kids. 2016. (ENG., Illus.). (J). pap. 8.99 *(978-1-68374-353-8(9))* Examined Solutions PTE. Ltd.

Matching Game for Preschoolers. Smarter Activity Books for Kids. 2016. (ENG., Illus.). (J). pap. 8.99 *(978-1-68374-357-6(1))* Examined Solutions PTE. Ltd.

Matching Game for Toddlers. Smarter Activity Books for Kids. 2016. (ENG., Illus.). (J). pap. 8.99 *(978-1-68374-350-7(4))* Examined Solutions PTE. Ltd.

Matching Game Preschool Edition. Smarter Activity Books for Kids. 2016. (ENG., Illus.). (J). pap. 8.99 *(978-1-68374-349-1(0))* Examined Solutions PTE. Ltd.

Matching Games for 2 Year Olds. Smarter Activity Books for Kids. 2016. (ENG., Illus.). (J). pap. 8.99 *(978-1-68374-348-4(2))* Examined Solutions PTE. Ltd.

Matching Games for Kids (Activity Book Edition) Speedy Kids. 2017. (ENG., Illus.). (J). pap. 9.20 *(978-1-5419-0956-4(9))* Speedy Publishing LLC.

Matching Games for Preschoolers Activity Book. Speedy Kids. 2017. (ENG., Illus.). (J). pap. 9.20 *(978-1-5419-0952-6(6))* Speedy Publishing LLC.

Matching Games for Toddlers Activity Book. Kreative Kids. 2016. (ENG., Illus.). (J). pap. 10.81 *(978-1-68377-141-8(9))* Whlke, Traudl.

Matching Hearts. Brooke Duhon. 2017. (ENG., Illus.). (J). pap. 10.95 *(978-1-945532-26-9(2))* Opportune Independent Publishing Co.

Matching Is Fun! Activity Book. Activity Book Zone for Kids. 2016. (ENG., Illus.). (J). pap. 7.55 *(978-1-68376-004-7(2))* Sabeels Publishing.

Matching Letter Game: An Educational Spelling Activity for Kids. Speedy Kids. 2017. (ENG., Illus.). (J). pap. 8.33 *(978-1-5419-3327-9(3))* Speedy Publishing LLC.

Matching Masterfully: Kids Matching Game Activity Book. Kreative Kids. 2016. (ENG., Illus.). (J). pap. 10.81 *(978-1-68377-142-5(7))* Whlke, Traudl.

Matching Numbers Puzzle Activity Book. Speedy Kids. 2017. (ENG., Illus.). (J). pap. 9.20 *(978-1-5419-0953-3(4))* Speedy Publishing LLC.

Matching Puzzles for Toddlers Activity Book. Speedy Kids. 2017. (ENG., Illus.). (J). pap. 9.20 *(978-1-5419-0954-0(2))* Speedy Publishing LLC.

Matching to the Max! Matching Game Activity Book. Kreative Kids. 2016. (ENG., Illus.). (J). pap. 10.81 *(978-1-68377-143-2(5))* Whlke, Traudl.

Matchless Mom. Bailey Cannon & Aimee Lary. Illus. by Adua Hernandez. 2022. (ENG.). 26p. (J). pap. 9.99 *(978-1-0879-5212-3(3))* Indy Pub.

Matchmaker. Illus. by Pangbudun'er. 2023. (My Favorite Peking Opera Picture Bks.). (ENG.). 54p. (J). (gr. k-2). 19.95 *(978-1-4878-1117-4(9))* Royal Collins Publishing Group Inc. CAN. Dist: Independent Pubs. Group.

Matchmaker: A Novel (Classic Reprint) L. B. Walford. (ENG., Illus.). (J). 2018. 448p. 33.16 *(978-0-483-60439-1(9))*; 2016. pap. 16.57 *(978-1-333-18211-3(2))* Forgotten Bks.

Matchmaker #3. Kelly Starling Lyons. Illus. by Wayne Spencer. 2022. (Miles Lewis Ser.). 96p. (J). (gr. 1-3). 6.99 *(978-0-593-38355-1(9))*; (ENG.). lib. bdg. 15.99 *(978-0-593-38356-8(7))* Penguin Young Readers Group. (Penguin Workshop).

Matchmaker, Vol. 3 Of 3: A Novel (Classic Reprint) Gordon Smythies. (ENG., Illus.). (J). 2018. 314p. 30.37 *(978-0-428-49766-8(7))*; 2017. pap. 13.57 *(978-1-5276-3777-1(8))* Forgotten Bks.

Matchmakers: A Comedy in One Act (Classic Reprint) Seumas O'Kelly. (ENG., Illus.). (J). 2017. 24.64 *(978-0-260-65902-6(9))*; 2016. pap. 7.97 *(978-1-334-11883-8(3))* Forgotten Bks.

Matchmakers (Classic Reprint) J. E. Buckrose. 2017. (ENG., Illus.). (J). 30.39 *(978-0-331-05579-5(1))* Forgotten Bks.

Matchstick Castle. Keir Graff. ed. 2018. lib. bdg. 19.65 *(978-0-606-41315-2(4))* Turtleback.

Matchstick Umbrella. Breellen Fleming. 2021. (ENG.). 38p. (J). (gr. k-5). pap. 15.00 *(978-1-7364012-0-0(3))* BAF Designs.

Mate of the Daylight: And Friends Ashore (Classic Reprint) Sarah Orne Jewett. 2017. (ENG., Illus.). (J). 29.38 *(978-0-266-57767-6(9))* Forgotten Bks.

Mate of the Easter Bell & Other Stories NU: Stories, Library Association, New Max Mercantile (Classic Reprint) Amelia E. Barr. 2018. (ENG., Illus.). 358p. (J). 31.28 *(978-0-483-44414-0(6))* Forgotten Bks.

Mate of the Good Ship York: Or the Ship's Adventure (Classic Reprint) William Clark Russell. 2018. (ENG., Illus.). 358p. (J). 31.28 *(978-0-364-60376-5(3))* Forgotten Bks.

Mated from the Morgue: A Tale of the Second Empire. John Augustus O'Shea. 2017. (ENG., Illus.). (J). pap. *(978-0-649-64457-5(3))* Trieste Publishing Pty Ltd.

Mated from the Morgue: A Tale of the Second Empire (Classic Reprint) John Augustus O'Shea. (ENG., Illus.). (J). 2018. 162p. 27.26 *(978-0-656-44649-0(8))*; 2017. pap. 9.97 *(978-0-259-30184-4(1))* Forgotten Bks.

Matemática Domain Set. 2016. (Early Rising Readers Ser.). (SPA.). (J). (gr. 1). 1370.00 net. *(978-1-4788-4775-5(1))* Newmark Learning LLC.

Matematica Serale 1: Per la Prima Annualità Dei Corsi Serali Di Istruzione per Adulti Di Il Livello. Francesco Pappalardo. 2022. (ITA.). 180p. (YA). pap. 22.42 *(978-1-4716-5278-3(5))* Lulu Pr., Inc.

Matemática Theme Level a Book Set. 2016. (Early Rising Readers Ser.). (SPA.). (J). (gr. 1-2). 359.00 *(978-1-4788-5192-9(9))* Newmark Learning LLC.

Matemática Theme Level AA Book Set. 2016. (Early Rising Readers Ser.). (SPA.). (J). (gr. 1-2). 359.00 *(978-1-4788-5191-2(0))* Newmark Learning LLC.

Matemática Theme Level B Book Set. 2016. (Early Rising Readers Ser.). (SPA.). (J). (gr. 1-2). 359.00 *(978-1-4788-5193-6(7))* Newmark Learning LLC.

Matemáticas a lo Grande (Mammoth Math) El Mundo de Los Números Explicado Por Mamuts. DK. 2022. (DK David Macaulay How Things Work Ser.). (SPA.). 160p. (J). (gr. 2-6). 19.99 *(978-0-7440-6456-8(2)*, DK Children) Dorling Kindersley Publishing, Inc.

Matematicas Al Maximo Kindergarten Guia Del Profesor A. Scholastic, Inc. Staff. 2017. (Matematicas Al Maximo Ser.). (SPA.). 272p. (J). pap. 49.95 *(978-981-4822-01-5(9))* Scholastic, Inc.

Matematicas Al Maximo Kindergarten Guia Del Profesor B. Scholastic, Inc. Staff. 2017. (Matematicas Al Maximo Ser.). (SPA.). 288p. (J). pap. 49.95 *(978-981-4822-03-9(5))* Scholastic, Inc.

Matematicas Al Maximo Kindergarten Texto Del Estudiante A. Scholastic, Inc. Staff. 2017. (Matematicas Al Maximo Ser.). (SPA.). 180p. (J). pap. 15.00 *(978-981-4822-00-8(0))* Scholastic, Inc.

Matematicas Al Maximo Kindergarten Texto Del Estudiante B. Scholastic, Inc. Staff. 2017. (Matematicas Al Maximo Ser.). (SPA.). 188p. (J). pap. 15.00 *(978-981-4822-02-2(7))* Scholastic, Inc.

Matemáticas con el Tiempo / Math with Weather, 1 vol. Rory McDonnell. Tr. by Eida de la Vega. 2016. (¡Matemáticas en Todas Partes! / Math Is Everywhere! Ser.). (ENG & SPA.). 24p. (gr. k-k). lib. bdg. 24.27 *(978-1-4824-5212-9(X)*, 8f9cd20b-92eb-4f25-937d-14a8e1f8e051) Stevens, Gareth Publishing LLLP.

Matemáticas con Juguetes / Math with Toys, 1 vol. Rory McDonnell. Tr. by Eida de la Vega. 2016. (¡Matemáticas en Todas Partes! / Math Is Everywhere! Ser.). (ENG & SPA.). 24p. (gr. k-k). lib. bdg. 24.27 *(978-1-4824-5214-3(6)*, 1109dbd5-1304-4cf2-b0e2-5317273a8a78) Stevens, Gareth Publishing LLLP.

Matemáticas con Mascotas / Math with Pets, 1 vol. Claire Romaine. Tr. by Eida de la Vega. 2016. (¡Matemáticas en Todas Partes! / Math Is Everywhere! Ser.). (ENG & SPA.). 24p. (gr. k-k). lib. bdg. 24.27 *(978-1-4824-5216-7(2)*, 5adaf151-1e5b-44b4-afab-ead628a673aa) Stevens, Gareth Publishing LLLP.

Matemáticas con Ruedas / Math with Wheels, 1 vol. Rory McDonnell. Tr. by Eida de la Vega. 2016. (¡Matemáticas en Todas Partes! / Math Is Everywhere! Ser.). (ENG & SPA.). 24p. (gr. k-k). lib. bdg. 24.27 *(978-1-4824-5218-1(9)*, 7ca60409-5b23-4987-9b1c-f3729bb494cf) Stevens, Gareth Publishing LLLP.

Matemáticas en el Parque / Math at the Park, 1 vol. Claire Romaine. Tr. by Eida de la Vega. 2016. (¡Matemáticas en Todas Partes! / Math Is Everywhere! Ser.). (ENG & SPA.). 24p. (gr. k-k). lib. bdg. 24.27 *(978-1-4824-5220-4(0)*, 0ff53c62-b791-41df-bbe5-8f74a1ef66fa) Stevens, Gareth Publishing LLLP.

Matemáticas en Nuestro Mundo - Nivel 2, 14 vols., Set. Incl. ¿a Qué Distancia? Vamos a COMPARAR Viajes (How Far Away? COMPARING Trips) Jennifer Marrewa & Jennifer Marrewa. lib. bdg. 24.67 *(978-0-8368-9024-2(8)*, 15a63c75-d8e2-4cec-867e-684446a1fc71); Diversión con DOBLES en la Granja (DOUBLES Fun on the Farm) Joan Freese. lib. bdg. 24.67 *(978-0-8368-9020-4(5)*, 7c44bc1d-99fd-4070-977b-05265b79cf6c); MIDIENDO para una Búsqueda Del Tesoro (MEASURING on a Treasure Hunt) Jennifer Marrewa & Jennifer Marrewa. lib. bdg. 24.67 *(978-0-8368-9025-9(6)*, 9eb6e282-9c60-4a30-9325-82dc3267bbdc); Vamos a DECIR la HORA Todo el Tiempo (TELLING TIME All the Time) Jean Sharp & Jean Sharp. lib. bdg. 24.67 *(978-0-8368-9019-8(1)*, 9f3e2b85-8de9-4b5d-9c03-6f88d72e5880); Vamos a HACER GRÁFICAS de Nuestras Cosas Favoritas (GRAPHING Favorite Things) Jennifer Marrewa & Jennifer Marrewa. lib. bdg. 24.67 *(978-0-8368-9026-6(4)*, 745298ce-7e7a-471b-b42b-9a12f6c7c8a6); Vamos a Hacer una Maqueta con FIGURAS SÓLIDAS (Making a Model with SOLID FIGURES) Jennifer Marrewa. lib. bdg. 24.67 *(978-0-8368-9023-5(X)*, 32b42e0e-d27d-436f-982b-25ce673ad623); Vamos a Planear una Fiesta con MATEMÁTICAS (USING MATH to Make Party Plans) Joan Freese & Joan Freese. lib. bdg. 24.67 *(978-0-8368-9021-1(3)*, 1fef69da-0867-404f-bca6-a21aa76a8d20); Vamos a USAR DINERO en un Viaje de Compras (USING MONEY on a Shopping Trip) Jennifer Marrewa & Jennifer Marrewa. lib. bdg. 24.67 *(978-0-8368-9022-8(1)*, 469afe3a-36ad-4e49-895f-3c97fe96c86a); (Illus.). (gr. 2-2). (Las Matemáticas en Nuestro Mundo - Nivel 2 (Math in Our World - Level 2) Ser.). (SPA.). 24p. 2008. Set lib. bdg. 172.02 *(978-0-8368-9018-1(3)*, 26f9994f-4430-4c43-840b-83bc5d93270d, Weekly Reader Leveled Readers) Stevens, Gareth Publishing LLLP.

Matemáticas en Nuestro Mundo - Nivel 3 (Math in Our World - Level 3), 14 vols., Set. Linda Bussell. Incl. MULTIPLICAR para Planear una Fiesta (MULTIPLY to Make Party Plans) lib. bdg. 24.67 *(978-0-8368-9293-2(3)*, ee2326c6-6d40-4040-a4b9-9febc851c8ef); Pizza Por Partes: ¡FRACCIONES! (Pizza Parts: FRACTIONS!) lib. bdg. 24.67 *(978-0-8368-9297-0(6)*, 02e03679-cad5-4ef2-886b-a644c46040b8); PROBABILIDAD con Juegos y Diversión (PROBABILITY with Fun & Games) lib. bdg. 24.67 *(978-0-8368-9298-7(4)*, ae050957-934b-4452-bbe6-53608ca225f8); Trabajemos con NÚMEROS en Las Noticias (Working with NUMBERS in the News) lib. bdg. 24.67 *(978-0-8368-9292-5(5)*, 9e717c71-dbc5-4ad3-993c-9ce031fb3c33); Vamos a Explorar CUERPOS SÓLIDOS en la Red (Exploring SOLID FIGURES on the Web) lib. bdg. 24.67 *(978-0-8368-9295-6(X)*, 7d31651f-3db0-42cd-94ad-72e07887e5d6); Vamos a MEDIR en el Estanque (MEASURING at the Pond) lib. bdg. 24.67 *(978-0-8368-9299-4(2)*, 22257668-c140-48b0-a6a5-00d45e66050e); Vamos a Usar DATOS de DIVISIÓN en el Jardín (Using DIVISION FACTS in the Garden) lib. bdg. 24.67 *(978-0-8368-9294-9(1)*, 40172f98-2255-4fbc-8117-67769e80bf93); Vamos a Usar la DIVISIÓN en el Campamento de Deportes (Using DIVISION at Sports Camp) lib. bdg. 24.67 *(978-0-8368-9296-3(8)*, ea493467-e6c7-445d-aa7f-4c08e14e11a4); (J). (gr. 3-3). (Las Matemáticas en Nuestro Mundo - Nivel 3 (Math in Our World - Level 3) Ser.). (SPA.). 24p. 2008. Set lib. bdg. 172.02 *(978-0-8368-9323-6(9)*, aa77ef0c-7ac4-4fe4-8ed0-034a2628b48f, Weekly Reader Leveled Readers) Stevens, Gareth Publishing LLLP.

Matemáticas en una Democracia: Set of 6 Common Core Edition. Erin Ash Sullivan & Benchmark Education Company, LLC Staff. 2016. (Navigators Ser.). (SPA.). (J). (gr. 5). 58.00 net. *(978-1-5125-0822-2(5))* Benchmark Education Co.

Matemáticas para Empezar, 8 vols., Set. Amy Rauen. Incl. Vamos a Contar en el Mercado (Counting at the Market) lib. bdg. 21.67 *(978-0-8368-8991-8(6)*, 3ccaec65-3d92-4258-b9cf-ec28b619d2ad); Vamos a Encontrar lo Más Corto y lo Más Largo (Finding Shortest & Longest) lib. bdg. 21.67 *(978-0-8368-8992-5(4)*, 8576efdd-56dd-41f9-b23c-60a1bfa2b984); Vamos a Sumar y Restar en el Lago (Adding & Subtracting at the Lake) lib. bdg. 21.67 *(978-0-8368-8993-2(2)*, c31700ed-be2d-4999-9255-06f850141487); Vamos a Usar Las Matemáticas Al Aire Libre (Using Math Outdoors) lib. bdg. 21.67 *(978-0-8368-8994-9(0)*, 5eff4b9d-4c0a-4fbd-ace6-da043d90eac5); (gr. k-1). (Matemáticas para Empezar (Getting Started with Math) Ser.). (SPA., Illus.). 16p. 2008. Set lib. bdg. 86.01 *(978-0-8368-8990-1(8)*, 7e410a25-9f57-40b2-898e-f46d874aa00f, Weekly Reader Leveled Readers) Stevens, Gareth Publishing LLLP.

Matemáticas para Los Más Pequeños - Números, Sumas, Cuentas: Libro de Actividades para niños, 2-4 años: Cuaderno de Práctica para Chicos y Chicas. June & Lucy Kids. 2020. (SPA.). 74p. (J). pap. 6.99 ***(978-1-64608-185-1(4))*** June & Lucy.

Matematico Preescolar Inicial. (Matematicos Ser.). (SPA.). (J). 11.95 *(978-970-03-1139-5(2)*, FN471X) Fernandez USA Publishing.

Matematika 6. Uchebnik Dlya Obscheobrazovatel'Nykh Uchebnikh Zavedenij see Mathematics 6

Mateo Encuentra Su Wow: Un Cuento de Maravilla y Agradecimiento. Gabi Garcia. Illus. by Charity Russell. 2021. (SPA.). 34p. (J). 18.99 *(978-1-949633-32-0(2))* Skinned Knee Publishing.

Mateo Finds His Wow: A Story of Wonder & Gratitude. Gabi Garcia. Illus. by Charity Russell. 2020. (ENG.). 34p. (J). 18.99 *(978-1-949633-05-4(5))* Skinned Knee Publishing.

Mateo I Love You All Ways. Marianne Richmond. Illus. by Dubravka Kolanovic. 2023. (I Love You All Ways Ser.). (ENG.). 32p. (J). (gr. -1-3). 8.99 ***(978-1-7282-7398-3(6))*** Sourcebooks, Inc.

Mateo Learns to Love Himself: Learning Self-Love. Amari Smith. 2023. (ENG.). 20p. (J). pap. 24.99 ***(978-1-0880-8333-8(1))*** Indy Pub.

Mateo Magico. Penelope Anne Cole. Illus. by Kevin Scott Collier. 2018. (SPA.). 40p. (J). pap. 9.50 *(978-1-943196-12-8(5))* Magical Bk. Works.

Mateo on the North Pole Express. J. D. Green. Illus. by Joanne Partis. 2022. (North Pole Express Bears Ser.). (ENG.). 32p. (J). (gr. -1-3). 7.99 ***(978-1-7282-6962-7(8))*** Sourcebooks, Inc.

Mateo 'Twas the Night Before Christmas. Illus. by Lisa Alderson. 2021. (Night Before Christmas Ser.). (ENG.). 32p. (J). (gr. -1-3). 7.99 ***(978-1-7282-5217-9(2))*** Sourcebooks, Inc.

Mateo's Family Traits: Gathering Data, 1 vol. Seth Matthas. 2017. (Computer Science for the Real World Ser.). (ENG.). 16p. (gr. 2-3). pap. *(978-1-5383-5186-4(2)*, 43b56f38-792c-4883-a722-f6a8a3c5a724, Rosen Classroom) Rosen Publishing Group, Inc., The.

Mater: An American Study in Comedy (Classic Reprint) Percy Mackaye. 2017. (ENG., Illus.). (J). 27.73 *(978-0-266-22186-9(6))* Forgotten Bks.

Materfamilias (Classic Reprint) Ada Cambridge. (ENG., Illus.). (J). 2018. 356p. 31.26 *(978-0-428-27036-0(0))*; 2017. pap. 13.57 *(978-0-243-98868-6(0))* Forgotten Bks.

Material for Exercises in German Composition: With a Carefully Arranged English-German Vocabulary (Classic Reprint) Lewis Emerson Horning. 2018. (ENG., Illus.). 182p. (J). 27.67 *(978-0-484-17737-5(0))* Forgotten Bks.

Material Girls. Elaine Dimopoulos. 2016. (ENG.). 336p. (YA). (gr. 9). pap. 8.99 *(978-0-544-67173-7(2)*, 1625822, Clarion Bks.) HarperCollins Pubs.

Materialism of the Present Day: A Critique of Bucher's System. Paul Janet. 2017. (ENG., Illus.). (J). pap. *(978-0-649-64458-2(1))* Trieste Publishing Pty Ltd.

Materialism of the Present Day: A Critique of Dr. Buchner's System (Classic Reprint) Paul Janet. (ENG., Illus.). (J). 2017. 210p. 28.25 *(978-0-332-15538-8(2))*; 2016. pap. 10.97 *(978-1-333-93208-4(1))* Forgotten Bks.

Materials, 1 vol. Harriet Brundle. 2019. (ENG., Illus.). 24p. (J). (gr. k-2). pap. 15.99 *(978-1-83927-820-4(X))* BookLife Publishing Ltd. GBR. Dist: Independent Pubs. Group.

Materials, 1 vol. Joanna Brundle. 2019. (Science in Action Ser.). (ENG.). 32p. (gr. 4-5). pap. 11.50 *(978-1-5345-3083-6(5)*, a6acc1da-8cf0-4beb-ae38-adb67bbab28d); lib. bdg. 28.88 *(978-1-5345-3012-6(6)*, 63b05e3c-d6cb-4f77-bcd1-f74adeb9e945) Greenhaven Publishing LLC. (KidHaven Publishing).

Materials, 1 vol. Steffi Cavell-Clarke. 2017. (First Science Ser.). (ENG.). 24p. (J). (gr. 1-1). pap. 9.25 *(978-1-5345-2389-0(8)*, cb47ab73-e129-4c34-8f3b-91b453120cec); lib. bdg. 26.23 *(978-1-5345-2387-6(1)*, 0749c6cb-59b6-407d-92a3-85c7c9f22dff) Greenhaven Publishing LLC.

Materials. Anne Giulieri. 2016. (Engage Literacy Orange - Extension A Ser.). (ENG.). 16p. (J). pap. 6.99 *(978-1-5157-3282-2(7)*, 133284); pap. 36.94 *(978-1-5157-5061-1(2)*, 26055) Capstone. (Capstone Pr.).

Materials. Izzi Howell. 2020. (Outdoor Science Ser.). (ENG., Illus.). 32p. (J). (gr. 3-5). lib. bdg. 31.99 *(978-1-4966-5796-1(9)*, 142212) Capstone.

Materials. Claudia Martin. 2018. (Adventures in STEAM Ser.). (ENG., Illus.). 48p. (J). (gr. 3-6). lib. bdg. 27.99 *(978-1-5435-3230-2(6)*, 138828, Capstone Pr.) Capstone.

Materials: What Is Stuff Made From? Emily Kington. 2020. (Stickmen's Science Stars Ser.). (ENG., Illus.). 24p. (J). (gr. 1-3). lib. bdg. 26.65 *(978-1-913077-54-9(3)*, cbf4ecb2-2bf0-4675-a608-258f36a617d8, Hungry Tomato (r)) Lerner Publishing Group.

Materials & Manipulatives Kit Grade 1. Hmh Hmh. 2017. (Math Expressions Ser.). (ENG.). (J). (gr. 1). pap. 554.53 *(978-1-328-73626-0(1))* Houghton Mifflin Harcourt Publishing Co.

Materials & Manipulatives Kit Grade 2. Hmh Hmh. 2017. (Math Expressions Ser.). (ENG.). (J). (gr. 2). pap. 554.53 *(978-1-328-73627-7(X))* Houghton Mifflin Harcourt Publishing Co.

Materials & Manipulatives Kit Grade 3. Hmh Hmh. 2017. (Math Expressions Ser.). (ENG.). (J). (gr. 3). pap. 552.93 *(978-1-328-73629-1(6))* Houghton Mifflin Harcourt Publishing Co.

Materials & Manipulatives Kit Grade 4. Hmh Hmh. 2017. (Math Expressions Ser.). (ENG.). (J). (gr. 4). pap. 369.40 *(978-1-328-73630-7(X))* Houghton Mifflin Harcourt Publishing Co.

Materials & Manipulatives Kit Grade 5. Hmh Hmh. 2017. (Math Expressions Ser.). (ENG.). (J). (gr. 5). pap. 369.40 *(978-1-328-73631-4(8))* Houghton Mifflin Harcourt Publishing Co.

Materials & Manipulatives Kit Grade 6. Hmh Hmh. 2017. (Math Expressions Ser.). (ENG.). (J). (gr. 6). pap. 383.60

(978-1-328-73632-1(6)) Houghton Mifflin Harcourt Publishing Co.

Materials & Manipulatives Kit Grade K. Hmh Hmh. 2017. (Math Expressions Ser.). (ENG.). (J). (gr. k). pap. 667.93 *(978-1-328-73625-3(3))* Houghton Mifflin Harcourt Publishing Co.

Materials for French Composition, Vol. 1 (Classic Reprint) Charles Hall Grandgent. 2017. (ENG., Illus.). (J). 24.58 *(978-1-5279-6559-1(7))* Forgotten Bks.

Materials for German Composition: Based on Höher ALS Die Kirche (Classic Reprint) James Taft Hatfield. 2018. (ENG., Illus.). 36p. (J). 24.66 *(978-0-666-63322-4(3))* Forgotten Bks.

Materials for German Composition: Based on Storm's Immensee (Classic Reprint) James Taft Hatfield. 2017. (ENG., Illus.). 44p. (J). 24.80 *(978-0-484-67747-9(0))* Forgotten Bks.

Materials for German Prose Composition: With Notes & Vocabulary (Classic Reprint) H. C. G. Von Jagemann. 2018. (ENG., Illus.). 312p. (J). 30.33 *(978-0-656-42188-6(6))* Forgotten Bks.

Materials for German Prose Composition: With Notes & Vocabulary; Simple Narrative (Classic Reprint) H. C. G. Von Jagemann. 2018. (ENG., Illus.). 304p. (J). 30.17 *(978-0-332-70622-1(2))* Forgotten Bks.

Materials for German Prose Composition: With Notes & Vocabulary; Simple Narrative (Classic Reprint) Hans Carl Günther von Jagemann. (ENG., Illus.). (J). 2018. 306p. 30.21 *(978-0-365-07541-7(8))*; 2017. pap. 13.57 *(978-0-282-61224-5(6))* Forgotten Bks.

Materials for German Prose Composition, Vol. 2: With Notes & Vocabulary; Narrative & Descriptive (Classic Reprint) Max Poll. (ENG., Illus.). (J). 2019. 322p. 30.54 *(978-0-365-13609-5(3))*; 2018. 322p. 30.54 *(978-0-666-65982-8(6))*; 2018. 318p. 30.48 *(978-0-428-53873-6(8))*; 2017. 30.46 *(978-0-265-72734-8(0))*; 2017. pap. 13.57 *(978-1-5276-8734-9(1))*; 2017. pap. 13.57 *(978-0-282-62760-7(X))*; 2017. pap. 13.57 *(978-0-282-51284-2(5))* Forgotten Bks.

Materials for Translating English into French: With Grammatical Notes & a Vocabulary (Classic Reprint) Emil Otto. (ENG., Illus.). (J). 2018. 212p. 28.29 *(978-0-365-31473-8(0))*; 2017. pap. 10.97 *(978-0-259-53510-2(9))* Forgotten Bks.

Materials Used to Make Totem Poles Coloring Book. Bobo's Adult Activity Books. 2016. (ENG., Illus.). (J). pap. 9.33 *(978-1-68327-657-9(4))* Sunshine In My Soul Publishing.

Materiaux Pour l'Etude des Glaciers, Vol. 1: Troisieme Partie, Auteurs Qui Ont Traite des Hautes Regions des Alpes et des Glaciers et Sur Quelques Questions Qui S'y Rattachent (Classic Reprint) Daniel Dollfus-Ausset. 2017. (ENG., Illus.). 596p. (J). pap. 19.57 *(978-0-332-23250-8(6))* Forgotten Bks.

Maternal Love: Translated from the German (Classic Reprint) Franz Hoffman. (ENG., Illus.). (J). 2018. 210p. 28.23 *(978-0-364-78742-7(2))*; 2017. pap. 10.57 *(978-0-259-47129-5(1))* Forgotten Bks.

Maternity of Harriott Wicken (Classic Reprint) Henry Dudeney. 2017. (ENG., Illus.). (J). 30.74 *(978-0-331-25419-8(0))* Forgotten Bks.

Mater's Backward ABC Book (Disney/Pixar Cars 3) Lisa Wheeler. Illus. by Satoshi Hashimoto. 2017. (ENG.). 48p. (J). (-k). 9.99 *(978-0-7364-3818-6(1)*, RH/Disney) Random Hse. Children's Bks.

Mates Divertidas (Math Maker Lab) Juegos, Proyectos y Manualidades para Aprender en Casa. DK. 2021. (DK Activity Lab Ser.). (SPA.). 160p. (J). (gr. 5). 19.99 *(978-0-7440-4923-7(7)*, DK Children) Dorling Kindersley Publishing, Inc.

Mateship with Birds (Classic Reprint) Alec H. Chisholm. 2017. (ENG., Illus.). (J). 28.97 *(978-0-266-25099-9(8))* Forgotten Bks.

Math. Angie Smibert. 2021. (Fascinating Facts Ser.). (ENG.). 24p. (J). (gr. 2-5). lib. bdg. 32.79 *(978-1-5038-4464-3(1)*, 214231) Child's World, Inc, The.

Math. Marzia Tempoli. 2019. (Stem! Ser.). (ENG.). 24p. (J). lib. bdg. 22.99 *(978-1-5105-4419-2(4))* SmartBook Media, Inc.

Math - No Problem! Addition & Subtraction, Grade 1 Ages 6-7. Contrib. by Math - No Problem!. 2022. (Master Math at Home Ser.). (ENG.). 48p. (J). (gr. k-2). pap. 6.99 *(978-0-7440-5179-7(7)*, DK Children) Dorling Kindersley Publishing, Inc.

Math - No Problem! Addition & Subtraction, Grade 2 Ages 7-8. Contrib. by Math - No Problem!. 2022. (Master Math at Home Ser.). (ENG.). 48p. (J). (gr. 2-4). pap. 6.99 *(978-0-7440-5187-2(8)*, DK Children) Dorling Kindersley Publishing, Inc.

Math - No Problem! Addition & Subtraction, Grade 3 Ages 8-9. Contrib. by Math - No Problem!. 2022. (Master Math at Home Ser.). (ENG.). 48p. (J). (gr. 3-4). pap. 6.99 *(978-0-7440-5193-3(2)*, DK Children) Dorling Kindersley Publishing, Inc.

Math - No Problem! Addition & Subtraction, Grade 4 Ages 9-10. Contrib. by Math - No Problem!. 2022. (Master Math at Home Ser.). (ENG.). 48p. (J). (gr. 4-7). pap. 6.99 *(978-0-7440-5199-5(1)*, DK Children) Dorling Kindersley Publishing, Inc.

Math - No Problem! Algebra & Extra Challenges, Grade 5 Ages 10-11. Contrib. by Math - No Problem!. 2022. (Master Math at Home Ser.). (ENG.). 48p. (J). (gr. 5-9). pap. 6.99 *(978-0-7440-5210-7(6)*, DK Children) Dorling Kindersley Publishing, Inc.

Math - No Problem! Collection of 6 Workbooks, Grade 1 Ages 6-7. Math - No Problem!. 2022. (Master Math at Home Ser.). (ENG.). 288p. (J). (gr. k-2). pap. 35.00 *(978-0-7440-4941-1(5)*, DK Children) Dorling Kindersley Publishing, Inc.

Math - No Problem! Collection of 6 Workbooks, Grade 2 Ages 7-8. Math - No Problem!. 2022. (Master Math at Home Ser.). (ENG.). 288p. (J). (gr. 2-4). pap. 35.00 *(978-0-7440-4942-8(3)*, DK Children) Dorling Kindersley Publishing, Inc.

Math - No Problem! Collection of 6 Workbooks, Grade 3 Ages 8-9. Math - No Problem!. 2022. (Master Math at Home Ser.). (ENG.). 288p. (J). (gr. 3-4). pap. 35.00 *(978-0-7440-4943-5(1)*, DK Children) Dorling Kindersley Publishing, Inc.

Math - No Problem! Collection of 6 Workbooks, Grade 4 Ages 9-10. Math - No Problem!. 2022. (Master Math at Home Ser.). (ENG.). 288p. (J). (gr. 4-7). pap. 35.00 *(978-0-7440-4944-2(X)*, DK Children) Dorling Kindersley Publishing, Inc.

Math - No Problem! Collection of 6 Workbooks, Grade 5 Ages 10-11. Math - No Problem!. 2022. (Master Math at Home Ser.). (ENG.). 288p. (J). (gr. 4-7). pap. 35.00 *(978-0-7440-4945-9(8)*, DK Children) Dorling Kindersley Publishing, Inc.

Math - No Problem! Collection of 6 Workbooks, Kindergarten Ages 5-6. Math - No Problem!. 2022. (Master Math at Home Ser.). (ENG.). 288p. (J). (gr. -1-1). pap. 35.00 *(978-0-7440-4940-4(7)*, DK Children) Dorling Kindersley Publishing, Inc.

Math - No Problem! Data & Measurement, Grade 3 Ages 8-9. Contrib. by Math - No Problem!. 2022. (Master Math at Home Ser.). (ENG.). 48p. (J). (gr. 3-4). pap. 6.99 *(978-0-7440-5196-4(7)*, DK Children) Dorling Kindersley Publishing, Inc.

Math - No Problem! Data & Measurement, Grade 4 Ages 9-10. Contrib. by Math - No Problem!. 2022. (Master Math at Home Ser.). (ENG.). 48p. (J). (gr. 4-7). pap. 6.99 *(978-0-7440-5203-9(3)*, DK Children) Dorling Kindersley Publishing, Inc.

Math - No Problem! Data & Measurement, Grade 5 Ages 10-11. Contrib. by Math - No Problem!. 2022. (Master Math at Home Ser.). (ENG.). 48p. (J). (gr. 5-9). pap. 6.99 *(978-0-7440-5209-1(2)*, DK Children) Dorling Kindersley Publishing, Inc.

Math - No Problem! Exploring Multiplication & Division, Grade 1 Ages 6-7. Math - No Problem!. 2022. (Master Math at Home Ser.). (ENG.). 48p. (J). (gr. k-2). pap. 6.99 *(978-0-7440-5180-3(0)*, DK Children) Dorling Kindersley Publishing, Inc.

Math - No Problem! Extra Challenges, Grade 1 Ages 6-7. Contrib. by Math - No Problem!. 2022. (Master Math at Home Ser.). (ENG.). 48p. (J). (gr. k-2). pap. 6.99 *(978-0-7440-5184-1(3)*, DK Children) Dorling Kindersley Publishing, Inc.

Math - No Problem! Extra Challenges, Grade 2 Ages 7-8. Contrib. by Math - No Problem!. 2022. (Master Math at Home Ser.). (ENG.). 48p. (J). (gr. 2-4). pap. 6.99 *(978-0-7440-5192-6(4)*, DK Children) Dorling Kindersley Publishing, Inc.

Math - No Problem! Extra Challenges, Grade 3 Ages 8-9. Contrib. by Math - No Problem!. 2022. (Master Math at Home Ser.). (ENG.). 48p. (J). (gr. 3-4). pap. 6.99 *(978-0-7440-5198-8(3)*, DK Children) Dorling Kindersley Publishing, Inc.

Math - No Problem! Extra Challenges, Grade 4 Ages 9-10. Contrib. by Math - No Problem!. 2022. (Master Math at Home Ser.). (ENG.). 48p. (J). (gr. 4-7). pap. 6.99 *(978-0-7440-5204-6(1)*, DK Children) Dorling Kindersley Publishing, Inc.

Math - No Problem! Extra Challenges, Kindergarten Ages 5-6. Contrib. by Math - No Problem!. 2022. (Master Math at Home Ser.). (ENG.). 48p. (J). (gr. -1-1). pap. 6.99 *(978-0-7440-5178-0(9)*, DK Children) Dorling Kindersley Publishing, Inc.

Math - No Problem! Fractions & Decimals, Grade 4 Ages 9-10. Contrib. by Math - No Problem!. 2022. (Master Math at Home Ser.). (ENG.). 48p. (J). (gr. 4-7). pap. 6.99 *(978-0-7440-5201-5(7)*, DK Children) Dorling Kindersley Publishing, Inc.

Math - No Problem! Fractions, Decimals & Percentages, Grade 5 Ages 10-11. Math - No Problem!. 2022. (Master Math at Home Ser.). (ENG.). 48p. (J). (gr. 5-9). pap. 6.99 *(978-0-7440-5207-7(6)*, DK Children) Dorling Kindersley Publishing, Inc.

Math - No Problem! Fractions, Grade 1 Ages 6-7. Contrib. by Math - No Problem!. 2022. (Master Math at Home Ser.). (ENG.). 48p. (J). (gr. k-2). pap. 6.99 *(978-0-7440-5182-7(7)*, DK Children) Dorling Kindersley Publishing, Inc.

Math - No Problem! Fractions, Grade 2 Ages 7-8. Contrib. by Math - No Problem!. 2022. (Master Math at Home Ser.). (ENG.). 48p. (J). (gr. 2-4). pap. 6.99 *(978-0-7440-5190-2(8)*, DK Children) Dorling Kindersley Publishing, Inc.

Math - No Problem! Fractions, Grade 3 Ages 8-9. Contrib. by Math - No Problem!. 2022. (Master Math at Home Ser.). (ENG.). 48p. (J). (gr. 3-4). pap. 6.99 *(978-0-7440-5195-7(9)*, DK Children) Dorling Kindersley Publishing, Inc.

Math - No Problem! Geometry & Shape, Grade 1 Ages 6-7. Math - No Problem!. 2022. (Master Math at Home Ser.). (ENG.). 48p. (J). (gr. k-2). pap. 6.99 *(978-0-7440-5183-4(5)*, DK Children) Dorling Kindersley Publishing, Inc.

Math - No Problem! Geometry & Shape, Grade 2 Ages 7-8. Contrib. by Math - No Problem!. 2022. (Master Math at Home Ser.). (ENG.). 48p. (J). (gr. 2-4). pap. 6.99 *(978-0-7440-5191-9(6)*, DK Children) Dorling Kindersley Publishing, Inc.

Math - No Problem! Geometry & Shape, Grade 3 Ages 8-9. Contrib. by Math - No Problem!. 2022. (Master Math at Home Ser.). (ENG.). 48p. (J). (gr. 3-4). pap. 6.99 *(978-0-7440-5197-1(5)*, DK Children) Dorling Kindersley Publishing, Inc.

Math - No Problem! Geometry & Shape, Grade 4 Ages 9-10. Math - No Problem!. 2022. (Master Math at Home Ser.). (ENG.). 48p. (J). (gr. 4-7). pap. 6.99 *(978-0-7440-5202-2(5)*, DK Children) Dorling Kindersley Publishing, Inc.

Math - No Problem! Geometry & Shape, Grade 5 Ages 10-11. Contrib. by Math - No Problem!. 2022. (Master Math at Home Ser.). (ENG.). 48p. (J). (gr. 5-9). pap. 6.99 *(978-0-7440-5208-4(4)*, DK Children) Dorling Kindersley Publishing, Inc.

Math - No Problem! Geometry & Shape, Kindergarten Ages 5-6. Math - No Problem!. 2022. (Master Math at Home Ser.). (ENG.). 48p. (J). (gr. -1-1). pap. 6.99 *(978-0-7440-5177-3(0)*, DK Children) Dorling Kindersley Publishing, Inc.

Math - No Problem! Measurement Grade 1 Ages 6-7. Contrib. by Math - No Problem!. 2022. (Master Math at Home Ser.). (ENG.). 48p. (J). (gr. k-2). pap. 6.99 *(978-0-7440-5181-0(9)*, DK Children) Dorling Kindersley Publishing, Inc.

Math - No Problem! Measurement, Grade 2 Ages 7-8. Contrib. by Math - No Problem!. 2022. (Master Math at Home Ser.). (ENG.). 48p. (J). (gr. 2-4). pap. 6.99 *(978-0-7440-5189-6(4)*, DK Children) Dorling Kindersley Publishing, Inc.

Math - No Problem! Measurement, Kindergarten Ages 5-6. Math - No Problem!. 2022. (Master Math at Home Ser.). (ENG.). 48p. (J). (gr. -1-1). pap. 6.99 *(978-0-7440-5176-6(2)*, DK Children) Dorling Kindersley Publishing, Inc.

Math - No Problem! Multiplication & Division, Grade 2 Ages 7-8. Contrib. by Math - No Problem!. 2022. (Master Math at Home Ser.). (ENG.). 48p. (J). (gr. 2-4). pap. 6.99 *(978-0-7440-5188-9(6)*, DK Children) Dorling Kindersley Publishing, Inc.

Math - No Problem! Multiplication & Division, Grade 3 Ages 8-9. Contrib. by Math - No Problem!. 2022. (Master Math at Home Ser.). (ENG.). 48p. (J). (gr. 3-4). pap. 6.99 *(978-0-7440-5194-0(0)*, DK Children) Dorling Kindersley Publishing, Inc.

Math - No Problem! Multiplication & Division, Grade 4 Ages 9-10. Contrib. by Math - No Problem!. 2022. (Master Math at Home Ser.). (ENG.). 48p. (J). (gr. 4-7). pap. 6.99 *(978-0-7440-5200-8(9)*, DK Children) Dorling Kindersley Publishing, Inc.

Math - No Problem! Numbers 1 to 10, Kindergarten Ages 5-6. Math - No Problem!. 2022. (Master Math at Home Ser.). (ENG.). 48p. (J). (gr. -1-1). pap. 6.99 *(978-0-7440-5173-5(8)*, DK Children) Dorling Kindersley Publishing, Inc.

Math - No Problem! Numbers 1 to 100, Kindergarten Ages 5 To 6. Contrib. by Math - No Problem!. 2022. (Master Math at Home Ser.). (ENG.). 48p. (J). (gr. -1-1). pap. 6.99 *(978-0-7440-5174-2(6)*, DK Children) Dorling Kindersley Publishing, Inc.

Math - No Problem! Numbers to 10 Million, Grade 5 Ages 10-11. Contrib. by Math - No Problem!. 2022. (Master Math at Home Ser.). (ENG.). 48p. (J). (gr. 5-9). pap. 6.99 *(978-0-7440-5205-3(X)*, DK Children) Dorling Kindersley Publishing, Inc.

Math - No Problem! Sharing & Grouping, Kindergarten Ages 5-6. Math - No Problem!. 2022. (Master Math at Home Ser.). (ENG.). 48p. (J). (gr. -1-1). pap. 6.99 *(978-0-7440-5175-9(4)*, DK Children) Dorling Kindersley Publishing, Inc.

Math - No Problem! Whole Number Operations, Grade 5 Ages 10-11. Contrib. by Math - No Problem!. 2022. (Master Math at Home Ser.). (ENG.). 48p. (J). (gr. 5-9). pap. 6.99 *(978-0-7440-5206-0(8)*, DK Children) Dorling Kindersley Publishing, Inc.

Math + Yoga = No Way! Lucia Magnoli. 2017. (ENG., Illus.). 32p. (J). pap. *(978-1-387-00082-1(9))* Lulu Pr., Inc.

Math-A-Doku (Fun with Maths) Sonia Mehta. 2018. (Fun with Maths Ser.). (ENG.). 48p. (J). (gr. 4-6). pap. 8.99 *(978-0-14-344482-4(4)*, Puffin) Penguin Bks. India PVT, Ltd IND. Dist: Independent Pubs. Group.

Math-A-Maze (Fun with Maths) Sonia Mehta. 2018. (Fun with Maths Ser.). (ENG.). 48p. (J). (gr. 6-8). pap. 8.99 *(978-0-14-344483-1(2)*, Puffin) Penguin Bks. India PVT, Ltd IND. Dist: Independent Pubs. Group.

Math-A-Stick (Fun with Maths) Sonia Mehta. 2018. (Fun with Maths Ser.). (ENG.). 48p. (J). (gr. 3-5). pap. 8.99 *(978-0-14-344486-2(7)*, Puffin) Penguin Bks. India PVT, Ltd IND. Dist: Independent Pubs. Group.

Math Activities for Prek. Baby Steps Math. Mastering Numbers One Activity at a Time. Simple Color by Number & Coloring Exercises for Children (Preschool Prep Activity Book) Speedy Kids. 2017. (ENG., Illus.). 64p. (J). pap. 9.55 *(978-1-5419-4795-5(9))* Speedy Publishing LLC.

Math Activity Book for 1st & 2nd Grade: Full Color First & Second Grade Math Workbook for Kids. Math School Learning Book with Kids Teaching Games & Activities for 1st & 2nd Graders - Counting, Addition, Subtraction, Fractions & Much More! - 1st & 2nd Grade Workbooks Math with Activiti. Happy Books For All. 2021. (ENG.). 80p. (J). pap. *(978-1-6780-4832-7(1))* Lulu.com.

Math Activity Book for Kids: Beginner Math Preschool Learning Book with Number Tracing & Matching Activities for 2, 3 & 4 Year Olds & Kindergarten - Preschool Math Book. Ellyspark. 2021. (ENG.). 28p. (J). pap. *(978-0-303-64051-6(0))* Rockliff Publishing Corp.

Math Activity Workbook for Kindergarten: Number Tracing, Addition & Subtraction Math Workbook for Kids, Gift for Boys & Girls Ages 3-5, Elli Steele. 2021. (ENG.). 64p. (J). pap. 8.98 *(978-1-716-08266-5(8))* Lulu Pr., Inc.

Math Adds Up, 1 vol. Thomas Canavan. 2016. (Amazing World of Science & Math Ser.). (ENG.). 48p. (gr. 5-5). pap. 15.05 *(978-1-4824-4986-0(2)*, f32c7a7b-30cf-42f1-baf1-947aa32763d5) Stevens, Gareth Publishing LLLP.

Math Adventurers: a Day at the Zoo: Learn about Time. Sital Gorasia Chapman. 2023. (Math Adventurers Ser.). (ENG.). 32p. (J). (gr. k-2). 16.99 *(978-0-7440-8025-4(8)*, DK Children) Dorling Kindersley Publishing, Inc.

Math Adventurers Build a Friendship: Discover Shapes. Sital Gorasia Chapman. 2023. (Math Adventurers Ser.). (ENG.). 32p. (J). (gr. k-2). 16.99 *(978-0-7440-8024-7(X)*, DK Children) Dorling Kindersley Publishing, Inc.

Math Adventurers: Measure Up: Discover Height & Length. Sital Gorasia Chapman. 2023. (Math Adventurers Ser.). (ENG.). 32p. (J). (gr. k-2). 16.99 *(978-0-7440-8033-9(9)*, DK Children) Dorling Kindersley Publishing, Inc.

Math Adventures with Python: An Illustrated Guide to Exploring Math with Code. Peter Farrell. 2019. (Illus.). 304p. (gr. 5). pap. 29.99 *(978-1-59327-867-0(5))* No Starch Pr., Inc.

Math Alive!, 12 vols., Set. Incl. Body Math. Penny Dowdy. lib. bdg. 31.21 *(978-0-7614-3215-9(9)*, 4d2d3d89-5c88-4f87-a837-035d2c8f7ca7); Building Math. John Perritano. lib. bdg. 31.21 *(978-0-7614-3210-4(8)*, dc6f6038-5386-4a52-b44c-d6c2100cde10); Nature Math. Penny Dowdy. lib. bdg. 31.21 *(978-0-7614-3214-2(0)*, d8d75ca1-dbbf-4d9c-aae0-7f17b28f7fa0); Science Math. Dawn Stosch. lib. bdg. 31.21 *(978-0-7614-3213-5(2)*, 1bc024e4-895e-47f2-b8a6-27b25f284992); Transport Math. Lesli Evans. lib. bdg. 31.21 *(978-0-7614-3211-1(6)*, f815c05c-ff16-4bb7-8c4a-9970b7b8027a); Travel Math. Pia Awal. (Illus.). (J). lib. bdg. 31.21 *(978-0-7614-3217-3(5)*, d4112795-25d1-4f4b-819b-d56afdd269e8); 32p. (gr. 4-4). (Math Alive! Ser.). (ENG.). 2009. Set lib. bdg. 187.26 *(978-0-7614-3208-1(6)*, 334bf0ce-0c6f-48f0-8e0f-c0f6f32f67ce, Cavendish Square) Cavendish Square Publishing LLC.

Math All Around, 12 vols., Set. Jennifer Rozines Roy & Gregory Roy. Incl. Addition in the Forest. lib. bdg. 32.64 *(978-0-7614-2000-2(2)*, 6d4051f1-82fe-4323-85df-d3a4e7066a7a); Holiday Fractions. lib. bdg. 32.64 *(978-0-7614-2001-9(0)*, 975b06d6-faac-4684-a01d-b4d760c85c24); Numbers on the Street. lib. bdg. 32.64 *(978-0-7614-2002-6(9)*, cb3bfc0b-d11f-4c11-96fb-29017df3202b); Patterns in Nature. lib. bdg. 32.64 *(978-0-7614-1999-0(3)*, e8be416e-1693-4604-99b4-c328a9e8e852); Sorting at the Ocean. lib. bdg. 32.64 *(978-0-7614-1998-3(5)*, 54de353d-d644-4c59-92d1-520f7cfeadba); Subtraction at School. lib. bdg. 32.64 *(978-0-7614-2003-3(7)*, 65d3a8b1-42c4-4699-8ffb-1d56926561a9); (Illus.). 32p. (gr. 2-2). (Math All Around Ser.). (ENG.). 2007. 195.84 *(978-0-7614-1997-6(7)*, ba7088a4-eb21-47a8-b8af-a3a46981952f, Cavendish Square) Cavendish Square Publishing LLC.

Math All Around Group 2, 12 vols., Set. Jennifer Rozines Roy & Gregory Roy. Incl. Division with Toys. lib. bdg. 32.64 *(978-0-7614-2269-3(2)*, 37405244-193a-4055-b8fb-6d93aa5aba4b); Graphing in the Desert. lib. bdg. 32.64 *(978-0-7614-2262-4(5)*, 3b38981c-e014-4cff-8abe-33f993f138b1); Measuring at Home. lib. bdg. 32.64 *(978-0-7614-2263-1(3)*, 6e4dd1cf-cb3f-4b9c-9e49-bc8683cc5f72, Cavendish Square); Money at the Store. lib. bdg. 32.64 *(978-0-7614-2264-8(1)*, 862dc996-0f48-4325-82f9-b2b9d2809718); Multiplication on the Farm. lib. bdg. 32.64 *(978-0-7614-2268-6(4)*, 189febc4-621f-4f52-a61b-e181f071180a); Shapes in Transportation. lib. bdg. 32.64 *(978-0-7614-2265-5(X)*, 3ce6ec45-cd78-4dc2-bf97-36b786ae4847); (Illus.). 32p. (gr. 2-2). (Math All Around Ser.). (ENG.). 2007. Set lib. bdg. 195.84 *(978-0-7614-2261-7(7)*, 48a70a35-d92b-48a7-818b-1f7970aa2f81, Cavendish Square) Cavendish Square Publishing LLC.

Math & Coding. Jane Dunne. 2019. (Women in Stem Ser.). (ENG.). 24p. (J). lib. bdg. 22.99 *(978-1-5105-4431-4(3))* SmartBook Media, Inc.

Math & Coloring Activity Book for Kids (6x9 Puzzle Book / Activity Book) Sheba Blake. 2020. (ENG.). 24p. (J). pap. 9.99 *(978-1-222-28508-6(8))* Indy Pub.

Math & Coloring Activity Book for Kids (8. 5x8. 5 Puzzle Book / Activity Book) Sheba Blake. 2020. (ENG.). 24p. (J). pap. 12.99 *(978-1-222-28780-6(3))* Indy Pub.

Math & Coloring Activity Book for Kids (8x10 Puzzle Book / Activity Book) Sheba Blake. 2020. (ENG.). 24p. (J). pap. 14.99 *(978-1-222-28509-3(6))* Indy Pub.

Math & Logic Starter Kit: Connect the Dots & Mazes Bundle Activity Book 8 Year Old Boys & Girls, 2 vols. Speedy Publishing Books. 2019. (ENG.). 214p. (J). pap. 19.99 *(978-1-5419-6939-1(1))* Speedy Publishing LLC.

Math & Matching: The Learn & Have Fun Activity Book. Activity Book Zone for Kids. 2016. (ENG., Illus.). (J). pap. 7.55 *(978-1-68376-005-4(0))* Sabeels Publishing.

Math Around Us, 7 vols., Set. Tracey Steffora. Incl. Counting in the City. pap. 6.29 *(978-1-4329-4929-7(2)*, 114829); Measuring in the Garden. pap. 6.29 *(978-1-4329-4934-1(9)*, 114835); Patterns at the Museum. pap. 6.29 *(978-1-4329-4931-0(4)*, 114830); Shapes in the Kitchen. pap. 6.29 *(978-1-4329-4930-3(6)*, 114832); Sorting at the Market. pap. 6.29 *(978-1-4329-4935-8(7)*, 114834); Using Addition at Home. pap. 6.29 *(978-1-4329-4932-7(2)*, 114831); Using Subtraction at the Park. pap. 6.29 *(978-1-4329-4933-4(0)*, 114833); (J). (gr. -1-1). (Math Around Us Ser.). (ENG.). 24p. 2011. pap., pap., pap. 44.03 *(978-1-4329-4936-5(5)*, 15881); 139.92 *(978-1-4329-4928-0(4)*, 15880) Capstone. (Heinemann).

Math Art & Drawing Games for Kids: 40+ Fun Art Projects to Build Amazing Math Skills. Karyn Tripp. 2019. (ENG., Illus.). 112p. (J). (gr. 3-7). pap. 19.99 *(978-1-63159-769-5(8)*, 327974, Quarry Bks.) Quarto Publishing Group USA.

Math at School. Joanne Mattern. 2022. (Math & Me (LOOK! Books (tm)) Ser.). (ENG., Illus.). 24p. (J). (gr. k-2). pap. 8.99 *(978-1-64371-135-5(0)*, 7edd818c-65c9-4492-b6ac-2240465056a0); lib. bdg. 25.32 *(978-1-64371-129-4(6)*, 7aafa4b0-e3e6-4d20-b233-20c41304fb64) Red Chair Pr.

Math at the Game. Joanne Mattern. 2022. (Math & Me (LOOK! Books (tm)) Ser.). (ENG., Illus.). 24p. (J). (gr. k-2). pap. 8.99 *(978-1-64371-134-8(2)*, 83e3bcd3-ce2a-443a-ab61-5d68a0654045); lib. bdg. 25.32 *(978-1-64371-128-7(8)*, d81d0f8c-4877-4dc7-87b8-40558c7fa4c8) Red Chair Pr.

Math at the Game, 1 vol. Elizabeth Powell. 2016. (Math Is Everywhere! Ser.). (ENG., Illus.). 24p. (J). (gr. k-k). pap. 9.15 *(978-1-4824-5482-6(3)*, 4652185f-1c89-482e-92b7-fdd158c0c06f) Stevens, Gareth Publishing LLLP.

Math at the Store. Joanne Mattern. 2022. (Math & Me (LOOK! Books (tm)) Ser.). (ENG., Illus.). 24p. (J). (gr. k-2). pap. 8.99 *(978-1-64371-136-2(9)*, c83afa7f-b6c1-4e21-80ef-4f40f1b11618); lib. bdg. 25.32 *(978-1-64371-130-0(X)*, c35fa706-e521-4d4a-9427-a9cff35033c8) Red Chair Pr.

Math at the Zoo, 1 vol. Elizabeth Powell. 2016. (Math Is Everywhere! Ser.). (ENG., Illus.). 24p. (J). (gr. k-k). pap. 9.15 *(978-1-4824-5500-7(5)*, 42bfa1a9-7ff9-4694-b31a-0cb71ccae1f4) Stevens, Gareth Publishing LLLP.

Math Attack: Exploring Life Science with Math, 12 vols. 2016. (Math Attack: Exploring Life Science with Math Ser.). (ENG.). 00032p. (J). (gr. 3-4). 167.58

(978-1-4994-3195-7(3), ca14f1bc-9508-4dda-848c-708e874aea8c, PowerKids Pr.) Rosen Publishing Group, Inc., The.

Math Basics 1. Joan Hoffman & Barbara Gregorich. Ed. by Lorie De Young. Illus. by Robin Michal Koontz. 2019. (ENG.). 64p. (J). (gr. 1-1). pap., wbk. ed. 4.49 *(978-0-88743-137-1(2),* 477d9c95-677f-4903-8a2b-77d55794bee8) School Zone Publishing Co.

Math Basics 2. Ed. by School Zone. 2019. (ENG.). 64p. (J). (gr. 2-2). pap. 6.49 *(978-1-68147-312-3(7),* 520bd9fd-38d3-4e5f-92ce-02a115133571) School Zone Publishing Co.

Math Basics 2. Barbara Gregorich & Lorie DeYoung. Illus. by Robin Michal Koontz. deluxe ed. 2019. (ENG.). 64p. (J). (gr. 2-2). pap., wbk. ed. 4.49 *(978-0-88743-138-8(0),* 5355bf1c-7ede-4815-9766-a653b3b12d5d) School Zone Publishing Co.

Math Basics 3. Ed. by School Zone. 2019. (ENG.). 64p. (J). (gr. 3-3). pap. 6.49 *(978-1-68147-313-0(5),* 4a149a57-502a-4d55-b58d-6599ac886dc7) School Zone Publishing Co.

Math Basics 3: Grade 3. Barbara Bando Irvin et al. Illus. by David Reinke et al. deluxe ed. 2019. (ENG.). 64p. (J). (gr. 3-3). pap., wbk. ed. 4.49 *(978-0-88743-139-5(9),* 6d21ac7e-be5f-4f11-a3b6-b561d2ac98cd) School Zone Publishing Co.

Math Basics 4: Grade 4. Barbara Bando Irvin et al. Illus. by Richard Pape. deluxe ed. 2019. (ENG.). 64p. (J). (gr. 4-4). pap., wbk. ed. 4.49 *(978-0-88743-140-1(2),* 4f862fa0-1db8-473c-9642-388af5e4bd27) School Zone Publishing Co.

Math Basics 5: Grade 5. School Zone Publishing Company Staff & Karen Evans. deluxe ed. 2019. (ENG., Illus.). 64p. (J). (gr. 5-5). pap., wbk. ed. 4.49 *(978-0-88743-141-8(0),* 57381c9d-7d3a-4e03-b81f-9b1fec7fee7d) School Zone Publishing Co.

Math Basics 6: Grade 6. Karen Evans. deluxe ed. 2017. (ENG., Illus.). 64p. (J). (gr. 6-6). mass mkt., wbk. ed. 4.49 *(978-0-88743-142-5(9),* 9e7cba0c-3833-4aa8-9b8b-1194b3149e65) School Zone Publishing Co.

Math Basics (Set Of 8) Nick Rebman. 2021. (Math Basics Ser.). (ENG., Illus.). 128p. (J). (gr. -1-1). pap. 63.60 *(978-1-64619-197-0(8),* 1646191978); lib. bdg. 205.12 *(978-1-64619-163-5(3),* 1646191633) Little Blue Hse. (Little Blue Readers).

Math Basics Workbook Toddler-Grade K - Ages 1 To 6. Left Brain Kids. 2016. (ENG., Illus.). (J). pap. 7.51 *(978-1-68376-642-1(3))* Sabeels Publishing.

Math Bridge: Unlock Math. John M. Brady. 2020. (ENG.). 468p. (J). pap. *(978-1-988041-15-5(5))* Brady, John.

Math by Design, Year 1-2, Grade 2. Russell F. Jacobs. Ed. by Abbey L. Naughton & Victor M. Bobbett. 2017. (ENG., Illus.). 48p. (J). (gr. 2-3). pap., wbk. ed. 19.95 *(978-0-918272-30-0(0),* 169) Tessellations.

Math by Design, Year 2-3, Grade 3. Russell F. Jacobs. 2017. (ENG.). 48p. (J). (gr. 3-4). pap., wbk. ed. 19.95 *(978-0-918272-31-7(9),* 1691) Tessellations.

Math by Design, Year 3-4, Grade 4. Russell F. Jacobs. 2017. (ENG.). 48p. (J). (gr. 4-5). pap., wbk. ed. 19.95 *(978-0-918272-32-4(7),* 1692) Tessellations.

Math by the Ocean, 1 vol. Keiran Shah. 2016. (Math Is Everywhere! Ser.). (ENG., Illus.). 24p. (J). (gr. k-k). pap. 9.15 *(978-1-4824-5508-3(0),* bf09ed32-c144-42b3-8af2-7eadf22ca419) Stevens, Gareth Publishing LLLP.

Math Challenge I-B Counting & Probability. Ed. by David Reynoso et al. 2018. (Math Challenge Curriculum Textbooks Ser.: Vol. 14). (ENG., Illus.). 186p. (J). pap. 25.00 *(978-1-944863-33-3(8))* Areteem Institute.

Math Challenge I-B Number Theory. Ed. by David Reynoso et al. 2018. (Math Challenge Curriculum Textbooks Ser.: Vol. 20). (ENG., Illus.). 144p. (J). pap. 25.00 *(978-1-944863-39-5(7))* Areteem Institute.

Math Codes for Minecrafters: Skill-Building Puzzles & Games for Hours of Entertainment! Jen Funk Weber. 2020. 64p. (J). (gr. 2-6). pap. 12.99 *(978-1-5107-4724-1(9),* Sky Pony Pr.) Skyhorse Publishing Co., Inc.

Math Criss-Cross Adding & Subtracting: Over 80 Fun Number Grid Puzzles! Annabel Savery. Illus. by Gabriele Tafuni. 2021. (ENG.). 96p. (J). pap. 9.99 *(978-1-3988-0260-5(3),* 8785b085-2185-440e-8f14-2e4331fd062a) Arcturus Publishing GBR. Dist: Baker & Taylor Publisher Services (BTPS).

Math Criss-Cross Times Tables: Over 80 Fun Number Grid Puzzles! Annabel Savery. Illus. by Gabriele Tafuni. 2021. (ENG.). 96p. (J). pap. 9.99 *(978-1-3988-0261-2(1),* 5e78cee0-9645-4fa9-b599-96e320d8b122) Arcturus Publishing GBR. Dist: Baker & Taylor Publisher Services (BTPS).

Math Crosswords That 4th Graders Can Do! a Math Activity Book. Jupiter Kids. 2017. (ENG., Illus.). (J). pap. 9.20 *(978-1-5419-3310-1(9),* Jupiter Kids (Childrens & Kids Fiction)) Speedy Publishing LLC.

Math Dictionary for Kids: The #1 Guide for Helping Kids with Math. Theresa R. Fitzgerald. 5th rev. ed. 2021. (ENG., Illus.). 272p. (J). (gr. 4-9). pap. 14.95 *(978-1-61821-617-5(1),* Routledge) Taylor & Francis Group.

Math Explained, 12 vols., Set. Incl. Britannica Guide to Algebra & Trigonometry. Ed. by William L. Hosch. 280p. lib. bdg. 48.59 *(978-1-61530-113-3(5),* 91093d2b-b254-4f5f-a37f-222214b1f564); Britannica Guide to Analysis & Calculus. Ed. by Erik Gregersen. 296p. lib. bdg. 48.59 *(978-1-61530-123-2(2),* c0ec17e2-b475-4bd5-901d-df0122a9427b); Britannica Guide to Geometry. Robert Curley. Ed. by William L. Hosch. 320p. lib. bdg. 48.59 *(978-1-61530-102-7(X),* 33809175-51ae-440c-8fda-faaced9c0d78); Britannica Guide to Numbers & Measurement. Ed. by William L. Hosch. 288p. lib. bdg. 48.59 *(978-1-61530-108-9(9),* 9f476b2c-650f-4f7f-8b79-652145831b08); Britannica Guide to Statistics & Probability. Ed. by Erik Gregersen. 336p. lib. bdg. 48.59 *(978-1-61530-118-8(6),* 57fbb359-b176-4358-bd98-98db49535bd1); Britannica Guide to the History of Mathematics. Ed. by Erik Gregersen. 312p. lib. bdg. 48.59 *(978-1-61530-127-0(5),* f6eb3b87-5101-446c-8b92-2f7900a52e84); (YA). (gr. 10-10). 2010. (Math Explained Ser.). (ENG., Illus.). 280 - 336p. 2010. Set lib. bdg. 291.54 *(978-1-61530-158-4(5),* 3b84a102-f76a-4d0c-8de4-2632d7a04288) Rosen Publishing Group, Inc., The.

Math Facts for Minecrafters: Addition & Subtraction. Sky Pony Press. Illus. by Amanda Brack. 2017. (Math for Minecrafters Ser.). (ENG.). 64p. (J). pap. 7.99 *(978-1-5107-3093-9(1),* Sky Pony Pr.) Skyhorse Publishing Co., Inc.

Math Facts for Minecrafters: Multiplication & Division. Sky Pony Press. Illus. by Amanda Brack. 2017. (Math for Minecrafters Ser.). (ENG.). 64p. (J). pap. 7.99 *(978-1-5107-3092-2(3),* Sky Pony Pr.) Skyhorse Publishing Co., Inc.

Math Facts on the Computer Success. Heron Books. 2018. (ENG.). 36p. (J). pap. ***(978-0-89739-098-9(9),*** Heron Bks.) Quercus.

Math Flash Card Set: Addition, Subtraction, Multiplication, & Division Four-Deck Set. 2021. (ENG., Illus.). 231p. (J). 14.99 *(978-1-4413-3699-6(0),* 21dd72c5-0432-4729-975a-5d5d43d184e2) Peter Pauper Pr. Inc.

Math for Curious Kids: An Illustrated Introduction to Numbers, Geometry, Computing, & More! Lynn Huggins-Cooper. Illus. by Alex Foster. 2021. (Curious Kids Ser.: 3). (ENG.). 128p. (J). 14.99 *(978-1-3988-0273-5(5),* 3b31ee8e-bef1-4539-b0ae-0625ec8e4c83) Arcturus Publishing GBR. Dist: Baker & Taylor Publisher Services (BTPS).

Math for Everyone Number Coloring Book. Activity Book Zone for Kids. 2016. (ENG., Illus.). (J). pap. 9.20 *(978-1-68376-361-1(0))* Sabeels Publishing.

Math for Kids First Edition Arithmetic, Geometry & Basic Engineering Quiz Book for Kids Children's Questions & Answer Game Books. Dot Edu. 2017. (ENG., Illus.). 64p. (J). pap. 9.55 *(978-1-5419-1692-0(1),* Dot EDU (Educational & Textbooks)) Speedy Publishing LLC.

Math for Kids Second Edition Basic Arithmetic, Division & Times Table Quiz Book for Kids Children's Questions & Answer Game Books. Dot Edu. 2017. (ENG., Illus.). 64p. (J). pap. 9.55 *(978-1-5419-1693-7(X),* Dot EDU (Educational & Textbooks)) Speedy Publishing LLC.

Math for Minecrafters: Adventures in Addition & Subtraction (Volume 2) Level up Your Skills with New Practice Problems & Activities! Illus. by Amanda Brack. 2021. (Math for Minecrafters Ser.). (ENG.). 64p. (J). (-3). pap. 7.99 *(978-1-5107-6621-1(9),* Sky Pony Pr.) Skyhorse Publishing Co., Inc.

Math for Minecrafters: Adventures in Multiplication & Division (Volume 2) Level up Your Skills with New Practice Problems & Activities! Illus. by Amanda Brack. 2021. (Math for Minecrafters Ser.). (ENG.). 64p. (J). (gr. 3-4). pap. 7.99 *(978-1-5107-6622-8(7),* Sky Pony Pr.) Skyhorse Publishing Co., Inc.

Math for Minecrafters Word Problems: Grades 1-2. Sky Pony Press. Illus. by Amanda Brack. 2017. (Math for Minecrafters Ser.). 64p. (J). 7.99 *(978-1-5107-3085-4(0),* Sky Pony Pr.) Skyhorse Publishing Co., Inc.

Math for Minecrafters Word Problems: Grades 3-4. Sky Pony Press. Illus. by Amanda Brack. 2017. (Math for Minecrafters Ser.). 64p. (J). 7.99 *(978-1-5107-3086-1(9),* Sky Pony Pr.) Skyhorse Publishing Co., Inc.

Math for Real Life: Practical Math for Teens & Beyond. Heron Books. 2023. (ENG.). 130p. (YA). pap. ***(978-0-89739-269-3(8),*** Heron Bks.) Quercus.

Math Fun, 6 vols., Set. Marcie Aboff. Illus. by Sarah Dillard. Incl. If You Were an Even Number. (ENG., Illus.). 24p. (J). (gr. 2-4). 2008. 28.65 *(978-1-4048-4796-5(0),* 95275, Picture Window Bks.); (Math Fun Ser.). (ENG.). 24p. 2008. 85.95 *(978-1-4048-4803-0(7),* 151452, Picture Window Bks.) Capstone.

Math Fun for Minecrafters: Grades 1-2. Sky Pony Press. Illus. by Amanda Brack. 2018. (Math for Minecrafters Ser.). 64p. (J). (gr. 1-2). pap. 7.99 *(978-1-5107-3760-0(X),* Sky Pony Pr.) Skyhorse Publishing Co., Inc.

Math Fun for Minecrafters: Grades 3-4. Sky Pony Press. Illus. by Amanda Brack. 2018. (Math for Minecrafters Ser.). 64p. (J). (gr. 3-4). pap. 7.99 *(978-1-5107-3761-7(8),* Sky Pony Pr.) Skyhorse Publishing Co., Inc.

Math Fun with Puppies & Kittens, 12 vols. 2017. (Math Fun with Puppies & Kittens Ser.). (ENG.). (J). (gr. 1-2). lib. bdg. 161.58 *(978-0-7660-9156-6(2),* 95402269-81eb-42b8-b309-cec1a4d5459a) Enslow Publishing, LLC.

Math Fundamentals, Grade 1. Evan-Moor Educational Publishers. 2017. (Math Fundamentals Ser.). (ENG., Illus.). (J). (gr. 1-1). pap., tchr. ed. 23.99 *(978-1-62938-327-9(9))* Evan-Moor Educational Pubs.

Math Fundamentals, Grade 2. Evan-Moor Educational Publishers. 2017. (Math Fundamentals Ser.). (ENG., Illus.). (J). (gr. 2-2). pap., tchr. ed. 23.99 *(978-1-62938-328-6(7))* Evan-Moor Educational Pubs.

Math Fundamentals, Grade 3. Evan-Moor Educational Publishers. 2017. (Math Fundamentals Ser.). (ENG., Illus.). (J). (gr. 3-3). pap., tchr. ed. 23.99 *(978-1-62938-329-3(5))* Evan-Moor Educational Pubs.

Math Fundamentals, Grade 4. Evan-Moor Educational Publishers. 2017. (Math Fundamentals Ser.). (ENG., Illus.). (J). (gr. 4-4). pap., tchr. ed. 23.99 *(978-1-62938-330-9(9))* Evan-Moor Educational Pubs.

Math Fundamentals, Grade 5. Evan-Moor Educational Publishers. 2017. (Math Fundamentals Ser.). (ENG., Illus.). (J). (gr. 5-5). pap., tchr. ed. 23.99 *(978-1-62938-331-6(7))* Evan-Moor Educational Pubs.

Math Fundamentals, Grade 6. Evan-Moor Educational Publishers. 2017. (Math Fundamentals Ser.). (ENG., Illus.). (J). (gr. 6-6). pap., tchr. ed. 23.99 *(978-1-62938-332-3(5))* Evan-Moor Educational Pubs.

Math Games Activity Book 10 Year Old. Educando Kids. 2019. (ENG.). 42p. (J). pap. 8.55 *(978-1-64521-728-2(0),* Educando Kids) Editorial Imagen.

Math Games for Clever Kids: More Than 100 Puzzles to Exercise Your Mind. Gareth Moore. Illus. by Chris Dickason. 2018. (ENG.). 192p. (J). (gr. 2-6). pap. 7.99 *(978-1-4380-1238-4(1))* Sourcebooks, Inc.

Math Games Lab for Kids: 24 Fun, Hands-On Activities for Learning with Shapes, Puzzles, & Games, Volume 10. Rebecca Rapoport & J. A. Yoder. 2017. (Lab for Kids Ser.: 10). (ENG., Illus.). 144p. (J). (gr. 2-5). pap. 24.99 *(978-1-63159-252-2(1),* 220380, Quarry Bks.) Quarto Publishing Group USA.

Math Girl & the School Squad: It's Only the Beginning. Adiem Black. 2021. (ENG.). 54p. (YA). pap. 9.99 *(978-1-953904-29-4(7))* Stellar Literary.

Math Handbook for Students with Math Difficulties, Dyscalculia, Dyslexia or ADHD: (Grades 1-7) Helmy Faber. 2017. (ENG., Illus.). (J). (gr. 1-6). pap. 24.95 *(978-1-62734-106-6(4))* Universal Pubs.

Math Handbook for Students with Math Difficulties, Dyscalculia, Dyslexia or ADHD: (Grades 1-7) Helmy Faber. 2017. (ENG., Illus.). (J). (gr. 1-6). 44.95 *(978-1-62734-125-7(0))* Universal Pubs.

Math in Focus Spanish: Assessment Guide Accelerated. HOUGHTON MIFFLIN HARCOURT. 2019. (Math in Focus Spanish Ser.). (SPA.). 376p. (gr. 7-8). pap. 16.75 *(978-0-358-31014-3(8))* Houghton Mifflin Harcourt Publishing Co.

Math in Focus Spanish: Assessment Guide Course 1. HOUGHTON MIFFLIN HARCOURT. 2019. (Math in Focus Spanish Ser.). (SPA.). 200p. (gr. 6-6). pap. 12.85 *(978-0-358-31011-2(3))* Houghton Mifflin Harcourt Publishing Co.

Math in Focus Spanish: Assessment Guide Course 2. HOUGHTON MIFFLIN HARCOURT. 2019. (Math in Focus Spanish Ser.). (SPA.). 200p. (gr. 7-7). pap. 12.85 *(978-0-358-31012-9(1))* Houghton Mifflin Harcourt Publishing Co.

Math in Focus Spanish: Assessment Guide Course 3. HOUGHTON MIFFLIN HARCOURT. 2019. (Math in Focus Spanish Ser.). (SPA.). 256p. (gr. 8-8). pap. 12.85 *(978-0-358-31013-6(X))* Houghton Mifflin Harcourt Publishing Co.

Math in Focus Spanish: Assessment Guide Grade 1. HOUGHTON MIFFLIN HARCOURT. 2019. (Math in Focus Spanish Ser.). (SPA.). 104p. (gr. 1-1). pap. 12.85 *(978-0-358-31006-8(7))* Houghton Mifflin Harcourt Publishing Co.

Math in Focus Spanish: Assessment Guide Grade 2. HOUGHTON MIFFLIN HARCOURT. 2019. (Math in Focus Spanish Ser.). (SPA.). 112p. (gr. 2-2). pap. 12.85 *(978-0-358-31007-5(5))* Houghton Mifflin Harcourt Publishing Co.

Math in Focus Spanish: Assessment Guide Grade 3. HOUGHTON MIFFLIN HARCOURT. 2019. (Math in Focus Spanish Ser.). (SPA.). 160p. (gr. 3-3). pap. 12.85 *(978-0-358-31008-2(3))* Houghton Mifflin Harcourt Publishing Co.

Math in Focus Spanish: Assessment Guide Grade 4. HOUGHTON MIFFLIN HARCOURT. 2019. (Math in Focus Spanish Ser.). (SPA.). 112p. (gr. 4-4). pap. 12.85 *(978-0-358-31009-9(1))* Houghton Mifflin Harcourt Publishing Co.

Math in Focus Spanish: Assessment Guide Grade 5. HOUGHTON MIFFLIN HARCOURT. 2019. (Math in Focus Spanish Ser.). (SPA.). 128p. (gr. 5-5). pap. 12.85 *(978-0-358-31010-5(5))* Houghton Mifflin Harcourt Publishing Co.

Math in Focus Spanish: Assessment Guide Grade K. HOUGHTON MIFFLIN HARCOURT. 2019. (Math in Focus Spanish Ser.). (SPA.). 96p. (gr. k-k). pap. 12.85 *(978-0-358-31005-1(9))* Houghton Mifflin Harcourt Publishing Co.

Math in Focus Spanish: Extra Practice & Homework Set. HOUGHTON MIFFLIN HARCOURT. 2019. (Math in Focus Spanish Ser.). (SPA.). (gr. k-k). 21.45 *(978-0-358-31687-9(1));* (gr. 2-2). 21.45 *(978-0-358-31811-8(4));* (gr. 7-7). 27.90 *(978-0-358-31818-7(1));* (gr. 1-1). 21.45 *(978-0-358-31810-1(6));* (gr. 3-3). 21.45 *(978-0-358-31812-5(2));* (gr. 4-4). 21.45 *(978-0-358-31813-2(0));* (gr. 5-5). 21.45 *(978-0-358-31814-9(9));* (gr. 6-6). 21.45 *(978-0-358-31815-6(7));* (gr. 7-7). 21.45 *(978-0-358-31816-3(5));* (gr. 8-8). 21.45 *(978-0-358-31817-0(3))* Houghton Mifflin Harcourt Publishing Co.

Math in Focus Spanish: Extra Practice & Homework Volume a Accelerated. HOUGHTON MIFFLIN HARCOURT. 2019. (Math in Focus Spanish Ser.). (SPA.). 264p. (gr. 7-8). pap. 13.60 *(978-0-358-31003-7(2))* Houghton Mifflin Harcourt Publishing Co.

Math in Focus Spanish: Extra Practice & Homework Volume a Course 1. HOUGHTON MIFFLIN HARCOURT. 2019. (Math in Focus Spanish Ser.). (SPA.). 160p. (gr. 6-6). pap. 10.45 *(978-0-358-30997-0(2))* Houghton Mifflin Harcourt Publishing Co.

Math in Focus Spanish: Extra Practice & Homework Volume a Course 2. HOUGHTON MIFFLIN HARCOURT. 2019. (Math in Focus Spanish Ser.). (SPA.). 160p. (gr. 7-7). pap. 10.45 *(978-0-358-30999-4(9))* Houghton Mifflin Harcourt Publishing Co.

Math in Focus Spanish: Extra Practice & Homework Volume a Course 3. HOUGHTON MIFFLIN HARCOURT. 2019. (Math in Focus Spanish Ser.). (SPA.). 168p. (gr. 8-8). pap. 10.45 *(978-0-358-31001-3(6))* Houghton Mifflin Harcourt Publishing Co.

Math in Focus Spanish: Extra Practice & Homework Volume a Grade 1. HOUGHTON MIFFLIN HARCOURT. 2019. (Math in Focus Spanish Ser.). (SPA.). 216p. (gr. 1-1). pap. 10.45 *(978-0-358-30987-1(5))* Houghton Mifflin Harcourt Publishing Co.

Math in Focus Spanish: Extra Practice & Homework Volume a Grade 2. HOUGHTON MIFFLIN HARCOURT. 2019. (Math in Focus Spanish Ser.). (SPA.). 232p. (gr. 2-2). pap. 10.45 *(978-0-358-30989-5(1))* Houghton Mifflin Harcourt Publishing Co.

Math in Focus Spanish: Extra Practice & Homework Volume a Grade 3. HOUGHTON MIFFLIN HARCOURT. 2019. (Math in Focus Spanish Ser.). (SPA.). 200p. (gr. 3-3). pap. 10.45 *(978-0-358-30991-8(3))* Houghton Mifflin Harcourt Publishing Co.

Math in Focus Spanish: Extra Practice & Homework Volume a Grade 4. HOUGHTON MIFFLIN HARCOURT. 2019. (Math in Focus Spanish Ser.). (SPA.). 184p. (gr. 4-4). pap. 10.45 *(978-0-358-30993-2(X))* Houghton Mifflin Harcourt Publishing Co.

Math in Focus Spanish: Extra Practice & Homework Volume a Grade 5. HOUGHTON MIFFLIN HARCOURT. 2019. (Math in Focus Spanish Ser.). (SPA.). 240p. (gr. 5-5). pap. 10.45 *(978-0-358-30995-6(6))* Houghton Mifflin Harcourt Publishing Co.

Math in Focus Spanish: Extra Practice & Homework Volume a Grade K. HOUGHTON MIFFLIN HARCOURT. 2019. (Math in Focus Spanish Ser.). (SPA.). 160p. (gr. k-k). pap. 10.45 *(978-0-358-30985-7(9))* Houghton Mifflin Harcourt Publishing Co.

Math in Focus Spanish: Extra Practice & Homework Volume B Accelerated. HOUGHTON MIFFLIN HARCOURT. 2019. (Math in Focus Spanish Ser.). (SPA.). 248p. (gr. 7-8). pap. 13.60 *(978-0-358-31004-4(0))* Houghton Mifflin Harcourt Publishing Co.

Math in Focus Spanish: Extra Practice & Homework Volume B Course 1. HOUGHTON MIFFLIN HARCOURT. 2019. (Math in Focus Spanish Ser.). (SPA.). 192p. (gr. 6-6). pap. 10.45 *(978-0-358-30998-7(0))* Houghton Mifflin Harcourt Publishing Co.

Math in Focus Spanish: Extra Practice & Homework Volume B Course 2. HOUGHTON MIFFLIN HARCOURT. 2019. (Math in Focus Spanish Ser.). (SPA.). 168p. (gr. 7-7). pap. 10.45 *(978-0-358-31000-6(8))* Houghton Mifflin Harcourt Publishing Co.

Math in Focus Spanish: Extra Practice & Homework Volume B Course 3. HOUGHTON MIFFLIN HARCOURT. 2019. (Math in Focus Spanish Ser.). (SPA.). 224p. (gr. 8-8). pap. 10.45 *(978-0-358-31002-0(4))* Houghton Mifflin Harcourt Publishing Co.

Math in Focus Spanish: Extra Practice & Homework Volume B Grade 1. HOUGHTON MIFFLIN HARCOURT. 2019. (Math in Focus Spanish Ser.). (SPA.). 208p. (gr. 1-1). pap. 10.45 *(978-0-358-30988-8(3))* Houghton Mifflin Harcourt Publishing Co.

Math in Focus Spanish: Extra Practice & Homework Volume B Grade 2. HOUGHTON MIFFLIN HARCOURT. 2019. (Math in Focus Spanish Ser.). (SPA.). 218p. (gr. 2-2). pap. 10.45 *(978-0-358-30990-1(5))* Houghton Mifflin Harcourt Publishing Co.

Math in Focus Spanish: Extra Practice & Homework Volume B Grade 3. HOUGHTON MIFFLIN HARCOURT. 2019. (Math in Focus Spanish Ser.). (SPA.). 232p. (gr. 3-3). pap. 10.45 *(978-0-358-30992-5(1))* Houghton Mifflin Harcourt Publishing Co.

Math in Focus Spanish: Extra Practice & Homework Volume B Grade 4. HOUGHTON MIFFLIN HARCOURT. 2019. (Math in Focus Spanish Ser.). (SPA.). 160p. (gr. 4-4). pap. 10.45 *(978-0-358-30994-9(8))* Houghton Mifflin Harcourt Publishing Co.

Math in Focus Spanish: Extra Practice & Homework Volume B Grade 5. HOUGHTON MIFFLIN HARCOURT. 2019. (Math in Focus Spanish Ser.). (SPA.). 152p. (gr. 5-5). pap. 10.45 *(978-0-358-30996-3(4))* Houghton Mifflin Harcourt Publishing Co.

Math in Focus Spanish: Extra Practice & Homework Volume B Grade K. HOUGHTON MIFFLIN HARCOURT. 2019. (Math in Focus Spanish Ser.). (SPA.). 128p. (gr. k-k). pap. 10.45 *(978-0-358-30986-4(7))* Houghton Mifflin Harcourt Publishing Co.

Math in Focus Spanish: Student Edition Set 2020. HOUGHTON MIFFLIN HARCOURT. (Math in Focus Spanish Ser.). (SPA.). 2020. (gr. 7-7). 35.75 *(978-0-358-31478-3(X));* 2019. (gr. k-k). 27.50 *(978-0-358-31469-1(0));* 2019. (gr. 1-1). 27.50 *(978-0-358-31470-7(4));* 2019. (gr. 2-2). 27.50 *(978-0-358-31471-4(2));* 2019. (gr. 3-3). 27.50 *(978-0-358-31472-1(0));* 2019. (gr. 4-4). 27.50 *(978-0-358-31473-8(9));* 2019. (gr. 6-6). 27.50 *(978-0-358-31475-2(5));* 2019. (gr. 7-7). 27.50 *(978-0-358-31476-9(3));* 2019. (gr. 8-8). 27.50 *(978-0-358-31477-6(1));* 2019. (gr. 5-5). 27.50 *(978-0-358-31474-5(7))* Houghton Mifflin Harcourt Publishing Co.

Math in Focus Spanish: Student Edition Volume a Accelerated 2020. HOUGHTON MIFFLIN HARCOURT. 2020. (Math in Focus Spanish Ser.). (SPA.). 552p. (gr. 7-8). pap. 17.50 *(978-0-358-30983-3(2))* Houghton Mifflin Harcourt Publishing Co.

Math in Focus Spanish: Student Edition Volume a Course 1 2020. HOUGHTON MIFFLIN HARCOURT. 2019. (Math in Focus Spanish Ser.). (SPA.). 384p. (gr. 6-6). pap. 13.45 *(978-0-358-30974-1(3))* Houghton Mifflin Harcourt Publishing Co.

Math in Focus Spanish: Student Edition Volume a Course 2 2020. HOUGHTON MIFFLIN HARCOURT. 2019. (Math in Focus Spanish Ser.). (SPA.). 408p. (gr. 7-7). pap. 13.45 *(978-0-358-30976-5(X))* Houghton Mifflin Harcourt Publishing Co.

Math in Focus Spanish: Student Edition Volume a Course 3 2020. HOUGHTON MIFFLIN HARCOURT. 2019. (Math in Focus Spanish Ser.). (SPA.). 424p. (gr. 8-8). pap. 13.45 *(978-0-358-30978-9(6))* Houghton Mifflin Harcourt Publishing Co.

Math in Focus Spanish: Student Edition Volume a Grade 1 2020. HOUGHTON MIFFLIN HARCOURT. 2019. (Math in Focus Spanish Ser.). (SPA.). 496p. (gr. 1-1). pap. 13.45 *(978-0-358-30963-5(8))* Houghton Mifflin Harcourt Publishing Co.

Math in Focus Spanish: Student Edition Volume a Grade 2 2020. HOUGHTON MIFFLIN HARCOURT. 2019. (Math in Focus Spanish Ser.). (SPA.). 456p. (gr. 2-2). pap. 13.45 *(978-0-358-30966-6(2))* Houghton Mifflin Harcourt Publishing Co.

Math in Focus Spanish: Student Edition Volume a Grade 3 2020. HOUGHTON MIFFLIN HARCOURT. 2019. (Math in Focus Spanish Ser.). (SPA.). 472p. (gr. 3-3). pap. 13.45 *(978-0-358-30968-0(9))* Houghton Mifflin Harcourt Publishing Co.

Math in Focus Spanish: Student Edition Volume a Grade 4 2020. HOUGHTON MIFFLIN HARCOURT. 2019. (Math in Focus Spanish Ser.). (SPA.). 440p. (gr. 4-4). pap. 13.45

(978-0-358-30970-3(0)) Houghton Mifflin Harcourt Publishing Co.

Math in Focus Spanish: Student Edition Volume a Grade 5 2020. HOUGHTON MIFFLIN HARCOURT. 2019. (Math in Focus Spanish Ser.). (SPA.). 488p. (gr. 5-5). pap. 13.45 *(978-0-358-30972-7(7))* Houghton Mifflin Harcourt Publishing Co.

Math in Focus Spanish: Student Edition Volume a Grade K 2020. HOUGHTON MIFFLIN HARCOURT. 2019. (Math in Focus Spanish Ser.). (SPA.). 312p. (gr. k-k). pap. 13.45 *(978-0-358-30928-4(X))* Houghton Mifflin Harcourt Publishing Co.

Math in Focus Spanish: Student Edition Volume B Accelerated 2020. HOUGHTON MIFFLIN HARCOURT. 2020. (Math in Focus Spanish Ser.). (SPA.). 712p. (gr. 7-8). pap. 17.50 *(978-0-358-30984-0(0))* Houghton Mifflin Harcourt Publishing Co.

Math in Focus Spanish: Student Edition Volume B Course 1 2020. HOUGHTON MIFFLIN HARCOURT. 2019. (Math in Focus Spanish Ser.). (SPA.). 472p. (gr. 6-6). pap. 13.45 *(978-0-358-30975-8(1))* Houghton Mifflin Harcourt Publishing Co.

Math in Focus Spanish: Student Edition Volume B Course 2 2020. HOUGHTON MIFFLIN HARCOURT. 2019. (Math in Focus Spanish Ser.). (SPA.). 504p. (gr. 7-7). pap. 13.45 *(978-0-358-30977-2(8))* Houghton Mifflin Harcourt Publishing Co.

Math in Focus Spanish: Student Edition Volume B Course 3 2020. HOUGHTON MIFFLIN HARCOURT. 2019. (Math in Focus Spanish Ser.). (SPA.). 504p. (gr. 8-8). pap. 13.45 *(978-0-358-30979-6(4))* Houghton Mifflin Harcourt Publishing Co.

Math in Focus Spanish: Student Edition Volume B Grade 1 2020. HOUGHTON MIFFLIN HARCOURT. 2019. (Math in Focus Spanish Ser.). (SPA.). 376p. (gr. 1-1). pap. 13.45 *(978-0-358-30964-2(6))* Houghton Mifflin Harcourt Publishing Co.

Math in Focus Spanish: Student Edition Volume B Grade 2 2020. HOUGHTON MIFFLIN HARCOURT. 2019. (Math in Focus Spanish Ser.). (SPA.). 440p. (gr. 2-2). pap. 13.45 *(978-0-358-30967-3(0))* Houghton Mifflin Harcourt Publishing Co.

Math in Focus Spanish: Student Edition Volume B Grade 3 2020. HOUGHTON MIFFLIN HARCOURT. 2019. (Math in Focus Spanish Ser.). (SPA.). 432p. (gr. 3-3). pap. 13.45 *(978-0-358-30969-7(7))* Houghton Mifflin Harcourt Publishing Co.

Math in Focus Spanish: Student Edition Volume B Grade 4 2020. HOUGHTON MIFFLIN HARCOURT. 2019. (Math in Focus Spanish Ser.). (SPA.). 408p. (gr. 4-4). pap. 13.45 *(978-0-358-30971-0(9))* Houghton Mifflin Harcourt Publishing Co.

Math in Focus Spanish: Student Edition Volume B Grade 5 2020. HOUGHTON MIFFLIN HARCOURT. 2019. (Math in Focus Spanish Ser.). (SPA.). 392p. (gr. 5-5). pap. 13.45 *(978-0-358-30973-4(5))* Houghton Mifflin Harcourt Publishing Co.

Math in Focus Spanish: Student Edition Volume B Grade K 2020. HOUGHTON MIFFLIN HARCOURT. 2019. (Math in Focus Spanish Ser.). (SPA.). 240p. (gr. k-k). pap. 13.45 *(978-0-358-30962-8(X))* Houghton Mifflin Harcourt Publishing Co.

Math in Focus Sta: Big Book, Volume a Grade K. Houghton Mifflin Harcourt. 2017. (Math in Focus Sta Ser.). (ENG.). 48p. (J). (gr. k). spiral bd. 134.30 *(978-1-328-88067-3(2))* Houghton Mifflin Harcourt Publishing Co.

Math in Focus Sta: Big Book, Volume B Grade K. Houghton Mifflin Harcourt. 2017. (Math in Focus Sta Ser.). (ENG.). 52p. (J). (gr. k). spiral bd. 134.30 *(978-1-328-88068-0(0))* Houghton Mifflin Harcourt Publishing Co.

Math in Focus Sta: Student Edition, Book a Grade 1 2018. Houghton Mifflin Harcourt. 2017. (Math in Focus Sta Ser.). (ENG.). 304p. (J). (gr. 1). 24.05 *(978-1-328-88069-7(9))* Houghton Mifflin Harcourt Publishing Co.

Math in Focus Sta: Student Edition, Book a Grade 2 2018. Houghton Mifflin Harcourt. 2017. (Math in Focus Sta Ser.). (ENG.). 328p. (J). (gr. 2). 24.05 *(978-1-328-88071-0(0))* Houghton Mifflin Harcourt Publishing Co.

Math in Focus Sta: Student Edition, Book a Grade 3 2018. Houghton Mifflin Harcourt. 2017. (Math in Focus Sta Ser.). (ENG.). 312p. (J). (gr. 3). 30.60 *(978-1-328-88073-4(7))* Houghton Mifflin Harcourt Publishing Co.

Math in Focus Sta: Student Edition, Book a Grade 4 2018. Houghton Mifflin Harcourt. 2017. (Math in Focus Sta Ser.). (ENG.). 352p. (J). (gr. 4). 30.60 *(978-1-328-88086-4(9))* Houghton Mifflin Harcourt Publishing Co.

Math in Focus Sta: Student Edition, Book a Grade 5 2018. Houghton Mifflin Harcourt. 2017. (Math in Focus Sta Ser.). (ENG.). 392p. (J). (gr. 5). 30.60 *(978-1-328-88088-8(5))* Houghton Mifflin Harcourt Publishing Co.

Math in Focus Sta: Student Edition, Book a Part 1 Grade K 2018. Houghton Mifflin Harcourt. 2017. (Math in Focus Sta Ser.). (ENG.). 64p. (J). (gr. k). pap. 7.95 *(978-1-328-88057-4(5))* Houghton Mifflin Harcourt Publishing Co.

Math in Focus Sta: Student Edition, Book a Part 2 Grade K 2018. Houghton Mifflin Harcourt. 2017. (Math in Focus Sta Ser.). (ENG.). 56p. (J). (gr. k). pap. 7.95 *(978-1-328-88058-1(3))* Houghton Mifflin Harcourt Publishing Co.

Math in Focus Sta: Student Edition, Book B Grade 1 2018. Houghton Mifflin Harcourt. 2017. (Math in Focus Sta Ser.). (ENG.). 352p. (J). (gr. 1). 24.05 *(978-1-328-88070-3(2))* Houghton Mifflin Harcourt Publishing Co.

Math in Focus Sta: Student Edition, Book B Grade 2 2018. Houghton Mifflin Harcourt. 2017. (Math in Focus Sta Ser.). (ENG.). 368p. (J). (gr. 2). 24.05 *(978-1-328-88072-7(9))* Houghton Mifflin Harcourt Publishing Co.

Math in Focus Sta: Student Edition, Book B Grade 3 2018. Houghton Mifflin Harcourt. 2017. (Math in Focus Sta Ser.). (ENG.). 464p. (J). (gr. 3). 30.60 *(978-1-328-88074-1(5))* Houghton Mifflin Harcourt Publishing Co.

Math in Focus Sta: Student Edition, Book B Grade 4 2018. Houghton Mifflin Harcourt. 2017. (Math in Focus Sta Ser.). (ENG.). 336p. (J). (gr. 4). 30.60 *(978-1-328-88087-1(7))* Houghton Mifflin Harcourt Publishing Co.

Math in Focus Sta: Student Edition, Book B Grade 5 2018. Houghton Mifflin Harcourt. 2017. (Math in Focus Sta Ser.). (ENG.). 376p. (J). (gr. 5). 30.60 *(978-1-328-88089-5(3))* Houghton Mifflin Harcourt Publishing Co.

Math in Focus Sta: Student Edition, Book B Part 1 Grade K 2018. Houghton Mifflin Harcourt. 2017. (Math in Focus Sta Ser.). (ENG.). 80p. (J). (gr. k). pap. 7.95 *(978-1-328-88059-8(1))* Houghton Mifflin Harcourt Publishing Co.

Math in Focus Sta: Student Edition, Book B Part 2 Grade K 2018. Houghton Mifflin Harcourt. 2017. (Math in Focus Sta Ser.). (ENG.). 56p. (J). (gr. k). pap. 7.95 *(978-1-328-88060-4(5))* Houghton Mifflin Harcourt Publishing Co.

Math in Focus (STA) Student Edition Volume a Course 1 2018. HOUGHTON MIFFLIN HARCOURT. 2017. (Math in Focus (STA) Ser.). (ENG.). 304p. (gr. 6-6). 59.35 *(978-1-328-87993-6(3))* Houghton Mifflin Harcourt Publishing Co.

Math in Focus (STA) Student Edition Volume a Course 2 2018. HOUGHTON MIFFLIN HARCOURT. 2017. (Math in Focus (STA) Ser.). (ENG.). 352p. (gr. 7-7). 59.35 *(978-1-328-88002-4(8))* Houghton Mifflin Harcourt Publishing Co.

Math in Focus (STA) Student Edition Volume a Course 3 2018. HOUGHTON MIFFLIN HARCOURT. 2017. (Math in Focus (STA) Ser.). (ENG.). 360p. (gr. 8-8). 59.35 *(978-1-328-88005-5(2))* Houghton Mifflin Harcourt Publishing Co.

Math in Focus (STA) Student Edition Volume B Course 1 2018. HOUGHTON MIFFLIN HARCOURT. 2017. (Math in Focus (STA) Ser.). (ENG.). 336p. (gr. 6-6). 59.35 *(978-1-328-88006-2(0))* Houghton Mifflin Harcourt Publishing Co.

Math in Focus (STA) Student Edition Volume B Course 2 2018. HOUGHTON MIFFLIN HARCOURT. 2017. (Math in Focus (STA) Ser.). (ENG.). 376p. (gr. 7-7). 59.35 *(978-1-328-88004-8(4))* Houghton Mifflin Harcourt Publishing Co.

Math in Focus (STA) Student Edition Volume B Course 3 2018. HOUGHTON MIFFLIN HARCOURT. 2017. (Math in Focus (STA) Ser.). (ENG.). 336p. (gr. 8-8). 59.35 *(978-1-328-88003-1(6))* Houghton Mifflin Harcourt Publishing Co.

Math in Focus (Sta) Student Workbook a Grade 1. Houghton Mifflin Harcourt. 2017. (Math in Focus Sta Ser.). (ENG.). 280p. (J). (gr. 1). pap. 11.85 *(978-1-328-88105-2(9))* Houghton Mifflin Harcourt Publishing Co.

Math in Focus (Sta) Student Workbook a Grade 2. Houghton Mifflin Harcourt. 2017. (Math in Focus Sta Ser.). (ENG.). 264p. (J). (gr. 2). pap. 11.85 *(978-1-328-88107-6(5))* Houghton Mifflin Harcourt Publishing Co.

Math in Focus (Sta) Student Workbook a Grade 4. Houghton Mifflin Harcourt. 2017. (Math in Focus Sta Ser.). (ENG.). 224p. (J). (gr. 4). pap. 11.85 *(978-1-328-88111-3(3))* Houghton Mifflin Harcourt Publishing Co.

Math in Focus (Sta) Student Workbook a Grade 5. Houghton Mifflin Harcourt. 2017. (Math in Focus Sta Ser.). (ENG.). 304p. (J). (gr. 5). pap. 11.85 *(978-1-328-88113-7(X))* Houghton Mifflin Harcourt Publishing Co.

Math in Focus (Sta) Student Workbook B Grade 1. Houghton Mifflin Harcourt. 2017. (Math in Focus Sta Ser.). (ENG.). 280p. (J). (gr. 1). pap. 11.85 *(978-1-328-88106-9(7))* Houghton Mifflin Harcourt Publishing Co.

Math in Focus (Sta) Student Workbook B Grade 2. Houghton Mifflin Harcourt. 2017. (Math in Focus Sta Ser.). (ENG.). 280p. (J). (gr. 2). pap. 11.85 *(978-1-328-88108-3(3))* Houghton Mifflin Harcourt Publishing Co.

Math in Focus (Sta) Student Workbook B Grade 4. Houghton Mifflin Harcourt. 2017. (Math in Focus Sta Ser.). (ENG.). 216p. (J). (gr. 4). pap. 11.85 *(978-1-328-88112-0(1))* Houghton Mifflin Harcourt Publishing Co.

Math in Focus (Sta) Student Workbook B Grade 5. Houghton Mifflin Harcourt. 2017. (Math in Focus Sta Ser.). (ENG.). 272p. (J). (gr. 5). pap. 11.85 *(978-1-328-88114-4(8))* Houghton Mifflin Harcourt Publishing Co.

Math in Focus Sta: Student Workbook, Book a Grade 3. Houghton Mifflin Harcourt. 2017. (Math in Focus Sta Ser.). (ENG.). 216p. (J). (gr. 3). pap. 11.85 *(978-1-328-88109-0(1))* Houghton Mifflin Harcourt Publishing Co.

Math in Focus Sta: Student Workbook, Book B Grade 3. Houghton Mifflin Harcourt. 2017. (Math in Focus Sta Ser.). (ENG.). 272p. (J). (gr. 3). pap. 11.85 *(978-1-328-88110-6(5))* Houghton Mifflin Harcourt Publishing Co.

Math in Nature. Nancy Dickmann. 2018. (Amazing World of Math Ser.). (ENG., Illus.). 32p. (J). (gr. 3-6). 27.99 *(978-1-5415-0099-0(7),* 057e2314-88ef-4141-98d0-68eb52e22443, Hungry Tomato (r)) Lerner Publishing Group.

Math in Our World, 14 vols., Set. Incl. ADDING & SUBTRACTING in Math Club. Amy Ayers. lib. bdg. 24.67 *(978-0-8368-8470-8(1),* 11260360-a12f-47fb-8913-cd7f1aae9bd2); Counting at the Zoo. Amy Ayers. lib. bdg. 24.67 *(978-0-8368-8469-2(8),* 36c9139b-11a9-47fe-9b3a-5067032a5db5); Counting in the City. Jean Sharp. lib. bdg. 24.67 *(978-0-8368-8468-5(X),* 04ef9b3b-3822-4f74-928b-07f9f555e442); MEASURING at the Dog Show. Amy Ayers. lib. bdg. 24.67 *(978-0-8368-8474-6(4),* f6793012-2417-4a3c-8679-212167eb30c4); PATTERNS on Parade. Joan Freese. lib. bdg. 24.67 *(978-0-8368-8473-9(6),* 6f51b3eb-24ff-430e-b55f-43ec61f82411); TABLES & GRAPHS of Healthy Things. Joan Freese. lib. bdg. 24.67 *(978-0-8368-8471-5(X),* 66e458b0-93b3-4dc1-bd13-1ade8e9e05f7); USING MATH at the Class Party. Amy Ayers. lib. bdg. 24.67 *(978-0-8368-8475-3(2),* f8399466-c15f-4e2c-8bee-0b56ae9caf31); USING MONEY at the Lemonade Stand. Amy Ayers. lib. bdg. 24.67 *(978-0-8368-8472-2(8),* 6f742241-06fa-4018-8f8b-da23ce255790); (Illus.). (gr. 1-1). (Math in Our World - Level 1 Ser.). (ENG.). 24p. 2007. Set lib. bdg. 172.02 *(978-0-8368-8467-8(1),* 60cccaba-9a1b-4a6f-ab78-d1106aca9829, Weekly Reader Leveled Readers) Stevens, Gareth Publishing LLLP.

Math in Our World: Level 3, 16 vols., Set. Linda Bussell. Incl. Exploring SOLID FIGURES on the Web. lib. bdg. 24.67 *(978-0-8368-9287-1(9),* 5a49f005-e334-4429-ba7a-24e6b2e17a0d); MEASURING at the Pond. lib. bdg. 24.67 *(978-0-8368-9291-8(7),* bb1ceb8d-2254-4043-9dd0-9f35cea088e1); MULTIPLY to Make Party Plans. lib. bdg. 24.67 *(978-0-8368-9285-7(2),* ed01e3d7-7007-40ae-a1e3-c412a8d959a6); Pizza Parts: FRACTIONS! lib. bdg. 24.67 *(978-0-8368-9289-5(5),* 44c6755f-0a03-48a2-985d-0f4bd705a851); PROBABILITY with Fun & Games. lib. bdg. 24.67 *(978-0-8368-9290-1(9),* 53568c5b-9ae3-4143-9389-fc460707475e); Using DIVISION at Sports Camp. (Illus.). lib. bdg. 24.67 *(978-0-8368-9288-8(7),* f3e8c88d-8a1c-46b7-a88c-c6e7c26b2f7e); Using DIVISION FACTS in the Garden. (Illus.). lib. bdg. 24.67 *(978-0-8368-9286-4(0),* 91462ee1-73e8-4f34-92b6-a9b7b5662b10); Working with Numbers in the News. (Illus.). lib. bdg. 24.67 *(978-0-8368-9284-0(4),* e3359afe-c0e8-42cb-89b9-6fc62638b3c5); (J). (gr. 3-3). (Math in Our World - Level 3 Ser.). (ENG.). 24p. 2008. Set lib. bdg. 197.36 *(978-0-8368-9322-9(0),* 5dc772ed-4a75-4cb9-be2d-93340d631e0b, Weekly Reader Leveled Readers) Stevens, Gareth Publishing LLLP.

Math in Our World - Level 2, 16 vols., Set. Incl. DOUBLES Fun on the Farm. Joan Freese. lib. bdg. 24.67 *(978-0-8368-9002-0(7),* 1c747ad7-1a43-4b94-89a4-fb74e95585da); Graphing Favorite Things. Jennifer Marrewa. lib. bdg. 24.67 *(978-0-8368-9008-2(6),* 725540d5-431d-43a3-8df6-c60249c82483); How Far Away? COMPARING Trips. Jennifer Marrewa. lib. bdg. 24.67 *(978-0-8368-9006-8(X),* 91a57017-be36-4084-98fb-e55c4a8059ee); Making a Model with SOLID FIGURES. Jennifer Marrewa. lib. bdg. 24.67 *(978-0-8368-9005-1(1),* b8144a98-4e78-4067-a199-4a6b88b3c855); MEASURING on a Treasure Hunt. Jennifer Marrewa. lib. bdg. 24.67 *(978-0-8368-9007-5(8),* 7b6ad788-1c44-4279-b1dc-90121ac40165); TELLING TIME All the Time. Jean Sharp & Jean Sharp. lib. bdg. 24.67 *(978-0-8368-9001-3(9),* c9609b20-6b2a-4e85-8d9e-f6d30554debc); Using Math to Make Party Plans. Joan Freese & Joan Freese. lib. bdg. 24.67 *(978-0-8368-9003-7(5),* 9f1dcf54-e8c7-49b0-890f-201f48c7a1f5); USING MONEY on a Shopping Trip. Jennifer Marrewa. lib. bdg. 24.67 *(978-0-8368-9004-4(3),* d98ca260-9cc2-457e-a0fc-87cf69862017); (Illus.). (gr. 2-2). (Math in Our World - Level 2 Ser.). (ENG.). 24p. 2008. Set lib. bdg. 197.36 *(978-0-8368-9000-6(0),* 90b5f96e-752c-4e20-ac16-8c3930fcfc07, Weekly Reader Leveled Readers) Stevens, Gareth Publishing LLLP.

Math in Science. Nancy Dickmann. 2018. (Amazing World of Math Ser.). (ENG., Illus.). 32p. (J). (gr. 3-6). 27.99 *(978-1-5415-0098-3(9),* 107634eb-aaa6-4d65-9088-50fdb7b09ca8, Hungry Tomato (r)) Lerner Publishing Group.

Math in Space. Nancy Dickmann. 2018. (Amazing World of Math Ser.). (ENG., Illus.). 32p. (J). (gr. 3-6). 27.99 *(978-1-5415-0100-3(4),* 5717b2a1-3b14-4d24-ae55-e5a375d9cf44, Hungry Tomato (r)) Lerner Publishing Group.

Math in the Garden. Joanne Mattern. 2022. (Math & Me (LOOK! Books (tm)) Ser.). (ENG., Illus.). 24p. (J). (gr. k-2). pap. 8.99 *(978-1-64371-137-9(7),* 12fa7d06-422c-494e-927b-fcf1a72026f1); lib. bdg. 25.32 *(978-1-64371-131-7(8),* 782d781f-73b7-48cf-97c8-6b5d8e7545c5) Red Chair Pr.

Math in the Garden, 1 vol. Keiran Shah. 2016. (Math Is Everywhere! Ser.). (ENG., Illus.). 24p. (J). (gr. k-k). pap. 9.15 *(978-1-4824-5441-3(6),* b231b315-fbde-4c3d-8878-edbfa4676f7c) Stevens, Gareth Publishing LLLP.

Math in the Kitchen. Joanne Mattern. 2022. (Math & Me (LOOK! Books (tm)) Ser.). (ENG., Illus.). 24p. (J). (gr. k-2). pap. 8.99 *(978-1-64371-138-6(5),* 99157e6c-42e4-48ec-af1f-8dd2e7240674); lib. bdg. 25.32 *(978-1-64371-132-4(6),* 39329777-23fa-43d0-b787-6a9cc3c3be03) Red Chair Pr.

Math in the Kitchen, 1 vol. Keiran Shah. 2016. (Math Is Everywhere! Ser.). (ENG., Illus.). 24p. (J). (gr. k-k). pap. 9.15 *(978-1-4824-5447-5(5),* 4f699758-ac12-4b76-8c5d-f6059250d950) Stevens, Gareth Publishing LLLP.

Math Inspectors 5: The Case of the Forgotten Mine. Emily Boever & Daniel Kenney. 2018. (Math Inspectors Ser.: Vol. 5). (ENG., Illus.). 204p. (J). pap. 9.99 *(978-1-947865-17-4(X))* Trendwood Pr.

Math Inspectors Books 1-3. Emily Boever & Daniel Kenney. 2021. (ENG.). 400p. (J). pap. 19.95 *(978-1-947865-44-0(7))* Trendwood Pr.

Math Is Everywhere! Set 1. 2016. (Math Is Everywhere! Ser.). 24p. (gr. k-k). pap. 48.90 *(978-1-4824-5290-7(1));* (ENG.). lib. bdg. 145.62 *(978-1-4824-4520-6(4),* 74567234-58c0-48b1-b19a-3e876ab3aa6c) Stevens, Gareth Publishing LLLP.

Math Is Everywhere! Set 2, 12 vols. 2016. (Math Is Everywhere! Ser.). (ENG.). 00024p. (J). (gr. k-k). lib. bdg. 145.62 *(978-1-4824-5543-4(9),* 8eddbc42-6687-4bff-b242-17bfacd561ad) Stevens, Gareth Publishing LLLP.

Math Is Everywhere!: Sets 1 - 2. 2016. (Math Is Everywhere! Ser.). (ENG.). (J). pap. 109.80 *(978-1-4824-5548-9(X));* lib. bdg. 291.24 *(978-1-4824-5546-5(3),* 07900066-8dc9-4bbb-93f4-3afa3f8902ef) Stevens, Gareth Publishing LLLP.

Math Journey Around the Wonders of the World. Hilary Koll & Steve Mills. 2016. (ENG., Illus.). 32p. (J). *(978-0-7787-2321-9(6))* Crabtree Publishing Co.

Math Journey Through Computer Games. Hilary Koll & Steve Mills. 2016. (ENG.). 32p. (J). *(978-0-7787-2311-0(9))* Crabtree Publishing Co.

Math Journey Through Extreme Sports. Hilary Koll & Steve Mills. 2016. (ENG., Illus.). 32p. (J). *(978-0-7787-2313-4(5))* Crabtree Publishing Co.

Math Journey under the Ocean. Hilary Koll & Steve Mills. 2016. (ENG., Illus.). 32p. (J). *(978-0-7787-2315-8(1))* Crabtree Publishing Co.

Math Kids: A\Knotty Problem. David Cole. Illus. by Shannon O'Toole. 2022. (Math Kids Ser.: 7). 208p. (J). (gr. 4-6). pap. 12.95 *(978-1-988761-73-2(5))* Common Deer Pr. CAN. Dist: National Bk. Network.

Math Kids: An Artificial Test. David Cole. Illus. by Shannon O'Toole. 2023. (Math Kids Ser.: 8). 190p. (J). (gr. 4-6). pap. 12.95 *(978-1-988761-76-3(X))* Common Deer Pr. CAN. Dist: National Bk. Network.

Math Kids: An Encrypted Clue. David Cole. Illus. by Shannon O'Toole. 2021. (Math Kids Ser.: 4). 184p. (J). (gr. 3-6). pap. 11.95 *(978-1-988761-56-5(5))* Common Deer Pr. CAN. Dist: National Bk. Network.

Math Kids: An Incorrect Solution. David Cole. Illus. by Shannon O'Toole. 2021. (Math Kids Ser.: 5). 180p. (J). (gr. 3-6). pap. 11.95 *(978-1-988761-60-2(3))* Common Deer Pr. CAN. Dist: National Bk. Network.

Math Kids: An Unusual Pattern. David Cole. Illus. by Shannon O'Toole. 2019. (Math Kids Ser.: 3). (ENG.). 120p. (J). (gr. 3-6). pap. 11.95 *(978-1-988761-37-4(9))* Common Deer Pr. CAN. Dist: National Bk. Network.

Math Kids: The\Triangle Secret. David Cole. Illus. by Shannon O'Toole. 2022. (Math Kids Ser.: 6). (ENG.). 184p. (J). (gr. 4-6). pap. 11.95 *(978-1-988761-62-6(X))* Common Deer Pr. CAN. Dist: National Bk. Network.

Math Kindergarten Workbook: Addition & Subtraction, Numbers 1-20, Activity Book with Questions, Puzzles, Tests with (Grade K Math Workbook) Brighter Child Company. 2019. (ENG.). 110p. (J). (gr. k-6). pap. *(978-1-913357-09-2(0))* Devela Publishing.

Math Leads for Mathletes, Book 2. Titu Andreescu & Branislav Kisacanin. 2018. (ENG., Illus.). 230p. 49.95 *(978-0-9968745-5-7(0),* P583111) XYZ Pr.

Math Lessons for a Living Education Level 2. Angela O'Dell & Kyrsten Carlson. 2016. (ENG.). 352p. (gr. 1-2). pap. 44.99 *(978-0-89051-924-0(2),* Master Books) New Leaf Publishing Group.

Math Lessons for a Living Education Level 3. Angela O'Dell & Kyrsten Carlson. 2016. (ENG.). 416p. (gr. 3). pap. 44.99 *(978-0-89051-925-7(0),* Master Books) New Leaf Publishing Group.

Math Lessons for a Living Education Level 4. Angela O'Dell & Kyrsten Carlson. 2016. (ENG.). 390p. (gr. 4-5). pap. 44.99 *(978-0-89051-926-4(9),* Master Books) New Leaf Publishing Group.

Math Lessons for a Living Education Level 5. Angela O'Dell & Kyrsten Carlson. 2016. (ENG.). 341p. (gr. 5-6). pap. 44.99 *(978-0-89051-927-1(7),* Master Books) New Leaf Publishing Group.

Math Lessons for a Living Education Level 6: Level 6. Angela O'Dell. 2017. (ENG.). 350p. (J). (gr. 6-7). pap. 44.99 *(978-1-68344-024-6(2),* Master Books) New Leaf Publishing Group.

Math Limericks: Learn Integers Using Poetry. Janet M. Parker. 2022. (ENG.). 42p. (J). ***(978-1-0391-4276-3(1))***; pap. ***(978-1-0391-4275-6(3))*** FriesenPress.

Math Maker Lab: 27 Super Cool Projects. DK. 2021. (DK Activity Lab Ser.). (ENG., Illus.). 160p. (J). (gr. 5). 19.99 *(978-0-7440-2752-5(7),* DK Children) Dorling Kindersley Publishing, Inc.

Math Mammoth Grade 1 Skills Review Workbook. Maria Miller. 2017. (ENG., Illus.). (J). (gr. 1). pap. 9.95 *(978-1-942715-33-7(1))* Mammoth, Math.

Math Mammoth Grade 1 Skills Review Workbook Answer Key. Maria Miller. 2017. (ENG., Illus.). (J). (gr. 1). pap. 7.45 *(978-1-942715-28-3(5))* Mammoth, Math.

Math Mammoth Grade 2 Skills Review Workbook. Maria Miller. 2017. (ENG., Illus.). (J). (gr. 2). pap. 10.95 *(978-1-942715-29-0(3))* Mammoth, Math.

Math Mammoth Grade 2 Skills Review Workbook Answer Key. Maria Miller. 2017. (ENG., Illus.). (J). (gr. 2). pap. 7.45 *(978-1-942715-30-6(7))* Mammoth, Math.

Math Mammoth Grade 5 Skills Review Workbook. Maria Miller. (ENG.). (J). (gr. 5). 2023. 90p. pap. 13.95 ***(978-1-954358-33-1(4))***; 2018. (Illus.). 92p. pap. 13.95 *(978-1-942715-55-9(2))* Mammoth, Math.

Math Mammoth Grade 5 Skills Review Workbook Answer Key. Maria Miller. (ENG.). (J). (gr. 5). 2023. 44p. pap. 9.45 ***(978-1-954358-34-8(2))***; 2018. (Illus.). 52p. pap. 8.45 *(978-1-942715-56-6(0))* Mammoth, Math.

Math Mammoth Grade 6 Answer Keys. Maria Miller. 2022. (ENG.). 176p. (J). (gr. 6). pap. 22.45 *(978-1-954358-09-6(1))* Mammoth, Math.

Math Mammoth Grade 6-B Worktext. Maria Miller. 2022. (ENG.). 184p. (J). (gr. 6). pap. 23.75 *(978-1-954358-07-2(5))* Mammoth, Math.

Math Mammoth Grade 6 Skills Review Workbook. Maria Miller. 2022. (ENG.). 108p. (J). (gr. 6). pap. 16.85 ***(978-1-954358-27-0(X))*** Mammoth, Math.

Math Mammoth Grade 6 Skills Review Workbook Answer Key. Maria Miller. 2022. (ENG.). 54p. (J). (gr. 6). pap. 10.45 ***(978-1-954358-28-7(8))*** Mammoth, Math.

Math Mammoth Grade 6 Tests & Cumulative Reviews. Maria Miller. 2022. (ENG.). 88p. (J). (gr. 6). pap. 13.95 *(978-1-954358-08-9(3))* Mammoth, Math.

Math Mammoth Grade 7-A Worktext. Maria Miller. 2016. (ENG., Illus.). (J). pap. 22.45 *(978-1-942715-24-5(2))* Mammoth, Math.

Math Mammoth Grade 7 Answer Keys. Maria Miller. 2016. (ENG., Illus.). (J). pap. 25.95 *(978-1-942715-27-6(7))* Mammoth, Math.

Math Mammoth Grade 7-B Worktext. Maria Miller. 2016. (ENG., Illus.). (J). pap. 26.95 *(978-1-942715-25-2(0))* Mammoth, Math.

1294 The check digit for ISBN-10 appears in parentheses after the full ISBN-13

Math Mazes: Adding & Subtracting. Gabriele Tafuni. 2019. (Math Mazes Ser.). (ENG.). 96p. (J). pap. 9.99 *(978-1-78950-024-0(9)*, f933657a-96c3-4cc9-9ecc-5d4f12a05747) Arcturus Publishing GBR. Dist: Baker & Taylor Publisher Services (BTPS).

Math Mazes: Times Tables. Catherine Casey. Illus. by Angelika Scudamore. 2019. (Math Mazes Ser.). (ENG.). 96p. (J). pap. 9.99 *(978-1-78950-023-3(0)*, b226f441-8b94-46f6-b39a-a27aa3207ce1) Arcturus Publishing GBR. Dist: Baker & Taylor Publisher Services (BTPS).

Math Monsters(tm), 6 vols. John Burstein. Incl. Making Tens: Groups of Gollywomples. lib. bdg. 23.67 *(978-0-8368-3812-1(2)*, e90bf9ab-0acd-4329-9fae-a29bd57c7b6a); Measuring: the Perfect Playhouse. lib. bdg. 23.67 *(978-0-8368-3813-8(0)*, 6c1a556e-e974-443a-9179-5431e8939af3); Patterns: What's on the Wall? lib. bdg. 23.67 *(978-0-8368-3816-9(5)*, 0733a693-f036-41b1-b427-79065a52fe8b); Using Computers: Machine with a Mouse. lib. bdg. 23.67 *(978-0-8368-3817-6(3)*, 0413d44c-96bc-47dd-bcdf-f9a77de90bb4); (J). (gr. k-3). (Math Monsters(tm) Ser.). (ENG., Illus.). 24p. 2003. Set lib. bdg. 71.01 *(978-0-8368-3803-9(3)*, a1d67c9d-a8ed-436c-982e-fa6207c51948, Weekly Reader Leveled Readers) Stevens, Gareth Publishing LLLP.

Math Mysteries: the Triplet Threat. Aaron Starmer. Illus. by Marta Kissi. 2023. (Math Mysteries Ser.: 1). (ENG.). 192p. (J). 18.99 ***(978-1-250-88957-7(X)***, 900287522); pap. 8.99 ***(978-1-250-83928-2(9)***, 900255097) St. Martin's Pr. (Odd Dot).

Math Notebook. Mario M'Bloom. (ENG.). 102p. (YA). 2021. pap. 10.99 *(978-1-926311-29-6(9))*; 2020. pap. 9.99 *(978-1-716-29401-3(0))*; 2020. pap. 9.99 *(978-1-716-29416-7(9))*; 2020. pap. 9.99 *(978-1-716-29802-8(4))*; 2020. pap. 9.99 *(978-1-716-29828-8(8))*; 2020. pap. 9.99 *(978-1-716-31998-3(6))* Lulu Pr., Inc.

Math Notebook: Grid Paper Notebook 1 20 Sheets Large 8. 5 X 11 Quad Ruled 5x5. Two Brothers Publishing. 2021. (ENG.). 112p. (YA). pap. 9.99 *(978-1-716-07488-2(6))* Lulu Pr., Inc.

Math Notebook: Grid Paper Notebook 110 Sheets Large 8. 5 X 11 Quad Ruled 5x5. Two Brothers Publishing. 2021. (ENG.). (YA). 122p. pap. 9.99 *(978-1-716-07691-6(9))*; 122p. pap. 9.99 *(978-1-716-07715-9(X))*; 112p. pap. 9.99 *(978-1-716-08622-9(1))*; 112p. pap. 9.99 *(978-1-716-08625-0(6))* Lulu Pr., Inc.

Math Notebook: Grid Paper Notebook 120 Sheets Large 8. 5 X 11 Quad Ruled 5x5. Coolbook Press. 2021. (ENG.). 122p. (YA). pap. 9.99 *(978-1-716-08233-7(1))* Lulu Pr., Inc.

Math Notebook: Grid Paper Notebook 120 Sheets Large 8. 5 X 11 Quad Ruled 5x5. Two Brothers Publishing. 2021. (ENG.). 122p. (YA). pap. 9.99 *(978-1-716-26474-0(X))*; pap. 9.99 *(978-1-716-08604-5(3))*; pap. 9.99 *(978-1-716-07647-3(1))*; pap. 9.99 *(978-1-716-07637-4(4))*; pap. 9.99 *(978-1-716-07632-9(3))*; pap. 9.99 *(978-1-716-07528-5(9))*; pap. 9.99 *(978-1-716-07523-0(8))*; pap. 9.99 *(978-1-716-07519-3(X))*; pap. 9.99 *(978-1-716-07507-0(6))*; pap. 9.99 *(978-1-716-07498-1(3))*; pap. 9.99 *(978-1-716-07492-9(4))*; pap. 9.99 *(978-1-716-07481-3(9))*; pap. 9.99 *(978-1-716-07134-8(8))*; pap. 9.99 *(978-1-716-06769-3(3))*; pap. 9.99 *(978-1-716-06762-4(6))*; pap. 9.99 *(978-1-716-06760-0(X))*; pap. 9.99 *(978-1-716-06438-8(4))*; pap. 9.99 *(978-1-716-06436-4(8))* Lulu Pr., Inc.

Math Notebook: - Grid Paper Notebook 120 Sheets Large 8. 5 X 11 Quad Ruled 5x5. Two Brothers Publishing. 2021. (ENG.). 122p. (YA). pap. 9.99 *(978-1-716-21269-7(3))* Lulu Pr., Inc.

Math Notebook: Grid Paper Notebook 120 Sheets Large 8. 5 X 11 Quad Ruled 5x5: Grid Paper Notebook 110 Sheets Large 8. 5 X 11 Quad Ruled 5x5. Two Brothers Publishing. 2021. (ENG.). (YA). 122p. pap. 9.99 *(978-1-716-06817-1(7))*; 122p. pap. 9.99 *(978-1-716-07511-7(4))*; 122p. pap. 9.99 *(978-1-716-07535-3(1))*; 112p. pap. 9.99 *(978-1-716-07643-5(9))*; 122p. pap. 9.99 *(978-1-716-07679-4(X))*; 122p. pap. 9.99 *(978-1-716-07683-1(8))*; 122p. pap. 9.99 *(978-1-716-07821-7(0))*; 122p. pap. 9.81 *(978-1-716-08600-7(0))* Lulu Pr., Inc.

Math Notebook: Grid Paper Notebook 120 Sheets Large 8. 5 X 11 Quad Ruled 5x5: Grid Paper Notebook 110 Sheets Large 8. 5 X 11 Quad Ruled 5x5: Grid Paper Notebook 110 Sheets Large 8. 5 X 11 Quad Ruled 5x5. Two Brothers Publishing. 2021. (ENG.). 122p. (YA). pap. 9.99 *(978-1-716-07650-3(1))* Lulu Pr., Inc.

Math Notebook: Grid Paper Notebook 120 Sheets Large 8. 5 X 11Quad Ruled 5x5. Coolbook Press. 2021. (ENG.). 122p. (YA). pap. 9.99 *(978-1-716-11975-0(8))* Lulu Pr., Inc.

Math Notebook: Grid Paper Notebook 120 Sheets Large 8. 5 X 11Quad Ruled 5x5: Grid Paper Notebook 110 Sheets Large 8. 5 X 11Quad Ruled 5x5. Two Brothers Publishing. 2021. (ENG.). 122p. (YA). pap. 9.99 *(978-1-716-06795-2(2))*; pap. 9.99 *(978-1-716-26507-5(X))*; pap. 9.99 *(978-1-716-08223-8(4))* Lulu Pr., Inc.

Math Notebook: Grid Paper Notebook 120 SheetsLarge 8. 5 X 11 Quad Ruled 5x5. Two Brothers Publishing. 2021. (ENG.). 122p. (YA). pap. 9.99 *(978-1-716-07145-4(3))* Lulu Pr., Inc.

Math Notebook: Grid Paper Notebook Math & Science 110 Pages Large 8. 5 X 11 Quad Ruled 5x5. Coolbook Press. 2021. (ENG.). (YA). 112p. pap. 9.99 *(978-1-716-09447-7(X))*; 112p. pap. 9.99 *(978-1-716-09463-7(1))*; 122p. pap. 10.49 *(978-1-716-09831-4(9))*; 122p. pap. 10.49 *(978-1-716-09990-8(0))* Lulu Pr., Inc.

Math Notebook: Grid Paper Notebook Math & Science 110 Pages Large 8. 5 X 11 Quad Ruled 5x5. Two Brothers Publishing. 2021. (ENG.). 112p. (YA). pap. 9.49 *(978-1-716-08931-2(X))* Lulu Pr., Inc.

Math Notebook: Grid Paper Notebook Math & Science 120 Pages Large 8. 5 X 11 Quad Ruled 5x5. Coolbook Press. 2021. (ENG.). 122p. (YA). pap. 10.49 *(978-1-716-09971-7(4))*; pap. 10.49 *(978-1-716-09958-8(7))*; pap. 10.49 *(978-1-716-10174-8(3))*; pap. 10.49 *(978-1-716-10189-2(1))*; pap. 10.49 *(978-1-716-10205-9(7))* Lulu Pr., Inc.

Math Notebook: Grid Paper Notebook Math & Science 120 Pages Large 8. 5 X 11 Quad Ruled 5x5. Two Brothers. 2021. (ENG.). 122p. (YA). pap. 9.99 *(978-1-716-08267-2(6))* Lulu Pr., Inc.

Math Notebook: Grid Paper Notebook Math & Science 120 Pages Large 8. 5 X 11 Quad Ruled 5x5. Two Brothers Publishing. 2021. (ENG.). 122p. (YA). pap. 9.99 *(978-1-716-08254-2(4))* Lulu Pr., Inc.

Math Notebook: Grid Paper Notebook Math & Science 120 Pages Large 8. 5 X 11 Quad Ruled 5x5: Grid Paper Notebook Math & Science 110 Pages Large 8. 5 X 11 Quad Ruled 5x5. Coolbook Press. 2021. (ENG.). 122p. (YA). pap. 10.49 *(978-1-716-09903-8(X))*; pap. 10.49 *(978-1-716-09859-8(9))* Lulu Pr., Inc.

Math Notebook: Grid Paper Notebook Math & Science 120 Pages Large 8. 5 X 11 Quad Ruled 5x5: Grid Paper Notebook Math & Science 110 Pages Large 8. 5 X 11 Quad Ruled 5x5: Coolbook Press. 2021. (ENG.). 122p. (YA). pap. 10.49 *(978-1-716-09929-8(3))* Lulu Pr., Inc.

Math Notebook: Grid Paper Notebook Math & Science 120 Sheets Large 8. 5 X 11 Quad Ruled 5x5. Coolbook Press. 2021. (ENG.). 122p. (YA). pap. 10.49 *(978-1-716-10274-5(X))* Lulu Pr., Inc.

Math Notebook: Grid Paper Notebook Math & Science 120 Sheets Large 8. 5 X 11 Quad Ruled 5x5: Grid Paper Notebook Math & Science 110 Sheets Large 8. 5 X 11 Quad Ruled 5x5. Coolbook Press. 2021. (ENG.). 122p. (YA). pap. 10.42 *(978-1-716-10318-6(5))*; pap. 10.49 *(978-1-716-10258-5(8))*; pap. 10.49 *(978-1-716-10353-7(3))* Lulu Pr., Inc.

Math Notebook: Grid Paper Notebook Math & Science120 Sheets Large 8. 5 X 11 Quad Ruled 5x5: Grid Paper Notebook Math & Science110 Sheets Large 8. 5 X 11 Quad Ruled 5x5. Coolbook Press. 2021. (ENG.). 122p. (YA). pap. 9.92 *(978-1-716-10376-6(2))* Lulu Pr., Inc.

Math Notebook: Large Simple Graph Paper Notebook / Mathematics Notebook / 120 Quad Ruled 5x5 Pages 8. 5 X 11 / Grid Paper Notebook for Math Students / Back to School Collection. Daemon's Notebook. 2021. (ENG.). 122p. (J). pap. 11.99 *(978-1-716-08016-6(9))* Lulu Pr., Inc.

Math Notebook: Large Simple Graph Paper Notebook / Mathematics Notebook / 120 Quad Ruled 5x5 Pages 8. 5 X 11 / Grid Paper Notebook for Math Students / Back to School Collection. Daemon's Notebooks. 2021. (ENG.). 122p. (J). pap. 11.99 *(978-1-716-07988-7(8))*; pap. 11.99 *(978-1-716-07992-4(6))*; pap. 11.99 *(978-1-716-07997-9(7))*; pap. 11.99 *(978-1-716-08001-2(0))*; pap. 11.99 *(978-1-716-08003-6(7))*; pap. 11.99 *(978-1-716-08008-1(8))*; pap. 11.99 *(978-1-716-08009-8(6))*; pap. 11.99 *(978-1-716-08012-8(6))*; pap. 11.99 *(978-1-716-08015-9(0))*; pap. 11.99 *(978-1-716-08019-7(3))*; pap. 11.99 *(978-1-716-08021-0(5))*; pap. 11.99 *(978-1-716-08024-1(X))*; pap. 11.99 *(978-1-716-08041-8(X))*; pap. 11.99 *(978-1-716-41964-5(6))* Lulu Pr., Inc.

Math Notebook: Notebook for Math & Science. Tara Kelly. 2023. (ENG.). 102p. (J). pap. 9.50 ***(978-1-4477-4408-5(X))*** Lulu Pr., Inc.

Math-O-Art (Fun with Maths) Sonia Mehta. 2018. (Fun with Maths Ser.). (ENG.). 48p. (J). (gr. 3-5). pap. 8.99 *(978-0-14-344481-7(6)*, Puffin) Penguin Bks. India PVT, Ltd IND. Dist: Independent Pubs. Group.

Math-O-Logic (Fun with Maths) Sonia Mehta. 2018. (Fun with Maths Ser.). (ENG.). 48p. (J). (gr. 3-5). pap. 8.99 *(978-0-14-344485-5(9)*, Puffin) Penguin Bks. India PVT, Ltd IND. Dist: Independent Pubs. Group.

Math-O-Play (Fun with Maths) Sonia Mehta. 2018. (Fun with Maths Ser.). (ENG.). 48p. (J). pap. 8.99 *(978-0-14-344484-8(0)*, Puffin) Penguin Bks. India PVT, Ltd IND. Dist: Independent Pubs. Group.

Math on a Trip. Joanne Mattern. 2022. (Math & Me (LOOK! Books (tm)) Ser.). (ENG., Illus.). 24p. (J). (gr. k-2). pap. 8.99 *(978-1-64371-139-3(3)*, 79444750-0c2f-4a09-b071-34bb319b1dbc); lib. bdg. 25.32 *(978-1-64371-133-1(4)*, 21994afb-88bc-4435-8108-20b94f5cc337) Red Chair Pr.

Math on the Job. Richard Wunderlich. 2016. (ENG., Illus.). 32p. (J). lib. bdg. *(978-0-7787-2360-8(7))* Crabtree Publishing Co.

Math on the Job: Building a Business. Rick Wunderlich. 2016. (ENG., Illus.). 32p. (J). *(978-0-7787-2357-8(7))* Crabtree Publishing Co.

Math on the Job: Caring for Marine Animals. Rick Wunderlich. 2016. (ENG., Illus.). 32p. (J). *(978-0-7787-2358-5(5))* Crabtree Publishing Co.

Math on the Job: Keeping People Healthy. Rick Wunderlich. 2016. (ENG., Illus.). 32p. (J). *(978-0-7787-2359-2(3))* Crabtree Publishing Co.

Math on the Job: Working in Construction. Rick Wunderlich. 2016. (ENG., Illus.). 32p. (J). *(978-0-7787-2361-5(5))* Crabtree Publishing Co.

Math on the Job: Working in Sports. Rick Wunderlich. 2016. (ENG., Illus.). 32p. (J). *(978-0-7787-2362-2(3))* Crabtree Publishing Co.

Math on the Sun, 1 vol. Katherine Ponka. 2016. (Solve It! Math in Space Ser.). (ENG., Illus.). 24p. (J). (gr. 2-3). 24.27 *(978-1-4824-4936-5(6)*, 9edb76bc-2ee6-414b-a9cb-643c637177ba) Stevens, Gareth Publishing LLLP.

Math on the Table. Grace LaJoy Henderson. 2017. (Gracie Ser.). (ENG., Illus.). (J). (gr. k-5). 17.99 *(978-0-692-89959-5(6))*; pap. 11.99 *(978-0-9987117-5-1(6))* Inspirations by Grace LaJoy.

Math Perplexors: Level D. Created by Mw Wholesale. 2020. (Math Perplexors Ser.). (ENG.). (J). pap. 12.95 *(978-1-933054-65-0(4))* MindWare Holdings, Inc.

Math Practice Kindergarten Workbook: Scholastic Early Learners (Extra Big Skills Workbook) Scholastic Early Learners. 2019. (Scholastic Early Learners Ser.). (ENG.). 68p. (J). (gr. -1-1). pap. 7.99 *(978-1-338-53188-6(3))* Scholastic, Inc.

Math Puzzle Pad (was Math Games Pad) 2017. (Tear-Off Pads Ser.). (ENG.). (J). pap. 5.99 *(978-0-7945-3805-7(3)*, Usborne) EDC Publishing.

Math Reader Collection Kit Grade 1. Hmh Hmh. 2018. (SPA.). (J). pap. 58.33 *(978-1-328-57729-0(5))* Houghton Mifflin Harcourt Publishing Co.

Math Reader Collection Kit Grade 2. Hmh Hmh. 2018. (SPA.). (J). pap. 58.33 *(978-1-328-57730-6(9))* Houghton Mifflin Harcourt Publishing Co.

Math Reader Collection Kit Grade 3. Hmh Hmh. 2018. (SPA.). (J). pap. 58.33 *(978-1-328-57731-3(7))* Houghton Mifflin Harcourt Publishing Co.

Math Reader Collection Kit Grade 4. Hmh Hmh. 2018. (SPA.). (J). pap. 58.33 *(978-1-328-57732-0(5))* Houghton Mifflin Harcourt Publishing Co.

Math Reader Collection Kit Grade 5. Hmh Hmh. 2018. (SPA.). (J). pap. 58.33 *(978-1-328-57733-7(3))* Houghton Mifflin Harcourt Publishing Co.

Math Reader Collection Kit Grade 6. Hmh Hmh. 2018. (SPA.). (J). pap. 58.33 *(978-1-328-57734-4(1))* Houghton Mifflin Harcourt Publishing Co.

Math Reader Collection Kit Grade K. Hmh Hmh. 2018. (SPA.). (J). pap. 58.33 *(978-1-328-57728-3(7))* Houghton Mifflin Harcourt Publishing Co.

Math Reader Collection Kits Grade 1. Hmh Hmh. 2017. (Math Expressions Ser.). (ENG.). (J). (gr. 1). pap. 24.53 *(978-1-328-73871-4(X))* Houghton Mifflin Harcourt Publishing Co.

Math Reader Collection Kits Grade 2. Hmh Hmh. 2017. (Math Expressions Ser.). (ENG.). (J). (gr. 2). pap. 24.53 *(978-1-328-73872-1(8))* Houghton Mifflin Harcourt Publishing Co.

Math Reader Collection Kits Grade 3. Hmh Hmh. 2017. (Math Expressions Ser.). (ENG.). (J). (gr. 3). pap. 24.53 *(978-1-328-73873-8(6))* Houghton Mifflin Harcourt Publishing Co.

Math Reader Collection Kits Grade 4. Hmh Hmh. 2017. (Math Expressions Ser.). (ENG.). (J). (gr. 4). pap. 24.53 *(978-1-328-73874-5(4))* Houghton Mifflin Harcourt Publishing Co.

Math Reader Collection Kits Grade 5. Hmh Hmh. 2017. (Math Expressions Ser.). (ENG.). (J). (gr. 5). pap. 24.53 *(978-1-328-73875-2(2))* Houghton Mifflin Harcourt Publishing Co.

Math Reader Collection Kits Grade 6. Hmh Hmh. 2017. (Math Expressions Ser.). (ENG.). (J). (gr. 6). pap. 24.53 *(978-1-328-73876-9(0))* Houghton Mifflin Harcourt Publishing Co.

Math Reader Collection Kits Grade K. Hmh Hmh. 2017. (Math Expressions Ser.). (ENG.). (J). (gr. k). pap. 24.53 *(978-1-328-73870-7(1))* Houghton Mifflin Harcourt Publishing Co.

Math Readiness. Ed. by School Zone. 2019. (ENG.). 64p. (J). (gr. k-1). pap. 6.49 *(978-1-68147-311-6(9)*, d6bcb6cd-abcc-40d3-8688-0a0b64ced15f) School Zone Publishing Co.

Math Readiness K-1. Barbara Bando Irvin. deluxe ed. 2019. (ENG.). 64p. (J). (gr. k-1). pap. 4.49 *(978-1-58947-322-5(1)*, a06aa833-1210-4cc2-aa8a-a13436ffd617) School Zone Publishing Co.

Math Riddles. Emma Huddleston. 2022. (Riddle Fun Ser.). (ENG.). 24p. (J). (gr. k-3). lib. bdg. 32.79 *(978-1-5038-4988-4(0)*, 214837) Child's World, Inc, The.

Math Superstars Addition Level 1: Essential Math Facts for Ages 4 - 7. Robert Stanek, pseud. Illus. by Robert Stanek. 5th ed. 2020. (ENG., Illus.). 208p. (J). pap. 18.95 *(978-1-57545-608-9(7)*, Reagent Pr. Bks. for Young Readers) RP Media.

Math Superstars Addition Level 1, Library Hardcover Edition: Essential Math Facts for Ages 4 - 7. Robert Stanek, pseud. Illus. by Robert Stanek. 5th ed. 2020. (Math Superstars Ser.: Vol. 1). (ENG.). 208p. (J). 29.99 *(978-1-57545-581-5(1)*, Reagent Pr. Bks. for Young Readers) RP Media.

Math Superstars Addition Level 2: Essential Math Facts for Ages 5 - 8. Robert Stanek, pseud. Illus. by Robert Stanek. 5th ed. 2021. (ENG., Illus.). 210p. (J). pap. 18.95 *(978-1-57545-609-6(5)*, Reagent Pr. Bks. for Young Readers) RP Media.

Math Superstars Addition Level 2, Library Hardcover Edition: Essential Math Facts for Ages 5 - 8. Robert Stanek, pseud. Illus. by Robert Stanek. 5th ed. 2021. (Math Superstars Ser.: Vol. 2). (ENG.). 210p. (J). 29.99 *(978-1-57545-582-2(X)*, Reagent Pr. Bks. for Young Readers) RP Media.

Math Superstars Addition Level 3: Essential Math Facts for Ages 5 - 8. Robert Stanek, pseud. Illus. by Robert Stanek. 5th ed. 2021. (Math Superstars Ser.: Vol. 3). (ENG., Illus.). 210p. (J). pap. 18.95 *(978-1-57545-610-2(9)*, Reagent Pr. Bks. for Young Readers) RP Media.

Math Superstars Addition Level 3, Library Hardcover Edition: Essential Math Facts for Ages 5 - 8. Robert Stanek, pseud. Illus. by Robert Stanek. 5th ed. 2021. (Math Superstars Ser.: Vol. 3). (ENG.). 210p. (J). 29.99 *(978-1-57545-583-9(8)*, Reagent Pr. Bks. for Young Readers) RP Media.

Math Superstars Addition Level 4: Essential Math Facts for Ages 5 - 8. Robert Stanek, pseud. Illus. by Robert Stanek. 5th ed. 2021. (Math Superstars Ser.: Vol. 6). (ENG., Illus.). 210p. (J). pap. 18.95 *(978-1-57545-611-9(7)*, Reagent Pr. Bks. for Young Readers) RP Media.

Math Superstars Addition Level 4, Library Hardcover Edition: Essential Math Facts for Ages 5 - 8. Robert Stanek, pseud. Illus. by Robert Stanek. 5th ed. 2021. (Math Superstars Ser.: Vol. 6). (ENG.). 210p. (J). 29.99 *(978-1-57545-584-6(6)*, Reagent Pr. Bks. for Young Readers) RP Media.

Math Superstars Big Book of Addition, Library Hardcover Edition: Essential Math Facts for Ages 5 - 8. Robert Stanek, pseud. Illus. by Robert Stanek. 5th ed. 2021. (Math Superstars Ser.: Vol. 8). (ENG.). 828p. (J). 69.99 *(978-1-57545-600-3(1)*, Reagent Pr. Bks. for Young Readers) RP Media.

Math Superstars Big Book of Subtraction, Library Hardcover Edition: Essential Math Facts for Ages 5 - 8. Robert Stanek, pseud. Illus. by Robert Stanek. 5th ed. 2021. (Math Superstars Ser.: Vol. 9). (ENG.). 624p. (J). 59.99 *(978-1-57545-601-0(X)*, Reagent Pr. Bks. for Young Readers) RP Media.

Math Superstars Subtraction Level 1: Essential Math Facts for Ages 4 - 7. Robert Stanek, pseud. Illus. by Robert Stanek. 5th ed. 2021. (Math Superstars Ser.: Vol. 4). (ENG., Illus.). 210p. (J). pap. 18.95 *(978-1-62716-630-0(0)*, Reagent Pr. Bks. for Young Readers) RP Media.

Math Superstars Subtraction Level 1, Library Hardcover Edition: Essential Math Facts for Ages 4 - 7. Robert Stanek, pseud. Illus. by Robert Stanek. 5th ed. 2021. (Math Superstars Ser.: Vol. 4). (ENG.). 210p. (J). 29.99 *(978-1-62716-604-1(1)*, Reagent Pr. Bks. for Young Readers) RP Media.

Math Superstars Subtraction Level 2: Essential Math Facts for Ages 5 - 8. Robert Stanek, pseud. Illus. by Robert Stanek. 5th ed. 2021. (Math Superstars Ser.: Vol. 5). (ENG., Illus.). 210p. (J). pap. 18.95 *(978-1-62716-631-7(9)*, Reagent Pr. Bks. for Young Readers) RP Media.

Math Superstars Subtraction Level 2, Library Hardcover Edition: Essential Math Facts for Ages 5 - 8. Robert Stanek, pseud. Illus. by Robert Stanek. 5th ed. 2021. (Math Superstars Ser.: Vol. 5). (ENG.). 210p. (J). 29.99 *(978-1-62716-605-8(X)*, Reagent Pr. Bks. for Young Readers) RP Media.

Math Superstars Subtraction Level 3: Essential Math Facts for Ages 5 - 8. Robert Stanek, pseud. Illus. by Robert Stanek. 5th ed. 2021. (Math Superstars Ser.: Vol. 7). (ENG., Illus.). 210p. (J). pap. 18.95 *(978-1-62716-632-4(7)*, Reagent Pr. Bks. for Young Readers) RP Media.

Math Superstars Subtraction Level 3, Library Hardcover Edition: Essential Math Facts for Ages 5 - 8. Robert Stanek, pseud. Illus. by Robert Stanek. 5th ed. 2021. (Math Superstars Ser.: Vol. 7). (ENG.). 210p. (J). 29.99 *(978-1-62716-606-5(8)*, Reagent Pr. Bks. for Young Readers) RP Media.

Math Test Mischief. Verity Weaver. Illus. by Courtney Huddleston. 2019. (What Happened? Ser.). (ENG.). 120p. (J). (gr. 3-4). pap. 7.99 *(978-1-63163-312-6(0)*, 1631633120); lib. bdg. 27.13 *(978-1-63163-311-9(2)*, 1631633112) North Star Editions. (Jolly Fish Pr.).

Math Theme Level a Book Set. 2016. (Early Rising Readers Ser.). (ENG.). (J). (gr. 1-2). 339.00 *(978-1-4788-5114-1(7))* Newmark Learning LLC.

Math Theme Level AA Book Set. 2016. (Early Rising Readers Ser.). (ENG.). (J). (gr. 1-2). 339.00 *(978-1-4788-5113-4(9))* Newmark Learning LLC.

Math Theme Level B Book Set. 2016. (Early Rising Readers Ser.). (ENG.). (J). (gr. 1-2). 339.00 *(978-1-4788-5115-8(5))* Newmark Learning LLC.

Math War Addition & Subtraction: Addition & Subtraction, 56 vols. School Zone Publishing Company Staff. rev. ed. 2019. (ENG.). 52p. (J). (gr. 1-2). 3.49 *(978-0-88743-273-6(5)*, 74587553-8ade-46aa-b8fb-61814d6c310c) School Zone Publishing Co.

Math War Multiplication: Multiplication, 56 vols. School Zone Publishing Company Staff. rev. ed. 2019. (ENG.). 56p. (J). (gr. 3-5). 3.49 *(978-0-88743-287-3(5)*, 0e0251ab-1fc5-48a9-a6a8-aa02b7648602) School Zone Publishing Co.

Math Workbook for Grade 1 Full Colored: Addition & Subtraction Activity Book, Math for 1st Grade, Practice Math Activities, Full Colored. Sk Arts. 2021. (ENG.). 54p. (J). pap. *(978-1-6671-9250-5(7))* Lulu.com.

Math Workbook for Grade 2 - Multiplication: Grade 2 Activity Book, Multiplication Workbook Grade 2, Multiplication Practice Workbook. Sk Arts. 2021. (ENG.). 72p. (J). pap. *(978-1-6671-9265-9(5))* Lulu.com.

Math Workbook for Grade 2 - Multiplication - Color Edition: Grade 2 Activity Book, Multiplication Workbook Grade 2, Multiplication Practice Workbook - Color Edition. Sk Arts. 2021. (ENG.). 72p. (J). pap. *(978-1-6671-9242-0(6))* Lulu.com.

Math Workbook for Grade 3 - Addition & Subtraction: Grade 3 Activity Book, 3rd Grade Math Practice, Math Common Core 3rd Grade. Sk Arts. 2021. (ENG.). 78p. (J). pap. *(978-1-6671-9269-7(8))* Lulu.com.

Math Workbook for Grade 3 - Addition & Subtraction Color Edition: Grade 3 Activity Book, 3rd Grade Math Practice, Math Common Core 3rd Grade - Color Edition. Sk Arts. 2021. (ENG.). 78p. (J). pap. *(978-1-6671-9247-5(7))* Lulu.com.

Math Workbook for Grade 3 - Multiplication & Division: Grade 3 Activity Book, Multiplication & Division Workbooks for 3rd Grade, 3rd Grade Worksheets. Sk Arts. 2021. (ENG.). 74p. (J). pap. *(978-1-6671-9264-2(7))* Lulu.com.

Math Workbook for Grade 3 - Multiplication & Division - Color Edition: Grade 3 Activity Book, Multiplication & Division Workbooks for 3rd Grade, 3rd Grade Worksheets - Color Edition. Sk Arts. 2021. (ENG.). 74p. (J). pap. *(978-1-6671-9241-3(8))* Lulu.com.

Math Workbook for Grade 4 - Addition & Subtraction: Grade 4 Activity Book, 4th Grade Math Practice, 4th Grade Math Activity. Sk Arts. 2021. (ENG.). 78p. (J). pap. *(978-1-6671-9268-0(X))* Lulu.com.

Math Workbook for Grade 4 - Addition & Subtraction Color Edition: Grade 4 Activity Book, 4th Grade Math Practice, 4th Grade Math Activity Color Edition. Sk Arts. 2021. (ENG.). 78p. (J). pap. *(978-1-6671-9245-1(0))* Lulu.com.

Math Workbook for Grade 4 - Multiplication & Division: Grade 4 Activity Book, 4th Math Workbook, Multiplication & Division Workbooks, 4th Grade Math. Sk Arts. 2021. (ENG.). 72p. (J). pap. *(978-1-6671-9263-5(9))* Lulu.com.

Math Workbook for Grade 4 - Multiplication & Division - Color Edition: Grade 4 Activity Book, 4th Math Workbook, Multiplication & Division Workbooks, 4th Grade Math - Color Edition. Sk Arts. 2021. (ENG.). 72p. (J). pap. *(978-1-6671-9240-6(X))* Lulu.com.

Math Workbook for Grade 5 - Addition & Subtraction: Grade 5 Activity Book, 5th Grade Math Worksheets, 5th Grade Math Workbook. Sk Arts. 2021. (ENG.). 80p. (J). pap. *(978-1-6671-9267-3(1))* Lulu.com.

Math Workbook for Grade 5 - Addition & Subtraction - Color Edition: Grade 5 Activity Book, 5th Grade Math Worksheets, 5th Grade Math Workbook - Color Edition. Sk Arts. 2021. (ENG.). 80p. (J). pap. *(978-1-6671-9244-4(2))* Lulu.com.

Math Workbook Grade 1: Fun Addition, Subtraction, Number Bonds, Fractions, Matching, Time, Money, & More - Ages 6 to 8, 1st & 2nd Grade Math: Fun Addition, Subtraction, Number Bonds, Fractions, Matching, Time, Money, & More - Ages 6 to 8: Fun Addi. Jennifer L. Trace. 2020. (ENG.). 64p. (J). pap. 6.97 *(978-1-946525-22-2(7))* Kids Activity Publishing.

Math Workbook Grade K - Ages 5 To 6. Bobo's Little Brainiac Books. 2016. (ENG., Illus.). (J). pap. 7.99 *(978-1-68327-827-6(5))* Sunshine In My Soul Publishing.

Math Workbook Kindergarten: Kindergarten & 1st Grade Workbook - Preschool Kids Learning the Numbers & Basic Math. Tracing Practice Book Ages3-5 - Kindergarten Math Workbook. Lena Bidden. l.t. ed. 2021. (ENG.). 48p. (J). pap. 11.99 *(978-1-77863-678-3(0))* Lulu Pr., Inc.

Math You Can Munch. Megan Borgert-Spaniol. 2018. (Super Simple Science You Can Snack On Ser.). (ENG., Illus.). 32p. (J). (gr. k-4). lib. bdg. 34.21 *(978-1-5321-1726-8(4)*, 30740, Super SandCastle) ABDO Publishing Co.

Math You Will Actually Use. 2017. (Math You Will Actually Use Ser.). 48p. (gr. 10-10). pap. 70.50 *(978-1-4777-8989-6(8))*; (ENG.). (gr. 5-5). 200.82 *(978-1-4777-8987-2(1)*, 29a09305-d22b-459a-8b8c-ce64a0401d37) Rosen Publishing Group, Inc., The. (Rosen Central).

Mathematical Adventures. Ioanna Georgiou. 2020. (ENG., Illus.). 48p. (J). (gr. 2-4). pap. 14.99 *(978-1-907550-20-1(8))* Tarquin Pubns. GBR. Dist: Independent Pubs. Group.

Mathematical Investigations of Dr. o & Arya. Arya ökten & Giray ökten. 2020. (ENG.). 120p. (J). (gr. 4-7). 14.95 *(978-1-943431-62-5(0))* Tumblehome Learning.

Mathematical Marie: And the Math Adventures. Charlotte Donahoe & Tina Donahoe. 2019. (Mathematical Marie Ser.: Vol. 1). (ENG.). 30p. (J). (gr. 1-4). pap. 10.99 *(978-1-970079-44-9(4))* Brown Books Publishing Group.

Mathematical Marie: And the Playground of Fractions. Charlotte Donahoe. Illus. by Tina Donahoe. 2019. (Mathematical Marie Ser.: Vol. 2). (ENG.). 34p. (J). (gr. 1-4). pap. 10.99 *(978-1-970079-45-6(2))* Brown Books Publishing Group.

Mathematical Questions with Their Solutions, from the Educational Times; Vol. XIV. W. J. Miller. 2017. (ENG., Illus.). (J). pap. *(978-0-649-45138-8(4))* Trieste Publishing Pty Ltd.

Mathematical Questions with Their Solutions, from the Educational Times; Vol. XLI. W. J. C. Miller. 2017. (ENG., Illus.). (J). pap. *(978-0-649-47434-9(1))* Trieste Publishing Pty Ltd.

Mathematical Questions with Their Solutions, from the Educational Times; Vol. XLII. W. J. C. Miller. 2017. (ENG., Illus.). (J). pap. *(978-0-649-47975-7(0))* Trieste Publishing Pty Ltd.

Mathematical Questions, with Their Solutions, from the Educational Times, with Many Additional Solutions Not Published in the Educational Times, Vol. II, from July to December 1864. W. J. Miller. 2017. (ENG., Illus.). (J). pap. *(978-0-649-50433-6(X))* Trieste Publishing Pty Ltd.

Mathematical Questions, with Their Solutions, from the Educational Times, with Many Papers & Solutions Not Published in the Educational Times. Vol. XV. from January to June 1871. W. J. C. Miller. 2017. (ENG., Illus.). (J). pap. *(978-0-649-44989-7(4))* Trieste Publishing Pty Ltd.

Mathematical Questions, with Their Solutions, Vol. 7: From the Educational Times, with Many Papers & Solutions Not Published in the Educational Times; from January to July, 1867 (Classic Reprint) W. J. Miller. 2017. (ENG., Illus.). (J). 30.91 *(978-0-266-54672-6(2))* Forgotten Bks.

Mathematical State of Grace. Cathy McGough. 2017. (ENG., Illus.). (J). pap. *(978-1-988201-36-8(5))* McGough, Cathy.

Mathematical State of Grace Complete Series. Cathy McGough. 2019. (Mathematical State of Grace Complete Series Book 1 & Book 2 Ser.: Vol. 1). (ENG.). 514p. (J). pap. *(978-1-988201-67-2(5))* McGough, Cathy.

Mathematical Theories of Planetary Motions (Classic Reprint) Otto Dziobek. 2018. (ENG., Illus.). (J). 306p. 30.21 *(978-1-397-24658-5(8))*; 308p. pap. 13.57 *(978-1-397-24636-3(7))* Forgotten Bks.

Mathematical Theory of Electricity & Magnetism, Vol. 2: Magnetism & Electrodynamics (Classic Reprint) Henry William Watson. 2016. (ENG., Illus.). (J). pap. 11.97 *(978-1-333-33757-5(4))* Forgotten Bks.

Mathematical Treatise on the Motion of Projectiles: Founded Chiefly on the Result of Experiments Made with the Author's Chronograph (Classic Reprint) Francis Bashforth. 2017. (ENG., Illus.). (J). 32.37 *(978-0-260-75861-3(2))* Forgotten Bks.

Mathematical Treatise on the Motion of Projectiles: Founded Chiefly on the Results of Experiments Made with the Author's Chronograph (Classic Reprint) Francis Bashforth. 2017. (ENG., Illus.). (J). 31.28 *(978-0-331-59306-8(8))* Forgotten Bks.

Mathematician & Computer Scientist Grace Hopper. Andrea Pelleschi. 2016. (STEM Trailblazer Bios Ser.). (ENG., Illus.). 32p. (J). (gr. 2-5). 26.65 *(978-1-5124-0785-3(2)*, e28f06e5-410e-42e5-a72b-f7bf211363ba, Lerner Pubns.) Lerner Publishing Group.

Mathematicians & Statisticians: A Practical Career Guide. Kezia Endsley. 2021. (Practical Career Guides). (Illus.). 120p. (YA). (gr. 8-17). pap. 37.00 *(978-1-5381-4516-6(2))* Rowman & Littlefield Publishers, Inc.

Mathew Brady Records the Civil War. Kari Cornell. 2017. (Defining Images Ser.). (ENG., Illus.). 112p. (J). (gr. 6-12). lib. bdg. 41.36 *(978-1-5321-1016-0(2)*, 25608, Essential Library) ABDO Publishing Co.

Mathew Carey: Pamphleteer for Freedom. Jane F. Hindman. 2021. (ENG.). 148p. (J). pap. 14.95 *(978-1-955402-02-6(7))* Hillside Education.

Mathews' Theatrical Budget, or the Actor's Multum in Parbo: Containing All the Whim, Frolic, & Eccentricity in His Mail Coach Adventures, with Popular Introductory Songs, Likewise a Store of Wit from His Trip to Paris, & Many Musical Treats Attached T. Charles Mathews. (ENG., Illus.). (J). 2018. 222p. 28.48 *(978-0-483-98134-8(6))*; 2016. pap. 10.97 *(978-1-333-57924-1(1))* Forgotten Bks.

Mathieu Ropars: Et Cetera. William Young. 2018. (ENG., Illus.). 150p. (J). *(978-3-7326-2055-5(7))* Klassik Literatur. ein Imprint der Salzwasser Verlag GmbH.

Mathieu Ropars: Et Cetera (Classic Reprint) William Young. 2017. (ENG., Illus.). (J). 28.85 *(978-0-265-68334-7(3))*; pap. 11.57 *(978-1-5276-5713-7(2))* Forgotten Bks.

Mathilde. Brigitte Utz. 2018. (GER., Illus.). 34p. (J). pap. *(978-3-95840-685-8(8))* Novum Verlag in der Verlags- und Medienhaus WSB GmbH.

Math'n'maddox: Mathemagicians. Melva Lea Stewart. 2016. (ENG., Illus.). (J). 22.95 *(978-1-4808-3973-1(6))*; pap. 12.45 *(978-1-4808-3972-4(8))* Archway Publishing.

Math'n'Maddox: Mathemagicians. Melva Lea Stewart. 2021. (ENG.). 34p. (J). 16.99 ***(978-1-956373-30-1(6))***; pap. 6.99 ***(978-1-956373-29-5(2))*** Ideopage Pr. Solutions.

Maths Age 5-6 (Letts Make It Easy) Letts Letts KS1. 2019. (Letts Make It Easy Ser.). (ENG.). 64p. (J). (gr. k-1). pap. 8.99 *(978-0-00-832281-6(3)*, Letts & Lonsdale) HarperCollins Pubs. Ltd. GBR. Dist: Independent Pubs. Group.

Maths Age 6-7 (Letts Make It Easy) Letts Letts KS1. 2019. (Letts Make It Easy Ser.). (ENG.). 64p. (J). (gr. 1-2). pap. 8.99 *(978-0-00-832282-3(1)*, Letts & Lonsdale) HarperCollins Pubs. Ltd. GBR. Dist: Independent Pubs. Group.

Maths Age 7-8 (Letts Make It Easy) Letts Letts KS2. 2019. (Letts Make It Easy Ser.). (ENG.). 64p. (J). (gr. 2-3). pap. 8.99 *(978-0-00-832283-0(X)*, Letts & Lonsdale) HarperCollins Pubs. Ltd. GBR. Dist: Independent Pubs. Group.

Maths Age 8-9 (Letts Make It Easy) Letts Letts KS2. 2019. (Letts Make It Easy Ser.). (ENG.). 64p. (J). (gr. 3-4). pap. 8.99 *(978-0-00-832284-7(8)*, Letts & Lonsdale) HarperCollins Pubs. Ltd. GBR. Dist: Independent Pubs. Group.

Maths & English Activity Box Ages 3-5: Ideal for Home Learning (Collins Easy Learning Preschool) Collins Easy Learning. 2019. (Collins Easy Learning Preschool Ser.). (ENG.). 64p. (J). (— 1). pap. 24.95 *(978-0-00-797878-6(2))* HarperCollins Pubs. Ltd. GBR. Dist: Independent Pubs. Group.

Maths Dictionary: Illustrated Dictionary for Ages 7+ (Collins Primary Dictionaries) Collins Dictionaries & Paul Broadbent. Illus. by Maria Herbert-Liew. 2017. (ENG.). 144p. (J). (gr. k-6). pap. 15.99 *(978-0-00-821237-7(6))* HarperCollins Pubs. Ltd. GBR. Dist: Independent Pubs. Group.

Maths Games for Bright Sparks: Ages 7 To 9. Gareth Moore. Illus. by Jess Bradley. 2020. (Buster Bright Sparks Ser.: 6). (ENG.). 160p. (J). pap. 8.99 *(978-1-78055-651-2(9)*, Buster Bks.) O'Mara, Michael Bks., Ltd. GBR. Dist: Independent Pubs. Group.

Maths in 5 Minutes a Day - Maths in 5 Minutes a Day Age 10-11: Home Learning & School Resources from the Publisher of Revision Practice Guides, Workbooks, & Activities. Collins KS2. 2019. (Letts 5-Minute Maths Mastery Ser.). (ENG.). 48p. (J). (gr. 5-6). pap. 9.95 *(978-0-00-831113-1(7)*, Letts & Lonsdale) HarperCollins Pubs. Ltd. GBR. Dist: Independent Pubs. Group.

Maths in 5 Minutes a Day - Maths in 5 Minutes a Day Age 5-6: Ideal for Use at Home. Collins KS1. 2019. (Letts 5-Minute Maths Mastery Ser.). (ENG.). 48p. (J). (gr. k-1). pap. 9.95 *(978-0-00-831108-7(0)*, Letts & Lonsdale) HarperCollins Pubs. Ltd. GBR. Dist: Independent Pubs. Group.

Maths in 5 Minutes a Day - Maths in 5 Minutes a Day Age 6-7: Ideal for Use at Home. Collins KS1. 2019. (Letts 5-Minute Maths Mastery Ser.). (ENG.). 48p. (J). (gr. 1-2). pap. 9.95 *(978-0-00-831109-4(9)*, Letts & Lonsdale) HarperCollins Pubs. Ltd. GBR. Dist: Independent Pubs. Group.

Maths in 5 Minutes a Day - Maths in 5 Minutes a Day Age 7-8: Ideal for Use at Home. Collins KS2. 2019. (Letts 5-Minute Maths Mastery Ser.). (ENG.). 48p. (J). (gr. 2-3). pap. 9.95 *(978-0-00-831110-0(2)*, Letts & Lonsdale) HarperCollins Pubs. Ltd. GBR. Dist: Independent Pubs. Group.

Maths in 5 Minutes a Day - Maths in 5 Minutes a Day Age 8-9: Home Learning & School Resources from the Publisher of Revision Practice Guides, Workbooks, & Activities. Collins KS2. 2019. (Letts 5-Minute Maths Mastery Ser.). (ENG.). 48p. (J). (gr. 3-4). pap. 9.95 *(978-0-00-831111-7(0)*, Letts & Lonsdale) HarperCollins Pubs. Ltd. GBR. Dist: Independent Pubs. Group.

Maths in 5 Minutes a Day - Maths in 5 Minutes a Day Age 9-10: Ideal for Use at Home. Collins KS2. 2019. (Letts 5-Minute Maths Mastery Ser.). (ENG.). 48p. (J). (gr. 4-5). pap. 9.95 *(978-0-00-831112-4(9)*, Letts & Lonsdale) HarperCollins Pubs. Ltd. GBR. Dist: Independent Pubs. Group.

Maths on the Go: 101 Fun Ways to Play with Maths. Rob Eastaway & Mike Askew. 2016. (ENG., Illus.). 208p. 21.95 *(978-0-224-10162-2(5))* Penguin Random Hse. GBR. Dist: Independent Pubs. Group.

Maths Puzzles Ages 10-11: Ideal for Home Learning (Collins Easy Learning KS2) Collins Easy Learning & Peter Clarke. 2018. (Collins Easy Learning KS2 Ser.). (ENG.). 32p. (J). (gr. 5-6). pap. 6.99 *(978-0-00-826607-3(7))* HarperCollins Pubs. Ltd. GBR. Dist: Independent Pubs. Group.

Maths Puzzles Ages 7-8: Ideal for Home Learning (Collins Easy Learning KS2) Collins Easy Learning & Peter Clarke. 2018. (Collins Easy Learning KS2 Ser.). (ENG.). 32p. (J). (gr. 2-3). pap. 6.99 *(978-0-00-826604-2(2))* HarperCollins Pubs. Ltd. GBR. Dist: Independent Pubs. Group.

Maths Puzzles Ages 8-9: Ideal for Home Learning (Collins Easy Learning KS2) Collins Easy Learning & Peter Clarke. 2018. (Collins Easy Learning KS2 Ser.). (ENG.). 32p. (J). (gr. 3-4). pap. 6.99 *(978-0-00-826605-9(0))* HarperCollins Pubs. Ltd. GBR. Dist: Independent Pubs. Group.

Maths Puzzles Ages 9-10: Ideal for Home Learning (Collins Easy Learning KS2) Collins Easy Learning & Peter Clarke. 2018. (Collins Easy Learning KS2 Ser.). (ENG.). 32p. (J). (gr. 4-5). pap. 6.99 *(978-0-00-826606-6(9))* HarperCollins Pubs. Ltd. GBR. Dist: Independent Pubs. Group.

Maths Sutras from Around the World. Gaurav Tekriwal. 2018. (ENG.). 224p. pap. 14.95 *(978-0-14-333385-2(2)*, Puffin) Penguin Bks. India PVT, Ltd IND. Dist: Independent Pubs. Group.

Mathsketeers - a Mental Maths Adventure: A Key Stage 2 Home Learning Resource. Buster Books. Illus. by John Bigwood. 2022. (Buster Practice Workbooks Ser.: 3). (ENG.). 32p. (J). (gr. 1-5). pap. 11.99 *(978-1-78055-745-8(0)*, Buster Bks.) O'Mara, Michael Bks., Ltd. GBR. Dist: Independent Pubs. Group.

Mathsketeers - a Multiplication Mystery: A Key Stage 2 Home Learning Resource. Buster Books. Illus. by John Bigwood & James Hearne. 2022. (Buster Practice Workbooks Ser.: 4). (ENG.). 32p. (J). (gr. 1-5). pap. 11.99 *(978-1-78055-746-5(9)*, Buster Bks.) O'Mara, Michael Bks., Ltd. GBR. Dist: Independent Pubs. Group.

Mathsland School: Practise Basic Maths Skills (9-12 Years) Sally Jones & Amanda Jones. 2018. (Practise Basic Maths Skills Ser.). (ENG., Illus.). 104p. (J). (gr. 3-6). pap. *(978-0-9561150-9-6(8))* Guinea Pig Education.

MathSmart Grade 10: Quadratic Relations. Popular Book Company. 2022. (ENG.). 128p. (J). (gr. 10-10). 13.95 ***(978-1-77149-449-6(2))*** Popular Bk. Co. (USA) Ltd.

MathSmart Grade 10: Trigonometry. Popular Book Company. 2022. (ENG.). 128p. (J). (gr. 10-10). 13.95 ***(978-1-77149-448-9(4))*** Popular Bk. Co. (USA) Ltd.

MathSmart Grade 9 - Analytic Geometry: Smart High School Series. Popular Book Company. 2021. (ENG.). 128p. (J). (gr. 9-9). pap. 13.95 ***(978-1-77149-361-1(5))*** Popular Bk. Co. (USA) Ltd.

MathSmart Grade 9 - Number Sense & Algebra: Smart High School Series. Popular Book Company. 2021. (ENG.). 128p. (J). (gr. 9-9). pap. 13.95 ***(978-1-77149-360-4(7))*** Popular Bk. Co. (USA) Ltd.

Matias & the Cloud. Jorge G. Palomera. Illus. by Ana Sanfelippo. 2022. (ENG.). 32p. (J). (gr. -1-3). 14.99 *(978-0-358-46774-8(8)*, 1798127); pap. 7.99 *(978-0-358-46776-2(4)*, 1798129) HarperCollins Pubs. (Clarion Bks.).

Matías Tiene Cinco Amigos. David Martín del Campo. Illus. by Juan José Colsa. 2022. (SPA.). 136p. (J). pap. 11.95 *(978-607-07-5474-6(3))* Editorial Planeta, S. A. ESP. Dist: Two Rivers Distribution.

Matias 'Twas the Night Before Christmas. Illus. by Lisa Alderson. 2021. (Night Before Christmas Ser.). (ENG.). 32p. (J). (gr. -1-3). 7.99 ***(978-1-7282-5218-6(0))*** Sourcebooks, Inc.

Matilda. Roald Dahl. Illus. by Sarah Walsh. 2020.Tr. of Matilda. (ENG.). 192p. (J). (gr. 1-4). 25.00 *(978-1-9848-3610-6(2)*, Viking Books for Young Readers) Penguin Young Readers Group.

Matilda. Roald Dahl. 2018.Tr. of Matilda. (KOR.). (J). (gr. 3-7). pap. *(978-89-527-8733-0(1))* Sigongsa Co., Ltd.

Matilda. Roald Dahl. Illus. by Quentin Blake. ed. 2022.Tr. of Matilda. (ENG.). 256p. (J). (gr. 3-7). 7.99 *(978-0-593-52749-8(6)*, Viking Books for Young Readers) Penguin Young Readers Group.

Matilda: The Chocolate Cake Edition. Roald Dahl. Illus. by Quentin Blake. 2019.Tr. of Matilda. (ENG.). 256p. (J). (gr. 3-7). 8.99 *(978-1-9848-3620-5(X)*, Puffin Books) Penguin Young Readers Group.

Matilda & Her Magical Mat: Yoga for Every Body. Kerry Moeller. 2019. (ENG.). 28p. (J). *(978-1-5255-3332-7(0))*; pap. *(978-1-5255-3333-4(9))* FriesenPress.

Matilda & Pearl, 9. Julia Sykes. ed. 2021. (Unicorn Academy Ser.). (ENG., Illus.). 101p. (J). (gr. 2-3). 16.36 *(978-1-64697-739-0(4))* Penworthy Co., LLC, The.

Matilda: Be Outrageous: Big Ideas from a Small Girl. Roald Dahl. Illus. by Stephen Baxter. 2019. (ENG.). 32p. (J). (gr. 3-7). 9.99 *(978-1-5247-9361-6(2)*, Grosset & Dunlap) Penguin Young Readers Group.

Matilda Bone. Karen Cushman. 2020. (ENG.). 192p. (J). (gr. 3-7). pap. 7.99 *(978-0-358-09752-5(5)*, 1747612, Clarion Bks.) HarperCollins Pubs.

Matilda Mad Libs: World's Greatest Word Game. Roald Dahl & Laura Macchiarola. 2022. (Mad Libs Ser.). (ENG.). 48p. (J). (gr. 3-7). pap. 5.99 *(978-0-593-51916-5(7)*, Mad Libs) Penguin Young Readers Group.

Matilda Makes Matzah Balls. Rhonda Cohen. Illus. by Francesca Galmozzi. 2023. 32p. (J). 17.95 *(978-1-68115-616-3(4)*, Apples & Honey Pr.) Behrman Hse., Inc.

Matilda Mcgruder. Steve Hallsey. 2021. (ENG.). 82p. (J). pap. 17.95 *(978-1-6624-2352-9(7))* Page Publishing Inc.

Matilda Montfort, Vol. 1 Of 4: A Romantic Novel; in Four Volumes (Classic Reprint) Peter Peregrine. 2018. (ENG., Illus.). 238p. (J). 28.81 *(978-0-332-78006-1(6))* Forgotten Bks.

Matilda Montfort, Vol. 2 Of 4: A Romantic Novel (Classic Reprint) Peter Peregrine. 2018. (ENG., Illus.). 244p. (J). 28.95 *(978-0-483-90824-6(X))* Forgotten Bks.

Matilda Montfort, Vol. 3 Of 4: A Romantic Novel; in 4 Vol (Classic Reprint) Peter Peregrine. 2018. (ENG., Illus.). 256p. (J). 29.20 *(978-0-483-02421-2(X))* Forgotten Bks.

Matilda, or the Adventures of an Orphan: An Interesting Tale (Classic Reprint) Unknown Author. (ENG., Illus.). (J). 2018. 74p. 25.42 *(978-0-267-36809-9(7))*; 2016. pap. 9.57 *(978-1-334-16253-4(0))* Forgotten Bks.

Matilda (Spanish Edition) Roald Dahl. 2018. (Colección Roald Dahl Ser.). (SPA.). 248p. (J). (gr. 3-7). pap. 12.95 *(978-1-947783-36-2(X)*, Alfaguara) Penguin Random House Grupo Editorial ESP. Dist: Penguin Random Hse. LLC.

Matilda the Brave. Danny Ferreira. 2018. (ENG., Illus.). 34p. (J). pap. *(978-1-387-69608-6(4))* Lulu Pr., Inc.

Matilda the Brave: Oh How Time Flies. Danny Running. 2018. (ENG., Illus.). 34p. (J). pap. *(978-1-387-83545-4(9))* Lulu Pr., Inc.

Matilda the Brave- a Visit from Her Cousins. Danny Running. 2018. (ENG., Illus.). 42p. (J). pap. *(978-1-387-77224-7(4))* Lulu Pr., Inc.

Matilda the Brave-A Visit from Her Cousins. Danny Running. 2018. (ENG., Illus.). 42p. (J). *(978-1-387-77179-0(5))* Lulu Pr., Inc.

Matilda the Brave-Be Brave. Danny Running. 2018. (ENG., Illus.). 162p. (J). *(978-1-387-80586-0(X))* Lulu Pr., Inc.

Matilda the Brave-First Year of Travels. Danny Running. 2018. (ENG., Illus.). 32p. (J). pap. *(978-1-387-74219-6(1))* Lulu Pr., Inc.

Matilda the Brave-Parts of the Body. Danny Running. 2018. (ENG., Illus.). 40p. (J). pap. *(978-1-387-80079-7(5))* Lulu Pr., Inc.

Matilda's Dragon Riding, Private Eyeing, High Flying World. Rebecca S. Heiss. 2017. (ENG., Illus.). (J). pap. 10.99 *(978-0-692-91113-6(8))* Rheiss.

Matimáticas en Nuestro Mundo, 12 vols., Set. Incl. Contado en el Zoológico (Counting at the Zoo) Amy Ayers. lib. bdg. 24.67 *(978-0-8368-8487-6(6)*, 07e625f9-429e-46f1-a62f-e5c71f7f94e7); Contando Por la Ciudad (Counting in the City) Jean Sharp. lib. bdg. 24.67 *(978-0-8368-8486-9(8)*, f78484d6-aadf-4e6b-a4c4-ef1af98e37d2); Desfile de PATRONES (PATTERNS on Parade) Joan Freese. lib. bdg. 24.67 *(978-0-8368-8491-3(4)*, 00cb2fa9-861a-4892-9594-3a52633787cb); MIDIENDO en la Exposición de Perros (MEASURING at the Dog Show) Amy Ayers. lib. bdg. 24.67 *(978-0-8368-8492-0(2)*, 032b83dd-e865-4fb3-9953-78195f1e0ece); SUMANDO y RESTANDO en el Club de Matemáticas (ADDING & SUBTRACTING in Math Club) Amy Ayers. lib. bdg. 24.67 *(978-0-8368-8488-3(4)*, 7369809b-5971-4765-97d8-21371a574ad3); TABLAS y GRÁFICAS de Cosas Saludables (TABLES & GRAPHS of Healthy Things) Joan Freese. lib. bdg. 24.67 *(978-0-8368-8489-0(2)*, 96ed401d-b09a-4a3d-aff0-bcf2ddb231fa); USAMOS DINERO en el Puesto de Limonada (USING MONEY at the Lemonade Stand) Amy Ayers. lib. bdg. 24.67 *(978-0-8368-8490-6(6)*, f6a87e3c-8614-4163-b692-901b020e725b); USAMOS MATEMÁTICAS en la Fiesta Del Salón (USING MATH at the Class Party) Amy Ayers. lib. bdg. 24.67 *(978-0-8368-8493-7(0)*, 01031cd2-2695-4c26-b042-8b54b5f3c159); (Illus.). (gr. 1-1). (Las Matemáticas en Nuestro Mundo - Nivel 1 (Math in Our World - Level 1) Ser.). (SPA.). 24p. 2007. Set lib. bdg. 148.02 *(978-0-8368-8485-2(X)*, 742ce8eb-a965-4c65-bf69-1f45e32cd037, Weekly Reader Leveled Readers) Stevens, Gareth Publishing LLLP.

Matinees Senonoises, Ou Proverbes Francois: Suivis de Leur Origine, de Leur Rapport Avec Ceux des Langues Anciennes et Modernes, de l'Emploi Qu'o en a Fait en Poesie et en Prose, de Quelques Traits d'Histoire, Mots Saillans, et Usages Anciens Dont On. Charles Brown. 2017. (FRE., Illus.). (J). pap. 19.57 *(978-0-282-57689-9(4))* Forgotten Bks.

Matin'es S'Nonoises, Ou Proverbes Franois: Suivis de Leur Origine, de Leur Rapport Avec Ceux des Langues Anciennes et Modernes, de l'Emploi Qu'o en a Fait en Po'sie et en Prose, de Quelques Traits d'Histoire, Mots Saillans, et Usages Anciens Dont On. Charles Brown. 2018. (FRE., Illus.). 566p. (J). 35.57 *(978-0-656-82347-5(X))* Forgotten Bks.

Mating in the Wilds (Classic Reprint) Ottwell Binns. (ENG., Illus.). (J). 2018. 320p. 30.50 *(978-0-267-60885-0(3))*; 2017. pap. 13.57 *(978-1-5276-3019-2(6))* Forgotten Bks.

Mating of Lydia (Classic Reprint) Humphry Ward. (ENG., Illus.). (J). 2018. 548p. 35.20 *(978-0-332-06631-8(2))*; 2016. pap. 19.57 *(978-1-333-38883-6(7))* Forgotten Bks.

Mating Season. Chad Al Sauve. 2017. (ENG.). 212p. (YA). pap. ***(978-1-77302-641-1(0))*** Tellwell Talent.

Matka & Kotik. David Starr Jordan. 2017. (ENG.). 164p. (J). pap. *(978-3-7447-1426-6(8))* Creation Pubs.

Matka & Kotik: A Tale of the Mist-Islands (Classic Reprint) David Starr Jordan. 2018. (ENG., Illus.). 164p. (J). 27.30 *(978-0-364-32498-1(8))* Forgotten Bks.

Matka Eläintarhaan. Mohammed Umar. Tr. by Lea Kuusilehto-Awale. Illus. by Tom Velterop. 2022. (FIN.). 30p. (J). pap. *(978-1-912450-96-1(8))* Salaam Publishing.

Matka eläintarhaan FINNISH-SOMALI BILINGUAL EDITION. Mohammed Umar. Tr. by Lea Kuusilehto-Awale & Maxamed Xasan Alto. 2022. (FIN.). 32p. (J). pap. *(978-1-912450-97-8(6))* Salaam Publishing.

Matkakaverukset: Finnish Edition of Traveling Companions. Tuula Pere. Illus. by Catty Flores. 2018. (Nepal Ser.: Vol. 1). (FIN.). 32p. (J). (gr. k-4). pap. *(978-952-5878-24-0(4))* Wickwick oy.

Mato's Journey. Dave Bowles. Illus. by Elizabeth Lester. 2023. (ENG.). 60p. (J). (gr. k-5). pap. 14.95 ***(978-1-953021-99-1(9)***, Belle Isle Bks.) Brandylane Pubs., Inc.

Matouchon a Story of Indian Child Life (Classic Reprint) Annie Maria Barnes. 2018. (ENG., Illus.). 336p. (J). 30.83 *(978-0-483-54431-4(0))* Forgotten Bks.

Matrimonial Brokerage in the Metropolis: Being True Narratives of Strange Adventures in New York, & Startling Facts in City Life (Classic Reprint) Unknown Author. 2018. (ENG., Illus.). 390p. (J). 31.96 *(978-0-666-41993-4(0))* Forgotten Bks.

Matrimonial Bureau (Classic Reprint) Carolyn Wells. 2017. (ENG., Illus.). (J). 30.04 *(978-0-266-54504-0(1))*; pap. 13.57 *(978-0-282-78834-6(4))* Forgotten Bks.

Matrimonial Infelicities: With an Occasional Felicity, by Way of Contrast (Classic Reprint) Barry Gray. 2018. (ENG., Illus.). 280p. (J). 29.69 *(978-0-267-24806-3(7))* Forgotten Bks.

Matrimonial Lottery (Classic Reprint) Charlotte O'Conor Eccles. (ENG., Illus.). (J). 2018. 336p. 30.83 *(978-0-365-46234-7(9))*; 2017. pap. 13.57 *(978-1-5276-5951-3(8))* Forgotten Bks.

Matrimonial Miscellany, & Mirror of Human Nature, Vol. 1: Containing Essays on Happiness, & Various Subjects Connected with Conjugal Felicity; Comprising Also Several New Moral & Interesting Tales (Classic Reprint) Thomas Kinnersley. 2017. (ENG., Illus.). (J). 37.18 *(978-0-265-72455-2(4))*; pap. 19.57 *(978-1-5276-8360-0(5))* Forgotten Bks.

1296

The check digit for ISBN-10 appears in parentheses after the full ISBN-13

M

Matrimony: A Novel (Classic Reprint) William Edward Norris. (ENG., Illus.). (J). 2018. 452p. 33.24 *(978-0-483-55830-4(3))*; 2017. pap. 16.57 *(978-0-243-19030-0(1))* Forgotten Bks.

Matrimony, or Love Affairs in Our Village Twenty Years Ago (Classic Reprint) Anne Tuttle Jones Bullard. (ENG., Illus.). (J). 2018. 318p. 30.46 *(978-0-332-79878-3(X))*; 2017. pap. 13.57 *(978-0-259-06158-8(1))* Forgotten Bks.

Matrimony, Vol. 1 of 3 (Classic Reprint) W. E. Norris. (ENG., Illus.). (J). 2018. 334p. 30.81 *(978-0-428-96718-5(3))*; 2016. pap. 13.57 *(978-1-333-44737-3(X))* Forgotten Bks.

Matrimony, Vol. 2 of 3 (Classic Reprint) William Edward Norris. (ENG., Illus.). (J). 2018. 344p. 30.97 *(978-0-483-10818-9(9))*; 2016. pap. 13.57 *(978-1-333-34446-7(5))* Forgotten Bks.

Matrimony, Vol. 3 of 3 (Classic Reprint) William Edward Norris. (ENG., Illus.). (J). 2018. 328p. 30.68 *(978-0-484-89669-6(5))*; 2016. pap. 13.57 *(978-1-334-24337-0(9))* Forgotten Bks.

Matrix (Classic Reprint) Maria Thompson Daviess. 2017. (ENG., Illus.). (J). 29.47 *(978-0-266-21513-4(0))* Forgotten Bks.

Matron of Paris: The Story of Saint Genevieve. Phillip Campbell. 2022. (ENG.). 216p. (J). (gr. 4-12). pap. 18.95 *(978-1-5051-2322-7(4)*, 3051) TAN Bks.

Matsuyama Mirror (Classic Reprint) T. H. James. (ENG., Illus.). (J). 2018. 26p. 24.43 *(978-0-656-83908-7(2))*; 2017. pap. 7.97 *(978-0-259-39829-5(2))* Forgotten Bks.

Matt: A Tale of a Caravan (Classic Reprint) Robert Buchanan. 2018. (ENG., Illus.). 282p. (J). 29.71 *(978-0-484-32799-2(2))* Forgotten Bks.

Matt Christopher Sports Readers (Set), 4 vols. 2018. (Matt Christopher Sports Readers Ser.). (ENG.). 32p. (J). (gr. 1-4). lib. bdg. 125.44 *(978-1-5321-4254-3(4)*, 31054) Spotlight.

Matt Christopher: the #1 Sports Series for Kids (Set), 4 vols. 2018. (Matt Christopher: the #1 Sports Series for Kids Ser.). (ENG.). 128p. (J). (gr. 3-7). lib. bdg. 125.44 *(978-1-5321-4266-6(8)*, 31076, Chapter Bks.) Spotlight.

Matt Legend: Veil of Lies. Denis Mills. 2018. (Matt Legend Ser.: Vol. 1). (ENG., Illus.). 426p. (YA). (gr. 7-12). *(978-84-09-03809-1(9))* Mills, Denis.

Matt Made a Map. Barbara Spilman Lawson. 2016. (Spring Forward Ser.). (J). (gr. 2). *(978-1-4900-2246-8(5))* Benchmark Education Co.

Matt Millz. Harry Hill. Illus. by Steve May. 2017. (ENG.). 336p. (J). 13.50 *(978-0-571-33854-2(2)*, Faber & Faber Children's Bks.) Faber & Faber, Inc.

Matt Monroe & the Haunted House. Edward Torba. 2019. (ENG., Illus.). 272p. (J). 26.99 *(978-0-9850827-8-9(X))* All Points Pr.

Matt Ryan. Jon M. Fishman. 2018. (Sports All-Stars (Lerner (tm) Sports) Ser.). (ENG., Illus.). 32p. (J). (gr. 2-5). 29.32 *(978-1-5124-8249-2(8)*, 2cc238d2-16e6-4f12-8f6d-47b6fbb144e0, Lerner Pubns.); pap. 9.99 *(978-1-5415-1205-4(7)*, a65eeab6-b97d-42df-b0df-1c68bf8c8f5f) Lerner Publishing Group.

Matt Ryan: Football Star. Greg Bates. 2018. (Biggest Names in Sports Set 2 Ser.). (ENG., Illus.). 32p. (J). (gr. 3-5). pap. 9.95 *(978-1-63517-561-5(5)*, 1635175615); lib. bdg. 31.35 *(978-1-63517-489-2(9)*, 1635174899) North Star Editions. (Focus Readers).

Matt the Rat in a Dog Suit. Jody Daye. 2020. (ENG.). 52p. (J). pap. *(978-1-988001-50-0(1))* Ahelia Publishing, Inc.

Matteo. Michael Leali. 2023. (ENG.). 336p. (J). (gr. 3-7). 19.99 *(978-0-06-311991-8(9)*, HarperCollins) HarperCollins Pubs.

Matteo Bandello: Twelve Stories Selected & Done into English with a Memoir of the Author (Classic Reprint) Percy Pinkerton. 2018. (ENG., Illus.). 366p. (J). 31.45 *(978-0-267-48590-1(5))* Forgotten Bks.

Matteo Finds True Happiness. Olivia Bikhazi. Illus. by Jeff Hill. 2020. (ENG.). 44p. (J). pap. 9.95 *(978-1-7342358-0-7(2))* Bikhazi, Karen.

Matter. Andi Diehn. Illus. by Hui Li. 2018. (Picture Book Science Ser.). (ENG.). 32p. (J). (gr. k-3). 19.95 *(978-1-61930-642-4(5)*, 65b3e6fa-8009-49c5-85b7-4bcf80155600) Nomad Pr.

Matter. Abbie Dunne. 2016. (Physical Science Ser.). (ENG., Illus.). 24p. (J). (gr. -1-2). lib. bdg. 27.32 *(978-1-5157-0939-8(6)*, 132238, Capstone Pr.) Capstone.

Matter. Jane Parks Gardner. 2022. (Intro to Physics: Need to Know Ser.). (ENG.). (J). (gr. 5-7). lib. bdg. 28.50 Bearport Publishing Co., Inc.

Matter. Megan Cooley Peterson. 2019. (Little Physicist Ser.). (ENG., Illus.). 32p. (J). (gr. 1-3). pap. 6.95 *(978-1-9771-1065-7(7)*, 141139); lib. bdg. 28.65 *(978-1-9771-0962-0(4)*, 140553) Capstone. (Pebble).

Matter. Rebecca Pettiford. 2018. (Science Starters Ser.). (ENG., Illus.). 24p. (J). (gr. k-3). pap. 7.99 *(978-1-61891-466-8(9)*, 12119); lib. bdg. 26.95 *(978-1-62617-810-6(0))* Bellwether Media. (Blastoff! Readers).

Matter, 1 vol. Peter Riley. 2016. (Moving up with Science Ser.). (ENG.). 32p. (J). (gr. 3-4). pap. 11.00 *(978-1-4994-3149-0(X)*, 28b34796-e66c-41f5-8a62-aef6bcc57973, PowerKids Pr.) Rosen Publishing Group, Inc., The.

Matter (a True Book: Physical Science) (Library Edition) Ann O. Squire. 2019. (True Book (Relaunch) Ser.). (ENG., Illus.). 48p. (J). (gr. 3-5). lib. bdg. 31.00 *(978-0-531-13141-1(6)*, Children's Pr.) Scholastic Library Publishing.

Matter & Energy. Emily Sohn. 2019. (IScience Ser.). (ENG., Illus.). 32p. (J). (gr. 3-4). 23.94 *(978-1-68450-960-7(2))*; pap. 13.26 *(978-1-68404-381-1(6))* Norwood Hse. Pr.

Matter & How It Changes. Joseph Midthun. Illus. by Samuel Hiti. 2022. (ENG.). 42p. (J). pap. ***(978-0-7166-5061-4(4))*** World Bk.-Childcraft International.

Matter & Materials, 1 vol. Clare Hibbert. 2018. (Science Explorers Ser.). (ENG.). 32p. (gr. 3-3). lib. bdg. 26.93 *(978-1-9785-0645-9(7)*, 51126745-b992-4093-830d-45a0a0dffb7f) Enslow Publishing, LLC.

Matter, Energy, & Heat. Dawn Titmus. 2017. (Physics Ser.). (ENG.). 48p. (J). lib. bdg. 34.99 *(978-1-5105-2356-2(1))* SmartBook Media, Inc.

Matter, Molecules, & Atoms (Yesterday's Classics) Bertha Morris Parker. 2018. (ENG., Illus.). 70p. (J). (gr. 4-6). pap. 13.95 *(978-1-63334-106-7(2))* Yesterday's Classics.

Matter of Blood. Kendra Merritt. 2020. (ENG.). 468p. (YA). pap. 15.99 *(978-1-951009-08-3(8))* Blue Fyre Pr.

Matter of Days. Amber Kizer. 2016. (ENG.). 288p. (YA). (gr. 7). pap. 9.99 *(978-0-385-73974-0(5)*, Ember) Random Hse. Children's Bks.

Matter of Days. Amber Kizer. 2016. lib. bdg. 20.85 *(978-0-606-38875-7(3))* Turtleback.

Matter-of-Fact Magic Book: Secondhand Magic. Ruth Chew. 2016. (Matter-Of-Fact Magic Book Ser.). (Illus.). 144p. (J). (gr. 2-5). 6.99 *(978-0-449-81582-3(X)*, Random Hse. Bks. for Young Readers) Random Hse. Children's Bks.

Matter of Honor, & Other Stories (Classic Reprint) Barbara Yechton. (ENG., Illus.). (J). 2018. 116p. 26.31 *(978-0-365-18912-1(X))*; 2017. pap. 9.57 *(978-0-259-47165-3(8))* Forgotten Bks.

Matter of Sentiment (Classic Reprint) John Strange Winter. 2018. (ENG., Illus.). 374p. (J). 31.61 *(978-0-483-97494-4(3))* Forgotten Bks.

Matter of Skill: A Novel (Classic Reprint) Beatrice Whitby. (ENG., Illus.). (J). 2018. 238p. 28.81 *(978-0-365-22426-6(X))*; 2016. pap. 11.57 *(978-1-334-12001-5(3))* Forgotten Bks.

Matter of Taste: A Novel (Classic Reprint) George Henry Picard. 2018. (ENG., Illus.). 228p. (J). 28.62 *(978-0-483-60823-8(8))* Forgotten Bks.

Matter of the May Mouse. Kirsten Brewer Gant. Illus. by A. Fomin. 2019. (ENG.). 48p. (J). 16.99 *(978-1-948256-27-8(4))* Willow Moon Publishing.

Matter of Trust: #2. Anne Schraff. 2021. (Bluford Ser.). (ENG.). 136p. (YA). (gr. 6-12). lib. bdg. 32.79 *(978-1-0982-5037-9(0)*, 38128, Chapter Bks.) Spotlight.

Matter (Rookie Read-About Science: Physical Science) (Library Edition) Cody Crane. 2019. (Rookie Read-About Science Ser.). (ENG., Illus.). 32p. (J). (gr. 1-2). lib. bdg. 25.00 *(978-0-531-13409-2(1)*, Children's Pr.) Scholastic Library Publishing.

Matter Words. Taylor Farley. 2021. (My First Science Words Ser.). (ENG., Illus.). 24p. (J). (gr. -1-1). pap. *(978-1-4271-3049-5(3)*, 11656); lib. bdg. *(978-1-4271-3044-0(2)*, 11650) Crabtree Publishing Co.

Matthew & the Magic Goat. Carmen Powell. 2019. (ENG.). 32p. (J). pap. *(978-1-78878-404-7(9))*; pap. *(978-1-78878-403-0(0))* Austin Macauley Pubs. Ltd.

Matthew & the Magical Star. Kurt D Miller. 2021. (ENG.). 22p. (J). 14.99 *(978-1-956696-40-0(7))*; pap. 9.99 *(978-1-956696-39-4(3))* Rushmore Pr. LLC.

Matthew Austin (Classic Reprint) W. E. Norris. 2018. (ENG., Illus.). 482p. (J). 33.86 *(978-0-428-90714-3(8))* Forgotten Bks.

Matthew Austin, Vol. 1 of 3 (Classic Reprint) W. E. Norris. (ENG., Illus.). (J). 2018. 246p. 28.97 *(978-0-483-90485-9(6))*; 2016. pap. 11.57 *(978-1-333-33613-4(6))* Forgotten Bks.

Matthew Austin, Vol. 2 of 3 (Classic Reprint) W. E. Norris. 2018. (ENG., Illus.). 240p. (J). 28.85 *(978-0-332-89939-8(X))* Forgotten Bks.

Matthew Austin, Vol. 3 of 3 (Classic Reprint) W. E. Norris. 2018. (ENG., Illus.). 240p. (J). 28.85 *(978-0-483-67201-7(7))* Forgotten Bks.

Matthew Dale, Farmer (Classic Reprint) Sanders. 2017. (ENG., Illus.). (J). 30.50 *(978-0-266-67714-7(2))*; pap. 13.57 *(978-1-5276-4604-9(1))* Forgotten Bks.

Matthew Doyle (Classic Reprint) Will Garland. 2018. (ENG., Illus.). 284p. (J). 29.75 *(978-0-483-94760-3(1))* Forgotten Bks.

Matthew Furth (Classic Reprint) Ida Lemon. 2017. (ENG., Illus.). (J). 30.00 *(978-0-266-72395-0(0))*; pap. 13.57 *(978-1-5276-8259-7(5))* Forgotten Bks.

Matthew Goes for a Blood Test. Mary-Ann Hilderley. 2022. (ENG.). 18p. (J). pap. *(978-0-2288-6896-5(3))* Tellwell Talent.

Matthew Hargraves (Classic Reprint) S. G. Tallentyre. (ENG., Illus.). (J). 2018. 416p. 32.48 *(978-0-483-56909-6(7))*; 2017. pap. 16.57 *(978-0-243-88031-7(6))* Forgotten Bks.

Matthew Henson. A. M. Reynolds. 2020. (Biographies Ser.). (ENG.). 32p. (J). (gr. 1-3). pap. 6.95 *(978-1-9771-2657-3(X)*, 201641); (Illus.). lib. bdg. 31.32 *(978-1-9771-2332-9(5)*, 199509) Capstone. (Pebble).

Matthew Henson & the Ice Temple of Harlem. Gary Phillips. 2020. (Matthew Henson Ser.: 1). (ENG.). 320p. (gr. 11-5). pap. 16.00 *(978-1-947993-86-0(0)*, Agora) Polis Bks.

Matthew I Love You All Ways. Marianne Richmond. Illus. by Dubravka Kolanovic. 2023. (I Love You All Ways Ser.). (ENG.). 32p. (J). (gr. -1-3). 8.99 ***(978-1-7282-7399-0(4))*** Sourcebooks, Inc.

Matthew Meatball & the Marinara Misfits. Marie G. Bruno. 2017. (ENG., Illus.). (J). pap. 20.45 *(978-1-4808-4379-0(2))* Archway Publishing.

Matthew, Mother Mary's Favorite Cat. Robin Smith-Lucas. 2019. (ENG.). 34p. (J). pap. 13.95 *(978-1-0980-0391-3(8))* Christian Faith Publishing.

Matthew on the North Pole Express. J. D. Green. 2019. (North Pole Express Ser.). (ENG.). 32p. (J). (gr. -1-3). 7.99 ***(978-1-7282-0369-0(4))*** Sourcebooks, Inc.

Matthew Patterson & the Wish Defenders. Michael R. Holm & Rick Foster. 2018. (ENG., Illus.). 272p. (J). pap. 12.95 *(978-0-578-20055-2(4))* Holmade Publishing.

Matthew Santa's Secret Elf. Put Me In The Story & Katherine Sully. Illus. by Julia Seal. 2018. (Santa's Secret Elf Ser.). (ENG.). 32p. (J). (gr. k-3). 5.99 *(978-1-4926-8164-9(4))* Sourcebooks, Inc.

Matthew Stafford Football Star. Contrib. by Matt Scheff. 2022. (Biggest Names in Sports Set 7 Ser.). (ENG., Illus.). 32p. (J). (gr. 3-5). pap. 9.95 *(978-1-63739-443-4(8))*; lib. bdg. 31.35 *(978-1-63739-442-7(X))* North Star Editions. (Focus Readers).

Matthew the Grumpy Baby Walrus. Elizabeth Pena. 2019. (ENG.). 38p. (J). 16.95 *(978-1-64307-453-5(9))* Amplify Publishing Group.

Matthew the Magnet Magician. Rozanne Williams. 2017. (Learn-To-Read Ser.). (ENG., Illus.). (J). pap. 3.49 *(978-1-68310-304-2(1))* Pacific Learning, Inc.

Matthew Tindale, Vol. 1 Of 3: A Novel (Classic Reprint) Augusta A. Varty-Smith. 2018. (ENG., Illus.). 302p. (J). 30.13 *(978-0-483-79165-7(2))* Forgotten Bks.

Matthew Tindale, Vol. 2 Of 3: A Novel (Classic Reprint) Augusta A. Varty-Smith. (ENG., Illus.). (J). 2018. 298p. 30.06 *(978-0-428-60880-4(9))*; 2016. pap. 13.57 *(978-1-333-67353-6(1))* Forgotten Bks.

Matthew Tindale, Vol. 3 Of 3: A Novel (Classic Reprint) Augusta A. Varty-Smith. 2018. (ENG., Illus.). 290p. (J). 29.88 *(978-0-483-48978-3(6))* Forgotten Bks.

Matthew 'Twas the Night Before Christmas. Illus. by Lisa Alderson. 2019. (Night Before Christmas Ser.). (ENG.). 32p. (J). (gr. -1-3). 7.99 ***(978-1-7282-0262-4(0))*** Sourcebooks, Inc.

Matthew's Airplane. Phebe Define. 2018. (ENG.). 40p. (J). *(978-0-359-26519-0(7))* Lulu Pr., Inc.

Matthew's Christmas Wish. Put Me In The Story & J. D. Green. Illus. by Julia Seal. 2018. (Christmas Wish Ser.). (ENG.). 32p. (J). (gr. k-3). 6.99 ***(978-1-4926-8349-0(3))*** Sourcebooks, Inc.

Matthew's Puddle Splash Art. S. R. Tease. Illus. by Eva Rodriguez. 2021. (ENG.). 26p. (J). pap. 9.99 *(978-1-7343690-7-6(8))* Purple Flower Films.

Matthew's Rockin' World Superstars. Matthew W. Reese. 2020. (ENG.). 52p. (YA). pap. *(978-1-716-95119-0(4))* Lulu Pr., Inc.

Matthew's Special Education Preschool Classroom. Jenni Rose. 2020. (ENG., Illus.). 42p. (J). pap. 15.95 *(978-1-68456-580-1(4))* Page Publishing Inc.

Matthew's Very Happy Day. Sally Brenden. Illus. by Stefanie Brenden. 2018. (ENG.). 36p. (J). pap. 5.38 *(978-0-9972957-3-3(2))* Brenden, Sally.

Matthias. Jeff Kissell. 2018. (ENG., Illus.). 56p. (YA). pap. 11.95 *(978-1-64416-551-5(1))* Christian Faith Publishing.

Matthias at the Door (Classic Reprint) Edwin Arlington Robinson. (ENG., Illus.). (J). 2018. 100p. 25.98 *(978-0-484-64091-6(7))*; 2017. pap. 9.57 *(978-1-334-90632-9(7))* Forgotten Bks.

Mattie: A Stray (Classic Reprint) Frederick William Robinson. 2017. (ENG., Illus.). (J). 35.18 *(978-0-265-72120-9(2))*; pap. 19.57 *(978-1-5276-8396-9(6))* Forgotten Bks.

Mattie & the Machine. Lynn Ng Quezon. 2022. (Illus.). 264p. (YA). pap. 12.99 *(978-1-59580-118-0(9))* Santa Monica Pr.

Mattie & the Wolverines. J. Jeffrey. 2020. (ENG.). 192p. (J). pap. *(978-1-5255-7532-7(5))*; *(978-1-5255-7531-0(7))* FriesenPress.

Mattie Bender Is a Cereal Killer. M. J. Padgett. 2020. (ENG.). 320p. (J). pap. 14.99 *(978-1-393-35789-6(X))* Draft2Digital.

Mattie Boombalatty. Wayne Gerard Trotman. 2020. (Wayne Gerard Trotman's Rhyming Stories Ser.: Vol. 4). (ENG., Illus.). 50p. (J). *(978-1-9161848-3-1(9))* Red Moon Productions, Ltd.

Mattie Has Wheels Rides a Magic School Bus. Meena Dhanjal Outlaw. 2018. (ENG., Illus.). 42p. (J). pap. 14.95 *(978-1-64003-281-1(9))* Covenant Bks.

Mattie the Moth Learns to Fly. Linda Piequet. 2022. (ENG.). 32p. (J). pap. 14.95 ***(978-1-7379409-0-6(6))*** Piequet, Linda.

Mattie the Polar Bear. Anne McRae & Neil Morris. Illus. by Daniela De Luca. 2017. 31p. (J). *(978-0-7166-3526-0(7))* World Bk., Inc.

Matt's Forever Home. Judith Williams. 2020. (ENG.). 32p. (J). 23.95 *(978-1-4808-8968-2(7))*; pap. 13.95 *(978-1-4808-8966-8(0))* Archway Publishing.

Mattutu the Christmas Star. Boneita Dodge. 2016. (ENG., Illus.). (J). pap. 16.95 *(978-1-5127-6326-3(8)*, WestBow Pr.) Author Solutions, LLC.

Matty the Mouse. Terry Jerome Green. 2022. (ENG., Illus.). 28p. (J). pap. 14.95 ***(978-1-6624-4062-5(6))*** Page Publishing Inc.

Matty's Mountain. Bette Marafino. Illus. by Lora Lee. 2021. (ENG.). 36p. (J). *(978-1-6780-4449-7(0))* Lulu Pr., Inc.

Matylda, Bright & Tender. Holly M. McGhee. (ENG.). 224p. (J). (gr. 3-7). 2020. pap. 7.99 *(978-1-5362-1316-4(0))*; 2017. 16.99 *(978-0-7636-8951-3(3))* Candlewick Pr.

Matylda Goes on a Walkabout. Jan Lillefjre. Tr. by Cecilia Heimgard. 2019. (ENG., Illus.). 24p. (J). (gr. k-6). *(978-1-988843-39-1(1))* EMSA Publishing.

Matzá Que Salvo la Pascua. Albert I. Slomovitz. Illus. by Remi Bryant. 2023. (Jewish Christian Discovery Ser.). (SPA.). 22p. (J). pap. 7.99 ***(978-1-954529-05-2(8))*** PlayPen Publishing.

Matzah Craze. Jamie Kiffel-Alcheh. Illus. by Lauren Gallegos. 2021. (ENG.). 32p. (J). (gr. -1-3). pap. 7.99 *(978-1-5415-8669-7(7)*, ef7b2c24-5de7-4c78-8bae-62a04989ed51, Kar-Ben Publishing) Lerner Publishing Group.

Matzah Means So Many Things. Faith Goldstein. 2022. (ENG.). 34p. (J). pap. 14.99 *(978-1-954095-11-3(2))* Yorkshire Publishing Group.

Matzah That Saved Easter. Albert I. Slomovitz. Illus. by Remi Bryant. 2022. (ENG.). 22p. (J). pap. 7.99 *(978-1-954529-13-7(9))* PlayPen Publishing.

Matzah That Saved Easter: Activity Book #2. Albert I. Slomovitz. Illus. by Remi Bryant. 2023. (Jewish Christian Discovery Ser.). (ENG.). 34p. (J). pap. 4.99 ***(978-1-954529-30-4(9))*** PlayPen Publishing.

Matzo Ball-Wonton Thanksgiving. Amelie Suskind Liu & Leslie Lewinter-Suskind. 2021. (ENG.). 46p. (J). 18.99 ***(978-0-578-90014-8(9))***; pap. 9.99 ***(978-1-0879-8749-1(0))*** Indy Pub.

Matzo's Journey: A Christmas Tail. Kevin MacMillan & Anne MacMillan. 2018. (ENG., Illus.). 114p. (J). (gr. 3-6). pap. *(978-1-4866-1516-2(3))* Word Alive Pr.

Maud: A Novel Inspired by the Life of L. M. Montgomery. Melanie J. Fishbane. 400p. (YA). (gr. 7). 2018. pap. 10.99 *(978-0-14-319126-1(8))*; 2017. 17.99 *(978-0-14-319125-4(X))* PRH Canada Young Readers CAN. (Penguin Teen). Dist: Penguin Random Hse. LLC.

Maud & Addie. Maureen Buchanan Jones. 2021. (ENG.). 240p. (J). (gr. 4-7). pap. 16.95 *(978-1-64603-060-6(5)*, Fitzroy Bks.) Regal Hse. Publishing, LLC.

Maud & the Big Witch Meet. Madeline Tyler. Illus. by Amy Li. 2023. (Level 7 - Turquoise Set Ser.). (ENG.). 32p. (J). (gr. 1-4). lib. bdg. 19.95 Bearport Publishing Co., Inc.

Maud Atherton, Vol. 1 of 2 (Classic Reprint) Alfred Leigh. (ENG., Illus.). (J). 2018. 344p. 31.01 *(978-0-267-32972-4(5))*; 2016. pap. 13.57 *(978-1-333-56073-7(7))* Forgotten Bks.

Maud Kells: Fearless in the Forest. Jean Gibson. 2020. (Trail Blazers Ser.). (ENG., Illus.). 160p. (J). pap. 8.99 *(978-1-5271-0529-4(6)*, 9a67cd04-eaaa-496c-89d6-f0bfffe68dc7, CF4Kids) Christian Focus Pubns. GBR. Dist: Baker & Taylor Publisher Services (BTPS).

Maud Lewis 1,2,3, 1 vol. Shanda LaRamee-Jones & Carol McDougall. Illus. by Maud Lewis. 2017. (ENG.). 20p. (J). (gr. -1 — 1). bds. 12.95 *(978-1-77108-521-2(5)*, 0d3cd03a-b6d9-4a64-86da-d1c98f49ba1c) Nimbus Publishing, Ltd. CAN. Dist: Baker & Taylor Publisher Services (BTPS).

Maud Lewis Colours, 1 vol. Shanda LaRamee-Jones & Carol McDougall. Illus. by Maud Lewis. 2023. (ENG.). 24p. (J). bds. 12.95 *(978-1-77108-878-7(8)*, 386f1564-2589-4907-b6a6-f7f87d8484c1) Nimbus Publishing, Ltd. CAN. Dist: Baker & Taylor Publisher Services (BTPS).

Maud Summers: The Sightless; a Narrative for the Young (Classic Reprint) John Absolon. 2018. (ENG., Illus.). 204p. (J). 28.10 *(978-0-267-22075-5(8))* Forgotten Bks.

Maude: Prose Verse (Classic Reprint) Christina Rossetti. 2018. (ENG., Illus.). 128p. (J). 26.56 *(978-0-666-34793-0(X))* Forgotten Bks.

Maude & the Merry Christmas Tree. Cynthia Fraser Graves. Illus. by Nancy Bariluk Smith. 2020. (Maude of Maine Ser.: Vol. 1). (ENG.). 30p. (J). pap. 12.95 *(978-1-7329471-3-9(9))* Androscoggin Pr.

Maude Baxter (Classic Reprint) Chauncey Crafts Hotchkiss. (ENG., Illus.). (J). 2018. 334p. 30.81 *(978-0-484-67525-3(7))*; 2016. pap. 13.57 *(978-1-334-13619-1(X))* Forgotten Bks.

Maude Blackstone, the Millionaire's Daughter (Classic Reprint) Ray R. Johnston. (ENG., Illus.). (J). 2018. 318p. 30.46 *(978-0-656-68588-2(3))*; 2017. pap. 13.57 *(978-0-259-46035-0(4))* Forgotten Bks.

Maude Maynard, Vol. 1 of 3 (Classic Reprint) Emily Peart. (ENG., Illus.). (J). 2018. 346p. 31.03 *(978-0-483-74989-4(3))*; 2016. pap. 13.57 *(978-1-334-13574-3(6))* Forgotten Bks.

Maude Maynard, Vol. 2 of 3 (Classic Reprint) Emily Peart. 2018. (ENG., Illus.). 318p. (J). 30.46 *(978-0-483-90250-3(0))* Forgotten Bks.

Maude Maynard, Vol. 3 of 3 (Classic Reprint) Emily Peart. 2018. (ENG., Illus.). 302p. (J). 30.13 *(978-0-484-27905-5(X))* Forgotten Bks.

Maudelle: A Novel Founded on Facts Gathered from Living Witnesses (Classic Reprint) James Henery Smith. (ENG., Illus.). (J). 2018. 470p. 33.59 *(978-0-428-95694-3(7))*; 2017. pap. 16.57 *(978-1-334-91772-1(8))* Forgotten Bks.

Maudie & Bear: 10th Anniversary Edition. Jan Ormerod. Illus. by Freya Blackwood. 2021. (ENG.). 48p. (J). (gr. -1-k). pap. 12.99 *(978-1-76050-744-2(X))* Little Hare Bks. AUS. Dist: Independent Pubs. Group.

Maui, el Domador Del Sol: Leveled Reader Card Book 75 Level V 6 Pack. Hmh Hmh. 2021. (SPA.). (J). pap. 74.40 *(978-0-358-08639-0(6))* Houghton Mifflin Harcourt Publishing Co.

Maui Kitty's Play Day. Huss. 2017. (ENG., Illus.). (J). pap. 10.95 *(978-1-5043-7166-7(6)*, Balboa Pr.) Author Solutions, LLC.

Maui Slows the Sun. Gabrielle Ahulii. Illus. by Jing Jing Tsong. 2018. (ENG.). 16p. (J). bds. 7.95 *(978-1-933067-98-8(5))* Beachhouse Publishing, LLC.

Maui's Big Day. Andrew Boyce. 2022. (ENG.). 20p. (J). pap. *(978-0-2288-5915-4(8))* Tellwell Talent.

Maumbury Rings (Classic Reprint) Gertrude Violet McFadden. 2018. (ENG., Illus.). 388p. (J). 31.92 *(978-0-483-03493-8(2))* Forgotten Bks.

Mauprat (Classic Reprint) George Sand. (ENG., Illus.). (J). 2018. 318p. 30.46 *(978-0-365-10793-4(X))*; 2017. 33.69 *(978-0-266-20266-0(7))* Forgotten Bks.

Maura & Molly & Marigold Tea. Lyn Anne Cooper. Illus. by Hannah Cheshire. 2023. (ENG.). 42p. (J). pap. ***(978-0-2288-9567-1(7))*** Tellwell Talent.

Maureen (Classic Reprint) Patrick Macgill. 2017. (ENG., Illus.). (J). 31.80 *(978-0-265-18909-2(8))* Forgotten Bks.

Maureen Dhu, the Admiral's Daughter: A Tale of the Claddagh of Galway (Classic Reprint) J. Sadlier. 2018. (ENG., Illus.). 394p. (J). 32.04 *(978-0-365-26542-9(X))* Forgotten Bks.

Maureen Learns Sign Language. Tracilyn George. 2023. (ENG.). 26p. (J). pap. 13.99 ***(978-1-77475-462-7(2))*** Draft2Digital.

Maureen's Fairing (Classic Reprint) Jane Barlow. 2018. (ENG., Illus.). 212p. (J). 28.27 *(978-0-267-48779-0(7))* Forgotten Bks.

Maureen's Irish Dance on the Stars. Melanie Eitelman. 2020. (ENG., Illus.). 48p. (J). (gr. k-1). pap. *(978-1-78830-253-1(2))* Olympia Publishers.

Maurice & Berghetta; or the Priest of Rahery: A Tale (Classic Reprint) William Parnell. 2017. (ENG., Illus.). (J). 29.01 *(978-1-5280-5084-5(3))* Forgotten Bks.

Maurice & Berghetta; or, the Priest of Rahery. a Tale. William Parnell. 2017. (ENG., Illus.). (J). pap. *(978-0-649-27632-5(9))* Trieste Publishing Pty Ltd.

Maurice & His Dictionary: A True Story. Cary Fagan. Illus. by Enzo Lord Mariano. 2020. (ENG.). 56p. (J). (gr. 5). 18.95 *(978-1-77147-323-1(1))* Owlkids Bks. Inc. CAN. Dist: Publishers Group West (PGW).

Maurice Dering. George Alfred Lawrence. 2017. (ENG.). (J). 256p. pap. *(978-3-337-03989-9(8))*; 268p. pap. *(978-3-337-03991-2(X))* Creation Pubs.

Maurice Dering: Or the Quadrilateral, a Novel (Classic Reprint) George Alfred Lawrence. 2018. (ENG., Illus.). 518p. (J). 34.56 *(978-0-332-04700-3(8))* Forgotten Bks.

Maurice Dering, or the Quadrilateral, Vol. 1 Of 2: A Novel (Classic Reprint) George Alfred Lawrence. (ENG., Illus.). (J). 2018. 268p. 29.59 *(978-0-364-18733-3(6))*; 2016. pap. 11.97 *(978-1-334-17602-9(7))* Forgotten Bks.

Maurice Dering, or the Quadrilateral, Vol. 2 Of 2: A Novel (Classic Reprint) George Alfred Lawrence. 2018. (ENG.,

Illus.). 258p. (J). 29.24 *(978-0-483-33932-3(6))* Forgotten Bks.

Maurice Durant, Vol. 1 (Classic Reprint) Charles Garvice. 2018. (ENG., Illus.). 234p. (J). 28.72 *(978-0-484-14356-1(5))* Forgotten Bks.

Maurice Durant, Vol. 3 (Classic Reprint) Charles Garvice. 2018. (ENG., Illus.). 204p. (J). 28.12 *(978-0-484-76889-4(1))* Forgotten Bks.

Maurice Elvington, or One Out of Suits with Fortune, Vol. 1 Of 3: An Autobiography (Classic Reprint) Wilfrid East. (ENG., Illus.). (J). 2018. 298p. 30.04 *(978-0-484-74687-8(1))*; 2016. pap. 13.57 *(978-1-333-46115-7(1))* Forgotten Bks.

Maurice Elvington; or One Out of Suits with Fortune, Vol. 2 Of 3: An Autobiography (Classic Reprint) Wilfrid East. 2018. (ENG., Illus.). 296p. (J). 30.00 *(978-0-483-43570-4(8))* Forgotten Bks.

Maurice Elvington, or One Out of Suits with Fortune, Vol. 3 Of 3: An Autobiography (Classic Reprint) Wilfrid East. (ENG., Illus.). (J). 2018. 294p. 29.98 *(978-0-267-38253-8(7))*; 2016. pap. 13.57 *(978-1-334-15331-0(0))* Forgotten Bks.

Maurice Guest (Classic Reprint) Henry Handel Richardson. 2017. (ENG., Illus.). 574p. (J). 35.65 *(978-0-332-41509-3(0))* Forgotten Bks.

Maurice Guildford: Or the Trials of a Small Boy (Classic Reprint) Religious Tract Society. 2018. (ENG., Illus.). 114p. (J). 26.27 *(978-0-267-23833-0(9))* Forgotten Bks.

Maurice Harte: A Play in Two Acts (Classic Reprint) T. C. Murray. (ENG., Illus.). (J). 2018. 78p. 25.51 *(978-0-483-71178-5(0))*; 2016. pap. 9.57 *(978-1-334-15556-7(9))* Forgotten Bks.

Maurice Meets the Polly Wog Activity Book. Jeannaka Andrews. 2021. (ENG.). 22p. (J). pap. 6.99 *(978-1-0879-7336-4(8))* Indy Pub.

Maurice Sendak. Chris Bowman. 2016. (Children's Storytellers Ser.). (ENG., Illus.). 24p. (J). (gr. 2-5). lib. bdg. 26.95 *(978-1-62617-341-5(9)*, Blastoff! Readers) Bellwether Media.

Maurice Sendak. Jennifer Strand. 2016. (Amazing Authors Ser.). (ENG., Illus.). 24p. (J). (gr. -1-2). 49.94 *(978-1-68079-384-0(5)*, 23005, Abdo Zoom-Launch) ABDO Publishing Co.

Maurice Sendak (Rookie Biographies) (Library Edition) Jodie Shepherd. 2017. (Rookie Biographies Ser.). (ENG., Illus.). 32p. (J). (gr. 1-2). lib. bdg. 25.00 *(978-0-531-22291-1(8)*, Children's Pr.) Scholastic Library Publishing.

Maurice, the Elector of Saxony, Vol. 1 Of 3: An Historical Romance of the Sixteenth Century (Classic Reprint) Katharine Colquhoun. (ENG., Illus.). (J). 2018. 338p. 30.87 *(978-0-428-87505-3(X))*; 2016. pap. 13.57 *(978-1-333-36283-6(8))* Forgotten Bks.

Maurice, the Elector of Saxony, Vol. 2 Of 3: An Historical Romance of the Sixteenth Century (Classic Reprint) Katharine Colquhoun. (ENG., Illus.). (J). 2018. 336p. 30.83 *(978-0-483-40601-8(5))*; 2016. pap. 13.57 *(978-1-333-75777-9(8))* Forgotten Bks.

Maurice, the Elector of Saxony, Vol. 3 Of 3: An Historical Romance of the Sixteenth Century (Classic Reprint) Katharine Colquhoun. (ENG., Illus.). (J). 2018. 398p. 32.13 *(978-0-332-51593-9(1))*; 2016. pap. 16.57 *(978-1-333-62728-7(9))* Forgotten Bks.

Maurice the Moose, 1 vol. Lorne Elliott. Illus. by Lori Smith. 2019. (ENG.). 28p. (J). 16.95 *(978-1-77366-041-7(1)*, eec8915f-0805-4550-a2d2-5a88e49c4ee9) Acorn Pr., The CAN. Dist: Baker & Taylor Publisher Services (BTPS).

Maurice the Mouse's Cornfield. Donna Beserra. 2nd ed. 2017. (Creative Creatures Ser.: Vol. 3). (ENG., Illus.). (J). (gr. k-6). pap. 15.00 *(978-0-9982826-8-8(5))* Artistic Creations Bk. Publishing.

Maurice Tiernay: The Soldier of Fortune (Classic Reprint) Charles James Lever. 2018. (ENG., Illus.). 582p. (J). 35.92 *(978-0-483-60285-4(X))* Forgotten Bks.

Maurie's Lullaby for Mannie. Roslyn Ashley Henderson. 2017. (ENG., Illus.). (J). pap. 10.95 *(978-1-5127-7993-6(8)*, WestBow Pr.) Author Solutions, LLC.

Maurpikios Fiddler: Book 3- Love: the Red Ruby of Edo. M. J. Logan. 2016. (Maurpikios Fiddler Ser.: 3). (ENG., Illus.). (YA). (gr. 7-12). 20.00 *(978-0-9899212-8-2(X))*; pap. 18.00 *(978-0-9899212-9-9(8))* Unlimited Potential Publishing.

Maury C. Moose & the Ducktective. Adam Baker. Illus. by Jennifer Marshall. 2021. (ENG.). 94p. (J). pap. 9.95 *(978-0-9967190-5-6(9)*, Stapled By Mom Publishing) Baker, Adam.

Mauve Umbrella. Alki Zei. 2019. (ENG.). 244p. (J). pap. *(978-0-244-76581-1(2))* Lulu Pr., Inc.

Mauve Umbrella. Alkii Zei. 2019. (ENG., Illus.). 246p. (J). pap. 12.97 *(978-1-365-11138-9(5))* Lulu Pr., Inc.

Mave (Classic Reprint) Randal Charlton. 2017. (ENG., Illus.). (J). 31.05 *(978-0-266-72762-0(X))*; pap. 13.57 *(978-1-5276-8781-3(3))* Forgotten Bks.

Maven & the Magic Feather. Annie Nelson. 2016. (ENG., Illus.). (J). pap. 12.95 *(978-1-63575-128-4(4))* Christian Faith Publishing.

Maverick & Me. Katherine Schwarzenegger. Illus. by Phyllis Harris. 2017. (ENG.). 32p. (J). 16.99 *(978-0-8249-5687-5(7))* Worthy Publishing.

Maverick I Love You All Ways. Marianne Richmond. Illus. by Dubravka Kolanovic. 2023. (I Love You All Ways Ser.). (ENG.). 32p. (J). (gr. -1-3). 8.99 ***(978-1-7282-7400-3(1))*** Sourcebooks, Inc.

Maverick in a Prologue & Four Acts: A Drama of the West (Classic Reprint) James L. Kibbee. 2018. (ENG., Illus.). 92p. (J). 25.81 *(978-0-483-00615-7(7))* Forgotten Bks.

Maverick Loves Londyn: A Bad Boy/Good Girl Forbidden Romance. Jordan Ford. 2022. (Misfits Remix Ser.: Vol. 1). (ENG.). 418p. (J). pap. *(978-1-991034-07-6(5))* Forever Love Publishing.

Mavericks: Short Stories Rounded up (Classic Reprint) Unknown Author. 2018. (ENG., Illus.). 220p. (J). 28.43 *(978-0-484-61149-7(6))* Forgotten Bks.

Mavericks (Classic Reprint) William MacLeod Raine. (ENG., Illus.). (J). 2018. 360p. 31.34 *(978-0-656-92244-4(3))*; 2017. pap. 13.97 *(978-0-259-17428-8(9))* Forgotten Bks.

Mavis: A Genuine Heroine! Caroline Crow Salmon. Ed. by Mica G. Salmon. Illus. by Mica G. Salmon. 2018. (ENG.). 222p. (YA). (gr. 7-11). pap. *(978-0-6482277-0-0(7))* Turquoise Art.

Mavis & Margot Join the Circus. Robyn Gonzalez. Illus. by Kate Fallahee. 2020. (ENG.). 46p. (J). (gr. k-4). pap. 16.96 ***(978-1-0878-7847-8(0))*** Marvis Duo Productions.

Mavis & the Magic Curtain. Lee Jay Walker. 2016. (ENG., Illus.). 34p. (J). pap. *(978-1-365-34111-3(9))* Lulu Pr., Inc.

Mavis of Green Hill (Classic Reprint) Faith Baldwin. 2018. (ENG., Illus.). 276p. (J). 29.59 *(978-0-483-47670-7(6))* Forgotten Bks.

Mavis the Magic Dog: Sakura the Squirrel & the Terrible Storm. Lee Jay Walker. 2016. (ENG., Illus.). 34p. (J). pap. *(978-1-365-36169-2(1))* Lulu Pr., Inc.

Maw. William Forde. 2017. (ENG., Illus.). 126p. (J). pap. *(978-1-326-94850-4(4))* Lulu Pr., Inc.

Mawrth Valliis. EPHK. 2021. (ENG., Illus.). 128p. (YA). pap. 14.99 *(978-1-5343-2054-3(7))* Image Comics.

Maw's Vacation: The Story of a Human Being in the Yellowstone (Classic Reprint) Emerson Hough. 2018. (ENG., Illus.). 74p. (J). 25.42 *(978-0-267-18896-3(X))* Forgotten Bks.

Max. Bob Graham. Illus. by Bob Graham. 2022. (ENG.). 32p. (J). 7.99 *(978-1-5362-2274-6(7))* Candlewick Pr.

Max. Susan Guillermo. Illus. by Eminence System. 2023. 26p. (J). (-5). 24.99 BookBaby.

Max. Kathleen Hyland. 2022. (ENG., Illus.). 24p. (J). pap. 13.95 *(978-1-6624-5541-4(0))* Page Publishing Inc.

Max: A Midnight Adventure (Classic Reprint) Annie W. Franchot. 2018. (ENG., Illus.). 56p. (J). 25.09 *(978-0-484-18426-7(1))* Forgotten Bks.

Max: The Big Polka Dotted Mouse Celebrates Differences. Patricia Moody. 2017. (ENG.). (J). 14.95 *(978-1-68401-173-5(6))* Amplify Publishing Group.

Max: The Little Guy Who Thought. Samuel Haddad. 2017. (ENG., Illus.). (J). pap. 12.95 *(978-1-63525-520-1(1))* Christian Faith Publishing.

Max & Ann. Cecilia Minden. Illus. by Rachael McLean. 2021. (Little Blossom Stories Ser.). (ENG.). 16p. (J). (gr. -1-2). pap. 11.36 *(978-1-5341-7968-4(2)*, 218175, Cherry Blossom Press) Cherry Lake Publishing.

Max & Ann Run a Race. Cecilia Minden. Illus. by Rachael McLean. 2021. (Little Blossom Stories Ser.). (ENG.). 16p. (J). (gr. -1-2). pap. 11.36 *(978-1-5341-7971-4(2)*, 218184, Cherry Blossom Press) Cherry Lake Publishing.

Max & Ann Win the Game. Cecilia Minden. Illus. by Rachael McLean. 2021. (Little Blossom Stories Ser.). (ENG.). 16p. (J). (gr. -1-2). pap. 11.36 *(978-1-5341-7972-1(0)*, 218187, Cherry Blossom Press) Cherry Lake Publishing.

Max & Annabel: The First Patrol. Catelyn Kronfeld. 2021. (ENG.). 40p. (J). pap. 16.95 *(978-1-956696-42-4(3))* Rushmore Pr. LLC.

Max & Bear. Susan Quinn. Illus. by David Creighton-Pester. 2018. (Story Corner Ser.). (ENG.). 24p. (J). (gr. -1-k). lib. bdg. 19.99 *(978-1-68297-317-2(4)*, bd1af5ba-15c7-44a5-9e66-e16a788de5e2) QEB Publishing Inc.

Max & Bird. Ed Vere. 2017. (Max Ser.: 3). (ENG., Illus.). 32p. (J). (gr. -1-2). 17.99 *(978-1-4926-3558-1(8)*, Sourcebooks Jabberwocky) Sourcebooks, Inc.

Max & His Big Imagination - Castles & Knights Activity Book. Chrissy Metge. 2019. (ENG., Illus.). 34p. (J). pap. *(978-0-473-49515-2(5))* Duckling Publishing.

Max & His Big Imagination - Dinosaur Activity Book. Chrissy Metge. 2019. (ENG., Illus.). 42p. (J). pap. *(978-0-473-44103-6(9))* Duckling Publishing.

Max & His Big Imagination - Easter Activity Book. Chrissy Metge. 2023. (ENG., Illus.). 36p. (J). pap. ***(978-1-9911701-6-3(5))*** Duckling Publishing.

Max & His Big Imagination - New Zealand Activity Book. Chrissy Metge. 2021. (ENG.). 38p. (J). pap. *(978-0-473-50185-3(6))* Duckling Publishing.

Max & His Big Imagination - Safari Activity Book. Chrissy Metge. 2023. (ENG.). 34p. (J). pap. ***(978-0-473-49408-7(6))*** Duckling Publishing.

Max & His Big Imagination - Seaside Activity Book. Chrissy Metge. 2019. (ENG., Illus.). 42p. (J). pap. ***(978-0-473-42192-2(5))*** Duckling Publishing.

Max & His Big Imagination - Space Activity Book. Chrissy Metge. 2019. (ENG., Illus.). 44p. (J). pap. ***(978-0-473-49014-0(5))*** Duckling Publishing.

Max & His Map. Lisa Harkrader. Illus. by Margeaux Lucas. 2016. (Spring Forward Ser.). (J). (gr. 1). *(978-1-4900-9371-0(0))* Benchmark Education Co.

Max & Kate Get Crafty, 1 vol. Mick Manning. 2018. (Let's Read with Max & Kate Ser.). (ENG.). 24p. (J). (gr. 1-2). 25.27 *(978-1-5383-4054-7(2)*, 444edf5e-2d4f-4470-b206-2295e27a45c5); pap. 9.25 *(978-1-5383-4053-0(4)*, c89bdbf6-9e79-42d6-84ce-3f17d0e5a4e5) Rosen Publishing Group, Inc., The. (PowerKids Pr.).

Max & Kate Meet Baby Charlie, 1 vol. Mick Manning. 2018. (Let's Read with Max & Kate Ser.). (ENG.). 24p. (J). (gr. 1-2). 25.27 *(978-1-5383-4057-8(7)*, 3fc61c05-b6de-4aff-b7ab-f25334ebe5c6); pap. 9.25 *(978-1-5383-4058-5(5)*, b05f91f0-8944-452a-b3dd-ac9ab8adffa8) Rosen Publishing Group, Inc., The. (PowerKids Pr.).

Max & Kate Visit Aunt Sue, 1 vol. Mick Manning. 2018. (Let's Read with Max & Kate Ser.). (ENG.). 24p. (gr. 1-2). 25.27 *(978-1-5383-4061-5(5)*, 819e210d-6230-40b7-ae07-174de3947464); pap. 9.25 *(978-1-5383-4062-2(3)*, 84b96327-5dbe-4da3-bce8-e552718e68b9) Rosen Publishing Group, Inc., The. (PowerKids Pr.).

Max & Maurice: A Juvenile History in Seven Tricks. William Busch. 2019. (ENG., Illus.). 64p. (YA). pap. *(978-93-5329-510-3(6))* Alpha Editions.

Max & Mckenzie. Jeff and Jacqi Lovell. 2017. (Mouse Gate Ser.). (ENG., Illus.). (YA). (gr. 7-12). pap. 14.95 *(978-1-59095-333-4(9)*, ExamWise) Total Recall Learning, Inc.

Max & Me. Ethan C. Love. Illus. by Ethan C. Love. 2018. (ENG., Illus.). 28p. (J). (gr. 3-5). pap. *(978-0-6480675-7-3(2))* Nenge Books.

Max & Milky Make It to Mars. Maria Sproulle. 2017. (ENG., Illus.). 132p. (J). pap. *(978-1-912021-63-5(3)*, Nightingale Books) Pegasus Elliot Mackenzie Pubs.

Max & Mo Collector's Set (Boxed Set) Max & Mo's First Day at School; Max & Mo Go Apple Picking; Max & Mo Make a Snowman; Max & Mo's Halloween Surprise; Max & Mo's Science Fair Surprise; Max & Mo's 100th Day of School! Patricia Lakin. Illus. by Brian Floca. ed. 2021. (Max & Mo Ser.). (ENG.). 192p. (J). (gr. -1-1). pap. 17.99 *(978-1-5344-8518-1(X)*, Simon Spotlight) Simon Spotlight.

Max & Mollie Discover the Magic of Sea Glass: A Lesson in Character Chapter Book. Glace Ardis. 2020. (Max & Mollie Ser.: Vol. 2). (ENG., Illus.). 106p. (J). pap. 11.99 *(978-0-9862655-2-5(7))* Creative Impact.

Max & Mollie Walk a Mile in My Shoes: A Lesson in Character. Ardis Glace. 2020. (ENG., Illus.). 108p. (J). pap. 11.99 *(978-0-9862655-4-9(3))* Creative Impact.

Max & Moonbean. Rob Scotton. Illus. by Rob Scotton. 2023. (ENG., Illus.). 48p. (J). (gr. -1-3). 19.99 *(978-0-06-299038-9(1)*, HarperCollins) HarperCollins Pubs.

Max & Moritz. Wilhelm Busch. Tr. by Mark Ledsom from GER. Illus. by Wilhelm Busch. 2020. (ENG., Illus.). 64p. (J). (gr. 1-4). pap. 9.99 *(978-1-78269-253-9(3)*, Pushkin Children's Bks.) Steerforth Pr.

Max & Mo's 100th Day of School. Patricia Lakin. ed. 2021. (Ready-To-Read Ser.). (ENG., Illus.). 30p. (J). (gr. k-1). 15.46 *(978-1-64697-927-1(3))* Penworthy Co., LLC, The.

Max & Mo's 100th Day of School! Ready-To-Read Level 1. Patricia Lakin. Illus. by Priscilla Lamont. 2020. (Max & Mo Ser.). (ENG.). 32p. (J). (gr. -1-1). 17.99 *(978-1-5344-6326-4(7))*; pap. 4.99 *(978-1-5344-6325-7(9))* Simon Spotlight. (Simon Spotlight).

Max & Mo's Science Fair Surprise: Ready-To-Read Level 1. Patricia Lakin. Illus. by Priscilla Lamont. 2020. (Max & Mo Ser.). (ENG.). 32p. (J). (gr. -1-1). 17.99 *(978-1-5344-6322-6(4))*; pap. 4.99 *(978-1-5344-6323-3(2))* Simon Spotlight. (Simon Spotlight).

Max & Pax (Classic Reprint) Annie Keary. 2018. (ENG., Illus.). 44p. (J). 24.80 *(978-0-484-86199-1(9))* Forgotten Bks.

Max & Ruby & the Babysitting Squad. Rosemary Wells. Illus. by Rosemary Wells. 2020. (Max & Ruby Adventure Ser.). (ENG., Illus.). 32p. (J). (gr. -1-3). 17.99 *(978-1-5344-6328-8(3)*, Simon & Schuster/Paula Wiseman Bks.) Simon & Schuster/Paula Wiseman Bks.

Max & Ruby & Twin Trouble. Rosemary Wells. Illus. by Rosemary Wells. 2019. (Max & Ruby Adventure Ser.). (ENG., Illus.). 32p. (J). (gr. -1-3). 17.99 *(978-1-5344-4365-5(7)*, Simon & Schuster Bks. For Young Readers) Simon & Schuster Bks. For Young Readers.

Max & Ruby: Bunny Adventures: A Look & Find Book. Illus. by Nelvana Ltd. 2019. (ENG.). 14p. (J). (gr. -1). bds. 9.99 *(978-2-89802-066-7(4)*, CrackBoom! Bks.) Chouette Publishing CAN. Dist: Publishers Group West (PGW).

Max & Ruby: Bunny Christmas: Lift-The-Flap Book. Illus. by Nelvana Ltd. 2019. (Max & Ruby Ser.). (ENG.). 10p. (J). (gr. -1). bds. 7.99 *(978-2-89802-070-4(2)*, CrackBoom! Bks.) Chouette Publishing CAN. Dist: Publishers Group West (PGW).

Max & Ruby: Max's Nightlight: A Bedtime Book. Illus. by Nelvana Ltd. 2019. (Max & Ruby Ser.). (ENG.). 14p. (J). (gr. -1). 12.99 *(978-2-89802-059-9(1)*, CrackBoom! Bks.) Chouette Publishing CAN. Dist: Publishers Group West (PGW).

Max & Ruby: My First Sticker Book (over 500 Stickers) Fun Activities: Puzzles, Mosaics, Creations & More. 2021. (Max & Ruby Ser.). (Illus.). 96p. (J). (gr. -1-1). 10.99 *(978-2-89802-304-0(3)*, CrackBoom! Bks.) Chouette Publishing CAN. Dist: Publishers Group West (PGW).

Max & Ruby Play Hide-And-Seek: Lift-The-Flap Book. Illus. by Nelvana Ltd. 2019. (Max & Ruby Ser.). (ENG.). 10p. (J). (gr. -1). bds. 7.99 *(978-2-89802-071-1(0)*, CrackBoom! Bks.) Chouette Publishing CAN. Dist: Publishers Group West (PGW).

Max & Ruby's Preschool Pranks. Rosemary Wells. 2016. (Max & Ruby Ser.). (Illus.). 40p. (J). (-k). 17.99 *(978-0-670-78462-2(1)*, Viking Books for Young Readers) Penguin Young Readers Group.

Max & Sal (Classroom & Home) Sound-Out Phonics Reader (Letter Group 4 of a Systematic Decodable Series) Pamela Brookes. Ed. by Nancy Mather. 2022. (Dog on a Log (Blue) Get Ready! Readers Ser.: Vol. 4). (ENG., Illus.). 74p. (J). 15.99 ***(978-1-64831-094-2(X)***, DOG ON A LOG Bks.) Jojoba Pr.

Max & Sig: Arctic Adventure. Mina Mauerstein Bail & Michael Swaim. 2022. (ENG.). 38p. (J). pap. 12.00 *(978-1-64883-146-1(X)*, ExamWise) Total Recall Learning, Inc.

Max & the Crummy Carrots. Kathleen Martin Byrnes & Katherine Sternat. 2023. (ENG.). 38p. (J). 18.95 ***(978-1-64543-358-3(7)***, Mascot Kids) Amplify Publishing Group.

Max & the Golf Ball Bandit. Janet Charlebois. 2021. (Max Copper Million Ser.). (ENG.). 44p. (J). *(978-1-0391-0883-7(0))*; pap. *(978-1-0391-0882-0(2))* FriesenPress.

Max & the Haunted Hotel: A Ghostly Giggles Tale. M. Dane. 2023. (ENG.). 128p. (J). pap. ***(978-0-6455209-4-1(2))*** M Dane.

Max & the Lost City. Ben Henriques. 2017. (ENG., Illus.). (J). pap. 13.95 *(978-1-948056-02-1(X))* IONA Pubs.

Max & the Magic Tree. Jack Liberty. 2020. 38p. (J). 25.00 *(978-1-0983-2292-2(4))* BookBaby.

Max & the Meanies. Liz Landa. Illus. by Dan Landa. 2019. (ENG.). 36p. (J). (gr. 4-6). pap. 15.00 *(978-1-60571-472-1(0)*, Shires Press) Northshire Pr.

Max & the Midknights. Lincoln Peirce. 2019. (Max & the Midknights Ser.: 1). (Illus.). 288p. (J). (gr. 3-7). 13.99 *(978-1-101-93108-0(6)*, Crown Books For Young Readers) Random Hse. Children's Bks.

Max & the Midknights: Battle of the Bodkins. Lincoln Peirce. 2020. (Max & the Midknights Ser.: 2). (ENG., Illus.). 272p. (J). (gr. 3-7). 13.99 *(978-0-593-12590-8(8))*; E-Book *(978-0-593-12592-2(4))* Random Hse. Children's Bks. (Crown Books For Young Readers).

Max & the Midknights: the Tower of Time. Lincoln Peirce. 2022. (Illus.). 262p. (J). *(978-0-593-37792-5(3))* Bantam Doubleday Dell Large Print Group, Inc.

Max & the Midknights: the Tower of Time. Lincoln Peirce. 2022. (Max & the Midknights Ser.: 3). (Illus.). 272p. (J). (gr. 3-7). 13.99 *(978-0-593-37789-5(3)*, Crown Books For Young Readers) Random Hse. Children's Bks.

Max & the Midnight Sun. Nicole Craig & Robbie Craig. 2017. (ENG., Illus.). 40p. (J). pap. *(978-0-2288-1396-5(4))* Tellwell Talent.

Max & the Millions. Ross Montgomery. 2018. 265p. (J). pap. *(978-1-5247-1887-9(4))* Earthscan Canada.

Max & the Millions. Ross Montgomery. 2018. (ENG.). 272p. (J). (gr. 3-7). 16.99 *(978-1-5247-1884-8(X)*, Lamb, Wendy Bks.) Random Hse. Children's Bks.

Max & the Mysterious Noise. Dianne Lee Blomberg Ph D. 2019. (ENG.). 38p. (J). pap. 17.00 *(978-1-68470-736-2(6))* Lulu Pr., Inc.

Max & the Superheroes. Rocío Bonilla & Mara Lethem. Illus. by Rocío Bonilla & Oriol Malet. 2018. (ENG.). 48p. (J). (gr. -1-3). lib. bdg. 14.99 *(978-1-58089-844-7(0))* Charlesbridge Publishing, Inc.

Max & the Tornado. Brian Curry. 2018. (ENG., Illus.). 32p. (J). pap. *(978-1-387-55744-8(0))* Lulu Pr., Inc.

Max & Voltaire Meet a Wise Old Bird. Mina Mauerstein Bail & Michael Swaim. 2018. (Max & Voltare Ser.: Vol. 5). (ENG., Illus.). 106p. (J). (gr. 3-6). pap. 14.99 *(978-1-59095-358-7(4)*, ExamWise) Total Recall Learning, Inc.

Max & Voltaire Treasure in the Snow. Mina Mauerstein Bail. Illus. by Michael Swaim. 2017. (Max & Voltaire Series(tm) Book Four Ser.: Vol. 4). (ENG.). (J). (gr. k-6). pap. 14.95 *(978-1-59095-547-5(1)*, ExamWise) Total Recall Learning, Inc.

Max & Voltaire Where Is Voltaire? Mina Mauerstein Bail. 2019. (Max & Voltaire Ser.: Vol. 6). (ENG., Illus.). 96p. (J). (gr. k-6). pap. 14.99 *(978-1-59095-255-9(3)*, ExamWise) Total Recall Learning, Inc.

Max & Xam. Ariane Hofmann-Maniyar. Illus. by Ariane Hofmann-Maniyar. 2020. (Child's Play Library). (Illus.). 32p. (J). *(978-1-78628-087-9(6))*; pap. *(978-1-78628-086-2(8))* Child's Play International Ltd.

Max at Night. Ed Vere. 2016. (Max Ser.: 2). (ENG., Illus.). 32p. (J). (gr. -1-2). 16.99 *(978-1-4926-3296-2(1)*, 9781492632962, Sourcebooks Jabberwocky) Sourcebooks, Inc.

Max at School. Rosemary Wells. Illus. by Andrew Grey. 2017. (Max & Ruby Ser.). 32p. (J). (gr. 1-2). pap. 4.99 *(978-0-515-15743-7(0)*, Penguin Young Readers) Penguin Young Readers Group.

Max at School. Rosemary Wells. ed. 2018. (Penguin Young Readers Ser.). (ENG.). 32p. (J). (gr. -1-1). 13.89 *(978-1-64310-625-0(2))* Penworthy Co., LLC, The.

Max Attacks. Kathi Appelt. Illus. by Penelope Dullaghan. 2019. (ENG.). 40p. (J). (gr. -1-3). 18.99 *(978-1-4814-5146-8(4)*, Atheneum/Caitlyn Dlouhy Books) Simon & Schuster Children's Publishing.

Max Axiom & the Society of Super Scientists. Myra Faye Turner et al. Illus. by Daniel Pedrosa et al. 2022. (Max Axiom & the Society of Super Scientists Ser.). (ENG.). 32p. (J). 250.56 *(978-1-6663-1767-1(5)*, 233847); pap., pap., pap. 63.60 *(978-1-6663-1782-4(9)*, 233848) Capstone. (Capstone Pr.).

Max Booth: Future Sleuth: Set 2. 2021. (Max Booth: Future Sleuth Ser.). (ENG.). (J). pap. 49.05 *(978-1-9785-9574-3(3))*; lib. bdg. 77.40 *(978-1-9785-9573-6(5))* Enslow Publishing, LLC. (West 44 Bks.).

Max Booth: Future Sleuth: Sets 1 - 2. 2021. (Max Booth: Future Sleuth Ser.). (ENG.). (J). pap. 98.10 *(978-1-9785-9576-7(X))*; lib. bdg. 154.80 *(978-1-9785-9575-0(1))* Enslow Publishing, LLC. (West 44 Bks.).

Max Brinkley's Military Brat Mysteries: The Case of the Ding-Dong Ditcher. Kim Roedl. Illus. by Mindy J. B. Whitten. 2016. (Max Brinkley's Military Brat Mysteries Ser.: Vol. 1). (ENG.). 98p. (J). 24.95 ***(978-1-958754-19-1(6)***, Belle Isle Bks.) Brandylane Pubs., Inc.

Max Can Read! Rosemary Wells. Illus. by Rosemary Wells. 2022. (Max & Ruby Adventure Ser.). (ENG., Illus.). 32p. (J). (gr. -1-3). 18.99 *(978-1-5344-9396-4(4)*, Simon & Schuster/Paula Wiseman Bks.) Simon & Schuster/Paula Wiseman Bks.

Max Clever Unleashed. Dean Greely. 2018. (ENG.). 186p. (YA). pap. 13.99 *(978-1-4808-6777-2(2))* Archway Publishing.

Max Discovers His Hidden Powers. Charlene Gattuso et al. Illus. by Jeannine Powers. 2023. 28p. (J). pap. 6.99 ***(978-1-6678-8952-8(4))*** BookBaby.

Max Einstein: The Genius Experiment. James Patterson & Chris Grabenstein. Illus. by Beverly Johnson. 2018. 338p. (J). *(978-0-316-45219-9(X)*, Jimmy Patterson) Little Brown & Co.

Max Einstein: Rebels with a Cause. James Patterson & Chris Grabenstein. Illus. by Beverly Johnson. 2019. (Max Einstein Ser.: 2). (ENG.). 320p. (J). (gr. 3-9). 14.99 *(978-0-316-48816-7(X)*, Jimmy Patterson) Little Brown & Co.

Max Einstein: Saves the Future. James Patterson & Chris Grabenstein. Illus. by Beverly Johnson. 2020. (Max Einstein Ser.: 3). (ENG.). 352p. (J). (gr. 3-9). 14.99 *(978-0-316-48821-1(6)*, Jimmy Patterson) Little Brown & Co.

Max Einstein: the Genius Experiment. James Patterson & Chris Grabenstein. Illus. by Beverly Johnson. (Max Einstein Ser.: 1). (ENG.). (J). 2019. 368p. pap. 8.99 *(978-0-316-52397-4(6))*; 2018. 352p. (gr. 3-9). 14.99 *(978-0-316-52396-7(8))* Little Brown & Co. (Jimmy Patterson).

Max England Turns a Pet Project into Pay. Mara Williams. Illus. by Fiona Reed. 2022. (Little Books of Big Business Ser.: Vol. 3). (ENG.). 50p. (J). pap. 7.99 *(978-1-7356784-4-3(9))* Success Hse. Publishing.

Max et Voltaire: Tourisme et Enlèvement. Mina Mauerstien Bail. Illus. by Michael Swaim. 2021. (FRE.). 88p. (J). pap. 15.00 *(978-1-59095-543-7(9)*, ExamWise) Total Recall Learning, Inc.

1298

The check digit for ISBN-10 appears in parentheses after the full ISBN-13

Max et Voltaire Faisons Connaissance. Mina Mauerstein Bail. Tr. by A. M. Demmer. Illus. by Gabriel Choquette. 2016. (FRE.). (J). (gr. k-6). pap. 14.95 *(978-1-59095-538-3(2)*, ExamWise) Total Recall Learning, Inc.

Max et Voltaire Voyage à la Ville Éternelle. Mina Mauerstien Bail. Illus. by Michael Swaim. 2022. (Série des Aventures de Max et Voltaire(tm Ser.: Vol. 3). (FRE.). 106p. (J). pap. 15.00 *(978-1-59095-545-1(5)*, ExamWise) Total Recall Learning, Inc.

Max Explains Everything: Grocery Store Expert. Stacy McAnulty. Illus. by Deborah Hocking. 2018. 32p. (J). (gr. -1-2). 16.99 *(978-1-101-99644-7(7)*, G.P. Putnam's Sons Books for Young Readers) Penguin Young Readers Group.

Max Explains Everything: Puppy Expert. Stacy McAnulty. Illus. by Deborah Hocking. 2020. 32p. (J). (gr. -1-2). 17.99 *(978-0-399-54502-3(6)*, G.P. Putnam's Sons Books for Young Readers) Penguin Young Readers Group.

Max Explains Everything: Soccer Expert. Stacy McAnulty. Illus. by Deborah Hocking. 2019. 32p. (J). (gr. -1-2). 17.99 *(978-1-101-99640-9(4)*, G.P. Putnam's Sons Books for Young Readers) Penguin Young Readers Group.

Max Explores It All. Melanie Tommany. 2022. (ENG.). 28p. (J). pap. *(978-1-3984-7124-5(0))* Austin Macauley Pubs. Ltd.

Max Faraday Chronicles. Jeffrey Shurlow Graham. 2022. (ENG.). 344p. (YA). pap. 19.95 *(978-1-68235-490-2(3))* Strategic Book Publishing & Rights Agency (SBPRA).

Max Fernsby & the Infinite Toys. Gerry Swallow & Peter Gaulke. Illus. by Marta Kissi. 2023. (ENG.). 208p. (J). (gr. 3-7). 18.99 ***(978-0-06-321475-0(X)***, HarperCollins) HarperCollins Pubs.

Max Finds a Rainbow. Judie Glaser. Illus. by Cory Zayatz. 2019. (ENG.). 30p. (J). (gr. k-3). 16.95 *(978-1-7326830-5-1(0))* Primedia eLaunch LLC.

Max Fliegt in ein Neues Leben. Martina Welscher. 2017. (GER., Illus.). (J). *(978-3-7439-6002-2(8))*; pap. *(978-3-7439-6004-6(4))* tredition Verlag.

Max Goes to Africa. Ruth Calkins. 2019. (ENG., Illus.). 38p. (J). pap. 16.00 *(978-1-64530-144-8(3))* Dorrance Publishing Co., Inc.

Max Goes to Jupiter: A Science Adventure with Max the Dog. Jeffrey Bennett et al. Illus. by Michael Carroll. 2nd ed. 2018. (Science Adventures with Max the Dog Ser.). (ENG.). 32p. (J). (gr. k-8). 15.00 *(978-1-937548-82-7(1))* Big Kid Science.

Max Goes to the Beach. Lauren Ashley Stuart. 2022. (Adventures of Max Ser.). (ENG.). 36p. (J). 35.99 *(978-1-6628-5312-8(2))*; pap. 25.99 *(978-1-6628-5311-1(4))* Salem Author Services.

Max Helsing & the Thirteenth Curse. Curtis Jobling. ed. 2016. (Max Helsing: Monster Hunter Ser.: Vol. 1). (ENG.). 336p. (J). (gr. 5). 19.65 *(978-0-606-39334-8(X))* Turtleback.

Max Hereford's Dream, Derrick Vaughan, Novelist: The Autobiography of a Slander (Classic Reprint) Edna Lyall. 2018. (ENG., Illus.). 240p. (J). 28.87 *(978-0-483-97497-5(8))* Forgotten Bks.

Max in Hollywood, Baby. Maira Kalman. 2018. (Illus.). 48p. (J). (gr. k-3). 18.95 *(978-1-68137-234-1(7)*, NYR Children's Collection) New York Review of Bks., Inc., The.

Max Is Mean. Tracilyn George. 2023. (ENG.). 22p. (J). pap. 12.99 ***(978-1-77475-465-8(7))*** Draft2Digital.

Max Is Missing! A Booger Patrol Adventure. Nancee Ruzicka. Illus. by Aureliano Contreras. 2020. (Booger Patrol Adventures Ser.: Vol. 1). (ENG.). 52p. (J). pap. 5.99 *(978-1-7359830-0-4(4))* ICT Intuition.

Max Is Missing! A Booger Patrol Adventure. Nancee Ruzicka. Illus. by Aureliano Contreras Dominguez. 2020. (Booger Patrol Adventures Ser.: Vol. 1). (ENG.). 52p. (J). pap. 5.99 *(978-1-7359830-1-1(2))* ICT Intuition.

Max Kicks the Ball. Cecilia Minden. Illus. by Rachael McLean. 2021. (Little Blossom Stories Ser.). (ENG.). 16p. (J). (gr. -1-2). pap. 11.36 *(978-1-5341-7970-7(4)*, 218181, Cherry Blossom Press) Cherry Lake Publishing.

Max Loves Cupcakes. Ligia Carvalho. 2017. (ENG., Illus.). (J). (gr. -1-3). 16.95 *(978-1-4808-5113-9(2))*; 25.95 *(978-1-4808-5114-6(0))* Archway Publishing.

Max Loves Cupcakes. Ligia Carvalho. 2020. (ENG.). 36p. (J). (gr. -1-3). *(978-1-5255-9079-5(0))*; pap. *(978-1-5255-9078-8(2))* FriesenPress.

Max Magee. Railin Morgan. Illus. by Carol Timmers. 2020. (ENG.). 36p. (J). *(978-1-5255-7053-7(6))*; pap. *(978-1-5255-7054-4(4))* FriesenPress.

Max Magpie's Unusual First Year. Marian Grove. 2018. (ENG., Illus.). 92p. (J). pap. *(978-0-244-07787-7(8))* Lulu Pr., Inc.

Max Makes a Million. Maira Kalman. 2017. (Illus.). 48p. (J). (gr. k-3). 18.95 *(978-1-68137-170-2(7)*, NYR Children's Collection) New York Review of Bks., Inc., The.

Max, Mason & Little Jimmy. Philip Friend. 2018. (ENG., Illus.). 28p. (J). *(978-1-78878-688-1(2))*; pap. *(978-1-78878-687-4(4))* Austin Macauley Pubs. Ltd.

Max Meow Book 1: Cat Crusader: (a Graphic Novel) John Gallagher. 2020. (Max Meow Ser.: 1). (Illus.). 240p. (J). (gr. 2-5). 13.99 *(978-0-593-12105-4(8))*; (ENG., lib. bdg. 15.99 *(978-0-593-12106-1(6))* Penguin Random Hse. LLC.

Max Meow Book 2: Donuts & Danger: (a Graphic Novel) John Gallagher. 2021. (Max Meow Ser.: 2). (Illus.). 240p. (J). (gr. 2-5). 12.99 *(978-0-593-12108-5(2))* Penguin Random Hse. LLC.

Max Meow Boxed Set: Welcome to Kittyopolis (Books 1-4) (a Graphic Novel Boxed Set) John Gallagher. 2023. (Max Meow Ser.). 960p. (J). (gr. 2-5). 55.96 *(978-0-593-70362-5(6))* Penguin Random Hse. LLC.

Max Mooney Messes Up: I Broke Lincoln's Hand. Ann Kimbrough. Illus. by Iulian Thomas. 2020. (ENG.). 158p. (J). pap. 7.99 *(978-0-9989428-4-1(7))* Everything Journals/Novels.

Max, Mouse & the Doll's House. Christine Johnson. 2018. (ENG., Illus.). 78p. (J). (gr. -1-3). pap. *(978-1-5289-2475-7(4))* Austin Macauley Pubs. Ltd.

Max of Morgan Hill. Patricia Tracy Dow Beveridge. 2018. (ENG., Illus.). 44p. (J). 34.99 *(978-1-5456-4462-1(4))*; pap. 24.99 *(978-1-5456-4460-7(8))* Salem Author Services.

Max on the Farm. Kyle Lukoff. Illus. by Luciano Lozano. 2020. (Max & Friends Ser.: Vol. 3). (ENG.). 32p. (J). (gr. 2-4). pap. 8.95 *(978-1-4788-6898-9(8))* Newmark Learning LLC.

Max on the Farm! (the Secret Life of Pets 2) David Lewman. Illus. by Elsa Chang. 2019. (Little Golden Book Ser.). 24p. (J). (-k). 4.99 *(978-1-9848-4994-6(8)*, Golden Bks.) Random Hse. Children's Bks.

Max Packs a Box: Practicing the Ks Sound, 1 vol. Whitney Walker. 2016. (Rosen Phonics Readers Ser.). (ENG.). 12p. (J). (gr. -1-2). pap. *(978-1-5081-3575-3(4)*, 414596fb-c20f-497f-99d4-3ebc02b4d2da, Rosen Classroom) Rosen Publishing Group, Inc., The.

Max Ride First Flight, 1. Marguerite Bennett. ed. 2017. (J). lib. bdg. 33.05 *(978-0-606-40704-5(9))* Turtleback.

Max Saves Bellisa. Lilli Sutherland. 2017. (ENG., Illus.). 70p. (J). pap. 14.95 *(978-1-78710-541-6(5)*, 74fa9db0-692e-4dd8-9363-b81e82a94fc0) Austin Macauley Pubs. Ltd. GBR. Dist: Baker & Taylor Publisher Services (BTPS).

Max Scherzer. Donald Parker. 2020. (J). *(978-1-4222-4439-5(3))* Mason Crest.

Max Speed. Stephen Shaskan. Illus. by Stephen Shaskan. 2016. (ENG., Illus.). 32p. (J). (gr. -1-3). 17.99 *(978-1-4814-4590-0(1)*, Simon & Schuster Bks. For Young Readers) Simon & Schuster Bks. For Young Readers.

Max T. Booker. Pat Moon. 2018. (ENG., Illus.). 126p. (J). (gr. 3-7). pap. 13.95 *(978-1-64300-272-9(4))* Covenant Bks.

Max the Bear & the Gold Mine Adventure. James Jodice. 2022. (ENG.). 38p. (J). 18.95 *(978-1-63755-109-7(6)*, Mascot Kids) Amplify Publishing Group.

Max the Blue Jay Helps His New Friend. Karlin L. Housen. Illus. by Karryl Eugene. 2018. (ENG.). 58p. (J). (gr. k-3). 14.95 *(978-0-692-12500-7(0))* Brooklyn Publishing.

Max the Blue Jay Is Not Fitting In. Karlin Housen. Illus. by Karryl Eugene. 2017. (Max the Blue Jay Ser.: Vol. 2). (ENG.). (J). (gr. k-4). 14.95 *(978-0-692-96601-3(3))* Brooklyn Publishing.

Max the Cat. Phoenix Fyre & Wylde Fyre. Illus. by Wylde Fyre. 2020. (ENG.). 38p. (J). pap. 9.99 *(978-1-7358371-0-9(5))* BuchWyrm, LLC.

Max the Cat & the Purrfect Gift. Phoenix Fyre & Wylde Fyre. Illus. by Wylde Fyre. 2020. (ENG.). 34p. (J). pap. 10.00 *(978-1-7358371-2-3(1))* BuchWyrm, LLC.

Max the City Dog: A Day at the Beach. Robbi G. Muir. 2020. (ENG.). (J). 42p. 22.99 *(978-0-578-24337-5(7))*; 40p. pap. 12.99 *(978-0-578-24324-5(5))* Muir Design Inc.

Max the Cool Doodle. Ruth and Mark. 2017. (ENG., Illus.). (J). (gr. 4-6). pap. 12.95 *(978-0-578-19682-4(4))* Crested Tern Publishing.

Max the Dog. Ka'mora Cindie Julien. 2020. (ENG.). 28p. (J). pap. 20.00 *(978-1-6781-1346-9(8))* Lulu Pr., Inc.

Max the Gorilla: A True Heroic Story about a Gorilla in a Zoo for Kids Ages 3-5 Ages 6-8. K. a Mulenga. 2022. (ENG.). 26p. (J). pap. *(978-1-998954-40-7(4))* ALZuluBelle.

Max the Mine in the Heavy Metal Menace. Mike Johannes. Illus. by Mike Johannes. 2020. (Max the Mine Ser.: 3). (ENG.). 40p. (J). 20.00 *(978-1-64538-188-4(9))*; pap. 14.99 *(978-1-64538-187-7(0))* Orange Hat Publishing.

Max the Mummy Keeps Calm: Dealing with Stress, 1 vol. Leonard Clasky. 2019. (Social & Emotional Learning for the Real World Ser.). (ENG.). 12p. (gr. 1-2). pap. *(978-1-7253-5512-5(4)*, 330929c1-cbc8-4692-a2c6-7efb6afea6f4, Rosen Classroom) Rosen Publishing Group, Inc., The.

Max the Rabbit Builds a Snowman: Includes a Clever Puzzle. Julia Shigarova & Clever Publishing. 2019. (Clever Puzzle Bks.). (ENG.). 10p. (J). (gr. -1 — 1). bds. 7.99 *(978-1-949998-11-5(8))* Clever Media Group.

Max the Rabbit Gets a Present: Includes a Clever Puzzle. Clever Publishing & Julia Shigarova. 2019. (Clever Puzzle Bks.). (ENG.). 10p. (J). (gr. -1 — 1). bds. 7.99 *(978-1-948418-08-9(8))* Clever Media Group.

Max the Rabbit Plays Hide & Seek: Includes a Clever Puzzle. Clever Publishing & Julia Shigarova. 2019. (Clever Puzzle Bks.). (ENG.). 10p. (J). (gr. -1 — 1). bds. 7.99 *(978-1-948418-07-2(X))* Clever Media Group.

Max the Super. Lorraine Garcia. 2017. (ENG., Illus.). (J). 22.95 *(978-1-4808-4294-6(X))*; pap. 16.95 *(978-1-4808-4293-9(1))* Archway Publishing.

Max Tilt: 80 Days or Die. Peter Lerangis. 2018. (Max Tilt Ser.: 2). (ENG., Illus.). 400p. (J). (gr. 3-7). 17.99 *(978-0-06-244103-4(5)*, HarperCollins) HarperCollins Pubs.

Max Tilt: Fire the Depths. Peter Lerangis. 2018. (Max Tilt Ser.: 1). (ENG.). 384p. (J). (gr. 3-7). pap. 6.99 *(978-0-06-244101-0(9)*, HarperCollins) HarperCollins Pubs.

Max Tilt: 80 Days or Die. Peter Lerangis. 2019. (Max Tilt Ser.: 2). (ENG.). 416p. (J). (gr. 3-7). pap. 6.99 *(978-0-06-244104-1(3)*, HarperCollins) HarperCollins Pubs.

Max Tilt: Enter the Core. Peter Lerangis. 2019. (Max Tilt Ser.: 3). (ENG.). 384p. (J). (gr. 3-7). pap. 6.99 *(978-0-06-244107-2(8)*, HarperCollins) HarperCollins Pubs.

Max Tilt: Fire the Depths. Peter Lerangis. 2017. (Max Tilt Ser.: 1). (ENG.). 368p. (J). (gr. 3-7). 17.99 *(978-0-06-244100-3(0)*, HarperCollins) HarperCollins Pubs.

Max und Moritz: A Boys' Tale in Seven Tricks. Wilhelm Busch. 2021. (ENG.). 52p. (J). 26.95 *(978-1-64764-601-1(4))*; pap. 13.95 *(978-1-64764-571-7(9))* Primedia eLaunch LLC.

Max und Moritz: Eine Bubengeschichte in Sieben Streichen. Wilhelm Busch. 2021. (GER.). 50p. (J). 26.95 *(978-1-64764-629-5(4))*; pap. 14.95 *(978-1-64764-598-4(0))* Primedia eLaunch LLC.

Max Verstappen. Ethan Olson. 2023. (Sports Superstars Ser.). (ENG., Illus.). 32p. (J). lib. bdg. 31.35 ***(978-1-63738-561-6(7)***, Apex) North Star Editions.

Max Verstappen. Contrib. by Ethan Olson. 2023. (Sports Superstars Ser.). (ENG., Illus.). 32p. (J). pap. 9.95 ***(978-1-63738-615-6(X)***, Apex) North Star Editions.

Max Viaja a Júpiter: Una Aventura de Ciencias con el Perro Max. Jeffrey Bennett et al. Illus. by Michael Carroll. 2018. (Science Adventures with Max the Dog Ser.). (SPA.). 32p. (J). (gr. 2-4). 15.00 *(978-0-9721819-6-9(2))* Big Kid Science.

Max Wentworth, Vol. 1 of 3 (Classic Reprint) Unknown Author. 2018. (ENG., Illus.). 302p. (J). 30.13 *(978-0-484-77664-6(9))* Forgotten Bks.

Max Wentworth, Vol. 2 of 3 (Classic Reprint) Unknown Author. (ENG., Illus.). (J). 2018. 302p. 30.15 *(978-0-483-96605-5(3))*; 2016. pap. 13.57 *(978-1-333-36867-8(4))* Forgotten Bks.

Max y los superhéroes. Oriol Malet Murria. 2018. (SPA.). (J). *(978-84-9142-023-1(1))* Algar Editorial, Feditres, S.L.

Max y Sig Aventura Ártica: Las Aventuras de Max y Sig. Mina Mauerstein Bail. Illus. by Michael Swaim. 2022. (Libro 1 Ser.). (SPA.). 36p. (J). pap. 12.99 ***(978-1-64883-192-8(3)***, ExamWise) Total Recall Learning, Inc.

Max y Voltaire: La Excursión y el Secuestro. Mina Mauerstein Bail. Illus. by Michael Swaim. 2020. (Segundo Libro de la Serie Max y Voltaire Ser.: Vol. 2). (SPA.). 98p. (YA). pap. 15.00 *(978-1-59095-157-6(3)*, ExamWise) Total Recall Learning, Inc.

Max y Voltaire ¿dónde Está Voltaire? Mina Mauerstien Bail. Illus. by Michael Swaim. 2021. (Sexto Libro de la Serie Max y Voltaire(tm) Ser.: Vol. 6). (SPA.). 96p. (J). pap. 15.00 *(978-1-64883-058-7(7)*, ExamWise) Total Recall Learning, Inc.

Max y Voltaire el Encuentro con una Sabia Ave Anciana. Mina Mauerstein Bail. Illus. by Michael Swaim. 2021. (Quinto Libro de la Serie Max y Voltaire (Tm) Ser.: Vol. 5). (SPA.). 114p. (J). pap. 15.00 *(978-1-64883-056-3(0)*, ExamWise) Total Recall Learning, Inc.

Max y Voltaire Llegando a Conocerte. Mina Bail. 2017. (SPA., Illus.). (J). (gr. 1-6). pap. 14.95 *(978-1-59095-155-2(7)*, ExamWise) Total Recall Learning, Inc.

Max y Voltaire un Viaje a la Ciudad Eterna. Mina Mauerstein Bail. Illus. by Michael Swaim. 2020. (Tercer Libro de la Serie Max y Voltaire Ser.: Vol. 3). (SPA.). 100p. (J). pap. 15.00 *(978-1-59095-161-3(1)*, ExamWise) Total Recall Learning, Inc.

Max Your Money: Earn It! Grow It! Use It! Larry Hayes & Rachel Provest. Illus. by Chris Madden. 2022. (ENG.). 128p. (J). (gr. 5-8). 16.95 *(978-1-78312-848-8(8))* Welbeck Publishing Group Ltd. GBR. Dist: Two Rivers Distribution.

Maxat & Ermek's Forest Adventure. Nazira. 2018. (Maxat the Magician Ser.: Vol. 6). (ENG., Illus.). 28p. (J). (gr. k-3). pap. *(978-0-9568300-5-0(6))* Eastern Treasure Publishing.

Maxat & Ermek's Forest Adventure: Book 6. Aijan. 2021. (ENG.). 32p. (J). (gr. 1-6). pap. ***(978-1-291-68848-1(X))*** Lulu Pr., Inc.

Maxat & the Book of Magic. Nazira. 2018. (Maxat the Magician Ser.: Vol. 4). (ENG., Illus.). 32p. (J). (gr. k-2). pap. *(978-0-9568300-3-6(X))* Eastern Treasure Publishing.

Maxat & the Book of Magic: Book 4. Aijan. 2021. (ENG.). 32p. (J). (gr. 1-6). pap. ***(978-1-291-68850-4(1))*** Lulu Pr., Inc.

Maxat & the Clash of the Gods: Book 14. Aijan. 2021. (ENG.). 32p. (J). pap. *(978-1-291-68829-0(3))* Lulu Pr., Inc.

Maxat & the Clash of the Gods: Book14. Aijan. 2019. (Maxat the Magician Ser.: Vol. 14). (ENG., Illus.). 32p. (J). (gr. 1-6). pap. *(978-1-9164645-3-7(X))* Eastern Treasure Publishing.

Maxat & the Deadly Maze: Book 12. Aijan. 2021. (ENG.). 32p. (J). (gr. 1-6). pap. ***(978-1-291-68833-7(1))*** Lulu Pr., Inc.

Maxat & the Deadly Maze: Book 12. Nazira. 2019. (Maxat the Magician Ser.: Vol. 12). (ENG., Illus.). 28p. (J). (gr. k-3). pap. *(978-1-9164645-1-3(3))* Eastern Treasure Publishing.

Maxat & the Garnet Charm. Nazira. 2018. (Maxat the Magician Ser.: Vol. 7). (ENG., Illus.). 22p. (J). (gr. 1-3). pap. *(978-0-9568300-6-7(4))* Eastern Treasure Publishing.

Maxat & the Garnet Charm: Book 7. Aijan. 2021. (ENG.). 32p. (J). (gr. 1-6). pap. ***(978-1-291-68845-0(5))*** Lulu Pr., Inc.

Maxat & the Witch: Book 8. Aijan. 2021. (ENG.). 32p. (J). (gr. 1-6). pap. ***(978-1-291-68837-5(4))*** Lulu Pr., Inc.

Maxat & the Witch: Book 8. Nazira. 2018. (Maxat the Magician Ser.: Vol. 8). (ENG., Illus.). 26p. (J). (gr. 1-2). pap. *(978-0-9568300-7-4(2))* Eastern Treasure Publishing.

Maxat in Olympus: Book 13. Aijan. 2021. (ENG.). 32p. (J). (gr. 1-6). pap. ***(978-1-291-68830-6(7))*** Lulu Pr., Inc.

Maxat in Olympus: Book 13. Nazira. 2019. (Maxat the Magician Ser.: Vol. 13). (ENG., Illus.). 22p. (J). (gr. k-4). pap. *(978-1-9164645-2-0(1))* Eastern Treasure Publishing.

Maxat in the Land of Reverse. Nazira. 2017. (Maxat the Magician Ser.: Vol. 3). (ENG., Illus.). 31p. (J). pap. *(978-0-9568300-2-9(1))* Eastern Treasure Publishing.

Maxat in the Land of Reverse: Book 3. Aijan. 2021. (ENG.). 32p. (J). (gr. 1-6). pap. ***(978-1-291-68856-6(0))*** Lulu Pr., Inc.

Maxat in the Royal Palace. Nazira. 2017. (Maxat the Magician Ser.: Vol. 2). (ENG., Illus.). 26p. (J). (gr. k-1). pap. *(978-0-9568300-1-2(3))* Eastern Treasure Publishing.

Maxat in the Royal Palace: Book 2. Aijan. 2021. (ENG.). 32p. (J). (gr. 1-6). pap. ***(978-1-291-68858-0(7))*** Lulu Pr., Inc.

Maxat in the Twin Moons Island: Book 15. Aijan. 2019. (Maxat the Magician Ser.: Vol. 15). (ENG., Illus.). 42p. (J). (gr. 1-6). pap. *(978-1-9164645-4-4(8))* Eastern Treasure Publishing.

Maxat in the Twin Moons Island: Book 15. Aijan. 2021. (ENG.). 40p. (J). (gr. 1-6). pap. *(978-1-291-68828-3(5))* Lulu Pr., Inc.

Maxat Sails to the Mediterranean: Book 10. Aijan. 2021. (ENG.). 32p. (J). pap. ***(978-1-291-68831-3(5))*** Lulu Pr., Inc.

Maxat Sails to the Mediterranean: Book 10. Nazira. 2018. (Maxat the Magician Ser.: Vol. 10). (ENG., Illus.). 26p. (J). (gr. k-4). pap. *(978-0-9568300-9-8(9))* Eastern Treasure Publishing.

Maxat the Magic Prince: Book 9. Aijan. 2021. (ENG.). 32p. (J). (gr. 1-6). pap. ***(978-1-291-68836-8(6))*** Lulu Pr., Inc.

Maxat the Magic Prince: Book 9. Nazira. 2018. (Maxat the Magician Ser.: Vol. 9). (ENG., Illus.). 24p. (J). (gr. 1-3). pap. *(978-0-9568300-8-1(0))* Eastern Treasure Publishing.

Maxat the Magician & His Balloon Adventure: Book 1. Aijan. 2021. (ENG.). 32p. (J). (gr. 1-6). pap. ***(978-1-291-68859-7(5))*** Lulu Pr., Inc.

Maxat's Magic Travel in Time. Nazira. 2018. (Maxat the Magician Ser.: Vol. 5). (ENG., Illus.). 28p. (J). (gr. k-2). pap. *(978-0-9568300-4-3(8))* Eastern Treasure Publishing.

Maxat's Magic Travel in Time: Book 5. Aijan. 2021. (ENG.). 32p. (J). (gr. 1-6). pap. ***(978-1-291-68849-8(8))*** Lulu Pr., Inc.

Maxat's Roman Conquest: Book 11. Aijan. 2021. (ENG.). 32p. (J). (gr. 1-6). pap. ***(978-1-291-68835-1(8))*** Lulu Pr., Inc.

Maxat's Roman Conquest: Book 11. Nazira. 2019. (Maxat the Magician Ser.: Vol. 11). (ENG., Illus.). 26p. (J). (gr. k-3). pap. *(978-1-9164645-0-6(5))* Eastern Treasure Publishing.

Maxed Out. Daphne Greer. 2nd ed. 2022. (Orca Currents Ser.). (ENG.). 128p. (J). (gr. 4-7). pap. 10.95 *(978-1-4598-3458-3(5))* Orca Bk. Pubs. USA.

Maxi Taxi & Other Poems. Virginia Hoppes. 2016. (ENG., Illus.). 36p. (J). pap. 9.49 *(978-0-9820466-2-3(6))* Humor & Communication.

Maxi the Little Taxi. Elizabeth Upton. Illus. by Henry Cole. 2016. (ENG.). 32p. (J). (gr. -1-k). 17.99 *(978-0-545-79860-0(4)*, Scholastic Pr.) Scholastic, Inc.

Maxie Wiz & the Magic Charms. Michelle Meadows. Illus. by Sawyer Cloud. 2023. (Step into Reading Ser.). 32p. (J). (gr. -1-1). pap. 5.99 ***(978-0-593-57136-1(3))***; (ENG.). lib. bdg. 14.99 ***(978-0-593-57137-8(1))*** Random Hse. Children's Bks. (Random Hse. Bks. for Young Readers).

Maximillian Fly. Angie Sage. (ENG.). (J). (gr. 3-7). 2020. 400p. pap. 7.99 *(978-0-06-257117-5(6))*; 2019. 384p. 16.99 *(978-0-06-257116-8(8))* HarperCollins Pubs. (Tegen, Katherine Bks).

Maximillian Villainous. Margaret Chiu Greanias. 2018. (ENG., Illus.). 40p. (J). (gr. -1-3). 16.99 *(978-0-7624-6297-1(3)*, Running Pr. Kids) Running Pr.

Maximina (Classic Reprint) Don Armando Palacio Valdes. 2018. (ENG., Illus.). 402p. (J). 32.19 *(978-0-483-39186-4(7))* Forgotten Bks.

Maxims & Morals from Dr. Franklin: Being Incitements to Industry, Frugality, & Prudence (Classic Reprint) Benjamin Franklin. 2016. (ENG., Illus.). (J). pap. 9.57 *(978-1-334-16355-5(3))* Forgotten Bks.

Maxims & Morals from Dr. Franklin: Being Incitements to Industry, Frugality, & Prudence (Classic Reprint) Benjamin Franklin. 2018. (ENG., Illus.). 56p. (J). 25.05 *(978-0-267-57510-7(6))* Forgotten Bks.

Maximum Horsepower! A Monster Truck Myth. Blake Hoena. Illus. by Fern Cano. 2018. (ThunderTrucks! Ser.). (ENG.). 56p. (J). (gr. k-2). lib. bdg. 21.99 *(978-1-4965-5738-4(7)*, 136728, Stone Arch Bks.) Capstone.

Maximum Maze Mania: Maze Activity Book. Kreativ Entspannen. 2016. (ENG., Illus.). (J). pap. 10.81 *(978-1-68377-144-9(3))* Whlke, Traudl.

Maximum Maze Velocity! Kids Activity Book. Kreative Kids. 2016. (ENG., Illus.). (J). pap. 10.81 *(978-1-68377-145-6(1))* Whlke, Traudl.

Maximum Speed, 8 vols. 2022. (Maximum Speed Ser.). (ENG.). 32p. (J). (gr. 5-5). lib. bdg. 107.72 *(978-1-9785-3199-4(0)*, aac6284c-8e43-4b06-ba7c-9f88f7ac9efb) Enslow Publishing, LLC.

Maxine. Bob Graham. Illus. by Bob Graham. 2022. (ENG.). 40p. (J). (gr. -1-2). 17.99 *(978-1-5362-1770-4(0))* Candlewick Pr.

Maxine & Beanie Go to School. Karolyn Denson Landrieux. Illus. by Karen Light. 2021. (ENG.). 30p. (J). 20.00 *(978-1-7359278-8-6(0))* Denson Landrieux, Karolyn.

Maxine & the Greatest Garden Ever. Ruth Spiro. Illus. by Holly Hatam. 2021. 40p. (J). (gr. -1-3). 17.99 *(978-0-399-18630-1(1)*, Dial Bks) Penguin Young Readers Group.

Maxine the Super Vaccine. Melissa H. Sitts. Illus. by Pandu Permana. 2021. (ENG.). 26p. (J). 15.99 *(978-1-0880-1113-3(6))* Indy Pub.

Maxi's Secrets: (or, What You Can Learn from a Dog) Lynn Plourde. 2017. 272p. (J). (gr. 5). 8.99 *(978-0-399-54568-9(9)*, Puffin Books) Penguin Young Readers Group.

Max's Arabian Adventure. Wendy Leighton-Porter. 2019. (ENG., Illus.). 90p. (J). pap. *(978-1-912513-18-5(8))* Silver Quill Publishing.

Max's Best Day Ever! Jan Gray. Illus. by Sam Huxley & Torrey Huxley. 2019. (ENG.). 40p. (J). *(978-1-5255-5583-1(9))*; pap. *(978-1-5255-5584-8(7))* FriesenPress.

Max's Box: Letting Go of Negative Feelings, 1 vol. Brian Wray. Illus. by Shiloh Penfield. 2019. (ENG.). 32p. (J). 16.99 *(978-0-7643-5804-3(9)*, 8942); pap. 9.99 *(978-0-7643-5879-1(0)*, 20584) Schiffer Publishing, Ltd.

Max's Bug. Rosemary Wells. Illus. by Andrew Grey. 2017. (Max & Ruby Ser.). 32p. (J). (gr. 1-2). pap. 5.99 *(978-0-515-15740-6(6)*, Penguin Young Readers) Penguin Young Readers Group.

Max's Bug. Rosemary Wells. ed. 2018. (Penguin Young Readers Ser.). (ENG.). 32p. (J). (gr. -1-1). 13.89 *(978-1-64310-614-4(7))* Penworthy Co., LLC, The.

Max's Christmas Adventure. Wendy Leighton-Porter. 2018. (Max's Adventures Ser.: Vol. 2). (ENG., Illus.). 78p. (J). (gr. 3-6). pap. *(978-1-912513-19-2(6))* Silver Quill Publishing.

Max's Diary. Wendy Leighton-Porter. 2022. (ENG.). 274p. (J). pap. ***(978-1-912513-25-3(0))*** Silver Quill Publishing.

Max's Dream. Jodyne Ferreira. 2017. (ENG., Illus.). (J). pap. 8.99 *(978-1-64133-123-4(2))* MainSpringBks.

Max's Fez & Is Willa Bad? Kirsty Holmes. Illus. by Lynne Feng & Julita Smiarowska. 2023. (Level 3 - Yellow Set Ser.). (ENG.). 32p. (J). (gr. k-2). lib. bdg. 19.95 Bearport Publishing Co., Inc.

Max's Grand Adventure. Chip Deffaa. 2023. (ENG.). 64p. (J). pap. 21.99 ***(978-1-6678-9026-5(3))*** BookBaby.

Max's Great Big World. Rebecca Elkins. Illus. by Kelly Lincoln. 2021. (ENG.). 40p. (J). 19.99 *(978-0-578-67201-4(4))* Monday Creek Publishing.

Max's Half Birthday. Rosemary Wells. Illus. by Andrew Grey. 2018. (Max & Ruby Ser.). 32p. (J). (gr. 1-2). pap. 4.99 *(978-0-515-15746-8(5)*, Penguin Young Readers) Penguin Young Readers Group.

Max's Hallowe'en Adventure. Wendy Leighton-Porter. 2017. (Max's Adventures Ser.: Vol. 5). (ENG., Illus.). 86p. (J). (gr. 3-6). pap. *(978-1-912513-22-2(6))* Silver Quill Publishing.

Max's Job - 6 Pack: Set of 6 Common Core Edition. Katherine Scraper. 2016. (Early Explorers Ser.). (J). (gr. k-1). 39.00 net. *(978-1-5125-8580-3(7))* Benchmark Education Co.

Max's Lunch. Rosemary Wells. Illus. by Andrew Grey. 2017. (Max & Ruby Ser.). 32p. (J). (gr. 1-2). pap. 4.99 *(978-0-515-15737-6(6)*, Penguin Young Readers) Penguin Young Readers Group.

Max's Lunch. Rosemary Wells. ed. 2018. (Penguin Young Readers Ser.). (ENG.). 32p. (J). (gr. -1-1). 13.89 *(978-1-64310-659-5(7))* Penworthy Co., LLC, The.

Max's Midnight Adventure. Wendy Leighton-Porter. 2018. (Max's Adventures Ser.: Vol. 3). (ENG., Illus.). 84p. (J). (gr. 3-6). pap. *(978-1-912513-20-8(X))* Silver Quill Publishing.

Max's Morning Adventures. Mollie Tunitsky & Vadim Tunitsky. Illus. by Irene Sheytman. 2021. (ENG.). 24p. (J). pap. 9.99 (978-1-6629-1874-2(7)); 15.99 (978-1-6629-1873-5(9)) Gatekeeper Pr.

Max's Rainforest Adventure. Hannah Jardine & Clever Publishing. Illus. by Zoe Waring. 2019. (Animal Adventures Ser.). (ENG.). 10p. (J). (gr. -1 — 1). bds. 7.99 (978-1-948418-77-5(0)) Clever Media Group.

Max's Royal Adventure. Wendy Leighton-Porter. 2019. (Max's Adventures Ser.: Vol. 6). (ENG., Illus.). 144p. (J). (gr. 3-6). pap. (978-1-912513-23-9(4)) Silver Quill Publishing.

Max's Story: A Puppy Tale. W. Bruce Cameron. (Puppy Tale Ser.). (ENG., Illus.). 192p. (J). 2021. pap. 8.99 (978-0-7653-9502-3(9), 900178062); 2018. 16.99 (978-0-7653-9501-6(0), 900178061) Doherty, Tom Assocs., LLC. (Starscape).

Max's Undercover Adventure. Wendy Leighton-Porter. 2019. (ENG., Illus.). 82p. (J). (gr. 3-6). pap. (978-1-912513-21-5(8)) Silver Quill Publishing.

Max's Yoga Dream: If You Can Dream It, You Can Do It! Richard Ludka. Illus. by Sakharam Umrikar. 2019. (Max's Dream Ser.: Vol. 2). (ENG.). 36p. (J). 14.99 (978-1-7328391-3-7(1)) Positively Rich.

Max's Yoga Dream: If You Can Dream It You Can Do It. Richard Ludka. Illus. by Sakharam Umrikar. 2019. (Max's Dream Ser.: Vol. 2). (ENG.). 36p. (J). pap. 9.99 (978-1-7328391-2-0(3)) Hom, Jonathan.

Maxwell 3 Eye of the Tiger. Bryant Gibson. 2018. (ENG., Illus.). 54p. (YA). pap. 15.95 (978-1-64298-941-0(X)) Page Publishing Inc.

Maxwell & the Very Big Cookie. Ginger Nielson. Illus. by Ginger Nielson. 2020. (ENG.). 36p. (J). 23.00 (978-0-578-77783-2(5)) Ginger Nielson - Children's Bk. Illustration.

Maxwell & the Very Big Cookie. Ginger a Nielson. Illus. by Ginger a Nielson. 2020. (ENG.). 42p. (J). pap. 15.50 (978-1-63684-418-3(9)) Primedia eLaunch LLC.

Maxwell Black. Elliot Jay Nadin. 2022. (ENG.). 122p. (YA). pap. (978-1-3984-0903-3(0)) Austin Macauley Pubs. Ltd.

Maxwell Outdoorsman. Ann Kerr. 2019. (ENG., Illus.). 68p. (J). (gr. 2-6). pap. 20.95 (978-1-60571-455-4(0), Shires Press) Northshire Pr.

Maxwell Park. Dave Perry. 2021. (ENG.). 100p. (YA). 23.95 (978-1-6624-2442-7(6)); pap. 13.95 (978-1-6624-2372-7(1)) Page Publishing Inc.

Maxwell, Vol. 1 of 2 (Classic Reprint) Theodore Edward Hook. 2017. (ENG., Illus.). (J). 256p. 29.18 (978-0-484-43375-4(X)); pap. 11.57 (978-0-259-31684-8(9)) Forgotten Bks.

Maxwell, Vol. 1 of 3 (Classic Reprint) Theodore Edward Hook. 2018. (ENG., Illus.). 360p. (J). 31.28 (978-0-332-81945-7(0)) Forgotten Bks.

Maxwell, Vol. 2 (Classic Reprint) Theodore Edward Hook. (ENG., Illus.). (J). 2018. 348p. 31.07 (978-0-656-29219-6(9)); 2016. pap. 13.57 (978-1-333-36203-4(X)) Forgotten Bks.

Maxwell's Family. Roxanne Canfield. 2022. (ENG., Illus.). 32p. (J). 26.95 (978-1-68526-614-1(2)); pap. 14.95 (978-1-68526-612-7(6)) Covenant Bks.

May. Julie Murray. 2017. (Months Ser.). (ENG., Illus.). 24p. (J). (gr. -1-2). lib. bdg. 31.36 (978-1-5321-0019-2(1), 25120, Abdo Kids) ABDO Publishing Co.

May: Or, Grandpapa's Pet (Classic Reprint) F. B. Smith. 2018. (ENG., Illus.). 184p. (J). 27.69 (978-0-483-94050-5(X)) Forgotten Bks.

May a Divine Awaken. Michael Tinsley. 2022. (May a Divine Awaken Ser.). (ENG.). 320p. (YA). pap. 15.99 (978-1-0879-6816-2(X)) Indy Pub.

May Book (Classic Reprint) Eliza Davis Aria. (ENG., Illus.). (J). 2018. 208p. 28.19 (978-0-483-04213-1(7)); 2017. pap. 10.57 (978-1-334-90025-9(6)) Forgotten Bks.

May Carols. Aubrey De Vere. 2017. (ENG., Illus.). (J). pap. (978-0-649-50487-9(9)); pap. (978-0-649-64494-0(8)) Trieste Publishing Pty Ltd.

May Carols. Aubrey de Vere. 2017. (ENG.). 468p. (J). pap. (978-3-337-23177-4(2)) Creation Pubs.

May Castleton's Mission (Classic Reprint) Harriet Burn McKeever. 2017. (ENG., Illus.). (J). 238p. 28.81 (978-0-332-49247-6(8)); pap. 11.57 (978-0-259-53531-7(1)) Forgotten Bks.

May Day; or, Anecdotes of Lydia Lively: Intended to Improve & Amuse the Rising Generation (Classic Reprint) Unknown Author. 2018. (ENG., Illus.). 148p. (J). 26.95 (978-0-267-26669-2(3)) Forgotten Bks.

May Day, or Anecdotes of Miss. Lydia Lively: Intended to Improve & Amuse the Rising Generation (Classic Reprint) Unknown Author. 2017. (ENG., Illus.). (J). 26.21 (978-0-265-27580-1(6)) Forgotten Bks.

May-Day Souvenir: New Westminster, B. C., 1870-1908 (Classic Reprint) Frederic William Howay. 2018. (ENG., Illus.). 26p. (J). pap. 7.97 (978-1-391-22477-0(9)) Forgotten Bks.

May Flower: For 1846 (Classic Reprint) Robert Hamilton. 2018. (ENG., Illus.). 376p. (J). 31.65 (978-0-483-52513-9(8)) Forgotten Bks.

May Flower, & Miscellaneous Writings (Classic Reprint) Harriet Stowe. 2017. (ENG., Illus.). (J). 33.96 (978-0-260-10210-2(5)) Forgotten Bks.

May Flowers. Louisa Alcott. 2018. (ENG., Illus.). 42p. (J). 12.99 (978-1-5154-2637-0(8)) Wilder Pubns., Corp.

May Flowers: Being Notes & Notions on a Few Created Things (Classic Reprint) L. M. Bugden. 2017. (ENG., Illus.). (J). 29.09 (978-0-266-74794-9(9)); pap. 11.57 (978-1-5277-1599-8(X)) Forgotten Bks.

May Flowers (Classic Reprint) Louisa Alcott. 2018. (ENG., Illus.). 72p. (J). 25.38 (978-0-656-91634-4(6)) Forgotten Bks.

May God Bless You & Keep You. Sarah Raymond Cunningham. Illus. by Lorian Tu. 2018. 32p. (J). 16.99 (978-1-5064-4531-1(4), Beaming Books) 1517 Media.

May I? Janet Riehecky. 2022. (Manners Matter Ser.). (ENG.). 24p. (J). (gr. -1-2). lib. bdg. 32.79 (978-1-5038-5578-6(3), 215472) Child's World, Inc, The.

May I Come In? Marsha Diane Arnold. Illus. by Jennie Poh. 2018. (ENG.). 32p. (J). (gr. k-3). 16.99 (978-1-58536-394-0(4), 204396) Sleeping Bear Pr.

May I Have This Dance. Tynetta Spencer. 2018. (ENG., Illus.). 30p. (J). pap. 16.95 (978-1-4808-5812-1(9)) Archway Publishing.

May I Have This Trance? and Last Pizza. Sholly Fisch & Amy Wolfram. Illus. by Dario Brizuela & Jorge Corona. 2020. (DC Teen Titans Go! Ser.). (ENG.). 32p. (J). (gr. 2-6). lib. bdg. 21.93 (978-1-4965-9942-1(X), 201383, Stone Arch Bks.) Capstone.

May I PLEASE Have a Pet Dragon? Emily Grace Freeman. 2020. (ENG.). 24p. (J). pap. (978-0-6486995-6-9(0)) Nitty Gritty Publishing.

May I Please Open a Present? Jennifer E. Morris. Illus. by Jennifer E. Morris. 2020. (ENG., Illus.). 26p. (J). (gr. -1 — 1). bds. 7.99 (978-1-338-56163-0(4), Cartwheel Bks.) Scholastic, Inc.

May Iverson Her Book (Classic Reprint) Elizabeth Jordan. 2018. (ENG., Illus.). 316p. (J). 30.43 (978-0-483-57778-7(2)) Forgotten Bks.

May Iverson Tackles Life (Classic Reprint) Elizabeth Jordan. 2017. (ENG., Illus.). (J). 274p. 29.55 (978-0-484-51223-7(4)); pap. 11.97 (978-0-282-46622-0(3)) Forgotten Bks.

May Martin & Other Tales of the Green Mountains (Classic Reprint) Unknown Author. 2018. (ENG., Illus.). 396p. (J). 32.08 (978-0-483-36414-1(2)) Forgotten Bks.

May Martin, or the Money Diggers: A Green Mountain Tale (Classic Reprint) Daniel Pierce Thompson. (ENG., Illus.). (J). 2018. 70p. 25.34 (978-0-483-63102-1(7)); 2017. pap. 9.57 (978-0-259-09328-2(9)) Forgotten Bks.

May Queen Murders. Sarah Jude. 2017. (ENG.). 304p. (YA). (gr. 9). pap. 9.99 (978-0-544-93725-3(2), 1658701, Clarion Bks.) HarperCollins Pubs.

May Saves the Day. Laura Gehl. Illus. by Serena Lombardo. 2020. (ENG.). 32p. (J). (gr. -1-2). 17.99 (978-1-68446-102-8(2), 141336, Capstone Editions) Capstone.

May the Best Man Win. Z. R. Ellor. 2022. (ENG.). 400p. (YA). pap. 11.99 (978-1-250-83329-7(9), 900224323) Square Fish.

May the Votes Be with You (Book 7) Citizenship. Lisa Harkrader. Illus. by Jessica Warrick. ed. 2017. (How to Be an Earthling (r) Ser.: 7). (ENG.). 64p. (J). (gr. 1-3). E-Book 34.65 (978-1-57565-853-7(4)) Astra Publishing Hse.

May, Vol. 1 (Classic Reprint) Margaret Oliphant. 2018. (ENG., Illus.). 308p. (J). 30.25 (978-0-428-97174-8(1)) Forgotten Bks.

May We Have Enough to Share, 1 vol. Richard Van Camp. 2019. (ENG., Illus.). 24p. (J). (gr. -1 — 1). bds. 12.95 (978-1-4598-1624-4(2)) Orca Bk. Pubs. USA.

May You Like It (Classic Reprint) Charles Benjamin Tayler. (ENG., Illus.). (J). 2018. 288p. 29.84 (978-0-484-76063-8(7)); 2017. pap. 13.57 (978-0-259-25763-9(X)) Forgotten Bks.

Maya: Fearsome Fighters & Scary Sacrifice. Contrib. by Sarah Eason & Louise Spilsbury. 2023. (Deadly History Ser.). (ENG., Illus.). 48p. (J). (gr. 5-8). pap. 10.99 (978-1-915761-29-3(8), 0c06e1fb-d55f-4569-ae75-64435266d342) Cheriton Children's Bks. GBR. Dist: Lerner Publishing Group.

Maya: Fearsome Fighters & Scary Sacrifice. Louise Spilsbury & Sarah Eason. 2023. (Deadly History Ser.). (ENG., Illus.). 48p. (J). (gr. 5-8). lib. bdg. 31.99 (978-1-915153-69-2(7), 684f2091-0354-45a1-969b-876b2322b239) Cheriton Children's Bks. GBR. Dist: Lerner Publishing Group.

Maya & Annie on Saturdays & Sundays: Los Sábados y Domingos de Maya y Annie. Gwendolyn Zepeda. 2018. (ENG & SPA., Illus.). 32p. (J). (gr. 1-4). 17.95 (978-1-55885-866-1(8)) Arte Publico Pr.

Maya & Gaia: A Special Birthday. Elena Biasin. 2016. (ENG., Illus.). (J). (gr. k). (978-90-824948-0-8(9)) Biasin, Elena.

Maya & Gaia, un Compleanno Speciale / a Special Birthday: Libro Illustrato per Bambini: Italiano-Inglese (Edizione Bilingue) Elena Biasin. Illus. by Elena Biasin. 2016. (ITA., Illus.). (J). (gr. k). (978-90-824948-2-2(5)) Biasin, Elena.

Maya & Marcus Go to the Bank. Kennedy Thibou, Jr. 2022. (ENG.). 38p. (J). pap. 11.95 (978-1-6629-2511-5(5)); 18.95 (978-1-6629-2510-8(7)) Gatekeeper Pr.

Maya & the Beast. Maya Gabeira. Illus. by Ramona Kaulitzki. 2022. (ENG.). 40p. (J). (gr. -1-3). 18.99 (978-1-4197-6000-6(9), 1764801, Abrams Bks. for Young Readers) Abrams, Inc.

Maya & the Lord of Shadows. Rena Barron. 2022. (Maya & the Rising Dark Ser.). (ENG.). 304p. (J). (gr. 3-7). 16.99 (978-0-358-10633-3(8), Clarion Bks.) HarperCollins Pubs.

Maya & the Lost Cat. Caroline Magerl. Illus. by Caroline Magerl. 2019. (ENG., Illus.). 40p. (J). (gr. -1-2). 16.99 (978-1-5362-0423-0(4)) Candlewick Pr.

Maya & the Return of the Godlings. Rena Barron. (Maya & the Rising Dark Ser.: 2). (ENG.). 320p. (J). (gr. 3-7). 2022. pap. 9.99 (978-0-358-70151-4(1)); 2021. (Illus.). 16.99 (978-0-358-10632-6(X), 1748411) HarperCollins Pubs. (Clarion Bks.).

Maya & the Return of the Godlings. Rena Barron. ed. 2023. (Penworthy Picks - Middle School Ser.). (ENG.). 306p. (J). (gr. 3-7). 20.96 (978-1-68505-790-9(X)) Penworthy Co., LLC, The.

Maya & the Rising Dark. Rena Barron. 2021. (Maya & the Rising Dark Ser.: 1). (ENG.). 320p. (J). (gr. 3-7). pap. 7.99 (978-0-358-44769-6(0), 1795312, Clarion Bks.) HarperCollins Pubs.

Maya & the Rising Dark. Rena Barron. ed. 2021. (Penworthy Picks YA Fiction Ser.). (ENG., Illus.). 298p. (J). (gr. 4-5). 19.46 (978-1-68505-039-9(5)) Penworthy Co., LLC, The.

Maya & the Robot. Eve L. Ewing. Illus. by Christine Almeda. 224p. (J). (gr. 3-7). 2022. 8.99 (978-1-9848-1465-4(6)); 2021. 17.99 (978-1-9848-1463-0(X)) Penguin Young Readers Group. (Kokila).

Maya Angelou. Emma E. Haldy. Illus. by Jeff Bane. 2017. (My Early Library: My Itty-Bitty Bio Ser.). (ENG.). 24p. (J). (gr. k-1). lib. bdg. 30.64 (978-1-63472-153-0(5), 209184) Cherry Lake Publishing.

Maya Angelou. Izzi Howell. 2021. (Black History Biographies Ser.). (ENG., Illus.). 24p. (J). (gr. 2-5). pap. (978-1-4271-2797-6(2), 10336); lib. bdg. (978-1-4271-2791-4(3), 10329) Crabtree Publishing Co. (Crabtree Classics).

Maya Angelou, 1 vol. Jill Keppeler. 2018. (Heroes of Black History Ser.). (ENG.). 32p. (gr. 3-4). lib. bdg. 28.27 (978-1-5382-3022-0(4), 285d22b8-8db1-47e7-8e6d-7d577c9bd245) Stevens, Gareth Publishing LLLP.

Maya Angelou, Volume 4. Lisbeth Kaiser. Illus. by Leire Salaberria. 2016. (Little People, BIG DREAMS Ser.: 4). (ENG.). 32p. (J). (gr. k-3). 15.99 (978-1-84780-889-9(1), Frances Lincoln Children's Bks.) Quarto Publishing Group UK GBR. Dist: Hachette Bk. Group.

Maya Angelou: African American Poet, 1 vol. Kristen Rajczak Nelson. 2018. (Junior Biographies Ser.). (ENG.). 24p. (gr. 3-4). 24.27 (978-1-9785-0202-4(8), 9f9ca0bb-1dbc-4c9e-90d6-ce5be89d5011) Enslow Publishing, LLC.

Maya Angelou: (History Book for Kids, Biography Book for Children) Danielle Jawando. Illus. by Snir Noa. 2019. (Little Guides to Great Lives Ser.). (ENG.). 64p. (J). (gr. 2-6). 11.99 (978-1-78627-507-3(4), King, Laurence Publishing) Orion Publishing Group, Ltd. GBR. Dist: Hachette Bk. Group.

Maya Angelou: My First Maya Angelou [BOARD BOOK]. Lisbeth Kaiser & Leire Salaberria. ed. 2018. (Little People, BIG DREAMS Ser.: Vol. 4). (ENG., Illus.). 24p. (gr. -1 — 1). bds. 9.99 (978-1-78603-249-2(X), Frances Lincoln Children's Bks.) Quarto Publishing Group UK GBR. Dist: Hachette Bk. Group.

Maya Angelou: Writer & Activist, 1 vol. Del Sandeen. 2019. (Celebrating Black Artists Ser.). (ENG.). 104p. (gr. 7-7). pap. 20.95 (978-1-9785-1482-9(4), aff5e96d-1c9c-4023-80b5-071cb6b7fb77) Enslow Publishing, LLC.

Maya Angelou (Spanish Edition) Lisbeth Kaiser. Illus. by Leire Salaberria. 2023. (Little People, Big Dreams en Español Ser.: Vol. 4). (SPA.). 32p. (J). (gr. -1-2). pap. (978-0-7112-8465-4(2)) Frances Lincoln Childrens Bks.

Maya Civilization. Allison Lassieur. 2019. (Civilizations of the World Ser.). (ENG., Illus.). 32p. (J). (gr. 3-5). pap. 9.95 (978-1-64185-828-1(1), 1641858281); lib. bdg. 31.35 (978-1-64185-759-8(5), 1641857595) North Star Editions. (Focus Readers).

Maya Empire. Virginia Loh-Hagan. 2020. (Surviving History Ser.). (ENG., Illus.). 32p. (J). (gr. 4-8). lib. bdg. 32.07 (978-1-5341-6910-4(5), 215527, 45th Parallel Press) Cherry Lake Publishing.

Maya Faces the Pandemic. Jerriann Kutny. 2021. (ENG.). 32p. (J). 24.99 (978-1-939888-99-0(9)) ComicMix.

Maya' Head Is Itching: Lice. Nicole Audet. Illus. by Mylène Villeneuve. 2017. (ENG.). 26p. (J). pap. 9.99 (978-1-989041-05-5(1)) Nicole Publishing.

Maya in the Nimbus Valley. Albina Ramey. 2020. (ENG.). 206p. (YA). (978-1-64378-925-5(2)); pap. (978-1-64378-926-2(0)) Austin Macauley Pubs. Ltd.

Maya, Incas, & Aztecs. Brian Williams & Caroline Dodds Pennock. 2018. (Illus.). 64p. (J). (978-1-5444-0892-7(7)) Dorling Kindersley Publishing, Inc.

Maya IR. Jerome Martin. 2019. (Beginners Ser.). (ENG.). 32ppp. (J). 4.99 (978-0-7945-4324-2(3), Usborne) EDC Publishing.

Maya Likes the Beach. Margo Gates. Illus. by Brian Hartley. 2019. (Seasons All Around Me (Pull Ahead Readers — Fiction) Ser.). (ENG.). 16p. (J). (gr. -1-1). 27.99 (978-1-5415-5873-1(1), 9d43d5af-33bc-4bb7-b018-0443403a2874, Lerner Pubns.) Lerner Publishing Group.

Maya Lin. Sara Spiller. Illus. by Jeff Bane. 2019. (My Early Library: My Itty-Bitty Bio Ser.). (ENG.). 24p. (J). (gr. k-1). pap. 12.79 (978-1-5341-3926-8(5), 212533); lib. bdg. 30.64 (978-1-5341-4270-1(3), 212532) Cherry Lake Publishing.

Maya Lin: Artist-Architect of Light & Lines. Jeanne Walker Harvey. Illus. by Dow Phumiruk. 2017. (ENG.). 32p. (J). 19.99 (978-1-250-11249-1(4), 900170467, Holt, Henry & Co. Bks. For Young Readers) Holt, Henry & Co.

Maya Loop. Lis Anna-Langston. 2021. (ENG.). 242p. (J). pap. 16.99 (978-1-0879-4306-0(X)) Indy Pub.

Maya Makes a Mess: TOON Level 2. Rutu Modan. 2018. (Illus.). 32p. (J). (gr. k-1). pap. 7.99 (978-1-943145-26-3(1), Toon Books) Astra Publishing Hse.

Maya Moore. Barbara Lowell. 2019. (Player Profiles Ser.). (ENG.). 32p. (J). (gr. 4-6). pap. 9.99 (978-1-64466-079-9(2), 12781); (Illus.). lib. bdg. (978-1-68072-876-7(8), 12780) Black Rabbit Bks. (Bolt).

Maya Moore. Elizabeth Raum. 2017. (Pro Sports Biographies Ser.). (ENG., Illus.). 24p. (J). (gr. 1-4). lib. bdg. 20.95 (978-1-68151-133-7(9), 14681) Amicus.

Maya Moore: Basketball Star. Lori Mortensen. 2018. (Women Sports Stars Ser.). (ENG., Illus.). 32p. (J). (gr. 3-9). lib. bdg. 28.65 (978-1-5157-9709-8(0), 136857, Capstone Pr.) Capstone.

Maya Moore: Basketball Star. Matt Scheff. 2019. (Biggest Names in Sports Set 4 Ser.). (ENG., Illus.). 32p. (J). (gr. 3-5). 31.35 (978-1-64185-321-7(2), 1641853212, Focus Readers) North Star Editions.

Maya, My Journey from Show Dog to Therapy Dog. Steve Wincor. 2020. (ENG.). 54p. (J). pap. 9.99 (978-1-7351763-2-1(X)) Russian Hill Pr.

Maya of the In-Between: A Mystic Fantasy Adventure Novel. Sita Bennett. 2021. (Earth's New Children Ser.: Vol. 1). (ENG.). 330p. (YA). (978-0-6451256-0-3(1)) Sita Bennett.

Maya of the In-Between: Earth's New Children. Sita Bennett. 2020. (Earth's New Children Ser.: Vol. 1). (ENG.). 292p. (YA). pap. 19.99 (978-1-393-45191-4(8)) Draft2Digital.

Maya of the New World: An Environmental Fiction Novel. Sita Bennett. 2022. (Maya Rising Ser.: Vol. 2). (ENG.). 354p. (YA). pap. (978-0-6451256-9-6(5)) Sita Bennett.

Maya Papaya: Rhymes with Reason. Karla Jean Kehler. 2019. (ENG., Illus.). 34p. (J). (978-0-2288-0967-8(3)); pap. (978-1-77370-658-0(6)) Tellwell Talent.

Maya Papaya & Amigos Play Dress-Up. Susan Middleton Elya. Illus. by Maria Mola. 2018. 32p. (J). (gr. -1-2). lib. bdg. 16.99 (978-1-58089-803-4(3)) Charlesbridge Publishing, Inc.

Maya the Magnificent. Robin L. Patrick. 2019. (ENG., Illus.). 24p. (J). (gr. k-4). 24.99 (978-0-578-60116-8(8)) Live Like Maya Foundation, The.

Maya Visits Her Doctor: Vaccination. Nicole Audet. Illus. by Mylène Villeneuve. 2017. (ENG.). 26p. (J). pap. 9.99 (978-1-989041-01-7(9)) Nicole Publishing.

Maya y Su Terapeuta Conductual. A. D. Thompkins. Illus. by Hezekiah Johnson. 2018. (SPA.). 48p. (J). pap. 11.00 (978-0-692-13368-2(2)) Soothing Waterfalls Bks.

Mayan & the Legion of Alice. Hart Steve. Illus. by Louis Andrew. 2019. (ENG.). 44p. (YA). pap. (978-0-473-48557-3(5)) Hart, Steve.

Mayan Cities - History Books Age 9-12 Children's History Books. Baby Professor. 2017. (ENG., Illus.). (J). pap. 9.55 (978-1-5419-1214-4(4), Baby Professor (Education Kids)) Speedy Publishing LLC.

Mayan History: A Children's Book Interesting & Informative Facts. Bold Kids. 2022. (ENG.). 40p. (J). pap. 15.99 (978-1-0717-1059-3(1)) FASTLANE LLC.

Mayan Twins - at the Edge of Xibalba's Well. Lamine Pearlheart. 2016. (ENG.). 148p. (J). pap. (978-0-9948893-4-8(8)) Lamine Bekkout.

Mayanito's New Friends / Los Nuevos Amigos de Mayanito. Tato Laviera. Illus. by Gabhor Utomo. 2017. (ENG & SPA.). 32p. (J). (gr. 2-4). 17.95 (978-1-55885-855-8(5), Piñata Books) Arte Publico Pr.

Mayans, Aztecs & Incas - DKfindout! Dorling Kindersley Publishing Staff. 2018. (Illus.). 64p. (J). (978-0-241-31868-3(9)) Dorling Kindersley Publishing, Inc.

Mayans' Calendars & Advanced Writing System - History Books Age 9-12 Children's History Books. Baby Professor. 2017. (ENG., Illus.). 64p. (J). pap. 9.52 (978-1-5419-1213-7(6), Baby Professor (Education Kids)) Speedy Publishing LLC.

Mayans Developed a Calendar, Mathematics & Astronomy Mayan History Books Grade 4 Children's Ancient History. Baby Professor. 2020. (ENG.). 74p. (J). 24.99 (978-1-5419-7981-9(8)); pap. 14.99 (978-1-5419-5357-4(6)) Speedy Publishing LLC. (Baby Professor (Education Kids)).

Mayans Gave Us Their Art & Architecture - History 3rd Grade Children's History Books. Baby Professor. 2017. (ENG., Illus.). 64p. (J). pap. 9.52 (978-1-5419-1215-1(2), Baby Professor (Education Kids)) Speedy Publishing LLC.

Mayas: Los Indígenas de Mesoamérica III. José Mariano Leyva. Illus. by Esmeralda Ríos. 2019. (Historias de Verdad Ser.). (SPA.). 80p. (J). (gr. 4-7). pap. 21.99 (978-607-8469-54-3(1)) Nostra Ediciones MEX. Dist: Independent Pubs. Group.

Maya's Adventures Book 1. Grant Boyer. Ed. by Jeannine Tuttle. Illus. by Aleksandra Rzepka. I.t. ed. 2023. (ENG.). 112p. (J). 29.99 (978-1-0881-3216-6(2)) Indy Pub.

Maya's Big Scene. Isabelle Arsenault. 2021. (Mile End Kids Story Ser.: 3). (Illus.). 48p. (J). (gr. -1-3). 17.99 (978-0-7352-6760-2(X), Tundra Bks.) Tundra Bks. CAN. Dist: Penguin Random Hse. LLC.

Maya's Magic: The Scourge of Gar. H. Alan Poquette. 2019. (ENG., Illus.). 84p. (J). pap. 20.99 (978-1-950454-69-3(X)) Pen It Pubns.

Maya's Song. Renée Watson. Illus. by Bryan Collier. 2022. (ENG.). 48p. (J). (gr. -1-3). 19.99 (978-0-06-287158-9(7), HarperCollins) HarperCollins Pubs.

Maya's Story. Christine Heppermann & Ron Koertge. Illus. by Deborah Marcero. 2018. (Backyard Witch Ser.: 3). (ENG.). 192p. (J). (gr. 3-7). pap. 5.99 (978-0-06-233845-7(5), Greenwillow Bks.) HarperCollins Pubs.

Maya's Story: An Adoption Fairytale. Romie Christie. Illus. by Janine Hall. 2019. (ENG.). 42p. (J). pap. (978-1-988993-25-6(3)) Yildiz Ilkin.

Maya's Treasure. Laurie Smollett Kutscera. 2021. (ENG., Illus.). 32p. (J). 16.99 (978-1-4413-3762-7(8), 275068af-59a0-48c5-8f35-87a420ee7053) Peter Pauper Pr. Inc.

Maya's Words. Meaghan B. Smith. 2021. (ENG.). 40p. (J). 18.99 (978-1-0879-6215-3(3)) Indy Pub.

Maybe. Morris Gleitzman. 2018. (Once/Now/Then/after Ser.). (ENG.). 240p. (J). (gr. 4-6). pap. 13.99 (978-0-14-138865-6(X)) Penguin Bks., Ltd. GBR. Dist: Independent Pubs. Group.

Maybe... Chris Haughton. Illus. by Chris Haughton. 2021. (ENG.). 40p. (J). (gr. -1-2). 18.99 (978-1-5362-2024-7(8)) Candlewick Pr.

Maybe a Fox. Kathi Appelt & Alison McGhee. 2016. (ENG., Illus.). 272p. (J). (gr. 5-9). 18.99 (978-1-4424-8242-5(7), Atheneum/Caitlyn Dlouhy Books) Simon & Schuster Children's Publishing.

Maybe a Fox. Kathi Appelt & Alison Mcghee. ed. 2017. lib. bdg. 18.40 (978-0-606-39744-5(2)) Turtleback.

Maybe a Mermaid. Josephine Cameron. 2019. (ENG.). 288p. (J). 16.99 (978-0-374-30642-7(7), 900176074, Farrar, Straus & Giroux (BYR)) Farrar, Straus & Giroux.

Maybe a Mermaid. Josephine Cameron. 2020. (ENG.). 304p. (J). pap. 7.99 (978-1-250-23330-1(5), 900176075) Square Fish.

Maybe a Whale. Kirsten Pendreigh. Illus. by Crystal Smith. 2023. 36p. (J). (gr. -1-1). 21.99 (978-1-77306-664-6(1)) Groundwood Bks. CAN. Dist: Publishers Group West (PGW).

Maybe Dying Is Like Becoming a Butterfly. Pimm van Hest. Illus. by Lisa Brandenburg. 2019. (ENG.). 32p. (J). 9.95 (978-1-60537-505-2(5)); 17.95 (978-1-60537-494-9(6)) Clavis Publishing.

Maybe God Is Like That Too. Jennifer Grant. Illus. by Benjamin Schipper. 2017. 32p. (J). 16.99 (978-1-5064-2189-6(X), Sparkhouse Family) 1517 Media.

Maybe God Just Needed a Puppy. Vicki Walls. 2019. (ENG.). 36p. (J). 22.95 (978-1-64258-619-0(6)) Christian Faith Publishing.

Maybe He Just Likes You. Barbara Dee. 2019. (ENG., Illus.). 304p. (J). (gr. 4-8). 19.99 (978-1-5344-3237-6(X), Simon & Schuster/Paula Wiseman Bks.) Simon & Schuster/Paula Wiseman Bks.

Maybe I Can Love My Neighbor Too. Jennifer Grant. Illus. by Benjamin Schipper. 2019. 32p. (J). (gr. k-3). 16.99 (978-1-5064-5201-2(9), Beaming Books) 1517 Media.

Maybe I'll Bee a Vet! Amy Culliford. Illus. by John Joseph. 2022. (What Can I Bee? Ser.). (ENG.). 16p. (J). (gr. -1-3).

1300 The check digit for ISBN-10 appears in parentheses after the full ISBN-13

pap. *(978-1-0396-6267-4(6),* 22073); lib. bdg. *(978-1-0396-6072-4(X),* 22072) Crabtree Publishing Co.

Maybe in Paris. Rebecca Christiansen. 2017. (ENG.). 224p. (YA). (gr. 6-6). 16.99 *(978-1-5107-0880-8(4),* Sky Pony Pr.) Skyhorse Publishing Co., Inc.

Maybe Magnificent Day. Rhonda Berryhill-Castaneda. Illus. by Juan Carlos Colla. 2019. (ENG.). 28p. (J). pap. 12.99 *(978-1-61225-425-8(X))* Mirror Publishing.

Maybe Maybe Marisol Rainey. Erin Entrada Kelly. Illus. by Erin Entrada Kelly. (Maybe Marisol Ser.: 1). (ENG., Illus.). (J). (gr. 3-7). 2022. 176p. pap. 9.99 *(978-0-06-297043-5(7));* 2021. 160p. 18.99 *(978-0-06-297042-8(9))* HarperCollins Pubs. (Greenwillow Bks.).

Maybe Meant to Be. K. L. Walther. 2023. (ENG.). 336p. (YA). (gr. 8-12). pap. 11.99 ***(978-1-7282-7934-3(8))*** Sourcebooks, Inc.

Maybe Mother Goose. Esmé Raji Codell & Esmé Raji Codell. Illus. by Elisa Chavarri. 2016. (ENG.). 32p. (J). (gr. -1-3). 17.99 *(978-1-4814-4036-3(5),* Aladdin) Simon & Schuster Children's Publishing.

Maybe One Day I'll Learn to Live. Kaylee Ortega. 2022. (ENG.). 44p. (YA). pap. ***(978-1-387-51780-0(5))*** Lulu Pr., Inc.

Maybe Someday. Reba Pennell. 2021. (Maybe Ser.: Vol. 1). (ENG.). 230p. (YA). *(978-0-2288-4715-1(X));* pap. *(978-0-2288-4714-4(1))* Tellwell Talent.

Maybe Something Beautiful: How Art Transformed a Neighborhood. F. Isabel Campoy & Theresa Howell. Illus. by Rafael López. 2016. (ENG.). 40p. (J). (gr. -1-3). 19.99 *(978-0-544-35769-3(8),* 1587128, Clarion Bks.) HarperCollins Pubs.

Maybe Stories for a Caring World. Mary May. 2021. (ENG.). 40p. (J). pap. *(978-0-2288-4012-1(0))* Tellwell Talent.

Maybe the Moon. Frances Ives. 2019. (ENG., Illus.). 32p. (J). (gr. -1-k). pap. 9.99 *(978-1-910552-84-1(4))* O'Mara, Michael Bks., Ltd. GBR. Dist: Independent Pubs. Group.

Maybe There Are Witches. Jude Atwood. 2023. 216p. (J). (gr. 4-7). pap. 14.95 ***(978-1-64603-364-5(7),*** Fitzroy Bks.) Regal Hse. Publishing, LLC.

Maybe This Time. Kasie West. (ENG.). 368p. (YA). (gr. 7). 2020. pap. 10.99 *(978-1-338-21009-5(2));* 2019. (Illus.). 17.99 *(978-1-338-21008-8(4))* Scholastic, Inc.

Maybe Tomorrow ... Applying God's Timeless Truth to Your Every Day Life. Janet Christian. 2016. (ENG., Illus.). (J). pap. 10.95 *(978-1-5127-6705-6(0),* WestBow Pr.) Author Solutions, LLC.

Maybe Tomorrow? (a Story about Loss, Healing, & Friendship) Charlotte Agell. Illus. by Ana Ramírez González. 2019. (ENG.). 40p. (J). (gr. -1-3). 18.99 *(978-1-338-21488-8(8),* Scholastic Pr.) Scholastic, Inc.

Maybe We're Electric. Val Emmich. 2022. (ENG., Illus.). 288p. (YA). (gr. 9-17). pap. 10.99 *(978-0-316-53568-7(0),* Poppy) Little, Brown Bks. for Young Readers.

Maybe When I'm Bigger. Christianne Jones. Illus. by Mark Chambers. 2023. (Little Boost Ser.). (ENG.). 32p. bds. 7.99 *(978-1-68446-684-9(9),* 248733, Capstone Editions) Capstone.

Maybe You Might, 1 vol. Imogen Foxell. Illus. by Anna Cunha. 2022. (ENG.). 32p. (J). (gr. -1-2). 17.99 *(978-1-913747-86-2(7),* aa9b0fc4-729b-47fd-8c4b-e136d330464f) Lantana Publishing GBR. Dist: Lerner Publishing Group.

Maybe You Should Fly a Jet! Maybe You Should Be a Vet! Seuss. Illus. by Kelly Kennedy. 2020. (Beginner Books(R) Ser.). (ENG.). 48p. (J). (gr. -1-2). 9.99 *(978-1-9848-9406-9(4));* lib. bdg. 12.99 *(978-1-9848-9407-6(2))* Random Hse. Children's Bks. (Random Hse. Bks. for Young Readers).

Maybell & Water Rat. Pauline Mallard. Illus. by Elaine Marston. 2018. (ENG.). 22p. (J). (gr. k-2). pap. *(978-1-78963-019-0(3),* Choir Pr., The) Action Publishing Technology Ltd.

Mayberry the Caterpillar. Christina McIntyre. 2018. (ENG., Illus.). 30p. (J). (gr. k-4). pap. 15.99 *(978-1-59713-148-3(2))* Goose River Pr.

Maybloom & Myrtle. Samuel Minturn Peck. 2017. (ENG., Illus.). (J). pap. *(978-0-649-51635-3(4))* Trieste Publishing Pty Ltd.

Mayday. Karen Harrington. 2018. (ENG.). 368p. (J). (gr. 3-7). pap. 7.99 *(978-0-316-29803-2(4))* Little, Brown Bks. for Young Readers.

Mayday. Karen Harrington. 2016. (ENG.). 352p. (J). (gr. 3-7). 35.99 *(978-0-316-29801-8(8))* Little, Brown Bks. for Young Readers.

Mayday. Karen Harrington. ed. 2018. (J). lib. bdg. 18.40 *(978-0-606-40634-5(4))* Turtleback.

Mayday Mouse. Sebastien Braun. Illus. by Sebastien Braun. 2017. (Child's Play Library). (Illus.). 32p. (J). pap. *(978-1-84643-758-8(X));* (ENG., *(978-1-84643-759-5(8))* Child's Play International Ltd.

Maydew Charm (Classic Reprint) Merab Eberle. (ENG., Illus.). (J). 2018. 20p. 24.31 *(978-0-666-96939-2(6));* 2017. pap. 7.97 *(978-0-259-17455-4(6))* Forgotten Bks.

Mayfair Magician: A Romance of Criminal Science (Classic Reprint) George Chetwynd Griffith. 2018. (ENG., Illus.). 316p. (J). 30.41 *(978-0-484-15039-2(1))* Forgotten Bks.

Mayfair to Millbank, Vol. 1 Of 3: A Novel (Classic Reprint) Richard Harris. 2016. (ENG., Illus.). (J). pap. 13.57 *(978-1-333-73264-6(3))* Forgotten Bks.

Mayfair to Millbank, Vol. 1 Of 3: A Novel (Classic Reprint) Richard Harris. 2018. (ENG., Illus.). 296p. (J). 30.02 *(978-0-332-92811-1(X))* Forgotten Bks.

Mayfair to Millbank, Vol. 2 Of 3: A Novel (Classic Reprint) Richard Harris. 2018. (ENG., Illus.). 296p. (J). 30.00 *(978-0-483-86563-1(X))* Forgotten Bks.

Mayfair to Millbank, Vol. 3 Of 3: A Novel (Classic Reprint) Richard Harris. 2018. (ENG., Illus.). 314p. (J). 30.37 *(978-0-483-99939-8(3))* Forgotten Bks.

Mayfield Horse - Book 3 in the Connemara Horse Adventure Series for Kids. the Perfect Gift for Children. Elaine Heney. 2023. (Connemara Pony Adventures Ser.: Vol. 3). (ENG.). 172p. (J). ***(978-1-915542-46-5(4))*** Irish Natural Horsemanship.

Mayfield Horse - Book 3 in the Connemara Horse Adventure Series for Kids the Perfect Gift for Children Age 8-12. Elaine Heney. 2022. (Connemara Horse Adventure Ser.: Vol. 3). (ENG.). 166p. (J). pap. ***(978-1-915542-00-7(6))*** Irish Natural Horsemanship.

Mayflower: Or, Sketches of Scenes & Characters among the Descendants the Pilgrims (Classic Reprint) Harriet Stowe. 2018. (ENG., Illus.). (J). 30.66 *(978-0-260-32793-2(X))* Forgotten Bks.

Mayflower: Or Tales & Pencilings (Classic Reprint) Harriet Stowe. 2017. (ENG., Illus.). (J). 28.68 *(978-0-331-82461-2(2))* Forgotten Bks.

Mayflower: The Perilous Journey That Changed the World. Libby Romero. 2020. (Illus.). 48p. (J). *(978-0-241-40959-6(4))* Dorling Kindersley Publishing, Inc.

Mayflower: The Perilous Voyage That Changed the World. Libby Romero. 2020. (ENG., Illus.). 48p. (J). (gr. k-4). 16.99 *(978-1-4654-9113-8(9),* DK Children) Dorling Kindersley Publishing, Inc.

Mayflower Compact, 1 vol. Christine Honders. 2016. (Documents of American Democracy Ser.). (ENG., Illus.). 32p. (J). (gr. 5-5). pap. 11.00 *(978-1-4994-2085-2(4),* 4d5a8336-b006-4995-923b-a2b9c7947e57, PowerKids Pr.) Rosen Publishing Group, Inc., The.

Mayflower Compact. Marcia Amidon Lusted. 2019. (Shaping the United States of America Ser.). (ENG., Illus.). 24p. (J). (gr. 1-3). pap. 7.95 *(978-1-9771-1015-2(0),* 140958); lib. bdg. 25.99 *(978-1-9771-0916-3(0),* 140517) Capstone. (Pebble).

Mayflower Facts & Jokes. John Townsend. Illus. by David Antram. 2019. (Totally Gross & Awesome Ser.). (ENG.). 128p. (J). (gr. 2). pap. 6.95 *(978-1-912904-58-7(6),* Scribo) Book Hse. GBR. Dist: Sterling Publishing Co., Inc.

Mayflower (Flor de Mayo) A Tale of the Valencian Seashore (Classic Reprint) Vicente Blasco Ibanez. 2018. (ENG., Illus.). 266p. (J). 29.38 *(978-0-483-15435-3(0))* Forgotten Bks.

Mayflower Secret: Introducing Governor William Bradford. Dave Jackson & Neta Jackson. 2016. (ENG., Illus.). (J). pap. 7.99 *(978-1-939445-28-5(0))* Castle Rock Creative, Inc.

Mayflower Story. Tom Streissguth. 2017. (Famous Ships Ser.). (ENG., Illus.). 112p. (J). (gr. 6-12). lib. bdg. 41.36 *(978-1-5321-1320-8(X),* 27528, Essential Library) ABDO Publishing Co.

Mayfly. Susan H. Gray. Illus. by Jeff Bane. 2021. (My Early Library: My Life Cycle Ser.). (ENG.). 24p. (J). (gr. k-1). lib. bdg. 30.64 *(978-1-5341-8003-1(6),* 218292) Cherry Lake Publishing.

Mayhem & Madness: Chronicles of a Teenaged Supervillain. J. A. Dauber. 304p. (J). (gr. 7). 2021. pap. 12.99 *(978-0-8234-4734-3(0));* 2019. 18.99 *(978-0-8234-4255-3(1))* Holiday Hse., Inc.

Mayhem & Monkeyshines. Glenn Clark. 2022. (ENG.). 378p. (YA). pap. 22.99 *(978-1-6657-2876-8(0))* Archway Publishing.

Mayhem at the Museum: A Book in Pictures. Illus. by Luciano Lozano. 2020. 40p. (J). (gr. -1-2). 17.99 *(978-0-593-09354-2(2),* Penguin Workshop) Penguin Young Readers Group.

Mayhew's London: Being Selections from London Labour & the London Poor (Classic Reprint) Henry. Mayhew. 2017. (ENG., Illus.). (J). 36.11 *(978-0-265-59089-8(2))* Forgotten Bks.

MayMay & the Missing God. Maisie J. Wang. 2020. (ENG.). 56p. (J). pap. 15.00 *(978-1-953507-11-2(5))* Brightlings.

Mayne's Sight Speller: Primary; Adapted for Third, Fourth & Fifth Grades & for Ungraded Schools (Classic Reprint) Dexter Dwight Mayne. (ENG., Illus.). (J). 2018. 88p. 25.71 *(978-0-365-35479-6(1));* 2017. pap. 9.57 *(978-0-282-58199-2(5))* Forgotten Bks.

Mayo. Julie Murray. 2017. (Los Meses (Months) Ser.).Tr. of May. (SPA.). 24p. (J). (gr. -1-2). lib. bdg. 31.36 *(978-1-5321-0632-3(7),* 27223, Abdo Kids) ABDO Publishing Co.

Mayor. Contrib. by Stephanie Gaston. 2023. (Job of a Civic Leader Ser.). (ENG.). 24p. (J). (gr. k-2). lib. bdg. 27.93 ***(978-1-63897-970-8(7),*** 33501) Seahorse Publishing.

Mayor. Stephanie Gaston. 2023. (Job of a Civic Leader Ser.). (ENG., Illus.). (J). (gr. k-2). pap. 8.95 Seahorse Publishing.

Mayor. Linda Hopkins. 2020. (People in Our Government Ser.). (ENG.). 24p. (J). lib. bdg. 22.99 *(978-1-5105-5452-8(1))* SmartBook Media, Inc.

Mayor. Julie Murray. 2017. (My Government Ser.). (ENG., Illus.). 24p. (J). (gr. -1-2). lib. bdg. 31.36 *(978-1-5321-0398-8(0),* 26524, Abdo Kids) ABDO Publishing Co.

Mayor Good Boy: (a Graphic Novel) Dave Scheidt & Miranda Harmon. 2021. (Mayor Good Boy Ser.: 1). (Illus.). 224p. (J). (gr. 2-5). 9.99 *(978-0-593-12487-1(1));* (ENG.). lib. bdg. 12.99 *(978-0-593-12537-3(1))* Penguin Random Hse. LLC.

Mayor of Casterbridge, 1 vol. Julian Wolfreys. 2017. (New Casebooks Ser.: 131). (ENG., Illus.). 211p. (C). pap. 40.95 *(978-0-333-77755-8(7),* 900263736, Red Globe Pr.) Palgrave Macmillan Ltd. GBR. Dist: Macmillan.

Mayor of Casterbridge: A Story of a Man of Character (Classic Reprint) Thomas Hardy. 2018. (ENG., Illus.). 418p. (J). 32.52 *(978-0-332-95179-9(0))* Forgotten Bks.

Mayor of Casterbridge, Vol. 1 Of 2: The Life & Death of a Man of Character (Classic Reprint) Thomas Hardy. 2018. (ENG., Illus.). 318p. (J). 30.48 *(978-0-484-72115-8(1))* Forgotten Bks.

Mayor of Casterbridge, Vol. 2 Of 2: The Life & Death of a Man of Character (Classic Reprint) Thomas Hardy. 2018. (ENG., Illus.). 318p. (J). 30.46 *(978-0-483-28729-7(6))* Forgotten Bks.

Mayor of Troy (Classic Reprint) A. T. Quiller-Couch. 2018. (ENG., Illus.). 354p. (J). 31.20 *(978-0-364-20917-2(8))* Forgotten Bks.

Mayor of Troy (Classic Reprint) Arthur Quiller-Couch. (ENG., Illus.). (J). 2018. 322p. 30.54 *(978-0-483-30722-3(X));* 2017. pap. 13.57 *(978-0-282-56212-0(5))* Forgotten Bks.

Mayor of Warwick (Classic Reprint) Herbert M. Hopkins. 2018. (ENG., Illus.). 446p. (J). 33.10 *(978-0-483-09856-5(6))* Forgotten Bks.

Mayor of Wind-Gap & Canvassing, Vol. 3 Of 3: By the o'Hara Family (Classic Reprint) Michael Banim. 2018. (ENG., Illus.). 322p. (J). 30.54 *(978-0-483-90874-1(6))* Forgotten Bks.

Mayor's Wife (Classic Reprint) Anna Katharine Green. (ENG., Illus.). (J). 2018. 420p. 32.58 *(978-0-483-62022-3(X));* 2017. 32.35 *(978-1-5279-6676-5(3));* 2017. pap. 16.57 *(978-0-243-28656-0(2))* Forgotten Bks.

Mayowa & the Masquerades. Lola Shoneyin. Illus. by Francis Blake. 2021. (ENG.). 32p. (J). 16.95 *(978-1-913175-04-7(9))* Cassava Republic Pr. GBR. Dist: Consortium Bk. Sales & Distribution.

Maypop Kidnapping: A Quinnie Boyd Mystery. C. M. Surrisi. (Quinnie Boyd Mysteries Ser.). (ENG.). 304p. (J). (gr. 4-8). 2018. pap. 9.99 *(978-1-5415-1490-4(4),* c6bfb82b-5feb-4601-a681-edbe24d09c92); 2016. E-Book 26.65 *(978-1-4677-9560-9(7))* Lerner Publishing Group. (Carolrhoda Bks.).

Mayva o'Meere, Creationeer. Kristin Pierce. Illus. by Mar Fandos. 2018. (ENG.). 44p. (J). (gr. k-3). pap. *(978-1-77370-548-4(2)); (978-1-77370-549-1(0))* Inner Compass Bks.

Mazarine. Cece Louise. 2021. (Forest Tales Ser.: Vol. 3). (ENG.). 324p. (YA). pap. 14.99 *(978-1-7330636-2-3(5))* Czech, Cassandra.

Maze: 68 Complex Maze Problems with a Gradual Progression in Difficulty Level. James Manning. 2018. (ENG., Illus.). 70p. (J). pap. *(978-1-78917-379-6(5))* Sketchbook, Sketch Pad, Art Bk., Drawing Paper, and Writing Paper Publishing Co., The.

Maze Activities: 50 Maze Challenges for Preschool Children. James Manning. 2018. (Maze Activities Ser.: Vol. 1). (ENG., Illus.). 54p. (J). (gr. k-2). pap. *(978-1-78917-579-0(8))* Sketchbook, Sketch Pad, Art Bk., Drawing Paper, and Writing Paper Publishing Co., The.

Maze Activity Book for Curious Children: Mazes for Kids. Jupiter Kids. 2017. (ENG., Illus.). (J). pap. 9.05 *(978-1-5419-3276-0(5),* Jupiter Kids (Childrens & Kids Fiction)) Speedy Publishing LLC.

Maze Activity Book for Girls Activity Book. Activity Book Zone for Kids. 2016. (ENG., Illus.). (J). pap. 7.55 *(978-1-68376-006-1(9))* Sabeels Publishing.

Maze Activity Book for Kids Ages 4-8! Discover & Enjoy a Variety of Activity Pages for Kids! Bold Illustrations. 2021. (ENG.). 62p. (J). pap. 11.99 *(978-1-0717-0585-8(7),* Bold Illustrations) FASTLANE LLC.

Maze & Other Activities for Kids Ages 6 & Up: Fun Activity Book with Lots of Brain Challenging Games. Anastasia Reece. 2021. (ENG.). 79p. (J). pap. *(978-1-105-94663-9(0))* Lulu Pr., Inc.

Maze Book: Follow Me Fairy Tales. Roger Priddy. 2020. (Finger Mazes Ser.). (ENG.). 14p. (J). bds. 9.99 *(978-0-312-53018-1(8),* 900218645) St. Martin's Pr.

Maze Book: Follow Me Farm. Roger Priddy. 2021. (Finger Mazes Ser.: 1). (ENG., Illus.). 14p. (J). bds. 9.99 *(978-1-68449-123-0(1),* 900229405) St. Martin's Pr.

Maze Book: Follow Me Halloween. Roger Priddy. 2018. (Finger Mazes Ser.). (ENG., Illus.). 14p. (J). bds. 7.99 *(978-0-312-52723-5(3),* 900189644) St. Martin's Pr.

Maze Book: Follow Me Santa. Roger Priddy. 2018. (Finger Mazes Ser.). (ENG., Illus.). 14p. (J). bds. 8.99 *(978-0-312-52742-6(X),* 900189899) St. Martin's Pr.

Maze Book: Follow My Heart. Roger Priddy. 2018. (Follow Me Maze Bks.). (ENG., Illus.). 14p. (J). bds. 7.99 *(978-0-312-52763-1(2),* 900190145) St. Martin's Pr.

Maze Book: Follow the Bunny. Roger Priddy. 2019. (Finger Mazes Ser.). (ENG., Illus.). 14p. (J). bds. 7.99 *(978-0-312-52790-7(X),* 900194739) St. Martin's Pr.

Maze Book for Kids: Fun Mazes for Kids, Boys & Girls Ages 4-8: Maze Activity Book for Children with Exciting Maze Puzzles Games. Maze Book for Games, Puzzles, & Problem-Solving from Beginners to Advanced Kids Ages 4-6, 6-8. Happy Books For All. 2021. (ENG.). 104p. (J). pap. *(978-1-006-87403-1(8))* Lulu.com.

Maze Book for Kids - Ages +4 Develops Attention, Concentration, Logic & Problem Solving Skills. Solve Then Color. A&i Dream Big. 2021. (ENG.). 108p. (J). pap. 9.99 *(978-1-716-20886-7(6))* Lulu Pr., Inc.

Maze Collection of the Millennium: Maze Activity Book. Kreativ Entspannen. 2016. (ENG., Illus.). (J). pap. 10.81 *(978-1-68377-175-3(3))* Whlke, Traudl.

Maze Craze! Kids Maze Activity Book. Kreative Kids. 2016. (ENG., Illus.). (J). pap. 10.81 *(978-1-68377-146-3(X))* Whlke, Traudl.

Maze Crazy! a Kids Maze Activity Book. Kreative Kids. 2016. (ENG., Illus.). (J). pap. 10.81 *(978-1-68377-148-7(6))* Whlke, Traudl.

Maze Crazy Kids: Children's Activity Book. Kreative Kids. 2016. (ENG., Illus.). (J). pap. 10.81 *(978-1-68377-147-0(8))* Whlke, Traudl.

Maze Extinction Event: The Dinosaur Maze Activity Book. Jupiter Kids. 2016. (ENG., Illus.). 106p. (J). pap. 12.55 *(978-1-68326-145-2(3),* Jupiter Kids (Childrens & Kids Fiction)) Speedy Publishing LLC.

Maze Games for Kids: 68 Complex Maze Problems with a Gradual Progression in Difficulty Level. James Manning. 2018. (ENG., Illus.). 70p. (J). (Maze Games for Kids Ser.: Vol. 1). pap. *(978-1-78917-666-7(2));* pap. *(978-1-78917-374-1(4))* Sketchbook, Sketch Pad, Art Bk., Drawing Paper, and Writing Paper Publishing Co., The.

Maze Jamboree: The Mega Maze Activity Book. Kreative Kids. 2016. (ENG., Illus.). (J). pap. 10.81 *(978-1-68377-149-4(4))* Whlke, Traudl.

Maze Maker: Make Your Own Maze Activity Book. Kreative Kids. 2016. (ENG., Illus.). (J). pap. 10.81 *(978-1-68377-150-0(8))* Whlke, Traudl.

Maze Mania! Kids Maze Activity Book. Kreative Kids. 2016. (ENG., Illus.). (J). pap. 10.81 *(978-1-68377-151-7(6))* Whlke, Traudl.

Maze Mania! Super Fun Kids Activity Book. Activity Book Zone for Kids. 2016. (ENG., Illus.). (J). pap. 7.55 *(978-1-68376-007-8(7))* Sabeels Publishing.

Maze Marauders! the Ultimate Challenge Kids Activity Book. Activity Book Zone for Kids. 2016. (ENG., Illus.). (J). pap. 7.55 *(978-1-68376-008-5(5))* Sabeels Publishing.

Maze Master: Kids Maze Activity Book. Kreative Kids. 2016. (ENG., Illus.). (J). pap. 10.81 *(978-1-68377-152-4(4))* Whlke, Traudl.

Maze Master Madness! a Kids Maze Puzzle Activity Book. Activity Book Zone for Kids. 2016. (ENG., Illus.). (J). pap. 9.20 *(978-1-68376-009-2(3))* Sabeels Publishing.

Maze Masters Ultimate Challenge Activity Book. Activibooks. 2016. (ENG., Illus.). (J). pap. 7.55 *(978-1-68321-428-1(5))* Mimaxion.

Maze Meltdown! an Epic Maze Activity Book. Activity Book Zone for Kids. 2016. (ENG., Illus.). (J). pap. 7.55 *(978-1-68376-010-8(7))* Sabeels Publishing.

Maze Memory: Kids Maze Activity Book. Kreative Kids. 2016. (ENG., Illus.). (J). pap. 10.81 *(978-1-68377-153-1(2))* Whlke, Traudl.

Maze Millennium: Kids Maze Activity Book. Kreative Kids. 2016. (ENG., Illus.). (J). pap. 10.81 *(978-1-68377-154-8(0))* Whlke, Traudl.

Maze Monster. Michael Dahl. Illus. by Andy Catling. 2016. (Igor's Lab of Fear Ser.). (ENG.). 40p. (J). (gr. 4-8). lib. bdg. 23.99 *(978-1-4965-3528-3(6),* 132642, Stone Arch Bks.) Capstone.

Maze Mystery! Kids Activity Book. Activity Book Zone for Kids. 2016. (ENG., Illus.). (J). pap. 7.55 *(978-1-68376-011-5(5))* Sabeels Publishing.

Maze-O-zoic: 50 Dinosaur Mazes. Joe Wos. 2018. 64p. (J). (gr. 1-4). pap. 6.99 *(978-1-4380-1227-8(6))* Sourcebooks, Inc.

Maze of Funny Faces: Fun Activity Books for Kids. Jupiter Kids. 2016. (ENG., Illus.). 76p. (J). pap. 13.75 *(978-1-68305-378-1(8),* Jupiter Kids (Childrens & Kids Fiction)) Speedy Publishing LLC.

Maze of the Fire Dragon. Terrence Webster-Doyle. 2022. (ENG.). 120p. (J). (gr. 4-7). pap. ***(978-1-387-50172-4(0))*** Lulu Pr., Inc.

Maze Quest: A Thrilling Puzzle Story with 28 Interactive Mazes. William Potter. Illus. by Laura Horton. 2021. (ENG.). 64p. (J). 12.99 *(978-1-3988-0738-9(9),* 93fb28e8-06db-4dec-8dd7-e7c799a5f956) Arcturus Publishing GBR. Dist: Baker & Taylor Publisher Services (BTPS).

Maze Quest: (Adventure Books for Kids, Children?s Fantasy Books, Interactive Kids Books, Activity Book for Kids) Travis Nichols. 2018. (ENG., Illus.). 64p. (J). (gr. 1-7). pap. 12.99 *(978-1-4521-6989-7(6))* Chronicle Bks. LLC.

Maze Runner Books for Sports Enthusiasts. Jupiter Kids. 2017. (ENG., Illus.). (J). pap. 9.05 *(978-1-5419-3281-4(1),* Jupiter Kids (Childrens & Kids Fiction)) Speedy Publishing LLC.

Maze Runner Series Complete Collection Boxed Set (5-Book), 5 vols. James Dashner. (Maze Runner Ser.). (ENG.). (YA). (gr. 7). 2017. 1952p. pap., pap., pap. 57.95 *(978-1-5247-7103-4(1));* 2016. 98.95 *(978-1-5247-1434-5(8))* Random Hse. Children's Bks. (Delacorte Pr.).

Maze Universe: Kids Maze Activity Book. Kreative Kids. 2016. (ENG., Illus.). (J). pap. 10.81 *(978-1-68377-155-5(9))* Whlke, Traudl.

Maze Universe: The Kids Maze Activity Book. Kreative Kids. 2016. (ENG., Illus.). (J). pap. 10.81 *(978-1-68377-156-2(7))* Whlke, Traudl.

Mazeltov, Mitzvah! Deborah Lee Prescott. 2020. (ENG.). 36p. (J). pap. 14.95 *(978-1-950613-42-7(9))* Taylor and Seale Publishing.

MAZEPRIZE - Learn Alphabet: First Learn to Write Workbook Practice for Kids with Pen Control, Letters. Liviu Paraschiv C. 2021. (ENG.). 56p. (J). pap. *(978-1-4457-5346-1(4))* Lulu.com.

Mazes. School Zone Publishing Company Staff. 2019. (ENG., Illus.). 64p. (J). (gr. k-2). pap., wbk. ed. 4.49 *(978-1-58947-053-8(2),* 71f17cf1-86f3-4e90-91ca-e7a1eae06f0f) School Zone Publishing Co.

Mazes: 68 Complex Maze Problems with a Gradual Progression in Difficulty Level. James Manning. 2018. (ENG., Illus.). 70p. (J). pap. *(978-1-78917-372-7(8))* Sketchbook, Sketch Pad, Art Bk., Drawing Paper, and Writing Paper Publishing Co., The.

Mazes 4th Grade Workbook for Kids. Smarter Activity Books for Kids. 2016. (ENG., Illus.). (J). pap. 8.99 *(978-1-68374-327-9(X))* Examined Solutions PTE. Ltd.

Mazes Age 6 - Super Fun Activity Book. Smarter Activity Books for Kids. 2016. (ENG., Illus.). (J). pap. 8.99 *(978-1-68374-336-1(9))* Examined Solutions PTE. Ltd.

Mazes & Coloring Book - Double the Fun Activity Book. Smarter Activity Books for Kids. 2016. (ENG., Illus.). (J). pap. 8.99 *(978-1-68374-329-3(6))* Examined Solutions PTE. Ltd.

Mazes & Connect the Dots Activity Book for Kids. Smarter Activity Books for Kids. 2016. (ENG., Illus.). (J). pap. 8.99 *(978-1-68374-656-0(2))* Examined Solutions PTE. Ltd.

Mazes & Dot to Dots - Super Fun Activity Book. Smarter Activity Books for Kids. 2016. (ENG., Illus.). (J). pap. 8.99 *(978-1-68374-334-7(2))* Examined Solutions PTE. Ltd.

Mazes & Dot to Dots Activity Book 8 Year Old Boy. Educando Kids. 2019. (ENG.). 42p. (J). pap. 8.55 *(978-1-64521-700-8(0),* Educando Kids) Editorial Imagen.

Mazes & Dot to Dots Activity Book Grades K-1 - Ages 5 To 7. Bobo's Little Brainiac Books. 2016. (ENG., Illus.). (J). pap. 7.99 *(978-1-68327-825-2(9))* Sunshine In My Soul Publishing.

Mazes & Dot to Dots Puzzles Activity Book 3 Year Old Girl. Educando Kids. 2019. (ENG.). 42p. (J). pap. 8.55 *(978-1-64521-742-8(6),* Educando Kids) Editorial Imagen.

Mazes & Find the Difference Activity Book 6 Year Old. Educando Kids. 2019. (ENG.). 42p. (J). pap. 8.55 *(978-1-64521-702-2(7),* Educando Kids) Editorial Imagen.

Mazes & Puzzles for Kids - Super Fun Activity Book. Smarter Activity Books for Kids. 2016. (ENG., Illus.). (J). pap. 8.99 *(978-1-68374-341-5(5))* Examined Solutions PTE. Ltd.

Mazes Are Amazing! Kids Maze Activity Book. Kreative Kids. 2016. (ENG., Illus.). (J). pap. 10.81 *(978-1-68377-157-9(5))* Whlke, Traudl.

Mazes Book for Kids - into the Labyrinth Activity Book. Smarter Activity Books for Kids. 2016. (ENG., Illus.). (J). pap. 8.99 *(978-1-68374-331-6(8))* Examined Solutions PTE. Ltd.

For book reviews, descriptive annotations, tables of contents, cover images, author biographies & additional information, updated daily, subscribe to **www.booksinprint.com**

1301

Mazes Books for Children - Super Fun Brain Training Activity Book. Smarter Activity Books for Kids. 2016. (ENG., Illus.). (J). pap. 8.99 *(978-1-68374-344-6(X))* Examined Solutions PTE. Ltd.

Mazes Christmas. Deeasy Books. 2021. (ENG.). 114p. (J). pap. 11.00 *(978-1-716-23030-1(6))* Indy Pub.

Mazes Fit to Make You Think! Activity Book. Activity Book Zone for Kids. 2016. (ENG., Illus.). (J). pap. 9.20 *(978-1-68376-012-2(3))* Sabeels Publishing.

Mazes for Adults: 68 Complex Maze Problems with a Gradual Progression in Difficulty Level. James Manning. 2018. (ENG., Illus.). 70p. (J). (Mazes for Adults Ser.: Vol. 1). pap. *(978-1-78917-667-4(0))*; pap. *(978-1-78917-373-4(6))* Sketchbook, Sketch Pad, Art Bk., Drawing Paper, and Writing Paper Publishing Co., The.

Mazes for Adults: Volume 4 with Mazes Gives You Hours of Fun, Stress Relief & Relaxation! Queenie Activitys. 2021. (ENG.). 104p. (YA). pap. 13.99 *(978-0-01-895804-3(4))* Oak Solid Publishers.

Mazes for Adults - Mind Busters - Twist & Turn Activity Book. Smarter Activity Books. 2016. (ENG., Illus.). (J). pap. 8.99 *(978-1-68374-332-3(6))* Examined Solutions PTE. Ltd.

Mazes for All Ages: Maze Activity Book. Kreative Kids. 2016. (ENG., Illus.). (J). pap. 10.81 *(978-1-68377-158-6(3))* Whlke, Traudl.

Mazes for Boys: Activity Book 8 Year Old. Jupiter Kids. 2017. (ENG., Illus.). (J). pap. 9.05 *(978-1-5419-3252-4(8))*, Jupiter Kids (Childrens & Kids Fiction)) Speedy Publishing LLC.

Mazes for Bright Sparks: Ages 7 To 9. Gareth Moore. Illus. by Jess Bradley. 2021. (Buster Bright Sparks Ser.: 5). (ENG.). 160p. (J). (gr. 2). pap. 8.99 *(978-1-78055-661-1(6))*, Buster Bks.) O'Mara, Michael Bks., Ltd. GBR. Dist: Independent Pubs. Group.

Mazes for Children - Super Fun Activity Book. Smarter Activity Books for Kids. 2016. (ENG., Illus.). (J). pap. 8.99 *(978-1-68374-343-9(1))* Examined Solutions PTE. Ltd.

Mazes for Days Maze Activity Book. Activity Book Zone for Kids. 2016. (ENG., Illus.). (J). pap. 9.20 *(978-1-68376-013-9(1))* Sabeels Publishing.

Mazes for Days! the Ultimate Book of Mazes. Kreativ Entspannen. 2016. (ENG., Illus.). (J). pap. 10.81 *(978-1-68377-159-3(1))* Whlke, Traudl.

Mazes for Elementary Students: Maze Activity Books for Kids. Jupiter Kids. 2017. (ENG., Illus.). (J). pap. 9.20 *(978-1-5419-3301-9(X))*, Jupiter Kids (Childrens & Kids Fiction)) Speedy Publishing LLC.

Mazes for Girls: Activity Book 8 Year Old. Jupiter Kids. 2017. (ENG., Illus.). (J). pap. 9.05 *(978-1-5419-3253-1(6))*, Jupiter Kids (Childrens & Kids Fiction)) Speedy Publishing LLC.

Mazes for Kids. Gareth Moore. 2022. (ENG.). 192p. (J). (gr. -1-1). pap. 9.99 *(978-1-78055-836-3(8))*, Buster Bks.) O'Mara, Michael Bks., Ltd. GBR. Dist: Independent Pubs. Group.

Mazes for Kids. Lee Standford. l.t. ed. 2021. (ENG.). 82p. (J). pap. 10.00 *(978-1-716-23545-0(6))* Lulu Pr., Inc.

Mazes for Kids 3-5: Circle Maze Activity Book for Children with Games, Puzzles, & Problem-Solving Workbook (Maze for Kids) Fiona Ortega. 2023. (ENG.). 102p. (J). pap. 13.99 *(978-1-312-41785-4(4))* Lulu Pr., Inc.

Mazes for Kids 8-12: Fun & Challenging Brain Teaser Logic Puzzles Games Problem-Solving Maze Activity Workbook for Children (Challenging Mazes) Fiona Ortega. 2023. (ENG.). 122p. (YA). pap. 14.99 *(978-1-312-41760-1(9))* Lulu Pr., Inc.

Mazes for Kids Age 5 - Super Fun Activity Book. Smarter Activity Books for Kids. 2016. (ENG., Illus.). (J). pap. 8.99 *(978-1-68374-335-4(0))* Examined Solutions PTE. Ltd.

Mazes for Kids Age 7 - Super Fun Activity Book. Smarter Activity Books for Kids. 2016. (ENG., Illus.). (J). pap. 8.99 *(978-1-68374-339-2(3))* Examined Solutions PTE. Ltd.

Mazes for Kids Age 8 - Super Fun Activity Book. Smarter Activity Books for Kids. 2016. (ENG., Illus.). (J). pap. 8.99 *(978-1-68374-337-8(7))* Examined Solutions PTE. Ltd.

Mazes for Kids Ages 4-8 Easy to Hard with Animals to Color. Trainit. 2021. (ENG.). 106p. (J). pap. 9.49 *(978-1-008-99879-7(6))* Lulu Pr., Inc.

Mazes for Kids Ages 6-8: Introduce Your Child to the Fascinating World of Mazes with This Beginner's Maze Book. It's the Perfect Choice for a Child's First Encounter with Mazes, Offering a Fun Activity That Reinforces Logic & Problem-Solving Skills. Red Jester. 2023. (ENG.). 83p. (J). pap. *(978-1-312-33455-7(X))* Lulu Pr., Inc.

Mazes for Kids Ages 6-8: Maze Activity Book - 6, 7, 8 Year Olds - Children Maze Activity Workbook (Games, Puzzles, & Problem-Solving Mazes Activity Book) Scarlett Evans. 2021. (ENG.). 96p. (J). 14.99 *(978-1-954392-14-4(1))*; pap. 7.98 *(978-1-954392-18-2(4))* Kids Activity Publishing.

Mazes for Kids Ages 6-8: Ocean Themed Books for Kids. Richard T. Holt. 2021. (ENG.). 80p. (J). pap. *(978-1-80049-666-8(4))* Independent Publishing Network.

Mazes for Kids Ages 8-12: Maze Activity Book - 8-10, 9-12, 10-12 Year Olds - Workbook for Children with Games, Puzzles, & Problem-Solving (Maze Learning Activity Book for Kids) Jennifer L. Trace. 2021. (ENG.). 96p. (J). pap. 7.99 *(978-1-954392-17-5(6))* Kids Activity Publishing.

Mazes for Kids Ages 8-12: Maze Activity Book 8-10, 9-12, 10-12 Year Olds Workbook for Children with Games, Puzzles, & Problem-Solving (Maze Learning Activity Book for Kids) Jennifer L. Trace. 2021. (ENG.). 96p. (J). 14.99 *(978-1-954392-12-0(5))*; pap. 7.90 *(978-1-954392-21-2(4))* Kids Activity Publishing.

Mazes for Kids, Volume 2: Maze Activity Book for Ages 4 - 8. Zoey Bird. 2022. (ENG.). 110p. (J). 29.99 *(978-1-989588-74-1(3))*; pap. 39.99 *(978-1-989588-73-4(5))* Wise Writer Publishing.

Mazes for Kindergarteners: Maze Activity Book for Kids, Great Book for Developing Little Ones Skills. Wonder Books. 2020. (ENG.). 38p. (J). pap. 6.98 *(978-1-716-30834-5(8))* Lulu Pr., Inc.

Mazes for Little Adventurers: 28 Colorful Mazes. Clever Publishing & Nora Watkins. Illus. by Inna Anikeeva. 2023. (Clever Mazes Ser.). (ENG.). 32p. (J). (gr. -1-1). pap. 5.99 *(978-1-956560-92-3(0))* Clever Media Group.

Mazes for Little Princesses: 29 Colorful Mazes. Clever Publishing & Nora Watkins. Illus. by Inna Anikeeva. 2023. (Clever Mazes Ser.). (ENG.). 32p. (J). (gr. -1-1). pap. 5.99 *(978-1-956560-91-6(2))* Clever Media Group.

Mazes for Preschoolers - Super Fun Activity Book. Smarter Activity Books for Kids. 2016. (ENG., Illus.). (J). pap. 8.99 *(978-1-68374-338-5(5))* Examined Solutions PTE. Ltd.

Mazes for Teens - Super Fun Activity Book. Smarter Activity Books for Kids. 2016. (ENG., Illus.). (J). pap. 8.99 *(978-1-68374-340-8(7))* Examined Solutions PTE. Ltd.

Mazes for the Ages: Kids Activity Book. Kreative Kids. 2016. (ENG., Illus.). (J). pap. 9.20 *(978-1-68377-160-9(5))* Whlke, Traudl.

Mazes for the Curious Mind: Kids Maze Activity Book. Kreative Kids. 2016. (ENG., Illus.). (J). pap. 9.20 *(978-1-68377-161-6(3))* Whlke, Traudl.

Mazes for the Holidays: Maze Books for Kids. Jupiter Kids. 2017. (ENG., Illus.). (J). pap. 9.05 *(978-1-5419-3271-5(4))*, Jupiter Kids (Childrens & Kids Fiction)) Speedy Publishing LLC.

Mazes for the Mind: Maze Activity Book. Kreative Kids. 2016. (ENG., Illus.). (J). pap. 10.81 *(978-1-68377-162-3(1))* Whlke, Traudl.

Mazes for Toddlers - Super Fun Activity Book. Smarter Activity Books for Kids. 2016. (ENG., Illus.). (J). pap. 8.99 *(978-1-68374-342-2(3))* Examined Solutions PTE. Ltd.

Mazes from Around the World: Kids Activity Book. Smarter Activity Books for Kids. 2016. (ENG., Illus.). (J). pap. 8.99 *(978-1-68374-256-2(7))* Examined Solutions PTE. Ltd.

Mazes from Outer Space Mazes Book Edition. Creative Playbooks. 2016. (ENG., Illus.). (J). pap. 10.81 *(978-1-68323-048-9(5))* Twin Flame Productions.

Mazes Galore! Activity Book Mazes. Speedy Kids. 2017. (ENG., Illus.). (J). pap. 9.20 *(978-1-5419-0997-7(6))* Speedy Publishing LLC.

Mazes, Games, & Puzzles Galore! Super Fun Mega Kids Activity Book. Kreative Kids. 2016. (ENG., Illus.). (J). pap. 10.81 *(978-1-68377-212-5(1))* Whlke, Traudl.

Mazes Kindergarten - Edition: Tiny Tots Maze Fun. Smarter Activity Books for Kids. 2016. (ENG., Illus.). (J). pap. 8.99 *(978-1-68374-330-9(X))* Examined Solutions PTE. Ltd.

Mazes Made for the Ages: Kids Maze Activity Book. Kreative Kids. 2016. (ENG., Illus.). (J). pap. 10.81 *(978-1-68377-163-0(X))* Whlke, Traudl.

Mazes Make Me Crazy Activity Book. Kreative Kids. 2016. (ENG., Illus.). (J). pap. 10.81 *(978-1-68377-211-8(3))* Whlke, Traudl.

Mazes, Matching & Puzzles Activity Book for Kids. Bobo's Children Activity Books. 2016. (ENG., Illus.). (J). pap. 7.99 *(978-1-68327-436-0(9))* Sunshine In My Soul Publishing.

Mazes Mazes Everywhere! Can You Find Your Way? Kids Activity Book. Activity Book Zone for Kids. 2016. (ENG., Illus.). (J). pap. 9.20 *(978-1-68376-014-6(X))* Sabeels Publishing.

Mazes Mazes Everywhere! Kids Activity Book. Activity Book Zone for Kids. 2016. (ENG., Illus.). (J). pap. 7.55 *(978-1-68376-015-3(8))* Sabeels Publishing.

Mazes, Puzzles & Math Games! Activity Books for Kids 9-12. Speedy Kids. 2017. (ENG., Illus.). (J). pap. 13.00 *(978-1-5419-1026-3(5))* Speedy Publishing LLC.

Mazes, Puzzles & More 1st Grade Activity Books. Baby Professor. 2016. (ENG., Illus.). 40p. (J). pap. 11.65 *(978-1-68305-532-7(2))*, Baby Professor (Education Kids)) Speedy Publishing LLC.

Mazes, Spot the Difference & Connect the Dots Activity Book for Kids. Bobo's Children Activity Books. 2016. (ENG., Illus.). (J). pap. 9.43 *(978-1-68327-425-4(3))* Sunshine In My Soul Publishing.

Mazes That Defy Ages. a Maze Activity Book. Activity Book Zone. 2016. (ENG., Illus.). (J). pap. 7.55 *(978-1-68376-016-0(6))* Sabeels Publishing.

Mazes Things That Go - Planes, Trains, Cars & Trucks. Smarter Activity Books for Kids. 2016. (ENG., Illus.). (J). pap. 8.99 *(978-1-68374-333-0(4))* Examined Solutions PTE. Ltd.

Mazes Through Time: 45 Thrilling Mazes Packed with Facts about the Past. Matt Yeo. Illus. by Marc Pattenden. 2023. (ENG.). 96p. (J). pap. 12.99 *(978-1-3988-2019-7(9))*, 266afac1-a8cd-4fcc-9c4e-b2656659350d) Arcturus Publishing GBR. Dist: Baker & Taylor Publisher Services (BTPS).

Mazes to Calm the Mind: Book of 50 Mazes for Adults. Richard T. Holt. 2021. (ENG.). 104p. (J). pap. *(978-1-80049-600-2(1))* Independent Publishing Network.

Mazes to Celebrate a Fun Valentine's Day Activity Book. Kreative Kids. 2016. (ENG., Illus.). (J). pap. 9.20 *(978-1-68377-164-7(8))* Whlke, Traudl.

Mazes to the Max! Kids Activity Book. Kreative Kids. 2016. (ENG., Illus.). (J). pap. 10.81 *(978-1-68377-165-4(6))* Whlke, Traudl.

Mazes, Word Games & Mix N Match Activities for Kids - Activity Books. Activibooks For Kids. 2016. (ENG., Illus.). (J). pap. 9.25 *(978-1-68321-043-6(3))* Mimaxion.

Mazes Workbook for Children - Grade 4 Edition. Smarter Activity Books for Kids. 2016. (ENG., Illus.). (J). pap. 8.99 *(978-1-68374-326-2(1))* Examined Solutions PTE. Ltd.

Mazes Workbook for Kids - Ages 4 & Up. Smarter Activity Books for Kids. 2016. (ENG., Illus.). (J). pap. 8.99 *(978-1-68374-328-6(8))* Examined Solutions PTE. Ltd.

Mazes Workbook Prek-Grade 1 - Ages 4 To 7. Prodigy. 2016. (ENG., Illus.). (J). pap. 9.25 *(978-1-68323-081-6(7))* Twin Flame Productions.

Mazey Pines. Evan Jacobs. 2018. (Amazing Adventures of Abby Mcquade Ser.). (ENG.). 84p. (J). (gr. 4-7). pap. 10.95 *(978-1-68021-469-7(1))* Saddleback Educational Publishing, Inc.

Mazhai Tuli. Radhika Shah. Ed. by Nachimuthu Udayabaskar. 2017. (TAM., Illus.). 38p. (J). 13.99 *(978-0-9984282-7-7(2))* Ipaatti.

Mazie. Melanie Crowder. 352p. (YA). (gr. 7). 2022. pap. 10.99 *(978-0-525-51676-7(X))*; 2021. 18.99 *(978-0-525-51674-3(3))* Penguin Young Readers Group. (Philomel Bks.).

Mazie & the Mysterious Hedge: A Lesson in Forgiveness. Brandi Roper. 2018. (ENG.). 36p. (J). pap. 12.00 *(978-1-68314-724-4(3))*; (Illus.). 22.00 *(978-1-68314-725-1(1))* Redemption Pr.

Mazli (Classic Reprint) Johanna Spyri. (ENG., Illus.). (J). 2017. 30.87 *(978-0-260-80910-0(1))*; 2016. pap. 13.57 *(978-1-334-29151-7(9))* Forgotten Bks.

Mazli Kalandjai 1-2. Stiban Izabella. 2017. (HUN., Illus.). (J). pap. *(978-3-7103-2917-3(5))* united p.c. Verlag.

Mazu: Goddess of the Sea. Sue Gagliardi. 2022. (Chinese Mythology Ser.). (ENG., Illus.). 32p. (J). (gr. 2-5). lib. bdg. 34.21 *(978-1-5321-9996-7(1))*, 40861, Kids Core) ABDO Publishing Co.

Mazy & Cheeks. Jason Vela. Illus. by Bazma Ahmed. l.t. ed. 2022. (ENG.). 54p. (J). 21.00 *(978-1-0880-3231-2(1))* Indy Pub.

Mazy & Molly & the No TV Week. Cindy Lurie. 2019. (Mazy & Molly the Muskrats Ser.: Vol. 1). (ENG., Illus.). 32p. (J). pap. 13.99 *(978-1-950454-92-1(4))* Pen It Pubns.

Mazy & Snub: Adventures in Gravity. Martha Ramsey. 2017. (ENG., Illus.). (J). pap. 20.95 *(978-1-5043-8605-0(1))*, Balboa Pr.) Author Solutions, LLC.

Mba Before College: Why Every College Student Needs to Start a Business & Learn Mba Principles Now. Aileen Yi Fan. 2018. (ENG.). 198p. (YA). 33.95 *(978-1-9822-0962-9(3))*; pap. 14.99 *(978-1-9822-0964-3(X))* Author Solutions, LLC. (Balboa Pr.).

Mbappe: 2021 Updated Edition. Luca Caioli & Cyril Collot. 2023. (ENG., Illus.). 208p. 12.95 *(978-1-78578-675-4(X))* Icon Bks., Ltd. GBR. Dist: Publishers Group West (PGW).

MBot for Makers: Conceive, Construct, & Code Your Own Robots at Home or in the Classroom. Andrew Carle & Rick Schertle. 2017. (ENG., Illus.). 320p. (J). pap. 29.99 *(978-1-68045-296-9(7))* O'Reilly Media, Inc.

MC Veggie Fresh Rocks the Mic. Shanon Morris. Illus. by Merve Terzi. 2018. (MC Veggie Fresh Ser.: Vol. 1). (ENG.). 50p. (J). (gr. k-4). 19.99 *(978-1-7325821-1-8(4))*; pap. 14.99 *(978-1-7325821-0-1(6))* Morris, Shanon.

McAllister & His Double (Classic Reprint) Arthur Train. 2017. (ENG., Illus.). (J). 31.24 *(978-1-5281-6747-5(3))* Forgotten Bks.

McAllister's Grove (Classic Reprint) Marion Hill. (ENG., Illus.). (J). 2018. 328p. 30.66 *(978-0-267-55950-3(X))*; 2017. pap. 13.57 *(978-0-243-90997-1(7))* Forgotten Bks.

Mcbride First School Year: For Catholic Schools (Classic Reprint) Unknown Author. 2018. (ENG., Illus.). 100p. (J). 25.98 *(978-0-267-27687-5(7))* Forgotten Bks.

McBroom's Wonderful One-Acre Farm see Maravillosa Granja de McBroom

McCarthyism & the Red Scare. Heather C. Hudak. 2017. (Uncovering the Past: Analyzing Primary Sources Ser.). 48p. (J). (gr. 5-6). *(978-0-7787-3939-5(2))* Crabtree Publishing Co.

McCarty Incog (Classic Reprint) Isabel Ostrander. 2018. (ENG., Illus.). 314p. (J). 30.39 *(978-0-484-38984-6(X))* Forgotten Bks.

McCavity the Moggie & the Posh Moggs Cat Show. Jayne Sennett. l.t. ed. 2017. (ENG., Illus.). 57p. (J). pap. *(978-1-912183-26-5(9))* UK Bk. Publishing.

Mccloskey Primer (Classic Reprint) Margaret Orvis McCloskey. (ENG., Illus.). (J). 2018. 164p. 27.28 *(978-0-428-35142-7(5))*; 2017. pap. 9.97 *(978-0-282-13086-2(1))* Forgotten Bks.

Mcclure Twins: Make It Fashion. Ava McClure & Alexis McClure. Illus. by Courtney Dawson. 2021. (ENG.). 40p. (J). (gr. -1-3). 18.99 *(978-0-06-302952-1(9))*, HarperCollins) HarperCollins Pubs.

McClure's Magazine: April, 1898 (Classic Reprint) Samuel Sidney McClure. 2018. (ENG., Illus.). 220p. (J). 28.43 *(978-0-484-60363-8(9))* Forgotten Bks.

McClure's Magazine, 1900, Vol. 15 (Classic Reprint) Unknown Author. (ENG., Illus.). (J). 2018. 722p. 38.79 *(978-0-483-40843-2(3))*; 2016. pap. 23.57 *(978-1-334-38952-8(7))* Forgotten Bks.

McClure's Magazine, 1907, Vol. 29 (Classic Reprint) Unknown Author. 2017. (ENG., Illus.). (J). 41.26 *(978-0-260-99823-1(0))*; pap. 23.97 *(978-1-5284-8143-4(7))* Forgotten Bks.

McClure's Magazine, Vol. 1: May, 1925 (Classic Reprint) Unknown Author. 2017. (ENG., Illus.). (J). 43.12 *(978-0-260-98648-1(8))*; pap. 25.46 *(978-1-5284-7493-1(7))* Forgotten Bks.

McClure's Magazine, Vol. 10: January, 1898 (Classic Reprint) Samuel Sidney McClure. (ENG., Illus.). (J). 2018. 594p. 36.15 *(978-0-483-87318-6(7))*; 2016. pap. 19.57 *(978-1-334-34143-4(5))* Forgotten Bks.

McClure's Magazine, Vol. 10: November, 1897, to April, 1898 (Classic Reprint) Unknown Author. (ENG., Illus.). (J). 2018. 652p. 37.34 *(978-0-267-39950-5(2))*; 2016. pap. 19.97 *(978-1-334-12458-7(2))* Forgotten Bks.

McClure's Magazine, Vol. 12: Illustrated, Published Monthly; November, 1898, to April, 1899 (Classic Reprint) Unknown Author. (ENG., Illus.). (J). 2018. 632p. 36.95 *(978-0-428-81075-7(5))*; 2017. pap. 19.57 *(978-1-334-92801-7(0))* Forgotten Bks.

McClure's Magazine, Vol. 13: Illustrated; May, 1899, to October, 1899 (Classic Reprint) Unknown Author. 2017. (ENG., Illus.). (J). 39.47 *(978-0-265-71767-7(1))*; pap. 23.57 *(978-1-5276-7374-8(X))* Forgotten Bks.

McClure's Magazine, Vol. 20: November, 1902, to April, 1903 (Classic Reprint) Unknown Author. (ENG., Illus.). (J). 2017. 39.61 *(978-0-260-82730-2(4))*; 2016. pap. 23.57 *(978-1-334-12232-3(6))* Forgotten Bks.

McClure's Magazine, Vol. 26: November to April, 1905-1906 (Classic Reprint) Unknown Author. 2017. (ENG., Illus.). (J). 42.27 *(978-0-266-73381-2(6))*; pap. 24.61 *(978-1-5276-9637-2(5))* Forgotten Bks.

McClure's Magazine, Vol. 27: Illustrated; May to October, 1906 (Classic Reprint) Unknown Author. (ENG., Illus.). (J). 2018. 840p. 41.22 *(978-0-484-27842-3(8))*; 2017. pap. 23.57 *(978-0-243-53333-6(0))* Forgotten Bks.

McClure's Magazine, Vol. 28: Illustrated, Published Monthly; November to April 1906-1907 (Classic Reprint) S. S. McClure Company. 2017. (ENG., Illus.). (J). 42.34 *(978-0-266-66798-8(8))*; pap. 24.68 *(978-1-5276-3740-5(9))* Forgotten Bks.

McClure's Magazine, Vol. 31: Illustrated; May to October, 1908 (Classic Reprint) Unknown Author. 2017. (ENG., Illus.). (J). 900p. 42.48 *(978-0-484-10389-3(X))*; pap. 24.82 *(978-0-259-17541-4(2))* Forgotten Bks.

McClure's Magazine, Vol. 34: Illustrated, Published Monthly; November to April, 1909-1910 (Classic Reprint) Unknown Author. (ENG., Illus.). (J). 2018. 832p. 41.06 *(978-0-483-44206-1(2))*; 2017. pap. 23.57 *(978-1-334-92067-7(2))* Forgotten Bks.

McClure's Magazine, Vol. 37: Illustrated, Published Monthly; May to October, 1911 (Classic Reprint) Samuel Sidney McClure. (ENG., Illus.). (J). 2018. 880p. 42.05 *(978-0-483-43429-5(9))*; 2017. pap. 24.39 *(978-1-334-93188-8(7))* Forgotten Bks.

McClure's Magazine, Vol. 7: Reminiscences of Harriet Beecher Stowe, June, 1896 (Classic Reprint) Samuel Sidney McClure. (ENG., Illus.). (J). 2018. 676p. 37.84 *(978-0-332-97111-7(2))*; 2016. pap. 20.57 *(978-1-333-73639-2(8))* Forgotten Bks.

McClure's Magazine, Vol. 8: November, 1896 (Classic Reprint) S. S. McClure. (ENG., Illus.). (J). 2017. 35.57 *(978-0-265-47531-7(7))*; 2016. pap. 23.57 *(978-1-334-13923-9(7))* Forgotten Bks.

McClure's Magazine, Vol. 9: July, 1897 (Classic Reprint) Samuel Sidney McClure. (ENG., Illus.). (J). 2017. 38.25 *(978-0-266-41570-1(9))*; 2017. 35.61 *(978-0-260-93609-7(X))*; 2017. pap. 19.57 *(978-1-5282-5917-0(3))*; 2016. pap. 19.57 *(978-1-333-61877-3(8))* Forgotten Bks.

McCreary Mcdrear & the Four Brave. Jae Briggs. l.t. ed. 2021. (ENG.). 40p. (J). 18.99 *(978-0-578-34466-9(1))* Briggs, Jae.

McCreary Mcdrear & the Four Brave. Jae Briggs. Illus. by Ibnu Sulaeman. l.t. ed. 2021. (ENG.). 40p. (J). pap. 10.49 *(978-1-0880-0996-3(4))* Briggs, Jae.

McDonald's: The Business Behind the Golden Arches. Cath Senker. 2016. (Big Brands Ser.). (ENG., Illus.). 32p. (J). (gr. 4-6). 26.65 *(978-1-5124-0590-3(6))*, 19047051-ce85-4b14-b4b4-cbcc96d2ce1c); E-Book 39.99 *(978-1-5124-0593-4(0))* Lerner Publishing Group. (Lerner Pubns.).

Mcdonalds; or the Ashes of Southern Homes: A Tale of Sherman's March (Classic Reprint) William H. Peck. 2018. (ENG., Illus.). 196p. (J). 27.94 *(978-0-484-62317-9(6))* Forgotten Bks.

McDougal Littell Literature: Student's Edition Grade 7 2009. McDougal Littel. 2017. (McDougal Littell Literature Ser.). (ENG.). 1232p. (YA). (gr. 7). 166.67 *(978-0-547-07528-0(6))* Holt McDougal.

McDuff Moves In. Rosemary Wells. Illus. by Susan Jeffers. 2019. (ENG.). 25p. (J). 17.95 *(978-0-940719-42-2(8))* Gryphon Pr., The.

McEwan's Easy Shorthand: Key to the Wonder Manual with Supplementary Exercises (Classic Reprint) Oliver McEwan. 2018. (ENG., Illus.). (J). 34p. 24.62 *(978-1-396-08309-9(X))*; 36p. pap. 7.97 *(978-1-391-22242-4(3))* Forgotten Bks.

McFadden Language Series: Book One (Classic Reprint) Effie B. McFadden. 2018. (ENG., Illus.). 284p. (J). 29.77 *(978-0-267-27688-2(5))* Forgotten Bks.

McFadden Language Series, Vol. 2 (Classic Reprint) Effie B. McFadden. (ENG., Illus.). (J). 2018. 290p. 29.88 *(978-0-365-19795-9(5))*; 2017. pap. 13.57 *(978-0-259-83837-1(3))* Forgotten Bks.

McFly. Gina Rowley. 2017. (ENG., Illus.). (J). pap. 11.98 *(978-1-4834-7228-7(0))* Lulu Pr., Inc.

McGill Fortnightly, Vol. 3: December 21, 1894 (Classic Reprint) Homer M. Jaquays. 2017. (ENG., Illus.). (J). 24.33 *(978-0-331-12476-7(9))*; pap. 7.97 *(978-0-260-18948-6(0))* Forgotten Bks.

McGill Outlook Christmas, Vol. 8: December 18, 1905 (Classic Reprint) C. H. Payne. 2017. (ENG., Illus.). (J). 24.72 *(978-0-331-12487-3(4))*; pap. 7.97 *(978-0-260-19034-5(9))* Forgotten Bks.

Mcgilliad, Vol. 1: April, 1930 (Classic Reprint) Abraham M. Klein. 2017. (ENG., Illus.). (J). 24.31 *(978-0-331-12431-6(9))*; pap. 7.97 *(978-0-260-19141-0(8))* Forgotten Bks.

McGlusky, the Gold-Seeker (Classic Reprint) A. G. Hales. 2018. (ENG., Illus.). 322p. (J). 30.50 *(978-0-332-16693-3(7))* Forgotten Bks.

McGuffey's Alternate Fourth Reader (Classic Reprint) William Holmes McGuffey. 2018. (ENG., Illus.). 238p. (J). 28.81 *(978-0-483-12086-0(3))* Forgotten Bks.

McGuffey's Alternate Third Reader (Classic Reprint) William Holmes McGuffey. 2017. (ENG., Illus.). (J). 27.65 *(978-0-331-00306-2(6))* Forgotten Bks.

McGuffey's Eclectic Primer. William Holmes McGuffey. 2017. (ENG., Illus.). (J). pap. *(978-0-649-32284-8(3))* Trieste Publishing Pty Ltd.

McGuffey's Eclectic Primer (Classic Reprint) William Holmes McGuffey. 2017. (ENG., Illus.). (J). 25.18 *(978-0-265-52413-8(X))*; pap. 9.57 *(978-0-259-91935-3(7))* Forgotten Bks.

McGuffey's Fifth Eclectic Reader (Classic Reprint) William Holmes McGuffey. 2017. (ENG., Illus.). 360p. (J). 31.32 *(978-0-484-47212-8(7))* Forgotten Bks.

McGuffey's First Eclectic Reader: A Facsimile of the 1863 Edition. William Holmes McGuffey. 2019. (ENG., Illus.). 86p. (J). 12.95 *(978-1-947844-86-5(5))* Athanatos Publishing Group.

McGuffey's First Eclectic Reader (Classic Reprint) William Holmes McGuffey. (ENG., Illus.). (J). 2017. 25.96 *(978-0-260-72462-5(9))*; 2016. pap. 9.57 *(978-1-333-59054-3(7))* Forgotten Bks.

McGuffey's Fourth Eclectic Reader. William Holmes McGuffey. 2017. (ENG., Illus.). (J). 24.95 *(978-1-375-01153-2(7))* Capital Communications, Inc.

McGuffey's Fourth Eclectic Reader (Classic Reprint) William Holmes McGuffey. (ENG., Illus.). (J). 2017. 29.26 *(978-0-266-55153-9(X))*; 2016. pap. 11.97 *(978-1-334-51550-7(6))* Forgotten Bks.

McGuffey's New First Eclectic Reader. Wm H. McGuffey. 2017. (ENG., Illus.). (J). pap. *(978-0-649-35681-2(0))* Trieste Publishing Pty Ltd.

McGuffey's New First Eclectic Reader: For Young Learners (Classic Reprint) William Holmes McGuffey.

1302

The check digit for ISBN-10 appears in parentheses after the full ISBN-13

(ENG., Illus.). (J). 2018. 88p. 25.71 *(978-0-666-87796-3(3))*; 2017. pap. 9.57 *(978-0-282-54455-3(0))* Forgotten Bks.

McGuffey's New First Eclectic Reader: For Young Learners (Classic Reprint) Wm H. McGuffey. (ENG., Illus.). (J). 2018. 178p. 27.59 *(978-0-267-70102-5(0))*; 2016. pap. 9.97 *(978-1-332-75929-3(7))* Forgotten Bks.

McGuffey's Newly Revised Eclectic First Reader: Containing Progressive Lessons in Reading & Spelling, Revised & Improved (Classic Reprint) William Holmes McGuffey. 2017. (ENG., Illus.). (J). 26.23 *(978-0-265-36106-1(0))* Forgotten Bks.

McGuffey's Newly Revised Eclectic Second Reader: Containing Progressive Lessons in Reading & Spelling; Revised & Improved (Classic Reprint) Wm H. McGuffey. 2017. (ENG., Illus.). (J). 28.81 *(978-0-265-69477-0(9))* Forgotten Bks.

McGuffey's Newly Revised Eclectic Third Reader: Containing Selections in Prose & Poetry, with Rules for Reading, & Exercises in Articulation, Defining, etc (Classic Reprint) William H. McGuffey. (ENG., Illus.). (J). 2017. 250p. 29.05 *(978-0-332-95851-4(5))*; 2016. pap. 11.57 *(978-1-334-33916-5(3))* Forgotten Bks.

McGuffey's Second Eclectic Reader: Revised Edition (Classic Reprint) William Holmes McGuffey. 2017. (ENG., Illus.). (J). 27.28 *(978-0-266-86490-5(2))* Forgotten Bks.

McGuffey's Third Eclectic Reader. William Holmes McGuffey. 2017. (ENG., Illus.). (J). 23.95 *(978-1-374-99555-0(X))*; pap. 13.95 *(978-1-374-99554-3(1))* Capital Communications, Inc.

McGuffey's Third Eclectic Reader (Classic Reprint) William Holmes McGuffey. (ENG., Illus.). (J). 2018. 214p. 28.31 *(978-0-365-49736-3(3))*; 2017. 28.93 *(978-0-331-80904-6(4))*; 2017. pap. 10.97 *(978-0-259-21497-7(3))*; 2017. pap. 10.97 *(978-0-243-27775-9(X))* Forgotten Bks.

McLaren 12C. Carrie Myers. 2019. (Ultimate Supercars Ser.). (ENG., Illus.). 32p. (J). (gr. 3-3). pap. 9.95 *(978-1-64494-238-3(0)*, 1644942380) Bigfoot Bks. GBR. Dist: North Star Editions.

McLaren 720S. Julia Garstecki. 2019. (Epic Cars Ser.). (ENG.). 32p. (J). (gr. 4-6). pap. 9.99 *(978-1-64466-038-6(5)*, 12741); (Illus.). lib. bdg. *(978-1-68072-839-2(3)*, 12740) Black Rabbit Bks. (Bolt).

Mclaren 720S. Julia Garstecki. 2019. (Coches épicos Ser.). (SPA.). 32p. (J). (gr. 4-6). *(978-1-62310-216-6(2)*, 12894, Bolt) Black Rabbit Bks.

McLaren Elva. Contrib. by Kaitlyn Duling. 2023. (Cool Cars Ser.). (ENG., Illus.). (J). (gr. 3-7). lib. bdg. 26.95 Bellwether Media.

McLaren F1. Julie Murray. 2019. (Car Stars Ser.). (ENG., Illus.). 24p. (J). (gr. k-4). lib. bdg. 31.36 *(978-1-5321-2916-2(5)*, 33114, Abdo Zoom-Dash) ABDO Publishing Co.

McLean: A Romance of the War. John Beatty. 2017. (ENG., Illus.). (J). pap. *(978-0-649-64503-9(0))* Trieste Publishing Pty Ltd.

McLean: A Romance of the War (Classic Reprint) John Beatty. 2017. (ENG., Illus.). 240p. (J). 28.87 *(978-0-484-79829-7(4))* Forgotten Bks.

MCMLXXV Volume 1. Joe Casey. 2019. (ENG., Illus.). 80p. (YA). pap. 9.99 *(978-1-5343-1215-9(3)*, 78d6329 6-dc9c-4303-bc07-5f9fb9544e77) Image Comics.

Mcnifficents. Amy Makechnie. 2023. (ENG.). 320p. (J). (gr. 3-7). 17.99 ***(978-1-6659-1898-5(5)***, Simon & Schuster Bks. For Young Readers) Simon & Schuster Bks. For Young Readers.

McTavish. Louisa Farrell. 2017. (ENG., Illus.). (J). (gr. -1-3). pap. *(978-1-5255-0229-3(8))* FriesenPress.

McTavish Goes Wild. Meg Rosoff. Illus. by Grace Easton. 2020. (Mctavish Stories Ser.). (ENG.). 96p. (J). (gr. 2-5). 15.99 *(978-1-5362-0331-8(9))* Candlewick Pr.

McTavish on the Move. Meg Rosoff. Illus. by Grace Easton. 2022. (Mctavish Stories Ser.). (ENG.). 96p. (J). (gr. 2-5). 16.99 *(978-1-5362-1376-8(4))* Candlewick Pr.

McTavish Takes the Cake. Meg Rosoff. Illus. by Grace Easton. 2021. (Mctavish Stories Ser.). (ENG.). 96p. (J). (gr. 2-5). 15.99 *(978-1-5362-1375-1(6))* Candlewick Pr.

McTeague: A Story of San Francisco (Classic Reprint) Frank Norris. 2017. (ENG., Illus.). (J). 33.43 *(978-0-266-72207-6(5))*; pap. 16.57 *(978-1-5276-7898-9(9))* Forgotten Bks.

McTeague a Story of San Francisco (Classic Reprint) Frank Norris. 2017. (ENG., Illus.). (J). 33.40 *(978-0-265-56097-6(7))* Forgotten Bks.

McTodd (Classic Reprint) Cutcliffe Hyne. (ENG., Illus.). (J). 2018. 358p. 31.30 *(978-0-483-27062-6(8))*; 2017. pap. 13.97 *(978-0-243-90094-7(5))* Forgotten Bks.

Mcventures of Me, Morgan Mcfactoid: Hair Today, Gone Tomorrow. Mark S. Waxman. (ENG.). 192p. (J). 2018. (gr. 3-7). pap. 6.99 *(978-1-5107-2736-6(1))*; 2016. (gr. 2-7). 15.99 *(978-1-63450-148-4(9))* Skyhorse Publishing Co., Inc. (Sky Pony Pr.).

Mcveys: An Episode (Classic Reprint) Joseph Kirkland. 2017. (ENG., Illus.). (J). 492p. 34.04 *(978-0-332-11811-6(8))*; pap. 16.57 *(978-0-259-20600-2(8))* Forgotten Bks.

Me. Cora-Leigh Hutchinson-Gray. 2022. (ENG.). 26p. (J). 19.99 ***(978-1-6629-2372-2(4))***; pap. 15.99 ***(978-1-6629-2373-9(2))*** Gatekeeper Pr.

Me! Deidre Sample. Illus. by Cameron Wilson. 2020. (ENG.). 28p. (J). 14.99 ***(978-0-578-72253-5(4))*** Pratt, Deidre.

Me. William Saroyan & Murray Tinkelman. 2016. (ENG., Illus.). 64p. (gr. 1-3). pap. 9.99 *(978-0-486-81066-9(6)*, 810666) Dover Pubns., Inc.

Me: A Book of Remembrance (Classic Reprint) Unknown Author. 2018. (ENG., Illus.). 370p. (J). 31.53 *(978-0-483-91444-5(4))* Forgotten Bks.

Me - Ngai (Te Kiribati) Kym Simoncini. Illus. by Bojana Simic. 2023. (ENG.). 34p. (J). pap. ***(978-1-922849-06-9(5))*** Library For All Limited.

Me + Tree. Alexandria Giardino. Illus. by Anna & Elena Balbusso. 2021. (ENG.). 32p. (J). (gr. 1-3). 18.99 *(978-1-56846-346-9(4)*, 17642, Creative Editions) Creative Co., The.

Me + You. Divinity Roxx. Illus. by NaShantá Fletcher. 2021. (ENG.). 32p. (J). (gr. -1-3). pap. 5.95 *(978-1-338-78264-6(9))* Scholastic, Inc.

Me, All Alone, at the End of the World. M. T. Anderson. Illus. by Kevin Hawkes. 2017. (ENG.). 48p. (J). (gr. 1-4). 14.99 *(978-0-7636-8902-5(5))* Candlewick Pr.

Me Amo a Mi Mismo. Various Authors. 2019. (SPA.). 48p. (J). (gr. -1-3). pap. 6.95 *(978-93-86412-50-8(0)*, Uranito) Ediciones Urano de México MEX. Dist: Spanish Pubs., LLC.

Me an' Methuselar: And Other Episodes (Classic Reprint) Harriet Ford. 2017. (ENG., Illus.). (J). 104p. 26.04 *(978-0-332-87522-4(9))*; pap. 9.57 *(978-0-282-02937-1(0))* Forgotten Bks.

Me & Banksy. Tanya Lloyd Kyi. 224p. (J). (gr. 5). 2021. pap. 7.99 *(978-0-7352-6693-3(X))*; 2020. (ENG.). 15.99 *(978-0-7352-6691-9(3))* PRH Canada Young Readers CAN. (Puffin Canada). Dist: Penguin Random Hse. LLC.

Me & Daddy. Jen Selinsky. 2019. (ENG., Illus.). 38p. (J). 21.99 *(978-1-950454-50-1(9))*; pap. 14.99 *(978-1-950454-60-0(6))* Pen It Pubns.

Me & Eli. Jim Morgan. 2021. (ENG.). 42p. (J). pap. 12.95 *(978-0-578-86624-6(2))* AndreCitroen Pubns.

Me & IMAGI. Bettina Binder. Illus. by Todd Stahl. 2019. (ENG.). 36p. (J). pap. 24.99 *(978-1-5456-7257-0(1))* Salem Author Services.

Me & Jake. Boo Riley. 2018. (ENG.). 248p. (J). (gr. 4-7). pap. 14.99 *(978-1-5223-0017-5(1))* Pelican Ventures, LLC.

Me & Lawson: Humpty Hotfoots Little Run in with Frenzied Copper, Amalgamated Gas & Scrambled Oil (Classic Reprint) Richard Webb. 2018. (ENG., Illus.). 78p. (J). 25.51 *(978-0-428-51656-7(4))* Forgotten Bks.

Me & Mama. Cozbi A. Cabrera. Illus. by Cozbi A. Cabrera. 2020. (ENG., Illus.). 40p. (J). (gr. -1-3). 18.99 *(978-1-5344-5421-7(7))* Simon & Schuster, Inc.

Me & Marvin Gardens (Scholastic Gold) Amy Sarig King. 2019. (ENG.). 272p. (J). (gr. 3-7). pap. 8.99 *(978-0-545-87076-4(3))* Scholastic, Inc.

Me & Mcgee. Myron Uhlberg. Illus. by Daniela Sosa. 2020. (ENG.). 32p. (J). (gr. -1-3). 16.99 *(978-0-8075-5028-1(0)*, 807550280) Whitman, Albert & Co.

Me & Me. Alice Kuipers. 2018. (ENG.). 248p. (YA). (gr. 9-17). 17.99 *(978-1-5253-0037-0(7))* Kids Can Pr., Ltd. CAN. Dist: Hachette Bk. Group.

Me & Miranda Mullaly. Jake Gerhardt. 2017. 272p. (J). (gr. 5). 8.99 *(978-0-14-751633-6(1)*, Puffin Books) Penguin Young Readers Group.

Me & Mister P. Maria Farrer. Illus. by Daniel Rieley. (Me & Mister P. Ser.). (ENG.). 224p. (J). (gr. 3-7). 2018. pap. 8.99 *(978-1-5107-3942-0(4))*; 2017. 16.99 *(978-1-5107-2860-8(0))* Skyhorse Publishing Co., Inc. (Sky Pony Pr.).

Me & Mr. Bell, 1 vol. Philip Roy. 2017. (ENG., Illus.). 146p. (J). pap. 9.95 *(978-1-77108-506-9(1)*, 757c0702-20d6-448c-b43b-cc0ad0ccd6ed) Nimbus Publishing, Ltd. CAN. Dist: Baker & Taylor Publisher Services (BTPS).

Me & Mr. Cigar. Gibby Haynes. Illus. by Gibby Haynes. 256p. (YA). (gr. 9). 2021. pap. 10.99 *(978-1-64129-175-0(3))*; 2020. (ENG., Illus.). 18.99 *(978-1-61695-812-1(X))* Soho Pr., Inc. (Soho Teen).

Me & Mr. Mouse: The SOCKS Thief. S. a Mutoff. Illus. by Luz Nicte Stoffer. 2023. (Me & Mr. Mouse Ser.: Vol. 2). (ENG.). 60p. (J). 26.99 ***(978-1-7332370-3-1(8))***; pap. 16.99 ***(978-1-7332370-4-8(6))*** Milkman Ink.

Me & Ms. Too. Laura Ruby. Illus. by Thi Hanh Dung Ho. 2022. (ENG.). 32p. (J). (gr. -1-3). 17.99 *(978-0-06-289433-5(1)*, Balzer & Bray) HarperCollins Pubs.

Me & Muhammad Ali. Jabari Asim. Illus. by A. G. Ford. 2022. 32p. (J). (gr. -1-2). 17.99 *(978-1-5247-3988-1(X)*, Nancy Paulsen Books) Penguin Young Readers Group.

Me & My Afro. Aiden M. Taylor. 2020. (ENG., Illus.). 26p. (J). 13.99 *(978-1-7354085-1-4(4))* TaylorMade Publishing Inc.

ME & MY AFRO Coloring Book. Aiden Taylor. 2020. (ENG.). 66p. (J). pap. 8.99 *(978-1-7354085-9-0(X))* TaylorMade Publishing Inc.

Me & My Amazing Body. Joan Sweeney. ed. 2019. (Me. . Books! Ser.). (ENG.). 32p. (J). (gr. k-2). 18.96 *(978-1-64310-817-9(4))* Penworthy Co., LLC, The.

Me & My Amazing Body. Joan Sweeney. Illus. by Ed Miller. 2018. 32p. (J). (gr. -1-2). 12.99 *(978-1-5247-7359-5(X)*, Knopf Bks. for Young Readers); pap. 8.99 *(978-1-5247-7362-5(X)*, Dragonfly Bks.) Random Hse. Children's Bks.

Me & My Best Friend. Ebony Jackson. 2020. (ENG.). 52p. (J). pap. 12.00 *(978-1-716-41395-7(8))* Lulu Pr., Inc.

Me & My Bff Coloring Book. Jupiter Kids. 2017. (ENG., Illus.). (J). pap. 9.20 *(978-1-68326-843-7(1)*, Jupiter Kids (Childrens & Kids Fiction)) Speedy Publishing LLC.

Me & My BIG Emotions. Kristen E. Zentner. 2022. (ENG.). 40p. (J). *(978-1-0391-4717-1(8))*; pap. *(978-1-0391-4716-4(X))* FriesenPress.

Me & My Big Mouth. Z. Delacruz. 2016. (Zack Delacruz Ser.: 1). (ENG., Illus.). 176p. (J). (gr. 5-8). pap. 7.95 *(978-1-4549-2127-1(7))* Sterling Publishing Co., Inc.

Me & My Body see Mi Cuerpo y Yo

Me & My Body. DK. 2018. (ENG.). 32p. (J). (-k). 8.99 *(978-1-4654-6866-6(8)*, DK Children) Dorling Kindersley Publishing, Inc.

Me & My Boots. Penny Harrison & Evie Barrow. 2020. (ENG., Illus.). 24p. (J). (gr. -1-k). 17.99 *(978-1-76050-233-1(2))* Little Hare Bks. AUS. Dist: Independent Pubs. Group.

Me & My Cat. Michael Dahl. Illus. by Zoe Persico. 2016. (Me & My Pet Ser.). (ENG.). 24p. (J). (gr. -1-k). lib. bdg. 23.32 *(978-1-5158-0239-6(6)*, 132471, Picture Window Bks.) Capstone.

Me & My Dad: A Day at the Quarry. N. Lineaweaver. 2023. (ENG.). 34p. (J). 34.00 ***(978-1-63937-206-5(7))*** Dorrance Publishing Co., Inc.

Me & My Dog. Michael Dahl. Illus. by Zoe Persico. 2016. (Me & My Pet Ser.). (ENG.). 24p. (J). (gr. -1-k). 6.95 *(978-1-62370-793-4(5)*, 133227, Capstone Young Readers) Capstone.

Me & My Dog: A Lovable Tale about Two Best Friends. IglooBooks. Illus. by Caroline Pedler. 2023. (ENG.). 24p. (J). (-k). bds. 9.99 ***(978-1-83771-511-4(4))*** Igloo Bks. GBR. Dist: Simon & Schuster, Inc.

Me & My Dog: Padded Board Book. IglooBooks. 2020. (ENG.). 24p. (J). (-k). bds. 8.99 *(978-1-80022-791-0(4))* Igloo Bks. GBR. Dist: Simon & Schuster, Inc.

Me & My Dog: Padded Board Book. IglooBooks. Illus. by Caroline Pedler. 2020. (ENG.). 26p. (J). (-k). bds. 8.99 *(978-1-83852-521-7(1))* Igloo Bks. GBR. Dist: Simon & Schuster, Inc.

Me & My Dysphoria Monster: An Empowering Story to Help Children Cope with Gender Dysphoria. Laura Kate Dale. Illus. by Hui Qing Ang. 2022. 40p. (C). 17.95 *(978-1-83997-092-4(8)*, 832169) Kingsley, Jessica Pubs. GBR. Dist: Hachette UK Distribution.

Me & My Family Tree. Joan Sweeney. ed. 2019. (Me. . Books! Ser.). (ENG.). 32p. (J). (gr. k-2). 18.96 *(978-1-64310-818-6(2))* Penworthy Co., LLC, The.

Me & My Family Tree. Joan Sweeney. Illus. by Emma Trithart. 2nd ed. 2018. 32p. (J). (gr. -1-2). 12.99 *(978-1-5247-6848-5(0)*, Knopf Bks. for Young Readers); pap. 8.99 *(978-1-5247-6851-5(0)*, Dragonfly Bks.) Random Hse. Children's Bks.

Me & My Fear. Francesca Sanna. 2018. (ENG., Illus.). 40p. (J). (gr. -1-2). 17.99 *(978-1-911171-53-9(4))* Flying Eye Bks. GBR. Dist: Penguin Random Hse. LLC.

Me & My Grandpa! Alison Ritchie. ed. 2019. (Me & My Grandparents Pic Bks). (ENG.). 25p. (J). (gr. k-1). 19.96 *(978-1-64310-954-1(5))* Penworthy Co., LLC, The.

Me & My Life. Sequoia Children's Publishing. 2019. (ENG.). 16p. (J). 2.99 *(978-1-64269-084-2(8)*, 3999, Sequoia Publishing & Media LLC) Phoenix International Publications, Inc.

Me & My Mama. Carole Boston Weatherford. Illus. by Ashleigh Corrin. 2022. (ENG.). 24p. (J). (gr. -1-k). bds. 7.99 *(978-1-7282-4246-0(0)*, Sourcebooks Jabberwocky) Sourcebooks, Inc.

Me & My Mask. James M. Ferebee. 2022. (My Ser.: Vol. 1). (ENG.). 50p. (J). pap. 17.99 *(978-1-63751-134-3(5))* Cadmus Publishing.

Me & My Pet, 16 vols. 2019. (Me & My Pet Ser.). (ENG.). 24p. (J). (gr. 2-2). lib. bdg. 209.84 *(978-1-5345-3385-1(0)*, 1383b31d-e3bf-49ba-a469-1da696c8f8c8, KidHaven Publishing) Greenhaven Publishing LLC.

Me & My Place in Space. Joan Sweeney. ed. 2019. (Me. . Books! Ser.). (ENG.). 32p. (J). (gr. k-2). 18.96 *(978-1-64310-819-3(0))* Penworthy Co., LLC, The.

Me & My Place in Space. Joan Sweeney. Illus. by Christine Gore. 2018. 32p. (J). (gr. -1-2). 12.99 *(978-1-5247-7363-2(8)*, Knopf Bks. for Young Readers); pap. 8.99 *(978-1-5247-7366-3(2)*, Dragonfly Bks.) Random Hse. Children's Bks.

Me & My School. Stanley Oluwond. 2021. (ENG.). 30p. (J). pap. *(978-1-922621-03-0(X))* Library For All Limited.

Me & My Social Media. Claire Carey. 2020. (ENG.). 64p. (YA). (gr. 9-12). pap. *(978-1-913460-08-2(8))* Cloister Hse. Pr., The.

Me & Myn (Classic Reprint) S. R. Crockett. 2018. (ENG., Illus.). 344p. (J). 31.01 *(978-0-483-77692-0(0))* Forgotten Bks.

Me & Only Me. Apara Mahal Sylvester. Illus. by Jenni Wells. 2021. (ENG.). 30p. (J). 20.99 *(978-1-63984-070-0(2))* Pen It Pubns.

Me & Only Me. Apara Mahal Sylvester. Illus. by Jenni Wells. 2021. (ENG.). 30p. (J). pap. 12.99 *(978-1-63984-069-4(9))* Pen It Pubns.

Me & Peter (Classic Reprint) Robert Watson. 2018. (ENG., Illus.). 260p. (J). 29.28 *(978-0-484-26058-9(8))* Forgotten Bks.

Me & Sam-Sam Handle the Apocalypse. Susan Vaught. (ENG.). 320p. (J). (gr. 3-7). 2020. pap. 8.99 *(978-1-5344-2502-6(0))*; 2019. (Illus.). 17.99 *(978-1-5344-2501-9(2))* Simon & Schuster/Paula Wiseman Bks. (Simon & Schuster/Paula Wiseman Bks.).

Me & the Big White Dog. Joseph Nelson. 2018. (ENG., Illus.). 20p. (J). 18.95 *(978-1-64349-273-5(X))* Christian Faith Publishing.

Me & the Big White Dog. Joseph E. Nelson. 2018. (ENG., Illus.). 20p. (J). pap. 9.95 *(978-1-64191-025-5(9))* Christian Faith Publishing.

Me & the Boss: A Story about Mending & Love. Michelle Edwards. Illus. by April Harrison. 2022. 40p. (J). (gr. -1-3). 18.99 *(978-0-593-31067-0(5))*; (ENG.). lib. bdg. 21.99 *(978-0-593-31068-7(3))* Random Hse. Children's Bks. (Schwartz & Wade Bks.).

Me & the Dog (Classic Reprint) Jo Anderson. (ENG., Illus.). (J). 2018. 26p. 24.43 *(978-0-656-05908-9(7))*; 2016. pap. 7.97 *(978-1-333-14531-6(4))* Forgotten Bks.

Me & the Family Tree. Carole Boston Weatherford. Illus. by Ashleigh Corrin. 2022. (ENG.). 24p. (J). (gr. -1-k). bds. 8.99 *(978-1-7282-4249-1(5)*, Sourcebooks Jabberwocky) Sourcebooks, Inc.

Me & the Measure of Things. Joan Sweeney. Illus. by Katie Kath. 2019. 32p. (J). (gr. -1-2). 12.99 *(978-1-9848-2959-7(9)*, Knopf Bks. for Young Readers) Random Hse. Children's Bks.

Me & the Sky: Captain Beverley Bass, Pioneering Pilot. Beverley Bass & Cynthia Williams. Illus. by Joanie Stone. 2019. (ENG.). 40p. (J). (gr. -1-3). lib. bdg. 20.99 *(978-0-525-64550-4(0)*, Knopf Bks. for Young Readers) Random Hse. Children's Bks.

Me & the World: An Infographic Exploration. Mireia Trius. Illus. by Joana Casals. 2020. (ENG.). 68p. (J). (gr. 4-7). 19.99 *(978-1-4521-7887-5(9))* Chronicle Bks. LLC.

Me & Thing. Christopher Jon. 2018. (ENG., Illus.). 50p. (J). pap. 20.00 *(978-1-387-69346-7(8))* Lulu Pr., Inc.

Me & White Supremacy: Young Readers' Edition. Layla Saad. 2022. (ENG.). 304p. (J). (gr. 5-12). 17.99 *(978-1-7282-5908-6(8))*; pap. 8.99 *(978-1-7282-6128-7(7))* Sourcebooks, Inc.

Me & You & the Red Canoe, 1 vol. Jean E. Pendziwol. Illus. by Phil. 2017. (ENG.). 32p. (J). (gr. k). 18.95 *(978-1-55498-847-1(0))* Groundwood Bks. CAN. Dist: Publishers Group West (PGW).

Me & You & the Universe. Bernardo Marcolla. Illus. by Bernardo Marcolla. 2020. (ENG., Illus.). 36p. (J). (gr. k-3). 16.99 *(978-1-63198-522-5(1)*, 85225) Free Spirit Publishing Inc.

Me & You in a Book Made for Two. Jean Reidy. Illus. by Joey Chou. 2022. (ENG.). 40p. (J). (gr. -1-3). 18.99 *(978-0-06-304151-6(0)*, HarperCollins) HarperCollins Pubs.

ME Book: An Art Activity Book. Marion Deuchars. 2022. (ENG., Illus.). 64p. (J). (gr. 1-3). pap. 12.99 *(978-1-5102-3019-4(X)*, King, Laurence Publishing) Orion Publishing Group, Ltd. GBR. Dist: Hachette Bk. Group.

Me Caes Bien. Judy Kentor Schmauss. 2016. (Early Rising Readers Ser.). (SPA.). (J). (gr. -1). 6.67 *(978-1-4788-3700-8(4))* Newmark Learning LLC.

Me Caes Bien - 6 Pack. Judy Kentor Schmauss. 2016. (Early Rising Readers Ser.). (SPA.). (J). (gr. 1). 40.00 net. *(978-1-4788-4643-7(7))* Newmark Learning LLC.

Me Counting Time. Joan Sweeney. Illus. by Alex Willmore. 2019. (ENG.). 32p. (J). (gr. -1-2). 12.99 *(978-0-525-64684-6(1)*, Knopf Bks. for Young Readers) Random Hse. Children's Bks.

Me, Daddy & Dad. Gemma Denham. 2017. (ENG., Illus.). 30p. (J). pap. *(978-0-9935579-5-8(3))* Elizabeth Pubns.

¡Me Disfrazo!/Dressing Up! ¡Soy Sorprendente!/Amazing Me! Carol Thompson. Tr. by Teresa Mlawer. Illus. by Carol Thompson. ed. 2019. (Spanish/English Bilingual Editions Ser.). (ENG., Illus.). 12p. (J). (gr. k-k). bds. *(978-1-78628-301-6(8))* Child's Play International Ltd.

Me Divierto con Juegos de lápiz y Papel(Pencil & Paper Games) Simon Tudhope. 2019. (Tear-Off Pads Ser.). (SPA.). 204p. (J). pap. 5.99 *(978-0-7945-4626-7(9)*, Usborne) EDC Publishing.

Me Divierto de Viaje(Travel Games Pad) Sam Smith. 2019. (Tear-Off Pads Ser.). (SPA.). 204p. (J). pap. 5.99 *(978-0-7945-4576-5(9)*, Usborne) EDC Publishing.

Me Divierto y Descubro - la Ciencia: Science Scribble Book. Alice James. 2019. (Scribble Books* Ser.). (SPA.). 80ppp. (J). 12.99 *(978-0-7945-4419-5(3)*, Usborne) EDC Publishing.

Me Divierto y Descubro - la Ingeniería: Engineering Scribble Book. Eddie Reynolds & Darran Stobbart. 2019. (Scribble Bks.). (SPA.). 80ppp. (J). 12.99 *(978-0-7945-4807-0(5)*, Usborne) EDC Publishing.

Me Encanta Ayudar: I Love to Help -Spanish Edition. Shelley Admont & Kidkiddos Books. 2nd ed. 2019. (Spanish Bedtime Collection). (SPA., Illus.). 32p. (J). (gr. k-3). pap. *(978-1-5259-1658-8(0))* Kidkiddos Bks.

Me Encanta Ayudar: I Love to Help (Spanish Edition) Shelley Admont & S. a Publishing. 2016. (Spanish Bedtime Collection). (SPA., Illus.). (J). (gr. k-3). *(978-1-77268-834-4(7))*; pap. *(978-1-77268-833-7(9))* Shelley Admont Publishing.

Me Encanta Ayudar I Love to Help: Spanish English Bilingual Book. Shelley Admont & Kidkiddos Books. 2nd ed. 2019. (Spanish English Bilingual Collection). (SPA., Illus.). 32p. (J). (gr. k-3). pap. *(978-1-5259-1774-5(9))* Kidkiddos Bks.

Me Encanta Ayudar I Love to Help: Spanish English Bilingual Edition. Shelley Admont & S. a Publishing. 2016. (Spanish English Bilingual Collection). (SPA., Illus.). (J). (gr. k-3). *(978-1-77268-921-1(1))*; pap. *(978-1-77268-920-4(3))* Shelley Admont Publishing.

Me Encanta... Coleccion para Irse a la Cama (Holiday Edition) I Love to... (Spanish Edition) Shelley Admont & Kidkiddos Books. 2019. (Spanish Bedtime Collection). (SPA., Illus.). 104p. (J). (gr. k-3). *(978-1-5259-1981-7(4))*; pap. *(978-1-5259-1980-0(6))* Kidkiddos Bks.

Me Encanta Colorear: Libro para Colorear de Animales para niños de 3 a 8 años. Libro para Colorear para niños y niñas- Libro de Actividades para Colorear para Niños. Lena Bidden. l.t. ed. 2021. (SPA.). 58p. (J). pap. 11.99 *(978-0-401-71233-7(8))* Lulu Pr., Inc.

Me Encanta Comer Frutas y Verduras: I Love to Eat Fruits & Vegetables -Spanish Edition. Shelley Admont & Kidkiddos Books. 2nd ed. 2019. (Spanish Bedtime Collection). (SPA., Illus.). 32p. (J). (gr. k-3). pap. *(978-1-5259-1546-8(0))* Kidkiddos Bks.

Me Encanta Comer Frutas y Verduras/I Love to Eat Fruits & Vegetables. Shelley Admont & Kidkiddos Books. 2019. (Spanish English Bilingual Collection). (SPA., Illus.). 32p. (J). (gr. k-3). pap. *(978-1-5259-1154-5(6))* Kidkiddos Bks.

Me Encanta Compartir: I Love to Share - Spanish Edition. Shelley Admont & Kidkiddos Books. 2nd ed. 2019. (Spanish Bedtime Collection). (SPA., Illus.). 34p. (J). (gr. k-3). pap. *(978-1-5259-1652-6(1))* Kidkiddos Bks.

Me Encanta Compartir I Love to Share: Spanish English Bilingual Book. Shelley Admont & Kidkiddos Books. 2nd ed. 2019. (Spanish English Bilingual Collection). (SPA.). 34p. (J). (gr. k-3). pap. *(978-1-5259-1440-9(5))* Kidkiddos Bks.

Me Encanta Decir la Verdad: I Love to Tell the Truth - Spanish Edition. Shelley Admont & Kidkiddos Books. 2nd ed. 2019. (Spanish Bedtime Collection). (SPA., Illus.). 34p. (J). (gr. k-3). pap. *(978-1-5259-1693-9(9))* Kidkiddos Bks.

Me Encanta Decir la Verdad I Love to Tell the Truth: Spanish English. Shelley Admont & Kidkiddos Books. 2nd ed. 2019. (Spanish English Bilingual Collection). (SPA., Illus.). 34p. (J). (gr. k-3). pap. *(978-1-5259-1249-8(6))* Kidkiddos Bks.

Me Encanta Dormir en Mi Propia Cama: I Love to Sleep in My Own Bed - Spanish Edition. Shelley Admont & Kidkiddos Books. 2nd ed. 2019. (Spanish Bedtime Collection). (SPA., Illus.). 36p. (J). (gr. k-3). pap. *(978-1-5259-1322-8(0))* Kidkiddos Bks.

Me Encanta Dormir en Mi Propia Cama I Love to Sleep in My Own Bed: Spanish English Bilingual Book. Shelley Admont & Kidkiddos Books. 2nd ed. 2019. (Spanish English Bilingual Collection). (SPA., Illus.). 36p. (J). (gr. k-3). pap. *(978-1-5259-1605-2(X))* Kidkiddos Bks.

Me Encanta la Nieve. Steve Henry. 2023. (¡Me Gusta Leer! Ser.). 32p. (J). (gr. -1-3). pap. 8.99 ***(978-0-8234-5473-0(8))*** Holiday Hse., Inc.

Me Encanta Lavarme Los Dientes: I Love to Brush My Teeth (Spanish Edition) Shelley Admont & Kidkiddos Books. 2nd ed. 2019. (Spanish Bedtime Collection). (SPA., Illus.). 36p. (J). (gr. k-3). pap. *(978-1-5259-1298-6(4))* Kidkiddos Bks.

Me Encanta Lavarme Los Dientes I Love to Brush My Teeth: Spanish English Bilingual Book. Shelley Admont & Kidkiddos Books. 2nd ed. 2019. (Spanish English Bilingual Collection). (SPA., Illus.). 36p. (J). (gr. k-3). pap. *(978-1-5259-1241-2(0))* Kidkiddos Bks.

Me Encantan Los Insectos. Lizzy Rockwell. 2022. (¡Me Gusta Leer! Ser.). 32p. (J). (gr. -1-3). pap. 8.99 *(978-0-8234-5196-8(8))* Holiday Hse., Inc.

Me Encantaría Tener un Cachorro: Leveled Reader Book 31 Level Q 6 Pack. Hmh Hmh. 2021. (SPA.). 24p. (J). pap. 74.40 *(978-0-358-08513-3(6))* Houghton Mifflin Harcourt Publishing Co.

¿Me Escuchas, Juan? Rosario Reyes. Illus. by Julia Patton. 2023. (SPA.). 16p. (J). (gr. -1-1). pap. 5.75 *(978-1-4788-1971-4(5),* 0f14ad83-1fe0-4e09-a92d-15e5ec09a89b); pap. 36.00 *(978-1-4788-2316-2(X),* 9578a5a7-57ec-46e5-bf20-7978c7c6b33b) Newmark Learning LLC.

Me First! Niki Baker. 2018. (ENG., Illus.). 32p. (J). pap. 10.49 *(978-1-5456-5079-0(9))* Salem Author Services.

Me, Frida, & the Secret of the Peacock Ring (Scholastic Gold) Angela Cervantes. (ENG.). (J). (gr. 3-7). 2019. 256p. pap. 7.99 *(978-1-338-15932-5(1),* Scholastic Paperbacks); 2018. 240p. 17.99 *(978-1-338-15931-8(3),* Scholastic Pr.) Scholastic, Inc.

Me Gusta Bailar (I Like to Dance) Meg Gaertner. 2023. (Las Cosas Que Me Gustan (Things I Like) Ser.). (SPA.). (J). (gr. -1-1). pap. 7.95 *(978-1-64619-714-9(3));* lib. bdg. 25.64 *(978-1-64619-682-1(1))* Little Blue Hse. (Little Blue Readers).

Me Gusta Compañia see I Like Company

Me Gusta Construir (I Like to Build) Meg Gaertner. 2023. (Las Cosas Que Me Gustan (Things I Like) Ser.). (SPA.). (J). (gr. -1-1). pap. 7.95 *(978-1-64619-715-6(1));* lib. bdg. 25.64 *(978-1-64619-683-8(X))* Little Blue Hse. (Little Blue Readers).

Me Gusta el Baloncesto (I Like Basketball) Meg Gaertner. 2023. (Las Cosas Que Me Gustan (Things I Like) Ser.). (SPA.). (J). (gr. -1-1). pap. 7.95 *(978-1-64619-716-3(X));* lib. bdg. 25.64 *(978-1-64619-684-5(8))* Little Blue Hse. (Little Blue Readers).

Me Gusta el Futbol (I Like Soccer) Meg Gaertner. 2023. (Las Cosas Que Me Gustan (Things I Like) Ser.). (SPA.). (J). (gr. -1-1). pap. 7.95 *(978-1-64619-717-0(8));* lib. bdg. 25.64 *(978-1-64619-685-2(6))* Little Blue Hse. (Little Blue Readers).

Me Gusta el Sol. Sarah Nelson. Illus. by Rachel Oldfield. 2022. (I Like the Weather Ser.). (SPA.). 24p. (J). (gr. 3-7). 9.99 *(978-1-64686-520-8(0))* Barefoot Bks., Inc.

Me Gusta el Viento. Sarah Nelson. Illus. by Rachel Oldfield. 2022. (I Like the Weather Ser.). (SPA.). 24p. (J). (gr. 3-7). 9.99 *(978-1-64686-521-5(9))* Barefoot Bks., Inc.

Me Gusta la Lluvia. Sarah Nelson. Illus. by Rachel Oldfield. 2022. (I Like the Weather Ser.). (SPA.). 24p. (J). (gr. 3-7). 9.99 *(978-1-64686-519-2(7))* Barefoot Bks., Inc.

Me Gusta la Nieve. Sarah Nelson. Illus. by Rachel Oldfield. 2022. (I Like the Weather Ser.). (SPA.). 24p. (J). (gr. 3-7). 9.99 *(978-1-64686-522-2(7))* Barefoot Bks., Inc.

Me Gusta Mi Bici. A. G. AG Ferrari. 2022. (¡Me Gusta Leer! Ser.). 32p. (J). (gr. -1-3). pap. 8.99 *(978-0-8234-5192-0(5))* Holiday Hse., Inc.

Me Gusta Pintar (I Like to Paint) Meg Gaertner. 2023. (Las Cosas Que Me Gustan (Things I Like) Ser.). (SPA.). (J). (gr. -1-1). pap. 7.95 *(978-1-64619-718-7(6));* lib. bdg. 25.64 *(978-1-64619-686-9(4))* Little Blue Hse. (Little Blue Readers).

Me Gusta Tener Mi Habitación Limpia: Spanish Edition. Shelley Admont & Kidkiddos Books. 2019. (Spanish Bedtime Collection). (SPA., Illus.). 34p. (J). (gr. k-3). pap. *(978-1-5259-1151-4(1))* Kidkiddos Bks.

Me Gustan Los Bichos (I Like Bugs Spanish Edition) Margaret Wise Brown. Illus. by G. Brian Karas. 2022. (LEYENDO a PASOS (Step into Reading) Ser.). 32p. (J). (gr. -1-1). pap. 5.99 *(978-0-593-42887-0(0));* (SPA.). lib. bdg. 14.99 *(978-0-593-42888-7(9))* Random Hse. Children's Bks. (Random Hse. Bks. for Young Readers).

Me Gustan Los Caballos (I Like Horses) Meg Gaertner. 2023. (Las Cosas Que Me Gustan (Things I Like) Ser.). (SPA.). (J). (gr. -1-1). pap. 7.95 *(978-1-64619-719-4(4));* lib. bdg. 25.64 *(978-1-64619-687-6(2))* Little Blue Hse. (Little Blue Readers).

Me Gustan Los Gatos (I Like Cats) Meg Gaertner. 2023. (Las Cosas Que Me Gustan (Things I Like) Ser.). (SPA.). (J). (gr. -1-1). pap. 7.95 *(978-1-64619-720-0(8));* lib. bdg. 25.64 *(978-1-64619-688-3(0))* Little Blue Hse. (Little Blue Readers).

Me Gustan Los Perros (I Like Dogs) Meg Gaertner. 2023. (Las Cosas Que Me Gustan (Things I Like) Ser.). (SPA.). (J). (gr. -1-1). pap. 7.95 *(978-1-64619-721-7(6));* lib. bdg. 25.64 *(978-1-64619-689-0(9))* Little Blue Hse. (Little Blue Readers).

¡Me Han Invitado a una Fiesta! Mo Willems. 2021. (Elephant & Piggie Book Ser.). (SPA.). 64p. (J). (gr. 1-3). 9.99 *(978-1-368-07162-8(7),* Hyperion Books for Children) Disney Publishing Worldwide.

Me I Meant to Be. Sophie Jordan. 2020. (ENG.). 320p. (YA). (gr. 9). pap. 9.99 *(978-0-358-10821-4(7),* 1748883, Clarion Bks.) HarperCollins Pubs.

Me I See. Michele Nailah. 2019. (ENG.). 106p. (J). pap. 15.00 *(978-0-578-47322-2(4))* Nailah, Michele.

Me Inside. Martha Miller. 2020. (ENG.). 290p. (YA). pap. 15.95 *(978-1-952270-06-2(5))* Sapphire Bks. Publishing.

Me Lavo Los Dientes. Esther Burgueño. 2021. (Pasito a Pasito Me Hago Grandecito Ser.). 10p. (J). (— 1). bds. 7.99 *(978-84-17210-85-4(7))* Editorial el Pirata ESP. Dist: Independent Pubs. Group.

Me Llamo Bud, No Buddy. Christopher Paul Curtis & Alberto Jiménez Rioja. 2016. (SPA.). 240p. (J). (gr. 5-12). pap. 12.99 *(978-1-63245-639-7(7))* Lectorum Pubns., Inc.

Me Llamo Celia - La Vida de Celia Cruz see My Name Is Celia: The Life of Celia Cruz

Me Llamo Sugar. Stacy T. Snyder. 2022. (SPA.). 32p. (J). 19.95 *(978-0-9600041-4-0(9))* Snyder, Stacy.

Me Love to Share with Cookie Monster: A Book about Generosity. Marie-Therese Miller. 2021. (Sesame Street (r) Character Guides). (ENG., Illus.). 24p. (J). (gr. -1-2). pap. 8.99 *(978-1-7284-2380-7(5),* faa6fb6e-7654-433f-b45e-421a0400e223); lib. bdg. 29.32 *(978-1-7284-0394-6(4),* ccfd79e2-bcc7-47cb-9d3f-44cf79665ee0) Lerner Publishing Group. (Lerner Pubns.).

Me Mam. Me Dad. Me. Malcolm Duffy. 2018. (ENG.). 250p. (YA). (gr. 7). 11.99 *(978-1-78669-765-3(3),* 667291, Zephyr) Head of Zeus GBR. Dist: Bloomsbury Publishing Plc.

Me (Moth) Amber McBride. 2021. (ENG.). 256p. (YA). 18.99 *(978-1-250-78036-2(5),* 900236064) Feiwel & Friends.

Me (Moth) Amber McBride. 2023. (ENG.). 256p. (YA). pap. 12.99 *(978-1-250-83303-7(5),* 900236065) Square Fish.

Me, Mummy & Mum. Gemma Denham. 2018. (ENG., Illus.). 32p. (J). (gr. k-3). pap. *(978-0-9935579-7-2(X))* Elizabeth Pubns.

Me, My Dog, & the Key Mystery. David A. Adler. Illus. by Dena Ackerman. 2018. 30p. (J). *(978-1-61465-601-2(0))* Menucha Pubs. Inc.

Me, My Friend, & the Monster, a True Never-Ending Story. Tarif Youssef-Agha. Illus. by Aashay Utkarsh. 2021. (ENG.). 40p. (J). pap. 10.00 *(978-1-941345-87-0(5))* Erin Go Bragh Publishing.

Me, My Friend, & the Monster, Coloring Book. Tarif Youssef-Agha. 2022. (ENG.). 40p. (J). pap. 6.99 *(978-1-956581-14-0(6))* Erin Go Bragh Publishing.

Me, My Selfie, & I: Discovering & Embracing a True Love of Self. Lisa MacDonald. 2022. (ENG.). 108p. (J). *(978-1-0391-1159-2(9));* pap. *(978-1-0391-1158-5(0))* FriesenPress.

Me, My World, & Skinner: Be Pasifik. Ed D. Bcba-D Dogoe. 2017. (ENG., Illus.). (J). pap. 23.95 *(978-1-5043-8191-8(2),* Balboa Pr.) Author Solutions, LLC.

Me Myself & Him. Chris Tebbetts. 2019. (ENG.). 304p. (YA). (gr. 9). 17.99 *(978-1-5247-1522-9(0),* Delacorte Pr.) Random Hse. Children's Bks.

Me, Myself, & I — The More Grammar Changes, the More It Remains Th Same. Rebecca Stefoff. 2017. (Why Do We Say That? Ser.). (ENG., Illus.). 32p. (J). (gr. 3-6). lib. bdg. 27.99 *(978-1-5157-6387-1(0),* 135128, Capstone Pr.) Capstone.

Me, Myself, & Lies for Young Women: What to Say When You Talk to Yourself. Jennifer Rothschild. 2017. (ENG.). 192p. (YA). (gr. 7-13). pap. 13.99 *(978-0-7369-6421-0(5),* 6964210) Harvest Hse. Pubs.

Me on the Map. Joan Sweeney. ed. 2019. (Me. . Books! Ser.). (ENG.). 32p. (J). (gr. k-2). 18.96 *(978-1-64310-820-9(4))* Penworthy Co., LLC, The.

Me on the Map. Joan Sweeney. Illus. by Qin Leng. 2018. 32p. (J). (gr. -1-2). 14.99 *(978-1-5247-7200-0(3),* Knopf Bks. for Young Readers); pap. 8.99 *(978-1-5247-7201-7(1),* Dragonfly Bks.) Random Hse. Children's Bks.

Me Only I Get to Be. LeAnn Petterson. 2017. (ENG., Illus.). (J). (gr. -1-3). 16.95 *(978-1-5127-9130-3(X),* WestBow Pr.) Author Solutions, LLC.

Me Parezco Tanto a mi Papá see I'm Just Like My Mom; I'm Just Like My Dad/Me Parezco Tanto a Mi Mama; Me Parez: Bilingual Spanish-English

Me Pesa Mucho la Cabeza. Xavier Frías Conde. Illus. by Enrique Carballeira. 2018. (SPA.). 30p. (J). (gr. k-4). pap. 15.00 *(978-0-9985390-9-6(0))* Jade Publishing.

Me Pesa Mucho la Cabeza. Xavier Frías-Conde & Enrique Carballeira. 2018. (SPA., Illus.). 30p. (J). (gr. 3-6). 18.00 *(978-1-949299-04-5(X))* Jade Publishing.

Me Piace Dire la Verità I Love to Tell the Truth: Italian English Bilingual Book for Kids. Shelley Admont & Kidkiddos Books. 2nd ed. 2019. (Italian English Bilingual Collection). (ITA., Illus.). 34p. (J). (gr. k-3). pap. *(978-1-5259-1187-3(2))* Kidkiddos Bks.

Me Planchas Mi Elefante, Por Favor? Rafael "el Fisgon" Barajas Durán. 2018. (Especiales de a la Orilla Del Viento Ser.). (SPA.). 56p. (J). 18.99 *(978-607-16-5633-9(8))* Fondo de Cultura Economica USA.

Me Pregunto... Leveled Reader Book 90 Level N 6 Pack. Hmh Hmh. 2020. (SPA.). 24p. (J). pap. 74.40 *(978-0-358-08398-6(2))* Houghton Mifflin Harcourt Publishing Co.

Me Quiero Bañar. Esther Burgueño. 2021. (Pasito a Pasito Me Hago Grandecito Ser.). 10p. (J). (— 1). bds. 7.99 *(978-84-17210-82-3(2))* Editorial el Pirata ESP. Dist: Independent Pubs. Group.

Me Reader Disney Friends Electronic Reader & 8-Book Library. PI Kids. Illus. by The Disney Storybook Art Team. 2016. (ENG.). 192p. (J). 34.99 *(978-1-5037-1131-0(5),* 2198, PI Kids) Phoenix International Publications, Inc.

Me Reader Sesame Street Electronic Reader & 8-Book Library. PI Kids. Illus. by Tom Brannon et al. 2016. (ENG.). 192p. (J). 34.99 *(978-1-5037-0702-3(4),* 2034, PI Kids) Phoenix International Publications, Inc.

¡Me Rompí la Trompa!-Spanish Edition. Mo Willems. 2019. (Elephant & Piggie Book Ser.). (SPA.). 64p. (J). (gr. 1-3). 9.99 *(978-1-368-04574-2(X),* Hyperion Books for Children) Disney Publishing Worldwide.

Me-Smith (Classic Reprint) Caroline Lockhart. 2017. (ENG., Illus.). (J). 30.62 *(978-0-265-68070-4(0));* pap. 13.57 *(978-1-5276-5306-1(4))* Forgotten Bks.

Me Tall, You Small. Lilli L'Arronge. 2017. (ENG., Illus.). 40p. (J). (gr. -1-3). 16.95 *(978-1-77147-194-7(8))* Owlkids Bks. Inc. CAN. Dist: Publishers Group West (PGW).

Me, Teddy. Chris McKimmie. 2016. (ENG.). 32p. (J). (gr. -1-3). 19.99 *(978-1-76029-133-4(1))* Allen & Unwin AUS. Dist: Independent Pubs. Group.

Me the People. Pia Guerra. 2018. (ENG., Illus.). 112p. (YA). 14.99 *(978-1-5343-1022-3(3),* 69b43010-b09a-4998-989e-b3fd5abbab73) Image Comics.

Me Three. Susan Juby. (J). (gr. 5). 2023. 232p. pap. 8.99 *(978-0-7352-6874-6(6),* Tundra Bks.); 2022. (Illus.). 224p. 16.99 *(978-0-7352-6872-2(X),* Puffin Canada) PRH Canada Young Readers CAN. Dist: Penguin Random Hse. LLC.

Me, Three! Jim Benton. ed. 2020. (Catwad Ser.). (ENG., Illus.). 123p. (J). (gr. 2-3). 19.26 *(978-1-64697-369-9(0))* Penworthy Co., LLC, The.

Me, Three!: a Graphic Novel (Catwad #3) Jim Benton. Illus. by Jim Benton. 2020. (Catwad Ser.: 3). (ENG., Illus.). 128p. (J). (gr. 3-7). pap. 8.99 *(978-1-338-61628-6(5),* Graphix) Scholastic, Inc.

Me Time: How to Manage a Busy Life. Aubre Andrus & Karen Bluth. Illus. by Veronica Collignon. 2017. (Stress-Busting Survival Guides). (ENG.). 48p. (J). (gr. 4-8). lib. bdg. 31.99 *(978-1-5157-6821-0(X),* 135350, Capstone Pr.) Capstone.

Me Today, King Tomorrow. Christopher Edward Cobb. 2021. (ENG.). 114p. (J). 23.95 *(978-1-6624-2321-5(7));* pap. 13.95 *(978-1-6624-4543-9(1))* Page Publishing Inc.

Me Tree. Ashley Belote. Illus. by Ashley Belote. 2021. (Illus.). 32p. (J). (gr. k-2). 4.99 *(978-0-593-38482-4(2));* lib. bdg. 12.99 *(978-0-593-38485-5(7))* Penguin Young Readers Group. (Penguin Workshop).

Me Visto Solito. Esther Burgueño. 2022. (Pasito a Pasito Me Hago Grandecito Ser.). (SPA.). 10p. (J). (— 1). bds. 7.99 *(978-84-17210-88-5(1))* Editorial el Pirata ESP. Dist: Independent Pubs. Group.

Me vs. the Multiverse: Pleased to Meet Me. S. G. Wilson. 2021. (Me vs. the Multiverse Ser.: 1). (Illus.). 288p. (J). (gr. 3-7). 9.99 *(978-1-9848-9578-3(8),* Yearling) Random Hse. Children's Bks.

Me-Won-I-Toc: A Tale of Frontier Life & Indian Character; Exhibiting Traditions, Superstitions, & Character of a Race That Is Passing Away (Classic Reprint) Solon Robinson. 2017. (ENG., Illus.). (J). 26.72 *(978-0-266-66894-7(1));* pap. 9.57 *(978-1-5276-4073-3(6))* Forgotten Bks.

Me, You, & the NICU: My Little Preemie. Paige Bautz. Illus. by Angela Gooliaff. 2022. (ENG.). 24p. (J). *(978-1-0391-4441-5(1));* pap. *(978-1-0391-4440-8(3))* FriesenPress.

Me You Don't See. Sam Matthews. Illus. by Shez Kennington. 2020. (ENG.). 32p. (J). *(978-0-6450186-1-5(9))* Arnold, Kathryn.

Me You See. Jill Williamson. Ed. by Lissa Halls Johnson. 2021. (Riverbend Friends Ser.: 3). (ENG.). 288p. (YA). pap. 14.99 *(978-1-58997-706-8(8),* 20_35737) Focus on the Family Publishing.

Me You Us (Previously Published As Galgorithm) Aaron Karo. ed. 2016. lib. bdg. 22.10 *(978-0-606-39928-9(3))* Turtleback.

Mea Culpa. Henry Harland. 2017. (ENG.). (J). 220p. pap. *(978-3-337-10529-7(7));* 274p. pap. *(978-3-337-10530-3(0));* 242p. pap. *(978-3-337-10531-0(9))* Creation Pubs.

Mea Culpa: A Woman's Last Word (Classic Reprint) Henry Harland. 2018. (ENG., Illus.). 346p. (J). 31.05 *(978-0-484-09037-7(2))* Forgotten Bks.

Mea Culpa, Vol. 1 Of 3: A Woman's Last Word (Classic Reprint) Henry Harland. 2018. (ENG., Illus.). 238p. (J). 28.81 *(978-0-428-94194-9(X))* Forgotten Bks.

Mea Culpa, Vol. 2 Of 3: A Woman's Last Word (Classic Reprint) Henry Harland. 2018. (ENG., Illus.). 220p. (J). 28.45 *(978-0-267-19696-8(2))* Forgotten Bks.

Mea Culpa, Vol. 3 Of 3: A Woman's Last Word (Classic Reprint) Henry Harland. 2018. (ENG., Illus.). 276p. (J). 29.59 *(978-0-267-48114-9(4))* Forgotten Bks.

Meadow Brook (Classic Reprint) Mary Jane Holmes. (ENG., Illus.). (J). 2018. 382p. 31.80 *(978-0-332-89225-2(5));* 2016. pap. 16.57 *(978-1-333-40377-5(1))* Forgotten Bks.

Meadow-Brook Girls Afloat. Janet Aldridge. 2018. (ENG., Illus.). 148p. (YA). (gr. 7-12). pap. *(978-93-5297-454-2(9))* Alpha Editions.

Meadow-Brook Girls by the Sea: Or the Loss of the Lonesome Bar. Janet Aldridge. 2018. (ENG., Illus.). 166p. (YA). (gr. 7-12). pap. *(978-93-5297-455-9(7))* Alpha Editions.

Meadow-Brook Girls in the Hills: The Missing Pilot of the White Mountains. Janet Aldridge. 2018. (ENG., Illus.). 172p. (YA). (gr. 7-12). pap. *(978-93-5297-456-6(5))* Alpha Editions.

Meadow-Brook Girls under Canvas. Janet Aldridge. 2018. (ENG., Illus.). 166p. (YA). (gr. 7-12). pap. *(978-93-5297-457-3(3))* Alpha Editions.

Meadow Farm Talent Show. Elizabeth Price. 2019. (ENG., Illus.). 28p. (J). pap. *(978-1-78132-935-1(4))* SilverWood Bks.

Meadow-Grass. Alice Brown. 2017. (ENG.). (J). 328p. pap. *(978-3-337-07676-4(9));* 328p. pap. *(978-3-337-07702-0(1));* 326p. pap. *(978-3-337-02274-7(X))* Creation Pubs.

Meadow-Grass: Tales of New England Life (Classic Reprint) Alice Brown. 2017. (ENG., Illus.). (J). 30.87 *(978-0-266-19594-8(6))* Forgotten Bks.

Meadow Perkins, Trusty Sidekick. A. E. Snow. 2017. (ENG., Illus.). (YA). pap. 10.99 *(978-1-68291-325-3(2))* Soul Mate Publishing.

Meadow Sweet, or the Wooing of Iphis, Vol. 2 Of 3: A Pastoral (Classic Reprint) Edwin Whelpton. (ENG., Illus.). (J). 2018. 318p. 30.46 *(978-0-267-40932-7(X));* 2016. pap. 13.57 *(978-1-334-30994-6(9))* Forgotten Bks.

Meadow Sweet, or the Wooing of Iphis, Vol. 3 Of 3: A Pastoral (Classic Reprint) Edwin Whelpton. (ENG., Illus.). (J). 2018. 338p. 30.87 *(978-0-483-44591-8(6));* 2016. pap. 13.57 *(978-1-333-41607-2(5))* Forgotten Bks.

Meadow Sweet, Vol. 1 Of 3: Or the Wooing of Iphis; a Pastoral (Classic Reprint) Edwin Whelpton. 2018. (ENG., Illus.). 332p. (J). 30.74 *(978-0-267-25689-1(2))* Forgotten Bks.

Meadowleigh a Tale of English Country Life, Vol. 1 of 2 (Classic Reprint) Anne Manning. 2017. (ENG., Illus.). 312p. (J). 30.33 *(978-0-332-23105-1(4))* Forgotten Bks.

Meadowleigh, Vol. 2 Of 2: A Tale of English Country Life (Classic Reprint) Anne Manning. 2018. (ENG., Illus.). 320p. (J). 30.52 *(978-0-428-94189-5(3))* Forgotten Bks.

Meadows. Stephanie Oakes. 2023. 448p. (YA). (gr. 9). 20.99 *(978-0-593-11148-2(6),* Dial Bks) Penguin Young Readers Group.

Meadowside Musings & Songs of the Affections (Classic Reprint) Alfred Huidekoper. (ENG., Illus.). (J). 2018. 148p. 26.97 *(978-0-666-55607-3(5));* 2017. pap. 9.57 *(978-0-259-21299-7(7))* Forgotten Bks.

Meadowsweet. Mair De-Gare Pitt. 2019. (ENG.). 120p. (J). pap. 10.50 *(978-1-78562-295-3(1))* Gomer Pr. GBR. Dist: Casemate Pubs. & Bk. Distributors, LLC.

Meadowsweet (Classic Reprint) Emmuska Orczy. 2018. (ENG., Illus.). 324p. (J). 30.58 *(978-0-365-51277-6(X))* Forgotten Bks.

Meagan's Wish. Charlotte J. Rains. Illus. by Alexandra H. Macvean. 2019. (ENG.). 32p. (J). 15.98 *(978-0-578-48057-2(3))* Rains, Charlotte.

Meal-Poke (Classic Reprint) University Of St. Andrews. 2018. (ENG., Illus.). 188p. (J). 27.79 *(978-0-267-49108-7(5))* Forgotten Bks.

Meals with Jesus: A Journey Through Luke's Gospel for the Whole Family. Ed Drew. 2021. (ENG., Illus.). 128p. (J). pap. *(978-1-78498-576-9(7))* Good Bk. Co., The.

Mealtime, 1 vol. Ada Quinlivan. 2016. (It's Time Ser.). (ENG.). 24p. (gr. 1-1). pap. 9.25 *(978-1-4994-2280-1(6),* 8ea49e19-7bf3-4735-ae55-6127a00338c5, PowerKids Pr.) Rosen Publishing Group, Inc., The.

Mealtime: A Pull-The-Tab Book. Alice Le Henand. Illus. by Thierry Bedouet. 2020. (Pull & Play Ser.: 6). (ENG.). 14p. (J). (gr. -1 — 1). bds. 12.99 *(978-2-408-01594-7(4))* Éditions Tourbillon FRA. Dist: Hachette Bk. Group.

Mealtime: Teach Your Toddler Tab Book. Anna Award. 2017. (ENG., Illus.). 8p. (J). bds. 8.00 *(978-1-909763-24-1(1))* Award Pubns. Ltd. GBR. Dist: Parkwest Pubns., Inc.

Mealtime Mayhem. Seanan McGuire et al. Illus. by Irene Strychalski et al. 2019. (Marvel Super Hero Adventures Graphic Novels Ser.). (ENG.). 24p. (J). (gr. 1-5). lib. bdg. 31.36 *(978-1-5321-4448-6(2),* 33854, Marvel Age) Spotlight.

Mealtime Monster. Jessica Williams. Illus. by Daria Lavrova. 2018. (ENG.). 32p. (J). (gr. k-2). *(978-1-7753456-4-0(5));* pap. *(978-1-7753456-0-2(2))* All Write Here Publishing.

Mealworm's Life. John Himmelman. Illus. by John Himmelman. 2022. (ENG.). 34p. (J). pap. 14.95 *(978-1-956381-16-0(3))* Mazo Pubs.

Mean Angry Giant. Muhammad Saad Elahi. 2016. (ENG., Illus.). (J). pap. *(978-3-7103-2851-0(9))* united p.c. Verlag.

Mean Gene on the Scene. Eileen Thea Mammen. 2018. (ENG., Illus.). 34p. (J). pap. 13.95 *(978-1-64214-585-4(8))* Page Publishing Inc.

Mean Green Bug. Lexis Duarte. 2017. (ENG., Illus.). 14p. (J). *(978-1-387-01900-7(7))* Lulu Pr., Inc.

Mean Guy Digs Waikiki Beach. 2018. (ENG., Illus.). 30p. (J). (gr. k-4). 14.75 *(978-0-9978518-5-4(6))* Highview Creative.

Mean Monkey Blue Band. Rachel DelaHaye. Illus. by Julian Mosedale. ed. 2017. (Cambridge Reading Adventures Ser.). (ENG.). 16p. pap. 6.15 *(978-1-108-43971-8(3))* Cambridge Univ. Pr.

Mean Team. Random House Editors. Illus. by Patrick Spaziante. ed. 2016. (Step into Reading Level 2 Ser.). (ENG.). 24p. (J). (gr. -1-1). 14.75 *(978-0-606-39354-6(4))* Turtleback.

Meanbone & the Penny from Heaven. Brin-Marie Boudreaux. 2020. (ENG.). 36p. (J). 27.98 *(978-1-0983-3189-4(3))* BookBaby.

Meanest Boy Around, 1 vol. Wil Mara. 2021. (Logan Lewis: Kid from Planet 27 Ser.). (ENG.). 64p. (J). (gr. 2-3). 23.25 *(978-1-5383-8440-4(X),* 0d995164-217e-4ce5-b794-7a779b106669); pap. 13.35 *(978-1-5383-8441-1(8),* 59a97c43-7695-411d-8e88-f3835e8859e3) Enslow Publishing, LLC. (West 44 Bks.).

Meanest of Meanies: A Book about Love. Kristin Hensley & Jen Smedley. Illus. by Paul Briggs. 2021. (ENG.). 40p. (J). (gr. -1-3). 18.99 *(978-0-06-304055-7(7),* HarperCollins) HarperCollins Pubs.

Meaning of Birds. Jaye Robin Brown. (ENG.). (YA). (gr. 9). 2020. 384p. pap. 10.99 *(978-0-06-282456-1(2));* 2019. (Illus.). 368p. 17.99 *(978-0-06-282444-8(9))* HarperCollins Pubs. (HarperTeen).

Meaning of Dreams (Classic Reprint) Elliott O'Donnell. 2017. (ENG., Illus.). (J). 27.98 *(978-1-5279-6893-6(6))* Forgotten Bks.

Meaning of Pride. Rosiee Thor. Illus. by Sam Kirk. 2022. (ENG.). 40p. (J). (gr. -1-3). 17.99 *(978-0-358-40151-3(8),* 1788745, Versify) HarperCollins Pubs.

Meaning of Social Science. Albion W. Small. 2017. (ENG., Illus.). (J). pap. *(978-0-649-64509-1(X))* Trieste Publishing Pty Ltd.

Meaning of Your Mission. Drew Young. 2020. (ENG.). xv, 92p. (YA). pap. 16.99 *(978-1-4621-3806-7(3),* Horizon Pubs.) Cedar Fort, Inc./CFI Distribution.

Meaningful Mini-Lessons & Practice: Comprehension Gr 1 Teacher Resource. Laura Layton Strom. 2019. (Meaningful Mini-Lessons (en) Ser.). (ENG.). 136p. (J). pap. 18.99 *(978-1-4788-6761-6(2))* Newmark Learning LLC.

Meaningful Mini-Lessons & Practice: Comprehension Gr 2 Teacher Resource. Laura Layton Strom. 2019. (Meaningful Mini-Lessons (en) Ser.). (ENG.). 136p. (J). pap. 18.99 *(978-1-4788-6762-3(0))* Newmark Learning LLC.

Meaningful Mini-Lessons & Practice: Comprehension Gr 3 Teacher Resource. Created by Newmark Learning. 2019. (Meaningful Mini-Lessons (en) Ser.). (ENG.). 136p. (J). pap. 18.99 *(978-1-4788-6763-0(9))* Newmark Learning LLC.

Meaningful Mini-Lessons & Practice: Comprehension Gr 4 Teacher Resource. Laura Layton Strom. 2019. (Meaningful Mini-Lessons (en) Ser.). (ENG.). 136p. (J). pap. 18.99 *(978-1-4788-6764-7(7))* Newmark Learning LLC.

Meaningful Mini-Lessons & Practice: Comprehension Gr 5 Teacher Resource. Laura Layton Strom. 2019. (Meaningful Mini-Lessons (en) Ser.). (ENG.). 136p. (J). pap. 18.99 *(978-1-4788-6765-4(5))* Newmark Learning LLC.

Meaningful Mini-Lessons & Practice: Comprehension Gr 6 Teacher Resource. Laura Layton Strom. 2019. (Meaningful Mini-Lessons (en) Ser.). (ENG.). 136p. (J). pap. 18.99 *(978-1-4788-6766-1(3))* Newmark Learning LLC.

Meaningful Mini-Lessons & Practice: Language Gr 1 Teacher Resource. 2019. (Meaningful Mini-Lessons (en) Ser.). (ENG.). 156p. (J). 18.99 *(978-1-4788-6782-1(5))* Newmark Learning LLC.

Meaningful Mini-Lessons & Practice: Language Gr 2 Teacher Resource. Created by Newmark Learning. 2019. (Meaningful Mini-Lessons (en) Ser.). (ENG.). (J). pap. 18.99 *(978-1-4788-6783-8(3))* Newmark Learning LLC.

Meaningful Mini-Lessons & Practice: Language Gr 3 Teacher Resource. Created by Newmark Learning. 2019. (Meaningful Mini-Lessons (en) Ser.). (ENG.). 180p. (J). pap. 18.99 *(978-1-4788-6784-5(1))* Newmark Learning LLC.

Meaningful Mini-Lessons & Practice: Language Gr 4 Teacher Resource. Created by Newmark Learning. 2019. (Meaningful Mini-Lessons (en) Ser.). (ENG.). 144p. (J). pap. 18.99 *(978-1-4788-6785-2(X))* Newmark Learning LLC.

Meaningful Mini-Lessons & Practice: Language Gr 5 Teacher Resource. Created by Newmark Learning. 2019.

1304

The check digit for ISBN-10 appears in parentheses after the full ISBN-13

(Meaningful Mini-Lessons (en) Ser.). (ENG.). 144p. (J). pap. 18.99 *(978-1-4788-6786-9(8))* Newmark Learning LLC.

Meaningful Mini-Lessons & Practice: Language Gr 6 Teacher Resource. Created by Newmark Learning. 2019. (Meaningful Mini-Lessons (en) Ser.). (ENG.). 144p. (J). pap. 18.99 *(978-1-4788-6787-6(6))* Newmark Learning LLC.

Meaningful Mini-Lessons & Practice: Mathematics Gr 1 Teacher Resource. Created by Newmark Learning. 2019. (Meaningful Mini-Lessons (en) Ser.). (ENG.). 144p. (J). pap. 18.99 *(978-1-4788-6768-5(X))* Newmark Learning LLC.

Meaningful Mini-Lessons & Practice: Mathematics Gr 2 Teacher Resource. Created by Newmark Learning. 2019. (Meaningful Mini-Lessons (en) Ser.). (ENG.). 144p. (J). pap. 18.99 *(978-1-4788-6769-2(8))* Newmark Learning LLC.

Meaningful Mini-Lessons & Practice: Mathematics Gr 3 Teacher Resource. Created by Newmark Learning. 2019. (Meaningful Mini-Lessons (en) Ser.). (ENG.). 160p. (J). pap. 18.99 *(978-1-4788-6770-8(1))* Newmark Learning LLC.

Meaningful Mini-Lessons & Practice: Mathematics Gr 4 Teacher Resource. Created by Newmark Learning. 2019. (Meaningful Mini-Lessons (en) Ser.). (ENG.). 160p. (J). pap. 18.99 *(978-1-4788-6771-5(X))* Newmark Learning LLC.

Meaningful Mini-Lessons & Practice: Mathematics Gr 5 Teacher Resource. Created by Newmark Learning. 2019. (Meaningful Mini-Lessons (en) Ser.). (ENG.). 160p. (J). pap. 18.99 *(978-1-4788-6772-2(8))* Newmark Learning LLC.

Meaningful Mini-Lessons & Practice: Mathematics Gr 6 Teacher Resource. Created by Newmark Learning. 2019. (Meaningful Mini-Lessons (en) Ser.). (ENG.). 160p. (J). pap. 18.99 *(978-1-4788-6773-9(6))* Newmark Learning LLC.

Meaningful Mini-Lessons & Practice: Writing Gr 1 Teacher Resource. Created by Newmark Learning. 2019. (Meaningful Mini-Lessons (en) Ser.). (ENG.). 128p. (J). pap. 18.99 *(978-1-4788-6775-3(2))* Newmark Learning LLC.

Meaningful Mini-Lessons & Practice: Writing Gr 2 Teacher Resource. Created by Newmark Learning. 2019. (Meaningful Mini-Lessons (en) Ser.). (ENG.). 136p. (J). pap. 18.99 *(978-1-4788-6776-0(0))* Newmark Learning LLC.

Meaningful Mini-Lessons & Practice: Writing Gr 3 Teacher Resource. Created by Newmark Learning. 2019. (Meaningful Mini-Lessons (en) Ser.). (ENG.). 136p. (J). pap. 18.99 *(978-1-4788-6777-7(9))* Newmark Learning LLC.

Meaningful Mini-Lessons & Practice: Writing Gr 4 Teacher Resource. Created by Newmark Learning. 2019. (Meaningful Mini-Lessons (en) Ser.). (ENG.). 136p. (J). pap. 18.99 *(978-1-4788-6778-4(7))* Newmark Learning LLC.

Meaningful Mini-Lessons & Practice: Writing Gr 5 Teacher Resource. Created by Newmark Learning. 2019. (Meaningful Mini-Lessons (en) Ser.). (ENG.). 136p. (J). pap. 18.99 *(978-1-4788-6779-1(5))* Newmark Learning LLC.

Meaningful Mini-Lessons & Practice: Writing Gr 6 Teacher Resource. Created by Newmark Learning. 2019. (Meaningful Mini-Lessons (en) Ser.). (ENG.). 136p. (J). pap. 18.99 *(978-1-4788-6780-7(9))* Newmark Learning LLC.

Means of Transport That Changed the World. Tom Velcovsky & Stepanka Sekaninova. Illus. by Martin Sodomka. 2022. (Means of Transport Ser.). 64p. (J). 18.95 *(978-80-00-06355-3(7))* Albatros, Nakladatelstvi pro deti mladez, a.s. CZE. Dist: Consortium Bk. Sales & Distribution.

Means Without Living (Classic Reprint) Unknown Author. (ENG., Illus.). (J). 2018. 76p. 25.48 *(978-0-364-27123-0(X))*; 2017. pap. 9.57 *(978-0-282-98805-0(X))* Forgotten Bks.

Meant for More. Katie Maciel. Illus. by Katie Maciel. 2020. (ENG.). 182p. (J). pap. 15.99 *(978-1-7361002-0-2(3))* 3DLegacy.

Meant to Be. Jo Knowles. 2022. (ENG.). 224p. (J). (gr. 4-7). 18.99 *(978-1-5362-1032-3(3))* Candlewick Pr.

Meanwhile Back on Earth ... Finding Our Place Through Time & Space. Oliver Jeffers. 2022. (ENG., Illus.). 64p. (J). (gr. -1-3). 24.99 *(978-0-593-62152-3(2))*, Philomel Bks.) Penguin Young Readers Group.

Meany Monster. Krystal Fernandes. 2019. (ENG.). 28p. (J). pap. 12.95 *(978-1-64544-712-2(X))* Page Publishing Inc.

Mearing Stones: Leaves from My Note-Book on Tramp in Donegal (Classic Reprint) Joseph Campbell. 2018. (ENG., Illus.). 106p. (J). 26.08 *(978-0-267-49481-1(5))* Forgotten Bks.

Measles: How a Contagious Rash Changed History. Mark K. Lewis. 2019. (Infected! Ser.). (ENG., Illus.). 32p. (J). (gr. 3-9). lib. bdg. 28.65 *(978-1-5435-7240-7(5)*, 140586) Capstone.

Measure for Measure. William Shakespeare. 2020. (ENG.). 146p. (YA). pap. *(978-1-6780-1164-2(9))* Lulu Pr., Inc.

Measure for Measure (No Fear Shakespeare) SparkNotes. 2017. (No Fear Shakespeare Ser.: 22). 256p. (J). (gr. 9). pap. 8.99 *(978-1-4549-2804-1(2)*, Spark Notes) Sterling Publishing Co., Inc.

Measure It! (Set), 6 vols. 2019. (Measure It! Ser.). (ENG.). 24p. (J). (gr. -1-2). lib. bdg. 188.16 *(978-1-5321-8527-4(8)*, 31392, Abdo Kids) ABDO Publishing Co.

Measure of a Man: A Tale of the Big Woods (Classic Reprint) Norman Duncan. 2018. (ENG., Illus.). 366p. (J). 31.45 *(978-0-365-42377-5(7))* Forgotten Bks.

Measure of a Man (Classic Reprint) Amelia E. Barr. 2018. (ENG., Illus.). 344p. (J). 31.01 *(978-0-483-11413-5(8))* Forgotten Bks.

Measure of the Rule (Classic Reprint) Robert Barr. 2018. (ENG., Illus.). 324p. (J). 30.60 *(978-0-484-49319-2(1))* Forgotten Bks.

Measure Up!, 10 vols., Set. Navin Sullivan. Incl. Area, Distance, & Volume. lib. bdg. 34.07 *(978-0-7614-2323-2(0)*, 5d822a36-9675-4d00-861d-9c7483b060ae); Speed. lib. bdg. 34.07 *(978-0-7614-2325-6(7)*, 4134ce9b-6ecf-4306-8497-746fff7ef782a); Temperature. lib. bdg. 34.07 *(978-0-7614-2322-5(2)*, f5d8ab18-4ea4-486e-8a2c-d6e996d4c6bc); Time. lib. bdg. 34.07 *(978-0-7614-2321-8(4)*, d4c49b00-fe7c-49f2-9885-6585e0edeb0a); Weight. lib. bdg. 34.07 *(978-0-7614-2324-9(9)*, 2a69846f-af63-49fe-a21d-3b102aed822d); (Illus.). 48p. (gr. 4-4). (Measure Up! Ser.). (ENG.). 2007. Set lib. bdg. 170.35 *(978-0-7614-2320-1(6)*, 9747e8fb-2310-470b-b8e2-52cd82ec15dd, Cavendish Square) Cavendish Square Publishing LLC.

Measure, Vol. 4: Autumn 1941 (Classic Reprint) Steven D. Theodosis. 2018. (ENG., Illus.). (J). 52p. 24.99 *(978-1-396-63382-9(0))*; 54p. pap. 9.57 *(978-1-391-90481-8(8))* Forgotten Bks.

Measure, Vol. 6: Christmas, 1942 (Classic Reprint) Francis L. Kinney. 2018. (ENG., Illus.). (J). 54p. 25.01 *(978-1-396-31143-7(2))*; 56p. pap. 9.57 *(978-1-391-91011-6(7))* Forgotten Bks.

Measurement see Medición

Measurement. Emily Sohn. 2019. (IScience Ser.). (ENG., Illus.). 32p. (J). (gr. 3-4). 23.94 *(978-1-68450-959-1(9))*; pap. 13.26 *(978-1-68404-382-8(4))* Norwood Hse. Pr.

Measurement & Geometry - by Design. Russell F. Jacobs. 2017. (ENG.). 48p. (J). pap. 19.95 *(978-0-9846042-1-0(9))* Tessellations.

Measurement of Efficiency in Reading, Writing, Spelling & English (Classic Reprint) Daniel Starch. 2017. (ENG., Illus.). (J). 24.74 *(978-0-331-58371-7(2))* Forgotten Bks.

Measurements. Sara Pistoia. 2019. (Let's Do Math! Ser.). (ENG.). 24p. (J). (gr. -1-2). lib. bdg. 22.99 *(978-1-5105-4563-2(8))* SmartBook Media, Inc.

Measurements. Sara Pistoia. 2016. (J). *(978-1-4896-5110-5(1))* Weigl Pubs., Inc.

Measures of Proper Motion Stars Made with the 40-Inch Refractor of the Yerkes Observatory in the Years 1907 to 1912 (Classic Reprint) Sherburne Wesley Burnham. 2016. (ENG., Illus.). (J). pap. 13.57 *(978-1-334-03110-6(X))* Forgotten Bks.

Measuring, 1 vol. Joanna Brundle. 2017. (First Math Ser.). (ENG.). 24p. (gr. k-k). pap. 9.25 *(978-1-5345-2194-0(1)*, 59653620-b347-4386-b012-b5a444683766); lib. bdg. 26.23 *(978-1-5345-2191-9(7)*, 64570788-287c-4787-ab22-3cd62cc17cec) Greenhaven Publishing LLC.

Measuring Area. Meg Gaertner. 2019. (Let's Measure Ser.). (ENG., Illus.). 24p. (J). (gr. k-3). lib. bdg. 31.36 *(978-1-5321-6553-5(6)*, 33208, Pop! Cody Koala) Pop!.

Measuring at Home. Christianne Jones. 2022. (World Around You Ser.). (ENG.). 32p. (J). 31.32 *(978-1-6639-7647-5(3)*, 229036); pap. 8.95 *(978-1-6663-2659-8(3)*, 229006) Capstone. (Pebble).

Measuring at School. Nick Rebman. 2021. (Math Basics Ser.). (ENG., Illus.). 16p. (J). (gr. -1-1). pap. 7.95 *(978-1-64619-200-7(1)*, 1646192001); lib. bdg. 25.64 *(978-1-64619-166-6(8)*, 1646191668) Little Blue Hse. (Little Blue Readers).

Measuring Distance. Meg Gaertner. 2019. (Let's Measure Ser.). (ENG., Illus.). 24p. (J). (gr. k-3). lib. bdg. 31.36 *(978-1-5321-6554-2(4)*, 33210, Pop! Cody Koala) Pop!.

Measuring Distance. Martha E. H. Rustad. 2019. (Measuring Masters Ser.). (ENG., Illus.). 24p. (J). (gr. -1-2). lib. bdg. 27.32 *(978-1-9771-0367-3(7)*, 139341, Capstone Pr.) Capstone.

Measuring Energy Educational Facts Children's Science Book. Bold Kids. 2022. (ENG.). 42p. (J). pap. 14.99 ***(978-1-0717-1694-6(8))*** FASTLANE LLC.

Measuring Length. Martha E. H. Rustad. 2019. (Measuring Masters Ser.). (ENG., Illus.). 24p. (J). (gr. -1-2). lib. bdg. 27.32 *(978-1-9771-0371-0(5)*, 139345, Capstone Pr.) Capstone.

Measuring Temperature. Meg Gaertner. 2019. (Let's Measure Ser.). (ENG., Illus.). 24p. (J). (gr. k-3). lib. bdg. 31.36 *(978-1-5321-6555-9(2)*, 33212, Pop! Cody Koala) Pop!.

Measuring Temperature. Martha E. H. Rustad. 2019. (Measuring Masters Ser.). (ENG., Illus.). 24p. (J). (gr. -1-2). lib. bdg. 27.32 *(978-1-9771-0369-7(3)*, 139343, Capstone Pr.) Capstone.

Measuring the Mississippi: Math Reader 5 Grade 4. Hmh Hmh. 2018. (SPA.). 12p. (J). pap. 9.00 *(978-1-328-57707-8(4))* Houghton Mifflin Harcourt Publishing Co.

Measuring the Mississippi: Math Reader Grade 4. Hmh Hmh. 2017. (Math Expressions Ser.). (ENG.). 8p. (J). (gr. 4). pap. 3.07 *(978-1-328-77203-9(9))* Houghton Mifflin Harcourt Publishing Co.

Measuring Time. Meg Gaertner. 2019. (Let's Measure Ser.). (ENG., Illus.). 24p. (J). (gr. k-3). lib. bdg. 31.36 *(978-1-5321-6556-6(0)*, 33214, Pop! Cody Koala) Pop!.

Measuring Time. Martha E. H. Rustad. 2019. (Measuring Masters Ser.). (ENG., Illus.). 24p. (J). (gr. -1-2). lib. bdg. 27.32 *(978-1-9771-0366-6(9)*, 139340, Capstone Pr.) Capstone.

Measuring Time, 6 vols., Set. Tracey Steffora. Incl. Seasons of the Year. (ENG.). 24p. (J). (gr. -1-1). 2011. pap. 6.29 *(978-1-4329-4909-9(8)*, 114810, Heinemann); (Measuring Time Ser.). (ENG.). 24p. 2011. pap., pap., pap. 18.87 *(978-1-4329-4913-6(6)*, 15872, Heinemann) Capstone.

Measuring Up. Lily LaMotte. Illus. by Ann Xu. 2020. (ENG.). 208p. (J). (gr. 3-7). 22.99 *(978-0-06-297387-0(8))*; pap. 13.99 *(978-0-06-297386-3(X))* HarperCollins Pubs. (HarperAlley).

Measuring Up. Lily LaMotte. ed. 2021. (ENG., Illus.). 205p. (J). (gr. 4-5). 24.96 *(978-1-64697-614-0(2))* Penworthy Co., LLC, The.

Measuring Volcanic Activity. Jennifer Zeiger. 2018. (J). *(978-1-5105-3722-4(8))* SmartBook Media, Inc.

Measuring Volume. Meg Gaertner. 2019. (Let's Measure Ser.). (ENG., Illus.). 24p. (J). (gr. k-3). lib. bdg. 31.36 *(978-1-5321-6557-3(9)*, 33216, Pop! Cody Koala) Pop!.

Measuring Volume. Martha E. H. Rustad. 2019. (Measuring Masters Ser.). (ENG., Illus.). 24p. (J). (gr. -1-2). lib. bdg. 27.32 *(978-1-9771-0368-0(5)*, 139342, Capstone Pr.) Capstone.

Measuring Weight. Meg Gaertner. 2019. (Let's Measure Ser.). (ENG., Illus.). 24p. (J). (gr. k-3). lib. bdg. 31.36 *(978-1-5321-6558-0(7)*, 33218, Pop! Cody Koala) Pop!.

Measuring Weight. Martha E. H. Rustad. 2019. (Measuring Masters Ser.). (ENG., Illus.). 24p. (J). (gr. -1-2). lib. bdg. 27.32 *(978-1-9771-0370-3(7)*, 139344, Capstone Pr.) Capstone.

Measuring Weight & Mass Against Gravity Self Taught Physics Science Grade 6 Children's Physics Books. Baby Professor. 2021. (ENG.). 72p. (J). 27.99 *(978-1-5419-8106-5(5))*; pap. 16.99 *(978-1-5419-4947-8(1))* Speedy Publishing LLC. (Baby Professor (Education Kids)).

Measuring with Sensors. Heron Books. 2021. (ENG.). 28p. (YA). pap. ***(978-0-89739-124-5(1)***, Heron Bks.) Quercus.

Meat-Eating Dinosaurs, 1 vol. Joe Fullman. 2018. (Amazing Origami Ser.). (ENG.). 32p. (J). (gr. 2-3). pap. 11.50 *(978-1-5382-3460-0(2)*, 4aa1df5b-4e71-4f1f-9698-e86dc27a903c); lib. bdg. 29.27 *(978-1-5382-3462-4(9)*, 6e817594-1b10-49b6-8a56-4a973230f840) Stevens, Gareth Publishing LLLP.

Meat-Eating Dinosaurs, 1 vol. Katie Woolley. 2016. (Dinozone Ser.). (ENG.). 32p. (J). (gr. 2-3). pap. 11.00 *(978-1-4994-8166-2(7)*, 746fbcb9-49f9-46d5-b174-f00cb75d98d9, Windmill Bks.) Rosen Publishing Group, Inc., The.

Meat-Eating Plants, 1 vol. Sarah Machajewski. 2019. (Top Secret Life of Plants Ser.). (ENG.). 24p. (gr. 2-3). pap. 9.15 *(978-1-5382-3391-7(6)*, be09a777-eaef-400f-a220-0b9d1a0f1e04) Stevens, Gareth Publishing LLLP.

Meat My Uncle. Erez Bailen. 2021. (ENG.). 24p. (YA). ***(978-1-304-07524-6(9))*** Lulu Pr., Inc.

Meatballs & Muffinheads: & the Nickname Game. Denise Norton. Illus. by U. S. Illustrations. 2022. 28p. (J). pap. 13.95 *(978-1-6678-4239-4(0))* BookBaby.

#Mebeingme. Challa Fletcher. 2017. (ENG., Illus.). (J). pap. 12.99 *(978-0-9967799-9-9(X))* Lanico Media Hse.

Mecca, Baghdad, Cordoba & More - the Major Cities of Islamic Rule - History Book for Kids Past & Present Societies. Professor Beaver. 2017. (ENG., Illus.). 64p. (J). pap. 9.52 *(978-0-2282-2868-4(9)*, Professor Beaver) Speedy Publishing LLC.

Mech: Heart & Soul. Ken Deeprose. 2021. (ENG.). 246p. (J). *(978-1-0391-0646-8(3))*; pap. *(978-1-0391-0645-1(5))* FriesenPress.

Mechaboys. James Kochalka. 2018. (Illus.). 192p. pap. 19.99 *(978-1-60309-423-8(7))* Top Shelf Productions.

Mechanic: A Novel (Classic Reprint) Allan McIvor. 2018. (ENG., Illus.). 302p. (J). 30.13 *(978-0-484-75426-2(2))* Forgotten Bks.

Mechanic (Classic Reprint) Frances Harriet Whipple. (ENG., Illus.). (J). 2018. 216p. 28.37 *(978-0-484-80349-6(2))*; 2016. pap. 10.97 *(978-1-333-77212-3(2))* Forgotten Bks.

Mechanic of the Moon: Dedicated to the Astronomers & Astro-Physicists (Classic Reprint) Robert Schindler. 2018. (ENG., Illus.). 78p. (J). 25.51 *(978-0-332-81401-8(7))* Forgotten Bks.

Mechanica. Betsy Cornwell. 2016. (ENG.). 320p. (YA). (gr. 7). pap. 8.99 *(978-0-544-66868-3(5)*, 1625494, Clarion Bks.) HarperCollins Pubs.

Mechanica. Betsy Cornwell. ed. 2016. lib. bdg. 19.65 *(978-0-606-37999-1(1))* Turtleback.

Mechanical Dragons: Air. Bobbi Schemerhorn. 2018. (ENG., Illus.). (YA). 348p. pap. *(978-0-9959284-4-2(4))*; (Mechanical Dragons Ser.: Vol. 4). 296p. *(978-0-9959284-5-9(2))* Schemerhorn, Bobbi.

Mechanical Dragons: Earth. Bobbi Schemerhorn. 2016. (Mechanical Dragons Ser.: Vol. 3). (ENG., Illus.). (YA). 260p. *(978-0-9959284-2-8(8))*; 300p. pap. *(978-0-9959284-3-5(6))* Schemerhorn, Bobbi.

Mechanical Dragons: Reunion. Bobbi Schemerhorn. 2020. (Mechanical Dragons Ser.: Vol. 5). (ENG.). (YA). 284p. *(978-1-989569-07-8(2))*; 332p. pap. *(978-1-989569-06-1(4))* Schemerhorn, Bobbi.

Mechanical Engineer. Joy Gregory. 2020. (J). *(978-1-7911-1688-0(4)*, AV2 by Weigl) Weigl Pubs., Inc.

Mechanical Engineer. Contrib. by Lisa Owings. 2023. (Careers in STEM Ser.). (ENG., Illus.). (J). (gr. k-3). lib. bdg. 26.95 Bellwether Media.

Mechanical Engineering in the Real World. M. M. Eboch. 2016. (STEM in the Real World Set 2 Ser.). (ENG., Illus.). 48p. (J). (gr. 4-8). lib. bdg. 35.64 *(978-1-68078-481-7(1)*, 23899) ABDO Publishing Co.

Mechanical Maestro. Emily Owen. 2020. (Abernathy Ser.: Vol. 1). (ENG.). 324p. (YA). pap. *(978-1-78132-967-2(2))* SilverWood Bks.

Mechanical Mayhem. John Barber et al. ed. 2019. (Star Wars Graphics Ser.). (ENG.). 80p. (J). (gr. 4-5). 21.96 *(978-0-87617-302-2(4))* Penworthy Co., LLC, The.

Mechanical Mind of John Coggin. Elinor Teele. 2016. (ENG., Illus.). 352p. (J). (gr. 3-7). 16.99 *(978-0-06-234510-3(9)*, Waldon Pond Pr.) HarperCollins Pubs.

Mechanical Movements, Powers & Devices: A Treatise Describing Mechanical Movements & Devices Used in Constructive & Operative Machinery & the Mechanical Arts, Being Practically a Mechanical Dictionary, Commencing with a Rudimentary Description Of. Gardner Dexter Hiscox. 2018. (ENG., Illus.). 450p. (J). 33.18 *(978-0-365-34108-6(8))* Forgotten Bks.

Mechanical Movements, Powers, Devices & Appliances, Gardner Dexter Hiscox. 2017. (ENG.). 416p. (J). pap. *(978-3-337-02478-9(5))* Creation Pubs.

Mechanics. Christina Leaf. 2018. (Community Helpers Ser.). (ENG., Illus.). 24p. (J). (gr. k-3). lib. bdg. 26.95 *(978-1-62617-900-4(X)*, Blastoff! Readers) Bellwether Media.

Mechanics. Emma Less. 2018. (Real-Life Superheroes Ser.). (ENG.). 16p. (J). (gr. k-2). pap. 7.99 *(978-1-68152-282-1(9)*, 14918) Amicus.

Mechanics. Laura K. Murray. 2023. (Seedlings Ser.). (ENG., Illus.). 24p. (J). (gr. 1-3). pap. 10.99 *(978-1-62832-947-6(5)*, 23577, Creative Paperbacks) Creative Co., The.

Mechanics. Dawn Titmus. 2017. (Physics Ser.). (ENG.). 48p. (J). lib. bdg. 34.99 *(978-1-5105-2119-3(4))* SmartBook Media, Inc.

Mechanics Applied to Engineering. John Goodman. 2019. (ENG.). 872p. (J). pap. *(978-93-5386-645-7(6))* Alpha Editions.

Mechanic's Diary (Classic Reprint) Henry C. Brokmeyer. (ENG., Illus.). (J). 2017. 28.95 *(978-0-266-84402-0(2))*; 2016. pap. 11.57 *(978-1-333-40076-7(4))* Forgotten Bks.

Mechanics Fair: Or, Our Lodging House, a Farce in One Act (Classic Reprint) T. P. James. 2018. (ENG., Illus.). 66p. (J). 25.28 *(978-0-483-87719-1(0))* Forgotten Bks.

Mechanics for Fun. Yakov Perelman. 2019. (ENG., Illus.). 184p. (YA). (gr. 7-12). pap. *(978-2-917260-52-4(1))* Prodinnova.

Mechanics of the Aeroplane: A Study of the Principles of Flight. Emile Auguste Duchene. 2017. (ENG., Illus.). (J). pap. *(978-0-649-00739-4(5))* Trieste Publishing Pty Ltd.

Mechanics of the Aeroplane: A Study of the Principles of Flight (Classic Reprint) Emile Auguste Duchene. 2018. (ENG., Illus.). 246p. (J). 28.99 *(978-0-332-90345-3(1))* Forgotten Bks.

Mechanics of the Moon: Dedicated to the Astronomers & Astro-Physicists. Robert Schindler. 2017. (ENG., Illus.). (J). pap. *(978-0-649-01939-7(3))* Trieste Publishing Pty Ltd.

Mechanics of the Moon: Dedicated to the Astronomers & Astro-Physicists, Pp. 5-72. Robert Schindler. 2017. (ENG., Illus.). (J). pap. *(978-0-649-33453-7(1))* Trieste Publishing Pty Ltd.

Mechanics of the Moon: Dedicated to the Astronomers & Astrophysicists (Classic Reprint) Robert Schindler. 2017. (ENG., Illus.). (J). 25.40 *(978-0-260-06321-2(5))* Forgotten Bks.

Mechanism Volume 1. Raffaele Ienco. 2017. (ENG., Illus.). 152p. (YA). pap. 14.99 *(978-1-5343-0032-3(5)*, 363fe8d2-d299-4253-a32f-8f3c1e7ce225) Image Comics.

Mechcraft. Brian Fitzpatrick. 2021. (Mechcraft Ser.: Vol. 1). (ENG.). 166p. (YA). pap. 16.95 *(978-1-68433-679-1(1))* Black Rose Writing.

Mechcraft: Disruption. Brian Fitzpatrick. 2021. (Mechcraft Ser.: Vol. 2). (ENG.). 198p. (YA). pap. 17.95 *(978-1-68433-680-7(5))* Black Rose Writing.

Medal Club Kids: Winner's Circle. Justin Manning & Simone Waugh. Illus. by Elijah Rutland. 2019. (Winner's Circle Ser.: Vol. 1). (ENG.). 36p. (J). (gr. k-4). pap. 13.99 *(978-0-578-61561-5(4))* Medal Addict, Inc.

Medal of Honor. John Perritano. 2017. (Red Rhino Nonfiction Ser.). (ENG., Illus.). 60p. (J). (gr. 4-7). pap. 11.95 *(978-1-68021-054-5(8))* Saddleback Educational Publishing, Inc.

Medal of Honor. John Perritano. ed. 2018. (Red Rhino Nonfiction Ser.). lib. bdg. 20.80 *(978-0-606-41253-7(0))* Turtleback.

Medal of Honor: A Story of Peace & War (Classic Reprint) Charles King. 2017. (ENG., Illus.). (J). 31.53 *(978-0-266-17045-7(5))* Forgotten Bks.

Meddling Hussy. Clinton Ross. 2017. (ENG.). 406p. (J). pap. *(978-3-7446-6138-6(5))* Creation Pubs.

Meddling Hussy: Being Fourteen Tales Retold (Classic Reprint) Clinton Ross. (ENG., Illus.). (J). 2018. 408p. 32.31 *(978-0-484-30822-9(X))*; 2016. pap. 16.57 *(978-1-334-31174-1(9))* Forgotten Bks.

Meddlings of Eve (Classic Reprint) William John Hopkins. (ENG., Illus.). (J). 2018. 312p. 30.33 *(978-0-365-36477-1(0))*; 2017. pap. 13.57 *(978-0-259-31390-8(4))* Forgotten Bks.

Meddy Teddy: A Mindful Journey. Apple Jordan. Illus. by Nicholas Hong. 2018. 32p. (J). (gr. -1-3). 17.99 *(978-1-63565-046-4(1)*, 9781635650464, Rodale Kids) Random Hse. Children's Bks.

Meddy Teddy: Mindful Poses for Little Yogis. Meddy Teddy. 2018. (Illus.). 24p. (J). (— 1). bds. 7.99 *(978-1-63565-129-4(8)*, 9781635651294, Rodale Kids) Random Hse. Children's Bks.

Medea see Edipo Rey Antigona Medea

Medea la Hechicera. Francisco Trujillo. 2018. (SPA.). 120p. (YA). pap. 6.95 *(978-607-453-014-8(9))* Selector, S.A. de C.V. MEX. Dist: Spanish Pubs., LLC.

Medea the Enchantress. Joan Holub & Suzanne Williams. 2017. (Goddess Girls Ser.: 23). (ENG.). 272p. (J). (gr. 3-7). 17.99 *(978-1-4814-7018-6(3))*; (Illus.). pap. 8.99 *(978-1-4814-7017-9(5))* Simon & Schuster Children's Publishing. (Aladdin).

Médecin. Douglas Bender. Tr. by Annie Evearts. 2021. (Gens Que Je Rencontre (People I Meet) Ser.).Tr. of Doctor. (FRE., Illus.). 16p. (J). (gr. -1-1). pap. *(978-1-0396-0643-2(1)*, 12940) Crabtree Publishing Co.

Médecin. Connie Colwell Miller. Illus. by Silvia Baroncelli. 2016. (Plus Tard, Je Serai... Ser.). (FRE.). 24p. (J). (gr. 1-4). *(978-1-77092-354-6(3)*, 17617) Amicus.

Medecins: Livre Coloriage Pour Enfants. Bold Illustrations. 2017. (FRE., Illus.). 82p. (J). pap. 8.35 *(978-1-64193-049-9(7)*, Bold Illustrations) FASTLANE LLC.

Medes, the Persians & the Romans Children's Middle Eastern History Books. Baby Professor. 2017. (ENG., Illus.). (J). pap. 7.89 *(978-1-5419-0514-6(8)*, Baby Professor (Education Kids)) Speedy Publishing LLC.

Media & Communications During COVID-19. Carol Hand. 2022. (Fighting COVID-19 Ser.). (ENG.). 112p. (YA). (gr. 6-12). lib. bdg. 41.36 *(978-1-5321-9798-7(5)*, 39689, Essential Library) ABDO Publishing Co.

Media & Journalism Professionals: A Practical Career Guide. Tracy Brown Hamilton. 2021. (Practical Career Guides). (Illus.). 104p. (YA). (gr. 8-17). pap. 37.00 *(978-1-5381-4479-4(4))* Rowman & Littlefield Publishers, Inc.

Media & the News. Holly Duhig. 2018. (Our Values - Level 3 Ser.). (Illus.). 32p. (J). (gr. 5-6). *(978-0-7787-5434-3(0))* Crabtree Publishing Co.

Media Bias. Ashley Nicole. 2021. (Contemporary Issues Ser.). (ENG.). (YA). (gr. 7-12). 35.93 *(978-1-4222-4543-9(8))* Mason Crest.

Media Literacy for Kids. Nikki Bruno Clapper. 2022. (Media Literacy for Kids Ser.). (ENG.). 24p. (J). 109.95 *(978-1-6690-4075-0(5)*, 254133, Capstone Pr.) Capstone.

Media Literacy Skills: Essential for Youth Development in Digital Era. Elizabeth Titilayo Aduloju. 2020. (ENG.). 293p. pap. *(978-1-716-45368-7(2))* Lulu Pr., Inc.

Media Matters: Then & Now. Rachael L. Thomas. 2021. (Pandemics Ser.). (ENG., Illus.). 48p. (J). (gr. 5-9). lib. bdg. 34.21 *(978-1-5321-9559-4(1)*, 37332, Abdo & Daughters) ABDO Publishing Co.

Media's Role in Democracy, 1 vol. Jill Keppeler. 2018. (Young Citizen's Guide to News Literacy Ser.). (ENG.). 32p. (gr. 4-5). 27.93 *(978-1-5383-4502-3(1)*, 791e4e9d-c1c5-457e-aa26-574ed8593f8a, PowerKids Pr.) Rosen Publishing Group, Inc., The.

Mediator: A Tale of the Old World & the New (Classic Reprint) Edward A. Steiner. 2018. (ENG., Illus.). 364p. (J). 31.42 *(978-0-483-38136-0(5))* Forgotten Bks.

Mediator (Classic Reprint) Roy Norton. 2018. (ENG., Illus.). 314p. (J). 30.39 *(978-0-267-11025-4(1))* Forgotten Bks.

M

Medica: A Farce in One Act (Classic Reprint) Walter K. Engle. (ENG., Illus.). (J). 2018. 22p. 24.39 *(978-0-484-28981-8(0))*; 2016. pap. 7.97 *(978-1-334-59206-5(3))* Forgotten Bks.

Medical Adventures with Dr. Andrea: A Violin in the Shed. Kendra K. Ham. 2019. (ENG., Illus.). 38p. (J). (gr. 1-4). 16.99 *(978-1-970079-64-7(9))* Opportune Independent Publishing Co.

Medical Chart. Contrib. by Sandy Creek (Firm) Staff. 2016. (Illus.). 8p. (J). *(978-1-4351-6397-3(4))* Barnes & Noble, Inc.

Medical Corps Heroes of World War II. Hredd. 2022. (ENG.). 172p. (J). 26.99 ***(978-1-948959-67-4(4))***; pap. 15.99 ***(978-1-948959-68-1(2))*** Purple Hse. Pr.

Medical Detecting (Set Of 6) 2023. (Medical Detecting Ser.). (ENG.). (J). pap. 59.70 ***(978-1-63739-678-0(3))***; lib. bdg. 188.10 ***(978-1-63739-621-6(X))*** North Star Editions. (Focus Readers).

Medical Discoveries. Beatrice Kavanaugh. 2017. (Illus.). 80p. (J). *(978-1-4222-3710-6(9))*; (Stem: Shaping the Future Ser.: Vol. 4). (ENG.). 24.95 *(978-1-4222-3714-4(1))* Mason Crest.

Medical Discoveries. Beatrice Kavanaugh. 2019. (Stem & the Future Ser.). (ENG.). 48p. (YA). lib. bdg. 29.99 *(978-1-5105-4497-0(6))* SmartBook Media, Inc.

Medical Examination. Valerie Bodden. 2017. (Odysseys in Crime Scene Science Ser.). (ENG., Illus.). 80p. (J). (gr. 7-10). *(978-1-60818-683-9(0)*, 20312, Creative Education) Creative Co., The.

Medical Fears. Hilary W. Poole & Anne S. Walters. 2017. (Illus.). 48p. (J). *(978-1-4222-3726-7(5))* Mason Crest.

Medical Files Set, 6 vols., Set. Incl. Belly-Busting Worm Invasions! Parasites That Love Your Insides! Thomasine E. Lewis Tilden. (gr. 9-12). 2007. 29.00 *(978-0-531-12068-2(6))*; 24/7: Science Behind the Scenes: Medical Files: Help! What's Eating My Flesh? Thomasine E. Lewis Tilden. (gr. 5-8). 2008. 22.44 *(978-0-531-12073-6(2))*; 24/7: Science Behind the Scenes: Medical Files: When Birds Get Flu & Cows Go Mad! John DiConsiglio. (gr. 8-12). 2007. 29.00 *(978-0-531-12069-9(4))*; 64p. (J). (24/7: Science Behind the Scenes Ser.). (Illus.). 2007. 174.00 *(978-0-531-12478-9(9)*, Watts, Franklin) Scholastic Library Publishing.

Medical Games Activity Book. Cristie Publishing. 2021. (ENG.). 60p. (J). pap. 10.99 *(978-1-716-27043-7(X))* Lulu Pr., Inc.

Medical Marvels: The Next 100 Years of Medicine. Agnieszka Biskup. Illus. by Giovanni Pota & Alan Brown. 2016. (Our World: the Next 100 Years Ser.). (ENG.). 32p. (J). (gr. 3-9). lib. bdg. 31.32 *(978-1-4914-8264-3(8)*, 130753, Capstone Pr.) Capstone.

Medical Microscopy. Frank Joseph Wethered. 2017. (ENG.). 450p. (J). pap. *(978-3-337-07670-2(X))* Creation Pubs.

Medical Mishaps: Learning from Bad Ideas. Elizabeth Pagel-Hogan. 2020. (Fantastic Fails Ser.). (ENG., Illus.). 48p. (J). (gr. 3-5). pap. 8.95 *(978-1-4966-6622-2(4)*, 142330); lib. bdg. 31.99 *(978-1-5435-9213-9(9)*, 141581) Capstone.

Medical Mission. George Ivanoff. 2016. (Royal Flying Doctor Service Ser.: 3). 192p. (J). (gr. 3-5). pap. 12.99 *(978-0-85798-880-5(8))* Random Hse. Australia AUS. Dist: Independent Pubs. Group.

Medical Mobilization: Then & Now. Elsie Olson. 2021. (Pandemics Ser.). (ENG., Illus.). 48p. (J). (gr. 5-9). lib. bdg. 34.21 *(978-1-5321-9560-0(5)*, 37334, Abdo & Daughters) ABDO Publishing Co.

Medical Myths, Busted! Arnold Ringstad. 2017. (Science Myths, Busted! Ser.). (ENG., Illus.). 32p. (J). (gr. 3-6). 32.80 *(978-1-63235-303-0(2)*, 11808, 12-Story Library) Bookstaves, LLC.

Medical Pickwick, Vol. 7: A Monthly Literary Magazine of Wit & Wisdom; 1921 (Classic Reprint) Ira S. Mile. (ENG., Illus.). (J). 2018. 488p. 33.96 *(978-0-483-30680-6(0))*; 2016. pap. 16.57 *(978-1-334-15437-9(6))* Forgotten Bks.

Medical Research & Radiation Politics (Classic Reprint) John Gofman. 2017. (ENG., Illus.). (J). 29.86 *(978-0-260-21223-8(7))* Forgotten Bks.

Medical Revolution: ? How Technology Is Changing Health Care. Don Nardo. 2020. (ENG.). 80p. (YA). (gr. 6-12). 41.27 *(978-1-68282-929-5(4))* ReferencePoint Pr., Inc.

Medical Robots. Luke Colins. 2020. (World of Robots Ser.). (ENG.). 24p. (J). (gr. k-3). lib. bdg. *(978-1-62310-164-0(6)*, 14426, Bolt Jr.) Black Rabbit Bks.

Medical Robots, 1 vol. Daniel R. Faust. 2016. (Robots & Robotics Ser.). (ENG.). 32p. (J). (gr. 5-5). pap. 12.75 *(978-1-4994-2175-0(3)*, 990599a1-e9ff-4486-bf00-81365f3a4a13, PowerKids Pr.) Rosen Publishing Group, Inc., The.

Medical Robots. Nadia Higgins. (Robotics in Our World Ser.). (ENG., Illus.). 32p. (J). (gr. 2-5). 2018. pap. 9.99 *(978-1-68152-174-9(1)*, 14805); 2017. 20.95 *(978-1-68151-143-6(6)*, 14686) Amicus.

Medical Robots. Kathryn Hulick. 2018. (Robot Innovations Ser.). (ENG., Illus.). 48p. (J). (gr. 4-4). pap. 11.95 *(978-1-64185-276-0(3)*, 1641852763, Core Library); lib. bdg. 35.64 *(978-1-5321-1468-7(0)*, 29128) ABDO Publishing Co.

Medical Robots. Thomas Kingsley Troupe. 2017. (Mighty Bots Ser.). (ENG.). 32p. (gr. 2-7). 9.95 *(978-1-68072-461-5(4)*, Bolt) Black Rabbit Bks.

Medical Robots. Elizabeth Noll. 2017. (World of Robots Ser.). (ENG., Illus.). 32p. (J). (gr. 3-8). lib. bdg. 27.95 *(978-1-62617-689-8(2)*, Blastoff! Discovery) Bellwether Media.

Medical Robots. Thomas Kingsley Troupe. 2017. (Mighty Bots Ser.). (ENG.). 32p. (J). (gr. 4-6). pap. 9.99 *(978-1-64466-198-7(5)*, 11444); (Illus.). lib. bdg. *(978-1-68072-158-4(5)*, 10500) Black Rabbit Bks. (Bolt).

Medical Science, 4 vols. Ed. by Maya Bayden. 2016. (Study of Science Ser.). (ENG.). 144p. (gr. 8-8). 75.64 *(978-1-68048-228-7(9)*, 54ca71bf-5a91-4136-adfe-34b58a352db4, Britannica Educational Publishing) Rosen Publishing Group, Inc., The.

Medical Science, 1 vol., 1. Maya Bayden. 2016. (Study of Science Ser.). (ENG.). 144p. (J). (gr. 8-8). lib. bdg. 37.82 *(978-1-68048-229-4(7)*, 97e7d65b-6c10-48d4-a6ef-6f83b0f4f6c8, Britannica Educational Publishing) Rosen Publishing Group, Inc., The.

Medical Technicians: A Practical Career Guide. Kezia Endsley. 2022. (Practical Career Guides). (Illus.). 112p. (YA). (gr. 8-17). pap. 35.00 *(978-1-5381-5928-6(7))* Rowman & Littlefield Publishers, Inc.

Medical Technology. Julie Murray. 2020. (High Technology Ser.). (ENG., Illus.). 24p. (J). (gr. k-4). lib. bdg. 31.36 *(978-1-0982-2117-1(6)*, 34481, Abdo Zoom-Dash) ABDO Publishing Co.

Medical Technology. Venessa Bellido Schwarz. 2019. (Designed by Nature Ser.). (ENG., Illus.). 32p. (J). (gr. 3-6). lib. bdg. 29.99 *(978-1-4896-9725-7(X)*, AV2 by Weigl) Weigl Pubs., Inc.

Medical Technology: Genomics, Growing Organs, & More, 1 vol. John Wood. 2018. (STEM in Our World Ser.). (ENG.). 32p. (gr. 4-5). lib. bdg. 28.27 *(978-1-5382-2646-9(4)*, eddb52f7-b8b6-4dca-b3e3-683e94d6246e) Stevens, Gareth Publishing LLLP.

Medical Technology Inspired by Nature. Venessa Bellido Schwarz. 2018. (Technology Inspired by Nature Ser.). (ENG., Illus.). 32p. (J). (gr. 3-5). pap. 9.95 *(978-1-64185-044-5(2)*, 1641850442); lib. bdg. 31.35 *(978-1-63517-942-2(4)*, 1635179424) North Star Editions. (Focus Readers).

Medical Tools & Equipment Coloring Book. Bobo's Children Activity Books. 2016. (ENG., Illus.). (J). pap. 9.33 *(978-1-68327-658-6(2))* Sunshine In My Soul Publishing.

Medical Translator, Vol. 1: A Dictionary of Medical Conversation English-German, Giving in Both Languages a Collection of Phrases to Facilitate Conversations Between Patients & Medical Attendants of Different Nationalities, & Shoving the Exact Pro. Paul Blaschke. 2017. (ENG., Illus.). (J). 29.11 *(978-0-266-56400-3(3))*; pap. 11.57 *(978-0-282-99001-5(1))* Forgotten Bks.

Medici: Libro Da Colorare per Bambini. Bold Illustrations. 2017. (ITA., Illus.). 82p. (J). pap. 8.35 *(978-1-64193-123-6(X)*, Bold Illustrations) FASTLANE LLC.

Medicina Holistica China: En Tu Vida Diaria. Steven Cardoza. 2018. (SPA.). 542p. (YA). *(978-607-415-832-8(0))* Grupo Editorial Tomo, S.A. de C.V.

Medicine, Vol. 10. Mari Rich. Ed. by Malinda Gilmore & Mel Pouson. 2016. (Black Achievement in Science Ser.). (Illus.). 64p. (J). (gr. 7). 23.95 *(978-1-4222-3561-4(0))* Mason Crest.

Medicine: From Hippocrates to Jonas Salk. Jessie Alkire. 2018. (STEM Stories Ser.). (ENG., Illus.). 32p. (J). (gr. 3-6). lib. bdg. 32.79 *(978-1-5321-1547-9(4)*, 28948, Checkerboard Library) ABDO Publishing Co.

Medicine & Health. Jane Dunne. 2019. (Women in Stem Ser.). (ENG.). 24p. (J). lib. bdg. 22.99 *(978-1-5105-4434-5(8))* SmartBook Media, Inc.

Medicine & Health. Tom Jackson. 2017. (Technology & Innovation Ser.). (ENG.). 48p. (J). lib. bdg. 34.99 *(978-1-5105-1981-7(5))* SmartBook Media, Inc.

Medicine & Health Care, Vol. 10. Michael Burgan. 2016. (Stem in Current Events Ser.). (Illus.). 64p. (J). (gr. 7). 23.95 *(978-1-4222-3594-2(7))* Mason Crest.

Medicine & Health Care. Michael Burgan. 2019. (Stem Today Ser.). (ENG.). 48p. (J). lib. bdg. 29.99 *(978-1-5105-4476-5(3))* SmartBook Media, Inc.

Medicine & Illness. Grace Jones. 2018. (Our Values - Level 3 Ser.). (Illus.). 32p. (J). (gr. 5-6). *(978-0-7787-5190-8(2))* Crabtree Publishing Co.

Medicine Show. Jody Lynn Nye. 2016. (ENG.). 288p. (Orig.). (YA). 34.99 ***(978-1-68057-539-2(2))*** WordFire Pr.

Medicine Wheel Trilogy: Advanced Guide. Grandmother Puddingstone. 2019. (ENG.). 98p. (YA). pap. 12.95 *(978-1-64462-809-6(0))* Page Publishing Inc.

Medicine Wheel Trilogy: Intermediate Guide. Grandmother Puddingstone. 2018. (ENG., Illus.). 108p. (YA). pap. 12.95 *(978-1-64424-304-6(0))* Page Publishing Inc.

Médico. Jared Siemens. 2018. (Gente de Mi Vecindario Ser.). (SPA.). 24p. (J). lib. bdg. 23.99 *(978-1-5105-3408-7(3))* SmartBook Media, Inc.

Medico de Urgencia - Maletin. Nick Ackland. 2018. (SPA.). 8p. (J). 14.95 *(978-84-9145-113-6(7)*, Picarona Editorial) Ediciones Obelisco ESP. Dist: Spanish Pubs., LLC.

Médico (Doctor) Xist Publishing. Tr. by Victor Santana. 2017. (Xist Kids Spanish Bks.). (SPA., Illus.). 28p. (J). (gr. -1-3). pap. 9.99 *(978-1-5324-0413-9(1))* Xist Publishing.

Medicos: Libro para Colorear Ninos. Bold Illustrations. 2017. (SPA., Illus.). 82p. (J). pap. 8.35 *(978-1-64193-086-4(1)*, Bold Illustrations) FASTLANE LLC.

Medicos Oficina 1: Libro para Colorear Ninos. Bold Illustrations. 2017. (SPA., Illus.). (J). pap. 8.35 *(978-1-64193-107-6(8)*, Bold Illustrations) FASTLANE LLC.

Medicos Oficina 2: Libro para Colorear Ninos. Bold Illustrations. 2017. (SPA., Illus.). 82p. (J). pap. 8.35 *(978-1-64193-108-3(6)*, Bold Illustrations) FASTLANE LLC.

Medieval & the Modern Children's European History. Baby Professor. 2017. (ENG., Illus.). (J). pap. 7.89 *(978-1-5419-0481-1(8)*, Baby Professor (Education Kids)) Speedy Publishing LLC.

Medieval Calendar. Anthony Zaza. 2023. (ENG.). 64p. (J). ***(978-1-312-62338-5(1))*** Lulu Pr., Inc.

Medieval Child. Anthony J. Zaza. 2022. (ENG.). 26p. ***(978-1-387-91114-1(7))*** Lulu Pr., Inc.

Medieval Jousting Tournament Coloring Book. Kreativ Entspannen. 2016. (ENG., Illus.). (J). pap. 9.20 *(978-1-68377-366-5(7))* Whike, Traudl.

Medieval Knight Science: Armor, Weapons, & Siege Warfare. Allison Lassieur. 2016. (Warrior Science Ser.). (ENG., Illus.). 32p. (J). (gr. 3-9). 28.65 *(978-1-4914-8130-1(7)*, 130621, Capstone Pr.) Capstone.

Medieval Knights. Kenny Abdo. 2020. (Ancient Warriors Ser.). (ENG., Illus.). 24p. (J). (gr. 2-8). lib. bdg. 31.36 *(978-1-0982-2124-9(9)*, 34495, Abdo Zoom-Fly) ABDO Publishing Co.

Medieval Knights: Europe's Fearsome Armored Soldiers. Blake Hoena. Illus. by Jaños Orban. 2019. (Graphic History: Warriors Ser.). (ENG.). 32p. (J). (gr. 3-9). pap. 7.95 *(978-1-5435-5928-6(X)*, 139906); lib. bdg. 33.32 *(978-1-5435-5501-1(2)*, 139374) Capstone.

Medieval Mashup. Charlene McIver. Illus. by Caroline Keys. 2022. (Leigh's Wheelie Adventures Ser.: Vol. 2). (ENG.). 36p. (J). *(978-0-6484178-7-3(5))* McIver, Charlene.

Medieval Mayhem #4: A Graphic Novel. Brett Bean. Illus. by Brett Bean. (Zoo Patrol Squad Ser.: 4). 80p. (J). (gr. 1-4). 2023. pap. 8.99 ***(978-0-593-38339-1(7))***; 2022. (Illus.). 12.99 *(978-0-593-38338-4(9))* Penguin Young Readers Group. (Penguin Workshop).

Medieval Period & the Renaissance. Briony Ryles. 2018. (Scientific Discovery Ser.). (ENG.). 48p. (YA). lib. bdg. 34.99 *(978-1-5105-3763-7(5))* SmartBook Media, Inc.

Medieval Tech Today. Megan Cooley Peterson. 2020. (Medieval Tech Today Ser.). (ENG.). 48p. (J). (gr. 3-5). 135.96 *(978-1-4966-8555-1(5)*, 200737, Capstone Pr.) Capstone.

Medieval Wanders & Wonders: Understanding Northern Spain & the Camino de Santiago. Kate Simons. 2017. (ENG.). 296p. (J). 19.95 *(978-1-78629-166-0(5)*, 8885c025-aad9-47dc-aa39-5aaf7d861e65) Austin Macauley Pubs. Ltd. GBR. Dist: Baker & Taylor Publisher Services (BTPS).

Medieval Warfare, 6 vols., Set. Deborah Murrell. Incl. Castles. lib. bdg. 28.67 *(978-0-8368-9208-6(9)*, 5f3c4530-97a9-408f-9f22-a59f4fd3ae8a); Fighting a Battle. (Illus.). lib. bdg. 28.67 *(978-0-8368-9209-3(7)*, a1a06110-b849-4c73-b7d0-a78db2ae352c); Knights & Armor. lib. bdg. 28.67 *(978-0-8368-9210-9(0)*, 70d52ad7-e696-42e3-a36b-adcd12a89f22); (J). (gr. 3-3). (Medieval Warfare Ser.). (ENG.). 32p. 2008. Set lib. bdg. 86.01 *(978-0-8368-9305-2(0)*, 4985cdca-73f3-4d35-8844-3accdfe0522f, Gareth Stevens Secondary Library) Stevens, Gareth Publishing LLLP.

Medieval Word Search (with Definitions) The Educational Puzzle Book. Luke Zoromski. 2022. (ENG.). 116p. (YA). pap. ***(978-1-387-53558-3(7))*** Lulu Pr., Inc.

Medioambientes Extremos: Leveled Reader Book 71 Level V 6 Pack. Hmh Hmh. 2021. (SPA.). 48p. (J). pap. 74.40 *(978-0-358-08636-9(1))* Houghton Mifflin Harcourt Publishing Co.

Medir la Materia: Set of 6 Common Core Edition. Erin Ash Sullivan & Benchmark Education Company, LLC Staff. 2016. (Navigators Ser.). (SPA.). (J). (gr. 3). 54.00 net. *(978-1-5125-0823-9(3))* Benchmark Education Co.

Meditate & Relax! Beautiful Pattern Coloring Books for Adults - Calming Coloring Pattern Edition. Activibooks. 2016. (ENG., Illus.). (J). pap. 9.20 *(978-1-68321-005-4(0))* Mimaxion.

Meditate with Me: A Step-By-Step Mindfulness Journey. Mariam Gates. Illus. by Margarita Surnaite. 2017. 40p. (J). (gr. -1-3). 18.99 *(978-0-399-18661-5(1)*, Dial Bks) Penguin Young Readers Group.

Meditation. Katie Marsico. Illus. by Jeff Bane. 2019. (My Early Library: My Mindful Day Ser.). (ENG.). 24p. (J). (gr. k-1). pap. 12.79 *(978-1-5341-4993-9(7)*, 213279); lib. bdg. 30.64 *(978-1-5341-4707-2(1)*, 213278) Cherry Lake Publishing.

Meditation & Natural Healing Coloring Book. Activity Attic. 2016. (ENG., Illus.). (J). pap. 7.74 *(978-1-68323-578-1(9))* Twin Flame Productions.

Meditation for Children: Guided Imagery to Release Anxiety & Worries. Irit Almog. 2019. (Meditation for Children Ser.: Vol. 1). (ENG., Illus.). 28p. (J). pap. 16.99 *(978-1-7327292-4-7(7))* Children 911 Resources.

Meditation for Kids: How to Clear Your Head & Calm Your Mind. Laurent Dupeyrat & Johanne Bernard. Illus. by Alice Gilles. 2019. 96p. (J). (gr. 2-5). pap. 16.95 *(978-1-61180-620-5(8)*, Bala Kids) Shambhala Pubns., Inc.

Meditation Station. Susan B. Katz. Illus. by Anait Semirdzhyan. 2020. 32p. (J). (gr. -1-3). 16.95 *(978-1-61180-791-2(3)*, Bala Kids) Shambhala Pubns., Inc.

Meditations of Marcus Aurelius, the (Worldview Edition) Marcus Aurelius. 2019. (ENG.). (YA). pap. 10.95 *(978-1-944503-74-1(9))* Canon Pr.

Meditations of Samwell Wilkins: A Collection of Original Poems, Opinions & Parodies (Classic Reprint) Unknown Author. 2018. (ENG., Illus.). 126p. (J). 26.52 *(978-0-332-34315-0(4))* Forgotten Bks.

Mediterranean. Armin Greder. 2018. (ENG., Illus.). 40p. (J). (gr. 3). 25.99 *(978-1-76063-095-9(0))* Allen & Unwin AUS. Dist: Independent Pubs. Group.

Mediterranean Idyls: As Told by the Bells (Classic Reprint) Merrydele Hoyt. 2018. (ENG., Illus.). 180p. (J). 27.63 *(978-0-483-47138-2(0))* Forgotten Bks.

Mediterranean Summer Kitchen. Nicola Astano. 2023. (ENG.). 200p. (YA). 103.10 ***(978-1-312-41146-3(5))*** Lulu Pr., Inc.

Mediterranean Trade Routes, 1 vol. John Micklos & John Micklos, Jr. 2017. (Routes of Cross-Cultural Exchange Ser.). (ENG.). 96p. (J). (gr. 8-8). 44.50 *(978-1-5026-2693-6(4)*, b5b3af70-611e-4d59-b26d-98dcb1770925) Cavendish Square Publishing LLC.

Medium Normal Ingrid. William S. Tate. 2020. (ENG.). 258p. (YA). pap. 14.99 *(978-1-7323915-6-7(4))* Little Star.

Medium Sudoku Puzzle Book (16x16) (6x9 Puzzle Book / Activity Book) Sheba Blake. 2021. (ENG.). 106p. (YA). pap. 9.99 *(978-1-222-29071-4(5))* Indy Pub.

Medium Sudoku Puzzle Book (16x16) (8x10 Puzzle Book / Activity Book) Sheba Blake. 2021. (ENG.). 106p. (YA). pap. 14.99 *(978-1-222-29072-1(3))* Indy Pub.

Medium Well Done. Eddie Jones. Illus. by Naba Yasir. 2022. (Caden Chronicles Ser.; Vol. 6). (ENG.). 208p. (YA). 14.99 ***(978-1-64526-908-3(6))*** LPC.

Mediumistic Experiences of John Brown, the Medium of the Rockies: With Introduction & Notes (Classic Reprint) John Brown. (ENG., Illus.). (J). 2018. 200p. 28.02 *(978-0-483-30849-7(8))*; 2016. pap. 10.57 *(978-1-334-14677-0(2))* Forgotten Bks.

Medley, 1921, Vol. 18 (Classic Reprint) Danville High School. (ENG., Illus.). (J). 2018. 152p. 27.03 *(978-0-364-98061-3(3))*; 2017. pap. 9.57 *(978-0-259-44215-8(1))* Forgotten Bks.

Medley & Songs Without Music (Classic Reprint) H. J. L. G. (ENG., Illus.). (J). 2018. 122p. 26.41 *(978-0-483-63753-5(X))*; 2016. pap. 9.57 *(978-1-333-23546-8(1))* Forgotten Bks.

Medley (Classic Reprint) Unknown Author. 2018. (ENG., Illus.). 22p. (J). 24.35 *(978-0-656-03437-6(8))* Forgotten Bks.

Medley Dialect Recitations: Comprising a Series of the Most Popular Selections in German, French, & Scotch (Classic Reprint) George Melville Baker. (ENG., Illus.). (J). 2018. 152p. 27.03 *(978-0-483-96959-9(1))*; 2017. pap. 9.57 *(978-0-259-83891-3(8))* Forgotten Bks.

Medley of Friends. Sandy Heitmeier Thompson. 2020. (ENG.). 40p. (J). 23.95 *(978-1-63630-827-2(9))*; pap. 13.95 *(978-1-63630-228-7(9))* Covenant Bks.

Medley, or Stories for Susan: In Prose & Verse (Classic Reprint) Unknown Author. 2018. (ENG., Illus.). 22p. (J). 24.35 *(978-0-267-28550-1(7))* Forgotten Bks.

Medlicotts: An Uneventful Family Chronicle (Classic Reprint) Curtis Yorke. 2018. (ENG., Illus.). 322p. (J). 30.56 *(978-0-483-63147-2(7))* Forgotten Bks.

Medusa. Samantha S. Bell. 2021. (Greek Mythology Ser.). (ENG., Illus.). 32p. (J). (gr. 2-5). lib. bdg. 34.21 *(978-1-5321-9678-2(4)*, 38388, Kids Core) ABDO Publishing Co.

Medusa, 1 vol. Jodyanne Benson. 2019. (Women of Mythology: Goddesses, Warriors, & Hunters Ser.). (ENG.). 32p. (J). (gr. 2-2). pap. 9.22 *(978-1-5026-5140-2(8)*, 5f098213-27f8-4887-8324-63e059ad94cf) Cavendish Square Publishing LLC.

Medusa. Jessie Burton. Illus. by Olivia Lomenech Gill. 2022. (ENG.). 224p. (YA). 19.99 *(978-1-5476-0759-4(9)*, 900244093, Bloomsbury Young Adult) Bloomsbury Publishing USA.

Medusa, 1 vol. Frances Nagle. 2016. (Monsters! Ser.). (ENG., Illus.). 32p. (J). (gr. 1-2). pap. 11.50 *(978-1-4824-4867-2(X)*, fd05e48a-b793-4966-aa5e-ca2e81e3df8a) Stevens, Gareth Publishing LLLP.

Medusa & Her Curse-Children's Greek & Roman Myths. Baby Professor. 2017. (ENG., Illus.). (J). pap. 7.89 *(978-1-5419-0349-4(8)*, Baby Professor (Education Kids)) Speedy Publishing LLC.

Medusa & Her Oh-So-Stinky Snakes. Blake Hoena. Illus. by Ivica Stevanovic. 2019. (Michael Dahl Presents: Gross Gods Ser.). (ENG.). 64p. (J). (gr. 3-5). pap. 6.95 *(978-1-4965-8460-1(0)*, 140985, Stone Arch Bks.) Capstone.

Medusa Doll. Steve Brezenoff. Illus. by Neil Evans. 2020. (Michael Dahl Presents: Scary Stories Ser.). (ENG.). 72p. (J). (gr. 3-5). pap. 5.95 *(978-1-4965-9891-2(1)*, 201253); lib. bdg. 25.32 *(978-1-4965-9715-1(X)*, 199343) Capstone. (Stone Arch Bks.).

Medusa Plot The 39 Clues. Robin S. Doak & Gordon Korman. 2017. (39 Clues: Cahills vs. Vespers Ser.: 1). (ENG.). 48p. (J). (gr. 3-7). 55.99 *(978-1-338-24131-0(1))* Scholastic, Inc.

Medusa vs. Hel. Virginia Loh-Hagan. 2020. (Battle Royale: Lethal Warriors Ser.). (ENG., Illus.). 32p. (J). (gr. 4-8). pap. 14.21 *(978-1-5341-6162-7(7)*, 214648); lib. bdg. 32.07 *(978-1-5341-5932-7(0)*, 214647) Cherry Lake Publishing. (45th Parallel Press).

Medusas. Grace Hansen. 2017. (Vida en el Océano Ser.). (SPA.). 24p. (J). (gr. -1-2). pap. 7.95 *(978-1-4966-1267-0(1)*, 135007, Capstone Classroom) Capstone.

Medusas (Jellyfish), 1 vol. Grace Hansen. 2016. (Vida en el Océano (Ocean Life) Ser.). (SPA., Illus.). 24p. (J). (gr. -1-2). lib. bdg. 32.79 *(978-1-68080-746-2(3)*, 22654, Abdo Kids) ABDO Publishing Co.

Medusa's Mirror. Elizabeth Catanese. Illus. by Benedetta Capriotti. 2021. (Mt. Olympus Theme Park Ser.). (ENG.). 48p. (J). (gr. 3-7). lib. bdg. 34.21 *(978-1-0982-3038-8(8)*, 37693, Spellbound) Magic Wagon.

Medusa's Scream, 1 vol. Melanie Jackson. 2017. (Orca Currents Ser.). (ENG.). 144p. (J). (gr. 4-7). pap. 9.95 *(978-1-4598-1441-7(X))* Orca Bk. Pubs. USA.

Medusas y Pulpos: Leveled Reader Book 29 Level M 6 Pack. Hmh Hmh. 2021. (SPA.). 24p. (J). pap. 74.40 *(978-0-358-08426-6(1))* Houghton Mifflin Harcourt Publishing Co.

Meek Adventure: #1. Johanna Gohmann. Illus. by Carissa Harris. 2022. (Portal to Paragon Ser.). (ENG.). 112p. (J). (gr. 2-5). lib. bdg. 38.50 *(978-1-0982-3313-6(1)*, 39817, Calico Chapter Bks.) ABDO Publishing Co.

Meek Mill. Carlie Lawson. 2021. (Hip-Hop & R&B: Culture, Music & Storytelling Ser.). (ENG.). (J). (gr. 7-12). 34.60 *(978-1-4222-4628-3(0))* Mason Crest.

Meeka Loves Nature: Insects: Bilingual Inuktitut & English Edition. Danny Christopher. Illus. by Ali Hinch. 2022. (Arvaaq Bks.). 20p. (J). bds. 12.50 *(978-1-77450-272-3(0))* Inhabit Education Bks. Inc. CAN. Dist: Consortium Bk. Sales & Distribution.

Meeka Loves Nature: Plants: Bilingual Inuktitut & English Edition. Danny Christopher. Illus. by Ali Hinch. 2022. (Arvaaq Bks.). 20p. (J). bds. 12.95 *(978-1-77450-273-0(9))* Inhabit Education Bks. Inc. CAN. Dist: Consortium Bk. Sales & Distribution.

Meekah's Nana Went to Heaven. Jaimeann Melissa Williams. 2018. (ENG., Illus.). 34p. (J). *(978-1-77370-934-5(8))*; pap. *(978-1-77370-933-8(X))* Tellwell Talent.

Meelie's Christmas. J. a Kiehl. 2019. (ENG., Illus.). 22p. (J). 22.95 *(978-1-64300-917-9(6))*; pap. 12.95 *(978-1-64300-916-2(8))* Covenant Bks.

Meelygrat the Scalycat & the Moonlight Ball. Frank O'Dwyer. 2017. (ENG., Illus.). 28p. (J). *(978-0-244-31192-6(7))* Lulu Pr., Inc.

Meena Lost & Found. Karla Manternach. Illus. by Mina Price. (Meena Zee Bks.). (ENG.). 192p. (J). (gr. 3-7). 2022. pap. 7.99 *(978-1-5344-8615-7(1))*; 2021. 17.99 *(978-1-5344-8614-0(3))* Simon & Schuster Bks. For Young Readers. (Simon & Schuster Bks. For Young Readers).

Meena Meets Her Match. Karla Manternach. Illus. by Rayner Alencar. 2019. (Meena Zee Bks.). (ENG.). 192p. (J). (gr. 3-7). 17.99 *(978-1-5344-2817-1(8)*, Simon & Schuster Bks. For Young Readers) Simon & Schuster Bks. For Young Readers.

Meena Zee Collection (Boxed Set) Meena Meets Her Match; Never Fear, Meena's Here!; Meena Lost & Found; Team Meena. Karla Manternach. ed. 2023. (Meena Zee Bks.). (ENG.). 784p. (J). (gr. 3-7). 68.99

1306

The check digit for ISBN-10 appears in parentheses after the full ISBN-13

(978-1-6659-2168-8(4), Simon & Schuster Bks. For Young Readers) Simon & Schuster Bks. For Young Readers.

Meennunyakaa / Blueberry Patch, 1 vol. Jennifer Leason. Ed. by Norman Chartrand. ed. 2019. (Schchechmala Children's Ser.). (ENG & OJI.). 32p. (J). (gr. 1-3). 19.95 (978-1-926886-58-9(5)) Theytus Bks., Ltd. CAN. Dist: Orca Bk. Pubs. USA.

Meer Malbuch: Erstaunliche Meerestiere und Unterwasser-Meereslebewesen, ein Malbuch Für Kinder Mit Erstaunlichen Meerestieren (Ozean-Aktivitätsbuch Für Jungen und Mädchen) Lenard Vinci Press. 2020. (GER.). 88p. (J). pap. 9.99 (978-1-716-36837-0(5)) Lulu Pr., Inc.

Meere's Dream Comes True - e Koro Bukin Ana Iango Meere (Te Kiribati) Katenati Kaareti. Illus. by Michael Magpantay. 2023. (ENG.). 38p. (J). pap. (978-1-922849-95-3(2)) Library For All Limited.

Meeri Doesn't Like Bathing - e Raarawa N Tebotebo Meeri (Te Kiribati) Tekaribwa Boota. Illus. by Rea Diwata Mendoza. 2022. (MIS.). 32p. (J). pap. (978-1-922895-93-6(8)) Library For All Limited.

Meeria & Her Guitar - Meeria Ma Ana Kitaa (Te Kiribati) Janice Roemi. Illus. by Jovan Carl Segura. 2023. (ENG.). 34p. (J). pap. (978-1-922910-02-8(3)) Library For All Limited.

Meerjungfrau Malbuch: Nette Meerjungfrauen Für Kinder Alter 4-8, 8-12. Lenard Vinci Press. 2020. (GER.). 70p. (J). pap. 9.99 (978-1-716-29811-0(3)) Lulu Pr., Inc.

Meerjungfrau Malbuch Für Jugendliche: Ausmalen der Magischen Unterwasserwelt der Meerjungfrauen in über 40 Wunderschönen Ganzseitigen Illustrationen Ausmalbuch Mit Wunderschönen Meerjungfrauen, Unterwasserwelt und Ihren Bewohnern, Detailreiche Motive Zum. Amelia Yardley. 2021. (GER.). 84p. (J). pap. (978-1-008-91634-0(X)) Lulu.com.

Meerjungfrau Malbuch Für Kinder: Mal- & Aktivitätsbuch Für Kinder, Altersgruppen: 3-6,7-8. Deeasy B. 2021. (GER.). 44p. (J). pap. 6.99 (978-1-008-91238-0(7)) Chronicle Bks. LLC.

Meerkat. Grace Hansen. 2017. (African Animals (Abdo Kids Jumbo) Ser.). (ENG., Illus.). 24p. (J). (gr. -1-2). lib. bdg. 32.79 (978-1-5321-0420-6(0), 26546, Abdo Kids) ABDO Publishing Co.

Meerkat. August Hoeft. (I See Animals Ser.). (ENG.). (J). 2022. 20p. 24.99 (978-1-5324-3427-3(8)); 2021. 12p. pap. 5.99 (978-1-5324-1508-1(7)) Xist Publishing.

Meerkat Choir. Nicki Greenberg. 2018. (ENG., Illus.). 32p. (J). (gr. -1-2). 17.99 (978-1-76029-079-5(3)) Allen & Unwin AUS. Dist: Independent Pubs. Group.

Meerkat Christmas. Emily Gravett. Illus. by Emily Gravett. 2020. (ENG., Illus.). 32p. (J). (gr. -1-3). 19.99 (978-1-5344-7679-0(2), Simon & Schuster Bks. For Young Readers) Simon & Schuster Bks. For Young Readers.

Meerkat Christmas. Aura Parker. 2023. 32p. (J). (gr. -1-k). 17.99 (978-0-14-377722-9(X)) Penguin Random Hse. AUS. Dist: Independent Pubs. Group.

Meerkat Moves Out of the Desert. Nikki Potts. Illus. by Maarten Lenoir. 2020. (Habitat Hunter Ser.). (ENG.). 32p. (J). (gr. -1-2). pap. 8.95 (978-1-9771-2017-5(2), 142307); lib. bdg. 29.32 (978-1-9771-1419-8(9), 141548) Capstone. (Picture Window Bks.).

Meerkat Splash. Aura Parker. 2020. (Illus.). 32p. (J). (gr. -1-k). 18.99 (978-0-14-379289-5(X), Puffin) Penguin Random Hse. AUS. Dist: Independent Pubs. Group.

Meerkats. Valerie Bodden. 2017. (Amazing Animals Ser.). (ENG., Illus.). 24p. (J). (gr. 1-4). (978-1-60818-756-0(X), 20044, Creative Education) Creative Co., The.

Meerkats. Tammy Gagne. 2017. (Animals of Africa Ser.). (ENG., Illus.). 32p. (J). (gr. 2-3). pap. 9.95 (978-1-63517-332-1(9), 1635173329); lib. bdg. 31.35 (978-1-63517-267-6(5), 1635172675) North Star Editions. (Focus Readers).

Meerkats. Golriz Golkar. 2021. (Desert Animals (POP!) Ser.). (ENG., Illus.). 24p. (J). (gr. k-3). lib. bdg. 31.36 (978-1-5321-6971-7(X), 38019, Pop! Cody Koala) Pop!.

Meerkats. Josh Gregory. 2016. (Nature's Children Ser.). (ENG., Illus.). 48p. (J). pap. 6.95 (978-0-531-22519-6(4), Children's Pr.) Scholastic Library Publishing.

Meerkats. Katie Woolley. 2022. (Reading Gems Fact Finders Ser.). (ENG., Illus.). 32p. (J). (gr. -1-2). pap. 8.99 (978-0-7112-7315-3(4), 428980e1-4c75-4f2b-8bfa-3f38ae448cbc); lib. bdg. 27.99 (978-0-7112-7150-0(X), 14200948-3867-4d2c-9fd1-18d6be16158b) QEB Publishing Inc.

Meerkats: A Children's Book Interesting & Informative Facts. Bold Kids. 2022. (ENG.). 44p. (J). pap. 15.99 (978-1-0717-1060-9(5)) FASTLANE LLC.

Meerkat's Exciting Adventure. Gail Clarke. Illus. by Gail Clarke. 2020. (ENG.). 34p. (J). (978-1-912406-47-0(0)); pap. (978-1-912406-45-6(4)) Gupole Pubns.

Meesh the Bad Demon #1: (a Graphic Novel) Michelle Lam. 2023. (Meesh the Bad Demon Ser.: 1). (ENG., Illus.). 304p. (J). (gr. 3-7). 21.99 (978-0-593-37287-6(5)); pap. 13.99 (978-0-593-37286-9(7)); lib. bdg. 24.99 (978-0-593-37288-3(3)) Random Hse. Children's Bks. (Knopf Bks. for Young Readers).

Meesh. una Mala Demonia. Michelle Lam. 2023. (SPA.). 304p. (J). pap. 19.95 (978-607-39-0082-9(1)) Editorial Planeta, S. A. ESP. Dist: Two Rivers Distribution.

Meesha Makes Friends. Tom Percival. Illus. by Tom Percival. (Big Bright Feelings Ser.). (ENG., Illus.). 32p. (J). 2023. pap. 7.99 (978-1-5476-1128-7(6), 900279251); 2021. 17.99 (978-1-5476-0519-4(7), 900226575) Bloomsbury Publishing USA. (Bloomsbury Children's Bks.).

#Meet. Km Pyne. 2017. (ENG., Illus.). (J). pap. (978-0-9954700-0-2(6)) 2 Librans Publishing.

Meet a Baby Bald Eagle. Heather E. Schwartz. 2023. (Lightning Bolt Books (r) — Baby North American Animals Ser.). (ENG., Illus.). 24p. (J). (gr. 1-3). pap. 9.99 Lerner Publishing Group.

Meet a Baby Beaver. Heather E. Schwartz. 2023. (Lightning Bolt Books (r) — Baby North American Animals Ser.). (ENG., Illus.). 24p. (J). (gr. 1-3). pap. 9.99 Lerner Publishing Group.

Meet a Baby Chicken. Buffy Silverman. 2016. (Lightning Bolt Books (r) — Baby Farm Animals Ser.). (ENG., Illus.). 32p. (J). (gr. 1-3). 29.32 (978-1-5124-0803-4(4), ecd3e916-3aaa-4d3e-a01f-e88b2aebdcbb); E-Book 42.65 (978-1-5124-1025-9(X)) Lerner Publishing Group. (Lerner Pubns.).

Meet a Baby Cow. Buffy Silverman. 2016. (Lightning Bolt Books (r) — Baby Farm Animals Ser.). (ENG., Illus.). 32p. (J). (gr. 1-3). 29.32 (978-1-5124-0798-3(4), 15f4960f-dca1-4046-bf70-f8b3a0a6bb13); E-Book 42.65 (978-1-5124-1026-6(8)) Lerner Publishing Group. (Lerner Pubns.).

Meet a Baby Crocodile. Jon M. Fishman. 2017. (Lightning Bolt Books (r) — Baby Australian Animals Ser.). (ENG., Illus.). 24p. (J). (gr. 1-3). 29.32 (978-1-5124-3390-6(X), 17909095-0988-4312-bf35-56fe135c8a39, Lerner Pubns.) Lerner Publishing Group.

Meet a Baby Gray Wolf. Tamika M. Murray. 2023. (Lightning Bolt Books (r) — Baby North American Animals Ser.). (ENG., Illus.). 24p. (J). (gr. 1-3). pap. 9.99 Lerner Publishing Group.

Meet a Baby Horse. Buffy Silverman. 2016. (Lightning Bolt Books (r) — Baby Farm Animals Ser.). (ENG., Illus.). 32p. (J). (gr. 1-3). 29.32 (978-1-5124-0801-0(8), 4a8f3d16-a7fc-4386-a6f4-70781114170d, Lerner Pubns.) Lerner Publishing Group.

Meet a Baby Kangaroo. Anna Leigh. 2017. (Lightning Bolt Books (r) — Baby Australian Animals Ser.). (ENG., Illus.). 24p. (J). (gr. 1-3). 29.32 (978-1-5124-3384-5(5), 1d985e09-6abd-4483-8c7f-f4cd71f451a3, Lerner Pubns.); pap. 9.99 (978-1-5124-5588-5(1), a77fec06-48b6-4b77-8bbf-9d20c4799369) Lerner Publishing Group.

Meet a Baby Koala. Jon M. Fishman. 2017. (Lightning Bolt Books (r) — Baby Australian Animals Ser.). (ENG., Illus.). 24p. (J). (gr. 1-3). 29.32 (978-1-5124-3383-8(7), 36fe5f32-786e-4d74-9021-ab950fcb74c3, Lerner Pubns.); pap. 9.99 (978-1-5124-5589-2(X), f7217d3f-bf2d-45f3-b6d7-d094f258a2e3) Lerner Publishing Group.

Meet a Baby Manatee. Tamika M. Murray. 2023. (Lightning Bolt Books (r) — Baby North American Animals Ser.). (ENG., Illus.). 24p. (J). (gr. 1-3). pap. 9.99 Lerner Publishing Group.

Meet a Baby Moose. Tamika M. Murray. 2023. (Lightning Bolt Books (r) — Baby North American Animals Ser.). (ENG., Illus.). 24p. (J). (gr. 1-3). pap. 9.99 Lerner Publishing Group.

Meet a Baby Mountain Lion. Whitney Sanderson. 2023. (Lightning Bolt Books (r) — Baby North American Animals Ser.). (ENG., Illus.). 24p. (J). (gr. 1-3). pap. 9.99 Lerner Publishing Group.

Meet a Baby Pig. Jennifer Boothroyd. 2016. (Lightning Bolt Books (r) — Baby Farm Animals Ser.). (ENG., Illus.). 32p. (J). (gr. 1-3). 29.32 (978-1-5124-0799-0(2), 91e19929-380e-43e6-9441-5bdaf30b49bf, Lerner Pubns.) Lerner Publishing Group.

Meet a Baby Polar Bear. Whitney Sanderson. 2023. (Lightning Bolt Books (r) — Baby North American Animals Ser.). (ENG., Illus.). 24p. (J). (gr. 1-3). pap. 9.99 Lerner Publishing Group.

Meet a Baby Sheep. Jennifer Boothroyd. 2016. (Lightning Bolt Books (r) — Baby Farm Animals Ser.). (ENG., Illus.). 32p. (J). (gr. 1-3). 29.32 (978-1-5124-0800-3(X), fadcb48c-0e67-4f0d-b8cf-788f238e29ce, Lerner Pubns.) Lerner Publishing Group.

Meet a Baby Tasmanian Devil. Jon M. Fishman. 2017. (Lightning Bolt Books (r) — Baby Australian Animals Ser.). (ENG., Illus.). 24p. (J). (gr. 1-3). 29.32 (978-1-5124-3385-2(3), cfab2a3a-fc42-4698-9e11-fe01a0743a54, Lerner Pubns.) Lerner Publishing Group.

Meet a Baby Wallaby. Anna Leigh. 2017. (Lightning Bolt Books (r) — Baby Australian Animals Ser.). (ENG., Illus.). 24p. (J). (gr. 1-3). 29.32 (978-1-5124-3386-9(1), bef73b2d-3d7a-43bc-8f37-9d5117919ad8, Lerner Pubns.); pap. 9.99 (978-1-5124-5591-5(1), 11157161-0098-4447-b7ab-6ebe225d3fde) Lerner Publishing Group.

Meet a Baby White-Tailed Deer. Tamika M. Murray. 2023. (Lightning Bolt Books (r) — Baby North American Animals Ser.). (ENG., Illus.). 24p. (J). (gr. 1-3). pap. 9.99 Lerner Publishing Group.

Meet a Baby Wombat. Jon M. Fishman. 2017. (Lightning Bolt Books (r) — Baby Australian Animals Ser.). (ENG., Illus.). 24p. (J). (gr. 1-3). 29.32 (978-1-5124-3387-6(X), af5df9c8-0156-4317-af80-073a384f7f88, Lerner Pubns.); pap. 9.99 (978-1-5124-5592-2(X), 9f4c5cc7-d18c-41f1-a03a-a6eb8fde7dbc) Lerner Publishing Group.

Meet a Bus Driver! (in Our Neighborhood) Jodie Shepherd. Illus. by Lisa Hunt. 2021. (In Our Neighborhood Ser.). (ENG.). 32p. (J). (gr. k-2). pap. 6.99 (978-1-338-76880-0(8), Children's Pr.) Scholastic Library Publishing.

Meet a Bus Driver! (in Our Neighborhood) (Library Edition) Jodie Shepherd. Illus. by Lisa Hunt. 2021. (In Our Neighborhood Ser.). (ENG.). 32p. (J). (gr. k-2). lib. bdg. 25.00 (978-1-338-76879-4(4), Children's Pr.) Scholastic Library Publishing.

Meet a Coach! (in Our Neighborhood) Cynthia Unwin. Illus. by Lisa Hunt. 2021. (In Our Neighborhood Ser.). (ENG.). 32p. (J). (gr. k-2). pap. 6.99 (978-1-338-76883-1(2), Children's Pr.) Scholastic Library Publishing.

Meet a Coach! (in Our Neighborhood) (Library Edition) Cynthia Unwin. Illus. by Lisa Hunt. 2021. (In Our Neighborhood Ser.). (ENG.). 32p. (J). (gr. k-2). lib. bdg. 25.00 (978-1-338-76882-4(4), Children's Pr.) Scholastic Library Publishing.

Meet a Dentist! (in Our Neighborhood) AnnMarie Anderson. Illus. by Lisa Hunt. 2021. (In Our Neighborhood Ser.). (ENG.). 32p. (J). (gr. k-2). pap. 6.99 (978-1-338-76906-7(5), Children's Pr.) Scholastic Library Publishing.

Meet a Dentist! (in Our Neighborhood) (Library Edition) AnnMarie Anderson. Illus. by Lisa Hunt. 2021. (In Our Neighborhood Ser.). (ENG.). 32p. (J). (gr. k-2). lib. bdg. 25.00 (978-1-338-76900-5(6), Children's Pr.) Scholastic Library Publishing.

Meet a Firefighter! (in Our Neighborhood) (Library Edition) AnnMarie Anderson. Illus. by Lisa Hunt. 2021. (In Our Neighborhood Ser.). (ENG.). 32p. (J). (gr. k-2). lib. bdg. 25.00 (978-0-531-13686-7(8), Children's Pr.) Scholastic Library Publishing.

Meet a Grocer! (in Our Neighborhood) Becky Herrick. Illus. by Lisa Hunt. 2021. (In Our Neighborhood Ser.). (ENG.). 32p. (J). (gr. k-2). pap. 6.99 (978-1-338-76987-6(1), Children's Pr.) Scholastic Library Publishing.

Meet a Grocer! (in Our Neighborhood) (Library Edition) Becky Herrick. Illus. by Lisa Hunt. 2021. (In Our Neighborhood Ser.). (ENG.). 32p. (J). (gr. k-2). lib. bdg. 25.00 (978-1-338-76986-9(3), Children's Pr.) Scholastic Library Publishing.

Meet a Librarian! (in Our Neighborhood) (paperback) AnnMarie Anderson. Illus. by Lisa Hunt. 2021. (In Our Neighborhood Ser.). (ENG.). 32p. (J). (gr. k-2). pap. 6.99 (978-0-531-13687-4(6), Children's Pr.) Scholastic Library Publishing.

Meet a Mail Carrier! (in Our Neighborhood) (Library Binding) Illus. by Lisa Hunt. 2021. (In Our Neighborhood Ser.). (ENG.). 32p. (J). (gr. k-2). lib. bdg. 25.00 (978-0-531-13682-9(5), Children's Pr.) Scholastic Library Publishing.

Meet a Nurse! (in Our Neighborhood) (Library Edition) Illus. by Lisa Hunt. 2021. (In Our Neighborhood Ser.). (ENG.). 32p. (J). (gr. k-2). lib. bdg. 25.00 (978-0-531-13685-0(X), Children's Pr.) Scholastic Library Publishing.

Meet A. R. F. Michael Olson. ed. 2018. (World of Reading Ser.). (ENG.). 32p. (J). (gr. -1-1). 13.89 (978-1-64310-570-3(1)) Penworthy Co., LLC, The.

Meet a Sanitation Worker! (in Our Neighborhood) Jodie Shepherd. Illus. by Lisa Hunt. 2021. (In Our Neighborhood Ser.). (ENG.). 32p. (J). (gr. k-2). pap. 6.99 (978-1-338-76886-2(7)) Scholastic, Inc.

Meet a Sanitation Worker! (in Our Neighborhood) (Library Edition) Jodie Shepherd. Illus. by Lisa Hunt. 2021. (In Our Neighborhood Ser.). (ENG.). 32p. (J). (gr. k-2). lib. bdg. 25.00 (978-1-338-76885-5(9), Children's Pr.) Scholastic Library Publishing.

Meet a Teacher! (in Our Neighborhood) (Library Edition) AnnMarie Anderson. Illus. by Lisa Hunt. 2021. (In Our Neighborhood Ser.). (ENG.). 32p. (J). (gr. k-2). lib. bdg. 25.00 (978-0-531-13684-3(1), Children's Pr.) Scholastic Library Publishing.

Meet a Teacher! (in Our Neighborhood) (paperback) AnnMarie Anderson. Illus. by Lisa Hunt. 2021. (In Our Neighborhood Ser.). (ENG.). 32p. (J). (gr. k-2). pap. 6.99 (978-0-531-13690-4(6), Children's Pr.) Scholastic Library Publishing.

Meet a Veterinarian! (in Our Neighborhood) AnnMarie Anderson. Illus. by Lisa Hunt. 2021. (In Our Neighborhood Ser.). (ENG.). 32p. (J). (gr. k-2). pap. 6.99 (978-1-338-76893-0(X), Children's Pr.) Scholastic Library Publishing.

Meet a Veterinarian! (in Our Neighborhood) (Library Edition) AnnMarie Anderson. Illus. by Lisa Hunt. 2021. (In Our Neighborhood Ser.). (ENG.). 32p. (J). (gr. k-2). lib. bdg. 25.00 (978-1-338-76888-6(3), Children's Pr.) Scholastic Library Publishing.

Meet Allyson Felix: Track-And-Field Superstar. Matt Doeden. 2022. (Sports VIPs (Lerner (tm) Sports) Ser.). (ENG., Illus.). 32p. (J). (gr. 2-5). pap. 9.99 (978-1-7284-6329-2(7), 810ffb0c-ba28-4b53-8142-6a9d4f3a5068); lib. bdg. 30.65 (978-1-7284-5819-9(6), 317fc609-3689-47b0-bd81-01728d1b1065) Lerner Publishing Group. (Lerner Pubns.).

Meet Angelina Ballerina. Katharine Holabird. Illus. by Helen Craig. 2020. (Angelina Ballerina Ser.). (ENG.). 24p. (J). (gr. -1-2). pap. 5.99 (978-1-5344-4250-4(2), Simon Spotlight) Simon Spotlight.

Meet Baby Charlie: Set 2, 10 vols. 2018. (Let's Read with Max & Kate Ser.). (ENG.). 24p. (J). (gr. 1-2). lib. bdg. 126.35 (978-1-5383-4681-5(8), 204f5c3a-cf61-4f4c-9799-1ab799d48cb3, PowerKids Pr.) Rosen Publishing Group, Inc., The.

Meet... Banjo Paterson. Kristin Weidenbach. Illus. by James Gulliver Hancock. 2016. 36p. (J). (gr. k-2). 15.99 (978-0-85798-009-0(2)) Random Hse. Australia AUS. Dist: Independent Pubs. Group.

Meet Bear & His Furry Friends in Noah's Ark. Compiled by Compiliation. 2018. (Touch 'n Feel Bible Stories Ser.: Vol. 2). (ENG.). (J). bds. 9.99 (978-1-68408-380-0(X)) DaySpring Cards.

Meet Blue Moon. Sheila Plafcan. 2022. (ENG.). 34p. (J). (978-1-387-57563-3(5)) Lulu Pr., Inc.

Meet Blurr. Steve Foxe. ed. 2016. (Transformers Passport to Reading Ser.). (J). lib. bdg. 13.55 (978-0-606-39191-7(6)) Turtleback.

Meet Carly & Cartoka! Ready-To-Read Level 1. Adapted by Maria Le. 2022. (PJ Masks Ser.). (ENG.). 32p. (J). (gr. -1-1). 17.99 (978-1-6659-1914-2(0)); pap. 4.99 (978-1-6659-1913-5(2)) Simon Spotlight. (Simon Spotlight).

Meet Catboy! R. J. Cregg. 2016. (PJ Masks Ser.). (ENG., Illus.). 14p. (J). (gr. -1-k). bds. 5.99 (978-1-4814-8897-6(X), Simon Spotlight) Simon Spotlight.

Meet Chadwick & His Chesapeake Bay Friends, 1 vol. Priscilla Cummings. 2019. (ENG., Illus.). 32p. (J). pap. 9.99 (978-0-7643-5700-8(X), 16396) Schiffer Publishing, Ltd.

Meet Charlie. J. E. Solinski. 2019. (ENG.). 172p. (J). pap. 9.99 (978-0-9989096-4-6(5)) JE Solinski.

Meet Charlie Waffles & His Brother Grunter. Jonni Gainous. 2020. (ENG., Illus.). 28p. (J). pap. 13.95 (978-1-6624-1333-9(5)) Page Publishing Inc.

Meet Claudie. Brit Bennett. Illus. by Laura Freeman. 2022. (American Girl(r) Historical Characters Ser.). (ENG.). 112p. (J). 16.99 (978-1-68337-202-8(6)) American Girl Publishing, Inc.

Meet Cooper Kupp: Los Angeles Rams Superstar. Keith Elliot Greenberg. 2023. (Sports VIPs (Lerner (tm) Sports) Ser.). (ENG., Illus.). 32p. (J). (gr. 2-5). pap. 9.99 (978-1-7284-7862-3(6), 773997f9-b960-4cc0-b68f-29fc6801c5ac); lib. bdg. 30.65 (978-1-7284-7602-5(X), a82f3357-e3c6-4e6a-a17d-01053f017fd8) Lerner Publishing Group. (Lerner Pubns.).

Meet Creative Cat. Maria Ortiz. 2016. (ENG.). (J). 14.95 (978-1-63177-254-2(6)) Amplify Publishing Group.

Meet Cristiano Ronaldo: World Cup Soccer Superstar. David Stabler. 2022. (Sports VIPs (Lerner (tm) Sports) Ser.). (ENG., Illus.). 32p. (J). (gr. 2-5). pap. 9.99 (978-1-7284-6337-7(8), 206d8cab-c527-4a07-9077-69bac63a2d42, Lerner Pubns.) Lerner Publishing Group.

Meet Crystal Winter. Adapted by Perdita Finn. 2016. (Illus.). 31p. (J). (978-1-5182-2557-4(8)) Little Brown & Co.

Meet Cute. Jennifer L. Armentrout et al. 2018. (ENG.). 320p. (YA). (gr. 9). 17.99 (978-1-328-75987-0(3), 1679557, Clarion Bks.) HarperCollins Pubs.

Meet Cute: Some People Are Destined to Meet. Jennifer L. Armentrout. 2019. (ENG.). 320p. (YA). (gr. 9). pap. 9.99 (978-1-328-60428-6(4), 1731500, Clarion Bks.) HarperCollins Pubs.

Meet Cute Diary. Emery Lee. (ENG.). (YA). (gr. 9). 2022. 416p. 11.99 (978-0-06-303884-4(6)); 2021. (Illus.). 400p. 17.99 (978-0-06-303883-7(8)) HarperCollins Pubs. (Quill Tree Bks.).

Meet-Cute Project. Rhiannon Richardson. 2021. (ENG.). 384p. (YA). (gr. 7). 19.99 (978-1-5344-7352-2(1), Simon & Schuster Bks. For Young Readers) Simon & Schuster Bks. For Young Readers.

Meet Devin Booker: Phoenix Suns Superstar. Leslie Holleran. 2023. (Sports VIPs (Lerner (tm) Sports) Ser.). (ENG., Illus.). 32p. (J). (gr. 2-5). pap. 9.99. lib. bdg. 30.65 (978-1-7284-9097-7(9), aed44ec8-2609-42a5-a8d5-ce89fca9fbc9) Lerner Publishing Group. (Lerner Pubns.).

Meet Diana. Pocketwatch. ed. 2022. (I Can Read Ser.). (ENG.). 32p. (J). (gr. k-1). 15.96 (978-1-68505-290-4(8)) Penworthy Co., LLC, The.

Meet Diego! see Presentamos a Diego!

Meet Don Bradman. Coral Vass. Illus. by Brad Howe. 2017. (Meet... Ser.). 36p. (J). (gr. 2-4). 15.99 (978-1-925324-90-7(7)) Random Hse. Australia AUS. Dist: Independent Pubs. Group.

Meet Donkey Hodie! Patty Michaels. 2022. (Donkey Hodie Ser.). (ENG.). 14p. (J). (gr. -1-k). bds. 6.99 (978-1-6659-0318-9(X), Simon Spotlight) Simon Spotlight.

Meet Dorothy! The Wiggles. 2023. (Wiggles Ser.). (ENG.). 12p. (J). (gr. -1-3). bds. 15.99 (978-1-922857-62-0(9)) Bonnier Publishing GBR. Dist: Independent Pubs. Group.

Meet Duck Mcbrush. Lori Bell. Illus. by Victoty Skakandy. 2020. (ENG.). 40p. (J). 25.95 (978-1-4808-9404-4(4)); pap. 16.95 (978-1-4808-9405-1(2)) Archway Publishing.

Meet Duke & Brody! Melody a Cooper. 2020. (ENG.). 38p. (J). (Adventures of Duke & Brody: Meet Duke & Brody! Ser.: Vol. 1). (978-0-2288-3670-4(0)); (Adventures of Duke & Brody: Ser.). (Illus.). pap. (978-0-2288-1557-0(6)) Tellwell Talent.

Meet Fiona Rosa: And All of Her Hats. Jennifer Lionheart. Illus. by Janie Berry. 2022. (ENG.). 30p. (J). 17.50 (978-1-6629-2783-6(5)); pap. 9.00 (978-1-6629-2782-9(7)) Gatekeeper Pr.

Meet Fiona the Hippo. Zondervan Staff. ed. 2021. (I Can Read Ser.). (ENG., Illus.). 29p. (J). (gr. k-1). 14.96 (978-1-64697-684-3(3)) Penworthy Co., LLC, The.

Meet Fiona the Hippo: Level 1, 1 vol. Illus. by Richard Cowdrey. 2021. (I Can Read! / a Fiona the Hippo Book Ser.). (ENG.). 32p. (J). 16.99 (978-0-310-77095-4(5)); pap. 4.99 (978-0-310-77094-7(7)) Zonderkidz.

Meet Freddy the Friendly Fireman. Bernard Levine. 2017. (ENG.). 68p. (J). pap. 8.99 (978-1-393-40685-3(8)) Draft2Digital.

Meet Gabby. Anne Sawyer. 2017. (ENG., Illus.). (J). pap. 12.45 (978-1-5127-7643-0(2), WestBow Pr.) Author Solutions, LLC.

Meet Garby! Margaret Green. ed. 2016. (Dinotrux Passport Reading Level 1 Ser.). (J). lib. bdg. 13.55 (978-0-606-39189-4(4)) Turtleback.

Meet Gekko! Natalie Shaw. 2017. (PJ Masks Ser.). (ENG., Illus.). 14p. (J). (gr. -1-k). bds. 5.99 (978-1-5344-0953-8(X), Simon Spotlight) Simon Spotlight.

Meet George Washington: America's First President, 1 vol. Jane Katirgis & Tracie Egan. 2019. (Introducing Famous Americans Ser.). (ENG.). 32p. (gr. 3-4). pap. 11.53 (978-1-9785-1122-4(1), 4e427baa-29bf-4aa7-9083-aa9e57796dac) Enslow Publishing, LLC.

Meet Hank. Netflix. ed. 2022. (I Can Read Ser.). (ENG.). 32p. (J). (gr. k-1). 15.96 (978-1-68505-233-1(9)) Penworthy Co., LLC, The.

Meet Harry & Herman: Colorbook. Kathy Watson. Illus. by Lynn Davis. 2018. (ENG.). 22p. (J). (gr. 2-6). pap. (978-94-93105-02-7(4)) MinistryHouse Pr.

Meet Henrietta Heartbeat. Natalie Savvides. 2018. (ENG., Illus.). 32p. (J). (978-1-78878-161-9(9)) Austin Macauley Pubs. Ltd.

Meet Henry! The Wiggles. 2023. (Wiggles Ser.). (ENG.). 12p. (J). (gr. -1-3). bds. 15.99 (978-1-922857-61-3(0)) Bonnier Publishing GBR. Dist: Independent Pubs. Group.

Meet Ja Morant: Memphis Grizzlies Superstar. David Stabler. 2023. (Sports VIPs (Lerner (tm) Sports) Ser.). (ENG., Illus.). 32p. (J). (gr. 2-5). pap. 9.99 (978-1-7284-7863-0(4), 3e2edb89-9549-4526-8435-f29f9f54c205); lib. bdg. 30.65 (978-1-7284-7603-2(8), eaa01221-0faf-44de-8429-5833edff0508) Lerner Publishing Group. (Lerner Pubns.).

Meet Jace. J. Y. Miller. 2018. (ENG., Illus.). 34p. (J). 22.95 (978-1-64349-551-4(8)) Christian Faith Publishing.

Meet Ja'Marr Chase: Cincinnati Bengals Superstar. David Stabler. 2023. (Sports VIPs (Lerner (tm) Sports) Ser.). (ENG., Illus.). 32p. (J). (gr. 2-5). pap. 9.99. lib. bdg. 30.65 (978-1-7284-9093-9(6), aa82ddfa-f9f0-4abf-9963-8e9d4b63e80a) Lerner Publishing Group. (Lerner Pubns.).

Meet Jebby, Jenny & Laddie Boy. Sarah Ankney. 2018. (ENG., Illus.). 38p. (J). pap. 13.95 (978-1-64299-414-8(6)) Christian Faith Publishing.

Meet Jessica Long: Paralympic Swimming Superstar. Anne E. Hill. 2022. (Sports VIPs (Lerner (tm) Sports) Ser.). (ENG., Illus.). 32p. (J). (gr. 2-5). pap. 9.99 (978-1-7284-6336-0(X), 267a9107-4744-4850-841b-66a3e8f923ec); lib. bdg. 30.65 (978-1-7284-5822-9(6), be8422ef-3b65-4008-a7fd-d1477ce2f2f4) Lerner Publishing Group. (Lerner Pubns.).

Meet Jesus in Mark: His Gospel in 24 Readings. Matthew Sleeman. rev. ed. 2017. (ENG., Illus.). 56p. (J). 9.99 *(978-1-78191-984-2(4),* adea769c-940b-4530-941b-fd952621a229, CF4Kids) Christian Focus Pubns. GBR. Dist: Baker & Taylor Publisher Services (BTPS).

Meet John Sutter: California Gold Rush Pioneer, 1 vol. Jane Katirgis & Chris Hayhurst. 2019. (Introducing Famous Americans Ser.). (ENG.). 32p. (gr. 3-4). pap. 11.53 *(978-1-9785-1142-2(6),* f7a55a55-7f7b-419c-9ced-c5f1585fc501) Enslow Publishing, LLC.

Meet Justin Herbert: Los Angeles Chargers Superstar. David Stabler. 2023. (Sports VIPs (Lerner (tm) Sports) Ser.). (ENG., Illus.). 32p. (J). (gr. 2-5). pap. 9.99. lib. bdg. 30.65 ***(978-1-7284-9096-0(0),*** c06fd7ef-ecfd-454e-a21d-7287aacc6643) Lerner Publishing Group. (Lerner Pubns.).

Meet Justin Jefferson: Minnesota Vikings Superstar. Elliott Smith. 2023. (Sports VIPs (Lerner (tm) Sports) Ser.). (ENG., Illus.). 32p. (J). (gr. 2-5). pap. 9.99. lib. bdg. 30.65 ***(978-1-7284-9094-6(4),*** 77b723ba-d1de-40de-99d2-111979ba1b40) Lerner Publishing Group. (Lerner Pubns.).

Meet Kubo. Adapted by R. R. Busse. 2016. (Illus.). 32p. (J). *(978-1-5182-3471-2(2))* Little Brown & Co.

Meet Lauren Mcqueen: A Romance Novella. Middlemist Red. 2021. (ENG.). 66p. (YA). pap. 9.99 *(978-1-68494-722-5(7))* Notion Pr., Inc.

Meet Lg: Amazing Little Grace. Leslie A. Alpha Bestulic. 2020. (ENG.). 42p. (J). pap. 14.99 *(978-1-7346766-0-0(4))* Hers LA, LLC.

Meet Lionel Messi: World Cup Soccer Superstar. David Stabler. 2022. (Sports VIPs (Lerner (tm) Sports) Ser.). (ENG., Illus.). 32p. (J). (gr. 2-5). pap. 9.99 *(978-1-7284-6328-5(9),* 0833149e-87ef-4663-af90-0a329d4bbd89, Lerner Pubns.) Lerner Publishing Group.

Meet Lucy. Patricia D. Santos. Illus. by Sue Lynn Cotton. 2020. (ENG.). 28p. (J). pap. 15.95 *(978-1-61493-746-3(X))* Peppertree Pr., The.

Meet Mario! Malcolm Shealy. ed. 2021. (Step into Reading Ser.). (ENG., Illus.). 29p. (J). (gr. 2-3). 15.96 *(978-1-68505-009-2(3))* Penworthy Co., LLC, The.

Meet Mario! (Nintendo(r)) Malcolm Shealy. Illus. by Random House. 2021. (Step into Reading Ser.). (ENG.). 32p. (J). (gr. k-3). 5.99 *(978-0-593-30444-0(6),* Random Hse. Bks. for Young Readers) Random Hse. Children's Bks.

Meet Mask: Face Mask Introduction for Social Distancing. Hilda M. Nunez & Barbara N. Llossas. 2020. (ENG.). 22p. (J). pap. 4.99 *(978-1-0879-0487-0(0))* Indy Pub.

Meet Matt Miller: Practicing the M Sound, 1 vol. Victoria Vinci. 2016. (Rosen Phonics Readers Ser.). (ENG.). 8p. (J). (gr. -1-2). pap. *(978-1-5081-3245-5(3),* 2aa4b23c-c44f-4b70-92be-cc2340f3c3ac, Rosen Classroom) Rosen Publishing Group, Inc., The.

Meet Maud the Koala. J. E. Morris. Illus. by J. E. Morris. 2020. (Maud the Koala Ser.). (Illus.). 64p. (J). (gr. -1-3). pap. 9.99 *(978-0-593-09436-5(0),* Penguin Workshop) Penguin Young Readers Group.

Meet Maui. Andrea Posner-Sanchez. 2017. (Illus.). (J). *(978-1-5182-3752-2(5))* Random Hse., Inc.

Meet Maui (Disney Moana) Andrea Posner-Sanchez. Illus. by The Disney Storybook Art Team. 2017. (Pictureback(R) Ser.). (ENG.). 24p. (J). (gr. -1-2). pap. 4.99 *(978-0-7364-3738-7(X),* RH/Disney) Random Hse. Children's Bks.

Meet Me, Amya Baxter. Chazmin Belcher. 2018. (ENG., Illus.). 24p. (J). pap. 12.95 *(978-1-64082-341-9(7))* Page Publishing Inc.

Meet Me at Midnight. Jessica Pennington. 2021. (ENG.). 336p. (YA). pap. 10.99 *(978-1-250-18764-2(8),* 900191857, Tor Teen) Doherty, Tom Assocs., LLC.

Meet Me at Midnight (Bad Princesses #2) Jennifer Torres. 2023. (ENG.). 176p. (J). (gr. 3-7). pap. 7.99 ***(978-1-338-83317-1(0),*** Scholastic Pr.) Scholastic, Inc.

Meet Me at the Bamboo Table: Everyday Meals Everywhere. A. V. Crofts. 2016. (ENG., Illus.). 216p. pap. 16.95 *(978-1-63405-960-2(3))* Chin Music Pr.

Meet Me at the Dock At 1: 00! K. J. Mitchell. 2019. (ENG.). 26p. (J). pap. 13.95 *(978-1-64515-691-8(5))* Christian Faith Publishing.

Meet Me at the Manger: The Fruit of the Spirit & the Cuddly Critters. Rogene McPherson. 2017. (ENG.). 24p. (J). (gr. -1-8). pap. 14.95 *(978-1-943027-20-0(X),* 198770) Electric Moon Publishing.

Meet Me by the Sea. Taltal Levi. 2021. (ENG., Illus.). 32p. (J). (gr. -1-2). 17.95 *(978-0-7358-4432-2(1))* North-South Bks., Inc.

Meet Me Halfway. Anika Fajardo. 2022. (ENG.). 272p. (J). (gr. 3-7). 17.99 *(978-1-5344-9590-6(8),* Simon & Schuster Bks. For Young Readers) Simon & Schuster Bks. For Young Readers.

Meet Me Here. Bryan Bliss. 2016. (ENG.). 272p. (YA). (gr. 9). 17.99 *(978-0-06-227538-7(0),* Greenwillow Bks.) HarperCollins Pubs.

Meet Me in Mumbai, 1 vol. Sabina Khan. 2022. (ENG.). 352p. (YA). (gr. 9). 18.99 *(978-1-338-74928-1(5),* PUSH) Scholastic, Inc.

Meet Me in the Middle. Alex Light. (ENG.). 384p. (YA). (gr. 8). 2023. pap. 15.99 ***(978-0-06-313621-2(X));*** 2022. 17.99 *(978-0-06-313617-5(1))* HarperCollins Pubs. (HarperTeen).

Meet Me in the Strange. Leander Watts. (ENG.). 260p. (YA). (gr. 7-12). 2019. pap. 14.99 *(978-1-946154-07-1(5));* 2018. 16.95 *(978-1-946154-15-6(6))* Meerkat Pr.

Meet Me on the Court, 1 vol. David Aro. 2018. (Alton Heights All-Stars Ser.). (ENG.). 64p. (YA). (gr. 2-3). 23.25 *(978-1-5383-8212-7(1),* ca3ae6c0-9f10-412b-aa04-503cb42680ac); pap. 13.35 *(978-1-5383-8211-0(3),* 8f824eb7-d9a4-4d09-89ff-5daed72959f3) Enslow Publishing, LLC.

Meet Meeche the Melodious Owl. Mechelle Davis. Illus. by Brandon Coley. 2021. (ENG.). 24p. (J). 22.99 *(978-1-6628-1696-3(0));* pap. 12.49 *(978-1-6628-1695-6(2))* Salem Author Services.

Meet MIFT (Disney Monsters at Work) RH Disney. 2022. (Screen Comix Ser.). (ENG., Illus.). 80p. (J). (gr. 3-7). pap. 7.99 *(978-0-7364-4276-3(6),* RH/Disney) Random Hse. Children's Bks.

Meet Mira. Sascha Paladino. ed. 2021. (World of Reading Ser.). (ENG., Illus.). 32p. (J). (gr. k-1). 14.36 *(978-1-64697-604-1(5))* Penworthy Co., LLC, The.

Meet Miss Fancy. Irene Latham. Illus. by John Holyfield. 2019. 32p. (J). (gr. k-3). 17.99 *(978-0-399-54668-6(5),* G.P. Putnam's Sons Books for Young Readers) Penguin Young Readers Group.

Meet Monique. Denise A. Lawson. Illus. by Denise A. Lawson. 2019. (ENG., Illus.). 24p. (J). (gr. k-3). 15.99 *(978-1-7322303-0-9(7))* Brown & Lowe Bks.

Meet Monster: The First Big Monster Book. Ellen Blance & Ann Cook. Illus. by Quentin Blake. 2020. 160p. (J). (gr. -1-3). 19.95 *(978-1-68137-428-4(5),* NYR Children's Collection) New York Review of Bks., Inc., The.

Meet MR Love & Mrs You & Their Wonderful Planet. Martin Small. Illus. by Joe Davies. 2018. (ENG.). 42p. (J). pap. *(978-1-78623-423-0(8))* Grosvenor Hse. Publishing Ltd.

Meet Mr. Mulliner (Classic Reprint) Pelham Grenville Wodehouse. 2017. (ENG., Illus.). (J). 30.58 *(978-1-5280-5118-7(1))* Forgotten Bks.

Meet Mr. Stegg (Classic Reprint) Kennett Harris. 2017. (ENG., Illus.). (J). 30.79 *(978-1-5283-7548-1(3))* Forgotten Bks.

Meet Mutzie. Amanda Parrish. Illus. by Jason Fowler. 2018. (ENG.). 28p. (J). (gr. k-4). 24.95 *(978-1-61493-599-5(8))* Peppertree Pr., The.

Meet My Famous Friends. Rich DiSilvio. Illus. by Rich DiSilvio. 2016. (ENG., Illus.). (YA). (gr. 5-12). 28.99 *(978-0-9976807-5-1(X));* 34p. pap. 14.99 *(978-0-9976807-6-8(8))* Digital Vista, Inc. (DV Bks.).

Meet My Friends! (and Enemies) Charlie Moon. 2022. (Sonic the Hedgehog Ser.). (ENG.). 24p. (J). (gr. -1-2). pap. 5.99 *(978-0-593-38735-1(X),* Penguin Young Readers Licenses) Penguin Young Readers Group.

Meet My Friends! (and Enemies) Charlie Moon. ed. 2022. (Sonic the Hedgehog 8x8 Bks). (ENG.). 24p. (J). (gr. k-1). 16.46 ***(978-1-68505-304-8(1))*** Penworthy Co., LLC, The.

Meet My Friends in Borneo. Scott Canning. 2023. 24p. (J). (-k). pap. 12.00 BookBaby.

Meet My Little Mouse. Janice Engle. 2019. (ENG.). 64p. (J). pap. *(978-0-359-48552-9(9))* Lulu Pr., Inc.

Meet My Mississippi: Expanded Edition. Patricia Neely-Dorsey. Illus. by Brenda Ragsdale. 2018. (ENG.). 76p. (J). (gr. k-6). pap. 21.99 *(978-1-7326934-6-3(3))* Liberation's Publishing.

Meet NASA Inventor Kendra Short & Her Printable Probes & Cosmic Confetti. 2017. (J). *(978-0-7166-6158-0(6))* World Bk., Inc.

Meet NASA Inventor Masahiro Ono & His Team's Asteroid-Harpooning Hitcher. 2017. (J). *(978-0-7166-6161-0(6))* World Bk., Inc.

Meet NASA Inventor Robert Hoyt & His Team's Web-Spinning Space Spiders. 2017. (J). *(978-0-7166-6157-3(8))* World Bk., Inc.

Meet Nat Love: Cowboy & Former Slave. Jane Katirgis & Sarah Penn. 2019. (Introducing Famous Americans Ser.). (ENG.). 32p. (gr. 3-4). 63.18 *(978-1-9785-1139-2(6))* Enslow Publishing, LLC.

Meet... Nellie Melba. Janeen Brian. Illus. by Claire Murphy. (J). 2017. 36p. (gr. 2). 15.99 *(978-0-14-378031-1(X));* 2016. 32p. (gr. k-2). 22.99 *(978-0-14-378029-8(8))* Random Hse. Australia AUS. Dist: Independent Pubs. Group.

Meet Nelly Korda: Golf Superstar. Margaret J. Goldstein. 2023. (Sports VIPs (Lerner (tm) Sports) Ser.). (ENG., Illus.). 32p. (J). (gr. 2-5). pap. 9.99 *(978-1-7284-6330-8(0),* 44058557-50d7-4605-b90c-5f85905f24f1, Lerner Pubns.) Lerner Publishing Group.

Meet Newton Star! Maggie Testa. ed. 2022. (Disney 8x8 Ser.). (ENG.). 24p. (J). (gr. k-1). 14.96 ***(978-1-68505-210-2(X))*** Penworthy Co., LLC, The.

Meet Newton Star! Adapted by Maggie Testa. 2021. (PJ Masks Ser.). (ENG.). 24p. (J). (gr. -1-2). pap. 4.99 *(978-1-5344-9505-0(3),* Simon Spotlight) Simon Spotlight.

Meet Noodlianna. Natalie Fish. 2017. (ENG., Illus.). (J). (gr. 2-5). 20.95 *(978-1-64082-056-2(6))* Page Publishing Inc.

Meet Our Class Pets. Liza Charlesworth. Illus. by Ian Smith. 2017. 16p. (J). *(978-1-338-18028-2(2))* Scholastic, Inc.

Meet Our New Student, 8 vols., Set. Incl. Meet Our New Student from Australia. Ann Weil. (Illus.). 47p. (J). (gr. 3-7). 2008. lib. bdg. 29.95 *(978-1-58415-652-9(X));* Meet Our New Student from China. Tamra Orr. (Illus.). 48p. (YA). (gr. 2-5). 2008. lib. bdg. 29.95 *(978-1-58415-647-5(3));* Meet Our New Student from Colombia. Rebecca Thatcher Murcia. (Illus.). 48p. (J). (gr. 1-5). 2008. lib. bdg. 29.95 *(978-1-58415-650-5(3));* Meet Our New Student from Great Britain. Tamra Orr. (Illus.). 48p. (J). (gr. 4-7). 2008. lib. bdg. 29.95 *(978-1-58415-648-2(1));* Meet Our New Student from Haiti. John A. Torres. (Illus.). 48p. (YA). (gr. 2-5). 2008. lib. bdg. 29.95 *(978-1-58415-653-6(8));* Meet Our New Student from India. Khadija Ejaz. (Illus.). 48p. (J). (gr. 2-5). 2009. lib. bdg. 25.70 *(978-1-58415-779-3(8));* Meet Our New Student from Israel. Laya Saul. (Illus.). 48p. (J). (gr. 3-7). 2008. lib. bdg. 29.95 *(978-1-58415-651-2(1));* Meet Our New Student from Japan. Lori McManus. 48p. (J). (gr. 2-5). 2009. 29.95 *(978-1-58415-780-9(1));* Meet Our New Student from Korea. Marylou Morano Kjelle. (Illus.). 48p. (YA). (gr. 2-5). 2008. lib. bdg. 29.95 *(978-1-58415-649-9(X));* Meet Our New Student from Malaysia. Ann Weil. (Illus.). 48p. (J). (gr. 1-5). 2008. lib. bdg. 29.95 *(978-1-58415-654-3(6));* Meet Our New Student from Mali. Oludamini Ogunnaike. (Illus.). 48p. (J). (gr. 2-5). 2009. lib. bdg. 25.70 *(978-1-58415-734-2(8));* Meet Our New Student from Mexico. Tamra Orr. (Illus.). 48p. (YA). (gr. 2-5). 2008. lib. bdg. 29.95 *(978-1-58415-646-8(5));* Meet Our New Student from New Zealand. Ann Weil. (Illus.). 48p. (J). (gr. 2-5). 2008. lib. bdg. 29.95 *(978-1-58415-657-4(0));* Meet Our New Student from Nicaragua. John Albert Torres. 48p. (J). (gr. 2-5). 2009. 29.95 *(978-1-58415-834-9(4));* Meet Our New Student from Nigeria. Anna M. Ogunnaike. (Illus.). 47p. (YA). (gr. 2-5). 2008. lib. bdg. 29.95 *(978-1-58415-655-0(4));* Meet Our New Student from Quebec. Ann Weil. 48p. (J). (gr. 2-5). 2009. 29.95 *(978-1-58415-778-6(X));* Meet Our New Student from South Africa. Melissa Koosman. (Illus.). 47p. (J). (gr. 2-5). 2009. lib. bdg. 29.95 *(978-1-58415-781-6(X));* Meet Our New Student from Tanzania. Ann Weil. 48p. (J). (gr. 2-5). 2008. lib. bdg. 29.95 *(978-1-58415-656-7(2));* Meet Our New Student from Zambia. John Albert Torres. 48p. (J). (gr. 2-5). 2010. 29.95 *(978-1-58415-735-9(6));* 2010. Set lib. bdg. 599.00 *(978-1-58415-783-0(6))* Mitchell Lane Pubs.

Meet Owlette! Adapted by R. J. Cregg. 2017. (PJ Masks Ser.). (ENG., Illus.). 14p. (J). (gr. -1-k). bds. 5.99 *(978-1-5344-0179-2(2),* Simon Spotlight) Simon Spotlight.

Meet Paloma. The The Wiggles. 2023. (Wiggles Ser.). (ENG.). 12p. (J). (-k). bds. 15.99 ***(978-1-922677-79-2(5))*** Bonnier Publishing GBR. Dist: Independent Pubs. Group.

Meet Panda & His Furry Friends in Creation. Compiled by Compilation. 2018. (Touch 'n Feel Bible Stories Ser.: Vol. 1). (ENG.). (J). bds. 9.99 *(978-1-68408-379-4(6))* DaySpring Cards.

Meet Paul Revere: Revolutionary Hero, 1 vol. Jane Katirgis & Rose McCarthy. 2019. (Introducing Famous Americans Ser.). (ENG.). 32p. (gr. 3-4). pap. 11.53 *(978-1-9785-1130-9(2),* aabbf4d0-c3b3-4ca2-86a7-db6ef8ac5f6d) Enslow Publishing, LLC.

Meet Phillis Wheatley: Poet & Former Slave, 1 vol. Jane Katirgis & J. T. Moriarty. 2019. (Introducing Famous Americans Ser.). (ENG.). 32p. (gr. 3-4). pap. 11.53 *(978-1-9785-1126-2(4),* e57e4207-e764-4677-a83d-24c49043b4d7) Enslow Publishing, LLC.

Meet PJ Robot! Natalie Shaw. ed. 2019. (Disney 8x8 Ser.). (ENG., Illus.). 24p. (J). (gr. k-1). 13.89 *(978-1-64310-894-0(8))* Penworthy Co., LLC, The.

Meet PJ Robot! Adapted by Natalie Shaw. 2018. (PJ Masks Ser.). (ENG., Illus.). 24p. (J). (gr. -1-2). pap. 4.99 *(978-1-5344-3026-6(1),* Simon Spotlight) Simon Spotlight.

Meet Quickshadow. Adapted by Brandon T. Snider. 2017. (Illus.). 31p. (J). *(978-1-5182-4447-6(5))* Little Brown & Co.

Meet Quickshadow. Brandon T. Snider. ed. 2017. (Transformers Passport to Reading Ser.). (J). lib. bdg. 14.75 *(978-0-606-39910-4(0))* Turtleback.

Meet Ranger Rick Jr: Critter Crafts & Recipes. Taylor Trade Publish. 2016. (Ranger Rick: Animal Fun for Young Children Ser.). (Illus.). 32p. (J). (gr. -1-1). pap. 5.99 *(978-1-63076-210-0(5))* Taylor Trade Publishing.

Meet Repeat Pete: A Pirate with Repetitive Behaviour. Kylee Matson. Ed. by Margaret Whiskin. Illus. by Kylee Matson. 2019. (ENG.). 48p. (J). (gr. 3-5). pap. *(978-0-646-99845-9(5))* Amazing Smart Kids.

Meet Rue. Hazlette H. Burns. Illus. by Deborah Partington. 2018. (Adventures of Rue, Pooters & Cali Ser.: Vol. 1). (ENG.). 22p. (J). (gr. k-2). pap. 5.99 *(978-0-692-10725-6(8))* Burns, Hazlette H.

Meet Rusty Rivets! Mary Tillworth. ed. 2018. (Step into Reading Ser.). (ENG.). 24p. (J). (gr. -1-1). 13.89 *(978-1-64310-619-9(8))* Penworthy Co., LLC, The.

Meet Ruth Bader Ginsburg Coloring Book. Steven James Petruccio. 2020. (Dover American History Coloring Bks.). (ENG.). 32p. (J). (gr. 3-6). 3.99 *(978-0-486-83674-4(6),* 836746) Dover Pubns., Inc.

Meet Ryan! Ryan Kaji. 2018. (Ryan's World Ser.). (ENG.). 16p. (J). (gr. -1-2). 5.99 *(978-1-5344-4074-6(7),* Simon Spotlight) Simon Spotlight.

Meet Sabrina Ionescu: New York Liberty Superstar. Margaret J. Goldstein. 2023. (Sports VIPs (Lerner (tm) Sports) Ser.). (ENG., Illus.). 32p. (J). (gr. 2-5). pap. 9.99 Lerner Publishing Group.

Meet Shimmer & Shine! (Shimmer & Shine) Random House. Illus. by Jose Maria Cardona. 2016. (Step into Reading Ser.). (ENG.). 24p. (J). (gr. -1-1). 4.99 *(978-0-553-52203-7(5),* Random Hse. Bks. for Young Readers) Random Hse. Children's Bks.

Meet Sitting Bull: Lakota Chief, 1 vol. Jane Katirgis & Chris Hayhurst. 2019. (Introducing Famous Americans Ser.). (ENG.). 32p. (gr. 3-4). pap. 11.53 *(978-1-9785-1134-7(5),* 03cf609d-6336-45cc-a38e-43addf993753) Enslow Publishing, LLC.

Meet Skeeter. Lynnsey B. Parker. 2021. (Purple Cow, Sammy the Snake & the Doodle Bug... Ser.: Vol. 2). (ENG.). 26p. (J). 19.99 *(978-1-0879-4710-5(3))* Indy Pub.

Meet Sonic! Penguin Young Readers Licenses. ed. 2020. (ENG.). 24p. (J). (gr. k-1). 15.96 *(978-1-64697-207-4(4))* Penworthy Co., LLC, The.

Meet Sonic! A Sonic the Hedgehog Storybook. Penguin Young Readers Licenses. 2019. (Sonic the Hedgehog Ser.). (ENG.). 24p. (J). (gr. -1-2). pap. 6.99 *(978-0-593-09393-1(3),* Penguin Young Readers Licenses) Penguin Young Readers Group.

Meet Spanky Gambino: A Lesson in Kindness. Ronald Freschi. 2022. (ENG., Illus.). 38p. (J). pap. 15.95 *(978-1-63985-816-3(4))* Fulton Bks.

Meet Stephen Curry: Golden State Warriors Superstar. Joe Levit. 2022. (Sports VIPs (Lerner (tm) Sports) Ser.). (ENG., Illus.). 32p. (J). (gr. 2-5). pap. 9.99 *(978-1-7284-6334-6(3),* 128a05f0-cba2-46a3-a063-204092c9f6c1); lib. bdg. 30.65 *(978-1-7284-5815-1(3),* 31525500-84b8-435b-aad8-9c7cd334035d) Lerner Publishing Group. (Lerner Pubns.).

Meet Sydney Mclaughlin: Track-And-Field Superstar. Margaret J. Goldstein. 2022. (Sports VIPs (Lerner (tm) Sports) Ser.). (ENG., Illus.). 32p. (J). (gr. 2-5). pap. 9.99 *(978-1-7284-6331-5(9),* 42a6c330-7edc-4411-a24e-b72165f20c3c); lib. bdg. 30.65 *(978-1-7284-5821-2(8),* 08ea44e8-45a9-47c5-8f0b-28e5a743f16f) Lerner Publishing Group. (Lerner Pubns.).

Meet T. J. Watt: Pittsburgh Steelers Superstar. Elliott Smith. 2023. (Sports VIPs (Lerner (tm) Sports) Ser.). (ENG., Illus.). 32p. (J). (gr. 2-5). pap. 9.99. lib. bdg. 30.65 ***(978-1-7284-9095-3(2),*** f5fec0e6-de92-445a-992a-f591e69d7b25) Lerner Publishing Group. (Lerner Pubns.).

Meet the Alphabears. Maria Longo. 2021. (ENG.). 58p. (J). pap. ***(978-1-83934-127-4(0))*** Olympia Publishers.

Meet the Angry Birds. Christopher Cerasi. ed. 2016. (I Can Read! Level 2 Ser.). (J). lib. bdg. 13.55 *(978-0-606-38187-1(2))* Turtleback.

Meet the Arizona Cardinals. Zack Burgess. 2016. (Big Picture Sports Ser.). (ENG., Illus.). 24p. (J). (gr. k-3). lib. bdg. 22.60 *(978-1-59953-728-3(1))* Norwood Hse. Pr.

Meet the Artist: Alberto Giacometti. Illus. by Nick White. 2018. (ENG.). 32p. (J). (gr. -1-3). pap. 12.95 *(978-1-84976-508-4(1),* 1313903) Tate Publishing, Ltd. GBR. Dist: Hachette Bk. Group.

Meet the Artist: Andy Warhol. Illus. by Rose Blake. 2021. (ENG.). 32p. (J). (gr. k-2). pap. 12.95 *(978-1-84976-687-6(8))* Tate Publishing, Ltd. GBR. Dist: Abrams, Inc.

Meet the Artist: David Hockney. Rose Blake. 2017. (ENG., Illus.). 32p. (J). (gr. 3-7). pap. 12.95 *(978-1-84976-446-9(8),* 1307103) Tate Publishing, Ltd. GBR. Dist: Hachette Bk. Group.

Meet the Artist: Georgia O'Keeffe. Marina Muun. Illus. by Marina Muun. 2022. (ENG., Illus.). 32p. (J). (gr. k-2). pap. 12.95 *(978-1-84976-773-6(4))* Tate Publishing, Ltd. GBR. Dist: Abrams, Inc.

Meet the Artist: Hilma Af Klint. Illus. by Anna Degnbol. 2023. (ENG.). 32p. (J). (gr. k-2). pap. 11.99 ***(978-1-84976-846-7(3))*** Tate Publishing, Ltd. GBR. Dist: Abrams, Inc.

Meet the Artist: JMW Turner. Lizzy Stewart. 2018. (Tate Meet the Artist Ser.). (ENG., Illus.). 32p. (J). (gr. k-17). 12.95 *(978-1-84976-518-3(9),* 1325003) Tate Publishing, Ltd. GBR. Dist: Abrams, Inc.

Meet the Artist: Peter Blake. Rose Blake. 2019. (Tate Meet the Artist Ser.). (ENG., Illus.). 32p. (J). (gr. k-3). pap. 12.95 *(978-1-84976-625-8(8),* 1362503) Tate Publishing, Ltd. GBR. Dist: Abrams, Inc.

Meet the Artist: Sophie Taeuber-Arp. Zoe Whitley. Illus. by Lesley Barnes. 2022. (ENG.). 32p. (J). (gr. k-2). pap. 11.99 *(978-1-84976-693-7(2))* Tate Publishing, Ltd. GBR. Dist: Abrams, Inc.

Meet the Artist: the Pre-Raphaelites: An Art Activity Book. Illus. by Helena Perez Garcia. 2019. (Tate Meet the Artist Ser.). (ENG.). 32p. (J). (gr. k-2). pap. 12.95 *(978-1-84976-591-6(X),* 1344403) Tate Publishing, Ltd. GBR. Dist: Abrams, Inc.

Meet the Atlanta Falcons. Zack Burgess. 2016. (Big Picture Sports Ser.). (ENG., Illus.). 24p. (J). (gr. k-3). lib. bdg. 22.60 *(978-1-59953-735-1(4))* Norwood Hse. Pr.

Meet the Baboon. Katie Gillespie. 2017. (Illus.). 24p. (J). *(978-1-5105-0542-1(3))* SmartBook Media, Inc.

Meet the Baby, Pout-Pout Fish. Deborah Diesen. Illus. by Dan Hanna. 2022. (Pout-Pout Fish Mini Adventure Ser.: 13). (ENG.). 12p. (J). bds. 5.99 *(978-0-374-30401-0(7),* 900158631, Farrar, Straus & Giroux (BYR)) Farrar, Straus & Giroux.

Meet the Baltimore Ravens. Zack Burgess. 2016. (Big Picture Sports Ser.). (ENG., Illus.). 24p. (J). (gr. k-3). lib. bdg. 22.60 *(978-1-59953-745-0(1))* Norwood Hse. Pr.

Meet the Beanie Boos (Beanie Boos) Joan Emerson. 2018. (Beanie Boos Ser.). (ENG.). 24p. (J). (gr. -1-3). pap. 4.99 *(978-1-338-25621-5(1))* Scholastic, Inc.

Meet the Bears. Kate Peridot. Illus. by Becca Hall. 2023. (ENG.). 48p. (J). (gr. k-3). 19.95 ***(978-1-80453-511-0(7))*** Welbeck Publishing Group Ltd. GBR. Dist: Two Rivers Distribution.

Meet the Berries! Charlie Moon. 2023. (Strawberry Shortcake Ser.). (ENG.). 24p. (J). (-k). pap. 6.99 *(978-0-593-52330-8(X),* Penguin Young Readers Licenses) Penguin Young Readers Group.

Meet the Brain Team: Neuroanatomy Coloring Book. Jupiter Kids. 2016. (ENG., Illus.). 106p. (J). pap. 12.55 *(978-1-68305-203-8(8),* Jupiter Kids (Childrens & Kids Fiction)) Speedy Publishing LLC.

Meet the Buffalo Bills. Zack Burgess. 2016. (Big Picture Sports Ser.). (ENG., Illus.). 24p. (J). (gr. k-3). lib. bdg. 22.60 *(978-1-59953-725-2(7))* Norwood Hse. Pr.

Meet the Bukos. Bob Williams. Illus. by Bob Williams. 2017. (ENG., Illus.). 44p. (J). (gr. 1-6). pap. 9.99 *(978-1-68160-386-5(1))* Crimson Cloak Publishing.

Meet the Carolina Panthers. Zack Burgess. 2016. (Big Picture Sports Ser.). (ENG., Illus.). 24p. (J). (gr. k-3). lib. bdg. 22.60 *(978-1-59953-741-2(9))* Norwood Hse. Pr.

Meet the Cars. Disney Books. ed. 2017. (ENG., Illus.). 144p. (J). (gr. -1-k). 12.99 *(978-1-368-00783-2(X),* Disney Press Books) Disney Publishing Worldwide.

Meet the Cast! Adapted by Jonathan Evans. 2018. (Illus.). 32p. (J). *(978-0-316-48709-2(0))* Little Brown & Co.

Meet the Champions. Steve Pantaleo. 2019. (Illus.). 96p. (J). *(978-1-5444-3793-4(5))* Dorling Kindersley Publishing, Inc.

Meet the Characters! Adapted by Megan Ilnitzki & Imaginism Studios Staff. 2017. (Illus.). 12p. (J). *(978-1-368-01400-7(3))* Disney Publishing Worldwide.

Meet the Cheetah. Katie Gillespie. 2017. (Illus.). 24p. (J). *(978-1-5105-0545-2(8))* SmartBook Media, Inc.

Meet the Chicago Bears. Zack Burgess. 2016. (Big Picture Sports Ser.). (ENG., Illus.). 24p. (J). (gr. k-3). lib. bdg. 22.60 *(978-1-59953-723-8(0))* Norwood Hse. Pr.

Meet the Cincinnati Bengals. Zack Burgess. 2016. (Big Picture Sports Ser.). (ENG., Illus.). 24p. (J). (gr. k-3). lib. bdg. 22.60 *(978-1-59953-724-5(9))* Norwood Hse. Pr.

Meet the Circus. Ed Cheverton. 2016. (ENG., Illus.). 32p. (J). (gr. 1-4). pap. 9.95 *(978-1-84976-366-0(6),* 1647803) Tate Publishing, Ltd. GBR. Dist: Abrams, Inc.

Meet the Clades (Disney Strange World) RH Disney. Illus. by RH Disney. 2022. (Step into Reading Ser.). (ENG., Illus.). 24p. (J). (gr. -1-1). 5.99 *(978-0-7364-4330-2(4),* RH/Disney) Random Hse. Children's Bks.

Meet the Class. Samantha Brooke. 2019. (MSB Rides Again 8x8 Bks). (SPA.). 24p. (J). (gr. k-1). 13.89 *(978-0-87617-734-1(8))* Penworthy Co., LLC, The.

Meet the Cleveland Browns. Zack Burgess. 2016. (Big Picture Sports Ser.). (ENG., Illus.). 24p. (J). (gr. k-3). lib. bdg. 22.60 *(978-1-59953-726-9(5))* Norwood Hse. Pr.

Meet the Crew. Ella Patrick. ed. 2018. (World of Reading Ser.). (ENG.). (J). (gr. k-1). 13.89 *(978-1-64310-252-8(4))* Penworthy Co., LLC, The.

Meet the Crew at the Zoo. Patricia Reilly Giff. Illus. by Abby Carter. (Mysteries on Zoo Lane Ser.: 1). 112p. (J). (gr. 2-5).

1308 The check digit for ISBN-10 appears in parentheses after the full ISBN-13

2021. pap. 7.99 *(978-0-8234-4850-0(9))*; 2020. 16.99 *(978-0-8234-4666-7(2))* Holiday Hse., Inc.

Meet the Dallas Cowboys. Zack Burgess. 2016. (Big Picture Sports Ser.). (ENG., Illus.). 24p. (J). (gr. k-3). lib. bdg. 22.60 *(978-1-59953-732-0(X))* Norwood Hse. Pr.

Meet the Daniels Sisters: 3-Book Set, 1 vol. Kaitlyn Pitts et al. 2021. (Faithgirlz / the Daniels Sisters Ser.). (ENG.). 176p. (J). 19.99 *(978-0-310-76966-8(3))* Zonderkidz.

Meet the Denver Broncos. Zack Burgess. 2016. (Big Picture Sports Ser.). (ENG., Illus.). 24p. (J). (gr. k-3). lib. bdg. 22.60 *(978-1-59953-753-5(2))* Norwood Hse. Pr.

Meet the Detroit Lions. Zack Burgess. 2016. (Big Picture Sports Ser.). (ENG., Illus.). 24p. (J). (gr. k-3). lib. bdg. 22.60 *(978-1-59953-739-9(7))* Norwood Hse. Pr.

Meet the Dino Babies! Dinosaur Activity Book. Kreative Kids. 2016. (ENG., Illus.). (J). pap. 10.81 *(978-1-68377-166-1(4))* Whlke, Traudl.

Meet the Dinosaurs. Sarah Creese. Illus. by Shannon Hays. 2022. (ENG.). 12p. (J). (— 1). 7.99 *(978-1-80337-232-7(X))* Make Believe Ideas GBR. Dist: Scholastic, Inc.

Meet the Enchantimals. Perdita Fin. ed. 2019. (Passport to Reading Ser.). (ENG.). 32p. (J). (gr. k-2). 13.89 *(978-1-64310-793-6(3))* Penworthy Co., LLC, The.

Meet the Family, 6 bks. Mary Auld. Incl. My Aunt & Uncle. lib. bdg. 24.67 *(978-0-8368-3923-4(4)*, c3447f08-6807-4151-ab52-512e1519fe9d); My Brother. (J). 24.67 *(978-0-8368-3924-1(2)*, def9e0bf-3544-4a13-a297-e5d63239a054); My Dad. lib. bdg. 24.67 *(978-0-8368-3925-8(0)*, dd3926f1-aadb-4e2a-9abb-7199485a183d); My Grandparents. lib. bdg. 24.67 *(978-0-8368-3926-5(9)*, 08d12c3b-e28e-40a2-a694-0378cecccaa5); My Mom. lib. bdg. 24.67 *(978-0-8368-3927-2(7)*, a2e78d11-e383-4d61-a7f9-e07ebf756630); My Sister. lib. bdg. 24.67 *(978-0-8368-3928-9(5)*, 45dfef4e-2034-4b16-a2b8-e8368f58394c); (gr. k-2)., Gareth Stevens Learning Library (Meet the Family Ser.). (Illus.). 24p. 2004. 127.62 *(978-0-8368-3922-7(6))* Stevens, Gareth Publishing LLLP.

Meet the Family. Alexandra West. 2019. (I Can Read Ser.). (ENG.). 28p. (J). (gr. k-1). 14.96 *(978-0-87617-621-4(X))* Penworthy Co., LLC, The.

Meet the Fingerlings. Rosie Peet. 2019. (DK Readers Ser.). (ENG.). 23p. (J). (gr. k-1). 14.96 *(978-0-87617-437-1(3))* Penworthy Co., LLC, The.

Meet... the Flying Doctors. Geroge Ivanoff. Illus. by Ben Wood. 2017. 36p. (J). (gr. 2). 15.99 *(978-0-14-378067-0(0))* Random Hse. Australia AUS. Dist: Independent Pubs. Group.

Meet the Gnomes. Tracy Ingram. 2022. (ENG.). 33p. (J). pap. *(978-1-387-92840-8(6))* Lulu Pr., Inc.

Meet the Greats, 12 vols. 2016. (Meet the Greats Ser.). (ENG.). 00048p. (J). (gr. 5-5). lib. bdg. 209.58 *(978-1-4824-5854-1(3)*, 4495b0a9-cb15-400c-9dfb-79bb9dc409fc) Stevens, Gareth Publishing LLLP.

Meet the Greats: Set 2, 12 vols. 2018. (Meet the Greats Ser.). (ENG., Illus.). 48p. (gr. 5-5). lib. bdg. 209.58 *(978-1-5382-2721-3(5)*, 74bf733d-5bd7-43a9-819a-da94acf6f149) Stevens, Gareth Publishing LLLP.

Meet the Greats: Set 3, 12 vols. 2019. (Meet the Greats Ser.). (ENG.). 48p. (J). (gr. 5-5). lib. bdg. 209.58 *(978-1-5382-5335-9(6)*, 5634fbe1-a745-479c-8944-d51721f5203e) Stevens, Gareth Publishing LLLP.

Meet the Greats: Sets 1 - 2. 2018. (Meet the Greats Ser.). (ENG.). (J). pap. 187.80 *(978-1-5382-2856-2(4))*; (gr. 5-5). lib. bdg. 419.16 *(978-1-5382-2722-0(3)*, 4c19b1fc-3a5c-49eb-ae98-7ff26724dee2) Stevens, Gareth Publishing LLLP.

Meet the Greats: Sets 1 - 3. 2019. (Meet the Greats Ser.). (ENG.). (J). pap. 281.70 *(978-1-5382-5357-1(7))*; (gr. 5-5). lib. bdg. 628.74 *(978-1-5382-5336-6(4)*, 52dd26fd-9f6d-44b8-aa34-cf8b48793e63) Stevens, Gareth Publishing LLLP.

Meet the Green Bay Packers. Zack Burgess. 2016. (Big Picture Sports Ser.).Tr. of cb. (ENG., Illus.). 24p. (J). (gr. k-3). lib. bdg. 22.60 *(978-1-59953-740-5(0))* Norwood Hse. Pr.

Meet the Hamantaschen. Alan Silberberg. Illus. by Alan Silberberg. 2022. (ENG., Illus.). 36p. (J). (-k). 17.99 *(978-0-593-35157-4(6)*, Viking Books for Young Readers) Penguin Young Readers Group.

Meet the Heroes. Ella Patrick. ed. 2018. (World of Reading Ser.). (ENG.). 29p. (J). (gr. -1-1). 13.89 *(978-1-64310-771-4(2))* Penworthy Co., LLC, The.

Meet the Heroes: R2-D2. DK. 2019. (ENG., Illus.). 64p. (J). *(978-0-241-38774-0(4))* Dorling Kindersley Publishing, Inc.

Meet the Heroes ... & the Villains, Too! Maggie Testa. Illus. by Style Guide. 2016. (PJ Masks Ser.). (ENG.). 14p. (J). (gr. -1-k). bds. 7.99 *(978-1-4814-8650-7(0)*, Simon Spotlight) Simon Spotlight.

Meet the Houston Texans. Zack Burgess. 2016. (Big Picture Sports Ser.). (ENG., Illus.). 24p. (J). (gr. k-3). lib. bdg. 22.60 *(978-1-59953-750-4(8))* Norwood Hse. Pr.

Meet the Hyena. Katie Gillespie. 2017. (Illus.). 24p. (J). *(978-1-5105-0548-3(2))* SmartBook Media, Inc.

Meet the Impala. Katie Gillespie. 2017. (Illus.). 24p. (J). *(978-1-5105-0551-3(2))* SmartBook Media, Inc.

Meet the Indianapolis Colts. Zack Burgess. 2016. (Big Picture Sports Ser.). (ENG., Illus.). 24p. (J). (gr. k-3). lib. bdg. 22.60 *(978-1-59953-731-3(1))* Norwood Hse. Pr.

Meet the Instruments. Margaret Bennett-Hall. 2018. (Fun in the Music Room Ser.: Vol. 1). (ENG., Illus.). 32p. (J). pap. *(978-0-6483761-0-1(9))* iLearn Music Pty Ltd.

Meet the Jacksonville Jaguars. Zack Burgess. 2016. (Big Picture Sports Ser.). (ENG., Illus.). 24p. (J). (gr. k-3). lib. bdg. 22.60 *(978-1-59953-737-5(0))* Norwood Hse. Pr.

Meet the Kansas City Chiefs. Zack Burgess. 2016. (Big Picture Sports Ser.). (ENG., Illus.). 24p. (J). (gr. k-3). lib. bdg. 22.60 *(978-1-59953-730-6(3))* Norwood Hse. Pr.

Meet the Kittycorn (Gabby's Dollhouse Storybook), 1 vol. Gabhi Martins. 2023. (ENG.). 24p. (J). (gr. -1-k). pap. 5.99 *(978-1-338-88539-2(1))* Scholastic, Inc.

Meet the Knights. Julia March. ed. 2016. (DK Reader Level 2 Ser.). lib. bdg. 13.55 *(978-0-606-38227-4(5))* Turtleback.

Meet the Latkes. Alan Silberberg. 2018. (ENG., Illus.). 36p. (J). (-k). 18.99 *(978-0-451-47912-9(2)*, Viking Books for Young Readers) Penguin Young Readers Group.

Meet the Learners: Alice Visits the Doctor. Manual Ford. Illus. by Aaron Archie. 2021. (ENG.). 46p. (J). 18.99 *(978-1-953237-39-2(8))*; pap. 15.99 *(978-1-953237-38-5(X))* Kia Harris, LLC (Publishing Co.).

Meet the Los Angeles Rams. Zack Burgess. 2016. (Big Picture Sports Ser.). (ENG., Illus.). 24p. (J). (gr. k-3). lib. bdg. 22.60 *(978-1-59953-744-3(3))* Norwood Hse. Pr.

Meet the Machines! (Blaze & the Monster Machines) 4 Board Books, 4 vols. Random House. Illus. by Random House. 2016. (ENG., Illus.). 48p. (J). (— 1). bds. 10.99 *(978-1-101-93678-8(9)*, Random Hse. Bks. for Young Readers) Random Hse. Children's Bks.

Meet the Marvels (Marvel) Golden Books. Illus. by Shane Clester. 2023. (Little Golden Book Ser.). (ENG.). 24p. (J). (-k). 5.99 *(978-0-593-48480-7(0)*, Golden Bks.) Random Hse. Children's Bks.

Meet the Matzah. Alan Silberberg. (ENG.). (J). (-k). 2022. 40p. pap. 7.99 *(978-0-593-11813-9(8))*; 2021. 36p. 17.99 *(978-0-593-11811-5(1))* Penguin Young Readers Group. (Viking Books for Young Readers).

Meet the Megafauna! Get to Know 20 of the Largest Animals to Ever Roam the Earth. Gabrielle Balkan. Illus. by Quang and Lien. 2023. (ENG.). 56p. (J). (gr. 2-5). 24.99 *(978-1-5235-0860-0(4)*, 100860) Workman Publishing Co., Inc.

Meet the Megafauna 2. Elaine Ouston. 2020. (ENG.). 24p. (J). pap. *(978-0-6488782-3-0(6))* Morris Publishing Australia.

Meet the Mercusons. Debby Feo. 2nd ed. 2019. (ENG.). 70p. (YA). pap. 6.99 *(978-1-0878-5171-6(8))* Alban Lake Publishing.

Meet the Miami Dolphins. Zack Burgess. 2016. (Big Picture Sports Ser.). (ENG., Illus.). 24p. (J). (gr. k-3). lib. bdg. 22.60 *(978-1-59953-733-7(8))* Norwood Hse. Pr.

Meet the Minnesota Vikings. Zack Burgess. 2016. (Big Picture Sports Ser.). (ENG., Illus.). 24p. (J). (gr. k-3). lib. bdg. 22.60 *(978-1-59953-752-8(4))* Norwood Hse. Pr.

Meet the Misfits. Melody Carlson. 2019. (ENG.). 252p. (J). (gr. 4-6). 17.99 *(978-1-946531-58-2(8))*; pap. 11.99 *(978-1-946531-37-7(5))* WhiteFire Publishing. (WhiteSpark Publishing).

Meet the Moon. Kerry L. Malawista. 2022. 266p. (YA). (gr. 6). pap. 18.95 *(978-1-64603-265-5(9)*, Fitzroy Bks.) Regal Hse. Publishing, LLC.

Meet the Mutants! (Teenage Mutant Ninja Turtles: Mutant Mayhem) Matt Huntley. Illus. by Random House. 2023. (Step into Reading Ser.). (ENG.). 24p. (J). (gr. -1-1). pap. 5.99 ***(978-0-593-64682-3(7))***; lib. bdg. 14.99 ***(978-0-593-64683-0(5))*** Random Hse. Children's Bks. (Random Hse. Bks. for Young Readers).

Meet the National Animals: Fun Animal Facts from Around the World. Catherine Veitch. Illus. by Shiori Saito. 2022. (ENG.). 48p. (J). (gr. k-3). ***(978-0-7112-7445-7(2))*** White Lion Publishing.

Meet the New Boss. Ian Flynn. Illus. by Adam Bryce Thomas. 2023. (Sonic the Hedgehog Ser.). (ENG.). 24p. (J). (gr. 4-8). lib. bdg. 31.36 ***(978-1-0982-5288-5(8)***, 42695, Graphic Novels) Spotlight.

Meet the New Class. Jennifer Fox. ed. 2019. (Passport to Reading Ser.). (ENG., Illus.). 32p. (J). (gr. k-2). 13.89 *(978-1-64310-794-3(1))* Penworthy Co., LLC, The.

Meet the New England Patriots. Zack Burgess. 2016. (Big Picture Sports Ser.). (ENG., Illus.). 24p. (J). (gr. k-3). lib. bdg. 22.60 *(978-1-59953-742-9(7))* Norwood Hse. Pr.

Meet the New Orleans Saints. Zack Burgess. 2016. (Big Picture Sports Ser.). (ENG., Illus.). 24p. (J). (gr. k-3). lib. bdg. 22.60 *(978-1-59953-747-4(8))* Norwood Hse. Pr.

Meet the New Spider-Man. Rory Keane. ed. 2019. (Passport to Reading Ser.). (ENG., Illus.). 32p. (J). (gr. k-2). 13.89 *(978-1-64310-795-0(X))* Penworthy Co., LLC, The.

Meet the New York Giants. Zack Burgess. 2016. (Big Picture Sports Ser.). (ENG., Illus.). 24p. (J). (gr. k-3). lib. bdg. 22.60 *(978-1-59953-736-8(2))* Norwood Hse. Pr.

Meet the New York Jets. Zack Burgess. 2016. (Big Picture Sports Ser.). (ENG., Illus.). 24p. (J). (gr. k-3). lib. bdg. 22.60 *(978-1-59953-738-2(9))* Norwood Hse. Pr.

Meet the PALs. Jennifer Fox. 2019. (Passport to Reading Ser.). (ENG.). 32p. (J). (gr. k-1). 13.89 *(978-0-87617-897-3(2))* Penworthy Co., LLC, The.

Meet the Persevering Penguins & Pals. Moorea Friedmann et al. 2019. (ENG.). 38p. 21.99 *(978-1-4808-7723-8(9))*; pap. 12.99 *(978-1-4808-7724-5(7))* Archway Publishing.

Meet the Pets: A Touch & Feel Story. IglooBooks. Illus. by Eva María Gey. 2023. (ENG.). 8p. (J). (— 1). 9.99 ***(978-1-83771-619-7(6))*** Igloo Bks. GBR. Dist: Simon & Schuster, Inc.

Meet the Philadelphia Dolly Vardens: Inspired by the First African American Womens Professional Baseball Team. Sabrina A. Brinson. Illus. by Mark A. Montgomery. 2020. (ENG.). 40p. (J). (gr. 2-4). 16.95 *(978-1-7321391-7-6(2))* TreeHse. Publishing Group.

Meet the Philadelphia Eagles. Zack Burgess. 2016. (Big Picture Sports Ser.). (ENG., Illus.). 24p. (J). (gr. k-3). lib. bdg. 22.60 *(978-1-59953-734-4(6))* Norwood Hse. Pr.

Meet the Pilots. Ella Patrick. ed. 2019. (World of Reading Ser.). (ENG.). 29p. (J). (gr. k-1). 13.96 *(978-0-87617-949-9(9))* Penworthy Co., LLC, The.

Meet the Pittsburgh Steelers. Zack Burgess. 2016. (Big Picture Sports Ser.). (ENG., Illus.). 24p. (J). (gr. k-3). lib. bdg. 22.60 *(978-1-59953-749-8(4))* Norwood Hse. Pr.

Meet the Planets. Yvette Mitchell. 2021. (ENG.). 26p. (J). pap. *(978-1-922647-33-7(0))* Library For All Limited.

Meet the Ponies. Hasbro. ed. 2021. (I Can Read Ser.). (ENG., Illus.). 30p. (J). (gr. k-1). 14.96 *(978-1-64697-678-2(9))* Penworthy Co., LLC, The.

Meet the Ponies of Ponyville. Olivia London. 2017. (My Little Pony Leveled Readers Ser.). (ENG., Illus.). 32p. (J). (gr. -1-3). lib. bdg. 31.36 *(978-1-5321-4093-8(2)*, 26966) Spotlight.

Meet the Poos from Pooville. Melody Hobson. 2021. (ENG.). 22p. (J). pap. 6.99 *(978-1-955963-05-3(3))* Better Bound Hse.

Meet the Power Heroes! Adapted by Gloria Cruz. 2023. (PJ Masks Ser.). (ENG.). 24p. (J). (gr. -1-2). pap. 4.99 ***(978-1-6659-3863-1(3)***, Simon Spotlight) Simon Spotlight.

Meet the Princess of Friendship. Meghan McCarthy. 2017. (My Little Pony Leveled Readers Ser.). (ENG.). 32p. (J). (gr. -1-3). lib. bdg. 31.36 *(978-1-5321-4094-5(0)*, 26967) Spotlight.

Meet the Quokkas! Caryn Jenner. ed. 2021. (DK Readers Ser.). (ENG., Illus.). 48p. (J). (gr. 2-3). 14.96 *(978-1-64697-730-7(0))* Penworthy Co., LLC, The.

Meet the Red Apples. Patricia Montgomery. 2021. (ENG.). 24p. (J). pap. 10.95 *(978-1-6657-0470-0(5))* Archway Publishing.

Meet the Royals, 12 vols. 2019. (Meet the Royals Ser.). (ENG.). 24p. (J). (gr. 1-2). lib. bdg. 145.62 *(978-1-9785-1563-5(4)*, 289ed5ba-59d9-4681-b571-5f34fff53be8) Enslow Publishing, LLC.

Meet the San Francisco 49ers. Zack Burgess. 2016. (Big Picture Sports Ser.). (ENG., Illus.). 24p. (J). (gr. k-3). lib. bdg. 22.60 *(978-1-59953-722-1(2))* Norwood Hse. Pr.

Meet the Seattle Seahawks. Zack Burgess. 2016. (Big Picture Sports Ser.). (ENG., Illus.). 24p. (J). (gr. k-3). lib. bdg. 22.60 *(978-1-59953-748-1(6))* Norwood Hse. Pr.

Meet the Shark Family & Friends. Alexandra West. ed. 2022. (I Can Read Ser.). (ENG., Illus.). 32p. (J). (gr. k-1). 15.46 *(978-1-68505-119-8(7))* Penworthy Co., LLC, The.

Meet the Singer! (LEGO City) Steve Foxe. Illus. by Random House. 2023. (Step into Reading Ser.). (ENG.). 32p. (J). (gr. -1-2). pap. 5.99 *(978-0-593-57128-6(2))*; lib. bdg. 14.99 *(978-0-593-57129-3(0))* Random Hse. Children's Bks. (Random Hse. Bks. for Young Readers).

Meet the Sky, 1 vol. McCall Hoyle. 2018. (ENG., Illus.). 256p. (YA). 17.99 *(978-0-310-76570-7(6))* Blink.

Meet the Spies. Alexandra West. ed. 2020. (I Can Read Ser.). (ENG.). 29p. (J). (gr. k-1). 14.96 *(978-1-64697-208-1(2))* Penworthy Co., LLC, The.

Meet the Squad! Celeste Sisler. 2019. (Passport to Reading Ser.). (ENG.). 32p. (J). (gr. k-1). 13.89 *(978-0-87617-898-0(0))* Penworthy Co., LLC, The.

Meet the Stitches. Todd Mark Evans. 2022. 50p. (J). pap. 14.00 *(978-1-6678-6158-6(1))* BookBaby.

Meet the Super Duper Seven. Tim Hamilton. 2023. (I Like to Read Comics Ser.). (Illus.). 40p. (J). (gr. -1-3). pap. 7.99 *(978-0-8234-5180-7(1))* Holiday Hse., Inc.

Meet the Super Heroes! Megan Ilnitzki et al. 2017. (Illus.). 12p. (J). *(978-1-368-01604-9(9)*, Marvel Pr.) Disney Publishing Worldwide.

Meet the T-Rex Family - See Dinosaurs in Real. Sasa Minimuthu. 2022. (ENG.). 32p. (J). pap. *(978-0-6454816-2-4(9))*; pap. *(978-0-6454816-1-7(0))*; ***(978-0-6454816-0-0(2))*** Imersian.

Meet the Tampa Bay Buccaneers. Zack Burgess. 2016. (Big Picture Sports Ser.). (ENG., Illus.). 24p. (J). (gr. k-3). lib. bdg. 22.60 *(978-1-59953-727-6(3))* Norwood Hse. Pr.

Meet the Team! Illus. by Ronald Lim et al. 2017. 32p. (J). *(978-1-5182-4190-1(5))* Little Brown & Co.

Meet the Technovators! Terrance Crawford. 2023. (Super Sema Ser.). (ENG.). 24p. (J). (gr. -1-3). 12.99 ***(978-0-593-65968-7(6)***, Penguin Young Readers Licenses) Penguin Young Readers Group.

Meet the Tennessee Titans. Zack Burgess. 2016. (Big Picture Sports Ser.). (ENG., Illus.). 24p. (J). (gr. k-3). lib. bdg. 22.60 *(978-1-59953-751-1(6))* Norwood Hse. Pr.

Meet the Trains! Tallulah May. 2022. (Mighty Express Ser.). (ENG.). 12p. (J). (-k). bds. 6.99 *(978-0-593-38447-3(4)*, Penguin Young Readers Licenses) Penguin Young Readers Group.

Meet the Type 1 Diabitsies. Amy Hernandez Greenbank. 2019. (ENG.). 34p. (J). pap. 13.99 *(978-0-578-47827-2(7))* Greenbank, Amy Hernandez.

Meet the Warthog. Katie Gillespie. 2017. (Illus.). 24p. (J). *(978-1-5105-0554-4(7))* SmartBook Media, Inc.

Meet the Wiggles Shaped Board Book. The The Wiggles. 2022. (Wiggles Ser.). (ENG.). 10p. (J). (-2). bds. 11.99 *(978-1-922514-41-7(1))* Bonnier Publishing GBR. Dist: Independent Pubs. Group.

Meet the Wolfy Kids! Patty Michaels. 2019. (Disney 8x8 Ser.). (ENG.). 24p. (J). (gr. k-1). 13.89 *(978-0-87617-680-1(5))* Penworthy Co., LLC, The.

Meet the Wolfy Kids! Adapted by Patty Michaels. 2019. (PJ Masks Ser.). (ENG.). 24p. (J). (gr. -1-1). pap. 4.99 *(978-1-5344-5086-8(6)*, Simon Spotlight) Simon Spotlight.

Meet the Zebra. Katie Gillespie. 2017. (Illus.). 24p. (J). *(978-1-5105-0557-5(1))* SmartBook Media, Inc.

Meet Tracker! (PAW Patrol) Geof Smith. Illus. by Jason Fruchter. 2016. (Step into Reading Ser.). (ENG.). 24p. (J). (gr. -1-1). pap. 4.99 *(978-0-553-52288-4(4)*, Random Hse. Bks. for Young Readers) Random Hse. Children's Bks.

Meet Travis & Mollie, the Goldendoodle Pedigree & the Beagle Shelter Dog. Barbara Gay. 2017. (ENG., Illus.). (J). pap. 12.99 *(978-0-692-87442-4(9))* Just Fun Bks. & Things.

Meet Triggs, the Horse-A-Roo: What's a Horse-A-Roo. Leslie Schreiber. 2022. (ENG.). 38p. (J). ***(978-0-2288-7260-3(X))***; pap. ***(978-0-2288-7259-7(6))*** Tellwell Talent.

Meet Tuku & Mumba the Elephant. Pauline Katufwa Owusu-Akyeampong. 2019. (ENG., Illus.). 28p. (J). pap. *(978-0-6485539-0-8(6))* Owusu-Akyeampong, Pauline Katufwa.

Meet Twitch & Thrash! Ready-To-Read Level 2. Adapted by May Nakamura. 2023. (Transformers: EarthSpark Ser.). (ENG.). 32p. (J). (gr. k-2). 17.99 ***(978-1-6659-3467-1(0))***; pap. 4.99 ***(978-1-6659-3466-4(2))*** Simon Spotlight. (Simon Spotlight).

Meet Vampirina. Sara Miller. ed. 2018. (Disney 8x8 Ser.). (ENG.). 24p. (J). (gr. -1-1). 13.89 *(978-1-64310-458-4(6))* Penworthy Co., LLC, The.

Meet Vampirina. Sara Miller. Illus. by Imaginism Studio & Disney Storybook Art Team. 2019. (Vampirina Ser.). (ENG.). 24p. (J). (gr. -1-2). 31.36 *(978-1-5321-4301-4(X)*, 31831, Picture Bk.) Spotlight.

Meet Vivo! Adapted by May Nakamura. 2021. (Vivo Ser.). (ENG., Illus.). 14p. (J). (gr. -1-k). bds. 6.99 *(978-1-5344-7059-0(X)*, Simon Spotlight) Simon Spotlight.

Meet Vladimir Guerrero Jr: Toronto Blue Jays Superstar. David Stabler. 2023. (Sports VIPs (Lerner (tm) Sports) Ser.). (ENG., Illus.). 32p. (J). (gr. 2-5). pap. 9.99 *(978-1-7284-6338-4(6)*, d4248b56-0065-4eae-b61d-6785f91a8907, Lerner Pubns.) Lerner Publishing Group.

Meet... Weary Dunlop. Claire Saxby. Illus. by Jeremy Lord. 2016. 36p. (J). (gr. k-2). 15.99 *(978-0-85798-587-3(6))* Random Hse. Australia AUS. Dist: Independent Pubs. Group.

Meet Will & Jake: Best Buds Forever. Community Living Kincardine & District. 2018. (ENG., Illus.). 38p. (J). pap. *(978-0-2288-0291-4(1))* Tellwell Talent.

Meet Willy - Kaaitiboo Ma Willy! Te Man Teraa Ngai? (Te Kiribati) Tuti Siregar. Illus. by Caitlyn McPherson. 2023. (ENG.). 20p. (J). pap. ***(978-1-922849-19-9(7))*** Library For All Limited.

Meet Wonder Woman. Alexandra West. ed. 2020. (I Can Read Ser.). (ENG., Illus.). 32p. (J). (gr. 2-3). 14.96 *(978-1-64697-337-8(2))* Penworthy Co., LLC, The.

Meet Woof & Quack. Jamie Swenson. Illus. by Ryan Sias. 2017. (Green Light Readers Ser.). (ENG.). 32p. (J). (gr. -1-3). 12.99 *(978-0-544-95951-4(5)*, 1661276); pap. 4.99 *(978-0-544-95928-6(0)*, 1661274) HarperCollins Pubs. (Clarion Bks.).

Meet Woof & Quack. Jamie A. Swenson. ed. 2018. (Green Light Readers Ser.). (ENG.). 32p. (J). (gr. -1-1). 13.89 *(978-1-64310-708-0(9))* Penworthy Co., LLC, The.

Meet Yasmin! Saadia Faruqi. Illus. by Hatem Aly. ed. 2018. (Yasmin Ser.). (ENG.). 96p. (J). (gr. k-2). pap., pap., pap. 5.95 *(978-1-68436-022-2(6)*, 137937, Picture Window Bks.) Capstone.

Meet Your Body - Baby's First Book Anatomy & Physiology. Baby Professor. 2017. (ENG., Illus.). (J). pap. 7.89 *(978-1-5419-0238-1(6)*, Baby Professor (Education Kids)) Speedy Publishing LLC.

Meet Your Neighbors on Sesame Street. Sesame Workshop. 2022. (Sesame Street Scribbles Ser.). (ENG.). 40p. (J). (gr. k-3). 10.99 *(978-1-7282-6207-9(0))* Sourcebooks, Inc.

Meet Your School! With Lift-The-Flaps! Cindy Jin. Illus. by Melissa Crowton. 2021. (ENG.). 12p. (J). (gr. -1-k). bds. 7.99 *(978-1-5344-8889-2(8)*, Little Simon) Little Simon.

Meet Zade! Bringing Home a New Puppy. Milada Copeland & Donna Eliason. Illus. by Heidi Darley. 2020. (Meet Zade! Ser.). (ENG.). 40p. (J). *(978-1-5255-7296-8(2))*; pap. *(978-1-5255-7297-5(0))* FriesenPress.

Meet Zammy's New Friends: The Adventures of Zammy the Giant Sheepadoodle. Todd Pitner. Illus. by Lisa Maria. 2020. (ENG.). 28p. (J). *(978-952-7065-58-7(5))*; pap. *(978-952-7065-60-0(7))* Castalia Hse.

Meeting Eloise. Mae Marie. 2017. (ENG., Illus.). (J). pap. 12.95 *(978-1-63525-260-6(1))* Christian Faith Publishing.

Meeting Her Fate (Classic Reprint) Aurora Floyd. 2018. (ENG., Illus.). 396p. (J). 32.06 *(978-0-332-11674-7(3))* Forgotten Bks.

Meeting in the Sky. Rina Singh. Illus. by Jordi Vila Delclos. 2019. 32p. (J). (gr. 3-5). 19.99 *(978-1-56846-310-0(3)*, 18902, Creative Editions) Creative Co., The.

Meeting Needs in Our Community. Rachel Eagen. 2018. (Money Sense: an Introduction to Financial Literacy Ser.). 24p. (J). (gr. 2-2). *(978-0-7787-5185-4(6))* Crabtree Publishing Co.

Meeting of Minds: The Minds Series, Book Four. Carol Matas & Perry Nodelman. 2017. (ENG., Illus.). (J). pap. *(978-0-9919012-6-5(6))* Matas, Carol & Perry Nodelman.

Meeting Trees. Scott Russell Sanders. 2018. (ENG., Illus.). 32p. (J). (gr. 17). 16.00 *(978-0-253-03478-6(7)*, 978-0-253-03478-6) Indiana Univ. Pr.

Meeting with Jesus: A Daily Bible Reading Plan for Kids. David Murray. Illus. by Scotty Reifsnyder. 2020. (ENG.). 208p. pap. 19.99 *(978-1-4335-6595-3(1))* Crossway.

Meeting Wolfie. Sabine Muir. 2021. (ENG.). 168p. (J). pap. *(978-1-83945-749-4(X))* FeedARead.com.

Meg & Greg: a Duck in a Sock. Elspeth Rae & Rowena Rae. Illus. by Elisa Gutiérrez. 2020. (Meg & Greg Ser.: 1). (ENG.). 168p. (J). (gr. 1-3). pap. 16.95 *(978-1-4598-2490-4(3)*, 1459824903) Orca Bk. Pubs. USA.

Meg & Greg: Frank & the Skunk. Elspeth Rae & Rowena Rae. Illus. by Elisa Gutiérrez. 2020. (Meg & Greg Ser.: 2). (ENG.). 160p. (J). (gr. 1-3). pap. 14.95 *(978-1-4598-2493-5(8)*, 1459824938) Orca Bk. Pubs. USA.

Meg & Greg: Scarlet & the Ring. Elspeth Rae & Rowena Rae. Illus. by Elisa Gutiérrez. 2023. (Meg & Greg Ser.: 4). (ENG.). 160p. (J). (gr. 1-3). pap. 14.95 *(978-1-4598-2499-7(7)*, 1459824997) Orca Bk. Pubs. USA.

Meg & Greg: the Bake Sale. Elspeth Rae & Rowena Rae. Illus. by Elisa Gutiérrez. 2021. (Meg & Greg Ser.: 3). (ENG.). 160p. (J). (gr. 1-3). pap. 14.95 *(978-1-4598-2496-6(2)*, 1459824962) Orca Bk. Pubs. USA.

Meg & Rat & Puff! Puff! Puff! Cath Jones. Illus. by Adam Pryce. 2019. (Early Bird Readers — Pink (Early Bird Stories (tm)) Ser.). (ENG.). 32p. (J). (gr. -1-2). 30.65 *(978-1-5415-4158-0(8)*, 38fc0ea5-c23d-470d-b052-032eb0b685e0, Lerner Pubns.) Lerner Publishing Group.

Meg & the Others (Classic Reprint) Harriet T. Comstock. 2018. (ENG., Illus.). 166p. (J). 27.34 *(978-0-267-23832-3(0))* Forgotten Bks.

Meg & the Romans. David Walser. Illus. by Jan Pienkowski. 2017. 32p. (J). (-k). pap. 11.99 *(978-0-241-29875-6(X))* Penguin Bks., Ltd. GBR. Dist: Independent Pubs. Group.

Meg in the Jungle. Unknown. 2017. (Illus.). 32p. (J). (gr. 2-5). pap. 12.99 *(978-0-14-136740-8(7))* Penguin Bks., Ltd. GBR. Dist: Independent Pubs. Group.

Meg, Jo, Beth, & Amy: A Modern Graphic Retelling of Little Women. Rey Terciero. Illus. by Bre Indigo. 2019. (Classic Graphic Remix Ser.). (ENG.). 256p. (J). (gr. 3-7). pap. 12.99 *(978-0-316-52288-5(0))* Little, Brown Bks. for Young Readers.

Meg Langholme: Or the Day after to-Morrow (Classic Reprint) Molesworth. 2018. (ENG., Illus.). 402p. (J). 32.19 *(978-0-484-39808-4(3))* Forgotten Bks.

Meg Mackintosh & the April Fools Day Mystery: A Solve-It-Yourself Mystery. Lucinda Landon. 2018. (Meg Mackintosh Mystery Ser.). (ENG., Illus.). 48p. (J). (gr. 2-4). pap. 6.95 *(978-1-888695-15-1(3))* Secret Passage Pr.

Meg Mcintyre's Raffle & Other Stories: And Other Stories. Alvan F. Sanborn. 2017. (ENG., Illus.). (J). pap. *(978-0-649-64577-0(4))* Trieste Publishing Pty Ltd.

Meg Mcintyres Raffle & Other Stories: And Other Stories (Classic Reprint) Alvan F. Sanborn. (ENG., Illus.). (J). 2018. 222p. 28.50 *(978-0-656-05747-4(5))*; 2017. pap. 10.97 *(978-0-259-00865-1(6))* Forgotten Bks.

Meg of the Scarlet Foot: A Novel (Classic Reprint) William Edwards Tirebuck. 2018. (ENG., Illus.). 434p. (J). 32.85 *(978-0-483-40256-0(7))* Forgotten Bks.

Meg, Vol. 1 of 3 (Classic Reprint) Elizabeth Eiloart. 2018. (ENG., Illus.). (J). 324p. 30.58 *(978-0-366-56122-3(7))*; 326p. pap. 13.57 *(978-0-366-06631-5(5))* Forgotten Bks.

Meg, Vol. 2 of 3 (Classic Reprint) Eiloart. 2018. (ENG., Illus.). 336p. (J). 30.83 *(978-0-483-33423-6(5))* Forgotten Bks.

Meg, Vol. 3 of 3 (Classic Reprint) Eiloart. 2018. (ENG., Illus.). 324p. (J). 30.60 *(978-0-267-24043-2(0))* Forgotten Bks.

Mega Animals. Nina Filipek. 2017. (ENG., Illus.). 32p. (J). pap. 9.00 *(978-1-909763-57-9(8))* Award Pubns. Ltd. GBR. Dist: Parkwest Pubns., Inc.

Mega Awesome Notebook, 1 vol. Kevin Minor. 2019. (ENG., Illus.). 112p. (gr. 3-6). pap. 16.99 *(978-0-7643-5694-0(1),* 9780764356940) Schiffer Publishing, Ltd.

Mega Bible Activity Book, 1 vol. Juliet David. ed. 2016. (ENG.). 128p. (J). pap. 10.99 *(978-1-78128-294-6(3),* c0ad5e21-1d1c-4dd3-9e04-00ddd58f16af, Candle Bks.) Lion Hudson PLC GBR. Dist: Baker & Taylor Publisher Services (BTPS).

Mega Big Look & Find Animals. Clever Publishing. 2021. (Look & Find Ser.). (ENG.). 12p. (J). (gr. -1-3). 15.99 *(978-1-951100-83-4(2))* Clever Media Group.

MEGA Big Look & Find Book: 5 Fold-Out Spreads & 1000 Objects! Inna Anikeeva & Clever Publishing. 2020. (Big Look & Find Ser.). (ENG.). 12p. (J). (gr. -1-3). 17.99 *(978-1-951100-46-9(8))* Clever Media Group.

Mega Big Look & Find Vehicles: 5 Fold-Out Spreads & 1000 Objects! Clever Publishing. Illus. by Inna Anikeeva. 2022. (Mega Big Look & Find Ser.). (ENG.). 12p. (J). (gr. -1-3). 17.99 *(978-1-954738-24-9(2))* Clever Media Group.

Mega Book of Mazes Activity Book. Activibooks. 2016. (ENG., Illus.). (J). pap. 7.55 *(978-1-68321-429-8(3))* Mimaxion.

Mega Cuts! Kids Cut Outs Activity Book. Kreative Kids. 2016. (ENG., Illus.). (J). pap. 10.81 *(978-1-68377-167-8(2))* Whlke, Traudl.

Mega Dino File. Rosie Greening. Illus. by Make Believe Ideas. 2017. (ENG.). 36p. (J). 16.99 *(978-1-78692-770-5(5))* Make Believe Ideas GBR. Dist: Scholastic, Inc.

Mega Dinosaur Gliders: Craft Box Set for Kids. IglooBooks. 2021. (ENG.). 24p. (J). pap. 12.99 *(978-1-80022-741-5(8))* Igloo Bks. GBR. Dist: Simon & Schuster, Inc.

Mega Dinosaurs. Angela Giles. 2017. (ENG., Illus.). 32p. (J). pap. 9.00 *(978-1-909763-33-3(0))* Award Pubns. Ltd. GBR. Dist: Parkwest Pubns., Inc.

Mega Dinosaurs Coloring Book. Jan Sovak. 2019. (Dover Dinosaur Coloring Bks.). (ENG.). 48p. (J). (gr. 3-6). pap. 5.99 *(978-0-486-83396-5(8),* 833968) Dover Pubns., Inc.

Mega Doodle Search & Color: Seek & Find Activity Book. Sequoia Children's Publishing. 2020. (ENG.). 64p. (J). 7.99 *(978-1-64269-190-0(9),* 4042, Sequoia Publishing & Media LLC) Phoenix International Publications, Inc.

Mega Easter Egg Hunting Expert Coloring Book. Bobo's Children Activity Books. 2016. (ENG., Illus.). (J). pap. 9.33 *(978-1-68327-659-3(0))* Sunshine In My Soul Publishing.

Mega-Fauna Fright! Leveled Reader Ruby Level 27. Rg Rg. 2019. (PM Ser.). (ENG.). 48p. (J). (gr. 4). pap. 11.00 *(978-0-544-89293-4(3))* Rigby Education.

Mega-Funny Jokes & Riddles. Michael J. Pellowski. ed. 2019. (Joke Bks.). (ENG., Illus.). 96p. (J). (gr. 2-4). 16.69 *(978-1-64310-786-8(0))* Penworthy Co., LLC, The.

Mega Hatch: d-Bot Squad 7. Mac Park. Illus. by James Hart. 2019. (D-Bot Squad Ser.: 7). (ENG.). 80p. (J). (gr. k-2). pap. 8.99 *(978-1-76029-603-2(1))* Allen & Unwin AUS. Dist: Independent Pubs. Group.

Mega Machine Record Breakers. Anne Rooney. ed. 2019. (Record Breakers Ser.). (ENG., Illus.). 112p. (J). (gr. 3-7). pap. 14.95 *(978-1-78312-446-6(6))* Carlton Kids GBR. Dist: Two Rivers Distribution.

Mega Machines! Natalie Humphrey. 2022. (Mega Machines! Ser.). (ENG.). 24p. (J). pap. 54.90 ***(978-1-5382-8469-8(3))*** Stevens, Gareth Publishing LLLP.

Mega Machines: Sticker Play Scenes with Reusable Stickers. IglooBooks. Illus. by Valeria Issa. 2021. (ENG.). 12p. (J). (gr. -1-1). 9.99 *(978-1-80022-802-3(3))* Igloo Bks. GBR. Dist: Simon & Schuster, Inc.

Mega Man: Mega Powered Hero: Mega Powered Hero. Kenny Abdo. (Video Game Heroes Set 2 Ser.). (ENG., Illus.). 24p. (J). (gr. 2-2). 2022. pap. 8.95 *(978-1-64494-739-5(0))*; 2021. lib. bdg. 31.36 *(978-1-0982-2694-7(1),* 38678) ABDO Publishing Co. (Abdo Zoom-Fly).

Mega Matches! Matching Game Activity Book. Kreative Kids. 2016. (ENG., Illus.). (J). pap. 10.81 *(978-1-68377-168-5(0))* Whlke, Traudl.

Mega-Maze Adventure! (Maze Activity Book for Kids Ages 7+) A Journey Through the World's Longest Maze in a Book. Scott Bedford. 2020. (ENG.). 28p. (J). (gr. 2-17). bds. 14.95 *(978-1-5235-0744-3(6),* 100744) Workman Publishing Co., Inc.

Mega Maze Collection - Maze Activity Book. Kreativ Entspannen. 2016. (ENG., Illus.). (J). pap. 10.81 *(978-1-68377-176-0(1))* Whlke, Traudl.

Mega Maze Emporium: Kids Maze Activity Book. Kreative Kids. 2016. (ENG., Illus.). (J). pap. 10.81 *(978-1-68377-169-2(9))* Whlke, Traudl.

Mega Maze Fun Zone! Kids Activity Book. Activity Book Zone for Kids. 2016. (ENG., Illus.). (J). pap. 9.20 *(978-1-68376-017-7(4))* Sabeels Publishing.

Mega Maze Mania! the Ultimate Kids Activity Book. Kreative Kids. 2016. (ENG., Illus.). (J). pap. 10.81 *(978-1-68377-170-8(2))* Whlke, Traudl.

Mega Maze Master 3000: Kids Activity Book. Kreative Kids. 2016. (ENG., Illus.). (J). pap. 10.81 *(978-1-68377-171-5(0))* Whlke, Traudl.

Mega Maze Mind Mix: Kids Activity Book. Kreative Kids. 2016. (ENG., Illus.). (J). pap. 10.81 *(978-1-68377-177-7(X))* Whlke, Traudl.

Mega Maze Mix - Kids Maze Activity Book. Kreative Kids. 2016. (ENG., Illus.). (J). pap. 10.81 *(978-1-68377-178-4(8))* Whlke, Traudl.

Mega Mazes! Adult Level Maze Activity Book. Kreativ Entspannen. 2016. (ENG., Illus.). (J). pap. 10.81 *(978-1-68377-079-4(X))* Whlke, Traudl.

Mega Meltdown: The Weird & Wonderful Animals of the Ice Age. Jack Tite. 2018. (Blueprint Editions Ser.). (ENG.). 64p. (J). (gr. 2-5). 25.99 *(978-1-4998-0752-3(X))* Little Bee Books Inc.

Mega Military Machines, 8 vols., Set. Catherine Ellis. Incl. Helicopters. lib. bdg. 26.27 *(978-1-4042-3666-0(X),* facd0f27-3462-47b5-b5a3-def9eec06576); Planes. lib. bdg. 26.27 *(978-1-4042-3667-7(8),* b1e40b2a-8cb3-469a-a164-9be2bb0d9df3); Ships. lib. bdg. 26.27 *(978-1-4042-3668-4(6),* 3dfa74f4-cc52-4ffd-a6df-b85d5b75d593); Submarines. lib. bdg. 26.27 *(978-1-4042-3665-3(1),* 4cfc3986-ff68-4e6c-88e2-e9cebe9f068d); (Illus.). 24p. (J). (gr. 1-1). (Mega Military Machines Ser.). (ENG.). 2007. Set lib. bdg. 105.08 *(978-1-4042-3606-6(6),* eb12dc79-670c-4a79-85d5-eaface832785) Rosen Publishing Group, Inc., The.

Mega Mind Mazes! Maze Activity Book. Kreativ Entspannen. 2016. (ENG., Illus.). (J). pap. 10.81 *(978-1-68377-172-2(9))* Whlke, Traudl.

Mega Minibeasts. Nina Filipek. 2017. (ENG., Illus.). 32p. (J). pap. 9.00 *(978-1-909763-56-2(X))* Award Pubns. Ltd. GBR. Dist: Parkwest Pubns., Inc.

Mega Monster Guidebook: A Guide for Learning the Monsters of the World. Will Lutz. Illus. by Will Lutz. 2019. (Volume 1 Ser.: Vol. 1). (ENG., Illus.). 40p. (J). (gr. k-5). 22.00 *(978-0-578-56281-0(2))* Lutz, William.

Mega Monsters. Jay Viswanathan. Illus. by Jay Viswanathan. 2020. (ENG.). 24p. (J). pap. *(978-0-2288-4308-5(1))* Tellwell Talent.

Mega-Predators of the Past. Melissa Stewart. Illus. by Howard Gray. 2022. (ENG.). 32p. (J). (gr. 1-4). 17.99 *(978-1-68263-109-6(5))* Peachtree Publishing Co. Inc.

Mega Quiz. Barbara Mitchelhill. Illus. by Tony Ross. 2018. (No. 1 Boy Detective Ser.). (ENG.). 64p. (J). (gr. 2-4). pap. 9.99 *(978-1-78344-671-1(4))* Andersen Pr. GBR. Dist: Independent Pubs. Group.

Mega Racer: Build & Play. IglooBooks. Illus. by Steve James. 2023. (ENG.). 20p. (J). (gr. -1). 12.99 *(978-1-83903-612-5(5))* Igloo Bks. GBR. Dist: Simon & Schuster, Inc.

Mega Rex: A Tyrannosaurus Named Scotty. W. Scott Persons. Illus. by Beth Zaiken. 2020. (ENG.). 128p. (J). pap. *(978-1-55017-905-7(5),* a08207ba-2f8c-481e-a789-9acac6b68ca4) Harbour Publishing Co., Ltd.

Mega Shark. Gary Jeffrey. 2017. (Graphic Prehistoric Animals Ser.). (ENG., Illus.). 32p. (J). (gr. 5-8). lib. bdg. 31.35 *(978-1-62588-410-7(9),* 19279, Smart Apple Media) Black Rabbit Bks.

Mega-Spectacular Maze Book: Kids Maze Activity Book. Kreative Kids. 2016. (ENG., Illus.). (J). pap. 10.81 *(978-1-68377-179-1(6))* Whlke, Traudl.

Megabat. Anna Humphrey. Illus. by Kass Reich. (Megabat Ser.: 1). (ENG.). 192p. (J). (gr. 2-5). 2020. pap. 9.99 *(978-0-7352-6695-7(6))*; 2018. 12.99 *(978-0-7352-6257-7(8))* Tundra Bks. CAN. (Tundra Bks.). Dist: Penguin Random Hse. LLC.

Megabat & Fancy Cat. Anna Humphrey. Illus. by Kass Reich. (Megabat Ser.: 2). 176p. (J). (gr. 2-5). 2020. (ENG.). pap. 8.99 *(978-0-7352-6711-4(1))*; 2019. 12.99 *(978-0-7352-6259-1(4))* Tundra Bks. CAN. (Tundra Bks.). Dist: Penguin Random Hse. LLC.

Megabat & the Not-Happy Birthday. Anna Humphrey. Illus. by Kass Reich. (Megabat Ser.: 4). 176p. (J). (gr. 2-5). 2022. pap. 8.99 *(978-0-7352-7175-3(5))*; 2021. 12.99 *(978-0-7352-6604-9(2))* Tundra Bks. CAN. (Tundra Bks.). Dist: Penguin Random Hse. LLC.

Megabat Is a Fraidybat. Anna Humphrey. Illus. by Kass Reich. (Megabat Ser.: 3). 192p. (J). (gr. 2-5). 2021. pap. 9.99 *(978-0-7352-6805-0(3))*; 2020. (ENG.). 12.99 *(978-0-7352-6602-5(6))* Tundra Bks. CAN. (Tundra Bks.). Dist: Penguin Random Hse. LLC.

Megabat Megastar. Anna Humphrey. Illus. by Kris Easler. 2023. (Megabat Ser.: 5). 192p. (J). (gr. 2-5). 12.99 *(978-0-7352-7166-1(6),* Tundra Bks.) Tundra Bks. CAN. Dist: Penguin Random Hse. LLC.

Megaboy. Illus. by Ian Cunliffe. 2016. (ENG.). 24p. (J). 9.95 *(978-1-78557-908-0(8))* Igloo Bks. GBR. Dist: Simon & Schuster, Inc.

Megabugs: And Other Prehistoric Critters That Roamed the Planet. Helaine Becker. Illus. by John Bindon. 2019. (ENG.). 32p. (J). (gr. 3-7). 17.99 *(978-1-77138-811-5(0))* Kids Can Pr., Ltd. CAN. Dist: Hachette Bk. Group.

Megadeth: Death by Design. Various. 2019. (ENG., Illus.). 350p. (YA). 59.99 *(978-1-947784-12-3(9),* d8aa5289-353b-4731-be66-08eb28abafeb) Heavy Metal Magazine.

Megafast Planes. John Farndon. Illus. by Mat Edwards & Jeremy Pyke. 2016. (Megafast Ser.). (ENG.). 32p. (J). (gr. 3-6). lib. bdg. 27.99 *(978-1-4677-9365-0(5),* 7681b286-4504-4bcb-ae57-3fc7ed5db69f, Hungry Tomato (r)) Lerner Publishing Group.

Megafast Trucks. John Farndon. Illus. by Mat Edwards & Jeremy Pyke. 2016. (Megafast Ser.). (ENG.). 32p. (J). (gr. 3-6). lib. bdg. 27.99 *(978-1-4677-9366-7(3),* 6446f51e-b64b-4605-b835-179a9d071911, Hungry Tomato (r)) Lerner Publishing Group.

Megafauna Gigantes Del Pasado: Leveled Reader Card Book 76 Level W 6 Pack. Hmh Hmh. 2021. (SPA.). (J). pap. 74.40 *(978-0-358-08640-6(X))* Houghton Mifflin Harcourt Publishing Co.

¡Megafauna Megaterror! Leveled Reader Book 7 Level R 6 Pack. Hmh Hmh. 2021. (SPA.). 48p. (J). pap. 74.40 *(978-0-358-08575-1(6))* Houghton Mifflin Harcourt Publishing Co.

Megalodon. Ben Garrod. Illus. by Gabriel Ugueto. 2023. (Extinct the Story of Life on Earth Ser.: 6). (ENG.). 128p. (J). pap. 15.99 ***(978-1-83893-542-9(8)***, 675803, Zephyr) Head of Zeus GBR. Dist: Bloomsbury Publishing Plc.

Megalodon. Contrib. by Kate Moening. 2023. (Ancient Marine Life Ser.). (ENG., Illus.). (J). (gr. 3-7). pap. 8.99. lib. bdg. 26.95 Bellwether Media.

Megalodon: The Biggest & Deadliest Shark (Age 6 & Above) Tj Rob. 2016. (Discovering the World Around Us Ser.). (ENG., Illus.). (J). pap. *(978-1-988695-09-9(0))* TJ Rob.

Megalodon & the Great White Shark. Jason M. Burns. 2023. (Endangered: Lessons from the Past Ser.). (ENG., Illus.). 32p. (J). (gr. 3-5). lib. bdg. 30.65 ***(978-1-62920-763-6(2)***, 8095fbe8-da64-427a-ac64-fc89aaf6bba3) Full Tilt Pr. NZL. Dist: Lerner Publishing Group.

Megalops: A Sharks Incorporated Novel. Randy Wayne White. 2023. (Sharks Incorporated Ser.: 4). (ENG., Illus.). 336p. (J). 19.99 *(978-1-250-81354-1(9),* 900248240) Roaring Brook Pr.

Megamachines, 1 vol. Helen Greathead. 2016. (What Would You Choose? Ser.). (ENG.). 32p. (J). (gr. 4-5). pap. 11.50 *(978-1-4824-6079-7(3),* 68c22d6e-2c31-46d4-b9e4-06230aabe365) Stevens, Gareth Publishing LLLP.

Megan & Riley Share the Joy of Christmas. Kenneth Keeney. Illus. by Ogmios. 2018. (ENG.). 32p. (J). 19.99 *(978-0-9979274-5-0(3))*; pap. 10.99 *(978-0-9979274-4-3(5))* Farmer's Daughter Pr.

Megan & the Sinister Minister. Jeanne Knapp. 2021. (ENG.). 66p. (J). 49.32 *(978-1-716-05640-6(3))* Lulu Pr., Inc.

Megan Button & the Brim-Tree Celebratory Edition. M. T. Boulton. 2017. (ENG., Illus.). 112p. (J). pap. *(978-1-326-95949-4(2))* Lulu Pr., Inc.

Megan Button & the Brim-Tree Enchanted Edition. M. T. Boulton. 2017. (ENG., Illus.). (J). pap. 5.19 *(978-1-326-96158-9(6))* Lulu Pr., Inc.

Megan Button & the Dragon Keeper. M. T. Boulton. 2016. (ENG., Illus.). (J). pap. 16.57 *(978-1-326-79731-7(X))* Lulu Pr., Inc.

Megan Button & the Dragon Keeper Blastoff Edition. M. T. Boulton. 2016. (ENG., Illus.). (J). pap. 16.19 *(978-1-326-87091-1(2))* Lulu Pr., Inc.

Megan Button & the Dragon Keeper Celebratory Edition. M. T. Boulton. 2016. (ENG., Illus.). 476p. (J). pap. *(978-1-326-80328-5(X))* Lulu Pr., Inc.

Megan Button & the Dragon Keeper Classic Edition. M. T. Boulton. 2016. (ENG., Illus.). (J). pap. 16.57 *(978-1-326-79807-9(3))* Lulu Pr., Inc.

Megan Button & the Dragon Keeper Large Print Edition. M. T. Boulton. l.t. ed. 2016. (ENG., Illus.). 730p. (J). pap. *(978-1-326-79812-3(X))* Lulu Pr., Inc.

Megan Button & the Dragon Keeper the Hall of a Million Faces Edition. M. T. Boulton. 2016. (ENG., Illus.). (J). pap. 16.19 *(978-1-326-88477-2(8))* Lulu Pr., Inc.

Megan Rapinoe. Jon M. Fishman. 2020. (Sports All-Stars (Lerner (tm) Sports) Ser.). (ENG., Illus.). 32p. (J). (gr. 2-5). pap. 9.99 *(978-1-7284-1404-1(0),* eb0eaf69-4c1f-47fe-a8db-a36db6454f78); lib. bdg. 29.32 *(978-1-5415-9895-9(4),* a8b7382a-2886-482b-b0d3-c9eb6fc3245c) Lerner Publishing Group. (Lerner Pubns.).

Megan Rapinoe. Meeg Pincus. Illus. by Jeff Bane. 2020. (My Early Library: My Itty-Bitty Bio Ser.). (ENG.). 24p. (J). (gr. k-1). lib. bdg. 30.64 *(978-1-5341-6840-4(0),* 215247) Cherry Lake Publishing.

Megan Rapinoe. Maria Isabel Sanchez Vegara. Illus. by Paulina Morgan. 2021. (Little People, BIG DREAMS Ser.: Vol. 55). (ENG.). 32p. (J). (gr. -1-2). 15.99 ***(978-0-7112-5783-2(3)***, Frances Lincoln Children's Bks.) Quarto Publishing Group UK GBR. Dist: Hachette Bk. Group.

Megan Rapinoe. Jill Sherman. 2019. (Pro Sports Biographies Ser.). (ENG.). 24p. (J). (gr. 1-3). pap. 8.99 *(978-1-68152-450-4(3),* 11036); (Illus.). 29.95 *(978-1-68151-664-6(0),* 10796) Amicus.

Megan Rapinoe: Soccer Superstar. Anthony K. Hewson. 2019. (PrimeTime Ser.). (ENG.). (J). (gr. 3-4). 32p. pap. 9.95 *(978-1-63494-202-7(7),* 1634942027); lib. bdg. 31.35 *(978-1-63494-201-0(9),* 1634942019) Pr. Room Editions LLC.

Megan Rapinoe: World Cup Champion. Matt Chandler. 2020. (Sports Illustrated Kids Stars of Sports Ser.). (ENG., Illus.). 32p. (J). (gr. 3-5). lib. bdg. 31.32 *(978-1-4966-8386-1(2),* 200258, Capstone Pr.) Capstone.

Megan the Pet Whisperer. M. S. Pamela Foland. 2018. (ENG., Illus.). 122p. (J). pap. 6.19 *(978-0-9990745-6-5(3))* Sonny's Legacy Publishing.

Megan's Birthday. M. S. Pamela Foland. 2018. (ENG., Illus.). 120p. (J). pap. 6.19 *(978-0-9990745-9-6(8))* Sonny's Legacy Publishing.

Megan's Challenge. Pamela Foland. 2018. (Megan's World Ser.: Vol. 5). (ENG., Illus.). 116p. (J). pap. 6.19 *(978-1-7325686-1-7(8))* Sonny's Legacy Publishing.

Megan's First Crush. Pamela Foland. 2019. (Megan's World Ser.: Vol. 6). (ENG.). 120p. (J). pap. 6.19 *(978-1-7325686-3-1(4))* Sonny's Legacy Publishing.

Megan's Island. Willo Davis Roberts. 2016. (ENG., Illus.). 288p. (J). (gr. 3-7). pap. 7.99 *(978-1-4814-4907-6(9),* Aladdin) Simon & Schuster Children's Publishing.

Megan's Journey: A Story to Help Children Through the Loss of Their Much Loved Pets. Janet Peel. 2017. (ENG., Illus.). 33p. (J). pap. *(978-1-911113-81-2(X))* Spiderwize.

Megan's Munchkins. M. S. Pamela Foland. 2017. (ENG., Illus.). (J). pap. 6.19 *(978-0-9990745-0-3(4))* Sonny's Legacy Publishing.

Megan's Pet Sitting Adventure. M. S. Pamela Foland. 2017. (ENG., Illus.). (J). pap. 6.19 *(978-0-9990745-3-4(9))* Sonny's Legacy Publishing.

Megastar: the Fincredible Diary of Fin Spencer. Ciaran Murtagh. Illus. by Tim Wesson. 2016. (Fincredible Diary of Fin Spencer Ser.: 2). (ENG.). 224p. (J). (gr. 4-7). pap. 7.99 *(978-1-84812-447-9(3))* Bonnier Publishing GBR. Dist: Independent Pubs. Group.

Megastars, 12 vols., Set. Incl. Jonas Brothers. Tamra Orr. (YA). 34.47 *(978-1-4358-3572-6(7),* 0ad7c82e-e565-463e-a30b-931e449c18a6, Rosen Reference); Lady Gaga. Bridget Heos. (YA). lib. bdg. 34.47 *(978-1-4358-3574-0(3),* ac5215f1-d02d-4c52-9c46-dd59e686674f); Miley Cyrus. Diane Bailey. (J). lib. bdg. 34.47 *(978-1-4358-3573-3(5),* 89cb6f5f-7cc9-47c7-89df-91d4b8cfb96c, Rosen Reference); Pink. Lyn Sirota. (YA). 34.47 *(978-1-4358-3577-1(8),* d65a001e-d585-441a-ab57-3087a5179d18, Rosen Reference); Rihanna. Bridget Heos. (YA). lib. bdg. 34.47 *(978-1-4358-3576-4(X),* 36d91b06-06ef-4e73-8b43-42626cedf983); Taylor Swift. Holly Cefrey. (YA). 34.47 *(978-1-4358-3575-7(1),* 921b07f9-abfa-4faa-a863-86a1f80465d8, Rosen Reference); (gr. 5-5). 2011. (Megastars Ser.). (ENG., Illus.). 48p. 2010. Set lib. bdg. 206.82 *(978-1-4358-9418-1(9),* 12b67d6a-f1e8-4a07-bc98-028820e0cabf, Rosen Reference) Rosen Publishing Group, Inc., The.

Megastructures, 8 vols., Set. Susan Mitchell. Incl. Largest Stadiums. lib. bdg. 28.67 *(978-0-8368-8363-3(2),* ee2e1ff3-fc39-4766-aa0c-83b351f99d1f); Longest Bridges. lib. bdg. 28.67 *(978-0-8368-8364-0(0),* 80084532-0cae-4209-84be-718bb51457c2); Longest Tunnels. lib. bdg. 28.67 *(978-0-8368-8365-7(9),* e7ec3b9c-b9ea-4c96-9180-24682491f5a4); Tallest Buildings. lib. bdg. 28.67 *(978-0-8368-8366-4(7),* 098041e7-baa5-4f82-9700-bbd51050cf41); (Illus.). (gr. 3-3). (Megastructures Ser.). (ENG.). 32p. 2007. Set lib. bdg. 114.68 *(978-0-8368-8360-2(8),* 4ca5d979-d624-4ab0-b2c4-d05ed7a03846) Stevens, Gareth Publishing LLLP.

Megda, by Forget-Me-Not (Emma Dunham Kelley) (Classic Reprint) Emma Dunham Kelley. 2017. (ENG., Illus.). (J). 32.11 *(978-0-265-36055-2(2))* Forgotten Bks.

Meggie of the Pines (Classic Reprint) Sarah S. Baker. 2018. (ENG., Illus.). 168p. (J). 27.38 *(978-0-267-28921-9(9))* Forgotten Bks.

Meggie's Day at the Fair. Catherine O. Glover. 2020. (ENG.). 30p. (J). pap. 13.95 *(978-1-64334-824-7(8))* Page Publishing Inc.

Meghan Markle. Kenny Abdo. 2018. (Star Biographies Ser.). (ENG., Illus.). 24p. (J). (gr. 2-8). lib. bdg. 31.36 *(978-1-5321-2546-1(1),* 30101, Abdo Zoom-Fly) ABDO Publishing Co.

Meghan Markle. Rebecca Felix. 2019. (Checkerboard Biographies Ser.). (ENG., Illus.). 32p. (J). (gr. 3-6). lib. bdg. 32.79 *(978-1-5321-1938-5(0),* 32459, Checkerboard Library) ABDO Publishing Co.

Meghan Markle. Golriz Golkar. 2018. (Influential People Ser.). (ENG., Illus.). 32p. (J). (gr. 4-6). lib. bdg. 28.65 *(978-1-5435-4127-4(5),* 139081, Capstone Pr.) Capstone.

Meghan Markle: American Royal, 1 vol. Elizabeth Krajnik. 2018. (Junior Biographies Ser.). (ENG.). 24p. (J). (gr. 3-4). pap. 10.35 *(978-1-9785-0589-6(2),* 83d09069-cf23-48a5-b192-17b053d16f01); lib. bdg. 24.27 *(978-1-9785-0591-9(4),* 5a341e21-227d-4c35-8d92-8b804d37ab4e) Enslow Publishing, LLC.

Meghan Markle & Prince Harry, 1 vol. Simone Payment. 2019. (Power Couples Ser.). (ENG.). 112p. (gr. 7-7). 38.80 *(978-1-5081-8891-9(2),* e260e211-6dcb-4fc4-89b0-b95b7c7bcf2a) Rosen Publishing Group, Inc., The.

Meghan Sparkle & the Royal Baby. Rosie Greening. Illus. by Lara Ede. 2019. (ENG.). 32p. (J). (gr. -1-7). 8.99 *(978-1-78947-022-2(6))* Make Believe Ideas GBR. Dist: Scholastic, Inc.

Meglio: Libro Da Colorare per Bambini. Bold Illustrations. 2017. (ITA., Illus.). (J). pap. 8.35 *(978-1-64193-117-5(5),* Bold Illustrations) FASTLANE LLC.

Meg's Big Mystery. Jess Black. 2017. (Little Paws Ser.). 96p. (J). (gr. 1-3). 9.99 *(978-0-14-378179-0(0))* Random Hse. Australia AUS. Dist: Independent Pubs. Group.

Meg's Christmas. David Walser Pienkowski. 2018. (Illus.). 32p. (J). (gr. -1-k). pap. 14.95 *(978-0-241-35707-1(1),* Puffin) Penguin Bks., Ltd. GBR. Dist: Independent Pubs. Group.

Meg's Doggy Adventures: Keeping Safe Around Our Furry Friends. Taylor Wheeler. 2020. (ENG.). 28p. (J). pap. *(978-0-2288-4488-4(6))*; *(978-0-2288-3156-3(3))* Tellwell Talent.

Meg's Loose Tooth. Kristi Bingham. 2019. (ENG.). 38p. (J). 14.95 *(978-1-64307-575-4(6))* Amplify Publishing Group.

Megyn Kelly: From Lawyer to Prime-Time Anchor, 1 vol. Phoebe Collins. 2017. (Leading Women Ser.). (ENG.). 112p. (YA). (gr. 7-7). pap. 20.99 *(978-1-5026-3409-2(0),* 4cb49a55-daaa-465c-b155-7d79cd804e0d) Cavendish Square Publishing LLC.

Mehalah a Story of the Salt Marshes (Classic Reprint) S. Baring-Gould. 2017. (ENG., Illus.). (J). 32.62 *(978-0-266-70719-6(X))* Forgotten Bks.

Mehemet Ali's Oriental Interpretation of Dreams: To Which Are Added the Lucky Numbers Drawing Prizes in Lotteries, at Prize Entertainments, & on Other Similar Occasions; the Appendix Contains: a List of Dreams, with Three Lucky Numbers Attached to Each. Mehemet Ali. 2017. (ENG., Illus.). (J). 26.45 *(978-0-266-55859-0(3))*; pap. 9.57 *(978-0-282-81600-1(3))* Forgotten Bks.

Mehemet, the Kurd, Other Tales: Eastern Sources (Classic Reprint) Charles Wells. 2017. (ENG., Illus.). (J). 27.90 *(978-0-266-67900-4(5))* Forgotten Bks.

Mehitable (Classic Reprint) Katharine Adams. 2018. (ENG., Illus.). 280p. (J). 29.69 *(978-0-483-84718-7(6))* Forgotten Bks.

Mehndi & Mandala Inspired Pattern Coloring Book Sets: A Coloring Book for Adults. Activibooks. 2016. (ENG., Illus.). (J). pap. 9.20 *(978-1-68321-107-5(3))* Mimaxion.

Mehndi & Paisley Design Anti Stress Coloring Book for Grownups: Really Relaxing Coloring Book. Activibooks. 2016. (ENG., Illus.). (J). pap. 9.20 *(978-1-68321-019-1(0))* Mimaxion.

Mehndi & Paisley Designs Coloring Book - Calming Coloring Book. Coloring Therapist. 2016. (ENG., Illus.). 62p. (J). pap. 10.55 *(978-1-68368-128-1(2))* Speedy Publishing LLC.

Mehndi Designs Adult Coloring Book: Anti-Stress Coloring Books for Adults. Activibooks. 2016. (ENG., Illus.). (J). pap. 9.20 *(978-1-68321-018-4(2))* Mimaxion.

1310

The check digit for ISBN-10 appears in parentheses after the full ISBN-13

TITLE INDEX MELOWY 3-IN-1 #1

M

Mei & the Pirate Queen White Band. Tony Bradman. Illus. by Scoular Anderson. ed. 2016. (Cambridge Reading Adventures Ser.). (ENG.). 32p. pap. 9.50 *(978-1-316-50090-3(X))* Cambridge Univ. Pr.

Mei the Ruby Treasure Dragon (Dragon Girls #4), 1 vol. Maddy Mara. 2021. (Dragon Girls Ser.: 4). (ENG., Illus.). 144p. (J). (gr. 2-5). pap. 5.99 *(978-1-338-68066-9(8),* Scholastic Paperbacks) Scholastic, Inc.

Meila's Triumph. Jakayla Twitchell. 2023. (ENG.). 334p. (YA). pap. 22.95 ***(978-1-68526-407-9(7))*** Covenant Bks.

Meili & Wenling. Barbara Kristof & Rosemary Woods. 2021. (ENG., Illus.). 50p. (J). pap. 16.95 *(978-1-6624-4395-4(1))* Page Publishing Inc.

Meili's Gift: The Amazing Adventures of Magical Giant Pandas. Barbara Kristof & Rosemary Woods. 2022. (ENG., Illus.). 70p. (J). pap. 19.95 *(978-1-6624-8535-0(2))* Page Publishing Inc.

Meilleur: Livre Coloriage Pour Enfants. Bold Illustrations. 2017. (FRE., Illus.). (J). pap. 8.35 *(978-1-64193-043-7(8),* Bold Illustrations) FASTLANE LLC.

Meilleurs Amis Pour Toujours. Nicoleta Zlate Florea. 2018. (FRE., Illus.). 64p. (J). *(978-1-77370-864-5(3));* pap. *(978-1-77370-863-8(5))* Tellwell Talent.

Mein Erster Weltatlas: Kinderatlas der Welt, Lustiges und Lehrreiches Kinderbuch. Amelia Sealey. 2021. (GER.). 40p. (J). pap. 10.99 *(978-1-80396-076-0(0))* Google.

Mein Erstes Buch der Planeten: Planetenbuch Für Kinder, Entdecke Die Geheimnisse des Weltraums. Amelia Sealey. 2021. (GER.). 26p. (J). pap. 10.99 *(978-1-80396-081-4(7))* Google.

Mein Erstes Buch Über Den Menschlichen Körper: Menschlicher Körper, Mein Erstes Buch über Menschliche Körperteile Für Kinder. Amelia Sealey. 2021. (GER.). 26p. (J). pap. 9.99 *(978-1-80396-075-3(2))* Google.

Mein Erstes Dinosaurier-Malbuch. Jackie Bee Owen. 2021. (GER.). 44p. (J). pap. 8.50 *(978-1-4716-3451-2(5))* Lulu Pr., Inc.

Mein Erstes Kleinkind-Malbuch: Tolles Kinderbuch Mit Vielen Einfachen Bildern Zum Lernen und Ausmalen Alter 2+ Spaß Mit Tieren, Essen und Spielen. Rox Bdr. 2021. (GER.). 104p. (J). pap. 11.99 *(978-1-008-94346-9(0))* Sun Break Publishing.

Mein Erstes Mandala-Malbuch: Erstaunliches Malbuch Für Mädchen, Jungen und Anfänger Mit Mandala-Mustern Zur Entspannung. Loralie Barbeau. 2021. (GER.). 102p. (YA). 21.69 *(978-1-715-28124-3(1),* deCordova Sculpture Park and Museum) Yale Univ. Pr.

Mein Inneres Wissen Buch Für Lernende (Buch II) Christa Campsall & Jane Tucker. Tr. by Antonietta D'Angelo. 2022. (GER.). 76p. (J). pap. ***(978-1-77143-529-1(1))*** CCB Publishing.

Mein Inneres Wissen Buch Für Lernende (Buch III) Christa Campsall. Tr. by Silvia Chytil. 2023. (GER.). 128p. (YA). pap. ***(978-1-77143-568-0(2))*** CCB Publishing.

Mein Inneres Wissen Handbuch Für Lehrer*innen (Buch II) Christa Campsall. Tr. by Pallavi K. Schniering. 2022. (GER.). 54p. (J). pap. ***(978-1-77143-531-4(3))*** CCB Publishing.

Mein Inneres Wissen Handbuch Für Lehrer*innen (Buch III) Christa Campsall. Tr. by Pallavi K. Schniering Silvia Chytil. 2023. (GER.). 74p. (YA). pap. ***(978-1-77143-570-3(4))*** CCB Publishing.

Mein Korper Ist Nicht Ihr Spielatz. Sheryll Roberts. 2016. (GER., Illus.). 78p. (J). pap. *(978-1-365-50342-9(9))* Lulu Pr., Inc.

Meine Liebe 1: Kinder Malbuch. Bold Illustrations. 2017. (GER., Illus.). (J). pap. 8.35 *(978-1-64193-164-9(7),* Bold Illustrations) FASTLANE LLC.

Meine Liebe 2: Kinder Malbuch. Bold Illustrations. 2017. (GER., Illus.). 82p. (J). pap. 8.35 *(978-1-64193-165-6(5),* Bold Illustrations) FASTLANE LLC.

Meine Lieblingsfraktale. McAdams E. David. 2nd ed. 2023. (Mathematikbücher Für Kinder Ser.). (GER.). 50p. (J). pap. 24.95 ***(978-1-63270-385-9(8))*** Life is a Story Problem LLC.

Meine Mutti Ist Toll My Mom Is Awesome: German English Bilingual Book. Shelley Admont & Kidkiddos Books. 2nd ed. 2019. (German English Bilingual Collection). (GER., Illus.). 34p. (J). (gr. 1-4). pap. *(978-1-5259-1657-1(2))* Kidkiddos Bks.

Meine Mutti Ist Toll My Mom Is Awesome My Mom Is Awesome: German English Bilingual Children's Book. Shelley Admont. 2018. (German English Bilingual Collection). (GER., Illus.). 34p. (J). (gr. 1-4). *(978-1-5259-0799-9(9))* Shelley Admont Publishing.

Meine Superkraft Finden. Sarah Ackermann. 2021. (GER.). 42p. (J). 17.99 *(978-1-64538-305-5(9))* Orange Hat Publishing.

Meir Ezofovitch: A Novel (Classic Reprint) Eliza Orzeszkowa. (ENG., Illus.). (J). 2017. 31.88 *(978-0-331-55207-2(8));* 2016. pap. 16.57 *(978-1-334-12519-5(8))* Forgotten Bks.

Mei's Wild Ride (Disney/Pixar Turning Red) RH Disney. Illus. by RH Disney. 2022. (Step into Reading Ser.). (ENG., Illus.). 32p. (J). (gr. 1-3). 14.99 *(978-0-7364-9011-5(6));* 5.99 *(978-0-7364-4265-7(0))* Random Hse. Children's Bks. (RH/Disney).

Mejor: Libro para Colorear Ninos. Bold Illustrations. 2017. (SPA., Illus.). 82p. (J). pap. 8.35 *(978-1-64193-080-2(2),* Bold Illustrations) FASTLANE LLC.

Mejor Animal Del Bosque: Leveled Reader Book 73 Level J 6 Pack. Hmh Hmh. 2021. (SPA.). 16p. (J). pap. 74.40 *(978-0-358-08289-7(7))* Houghton Mifflin Harcourt Publishing Co.

Mejor Dia: El Camino Del Amor para niños y Niñas. Roger Hutchison. Tr. by Yoimel González Hernández. 2021. (SPA., Illus.). 40p. (J). pap. 11.95 *(978-1-64065-386-3(4),* 065386) Church Publishing, Inc.

Mejor juntos: Una historia de Alike. Daniel Martínez. 2018. (SPA.). 48p. (J). (gr. k-3). 16.95 *(978-84-488-5015-9(7),* Beascoa) Penguin Random House Grupo Editorial ESP. Dist: Penguin Random Hse. LLC.

Mejor Museo Del Mundo (the Ultimate Art Museum) (Spanish Edition) Ferren Gipson. 2021. (SPA.). 232p. (J). (gr. 3-7). pap. 45.00 *(978-1-83866-365-0(7))* Phaidon Pr., Inc.

Mejor Regalo. Monica Francoise Zepeda Sein. Illus. by Estelí Meza. 2016. (Cuentamelo Otra Vez Ser.). (SPA.). (J). 16.95 *(978-1-68165-269-6(2))* Trialtea USA, LLC.

Mejores Amigos, Contigo y Conmigo/Best Friends, Busy Friends 8x8 Edition. Susan Rollings. Tr. by Yanitzia Canetti. Illus. by Nichola Cowdery. 2021. (Child's Play Mini-Library). (ENG.). 32p. (J). pap. *(978-1-78628-636-9(X))* Child's Play International Ltd.

Mejores Amigos Por Siempre: Leveled Reader Card Book 72 Level S 6 Pack. Hmh Hmh. 2021. (SPA.). (J). pap. 74.40 *(978-0-358-08551-5(9))* Houghton Mifflin Harcourt Publishing Co.

Mejores Enemigas para Siempre / Dork Diaries: Tales from a Not-So-Friendly Frenemy. Rachel Renée Russell. 2022. (Diario de una Dork Ser.: 11). (SPA.). 256p. (J). (gr. 4-7). pap. 15.95 *(978-1-64473-532-9(6))* Penguin Random House Grupo Editorial ESP. Dist: Penguin Random Hse. LLC.

Mel & Mo's Marvelous Balancing Act. Nicola Winstanley. Illus. by Marianne Ferrer. 2019. (ENG.). 32p. (J). (gr. -1-2). 18.95 *(978-1-77321-324-8(5))* Annick Pr., Ltd. CAN. Dist: Publishers Group West (PGW).

Mel & Shell. Julia Lawrinson. 2021. 208p. (J). (gr. 4-7). 12.95 *(978-1-76099-072-5(8))* Fremantle Pr. AUS. Dist: Independent Pubs. Group.

Mel; B. Spurr: His Life, Work, Writings, & Recitations (Classic Reprint) Harry A. Spurr. 2018. (ENG., Illus.). 260p. (J). 29.28 *(978-0-267-46220-9(4))* Forgotten Bks.

Mel Fell: A Caldecott Honor Award Winner. Corey R. Tabor. Illus. by Corey R. Tabor. 2021. (ENG., Illus.). 40p. (J). (gr. -1-3). 18.99 *(978-0-06-287801-4(8),* Balzer & Bray) HarperCollins Pubs.

Mel the Chosen: (a Graphic Novel) Rachele Aragno. Tr. by Carla Roncalli Di Montorio. 2021. (Illus.). 208p. (J). (gr. 3-7). 20.99 *(978-0-593-30124-1(2));* pap. 12.99 *(978-0-593-30123-4(4));* (ENG., lib. bdg. 23.99 *(978-0-593-30125-8(0))* Penguin Random Hse. LLC.

Mel the Little Chameleon. Anton Michael. 2019. (ENG.). 22p. (J). pap. 6.99 *(978-1-949338-52-2(5))* INFORMA INC.

Mel the Monkey & the Alligator. Ngozi Edema. Illus. by Swapan Debnath. 2020. (ENG.). 38p. (J). pap. *(978-1-9991007-5-9(1))* LoGreco, Bruno.

Mel the Monkey & the Alligator. Ngozi Edema. Illus. by Swapan Debnath. 2020. (ENG.). 40p. (J). (gr. k-3). pap. *(978-1-9991007-7-3(8))* Edema, Ngozi.

Mela & the Elephant. Dow Phumiruk. Illus. by Ziyue Chen. 2018. (ENG.). 32p. (J). (gr. k-3). 18.99 *(978-1-58536-998-0(5),* 204407) Sleeping Bear Pr.

Melancholic Heart. Jaiyana Naki. 2022. (ENG.). 102p. (YA). pap. *(978-1-387-81846-4(5))* Lulu Pr., Inc.

Melancholy of Summer. Louisa Onomé. 2023. (ENG.). 320p. (YA). 19.99 *(978-1-250-82356-4(0),* 900250994) Feiwel & Friends.

Melancholy Tale of Me My Remembrances (Classic Reprint) Edward H. Sothern. 2018. (ENG., Illus.). 524p. (J). 34.72 *(978-0-483-96595-9(2))* Forgotten Bks.

Melanesians. Robert Henry Codrington. 2017. (ENG.). 442p. (J). pap. *(978-3-7447-6855-9(4))* Creation Pubs.

Melange. Kristy Tate. 2018. (Menagerie Ser.: Vol. 2). (ENG., Illus.). 298p. (YA). pap. 11.99 *(978-1-62522-129-2(0))* Indie Artist Pr.

Melania Trump, 1 vol. Joan Stoltman. 2018. (Little Biographies of Big People Ser.). (ENG.). 24p. (gr. 1-2). 24.27 *(978-1-5382-2896-8(3),* cf72c0f3-d525-4ee7-b5c3-d4ef7527e10b) Stevens, Gareth Publishing LLLP.

Melania Trump. Jennifer Strand. 2018. (First Ladies (Launch!) Ser.). (ENG.). 24p. (J). (gr. -1-2). 49.94 *(978-1-5321-2384-9(1),* 29587); (Illus.). lib. bdg. 31.36 *(978-1-5321-2286-6(1),* 28339) ABDO Publishing Co. (Abdo Zoom-Launch).

Melania Trump. Rachael L. Thomas. 2019. (Checkerboard Biographies Ser.). (ENG., Illus.). 32p. (J). (gr. 3-6). lib. bdg. 32.79 *(978-1-5321-1940-8(2),* 32465, Checkerboard Library) ABDO Publishing Co.

Melania Trump: First Lady of the United States, 1 vol. Kristen Rajczak Nelson. 2018. (Junior Biographies Ser.). (ENG.). 24p. (J). (gr. 3-4). 24.27 *(978-0-7660-9739-1(0),* bff3ff1b-52c5-4c7a-b8b5-034c18ce9ca5) Enslow Publishing, LLC.

Melania Trump: Model & First Lady, 1 vol. Bethany Bryan. 2017. (Leading Women Ser.). (ENG.). 112p. (YA). (gr. 7-7). 41.64 *(978-1-5026-3180-0(6),* ff5e7096-f03c-4465-bb2b-0a6a313da3e8); pap. 20.99 *(978-1-5026-3412-2(0),* dd3a9583-02bd-4527-b9b8-3a644160047a) Cavendish Square Publishing LLC.

Melania Trump: First Lady & Be Best Backer. Grace Hansen. 2019. (History Maker Biographies Ser.). (ENG., Illus.). 24p. (J). (gr. -1-2). lib. bdg. 32.79 *(978-1-5321-8901-2(X),* 32970, Abdo Kids) ABDO Publishing Co.

Melania Trump: Primera Dama y Patrocinadora de Be Best (Melania Trump: First Lady & Be Best Backer) Grace Hansen. 2020. (Biografías: Personas Que Han Hecho Historia (History Maker Biographies) Ser.). (SPA.). 24p. (J). (gr. -1-2). lib. bdg. 32.79 *(978-1-0982-0440-2(9),* 35370, Abdo Kids) ABDO Publishing Co.

Melanie: Through the Shadowland. Steven Marks. 2020. (ENG.). 172p. (J). pap. 7.99 *(978-0-9839000-3-0(5))* Coburn Birge Publishing.

Melanie's Magic. Kelly J. Blackwood. 2019. (ENG.). 42p. (J). pap. *(978-1-989322-14-7(X))* Pine Lake Bks.

Melanie's Melanin. Kiana Knibbs. Illus. by Aluko Keyi. 2023. (ENG.). 34p. (J). pap. ***(978-0-2288-8180-3(3))*** Tellwell Talent.

Melanin Born Kings: We Are Capable of Anything. Gregory Wayne Walton, II. 2021. (ENG.). 18p. (J). pap. 15.00 *(978-1-7377836-0-2(6))* THP.

Melanin's Motive. Abisola Adeyemo. 2019. (ENG.). 252p. (YA). pap. 12.00 *(978-1-64254-155-7(9))* BookPatch LLC, The.

Melanthe; or the Days of the Medici, Vol. 1: A Tale of the Fifteenth Century (Classic Reprint) Maberly. 2018. (ENG., Illus.). 370p. (J). 31.53 *(978-0-483-33972-9(5))* Forgotten Bks.

Melba & the Hair Monster. Shay Renee. Illus. by Raffi Antounian. 2021. (ENG.). 64p. (J). 28.95 *(978-1-63683-029-2(3));* pap. 19.95 *(978-1-63683-008-7(0))* WingSpan Publishing. (Wingspan Pr.).

Melba's Gift Book of Australian Art & Literature (Classic Reprint) Franklin Sievewright Peterson. (ENG., Illus.). (J). 2018. 236p. 28.81 *(978-0-428-23735-6(5));* 2016. pap. 11.57 *(978-1-334-15887-2(8))* Forgotten Bks.

Melbourne House, Vol. 2 (Classic Reprint) Susan Warner. 2018. (ENG., Illus.). 308p. (J). 30.27 *(978-0-332-26536-0(6))* Forgotten Bks.

Melbourne: Word by Word. Illus. by Michael McMahon. 2017. (ENG.). 64p. (J). (gr. -1-k). 19.99 *(978-1-76012-667-4(5))* Little Hare Bks. AUS. Dist: Independent Pubs. Group.

Melbourne Word by Word: Little Hare Books. Michael McMahon. 2019. (ENG., Illus.). 20p. (J). (— 1). bds. 10.99 *(978-1-76050-426-7(2))* Little Hare Bks. AUS. Dist: Independent Pubs. Group.

Melchior Gorles, Vol. 2 Of 3: A Tale of Modern Mesmerism (Classic Reprint) Henry Aitchenbie. 2018. (ENG., Illus.). 306p. (J). 30.23 *(978-0-428-74693-3(4))* Forgotten Bks.

Melchior Gorles, Vol. 3 Of 3: A Tale of Modern Mesmerism (Classic Reprint) Henry Aitchenbie. 2018. (ENG., Illus.). 334p. (J). 30.79 *(978-0-483-20315-0(7))* Forgotten Bks.

Melchior's Dream. Juliana Horatia Ewing. 2017. (ENG., Illus.). (J). pap. *(978-3-337-07683-2(1))* Creation Pubs.

Melchior's Dream: And Other Tales (Classic Reprint) Juliana Juliana. 2017. (ENG., Illus.). (J). 29.71 *(978-1-5280-8388-1(1))* Forgotten Bks.

Melchior's Dream: Brothers of Pity, & Other Tales (Classic Reprint) Juliana Horatia Ewing. 2018. (ENG., Illus.). 390p. (J). 31.86 *(978-0-484-88647-5(9))* Forgotten Bks.

Melchisedec (Classic Reprint) Ramsey Benson. (ENG., Illus.). (J). 2018. 322p. 30.50 *(978-0-332-85134-1(6));* 2016. pap. 13.57 *(978-1-333-44046-6(4))* Forgotten Bks.

Melcomb Manor: A Family Chronicle; Arranged from the Papers of Richard Brent, Esq., Sometime of Melcomb (Classic Reprint) F. Scarlett Potter. (ENG., Illus.). (J). 2018. 148p. 26.95 *(978-0-666-75066-2(1));* 2017. pap. 9.57 *(978-1-5276-7486-8(X))* Forgotten Bks.

Melcombe Lodge, or Traits of Family Pride, Vol. 1 Of 4: A Novel (Classic Reprint) Unknown Author. 2018. (ENG., Illus.). 258p. (J). 29.22 *(978-0-483-70671-2(X))* Forgotten Bks.

Melcombe Lodge, or Traits of Family Pride!, Vol. 4 Of 4: A Novel (Classic Reprint) Unknown Author. 2017. (ENG., Illus.). (J). 294p. 29.98 *(978-0-332-59915-1(9));* pap. 13.57 *(978-0-259-78998-7(4))* Forgotten Bks.

Melcombe Lodge, Vol. 3 Of 4: Or, Traits of Family Pride!; a Novel (Classic Reprint) Unknown Author. 2018. (ENG., Illus.). 230p. (J). 28.64 *(978-0-267-21990-2(3))* Forgotten Bks.

Melee! Great Swords, Maces, & Axes Coloring Book. Bobo's Children Activity Books. 2016. (ENG., Illus.). (J). pap. 9.33 *(978-1-68327-554-1(3))* Sunshine In My Soul Publishing.

Melena's Jubilee: The Story of a Fresh Start, 1 vol. Zetta Elliott. Illus. by Aaron Boyd. 2021. (ENG.). 32p. (J). (gr. -1-5). pap. 9.95 *(978-0-88448-560-5(9),* 884560) Tilbury Hse. Pubs.

Meles & the Ferocious Farmer. Colin Bonnington. 2018. (ENG., Illus.). 62p. (J). (gr. 1-3). pap. *(978-1-9999394-1-0(7))* Bonnington, Colin.

Melia & Jo. Billy Aronson. Illus. by Jennifer Oxley. 2018. (ENG.). 48p. (J). (gr. -1-3). 17.99 *(978-1-328-91626-6(X),* 1701986, Clarion Bks.) HarperCollins Pubs.

Melincourt: Vocem Comoedia Tollit (Classic Reprint) Unknown Author. 2018. (ENG., Illus.). 216p. (J). 28.35 *(978-0-267-24694-6(3))* Forgotten Bks.

Melinda & Her Sisters (Classic Reprint) O. H. P. Belmont. 2018. (ENG., Illus.). 68p. (J). 25.30 *(978-0-484-28254-3(9))* Forgotten Bks.

Melinda Gates: Philanthropist. Kate Moening. 2020. (Women Leading the Way Ser.). (ENG., Illus.). 24p. (J). (gr. k-3). pap. 7.99 *(978-1-61891-797-3(8),* 12582, Blastoff! Readers) Bellwether Media.

Melinda Gates: Philanthropist & Education Advocate, 1 vol. Cathleen Small. 2017. (Leading Women Ser.). (ENG.). 112p. (YA). (gr. 7-7). 41.64 *(978-1-5026-2707-0(8),* a4b2b610-dab1-4807-adfd-e693276b757a) Cavendish Square Publishing LLC.

Melinda Manners. Celia Frances. Illus. by Katy Jackson. 2018. (ENG.). 24p. (J). (gr. k-3). 15.99 *(978-0-692-13655-3(X))* Frances, Celia.

Melinda Maxwell: An Interesting Story of Scotland in the Olden Days (Classic Reprint) John L. Macdougall. (ENG., Illus.). (J). 2019. 56p. 25.07 *(978-0-365-27824-5(6));* 2017. pap. 9.57 *(978-0-282-53077-8(0))* Forgotten Bks.

Melinda the One & Only: The Sleepover. Jamie Peterson. 2022. (ENG., Illus.). 28p. (J). pap. 14.95 *(978-1-63860-187-6(9))* Fulton Bks.

Melinda's Bee-Hive: Volume 1. Soula Dempster. 2019. (ENG., Illus.). 74p. (J). pap. *(978-1-912271-42-9(7))* Northern Bee Bks.

Melinda's Bee Hive: Volume 2. Soula Dempster. 2019. (ENG., Illus.). 94p. (J). pap. *(978-1-912271-43-6(5))* Northern Bee Bks.

Melindy (Classic Reprint) Stella George Stern Perry. 2018. (ENG., Illus.). 268p. (J). 29.42 *(978-0-483-88904-0(0))* Forgotten Bks.

Melissa Honeybee. Michelle Holthouse. 2022. (ENG.). 38p. (J). *(978-0-2288-7399-0(1));* pap. *(978-0-2288-7398-3(3))* Tellwell Talent.

Melissa (previously Published As GEORGE), 1 vol. Alex Gino. 2022. (ENG.). (J). (gr. 3-7). 208p. 18.99 *(978-1-338-84340-8(0));* 224p. pap. 8.99 *(978-1-338-84341-5(9))* Scholastic, Inc. (Scholastic Pr.).

Melita Freckle Face True Colors. Johanna Edmondson. Ed. by Solangel Brujan. Illus. by Alenka Vuk Totovsek. 2017. (ENG.). 26p. (J). pap. 12.99 *(978-0-9821291-5-9(7))* MMR Enlightened Investors, LLC.

Melita Honeybee. Michelle Holthouse. 2022. (ENG.). 52p. (J). ***(978-0-2288-8324-1(5));*** pap. ***(978-0-2288-8323-4(7))*** Tellwell Talent.

Melita's Magic Yoga Mat. Johanna Edmondson. Ed. by Solangel Brujan. Illus. by Alenka Trotovesek. 2018. (ENG.). 52p. (J). pap. 14.74 *(978-0-9821291-9-7(X))* MMR Enlightened Investors, LLC.

Mellan Murarna: Swedish Edition of Between the Walls. Tuula Pere. Tr. by Elisabeth Torstensson. Illus. by Andrea Alemanno. 2018. (SWE.). 40p. (J). (gr. k-4). *(978-952-7107-11-9(3));* pap. *(978-952-5878-86-8(4))* Wickwick oy.

Mellichampe a Legend of the Santee (Classic Reprint) William Gilmore Simms. 2017. (ENG., Illus.). (J). 33.34 *(978-1-5283-6675-5(1))* Forgotten Bks.

Mellie Learns about the World Equestrian Games: Mellie, a Palomino Horse Explains What She Has Learned about the World Equestrian Games. Wendy B. Cantrell. 2018. (ENG., Illus.). 40p. (J). pap. 9.95 *(978-1-7325057-0-4(5))* Cantrell, Wendy.

Melloney Holtspur: Or the Pangs of Love (Classic Reprint) John Masefield. 2018. (ENG., Illus.). 138p. (J). 26.74 *(978-0-483-93508-2(5))* Forgotten Bks.

Mellow Fellow Who Played the Cello. Zack Varrato. 2021. (ENG.). 48p. (J). 17.99 *(978-0-578-84389-6(7))* Varrato, Zachary.

Mellow the Good Fellow. Nicki Glover. Illus. by Soledad Cook. 2021. (ENG.). 64p. (J). pap. 15.98 *(978-0-578-94385-5(9))* C&N Publishing.

Mellow's Tale: Truly Memorable Friendships Can Be Very Rare Especially When One Is a Rabbit. Dawn Harris. 2022. (ENG.). 74p. (J). pap. ***(978-1-80227-472-1(3))*** Publishing Push Ltd.

Melly Buckle. Kim Chia. 2021. (ENG.). 34p. (J). pap. 12.99 *(978-1-954868-98-4(7))* Pen It Pubns.

Melly, Fatty & Me. Edyth Bulbring. 2020. (ENG.). 202p. (J). pap. *(978-0-620-67421-8(0))* National Library of South Africa, Pretoria Division.

Melly, Mrs Ho & Me. Edyth Bulbring. 2020. (ENG.). 146p. (J). pap. *(978-0-620-67420-1(2))* National Library of South Africa, Pretoria Division.

Mellybean & the Giant Monster. Mike White. 2020. (Mellybean Ser.: 1). (Illus.). 208p. (J). (gr. 2-5). 22.99 *(978-0-593-20254-8(6));* pap. 12.99 *(978-0-593-20280-7(5))* Penguin Young Readers Group. (Razorbill).

Mellybean & the Villains' Revenge. Mike White. 2022. (Mellybean Ser.: 3). (Illus.). 208p. (J). (gr. 2-5). 20.99 *(978-0-593-20284-5(8));* pap. 12.99 *(978-0-593-20286-9(4))* Penguin Young Readers Group. (Razorbill).

Mellybean & the Wicked Wizard. Mike White. 2021. (Mellybean Ser.: 2). (Illus.). 208p. (J). (gr. 2-5). 20.99 *(978-0-593-20281-4(3));* pap. 12.99 *(978-0-593-20283-8(X))* Penguin Young Readers Group. (Razorbill).

Melmoth the Wanderer, Vol. 1 Of 4: A Tale (Classic Reprint) Charles Robert Maturin. (ENG., Illus.). (J). 2018. 356p. 31.30 *(978-0-484-19956-8(0));* 2017. pap. 13.97 *(978-0-243-25594-8(2))* Forgotten Bks.

Melmoth the Wanderer, Vol. 4 Of 4: A Tale (Classic Reprint) Charles Robert Maturin. (ENG., Illus.). (J). 2018. 462p. 33.45 *(978-0-364-43261-7(6));* 2018. 340p. 30.93 *(978-0-666-24648-6(3));* 2017. pap. 16.57 *(978-0-259-38218-8(3))* Forgotten Bks.

Melody: A Tale of a Show Horse: Great Plains Magic Series. Tammy Osheim. 2017. (ENG.). 34p. (J). pap. 12.95 *(978-0-9987565-1-6(2))* Spatterdash Pr.

Melody (Classic Reprint) Laura Elizabeth Howe Richards. 2018. (ENG., Illus.). 176p. (J). 27.55 *(978-0-483-97997-0(X))* Forgotten Bks.

Melody in Fractions: Math Reader 7 Grade 4. Hmh Hmh. 2018. (SPA.). 8p. (J). pap. 9.00 *(978-1-328-57709-2(0))* Houghton Mifflin Harcourt Publishing Co.

Melody in Fractions: Math Reader Grade 4. Hmh Hmh. 2017. (Math Expressions Ser.). (ENG.). 8p. (J). (gr. 4). pap. 3.07 *(978-1-328-77205-3(5))* Houghton Mifflin Harcourt Publishing Co.

Melody Lifts Her Voice (American Girl) Bria Alston. Illus. by Parker-Nia Gordon & Shiane Salabie. 2022. (Step into Reading Ser.). (ENG.). 32p. (J). (gr. k-3). 14.99 *(978-0-593-43170-2(7));* 5.99 *(978-0-593-43169-6(3))* Random Hse. Children's Bks. (Random Hse. Bks. for Young Readers).

Melody of Darkness. Redd Mercury & Eliza F. Tilton. 2020. (ENG.). 392p. (YA). pap. 16.99 *(978-1-0879-1732-0(8))* Indy Pub.

Melody Queen. Puneet Bhandal. 2023. (Bollywood Academy Ser.). (ENG.). 264p. (J). (gr. 4-7). 18.99 ***(978-1-915244-28-4(5),*** f128116d-f246-4dca-b07c-23026b92c034) Lantana Publishing GBR. Dist: Lerner Publishing Group.

Melody the Mermaid: Adventures in the Kingdoms of the Sea. Valerie Taylor. Ed. by Cathryn Castle Garcia. 2017. (ENG., Illus.). 86p. (J). pap. 24.95 *(978-0-692-99043-8(7))* Castle Creative.

Melody the Monkey's Musical Alphabet. Deborah Benner-Davis. Illus. by Jason Velazquez. 2023. (Melody the Monkey Ser.: Vol. 1). (ENG.). 24p. (J). pap. 14.99 ***(978-1-6628-6890-0(1))*** Salem Author Services.

Melody's Marvelous Mixture. Heather Reilly. 2017. (ENG., Illus.). (J). pap. *(978-0-9950999-5-7(5))* Reilly Bks.

Melody's Unicorn: A Story of Here & There. Richard Swan. 2018. (ENG., Illus.). 200p. (J). (gr. -1-12). pap. 11.95 *(978-1-78535-725-1(5),* Our Street Bks.) Hunt, John Publishing Ltd. GBR. Dist: National Bk. Network.

Melomaniacs (Classic Reprint) James Huneker. 2017. (ENG., Illus.). (J). 31.49 *(978-0-266-19000-4(6))* Forgotten Bks.

Melon Vine, 1920 (Classic Reprint) Unknown Author. (ENG., Illus.). (J). 2018. 194p. 27.90 *(978-0-364-01297-0(8));* 2017. pap. 10.57 *(978-0-243-51006-1(3))* Forgotten Bks.

Meloon Farm: A Novel (Classic Reprint) Maria Louise Pool. 2018. (ENG., Illus.). 466p. (J). 33.51 *(978-0-332-03534-5(4))* Forgotten Bks.

Melo's Kingdom. Thuli Madonsela. 2020. (ENG., Illus.). 136p. (J). *(978-1-4321-3409-9(4))* Christian Art Pubs.

Melowy 3-in-1 #1: Collects the Test of Magic, the Fashion Club of Colors, & Time to Fly, Vol. 1. Cortney Faye Powell. Illus. by Ryan Jampole. 2021. (Melowy Ser.: 1).

(ENG.). 160p. (J). pap. 14.99 (978-1-5458-0710-1(8), 900237541, Papercutz) Mad Cave Studios.
Melowy Vol. 1: The Test of Magic. Cortney Faye Powell. Illus. by Ryan Jampole. 2019. (Melowy Ser.: 1). (ENG.). 64p. (J). pap. 7.99 (978-1-5458-0003-4(0), 900191125, Papercutz) Mad Cave Studios.
Melowy Vol. 2: The Fashion Club of Colors. Cortney Faye Powell. Illus. by Ryan Jampole. 2020. (Melowy Ser.: 2). (ENG.). 64p. (J). pap. 7.99 (978-1-5458-0363-9(3), 900210344, Papercutz) Mad Cave Studios.
Melowy Vol. 3: Time to Fly. Cortney Faye Powell. Illus. by Ryan Jampole. 2019. (Melowy Ser.: 3). (ENG.). 64p. (J). 12.99 (978-1-5458-0309-7(9), 900206552); pap. 7.99 (978-1-5458-0359-2(5), 900210337) Mad Cave Studios. (Papercutz).
Melowy Vol. 4: Frozen in Time. Danielle Star. Illus. by Ryan Jampole. 2020. (Melowy Ser.: 4). (ENG.). 64p. (J). 12.99 (978-1-5458-0350-9(1), 900209662); pap. 7.99 (978-1-5458-0362-2(5), 900210342) Mad Cave Studios. (Papercutz).
Melowy Vol. 5: Meloween. Cortney Faye Powell. Illus. by Ryan Jampole. 2022. (Melowy Ser.: 5). (ENG.). 64p. (J). 12.99 (978-1-5458-0486-5(9), 900219642); pap. 7.99 (978-1-5458-0487-2(7), 900219643) Mad Cave Studios. (Papercutz).
Melric & the Dragon. David McKee. 2016. (Melric Ser.: 4). (ENG., Illus.). 32p. (J). (-k). pap. 13.99 (978-1-78344-210-2(7)) Andersen Pr. GBR. Dist: Independent Pubs. Group.
Mel's Missing Drumsticks. Aryele Maye. Illus. by Nat Rivera & Elyse O'Bannon. 2022. 56p. (J). 32.65 **(978-1-7336001-2-5(4))** BookBaby.
Melt: (a Timebend Novel - Book 1) Ann Denton. 2016. (ENG., Illus.). (J). pap. 14.99 (978-0-9985437-2-7(1)) Le Rue Publishing.
Melt with You. Jennifer Dugan. (YA). (gr. 7). 2023. 336p. pap. 11.99 (978-0-593-11258-8(X)); 2022. 320p. 17.99 (978-0-593-11256-4(3)) Penguin Young Readers Group. (G.P. Putnam's Sons Books for Young Readers).
Meltdown! Jill Murphy. Illus. by Jill Murphy. 2016. (ENG., Illus.). 40p. (J). (gr. -1-2). 15.99 (978-0-7636-8926-1(2)) Candlewick Pr.
Meltdown. Sam Silver. 2022. (ENG.). 334p. (YA). pap. **(978-0-9945304-8-6(X))** Burbak, Peter.
Meltdown: Discover Earth's Irreplaceable Glaciers & Learn What You Can Do to Save Them. Anita Sanchez. Illus. by Lily Padula. 2022. (ENG.). 128p. (J). (gr. 3-7). 19.99 (978-1-5235-0950-8(3), 100950) Workman Publishing Co., Inc.
Meltdown 4 Voyagers. Peter Millett. Illus. by Leo Campos. ed. 2017. (Cambridge Reading Adventures Ser.). (ENG.). 32p. pap. 8.30 (978-1-108-43485-0(1)) Cambridge Univ. Pr.
Meltdown (Diary of a Wimpy Kid Book 13) Jeff Kinney. 2018. (Diary of a Wimpy Kid Ser.). (ENG.). 224p. (J). (gr. 3-7). 14.99 (978-1-4197-4199-9(3), Amulet Bks.) Abrams, Inc.
Meltdown: Earthquake, Tsunami, & Nuclear Disaster in Fukushima. Deirdre Langeland. 2021. (ENG., Illus.). 208p. (J). 19.99 (978-1-62672-700-7(7), 900171399) Roaring Brook Pr.
Meltdown Moments: Helping Families to Have Conversations about Mental Health, Their Feelings & Experiences. Anne Sved Williams. Illus. by Marie Jonsson-Harrison. 2019. (ENG.). 34p. (J). pap. **(978-0-646-80947-2(4))** Women's and Children's Health Network SA.
Meltdown Town. Sean Tulien. 2016. (Tartan House Ser.). (ENG.). 96p. (J). (gr. 3-6). (978-1-63235-165-4(X), 11896, 12-Story Library) Bookstaves, LLC.
Melting Arctic Ice. Carol Hand. 2017. (Ecological Disasters Ser.). (ENG., Illus.). 112p. (J). (gr. 6-12). lib. bdg. 41.36 (978-1-5321-1025-2(1), 25626, Essential Library) ABDO Publishing Co.
Melting Glaciers, Rising Seas. Tara Haelle. 2018. (Taking Earth's Temperature Ser.). (ENG., Illus.). 48p. (gr. 4-8). lib. bdg. 35.64 (978-1-64156-448-9(2), 9781641564489) Rourke Educational Media.
Melting Ice. Raymond Bergin. 2022. (What on Earth? Climate Change Explained Ser.). (ENG., Illus.). 32p. (J). (gr. 3-7). lib. bdg. 28.50 (978-1-63691-557-9(4), 18652) Bearport Publishing Co., Inc.
Melting Ice. Brooke Rowe. Illus. by Jeff Bane. 2017. (My Early Library: My Science Fun Ser.). (ENG.). 24p. (J). (gr. k-1). lib. bdg. 30.64 (978-1-63472-823-2(8), 209718) Cherry Lake Publishing.
Melting of Molly (Classic Reprint) Maria Thompson Daviess. 2018. (ENG., Illus.). 304p. (J). 30.17 (978-0-484-21302-8(4)) Forgotten Bks.
Melting Planet. Yasmin Kinsey. 2020. (ENG.). 32p. (J). (978-1-9999477-8-1(9)) Cambridge Children's Bks.
Melting Pot. Marc Denholm. 2017. (ENG., Illus.). (J). (gr. 2-4). pap. (978-0-9953983-0-6(5)) Paper Imp Pr.
Melting Pot, 1923 (Classic Reprint) Winchester High School. (ENG., Illus.). (J). 2018. 100p. 25.96 (978-0-364-60184-6(1)); 2017. pap. 9.57 (978-0-259-87728-8(X)) Forgotten Bks.
Melton the Adoptable Snowman. Irv Korman. Illus. by Serena Fantozzi. 2020. (ENG.). 38p. (J). pap. 14.95 (978-1-948613-11-8(5)) Sunny Day Publishing, LLC.
Melville. Paul Schmid. 2021. (ENG., Illus.). 34p. (J). bds. 12.99 (978-1-5248-6514-6(1)) Andrews McMeel Publishing.
Melville Goodwin, USA (Classic Reprint) John P. Marquand. 2017. (ENG., Illus.). (J). 36.40 (978-0-331-71262-9(8)); pap. 19.57 (978-0-282-37054-1(4)) Forgotten Bks.
Melvilles, Vol. 2 of 3 (Classic Reprint) John Drayton. 2018. (ENG., Illus.). 310p. (J). 30.29 (978-0-484-21907-5(3)) Forgotten Bks.
Melvilles, Vol. 3 of 3 (Classic Reprint) Margaret O. W. Oliphant. 2018. (ENG., Illus.). 302p. (J). 30.15 (978-0-483-90348-7(5)) Forgotten Bks.
Melvin & His Bright Red Suitcase Adventure. Valerie Boycott. 2020. (ENG., Illus.). 30p. (J). pap. (978-1-5289-3524-1(1)) Austin Macauley Pubs. Ltd.
Melvin & Hockey Night in the Town of Shinny (Hardcover) Christina Burke. Illus. by Franfou. 2018. (Melvin the Mouse Ser.: Vol. 3). (ENG.). 60p. (J). (gr. 1-6). (978-1-7753404-0-9(6)) Stars Aligned Publishing.
Melvin & Hockey Night in the Town of Shinny (Softcover) Christina Burke. Illus. by Franfou. 2018. (Melvin the Mouse Ser.: Vol. 3). (ENG.). 60p. (J). (gr. k-6). pap. (978-1-7753404-1-6(4)) Stars Aligned Publishing.
Melvin & Mario Van Peebles. Joyce Markovics & Alrick A. Brown. 2023. (Groundbreakers: Black Moviemakers Ser.). (ENG., Illus.). 24p. (J). (gr. 3-6). pap. 12.79 (978-1-6689-2082-4(4), 222060); lib. bdg. 30.64 (978-1-6689-1980-4(X), 221958) Cherry Lake Publishing.
Melvin Fastidious the Sailor. Dawn Young. 2019. (ENG., Illus.). 28p. (J). pap. 12.99 (978-1-950454-96-9(7)) Pen It Pubns.
Melvin the Mouth. Katherine Blanc. Illus. by Jeffrey Ebbeler. 2017. 32p. (J). (gr. -1-3). lib. bdg. 16.99 (978-1-58089-714-3(2)) Charlesbridge Publishing, Inc.
Melvin the Sad... (Ish) Robot. Joshua Margolis. 2016. (ENG., Illus.). (J). (gr. -1-2). 15.95 (978-1-63177-936-7(2)) Amplify Publishing Group.
Melvina Whitmoore (More or Less a Horror Story) Faith Capalia. Illus. by Faith Capalia. 2023. (ENG., Illus.). 40p. (J). (gr. -1-3). 18.99 **(978-0-06-324782-6(8)**, HarperCollins) HarperCollins Pubs.
Memandex, 1905 (Classic Reprint) Davenport College. 2017. (ENG., Illus.). (J). 25.61 (978-0-331-40544-6(X)); pap. 9.57 (978-0-260-61350-9(9)) Forgotten Bks.
Memaw's Farm. Glen F. Welch. Illus. by Weezie Jones. l.t. ed. 2021. (ENG.). 24p. (J). (gr. k-3). 18.00 (978-1-0879-4753-2(7)) Indy Pub.
Memaw's Turquoise Nuggets: Helping Children of All Ages Manifest Good Fruit. Deborah Camacho. 2022. (Memaw Ser.: Vol. 1). (ENG.). 224p. (J). pap. 16.49 (978-1-6628-5077-6(8)) Salem Author Services.
Member for Paris: A Tale of the Second Empire (Classic Reprint) Trois-Etoiles Trois-Etoiles. (ENG., Illus.). (J). 2018. 218p. 28.39 (978-0-483-46360-8(4)); 2016. pap. 10.97 (978-1-334-46864-3(8)) Forgotten Bks.
Member for Paris, Vol. 1 Of 3: A Tale of the Second Empire (Classic Reprint) Trois Etoiles. 2018. (ENG., Illus.). 316p. (J). 30.43 (978-0-483-62756-7(9)) Forgotten Bks.
Member for Paris, Vol. 2 Of 3: A Tale of the Second Empire (Classic Reprint) Trois-Etoiles Trois-Etoiles. 2018. (ENG., Illus.). 356p. (J). 31.24 (978-0-483-55250-0(X)) Forgotten Bks.
Member for Paris, Vol. 3 Of 3: A Tale of the Second Empire (Classic Reprint) Eustace Clare Grenville Murray. 2018. (ENG., Illus.). 368p. (J). 31.49 (978-0-483-34030-5(8)) Forgotten Bks.
Member of the Third House. Hamlin Garland & American Popular Literature. 2017. (ENG.). 258p. (J). pap. (978-3-337-34409-2(7)) Creation Pubs.
Member of the Third House: A Dramatic Story (Classic Reprint) Hamlin Garland. 2018. (ENG., Illus.). 264p. (J). 29.34 (978-0-267-18589-4(8)) Forgotten Bks.
Members of the Family (Classic Reprint) Owen Wister. 2017. (ENG., Illus.). (J). 31.07 (978-0-265-59174-1(0)) Forgotten Bks.
Membrana Tympani in Health & Disease: Illustrated by Twenty-Four Chromo-Lithographs; Clinical Contributions to the Diagnosis & Treatment of Diseases of the Ear, with Supplement (Classic Reprint) Adam Politzer. 2017. (ENG., Illus.). 208p. (J). pap. 10.57 (978-0-282-70413-1(2)) Forgotten Bks.
Membrane. Michele Corriel. Ed. by Shannon Delany. 2016. (ENG., Illus.). (YA). (gr. 7-12). pap. 16.99 (978-1-61603-068-1(2)) Leap Bks.
Meme Plague, 0 vols. Angie Smibert. 2016. (Memento Nora Ser.: 3). (ENG.). 240p. (YA). (gr. 7-12). pap. 9.99 (978-1-4778-1689-9(5), 9781477816899, Skyscape) Amazon Publishing.
Memengwaa: The Monarch Butterfly. Dorothy Ladd. Tr. by Marilyn Roote. Illus. by Jeannette Ladd. 2023. (ENG.). 40p. (J). **(978-1-0391-5801-6(3))**; pap. **(978-1-0391-5800-9(5))** FriesenPress.
Memento Monstrum. Jochen Till. Illus. by Wiebke Rauers. 2021. (ENG.). 200p. (J). (gr. 4). 20.00 (978-1-64690-010-7(3)) North-South Bks., Inc.
Memento Mortale. Angeline Walsh. 2019. (ENG.). 230p. (J). pap. 14.00 (978-0-578-54166-2(1)) Old Coal Publishing.
MEME's Autumn/Fall Experience. Muriel Shulterbrandt Williams. 2020. (ENG., Illus.). 24p. (J). pap. (978-0-2288-1490-0(1)) Tellwell Talent.
Memmo (Classic Reprint) Joseph Spencer Kennard. (ENG., Illus.). (J). 2018. 264p. 29.36 (978-0-483-58981-0(0)); 2017. pap. 11.97 (978-0-243-25804-8(6)) Forgotten Bks.
Memoir. Christopher White. 2021. (ENG.). 186p. (YA). pap. 9.99 (978-1-008-98898-9(7)) Lulu Pr., Inc.
Memoir & Letters (Classic Reprint) Rudolf Cecil Hopkinson. 2018. (ENG., Illus.). 194p. (J). 27.90 (978-0-483-35595-8(X)) Forgotten Bks.
Memoir & Letters of Gulielma M. Hoopes (Classic Reprint) Gulielma M. Hoopes. 2018. (ENG., Illus.). 124p. (J). 26.47 (978-0-267-48864-3(5)) Forgotten Bks.
Memoir & Letters of Jenny C. White Del Bal (Classic Reprint) Rhoda E. White. 2018. (ENG., Illus.). 376p. (J). 31.67 (978-0-267-21963-6(6)) Forgotten Bks.
Memoir & Letters of the Late Thomas Seddon, Artist (Classic Reprint) Unknown Author. 2018. (ENG., Illus.). 220p. (J). 28.43 (978-0-332-00984-1(X)) Forgotten Bks.
Memoir of Anne Gorham Everett: With Extracts from Her Correspondence & Journal (Classic Reprint) Philippa Call Bush. (ENG., Illus.). (J). 2018. 336p. 30.83 (978-0-267-61379-3(2)); 2016. pap. 13.57 (978-1-334-12009-1(9)) Forgotten Bks.
Memoir of Caroline Campbell (Classic Reprint) Caroline Campbell. 2019. (ENG., Illus.). (J). 20p. 24.33 (978-1-397-29529-3(5)); 22p. pap. 7.97 (978-1-397-29502-6(3)) Forgotten Bks.
Memoir of Charles Mayne Young, Tragedian 1871: With Extracts from His Son's Journal (Classic Reprint) Julian Charles Young. 2017. (ENG., Illus.). (J). 34.33 (978-0-260-62611-0(2)) Forgotten Bks.
Memoir of Charles Mayne Young, Tragedian, 1871, Vol. 2: With Extracts from His Son's Journal (Classic Reprint) Julian Charles Young. 2017. (ENG., Illus.). (J). 31.86 (978-1-5281-6463-4(6)) Forgotten Bks.
Memoir of Charles Mayne Young, Vol. 1: Tragedian, with Extracts from His Son's Journal (Classic Reprint) Julian Charles Young. 2017. (ENG., Illus.). (J). 32.13 (978-0-266-87431-7(2)) Forgotten Bks.
Memoir of Charlotte Hamilton: Illustrating the Reality & Power of Godliness in Childhood (Classic Reprint) Ambrose Edson. (ENG., Illus.). (J). 2018. 166p. 27.32 (978-0-484-56151-8(0)); 2016. pap. 9.97 (978-1-334-12027-5(7)) Forgotten Bks.
Memoir of Emily Elizabeth Parsons: Published for the Benefit of the Cambridge Hospital (Classic Reprint) Unknown Author. 2017. (ENG., Illus.). (J). 27.34 (978-0-260-56174-9(6)) Forgotten Bks.
Memoir of Frances Cabot Putnam: A Family Chronicle (Classic Reprint) Marian Cabot Putnam. (ENG., Illus.). (J). 2018. 368p. 31.51 (978-0-332-63219-3(9)); 2016. pap. 13.97 (978-1-334-11864-7(7)) Forgotten Bks.
Memoir of Frances Fowler (Classic Reprint) Unknown Author. (ENG., Illus.). (J). 2018. 110p. 26.17 (978-0-483-80401-2(0)); 2016. pap. 9.57 (978-1-334-12623-9(2)) Forgotten Bks.
Memoir of George Shepard Boltwood: Who Died at Amherst, Mass, July 19, 1833 (Classic Reprint) Unknown Author. 2018. (ENG., Illus.). 52p. (J). 24.99 (978-0-483-82589-5(1)) Forgotten Bks.
Memoir of Hannah B. Cook: Who Died in Campton, N. H. , December 7, 1831, Aged Seven Years (Classic Reprint) Massachusetts Sabbath School Society. 2018. (ENG., Illus.). 46p. (J). 24.85 (978-0-483-85531-1(6)) Forgotten Bks.
Memoir of Her Royal Highness Princess Mary Adelaide (Classic Reprint) Clement Kinloch-Cooke. 2018. (ENG., Illus.). 506p. (J). 34.33 (978-0-331-56390-0(8)) Forgotten Bks.
Memoir of Her Royal Highness Princess Mary Adelaide, Duchess of Teck, Vol. 2 Of 2: Based on Her Private Diaries & Letters (Classic Reprint) C. Kinloch Cooke. 2017. (ENG., Illus.). (J). 33.84 (978-0-331-48089-4(1)) Forgotten Bks.
Memoir of Jane Austen (Classic Reprint) James Edward Austen-Leigh. 2018. (ENG., Illus.). 382p. (J). 31.78 (978-0-365-30428-9(X)) Forgotten Bks.
Memoir of Joseph & Mary Kinsley (Classic Reprint) American Sunday School Union. (ENG., Illus.). (J). 2018. 62p. 25.18 (978-0-483-74159-1(0)); 2016. pap. 9.57 (978-1-334-12019-0(6)) Forgotten Bks.
Memoir of Lucy Maria Bigelow: Who Died in Rochester, Mass; October 23, 1832 Aged Nearly Six Years (Classic Reprint) Unknown Author. 2018. (ENG., Illus.). 52p. (J). 24.97 (978-0-364-26126-2(9)) Forgotten Bks.
Memoir of Maria Edgeworth: With a Selection from Her Letters by the Late (Classic Reprint) Frances Anne Beaufort Edgeworth. 2017. (ENG., Illus.). 306p. (J). 30.21 (978-0-484-37935-9(6)) Forgotten Bks.
Memoir of Maria Edgeworth, Vol. 1: With a Selection from Her Letters by the Late Mrs. Edgeworth (Classic Reprint) Frances Anne Beaufort Edgeworth. 2018. (ENG., Illus.). 346p. (J). 31.05 (978-0-364-74691-2(2)) Forgotten Bks.
Memoir of Maria Edgeworth, Vol. 3: With a Selection from Her Letters by the Late Mrs. Edgeworth (Classic Reprint) Frances Anne Beaufort Edgeworth. 2018. (ENG., Illus.). 298p. (J). 30.04 (978-0-483-15809-2(7)) Forgotten Bks.
Memoir of Mary Lothrop: Who Died in Boston, March 18, 1831, Aged Six Years & Three Months (Classic Reprint) American Tract Society. 2018. (ENG., Illus.). 126p. (J). 26.50 (978-0-483-83947-2(7)) Forgotten Bks.
Memoir of Mrs. Mary E. Van Lennep: Only Daughter of the REV. Joel Hawes, D. D. & Wife of the REV. Henry J. Van Lennep, Missionary in Turkey (Classic Reprint) Louisa Fisher. Hawes. 2017. (ENG., Illus.). (J). 31.57 (978-0-265-21578-4(1)) Forgotten Bks.
Memoir of Nathan W. Dickerman: Who Died at Boston, (Mass;) January 2, 1830, in the Eighth Year of His Age (Classic Reprint) Gorham D. Abbott. 2017. (ENG., Illus.). (J). 26.95 (978-0-265-22116-7(1)) Forgotten Bks.
Memoir of Nathaniel Hawthorne: With Stories, Now First Published in This Country (Classic Reprint) H. A. Page. 2018. (ENG., Illus.). 324p. (J). 30.58 (978-0-428-78813-1(0)) Forgotten Bks.
Memoir of Robert Swain (Classic Reprint) Robert Swain. 2017. (ENG., Illus.). (J). 29.44 (978-0-266-20793-1(6)) Forgotten Bks.
Memoir of Seth W. Cheney, Artist (Classic Reprint) Ednah Dow Cheney. (ENG., Illus.). (J). 2018. 154p. 27.07 (978-0-483-77635-7(1)); 2017. pap. 9.57 (978-0-243-42025-4(0)) Forgotten Bks.
Memoir of Susie King Taylor: A Civil War Nurse. Pamela Dell. 2017. (First-Person Histories Ser.). (ENG.). 32p. (J). (gr. 3-6). pap. 8.95 (978-1-5157-3356-0(4), 133348); (Illus.). lib. bdg. 27.99 (978-1-5157-3354-6(8), 133346) Capstone. (Capstone Pr.).
Memoir of the Life of Adam Lindsay Gordon. J. Howlett-Ross. 2017. (ENG.). 224p. (J). pap. (978-3-7446-9339-4(2)) Creation Pubs.
Memoir of the Life of Adam Lindsay Gordon: The Laureate of the Centaurs. with New Poems, Prose Sketches, Political Speeches & Reminiscences, & an in Memoriam by Kendall. J. Howlett-Ross. 2017. (ENG., Illus.). (J). pap. (978-1-76057-566-3(6)) Trieste Publishing Pty Ltd.
Memoir of the Life of Adam Lindsay Gordon. the Laureate of the Centaurs. J. Howlett-Ross. 2017. (ENG., Illus.). (J). pap. (978-0-649-16327-4(3)) Trieste Publishing Pty Ltd.
Memoir of the Life of Adam Lindsay Gordon, the Laureate of the Centaurs. J. Howlett-Ross. 2017. (ENG., Illus.). (J). pap. (978-0-649-04570-9(X)) Trieste Publishing Pty Ltd.
Memoir of the Life of Adam Lindsay Gordon; the Laureate of the Centaurs: With New Poems, Prose Sketches, Political Speeches & Reminiscences, & an in Memoriam by Kendall (Classic Reprint) J. Howlett-Ross. 2018. (ENG., Illus.). 216p. (J). 28.37 (978-0-267-90891-2(1)) Forgotten Bks.
Memoir of Tillie Pierce: An Eyewitness to the Battle of Gettysburg. Pamela Dell. 2017. (First-Person Histories Ser.). (ENG., Illus.). 32p. (J). (gr. 3-6). lib. bdg. 27.99 (978-1-5157-3355-3(6), 133347, Capstone Pr.) Capstone.
Memoir of W. H. Harvey, M. D. , F. R. S. , etc. , Etc: Late Professor of Botany, Trinity College, Dublin; with Selections from His Journal & Correspondence (Classic Reprint) Unknown Author. (ENG., Illus.). (J). 2017. 32.02 (978-0-331-83101-6(5)); 2016. pap. 16.57 (978-1-334-60430-0(4)) Forgotten Bks.
Memoir of William P. Hutchinson: Who Died at Bethlehem, N. H. April 12th, 1832, Aged Four Years, Seven Months & Twenty Days (Classic Reprint) Unknown Author. 2018. (ENG., Illus.). 38p. (J). 24.76 (978-0-428-29059-7(0)) Forgotten Bks.
Memoir on the Anatomy of the Humpback Whale, Megaptera Longimana. John Struthers. 2017. (ENG.). 204p. (J). pap. (978-3-337-32292-2(1)) Creation Pubs.
Memoir That Makes You Go Mmm. B. Jane Turnquest. l.t. ed. 2021. (ENG.). 210p. (YA). 19.99 (978-1-7368702-0-4(3)) Quill Ink & Parchment Pubns.
Memoires Sur la Respiration (Classic Reprint) Lazzaro Spallanzani. 2017. (FRE., Illus.). (J). pap. 16.57 (978-0-259-27177-2(2)) Forgotten Bks.
Memoirs: Of the Life & Travels of the Late Charles MacPherson, Esq. (Classic Reprint) Hector MacNeill. 2018. (ENG., Illus.). (J). 29.63 (978-0-260-62541-0(8)) Forgotten Bks.
Memoirs & Adventures of Mark Moore, Late an Officer in the British Navy: Interspersed with a Variety of Original Anecdotes, Selected from His Journal, When in the Tuscan, Portuguese, Swedish, Imperial, American, & British Service, in Each of Which. Mark Moore. 2018. (ENG., Illus.). 278p. (J). 29.67 (978-0-483-31009-4(3)) Forgotten Bks.
Memoirs & Anecdotes of Philip Thicknesse. Philip Thicknesse. 2017. (ENG.). 444p. (J). pap. (978-3-337-26700-1(9)) Creation Pubs.
Memoirs & Anecdotes of Philip Thicknesse: Late Lieutenant Governor of Land Guard Fort, & Unfortunately Father to George Touchet, Baron Audley (Classic Reprint) Philip Thicknesse. 2018. (ENG., Illus.). 446p. (J). 33.10 (978-0-483-03421-1(5)) Forgotten Bks.
Memoirs & Resolutions of Adam Graeme, of Mossgray, Vol. 1 Of 3: Including Some Chronicles of the Borough of Fendie (Classic Reprint) Margaret O. W. Oliphant. 2018. (ENG., Illus.). 324p. (J). 30.58 (978-0-332-91288-2(4)) Forgotten Bks.
Memoirs & Resolutions of Adam Graeme of Mossgray, Vol. 2 Of 3: Including Some Chronicles of the Borough of Fendie (Classic Reprint) Unknown Author. 2018. (ENG., Illus.). 334p. (J). 30.79 (978-0-483-92558-8(6)) Forgotten Bks.
Memoirs & Resolutions of Adam Graeme of Mossgray, Vol. 3 Of 3: Including Some Chronicles of the Borough of Fendie (Classic Reprint) Margaret O. W. Oliphant. 2018. (ENG., Illus.). 348p. (J). 31.07 (978-0-483-84412-4(8)) Forgotten Bks.
Memoirs Barry Lyndon, Esq: A Little Dinner at Dinner (Classic Reprint) William Makepeace Thackeray. 2018. (ENG., Illus.). 524p. (J). 34.70 (978-0-365-48830-9(5)) Forgotten Bks.
Memoirs, Letters, & Comic Miscellanies, in Prose & Verse, of the Late James Smith, Vol. 1 of 2 (Classic Reprint) James Smith. 2018. (ENG., Illus.). 500p. (J). 34.21 (978-0-666-59235-4(7)) Forgotten Bks.
Memoirs, Letters, & Comic Miscellanies, Vol. 1 Of 2: In Prose & Verse (Classic Reprint) James Smith. 2018. (ENG., Illus.). 380p. (J). 31.75 (978-0-666-99131-7(6)) Forgotten Bks.
Memoirs of a Baby (Classic Reprint) Josephine Daskam. 2018. (ENG., Illus.). 284p. (J). 29.75 (978-0-365-23718-1(3)) Forgotten Bks.
Memoirs of a Cavalier: A Military Journal of the Wars in Germany, & the Wars in England. from the Year 1632 to the Year 1648. Daniel Dafoe. 2017. (ENG., Illus.). (J). 25.95 (978-1-374-94135-9(2)); pap. 15.95 (978-1-374-94134-2(4)) Capital Communications, Inc.
Memoirs of a Child (Classic Reprint) Annie Steger Winston. 2018. (ENG., Illus.). 178p. (J). 27.59 (978-0-483-49887-7(4)) Forgotten Bks.
Memoirs of a Classroom Guinea Pig. Miss Piglet St. Benedict. Ed. by Wm. J. Burns, III & Frances T. Garrett. Illus. by Christine Jamrok. 2021. (Memoirs of a Classroom Guinea Pig Ser.: 1). 176p. (J). 25.00 (978-1-0983-8931-4(X)) BookBaby.
Memoirs of a Clubman (Classic Reprint) George Brown Burgin. 2018. (ENG., Illus.). 296p. (J). 30.00 (978-0-428-93054-7(9)) Forgotten Bks.
Memoirs of a Country Doll: Written by Herself (Classic Reprint) Mary Curtis. 2017. (ENG., Illus.). (J). 25.79 (978-0-331-63695-6(6)); pap. 9.57 (978-0-243-50210-3(9)) Forgotten Bks.
Memoirs of a Dog Walker. April Jean Leite. 2017. (ENG.). 218p. (J). 20.95 (978-1-78693-100-9(1), e45055d5-220a-444b-ac66-623b7208a80a) Austin Macauley Pubs. Ltd. GBR. Dist: Baker & Taylor Publisher Services (BTPS).
Memoirs of a Failure: With an Account of the Man & His Manuscript (Classic Reprint) Daniel Wright Kittredge. (ENG., Illus.). (J). 2018. 202p. 28.15 (978-0-484-14211-3(9)); 2017. pap. 10.57 (978-0-243-29010-9(1)) Forgotten Bks.
Memoirs of a Femme de Chambre (Classic Reprint) Marguerite Countess Of Blessington. (ENG., Illus.). (J). 2018. 450p. 33.18 (978-0-656-06856-2(6)); 2016. pap. 16.57 (978-1-334-19403-0(3)) Forgotten Bks.
Memoirs of a Femme de Chambre, Vol. 1 Of 3: A Novel (Classic Reprint) Marguerite Blessington. (ENG., Illus.). (J). 2018. 324p. 30.58 (978-0-267-41003-3(4)); 2016. pap. 13.57 (978-1-334-23767-6(0)) Forgotten Bks.
Memoirs of a Femme de Chambre, Vol. 2 Of 3: A Novel (Classic Reprint) Marguerite Blessington. (ENG., Illus.). (J). 2018. 324p. 30.58 (978-0-267-34078-1(8)); 2016. pap. 13.57 (978-1-333-64798-8(0)) Forgotten Bks.
Memoirs of a Femme de Chambre, Vol. 3 Of 3: A Novel (Classic Reprint) Marguerite Blessington. 2018. (ENG., Illus.). 326p. (J). 30.62 (978-0-483-89755-7(8)) Forgotten Bks.

1312 The check digit for ISBN-10 appears in parentheses after the full ISBN-13

M

Memoirs of a Great Detective: Incidents in the Life of John Wilson Murray (Classic Reprint) John Wilson Murray. 2017. (ENG., Illus.). (J). 33.57 *(978-1-5281-7532-6(8))* Forgotten Bks.

Memoirs of a Griffin, or a Cadet's First Year in India (Classic Reprint) Francis J. Bellew. 2017. (ENG., Illus.). (J). 32.39 *(978-0-265-18518-6(1))* Forgotten Bks.

Memoirs of a Highland Lady: The Autobiography of Elizabeth Grant of Rothiemurchus Afterwards Mrs. Smith of Baltiboys, 1797-1830 (Classic Reprint) Elizabeth Grant. (ENG., Illus.). (J). 2018. 524p. 34.70 *(978-0-483-61919-7(1))*; 2016. pap. 19.57 *(978-1-333-42316-2(0))* Forgotten Bks.

Memoirs of a Highland Lady: The Autobiography of Elizabeth Grant of Rothiemurchus, Afterwards Mrs. Smith of Baltiboys, 1797-1830 (Classic Reprint) Elizabeth Grant Smith. 2017. (ENG., Illus.). (J). 33.82 *(978-1-5284-7810-6(X))* Forgotten Bks.

Memoirs of a Lady in Waiting (Classic Reprint) Unknown Author. 2018. (ENG., Illus.). 282p. (J). 29.75 *(978-0-484-04346-5(3))* Forgotten Bks.

Memoirs of a Lady in Waiting, Vol. 2 of 2 (Classic Reprint) Unknown Author. 2018. (ENG., Illus.). 284p. (J). 29.77 *(978-0-483-97491-3(9))* Forgotten Bks.

Memoirs of a London Doll: Written by Himself (Classic Reprint) Fairstar. 2017. (ENG., Illus.). (J). 28.10 *(978-1-5285-8322-0(1))* Forgotten Bks.

Memoirs of a Magdalen, or the History of Louisa Mildmay, Vol. 2 Of 2: Now First Published from a Series of Original Letters (Classic Reprint) Hugh Kelly. 2017. (ENG., Illus.). (J). 28.74 *(978-0-265-67520-5(0))*; pap. 11.57 *(978-1-5276-4519-6(3))* Forgotten Bks.

Memoirs of a Maid of Honour (Classic Reprint) Katharine Villiers. 2018. (ENG., Illus.). (J). 29.55 *(978-0-260-19499-2(9))* Forgotten Bks.

Memoirs of a Manager, Vol. 2: Or Life's Stage with New Scenery (Classic Reprint) Henry Lee. (ENG., Illus.). (J). 2018. 192p. 27.88 *(978-0-484-06118-6(6))*; 2017. pap. 10.57 *(978-1-334-84587-1(5))* Forgotten Bks.

Memoirs of a Midget (Classic Reprint) Walter de la Mare. 2017. (ENG., Illus.). (J). 32.97 *(978-0-265-20356-9(2))* Forgotten Bks.

Memoirs of a Millionaire (Classic Reprint) Lucia True Ames. 2018. (ENG., Illus.). 340p. (J). 30.93 *(978-0-483-66532-3(0))* Forgotten Bks.

Memoirs of a Munch. Marjorie Stevens. 2022. (ENG.). 22p. (J). pap. ***(978-0-2288-6410-3(0))*** Tellwell Talent.

Memoirs of a Parrot. Devin Scillian. Illus. by Tim Bowers. 2016. (ENG.). 32p. (J). (gr. k-3). 16.99 *(978-1-58536-962-1(4)*, 204036) Sleeping Bear Pr.

Memoirs of a Preacher, or the Mysteries of the Pulpit (Classic Reprint) George Lippard. (ENG., Illus.). (J). 2018. 212p. 28.27 *(978-0-483-87452-7(3))*; 2017. pap. 10.97 *(978-0-243-88741-5(8))* Forgotten Bks.

Memoirs of a Professional Lady Nurse (Classic Reprint) M. Stannard. 2017. (ENG., Illus.). (J). 252p. 29.11 *(978-0-332-77211-0(X))*; pap. 11.57 *(978-0-259-50591-4(9))* Forgotten Bks.

Memoirs of a Sportsman (Classic Reprint) Isabel F. Hapgood. 2017. (ENG., Illus.). (J). 31.36 *(978-1-5282-7084-7(3))* Forgotten Bks.

Memoirs of a Sportsman (Classic Reprint) Ivan Turgenieff. 2017. (ENG., Illus.). (J). 44.09 *(978-1-5285-8121-9(0))* Forgotten Bks.

Memoirs of a Sportsman, Vol. 2: Translated from the Russian (Classic Reprint) Ivan Sergeevich Turgenev. 2018. (ENG., Illus.). 356p. (J). 31.26 *(978-0-483-58466-2(5))* Forgotten Bks.

Memoirs of a Sportsman, Vol. 2: Translated from the Russian (Classic Reprint) Ivan Turgenieff. 2016. (ENG., Illus.). (J). pap. 13.97 *(978-1-333-61283-2(4))* Forgotten Bks.

Memoirs of a Staff-Officer Serving in Virginia: Edited, from the Mss; of Colonel Surry (Classic Reprint) John Esten Cooke. 2017. (ENG., Illus.). (J). 34.00 *(978-0-331-69528-1(6))* Forgotten Bks.

Memoirs of a Surrey Labourer: A Record of the Last Years of Frederick (Classic Reprint) George Bourne. 2018. (ENG., Illus.). 330p. (J). 30.70 *(978-0-483-07595-5(7))* Forgotten Bks.

Memoirs of a Swine in the Land of Kultur: Or How It Felt to Be a Prisoner of War (Classic Reprint) Ben Muse. 2017. (ENG., Illus.). (J). 24.99 *(978-0-331-71808-9(1))* Forgotten Bks.

Memoirs of a Tortoise. Devin Scillian. Illus. by Tim Bowers. 2020. (ENG.). 32p. (J). (gr. 1-4). 16.99 *(978-1-5341-1019-9(4)*, 204854) Sleeping Bear Pr.

Memoirs of a Water Drinker, Vol. 1 (Classic Reprint) William Dunlap. 2018. (ENG., Illus.). 436p. (J). 32.89 *(978-0-483-85330-0(5))* Forgotten Bks.

Memoirs of a White Elephant (Classic Reprint) Judith Gautier. 2018. (ENG., Illus.). 260p. (J). 29.28 *(978-0-484-86990-4(6))* Forgotten Bks.

Memoirs of an American Citizen (Classic Reprint) Robert Herrick. 2018. (ENG., Illus.). 368p. (J). 31.49 *(978-0-364-90167-0(5))* Forgotten Bks.

Memoirs of an Arabian Princess: An Autobiography (Classic Reprint) Emily Ruete. 2017. (ENG., Illus.). (J). 30.58 *(978-1-5281-6346-0(X))* Forgotten Bks.

Memoirs of an Arabian Princess (Classic Reprint) Emilie Ruete. (ENG., Illus.). (J). 2017. 30.23 *(978-0-265-41310-4(9))*; 2016. pap. 13.57 *(978-1-333-57377-5(4))* Forgotten Bks.

Memoirs of an Old Wig (Classic Reprint) Samuel Rogers Fenton. 2018. (ENG., Illus.). 180p. (J). 27.61 *(978-0-484-77712-4(2))* Forgotten Bks.

Memoirs of Anna Maria Wilhelmina Pickering, Vol. 1: Together with Extracts from the Journals of Her Father, John Spencer Stanhope, Describing His Travels on the Continent, & His Imprisonment under Napoleon (Classic Reprint) Spencer Pickering. 2018. (ENG., Illus.). 478p. (J). 33.76 *(978-0-666-88981-2(3))* Forgotten Bks.

Memoirs of Barry Lyndon, Esq: Roundabout Papers, etc (Classic Reprint) William Makepeace Thackeray. (ENG., Illus.). (J). 2018. 680p. 37.92 *(978-0-483-69769-0(9))*; 2016. pap. 20.57 *(978-1-334-15195-8(4))* Forgotten Bks.

Memoirs of Barry Lyndon, Esq: Written by Himself, the Fitz-Boodle Papers Catherine: a Story Men's Wives etc (Classic Reprint) William Makepeace Thackeray. 2017. (ENG., Illus.). (J). 39.96 *(978-0-265-51656-0(0))* Forgotten Bks.

Memoirs of Barry Lyndon, Esq. & the Miscellaneous Papers Written Between 1843 & 1847 (Classic Reprint) William Makepeace Thackeray. (ENG., Illus.). (J). 2018. 678p. 37.90 *(978-0-267-38720-5(2))*; 2016. pap. 20.57 *(978-1-334-14387-8(0))* Forgotten Bks.

Memoirs of Barry Lyndon, Esq. (Classic Reprint) William Makepeace Thackeray. 2018. (ENG., Illus.). (J). 428p. 32.97 *(978-1-396-82738-9(2))*; 430p. pap. 16.57 *(978-1-396-82728-0(5))* Forgotten Bks.

Memoirs of Charles Lee Lewes, Vol. 1 Of 4: Containing Anecdotes, Historical & Biographical, of the English & Scottish Stages, During a Period of Forty Years (Classic Reprint) Unknown Author. 2017. (ENG., Illus.). 234p. (J). 28.74 *(978-0-332-03871-1(8))* Forgotten Bks.

Memoirs of Constant, the Emperor Napoleon's Head Valet, Vol. 3 Of 4: Containing Details of the Private Life of Napoleon, His Family & His Court (Classic Reprint) Louis Constant Wairy. 2017. (ENG., Illus.). (J). 30.97 *(978-0-266-41492-6(3))* Forgotten Bks.

Memoirs of Constantine Dix (Classic Reprint) Barry Pain. 2017. (ENG., Illus.). (J). 28.52 *(978-0-331-61284-4(4))* Forgotten Bks.

Memoirs of Dick, the Little Poney: Supposed to Be Written by Himself, & Published for the Instruction & Amusement of Good Boys & Girls (Classic Reprint) Unknown Author. 2017. (ENG., Illus.). (J). 28.10 *(978-0-266-22261-3(7))* Forgotten Bks.

Memoirs of Dicky, a Yellow Canary: Written by Himself in Behalf of & Sold for the Famishing Irish (Classic Reprint) Mary Grey. 2018. (ENG., Illus.). 66p. (J). 25.26 *(978-0-267-48899-5(8))* Forgotten Bks.

Memoirs of Dr. Blenkinsop, Vol. 1 Of 2: Written by Himself; Including His Campaigns, Travels, & Adventures; with Anecdotes of Graphiology, & Some of the Letters of His Correspondents (Classic Reprint) Adam Blenkinsop. (ENG., Illus.). (J). 2018. 328p. 30.66 *(978-0-428-87562-6(9))*; 2016. pap. 13.57 *(978-1-334-15929-9(7))* Forgotten Bks.

Memoirs of Dr. Blenkinsop, Vol. 2 of 2 (Classic Reprint) Adam Blenkinsop. 2018. (ENG., Illus.). 370p. (J). 31.55 *(978-0-483-45075-2(8))* Forgotten Bks.

Memoirs of Elleanor Eldridge (Classic Reprint) Elleanor Eldridge. 2018. (ENG., Illus.). 132p. (J). 26.62 *(978-0-267-17170-5(6))* Forgotten Bks.

Memoirs of Emma & Her Nurse, or the History of Lady Harewood (Classic Reprint) Cameron. 2019. (ENG., Illus.). 180p. (J). 27.61 *(978-0-267-21227-9(5))* Forgotten Bks.

Memoirs of Emma Courtney: Two Volumes in One (Classic Reprint) Mary Hays. 2017. (ENG., Illus.). (J). 29.65 *(978-0-260-49566-2(2))*; pap. 13.57 *(978-0-243-39620-7(1))* Forgotten Bks.

Memoirs of Father Ripa: During Thirteen Years' Residence at the Court of Peking in the Service of the Emperor of China; with an Account of the Foundation of the College for the Education of Young Chinese at Naples (Classic Reprint) Matteo Ripa. (ENG., Illus.). (J). 2018. 514p. 34.52 *(978-0-267-76802-8(8))*; 2016. pap. 16.97 *(978-1-334-13773-0(0))* Forgotten Bks.

Memoirs of Halide Edib: With a Frontispiece in Color by Alexandre Pankoff & Many Illustrations from Photographs (Classic Reprint) Halidé Edib. 2017. (ENG., Illus.). (J). 34.85 *(978-1-5282-4902-7(X))* Forgotten Bks.

Memoirs of His Own Life, Vol. 1 of 4 (Classic Reprint) Tate Wilkinson. 2018. (ENG., Illus.). 268p. (J). 29.42 *(978-0-483-56160-1(6))* Forgotten Bks.

Memoirs of Jacques Casano, Vol. 4 of 12 (Classic Reprint) Giacomo Casanova. (ENG., Illus.). (J). 2018. 428p. 32.74 *(978-0-483-54913-5(4))*; 2016. pap. 16.57 *(978-1-334-17107-9(6))* Forgotten Bks.

Memoirs of Jacques Casanova de Seingalt, the Prince of Adventurers, Vol. 1 Of 2: A New & Abridged with Introduction, Two Portraits, Notes, & Appendices (Classic Reprint) Giacomo Casanova. abr. ed. 2018. (ENG., Illus.). 522p. (J). 34.66 *(978-0-484-67293-1(2))* Forgotten Bks.

Memoirs of Jacques Casanova de Seingalt, Vol. 2 of 2 (Classic Reprint) Giacomo Casanova. (ENG., Illus.). (J). 2017. 34.70 *(978-0-260-71027-7(X))*; 2016. pap. 19.57 *(978-1-334-14763-0(9))* Forgotten Bks.

Memoirs of Jacques Casanova, Vol. 1 of 12 (Classic Reprint) Giacomo Casanova. 2017. (ENG., Illus.). (J). 34.83 *(978-0-331-57593-4(0))* Forgotten Bks.

Memoirs of Jacques Casanova, Vol. 11 of 12 (Classic Reprint) Giacomo Casanova. (ENG., Illus.). (J). 2018. 382p. 31.78 *(978-0-484-65961-1(8))*; 2016. pap. 16.57 *(978-1-334-54653-2(3))* Forgotten Bks.

Memoirs of Jacques Casanova, Vol. 3 Of 12: Written by Himself Now for the First Time Translated into English (Classic Reprint) Giacomo Casanova. (ENG., Illus.). (J). 2018. 482p. 33.84 *(978-0-267-34937-1(8))*; 2016. pap. 16.57 *(978-1-333-72677-5(5))* Forgotten Bks.

Memoirs of Jacques Casanova, Vol. 5 of 12 (Classic Reprint) Giacomo Casanova. 2018. (ENG., Illus.). 430p. (J). 32.79 *(978-0-483-47406-2(1))* Forgotten Bks.

Memoirs of Jacques Casanova, Vol. 7 Of 12: Written by Himself Now for the First Time Translated into English (Classic Reprint) Giacomo Casanova. 2018. (ENG., Illus.). 430p. (J). 32.77 *(978-0-267-22631-3(4))* Forgotten Bks.

Memoirs of James Curtis Mahan (Classic Reprint) James Curtis Mahan. 2018. (ENG., Illus.). 188p. (J). 27.69 *(978-0-267-11850-2(3))* Forgotten Bks.

Memoirs of James Hardy Vaux, Vol. 1 of 2 (Classic Reprint) James Hardy Vaux. 2018. (ENG., Illus.). (J). 502p. 34.27 *(978-0-484-34790-7(X))*; 318p. 30.46 *(978-0-267-44866-1(X))* Forgotten Bks.

Memoirs of James Hardy Vaux, Vol. 2 of 2 (Classic Reprint) James Hardy Vaux. (ENG., Illus.). (J). 2018. 240p. 28.87 *(978-0-364-36751-3(2))*; 2017. pap. 11.57 *(978-0-282-60591-9(6))* Forgotten Bks.

Memoirs of Jane Cameron, Vol. 1 Of 2: Female Convict (Classic Reprint) Frederick William Robinson. 2018. (ENG., Illus.). (J). 30.87 *(978-0-332-02867-5(4))* Forgotten Bks.

Memoirs of Janetta: A Tale, Alas! Too True! (Classic Reprint) Janetta Norweb. (ENG., Illus.). (J). 2018. 284p. 29.77 *(978-0-484-27096-0(6))*; 2016. pap. 13.57 *(978-1-334-16054-7(6))* Forgotten Bks.

Memoirs of Karoline Bauer, Vol. 1 Of 2: From the German (Classic Reprint) Karoline Bauer. 2018. (ENG., Illus.). 364p. (J). 31.40 *(978-0-484-52544-2(1))* Forgotten Bks.

Memoirs of Karoline Bauer, Vol. 2 Of 2: From the German (Classic Reprint) Karoline Bauer. 2018. (ENG., Illus.). 342p. (J). 30.97 *(978-0-365-24837-8(1))* Forgotten Bks.

Memoirs of Karoline Bauer, Vol. 3 Of 4: From the German (Classic Reprint) Karoline Bauer. 2017. (ENG., Illus.). (J). 30.52 *(978-0-260-39267-1(7))* Forgotten Bks.

Memoirs of Karoline Bauer, Vol. 4: From the German (Classic Reprint) Karoline Bauer. 2018. (ENG., Illus.). 336p. (J). 30.83 *(978-0-656-25999-1(X))* Forgotten Bks.

Memoirs of Madame d'Arblay, Author of Evelina, Cecilia, etc, Vol. 1: Compiled from Her Voluminous Diaries & Letters, & from Other Sources (Classic Reprint) Helen Berkeley. 2018. (ENG., Illus.). 288p. (J). 29.84 *(978-0-428-97980-5(7))* Forgotten Bks.

Memoirs of Madame Lafarge (Classic Reprint) Marie Fortunee Cappelle Pouch LaFarge. (ENG., Illus.). (J). 2018. 340p. 30.91 *(978-0-332-34368-6(5))*; 2016. pap. 13.57 *(978-1-334-12254-5(7))* Forgotten Bks.

Memoirs of Major Robert Stobo, of the Virginia Regiment: Arma Virumque (Classic Reprint) Robert Stobo. 2018. (ENG., Illus.). 86p. (J). 25.69 *(978-0-483-42295-7(9))* Forgotten Bks.

Memoirs of Marx D. Hauberg: Being a Personal Narrative of the Immigration of His Parents & Their Children from Schleswig-Holstein, 1848; a Year's Life & Travel Via New York, Pittsburgh; in Tennessee, Alabama & Kentucky (Classic Reprint) Marx D. Hauberg. 2018. (ENG., Illus.). (J). 214p. 28.31 *(978-1-396-41590-6(4))*; 216p. pap. 10.97 *(978-1-390-90629-5(9))* Forgotten Bks.

Memoirs of Mary, Vol. 1 Of 5: A Novel (Classic Reprint) Gunning. 2017. (ENG., Illus.). (J). 254p. 29.14 *(978-0-332-31575-1(4))*; pap. 11.57 *(978-0-259-34950-1(X))* Forgotten Bks.

Memoirs of Mary, Vol. 1 Of 5: A Novel (Classic Reprint) Susannah Gunning. (ENG., Illus.). (J). 2018. 234p. 28.72 *(978-0-267-39639-9(2))*; 2016. pap. 11.57 *(978-1-334-13068-7(X))* Forgotten Bks.

Memoirs of Mary, Vol. 3 Of 5: A Novel (Classic Reprint) Susannah Gunning. (ENG., Illus.). (J). 2018. 258p. 29.24 *(978-0-483-33824-1(9))*; 2016. pap. 11.57 *(978-1-334-13962-8(8))* Forgotten Bks.

Memoirs of Mary, Vol. 4 Of 5: A Novel (Classic Reprint) Susannah Gunning. 2017. (ENG., Illus.). (J). 29.30 *(978-0-266-68145-8(X))*; pap. 11.97 *(978-1-5276-5260-6(2))* Forgotten Bks.

Memoirs of Mary, Vol. 5 Of 5: A Novel (Classic Reprint) Susannah Minifie Gunning. (ENG., Illus.). (J). 2018. 234p. 28.72 *(978-0-267-00554-3(7))*; 2017. pap. 11.57 *(978-0-259-00572-8(X))* Forgotten Bks.

Memoirs of Miss. C. E. Cary, (Written by Herself), Who Was Retained in the Service of the Late Queen Caroline, to Fill the Situation in Her Majesty's Household Next to Lady Anne Hamilton, Vol. 1 Of 3: Containing Interesting Anecdotes of Some of the Firs. Catherine E. Cary. 2017. (ENG., Illus.). (J). 32.33 *(978-0-331-98503-0(9))*; pap. 16.57 *(978-0-259-30609-2(6))* Forgotten Bks.

Memoirs of Miss. d'Arville; or the Italian Female Philosopher, Vol. 1: In a Series of Adventures Founded on Fact (Classic Reprint) Bresciano Carli. 2018. (ENG., Illus.). 330p. (J). 30.70 *(978-0-656-62103-3(6))* Forgotten Bks.

Memoirs of Miss. d'Arville, or the Italian Female Philosopher, Vol. 1: In a Series of Adventures, Founded on Fact; Translated from the Italian (Classic Reprint) Bresciano Carli. 2018. (ENG., Illus.). 326p. (J). 30.64 *(978-0-332-79086-2(X))* Forgotten Bks.

Memoirs of Miss. d'Arville, or the Italian Female Philosopher, Vol. 2: In a Series of Adventures Founded on Fact (Classic Reprint) Carli Bresciano. 2018. (ENG., Illus.). 314p. (J). 30.37 *(978-0-332-37535-9(8))* Forgotten Bks.

Memoirs of Miss. d'Arville, or the Italian Female Philosopher, Vol. 2: In a Series of Adventures, Founded on Fact; Translated from the Italian (Classic Reprint) Unknown Author. 2018. (ENG., Illus.). 312p. (J). 30.33 *(978-0-332-56467-8(3))* Forgotten Bks.

Memoirs of Miss. Sidney Bidulph, Vol. 1 Of 3: Extracted from Her Own Journal, & Now First Published (Classic Reprint) Frances Chamberlaine Sheridan. 2017. (ENG., Illus.). (J). 33.86 *(978-0-266-73003-3(5))*; pap. 16.57 *(978-1-5276-9071-4(7))* Forgotten Bks.

Memoirs of Mistral (Classic Reprint) Frederic Mistral. 2017. (ENG., Illus.). (J). 31.86 *(978-0-266-20242-4(X))* Forgotten Bks.

Memoirs of Mlle; des Echerolles: Being Side Lights on the Reign of Terror (Classic Reprint) Alexandrine Etiennette M. Desecherolles. 2017. (ENG., Illus.). (J). 31.90 *(978-0-265-19719-6(8))* Forgotten Bks.

Memoirs of Modern Philosophers, Vol. 1 of 2 (Classic Reprint) Elizabeth Hamilton. (ENG., Illus.). (J). 2018. 302p. 30.15 *(978-0-364-81663-9(5))*; 2017. pap. 13.57 *(978-0-259-28161-0(1))* Forgotten Bks.

Memoirs of Modern Philosophers, Vol. 1 of 3 (Classic Reprint) Elizabeth Hamilton. (ENG., Illus.). (J). 2018. 350p. 31.12 *(978-0-483-41808-0(0))*; 2018. 358p. 31.30 *(978-0-483-49409-1(7))*; 2017. 31.22 *(978-0-265-71542-0(3))*; 2017. pap. 13.57 *(978-1-5276-7067-9(8))*; 2016. pap. 13.57 *(978-1-334-12860-8(X))* Forgotten Bks.

Memoirs of Modern Philosophers, Vol. 2 of 2 (Classic Reprint) Elizabeth Hamilton. 2018. (ENG., Illus.). 302p. (J). 30.15 *(978-0-484-06747-8(8))* Forgotten Bks.

Memoirs of Modern Philosophers, Vol. 2 Of 3: Third Edition (Classic Reprint) Elizabeth Hamilton. 2017. (ENG., Illus.). (J). pap. 16.57 *(978-0-259-53527-0(3))* Forgotten Bks.

Memoirs of Modern Philosophers, Vol. 2 of 3 (Classic Reprint) Elizabeth Hamilton. (ENG., Illus.). (J). 2017. 32.29 *(978-0-266-72416-2(7))*; 2017. pap. 16.57 *(978-1-5276-8285-6(4))*; 2016. pap. 16.57 *(978-1-334-24844-3(3))* Forgotten Bks.

Memoirs of Modern Philosophers, Vol. 3 of 3 (Classic Reprint) Elizabeth Hamilton. (ENG., Illus.). (J). 2018. 364p. 31.42 *(978-0-666-97017-6(3))*; 2018. 370p. 31.55 *(978-0-483-67371-7(4))*; 2017. pap. 13.97 *(978-0-259-20517-3(6))* Forgotten Bks.

Memoirs of Monkeys, &C., &c (Classic Reprint) Unknown Author. 2018. (ENG., Illus.). 158p. (J). 27.18 *(978-0-267-52269-9(X))* Forgotten Bks.

Memoirs of Mr. Charles J. Yellowplush. William Makepeace Thackeray. 2018. (ENG., Illus.). 162p. (J). *(978-3-7326-2820-9(5))* Klassik Literatur. ein Imprint der Salzwasser Verlag GmbH.

Memoirs of Mr. Charles J. Yellowplush. William Makepeace Thackeray. 2017. (ENG., Illus.). (J). pap. 13.95 *(978-1-374-83913-7(2))* Capital Communications, Inc.

Memoirs of Mr. Charles J. Yellowplush & Catherine: A Story (Classic Reprint) William Makepeace Thackeray. 2018. (ENG., Illus.). 340p. (J). 30.91 *(978-0-483-30938-8(9))* Forgotten Bks.

Memoirs of Mrs. Catherine Jemmat, Daughter of the Late Admiral Yeo, of Plymouth, Vol. 2 (Classic Reprint) Catherine Jemmat. 2017. (ENG., Illus.). (J). 27.07 *(978-0-265-72888-8(6))*; pap. 9.57 *(978-1-5276-8945-9(X))* Forgotten Bks.

Memoirs of Mrs. Catherine Jemmat, Vol. 2: Daughter of the Late Admiral Yeo of Plymouth (Classic Reprint) Catherine Jemmat. 2018. (ENG., Illus.). 154p. (J). 27.11 *(978-0-483-11891-1(5))* Forgotten Bks.

Memoirs of Mrs. Elizabeth Fisher, of the City of New-York, Daughter of the REV. Harry Munro, Who Was a Chaplain in the British Army, During the American Revolution: A Giving a Particular Account of a Variety of Domestic Misfortunes, & Also of Her Trial. Elizabeth Fisher. (ENG., Illus.). (J). 2018. 52p. 24.97 *(978-0-484-57315-3(2))*; 2016. pap. 9.57 *(978-1-333-49035-5(6))* Forgotten Bks.

Memoirs of Mrs. Laetitia Pilkington, Wife to the REV. Mr. Matthew Pilkington: Written by Herself, Wherein Are Occasionally Interspersed, All Her Poems (Classic Reprint) Laetitia Pilkington. 2017. (ENG., Illus.). (J). 30.33 *(978-0-331-72322-9(0))*; pap. 13.57 *(978-0-259-17620-6(6))* Forgotten Bks.

Memoirs of Mrs. Laetitia Pilkington, Wife to the REV. Mr. Matthew Pilkington, Vol. 2: Written by Herself, Wherein Are Occasionally Interspersed, Her Poems, with Variety of Secret Transactions, of Some Eminent Persons (Classic Reprint) Laetitia Pilkington. 2018. (ENG., Illus.). 370p. (J). 31.69 *(978-0-332-19400-4(0))* Forgotten Bks.

Memoirs of Mrs. Iætitia Pilkington, Written by Herself: Wherein Are Occasionally Interspersed, Variety of Poems; As Also the Letters of Several Persons of Distinction; with the Conclusive Part of the Life of the Inimitable Dean Swift (Classic Reprint) Laetitia Pilkington. 2018. (ENG., Illus.). (J). 294p. 29.98 *(978-0-366-56033-2(6))*; 296p. pap. 13.57 *(978-0-366-05338-4(8))* Forgotten Bks.

Memoirs of Mrs. Rebecca Wakefield. Robert Brewin. 2017. (ENG.). 340p. (J). pap. *(978-3-337-12208-9(6))* Creation Pubs.

Memoirs of Mrs. Rebecca Wakefield: Missionary in East Africa. Robert Brewin. 2016. (ENG.). 248p. (J). pap. *(978-3-7433-4521-8(8))* Creation Pubs.

Memoirs of Mrs. Rebecca Wakefield: Missionary in East Africa (Classic Reprint) Robert Brewin. 2019. (ENG., Illus.). 250p. (J). 29.05 *(978-0-365-13031-4(1))* Forgotten Bks.

Memoirs of Mrs. Sophia Baddeley, Late of Drury Lane Theatre, Vol. 1 of 6 (Classic Reprint) Elizabeth Steele. 2018. (ENG., Illus.). 426p. (J). 32.70 *(978-0-428-26689-9(4))* Forgotten Bks.

Memoirs of Mrs. Sophia Baddeley, Late of Drury Lane Theatre, Vol. 5 of 6 (Classic Reprint) Elizabeth Steele. 2018. (ENG., Illus.). 428p. (J). 32.72 *(978-0-428-99471-6(7))* Forgotten Bks.

Memoirs of Mrs. Sophia Baddeley, Vol. 3 Of 6: Late of Drury Lane Theatre (Classic Reprint) Elizabeth Steele. 2018. (ENG., Illus.). 462p. (J). 33.43 *(978-0-428-81964-4(8))* Forgotten Bks.

Memoirs of My Dead Life (Classic Reprint) George Moore. 2018. (ENG., Illus.). 316p. (J). 30.41 *(978-0-483-51320-4(2))* Forgotten Bks.

Memoirs of Myself (Classic Reprint) Edmond Temple. (ENG., Illus.). (J). 2018. 298p. 30.06 *(978-0-483-04227-8(7))*; 2016. pap. 13.57 *(978-1-334-09083-7(1))* Forgotten Bks.

Memoirs of Paul Henry Kendricken (Classic Reprint) Paul Henry Kendricken. 2018. (ENG., Illus.). 372p. (J). 31.59 *(978-0-267-23857-6(6))* Forgotten Bks.

Memoirs of Robert-Houdin: Ambassador, Author, & Conjurer (Classic Reprint) Unknown Author. 2018. (ENG., Illus.). 448p. (J). 33.16 *(978-0-365-28015-6(1))* Forgotten Bks.

Memoirs of Robert-Houdin, Ambassador, Author, & Conjuror, Vol. 1 of 2 (Classic Reprint) Jean-Eugène Robert-Houdin. 2018. (ENG., Illus.). 310p. (J). 30.31 *(978-0-666-29333-6(3))* Forgotten Bks.

Memoirs of Samuel Pepys, Esq. F. R. S, Vol. 1 Of 5: Secretary to the Admiralty in the Reigns of Charles II. & James II.; Comprising His Diary from 1659 to 1669, Deciphered by the Rev. John Smith, A. B., from the Original Short-Hand Ms., in the Pepysian. Richard Lord Braybrooke. 2018. (ENG., Illus.). 542p. (J). 35.08 *(978-0-364-75689-8(6))* Forgotten Bks.

Memoirs of Samuel Pepys, Esq. F. R. S, Vol. 4 Of 5: Secretary to the Admiralty in the Reigns of Charles II. & James II.; Comprising His Diary Form 1659 to 1669, Deciphered by the REV. John Smith, A. B. from the Original Short-Hand Ms. in the Pepysian Li. Richard Lord Braybrooke. 2018. (ENG., Illus.). 390p. (J). 31.96 *(978-0-267-43766-5(8))* Forgotten Bks.

Memoirs of Samuel Phelps (Classic Reprint) John Coleman. 2018. (ENG., Illus.). 338p. (J). 30.89 *(978-0-364-17262-9(2))* Forgotten Bks.

Memoirs of Sarah Barnum (Classic Reprint) Marie Colombier. 2017. (ENG., Illus.). (J). 27.67 *(978-0-265-91214-0(8))* Forgotten Bks.

Memoirs of Sargeant Dale: His Daughter, & the Orphan Mary (Classic Reprint) American Sunday School Union. 2018. (ENG., Illus.). 90p. (J). 25.75 *(978-0-428-68464-8(5))* Forgotten Bks.

Memoirs of Sir Roger de Clarendon, the Natural Son of Edward, Prince of Wales, Commonly Called the Black Prince: With Anecdotes of Many Other Eminent Persons of the Fourteenth Century (Classic Reprint) Clara Reeve. 2018. (ENG., Illus.). 242p. (J). 28.91 *(978-0-656-75956-9(9))* Forgotten Bks.

Memoirs of Sir Roger de Clarendon, the Natural Son of Edward, Prince of Wales, Commonly Called the Black Prince, Vol. 1 Of 3: With Anecdotes of Many Other Eminent Persons of the Fourteenth Century (Classic Reprint) Clara Reeve. (ENG., Illus.). (J). 2018. 252p. 29.09 *(978-0-267-59613-3(8))*; 2016. pap. 11.57 *(978-1-334-14822-4(8))* Forgotten Bks.

Memoirs of Student Life in Germany, & Vacation Tips in the Tyrol, Switzerland, & Austria (Classic Reprint) W. R. Gosewisch. 2018. (ENG., Illus.). 298p. (J). 30.04 *(978-0-483-54326-3(8))* Forgotten Bks.

Memoirs of the Bedford Coffee-House (Classic Reprint) Unknown Author. (ENG., Illus.). (J). 2018. 216p. 28.35 *(978-0-484-15931-9(3))*; 2017. pap. 10.97 *(978-1-334-92311-1(6))* Forgotten Bks.

Memoirs of the Count du Beauval: Including Some Curious Particulars Relating to the Dukes of Wharton & Ormond, During Their Exiles (Classic Reprint) Jean Baptiste de Boyer Argens. 2018. (ENG., Illus.). 254p. (J). 29.14 *(978-0-267-25199-5(8))* Forgotten Bks.

Memoirs of the Count of Comminge (Classic Reprint) Francois D'Arnaud. 2017. (ENG., Illus.). (J). 27.75 *(978-0-331-55913-2(7))*; pap. 10.57 *(978-0-259-19663-1(0))* Forgotten Bks.

Memoirs of the Countess Cosel (Classic Reprint) Joseph J. Kraszewski. 2018. (ENG., Illus.). 372p. (J). 31.57 *(978-0-364-47554-6(4))* Forgotten Bks.

Memoirs of the Extraordinary Military Career of John Shipp. John Shipp. 2017. (ENG.). 406p. (J). pap. *(978-3-337-39910-8(X))* Creation Pubs.

Memoirs of the Extraordinary Military Career of John Shipp, Late a Lieutenant in His Majesty's 87th Regiment, Vol. 2 (Classic Reprint) John Shipp. 2018. (ENG., Illus.). 300p. (J). 30.10 *(978-0-484-60825-1(8))* Forgotten Bks.

Memoirs of the Foreign Legion (Classic Reprint) Maurice Magnus. 2017. (ENG., Illus.). (J). 30.15 *(978-0-331-48486-1(2))*; pap. 13.57 *(978-0-260-85663-0(0))* Forgotten Bks.

Memoirs of the In-Between. Willowmeana. 2020. (ENG.). 294p. (YA). pap. 18.95 *(978-1-64462-245-2(9))* Page Publishing Inc.

Memoirs of the Lady Hester Stanhope, Vol. 2 of 3 (Classic Reprint) Charles Lewis Meryon Hester Lu Stanhope. 2018. (ENG., Illus.). 404p. (J). 32.23 *(978-0-428-76729-7(X))* Forgotten Bks.

Memoirs of the Late Mrs. Robinson, Vol. 1 (Classic Reprint) Mary Robinson. 2017. (ENG., Illus.). (J). 28.12 *(978-0-331-54371-1(0))* Forgotten Bks.

Memoirs of the Late Mrs. Robinson, Vol. 2 Of 2: Written by Herself (Classic Reprint) Mary Robinson. 2017. (ENG., Illus.). (J). 29.47 *(978-0-331-68295-3(8))* Forgotten Bks.

Memoirs of the Late Mrs. Robinson, Vol. 3 of 4 (Classic Reprint) Mary Robinson. 2017. (ENG., Illus.). (J). 27.86 *(978-0-331-07358-4(7))* Forgotten Bks.

Memoirs of the Late Thomas Holcroft: And Continued to the Time of His Death, from His Diary, Notes, & Other Papers (Classic Reprint) Thomas Holcroft. 2017. (ENG., Illus.). (J). 30.50 *(978-0-260-56909-7(7))* Forgotten Bks.

Memoirs of the Late Thomas Holcroft, Vol. 1 Of 3: Written by Himself, & Continued to the Time of His Death, from His Diary, Notes, & Other Papers (Classic Reprint) Thomas Holcroft. (ENG., Illus.). (J). 2018. 316p. 30.41 *(978-0-483-57429-8(5))*; 2017. pap. 13.57 *(978-0-243-21448-8(0))* Forgotten Bks.

Memoirs of the Late Thomas Holcroft, Vol. 2 Of 3: Written by Himself, & Continued to the Time of His Death, from His Diary, Notes, & Other Papers (Classic Reprint) Thomas Holcroft. 2017. (ENG., Illus.). 290p. (J). 29.90 *(978-0-332-12075-1(9))* Forgotten Bks.

Memoirs of the Late Thomas Holcroft, Written by Himself. & Continued to the Time of His Death from His Diary, Notes, & Other Papers. in Three Volumes. Vol. II. Thomas Holcroft. 2017. (ENG., Illus.). (J). pap. *(978-0-649-64658-6(4))* Trieste Publishing Pty Ltd.

Memoirs of the Late Thomas Holcroft, Written by Himself, Vol. 3 Of 3: And Continued to the Time of His Death, from His Diary, Notes & Other Papers (Classic Reprint) Thomas Holcroft. 2017. (ENG., Illus.). 328p. (J). 30.66 *(978-0-332-21003-2(0))* Forgotten Bks.

Memoirs of the Life & Adventures of Signor Rozelli, Late of the Hague, Vol. 1: Giving a Particular Account of His Birth, Education, Slavery, Monastic State, Imprisonment in the Inquisition at Rome, & the Different Figures He Has since Made, As Well In. Abbe Olivier. 2018. (ENG., Illus.). 298p. (J). 30.04 *(978-0-364-24294-0(9))* Forgotten Bks.

Memoirs of the Life & Adventures of Signor Rozelli, Late of the Hague, Vol. 2: Giving a Particular Account of His Birth, Education, Slavery, Monastic State, Imprisonment in the Inquisition at Rome, & the Different Figures He Has since Made, As Well In. Abbe Olivier. 2018. (ENG., Illus.). 258p. (J). 29.24 *(978-0-483-28568-2(4))* Forgotten Bks.

Memoirs of the Life of James Wilson, Esq. F. R. S. E. , M. W. S. of Woodville (Classic Reprint) James Hamilton. (ENG., Illus.). (J). 2018. 418p. 32.54 *(978-0-428-94437-7(X))*; 2016. pap. 16.57 *(978-1-334-14960-3(7))* Forgotten Bks.

Memoirs of the Private Life; Return; & Reign of Napoleon in 1815; Volume I. Pierre Antoine Edouard Fle De Chaboulon. 2017. (ENG., Illus.). (J). 25.95 *(978-1-374-86822-9(1))*; pap. 15.95 *(978-1-374-86821-2(3))* Capital Communications, Inc.

Memoirs of the Sieur de Pontis, Who Served in the Army Six & Fifty Years, under King Henry IV. , Lewis the XIII. , & Lewis the XIV: Containing Many Remarkable Passages Relating to the War, the Court, & the Government of Those Princes. Louis de Pontis. (ENG., Illus.). (J). 2018. 300p. 30.08 *(978-0-483-07854-3(9))*; 2017. pap. 13.57 *(978-0-282-41077-3(5))* Forgotten Bks.

Memoirs of Vidocq, Principal Agent of the French Police until 1827, Vol. 2 of 2 (Classic Reprint) Eugene Francois Vidocq. (ENG., Illus.). (J). 2018. 548p. 35.22 *(978-0-483-49548-7(4))*; 2016. pap. 19.57 *(978-1-334-15356-3(6))* Forgotten Bks.

Memoirs, Vol. 4 Of 4: Of a Most Respectable Family (Classic Reprint) William Makepeace Thackeray. 2017. (ENG., Illus.). (J). 33.73 *(978-1-5279-8974-0(7))* Forgotten Bks.

Memorable Olympic Gymnastics Moments. Erin Nicks. 2020. (Gymnastics Zone Ser.). (ENG.). 32p. (J). (gr. 3-6). lib. bdg. 32.79 *(978-1-5321-9238-8(X)*, 35085, SportsZone) ABDO Publishing Co.

Memoranda & Documents: A Blue Bluejacket's Letters Home, 1863-1864 (Classic Reprint) Arthur M. Schlesinger. 2017. (ENG., Illus.). (J). 24.37 *(978-0-265-55868-3(9))*; pap. 7.97 *(978-0-282-81606-3(2))* Forgotten Bks.

Memoria en Verso. Juan Moises de la Serna. 2019. (SPA.). 82p. (J). pap. *(978-88-9398-256-6(0))* Tektime.

Memorial Addresses on the Life & Character of Frank Welch, (a Representative from Nebraska) 2017. (ENG., Illus.). (J). pap. *(978-0-649-22408-1(6))* Trieste Publishing Pty Ltd.

Memorial Addresses on the Life & Character of Garrett Davis, (a Senator from Kentucky) December 18 1872. 2017. (ENG., Illus.). (J). pap. *(978-0-649-19948-8(0))* Trieste Publishing Pty Ltd.

Memorial Addresses on the Life & Character of Henry H. Starkweather (a Representative from Connecticut,) Delivered in the Senate & House of Representatives, February 24 1876. 2017. (ENG., Illus.). (J). pap. *(978-0-649-19634-0(1))* Trieste Publishing Pty Ltd.

Memorial Addresses on the Life & Character of John Arnot, Jr. (a Representative from New York), Delivered in the House of Representatives & in the Senate, 49th Congress, Second Session. 2017. (ENG., Illus.). (J). pap. *(978-0-649-19308-0(3))* Trieste Publishing Pty Ltd.

Memorial Addresses on the Life & Character of William M. Lowe, (a Representative from Alabama), Delivered in the House of Representatives & in the Senate, Forty-Seventh Congress, Second Session. 2017. (ENG., Illus.). (J). pap. *(978-0-649-19180-2(3))* Trieste Publishing Pty Ltd.

Memorial Day. Emma Bernay & Emma Carlson Berne. Illus. by Simone Kruger. 2018. (Holidays in Rhythm & Rhyme Ser.). (ENG.). 24p. (J). (gr. k-2). lib. bdg. 33.99 *(978-1-68410-389-8(4)*, 140366) Cantata Learning.

Memorial Day. Rachel Grack. 2018. (Celebrating Holidays Ser.). (ENG., Illus.). 24p. (J). (gr. k-3). lib. bdg. 26.95 *(978-1-62617-753-6(8)*, Blastoff! Readers) Bellwether Media.

Memorial Day. Rebecca Sabelko. 2023. (Happy Holidays! Ser.). (ENG., Illus.). (J). (gr. -1-2). pap. 7.99 Bellwether Media.

Memorial Day. Contrib. by Rebecca Sabelko. 2023. (Happy Holidays! Ser.). (ENG., Illus.). (J). (gr. -1-2). lib. bdg. 25.95 Bellwether Media.

Memorial of Mrs. Morse Stewart: Edited by Her Husband (Classic Reprint) Morse Stewart. (ENG., Illus.). (J). 2018. 318p. 30.48 *(978-0-483-01204-2(1))*; 2016. pap. 13.57 *(978-1-333-52782-2(9))* Forgotten Bks.

Memorials of the Late Civil Service Rifle Regiment (Classic Reprint) A. Private. (ENG., Illus.). (J). 2018. 26p. 24.45 *(978-0-364-07577-7(5))*; 2017. pap. 7.97 *(978-0-259-81826-7(7))* Forgotten Bks.

Memorials of Thomas Hood, Vol. 1 Of 2: Collected, Arranged, & Edited by His Daughter, with a Preface & Notes by His Son (Classic Reprint) Thomas Hood. 2017. (ENG., Illus.). (J). 31.07 *(978-0-265-37481-8(2))* Forgotten Bks.

Memorials of Thomas Hood, Vol. 1 of 2 (Classic Reprint) Thomas Hood. 2017. (ENG., Illus.). (J). 30.85 *(978-0-265-19833-9(X))* Forgotten Bks.

Memorias de Palomo: Set of 6 Common Core Edition. Mara Mahia & Benchmark Education Company, LLC Staff. 2016. (Navigators Ser.). (SPA.). (J). (gr. 4). 58.00 net. *(978-1-5125-0824-6(1))* Benchmark Education Co.

Memorias de un Abedul (Memories of a Birch Tree) Daniel Cañas. Illus. by Blanca Millán. 2022. (SPA.). 32p. (J). (gr. k-3). 18.95 *(978-84-18302-52-7(6))* Cuento de Luz SL ESP. Dist: Publishers Group West (PGW).

Memorias de un Koala. Abigail Contreras Márquez. Illus. by Irene Sánchez Jiménez. 2022. (SPA.). 68p. (J). pap. *(978-1-716-03046-8(3))* Lulu Pr., Inc.

Memorias de una Senda Inexplorada. Luis Terreros. 2020. (SPA.). 82p. (J). pap. 11.99 *(978-1-7923-4018-5(4))* Galbraith, Sondra R. .

Memorie & Rime (Classic Reprint) Joaquin Miller. 2018. (ENG., Illus.). 248p. (J). 29.01 *(978-0-332-52633-1(X))* Forgotten Bks.

Memorie per Servire Alla Storia de' Polipi Marini (Classic Reprint) Filippo Cavolini. 2018. (ITA., Illus.). (J). 124p. 26.47 *(978-1-396-08161-3(5))*; 126p. pap. 9.57 *(978-1-390-43893-2(7))* Forgotten Bks.

Memories: A Record of the Class of 1937, Marple-Newtown High School (Classic Reprint) Marple Newtown High School. 2017. (ENG., Illus.). (J). 25.07 *(978-0-331-15943-1(0))*; pap. 9.57 *(978-0-260-11329-0(8))* Forgotten Bks.

Memories: Along the Way from Early Morn to Evening Twilight (Classic Reprint) Ella M. Hostetler. 2018. (ENG., Illus.). 62p. (J). 25.18 *(978-0-483-61870-1(5))* Forgotten Bks.

Memories: Being a Story of Early Times in Daviess County, Missouri, & Character Sketches of Some of the Men Who Helped to Develop Its Latent Resources (Classic Reprint) John F. Jordin. 2018. (ENG., Illus.). 206p. (J). 28.15 *(978-0-364-37476-4(4))* Forgotten Bks.

Memories, 1920-1921, Vol. 1: Euclid Central High School (Classic Reprint) Horton Bassett. 2017. (ENG., Illus.). (J). 25.51 *(978-0-260-39911-3(5))*; pap. 9.57 *(978-0-260-07031-3(0))* Forgotten Bks.

Memories, 1923 (Classic Reprint) Carrie Goeglein. 2017. (ENG., Illus.). (J). 26.95 *(978-0-265-80300-4(4))*; pap. 9.57 *(978-1-5278-4154-3(5))* Forgotten Bks.

Memories, 1934 (Classic Reprint) Helen E. Hinkle. 2017. (ENG., Illus.). (J). 24.47 *(978-0-331-16770-2(0))*; pap. 7.97 *(978-0-260-07338-9(5))* Forgotten Bks.

Memories, 1986 (Classic Reprint) Marple Newtown Senior High School. 2017. (ENG., Illus.). (J). 27.90 *(978-0-331-17814-2(1))*; pap. 10.57 *(978-0-260-05259-9(0))* Forgotten Bks.

Memories, 1992 (Classic Reprint) Marple Newtown High School. 2017. (ENG., Illus.). (J). 28.15 *(978-0-331-16628-6(3))*; pap. 10.57 *(978-0-260-08276-3(7))* Forgotten Bks.

Memories, 1995 (Classic Reprint) Marple Newtown Senior High School. 2017. (ENG., Illus.). (J). 27.77 *(978-0-331-16856-3(1))*; pap. 10.57 *(978-0-260-10567-7(8))* Forgotten Bks.

Memories a Record of Personal Experience & Adventure During Four, Years of War (Classic Reprint) Fannie A. Beers. 2018. (ENG., Illus.). 362p. (J). 31.36 *(978-0-332-90494-8(6))* Forgotten Bks.

Memories & Anecdotes (Classic Reprint) Kate Sanborn. 2018. (ENG., Illus.). 276p. (J). 29.59 *(978-0-656-97370-5(6))* Forgotten Bks.

Memories & Life Lessons from the Magic Tree House. Mary Pope Osborne. Illus. by Sal Murdocca. 2022. (Magic Tree House (R) Ser.). 144p. (J). (gr. 2). 16.99 *(978-0-593-48454-8(1))*; (ENG.). lib. bdg. 19.99 *(978-0-593-48460-9(6))* Random Hse. Children's Bks. (Random Hse. Bks. for Young Readers).

Memories & Portraits; Random Memories; Records of a Family of Engineers (Classic Reprint) Robert Louis Stevenson. (ENG., Illus.). (J). 2018. 610p. 36.48 *(978-0-267-58319-5(2))*; 2016. pap. 19.57 *(978-1-334-15879-7(7))* Forgotten Bks.

Memories & Portraits, Virginibus Puerisque: And Other Papers (Classic Reprint) Robert Louis Stevenson. 2017. (ENG., Illus.). (J). 34.13 *(978-0-266-43371-2(5))* Forgotten Bks.

Memories & Studies. William James. 2017. (ENG., Illus.). (J). 23.95 *(978-1-374-93084-1(9))*; pap. 13.95 *(978-1-374-93083-4(0))* Capital Communications, Inc.

Memories Are Forever. Kylie Wilkie. 2019. (ENG., Illus.). 30p. (J). pap. *(978-1-78830-470-2(5))* Olympia Publishers.

Memories (Classic Reprint) John Galsworthy. 2018. (ENG., Illus.). 94p. (J). 25.86 *(978-0-365-41197-0(3))* Forgotten Bks.

Memories (Classic Reprint) Anna B. Hartshorn. 2018. (ENG., Illus.). 210p. (J). 28.23 *(978-0-483-48111-4(4))* Forgotten Bks.

Memories Discreet & Indiscreet (Classic Reprint) Unknown Author. 2018. (ENG., Illus.). 390p. (J). 31.94 *(978-0-483-58064-0(3))* Forgotten Bks.

Memories from the Civil War Vol. 2. Richard Marazano. Illus. by Jean-Michel Ponzio. 2022. (Memories of the Civil War Ser.: 2). 56p. (J). (gr. -1-12). pap. 13.95 *(978-1-84918-546-2(8))* CineBook GBR. Dist: National Bk. Network.

Memories from the Enchanted City of Rome, Italy. Aida Ricci. 2019. (ENG.). (J). 14.95 *(978-1-68401-853-6(6))* Amplify Publishing Group.

Memories Made by Proud Parents! a Parent's Keepsake Journal. @ Journals and Notebooks. 2016. (ENG., Illus.). 106p. (YA). pap. 12.25 *(978-1-68326-444-6(4))* Speedy Publishing LLC.

Memories of a Birch Tree. Daniel Cañas. Tr. by Jon Brokenbrow. Illus. by Blanca Millán. 2022. (ENG.). 32p. (J). (gr. k-3). 18.95 *(978-84-18302-54-1(2))* Cuento de Luz SL ESP. Dist: Publishers Group West (PGW).

Memories of a Happy Boyhood: Long Ago, & Far Away (Classic Reprint) Adolph Frederick Schauffler. 2017. (ENG., Illus.). (J). 106p. 26.08 *(978-0-332-12311-0(1))*; pap. 9.57 *(978-0-259-54775-4(1))* Forgotten Bks.

Memories of a Man of Letters, Artists Wives, etc (Classic Reprint) Alphonse Daudet. (ENG., Illus.). (J). 2018. 484p. 33.90 *(978-0-365-37888-4(7))*; 2017. pap. 16.57 *(978-0-243-89206-8(3))* Forgotten Bks.

Memories of a School Inspector: Thirty-Five Years in Lancashire & Suffolk. A. J. Swinburne. 2017. (ENG., Illus.). (J). pap. *(978-0-649-12146-5(5))* Trieste Publishing Pty Ltd.

Memories of a School Inspector: Thirty-Five Years in Lancashire & Suffolk (Classic Reprint) A. J. Swinburne. 2018. (ENG., Illus.). 276p. (J). 29.59 *(978-0-428-80990-4(1))* Forgotten Bks.

Memories of a Sister of S. Saviour's Priory (Classic Reprint) Stanton. 2017. (ENG., Illus.). (J). 33.51 *(978-0-265-81370-6(0))* Forgotten Bks.

Memories of an Old Etonian: 1860-1912 (Classic Reprint) George Greville. 2018. (ENG., Illus.). 322p. (J). 30.54 *(978-0-267-48102-6(0))* Forgotten Bks.

Memories of Buffalo Bill (Classic Reprint) Louisa (Frederici) Cody. 2017. (ENG., Illus.). (J). 30.83 *(978-0-266-70686-1(X))* Forgotten Bks.

Memories of by-Gone Days (Classic Reprint) W. H. Steele. 2018. (ENG., Illus.). 194p. (J). 27.92 *(978-0-484-90670-8(4))* Forgotten Bks.

Memories of Childhood's Slavery Days (Classic Reprint) Annie L. Burton. 2018. (ENG., Illus.). 98p. (J). 25.94 *(978-0-483-44663-2(7))* Forgotten Bks.

Memories of Eighty Years (Classic Reprint) Mary Coffin Brooke. 2018. (ENG., Illus.). 246p. (J). 28.91 *(978-0-666-32274-6(0))* Forgotten Bks.

Memories of Eskar Wilde. E. H. Wilde. 2022. (ENG.). 300p. (YA). pap. *(978-1-68583-248-3(2))* Tablo Publishing.

Memories of Gardens (Classic Reprint) Alexander Innes Shand. 2018. (ENG., Illus.). 266p. (J). 29.40 *(978-0-267-24610-6(2))* Forgotten Bks.

Memories of Grandmother (Classic Reprint) Vivian Elliott White. (ENG., Illus.). (J). 2018. 50p. 24.93 *(978-0-666-98599-6(5))*; 2017. pap. 9.57 *(978-0-243-47122-5(X))* Forgotten Bks.

Memories of Italian Shores (Classic Reprint) Mena C. Pfirshing. 2018. (ENG., Illus.). 180p. (J). 27.61 *(978-0-483-15227-4(7))* Forgotten Bks.

Memories of Korea. Seong Min Yoo. 2016. (ENG., Illus.). (J). pap. *(978-1-928094-20-3(1))* Owen, Douglas A.

Memories of Maoriland (Classic Reprint) E. I. Massey. 2018. (ENG., Illus.). 206p. (J). 28.15 *(978-0-484-00186-1(8))* Forgotten Bks.

Memories of My Life: Being My Personal, Professional & Social Recollections As Woman & Artist (Classic Reprint) Sarah Bernhardt. 2018. (ENG., Illus.). 524p. (J). 34.72 *(978-0-365-02385-2(X))* Forgotten Bks.

Memories of Old Salem (Classic Reprint) Mary Harrod Northend. 2018. (ENG., Illus.). 352p. (J). 31.18 *(978-0-267-16640-4(0))* Forgotten Bks.

Memories of Rose Eytinge: Being Recollections Observations of Men, Women, & Events, During Half a Century (Classic Reprint) Rose Eytinge. 2017. (ENG., Illus.). (J). 30.60 *(978-0-265-82377-4(3))* Forgotten Bks.

Memories of the Class of 1936 (Classic Reprint) Dorothea Martin. 2017. (ENG., Illus.). (J). 24.80 *(978-0-331-15912-7(0))*; pap. 7.97 *(978-0-260-11319-1(0))* Forgotten Bks.

Memories of the Kaiser's Court (Classic Reprint) Anne Topham. 2017. (ENG., Illus.). (J). 30.10 *(978-0-265-20657-7(X))* Forgotten Bks.

Memories of the Manse (Classic Reprint) Anne Breadalbane. 2018. (ENG., Illus.). 140p. (J). 26.78 *(978-0-483-55818-2(4))* Forgotten Bks.

Memories of the Old Homestead (Classic Reprint) H. H. Lyman. 2018. (ENG., Illus.). 202p. (J). 28.08 *(978-0-267-14217-0(X))* Forgotten Bks.

Memories of Vailima (Classic Reprint) Isobel Strong. 2018. (ENG., Illus.). 176p. (J). 27.53 *(978-0-483-26295-9(1))* Forgotten Bks.

Memories of Victorian London (Classic Reprint) L. B. Walford. 2017. (ENG., Illus.). (J). 31.47 *(978-0-331-66599-4(9))* Forgotten Bks.

Memory. Joyce Markovics. 2022. (Mind Blowing! the Brain Ser.). (ENG., Illus.). 24p. (J). (gr. 4-6). pap. 12.79 *(978-1-6689-0069-7(6)*, 220160); lib. bdg. 30.64 *(978-1-5341-9955-2(1)*, 220016) Cherry Lake Publishing.

Memory & Your Brain, 1 vol. Robyn Hardyman. 2018. (What Goes on Inside Your Brain? Ser.). (ENG.). 48p. (gr. 4-5). pap. 15.05 *(978-1-5382-3563-8(3)*, a96b6ebd-8e4b-42d8-86da-fdc6d179fc97) Stevens, Gareth Publishing LLLP.

Memory Arts Book Test (Aesop's Fables Edition) Andy Choy. 2022. (ENG.). 116p. (J). pap. 80.00 *(978-1-716-02793-2(4))* Lulu Pr., Inc.

Memory Away. Auty Ann. 2022. (ENG., Illus.). 30p. (J). pap. 14.95 *(978-1-6624-6471-3(1))* Page Publishing Inc.

Memory Book. Lara Avery. (ENG.). (YA). 2017. 384p. (gr. 9-17). pap. 10.99 *(978-0-316-28376-2(2))*; 2016. 368p. (gr. 10-17). 17.99 *(978-0-316-28374-8(6))* Little, Brown Bks. for Young Readers. (Poppy).

Memory Book. Lara Avery. ed. 2017. (YA). lib. bdg. 20.85 *(978-0-606-39907-4(0))* Turtleback.

Memory Book Our Baby Boy's First Year. 2020. (ENG.). 64p. (J). *(978-1-4321-3158-6(3))* Christian Art Pubs.

Memory Book Our Baby Girl's First Year. 2020. (ENG.). 64p. (J). *(978-1-4321-3123-4(0))* Christian Art Pubs.

Memory Box: A Book about Grief. Joanna Rowland. Illus. by Thea Baker. 2017. (Memory Box Ser.). (J). 16.99 *(978-1-5064-2672-3(7)*, Sparkhouse Family) 1517 Media.

Memory Corner (Classic Reprint) Tom Gallon. (ENG., Illus.). (J). 2018. 324p. 30.58 *(978-0-483-35092-2(3))*; 2017. pap. 13.57 *(978-0-259-02856-7(8))* Forgotten Bks.

Memory Days: In Which the Shenandoah Valley Is Seen in Retrospection, with Glimpses of School Days & the Life of Virginia People of Fifty Years Ago (Classic Reprint) Alexander S. Paxton. 2017. (ENG., Illus.). (J). 29.86 *(978-0-265-21195-3(6))* Forgotten Bks.

Memory Eater. Rebecca Mahoney. 2023. 336p. (YA). (gr. 7). 18.99 *(978-0-593-52460-2(8)*, Razorbill) Penguin Young Readers Group.

Memory Exercises for Kids: Matching & Hidden Pictures Activity Book. Speedy Kids. 2017. (ENG., Illus.). (J). pap. 8.33 *(978-1-5419-3326-2(5))* Speedy Publishing LLC.

Memory Games for Clever Kids(r): More Than 70 Puzzles to Boost Your Brain Power. Gareth Moore. Illus. by Chris Dickason. 2023. (Buster Brain Games Ser.). (ENG.). 192p. (J). (gr. 2-6). pap. 8.99 *(978-1-78055-872-1(4)*, Buster Bks.) O'Mara, Michael Bks., Ltd. GBR. Dist: Independent Pubs. Group.

Memory Harbour: Essays Chiefly in Description (Classic Reprint) Filson Young. (ENG., Illus.). (J). 2018. 266p. 29.38 *(978-0-484-73277-2(3))*; 2016. pap. 11.97 *(978-1-333-64761-2(1))* Forgotten Bks.

Memory Index. Julian Ray Vaca. 2022. (Memory Index Ser.: 1). (ENG.). 384p. (YA). 18.99 *(978-0-8407-0066-7(0))* Nelson, Thomas Inc.

Memory Jar. Elissa Janine Hoole. 2016. (ENG.). 336p. (YA). (gr. 9-12). pap. 11.99 *(978-0-7387-4731-6(9)*, 0738747319, Flux) North Star Editions.

Memory Jar. Elissa Janine Hoole. ed. 2016. lib. bdg. 23.30 *(978-0-606-38909-9(1))* Turtleback.

Memory Jars. Vera Brosgol. 2021. (ENG., Illus.). 48p. (J). 19.99 *(978-1-250-31487-1(9)*, 900199605) Roaring Brook Pr.

Memory Keeper. Jennifer Camiccia. 2020. (ENG.). 352p. (J). (gr. 3-7). pap. 8.99 *(978-1-5344-3956-6(0)*, Aladdin) Simon & Schuster Children's Publishing.

Memory Keeper. Jennifer Camiccia. 2019. (ENG., Illus.). 352p. (J). (gr. 3-7). 18.99 *(978-1-5344-3955-9(2)*, Simon & Schuster/Paula Wiseman Bks.) Simon & Schuster/Paula Wiseman Bks.

Memory Madness! Kirsty Holmes. 2019. (Code Academy Ser.). (ENG.). 24p. (J). (gr. 2-2). pap. *(978-0-7787-6342-0(0)*, 6cccfc4c-2258-4201-8702-b48e5fc4cc82); lib. bdg. *(978-0-7787-6336-9(6)*, 08a664d2-a06f-4a62-befc-48a497814e23) Crabtree Publishing Co.

Memory Match Farm, 56 vols. Ed. by School Zone Staff. 2019. (ENG.). (J). (gr. -1-1). 3.49 *(978-1-68147-277-5(5)*,

1314

The check digit for ISBN-10 appears in parentheses after the full ISBN-13

cb630357-ac8b-45ea-8c2b-004b01809289) School Zone Publishing Co.

Memory Match Game (Flashcards) Flash Cards for Preschool & Pre-K, Ages 3-5, Memory Building, Listening & Concentration Skills, Letter Recognition, Learning to Read & Write. The Reading The Reading House. 2022. (Reading House Ser.). (ENG.). 52p. (J). (gr. -1-2). 4.99 *(978-0-593-45048-2(5))* Random Hse. Children's Bks.

Memory Match: in the Garden: A Lift-The-Flap Book. Illus. by Bangson Books Inc. 2019. 12p. (J). (— 1). bds. 9.99 *(978-2-89802-017-9(6),* CrackBoom! Bks.) Chouette Publishing CAN. Dist: Publishers Group West (PGW).

Memory Match: under the Sea: A Lift-The-Flap Book. Illus. by Bangson Books Inc. 2019. 12p. (J). (— 1). bds. 9.99 *(978-2-89802-018-6(4),* CrackBoom! Bks.) Chouette Publishing CAN. Dist: Publishers Group West (PGW).

Memory Ninja: A Children's Book about Learning & Memory Improvement. Mary Nhin. Illus. by Jelena Stupar. 2021. (Ninja Life Hacks Ser.: Vol. 48). (ENG.). 34p. (J). 19.99 *(978-1-63731-146-2(X))* Grow Grit Pr.

Memory of Babel: Book Three of the Mirror Visitor Quartet. Christelle Dabos. Tr. by Hildegarde Serle. (Mirror Visitor Quartet Ser.: 3). (ENG.). (YA). 2021. 456p. 11.95 *(978-1-60945-657-3(2));* 2020. 508p. 20.00 *(978-1-60945-613-9(0))* Europa Editions, Inc.

Memory of Cotton. Ann K. Howley. 2022. (ENG.). 179p. (YA). pap. *(978-1-4357-7295-3(4))* Lulu Pr., Inc.

Memory of Forgotten Things. Kat Zhang. (ENG.). (J). (gr. 3-7). 2019. 304p. pap. 8.99 *(978-1-4814-7866-3(4));* 2018. (Illus.). 288p. 17.99 *(978-1-4814-7865-6(6))* Simon & Schuster Children's Publishing. (Aladdin).

Memory of Light: Book 1 of the until the Stars Are Dead Series. Allyson S. Barkley. 2021. (ENG.). 330p. (YA). pap. 18.99 *(978-1-63752-963-8(5))* Primedia eLaunch LLC.

Memory of Odin. Jason R. Forbus. 2018. (ENG., Illus.). 68p. (YA). pap. *(978-88-3346-097-0(5))* Ali Ribelli Edizioni.

Memory of the Dead: A Romantic Drama of '98, in Three Acts (Classic Reprint) Casimir Dunin Markievicz. 2017. (ENG., Illus.). (J). 94p. 25.84 *(978-0-484-41349-7(X));* pap. 9.57 *(978-0-259-46908-7(4))* Forgotten Bks.

Memory of Things. Gae Polisner. ed. 2017. (YA). lib. bdg. 22.10 *(978-0-606-40599-7(2))* Turtleback.

Memory of Things: A Novel. Gae Polisner. 2017. (ENG.). 288p. (YA). pap. 12.99 *(978-1-250-14442-3(6),* 900180643, Wednesday Bks.) St. Martin's Pr.

Memory Pictures: An Autobiography (Classic Reprint) John Hyde Braly. (ENG., Illus.). (J). 2017. 31.36 *(978-0-331-10998-6(0));* 2016. pap. 13.97 *(978-1-334-11803-6(5))* Forgotten Bks.

Memory Seeker. Carly Marino. 2019. (Inflexaen Ser.: Vol. 2). (ENG.). 344p. (J). pap. *(978-1-77339-986-7(1))* Evernight Publishing.

Memory Sketches (Classic Reprint) P. J. Carroll. 2017. (ENG., Illus.). (J). 27.55 *(978-0-260-92230-4(7))* Forgotten Bks.

Memory Superpowers! An Adventurous Guide to Remembering What You Don't Want to Forget. Nelson Dellis. Illus. by Stephani Stilwell. 2020. (ENG.). 208p. (J). (gr. 5-8). 19.99 *(978-1-4197-3187-7(4),* 1276201, Abrams Bks. for Young Readers) Abrams, Inc.

Memory Test-Book of the Words Occurring in the Combined German Reader, Writer & Grammar (Classic Reprint) H. G. Spearing. (ENG., Illus.). (J). 2018. 36p. 24.64 *(978-0-267-30254-3(1));* 2016. pap. 7.97 *(978-1-333-22157-7(6))* Forgotten Bks.

Memory Thief. Jodi Lynn Anderson. (Thirteen Witches Ser.: 1). (ENG.). (J). (gr. 4-8). 2022. 352p. pap. 8.99 *(978-1-4814-8022-2(7));* 2021. 336p. 17.99 *(978-1-4814-8021-5(9))* Simon & Schuster Children's Publishing. (Aladdin).

Memory Thief, 1 vol. Lauren Mansy. (ENG.). 320p. (YA). 2022. pap. 10.99 *(978-0-310-76756-5(3));* 2019. 18.99 *(978-0-310-76765-7(2));* 2019. pap. 12.99 *(978-0-310-76979-8(5))* Blink.

Memory Thief: The Queen's Fayte Prequel Story. DeAnna Cameron & D. D. Croix. 2022. (Queen's Fayte Ser.). (ENG.). 44p. (J). pap. 5.99 *(978-1-957691-99-2(9))* Fine Skylark Media.

Memory Thieves. Dhonielle Clayton. 2023. (Conjureverse Ser.: 2). (ENG., Illus.). 416p. (J). 17.99 *(978-1-250-17497-0(X),* 900189278, Holt, Henry & Co. Bks. For Young Readers) Holt, Henry & Co.

Memory Tree. Elizabeth Reed. Illus. by Rose Grier Evans & Debbie Dulaney. 2018. (ENG.). (J). 42p. 21.95 *(978-0-9993012-0-3(9));* 48p. pap. 14.95 *(978-0-9993012-1-0(7))* MeAgain Publishing.

Memory Tree. Fred Neff. Illus. by Jack Montmeat. 3rd ed. 2022. (Calvin & Dad Ser.: Vol. 1). (ENG.). 42p. (J). pap. 14.95 ***(978-1-950323-80-7(3))*** Leaning Rock Pr.

Memory Trees. Kali Wallace. 2017. (ENG.). 432p. (YA). (gr. 9). 17.99 *(978-0-06-236623-8(8),* Tegen, Katherine Bks) HarperCollins Pubs.

Memory Visit. Jenny Lynn Lambert. 2018. (ENG., Illus.). 274p. (J). pap. *(978-1-77339-848-8(2))* Evernight Publishing.

Memory Walker. Carly Marino. 2018. (ENG., Illus.). 340p. (J). pap. *(978-1-77339-691-0(9))* Evernight Publishing.

Memory's Lane (Classic Reprint) Joseph Spurgeon Hiatt. (ENG., Illus.). (J). 2018. 162p. 27.24 *(978-0-483-62910-3(3));* 2017. pap. 9.97 *(978-0-243-30168-3(5))* Forgotten Bks.

Memory's Wake. S. A. Fenech. 2020. (Memory's Wake Ser.: Vol. 1). (ENG.). 328p. (YA). (gr. 7-12). *(978-0-6487080-6-3(3))* Fairies & Fantasy Pty. Ltd.

Memory's Wake Omnibus: The Complete Illustrated YA Fantasy Series. S. A. Fenech. 2017. (Memory's Wake Ser.: Vol. 4). (ENG., Illus.). 788p. (YA). pap. *(978-0-6480269-5-2(7))* Fairies & Fantasy Pty. Ltd.

Memphis Grizzlies. Contrib. by David J. Clarke. 2023. (NBA All-Time Greats Set 3 Ser.). (ENG., Illus.). 24p. (J). pap. 8.95 ***(978-1-63494-687-2(1))*** Pr. Room Editions LLC.

Memphis Grizzlies. Marty Gitlin. 2022. (Inside the NBA (2023) Ser.). (ENG., Illus.). 48p. (J). (gr. 3-6). lib. bdg. 34.22 *(978-1-5321-9832-8(9),* 39769, SportsZone) ABDO Publishing Co.

Memphis Grizzlies. David J. Clarke. 2023. (NBA All-Time Greats Set 3 Ser.). (ENG., Illus.). 24p. (J). lib. bdg. 28.50 ***(978-1-63494-663-6(4))*** Pr. Room Editions LLC.

Memphis Grizzlies. K. C. Kelley. 2019. (Insider's Guide to Pro Basketball Ser.). (ENG.). 32p. (J). (gr. 1-4). lib. bdg. 35.64 *(978-1-5038-2467-6(5),* 212279) Child's World, Inc, The.

Memphis Grizzlies. Jim Whiting. 2017. (NBA: a History of Hoops Ser.). (ENG., Illus.). 48p. (J). (gr. 4-7). *(978-1-60818-849-9(3),* 20252, Creative Education) Creative Co., The.

Memphis, Martin, & the Mountaintop: The Sanitation Strike Of 1968. Alice Faye Duncan. Illus. by R. Gregory Christie. 2018. (ENG.). 40p. (J). (gr. 2-5). 17.99 *(978-1-62979-718-2(9),* Calkins Creek) Highlights Pr., c/o Highlights for Children, Inc.

Men & Books & Cities (Classic Reprint) Robert Cortes Holliday. 2018. (ENG., Illus.). 270p. (J). 29.47 *(978-0-267-84642-9(8))* Forgotten Bks.

Men & Ghosts (Classic Reprint) Allan Monkhouse. 2018. (ENG., Illus.). 326p. (J). 30.62 *(978-0-267-24229-0(8))* Forgotten Bks.

Men & Manners of the Eighteenth Century (Classic Reprint) Susan Hale. 2017. (ENG., Illus.). 330p. (J). 30.72 *(978-0-484-41455-5(0))* Forgotten Bks.

Men & Manners, Vol. 1 Of 4: A Novel (Classic Reprint) Francis Lathom. 2017. (ENG., Illus.). (J). 30.83 *(978-0-266-73344-7(1));* pap. 13.57 *(978-1-5276-9594-8(8))* Forgotten Bks.

Men & Memories of San Francisco. Theodore Augustus Barry & Benjamin Adam Patten. 2017. (ENG.). 302p. (J). pap. *(978-3-7446-6965-8(3))* Creation Pubs.

Men & Memories of San Francisco in the Spring of 50 (Classic Reprint) Theodore Augustus Barry. 2017. (ENG., Illus.). (J). 30.08 *(978-0-266-35896-1(9))* Forgotten Bks.

Men & Scenes Before the Flood (Classic Reprint) Unknown Author. (ENG., Illus.). (J). 2018. 142p. 26.85 *(978-0-483-41864-6(1));* 2016. pap. 9.57 *(978-1-334-15361-7(2))* Forgotten Bks.

Men & Steel (Classic Reprint) Mary Heaton Vorse. 2017. (ENG., Illus.). (J). 27.71 *(978-0-331-34904-7(3));* pap. 10.57 *(978-0-243-41465-9(X))* Forgotten Bks.

Men & Things: America's Best Funny Stories (Classic Reprint) Mark Twain, pseud. (ENG., Illus.). (J). 2018. 334p. 30.81 *(978-0-483-38213-8(2));* 2017. pap. 13.57 *(978-0-243-96076-7(X))* Forgotten Bks.

Men & Women of the Eighteenth Century, Vol. 1 (Classic Reprint) Arsène Houssaye. (ENG., Illus.). (J). 2018. 462p. 33.43 *(978-0-483-75803-2(5));* 2016. pap. 16.57 *(978-1-333-61677-9(5))* Forgotten Bks.

Men & Women of the Eighteenth Century, Vol. 2 (Classic Reprint) Arsène Houssaye. 2018. (ENG., Illus.). (J). 454p. 33.26 *(978-1-397-24359-1(7));* 456p. pap. 16.57 *(978-1-397-24319-5(8))* Forgotten Bks.

Men & Women Were Equals in Ancient Egypt! History Books Best Sellers Children's Ancient History. Baby Professor. 2017. (ENG., Illus.). (J). pap. 8.79 *(978-1-5419-1157-4(1),* Baby Professor (Education Kids)) Speedy Publishing LLC.

Men Born Equal. Harry Perry Robinson. 2017. (ENG.). (J). 384p. pap. *(978-3-337-03277-7(X));* 388p. pap. *(978-3-337-04912-6(5))* Creation Pubs.

Men Born Equal: A Novel (Classic Reprint) Harry Perry Robinson. (ENG., Illus.). (J). 2018. 396p. 32.08 *(978-0-483-08098-0(5));* 2016. pap. 16.57 *(978-1-333-21871-3(0))* Forgotten Bks.

Men Get the Bull. Margaret James. Illus. by Geoff Higgs. 2021. (ENG.). 18p. (J). pap. *(978-1-922591-60-9(2))* Library For All Limited.

Men I Have Fished: Sketches of Characters & Incidents with Rod & Gun, from Childhood to Manhood; from the Killing of Little Fishes & Birds to a Buffalo Hunt (Classic Reprint) Fred Mather. 2018. (ENG., Illus.). 394p. (J). 32.02 *(978-0-483-25318-6(9))* Forgotten Bks.

Men I Have Fished With. Fred Mather. 2017. (ENG.). 388p. (J). pap. *(978-3-337-04573-9(1))* Creation Pubs.

Men I'm Not Married To. Dorothy Parker. 2020. (ENG.). (J). 32p. 12.99 *(978-1-5154-4487-9(2));* 30p. pap. 7.99 *(978-1-5154-4488-6(0))* Wilder Pubns., Corp.

Men I'm Not Married to (Classic Reprint) Dorothy Parker. 2017. (ENG., Illus.). (J). 25.40 *(978-1-5285-6727-5(7))* Forgotten Bks.

Men in Battle (Classic Reprint) Andreas Latzko. 2017. (ENG., Illus.). (J). 28.85 *(978-1-5284-8265-3(4))* Forgotten Bks.

Men in Black. Kenny Abdo. (Guidebooks to the Unexplained Ser.). (ENG., Illus.). 24p. (J). (gr. 2-2). 2020. pap. 8.95 *(978-1-64494-289-5(5),* 1644942895); 2019. lib. bdg. 31.36 *(978-1-5321-2936-0(X),* 33156) ABDO Publishing Co. (Abdo Zoom-Fly).

Men in the Making. Ambrose Shepherd. 2017. (ENG., Illus.). (J). 22.95 *(978-1-374-86922-6(8))* Capital Communications, Inc.

Men Not Wanted: An One-Act Comedy (Classic Reprint) Bell Elliott Palmer. (ENG., Illus.). (J). 2018. 28p. 24.47 *(978-0-267-39571-2(X));* 2016. pap. 7.97 *(978-1-334-13281-0(X))* Forgotten Bks.

Men of Affairs. Roland Pertwee. 2017. (ENG., Illus.). (J). 25.95 *(978-1-374-98591-9(0));* pap. 15.95 *(978-1-374-98590-2(2))* Capital Communications, Inc.

Men of Athens. Olivia Coolidge. 2022. (ENG.). 218p. (YA). pap. 15.95 ***(978-1-955402-06-4(X))*** Hillside Education.

Men of Capital, Vol. 1 of 3 (Classic Reprint) Gore. (ENG., Illus.). (J). 2018. 342p. 30.95 *(978-0-365-33272-5(0));* 2017. pap. 13.57 *(978-0-259-29817-5(4))* Forgotten Bks.

Men of Character (Classic Reprint) Douglas William Jerrold. 2018. (ENG., Illus.). 352p. (J). 31.16 *(978-0-484-65663-4(5))* Forgotten Bks.

Men of Character, Vol. 1 of 3 (Classic Reprint) Douglas Jerrold. 2018. (ENG., Illus.). 326p. (J). 30.62 *(978-0-656-94880-2(9))* Forgotten Bks.

Men of Character, Vol. 2 of 2 (Classic Reprint) Douglas Jerrold. (ENG., Illus.). (J). 2018. 332p. 30.76 *(978-0-483-85945-6(1));* 2018. 310p. 30.31 *(978-0-483-99996-1(2));* 2016. pap. 13.57 *(978-1-334-13823-2(0))* Forgotten Bks.

Men of Character, Vol. 3 of 3 (Classic Reprint) Douglas William Jerrold. 2018. (ENG., Illus.). 368p. (J). 31.49 *(978-0-332-64642-8(4))* Forgotten Bks.

Men of Genesis. Alda Stephens. 2021. (ENG.). 66p. (YA). 24.95 *(978-1-0980-9804-9(8));* pap. 14.95 *(978-1-0980-9434-8(4))* Christian Faith Publishing.

Men of Hip-Hop. Judy Dodge Cummings. 2017. (Hip-Hop Insider Ser.). (ENG.). 112p. (J). (gr. 6-12). lib. bdg. 41.36 *(978-1-5321-1031-3(6),* 25638, Essential Library) ABDO Publishing Co.

Men of Iron. Howard Pyle. 2019. (ENG.). 310p. (J). (gr. 3-7). pap. *(978-0-359-78679-4(0))* Lulu Pr., Inc.

Men of Marlowes (Classic Reprint) Henry Dudeney. 2018. (ENG., Illus.). 302p. (J). 30.13 *(978-0-484-88504-1(9))* Forgotten Bks.

Men of Old Greece (Classic Reprint) Jennie Hall. 2018. (ENG., Illus.). 298p. (J). 30.06 *(978-0-267-76756-4(0))* Forgotten Bks.

Men of Snow. D. Michael Grant. 2022. (ENG., Illus.). 40p. (J). 39.95 ***(978-1-68526-167-2(1))*** Covenant Bks.

Men of The 65th: The Borinqueneers of the Korean War. Talia Aikens-Nuñez. 2023. (ENG., Illus.). 136p. (YA). (gr. 6-12). pap. 17.99 *(978-1-7284-7914-9(2),* 061e0f91-1306-4590-830b-f2062aedd3ae); lib. bdg. 37.32 *(978-1-7284-4962-3(6),* e104c253-3337-41f3-8921-35ccebf6f375) Lerner Publishing Group. (Zest Bks.).

Men of the Knotted Heart: A Recollection & Appreciation of Alexander Duncan Grant, & John Paterson Struthers (Classic Reprint) Thomas Cassels. (ENG., Illus.). (J). 2018. 240p. 28.87 *(978-0-483-93309-5(0));* 2016. pap. 11.57 *(978-1-334-14882-8(1))* Forgotten Bks.

Men of the Moss-Hags. Samuel Rutherford Crockett. (ENG.). (J). 2018. 388p. pap. *(978-3-337-42444-2(9));* 2017. 418p. pap. *(978-3-337-33932-6(8));* 2017. 388p. pap. *(978-3-337-17657-0(7))* Creation Pubs.

Men of the Moss-Hags: Being a History of Adventure Taken from the Papers of William Gordon of Earlstoun in Galloway & Told over Again (Classic Reprint) S. R. Crockett. 2018. (ENG., Illus.). 390p. (J). 31.94 *(978-0-365-45510-3(5))* Forgotten Bks.

Men of the Mountain (Classic Reprint) S. R. Crockett. 2017. (ENG., Illus.). (J). 31.86 *(978-1-5283-8521-3(7))* Forgotten Bks.

Men on Horseback (Classic Reprint) Blanche Weitbrec. 2017. (ENG., Illus.). (J). 29.11 *(978-0-331-61926-3(1));* pap. 11.57 *(978-0-259-22580-5(0))* Forgotten Bks.

Men We Meet in the Field (Classic Reprint) A. G. Bagot. (ENG., Illus.). (J). 2018. 336p. 30.83 *(978-0-483-36667-1(6));* 2016. pap. 13.57 *(978-1-334-16469-9(X))* Forgotten Bks.

Men Who Built America Coloring Book. A. L. Talarowski. 2022. (ENG.). 32p. pap. *(978-1-4583-9377-7(1))* Lulu Pr., Inc.

Men Who Found America: Lives of the New World Explorers - Columbus, Raleigh, Cabeza de Vaca & More, Told for Children. Frederick Winthrop Hutchinson. 2020. (ENG., Illus.). 82p. (J). pap. *(978-1-78987-222-4(7))* Pantianos Classics.

Men Who Found America (Classic Reprint) Frederick Winthrop Hutchinson. 2017. (ENG., Illus.). (J). 27.69 *(978-0-265-17813-3(4))* Forgotten Bks.

Men Who Found Joy in Being Themselves. Shirlene Hurte. 2021. (ENG.). 26p. (J). *(978-0-2288-4995-7(0));* pap. *(978-0-2288-4994-0(2))* Tellwell Talent.

Men Who Found Out: Stories of Great Scientific Discoverers (Classic Reprint) Amabel Williams-Ellis. (ENG., Illus.). (J). 2018. 238p. 28.81 *(978-0-484-53590-8(0));* 2017. pap. 11.57 *(978-0-243-29932-4(X))* Forgotten Bks.

Men Who Wrecked. Diego C. Salgado. 2018. (ENG., Illus.). 164p. (YA). (gr. 7-12). pap. 12.50 *(978-1-946540-66-9(8))* Strategic Book Publishing & Rights Agency (SBPRA).

Men with the Bark on (Classic Reprint) Frederic Remington. 2018. (ENG., Illus.). 288p. (J). 29.86 *(978-0-267-45701-4(4))* Forgotten Bks.

Men, Women & Boats (Classic Reprint) Stephen. Crane. 2018. (ENG., Illus.). 262p. (J). 29.32 *(978-0-428-35125-0(5))* Forgotten Bks.

Men, Women, & Books, Vol. 1 Of 2: A Selection of Sketches, Essays, & Critical Memoirs, from His Uncollected Prose Writings (Classic Reprint) Leigh Hunt. 2018. (ENG., Illus.). 286p. (J). 29.82 *(978-0-666-74482-1(3))* Forgotten Bks.

Men, Women & Cats (Classic Reprint) Dorothy Van Doren. 2017. (ENG., Illus.). (J). 28.62 *(978-0-331-32162-3(9));* pap. 10.97 *(978-0-243-28506-8(X))* Forgotten Bks.

Men, Women, & Ghosts (Classic Reprint) Elizabeth Stuart Phelps. 2017. (ENG., Illus.). (J). 31.05 *(978-1-5281-8433-5(5))* Forgotten Bks.

Men, Women & Guns (Classic Reprint) Sapper Sapper. 2017. (ENG., Illus.). (J). 30.41 *(978-1-5284-5464-3(2))* Forgotten Bks.

Men, Women & Social Structure - a Cool Guide to Native American Indian Society - Us History for Kids Children's American History. Baby Professor. 2017. (ENG., Illus.). (J). pap. 9.55 *(978-1-5419-1176-5(8),* Baby Professor (Education Kids)) Speedy Publishing LLC.

Mena Loves Robert Burns. Tracilyn George. 2023. (ENG.). 28p. (J). pap. 13.99 ***(978-1-77475-773-4(7))*** Draft2Digital.

Menace in the Mist. Janet Wylie. 2022. (ENG.). 175p. (J). (gr. 5-9). pap. 13.95 *(978-1-943431-76-2(0))* Tumblehome Learning.

Menachem Saves the Day. Miriam Yerushalmi. Illus. by Dvora Ginsberg. 2019. (Feivel the Falafel Ball Ser.). (ENG.). 40p. (J). 20.00 *(978-0-578-45069-8(0))* Sane.

Menacing Chimpanzees, 1 vol. Mary Molly Shea. 2016. (Cutest Animals... That Could Kill You! Ser.). (ENG., Illus.). 24p. (J). (gr. 2-3). lib. bdg. 24.27 *(978-1-4824-4914-3(5),* 22e194dc-da3c-4793-9b8d-ee71bd51e55b) Stevens, Gareth Publishing LLLP.

Menacing Manor. Kiersten White. 2023. (Sinister Summer Ser.: 4). 272p. (J). (gr. 3-7). 8.99 *(978-0-593-57004-3(9),* Yearling); 17.99 *(978-0-593-57001-2(4),* Delacorte Pr.); (ENG.). lib. bdg. 20.99 *(978-0-593-57002-9(2),* Delacorte Pr.) Random Hse. Children's Bks.

Menagerie. Kristy Tate. 2018. (Menagerie Ser.: Vol. 1). (ENG., Illus.). 290p. (YA). (gr. 7-12). pap. 11.99 *(978-1-62522-121-6(5))* Indie Artist Pr.

Menagerie: Krakens & Lies. Tui T. Sutherland. 2016. (Menagerie Ser.: 3). (ENG.). 368p. (J). (gr. 3-7). pap. 9.99 *(978-0-06-078069-2(X),* HarperCollins) HarperCollins Pubs.

Menands: The Garden Suburb of Albany & Troy (Classic Reprint) H. P. Phelps. 2018. (ENG., Illus.). 22p. (J). 24.37 *(978-0-267-68602-5(1))* Forgotten Bks.

Menas. Grace Hansen. 2016. (¡Súper Geología! Ser.). (SPA.). 24p. (J). (gr. -1-2). pap. 7.95 *(978-1-4966-0681-5(7),* 131733, Capstone Classroom) Capstone.

Mendel: A Story of Youth (Classic Reprint) Gilbert Cannan. 2017. (ENG., Illus.). (J). 33.12 *(978-0-266-25113-2(7))* Forgotten Bks.

Mendelssohn Family (1729-1847), Vol. 2 (Classic Reprint) Sebastian Hensel. 2018. (ENG., Illus.). 384p. (J). 31.82 *(978-0-364-31700-6(0))* Forgotten Bks.

Mender of Images (Classic Reprint) Norma Lorimer. 2018. (ENG., Illus.). 316p. (J). 30.43 *(978-0-267-21320-7(4))* Forgotten Bks.

Mending a Broken Heart. Aiden Bauer. 2021. (ENG.). 85p. (C). *(978-1-365-89889-1(X))* Lulu Pr., Inc.

Mending Chronicles of Liam & Emily: A Divorce Recovery Journey for Kids. Natalie Knox. 2019. (ENG., Illus.). 98p. (J). (gr. 1-6). pap. *(978-1-9993499-0-5(3))* Poppy Seed Pubs.

Mending Horses. M. P. Barker. 2018. 308p. (J). (gr. 7). pap. 7.99 *(978-0-8234-4004-7(4))* Holiday Hse., Inc.

Mending Summer. Ali Standish. (ENG.). (J). (gr. 3-7). 2022. 384p. pap. 7.99 *(978-0-06-298566-8(3));* 2021. 368p. 16.99 *(978-0-06-298565-1(5))* HarperCollins Pubs. (HarperCollins).

Mendip Valley, Its Inhabitants & Surroundings: Being an Enlarged & Illustrated Edition of Winscombe Sketches (Classic Reprint) Theodore Compton. (ENG., Illus.). (J). 2018. 340p. 30.93 *(978-0-656-30890-3(7));* 2016. pap. 13.57 *(978-1-334-11597-4(4))* Forgotten Bks.

Mendoza & a Little Lady (Classic Reprint) William Caine. 2018. (ENG., Illus.). 350p. (J). 31.14 *(978-0-483-59685-6(X))* Forgotten Bks.

Mene Tekel: A Tale of Strange Happenings (Classic Reprint) Augusta Groner. 2018. (ENG., Illus.). 250p. (J). 29.07 *(978-0-483-25996-6(9))* Forgotten Bks.

Meneer Rene see Magical Life of Mr. Renny

Menehunes: Their Adventures with the Fisherman & How They Built the Canoe (Classic Reprint) Emily Foster Day. (ENG., Illus.). (J). 2018. 34p. 24.60 *(978-0-267-54548-3(7));* 2018. 34p. 24.62 *(978-0-267-40115-4(9));* 2016. pap. 7.97 *(978-1-334-12233-0(4));* 2016. pap. 7.97 *(978-1-333-46709-8(5))* Forgotten Bks.

Meneo y Remeneo/Wiggle & Move. Tr. by Yanitzia Canetti. Illus. by Sanja Rescek. ed. 2023. (Gimnasio de Bebé/Baby Gym Ser.: 4). (ENG.). 12p. (J). bds. *(978-1-78628-720-5(X))* Child's Play International Ltd.

Meneos, Pisotones, y Apretones para Calmar Mi Cosquilleo. Lindsey Rowe Parker. Tr. by Laura Fuentes Lopez from ENG. Illus. by Rebecca Burgess. 2021. (Calming My Jitters Ser.). (ENG & SPA.). 50p. (J). (gr. k-2). 19.95 *(978-1-952782-25-1(2),* BQB Publishing) Boutique of Quality Books Publishing Co., Inc.

Meñique: Set of 6 with Common Core Teacher Materials. Jose Marti & Benchmark Education Co., LLC Staff. 2017. (Classic Tales Ser.). (SPA.). (J). (gr. 1). 42.00 net. *(978-1-5125-0658-7(3))* Benchmark Education Co.

Menninkäisen Puutarha: Finnish Edition of the Gnome's Garden. Tuula Pere. Illus. by Outi Rautkallio. 2018. (FIN.). 40p. (J). (gr. k-4). *(978-952-357-013-9(7));* pap. *(978-952-357-010-8(2))* Wickwick oy.

Mennonite Colouring Book. Johan Wiebe. 2019. (ENG.). 60p. (J). *(978-1-5255-3821-6(7));* pap. *(978-1-5255-3822-3(5))* FriesenPress.

Menosaurs: Tyrannosaur Droid Boy. Simon James House. 2018. (Menosaurus Ser.: Vol. 1). (ENG., Illus.). 182p. (J). (gr. 4-6). pap. *(978-0-9930331-4-8(8))* Simon James Hse.

Men's Tragedies (Classic Reprint) R. V. Risley. 2018. (ENG., Illus.). 316p. (J). 30.41 *(978-0-484-55214-1(7))* Forgotten Bks.

Men's Wives (Classic Reprint) William Makepeace Thackeray. (ENG., Illus.). (J). 2018. 292p. 29.92 *(978-0-656-33595-4(5));* 2017. pap. 13.57 *(978-0-243-21624-6(X))* Forgotten Bks.

Men's Wives, Vol. 8: The Bedford-Row Conspiracy etc., etc (Classic Reprint) William Makepeace Thackeray. (ENG., Illus.). (J). 2018. 590p. 36.07 *(978-0-483-97812-6(4));* 2017. pap. 19.57 *(978-0-243-42102-2(8))* Forgotten Bks.

Mensa(r) for Kids: Everyday Super-Smart Mind Games: 100 Awesome Brain Teasers! Fred Coughlin. 2022. (Mensa(r) Brilliant Brain Workouts Ser.). (ENG.). 136p. (J). (gr. 3-6). pap. 9.99 *(978-1-5107-6691-4(X),* Sky Pony Pr.) Skyhorse Publishing Co., Inc.

Mensaje Oculto de Lizzie: Leveled Reader Card Book 44 Level Q 6 Pack. Hmh Hmh. 2021. (SPA.). (J). pap. 74.40 *(978-0-358-08526-3(8))* Houghton Mifflin Harcourt Publishing Co.

Mensaje Recibido: Leveled Reader Card Book 3 Level o 6 Pack. Hmh Hmh. 2021. (SPA.). (J). pap. 74.40 *(978-0-358-08486-0(5))* Houghton Mifflin Harcourt Publishing Co.

Mensajes de la Maravillosa Vida Despues de la Muerte. Kristy Robinett. 2017. (SPA.). 286p. (YA). *(978-607-415-829-8(0))* Epoca, Editorial, S.A. de C.V.

Menschen: Kinder Malbuch. Bold Illustrations. 2017. (GER., Illus.). 82p. (J). pap. 8.35 *(978-1-64193-153-3(1),* Bold Illustrations) FASTLANE LLC.

Menschliche Weltbegriff. Richard Avenarius. 2017. (GER., Illus.). 168p. (J). pap. *(978-0-649-76840-0(X))* Trieste Publishing Pty Ltd.

Menshikoff: Or the Peasant Prince (Classic Reprint) Alfred D'Aveline. 2018. (ENG., Illus.). 226p. (J). 28.56 *(978-0-267-49133-9(6))* Forgotten Bks.

Menta y Burbuja: una Brujita Muy Impaciente / Mint & Bubble: a Very Impatient Li Ttle Witch. Paule Battault. Tr. by Xica Mas. Illus. by Miss Paty. 2023. (Menta y Burbuja Ser.: 1). (SPA.). 48p. (J). (gr. 3-7). pap. 11.95 ***(978-607-38-3167-3(6),*** B DE Books) Penguin Random

House Grupo Editorial ESP. Dist: Penguin Random Hse. LLC.

Mental Boosting Activity Book Age 6. Educando Kids. 2019. (ENG.). 42p. (J). pap. 8.55 *(978-1-64521-707-7(8),* Educando Kids) Editorial Imagen.

Mental Download: Programming Your Own Mind. Roberta de Oliveira Ribeiro. 2017. (ENG., Illus.). (YA). pap. 16.95 *(978-1-5043-7134-6(8),* Balboa Pr.) Author Solutions, LLC.

Mental Gymnastics! Challenging Brain Boosting Fun Kids Activity Book. Kreative Kids. 2016. (ENG., Illus.). (J). pap. 10.81 *(978-1-68377-213-2(X))* Whlke, Traudl.

Mental Health. Michelle Dakota Beck. 2019. (Contemporary Issues Ser.). (Illus.). 112p. (J). (gr. 12). lib. bdg. 35.93 *(978-1-4222-4396-1(6))* Mason Crest.

Mental Health. Meg Gaertner. 2022. (Taking Care of Myself Ser.). (ENG., Illus.). 24p. (J). (gr. k-1). pap. 8.95 *(978-1-64619-523-7(X));* lib. bdg. 28.50 *(978-1-64619-496-4(9))* Little Blue Hse. (Little Blue Readers).

Mental Health Book Set Of 12. Child's Play. 2022. (Social & Emotional Learning Sets Ser.). (ENG., Illus.). 384p. (J). *(978-1-78628-740-3(4))* Child's Play International Ltd.

Mental Health in Our World, 1 vol. Audra Janari. 2021. (Spotlight on Our Future Ser.). (ENG.). 32p. (J). (gr. 3-4). pap. 11.60 *(978-1-7253-2409-1(1),* cbbbfdb6-193f-4205-9b63-74972946f681); lib. bdg. 27.93 *(978-1-7253-2412-1(1),* ee154382-b747-4414-9829-76014b393f0c) Rosen Publishing Group, Inc., The. (PowerKids Pr.).

Mental Illness, 1 vol. Ed. by Noah Berlatsky. 2016. (Opposing Viewpoints Ser.). (ENG.). 224p. (gr. 10-12). 50.43 *(978-0-7377-7512-9(2),* 99c51291-5a81-4127-b824-92b5bec464eb); pap. 34.80 *(978-0-7377-7513-6(0),* 9233fd78-38f4-4ff0-a53e-9b77a30925e7) Greenhaven Publishing LLC. (Greenhaven Publishing).

Mental Maps & Mapping the Mind. Enzo George. 2017. (Mapping in the Modern World Ser.). (ENG., Illus.). 32p. (J). (gr. 5-5). *(978-0-7787-3237-2(1));* pap. *(978-0-7787-3243-3(6))* Crabtree Publishing Co.

Mental Maths Games for Clever Kids(r). Gareth Moore & Chris Dickason. 2019. (Buster Brain Games Ser.: 11). (ENG.). 192p. (J). pap. 8.99 *(978-1-78055-620-8(9),* Buster Bks.) O'Mara, Michael Bks., Ltd. GBR. Dist: Independent Pubs. Group.

Mental Quick Fix - Sudoku Books for Kids. Senor Sudoku. 2019. (ENG.). 78p. (J). pap. 10.99 *(978-1-64521-593-6(8))* Editorial Imagen.

Mentality of a Pro. Kevin Coach T. Sheppard. Ed. by Kerriann Sheppard-Johnson. 2021. (ENG.). 33p. (J). *(978-1-6780-5762-6(2))* Lulu Pr., Inc.

Mentality of a Pro. Kevin Coach T. Sheppard. Ed. by Kerriann Sheppard-Johnson. Illus. by Kerriann Sheppard-Johnson. 2021. (ENG.). 33p. (J). pap. *(978-1-6780-6869-1(1))* Lulu Pr., Inc.

Mente de Tortuga. H. G. Lukofth. 2016. (SPA., Illus.). 58p. (J). pap. *(978-1-365-25849-7(1))* Lulu Pr., Inc.

Mentone, Cairo, & Corfu (Classic Reprint) Constance Fenimore Woolson. 2018. (ENG., Illus.). 374p. (J). 31.61 *(978-0-483-70837-2(2))* Forgotten Bks.

Mentor (Hunter's Oath - Book 3) Ken Nobles. 2016. (ENG., Illus.). (J). pap. 14.99 *(978-0-9909471-7-2(3))* Painted Quill Publishing.

Menu of Shapes: A Delightful Learning Adventure in English & Mandarin Chinese. Anna Lee. Illus. by Anna Lee. 2021. (ENG, CHI & CMN.). (J). 15.99 *(978-1-7367889-1-2(4));* pap. *(978-1-7367889-0-5(6))* Lee, Anna.

Menuda Imaginación! Lawrence Schimel. 2018. (SPA.). 36p. (J). (-2). 14.99 *(978-958-30-5711-3(8))* Panamericana Editorial COL. Dist: Lectorum Pubns., Inc.

Menudo el Reencuentro con la Verdad: La Verdadera Historia Del Grupo Menudo. Damarisse Matínez Ruíz. 2019. (SPA.). 282p. (J). pap. 19.99 ***(978-1-881713-71-5(7))*** Publicaciones Puertorriquenas, Inc.

Meo: The Pharaoh of Cats. Connie McGhee Soles. 2017. (ENG., Illus.). (J). pap. 8.99 *(978-1-64133-065-7(1));* 44p. 15.99 *(978-1-64133-229-3(8))* MainSpringBks.

Meo: The Pharaoh of Cats Coloring Book. Connie McGhee Soles. 2017. (ENG., Illus.). (J). pap. 5.99 *(978-1-64133-129-6(1))* MainSpringBks.

Mèo & Bé, 1 vol. Doan Phuong Nguyen. Illus. by Jesse White. 2023. (ENG.). 320p. (J). (gr. 6-10). 21.95 ***(978-1-64379-625-3(9),*** leelowtu, Tu Bks.) Lee & Low Bks., Inc.

Meo the Meerkat. Kevin Crookes. Illus. by Nicola Spencer. 2016. (ENG.). (J). pap. *(978-0-9956006-1-4(9))* Blossom Spring Publishing.

Meow. Chris Raschka. 2022. (ENG., Illus.). 32p. (J). (gr. -1-3). 17.99 *(978-0-06-304935-2(X),* Greenwillow Bks.) HarperCollins Pubs.

Meow! Victoria Ying. Illus. by Victoria Ying. 2017. (ENG., Illus.). 32p. (J). (gr. -1-3). 15.99 *(978-0-06-244096-9(9),* HarperCollins) HarperCollins Pubs.

Meow Cello. Kristen Halverson. Illus. by Mariana Garcia Piza. 2019. (ENG.). 32p. (J). (gr. 2-4). 24.99 *(978-1-0878-0179-7(6))* The Tale of Noel: The Holiday Horse Angel, The.

Meow Is Not a Cat. Kelly Tills. Illus. by Max Saladrigas. 2022. (ENG.). 44p. (J). 19.99 *(978-1-7367004-8-8(0));* pap. 12.99 *(978-1-7367004-7-1(2))* FDI Publishing.

Meow Notebook for Authors: Meow Notebooks Are Used to Record Stories. Important or Other. Paradee Sawangkhot. 2023. (ENG.). 100p. (YA). pap. ***(978-1-312-30000-2(0))*** Lulu Pr., Inc.

Meow or Never: a Wish Novel. Jazz Taylor. 2021. (ENG.). 256p. (J). (gr. 3-7). pap. 8.99 *(978-1-338-68468-1(X))* Scholastic, Inc.

Meowski's Purrrrfection a Happy Kitty's Book of Coloring for Kids Ages 4-8. Educando Kids. 2019. (ENG.). 42p. (J). pap. 6.99 *(978-1-64521-114-3(2),* Educando Kids) Editorial Imagen.

Meowsterpieces: A Cat's Guide to Art ... & Life! Jenn Bailey. Illus. by Nyangsongi. 2022. (ENG.). 32p. (J). (gr. -1-2). 19.99 *(978-1-4197-6051-8(3),* 1766101) Magic Cat GBR. Dist: Abrams, Inc.

Mephisto. Bernard Villiot. Illus. by Antoine Guilloppe. 2019. 32p. (J). (gr. k-2). 17.99 *(978-988-8341-86-3(3),* Minedition) Penguin Young Readers Group.

Mephistophiles in England, or the Confessions of a Prime Minister, Vol. 2 of 2 (Classic Reprint) Robert F. Williams. 2017. (ENG., Illus.). (J). 28.52 *(978-0-266-36485-6(3))* Forgotten Bks.

Mephistophiles in England, Vol. 1 Of 2: Or the Confessions of a Prime Minister (Classic Reprint) Robert Folkestone Williams. (ENG., Illus.). (J). 2018. 242p. 28.91 *(978-0-483-74137-9(X));* 2016. pap. 11.57 *(978-1-334-14574-2(1))* Forgotten Bks.

Mer: Book Two of the Water Series. Emory Gayle. 2017. (ENG., Illus.). 388p. (J). pap. *(978-1-7753538-1-2(8))* Gayle, Emory.

Mer & Her. Chess Desalls. 2022. (ENG.). 150p. (YA). pap. 14.60 *(978-1-7371147-2-7(0))* Lore, Czidor LLC.

Mera: Tidebreaker. Danielle Paige. Illus. by Stephen Byrne. 2019. 192p. (J). (gr. 7-9). pap. 16.99 *(978-1-4012-8339-1(X),* DC Ink) DC Comics.

Meranda & the Legend of the Lake. Meagan Mahoney. (ENG.). 232p. (J). (gr. 3). 2023. pap. 11.95 ***(978-1-77147-621-8(4));*** 2021. 18.95 *(978-1-77147-434-4(3))* Owlkids Bks. Inc. CAN. Dist: Publishers Group West (PGW).

Merbaby's Lullaby. Jane Yolen. Illus. by Elizabeth O. Dulemba. 2019. (ENG.). 24p. (J). (— 1). bds. 9.99 *(978-1-5344-4317-4(7),* Little Simon) Little Simon.

Mercado de Productos Frescos. Judy Kentor Schmauss. 2016. (Early Rising Readers Ser.). (SPA.). (J). (gr. -1). 6.67 *(978-1-4788-3697-1(0))* Newmark Learning LLC.

Mercado de Productos Frescos - 6 Pack. Judy Kentor Schmauss. 2016. (Early Rising Readers Ser.). (SPA.). (J). (gr. 1). 40.00 net. *(978-1-4788-4640-6(2))* Newmark Learning LLC.

Mercantile Arithmetic, Adapted to the Commerce of the United States, in Its Domestic & Foreign Relations: With an Appendix, Containing Practical Systems of Mensuration, Gauging, & Book-Keeping (Classic Reprint) Michael Walsh. 2017. (ENG., Illus.). (J). pap. 13.57 *(978-0-331-84538-9(5))* Forgotten Bks.

Mercedes. Sarah Josepha Buell Hale. 2016. (ENG., Illus.). (J). pap. *(978-3-7428-9758-9(6))* Creation Pubs.

Mercedes: A Story of Mexico (Classic Reprint) Sarah Josepha Buell Hale. 2018. (ENG., Illus.). 344p. (J). 31.01 *(978-0-483-76547-4(3))* Forgotten Bks.

Mercedes AMG G-65. Kevin Walker. 2018. (Vroom! Hot SUVs Ser.). (ENG., Illus.). 32p. (gr. 4-8). lib. bdg. 32.79 *(978-1-64156-479-3(2),* 9781641564793) Rourke Educational Media.

Mercedes AMG GT. Judy Greenspan. 2017. (Vroom! Hot Cars Ser.). (ENG.). 32p. (gr. 3-9). 32.79 *(978-1-68342-365-2(8),* 9781683423652) Rourke Educational Media.

Mercedes AMG GT. Julie Murray. 2019. (Car Stars Ser.). (ENG., Illus.). 24p. (J). (gr. k-4). lib. bdg. 31.36 *(978-1-5321-2917-9(3),* 33116, Abdo Zoom-Dash) ABDO Publishing Co.

Mercedes AMG GT R. Megan Cooley Peterson. 2020. (Epic Cars Ser.). (ENG.). 32p. (J). (gr. 4-6). pap. 9.99 *(978-1-64466-353-0(8),* 13185, Bolt) Black Rabbit Bks.

Mercedes AMG GT R. Megan Cooley Peterson. 2021. (Voitures Hors du Commun Ser.). (FRE.). 32p. (J). (gr. k-3). lib. bdg. *(978-1-77092-511-3(2),* 13297, Bolt) Black Rabbit Bks.

Mercedes AMG GT R. Megan Cooley Peterson. (Coches épicos Ser.). (SPA.). 32p. (J). (gr. 4-6). 2021. lib. bdg. *(978-1-62310-509-9(9),* 13208); 2020. pap. 9.99 *(978-1-64466-463-6(1),* 13209) Black Rabbit Bks. (Bolt).

Mercedes-Benz: German Engineering Excellence. Paul H. Cockerham. 2017. (Speed Rules! Inside the World's Hottest Cars Ser.: Vol. 8). (ENG., Illus.). 96p. (YA). (gr. 7-12). 25.95 *(978-1-4222-3834-9(2))* Mason Crest.

Mercedes-Benz SLK - R171 Series 2004-2011. Brian Long. 2016. (ENG., Illus.). 224p. 75.00 *(978-1-84584-653-4(2))* Veloce Publishing Ltd. GBR. Dist: National Bk. Network.

Mercedes-Benz W123 Series: All Models 1976 To 1986. Brian Long. 2016. (ENG., Illus.). 192p. 75.00 *(978-1-84584-792-0(X))* Veloce Publishing Ltd. GBR. Dist: National Bk. Network.

Mercedes Pinto: La escritora que abrió ventanas de colores. Alicia Llarena González. 2023. (Nuestros Ilustres Ser.). (SPA.). 36p. (J). (gr. k-2). pap. 19.95 ***(978-84-947237-5-9(8))*** Vegueta Ediciones S. L. ESP. Dist: Independent Pubs. Group.

Mercer Mayer. Jennifer Strand. 2016. (Amazing Authors Ser.). (ENG.). 24p. (J). (gr. -1-2). 49.94 *(978-1-68079-385-7(3),* 23006, Abdo Zoom-Launch) ABDO Publishing Co.

Merchant & the Parrot- a Story from Rumi: Farsi - English Ancient Story from RUMI. Azam Khoram. Illus. by Nashmin Valadi. 2022. (Good Story for a Good Night's Sleep Ser.: Vol. 1). (ENG.). 34p. (J). pap. *(978-1-990760-19-8(8))* KidsOcado.

Merchant-Mechanic: A Tale of New England Athens (Classic Reprint) Mary A. Howe. (ENG., Illus.). (J). 2018. 454p. 33.28 *(978-0-483-62676-8(7));* 2017. pap. 16.57 *(978-0-243-29790-0(4))* Forgotten Bks.

Merchant of Antwerp (Classic Reprint) Hendrick Conscience. 2017. (ENG., Illus.). (J). 29.01 *(978-0-331-82606-7(2))* Forgotten Bks.

Merchant of Killogue, Vol. 1 of 2 (Classic Reprint) F. M. Allen. 2017. (ENG., Illus.). (J). 29.92 *(978-0-331-32259-0(5))* Forgotten Bks.

Merchant of Mount Vernon (Classic Reprint) John Leonard Smith. 2018. (ENG., Illus.). 228p. (J). 28.60 *(978-0-483-26525-7(X))* Forgotten Bks.

Merchant of Venice: AQA GCSE 9-1 English Literature Text Guide: Ideal for the 2024 & 2025 Exams. Collins GCSE. 2017. (ENG.). 80p. (YA). (gr. 9-11). pap. 5.99 *(978-0-00-824709-6(9))* HarperCollins Pubs. Ltd. GBR. Dist: Independent Pubs. Group.

Merchant of Venice Novel Units Student Packet. Novel Units. 2019. (ENG.). (YA). pap. 13.99 *(978-1-58130-567-8(2),* NU5672SP, Novel Units, Inc.) Classroom Library Co.

Merchant's Clerk: And Other Tales (Classic Reprint) Samuel Warren. 2018. (ENG., Illus.). 378p. (J). 31.73 *(978-0-483-07499-6(3))* Forgotten Bks.

Merchant's Clerk, & Other Tales (Classic Reprint) Samuel Warren. 2018. (ENG., Illus.). (J). 378p. 31.69 *(978-0-366-56208-4(8));* 380p. pap. 16.57 *(978-0-366-09449-3(1))* Forgotten Bks.

Merchant's Daughter, Vol. 1 of 3 (Classic Reprint) Ellen Pickering. 2018. (ENG., Illus.). 330p. (J). 30.70 *(978-0-483-98652-7(6))* Forgotten Bks.

Merchant's Widow: And Other Tales (Classic Reprint) Caroline M. Sawyer. 2018. (ENG., Illus.). 196p. (J). 27.94 *(978-0-483-84169-7(2))* Forgotten Bks.

Merci Suárez Can't Dance. Meg Medina. (Merci Suárez Ser.: 2). (ENG.). 384p. (J). (gr. 4-7). 2022. pap. 8.99 *(978-1-5362-2815-1(X));* 2021. 18.99 *(978-0-7636-9050-2(3))* Candlewick Pr.

Merci Suárez Changes Gears. Meg Medina. (Merci Suárez Ser.: 1). (ENG.). 368p. (J). (gr. 4-7). 2020. pap. 8.99 *(978-1-5362-1258-7(X));* 2018. 18.99 *(978-0-7636-9049-6(X))* Candlewick Pr.

Merci Suárez No Sabe Bailar. Meg Medina. 2022. (Merci Suárez Ser.: 2). (SPA.). 384p. (J). (gr. 4-7). 18.99 *(978-1-5362-2438-2(3));* pap. 8.99 *(978-1-5362-2673-7(4))* Candlewick Pr.

Merci Suárez Plays It Cool. Meg Medina. (Merci Suárez Ser.: 3). 352p. (J). (gr. 4-7). 2023. (ENG.). pap. 8.99 ***(978-1-5362-3300-1(5));*** 2022. 18.99 *(978-1-5362-1946-3(0))* Candlewick Pr.

Merci Suárez Se Pone Las Pilas. Meg Medina. 2020. (Merci Suárez Ser.: 1). (SPA.). (J). (gr. 4-7). 416p. 17.99 *(978-1-5362-1257-0(1));* 368p. pap. 8.99 *(978-1-5362-1259-4(8))* Candlewick Pr.

Merciful Crow. Margaret Owen. 2019. (Merciful Crow Ser.: 1). (ENG., Illus.). 384p. (YA). 18.99 *(978-1-250-19192-2(0),* 900192893, Holt, Henry & Co. Bks. For Young Readers) Holt, Henry & Co.

Merciful Crow. Margaret Owen. 2020. (Merciful Crow Ser.: 1). (ENG.). 400p. (YA). pap. 10.99 *(978-1-250-25094-0(3),* 900192894) Square Fish.

Merciful Savannah. Loretta Harris Carter. 2018. (ENG., Illus.). 94p. (YA). 25.95 *(978-1-64349-215-5(2));* pap. 12.95 *(978-1-64349-070-0(2))* Christian Faith Publishing.

Merciful unto Me, a Sinner (Classic Reprint) Elinor Dawson. (ENG., Illus.). (J). 2018. 446p. 33.10 *(978-0-483-81340-3(0));* 2016. pap. 16.57 *(978-1-334-18467-3(4))* Forgotten Bks.

Merciless. Jacqueline Pawl. 2019. (Born Assassin Ser.: Vol. 1). (ENG., Illus.). 488p. (YA). (gr. 9-12). pap. 12.99 *(978-0-578-44031-6(8))* Pawl, Jacqueline.

Merciless II: the Exorcism of Sofia Flores. Danielle Vega. 2017. (Merciless Ser.: 2). 336p. (YA). (gr. 9). pap. 10.99 *(978-1-59514-727-1(6),* Razorbill) Penguin Young Readers Group.

Merciless III: Origins of Evil (a Prequel) Danielle Vega. 2018. (Merciless Ser.: 3). 320p. (YA). (gr. 9). pap. 10.99 *(978-0-448-49353-4(5),* Razorbill) Penguin Young Readers Group.

Merciless IV: Last Rites. Danielle Vega. 2019. (Merciless Ser.). (ENG.). 320p. (YA). (gr. 9). pap. 10.99 *(978-0-425-29219-8(3),* Razorbill) Penguin Young Readers Group.

Mercure. Lori Dittmer. 2018. (Graines de Savoir Ser.). (FRE., Illus.). 24p. (J). *(978-1-77092-408-6(6),* 19697) Creative Co., The.

Mercurio. Lori Dittmer. 2018. (Semillas Del Saber Ser.). (SPA.). 24p. (J). (gr. -1-k). *(978-1-60818-950-2(3),* 19613, Creative Education) Creative Co., The.

Mercurio. Alexis Roumanis. 2018. (Descubre Los Planetas Ser.). (SPA.). 24p. (J). lib. bdg. 22.99 *(978-1-5105-3390-5(7))* SmartBook Media, Inc.

Mercurio. Alexis Roumanis. 2016. (Los Planetas Ser.). (SPA.). 24p. (J). pap. 31.41 *(978-1-4896-4447-3(4))* Weigl Pubs., Inc.

Mercurio. Alissa Thielges. 2023. (SPA.). 16p. (J). (gr. 1-3). pap. 9.99 ***(978-1-68152-910-3(6))*** Amicus.

Mercurio (Mercury), 1 vol. J. P. Bloom. 2016. (Planetas (Planets) Ser.). (SPA., Illus.). 24p. (J). (gr. -1-2). lib. bdg. 32.79 *(978-1-68080-755-4(2),* 22672, Abdo Kids) ABDO Publishing Co.

Mercurius Menippeus: The Loyal Satyrist, or Hudibras in Prose; Written by an Unknown Hand in the Time of the Late Rebellion (Classic Reprint) John Birkenhead. (ENG., Illus.). (J). 2018. 30p. 24.52 *(978-0-428-92941-1(9));* 2017. pap. 7.97 *(978-0-259-57605-1(0))* Forgotten Bks.

Mercury. Emma Bassier. 2020. (Planets Ser.). (ENG., Illus.). 24p. (J). (gr. k-3). lib. bdg. 31.36 *(978-1-5321-6910-6(8),* 36441, Pop! Cody Koala) Pop!.

Mercury. J. P. Bloom. 2017. (Planets Ser.). (ENG.). 24p. (J). (gr. -1-2). pap. 7.95 *(978-1-4966-1283-0(3),* 135015, Capstone Classroom) Capstone.

Mercury. Czeena Devera. Illus. by Jeff Bane. 2020. (My Early Library: My Guide to the Planets Ser.). (ENG.). 24p. (J). (gr. k-1). pap. 12.79 *(978-1-5341-6116-0(3),* 214464); lib. bdg. 30.64 *(978-1-5341-5886-3(3),* 214463) Cherry Lake Publishing.

Mercury. Lori Dittmer. 2018. (Seedlings Ser.). (ENG., Illus.). 24p. (J). (gr. -1-1). pap. 7.99 *(978-1-62832-532-4(1),* 19614, Creative Paperbacks); *(978-1-60818-916-8(3),* 19616, Creative Education) Creative Co., The.

Mercury. Ellen Lawrence. 2022. (Zoom into Space Ser.). (ENG.). 24p. (J). (gr. 3-6). pap. 9.50 ***(978-1-64996-763-3(2),*** 17154, Sequoia Kids Media) Sequoia Children's Bks.

Mercury. Kerri Mazzarella. 2023. (Our Amazing Solar System Ser.). (ENG.). (J). (gr. 3-6). 24p. lib. bdg. 27.93 ***(978-1-63897-976-0(6),*** 33393); (Illus.). pap. 8.95 Seahorse Publishing.

Mercury, 1 vol. Anita Louise McCormick. 2018. (Exploring the Elements Ser.). (ENG.). 48p. (gr. 6-6). 29.60 *(978-1-9785-0367-9(6),* 6d336cea-2075-4202-a961-939d6695f765) Enslow Publishing, LLC.

Mercury. Julie Murray. 2018. (Planets (Dash!) Ser.). (ENG., Illus.). 24p. (J). (gr. k-4). lib. bdg. 31.36 *(978-1-5321-2529-4(1),* 30067, Abdo Zoom-Dash) ABDO Publishing Co.

Mercury. Jody S. Rake. 2020. (Planets in Our Solar System Ser.). (ENG., Illus.). 32p. (J). (gr. 1-3). pap. 7.95 *(978-1-9771-2691-7(X),* 201725); lib. bdg. 29.32 *(978-1-9771-2391-6(0),* 200401) Capstone. (Pebble).

Mercury. Susan Ring & Alexis Roumanis. 2016. (Illus.). 24p. (J). *(978-1-5105-0980-1(1))* SmartBook Media, Inc.

Mercury. Alexis Roumanis. 2016. (J). *(978-1-5105-2051-6(1))* SmartBook Media, Inc.

Mercury. Nathan Sommer. 2019. (Space Science Ser.). (ENG., Illus.). 24p. (J). (gr. 3-7). lib. bdg. 26.95 *(978-1-62617-974-5(3),* Torque Bks.) Bellwether Media.

Mercury. Alissa Thielges. 2023. (ENG.). 16p. (J). (gr. 1-3). pap. 9.99 ***(978-1-68152-792-5(8))*** Amicus.

Mercury: A Children's Book Interesting & Informative Facts. Bold Kids. 2022. (ENG.). 40p. (J). pap. 15.99 ***(978-1-0717-1061-6(3))*** FASTLANE LLC.

Mercury Boys. Chandra Prasad. (Illus.). 360p. (YA). (gr. 9). 2022. pap. 10.99 *(978-1-64129-387-7(X));* 2021. 18.99 *(978-1-64129-265-8(2))* Soho Pr., Inc. (Soho Teen).

Mercury Educational Facts Children's Science Book. Bold Kids. 2022. (ENG.). 42p. (J). pap. 14.99 ***(978-1-0717-2119-3(4))*** FASTLANE LLC.

Mercury Finds Home. Kat Adamus. Illus. by Kat Adamus. 2021. (ENG.). 26p. (J). pap. *(978-1-912831-37-1(6))* 161 Days.

Mercury Finds Treasure. Kat Adamus. Illus. by Kat Adamus. 2021. (Adventures of Mercury the Blue Cat Ser.: Vol. 2). (ENG.). 26p. (J). pap. *(978-1-912831-39-5(2))* 161 Days.

Mercury God of Travels & Trade. Teri Temple. 2019. (Gods & Goddesses of Ancient Rome Ser.). (ENG., Illus.). 32p. (J). (gr. 3-6). pap. 13.95 *(978-1-4896-9504-8(4));* lib. bdg. 29.99 *(978-1-4896-9503-1(6))* Weigl Pubs., Inc.

Mercy Brown: (part One) Tiki Kos. 2018. (ENG., Illus.). 138p. (J). pap. *(978-0-9959111-2-3(6))* Kos, Tihana.

Mercy Crossing. Linda H. Helms. Ed. by Alana Smith. 2020. (ENG.). 95p. (YA). pap. *(978-1-716-36172-2(9))* Lulu Pr., Inc.

Mercy Markos & the Blades of Betrayal. Sally Gratz Garcia. 2023. (Realm of Ara'ja Ser.: Vol. 1). (ENG.). 346p. (YA). pap. 22.95 ***(978-1-68513-179-1(4))*** Black Rose Writing.

Mercy of Allah (Classic Reprint) Hilaire Belloc. 2017. (ENG., Illus.). (J). 30.39 *(978-0-265-52520-3(9))* Forgotten Bks.

Mercy of the Lord (Classic Reprint) Flora Annie Steel. 2017. (ENG., Illus.). (J). 30.87 *(978-0-266-17974-0(6))* Forgotten Bks.

Mercy Otis Warren the Woman Who Wrote for Others U. S. Revolutionary Period Biography 4th Grade Children's Biographies. Dissected Lives. 2020. (ENG.). 72p. (J). 24.99 *(978-1-5419-7937-6(0));* pap. 14.99 *(978-1-5419-5081-8(X))* Speedy Publishing LLC. (Dissected Lives (Auto Biographies)).

Mercy Rule. Tom Leveen. 2018. (ENG.). 456p. (YA). (gr. 9-9). 17.99 *(978-1-5107-2698-7(5),* Sky Pony Pr.) Skyhorse Publishing Co., Inc.

Mercy Wasn't Lost. Terrie Fahning. 2022. (ENG., Illus.). 30p. (J). 25.95 *(978-1-68517-805-5(7));* pap. 14.95 *(978-1-68517-732-4(8))* Christian Faith Publishing.

Mercy's Trial. Sever Bronny. 2019. (Fury of a Rising Dragon Ser.: Vol. 3). (ENG.). 658p. (J). pap. *(978-1-7751729-4-9(5))* Bronny, Sever.

Mere Accident, Vol. 26 (Classic Reprint) George Moore. 2018. (ENG., Illus.). 336p. (J). 30.83 *(978-0-483-91934-1(9))* Forgotten Bks.

Mere Chance, Vol. 1: A Novel (Classic Reprint) Ada Cambridge. 2018. (ENG., Illus.). 310p. (J). 30.31 *(978-0-267-17103-3(X))* Forgotten Bks.

Mere Chance, Vol. 2 Of 3: A Novel (Classic Reprint) Ada Cambridge. 2018. (ENG., Illus.). 294p. (J). 29.96 *(978-0-483-38995-3(1))* Forgotten Bks.

Mere Chance, Vol. 3 Of 3: A Novel (Classic Reprint) Ada Cambridge. (ENG., Illus.). (J). 2018. 258p. 29.22 *(978-0-483-80595-8(5));* 2016. pap. 11.57 *(978-1-334-15777-6(4))* Forgotten Bks.

Mere Cuisine: Livre Coloriage Pour Enfants. Bold Illustrations. 2017. (FRE., Illus.). (J). pap. 8.35 *(978-1-64193-046-8(2),* Bold Illustrations) FASTLANE LLC.

Mere Folly (Classic Reprint) Maria Louise Pool. 2017. (ENG., Illus.). (J). 28.15 *(978-0-266-70973-2(7));* pap. 10.57 *(978-1-5276-6093-9(1))* Forgotten Bks.

Mere Man (Classic Reprint) Edwin Bateman Morris. (ENG., Illus.). (J). 2018. 236p. 28.76 *(978-0-267-33366-0(8));* 2016. pap. 11.57 *(978-1-333-58104-6(1))* Forgotten Bks.

Mere Mortals. Erin Jade Lange. (ENG.). 368p. (YA). (gr. 8). 2023. pap. 15.99 ***(978-0-06-321912-0(3));*** 2022. 17.99 *(978-0-06-321911-3(5))* HarperCollins Pubs. (HarperTeen).

Mere Sentiment (Classic Reprint) A. J. Dawson. 2018. (ENG., Illus.). 258p. (J). 29.24 *(978-0-483-26876-0(3))* Forgotten Bks.

Meredith (Classic Reprint) Marguerite Blessington. 2017. (ENG., Illus.). (J). 31.40 *(978-0-266-71042-4(5));* pap. 13.97 *(978-1-5276-6195-0(4))* Forgotten Bks.

Meredith Foster: Fostering Your Best Self. Meredith Foster. 2020. (ENG.). 96p. (YA). (gr. 7-12). pap. 12.99 *(978-1-4998-1030-1(X),* BuzzPop) Little Bee Books Inc.

Meredith, Vol. 1 of 3 (Classic Reprint) Countess of Blessington. 2018. (ENG., Illus.). 316p. (J). 30.43 *(978-0-483-33784-8(6))* Forgotten Bks.

Meredith's Gift. Joellyn Cicciarelli. Illus. by Carrie Schuler. 2021. (ENG.). 40p. (J). (gr. 1-5). 19.99 *(978-0-8294-5187-0(0))* Loyola Pr.

Meredith's Triumph. Theresa Corbley Siller. Illus. by Robin Roraback. 2021. (ENG.). 120p. (YA). pap. 11.95 *(978-1-4624-1326-3(9),* Inspiring Voices) Author Solutions, LLC.

Merely a Negress: A West African Story (Classic Reprint) Stuart Young. 2018. (ENG., Illus.). 344p. (J). 30.99 *(978-0-483-78027-9(8))* Forgotten Bks.

Merely Mary Ann (Classic Reprint) Israel Zangwill. 2016. (ENG., Illus.). (J). pap. 9.97 *(978-1-334-12802-8(2))* Forgotten Bks.

Merely Mary Ann (Classic Reprint) Israel Zangwill. 2018. (ENG., Illus.). 162p. (J). 27.24 *(978-0-332-36948-8(X))* Forgotten Bks.

Merely Players: Stories of Stage Life (Classic Reprint) Virginia Tracy. 2018. (ENG., Illus.). 348p. (J). 31.07 *(978-0-365-41056-0(X))* Forgotten Bks.

1316

The check digit for ISBN-10 appears in parentheses after the full ISBN-13

TITLE INDEX

MERMAID PUZZLES

Meremaoth's Folly: A Tale of Silbalorre. Katherine Robinson. 2021. (ENG.). 306p. (YA). pap. 19.95 (978-1-64468-886-1(7)) Covenant Bks.

Meri Pratham Hindi Sulekh Maatra Gyaan: Hindi Writing Practice Book for Kids. Wonder House Books. 2019. (HIN.). 32p. (J). (gr. -1-k). pap. 5.99 (978-93-88369-33-6(5)) Prakash Bk. Depot IND. Dist: Independent Pubs. Group.

Meri Pratham Hindi Sulekh (Sangrah) Hindi Workbook to Practice Words & Sentences (Shabd Gyan, Maatra Gyan, Sayukt Akshar Gyan, Vaakya Gyan) Wonder House Books. 2019. (HIN.). 125p. (J). (gr. -1-k). pap. 14.99 (978-93-88093-85-2(4)) Prakash Bk. Depot IND. Dist: Independent Pubs. Group.

Meri Pratham Hindi Sulekh Sanyukt Akshar Gyaan: Hindi Writing Practice Book for Kids. Wonder House Books. 2019. (HIN.). 32p. (J). (gr. -1-k). pap. 5.99 (978-93-88369-34-3(3)) Prakash Bk. Depot IND. Dist: Independent Pubs. Group.

Meri Pratham Hindi Sulekh Shabd Gyaan: Hindi Writing Practice Book for Kids. Wonder House Books. 2019. (ENG.). 32p. (J). (gr. -1-k). pap. 5.99 (978-93-88369-35-0(1)) Prakash Bk. Depot IND. Dist: Independent Pubs. Group.

Meri Pratham Hindi Sulekh Vaakya Gyaan: Hindi Writing Practice Book for Kids. Wonder House Books. 2019. (HIN.). 32p. (J). (gr. -1-k). pap. 5.99 (978-93-88369-37-4(8)) Prakash Bk. Depot IND. Dist: Independent Pubs. Group.

Meri Pratham Hindi Sulekh Varnamala: Hindi Writing Practice Book for Kids. Wonder House Books. 2019. (HIN.). 56p. (J). (gr. -1-k). pap. 5.99 (978-93-88369-36-7(0)) Prakash Bk. Depot IND. Dist: Independent Pubs. Group.

Merchants at Home: Byswears, Backwoods, & Pralines (Classic Reprint) Unknown Author. 2018. (ENG., Ilus.). 324p. (J). 30.58 (978-0-484-19003-9(2)) Forgotten Bks.

Merida: Legend of the Emeralds. Ellie O'Ryan. Illus. by Disney Storybook Artists. 2017. (Disney Princess Ser.). (ENG.). 96p. (J). (gr. 2-6). lib. bdg. 31.36 (978-1-5321-4127-8(1)). 26994. Chapter Bks.) Spotlight.

Merida & Our Babysitter. Illus. by Apple Jordan et al. 2016. (978-1-5192-2107-1(8)). (Golden Bks.) Random Hse. Children's Bks.

Merenda. Katrina Streza & Ariana Vargas. Illus. by Brenda Porraz. 2023. (Little Lectures Ser. Vol. 27). (SPA.). 20p. (J). 24.99 (978-1-5324-4409-8(5)). pap. 12.99 (978-1-5324-4408-1(7)) Xist Publishing.

Merino Sheep. Brianna Esquinay. 2017. (Wild & Woolly Ser.). (ENG.). 24p. (J). (gr. 3-5). 25.27 (978-1-5383-2533-9(0)). 31616b3a-286c-4d85-8ad4-454500b30608). pap. 9.25 (978-1-5383-2603-9(9)). 822b659a-8041-4c42-96t1-757964c0d4(Tosen Publishing Group, Inc., The. (PowerKids Pr.).

Meriwether Lewis & William Clark. Stephen Krensky. 2023. (Great Explorers Ser.). (ENG.). 32p. (J). (gr. 3-6). pap. (978-1-4398-0050-4(6)). 32905. lib. bdg. (978-1-0399-0010-8(0)). 32905. Cashire Publishing Co.

Merle Learns about Mountains. Tracilyn George. 2023. (ENG.). 22p. (J). pap. 13.99 (978-1-77475-679-9(0)) Draffzilla.

Merle of Nazareth. Mike Nawrocki. Illus. by Luke Séguin-Magee. 2021. (Dead Sea Squirrels Ser. 7). (ENG.). 136p. (J). pap. 6.99 (978-1-4964-4973-3(8)). 20,34941. Tyndale Kids) Tyndale Hse. Pubs.

Merle's Crusade (Classic Reprint) Rosa Nouchette Carey. (ENG., Illus.). (J). 2018. 234p. 28.72 (978-0-332-16539-9(7)). 2018. pap. 11.57 (978-1-334-20337-4(7)) Forgotten Bks.

Merlin & the Demon of the North. P. J. Cormack. 2017. (ENG., Illus.). 336p. (J). pap. (978-0-244-61617-7(X)) Lulu Pr., Inc.

Merlin & the Owl: Book Two: Merlin's Big Backyard. Sharma Garibson. 2022. (ENG., Illus.). 42p. (J). 25.95 (978-1-68526-823-6(1)). 15.95 (978-1-63814-840-1(6)) Covenant Bks.

Merlin & the Owl: Merlin Comes Home. 2020. (ENG., Illus.). 30p. (J). pap. 14.95 (978-1-64570-444-6(4)) Covenant Bks.

Merlin & the Owl: Merlin Comes Home. Sharma Garibson. 2020. (ENG., Illus.). 30p. (J). 24.95 (978-1-64670-445-3(2)) Covenant Bks.

Merlin, Morgan le Fay & the Magic of Camelot Children's Arthurian Folk Tales. Baby Professor. 2017. (ENG., Illus.). (J). pap. 7.89 (978-1-5419-0392-0(7)). Baby Professor (Education Kids) Speedy Publishing LLC.

Merlin Ragnarr: The Book of Lies (2nd Edition) Ivan Holiday Arsenault. 2020. (Merlin Ragnarr Ser. 1). (ENG.). 370p. (YA). pap. 17.50 (978-1-0363-3454-0(1)) BookBaby.

Merlin, Vol. 1: A Middle-English Metrical Version of a French Romance (Classic Reprint) Henry Lovelich. 2018. (ENG., Illus.). 436p. (J). 32.91 (978-0-267-10532-8(6)) Forgotten Bks.

Merlin, Vol. 1: A Middle-English Metrical Version of a French Romance (Classic Reprint) Henry Lovelich. (ENG., Illus.). (J). 2018. 436p. 33.16 (978-0-428-04716-1(4)). 2017. 32.83 (978-0-331-99180-2(2)). 2017. pap. 16.57 (978-0-331-99159-7(1)) Forgotten Bks.

Merlino: The Round Table Chronicles. M. T. Boulton. 2017. (ENG., Illus.). 686p. (J). pap. (978-0-244-94214-4(5)) Lulu Pr., Inc.

Merlingue: Louises Wundersam Erkenntnisreiche Reise Durch Den Zauberwald. Diana Schöneseifen. 2017. (GER., Illus.). (J). pap. (978-3-947062-04-1(4)) Schöfin, Diana. Schöneseifen Verlag.

Merlin's Kin. Jack Everett & David Coles. Illus. by Susan Krupp. 2017. (ENG.). (J). pap. 13.95 (978-1-944649-33-5(5)) Portals Publishing.

Merlin's Moon. Annabelle Jay. (ENG.). (YA). 2017. (Sun Dragon Ser.: Vol. 2). 25.99 (978-1-64080-355-8(6)). 2016. 24.99 (978-1-63533-049-6(1)) Dreamspinner Pr. (Harmony Ink Pr.).

Merlin's School for Ordinary Children - Sword of Stone. Margaret R. Blake. 2018. (ENG., Illus.). (J). pap. 11.97 (978-1-326-74019-1(9)) Lulu Pr., Inc.

Merlin's Stronghold: Faerie Crossed Ser. Book 2. Angelica R. Jackson. 2018. (Faerie Crossed Ser.: Vol. 2). (ENG., Illus.). 358p. (YA). pap. 12.95 (978-0-998721 4-6(1)) Crow & Pitcher Pr.

Merlin's Youth. George Parker Bidder. 2018. (ENG., Illus.). 22p. (J). 9.99 (978-1-5154-2177-1(5)) Wilder Pubs., Corp.

Merlion: A Fairy Tale of Singapore. Edward Wong. 2016. (ENG., Illus.). (J). pap. 21.18 (978-1-4828-7978-8(6)) Partridge Pub.

Merist Prosper: And the Girl with a Goal. R. K. Geetha. Illus. by Laura Catrinella. 2022. (ENG.). 240p. (YA). pap. (978-1-5255-9763-3(9)). (978-1-5255-9764-0(7)) FriesenPress.

Mermaid. Jan Brett. Illus. by Jan Brett. 2017. (Illus.). 32p. (J). (gr. -1 – 1). 19.99 (978-0-399-17072-0(3)). G.P. Putnam's Sons Books for Young Readers) Penguin Young Readers Group.

Mermaid. Heather DiLorenzo Williams. Illus. by Haylee Troncone. 2021. (Magical Creature Ser.). (ENG.). 24p. (J). (gr. k-2). lib. bdg. 26.65 (978-1-63929-082-8(ENG). gft0b5da-e884-4185-a257-415e8add81bca) Full Tilt Pr. NZL. Dist: Lerner Publishing Group.

Mermaid: A Lift, Pull & Pop Book. Happy Yak. Illus. by Lucy Semple. 2022. (Hide & Peek Ser.). (ENG.). 12p. (J). (gr. -1). bds. (978-0-7112-6840-1(1)) White Lion Publishing.

Mermaid - Activity Workbook. Beth Costanzo. 2023. (ENG.). 30p. (J). pap. 8.99 (978-1-0886-9644-4(1)) Adventures of Scuba Jack Pubs., The.

Mermaid a Love Tale (Classic Reprint) L. Dougall. (ENG., Illus.). (J). 2018. 306p. 30.21 (978-0-484-40443-3(2)). 2017. pap. 13.71 (978-0-243-93474-4(2)) Forgotten Bks.

Mermaid Activity Book for 5 Year Old Girl. Educando Kids. 2019. (ENG.). 42p. (J). pap. 8.55 (978-1-64521-796-1(5). Educando Kids) Editorial Images.

Mermaid Activity Book for Kids. Addison Greer. 2021. (ENG.). 100p. (J). pap. 10.55 (978-1-716-84691-6(9)) Lulu Pr., Inc.

Mermaid Activity Book for Kids. Tony Reed. 2021. (ENG.). 100p. (J). pap. 7.20 (978-1-716-08481-2(4)) Lulu Pr., Inc.

Mermaid Activity Book for Kids. Matt Rios. 1 t. ed. 2020. (ENG.). 102p. (J). pap. 8.60 (978-1-716-35376-5(3)) Lulu Pr., Inc.

Mermaid Activity Book for Kids Ages 4-8: A Cute & Fun Mermaid Game Workbook Gift for Coloring, Learning, Word Search, Mazes, Crosswords, Dot to Dot, Spot the Difference & More! Happy Harper. 2019. (ENG.). 100p. (J). pap. (978-1-98854-329-0(4)) Happy Harper(Gil, Karanvir.

Mermaid Activity Book for Kids Ages 4-8: Amazing & Engaging Mermaid Workbook for Boys & Girls with Coloring, Learning, Word Search, Mazes, Crosswords, Dot to Dot, Spot the Difference, Math & More! Happy Harper. 1 t. ed. 2020. (ENG.). 76p. (J). pap. (978-1-989643-23-8(3)) Happy Harper(Gil, Karanvir.

Mermaid Activity Book for Kids Ages 6-10: Mermaid Activity Book for Kids 6-10. Happy Harper. 1 t. ed. 2020. (ENG.). 96p. (J). pap. (978-1-989668-24-6(4)) Happy Harper(Gil, Karanvir.

Mermaid Activity Book for Kids Ages 4-8: Mermaid Coloring Book, Dot to Dot, Maze Book, Kid Games, & Kids Activities. Young Dreamers Press. Illus. by Fairy Crocs. 2021. (Fun Activities for Kids Ser.: Vol. 7). (ENG.). (J). pap. (978-1-990136-38-2(9)) EnemyOne.

Mermaid Activity Workbook for Kids 2-4 Years of Age. Beth Costanzo. 2023. (ENG.). 26p. (J). pap. 8.99 (978-1-0881-6929-2(5)) Adventures of Scuba Jack Pubs., The.

Mermaid Adventures Hidden Picture Activity Book. Activity Book Zone. 2016. (ENG., Illus.). (J). (gr. 7.55 (978-1-68375-019-1(3)) Baby Professor.

Mermaid Alphabet & Numbers Coloring Book. Cristle Publishing. 2020. (ENG.). 76p. (J). pap. 7.99 (978-1-716-31615-9(4)) Lulu Pr., Inc.

Mermaid Alphabet Coloring Book for Children (8 Sheeba Blake. 2021. (Coloring Book / Activity Book) Sheeba Blake. 2021. (ENG.). 56p. (J). pap. 9.99 (978-1-222-29024-0(3)) Indy Pub.

Mermaid Alphabet Coloring Book for Children (8.5x8.5 Coloring Book / Activity Book) Sheeba Blake. 2021. (ENG.). 56p. (J). pap. 12.99 (978-1-222-29184-1(3)) Indy Pub.

Mermaid Alphabet Coloring Book for Children (8x10 Coloring Book / Activity Book) Sheeba Blake. 2021. (ENG.). 56p. (J). pap. 14.99 (978-1-222-29025-7(1)) Indy Pub.

Mermaid & Ms. Soosh. 2020. (ENG., Illus.). 40p. (J). (gr. -1-3). 17.99 (978-0-316-42662-6(8)) Little, Brown Bks. for Young Readers.

Mermaid & a Pirate. Tracey Baptise. Illus. by Leli Adams. 2023. (ENG.). 32p. (J). (gr. -1-2). 18.99 (978-1-64375-077-4(1)). 74077) Algonquin Young Readers.

Mermaid & the Dinosaur. David Brown. 2018. (ENG., Illus.). 92p. (J). pap. (978-1-326-60619-8(3)) Lulu Pr., Inc.

Mermaid & the Parakeet: A Children's Book Inspired by Henri Matisse. Veronique Massenot. Illus. by Vanessa Hié. Inspired Story Is Famous Artworks Ser.). (ENG.). 32p. (J). (gr. -1-3). 14.95 (978-3-7913-7265-5(3)) Prestel Verlag GmbH & Co KG DEU. Dist: Penguin Random Hse. LLC.

Mermaid & Unicorn Coloring Book for Kids. A. Green. (ENG.). 100p. (J). pap. 7.00 (978-1-716-37585-0(7)) Lulu Pr., Inc.

Mermaid Atlas: Merfolk of the World. Anna Claybourne. Illus. by Miren Asian Lora. 2020. (ENG.). 48p. (J). (gr. 2-6). 19.99 (978-1-78627-585-1(6). King, Laurence Publishing) Green Publishing Group, Ltd. GBR. Dist: Hachette Bk. Group.

Mermaid Coloring Book; Amazing Mermaid Coloring Books for Kids. Fun Coloring Book for Kids Ages 4-8. Page Large 8. 5 X 11. Ema Arges. 2020. (ENG.). 86p. (J). pap. 9.99 (978-1-716-32222-2(3)) Lulu Pr., Inc.

Mermaid Coloring Book: For Kids Ages 4-8. Happy Harper. 2019. (ENG., Illus.). 102p. (J). pap. (978-1-990504-14-7(7)). Happy Harper) Gil, Karanvir.

Mermaid Coloring Book: For Kids Ages 4-8, 9-12. Young Dreamers Press. Illus. by Fairy Crocs. 2020. (Coloring Books for Kids Ser.: Vol. 9). (ENG.). 84p. (J). pap. (978-1-989790-64-9(0)) EnemyOne.

Mermaid Coloring Book: For Kids Ages 4-8 Wonderful Illustrations Funny Mermaids Activity for Kids. Maxirll

Ford Jones. 2021. (ENG.). 104p. (J). pap. 11.99 (978-0-226-23616-2(1)) Google.

Mermaid Coloring Book: Mermaid Coloring Album, Activity Book for Kids Ages 4-8. Page Size 8. 5 X 11 Inches 112 Pages. Coloring School. 2021. (ENG.). 114p. (J). pap. (978-1-40387-067-2(6)) Dorr & Kiel Ltd.

Mermaid Coloring Book: A Unique Collection of Coloring Pages. Bold Illustrations. 2018. (ENG., Illus.). 76p. (J). (gr. -1-k). pap. 14.99 (978-1-7328-0073-3(7). Bold Illustrations) FASTLINE LLC.

Mermaid Coloring Book for Children (6x9 Coloring Book / Activity Book) Sheeba Blake. (ENG.). (J). 2021. (Mermaid Coloring Bks.: Vol. 3). 82p. pap. 6.99 (978-1-222-29010-3(3)). 2020. 24p. pap. 9.99 (978-1-222-28906-0(3)). 2020. pap. 9.99 (978-1-222-28903-9(0)) Indy Pub.

Mermaid Coloring Book for Children (8.5x8.5 Coloring Book / Activity Book) Sheeba Blake. 2021. (J). 24p. pap. 12.99 (978-1-222-29135-3(3)). 24p. pap. 12.99 (978-1-222-29023-3(0)). (Mermaid Coloring Bks.: Vol. 3). 82p. pap. 12.99 (978-1-222-29178-0(9)) Indy Pub.

Mermaid Coloring Book for Children (8x10 Coloring Book / Activity Book) Sheeba Blake. (ENG.). (J). (Mermaid Coloring Bks.: Vol. 3). 82p. pap. 14.99 (978-1-222-29011-0(1)). 2020. 24p. pap. 14.99 (978-1-222-28906-0(8)). 2020. pap. 14.99 (978-1-222-29006-6(7)) Indy Pub.

Mermaid Coloring Book for Girls: A Super Fun Activity Book for Kids, Toddlers & Preschoolers Ages 2-4 & 4-8 Filled with 40+ Unique & Cute Designs of Mermaids & Sea Creatures. Happy Harper. 2020. (ENG., Illus.). 98p. (J). pap. (978-1-989968-07-9(4)). Happy Harper) Gil, Karanvir.

Mermaid Coloring Book for Girls: Ages 4-8. Happy Harper. Legends. 1 t. ed. 2020. (ENG., Illus.). 94p. (J). pap. (978-1-989666-17-8(1)). Happy Harper) Gil, Karanvir.

Mermaid Coloring Book for Girls: 4-8, 33 Gorgeous Coloring Pages. Miracle Activity Books. 2019. (ENG.). Illus.). 72p. (J). pap. 5.95 (978-1-0898-1680-7(7)) Indy Pub.

Mermaid Coloring Book for Girls Ages 2-8: Cute Unique Illustrations of Mermaids & Their Friends. Anastasia Reece. 2021. (ENG.). 77p. (J). pap. (978-0-357-69279-4(8)) Lulu Pr., Inc.

Mermaid Coloring Book for Girls Ages 6-12: Amazing Mermaids Coloring Pages for Girls - Magical Illustrations, Cute & Unique Mermaid Coloring Pages for Kids - Big Book of Mermaid Full of Fantasy, Molly Osborne. 2020. (ENG., Illus.). 92p. (J). pap. 8.99 (978-1-716-31346-1(7)) Lulu Pr., Inc.

Mermaid Coloring Book for Kids. Cristle Dozaz. 2022. (ENG.). 46p. (J). pap. 9.00 (978-1-716-42648-3(0)1)) Lulu Pr., Inc.

Mermaid Coloring Book for Kids. Addison Greer. 2021. 100p. (J). pap. 10.55 (978-1-716-18278-5(6)) Lulu Pr., Inc.

Mermaid Coloring Book for Kids. Tony Reed. 2021. (ENG.). 100p. (J). pap. 6.99 (978-1-716-08470-6(9)) Lulu Pr., Inc.

Mermaid Coloring Book for Kids. Matt Rios. 2020. (ENG.). 100p. (J). pap. 10.50 (978-1-716-57668-6(9)) Lulu Pr., Inc.

Mermaid Coloring Book for Kids: Amazing Mermaid Book of Beautiful Mermaids, Fun & Unique Coloring Pages. O. Claude. 2021. (ENG.). 82p. (J). pap. 8.99 (978-0-36142-4(3)) Jones & Bartlet Learning, LLC.

Mermaid Coloring Book for Kids: Coloring& Activity Book for Kids, Ages 34-7-8, Dessals B. 2021. (ENG.). pap. 6.99 (978-1-0390-0265-1(7)) Indy Pub.

Mermaid Coloring Book for Kids: Cute Mermaids for Kids Ages 4-8, 1-2 Latest) Virita Press. 2020. 170p. (J). pap. 9.99 (978-1-716-09913-7(6)) Lulu Pr., Inc.

Mermaid Coloring Book for Kids: Mermaid Coloring Pages, Ages 4-8, Stress Relieving & Relaxing Coloring Book with Gorgeous Sea Creatures. tantakiara. 2021. (ENG.). 124p. (J). pap. 8.95 (978-1-716-03878-4(8)).

Mermaid Coloring Book for Kids: Packed with Delightfully Cute Mermaid Illustrations to Color. Great Gift for Girls & Boys of All Ages, Little Kids, Preschool, Kindergarten & Elementary. Jasmine Taylor. 2021. (ENG.). (J). pap. (978-1-7347-8491-8(0)) Lulu Pr., Inc.

Mermaid Coloring Book for Kids: Wonderful Coloring Pages Designed to Encourage Positive Thinking for Kids Ages 4-8. Noelle Ingram. 2020. (ENG., Illus.). pap. 12.00 (978-1-716-51516-6(1)) Lulu Pr., Inc.

Mermaid Coloring Book for Teens: Color the Magic Underwater World of Mermaids in over 40 Beautiful Full Page Illustrations. Coloring Book with Beautiful Mermaids, Underwater World & Its Inhabitants. Detailed Designs for Relaxation. Ideal Gift.** Amanda Yarbro. 2021. (ENG.). 84p. (YA). pap.

Mermaid Composition Book: Lined Pages | 8. 5 X 11 | 100 Pages | Cute Elegant Designs | Large Notebook for All Girls, Boys, Kids, Adults, School, College, Emily Arts. (J). pap. (978-1-312-32816-7(9)) Lulu Pr., Inc.

Mermaid Dance. Matthew Van Fleet. Illus. by Matthew Van Fleet. 2020. (ENG.). 18p. (J). (gr. -1-k). 16.99 (978-1-6659-0491-6(7). Simon & Schuster/Paula Wiseman Bks.) Simon & Schuster/Paula Wiseman Bks.

Mermaid Dancing. Murray Illus. by Ulari Panners. 2023. (ENG.). 32p. (J). (gr. -1-3). 18.99 (978-1-7282-7132-... Sourcebooks Jabberwocky) Sourcebooks.

Mermaid Dreams. Ceressa Picarelli. (Illus.). (J). 2021. 32p. bds. 8.99 (978-0-7362-7056-6(7)). 2019. 32p. (gr. 1-2). 17.99 (978-0-7352-6491-5(0)) Tundra Bks. of Northern New York) Penguin Random Hse. LLC.

Mermaid Embroidery Kit. Lara Bryan. 2019. (Embroidery Kit Ser.). (ENG.). 1 t. pap book ano. (J). 12.99 (978-0-7945-4454-5(9). Usborne) EDC Publishing.

Mermaid Evolution. Phil Campbell. 2019. (ENG.). (J). pap. 15.00 (978-0-359-66792-2(9)) Lulu Pr., Inc.

Mermaid Floral Bonnie Tarbert. 2022. (ENG.). 20p. (J). 17.99 (978-1-0857-9672-9(2)) Indy Pub.

Mermaid for a Day. Erin O'Brien. 1 t. ed. 2023. (ENG.). 42p. 16.95 (978-1-0880-9804-1(4)) Indy Pub.

Mermaid Girl. Sara Raff. Illus. by Olivia Aserr. 2022. 40p. (J). (gr. k-2). 17.99 (978-0-593-32760-9(8). Viking Books for Young Readers) Penguin Young Readers.

Mermaid Handbook: A Guide to the Mermaid Way of Life. Includes Recipes, Folktalels & More. 1 vol. (Various Pagings). by Briar Corn Scott. 2020. 80p. (J). pap. 14.95 (978-1-71708-085-7(8)).

Mermaid Hidden Picture. 2020. (ENG.). 100p. (J). pap. 6.99 (978-1-71611-0165-7(6)) Nifimbo Ltd. CAN. Dist: Baker & Taylor Publisher Services.

Mermaid Handwriting Workbook. Corinda Valladares. 2020. (ENG.). 80p. (J). pap. 9.99 (978-1-7355-9452-4(8)) Indy Pub.

Mermaid in a Bowl of Tears. (Cups of Dream Ser. Vol. 2). by Adrian K. Thomas. (ENG.). 42p. (J). pap. 12.99. 12.99 (978-0-244-17060-7(8)). 128p. (J). (gr. -1-4). 9.99 (978-0-414-13974-0(4)). Corinda Random Hse. AUS. Dist: Independent Pubs.

Mermaid in the Bathtub. Nurit Zarchi. Tr. by Tal Goldfish. by Ruth Modan. 2019. (ENG.). 40p. (J). (gr. 1-3). (978-1-62620-8-1(1)) Restless Bks.

Mermaid Is Drowning: A Voyagers Ser. Part 1. (J). pap. (978-0-2288-9378-6(0)). pap. (978-0-2288-8737-2(3)). pap. 11.00 (978-1-716-38477-6(0)) Lulu Pr., Inc.

Mermaid Kids Coloring Book. Matt Rios. 1 t. ed. 2020. (ENG.). 102p. (J). pap. 8.60 (978-1-716-30537-3(5)) Lulu Pr., Inc.

Mermaid Kyleigh's Great Chess Barbecue & Gross Fest. Kyleigh Brianna Johnson. (ENG.). (J). pap. 12.99 (978-1-3161-9538-... Legends. 1 vol. (ENG., Illus.). (J). (gr. 2-3). pap. 11.50 (978-0-9889688-8-9(5)).

Mermaid Legends Ser. 1 vol. (ENG., Illus.). (J). (gr. 2-3). pap. 11.50 (978-0-9889688-8-9(5)).

Mermaid Life. Lisa Fipps. (ENG., Illus.). (J). 2023. pap. 8.99 (978-1-9848-1547-7(1)). 2021. 17.99 (978-0-525-54711-8(4)). Res. Penguin Young Readers/Nancy Paulsen Bks.) Penguin Publishing LLLP.

Mermaid Magic: An Enchanting Fantasy Coloring Book. (ENG.). bds. 8.56 (978-1-7477-2111-3(0)). pap. 3a2f1d4a-ea46-4b8a-a00d-4b08f1254f88) Hachette Bk. Group (Ixia Pr.).

Mermaid Magic: An Enchanting Fantasy Coloring Book. (ENG.). pap. CAN. Dist: Baker & Taylor Publisher Services.

Mermaid Magic: An Enchanting Coloring Book. Ixia Pr. Kaanan. Jean-Marie. Jenkins, Andrea, Jenkins, Taylor. 2023. (ENG.). 96p. (J). pap. 9.99 (978-0-486-85137-7(5). Dover Pubs.) Dover Publications, Inc.

Mermaid Man: Coloring Book Colors. Kerr Lorena de Mermaid Coloring Kovacs. 2022. (ENG.). (J). pap. (978-1-4489-8383-5(1)) Lulu Pr., Inc.

Mermaid Martha. Emma Simon. Ginnarls Park. 2017. (ENG.). 33p. (J). pap. 10.99 (978-0-9954768-2-8(8)). (978-1-9471 2-34(9)). 33+6. Illus. & the Visit. Ginnarls Park. 2019. (ENG.). 33p. (J). pap. Lara Ede. 2018. (Mermaid Martha Ser.). Illus.). 28p. (J). pap. 6.99 (978-1-0887-5684-2(6)). Illus.). 28p. (J). pap. 6.99 (978-1-0887-5684-2(6)) Bernice GBR. Dist.

Mermaid Moon. Susan Cokal. (ENG.). (J). 2022. 24p. (gr. 1-2). pap. 9.99 (978-1-5366-1972-4(5)). 2020. 40p. 18.99 (978-1-5366-0753-0(9)) Candlewick Pr.

Mermaid Mysteries. 2020. (ENG., Illus.). pap. 6.99 (978-1-68372-631-7(3)) Random Hse. Children's Bks.

Mermaid Mysteries. Adventures of Little Mermaid. Bks. (The Mer Ser.). (ENG.). (J). 2021. 122p. pap. (978-1-64799-838-0(2)). 2017. pap. 14.99 (978-1-5382-1937-2(6)). Illus.). pap. (978-1-5382-1937-2(6)).

Mermaid Night Before Christmas. Joann Sfar. Illus. by Joann Sfar. 2017. (ENG.). 40p. (J). pap. 5.99 (978-0-4579-6bdc53d-5(7a-2c37)). (J). pap. (978-1-3387-4847-4(2)) Lulu Pr., Inc.

Mermaid Named Pebbles. Rylee N. Gaffron. 1 t. ed. 2021. (J). pap. (978-1-222-0922-0(2)) Indy Pub.

Mermaid Numbers Coloring Book for Children (6x9. S. 42. (ENG.). 56p. (J). pap. 9.99 (978-1-222-29053-0(0)). (ENG.). 56p. (J). pap. 9.99 (978-1-222-29053-0(0)) Indy Pub.

Mermaid Numbers Coloring Book for Children (8.5x8.5 Coloring Book / Activity Book) Sheeba Blake. 2021. (ENG.). 56p. (J). pap. 12.99 (978-1-222-29053-0(0)) Indy Pub.

Mermaid Numbers Coloring Book for Children (8x10 Coloring Book / Activity Book) Sheeba Blake. 2021. (ENG.). 56p. (J). pap. (978-1-222-29054-7(8)) Indy Pub.

Mermaid of Black Conch. Monique Roffey. 2022. (ENG.). pap. (978-1-91291-9(1)). 2021. (J). (978-1-91291-07-4(2)) Indy Pub.

Mermaid of Hilton Head. Caroline Lamoreux. 2017. (ENG.). (J). pap. 17.99 (978-1-5497-2158-5(9)).

Mermaid of Warsaw. Richard Monte. Illus. by Bagram Ibatoulline. 19.95 (978-1-62371-147-8(7)). (J). pap. 9.99 (978-1-62371-148-5(5)) Abrams Bks. for Young Readers.

Mermaid of Zennor. Charles Causley. Illus. by Michael Foreman. 2019. (ENG.). 32p. (J). pap. 12.99 (978-1-91307-405-6(2)). Otter-Barry Bks) Otter Barry Books Ltd. GBR. Dist: Lerner Publishing Group.

Mermaid on the Rocks. Nanette Mellor. 2019. (ENG.). (J). pap. (978-0-244-28379-6(8)) Lulu Pr., Inc.

Mermaid Princess (Enchanted Ser.). Illus. by Addy Saul. (ENG.). (Illus.). 26p. (J). 4.25 (978-1-84898-667-8(8)). Pubs. Ser. 05). 8.99 (978-1-7770-0610-5(6)) Nimbus Publishing & Vagrant Press.

Mermaid Princess. Andrea Jenkins. 2017. (ENG.). (J). 25p. (978-1-4489-4631-1(0)). Illus.). (J). pap. 8.99 (978-0-6489-8 & Taylor Publisher Services.

Mermaid Princess (Enchanted Ser.). Illus. by Addy Saul. 2016. (ENG.). 26p. (J). 4.25 (978-1-84898-667-8(8)) Top That Publishing PLC GBR. Dist: Baker & Taylor Publisher Services.

Mermaid Puzzles. 1 vol. (ENG., Illus.). (J). 2023. pap. (978-1-80543-... (Mandala). (ENG., Illus.). (J). (gr. 2-4). pap. 6.66 (978-1-716-27... Illus. by Anna Lencks. 2017. (ENG.). (J). pap. (978-0-2... Barter. 2016. (ENG.). 24p. 20.80. (J). pap. 6.99 (978-1-77100-... Pubs. Ser. Kids. 2019. (978-... (ENG.). (J). pap. 5.99 (978-0-593-12653-... Mermaid Puzzles. 1 vol. Illustrations of Mermaids & A...

(978-1-5383-9182-2(1), 83ad7873-7797-47db-a118-971cf5f75bd5); pap. 11.00 (978-1-5383-9180-8(5), fa53e2c1-2d43-4189-9829-d343140cca3a) Rosen Publishing Group, Inc., The. (Windmill Bks.).

Mermaid Rocks. Stephen Dunford. 2019. (ENG., Illus.). 34p. (J). pap. 15.00 (978-1-64570-012-8(7)) Primedia eLaunch LLC.

Mermaid School. Lucy Courtenay. Illus. by Sheena Dempsey. 2020. (Mermaid School Ser.). (ENG.). 128p. (J). (gr. 1-4). pap. 6.99 (978-1-4197-4519-5(0), 1694903, Amulet Bks.) Abrams, Inc.

Mermaid School. JoAnne Stewart Wetzel. Illus. by Julianna Swaney. (ENG.). 32p. (J). (gr. -1-2). 2022. pap. 8.99 (978-0-593-48009-0(0), Dragonfly Bks.); 2018. 18.99 (978-0-399-55716-3(4), Knopf Bks. for Young Readers) Random Hse. Children's Bks.

Mermaid Song: Five Fairytale Retellings. Anthea Sharp. 2021. (Sharp Tales Ser.: Vol. 6). (ENG.). 232p. (YA). pap. 12.99 (978-1-68013-050-8(1)) Fiddlehead Pr.

Mermaid Spell. Ellie A Goss. 2020. (ENG.). 28p. (J). pap. (978-1-5289-4031-3(8)) Austin Macauley Pubs. Ltd.

Mermaid Sudoku 6x6 Puzzle Book for Children - All Levels (6x9 Puzzle Book / Activity Book) Sheba Blake. 2020. (ENG.). 30p. (J). pap. 9.99 (978-1-222-28576-5(2)) Indy Pub.

Mermaid Sudoku 6x6 Puzzle Book for Children - All Levels (8x10 Puzzle Book / Activity Book) Sheba Blake. 2020. (ENG.). 30p. (J). pap. 14.99 (978-1-222-28577-2(0)) Indy Pub.

Mermaid Sudoku 9x9 Puzzle Book for Children - Easy Level (6x9 Puzzle Book / Activity Book) Sheba Blake. 2020. (ENG.). 30p. (J). pap. 9.99 (978-1-222-28572-7(X)) Indy Pub.

Mermaid Sudoku 9x9 Puzzle Book for Children - Easy Level (8x10 Puzzle Book / Activity Book) Sheba Blake. 2020. (ENG.). 30p. (J). pap. 14.99 (978-1-222-28573-4(8)) Indy Pub.

Mermaid Summer. Sia Steelbourne. 2021. (ENG.). 60p. (J). pap. (978-1-6780-6698-7(2)) Lulu Pr., Inc.

Mermaid Tales 3-Books-In-1! Trouble at Trident Academy; Battle of the Best Friends; a Whale of a Tale. Debbie Dadey. Illus. by Tatevik Avakyan. 2016. (Mermaid Tales Ser.). (ENG.). 320p. (J). (gr. 1-4). pap. 8.99 (978-1-4814-8555-5(5), Aladdin) Simon & Schuster Children's Publishing.

Mermaid Tales Sea-Tacular Collection Books 1-10 (Boxed Set) Trouble at Trident Academy; Battle of the Best Friends; a Whale of a Tale; Danger in the Deep Blue Sea; the Lost Princess; the Secret Sea Horse; Dream of the Blue Turtle; Treasure in Trident City; a Royal Tea; a Tale of Two Sisters. Debbie Dadey. Illus. by Tatevik Avakyan. ed. 2019. (Mermaid Tales Ser.). (ENG.). 1200p. (J). (gr. 1-4). pap. 59.99 (978-1-5344-5580-1(9), Aladdin) Simon & Schuster Children's Publishing.

Mermaid Tales Set 2 (Set), 6 vols. 2018. (Mermaid Tales Ser.). (ENG.). 96p. (J). (gr. 1-4). lib. bdg. 188.16 (978-1-5321-4205-5(6), 31081, Chapter Bks.) Spotlight.

Mermaid Tasha & the Whipray. Tasha Haight. Illus. by Mentari. 2023. (ENG.). 38p. (J). pap. (978-1-312-79408-5(9)) Lulu Pr., Inc.

Mermaid Tasha's 12 Days of Christmas. Tasha Haight. Illus. by Anggreni Tangmau. 2022. (ENG.). 91p. (J). pap. (978-1-387-44908-8(7)) Lulu Pr., Inc.

Mermaid Tear. Monica M. Graham. 2021. (ENG.). 112p. (J). pap. 8.99 (978-0-9987639-7-2(7)) Moonglade Pr.

Mermaid the Girl & the Gondola. Janette Ayachi. Ed. by Monica Turoni. Illus. by Fabio Perla. 2016. (ENG.). 73p. (J). (gr. 3-6). (978-1-911424-16-1(5)) Black Wolf Edition & Publishing Ltd.

Mermaid, the Witch, & the Sea. Maggie Tokuda-Hall. (ENG.). 368p. (gr. 9). 2022. (YA). pap. 10.99 (978-1-5362-1589-2(9)); 2020. (Illus.). (J). 19.99 (978-1-5362-0431-5(5)) Candlewick Pr.

Mermaid Themed Draw, Write & Color Journal for Kids. Cristie Dozaz. 2020. (ENG.). 102p. (J). pap. 14.00 (978-1-716-35714-5(4)) Lulu Pr., Inc.

Mermaid Unicorn Coloring Book: Unicorns, Mermaid, Stars, Castles, Rainbows & More Magical Pages for Kids. Lena Bidden. l.t. ed. 2021. (ENG.). 42p. (J). pap. 10.00 (978-1-716-23301-2(1)) Lulu Pr., Inc.

Mermaid Warrior Squad. Karin Adams. Illus. by Janine Carrington. 2017. (Lorimer Illustrated Humor Ser.). (ENG.). 152p. (J). (gr. 4-7). pap. 8.99 (978-1-4594-1146-3(3), 109540b2-7f23-4173-afd3-f7bd534f94f4) James Lorimer & Co. Ltd., Pubs. CAN. Dist: Lerner Publishing Group.

Mermaid Waters. Ginna Moran. 2018. (Call of the Ocean Ser.: Vol. 1). (ENG., Illus.). 300p. (YA). pap. 9.99 (978-1-942073-72-7(0)) Sunny Palms Pr.

Mermaid Wreck, Volume 4. Jack Henseleit. 2019. (Witching Hours Ser.: 4). (ENG.). 256p. (J). (gr. 4-7). pap. 15.99 (978-1-76050-086-3(0)) Hardie Grant Children?s Publishing AUS. Dist: Independent Pubs. Group.

Mermaid Write & Draw Notebook. Cristie Publishing. 2020. (ENG.). 112p. (J). pap. 10.50 (978-1-716-28045-0(1)) Lulu Pr., Inc.

Mermaid You Look. Andres Miedoso. Illus. by Victor Rivas. 2022. (Desmond Cole Ghost Patrol Ser.: 16). (ENG.). 128p. (J). (gr. k-4). 17.99 (978-1-6659-1409-3(2)); pap. 6.99 (978-1-6659-1408-6(4)) Little Simon. (Little Simon).

Mermaids. Theresa Jarosz Alberti. 2018. (Illus.). 32p. (J). (978-1-4896-9846-9(9), AV2 by Weigl) Weigl Pubs., Inc.

Mermaids. Illus. by Louise Anglicas. 2023. (My Sticker Dress-Up Ser.). 44p. (J). (gr. k-3). pap. 9.99 (978-1-7282-7640-3(3)) Sourcebooks, Inc.

Mermaids. Amy Boxshall. Illus. by Dawn Machell. 2020. (ENG.). 86p. (J). (gr. -1-7). pap. 9.99 (978-1-78947-789-4(1)) Make Believe Ideas GBR. Dist: Scholastic, Inc.

Mermaids. Lori Dittmer. 2020. (Amazing Mysteries Ser.). (ENG.). 24p. (J). (gr. 1-4). (978-1-64026-219-5(9), 18177, Creative Education) Creative Co., The.

Mermaids. Marty Erickson. 2022. (Legendary Creatures Ser.). (ENG.). 24p. (J). (gr. 2-5). lib. bdg. 32.79 (978-1-5038-4975-4(9), 214824) Child's World, Inc, The.

Mermaids. Ashley Gish. (Amazing Mysteries Ser.). (J). 2020. 24p. (gr. 1-3). pap. 9.99 (978-1-62832-782-3(0), 18178, Creative Paperbacks); 2019. (ENG.). 32p. (gr. 3-6). (978-1-64026-197-6(4), 19244, Creative Education) Creative Co., The.

Mermaids. Theresa Jarosz Alberti. 2018. (Mythical Creatures Ser.). (ENG., Illus.). 32p. (J). (gr. 2-3). pap. 9.95 (978-1-64185-004-9(3), 1641850043); lib. bdg. 31.35 (978-1-63517-902-6(5), 1635179025) North Star Editions. (Focus Readers).

Mermaids. Virginia Loh-Hagan. 2017. (Magic, Myth, & Mystery Ser.). (ENG., Illus.). 32p. (J). (gr. 4-8). lib. bdg. 32.07 (978-1-63472-149-3(7), 209168, 45th Parallel Press) Cherry Lake Publishing.

Mermaids. Martha London. 2019. (Mythical Creatures Ser.). (ENG., Illus.). 32p. (J). (gr. 2-5). lib. bdg. 32.79 (978-1-5321-6579-5(X), 33260, DiscoverRoo) Pop!.

Mermaids. Cari Meister. Illus. by Xavier Bonet. 2019. (Mythical Creatures Ser.). (ENG.). 32p. (J). (gr. k-2). lib. bdg. 29.99 (978-1-5158-4442-6(0), 140562, Picture Window Bks.) Capstone.

Mermaids. Lisa Owings. 2020. (Mythical Creatures Ser.). (ENG., Illus.). 24p. (J). (gr. 3-7). lib. bdg. 26.95 (978-1-64487-275-8(7)) Bellwether Media.

Mermaids: Myth or Reality? Lori Hile. 2018. (Investigating Unsolved Mysteries Ser.). (ENG., Illus.). 32p. (J). (gr. 3-9). lib. bdg. 28.65 (978-1-5435-3567-9(4), 138908, Capstone Pr.) Capstone.

Mermaids: The Coloring Book. Maxine Mannion. 2018. (ENG.). 44p. (J). (gr. 2-4). pap. 7.95 (978-1-945805-76-9(5)) Bedazzled Ink Publishing Co.

Mermaids Activity Book. Elanor Best. Illus. by Lara Ede. 2019. (ENG.). 36p. (J). pap. 6.99 (978-1-78947-034-5(X)) Make Believe Ideas GBR. Dist: Scholastic, Inc.

Mermaids & Fairies Coloring Book for Teens & Young Adults (6x9 Coloring Book / Activity Book) Sheba Blake. 2020. (Mermaids & Fairies Coloring Bks.: Vol. 2). (ENG.). 34p. (YA). pap. 9.99 (978-1-222-28658-8(0)); (Illus.). pap. 9.99 (978-1-222-28656-4(4)) Indy Pub.

Mermaids & Fairies Coloring Book for Teens & Young Adults (8. 5x8. 5 Coloring Book / Activity Book) Sheba Blake. 2020. (Mermaids & Fairies Coloring Bks.: Vol. 1). (ENG., Illus.). 34p. (YA). pap. 12.99 (978-1-222-28806-3(0)); pap. 12.99 (978-1-222-28807-0(9)) Indy Pub.

Mermaids & Fairies Coloring Book for Teens & Young Adults (8x10 Coloring Book / Activity Book) Sheba Blake. 2020. (Mermaids & Fairies Coloring Bks.: Vol. 1). (ENG.). 34p. (YA). pap. 14.99 (978-1-222-28657-1(2)); pap. 14.99 (978-1-222-28659-5(9)) Indy Pub.

Mermaids & Friends Coloring Book. Ellen Avigliano. 2019. (ENG.). 54p. (J). pap. (978-0-359-64318-9(3)) Lulu Pr., Inc.

Mermaids & Narwhals. Make Believe Ideas. Illus. by Dawn Machell. 2019. (ENG.). 86p. (J). (gr. -1-7). pap. 9.99 (978-1-78947-032-1(3)) Make Believe Ideas GBR. Dist: Scholastic, Inc.

Mermaids Are Real! Holly Hatam. 2020. (Mythical Creatures Are Real! Ser.). (Illus.). 26p. (J). (— 1). bds. 7.99 (978-0-525-70716-5(6), Random Hse. Bks. for Young Readers) Random Hse. Children's Bks.

Mermaids Coloring Book. 2022. (ENG.). 35p. (J). pap. 5.99 (978-1-4413-3802-0(0), b22e2d51-91dd-47f3-bd17-62666a17363f) Peter Pauper Pr. Inc.

Mermaids Coloring Book for Girls: Sea Creatures Discover the Sea Life Children Ages 4-8. Raz McOvoo. 2021. (ENG.). 70p. (J). pap. 9.99 (978-1-716-18412-3(6)) Lulu Pr., Inc.

Mermaids Coloring Book for Kids Ages 4-8: Amazing Mermaids Coloring Pages for Girls Age 4-8 Years Beautiful Designs for Your Kid to Learn & Enjoy! Perfect As a Gift ! Malkovich Rickblood. 2021. (ENG.). 106p. (J). pap. 7.99 (978-0-221-11837-1(3)) Lulu Pr., Inc.

Mermaids Coloring Book for Kids Ages 4-8 Years: Amazing Mermaids Coloring Pages for Girls Age 4-8 Years 50 Beautiful Designs for Your Kid to Learn & Enjoy! Perfect As a Gift ! Malkovich Rickblood. 2021. (ENG.). 106p. (J). pap. 7.99 (978-0-605-70620-0(4)) Lulu Pr., Inc.

Mermaid's Dolphin. Coral Ripley. 2021. (Sea Keepers Ser.: 1). (ENG.). 176p. (J). (gr. 2-5). pap. 6.99 (978-1-7282-3688-9(6)) Sourcebooks, Inc.

Mermaids Don't Have Pockets. Tim Rades. 2020. (ENG.). 52p. (J). pap. 11.99 (978-1-7349552-1-7(X)) Southampton Publishing.

Mermaids Fast Asleep. Robin Riding. Illus. by Zoe Persico. 2019. (ENG.). 32p. (J). 17.99 (978-1-250-07635-9(8), 900152143) Feiwel & Friends.

Mermaid's First Quest. Josie Osborne. 2016. (ENG., Illus.). 26p. (J). (978-1-365-62442-1(0)) Lulu Pr., Inc.

Mermaid's First Words (a Tuffy Book) Rose Nestling. Ed. by Cottage Door Press. 2021. (Tuffy Book Ser.). (ENG.). 10p. (J). (gr. -1 — 1). 8.99 (978-1-64638-109-8(2), 1006610) Cottage Door Pr.

Mermaid's Herb. Shona Gupta. 2019. (ENG.). 194p. (J). pap. (978-93-87022-66-9(8)) Srishti Pubs. & Distributors.

Mermaid's Key. Amanda Mahan. 2019. (ENG., Illus.). 164p. (YA). (gr. 7-12). pap. 16.95 (978-1-68433-389-9(X)) Black Rose Writing.

Mermaid's Kiss. Tony Wood. 2020. (ENG.). 48p. (YA). pap. (978-1-5289-2259-3(X)) Austin Macauley Pubs. Ltd.

Mermaids Magic Painting Book. Fiona Watt. 2019. (Magic Painting Bks.). (ENG.). 16pp. (J). pap. 9.99 (978-0-7945-4724-0(9), Usborne) EDC Publishing.

Mermaids Magic Painting Book. Fiona Watt. Illus. by Elzbieta Jarzabek. 2023. (Magic Painting Bks.). (ENG.). 32p. (J). pap. 9.99 (978-1-80507-071-9(1)) Usborne Publishing, Ltd. GBR. Dist: HarperCollins Pubs.

Mermaids Never Drown: Tales to Dive For. Zoraida Cordova et al. 2023. (Untold Legends Ser.: 2). (ENG.). 320p. (YA). 19.99 (978-1-250-82381-6(1), 900251028) Feiwel & Friends.

Mermaids' Night Before Christmas. Sally Asher. Illus. by Melissa Vandiver. 2019. (J). (978-1-946160-55-3(5)) Univ. of Louisiana at Lafayette Pr.

Mermaids of Jamaica. Claudia Bellante. Illus. by Herikita. 2023. (Against All Odds Ser.). (ENG.). 32p. (J). 18.95 (978-1-62371-792-6(2), Crocodile Bks.) Interlink Publishing Group, Inc.

Mermaids of New Orleans. Sally Asher. Illus. by Melissa Vandiver. 2018. (J). (978-1-946160-28-7(8)) Univ. of Louisiana at Lafayette Pr.

Mermaids of the Deep Blue Sea. Illus. by Thomas Girard. 2021. (Boxcar Children Creatures of Legend Ser.: 3). (ENG.). 144p. (J). (gr. 2-5). 12.99 (978-0-8075-0806-0(3), 807508063); 6.99 (978-0-8075-0816-9(0), 807508160) Random Hse. Children's Bks. (Random Hse. Bks. for Young Readers).

Mermaid's Purse. Judy Clausen. 2020. (ENG., Illus.). 36p. (J). 19.99 (978-1-952320-40-8(2)); pap. 12.99 (978-1-952320-39-2(9)) Yorkshire Publishing Group.

Mermaids, Sailors & Pirates Coloring Book. Smarter Activity Books for Kids. 2016. (ENG., Illus.). (J). pap. 9.22 (978-1-68374-371-2(7)) Examined Solutions PTE. Ltd.

Mermaids Save the Oceans. Terrilyn Kerr. Illus. by Nancy Perkins. 2022. (ENG.). 34p. (J). pap. (978-1-987852-33-2(8)) Wood Islands Prints.

Mermaid's Tail. Raewyn Caisley & Ann James. 2019. (Puffin Nibbles Ser.). (Illus.). 80p. (J). (gr. k-2). pap. 9.99 (978-0-14-130615-5(7), Puffin) Penguin Random Hse. AUS. Dist: Independent Pubs. Group.

Mermaid's Tail. Robin Lang. 2021. (ENG.). 30p. (J). 16.95 (978-1-954614-25-3(X)) Warren Publishing, Inc.

Mermaid's Tale. L. E. Richmond. 2023. (Chronicles of the Undersea Realm Ser.: 1). (ENG.). 288p. (YA). (gr. 8-12). 24.99 Oasis Audio.

Mermaids, Unicorns & Fairies Coloring Book for Kids. Josephine's Papers. 2022. (ENG.). 64p. (J). pap. 10.99 (978-1-0880-7921-8(0)) Indy Pub.

Mermaids, Unicorns, & Princesses: A Coloring Book for Kids. Chloe Maloney. 2022. (ENG.). 62p. (J). pap. (978-1-387-57099-7(4)) Lulu Pr., Inc.

Mermaids, Witches, & More Children's Norse Folktales. Baby Professor. 2017. (ENG., Illus.). (J). pap. 7.89 (978-1-5419-0363-0(3), Baby Professor (Education Kids)) Speedy Publishing LLC.

Merman & the Figure-Head: A Christmas Story (Classic Reprint) Clara F. Guernsey. 2017. (ENG., Illus.). (J). 26.58 (978-1-5284-7267-8(5)) Forgotten Bks.

Mermicorn & Friends: With a Surprise under Every Flap! IglooBooks. Illus. by Kathryn Selbert. 2019. (ENG.). 10p. (J). (— 1). bds. 7.99 (978-1-83852-511-8(4)) Igloo Bks. GBR. Dist: Simon & Schuster, Inc.

Mermin Vol. 2: The Big Catch. Joey Weiser. 2016. (Mermin Ser.: 2). (ENG., Illus.). 144p. (J). pap. 12.99 (978-1-62010-354-8(0), 9781620103548, Lion Forge) Oni Pr., Inc.

Mermin Vol. 3: Deep Dive. Joey Weiser. 2017. (Mermin Ser.: 3). (ENG., Illus.). 152p. (J). pap. 12.99 (978-1-62010-433-0(4), 9781620104330, Lion Forge) Oni Pr., Inc.

Mermin Vol. 4: Into Atlantis. Joey Weiser. 2018. (Mermin Ser.: 4). (ENG., Illus.). 152p. (J). pap. 12.99 (978-1-62010-467-5(9), 9781620104675, Lion Forge) Oni Pr., Inc.

Mermin Vol. 5: Making Waves, Bk. 5. Joey Weiser. 2018. (Mermin Ser.: 5). (ENG., Illus.). 168p. (J). pap. 12.99 (978-1-62010-523-8(3), Lion Forge) Oni Pr., Inc.

Merrett's Chase. Ian Mitchell-Gill. 2018. (ENG., Illus.). 228p. (YA). (978-1-5255-2000-6(8)); pap. (978-1-5255-2001-3(6)) FriesenPress.

Merrett's Choice. Ian Mitchell-Gill. 2017. (ENG., Illus.). (YA). (978-1-5255-0158-6(5)); pap. (978-1-5255-0159-3(3)) FriesenPress.

Merriam-Webster Children's Dictionary, New Edition: Features 3,000 Photographs & Illustrations. DK. 2019. (ENG., Illus.). 960p. (J). (gr. 1-4). 29.99 (978-1-4654-8882-4(0), DK Children) Dorling Kindersley Publishing, Inc.

Merriam-Webster Kids: Words All Around! Illus. by Erin Burke & Jen Torche. 2019. (ENG.). 192p. (J). spiral bd. (978-1-5037-4577-3(5), 73055fc1-0edd-406e-afce-9524228b51f0, PI Kids) Phoenix International Publications, Inc.

Merriam-Webster's Elementary Dictionary. Ed. by Merriam-Webster. rev. ed. 2019. (ENG.). 824p. (J). 19.95 (978-0-87779-745-6(5), bab6fe9e-f8ee-43de-a1b2-bcbe5cd51bb6) Merriam-Webster, Inc.

Merriam-Webster's First Dictionary. Ed. by Merriam-Webster. Illus. by Ruth Heller. rev. ed. 2021. (ENG.). 448p. (J). (gr. k-2). 18.95 (978-0-87779-374-8(3), 08daeed6-412d-44eb-a3e1-b052086d4bb4, Merriam-Webster) Merriam-Webster, Inc.

Merriam-Webster's Intermediate Dictionary Revised & Updated 2016. Created by Merriam-Webster Inc. rev. ed. 2016. (ENG., Illus.). 1024p. (J). 19.95 (978-0-87779-697-8(1)) Merriam-Webster, Inc.

Merriam-Webster's Intermediate Visual Dictionary. Ed. by Merriam-Webster. 2020. (ENG., Illus.). 288p. (J). (gr. 5-8). 19.95 (978-0-87779-381-6(6), 10dc9c31-d286-4f77-944d-d9c19a8eb382) Merriam-Webster, Inc.

Merriam-Webster's Ready-For-School Sticker Book: 250 Words for Big Kids. Ed. by Merriam-Webster. Illus. by Jake McDonald. 2023. (ENG.). 48p. (J). (gr. -1-1). 12.99 (978-0-87779-147-8(3), 985144e8-8610-49f7-b2f5-5c01adae24a6) Merriam-Webster, Inc.

Merriam-Webster's Ready-For-School Words: 1,000 Words for Big Kids. Hannah Campbell. Ed. by Merriam-Webster. Illus. by Sara Rhys. 2022. (ENG.). 64p. (J). (gr. -1-1). 16.99 (978-0-87779-124-9(4), 53b00ccd-2c08-4e65-8a7f-f65f87099da5, Merriam-Webster Kids) Merriam-Webster, Inc.

Merriam-Webster's School Thesaurus. Ed. by Merriam-Webster. ed. 2017. (ENG.). 1024p. (J). (gr. 9-12). 19.95 (978-0-87779-365-6(4), a3319d91-abf0-4cbf-82ca-db8817d426a4) Merriam-Webster, Inc.

Merriam-Webster's Word Puzzle Adventures: Track down Dinosaurs, Uncover Treasures, Spot the Space Objects, & Learn about Language in 100 Puzzles! Ed. by Merriam-Webster. 2022. (ENG.). 128p. (J). (gr. 1). pap. 12.99 (978-0-87779-144-7(9), 8f3c7513-3dfe-4adc-8a55-c8d8afebd448, Merriam-Webster Kids) Merriam-Webster, Inc.

Merrie England: Travels, Descriptions, Tales, & Historical Sketches (Classic Reprint) Grace Greenwood. 2018. (ENG., Illus.). 226p. (J). 28.58 (978-0-483-87457-2(4)) Forgotten Bks.

Merrie England in the Olden Time, Vol. 1 of 2 (Classic Reprint) George Daniel. (ENG., Illus.). (J). 2017. 30.29 (978-0-331-22796-3(7)); 2016. pap. 13.57 (978-1-334-15202-3(0)) Forgotten Bks.

Merrie England in the Olden Time, Vol. 2 of 2 (Classic Reprint) George Daniel. 2018. (ENG., Illus.). 302p. (J). 30.13 (978-0-483-55390-3(5)) Forgotten Bks.

Merrie Tales of Jacques Tournebroche, & Child Life in Town & Country (Classic Reprint) Anatole France. 2018. (ENG., Illus.). 246p. (J). 28.97 (978-0-483-59662-7(0)) Forgotten Bks.

Merriest Bundle for Winter: Christmas Coloring Books Kids, 2 vols. Speedy Publishing Books. 2019. (ENG.). 174p. (J). pap. 19.99 (978-1-5419-7188-2(4)) Speedy Publishing LLC.

Merriest, the Beariest Bears: A Story Book & an Activity Book. Doreen M. Atkinson. Illus. by Marilyn Martin. 2019. (ENG.). 54p. (J). pap. (978-1-7752962-1-8(0)) Tellwell Talent.

Merrigold's Very Best Home. Marcia Lee Laycock & Kyla Wiebe. 2022. (ENG.). 44p. (J). pap. (978-1-988983-50-9(9)) Siretona Creative.

Merrilie Dawes (Classic Reprint) Frank H. Spearman. 2017. (ENG., Illus.). (J). 32.27 (978-0-265-18022-8(8)) Forgotten Bks.

Merrill Readers: Third Reader (Classic Reprint) Franklin B. Dyer. 2018. (ENG., Illus.). 276p. (J). 29.59 (978-0-364-78993-3(X)) Forgotten Bks.

Merrimack, or Life at the Loom: A Tale (Classic Reprint) Day Kellogg Lee. (ENG., Illus.). (J). 2018. 362p. 31.36 (978-0-666-17212-9(9)); 2017. pap. 13.97 (978-0-259-20251-6(7)) Forgotten Bks.

Merrivale Will (Classic Reprint) Maria Frances (Hill) Anderson. (ENG., Illus.). (J). 2018. 370p. 31.53 (978-0-483-85510-6(3)); 2016. pap. 13.97 (978-1-333-37841-7(6)) Forgotten Bks.

Merrow. Ananda Braxton-Smith. 2016. (ENG.). 240p. (YA). (gr. 9). 16.99 (978-0-7636-7924-8(0)) Candlewick Pr.

Merry Adventures of Robin Hood. Howard Pyle. 2017. (ENG., Illus.). (J). pap. 16.95 (978-1-374-89069-5(3)) Capital Communications, Inc.

Merry Adventures of Robin Hood. Howard Pyle. 2021. (ENG.). 274p. (YA). (gr. 6). pap. 10.99 (978-1-4209-7571-0(4)) Digireads.com Publishing.

Merry Adventures of Robin Hood. Howard Pyle. 2016. (Word Cloud Classics Ser.). (ENG., Illus.). 320p. (gr. 6). pap. 14.99 (978-1-62686-608-9(2), Canterbury Classics) Printers Row Publishing Group.

Merry Adventures of Robin Hood. Howard Pyle. 2023. (Children's Signature Classics Ser.). 376p. (J). (gr. 3). pap. 9.99 (978-1-4549-4883-4(3), Union Square Pr.) Sterling Publishing Co., Inc.

Merry Adventures of Robin Hood. Howard Pyle. 2018. (ENG., Illus.). 254p. (J). 24.99 (978-1-5154-2933-3(4)) Wilder Pubns., Corp.

Merry Adventures of Robin Hood (100 Copy Collector's Edition) Howard Pyle. 2019. (ENG., Illus.). 260p. (YA). (gr. 6). (978-1-77226-917-8(4)) AD Classic.

Merry Adventures of Robin Hood (100 Copy Limited Edition) Howard Pyle. 2019. (ENG., Illus.). 260p. (YA). (gr. 6). (978-1-77226-781-5(3)); (978-1-77226-596-5(9)) Engage Bks. (SF Classic).

Merry Adventures of Robin Hood (1000 Copy Limited Edition) Howard Pyle. 2016. (ENG., Illus.). (J). (978-1-77226-298-8(6)) AD Classic.

Merry Adventures of Robin Hood of Great Renown in Nottinghamshire. Howard Pyle. 2017. (ENG.). 324p. (YA). (gr. 6). pap. (978-3-7436-5805-9(4)) Creation Pubs.

Merry Adventures of Robin Hood of Great Renown, in Nottinghamshire (Classic Reprint) Howard Pyle. (ENG., Illus.). (J). 2017. 30.46 (978-0-331-51590-9(3)); 2016. pap. 13.57 (978-1-333-55434-7(6)) Forgotten Bks.

Merry Andrew (Classic Reprint) F. Roney Weir. 2018. (ENG., Illus.). 370p. (J). 31.55 (978-0-483-81411-0(3)) Forgotten Bks.

Merry Andrew, or the Humours of a Fair: Giving a Description of Amusements in Early Life (Classic Reprint) Unknown Author. 2017. (ENG., Illus.). (J). 24.60 (978-0-260-02730-6(8)) Forgotten Bks.

Merry Anne (Classic Reprint) Samuel Merwin. (ENG., Illus.). (J). 2018. 430p. 32.77 (978-0-483-37945-9(X)); 2016. pap. 16.57 (978-1-334-13044-1(2)) Forgotten Bks.

Merry Banker in the Far East (and South America) (Classic Reprint) Walter H. Young. 2017. (ENG., Illus.). 362p. (J). 31.38 (978-0-484-56271-3(1)) Forgotten Bks.

Merry Bay- Engine Failure. Nicola Payne. 2020. (ENG.). 30p. (J). pap. (978-1-78830-600-3(7)) Olympia Publishers.

Merry Chanter (Classic Reprint) Frank R. Stockton. (ENG., Illus.). (J). 2018. 27.98 (978-0-260-80688-8(9)); 2017. 27.98 (978-0-331-42141-5(0)) Forgotten Bks.

Merry Chanter (Classic Reprint) Frank Richard Stockton. 2016. (ENG., Illus.). (J). pap. 10.57 (978-1-334-14171-3(1)) Forgotten Bks.

Merry Christmas! Jennifer Fox. 2019. (Passport to Reading Ser.). (ENG.). 32p. (J). (gr. k-1). 13.89 (978-0-87617-899-7(9)) Penworthy Co., LLC, The.

Merry Christmas: 70 Cute & Easy Christmas Coloring Pages with Progressive Difficulty / Holiday Coloring Designs for Children / Merry Christmas Coloring Pages for Boys & Girls / Toddler Christmas Coloring Book. Digby Dinwiddie Coloring. l.t. ed. 2020. (ENG.). 148p. (J). pap. 11.59 (978-1-716-33945-5(6)) Lulu Pr., Inc.

Merry Christmas: My First Little Seek & Find. Sequoia Kids Media. Illus. by Casey Sanborn. 2022. (My First Little Seek & Find Ser.). (ENG.). 24p. (J). (gr. k-2). lib. bdg. 24.69 (978-1-64996-188-4(X), 4936, Sequoia Kids Media) Phoenix International Publications, Inc.

Merry Christmas: Wipe-Clean Color Play & Learn. Whitaker Playhouse. 2020. (Inspired to Learn Ser.). (ENG.). 12p. (J). (gr. -1-2). bds. 14.99 (978-1-64123-528-0(4), 773002) Whitaker Hse.

1318

The check digit for ISBN-10 appears in parentheses after the full ISBN-13

TITLE INDEX MERRY'S MUSEUM, PARLEY'S MAGAZINE,

Merry Christmas 2022. Christa Cooper-Booth. 2022. (ENG.). 110p. (J). pap. **(978-1-387-45280-4(0))** Lulu Pr., Inc.

Merry Christmas! a Coloring Book for Kids: 50 Fun & Simple Coloring Pages with Santa Claus, Reindeer, Snowmen & More + Postcard Gift! Hector England. 2020. (ENG.). 104p. (J). pap. 11.00 (978-1-716-31551-0(4)) Lulu Pr., Inc.

Merry Christmas!: a Touch-And-Feel Playbook. Ladybird. Illus. by Lemon Ribbon Studio. 2021. (Baby Touch Ser.). (ENG.). 10p. (J). (— 1): bds. 7.99 (978-0-241-51486-3(X), Ladybird) Penguin Bks., Ltd. GBR. Dist: Penguin Random Hse. LLC.

Merry Christmas Activity Book. Tony J. Tallarico, Jr. & Tony Tallarico, Sr. 2017. (Dover Christmas Activity Books for Kids Ser.). (ENG.). 48p. (J). (gr. 1-4). pap. 4.99 (978-0-486-81913-6(2), 819132) Dover Pubns., Inc.

Merry Christmas Activity Book for Kids. Anna O'Annabelle. l.t. ed. 2020. (ENG.). 86p. (J). pap. 9.00 (978-1-716-42595-0(6)) Lulu Pr., Inc.

Merry Christmas & Other Christmas Stories: An Anthology of Short Stories Before the Great Tradition of Christmas. Louisa Alcott et al. 2020. (ENG.). 116p. (J). pap. 19.99 (978-1-6781-1314-8(X)) Lulu Pr., Inc.

Merry Christmas, Anna Hibiscus! Atinuke. Illus. by Lauren Tobia. 2023. (Anna Hibiscus Ser.). (ENG.). 112p. (J). (gr. 1-4). 16.99 **(978-1-5362-3121-2(5))**; pap. 7.99 **(978-1-5362-3122-9(3))** Candlewick Pr.

Merry Christmas, Anne. Kallie George. Illus. by Geneviève Godbout. 2021. (Anne of Green Gables Ser.: 3). 40p. (J). (gr. -1-2). 17.99 (978-0-7352-6718-3(9), Tundra Bks.) Tundra Bks. CAN. Dist: Penguin Random Hse. LLC.

Merry Christmas, Baby. Abigail Tabby. Illus. by Alice Wong. 2019. (New Books for Newborns Ser.). (ENG.). 16p. (J). (— 1). bds. 7.99 (978-1-5344-4554-3(4), Little Simon) Little Simon.

Merry Christmas, Baby Shark! Pinkfong. ed. 2021. (Baby Shark 8x8 Bks). (ENG., Illus.). 24p. (J). (gr. k-1). 18.46 (978-1-68505-029-0(8)) Penworthy Co., LLC, The.

Merry Christmas, Blue Kangaroo! (Blue Kangaroo) Emma Chichester Clark. Illus. by Emma Chichester Clark. 2017. (Blue Kangaroo Ser.). (ENG., Illus.). 32p. 17.99 (978-0-00-824219-0(4), HarperCollins Children's Bks.) HarperCollins Pubs. Ltd. GBR. Dist: HarperCollins Pubs.

Merry Christmas, Bugs! David A. Carter. ed. 2018. (Ready-To-Read Ser.). (ENG.). 24p. (J). (gr. -1-1). 9.00 (978-1-64310-602-1(3)) Penworthy Co., LLC, The.

Merry Christmas, Charlie Brown! Charles M. Schulz. Illus. by Robert Pope. 2017. (Peanuts Ser.). (ENG.). 14p. (J). (gr. -1-k). bds. 5.99 (978-1-5344-0421-2(X), Simon Spotlight) Simon Spotlight.

Merry Christmas Coloring Book - Fun Christmas Gift or Present for Kids & Adults. Positive Artitude. 2020. (ENG.). 86p. (YA). pap. 7.99 (978-1-716-41224-0(2)) Lulu Pr., Inc.

Merry Christmas Coloring Book for Kids. Sofia Maria. 2020. (ENG.). 44p. (J). pap. 7.00 (978-1-716-28863-0(0)) Lulu Pr., Inc.

Merry Christmas, Corduroy! Illus. by Jody Wheeler. 2020. (Corduroy Ser.). 14p. (J). (— 1). bds. 7.99 (978-0-593-20340-8(2), Viking Books for Young Readers) Penguin Young Readers Group.

Merry Christmas, Curious George see Merry Christmas, Curious George/Feliz Navidad, Jorge el Curioso: A Christmas Holiday Book for Kids (Bilingual English-Spanish)

Merry Christmas, Curious George. 2017. (Curious George Ser.). (ENG., Illus.). 24p. (J). (gr. -1-3). pap. 5.99 (978-1-328-69558-1(1), 1671221, Clarion Bks.) HarperCollins Pubs.

Merry Christmas Curious George. Cathy Hapka, pseud. ed. 2018. (Curious George 8x8 Bks). (ENG.). 24p. (J). (gr. -1-1). 13.89 (978-1-64310-500-0(0)) Penworthy Co., LLC, The.

Merry Christmas, Dear. 4.95 (978-0-87895-623-4(9)) Modern Curriculum Pr.

Merry Christmas, Dear Dragon see Feliz Navidad, Querido Dragón

Merry Christmas, Dear Dragon. Margaret Hillert. 2016. (BeginningtoRead Ser.). (ENG., Illus.). 32p. (J). (-2). lib. bdg. 22.60 (978-1-59953-775-7(3)) Norwood Hse. Pr.

Merry Christmas, Dear Dragon. Margaret Hillert. Illus. by Jack Pullan. 2016. (Beginning-To-Read Ser.). (ENG.). 32p. (J). (gr. k-2). pap. 13.26 (978-1-60357-888-2(9)) Norwood Hse. Pr.

Merry Christmas from the Very Hungry Caterpillar. Eric Carle. 2017. (World of Eric Carle Ser.). (ENG., Illus.). 32p. (J). (-k). 9.99 (978-1-5247-8424-9(9)) Penguin Young Readers Group.

Merry Christmas, Frosty! (Frosty the Snowman) Suzy Capozzi. Illus. by Fabio Laguna & Andrea Cagol. 2023. (ENG.). 24p. (J). (-k). 12.99 **(978-0-593-70700-5(1),** Random Hse. Bks. for Young Readers) Random Hse. Children's Bks.

Merry Christmas, Gabby Cats! (Gabby's Dollhouse Hardcover Storybook) Gabrielle Reyes. 2023. (ENG.). 32p. (J). (gr. -1-k). 12.99 **(978-1-339-01252-0(9))** Scholastic, Inc.

Merry Christmas, Gus. Chris Chatterton. Illus. by Chris Chatterton. 2021. (ENG., Illus.). 32p. (J). (-k). 17.99 (978-0-593-38477-0(6), Penguin Workshop) Penguin Young Readers Group.

Merry Christmas, Little Elliot. Mike Curato. Illus. by Mike Curato. (Little Elliot Ser.: 5). (ENG., Illus.). (J). 2019. 30p. bds. 7.99 (978-1-250-20984-9(6), 900203329); 2018. 40p. 17.99 (978-1-250-18589-1(0), 900191442) Holt, Henry & Co. (Holt, Henry & Co. Bks. For Young Readers).

Merry Christmas, Little Hoo! / Feliz Navidad Buhito. Brenda Ponnay. Tr. by Lenny Sandoval. Illus. by Brenda Ponnay. 2017. (ENG., Illus.). (J). 34p. 18.99 (978-1-5324-1089-5(1)); 32p. (gr. -1-3). pap. 9.99 (978-1-5324-0347-7(X)) Xist Publishing.

Merry Christmas, Little One! Sandra Magsamen. Illus. by Sandra Magsamen. 2018. (ENG., Illus.). 10p. (J). (gr. -1 — 1). bds. 8.99 (978-1-338-24309-3(8), Cartwheel Bks.) Scholastic, Inc.

Merry Christmas, Little Pookie. Sandra Boynton. Illus. by Sandra Boynton. 2018. (Little Pookie Ser.). (ENG., Illus.).

18p. (J). (gr. -1-k). bds. 6.99 (978-1-5344-3724-1(X)) Simon & Schuster, Inc.

Merry Christmas, Little Reindeer. Amanda Wood. Illus. by Bec Winnel & Vikki Chu. 2023. (Baby Animal Tales Ser.). (ENG.). 16p. (J). (gr. -1 — 1). bds., bds. 8.99 **(978-1-4197-6949-8(9),** 16(8510)) Magic Cat GBR. Dist: Abrams, Inc.

Merry Christmas! Love, Mad Libs: World's Greatest Word Game. Mad Libs. 2017. (Mad Libs Ser.). 48p. (J). (gr. 3-7). pap. 13.99 (978-1-5247-8607-9(5), Mad Libs) Penguin Young Readers Group.

Merry Christmas Math Coloring Book: Pixel Art for Kids: Addition, Subtraction, Multiplication & Division Practice Problems (Christmas Activity Books for Kids) Gameplay Publishing & Math Coloring Library. 2017. (ENG., Illus.). (J). pap. **(978-1-9121F1-08-6(3))** Gameplay Publishing.

Merry Christmas, Mouse! A Christmas Holiday Book for Kids. Laura Numeroff. Illus. by Felicia Bond. 2019. (If You Give... Ser.). (ENG.). 24p. (J). (gr. -1 — 1). bds. 9.99 (978-0-06-134499-2(0), HarperFestival) HarperCollins Pubs.

Merry Christmas My First Little Seek & Find. Sequoia Children's Publishing. 2019. (ENG.). 18p. (J). bds. 5.99 (978-1-64269-141-2(0), 4015, Sequoia Publishing & Media LLC) Phoenix International Publications, Inc.

Merry Christmas, Mighty Night. 1 vol. Michael W. Smith & Mike Nawrocki. 2019. (Nurturing Steps Ser.). (ENG., Illus.). 22p. (J). bds. 9.99 (978-0-310-76707-7(5)) Zonderkidz.

Merry Christmas, Peanut Butter Boy. Illus. by Terry Border. 2017. (Illus.). 32p. (J). (gr. -1-2). 17.99 (978-0-399-17621-0(7), Philomel Bks.) Penguin Young Readers Group.

Merry Christmas, Peppa! Comment by Melanie McFadyen. 2019. (Peppa Pig 8x8 Bks). (ENG., Illus.). 24p. (J). (gr. k-1). 6.99 (978-0-87617-78-4(7)) Penworthy Co., LLC, The.

Merry Christmas, PJ Masks! Adapted by Mig Nakamura. 2019. (PJ Masks Ser.). (ENG.). 22p. (J). (gr. -1-k). bds. 6.99 (978-1-5344-5143-8(9), Simon Spotlight) Simon Spotlight.

Merry Christmas, Poky! Andrea Posner-Sanchez. Illus. by Sue DiCicco. 2021. 12p. (J). (— 1). 4.99 (978-0-593-37393-4(6), Golden Bks.) Random Hse. Children's Bks.

Merry Christmas, Pookie. Kathi Muriello. 2018. (ENG., Illus.). 30p. (J). 22.95 (978-1-64299-076-0(8)); pap. 12.95 (978-1-64299-074-4(4)) Christian Faith Publishing.

Merry Christmas, Princess! (Disney Princess) Nicole Johnson. Illus. by Disney Storybook / Disney Storybook Art Team. 2022. (ENG.). 24p. (J). (gr. -1-2). 12.99 (978-0-7364-4245-9(6), RH/Disney) Random Hse.

Merry Christmas, Rainbow Fish. Marcus Pfister. 2020. (ENG.). 12p. (J). (— 1). bds. 9.95 (978-0-7358-4429-2(1)) North-South Bks., Inc.

Merry Christmas Sandy. J.D. Thomas. Illus. by Leslie Spradlin. 2018. (ENG.). 40p. (J). pap. 24.99 (978-1-5456-5059-2(4)) Salem Author Services.

Merry Christmas, Stinky Face. Lisa McCourt. ed. 2018. (ENG.). 32p. (J). (gr. -1). 9.00 (978-1-64310-600-7(7)) Penworthy Co., LLC, The.

Merry Christmas Themed Puzzles: Mazes, Cut Outs, Spot the Difference & Other Great Puzzles - Puzzles Xmas Edition. Activibooks For Kids. (ENG., Illus.). (J). pap. 9.25 (978-1-68321-126(6)) Mixancoan.

Merry Christmas, Tiny! Cari Meister. ed. 2020. (Tiny the Dog 8x8 Bks). (ENG., Illus.). 32p. (J). (gr. -1). 14.96 (978-1-64697-501-3(4)) Penworthy Co., LLC, The.

Merry Christmas to All: An Inspirational Christmas Eve Story That Teaches Holiday Inclusivity & Compassion for Children with Cancer, Physical Disabilities, Special Needs, & Cultural Diversity. Iza Herera. Illus. by Neno Gonzaga Bernales. 2020. (ENG.). 28p. (J). 14.88 (978-1-7362243-8-0(7)) OVI Healthcare.

Merry Christmas to You (Vintage Storybook) Holly Berry-Byrd. Ed. by Cottage Door Press. Illus. by Vintage Licensed Art. 2022. (Vintage Storybook Ser.). (ENG.). 24p. (J). (gr. -1 — 1). 8.99 (978-1-64638-650-5(1), 1008450).

Merry Christmas, Toccet. Sarah Fisk & Hannah Keyes. 2017. (ENG., Illus.). 36p. (J). pap. (978-1-365-76661-4(6)) Lulu Pr., Inc.

Merry Christmas Tree-To Kids: Christmas Tree Color Books. Jupiter Kids. 2016. (ENG., Illus.). 106p. (J). pap. 12.55 (978-1-68305-264-5(6), Jupiter Kids (Children & Kids Fiction)) Speedy Publishing LLC.

Merry Christmas, World! Aleksandra Szmidt. 2019. (Global Greetings Ser.). (ENG.). 22p. (J). (gr. k-2). bds. 7.99 (978-1-4867-1671-5(7), c9007a99-a147-4dee-bccb-860ce2225074(3)) Flowerpod Pr.

Merry Christmas Write-On & Wipe-off WiMarker: A Joyful Introduction to Writing Holiday Words. Created by Flying Frog Publishing. 2022. (ENG.). 16p. (J). (gr. -1-1). bds. 7.99 (978-1-63560-391-0(9)) Flying Frog Publishing, Inc.

Merry Christmas;Dumpster Dog! Colas Gutman. Tr. by Allison M. Charette. Illus. by Marc Boutavant. 2019. (Adventures of Dumpster Dog Ser.). 72p. (J). (ENG.). 14.95 (978-1-59270-271-8(6)); 8.95 (978-1-59270-273-2(2)) Enchanted Lion Bks., LLC.

Merry Clappum Junction; or the Strange Adventures the New Zealand Express a Boy: A Quick Train of Thought; with Music; Intended for Children of All Ages (Classic Reprint) Arnold Kennedy. 2018. (ENG., Illus.). 68p. (J). 25.30 (978-0-484-60916-6(9)) Forgotten Bks.

Merry Cluckmas: Holiday Planner. Tamaji Art. 2022. (ENG.). 101p. (YA). pap. **(978-1-387-94557-2(4))** Lulu Pr., Inc.

Merry Companion for All Readers: Containing a Choice Selection of the Most Humorous Anecdotes, Droll Sayings, Wit, Fun, & Comical Incidents, Both in Prose & Poetry; Calculated to Enliven Dull Hours (Classic Reprint) Merry Merry. 2017. (ENG., Illus.). (J). 30.24 (978-0-266-63918-3(6)) Forgotten Bks.

Merry Crusade to the Golden Gate (Classic Reprint) Edmund Frederick Erk. 2017. (ENG., Illus.). (J). 33.24 (978-0-260-57303-2(5)) Forgotten Bks.

Merry England, or Nobles & Serfs, Vol. 1 of 3 (Classic Reprint) William Harrison Ainsworth. (ENG., Illus.). (J).

2019. 28.22, 29.71 (978-0-267-71479-7(3)), 2016. pap. 13.57 (978-1-333-35794-8(X)) Forgotten Bks.

Merry England, or Nobles & Serfs, Vol. 2 of 3 (Classic Reprint) William Harrison Ainsworth. (ENG., Illus.). (J). 2016. pap. 19.26 (978-0-365-09363-5(7)); 2016. pap. 11.97 (978-1-332-4714-3(2)) Forgotten Bks.

Merry-Garden & Other Stories (Classic Reprint) Arthur Thomas Quiller-Couch. 2017. (ENG., Illus.). (J). 31.30 (978-1-5247-7335-9(6)) Forgotten Bks.

Merry-Go-Round. Sergio Ruzzier. Illus. by Agnese Innocente. 2023. 192p. (YA). (gr. 8-12). pap. 19.99 (978-1-5067-3659-4(9), Dark Horse Books) Dark Horse Comics.

Merry-Go-Round: A Comedy in Four Acts (Classic Reprint) James Villa Blake. (ENG., Illus.). (J). 2018. 120p. 28.39 (978-0-484-49971-4(X)); 2016. pap. 9.57 (978-1-333-3061-3(X)) Forgotten Bks.

Merry-Go-Round: Leveled Reader Red Fiction Level 3 Grade 1. Hmh Hmh. 2019. (Rigby PM Ser.). (ENG.). 16p. (J). (gr. -1). pap. 1.00 (978-0-358-17122-4(7)) Houghton Mifflin Harcourt Publishing Co.

Merry-Go-Round (Classic Reprint) Somerset Maugham. (ENG., Illus.). (J). 2018. 430p. 28.39 (978-0-265-15997-0(4)); 2018. pap. 18.57 (978-0-365-82457-2(7)); 2017. 24.89 (978-1-5247-1236-6(0)).

Merry-Go-Round (Classic Reprint) Carolyn Wells. (ENG., Illus.). (J). 2018. 168p. 23.36 (978-0-267-41067(3)); 2016. pap. 9.97 (978-1-334-25545-8(8)) Forgotten Bks.

Merry-Go-Round of Song (Classic Reprint) Norman Gale. 2018. (ENG., Illus.). 1 160p. (J). 28.39 (978-0-484-28574-2(0)) Forgotten Bks.

Merry-Go-Round Quilts (Classic Reprint) Edward Anthony. (ENG., Illus.). (J). 1 160p. 27.29 (978-0-365-80363-8(1)); 2018. pap. 18.57 (978-1-5282-95191-2(6)); 2016. pap. 15.77 (978-1-333-42897-0(6)) Forgotten Bks.

Merry-Go-Tales: Wonderful Children's Stories by New Writers. Cultural Oasis Pr-Associati. 2021. 52p. (J). 6.99 (978-0-9986-2285-6(5)) Tulot Talent.

Merry Maker. Linda Stevenson. 2018. (ENG., Illus.). 28p. (J). pap. 10.95 (978-1-64299-054-6(X)) Christian Faith Publishing.

Merry Holidays! Color by Number for Kids. Educando Kids. 2019. (ENG.). 42p. (J). pap. 8.55 (978-1-64521-662-6(4), Educando Kids) Editorial Images.

Merry Jane y Las Fiestas. Herin Harin. 2017. (SPA., Illus.). (J). pap. 14.99 (978-1-8183-269-0(7)) eBooksGo Inc.

Merry Jingles: A Book for the Little Ones (Classic Reprint) Sarah L. Moore. 2017. (ENG., Illus.). 130p. (J). pap. 11.97 (978-0-484-94907-0(8)); 9.57 (978-0-331-09475-6(6)) Forgotten Bks.

Merry Little Christmas: So Cute & Adorable Christmas Coloring Pages / Holiday Designs for Children / Merry Little Christmas Coloring Pages for Boys & Girls / Toddler Christmas Coloring Book. Digby Dmytria Coloring. l.t. ed. 2020. (ENG.). 108p. (J). pap. 11.99 (978-1-716-54404-4(5)).

Merry Little Christmas: a Finger Wiggle Book. Sally Symes. Illus. by Nick Sharratt. 2022. (Finger Wiggle Bks.). (ENG.). 18p. (J). (— 1). bds. 9.99 (978-1-5362-2837-3(0)) Candlewick Pr.

Merry Magic. 1 vol. Chuck Whelon. 2018. (Joking Around Ser.). (ENG.). 32p. (J). (gr. 2-3). 28.83 (978-1-5322-5802-4(1)); pap. 10.44 (978-1-5322-5922-4(0), 1030-1810889-1-7038a69e6396, Windmill Bks.) Rosen Publishing Group, Inc., The.

Merry Maid of Arcady, & Other Stories: and Other Stories (Classic Reprint) Burton Harrison. (ENG., Illus.). (J). 2018. 366p. 31.45 (978-0-332-02900-9(0)); 2016. pap. 13.97 (978-1-334-27764-1(6)) Forgotten Bks.

Merry Maker, Vol. 2 (Classic Reprint) Joel Chandler Harris. 2017. (ENG., Illus.). (J). 32.93 (978-0-265-72259-0(9)); 16.57 (978-1-5276-5793-1(4)) Forgotten Bks.

Merry Maze in the Holidays: Level 2, Clues Publishing. Illus. by Inna Anilkeva. 2019. (Clever Mazes Ser.). (ENG.). 48p. (J). (gr. k-3). pap. 4.99 (978-1-94999-23-8(1)) Clever Media Group.

Merry Meadow. Denise Mulleriyawa. Illus. by Thomas Morales. 2021. (ENG.). 36p. (J). 20.00 (978-1-0880-1315-1(5)) Mulleriyawa Bks.

Merry Men, & Other Tales & Fables, and Strange Case of Dr. Jekyll & Mr. Hyde (Classic Reprint) Robert Louis Stevenson. (ENG., Illus.). (J). 2017. 31.96 (978-0-266-49275-3(4)); 2016. pap. (978-1-333-61643-0(3)) Forgotten Bks.

Merry Men, & Other Tales & Fables (Classic Reprint) Robert Louis Stevenson. 2018. (ENG., Illus.). 53p. 19.58 (978-0-266-43699-3(8)) Forgotten Bks.

Merry Men, & Other Tales & Fables; Strange Case of Dr. Jekyll & Mr. Hyde: Prince Otto (Classic Reprint) Robert Louis Stevenson. 2018. (ENG., Illus.). 1. 596p. (J). pap. (978-0-265-19504-6(3)) Forgotten Bks.

Merry Merry Christmas - Christmas Coloring Books Children's Christmas Books. Speedy Kids. 2017. (ENG., Illus.). (J). pap. 8.45 (978-1-5419-4721-4(5)) Speedy Publishing LLC.

Merry Mischief: A QUIX Book. Alan Katz. Illus. by Seryu. Feb. 2023. (S.E. McGarrity Ser.: 4). (ENG.). 80p. (J). (gr. k-3). 17.99 (978-1-5344-6796-9(X)), 5.99 (978-1-5344-6797-2(1)) S & Schuster Children's Publishing. (Aladdin).

Merry Mount, Vol. 1: A Romance of the Massachusetts Colony (Classic Reprint) John Lothrop Motley. 2017. (ENG., Illus.). (J). 34.00 (978-0-331-21709-4(0)) Forgotten Bks.

Merry Myth the Christmas Bat. Regan Macaulay. Illus. by Alex Zgud. 2019. (ENG.). 24p. (J). (gr. k-3). 19.95 (978-1-61633-937-1(3)) Guardian Angel Publishing, Inc.

Merry Myth the Christmas Bat. Alex Zgud & Regan Macaulay. 2019. (ENG.). 24p. (J). (gr. k-2). (978-0-463-37137-0(1)) Guardian Angel Publishing, NLN.

Merry Myth, the Christmas Bat. Regan Macaulay. Illus. by Alex Zgud. (ENG.). (ENG., Illus.). 24p. (J). (gr. k-2). bds. 9.99 (978-1-61633-938-3(0)) Guardian Angel Publishing, Inc.

Merry Order of St. Bridget: Personal Recollections of the Use of the Rod (Classic Reprint) Margaret Anson. 2018. (ENG., Illus.). 24p. (J). 25.35 (978-0-365-45490-0(0)) Forgotten Bks.

Merry Order of St. Bridget: Personal Recollections of the Use of the Rod. Pt. 5-258. Margaret Anson. 2021. pap. (978-0-649-04738-0(2)) Trieste Publishing Pty Ltd.

Merry Past (Classic Reprint) Ralph Nevill. 2018. (ENG., Illus.). 318p. (J). 0.46 (978-0-267-48110-8(7)) Houghton Mifflin Harcourt Publishing Co.

Merry Phonics. Lois G. Grambling. 2017. (ENG., Illus.). (J). pap. 24.04 (978-0-332-63590-1(5)) Forgotten Bks.

Merry Rhymes for Happy Times: A Book of Verse for Youngsters (Classic Reprint) Robert Louis Stevenson. (ENG., Illus.). (J). 2018. pap. 13.57 (978-1-333-40301-4(3)) Forgotten Bks.

Merry Tales (Classic Reprint) Mark Twain, pseud. 2017. (ENG., Illus.). (J). 23.36 (978-0-267-31707-0(6)); 2016. pap. 15.77 (978-1-333-42897-0(6)) Forgotten Bks.

Merry Tales (Classic Reprint) Eleanor L. Skinner. 2017. (ENG., Illus.). 234p. (J). 28.72 (978-0-332-44598-8(2)); 2016. Forgotten Bks.

Merry Tales (Classic Reprint) Mark Twain, pseud. 2022. (ENG., Illus.). pap. (978-1-330-21459-5(8)) Forgotten Bks.

Merry Tales for Children: Best of Number for Boys & Girls. Educando Kids. 2019. (ENG., Illus.). 42p. (J). pap. 6.45 (978-1-64521-657-3(2)) Forgotten Bks.

Merry Widow Waltz. Harold Danforth. 2016. (ENG.). pap. 5.55 (978-1-35685-857-6(1)) Forgotten Bks.

Merry Widow: Hat Farce in One Act (Classic Reprint) Elon Jessup. 2017. (ENG., Illus.). 30p. (J). pap. 8.57 (978-0-484-59393-8(9)) Forgotten Bks.

Merry Widow (Classic Reprint) Victor Leon. 2017. (ENG., Illus.). (J). 154p. (YA). pap. 11.97 (978-1-333-94069-1(6)) Forgotten Bks.

Merry Wives of Windsor. William Shakespeare. anot. ed. 2019. (ENG.). 194p. (YA). pap. (978-1-72010-456-1(6)).

Merry's Museum, Parley's Magazine, Woodworth's Cabinet, & the Schoolfellow: Volumes 47 & 48. Some Stories for Evening Parlor. 1864. pap. (978-1-271-73476-1(6)) Forgotten Bks.

Merry's Museum, Parley's Magazine, Woodworth's Cabinet, & the Schoolfellow, Vol. 1 (Classic Reprint) Reprinted Jeanette Marks. 2017. (ENG., Illus.). (J). 29.55 (978-0-265-58638-3(7)); pap. 11.57 (978-0-282-98262-7(3)) Forgotten Bks.

Merry's Museum, Parley's Magazine, Woodworth's Cabinet, & the Schoolfellow, Vol. 1 (Classic Reprint) Reprinted Jeanette Augustus Marks. 2017. (ENG., Illus.). 1 102p. (J). 26.02 (978-1-4847-2040-6(5)) Forgotten Bks.

Merry's Museum, Parley's Magazine, Woodworth's Cabinet, & the Schoolfellow, Vol. 3 (Classic Reprint) S. G. Goodrich. 2019. (ENG., Illus.). 1. 380p. (J). 39.81 (978-0-332-62914-6(4)) Forgotten Bks.

Merry Mad Libs: World's Greatest Word Game. 5 vols. Mad Libs. 2019. (Mad Libs Ser.). 240p. (J). 24.95 (978-0-593-09375-8(0)) Penguin Young Readers Group.

Merry Mischief: A QUIX Book. Alan Katz. Illus. by Seryu. Feb. 2023. (S.E. McGarrity Ser.: 4). (ENG.). 80p. (J). (gr. k-3). (978-1-5344-6797-2(1)) S & Schuster Children's Publishing. (Aladdin).

Merry's Museum, Parley's Magazine, Woodworth's Cabinet, & the Schoolfellow, Vol. 5 (Classic Reprint) S. G. Goodrich. 2019. (ENG., Illus.). 1. 380p. (J). 39.81 (978-0-483-13837-4(9)), 2016. 27.59 (978-0-260-07150-5(2)) Forgotten Bks.

Merry's Museum, Parley's Magazine, Woodworth's Cabinet, & the Schoolfellow: Volumes 47 & 48. 5 vols. 1864. pap. (978-1-271-73476-1(6)).

Merry's Museum, Parley's Magazine, Woodworth's Cabinet, & the Schoolfellow, Vol. 6 (Classic Reprint) S. G. Goodrich. 2019. (ENG., Illus.). 1. 380p. (J). 30p. 31.98 (978-0-483-28846-7(9)); 2016. pap. (978-0-243-05440-9(0)) Forgotten Bks.

Merry's Museum, Parley's Magazine, Woodworth's Consolidated Magazine for Boys & Girls (Classic Reprint) Reprinted. 2018. (ENG., Illus.). 1. pap. (978-0-484-05495-0(2)) Forgotten Bks.

For book reviews, descriptive annotations, tables of contents, cover images, author biographies & additional information, updated daily, subscribe to www.booksinprint.com

31.86 *(978-0-265-39233-1(0))*; 2016. pap. 16.57 *(978-1-333-21347-3(6))* Forgotten Bks.

Merry's Museum, Parley's Magazine, Woodworth's Cabinet & the Schoolfellow, 1866, Vol. 22 (Classic Reprint) Unknown Author. 2018. (ENG., Illus.). 388p. (J). 31.90 *(978-0-267-21363-4(8))* Forgotten Bks.

Merry's Museum, Parley's Magazine, Woodworth's Cabinet, & the Schoolfellow, Vol. 255 (Classic Reprint) Robert Merry. 2017. (ENG., Illus.). (J). 31.90 *(978-1-5283-8432-2(6))* Forgotten Bks.

Merry's Museum, Parley's Magazine, Woodworth's Cabinet, & the Schoolfellow, Vol. 35: The Consolidated Magazine for Boys & Girls (Classic Reprint) Robert Merry. (ENG., Illus.). (J). 2018. 388p. 31.90 *(978-0-483-36991-7(8))*; 2016. pap. 16.57 *(978-1-334-16278-7(6))* Forgotten Bks.

MerryTale (an Abrams Trail Tale) A Christmas Adventure. Christopher Franceschelli. Illus. by Allison Black. 2022. (Abrams Trail Tale Ser.). (ENG.). 54p. (J). (gr. -1 — 1). bds., bds. 15.99 *(978-1-4197-3154-9(8)*, 1208410) Abrams, Inc.

Merryweather Feathermeyer & the Magic Cape. Myrna Mannausau. 2018. (ENG., Illus.). 34p. (J). (gr. 1-6). pap. 9.99 *(978-1-947352-51-3(2))* MainSpringBks.

Merryweathers. Laura E. Richards. 2018. (ENG., Illus.). 136p. (YA). (gr. 7-12). pap. *(978-93-5329-353-6(7))* Alpha Editions.

Merton of the Movies (Classic Reprint) Harry Leon Wilson. 2017. (ENG., Illus.). (J). 31.05 *(978-0-266-19324-1(2))* Forgotten Bks.

Merveille du Tonnerre: Les Conseils d'un Orage. Sharon Purtill. Illus. by Tamara Piper. 2022. (FRE.). 36p. (J). pap. ***(978-1-990469-33-6(7))*** Dunhill-Clare Publishing.

Merveilles de la Locomotion (Classic Reprint) Ernest Deharme. 2018. (FRE., Illus.). (J). 30.99 *(978-0-265-49589-6(X))* Forgotten Bks.

Merveilleuses Chroniques d'un étranger, Livre 5. Antoine Raphael. 2021. (FRE.). 442p. (YA). pap. ***(978-1-6671-1593-1(6))*** Lulu Pr., Inc.

Merveilleux Secret du Boulanger. Dominique Gaultier & jean legeay. 2023. (FRE.). 44p. (J). pap. ***(978-1-4709-0215-5(X))*** Lulu Pr., Inc.

Merveilleux Voyage de Claude le Raton Laveur. Melanie Webb. 2016. (FRE., Illus.). 32p. (J). *(978-1-326-76144-8(7))* Lulu Pr., Inc.

Mervil Von Prinklestein Always Wants to Daydream. Jason Velazquez & Justin Scheetz. 2023. (ENG.). 26p. (J). 22.99 ***(978-1-7379864-3-0(4))*** ChurchToast.

Mervin the Church Mouse Learns to Pray. Brynda Lattimore. 2019. (ENG.). 32p. (J). pap. 12.95 *(978-1-64416-964-3(9))* Christian Faith Publishing.

Mervin the Sloth Is about to Do the Best Thing in the World. Colleen AF Venable. Illus. by Ruth Chan. 2016. (ENG.). 40p. (J). (gr. -1-3). 17.99 *(978-0-06-233847-1(1)*, Greenwillow Bks.) HarperCollins Pubs.

Mervyn Clithero (Classic Reprint) William Harrison Ainsworth. 2017. (ENG., Illus.). (J). 32.81 *(978-0-266-17080-8(3))* Forgotten Bks.

Mervyn Clitheroe (Classic Reprint) William Harrison Ainsworth. (ENG., Illus.). (J). 2017. 33.28 *(978-0-331-71619-1(4))*; 2016. pap. 16.57 *(978-1-334-13857-7(5))* Forgotten Bks.

Mervyn o'Connor & Other Tales, Vol. 2 of 3 (Classic Reprint) Unknown Author. 2018. (ENG., Illus.). 318p. (J). 30.48 *(978-0-483-97377-0(7))* Forgotten Bks.

Mervyn o'Connor, & Other Tales, Vol. 3 of 3 (Classic Reprint) Desart Desart. 2018. (ENG., Illus.). 344p. (J). 30.99 *(978-0-267-16198-0(0))* Forgotten Bks.

Mervyn o'Connor, Vol. 1 Of 3: And Other Tales (Classic Reprint) Unknown Author. 2018. (ENG., Illus.). 308p. (J). 30.25 *(978-0-428-90631-3(1))* Forgotten Bks.

Meryl (Classic Reprint) William Tillinghast Eldridge. (ENG., Illus.). (J). 2018. 334p. 30.81 *(978-0-364-01584-1(5))*; 2017. pap. 13.57 *(978-0-259-19794-2(7))* Forgotten Bks.

Merze: The Story of an Actress (Classic Reprint) Marah Ellis Ryan. 2017. (ENG., Illus.). (J). 30.39 *(978-1-5284-6252-5(1))* Forgotten Bks.

Merzzlings: The Adventure Begins. Brittany Plumeri. 2020. (ENG., Illus.). 42p. (J). 17.95 *(978-1-7346573-1-9(6))*; pap. 12.99 *(978-1-7346573-0-2(8))* Once Upon A Page Pr.

Mes Années Lycée. Aly Molla. 2018. (FRE.). 266p. (YA). pap. ***(978-0-244-98329-1(1))*** Lulu Pr., Inc.

Mes Années Lycée - Tome II: Tome. Aly Molla. 2018. (FRE.). 172p. (YA). pap. ***(978-0-244-71385-0(5))*** Lulu Pr., Inc.

Mes Années Lycée - Tome III. Aly Molla. 2019. (FRE.). 158p. (YA). pap. ***(978-0-244-16782-0(6))*** Lulu Pr., Inc.

Mes Emotions Ok ! Mais J'en Fais Quoi ? Bande Dessinée Educative Pour Enfants. Anne Calderon. Illus. by Fanny Bocquet. 2018. (FRE.). 48p. (J). pap. 22.00 *(978-2-9701219-1-6(3))* Trono-Calderon, Anne.

Mes Fruits Ma Santé. La Grande Royale. 2022. (FRE.). 54p. (J). pap. ***(978-1-990497-33-9(0))*** Energy Tours.

Mes Outils de Science. Julie K. Lundgren. Tr. by Claire Savard. 2021. (Mes Premiers Livres de Science (My First Science Books) Ser.). (FRE.). 24p. (J). (gr. k-2). pap. *(978-1-4271-3688-6(2)*, 13376) Crabtree Publishing Co.

Mes Outils de Science (My Science Tools) Julie K. Lundgren. Tr. by Claire Savard. 2021. (FRE.). 24p. (J). (gr. k-2). lib. bdg. ***(978-1-4271-5068-4(0))*** Crabtree Publishing Co.

Mes Premiers Pas en Francais (Classic Reprint) M. L. Chapuzet. 2018. (FRE., Illus.). (J). 170p. 27.42 *(978-0-428-47955-8(3))*; 172p. pap. 9.97 *(978-0-428-03824-3(7))* Forgotten Bks.

Mesa Trail (Classic Reprint) H. Bedford-Jones. 2018. (ENG., Illus.). 254p. (J). 29.16 *(978-0-484-59981-8(X))* Forgotten Bks.

Mesa Verde. Kelsey Jopp. 2023. (Visit & Learn Ser.). (ENG., Illus.). 32p. (J). pap. 9.95 ***(978-1-63739-675-9(9)***, Focus Readers) North Star Editions.

Mesa Verde. Contrib. by Kelsey Jopp. 2023. (Visit & Learn Ser.). (ENG., Illus.). 32p. (J). lib. bdg. 31.35 ***(978-1-63739-618-6(X)***, Focus Readers) North Star Editions.

Mese per Amare. Ed. by Cherry Publishing. 2021. (ITA.). 604p. (J). pap. *(978-1-80116-123-7(2))* Lane, Betty.

Mesék Legendái. Bozsogi Attila. 2018. (HUN., Illus.). 740p. (J). pap. *(978-3-7103-3128-2(5))* united p.c. Verlag.

Meses (Months), 12 vols., Set. 2017. (Los Meses (Months) Ser.). (SPA.). 24p. (J). (gr. -1-2). lib. bdg. 376.32 *(978-1-5321-0627-9(0)*, 27218, Abdo Kids) ABDO Publishing Co.

Meshwar 3a Dikenit el Douwwar. Eddy Assili. 2020. (ARA.). 26p. (J). 15.00 *(978-1-6629-0170-6(4))* Gatekeeper Pr.

Mesmerist. Ronald L. Smith. 2019. (ENG., Illus.). 288p. (J). (gr. 5-7). pap. 9.99 *(978-1-328-49800-7(X)*, 1717857, Clarion Bks.) HarperCollins Pubs.

Mesmerizing Mazes for Kids Activity Book. Activity Book Zone for Kids. 2016. (ENG., Illus.). (J). pap. 9.20 *(978-1-68376-020-7(4))* Sabeels Publishing.

Mesopotamia. Jane Shuter. rev. ed. 2016. (Excavating the Past Ser.). (ENG.). 48p. (J). (gr. 4-6). pap. 8.99 *(978-1-4846-3643-5(0)*, 134038, Heinemann) Capstone.

Mesopotamia for Kids - Ziggurat Edition Children's Ancient History. Baby Professor. 2017. (ENG., Illus.). (J). pap. 9.25 *(978-1-5419-0524-5(5)*, Baby Professor (Education Kids)) Speedy Publishing LLC.

Mesopotamians. Elizabeth Andrews. 2022. (Ancient Civilizations Ser.). (ENG., Illus.). 32p. (J). (gr. 2-5). lib. bdg. 32.79 *(978-1-0982-4329-6(3)*, 41233, DiscoverRoo) Pop!.

Mesozoic Era Learning More about It - Children's History Book. Bold Kids. 2023. (ENG.). 42p. (J). pap. 14.99 ***(978-1-0717-1805-6(3))*** FASTLANE LLC.

Mesrra's Power. Emma K. Blacker. 2020. (Lismarian Ser.: Vol. 3). (ENG.). 306p. (YA). (gr. 9-12). pap. *(978-1-913071-47-9(2))* 2QT, Ltd. (Publishing).

Mess. Alicia Smith. Illus. by Olivia Smith H. 2021. (ENG.). 18p. (J). pap. 12.99 *(978-0-578-90103-9(X))* Alicia.

Mess. J. Wray. 2018. (ENG., Illus.). 250p. (YA). pap. *(978-1-77370-603-0(9))* Tellwell Talent.

Mess & Andy. Irv Korman. Illus. by John Plymak. 2019. (ENG.). 32p. (J). pap. 14.95 *(978-1-948613-04-0(2))* Sunny Day Publishing, LLC.

Mess at Farmer Sam's. Lubna Alsagoff. 2023. (Wonderful World of Words Ser.: 17). (ENG.). 28p. (J). (gr. 2-4). pap. 8.99 *(978-981-5009-06-4(0))* Marshall Cavendish International (Asia) Private Ltd. SGP. Dist: Independent Pubs. Group.

Mess That We Made. Michelle Lord. Illus. by Julia Blattman. 2020. 32p. (J). (gr. k-2). 18.95 *(978-1-947277-14-4(6))* Flashlight Pr.

Message. Paul D. Leverentz. Illus. by Paul D. Leverentz. 2022. (ENG.). 66p. (J). pap. 13.95 ***(978-1-61493-840-8(7))*** Peppertree Pr., The.

Message. Emily Sherwood. 2016. (ENG., Illus.). (J). pap. 14.99 *(978-1-365-29351-1(3))* Lulu Pr., Inc.

Message (Classic Reprint) Louis Tracy. 2018. (ENG., Illus.). 348p. (J). 31.07 *(978-0-483-31437-5(4))* Forgotten Bks.

Message for Grandma. Carol Breckenridge. 2017. (ENG., Illus.). (J). 16.95 *(978-1-5069-0399-6(1))*; pap. 12.95 *(978-1-5069-0400-9(9))* First Edition Design Publishing.

Message from Batang (Classic Reprint) Zenas Sanford Loftis. 2018. (ENG., Illus.). 182p. (J). 27.65 *(978-0-428-98087-0(2))* Forgotten Bks.

Message from God. Michele D. Smith. Illus. by Atiyya Hassan. 2023. (ENG.). 24p. (J). 18.99 ***(978-1-0880-9583-6(6))***; pap. 11.99 ***(978-1-0880-9635-2(2))*** Smith, Donella.

Message from God: A Book Journal for Children to Connect, Write, & Release. Asha Olivia. Illus. by Mills Jasmine. 2019. (ENG.). 34p. (J). (gr. k-3). 22.95 *(978-0-578-48466-2(8))* Message to God, for God Inc, A.

Message from Jesus Christ to the World. Elizabeth Otorino. 2022. (ENG.). 52p. (J). pap. 11.95 ***(978-1-68517-402-6(7))*** Christian Faith Publishing.

Message from Sherman. Claire Magee. 2023. (ENG.). 100p. (J). pap. ***(978-0-2288-8901-4(4))*** Tellwell Talent.

Message from the Sea. Charles Dickens. 2017. (ENG., Illus.). (J). pap. *(978-3-7434-3560-5(8))* Creation Pubs.

Message from the Sea: The Extra Christmas Number of All the Year Round (Classic Reprint) Charles Dickens. (ENG., Illus.). (J). 2017. 25.03 *(978-0-331-87654-3(X))*; 2016. pap. 9.57 *(978-1-333-36343-7(5))* Forgotten Bks.

Message in a Bottle. Victoria Kann. ed. 2022. (I Can Read Ser.). (ENG.). 31p. (J). (gr. 2-3). 15.96 ***(978-1-68505-234-8(7))*** Penworthy Co., LLC, The.

Message in a Bottle: A Julie Mystery. Kathryn Reiss. 2017. 209p. (J). *(978-1-5182-4315-8(0)*, American Girl) American Girl Publishing, Inc.

Message in Mashed Potato. John Wood. Illus. by Irene Renon. 2023. (Level 8 - Purple Set Ser.). (ENG.). 32p. (J). (gr. 1-4). lib. bdg. 19.95 Bearport Publishing Co., Inc.

Message in the Bottle. Penelope Dyan & Hillan. 2022. (ENG.). 98p. (YA). pap. 9.50 *(978-1-61477-577-5(X))* Bellissima Publishing, LLC.

Message in the Colors of the Cross. Jacqueline L. Campbell. 2020. (ENG.). 44p. (J). pap. 14.99 *(978-1-951300-76-0(9))* Liberation's Publishing.

Message in the Mirror. Katrina Denise. Illus. by Fanny Liem. 2017. (ENG.). (J). (gr. 2-5). 16.95 *(978-0-692-84082-5(6))* Katrina Denise.

Message in the Painted Rock. Tom Blanton. 2019. (Arthur & Marya Mystery Ser.: Vol. 1). (ENG., Illus.). 154p. (J). (gr. 4-6). pap. 16.95 *(978-1-68433-354-7(7))* Black Rose Writing.

Message, Lord Kitchener Lives, Vol. 1 (Classic Reprint) Ala Mana. 2017. (ENG., Illus.). (J). 34.27 *(978-0-266-67420-7(8))*; pap. 16.97 *(978-1-5276-4457-1(X))* Forgotten Bks.

Message of Monteverde / el Mensaje de Monteverde: An Adventure to Costa Rica's Cloud Forest / una Aventura Al Bosque Nuboso de Costa Rica. Leslie a Woods. Illus. by Robin T. Nelson. 2018. (Colibri Children's Adventures Ser.: Vol. 4). (ENG.). 42p. (J). (gr. k-4). 17.95 *(978-0-9998744-3-1(8))*; pap. 12.95 *(978-0-9998744-4-8(6))* Leaning Rock Pr.

Message of Tales Never Told. Edwin Gilven. (ENG., Illus.). (J). 2018. 51p. pap. *(978-1-387-86658-8(3))*; 2017. 53p. *(978-1-365-94128-3(0))* Lulu Pr., Inc.

Message of the Birds. Kate Westerlund. Illus. by Feridun Oral. 2017. 32p. (J). (gr. k-2). 9.99 *(978-988-8341-51-1(0)*, Minedition) Penguin Young Readers Group.

Message of the Doves. J. Hodges Gilmore. 2022. (ENG.). 136p. (YA). 22.99 ***(978-1-6628-5508-5(7))***; pap. 14.49 ***(978-1-6628-5358-6(0))*** Salem Author Services.

Message of the Priceless Dolls. Joy Traille. 2021. (ENG., Illus.). 36p. (J). pap. 14.95 *(978-1-63860-461-7(4))* Fulton Bks.

Message to the Sea. Alex Shearer. 2016. (ENG.). 224p. (J). (gr. 4-7). pap. 8.99 *(978-1-84812-569-8(0))* Bonnier Publishing GBR. Dist: Independent Pubs. Group.

Messages. Gail Cartee. Illus. by Samantha Bell. 2023. (ENG.). 40p. (J). 22.99 ***(978-1-64949-945-5(0))***; pap. 15.99 ***(978-1-64949-946-2(9))*** Elk Lake Publishing, Inc.

Messages from Beyond. Krisztina Paul. 2018. (ENG., Illus.). 56p. (J). 25.95 *(978-1-64214-721-6(4))* Page Publishing Inc.

Messages from Grandad: Encouragement for a Young Christian. David J. Randall. 2017. (ENG., Illus.). 128p. (J). pap. 9.99 *(978-1-78191-974-3(7)*, 10bcf4fe-a51f-4897-b614-94e1c71d66f6, CF4Kids) Christian Focus Pubns. GBR. Dist: Baker & Taylor Publisher Services (BTPS).

Messages from Maryam. Lauren Pichon. 2017. (ENG., Illus.). (J). pap. 16.60 *(978-1-365-60987-9(1))* Lulu Pr., Inc.

Messages from the Coop. Molly Armstrong-Paschal & Tori Price. 2018. (ENG.). 40p. (J). pap. *(978-0-359-28796-3(4))* Lulu Pr., Inc.

Messages I Never Sent. Taylor Byers. 2022. (ENG.). 121p. (YA). pap. ***(978-1-387-47439-4(1))*** Lulu Pr., Inc.

Messages in the Clouds. Marian S. Taylor. 2017. (ENG., Illus.). 28p. pap. 16.95 *(978-1-5043-7420-0(7)*, Balboa Pr.) Author Solutions, LLC.

Messages of Hope. Jonathon McClellan. Illus. by Dan Peeler. 2022. (ENG.). 134p. (YA). 26.00 ***(978-1-946182-13-5(3))*** Texas Bk. Pubs. Assn.

Messages on the Moon. Jill Friestad-Tate. 2021. (ENG., Illus.). 32p. (J). 17.95 *(978-1-947305-30-4(1)*, 0282a4df-54b2-4a75-95dc-190685b0b44e) BookPress Publishing.

Messages to Our Brothers & Sisters (on the Other Side of the Wall) (Classic Reprint) Unknown Author. (ENG., Illus.). (J). 2018. 122p. 26.41 *(978-0-365-00774-6(9))*; 2017. pap. 9.57 *(978-0-259-47787-7(7))* Forgotten Bks.

Messalina of the Suburbs (Classic Reprint) E. M. Delafield. (ENG., Illus.). (J). 2017. 30.06 *(978-0-265-51821-2(0))*; 2016. pap. 13.57 *(978-1-334-14996-2(8))* Forgotten Bks.

Messed Up! Middlemist Red. 2021. (ENG.). 36p. (YA). pap. 10.99 *(978-1-68494-850-5(9))* Notion Pr., Inc.

Messed Up [4]. P. J. Gray. 2017. (Boosters Ser.). (ENG.). 64p. (YA). (gr. 9-12). pap. 9.75 *(978-1-68021-463-5(2))* Saddleback Educational Publishing, Inc.

Messed up Life of Johnny Moore. Max Toper. 2021. (Johnny Moore Ser.: Vol. 1). (ENG.). 150p. (J). pap. ***(978-1-9196157-0-7(9))*** Independent Publishing Network.

Messed-Up Museum: An Interactive Mystery Adventure. Steve Brezenoff. Illus. by Marcos Calo. 2019. (You Choose Stories: Field Trip Mysteries Ser.). (ENG.). 112p. (J). (gr. 3-7). lib. bdg. 32.65 *(978-1-4965-4859-7(0)*, 135458, Stone Arch Bks.) Capstone.

Messenger. K. S. Nikakis. 2020. (ENG.). 238p. (J). pap. *(978-0-6482652-4-5(2))* SOV Consulting.

Messenger. Carol Lynch Williams. 2017. (ENG.). 288p. (YA). (gr. 7). pap. 10.99 *(978-1-4814-5777-4(2)*, Simon & Schuster/Paula Wiseman Bks.) Simon & Schuster/Paula Wiseman Bks.

Messenger: A History of the Class of 1881, of Princeton College (Classic Reprint) Henry McAlpin. 2018. (ENG., Illus.). 98p. (J). 25.94 *(978-0-428-77048-8(7))* Forgotten Bks.

Messenger: June, 1913 (Classic Reprint) Durham High School. 2018. (ENG., Illus.). (J). 66p. 25.28 *(978-1-396-34406-0(3))*; 68p. pap. 9.57 *(978-1-390-92395-7(9))* Forgotten Bks.

Messenger, 1917, Vol. 14 (Classic Reprint) Durham High School. 2017. (ENG., Illus.). (J). 24.97 *(978-0-265-74335-5(4))*; pap. 9.57 *(978-1-5277-1052-8(1))* Forgotten Bks.

Messenger 93. Barbara Radecki. 2020. (ENG.). 320p. (YA). (gr. 8-12). pap. 15.95 *(978-1-77086-568-6(3)*, Dancing Cat Bks.) Cormorant Bks. Inc. CAN. Dist: Orca Bk. Pubs. USA.

Messenger Boy: A New & Original Musical Play (Classic Reprint) James T. Tanner. (ENG., Illus.). (J). 2018. 254p. 29.14 *(978-0-484-65065-6(3))*; 2016. pap. 11.57 *(978-1-333-27408-5(4))* Forgotten Bks.

Messenger (Classic Reprint) Katharine Holland Brown. (ENG., Illus.). (J). 2018. 56p. 25.07 *(978-0-483-71695-7(2))*; 2016. pap. 9.57 *(978-1-333-36237-9(4))* Forgotten Bks.

Messenger (Classic Reprint) Elizabeth Robins. 2018. (ENG., Illus.). 442p. (J). 33.05 *(978-0-484-44415-6(8))* Forgotten Bks.

Messenger of Napoleon: A Dramatic Historical Story (Classic Reprint) R. N. Moffat. 2018. (ENG., Illus.). 356p. (J). 31.26 *(978-0-483-44027-2(2))* Forgotten Bks.

Messenger, Vol. 11: May, 1914 (Classic Reprint) Durham High School. (ENG., Illus.). (J). 2018. 54p. 25.01 *(978-0-332-12872-6(5))*; 2017. pap. 9.57 *(978-0-259-96682-1(7))* Forgotten Bks.

Messenger, Vol. 12: May, 1915 (Classic Reprint) Durham High School. 2017. (ENG., Illus.). (J). 24.82 *(978-0-266-55536-0(5))*; pap. 7.97 *(978-0-282-80524-1(9))* Forgotten Bks.

Messenger, Vol. 13: February, 1916 (Classic Reprint) Durham High School. (ENG., Illus.). (J). 2018. 62p. 25.20 *(978-0-364-44198-5(4))*; 2017. pap. 9.57 *(978-0-259-89559-6(8))* Forgotten Bks.

Messenger, Vol. 14: December, 1916 (Classic Reprint) S. M. Holton Jr. (ENG., Illus.). (J). 2018. 56p. 25.05 *(978-0-483-99050-0(7))*; 2017. pap. 9.57 *(978-0-243-44751-0(5))* Forgotten Bks.

Messenger, Vol. 14: November 1916 (Classic Reprint) S. M. Holton Jr. 2017. (ENG., Illus.). (J). 54p. 25.01 *(978-0-332-89211-5(5))*; pap. 9.57 *(978-0-259-82313-1(9))* Forgotten Bks.

Messenger, Vol. 2: April, 1906 (Classic Reprint) Douglas Hill. (ENG., Illus.). (J). 2018. 36p. 24.66 *(978-0-332-20292-1(5))*; 2017. pap. 7.97 *(978-0-243-42951-6(7))* Forgotten Bks.

Messenger, Vol. 2: December, 1905 (Classic Reprint) Douglas Hill. (ENG., Illus.). (J). 2018. 38p. 24.70 *(978-0-267-12198-4(9))*; 2017. pap. 7.97 *(978-0-259-83887-6(X))* Forgotten Bks.

Messenger, Vol. 2: February, 1906 (Classic Reprint) Douglas Hill. (ENG., Illus.). (J). 2018. 36p. 24.64 *(978-0-267-11868-7(6))*; 2017. pap. 7.97 *(978-0-259-43671-3(2))* Forgotten Bks.

Messenger, Vol. 2: June, 1906 (Classic Reprint) Douglas Hill. 2017. (ENG., Illus.). (J). 24.70 *(978-0-266-86052-5(4))* Forgotten Bks.

Messenger, Vol. 2: March, 1906 (Classic Reprint) Durham High School. 2017. (ENG., Illus.). (J). pap. 7.97 *(978-0-259-84233-0(8))* Forgotten Bks.

Messenger, Vol. 2: May, 1906 (Classic Reprint) Durham High School. (ENG., Illus.). (J). 2018. 36p. 24.64 *(978-0-483-93270-8(1))*; 2017. pap. 7.97 *(978-0-243-48499-7(2))* Forgotten Bks.

Messenger, Vol. 2: November, 1905 (Classic Reprint) Douglas Hill. 2017. (ENG., Illus.). (J). 24.66 *(978-0-266-55738-8(4))*; pap. 7.97 *(978-0-282-80980-5(5))* Forgotten Bks.

Messenger, Vol. 4: June, 1908 (Classic Reprint) J. a Speed. 2017. (ENG., Illus.). (J). pap. 9.57 *(978-0-259-37463-3(6))* Forgotten Bks.

Messenger, Vol. 4: March, 1908 (Classic Reprint) J. a Speed. (ENG., Illus.). (J). 2018. 44p. 24.80 *(978-0-332-20343-0(3))*; 2017. pap. 7.97 *(978-0-243-44664-3(0))* Forgotten Bks.

Messenger, Vol. 4: May, 1908 (Classic Reprint) J. a Speed. (ENG., Illus.). (J). 2018. 44p. 24.82 *(978-0-364-87946-7(7))*; 2017. pap. 7.97 *(978-0-259-29353-8(9))* Forgotten Bks.

Messenger, Vol. 4: Published Monthly During the School Year by the Students of Durham High School, N. C.; April 1908 (Classic Reprint) J. a Speed. 2017. (ENG., Illus.). (J). 24.78 *(978-0-266-59765-0(3))*; pap. 7.97 *(978-0-282-91792-0(6))* Forgotten Bks.

Messenger, Vol. 5: April, 1909 (Classic Reprint) Durham High School. (ENG., Illus.). (J). 2018. 44p. 24.80 *(978-0-656-35000-1(8))*; 2017. pap. 7.97 *(978-0-243-44502-8(4))* Forgotten Bks.

Messenger, Vol. 5: December, 1908 (Classic Reprint) Durham High School. (ENG., Illus.). (J). 2018. 48p. 24.89 *(978-0-267-39129-5(3))*; 2016. pap. 7.97 *(978-1-334-13753-2(6))* Forgotten Bks.

Messenger, Vol. 5: February, 1909 (Classic Reprint) Durham High School. (ENG., Illus.). (J). 2018. 50p. 24.95 *(978-0-483-94418-3(1))*; 2017. pap. 9.57 *(978-0-243-43550-0(9))* Forgotten Bks.

Messenger, Vol. 5: January, 1909 (Classic Reprint) H. a Pendergraph. (ENG., Illus.). (J). 2018. 44p. 24.82 *(978-0-666-98468-5(9))*; 2017. pap. 7.97 *(978-0-243-46338-1(3))* Forgotten Bks.

Messenger, Vol. 5: March, 1909 (Classic Reprint) H. a Pendergraph. (ENG., Illus.). (J). 2018. 46p. 24.85 *(978-0-483-94208-0(1))*; 2017. pap. 7.97 *(978-0-243-45444-0(9))* Forgotten Bks.

Messenger, Vol. 5: October, 1908 (Classic Reprint) Durham High School. (ENG., Illus.). (J). 2018. 44p. 24.82 *(978-0-666-98668-9(1))*; 2017. pap. 7.97 *(978-0-243-47228-4(5))* Forgotten Bks.

Messenger, Vol. 5: Published Monthly During the School Year; September, 1908 (Classic Reprint) H. a Pendergraph. 2018. (ENG., Illus.). (J). 44p. 24.82 *(978-1-396-69226-0(6))*; 46p. pap. 7.97 *(978-1-391-59398-2(7))* Forgotten Bks.

Messenger, Vol. 6: April, 1910 (Classic Reprint) Durham High School. (ENG., Illus.). (J). 2018. 44p. 24.80 *(978-0-656-34553-3(5))*; 2017. pap. 7.97 *(978-0-243-42732-1(8))* Forgotten Bks.

Messenger, Vol. 6: December, 1909 (Classic Reprint) Robert Murray. (ENG., Illus.). (J). 2018. 44p. 24.80 *(978-0-364-00199-8(2))*; 2017. pap. 7.97 *(978-0-243-49818-5(7))* Forgotten Bks.

Messenger, Vol. 6: February, 1910 (Classic Reprint) Robert Murray. (ENG., Illus.). (J). 2018. 44p. 24.80 *(978-0-666-99391-5(2))*; 2017. pap. 7.97 *(978-0-243-48709-7(6))* Forgotten Bks.

Messenger, Vol. 6: May, 1910 (Classic Reprint) Durham High School. (ENG., Illus.). (J). 2018. 64p. 25.22 *(978-0-267-61696-1(1))*; 2016. pap. 9.57 *(978-1-334-11626-1(1))* Forgotten Bks.

Messenger, Vol. 6: September, 1909 (Classic Reprint) Durham High School. 2017. (ENG., Illus.). (J). pap. 7.97 *(978-0-243-23882-8(7))* Forgotten Bks.

Messenger, Vol. 7: April, 1911 (Classic Reprint) Gordon Carver. (ENG., Illus.). (J). 2018. 46p. 24.85 *(978-0-483-94519-7(6))*; 2017. pap. 7.97 *(978-0-243-47766-1(X))* Forgotten Bks.

Messenger, Vol. 7: October, 1910 (Classic Reprint) Durham High School. (ENG., Illus.). (J). 2018. 38p. 24.70 *(978-0-483-94167-0(0))*; 2017. pap. 7.97 *(978-0-243-44084-9(7))* Forgotten Bks.

Messenger, Vol. 8: October, 1911 (Classic Reprint) Durham High School. (ENG., Illus.). (J). 2018. 48p. 24.91 *(978-0-666-98617-7(7))*; 2017. pap. 9.57 *(978-0-243-47089-1(4))* Forgotten Bks.

Messengers. Sylvia Hawk'sbee. 2020. (ENG.). 148p. (YA). pap. *(978-1-912964-45-1(7))* Cranthorpe Millner Pubs.

Messengers, 3. Margaret Peterson Haddix. ed. 2022. (Greystone Secrets Ser.). (ENG.). 402p. (J). (gr. 3-7). 21.96 ***(978-1-68505-638-4(5))*** Penworthy Co., LLC, The.

Messengers: Revealed. Lisa M. Clark. 2018. 270p. (YA). *(978-0-7586-5961-3(X))* Concordia Publishing Hse.

Messengers: Water & Earth. A. L. Mundt. 2016. (ENG., Illus.). (YA). (gr. 7-12). pap. 14.99 *(978-1-943331-36-9(7))* Orange Hat Publishing.

Messengers: Concealed. Lisa M. Clark. 2017. (ENG.). 317p. (J). (gr. 7-12). pap. 12.99 *(978-0-7586-5657-5(2))* Concordia Publishing Hse.

Messes Versus Miracles. Bernice Stephen & Jeremiah Wilson. 2020. (ENG., Illus.). 74p. (YA). (gr. 7-12). pap. 15.95 *(978-1-0980-1004-1(3))* Christian Faith Publishing.

Messi. Matt Oldfield & Tom Oldfield. 2018. (ENG., Illus.). 176p. (J). (gr. 4-7). pap. 9.99 *(978-1-78606-931-3(8))* Blake, John Publishing, Ltd. GBR. Dist: Independent Pubs. Group.

Messi: 2021 Updated Edition. Luca Caioli. 2021. (ENG., Illus.). 240p. 12.95 *(978-1-78578-671-6(7))* Icon Bks., Ltd. GBR. Dist: Publishers Group West (PGW).

1320

The check digit for ISBN-10 appears in parentheses after the full ISBN-13

Messi: Superstar. duopress labs. 2016. (Illus.). 140p. (J). (gr. 3-7). pap. 14.99 *(978-1-938093-57-9(7),* 809357) Duo Pr. LLC.

Messi Superstar. Duo Labs & Jon Stolberg. 2017. (SPA.). 192p. (J). (gr. 4-7). pap. 20.99 *(978-987-46163-6-4(9))* Lectura Colaborativa ARG. Dist: Independent Pubs. Group.

Messi Versus Ronaldo. Illugi Jökulsson. 2020. (World Soccer Legends Ser.: 0). (ENG., Illus.). 64p. (J). (gr. 2-8). 15.95 *(978-0-7892-1397-6(4),* 791397, Abbeville Kids) Abbeville Pr., Inc.

Messiah. Olusegun Adebayo. 2017. (ENG., Illus.). (J). pap. *(978-0-9957951-2-9(6))* Canaan Bks. Publishing.

Messiah. TAN Books. 2021. (ENG.). (J). (gr. 7-7). pap. 34.95 *(978-1-5051-1926-8(X),* 2957) TAN Bks.

Messiah's Misfortune. Ernestine Lindsey. 2022. (ENG., Illus.). 30p. (J). pap. 14.95 *(978-1-63985-112-6(7))* Fulton Bks.

Messmates a Drama in Three Acts (Classic Reprint) George M. Baker. 2018. (ENG., Illus.). 66p. (J). 25.26 *(978-0-267-42005-6(6))* Forgotten Bks.

Messob Gift to Lula's Friend - Children Book. Kiazpora. 2018. (ENG., Illus.). 24p. (J). 12.99 *(978-1-946057-28-0(2))* Kiazpora LLC.

Messob N'MeHaza Lula - Tigrinya Children's Book. Kiazpora Publication. 2020. (TIR., Illus.). 24p. (J). 12.99 *(978-1-946057-44-0(4))* Kiazpora LLC.

Messy Alphabet Book! An ABC Book! Sesame Workshop. (My First Big Storybook Ser.: 0). (ENG.). (J). 2019. 28p. (gr. -1-k). bds. 12.99 *(978-1-4926-8046-8(X));* 2017. 40p. (gr. k-3). 10.99 *(978-1-4926-4140-7(5))* Sourcebooks, Inc.

Messy Book. Wendy Robertson. 2018. (ENG., Illus.). 32p. (J). *(978-0-2288-0465-9(5));* pap. *(978-0-2288-0464-2(7))* Tellwell Talent.

Messy Christmas. Sylva Fae. 2021. (ENG.). 32p. (J). pap. 14.99 *(978-1-989022-35-1(9))* Hatchling Pr.

Messy Experiments, 1 vol. Anna Claybourne. 2018. (Ultimate Science Lab Ser.). (ENG.). 32p. (gr. 4-5). pap. 11.50 *(978-1-5382-3534-8(X),* 10f201ef-257d-40d9-90a0-9f079a06bcdb) Stevens, Gareth Publishing LLLP.

Messy Larry. David Perri. 2018. (ENG., Illus.). 42p. (J). pap. 14.95 *(978-1-5069-0703-1(2))* First Edition Design Publishing.

Messy Larry. David J. Perri. 2018. (ENG., Illus.). 42p. (J). 18.95 *(978-1-5069-0702-4(4))* First Edition Design Publishing.

Messy Life of Blue. Shawna Railey. (ENG.). 240p. (J). (gr. 3-7). 2023. pap. 8.99 ***(978-1-4998-1434-7(8))***; 2020. 16.99 *(978-1-4998-1025-7(3))* Bonnier Publishing USA. (Yellow Jacket).

Messy Magic Birthday. Mary Jo Beswick. 2017. (ENG., Illus.). (J). (gr. k-2). pap. 12.95 *(978-0-9986661-0-5(6))* Corroluna Pr.

Messy Marvyn & Friends: Messy Marvyn's Rainy Day Fun. Cheryl M. Charles. Illus. by Chouette. 2020. (ENG.). 68p. (J). pap. *(978-0-2288-3343-7(4))* Tellwell Talent.

Messy Max. Angie Coupar Hammel. 2023. (ENG.). 30p. (J). pap. ***(978-1-83934-706-1(6))*** Olympia Publishers.

Messy Mia. Vernell Wilks. 2019. (ENG.). 32p. (J). pap. *(978-0-359-64828-3(2))* Lulu Pr., Inc.

Messy Missy. Jessica Zentner. Illus. by Eleanor Bailey. 2022. (ENG.). 42p. (J). ***(978-1-0391-2802-6(5))***; pap. ***(978-1-0391-2801-9(7))*** FriesenPress.

Messy Monkey. Sandra Wilson. 2019. (Emotional Animal Alphabet Ser.: Vol. 13). (ENG.). 44p. (J). pap. *(978-1-988215-59-4(5))* words ... along the path.

Messy Pirates: A Whale of a Tale: Book 2. Nicole Caruso Labrocca. Illus. by Lizy J. Campbell. 2022. (ENG.). 34p. (J). pap. 13.99 ***(978-1-63984-185-1(7))*** Pen It Pubns.

Messy Pirates: Book 1. Nicole Caruso Labrocca. Illus. by Lizy J. Campbell. 2021. (ENG.). 40p. (J). pap. 12.99 *(978-1-63984-119-6(9))* Pen It Pubns.

Messy Pirates & the Flora Flub: Book 3. Nicole Caruso Labrocca. Illus. by Lizy J. Campbell. 2022. (ENG.). 30p. (J). pap. 12.99 *(978-1-63984-223-0(3))* Pen It Pubns.

Messy Robot & the Sneaky Cat. Anne Marquard. 2022. (ENG.). 44p. (J). 23.99 ***(978-1-955043-20-5(5))*** Illumify Media Group.

Messy Roots: a Graphic Memoir of a Wuhanese American. Laura Gao. Illus. by Laura Gao. 2022. (ENG., Illus.). 272p. (J). (gr. 9). 22.99 *(978-0-06-306777-6(3));* pap. 18.99 *(978-0-06-306776-9(5))* HarperCollins Pubs. (Balzer & Bray).

Messy Spaghetti. Jenny Lamb. Illus. by Marcin Piworski. 2017. (I Help My Friends Ser.). (ENG.). 24p. (gr. -1-2). 28.50 *(978-1-68342-725-4(4),* 9781683427254); pap. 9.95 *(978-1-68342-777-3(7),* 9781683427773) Rourke Educational Media.

Mesurer. Douglas Bender. Tr. by Annie Evearts. 2021. (S'amuser Avec les Maths (Fun with Math) Ser.). (FRE., Illus.). 16p. (J). (gr. -1-1). pap. *(978-1-0396-0419-3(6),* 13609) Crabtree Publishing Co.

Met 5000 Years of Awesome Objects: A History of Art for Children. Aaron Rosen et al. 2023. (DK the Met Ser.). (ENG.). 256p. (J). (gr. 4-7). 29.99 *(978-0-7440-6102-4(4),* DK Children) Dorling Kindersley Publishing, Inc.

Met Amazing Treasures Coloring Book: Reveal Wonders Inspired by Masterpieces from the Met Collection. Meghann Rader. 2022. (DK the Met Ser.). (ENG.). 80p. (J). (gr. 2). pap. 12.99 *(978-0-7440-6346-2(9),* DK Children) Dorling Kindersley Publishing, Inc.

Met Claude Monet: He Saw the World in Brilliant Light. Amy Guglielmo. Illus. by Ginnie Hsu. 2022. (What the Artist Saw Ser.). (ENG.). 56p. (J). (gr. 2-4). 14.99 *(978-0-7440-5470-5(2),* DK Children) Dorling Kindersley Publishing, Inc.

Met Dress-Up Paper Dolls: 170 Years of Unforgettable Fashion from the Metropolitan Museum of Art's Costume Institute. Satu Hameenaho-Fox. Illus. by Cass Urquart. 2023. (DK the Met Ser.). (ENG.). 32p. (J). (gr. -1-3). 21.99 *(978-0-7440-6320-2(5),* DK Children) Dorling Kindersley Publishing, Inc.

Met Edgar Degas: He Saw the World in Moving Moments. Amy Guglielmo. 2023. (What the Artist Saw Ser.). (ENG.). 56p. (J). (gr. 2-4). 14.99 *(978-0-7440-7070-5(8),* DK Children) Dorling Kindersley Publishing, Inc.

Met Faith Ringgold: Narrating the World in Pattern & Color. Sharna Jackson. Illus. by Andrea Pippins. 2021. (What the Artist Saw Ser.). (ENG.). 56p. (J). (gr. 2-4). 14.99 *(978-0-7440-3977-1(0),* DK Children) Dorling Kindersley Publishing, Inc.

Met Georgia O'Keeffe: She Saw the World in a Flower. Gabrielle Balkan. Illus. by Josy Bloggs. 2021. (What the Artist Saw Ser.). (ENG.). 56p. (J). (gr. 2-4). 14.99 *(978-0-7440-3367-0(5),* DK Children) Dorling Kindersley Publishing, Inc.

Met Hokusai: He Saw the World in a Wave. Susie Hodge. Illus. by Kim Ekdahl. 2021. (What the Artist Saw Ser.). (ENG.). 56p. (J). (gr. 2-4). 14.99 *(978-0-7440-3978-8(9),* DK Children) Dorling Kindersley Publishing, Inc.

Met Lost in the Museum: A Seek-And-find Adventure in the Met. Will Mabbitt. Illus. by Aaron Cushley. 2021. (DK the Met Ser.). (ENG.). 72p. (J). (gr. 2-4). 14.99 *(978-0-7440-3362-5(4),* DK Children) Dorling Kindersley Publishing, Inc.

Met Louise Bourgeois: She Saw the World As a Textured Tapestry. Amy Guglielmo. Illus. by Katy Knapp. 2022. (What the Artist Saw Ser.). (ENG.). 56p. (J). (gr. 2-4). 14.99 *(978-0-7440-5469-9(9),* DK Children) Dorling Kindersley Publishing, Inc.

Met Mystery at the Museum: Explore the Museum & Solve the Puzzles to Save the Exhibition! Helen Friel. 2023. (DK the Met Ser.). (ENG.). 64p. (J). (gr. 2-4). 16.99 *(978-0-7440-6097-3(4),* DK Children) Dorling Kindersley Publishing, Inc.

Met Vincent Van Gogh: He Saw the World in Vibrant Colors. Amy Guglielmo. 2021. (What the Artist Saw Ser.). (ENG., Illus.). 56p. (J). (gr. 2-4). 14.99 *(978-0-7440-3366-3(7),* DK Children) Dorling Kindersley Publishing, Inc.

Meta de Benito: Leveled Reader Book 38 Level Q 6 Pack. Hmh Hmh. 2021. (SPA.). 32p. (J). pap. 74.40 *(978-0-358-08520-1(9))* Houghton Mifflin Harcourt Publishing Co.

Meta Wallace, or the Seen & Unseen: A Tale (Classic Reprint) Agnes D. Randolph. (ENG., Illus.). (J). 2018. 352p. 31.18 *(978-0-483-87277-6(6));* 2016. pap. 13.57 *(978-1-333-33603-5(9))* Forgotten Bks.

Metal. Andrea Rivera. 2017. (Materials Ser.). (ENG., Illus.). 24p. (J). (gr. -1-2). lib. bdg. 31.36 *(978-1-5321-2031-2(1),* 25298, Abdo Zoom-Launch) ABDO Publishing Co.

Metal. Samuel Segura. 2018. (Letras Mexicanas Ser.). (SPA.). 157p. (J). pap. 10.95 *(978-607-16-5969-9(8))* Fondo de Cultura Economica USA.

Metal & Stars! Space Robot Coloring Book. Jupiter Kids. 2016. (ENG., Illus.). 106p. (J). pap. 12.55 *(978-1-68326-351-7(0),* Jupiter Kids (Childrens & Kids Fiction)) Speedy Publishing LLC.

Metal Bible for Kids: Chemistry Book for Kids Children's Chemistry Books. Baby Professor. 2017. (ENG., Illus.). (J). pap. 9.25 *(978-1-5419-0534-4(2),* Baby Professor (Education Kids)) Speedy Publishing LLC.

Metal Eco Activities. Louise Nelson. 2021. (Eco Activities Ser.). (ENG., Illus.). 24p. (J). (gr. 1-4). pap. *(978-1-4271-2865-2(0),* 10690); lib. bdg. *(978-1-4271-2861-4(8),* 10685) Crabtree Publishing Co. (Crabtree Classics).

Metal Like Me. D. W. Saur. 2019. (ENG., Illus.). 50p. (J). 26.95 *(978-1-64531-248-2(8))* Newman Springs Publishing, Inc.

Metal Menace! Scary Robot Coloring Book. Kreative Kids. 2016. (ENG., Illus.). (J). pap. 9.20 *(978-1-68377-335-1(7))* Whlke, Traudl.

Metal Nettle Kettle. Joshua Webster. 2019. (ENG., Illus.). 48p. (J). (gr. k-3). pap. *(978-1-9994863-0-7(X))* Kunga Publishing.

Metallica: The Unauthorized Biography. Soledad Romero Mariño. Illus. by David Navas. 2020. (Band Bios Ser.). 40p. (J). (gr. -1-3). 14.99 *(978-1-7282-1088-9(7))* Sourcebooks, Inc.

Metallo Attacks! Michael Anthony Steele. Illus. by Dario Brizuela. 2018. (You Choose Stories: Superman Ser.). (ENG.). 112p. (J). (gr. 2-6). lib. bdg. 32.65 *(978-1-4965-5826-8(X),* 136914, Stone Arch Bks.) Capstone.

Metallurgy: The Art of Extracting Metals from Their Ores, & Adapting Them to Various Purposes of Manufacture; Iron & Steel (Classic Reprint) John Percy. 2018. (ENG., Illus.). (J). 956p. 43.61 *(978-1-396-42868-5(2));* 958p. pap. 25.96 *(978-1-391-61381-9(3))* Forgotten Bks.

Metals & Nonmetals. Daniel R. Faust. 2023. (Intro to Chemistry: Need to Know Ser.). (ENG.). 32p. (J). (gr. 5-7). lib. bdg. 28.50 Bearport Publishing Co., Inc.

Metalshark Bro. Bob Frantz & Kevin Cuffe. Illus. by Walter Ostlie. 2021. (ENG.). 90p. pap. 14.99 *(978-1-949514-44-5(7))* Scout Comics.

Metamorfosis. Franz Kafka. 2019. (SPA.). 80p. (J). pap. *(978-970-643-699-3(5))* Selector, S.A. de C.V.

Metamorfosis. Franz Kafka. 2018. (SPA.). 96p. (YA). (gr. 8-12). pap. 6.95 *(978-607-453-215-9(X))* Selector, S.A. de C.V. MEX. Dist: Spanish Pubs., LLC.

Metamorphic, Igneous & Sedimentary Rocks: Sorting Them Out - Geology for Kids Children's Earth Sciences Books. Baby Professor. 2017. (ENG., Illus.). (J). pap. 8.79 *(978-1-5419-3826-7(7),* Baby Professor (Education Kids)) Speedy Publishing LLC.

Metamorphic Rocks. Tracy Vonder Brink. 2023. (Understanding Geology Ser.). (ENG.). (J). (gr. 3-5). 32p. lib. bdg. 30.60 ***(978-1-63897-984-5(7),*** 33533); (Illus.). pap. 9.95 Seahorse Publishing.

Metamorphic Rocks. Jenny Fretland VanVoorst & Jenny Fretland VanVoorst. 2019. (Rocks & Minerals Ser.). (ENG., Illus.). 32p. (J). (gr. 3-8). lib. bdg. 27.95 *(978-1-64487-076-1(2),* Blastoff! Discovery) Bellwether Media.

Metamorphic Rocks. Grace Hansen. 2019. (Geology Rocks! (Abdo Kids Jumbo) Ser.). (ENG., Illus.). 24p. (J). (gr. -1-2). lib. bdg. 32.79 *(978-1-5321-8558-8(8),* 31454, Abdo Kids) ABDO Publishing Co.

Metamorphic Rocks. Cecilia Pinto McCarthy. 2016. (Geology Rocks! Ser.). (ENG.). 24p. (J). (gr. 3-6). 32.79 *(978-1-5038-0802-7(5),* 210638) Child's World, Inc, The.

Metamorphic Rocks. Ava Sawyer. 2018. (Rocks Ser.). (ENG., Illus.). 32p. (J). (gr. 3-6). lib. bdg. 27.99 *(978-1-5435-2702-5(7),* 138138, Capstone Pr.) Capstone.

Metamorphic Rocks. Jenny Fretland van Voorst. 2019. (Rocks & Minerals Ser.). (ENG., Illus.). 32p. (J). (gr. 3-8). pap. 8.99 *(978-1-61891-743-0(9),* 12324, Blastoff! Discovery) Bellwether Media.

Metamorphose d'Ovide Figurée (Classic Reprint) Ovide Ovide. 2018. (FRE., Illus.). (J). 62p. 25.20 *(978-0-366-68908-8(8));* 64p. pap. 9.57 *(978-0-366-68902-6(9))* Forgotten Bks.

Metamorphoses d'Ovide, Avec des Explications À la Fin de Chaque Fable, Vol. 2: Augmentées du Jugement de Pâris, et de la Metamorphose des Abeilles (Classic Reprint) Ovid Ovid. 2018. (FRE., Illus.). (J). 476p. 33.73 *(978-0-366-23941-2(4));* 478p. pap. 16.57 *(978-0-365-92921-5(2))* Forgotten Bks.

Metamorphoses d'Ovide (Classic Reprint) Ovide Ovide. 2017. (FRE., Illus.). (J). 32.21 *(978-1-5284-7138-1(5))* Forgotten Bks.

Metamorphoses d'Ovide, en Latin et François, Divisées en XV. Livres: Avec de Nouvelles Explications Historiques, Morales et Politiques Sur Toutes les Fables, Chacune Selon Son Sujet (Classic Reprint) Ovid Ovid. 2018. (FRE., Illus.). (J). 588p. 36.02 *(978-0-428-80818-1(2));* 590p. pap. 19.57 *(978-0-428-21443-2(6))* Forgotten Bks.

Metamorphoses d'Ovide, Vol. 1: Avec des Explications À la Fin de Chaque Fable; Augmentées du Jugement de Pâris, et de la Métamorphose des Abeilles (Classic Reprint) Ovide Ovide. 2018. (FRE., Illus.). (J). 404p. 32.25 *(978-1-391-72592-5(1));* 406p. pap. 16.57 *(978-1-390-80307-5(4))* Forgotten Bks.

Métamorphoses d'Ovide, Vol. 1: Traduites en Vers, Avec des Remarques et des Notes (Classic Reprint) Ovide Ovide. 2018. (FRE., Illus.). (J). 464p. 33.49 *(978-1-391-86845-5(5));* 466p. pap. 16.57 *(978-1-390-61572-2(3))* Forgotten Bks.

Métamorphoses d'Ovide, Vol. 1 (Classic Reprint) Ovide Ovide. 2018. (FRE., Illus.). (J). 340p. 30.91 *(978-1-391-13576-2(8));* 406p. 32.27 *(978-1-391-57176-8(2));* 342p. pap. 13.57 *(978-1-390-20415-5(4));* 408p. pap. 16.57 *(978-1-390-70968-1(X))* Forgotten Bks.

Metamorphoses d'Ovide, Vol. 2: Mises en Vers François (Classic Reprint) Ovide Ovide. 2018. (FRE., Illus.). (J). 490p. 34.02 *(978-0-364-94550-6(8));* 492p. pap. 16.57 *(978-0-364-05769-8(6))* Forgotten Bks.

Métamorphoses d'Ovide, Vol. 2: Traduction Nouvelle Avec le Texte Latin, Suivie d'une Analyse de l'Explication des Fables, de Notes Géographiques, Historiques, Mythologiques, et Critiques (Classic Reprint) Ovide Ovide. 2018. (FRE., Illus.). 650p. (J). pap. 19.97 *(978-1-391-16774-9(0))* Forgotten Bks.

Métamorphoses d'Ovide, Vol. 2: Traduites en Vers, Avec des Remarques et des Notes (Classic Reprint) Ovide Ovide. 2018. (FRE., Illus.). (J). 458p. 33.34 *(978-1-396-65610-1(3));* 460p. pap. 16.57 *(978-1-391-33688-6(7))* Forgotten Bks.

Metamorphoses d'Ovide, Vol. 3: En Latin et en François (Classic Reprint) Ovide Ovide. 2017. (FRE., Illus.). (J). pap. 16.57 *(978-0-282-45516-3(7))* Forgotten Bks.

Metamorphoses d'Ovide, Vol. 3: En Latin et en François (Classic Reprint) Ovide Ovide. 2018. (FRE., Illus.). 452p. (J). 33.22 *(978-0-666-33981-2(3))* Forgotten Bks.

Métamorphoses d'Ovide, Vol. 3: Traduction Nouvelle Avec le Texte Latin, Suivie d'une Analyse de l'Explication des Fables, de Notes Géographiques, Historiques, Mythologiques et Critiques (Classic Reprint) Ovide Ovide. 2018. (FRE., Illus.). 694p. (J). 38.23 *(978-0-332-60703-0(8))* Forgotten Bks.

Metamorphoses d'Ovide, Vol. 3 (Classic Reprint) Ovid Ovid. 2018. (FRE., Illus.). (J). 416p. 32.50 *(978-0-428-42725-2(1));* 418p. pap. 16.57 *(978-0-428-26251-8(1))* Forgotten Bks.

Métamorphoses d'Ovide, Vol. 3 (Classic Reprint) Ovide Ovide. 2018. (FRE., Illus.). 334p. (J). 30.79 *(978-0-428-72633-1(X))* Forgotten Bks.

Metamorphoses, or Effects of Education: A Tale (Classic Reprint) Hughs. 2018. (ENG., Illus.). 192p. (J). 27.86 *(978-0-484-24869-3(3))* Forgotten Bks.

Metamorphosis, 1 vol. Marty Chan. 2019. (Enrich Weisz Chronicles Ser.). (ENG.). 216p. (J). (gr. 7-10). pap. 12.95 *(978-1-55455-392-1(X),* 73588ffe-9bd9-46b5-8110-8482ab335823) Fitzhenry & Whiteside, Ltd. CAN. Dist: Firefly Bks., Ltd.

Metamorphosis. Jack Zayarny. (Illus.). 24p. (J). 2017. *(978-1-5105-0929-0(1));* 2016. *(978-1-5105-0927-6(5))* SmartBook Media, Inc.

Metamorphosis: Or Golden Ass, of Apuleius (Classic Reprint) Apuleius Apuleius. 2017. (ENG., Illus.). (J). 28.83 *(978-0-265-89667-9(3))* Forgotten Bks.

Metamorphosis (Classic Reprint) Richard Marsh. 2017. (ENG., Illus.). (J). 33.05 *(978-0-260-45670-0(5))* Forgotten Bks.

Metamorphosis of Emma Murry. Rebecca Laxton. 2023. (ENG.). 252p. (J). pap. 16.99 ***(978-1-960146-23-6(8))*** Warren Publishing, Inc.

Metanoia. Emma Kathleen. 2020. (ENG.). 100p. (YA). pap. *(978-1-716-85067-7(3))* Lulu Pr., Inc.

Metaphrog's Bluebeard. Metaphrog. 2020. (ENG., Illus.). 176p. (J). 19.99 *(978-1-5458-0412-4(5),* 900211159, Papercutz) Mad Cave Studios.

Meta's Faith, Vol. 2 of 3 (Classic Reprint) Unknown Author. (ENG., Illus.). (J). 2018. 338p. 30.87 *(978-0-484-61523-5(8));* 2016. pap. 13.57 *(978-1-333-44692-5(6))* Forgotten Bks.

Meta's Faith, Vol. 3 of 3 (Classic Reprint) Unknown Author. 2018. (ENG., Illus.). 370p. (J). 31.53 *(978-0-483-94559-3(5))* Forgotten Bks.

Metatron: Dagger of Mortality. Laurence St John. 2018. (ENG., Illus.). 306p. (J). pap. *(978-1-77223-358-2(7))* Imajin Bks.

Metatron: The Angel Has Risen. Laurence St John. 2017. (ENG., Illus.). 182p. (J). pap. *(978-1-77223-289-9(0))* Imajin Bks.

Metatron: The Mystical Blade. Laurence St John. 2017. (ENG., Illus.). 222p. (J). pap. *(978-1-77223-293-6(9))* Imajin Bks.

Metatron's Children. Chy Ryan Spain. Illus. by Sydney Kuhne. 2022. (Metatron's Children Ser.: 1). (ENG.). 135p. (J). (gr. 4-8). pap. 12.95 *(978-1-9991562-7-5(7))* Flamingo Rampant! CAN. Dist: Orca Bk. Pubs. USA.

Meteor. Czeena Devera. Illus. by Jeff Bane. 2022. (My Early Library: My Guide to the Solar System Ser.). (ENG.). 24p. (J). (gr. k-1). pap. 12.79 *(978-1-6689-0015-4(7),* 220106); lib. bdg. 30.64 *(978-1-5341-9901-9(2),* 219962) Cherry Lake Publishing.

M

Meteor (Set), 6 vols. 2017. (Meteor Ser.). (ENG.). 184p. (YA). (gr. 5-12). 188.52 *(978-1-68076-826-8(3),* 27429, Epic Escape) EPIC Pr.

Meteor Shower: Seeking Shelter. Jason M. Burns. Illus. by Dustin Evans. 2022. (Malcolm's Martians: Exploring Mars Ser.). (ENG.). 32p. (J). (gr. 4-8). pap. 14.21 *(978-1-6689-0089-5(0),* 220180); lib. bdg. 32.07 *(978-1-5341-9975-0(6),* 220036) Cherry Lake Publishing. (Torch Graphic Press).

Meteoroids 3rd Grade Children's Earth Sciences Book. Bold Kids. 2023. (ENG.). 42p. (J). pap. 14.99 ***(978-1-0717-1806-3(1))*** FASTLANE LLC.

Meteoroids, Meteors, & Meteorites: Know the Difference - Solar System Children's Book Grade 4 - Children's Astronomy & Space Books. Baby Professor. 2019. (ENG.). 80p. (J). pap. 15.40 *(978-1-5419-5341-3(X));* 25.39 *(978-1-5419-7513-2(8))* Speedy Publishing LLC. (Baby Professor (Education Kids)).

Meteorologische Volksbcher: Ein Beitrag Zur Geschichte der Meteorologie und Zur Kulturgeschichte (Classic Reprint) G. Hellmann. 2018. (GER., Illus.). 60p. (J). 25.13 *(978-0-666-14733-2(7))* Forgotten Bks.

Meteorologische Volksbucher: Ein Beitrag Zur Geschichte der Meteorologie und Zur Kulturgeschichte (Classic Reprint) G. Hellmann. 2017. (GER., Illus.). (J). pap. 9.57 *(978-0-243-48311-2(2))* Forgotten Bks.

Meteorologists. Emily Raij. 2020. (Jobs People Do Ser.). (ENG., Illus.). 32p. (J). (gr. 1-3). pap. 6.95 *(978-1-9771-1812-7(7),* 142171); lib. bdg. 29.32 *(978-1-9771-1377-1(X),* 141481) Capstone. (Pebble).

Meteorology. Henry Newton Dickson. 2017. (ENG.). 204p. (J). pap. *(978-3-337-27598-3(2))* Creation Pubs.

Meteorology: Cool Women Who Weather Storms. Karen Bush Gibson. Illus. by Lena Chandhok. 2017. (Girls in Science Ser.). (ENG.). 112p. (J). (gr. 4-6). 19.95 *(978-1-61930-537-3(2),* 73eea755-affc-4910-9825-76d749fa2ad4); pap. 9.95 *(978-1-61930-541-0(0),* d9d2c598-d66b-42f5-b65f-8f167b748485) Nomad Pr.

Meteorology: The Weather Map & the Rain-Makers; the Factors Necessary to Produce Rain, Man's Attempt to Rival Them, & a Few General Remarks on Our Weather System, Based on Facts from the Weather Map (Classic Reprint) Isaac Pitman Noyes. 2018. (ENG., Illus.). 54p. (J). 25.03 *(978-0-364-74090-3(6))* Forgotten Bks.

Meteorology 5th Grade Children's Earth Sciences Book. Bold Kids. 2023. (ENG.). 42p. (J). pap. 14.99 ***(978-1-0717-1807-0(X))*** FASTLANE LLC.

Meteorology & Forecasting the Weather, 1 vol. Amy Hayes & Geraldine Lyman. 2018. (Spotlight on Weather & Natural Disasters Ser.). (ENG.). 24p. (gr. 4-6). 27.93 *(978-1-5081-6906-2(3),* 3736b68f-52cd-4442-a0d2-0fab19f34695, PowerKids Pr.) Rosen Publishing Group, Inc., The.

Meteorology in the Real World. Gregory Vogt. 2016. (STEM in the Real World Set 2 Ser.). (ENG., Illus.). 48p. (J). (gr. 4-8). lib. bdg. 35.64 *(978-1-68078-482-4(X),* 23901) ABDO Publishing Co.

Meteorology Lab: Explore Weather with Art & Activities: Explore Weather with Art & Activities. Contrib. by Elsie Olson. 2023. (STEAM Lab Ser.). (ENG.). 32p. (J). (gr. 3-6). lib. bdg. 34.21 ***(978-1-0982-9162-4(X),*** 41882, Checkerboard Library) ABDO Publishing Co.

Meteoros: Leveled Reader Book 24 Level M 6 Pack. Hmh Hmh. 2021. (SPA.). 16p. (J). pap. 74.40 *(978-0-358-08421-1(0))* Houghton Mifflin Harcourt Publishing Co.

Meteors (1 Hardcover/1 CD) Melissa Stewart. 2018. (National Geographic Kids Ser.). (ENG.). (J). 29.95 *(978-1-4301-2965-3(4))* Live Oak Media.

Meteors (1 Paperback/1 CD) Melissa Stewart. 2018. (National Geographic Kids Ser.). (ENG.). (J). 19.95 *(978-1-4301-2964-6(6))* Live Oak Media.

Meteors (4 Paperback/1 CD) Melissa Stewart. 2018. (National Geographic Kids Ser.). (ENG.). (J). 31.95 *(978-1-4301-2966-0(2))* Live Oak Media.

Métete Al Juego, 6 vols., Set 2. 2022. (Métete Al Juego Set 2 (Get in the Game Set 2) Ser.). (SPA.). 32p. (J). (gr. 3-8). lib. bdg. 205.32 *(978-1-0982-3543-7(6),* 41123, Graphic Planet - Fiction) Magic Wagon.

Métete Al Juego (Get in the Game) (Set), 6 vols. David Lawrence & Bill Yu. 2020. (Métete Al Juego (Get in the Game) Ser.). (SPA.). 24p. (J). (gr. 3-8). lib. bdg. 196.74 *(978-1-5321-3785-3(0),* 35402, Graphic Planet - Fiction) Magic Wagon.

Meth. Sue Bradford Edwards. 2018. (Drugs in Real Life Ser.). (ENG., Illus.). 112p. (J). (gr. 6-12). lib. bdg. 41.36 *(978-1-5321-1418-2(4),* 28818, Essential Library) ABDO Publishing Co.

Methamphetamine & Its Dangers. Marty Erickson. 2019. (Drugs & Their Dangers Ser.). (ENG.). 80p. (J). (gr. 6-12). 41.27 *(978-1-68282-711-6(9),* BrightPoint Pr.) ReferencePoint Pr., Inc.

Methamphetamine & Stimulant Abuse, 1 vol. Bethany Bryan. 2018. (Overcoming Addiction Ser.). (ENG.). 64p. (gr. 7-7). 36.13 *(978-1-5081-7940-5(9),* 173dc4b1-bdde-4c1c-8b02-920b5925680b) Rosen Publishing Group, Inc., The.

Methamphetamine Risks. John Allen. 2020. (Drug Risks Ser.). (ENG.). 80p. (YA). (gr. 6-12). 41.27 *(978-1-68282-909-7(X))* ReferencePoint Pr., Inc.

Methamphetamines: Affecting Lives. K. A. Artanne. 2021. (Affecting Lives: Drugs & Addiction Ser.). (ENG.). 32p. (J). (gr. 4-7). lib. bdg. 35.64 *(978-1-5038-4495-7(1),* 214262, MOMENTUM) Child's World, Inc, The.

Method for Teaching Modern Languages, Vol. 1: English Part (Classic Reprint) Maximilian Delphinus Berlitz. 2018. (ENG., Illus.). 118p. (J). 26.35 *(978-0-656-81317-9(2))* Forgotten Bks.

Method of Acquiring an Understanding of the Character & Relationship Problems of Older Boys (Classic Reprint) Cecil Ryan. (ENG., Illus.). (J). 2018. 98p. 25.94 *(978-0-365-48045-7(2))*; 2017. pap. 9.57 *(978-0-259-92216-2(1))* Forgotten Bks.

Method of Jesus. Alfred Williams Anthony. 2017. (ENG.). 270p. (J). pap. *(978-3-337-13147-0(6))* Creation Pubs.

Method of Measuring the Development of the Intelligence of Young Children (Classic Reprint) Alfred Binet. 2017. (ENG., Illus.). (J). 25.81 *(978-0-266-73550-2(9))* Forgotten Bks.

Method of Measuring the Development of the Intelligence of Young Children. Alfred Binet. 2017. (ENG., Illus.). (J). pap. *(978-1-76057-570-0(4))* Trieste Publishing Pty Ltd.

Method of Teaching Language in the Primary Grades (Classic Reprint) Effie Belle McFadden. 2018. (ENG., Illus.). 116p. (J). 26.31 *(978-0-267-26349-3(X))* Forgotten Bks.

Methode Berlitz Pour l'Enseignement des Langues Modernes: Edition Illustree Pour les Enfants; Partie Francaise (Classic Reprint) Maximilian Delphinus Berlitz. 2017. (FRE., Illus.). (J). 26.35 *(978-0-266-46045-9(3))*; pap. 9.57 *(978-0-259-55255-0(0))* Forgotten Bks.

Methode de Langue Anglaise, Vol. 1 (Classic Reprint) E. Robert. 2017. (ENG., Illus.). (J). 27.26 *(978-0-260-56946-2(1))*; pap. 9.97 *(978-0-266-03921-1(9))* Forgotten Bks.

Methode Lexicologique, ABC du Style et de la Composition: Petits Exercices Pour Amener Insensiblement les Eleves a Rendre Leurs Pensees; Synonymie des Mots; Propriete des Mots (Classic Reprint) Pierre Larousse. 2017. (FRE., Illus.). (J). pap. 9.97 *(978-0-243-99470-0(2))* Forgotten Bks.

Méthode Lexicologique, ABC du Style et de la Composition: Petits Exercices Pour Amener Insensiblement les Élèves À Rendre Leurs Pensées; Synonymie des Mots; Propriété des Mots (Classic Reprint) Pierre Larousse. 2018. (FRE., Illus.). 164p. (J). 27.34 *(978-0-484-79630-9(5))* Forgotten Bks.

Méthode Pour l'Enseignement de la Langue Française Dans les Écoles Berlitz, Vol. 1 (Classic Reprint) M. D. Berlitz. 2018. (FRE., Illus.). (J). 50p. 24.95 *(978-1-391-85498-4(5))*; 52p. pap. 9.57 *(978-1-390-61747-4(5))* Forgotten Bks.

Methodist Idylls (Classic Reprint) Harry Lindsay. 2017. (ENG., Illus.). (J). 32.25 *(978-0-266-20727-6(8))*; pap. 16.57 *(978-1-5285-6066-5(3))* Forgotten Bks.

Methodist Preacher, or Lights & Shadows in the Life of an Itinerant (Classic Reprint) Unknown Author. 2017. (ENG., Illus.). (J). 24.68 *(978-0-331-82892-4(8))*; pap. 7.97 *(978-0-259-17474-5(2))* Forgotten Bks.

Methodist, Vol. 1 Of 2: Or, Incidents & Characters from Life in the Baltimore Conference (Classic Reprint) Miriam Fletcher. 2018. (ENG., Illus.). 388p. (J). 31.90 *(978-0-484-53165-8(4))* Forgotten Bks.

Methodist, Vol. 2 Of 2: Or, Incidents & Characters from Life in the Baltimore Conference (Classic Reprint) Miriam Fletcher. 2018. (ENG., Illus.). 360p. (J). 31.32 *(978-0-484-48964-5(X))* Forgotten Bks.

Methods Employed at the Naples Zoological Station for the Preservation of Marine Animals (Classic Reprint) Salvatore Lo Bianco. 2018. (ENG., Illus.). 44p. (J). 24.80 *(978-0-484-64334-4(7))* Forgotten Bks.

Methods in Teaching Catechism, Geography, Language & Science of Third Grade: Philadelphia School Course (Classic Reprint) Sisters of St Francis. 2018. (ENG., Illus.). 258p. (J). 29.22 *(978-0-332-54694-0(2))* Forgotten Bks.

Methods of Mr. Ames (Classic Reprint) Frederic Carrel. (ENG., Illus.). (J). 2018. 310p. 30.31 *(978-0-483-70846-4(1))*; 2016. pap. 13.57 *(978-1-334-62238-0(8))* Forgotten Bks.

Métis. Jennifer Howse. 2018. (Canadian Aboriginal Art & Culture Ser.). (ENG.). 32p. (J). lib. bdg. 22.99 *(978-1-5105-3994-5(8))* SmartBook Media, Inc.

Metodo Di Computare I Tempi: Opera Utilissima a' Laici, e Necessaria a Tutti gli Ecclesiastici (Classic Reprint) Giovanni Battista Pagani. 2018. (ITA., Illus.). (J). 616p. 36.60 *(978-1-391-73482-8(3))*; 618p. pap. 19.57 *(978-1-390-79391-8(5))* Forgotten Bks.

#MeToo Movement, 1 vol. Ed. by M. M. Eboch. 2019. (Opposing Viewpoints Ser.). (ENG.). 200p. (gr. 10-12). pap. 34.80 *(978-1-5345-0596-4(2),* b65c6140-6a2b-4e58-afbc-b5cb05eeb12f) Greenhaven Publishing LLC.

#MeToo Movement. Marty Erickson. 2019. (In Focus Ser.). (ENG.). 80p. (J). (gr. 6-12). 41.27 *(978-1-68282-717-8(8),* BrightPoint Pr.) ReferencePoint Pr., Inc.

#MeToo Movement. Heather C. Hudak. 2018. (Get Informed — Stay Informed Ser.). (Illus.). 48p. (J). (gr. 5-6). *(978-0-7787-4960-8(6))* Crabtree Publishing Co.

#MeToo Movement. Peggy J. Parks. 2020. (ENG.). 80p. (YA). (gr. 6-12). 41.27 *(978-1-68282-761-1(5))* ReferencePoint Pr., Inc.

#MeToo: Unveiling Abuse. Megan Borgert-Spaniol. 2019. (#Movements Ser.). (ENG.). 32p. (J). (gr. 5-9). lib. bdg. 32.79 *(978-1-5321-1931-6(3),* 32261, Abdo & Daughters) ABDO Publishing Co.

Metric Clock: The Adventures of Charles, Transforming a Precocious Boy into a Young Man. Phillip B. Chute. Ed. by Alice Wakefield. 2018. (ENG., Illus.). 190p. (YA). (gr. 7-12). pap. 14.99 *(978-1-7328855-0-9(8))* CHUTE, PHILLIP B. EA.

Metric System. David A. Adler. Illus. by Edward Miller. 32p. (J). (gr. 2-5). 2022. pap. 8.99 *(978-0-8234-5106-7(2))*; 2020. 18.99 *(978-0-8234-4096-2(6))* Holiday Hse., Inc.

Metrical Description of a Fancy Ball: Given at Washington, 9th April, 1858, Dedicated to Mrs. Senator Gwin (Classic Reprint) John von Sonntag de Havilland. 2018. (ENG., Illus.). 44p. (J). 24.82 *(978-0-267-51875-3(7))* Forgotten Bks.

Metrical History of Tom Thumb the Little: As Issued Early in the Eighteenth Century, in Three Parts (Classic Reprint) J. O. Halliwell. 2018. (ENG., Illus.). 84p. (J). 25.63 *(978-0-267-26779-8(7))* Forgotten Bks.

Metrical Romances of the Thirteenth, Fourteenth, & Fifteenth Centuries, Vol. 2: Published from Ancient Mss, with an Notes, & a Glossary (Classic Reprint) Henry Weber. 2017. (ENG., Illus.). (J). 33.98 *(978-0-265-61840-0(1))* Forgotten Bks.

Metrical Romances of the Thirteenth, Fourteenth, & Fifteenth Centuries, Vol. 3: Published from Ancient Manuscripts, with an Introduction, Notes, & a Glossary (Classic Reprint) Henry Weber. 2017. (ENG., Illus.). 472p. (J). pap. 16.57 *(978-0-332-55886-8(X))* Forgotten Bks.

Metrix: Chicago. Christian Adrian. 2018. (Origin Ser.: Vol. 1). (ENG., Illus.). 136p. (J). pap. 13.00 *(978-0-692-19417-1(7))* Metrix.

Metro-Goldwyn-Mayer Short Story: Jan. -Feb. , 1941 (Classic Reprint) Jeff Livingston. 2017. (ENG., Illus.). (J). 84p. 25.63 *(978-0-265-58169-8(9))*; 86p. pap. 9.57 *(978-0-282-86577-1(2))* Forgotten Bks.

Metropolis (Classic Reprint) Upton Sinclair. 2017. (ENG., Illus.). (J). 31.90 *(978-1-5280-8367-6(9))* Forgotten Bks.

Metropolis Grove. Drew Brockington. Illus. by Drew Brockington. 2021. (Illus.). 152p. (J). (gr. 3-7). pap. 9.99 *(978-1-77950-053-3(X))* DC Comics.

Metropolis Mayhem. Sarah Hines Stephens. Illus. by Dario Brizuela. 2018. (You Choose Stories: Superman Ser.). (ENG.). 112p. (J). (gr. 2-6). lib. bdg. 32.65 *(978-1-4965-5827-5(8),* 136915, Stone Arch Bks.) Capstone.

Metropolis, or a Cure for Gaming, Vol. 1 Of 3: Interspersed with Anecdotes of Living Characters in High Life (Classic Reprint) Cervantes Hogg. (ENG., Illus.). (J). 2018. 744p. 39.24 *(978-0-483-36664-0(1))*; 2016. pap. 23.57 *(978-1-333-40741-4(6))* Forgotten Bks.

Metropolis Orphanage: Book 1. Jenna Lynn. Illus. by Abigail Dela Cruz. 2018. (Robyn Hood Ser.). (ENG.). 48p. (J). (gr. 3-7). lib. bdg. 34.21 *(978-1-5321-3376-3(6),* 31175, Spellbound) Magic Wagon.

Metropolis, Vol. 1 Of 3: A Novel, by the Author of Little Hydrogen, or the Devil on Two Sticks in London (Classic Reprint) Eaton Stannard Barrett. 2018. (ENG., Illus.). 270p. (J). 29.49 *(978-0-267-15890-4(4))* Forgotten Bks.

Metropolis, Vol. 2 Of 3: A Novel (Classic Reprint) Eaton Stannard Barrett. (ENG., Illus.). (J). 2017. 29.63 *(978-0-265-39830-2(4))*; 2016. pap. 13.57 *(978-1-333-31021-9(8))* Forgotten Bks.

Metropolis, Vol. 3 Of 3: A Novel (Classic Reprint) Eaton Stannard Barrett. (ENG., Illus.). (J). 2018. 264p. 29.34 *(978-0-483-46902-0(5))*; 2016. pap. 11.97 *(978-1-333-38657-3(5))* Forgotten Bks.

Metropolitan Magazine, Vol. 1: February, 1895 (Classic Reprint) Unknown Author. 2018. (ENG., Illus.). 552p. (J). 35.28 *(978-0-484-25818-0(4))* Forgotten Bks.

Metropolitan Magazine, Vol. 1: January to June, 1836 (Classic Reprint) Unknown Author. (ENG., Illus.). (J). 2018. 382p. 31.78 *(978-0-428-26371-3(2))*; 2017. pap. 16.57 *(978-0-243-53439-5(6))* Forgotten Bks.

Metropolitan Magazine, Vol. 11: January to June, 1841 (Classic Reprint) Unknown Author. 2017. (ENG., Illus.). (J). 37.53 *(978-0-265-66265-6(6))*; pap. 19.97 *(978-1-5276-3521-0(X))* Forgotten Bks.

Metropolitan Magazine, Vol. 20: September to December, 1837 (Classic Reprint) Unknown Author. 2017. (ENG., Illus.). (J). 594p. 36.15 *(978-0-484-05133-0(4))*; pap. 19.57 *(978-1-334-90235-2(6))* Forgotten Bks.

Metropolitan Magazine, Vol. 24: April, 1906 (Classic Reprint) Unknown Author. (ENG., Illus.). (J). 2018. 880p. 42.05 *(978-0-428-88019-4(3))*; 2017. pap. 24.47 *(978-1-334-92698-3(0))* Forgotten Bks.

Metropolitan Magazine, Vol. 32: September to December, 1841 (Classic Reprint) Frederick Marryat. (ENG., Illus.). (J). 2018. 588p. 36.04 *(978-0-483-44337-2(9))*; 2017. pap. 19.57 *(978-1-334-95613-3(8))* Forgotten Bks.

Metropolitan Magazine, Vol. 36: January to April, 1843 (Classic Reprint) Unknown Author. 2017. (ENG., Illus.). (J). 35.90 *(978-0-260-88853-2(2))*; pap. 19.57 *(978-1-5283-4158-5(9))* Forgotten Bks.

Metropolitan Magazine, Vol. 38: September to December, 1843 (Classic Reprint) Unknown Author. 2017. (ENG., Illus.). (J). 36.15 *(978-0-266-68159-5(X))*; pap. 19.57 *(978-1-5276-8157-6(2))* Forgotten Bks.

Metropolitan Magazine, Vol. 40: May to August 1844 (Classic Reprint) Unknown Author. 2017. (ENG., Illus.). (J). 36.15 *(978-0-266-72024-9(2))*; pap. 19.57 *(978-1-5276-7747-0(8))* Forgotten Bks.

Metropolitan Magazine, Vol. 44: September to December, 1845 (Classic Reprint) Unknown Author. (ENG., Illus.). (J). 2018. 518p. 34.58 *(978-0-484-15698-1(5))*; 2016. pap. 16.97 *(978-1-334-12901-8(0))* Forgotten Bks.

Metropolitan Magazine, Vol. 48: January to April, 1847 (Classic Reprint) Unknown Author. (ENG., Illus.). (J). 2018. 476p. 33.71 *(978-0-332-89116-3(X))*; 2016. pap. 16.57 *(978-1-334-13378-7(6))* Forgotten Bks.

Metropolitan Magazine, Vol. 49: May to August, 1847 (Classic Reprint) Unknown Author. 2017. (ENG., Illus.). (J). 33.80 *(978-0-265-70976-4(8))*; pap. 16.57 *(978-1-5276-6085-4(0))* Forgotten Bks.

Metropolitan Magazine, Vol. 50: September to December, 1847 (Classic Reprint) Unknown Author. (ENG., Illus.). (J). 2018. 484p. 33.88 *(978-0-332-99150-4(4))*; 2017. pap. 16.57 *(978-0-243-41502-1(8))* Forgotten Bks.

Metropolitan Magazine, Vol. 51: January to April, 1848 (Classic Reprint) Unknown Author. (ENG., Illus.). (J). 2018. 492p. 34.04 *(978-0-666-97527-0(2))*; 2017. pap. 16.57 *(978-0-259-54429-6(9))* Forgotten Bks.

Metropolitan Magazine, Vol. 52: May to August, 1848 (Classic Reprint) Unknown Author. 2017. (ENG., Illus.). (J). pap. 16.57 *(978-0-259-18867-4(0))* Forgotten Bks.

Metropolitan Magazine, Vol. 54: January to April, 1849 (Classic Reprint) Unknown Author. 2017. (ENG., Illus.). (J). 492p. 34.04 *(978-0-332-53366-7(2))*; pap. 16.57 *(978-0-259-20669-9(5))* Forgotten Bks.

Metropolitan Magazine, Vol. 56: September to December, 1849 (Classic Reprint) Unknown Author. (ENG., Illus.). (J). 2018. 466p. 33.51 *(978-0-332-48289-7(8))*; 2017. pap. 16.57 *(978-0-259-01008-1(1))* Forgotten Bks.

Metropolitan Second Reader: Carefully Arranged in Prose & Verse for the Use of Schools (Classic Reprint) Angela Gillespie. 2017. (ENG., Illus.). (J). 28.43 *(978-0-331-23048-2(8))* Forgotten Bks.

Metropolitan Third Reader: Arranged for the Use of Schools (Classic Reprint) Angela Gillespie. (ENG., Illus.). (J). 2018. 240p. 28.93 *(978-0-332-90265-4(X))*; 2016. pap. 11.57 *(978-1-334-15822-3(3))* Forgotten Bks.

Metropolitan Third Reader: Carefully Arranged, in Prose & Verse, for the Use of Schools (Classic Reprint) Unknown Author. 2017. (ENG., Illus.). (J). 30.83 *(978-0-331-80996-1(6))*; pap. 13.57 *(978-0-243-32158-2(9))* Forgotten Bks.

Metropolitans. Carol Goodman. 2018. 368p. (J). (gr. 5). 8.99 *(978-1-101-99768-0(0),* Puffin Books) Penguin Young Readers Group.

Metropolitans (Classic Reprint) Jeanie Drake. 2017. (ENG., Illus.). (J). 29.57 *(978-0-266-18307-5(7))* Forgotten Bks.

Mettas: Ina Rush. Adam Galvin et al. 2019. (ENG., Illus.). 46p. (J). pap. *(978-1-9161450-4-7(3))* R-and-Q.com.

Mettas: Lens, Bright Side. Adam Galvin et al. 2019. (ENG., Illus.). 60p. (J). pap. *(978-1-9161450-2-3(7))* R-and-Q.com.

Mettas: Moppy Learns. Adam Galvin et al. 2019. (ENG.). 56p. (J). pap. *(978-1-9161450-3-0(5))* R-and-Q.com.

Mettas: Scoot Likes to Listen. Adam Galvin et al. 2019. (ENG., Illus.). 52p. (J). pap. *(978-1-9161450-1-6(9))* R-and-Q.com.

Mettle of the Pasture (Classic Reprint) James Lane Allen. 2017. (ENG., Illus.). 462p. (J). 33.43 *(978-0-332-14444-3(5))* Forgotten Bks.

Metzerott, Shoemaker (Classic Reprint) Katharine Pearson Woods. 2017. (ENG., Illus.). (J). 31.63 *(978-0-260-97181-4(2))* Forgotten Bks.

Mewranters: Attack of the Sea Monster: A Novel. Kachi Ugo. 2019. 238p. (YA). lib. bdg. 22.95 *(978-1-64279-076-4(1))*; (gr. 7-12). pap. 15.95 *(978-1-64279-075-7(3))* Morgan James Publishing.

Mexican American Rights Movement, 1 vol. Christine Honders. 2016. (Civic Participation: Working for Civil Rights Ser.). (ENG., Illus.). 32p. (J). (gr. 5-5). pap. 11.00 *(978-1-4994-2684-7(4),* 7d056249-1a63-41dd-bea6-5a72cc18ca10, PowerKids Pr.) Rosen Publishing Group, Inc., The.

Mexican-American War. Laura Loria. 2017. (Westward Expansion: America's Push to the Pacific Ser.). 48p. (J). (gr. 10-14). 84.30 *(978-1-5383-0014-5(1),* Britannica Educational Publishing) Rosen Publishing Group, Inc., The.

Mexican-American War, 1 vol. Don Rauf. 2018. (Redrawing the Map Ser.). (ENG.). 112p. (YA). (gr. 9-9). lib. bdg. 45.93 *(978-1-5026-3574-7(7),* c12a25e0-6f08-4e77-bf96-c00b181b1d31) Cavendish Square Publishing LLC.

Mexican-American War. Nick Rebman. 2018. (Expansion of Our Nation Ser.). (ENG., Illus.). 32p. (J). (gr. 3-5). pap. 9.95 *(978-1-63517-986-6(6),* 1635179866); lib. bdg. 31.35 *(978-1-63517-885-2(1),* 1635178851) North Star Editions. (Focus Readers).

Mexican-American War. Nick Rebman. 2020. (Illus.). 32p. (J). pap. *(978-1-4896-9883-4(3),* AV2 by Weigl) Weigl Pubs., Inc.

Mexican American War 1846 - 1848 - Causes, Surrender & Treaties Timelines of History for Kids 6th Grade Social Studies. Baby Professor. 2017. (ENG., Illus.). 64p. (J). pap. 9.55 *(978-1-5419-1792-7(8),* Baby Professor (Education Kids)) Speedy Publishing LLC.

Mexican Americans. Elizabeth Andrews. 2021. (Our Neighbors Ser.). (ENG., Illus.). 32p. (J). (gr. 2-3). pap. 9.95 *(978-1-64494-599-5(1))*; lib. bdg. 32.79 *(978-1-0982-4005-9(7),* 38071, DiscoverRoo) Pop!.

Mexican Border Ballads: Written on the Border (Classic Reprint) F. B. Camp. 2018. (ENG., Illus.). 32p. (J). 24.56 *(978-0-365-35782-7(0))* Forgotten Bks.

Mexican Cessation Causes & Results of US-Mexican War US Growth & Expansion Social Studies 7th Grade Children's Military Books. Baby Professor. 2022. (ENG.). 72p. (J). 31.99 ***(978-1-5419-8633-6(4))***; pap. 19.99 ***(978-1-5419-5022-1(4))*** Speedy Publishing LLC. (Baby Professor (Education Kids)).

Mexican Family Table, Vol. 11. Hilary W. Poole. 2018. (Connecting Cultures Through Family & Food Ser.). (Illus.). 64p. (J). (gr. 7). 31.93 *(978-1-4222-4048-9(7))* Mason Crest.

Mexican Heritage. Tamra Orr. 2018. (21st Century Junior Library: Celebrating Diversity in My Classroom Ser.). (ENG., Illus.). 24p. (J). (gr. 2-4). pap. 12.79 *(978-1-5341-0832-5(7),* 210692); lib. bdg. 30.64 *(978-1-5341-0733-5(9),* 210691) Cherry Lake Publishing.

Mexican Immigrants. José Ruiz. 2017. (Illus.). 112p. (J). *(978-1-4222-3679-6(X))* Mason Crest.

Mexican Immigrants: In Their Shoes. Cynthia Kennedy Henzel. 2017. (Immigrant Experiences Ser.). (ENG.). 32p. (J). (gr. 3-6). lib. bdg. 35.64 *(978-1-5038-2030-2(0),* 211850) Child's World, Inc, The.

Mexican Ranch, or Beauty for Ashes: A Prize Story (Classic Reprint) Janie Prichard Duggan. (ENG., Illus.). (J). 2017. 32.04 *(978-0-265-40753-0(2))*; 2016. pap. 16.57 *(978-1-333-47292-4(7))* Forgotten Bks.

Mexican Rule of California. Heather Price-Wright. rev. ed. 2017. (Social Studies: Informational Text Ser.). (ENG., Illus.). 32p. (J). (gr. 3-5). pap. 11.99 *(978-1-4258-3236-0(9))* Teacher Created Materials, Inc.

Mexican Trails: A Record of Travel in Mexico, 1904-07, & a Glimpse at the Life of the Mexican Indian (Classic Reprint) Stanton Davis Kirkham. 2018. (ENG., Illus.). 370p. (J). 31.55 *(978-0-364-32425-7(2))* Forgotten Bks.

Mexican Twins (Classic Reprint) Lucy Fitch Perkins. 2018. (ENG., Illus.). 228p. (J). 28.60 *(978-0-267-25906-9(9))* Forgotten Bks.

Mexicas: Los Indígenas de Mesoamérica II. José Rubén Romero. Illus. by Olvier Flores. 2019. (Historias de Verdad Ser.). (SPA.). 80p. (J). (gr. 4-7). pap. 12.00 *(978-607-8469-55-0(X))* Nostra Ediciones MEX. Dist: Independent Pubs. Group.

Mexico, 1 vol. Steffi Cavell-Clarke. 2017. (World Adventures Ser.). (ENG.). 24p. (J). (gr. 1-2). pap. 9.25 *(978-1-5345-2395-1(2),* 79b0dcfb-e311-4d19-9eb2-6ea519561398); lib. bdg. 26.23 *(978-1-5345-2459-0(2),* 519e5c2f-940d-447b-98f4-9e19d88fd22a) Greenhaven Publishing LLC.

Mexico. Jeri Cipriano. 2019. (Hello Neighbor (LOOK! Books (tm)) Ser.). (ENG., Illus.). 24p. (J). (gr. -1-3). pap. 8.99 *(978-1-63440-368-9(1),* 08cdff92-597b-4e44-85cb-2824b450b847); lib. bdg. 25.32 *(978-1-63440-326-9(6),* 6f283886-119a-4996-8878-7178548c7a6c) Red Chair Pr.

Mexico. Kate Conley. 2022. (Essential Library of Countries Ser.). (ENG., Illus.). 112p. (J). (gr. 6-12). lib. bdg. 41.36 *(978-1-5321-9947-9(3),* 40683, Essential Library) ABDO Publishing Co.

Mexico. Marty Gitlin. 2017. (Country Profiles Ser.). (ENG., Illus.). 32p. (J). (gr. 3-8). lib. bdg. 27.95 *(978-1-62617-685-0(X),* Blastoff! Discovery) Bellwether Media.

Mexico. Grace Hansen. 2019. (Countries Ser.). (ENG., Illus.). 24p. (J). (gr. -1-2). lib. bdg. 32.79 *(978-1-5321-8553-3(7),* 31444, Abdo Kids) ABDO Publishing Co.

Mexico. Megan Kopp. 2017. (Illus.). 32p. (J). *(978-1-5105-0835-4(X))* SmartBook Media, Inc.

Mexico. Maria Koran. 2021. (ENG.). 24p. (J). lib. bdg. 28.55 *(978-1-7911-4204-9(4))* Weigl Pubs., Inc.

Mexico. Jennifer L. Rowan. 2019. (Nations in the News Ser.). (Illus.). 112p. (J). (gr. 12). lib. bdg. 35.93 *(978-1-4222-4248-3(X))* Mason Crest.

México. Jessica Rudolph. 2019. (Los Países de Donde Venimos/Countries We Come From Ser.). (SPA., Illus.). 32p. (J). (gr. k-3). 19.95 *(978-1-64280-231-3(X))* Bearport Publishing Co., Inc.

Mexico, 1 vol. Cath Senker. 2016. (Land & the People Ser.). (ENG.). 48p. (gr. 5-5). pap. 15.05 *(978-1-4824-5099-6(2),* 48do4c21-392e-41bf-bf65-9db6ef6cd02a) Stevens, Gareth Publishing LLLP.

Mexico. R. L. Van. 2022. (Countries (BBB) Ser.). (ENG., Illus.). 32p. (J). (gr. 2-5). lib. bdg. 34.21 *(978-1-5321-9968-4(6),* 40725, Big Buddy Bks.) ABDO Publishing Co.

Mexico: Beautiful Land, Diverse People, 16 vols., Set. Incl. Economy of Mexico. Erica M. Stokes. (YA). 21.95 *(978-1-4222-0658-4(0))*; Famous People of Mexico. Anna Carew-Miller. (YA). 21.95 *(978-1-4222-0659-1(9))*; Festivals of Mexico. Colleen Madonna Flood Williams. (YA). 21.95 *(978-1-4222-0657-7(2))*; Food of Mexico. Jan McDaniel. (YA). 21.95 *(978-1-4222-0655-3(6))*; Geography of Mexico. Colleen Madonna Flood Williams. (J). 21.95 *(978-1-4222-0661-4(0))*; Government of Mexico. Clarissa Aykroyd. (YA). 21.95 *(978-1-4222-0662-1(9))*; Gulf States of Mexico. Randi Field. (YA). 21.95 *(978-1-4222-0668-3(8))*; History of Mexico. Amy N. Hunter. (YA). 21.95 *(978-1-4222-0653-9(X))*; Mexican Art & Architecture. Colleen Madonna Flood Williams. (YA). 21.95 *(978-1-4222-0656-0(4))*; Mexico: Facts & Figures. Ellyn Sanna. (YA). 21.95 *(978-1-4222-0660-7(2))*; Pacific North States of Mexico. Janet Burt. (YA). 21.95 *(978-1-4222-0667-6(X))*; Pacific South States of Mexico. Sheryl Nantus. (YA). 21.95 *(978-1-4222-0666-9(1))*; People of Mexico. Colleen Madonna Flood Williams. (YA). 21.95 *(978-1-4222-0663-8(7))*; Sports of Mexico. Erica M. Stokes. (YA). 21.95 *(978-1-4222-0654-6(8))*; States of Central Mexico. Deirdre Day-MacLeod. (YA). 21.95 *(978-1-4222-0664-5(5))*; States of Northern Mexico. Deirdre Day-MacLeod. (YA). 21.95 *(978-1-4222-0665-2(3))*; (Illus.). 64p. (gr. 7-12). 2009. Set lib. bdg. 351.20 *(978-1-4222-0652-2(1))*; Set pap. 159.20 *(978-1-4222-0719-2(6))* Mason Crest.

Mexico City. Christina Leaf. Illus. by Diego Vaisberg. 2023. (Cities Through Time Ser.). (ENG.). (J). (gr. k-3). pap. 7.99 Bellwether Media.

Mexico City. Contrib. by Christina Leaf. 2023. (Cities Through Time Ser.). (ENG., Illus.). (J). (gr. k-3). lib. bdg. 26.95 Bellwether Media.

Mexico City. Joyce Markovics. 2017. (Citified! Ser.). (ENG., Illus.). 24p. (J). (gr. k-3). lib. bdg. 17.95 *(978-1-68402-236-6(3))* Bearport Publishing Co., Inc.

Mexico (Follow Me Around) (Library Edition) Wiley Blevins. 2017. (Follow Me Around... Ser.). (ENG., Illus.). 32p. (J). (gr. 3-4). 27.00 *(978-0-531-23706-9(0),* Children's Pr.) Scholastic Library Publishing.

Mexico for Kids: People, Places & Cultures - Children Explore the World Books. Baby Professor. 2016. (ENG., Illus.). 42p. (J). pap. 9.42 *(978-1-68305-646-1(9),* Baby Professor (Education Kids)) Speedy Publishing LLC.

México (Mexico) Grace Hansen. 2019. (Países (Countries) Ser.). (SPA.). 24p. (J). (gr. -1-2). lib. bdg. 32.79 *(978-1-0982-0092-3(6),* 33058, Abdo Kids) ABDO Publishing Co.

Mexikid. Pedro. Martín. Illus. by Pedro. Martín. 2023. (ENG., Illus.). 320p. (J). (gr. 5-9). 24.99 ***(978-0-593-46228-7(9))***; pap. 14.99 ***(978-0-593-46229-4(7))*** Penguin Young Readers Group. (Dial Bks).

MexiKid 6-Copy Pre-Pack W/ L-Card. MARTIN PEDRO. 2023. (J). (gr. 5-9). pap. 89.94 ***(978-0-525-48974-0(6),*** Dial Bks) Penguin Young Readers Group.

Mexique: A Refugee Story from the Spanish Civil War. María José Ferrada & María José Ferrada. Illus. by Ana Penyas. 2020. (ENG.). 40p. (J). *(978-0-8028-5545-9(8),* Eerdmans Bks For Young Readers) Eerdmans, William B. Publishing Co.

Mey Wing: A Romance of Cathay (Classic Reprint) Thomas Watson Houston. 2018. (ENG., Illus.). 194p. (J). 27.92 *(978-0-332-90469-6(5))* Forgotten Bks.

Meyers' Creek, 1 vol. Connie Brummel Crook. 2nd ed. 2021. (ENG.). 212p. (J). (gr. 4-7). pap. 14.95 *(978-1-55455-351-8(2),* 02f4eb4b-bce0-41fa-bd00-479e4e3d7c15) Fitzhenry & Whiteside, Ltd. CAN. Dist: Firefly Bks., Ltd.

Mezclados, una Historia de Colores. Arree Chung. 2023. (Álbumes Ser.). (SPA.). 32p. (J). pap. 11.95 ***(978-607-557-778-4(5))*** Editorial Oceano de Mexico MEX. Dist: Independent Pubs. Group.

¡Mézclalo Bien! (Mix It up! Spanish Edition) (Bilingual Children's Book, Spanish Books for Kids) Hervé Tullet. 2017. (Press Here by Herve Tullet Ser.). Tr. of Couleurs. (ENG., Illus.). 64p. (J). 15.99 *(978-1-4521-5933-1(5))* Chronicle Bks. LLC.

Mezzogiorno (Classic Reprint) John Ayscough. (ENG., Illus.). (J). 2018. 420p. 32.48 *(978-0-484-56425-0(0))*; 2016. pap. 16.57 *(978-1-333-29630-8(4))* Forgotten Bks.

Mfh. Melissa Harvey. 2021. (ENG.). 30p. (YA). *(978-1-6780-4881-5(X))* Lulu Pr., Inc.

MGM Short Story: New Year Issue, 1939 (Classic Reprint) Herb Morgan. 2017. (ENG., Illus.). (J). 30.46 *(978-0-266-94645-8(3))*; pap. 13.57 *(978-1-5278-3543-6(X))* Forgotten Bks.

M'Gregor Family (Classic Reprint) Daniel P. Kidder. 2018. (ENG., Illus.). 250p. (J). 29.05 *(978-0-267-15291-9(4))* Forgotten Bks.

MH-53E Sea Dragon. Megan Cooley Peterson. 2020. (J). pap. *(978-1-62310-074-2(7))* Black Rabbit Bks.

Mhs Annual, 1916 (Classic Reprint) Mansfield High School. (ENG., Illus.). (J). 2018. 116p. 26.29 *(978-0-365-48093-8(2))*; 2017. pap. 9.57 *(978-0-259-98938-7(X))* Forgotten Bks.

Mi Abuela. Helena Kraljic. Illus. by Polona Lovsin. 2018. (SPA.). 32p. (J). 18.95 *(978-84-9145-132-7(3)*, Picarona Editorial) Ediciones Obelisco ESP. Dist: Spanish Pubs., LLC.

Mi Abuela, Alzha... ¿qué? Véronique Van den Abeele. Illus. by Claude K. Dubois. 2021. (SPA.). 28p. (J). (gr. k-2). 17.00 *(978-84-16470-22-8(7))* Fineo Editorial, S.L. ESP. Dist: Independent Pubs. Group.

Mi Abuela, Alzha... ¿qué? Véronique Van den Abeele. Illus. by Claude K. Dubois. 2022. (SPA.). 28p. (J). (gr. k-2). pap. 13.95 *(978-84-16470-24-2(3))* Fineo Editorial, S.L. ESP. Dist: Independent Pubs. Group.

Mi Abuela la Loca / My Crazy Grandma. Jose Ignacio Valenzuela. 2022. (SPA.). 142p. (J). (gr. 1-4). pap. 12.95 *(978-607-38-1200-9(0)*, Alfaguara) Penguin Random House Grupo Editorial ESP. Dist: Penguin Random Hse. LLC.

Mi Abuelo. Emilie Chazerand. 2020. (SPA.). 28p. (J). (gr. k-2). 24.99 *(978-84-8470-615-1(X))* Corimbo, Editorial S.L. ESP. Dist: Lectorum Pubns., Inc.

Mi Abuelo. Helena Kraljic. Illus. by Polona Lovsin. 2018. (SPA.). 32p. (J). 18.95 *(978-84-9145-131-0(5)*, Picarona Editorial) Ediciones Obelisco ESP. Dist: Spanish Pubs., LLC.

Mi Abuelo Pirata. Laia Massons. Tr. by Isabel Llasat. Illus. by Zuzanna Celej. 2020. (SPA.). 32p. (J). (gr. k-2). pap. 17.95 *(978-84-17440-29-9(1))* Akiara Bks. ESP. Dist: Independent Pubs. Group.

Mi Amiga, 1 vol. Elisa Amado. Illus. by Alfonso Ruano. 2020. (SPA.). 32p. (J). (gr. k-3). 18.95 *(978-1-77306-392-8(8))* Groundwood Bks. CAN. Dist: Publishers Group West (PGW).

Mi Amigo Está Triste-Spanish Edition. Mo Willems. 2019. (Elephant & Piggie Book Ser.). (SPA.). 64p. (J). (gr. 1-3). 9.99 *(978-1-368-04575-9(8)*, Hyperion Books for Children) Disney Publishing Worldwide.

Mi Amigo le Encanta la Música: Cuentos para Dormir Que Te Harán Despertar. José Luis Navajo. 2022. (Cuentos para Dormir Que les Harán Despertar Ser.). (SPA.). 144p. (J). (gr. 2-5). pap. 14.99 *(978-1-64123-863-2(1)*, 771444) Whitaker Hse.

Mi Amigo le Encanta Que Sea Feliz: Cuentos para Dormir Que les Harán Despertar. José Luis Navajo. 2023. (Cuentos para Dormir Que les Harán Despertar Ser.). (SPA.). 128p. (J). (gr. 2-5). pap. 9.99 *(978-1-64123-974-5(3)*, 205804) Whitaker Hse.

Mi Amor. Leia Graves. 2020. (ENG.). 102p. (J). pap. 15.83 *(978-1-716-50424-2(4))* Lulu Pr., Inc.

Mi Amor 1: Libro para Colorear Ninos. Bold Illustrations. 2017. (SPA., Illus.). (J). pap. 8.35 *(978-1-64193-090-1(X)*, Bold Illustrations) FASTLANE LLC.

Mi Amor 2: Libro para Colorear Ninos. Bold Illustrations. 2017. (SPA., Illus.). (J). pap. 8.35 *(978-1-64193-091-8(8)*, Bold Illustrations) FASTLANE LLC.

Mi Amor de Wattpad. Ariana Godoy. 2021. (SPA.). 416p. (YA). pap. 17.95 *(978-607-07-8294-7(1))* Editorial Planeta, S. A. ESP. Dist: Two Rivers Distribution.

Mi Angel de la Guarda. June Loves. (Torre de Papel Ser.). (SPA., Illus.). (J). (gr. 2). 7.95 *(978-958-04-5048-1(X))* Norma S.A. COL. Dist: Distribuidora Norma, Inc.

Mi Angel Guardian, Il Mio Angelo, Meu Anjo Da Guarda, Mein Schutzengel, Mon Ange Guardian see My Guardian Angel

Mi Árbol Doblado. Kathy Brodsky. Illus. by Cameron Bennett. ed. 2017.Tr. of My Bent Tree. (SPA & ENG.). (J). (gr. -1-4). 1995.00 *(978-0-9977922-0-1(5))* Helpingwords.

¡Mi Biblia Favorita! / My Best Ever Bible! Victoria Tebbs. 2018. (SPA.). 160p. (J). (-k). 14.95 *(978-1-945540-52-3(4))* Penguin Random House Grupo Editorial ESP. Dist: Penguin Random Hse. LLC.

Mi Búsqueda Del Tesoro en Casa. Bela Davis. 2022. (Búsquedas Del Tesoro con Los Sentidos Ser.). (SPA.). 24p. (J). (gr. -1-2). lib. bdg. 31.36 *(978-1-0982-6524-3(6)*, 40993, Abdo Kids) ABDO Publishing Co.

Mi Búsqueda Del Tesoro en el Parque. Bela Davis. 2022. (Búsquedas Del Tesoro con Los Sentidos Ser.). (SPA.). 24p. (J). (gr. -1-2). lib. bdg. 31.36 *(978-1-0982-6525-0(4)*, 40995, Abdo Kids) ABDO Publishing Co.

Mi Búsqueda Del Tesoro en el Restaurante. Bela Davis. 2022. (Búsquedas Del Tesoro con Los Sentidos Ser.). (SPA.). 24p. (J). (gr. -1-2). lib. bdg. 31.36 *(978-1-0982-6526-7(2)*, 40997, Abdo Kids) ABDO Publishing Co.

Mi Búsqueda Del Tesoro en la Escuela. Bela Davis. 2022. (Búsquedas Del Tesoro con Los Sentidos Ser.). (SPA.). 24p. (J). (gr. -1-2). lib. bdg. 31.36 *(978-1-0982-6527-4(0)*, 40999, Abdo Kids) ABDO Publishing Co.

Mi Búsqueda Del Tesoro en la Tienda. Bela Davis. 2022. (Búsquedas Del Tesoro con Los Sentidos Ser.). (SPA.). 24p. (J). (gr. -1-2). lib. bdg. 31.36 *(978-1-0982-6528-1(9)*, 41001, Abdo Kids) ABDO Publishing Co.

Mi Búsqueda Del Tesoro en Mi Caminata. Bela Davis. 2022. (Búsquedas Del Tesoro con Los Sentidos Ser.). (SPA.). 24p. (J). (gr. -1-2). lib. bdg. 31.36 *(978-1-0982-6529-8(7)*, 41003, Abdo Kids) ABDO Publishing Co.

Mi Caballo Estrella: Leveled Reader Card Book 64 Level P 6 Pack. Hmh Hmh. 2021. (SPA.). (J). pap. 74.40 *(978-0-358-08458-7(X))* Houghton Mifflin Harcourt Publishing Co.

Mi Caballo Va Conmigo. Mary Lindeen. 2016. (Early Rising Readers Ser.). (SPA.). (J). (gr. -1). 6.67 *(978-1-4788-3707-7(1))* Newmark Learning LLC.

Mi Caballo Va Conmigo - 6 Pack. Mary Lindeen. 2016. (Early Rising Readers Ser.). (SPA.). (J). (gr. 1). 40.00 net. *(978-1-4788-4650-5(X))* Newmark Learning LLC.

Mi Cabello Se Llama Bella. Toyosi Onwuemene. Illus. by Diana Galicia. 2018.Tr. of My Hair Is Beauty. (SPA.). 32p. (J). 21.98 *(978-1-948960-07-6(9))* Onwuemene Publishing Group.

Mi Caida. Mary Lindeen. Illus. by Mary Uhles. 2016. (Early Rising Readers Ser.). (SPA.). 16p. (J). (gr. 1-1). 6.67 *(978-1-4788-3743-5(8))* Newmark Learning LLC.

Mi Caída - 6 Pack. Mary Lindeen. 2016. (Early Rising Readers Ser.). (SPA.). (J). (gr. 1). 40.00 net. *(978-1-4788-4686-4(0))* Newmark Learning LLC.

Mi Camita / My Little Bed. Bilingual Edition. J. S. Pinillos. 2021. (SPA.). 48p. (J). pap. 16.95 *(978-607-07-7721-9(2))* Editorial Planeta, S. A. ESP. Dist: Two Rivers Distribution.

Mi Campaña para la Clase: Trabajar en Equipo, 1 vol. Emma Carlson Berne. 2017. (Computación Científica en el Mundo Real (Computer Science for the Real World) Ser.). (SPA.). 24p. (J). (gr. 4-5). pap. *(978-1-5383-5854-2(9)*, bc7022d2-abe7-4b2f-b6fd-e66917f045fa, Rosen Classroom) Rosen Publishing Group, Inc., The.

Mi Campaña para la Clase: Trabajar en Equipo (My Class Campaign: Working As a Team), 1 vol. Emma Carlson-Berne. 2017. (Niños Digitales: Superdotados con Pensamiento Computacional (Computer Kids: Powered by Computational Thinking) Ser.). (SPA.). 24p. (J). (gr. 4-5). 25.27 *(978-1-5383-2916-0(6)*, ccc7f1a8-65a4-4618-b302-ea69303f9957, PowerKids Pr.) Rosen Publishing Group, Inc., The.

Mi Casa. Davide Cali. 2017. (SPA.). 32p. (J). (gr. 2-4). *(978-958-8954-40-0(1))* Babel Libros COL. Dist: Lectorum Pubns., Inc.

Mi Casa, 6 bks., Set. Sharon Gordon. Incl. Mi Casa en el Desierto (at Home in the Desert) lib. bdg. 25.50 *(978-0-7614-2373-7(7)*, a7b31562-a644-4681-b137-e8d60b0d5830); Mi Casa en el Rancho (at Home on the Ranch) lib. bdg. 25.50 *(978-0-7614-2378-2(8)*, 458ba04e-75f3-4b2c-92e3-d546cfc84caa); Mi Casa en la Ciudad (at Home in the City) lib. bdg. 25.50 *(978-0-7614-2372-0(9)*, 5a3f6cc3-2b88-4f37-b98b-fee5734ae3cf); Mi Casa en la Granja (at Home on the Farm) lib. bdg. 25.50 *(978-0-7614-2375-1(3)*, 4d3215b4-50f5-485e-b74e-d0b86fc80c49); Mi Casa en la Montana (at Home on the Mountain) lib. bdg. 25.50 *(978-0-7614-2376-8(1)*, c16ed840-15ee-4199-a210-23594653be58); Mi Casa Junto Al Mar (at Home by the Ocean) lib. bdg. 25.50 *(978-0-7614-2377-5(X)*, 484828e8-fece-446c-8a10-a0b4d25f52a8); (Illus.). 32p. (gr. k-2). 2008. (Bookworms — Spanish Editions: Mi Casa Ser.). (SPA.). 2006. lib. bdg. *(978-0-7614-2371-3(0)*, Cavendish Square) Cavendish Square Publishing LLC.

Mi Casa en la Ciudad. Miranda Kelly. Tr. by Pablo de la Vega from ENG. 2021. (En Mi Comunidad (in My Community) Ser.). (SPA.). 24p. (J). (gr. -1-1). pap. *(978-1-4271-3143-0(0)*, 14199); lib. bdg. *(978-1-4271-3133-1(3)*, 14188) Crabtree Publishing Co.

Mi Casa Is My Home. Laurenne Sala. Illus. by Zara González Hoang. 2021. (ENG.). 32p. (J). (gr. -1-2). 17.99 *(978-1-5362-0943-3(0))* Candlewick Pr.

Mi Cerdo. Maria Koran. 2018. (Eyediscover Ser.). (SPA.). 24p. (J). lib. bdg. 31.41 *(978-1-4896-8227-7(9))* Weigl Pubs., Inc.

Mi Ciudad: Leveled Reader Book 51 Level C 6 Pack. Hmh Hmh. 2021. (SPA.). 16p. (J). pap. 74.40 *(978-0-358-08180-7(7))* Houghton Mifflin Harcourt Publishing Co.

Mi Ciudad Canta. Cynthia Harmony. Ed. by Adriana Dominguez. Tr. by Cynthia Harmony. Illus. by Teresa Martinez. 2022. 32p. (J). (gr. -1-2). 17.99 *(978-0-593-52005-5(X)*, Penguin Workshop) Penguin Young Readers Group.

Mi Ciudad Sings. Cynthia Harmony. Illus. by Teresa Martinez. 2022. 32p. (J). (gr. -1-2). 17.99 *(978-0-593-22684-1(4)*, Penguin Workshop) Penguin Young Readers Group.

Mi Colección de Historias Espeluznantes. Joff Brown. 2021. (SPA.). 164p. (J). (gr. 3-5). 24.99 *(978-958-30-6217-9(0))* Panamericana Editorial COL. Dist: Lectorum Pubns., Inc.

Mi Colección de Palabras(Big Picture Thesaurus) Rosie Hore. 2019. (SPA.). 40p. (J). 14.99 *(978-0-7945-4567-3(X)*, Usborne) EDC Publishing.

¡Mi Colita No Esta Cansada!/My Tail's NOT Tired! Jana Novotny-Hunter. Tr. by Yanitzia Canetti. Illus. by Paula Bowles. 2022. (Child's Play Mini-Library). (ENG.). 32p. (J). pap. *(978-1-78628-643-7(2))* Child's Play International Ltd.

Mi Como Bebé Prematuro. Ryco Taylor & Roneka Taylor. 2023. (SPA.). 30p. (J). 18.00 ***(978-1-0881-7334-3(9))*** Strength Builders Publishing LLC.

Mi Conejo. Samantha Nugent. 2018. (Eyediscover Ser.). (SPA.). 24p. (J). lib. bdg. 31.41 *(978-1-4896-8229-1(5))* Weigl Pubs., Inc.

Mi Cuaderno de Vocabulario Académico. Created by Velázquez Press Staff. 2017. (SPA.). 70p. (J). (gr. -1-7). pap. 4.95 *(978-1-59495-666-9(9))* Velázquez Pr.

Mi Cuerpo see My Body

Mi Cuerpo. Mary Lindeen. Illus. by Mary Reaves Uhles. 2016. (Early Rising Readers Ser.). (SPA.). 16p. (J). (gr. 1-1). 6.67 *(978-1-4788-4197-5(4))* Newmark Learning LLC.

Mi Cuerpo - 6 Pack. Mary Lindeen. 2016. (Early Rising Readers Ser.). (SPA.). (J). (gr. 1). 40.00 net. *(978-1-4788-4716-8(6))* Newmark Learning LLC.

Mi Cuerpo Es Duro y Gris (Armadillo) Joyce Markovics. 2016. (Pistas de Animales 2/Zoo Clues 2 Ser.). (SPA.). 24p. (J). (gr. -1-3). 26.99 *(978-1-944102-81-4(7))* Bearport Publishing Co., Inc.

Mi Cuerpo Tiene Brazos y Manos. Amy Culliford. 2022. (Mi Cuerpo (My Body) Ser.). (SPA.). 24p. (J). (gr. k-2). lib. bdg. *(978-1-0396-4797-8(9)*, 20674, Crabtree Roots) Crabtree Publishing Co.

Mi Cuerpo Tiene Brazos y Manos (My Body Has Arms & Hands) Amy Culliford. 2022. (Mi Cuerpo (My Body) Ser.).Tr. of Mi Cuerpo Tiene Brazos y Manos. (SPA.). 24p. (J). (gr. k-2). pap. *(978-1-0396-4924-8(6)*, 20675, Crabtree Roots) Crabtree Publishing Co.

Mi Cuerpo Tiene Oídos. Amy Culliford. 2022. (Mi Cuerpo (My Body) Ser.). (SPA.). 24p. (J). (gr. k-2). pap. *(978-1-0396-4920-0(3)*, 20681); lib. bdg. *(978-1-0396-4793-0(6)*, 20680) Crabtree Publishing Co. (Crabtree Roots).

Mi Cuerpo Tiene Ojos. Amy Culliford. 2022. (Mi Cuerpo (My Body) Ser.). (SPA.). 24p. (J). (gr. k-2). pap. *(978-1-0396-4921-7(1)*, 22121); lib. bdg. *(978-1-0396-4794-7(4)*, 22120) Crabtree Publishing Co. (Crabtree Roots).

Mi Cuerpo Tiene Piernas y Pies. Amy Culliford. 2022. (Mi Cuerpo (My Body) Ser.). (SPA.). 24p. (J). (gr. k-2). pap. *(978-1-0396-4923-1(8)*, 20687); lib. bdg. *(978-1-0396-4796-1(0)*, 20686) Crabtree Publishing Co. (Crabtree Roots).

Mi Cuerpo Tiene una Boca. Amy Culliford. 2022. (Mi Cuerpo (My Body) Ser.). (SPA.). 24p. (J). (gr. k-2). pap. *(978-1-0396-4922-4(X)*, 20693); lib. bdg. *(978-1-0396-4795-4(2)*, 20692) Crabtree Publishing Co. (Crabtree Roots).

Mi Cuerpo Tiene una Nariz. Amy Culliford. 2022. (Mi Cuerpo (My Body) Ser.). (SPA.). 24p. (J). (gr. k-2). pap. *(978-1-0396-4925-5(4)*, 20699); lib. bdg. *(978-1-0396-4798-5(7)*, 20698) Crabtree Publishing Co. (Crabtree Roots).

Mi día en la Escuela: Leveled Reader Book18 Level a 6 Pack. Hmh Hmh. 2021. (SPA.). 16p. (J). pap. 74.40 *(978-0-358-08147-0(5))* Houghton Mifflin Harcourt Publishing Co.

Mi día Feliz. Rosario Reyes. Illus. by Helen Poole. 2023. (SPA.). 16p. (J). (gr. -1-1). pap. 36.00 *(978-1-4788-2304-9(6)*, c74c2178-76fe-4310-b3ea-1e21a54aafe8); pap. 5.75 *(978-1-4788-1959-2(6)*, 91baf052-372a-4495-9fc7-ae0646d6b2a9) Newmark Learning LLC.

Mi Diario Sobre Las Ranas: Leveled Reader Book 82 Level N 6 Pack. Hmh Hmh. 2020. (SPA.). 24p. (J). pap. 74.40 *(978-0-358-08390-0(7))* Houghton Mifflin Harcourt Publishing Co.

Mi Doctora Looks Like Me. Emily D. Woolcock. 2022. (SPA.). 30p. (J). 19.99 ***(978-1-7359319-7-5(7))*** Dr. Emily Woolcock.

Mi Ensalada. Judy Kentor Schmauss. Illus. by Helen Poole. 2016. (Early Rising Readers Ser.). (SPA.). 16p. (J). (gr. 1-1). 6.67 *(978-1-4788-3755-8(1))* Newmark Learning LLC.

Mi Ensalada - 6 Pack. Judy Kentor Schmauss. 2016. (Early Rising Readers Ser.). (SPA.). (J). (gr. 1). 40.00 net. *(978-1-4788-4698-7(4))* Newmark Learning LLC.

Mi Estrella de la Guarda. Helga C. M. Land-Kistenich. 2016. (SPA., Illus.). (J). *(978-3-7345-7016-2(6))*; pap. *(978-3-7345-7015-5(8))* tredition Verlag.

Mi Estúpido niñero / the Stupid End of Me. Blue Blue Woods. 2021. (Wattpad. Clover Ser.). (SPA.). 336p. (YA). (gr. 8-12). pap. 16.95 *(978-607-38-0165-2(3)*, Montena) Penguin Random House Grupo Editorial ESP. Dist: Penguin Random Hse. LLC.

Mi Familia. Jenna Lee Gleisner. 2017. (Somos Familia Ser.). (SPA.). 16p. (J). (gr. -1-2). pap. 7.95 *(978-1-68320-102-1(7)*, 16898) RiverStream Publishing.

Mi Familia Adoptiva (My Adoptive Family) Julie Murray. (Ésta Es Mi Familia Ser.).Tr. of My Adoptive Family. (SPA.). 24p. (J). 2022. (gr. k-k). pap. 8.95 *(978-1-64494-744-9(7)*, Abdo Kids-Junior); 2021. (gr. -1-2). lib. bdg. 31.36 *(978-1-0982-6057-6(0)*, 38230, Abdo Kids) ABDO Publishing Co.

Mi Familia Calaca / My Skeleton Family, 1 vol. Cynthia Weill. Illus. by Jesús Canseco Zárate. 2017. (First Concepts in Mexican Folk Art Ser.). (ENG.). 32p. (J). (gr. -1-2). pap. 11.95 *(978-1-941026-34-2(6)*, 23353382, Cinco Puntos Press) Lee & Low Bks., Inc.

Mi Familia de Camiones Monstruo (Elbow Grease) (My Monster Truck Family Spanish Edition) John Cena. Illus. by Dave Aikins. 2020. (LEYENDO a PASOS (Step into Reading) Ser.). 32p. (J). (gr. -1-1). pap. 5.99 *(978-0-593-17733-4(9)*, Random Hse. Bks. for Young Readers) Random Hse. Children's Bks.

Mi Familia de Camiones Monstruo (Elbow Grease)(My Monster Truck Family Spanish Edition) John Cena. Illus. by Dave Aikins. 2020. (LEYENDO a PASOS (Step into Reading) Ser.). (SPA.). 32p. (J). (gr. -1-1). lib. bdg. 14.99 *(978-0-593-30223-1(0)*, Random Hse. Bks. for Young Readers) Random Hse. Children's Bks.

¡Mi Familia Se Vuelve Ecológica! Definir el Problema, 1 vol. Gillian Clifton. 2017. (Computación Científica en el Mundo Real (Computer Science for the Real World) Ser.). (SPA.). 24p. (J). (gr. 3-4). pap. *(978-1-5383-5696-8(1)*, 1a938b15-0abf-4f0c-89a3-ee076084bf32, Rosen Classroom) Rosen Publishing Group, Inc., The.

¡Mi Familia Se Vuelve Ecológica! Definir el Problema (My Family Goes Green!: Defining the Problem), 1 vol. Gillian Clifton. 2017. (Niños Digitales: Superdotados con Pensamiento Computacional (Computer Kids: Powered by Computational Thinking) Ser.). (SPA.). 24p. (J). (gr. 3-4). 25.27 *(978-1-5383-2863-7(1)*, 09a802ed-3930-4471-9f88-6d886943a2e4, PowerKids Pr.) Rosen Publishing Group, Inc., The.

Mi Familia y Yo see My Family & I

Mi Familia y Yo: Ciencia Theme. 2016. (Early Rising Readers Ser.). (SPA.). (J). (gr. 1-2). 109.00 *(978-1-4788-5165-3(1))* Newmark Learning LLC.

Mi Familia y Yo: Desarrollo Físico Theme. 2016. (Early Rising Readers Ser.). (SPA.). (J). (gr. 1-2). 109.00 *(978-1-4788-5135-6(X))* Newmark Learning LLC.

Mi Familia y Yo: Desarrollo Social y Emocional Theme. 2016. (Early Rising Readers Ser.). (SPA.). (J). (gr. 1-2). 109.00 *(978-1-4788-5125-7(2))* Newmark Learning LLC.

Mi Familia y Yo: Estudios Sociales Theme. 2016. (Early Rising Readers Ser.). (SPA.). (J). (gr. 1-2). 109.00 *(978-1-4788-5155-4(4))* Newmark Learning LLC.

Mi Familia y Yo: Expresión Creativa Theme. 2016. (Early Rising Readers Ser.). (SPA.). (J). (gr. 1-2). 109.00 *(978-1-4788-5175-2(9))* Newmark Learning LLC.

Mi Familia y Yo: Matemática Theme. 2016. (Early Rising Readers Ser.). (SPA.). (J). (gr. 1-2). 109.00 *(978-1-4788-5145-5(7))* Newmark Learning LLC.

Mi Fiesta de Cumpleaños. Sharon Coan. 2nd rev. ed. 2016. (TIME for KIDS(r): Informational Text Ser.). (SPA., Illus.). 12p. (gr. -1-k). 7.99 *(978-1-4938-2972-9(6))* Teacher Created Materials, Inc.

Mi Gatito. Judy Kentor Schmauss. Illus. by Sarah Palacios. 2016. (Early Rising Readers Ser.). (SPA.). 16p. (J). (gr. 1-1). 6.67 *(978-1-4788-3724-4(1))* Newmark Learning LLC.

Mi Gatito. Britta Teckentrup. 2017. (SPA.). 16p. (J). (gr. -1 — 1). 11.95 *(978-84-9145-045-0(9))* Ediciones Obelisco ESP. Dist: Spanish Pubs., LLC.

Mi Gatito - 6 Pack. Judy Kentor Schmauss. 2016. (Early Rising Readers Ser.). (SPA.). (J). (gr. 1). 40.00 net. *(978-1-4788-4667-3(4))* Newmark Learning LLC.

Mi Gato. Katie Gillespie. 2018. (Eyediscover Ser.). (SPA.). 24p. (J). lib. bdg. 31.41 *(978-1-4896-8223-9(6))* Weigl Pubs., Inc.

Mi Gato Esta Triste. Katrina Streza. Illus. by Brenda Ponnay. 2018. (Xist Kids Spanish Bks.). (SPA.). 36p. (J). (gr. -1-3). pap. 9.99 *(978-1-5324-0725-3(4))* Xist Publishing.

Mi Gobierno de Estados Unidos, 6 vols., Set. William David Thomas & William David Thomas. Incl. ¿Cómo Elegimos a Nuestros líderes? (How Do We Elect Our Leaders?) lib. bdg. 28.67 *(978-0-8368-8870-6(7)*, 6329a910-fbe4-4447-987c-c931cbcd44b4); ¿Cuáles Son Las Partes Del Gobierno? (What Are the Parts of Government?) lib. bdg. 28.67 *(978-0-8368-8872-0(3)*, 74c4b834-424e-4ea2-8c97-a9f6dd9a5e9b); ¿Cuáles Son Los Derechos Básicos de Los Ciudadanos? (What Are Citizens' Basic Rights?) lib. bdg. 28.67 *(978-0-8368-8871-3(5)*, e238e556-be3c-4943-b672-dd1f73bb0fcf); ¿Qué Es una Constitución? (What Is a Constitution?) (J). lib. bdg. 28.67 *(978-0-8368-8873-7(1)*, 904f865e-4a17-40e8-9e37-79f4d0fd4478); (Illus.). (J). (gr. 4-6). (Mi Gobierno de Estados Unidos (My American Government) Ser.). (SPA.). 32p. 2008. Set lib. bdg. 86.01 *(978-0-8368-8869-0(3)*, 471ddade-3e7d-45b1-95ce-164b3e114554, Gareth Stevens Learning Library) Stevens, Gareth Publishing LLLP.

Mi Gráfico. Judy Kentor Schmauss. Illus. by Luis Filella. 2016. (Early Rising Readers Ser.). (SPA.). (J). (gr. -1). 6.67 *(978-1-4788-3672-8(5))* Newmark Learning LLC.

Mi Gráfico - 6 Pack. Judy Kentor Schmauss. 2016. (Early Rising Readers Ser.). (SPA.). (J). (gr. 1). 40.00 net. *(978-1-4788-4615-4(1))* Newmark Learning LLC.

Mi Gran Cerdito: Leveled Reader Book7 Level a 6 Pack. Hmh Hmh. 2021. (SPA.). 16p. (J). pap. 74.40 *(978-0-358-08136-4(X))* Houghton Mifflin Harcourt Publishing Co.

Mi Gran Libro de Las Fábulas de la Fontaine. Jean de la Fontaine. 2019. (SPA.). 96p. (J). (gr. k-2). 17.99 *(978-607-21-1552-1(7))* Larousse, Ediciones, S. A. de C. V. MEX. Dist: Independent Pubs. Group.

Mi Gran Libro para Colorear de Animales: El Mejor Libro de Colorear para niños, Libro de Colorear Educativo, Gran Regalo para niños y Niñas. Lindsay Bandi. 2021. (SPA.). 104p. (J). pap. 13.00 *(978-1-365-56401-7(0))* Lulu Pr., Inc.

Mi Habla Espanol un Poquito - Spanish for Fourth Grade - Children's Language Books. Baby Professor. 2018. (ENG., Illus.). 64p. (J). pap. 12.99 *(978-1-5419-2650-9(1)*, Baby Professor (Education Kids)) Speedy Publishing LLC.

Mi Hada Maga. Luis G. Cisneros. 2017. (SPA., Illus.). (J). pap. 13.95 *(978-1-4808-4347-9(4))* Archway Publishing.

Mi Hermana Es lo Peor / the Worst Thing about My Sister. Jacqueline Wilson. 2018. (SPA.). 272p. (J). (gr. 4-7). pap. 12.95 *(978-607-31-6737-6(7)*, B De Block) Penguin Random House Grupo Editorial ESP. Dist: Penguin Random Hse. LLC.

Mi Hermano Está Lejos (My Brother Is Away Spanish Edition) Sara Greenwood. Tr. by Maria Correa. Illus. by Luisa Uribe. 2022. 40p. (J). (gr. k-3). 18.99 *(978-0-593-56955-9(5))* Random Hse. Children's Bks.

Mi Hermano Se Llama Jessica / My Brother's Name Is Jessica. John Boyne. 2022. (SPA.). 400p. (J). (gr. 5-9). pap. 14.95 *(978-607-38-1834-6(3))* Publicaciones y Ediciones Salamandra, S.A. ESP. Dist: Penguin Random Hse. LLC.

Mi Hospital. Alan Walker. Tr. by Pablo de la Vega from ENG. 2021. (En Mi Comunidad (in My Community) Ser.). (SPA., Illus.). 24p. (J). (gr. -1-1). pap. *(978-1-4271-3144-7(9)*, 14200); lib. bdg. *(978-1-4271-3134-8(1)*, 14189) Crabtree Publishing Co.

Mi Informe Sobre la Oruga: Leveled Reader Book 88 Level e 6 Pack. Hmh Hmh. 2021. (SPA.). 16p. (J). pap. 74.40 *(978-0-358-08214-9(5))* Houghton Mifflin Harcourt Publishing Co.

Mi Investigación / My Research Project. Seo Bo-Hyun. Illus. by Jae Won Cha. 2019. (SPA.). 40p. (J). (gr. 3-7). pap. 16.99 *(978-1-949061-45-1(0)*, Altea) Penguin Random House Grupo Editorial ESP. Dist: Penguin Random Hse. LLC.

Mi Jardin. Mary Lindeen. 2016. (Early Rising Readers Ser.). (SPA.). 16p. (J). (gr. 1). 6.67 *(978-1-4788-4217-0(2))* Newmark Learning LLC.

Mi Jardín - 6 Pack. Mary Lindeen. 2016. (Early Rising Readers Ser.). (SPA.). (J). (gr. 1). 40.00 net. *(978-1-4788-4736-6(0))* Newmark Learning LLC.

Mi Laboratorio Star Wars (Star Wars Maker Lab) 20 Proyectos de Manualidades Científicas. Cole Horton & Liz Lee Heinecke. 2018. Orig. Title: Star Wars Maker Lab. (SPA.). 128p. (J). (gr. 3-7). 19.99 *(978-1-4654-7925-9(2)*, DK Children) Dorling Kindersley Publishing, Inc.

Mi Labrador. Heather Kissock. 2018. (Eyediscover Ser.). (SPA.). 24p. (J). lib. bdg. 31.41 *(978-1-4896-8225-3(2))* Weigl Pubs., Inc.

Mi Lengua Es Larga y Curva (Okapi) Joyce Markovics. 2016. (Pistas de Animales 2/Zoo Clues 2 Ser.). (SPA.). 24p. (J). (gr. -1-3). 26.99 *(978-1-944102-77-7(9))* Bearport Publishing Co., Inc.

Mi Libro Favorito en el Mundo Entero (My Very Favorite Book in the Whole Wide World) Malcolm Mitchell. Illus. by Michael Robertson. 2022. (SPA.). 32p. (J). (gr. -1-3). pap. 7.99 (978-1-338-80211-5(9), Scholastic en Espanol) Scholastic, Inc.

Mi Little Golden Book Sobre Frida Kahlo (My Little Golden Book about Frida Kahlo Spanish Edition) Silvia López. Illus. by Elisa Chavarri. 2021. (Little Golden Book Ser.). Orig. Title: My Little Golden Book about Frida Kahlo. (SPA.). 24p. (J). (gr. -1-3). 5.99 (978-0-593-17438-8(0), Golden Bks.) Random Hse. Children's Bks.

Mi Little Golden Book Sobre Rita Moreno (Rita Moreno: a Little Golden Book Biography Spanish Edition) Maria Correa. Illus. by Maine Diaz. 2023. (Little Golden Book Ser.). (SPA.). 24p. (J). (gr. -1-3). 5.99 (978-0-593-70433-2(9), Golden Bks.) Random Hse. Children's Bks.

Mi Little Golden Book Sobre Sonia Sotomayor. Silvia López. Illus. by Nomar Perez. 2022. (Little Golden Book Ser.). 24p. (J). (-k). 5.99 (978-0-593-42877-1(3), Golden Bks.) Random Hse. Children's Bks.

Mi Loca Familia Salva el Colegio. Chris Higgins. 2017. (SPA.). 148p. (J). (gr. 3-5). pap. 9.99 (978-84-683-2483-8(3)) Edebé ESP. Dist: Lectorum Pubns., Inc.

Mi Mamá Es Incredible My Mom Is Awesome (Spanish English Children's Book) Bilingual Spanish Book for Kids. Shelley Admont & S. a Publishing. 2016. (Spanish English Bilingual Collection). (SPA., Illus.). 34p. (J). (gr. 1-4). pap. (978-1-5259-0863-7(4)) Kidkiddos Bks.

Mi Mamá Es Incredible My Mom Is Awesome (Spanish English Children's Book) Bilingual Spanish English Books for Kids. Shelley Admont & S. a Publishing. 2016. (Spanish English Bilingual Collection). (SPA., Illus.). 34p. (J). (gr. 1-4). (978-1-5259-0851-4(0)) Kidkiddos Bks.

Mi Mamá Es Increíble My Mom Is Awesome: Spanish English. Shelley Admont & Kidkiddos Books. 2nd ed. 2019. (Spanish English Bilingual Collection). (SPA., Illus.). 34p. (J). (gr. 1-4). pap. (978-1-5259-1155-2(4)) Kidkiddos Bks.

Mi Mamá Es la Bomba / My Mom Is the Bomb: the Illustrated Mom. Jacqueline Wilson. 2019. (SPA.). 304p. (J). (gr. 4-7). pap. 12.95 (978-607-31-7953-9(7), B De Blook) Penguin Random House Grupo Editorial ESP. Dist: Penguin Random Hse. LLC.

Mi Mamá Puede Programar: Carreras en Computación, 1 vol. Sheri Lang. 2017. (Computación Científica en el Mundo Real (Computer Science for the Real World) Ser.). (SPA.). 16p. (J). (gr. 2-3). pap. (978-1-5383-5648-7(1), 455a164f-0a15-402f-884e-68c2488446bc, Rosen Classroom) Rosen Publishing Group, Inc., The.

Mi Mascota. Petra Craddock. 2016. (Early Rising Readers Ser.). (SPA.). 16p. (J). (gr. 1). 6.67 (978-1-4788-3744-2(6)) Newmark Learning LLC.

Mi Mascota: Leveled Reader Book17 Level a 6 Pack. Hmh Hmh. 2021. (SPA.). 16p. (J). pap. 74.40 (978-0-358-08146-3(7)) Houghton Mifflin Harcourt Publishing Co.

Mi Mascota - 6 Pack. Petra Craddock. 2016. (Early Rising Readers Ser.). (SPA.). (J). (gr. 1). 40.00 net. (978-1-4788-4687-1(9)) Newmark Learning LLC.

Mi Melena Es Corta e Hirsuta (Hyena) Jessica Rudolph. 2016. (Pistas de Animales 2/Zoo Clues 2 Ser.). (SPA.). 24p. (J). (gr. -1-3). 26.99 (978-1-944102-76-0(0)) Bearport Publishing Co., Inc.

Mi Mi Al Mo Fang. Yifen Zhou. 2016. (CHI.). (J). (978-986-91815-7-0(0)) Heryin Cultural Co., Ltd.

Mi Mi Bu Xiang Hua Hua. Yifen Zhou. 2016. (CHI.). (J). (978-986-91815-94-0(8)) Heryin Cultural Co., Ltd.

Mi Mini Biografía (My Itty-Bitty Bio) (Set), 10 vols. 2018. (My Early Library: Mi Mini Biografía (My Itty-Bitty Bio) Ser.). (SPA., Illus.). 24p. (J). (gr. k-1). 306.40 (978-1-5341-2860-6(3), 212016); pap., pap., pap. 127.86 (978-1-5341-3196-5(5), 212017) Cherry Lake Publishing.

Mi Mitón. Linda Koons. Illus. by J. J. Rudisill. 2016. (Early Rising Readers Ser.). (SPA.). (J). (gr. -1). 6.67 (978-1-4788-3660-5(1)) Newmark Learning LLC.

Mi Mitón - 6 Pack. Linda Koons. 2016. (Early Rising Readers Ser.). (SPA.). (J). (gr. 1). 40.00 net. (978-1-4788-4603-1(8)) Newmark Learning LLC.

Mi Monito. Mary Lindeen. Illus. by Joanna Czernichowska. 2016. (Early Rising Readers Ser.). (SPA.). 16p. (J). (gr. 1-1). 6.67 (978-1-4788-4178-4(8)) Newmark Learning LLC.

Mi Monito - 6 Pack. Mary Lindeen. 2016. (Early Rising Readers Ser.). (SPA.). (J). (gr. 1). 40.00 net. (978-1-4788-4757-1(3)) Newmark Learning LLC.

Mi Monstruo y Yo. Valentina Toro. 2021. (SPA.). 208p. (J). pap. 14.95 (978-607-07-7563-5(5)) Editorial Planeta, S. A. ESP. Dist: Two Rivers Distribution.

Mi Mundo: My World (Spanish Edition) Margaret Wise Brown. Illus. by Clement Hurd. 2021. (SPA.). 40p. (J). (gr. -1 — 1). pap. 7.99 (978-0-06-307517-7(2)) HarperCollins Español.

Mi Mundo / My World, 12 vols. 2022. (Mi Mundo / My World Ser.). (SPA & ENG.). 24p. (J). (gr. k-k). lib. bdg. 151.62 (978-1-5383-8775-7(1), 17c7e033-2ab1-4918-a248-ae283fc961e4, PowerKids Pr.) Rosen Publishing Group, Inc., The.

Mi Mundo Board Book: My World Board Book (Spanish Edition) Margaret Wise Brown. Illus. by Clement Hurd. 2021. (SPA.). 36p. (J). (gr. -1 — 1). bds. 8.99 (978-0-06-307518-4(0)) HarperCollins Español.

Mi Mundo Estudios Sociales Texas. 2016. (SPA.). (J). pap. (978-0-328-81354-4(0)) Pearson Education Canada.

Mi Mundo (My World), 12 vols. 2022. (Mi Mundo (My World) Ser.). (SPA.). 24p. (J). (gr. k-k). lib. bdg. 151.62 (978-1-5383-8772-6(7), f4606cb6-2894-4717-8515-010b98ca2d92, PowerKids Pr.) Rosen Publishing Group, Inc., The.

Mi Navidad. Lismar Marcano. 2022. (SPA.). 36p. (J). pap. 15.00 (978-1-0880-5923-4(6)) Indy Pub.

Mi Navidad. Lismar Marcano & Adriana Franco. 2022. (SPA.). 36p. (J). pap. 15.00 (978-1-0880-7271-4(2)) Indy Pub.

Mi Nueva Mascota: Leveled Reader Book4 Level a 6 Pack. Hmh Hmh. 2021. (SPA.). 16p. (J). pap. 74.40 (978-0-358-08133-3(5)) Houghton Mifflin Harcourt Publishing Co.

Mi Nuevo Bebé/My New Baby. Tr. by Teresa Mlawer. Illus. by Rachel Fuller. ed. 2018. (New Baby Spanish/English Edition Ser.: 4). 12p. (J). bds. (978-1-78628-151-7(1)) Child's Play International Ltd.

Mi Nuevo Colegio Apesta. Rebecca Elliott. 2017. (SPA.). 28p. (J). (gr. k-2). 13.99 (978-958-30-5230-9(2)) Panamericana Editorial COL. Dist: Lectorum Pubns., Inc.

Mi Nuevo Jardin del Traspatio see My New Backyard Garden

Mi Organigrama Científico: Seguir Instrucciones, 1 vol. Vanessa Flores. 2017. (Computación Científica en el Mundo Real (Computer Science for the Real World) Ser.). (SPA.). 24p. (J). (gr. 3-4). pap. (978-1-5383-5764-4(X), f319d3f9-746f-4390-817e-e232eb5ddc78, Rosen Classroom) Rosen Publishing Group, Inc., The.

Mi Organigrama Científico: Seguir Instrucciones (My Science Flowchart: Following Instructions), 1 vol. Vanessa Flores. 2017. (Niños Digitales: Superdotados con Pensamiento Computacional (Computer Kids: Powered by Computational Thinking) Ser.). (SPA.). 24p. (J). (gr. 3-4). 25.27 (978-1-5383-2885-9(2), 73e1d322-a641-4681-891e-afd730130e5e, PowerKids Pr.) Rosen Publishing Group, Inc., The.

Mi Oso. Petra Craddock. Illus. by Laura Zarrin. 2016. (Early Rising Readers Ser.). (SPA.). 16p. (J). (gr. 1-1). 6.67 (978-1-4788-3742-8(X)) Newmark Learning LLC.

Mi Oso - 6 Pack. Petra Craddock. 2016. (Early Rising Readers Ser.). (SPA.). (J). (gr. 1). 40.00 net. (978-1-4788-4685-7(2)) Newmark Learning LLC.

Mi Oso Grande, Mi Oso Pequeño y Yo. Margarita del Mazo. Illus. by Rocio Bonilla. 2019. (ENG.). 36p. (J). 16.95 (978-84-17123-49-9(0)) NubeOcho Ediciones ESP. Dist: Consortium Bk. Sales & Distribution.

Mi Papá Desarrolla Software: Carreras en Computación, 1 vol. Rachael Morlock. 2017. (Computación Científica en el Mundo Real (Computer Science for the Real World) Ser.). (SPA.). 24p. (J). (gr. 4-5). pap. (978-1-5383-5857-3(3), 51801ef3-4011-47e8-bedd-a55585388448, Rosen Classroom) Rosen Publishing Group, Inc., The.

Mi Papá Desarrolla Software: Carreras en Computación (My Dad Develops Software: Careers in Computers), 1 vol. Rachael Morlock. 2017. (Niños Digitales: Superdotados con Pensamiento Computacional (Computer Kids: Powered by Computational Thinking) Ser.). (SPA.). 24p. (J). (gr. 4-5). 25.27 (978-1-5383-2917-7(4), 5220b103-2d73-4295-8743-28c22f856fa4, PowerKids Pr.) Rosen Publishing Group, Inc., The.

Mi Papá Es un Mono Alocado. Dianne Hofmeyr. 2017. (SPA.). 40p. (J). (gr. -1-2). 16.95 (978-84-9145-016-0(5)) Ediciones Obelisco ESP. Dist: Spanish Pubs., LLC.

Mi Papá y Mamá Están Solteros (My Single Parent) Julie Murray. (Ésta Es Mi Familia Ser.).Tr. of My Single Parent. (SPA.). 24p. (J). 2022. (gr. k-k). pap. 8.95 (978-1-64494-746-3(3), Abdo Kids-Junior); 2021. (gr. -1-2). lib. bdg. 31.36 (978-1-0982-6059-0(7), 38234, Abdo Kids) ABDO Publishing Co.

Mi Papá y Su Cometa. Valentina Migliore & Veronica D. Slater. 2019. (SPA.). 34p. (J). pap. (978-1-9990247-1-0(0)) Gauvin, Jacques.

Mi Papi Tiene una Moto. Isabel Quintero. Illus. by Zeke Peña. ed. 2019. 40p. (J). (gr. -1-3). 18.99 (978-0-525-55494-3(7), Kokila) Penguin Young Readers Group.

Mi Pariente Más Cercano. Marguerite Tiberti. 2017. (SPA.). 44p. (J). (gr. 1-2). pap. 18.99 (978-958-30-5180-7(2)) Panamericana Editorial COL. Dist: Lectorum Pubns., Inc.

Mi Pastor: Salmos 23. Dave And Linda Wager. Tr. by Sara Wager. 2020. (My Shepherd Ser.: Vol. 3). (SPA., Illus.). 30p. (J). pap. 10.00 (978-1-7328241-2-6(6)) Silver Birch Ranch Pr.

Mi Pelota. Audrey Bea. Illus. by Jenna Johnston. 2021. (Reading Stars Ser.). (ENG.). 24p. (J). (gr. k-2). 21.99 (978-1-5324-2932-3(0)); pap. 12.99 (978-1-5324-2931-6(2)) Xist Publishing.

Mi Peonza. Pilar Serrano. 2020. (SPA.). 44p. (J). (gr. k-2). 27.99 (978-84-120520-3-9(X)) Vicens-Vives, Editorial, S.A. ESP. Dist: Lectorum Pubns., Inc.

Mi Pequeña Linky. Ana L. Aragon. Illus. by Alysah Fuentes. 2021. (SPA.). 32p. (J). 26.99 (978-1-6628-2230-8(8)); pap. 14.99 (978-1-6628-2229-2(4)) Salem Author Services.

Mi Pequeño Pato. Britta Teckentrup. 2017. (SPA.). 16p. (J). (gr. -1 — 1). 11.95 (978-84-9145-046-7(7)) Ediciones Obelisco ESP. Dist: Spanish Pubs., LLC.

Mi Perrito: Leveled Reader Book 37 Level B 6 Pack. Hmh Hmh. 2021. (SPA.). 16p. (J). pap. 74.40 (978-0-358-08165-4(3)) Houghton Mifflin Harcourt Publishing Co.

Mi Perro. Jaclyn Nunez. 2016. (Early Rising Readers Ser.). (SPA.). 16p. (J). (gr. 1). 6.67 (978-1-4788-3754-1(3)) Newmark Learning LLC.

Mi Perro - 6 Pack. Jaclyn Nunez. 2016. (Early Rising Readers Ser.). (SPA.). (J). (gr. 1). 40.00 net. (978-1-4788-4697-0(6)) Newmark Learning LLC.

Mi Perro Pequeño. Judy Kentor Schmauss. 2016. (Early Rising Readers Ser.). (SPA.). (J). (gr. -1). 6.67 (978-1-4788-3695-7(4)) Newmark Learning LLC.

Mi Perro Pequeño - 6 Pack. Judy Kentor Schmauss. 2016. (Early Rising Readers Ser.). (SPA.). (J). (gr. 1). 40.00 net. (978-1-4788-4638-3(0)) Newmark Learning LLC.

Mi Perro Solo Habla Español. Andrea Cáceres. Illus. by Andrea Cáceres. 2023. (SPA.). 32p. (J). (-k). 17.99 (978-1-5362-2988-2(1)) Candlewick Pr.

Mi Perro Sombrita: Leveled Reader Book 62 Level S 6 Pack. Hmh Hmh. 2021. (SPA.). 32p. (J). pap. 74.40 (978-0-358-08542-3(X)) Houghton Mifflin Harcourt Publishing Co.

Mi Piace Aiutare: I Love to Help (Italian Edition) Shelley Admont & S. a Publishing. 2016. (Italian Bedtime Collection). (ITA., Illus.). (J). (gr. k-3). (978-1-77268-871-9(1)); pap. (978-1-77268-870-2(3)) Shelley Admont Publishing.

Mi Piace Aiutare I Love to Help: Italian English Bilingual Book. Shelley Admont & Kidkiddos Books. 2nd ed. 2020. (Italian English Bilingual Collection). (ITA., Illus.). 32p. (J). (gr. k-3). (978-1-5259-2656-3(X)); pap. (978-1-5259-2286-2(6)) Kidkiddos Bks.

Mi Piace Aiutare I Love to Help: Italian English Bilingual Edition. Shelley Admont & S. a Publishing. 2016. (Italian English Bilingual Collection). (ITA., Illus.). (J). (gr. k-3). (978-1-77268-992-1(0)); pap. (978-1-77268-991-4(2)) Shelley Admont Publishing.

Mi Plan D. Andrea Smith. 2017. (SPA.). 440p. (YA). (gr. 9-12). pap. 21.99 (978-84-16820-75-7(9)) Plataforma Editorial SL ESP. Dist: Lectorum Pubns., Inc.

Mi Plan de Ahorro: Leveled Reader Card Book 39 Level Q 6 Pack. Hmh Hmh. 2021. (SPA.). (J). pap. 74.40 (978-0-358-08521-8(7)) Houghton Mifflin Harcourt Publishing Co.

Mi Prima Lili (My Cousin Lili - Spanish Book) Amy Lightfoot. 2017. (SPA., Illus.). (J). (gr. k-2). pap. 12.00 (978-0-692-92873-8(1)) LiliArte.

Mi Primer Amor, un Gran Error. Nahuel a Lopez. 2017. (SPA., Illus.). 188p. (J). pap. (978-987-26291-3-7(7)) Palabras.

Mi Primer Atlas Del Mundo (Children's Illustrated Atlas) DK. 2023. (SPA.). 128p. (J). (gr. 2-4). 18.99 (978-0-7440-8914-1(X), DK Children) Dorling Kindersley Publishing, Inc.

Mi Primer Diccionario Inglés-Español. Eleonora Barsotti. 2019. (SPA.). 120p. (J). 22.99 (978-84-9786-672-9(X)) Edimat Libros, S. A. ESP. Dist: Lectorum Pubns., Inc.

Mi Primer Emocionómetro. Susanna Isern. Illus. by Mónica Carretero. 2022. (SPA.). 22p. (J). bds. 12.99 (978-84-18599-19-4(7)) NubeOcho Ediciones ESP. Dist: Consortium Bk. Sales & Distribution.

Mi Primer Gran Libro de Colorear para Infantiles: Libro de Actividades para niños de 1 a 3 años 46 Páginas de Dibujo para Su Infantile, Actividades Divertidas, Aprendizaje de Números y Letras para Sus Hijos. Jenu Fumigenu. 2021. (SPA.). 100p. (J). pap. 14.99 (978-1-716-22551-2(5)) Lulu Pr., Inc.

Mi Primer Larousse de Cuentos. Hans Christian Anderson & Charles Perrault. 2019. (SPA.). 240p. (J). (gr. k-2). pap. 9.99 (978-607-21-0612-3(9)) Larousse, Ediciones, S. A. de C. V. MEX. Dist: Independent Pubs. Group.

Mi Primer Larousse de Francés. Ediciones Larousse EDICIONES LAROUSSE. 2020. (SPA.). 144p. (J). (gr. k-2). pap. 11.00 (978-607-21-2044-0(X)) Larousse, Editions FRA. Dist: Independent Pubs. Group.

Mi Primer Larousse de Los Dinosaurios. Benoît Delalandre. 2019. (SPA.). 160p. (J). (gr. k-2). pap. 9.99 (978-607-21-0614-7(5)) Larousse, Ediciones, S. A. de C. V. MEX. Dist: Independent Pubs. Group.

Mi Primer Larousse de Príncipes y Princesas. Hans Christian Anderson. 2019. (SPA.). 192p. (J). (gr. k-2). pap. 9.99 (978-607-21-0610-9(2)) Larousse, Ediciones, S. A. de C. V. MEX. Dist: Independent Pubs. Group.

Mi Primer Libro Colorear. Marissa O'Starrie. 2021. (SPA.). 144p. (J). pap. 11.95 (978-1-008-99795-0(1)) Lulu Pr., Inc.

Mi Primer Libro de Amor (My Art Book of Love) (Spanish Edition) Shana Gozansky. 2019. (ENG.). (J). (gr. -1 — 1). bds. 19.95 (978-0-7148-7875-1(8)) Phaidon Pr., Inc.

Mi Primer Libro de Animales (the Bedtime Book of Animals) Todo lo Que Quieres Saber de Tus Animales Preferidos. DK. 2023. (SPA., Illus.). 144p. (J). (-k). 16.99 (978-0-7440-7918-0(7), DK Children) Dorling Kindersley Publishing, Inc.

Mi Primer Libro de Colorear: Libro de Dibujar para Los Más Pequeños - el Regalo Perfecto para niños y niñas - Diseños únicos Que Ayudan a Desarrollar la Creatividad. B D Andy Bradradrei. 2021. (SPA.). 84p. (J). pap. 12.20 (978-0-946218-48-6(X)) Pearson Learning Solutions.

Mi Primer Libro de Fisica Cuantica. Sheddad Kaid-Salah Ferrón. 2018. (SPA.). 46p. (J). (gr. 3-6). (978-84-261-4478-2(0)) Juventud, Editorial.

Mi Primer Libro de Negocios. Tony Paez. 2019. (SPA.). 38p. (J). pap. (978-0-359-77455-5(5)) Lulu Pr., Inc.

Mi Primer Libro de Plastilina. 2021. (SPA.). 64p. (J). (gr. 2-4). 20.99 (978-84-662-4124-3(8)) Editorial Libsa, S.A. ESP. Dist: Lectorum Pubns., Inc.

Mi Primer Libro de Sueño (My Art Book of Sleep) (Spanish Edition) Shana Gozansky. 2019. (ENG., Illus.). 50p. (J). (gr. -1 — 1). bds. 19.95 (978-0-7148-7918-5(5)) Phaidon Pr., Inc.

Mi Primer Libro para Colorear: Increíble Libro para Colorear para niños Pequeños y niños de 2, 3, 4 y 5 años, Mi Primer Gran Libro para Colorear, Animales para niños Pequeños. Lenard Vinci Press. 2020. (SPA.). 250p. (J). pap. 15.99 (978-1-716-36261-3(X)) Lulu Pr., Inc.

Mi Primer Libro Sobre el Cuerpo Humano: My Very First Body Book. Matthew Oldham. 2019. (My Very First Bks.). (SPA.). 30ppp. (J). 11.99 (978-0-7945-4809-4(1), Usborne) EDC Publishing.

Mi Primer Libro Sobre el Espacio(My Very First Space Book) Emily Bone. 2019. (My First Bks.). (SPA.). 30p. (J). 11.99 (978-0-7945-4611-3(0), Usborne) EDC Publishing.

Mi Primer Libro Sobre Nuestro Planeta(My Very 1St Our World Book) Matthew Oldham. 2019. (My First Bks.). (SPA.). 30p. (J). 11.99 (978-0-7945-4612-0(9), Usborne) EDC Publishing.

Mi Primer Mascotas Bilingüe see My First Bilingual Pets

Mi Primer Misal Interactivo. Jennifer Sharpe. 2020. (SPA.). (J). bds. 14.99 (978-1-950784-44-8(4)) Ascension Pr.

Mi Primer Paseo a al playa / My First Trip to the Beach (Set), 8 vols. 2019. (Mi Primer Paseo / My First Trip Ser.). (ENG & SPA., Illus.). 24p. (J). (gr. 1-1). lib. bdg. 101.08 (978-1-7253-0586-1(0), aaebdd3e-ba2c-4abd-987b-4baba9daed01, PowerKids Pr.) Rosen Publishing Group, Inc., The.

Mi Primer Paseo a la Ciudad / My First Trip to a City, 1 vol. Greg Roza. 2019. (Mi Primer Paseo / My First Trip Ser.). (ENG & SPA.). 24p. (gr. 1-1). 25.27 (978-1-7253-0461-1(9), 76ef5883-af45-4490-89a3-081fad7a812e, PowerKids Pr.) Rosen Publishing Group, Inc., The.

Mi Primer Paseo a la Ciudad (My First Trip to a City), 1 vol. Greg Roza. 2019. (Mi Primer Paseo (My First Trip) Ser.). (SPA.). 24p. (gr. 1-1). 25.27 (978-1-7253-0477-2(5), def279f1-5f7f-4adc-8f2e-17ff2dd0bba4); pap. 9.25 (978-1-7253-0475-8(9), 47f4f90f-ce3c-4695-8330-5aa22c1ce90c) Rosen Publishing Group, Inc., The. (PowerKids Pr.).

Mi Primer Paseo a la Granja / My First Trip to a Farm, 1 vol. Greg Roza. 2019. (Mi Primer Paseo / My First Trip Ser.). (ENG & SPA.). 24p. (gr. 1-1). 25.27 (978-1-7253-0463-5(5), a73f0ce0-052b-4a2e-9b30-e3423eb1fb74, PowerKids Pr.) Rosen Publishing Group, Inc., The.

Mi Primer Paseo a la Granja (My First Trip to a Farm), 1 vol. Greg Roza. 2019. (Mi Primer Paseo (My First Trip) Ser.). (SPA.). 24p. (gr. 1-1). 25.27 (978-1-7253-0481-9(3), a773f7ea-6c35-4459-a447-607ad510a9cb); pap. 9.25 (978-1-7253-0479-6(1), 85c6a225-4238-4bfa-b023-13bbcba530be) Rosen Publishing Group, Inc., The. (PowerKids Pr.).

Mi Primer Paseo a la Playa / My First Trip to the Beach, 1 vol. Greg Roza. 2019. (Mi Primer Paseo / My First Trip Ser.). (ENG & SPA.). 24p. (gr. 1-1). 25.27 (978-1-7253-0465-9(1), 31eadb44-6fd2-4fbe-b298-06c208f44fea, PowerKids Pr.) Rosen Publishing Group, Inc., The.

Mi Primer Paseo a la Playa (My First Trip to the Beach), 1 vol. Greg Roza. 2019. (Mi Primer Paseo (My First Trip) Ser.). (SPA.). 24p. (gr. 1-1). 25.27 (978-1-7253-0485-7(6), ab41fbee-71b8-42fc-a873-2af25e0a81a7); pap. 9.25 (978-1-7253-0483-3(X), 192832c8-6a32-4150-aab2-ea9523b7bb53) Rosen Publishing Group, Inc., The. (PowerKids Pr.).

Mi Primer Paseo (My First Trip) (Set), 8 vols. 2019. (Mi Primer Paseo (My First Trip) Ser.). (SPA., Illus.). 24p. (J). (gr. 1-1). lib. bdg. 101.08 (978-1-7253-0517-5(8), 374064bc-1d74-4c9e-8d82-056491a024ec, PowerKids Pr.) Rosen Publishing Group, Inc., The.

Mi Primer Paso al Mundo Real - Fuerzas y Movimiento (First Step Nonfiction - Forces & Motion), 5 vols., Set. Robin Nelson. Tr. by Translations.com Staff. Incl. Cómo Se Mueven Las Cosas. lib. bdg. 23.93 (978-0-8225-7811-6(5)); Empujar y Jalar. lib. bdg. 23.93 (978-0-8225-7810-9(7)); Flotar y Hundirse. lib. bdg. 23.93 (978-0-8225-7808-6(5)); Gravedad. lib. bdg. 23.93 (978-0-8225-7807-9(7)); Los Imanes. lib. bdg. 23.93 (978-0-8225-7809-3(3)); (Illus.). 24p. (gr. k-2). 2007. (SPA.). 2007. Set lib. bdg. 93.00 (978-0-8225-7806-2(9), Ediciones Lerner) Lerner Publishing Group.

Mi Primer Quijote. Antoni Romeu. 2019. (SPA.). 160p. (J). (gr. k-2). 17.99 (978-607-21-1273-5(0)) Larousse, Ediciones, S. A. de C. V. MEX. Dist: Independent Pubs. Group.

Mi Primer Toca, Toca Animales(Baby's Very 1St Touchy-Feely Animals) Fiona Watt. 2019. (Baby's Very First Bks.). (SPA.). 10p. (J). 7.99 (978-0-7945-4589-5(0), Usborne) EDC Publishing.

Mi Primer Tractor Bilingüe see My First Bilingual Tractors

Mi Primera Biblia. J. A. Reisch. Illus. by Natasha Rimmington. 2016. (SPA.). (J). (978-1-5064-2103-2(2)) 1517 Media.

Mi Primera Biblia / the Lion Storyteller Bible. Bob Hartman. Illus. by Krisztina Kallai Nagy. 2018. (SPA.). 160p. (J). (gr. k-4). 15.95 (978-1-945540-53-0(2)) Penguin Random House Grupo Editorial ESP. Dist: Penguin Random Hse. LLC.

Mi Primera Biblia en Cuadros: Edición Del 30 Aniversario30th Anniversary Edition. Kenneth N. Taylor. ed. 2022. Orig. Title: My First Bible in Pictures. (SPA.). 256p. (J). 12.99 (978-1-4964-5269-6(0), 20_33724, Tyndale Kids) Tyndale Hse. Pubs.

Mi Primera Biblia Ilustrada / My First Bible. Sophie Piper. Illus. by Emily Bolam. 2018. (SPA.). 224p. (J). (-k). 15.95 (978-1-945540-50-9(8)) Penguin Random House Grupo Editorial ESP. Dist: Penguin Random Hse. LLC.

Mi Primera Biblia (My Very First Bible Stories) DK. 2020. Orig. Title: My Very First Bible Stories. (SPA.). 48p. (J). (-k). bds. 9.99 (978-0-7440-3124-9(9), DK Children) Dorling Kindersley Publishing, Inc.

Mi Primera Biblia para Memorizar, 1 vol. Jacob Vium-Olesen. Illus. by Sandrine L'amour. 2019. (SPA.). 48p. (J). bds. 12.99 (978-1-4041-1012-0(7)) Grupo Nelson.

Mi Primera Biblia y Mis Primeras Oraciones. Ed. by Parragon Books. 2019. (SPA.). 384p. (J). (gr. -1-2). 14.99 (978-1-68052-577-9(8), 2000070-SLA, Parragon Books) Cottage Door Pr.

Mi Primera Enciclopedia / My First Encyclopedia. Varios Varios autores. 2023. (SPA.). 304p. (J). (gr. 2-5). 16.95 (978-987-3612-55-8(6)) El Gato de Hojalata ARG. Dist: Penguin Random Hse. LLC.

MI PRIMERA LIBRERÍA DISNEY BABY M1L. Disney Baby. 2018. (SPA.). (J). pap. (978-1-5037-3337-4(8)) Phoenix Publishing House.

Mi Primera Visita a la Biblioteca / My First Trip to the Library, 1 vol. Greg Roza. 2019. (Mi Primer Paseo / My First Trip Ser.). (ENG & SPA.). 24p. (gr. 1-1). 25.27 (978-1-7253-0581-6(X), b4f931b3-59b7-4ad4-a483-5eda5590b2d2, PowerKids Pr.) Rosen Publishing Group, Inc., The.

Mi Primera Visita a la Biblioteca (My First Trip to the Library), 1 vol. Greg Roza. 2019. (Mi Primer Paseo (My First Trip) Ser.). (SPA.). 24p. (gr. 1-1). 25.27 (978-1-7253-0489-5(9), d4cdbe06-f228-4322-b072-56ee1f634ea9); pap. 9.25 (978-1-7253-0487-1(2), bc96a595-5e48-4697-9998-10c9d36f1f43) Rosen Publishing Group, Inc., The. (PowerKids Pr.).

Mi Proyecto de Ciencias: Resolver el Problema, 1 vol. Dwayne Booker. 2017. (Computación Científica en el Mundo Real (Computer Science for the Real World) Ser.). (SPA.). 16p. (J). (gr. 2-3). pap. (978-1-5383-5610-4(4), 674e4e58-d674-41fa-ba3f-dafa85731923, Rosen Classroom) Rosen Publishing Group, Inc., The.

Mi Raton Bufon. Irma Ilia Terron Tamez. Illus. by Frank Joseph Ortiz Bello. 2018. (SPA.). 34p. (J). pap. 11.99 (978-1-881741-74-9(5)) Ediciones Eleos.

Mi Reino Por un Caballo. Ana Maria MacHado. (SPA.). pap. 11.95 (978-950-07-2222-3(4)) Editorial Sudamericana S.A. ARG. Dist: Distribooks, Inc.

Mi Ropa see My Clothes

Mi Segunda Oportunidad. María Martínez. 2019. (SPA.). 88p. (J). (978-0-244-54041-8(1)) Lulu Pr., Inc.

Mi Sombra Es Rosa / My Shadow Is Pink. Scott Stuart. 2022. (SPA.). 32p. (J). (gr. k-3). 17.95

1324

The check digit for ISBN-10 appears in parentheses after the full ISBN-13

(978-607-38-0644-2(2), Beascoa) Penguin Random House Grupo Editorial ESP. Dist: Penguin Random Hse. LLC.

Mi Supercamión. Elena O'Callaghan i Duch. 2019. (SPA.). 128p. (J). (gr. 3-5). pap. 15.99 *(978-84-949396-6-2(1))* Ediciones DiQueSi ESP. Dist: Lectorum Pubns., Inc.

Mi Tío Pachunga / My Uncle Pachunga. Jose Ignacio Valenzuela. 2019. (SPA.). 176p. (J). (gr. 3-7). pap. 10.95 *(978-607-31-6603-4(6)*, Alfaguara) Penguin Random House Grupo Editorial ESP. Dist: Penguin Random Hse. LLC.

Mi Trineo. Linda Koons. Illus. by Joanna Czernichowska. 2016. (Early Rising Readers Ser.). (SPA.). (J). (gr. -1). 6.67 *(978-1-4788-3687-2(3))* Newmark Learning LLC.

Mi Trineo - 6 Pack. Linda Koons. 2016. (Early Rising Readers Ser.). (SPA.). (J). (gr. 1). 40.00 net. *(978-1-4788-4630-7(5))* Newmark Learning LLC.

Mi Vaca (My Cow) Candice Letkeman. 2021. (SPA.). 24p. (J). lib. bdg. 28.55 *(978-1-7911-3533-1(1))* Weigl Pubs., Inc.

Mi Vecina Es una Bruja? Carmen. Gil. 2018. (SPA.). (J). bds. *(978-84-9845-182-5(5))* Algar Editorial, Feditres, S.L.

Mi Vecindario: Ciencia Theme. 2016. (Early Rising Readers Ser.). (SPA.). (J). (gr. 1-2). 109.00 *(978-1-4788-5169-1(4))* Newmark Learning LLC.

Mi Vecindario: Desarrollo Físico Theme. 2016. (Early Rising Readers Ser.). (SPA.). (J). (gr. 1-2). 109.00 *(978-1-4788-5139-4(2))* Newmark Learning LLC.

Mi Vecindario: Desarrollo Social y Emocional Theme. 2016. (Early Rising Readers Ser.). (SPA.). (J). (gr. 1-2). 109.00 *(978-1-4788-5129-5(5))* Newmark Learning LLC.

Mi Vecindario: Estudios Sociales Theme. 2016. (Early Rising Readers Ser.). (SPA.). (J). (gr. 1-2). 109.00 *(978-1-4788-5159-2(7))* Newmark Learning LLC.

Mi Vecindario: Expresión Creativa Theme. 2016. (Early Rising Readers Ser.). (SPA.). (J). (gr. 1-2). 109.00 *(978-1-4788-5179-0(1))* Newmark Learning LLC.

Mi Vecindario: Matemática Theme. 2016. (Early Rising Readers Ser.). (SPA.). (J). (gr. 1-2). 109.00 *(978-1-4788-5149-3(X))* Newmark Learning LLC.

Mi Vecino Alienígena 1: el Chico Nuevo. A. I. Newton. Tr. by Nuria Mendoza Olivares. Illus. by Anjan Sarkar. 2022. (Alien Next Door Ser.). (SPA.). 112p. (J). (gr. k-3). pap. 5.99 *(978-1-4998-1259-6(0))* Little Bee Books Inc.

Mi Vecino Alienígena 2: ¿¡Los Alienígenas Vienen a Cenar!? A. I. Newton. Tr. by Nuria Mendoza Olivares. Illus. by Anjan Sarkar. 2022. (Alien Next Door Ser.). (SPA.). 112p. (J). (gr. k-3). pap. 5.99 *(978-1-4998-1266-4(3))* Little Bee Books Inc.

Mi Vecino Alienígena 3: el Explorador Alienígena. A. I. Newton. Tr. by Nuria Mendoza Olivares. Illus. by Anjan Sarkar. 2023. (Alien Next Door Ser.). (SPA.). 112p. (J). (gr. k-3). pap. 5.99 ***(978-1-4998-1531-3(X))*** Little Bee Books Inc.

Mi Vecino Alienígena 4: ¿Truco o Trampa? A. I. Newton. Tr. by Nuria Mendoza Olivares. Illus. by Anjan Sarkar. 2023. (Alien Next Door Ser.). (SPA.). 112p. (J). (gr. k-3). pap. 5.99 ***(978-1-4998-1533-7(6))*** Little Bee Books Inc.

Mi Vecino Es Stripper / My Neighbor Is a Stripper. Melissa Hall. 2022. (Wattpad. Clover Ser.). (SPA.). 384p. (YA). (gr. 7). pap. 18.95 *(978-607-38-1304-4(X)*, Montena) Penguin Random House Grupo Editorial ESP. Dist: Penguin Random Hse. LLC.

Mi Vecino Paco (My Neighbor Frankie) Ignacio Sanz Ignacio Sanz. 2020. (SPA., Illus.). 24p. (J). (gr. k-3). 16.95 *(978-84-16733-85-9(6))* Cuento de Luz SL ESP. Dist: Publishers Group West (PGW).

Mi Venganza. Tomás Navarro. 2022. (SPA.). 98p. (YA). pap. 14.95 ***(978-1-6624-8939-6(0))*** Page Publishing Inc.

Mi Verano Sin Béisbol y Otros Desastres: Leveled Reader Book 37 Level N 6 Pack. Hmh Hmh. 2021. (SPA.). 48p. (J). pap. 74.40 *(978-0-358-08433-4(4))* Houghton Mifflin Harcourt Publishing Co.

Mi Viaje a Boston: Trabajar Al Mismo Tiempo, 1 vol. Emiliya King. 2017. (Computación Científica en el Mundo Real (Computer Science for the Real World) Ser.). (SPA.). 24p. (J). (gr. 3-4). pap. *(978-1-5383-5767-5(4)*, 6d49b445-54d9-4644-95cb-ec7245e17a74, Rosen Classroom) Rosen Publishing Group, Inc., The.

Mi Viaje a Boston: Trabajar Al Mismo Tiempo (My Trip to Boston: Working at the Same Time), 1 vol. Emiliya King. 2017. (Niños Digitales: Superdotados con Pensamiento Computacional (Computer Kids: Powered by Computational Thinking) Ser.). (SPA.). 24p. (J). (gr. 3-4). 25.27 *(978-1-5383-2886-6(0)*, b67d5abf-f699-43cd-bd28-fa7a3e7c4f63, PowerKids Pr.) Rosen Publishing Group, Inc., The.

Mi Visita Al Doctor. Cara Florance & Jon Florance. 2021. 32p. (J). (gr. -1-k). pap. 6.99 *(978-1-7282-4082-4(4))* Sourcebooks, Inc.

Mia. Chantal Desjardins. Illus. by Chantal Desjardins. 2023. 30p. (J). (FRE.). pap. ***(978-0-2288-9617-3(7))***; (ENG.). ***(978-0-2288-9382-0(8))***; (ENG.). pap. ***(978-0-2288-9381-3(X))*** Tellwell Talent.

Mia: Problem at the Play. Olesya Krems. 2022. (ENG.). 34p. (J). *(978-0-2288-6715-9(0))*; pap. *(978-0-2288-6714-2(2))* Tellwell Talent.

Mia - My Incredible Adventures on the Titanic Dyslexic Edition: Dyslexic Font. Emily Thuysbaert. Illus. by Pat Thuysbaert. 2020. (ENG.). 34p. (J). (gr. k-6). 19.99 *(978-1-64372-548-2(3))* MacLaren-Cochrane Publishing.

Mia & Alice & the Book of Spirits. Mia Penyalow. 2020. (ENG.). 92p. (YA). pap. *(978-0-6489709-2-7(2))* Wada Penyalow Pty Ltd.

Mia & Alice & the Forbidden Forest. Mia Penyalow. 2021. (ENG.). 152p. (J). pap. *(978-0-6489709-1-0(4))* Wada Penyalow Pty Ltd.

MIA & Dove's Bedtime Story. Felice S C. 2023. (ENG.). 46p. (J). pap. 10.99 ***(978-1-955050-22-7(8))*** Right Side Publishing.

Mia & the Crystal Tulip. Veronique Marilley. 2019. (ENG.). 222p. (J). *(978-1-5255-2832-3(7))*; pap. *(978-1-5255-2833-0(5))* FriesenPress.

Mia & the Hummingbird. Nancy Carlisle. Illus. by Nancy Carlisle. 2021. (ENG.). 36p. (J). pap. 12.95 *(978-1-7361182-0-7(X))* SageGreenPr.

Mia & the Monsters Search for Colours: Bilingual Inuktitut & English Edition. Neil Christopher. Illus. by Sigmundur Thorgeirsson. 2022. (Arvaaq Bks.). (ENG.). 16p. (J). bds. 12.95 *(978-1-77450-242-6(9))* Inhabit Education Bks. Inc. CAN. Dist: Consortium Bk. Sales & Distribution.

Mia & the Monsters Search for Shapes: Bilingual Inuktitut & English Edition. Neil Christopher. Illus. by Sigmundur Thorgeirsson. 2021. (Arvaaq Bks.). (ENG.). 16p. (J). bds. 12.50 *(978-1-77450-243-3(7))* Inhabit Education Bks. Inc. CAN. Dist: Consortium Bk. Sales & Distribution.

Mia & the Monsters: the Monsters Help Out: English Edition. Neil Christopher. Illus. by Sigmundur Thorgeirsson. 2020. (Arvaaq Bks.). (ENG.). 44p. (J). 18.95 *(978-1-77450-041-5(8))* Inhabit Education Bks. Inc. CAN. Dist: Consortium Bk. Sales & Distribution.

MIA & the Rocket Ship Tree. Boaz Gavish. Illus. by Boaz Gavish. 2018. (ENG., Illus.). 44p. (J). *(978-1-9997532-1-4(6))*; pap. *(978-1-9997532-2-1(4))* Koalabo Publishing.

Mia Can See Patterns. Margo Gates. Illus. by Carol Herring. 2019. (Science All Around Me (Pull Ahead Readers — Fiction) Ser.). (ENG.). 16p. (J). (gr. -1-1). pap. 8.99 *(978-1-5415-7334-5(X)*, 650ab410-cd4b-4d14-85f3-8f036213e2e0, Lerner Pubns.) Lerner Publishing Group.

MIA el Origen de Las Estirpes. Rafa Burgos Granados. 2017. (SPA., Illus.). 340p. (J). pap. *(978-0-244-91159-1(2))* Lulu Pr., Inc.

Mia Fairy & the Pirates. Beverly Fearon. (ENG.). 76p. (J). 2023. 30.99 ***(978-1-68547-100-2(5))***; 2022. pap. 19.99 ***(978-1-68547-099-9(8))*** WordHse.

Mia Finds Her Magic. Devon Cogman. 2020. (ENG.). (J). 56p. pap. 15.00 *(978-1-953507-30-3(1))*; (Illus.). 34p. pap. 15.00 *(978-1-953507-00-6(X))* Brightlings.

MIA Goes to Jamaica. Warren Landrum. 2018. (ENG., Illus.). 34p. (J). 17.95 *(978-0-9787355-7-9(9))*; pap. 10.95 *(978-0-9787355-8-6(7))* Landrum, Warren.

Mia Hamm: A Kid's Book about a Developing a Mentally Tough Attitude & Hard Work Ethic. Mary Nhin. Illus. by Yuliia Zolotova. 2022. (Mini Movers & Shakers Ser.: Vol. 27). (ENG.). 38p. (J). 19.99 ***(978-1-63731-467-8(1))*** Grow Grit Pr.

Mia I Love You All Ways. Marianne Richmond. Illus. by Dubravka Kolanovic. 2023. (I Love You All Ways Ser.). (ENG.). 32p. (J). (gr. -1-3). 8.99 ***(978-1-7282-7401-0(X))*** Sourcebooks, Inc.

Mia in the Mix, 2. Coco Simon. ed. 2022. (Cupcake Diaries). (ENG.). 155p. (J). (gr. 3-7). 22.96 ***(978-1-68505-724-4(1))*** Penworthy Co., LLC, The.

Mia in the Mix: #2. Coco Simon. Illus. by Laura Roode & Abigail Halpin. 2023. (Cupcake Diaries). (ENG.). 152p. (J). (gr. 3-7). lib. bdg. 32.79 ***(978-1-0982-5192-5(X)***, 42651, Chapter Bks.) Spotlight.

Mia in the Mix the Graphic Novel. Coco Simon. Illus. by Glass House Glass House Graphics. 2022. (Cupcake Diaries: the Graphic Novel Ser.: 2). (ENG.). 160p. (J). (gr. 3-7). 20.99 *(978-1-6659-1416-1(5))*; pap. 11.99 *(978-1-6659-1415-4(7))* Simon Spotlight. (Simon Spotlight).

MIA la Destrucción Del Hechizo Balban. Rafa Burgos Granados. 2018. (SPA.). 336p. (J). pap. *(978-0-244-13345-0(X))* Lulu Pr., Inc.

Mia Mae the Meower. Lisa Miskovetz. 2021. (ENG., Illus.). 44p. (J). 23.95 *(978-1-64654-277-2(0))*; pap. 13.95 *(978-1-64654-275-8(4))* Fulton Bks.

MIA Magica. Penelope Anne Cole. Illus. by Kevin Scott Collier. 2018. (SPA.). 42p. (J). pap. 9.50 *(978-1-943196-13-5(3))* Magical Bk. Works.

Mia Mayhem 4 Books In 1! Mia Mayhem Is a Superhero!; Mia Mayhem Learns to Fly!; Mia Mayhem vs. the Super Bully; Mia Mayhem Breaks down Walls. Kara West. Illus. by Leeza Hernandez. 2022. (Mia Mayhem Ser.). (ENG.). 496p. (J). (gr. k-4). 14.99 *(978-1-6659-1384-3(3)*, Little Simon) Little Simon.

Mia Mayhem & the Cat Burglar. Kara West. Illus. by Leeza Hernandez. 2022. (Mia Mayhem Ser.: 12). (ENG.). 128p. (J). (gr. k-4). 17.99 *(978-1-6659-1722-3(9))*; pap. 6.99 *(978-1-6659-1721-6(0))* Little Simon. (Little Simon).

Mia Mayhem & the Super Family Field Day. Kara West. Illus. by Leeza Hernandez. 2020. (Mia Mayhem Ser.: 9). (ENG.). 128p. (J). (gr. k-4). 17.99 *(978-1-5344-7721-6(7))*; pap. 5.99 *(978-1-5344-7720-9(9))* Little Simon. (Little Simon).

Mia Mayhem & the Super Switcheroo. Kara West. Illus. by Leeza Hernandez. 2021. (Mia Mayhem Ser.: 10). (ENG.). 128p. (J). (gr. k-4). 17.99 *(978-1-5344-8440-5(X))*; pap. 6.99 *(978-1-5344-8439-9(6))* Little Simon. (Little Simon).

Mia Mayhem & the Wild Garden. Kara West. Illus. by Leeza Hernandez. 2023. (Mia Mayhem Ser.: 13). (ENG.). 128p. (J). (gr. k-4). 17.99 *(978-1-6659-1725-4(3))*; pap. 6.99 *(978-1-6659-1724-7(5))* Little Simon. (Little Simon).

Mia Mayhem Breaks down Walls. Kara West. Illus. by Leeza Hernandez. 2019. (Mia Mayhem Ser.: 4). (ENG.). 128p. (J). (gr. k-4). 17.99 *(978-1-5344-4477-5(7))*; pap. 6.99 *(978-1-5344-4476-8(9))* Little Simon. (Little Simon).

Mia Mayhem Breaks down Walls, 4. Kara West. ed. 2020. (Mia Mayhem Ser.). (ENG.). 119p. (J). (gr. k-1). 15.96 *(978-1-64697-311-8(9))* Penworthy Co., LLC, The.

Mia Mayhem Breaks down Walls: #4. Kara West. Illus. by Leeza Hernandez. 2020. (Mia Mayhem Ser.). (ENG.). 128p. (J). (gr. k-4). lib. bdg. 31.36 *(978-1-5321-4751-7(1)*, 36741, Chapter Bks.) Spotlight.

Mia Mayhem Collection #2 (Boxed Set) Mia Mayhem Stops Time!; Mia Mayhem vs. the Mighty Robot; Mia Mayhem Gets X-Ray Specs; Mia Mayhem Steals the Show! Kara West. Illus. by Leeza Hernandez. ed. 2020. (Mia Mayhem Ser.). (ENG.). 512p. (J). (gr. k-4). pap. 23.99 *(978-1-5344-6536-7(7)*, Little Simon) Little Simon.

Mia Mayhem Collection (Boxed Set) Mia Mayhem Is a Superhero!; Mia Mayhem Learns to Fly!; Mia Mayhem vs. the Super Bully; Mia Mayhem Breaks down Walls. Kara West. Illus. by Leeza Hernandez. ed. 2019. (Mia Mayhem Ser.). (ENG.). 512p. (J). (gr. k-4). pap. 27.99 *(978-1-5344-4640-3(0)*, Little Simon) Little Simon.

Mia Mayhem Gets X-Ray Specs. Kara West. Illus. by Leeza Hernandez. 2020. (Mia Mayhem Ser.: 7). (ENG.). 128p. (J). (gr. k-4). 16.99 *(978-1-5344-6101-7(9))*; pap. 6.99 *(978-1-5344-6100-0(0))* Little Simon. (Little Simon).

Mia Mayhem Is a Superhero! Kara West. Illus. by Leeza Hernandez. 2018. (Mia Mayhem Ser.: 1). (ENG.). 128p. (J). (gr. k-4). 16.99 *(978-1-5344-3270-3(1))*; pap. 6.99 *(978-1-5344-3269-7(8))* Little Simon. (Little Simon).

Mia Mayhem Is a Superhero!: #1. Kara West. Illus. by Leeza Hernandez. 2020. (Mia Mayhem Ser.). (ENG.). 128p. (J). (gr. k-4). lib. bdg. 31.36 *(978-1-5321-4748-7(1)*, 36738, Chapter Bks.) Spotlight.

Mia Mayhem Learns to Fly! Kara West. Illus. by Leeza Hernandez. 2018. (Mia Mayhem Ser.: 2). (ENG.). 128p. (J). (gr. k-4). 17.99 *(978-1-5344-3273-4(6))*; pap. 6.99 *(978-1-5344-3272-7(8))* Little Simon. (Little Simon).

Mia Mayhem Learns to Fly!: #2. Kara West. Illus. by Leeza Hernandez. 2020. (Mia Mayhem Ser.). (ENG.). 128p. (J). (gr. k-4). lib. bdg. 31.36 *(978-1-5321-4749-4(X)*, 36739, Chapter Bks.) Spotlight.

Mia Mayhem Rides the Waves. Kara West. Illus. by Leeza Hernandez. 2021. (Mia Mayhem Ser.: 11). (ENG.). 128p. (J). (gr. k-4). 17.99 *(978-1-5344-8443-6(4))*; pap. 6.99 *(978-1-5344-8442-9(6))* Little Simon. (Little Simon).

Mia Mayhem Rides the Waves, 11. Kara West. Illus. by Leeza Hernandez. 2019. (MIA Mayhem Ser.: Vol. 11). (ENG.). 128p. (J). (gr. k-4). lib. bdg. 16.80 *(978-1-6636-3361-3(4))* Perfection Learning Corp.

Mia Mayhem (Set), 6 vols. Kara West. Illus. by Leeza Hernandez. 2020. (Mia Mayhem Ser.). (ENG.). 128p. (J). (gr. k-4). lib. bdg. 188.16 *(978-1-5321-4747-0(3)*, 36737, Chapter Bks.) Spotlight.

Mia Mayhem Steals the Show! Kara West. Illus. by Leeza Hernandez. 2020. (Mia Mayhem Ser.: 8). (ENG.). 128p. (J). (gr. k-4). 17.99 *(978-1-5344-6724-8(6))*; pap. 6.99 *(978-1-5344-6723-1(8))* Little Simon. (Little Simon).

Mia Mayhem Stops Time! Kara West. Illus. by Leeza Hernandez. 2019. (Mia Mayhem Ser.: 5). (ENG.). 128p. (J). (gr. k-4). 17.99 *(978-1-5344-4943-5(4))*; pap. 5.99 *(978-1-5344-4942-8(6))* Little Simon. (Little Simon).

Mia Mayhem Stops Time!, 5. Kara West. ed. 2020. (Mia Mayhem Ser.). (ENG.). 119p. (J). (gr. k-1). 15.96 *(978-1-64697-312-5(7))* Penworthy Co., LLC, The.

Mia Mayhem Stops Time!: #5. Kara West. Illus. by Leeza Hernandez. 2020. (Mia Mayhem Ser.). (ENG.). 128p. (J). (gr. k-4). lib. bdg. 31.36 *(978-1-5321-4752-4(X)*, 36742, Chapter Bks.) Spotlight.

Mia Mayhem Ten-Book Collection (Boxed Set) Mia Mayhem Is a Superhero!; Learns to Fly!; vs. the Super Bully; Breaks down Walls; Stops Time!; vs. the Mighty Robot; Gets X-Ray Specs; Steals the Show!; & the Super Family Field Day; & the Super Switcheroo. Kara West. Illus. by Leeza Hernandez. ed. 2022. (Mia Mayhem Ser.). (ENG.). 1280p. (J). (gr. k-4). pap. 59.99 *(978-1-6659-0794-1(0)*, Little Simon) Little Simon.

Mia Mayhem vs. the Mighty Robot. Kara West. Illus. by Leeza Hernandez. 2019. (Mia Mayhem Ser.: 6). (ENG.). 128p. (J). (gr. k-4). 17.99 *(978-1-5344-4946-6(9))*; pap. 6.99 *(978-1-5344-4945-9(0))* Little Simon. (Little Simon).

Mia Mayhem vs the Mighty Robot, 6. Kara West. ed. 2020. (Mia Mayhem Ser.). (ENG.). 121p. (J). (gr. k-1). 15.96 *(978-1-64697-313-2(5))* Penworthy Co., LLC, The.

Mia Mayhem vs. the Mighty Robot: #6. Kara West. Illus. by Leeza Hernandez. 2020. (Mia Mayhem Ser.). (ENG.). 128p. (J). (gr. k-4). lib. bdg. 31.36 *(978-1-5321-4753-1(8)*, 36743, Chapter Bks.) Spotlight.

Mia Mayhem vs. the Super Bully. Kara West. Illus. by Leeza Hernandez. 2019. (Mia Mayhem Ser.: 3). (ENG.). 128p. (J). (gr. k-4). 17.99 *(978-1-5344-4474-4(2))*; pap. 6.99 *(978-1-5344-4473-7(4))* Little Simon. (Little Simon).

Mia Mayhem vs. the Super Bully: #3. Kara West. Illus. by Leeza Hernandez. 2020. (Mia Mayhem Ser.). (ENG.). 128p. (J). (gr. k-4). lib. bdg. 31.36 *(978-1-5321-4750-0(3)*, 36740, Chapter Bks.) Spotlight.

Mia Measures Up. Coco Simon. 2017. (Cupcake Diaries: 30). (ENG., Illus.). 160p. (J). (gr. 3-7). pap. 7.99 *(978-1-4814-7903-5(2)*, Simon Spotlight) Simon Spotlight.

MIA Measures Up. Coco Simon. 2017. 122p. (J). *(978-1-5379-5017-4(7)*, Simon Spotlight) Simon Spotlight.

Mia Measures Up. Coco Simon. ed. 2017. (Cupcake Diaries: 30). lib. bdg. 17.20 *(978-0-606-40209-5(8))* Turtleback.

Mia Moves Out. Miranda Paul. Illus. by Paige Keiser. 2018. 32p. (J). (gr. -1-2). 16.99 *(978-0-399-55332-5(0))*, Knopf Bks. for Young Readers) Random Hse. Children's Bks.

Mia on the North Pole Express. J. D. Green. Illus. by Joanne Partis. 2022. (North Pole Express Bears Ser.). (ENG.). 32p. (J). (gr. -1-3). 7.99 ***(978-1-7282-6963-4(6))*** Sourcebooks, Inc.

Mia on the North Pole Express. J. D. Green. 2019. (North Pole Express Ser.). (ENG.). 32p. (J). (gr. -1-3). 7.99 ***(978-1-7282-0370-6(8))*** Sourcebooks, Inc.

Mia Santa's Secret Elf. Put Me In The Story & Katherine Sully. Illus. by Julia Seal. 2018. (Santa's Secret Elf Ser.). (ENG.). 32p. (J). (gr. k-3). 5.99 *(978-1-4926-8165-6(2))* Sourcebooks, Inc.

Mia the Mermaid: Looking at Data, 1 vol. Dwayne Booker. 2017. (Computer Science for the Real World Ser.). (ENG.). 12p. (gr. 1-2). pap. *(978-1-5383-5122-2(6)*, 0340a020-b157-4358-95c0-60de6eb4f513, Rosen Classroom) Rosen Publishing Group, Inc., The.

Mia the Toothless Wonder. Crystal Wesley. 2019. (ENG.). 34p. (J). pap. ***(978-0-359-48934-3(6))*** Lulu Pr., Inc.

Mia 'Twas the Night Before Christmas. Illus. by Lisa Alderson. 2019. (Night Before Christmas Ser.). (ENG.). 32p. (J). (gr. -1-3). 7.99 ***(978-1-7282-0263-1(9))*** Sourcebooks, Inc.

Miami. Lisa Truesdale. 2018. (Illus.). 24p. (J). *(978-1-4896-9479-9(X)*, AV2 by Weigl) Weigl Pubs., Inc.

Miami Dolphins. Kenny Abdo. 2021. (NFL Teams Ser.). (ENG., Illus.). 32p. (J). (gr. 2-8). lib. bdg. 32.79 *(978-1-0982-2470-7(1)*, 37174, Abdo Zoom-Fly) ABDO Publishing Co.

Miami Dolphins. Josh Anderson. 2022. (Professional Football Teams Ser.). (ENG.). 32p. (J). (gr. 2-5). lib. bdg. 35.64 *(978-1-5038-5767-4(0)*, 215741, Stride) Child's World, Inc, The.

Miami Dolphins, 1 vol. Dave Campbell & Dan Myers. 2016. (NFL up Close Ser.). (ENG., Illus.). 32p. (J). (gr. 3-9). lib. bdg. 32.79 *(978-1-68078-222-6(3)*, 22047, SportsZone) ABDO Publishing Co.

Miami Dolphins. Nate Cohn. 2018. (Illus.). 24p. (J). *(978-1-4896-5561-5(1)*, AV2 by Weigl) Weigl Pubs., Inc.

Miami Dolphins. Tony Hunter. 2019. (Inside the NFL Ser.). (ENG., Illus.). 48p. (J). (gr. 3-6). lib. bdg. 34.21 *(978-1-5321-1855-5(4)*, 32579, SportsZone) ABDO Publishing Co.

Miami Dolphins. Contrib. by Joanne Mattern. 2023. (NFL Team Profiles Ser.). (ENG., Illus.). (J). (gr. 3-7). lib. bdg. 26.95 Bellwether Media.

Miami Dolphins. Jim Whiting. rev. ed. 2019. (NFL Today Ser.). (ENG.). 48p. (J). (gr. 4-7). pap. 12.00 *(978-1-62832-711-3(1)*, 19052, Creative Paperbacks) Creative Co., The.

Miami Dolphins All-Time Greats. Ted Coleman. 2022. (NFL All-Time Greats Set 2 Ser.). (ENG., Illus.). 24p. (J). (gr. 3-3). pap. 8.95 *(978-1-63494-448-9(8))*; lib. bdg. 28.50 *(978-1-63494-431-1(3))* Pr. Room Editions LLC.

Miami Dolphins Story. Thomas K. Adamson. 2016. (NFL Teams Ser.). (ENG., Illus.). 32p. (J). (gr. 3-7). lib. bdg. 26.95 *(978-1-62617-371-2(0)*, Torque Bks.) Bellwether Media.

Miami Heat. Jim Gigliotti. 2019. (Insider's Guide to Pro Basketball Ser.). (ENG.). 32p. (J). (gr. 1-4). lib. bdg. 35.64 *(978-1-5038-2457-7(8)*, 212274) Child's World, Inc, The.

Miami Heat. Tom Glave. 2022. (Inside the NBA (2023) Ser.). (ENG., Illus.). 48p. (J). (gr. 3-6). lib. bdg. 34.22 *(978-1-5321-9833-5(7)*, 39771, SportsZone) ABDO Publishing Co.

Miami Heat. Michael E. Goodman. 2018. (NBA Champions Ser.). (ENG.). 24p. (J). (gr. 1-4). pap. 8.99 *(978-1-62832-577-5(1)*, 19824, Creative Paperbacks); lib. bdg. *(978-1-64026-022-1(6)*, 19806, Creative Education) Creative Co., The.

Miami Heat. Jim Whiting. 2017. (NBA: a History of Hoops Ser.). (ENG., Illus.). 48p. (J). (gr. 4-7). *(978-1-60818-850-5(7)*, 20255, Creative Education) Creative Co., The.

Miami Heat. Jim Whiting. 2nd ed. 2017. (NBA: a History of Hoops Ser.). (ENG., Illus.). 48p. (J). (gr. 4-7). pap. 12.00 *(978-1-62832-453-2(8)*, 20256, Creative Paperbacks) Creative Co., The.

Miami Heat All-Time Greats. Contrib. by Ted Coleman. 2023. (NBA All-Time Greats Set 2 Ser.). (ENG., Illus.). 24p. (J). (gr. 3-3). pap. 8.95 *(978-1-63494-621-6(9))*; lib. bdg. 28.50 *(978-1-63494-603-2(0))* Pr. Room Editions LLC.

Miami Marlins. Patrick Donnelly. 2022. (Inside MLB Ser.). (ENG., Illus.). 48p. (J). (gr. 3-6). lib. bdg. 34.21 *(978-1-0982-9022-1(4)*, 40801, SportsZone) ABDO Publishing Co.

Miami Marlins. Jim Whiting. (Creative Sports: Major League Baseball Ser.). (ENG.). 32p. (J). 2021. (gr. 4-7). *(978-1-64026-308-6(X)*, 17790, Creative Education); 2020. (gr. 3-5). pap. 9.99 *(978-1-62832-840-0(1)*, 17791, Creative Paperbacks) Creative Co., The.

Mian & His Toy Car - Mian Ma Ana Kaa N Takaakaro (Te Kiribati) Bintonga Mikaere. Illus. by Romulo Reyes, III. 2023. (ENG.). 34p. (J). pap. ***(978-1-922795-79-3(8))*** Library For All Limited.

Mia's Bad Day, 1 vol. Laurie Friedman. Illus. by Gal Weizman. 2022. (Super Starz Ser.). (ENG.). 48p. (J). (gr. 2-4). lib. bdg. *(978-1-0396-4593-6(3)*, 16327, Leaves Chapter Books) Crabtree Publishing Co.

Mia's Bad Day, 1 vol. Laurie Friedman & Gal Weizman. 2022. (Super Starz Ser.). (ENG., Illus.). 48p. (J). (gr. 2-4). pap. *(978-1-0396-4720-6(0)*, 17333, Leaves Chapter Books) Crabtree Publishing Co.

Mia's Baker's Dozen: #6. Coco Simon. Illus. by Laura Roode & Abigail Halpin. 2023. (Cupcake Diaries). (ENG.). 128p. (J). (gr. 3-7). lib. bdg. 32.79 ***(978-1-0982-5196-3(2)***, 42655, Chapter Bks.) Spotlight.

Mia's Boiling Point: #10. Coco Simon. Illus. by Laura Roode & Abigail Halpin. 2023. (Cupcake Diaries). (ENG.). 152p. (J). (gr. 3-7). lib. bdg. 32.79 ***(978-1-0982-5200-7(4)***, 42659, Chapter Bks.) Spotlight.

Mia's Christmas Wish. Put Me In The Story & J. D. Green. Illus. by Julia Seal. 2018. (Christmas Wish Ser.). (ENG.). 32p. (J). (gr. k-3). 6.99 ***(978-1-4926-8350-6(7))*** Sourcebooks, Inc.

Mia's Dream. Jenesis M. Soukup & John H. Morgan. Illus. by Marshal Uhls. 2018. (Ppi Young Enterprise Ser.: Vol. 1). (ENG.). 52p. (J). 19.99 *(978-0-578-42588-7(2))* iCreate Publishing.

Mia's Family. Elliot Riley. Illus. by Srimalie Bassani. 2017. (All Kinds of Families Ser.). (ENG.). 24p. (gr. -1-2). pap. 9.95 *(978-1-68342-411-6(5)*, 9781683424116) Rourke Educational Media.

Mia's Life: Fan Takeover!: Social Media Star Mia Fizz. Mia Fizz & Lidia Fernandez Abril. Illus. by Stephanie Yue. 2021. (Mia's Life Ser.: 1). (ENG.). 176p. (J). (gr. 4-8). pap. 7.99 *(978-1-7282-3600-1(2))* Sourcebooks, Inc.

Mia's Life: Sister Disaster. Mia Fizz. Illus. by Lidia Fernandez Abril & Stephanie Yue. 2022. (Mia's Life Ser.: 3). (ENG.). 144p. (J). (gr. 4-8). pap. 7.99 *(978-1-7282-3606-3(1))* Sourcebooks, Inc.

Mia's Life: Best Friends for Never. Mia Fizz. Illus. by Lidia Fernandez Abril & Stephanie Yue. 2022. (Mia's Life Ser.: 2). (ENG.). 144p. (J). (gr. 4-8). pap. 7.99 *(978-1-7282-5753-2(0))* Sourcebooks, Inc.

Mia's Mission to Be a Mathematician! Lisa Goodson. 2019. (ENG., Illus.). 32p. (J). (gr. -1-3). 23.95 *(978-1-64559-717-9(2))*; pap. 13.95 *(978-1-64300-581-2(2))* Covenant Bks.

Mia's Mission to Be a Politician. Lisa H. Goodson. 2021. (ENG.). 46p. (J). 25.95 *(978-1-64468-843-4(3))*; pap. 15.95 *(978-1-64468-842-7(5))* Covenant Bks.

Mia's Reflections. Ginger Marks. Illus. by Deg Philip. 2019. (ENG.). 40p. (J). (gr. k-3). pap. 14.99 *(978-1-937801-94-6(2)*, DP Kids Pr.) DocUmeant Publishing.

Mia's Special Place. Michelle Wanasundera. Illus. by Ayan Saha. 2023. (ENG.). 26p. (J). pap. ***(978-1-922991-26-3(0))*** Library For All Limited.

Mia's Special Place. Michelle Wanasundera. Illus. by Keishart Illustrator. 2022. (ENG.). 26p. (J). pap. ***(978-1-922876-97-3(6))*** Library For All Limited.

Mia's Special Place - Mahali Pa Kipekee Pa Fatuma. Michelle Wanasundera. Illus. by Ayan Saha. 2023. (SWA.). 26p. (J). pap. ***(978-1-922951-43-4(9))*** Library For All Limited.

Mia's Sweet Surprises. Coco Simon. 2021. (Cupcake Diaries: 34). (ENG.). 160p. (J). (gr. 3-7). 17.99 *(978-1-5344-8544-0(9))*; (Illus.). pap. 6.99 *(978-1-5344-8543-3(0))* Simon Spotlight. (Simon Spotlight).

Mia's Wish. J. J. Landis. Illus. by Cara Burns. 2018. (ENG.). 34p. (J). pap. 9.95 *(978-1-7320463-0-6(1))* Three Chucks.

Mia's World of Imagination: Seven Days of Adventures. Rakefet Zahor Dahan. Illus. by Lior Dahan. 2021. (ENG.). 44p. (J). *(978-1-5255-9989-7(5))*; pap. *(978-1-5255-9988-0(7))* FriesenPress.

Micah Clarke: His Statement As Made to His Three Grandchildren, Joseph, Gervas & Reuben, During the Hard Winter of 1734 (Classic Reprint) Arthur Conan Doyle. 2018. (ENG., Illus.). 606p. (J). 36.40 *(978-0-666-85909-9(4))* Forgotten Bks.

Micah Johnson Goes West. Sean Kennedy. 2017. (Get Out Ser.: Vol. 2). (ENG., Illus.). (YA). 25.99 *(978-1-64080-343-5(2)*, Harmony Ink Pr.) Dreamspinner Pr.

Micah Mckinney & the Boys of Summer. Nina Chapman. 2020. (ENG.). 320p. (J). (gr. 3-7). 16.95 *(978-1-68446-090-8(5)*, 141246, Capstone Editions) Capstone.

Micah's Super Vlog: Just Chill. Andy McGuire. 2019. (Micah's Super Vlog Ser.: 4). (ENG., Illus.). 240p. (J). (gr. 3-7). pap. 6.99 *(978-1-5460-2659-4(2)*, Jelly Telly Pr.) FaithWords.

Micah's Super Vlog: the Big Fail. Andy McGuire. 2019. (Micah's Super Vlog Ser.: 2). (ENG.). 224p. (J). (gr. 3-7). pap. 6.99 *(978-1-5460-3464-3(1)*, Jelly Telly Pr.) FaithWords.

Micah's Super Vlog: to Sketch a Thief. Andy McGuire. 2019. (Micah's Super Vlog Ser.: 3). (ENG., Illus.). 240p. (J). (gr. 3-7). pap. 6.99 *(978-1-5460-2657-0(6)*, Jelly Telly Pr.) FaithWords.

Micaylah & the Never Never. E. H. Karl. (ENG.). 136p. (YA). (gr. 7-12). 2020. 24.95 *(978-1-0980-6140-1(3))*; 2019. pap. 13.95 *(978-1-64569-338-3(4))* Christian Faith Publishing.

Mice. Quinn M. Arnold. 2018. (Seedlings Ser.). (ENG.). 24p. (J). (gr. -1-k). pap. 8.99 *(978-1-62832-598-0(4)*, 19927, Creative Paperbacks) Creative Co., The.

Mice. Lori Dittmer. 2018. (Seedlings: Backyard Animals Ser.). (ENG.). 24p. (J). (gr. k-2). pap. 8.99 *(978-1-62832-599-7(2)*, 19928, Creative Paperbacks); (gr. -1-k). *(978-1-60818-972-4(4)*, 19919, Creative Education) Creative Co., The.

Mice. Kate Riggs. 2016. (In My Backyard Ser.). (ENG., Illus.). 24p. (J). (gr. 1-3). *(978-1-60818-699-0(7)*, 20593, Creative Education); pap. 8.99 *(978-1-62832-295-8(0)*, 20591, Creative Paperbacks) Creative Co., The.

Mice. Marysa Storm. (Spot Backyard Animals Ser.). (ENG., Illus.). 16p. (J). (gr. -1-2). 2018. pap. 7.99 *(978-1-68152-218-0(7)*, 14749); 2017. 17.95 *(978-1-68151-093-4(6)*, 14630) Amicus.

Mice & the Elephants: Read It Yourself with Ladybird Level 1. Ladybird. 2019. (Read It Yourself with Ladybird Ser.). 32p. (C). (gr. k). 5.99 *(978-0-241-36144-3(3)*, Ladybird) Penguin Bks., Ltd. GBR. Dist: Independent Pubs. Group.

Mice & the Owls. Julie Pryke. Illus. by Humilta Abigail Holmes. 2018. (ENG.). 20p. (J). pap. *(978-1-78645-209-2(X))* Beaten Track Publishing.

Mice at Amsterdam Centraal Station. Mark Kash. 2021. (ENG., Illus.). 34p. (J). pap. 14.95 *(978-1-6624-2964-4(9))* Page Publishing Inc.

Mice Before Christmas: A Mouse House Tale of the Night Before Christmas (Christmas Gift Edition) Anne L. Watson. Illus. by Wendy Edelson. 2021. (ENG.). 38p. (J). 24.00 *(978-1-62035-609-8(0))*; pap. 12.00 *(978-1-62035-608-1(2))* Shepard Pubns. (Skyhook Pr.).

Mice in the City: Around the World. Ami Shin & Jamie Harris. 2018. (Mice in the City Ser.: 0). (Illus.). 40p. (J). (gr. k-3). 19.95 *(978-0-500-65152-0(3)*, 565152) Thames & Hudson.

Mice in the City: London. Ami Shin. 2018. (Mice in the City Ser.: 0). (Illus.). 32p. (J). (gr. k-5). 19.95 *(978-0-500-65129-2(9)*, 565129) Thames & Hudson.

Mice in the City: New York. Ami Shin. 2018. (Mice in the City Ser.: 0). (Illus.). 32p. (J). (gr. k-5). 19.95 *(978-0-500-65128-5(0)*, 565128) Thames & Hudson.

Mice of the Round Table #1: a Tail of Camelot. Julie Leung. Illus. by Lindsey Carr. 2016. (Mice of the Round Table Ser.: 1). (ENG.). 304p. (J). (gr. 3-7). 16.99 *(978-0-06-240399-5(0)*, HarperCollins) HarperCollins Pubs.

Mice of the Round Table #2: Voyage to Avalon. Julie Leung. Illus. by Lindsey Carr. 2018. (Mice of the Round Table Ser.: 2). (ENG.). 352p. (J). (gr. 3-7). pap. 6.99 *(978-0-06-240403-9(2)*, HarperCollins) HarperCollins Pubs.

Mice of the Round Table #3: Merlin's Last Quest. Julie Leung. Illus. by Lindsey Carr. 2018. (Mice of the Round Table Ser.: 3). (ENG.). 368p. (J). (gr. 3-7). 16.99 *(978-0-06-240405-3(9)*, HarperCollins) HarperCollins Pubs.

Mice Skating. Annie Silvestro. Illus. by Teagan White. 2017. (Mice Skating Ser.: 1). 32p. (J). (gr. -1). 17.99 *(978-1-4549-1632-1(X))* Sterling Publishing Co., Inc.

Mice to Slice. Joyce Markovics. 2019. (Read & Rhyme Level 1 Ser.). (ENG., Illus.). 16p. (J). (gr. -1-1). 24.21 *(978-1-64280-542-0(4))* Bearport Publishing Co., Inc.

Mice to Slice: Read & Rhyme Level 1. Pearl Markovics & Beth Gambro. 2019. (Illus.). 16p. (J). pap. 6.99 *(978-1-64280-706-6(0))* Bearport Publishing Co., Inc.

Mich & Moose Adventures. Vince Cleghorne. 2018. (ENG., Illus.). 34p. (J). pap. *(978-1-9164577-0-6(3))* Billiard Pr.

Michael: A Holy Ghost Story. C. Y. Davenport. 2020. (ENG.). 176p. (J). pap. 15.95 *(978-1-64701-136-9(1))* Page Publishing Inc.

Michael & Brie (off the Ship) Book Number 2: A Sequel to Dancing with the Stripes. Shirley Ellen Dodding. 2020. (Sequel to Dancing with the Stripes Ser.: Vol. 2). (ENG.). 228p. (YA). pap. *(978-0-2288-4374-0(X))* Tellwell Talent.

Michael & Hannah & the Magic Money Tree. Anthony C. Delauney. 2023. (ENG.). 38p. (J). 18.95 ***(978-1-63755-657-3(8)***, Mascot Kids) Amplify Publishing Group.

Michael & Mo. Sarah Lewis. 2023. (ENG.). 86p. (J). pap. ***(978-1-0358-1329-2(7))*** Austin Macauley Pubs. Ltd.

Michael & Ralph. Jestina Weems. Ed. by Evelyn Bradley. Illus. by Rodney Sanon. 2021. (ENG.). 52p. (J). 21.99 *(978-1-6629-1926-8(3))*; pap. 12.99 *(978-1-6629-1927-5(1))* Gatekeeper Pr.

Michael & Teddy Bear Heaven. Kathi Linz. 2019. (ENG., Illus.). 42p. (J). pap. 14.99 *(978-1-951263-55-3(3))* Pen It Pubns.

Michael & the Cheese Puffs. Janet L. Pruett. Illus. by Amy Rottinger. 2021. (ENG.). 24p. (J). pap. 13.95 *(978-1-63765-119-3(8))* Halo Publishing International.

Michael & the Drain Dog. Kathi Linz. 2020. (Michael Ser.: Vol. 5). (ENG.). 44p. (J). pap. 14.99 *(978-1-954004-49-8(4))* Pen It Pubns.

Michael & the Not Me's! Kathi Linz. 2019. (Michael's Adventures Ser.: Vol. 1). (ENG., Illus.). 52p. (J). pap. 16.99 *(978-1-951263-97-3(9))* Pen It Pubns.

Michael & the Snowman. Kathi Linz. Illus. by Sanghamitra Dasgupta. 2020. (Michael Ser.: Vol. 4). (ENG.). 56p. (J). pap. 15.99 *(978-1-952894-27-5(1))* Pen It Pubns.

Michael & the Sock Snake. Kathi Linz. 2019. (ENG., Illus.). 56p. (J). pap. 16.99 *(978-1-951263-98-0(7))* Pen It Pubns.

Michael & Theodora: A Russian Story (Classic Reprint) Amelia E. Barr. 2018. (ENG., Illus.). 178p. (J). 27.57 *(978-0-483-87692-7(5))* Forgotten Bks.

Michael B. Jordan. Celina McManus. 2020. (Influential People Ser.). (ENG., Illus.). 32p. (J). (gr. 4-6). pap. 7.95 *(978-1-4966-6587-4(2)*, 142265); lib. bdg. 28.65 *(978-1-5435-9080-7(2)*, 141400) Capstone.

Michael Benson: Trapped in a Volcano. Virginia Loh-Hagan. 2019. (True Survival Ser.). (ENG., Illus.). 32p. (J). (gr. 4-8). pap. 14.21 *(978-1-5341-3985-5(0)*, 212769); lib. bdg. 32.07 *(978-1-5341-4329-6(7)*, 212768) Cherry Lake Publishing. (45th Parallel Press).

Michael Carmichael: A Story of Love & Mystery (Classic Reprint) Miles Sandys. (ENG., Illus.). (J). 2018. 336p. 30.85 *(978-0-365-04641-7(8))*; 2017. pap. 13.57 *(978-0-282-30666-3(8))* Forgotten Bks.

Michael Cassidy, Sergeant (Classic Reprint) H. C. McNeile. (ENG., Illus.). (J). 2018. 222p. 28.48 *(978-0-267-73242-5(2))*; 2017. pap. 10.97 *(978-0-259-29277-7(X))* Forgotten Bks.

Michael (Classic Reprint) E. F. Benson. (ENG., Illus.). (J). 2018. 370p. 31.53 *(978-0-483-33463-2(4))*; 2016. pap. 13.97 *(978-1-334-15836-0(3))* Forgotten Bks.

Michael (Classic Reprint) Henry De La Pasture. (ENG., Illus.). (J). 2018. 394p. 32.04 *(978-0-428-24445-3(9))*; 2017. pap. 16.57 *(978-1-5276-9202-2(7))* Forgotten Bks.

Michael Collins: Discovering History's Heroes. James Buckley, Jr. 2019. (Jeter Publishing Ser.). (ENG.). 160p. (J). (gr. 2-5). 18.99 *(978-1-5344-2480-7(6))*; (Illus.). pap. 7.99 *(978-1-5344-2479-1(2))* Simon & Schuster Children's Publishing. (Aladdin).

Michael Collins: Hero & Rebel. Eithne Massey. 2020. (ENG., Illus.). 192p. (J). pap. 12.99 *(978-1-78849-210-2(2))* O'Brien Pr., Ltd., The IRL. Dist: Casemate Pubs. & Bk. Distributors, LLC.

Michael Collins: The Big Fellow. Rod Smith. 2017. (Ireland's Best Known Stories in a Nutshell - Heroes Ser.: Vol. 5). (ENG., Illus.). 50p. (J). pap. *(978-1-78199-875-5(2))* Poolbeg - In A Nutshell.

Michael Collins: Soldier & Peacemaker: Little Libray 6. Kathi Burke & John Burke. 2022. (Little Library: 6). (ENG., Illus.). 32p. (J). 12.95 *(978-0-7171-9410-0(8))* Gill Bks. IRL. Dist: Casemate Pubs. & Bk. Distributors, LLC.

Michael Dahl Presents: Mysteries. Ailynn Collins & Brandon Terrell. 2020. (Michael Dahl Presents: Mysteries Ser.). (ENG.). 72p. (J). (gr. 3-5). 103.96 *(978-1-4965-9725-0(7)*, 199369, Stone Arch Bks.) Capstone.

Michael Dahl Presents: Grimm & Gross. J. E. Bright & Benjamin Harper. 2018. (Michael Dahl Presents: Grimm & Gross Ser.). (ENG.). 64p. (J). (gr. 3-5). 93.28 *(978-1-4965-7334-6(X)*, 28634, Stone Arch Bks.) Capstone.

Michael Dahl Presents: Gross Gods. Blake Hoena. Illus. by Ivica Stevanovic. 2019. (Michael Dahl Presents: Gross Gods Ser.). (ENG.). 64p. (J). (gr. 3-5). pap., pap., pap. 27.80 *(978-1-4965-8514-1(3)*, 29595, Stone Arch Bks.) Capstone.

Michael Dahl Presents: Mysteries: Mysteries. Ailynn Collins & Brandon Terrell. 2020. (Michael Dahl Presents: Mysteries Ser.). (ENG.). 72p. (J). (gr. 3-5). pap., pap., pap. 23.80 *(978-1-4965-9889-9(X)*, 201251, Stone Arch Bks.) Capstone.

Michael Dahl Presents: Scary Stories. Steve Brezenoff & Megan Atwood. 2020. (Michael Dahl Presents: Scary Stories Ser.). (ENG.). 72p. (J). (gr. 3-5). pap., pap., pap. 23.80 *(978-1-4965-9895-0(4)*, 201257, Stone Arch Bks.) Capstone.

Michael Dahl Presents: Screams in Space 4D. Steve Brezenoff & Ailynn Collins. Illus. by Juan Calle Velez. 2019. (Michael Dahl Presents: Screams in Space 4D Ser.). (ENG.). 112p. (J). (gr. 3-5). 163.92 *(978-1-4965-8338-3(8)*, 29321, Stone Arch Bks.) Capstone.

Michael Dahl Presents: Side-Splitting Stories. Megan Atwood et al. Illus. by Ethen Beavers & Christian Cornia. 2020. (Michael Dahl Presents: Side-Splitting Stories Ser.). (ENG.). 72p. (J). (gr. 3-6). pap., pap., pap. 23.80 *(978-1-4965-9219-4(0)*, 29948, Stone Arch Bks.) Capstone.

Michael Dahl's Big Book of Jokes. Michael Dahl et al. Illus. by Anne Haberstroh et al. 2019. (ENG.). 224p. (J). (gr. 1-3). pap., pap., pap. 9.95 *(978-1-4965-8551-6(8)*, 141305, Stone Arch Bks.) Capstone.

Michael Dahl's Really Scary Stories see Cuentos Escalofriantes de Michael Dahl

Michael Dahl's Really Scary Stories. Michael Dahl & Xavier Bonet. 2017. (Michael Dahl's Really Scary Stories Ser.). (ENG., Illus.). 72p. (J). (gr. 1-3). 303.84 *(978-1-4965-4918-1(X)*, 26719, Stone Arch Bks.) Capstone.

Michael Faraday. Margaret Weber. 2019. (ENG., Illus.). 24p. (J). (gr. 3-7). lib. bdg. 28.55 *(978-1-7911-0946-2(2)*, AV2 by Weigl) Weigl Pubs., Inc.

Michael Faraday: He Who Inspired Einstein Biography of a Scientist Grade 5 Children's Biographies. Dissected Lives. 2020. (ENG.). 72p. (J). 24.99 *(978-1-5419-7934-5(6))*; pap. 14.99 *(978-1-5419-5379-6(7))* Speedy Publishing LLC. (Dissected Lives (Auto Biographies)).

Michael Flies to the Moon & Back. Rachel Hodgson. 2020. (ENG., Illus.). 30p. (J). 22.95 *(978-1-64559-479-6(3))*; pap. 12.95 *(978-1-64559-478-9(5))* Covenant Bks.

Michael Forth (Classic Reprint) Mary Johnston. 2017. (ENG., Illus.). (J). 31.55 *(978-0-266-20440-4(6))* Forgotten Bks.

Michael Hague's Treasury of Christmas Carols: Deluxe Edition. Michael Hague. 2021. (ENG., Illus.). 58p. (J). (gr. -1-3). 19.95 *(978-1-4549-4395-2(5))* Sterling Publishing Co., Inc.

Michael I Love You All Ways. Marianne Richmond. Illus. by Dubravka Kolanovic. 2023. (I Love You All Ways Ser.). (ENG.). 32p. (J). (gr. -1-3). 8.99 ***(978-1-7282-7402-7(8))*** Sourcebooks, Inc.

Michael Jackson. K. C. Kelley. 2018. (Amazing Americans: Pop Music Stars Ser.). (ENG.). 24p. (J). (gr. -1-3). lib. bdg. 26.99 *(978-1-68402-679-1(2))* Bearport Publishing Co., Inc.

Michael John Hamilton Edward Paul Vincent Julius J. Caesar Edison Brains, the 3rd's Really Fooled up Day. Gary Bigelow. 2017. (ENG., Illus.). 42p. (J). pap. *(978-1-365-78198-8(4))* Lulu Pr., Inc.

Michael Jordan. Rebecca Felix. 2021. (Checkerboard Biographies Ser.). (ENG., Illus.). 32p. (J). (gr. 3-6). lib. bdg. 32.79 *(978-1-5321-9601-0(6)*, 37416, Checkerboard Library) ABDO Publishing Co.

Michael Jordan. Maria Isabel Sanchez Vegara. Illus. by Lo Harris. 2021. (Little People, BIG DREAMS Ser.: 71). (ENG.). 32p. (J). (gr. -1-2). ***(978-0-7112-5938-6(0)***, Frances Lincoln Children's Bks.) Quarto Publishing Group UK.

Michael Jordan. Katlin Sarantou. Illus. by Jeff Bane. 2021. (My Early Library: My Itty-Bitty Bio Ser.). (ENG.). 24p. (J). (gr. k-1). pap. 12.79 *(978-1-5341-8826-6(6)*, 219039); lib. bdg. 30.64 *(978-1-5341-8686-6(7)*, 219038) Cherry Lake Publishing.

Michael Jordan: A Kid's Book about Not Fearing Failure So You Can Succeed & Be the G. O. A. T. Mary Nhin. Illus. by Yuliia Zolotova. 2021. (Mini Movers & Shakers Ser.: Vol. 12). (ENG.). 40p. (J). 19.99 *(978-1-63731-228-5(8))* Grow Grit Pr.

Michael Jordan: Flying High. Joe Levit. 2020. (Epic Sports Bios (Lerner (tm) Sports) Ser.). (ENG., Illus.). 32p. (J). (gr. 2-5). 30.65 *(978-1-5415-9743-3(5)*, d2e06fc8-7d24-4514-9b00-e18d7a549b5f); pap. 9.99 *(978-1-7284-1340-2(0)*, 4e9c3663-7584-4cdb-89fb-95bc610a2795) Lerner Publishing Group. (Lerner Pubns.).

Michael Jordan & the Chicago Bulls. Tyler Mason. 2018. (Sports Dynasties Ser.). (ENG., Illus.). 48p. (J). (gr. 4-4). pap. 11.95 *(978-1-64185-283-8(6)*, 1641852836); (gr. 3-6). lib. bdg. 34.21 *(978-1-5321-1434-2(6)*, 29078) ABDO Publishing Co. (SportsZone).

Michael Makes Friends at School. Martha E. H. Rustad. Illus. by Paula J. Becker. 2017. (Cloverleaf Books (tm) — off to School Ser.). (ENG.). 24p. (J). (gr. k-2). pap. 8.99 *(978-1-5124-5577-9(6)*, 648c8b2f-0df2-4053-8957-74269cf84acd); lib. bdg. 25.32 *(978-1-5124-3937-3(1)*, 19226f8c-e0b6-46f1-afa6-45b41bb1dc95) Lerner Publishing Group. (Millbrook Pr.).

Michael Makes Maps. Cheryl Womack-Whye. 2020. (ENG.). 30p. (J). pap. 13.95 *(978-1-64584-916-2(3))* Page Publishing Inc.

Michael Mickelstick Helps a Friend. Craig W. Beresin. Illus. by Tincho Schmidt. 2022. (Michael Mickelstick Ser.: Vol. 3). (ENG.). 40p. (J). 19.99 *(978-1-6629-2785-0(1))*; pap. 11.99 *(978-1-6629-2786-7(X))* Gatekeeper Pr.

Michael Mickelstick Saves the Day. Craig W. Beresin. Illus. by Tincho Schmidt. 2021. (ENG.). 38p. (J). 19.99 *(978-1-6629-0899-6(7))*; pap. 10.99 *(978-1-6629-0900-9(4))* Gatekeeper Pr.

Michael Mickelstick's Worst Birthday Ever? Craig W. Beresin. Illus. by Tincho Schmidt. 2021. (Michael Mickelstick Ser.: Vol. 2). (ENG.). 38p. (J). 19.99 *(978-1-6629-1276-4(5))*; pap. 10.99 *(978-1-6629-1277-1(3))* Gatekeeper Pr.

Michael Moon & the Curse of the Troll King. Dean Wood. 2016. (ENG., Illus.). 240p. (J). pap. 11.95 *(978-1-78612-449-4(1)*, a034d180-9fda-43e7-b5b9-cb92e457f89f) Austin Macauley Pubs. Ltd. GBR. Dist: Baker & Taylor Publisher Services (BTPS).

Michael Myers. Kenny Abdo. 2019. (Hollywood Monsters Ser.). (ENG.). 24p. (J). (gr. 2-8). lib. bdg. 31.36 *(978-1-5321-2748-9(0)*, 31703, Abdo Zoom-Fly) ABDO Publishing Co.

Michael o'Halloran (Classic Reprint) Gene Stratton-Porter. 2017. (ENG., Illus.). 580p. (J). 35.86 *(978-0-332-65211-5(4))* Forgotten Bks.

Michael on the North Pole Express. J. D. Green. Illus. by Joanne Partis. 2022. (North Pole Express Bears Ser.). (ENG.). 32p. (J). (gr. -1-3). 7.99 ***(978-1-7282-6964-1(4))*** Sourcebooks, Inc.

Michael on the North Pole Express. J. D. Green. 2019. (North Pole Express Ser.). (ENG.). 32p. (J). (gr. -1-3). 7.99 ***(978-1-7282-0371-3(6))*** Sourcebooks, Inc.

Michael O'Poopie. Kristen Coppolino & Parker Dirvin. 2022. (ENG.). 38p. (J). 15.99 ***(978-1-63937-180-8(X))*** Dorrance Publishing Co., Inc.

Michael Phelps. Jon M. Fishman. 2017. (Sports All-Stars Ser.). (ENG.). 32p. (J). (gr. 2-5). 12.99 *(978-1-5124-5400-0(1)*, Lerner Pubns.); 39.99 *(978-1-5124-5398-0(6)*, Lerner Pubns.); (Illus.). pap. 9.99 *(978-1-5124-5401-7(X)*, c7692f5e-3c98-491b-9751-34f1c4f6d4dd); (Illus.). lib. bdg. 29.32 *(978-1-5124-5396-6(X)*, c4231634-53a0-4a1e-af58-63f53e4c480a, Lerner Pubns.) Lerner Publishing Group.

Michael Phelps. Grace Hansen. 2016. (Olympic Biographies Ser.). (ENG., Illus.). 24p. (J). (gr. -1-2). lib. bdg. 32.79 *(978-1-68080-945-9(8)*, 23355, Abdo Kids) ABDO Publishing Co.

Michael Phelps. Katie Lajiness. 2016. (Big Buddy Olympic Biographies Ser.). (ENG., Illus.). 32p. (J). (gr. 2-5). lib. bdg. 34.21 *(978-1-68078-555-5(9)*, 23597, Big Buddy Bks.) ABDO Publishing Co.

Michael Phelps. Joyce L. Markovics. 2017. (Amazing Americans: Olympians Ser.). (ENG., Illus.). 24p. (J). (gr. -1-3). 26.99 *(978-1-68402-239-7(8))* Bearport Publishing Co., Inc.

Michael Phelps. Matt Scheff. 2016. (Olympic Stars Ser.). (ENG., Illus.). 32p. (J). (gr. 3-9). lib. bdg. 32.79 *(978-1-68078-561-6(3)*, 23805, SportsZone) ABDO Publishing Co.

Michael Phelps. Jon M. Fishman. ed. 2017. (Sports All-Stars (Lerner (tm) Sports) Ser.). (ENG., Illus.). 32p. (J). (gr. 2-5). E-Book 42.65 *(978-1-5124-5397-3(8)*, Lerner Pubns.) Lerner Publishing Group.

Michael Phelps: Greatest Swimmer of All Time, 1 vol. Ryan Nagelhout. 2017. (Breakout Biographies Ser.). (ENG.). 32p. (J). (gr. 4-5). pap. 11.00 *(978-1-5081-6066-3(X)*, 259e5eaa-0b6e-4931-9277-78a8f6e5c59e, PowerKids Pr.) Rosen Publishing Group, Inc., The.

Michael Recycle Meets Borat the Space Cat. Ellie Patterson. Illus. by Alexandra Colombo. 2020. (Michael Recycle Ser.). 24p. (J). (gr. 1-3). 15.99 *(978-1-68405-653-8(5))* Idea & Design Works, LLC.

Michael Recycle's Environmental Adventures. Ellie Wharton. Illus. by Alexandra Colombo & Thom Zahler. 2017. (Michael Recycle Ser.). 88p. (J). (gr. 1-3). 14.99 *(978-1-63140-985-1(9))* Idea & Design Works, LLC.

Michael Rhymes All the Time. Leisa Wallace. 2021. (ENG.). 22p. (J). 20.97 ***(978-1-0879-8688-3(5))*** Indy Pub.

Michael Rosen's Sticky Mcstickstick: the Friend Who Helped Me Walk Again. Michael Rosen. Illus. by Tony Ross. 2022. (ENG.). 40p. (J). (gr. k-4). 18.99 *(978-1-5362-2532-7(0))* Candlewick Pr.

Michael Sanders: And the Destiny of the Qori. Donald Squire. 2019. (ENG.). 252p. (J). (gr. 3-6). pap. 12.99 *(978-1-0878-0293-0(8))* Indy Pub.

Michael Santa's Secret Elf. Put Me In The Story & Katherine Sully. Illus. by Julia Seal. 2018. (Santa's Secret Elf Ser.). (ENG.). 32p. (J). (gr. k-3). 5.99 *(978-1-4926-8166-3(0))* Sourcebooks, Inc.

Michael Schumacher. M. Shumacher. 2020. (ENG.). 118p. (YA). pap. 13.89 *(978-1-716-96249-3(8))* Lulu Pr., Inc.

Michael Strogoff; or, the Courier of the Czar. Jules Vern. 2020. (ENG.). (J). 200p. 17.95 *(978-1-63637-165-8(5))*; 198p. pap. 10.95 *(978-1-63637-164-1(7))* Bibliotech Pr.

Michael, the Lion of Ergakuk (Classic Reprint) William Bamford Burrows. 2017. (ENG., Illus.). (J). 25.07 *(978-0-266-78282-7(5))*; pap. 9.57 *(978-1-5277-6463-7(X))* Forgotten Bks.

Michael, the Married Man, or the Sequel to the History of Michael Kemp: Parts I-II (Classic Reprint) Anne Cox Woodroofe. (ENG., Illus.). (J). 2018. 602p. 36.31 *(978-0-483-84960-0(X))*; 2016. pap. 19.57 *(978-1-334-62248-9(5))* Forgotten Bks.

Michael the Monarch. Cheryl Manley. 2022. (ENG., Illus.). 26p. (J). pap. 12.95 ***(978-1-63985-775-3(3))*** Fulton Bks.

Michael Thomas: NFL Star. Douglas Lynne. 2020. (Pro Sports Stars Ser.). (ENG.). 24p. (J). (gr. 3-3). pap. 8.95 *(978-1-63494-241-6(8)*, 1634942418); lib. bdg. 28.50 *(978-1-63494-223-2(X)*, 163494223X) Pr. Room Editions LLC.

Michael Thwaites's Wife (Classic Reprint) Miriam Michelson. 2018. (ENG., Illus.). 412p. (J). 32.39 *(978-0-483-15875-7(5))* Forgotten Bks.

Michael Tresidder, Vol. 1 Of 2: A Cornish Tale (Classic Reprint) Marwood Tucker. (ENG., Illus.). (J). 2018. 266p. 29.38 *(978-0-483-75342-6(4))*; 2016. pap. 11.97 *(978-1-334-11816-6(7))* Forgotten Bks.

Michael Turner Creations Softcover: Featuring Fathom, Soulfire, & Ekos. Michael Turner et al. Ed. by Frank Mastromauro et al. 2021. (ENG., Illus.). 720p. (YA). pap. 75.00 *(978-1-941511-72-5(4))* Aspen MLT, Inc.

Michael 'Twas the Night Before Christmas. Illus. by Lisa Alderson. 2019. (Night Before Christmas Ser.). (ENG.). 32p. (J). (gr. -1-3). 7.99 ***(978-1-7282-0264-8(7))*** Sourcebooks, Inc.

Michael und das Magische Schwert. Jutta Reisen. 2018. (GER., Illus.). 72p. (J). *(978-3-7469-3305-4(6))*; pap. *(978-3-7469-3304-7(8))* tredition Verlag.

Michael Vey 6: Fall of Hades. Richard Paul Evans. (Michael Vey Ser.: 6). (ENG., Illus.). 352p. (YA). (gr. 7). 2017. pap. 12.99 *(978-1-4814-6983-8(5))*; 2016. 19.99 *(978-1-4814-6982-1(7))* Simon Pulse/Mercury Ink. (Simon Pulse/Mercury Ink).

Michael Vey 7: The Final Spark. Richard Paul Evans. (Michael Vey Ser.: 7). (ENG.). 336p. (YA). (gr. 7). 2018. pap. 12.99 *(978-1-4814-9704-6(9))*; 2017. (Illus.). 19.99 *(978-1-4814-9703-9(0))* Simon Pulse/Mercury Ink. (Simon Pulse/Mercury Ink).

Michael Vey 8: The Parasite. Richard Paul Evans. (Michael Vey Ser.: 8). (ENG.). 352p. (YA). (gr. 7). 2023. pap. 12.99 ***(978-1-6659-1953-1(1))***; 2022. 19.99 *(978-1-6659-1952-4(3))* Simon Pulse. (Simon Pulse).

Michael Vey 9: The Traitor. Richard Paul Evans. 2023. (Michael Vey Ser.: 9). (ENG.). 336p. (YA). (gr. 7). 19.99 ***(978-1-6659-1955-5(8)***, Simon Pulse) Simon Pulse.

Michael Vey Complete Collection Books 1-7 (Boxed Set) Michael Vey; Michael Vey 2; Michael Vey 3; Michael Vey 4; Michael Vey 5; Michael Vey 6; Michael Vey 7. Richard Paul Evans. ed. 2018. (Michael Vey Ser.). (ENG.). 2320p. (YA). (gr. 7). pap. 89.99 *(978-1-5344-1620-8(X)*, Simon Pulse/Mercury Ink) Simon Pulse/Mercury Ink.

Michael Vey Shocking Collection Books 1-7 (Boxed Set) Michael Vey, Michael Vey 2, Michael Vey 3, Michael Vey 4, Michael Vey 5, Michael Vey 6, Michael Vey 7. Richard Paul Evans. ed. 2017. (Michael Vey Ser.). (ENG.). 2320p. (YA). (gr. 7). 132.99 *(978-1-5344-0007-8(9)*, Simon Pulse/Mercury Ink) Simon Pulse/Mercury Ink.

Michaela Deprince: From War-Torn Childhood to Ballet Fame. Carrie Myers. 2020. (Movers, Shakers, & History Makers Ser.). (ENG.). 48p. (J). (gr. 3-5). pap. 8.95 *(978-1-4966-8822-4(8)*, 201755); (Illus.). lib. bdg. 33.99 *(978-1-4966-8480-6(X)*, 200356) Capstone. (Capstone Pr.).

Michael's Christmas Wish. Put Me In The Story & J. D. Green. Illus. by Julia Seal. 2018. (Christmas Wish Ser.). (ENG.). 32p. (J). (gr. k-3). 6.99 ***(978-1-4926-8351-3(5))*** Sourcebooks, Inc.

Michael's Crag & Other Works of Grant Allen. Grant Allen. 2017. (ENG., Illus.). (J). 27.95 *(978-1-374-98097-6(8))*; pap. 17.95 *(978-1-374-98096-9(X))* Capital Communications, Inc.

1326

The check digit for ISBN-10 appears in parentheses after the full ISBN-13

TITLE INDEX MICROMONSTERS

Michael's Ice Cream Surprise. Kevin Drudge. 2020. (ENG., Illus.). 28p. (J). pap. *(978-1-4866-1918-4(5))* Word Alive Pr.
Michael's Jar. Ruth Mercy Woroniecki. 2020. (ENG.). 48p. (J). 25.00 *(978-1-64970-410-8(0))* Primedia eLaunch LLC.
Michael's Row. M. B. Krueger. 2018. (ENG., Illus.). 204p. (YA). 28.95 *(978-1-64458-179-7(5))*; pap. 15.95 *(978-1-64416-901-8(0))* Christian Faith Publishing.
Michael's Story Life with Type 1 Diabetes. Michael Clark. 2017. (Text Connections Guided Close Reading Ser.). (J). (gr. 2). *(978-1-4900-1861-4(1))* Benchmark Education Co.
Michelangelo. Jennifer Howse. 2016. (Illus.). 32p. (J). *(978-1-4896-4623-1(X))* Weigl Pubs., Inc.
Michelangelo: A Reference Guide to His Life & Works. Lilian H. Zirpolo. 2020. (Significant Figures in World History Ser.). (Illus.). 336p. (YA). (gr. 8-17). 56.00 *(978-1-5381-2303-4(7))* Rowman & Littlefield Publishers, Inc.
Michelangelo: Master of the Renaissance, 1 vol. Tamra B. Orr. 2018. (Eye on Art Ser.). (ENG.). 104p. (gr. 7-7). 41.03 *(978-1-5345-6534-0(5),* ef9321bf-a200-4872-96e5-99fed26ca089, Lucent Pr.) Greenhaven Publishing LLC.
Michelangelo: Sculptor, Artist & Architect - Art History Lessons for Kids Children's Art Books. Baby Professor. 2017. (ENG., Illus.). (J). pap. 8.79 *(978-1-5419-3862-5(3),* Baby Professor (Education Kids)) Speedy Publishing LLC.
Michelangelo for Kids: His Life & Ideas, with 21 Activities. Simonetta Carr. 2016. (For Kids Ser.: 63). (ENG., Illus.). 144p. (J). (gr. 4). pap. 18.99 *(978-1-61373-193-2(0))* Chicago Review Pr., Inc.
Michelino Ovvero I Mesi in CittÀ. Gaetano. Failla. 2022. (ITA.). 56p. (YA). pap. ***(978-1-4710-3020-8(2))*** Lulu Pr., Inc.
Michelle Howard: Four-Star Admiral. Kate Moening. 2020. (Women Leading the Way Ser.). (ENG., Illus.). 24p. (J). (gr. k-3). pap. 7.99 *(978-1-61891-798-0(6),* 12583, Blastoff! Readers) Bellwether Media.
Michelle Kwan. Stephanie Cham. 2018. (Great Asian Americans Ser.). (ENG., Illus.). 24p. (J). (gr. -1-2). lib. bdg. 27.32 *(978-1-5157-9958-0(1),* 136956, Capstone Pr.) Capstone.
Michelle Obama, 1 vol. Sarah Machajewski. 2016. (Superwomen Role Models Ser.). (ENG., Illus.). 32p. (J). (gr. 3-4). 27.93 *(978-1-5081-4812-8(0),* 8d67cc38-9de9-4c10-90bc-efee1f99a1f6, PowerKids Pr.) Rosen Publishing Group, Inc., The.
Michelle Obama. Katlin Sarantou. Illus. by Jeff Bane. 2020. (My Early Library: My Itty-Bitty Bio Ser.). (ENG.). 24p. (J). (gr. k-1). pap. 12.79 *(978-1-5341-6104-7(X),* 214416); lib. bdg. 30.64 *(978-1-5341-5874-0(X),* 214415) Cherry Lake Publishing.
Michelle Obama, 1 vol. Joan Stoltman. 2017. (Little Biographies of Big People Ser.). (ENG.). 24p. (J). (gr. 1-2). pap. 9.15 *(978-1-5382-0929-5(2),* fbc15435-d338-4ce0-8dfa-22308002b351) Stevens, Gareth Publishing LLLP.
Michelle Obama, 1 vol. Joan Stoltman. Tr. by Ana Maria Garcia. 2017. (Pequeñas Biografías de Grandes Personajes (Little Biographies of Big People) Ser.). (SPA.). 24p. (J). (gr. 1-2). pap. 9.15 *(978-1-5382-1555-5(1),* 827c2c46-0ae9-4e2d-82a1-1ea660a36de8); lib. bdg. 24.27 *(978-1-5382-1528-9(4),* 72bafb7a-6a09-4f74-becc-105367d5c6c9) Stevens, Gareth Publishing LLLP.
Michelle Obama. Jennifer Strand. 2017. (First Ladies (Launch!) Ser.). (ENG., Illus.). 24p. (J). (gr. -1-2). lib. bdg. 31.36 *(978-1-5321-2017-6(6),* 25284, Abdo Zoom-Launch) ABDO Publishing Co.
Michelle Obama. Shana Corey. ed. 2019. (Step into Reading Ser.). (ENG.). 48p. (J). (gr. 2-3). 14.96 *(978-1-64310-861-2(1))* Penworthy Co., LLC, The.
Michelle Obama. Maria Isabel Sanchez Vegara. Illus. by Mia Saine. ed. 2021. (Little People, BIG DREAMS Ser.: 62). (ENG.). 32p. (J). (gr. -1-2). 15.99 ***(978-0-7112-5942-3(9),*** Frances Lincoln Children's Bks.) Quarto Publishing Group UK GBR. Dist: Hachette Bk. Group.
Michelle Obama: A Kid's Book about Turning Adversity into Advantage. Mary Nhin. Illus. by Yuliia Zolotova. 2022. (Mini Movers & Shakers Ser.: Vol. 20). (ENG.). 38p. (J). 19.99 *(978-1-63731-328-2(4))* Grow Grit Pr.
Michelle Obama: Ex Primera Dama y un Modelo a Seguir (Michelle Obama - Former First Lady & Role Model) Grace Hansen. 2018. (Biografías: Personas Que Han Hecho Historia (History Maker Biographies Set 3) Ser.). (SPA.). 24p. (J). (gr. -1-2). lib. bdg. 32.79 *(978-1-5321-8038-5(1),* 28291, Abdo Kids) ABDO Publishing Co.
Michelle Obama: First Lady. Meg Gaertner. 2021. (Important Women Ser.). (ENG., Illus.). 32p. (J). (gr. 2-3). pap. 9.95 *(978-1-64493-726-6(3))*; lib. bdg. 31.35 *(978-1-64493-690-0(9))* North Star Editions. (Focus Readers).
Michelle Obama: First Lady, Going Higher. Shana Corey. Illus. by James Bernardin. 2018. (Step into Reading Ser.). 48p. (J). (gr. k-3). pap. 5.99 *(978-1-5247-7229-1(1),* Random Hse. Bks. for Young Readers) Random Hse. Children's Bks.
Michelle Obama: Former First Lady & Role Model. Grace Hansen. 2017. (History Maker Biographies (Abdo Kids Jumbo) Ser.). (ENG., Illus.). 24p. (J). (gr. -1-2). lib. bdg. 32.79 *(978-1-5321-0427-5(8),* 26553, Abdo Kids) ABDO Publishing Co.
Michelle Obama: Get to Know the Influential First Lady & Education Advocate. Lakita Wilson. 2020. (People You Should Know Ser.). (ENG., Illus.). 32p. (J). (gr. 3-5). pap. 7.95 *(978-1-4966-6580-5(5),* 142258); lib. bdg. 29.99 *(978-1-5435-9106-4(X),* 141507) Capstone.
Michelle Obama: Health Advocate. Christina Leaf. 2019. (Women Leading the Way Ser.). (ENG., Illus.). 24p. (J). (gr. k-3). lib. bdg. 26.95 *(978-1-62617-942-4(5),* Blastoff! Readers) Bellwether Media.
Michelle Obama: Political Icon. Heather E. Schwartz. 2020. (Boss Lady Bios (Alternator Books (r)) Ser.). (ENG., Illus.). 32p. (J). (gr. 3-6). 30.65 *(978-1-5415-9707-5(9),* 4af4e01e-075b-4761-8eac-25b4a12854ed, Lerner Pubns.) Lerner Publishing Group.
Michelle Obama: The Fantastically Feminist (and Totally True) Story of the Inspirational Activist & Campaigner. Anna Doherty. 2023. (Fantastically Feminist Ser.). (ENG., Illus.). 32p. (J). (gr. k-2). pap. 12.99 *(978-1-5263-6110-3(8),* Wren & Rook) Hachette Children's Group GBR. Dist: Hachette Bk. Group.
Michelle Obama: First Lady & Superhero: I Can Read Level 1. Sarah Howden. Illus. by Nick Craine. 2020. (ENG.). 32p. (J). pap. 4.99 *(978-1-4434-6027-9(3),* HarperCollins) HarperCollins Pubs.
Michelle Obama: Health Advocate. Christina Leaf. 2019. (Women Leading the Way Ser.). (ENG., Illus.). 24p. (J). (gr. k-3). pap. 7.99 *(978-1-61891-502-3(9),* 12153, Blastoff! Readers) Bellwether Media.
Michelle Obama (Spanish Edition) Maria Isabel Sanchez Vegara. Illus. by Mia Saine. 2023. (Little People, BIG DREAMS en Español Ser.: Vol. 62). (SPA.). 32p. (J). (gr. -1-2). pap. 8.99 ***(978-0-7112-8479-1(2),*** Frances Lincoln Children's Bks.) Quarto Publishing Group UK GBR. Dist: Hachette Bk. Group.
Michelle Obama (Work It, Girl) Become a Leader Like. Caroline Moss. Illus. by Sinem Erkas. 2020. (Work It, Girl Ser.). (ENG.). 64p. (J). (gr. 2-6). 15.99 *(978-0-7112-4517-4(7),* 327184, Frances Lincoln Children's Bks.) Quarto Publishing Group UK GBR. Dist: Hachette UK Distribution.
Michelle Sold Zero Books. Charron Monaye. Illus. by India Sheana. 2021. (ENG.). 30p. (J). pap. 12.99 *(978-0-578-33276-5(0))* Lady Lawyer Media.
Michelle the Winter Wonderland Fairy. Daisy Meadows. 2017. (Illus.). 150p. (J). *(978-1-5379-5586-5(1))* Scholastic, Inc.
Michelle Wie. Mary R. Dunn & Rose David. 2016. (Women in Sports Ser.). (ENG., Illus.). 24p. (J). (gr. -1-2). lib. bdg. 27.32 *(978-1-4914-7976-6(0),* 130472, Capstone Pr.) Capstone.
Michigan. Rennay Craats. 2018. (Our American States Ser.). (ENG.). 48p. (J). lib. bdg. 22.99 *(978-1-5105-3482-7(2))* SmartBook Media, Inc.
Michigan, 1 vol. John Hamilton. 2016. (United States of America Ser.). (ENG., Illus.). 48p. (J). (gr. 5-9). 34.21 *(978-1-68078-324-7(6),* 21633, Abdo & Daughters) ABDO Publishing Co.
Michigan. Ann Heinrichs. Illus. by Matt Kania. 2017. (U. S. A. Travel Guides). (ENG.). 40p. (J). (gr. 2-5). lib. bdg. 38.50 *(978-1-5038-1962-7(0),* 211599) Child's World, Inc, The.
Michigan. Pamela McDowell & Rennay Craats. 2018. (Illus.). 24p. (J). *(978-1-4896-7445-6(4),* AV2 by Weigl) Weigl Pubs., Inc.
Michigan. Jane Vernon. 2022. (Core Library of US States Ser.). (ENG., Illus.). 48p. (J). (gr. 4-8). lib. bdg. 35.64 *(978-1-5321-9763-5(2),* 39617) ABDO Publishing Co.
Michigan: Children's People & Places Book. Bold Kids. 2022. (ENG.). 42p. (J). pap. 14.99 *(978-1-0717-1063-0(X))* FASTLANE LLC.
Michigan: The Great Lakes State, 1 vol. Johannah Haney et al. 3rd rev. ed. 2016. (It's My State! (Third Edition)(r) Ser.). (ENG., Illus.). 80p. (gr. 4-4). 35.93 *(978-1-62713-163-6(9),* da3888ff-c998-4fc7-b9c6-ae953afe3955) Cavendish Square Publishing LLC.
Michigan: The Wolverine State. Rennay Craats. 2016. (J). *(978-1-4896-4881-5(X))* Weigl Pubs., Inc.
Michigan Monsters: A Search & Find Book. Illus. by Karina Dupuis. 2018. (ENG.). 22p. (J). (gr. -1). bds. 9.99 *(978-2-924734-10-0(X))* City Monsters Bks. CAN. Dist: Publishers Group West (PGW).
Michigan State Spartans. Todd Karpovich. 2018. (Inside College Football Ser.). (ENG., Illus.). 48p. (J). (gr. 3-6). lib. bdg. 34.21 *(978-1-5321-1458-8(3),* 29040, SportsZone) ABDO Publishing Co.
Michigan vs. the Boys. Carrie S. Allen. 2023. (ENG.). 304p. (YA). (gr. 9-12). pap. 12.99 ***(978-1-5253-1254-0(5))*** Kids Can Pr., Ltd. CAN. Dist: Hachette Bk. Group.
Michigan Wolverines. K. C. Kelley. 2021. (College Football Teams Ser.). (ENG.). 24p. (J). (gr. 3-6). lib. bdg. 32.79 *(978-1-5038-5035-4(8),* 214883) Child's World, Inc, The.
Michigan Wolverines. Todd Ryan. 2020. (Inside College Football Ser.). (ENG., Illus.). 48p. (J). (gr. 4-6). lib. bdg. 34.21 *(978-1-5321-9244-9(4),* 35099, SportsZone) ABDO Publishing Co.
Mick & Michelle. Nina Rossing. 2017. (ENG., Illus.). (YA). 25.99 *(978-1-64080-326-8(2),* Harmony Ink Pr.) Dreamspinner Pr.
Mick Is Sick! Book 12. Carole Crimeen & Suzanne Fletcher. 2023. (Comic Decoders Ser.). (ENG., Illus.). 16p. (J). (gr. -1-k). pap. 7.99 ***(978-1-76127-092-5(3),*** eadf1f12-3df6-4f6f-a8e6-c06a658ea538) Knowledge Bks. & Software AUS. Dist: Lerner Publishing Group.
Mick to the Vet: Book 13. Carole Crimeen & Suzanne Fletcher. 2023. (Comic Decoders Ser.). (ENG., Illus.). 16p. (J). (gr. -1-k). pap. 7.99 ***(978-1-76127-093-2(1),*** 055fdd1e-5671-4cd3-bb91-39719fc07828) Knowledge Bks. & Software AUS. Dist: Lerner Publishing Group.
Mickey & Friends: Best Friends Day. Brooke Vitale. 2019. (Ears Bks.). (ENG., Illus.). 12p. (J). (gr. -1-k). bds. 7.99 *(978-1-368-02332-0(0),* Disney Press Books) Disney Publishing Worldwide.
Mickey & Friends: Mickey's Book of Christmas. Disney Books. 2022. (ENG.). 16p. (J). (gr. -1-k). bds. 8.99 *(978-1-368-07041-6(8),* Disney Press Books) Disney Publishing Worldwide.
Mickey & Friends Mickey's Snowy Christmas. Disney Books. Illus. by Disney Storybook Art Team. 2019. (ENG.). 12p. (J). (gr. -1-k). bds. 8.99 *(978-1-368-04376-2(3),* Disney Press Books) Disney Publishing Worldwide.
Mickey & the Beanstalk (Disney Classic) Dina Anastasio. Illus. by Golden Books. 2018. (Little Golden Book Ser.). (ENG.). 24p. (J). (-k). 5.99 *(978-0-7364-3785-1(1),* Golden/Disney) Random Hse. Children's Bks.
Mickey & the Roadster Racers Race for the Rigatoni Ribbon! Disney Book Group Editors. ed. 2017. (Mickey Mouse 8x8 Ser.). (J). lib. bdg. 14.75 *(978-0-606-39510-6(5))* Turtleback.
Mickey Mantle: the Commerce Comet. Jonah Winter. Illus. by C. F. Payne. 2017. 40p. (J). (gr. -1-3). 17.99 *(978-1-101-93352-7(6),* Schwartz & Wade Bks.) Random Hse. Children's Bks.
Mickey Mouse: The Greatest Adventures. Merrill De Maris et al. 2018. (Walt Disney's Mickey Mouse Ser.: 0). (ENG., Illus.). 304p. 49.99 *(978-1-68396-122-2(6),* 683122) Fantagraphics Bks.
Mickey Mouse & His Spaceship (Disney: Mickey Mouse) Jane Werner. Illus. by RH Disney. 2016. (Little Golden Book Ser.). (ENG.). 24p. (J). (-k). 5.99 *(978-0-7364-3633-5(2),* Golden/Disney) Random Hse. Children's Bks.
Mickey Mouse Clubhouse: 8-Book Set. Susan Rich Brooke. Illus. by Loter Inc. 2019. (ENG.). 192p. (J). *(978-1-5037-4990-0(8),* 504393b4-7a9a-47cd-ad8d-ab1b433becad, PI Kids) Phoenix International Publications, Inc.
Mickey Mouse Clubhouse: Happy Halloween! P. i p i kids. 2017. (Play-A-Sound Ser.). (ENG.). 12p. (J). bds. *(978-1-5037-1216-4(8),* e65813d7-0fa0-402a-96d0-d4daf552d12f, PI Kids) Phoenix International Publications, Inc.
Mickey Mouse Clubhouse: Minnie-Rella. Lisa Ann Marsoli & Ashley Mendoza. Illus. by Inc. Loter. 2018. (World of Reading Level 1 Ser.). (ENG.). 32p. (J). (gr. -1-3). lib. bdg. 31.36 *(978-1-5321-4191-1(2),* 28533) Spotlight.
Mickey Mouse Clubhouse: Minnie's Summer Vacation. Bill Scollon & Susan Ring. Illus. by Inc. Loter. 2018. (World of Reading Level Pre-1 (Leveled Readers) Ser.). (ENG.). 32p. (J). (gr. -1-2). lib. bdg. 31.36 *(978-1-5321-4182-9(3),* 28528) Spotlight.
Mickey Mouse Clubhouse: Let's Write the Alphabet My Write-And-Erase Book. PI Kids. Illus. by The Disney Storybook Art Team. 2017. (ENG.). 16p. (J). bds. 21.99 *(978-1-5037-1690-2(2),* 2381, PI Kids) Phoenix International Publications, Inc.
Mickey Mouse Clubhouse: Mickey's Easter Hunt. Disney Books. 2021. (ENG.). 16p. (J). (gr. -1-k). pap. 6.99 *(978-1-368-06298-5(9),* Disney Press Books) Disney Publishing Worldwide.
Mickey Mouse Donald Duck: The Phantom Blot's Double Mystery/King of the Golden River, 3. Paul Murry & Romano Scarpa. 2019. (Disney Masters Collection: 0). (ENG., Illus.). 376p. (gr. 3-12). 59.99 *(978-1-68396-268-7(0),* 683268) Fantagraphics Bks.
Mickey Mouse Donald Duck: The Pirates of Tabasco Bay/Duck Avenger Strikes Again, 4. Romano Scarpa et al. 2019. (Disney Masters Collection: 0). (ENG., Illus.). 360p. (gr. 3-12). 59.99 *(978-1-68396-269-4(9),* 683269) Fantagraphics Bks.
Mickey Mouse Funhouse: Dino Doggies. Disney Books. 2021. (ENG., Illus.). 24p. (J). (gr. -1-k). pap. 5.99 *(978-1-368-06975-5(4),* Disney Press Books) Disney Publishing Worldwide.
Mickey Mouse Funhouse: Get Ready for Fun! Disney Books. 2021. (ENG.). 24p. (J). (gr. -1-k). bds. 7.99 *(978-1-368-06648-8(8),* Disney Press Books) Disney Publishing Worldwide.
Mickey Mouse Funhouse: World of Reading: Pirate Adventure. Disney Books. ed. 2023. (ENG.). 32p. (J). (gr. -1-k). pap. 5.99 ***(978-1-368-09403-0(1),*** Disney Press Books) Disney Publishing Worldwide.
Mickey Mouse Roadster Racers: Mickey's Perfecto Day! Sherri Stoner & Ashley Mendoza. Illus. by Inc. Loter. 2019. (World of Reading Level 1 Ser.). (ENG.). 32p. (J). (gr. -1-3). lib. bdg. 31.36 *(978-1-5321-4403-5(2),* 33808) Spotlight.
Mickey on the Move: Farming. Michelle Wagner. 2022. (ENG.). 38p. (J). 16.95 *(978-1-63755-242-1(4),* Mascot Kids) Amplify Publishing Group.
Mickey Peck: A Novel (Classic Reprint) Orville Elder. 2017. (ENG., Illus.). (J). 206p. 28.15 *(978-0-484-54098-8(X))*; pap. 10.57 *(978-0-259-19375-3(5))* Forgotten Bks.
Mickey: Ready, Set, Fun! A Lift-And-Seek Book. Disney Books. 2019. (Lift-And-Seek Ser.). (ENG., Illus.). 12p. (J). (gr. -1-k). bds. 10.99 *(978-1-368-03893-5(X),* Disney Press Books) Disney Publishing Worldwide.
Mickey the Rescue Dog. Kelly Mastria. Illus. by Karalee Hammes. 2021. (ENG.). 26p. (J). 13.99 ***(978-1-0879-9189-4(7))*** Indy Pub.
Mickey's Christmas Carol ReadAlong Storybook & CD. Disney Books. 2017. (Read-Along Storybook & CD Ser.). (ENG., Illus.). 32p. (J). (gr. 1-3). pap. 6.99 *(978-1-368-01602-5(2),* Disney Press Books) Disney Publishing Worldwide.
Mickey's Christmas Storybook Treasury. Disney Books. 2017. (Storybook Treasury Ser.). (ENG., Illus.). 256p. (J). (gr. 1-3). 30.00 *(978-1-368-00256-1(0),* Disney Press Books) Disney Publishing Worldwide.
Mickey's Found Sounds. ed. 2018. (Disney Activity Ser.). (ENG.). 32p. (J). (gr. -1-1). 22.96 *(978-1-64310-414-0(4))* Penworthy Co., LLC, The.
Mickey's Perfecto Day! Sherri Stoner. ed. 2018. (World of Reading Ser.). (ENG.). 31p. (J). (gr. -1-1). 13.89 *(978-1-64310-620-5(1))* Penworthy Co., LLC, The.
Mickey's Walt Disney World Adventure (Disney Classic) Cathy Hapka, pseud. Illus. by The Disney Storybook Art Team. 2022. (Little Golden Book Ser.). (ENG.). 24p. (J). (-k). 5.99 *(978-0-7364-4322-7(3),* Golden/Disney) Random Hse. Children's Bks.
MickMacks' Meatbucket MegaBabes' Colouring Book 4: W. Jarrod Elvin. 2023. (ENG.). 50p. (YA). pap. ***(978-1-4478-0329-4(9))*** Lulu Pr., Inc.
MickMacks Meatbucket Presents: Anti-Divine: the Original Comic Pages. Jarrod Elvin. 2021. (ENG.). 125p. (YA). pap. *(978-1-326-48244-2(0))* Lulu Pr., Inc.
Mick's Buried Treasure. Michele Jakubowski. Illus. by Amerigo Pinelli. 2016. (Sleuths of Somerville Ser.). (ENG.). 144p. (J). (gr. 4-6). lib. bdg. 25.99 *(978-1-4965-3178-0(7),* 132217, Stone Arch Bks.) Capstone.
Mick's Moo. Angela Deronde. Illus. by Alexey Chystikov. 2020. (ENG.). 24p. (J). pap. 12.95 *(978-1-4808-9770-0(1))* Archway Publishing.
Micky of the Alley: And Other Youngsters (Classic Reprint) Kate Dickinson Sweetser. (ENG., Illus.). (J). 2018. 200p. 28.02 *(978-0-483-90744-7(8))*; 2016. pap. 10.57 *(978-1-333-90042-7(2))* Forgotten Bks.
Micmac: Or the Ribboned Way (Classic Reprint) S. Carleton. 2017. (ENG., Illus.). (J). 28.97 *(978-0-260-95112-0(9))* Forgotten Bks.
Micro Chips! What Are They & How We Use Them - Technology for Kids - Children's Computers & Technology Books. Pfiffikus. 2016. (ENG., Illus.). (J). pap. 10.81 *(978-1-68377-623-9(2))* Whlke, Traudl.
Micro Dad Fights a Cold. Aubrey Williams. 2023. (ENG.). 220p. (J). pap. ***(978-1-80439-077-1(1))*** Olympia Publishers.
Micro Facts! 500 Fantastic Facts about Your Body. Anne Rooney. 2019. (Micro Facts Ser.). (ENG.). 304p. (J). pap. 9.99 *(978-1-78950-659-4(X),* 96fc59c1-7abb-4c72-bca3-4a188065ec19) Arcturus Publishing GBR. Dist: Baker & Taylor Publisher Services (BTPS).
Micro-Lab in Family Enrichment (Classic Reprint) James R. Perkins. 2017. (ENG., Illus.). (J). pap. 7.97 *(978-0-259-50699-7(0))* Forgotten Bks.
Micro Monsters. Contrib. by Christopher Maynard. 2023. (DK Super Readers Ser.). (ENG., Illus.). 48p. (J). (gr. 4-7). pap. 4.99 *(978-0-7440-7263-1(8),* DK Children) Dorling Kindersley Publishing, Inc.
Micro Monsters: Activate Augmented Reality Minibeasts! Camille de la Bedoyere. 2018. (Y Ser.). (ENG., Illus.). 32p. (J). (gr. 3-7). 14.95 *(978-1-78312-256-1(0))* Carlton Kids GBR. Dist: Two Rivers Distribution.
Micro Science. Precious McKenzie & Melissa Mayer. 2022. (Micro Science Ser.). (ENG.). 32p. (J). 125.28 *(978-1-6663-1627-8(X),* 233836, Capstone Pr.) Capstone.
Micro World of Animal & Plant Cells. Precious McKenzie. 2022. (Micro Science Ser.). (ENG.). 32p. (J). 31.32 *(978-1-6639-7686-4(4),* 228932); pap. 7.95 *(978-1-6663-2092-3(7),* 228914) Capstone. (Capstone Pr.).
Micro World of Atoms & Molecules. Precious McKenzie. 2022. (Micro Science Ser.). (ENG.). 32p. (J). 31.32 *(978-1-6639-7685-7(6),* 226153); pap. 7.95 *(978-1-6663-2099-2(4),* 226147) Capstone. (Capstone Pr.).
Micro World of Dust Mites & Other Microscopic Creatures. Melissa Mayer. 2022. (Micro Science Ser.). (ENG.). 32p. (J). 31.32 *(978-1-6639-7684-0(8),* 228933); pap. 7.95 *(978-1-6663-2106-7(0),* 228915) Capstone. (Capstone Pr.).
Micro World of Viruses & Bacteria. Melissa Mayer. 2022. (Micro Science Ser.). (ENG.). 32p. (J). 31.32 *(978-1-6639-7683-3(X),* 228934); pap. 7.95 *(978-1-6663-2113-5(3),* 228916) Capstone. (Capstone Pr.).
Microaggressions, Safe Spaces, & Trigger Warnings, 1 vol. Ed. by Gary Wiener. 2017. (Current Controversies Ser.). (ENG.). 168p. (YA). (gr. 10-12). 48.03 *(978-1-5345-0236-9(X),* 58fbb69e-9b02-41c5-ad43-4123654231f5) Greenhaven Publishing LLC.
Microbat Mayhem. Candice Lemon-Scott. 2021. (Eco Rangers Ser.). (ENG., Illus.). 112p. (J). (gr. 1-6). 16.99 *(978-1-913639-07-5(X),* ddba372b-4c29-445f-a861-7573aef33d35) New Frontier Publishing AUS. Dist: Lerner Publishing Group.
Microbe Adventures: Rhinovirus. Tara Allison. 2021. (ENG.). 42p. (J). pap. 15.95 *(978-1-0980-9896-4(X))* Christian Faith Publishing.
Microbe Hunters. Paul de Kruif. 2023. (ENG.). 330p. (YA). pap. 11.95 ***(978-1-68422-782-2(8))*** Martino Fine Bks.
Microbe Hunters. Paul de Kruif. 2022. (ENG.). 364p. (YA). pap. 13.99 *(978-1-948959-76-6(3))* Purple Hse. Pr.
Microbes: Book 4. Carole Crimeen & Suzanne Fletcher. 2023. (Healthy Me! Ser.). (ENG., Illus.). 16p. (J). (gr. -1-2). pap. 7.99 ***(978-1-922516-50-3(3),*** 5f3be127-0c50-49ad-b606-e6913f5bbd91) Knowledge Bks. & Software AUS. Dist: Lerner Publishing Group.
Microbes: The Good, the Bad, & the Ugly, 1 vol. Ed. by Joanne Randolph. 2017. (Amazing Human Body Ser.). (ENG.). 48p. (gr. 6-6). pap. 12.70 *(978-0-7660-8997-6(5),* 20ad4139-ca7c-4b8b-bc4e-aaa46bd7aa4e) Enslow Publishing, LLC.
Microbes - What Are They & What Are the Facts? - Children's 4th Grade Science Book. Bold Kids. 2023. (ENG.). 42p. (J). pap. 14.99 ***(978-1-0717-1886-5(X))*** FASTLANE LLC.
Microbial World: A Coloring Book of Microbe-Inspired Postcards, 1 vol. Cultures Magazine. 2017. (ENG., Illus.). 28p. (YA). pap. 12.99 *(978-1-68367-031-5(0),* a3c3a600-302c-4314-b5ba-de17256 88c3e) ASM Pr.
Microbiologist. Contrib. by Lisa Owings. 2023. (Careers in STEM Ser.). (ENG., Illus.). (J). (gr. k-3). lib. bdg. 26.95 Bellwether Media.
Microbiology from the Ground up Coloring Book. Bobo's Children Activity Books. 2016. (ENG., Illus.). (J). pap. 9.33 *(978-1-68327-660-9(4))* Sunshine In My Soul Publishing.
Microbites: Dinosaurs: Riveting Reads for Curious Kids (Library Edition) DK. 2020. (Microbites Ser.). (ENG., Illus.). 96p. (J). (gr. 3-7). 16.99 *(978-1-4654-9845-8(1),* DK Children) Dorling Kindersley Publishing, Inc.
Microbites: Mummies: Riveting Reads for Curious Kids. DK. 2020. (Microbites Ser.). (ENG., Illus.). 96p. (J). (gr. 3-7). pap. 6.99 *(978-1-4654-9735-2(8),* DK Children) Dorling Kindersley Publishing, Inc.
Microblogging. Tamra Orr. 2019. (21st Century Skills Library: Global Citizens: Social Media Ser.). (ENG., Illus.). 32p. (J). (gr. 4-7). pap. 14.21 *(978-1-5341-3961-9(3),* 212673); lib. bdg. 32.07 *(978-1-5341-4305-0(X),* 212672) Cherry Lake Publishing.
Microcosm, Vol. 1 of 5 (Classic Reprint) Eugenia De Acton. 2018. (ENG., Illus.). 280p. (J). 29.67 *(978-0-267-29321-6(6))* Forgotten Bks.
Microcosm, Vol. 2 of 5 (Classic Reprint) Eugenia De Acton. 2017. (ENG., Illus.). (J). 268p. 29.42 *(978-0-484-06377-7(4))*; pap. 11.97 *(978-0-259-46058-9(3))* Forgotten Bks.
Microcosm, Vol. 3 of 5 (Classic Reprint) Eugenia De Acton. (ENG., Illus.). (J). 2018. 276p. 29.59 *(978-0-332-14105-3(5))*; 2016. pap. 11.97 *(978-1-333-27738-3(5))* Forgotten Bks.
Microcosm, Vol. 4 of 5 (Classic Reprint) Eugenia De Acton. 2018. (ENG., Illus.). 254p. (J). 29.14 *(978-0-267-29277-6(5))* Forgotten Bks.
Microcosm, Vol. 5 of 5 (Classic Reprint) Eugenia De Acton. (ENG., Illus.). (J). 2017. 28.23 *(978-0-331-99413-1(5))*; 2016. pap. 10.57 *(978-1-333-99248-8(5))* Forgotten Bks.
Microcosmus Philadelphicus: In Two Epistles to My Cousin Tom in New York (Classic Reprint) Notus Nulli. 2018. (ENG., Illus.). 74p. (J). 25.42 *(978-0-332-14641-6(3))* Forgotten Bks.
Micromonsters: Microscopic Life up Close, 8 vols. 2016. (Micromonsters: Microscopic Life up Close Ser.). 32p. (gr. 4-4). (ENG.). 111.72 *(978-1-4994-2251-1(2),*

f51803b8-8f76-48b8-a1de-592dbdf3ac4a); pap. 40.00 *(978-1-4994-2450-8(7))* Rosen Publishing Group, Inc., The. (PowerKids Pr.).

Microplastics & Me. Anna Du. 2020. (ENG.). 136p. (J). (gr. 3-6). 16.99 *(978-1-943431-50-2(7))* Tumblehome Learning.

Microquests, 5 vols., Set. Rebecca L. Johnson. Illus. by Jack Desrocher & Jennifer Fairman. Incl. Amazing DNA. (gr. 3-5). lib. bdg. 29.27 *(978-0-8225-7139-1(0))*; Daring Cell Defenders. (J). (gr. 4-7). lib. bdg. 29.27 *(978-0-8225-7140-7(4))*; Mighty Animal Cells. (gr. 3-5). lib. bdg. 29.27 *(978-0-8225-7137-7(4))*; Powerful Plant Cells. (gr. 3-5). lib. bdg. 29.27 *(978-0-8225-7141-4(2))*; Ultra-Organized Cell Systems. (gr. 3-5). lib. bdg. 29.27 *(978-0-8225-7138-4(2))*; (Illus.). 48p. 2007. 2007. Set lib. bdg. 146.35 *(978-0-8225-7136-0(6),* Millbrook Pr.) Lerner Publishing Group.

Microscope. Simon Henry Gage. 2017. (ENG.). 264p. (J). pap. *(978-3-337-39756-2(5))* Creation Pubs.

Microscope: An Introduction to Microscopic Methods & to Histology (Classic Reprint) Simon Henry Gage. 2018. (ENG., Illus.). 488p. (J). 33.96 *(978-0-656-62895-7(2))* Forgotten Bks.

Microscope: Its History, Construction, & Application; Being a Familiar Introduction to the Use of the Instrument, & the Study of Microscopical Science (Classic Reprint) Jabez Hogg. 2017. (ENG., Illus.). (J). pap. 23.57 *(978-0-282-88358-4(4))* Forgotten Bks.

Microscope: Its History, Construction, & Applications; Being a Familiar Introduction to the Use of the Instrument & the Study of Microscopical Science (Classic Reprint) Jabez Hogg. 2017. (ENG., Illus.). (J). 34.70 *(978-1-5282-6929-2(2))*; pap. 16.57 *(978-0-282-40243-3(8))* Forgotten Bks.

Microscope: Sa Construction, Son Maniement et Son Application Aux Etudes d'Anatomie Vegetale. Henri Van Heurck. 2017. (ENG., Illus.). (J). pap. *(978-0-649-62964-0(7))* Trieste Publishing Pty Ltd.

Microscopes & Hand Lenses. Lisa J. Amstutz. 2019. (Science Tools Ser.). (ENG., Illus.). 24p. (J). (gr. k-2). pap. 6.95 *(978-1-9771-0064-1(3),* 138215); lib. bdg. 27.32 *(978-1-9771-0060-3(0),* 138211) Capstone. (Pebble).

Microscopic Illustrations of Living Objects: Their Natural History &C, &C, with Researches Concerning the Most Eligible Methods of Constructing Microscopes, & Instructions for Using Them (Classic Reprint) Andrew Pritchard. 2017. (ENG., Illus.). 304p. (J). 30.17 *(978-0-332-62996-4(1))* Forgotten Bks.

Microscopic Internal Flaws Inducing Fracture in Steel. Thomas Andrews. 2017. (ENG., Illus.). (J). pap. *(978-3-7446-8617-4(5))* Creation Pubs.

Microscopic Internal Flaws Inducing Fracture in Steel (Classic Reprint) Thomas Andrews. 2018. (ENG., Illus.). 56p. (J). 25.05 *(978-0-365-37711-5(2))* Forgotten Bks.

Microscopic Snot Debacle: Solving Mysteries Through Science, Technology, Engineering, Art & Math. Ken Bowser. Illus. by Ken Bowser. 2021. (Jesse Steam Mysteries Ser.). (ENG., Illus.). 64p. (J). (gr. 2-5). pap. 8.99 *(978-1-64371-007-5(9),* c249961e-ea73-42a6-b7a0-06e1daa8f193); lib. bdg. 26.65 *(978-1-64371-006-8(0),* eccfb822-966a-429b-bec0-89466d80d887) Red Chair Pr.

Microscopic Universe! Basic Forms of Single Celled Life Coloring Book. Bobo's Children Activity Books. 2016. (ENG., Illus.). (J). pap. 9.33 *(978-1-68327-661-6(2))* Sunshine In My Soul Publishing.

Microscopical Physiography of the Rock-Making Minerals. Harry Rosenbusch. 2017. (ENG.). 404p. (J). pap. *(978-3-7446-8625-9(6))* Creation Pubs.

Microscopist. Joseph Henry Wythe. 2017. (ENG.). 316p. (J). pap. *(978-3-337-40413-0(8))* Creation Pubs.

Microscopist's Companion, a Popular Manual of Practical Microscopy: Designed for Those Engaged in Microscopic Investigation, Schools, Seminaries, Colleges, etc. , & Comprising Selections from the Best Writers on the Microscope, Relative to Its Use, M. John King. 2017. (ENG., Illus.). (J). 30.48 *(978-0-266-57719-5(9))*; pap. 13.57 *(978-0-282-91248-2(7))* Forgotten Bks.

Microscopist's Companion; a Popular Manual of Practical Microscopy: Designed for Those Engaged in Microscopic Investigation, Schools, Seminaries, Colleges, etc. , & Comprising Selections from the Best Writers on the Microscope, Relative to Its Use, M. John King. 2018. (ENG., Illus.). (J). 326p. 30.62 *(978-1-396-39533-8(4))*; 328p. pap. 13.57 *(978-1-390-99645-6(X))* Forgotten Bks.

Microscopy for Beginners. Alfred Cheatham Stokes. 2017. (ENG.). 340p. (J). pap. *(978-3-7446-8631-0(0))* Creation Pubs.

Microsoft. Laura Lane. 2018. (Tech Titans Ser.). (ENG., Illus.). 112p. (J). (gr. 6-12). lib. bdg. 41.36 *(978-1-5321-1689-6(6),* 30630, Essential Library) ABDO Publishing Co.

Microsoft: Makers of the Xbox & Minecraft: Makers of the Xbox & Minecraft. Contrib. by Jill C. Wheeler. 2023. (Video Game Companies Ser.). (ENG.). 112p. (YA). (gr. 6-12). lib. bdg. 41.36 ***(978-1-0982-9061-0(5)****,* 41837, Essential Library) ABDO Publishing Co.

Microwave Ovens. Catherine C. Finan. 2023. (Oops! Accidental Inventions Ser.). (ENG.). 24p. (J). (gr. k-1). lib. bdg. 26.99 Bearport Publishing Co., Inc.

Microwaves. Tracy Vonder Brink. 2020. (Waves in Motion Ser.). (ENG.). 24p. (J). (gr. k-2). pap. 6.95 *(978-1-9771-2617-7(0),* 201224); (Illus.). lib. bdg. 29.99 *(978-1-9771-2271-1(X),* 199308) Capstone. (Pebble).

Mid-Autumn Festival. Ailynn Collins. 2023. (Traditions & Celebrations Ser.). (ENG.). 32p. (J). pap. 7.99 ***(978-0-7565-7568-7(0)****,* 255036, Pebble) Capstone.

Mid-Autumn Festival. Phuong Lien Le. 2016. (VIE.). (J). pap. *(978-604-2-03153-0(8))* Kim Dong Publishing Hse.

Mid July Festival. Phuong Lien Le. 2017. (VIE.). (J). pap. *(978-604-2-03155-4(4))* Kim Dong Publishing Hse.

'Mid Pleasures & Palaces (Classic Reprint) Mary Landon. (ENG., Illus.). (J). 2018. 310p. 30.29 *(978-0-267-87869-7(9))*; 2018. 350p. 31.12 *(978-0-267-24324-2(3))*; 2017. pap. 13.57 *(978-0-259-40446-0(2))* Forgotten Bks.

Mid-Summer Tales. Omoruyi Uwuigiaren. 2023. (ENG.). 128p. (J). pap. ***(978-1-78695-836-5(8))*** Zadkiel Publishing.

Mid the Thick Arrows (Classic Reprint) Max Pemberton. 2018. (ENG., Illus.). 436p. (J). 32.89 *(978-0-483-81634-3(5))* Forgotten Bks.

Mid-Winter Bleak. Ray Fuller. 2020. (ENG., Illus.). 32p. (J). *(978-1-5289-8482-9(X))*; pap. *(978-1-5289-2363-7(4))* Austin Macauley Pubs. Ltd.

Midabada Ee Baqbaqaaq: Hordhaca Ilmaha Ee Midabada Caalamka Dabiiciga Ah. David E. McAdams. 2nd ed. 2023. (Midabada Dunida Dabiiciga Ah Ser.). (SOM.). 38p. (J). pap. 19.95 ***(978-1-63270-409-2(9))*** Life is a Story Problem LLC.

Midabada Ubaxyada: Hordhaca Ubadka Ee Midabada Dabeecadda. David E. McAdams. 2023. (Midabada Dunida Dabiiciga Ah Ser.). (SOM.). 34p. (J). pap. 19.95 ***(978-1-63270-435-1(8))*** Life is a Story Problem LLC.

Midas & Son (Classic Reprint) Stephen McKenna. 2018. (ENG., Illus.). (J). 32.56 *(978-0-266-17356-4(X))* Forgotten Bks.

Midas Goes to School: A Gypsy Vanner Horse Adventure. Kathleen Macoughtry. 2016. (ENG., Illus.). (J). (gr. 2-6). 16.95 *(978-1-943258-32-1(5))* Warren Publishing, Inc.

Midas Haircut. Lacey L. Bakker. Illus. by Emily Keown. 2020. (ENG.). 32p. (J). pap. *(978-1-989506-22-6(4))* Pandamonium Publishing Hse.

Midas Touch. E. Cameron. 2023. (ENG.). 222p. (YA). pap. ***(978-1-4478-0240-2(3))*** Lulu Pr., Inc.

Middle. Richard James. 2017. (ENG., Illus.). 136p. (J). pap. *(978-0-244-60911-5(X))* Lulu Pr., Inc.

Middle Aged Love Stories (Classic Reprint) Josephine Dodge Daskam Bacon. 2018. (ENG., Illus.). 302p. (J). 30.08 *(978-0-332-46861-7(5))* Forgotten Bks.

Middle-Aged Lover, Vol. 1 Of 2: A Story (Classic Reprint) Percy Fitzgerald. 2018. (ENG., Illus.). 318p. (J). 30.48 *(978-0-483-76290-9(3))* Forgotten Bks.

Middle-Aged Lover, Vol. 2 Of 2: A Story (Classic Reprint) Percy Fitzgerald. 2018. (ENG., Illus.). 350p. (J). 31.14 *(978-0-428-89429-0(1))* Forgotten Bks.

Middle Ages, 1 vol. Enzo George. 2016. (Primary Sources in World History Ser.). (ENG.). 48p. (gr. 6-6). 33.07 *(978-1-5026-1800-9(1),* f1c7b749-a8d9-45a8-96d8-8dad408c55f5) Cavendish Square Publishing LLC.

Middle Ages, 1 vol. Marie Roesser. 2019. (Look at World History Ser.). (ENG.). 32p. (gr. 2-2). pap. 11.50 *(978-1-5382-4138-7(2),* 3119c64d-2fb2-436e-89d8-4b29d46de34f) Stevens, Gareth Publishing LLLP.

Middle Ages: A Study Unit to Promote Critical & Creative Thinking. Rebecca Stark. 2016. (ENG., Illus.). 90p. (J). (gr. 4-4). pap. 13.95 *(978-1-56644-572-6(8))* Educational Impressions.

Middle Ages: An Interactive History Adventure. Allison Lassieur. rev. ed. 2016. (You Choose: Historical Eras Ser.). (ENG.). 112p. (J). (gr. 3-7). pap. 6.95 *(978-1-5157-4250-0(4),* 134007, Capstone Pr.) Capstone.

Middle Ages: New Conquests & Dynasties. John Farndon. Illus. by Christian Cornia. 2018. (Human History Timeline Ser.). (ENG.). 32p. (J). (gr. 3-6). 27.99 *(978-1-5124-5972-2(0),* 52325bb3-4917-423a-a7b3-64d7af67ae3d, Hungry Tomato (r)) Lerner Publishing Group.

Middle Ages 600-1492. Tim Cook. 2017. (World History Ser.). (ENG.). 48p. (J). lib. bdg. 34.99 *(978-1-5105-2195-7(X))* SmartBook Media, Inc.

Middle Ages a Children's Book Interesting & Informative Facts. Bold Kids. 2022. (ENG.). 42p. (J). pap. 14.99 *(978-1-0717-1064-7(8))* FASTLANE LLC.

Middle Ages & Beyond Children's European History. Baby Professor. 2017. (ENG., Illus.). (J). pap. 7.89 *(978-1-5419-0400-2(1),* Baby Professor (Education Kids)) Speedy Publishing LLC.

Middle-Class Education & the Working of the 'Endowed Schools ACT'. J. B. Lee. 2017. (ENG., Illus.). (J). pap. *(978-0-649-32527-6(3))* Trieste Publishing Pty Ltd.

Middle Colonies: Breadbasket of the New World. Kelly Rodgers. rev. ed. 2016. (Social Studies: Informational Text Ser.). (ENG., Illus.). 32p. (gr. 4-8). pap. 11.99 *(978-1-4938-3076-3(7))* Teacher Created Materials, Inc.

Middle Colonies Educational Facts Children's History Book. Bold Kids. 2023. (ENG.). 42p. (J). pap. 14.99 ***(978-1-0717-1653-3(0))*** FASTLANE LLC.

Middle Course (Classic Reprint) Poultney Bigelow. (ENG., Illus.). (J). 2018. 310p. 30.29 *(978-0-332-11937-3(8))*; 2016. pap. 13.57 *(978-1-334-17153-6(X))* Forgotten Bks.

Middle East. Martha London. 2021. (World Studies). (ENG., Illus.). 48p. (J). (gr. 5-6). pap. 11.95 *(978-1-64493-476-0(0),* 1644934760); lib. bdg. 34.21 *(978-1-64493-400-5(0),* 1644934000) North Star Editions. (Focus Readers).

Middle East: Region in Transition Set, 14 vols. Incl. Egypt. Ed. by Laura S. Etheredge. 208p. 43.59 *(978-1-61530-325-0(1),* 20064351-277f-469b-8386-f0d2d5f8ebc6); Historic Palestine, Israel, & the Emerging Palestinian Autonomous Areas Edited by Laura S. Etheredge. Laura Etheredge. 248p. lib. bdg. 43.59 *(978-1-61530-315-1(4),* 4d831597-a348-4870-8215-1e481baa606b); Iran. Laura Etheredge. 192p. lib. bdg. 43.59 *(978-1-61530-308-3(1),* a7b0de7f-4c40-4acb-a927-36879bb695e2); Iraq. Laura Etheredge. 216p. lib. bdg. 43.59 *(978-1-61530-304-5(9),* 1b4772a8-8832-4d5c-aea2-1c654cbd0ac3); Persian Gulf States: Kuwait, Qatar, Bahrain, Oman, & the United Arab Emirates. Laura Etheredge. 184p. lib. bdg. 43.59 *(978-1-61530-327-4(8),* 1c88591a-1d51-4c4b-aa69-e39608461a70); Saudi Arabia & Yemen. Laura Etheredge. 176p. lib. bdg. 43.59 *(978-1-61530-335-9(9),* 86e57c40-80e3-4846-a697-0c5a3ea2c306); Syria, Lebanon, & Jordan. Laura Etheredge. 248p. lib. bdg. 43.59 *(978-1-61530-329-8(4),* b19482da-7bc4-4f09-9f95-b00cd6590743); (YA). (gr. 10-10). (Middle East: Region in Transition Ser.). (ENG., Illus.). 2011. Set lib. bdg. 305.13 *(978-1-61530-348-9(0),* 71f48a52-e710-4038-b317-5be501285040) Rosen Publishing Group, Inc., The.

Middle Eastern Family Table, Vol. 11. Mari Rich. 2018. (Connecting Cultures Through Family & Food Ser.). (Illus.). 64p. (J). (gr. 7). lib. bdg. 31.93 *(978-1-4222-4049-6(5))* Mason Crest.

Middle-English Translation of Palladius de Re Rustica (Classic Reprint) Markliddell Markliddell. 2018. (ENG., Illus.). 296p. (J). 30.02 *(978-0-656-01259-6(5))* Forgotten Bks.

Middle Five: Indian Boys at School. Francis Laflesche. 2017. (ENG., Illus.). (J). pap. *(978-0-649-00163-7(X))* Trieste Publishing Pty Ltd.

Middle Five: Indian Boys at School (Classic Reprint) Francis Laflesche. 2017. (ENG., Illus.). (J). 29.09 *(978-1-5285-5686-6(0))* Forgotten Bks.

Middle Grade or Young Adult? Defining & Understanding Young Readerships. Kyra Droog et al. 2022. (ENG.). 174p. (YA). pap. *(978-1-77369-779-6(X))* Golden Meteorite Pr.

Middle Greyness (Classic Reprint) A. J. Dawson. 2018. (ENG., Illus.). 476p. (J). 33.71 *(978-0-483-19810-4(2))* Forgotten Bks.

Middle Ground; or Between East & West: A Christmas Story (Classic Reprint) George Frederic Parsons. 2018. (ENG., Illus.). 72p. (J). 25.38 *(978-0-483-43574-2(0))* Forgotten Bks.

Middle High School Voices 2022. Ed. by Nwpnh. 2022. (ENG.). 532p. (YA). pap. 25.60 *(978-1-4357-8219-8(4))* Lulu Pr., Inc.

Middle Kid. Illus. by Steven Weinberg. 2021. (ENG.). 76p. (J). (gr. 1-4). 14.99 *(978-1-4521-8180-6(2))* Chronicle Bks. LLC.

Middle Level ISEE: Learn All the Secrets to Pass the 160 Questions of the Exam on Your First Attempt, Mastering All 5 Sections Exam Strategies, Tips & Tricks to Highly Succeed in the Test. Bill Robinson. 2023. (ENG.). 104p. (J). pap. 27.90 ***(978-1-0880-8551-6(2))*** Indy Pub.

Middle Me: A Growing-Up Story of the Middle Child. Jeff Dinardo. Illus. by Lars Rudebjer. 2017. (Growing Up Ser.). (ENG.). 24p. (J). (gr. -1 — 1). lib. bdg. 19.99 *(978-1-63440-178-4(6),* 0978dc09-6158-464f-b9be-177ac43ce6bd); E-Book 30.65 *(978-1-63440-182-1(4))* Red Chair Pr. (Rocking Chair Kids).

Middle of the Road (Classic Reprint) Philip Gibbs. 2018. (ENG., Illus.). 370p. (J). 31.55 *(978-0-666-50442-5(3))* Forgotten Bks.

Middle Passage: They Come for Everyone. Allison Ince. 2022. (Takeaways Ser.: Vol. 5). (ENG.). 228p. (YA). pap. 19.95 *(978-1-68517-323-4(3))* Christian Faith Publishing.

Middle Passage: White Ships / Black Cargo. Tom Feelings. 2018. (Illus.). 80p. (YA). (gr. 7). 29.99 *(978-0-525-55244-4(8),* Dial Bks) Penguin Young Readers Group.

Middle Passage & the African Slave Trade - History of Early America Grade 3 - Children's American History. Baby Professor. (ENG.). 72p. (J). 2020. pap. 14.72 *(978-1-5419-5316-1(9))*; 2019. 24.71 *(978-1-5419-7507-1(3))* Speedy Publishing LLC. (Baby Professor (Education Kids)).

Middle Pasture (Classic Reprint) Mathilde Bilbro. 2018. (ENG., Illus.). 342p. (J). 30.95 *(978-0-483-55266-1(6))* Forgotten Bks.

Middle School - Safety Goggles Advised: Exploring the Weird Stuff from Gossip to Grades, Cliques to Crushes, & Popularity to Peer Pressure. Jessica Speer. Illus. by Lesley Imgart. 2022. (ENG.). 176p. (J). (gr. 6-9). pap. 14.99 *(978-1-64170-663-6(5),* 550663) Familius LLC.

Middle School Bites. Steven Banks. Illus. by Mark Fearing. (Middle School Bites Ser.: 1). 304p. (J). (gr. 3-7). 2023. pap. 8.99 ***(978-0-8234-4745-9(6))****;* 2020. 13.99 *(978-0-8234-4543-1(7))* Holiday Hse., Inc.

Middle School Bites 2: Tom Bites Back. Steven Banks. Illus. by Mark Fearing. (Middle School Bites Ser.). 360p. (J). (gr. 3-7). 2023. pap. 8.99 ***(978-0-8234-5416-7(9))****;* 2020. 13.99 *(978-0-8234-4615-5(8))* Holiday Hse., Inc.

Middle School Bites 3: Out for Blood. Steven Banks. Illus. by Mark Fearing. 2023. (Middle School Bites Ser.). 304p. (J). (gr. 3-7). pap. 8.99 ***(978-0-8234-5417-4(7))*** Holiday Hse., Inc.

Middle School Bites 4: Night of the Vam-Wolf-Zom. Steven Banks. Illus. by Mark Fearing. (Middle School Bites Ser.). 272p. (J). (gr. 3-7). 2023. pap. 8.99 ***(978-0-8234-5451-8(7))****;* 2022. 13.99 *(978-0-8234-5217-0(4))* Holiday Hse., Inc.

Middle School: Born to Rock. James Patterson & Chris Tebbetts. Illus. by Neil Swaab. 2019. (Middle School Ser.: 11). (ENG.). 320p. (J). (gr. 3-7). 14.99 *(978-0-316-34952-9(6),* Jimmy Patterson) Little Brown & Co.

Middle School Box Set. James Patterson et al. Illus. by Lisa Papademetriou & Neil Swaab. 2017. (Middle School Ser.). (ENG.). 1184p. (J). (gr. 3-7). 49.95 *(978-0-316-47651-5(X),* Jimmy Patterson) Little Brown & Co.

Middle School: Dog's Best Friend. James Patterson & Chris Tebbetts. Illus. by Jomike Tejido. 2016. (Middle School Ser.: 8). (ENG.). 256p. (J). (gr. 3-7). 13.99 *(978-0-316-34954-3(2),* Jimmy Patterson) Little Brown & Co.

Middle School: Escape to Australia. James Patterson. Illus. by Daniel Griffo. 2017. (Middle School Ser.: 9). (ENG.). 288p. (J). (gr. 3-7). 14.99 *(978-0-316-27262-9(0),* Jimmy Patterson) Little Brown & Co.

Middle School: Field Trip Fiasco. James Patterson & Martin Chatterton. Illus. by Anthony Lewis. 2021. (Middle School Ser.: 13). (ENG.). 288p. (J). (gr. 3-7). 13.99 *(978-0-316-43377-8(2),* Jimmy Patterson) Little Brown & Co.

Middle School: from Hero to Zero. James Patterson & Chris Tebbetts. Illus. by Laura Park. 2018. (Middle School Ser.: 10). (ENG.). 288p. (J). (gr. 3-7). 13.99 *(978-0-316-34690-0(X),* Jimmy Patterson) Little Brown & Co.

Middle School: How I Survived Bullies, Broccoli, & Snake Hill. James Patterson & Chris Tebbetts. Illus. by Laura Park. 2017. (Middle School Ser.: 4). (ENG.). 336p. (J). (gr. 3-7). 13.99 *(978-0-316-50513-0(7),* Jimmy Patterson) Little Brown & Co.

Middle School: It's a Zoo in Here! James Patterson. Illus. by Jomike Tejido. 2022. (Middle School Ser.: 14). (ENG.). 336p. (J). (gr. 3-7). 13.99 *(978-0-316-43008-1(0),* Jimmy Patterson) Little Brown & Co.

Middle School: Master of Disaster. James Patterson. Illus. by Jomike Tejido. 2020. (Middle School Ser.: 12). (ENG.). 352p. (J). (gr. 3-7). 13.99 *(978-0-316-42049-5(2),* Jimmy Patterson) Little Brown & Co.

Middle School Math - by Design. Russell F. Jacobs. 2017. (ENG.). 48p. (J). pap. 19.95 *(978-1-938664-08-3(6))* Tessellations.

Middle School Misadventures. Jason Platt. 2019. (Middle School Misadventures Ser.: 1). (ENG., Illus.). 232p. (J). (gr. 3-7). pap. 12.99 *(978-0-316-41688-7(6))* Little, Brown Bks. for Young Readers.

Middle School Mischief (the Magical Reality of Nadia #2), 1 vol. Bassem Youssef & Catherine R. Daly. Illus. by Douglas Holgate. 2021. (ENG.). 176p. (J). (gr. 3-7). 14.99 *(978-1-338-57229-2(6))* Scholastic, Inc.

Middle School Student Pack (Nt1) Concordia Publishing House. 2016. (ENG.). 128p. (J). pap. 7.80 *(978-0-7586-5122-8(8))* Concordia Publishing Hse.

Middle School Student Pack (Nt2) Concordia Publishing House. 2016. (ENG.). 128p. (J). pap. 7.80 *(978-0-7586-5312-3(3))* Concordia Publishing Hse.

Middle School Student Pack (Nt3) Concordia Publishing House. 2016. (ENG.). 128p. (J). pap. 7.80 *(978-0-7586-5202-7(X))* Concordia Publishing Hse.

Middle School Student Pack (Nt4) Concordia Publishing House. 2016. (ENG.). 128p. (J). pap. 7.80 *(978-0-7586-5373-4(5))* Concordia Publishing Hse.

Middle School Student Pack (Nt5) Concordia Publishing House. 2016. (ENG.). 128p. (J). pap. 7.80 *(978-0-7586-5429-8(4))* Concordia Publishing Hse.

Middle School Student Pack (Ot1) Concordia Publishing House. 2016. (ENG.). 56p. (J). ring bd. 7.80 *(978-0-7586-5345-1(X))* Concordia Publishing Hse.

Middle School Student Pack (Ot2) Concordia Publishing House. 2016. (ENG.). 128p. (J). pap. 7.80 *(978-0-7586-5091-7(4))* Concordia Publishing Hse.

Middle School Student Pack (Ot3) Concordia Publishing House. 2016. (ENG.). 128p. (J). pap. 7.80 *(978-0-7586-5284-3(4))* Concordia Publishing Hse.

Middle School Student Pack (Ot4) Concordia Publishing House. 2016. (ENG.). 128p. (J). pap. 7.80 *(978-0-7586-5401-4(4))* Concordia Publishing Hse.

Middle School Survival Guide. Annie Dunford. 2019. (ENG., Illus.). 74p. (J). (gr. 5-6). pap. 8.99 ***(978-1-948604-29-1(9))*** WritePublishSell.

Middle School Teacher Guide (Nt1) Concordia Publishing House. 2016. (ENG.). 56p. (J). ring bd. 18.49 *(978-0-7586-5120-4(1))* Concordia Publishing Hse.

Middle School Teacher Guide (Nt2) Concordia Publishing House. 2016. (ENG.). 56p. (J). ring bd. 18.49 *(978-0-7586-5310-9(7))* Concordia Publishing Hse.

Middle School Teacher Guide (Nt3) Concordia Publishing House. 2016. (ENG.). 56p. (J). ring bd. 18.49 *(978-0-7586-5200-3(3))* Concordia Publishing Hse.

Middle School Teacher Guide (Nt4) Concordia Publishing House. 2016. (ENG.). 56p. (J). ring bd. 18.49 *(978-0-7586-5371-0(9))* Concordia Publishing Hse.

Middle School Teacher Guide (Nt5) Concordia Publishing House. 2016. (ENG.). 56p. (J). ring bd. 18.49 *(978-0-7586-5427-4(8))* Concordia Publishing Hse.

Middle School Teacher Guide (Ot1) Concordia Publishing House. 2016. (ENG.). 128p. (J). pap. 13.49 *(978-0-7586-5343-7(3))* Concordia Publishing Hse.

Middle School Teacher Guide (Ot2) Concordia Publishing House. 2016. (ENG.). 56p. (J). ring bd. 18.49 *(978-0-7586-5089-4(2))* Concordia Publishing Hse.

Middle School Teacher Guide (Ot3) Concordia Publishing House. 2016. (ENG.). 56p. (J). ring bd. 18.49 *(978-0-7586-5282-9(8))* Concordia Publishing Hse.

Middle School Teacher Guide (Ot4) Concordia Publishing House. 2016. (ENG.). 56p. (J). ring bd. 18.49 *(978-0-7586-5399-4(9))* Concordia Publishing Hse.

Middle School's a Drag, You Better Werk! Greg Howard. (J). (gr. 5). 2021. 336p. 8.99 *(978-0-525-51754-2(5),* Puffin Books); 2020. 304p. 16.99 *(978-0-525-51752-8(9),* G.P. Putnam's Sons Books for Young Readers) Penguin Young Readers Group.

Middle Wall (Classic Reprint) Edward Marshall. 2017. (ENG., Illus.). (J). 34.04 *(978-1-5283-6998-5(X))* Forgotten Bks.

Middle Years (Classic Reprint) Katharine Tynan. 2017. (ENG., Illus.). (J). 32.66 *(978-0-260-21109-5(5))* Forgotten Bks.

Middlemarch a Study of Provincial Life, Vol. 1 of 2 (Classic Reprint) George Elliott. 2017. (ENG., Illus.). (J). 40.56 *(978-0-331-86017-7(1))* Forgotten Bks.

Middlemarch a Study of Provincial Life, Vol. 2 (Classic Reprint) George Elliott. 2018. (ENG., Illus.). 182p. (J). 27.67 *(978-0-483-55256-2(9))* Forgotten Bks.

Middlemarch a Study of Provincial Life, Vol. 4 (Classic Reprint) George Elliott. 2018. (ENG., Illus.). 184p. (J). 27.69 *(978-0-428-83784-6(0))* Forgotten Bks.

Middlemarch, Vol. 1: A Study of Provincial Life (Classic Reprint) George Elliott. (ENG., Illus.). (J). 2018. 428p. 32.72 *(978-0-365-44210-3(0))*; 2017. 28.52 *(978-0-265-45265-3(1))* Forgotten Bks.

Middlemarch, Vol. 1 Of 2: A Study of Provincial Life (Classic Reprint) George Elliott. (ENG., Illus.). (J). 2018. 444p. 33.07 *(978-0-484-49527-1(5))*; 2017. pap. 16.57 *(978-0-243-51816-6(1))* Forgotten Bks.

Middlemarch, Vol. 3: A Study of Provincial Life (Classic Reprint) George Elliott. 2018. (ENG., Illus.). (J). 396p. 32.06 *(978-0-483-71418-2(6))*; 198p. 28.00 *(978-0-484-51878-9(X))* Forgotten Bks.

Middlemarch, Vol. 3: Silas Marner, the Weaver of Raveloe (Classic Reprint) George Elliott. 2017. (ENG., Illus.). (J). 42.97 *(978-0-266-50989-9(4))* Forgotten Bks.

Middlemarch, Vol. 4: A Study of Provincial Life (Classic Reprint) George Elliott. 2017. (ENG., Illus.). (J). 31.75 *(978-0-266-38240-9(1))* Forgotten Bks.

Middlemarch, Vol. 4: Three Love Problems (Classic Reprint) George Elliott. (ENG., Illus.). (J). 2018. 204p. 28.12 *(978-0-332-09225-6(9))*; 2016. pap. 10.57 *(978-1-333-31084-4(6))* Forgotten Bks.

1328

The check digit for ISBN-10 appears in parentheses after the full ISBN-13

M

Middlemarch; Volume 2. George Elliott. 2017. (ENG., Illus.). (J). 29.95 (978-1-374-97201-8(0)); pap. 19.95 (978-1-374-97200-1(2)) Capital Communications, Inc.

Middlest Giraffe. Shannon L. Mokry. Illus. by Shannon L. Mokry. 2023. (ENG.). 40p. (J). 16.95 (978-1-951521-42-4(0)); pap. 10.95 (978-1-951521-41-7(2)) Sillygeese Publishing, LLC.

Middletown. Sarah Moon. 2021. (ENG.). 256p. (YA). (gr. 7-12). 18.99 (978-1-64614-042-8(7)) Levine Querido.

Middletown Valley in Song & Story (Classic Reprint) Thomas Chalmers Harbaugh. 2018. (ENG., Illus.). 220p. (J). 28.45 (978-0-484-16013-1(3)) Forgotten Bks.

Middlewest. Skottie Young. (ENG., Illus.). 2021. 560p. (YA). 59.99 (978-1-5343-1910-3(7)); Bk. 1. 2019. 160p. pap. 9.99 (978-1-5343-1217-3(X), 02673b24-392a-4776-81dc-fd130f3ace16) Image Comics.

Middy & the Moors: An Algerine Story. R. M. Ballantyne. 2017. (ENG., Illus.). (J). pap. (978-0-649-15543-9(2)) Trieste Publishing Pty Ltd.

Middy & the Moors: An Algerine Story. Robert Michael Ballantyne. 2019. (ENG.). 178p. (J). pap. (978-93-5329-718-3(4)) Alpha Editions.

Middy & the Moors: An Algerine Story (Classic Reprint) R. M. Ballantyne. 2018. (ENG., Illus.). 264p. (J). 29.34 (978-0-428-81172-3(8)) Forgotten Bks.

Midge (Classic Reprint) H. C. Bunner. 2017. (ENG., Illus.). (J). 29.16 (978-0-266-18001-2(9)) Forgotten Bks.

Midge (Classic Reprint) Henry Cuyler Bunner. (ENG., Illus.). (J). 2018. 250p. 29.07 (978-0-332-81151-2(4)); 2016. pap. 11.57 (978-1-334-14500-1(8)) Forgotten Bks.

Midget: The Story of a Boy Who Was Always Goin' Alone. Msgr Raymond J. O'Brien. Illus. by Erin Bartholomew. 2016. (ENG.). (J). (gr. 4-6). pap. 12.95 (978-1-936639-70-0(X)) St. Augustine Academy Pr.

Midiendo la Humanización: Escalas e Instrumentos de Medición de la Humanización en Salud. L. I. C. Ramon Orlando Mendez. 2022. (SPA.). 117p. (J). pap. (978-1-387-31317-4(7)) Lulu Pr., Inc.

Midland, 1915, Vol. 1 (Classic Reprint) John Towner Frederick. 2017. (ENG., Illus.). (J). 33.14 (978-0-265-72116-2(4)); pap. 16.57 (978-1-5276-7789-0(3)) Forgotten Bks.

Midland, Vol. 5: A Magazine of the Middle West; January-February, 1919 (Classic Reprint) Unknown Author. 2017. (ENG., Illus.). (J). 30.41 (978-0-331-23656-9(7)); pap. 13.57 (978-0-266-99443-5(1)) Forgotten Bks.

Midlanders (Classic Reprint) Charles Tenney Jackson. 2017. (ENG., Illus.). 410p. (J). 32.35 (978-0-332-88209-3(8)) Forgotten Bks.

Midnight & Moon. Kelly Cooper. Illus. by Daniel Miyares. 2022. 48p. (J). (gr. -1-3). 18.99 (978-0-7352-6630-8(1), Tundra Bks.) Tundra Bks. CAN. Dist: Penguin Random Hse. LLC.

Midnight & Noonday, or the Incidental History of Southern Kansas & the Indian Territory: Giving Twenty Years Experience on the Frontier; Also the Murder of Pat; Hennesey, & the Hanging of Tom; Smith, at Ryland's Ford, & Facts Concerning the Talbot. George Doud Freeman. (ENG., Illus.). (J). 2017. 32.97 (978-0-265-36318-8(7)); 2016. pap. 16.57 (978-1-333-56432-2(5)) Forgotten Bks.

Midnight at Mears House: A Detective Story (Classic Reprint) Harrison Jewell Holt. (ENG., Illus.). (J). 2018. 346p. 31.05 (978-0-666-98654-2(1)); 2017. pap. 13.57 (978-0-243-47219-2(6)) Forgotten Bks.

Midnight at the Barclay Hotel. Fleur Bradley. Illus. by Xavier Bonet. (J). (gr. 3-7). 2021. 336p. pap. 8.99 (978-0-593-20291-3(0)); 2020. 320p. 18.99 (978-0-593-20290-6(2)) Penguin Young Readers Group. (Viking Books for Young Readers).

Midnight at the Electric. Jodi Lynn Anderson. 2019. (ENG.). 288p. (YA). (gr. 9). pap. 9.99 (978-0-06-239355-5(3), HarperCollins) HarperCollins Pubs.

Midnight at the Haunted Hotel. Created by Gertrude Chandler Warner. 2018. (Boxcar Children Interactive Mysteries Ser.). (ENG., Illus.). 160p. (J). (gr. 2-5). pap. 6.99 (978-0-8075-2850-1(1), 807528501, Random Hse. Bks. for Young Readers) Random Hse. Children's Bks.

Midnight at the Houdini. Delilah S. Dawson. 2023. 368p. (YA). (gr. 7). 18.99 (978-0-593-48679-5(X), Delacorte Pr.) Random Hse. Children's Bks.

Midnight at the Mansion: The Virginia Mysteries Book 5. Steven K. Smith. 2016. (Virginia Mysteries Ser.: Vol. 5). (ENG., Illus.). (J). (gr. 3-6). 17.99 (978-0-9861473-3-3(8)) MyBoys3 Pr.

Midnight at the Shelter. Nanci Turner Steveson. 2022. (ENG.). 304p. (J). (gr. 3-7). 16.99 (978-0-06-267321-3(1), Quill Tree Bks.) HarperCollins Pubs.

Midnight Beauties. Megan Shepherd. (Grim Lovelies Ser.). (ENG., 448p. (YA). (gr. 9). 2021. Illus.). pap. 9.99 (978-0-358-43465-8(3), 1793094); 2019. 17.99 (978-1-328-81190-5(5), 1688554) HarperCollins Pubs. (Clarion Bks.).

Midnight Bites: Stories of the Morganville Vampires. Rachel Caine, pseud. 2016. (Morganville Vampires Ser.). (ENG.). 512p. (YA). (gr. 9). pap. 12.00 (978-1-101-98978-4(5), Berkley) Penguin Publishing Group.

Midnight Brigade. Adam Borba. (ENG., Illus.). (J). (gr. 3-7). 2022. 256p. pap. 7.99 (978-0-316-54258-6(X)); 2021. 240p. 16.99 (978-0-316-54251-7(2)) Little, Brown Bks. for Young Readers.

Midnight Chat. Jo Ramsey. 2017. (ENG., Illus.). (YA). (gr. 9-12). 25.99 (978-1-64080-346-6(7), Harmony Ink Pr.) Dreamspinner Pr.

Midnight Children. Dan Gemeinhart. 2022. (ENG.). 352p. (J). 16.99 (978-1-250-19672-9(8), 900194233, Holt, Henry & Co. Bks. For Young Readers) Holt, Henry & Co.

Midnight Children: a Vanishing. Tunku Halim. 2021. (Midnight Children Ser.: 1). 128p. (J). (gr. 4-7). pap. 8.99 (978-981-4914-21-5(5)) Penguin Random House SEA Pte. Ltd. SGP. Dist: Independent Pubs. Group.

Midnight Children: the Cemetery House. Tunku Halim. 2021. (Midnight Children Ser.: 2). 128p. (J). (gr. 4-7). pap. 8.99 (978-981-4914-22-2(3)) Penguin Random House SEA Pte. Ltd. SGP. Dist: Independent Pubs. Group.

Midnight Children: the Moonlight World. Tunku Halim. 2021. (Midnight Children Ser.: 3). 136p. (J). (gr. 4-7). pap. 8.99 (978-981-4914-23-9(1)) Penguin Random House SEA Pte. Ltd. SGP. Dist: Independent Pubs. Group.

Midnight City. Mitchell Toy. 2021. (ENG.). 32p. (J). (gr. k-2). 16.99 (978-1-922385-02-4(6)) Bonnier Publishing GBR. Dist: Independent Pubs. Group.

Midnight Clear. Debbie McGowan. 2018. (Hiding Behind the Couch Ser.). (ENG., Illus.). 102p. (YA). pap. (978-1-78645-090-6(9)) Beaten Track Publishing.

Midnight Club. Shane Goth. Illus. by Yong Ling Kang. 2021. (ENG.). 40p. (J). (gr. 1). 18.95 (978-1-77147-394-1(0)) Owlkids Bks. Inc. CAN. Dist: Publishers Group West (PGW).

Midnight Club. Christopher Pike. 2022. (ENG.). 224p. (YA). (gr. 9). pap. 11.99 (978-1-6659-3030-7(6), Simon Pulse) Simon Pulse.

Midnight Cries. Wendy C. Murphree. 2022. (ENG.). 95p. (YA). pap. (978-1-387-39361-9(8)) Lulu Pr., Inc.

Midnight Cry a Novel (Classic Reprint) Jane Marsh Parker. 2018. (ENG., Illus.). 308p. (J). 30.27 (978-0-267-18776-8(9)) Forgotten Bks.

Midnight Dance. Nikki Katz. 2018. (ENG.). 336p. (YA). pap. 16.99 (978-1-250-18812-0(1), 900192048) Square Fish.

Midnight Fair. Gideon Sterer. Illus. by Mariachiara Di Giorgio. 2021. (ENG.). 32p. (J). (gr. -1-2). 17.99 (978-1-5362-1115-3(X)) Candlewick Pr.

Midnight Fantasy, and, the Little Violinist (Classic Reprint) T. B. Aldrich. (ENG., Illus.). (J). 2018. 98p. 25.94 (978-0-267-60069-4(0)); 2016. pap. 9.57 (978-1-334-14025-9(1)) Forgotten Bks.

Midnight Fox Novel Units Teacher Guide. Novel Units. 2019. (ENG.). (J). pap. 12.99 (978-1-56137-667-4(1), Novel Units, Inc.) Classroom Library Co.

Midnight Foxes (Tiger Days, Book 2) Sarah Lean. 2018. (Tiger Days Ser.: 2). (ENG.). 160p. (J). 4.99 (978-0-00-825119-2(3), HarperCollins Children's Bks.) HarperCollins Pubs. Ltd. GBR. Dist: HarperCollins Pubs.

Midnight Gang. David Walliams. Illus. by Tony Ross. 2018. (ENG.). 480p. (J). (gr. 3-7). 16.99 (978-0-06-256106-0(5), HarperCollins) HarperCollins Pubs.

Midnight Gang. David Walliams. Illus. by Tony Ross. 2019. (ENG.). 496p. (J). (gr. 3-7). pap. 7.99 (978-0-06-256107-7(3), HarperCollins) HarperCollins Pubs.

Midnight Gardener & the Well of Tears. R. G. Thomas. 2017. (Town of Superstition Ser.: Vol. 1). (ENG., Illus.). (YA). 25.99 (978-1-64080-319-0(X), Harmony Ink Pr.) Dreamspinner Pr.

Midnight Ghost. Melanie Hampton. 2016. (ENG., Illus.). (J). pap. (978-1-78697-487-7(8)) FeedARead.com.

Midnight Girls. Alicia Jasinska. (ENG.). 352p. (YA). (gr. 8-12). 2022. pap. 10.99 (978-1-7282-5793-8(X)); 2021. 18.99 (978-1-7282-1001-8(1)) Sourcebooks, Inc.

Midnight Hour. Benjamin Read & Laura Trinder. 2020. (ENG., Illus.). 288p. (J). (gr. 3-7). 17.99 (978-1-338-56909-4(0), Chicken Hse., The) Scholastic, Inc.

Midnight Hour: Tales to Tell in the Dark. Colby Drane. 2018. (ENG., Illus.). 90p. (J). pap. (978-0-359-19438-4(9)) Lulu Pr., Inc.

Midnight Hour & Other Scary Stories. Colby Drane. 2020. (ENG.). 131p. (YA). pap. (978-1-716-86614-2(6)) Lulu Pr., Inc.

Midnight House. Ian Dawson. 2021. (Field Ser.: 2). 426p. (YA). (gr. 8). pap. 19.15 (978-1-0983-5436-7(2)) BookBaby.

Midnight in the Piazza. Tiffany Parks. 2018. (ENG.). 304p. (J). (gr. 3-7). 16.99 (978-0-06-264452-7(1), HarperCollins) HarperCollins Pubs.

Midnight Jack, or the Road-Agent, Vol. 1 (Classic Reprint) James Jackson. 2018. (ENG., Illus.). 42p. (J). 24.76 (978-0-267-28155-8(2)) Forgotten Bks.

Midnight Jewel. Richelle Mead. 2017. (Glittering Court Ser.: 2). (ENG.). 416p. (YA). (gr. 7). 19.99 (978-1-59514-843-8(4), Razorbill) Penguin Young Readers Group.

Midnight Library. Kazuno Kohara. Illus. by Kazuno Kohara. 2022. (ENG., Illus.). 32p. (J). pap. 8.99 (978-1-250-83510-9(0), 900254239) Square Fish.

Midnight Lie. Marie Rutkoski. 2020. (Forgotten Gods Ser.: 1). (ENG.). 368p. (YA). 18.99 (978-0-374-30638-0(9), 900175634, Farrar, Straus & Giroux (BYR)) Farrar, Straus & Giroux.

Midnight Lie. Marie Rutkoski. 2021. (Forgotten Gods Ser.: 1). (ENG.). 368p. (YA). pap. 10.99 (978-1-250-80264-4(4), 900175635) Square Fish.

Midnight Madness at the Zoo, 1 vol. Sherryn Craig. Illus. by Karen Jones. 2016. (J). (gr. k-1). (SPA.). 39p. pap. 11.95 (978-1-62855-744-2(3), 9f8858c6-8461-4bd2-8a81-65b1c9987029); (ENG.). 32p. 17.95 (978-1-62855-730-5(3)) Arbordale Publishing.

Midnight Magic at the Railroad Museum. Verne Gore. 2020. (ENG., Illus.). 138p. (J). pap. 20.95 (978-1-0980-4805-1(9)) Christian Faith Publishing.

Midnight Magic (Scholastic Gold) Avi. 2021. (ENG.). 272p. (J). (gr. 3-7). pap. 7.99 (978-1-338-80438-6(3), Scholastic Paperbacks) Scholastic, Inc.

Midnight Magpies. Emma Cary. Illus. by Emma Stuart. 2021. (ENG.). 24p. (J). (gr. -1-k). 18.99 (978-1-922418-08-1(0)); pap. 13.99 (978-1-922418-11-1(0)) Borghesi & Adam Pubs. Pty Ltd AUS. (Brolly Bks.). Dist: Independent Pubs. Group.

Midnight Maiden. Kathryn Marie. (Midnight Duology Ser.: Vol. 1). (ENG.). (YA). 2021. 460p. 24.99 (978-1-7348323-3-4(9)); 2020. 438p. pap. 14.99 (978-1-7348323-0-3(4)) Kathryn Marie.

Midnight Market. Beth McMullen. 2022. (Lola Benko, Treasure Hunter Ser.: 2). (ENG.). 320p. (J). (gr. 4-8). pap. 8.99 (978-1-5344-5673-0(2), Aladdin) Simon & Schuster Children's Publishing.

Midnight Mercenary. Cerberus Jones. 2016. (Illus.). 146p. (J). (978-1-61067-573-4(8)) Kane Miller.

Midnight Mercenary: The Gateway. Cerberus Jones. 2017. (ENG., Illus.). 160p. (J). pap. 5.99 (978-1-61067-500-0(2)) Kane Miller.

Midnight Monsters: A Pop-Up Shadow Search. Des. by Helen Friel. 2018. (ENG., Illus.). 10p. (J). (gr. -1-k). 24.99 (978-1-78627-320-8(9), King, Laurence Publishing) Orion Publishing Group, Ltd. GBR. Dist: Hachette Bk. Group.

Midnight Mystery (Dotty Detective, Book 3) Clara Vulliamy. 2018. (Dotty Detective Ser.: 3). (ENG.). 144p. (J). 4.99 (978-0-00-826916-6(5), HarperCollins Children's Bks.) HarperCollins Pubs. Ltd. GBR. Dist: HarperCollins Pubs.

Midnight of the Ranges (Classic Reprint) George Gilbert. (ENG., Illus.). (J). 2018. 316p. 30.43 (978-0-666-21307-5(0)); 2017. pap. 13.57 (978-0-259-43884-7(7)) Forgotten Bks.

Midnight on Strange Street. K. E. Ormsbee. 2020. (ENG.). 400p. (J). (gr. 3-7). 16.99 (978-1-368-04768-5(8)) Little, Brown Bks. for Young Readers.

Midnight on the Moon see Medianoche en la Luna

Midnight on the Moon, 8. Mary Pope Osborne. 2019. (Magic Tree House Ser.). (ENG.). 70p. (J). (gr. 2-3). 16.96 (978-0-87617-697-9(X)) Penworthy Co., LLC, The.

Midnight Orchestra. Jessica Khoury. 2022. (Mystwick School Novel Ser.). (ENG., Illus.). 400p. (J). (gr. 5-7). 16.99 (978-0-358-61291-9(8), 1815531, Clarion Bks.) HarperCollins Pubs.

Midnight Owl. Anna Branford. Illus. by Lisa Coutts. 2016. (Lily the Elf Ser.). (ENG.). 47p. (J). (978-1-61067-625-0(4)) Kane Miller.

Midnight Owl: Lily the Elf. Anna Branford. Illus. by Lisa Coutts. 2017. 47p. (J). pap. 4.99 (978-1-61067-529-1(0)) Kane Miller.

Midnight Realm, 4. Linda Chapman. ed. 2022. (Mermaids Rock Ser.). (ENG.). 126p. (J). (gr. 2-3). 19.96 (978-1-68505-504-2(4)) Penworthy Co., LLC, The.

Midnight Realm. Linda Chapman. Illus. by Mirelle Ortega. 2022. (Mermaids Rock Ser.: 4). (ENG.). 160p. (J). (gr. 1-4). pap. 6.99 (978-1-6643-4002-2(5)) Tiger Tales.

Midnight Revenge. Kathryn Marie. 2021. (Midnight Duology Ser.: Vol. 2). (ENG.). (YA). 454p. 24.99 (978-1-7348323-4-1(7)); 434p. pap. 14.99 (978-1-7348323-2-7(0)) Kathryn Marie.

Midnight Reynolds & the Agency of Spectral Protection. Catherine Holt. 2018. (Midnight Reynolds Ser.: 2). (ENG.). 264p. (J). (gr. 3-7). 14.99 (978-0-8075-5128-8(7), 807551287) Whitman, Albert & Co.

Midnight Reynolds & the Phantom Circus. Catherine Holt. 2019. (Midnight Reynolds Ser.: 3). 272p. (J). (gr. 3-6). pap. 9.99 (978-0-8075-5132-5(5), 807551325) Whitman, Albert & Co.

Midnight Reynolds & the Spectral Transformer. Catherine Holt. 2017. (Midnight Reynolds Ser.: 1). 272p. (J). (gr. 3-7). (ENG.). 14.99 (978-0-8075-5125-7(2), 807551252); pap. 9.99 (978-0-8075-5126-4(0), 807551260) Whitman, Albert & Co.

Midnight Ride of Flat Revere. Kate Egan. Illus. by Macky Pamintuan. 2016. 134p. (J). (978-1-5182-2203-0(X)) Harper & Row Ltd.

Midnight Ride of Flat Revere. Jeff Brown. Illus. by Macky Pamintuan. ed. 2016. (Flat Stanley's Worldwide Adventures Ser.: 13). (ENG.). 112p. (J). (gr. 1-5). 14.75 (978-0-606-39266-2(1)) Turtleback.

Midnight Rider. Quinn Miller. 2023. (ENG.). 88p. (YA). pap. 8.99 (978-1-6629-3577-0(3)) Gatekeeper Pr.

Midnight Scenes in the Slums of New York, or Lights & Shadows (Classic Reprint) Frederick Bell. (ENG., Illus.). (J). 2018. 260p. 29.26 (978-0-483-55231-9(3)); 2017. pap. 11.97 (978-0-243-18700-3(9)) Forgotten Bks.

Midnight (Skulduggery Pleasant, Book 11) Derek Landy. 2019. (Skulduggery Pleasant Ser.: 11). (ENG.). 448p. (J). 7.99 (978-0-00-830393-8(2), HarperCollins Children's Bks.) HarperCollins Pubs. Ltd. GBR. Dist: HarperCollins Pubs.

Midnight Society. Rhonda Sermon. 2017. (Midnight Chronicles Ser.: Vol. 1). (ENG., Illus.). 370p. (YA). (gr. 7-12). pap. (978-0-9943617-7-6(7)) K & R Bks.

Midnight Star. Marie Lu. l.t. ed. 2016. (Young Elites Ser.). (ENG.). 408p. 22.99 (978-1-4104-9438-2(1)) Cengage Gale.

Midnight Star. Marie Lu. (Young Elites Ser.). (ENG.). (YA). (gr. 7). 2017. 368p. pap. 12.99 (978-0-14-751170-6(4), Speak); 2016. (Illus.). 336p. 18.99 (978-0-399-16785-0(4), G.P. Putnam's Sons Books for Young Readers) Penguin Young Readers Group.

Midnight Strikes. Zeba Shahnaz. 2023. 448p. (YA). (gr. 9). 19.99 (978-0-593-56755-5(2), Delacorte Pr.) Random Hse. Children's Bks.

Midnight Sun. Trish Cook. 2018. 263p. (YA). (978-1-5490-0353-0(4), Poppy) Little, Brown Bks. for Young Readers.

Midnight Sun. Stephenie Meyer. (ENG.). (YA). (gr. 7-17). 2022. 832p. pap. 17.99 (978-0-316-62945-4(6)); 2020. 672p. 27.99 (978-0-316-70704-6(X)) Little, Brown Bks. for Young Readers.

Midnight Sun: Being the Story of the Cruise of the Ohio among the North British Islands; to Ireland & the North Cape; Through the Fjords of Norway & to Baltic Ports (Classic Reprint) Seneca Ray Stoddard. 2017. (ENG., Illus.). (J). 270p. 29.47 (978-0-332-63397-8(7)); 272p. pap. 11.97 (978-0-282-25893-1(0)) Forgotten Bks.

Midnight Tablet. Clare C. Marshall. 2020. (Violet Fox Ser.: Vol. 4). (ENG.). 326p. (YA). pap. (978-1-988110-10-3(6)) Faery Ink Pr.

Midnight Teacher: Lilly Ann Granderson & Her Secret School, 1 vol. Janet Halfmann. Illus. by London Ladd. 2018. (ENG.). 40p. (J). (gr. 2-7). 20.95 (978-1-62014-163-2(9), leelowbooks) Lee & Low Bks., Inc.

Midnight the Kitten. Margo Cronbaugh Bean. Illus. by Aumi Kauffman Perry. l.t. ed. 2016. (ENG.). (J). (gr. k-3). 19.95 (978-1-61633-797-1(4)); pap. 11.95 (978-1-61633-800-8(8)) Guardian Angel Publishing, Inc.

Midnight, the One-Eyed Cat. Pat Wahler & Sheree K. Nielsen. Illus. by Janelle Dimmett. 2018. (ENG.). 32p. (J). (gr. -1-k). 16.95 (978-0-9963901-9-4(7)) TreeHse. Publishing Group.

Midnight the Rescued Little Kitty Cat Meets the Halloween Witch. Lori Kallis Crawford. 2021. (ENG.). 58p. (J). 26.95 (978-1-64468-878-6(6)); pap. 16.95 (978-1-64468-877-9(8)) Covenant Bks.

Midnight Visitor. Holly Webb. Illus. by Sarah Lodge. 2021. (Museum Kittens Ser.: 1). (ENG.). 160p. (J). (gr. 1-4). pap. 6.99 (978-1-68010-485-1(3)) Tiger Tales.

Midnight Vista. Eliot Rahal. Ed. by Mike Marts. 2020. (ENG., Illus.). 120p. (YA). pap. 16.99 (978-1-949028-38-6(0), c79696dd-ec30-4988-9615-94dbe588bcef) AfterShock Comics.

Midnight War of Mateo Martinez. Robin Yardi. 2018. (ENG.). 184p. (J). (gr. 3-6). pap. 9.99 (978-1-5415-1483-6(1), db266dd5-e965-4980-9ce2-73d5fa151b04, Carolrhoda Bks.) Lerner Publishing Group.

Midnight Warning, & Other Stories (Classic Reprint) Edward Howard House. 2018. (ENG., Illus.). 354p. (J). 31.22 (978-0-484-60606-6(9)) Forgotten Bks.

Midnight Without a Moon. Linda Williams Jackson. 2017. (ENG.). 320p. (J). (gr. 5-7). pap. 7.99 (978-1-328-75363-2(8), 1678711); 16.99 (978-0-544-78510-6(X), 1638657) HarperCollins Pubs. (Clarion Bks.).

Midnight Zone. Tatiana Ramirez. 2021. (ENG.). 30p. (J). pap. 12.99 (978-1-6629-1432-4(6)); 15.99 (978-1-6629-1431-7(8)) Gatekeeper Pr.

Midnight Zoo. Sonya Hartnett. Illus. by Andrea Offermann. 2018. (ENG.). 224p. (J). (gr. 5-9). pap. 8.99 (978-0-7636-6462-6(6)) Candlewick Pr.

Midnight Zoo. Sonya Hartnett. ed. 2018. lib. bdg. 18.40 (978-0-606-40915-5(7)) Turtleback.

Midnighters. Hana Tooke. Illus. by Ayesha L. Rubio. 2022. (ENG.). 400p. (J). (gr. 3-7). 16.99 (978-0-593-11696-8(8), Viking Books for Young Readers) Penguin Young Readers Group.

Midnights. Sarah Nicole Smetana. 2018. (ENG.). 416p. (YA). (gr. 9). 17.99 (978-0-06-264462-6(9), HarperTeen) HarperCollins Pubs.

Midnight's Ghost Riders: Follow Me - 'I Am' D. M. Gregg. 2017. (ENG., Illus.). (J). pap. 14.95 (978-1-942451-88-4(1)) Yorkshire Publishing Group.

Midnight's Ghost Riders: 'I Am' the Word. D. M. Gregg. 2017. (ENG., Illus.). (J). pap. 14.95 (978-1-942451-89-1(X)) Yorkshire Publishing Group.

Midnight's Ghost Riders: 'the Lamb' Returns 'Armageddon' D. M. Gregg. 2017. (ENG., Illus.). (J). pap. 12.95 (978-1-942451-90-7(3)) Yorkshire Publishing Group.

Midnight's Gift: Cipher of the Elders. T. Sendi. 2023. (ENG.). 366p. (YA). pap. 22.99 (978-1-6657-4274-0(7)) Archway Publishing.

Midshipman Bob (Classic Reprint) Ella Loraine Dorsey. 2018. (ENG., Illus.). 270p. (J). 29.49 (978-0-483-34903-2(8)) Forgotten Bks.

Midshipman's Expedients: Or, Deputy Clean Shirt; a Tale of the Sea (Classic Reprint) Edward Howard. (ENG., Illus.). (J). 2018. 214p. 28.31 (978-0-483-27133-3(0)); 2016. pap. 10.97 (978-1-334-39098-2(3)) Forgotten Bks.

Midshipman's Expedients, Vol. 2 Of 2: And Other Tales (Classic Reprint) Unknown Author. (ENG., Illus.). (J). 2018. 208p. 28.19 (978-0-483-67583-4(0)); 2017. pap. 10.57 (978-0-243-33060-7(X)) Forgotten Bks.

Midsommer Nights Dreame: As It Hath Beene Sundry Times Publickely Acted, by the Right Honourable, the Lord Chamberlaine His Servants (Classic Reprint) William Shakespeare. 2016. (ENG., Illus.). (J). pap. 9.57 (978-1-333-66201-1(7)) Forgotten Bks.

Midsommer Nights Dreame: Facsimile Reprint of the Text of the First Folio, 1623; with Foot-Notes Giving Every Variant in Spelling & Punctuation Occurring in the Two Quartos of 1600, According to the Perfect Copies of the Original Texts in the Barton C. William Shakespeare. 2016. (ENG., Illus.). (J). pap. 9.57 (978-1-334-05039-8(2)) Forgotten Bks.

Midst Himalayan Mists (Classic Reprint) R. J. Minney. 2017. (ENG., Illus.). (J). 26.70 (978-0-265-91125-9(7)) Forgotten Bks.

'Midst the Wild Carpathians: AZ Erdely Arany Kora (Classic Reprint) Maurus Jokai. (ENG., Illus.). (J). 2017. 30.02 (978-0-331-51994-5(1)); 2016. pap. 13.57 (978-1-334-14168-3(1)) Forgotten Bks.

Midstream: A Chronicle at Halfway (Classic Reprint) Will Levington Comfort. 2018. (ENG., Illus.). 318p. (J). 30.54 (978-0-484-15114-6(2)) Forgotten Bks.

Midsummer a Story for Boys & Girls (Classic Reprint) Katharine Adams. 2018. (ENG., Illus.). 264p. (J). 29.36 (978-0-483-34531-7(8)) Forgotten Bks.

Midsummer Banquet. John Patience. Illus. by John Patience. 2022. (ENG.). 26p. (J). (978-1-7398518-1-1(1)) Talewater Pr.

Midsummer Dance: Book III of the Troutespond Series. Elizabeth Priest. 2019. (Troutespond Ser.: Vol. 3). (ENG., Illus.). 176p. (YA). (gr. 8-12). pap. (978-1-911143-45-1(X)) Luna Pr. Publishing.

Midsummer Eve: A Fairy Tale of Love (Classic Reprint) S. C. Hall. 2018. (ENG., Illus.). (J). 29.14 (978-0-260-33711-5(0)) Forgotten Bks.

Midsummer Holiday, & Other Poems. Algernon Charles Swinburne. 2017. (ENG., Illus.). (J). pap. (978-0-649-05118-2(1)) Trieste Publishing Pty Ltd.

Midsummer Holiday & Other Poems. Algernon Charles Swinburne. 2017. (ENG., Illus.). (J). pap. (978-0-649-05117-5(3)); pap. (978-0-649-38321-4(4)) Trieste Publishing Pty Ltd.

Midsummer Holiday, & Other Poems (Classic Reprint) Algernon Charles Swinburne. 2018. (ENG., Illus.). 230p. (J). 28.64 (978-0-483-82605-2(7)) Forgotten Bks.

Midsummer Madness: A Novel (Classic Reprint) H. Lovett Cameron. 2017. (ENG., Illus.). (J). 31.96 (978-0-266-74387-3(0)); pap. 16.57 (978-1-5277-1146-4(3)) Forgotten Bks.

Midsummer Madness (Classic Reprint) Ellen Olney Kirk. 2018. (ENG., Illus.). 398p. (J). 32.13 (978-0-267-48044-9(X)) Forgotten Bks.

Midsummer Magic (Classic Reprint) Walter Bamfylde. 2018. (ENG., Illus.). 408p. (J). 32.31 (978-0-483-60594-7(8)) Forgotten Bks.

Midsummer Medley for 1830, Vol. 2 Of 2: A Series of Comic Tales, Sketches, & Fugitive Vagaries, in Prose & Verse (Classic Reprint) Horace Smith. 2018. (ENG., Illus.). 268p. (J). 29.42 (978-0-483-69518-4(1)) Forgotten Bks.

Midsummer Medley, Vol. 1 Of 2: A Series of Comic Tales in Prose & Verse (Classic Reprint) Horace Smith. 2018. (ENG., Illus.). 276p. (J). 29.59 (978-0-484-61324-8(3)) Forgotten Bks.

Midsummer Nights Dream. William Shakespeare. 2017. (ENG., Illus.). (J). (gr. 2-4). pap. *(978-3-7447-7832-9(0))* Creation Pubs.

Midsummer Night's Dream. William Shakespeare. 2020. (ENG.). 98p. (J). (gr. 3-7). pap. 16.99 *(978-1-6781-2862-3(7))* Lulu Pr., Inc.

Midsummer Night's Dream. William Shakespeare. 2021. (ENG.). 82p. (YA). (gr. 3-6). pap. 6.99 *(978-1-4209-7579-6(X))* Digireads.com Publishing.

Midsummer Night's Dream. William Shakespeare. 2020. (ENG.). 110p. (J). (gr. 3-6). pap. *(978-1-77426-088-3(3))* East India Publishing Co.

Midsummer Night's Dream. William Shakespeare. Ed. by Sheba Blake. 2020. (ENG.). 72p. (J). (gr. 3-6). pap. 9.99 *(978-1-222-29316-6(1))* Indy Pub.

Midsummer Night's Dream. William Shakespeare. (ENG.). (YA). (gr. 3-6). 2022. 106p. pap. ***(978-1-387-90913-1(4))***; 2018. 102p. pap. ***(978-1-387-80815-1(X))*** Lulu Pr., Inc.

Midsummer Night's Dream: A BabyLit(TM) Fairies Primer, 1 vol. Jennifer Adams. Illus. by Alison Oliver. 2016. (BabyLit Ser.). 22p. (J). (— 1). bds. 11.99 *(978-1-4236-4181-0(7))* Gibbs Smith, Publisher.

Midsummer Night's Dream: A Graphic Novel. William Shakespeare. Illus. by Naresh Kumar. 2022. (Campfire Classic Ser.). 88p. (YA). (gr. 7). pap. 14.99 *(978-93-80741-56-7(1)*, Campfire) Steerforth Pr.

Midsummer Night's Dream, 1920 (Classic Reprint) Sioux Falls High School. (ENG., Illus.). (J). 2018. 144p. 26.87 *(978-0-483-95178-5(1))*; 2016. pap. 9.57 *(978-1-333-72568-6(X))* Forgotten Bks.

Midsummer Night's Dream: a Shakespeare Children's Story. Illus. by Macaw Books. abr. ed. 2019. (Sweet Cherry Easy Classics Ser.). (ENG.). 64p. (J). (gr. 3-6). 5.99 *(978-1-78226-565-8(1)*, a62a2c91-ccca-4ec0-be3d-a819a38d3a98) Sweet Cherry Publishing GBR. Dist: Baker & Taylor Publisher Services (BTPS).

Midsummer Night's Dream: a Shakespeare Children's Story. William Shakespeare. abr. ed. 2019. (Sweet Cherry Easy Classics Ser.). (ENG., Illus.). 64p. (J). (gr. 3-6). 8.99 *(978-1-78226-560-3(0)*, 7cc24760-9e25-4b0d-bc77-41b2d09dcf34) Sweet Cherry Publishing GBR. Dist: Baker & Taylor Publisher Services (BTPS).

Midsummer Night's Dream: Shakespeare's Greatest Stories: With Review Questions & an Introduction to the Themes in the Story. Wonder House Books. 2020. (Illustrated Classics Ser.). (ENG.). 88p. (YA). (gr. 9). pap. 3.99 ***(978-93-89432-52-7(9))*** Prakash Bk. Depot IND. Dist: Independent Pubs. Group.

Midsummer Rose (Classic Reprint) Katharine Tynan. 2018. (ENG., Illus.). 320p. (J). 30.50 *(978-0-483-71042-9(3))* Forgotten Bks.

Midsummer Tomte & the Little Rabbits: A Day-By-day Summer Story in Twenty-one Short Chapters, 13 vols. Ulf Stark. Tr. by Susan Beard. Illus. by Eva Eriksson. 2016. Orig. Title: Sommar I Stora Skogen. 120p. (J). 24.95 *(978-1-78250-244-9(0))* Floris Bks. GBR. Dist: Consortium Bk. Sales & Distribution.

Midsummer Wooing (Classic Reprint) Mary E. Stone Bassett. (ENG., Illus.). (J). 2018. 508p. 34.37 *(978-0-332-72868-1(4))*; 2017. pap. 16.97 *(978-0-243-09148-5(6))* Forgotten Bks.

Midsummer's Cruise (Classic Reprint) Nicholas a Draim. 2018. (ENG., Illus.). 122p. (J). 26.41 *(978-0-267-76533-1(9))* Forgotten Bks.

Midsummer's Mayhem. Rajani LaRocca. (ENG.). (J). (gr. 3-7). 2021. 368p. pap. 8.99 *(978-1-4998-1064-6(4))*; 2019. (Illus.). 352p. 17.99 *(978-1-4998-0888-9(7))* Bonnier Publishing USA. (Yellow Jacket).

Midwest. Helen Foster James. 2017. (21st Century Basic Skills Library: Outdoor Explorers Ser.). (ENG., Illus.). 24p. (J). (gr. k-3). lib. bdg. 30.64 *(978-1-63472-876-8(9)*, 209930) Cherry Lake Publishing.

Midwest. Blaine Wiseman. 2016. (Illus.). 48p. (J). *(978-1-5105-1136-1(9))* SmartBook Media, Inc.

Midwest Psychosis. Tanner Léon. 2020. (ENG.). 57p. (YA). pap. *(978-1-716-97907-1(2))* Lulu Pr., Inc.

Midwife's Apprentice: A Newbery Award Winner. Karen Cushman. 2019. (ENG.). 144p. (J). (gr. 3-7). pap. 7.99 *(978-1-328-63112-1(5)*, 1734957, Clarion Bks.) HarperCollins Pubs.

Midwife's Apprentice Novel Units Teacher Guide. Novel Units. 2019. (ENG.). (J). pap. 12.99 *(978-1-56137-801-2(1)*, Novel Units, Inc.) Classroom Library Co.

Midwife's Visit. Kelly B. Jenkins. 2022. (ENG.). 38p. (J). 16.95 *(978-1-63755-025-0(1))* Amplify Publishing Group.

Midwinter Witch: a Graphic Novel (the Witch Boy Trilogy #3) Molly Knox Ostertag. 2019. (Witch Boy Ser.). (ENG., Illus.). 208p. (J). (gr. 3-7). pap. 12.99 *(978-1-338-54055-0(6)*, Graphix) Scholastic, Inc.

Midy & Tidy. Modesta Mata. 2020. (ENG.). 30p. (J). 35.00 *(978-1-64086-702-4(3))* ibukku, LLC.

Midy y Tidy. Modesta Mata. 2020. (SPA.). 30p. (J). 35.00 *(978-1-64086-704-8(X))* ibukku, LLC.

Mie Prigioni, Memorie: My Imprisonments, Memoirs (Classic Reprint) Silvio Pellico. 2018. (ENG., Illus.). 352p. (J). 31.16 *(978-0-267-70520-7(4))* Forgotten Bks.

Mie Prigioni Memorie (Classic Reprint) Silvio Pellico. 2018. (ITA., Illus.). 446p. (J). 33.10 *(978-0-666-71936-2(5))* Forgotten Bks.

Miedo. Kevin Brooks. 2018. (Traves Del Espejo Ser.). (SPA.). 183p. (J). pap. 8.99 *(978-607-16-5567-7(6))* Fondo de Cultura Economica USA.

Miedo a Dejar el Suelo. Amy Culliford. Illus. by John Joseph. 2022. (Fénix y Ganso (Phoenix & Goose) Ser.). (SPA.). 16p. (J). (gr. -1-3). pap. *(978-1-0396-4975-0(0)*, 19971); lib. bdg. *(978-1-0396-4848-7(7)*, 19970) Crabtree Publishing Co. (Crabtree Blossoms).

Mieko. Kt Rome. 2021. (ENG., Illus.). 30p. (J). 23.95 *(978-1-63881-172-5(5))*; pap. 14.95 *(978-1-63881-171-8(7))* Newman Springs Publishing, Inc.

Miel: Leveled Reader Book 83 Level K 6 Pack. Hmh Hmh. 2021. (SPA.). 16p. (J). pap. 74.40 *(978-0-358-08299-6(4))* Houghton Mifflin Harcourt Publishing Co.

Miel, el N?ctar Dorado Del Cielo. Shona N. Conyers-Balderrama. 2018. (SPA.). 38p. (J). pap. *(978-0-359-15793-8(9))* Lulu Pr., Inc.

Mientras Sale el Sol, Mañana en Mazatlán. Carolyn Watson-Dubisch. Tr. by Jorge A. Castilla. 2021. (SPA.). 31p. (J). *(978-1-6780-6272-9(3))* Lulu Pr., Inc.

Miep & the Most Famous Diary: The Woman Who Rescued Anne Frank's Diary. Meeg Pincus. Illus. by Jordi Solano. 2019. (ENG.). 40p. (J). (gr. 1-4). 17.99 *(978-1-5341-1025-0(9)*, 204761) Sleeping Bear Pr.

Miércoles Alocado (Wacky Wednesday Spanish Edition) Seuss. 2020. (Beginner Books(R) Ser.). (SPA., Illus.). 48p. (J). (gr. -1-2). 9.99 *(978-1-9848-3101-9(1))*; lib. bdg. 12.99 *(978-0-593-12812-1(5))* Random Hse. Children's Bks. (Random Hse. Bks. for Young Readers).

Miffy. Dick Bruna. 2018. (KOR.). (J). *(978-89-491-1701-0(0))* Biryongso Publishing Co.

Miffy the Artist Activity Book. Dick Bruna. 2018. (ENG., Illus.). 28p. (J). (gr. -1-k). pap. 12.95 *(978-1-84976-578-7(2)*, 1315403) Tate Publishing, Ltd. GBR. Dist: Hachette Bk. Group.

Miffy the Artist Lift-The-Flap Book. Dick Bruna. 2016. (ENG., Illus.). 12p. (J). (gr. -1-k). bds. 14.50 *(978-1-84976-395-0(X)*, 1647910) Tate Publishing, Ltd. GBR. Dist: Hachette Bk. Group.

Miffy's Dream. Dick Bruna. 2018. (KOR.). (J). *(978-89-491-1703-4(7))* Biryongso Publishing Co.

Migas en Las Escaleras: Un Misterio. Karl Beckstrand. 4th ed. 2018. (Misterios para Los Menores Ser.: Vol. 2).Tr. of Crumbs on the Stairs - a Mystery. (SPA., Illus.). 26p. (J). 26.95 *(978-1-7320696-0-2(3))* Premio Publishing & Gozo Bks., LLC.

Miggles & Other Stories (Classic Reprint) Bret Harte. 2018. (ENG., Illus.). 100p. (J). 25.98 *(978-0-267-25905-2(0))* Forgotten Bks.

Might. Siri Pettersen. 2022. (Raven Rings Ser.). (ENG.). 512p. (YA). (gr. 9). 19.95 *(978-1-64690-002-2(2))* North-South Bks., Inc.

Might As Well Be Dead. Mark Goldblatt. 2023. (ENG.). 214p. (YA). pap. ***(978-1-949515-51-0(6))*** Phoenix Pr. Ltd.

Might As Wool (Media Tie-In) Alpaca Funny Book. Ace Landers. ed. 2021. (ENG.). 96p. (J). (gr. 2-5). pap. 8.99 *(978-1-338-71753-2(7))* Scholastic, Inc.

Might of the Minotaur. David Campiti. 2022. (Greek Mythology Ser.). (ENG., Illus.). 32p. (J). (gr. 3-3). pap. 9.95 *(978-1-64494-663-3(7)*, Graphic Planet) ABDO Publishing Co.

Might of the Minotaur. David Campiti. Illus. by Lelo Alves. 2021. (Greek Mythology (Magic Wagon) Ser.). (ENG.). 32p. (J). (gr. 3-8). lib. bdg. 32.79 *(978-1-0982-3181-1(3)*, 38704, Graphic Planet - Fiction) Magic Wagon.

Mightier Than the Sword #1. Drew Callander & Alana Harrison. Illus. by Ryan Andrews. 2019. (Mightier Than the Sword Ser.: 1). 320p. (J). (gr. 3-7). pap. 9.99 *(978-0-593-09364-1(X)*, Penguin Workshop) Penguin Young Readers Group.

Mightier Than the Sword (Classic Reprint) Alphonse Courlander. (ENG., Illus.). (J). 2017. 31.16 *(978-0-331-61060-4(4))*; 2016. pap. 13.57 *(978-1-333-41269-2(X))* Forgotten Bks.

Mighty: Welcome to Town Real. Yader Hernandez. 2022. (ENG., Illus.). 382p. (YA). pap. 25.95 ***(978-1-68498-663-7(X))*** Hawes & Jenkins Publishing, Inc.

Mighty 1. Ebony Moore. (ENG.). 36p. (J). 2021. 23.05 *(978-1-6780-7768-6(2))*; 2021. pap. 8.94 *(978-1-6671-1623-5(1))*; 2018. (Illus.). pap. 15.99 *(978-1-387-95850-4(X))* Lulu Pr., Inc.

Mighty Adventurers: David & Goliath. Erice R. Wingate. Illus. by Jasmine Mills. 2019. (Mighty Adventurers Ser.: Vol. 1). (ENG.). 36p. (J). (gr. k-4). pap. 14.99 ***(978-1-7334394-0-4(4))*** Three Gate Publishing.

Mighty Adventures with Jesus. Tanya L. Nix. 2018. (ENG., Illus.). 120p. (J). pap. 17.95 *(978-1-64299-988-4(1))* Christian Faith Publishing.

Mighty Annapurna - Illustrated Book about the Himalayan Mountain Range Seen Through a Child's Eye. Rohan Raman. 2022. (ENG., Illus.). 42p. (J). 16.99 ***(978-1-63640-712-8(9)***, White Falcon Publishing) White Falcon Publishing.

Mighty Atom (Classic Reprint) Marie Corelli. 2017. (ENG., Illus.). (J). 32.79 *(978-0-260-88578-4(9))* Forgotten Bks.

Mighty Bite. Nathan Hale. 2023. (Mighty Bite Ser.). (ENG., Illus.). 288p. (J). (gr. 2-5). 14.99 *(978-1-4197-6553-7(1)*, 1793601, Amulet Bks.) Abrams, Inc.

Mighty Bitey Creature. Ronda Armitage. Illus. by Nikki Dyson. 2018. (ENG.). 40p. (J). (gr. -1-2). 17.99 *(978-0-7636-9878-2(4))* Candlewick Pr.

Mighty Boy Book 1. Tomie Mickai Williams. 2016. (ENG.). 118p. (J). pap. 7.99 *(978-1-716-40614-0(5))* Lulu Pr., Inc.

Mighty Boy Book 2: Superhero Life. Tomie Mickai Williams. 2017. (ENG.). 98p. (J). pap. 7.99 *(978-1-716-40613-3(7))* Lulu Pr., Inc.

Mighty Brontosaurus. Brianna Kaiser. 2022. (Bumba Books (r) — Mighty Dinosaurs Ser.). (ENG., Illus.). 24p. (J). (gr. -1-1). pap. 8.99 *(978-1-7284-4811-4(5)*, 5e4cd0d3-5adf-44c9-831b-40b0884d14fc, Lerner Pubns.) Lerner Publishing Group.

Mighty Claws Don't Want to Hunt. Nat Luurtsema. 2019. (ENG., Illus.). 42p. (J). pap. *(978-1-912850-78-5(8))* Clink Street Publishing.

Mighty Claws Storm a Fortress. Nat Luurtsema. 2019. (ENG., Illus.). 44p. (J). pap. *(978-1-913136-04-8(3))* Clink Street Publishing.

Mighty Day in Tracksville! A Lift-The-Flap Book. Gabriella DeGennaro. 2022. (Mighty Express Ser.). (ENG., Illus.). 12p. (J). (— 1). bds. 9.99 *(978-0-593-51962-2(0)*, Penguin Young Readers Licenses) Penguin Young Readers Group.

Mighty Dinos. Hunter Reid. Illus. by Alex Chiu. 2017. (Fluorescent Pop! Ser.). (ENG.). 14p. (J). (gr. -1-k). bds. 5.99 *(978-1-4998-0524-6(1))* Little Bee Books Inc.

Mighty Dynamo. Kieran Crowley. 2018. (ENG.). 384p. (J). pap. 9.99 *(978-1-250-12952-9(4)*, 900176093) Square Fish.

Mighty Fortress Is Our God. Martin Luther. Illus. by Jason Jaspersen. 2017. (ENG.). 32p. (J). 14.99 *(978-1-933737-02-7(6))* Kloria Publishing LLC.

Mighty Girl's Journal. Yemu Phiri. 2018. (ENG., Illus.). 58p. (J). (gr. 2-6). *(978-0-6484364-0-9(3))* Born2Reign.

Mighty Heart of Sunny St. James. Ashley Herring Blake. (ENG.). (J). (gr. 3-7). 2020. 416p. pap. 7.99 *(978-0-316-51554-2(X))*; 2019. 384p. 16.99 *(978-0-316-51553-5(1))* Little, Brown Bks. for Young Readers.

Mighty Jack. Ben Hatke. ed. 2018. (Mighty Jack Ser.). (ENG.). (J). (gr. 3-5). 205p. 25.96 *(978-1-64310-583-3(3))*;1. 203p. 25.96 *(978-1-64310-535-2(3))* Penworthy Co., LLC, The.

Mighty Jack. Ben Hatke. 2016. (Mighty Jack Ser.: 1). (ENG., Illus.). 208p. (J). pap. 14.99 *(978-1-62672-264-4(1)*, 900148173, First Second Bks.) Roaring Brook Pr.

Mighty Jack. Ben Hatke. ed. 2017. (Mighty Jack Ser.: 2). (J). lib. bdg. 26.95 *(978-0-606-40540-9(2))* Turtleback.

Mighty Jack & the Goblin King. Ben Hatke. 2017. (Mighty Jack Ser.: 2). (ENG., Illus.). 208p. (J). 24.99 *(978-1-62672-267-5(6)*, 900148177); pap. 14.99 *(978-1-62672-266-8(8)*, 900148176) Roaring Brook Pr. (First Second Bks.).

Mighty Jack & Zita the Spacegirl. Ben Hatke. 2019. (Mighty Jack Ser.). (ENG.). 254p. (J). (gr. 4-5). 25.96 *(978-0-87617-909-3(X))* Penworthy Co., LLC, The.

Mighty Jack & Zita the Spacegirl. Ben Hatke. 2019. (Mighty Jack Ser.: 3). (ENG.). 272p. (J). 24.99 *(978-1-250-19172-4(6)*, 900192807); (Illus.). pap. 14.99 *(978-1-250-19173-1(4)*, 900192808) Roaring Brook Pr. (First Second Bks.).

Mighty Jack Trilogy Boxed Set: Mighty Jack, Mighty Jack & the Goblin King, Mighty Jack & Zita the Spacegirl. Ben Hatke. 2021. (Mighty Jack Ser.). (ENG., Illus.). (J). 44.97 *(978-1-250-80212-5(1)*, 900243122, First Second Bks.) Roaring Brook Pr.

Mighty Jamaicans & the Battle on the Blue Mountains: The Mighty Jamaicans Quadralogy. Israel Lion. 2020. (ENG.). 160p. (YA). 23.50 *(978-1-6671-7392-4(8))* Lulu Pr., Inc.

Mighty Josh Meier Saves Christmas. Kristine Meier-Skiff. 2019. (ENG.). 38p. (J). pap. 16.99 *(978-0-359-48797-4(1))* Lulu Pr., Inc.

Mighty Justice (Young Readers' Edition) The Untold Story of Civil Rights Trailblazer Dovey Johnson Roundtree. Katie McCabe & Jabari Asim. 2020. (ENG., Illus.). 208p. (J). 19.99 *(978-1-250-22900-7(6)*, 900209094) Roaring Brook Pr.

Mighty LEGO Mechs: Flyers, Shooters, Crushers, & Stompers. DK. 2021. (ENG., Illus.). 88p. (J). (gr. 2-4). 14.99 *(978-0-7440-4461-4(8)*, DK Children) Dorling Kindersley Publishing, Inc.

Mighty Lever Endeavor: Solving Mysteries Through Science, Technology, Engineering, Art & Math. Ken Bowser. Illus. by Ken Bowser. 2021. (Jesse Steam Mysteries Ser.). (ENG., Illus.). 64p. (J). (gr. 2-5). pap. 8.99 *(978-1-64371-013-6(3)*, 4054e101-99f8-49ce-b843-94f1a1432ff3); lib. bdg. 26.65 *(978-1-64371-012-9(5)*, d9aa69ea-a001-46ee-b0c4-bdf5ca3021fe) Red Chair Pr.

Mighty Little Desk. Rebecca Russell. 2021. (ENG.). 30p. (J). 23.95 *(978-1-64468-945-5(6))*; pap. 13.95 *(978-1-64468-944-8(8))* Covenant Bks.

Mighty Little Thor: A Deer Lost Then Found. Dawn L. Rasmussen. 2021. (ENG.). 90p. (J). pap. 17.99 *(978-0-578-86351-1(0))* Wyeast Career Pr.

Mighty Long Way (Adapted for Young Readers) My Journey to Justice at Little Rock Central High School. Carlotta Walls LaNier & Lisa Frazier Page. 2023. (ENG., Illus.). 304p. (J). (gr. 5). lib. bdg. 20.99 *(978-0-593-48676-4(5)*, Delacorte Pr.) Random House Publishing Group.

Mighty Long Way (Adapted for Young Readers) My Journey to Justice at Little Rock Central High School. Carlotta Walls LaNier & Lisa Frazier Page. 2023. (Illus.). 304p. (J). (gr. 5). 17.99 *(978-0-593-48675-7(7)*, Delacorte Pr.) Random Hse. Children's Bks.

Mighty Machines: A Lego Adventure in the Real World. 2017. (Illus.). 32p. (J). *(978-1-5182-4494-0(7))* Scholastic, Inc.

Mighty Magnet, 1 vol. Ben Humeniuk. 2019. (Magnificent Makers Ser.). (ENG.). 32p. (gr. 5-5). 27.93 *(978-1-7253-0731-5(6)*, b157181c-a1a4-4bd2-b3b0-aff5fee275f1); pap. 11.60 *(978-1-7253-0738-4(3)*, 1869fee8-09c5-4e69-994a-90268d0ffa1c) Rosen Publishing Group, Inc., The. (PowerKids Pr.).

Mighty Mammals, 12 vols., Set. Lucy Sackett Smith. Incl. Elephants: From Trunk to Tail. lib. bdg. 26.27 *(978-1-4042-8102-8(9)*, 63822c9b-57b5-4124-af64-9537ff1133e6); Tigers: Prowling Predators. lib. bdg. 26.27 *(978-1-4042-8107-3(X)*, fd8d64b8-98cd-42ce-a405-266baaf584ec); (Illus.). 24p. (J). (gr. 2-3). 2009. (Mighty Mammals Ser.). (ENG.). 2009. Set lib. bdg. 157.62 *(978-1-4358-3294-7(9)*, a457b55a-c101-4256-a4b3-f3e9e274111f, PowerKids Pr.) Rosen Publishing Group, Inc., The.

Mighty Manny. Issata Oluwadare. Illus. by Ashley Lameiras. 2020. (Adventures of Mighty Manny Ser.: Vol. 1). (ENG.). 32p. (J). pap. 9.99 *(978-1-716-75497-5(6))* Lulu Pr., Inc.

Mighty Maple. Bb Philip. 2018. (ENG., Illus.). 36p. (J). 23.95 *(978-1-64258-335-9(9))*; pap. 13.95 *(978-1-64079-783-3(1))* Christian Faith Publishing.

Mighty Mars Rovers: The Incredible Adventures of Spirit & Opportunity. Elizabeth Rusch. ed. 2017. (Scientists in the Field Ser.). (ENG.). (J). (gr. 5-7). lib. bdg. 20.85 *(978-0-606-39812-1(0))* Turtleback.

Mighty Marvel Chapter Books Set 2 (Set), 5 vols. 2018. (Mighty Marvel Chapter Bks.). (ENG.). 128p. (J). (gr. 2-7). lib. bdg. 156.80 *(978-1-5321-4212-3(9)*, 28549, Chapter Bks.) Spotlight.

Mighty Marvel Masterworks - Doctor Strange: The Eternity War, Vol. 2 Stan Lee & Marvel Various. Illus. by Steve Ditko. 2023. 216p. (gr. 5-9). pap. 15.99 *(978-1-302-94887-0(3)*, Outreach/New Reader) Marvel Worldwide, Inc.

Mighty Marvel Masterworks - The Black Panther: The Claws of the Panther, Vol. 1. Stan Lee & Roy Thomas. Illus. by Jack Kirby & Marvel Various. 2022. 240p. (gr. 5-9). pap. 15.99 *(978-1-302-94709-5(5)*, Outreach/New Reader) Marvel Worldwide, Inc.

Mighty Marvel Masterworks- The Incredible Hulk: The Green Goliath, Vol. 1. Stan Lee. Illus. by Jack Kirby & Steve Ditko. 2021. 160p. (J). (gr. 5-9). pap. 15.99 ***(978-1-302-93180-3(6)***, Outreach/New Reader) Marvel Worldwide, Inc.

Mighty Marvel Masterworks: Captain Marvel: The Coming of Captain Marvel. Roy Thomas & Marvel Various. Illus. by Gene Colan & Don Heck. 2023. 200p. (gr. 5-9). pap. 15.99 *(978-1-302-94889-4(X)*, Outreach/New Reader) Marvel Worldwide, Inc.

Mighty Marvel Masterworks: Namor, the Sub-Mariner: The Quest Begins. Stan Lee. Illus. by Gene Colan & Wallace Wood. 2022. 176p. (gr. 5-9). pap. 15.99 *(978-1-302-94885-6(7)*, Outreach/New Reader) Marvel Worldwide, Inc.

Mighty Marvel Masterworks: the Incredible Hulk: The Lair of the Leader, Vol. 2. Stan Lee. Illus. by Steve Ditko et al. 2022. 192p. (gr. 5-9). pap. 15.99 *(978-1-302-94623-4(4)*, Outreach/New Reader) Marvel Worldwide, Inc.

Mighty Marvel Masterworks: the Mighty Thor - The Vengeance of Loki, Vol. 1. Stan Lee & Marvel Various. Illus. by Marvel Various & Jack Kirby. 2021. 280p. (J). (gr. 5-9). pap. 15.99 ***(978-1-302-93168-1(7)***, Outreach/New Reader) Marvel Worldwide, Inc.

Mighty Marvel Masterworks: the X-Men: Where Walks the Juggernaut. Stan Lee. Illus. by Jack Kirby & Marvel Various. 2022. 200p. (gr. 5-9). pap. 15.99 *(978-1-302-94619-7(6)*, Outreach/New Reader) Marvel Worldwide, Inc.

Mighty Marvels! MacKenzie Cadenhead & Sean Ryan. Illus. by Derek Laufman. 2019. (Marvel Super Hero Adventures Ser.). (ENG.). 80p. (J). (gr. 1-5). lib. bdg. 31.36 *(978-1-5321-4314-4(1)*, 31844, Chapter Bks.) Spotlight.

Mighty Marvels! MacKenzie Cadenhead et al. ed. 2019. (Marvel Chapter Ser.). (ENG.). 76p. (J). (gr. 2-3). 14.96 *(978-0-87617-596-5(5))* Penworthy Co., LLC, The.

Mighty Max Super Dog. Barbara Browning. Illus. by Barbara Browning. 2020. (ENG.). 36p. (J). 14.99 *(978-0-578-50827-6(3))* Barbara Browning.

Mighty Max Super Dog. Barbara Browning. Illus. by Barbara Browning. 2020. (ENG.). 36p. (J). 13.99 *(978-1-0879-0948-6(1))* Indy Pub.

Mighty Mechanics Big Book of Trucks, Tractors & More... Trucks, Tractors, Emergency & Construction Vehicles & Much More... John Allan. 2020. (ENG., Illus.). 80p. (J). pap. 12.99 *(978-1-913077-76-1(4)*, 7930ecb1-9084-44e4-a215-017b7b03606d, Beetle Bks.) Hungry Tomato Ltd. GBR. Dist: Baker & Taylor Publisher Services (BTPS).

Mighty Mechanics Guide to Speed: From Fighter Jets to Rocket Sleds. John Allan. 2021. (ENG., Illus.). 80p. (J). 12.99 *(978-1-913440-98-5(2)*, d54e8f8e-726f-4f41-ad5d-026156954fdb, Beetle Bks.) Hungry Tomato Ltd. GBR. Dist: Baker & Taylor Publisher Services (BTPS).

Mighty Meg 1: Mighty Meg & the Magical Ring. Sammy Griffin. Illus. by Micah Player. 2019. (Mighty Meg Ser.: 1). (ENG.). 112p. (J). (gr. k-3). 17.99 *(978-1-4998-0832-2(1))*; pap. 6.99 *(978-1-4998-0831-5(3))* Little Bee Books Inc.

Mighty Meg 2: Mighty Meg & the Melting Menace. Sammy Griffin. Illus. by Micah Player. 2019. (Mighty Meg Ser.: 2). (ENG.). 112p. (J). (gr. k-3). 17.99 *(978-1-4998-0835-3(6))*; pap. 6.99 *(978-1-4998-0834-6(8))* Little Bee Books Inc.

Mighty Meg 3: Mighty Meg & the Accidental Nemesis. Sammy Griffin. Illus. by Micah Player. 2019. (Mighty Meg Ser.: 3). (ENG.). 112p. (J). (gr. k-3). 17.99 *(978-1-4998-0847-6(X))*; pap. 6.99 *(978-1-4998-0846-9(1))* Little Bee Books Inc.

Mighty Meg: 4 Books In 1! Sammy Griffin. Illus. by Micah Player. 2019. (Mighty Meg Ser.: 1). (ENG.). 416p. (J). (gr. k-3). 14.99 *(978-1-4998-1012-7(1))* Little Bee Books Inc.

Mighty Meg 4: Mighty Meg & the Super Disguise. Sammy Griffin. Illus. by Micah Player. 2019. (Mighty Meg Ser.: 4). (ENG.). 112p. (J). (gr. k-3). 17.99 *(978-1-4998-0850-6(X))*; pap. 6.99 *(978-1-4998-0849-0(6))* Little Bee Books Inc.

Mighty Merc. Sheila Sweeny Higginson. ed. 2018. (Disney 8x8 Ser.). (ENG.). 24p. (J). (gr. -1-1). 7.00 *(978-1-64310-523-9(X))* Penworthy Co., LLC, The.

Mighty Micro Preemie. Alisha Ali. 2022. (ENG.). 22p. (J). ***(978-0-2288-8176-6(5))***; pap. ***(978-0-2288-8175-9(7))*** Tellwell Talent.

Mighty, Mighty Construction Site. Sherri Duskey Rinker. Illus. by Tom Lichtenheld. 2017. (Goodnight, Goodnight, Construc Ser.). (ENG.). 40p. (J). (gr. -1 — 1). 16.99 *(978-1-4521-5216-5(0))* Chronicle Bks. LLC.

Mighty, Mighty Construction Site. Sherri Duskey Rinker. 2019. (CHI.). (gr. -1). *(978-986-479-602-1(X))* Commonwealth Publishing Co., Ltd.

Mighty, Mighty Construction Site Sound Book (Books for 1 Year Olds, Interactive Sound Book, Construction Sound Book) Sherri Duskey Rinker. Illus. by Tom Lichtenheld. 2019. (Goodnight, Goodnight Construction Site Ser.). (ENG.). 12p. (J). (gr. -1 — 1). bds. 12.99 *(978-1-4521-6507-3(6))* Chronicle Bks. LLC.

Mighty Mikko: A Book of Finnish Fairy Tales & Folk Tales (Classic Reprint) Parker Hoysted Fillmore. 2017. (ENG., Illus.). (J). 30.74 *(978-0-265-44622-5(8))* Forgotten Bks.

Mighty Military Land Vehicles. William N. Stark. 2016. (Military Machines on Duty Ser.). (ENG., Illus.). 24p. (J). (gr. 1-3). lib. bdg. 27.99 *(978-1-4914-8848-5(4)*, 131475, Capstone Pr.) Capstone.

Mighty Military Machines. Matt Scheff. 2018. (Mighty Military Machines Ser.). (ENG.). 24p. (J). (gr. -1-2). 147.90 *(978-1-9771-0133-4(X)*, 28311, Pebble) Capstone.

Mighty Military Robots. William N. Stark. 2016. (Military Machines on Duty Ser.). (ENG., Illus.). 24p. (J). (gr. 1-3). lib. bdg. 27.99 *(978-1-4914-8847-8(6)*, 131474, Capstone Pr.) Capstone.

Mighty Military Ships. William N. Stark. 2016. (Military Machines on Duty Ser.). (ENG., Illus.). 24p. (J). (gr. 1-3). lib. bdg. 27.99 *(978-1-4914-8846-1(8)*, 131473, Capstone Pr.) Capstone.

Mighty Mira Based on the Story. Chloe Chick. 2016. (ENG., Illus.). 35p. (J). *(978-981-320-254-2(8))* World Scientific Publishing Co. Pte Ltd.

TITLE INDEX

MIKE

M

Mighty Mission Machines. Dave Williams. ed. 2019. (Dr. Dave Astronaut Ser.). (ENG.). 52p. (J). (gr. 4-6). 22.96 *(978-1-64310-807-0(7))* Penworthy Co., LLC, The.
Mighty Mission Machines: From Rockets to Rovers. Dave Williams & Loredana Cunti. 2018. (ENG., Illus.). 52p. (J). (gr. 3-7). 22.95 *(978-1-77321-013-1(0))*; pap. 12.95 *(978-1-77321-012-4(2))* Annick Pr., Ltd. CAN. Dist: Publishers Group West (PGW).
Mighty Moby. Ed Young. 2017. (ENG., Illus.). 40p. (J). (gr. -1-3). 18.99 *(978-0-316-29936-7(7))* Little, Brown Bks. for Young Readers.
Mighty Moe: The True Story of a Thirteen-Year-Old Women's Running Revolutionary. Rachel Swaby & Kit Fox. 2019. (ENG., Illus.). 336p. (J). 22.99 *(978-0-374-31160-5(9))*, 900195713, Farrar, Straus & Giroux (BYR)) Farrar, Straus & Giroux.
Mighty Moms. Joan Holub. Illus. by Joyce Wan. 2021. (ENG.). 24p. (J). (gr. -1 — 1). bds. 7.99 *(978-1-338-59850-6(3))*, Cartwheel Bks.) Scholastic, Inc.
Mighty Morphin Power Rangers #1. Kyle Higgins. Illus. by Hendry Prasetya & Matt Herms. 2019. (Mighty Morphin Power Rangers Ser.). (ENG.). 24p. (J). (gr. 6-12). lib. bdg. 31.36 *(978-1-5321-4423-3(7))*, 33828, Graphic Novels) Spotlight.
Mighty Morphin Power Rangers #2. Kyle Higgins. Illus. by Hendry Prasetya & Matt Herms. 2019. (Mighty Morphin Power Rangers Ser.). (ENG.). 24p. (J). (gr. 6-12). lib. bdg. 31.36 *(978-1-5321-4424-0(5))*, 33829, Graphic Novels) Spotlight.
Mighty Morphin Power Rangers #3. Kyle Higgins. Illus. by Hendry Prasetya & Matt Herms. 2019. (Mighty Morphin Power Rangers Ser.). (ENG.). 24p. (J). (gr. 6-12). lib. bdg. 31.36 *(978-1-5321-4425-7(3))*, 33830, Graphic Novels) Spotlight.
Mighty Morphin Power Rangers #4. Kyle Higgins. Illus. by Hendry Prasetya & Matt Herms. 2019. (Mighty Morphin Power Rangers Ser.). (ENG.). 24p. (J). (gr. 6-12). lib. bdg. 31.36 *(978-1-5321-4426-4(1))*, 33831, Graphic Novels) Spotlight.
Mighty Morphin Power Rangers #5. Kyle Higgins. Illus. by Hendry Prasetya & Matt Herms. 2019. (Mighty Morphin Power Rangers Ser.). (ENG.). 24p. (J). (gr. 6-12). lib. bdg. 31.36 *(978-1-5321-4427-1(X))*, 33832, Graphic Novels) Spotlight.
Mighty Morphin Power Rangers #6. Kyle Higgins. Illus. by Thony Silas & Bryan Valenza. 2019. (Mighty Morphin Power Rangers Ser.). (ENG.). 24p. (J). (gr. 6-12). lib. bdg. 31.36 *(978-1-5321-4428-8(8))*, 33833, Graphic Novels) Spotlight.
Mighty Morphin Power Rangers #7. Kyle Higgins. Illus. by Hendry Prasetya & Matt Herms. 2019. (Mighty Morphin Power Rangers Ser.). (ENG.). 24p. (J). (gr. 6-12). lib. bdg. 31.36 *(978-1-5321-4429-5(6))*, 33834, Graphic Novels) Spotlight.
Mighty Morphin Power Rangers #8. Kyle Higgins. Illus. by Hendry Prasetya & Matt Herms. 2019. (Mighty Morphin Power Rangers Ser.). (ENG.). 24p. (J). (gr. 6-12). lib. bdg. 31.36 *(978-1-5321-4430-1(X))*, 33835, Graphic Novels) Spotlight.
Mighty Morphin Power Rangers #9. Kyle Higgins. Illus. by Hendry Prasetya & Matt Herms. 2019. (Mighty Morphin Power Rangers Ser.). (ENG.). 24p. (J). (gr. 6-12). lib. bdg. 31.36 *(978-1-5321-4431-8(8))*, 33836, Graphic Novels) Spotlight.
Mighty Morphin Power Rangers (Set), 9 vols. Kyle Higgins. Illus. by Hendry Prasetya et al. 2019. (Mighty Morphin Power Rangers Ser.). (ENG.). 24p. (J). (gr. 6-12). lib. bdg. 282.24 *(978-1-5321-4422-6(9))*, 33827, Graphic Novels) Spotlight.
Mighty Mountain & the Mustard Seed. Candace Alford. Illus. by Kate Witt. 2021. (ENG.). 28p. (J). 17.99 *(978-1-7365314-0-2(9))*; pap. 10.99 *(978-1-7365314-1-9(7))* Come Alive with Candace.
Mighty Mountain Movers: A Family Prayer Journal. Melody Joy Buller. 2022. (ENG.). 258p. (J). pap. 34.99 *(978-1-4116-0151-2(3))* Lulu Pr., Inc.
Mighty Mountain Movers: Parents' Guide. Melody Joy Buller. 2022. (ENG.). 84p. (J). pap. 8.99 *(978-1-387-98381-0(4))* Lulu Pr., Inc.
Mighty Mr. Aiden. Alisha Rai. Illus. by I. Cenizal. 2022. (ENG.). 22p. (J). ***(978-0-2288-8381-4(4))*** Tellwell Talent.
Mighty Mr. Coconut Tree. Christine Bynoe. 2022. (ENG.). 46p. (J). *(978-0-2288-5854-6(2))*; pap. *(978-0-2288-5853-9(4))* Tellwell Talent.
Mighty Muddy Us. Caron Levis. Illus. by Charles Santoso. 2023. (Feeling Friends Ser.). (ENG.). 40p. (J). (gr. -1-3). 18.99 ***(978-1-4197-6373-1(3))***, 1784401, Abrams Bks. for Young Readers) Abrams, Inc.
Mighty Murphy. Shelley Swanson Sateren. Illus. by Deborah Melmon. 2016. (Adventures at Hound Hotel Ser.). (ENG.). 72p. (J). (gr. 1-3). lib. bdg. 25.32 *(978-1-5158-0067-5(9))*, 131916, Picture Window Bks.) Capstone.
Mighty Muscle Cars (Set), 6 vols. 2020. (Mighty Muscle Cars Ser.). (ENG.). 32p. (J). (gr. 2-5). lib. bdg. 205.32 *(978-1-5321-9322-4(X))*, 34801, Big Buddy Bks.) ABDO Publishing Co.
Mighty Ninja Fights Covid-19. Isabella Blackmore. 2021. (Mighty Ninja Ser.: Vol. 2). (ENG.). 40p. (J). pap. 9.99 ***(978-1-7361336-1-3(6))*** SIGG ENTERPRISES.
Mighty Oak. Suzanne Collins Miller. Illus. by Sofia Anderson. 2022. 32p. (J). pap. 12.95 *(978-1-6678-6732-8(6))* BookBaby.
Mighty Oak of the Forest. David Garberson. 2018. (ENG., Illus.). 24p. (J). pap. *(978-1-4602-7508-5(X))* FriesenPress.
Mighty Odds (the Odds Series #1) Amy Ignatow. 2017. (Odds Ser.). (ENG., Illus.). 248p. (J). (gr. 5-9). pap. 8.99 *(978-1-4197-2371-1(5))*, 1087703, Amulet Bks.) Abrams, Inc.
Mighty Odds (the Odds Series #1) Amy Ignatow. 2016. (ENG., Illus.). 240p. (J). (gr. 5-9). 15.95 *(978-1-4197-1271-5(3))*, 1087701, Amulet Bks.) Abrams, Inc.
Mighty Pet Sitter. Gina Bellisario. Illus. by Jessika von Innerebner. 2018. (Ellie Ultra Ser.). (ENG.). 128p. (J). (gr. 1-3). lib. bdg. 25.99 *(978-1-4965-5238-9(5))*, 136263, Stone Arch Bks.) Capstone.
Mighty Pterodactyl. Percy Leed. 2022. (Bumba Books (r) — Mighty Dinosaurs Ser.). (ENG., Illus.). 24p. (J). (gr. -1-1). pap. 8.99 *(978-1-7284-4812-1(3))*, a78e033c-d8da-4361-9caf-977fb77edca0, Lerner Pubns.) Lerner Publishing Group.
Mighty Pup Power (a PAW Patrol Water Wonder Storybook) (Media Tie-In) Christy Webster. ed. 2023. (ENG.). 12p. (J). (gr. -1-k). 12.99 *(978-1-338-89412-7(9))* Scholastic, Inc.
Mighty Pup Power! (PAW Patrol) Hollis James. Illus. by Golden Books. 2018. (Little Golden Book Ser.). (ENG.). 24p. (J). (-k). 4.99 *(978-0-525-57772-0(6))*, Golden Bks.) Random Hse. Children's Bks.
Mighty Purple Cottage. Mia Toschi. Illus. by Michelle Boardman. 2023. (ENG.). 48p. (J). 17.95 ***(978-1-6629-2970-0(6))***; pap. 9.95 ***(978-1-6629-2971-7(4))*** Gatekeeper Pr.
Mighty Reader & the Big Freeze. Will Hillenbrand. 2019. (Illus.). 32p. (J). (gr. -1-3). (ENG.). pap. 7.99 *(978-0-8234-4733-6(2))*; 18.99 *(978-0-8234-3992-8(5))* Holiday Hse., Inc.
Mighty Reader & the Reading Riddle. Will Hillenbrand. 2022. (Illus.). 32p. (J). (gr. -1-3). 18.99 *(978-0-8234-4500-4(3))* Holiday Hse., Inc.
Mighty Reader Makes the Grade. Will Hillenbrand. (Illus.). 32p. (J). (gr. -1-3). 2022. pap. 7.99 *(978-0-8234-5187-6(9))*; 2021. 18.99 *(978-0-8234-4499-1(6))* Holiday Hse., Inc.
Mighty Reader Workbook, Grade 1: 1st Grade Reading & Skills Practice with Favorite Bible Stories. Heidi Cooley. 2018. (ENG.). 112p. (J). (gr. 1-1). pap. 9.99 *(978-1-5359-0126-0(8))*, 005803242, B&H Kids) B&H Publishing Group.
Mighty Sequel: The Mighty Mountain & the Fig Tree. Candace Alford. Illus. by Kate Witt. 2022. (ENG.). 28p. (J). 17.99 ***(978-1-7365314-4-0(1))***; pap. 11.99 ***(978-1-7365314-5-7(X))*** Come Alive with Candace.
Mighty Steam Engine. Yvonne Ng. Illus. by Richard Smythe. 2019. 32p. (J). (gr. 1-3). 17.99 *(978-1-68152-237-1(3))*, 10864) Amicus.
Mighty Stegosaurus. Jackie Golusky. 2022. (Bumba Books (r) — Mighty Dinosaurs Ser.). (ENG., Illus.). 24p. (J). (gr. -1-1). pap. 8.99 *(978-1-7284-4813-8(1))*, 9fc65b52-6619-4e99-b8b1-906fe1f984c2, Lerner Pubns.) Lerner Publishing Group.
Mighty T. Rex. Brianna Kaiser. 2022. (Bumba Books (r) — Mighty Dinosaurs Ser.). (ENG., Illus.). 24p. (J). (gr. -1-1). pap. 8.99 *(978-1-7284-4814-5(X))*, 4180d1b2-8734-431b-8650-e275d841dae2, Lerner Pubns.) Lerner Publishing Group.
Mighty Thor: My Mighty Marvel First Book. Marvel Entertainment. Illus. by Jack Kirby. 2022. (Mighty Marvel First Book Ser.). (ENG.). 24p. (J). (gr. -1-17). bds., bds. 10.99 *(978-1-4197-5614-6(1))*, 1741210, Abrams Appleseed) Abrams, Inc.
Mighty Thor: This Is Thor. Alexandra West. Illus. by Simone Boufantino et al. 2019. (World of Reading Level 1 Ser.). (ENG.). 32p. (J). (gr. -1-3). lib. bdg. 31.36 *(978-1-5321-4404-2(0))*, 33809) Spotlight.
Mighty Thor Vol. 2: Lords of Midgard. Jason Aaron. 2017. (ENG., Illus.). 160p. (gr. 8-17). pap. 19.99 *(978-0-7851-9966-3(7))*, Marvel Universe) Marvel Worldwide, Inc.
Mighty Trains (Be an Expert!) Erin Kelly. 2020. (Be an Expert! Ser.). (ENG., Illus.). 24p. (J). (gr. -1-k). pap. 5.95 *(978-0-531-13241-8(2))*, Children's Pr.) Scholastic Library Publishing.
Mighty Triceratops. Percy Leed. 2022. (Bumba Books (r) — Mighty Dinosaurs Ser.). (ENG., Illus.). 24p. (J). (gr. -1-1). pap. 8.99 *(978-1-7284-4815-2(8))*, 7037bd2c-17cb-4cd8-86b2-7710648938e9, Lerner Pubns.) Lerner Publishing Group.
Mighty Truck. Chris Barton. Illus. by Troy Cummings. 2016. (ENG.). 32p. (J). (gr. -1-3). 17.99 *(978-0-06-234478-6(1))*, HarperCollins) HarperCollins Pubs.
Mighty Truck: Muddymania! Chris Barton. Illus. by Troy Cummings. 2017. (ENG.). 32p. (J). (gr. -1-3). 17.99 *(978-0-06-234479-3(X))*, HarperCollins) HarperCollins Pubs.
Mighty Truck: The Traffic Tie-Up. Chris Barton. Illus. by Troy Cummings. 2018. (I Can Read Level 1 Ser.). (ENG.). 32p. (J). (gr. -1-3). 16.99 *(978-0-06-234470-0(6))*, HarperCollins) HarperCollins Pubs.
Mighty Truck on the Farm. Chris Barton. Illus. by Troy Cummings. 2018. (I Can Read Level 1 Ser.). (ENG.). 32p. (J). (gr. -1-3). 16.99 *(978-0-06-234467-0(6))*; pap. 4.99 *(978-0-06-234466-3(8))* HarperCollins Pubs. (HarperCollins).
Mighty Truck on the Farm. Chris Barton. 2019. (I Can Read 88 Ser.). (ENG.). 32p. (J). (gr. k-1). 14.96 *(978-1-64310-977-0(4))* Penworthy Co., LLC, The.
Mighty Truck: Surf's Up! Chris Barton. Illus. by Troy Cummings. 2019. (I Can Read Level 1 Ser.). (ENG.). 32p. (J). (gr. -1-3). 16.99 *(978-0-06-234476-2(5))*; pap. 4.99 *(978-0-06-234475-5(7))* HarperCollins Pubs. (HarperCollins).
Mighty Truck: the Traffic Tie-Up. Chris Barton. Illus. by Troy Cummings. 2018. (I Can Read Level 1 Ser.). (ENG.). 32p. (J). (gr. -1-3). pap. 5.99 *(978-0-06-234469-4(2))*, HarperCollins) HarperCollins Pubs.
Mighty Truck: Zip & Beep. Chris Barton. Illus. by Troy Cummings. 2018. (I Can Read Level 1 Ser.). (ENG.). 32p. (J). (gr. -1-3). 16.99 *(978-0-06-234473-1(0))*; pap. 4.99 *(978-0-06-234472-4(2))* HarperCollins Pubs. (HarperCollins).
Mighty Trucks Coloring Books Trucks Edition. Creative Playbooks. 2016. (ENG., Illus.). (J). pap. 7.74 *(978-1-68323-111-0(2))* Twin Flame Productions.
Mighty Tug. Alyssa Satin Capucilli. Illus. by David Mottram. 2020. (Classic Board Bks.). (ENG.). 36p. (J). (gr. -1-k). bds. 8.99 *(978-1-5344-6444-5(1))*, Little Simon) Little Simon.
Mighty Tug. Alyssa Satin Capucilli. Illus. by David Mottram. 2018. (ENG.). 40p. (J). (gr. -1-3). 17.99 *(978-1-4814-7681-2(5))*, Simon & Schuster/Paula Wiseman Bks.) Simon & Schuster/Paula Wiseman Bks.
Mighty Twins! (PAW Patrol) Tex Huntley. Illus. by MJ Illustrations. 2019. (Step into Reading Ser.). (ENG.). 24p. (J). (gr. -1-1). 5.99 *(978-0-593-12134-4(1))*, Random Hse. Bks. for Young Readers) Random Hse. Children's Bks.
Mighty Velociraptor. Percy Leed. 2022. (Bumba Books (r) — Mighty Dinosaurs Ser.). (ENG., Illus.). 24p. (J). (gr. -1-1). pap. 8.99 *(978-1-7284-4816-9(6))*, 3092351c-b625-498f-af12-2175538e1cc6, Lerner Pubns.) Lerner Publishing Group.
Mighty Warrior. Thomas Ratliff. 2022. (ENG.). 186p. (YA). pap. 9.99 *(978-1-6629-2033-2(4))* Gatekeeper Pr.
Mighty Women of Africa. Yemu Phiri. 2018. (ENG., Illus.). 42p. (J). *(978-0-6482834-5-4(3))* Born2Reign.
Mighty World of Emergency Vehicles. 2016. (Illus.). 46p. (J). *(978-1-68188-098-3(9))* Fog City Pr.
Mighty World of Trucks. Contrib. by Weldon Owen Inc Staff. 2016. (Illus.). 46p. (J). *(978-1-68188-097-6(0))* Fog City Pr.
Mighty ZI Vol. 1 Stopping Gun Violence. Uzziah James & Parris McChristian. Illus. by Cameron Wilson. 2022. (ENG.). 26p. (J). pap. 13.99 ***(978-1-0880-4121-5(3))*** Indy Pub.
Migliore Amica: My Dear Friend. Paolo De Mon. 2019. (ITA.). 258p. (YA). ***(978-1-716-90182-9(0))*** Lulu Pr., Inc.
Mignon, Vol. 1 (Classic Reprint) Forrester. 2018. (ENG., Illus.). 398p. (J). 32.11 *(978-0-365-18856-8(5))* Forgotten Bks.
Migo & Jestin: Splash, Splash! Lowan Proctor-Lampkin. 2022. (ENG.). 30p. (J). 33.00 ***(978-1-64957-981-2(0))***, RoseDog Bks.) Dorrance Publishing Co., Inc.
Migos. Carlie Lawson. 2021. (Hip-Hop & R&B: Culture, Music & Storytelling Ser.). (ENG.). (J). (gr. 7-12). 34.60 *(978-1-4222-4629-0(9))* Mason Crest.
Migración. Amparo Bosque. Illus. by Susana Rosique. 2021. (Pequeños Ciudadanos Responsables Ser.). (SPA.). 52p. (J). (gr. 2-4). 18.00 *(978-84-16470-26-6(X))* Fineo Editorial, S.L. ESP. Dist: Independent Pubs. Group.
Migración Animal (Animal Migration), 5 vols., Set. 2017. (Migración Animal (Animal Migration) Ser.). (SPA.). 24p. (J). (gr. -1-2). lib. bdg. 163.95 *(978-1-5321-0640-8(8))*, 27231, Abdo Kids) ABDO Publishing Co.
Migración de la Ballena Jorobada. Grace Hansen. 2017. (Migración Animal (Animal Migration) Ser.).Tr. of Humpback Whale Migration. (SPA.). 24p. (J). (gr. -1-2). lib. bdg. 32.79 *(978-1-5321-0641-5(6))*, 27232, Abdo Kids) ABDO Publishing Co.
Migración de la Morsa. Grace Hansen. 2017. (Migración Animal (Animal Migration) Ser.).Tr. of Walrus Migration. (SPA.). 24p. (J). (gr. -1-2). lib. bdg. 32.79 *(978-1-5321-0645-3(9))*, 27236, Abdo Kids) ABDO Publishing Co.
Migración de la Tortuga Laúd. Grace Hansen. 2017. (Migración Animal (Animal Migration) Ser.).Tr. of Leatherback Turtle Migration. (SPA.). 24p. (J). (gr. -1-2). lib. bdg. 32.79 *(978-1-5321-0642-2(4))*, 27233, Abdo Kids) ABDO Publishing Co.
Migración Del ñu. Grace Hansen. 2017. (Migración Animal (Animal Migration) Ser.).Tr. of Wildebeest Migration. (SPA.). 24p. (J). (gr. -1-2). lib. bdg. 32.79 *(978-1-5321-0646-0(7))*, 27237, Abdo Kids) ABDO Publishing Co.
Migración Del Salmón. Grace Hansen. 2017. (Migración Animal (Animal Migration) Ser.).Tr. of Salmon Migration. (SPA.). 24p. (J). (gr. -1-2). lib. bdg. 32.79 *(978-1-5321-0644-6(0))*, 27235, Abdo Kids) ABDO Publishing Co.
Migraine & Mia. Kat Harrison. 2021. (ENG.). 28p. (J). pap. 9.95 *(978-1-954614-36-9(5))*; 17.95 *(978-1-954614-35-2(7))* Warren Publishing, Inc.
Migraines & Seizures. Rebecca Sherman. 2017. (Living with Diseases & Disorders Ser.: Vol. 11). (ENG., Illus.). 128p. (J). (gr. 7-12). 23.95 *(978-1-4222-3757-1(5))* Mason Crest.
Migrant! The Story of Danny Broome. Mark Gengler. 2021. (ENG.). 182p. pap. 14.99 *(978-1-944072-53-7(5))*, Soul Fire Press) First Steps Publishing.
Migrants. Eduard Altarriba. 2023. (My World Ser.). (ENG., Illus.). 44p. (J). pap. 17.99 ***(978-1-78708-129-1(X))*** Button Bks. GBR. Dist: Publishers Group West (PGW).
Migrants & Refugees, 1 vol. Ed. by M. M. Eboch. 2017. (Global Viewpoints Ser.). (ENG.). 272p. (gr. 10-12). pap. 32.70 *(978-1-5345-0116-4(9))*, 5b5c6283-86c4-4911-9bb1-b434e11281be); lib. bdg. 47.83 *(978-1-5345-0118-8(5))*, 46abc2cc-3dc6-43aa-931e-5bb9fe5e0b33) Greenhaven Publishing LLC.
Migrants & Refugees. Trevor Smith. 2016. (Worldviews Ser.). (ENG.). 48p. (J). lib. bdg. 34.99 *(978-1-5105-1196-5(2))* SmartBook Media, Inc.
Migrating Animals. (Migrating Animals Ser.). (ENG.). 24p. (J). 2017. 295.92 *(978-1-5026-2401-7(X))*; 2016. (gr. 1-1). lib. bdg. 164.16 *(978-1-5026-2400-0(1))*, 44304186-c6de-4e1e-9358-400e089e396f) Cavendish Square Publishing LLC.
Migrating Animals (Group 2) 2018. (Migrating Animals Ser.). (ENG.). 24p. (J). pap. 52.86 *(978-1-5026-3996-7(3))*; (gr. 1-1). lib. bdg. 164.16 *(978-1-5026-3903-5(3))*, 8d2428fe-4b42-41de-9076-9a9de899eaf8) Cavendish Square Publishing LLC.
Migrating Animals (Groups 1 - 2) 2018. (Migrating Animals Ser.). (ENG.). (J). pap. 117.72 *(978-1-5026-4009-3(0))*; (gr. 1-1). lib. bdg. 328.32 *(978-1-5026-3727-7(8))*, e0e07540-88bf-4356-9870-0050212afbb1) Cavendish Square Publishing LLC.
Migrating to Survive. Clara MacCarald. 2022. (Animal Survival Ser.). (ENG., Illus.). 32p. (J). (gr. 2-5). lib. bdg. 34.22 *(978-1-5321-9853-3(1))*, 39717, Kids Core) ABDO Publishing Co.
Migrating to Survive. Clara MacCarald. 2022. (Animal Survival Ser.). (ENG., Illus.). 32p. (J). (gr. 3-3). pap. 9.95 *(978-1-64494-770-8(6))* North Star Editions.
Migration. Gail Gibbons. (Illus.). 32p. (J). (gr. -1-3). 2021. pap. 8.99 *(978-0-8234-4838-8(X))*; 2020. 18.99 *(978-0-8234-4065-8(6))* Holiday Hse., Inc.
Migration. Jaclyn Jaycox. 2020. (Cycles of Nature Ser.). (ENG., Illus.). 24p. (J). (gr. -1-2). pap. 6.95 *(978-1-9771-1774-8(0))*, 142118); lib. bdg. 27.32 *(978-1-9771-1282-8(X))*, 141413) Capstone. (Pebble).
Migration. Megan Kopp. 2016. (Illus.). 24p. (J). *(978-1-5105-0930-6(5))* SmartBook Media, Inc.
Migration: Incredible Animal Journeys. Mike Unwin. Illus. by Jenni Desmond. 2019. (ENG.). 48p. (J). 18.99 *(978-1-5476-0097-7(7))*, 900198454, Bloomsbury Children's Bks.) Bloomsbury Publishing USA.
Migration & Animal Adaptations Books for Kids Grade 3 - Children's Environment Books. Baby Professor. 2019. (ENG.). 72p. (J). pap. 14.72 *(978-1-5419-5283-6(9))*; 24.71 *(978-1-5419-7483-8(2))* Speedy Publishing LLC. (Baby Professor (Education Kids)).
Migration & Settlement. Tammy Gagne & John Willis. 2017. (J). *(978-1-5105-2179-7(8))*, Berkley) Penguin Publishing Group.
Migration Cycles. Tyler Gieseke. 2022. (Earth Cycles Ser.). (ENG., Illus.). 32p. (J). (gr. 2-5). lib. bdg. 32.79 *(978-1-0982-4220-6(3))*, 40043, DiscoverRoo) Pop!.
Migration North. James de Medeiros. 2019. (Black History Ser.). (ENG.). 48p. (J). lib. bdg. 29.99 *(978-1-5105-4407-9(0))* SmartBook Media, Inc.
Migration Plays: Four Large Cast Ensemble Stories for Teenagers. Satinder Chohan et al. Ed. by Fin Kennedy. 2019. (ENG.). 136p. pap. *(978-1-350-09041-5(7))*, 415900, Methuen Drama) Bloomsbury Publishing Plc.
Migrations: Open Hearts, Open Borders: The Power of Human Migration & the Way That Walls & Bans Are No Match for Bravery & Hope. ICPBS. 2019. (ENG., Illus.). 112p. (J). (gr. 3-7). 17.99 *(978-1-5362-0961-7(9))* Candlewick Pr.
Migratory & Resident Birds Explained, 1 vol. Ruth Bjorklund. 2016. (Distinctions in Nature Ser.). (ENG.). 32p. (gr. 3-3). pap. 11.58 *(978-1-5026-2169-6(X))*, 3c3dd728-47b7-4752-b013-6289da0d6735) Cavendish Square Publishing LLC.
Miguel & Michelle Visit Spaceport America. Loretta Hall. Illus. by Jennifer Hall. 2017. (ENG.). (J). (gr. 1-5). pap. 16.95 *(978-1-943681-17-4(1))* Nuevo Bks.
Miguel Cabrera. Josh Leventhal. 2016. (Béisbol! Latino Heroes of Major League Baseball Ser.). (ENG., Illus.). 32p. (J). (gr. 4-6). 31.35 *(978-1-68072-045-7(7))*, 10376, Bolt) Black Rabbit Bks.
Miguel y Su Valiente Caballero: El Joven Cervantes Sueña a Don Quijote, 1 vol. Margarita Engle. Illus. by Raúl ón. 2018. 32p. (J). (gr. 3-7). 18.95 *(978-1-68263-019-8(6))* Peachtree Publishing Co. Inc.
Miguel's Brave Knight: Young Cervantes & His Dream of Don Quixote. Margarita Engle. Illus. by Raúl ón. (J). (gr. 3-7). 2023. 36p. pap. 9.99 *(978-1-68263-529-2(5))*; 2017. 32p. 17.99 *(978-1-56145-856-1(2))* Peachtree Publishing Co. Inc.
Miguel's Community Garden. Janay Brown-Wood. Illus. by Samara Hardy. (Where in the Garden? Ser.: 2). 32p. (J). (gr. -1-2). 2023. pap. 8.99 ***(978-1-68263-594-0(5))***; 2022. 16.99 *(978-1-68263-166-9(4))* Peachtree Publishing Co. Inc.
Miguel's Family. Elliot Riley. Illus. by Srimalie Bassani. 2017. (All Kinds of Families Ser.). (ENG.). 24p. (gr. -1-1). 28.50 *(978-1-68342-147-4(7))*, 9781683421474) Rourke Educational Media.
Miguel's Guitar. R. J. Cregg. 2019. (Level up! Readers Ser.). (ENG & SPA.). 30p. (J). (gr. 2-3). 13.89 *(978-0-87617-749-5(6))* Penworthy Co., LLC, The.
Miguel's Guitar / la Guitarra de Miguel (English-Spanish) (Disney/Pixar Coco) (Level up! Readers) Tr. by Mariel López. Illus. by Disney Storybook Art Team. 2019. (Disney Bilingual Ser.: 26). (ENG.). 32p. (J). (gr. k-3). pap. 3.99 *(978-1-4998-0881-0(X))*; 16.99 *(978-1-4998-0882-7(8))* Little Bee Books Inc. (BuzzPop).
Miguel's Music (Disney/Pixar Coco) Liz Rivera. Illus. by The Disney Storybook Art Team. 2017. (Step into Reading Ser.). (ENG.). 32p. (J). (gr. -1-1). pap. 5.99 *(978-0-7364-3811-7(4))*, RH/Disney) Random Hse. Children's Bks.
Mihi Ever After. Tae Keller. Illus. by Geraldine Rodriguez. 2023. (Mihi Ever After Ser.: 1). (ENG.). 240p. (J). pap. 8.99 *(978-1-250-81433-3(2))*, 900248369) Square Fish.
Mihi Ever after: a Giant Problem. Tae Keller. Illus. by Geraldine Rodriguez. 2023. (Mihi Ever After Ser.: 2). (ENG.). 208p. (J). 17.99 *(978-1-250-81422-7(7))*, 900248374, Holt, Henry & Co. Bks. For Young Readers) Holt, Henry & Co.
Mii Maanda Ezhi-Gkendmaanh / This Is How I Know: Niibing, Dgwaagig, Bboong, Mnookmig Dbaadjigaade Maanpii Mzin'igning / a Book about the Seasons, 1 vol. Brittany Luby. Tr. by Alvin Ted Corbiere & Alan Corbiere. Illus. by Joshua Mangeshig Pawis-Steckley. 2021. (ENG.). 44p. (J). (gr. -1-2). 19.99 *(978-1-77306-326-3(X))* Groundwood Bks. CAN. Dist: Publishers Group West (PGW).
Miist. Kamilla Reid. 2018. (ENG.). (J). 360p. pap. *(978-1-988974-23-1(2))*; (Illus.). 264p. pap. *(978-1-988974-13-2(5))* Kreatify Publishing, Inc.
Mijn Buik Lust Geen Gluten! Hanna Heeft Een Glutenallergie. Joanne Moerman. 2016. (DUT., Illus.). (J). *(978-94-91337-89-5(0))* Graviant Educatieve Uitgaven.
Mik Murdoch: Identity Troubles. Michell Plested. 2019. (Mik Murdoch, Boy Superhero Ser.: Vol. 4). (ENG., Illus.). 230p. (YA). (gr. 7-12). pap. *(978-1-988361-18-5(4))* Evil Alter-Ego Pr.
Mik Murdoch, Boy Superhero. Michell Plested. 2016. (Mik Murdoch, Boy Superhero Ser.: Vol. 1). (ENG., Illus.). (J). (gr. 2-6). pap. *(978-0-9947266-7-4(8))* Evil Alter-Ego Pr.
Mika: The Bear Who Didn't Want to Sleep. Erik Kriek. 2018. (ENG., Illus.). 40p. (J). (-k). 17.95 *(978-1-912497-01-0(8))* Flying Eye Bks. GBR. Dist: Penguin Random Hse. LLC.
Mika & the Howler Vol. 1. Agata Loth-Ignaciuk. Illus. by Berenika Kolomycka. 2023. (Mika & the Howler Ser.: 1). (ENG.). 32p. (J). 14.99 ***(978-1-63715-212-6(4))*** Oni Pr., Inc.
Mika & the Land of Magic. Huraman Mahmudova. 2019. (ENG.). 106p. (J). *(978-1-78878-056-8(6))*; pap. *(978-1-78878-055-1(8))* Austin Macauley Pubs. Ltd.
Mikaela Shiffrin. Grace Hansen. 2018. (Olympic Biographies Ser.). (ENG., Illus.). 24p. (J). (gr. -1-2). lib. bdg. 32.79 *(978-1-5321-8144-3(2))*, 29774, Abdo Kids) ABDO Publishing Co.
Mika's Black Cougar. Marisa Chenery. 2018. (ENG.). 174p. (J). pap. *(978-1-988659-34-3(5))* Forever More Publishing.
Mike. Andrew Norriss. 2019. (ENG.). 240p. (YA). (gr. 7-7). 17.99 *(978-1-338-28536-9(X))* Scholastic, Inc.
Mike. P. G. Wodehouse. 2020. (ENG.). (J). 252p. 19.95 *(978-1-64799-287-3(7))*; 250p. pap. 11.95 *(978-1-64799-286-6(9))* Bibliotech Pr.

Mike: A Public School Story (Classic Reprint) Pelham Grenville Wodehouse. 2017. (ENG., Illus.). 364p. (J). 31.42 *(978-0-265-44204-3(4))* Forgotten Bks.

Mike: Or the Cutting of a Slum Diamond (Classic Reprint) M. B. Williams. 2018. (ENG., Illus.). 32p. (J). 24.56 *(978-0-483-89787-8(6))* Forgotten Bks.

Mike & Psmith. P. G. Wodehouse. 2020. (ENG.). (J). 152p. 17.95 *(978-1-64799-305-4(9))*; 150p. pap. 9.95 *(978-1-64799-304-7(0))* Bibliotech Pr.

Mike & Scrag. Steve R. Romano. Ed. by Heidi Bosch Romano. 2021. (ENG.). 38p. (J). 18.00 *(978-0-578-85727-5(8))* Steve R. Romano dba Lunamont Visions Bks.

Mike & Scrag: The Avalanche. Steve R. Romano. 2021. (Mike & Scrag Ser.: Vol. 2). (ENG.). 36p. (J). 18.00 *(978-0-578-87167-7(X))* Steve R. Romano dba Lunamont Visions Bks.

Mike & Scrag: Thunder Ridge. Steve R. Romano. Ed. by Heidi Bosch Romano. 2021. (Mike & Scrag Ser.: Vol. 3). (ENG.). 60p. (J). 18.00 *(978-0-578-66248-0(5))* Steve R. Romano dba Lunamont Visions Bks.

Mike at the Aquarium. Sw Oliver. Illus. by Ceron Crawley. 2019. (Mike Ser.: Vol. 1). (ENG.). 26p. (J). pap. 9.99 *(978-1-393-79226-0(X))* Draft2Digital.

Mike Donovan: The Making of a Man (Classic Reprint) Marshall Stillman. 2017. (ENG., Illus.). (J). 30.19 *(978-1-5282-8305-2(8))* Forgotten Bks.

Mike Dott Mouse Detective: Three of His Adventures. Florence Amy Carnelly. 2018. (ENG., Illus.). 104p. (J). (gr. 1-2). pap. 11.99 *(978-1-942922-42-1(6))* Wee Creek Pr. LLC.

Mike Eyedrop-My Story. Sydney R. Harvey. 2022. (ENG.). 22p. (J). pap. 5.00 ***(978-1-0880-7969-0(5))*** Indy Pub.

Mike Flannery: On Duty & off (Classic Reprint) Ellis Parker Butler. 2017. (ENG., Illus.). 118p. (J). 26.35 *(978-0-332-90594-5(2))* Forgotten Bks.

Mike Fletcher. George Moore. 2017. (ENG.). 308p. (J). pap. *(978-3-337-05042-9(5))* Creation Pubs.

Mike Fletcher: A Novel (Classic Reprint) George Moore. 2018. (ENG., Illus.). 314p. (J). 30.37 *(978-0-428-74632-2(2))* Forgotten Bks.

Mike Harris & the Werewolf Chronicles: Howls of Panther City. Diane Jordan. 2020. (ENG.). 138p. (YA). pap. 12.95 *(978-1-64801-731-5(2))* Newman Springs Publishing, Inc.

Mike Krzyzewski, 1 vol. John Fredric Evans. 2019. (Championship Coaches Ser.). (ENG.). 112p. (gr. 7-7). 40.27 *(978-0-7660-9801-5(X)*, 8b20d015-12c4-4d69-8b16-474096b8d212) Enslow Publishing, LLC.

Mike Krzyzewski & the Duke Blue Devils. Tom Glave. 2018. (Sports Dynasties Ser.). (ENG., Illus.). 48p. (J). (gr. 4-4). pap. 11.95 *(978-1-64185-284-5(4)*, 1641852844); (gr. 3-6). lib. bdg. 34.21 *(978-1-5321-1435-9(4)*, 29080) ABDO Publishing Co. (SportsZone).

Mike Likes Pie: Practicing the IE Sound, 1 vol. Novak Popovic. 2016. (Rosen Phonics Readers Ser.). (ENG., Illus.). 8p. (J). (gr. -1-2). pap. *(978-1-5081-3047-5(7)*, 65a0821b-2902-4985-8228-ae2e35744661, Rosen Classroom) Rosen Publishing Group, Inc., The.

Mike Mascot of the Marines. Gene Alvarez. Illus. by Betty Garrison. 2018. (ENG.). 46p. (J). (gr. k-6). pap. 11.95 *(978-1-61493-612-1(9))* Peppertree Pr., The.

Mike Mulligan: The Magic Eagle of Yellowstone. John Raushenbush. 2017. (ENG., Illus.). (J). pap. 15.00 *(978-0-692-83760-3(4))* HR Dowling.

Mike Nero & the Superhero School. Natasha Carlow. Illus. by Kyle Stephen. 2022. (ENG.). 36p. (J). (gr. k-3). pap. 10.95 *(978-1-955119-03-0(1)*, Purple Butterfly Pr.) WritePublishSell.

Mike Nero & the Superhero School. Natasha Melissa Carlow. Illus. by Kyle Stephen. 2022. (ENG.). 36p. (J). 19.99 *(978-1-955119-02-3(3)*, Purple Butterfly Pr.) WritePublishSell.

Mike Pence: U. S. Vice President, 1 vol. Rita Santos. 2018. (Junior Biographies Ser.). (ENG.). 24p. (gr. 3-4). 24.27 *(978-1-9785-0207-9(9)*, c3213dc1-c30b-41f3-aac6-8ac82032347b) Enslow Publishing, LLC.

Mike Pence: Vice President of the United States, 1 vol. Amanda Sales. 2018. (Influential Lives Ser.). (ENG.). 128p. (J). (gr. 7-7). 40.27 *(978-1-9785-0343-4(1)*, c918029a-a9fb-4d28-b202-6de6d25fab1e) Enslow Publishing, LLC.

Mike Trout. Greg Bach. 2020. (J). *(978-1-4222-4440-1(7))* Mason Crest.

Mike Trout, 1 vol. Sarah Machajewski. 2018. (Young Sports Greats Ser.). (ENG.). 24p. (gr. 3-3). 25.27 *(978-1-5383-3047-0(4)*, 8f256fb2-ae50-40af-9cac-36978da39780, PowerKids Pr.) Rosen Publishing Group, Inc., The.

Mike Trout: Baseball MVP, 1 vol. Marty Gitlin. 2018. (Living Legends of Sports Ser.). (ENG.). 48p. (gr. 5-6). 28.41 *(978-1-5383-0220-0(9)*, cf426867-3fd1-4e5b-86a6-771c636a3e61, Britannica Educational Publishing) Rosen Publishing Group, Inc., The.

Mike Trout: Baseball Star. Matt Tustison. 2018. (Biggest Names in Sports Set 2 Ser.). (ENG., Illus.). 32p. (J). (gr. 3-5). pap. 9.95 *(978-1-63517-562-2(3)*, 1635175623); lib. bdg. 31.35 *(978-1-63517-490-8(2)*, 1635174902) North Star Editions. (Focus Readers).

MikelTube 3. Zombie Battle Royale. Mikeltube Mikeltube. 2022. (SPA.). 160p. (J). pap. 15.95 *(978-607-07-8822-2(2))* Editorial Planeta, S. A. ESP. Dist: Two Rivers Distribution.

Mikeltube 4. Contra el Hacker 2. 0. Mikeltube Milketube. 2022. (SPA.). 399p. (J). pap. 11.95 *(978-607-07-8951-9(2))* Editorial Planeta, S. A. ESP. Dist: Two Rivers Distribution.

Mikeltube 5. Terror en Youtubersland. Mikeltube. 2023. (SPA.). 144p. (J). pap. 14.95 ***(978-607-07-9758-3(2))*** Editorial Planeta, S. A. ESP. Dist: Two Rivers Distribution.

Mike's Mystery (the Boxcar Children: Time to Read, Level 2) Illus. by Shane Clester. (Boxcar Children Early Readers Ser.). (ENG.). 48p. (J). (gr. k-2). 2020. pap. 4.99 *(978-0-8075-5139-4(2)*, 807551392); 2019. 12.99 *(978-0-8075-5142-4(2)*, 807551422) Random Hse. Children's Bks. (Random Hse. Bks. for Young Readers).

Mikey. Mindee Pinto et al. ed. 2018. (ENG.). 31p. (J). (gr. -1-1). 19.89 *(978-1-64310-430-0(6))* Penworthy Co., LLC, The.

Mikey: The Discovery. Connie Peter & Joshua Rolon. Illus. by Chloe Rolon. 2022. (ENG.). 52p. (J). 29.95 ***(978-1-68517-951-9(7))*** Christian Faith Publishing.

Mikey & Billy's Secret Place - Aia Tabo ni Karaba Miikii Ao Biirii (Te Kiribati) Molly Sevaru. Illus. by Jomar Estrada. 2023. (ENG.). 24p. (J). pap. ***(978-1-922827-63-0(0))*** Library For All Limited.

Mikey & the Not-So Awesome Possums. Kevin Gallagher. Illus. by Christopher Tupa. 2022. (Holy Moleys Ser.). (ENG.). 32p. (J). (gr. -1-3). pap. 14.95 *(978-1-7370796-8-2(2)*, GT9682) Good & True Media.

Mikey Discovers His Super Power. Lorena Dolinar. Illus. by Olga Barinova. 2019. (ENG.). 44p. (J). *(978-1-5255-3611-3(7))*; pap. *(978-1-5255-3612-0(5))* FriesenPress.

Mikey Joins the Military. Alexander Haas. Illus. by John Haas. 2020. (ENG.). 24p. (J). pap. 12.82 *(978-1-716-38047-1(2))* Lulu Pr., Inc.

Mikey Makes a Friend. Mikal Phillips. 2021. (ENG.). 34p. (J). pap. 14.95 *(978-1-63814-027-6(8))* Covenant Bks.

Mikey-Mike's Zooyoga Party. Michael Paduano. 2017. (ENG., Illus.). (J). pap. 18.99 *(978-1-4834-5147-3(X))* Lulu Pr., Inc.

Mikey's Summer Camp Adventure. Samantha Rouille. Illus. by Undiscover. 2023. (ENG.). 36p. (J). pap. 14.95 ***(978-1-5243-1853-6(1))*** Lantia LLC.

Mikhel Learns Magic. Nicole C. Coleman & Mikhel M. Coleman. 2023. (ENG.). 28p. (J). ***(978-1-0391-2070-9(9))***; pap. ***(978-1-0391-2069-3(5))*** FriesenPress.

Miki. Ellen Miles. ed. 2021. (Puppy Place Ser.). (ENG., Illus.). 79p. (J). (gr. 2-3). 16.36 *(978-1-64697-573-0(1))* Penworthy Co., LLC, The.

Miki (the Puppy Place #59) Ellen Miles. 2020. (Puppy Place Ser.: 59). (ENG.). 96p. (J). (gr. 2-5). pap. 5.99 *(978-1-338-57220-9(2)*, Scholastic Paperbacks) Scholastic, Inc.

Mikki Learns to Save: A Children's Financial Literacy Book. Michael D. a Baker & Mikayle Baker. Illus. by Elena Yalcin. l.t. ed. 2022. (ENG.). 32p. (J). 19.99 ***(978-1-956860-15-3(0))*** KBK Publishing LLC.

Mikko the Magnificent Magician. Louise Maclellan. 2018. (ENG., Illus.). 32p. (J). pap. 12.95 *(978-1-64138-017-1(9))* Page Publishing Inc.

Mi'kmaq Alphabet Book. Shyla Augustine. Illus. by Braelyn Cyr. 2020. (MIC.). 26p. (J). bds. ***(978-1-9990427-1-4(9))*** Herman's Monster Hse. Publishing.

Mi'kmaq Campfire Stories of Prince Edward Island, 1 vol. Julie Pellissier-Lush. Illus. by Laurie Ann Marie Martin. 2020. (ENG.). 32p. (J). pap. 10.95 *(978-1-77366-054-7(3)*, 93b533c6-a0ef-4eba-9e51-a5015a572916) Acorn Pr., The CAN. Dist: Baker & Taylor Publisher Services (BTPS).

Mi'kmaw Animals, 1 vol. Alan Syliboy. ed. 2018. (ENG & MIC., Illus.). 14p. (J). (gr. -1 — 1). bds. 14.95 *(978-1-77108-641-7(6)*, 3c6c222a-b2c1-4b6b-bad0-2024b233cf5e) Nimbus Publishing, Ltd. CAN. Dist: Baker & Taylor Publisher Services (BTPS).

Mi'kmaw Daily Drum: Mi'kmaw Culture for Every Day of the Week, 1 vol. Alan Syliboy. 2020. (ENG., Illus.). 10p. (J). bds. 12.95 *(978-1-77108-889-3(3)*, 06471e8d-67b8-4a6d-8122-fcb2b548d7c7) Nimbus Publishing, Ltd. CAN. Dist: Baker & Taylor Publisher Services (BTPS).

Miko the Perfectly Imperfect Pug. Ashley Holt. 2017. (ENG., Illus.). 28p. (J). pap. 13.95 *(978-1-5043-9272-3(8)*, Balboa Pr.) Author Solutions, LLC.

Mikolay & Julia: In the Attic. Olchawska Magda. Illus. by Gniady Joanna. 2016. (Mikolay & Julia Adventures Ser.: Vol. 2). (ENG.). (J). (gr. 1-3). pap. *(978-83-946520-0-5(X))* Olchawska, Magdalena.

Mikoyan MiG-35. Megan Cooley Peterson. 2018. (Air Power Ser.). (ENG.). 32p. (J). (gr. 4-6). pap. 9.99 *(978-1-64466-232-8(9)*, 12187); (Illus.). lib. bdg. *(978-1-68072-385-4(5)*, 12186) Black Rabbit Bks. (Bolt).

Mikoyan Mig-35. Megan Cooley Peterson. 2018. (Air Power Ser.). (ENG.). 32p. (gr. 2-7). 9.95 *(978-1-68072-679-4(X)*, Bolt) Black Rabbit Bks.

Mikroskop: Theorie, Gebrauch, Geschichte und Gegenwärtiger Zustand Desselben (Classic Reprint) Pieter Harting. 2018. (GER., Illus.). (J). 984p. 44.19 *(978-0-364-50518-2(4))*; 986p. pap. 26.53 *(978-0-656-71232-8(5))* Forgotten Bks.

Mikroskop: Theorie und Anwendung Desselben (Classic Reprint) Carl Nägeli. 2018. (GER., Illus.). 668p. (J). 37.67 *(978-0-332-16416-8(0))* Forgotten Bks.

Mikroskop, ein Mittel der Belehrung und Unterhaltung Für Jedermann Sowie des Gewinns Für Biese. Julius Vogel. 2016. (GER.). 288p. (J). pap. *(978-3-7434-5716-4(4))* Creation Pubs.

Mikroskopisch-Anatomische Darstellung der Centralorgane des Nervensystems Bei Den Batrachiern Mit Besonderer Berucksichtigung Von Rana Esculenta (Classic Reprint) Alphons Blattmann. 2017. (GER., Illus.). (J). pap. 9.57 *(978-0-282-37216-3(4))* Forgotten Bks.

MIKROTECHNIK DER THIERISCHEN MORPHOLOGIE, VOL. 1: EINE KRITISCHE DARSTELLUNG DER MIKROSKOPISCHEN UNTERSUCHUNGSMETHODEN (CLASSIC REPRINT) Stefan Apáthy. 2017. (GER., Illus.). (J). pap. 13.57 *(978-1-332-64272-4(1))* Forgotten Bks.

Mil Colores. Ernesto Leobardo Ugalde Granciano. 2023. (SPA.). 62p. (J). pap. 10.99 ***(978-1-68574-286-7(6))*** ibukku, LLC.

Mil Kilos de Aire. David Ruz Velasco. 2018. (SPA., Illus.). 218p. (J). pap. *(978-84-9993-852-3(3))* Wanceulen, Editorial.

Mil Latidos Del Corazón / a Thousand Heartbeats. Kiera Cass. 2023. (SPA.). 464p. (YA). (gr. 9). pap. 19.95 *(978-1-64473-760-6(4))* Penguin Random House Grupo Editorial ESP. Dist: Penguin Random Hse. LLC.

Mil Mi-26. Quinn M. Arnold. 2016. (Now That's Big! Ser.). (ENG., Illus.). 24p. (J). (gr. 1-3). *(978-1-60818-714-0(4)*, 20641, Creative Education) Creative Co., The.

Mil Veces Hasta Siempre / Turtles All the Way Down. John Green. 2019. (SPA.). 304p. (YA). (gr. 7). pap. 12.95 *(978-607-31-6114-5(X)*, Nube De Tinta) Penguin Random House Grupo Editorial ESP. Dist: Penguin Random Hse. LLC.

Mila, Alexis & Luna. Angela Ellington. 2019. (ENG., Illus.). 26p. (J). pap. *(978-1-68411-826-7(3))* Lulu.com.

Mila & Her Friends. Judith Koppens. Illus. by Anouk Nijs. 2021. (Mila Ser.: 4). (ENG.). 32p. (J). 14.95 *(978-1-60537-695-0(7))* Clavis Publishing.

Mila & Mica Butterfly Cheese. Robert Rodriguez & Yalixa Rodriguez. 2020. 24p. (YA). pap. 10.95 *(978-1-0983-0674-8(0))* BookBaby.

Mila & Micho. Zoe Georgopoulos Horton. 2022. (ENG., Illus.). 24p. (J). 24.95 *(978-1-63814-139-6(8))* Covenant Bks.

Mila Has Two Beds. Judith Koppens. Illus. by Anouk Nijs. 2020. (Mila Ser.: 1). (ENG.). 24p. (J). 14.95 *(978-1-60537-535-9(7))* Clavis Publishing.

Mila I Love You All Ways. Marianne Richmond. Illus. by Dubravka Kolanovic. 2023. (I Love You All Ways Ser.). (ENG.). 32p. (J). (gr. -1-3). 8.99 ***(978-1-7282-7403-4(6))*** Sourcebooks, Inc.

Mila la Sirena. Paulina Vargas & Elsa Sanchez. 2017. (SPA.). 51p. (J). 9.95 *(978-607-748-065-5(7))* Ediciones Urano S. A. ESP. Dist: Spanish Pubs., LLC.

Mila Misses Mommy. Judith Koppens. Illus. by Anouk Nijs. 2021. (Mila Ser.: 3). (ENG.). 24p. (J). 14.95 *(978-1-60537-623-3(X))* Clavis Publishing.

Mila, Ninja. Émilie Rivard. Illus. by Mika. 2021. (Classe de Madame Isabelle Ser.: 5). (FRE.). 64p. (J). (gr. 1-3). 12.95 *(978-2-7644-3979-1(2))* Quebec Amerique CAN. Dist: Orca Bk. Pubs. USA.

Mila on the North Pole Express. J. D. Green. Illus. by Joanne Partis. 2022. (North Pole Express Bears Ser.). (ENG.). 32p. (J). (gr. -1-3). 7.99 ***(978-1-7282-6965-8(2))*** Sourcebooks, Inc.

Mila on the North Pole Express. J. D. Green. 2019. (North Pole Express Ser.). (ENG.). 32p. (J). (gr. -1-3). 7.99 ***(978-1-7282-0372-0(4))*** Sourcebooks, Inc.

Mila 'Twas the Night Before Christmas. Illus. by Lisa Alderson. 2019. (Night Before Christmas Ser.). (ENG.). 32p. (J). (gr. -1-3). 7.99 ***(978-1-7282-0265-5(5))*** Sourcebooks, Inc.

Mila Va en Busca de Mamá. Katish Mira. Illus. by Pamela Rodríguez. 2018. (SPA.). 28p. (J). (gr. k-3). *(978-958-48-3874-2(1))* Restrepo, Ana.

Milady in Brown 1905: The Year Book of Belmont College (Classic Reprint) Belmont College. (ENG., Illus.). (J). 2018. 254p. 29.16 *(978-0-267-54175-1(9))*; 2016. pap. 11.57 *(978-1-333-40501-4(4))* Forgotten Bks.

Milady in Brown, 1906 (Classic Reprint) Belmont College. (ENG., Illus.). (J). 2018. 226p. 28.62 *(978-0-484-77100-9(0))*; 2016. pap. 10.97 *(978-1-333-51692-5(4))* Forgotten Bks.

Milady in Brown 1908: The Yearbook (Classic Reprint) Belmont College. 2018. (ENG., Illus.). 274p. (J). 29.55 *(978-0-484-09744-4(X))* Forgotten Bks.

Milady in Brown, 1910, Vol. 7 (Classic Reprint) Belmont College. 2017. (ENG., Illus.). (J). 28.68 *(978-0-260-37422-6(9))*; pap. 11.57 *(978-0-266-09888-1(6))* Forgotten Bks.

Milady in Brown, 1911, Vol. 8: Year Book of Belmont College, Nashville, Tennessee (Classic Reprint) Belmont College. 2018. (ENG., Illus.). 214p. (J). 28.31 *(978-0-267-56917-5(3))* Forgotten Bks.

Milady in Brown, 1913, Vol. 10: Yearbook of Belmont College, Nashville, Tennessee (Classic Reprint) Belmont College. 2018. (ENG., Illus.). 236p. (J). 28.78 *(978-0-656-68528-8(X))* Forgotten Bks.

Milagro de Januka. Albert I. Slomovitz. Illus. by Remi Bryant. 2023. (Hanukkah Miracle Ser.). (SPA.). 28p. (J). pap. 7.99 ***(978-1-954529-24-3(4))*** PlayPen Publishing.

Milanka Garcia: Les Sages de Sapientes. Maud Le Coq. 2016. (FRE., Illus.). (J). pap. 13.00 *(978-2-9558000-1-0(5))* Not Available Comics.

Mila's BIG EASY Day. Jean Rousseau Lawrence. Illus. by Kelley Chauvin. 2022. 48p. (J). pap. 17.95 ***(978-1-6678-6081-7(X))*** BookBaby.

Mila's Christmas Wish. Put Me In The Story & J. D. Green. Illus. by Julia Seal. 2018. (Christmas Wish Ser.). (ENG.). 32p. (J). (gr. k-3). 6.99 ***(978-1-4926-8538-8(0))*** Sourcebooks, Inc.

Milch Cows & Dairy Farming. Charles Louis Flint. 2017. (ENG.). 430p. (J). pap. *(978-3-337-14565-1(5))*; pap. *(978-3-337-14567-5(1))* Creation Pubs.

Milch Cows & Dairy Farming. Charles Louis Flint & Thomas Horsfall. 2017. (ENG.). 456p. (J). pap. *(978-3-337-14478-4(0))* Creation Pubs.

Mildew Manse (Classic Reprint) Belle K. Maniates. 2018. (ENG., Illus.). 260p. (J). 29.26 *(978-0-332-64048-8(5))* Forgotten Bks.

Mildmay Park: Episodes of a Doughboy in a London Hospital by My Sergeant. Granville Forbes Sturgis. 2017. (ENG., Illus.). (J). pap. *(978-0-649-51510-3(2))* Trieste Publishing Pty Ltd.

Mildmay Park: Episodes of a Doughboy in a London Hospital (Classic Reprint) Granville Forbes Sturgis. (ENG., Illus.). (J). 2018. 150p. 27.01 *(978-0-483-69483-5(5))*; 2016. pap. 9.57 *(978-1-334-14395-3(1))* Forgotten Bks.

Mildred & Elsie (Classic Reprint) Martha Finley. (ENG., Illus.). (J). 2018. 324p. 30.58 *(978-0-484-32060-3(2))*; 2017. pap. 13.57 *(978-0-243-45749-6(9))* Forgotten Bks.

Mildred at Roselands: A Sequel to Mildred Keith (Classic Reprint) Martha Finley. (ENG., Illus.). (J). 2018. 348p. 31.07 *(978-0-267-12654-5(9))*; 2016. pap. 13.57 *(978-1-333-55028-8(6))* Forgotten Bks.

Mildred Carver, U. S. a (Classic Reprint) Martha Bensley Bruere. 2018. (ENG., Illus.). 308p. (J). 30.27 *(978-0-267-46478-4(9))* Forgotten Bks.

Mildred Keith. Martha Finley. 2019. (ENG., Illus.). 210p. (YA). pap. *(978-93-5329-511-0(4))* Alpha Editions.

Mildred Keith (Classic Reprint) Martha Finley. 2018. (ENG., Illus.). 346p. (J). 31.05 *(978-0-332-15572-2(2))* Forgotten Bks.

Mildred the Moth Blinded by the Light. Millie Coton. 2017. (ENG., Illus.). 48p. (J). pap. 14.04 *(978-0-244-64951-7(0))* Lulu Pr., Inc.

Mildred's Boys & Girls: A Sequel to Mildred's Married Life (Classic Reprint) Martha Finley. (ENG., Illus.). (J). 2018. 350p. 31.12 *(978-0-267-39718-1(6))*; 2016. pap. 13.57 *(978-1-334-12834-9(0))* Forgotten Bks.

Mildred's Ducklings. Denise Grosse. 2020. (ENG.). 34p. (J). 34.99 *(978-1-63221-213-9(7))*; pap. 24.99 *(978-1-63221-212-2(9))* Salem Author Services.

Mildred's Inheritance: Just Her Way; Ann's Own Way (Classic Reprint) Annie Fellows Johnston. 2018. (ENG., Illus.). 100p. (J). 25.96 *(978-0-365-38216-4(7))* Forgotten Bks.

Mildred's Married Life, & a Winter with Elsie Dinsmore: A Sequel to Mildred & Elsie (Classic Reprint) Martha Finley. 2017. (ENG., Illus.). 322p. (J). 30.54 *(978-0-331-72497-4(9))* Forgotten Bks.

Mildred's Moods. Frankie Telfer Caird. 2017. (ENG., Illus.). 32p. (J). pap. *(978-0-244-92870-4(3))* Lulu Pr., Inc.

Mildred's New Daughter (Classic Reprint) Martha Finley. 2018. (ENG., Illus.). 364p. (J). 31.40 *(978-0-267-48589-5(1))* Forgotten Bks.

Mildred's Resistance. Katie Cross. 2019. (Network Ser.: Vol. 5). (ENG.). 382p. (YA). pap. 18.99 *(978-1-0878-1114-7(7))* Indy Pub.

Mildred's Wedding: A Family History (Classic Reprint) Francis Derrick. 2018. (ENG., Illus.). 180p. (J). 27.61 *(978-0-483-21544-3(9))* Forgotten Bks.

Mile High: A Novel (Classic Reprint) Henry C. Rowland. 2018. (ENG., Illus.). 276p. (J). 29.59 *(978-0-483-70991-1(3))* Forgotten Bks.

Mile High Apple Pie see Abuelita, te Acuerdas?

Mile in My Paws: Inspired by a True Story. Sherri Casterline. 2017. (ENG., Illus.). (J). pap. 16.99 *(978-1-4834-6204-2(8))* Lulu Pr., Inc.

Miles Away in the Caribbean. Yolanda T. Marshall. Illus. by Beatriz Mello. 2019. (ENG.). 38p. (J). (gr. k-6). *(978-1-9991155-1-7(1))* Garnalma Pr.

Miles Away in the Caribbean. Yolanda T. Marshall. Illus. by Beatriz Mello. 2019. (ENG.). 38p. (J). pap. *(978-1-9991155-0-0(3))* Garnalma Pr.

Miles Davis: Jazz Musician & Composer, 1 vol. Charlotte Etinde-Crompton & Samuel Willard Crompton. 2019. (Celebrating Black Artists Ser.). (ENG.). 104p. (gr. 7-7). 38.93 *(978-1-9785-1474-4(3)*, 10d8d4d4-adb6-44ae-b2de-41b5044d37c8) Enslow Publishing, LLC.

Miles Dixon a Play in Two Acts (Classic Reprint) Gilbert Cannan. 2018. (ENG., Illus.). 50p. (J). 24.95 *(978-0-267-43962-1(8))* Forgotten Bks.

Miles from Motown. Lisa Sukenic. 2021. (ENG.). 224p. (J). (gr. 4-7). pap. 16.95 *(978-1-64603-064-4(8)*, Fitzroy Bks.) Regal Hse. Publishing, LLC.

Miles from Tomorrowland: How I Saved My Summer Vacation. Sheila Sweeny Higginson & Joe Ansolabehere. Illus. by Disney Storybook Art Team. 2018. (World of Reading Level 1 Ser.). (ENG.). 32p. (J). (gr. -1-3). lib. bdg. 31.36 *(978-1-5321-4192-8(0)*, 28534) Spotlight.

Miles from Tomorrowland: Who Stole the Stellosphere? Bill Scollon. ed. 2018. (World of Reading Ser.). (ENG.). 29p. (J). (gr. -1-1). 9.00 *(978-1-64310-730-1(5))* Penworthy Co., LLC, The.

Miles from Tomorrowland How I Saved My Summer Vacation. Sheila Sweeny Higginson. ed. 2018. (World of Reading Ser.). (ENG.). 28p. (J). (gr. -1-1). 9.00 *(978-1-64310-728-8(3))* Penworthy Co., LLC, The.

Miles from Tomorrowland: Who Stole the Stellosphere? Bill Scollon & Greg Johnson. Illus. by Disney Storybook Art Team. 2018. (World of Reading Level 1 Ser.). (ENG.). 32p. (J). (gr. -1-3). lib. bdg. 31.36 *(978-1-5321-4193-5(9)*, 31066) Spotlight.

Miles Mchale, Tattletale. Christianne C. Jones. Illus. by Elina Ellis. 2017. (Little Boost Ser.). (ENG.). 32p. (J). (gr. -1-2). lib. bdg. 23.99 *(978-1-5158-0752-0(5)*, 133719, Picture Window Bks.) Capstone.

Miles Morales. Jason Reynolds. ed. 2018. (YA). lib. bdg. 20.85 *(978-0-606-40966-7(1))* Turtleback.

Miles Morales: Shock Waves. Justin A. Reynolds. ed. 2021. (Marvel Original Graphic Nvls Ser.). (ENG., Illus.). 113p. (J). (gr. 4-5). 24.46 *(978-1-64697-966-0(4))* Penworthy Co., LLC, The.

Miles Morales: Ultimate End. Brian Michael Bendis. Illus. by David Marquez. 2021. 272p. (J). (gr. 5-9). pap. 12.99 ***(978-1-302-92983-1(6)***, Outreach/New Reader) Marvel Worldwide, Inc.

Miles Morales- The Avenging Avenger! Brian Michael Bendis & Jason Latour. Illus. by Sara Pichelli & Marvel Various. 2023. (Spider-Man Ser.: 1). 248p. (gr. 5-9). pap. 13.99 *(978-1-302-94967-9(5)*, Outreach/New Reader) Marvel Worldwide, Inc.

Miles Morales: Great Responsibility. Brian Michael Bendis. Illus. by David Marquez. 2020. 240p. (J). (gr. 5-9). pap. 12.99 ***(978-1-302-92114-9(2)***, Outreach/New Reader) Marvel Worldwide, Inc.

Miles Morales (Marvel Spider-Man) Frank Berrios. Illus. by Shane Clester. 2020. (Little Golden Book Ser.). (ENG.). 24p. (J). (-k). 5.99 *(978-0-593-17324-4(4)*, Golden Bks.) Random Hse. Children's Bks.

Miles Morales: Ondas Sísmicas (Miles Morales: Shock Waves) Justin A. Reynolds. Illus. by Pablo Leon. 2023. (SPA.). 128p. (J). (gr. 3-7). pap. 12.99 *(978-1-338-87417-4(9)*, Scholastic en Espanol) Scholastic, Inc.

Miles Morales: Shock Waves (Original Spider-Man Graphic Novel) Justin A. Reynolds. Illus. by Pablo Leon. 2021. (ENG.). 128p. (J). (gr. 3-7). 24.99 *(978-1-338-64804-1(7))*; pap. 12.99 *(978-1-338-64803-4(9))* Scholastic, Inc. (Graphix).

Miles Morales: Spider-Man. Jason Reynolds. 2018. (Marvel YA Novel Ser.). (ENG., Illus.). 272p. (YA). (gr. 7-12). pap. 10.99 *(978-1-4847-8850-9(8))* Marvel Worldwide, Inc.

Miles Morales: Spider-Man (Set), 6 vols. 2022. (Miles Morales: Spider-Man Ser.). (ENG.). 24p. (J). (gr. 4-8). lib. bdg. 188.16 *(978-1-0982-5172-7(5)*, 40119, Graphic Novels) Spotlight.

Miles Morales: SpiderMan. Jason Reynolds. 2017. (Marvel YA Novel Ser.). (ENG., Illus.). 272p. (YA). (gr. 7-12). 17.99 *(978-1-4847-8748-9(X))* Marvel Worldwide, Inc.

Miles Morales: Stranger Tides (Original Spider-Man Graphic Novel) Justin A. Reynolds. Illus. by Pablo Leon. 2022. (ENG.). 128p. (J). (gr. 3-7). pap. 12.99 *(978-1-338-82639-5(5)*, Graphix) Scholastic, Inc.

Miles Morales Suspended: A Spider-Man Novel. Jason Reynolds. Illus. by Zeke Peña. 2023. (ENG.). 320p. (YA). (gr. 7). 19.99 *(978-1-6659-1846-6(2)*, Atheneum/Caitlyn Dlouhy Books) Simon & Schuster Children's Publishing.

Miles Morales to the Rescue! David Fentiman. ed. 2021. (DK Readers Ser.). (ENG., Illus.). 24p. (J). (gr. k-1). 14.96 *(978-1-64697-731-4(9))* Penworthy Co., LLC, The.

Miles Morton Goes Back into Space. Mark Hinojosa. Illus. by Judith Gosse. 2023. (Miles Morton Ser.). 36p. (J). (gr. k-3). pap. 17.95 BookBaby.

Miles Morton Goes to the Moon. Mark Hinojosa. Illus. by Judith Gosse. 2022. 38p. (J). pap. 17.95 *(978-1-6678-5493-9(3))* BookBaby.

Miles of Activities for Kids Coloring Book Edition. Bobo's Children Activity Books. 2016. (ENG., Illus.). (J). pap. 9.33 *(978-1-68327-834-4(8))* Sunshine In My Soul Publishing.

Miles of Smiles (Classic Reprint) Eben Lesh. 2017. (ENG., Illus.). (J). 26.21 *(978-0-265-22286-7(9))* Forgotten Bks.

Miles the Ant & Sheriff Willy. Diane Martinez. Illus. by Diane Roberts. 2022. (ENG.). 22p. (J). pap. 12.95 *(978-1-68570-201-4(5))* Christian Faith Publishing.

Miles to Go, 1 vol. Beryl Young. 2019. (ENG.). 224p. (J). (gr. 4-7). pap. 12.95 *(978-1-77203-264-2(6)*, Wandering Fox) Heritage Hse. CAN. Dist: Orca Bk. Pubs. USA.

Miles Tremenhere, Vol. 1 of 2 (Classic Reprint) Annette Marie Maillard. 2018. (ENG., Illus.). 320p. (J). 30.52 *(978-0-483-04995-6(6))* Forgotten Bks.

Miles Tremenhere, Vol. 2 of 2 (Classic Reprint) Annette Marie Maillard. 2018. (ENG., Illus.). 286p. (J). 29.75 *(978-0-428-22971-9(9))* Forgotten Bks.

Miles Won't Smile. Jackie Azua Kramer. Illus. by Martina Schachenhuber. 2021. (ENG.). 32p. (J). 17.95 *(978-1-60537-692-9(2))* Clavis Publishing.

Miles's Birthday Week: A Book about the Days of the Week. Meg Gaertner. 2018. (My Day Readers Ser.). (ENG.). 24p. (J). (gr. -1-2). lib. bdg. 32.79 *(978-1-5038-2758-5(5)*, 212583) Child's World, Inc, The.

Milestones, 1914 (Classic Reprint) Ward-Belmont School. (ENG., Illus.). (J). 2018. 254p. 29.14 *(978-0-656-18090-5(0))*; 2016. pap. 11.57 *(978-1-334-34485-5(X))* Forgotten Bks.

Milestones, 1917 (Classic Reprint) Ward-Belmont School. (ENG., Illus.). (J). 2018. 276p. 29.61 *(978-0-656-44491-5(6))*; 2016. pap. 11.97 *(978-1-333-62692-1(4))* Forgotten Bks.

Milestones, 1918 (Classic Reprint) Ward-Belmont School. (ENG., Illus.). (J). 2018. 278p. 29.65 *(978-0-666-75694-7(5))*; 2016. pap. 11.97 *(978-1-334-25001-9(4))* Forgotten Bks.

Milestones, 1924 (Classic Reprint) Ward-Belmont School. 2017. (ENG., Illus.). (J). 29.51 *(978-0-260-37041-9(X))*; pap. 11.97 *(978-0-265-09967-4(6))* Forgotten Bks.

Milestones, 1928 (Classic Reprint) Ward-Belmont School. (ENG., Illus.). (J). 2018. 282p. 29.71 *(978-0-365-32404-1(3))*; 2017. pap. 13.57 *(978-0-259-94860-5(8))* Forgotten Bks.

Milestones in the Evolution of Government. LeeAnne Gelletly. 2018. (Major Forms of World Government Ser.). (ENG.). 48p. (J). lib. bdg. 29.99 *(978-1-5105-3953-2(0))* SmartBook Media, Inc.

Milestones of Flight: From Hot-Air Balloons to SpaceShipOne. Tim Grove. 2016. (ENG., Illus.). 112p. (J). (gr. 5-9). 21.95 *(978-1-4197-2003-1(1)*, 1139101, Abrams Bks. for Young Readers) Abrams, Inc.

Milestones on the Go! (Boxed Set) Daniel Gets His Hair Cut; Daniel Goes to the Dentist; Daniel's First Day of School; Daniel Learns to Ride a Bike; Naptime in the Neighborhood; Mom Tiger's New Job. Illus. by Jason Fruchter. ed. 2022. (Daniel Tiger's Neighborhood Ser.). (ENG.). 144p. (J). (gr. -1-2). pap. 17.99 *(978-1-6659-2639-3(2)*, Simon Spotlight) Simon Spotlight.

Milestones: Volume 1 - God, Volume 1: Connecting God's Word to Life. Lifeway Students. 2019. (ENG.). 96p. (YA). pap. 13.99 *(978-1-5359-6583-5(5))* Lifeway Christian Resources.

Milestones: Volume 2 - Jesus, Volume 2: Connecting God's Word to Life. Lifeway Students. 2019. (ENG.). 96p. (YA). pap. 13.99 *(978-1-5359-6584-2(3))* Lifeway Christian Resources.

Milestones: Volume 3 - Holy Spirit & Bible, Volume 3: Connecting God's Word to Life. Lifeway Students. 2019. (ENG.). 96p. (YA). pap. 13.99 *(978-1-5359-6585-9(1))* Lifeway Christian Resources.

Milestones: Volume 4 - Creation & People, Volume 4: Connecting God's Word to Life. Lifeway Students. 2019. (ENG.). 96p. (YA). pap. 13.99 *(978-1-5359-6586-6(X))* Lifeway Christian Resources.

Milestones: Volume 5 - Salvation & Church, Volume 5: Connecting God's Word to Life. Lifeway Students. 2019. (ENG.). 96p. (YA). pap. 13.99 *(978-1-5359-6587-3(8))* Lifeway Christian Resources.

Milestones: Volume 6 - Family, Community & World, Volume 6: Connecting God's Word to Life. Lifeway Students. 2019. (ENG.). 96p. (YA). pap. 13.99 *(978-1-5359-6588-0(6))* Lifeway Christian Resources.

Miley's Mind. Katie Goodacre. Illus. by Katie Goodacre. 2020. (ENG.). 54p. (J). pap. *(978-1-913579-08-1(5))* Pink Parties Pr.

Mili & the Dragonfly: Responding with Empathy. Divya Mohan. Illus. by Hend Moharram. 2019. (Gift a Value Ser.: Vol. 1). (ENG.). 26p. (J). (gr. k-2). *(978-0-6485321-0-1(0))*; pap. *(978-0-6485321-1-8(9))* Value Buds, The.

Militants: Stories of Some Parsons, Soldiers & Other Fighters in the World (Classic Reprint) Mary Raymond Shipman Andrews. 2017. (ENG., Illus.). (J). 32.31 *(978-0-265-72358-6(2))*; pap. 16.57 *(978-1-5276-8200-9(5))* Forgotten Bks.

Military. Jessica Morrison. 2016. (Illus.). 48p. (J). *(978-1-5105-1160-6(1))* SmartBook Media, Inc.

Military Adventures of Johnny Newcome: With an Account of His Campaign on the Peninsula & in Pall Mall & Notes, by an Officer with Fifteen Coloured Sketches (Classic Reprint) T. Rowlandson. 2018. (ENG., Illus.). 282p. (J). 29.73 *(978-0-267-21835-6(4))* Forgotten Bks.

Military Aircraft. Emma Bassier. 2019. (Inside the Military Ser.). (ENG., Illus.). 32p. (J). (gr. 3-3). pap. 9.95 *(978-1-64494-055-6(8)*, 1644940558) North Star Editions.

Military Aircraft. Emma Bassier. 2019. (Inside the Military Ser.). (ENG., Illus.). 32p. (J). (gr. 2-5). lib. bdg. 32.79 *(978-1-5321-6382-1(7)*, 32079, DiscoverRoo) Pop!.

Military Aircraft. Julia Garstecki. 2017. (Military Tech Ser.). (ENG., Illus.). 32p. (J). (gr. 4-6). lib. bdg. *(978-1-68072-162-1(3)*, 10508, Bolt) Black Rabbit Bks.

Military Amphibious Vehicles. Grace Hansen. 2016. (Military Aircraft & Vehicles Ser.). (ENG., Illus.). 24p. (J). (gr. -1-2). lib. bdg. 32.79 *(978-1-68080-932-9(6)*, 23339, Abdo Kids) ABDO Publishing Co.

Military & Police Robots, 1 vol. Daniel R. Faust. 2016. (Robots & Robotics Ser.). (ENG., Illus.). 32p. (J). (gr. 5-5). pap. 12.75 *(978-1-4994-2178-1(8)*, 451f20f3-ff54-4a6c-b43f-5ecc88c6d81e, PowerKids Pr.) Rosen Publishing Group, Inc., The.

Military & Security. Tom Jackson. 2017. (Technology & Innovation Ser.). (ENG.). 48p. (J). lib. bdg. 34.99 *(978-1-5105-1983-1(1))* SmartBook Media, Inc.

Military & Soldier Coloring Book for Boys Book 1. Bold Illustrations. 2017. (ENG., Illus.). (J). pap. 8.35 *(978-1-64193-025-3(X)*, Bold Illustrations) FASTLANE LLC.

Military & Soldier Coloring Book for Boys Book 2. Bold Illustrations. 2017. (ENG., Illus.). (J). pap. 8.35 *(978-1-64193-026-0(8)*, Bold Illustrations) FASTLANE LLC.

Military Animal Mascots. Ryan Gale. (Military Animals Ser.). (ENG., Illus.). 32p. (J). (gr. 2-3). 2022. pap. 9.95 *(978-1-64494-590-2(8))*; 2021. lib. bdg. 32.79 *(978-1-5321-6995-3(7)*, 38810, DiscoverRoo) Pop!.

Military Animal Messengers. Emma Bassier. (Military Animals Ser.). (ENG., Illus.). 32p. (J). (gr. 2-3). 2022. pap. 9.95 *(978-1-64494-591-9(6))*; 2021. lib. bdg. 32.79 *(978-1-5321-6996-0(5)*, 38812, DiscoverRoo) Pop!.

Military Animals. Wiley Blevins. 2018. (Animals That Help Us (LOOK! Books (tm)) Ser.). (ENG., Illus.). 24p. (J). (gr. -1-3). pap. 8.99 *(978-1-63440-365-8(7)*, 6911aaaf-c10b-4fa9-846f-759db28847dc) Red Chair Pr.

Military Animals. Julia Garstecki. 2017. (Military Tech Ser.). (ENG., Illus.). 32p. (J). (gr. 4-6). lib. bdg. *(978-1-68072-163-8(1)*, 10510, Bolt) Black Rabbit Bks.

Military Animals. Martha London. 2019. (Inside the Military Ser.). (ENG., Illus.). 32p. (J). (gr. 3-3). pap. 9.95 *(978-1-64494-056-3(6)*, 1644940566) North Star Editions.

Military Animals. Martha London. 2019. (Inside the Military Ser.). (ENG., Illus.). 32p. (J). (gr. 2-5). lib. bdg. 32.79 *(978-1-5321-6383-8(5)*, 32081, DiscoverRoo) Pop!.

Military Animals. Julie Murray. 2019. (Working Animals Ser.). (ENG., Illus.). 24p. (J). (gr. k-4). lib. bdg. 31.36 *(978-1-5321-2732-8(4)*, 31671, Abdo Zoom-Dash) ABDO Publishing Co.

Military Animals (Set), 6 vols. 2021. (Military Animals Ser.). (ENG.). 32p. (J). (gr. 2-5). lib. bdg. 196.74 *(978-1-5321-6992-2(2)*, 38804, DiscoverRoo) Pop!.

Military Animals (Set Of 6) 2022. (Military Animals Ser.). (ENG., Illus.). 192p. (J). (gr. 2-3). pap. 59.70 *(978-1-64494-587-2(8))* Pop!.

Military Attack Aircraft. Grace Hansen. 2016. (Military Aircraft & Vehicles Ser.). (ENG., Illus.). 24p. (J). (gr. -1-2). lib. bdg. 32.79 *(978-1-68080-933-6(4)*, 23341, Abdo Kids) ABDO Publishing Co.

Military Bomber Aircraft. Grace Hansen. 2016. (Military Aircraft & Vehicles Ser.). (ENG., Illus.). 24p. (J). (gr. -1-2). lib. bdg. 32.79 *(978-1-68080-934-3(2)*, 23343, Abdo Kids) ABDO Publishing Co.

Military Coloring Book. Doubleexpo. 2021. (ENG.). 46p. (J). pap. 11.99 *(978-1-63998-409-1(7))* Brumby Kids.

Military Courts, 1 vol. Barbara M. Linde. 2019. (Court Is in Session Ser.). (ENG.). 32p. (gr. 4-5). pap. 11.00 *(978-1-5383-4324-1(X)*, b024217b-920d-4e52-8da4-b3a7a4172df8, PowerKids Pr.) Rosen Publishing Group, Inc., The.

Military Dog, 1 vol. B. Keith Davidson. 2022. (Jobs of a Working Dog Ser.). (ENG.). 32p. (J). (gr. 3-9). pap. *(978-1-0396-4734-3(0)*, 17221); lib. bdg. *(978-1-0396-4607-0(7)*, 16279) Crabtree Publishing Co. (Crabtree Branches).

Military Dogs. Marty Gitlin. 2018. (Illus.). 24p. (J). pap. *(978-1-4896-9911-4(2)*, AV2 by Weigl) Weigl Pubs., Inc.

Military Dogs. Frances E. Ruffin & Wilma Melville. 2016. (Dog Heroes Ser.). (ENG., Illus.). 32p. (J). (gr. 2-7). pap. 7.99 *(978-1-944998-62-2(4))* Bearport Publishing Co., Inc.

Military Dogs. Emily Schlesinger. 2018. (Red Rhino Nonfiction Ser.). (ENG., Illus.). 60p. (J). (gr. 4-7). pap. 11.95 *(978-1-68021-075-0(0))* Saddleback Educational Publishing, Inc.

Military Dogs on the Job. Roxanne Troup. 2017. (Helping Dogs Ser.). (ENG.). 24p. (J). (gr. 2-5). lib. bdg. 32.79 *(978-1-5038-1613-8(3)*, 211172) Child's World, Inc, The.

Military Drones. Matt Chandler. 2017. (Drones Ser.). (ENG., Illus.). 32p. (J). (gr. 3-9). pap. 7.95 *(978-1-5157-3777-3(2)*, 133706); lib. bdg. 28.65 *(978-1-5157-3769-8(1)*, 133702) Capstone. (Capstone Pr.).

Military Drones. Hal Marcovitz. 2020. (World of Drones Ser.). (ENG.). 64p. (YA). (gr. 6-12). 41.27 *(978-1-68282-833-5(6))* ReferencePoint Pr., Inc.

Military Drones. Cecilia Pinto McCarthy. 2020. (Drones Ser.). (ENG., Illus.). 32p. (J). (gr. 2-5). lib. bdg. 34.21 *(978-1-5321-9279-1(7)*, 35021, Kids Core) ABDO Publishing Co.

Military Drones. Cecilia Pinto McCarthy. 2021. (Drones Ser.). (ENG.). 32p. (J). (gr. 2-3). pap. 9.95 *(978-1-64494-439-4(1))* North Star Editions.

Military Engineering in Action: Set 2, 12 vols. 2016. (Military Engineering in Action Ser.). 48p. (ENG.). (gr. 5-6). lib. bdg. 177.60 *(978-0-7660-7499-6(4)*, 691b621a-17a5-4f03-9649-8a09a41ad7ae); (gr. 6-5). pap. 70.20 *(978-0-7660-7970-0(8))* Enslow Publishing, LLC.

Military Engineering in Action: Sets 1 - 2. 2016. (Military Engineering in Action Ser.). (ENG.). (J). pap. 152.40 *(978-0-7660-7982-3(1))*; (gr. 5-6). lib. bdg. 355.20 *(978-0-7660-7940-3(6)*, ecaa99f3-ae57-47c2-a9cc-40f5a67028c3) Enslow Publishing, LLC.

Military Entrepreneurs. Heather Hudak. 2018. (Science & Technology Start-Up Stars Ser.). (ENG., Illus.). 32p. (J). (gr. 5-5). *(978-0-7787-4422-1(1))* Crabtree Publishing Co.

Military Families. Hilary W. Poole. 2017. (Illus.). 48p. (J). *(978-1-4222-3612-3(9))* Mason Crest.

Military Families, Vol. 12. H. W. Poole. 2016. (Families Today Ser.). (Illus.). 48p. (J). (gr. 5). 20.95 *(978-1-4222-3620-8(X))* Mason Crest.

Military Fighter Aircraft. Grace Hansen. 2016. (Military Aircraft & Vehicles Ser.). (ENG., Illus.). 24p. (J). (gr. -1-2). lib. bdg. 32.79 *(978-1-68080-935-0(0)*, 23345, Abdo Kids) ABDO Publishing Co.

Military Flight Aptitude Test Secrets Study Guide: Military Flight Aptitude Test Review for the Astb, Sift, & Afoqt. Mometrix Media LLC & Mometrix Test Preparation. Ed. by Military Flight Aptitude Exam Prep. 2017. (ENG., Illus.). 414p. (J). 49.99 *(978-1-5167-0805-5(9))* Mometrix Media LLC.

Military Gear. Emma Bassier. 2019. (Inside the Military Ser.). (ENG., Illus.). 32p. (J). (gr. 3-3). pap. 9.95 *(978-1-64494-057-0(4)*, 1644940574) North Star Editions.

Military Gear. Emma Bassier. 2019. (Inside the Military Ser.). (ENG., Illus.). 32p. (J). (gr. 2-5). lib. bdg. 32.79 *(978-1-5321-6384-5(3)*, 32083, DiscoverRoo) Pop!.

Military Gear & Supplies. Julia Garstecki. 2017. (Military Tech Ser.). (ENG., Illus.). 32p. (J). (gr. 4-6). lib. bdg. *(978-1-68072-164-5(X)*, 10512, Bolt) Black Rabbit Bks.

Military GPS: Cutting Edge Global Positioning System, 1 vol. Taylor Baldwin Kiland & Judy Silverstein Gray. 2016. (Military Engineering in Action Ser.). (ENG.). 48p. (gr. 5-6). pap. 12.70 *(978-0-7660-7515-3(X)*, 7399e3bf-79a2-4f85-aebe-e234b040ae3f) Enslow Publishing, LLC.

Military Ground Vehicles. Julia Garstecki. 2017. (Military Tech Ser.). (ENG., Illus.). 32p. (J). (gr. 4-6). lib. bdg. *(978-1-68072-165-2(8)*, 10514, Bolt) Black Rabbit Bks.

Military Jacket. Lizz Marshall. 2018. (ENG., Illus.). 300p. (J). pap. 15.15 *(978-0-359-21693-2(5))* Lulu Pr., Inc.

Military Life in Italy: Sketches (Classic Reprint) Edmondo De Amicis. 2017. (ENG., Illus.). (J). 33.76 *(978-0-331-51625-8(X))* Forgotten Bks.

Military Machines. Finn Coyle. Illus. by Srimalie Bassani. 2023. (ENG.). 32p. (J). (gr. k-2). pap. 6.99 *(978-1-4867-2639-4(9)*, a86d1a82-500e-4a9b-882e-8d54e31a69d1) Flowerpot Pr.

Military Machines: A Lift-The-Page Truck Book. Finn Coyle. Illus. by Srimalie Bassani. 2021. (Finn's Fun Trucks Ser.). (ENG.). 14p. (J). (gr. k-2). bds. 8.99 *(978-1-4867-2121-4(4)*, 1d3393bb-621e-4065-97de-34b5eae539b5) Flowerpot Pr.

Military Machines in the War on Terrorism. Craig Boutland. 2019. (Military Machines in the War on Terrorism Ser.). (ENG.). 32p. (J). (gr. 3-9). 183.90 *(978-1-5435-7383-1(5)*, 29354) Capstone.

Military Maxims. Napoleon Bonaparte. 2022. (ENG.). 68p. (J). pap. 26.08 *(978-1-4583-3614-9(X))* Lulu Pr., Inc.

Military Personnel. Julie Murray. 2020. (Emergency Jobs Ser.). (ENG.). 24p. (J). (gr. k-4). lib. bdg. 31.36 *(978-1-0982-2307-6(1)*, 36251, Abdo Zoom-Dash) ABDO Publishing Co.

Military Robots. Emma Bassier. 2019. (Inside the Military Ser.). (ENG., Illus.). 32p. (J). (gr. 3-3). pap. 9.95 *(978-1-64494-058-7(2)*, 1644940582) North Star Editions.

Military Robots. Emma Bassier. 2019. (Inside the Military Ser.). (ENG., Illus.). 32p. (J). (gr. 2-5). lib. bdg. 32.79 *(978-1-5321-6385-2(1)*, 32085, DiscoverRoo) Pop!.

Military Robots. Luke Colins. 2020. (World of Robots Ser.). (ENG.). 24p. (J). (gr. k-3). pap. 8.99 *(978-1-64466-109-3(8)*, 14431, Bolt Jr.) Black Rabbit Bks.

Military Robots. Lisa Idzikowski. 2023. (Searchlight Books (tm) — Exploring Robotics Ser.). (ENG., Illus.). 32p. (J). (gr. 3-5). pap. 9.99 Lerner Publishing Group.

Military Robots. Thomas Kingsley Troupe. 2017. (Mighty Bots Ser.). (ENG., Illus.). 32p. (J). (gr. 2-7). 9.95 *(978-1-68072-462-2(2)*, Bolt) Black Rabbit Bks.

Military Robots. Kirsten W. Larson. (Robotics in Our World Ser.). (ENG., Illus.). 32p. (J). (gr. 2-5). 2018. pap. 9.99 *(978-1-68152-175-6(X)*, 14806); 2017. 20.95 *(978-1-68151-144-3(4)*, 14687) Amicus.

Military Robots. Brett S. Martin. 2018. (Robot Innovations Ser.). (ENG., Illus.). 48p. (J). (gr. 4-4). pap. 11.95 *(978-1-64185-277-7(1)*, 1641852771, Core Library); lib. bdg. 35.64 *(978-1-5321-1469-4(9)*, 29130) ABDO Publishing Co.

Military Robots. Cecilia Pinto McCarthy. 2017. (Tech Bytes Ser.). (ENG.). 48p. (J). (gr. 4-6). pap. 14.60 *(978-1-68404-119-0(8))*; (Illus.). 26.60 *(978-1-59953-888-4(1))* Norwood Hse. Pr.

Military Robots. Elizabeth Noll. 2017. (World of Robots Ser.). (ENG., Illus.). 32p. (J). (gr. 3-8). lib. bdg. 27.95 *(978-1-62617-690-4(6)*, Blastoff! Readers) Bellwether Media.

Military Robots. Thomas Kingsley Troupe. 2017. (Mighty Bots Ser.). (ENG.). 32p. (J). (gr. 4-6). pap. 9.99 *(978-1-64466-199-4(3)*, 11446); (Illus.). lib. bdg. *(978-1-68072-159-1(3)*, 10502) Black Rabbit Bks. (Bolt).

Military Robots in Action. Mari Bolte. 2023. (Military Machines (UpDog Books (tm)) Ser.). (ENG., Illus.). 32p. (J). (gr. 3-5). pap. 10.99 Lerner Publishing Group.

Military Service, 10 vols., Set. Edward F. Dolan. Incl. Careers in the U. S. Air Force. 38.36 *(978-0-7614-4205-9(7)*, e4fae1b0-9c27-4222-a7e4-9bfe2018acfe); Careers in the U. S. Army. 38.36 *(978-0-7614-4206-6(5)*, a0a5c8e1-5fba-4400-800a-65381ebde5ea); Careers in the U. S. Coast Guard. 38.36 *(978-0-7614-4207-3(3)*, 7ef3c6d4-eff7-4b91-b515-6d4ff161c981); Careers in the U. S. Marine Corps. 38.36 *(978-0-7614-4209-7(X)*, b4ad4186-88cc-46f5-89ce-17b13d9c32d4); Careers in the U. S. Navy. 38.36 *(978-0-7614-4210-3(3)*, e95d1809-a3a4-48fb-8427-1c59e5c740fd); (Illus.). 80p. (YA). (gr. 7-7). (Military Service Ser.). (ENG.). 2010. Set lib. bdg. 191.80 *(978-0-7614-4203-5(0)*, 1fe14f46-9e52-44d0-bb2d-9295775cd6ab, Cavendish Square) Cavendish Square Publishing LLC.

Military Servitude & Grandeur (Classic Reprint) Alfred de Vigny. 2018. (ENG., Illus.). 328p. (J). 30.66 *(978-0-483-27084-8(9))* Forgotten Bks.

Military Ships. Julia Garstecki. 2017. (Military Tech Ser.). (ENG., Illus.). 32p. (J). (gr. 4-6). lib. bdg. *(978-1-68072-166-9(6)*, 10516, Bolt) Black Rabbit Bks.

Military Ships. Martha London. 2019. (Inside the Military Ser.). (ENG., Illus.). 32p. (J). (gr. 3-3). pap. 9.95 *(978-1-64494-059-4(0)*, 1644940590) North Star Editions.

Military Ships. Martha London. 2019. (Inside the Military Ser.). (ENG., Illus.). 32p. (J). (gr. 2-5). lib. bdg. 32.79 *(978-1-5321-6386-9(X)*, 32087, DiscoverRoo) Pop!.

Military Sketch-Book, Vol. 1 Of 2: Reminiscences of Seventeen Years in the Service Abroad & at Home (Classic Reprint) William Maginn. 2018. (ENG., Illus.). 358p. (J). 31.30 *(978-0-267-22036-6(7))* Forgotten Bks.

Military Sketch-Book, Vol. 2 Of 2: Reminiscences of Seventeen Years in the Service Abroad & at Home (Classic Reprint) William Maginn. 2018. (ENG., Illus.). 356p. (J). 31.24 *(978-0-364-01159-1(9))* Forgotten Bks.

Military Submarines. Martha London. 2019. (Inside the Military Ser.). (ENG., Illus.). 32p. (J). (gr. 3-3). pap. 9.95 *(978-1-64494-060-0(4)*, 1644940604) North Star Editions.

Military Submarines. Martha London. 2019. (Inside the Military Ser.). (ENG., Illus.). 32p. (J). (gr. 2-5). lib. bdg. 32.79 *(978-1-5321-6387-6(8)*, 32089, DiscoverRoo) Pop!.

Military Tracked Vehicles. Grace Hansen. 2016. (Military Aircraft & Vehicles Ser.). (ENG., Illus.). 24p. (J). (gr. -1-2). lib. bdg. 32.79 *(978-1-68080-936-7(9)*, 23347, Abdo Kids) ABDO Publishing Co.

Military Trucks. Julie Murray. 2023. (Trucks at Work Ser.). (ENG.). 24p. (J). (gr. -1-2). lib. bdg. 31.36 ***(978-1-0982-6616-5(1)**, 42143, Abdo Kids)* ABDO Publishing Co.

Military Vehicles. Emma Bassier. 2019. (Inside the Military Ser.). (ENG., Illus.). 32p. (J). (gr. 3-3). pap. 9.95 *(978-1-64494-061-7(2)*, 1644940612) North Star Editions.

Military Vehicles. Emma Bassier. 2019. (Inside the Military Ser.). (ENG., Illus.). 32p. (J). (gr. 2-5). lib. bdg. 32.79 *(978-1-5321-6388-3(6)*, 32091, DiscoverRoo) Pop!.

Military Vehicles. Janet Slingerland. 2018. (Vehicles on the Job Ser.). (ENG.). 24p. (J). (gr. 1-3). 25.27 *(978-1-59953-943-0(8))* Norwood Hse. Pr.

Military Weapons. Julia Garstecki. 2017. (Military Tech Ser.). (ENG., Illus.). 32p. (J). (gr. 4-6). lib. bdg. *(978-1-68072-167-6(4)*, 10518, Bolt) Black Rabbit Bks.

Military Weapons. Martha London. 2019. (Inside the Military Ser.). (ENG., Illus.). 32p. (J). (gr. 3-3). pap. 9.95 *(978-1-64494-062-4(0)*, 1644940620) North Star Editions.

Military Weapons. Martha London. 2019. (Inside the Military Ser.). (ENG., Illus.). 32p. (J). (gr. 2-5). lib. bdg. 32.79 *(978-1-5321-6389-0(4)*, 32093, DiscoverRoo) Pop!.

Military Wheeled Vehicles. Grace Hansen. 2016. (Military Aircraft & Vehicles Ser.). (ENG., Illus.). 24p. (J). (gr. -1-2). lib. bdg. 32.79 *(978-1-68080-937-4(7)*, 23349, Abdo Kids) ABDO Publishing Co.

Militia Major, Vol. 1 Of 3: A Novel (Classic Reprint) Lorenzo N. Nunn. 2018. (ENG., Illus.). 308p. (J). 30.27 *(978-0-267-17133-0(1))* Forgotten Bks.

Milk & Cookies. Nancy Lee Petrick Tassick. 2017. (ENG., Illus.). (J). pap. 13.95 *(978-1-63575-424-7(0))* Christian Faith Publishing.

Milk & Juice: A Recycling Romance. Meredith Crandall Brown. 2021. (ENG., Illus.). 32p. (J). (gr. -1-3). 18.99 *(978-0-06-302185-3(4)*, HarperCollins) HarperCollins Pubs.

Milk & Milk Products in the Home: A Book Intended for Students in Home Economics & for Housekeepers in General (Classic Reprint) John Michels. 2018. (ENG., Illus.). 106p. (J). 26.10 *(978-0-267-18770-6(X))* Forgotten Bks.

Milk of Dreams. Leonora Carrington. 2017. (Illus.). 56p. (J). (gr. 1-4). 18.95 *(978-1-68137-094-1(8)*, NYR Children's Collection) New York Review of Bks., Inc., The.

Milk to Ice Cream. Elizabeth Neuenfeldt. 2021. (Beginning to End Ser.). (ENG., Illus.). 24p. (J). (gr. k-3). pap. 7.99 *(978-1-64834-244-8(2)*, 20355); lib. bdg. 26.95 *(978-1-64487-422-6(9))* Bellwether Media. (Blastoff! Readers).

Milking the Cow: A Day in the Barn Coloring Book. Smarter Activity Books for Kids. 2016. (ENG., Illus.). (J). pap. 9.22 *(978-1-68374-372-9(5))* Examined Solutions PTE. Ltd.

Milkmaid: An Old Song Exhibited & Explained in Many Designs (Classic Reprint) Randolph Caldecott. 2018. (ENG., Illus.). 28p. (J). pap. 7.97 *(978-0-365-87931-2(2))* Forgotten Bks.

Milkmaid & Her Pail. Blake Hoena. Illus. by Isabel Munoz. 2018. (Classic Fables in Rhythm & Rhyme Ser.). (ENG.). 24p. (C). (gr. k-2). lib. bdg. 33.99 *(978-1-68410-387-4(8)*, 140367) Cantata Learning.

Milkmaid's Daydreams see Fantasias de la Lechera

Milkman. Joshua Tommaso. 2018. (ENG., Illus.). 32p. (J). 22.95 *(978-1-64300-472-3(7))*; pap. 12.95 *(978-1-64300-471-6(9))* Covenant Bks.

Milkshake Detectives. Heather Butler. 2017. (ENG.). 208p. (J). (gr. 4-6). pap. 7.99 *(978-0-349-12410-0(8))* Little, Brown Bks. for Young Readers.

Milkweed Bugs. Patrick Perish. 2018. (Insects up Close Ser.). (ENG., Illus.). 24p. (J). (gr. k-3). lib. bdg. 26.95 *(978-1-62617-716-1(3)*, Blastoff! Readers) Bellwether Media.

Milky & Max Sail to Saturn. Maria Sproulle. 2020. (ENG.). 92p. (YA). (gr. 7-12). pap. *(978-1-83875-016-9(9)*, Nightingale Books) Pegasus Elliot Mackenzie Pubs.

Milky Way. Grace Hansen. 2017. (Our Galaxy Ser.). (ENG., Illus.). 24p. (J). (gr. -1-2). lib. bdg. 32.79 *(978-1-5321-0052-9(3)*, 25178, Abdo Kids) ABDO Publishing Co.

Milky Way. Mamta Nainy. Illus. by Siddhartha Tripathi. 2017. (ENG.). (J). (gr. k-1). 44p. 19.99 *(978-0-9890615-6-8(6))*; pap. 11.99 *(978-0-9890615-8-2(2))* Yali Publishing LLC.

Milky Way: Our Solar System Coloring Book. Activity Attic Books. 2016. (ENG., Illus.). (J). pap. 7.74 *(978-1-68323-212-4(7))* Twin Flame Productions.

Milky Way & Other Galaxies, 1 vol. Nicholas Faulkner & Erik Gregersen. 2018. (Universe & Our Place in It Ser.). (ENG., Illus.). 128p. (J). (gr. 10-10). pap. 20.95

(978-1-5081-0610-4(X), 3f8f62f2-5360-48df-9a84-ca92018e98c3, Britannica Educational Publishing) Rosen Publishing Group, Inc., The.

Milky Way & Other Galaxies. Ellen Labrecque. 2019. (Our Place in the Universe Ser.). (ENG., Illus.). 24p. (J). (gr. 1-3). pap. 7.95 *(978-1-9771-1016-9(9)*, 140959); lib. bdg. 25.99 *(978-1-9771-0846-3(6)*, 140464) Capstone. (Pebble).

Milky Way & Other Galaxies. Gail Terp. 2018. (Deep Space Discovery Ser.). (ENG.). 32p. (gr. 2-7). 9.95 *(978-1-68072-714-2(1))*; (J). (gr. 4-6). pap. 9.99 *(978-1-64466-267-0(1)*, 12321); (Illus.). (J). (gr. 4-6). lib. bdg. *(978-1-68072-420-2(7)*, 12320) Black Rabbit Bks. (Bolt).

Milky Way (Classic Reprint) F. Tennyson Jesse. (ENG., Illus.). (J). 2018. 354p. 31.22 *(978-0-428-61496-6(5))*; 2017. pap. 13.57 *(978-0-243-30116-4(2))* Forgotten Bks.

Mill Agent (Classic Reprint) Mary A. Denison. (ENG., Illus.). (J). 2018. 368p. 31.49 *(978-0-483-45300-5(5))*; 2016. pap. 13.97 *(978-1-334-13428-9(6))* Forgotten Bks.

Mill at Sandy Creek (Classic Reprint) Edward A. Rand. (ENG., Illus.). (J). 2018. 378p. 31.71 *(978-0-484-63166-2(7))*; 2016. pap. 16.57 *(978-1-334-72980-5(8))* Forgotten Bks.

Mill of Silence (Classic Reprint) B. E. J. Capes. (ENG., Illus.). (J). 2018. 352p. 31.16 *(978-0-483-29932-0(4))*; 2016. pap. 13.57 *(978-1-333-56135-2(0))* Forgotten Bks.

Mill on the Floss. George Eliot. 2022. (ENG.). 450p. (YA). (gr. 9). pap. *(978-1-909054-91-2(7))* Magic Flute Pubns.

Mill on the Floss (Classic Reprint) George Elliott. (ENG., Illus.). (J). 2018. 840p. 41.22 *(978-0-483-78516-8(4))*; 2017. 41.72 *(978-0-265-73023-2(6))*; 2017. pap. 24.06 *(978-1-5276-9534-4(4))*; 2017. pap. 23.57 *(978-0-243-40545-9(6))* Forgotten Bks.

Mill on the Floss, Vol. 1 (Classic Reprint) George Elliott. 2017. (ENG., Illus.). (J). 42.36 *(978-1-5279-7816-4(8))* Forgotten Bks.

Mill on the Floss, Vol. 1 of 3 (Classic Reprint) George Elliott. 2018. (ENG., Illus.). 452p. (J). 33.24 *(978-0-365-12568-6(7))* Forgotten Bks.

Mill River Senior High. John Rubisch. 2017. (ENG., Illus.). (J). pap. 15.95 *(978-1-5069-0368-2(1))* First Edition Design Publishing.

Mill That Charles Built: A New Game of Forfeits (Classic Reprint) Unknown Author. (ENG., Illus.). (J). 2018. 28p. 24.49 *(978-0-656-72002-6(6))*; 2016. pap. 7.97 *(978-1-333-87323-3(9))* Forgotten Bks.

Mill Town Pastor (Classic Reprint) Joseph Conroy. 2017. (ENG., Illus.). (J). 28.89 *(978-0-331-30267-7(5))* Forgotten Bks.

Mill Wheel, Vol. 1 Of 3: A Novel (Classic Reprint) Helen Dickens. (ENG., Illus.). (J). 2018. 272p. 29.51 *(978-0-267-35580-8(7))*; 2016. pap. 11.97 *(978-1-334-04133-4(4))* Forgotten Bks.

Mill Wheel, Vol. 2 Of 2: A Novel, in Three Volumes (Classic Reprint) Helen Dickens. 2018. (ENG., Illus.). 268p. (J). 29.42 *(978-0-332-26189-8(1))* Forgotten Bks.

Mill Wheel, Vol. 3 Of 3: A Novel, in Three Volumes (Classic Reprint) Helen Dickens. 2018. (ENG., Illus.). 272p. (J). 29.51 *(978-0-483-47606-6(4))* Forgotten Bks.

Millard Fillmore. Heidi Elston. (United States Presidents Ser.). (ENG., Illus.). (J). 2020. 48p. (gr. 3-6). lib. bdg. 35.64 *(978-1-5321-9348-4(3)*, 34853, Checkerboard Library); 2016. 40p. (gr. 2-5). lib. bdg. 35.64 *(978-1-68078-092-5(1)*, 21801, Big Buddy Bks.) ABDO Publishing Co.

Millard Fillmore: Our 13th President. Gerry Souter & Janet Souter. 2020. (United States Presidents Ser.). (ENG.). 48p. (J). (gr. 3-6). lib. bdg. 41.36 *(978-1-5038-4405-6(6)*, 214182) Child's World, Inc, The.

Millary Blinpin, Politician. Wendy N. E. Ikemoto. 2017. (ENG., Illus.). (J). pap. 10.95 *(978-0-9987104-0-2(7))* Water Wave Productions.

Millas Hacia la Libertad. Janet Rios. 2019. (SPA.). 238p. (YA). pap. 17.95 *(978-1-64334-216-0(9))* Page Publishing Inc.

Millau Viaduct. Marty Gitlin. 2018. lib. bdg. 29.95 *(978-1-68020-166-6(2))* Mitchell Lane Pubs.

Millbank, or Roger Irving's Ward: A Novel (Classic Reprint) Mary J. Holmes. (ENG., Illus.). (J). 2018. 414p. 32.46 *(978-0-331-93354-3(3))*; 2016. pap. 16.57 *(978-1-334-15446-1(5))* Forgotten Bks.

Mille et un Fantomes (Classic Reprint) Dumas. 2016. (FRE., Illus.). (J). pap. 23.57 *(978-1-334-84174-3(8))* Forgotten Bks.

Mille et un Fantomes (Classic Reprint) Alexandre Dumas. (FRE., Illus.). (J). 2018. 782p. 40.05 *(978-0-484-20635-8(4))*; 2017. 28.91 *(978-0-260-48050-7(9))*; 2017. pap. 11.57 *(978-0-265-06755-0(3))* Forgotten Bks.

Millennial Tales. J. Lisle. 2019. (ENG.). 48p. (J). pap. 17.80 *(978-1-7321396-0-2(1))* Saintly Lisle.

Millennium of Mazes: Kids Maze Activity Book. Kreative Kids. 2016. (ENG., Illus.). (J). pap. 10.81 *(978-1-68377-180-7(X))* Whlke, Traudl.

Miller, College Algebra, 2017, 2e, Student Edition, Reinforced Binding. Julie Miller & Donna Gerken. 2nd ed. 2016. (Elective Algebra Ser.). (ENG., Illus.). 864p. (gr. 9-12). 182.12 *(978-0-07-669404-4(6)*, 0076694046) McGraw-Hill Education.

Miller, College Algebra & Trigonometry, 2017, 1e, Student Edition, Reinforced Binding. Julie Miller & Donna Gerken. 2016. (A/P ALGEBRA & TRIGONOMETRY Ser.). (ENG., Illus.). 1264p. (gr. 9-12). stu. ed. 182.12 *(978-0-07-669184-5(5)*, 0076691845) McGraw-Hill Education.

Miller of Angibault (Classic Reprint) George Sand. (ENG., Illus.). (J). 2017. 30.76 *(978-0-260-29631-3(7))*; 2016. pap. 13.57 *(978-1-333-75118-0(4))* Forgotten Bks.

Miller of Deanhaugh (Classic Reprint) James Ballantine. 2017. (ENG., Illus.). (J). 344p. 31.01 *(978-0-332-48382-5(7))*; pap. 13.57 *(978-0-259-19697-6(5))* Forgotten Bks.

Miller of Glanmire: An Irish Story (Classic Reprint) Con T. Murphy. 2017. (ENG., Illus.). (J). 28.78 *(978-0-265-54432-7(7))*; pap. 11.57 *(978-0-282-76405-0(4))* Forgotten Bks.

Miller of Old Church (Classic Reprint) Ellen Glasgow. 2018. (ENG., Illus.). 448p. (J). 33.16 *(978-0-484-67778-3(0))* Forgotten Bks.

Miller's Holiday: Short Stories from the Northwestern Miller (Classic Reprint) Randolph Edgar. 2018. (ENG., Illus.). 236p. (J). 28.78 *(978-0-267-22676-4(4))* Forgotten Bks.

Miller's Island Mysteries 1: The Case of the Toxic River. Cindy Cipriano. 2017. (Miller's Island Mysteries Ser.: Vol. 1). (ENG., Illus.). (YA). (gr. 11-12). pap. 9.99 *(978-1-910780-58-9(8))* Vulpine Pr.

Milli Mermaid's PEARL of WISDOM: An Important Discovery. Amelia Aj Gleeson. 2021. (ENG.). 46p. (J). pap. *(978-0-6489438-2-2(8))* Gleeson, Amelia.

Millicent Halford. Martha Remick. 2016. (ENG.). 428p. (J). pap. *(978-3-7434-2243-8(3))* Creation Pubs.

Millicent Halford: A Tale of the Dark Days of Kentucky in the Year 1861 (Classic Reprint) Martha Remick. 2018. (ENG., Illus.). 426p. (J). 32.68 *(978-0-483-68473-7(2))* Forgotten Bks.

Millicent, or the Trials of Life, Vol. 1 of 3 (Classic Reprint) Unknown Author. (ENG., Illus.). (J). 2018. 328p. 30.66 *(978-0-428-97588-3(7))*; 2016. pap. 13.57 *(978-1-333-63968-6(6))* Forgotten Bks.

Millicent, or the Trials of Life, Vol. 3 of 3 (Classic Reprint) Unknown Author. (ENG., Illus.). (J). 2018. 306p. 30.21 *(978-0-484-41599-6(9))*; 2016. pap. 13.57 *(978-1-333-38677-1(X))* Forgotten Bks.

Millicent, or Trials of Life, Vol. 2 of 3 (Classic Reprint) Unknown Author. (ENG., Illus.). (J). 2018. 326p. 30.62 *(978-0-428-51953-7(9))*; 2016. pap. 13.57 *(978-1-333-33162-7(2))* Forgotten Bks.

Millidek, 1906 (Classic Reprint) Millikin University. (ENG., Illus.). (J). 2018. 200p. 28.04 *(978-0-364-39425-0(0))*; 2017. pap. 10.57 *(978-1-334-96175-5(1))* Forgotten Bks.

Millidek, 1907 (Classic Reprint) Isabel Bumgarner. (ENG., Illus.). (J). 2019. 236p. 28.76 *(978-0-365-13038-3(9))*; 2017. pap. 11.57 *(978-0-259-38908-8(0))* Forgotten Bks.

Millie & Mo Dream Big. Morris King. 2019. (ENG., Illus.). 34p. (J). (gr. -1-3). 24.95 *(978-1-64584-471-6(4))*; pap. 14.95 *(978-1-68456-504-7(9))* Page Publishing Inc.

Millie & the Great Drought: A Dust Bowl Survival Story. Natasha Deen. Illus. by Wendy Tan. 2022. (Girls Survive Ser.). (ENG.). 112p. (J). 26.65 *(978-1-6663-4075-4(8)*, 237669); pap. 7.95 *(978-1-6663-4079-2(0)*, 237664) Capstone. (Stone Arch Bks.).

Millie & the Magical Moon. Brian Gallagher. Illus. by Phillip Cullen. 2022. (ENG.). 32p. (J). 18.99 *(978-1-78849-291-1(9))* O'Brien Pr., Ltd., The IRL. Dist: Casemate Pubs. & Bk. Distributors, LLC.

Millie & the Warm Wind. Jenna Winship. Illus. by Rachel Eleanor. 2019. (ENG.). 54p. (J). pap. 21.99 ***(978-1-68314-908-8(4))*** Redemption Pr.

Millie Bobby Brown. Kenny Abdo. 2018. (Star Biographies Ser.). (ENG., Illus.). 24p. (J). (gr. 2-8). lib. bdg. 31.36 *(978-1-5321-2547-8(X)*, 30103, Abdo Zoom-Fly) ABDO Publishing Co.

Millie Bobby Brown. Martha London. 2020. (Influential People Ser.). (ENG., Illus.). 32p. (J). (gr. 4-6). pap. 7.95 *(978-1-4966-6588-1(0)*, 142266); lib. bdg. 28.65 *(978-1-5435-9082-1(9)*, 141401) Capstone.

Millie Bobby Brown. Dennis St. Sauver. 2018. (Big Buddy Pop Biographies Ser.). (ENG.). 32p. (J). (gr. 2-5). lib. bdg. 34.21 *(978-1-5321-1797-8(3)*, 30640, Big Buddy Bks.) ABDO Publishing Co.

Millie (Classic Reprint) Unknown Author. 2018. (ENG., Illus.). 96p. (J). 25.88 *(978-0-267-26668-5(5))* Forgotten Bks.

Millie, Daisy, & the Scary Storm. Danny Robertshaw et al. Illus. by Laura Catrinella. 2022. (Life in the Doghouse Ser.). (ENG.). 144p. (J). (gr. 2-5). 17.99 *(978-1-5344-8267-8(9))*; pap. 6.99 *(978-1-5344-8268-5(7))* Simon & Schuster Children's Publishing. (Aladdin).

Millie Finds Her Miracle. Courtney Mount. Illus. by Amber Andersen. 2023. 28p. (J). 23.99 ***(978-1-6678-7963-5(4))*** BookBaby.

Millie in the Mirror: The City under Seattle. Thea Thomas. 2020. (City under Seattle Ser.: Vol. 2). (ENG.). 202p. (YA). pap. 9.99 *(978-1-947151-91-8(6))* Emerson & Tilman.

Millie Loves Ants. Jackie French. Illus. by Sue deGennaro. 2019. 32p. pap. 6.99 *(978-1-4607-5179-4(5)*, HarperCollins) HarperCollins Pubs.

Millie Malone Receives a Mysterious Present. Catherine O'Donovan. 2020. (ENG.). 40p. (J). pap. *(978-1-78823-202-9(X))* Austin Macauley Pubs. Ltd.

Millie Marie, How Great You'll Be! Kristie de Jong. 2022. (ENG.). 24p. (J). pap. *(978-1-7779865-4-4(0))* LoGreco, Bruno.

Millie Micro Nano Pico: Libro 5 in Cui Millie Vorrebbe Incontare I Quark Ed Essere Piu Attraente. Tiziana Stoto. 2016. (ITA., Illus.). 32p. (J). *(978-1-326-84692-3(2))* Lulu Pr., Inc.

Millie Micro Nano Pico: Libro 6 in Cui Millie Incontra Due Neutrini Ed Assiste Ad Una Gara Di Velocità. Tiziana Stoto. 2016. (ITA., Illus.). 32p. (J). *(978-1-326-86342-5(8))* Lulu Pr., Inc.

Millie Micro Nano Pico: Livre 1 Dans Lequel Millie Rencontre Deux Electrons et Ses Aventures Commencent. Tiziana Stoto. 2017. (FRE., Illus.). 32p. (J). *(978-1-326-92149-1(5))* Lulu Pr., Inc.

Millie Micro Nano Pico Book 2 in Which a Scarecrow Gives Millie a Brilliant Idea about Magnets. Tiziana Stoto. 2016. (ENG., Illus.). 32p. (J). *(978-1-326-56444-5(7))* Lulu Pr., Inc.

Millie Micro Nano Pico Book 3 in Which Millie Meets Some Photons at the Playground. Tiziana Stoto. 2016. (ENG., Illus.). (J). pap. 15.99 *(978-1-326-57060-6(9))* Lulu Pr., Inc.

Millie Micro Nano Pico Book 4 in Which Millie Has Fun in a Sea of Electrons. Tiziana Stoto. 2016. (ENG., Illus.). 32p. (J). *(978-1-326-77878-1(1))* Lulu Pr., Inc.

Millie Micro Nano Pico Book 5 in Which Millie Wishes She Were More Attractive & Wonders about Quarks. Tiziana Stoto. 2016. (ENG., Illus.). 32p. (J). *(978-1-326-78396-9(3))* Lulu Pr., Inc.

Millie Micro Nano Pico Book 6 in Which Millie Meets Two Neutrinos & Watches Them Race to the Moon & Back. Tiziana Stoto. 2016. (ENG., Illus.). 32p. (J). *(978-1-326-78397-6(1))* Lulu Pr., Inc.

Millie Micro Nano Pico Book 7 in Which the Electrons Invite Millie to a Party & She Is Shocked by Antimatter. Tiziana Stoto. 2017. (ENG., Illus.). 32p. (J). *(978-1-326-80519-7(3))* Lulu Pr., Inc.

Millie Micro Nano Pico Book 8 in Which Millie Wants to Give the Particles a Sleeping Lesson. Tiziana Stoto. 2017. (ENG., Illus.). 32p. (J). *(978-0-244-65080-3(2))* Lulu Pr., Inc.

Millie Micro Nano Pico Book 9 in Which Millie Goes Inside a Red Laser Beam. Tiziana Stoto. 2019. (ENG.). 32p. (J). *(978-0-244-45289-6(X))* Lulu Pr., Inc.

Millie Micro Nano Pico Libro 1 in Cui Millie Incontra Due Elettroni e Cominciano le Sue Avventure. Tiziana Stoto. 2016. (ITA., Illus.). 32p. (J). *(978-1-326-84607-7(8))* Lulu Pr., Inc.

Millie Micro Nano Pico Libro 2 in Cui Millie Ha un'idea Geniale Grazie Ad uno Spaventapasseri. Tiziana Stoto. 2016. (ITA., Illus.). 32p. (J). *(978-1-326-84611-4(6))* Lulu Pr., Inc.

Millie Micro Nano Pico Libro 3 in Cui Millie Incontra Tre Fotoni Al Parco Giochi. Tiziana Stoto. 2016. (ITA., Illus.). 32p. (J). *(978-1-326-84612-1(4))* Lulu Pr., Inc.

Millie Micro Nano Pico Libro 4 in Cui Millie Si Diverte in un Mare Di Elettroni. Tiziana Stoto. 2016. (ITA., Illus.). 32p. (J). *(978-1-326-86220-6(0))* Lulu Pr., Inc.

Millie Micro Nano Pico Libro 7 in Cui Millie e Invitata Ad una Festa e l'Antimatteria la Spaventa. Tiziana Stoto. 2018. (ITA., Illus.). 32p. (J). *(978-0-244-01385-1(3))* Lulu Pr., Inc.

Millie Micro Nano Pico Libro 8 in Cui Millie Vuole Dare Lezioni Di Sonno Alle Particelle. Tiziana Stoto. 2018. (ITA., Illus.). 32p. (J). *(978-0-244-35331-5(X))* Lulu Pr., Inc.

Millie Micro Nano Pico Libro 9 in Cui Millie S'Intrufola in un Raggio Laser Rosso. Tiziana Stoto. 2019. (ITA.). 32p. (J). *(978-0-244-45438-8(8))* Lulu Pr., Inc.

Millie Micro Nano Pico Livre 2 Dans Lequel un Epouvantail Donne a Millie une Idee Geniale Sur les Aimants. Tiziana Stoto. 2017. (FRE., Illus.). 32p. (J). *(978-0-244-31413-2(6))* Lulu Pr., Inc.

Millie Micro Nano Pico Livre 3 Dans Lequel Millie Rencontre Trois Photons a l'Aire de Jeux. Tiziana Stoto. 2017. (FRE., Illus.). 32p. (J). *(978-0-244-61413-3(X))* Lulu Pr., Inc.

Millie Micro Nano Pico Livre 4 Dans Lequel Millie S?amuse Dans une Mer D?lectrons. Tiziana Stoto. 2019. (FRE.). 32p. (J). *(978-0-244-75705-2(4))* Lulu Pr., Inc.

Millie Micro Nano Pico Livre 5 Dans Lequel Millie Voudrait Rencontrer les Quarks et ?tre Plus Attirante. Tiziana Stoto. 2019. (FRE.). 32p. (J). *(978-0-244-46196-6(1))* Lulu Pr., Inc.

Millie Micro Nano Pico Livre 6 Dans Lequel Millie Rencontre Deux Neutrinos et Assiste ? une Comp?tition de Vitesse. Tiziana Stoto. 2019. (FRE.). 32p. (J). *(978-0-244-76335-0(6))* Lulu Pr., Inc.

Millie Muldoon & the Case of the Halloween Haunting. Mary Vigliante Szydlowski. 2018. (Millie Muldoon Mysteries Ser.: Vol. 3). (ENG., Illus.). 60p. (J). pap. 5.99 *(978-1-7328815-0-1(2))* Szydlowski, Mary Vigliante.

Millie Muldoon & the Case of the Thanksgiving Turkey-Napper. Mary Vigliante Szydlowski. 2016. (ENG., Illus.). (J). pap. 5.99 *(978-0-9983869-1-1(X))* Szydlowski, Mary Vigliante.

Millie Muldoon & the Christmas Mystery. Mary Vigliante Szydlowski. 2016. (ENG., Illus.). (J). pap. 5.99 *(978-0-9983869-3-5(6))* Szydlowski, Mary Vigliante.

Millie Shares. Claire Alexander. ed. 2018. (ENG.). 28p. (J). (gr. -1-1). 14.00 *(978-1-64310-723-3(2))* Penworthy Co., LLC, The.

Millie the Magical Stone Skipper. Olivia Polk. Illus. by Vanya Liang. 2022. (ENG.). 32p. (J). 17.95 *(978-1-954854-39-0(0)*, Bird Upstairs) Girl Friday Bks.

Millie the Masked Musk Ox. Alyssa Hughes. Illus. by Liliana Gareeva. 2022. (ENG.). 34p. (J). pap. 14.49 *(978-1-6678-0011-0(6))* BookBaby.

Millie; the Quadroon: Drama (Classic Reprint) Lizzie May Elwyn. 2017. (ENG., Illus.). (J). 24.85 *(978-0-331-85347-6(7))* Forgotten Bks.

Millies Adventures. Laura Thomas. 2020. (ENG.). 114p. (J). pap. *(978-1-78830-648-5(1))* Olympia Publishers.

Millie's Brilliant Birthday Plan. Madeleine Ridd. 2017. (ENG., Illus.). 26p. (J). pap. *(978-1-910322-67-3(9))* Black Pear Pr.

Millie's Rainbow. Hilary Hawkes. Illus. by Andrea Petrlik. 2022. (ENG.). 38p. (J). *(978-1-910257-45-6(1))* Strawberry Jam Bks.

Millie's Wonderful Day. Deanna Clatworthy. Illus. by Blake Sebastian. 2023. (ENG.). 32p. (J). ***(978-1-0391-6224-2(X))***; pap. ***(978-1-0391-6223-5(1))*** FriesenPress.

Million a Minute a Romance of Modern, New York & Paris (Classic Reprint) Hudson Douglas. 2018. (ENG., Illus.). 326p. (J). 30.62 *(978-0-483-39134-5(4))* Forgotten Bks.

Million Cute Animals: Adorable Animals to Color. Lulu Mayo. 2021. (Million Creatures to Color Ser.: 9). (ENG.). 64p. (J). (gr. 2). pap. 9.99 *(978-1-4547-1127-8(2))* Lark Bks.

Million Dollar Booger. Scott C. Gelber. 2021. (ENG.). 32p. (J). pap. 14.99 *(978-1-64719-434-5(2))* Booklocker.com, Inc.

Million Dollar Race. Matthew Ross Smith. (ENG.). (J). (gr. 3-7). 2022. 240p. pap. 7.99 *(978-1-5344-2028-1(2))*; 2021. 224p. 17.99 *(978-1-5344-2027-4(4))* Simon & Schuster Children's Publishing. (Aladdin).

Million-Dollar Suitcase (Classic Reprint) Alice Macgowan. 2017. (ENG., Illus.). 336p. (J). 30.83 *(978-0-484-69802-3(8))* Forgotten Bks.

Million Dollar Theft in San Francisco + CD. Collective. 2017. (Green Apple Ser.). (ENG.). 112p. (YA). pap. 24.95 *(978-88-530-1512-9(8)*, Black Cat) Grove/Atlantic, Inc.

Million Dreams: An Absolutely Heartbreaking Page Turner. Dani Atkins. 2020. (ENG.). 376p. (J). (gr. -1-7). pap. *(978-1-83888-721-6(0))* Bookouture.

Million Junes. Emily Henry. 2018. 400p. (YA). (gr. 7). pap. 12.99 *(978-0-448-49397-8(7)*, Razorbill) Penguin Young Readers Group.

Million Little Monsters: Frightening Creatures to Color. Lulu Mayo. 2023. (Million Creatures to Color Ser.). (ENG.). 64p. (J). (gr. 2). pap. 9.99 ***(978-1-4547-1160-5(4)***, Union Square Pr.) Sterling Publishing Co., Inc.

Million Llamas: Lovable Llamas to Color. Lulu Mayo. 2021. (Million Creatures to Color Ser.: 10). (ENG.). 64p. (J). (gr. 2). pap. 9.95 *(978-1-4547-1128-5(0))* Lark Bks.

Million Miles Away. Lara Avery. 2016. (ENG.). 336p. (YA). (gr. 10-17). pap. 17.99 *(978-0-316-28372-4(X)*, Poppy) Little, Brown Bks. for Young Readers.

Million Sea Creatures. Lulu Mayo. 2022. (Million Creatures to Color Ser.). (ENG.). 64p. (J). (gr. 2). pap. 9.99 *(978-1-4547-1158-2(2)*, Union Square Pr.) Sterling Publishing Co., Inc.

Million Stories of Marco Polo. Michael J. Rosen. 2016. (Illus.). 32p. (J). (gr. 5-8). 18.99 *(978-1-56846-290-5(5)*, 20818, Creative Editions) Creative Co., The.

Million Times Goodnight. Kristina McBride. 2016. (ENG.). 304p. (J). (gr. 8-8). 17.99 *(978-1-5107-0401-5(9)*, Sky Pony Pr.) Skyhorse Publishing Co., Inc.

Million to One. Adiba Jaigirdar. 2022. (ENG.). 368p. (YA). (gr. 8). 19.99 *(978-0-06-291632-7(7)*, HarperTeen) HarperCollins Pubs.

Million Views. Aaron Starmer. (ENG.). 304p. (J). (gr. 5). 2023. pap. 8.99 ***(978-0-593-38694-1(9))***; 2022. 17.99 *(978-0-593-38693-4(0))* Penguin Young Readers Group. (Penguin Workshop).

Million Worlds with You. Claudia Gray. (Firebird Ser.). (YA). 2017. (ENG.). 448p. (gr. 9). pap. 10.99 *(978-0-06-227903-3(3))*; 2016. 419p. *(978-0-06-257364-3(0))* HarperCollins Pubs. (HarperTeen).

Millionaire Baby (Classic Reprint) Anna Katharine Green. 2017. (ENG., Illus.). (J). 32.19 *(978-1-5281-5480-2(0))* Forgotten Bks.

Millionaire (Classic Reprint) Michael Artzibashef. 2018. (ENG., Illus.). 246p. (J). 28.97 *(978-0-483-46107-9(5))* Forgotten Bks.

Millionaire (Classic Reprint) Edwin Bateman Morris. (ENG., Illus.). (J). 2018. 368p. 31.49 *(978-0-483-93914-1(5))*; 2016. pap. 13.97 *(978-1-334-31442-1(X))* Forgotten Bks.

Millionaire for a Day (Classic Reprint) John Jay McDevitt. 2017. (ENG., Illus.). (J). 26.21 *(978-0-331-82605-0(4))* Forgotten Bks.

Millionaire Kids Club: Garage Sale Riches. Lynnette Khalfani-Cox. 2017. (Millionaire Kids Club Ser.: Vol. 1). (ENG., Illus.). (J). pap. 12.95 *(978-1-932450-14-9(9))* Advantage World Pr.

Millionaire Kids Club: Home Sweet Home. Lynnette Khalfani-Cox. 2017. (Millionaire Kids Club Ser.: Vol. 3). (ENG., Illus.). (J). pap. 12.95 *(978-1-932450-16-3(5))* Advantage World Pr.

Millionaire Kids Club: Penny Power. Lynnette Khalfani-Cox. 2017. (Millionaire Kids Club Ser.: Vol. 4). (ENG., Illus.). (J). pap. 12.95 *(978-1-932450-17-0(3))* Advantage World Pr.

Millionaire Kids Club: Putting the Do in Donate. Lynnette Khalfani-Cox. 2017. (Millionaire Kids Club Ser.: Vol. 2). (ENG., Illus.). (J). pap. 12.95 *(978-1-932450-15-6(7))* Advantage World Pr.

Millionaire Mindset. Max Smith. 2020. (ENG.). 68p. (YA). pap. *(978-1-716-98538-6(2))* Lulu Pr., Inc.

Millionaire of Rough-And-Ready: And Devil's Ford (Classic Reprint) Bret Harte. 2017. (ENG., Illus.). (J). 30.56 *(978-0-266-20975-1(0))* Forgotten Bks.

Millionaire of Rough-And-Ready; a Phyllis of the Sierras; a Drift from Redwood Camp (Classic Reprint) Bret Harte. (ENG., Illus.). (J). 2018. 284p. 29.75 *(978-0-267-00487-4(7))*; 2017. pap. 13.57 *(978-0-243-99111-2(8))* Forgotten Bks.

Millionaire Tramp (Classic Reprint) Robert C. Givins. 2018. (ENG., Illus.). 210p. (J). 28.23 *(978-0-483-86414-6(5))* Forgotten Bks.

Millionaire's Cousin (Classic Reprint) Emily. Lawless. (ENG., Illus.). (J). 2018. 230p. 28.70 *(978-0-332-36335-6(X))*; 2017. pap. 11.57 *(978-0-243-58451-2(2))* Forgotten Bks.

Millionaires for the Month. Stacy McAnulty. (J). (gr. 3-7). 2022. 352p. 8.99 *(978-0-593-17528-6(X)*, Yearling); 2020. 336p. 17.99 *(978-0-593-17525-5(5)*, Random Hse. Bks. for Young Readers) Random Hse. Children's Bks.

Millionaire's Love Story (Classic Reprint) Guy Boothby. (ENG., Illus.). (J). 2018. 276p. 29.59 *(978-0-428-84515-5(0))*; 2017. pap. 11.97 *(978-0-243-53205-6(9))* Forgotten Bks.

Millionaires of a Day: An Inside History of the Great Southern California Boom (Classic Reprint) T. S. Van Dyke. 2018. (ENG., Illus.). 230p. (J). 28.64 *(978-0-656-88468-1(1))* Forgotten Bks.

Millionairess (Classic Reprint) Julian Ralph. (ENG., Illus.). (J). 2018. 434p. 32.85 *(978-0-483-39721-7(0))*; 2016. pap. 16.57 *(978-1-334-12443-3(4))* Forgotten Bks.

Millions (Classic Reprint) Ernest Poole. 2017. (ENG., Illus.). (J). 29.82 *(978-0-266-21194-5(1))* Forgotten Bks.

Millions Dead! The Great Influenza Pandemic, 1918-1920. Tim Cooke. 2023. (Doomed History (set 2) Ser.). (ENG.). 32p. (J). (gr. 3-7). lib. bdg. 28.50 Bearport Publishing Co., Inc.

Millions in It: A Farce Comedy in One Act (Classic Reprint) Edwin Bateman Morris. 2018. (ENG., Illus.). 26p. (J). 24.43 *(978-0-332-35821-5(6))* Forgotten Bks.

Millions of Maxes. Meg Wolitzer. Illus. by Micah Player. 2022. (ENG.). 40p. (J). (-k). 17.99 *(978-0-593-32411-0(0)*, Dial Bks) Penguin Young Readers Group.

Millions of Mischief: The Story of a Great Secret (Classic Reprint) Headon Hill. (ENG., Illus.). (J). 2018. 328p. 30.68 *(978-0-428-73825-9(7))*; 2018. 324p. 30.58 *(978-0-483-39015-7(1))*; 2017. pap. 13.57 *(978-1-334-90271-0(2))* Forgotten Bks.

Millipedes. Gail Radley. 2019. (Crawly Creatures Ser.). (ENG.). 32p. (J). (gr. 4-6). pap. 9.99 *(978-1-64466-022-5(9)*, 12677); (Illus.). lib. bdg. *(978-1-68072-811-8(3)*, 12676) Black Rabbit Bks. (Bolt).

Millipedes, 1 vol. Wendell Rhodes. 2016. (Dig Deep! Bugs That Live Underground Ser.). (ENG.). 24p. (J). (gr. 3-3). pap. 9.25 *(978-1-4994-2058-6(7)*, 30153d1b-a734-49be-b154-953a154e9704, PowerKids Pr.) Rosen Publishing Group, Inc., The.

Millipedes a Variety of Facts Children's Earth Sciences Book. Bold Kids. 2023. (ENG.). 42p. (J). pap. 14.99 ***(978-1-0717-1895-7(9))*** FASTLANE LLC.

millón de ostras en lo alto de la montaña. Alex Nogués. 2019. (SPA.). 48p. (J). (gr. 2-4). 21.99

1334

The check digit for ISBN-10 appears in parentheses after the full ISBN-13

TITLE INDEX

MINCH MOOGAN

M

(978-84-17749-35-4(7)) Editorial Flamboyant ESP. Dist: Lectorum Pubns., Inc.

millón de puntos. Sven Völker. 2020. (Álbumes Ser.). (SPA.). 44p. (J). (gr. k-2). 13.50 *(978-607-557-132-4(9))* Editorial Oceano de Mexico MEX. Dist: Independent Pubs. Group.

Milloo's Mind: The Story of Maryam Faruqi, Trailblazer for Women's Education. Reem Faruqi. Illus. by Hoda Hadadi. 2023. (ENG.). 40p. (J). (gr. -1-3). 18.99 *(978-0-06-305661-9(5),* HarperCollins) HarperCollins Pubs.

Mills of God: A Novel (Classic Reprint) Elinor Macartney Lane. (ENG., Illus.). (J). 2018. 374p. 31.61 *(978-0-483-40581-3(7));* 2016. pap. 13.97 *(978-1-333-68884-4(9))* Forgotten Bks.

Mills of Mammon (Classic Reprint) James H. Brower. 2018. (ENG., Illus.). 510p. (J). 34.44 *(978-0-332-95238-3(X))* Forgotten Bks.

Mills of the Gods (Classic Reprint) George P. Dillenback. (ENG., Illus.). (J). 2018. 318p. 30.48 *(978-0-267-20471-7(X));* 2016. pap. 13.57 *(978-1-334-58862-4(7))* Forgotten Bks.

Mills of Tuxbury (Classic Reprint) Virginia Frances Townsend. (ENG., Illus.). (J). 2018. 366p. 31.47 *(978-0-483-83703-4(2));* 2017. pap. 13.97 *(978-0-243-09030-3(7))* Forgotten Bks.

Millstone: A Novel (Classic Reprint) Harold Begbie. (ENG., Illus.). (J). 2018. 334p. 30.81 *(978-0-483-62317-0(2));* 2016. pap. 11.97 *(978-1-334-14437-0(0))* Forgotten Bks.

Millwrights on the Job. Heidi Ayarbe. 2020. (Exploring Trade Jobs Ser.). (ENG.). 32p. (J). (gr. 3-6). lib. bdg. 35.64 *(978-1-5038-3549-8(9),* 213383, MOMENTUM) Child's World, Inc, The.

Milly & Olly. Humphry Ward. 2017. (ENG., Illus.). (J). 23.95 *(978-1-374-94965-2(5));* pap. 13.95 *(978-1-374-94964-5(7))* Capital Communications, Inc.

Milly & Olly: Or a Holiday among the Mountains (Classic Reprint) Humphry Ward. 2018. (ENG., Illus.). 358p. (J). 31.30 *(978-0-483-52515-3(4))* Forgotten Bks.

Milly Lance (Classic Reprint) Dutton Cook. 2018. (ENG., Illus.). 30p. (J). 24.52 *(978-0-483-80397-8(9))* Forgotten Bks.

Milly l'espiègle et la Soirée Pyjama Effrayante (Silly Milly & the Spooky Sleepover) Laurie Friedman. Tr. by Annie Evearts. Illus. by Lauren Rodriguez & Ed Rodriguez. 2021. (Aventures de Milly l'espiègle (Silly Milly Adventures) Ser.). (FRE.). (J). (gr. -1-3). pap. *(978-1-0396-0229-8(0),* 12843, Crabtree Blossoms) Crabtree Publishing Co.

Milly l'espiègle et la Surprise d'anniversaire (Silly Milly & the Birthday Surprise) Laurie Friedman. Tr. by Annie Evearts. Illus. by Lauren Rodriguez & Ed Rodriguez. 2021. (Aventures de Milly l'espiègle (Silly Milly Adventures) Ser.). (FRE.). (J). (gr. -1-3). pap. *(978-1-0396-0230-4(4),* 12844, Crabtree Blossoms) Crabtree Publishing Co.

Milly l'espiègle et le Bébé en Pleurs (Silly Milly & the Crying Baby) Laurie Friedman. Tr. by Annie Evearts. Illus. by Lauren Rodriguez & Ed Rodriguez. 2021. (Aventures de Milly l'espiègle (Silly Milly Adventures) Ser.). (FRE.). (J). (gr. -1-3). pap. *(978-1-0396-0225-0(8),* 12845, Crabtree Blossoms) Crabtree Publishing Co.

Milly l'espiègle et le Sauvetage un Jour de Pluie (Silly Milly & the Rainy Day Rescue) Laurie Friedman. Tr. by Annie Evearts. Illus. by Lauren Rodriguez & Ed Rodriguez. 2021. (Aventures de Milly l'espiègle (Silly Milly Adventures) Ser.). (FRE.). (J). (gr. -1-3). pap. *(978-1-0396-0228-1(2),* 12846, Crabtree Blossoms) Crabtree Publishing Co.

Milly l'espiègle et les Bêtises du Jour de la Photo (Silly Milly & the Picture Day Sillies) Laurie Friedman. Tr. by Annie Evearts. Illus. by Lauren Rodriguez & Ed Rodriguez. 2021. (Aventures de Milly l'espiègle (Silly Milly Adventures) Ser.). (FRE.). (J). (gr. -1-3). pap. *(978-1-0396-0227-4(4),* 12848, Crabtree Blossoms) Crabtree Publishing Co.

Milly l'espiègle et les Clés Disparues (Silly Milly & the Missing Keys) Laurie Friedman. Tr. by Annie Evearts. Illus. by Lauren Rodriguez & Ed Rodriguez. 2021. (Aventures de Milly l'espiègle (Silly Milly Adventures) Ser.). (FRE.). (J). (gr. -1-3). pap. *(978-1-0396-0226-7(6),* 12847, Crabtree Blossoms) Crabtree Publishing Co.

Milly Mccarthy Is a Complete Catastrophe. Leona Forde. Illus. by Karen Harte. 2023. (ENG.). 176p. (J). pap. 10.95 *(978-0-7171-9613-5(5))* Gill Bks. IRL. Dist: Casemate Pubs. & Bk. Distributors, LLC.

Milly, Molly & Fat Cat. Debbie Etherington. 2019. (ENG.). 32p. (J). pap. *(978-1-5289-3113-7(0))* Austin Macauley Pubs. Ltd.

Milly-Molly-Mandy Storybook. Joyce Lankester Brisley. Illus. by Joyce Lankester Brisley. 2019. (ENG., Illus.). 224p. (J). 15.99 *(978-0-7534-7471-6(9),* 900196716, Kingfisher) Roaring Brook Pr.

Milly Mouse & the Christmas Miracle. Carolyn Ruth Bates. 2019. (ENG., Illus.). 34p. (J). 23.95 *(978-1-64471-689-2(5));* pap. 13.95 *(978-1-64471-688-5(7))* Covenant Bks.

Milly's Marvellous Mistakes. Peta Rainford. 2020. (ENG., Illus.). 34p. (J). (gr. k-3). pap. *(978-0-9956465-3-7(8))* Dogpigeon Bks.

Milners, or the River Diggings: A Story of South African Life (Classic Reprint) Richard William Murray. 2017. (ENG., Illus.). (J). 33.63 *(978-1-5281-8002-3(X));* pap. 16.57 *(978-1-5277-1383-3(0))* Forgotten Bks.

Milo. Leslie Ward. 2019. (ENG.). 24p. (J). pap. 13.00 *(978-0-359-58521-2(3))* Lulu Pr., Inc.

Milo: A Moving Story. Tohby Riddle. 2017. (ENG., Illus.). 48p. (J). (gr. -1-3). 20.99 *(978-1-76011-163-2(5))* Allen & Unwin AUS. Dist: Independent Pubs. Group.

Milo & Button Take Flight. Carrie Kruck. Illus. by Terri Murphy. 2020. (ENG.). 20p. (J). pap. *(978-1-922331-98-4(8))* Library For All Limited.

Milo & Marcos at the End of the World. Kevin Christopher Snipes. 2022. (ENG.). 384p. (YA). (gr. 8). 17.99 *(978-0-06-306256-6(9),* HarperTeen) HarperCollins Pubs.

Milo & Meg Are Solid. Peter Wick. 2020. (ENG.). 130p. (YA). pap. 9.95 *(978-0-9967298-5-7(2))* Azzurri Publishing.

Milo & Mitzi. Janet Reeves. Illus. by Kimber Hicken. 2021. (ENG.). 20p. (J). pap. 12.95 *(978-1-63814-083-2(9))* Covenant Bks.

Milo & Monty. Roxana De Rond. Illus. by Roxana De Rond. 2020. (Child's Play Library). (Illus.). 32p. (J). (gr. -1-2). *(978-1-78628-352-8(2))* Child's Play International Ltd.

Milo & the Ball. Margo Gates. Illus. by Sarah Jennings. 2019. (Science All Around Me (Pull Ahead Readers — Fiction) Ser.). (ENG.). 16p. (J). (gr. -1-1). 27.99 *(978-1-5415-5853-3(7),* 15f6f66d-3ae2-4531-83a7-d98afc3ec69f, Lerner Pubns.) Lerner Publishing Group.

Milo & the Dragon Cross: A Novel. Robert Jesten Upton. 2017. (Illus.). 283p. (YA). pap. *(978-1-63293-177-1(X))* Sunstone Pr.

Milo & the Lost Colors. Matthew James Skinner & Travis Wells. 2019. (Adventures of Milo & Zen Ser.: Vol. 1). (ENG., Illus.). 36p. (J). (gr. k-3). 17.99 *(978-0-578-50421-6(9))* Skinner, Matthew.

Milo & the Moon/Milo y la Luna: A Forgiveness Story/una Historia de Perdon. Yasmin Delgado. 2017. (SPA., Illus.). (J). (gr. -1-2). 13.95 *(978-1-5043-7056-1(2),* Balboa Pr.) Author Solutions, LLC.

Milo Goes to Guardian Angel Training. Seena Rose. 2022. (ENG., Illus.). 26p. (J). pap. 13.95 *(978-1-63961-057-0(X))* Christian Faith Publishing.

Milo Imagina el Mundo. Matt de la Peña. Illus. by Christian Robinson. 2021. 40p. (J). (gr. -1-3). 18.99 *(978-0-593-35462-9(1),* G.P. Putnam's Sons Books for Young Readers) Penguin Young Readers Group.

Milo Imagines the World. Matt de la Peña. Illus. by Christian Robinson. 2021. 40p. (J). (gr. -1-3). 18.99 *(978-0-399-54908-3(0),* G.P. Putnam's Sons Books for Young Readers) Penguin Young Readers Group.

Milo Is Missing Something. Vern Kousky. 2021. (Illus.). 40p. (J). (gr. -1-2). 17.99 *(978-0-593-17342-8(2));* (ENG., lib. bdg. 20.99 *(978-0-593-17343-5(0))* Random Hse. Children's Bks.

Milo MacKenzie & the Chinese Lantern. D. J. Mackintosh. 2018. (ENG., Illus.). 112p. (J). pap. *(978-1-912857-02-9(2))* Mackintosh, D. J.

Milo MacKenzie & the Christmas Witch. D. J. Mackintosh. 2018. (ENG., Illus.). 118p. (J). pap. *(978-1-912857-01-2(4))* Mackintosh, D. J.

Milo MacKenzie & the Evil Trolls of Vogar. D. J. Mackintosh. 2018. (Milo MacKenzie Adventures Ser.: Vol. 3). (ENG., Illus.). 106p. (J). pap. *(978-1-912857-03-6(0))* Mackintosh, D. J.

Milo Moss Is Officially Un-Amazing. Lauren Allbright. 2021. (ENG.). 272p. (J). (gr. 3-7). pap. 7.99 *(978-0-316-42879-8(5))* Little, Brown Bks. for Young Readers.

Milo No le Gustan Las Mañanas: Un Libro de la Colección Ninja Pequeñito. Sasha Graham. Illus. by Angelina Valieva. 2020. (SPA.). 44p. (J). 19.99 *(978-1-6629-0183-6(6))* Gatekeeper Pr.

Milo of the Sky. Robin Saville. 2018. (ENG., Illus.). 96p. (YA). pap. *(978-1-925846-18-8(0))* Vivid Publishing.

Milo on Wheels, 1 vol. Elizabeth Gordon. 2018. (Club Ser.). (ENG.). 88p. (YA). (gr. 2-3). 24.55 *(978-1-5383-8238-7(5),* dd1da155-2c2f-4432-9683-4d1bc69e21fa); pap. 14.85 *(978-1-5383-8237-0(7),* 3469d4d8-0af3-48b2-8593-03b8bb1c9ed5) Enslow Publishing, LLC.

Milo Speck, Accidental Agent. Linda Urban. 2017. (ENG., Illus.). 272p. (J). (gr. 3-7). pap. 7.99 *(978-0-544-93523-5(3),* 1658130, Clarion Bks.) HarperCollins Pubs.

Milo Swan & the Great Diamond Heist. Christopher Frost. 2021. (ENG.). 112p. (J). pap. *(978-1-008-99603-8(3))* Lulu Pr., Inc.

Milo the Cat. Salim K. Luke. 2021. (ENG.). 40p. (J). 14.00 *(978-1-63640-369-4(7));* pap. 10.00 *(978-1-63640-370-0(0))* White Falcon Publishing. (White Falcon Publishing).

Milo the Klepto. Deborah Hankinson. 2018. (ENG., Illus.). 26p. (J). (gr. k-3). pap. *(978-1-4866-1634-3(8))* Word Alive Pr.

Milo the Littlest Barn Owl. Sara Luise Newman. Illus. by Sara Luise Newman. 2016. (ENG., Illus.). (J). pap. 10.99 *(978-0-9971552-0-4(5))* cottage in the woods Pr.

Milo the Triproot. Annaleigh Goudreau. 2018. (ENG., Illus.). 56p. (J). pap. 23.95 *(978-1-387-95746-0(5))* Lulu Pr., Inc.

Milo the Word Eater. Esther Titus. 2019. (ENG.). 30p. (J). 24.95 *(978-1-64458-880-2(3));* pap. 14.95 *(978-1-64458-878-9(1))* Christian Faith Publishing.

Milo's Christmas Parade. Jennie Palmer. 2020. (ENG., Illus.). 40p. (J). (gr. -1-3). 17.99 *(978-1-4197-4499-0(2),* 1693001, Abrams Bks. for Young Readers) Abrams, Inc.

Milo's Gift: A True Story. Susan Engelmore. 2021. (ENG.). 28p. (J). pap. 7.99 *(978-1-6629-1120-0(3));* 14.95 *(978-1-6629-1119-4(X))* Gatekeeper Pr.

Milo's Hat Trick. Jon Agee. 2017. (Illus.). 40p. (J). (gr. k-3). 17.99 *(978-0-7352-2987-7(2),* Dial Bks) Penguin Young Readers Group.

Milo's Monster. Tom Percival. 2023. (Big Bright Feelings Ser.). (ENG.). 32p. (J). 17.99 *(978-1-5476-1097-6(2),* 900276951, Bloomsbury Children's Bks.) Bloomsbury Publishing USA.

Milo's World Book 3: The Cloud Girl. Richard Marazano. Ed. by Mike Kennedy. 2020. (ENG., Illus.). 120p. (J). 19.99 *(978-1-5493-0672-3(3),* 3167ae39-6375-4cb2-acdb-8e55f0b0ad64) Magnetic Pr.

Milo's World Book One: The Land under the Lake. Richard Marazano. 2019. (ENG., Illus.). 120p. (J). 12.99 *(978-1-5493-0670-9(7),* bf7a0128-94e0-4b10-8dd8-43d9ac1fc4f5) Magnetic Pr.

Milosaurus. Tallulah May. 2022. (Mighty Express Ser.). (ENG.). 24p. (J). (-k). pap. 5.99 *(978-0-593-38424-4(5),* Penguin Young Readers Licenses) Penguin Young Readers Group.

Milton. Naomi Raby. 2021. (ENG., Illus.). 30p. (J). pap. 16.95 *(978-1-63885-062-5(3))* Covenant Bks.

Milton & Odie & the Bigger-Than-Bigmouth Bass. Mary Ann Fraser. Illus. by Mary Ann Fraser. 2019. (Illus.). 32p. (J). (gr. -1-3). lib. bdg. 16.99 *(978-1-62354-098-2(4))* Charlesbridge Publishing, Inc.

Milton Hershey & the Chocolate Industry, 1 vol. Katie Kawa. 2016. (Great Entrepreneurs in U. S. History Ser.). (ENG., Illus.). 32p. (J). (gr. 5-5). pap. 12.75 *(978-1-4994-2135-4(4),* 988366d7-8e33-4d95-b255-d68bdedfdc46, PowerKids Pr.) Rosen Publishing Group, Inc., The.

Milton Mccloud Is Never Allowed. Courtnee R. Morris. Illus. by Rick Mack. 2020. (ENG.). 32p. (J). pap. 15.00 *(978-1-950490-88-2(2))* Mack N' Morris Entertainment.

Milton Saves the Bakery. Karen M. Hickman. Illus. by Alexandra Bowman. 2018. (ENG.). 48p. (J). pap. 12.95 *(978-1-939535-75-7(1))* Deep Sea Publishing.

Milton the Money Savvy Pup: Makes Saving a Habit. Jamie A. Bosse Cfp(r). Illus. by Meredith Lewis. 2021. (ENG.). 26p. (J). pap. 9.99 *(978-0-578-92302-4(5))* MBM Pr.

Milton the Snowman Goes to the South of France. Karean L. Sheldon. 2022. (ENG.). 32p. (J). 26.00 *(978-1-68537-455-6(7))* Dorrance Publishing Co., Inc.

Milton Visits the Bakery. Karen Magnan. 2019. (ENG.). 28p. (J). pap. 12.88 *(978-0-359-79506-2(4))* Lulu Pr., Inc.

Milton's Monster Mum. Lambhead. 2020. (ENG.). 32p. (J). pap. *(978-1-922409-37-9(5))* Vivid Publishing.

Milton's Scarf. Jennifer Dale Stables. 2016. (ENG.). 26p. (J). pap. *(978-0-9958047-0-8(2))* Jenny Dale Designs.

Milwaukee Brewers. Contrib. by David J. Clarke. 2022. (Inside MLB Ser.). (ENG.). 48p. (J). (gr. 3-6). lib. bdg. 34.21 *(978-1-0982-9023-8(2),* 40803, SportsZone) ABDO Publishing Co.

Milwaukee Brewers. K. C. Kelley. 2019. (Major League Baseball Teams Ser.). (ENG.). 32p. (J). (gr. 2-5). lib. bdg. 35.64 *(978-1-5038-2829-2(8),* 212636) Child's World, Inc, The.

Milwaukee Brewers. Jim Whiting. (Creative Sports: Major League Baseball Ser.). (ENG.). 32p. (J). 2021. (gr. 4-7). *(978-1-64026-309-3(8),* 17794, Creative Education); 2020. (gr. 3-5). pap. 9.99 *(978-1-62832-841-7(X),* 17795, Creative Paperbacks) Creative Co., The.

Milwaukee Brewers: All-Time Greats. Ted Coleman. 2022. (MLB All-Time Greats Set 2 Ser.). (ENG., Illus.). 24p. (J). (gr. 3-3). pap. 8.95 *(978-1-63494-530-1(1));* lib. bdg. 28.50 *(978-1-63494-504-2(2))* Pr. Room Editions LLC.

Milwaukee Bucks. Jim Gigliotti. 2019. (Insider's Guide to Pro Basketball Ser.). (ENG.). 32p. (J). (gr. 1-4). lib. bdg. 35.64 *(978-1-5038-2454-6(3),* 212261) Child's World, Inc, The.

Milwaukee Bucks. Michael E. Goodman. 2018. (NBA Champions Ser.). (ENG.). 24p. (J). (gr. 1-4). pap. 8.99 *(978-1-62832-578-2(X),* 19825, Creative Paperbacks); lib. bdg. *(978-1-64026-023-8(4),* 19807, Creative Education) Creative Co., The.

Milwaukee Bucks. Will Graves. 2022. (Inside the NBA (2023) Ser.). (ENG., Illus.). 48p. (J). (gr. 3-6). lib. bdg. 34.22 *(978-1-5321-9834-2(5),* 39773, SportsZone) ABDO Publishing Co.

Milwaukee Bucks. Jim Whiting. 2017. (NBA: a History of Hoops Ser.). (ENG., Illus.). 48p. (J). (gr. 4-7). *(978-1-60818-851-2(5),* 20258, Creative Education); 2nd ed. pap. 12.00 *(978-1-62832-454-9(6),* 20259, Creative Paperbacks) Creative Co., The.

Milwaukee Bucks All-Time Greats. Brendan Flynn. 2020. (NBA All-Time Greats Ser.). (ENG., Illus.). 24p. (J). (gr. 3-3). pap. 8.95 *(978-1-63494-170-9(5),* 1634941705); lib. bdg. 28.50 *(978-1-63494-157-0(8),* 1634941578) Pr. Room Editions LLC.

Mimes & Rhymes (Classic Reprint) Arthur Rickett. (ENG., Illus.). (J). 2018. 122p. 26.41 *(978-0-267-09572-8(4));* 2017. pap. 9.57 *(978-1-5276-0714-9(3))* Forgotten Bks.

Mimi: A Story about Absence Seizures. Mariah Mayhugh. 2019. (ENG.). 32p. (J). pap. 13.99 *(978-1-7948-3587-0(3))* Lulu Pr., Inc.

Mimi: A Story about Absence Seizures: a Story about Absence Seizures. Mariah Mayhugh. 2023. (ENG.). 28p. (J). pap. 10.00 *(978-1-0880-9374-0(4))* Indy Pub.

Mimi & Chanse Adventure to Ganny Granny's. Adeliada Scranton. 2023. (ENG.). 26p. (J). 22.99 *(978-1-312-47621-9(4))* Lulu Pr., Inc.

Mimi & K. Bug. Beverly Wolf. 2017. (ENG., Illus.). 18p. (J). 21.95 *(978-1-64028-605-4(5));* pap. 12.95 *(978-1-64028-603-0(9))* Christian Faith Publishing.

Mimi & the Boo-Hoo Blahs: a Graphix Chapters Book (Mimi #2) Shauna J. Grant. Illus. by Shauna J. Grant. 2023. (ENG.). 80p. (J). (gr. 1-3). 22.99 *(978-1-338-76670-7(8));* pap. 7.99 *(978-1-338-76669-1(4))* Scholastic, Inc. (Graphix).

Mimi & the Cutie Catastrophe: a Graphix Chapters Book (Mimi #1) Shauna J. Grant. Illus. by Shauna J. Grant. 2022. (ENG., Illus.). 80p. (J). (gr. 1-3). 22.99 *(978-1-338-76667-7(8));* pap. 7.99 *(978-1-338-76666-0(X))* Scholastic, Inc. (Graphix).

Mimi Descubre los Libros. Yih-fen Chou & Chih-Yuan Chen. 2016. (SPA.). 28p. (J). (gr. -1 — 1). 12.95 *(978-84-16648-45-0(X))* Ediciones Obelisco ESP. Dist: Spanish Pubs., LLC.

Mimi Finds Her Magic. Anita Kovacevic. 2016. (ENG., Illus.). 52p. (J). pap. *(978-1-365-48082-9(8))* Lulu Pr., Inc.

Mimi Finds Her Magic Funbook. Anita Kovacevic. 2019. (ENG.). 48p. (J). pap. *(978-0-359-96885-5(6))* Lulu Pr., Inc.

Mimi le Encanta Imitar. Yih-fen Chou & Chih-Yuan Chen. 2016. (SPA.). 28p. (J). (gr. -1 — 1). 12.95 *(978-84-16648-44-3(1))* Ediciones Obelisco ESP. Dist: Spanish Pubs., LLC.

Mimi Mimes. Tracilyn George. 2020. (ENG.). 22p. (J). pap. 11.00 *(978-1-990153-21-1(6))* Lulu Pr., Inc.

Mimi Mimes. Tracilyn George. Illus. by Aria Jones. 2020. (ENG.). 24p. (J). pap. 17.14 *(978-1-716-62082-9(1))* Lulu Pr., Inc.

Mimi the Laughter Fairy. Daisy Meadows. ed. 2017. (Rainbow Magic — Friendship Fairies Ser.: 3). (Illus.). 65p. (J). lib. bdg. 14.75 *(978-0-606-40177-7(6))* Turtleback.

Mimi, the Solo Magician Mom, & Cameron: A Donor Conception Story. Melissa A. MacDonald. Illus. by Jupiter's Muse. 2022. (ENG.). 34p. (J). *(978-0-2288-6046-4(6));* pap. *(978-0-2288-6045-7(8))* Tellwell Talent.

Mimic Life, or Before & Behind the Curtain: A Series of Narratives (Classic Reprint) Anna Cora Ritchie. (ENG., Illus.). (J). 2018. 430p. 32.79 *(978-0-484-87608-7(2));* 2016. pap. 16.57 *(978-1-333-48875-8(0))* Forgotten Bks.

Mimic Makers: Biomimicry Inventors Inspired by Nature. Kristen Nordstrom. Illus. by Paul Boston. 2021. 48p. (J). (gr. 2-5). 17.99 *(978-1-58089-947-5(1))* Charlesbridge Publishing, Inc.

Mimic Me, Muskrat. Casie Wiens. 2016. (ENG., Illus.). 32p. (J). pap. *(978-1-365-36048-0(2))* Lulu Pr., Inc.

Mimic Octopus. Meg Gaertner. 2019. (Unique Animal Adaptations Ser.). (ENG., Illus.). 32p. (J). (gr. 4-6). 28.65 *(978-1-5435-7160-8(3),* 140427) Capstone.

Mimic Stage. George Melville Baker. 2017. (ENG.). 300p. (J). pap. *(978-3-7447-7140-5(7))* Creation Pubs.

Mimic Stage: A Series of Dramas, Comedies, Burlesques, & Farces, for Public Exhibitions & Private Theatricals (Classic Reprint) George Melville Baker. 2018. (ENG., Illus.). 304p. (J). 30.17 *(978-0-267-45106-7(7))* Forgotten Bks.

Mimic World & Public Exhibitions: Their History, Their Morals, & Effects (Classic Reprint) Olive Logan. 2018. (ENG., Illus.). 630p. (J). 36.89 *(978-0-484-91071-2(X))* Forgotten Bks.

Mimicking Nature. Heather E. Schwartz. rev. ed. 2019. (Smithsonian: Informational Text Ser.). (ENG., Illus.). 32p. (J). (gr. 2-3). pap. 10.99 *(978-1-4938-6675-5(3))* Teacher Created Materials, Inc.

Mimikry und Verwandte Erscheinungen (Classic Reprint) Arnold Jacobi. (GER., Illus.). (J). 2018. 29.55 *(978-0-265-42957-0(9));* 2017. pap. 11.57 *(978-0-282-24942-7(7))* Forgotten Bks.

Mimi's Adventure. Keith Wheeler. Illus. by Harry Aveira. 2nd ed. 2019. (Mimi's Adventure Ser.: Vol. 1). (ENG.). 28p. (J). pap. 12.99 *(978-1-950454-25-9(8))* Pen It Pubns.

Mimi's Adventures in Baking: New York Style Pizza. Alyssa Gangeri. 2017. (ENG.). (J). 14.95 *(978-1-63177-959-6(1))* Amplify Publishing Group.

Mimi's Pdrls. Rose a Hunt. 2017. (ENG., Illus.). (J). *(978-1-5255-0128-9(3));* pap. *(978-1-5255-0129-6(1))* FriesenPress.

Mimi's Travels to the Florida Keys. Leianna Gonzalez. Illus. by Susan Ortiz & Jahdiel Ortiz. 2021. (ENG.). 24p. (J). pap. 13.95 *(978-1-68517-396-8(9))* Christian Faith Publishing.

Mimi's Treasure Trouble. Linda Davick. Illus. by Linda Davick. (Mimi's World Ser.: 2). (ENG., Illus.). 240p. (J). (gr. 1-4). 2020. pap. 7.99 *(978-1-4424-5893-2(3));* 2019. 13.99 *(978-1-4424-5892-5(5))* Beach Lane Bks. (Beach Lane Bks.).

Mimo Delle Verità. Andrea Di Mauro. 2017. (ITA.). 122p. (J). pap. *(978-1-326-98190-7(0))* Lulu Pr., Inc.

Mimosaurio! Alberto Pez. Illus. by Roberto Cubillas. (SPA.). (J). 8.95 *(978-958-04-6035-0(3))* Norma S.A. COL. Dist: Distribuidora Norma, Inc.

Mimose & Sam: la Saison des Collations *see* Poppy & Sam & the Hunt for Jam

Mimose et Sam à la Recherché des Lunettes Roses *see* Poppy & Sam & the Mole Mystery

MIM's Story: How the Robin Got Her Red Breast. Dee Kesterson - Booker. 2016. (ENG., Illus.). (J). pap. 12.45 *(978-1-4808-3750-8(4));* 24p. 22.95 *(978-1-4808-3748-5(2))* Archway Publishing.

Min Ha'aretz. Behrman House. 2016. (ENG.). 1p. pap. 10.95 *(978-0-87441-938-2(7),* 3375f295-7eb6-4671-af10-ef77abd7c21b) Behrman Hse., Inc.

Min Makes a Machine. Emily Arnold McCully. 2018. (I Like to Read Ser.). (Illus.). 32p. (J). (gr. -1-3). 14.99 *(978-0-8234-3970-6(4))* Holiday Hse., Inc.

Mina. Matthew Forsythe. Illus. by Matthew Forsythe. 2022. (ENG., Illus.). 68p. (J). (gr. -1-3). 17.99 *(978-1-4814-8041-3(3),* Simon & Schuster/Paula Wiseman Bks.) Simon & Schuster/Paula Wiseman Bks.

Mina & Max Go to the Clinic. Delma Venudi-Geary. Illus. by Jay-R Pagud. 2021. (ENG.). 24p. (J). pap. *(978-1-922621-21-4(8))* Library For All Limited.

Mina & Max Go to the Clinic - a Nako N Te Kiriiniki Mina Ao Max (Te Kiribati) Delma Venudi-Geary. Illus. by Jay-R Pagud. 2023. (ENG.). 24p. (J). pap. *(978-1-922844-45-3(4))* Library For All Limited.

Mina Mistry Investigates: the Case of the Bicycle Thief. Angie Lake. Illus. by Ellie O'Shea. 2022. (ENG.). 240p. (J). pap. 7.99 *(978-1-78226-972-4(X),* 8e9ad4eb-1dd0-40c3-8928-1daa5bcf7236) Sweet Cherry Publishing GBR. Dist: Baker & Taylor Publisher Services (BTPS).

Mina Mistry Investigates: the Case of the Disappearing Pets. Angie Lake. Illus. by Ellie O'Shea. 2021. (Mina Mistry Investigates Ser.: 2). (ENG.). 240p. (J). pap. 6.99 *(978-1-78226-887-1(1),* e055c36d-fd6b-4a41-8e53-31468e72b57c) Sweet Cherry Publishing GBR. Dist: Baker & Taylor Publisher Services (BTPS).

Mina Mistry Investigates: the Case of the Loathsome School Lunches. Angie Lake. Illus. by Ellie O'Shea. 2nd ed. 2022. (ENG.). 240p. (J). pap. 6.99 *(978-1-78226-998-4(3),* bc29c732-df8f-4fcc-b495-0bad3ccedc02) Sweet Cherry Publishing GBR. Dist: Baker & Taylor Publisher Services (BTPS).

Mina on the Moon. Linda Paul. 2017. (ENG., Illus.). (J). (gr. k-5). pap. 9.99 *(978-1-68160-462-6(0))* Crimson Cloak Publishing.

Mina's Magic Malong. Eva Wong Nava. 2019. (Illus.). 32p. (J). (gr. k-3). pap. 17.99 *(978-981-4867-24-5(1))* Penguin Random House SEA Pte. Ltd. SGP. Dist: Independent Pubs. Group.

Mina's Scavenger Hunt (Bilingual Chinese with Pinyin & English - Simplified Chinese Version) A Dual Language Children's Book. Katrina Liu. Illus. by Rosalia Destarisa. 2019. (ENG.). 36p. (J). (gr. k). 15.99 *(978-1-7339671-6-7(8))* Lychee Pr.

Mina's Scavenger Hunt (Bilingual Chinese with Pinyin & English - Traditional Chinese Version) A Dual Language Children's Book. Katrina Liu. Illus. by Rosalia Destarisa. 2019. (CHI & ENG.). 36p. (J). (gr. k-1). 15.99 *(978-1-7339671-7-4(6))* Lychee Pr.

Mince Pie Adventures on the Sunny Side of Grub Street, Vol. 1 (Classic Reprint) Christopher Morley. 2017. (ENG., Illus.). 300p. (J). 30.10 *(978-0-265-94800-2(2))* Forgotten Bks.

Minch Moogan. Cynthia Noles. Illus. by Jr John E. Hume. 2018. (ENG.). 48p. (J). pap. 14.95 *(978-1-7322236-3-9(7))* Janneck Bks.

Minch Moogan. Cynthia Noles & Jr John E. Hume. 2018. (ENG., Illus.). 48p. (J). 24.95 *(978-1-7322236-4-6(5))* Janneck Bks.

Mincha. Astrid Pajot. 2016. (FRE., Illus.). (J). pap. 6.83 (978-1-326-78324-2(6)) Lulu Pr., Inc.

Mind-Altering Matching Game Activity Book! Kreative Kids. 2016. (ENG., Illus.). (J). pap. 10.81 (978-1-68377-181-4(8)) Whlke, Traudl.

Mind-Altering Mazes! - Kids Maze Activity Book. Kreative Kids. 2016. (ENG., Illus.). (J). pap. 10.81 (978-1-68377-174-6(5)) Whlke, Traudl.

Mind Amongst the Spindles: A Miscellany, Wholly Composed by the Factory Girls (Classic Reprint) Charles Knight. (ENG., Illus.). (J). 2018. 220p. 28.43 (978-0-656-39082-3(4)); 2016. pap. 10.97 (978-1-333-68433-4(9)) Forgotten Bks.

Mind & Its Education. George Herbert Betts. 2018. (ENG., Illus.). 240p. (YA). (gr. 7-12). pap. (978-93-5329-190-7(9)) Alpha Editions.

Mind & Motion & Monism. George John Romanes. 2017. (ENG., Illus.). 134p. (J). pap. (978-93-86874-22-1(9)) Alpha Editions.

Mind & Motion & Monism. George John Romanes. 2017. (ENG., Illus.). (J). 22.95 (978-1-374-86758-1(6)); pap. 12.95 (978-1-374-86757-4(8)) Capital Communications, Inc.

Mind Benders. Nikki Potts & Mathew J. Wedel. 2018. (Mind Benders Ser.). (ENG.). 112p. (J). (gr. 3-6). 493.81 (978-1-5435-2936-4(4), 28446, Capstone Pr.) Capstone.

Mind Benders: An Alternative Hidden Pictures Activity Book. Activity Book Zone for Kids. 2016. (ENG., Illus.). (J). pap. 7.55 (978-1-68376-021-4(2)) Sabeels Publishing.

Mind Benders Classroom Collection. Nikki Potts & Mathew J. Wedel. 2022. (Mind Benders Ser.). (ENG.). 112p. (J). pap. 460.70 (978-1-6690-3626-5(X), 254037, Capstone Pr.) Capstone.

Mind-Bending Matching Game Activity Book. Kreative Kids. 2016. (ENG., Illus.). (J). pap. 10.81 (978-1-68377-182-1(6)) Whlke, Traudl.

Mind-Bending Mazes, Wacky Word Searches, & More! Super Fun Kids Activity Book. Kreative Kids. 2016. (ENG., Illus.). (J). pap. 10.81 (978-1-68377-214-9(8)) Whlke, Traudl.

Mind-Blowing Matching Game Activity Book. Kreative Kids. 2016. (ENG., Illus.). (J). pap. 10.81 (978-1-68377-183-8(4)) Whlke, Traudl.

Mind-Blowing Math: Packed with Amazing Facts! Lisa Regan. Illus. by Rhys Jefferys. 2019. (ENG.). 128p. (J). pap. 12.99 (978-1-78888-309-2(8), 1981a265-f2ea-4c52-9547-d2550fb0b788) Arcturus Publishing GBR. Dist: Baker & Taylor Publisher Services (BTPS).

Mind-Blowing Physical Science Activities. Angie Smibert. 2017. (Curious Scientists Ser.). (ENG., Illus.). 24p. (J). (gr. 1-3). pap. 7.95 (978-1-5157-6893-7(7), 135386); lib. bdg. 25.99 (978-1-5157-6887-6(2), 135382) Capstone. (Capstone Pr.).

Mind-Blowing Science Experiments. 2017. (Mind-Blowing Science Experiments Ser.). 32p. (gr. 4-5). pap. 63.00 (978-1-5382-0836-6(9)); (ENG.). lib. bdg. 169.62 (978-1-5382-0827-4(X), d8bb40f8-c172-4596-9e15-8f084023558f) Stevens, Gareth Publishing LLLP.

Mind-Blowing Science Facts. Ellis M. Reed et al. 2019. (Mind-Blowing Science Facts Ser.). (ENG.). 32p. (J). (gr. 4-6). 245.20 (978-1-5435-5829-6(1), 28912) Capstone.

Mind Blowing! the Brain (Set), 6 vols. 2022. (Mind Blowing! the Brain Ser.). (ENG., Illus.). 24p. (J). (gr. 4-6). 183.84 (978-1-5341-9858-6(X), 219947); pap., pap., pap. 76.71 (978-1-6689-0000-0(9), 220063) Cherry Lake Publishing.

Mind-Blowing World of Extraordinary Competitions: Meet the Incredible People Who Will Compete at ANYTHING. Anna Goldfield & Neon Squid. Illus. by Hannah Riordan. 2023. (ENG.). 80p. (J). 17.99 (978-1-68449-286-2(6), 900279779, Neon Squid) St. Martin's Pr.

Mind Body Baby: Astrology. Imprint. 2019. (Mind Body Baby Ser.). (ENG., Illus.). 24p. (J). bds. 8.99 (978-1-250-24924-1(4), 900214956) Imprint IND. Dist: Macmillan.

Mind Body Baby: Chakras. Imprint. 2019. (Mind Body Baby Ser.). (ENG., Illus.). 22p. (J). bds. 8.99 (978-1-250-24426-0(9), 900212343) Imprint IND. Dist: Macmillan.

Mind Body Baby: Crystals. Imprint. 2019. (Mind Body Baby Ser.). (ENG., Illus.). 22p. (J). bds. 9.99 (978-1-250-24923-4(6), 900214955) Imprint IND. Dist: Macmillan.

Mind Body Baby: Meditation. Imprint. 2019. (Mind Body Baby Ser.). (ENG., Illus.). 22p. (J). bds. 9.99 (978-1-250-24425-3(0), 900212342) Imprint IND. Dist: Macmillan.

Mind, Body, Soul 90-Day Habit Journal. Cj Stripling. 2021. (ENG.). 94p. (YA). pap. 12.89 (978-1-7947-6826-0(2)) Lulu Pr., Inc.

Mind-Boggling Animal Puzzles: A Treasury of Fabulous Facts, Secret Codes, Games, Mazes, & More! Illus. by Jeff Schinkel. 2019. (ENG.). 72p. (J). pap. 8.99 (978-1-64124-044-4(X), 0444) Fox Chapel Publishing Co., Inc.

Mind-Boggling Animal Puzzles for Kids: A Treasury of Fabulous Facts, Secret Codes, Games, Mazes, & More! Vicki Whiting. 2022. (ENG.). 80p. (J). pap. 5.99 (978-1-64124-241-7(8), 2417M) Fox Chapel Publishing Co., Inc.

Mind-Boggling Mammals. Libby Wilson. 2023. (Animal Extremes Ser.). (ENG., Illus.). 32p. (J). pap. 9.95 (978-1-63738-585-2(4)); lib. bdg. 31.35 (978-1-63738-531-9(5)) North Star Editions. (Apex).

Mind-Boggling Numbers. Michael J. Rosen. Illus. by Julia Patton. 2016. (ENG.). 32p. (J). (gr. 2-5). 19.99 (978-1-4677-3489-6(6), 4baa6444-7e37-4a76-8734-e8b558533462, Millbrook Pr.) Lerner Publishing Group.

Mind-Boggling Numbers. Michael J. Rosen. Illus. by Julia Patton. ed. 2016. (ENG.). 32p. (J). (gr. 2-5). E-Book 30.65 (978-1-5124-1108-9(6), Millbrook Pr.) Lerner Publishing Group.

Mind-Bursting Calcudoku Puzzles Vol I: Math Activity Book for Kids. Speedy Kids. 2017. (ENG., Illus.). (J). pap. 9.20 (978-1-5419-3386-6(9)) Speedy Publishing LLC.

Mind-Bursting Calcudoku Puzzles Vol II: Math Activity Book for Kids. Speedy Kids. 2017. (ENG., Illus.). (J). pap. 9.20 (978-1-5419-3387-3(7)) Speedy Publishing LLC.

Mind-Bursting Calcudoku Puzzles Vol III: Math Activity Book for Kids. Speedy Kids. 2017. (ENG., Illus.). (J). pap. 9.20 (978-1-5419-3388-0(5)) Speedy Publishing LLC.

Mind-Bursting Calcudoku Puzzles Vol IV: Math Activity Book for Kids. Speedy Kids. 2017. (ENG., Illus.). (J). pap. 9.20 (978-1-5419-3389-7(3)) Speedy Publishing LLC.

Mind-Bursting Calcudoku Puzzles Vol V: Math Activity Book for Kids. Speedy Kids. 2017. (ENG., Illus.). (J). pap. 9.20 (978-1-5419-3390-3(7)) Speedy Publishing LLC.

Mind Buzz: Bee Kind to Your Mind Workbook for Teens. Ann Elizabeth Biese. 2020. (ENG.). 26p. (J). pap. 14.99 (978-1-62502-043-7(0)) Obert, Christopher Publishing.

Mind Control! James Burks. ed. 2023. (Agent 9 Ser.). (ENG.). 192p. (J). (gr. 3-7). 26.96 **(978-1-68505-852-4(3))** Penworthy Co., LLC, The.

Mind Games. Heather W. Petty. (Lock & Mori Ser.). (ENG.). (YA). (gr. 9). 2017. 320p. pap. 11.99 (978-1-4814-2307-6(X)); 2016. (Illus.). 304p. 17.99 (978-1-4814-2306-9(1)) Simon & Schuster Bks. For Young Readers. (Simon & Schuster Bks. For Young Readers).

Mind Games. Delphine Finnegan. ed. 2018. (DC Comics 8x8 Bks). (ENG.). 24p. (J). (gr. -1-1). 13.89 (978-1-64310-353-2(9)) Penworthy Co., LLC, The.

Mind Games: An ABC Sci-Fi Mystery for Young Adults. A. B. Carolan. 2019. (ENG.). 228p. (J). pap. (978-1-77242-108-8(1)) Carrick Publishing.

Mind Like Mine: 21 Famous People & Their Mental Health. Rachael Davis. Illus. by Islenia Mil. 2022. (ENG.). 64p. (J). (gr. 3-7). **(978-0-7112-7401-3(0),** Wide Eyed Editions) Quarto Publishing Group UK.

Mind Magic, 1 vol. John Wood. 2018. (Magic Tricks Ser.). (ENG.). 32p. (J). (gr. 3-4). lib. bdg. 28.27 (978-1-5382-2599-8(9), 93e2ce24-5da2-4abb-8628-51cbc1f85cdb) Stevens, Gareth Publishing LLLP.

Mind Map Vocabulary. Mis Editorial Team. 2018. (VIE.). (J). pap. (978-604-55-3149-5(3)) Nha xuat ban Ha Noi.

Mind Matters: With Blemish's of ProcsArt. Justin Johnson. 2022. (ENG.). 33p. (YA). **(978-1-4710-8431-7(0))** Lulu Pr., Inc.

Mind Mazes! Kids Maze Activity Book. Kreative Kids. 2016. (ENG., Illus.). (J). pap. 10.81 (978-1-68377-173-9(7)) Whlke, Traudl.

Mind-Melting Matching Game Activity Book. Kreative Kids. 2016. (ENG., Illus.). (J). pap. 10.81 (978-1-68377-184-5(2)) Whlke, Traudl.

Mind-Numbing Mazes! Kids Maze Activity Book. Activibooks For Kids. 2016. (ENG., Illus.). (J). pap. 7.55 (978-1-68321-537-0(0)) Mimaxion.

Mind of a Criminal. Valerie Bodden. 2017. (Odysseys in Crime Scene Science Ser.). (ENG.). 80p. (J). (gr. 7-10). (978-1-60818-684-6(9), 20315, Creative Education) Creative Co., The.

Mind of an Iranian. Mahmoud Mousavi. 2017. (ENG.). 286p. (J). 26.99 (978-1-78455-474-3(X), 22c6fc2e-a4c0-4ee6-9d54-c15600cb831e) Austin Macauley Pubs. Ltd. GBR. Dist: Baker & Taylor Publisher Services (BTPS).

Mind of Mine. C. F. E. Black. 2019. (ENG.). 302p. (YA). (gr. 7-12). pap. 14.99 (978-1-64526-185-8(9), Illuminate YA) LPC.

Mind over Matter. Lanoria Buttrum & Nicholas Curry. 2022. (ENG.). 32p. (J). pap. 12.99 **(978-1-6653-0491-7(X))** BookLogix.

Mind over Matter. R. T. Martin. 2018. (Superhuman Ser.). (ENG.). 112p. (YA). (gr. 6-12). pap. 7.99 (978-1-5415-1048-7(8), 331f58f1-f78d-4f1c-a9b5-5e35e012222a); lib. bdg. 25.32 (978-1-5124-9832-5(7), ea451f11-ccb2-4291-8564-1427489277a9) Lerner Publishing Group. (Darby Creek).

Mind Plunger. P. R. Lockie. 2018. (ENG., Illus.). 44p. (J). pap. 11.99 (978-1-948390-72-9(8)) Pen It Pubns.

Mind Reading. Paula Nagel. 2017. (Rollercoaster Ser.). (ENG.). 64p. (C). pap. 17.95 (978-1-909301-79-5(5), Y329027) Routledge.

Mind Riot. Ken Bagnis. 2020. (ENG.). 322p. (YA). 26.99 (978-1-942111-67-2(3)) REUTS Pubns.

Mind Sharpening Dot to Dot Puzzles. Activity Book Zone for Kids. 2016. (ENG., Illus.). (J). pap. 9.20 (978-1-68376-022-1(0)) Sabeels Publishing.

Mind Spark. Brian Goeckeritz. 2020. (ENG., Illus.). 432p. (YA). (gr. 7-12). pap. 22.95 (978-1-68433-497-1(7)) Black Rose Writing.

Mind the Gap, Dash & Lily. Rachel Cohn & David Levithan. 2020. (Dash & Lily Ser.: 3). (ENG.). 256p. (YA). (gr. 7). pap. 10.99 (978-0-593-30153-1(6)); lib. bdg. 12.99 (978-0-593-30154-8(4)) Random Hse. Children's Bks. (Knopf Bks. for Young Readers).

Mind the Goof!, Vol. 1. Franquin. 2017. (Gomer Goof Ser.: 1). (Illus.). 48p. (J). (gr. -1-12). pap. 11.95 (978-1-84918-358-1(9)) CineBook GBR. Dist: National Bk. Network.

Mind the Paint Girl: Being a Novelization of Sir Arthur Pinero's Comedy (Classic Reprint) Louis Tracy. 2018. (ENG., Illus.). 342p. (J). 30.95 (978-0-267-28731-4(3)) Forgotten Bks.

Mind Training for Kids - Sudoku Book. Senor Sudoku. 2019. (ENG.). 78p. (J). pap. 10.99 (978-1-64521-415-1(X)) Editorial Imagen.

Mind Tricks & Illusions to Boggle the Brain. Jessica Rusick. 2019. (Super Simple Magic & Illusions Ser.). (ENG., Illus.). 32p. (J). (gr. k-4). lib. bdg. 34.21 (978-1-5321-9159-6(6), 33576, Super SandCastle) ABDO Publishing Co.

Mind-Twisting Maze Mix! a Kids Activity Book. Activibooks For Kids. 2016. (ENG., Illus.). (J). pap. 7.55 (978-1-68321-538-7(9)) Mimaxion.

Mind-Twisting Mazes: Kids Activity Book. Activibooks For Kids. 2016. (ENG., Illus.). (J). pap. 7.55 (978-1-68321-539-4(7)) Mimaxion.

Mind Unveiled, or a Brief History of Twenty-Two Imbecile Children (Classic Reprint) Isaac Newton Kerlin. (ENG., Illus.). (J). 2018. 154p. 27.09 (978-0-332-49136-3(6)); 2016. pap. 9.57 (978-1-334-16705-8(2)) Forgotten Bks.

Mind Virus. Donna Freitas. 2018. (Unplugged Ser.: 3). (ENG.). 432p. (YA). (gr. 8). pap. 9.99 (978-0-06-211867-7(6), HarperTeen) HarperCollins Pubs.

Mind vs Muscle: the Psychology of Sports, 12 vols. 2018. (Mind vs Muscle: the Psychology of Sports Ser.). (ENG.). 48p. (gr. 5-6). lib. bdg. 201.60 (978-1-5382-2794-7(0), 2517625a-0c0d-47aa-b1ce-dbbd4d3c902e) Stevens, Gareth Publishing LLLP.

Mind-Warping Mazes! Kids Maze Activity Book. Activibooks For Kids. 2016. (ENG., Illus.). (J). pap. 6.99 (978-1-68321-540-0(0)) Mimaxion.

Mind Webs: Electricity & Magnets. Anna Claybourne. 2016. (Mind Webs Ser.). (ENG., Illus.). 32p. (J). (gr. 4-6). pap. 11.99 (978-0-7502-8971-9(6), Wayland) Hachette Children's Group GBR. Dist: Hachette Bk. Group.

Mind-Writers Notebook. Mind Writers. 2022. (ENG.). 120p. pap. (978-1-6781-8663-0(5)) Lulu Pr., Inc.

Mind Your Head. Juno Dawson & Olivia Hewitt. Illus. by Gemma Correll. 2016. (ENG.). 208p. (YA). (gr. 7). pap. 12.99 (978-1-4714-0531-0(1)) Bonnier Publishing GBR. Dist: Independent Pubs. Group.

Mind Your Manners. Nicola Edwards. Illus. by Feronia Parker-Thomas. 2019. (J). 12.99 (978-1-61067-811-7(7)) Kane Miller.

Mind Your Manners, Dinosaurs! Danielle McLean. Illus. by Gareth Williams. 2022. (ENG.). 12p. (J). (-k). bds. 9.99 (978-1-6643-5039-7(X)) Tiger Tales.

Mind Your Own Business Basics of Entrepreneurship Economic System Social Studies 5th Grade Children's Government Books. Biz Hub. 2020. (ENG.). 72p. (J). 24.99 (978-1-5419-7976-5(1)); pap. 14.99 (978-1-5419-5006-1(2)) Speedy Publishing LLC. (Biz Hub (Business & Investing)).

Minder: The Story of the Courtship, Call & Conflicts of John Ledger, Minder & Minister (Classic Reprint) John Ackworth. (ENG., Illus.). (J). 2018. 422p. 32.60 (978-0-484-48019-2(7)); 2016. pap. 16.57 (978-1-334-13486-9(3)) Forgotten Bks.

Mindful 1,2,3. 2016. (ENG., Illus.). (J). pap. (978-0-9948875-7-3(4)) Sweet Clover Studios.

Mindful Adventure of Mishaps, Mantras & Meditation. Peter Deuschle. Illus. by Peter Deuschle. l.t. ed. 2021. (ENG.). 40p. (J). 15.47 (978-1-63848-009-9(5)) Primedia eLaunch LLC.

Mindful Bea & the Worry Tree. Gail Silver. Illus. by Franziska Hollbacher. 2019. 32p. (J). (978-1-4338-2954-3(1), Magination Pr.) American Psychological Assn.

Mindful Breathing Workbook for Teens: Simple Practices to Help You Manage Stress & Feel Better Now. Matthew D. Dewar. 2021. (ENG., Illus.). 184p. (YA). (gr. 6-12). pap. 17.95 (978-1-68403-724-7(7), 47247, Instant Help Books) New Harbinger Pubns.

Mindful Chick. Khang Bach & Phe Bach. Illus. by Svetlana Zritneva. 2021. (ENG.). 24p. (J). 12.99 (978-1-0880-1563-6(8)) Lulu Pr., Inc.

Mindful Colouring by Numbers for Kids: Pictures to Colour & Relaxing Tips to Calm a Busy Mind. Sarah Wade. 2022. (Buster Wellbeing Ser.). (ENG.). 64p. (J). pap. 9.99 (978-1-78055-825-7(2), Buster Bks.) O'Mara, Michael Bks., Ltd. GBR. Dist: Independent Pubs. Group.

Mindful Day. Deborah Hopkinson. 2020. (ENG., Illus.). 32p. (J). 17.99 (978-1-68364-279-4(1), 900220936) Sounds True, Inc.

Mindful Dragon: A Dragon Book about Mindfulness. Teach Your Dragon to Be Mindful. a Cute Children Story to Teach Kids about Mindfulness, Focus & Peace. Steve Herman. 2018. (My Dragon Bks.: Vol. 3). (ENG., Illus.). 48p. (J). (gr. -1-3). 18.95 (978-1-948040-20-4(4)) Digital Golden Solutions LLC.

Mindful Escape: A Mental Wellbeing, Self Help Book Developed by Young Adults with Disabilities for Young Adults with Disabilities. Hamzah Tahir. Ed. by Queen Alexandra Coll Pinewood Campus. Illus. by Bradley Turner. 2021. (ENG.). 49p. pap. (978-1-300-34145-1(9)) Lulu Pr., Inc.

Mindful Friend: A Weekly Wellbeing Journal. Alanah Purtell. 2022. (ENG.). 213p. (YA). pap. (978-1-4716-2258-8(4)); pap. **(978-1-4716-2254-0(1))** Lulu Pr., Inc.

Mindful Gratitude Journal for Kids: Fun & Fast Ways for Kids to Give Daily Thanks. Shirley L. Maguire. 2020. (ENG.). 122p. (J). pap. 8.99 (978-1-716-37884-3(2)) Lulu Pr., Inc.

Mindful Kids. Whitney Stewart. Illus. by Mina Braun. 2017. (Barefoot Books Activity Decks Ser.). (ENG.). 58p. (J). (gr. k-5). 16.99 (978-1-78285-327-5(8)) Barefoot Bks., Inc.

Mindful Kids Activity Book: 60 Playful Projects, Games, & Exercises to Make Friends with Your Feelings. Louison Nielman. Tr. by Sarah Ardizzone. Illus. by Thierry Manès. 2021. (ENG.). 84p. (J). (gr. -1-2). pap. 14.95 (978-1-61180-808-7(1), Bala Kids) Shambhala Pubns., Inc.

Mindful Mandalas Coloring Book for Kids: Fun & Relaxing Designs, Mindfulness for Kids. Young Dreamers Press. 2022. (Coloring Books for Kids Ser.: Vol. 16). (ENG., Illus.). 68p. (J). pap. (978-1-990136-62-7(1)) EnemyOne.

Mindful Mazes: Kindergarten Brain Game Mazes. Activity Book Zone for Kids. 2016. (ENG., Illus.). (J). pap. 7.55 (978-1-68376-023-8(9)) Sabeels Publishing.

Mindful Me. Vanessa Rupchand. 2017. (ENG., Illus.). 28p. (J). pap. 16.95 (978-1-4808-5413-0(1)) Archway Publishing.

Mindful Me: Mindfulness & Meditation for Kids. Whitney Stewart. Illus. by Stacy Peterson. 160p. (J). (gr. 3-7). 2022. pap. 9.99 (978-0-8075-5137-0(6), 807551376); 2018. (ENG.). 16.99 (978-0-8075-5144-8(9), 807551449) Whitman, Albert & Co.

Mindful Me Activity Book. Whitney Stewart. Illus. by Stacy Peterson. 2018. (ENG.). 96p. (J). (gr. 3-7). pap. 9.99 (978-0-8075-5146-2(5), 807551465) Whitman, Albert & Co.

Mindful Me: I Am Calm. Roger Priddy. 2021. (Mindful Me Ser.). (ENG., Illus.). 14p. (J). bds. 9.99 (978-1-68449-169-8(X), 900240858) St. Martin's Pr.

Mindful Miru. Jessica Bennett. Illus. by Marys Dudelewicz. 2023. (ENG.). 48p. (J). 22.95 **(978-1-63755-760-0(4),** Mascot Kids) Amplify Publishing Group.

Mindful Moby. Cathryn Gordon. 2020. (ENG.). 36p. (J). pap. (978-1-5289-9179-7(6)) Austin Macauley Pubs. Ltd.

Mindful Moment: 5-Minute Meditations & Devotions. Irene Kraegel. 2022. (ENG.). 192p. (YA). 16.99 (978-0-310-77766-3(6)) Zonderkidz.

Mindful Moments at Bedtime. Paloma Rossa. Ed. by Cottage Door Press. Illus. by Stephanie Fizer-Coleman. 2019. (ENG.). 24p. (J). (gr. -1-3). 16.99 (978-1-68052-368-3(6), 1003330) Cottage Door Pr.

Mindful Moments with Maude. Pamela Cappetta Edd. 2022. (ENG.). 38p. (J). 18.95 (978-1-63755-377-0(3), Mascot Kids) Amplify Publishing Group.

Mindful Moves: Kid-Friendly Yoga & Peaceful Activities for a Happy, Healthy You. Nicole Cardoza. 2021. (ENG., Illus.). 64p. (J). (gr. k-2). 14.95 (978-1-63586-271-3(X), 626271) Storey Publishing, LLC.

Mindful Mr. Sloth. Katy Hudson. Illus. by Katy Hudson. 2023. (ENG.). 32p. pap. 7.99 (978-1-68446-795-2(0), 220464, Capstone Editions) Capstone.

Mindful Preschooler. Samantha Milligan & George Bonner. Illus. by Kendyl Kauterman. 2020. (ENG.). 42p. (J). pap. 12.99 (978-1-6629-0132-4(1)) Gatekeeper Pr.

Mindful Seed. Linda Appleby. Illus. by Zoe Saunders. 2019. (Seeds of Imagination Ser.: Vol. 2). (ENG.). 34p. (J). (gr. k-3). 14.99 (978-0-9600253-2-9(4)); pap. 7.99 (978-0-9600253-3-6(2)) Seeds of Imagination.

Mindful Sticker by Number: Animals: (Sticker Books for Kids, Activity Books for Kids, Mindful Books for Kids) Insight Insight Kids. 2022. (Mindful Sticker by Number Ser.). (ENG.). 36p. (J). 12.99 (978-1-64722-727-2(5)) Insight Editions.

Mindful Sticker by Number: Christmas: (Sticker Books for Kids, Activity Books for Kids, Mindful Books for Kids, Christmas Books for Kids) Insight Insight Kids. 2022. (ISeek Ser.). (ENG.). 36p. (J). 13.99 (978-1-64722-812-5(3)) Insight Editions.

Mindful Sticker by Number: Cuddly Creatures: (Sticker Books for Kids, Activity Books for Kids, Mindful Books for Kids, Animal Books for Kids) Insight Insight Kids. 2022. (ENG.). 36p. (J). 13.99 (978-1-64722-811-8(5)) Insight Editions.

Mindful Sticker by Number: Halloween: (Sticker Books for Kids, Activity Books for Kids, Mindful Books for Kids) Insight Insight Kids. 2022. (Mindful Sticker by Number Ser.). (ENG.). 36p. (J). 13.99 (978-1-64722-728-9(3)) Insight Editions.

Mindful Sticker by Number: Unicorns: (Sticker Books for Kids, Activity Books for Kids, Mindful Books for Kids) Insight Insight Kids. 2022. (Mindful Sticker by Number Ser.). (ENG.). 36p. (J). 12.99 (978-1-64722-726-5(7)) Insight Editions.

Mindful Teen Workbook: Powerful Skills to Find Calm, Develop Self-Compassion, & Build Resilience. Patricia Rockman et al. 2022. (ENG.). 152p. (YA). (gr. 6-12). pap. 18.95 (978-1-68403-943-2(6), 49432, Instant Help Books) New Harbinger Pubns.

Mindful Tots: Animal Antics. Whitney Stewart. Illus. by Rocío Alejandro. 2020. (Mindful Tots Ser.). (ENG.). 14p. (J). (gr. -1-k). bds. 7.99 (978-1-78285-936-9(5)) Barefoot Bks., Inc.

Mindful Tots: Animal Antics / niños Mindful: Juegos de Animales. Whitney Stewart. Illus. by Rocío Alejandro. 2020. (Mindful Tots Ser.). (ENG.). 14p. (J). (gr. -1-k). bds. 7.99 (978-1-78285-983-3(7)) Barefoot Bks., Inc.

Mindful Tots: Loving Kindness. Whitney Stewart. Illus. by Rocío Alejandro. 2019. (Mindful Tots Ser.). (ENG.). 14p. (J). (gr. -1-k). bds. 7.99 (978-1-78285-749-5(4)) Barefoot Bks., Inc.

Mindful Tots: Loving Kindness. Whitney Stewart. Illus. by Rocío Alejandro. ed. 2021. (Mindful Tots Ser.). (PRS.). 14p. (J). (gr. -1-k). bds. 7.99 **(978-1-64686-683-0(5))** Barefoot Bks., Inc.

Mindful Tots: Loving Kindness / niños Mindful: Bondad Amarosa. Whitney Stewart. Illus. by Rocío Alejandro. 2020. (Mindful Tots Ser.). (ENG.). 14p. (J). (gr. -1-k). bds. 7.99 (978-1-78285-905-5(5)) Barefoot Bks., Inc.

Mindful Tots: Rest & Relax. Whitney Stewart. Illus. by Rocío Alejandro. 2020. (Mindful Tots Ser.). (ENG.). 14p. (J). (gr. -1-k). bds. 7.99 (978-1-78285-935-2(7)) Barefoot Bks., Inc.

Mindful Tots: Rest & Relax / niños Mindful: Descansa y Relájate. Whitney Stewart. Illus. by Rocío Alejandro. 2020. (Mindful Tots Ser.). (ENG.). 14p. (J). (gr. -1-k). bds. 7.99 (978-1-78285-984-0(5)) Barefoot Bks., Inc.

Mindful Tots: Tummy Ride. Whitney Stewart. Illus. by Rocío Alejandro. 2019. (Mindful Tots Ser.). (ENG.). 14p. (J). (gr. -1-k). bds. 7.99 (978-1-78285-748-8(6)) Barefoot Bks., Inc.

Mindful Tots: Tummy Ride / niños Mindful: Siente Tu Barriguita. Whitney Stewart. Illus. by Rocío Alejandro. 2020. (Mindful Tots Ser.). (ENG.). 14p. (J). (gr. -1-k). bds. 7.99 (978-1-78285-904-8(7)) Barefoot Bks., Inc.

Mindful Wonders: A Book about Mindfulness Using the Wonders of Nature. Michelle Zivkov. Illus. by Manka Kasha. 2020. (ENG.). 46p. (J). (gr. k-5). 16.99 (978-0-578-67378-3(9)) Mindful Wonders, LLC.

Mindfulness Activities for Minecrafters: An Unofficial Guide. Erin Falligant. 2021. (Activities for Minecrafters Ser.). (ENG.). 64p. (J). (gr. 1-4). pap. 7.99 (978-1-5107-6541-2(7), Sky Pony Pr.) Skyhorse Publishing Co., Inc.

Mindfulness Alphabet Coloring Book for Kids Aged 5-10. Agnieszka Swiatkowska-Sulecka. 2023. (ENG.). 108p. (J). pap. 17.63 **(978-1-4476-6339-3(X))** Lulu Pr., Inc.

Mindfulness & Acceptance Workbook for Teen Anxiety: Activities to Help You Overcome Fears & Worries Using Acceptance & Commitment Therapy. Sheri L. Turrell et al. 2018. (ENG.). 160p. (YA). (gr. 6-12). pap. 17.95 (978-1-68403-115-3(X), 41153, Instant Help Books) New Harbinger Pubns.

Mindfulness & Meditation: Handling Life with a Calm & Focused Mind. Whitney Stewart. (ENG., Illus.). 120p. (YA). (gr. 6-12). 2022. pap. 14.99 (978-1-7284-5983-7(4), 2cf7f16b-8421-48de-bbb4-d57c64fd7327); 2019. 37.32 (978-1-5415-4021-7(2), 9d53310f-ea44-4a6e-83f7-2961544b1745) Lerner Publishing Group. (Twenty-First Century Bks.).

Mindfulness & Self-Compassion for Teen ADHD: Build Executive Functioning Skills, Increase Motivation, & Improve Self-Confidence. Mark Bertin & Karen Bluth.

1336

The check digit for ISBN-10 appears in parentheses after the full ISBN-13

2021. (Instant Help Solutions Ser.). (ENG.). 192p. (YA). (gr. 6-12). pap. 16.95 *(978-1-68403-639-4(9))*, 46394, Instant Help Books) New Harbinger Pubns.

Mindfulness Autism for Preschoolers. Skyline Publication. 2022. (ENG.). 44p. (J). pap. 14.99 ***(978-1-960020-03-1(X))*** Services, Atom LLC.

Mindfulness Brain Dump Journal: Practice Mindfulness & Organize Your Thoughts: Gratitude, to-Do Lists, Brain Dump, & Affirmations. Roseology Elements. 2022. (ENG.). 100p. (YA). pap. 15.99 *(978-1-4583-2213-5(0))* Lulu Pr., Inc.

Mindfulness Colouring Books for Adults (36 Intricate & Complex Abstract Coloring Pages) 36 Intricate & Complex Abstract Coloring Pages: This Book Has 36 Abstract Coloring Pages That Can Be Used to Color in, Frame, and/or Meditate over: This Book Can Be Photocopied, Printed & Downloaded As a PDF. James Manning & Christabelle Manning. 2019. (Mindfulness Colouring Books for Adults Ser.: Vol. 24). (ENG., Illus.). 74p. (YA). pap. *(978-1-83856-370-7(9))* Coloring Pages.

Mindfulness Colouring Books for Adults (Absolute Nonsense) This Book Has 36 Coloring Sheets That Can Be Used to Color in, Frame, and/or Meditate over: This Book Can Be Photocopied, Printed & Downloaded As a PDF. James Manning. 2019. (Mindfulness Colouring Books for Adults Ser.: Vol. 30). (ENG., Illus.). 74p. (YA). pap. *(978-1-83884-170-6(9))* Coloring Pages.

Mindfulness Colouring Books for Adults (All You Need Is Love) This Book Has 40 Coloring Sheets That Can Be Used to Color in, Frame, and/or Meditate over: This Book Can Be Photocopied, Printed & Downloaded As a PDF. James Manning & Christabelle Manning. 2019. (Mindfulness Colouring Books for Adults Ser.: Vol. 27). (ENG., Illus.). 82p. (YA). pap. *(978-1-83884-029-7(X))* Coloring Pages.

Mindfulness Colouring Books for Adults (Anti Stress: This Book Has 36 Coloring Sheets That Can Be Used to Color in, Frame, and/or Meditate over: This Book Can Be Photocopied, Printed & Downloaded As a PDF. James Manning. 2019. (Mindfulness Colouring Books for Adults Ser.: Vol. 32). (ENG., Illus.). 74p. (YA). pap. *(978-1-83884-288-8(8))* Coloring Pages.

Mindfulness Colouring Books for Adults (Art Therapy) This Book Has 40 Art Therapy Coloring Sheets That Can Be Used to Color in, Frame, and/or Meditate over: This Book Can Be Photocopied, Printed & Downloaded As a PDF. James Manning. 2019. (Mindfulness Colouring Books for Adults Ser.: Vol. 26). (ENG., Illus.). 82p. (YA). pap. *(978-1-83856-142-0(0))* Coloring Pages.

Mindfulness Colouring Books for Adults (Fashion) This Book Has 36 Coloring Sheets That Can Be Used to Color in, Frame, and/or Meditate over: This Book Can Be Photocopied, Printed & Downloaded As a PDF. James Manning & Christabelle Manning. 2019. (Mindfulness Colouring Books for Adults Ser.: Vol. 30). (ENG., Illus.). 74p. (YA). pap. *(978-1-83884-239-0(X))* Coloring Pages.

Mindfulness Colouring Books for Adults (Mysterious Mechanical Creatures) Advanced Coloring (Colouring) Books with 40 Coloring Pages: Mysterious Mechanical Creatures (Colouring (Coloring) Books) James Manning. 2019. (Mindfulness Colouring Books for Adults Ser.: Vol. 11). (ENG., Illus.). 82p. (YA). pap. *(978-1-83856-600-5(7))* Coloring Pages.

Mindfulness Colouring Books for Adults (Nonsense Alphabet) This Book Has 36 Coloring Sheets That Can Be Used to Color in, Frame, and/or Meditate over: This Book Can Be Photocopied, Printed & Downloaded As a PDF. James Manning & Christabelle Manning. 2019. (Mindfulness Colouring Books for Adults Ser.: Vol. 2). (ENG., Illus.). 74p. (YA). pap. *(978-1-83884-112-6(1))* Coloring Pages.

Mindfulness Colouring Books for Adults (Winter Coloring Pages) Winter Coloring Pages: This Book Has 30 Winter Coloring Pages That Can Be Used to Color in, Frame, and/or Meditate over: This Book Can Be Photocopied, Printed & Downloaded As a PDF. James Manning & Christabelle Manning. 2019. (Mindfulness Colouring Books for Adults Ser.: Vol. 25). (ENG., Illus.). 62p. (YA). pap. *(978-1-83856-232-8(X))* Coloring Pages.

Mindfulness Daily Writing Journal for Kids 9 to 12 Yrs Old. Compiled by Joshua Williams. 2022. (ENG.). 91p. (J). pap. ***(978-1-387-96724-7(X))*** Lulu Pr., Inc.

Mindfulness Exercises for Kids: 75 Easy Relaxation Techniques to Help Your Child Feel Better. Lilian Forster. 2020. (ENG.). 140p. (J). 26.90 *(978-1-63732-906-1(7))*; pap. 13.50 *(978-1-63625-020-5(3))* Primedia eLaunch LLC.

Mindfulness for Anxious Kids: A Workbook to Help Children Cope with Anxiety, Stress, & Worry. Catherine Cook-Cottone & Rebecca K. Vujnovic. 2018. (ENG.). 152p. (J). (gr. k-5). pap. 20.95 *(978-1-68403-131-3(1))*, 41313, Instant Help Books) New Harbinger Pubns.

Mindfulness for Kids with ADHD: Skills to Help Children Focus, Succeed in School, & Make Friends. Debra Burdick. 2018. (ENG., Illus.). 168p. (J). (gr. k-5). pap. 16.95 *(978-1-68403-107-8(9))*, 41078, Instant Help Books) New Harbinger Pubns.

Mindfulness for Teen Anxiety: A Workbook for Overcoming Anxiety at Home, at School, & Everywhere Else. Christopher Willard. 2nd ed. 2021. (ENG.). 192p. (YA). (gr. 6-12). pap. 17.95 *(978-1-68403-575-5(9))*, 45755, Instant Help Books) New Harbinger Pubns.

Mindfulness for Teen Depression: A Workbook for Improving Your Mood. Mitch R. Abblett & Christopher Willard. 2016. (ENG.). 144p. (YA). (gr. 6-12). pap. 19.95 *(978-1-62625-382-7(X))*, 33827) New Harbinger Pubns.

Mindfulness for Teen Worry: Quick & Easy Strategies to Let Go of Anxiety, Worry, & Stress. Jeffrey Bernstein. 2018. (Instant Help Solutions Ser.). (ENG.). 240p. (YA). pap. 17.95 *(978-1-62625-981-2(X))*, 39812) New Harbinger Pubns.

Mindfulness for Vikings: Inspirational Quotes & Pictures Encouraging a Happy Stress Free Life for Adults & Kids. Amanda Boulter. Illus. by Leo Hartas. 2017. (ENG.). (J). (gr. -1-3). pap. *(978-1-9999011-0-3(X))* Hartas, Leo.

Mindfulness Journal: Daily Practices, Writing Prompts, & Reflections for Living in the Present Moment. Max Targ. 2021. (ENG.). 102p. (YA). pap. 7.99 *(978-1-716-18598-4(X))* Lulu Pr., Inc.

Mindfulness Makes Me Stronger: Kid's Book to Find Calm, Keep Focus & Overcome Anxiety (Children's Book for Boys & Girls) Elizabeth Cole. Illus. by Julia Kamenshikova. 2022. (World of Kids Emotions Ser.). (ENG.). 30p. (J). 17.99 *(978-1-957457-08-6(2))*; pap. 11.99 *(978-1-957457-07-9(4))* Bohutskyy, Andriy.

Mindfulness Moments for Kids: Breathe Like a Bear. Kira Willey. Illus. by Anni Betts. 2019. (Mindfulness Moments for Kids Ser.). (ENG.). 26p. (J). (— 1). bds. 8.99 *(978-1-9848-9411-3(0)*, Rodale Kids) Random Hse. Children's Bks.

Mindfulness Moments for Kids: Bunny Breaths. Kira Willey. Illus. by Anni Betts. 2020. (Mindfulness Moments for Kids Ser.). (ENG.). 26p. (J). (— 1). bds. 7.99 *(978-0-593-11985-3(1)*, Rodale Kids) Random Hse. Children's Bks.

Mindfulness Moments for Kids: Hot Cocoa Calm. Kira Willey. Illus. by Anni Betts. 2021. (Mindfulness Moments for Kids Ser.). 26p. (J). (— 1). bds. 8.99 *(978-0-593-11987-7(8)*, Rodale Kids) Random Hse. Children's Bks.

Mindfulness Moments for Kids: Listen Like an Elephant. Kira Willey. Illus. by Anni Betts. 2019. (Mindfulness Moments for Kids Ser.). (ENG.). 26p. (J). (— 1). bds. 8.99 *(978-1-9848-9410-6(2)*, Rodale Kids) Random Hse. Children's Bks.

Mindfulness para Vikingos. Amanda Boulter & Leo Hartas. 2017. (SPA., Illus.). 108p. (J). pap. *(978-1-9999011-1-0(8))* Hartas, Leo.

Mindfulness Room. Amanda Loraine Lynch. Ed. by Candice L. Davis. Illus. by Bonnie Lemaire. 2019. (ENG.). 48p. (J). pap. 19.95 *(978-0-578-53381-0(2))* Rethinking Resiliency, LLC.

Mindfulness Workbook for Teen Self-Harm: Skills to Help You Overcome Cutting & Self-Harming Behaviors, Thoughts, & Feelings. Gina M. Biegel. 2019. (ENG., Illus.). 176p. (YA). (gr. 6-12). pap. 19.95 *(978-1-68403-367-6(5)*, 43676, Instant Help Books) New Harbinger Pubns.

Mindi & the Goose No One Else Could See. Sam McBratney. Illus. by Linda Olafsdottir. 2021. (ENG.). 40p. (J). (gr. -1-2). 16.99 *(978-1-5362-1281-5(4))* Candlewick Pr.

Mindi the Moth: Little Stories, Big Lessons. Jacqui Shepherd. 2018. (Bug Stories Ser.). (ENG., Illus.). 32p. (J). (gr. k-6). pap. *(978-1-77008-925-9(X))* Awareness Publishing.

Minding Your Manners . . . at Home . . . around the World. Raynald Jacques LeBlanc. 2019. (ENG.). 38p. (J). pap. *(978-1-9991767-3-0(1))* LoGreco, Bruno.

Minds & Signs. Rebecca Rose Orton. 2018. (ENG., Illus.). 42p. (J). pap. *(978-1-387-79011-1(0))* Lulu Pr., Inc.

Mind's Eye Geometry: Curious & Interesting Puzzles to Amuse the Visual Imagination. Ivan Moscovich. 2017. (ENG., Illus.). 36p. (J). (gr. 7-9). pap. 12.99 *(978-0-906212-98-1(7))* Tarquin Pubns. GBR. Dist: Parkwest Pubns., Inc.

Mindset Matters, Volume 2. Bryan Smith. Illus. by Lisa M. Griffin. ed. 2017. (Without Limits Ser.: 2). (ENG.). 31p. (J). (gr. k-6). pap. 10.95 *(978-1-944882-12-9(X))* Boys Town Pr.

Mindstormer. A. J. Steiger. 2017. (ENG.). 432p. (J). (gr. 6). pap. 12.99 *(978-1-78074-926-6(0)*, 1780749260, Rock the Boat) Oneworld Pubns. GBR. Dist: Grantham Bk. Services.

Mindstorms: Level 1. Rena Hixon. 2016. (21st Century Skills Innovation Library: Unofficial Guides). (ENG., Illus.). 32p. (J). (gr. 4-8). 32.07 *(978-1-63470-524-0(6)*, 207827) Cherry Lake Publishing.

Mindstorms: Level 2. Rena Hixon. 2016. (21st Century Skills Innovation Library: Unofficial Guides). (ENG., Illus.). 32p. (J). (gr. 4-8). 32.07 *(978-1-63470-525-7(4)*, 207831) Cherry Lake Publishing.

Mindstorms: Level 3. Rena Hixon. 2016. (21st Century Skills Innovation Library: Unofficial Guides). (ENG., Illus.). 32p. (J). (gr. 4-8). 32.07 *(978-1-63470-526-4(2)*, 207835) Cherry Lake Publishing.

Mindstorms: Level 4. Rena Hixon. 2016. (21st Century Skills Innovation Library: Unofficial Guides). (ENG., Illus.). 32p. (J). (gr. 4-8). 32.07 *(978-1-63470-527-1(0)*, 207839) Cherry Lake Publishing.

Mindy & the Rescue Crew: The Unwelcome Visitors. Geri Storey. 2021. (ENG., Illus.). 76p. (J). pap. 19.95 *(978-1-63961-191-1(6))* Christian Faith Publishing.

Mindy Kaling. Maria Isabel Sanchez Vegara. Illus. by Roza Nozari. 2021. (Little People, Big Dreams Ser.: Vol. 63). (ENG.). 32p. (J). (gr. -1-2). ***(978-0-7112-5926-3(7))*** Frances Lincoln Childrens Bks.

Mindy Kim & the Big Pizza Challenge. Lyla Lee. Illus. by Dung Ho. 2021. (Mindy Kim Ser.: 6). (ENG.). 96p. (J). (gr. 1-4). 17.99 *(978-1-5344-8898-4(7))*; pap. 6.99 *(978-1-5344-8897-7(9))* Simon & Schuster Children's Publishing. (Aladdin).

Mindy Kim & the Big Pizza Challenge: #6. Lyla Lee. Illus. by Dung Ho. 2022. (Mindy Kim Ser.). (ENG.). 88p. (J). (gr. 1-4). lib. bdg. 31.36 *(978-1-0982-5214-4(4))*, 41293, Chapter Bks.) Spotlight.

Mindy Kim & the Birthday Puppy. Lyla Lee. Illus. by Dung Ho. 2020. (Mindy Kim Ser.: 3). (ENG.). 96p. (J). (gr. 1-4). 17.99 *(978-1-5344-4014-2(3))*; pap. 5.99 *(978-1-5344-4013-5(5))* Simon & Schuster Children's Publishing. (Aladdin).

Mindy Kim & the Birthday Puppy: #3. Lyla Lee. Illus. by Dung Ho. 2022. (Mindy Kim Ser.). (ENG.). 88p. (J). (gr. 1-4). lib. bdg. 31.36 *(978-1-0982-5211-3(X))*, 41290, Chapter Bks.) Spotlight.

Mindy Kim & the Fairy-Tale Wedding. Lyla Lee. Illus. by Dung Ho. 2022. (Mindy Kim Ser.: 7). (ENG.). 96p. (J). (gr. 1-4). 17.99 *(978-1-5344-8901-1(0))*; pap. 6.99 *(978-1-5344-8900-4(2))* Simon & Schuster Children's Publishing. (Aladdin).

Mindy Kim & the Lunar New Year Parade. Lyla Lee. Illus. by Dung Ho. 2020. (Mindy Kim Ser.: 2). (ENG.). 96p. (J). (gr. 1-4). 17.99 *(978-1-5344-4011-1(9))*; pap. 6.99 *(978-1-5344-4010-4(0))* Simon & Schuster Children's Publishing. (Aladdin).

Mindy Kim & the Lunar New Year Parade: #2. Lyla Lee. Illus. by Dung Ho. 2022. (Mindy Kim Ser.). (ENG.). 88p. (J). (gr. 1-4). lib. bdg. 31.36 *(978-1-0982-5210-6(1))*, 41289, Chapter Bks.) Spotlight.

Mindy Kim & the Mid-Autumn Festival. Lyla Lee. Illus. by Dung Ho. 2023. (Mindy Kim Ser.: 10). (ENG.). 80p. (J). (gr. 1-4). 17.99 ***(978-1-6659-3579-1(0))***; pap. 6.99 ***(978-1-6659-3578-4(2))*** Simon & Schuster Children's Publishing. (Aladdin).

Mindy Kim & the Summer Musical. Lyla Lee. Illus. by Dung Ho. 2023. (Mindy Kim Ser.: 9). (ENG.). 96p. (J). (gr. 1-4). 17.99 ***(978-1-6659-3576-0(6))***; pap. 6.99 ***(978-1-6659-3575-3(8))*** Simon & Schuster Children's Publishing. (Aladdin).

Mindy Kim & the Trip to Korea. Lyla Lee. Illus. by Dung Ho. 2021. (Mindy Kim Ser.: 5). (ENG.). 96p. (J). (gr. 1-4). 17.99 *(978-1-5344-8895-3(2))*; pap. 5.99 *(978-1-5344-8894-6(4))* Simon & Schuster Children's Publishing. (Aladdin).

Mindy Kim & the Trip to Korea: #5. Lyla Lee. Illus. by Dung Ho. 2022. (Mindy Kim Ser.). (ENG.). 88p. (J). (gr. 1-4). lib. bdg. 31.36 *(978-1-0982-5213-7(6))*, 41292, Chapter Bks.) Spotlight.

Mindy Kim & the Yummy Seaweed Business. Lyla Lee. Illus. by Dung Ho. 2020. (Mindy Kim Ser.: 1). (ENG.). 96p. (J). (gr. 1-4). 17.99 *(978-1-5344-4009-8(7))*; pap. 5.99 *(978-1-5344-4007-4(0))* Simon & Schuster Children's Publishing. (Aladdin).

Mindy Kim & the Yummy Seaweed Business: #1. Lyla Lee. Illus. by Dung Ho. 2022. (Mindy Kim Ser.). (ENG.). 88p. (J). (gr. 1-4). lib. bdg. 31.36 *(978-1-0982-5209-0(8))*, 41288, Chapter Bks.) Spotlight.

Mindy Kim, Class President. Lyla Lee. Illus. by Dung Ho. 2020. (Mindy Kim Ser.: 4). (ENG.). 96p. (J). (gr. 1-4). 17.99 *(978-1-5344-4017-3(8))*; pap. 5.99 *(978-1-5344-4016-6(X))* Simon & Schuster Children's Publishing. (Aladdin).

Mindy Kim, Class President: #4. Lyla Lee. Illus. by Dung Ho. 2022. (Mindy Kim Ser.). (ENG.). 96p. (J). (gr. 1-4). lib. bdg. 31.36 *(978-1-0982-5212-0(8))*, 41291, Chapter Bks.) Spotlight.

Mindy Kim Collection Books 1-4 (Boxed Set) Mindy Kim & the Yummy Seaweed Business; Mindy Kim & the Lunar New Year Parade; Mindy Kim & the Birthday Puppy; Mindy Kim, Class President. Lyla Lee. Illus. by Dung Ho. ed. 2020. (Mindy Kim Ser.). (ENG.). 384p. (J). (gr. 1-4). pap. 23.99 *(978-1-5344-7138-2(3)*, Aladdin) Simon & Schuster Children's Publishing.

Mindy Kim Food & Fun Collection (Boxed Set) Mindy Kim & the Yummy Seaweed Business; & the Lunar New Year Parade; & the Birthday Puppy; Class President; & the Trip to Korea; & the Big Pizza Challenge; & the Fairy-Tale Wedding; Makes a Splash! Lyla Lee. Illus. by Dung Ho. ed. 2022. (Mindy Kim Ser.). (ENG.). 768p. (J). (gr. 1-4). pap. 48.99 *(978-1-6659-1970-8(1)*, Aladdin) Simon & Schuster Children's Publishing.

Mindy Kim Makes a Splash! Lyla Lee. Illus. by Dung Ho. 2022. (Mindy Kim Ser.: 8). (ENG.). 96p. (J). (gr. 1-4). 17.99 *(978-1-5344-8904-2(5))*; pap. 6.99 *(978-1-5344-8903-5(7))* Simon & Schuster Children's Publishing. (Aladdin).

Mindy Kim (Set), 6 vols. 2022. (Mindy Kim Ser.). (ENG.). (J). (gr. 1-4). lib. bdg. 188.16 *(978-1-0982-5208-3(X)*, 41287, Chapter Bks.) Spotlight.

Mindy Peppermint: A Being of Plush Ethnicity. Wren Hazard. 2018. (ENG., Illus.). 50p. (J). pap. 12.95 *(978-1-64191-473-4(4))* Christian Faith Publishing.

Mindy Sue Makes a Pie. Ashley Mitchell & Sandy Gagnon. 2023. (ENG.). 34p. (J). pap. ***(978-1-988983-10-3(X))*** Siretona Creative.

Mindy's Light. Jessica Horton Pickard. 2019. (ENG.). 30p. (J). pap. 12.95 *(978-1-64416-576-8(7))* Christian Faith Publishing.

Mine! Hillary Aronowitz. 2020. (ENG.). 34p. (J). 26.82 ***(978-1-7348204-8-5(9))*** chickenscratchPr.

Mine. Delilah S. Dawson. 2022. 256p. (J). (gr. 3-7). 8.99 *(978-0-593-37325-5(1)*, Yearling) Random Hse. Children's Bks.

Mine! Candace Fleming. Illus. by Eric Rohmann. 2023. 40p. (J). (gr. -1-2). 18.99 ***(978-0-593-18166-9(2))***; (ENG.). lib. bdg. 21.99 ***(978-0-593-18167-6(0))*** Random Hse. Children's Bks. (Schwartz & Wade Bks.).

Mine! Susie Lee Jin. Illus. by Susie Lee Jin. 2016. (ENG., Illus.). 40p. (J). (gr. -1-3). 16.99 *(978-1-4814-2772-2(5))*, Simon & Schuster Bks. For Young Readers) Simon & Schuster Bks. For Young Readers.

Mine! Federica Muià. 2021. (ENG., Illus.). 32p. (J). (gr. -1-3). 14.95 *(978-1-76036-138-9(0)*, a29f2eac-0812-40e5-b28d-9106189d0137) Starfish Bay Publishing Pty Ltd. AUS. Dist: Baker & Taylor Publisher Services (BTPS).

Mine! A Counting Book about Sharing. Caryn Rivadeneira. Illus. by Amanda Gulliver. 2018. 28p. (J). bds. 7.99 *(978-1-5064-4679-0(5)*, Beaming Books) 1517 Media.

Mine: A Novel of Obsession. J. L. Butler. 2018. (ENG.). 432p. 26.99 *(978-0-06-279813-8(8)*, Morrow, William & Co.) HarperCollins Pubs.

Mine: Or Sketches of the Mines of Different Countries, the Modes of Working Them, & Their Various Productions (Classic Reprint) Isaac Taylor. 2018. (ENG., Illus.). 284p. (J). 29.75 *(978-0-332-40255-0(X))* Forgotten Bks.

Mine! (Read Aloud Books for Kids, Funny Children's Books) Jeff Mack. 2017. (ENG., Illus.). 40p. (J). 16.99 *(978-1-4521-5234-9(9))* Chronicle Bks. LLC.

MINE CELEBRATION of LIBERTY & FREEDOM for ALL GN. Various. 2018. (ENG., Illus.). 304p. (YA). pap. 24.95 *(978-1-939888-65-5(4)*, 07c35990-02a9-4368-a6ac-0241fbd69468) ComicMix.

Mine for Keeps: Puffin Classics Edition. Jean Little. 2023. (Canada Puffin Classics Ser.). (ENG.). 240p. (J). (gr. 3-7). 9.99 ***(978-1-77488-294-8(9)***, Puffin Canada) PRH Canada Young Readers CAN. Dist: Penguin Random Hse. LLC.

Mine-Hunting Animals. Amy C. Rea. (Military Animals Ser.). (ENG., Illus.). 32p. (J). (gr. 2-3). 2022. pap. 9.95 *(978-1-64494-592-6(4))*; 2021. lib. bdg. 32.79 *(978-1-5321-6997-5(3)*, 38814, DiscoverRoo) Pop!.

Mine Is Thine, Vol. 1 Of 3: A Novel (Classic Reprint) Laurence W. M. Lockhart. 2018. (ENG., Illus.). 350p. (J). 31.12 *(978-0-483-25899-0(7))* Forgotten Bks.

Mine Is Thine, Vol. 2 Of 3: A Novel (Classic Reprint) Laurence W. M. Lockhart. (ENG., Illus.). (J). 2018. 342p. 30.97 *(978-0-483-09507-6(9))*; 2016. pap. 13.57 *(978-1-333-64805-3(7))* Forgotten Bks.

Mine l'Allemand Perdu see Blueberry: La Mina del Alemán Perdido

Mine, Mine, Mine Said the Porcupine. Alex English. Illus. by Emma Levey. 2019. (Early Bird Readers — Blue (Early Bird Stories (tm)) Ser.). (ENG.). 32p. (J). (gr. -1-2). 30.65 *(978-1-5415-4173-3(1)*, b037c99e-c022-438e-9914-09036213cf0c, Lerner Pubns.) Lerner Publishing Group.

Mine of Wealth, Vol. 1 of 3 (Classic Reprint) Esme Stuart. 2018. (ENG., Illus.). 304p. (J). 30.23 *(978-0-267-13084-9(8))* Forgotten Bks.

Mine of Wealth, Vol. 2 of 3 (Classic Reprint) Esme Stuart. (ENG., Illus.). (J). 2018. 300p. 30.08 *(978-0-483-85986-9(9))*; 2016. pap. 13.57 *(978-1-334-17687-6(6))* Forgotten Bks.

Mine of Wealth, Vol. 3 of 3 (Classic Reprint) Esme Stuart. 2018. (ENG., Illus.). 326p. (J). 30.62 *(978-0-483-84754-5(2))* Forgotten Bks.

Mine, or Darkness & Light (Classic Reprint) A. L. O. E. 2018. (ENG., Illus.). 186p. (J). 27.75 *(978-0-483-76531-3(7))* Forgotten Bks.

Mine Own People (Classic Reprint) Rudyard Kipling. 2017. (ENG., Illus.). (J). 286p. 29.80 *(978-0-266-71145-2(6))*; 368p. 31.51 *(978-0-484-16718-5(9))*; 288p. pap. 13.57 *(978-1-5276-6424-1(4))* Forgotten Bks.

Mine Your Inner Gems: Activity Book to Learn about Virtues. Elaheh Bos & Chelsea Lee Smith. 2019. (ENG.). 96p. (J). pap. *(978-1-9991199-0-4(8))* Bos, Ela.

Minecon. Josh Gregory. 2018. (21st Century Skills Innovation Library: Unofficial Guides). (ENG., Illus.). 32p. (J). (gr. 4-8). lib. bdg. 32.07 *(978-1-5341-2992-4(8)*, 212012) Cherry Lake Publishing.

Minecraft. Sara Green. 2023. (Behind the Brand Ser.). (ENG., Illus.). (J). (gr. 3-8). pap. 8.99 Bellwether Media.

Minecraft. Contrib. by Sara Green. 2023. (Behind the Brand Ser.). (ENG., Illus.). (J). (gr. 3-8). lib. bdg. 27.95 Bellwether Media.

Minecraft. Sara Green. 2016. (Brands We Know Ser.). (ENG., Illus.). 24p. (J). (gr. 3-7). pap. 8.99 *(978-1-61891-269-5(0)*, 12052); 27.95 *(978-1-62617-410-8(5))* Bellwether Media. (Pilot Bks.).

Minecraft. Martha London. 2019. (Our Favorite Brands Ser.). (ENG., Illus.). 32p. (J). (gr. 3-3). pap. 9.95 *(978-1-64494-181-2(3)*, 1644941813) Bigfoot Bks. GBR. Dist: North Star Editions.

Minecraft. Alexander Lowe. (Great Game! Ser.). (ENG., Illus.). 48p. (J). (gr. 3-5). 2021. pap. 14.60 *(978-1-68404-601-0(7))*; 2020. 29.27 *(978-1-68450-851-8(7))* Norwood Hse. Pr.

Minecraft. Diana Murrell. 2023. (Top Brands Ser.). (ENG., Illus.). 32p. (J). pap. 9.95 ***(978-1-63738-621-7(4))***; lib. bdg. 31.35 ***(978-1-63738-567-8(6))*** North Star Editions. (Apex).

Minecraft. Paige V. Polinsky. (Game On! Ser.). (ENG.). 32p. (J). 2020. (gr. 4-4). pap. 9.95 *(978-1-64494-283-3(6)*, 1644942836); 2019. (gr. 3-6). lib. bdg. 32.79 *(978-1-5321-9168-8(5)*, 33510) ABDO Publishing Co. (Checkerboard Library).

Minecraft: An Unofficial Guide with New Facts & Commands. Concrafter. ed. 2016. (J). lib. bdg. 24.50 *(978-0-606-38433-9(2))* Turtleback.

Minecraft: The Business Behind the Makers of Minecraft. Chris Martin. 2016. (Big Brands Ser.). (ENG., Illus.). 32p. (J). (gr. 4-6). 26.65 *(978-1-5124-0589-7(2)*, 2ad18d79-398b-46c5-8e91-408e0f1bdbfa); E-Book 39.99 *(978-1-5124-0594-1(9))* Lerner Publishing Group. (Lerner Pubns.).

Minecraft #1. Sfé R. Monster. Illus. by John J. Hill & Sarah Graley. 2021. (Minecraft Ser.). (ENG.). 24p. (J). (gr. 3-7). lib. bdg. 31.36 *(978-1-0982-5062-1(1)*, 38863, Graphic Novels) Spotlight.

Minecraft #2. Sfé R. Monster. Illus. by John J. Hill & Sarah Graley. 2021. (Minecraft Ser.). (ENG.). 24p. (J). (gr. 3-7). lib. bdg. 31.36 *(978-1-0982-5063-8(X)*, 38864, Graphic Novels) Spotlight.

Minecraft #3. Sfé R. Monster. Illus. by John J. Hill & Sarah Graley. 2021. (Minecraft Ser.). (ENG.). 24p. (J). (gr. 3-7). lib. bdg. 31.36 *(978-1-0982-5064-5(8)*, 38865, Graphic Novels) Spotlight.

Minecraft #4. Sfé R. Monster. Illus. by John J. Hill & Sarah Graley. 2021. (Minecraft Ser.). (ENG.). 24p. (J). (gr. 3-7). lib. bdg. 31.36 *(978-1-0982-5065-2(6)*, 38866, Graphic Novels) Spotlight.

Minecraft #5. Sfé R. Monster. Illus. by John J. Hill & Sarah Graley. 2021. (Minecraft Ser.). (ENG.). 24p. (J). (gr. 3-7). lib. bdg. 31.36 *(978-1-0982-5066-9(4)*, 38867, Graphic Novels) Spotlight.

Minecraft #6. Sfé R. Monster. Illus. by John J. Hill & Sarah Graley. 2021. (Minecraft Ser.). (ENG.). 24p. (J). (gr. 3-7). lib. bdg. 31.36 *(978-1-0982-5067-6(2)*, 38868, Graphic Novels) Spotlight.

Minecraft #7. Sfé R. Monster. Illus. by John J. Hill & Sarah Graley. 2021. (Minecraft Ser.). (ENG.). 24p. (J). (gr. 3-7). lib. bdg. 31.36 *(978-1-0982-5068-3(0)*, 38869, Graphic Novels) Spotlight.

Minecraft #8. Sfé R. Monster. Illus. by Sarah Graley. 2021. (Minecraft Ser.). (ENG.). 24p. (J). (gr. 3-7). lib. bdg. 31.36 *(978-1-0982-5069-0(9)*, 38870, Graphic Novels) Spotlight.

Minecraft & STEAM (Set), 5 vols. 2019. (21st Century Skills Innovation Library: Minecraft & STEAM Ser.). (ENG., Illus.). 32p. (J). (gr. 4-8). 160.35 *(978-1-5341-4259-6(2)*, 212449); pap., pap., pap. 71.07 *(978-1-5341-3902-2(8)*, 212450) Cherry Lake Publishing.

Minecraft Annual 2024. Mojang AB & Farshore. 2023. (ENG.). 72p. (J). 14.99 ***(978-0-00-853713-5(5))*** Farshore GBR. Dist: HarperCollins Pubs.

Minecraft Beginner's Guide. James Zeiger. 2016. (21st Century Skills Innovation Library: Unofficial Guides). (ENG., Illus.). 32p. (J). (gr. 4-8). 32.07 *(978-1-63470-520-2(3)*, 207811) Cherry Lake Publishing.

Minecraft Boxed Set (Graphic Novels), 3 vols. Sfé R. Monster. Illus. by Sarah Graley. 2022. 264p. (J). (gr. 3-7). 32.97 *(978-1-5067-2901-5(0)*, Dark Horse Books) Dark Horse Comics.

Minecraft Coloring Book: Minecrafter's Coloring Activity Book: 100 Coloring Pages for Kids - All Mobs Included (an Unofficial Minecraft Book) Ordinary Villager. 2020.

(ENG.). 106p. (J). 14.99 *(978-1-946525-56-7(1))*; pap. 7.99 *(978-1-946525-73-4(1))* Kids Activity Publishing.

Minecraft Creative Mode: An Unofficial Kids' Guide. Percy Leed. 2022. (Lightning Bolt Books (r) — Minecraft 101 Ser.). (ENG., Illus.). 24p. (J). (gr. 1-3). pap. 9.99 *(978-1-7284-6353-7(X)*, 56eabfd7-2d3e-4a63-8151-f579d8eaa508, Lerner Pubns.) Lerner Publishing Group.

Minecraft Creator Markus Notch Persson. Kari Cornell. 2016. (STEM Trailblazer Bios Ser.). (ENG., Illus.). 32p. (J). (gr. 2-5). 26.65 *(978-1-4677-9526-5(7)*, aac99eab-ea4e-4a71-8a9f-214ae2624b6c, Lerner Pubns.) Lerner Publishing Group.

Minecraft Dungeons: Beginner's Guide. Josh Gregory. 2022. (21st Century Skills Innovation Library: Unofficial Guides). (ENG., Illus.). 32p. (J). (gr. 4-8). pap. 14.21 *(978-1-6689-1137-2(X)*, 221082); lib. bdg. 32.07 *(978-1-6689-0977-5(4)*, 220944) Cherry Lake Publishing.

Minecraft Dungeons: Combat. Josh Gregory. 2022. (21st Century Skills Innovation Library: Unofficial Guides). (ENG., Illus.). 32p. (J). (gr. 4-8). pap. 14.21 *(978-1-6689-1139-6(6)*, 221084); lib. bdg. 32.07 *(978-1-6689-0979-9(0)*, 220946) Cherry Lake Publishing.

Minecraft Dungeons: DLC. Josh Gregory. 2022. (21st Century Skills Innovation Library: Unofficial Guides). (ENG., Illus.). 32p. (J). (gr. 4-8). pap. 14.21 *(978-1-6689-1140-2(X)*, 221085); lib. bdg. 32.07 *(978-1-6689-0980-5(4)*, 220947) Cherry Lake Publishing.

Minecraft Dungeons: Gear. Josh Gregory. 2022. (21st Century Skills Innovation Library: Unofficial Guides). (ENG., Illus.). 32p. (J). (gr. 4-8). pap. 14.21 *(978-1-6689-1138-9(8)*, 221083); lib. bdg. 32.07 *(978-1-6689-0978-2(2)*, 220945) Cherry Lake Publishing.

Minecraft: Exploded Builds: Medieval Fortress: An Official Mojang Book. Mojang AB & The Official Minecraft Team. 2016. (Minecraft Ser.). (ENG., Illus.). 80p. (gr. 3-7). 18.99 *(978-0-399-59321-5(7))* Random Hse. Worlds.

Minecraft Going Viral/Reign of Terror AST. David Zoellner. 2022. (ENG.). 192p. (J). (gr. 3-7). pap. 323.10 *(978-1-83935-221-8(3)*, Mortimer Children's Bks.) Welbeck Publishing Group Ltd. GBR. Dist: Two Rivers Distribution.

Minecraft: Guide Collection 4-Book Boxed Set (2018 Edition) Exploration; Creative; Redstone; the Nether & the End, 4 vols. Mojang AB & The Official Minecraft Team. 2018. (Minecraft Ser.). (ENG., Illus.). 368p. (gr. 3-7). pap. 39.99 *(978-1-9848-1834-8(1))* Random Hse. Worlds.

Minecraft: Guide to Animals. Josh Gregory. 2017. (21st Century Skills Innovation Library: Unofficial Guides). (ENG., Illus.). 32p. (J). (gr. 4-8). lib. bdg. 32.07 *(978-1-63472-194-3(2)*, 209348) Cherry Lake Publishing.

Minecraft: Guide to Building. Josh Gregory. 2017. (21st Century Skills Innovation Library: Unofficial Guides). (ENG., Illus.). 32p. (J). (gr. 4-8). lib. bdg. 32.07 *(978-1-63472-195-0(0)*, 209352) Cherry Lake Publishing.

Minecraft: Guide to Combat. Josh Gregory. 2017. (21st Century Skills Innovation Library: Unofficial Guides). (ENG., Illus.). 32p. (J). (gr. 4-8). lib. bdg. 32.07 *(978-1-63472-196-7(9)*, 209356) Cherry Lake Publishing.

Minecraft: Guide to Enchantments & Potions. Mojang AB & The Official Minecraft Team. 2018. (Minecraft Ser.). (ENG., Illus.). 80p. (YA). (gr. 3-7). 12.99 *(978-1-101-96634-1(3))* Random Hse. Worlds.

Minecraft: Guide to Farming. Mojang AB & The Official Minecraft Team. 2018. (Minecraft Ser.). (ENG., Illus.). 80p. (YA). (gr. 3-7). 12.99 *(978-1-101-96642-6(4))* Random Hse. Worlds.

Minecraft: Guide to Ocean Survival. Mojang AB & The Official Minecraft Team. 2019. (Minecraft Ser.). (ENG., Illus.). 80p. (YA). (gr. 3-7). 12.99 *(978-0-593-12960-9(1))* Random Hse. Worlds.

Minecraft: Guide to PVP Minigames. Mojang AB & The Official Minecraft Team. 2018. (Minecraft Ser.). (ENG., Illus.). 80p. (YA). (gr. 3-7). 12.99 *(978-1-101-96636-5(X))* Random Hse. Worlds.

Minecraft: Guide to Redstone (2017 Edition) Mojang AB & The Official Minecraft Team. 2017. (Minecraft Ser.). (ENG., Illus.). 96p. (gr. 3-7). 12.99 *(978-1-5247-9722-5(7))* Random Hse. Worlds.

Minecraft: Guide to the Nether & the End. Mojang AB & The Official Minecraft Team. 2017. (Minecraft Ser.). (ENG., Illus.). 80p. (gr. 3-7). 12.99 *(978-1-5247-9723-2(5))* Random Hse. Worlds.

Minecraft Imaginez Vos Personnages. Tcorporation Edition. 2022. (FRE.). 100p. (J). pap. ***(978-1-4717-2446-6(8))*** Lulu Pr., Inc.

Minecraft: la Isla / Minecraft: the Island. Max Brooks. 2019. (SPA.). 288p. (J). (gr. 4-7). pap. 11.95 *(978-1-64473-061-4(8)*, Debolsillo) Penguin Random House Grupo Editorial ESP. Dist: Penguin Random Hse. LLC.

Minecraft: Let's Build! Land of Zombies. Mojang AB & The Official Minecraft Team. 2019. (Minecraft Ser.). (ENG., Illus.). 64p. (gr. 3-7). 9.99 *(978-1-9848-2084-6(2))* Random Hse. Worlds.

Minecraft: Let's Build! Theme Park Adventure. Mojang AB & The Official Minecraft Team. 2019. (Minecraft Ser.). (ENG., Illus.). 64p. (YA). (gr. 3-7). 9.99 *(978-1-101-96638-9(6))* Random Hse. Worlds.

Minecraft: Maps: An Explorer's Guide to Minecraft. Mojang AB & The Official Minecraft Team. 2019. (Minecraft Ser.). (ENG., Illus.). 76p. (YA). (gr. 3-7). 19.99 *(978-1-101-96644-0(0))* Random Hse. Worlds.

Minecraft Mega Builds: an AFK Book (Media Tie-In) Future Publishing. ed. 2022. (ENG.). 144p. (J). (gr. 2-5). pap. 9.99 *(978-1-338-85019-2(9))* Scholastic, Inc.

Minecraft: MMORPG. Josh Gregory. 2018. (21st Century Skills Innovation Library: Unofficial Guides). (ENG., Illus.). 32p. (J). (gr. 4-8). lib. bdg. 32.07 *(978-1-5341-2990-0(1)*, 212004) Cherry Lake Publishing.

Minecraft: Mobestiary. Mojang AB & The Official Minecraft Team. 2017. (Minecraft Ser.). (ENG., Illus.). 104p. (gr. 3-7). 19.99 *(978-1-5247-9716-4(2))* Random Hse. Worlds.

Minecraft Official Animals Sticker Book (Minecraft) Random House. Illus. by Random House. 2020. (ENG., Illus.). 32p. (J). (gr. 1-4). pap. 9.99 *(978-0-593-17255-1(8)*, Random Hse. Bks. for Young Readers) Random Hse. Children's Bks.

Minecraft Official Aquatic Adventure Sticker Book (Minecraft) Stephanie Milton. Illus. by Random House. 2019. (ENG.). 32p. (J). (gr. 1-4). pap. 9.99 *(978-0-593-12371-3(9)*, Random Hse. Bks. for Young Readers) Random Hse. Children's Bks.

Minecraft Official Dungeons Sticker Book (Minecraft) Random House. Illus. by Random House. 2021. (ENG.). 32p. (J). (gr. -1-2). pap. 9.99 *(978-0-593-37302-6(2)*, Random Hse. Bks. for Young Readers) Random Hse. Children's Bks.

Minecraft Official Survival Sticker Book (Minecraft) Craig Jelley & Stephanie Milton. Illus. by Random House. 2019. (ENG.). 32p. (J). (gr. 1-4). pap. 9.99 *(978-0-593-12278-5(X)*, Random Hse. Bks. for Young Readers) Random Hse. Children's Bks.

Minecraft Official the Nether & the End Sticker Book (Minecraft) Stephanie Milton. Illus. by Random House. 2020. (ENG.). 32p. (J). (gr. 1-4). pap. 9.99 *(978-0-593-12469-7(3)*, Random Hse. Bks. for Young Readers) Random Hse. Children's Bks.

Minecraft: Open World — Into the Nether (Graphic Novel) Stephanie Ramirez. Illus. by Stephanie Ramirez. 2022. (Illus.). 88p. (J). (gr. 3-7). pap. 10.99 *(978-1-5067-1888-0(4)*, Dark Horse Books) Dark Horse Comics.

Minecraft: Redstone & Transportation. James Zeiger. 2016. (21st Century Skills Innovation Library: Unofficial Guides). (ENG., Illus.). 32p. (J). (gr. 4-8). 32.07 *(978-1-63470-522-6(X)*, 207819) Cherry Lake Publishing.

Minecraft (Set), 8 vols. Sfé R. Monster. Illus. by John J. Hill & Sarah Graley. 2021. (Minecraft Ser.). (ENG.). 24p. (J). (gr. 3-7). lib. bdg. 250.88 *(978-1-0982-5061-4(3)*, 38862, Graphic Novels) Spotlight.

Minecraft Sticker Adventure: Treasure Hunt (Minecraft) Random House. Illus. by Random House. 2023. (ENG., Illus.). 24p. (J). (gr. -1-2). pap. 9.99 *(978-0-593-57202-3(5)*, Random Hse. Bks. for Young Readers) Random Hse. Children's Bks.

Minecraft: Story Mode. Josh Gregory. 2018. (21st Century Skills Innovation Library: Unofficial Guides). (ENG., Illus.). 32p. (J). (gr. 4-8). lib. bdg. 32.07 *(978-1-5341-2989-4(8)*, 212000) Cherry Lake Publishing.

Minecraft Survival Mode: An Unofficial Kids' Guide. Percy Leed. 2022. (Lightning Bolt Books (r) — Minecraft 101 Ser.). (ENG., Illus.). 24p. (J). (gr. 1-3). pap. 9.99 *(978-1-7284-6352-0(1)*, 600fd939-80bd-485d-bd4b-1a031f037cf0, Lerner Pubns.) Lerner Publishing Group.

Minecraft: the Crash: An Official Minecraft Novel. Tracey Baptiste. 2018. (Minecraft Ser.). (ENG.). 288p. (J). pap. *(978-0-525-61877-5(5)*, Del Rey Bks.) Ballantine Bks. of Canada.

Minecraft: the Crash: An Official Minecraft Novel. Tracey Baptiste. (Minecraft Ser.). (ENG.). 288p. (gr. 5). 2021. pap. 10.99 *(978-0-399-18068-2(0))*; 2018. 17.99 *(978-0-399-18066-8(4))* Random Hse. Worlds.

Minecraft: the Island: An Official Minecraft Novel. Max Brooks. (Minecraft Ser.). (ENG., Illus.). 288p. (gr. 5-7). 2019. pap. 10.99 *(978-0-399-18179-5(2))*; 2017. 17.99 *(978-0-399-18177-1(6))* Random Hse. Worlds.

Minecraft: the Mountain: An Official Minecraft Novel. Max Brooks. 2021. 272p. (J). *(978-1-5291-3511-4(7)*, Del Rey) Random House Publishing Group.

Minecraft: the Mountain: An Official Minecraft Novel. Max Brooks. 2021. (Minecraft Ser.). (ENG.). 272p. (J). (gr. 5-7). 17.99 *(978-0-593-15915-6(2))* Random Hse. Worlds.

Minecraft the Official Awesome Joke Book. Dan Morgan. ed. 2022. (Joke Bks.). (ENG.). 125p. (J). (gr. 2-3). 18.46 ***(978-1-68505-396-3(3))*** Penworthy Co., LLC, The.

Minecraft: the Official Joke Book (Minecraft) Dan Morgan. Illus. by Joe McLaren. 2021. (ENG.). 128p. (J). (gr. 1-4). 6.99 *(978-0-593-37937-0(3)*, Random Hse. Bks. for Young Readers) Random Hse. Children's Bks.

Minecraft: the Survivors' Book of Secrets: An Official Mojang Book. Mojang AB & The Official Minecraft Team. 2016. (Minecraft Ser.). (ENG., Illus.). 112p. (gr. 3-7). 9.99 *(978-0-399-59320-8(9))* Random Hse. Worlds.

Minecraft: Virtual Reality. Josh Gregory. 2018. (21st Century Skills Innovation Library: Unofficial Guides). (ENG., Illus.). 32p. (J). (gr. 4-8). lib. bdg. 32.07 *(978-1-5341-2991-7(X)*, 212008) Cherry Lake Publishing.

Minecraft Volume 2 (Graphic Novel) Sfé R. Monster. Illus. by Sarah Graley. 2020. 88p. (J). (gr. 3-7). pap. 10.99 *(978-1-5067-0836-2(6)*, Dark Horse Books) Dark Horse Comics.

Minecraft Volume 3 (Graphic Novel) Sfé R. Monster. Illus. by Sarah Graley et al. 2021. 88p. (J). (gr. 3-7). pap. 10.99 *(978-1-5067-2580-2(5)*, Dark Horse Books) Dark Horse Comics.

Minecraft: Wither Without You Boxed Set (Graphic Novels), 3 vols. Kristen Gudsnuk. Illus. by Kristen Gudsnuk. 2022. (Illus.). 264p. (J). (gr. 3-7). pap. 32.97 *(978-1-5067-2900-8(2)*, Dark Horse Books) Dark Horse Comics.

Minecraft: Wither Without You Volume 1 (Graphic Novel), 1. Kristen Gudsnuk. Illus. by Kristen Gudsnuk. 2020. (ENG., Illus.). 88p. (J). (gr. 3-7). pap. 10.99 *(978-1-5067-0835-5(8)*, Dark Horse Books) Dark Horse Comics.

Minecraft: Wither Without You Volume 2 (Graphic Novel) Kristen Gudsnuk. Illus. by Kristen Gudsnuk. 2021. (Illus.). 88p. (J). (gr. 3-7). pap. 10.99 *(978-1-5067-1886-6(8)*, Dark Horse Books) Dark Horse Comics.

Minecraft: Wither Without You Volume 3 (Graphic Novel) Kristen Gudsnuk. 2022. (Illus.). 80p. (J). (gr. 3-7). pap. 10.99 *(978-1-5067-1887-3(6)*, Dark Horse Books) Dark Horse Comics.

Minecraft Woodsword Chronicles Box Set Books 1-4 (Minecraft), 4 vols. Nick Eliopulos. 2020. (Minecraft Woodsword Chronicles Ser.). (ENG.). 576p. (J). (gr. 1-4). 39.96 *(978-0-593-37321-7(9)*, Random Hse. Bks. for Young Readers) Random Hse. Children's Bks.

Minecraft Woodsword Chronicles: the Complete Series: Books 1-6 (Minecraft Woosdword Chronicles) Nick Eliopulos. 2021. (Minecraft Woodsword Chronicles Ser.). (ENG.). 864p. (J). (gr. 1-4). 59.94 *(978-0-593-38083-3(5)*, Random Hse. Bks. for Young Readers) Random Hse. Children's Bks.

Minecrafter Architect: Amazing Starter Homes. Megan Miller. 2018. (Architecture for Minecrafters Ser.). (ENG., Illus.). 128p. (J). (gr. 3-8). pap. 12.99 *(978-1-5107-3255-1(1)*, Sky Pony Pr.) Skyhorse Publishing Co., Inc.

Minecrafter Architect: the Builder's Idea Book: Details & Inspiration for Creating Amazing Builds. Miller Megan. 2019. (Architecture for Minecrafters Ser.). (Illus.). 136p. (J). (gr. 3-8). pap. 12.99 *(978-1-5107-3764-8(2)*, Sky Pony Pr.) Skyhorse Publishing Co., Inc.

Minecrafter Engineer: Awesome Mob Grinders & Farms: Contraptions for Getting the Loot. Megan Miller. 2019. (Engineering for Minecrafters Ser.). (Illus.). 152p. (J). (gr. 3-8). pap. 12.99 *(978-1-5107-3765-5(0)*, Sky Pony Pr.) Skyhorse Publishing Co., Inc.

Minecrafter Engineer: Must-Have Starter Farms. Megan Miller. 2018. (Engineering for Minecrafters Ser.). (ENG., Illus.). 128p. (J). (gr. 3-8). pap. 12.99 *(978-1-5107-3256-8(X)*, Sky Pony Pr.) Skyhorse Publishing Co., Inc.

Minecrafter's Cookbook: More Than 40 Game-Themed Dinners, Desserts, Snacks, & Drinks to Craft Together. Tara Theoharis. 2018. (Illus.). 128p. (J). (gr. 1-7). 17.99 *(978-1-5107-3969-7(6)*, Sky Pony Pr.) Skyhorse Publishing Co., Inc.

Minecraft(r) Explorers: Sets 1 - 2. 2020. (Minecraft(r) Explorers Ser.). (ENG.). (J). pap. 106.80 *(978-1-9785-9519-4(0))*; lib. bdg. 186.00 *(978-1-9785-9517-0(4))* Enslow Publishing, LLC. (West 44 Bks.).

Minecraft's Coloring Book: Minecrafter's Coloring Activity Book: Hours of Coloring Fun (an Unofficial Minecraft Book) Crafty. 2020. (ENG.). 108p. (J). 14.99 *(978-1-954392-03-8(6))*; pap. 7.97 *(978-1-954392-04-5(4))* Kids Activity Publishing.

Mined Products & Their Uses. Cynthia Kennedy Henzel. 2023. (Mining in America Ser.). (ENG.). 48p. (J). (gr. 4-8). lib. bdg. 35.64 ***(978-1-0982-9094-8(1)***, 41978) ABDO Publishing Co.

Minegoo: The Mi'Kmaq Creation Story of Prince Edward Island, 1 vol. Sandra Dodge. 2017. (ENG., Illus.). 32p. (J). (gr. 1-3). pap. 13.95 *(978-1-927502-85-3(3)*, 00655614-2d5c-4300-9e01-71f2589f9fae) Acorn Pr., The CAN. Dist: Baker & Taylor Publisher Services (BTPS).

Mineral Processing. Tammy Gagne. 2023. (Mining in America Ser.). (ENG.). 48p. (J). (gr. 4-8). lib. bdg. 35.64 ***(978-1-0982-9095-5(X)***, 41981) ABDO Publishing Co.

Minerales. Grace Hansen. 2016. (¡Súper Geología! Ser.). (SPA.). 24p. (J). (gr. -1-2). pap. 7.95 *(978-1-4966-0680-8(9)*, 131732, Capstone Classroom) Capstone.

Mineraloides (Mineraloids) Grace Hansen. 2019. (¡Súper Geología! (Geology Rocks!) Ser.). (SPA.). 24p. (J). (gr. -1-2). lib. bdg. 32.79 *(978-1-0982-0098-5(5)*, 33070, Abdo Kids) ABDO Publishing Co.

Mineraloids. Grace Hansen. 2019. (Geology Rocks! (Abdo Kids Jumbo) Ser.). (ENG.). 24p. (J). (gr. -1-2). lib. bdg. 32.79 *(978-1-5321-8559-5(6)*, 31456, Abdo Kids) ABDO Publishing Co.

Minerals. Emma Bassier. 2019. (Natural Resources Ser.). (ENG., Illus.). 32p. (J). (gr. 2-5). lib. bdg. 32.79 *(978-1-5321-6585-6(4)*, 33272, DiscoverRoo) Pop!.

Minerals. Tracy Vonder Brink. 2023. (Understanding Geology Ser.). (ENG.). (J). (gr. 3-5). 32p. lib. bdg. 30.60 ***(978-1-63897-988-3(X)***, 33537); (Illus.). pap. 9.95 Seahorse Publishing.

Minerals. Claudia Martin. 2018. (Rock Explorer Ser.). (ENG., Illus.). 24p. (J). (gr. 1-3). lib. bdg. 26.65 *(978-1-68297-324-0(7)*, 9fb6a6de-67ed-4f1e-b49b-9bc95a7085b2) QEB Publishing Inc.

Minerals. Ruth Owen. 2022. (Earth Science-Geology: Need to Know Ser.). (ENG., Illus.). 32p. (J). (gr. 5-7). lib. bdg. 28.50 *(978-1-63691-579-1(5)*, 18660, SilverTip Books) Bearport Publishing Co., Inc.

Minerals. Andrea Rivera. 2017. (Rocks & Minerals (Launch!) Ser.). (ENG., Illus.). 24p. (J). (gr. -1-2). lib. bdg. 31.36 *(978-1-5321-2045-9(1)*, 25340, Abdo Zoom-Launch) ABDO Publishing Co.

Minerals & Heavy Metals, 1 vol. Jill Sherman. 2017. (Let's Learn about Natural Resources Ser.). (ENG.). 24p. (gr. 1-2). pap. 10.35 *(978-0-7660-9147-4(3)*, cd31c3b0-b55f-43e7-b0a7-2b932257c069) Enslow Publishing, LLC.

Minerals & Rocks - 6 Pack: Set of 6 Bridges Edition with Common Core Teacher Materials. Barbara Brooks Simons. 2016. (Prime Ser.). (YA). (gr. 6-8). 69.00 *(978-1-5125-8844-6(X))* Benchmark Education Co.

Minerals & Rocks - 6 Pack: Set of 6 with Common Core Teacher Materials. Barbara Brooks Simons. 2016. (Prime Ser.). (YA). (gr. 6-8). 69.00 *(978-1-5125-8826-2(1))* Benchmark Education Co.

Minerals As Necessary Nutrients. C. M. Davis. 2022. (Necessary Nutrients Ser.). (ENG., Illus.). 32p. (J). (gr. 2-5). lib. bdg. 34.21 *(978-1-0982-9003-0(8)*, 40875, Kids Core) ABDO Publishing Co.

Minerals of New South Wales (Classic Reprint) Archibald Liversidge. 2017. (ENG., Illus.). (J). pap. 9.57 *(978-1-5278-3129-2(9))* Forgotten Bks.

Minerals, Rocks, & Soil. Barbara J. Davis. rev. ed. 2016. (Sci-Hi: Earth & Space Science Ser.). (ENG.). 48p. (J). (gr. 6-10). pap. 8.99 *(978-1-4109-8521-7(0)*, 134049, Raintree) Capstone.

Miner's Right. Rolf Boldrewood. 2017. (ENG.). (J). 324p. pap. *(978-3-337-31894-9(0))*; 360p. pap. *(978-3-337-31895-6(9))*; 320p. pap. *(978-3-337-31978-6(5))* Creation Pubs.

Miner's Right: A Tale of the Australian Goldfields (Classic Reprint) Rolf Boldrewood. 2017. (ENG., Illus.). (J). 33.38 *(978-1-5280-4925-2(X))* Forgotten Bks.

Miner's Right, Vol. 1 Of 3: A Tale of the Australian Goldfields (Classic Reprint) Rolf Boldrewood. 2018. (ENG., Illus.). (J). 30.43 *(978-0-260-03296-6(4))* Forgotten Bks.

Miner's Right, Vol. 2 Of 3: A Tale of the Australian Goldfields (Classic Reprint) Rolf Boldrewood. 2018. (ENG., Illus.). 320p. (J). 30.52 *(978-0-483-94742-9(3))* Forgotten Bks.

Miners Lament: A Story of Latina Activists in the Empire Zinc Mine Strike. Judy Dodge Cummings. Illus. by Eric Freeberg. 2021. (I Am America Set 4 Ser.). (ENG.). 160p. (J). (gr. 3-4). pap. 8.99 *(978-1-63163-535-9(2))*; lib. bdg. 28.50 *(978-1-63163-534-2(4))* North Star Editions. (Jolly Fish Pr.).

Minerva & Arachne & the Weaving Contest- Children's Greek & Roman Myths. Baby Professor. 2017. (ENG., Illus.). (J). pap. 7.89 *(978-1-5419-0353-1(6)*, Baby Professor (Education Kids)) Speedy Publishing LLC.

Minerva Keen's Detective Club. James Patterson & Keir Graff. 2023. (Minerva Keen Ser.: 1). (ENG., Illus.). 336p. (J). (gr. 3-7). 16.99 *(978-0-316-41223-0(6)*, Jimmy Patterson) Little Brown & Co.

Minerva Mint Classroom Collection. Elisa Puricelli Guerra. Tr. by Marco Zeni. 2022. (Minerva Mint Ser.). (ENG.). 160p. (J). 218.43 *(978-1-6690-3466-7(6)*, 252851, Stone Arch Bks.) Capstone.

Minerva's Manoeuvres: The Cheerful Facts of a Return to Nature (Classic Reprint) Charles Battell Loomis. 2017. (ENG., Illus.). (J). 32.95 *(978-0-266-36055-1(6))* Forgotten Bks.

Minerva's Map - the Key to a Perfect Apocalypse. Stefan Tosheff. 2023. (ENG., Illus.). 124p. (YA). pap. 19.99 *(978-1-988247-57-1(8))* Chapterhouse Comics CAN. Dist: Diamond Comic Distributors, Inc.

Minesweeper (Special Forces, Book 2) Chris Lynch. 2019. (Special Forces Ser.: 2). (ENG.). 192p. (J). (gr. 7-7). 18.99 *(978-0-545-86165-6(9)*, Scholastic Pr.) Scholastic, Inc.

Ming & Her Poppy. Deirdre Sullivan. Illus. by Maja Löfdahl. 2017. (ENG.). 32p. (J). (gr. -1-1). 16.99 *(978-1-5107-2943-8(7)*, Sky Pony Pr.) Skyhorse Publishing Co., Inc.

Ming & Mehitable (Classic Reprint) Helen Sewell. (ENG., Illus.). (J). 2018. 62p. 25.18 *(978-0-428-73513-5(4))*; 2017. pap. 9.57 *(978-0-282-53232-1(3))* Forgotten Bks.

Ming Goes to School. Deirdre Sullivan. Illus. by Maja Löfdahl. 2016. (ENG.). 32p. (J). (gr. -1-k). 16.99 *(978-1-5107-0050-5(1)*, Sky Pony Pr.) Skyhorse Publishing Co., Inc.

Ming Li's Magic Panda: Adventures in China. Stracy E. Cleveland. 2022. (ENG.). 44p. (J). pap. 16.95 ***(978-1-63874-220-3(0))*** Christian Faith Publishing.

Ming Ren Wei Ren Yi Ben Tong (Ping Zhuang Ban) Compiled by You Fu Bian Ji Bu. 2016. (CHI.). 416p. (J). pap. *(978-986-243-496-3(1))* Yow Fwu Culture Co., Ltd.

Ming Warriors vs. Musketeers. Virginia Loh-Hagan. 2019. (Battle Royale: Lethal Warriors Ser.). (ENG., Illus.). 32p. (J). (gr. 4-8). pap. 14.21 *(978-1-5341-5056-0(0)*, 213531); lib. bdg. 32.07 *(978-1-5341-4770-6(5)*, 213530) Cherry Lake Publishing. (45th Parallel Press).

Mingled Sweets & Bitters, or My Legacy (Classic Reprint) Julia Wolff Molina. 2016. (ENG., Illus.). (J). pap. 11.97 *(978-1-334-38326-7(X))* Forgotten Bks.

Mingled Yarn, Vol. 1 Of 3: A Novel (Classic Reprint) Henry Mackarness. (ENG., Illus.). (J). 2018. 328p. 30.66 *(978-0-484-78518-1(4))*; 2016. pap. 13.57 *(978-1-333-32689-0(0))* Forgotten Bks.

Mingled Yarn, Vol. 2 Of 3: A Novel (Classic Reprint) Henry Mackarness. 2018. (ENG., Illus.). 274p. (J). 29.57 *(978-0-483-84360-8(1))* Forgotten Bks.

Mingled Yarn, Vol. 3 (Classic Reprint) Matilda Anne Mackarness. 2018. (ENG., Illus.). 272p. (J). 29.51 *(978-0-484-86682-8(6))* Forgotten Bks.

Mingling Joy & the Wall Street Journal. Courtney Shaw. 2017. (ENG., Illus.). (J). 19.99 *(978-1-945355-62-2(X))*; pap. 14.99 *(978-1-945355-61-5(1))* Rocket Science Productions, LLC.

Mingo. Joel Chandler Harris. 2017. (ENG.). 250p. (J). pap. *(978-3-337-01006-5(7))* Creation Pubs.

Mingo: And Other Sketches in Black & White. Joel Chandler Harris. 2017. (ENG., Illus.). (J). pap. 12.95 *(978-1-374-84499-5(3))* Capital Communications, Inc.

Mingo: And Other Sketches in Black & White (Classic Reprint) Joel Chandler Harris. 2018. (ENG., Illus.). 252p. (J). 29.09 *(978-0-364-13173-2(X))* Forgotten Bks.

Mingo N Bumble. Kelly Berry-Petrie. Illus. by Tyra Schad. 2022. (ENG.). 36p. (J). *(978-1-0391-3111-8(5))*; pap. *(978-1-0391-3110-1(7))* FriesenPress.

Mingo the Flamingo. Pete Oswald & Justin K. Thompson. Illus. by Pete Oswald & Justin K. Thompson. 2017. (ENG., Illus.). 40p. (J). (gr. -1-3). 17.99 *(978-0-06-239198-8(4)*, HarperCollins) HarperCollins Pubs.

Minha Mãe é Demais My Mom Is Awesome: Portuguese English Bilingual Book (Brazilian) Shelley Admont & Kidkiddos Books. 2019. (Portuguese English Bilingual Collection). (POR., Illus.). 34p. (J). (gr. k-3). pap. *(978-1-5259-1430-0(8))*; (gr. 1-4). *(978-1-5259-1431-7(6))* Kidkiddos Bks.

Mini Adventures of Pierre & Worms Vol. 1 Christmas Eve. Sarah Blanche. 2016. (ENG., Illus.). 20p. (J). *(978-1-326-86945-8(0))* Lulu Pr., Inc.

Mini Animals, 12 vols. 2016. (Mini Animals Ser.). (ENG.). 00032p. (J). (gr. 2-3). 173.58 *(978-1-4994-8146-4(2)*, ef251307-a212-4a0e-8abe-c35e6adf1c84, Windmill Bks.) Rosen Publishing Group, Inc., The.

Mini Animals (Set), 6 vols. Julie Murray. 2019. (Mini Animals Ser.). (ENG.). 24p. (J). (gr. -1-2). lib. bdg. 188.16 *(978-1-5321-8877-0(3)*, 32922, Abdo Kids) ABDO Publishing Co.

Mini Animals (Set Of 6) Julie Murray. 2020. (Mini Animals Ser.). (ENG.). 144p. (J). (gr. k-k). pap. 53.70 *(978-1-64494-299-4(2)*, 1644942992, Abdo Kids-Junior) ABDO Publishing Co.

Mini Artist: Set 3, 8 vols. 2017. (Mini Artist Ser.). (ENG.). 24p. (J). (gr. 1-2). lib. bdg. 105.08 *(978-1-5081-9411-8(4)*, 146a617e-1fec-4f3a-ae5f-3c2ba4eb4cd9, Windmill Bks.) Rosen Publishing Group, Inc., The.

Mini Artist: Sets 1 - 3. 2017. (Mini Artist Ser.). (ENG.). (J). pap. 139.20 *(978-1-5081-9497-2(1))*; lib. bdg. 307.20 *(978-1-5081-9412-5(2))* Windmill Bks.

Mini Beasts. Alice Barker. Illus. by Carrie Hennon. 2022. (Fingerprint! Ser.). (ENG.). 72p. (J). 12.99 *(978-1-80105-052-4(X))* Top That! Publishing PLC GBR. Dist: Independent Pubs. Group.

Mini Board Book Stack: Adorable Animals. Make Believe Ideas. Illus. by Dawn Machell. 2019. (ENG.). 36p. (J). (—

1338

The check digit for ISBN-10 appears in parentheses after the full ISBN-13

1). 5.99 *(978-1-78843-426-3(9))* Make Believe Ideas GBR. Dist: Scholastic, Inc.

Mini Board Book Stack: Christmas. Make Believe Ideas. Illus. by Dawn Machell. 2018. (ENG.). 36p. (J). (— 1). 4.99 *(978-1-78843-248-1(7))* Make Believe Ideas GBR. Dist: Scholastic, Inc.

Mini Board Book Stack: Spring. Make Believe Ideas. Illus. by Charly Lane. 2019. (ENG.). 36p. (J). (— 1). 4.99 *(978-1-78843-533-8(8))* Make Believe Ideas GBR. Dist: Scholastic, Inc.

Mini Christmas Puzzles. Simon Tudhope. 2019. (Usborne Minis Ser.). (ENG.). 32ppp. (J). pap. 2.50 *(978-0-7945-4787-5(7),* Usborne) EDC Publishing.

Mini Classic - Alice's Adventures in Wonderland & Through the Looking Glass. Lewis Carroll, pseud. 2017. (ENG.). 320p. (J). pap. 12.95 *(978-1-78209-843-0(7))* Miles Kelly Publishing, Ltd. GBR. Dist: Parkwest Pubns., Inc.

Mini Classic - the Jungle Book. Rudyard Kipling. 2017. (ENG.). 3200p. (J). pap. 12.95 *(978-1-78209-845-4(3))* Miles Kelly Publishing, Ltd. GBR. Dist: Parkwest Pubns., Inc.

Mini Classic - the Wind in the Willows. Kenneth Grahame. 2017. (ENG.). 320p. (J). pap. 12.95 *(978-1-78209-844-7(5))* Miles Kelly Publishing, Ltd. GBR. Dist: Parkwest Pubns., Inc.

Mini Classic - the Wonderful Wizard of Oz. L. Frank Baum. 2017. (ENG.). 320p. (J). pap. 12.95 *(978-1-78209-846-1(1))* Parkwest Pubns., Inc.

Mini Decorating. Rebecca Felix. 2017. (Mini Makers Ser.). (ENG., Illus.). 32p. (J). (gr. 2-5). 26.65 *(978-1-5124-2632-8(6),* 56731e63-5569-42f9-beb7-976944b1f539); E-Book 6.99 *(978-1-5124-3834-5(0),* 9781512438345); E-Book 39.99 *(978-1-5124-2810-0(8))*; E-Book 39.99 *(978-1-5124-3833-8(2),* 9781512438338) Lerner Publishing Group. (Lerner Pubns.).

Mini Devotions for Girls. Carolyn Larsen. 2020. (ENG.). 184p. (J). pap. *(978-1-4321-3140-1(0))* Christian Art Pubs.

Mini Devotions for Kids. Created by Christianart Gifts. 2022. (ENG.). (J). pap. ***(978-1-77637-175-4(5))*** Christian Art Pubs.

Mini Express. Peter Lippman. (J). 119.40 *(978-0-7611-2876-2(X),* 22876) Workman Publishing Co., Inc.

Mini Fairy Tales: Fox & the Swan see Mini Cuentos: Atletas se Entrenan, Zorro y la Ciguena

Mini Fairy Tales: King & His Shoes see Mini Cuentos: Rey de los Sapos, Sapatillas Rojas

Mini Faiy Tales: Lightning the Wild Horse see Mini Cuentos: Relampago, Caballo Salvaje, Pelirrojo y Tania

Mini Faiy Tales: Pipo, the Loyal Dog see Mini Cuentos: Hazanas de Baltazar, Pipo, el Perro Fiel

Mini French Masters Boxed Set: 4 Board Books Inside! (Books for Learning Toddler, Language Baby Book), 1 vol. Julie Merberg & Suzanne Bober. 2018. (Mini Masters Ser.: 11). (ENG., Illus.). 12p. (J). (gr. -1 — 1). 19.99 *(978-1-4521-7653-6(1))* Chronicle Bks. LLC.

Mini Gifts That Surprise & Delight. Lauren Kukla. 2023. (Mini Makers Ser.). (ENG.). 32p. (J). 33.99 *(978-1-6690-0473-8(2),* 245208, Capstone Pr.) Capstone.

Mini Hacks for Minecrafters: Mastering 1. 9: The Unofficial Guide to the Combat Update. Megan Miller. 2016. (Illus.). 104p. (J). (gr. 1-7). 9.99 *(978-1-5107-1797-8(8),* Sky Pony Pr.) Skyhorse Publishing Co., Inc.

Mini Holiday Crafts. Rebecca Felix. 2017. (Mini Makers Ser.). (ENG., Illus.). 32p. (J). (gr. 2-5). 26.65 *(978-1-5124-2633-5(4),* d56d1871-d59c-45f2-9c8d-be7323f79c7b); E-Book 39.99 *(978-1-5124-3836-9(7),* 9781512438369); E-Book 39.99 *(978-1-5124-2811-7(6))*; E-Book 6.99 *(978-1-5124-3837-6(5),* 9781512438376) Lerner Publishing Group. (Lerner Pubns.).

Mini Jokiest Joke Book: Side-Splitters That Will Keep You Laughing Out Loud. Kathi Wagner. Illus. by Amanda Brack. 2020. (Jokiest Joking Joke Bks.: 1). (ENG.). 128p. (J). pap. 4.99 *(978-1-250-27033-7(2),* 900223331) St. Martin's Pr.

Mini Look & Find at Home (Mini Look & Find) Thierry Laval. Illus. by Thierry Laval. 2017. (Mini Look & Find Ser.). (ENG., Illus.). 14p. (J). (gr. -1-k). 9.95 *(978-0-531-23082-4(1),* Children's Pr.) Scholastic Library Publishing.

Mini Look & Find at School (Mini Look & Find) Thierry Laval. Illus. by Thierry Laval. 2017. (Mini Look & Find Ser.). (ENG., Illus.). 14p. (J). (gr. -1-k). 9.95 *(978-0-531-23081-7(3),* Children's Pr.) Scholastic Library Publishing.

Mini Look & Find on the Farm (Mini Look & Find) Thierry Laval. Illus. by Thierry Laval. 2017. (Mini Look & Find Ser.). (ENG., Illus.). 14p. (J). (gr. -1-k). 9.95 *(978-0-531-23080-0(5),* Children's Pr.) Scholastic Library Publishing.

Mini Look & Find on Vacation (Mini Look & Find) Thierry Laval. Illus. by Thierry Laval. 2017. (Mini Look & Find Ser.). (ENG., Illus.). 14p. (J). (gr. -1-k). 9.95 *(978-0-531-23083-1(X),* Children's Pr.) Scholastic Library Publishing.

Mini Machines That Zoom & Spin. Lauren Kukla. 2023. (Mini Makers Ser.). (ENG.). 32p. (J). 33.99 *(978-1-6690-0455-4(4),* 245183, Capstone Pr.) Capstone.

Mini Makers. Lauren Kukla et al. 2023. (Mini Makers Ser.). (ENG.). 32p. (J). 135.96 ***(978-1-6690-0426-4(0),*** 247353, Capstone Pr.) Capstone.

Mini Manners Matter. Laura Ann Bingham. 2021. (ENG.). 36p. (J). (gr. k-4). 19.99 *(978-1-7363146-0-9(2))* Power Life Project.

Mini Mega Activity Book (Pink) Make Believe Ideas. Illus. by Make Believe Ideas. 2018. (ENG.). 208p. (J). pap. 9.99 *(978-1-78843-088-3(3))* Make Believe Ideas GBR. Dist: Scholastic, Inc.

Mini Mega Activity Book (Silver) Make Believe Ideas. Illus. by Make Believe Ideas. 2018. (ENG.). 208p. (J). pap. 9.99 *(978-1-78843-089-0(1))* Make Believe Ideas GBR. Dist: Scholastic, Inc.

Mini Mighty Sweeps. Lori Alexander. Illus. by Jeff Harter. 2022. (ENG.). 40p. (J). (gr. -1-3). 17.99 *(978-0-06-225016-2(7),* HarperCollins) HarperCollins Pubs.

Mini Mind Controllers: Fungi, Bacteria, & Other Tiny Zombie Makers. Joan Axelrod-Contrada. 2016. (Real-Life Zombies Ser.). (ENG., Illus.). 32p. (J). (gr. 3-9). lib. bdg. 28.65 *(978-1-5157-2478-0(6),* 132850, Capstone Pr.) Capstone.

Mini Ministers Jesus Christ 25 Days 25 Ways. Darryl Quinn. 2022. (ENG.). (J). pap. 12.99 *(978-1-4621-4335-1(0))* Cedar Fort, Inc./CFI Distribution.

Mini Ministers My First Journal. Darryl Quinn. 2022. (ENG.). (J). pap. 12.99 *(978-1-4621-4334-4(2))* Cedar Fort, Inc./CFI Distribution.

Mini Mocha & the Dream Queen. Erial Ramsey. Illus. by Maya Johnson. 2019. (ENG.). 32p. (J). (gr. k-4). 24.99 *(978-1-0878-0318-0(7))* Indy Pub.

Mini Monster Sudoku: How to Solve Sudoku Puzzles. L. M. D. Jones. 2022. 94p. (J). pap. 14.75 *(978-1-6678-6670-3(2))* BookBaby.

Mini Moo Says No! No! Jessica Hussey. 2020. (ENG.). 26p. (J). pap. 13.95 *(978-1-9822-4501-6(8),* Balboa Pr.) Author Solutions, LLC.

Mini Myths: Good Job, Athena! Joan Holub. Illus. by Leslie Patricelli. 2016. (Mini Myths Ser.). (ENG.). 24p. (J). (gr. -1 — 1). bds. 6.95 *(978-1-4197-1898-4(3),* 1110410, Abrams Appleseed) Abrams, Inc.

Mini Paintings Color by Number Kids Coloring Books. Educando Kids. 2019. (ENG.). 42p. (J). pap. 8.55 *(978-1-64521-670-4(5),* Educando Kids) Editorial Imagen.

Mini Pigs. Paula M. Wilson. 2018. (Cute & Unusual Pets Ser.). (ENG., Illus.). 32p. (J). (gr. 3-9). lib. bdg. 28.65 *(978-1-5435-3058-2(3),* 138630, Capstone Pr.) Capstone.

Mini Pigs, 1 vol. Alix Wood. 2016. (Mini Animals Ser.). (ENG., Illus.). 32p. (J). (gr. 2-3). pap. 11.00 *(978-1-4994-8155-6(1),* 916b5d77-c6ce-4cce-a529-9c6c5896e7e2, Windmill Bks.) Rosen Publishing Group, Inc., The.

Mini Projects to Style Your Space. Megan Borgert-Spaniol. 2023. (Mini Makers Ser.). (ENG.). 32p. (J). 33.99 *(978-1-6690-0461-5(9),* 245206, Capstone Pr.) Capstone.

Mini Rabbit Is Not Lost. John Bond. 2019. (ENG., Illus.). 32p. (J). (gr. -1-2). 18.99 *(978-0-8234-4358-1(2),* Neal Porter Bks) Holiday Hse., Inc.

Mini Science Fun. Rebecca Felix. 2017. (Mini Makers Ser.). (ENG., Illus.). 32p. (J). (gr. 2-5). 26.65 *(978-1-5124-2634-2(2),* 1e9c8c64-ddb8-4778-9acd-443c8077a880); E-Book 39.99 *(978-1-5124-3839-0(1),* 9781512438390); E-Book 6.99 *(978-1-5124-3840-6(5),* 9781512438406); E-Book 39.99 *(978-1-5124-2812-4(4))* Lerner Publishing Group. (Lerner Pubns.).

Mini Steps to Greatness: Growing up & Making Smart Choices. Agnes De Bezenac & Salem De Bezenac. Illus. by Agnes De Bezenac. (ENG., Illus.). (J). (gr. k-1). 2017. pap. 8.25 *(978-1-63474-019-7(X))*; 2016. 14.45 *(978-1-63474-033-3(5))* iCharacter.org. (Kidible).

Mini Steps to Happiness: Growing up with the Fruit of the Spirit. Agnes De Bezenac. 2017. (ENG., Illus.). (J). (gr. k-1). 14.95 *(978-1-63474-089-0(0))* iCharacter.org.

Mini Steps to Happiness: Growing up with the Fruit of the Spirit. Agnes De Bezenac & Salem De Bezenac. Illus. by Agnes De Bezenac. (ENG., Illus.). (J). (gr. k-1). 2017. pap. 8.45 *(978-1-63474-023-4(8))*; 2016. pap. 15.95 *(978-1-63474-034-0(3))* iCharacter.org.

Mini Sweets. Helen Perelman. Illus. by Erica-Jane Waters. 2017. (Candy Fairies Ser.: 20). (ENG.). 128p. (J). (gr. 2-5). pap. 5.99 *(978-1-4814-4683-9(5),* Simon & Schuster/Paula Wiseman Bks.) Simon & Schuster/Paula Wiseman Bks.

Mini Sweets to Savor & Share. Megan Borgert-Spaniol. 2023. (Mini Makers Ser.). (ENG.). 32p. (J). 33.99 *(978-1-6690-0467-7(8),* 245207, Capstone Pr.) Capstone.

Mini T-Rexes. Sharon Baldwin. Illus. by Tia Madden. 2021. (ENG.). 72p. (J). pap. *(978-0-6450781-4-5(X))* Loose Parts Pr.

Mini Tab: Baby Bear, Baby Bear, What Do You See? Bill Martin, Jr. Illus. by Eric Carle. 2016. (Brown Bear & Friends Ser.). (ENG.). 28p. (J). bds. 8.99 *(978-1-62779-724-5(6),* 900158741, Holt, Henry & Co. Bks. For Young Readers) Holt, Henry & Co.

Mini Tab: Easter. Roger Priddy. 2017. (Mini Tab Ser.). (ENG., Illus.). 16p. (J). bds. 5.99 *(978-0-312-52157-8(X),* 900169993) St. Martin's Pr.

Mini Tab: Rudolph the Red-Nosed Reindeer: Lift the Tab. Roger Priddy. 2019. (Mini Tab Ser.). (ENG., Illus.). 16p. (J). bds. 5.99 *(978-0-312-52992-5(9),* 900211130) St. Martin's Pr.

Mini Tab: Trucks & Things That Go. Roger Priddy. 2019. (Mini Tab Ser.). (ENG., Illus.). 14p. (J). bds. 5.99 *(978-0-312-52748-8(9),* 900194691) St. Martin's Pr.

Mini Wearables. Rebecca Felix. 2017. (Mini Makers Ser.). (ENG., Illus.). 32p. (J). (gr. 2-5). 26.65 *(978-1-5124-2635-9(0),* 296fd5af-5b1c-42e5-831b-1b54c3341a79); E-Book 6.99 *(978-1-5124-3843-7(X),* 9781512438437); E-Book 39.99 *(978-1-5124-3842-0(1),* 9781512438420); E-Book 39.99 *(978-1-5124-2813-1(2))* Lerner Publishing Group. (Lerner Pubns.).

Mini Winter Word Search Puzzle Book. Nashe Publishers. 2023. (ENG.). 31p. (J). ***(978-1-4477-3953-1(1))*** Lulu Pr., Inc.

Miniature Dogs, 1 vol. Alix Wood. 2016. (Mini Animals Ser.). (ENG., Illus.). 32p. (J). (gr. 2-3). pap. 11.00 *(978-1-4994-8158-7(6),* cf9b0a7f-494a-4b4c-a628-4b1f395e2811, Windmill Bks.) Rosen Publishing Group, Inc., The.

Miniature Figures: From Model Soldiers to Fantasy Gaming. David Jefferis. 2018. (Model-Making Mindset Ser.). (Illus.). 32p. (J). (gr. 5-5). *(978-0-7787-5016-1(7))* Crabtree Publishing Co.

Miniature Garden. Joanna Knight. 2018. (ENG., Illus.). 60p. (J). pap. *(978-1-78830-005-6(X))* Olympia Publishers.

Miniature Horses. Grace Hansen. 2016. (Horses (Abdo Kids Jumbo) Ser.). (ENG., Illus.). 24p. (J). (gr. -1-2). lib. bdg. 32.79 *(978-1-68080-928-2(8),* 23331, Abdo Kids) ABDO Publishing Co.

Miniature Horses. Elizabeth Noll. 2018. (Horse Crazy Ser.). (ENG.). 32p. (J). (gr. 4-6). pap. 9.99 *(978-1-64466-262-5(0),* 12301); (Illus.). lib. bdg. *(978-1-68072-415-8(0),* 12300) Black Rabbit Bks. (Bolt).

Miniature Horses. Paula M. Wilson. 2018. (Cute & Unusual Pets Ser.). (ENG., Illus.). 32p. (J). (gr. 3-9). lib. bdg. 28.65 *(978-1-5435-3059-9(1),* 138632, Capstone Pr.) Capstone.

Miniature Horses, 1 vol. Alix Wood. 2016. (Mini Animals Ser.). (ENG.). 32p. (J). (gr. 2-3). pap. 11.00 *(978-1-4994-8161-7(6),* f16e2b54-d61f-416d-8757-7e25259b40b0, Windmill Bks.) Rosen Publishing Group, Inc., The.

Miniature Horses & Ponies Coloring Book. Bobo's Children Activity Books. 2016. (ENG., Illus.). (J). pap. 9.33 *(978-1-68327-662-3(0))* Sunshine In My Soul Publishing.

Miniature Pinschers. Allan Morey. 2016. (Tiny Dogs Ser.). (ENG., Illus.). 24p. (J). (gr. -1-2). lib. bdg. 27.32 *(978-1-5157-1968-7(5),* 132641, Capstone Pr.) Capstone.

Miniature Schnauzer. Jeanette Wilson. 2017. (Dog Lover's Guides: Vol. 18). (ENG., Illus.). 128p. (J). (gr. 3-7). 26.95 *(978-1-4222-3946-9(2))* Mason Crest.

Miniature Schnauzers. Kaitlyn Duling. 2020. (Awesome Dogs Ser.). (ENG., Illus.). 24p. (J). (gr. k-3). lib. bdg. 26.95 *(978-1-64487-116-4(5),* Blastoff! Readers) Bellwether Media.

Miniature under the Window: Pictures Rhymes for Children after Kate Greenaway (Classic Reprint) Kate Greenaway. 2018. (ENG., Illus.). 56p. (J). 25.05 *(978-0-484-35247-5(4))* Forgotten Bks.

Minibeasts. 2022. (Forest School Ser.). (ENG., Illus.). 24p. (J). (gr. 1-3). lib. bdg. 26.99 *(978-1-63691-464-0(0),* 18612) Bearport Publishing Co., Inc.

Minibeasts - Read It Yourself with Ladybird Level 3. Ladybird. 2016. (Read It Yourself with Ladybird Ser.). (ENG., Illus.). 48p. (J). 5.99 *(978-0-241-23737-3(8))* Penguin Bks., Ltd. GBR. Dist: Independent Pubs. Group.

Minifigure Mayhem. Beth Davies et al. ed. 2020. (DK Readers Ser.). (ENG.). 63p. (J). (gr. 2-3). 14.96 *(978-1-64697-027-8(6))* Penworthy Co., LLC, The.

Minimalist 12-Month Undated Planner & Agenda: Daily, Weekly, Monthly Agenda & to-Do Lists. Jola Beach. 2021. (ENG.). 472p. (YA). pap. 34.93 *(978-1-716-13606-1(7))* Lulu Pr., Inc.

Minimize: The Stones of Bothynus Trilogy Book Two. D. K. Reed. 2017. (ENG.). 260p. (YA). pap. 15.95 *(978-1-5456-1492-1(X))* Purple Finch Pr.

Minimum Wage. Eric J. Reeder. 2022. (Focus on Current Events Ser.). (ENG., Illus.). 48p. (J). (gr. 5-6). pap. 11.95 *(978-1-63739-132-7(3))*; lib. bdg. 34.21 *(978-1-63739-078-8(5))* North Star Editions. (Focus Readers).

Mining & Deforestation, 1 vol. Emilie Dufresne. 2019. (Environmental Issues Ser.). (ENG.). 24p. (J). (gr. 2-3). pap. 9.25 *(978-1-5345-3074-4(6),* 08913905-1a36-4e66-ae87-9d257f661359); lib. bdg. 26.23 *(978-1-5345-3036-2(3),* 068ffb34-1f26-463a-9a73-31bf1bb1d4b7) Greenhaven Publishing LLC. (KidHaven Publishing).

Mining & Farming in Minecraft. Josh Gregory. 2018. (21st Century Skills Innovation Library: Unofficial Guides Junior Ser.). (ENG., Illus.). 24p. (J). (gr. 2-4). lib. bdg. 30.64 *(978-1-5341-2986-3(3),* 211988) Cherry Lake Publishing.

Mining & the Environment. Emma Kaiser. 2023. (Mining in America Ser.). (ENG.). 48p. (J). (gr. 4-8). lib. bdg. 35.64 ***(978-1-0982-9096-2(8),*** 41984) ABDO Publishing Co.

Mining for Emeralds, 1 vol. Elizabeth Krajnik. 2017. (Gemstones of the World Ser.). (ENG.). 24p. (J). (gr. 3-3). 25.27 *(978-1-5081-6421-0(5),* 14798a8e-ea00-46fd-9b1a-7547c5b0eca6); pap. 9.25 *(978-1-5383-2828-6(3),* 4ed72d19-dc7f-4917-be46-5a09fb086fbe) Rosen Publishing Group, Inc., The. (PowerKids Pr.).

Mining for Mazes - Maze Activity Book. Activibooks For Kids. 2016. (ENG., Illus.). (J). pap. 6.99 *(978-1-68321-541-7(9))* Mimaxion.

Mining in America (Set), 6 vols. 2023. (Mining in America Ser.). (ENG.). 48p. (J). (gr. 4-8). lib. bdg. 213.84 ***(978-1-0982-9092-4(5),*** 41972) ABDO Publishing Co.

Mining Policy. Marne Ventura. 2023. (Mining in America Ser.). (ENG.). 48p. (J). (gr. 4-8). lib. bdg. 35.64 ***(978-1-0982-9097-9(6),*** 41987) ABDO Publishing Co.

Mining Techniques. Bonnie Hinman. 2023. (Mining in America Ser.). (ENG.). 48p. (J). (gr. 4-8). lib. bdg. 35.64 ***(978-1-0982-9098-6(4),*** 41990) ABDO Publishing Co.

Minion of the Moon (Classic Reprint) Thomas Wilkinson Speight. 2018. (ENG., Illus.). 260p. (J). 29.26 *(978-0-483-26362-8(1))* Forgotten Bks.

Minions: Reader Collection. Illumination Entertainment. ed. 2022. (Passport to Reading Ser.). (ENG.). 151p. (J). (gr. 2-3). 21.46 ***(978-1-68505-465-6(X))*** Penworthy Co., LLC, The.

Minions: The Rise of Gru: Book & Magnetic Play Set. Arden Hayes. Illus. by Patrick Spaziante. 2022. (Magnetic Play Set Ser.). (ENG.). 32p. (J). (gr. -1-k). pap. 16.99 *(978-0-7944-4633-8(7),* Studio Fun International) Printers Row Publishing Group.

Minions: The Rise of Gru: Pencil Toppers. David Lewman. 2022. (Pencil Toppers Ser.). (ENG.). 64p. (J). (gr. 1-3). pap. 9.99 *(978-0-7944-4634-5(5),* Studio Fun International) Printers Row Publishing Group.

Minions 2 Color & Trace / Trace & Learn. Des. by Bendon. 2019. (ENG.). (J). pap. 4.99 *(978-1-5050-9993-5(5))* Bendon, Inc.

Minions: 5-Minute Stories. Illumination Entertainment. 2022. (Minions Ser.). (ENG.). 160p. (J). (gr. -1-3). 12.99 *(978-0-316-31831-0(0))* Little, Brown Bks. for Young Readers.

Minions: Evil Panic, Vol. 2. Renaud Collin. Illus. by Stephane Lapuss. 2016. (Minions Ser.: 2). (ENG.). 48p. (J). (gr. 3-7). 14.99 *(978-1-78276-556-1(5))* Titan Bks. Ltd. GBR. Dist: Penguin Random Hse. LLC.

Minions: Go Bananas! A Scratch Art Book. Illumination Entertainment. 2022. (Minions Ser.). (ENG.). 64p. (J). (gr. 1-5). 13.99 *(978-0-316-62815-0(8))* Little, Brown Bks. for Young Readers.

Minions Imagine Ink Magic Ink Pictures. Des. by Bendon. 2020. (ENG.). (J). 4.99 ***(978-1-6902-0964-5(X))*** Bendon, Inc.

Minions Imagine Ink Magic Ink Pictures Book with Stickers (Value) Des. by Bendon. 2020. (ENG.). (J). 5.00 ***(978-1-6902-1463-2(5))*** Bendon, Inc.

Minions Little Golden Book. Rachel Chlebowski. Illus. by Alan Batson. 2019. (Little Golden Book Ser.). 24p. (J). (gr. -1-2). 5.99 *(978-1-9848-9733-6(0),* Golden Bks.) Random Hse. Children's Bks.

Minions: Mini Boss. Stephane Lapuss'. Illus. by Renaud Collin. 2022. (Minions Ser.). 48p. (J). (gr. 4-7). pap. 6.99 *(978-1-78773-023-6(9))* Titan Bks. Ltd. GBR. Dist: Penguin Random Hse. LLC.

Minions Mini Sticker Scene Plus Coloring & Activity Book. Des. by Bendon. 2020. (ENG.). (J). pap. 5.00 ***(978-1-6902-1385-7(X))*** Bendon, Inc.

Minions: Nace un Villano: Minions Al Aire (the Sky Is the Limit) Sadie Chesterfield. Tr. by Antonio Lopez. 2022. (Minions Ser.). (SPA.). 32p. (J). (gr. -1-3). pap. 4.99 *(978-0-316-28464-6(5))* Little, Brown Bks. for Young Readers.

Minions Paella! Stephane Lapuss'. Illus. by Renaud Collin. 2020. 48p. (J). (gr. 4-7). pap. 6.99 *(978-1-78773-024-3(7))* Titan Bks. Ltd. GBR. Dist: Penguin Random Hse. LLC.

Minions: Reader Collection. Illumination Entertainment. 2022. (Minions Ser.). (ENG.). 160p. (J). (gr. -1-3). 12.99 *(978-0-316-53809-1(4))*; pap. 9.99 *(978-0-316-42585-8(0))* Little, Brown Bks. for Young Readers.

Minions: Seek & Find Collection. Illumination Entertainment. 2022. (Minions Ser.). (ENG.). 48p. (J). (gr. 1-4). pap. 9.99 *(978-0-316-53811-4(6))* Little, Brown Bks. for Young Readers.

Minions Seek & Find Collection. Illumination Entertainment. ed. 2022. (Seek & Find Collection). (ENG.). 47p. (J). (gr. k-1). 22.46 ***(978-1-68505-434-2(X))*** Penworthy Co., LLC, The.

Minions: Super Banana Games! Stephane Lapuss'. Illus. by Renaud Collin. 2022. 48p. (J). (gr. 4-7). 6.99 *(978-1-78773-020-5(4))* Titan Bks. Ltd. GBR. Dist: Penguin Random Hse. LLC.

Minions the Rise of Gru 16 Page Imagine Ink Coloring Book with Mess Free Marker: A Family at War. Created by Bendon Publishing. 2021. (ENG.). (J). pap. 7.99 *(978-1-5050-9992-8(7))* Bendon, Inc.

Minions the Rise of Gru 24 Page Imagine Ink with Mess Free Marker. Created by Bendon Publishing. 2021. (ENG.). (J). 5.99 *(978-1-5050-8923-3(9))* Bendon, Inc.

Minions the Rise of Gru 32 Page Coloring & Activity Book with 7 Markers. Created by Bendon Publishing. 2021. (ENG.). (J). pap. 7.99 *(978-1-5050-8932-5(8))* Bendon, Inc.

Minions the Rise of Gru Activity Tin with Coloring Book, Stickers, Markers, & Poster. Created by Bendon Publishing. 2021. (ENG.). (J). pap. 12.99 *(978-1-5050-8930-1(1))* Bendon, Inc.

Minions: the Rise of Gru Little Golden Book. David Lewman. Illus. by Alan Batson. 2022. (Little Golden Book Ser.). 24p. (J). (gr. -1-2). 5.99 *(978-0-593-17303-9(1),* Golden Bks.) Random Hse. Children's Bks.

Minions: the Rise of Gru: the Deluxe Movie Novel. Sadie Chesterfield. 2022. (Minions Ser.). (ENG.). 144p. (J). (gr. 3-7). 12.99 *(978-0-316-42584-1(2))* Little, Brown Bks. for Young Readers.

Minions: the Rise of Gru: the Movie Novel. Sadie Chesterfield. 2022. (Minions Ser.). (ENG.). 144p. (J). (gr. 3-7). pap. 6.99 *(978-0-316-42580-3(X))* Little, Brown Bks. for Young Readers.

Minions: the Rise of Gru: the Sky Is the Limit. Sadie Chesterfield. 2022. (Minions Ser.). (ENG.). 32p. (J). (gr. -1-3). pap. 4.99 *(978-0-316-42570-4(2))* Little, Brown Bks. for Young Readers.

Minions Viva lé Boss. Renaud Collin. 2018. (Illus.). 48p. (J). (gr. 1-4). 14.99 *(978-1-78773-016-8(6))* Titan Bks. Ltd. GBR. Dist: Penguin Random Hse. LLC.

Minions: Viva le Boss! Stephane Lapuss. Illus. by Renaud Collin. 2019. (ENG.). 48p. (J). (gr. 1-4). pap. 6.99 *(978-1-78773-017-5(4))* Titan Bks. Ltd. GBR. Dist: Penguin Random Hse. LLC.

Minisink Double Wedding: A Story of Old Minisink Village Between the Minisink Indian War of 1754-8, & the French & Indian War of 1763-5 (Classic Reprint) Charles E. Stickney. 2017. (ENG., Illus.). (J). 26.64 *(978-0-265-83237-0(3))* Forgotten Bks.

Minister & the Boy: A Handbook for Churchmen Engaged in Boys' Work. Allan Hoben. 2017. (ENG., Illus.). (J). 22.95 *(978-1-374-83270-1(7))* Capital Communications, Inc.

Minister & the Boy: A Handbook for Churchmen Engaged in Boys Work (Classic Reprint) Allan Hoben. 2018. (ENG., Illus.). 206p. (J). 28.17 *(978-0-484-60475-8(9))* Forgotten Bks.

Minister of Evil: The Secret History of Rasputin's Betrayal of Russia. William Le Queux. 2017. (ENG., Illus.). (J). 25.95 *(978-1-374-87124-3(9))*; pap. 15.95 *(978-1-374-87123-6(0))* Capital Communications, Inc.

Minister of Grace (Classic Reprint) Margaret Widdemer. 2018. (ENG., Illus.). 296p. (J). 30.00 *(978-0-267-23540-7(2))* Forgotten Bks.

Minister of State: A Novel (Classic Reprint) John A. Steuart. 2018. (ENG., Illus.). (J). 430p. 32.77 *(978-0-366-00175-0(2))*; 432p. pap. 16.57 *(978-0-366-00154-5(X))* Forgotten Bks.

Ministering Children. Maria Louisa Charlesworth. 2017. (ENG.). 452p. (J). pap. *(978-3-337-07783-9(8))* Creation Pubs.

Ministering Children: A Tale Dedicated to Childhood (Classic Reprint) Maria Louisa Charlesworth. 2017. (ENG., Illus.). (J). 32.48 *(978-1-5284-7614-0(X))* Forgotten Bks.

Minister's Charge: Or the Apprenticeship of Lemuel Barker (Classic Reprint) William D. Howells. 2018. (ENG., Illus.). 502p. (J). 34.25 *(978-0-483-83224-4(3))* Forgotten Bks.

Minister's Family: Or, Hints to Those Who Would Make Home Happy (Classic Reprint) Ellis. 2018. (ENG., Illus.). 208p. (J). 28.19 *(978-0-484-32123-5(4))* Forgotten Bks.

Ministers of Grace. Eva Wilder (McGlasson) Brodhead. 2017. (ENG.). 164p. (J). pap. *(978-3-337-02971-5(X))* Creation Pubs.

Ministers of Grace: A Novelette (Classic Reprint) Eva Wilder Brodhead. 2018. (ENG., Illus.). 166p. (J). 27.32 *(978-0-484-61787-1(7))* Forgotten Bks.

M

Minister's Son, Vol. 1 Of 3: Or Home with Honours (Classic Reprint) M. C. Stirling. 2018. (ENG., Illus.). 308p. (J). 30.27 *(978-0-428-93189-6(8))* Forgotten Bks.

Minister's Son, Vol. 2 Of 3: Or Home with Honours (Classic Reprint) M. C. Stirling. 2018. (ENG., Illus.). 304p. (J). 30.17 *(978-0-483-90323-4(X))* Forgotten Bks.

Minister's Son, Vol. 3 (Classic Reprint) M. C. Stirling. 2018. (ENG., Illus.). 312p. (J). 30.35 *(978-0-483-20328-0(9))* Forgotten Bks.

Minister's Wooing (Classic Reprint) Harriet Stowe. 2017. (ENG., Illus.). (J). 32.87 *(978-0-265-18499-8(1))* Forgotten Bks.

Minister's Wooing (Classic Reprint) Harriet Stowe. 2018. (ENG., Illus.). 586p. (J). 36.00 *(978-0-267-14818-9(6))* Forgotten Bks.

Ministry of Nature. Harold W. Clark. 2018. (ENG., Illus.). 170p. (J). pap. 17.95 *(978-1-4796-0804-1(1))* TEACH Services, Inc.

Minka Makes Her Mark. Amabel Barlow. 2022. (ENG.). 20p. (J). pap. *(978-1-80369-342-2(8))* Authors OnLine, Ltd.

Minki's Magical Music. Lisa Branson. 2017. (ENG., Illus.). (J). pap. 13.95 *(978-1-5043-8955-6(7))*, Balboa Pr.) Author Solutions, LLC.

Minksy the Meltdown Pixie Helps Tommy. Siobhan Wilson & Chloe Johnson. 2022. (Our Pixie Friends Ser.: Vol. 3). (ENG.). 36p. (J). pap. ***(978-0-6488288-4-6(0))*** Our Pixie Friends Pty Ltd.

Minky Monkey Meets Alex the Astronaut. Karen Weaver. Illus. by Kat Fox. 2019. (ENG.). 20p. (J). pap. *(978-0-6485891-4-3(5))* Karen Mc Dermott.

Minky Monkey Meets Barney the Brickle. Karen Weaver. Illus. by Kat Fox. 2019. (ENG.). 20p. (J). pap. *(978-0-6485378-0-9(3))* Karen Mc Dermott.

Minna: A Novel from the Danish of Karl Gjellerup (Classic Reprint) Karl Gjellerup. 2017. (ENG., Illus.). (J). 31.14 *(978-0-331-13507-7(8))* Forgotten Bks.

Minna Raymond: Or Self-Sacrifice; a Tale for the Young (Classic Reprint) Alfred Elwes. (ENG., Illus.). (J). 2018. 298p. 30.04 *(978-0-666-75479-0(9))*; 2017. pap. 13.57 *(978-0-259-30401-2(8))* Forgotten Bks.

Minna, Wife of the Young Rabbi: A Novel (Classic Reprint) Wilhelmina Wittigschlager. 2017. (ENG., Illus.). (J). 31.18 *(978-1-5284-6900-5(3))* Forgotten Bks.

Minnesota, 1 vol. John Hamilton. 2016. (United States of America Ser.). (ENG., Illus.). 48p. (J). (gr. 5-9). 34.21 *(978-1-68078-325-4(4)*, 21635, Abdo & Daughters) ABDO Publishing Co.

Minnesota. Ann Heinrichs. Illus. by Matt Kania. 2017. (U. S. A. Travel Guides). (ENG.). 40p. (J). (gr. 2-5). lib. bdg. 38.50 *(978-1-5038-1963-4(9)*, 211600) Child's World, Inc, The.

Minnesota. Jordan Mills & Bridget Parker. 2016. (States Ser.). (ENG., Illus.). 32p. (J). (gr. 3-6). lib. bdg. 27.99 *(978-1-5157-0410-2(6)*, 132021, Capstone Pr.) Capstone.

Minnesota. Jane Vernon. 2022. (Core Library of US States Ser.). (ENG., Illus.). 48p. (J). (gr. 4-8). lib. bdg. 35.64 *(978-1-5321-9764-2(0)*, 39619) ABDO Publishing Co.

Minnesota: Children's American Local History Book. Bold Kids. 2022. (ENG.). 42p. (J). pap. 14.99 *(978-1-0717-1065-4(6))* FASTLANE LLC.

Minnesota: Land of 10,000 Lakes, 1 vol. Rachel Keranen et al. 2018. (It's My State! (Fourth Edition)(r) Ser.). (ENG.). 80p. (gr. 4-4). 35.93 *(978-1-5026-2629-5(2)*, 03879c1b-44c4-4e73-805d-84fdb4889a3a); pap. 18.64 *(978-1-5026-4445-9(2)*, 6b868b85-c365-4c74-a420-1d5109f89003) Cavendish Square Publishing LLC.

Minnesota: The North Star State. Neil Purslow. 2016. (J). *(978-1-4896-4884-6(4))* Weigl Pubs., Inc.

Minnesota (a True Book: My United States) (Library Edition) Martin Schwabacher. 2018. (True Book (Relaunch) Ser.). (ENG., Illus.). 48p. (J). (gr. 3-5). lib. bdg. 31.00 *(978-0-531-23561-4(0)*, Children's Pr.) Scholastic Library Publishing.

Minnesota Books for Kids Gift Set. Marianne Richmond & Katherine Sully. Illus. by Helen Poole. 2020. (ENG.). (J). bds. 20.00 *(978-1-7282-4197-5(9))* Sourcebooks, Inc.

Minnesota Timberwolves. Contrib. by David J. Clarke. 2023. (NBA All-Time Greats Set 3 Ser.). (ENG., Illus.). 24p. (J). pap. 8.95 ***(978-1-63494-688-9(X))*** Pr. Room Editions LLC.

Minnesota Timberwolves. Brian Howell. 2022. (Inside the NBA (2023) Ser.). (ENG., Illus.). 48p. (J). (gr. 3-6). lib. bdg. 34.22 *(978-1-5321-9835-9(3)*, 39775, SportsZone) ABDO Publishing Co.

Minnesota Timberwolves. David J. Clarke. 2023. (NBA All-Time Greats Set 3 Ser.). (ENG., Illus.). 24p. (J). lib. bdg. 28.50 ***(978-1-63494-664-3(2))*** Pr. Room Editions LLC.

Minnesota Timberwolves. K. C. Kelley. 2019. (Insider's Guide to Pro Basketball Ser.). (ENG.). 32p. (J). (gr. 1-4). lib. bdg. 35.64 *(978-1-5038-2471-3(3)*, 212263) Child's World, Inc, The.

Minnesota Timberwolves. Jim Whiting. 2017. (NBA: a History of Hoops Ser.). (ENG., Illus.). 48p. (J). (gr. 4-7). *(978-1-60818-852-9(3)*, 20261, Creative Education) Creative Co., The.

Minnesota Twins. Contrib. by David J. Clarke. 2022. (Inside MLB Ser.). (ENG., Illus.). 48p. (J). (gr. 3-6). lib. bdg. 34.21 *(978-1-0982-9024-5(0)*, 40805, SportsZone) ABDO Publishing Co.

Minnesota Twins. K. C. Kelley. 2019. (Major League Baseball Teams Ser.). (ENG.). 32p. (J). (gr. 2-5). lib. bdg. 35.64 *(978-1-5038-2830-8(1)*, 212637) Child's World, Inc, The.

Minnesota Twins. Caroline Wesley. 2018. (MLB's Greatest Teams Ser.). (ENG., Illus.). 32p. (J). (gr. 2-5). lib. bdg. 34.21 *(978-1-5321-1810-4(4)*, 30666, Big Buddy Bks.) ABDO Publishing Co.

Minnesota Twins. Jim Whiting. (Creative Sports: Major League Baseball Ser.). (ENG.). 32p. (J). 2021. (gr. 4-7). *(978-1-64026-310-9(1)*, 17798, Creative Education); 2020. (gr. 3-5). pap. 9.99 *(978-1-62832-842-4(8)*, 17799, Creative Paperbacks) Creative Co., The.

Minnesota Twins All-Time Greats. Brendan Flynn. 2021. (MLB All-Time Greats Ser.). (ENG., Illus.). 24p. (J). (gr. 3-3). pap. 8.95 *(978-1-63494-311-6(2))*; lib. bdg. 28.50 *(978-1-63494-293-5(0))* Pr. Room Editions LLC.

Minnesota United FC. Chrös McDougall. 2021. (Inside MLS Ser.). (ENG., Illus.). 48p. (J). (gr. 3-6). lib. bdg. 34.21 *(978-1-5321-9475-7(7)*, 37462, SportsZone) ABDO Publishing Co.

Minnesota Vikings. Kenny Abdo. 2021. (NFL Teams Ser.). (ENG.). 32p. (J). (gr. 2-8). lib. bdg. 32.79 *(978-1-0982-2471-4(X)*, 37176, Abdo Zoom-Fly) ABDO Publishing Co.

Minnesota Vikings. Josh Anderson. 2022. (Professional Football Teams Ser.). (ENG.). 32p. (J). (gr. 2-5). lib. bdg. 35.64 *(978-1-5038-5786-5(7)*, 215760, Stride) Child's World, Inc, The.

Minnesota Vikings. Contrib. by Kieran Downs. 2023. (NFL Team Profiles Ser.). (ENG., Illus.). (J). (gr. 3-7). lib. bdg. 26.95 Bellwether Media.

Minnesota Vikings. Todd Ryan. 2019. (Inside the NFL Ser.). (ENG.). 48p. (J). (gr. 3-6). lib. bdg. 34.21 *(978-1-5321-1856-2(2)*, 32581, SportsZone) ABDO Publishing Co.

Minnesota Vikings, 1 vol. Matt Scheff & Dave Campbell. 2016. (NFL up Close Ser.). (ENG., Illus.). 32p. (J). (gr. 3-9). lib. bdg. 32.79 *(978-1-68078-223-3(1)*, 22049, SportsZone) ABDO Publishing Co.

Minnesota Vikings. Jim Whiting. rev. ed. 2019. (NFL Today Ser.). (ENG.). 48p. (J). (gr. 4-7). pap. 12.00 *(978-1-62832-712-0(X)*, 19055, Creative Paperbacks) Creative Co., The.

Minnesota Vikings All-Time Greats. Ted Coleman. 2021. (NFL All-Time Greats Ser.). (ENG., Illus.). 24p. (J). (gr. 3-3). pap. 8.95 *(978-1-63494-376-5(7))*; lib. bdg. 28.50 *(978-1-63494-359-8(7))* Pr. Room Editions LLC.

Minnesota Vikings Story. Thomas K. Adamson. 2016. (NFL Teams Ser.). (ENG., Illus.). 32p. (J). (gr. 3-7). lib. bdg. 26.95 *(978-1-62617-372-9(9)*, Torque Bks.) Bellwether Media.

Minnesota Wild. Chrös McDougall. 2022. (NHL Teams Ser.). (ENG., Illus.). 32p. (J). (gr. 3-4). pap. 9.95 *(978-1-63494-518-9(2))*; lib. bdg. 31.35 *(978-1-63494-492-2(5))* Pr. Room Editions LLC.

Minnesota's Devil's Kettle. Matt Lilley. 2020. (Nature's Mysteries Ser.). (ENG.). 32p. (J). (gr. 2-5). lib. bdg. 32.79 *(978-1-5321-6919-9(1)*, 36459, DiscoverRoo) Pop!.

Minni & Maxi. Maggie Moss. 2020. (ENG., Illus.). 74p. (J). pap. *(978-1-913179-69-4(9))* UK Bk. Publishing.

Minnie: a Walk in the Park. Gina Gold & Jennifer Heftler. Illus. by Inc. Loter. 2018. (World of Reading Level Pre-1 (Leveled Readers) Ser.). (ENG.). 32p. (J). (gr. -1-2). lib. bdg. 31.36 *(978-1-5321-4183-6(1)*, 31062) Spotlight.

Minnie Albright's Experience, or a Friendly Warning to Young Ladies Forming Acquaintance with Strangers: A True Story (Classic Reprint) Sallie Bingham Center. (ENG., Illus.). (J). 2018. 32p. 24.56 *(978-0-365-14100-6(3))*; 2017. pap. 7.97 *(978-0-259-83063-4(1))* Forgotten Bks.

Minnie & Max are Ok! Chris Calland & Nicky Hutchinson. Illus. by Emmi Smid. 2017. 40p. (J). 17.95 *(978-1-78592-233-6(5)*, 696284) Kingsley, Jessica Pubs. GBR. Dist: Hachette UK Distribution.

Minnie & the Better Den. Carmel Noel. Illus. by Theresa Tribus. 2020. (ENG.). 30p. (J). (gr. k-2). 11.99 *(978-1-0878-6098-5(9))* Indy Pub.

Minnie Brown: Or, the Gentle Girl (Classic Reprint) Francis Forrester. 2018. (ENG., Illus.). 66p. (J). 25.22 *(978-0-332-54118-1(5))* Forgotten Bks.

Minnie Carleton (Classic Reprint) Mary Belle Bartlett. 2018. (ENG., Illus.). 248p. (J). 29.03 *(978-0-484-72609-2(9))* Forgotten Bks.

Minnie Gray, or Merit Rewarded (Classic Reprint) Rose Phillips. 2018. (ENG., Illus.). 180p. (J). 27.63 *(978-0-267-46050-2(3))* Forgotten Bks.

Minnie Has Style. Pixie Riddle. Illus. by Anita Cheung. 2021. (ENG.). 32p. (J). *(978-1-0391-2091-4(1))*; pap. *(978-1-0391-2090-7(3))* FriesenPress.

Minnie Herman, or the Curse of Rum: A Tale for the Times (Classic Reprint) Thurlow Weed Brown. (ENG., Illus.). (J). 2018. 902p. 42.50 *(978-0-364-01956-6(5))*; 2017. pap. 24.80 *(978-0-243-52297-2(5))* Forgotten Bks.

Minnie Hermon, the Rumseller's Daughter, or Woman in the Temperance Reform: A Tale for the Times (Classic Reprint) Thurlow Weed Brown. (ENG., Illus.). (J). 2017. 35.20 *(978-0-266-40814-7(1))*; 2016. pap. 19.57 *(978-1-333-48478-1(X))* Forgotten Bks.

Minnie Knows Bows. Disney Books. 2019. (Ears Bks.). (ENG., Illus.). 12p. (J). (gr. -1-k). bds. 7.99 *(978-1-368-04501-8(4)*, Disney Press Books) Disney Publishing Worldwide.

Minnie: Minnie's FixerUpper. Disney Books. 2021. (Illus.). 32p. (J). (gr. -1-k). bds. 7.99 *(978-1-368-05589-5(3)*, Disney Press Books) Disney Publishing Worldwide.

Minnie: Minnie's Rainbow. Disney Books. 2020. (ENG., Illus.). 24p. (J). (gr. -1-k). pap. 6.99 *(978-1-368-04983-2(4)*, Disney Press Books) Disney Publishing Worldwide.

Minnie Mouse - I Lost My Polka Dots! Annie Auerbach. 2023. (ENG.). 32p. (J). (gr. -1-k). 9.99 *(978-1-368-08348-5(X)*, Disney Press Books) Disney Publishing Worldwide.

Minnie Mouse: Big Dreams (Disney Original Graphic Novel) Brooke Vitale. Illus. by Artful Doodlers Ltd. 2021. (ENG.). 80p. (J). (gr. 1-3). 22.99 *(978-1-338-74330-2(9)*, Graphix) Scholastic, Inc.

Minnie Mouse: Big Dreams (Disney Original Graphic Novel) (Media Tie-In) Brooke Vitale & Disney. Illus. by Artful Doodlers Ltd. ed. 2021. (ENG.). 80p. (J). (gr. 1-3). pap. 8.99 *(978-1-338-74329-6(5)*, Graphix) Scholastic, Inc.

Minnie Mouse Look & Find. ed. 2018. (Look & Find Ser.). (ENG.). 19p. (J). (gr. -1-1). 14.00 *(978-1-64310-469-0(1))* Penworthy Co., LLC, The.

Minnie Mouse: the Perfect Book (Disney Original Graphic Novel #2) Adapted by Disney. 2021. (ENG.). 80p. (J). (gr. 1-3). 22.99 *(978-1-338-74332-6(5)*, Graphix) Scholastic, Inc.

Minnie Mouse: the Perfect Book (Disney Original Graphic Novel #2) Brooke Vitale. 2021. (ENG.). 80p. (J). (gr. 1-3). pap. 8.99 *(978-1-338-74331-9(7)*, Graphix) Scholastic, Inc.

Minnie, or the Little Woman: A Fairy Story (Classic Reprint) C. S. Guild. 2018. (ENG., Illus.). 176p. (J). 27.55 *(978-0-484-23105-3(7))* Forgotten Bks.

Minnie Saves Christmas ReadAlong Storybook & CD. Disney Books. 2018. (Read-Along Storybook & CD Ser.). (ENG., Illus.). 14p. (J). (gr. -1-k). bds. 8.99 *(978-1-368-02234-7(0)*, Disney Press Books) Disney Publishing Worldwide.

Minnie's Bishop: And Other Stories (Classic Reprint) George A. Birmingham. 2018. (ENG., Illus.). 352p. (J). 31.16 *(978-0-365-33615-0(7))* Forgotten Bks.

Minnie's Decision. Patsy E. Stackhouse. 2019. (ENG., Illus.). 40p. (J). pap. 14.99 *(978-1-950454-29-7(0))* Pen It Pubns.

Minnie's Imaginary Friends. Bobbicat. 2018. (ENG., Illus.). (J). (gr. k-3). 19.99 *(978-1-63363-263-9(6))* White Bird Pubns.

Minnie's Pet Cat (Classic Reprint) Madeline Leslie. (ENG., Illus.). (J). 2018. 146p. 26.91 *(978-0-666-54060-7(8))*; 2017. pap. 9.57 *(978-0-259-38762-6(2))* Forgotten Bks.

Minnie's Pet Dog (Classic Reprint) Madeline Leslie. 2018. (ENG., Illus.). 156p. (J). 27.11 *(978-0-267-41170-2(7))* Forgotten Bks.

Minnie's Pet Horse (Classic Reprint) Madeline Leslie. 2018. (ENG., Illus.). 164p. (J). 27.28 *(978-0-484-05374-7(4))* Forgotten Bks.

Minnie's Pet Lamb (Classic Reprint) Madeline Leslie. (ENG., Illus.). (J). 2018. 172p. 27.44 *(978-0-483-05723-4(1))*; 2016. pap. 9.97 *(978-1-334-27619-4(6))* Forgotten Bks.

Minnie's Pet Monkey (Classic Reprint) Madeline Leslie. (ENG., Illus.). (J). 2018. 160p. 27.20 *(978-0-267-53791-4(3))*; 2016. pap. 9.57 *(978-1-333-34172-5(5))* Forgotten Bks.

Minnie's Pet Parrot (Classic Reprint) Madeline Leslie. (ENG., Illus.). (J). 2018. 148p. 26.95 *(978-0-364-75550-1(4))*; 2016. pap. 9.57 *(978-1-334-16610-5(2))* Forgotten Bks.

Minnie's Starry, Starry Night. Nancy Parent. ed. 2021. (Disney 8x8 Ser.). (ENG., Illus.). 24p. (J). (gr. k-1). 14.96 *(978-1-64697-581-5(2))* Penworthy Co., LLC, The.

Minnow. Veronica Arthur. 2018. (ENG., Illus.). 72p. (J). pap. *(978-1-78623-325-7(8))* Grosvenor Hse. Publishing Ltd.

Minnows & Tritons (Classic Reprint) B. A. Clarke. (ENG., Illus.). (J). 2018. 314p. 30.37 *(978-0-267-00682-3(9))*; 2017. pap. 13.57 *(978-0-259-06221-9(9))* Forgotten Bks.

Minoans & the Mycenaeans - Greece Ancient History 5th Grade Children's Ancient History. Baby Professor. 2017. (ENG., Illus.). 64p. (J). pap. 9.52 *(978-1-5419-1617-3(4)*, Baby Professor (Education Kids)) Speedy Publishing LLC.

Minor Bird, Vol. 1: Spring, 1929 (Classic Reprint) Arline Keuper. (ENG., Illus.). (J). 2018. 396p. 32.17 *(978-0-484-81934-3(8))*; 2017. pap. 16.57 *(978-0-243-24635-9(8))* Forgotten Bks.

Minor Bird, Vol. 20: Winter Issue, 1958 (Classic Reprint) Chatham College. (ENG., Illus.). (J). 2018. 364p. 31.40 *(978-0-483-60935-8(8))*; 2017. pap. 13.97 *(978-0-243-27969-2(8))* Forgotten Bks.

Minor Chord: A Story of a Prima Donna (Classic Reprint) Joe Mitchell Chapple. 2017. (ENG., Illus.). 352p. (J). 31.16 *(978-0-484-15170-2(3))* Forgotten Bks.

Minor Drama: A Collection of the Most Popular Petit Comedies, Vaudevilles, Burlettas (Classic Reprint) Thomas J. Williams. 2018. (ENG., Illus.). 314p. (J). 30.37 *(978-0-483-70356-8(7))* Forgotten Bks.

Minor Dramas, Vol. 1 (Classic Reprint) William D. Howells. 2017. (ENG., Illus.). (J). 32.56 *(978-0-260-81554-5(3))* Forgotten Bks.

Minor Dramas, Vol. 2 (Classic Reprint) William D. Howells. 2017. (ENG., Illus.). (J). 32.91 *(978-0-260-04338-2(9))* Forgotten Bks.

Minor Mischief: A YA Horror Anthology. E. M. Lacey. 2021. (ENG.). 128p. (YA). pap. 10.00 *(978-0-578-35013-4(0))* Seeds of Fiction.

Minor Miseries of Human Life, Vol. 1 (Classic Reprint) John Gaisford. (ENG., Illus.). (J). 2018. 86p. 25.67 *(978-0-666-29139-4(X))*; 2017. pap. 9.57 *(978-0-259-85406-7(9))* Forgotten Bks.

Minor Morals: For Young People (Classic Reprint) John Bowring. 2018. (ENG., Illus.). 290p. (J). 29.88 *(978-0-483-40381-9(4))* Forgotten Bks.

Minor Morals for Young People, Vol. 2: Illustrated in Tales & Travels (Classic Reprint) John Bowring. 2018. (ENG., Illus.). 284p. (J). 29.77 *(978-0-483-40867-8(0))* Forgotten Bks.

Minor Morals for Young People, Vol. 3: Illustrated by Tales & Travels, Particularly in the East (Classic Reprint) John Bowring. 2018. (ENG., Illus.). 274p. (J). 29.57 *(978-0-332-49532-3(9))* Forgotten Bks.

Minor Mystery Series Presents: The Bandit & the Missing Milk Vol. 1. Joy Pierce. Illus. by Bonnie Lemaire. 2021. (ENG.). 28p. (J). pap. 13.95 *(978-1-63765-129-2(5))* Halo Publishing International.

Minor Prophets. Jimmy Cajoleas. 2019. (ENG., Illus.). 368p. (YA). (gr. 9-17). 18.99 *(978-1-4197-3904-0(2)*, 1293001, Amulet Bks.) Abrams, Inc.

Minor Prophets. J. Glen Taylor et al. ed. 2016. (Zondervan Illustrated Bible Backgrounds Commentary Ser.). (ENG., Illus.). 244p. E-Book 9.43 *(978-0-310-52770-1(8)*, 9780310527701) Zondervan.

Minor War History Compiled from a Soldier Boy's Letters to the Girl I Left Behind Me, 1861-1864 (Classic Reprint) Martin A. Haynes. 2018. (ENG., Illus.). 196p. (J). 27.96 *(978-0-267-70053-0(9))* Forgotten Bks.

Minority Soldiers Fighting in the American Revolution, 1 vol. Eric Reeder. 2017. (Fighting for Their Country: Minorities at War Ser.). (ENG.). 112p. (YA). (gr. 8-8). 44.50 *(978-1-5026-2661-5(6)*, 8607d64b-bdd7-47ce-a266-d05c26c6518d) Cavendish Square Publishing LLC.

Minority Soldiers Fighting in the Civil War, 1 vol. Joel Newsome. 2017. (Fighting for Their Country: Minorities at War Ser.). (ENG.). 112p. (YA). (gr. 8-8). 44.50 *(978-1-5026-2662-2(4)*, 2f6e3120-31f9-40f3-9b08-8640b8a8d70a) Cavendish Square Publishing LLC.

Minority Soldiers Fighting in the Korean War, 1 vol. Derek Miller. 2017. (Fighting for Their Country: Minorities at War Ser.). (ENG.). 112p. (YA). (gr. 8-8). 44.50 *(978-1-5026-2665-3(9)*, 4c864aac-c5d2-42be-9702-de415ff53155) Cavendish Square Publishing LLC.

Minority Soldiers Fighting in the Vietnam War, 1 vol. Elizabeth Schmermund. 2017. (Fighting for Their Country: Minorities at War Ser.). (ENG.). 112p. (YA). (gr. 8-8). 44.50 *(978-1-5026-2666-0(7)*, 38a54acc-b49c-4ef6-9a08-712e5da89e9c) Cavendish Square Publishing LLC.

Minority Soldiers Fighting in World War I, 1 vol. Derek Miller. 2017. (Fighting for Their Country: Minorities at War Ser.). (ENG.). 112p. (YA). (gr. 8-8). 44.50 *(978-1-5026-2663-9(2)*, e056128f-8dc0-44bd-8c57-ca1ed35a1b58) Cavendish Square Publishing LLC.

Minority Soldiers Fighting in World War II, 1 vol. Matt Lang. 2017. (Fighting for Their Country: Minorities at War Ser.). (ENG.). 112p. (YA). (gr. 8-8). 44.50 *(978-1-5026-2664-6(0)*, 5dbd85b9-c68b-40fe-abe8-b04e62c95406) Cavendish Square Publishing LLC.

Minotaur, 1 vol. Frances Nagle. 2016. (Monsters! Ser.). (ENG., Illus.). 32p. (J). (gr. 1-2). pap. 11.50 *(978-1-4824-4871-9(8)*, ebfbbc24-ece1-4113-bff2-cd07e87e3c3e) Stevens, Gareth Publishing LLLP.

Minotaur Maze. Thomas Kingsley Troupe. Illus. by Xavier Bonet. 2019. (Michael Dahl Presents: Midnight Library 4D Ser.). (ENG.). 80p. (J). (gr. 4-6). lib. bdg. 25.99 *(978-1-4965-7895-2(3)*, 139610, Stone Arch Bks.) Capstone.

Minousha & the Dancing Water. Asha Emamdee. 2020. (ENG.). 288p. (J). pap. *(978-1-9164865-8-4(4))* Lane, Betty.

MiNRS 2. Kevin Sylvester. 2016. (MiNRS Ser.: 2). (ENG., Illus.). 352p. (J). (gr. 3-7). 17.99 *(978-1-4814-4042-4(X)*, McElderry, Margaret K. Bks.) McElderry, Margaret K. Bks.

MiNRS 3. Kevin Sylvester. 2019. (MiNRS Ser.: 3). (ENG.). 336p. (J). (gr. 3-7). pap. 8.99 *(978-1-5011-9531-0(X))* Simon & Schuster.

Minsha's Night on Ellis Island. Pam Berkman & Dorothy Hearst. Illus. by Claire Powell. 2020. (At the Heels of History Ser.). (ENG.). 208p. (J). (gr. 1-4). 18.99 *(978-1-5344-3339-7(2))*; pap. 7.99 *(978-1-5344-3338-0(4))* McElderry, Margaret K. Bks. (McElderry, Margaret K. Bks.).

Minstrel Encyclopedia (Classic Reprint) Walter Ben Hare. (ENG., Illus.). (J). 2018. 226p. 28.56 *(978-0-364-67415-4(6))*; 2017. pap. 10.97 *(978-0-259-75244-8(4))* Forgotten Bks.

Minstrel in France (Classic Reprint) Harry Lauder. (ENG., Illus.). (J). 2018. 370p. 31.55 *(978-0-483-62454-2(3))*; 2017. 31.49 *(978-0-266-17799-9(9))*; 2017. pap. 13.97 *(978-0-243-29432-9(8))* Forgotten Bks.

Minstrel Show, or the Burnt Cork of Comicalities: A Collection of Comic Songs, Jokes, Stump, Speeches, Monologues, Interludes, & Afterpieces for Minstrel Entertainments (Classic Reprint) Edward Marble. 2017. (ENG., Illus.). (J). 24.56 *(978-0-265-55529-3(9))* Forgotten Bks.

Mint Chocolate, Vol. 3. Mami Orikasa. 2021. (Mint Chocolate Ser.: 3). (ENG., Illus.). 192p. (gr. 8-17). pap. 13.00 *(978-1-9753-2056-0(5)*, Yen Pr.) Yen Pr. LLC.

Mint Julep (Classic Reprint) Martha James. (ENG., Illus.). (J). 2017. 31.67 *(978-0-265-41239-8(0))*; 2016. pap. 16.57 *(978-1-333-56072-0(9))* Forgotten Bks.

Minty Mess. Helen Perelman. Illus. by Erica-Jane Waters. 2016. (Candy Fairies Ser.: 19). (ENG.). 128p. (J). (gr. 2-5). pap. 6.99 *(978-1-4814-4680-8(0)*, Aladdin) Simon & Schuster Children's Publishing.

Minty Mess. Helen Perelman. Illus. by Erica-Jane Waters. 2016. (Candy Fairies Ser.: 19). (ENG.). 128p. (J). (gr. 2-5). 16.99 *(978-1-4814-4681-5(9)*, Simon & Schuster/Paula Wiseman Bks.) Simon & Schuster/Paula Wiseman Bks.

Minty Nothingmore: The House on Rocky Ridge. B. T. Higgins. 2020. (ENG.). 210p. (J). pap. 14.99 *(978-1-0879-1046-8(3))* Indy Pub.

Minty Nothingmore the Magician's Guild. B. T. Higgins. 2021. (Island Chronicles Ser.: Vol. 3). (ENG.). 240p. (J). pap. 14.99 ***(978-1-0879-9709-4(7))*** Indy Pub.

Minty Visits. Richard Dodd. 2016. (Fluffy the Magic Penguin Ser.: Vol. 2). (ENG., Illus.). i, 54p. (J). (gr. 2-5). pap. *(978-0-9956297-1-4(4))* Upbury Pr. Pubs.

Minus. Lisa Naffziger. 2019. (ENG., Illus.). 178p. (YA). pap. 15.00 *(978-1-945820-32-8(2))* Iron Circus Comics.

Minus-One Club. Kekla Magoon. 2023. (ENG.). 368p. (YA). 19.99 *(978-1-250-80620-8(8)*, 900244094, Holt, Henry & Co. Bks. For Young Readers) Holt, Henry & Co.

Minute Detail of the Attempt to Assassinate His Royal Highness the Duke of Cumberland: And of the Facts, Circumstances, & Testimonies, of Numerous Persons, Relating to That Event; in a Letter to W. I. Esq. Preceded by the Depositions, Before the Chief. Ernest Augustus. (ENG., Illus.). (J). 2018. 108p. 26.14 *(978-0-267-95220-5(1))*; 2016. pap. 9.57 *(978-1-334-12235-4(0))* Forgotten Bks.

Minute Dramas: The Kodak at the Quarter (Classic Reprint) Martha Young. 2018. (ENG., Illus.). 84p. (J). 25.63 *(978-0-484-17252-3(2))* Forgotten Bks.

Minute Man: On the Frontier (Classic Reprint) W. G. Puddefoot. 2018. (ENG., Illus.). 370p. (J). 31.53 *(978-0-267-67424-4(4))* Forgotten Bks.

Minute with Molly: Etiquette Essentials for Children. Judy Bollweg. 2019. (Living a Manners Mindset Ser.: Vol. 1). (ENG., Illus.). (J). (gr. k-6). 116p. 32.95 *(978-1-61314-457-2(1))*; 116p. pap. 24.95 *(978-1-61314-458-9(X))*; 64p. 24.95 *(978-1-61314-474-9(1))*; 64p. pap. 19.95 *(978-1-61314-473-2(3))* Innovo Publishing, LLC.

Minutes of the Board of Trustees. College of the City of New York. 2017. (ENG., Illus.). (J). pap. *(978-0-649-68127-3(4))* Trieste Publishing Pty Ltd.

Minvale: The Story of a Strike (Classic Reprint) Orme Agnus. 2018. (ENG., Illus.). 398p. (J). 32.11 *(978-0-267-15429-6(1))* Forgotten Bks.

Minx: A Novel (Classic Reprint) Mannington Caffyn. 2017. (ENG., Illus.). (J). 30.93 *(978-0-331-71403-6(5))*; pap. 13.57 *(978-0-259-35981-4(5))* Forgotten Bks.

Minx the Ginger Ninja. Katrina Schiavone. 2017. (J). (gr. -1-7). pap. *(978-1-925477-39-9(8))* Australian Self Publishing Group/ Inspiring Pubs.

Mio Amico Micromachine: Il Gatto Più Buono Di Tirrenia. Matteo. Mancini. 2021. (ITA.). 90p. (YA). pap. *(978-1-4834-6672-9(8))* Lulu Pr., Inc.

M

Mio Amore 1: Libro Da Colorare per Bambini. Bold Illustrations. 2017. (ITA., Illus.). (J). pap. 8.35 *(978-1-64193-127-4(2)*, Bold Illustrations) FASTLANE LLC.

Mio Amore 2: Libro Da Colorare per Bambini. Bold Illustrations. 2017. (ITA., Illus.). (J). pap. 8.35 *(978-1-64193-128-1(0)*, Bold Illustrations) FASTLANE LLC.

Mio Libro di Natale. Elisa Prati. pap. 24.95 *(978-88-09-02754-1(X))* Giunti Gruppo Editoriale ITA. Dist: Distribooks, Inc.

Mio, Min Mio see Mio, My Son

Mio Primo Libro Da Colorare: Incredibile Libro Da Colorare per Bambini e Ragazzi Di 2, 3, 4 e 5 Anni, il Mio Primo Grande Libro Da Colorare, Animali per Bambini. Lenard Vinci Press. 2020. (ITA.). 250p. (J). pap. 15.99 *(978-1-716-36271-2(7))* Lulu Pr., Inc.

Miosotis Flores Never Forgets, 1 vol. Hilda Eunice Burgos. 2021. (ENG.). 304p. (J). (gr. 4-7). 18.95 *(978-1-64379-065-7(X)*, leelowtu, Tu Bks.) Lee & Low Bks., Inc.

Mira. Kate Dobrowolska. Illus. by Nick Gustafson. 2018. (ENG.). 44p. (J). (gr. k-2). pap. *(978-1-78222-632-1(X))* Paragon Publishing, Rothersthorpe.

¡Mira, Abuela! / Look, Grandma! / ni, Elisi! Art Coulson. Illus. by Madelyn Goodnight. ed. 2022. (Storytelling Math Ser.). 32p. (J). (-k). 15.99 *(978-1-62354-219-1(7))*; pap. 7.99 *(978-1-62354-220-7(0))* Charlesbridge Publishing, Inc.

Mira Al Ratón. Linda Koons. Illus. by Bob McMahon. 2016. (Early Rising Readers Ser.). (SPA.). 16p. (J). (gr. 1-1). 6.67 *(978-1-4788-3757-2(8))* Newmark Learning LLC.

Mira Al Ratón Teachers Guide. Linda Koons. 2016. (Early Rising Readers Ser.). (SPA.). (J). (gr. 1). 40.00 net. *(978-1-4788-4700-7(X))* Newmark Learning LLC.

Mira Cómo Corro. Paul Meisel. 2020. (¡Me Gusta Leer! Ser.). 32p. (J). (gr. -1-3). pap. 8.99 *(978-0-8234-4684-1(0))* Holiday Hse., Inc.

¡Mira Cómo Crece!, 11 vols., Set. Nancy Dickmann. Incl. Vida de la Manzana. (Illus.). pap. 6.29 *(978-1-4329-5286-0(2)*, 116011); Vida Del Girasol. pap. 6.29 *(978-1-4329-5289-1(7)*, 116015); (J). (gr. -1-1). (¡Mira Cómo Crece! Ser.). (SPA.). 24p. 2011. pap., pap., pap. 37.74 *(978-1-4329-5293-8(5)*, 16375); 116.60 *(978-1-4329-5281-5(1)*, 16374) Capstone. (Heinemann).

Mira Como Juego. Paul Meisel. 2023. (¡Me Gusta Leer! Ser.). 32p. (J). (gr. -1-3). pap. 8.99 ***(978-0-8234-5475-4(4))*** Holiday Hse., Inc.

Mira Como Va. Linda Koons. 2016. (Early Rising Readers Ser.). (SPA.). 16p. (J). (gr. 1). 6.67 *(978-1-4788-3764-0(0))* Newmark Learning LLC.

Mira Como Va - 6 Pack. Linda Koons. 2016. (Early Rising Readers Ser.). (SPA.). (J). (gr. 1). 40.00 net. *(978-1-4788-4707-6(7))* Newmark Learning LLC.

Mira Como Voy! Judy Kentor Schmauss. Illus. by Ayesha Lopez. 2016. (Early Rising Readers Ser.). (SPA.). 16p. (J). (gr. 1-1). 6.67 *(978-1-4788-3718-3(7))* Newmark Learning LLC.

¡Mira Como Voy! - 6 Pack. Judy Kentor Schmauss. 2016. (Early Rising Readers Ser.). (SPA.). (J). (gr. 1). 40.00 net. *(978-1-4788-4661-1(5))* Newmark Learning LLC.

¡Mira Debajo! Tu Cuerpo(Look Inside Your Body) Louie Stowell. 2019. (Look Inside Ser.). (SPA.). 10p. (J). 14.99 *(978-0-7945-4610-6(2)*, Usborne) EDC Publishing.

Mira Esas Lombrices: Leveled Reader Book 69 Level d 6 Pack. Hmh Hmh. 2021. (SPA.). 16p. (J). pap. 74.40 *(978-0-358-08196-8(3))* Houghton Mifflin Harcourt Publishing Co.

Mira Este Animal: Leveled Reader Book 34 Level B 6 Pack. Hmh Hmh. 2021. (SPA.). 16p. (J). pap. 74.40 *(978-0-358-08162-3(9))* Houghton Mifflin Harcourt Publishing Co.

Mira Este Caracol: Leveled Reader Book 86 Level e 6 Pack. Hmh Hmh. 2021. (SPA.). 16p. (J). pap. 74.40 *(978-0-358-08212-5(9))* Houghton Mifflin Harcourt Publishing Co.

¡Mira Esto! Jamie McGillian. 2016. (Early Rising Readers Ser.). (SPA.). (J). (gr. -1). 6.67 *(978-1-4788-3678-0(4))* Newmark Learning LLC.

¡Mira Esto! - 6 Pack. Jamie McGillian. 2016. (Early Rising Readers Ser.). (SPA.). (J). (gr. 1). 40.00 net. *(978-1-4788-4621-5(6))* Newmark Learning LLC.

¡Mira Hacia Arriba! Mary Lindeen. Illus. by Sylvia Vivanco. 2016. (Early Rising Readers Ser.). (SPA.). (J). (gr. -1). 6.67 *(978-1-4788-3704-6(7))* Newmark Learning LLC.

¡Mira Hacia Arriba! - 6 Pack. Mary Lindeen. 2016. (Early Rising Readers Ser.). (SPA.). (J). (gr. 1). 40.00 net. *(978-1-4788-4647-5(X))* Newmark Learning LLC.

Mira Las Hojas. Mary Lindeen. 2016. (Early Rising Readers Ser.). (SPA.). 16p. (J). (gr. 1). 6.67 *(978-1-4788-3726-8(8))* Newmark Learning LLC.

Mira Las Hojas - 6 Pack. Mary Lindeen. 2016. (Early Rising Readers Ser.). (SPA.). (J). (gr. 1). 40.00 net. *(978-1-4788-4669-7(0))* Newmark Learning LLC.

Mira lo Que Sé Hacer: Leveled Reader Book 55 Level C 6 Pack. Hmh Hmh. 2021. (SPA.). 16p. (J). pap. 74.40 *(978-0-358-08184-5(X))* Houghton Mifflin Harcourt Publishing Co.

Mira Mi Jardin. Judy Kentor Schmauss. Illus. by Luis Filella. 2016. (Early Rising Readers Ser.). (SPA.). 16p. (J). (gr. 1-1). 6.67 *(978-1-4788-4167-8(2))* Newmark Learning LLC.

Mira Mi Jardín - 6 Pack. Judy Kentor Schmauss. 2016. (Early Rising Readers Ser.). (SPA.). (J). (gr. 1). 40.00 net. *(978-1-4788-4746-5(8))* Newmark Learning LLC.

Mira Monkey's Magic Mirror Adventure: A Dance-It-Out Creative Movement Story for Young Movers. Once Upon A Dance. Illus. by Olha Tkachenko. 2021. (ENG.). 40p. (J). 24.99 *(978-1-955555-12-8(5))* Once Upon a Dance.

Mira, Royal Detective: the New Royal Detective. Disney Books. 2020. (ENG.). 40p. (J). (gr. -1-k). 9.99 *(978-1-368-05928-2(7)*, Disney Press Books) Disney Publishing Worldwide.

Mira, Royal Detective: Undercover Princess. Disney Books. 2020. (ENG.). 24p. (J). (gr. -1-k). pap. 4.99 *(978-1-368-04565-0(0)*, Disney Press Books) Disney Publishing Worldwide.

Mira, the Misfit Sea Dragon. Everett Taylor. 2017. (ENG., Illus.). (J). pap. 9.99 *(978-0-9966505-2-6(0))* Ever Wonder Bks.

Mira the Speedy Sloth. William Tackaberry. 2018. (ENG., Illus.). 24p. (YA). pap. 12.49 *(978-1-5456-3743-2(1))* Salem Author Services.

Mira, Toca, Siente. Roger Priddy. 2023. (See, Touch, Feel Ser.). (SPA.). 16p. (J). bds. 12.99 ***(978-1-68449-352-4(8)***, 900289988) St. Martin's Pr.

¡Mira, un Delfín! (Look, a Dolphin!) Tessa Kenan. ed. 2017. (Bumba Books (r) en Español — Veo Animales Marinos (I See Ocean Animals) Ser.). (SPA., Illus.). 24p. (J). (gr. -1-1). E-Book 39.99 *(978-1-5124-2943-5(0))*; E-Book 4.99 *(978-1-5124-3549-8(X)*, 9781512435498); E-Book 39.99 *(978-1-5124-3548-1(1)*, 9781512435481) Lerner Publishing Group. (Ediciones Lerner).

¡Mira! un Gato. Katrina Streza & Ariana Vargas. Illus. by Brenda Ponnay. 2023. (Little Lectores Ser.: Vol. 8). (SPA.). 20p. (J). 24.99 ***(978-1-5324-3473-0(1))***; pap. 12.99 ***(978-1-5324-3118-0(X))*** Xist Publishing.

¡Mira, un Pez Payaso! (Look, a Clown Fish!) Tessa Kenan. ed. 2017. (Bumba Books (r) en Español — Veo Animales Marinos (I See Ocean Animals) Ser.). (SPA., Illus.). 24p. (J). (gr. -1-1). E-Book 39.99 *(978-1-5124-2941-1(4))*; E-Book 39.99 *(978-1-5124-3551-1(1)*, 9781512435511); E-Book 4.99 *(978-1-5124-3552-8(X)*, 9781512435528) Lerner Publishing Group. (Ediciones Lerner).

¡Mira, un Tiburón! (Look, a Shark!) Tessa Kenan. 2017. (Bumba Books (r) en Español — Veo Animales Marinos (I See Ocean Animals) Ser.). (SPA., Illus.). 24p. (J). (gr. -1-1). 26.65 *(978-1-5124-2868-1(X)*, 73d81de2-1f52-4805-a27c-8d8f558e7c9c); E-Book 39.99 *(978-1-5124-2949-7(X))*; E-Book 39.99 *(978-1-5124-3554-2(6)*, 9781512435542); E-Book 4.99 *(978-1-5124-3555-9(4)*, 9781512435559) Lerner Publishing Group. (Ediciones Lerner).

¡Mira, una Estrella de Mar! (Look, a Starfish!) Tessa Kenan. 2017. (Bumba Books (r) en Español — Veo Animales Marinos (I See Ocean Animals) Ser.). (SPA., Illus.). 24p. (J). (gr. -1-1). 26.65 *(978-1-5124-2869-8(8)*, 339c07a0-1b7c-46e4-b8e3-5de41deee81e); E-Book 39.99 *(978-1-5124-3557-3(0)*, 9781512435573); E-Book 4.99 *(978-1-5124-3558-0(9)*, 9781512435580); E-Book 39.99 *(978-1-5124-2951-0(1))* Lerner Publishing Group. (Ediciones Lerner).

¡Mira, una Medusa! (Look, a Jellyfish!) Tessa Kenan. 2017. (Bumba Books (r) en Español — Veo Animales Marinos (I See Ocean Animals) Ser.). (SPA., Illus.). 24p. (J). (gr. -1-1). 26.65 *(978-1-5124-2866-7(3)*, c37542de-4615-4686-ac42-2b17e1f10294); E-Book 39.99 *(978-1-5124-3563-4(5)*, 9781512435634); E-Book 4.99 *(978-1-5124-3564-1(3)*, 9781512435641); E-Book 39.99 *(978-1-5124-2945-9(7))* Lerner Publishing Group. (Ediciones Lerner).

¡Mira, una Raya! (Look, a Ray!) Tessa Kenan. 2017. (Bumba Books (r) en Español — Veo Animales Marinos (I See Ocean Animals) Ser.). (SPA., Illus.). 24p. (J). (gr. -1-1). 26.65 *(978-1-5124-2867-4(1)*, fe75fbf1-fa17-489a-bf4e-daeab3569c45); E-Book 39.99 *(978-1-5124-2947-3(3))*; E-Book 39.99 *(978-1-5124-3560-3(0)*, 9781512435603); E-Book 4.99 *(978-1-5124-3561-0(9)*, 9781512435610) Lerner Publishing Group. (Ediciones Lerner).

Mirabel & the Family Madrigal (Disney Encanto) RH Disney. Illus. by RH Disney. 2021. (ENG., Illus.). 18p. (J). (— 1). bds. 8.99 *(978-0-7364-4283-1(9)*, RH/Disney) Random Hse. Children's Bks.

Mirabella. Edwin Gilven. 2016. (ENG., Illus.). 32p. (J). pap. *(978-1-365-44134-9(2))* Lulu Pr., Inc.

Mirabella y el Hechizo Del Dragón / Mirabelle Gets up to Mischief. Harriet Muncaster. 2021. (Mirabella Ser.). (SPA.). 144p. (J). (gr. 2-4). pap. 10.95 *(978-607-38-0177-5(7)*, Alfaguara) Penguin Random House Grupo Editorial ESP. Dist: Penguin Random Hse. LLC.

Mirabella y la Clase de Pociones / Mirabelle Has a Bad Day. Harriet Muncaster. 2022. (Mirabella Ser.: 3). (SPA.). 160p. (J). (gr. 2-4). pap. 10.95 *(978-607-38-1648-9(0)*, Alfaguara) Penguin Random House Grupo Editorial ESP. Dist: Penguin Random Hse. LLC.

Mirabella y la Escuela de Magia / Mirabelle Breaks the Rules. Harriet Muncaster. 2022. (SPA.). 160p. (J). (gr. 1-4). pap. 10.95 *(978-607-38-0605-3(1)*, Alfaguara) Penguin Random House Grupo Editorial ESP. Dist: Penguin Random Hse. LLC.

Mirabelle & the Magical Mayhem. Harriet Muncaster. 2022. (Mirabelle Ser.: 6). (Illus.). 128p. (J). (gr. k-2). pap. 6.99 ***(978-0-19-277758-4(0))*** Oxford Univ. Pr., Inc.

Mirabelle & the Naughty Bat Kittens. Harriet Muncaster. 2022. (Mirabelle Ser.: 5). (ENG., Illus.). 128p. (J). (gr. k-2). pap. 6.99 ***(978-0-19-277757-7(2))*** Oxford Univ. Pr., Inc.

Mirabelle Breaks the Rules. Oxford Editor & Harriet Muncaster. 2021. (Mirabelle Ser.: 2). (Illus.). 128p. (J). (gr. k-2). pap. 6.99 ***(978-0-19-277754-6(8))*** Oxford Univ. Pr., Inc.

Mirabelle Gets up to Mischief. Harriet Muncaster. 2020. (Mirabelle Ser.: 1). (ENG., Illus.). 128p. (J). (gr. k-2). pap. 6.99 ***(978-0-19-277649-5(5))*** Oxford Univ. Pr., Inc.

Mirabelle Has a Bad Day. Harriet Muncaster. 2021. (Mirabelle Ser.: 3). (Illus.). 128p. (J). (gr. k-2). pap. 6.99 ***(978-0-19-277755-3(6))*** Oxford Univ. Pr., Inc.

Mirabelle in Double Trouble. Harriet Muncaster. 2022. (Mirabelle Ser.: 4). (ENG., Illus.). 128p. (J). (gr. k-2). pap. 6.99 ***(978-0-19-277756-0(4))*** Oxford Univ. Pr., Inc.

Mirabel's Discovery (Disney Encanto) Vicky Weber. Illus. by The Disney Storybook Art Team. 2021. (Step into Reading Ser.). (ENG.). 32p. (J). (gr. 1-3). 14.99 *(978-0-7364-9007-8(8))*; 5.99 *(978-0-7364-4239-8(1))* Random Hse. Children's Bks. (RH/Disney).

Mirabel's Island (Classic Reprint) Louis Tracy. (ENG., Illus.). (J). 2017. 32.35 *(978-0-265-91700-8(X))*; 2016. pap. 16.57 *(978-1-334-14438-7(9))* Forgotten Bks.

Mirabel's Missing Valentines. Janet Lawler. Illus. by Olivia Chin Mueller. 2018. (ENG.). 32p. (J). (gr. -1-2). 18.99 *(978-1-4549-2739-6(9))* Sterling Publishing Co., Inc.

Mirabilia. Heather Renee. Illus. by Noble T. Johnson. 2021. (ENG.). 126p. (J). 50.00 *(978-1-0983-4558-7(4))* BookBaby.

Miracle. Karen S. Chow. 2023. (ENG., Illus.). 256p. (J). (gr. 3-7). 16.99 *(978-0-316-33372-6(7))* Little, Brown Bks. for Young Readers.

Miracle. Jason Pinter. Illus. by Cheryl Crouthamel. 2018. (ENG.). 30p. (J). (gr. -1-3). 13.99 *(978-1-947993-39-6(9))*; 18.99 *(978-1-947993-40-2(2))* Polis Bks. (Armina Pr.).

Miracle & Tragedy of the Dionne Quintuplets. Sarah Miller. 2019. (Illus.). 320p. (YA). (gr. 7). 18.99 *(978-1-5247-1381-2(3))*; (ENG., 20.99 *(978-1-5247-1382-9(1)*, Schwartz & Wade Bks.) Random Hse. Children's Bks.

Miracle at Madville. MaryAnn Diorio. 2022. (ENG.). 40p. (J). pap. 18.99 ***(978-0-930037-74-1(X))*** TopNotch Pr.

Miracle at the Mission. Joseph Lewis. 2022. (ENG.). 210p. pap. 15.99 *(978-1-64949-567-9(6))* Elk Lake Publishing, Inc.

Miracle Bedtime Stories: For Children of All Ages. Sharron Eve Dee. 2018. (ENG., Illus.). 54p. (J). *(978-1-5255-2154-6(3))*; pap. *(978-1-5255-2155-3(1))* FriesenPress.

Miracle Christmas Is. Breddan Budderman. Illus. by Robert Dunn. 2021. (ENG.). 32p. (J). 21.95 *(978-1-7367539-5-8(9))*; pap. 14.95 *(978-1-7367539-4-1(0))* Reaching Higher Pr. LLC.

Miracle (Classic Reprint) E. Temple Thurston. 2018. (ENG., Illus.). 354p. (J). 31.20 *(978-0-483-19886-9(2))* Forgotten Bks.

Miracle for Evi. Eva-Maria Frank. 2022. (ENG., Illus.). 76p. (J). pap. 20.95 *(978-1-63860-841-7(5))* Fulton Bks.

Miracle for Maximillian Mouse. Dave Kent. 2018. (ENG.). 34p. (J). pap. *(978-0-359-27579-3(6))* Lulu Pr., Inc.

Miracle for Micah. Claudia Cangilla McAdam. 2023. (ENG.). (J). 14.95 ***(978-1-954881-81-5(9))*** Ascension Pr.

Miracle for Samuelito: A Story of Mexico. Rose-Mae Carvin & Bible Visuals International. 2020. (Flashcard Format 5280-Acs Ser.: Vol. 5280). (ENG.). 56p. (J). pap. 26.00 *(978-1-64104-113-3(7))* Bible Visuals International, Inc.

Miracle Girl. Jennifer Digiovanni. 2019. (ENG.). 242p. (YA). (gr. 7-12). pap. 15.99 *(978-1-7327112-9-7(1))* Vinspire Publishing LLC.

Miracle Goal (the Selwood Boys, #2) Tony Wilson et al. 2018. (Selwood Boys Ser.: 02). 160p. 5.99 *(978-0-7333-3546-4(2))* ABC Bks. AUS. Dist: HarperCollins Pubs.

Miracle in Music City, 1 vol. Natalie Grant. 2016. (Faithgirlz / Glimmer Girls Ser.: 3). (ENG.). 208p. (J). pap. 8.99 *(978-0-310-75250-9(7))* Zonderkidz.

Miracle Lamb. Jamie Page. 2018. (ENG., Illus.). 22p. (J). 21.95 *(978-1-64114-126-0(3))*; pap. 11.95 *(978-1-64114-124-6(7))* Christian Faith Publishing.

Miracle Landing on the Hudson. John Hamilton. 2020. (Xtreme Rescues Ser.). (ENG., Illus.). 32p. (J). (gr. 4-4). pap. 9.95 *(978-1-64494-352-6(2)*, 1644943522, A&D Xtreme) ABDO Publishing Co.

Miracle Landing on the Hudson. S. L. Hamilton. 2019. (Xtreme Rescues Ser.). (ENG., Illus.). 32p. (J). (gr. 3-9). lib. bdg. 32.79 *(978-1-5321-9004-9(2)*, 33328, Abdo & Daughters) ABDO Publishing Co.

Miracle Man: The Story of Jesus. John Hendrix. 2016. (ENG., Illus.). 40p. (J). (gr. 1-4). 19.99 *(978-1-4197-1899-1(1)*, 697101, Abrams Bks. for Young Readers) Abrams, Inc.

Miracle Man (Classic Reprint) Frank L. Packard. 2018. (ENG., Illus.). 306p. (J). 30.21 *(978-0-267-44160-0(6))* Forgotten Bks.

Miracle Miles & His Buddy Bunch - the Best Day Ever! Paras Bengco. Illus. by Penny Booher-Jones. 2019. (ENG.). 60p. (J). pap. 12.99 *(978-0-578-41435-5(X))* Independent Pub.

Miracle Moments in Baseball. Kenny Abdo. 2021. (Miracles in Sports Ser.). (ENG., Illus.). 24p. (J). (gr. 2-8). lib. bdg. 31.36 *(978-1-0982-2318-2(7)*, 37122, Abdo Zoom-Fly) ABDO Publishing Co.

Miracle Moments in Basketball. Kenny Abdo. 2021. (Miracles in Sports Ser.). (ENG.). 24p. (J). (gr. 2-8). lib. bdg. 31.36 *(978-1-0982-2319-9(5)*, 37124, Abdo Zoom-Fly) ABDO Publishing Co.

Miracle Moments in Football. Kenny Abdo. 2021. (Miracles in Sports Ser.). (ENG., Illus.). 24p. (J). (gr. 2-8). lib. bdg. 31.36 *(978-1-0982-2320-5(9)*, 37126, Abdo Zoom-Fly) ABDO Publishing Co.

Miracle Moments in Hockey. Kenny Abdo. 2021. (Miracles in Sports Ser.). (ENG., Illus.). 24p. (J). (gr. 2-8). lib. bdg. 31.36 *(978-1-0982-2321-2(7)*, 37128, Abdo Zoom-Fly) ABDO Publishing Co.

Miracle Moments in Soccer. Kenny Abdo. 2021. (Miracles in Sports Ser.). (ENG., Illus.). 24p. (J). (gr. 2-8). lib. bdg. 31.36 *(978-1-0982-2322-9(5)*, 37130, Abdo Zoom-Fly) ABDO Publishing Co.

Miracle Moments in Tennis. Kenny Abdo. 2021. (Miracles in Sports Ser.). (ENG., Illus.). 24p. (J). (gr. 2-8). lib. bdg. 31.36 *(978-1-0982-2323-6(3)*, 37132, Abdo Zoom-Fly) ABDO Publishing Co.

Miracle of Delilah. Meagan Dux. 2018. (Delilah Ser.: Vol. 2). (ENG.). 316p. (YA). (gr. 8-12). pap. *(978-0-6482497-0-2(0))* Karen Mc Dermott.

Miracle of Gods Love. R. J. Taylor. 2017. (ENG., Illus.). (J). pap. 12.49 *(978-1-5456-1082-4(7))* Salem Author Services.

Miracle of Gus. Angela LeBlanc. 2017. (ENG., Illus.). (J). 19.95 *(978-1-947491-21-2(0))*; pap. 9.95 *(978-1-947247-92-5(1))* Yorkshire Publishing Group.

Miracle of Hanukkah Kids Coloring Books Religious. Educando Kids. 2019. (ENG.). 42p. (J). pap. 6.99 *(978-1-64521-080-1(4)*, Educando Kids) Editorial Imagen.

Miracle of Helen the Rabbit. Steve Rogers. 2018. (ENG., Illus.). 48p. (J). (gr. k-6). pap. 16.95 *(978-1-949483-42-0(8))* Strategic Book Publishing & Rights Agency (SBPRA).

Miracle of Love (Classic Reprint) Cosmo Hamilton. (ENG., Illus.). (J). 2018. 332p. 30.76 *(978-0-656-71788-0(2))*; 2017. pap. 13.57 *(978-1-5276-3906-5(1))* Forgotten Bks.

Miracle of Saint Antony & Five Other Plays (Classic Reprint) Maurice Maeterlinck. 2018. (ENG., Illus.). 252p. (J). 29.11 *(978-0-483-39096-6(8))* Forgotten Bks.

Miracle of the Bells (Classic Reprint) Russell Janney. 2017. (ENG., Illus.). (J). 34.39 *(978-0-331-07143-6(6))*; pap. 16.97 *(978-0-243-27271-6(5))* Forgotten Bks.

Miracle of the Bread, the Fish, & the Boy. Anthony DeStefano. 2018. (ENG., Illus.). 32p. (J). (gr. -1-2). 15.99 *(978-0-7369-6859-1(8)*, 6968591) Harvest Hse. Pubs.

Miracle of the Human Body: Anatomy & Physiology for Children - Children's Anatomy & Physiology Books. Baby Professor. 2017. (ENG., Illus.). (J). pap. 7.89 *(978-1-68305-743-7(0)*, Baby Professor (Education Kids)) Speedy Publishing LLC.

Miracle of the Poinsettia (Milagro de la Flor de Nochebuena) Brian Cavanaugh. Tr. by Carmen Lopez-Platek. 2017. (ENG., Illus.). 32p. (J). pap. 12.95 *(978-0-8091-6779-1(4))* Paulist Pr.

Miracle of You. Cleere Cherry Reaves. Illus. by Alejandra Barajas. 2023. (ENG.). 32p. (J). 18.99 *(978-1-4002-4210-8(X)*, Tommy Nelson) Nelson, Thomas Inc.

Miracle on 34th Street. Valentine Davies Estate & Susanna Leonard Hill. Illus. by James Newman Gray. 2023. (My Recordable Storytime Ser.). (ENG.). 40p. (J). (gr. k-5). 24.99 ***(978-1-7282-8251-0(9))*** Sourcebooks, Inc.

Miracle on 34th Street: A Christmas Holiday Book for Kids. Valentine Davies. 2021. (ENG.). 136p. (J). (gr. 3-7). 14.99 *(978-0-358-43917-2(5)*, 1794356, Clarion Bks.) HarperCollins Pubs.

Miracle on 34th Street: A Storybook Edition of the Christmas Classic. Valentine Davies Estate & Susanna Leonard Hill. Illus. by James Newman Gray. (ENG.). (J). (gr. k-5). 2022. 40p. 10.99 *(978-1-7282-6329-8(8))*; 2018. 32p. 17.99 *(978-1-4926-6986-9(5))* Sourcebooks, Inc.

Miracle on Cherry Hill. Sun-mi Hwang. 2021. (ENG., Illus.). 208p. pap. 15.99 *(978-0-349-14335-4(8)*, Abacus) Little, Brown Book Group Ltd. GBR. Dist: Hachette Bk. Group.

Miracle on Chestnut Street: The Untold Story of Thomas Jefferson & the Declaration of Independence. Milton J. Nieuwsma. (ENG.). 204p. (YA). 2022. 27.95 *(978-1-899694-95-2(1)*, ipicturebooks); 2021. pap. 16.95 *(978-1-899694-94-5(3))* ibooks, Inc.

Miracle on Christmas Day. Nora Eberhardt Quigley. 2017. (ENG., Illus.). 40p. (J). pap. 16.95 *(978-1-5043-9196-2(9)*, Balboa Pr.) Author Solutions, LLC.

Miracle on Ebenezer Street. Catherine Doyle. 2021. (Illus.). 240p. (J). (gr. 3-8). 15.99 ***(978-0-241-43525-0(0)***, Puffin) Penguin Bks., Ltd. GBR. Dist: Independent Pubs. Group.

Miracle on Ice. Betsy Rathburn. Illus. by Eugene Smith. 2023. (Greatest Moments in Sports Ser.). (ENG.). (J). (gr. 3-8). pap. 8.99. lib. bdg. 29.95 Bellwether Media.

Miracle on Ice. Heather Williams. 2018. (21st Century Skills Library: Sports Unite Us Ser.). (ENG., Illus.). 32p. (J). (gr. 3-6). lib. bdg. 32.07 *(978-1-5341-2957-3(X)*, 211872) Cherry Lake Publishing.

Miracle on Ice: How a Stunning Upset United a Country. Michael Burgan. 2016. (Captured History Sports Ser.). (ENG., Illus.). 64p. (J). (gr. 5-9). pap. 8.95 *(978-0-7565-5294-7(X)*, 131254); lib. bdg. 35.32 *(978-0-7565-5290-9(7)*, 130885) Capstone. (Compass Point Bks.).

Miracle on Montgomery Farm: The Almost True Story of How an Orphaned Calf & a Crippled Lamb Helped Save the Family Farm. Cynthia K. Landis. 2017. (ENG., Illus.). (J). (gr. 1-5). pap. 9.99 *(978-1-5456-1225-5(0))* Salem Author Services.

Miracle on the Hudson. Carolyn Macy. 2017. (ENG., Illus.). (J). 29.99 *(978-0-9988838-4-7(0))*; pap. 19.99 *(978-0-9988838-3-0(2))* Macy, Carolyn.

Miracle on the Hudson Coloring Book. Carolyn Macy. 2017. (ENG., Illus.). (J). pap. 9.99 *(978-0-9989127-6-9(X))* Macy, Carolyn.

Miracle on the Mountain. J. K. Truman & Dj Whisenant. 2019. (ENG., Illus.). 30p. (YA). pap. 13.95 *(978-1-64471-928-2(2))* Covenant Bks.

Miracle on the Train Track. Yuvraj Ramsaroop. 2019. (ENG.). 24p. (J). 22.95 *(978-1-63338-999-1(5))*; pap. 12.95 *(978-1-63338-918-2(9))* Fulton Bks.

Miracle Season. Beth Hautala. 2022. (ENG.). 320p. (J). (gr. 5-7). 17.99 *(978-0-593-46368-0(4)*, Viking Books for Young Readers) Penguin Young Readers Group.

Miracle Seed. Martin Lemelman. 2023. 80p. (J). *(978-0-8028-5590-9(3)*, Eerdmans Bks For Young Readers) Eerdmans, William B. Publishing Co.

Miracle the Magical Fish. Mary Menzel. 2020. (ENG., Illus.). 26p. (J). pap. 13.95 *(978-1-64801-491-8(7))* Newman Springs Publishing, Inc.

Miracles: Nine God Stories Told by Kids. Patricia A. Frost. Illus. by Emily Naylor. 2020. (ENG.). 36p. (J). pap. *(978-1-4866-1942-9(8))* Word Alive Pr.

Miracles Come True: You're the Treasure That's Seeking You. Corinne Miller. 2021. (ENG., Illus.). 30p. (J). 23.95 *(978-1-0980-6609-3(X))*; pap. 12.95 *(978-1-0980-6608-6(1))* Christian Faith Publishing.

Miracles de Saint Louis (Classic Reprint) Guillaume De Saint-Pathus. 2018. (FRE., Illus.). (J). 366p. 31.45 *(978-0-366-39917-8(9))*; 368p. pap. 13.97 *(978-0-366-39913-0(6))* Forgotten Bks.

Miracles for the Maharaja (Meandering Magicians Series Book III) Aditi Krishnakumar. 2023. (ENG.). 256p. (YA). (gr. 8-11). pap. 9.99 ***(978-0-14-345807-4(8))*** Penguin Bks. India PVT, Ltd IND. Dist: Independent Pubs. Group.

Miracles in Sports (Set), 6 vols. Kenny Abdo. 2021. (Miracles in Sports Ser.). (ENG.). 24p. (J). (gr. 2-8). lib. bdg. 188.16 *(978-1-0982-2317-5(9)*, 37120, Abdo Zoom-Fly) ABDO Publishing Co.

Miracles in the Forest. Calee M. Lee. Illus. by Cartoon Saloon. 2023. (Secret of Kells Readers Ser.). (ENG.). 30p. (J). pap. 12.99 ***(978-1-5324-3235-4(6))*** Xist Publishing.

Miracles in the Forest: The Secret of Kells Beginning Reader. Calee M. Lee. Illus. by Cartoon Saloon. 2023. (Secret of Kells Readers Ser.). (ENG.). 28p. (J). (gr. -1-2). 24.99 ***(978-1-5324-4371-8(4))***; pap. 12.99 ***(978-1-5324-3234-7(8))*** Xist Publishing.

Miracles of Antichrist: A Novel, Translated from the Swedish of Selam Lagerlof, Author of the Story of Gosta Berling (Classic Reprint) Pauline Bancroft Flach. 2018. (ENG., Illus.). 386p. (J). 31.86 *(978-0-483-64262-1(2))* Forgotten Bks.

Miracles of Clara Van Haag (Classic Reprint) Johannes Buchholtz. 2018. (ENG., Illus.). 308p. (J). 30.27 *(978-0-484-04274-1(2))* Forgotten Bks.

Miracles of Jesus. Illus. by Brooke Malia Mann. 2019. (J). 16.99 *(978-1-62972-522-2(6))* Deseret Bk. Co.

Miracles of Jesus: The Brick Bible for Kids. Brendan Powell Smith. 2017. (ENG.). 32p. (J). 12.99 *(978-1-5107-2697-0(7)*, Sky Pony Pr.) Skyhorse Publishing Co., Inc.

Miracles of Jesus Coloring Book. Creative Playbooks. 2016. (ENG., Illus.). (J). pap. 7.74 *(978-1-68323-577-4(0))* Twin Flame Productions.

Miracles of Medicine, 12 vols. 2016. (Miracles of Medicine Ser.). (ENG.). 00048p. (J). (gr. 6-6). lib. bdg. 201.60 *(978-1-4824-6122-0(6)*, c78d69f1-12ef-4f71-8be0-7c6e43918de0) Stevens, Gareth Publishing LLLP.

Miracles of the Bible Activity Book. Pip Reid. 2020. (ENG.). 134p. (J). pap. *(978-1-988585-46-8(5))* Bible Pathway Adventures.

Miracles of the New Testament: Being the Moorhouse Lectures for 1914 Delivered in S. Paul's Cathedral, Melbourne (Classic Reprint) Arthur Cayley Headlam. 2018. (ENG., Illus.). 384p. (J). 31.84 *(978-0-656-40037-9(4))* Forgotten Bks.

Miracles of the Prophets: The Card Game. Islam Village. Illus. by Adilah Joossab. 2022. 63p. (J). 16.95 *(978-1-9162527-1-4(0))* Kube Publishing Ltd. GBR. Dist: Consortium Bk. Sales & Distribution.

Miraculous. Jess Redman. 2020. (ENG.). 336p. (J). pap. 7.99 *(978-1-250-25036-0(6)*, 900191422) Square Fish.

Miraculous. Caroline Starr Rose. 2022. 352p. (J). (gr. 5). 17.99 *(978-1-9848-1315-2(3)*, G.P. Putnam's Sons Books for Young Readers) Penguin Young Readers Group.

Miraculous: Be Your Own Hero Activity Book: 100% Official Ladybug & Cat Noir Gift for Kids. BuzzPop. 2022. (Miraculous Ser.). (ENG.). 80p. (J). (gr. 2-5). pap. 10.99 *(978-1-4998-1256-5(6)*, BuzzPop) Little Bee Books Inc.

Miraculous: Bubble Trouble. ZAG AMERICA, LLC. 2022. (Miraculous Chapter Book Ser.: 2). (ENG.). 96p. (J). (gr. 1-5). pap. 6.99 *(978-0-316-42948-1(1))* Little, Brown Bks. for Young Readers.

Miraculous: Christmas Rescue! Elle Stephens. 2020. (Passport to Reading Level 2 Ser.). (ENG., Illus.). 32p. (J). (gr. -1-3). pap. 5.99 *(978-0-316-42926-9(0))* Little, Brown Bks. for Young Readers.

Miraculous: Friends, Foes, & Heroes. Elle Stephens. 2022. (Passport to Reading Level 2 Ser.). (ENG., Illus.). 32p. (J). (gr. -1-3). pap. 5.99 *(978-0-316-42929-0(5))* Little, Brown Bks. for Young Readers.

Miraculous Mimi the Micro Preemie. Holly A. Luky. 2019. (ENG., Illus.). 34p. (J). pap. 14.95 *(978-0-578-46178-6(1))* Four Corners Magazine LLC.

Miraculous Miranda. Siobhan Parkinson. 2019. (ENG., Illus.). 160p. (J). (gr. 4-7). pap. 9.99 *(978-1-4449-2909-6(7))* Hachette Children's Group GBR. Dist: Hachette Bk. Group.

Miraculous: Monster Madness! Elle Stephens. 2022. (Passport to Reading Level 2 Ser.). (ENG.). 32p. (J). (gr. -1-3). pap. 5.99 *(978-0-316-42935-1(X))* Little, Brown Bks. for Young Readers.

Miraculous: Peril in Paris. ZAG AMERICA, LLC. 2020. (Miraculous Chapter Book Ser.: 1). (ENG., Illus.). 96p. (J). (gr. 1-5). pap. 6.99 *(978-0-316-42940-5(6))* Little, Brown Bks. for Young Readers.

Miraculous: Superhero Origins. Christy Webster. 2022. (Miraculous Chapter Book Ser.: 3). (ENG., Illus.). 96p. (J). (gr. 1-5). pap. 6.99 *(978-0-316-70668-1(X))* Little, Brown Bks. for Young Readers.

Miraculous Sweetmakers #1: the Frost Fair. Natasha Hastings. 2022. (ENG.). 368p. (J). (gr. 3-7). 16.99 *(978-0-06-316127-6(3)*, HarperCollins) HarperCollins Pubs.

Miraculous: Tales of Ladybug & Cat Noir: Bug Out. Jeremy Zag & Leonie de Rudder. 2018. (ENG., Illus.). 192p. (J). pap. 9.99 *(978-1-63229-366-4(8)*, 2d01511c-b1d1-416f-ab13-c2716ebef7ee) Action Lab Entertainment.

Miraculous: Tales of Ladybug & Cat Noir: De-Evilize. Z. A. G. Entertainment et al. 2018. (ENG., Illus.). 192p. (J). pap. 9.99 *(978-1-63229-312-1(9)*, 0512df33-fe47-4abe-a07a-71dba7016661) Action Lab Entertainment.

Miraculous: Tales of Ladybug & Cat Noir: Santa Claws Christmas Special. Jeremy Zag et al. 2018. (ENG., Illus.). 80p. (J). pap. 6.99 *(978-1-63229-455-5(9)*, 677bdd5f-5b39-4dac-a5c9-7fec59c35e62) Action Lab Entertainment.

Miraculous: Tales of Ladybug & Cat Noir: Season Two - a New Hero Emerges. Jeremy Zag. 2019. (ENG., Illus.). 128p. (J). pap. 8.99 *(978-1-63229-446-3(X)*, 95342315-44be-424b-b7b8-e3d4f1b449ee) Action Lab Entertainment.

Miraculous: Tales of Ladybug & Cat Noir: Season Two - Bugheads. Jeremy Zag et al. 2020. (ENG., Illus.). 128p. (J). pap. 8.99 *(978-1-63229-516-3(4)*, 81288d1c-de32-4bb4-acda-046c0d38e70e) Action Lab Entertainment.

Miraculous: Tales of Ladybug & Cat Noir: Season Two - Bye Bye, Little Butterfly! Zag Entertainment et al. 2018. (ENG., Illus.). 128p. (J). pap. 8.99 *(978-1-63229-439-5(7)*, 97bfdbdd-a000-494c-b6a0-6e91d67dc894) Action Lab Entertainment.

Miraculous: Tales of Ladybug & Cat Noir: Season Two - Double Trouble. Jeremy Zag et al. 2019. (ENG., Illus.). 128p. (J). pap. 8.99 *(978-1-63229-492-0(3)*, 04f36113-0c8e-4ea6-ae55-2ccfc4143cc5) Action Lab Entertainment.

Miraculous: Tales of Ladybug & Cat Noir: Season Two - Gotcha! Jeremy Zag. 2019. (ENG., Illus.). 128p. (J). pap. 8.99 *(978-1-63229-442-5(7)*, 216fa832-18d4-437c-9889-6b998de5c508) Action Lab Entertainment.

Miraculous: Tales of Ladybug & Cat Noir: Season Two - Heroes' Day. Jeremy Zag et al. 2020. (ENG., Illus.). 96p. (J). pap. 8.99 *(978-1-63229-521-7(0)*, 6b2db7e1-3baa-4c35-8e32-83b98e6852d9) Action Lab Entertainment.

Miraculous: Tales of Ladybug & Cat Noir: Season Two - Love Compass. Jeremy Zag et al. Ed. by Nicole D'Andria & Bryan Seaton. 2019. (ENG., Illus.). 128p. (J). pap. 8.99 *(978-1-63229-459-3(1)*, 7c5c33fe-f147-46a1-9e95-d09557b8e81b) Action Lab Entertainment.

Miraculous: Tales of Ladybug & Cat Noir: Season Two - No More Evil-Doing. Zag Entertainment et al. 2019. (ENG., Illus.). 128p. (J). pap. 8.99 *(978-1-63229-440-1(0)*, e7ded02b-3905-46d5-93b1-b8a84aed92e6) Action Lab Entertainment.

Miraculous: Tales of Ladybug & Cat Noir: Season Two - Queen's Battle. Jeremy Zag et al. 2020. (ENG., Illus.). 128p. (J). pap. 9.99 *(978-1-63229-520-0(2)*, 53e846b3-c2d0-4b0f-86cb-fa222686ce48) Action Lab Entertainment.

Miraculous: Tales of Ladybug & Cat Noir: Season Two - Skating on Thin Ice. Jeremy Zag et al. 2020. (ENG., Illus.). 128p. (J). pap. 8.99 *(978-1-63229-517-0(2)*, fd374afa-51da-4000-bb0a-bc280203b953) Action Lab Entertainment.

Miraculous: Tales of Ladybug & Cat Noir: Season Two - Tear of Joy. Jeremy Zag et al. 2019. (ENG., Illus.). 128p. (J). pap. 8.99 *(978-1-63229-480-7(X)*, f45ab900-1a9e-4579-ac27-ed5dbabd57b5) Action Lab Entertainment.

Miraculous: Tales of Ladybug & Cat Noir: Season Two - the Chosen One. Zag Entertainment et al. 2018. (ENG., Illus.). 128p. (J). pap. 8.99 *(978-1-63229-422-7(2)*, 974cd1c0-5a80-49cd-b9c4-3d309a26c806) Action Lab Entertainment.

Miraculous: Ultimate Sticker & Activity Book: 100% Official Tales of Ladybug & Cat Noir, As Seen on Disney & Netflix! BuzzPop. 2022. (Miraculous Ser.). (ENG.). 64p. (J). (gr. k). pap. 12.99 *(978-1-4998-1373-9(2)*, BuzzPop) Little Bee Books Inc.

Mirada a Los Insectos: Leveled Reader Book 29 Level e 6 Pack. Hmh Hmh. 2021. (SPA.). 16p. (J). pap. 74.40 *(978-0-358-08249-1(8))* Houghton Mifflin Harcourt Publishing Co.

Mirada Secreta / the Sight. Erin Hunter. 2018. (Gatos Guerreros / Warriors Ser.: 1). (SPA.). 334p. (J). (gr. 4-7). pap. 15.95 *(978-84-9838-821-3(X))* Publicaciones y Ediciones Salamandra, S.A. ESP. Dist: Penguin Random Hse. LLC.

Mirage. Christine Allen. 2020. (ENG.). 26p. (YA). ***(978-1-6780-0232-9(1))*** Lulu Pr., Inc.

Mirage. Tracy Clark. 2017. (ENG.). 272p. (YA). (gr. 9). pap. 9.99 *(978-0-544-93727-7(9)*, 1658700, Clarion Bks.) HarperCollins Pubs.

Mirage. Somaiya Daud. 2018. (ENG.). (YA). (gr. 8-12). pap. 10.99 *(978-1-250-31535-9(2))* Flatiron Bks.

Mirage: A Novel. Somaiya Daud. (Mirage Ser.: 1). (ENG., Illus.). (YA). 2020. 336p. pap. 10.99 *(978-1-250-12643-6(6)*, 900175120); 2018. 320p. 18.99 *(978-1-250-12642-9(8)*, 900175119) Flatiron Bks.

Mirage (Classic Reprint) George Fleming. 2018. (ENG., Illus.). 362p. (J). 31.36 *(978-0-484-50262-7(X))* Forgotten Bks.

Mirage (Classic Reprint) William H. Kofoed. (ENG., Illus.). (J). 2018. 376p. 31.67 *(978-0-483-63221-9(X))*; 2016. pap. 16.57 *(978-1-334-14278-9(5))* Forgotten Bks.

Mirage (Classic Reprint) E. Temple Thurston. 2018. (ENG., Illus.). 230p. (J). 28.68 *(978-0-484-10665-8(1))* Forgotten Bks.

Mirage (Classic Reprint) Ernest Temple Thurston. (ENG., Illus.). (J). 2018. 336p. 30.83 *(978-0-365-34360-8(9))*; 2017. pap. 13.57 *(978-0-259-19722-5(X))* Forgotten Bks.

Mirage Finder: An Adult Activity Book with Hidden Pictures. Activity Book Zone. 2016. (ENG., Illus.). (J). pap. 7.55 *(978-1-68376-025-2(5))* Sabeels Publishing.

Mirage of the Desert (Classic Reprint) Agnes Littlejohn. 2018. (ENG., Illus.). 292p. (J). 29.92 *(978-0-267-47246-8(3))* Forgotten Bks.

Mirage of the Many (Classic Reprint) William Thomas Walsh. 2017. (ENG., Illus.). (J). 30.95 *(978-0-260-52763-9(7))* Forgotten Bks.

Mirai. Mamoru Hosoda. 2018. (ENG., Illus.). 192p. (gr. 8-17). 20.00 *(978-1-9753-2861-0(2)*, 9781975328610, Yen Pr.) Yen Pr. LLC.

Mirai: Montre et Raconte (Show & Tell) Monique Pereira. Illus. by Chantal Piché. 2021. (Mirai Ser.). (ENG.). 36p. (J). *(978-1-0391-0097-8(X))*; pap. *(978-1-0391-0096-1(1))* FriesenPress.

Mirame! Petra Craddock. 2016. (Early Rising Readers Ser.). (SPA.). 16p. (J). (gr. 1). 6.67 *(978-1-4788-4187-6(7))* Newmark Learning LLC.

¡Mírame! - 6 Pack. Petra Craddock. 2016. (Early Rising Readers Ser.). (SPA.). (J). (gr. 1). 40.00 net. *(978-1-4788-4766-3(2))* Newmark Learning LLC.

¡Mírame!/Look at Me! Tr. by Teresa Mlawer. Illus. by Rachel Fuller. ed. 2018. (New Baby Spanish/English Edition Ser.: 4). 12p. (J). bds. *(978-1-78628-152-4(X))* Child's Play International Ltd.

Miramichi (Classic Reprint) Unknown Author. 2017. (ENG., Illus.). (J). 28.91 *(978-0-266-52345-1(5))*; pap. 11.57 *(978-1-334-87206-8(6))* Forgotten Bks.

Miranda: A Town Idyl (Classic Reprint) Lucy M. Schley. 2018. (ENG., Illus.). 36p. (J). 24.64 *(978-0-484-40717-5(1))* Forgotten Bks.

Miranda (Classic Reprint) M. E. Braddon. 2017. (ENG., Illus.). (J). 33.34 *(978-0-260-32556-3(2))* Forgotten Bks.

Miranda Elliot, or the Voice of the Spirit (Classic Reprint) Unknown Author. (ENG., Illus.). (J). 2018. 308p. 30.25 *(978-0-332-58302-0(3))*; 2017. pap. 13.57 *(978-0-243-96120-7(0))* Forgotten Bks.

Miranda Fantasyland Tour Guide. Aaron Humphres. 2020. (ENG., Illus.). 32p. (J). 11.99 *(978-1-63229-493-7(1)*, 71f37972-253f-4425-ad4e-23faeabe99dd) Action Lab Entertainment.

Miranda in the Maelstrom Volume 1. Riley Dashiell Biehl. Ed. by Brittany Matter & Nicole D'Andria. 2021. (ENG., Illus.). 192p. (J). pap. 14.99 *(978-1-63229-605-4(5)*, ca3b1e3a-df7e-485c-86bc-7920e8c6cd77) Action Lab Entertainment.

Miranda Lambert. Jim Gigliotti & Starshine Roshell. 2018. (Amazing Americans: Country Music Stars Ser.). (ENG.). 24p. (J). (gr. -1-3). lib. bdg. 18.45 *(978-1-68402-684-5(9))* Bearport Publishing Co., Inc.

Miranda of the Balcony: A Story (Classic Reprint) A. E. W. Mason. 2017. (ENG., Illus.). (J). 30.62 *(978-1-5285-5140-3(0))* Forgotten Bks.

Miranda the Mermaid & the Magic Something: Story & Coloring Book for Kids: Story & Coloring Book. Melanie Voland & Rosa Voland. 2021. (ENG.). 62p. (J). pap. *(978-1-9196054-1-8(X))* Rare Design Ltd.

Miranda the Very Loud Mouse. Lacey L. Bakker. 2018. (ENG.). 30p. (J). pap. *(978-1-7753119-4-2(5))* Pandamonium Publishing Hse.

Miranda, Vol. 1: Midsummer Madness (Classic Reprint) Mortimer Collins. (ENG., Illus.). (J). 2018. 302p. 30.13 *(978-0-483-71177-8(2))*; 2016. pap. 13.57 *(978-1-334-15620-5(4))* Forgotten Bks.

Miranda, Vol. 2: A Midsummer Madness (Classic Reprint) Mortimer Collins. 2018. (ENG., Illus.). 262p. (J). 29.30 *(978-0-483-39203-8(0))* Forgotten Bks.

Miranda, Vol. 3: A Midsummer Madness (Classic Reprint) Mortimer Collins. 2018. (ENG., Illus.). 256p. (J). 29.20 *(978-0-483-69335-7(9))* Forgotten Bks.

Miranda's Big Ideas: A Children's Picture Book for Creative Girls & Boys. Tevi Hirschhorn. Illus. by Tevi Hirschhorn. 2020. (ENG.). 34p. (J). 14.98 *(978-1-7334556-3-3(9)*, Little Big Deer) Deer Horn Pr.

¡Míranos! Leveled Reader Book 58 Level C 6 Pack. Hmh Hmh. 2021. (SPA.). 16p. (J). pap. 74.40 *(978-0-358-08186-9(6))* Houghton Mifflin Harcourt Publishing Co.

Mirella the Mean Fairy. Rosie Sharp. Illus. by P. Karmel. 2022. (ENG.). 30p. (J). pap. ***(978-1-78222-959-9(0))*** Paragon Publishing, Rothersthorpe.

Miriam - Hombres y Mujeres de la Biblia. Contrib. by Casscom Media. 2017. (Men & Women of the Bible - Revised Ser.). (ENG & SPA.). (J). pap. *(978-87-7132-620-8(0))* Scandinavia Publishing Hse.

Miriam - Men & Women of the Bible Revised. Contrib. by Casscom Media. 2017. (Men & Women of the Bible - Revised Ser.). (ENG., Illus.). (J). pap. *(978-87-7132-586-7(7))* Scandinavia Publishing Hse.

Miriam at the River. Jane Yolen. Illus. by Khoa Le. 2020. (ENG.). 32p. (J). (gr. k-3). 17.99 *(978-1-5415-4400-0(5)*, cefdb840-8803-4757-aaf8-f021c9dc804d, Kar-Ben Publishing) Lerner Publishing Group.

Miriam (Classic Reprint) Marion Harland. (ENG., Illus.). (J). 2018. 566p. 35.57 *(978-0-483-05336-6(8))*; 2017. pap. 19.57 *(978-0-259-50479-5(3))* Forgotten Bks.

Miriam Copley, Vol. 1 of 3 (Classic Reprint) J. Cordy Jeaffreson. 2018. (ENG., Illus.). 328p. (J). 30.66 *(978-0-484-43721-9(6))* Forgotten Bks.

Miriam Copley, Vol. 2 of 3 (Classic Reprint) J. Cordy Jeaffreson. 2018. (ENG., Illus.). 360p. (J). 31.32 *(978-0-483-82716-5(9))* Forgotten Bks.

Miriam Lassoes the Worry Whirlwind: Feeling Worry & Learning Comfort. Sophia Day & Megan Johnson. Illus. by Stephanie Strouse. 2019. (Help Me Understand Ser.: 2). (ENG.). 72p. (J). pap. 9.99 *(978-1-64204-797-4(X)*, d2b99d5e-dd27-41f6-8968-45b1ec01d142) MVP Kids Media.

Miriam, Little Bible Heroes Board Book. B&H Kids Editorial Staff. 2019. (Little Bible Heroes(tm) Ser.). (ENG.). 16p. (J). bds. 7.99 *(978-1-5359-5437-2(X)*, 005814411, B&H Kids) B&H Publishing Group.

Miriam Lucas (Classic Reprint) Patrick Augustine Sheehan. 2018. (ENG., Illus.). 476p. (J). 33.71 *(978-0-483-21448-4(5))* Forgotten Bks.

Miriam Monfort: A Novel (Classic Reprint) Catherine Ann. (ENG., Illus.). (J). 2018. 564p. 35.55 *(978-0-267-39636-8(8))*; 2016. pap. 19.57 *(978-1-334-13158-5(9))* Forgotten Bks.

Miriam Sedley, or the Tares & the Wheat, Vol. 1 Of 3: A Tale of Real Life (Classic Reprint) Rosina Bulwer Lytton. 2018. (ENG., Illus.). (J). 324p. 30.58 *(978-0-366-31101-9(8))*; 326p. pap. 13.57 *(978-0-365-85053-3(5))* Forgotten Bks.

Miriam Sedley, or the Tares & the Wheat, Vol. 2 Of 3: A Tale of Real Life (Classic Reprint) Rosina Bulwer Lytton. 2018. (ENG., Illus.). 320p. (J). 30.52 *(978-0-483-10793-9(X))* Forgotten Bks.

Miriam Sedley, or the Tares & the Wheat, Vol. 3 Of 3: A Tale of Real Life (Classic Reprint) Rosina Bulwer Lytton. (ENG., Illus.). (J). 2018. 366p. 31.47 *(978-0-483-64569-1(9))*; 2016. pap. 13.97 *(978-1-333-44986-5(0))* Forgotten Bks.

Miriam, the Avenger: Or the Missing Bride (Classic Reprint) E. D. E. N. Southworth. (ENG., Illus.). (J). 2017. 37.18 *(978-0-331-65367-0(2))*; 2016. pap. 19.57 *(978-1-333-44140-1(1))* Forgotten Bks.

Miriam the Christmas Cow. Patrick Fleming. Illus. by Sandra Martin. 2022. (ENG.). 58p. (J). pap. 16.99 ***(978-1-5243-1845-1(0))*** Lantia LLC.

Miriam's Heritage: A Story of the Delaware River (Classic Reprint) Alma Calder. 2018. (ENG., Illus.). 178p. (J). 27.59 *(978-0-267-18092-9(6))* Forgotten Bks.

Miriam's Schooling & Other Papers (Classic Reprint) Mark Rutherford. 2018. (ENG., Illus.). 208p. (J). 28.21 *(978-0-483-26524-0(1))* Forgotten Bks.

Miriam's Secret, 1 vol. Debby Waldman. 2017. (ENG.). 208p. (J). (gr. 4-7). pap. 10.95 *(978-1-4598-1425-7(8))* Orca Bk. Pubs. USA.

Mirin2rimin. M2r Pikiuris. 2017. (CAT.). 86p. (J). pap. *(978-1-387-38288-0(8))* Lulu Pr., Inc.

Mirk Abbey, Vol. 1 of 3 (Classic Reprint) Unknown Author. 2018. (ENG., Illus.). 326p. (J). 30.62 *(978-0-483-20374-7(2))* Forgotten Bks.

Mirk Abbey, Vol. 3 of 3 (Classic Reprint) James Payn. (ENG., Illus.). (J). 2018. 324p. 30.58 *(978-0-483-88963-7(6))*; 2016. pap. 13.57 *(978-1-334-24009-6(4))* Forgotten Bks.

Mirlo Americano (American Robins) Julie Murray. 2022. (Aves Estatales (State Birds) Ser.). (ENG.). 24p. (J). (gr. -1-2). lib. bdg. 31.36 *(978-1-0982-6328-7(6)*, 39457, Abdo Kids) ABDO Publishing Co.

Mirlos Americanos (Robins) Julie Murray. 2016. (Animales Comunes (Everyday Animals) Ser.). (SPA.). 24p. (J). (gr. -1-2). lib. bdg. 31.36 *(978-1-62402-605-8(2)*, 24714, Abdo Kids) ABDO Publishing Co.

Miró's Magic Animals. Antony Penrose. 2016. (ENG., Illus.). 48p. (J). (gr. -1-2). 14.95 *(978-0-500-65066-0(7)*, 565066) Thames & Hudson.

Mirror. David J. Cooper. 2018. (ENG.). 82p. (YA). pap. 7.49 *(978-1-393-34096-6(2))* Draft2Digital.

Mirror. Deshune Heard-Watkins. Illus. by Tiffany Davis. 2020. (ENG.). 74p. (J). pap. 24.99 *(978-1-7353866-2-1(6))* Shun Watkins Productions.

Mirror. Moashella Shortte. 2020. (ENG.). 22p. (J). *(978-1-64378-874-6(4))*; pap. *(978-1-64378-875-3(2))* Austin Macauley Pubs. Ltd.

Mirror: Graduation Number, 1928 (Classic Reprint) Waltham High School. 2017. (ENG., Illus.). (J). 24.95 *(978-0-260-09788-0(8))*; pap. 9.57 *(978-1-5280-5936-7(0))* Forgotten Bks.

Mirror, 1920 (Classic Reprint) Remington High School. 2017. (ENG., Illus.). (J). 108p. 26.12 *(978-0-332-54825-8(2))*; pap. 9.57 *(978-0-259-82632-3(4))* Forgotten Bks.

Mirror, 1929 (Classic Reprint) Waltham High School. 2017. (ENG., Illus.). (J). 25.03 *(978-0-260-52775-2(0))*; pap. 9.57 *(978-0-266-05187-9(1))* Forgotten Bks.

Mirror Anamorphic Art - Coloring Book (50 Drawings) Lei Kuan I. 2016. (ENG., Illus.). 56p. (J). pap. *(978-1-365-28686-5(X))* Lulu Pr., Inc.

Mirror & the Lamp (Classic Reprint) W. B. Maxwell. 2017. (ENG., Illus.). (J). 33.30 *(978-0-265-58259-6(8))* Forgotten Bks.

Mirror & the Mountain: An Adventure in Presadia. Luke Aylen. ed. 2021. (Adventure in Presadia Ser.). (ENG.). 176p. (J). pap. 11.99 *(978-1-78264-350-0(8)*, d33e140a-194c-4d59-aff0-784b9a0c791e, Lion Fiction) Lion Hudson PLC GBR. Dist: Baker & Taylor Publisher Services (BTPS).

Mirror Bound. Monica Sanz. 2019. (Witchling Academy Ser.: 2). (ENG.). 400p. (YA). pap. 9.99 *(978-1-64063-721-4(4)*, 900210882) Entangled Publishing, LLC.

Mirror Girls. Kelly McWilliams. 2023. (ENG., Illus.). 336p. (YA). (gr. 7-17). pap. 11.99 *(978-0-7595-5386-6(6))* Little, Brown Bks. for Young Readers.

Mirror Image. Wanda D. Janaway. 2019. (ENG.). 278p. (YA). (gr. 7-12). pap. *(978-1-9995240-0-5(4))* Janaway, Wanda.

Mirror Image. K. L. Denman. 2nd ed. 2020. (Orca Currents Ser.). (ENG.). 128p. (J). (gr. 4-7). pap. 10.95 *(978-1-4598-2733-2(3))* Orca Bk. Pubs. USA.

Mirror Images. Morgan L. Palmer. 2021. (Outside the Box Ser.). (ENG.). 26p. (J). pap. 12.99 *(978-1-63616-028-3(X))* Opportune Independent Publishing Co.

Mirror in the Dusk (Classic Reprint) Brinsley MacNamara. 2018. (ENG., Illus.). 298p. (J). 30.06 *(978-0-483-53070-6(0))* Forgotten Bks.

Mirror Magic. Linda Chapman. Illus. by Lucy Fleming. 2020. (Star Friends Ser.: 1). (ENG.). 160p. (J). (gr. 1-4). pap. 6.99 *(978-1-68010-458-5(6))* Tiger Tales.

Mirror Magic & Wish Trap: Books 1 And 2. Linda Chapman. Illus. by Lucy Fleming. 2023. (Star Friends Ser.). (ENG.). 320p. (J). (gr. 1-4). pap. 9.99 *(978-1-6643-4069-5(6))* Tiger Tales.

Mirror Me. Nakeya Chaney. I.t. ed. 2022. (ENG.). 166p. (YA). pap. 19.95 ***(978-1-0879-6338-9(9))*** Indy Pub.

Mirror, Mirror. Suzanne Durón. 2022. (ENG., Illus.). 26p. (J). pap. 15.95 ***(978-1-63881-889-2(4))*** Newman Springs Publishing, Inc.

Mirror, Mirror. Tiger Faye. 2017. (ENG., Illus.). 348p. (YA). *(978-1-5255-1545-3(4))*; pap. *(978-1-5255-1546-0(2))* FriesenPress.

Mirror, Mirror: I Now See. Joseph Henderson, Jr. 2021. (ENG., Illus.). 62p. (J). 28.95 *(978-1-63961-775-3(2))* Christian Faith Publishing.

Mirror, Mirror-A Twisted Tale. Jen Calonita. 2019. (Twisted Tale Ser.: 10). (ENG.). 352p. (YA). (gr. 7-12). 18.99 *(978-1-368-01383-3(X)*, Disney-Hyperion) Disney Publishing Worldwide.

Mirror Monthly Magazine, Vol. 3: January to June, 1848 (Classic Reprint) John Timbs. 2017. (ENG., Illus.). (J). 33.22 *(978-0-266-66799-5(6))*; pap. 16.57 *(978-1-5276-3739-9(5))* Forgotten Bks.

Mirror of Light - Spiritual Development. Create a Better Life: An Introduction to the Fourth Way.: Anxiety Relief Book. Spiritual Development. Rodney Collin. 2021. (ENG.). 58p. (J). pap. 12.99 *(978-1-304-13979-5(4))* Lulu Pr., Inc.

Mirror of Literature, Amusement, & Instruction, 1846, Vol. 1 (Classic Reprint) Percy B. St John. 2017. (ENG., Illus.). (J). 32.72 *(978-0-266-73157-3(0))*; pap. 16.57 *(978-1-5276-9294-7(9))* Forgotten Bks.

Mirror of Literature, Amusement & Instruction, 1846, Vol. 9: Containing Original Papers; Historical Narratives; Biographical Memoirs; Manners & Customs; Topographical Descriptions; Sketches & Tales; Anecdotes; Select Extracts from New & Expens. Unknown Author. (ENG., Illus.). (J). 2018. 426p. 32.68 *(978-0-364-61127-2(8))*; 2017. pap. 16.57 *(978-0-243-91955-0(7))* Forgotten Bks.

Mirror of Many Reflections. Joseph A. Foran High School Publication. 2018. (ENG., Illus.). 342p. (J). pap. 21.99 *(978-1-4834-8491-4(2))* Lulu Pr., Inc.

Mirror of Music (Classic Reprint) Stanley Victor Makower. 2017. (ENG., Illus.). (J). 28.31 *(978-0-331-66177-4(2))* Forgotten Bks.

Mirror of Truth, & Other Marvellous Histories (Classic Reprint) Eugénie Hamerton. (ENG., Illus.). (J). 2018. 352p. 31.18 *(978-0-656-01129-2(7))*; 2017. pap. 13.57 *(978-0-259-46951-3(3))* Forgotten Bks.

Mirror on the Wall, 1 vol. Nancy Anderson. 2016. (Rosen REAL Readers: STEM & STEAM Collection). (ENG.). 12p. (gr. 1-2). pap. 6.33 *(978-1-5081-2652-2(6)*, 91893401-fb6b-4167-91e3-eb3bb6c01bf2, Rosen Classroom) Rosen Publishing Group, Inc., The.

Mirror Play. Monte Shin. Illus. by Monte Shin. 2018. (Illus.). 26p. (J). (gr. -1-k). bds. 14.99 *(978-988-8341-53-5(7)*, Minedition) Penguin Young Readers Group.

Mirror Realm. Samantha Diener Drucker. 2017. (ENG., Illus.). (J). pap. 15.23 *(978-0-692-92225-5(3))* Drucker, Samantha Diener.

1342

The check digit for ISBN-10 appears in parentheses after the full ISBN-13

Mirror Season. Anna-Marie McLemore. 2021. (ENG.). 320p. (YA). 18.99 *(978-1-250-62412-3(6),* 900224112) Feiwel & Friends.

Mirror Season. Anna-Marie McLemore. 2022. (ENG.). 336p. (YA). pap. 10.99 *(978-1-250-82117-1(7),* 900224113) Square Fish.

Mirror Sisters. Abbie Scarce. Illus. by Mila Aydingoz. 2023. (ENG.). 26p. (J). pap. ***(978-1-922951-80-9(3))*** Library For All Limited.

Mirror That Talked to Me. Margie Shaw. 2020. (ENG.). 28p. (YA). *(978-1-716-58837-2(5))* Lulu Pr., Inc.

Mirror to Nature: Poems about Reflection. Jane Yolen. Photos by Jason Stemple. 2019. (Illus.). 32p. (J). (gr. 2). pap. 8.95 *(978-1-68437-278-2(X),* Wordsong) Highlights Pr., c/o Highlights for Children, Inc.

Mirror, Vol. 10: June, 1915 (Classic Reprint) George Carter. (ENG., Illus.). (J). 2018. 52p. 24.97 *(978-0-483-97356-5(4));* 2017. pap. 9.57 *(978-0-243-44659-9(4))* Forgotten Bks.

Mirror, Vol. 11: Waltham High School, Waltham, Mass.; June 1916 (Classic Reprint) John T. Perry. 2017. (ENG., Illus.). (J). 24.93 *(978-0-266-55573-5(X));* pap. 9.57 *(978-0-282-80641-5(5))* Forgotten Bks.

Mirror, Vol. 12: Waltham High School, Waltham, Mass.; June 1917 (Classic Reprint) Dorothy Smith. 2017. (ENG., Illus.). (J). 25.03 *(978-0-266-55605-3(1));* pap. 9.57 *(978-0-282-80634-7(2))* Forgotten Bks.

Mirror, Vol. 16: Waltham High School; June 1925 (Classic Reprint) Ture Lundell. 2017. (ENG., Illus.). (J). 24.93 *(978-0-260-52832-2(3));* pap. 9.57 *(978-0-266-26752-2(1))* Forgotten Bks.

Mirror, Vol. 18: June, 1927 (Classic Reprint) Thelma Heinlein. 2017. (ENG., Illus.). (J). 52p. 24.97 *(978-0-332-96136-1(2));* pap. 9.57 *(978-0-259-97353-9(X))* Forgotten Bks.

Mirrors. Meg Gaertner. 2019. (Science All Around Ser.). (ENG., Illus.). 24p. (J). (gr. k-3). lib. bdg. 31.36 *(978-1-5321-6359-3(2),* 32033, Pop! Cody Koala) Pop!.

Mirrors: Penned Influences Vol One. Shepherd Shepard. 2018. (ENG., Illus.). 274p. (YA). pap. 14.99 *(978-1-61984-825-2(2))* Gatekeeper Pr.

Mirrors & Magic. Katina French. 2016. (Clockwork Chronicle Ser.: Vol. 3). (ENG., Illus.). (YA). pap. 10.95 *(978-1-940938-86-8(4),* Line By Lion Pubns.) 3 Fates Pr.

Mirror's Edge (Impostors, Book 3), 1 vol. Scott Westerfeld. (Impostors Ser.). (ENG.). 352p. (YA). (gr. 7-12). 2022. pap. 12.99 *(978-1-338-15160-2(6));* 2021. 18.99 *(978-1-338-15158-9(4),* Scholastic Pr.) Scholastic, Inc.

Mirrors in Strange Places. Kendrick Sims. 2018. (ENG., Illus.). 170p. (J). pap. 21.95 *(978-1-64424-048-9(3))* Page Publishing Inc.

Mirror's Tale. P. W. Catanese. 2017. (ENG., Illus.). 304p. (J). (gr. 4-8). 17.99 *(978-1-4814-7636-2(X));* pap. 8.99 *(978-1-4814-7635-5(1))* Simon & Schuster/Paula Wiseman Bks. (Simon & Schuster/Paula Wiseman Bks.).

Mirrorverse: Pure of Heart. Delilah Dawson. 2023. (ENG.). 304p. (YA). (gr. 7-12). 18.99 ***(978-1-368-07891-7(5),*** Disney Press Books) Disney Publishing Worldwide.

Mirrorwood. Deva Fagan. (ENG.). (J). (gr. 5-7). 2023. 320p. pap. 8.99 *(978-1-5344-9715-3(3));* 2022. 304p. 17.99 *(978-1-5344-9714-6(5))* Simon & Schuster Children's Publishing. (Atheneum Bks. for Young Readers).

Mirrour of the Blessed Lyf of Jesu Christ: A Translation of the Latin Work Entitled Meditationes Vitae Christi (Classic Reprint) Saint Bonaventure. 2017. (ENG., Illus.). (J). 30.85 *(978-1-5281-7382-7(1))* Forgotten Bks.

Mirry-Ann: A Manx Story (Classic Reprint) Norma Lorimer. 2017. (ENG., Illus.). (J). 31.20 *(978-0-265-98428-4(9))* Forgotten Bks.

Mirth in Miniature, or Bursts of Merriment: Being a Collection of the Very Best Bon Mots, Witticisms, Smart Repartees, Bulls, & Laughable Anecdotes (Classic Reprint) Unknown Author. (ENG., Illus.). (J). 2018. 186p. 27.73 *(978-0-666-75705-0(4));* 2018. 188p. 27.77 *(978-0-483-26067-2(3));* 2017. pap. 10.57 *(978-0-282-54032-6(6))* Forgotten Bks.

Mirth Meets Earth. Michelle Glasser. 2018. (ENG.). 38p. (J). 14.95 *(978-1-68401-459-0(X))* Amplify Publishing Group.

Mirth-Provoking Schoolroom: A Farce in One Act (Classic Reprint) Emily David. 2018. (ENG., Illus.). 36p. (J). 24.64 *(978-0-484-16957-8(2))* Forgotten Bks.

MIS Actividades Al Aire Libre. Linda Koons. 2016. (Early Rising Readers Ser.). (SPA.). 16p. (J). (gr. 1). 6.67 *(978-1-4788-3717-6(9))* Newmark Learning LLC.

Mis Actividades Al Aire Libre - 6 Pack. Linda Koons. 2016. (Early Rising Readers Ser.). (SPA.). (J). (gr. 1). 40.00 net. *(978-1-4788-4660-4(7))* Newmark Learning LLC.

Mis-Adventures of Harry & Larry: Journey of the Heart. David Webby. Illus. by M. K. Perring. 2022. (Mid-Adventures of Harry & Larry Ser.: Vol. 3). (ENG.). 154p. (J). pap. *(978-1-922701-96-1(3))* Shawline Publishing Group.

Mis Ayudantes Comunitarios. Taylor Farley. Tr. by Pablo de la Vega. 2021. (En Mi Comunidad (in My Community) Ser.). (SPA., Illus.). 24p. (J). (gr. -1-1). pap. *(978-1-4271-3145-4(7),* 14201); lib. bdg. *(978-1-4271-3135-5(X),* 14190) Crabtree Publishing Co.

Mis' Bassett's Matrimony Bureau (Classic Reprint) Winifred Arnold. 2018. (ENG., Illus.). (J). 212p. 28.27 *(978-1-396-70544-1(9));* 214p. pap. 10.97 *(978-1-396-12505-8(1))* Forgotten Bks.

Mis' Beauty (Classic Reprint) Helen S. Woodruff. 2018. (ENG., Illus.). 172p. (J). 27.46 *(978-0-365-21715-2(8))* Forgotten Bks.

MIS Bigotes Son Largos y Blancos (Red Panda) Jessica Rudolph. 2016. (Pistas de Animales 2/Zoo Clues 2 Ser.). (SPA.). 24p. (J). (gr. -1-3). 26.99 *(978-1-944102-79-1(5))* Bearport Publishing Co., Inc.

MIS Ciclos Femeninos. Catalina Carrasco Gallegos. Ed. by Ovalle Nu. 2018. (SPA., Illus.). 50p. (J). pap. *(978-956-362-613-1(3))* Cámara Chilena del Libro A.G.

Mis Cinco Sentidos: Ciencia Theme. 2016. (Early Rising Readers Ser.). (SPA.). (J). (gr. 1-2). 109.00 *(978-1-4788-5166-0(X))* Newmark Learning LLC.

Mis Cinco Sentidos: Desarrollo Físico Theme. 2016. (Early Rising Readers Ser.). (SPA.). (J). (gr. 1-2). 109.00 *(978-1-4788-5136-3(8))* Newmark Learning LLC.

Mis Cinco Sentidos: Desarrollo Social y Emocional Theme. 2016. (Early Rising Readers Ser.). (SPA.). (J). (gr. 1-2). 109.00 *(978-1-4788-5126-4(0))* Newmark Learning LLC.

Mis Cinco Sentidos: Estudios Sociales Theme. 2016. (Early Rising Readers Ser.). (SPA.). (J). (gr. 1-2). 109.00 *(978-1-4788-5156-1(2))* Newmark Learning LLC.

Mis Cinco Sentidos: Expresión Creativa Theme. 2016. (Early Rising Readers Ser.). (SPA.). (J). (gr. 1-2). 109.00 *(978-1-4788-5176-9(7))* Newmark Learning LLC.

MIS Cinco Sentidos: Leveled Reader Book 72 Level d 6 Pack. Hmh Hmh. 2021. (SPA.). 16p. (J). pap. 74.40 *(978-0-358-08199-9(8))* Houghton Mifflin Harcourt Publishing Co.

Mis Cinco Sentidos: Matemática Theme. 2016. (Early Rising Readers Ser.). (SPA.). (J). (gr. 1-2). 109.00 *(978-1-4788-5146-2(5))* Newmark Learning LLC.

MIS Dientes Son Agudos y Afilados (Sawfish) Jessica Rudolph. 2016. (Pistas de Animales 2/Zoo Clues 2 Ser.). (SPA.). 24p. (J). (gr. -1-3). 26.99 *(978-1-944102-74-6(4))* Bearport Publishing Co., Inc.

Mis Dos Casas (My Two Homes) Julie Murray. (Ésta Es Mi Familia Ser.).Tr. of My Two Homes. (SPA.). 24p. (J). 2022. (gr. k-k). pap. 8.95 *(978-1-64494-748-7(X),* Abdo Kids-Junior); 2021. (gr. -1-2). lib. bdg. 31.36 *(978-1-0982-6061-3(9),* 38238, Abdo Kids) ABDO Publishing Co.

Mis Dos Mamás (My Two Moms) Julie Murray. (Ésta Es Mi Familia Ser.).Tr. of My Two Moms. (SPA.). 24p. (J). 2022. (gr. k-k). pap. 8.95 *(978-1-64494-749-4(8),* Abdo Kids-Junior); 2021. (gr. -1-2). lib. bdg. 31.36 *(978-1-0982-6062-0(7),* 38240, Abdo Kids) ABDO Publishing Co.

Mis Dos Papás (My Two Dads) Julie Murray. (Ésta Es Mi Familia Ser.).Tr. of My Two Dads. (SPA.). 24p. (J). 2022. (gr. k-k). pap. 8.95 *(978-1-64494-747-0(1),* Abdo Kids-Junior); 2021. (gr. -1-2). lib. bdg. 31.36 *(978-1-0982-6060-6(0),* 38236, Abdo Kids) ABDO Publishing Co.

Mis Dos Pueblos Fronterizos. David Bowles. Illus. by Erika Meza. 2021. (SPA.). 40p. (J). (gr. -1-3). 18.99 *(978-0-593-32507-0(9),* Kokila) Penguin Young Readers Group.

MIS Esquis. Judy Kentor Schmauss. Illus. by Ayesha Lopez. 2016. (Early Rising Readers Ser.). (SPA.). 16p. (J). (gr. 1-1). 6.67 *(978-1-4788-3725-1(X))* Newmark Learning LLC.

Mis Esquis - 6 Pack. Judy Kentor Schmauss. 2016. (Early Rising Readers Ser.). (SPA.). (J). (gr. 1). 40.00 net. *(978-1-4788-4668-0(2))* Newmark Learning LLC.

Mis Historias Clásicas Favoritas para la Hora de Dormir: Inspirado en la Historia de la Biblia de Jesse Lyman Hurlbut. Jesse Lyman Hurlbut. Ed. by Daniel Partner. 2019. (SPA.). 224p. (J). (gr. -1). 14.99 *(978-1-68322-849-3(9),* Casa Promesa) Barbour Publishing, Inc.

Mis Instrumentos Científicos. Julie K. Lundgren. Tr. by Pablo de la Vega. 2021. (Mis Primeros Libros de Ciencia (My First Science Books) Ser.). (SPA., Illus.). 24p. (J). (gr. k-2). pap. *(978-1-4271-3228-4(3),* 15046); lib. bdg. *(978-1-4271-3217-8(8),* 15029) Crabtree Publishing Co.

Mis Juegos de Lógica. Mercedes Orus Lacort. 2019. (SPA.). 50p. (J). pap. *(978-0-244-78541-3(4))* Lulu Pr., Inc.

MIS Melissa's Baby (Classic Reprint) Gladys Freeman. 2018. (ENG., Illus.). 60p. (J). 25.24 *(978-0-484-36409-6(X))* Forgotten Bks.

MIS Orejas Son Enormes y Peludas (Fennec Fox) Jessica Rudolph. 2016. (Pistas de Animales 2/Zoo Clues 2 Ser.). (SPA.). 24p. (J). (gr. -1-3). 26.99 *(978-1-944102-75-3(2))* Bearport Publishing Co., Inc.

Mis Padres Son Militares (My Military Parent) Julie Murray. (Ésta Es Mi Familia Ser.).Tr. of My Military Parent. (SPA.). 24p. (J). 2022. (gr. k-k). pap. 8.95 *(978-1-64494-745-6(5),* Abdo Kids-Junior); 2021. (gr. -1-2). lib. bdg. 31.36 *(978-1-0982-6058-3(9),* 38232, Abdo Kids) ABDO Publishing Co.

MIS Patas Son Palmeadas y Anaranjadas (Puffin) Joyce Markovics. 2016. (Pistas de Animales 2/Zoo Clues 2 Ser.). (SPA.). 24p. (J). (gr. -1-3). 26.99 *(978-1-944102-80-7(9))* Bearport Publishing Co., Inc.

Mis pies tienen raiz. Atenea Castillo. 2022. (SPA.). 48p. (J). (gr. 2-4). pap. 12.95 *(978-607-557-320-5(8))* Editorial Oceano de Mexico MEX. Dist: Independent Pubs. Group.

MIS Pinzas Son Negras y Enormes (Scorpion) Joyce Markovics. 2016. (Pistas de Animales 2/Zoo Clues 2 Ser.). (SPA.). 24p. (J). (gr. -1-3). 26.99 *(978-1-944102-78-4(7))* Bearport Publishing Co., Inc.

Mis Primeras 100 Palabras: Spanish & English Picture Dictionary. IglooBooks. 2023. (SPA.). 12p. (J). (— 1). bds., bds. 8.99 *(978-1-83771-682-1(X))* Igloo Bks. GBR. Dist: Simon & Schuster, Inc.

MIS Primeras Historias - Biblias de Rompecabezas. Scandanavia Publishing House. 2018. (SPA.). 14p. (J). *(978-87-7203-038-8(0))* Scandinavia Publishing Hse.

Mis Primeras Numeros My First Numbers: Bilingual Board Book. IglooBooks. 2018. (ENG.). 14p. (J). (— 1). bds. 6.99 *(978-1-4998-8150-9(9))* Igloo Bks. GBR. Dist: Simon & Schuster, Inc.

Mis Primeras Palabras. Stella Blackstone & Sunny Scribens. 2017. (SPA.). 30p. (J). (gr. -1-k). bds. 14.99 *(978-1-78285-325-1(1))* Barefoot Bks., Inc.

Mis Primeras Palabras Los Colores(Very First Words Colors) Felicity Brooks. 2019. (Very First Words Ser.). (SPA.). 12p. (J). 7.99 *(978-0-7945-4636-6(6),* Usborne) EDC Publishing.

Mis Primeras Palabras My First Words: Bilingual Board Book. IglooBooks. 2018. (SPA.). 14p. (J). (— 1). bds. 6.99 *(978-1-4998-8145-5(2))* Igloo Bks. GBR. Dist: Simon & Schuster, Inc.

Mis Primeras Palabras/My First Words. Alberto Díaz. 2018. (ENG & SPA.). 26p. (J). (gr. k-k). bds. 23.99 *(978-84-698-3624-8(2))* Grupo Anaya, S.A. ESP. Dist: Lectorum Pubns., Inc.

Mis Primeras Palabras/My First Words. IglooBooks. 2016. (ENG.). 14p. (J). bds. 8.95 *(978-1-78557-213-5(X))* Igloo Bks. GBR. Dist: Simon & Schuster, Inc.

MIS Primeras Sumas y Restas. Mercedes Orus Lacort. 2019. (SPA.). 46p. (J). pap. *(978-0-244-77023-5(9))* Lulu Pr., Inc.

Mis Primeros Cálculos Resto en el Jardín(Slide & See Subtracting) Hannah Watson. 2019. (Slide & See Ser.). (SPA.). 10p. (J). 14.99 *(978-0-7945-4621-2(8),* Usborne) EDC Publishing.

Mis Primeros Cálculos Sumo en el Circo(Slide & See Adding) Hannah Watson. 2019. (First Maths Slide & See Ser.). (SPA.). 10p. (J). 14.99 *(978-0-7945-4600-7(5),* Usborne) EDC Publishing.

Mis Primeros Movimientos Animales: Un Libro Infantil para Incentivar a Los niños y a Sus Padres a Moverse Más, Sentarse Menos y Pasar Menos Tiempo Frente a una Pantalla. Darryl Edwards. 2021. (SPA.). 38p. (J). *(978-1-7399637-4-3(1));* pap. *(978-1-7399637-3-6(3))* Explorer Publishing.

MIS Primeros Sudokus. Mercedes Orus Lacort. 2019. (SPA.). 34p. (J). pap. *(978-0-244-46768-5(4))* Lulu Pr., Inc.

Mis Raices. Norma Iris Pagan Morales. 2023. (SPA.). 280p. (YA). pap. 14.99 ***(978-1-959895-80-0(X))*** Print & Media, Westpoint.

MIS-Rule of Three (Classic Reprint) Florence Warden. 2018. (ENG., Illus.). 342p. (J). 30.99 *(978-0-484-33704-5(1))* Forgotten Bks.

MIS Sentidos. Linda Koons. 2016. (Early Rising Readers Ser.). (SPA.). 16p. (J). (gr. 1). 6.67 *(978-1-4788-4216-3(4))* Newmark Learning LLC.

Mis Sentidos - 6 Pack. Linda Koons. 2016. (Early Rising Readers Ser.). (SPA.). (J). (gr. 1). 40.00 net. *(978-1-4788-4735-9(2))* Newmark Learning LLC.

MIS-Takes: I Tried & I'm Proud of It! Jenna Bayne. 2017. (ENG., Illus.). (J). pap. 16.95 *(978-1-5043-8628-9(0),* Balboa Pr.) Author Solutions, LLC.

MIS Tomates. Judy Kentor Schmauss. 2016. (Early Rising Readers Ser.). (SPA.). 16p. (J). (gr. 1). 6.67 *(978-1-4788-4198-2(2))* Newmark Learning LLC.

Mis Tomates - 6 Pack. Judy Kentor Schmauss. 2016. (Early Rising Readers Ser.). (SPA.). (J). (gr. 1). 40.00 net. *(978-1-4788-4717-5(4))* Newmark Learning LLC.

Misadventure, Vol. 1 of 3 (Classic Reprint) W. E. Norris. 2018. (ENG., Illus.). 260p. (J). 29.26 *(978-0-483-68710-3(3))* Forgotten Bks.

Misadventure, Vol. 3 of 3 (Classic Reprint) W. E. Norris. 2018. (ENG., Illus.). 294p. (J). 29.96 *(978-0-483-69434-7(7))* Forgotten Bks.

Misadventures: Out on Tex's Farm. Patsy Primeau. 2023. (ENG.). 28p. (J). ***(978-0-2288-9088-1(8));*** pap. ***(978-0-2288-9087-4(X))*** Tellwell Talent.

Misadventures of Alfy & Elfie Santa's Twin Elves: Alfy Couldn't Be Found. Rory Foresman. 2019. (ENG., Illus.). 26p. (J). pap. 12.95 *(978-1-64096-059-6(7))* Newman Springs Publishing, Inc.

Misadventures of Alfy & Elfie Santa's Twin Elves: Jobs Gone Wrong. Rory Foresman. 2019. (ENG., Illus.). 30p. (J). pap. 13.95 *(978-1-64559-457-4(2))* Covenant Bks.

Misadventures of Buck the Puppy Duck: The Case of the Missing Pooch, 6 vols., Vol. 1. C. C. Cowan. Illus. by Mudassir Khatri. 2018. (ENG.). 40p. (J). pap. 12.00 *(978-0-9677385-0-5(4))* CCP Publishing & Entertainment.

Misadventures of Conkity-Cackity. Jonathan Gadenne. 2020. (ENG.). 36p. (J). pap. *(978-1-78830-657-7(0))* Olympia Publishers.

Misadventures of Don Quixote Bilingual Edition: Las Desventuras de Don Quijote, Edición Bilingüe. Miguel. De Cervantes. Illus. by Jack Davis. 2021. (Linguatext Children's Classics Ser.: Vol. 2). (ENG.). 36p. (J). 20.00 *(978-0-942566-64-2(5))* LinguaText, LLC.

Misadventures of Gabby Duck Going to the City. Linda Fay. 2018. (ENG., Illus.). 44p. (J). pap. 14.95 *(978-1-63575-281-6(7))* Christian Faith Publishing.

Misadventures of George & the Talking Butt: The Beginning. J. L. Frankel. 2021. (ENG.). 202p. (J). pap. 12.99 *(978-1-6629-1084-5(3))* Gatekeeper Pr.

Misadventures of Harry & Harry: The Chosen Ones. David Webby. Illus. by M. K. Perring. 2022. (Misadventures of Harry & Larry Ser.: Vol. 1). (ENG.). 190p. (J). pap. *(978-1-922701-94-7(7))* Shawline Publishing Group.

Misadventures of Harry & Larry: Path of the Way Show-Ers. David Webby. Illus. by M. K. K. Perring. 2022. (ENG.). 140p. (YA). pap. *(978-1-922701-95-4(5))* Shawline Publishing Group.

Misadventures of Joseph (Classic Reprint) J. J. Bell. 2018. (ENG., Illus.). 200p. (J). 28.02 *(978-0-267-09707-4(7))* Forgotten Bks.

Misadventures of Mallory Malo: A Ghost Story She's Dying to Tell You (Middle-Grade Fiction for 9-12 Year Olds) Kenn Crawford. 2020. (ENG.). 88p. (J). pap. *(978-1-7770594-3-9(7))* Crawford Hse.

Misadventures of Max: Boys Rule & Girls Have Cooties. Kerry Batchelder. 2018. (ENG., Illus.). 96p. (J). 29.95 *(978-1-64458-254-1(6));* pap. 20.95 *(978-1-64349-659-7(X))* Christian Faith Publishing.

Misadventures of Max Crumbly 1: Locker Hero. Rachel Renée Russell. Illus. by Rachel Renée Russell. 2016. (Misadventures of Max Crumbly Ser.: 1). (ENG., Illus.). 320p. (J). (gr. 4-8). 13.99 *(978-1-4814-6001-9(3),* Aladdin) Simon & Schuster Children's Publishing.

Misadventures of Max Crumbly 2: Middle School Mayhem. Rachel Renée Russell. Illus. by Rachel Renée Russell. 2017. (Misadventures of Max Crumbly Ser.: 2). (ENG., Illus.). 240p. (J). (gr. 4-8). 13.99 *(978-1-4814-6003-3(X),* Aladdin) Simon & Schuster Children's Publishing.

Misadventures of Max Crumbly 3: Masters of Mischief. Rachel Renée Russell. Illus. by Rachel Renée Russell. 2019. (Misadventures of Max Crumbly Ser.: 3). (ENG., Illus.). 272p. (J). (gr. 4-7). 13.99 *(978-1-5344-5349-4(0),* Aladdin) Simon & Schuster Children's Publishing.

Misadventures of Max Crumbly Books 1-3 (Boxed Set) The Misadventures of Max Crumbly 1; the Misadventures of Max Crumbly 2; the Misadventures of Max Crumbly 3. Rachel Renée Russell. Illus. by Rachel Renee Russell. ed. 2019. (Misadventures of Max Crumbly Ser.). (ENG.). 832p. (J). (gr. 4-7). 41.99 *(978-1-5344-5351-7(2),* Aladdin) Simon & Schuster Children's Publishing.

Misadventures of Michael McMichaels: The Angry Alligator, Vol. 1. Tony Penn. Illus. by Brian Martin. ed. 2016. (Misadventures of Michael Mcmichaels Ser.). (ENG.). 91p. (J). (gr. 1-6). pap. 7.95 *(978-1-934490-94-5(6))* Boys Town Pr.

Misadventures of Michael McMichaels: The Borrowed Bracelet, Volume 2. Tony Penn. Illus. by Brian Martin. ed. 2016. (Misadventures of Michael Mcmichaels Ser.). (ENG.). 91p. (J). (gr. 1-6). pap. 7.95 *(978-1-944882-03-7(0))* Boys Town Pr.

Misadventures of Michael McMichaels: The Creepy Campers, Vol. 3. Tony Penn. Illus. by Brian Martin. ed. 2017. (Misadventures of Michael Mcmichaels Ser.: 3). (ENG.). 83p. (J). (gr. 1-6). pap. 7.95 *(978-1-944882-10-5(3))* Boys Town Pr.

Misadventures of Miss Snoots. Brenda W. Atkinson. 2017. (ENG., Illus.). (J). 22.95 *(978-1-4808-4144-4(7));* pap. 16.95 *(978-1-4808-4146-8(3))* Archway Publishing.

Misadventures of Orville Hempstead. Shirley Lambert. 2023. 154p. (J). pap. 11.99 ***(978-1-6678-9829-2(9))*** BookBaby.

Misadventures of Seldovia Sam. Susan Woodward Springer. Illus. by Amy Meissner. 2018. (ENG.). (J). (gr. 1-3). 262p. 27.99 *(978-1-5132-6167-6(3));* 258p. pap. 14.99 *(978-1-5132-6166-9(5))* West Margin Pr. (Alaska Northwest Bks.).

Misadventures of the Broccoli Gang: In the Mystery of Old Man Harlow. Marquita Facen. 2020. (ENG.). 86p. (YA). pap. 12.95 *(978-1-64801-755-1(X))* Newman Springs Publishing, Inc.

Misadventures of Three Good Boys: That Is to Say, Fairly Good Boys (Classic Reprint) Henry A. Shute. 2017. (ENG., Illus.). (J). 30.74 *(978-0-265-99633-1(3))* Forgotten Bks.

Misadventures of Tood & Taboon. Natasha Tabon and Angela Wood. Illus. by Natalie Marino. 2016. (ENG.). (J). pap. 12.99 *(978-1-4984-9048-1(4))* Salem Author Services.

Misadventures of TOOD & TABOON: The Good, the Bad, & the Mischievous! Natasha Tabon & Angela Wood. 2019. (ENG.). 74p. (J). pap. 13.49 *(978-1-5456-6708-8(X))* Salem Author Services.

Misadventures of Ures of Marjory (Classic Reprint) James Ball Naylor. 2017. (ENG., Illus.). 406p. (J). 32.29 *(978-0-484-64864-6(0))* Forgotten Bks.

MisAdventures of Zyria: The World's Smallest Superhero. Jp Brome. 2019. (ENG.). 210p. (J). pap. 18.49 *(978-1-5456-7940-1(1),* Mill City Press, Inc) Salem Author Services.

Misalliance (Classic Reprint) George Bernard Shaw. (ENG., Illus.). (J). 2018. 114p. 26.25 *(978-0-483-58529-4(7));* 2017. pap. 9.57 *(978-0-243-32942-7(3))* Forgotten Bks.

Misalliance, the Dark Lady of the Sonnets, & Fanny's First Play: With a Treatise on Parents & Children (Classic Reprint) George Bernard Shaw. 2018. (ENG., Illus.). 364p. (J). 31.42 *(978-0-483-46743-9(X))* Forgotten Bks.

Miscalculations of Lightning Girl. Stacy McAnulty. 2018. (Illus.). 304p. (J). (gr. 3-7). 17.99 *(978-1-5247-6757-0(3),* Random Hse. Bks. for Young Readers) Random Hse. Children's Bks.

Miscellanea (Classic Reprint) Juliana Horatia Ewing. 2018. (ENG., Illus.). 310p. (J). 30.29 *(978-0-483-27100-5(4))* Forgotten Bks.

Miscellanea Poetica (Classic Reprint) Walter Scott Carmichael. (ENG., Illus.). (J). 2018. 96p. 25.90 *(978-0-267-40993-8(1));* 2016. pap. 9.57 *(978-1-334-23760-7(3))* Forgotten Bks.

Miscellaneous Essays: Sketches & Reviews (Classic Reprint) William Makepeace Thackeray. 2017. (ENG., Illus.). (J). 41.98 *(978-0-332-02733-3(3))* Forgotten Bks.

Miscellaneous Examples in Arithmetic. Henry Pix. 2017. (ENG., Illus.). (J). pap. *(978-0-649-44276-8(8))* Trieste Publishing Pty Ltd.

Miscellaneous Papers & Sketches (Classic Reprint) William Makepeace Thackeray. 2017. (ENG., Illus.). (J). 34.68 *(978-0-266-72209-0(1));* pap. 19.57 *(978-1-5276-7902-3(0))* Forgotten Bks.

Miscellaneous Papers from 'the Morning Chronicle, ' 'the Daily News, ' 'the Examiner, ' 'Household Words, ' 'All the Year Round, ' etc, Vol. 2 Of 2: And Plays & Poems (Classic Reprint) Charles Dickens. (ENG., Illus.). (J). 2018. 526p. 34.75 *(978-0-267-53291-9(1));* 2016. pap. 19.57 *(978-1-333-11455-8(9))* Forgotten Bks.

Miscellaneous Papers from the Morning Chronicle, the Daily News, the Examiner, Household Words, All the Year Round, etc, Vol. 1 Of 2: And Plays & Poems (Classic Reprint) Charles Dickens. 2016. (ENG., Illus.). (J). pap. 19.57 *(978-1-334-09260-2(5))* Forgotten Bks.

Miscellaneous Papers of John Smeaton, Civil Engineer, &C. F. R. S: Comprising His Communications to the Royal Society, Printed in the Philosophical Transactions, Forming a Fourth Volume to His Reports (Classic Reprint) John Smeaton. 2017. (ENG., Illus.). (J). 28.87 *(978-0-331-86507-3(6));* pap. 11.57 *(978-0-282-13613-0(4))* Forgotten Bks.

Miscellaneous Poems: Intended for the Amusement, If Not the Instruction of Those Who May Favor Them with Attention, When Time Is Not to Be Taken in the Estimate (Classic Reprint) B. t. Pindle. (ENG., Illus.). (J). 2018. 200p. 28.04 *(978-0-484-80031-0(0));* 2016. pap. 10.57 *(978-1-334-37555-2(0))* Forgotten Bks.

Miscellaneous Poems: With Several Specimens from the Author's Manuscript Version of the Poems of Ossian (Classic Reprint) Jonathan Mitchell Sewall. 2018. (ENG., Illus.). 334p. (J). 30.81 *(978-0-365-03216-8(6))* Forgotten Bks.

Miscellaneous Poems, Chiefly Scottish. John Laing. 2017. (ENG.). 166p. (J). pap. *(978-3-7447-7027-9(3))* Creation Pubs.

Miscellaneous Poems, Chiefly Scottish. John Laing. 2017. (ENG., Illus.). 172p. (J). pap. *(978-0-649-75971-2(0))* Trieste Publishing Pty Ltd.

Miscellaneous Poems, Chiefly Scottish. Pp. 10-160. John Laing. 2017. (ENG., Illus.). (J). pap. *(978-0-649-47971-9(8))* Trieste Publishing Pty Ltd.

Miscellaneous Poems of the Boston Bard (Classic Reprint) Robert Stevenson Coffin. (ENG., Illus.). (J). 2018. 150p. 26.99 *(978-0-666-45458-4(2));* 2017. pap. 9.57 *(978-0-259-29549-5(3))* Forgotten Bks.

Miscellaneous Prose & Verse (Classic Reprint) Waldo Lee McAtee. (ENG., Illus.). (J). 2018. 162p. 27.24

(978-0-483-81457-8(1)); 2016. pap. 9.97 *(978-1-334-12953-7(3))* Forgotten Bks.

Miscellaneous Selections Published As a Supplement to the Connecticut Courant, Vol. 3 (Classic Reprint) Unknown Author. 2017. (ENG., Illus.). (J). 538p. 35.01 *(978-0-332-82202-0(8))*; pap. 19.57 *(978-0-259-23608-5(X))* Forgotten Bks.

Miscellaneous Stories, Sketches, Etc: Now Chiefly Collected for the First Time (Classic Reprint) Samuel Lover. (ENG., Illus.). (J). 2018. 250p. 29.07 *(978-0-666-89514-1(7))*; 2016. pap. 11.57 *(978-1-334-13792-1(7))* Forgotten Bks.

Miscellaneous Tracts Relating to Natural History, Husbandry, & Physick. Benjamin Stillingfleet. 2017. (ENG.). 452p. (J). pap. *(978-3-337-32099-7(6))* Creation Pubs.

Miscellaneous Tracts Relating to Natural History, Husbandry, & Physick: To Which Is Added the Calendar of Flora (Classic Reprint) Benjamin Stillingfleet. 2016. (ENG., Illus.). (J). pap. 16.57 *(978-1-333-86917-5(7))* Forgotten Bks.

Miscellaneous Works & Novels of R. C. Dallas, Esq., Vol. 2 Of 7: The First Volume of Percival (Classic Reprint) R. C. Dallas. 2018. (ENG., Illus.). 286p. (J). 29.71 *(978-0-332-90705-5(8))* Forgotten Bks.

Miscellaneous Works & Novels of R. C. Dallas, Esq., Vol. 4 Of 7: Containing the First Volume of Aubrey (Classic Reprint) R. C. Dallas. 2018. (ENG., Illus.). 292p. (J). 29.94 *(978-0-484-03651-1(3))* Forgotten Bks.

Miscellaneous Works & Novels of R. C. Dallas, Esq., Vol. 7 Of 7: Containing the Second Volume of Morland (Classic Reprint) R. C. Dallas. 2018. (ENG., Illus.). 274p. (J). 29.57 *(978-0-656-93067-8(5))* Forgotten Bks.

Miscellaneous Works & Novels, Vol. 5 of 7 (Classic Reprint) Robert Charles Dallas. 2018. (ENG., Illus.). 280p. (J). 29.67 *(978-0-484-87415-1(2))* Forgotten Bks.

Miscellaneous Works & Novels, Vol. 6 of 7 (Classic Reprint) Robert Charles Dallas. 2018. (ENG., Illus.). 272p. (J). 29.53 *(978-0-267-47515-5(2))* Forgotten Bks.

Miscellaneous Works of Dr. Goldsmith: Containing All His Essays & Poems (Classic Reprint) Oliver Goldsmith. (ENG., Illus.). (J). 2018. 238p. 28.87 *(978-0-332-49097-7(1))*; 2016. pap. 11.57 *(978-1-334-16756-0(7))* Forgotten Bks.

Miscellaneous Works of Henry MacKenzie (Classic Reprint) Henry MacKenzie. 2018. (ENG., Illus.). 528p. (J). 34.79 *(978-0-666-66898-1(1))* Forgotten Bks.

Miscellaneous Works of Henry MacKenzie, Esq. (Classic Reprint) Henry MacKenzie. (ENG., Illus.). (J). 2018. 520p. 34.62 *(978-0-483-85180-1(9))*; 2017. pap. 16.97 *(978-0-243-88146-8(0))* Forgotten Bks.

Miscellaneous Works of Henry MacKenzie, Vol. 3 of 3 (Classic Reprint) Henry MacKenzie. 2018. (ENG., Illus.). 298p. (J). 30.04 *(978-0-483-55002-5(7))* Forgotten Bks.

Miscellaneous Works of N. P. Willis (Classic Reprint) Nathaniel Parker Willis. 2017. (ENG., Illus.). (J). 30.97 *(978-0-260-33184-7(8))*; pap. 13.57 *(978-1-5283-1240-0(6))* Forgotten Bks.

Miscellaneous Works of Oliver Goldsmith, M. B: With a Brief Memoir of the Author (Classic Reprint) Oliver Goldsmith. (ENG., Illus.). (J). 2018. 330p. 30.70 *(978-0-656-34853-4(4))*; 2017. pap. 13.57 *(978-0-243-44059-7(6))* Forgotten Bks.

Miscellaneous Works of the Late Dr. Arbuthnot, Vol. 1 (Classic Reprint) John Arbuthnot. 2017. (ENG., Illus.). (J). 29.11 *(978-0-260-50745-7(8))*; pap. 11.57 *(978-0-243-52182-1(0))* Forgotten Bks.

Miscellaneous Works of the Late Dr. Arbuthnot, Vol. 1 Of 2: With an Account of the Author's Life (Classic Reprint) John Arbuthnot. 2017. (ENG., Illus.). (J). pap. 11.97 *(978-1-5279-5937-8(6))* Forgotten Bks.

Miscellaneous Works of the Late Dr. Arbuthnot, Vol. 2 (Classic Reprint) John Arbuthnot. 2017. (ENG., Illus.). (J). pap. 13.57 *(978-0-282-23475-1(6))* Forgotten Bks.

Miscellaneous Works of the Late Dr. Arbuthnot, Vol. 2 Of 2: With an Account of the Author's Life (Classic Reprint) John Arbuthnot. 2017. (ENG., Illus.). (J). 30.33 *(978-0-260-62843-5(3))*; pap. 13.57 *(978-1-334-93429-2(0))* Forgotten Bks.

Miscellaneous Works of Tim Bobbin, Esq: Containing the View of the Lancashire Dialect, with Large Additions & Improvements; Also, His Poem of the Flying Dragon, & the Man of Heaton; Together with Other Whimsical Amusements in Prose & Verse; To. Tim Bobbin. (ENG., Illus.). (J). 2018. 356p. 31.24 *(978-0-365-13143-4(1))*; 2017. pap. 13.97 *(978-0-259-60183-8(7))* Forgotten Bks.

Miscellaneous Works of Tobias Smollett: Complete in One Volume, with Memoir of the Author (Classic Reprint) Tobias George Smollett. (ENG., Illus.). (J). 2018. 1042p. 45.39 *(978-0-332-05202-1(8))*; 2017. pap. 27.73 *(978-0-243-89305-8(1))* Forgotten Bks.

Miscellaneous Works of Tobias Smollett, M. d, Vol. 1 Of 6: With Memoirs of His Life & Writings; Containing the Adventures of Roderick Random (Classic Reprint) Tobias Smollett. 2018. (ENG., Illus.). (J). 562p. 35.51 *(978-1-397-19699-6(8))*; 564p. pap. 19.57 *(978-1-397-19662-0(9))* Forgotten Bks.

Miscellaneous Works of Tobias Smollett, M. d, Vol. 1 Of 6: With Memoirs of His Life & Writings; Containing the Life of Smollett, & the Adventures of Roderick Random (Classic Reprint) Tobias George Smollett. 2017. (ENG., Illus.). (J). pap. 20.57 *(978-0-259-06093-2(3))* Forgotten Bks.

Miscellaneous Works of Tobias Smollett M. d, Vol. 3: With Memoirs of His Life & Writings; Containing, the Adventures of Peregrine Pickle, Part II., & Plays & Poems (Classic Reprint) Tobias George Smollett. (ENG., Illus.). (J). 2018. 520p. 34.62 *(978-0-483-29250-5(8))*; 2016. pap. 16.97 *(978-1-333-19694-3(6))* Forgotten Bks.

Miscellaneous Works of Tobias Smollett, M. d, Vol. 3: With Memoirs of His Life & Writings; Containing the Adventures of Peregrine Pickle, Part II. & Plays & Poems (Classic Reprint) Tobias Smollett. 2018. (ENG., Illus.). 524p. (J). 34.72 *(978-0-484-38953-2(X))* Forgotten Bks.

Miscellaneous Works of Tobias Smollett, M. d, Vol. 3: With Memoirs of His Life & Writings; Containing the Adventures of Peregrine Pickle, Part II. & Plays & Poems (Classic Reprint) Tobias George Smollett. 2017. (ENG., Illus.). (J). pap. 19.57 *(978-0-259-28697-4(4))* Forgotten Bks.

Miscellaneous Works of Tobias Smollett, M. d, Vol. 4 Of 6: With Memoirs of His Life & Writings by Robert Anderson M. D.; Containing the Adventures of Ferdinand Count Fathom; an Account of the Expedition Against Carthagena (Classic Reprint) Tobias George Smollett. (ENG., Illus.). (J). 2018. 448p. 33.16 *(978-0-666-13580-3(0))*; 2016. pap. 16.57 *(978-1-334-12361-0(6))* Forgotten Bks.

Miscellaneous Works of Tobias Smollett, M. d, Vol. 4 Of 6: With Memoirs of His Life & Writings; Containing the Adventure of Ferdinand Count Fathom, & an Account of the Expedition Against Carthagena (Classic Reprint) Tobias George Smollett. 2017. (ENG., Illus.). (J). pap. 16.57 *(978-1-5277-2625-3(8))* Forgotten Bks.

Miscellaneous Works of Tobias Smollett, M. d, Vol. 5 Of 6: With Memoirs of His Life & Writings; Containing the Adventures of Sir Launcelot Greaves, & Travels Through France & Italy (Classic Reprint) Robert Anderson. 2018. (ENG., Illus.). 586p. (J). 35.98 *(978-0-656-31886-5(4))* Forgotten Bks.

Miscellaneous Works of Tobias Smollett, M. d, Vol. 5 Of 6: With Memoirs of His Life & Writings; Containing the Adventures of Sir Launcelot Greaves, & Travels Through France & Italy (Classic Reprint) Tobias Smollett. 2018. (ENG., Illus.). 566p. (J). 35.59 *(978-0-332-19279-6(2))* Forgotten Bks.

Miscellaneous Works of Tobias Smollett, M. d, Vol. 5 Of 6: With Memoirs of His Life & Writings; Containing the Adventures of Sir Launcelot Greaves, & Travels Through France & Italy (Classic Reprint) Tobias George Smollett. 2016. (ENG., Illus.). (J). pap. 19.57 *(978-1-334-45616-9(X))* Forgotten Bks.

Miscellaneous Works of Tobias Smollett, M. d, Vol. 6 Of 6: With Memoirs of His Life & Writings; Containing the Expedition of Humphry Clinker, and, the Adventures of an Atom (Classic Reprint) Tobias George Smollett. 2017. (ENG., Illus.). (J). 35.22 *(978-0-331-61745-0(5))*; pap. 19.57 *(978-0-259-19424-8(7))* Forgotten Bks.

Miscellaneous Works of Tobias Smollett, Vol. 1 Of 5: To Which Is Prefixed, Memoirs of His Life & Writings (Classic Reprint) Unknown Author. 2018. (ENG., Illus.). 698p. (J). 38.29 *(978-0-483-43478-3(7))* Forgotten Bks.

Miscellaneous Works of Tobias Smollett, Vol. 4 Of 5: To Which Is Prefixed, Memoirs of His Life & Writings (Classic Reprint) Tobias George Smollett. 2018. (ENG., Illus.). 546p. (J). 35.20 *(978-0-332-83657-7(6))* Forgotten Bks.

Miscellaneous Writings of George C. Harding (Classic Reprint) George C. Harding. 2017. (ENG., Illus.). (J). 31.45 *(978-0-265-87989-4(2))* Forgotten Bks.

Miscellanies of the Philobiblon Society, Vol. 11 (Classic Reprint) Philobiblon Society. 2017. (ENG., Illus.). (J). pap. 16.97 *(978-0-266-74664-5(0))* Forgotten Bks.

Miscellanies of the Philobiblon Society, Vol. 14 (Classic Reprint) Philobiblon Society. 2018. (ENG., Illus.). (J). 458p. 33.36 *(978-1-391-15691-0(9))*; 460p. pap. 16.57 *(978-1-391-08422-0(5))* Forgotten Bks.

Miscellanies of the Philobiblon Society, Vol. 15 (Classic Reprint) Philobiblon Society. 2018. (ENG., Illus.). 590p. (J). 36.09 *(978-0-332-98908-2(9))* Forgotten Bks.

Miscellanies of the Philobiblon Society, Vol. 5 (Classic Reprint) Philobiblon Society. 2018. (ENG., Illus.). 538p. (J). 35.01 *(978-0-483-23487-1(7))* Forgotten Bks.

Miscellanies of the Philobiblon Society, Vol. 7 (Classic Reprint) Charles Whittingham. 2018. (FRE., Illus.). (J). 540p. 35.03 *(978-1-391-42529-0(4))*; 542p. pap. 19.57 *(978-1-390-22085-8(0))* Forgotten Bks.

Miscellanies, Prose & Verse, Vol. 1: Ballads; the Book of Snobs; the Fatal Boots; Cox's Diary; the Tremendous Adventures of Major Gahagan (Classic Reprint) William Makepeace Thackeray. (ENG., Illus.). (J). 2018. 520p. 34.62 *(978-1-397-25230-2(8))*; 2018. 522p. pap. 16.97 *(978-1-397-25227-2(8))*; 2017. pap. 19.57 *(978-0-259-40142-1(0))* Forgotten Bks.

Miscellanies, Prose & Verse, Vol. 2: Memoirs of Mr. C. J. Yellowplush; Diary of C. James de la Pluche, Esq.; Sketches & Travels in London; Novels by Eminent Hands; Character Sketches (Classic Reprint) William Makepeace Thackeray. 2017. (ENG., Illus.). (J). 34.29 *(978-0-265-71979-4(8))*; pap. 16.97 *(978-1-5276-7608-4(0))* Forgotten Bks.

Miscellanies, Prose & Verse, Vol. 2: Memoirs of Mr. C. J. Yellowplush; Diary of C. Jeames de la Pluche, Esq.; Sketches & Travels in London; Novels by Eminent Hands; Character Sketches (Classic Reprint) William Makepeace Thackeray. 2018. (ENG., Illus.). 502p. (J). 34.25 *(978-0-332-13365-2(6))* Forgotten Bks.

Miscellanies, Vol. 1 Of 2: Prose & Verse (Classic Reprint) William Maginn. 2018. (ENG., Illus.). 396p. (J). 32.08 *(978-0-267-14147-0(5))* Forgotten Bks.

Miscellanies, Vol. 3: Prose & Verse; the Memoirs of Barry Lyndon, Esq., a Legend of the Rhine, Rebecca & Rowena, a Little Dinner at Timmins's, the Bedford-Row Conspiracy (Classic Reprint) William Makepeace Thackeray. 2018. (ENG., Illus.). (J). 528p. 34.79 *(978-0-366-55761-5(0))*; 530p. pap. 19.57 *(978-0-366-06289-8(1))* Forgotten Bks.

Miscellanies, Vol. 3: The Book of Snobs, Sketches & Travels in London, Denis Duval, & Other Stories (Classic Reprint) William Makepeace Thackeray. (ENG., Illus.). (J). 2018. 538p. 35.01 *(978-0-364-97861-0(9))*; 2017. pap. 19.57 *(978-0-259-35314-0(0))* Forgotten Bks.

Miscellanies, Vol. 3: The Life of Mr. Jonathan Wild the Great (Classic Reprint) Henry Fielding. 2017. (ENG., Illus.). (J). 32.85 *(978-0-265-67359-1(3))*; pap. 16.57 *(978-1-5276-4682-7(3))* Forgotten Bks.

Miscellanies, Vol. 4: Prose & Verse; the Fitz-Boodle Papers; Men's Wives; a Shabby Genteel Story; the History of Samuel Titmarsh & the Great Hoggarty Diamond (Classic Reprint) William Makepeace Thackeray. (ENG., Illus.). (J). 2018. 462p. 33.43 *(978-0-484-07163-5(7))*; 2016. pap. 16.57 *(978-1-333-50693-3(7))* Forgotten Bks.

Miscellanies, Vol. 4: The Four Georges, the English Humorists, Roundabout Papers, etc., etc (Classic Reprint) William Makepeace Thackeray. (ENG., Illus.). (J). 2017. 37.06 *(978-0-265-46711-4(X))*; 2016. pap. 19.57 *(978-1-334-14230-7(0))* Forgotten Bks.

Miscellanies, Vol. 5: Catherine, Titmarsh among Pictures & Books, Fraser Miscellanies, Christmas Books, Ballads, etc (Classic Reprint) William Makepeace Thackeray. (ENG., Illus.). (J). 2018. 818p. 40.77 *(978-0-365-49731-8(2))*; 2017. pap. 23.57 *(978-0-259-20639-2(3))* Forgotten Bks.

Miscellany of a Japanese Priest: Being a Translation of Tsure-Zure Gusa (Classic Reprint) William N. Porter. (ENG., Illus.). (J). 2017. 28.72 *(978-0-331-52819-0(3))*; 2016. pap. 11.57 *(978-1-334-13179-0(1))* Forgotten Bks.

Miscellany of Divers Problems: Containing Ingenuous Solutions of Sundry Questions, Partly Moral, Partly of Other Subjects (Classic Reprint) Georges Pellisson. 2016. (ENG., Illus.). (J). pap. 13.57 *(978-1-334-02378-1(6))* Forgotten Bks.

Miscellany of Mischief & Magic: Discover History's Best Hoaxes, Hijinks, Tricks, & Illusions. Tom Adams. Illus. by Jasmine Floyd. 2023. (ENG.). 64p. (J). (gr. 2-6). 24.99 ***(978-0-7112-8059-5(2)***, Wide Eyed Editions) Quarto Publishing Group UK GBR. Dist: Hachette Bk. Group.

Mischa Learns Science. Tracilyn George. 2020. (ENG.). 22p. (J). pap. 11.00 *(978-1-990153-69-3(0))* Lulu Pr., Inc.

Mischief & Mayhem #1: Born to Be Bad. Ken Lamug. Illus. by Ken Lamug. 2021. (ENG., Illus.). 256p. (J). (gr. 3-7). 19.99 *(978-0-06-297076-3(3))*; pap. 12.99 *(978-0-06-297075-6(5))* HarperCollins Pubs. (Tegen, Katherine Bks).

Mischief & Mayhem #2: the Cursed Bunny. Ken Lamug. Illus. by Ken Lamug. 2022. (ENG., Illus.). 256p. (J). (gr. 3-7). 19.99 *(978-0-06-297079-4(8))*; pap. 12.99 *(978-0-06-297078-7(X))* HarperCollins Pubs. (Tegen, Katherine Bks).

Mischief at the Waterhole. Gail Clarke. Illus. by Gail Clarke & Zoe O'Reilly. 2017. (ENG.). (J). (gr. k-3). *(978-1-912406-24-1(1))*; 25p. pap. *(978-1-912406-17-3(9))* Gupole Pubns.

Mischief-Maker, Vol. 1 of 2 (Classic Reprint) Leslie Keith. 2018. (ENG., Illus.). 356p. (J). 31.24 *(978-0-267-21726-7(9))* Forgotten Bks.

Mischief-Maker, Vol. 2 of 2 (Classic Reprint) Leslie Keith. 2018. (ENG., Illus.). 302p. (J). 30.15 *(978-0-483-75058-6(1))* Forgotten Bks.

Mischief Maker's Handbook. Mike Barfield. Illus. by Jan Buchczik. annot. ed. 2020. (ENG.). 96p. (J). (gr. 2-6). pap. 14.99 *(978-1-78627-551-6(1)*, King, Laurence Publishing) Orion Publishing Group, Ltd. GBR. Dist: Hachette Bk. Group.

Mischief of Monica (Classic Reprint) Lucy Bethia Walford. 2018. (ENG., Illus.). 376p. (J). 31.65 *(978-0-365-24334-2(5))* Forgotten Bks.

Mischievous Duo. Leila Chahabi. 2022. (ENG.). 38p. (J). *(978-1-3984-2843-0(4))*; pap. *(978-1-3984-2842-3(6))* Austin Macauley Pubs. Ltd.

Mischievous Fairies & Their Tricks Coloring Book. Smarter Activity Books. 2016. (ENG., Illus.). (J). pap. 9.22 *(978-1-68374-373-6(3))* Examined Solutions PTE. Ltd.

Mischievous Foxes & All-Seeing Owls Coloring Book. Kreative Kids. 2016. (ENG., Illus.). (J). pap. 9.20 *(978-1-68377-549-2(X))* Whlke, Traudl.

Mischievous Mermaid Adventures Coloring Book. Jupiter Kids. 2016. (ENG., Illus.). 106p. (J). pap. 12.55 *(978-1-68326-352-4(9)*, Jupiter Kids (Childrens & Kids Fiction)) Speedy Publishing LLC.

Mischievous Misti: Book 3. Paula Gehring-Kevish. 2022. (ENG., Illus.). 28p. (J). 23.95 *(978-1-6624-6324-2(3))*; pap. 13.95 *(978-1-6624-6322-8(7))* Page Publishing Inc.

Mischievous Mosquitoes of Banjul. Momodou Ndow & Saffie Jagne. Illus. by Mariana Ostanik. 2022. (ENG.). 42p. (J). 24.99 ***(978-1-0879-5833-0(4))***; pap. 17.99 ***(978-1-0880-7337-7(9))*** Indy Pub.

Mischievous Pets. Chase Michael Kidulas. 2022. (ENG.). 22p. (J). pap. 14.95 ***(978-1-68498-310-0(X))*** Newman Springs Publishing, Inc.

Misdemeanors of Nancy (Classic Reprint) Eleanor Hoyt. 2017. (ENG., Illus.). (J). 29.11 *(978-1-5280-7333-2(9))* Forgotten Bks.

Miseducation of Cameron Post Movie Tie-In Edition. Emily M. Danforth. movie tie-in ed. 2018. (ENG.). 480p. (J). (gr. 9). pap. 9.99 *(978-0-06-288449-7(2)*, Balzer & Bray) HarperCollins Pubs.

Miser Farebrother: A Novel (Classic Reprint) B. L. Farjeon. 2017. (ENG., Illus.). (J). 29.53 *(978-1-5284-4558-0(9))* Forgotten Bks.

Miser Farebrother, Vol. 1: A Novel (Classic Reprint) B. L. Farjeon. 2018. (ENG., Illus.). 278p. (J). 29.65 *(978-0-483-96766-3(1))* Forgotten Bks.

Miser Farebrother, Vol. 2 Of 3: A Novel (Classic Reprint) B. L. Farjeon. 2018. (ENG., Illus.). 272p. (J). 29.51 *(978-0-365-40787-4(9))* Forgotten Bks.

Miser Married, Vol. 1 Of 3: A Novel, in Three Volumes (Classic Reprint) Catherine Hutton. 2018. (ENG., Illus.). 302p. (J). 30.13 *(978-0-483-83745-4(8))* Forgotten Bks.

Miser Married, Vol. 2 Of 3: A Novel, in Three Volumes (Classic Reprint) Catherine Hutton. 2018. (ENG., Illus.). 290p. (J). 29.90 *(978-0-483-95882-1(4))* Forgotten Bks.

Miser Married, Vol. 3 Of 3: A Novel (Classic Reprint) Catherine Hutton. 2018. (ENG., Illus.). 280p. (J). 29.67 *(978-0-483-47842-8(3))* Forgotten Bks.

Miser of King's Court (Classic Reprint) Clara Mulholland. 2018. (ENG., Illus.). 276p. (J). 29.59 *(978-0-483-19326-0(7))* Forgotten Bks.

Miser of Raveloe (Classic Reprint) George Elliott. 2018. (ENG., Illus.). 40p. (J). 24.72 *(978-0-428-90050-2(X))* Forgotten Bks.

Miser, or the Convicts of Lisnamona, Vol. 1 of 2 (Classic Reprint) William Carleton. (ENG., Illus.). (J). 2018. 208p. 28.19 *(978-0-365-19595-5(2))*; 2017. pap. 10.57 *(978-0-259-19776-8(9))* Forgotten Bks.

Miserables Novel Units Student Packet. Novel Units. 2019. (ENG.). (YA). pap. 13.99 *(978-1-56137-757-2(0)*, Novel Units, Inc.) Classroom Library Co.

Miseries of an Heiress, Vol. 1: A Novel (Classic Reprint) Anthony Frederick Holstein. 2018. (ENG., Illus.). 296p. (J). 30.00 *(978-0-484-24819-8(7))* Forgotten Bks.

Miseries of Fo Hi: A Celestial Functionary (Classic Reprint) Francisque Sarcey. 2017. (ENG., Illus.). (J). 29.26 *(978-0-266-18021-0(3))* Forgotten Bks.

Miseries of Human Life: An Old Friend in a New Dress (Classic Reprint) James Beresford. 2017. (ENG., Illus.). (J). 27.88 *(978-1-5282-6005-3(8))* Forgotten Bks.

Miseries of Human Life, or the Groans of Samuel Sensitive, & Timothy Testy: With a Few Supplementary Sighs from Mrs. Testy; in Twelve Dialogues (Classic Reprint) James Beresford. (ENG., Illus.). (J). 2018. 340p. 30.93 *(978-0-428-91589-6(2))*; 2017. 232p. 28.68 *(978-0-484-21705-7(4))*; 2017. pap. 11.57 *(978-0-259-44280-6(1))*; 2017. pap. 13.57 *(978-0-259-45600-1(4))* Forgotten Bks.

Miseries of Human Life; or the Last Groans of Timothy Testy & Samuel Sensitive, Vol. 2: With a Few Supplementary Sighs from Mrs. Testy (Classic Reprint) James Beresford. 2017. (ENG., Illus.). (J). 30.33 *(978-0-265-39769-5(3))* Forgotten Bks.

Miser's Daughter (Classic Reprint) William Harrison Ainsworth. 2018. (ENG., Illus.). 454p. (J). 33.26 *(978-0-483-03845-5(8))* Forgotten Bks.

Miser's Daughter, Vol. 1 (Classic Reprint) William Harrison Ainsworth. 2017. (ENG., Illus.). (J). 30.19 *(978-0-265-71330-3(7))*; pap. 13.57 *(978-1-5276-6723-5(5))* Forgotten Bks.

Miser's Money (Classic Reprint) Eden Phillpotts. 2018. (ENG., Illus.). 434p. (J). 32.85 *(978-0-484-47416-0(2))* Forgotten Bks.

Miser's Son: A Tale (Classic Reprint) Richard Bedingfield. (ENG., Illus.). (J). 2018. 628p. 36.85 *(978-0-332-93907-0(3))*; 2016. pap. 19.57 *(978-1-334-14590-2(3))* Forgotten Bks.

Misfit City, Volume Two, Vol. 2. Kiwi Smith & Kurt Lustgarten. ed. 2018. lib. bdg. 26.95 *(978-0-606-41398-5(7))* Turtleback.

Misfit Crown (Classic Reprint) Frances Davidge. (ENG., Illus.). (J). 2018. 352p. 31.18 *(978-0-666-36708-2(6))*; 2017. pap. 13.57 *(978-0-282-97763-4(5))* Forgotten Bks.

Misfit Madhu. Divya Anand. 2022. (ENG.). 192p. (J). pap. 9.99 *(978-0-14-345355-0(6)*, Puffin) Penguin Bks. India PVT, Ltd IND. Dist: Independent Pubs. Group.

Misfit Mansion. Kay Davault. Illus. by Kay Davault. 2023. (ENG., Illus.). 304p. (J). (gr. 3). 22.99 ***(978-1-6659-0308-0(2))***; pap. 14.99 ***(978-1-6659-0307-3(4))*** Simon & Schuster Children's Publishing. (Atheneum Bks. for Young Readers).

Misfit Stitch. Clare Helen Welsh. Illus. by Letizia Rizzo. 2021. (Early Bird Readers — Gold (Early Bird Stories (tm)) Ser.). (ENG.). 32p. (J). (gr. k-3). pap. 9.99 *(978-1-7284-1332-7(X)*, 869f24dc-5c75-4e6e-a781-067b0ecf7c18); lib. bdg. 30.65 *(978-1-5415-9006-9(6)*, 9ed5110f-e465-4427-8c1d-9b4ebedf877b) Lerner Publishing Group. (Lerner Pubns.).

Misfit Tribe & the Secret of Mystery Island. B. J. Rowling & D. G. Lloyd. 2018. (ENG.). 270p. (YA). (gr. 7-12). pap. *(978-1-78830-218-0(4))* Olympia Publishers.

Misfits. M. A. Cope. 2017. (ENG., Illus.). 62p. (J). pap. *(978-0-9575359-9-2(6))* Scarygirl Ltd.

Misfits: Royal Academy Rebels, Book 1. Jen Calonita. (Royal Academy Rebels Ser.: 1). 288p. (J). (gr. 3-7). 2019. pap. 7.99 *(978-1-4926-9390-1(1))*; 2018. 16.99 *(978-1-4926-5128-4(1))* Sourcebooks, Inc.

Misfits & Remnants (Classic Reprint) Luigi Donato Ventura. (ENG., Illus.). (J). 2018. 244p. 28.95 *(978-0-484-29641-0(8))*; 2017. pap. 11.57 *(978-0-243-29926-3(5))* Forgotten Bks.

Misfits Club. Kieran Crowley. 2019. (ENG.). 320p. (J). pap. 13.99 *(978-1-250-29428-9(2)*, 900195065) Square Fish.

Misfit's Life for Me (Set), 4 vols. Jan Fields. Illus. by Alexandra Barboza. 2020. (Misfit's Life for Me Ser.). (ENG.). 24p. (J). (gr. 3-7). lib. bdg. 136.88 *(978-1-5321-3818-8(0)*, 35246, Spellbound) Magic Wagon.

Misfits of Avalon 3 Future in the Wind. K. McDonald. 2017. (Misfits of Avalon Ser.: 3). (Illus.). 216p. (J). (gr. 2-5). pap. 14.99 *(978-1-61655-749-2(4))* Dark Horse Comics.

MISFITS of MISS FITZ's FARM. Sue Clifton & Crystal Selby. 2019. (ENG., Illus.). 28p. (J). (gr. 1-3). 18.00 *(978-1-64237-477-3(6))* Gatekeeper Pr.

Misfortune Annie & the Locomotive Reaper. Dave Jackson & Janet Fogg. 2016. (Misfortune Annie Ser.: Vol. 1). (ENG., Illus.). (YA). (gr. 7-10). 19.99 *(978-0-692-79747-1(5))* FA LLC.

Misfortunes of Sophie see Malheurs de Sophie

Misguided Angel. Melissa de la Cruz. 2023. (Blue Bloods Ser.). (ENG.). 400p. (YA). (gr. 7-12). pap. 10.99 *(978-1-368-09418-4(X)*, Disney-Hyperion) Disney Publishing Worldwide.

Misguided Thought Revelation into the Light: Book of Poetry. Jaelyn D. Jordan. 2022. (ENG.). 48p. (YA). 21.00 ***(978-1-0879-1447-3(7))*** Indy Pub.

Mish MASH Maze Bash! Fun Kids Activity Book. Activity Book Zone for Kids. 2016. (ENG., Illus.). (J). pap. 9.20 *(978-1-68376-026-9(3))* Sabeels Publishing.

Misha & the Purple Moon Prophecy. Tanya Koller. 2017. (ENG., Illus.). (YA). *(978-0-9959604-1-1(0))*; pap. *(978-0-9959604-2-8(9))* Spiritual Warrior's Alliance.

Misha & the Purple Moon Prophecy. Tanya Koller. 2023. (ENG.). 376p. (YA). ***(978-0-2288-8749-2(6))***; pap. ***(978-0-2288-8747-8(X))*** Tellwell Talent.

Misha & the Purple Moon Prophecy: A Workbook for Personal Empowerment Through Self-Reflection. Tanya Koller. 2023. (ENG.). 122p. (YA). pap. ***(978-0-2288-5545-3(4))*** Tellwell Talent.

Misha the Travelling Puppy ABC: ABC. Natalia Hooker. Illus. by Svetlana Pikul. 2021. (Misha the Travelling Puppy Ser.). (ENG.). 36p. (J). pap. ***(978-0-6453306-0-1(4))*** Alaya Bks.

Misha the Travelling Puppy America. Natalia Hooker. Illus. by Svetlana Pikul. 2021. (ENG.). 20p. (J). pap. ***(978-0-6453306-6-3(3))*** Alaya Bks.

Misha the Travelling Puppy Australia: Australia. Natalia Hooker. Illus. by Svetlana Pikul. 2021. (Misha the Travelling

1344

The check digit for ISBN-10 appears in parentheses after the full ISBN-13

Puppy Ser.). (ENG.). 20p. (J). pap. **(978-0-6453306-4-9(7))** Alaya Bks.
Misha the Travelling Puppy England: England. Natalia Hooker & Hannah Bedford. Illus. by Svetlana Pikul. 2022. (Misha the Travelling Puppy Ser.). (ENG.). 20p. (J). pap. **(978-0-6453955-2-5(8))** Alaya Bks.
Misha the Travelling Puppy India: India. Natalia Hooker. Illus. by Svetlana Pikul. 2022. (Misha the Travelling Puppy Ser.). (ENG.). 20p. (J). pap. **(978-0-6453306-8-7(X))** Alaya Bks.
Misha the Travelling Puppy Mexico: Mexico. Natalia Hooker. Illus. by Svetlana Pikul. 2022. (Misha the Travelling Puppy Ser.). (ENG.). 20p. (J). pap. **(978-0-6453955-4-9(4))** Alaya Bks.
Misha the Travelling Puppy Spain. Natalia Hooker. Illus. by Svetlana Pikul. 2021. (ENG.). 20p. (J). pap. **(978-0-6453306-2-5(0))** Alaya Bks.
Mishaps of Mr. Ezekiel Pelter. Alvin S. Higgins. 2017. (ENG.). 304p. (J). pap. *(978-3-337-27923-3(6))* Creation Pubs.
Mishaps of Mr. Ezekiel Pelter (Classic Reprint) Alvin S. Higgins. 2017. (ENG., Illus.). (J). 30.21 *(978-1-5285-6541-7(X))* Forgotten Bks.
Misha's Big Day. Michelle Wanasundera. Illus. by Jovan Carl Segura. 2023. (ENG.). 34p. (J). pap. **(978-1-922991-40-9(6))** Library For All Limited.
Misha's Big Day. Michelle Wanasundera. Illus. by Mariia Stepanova. 2022. (ENG.). 34p. (J). pap. **(978-1-922895-25-7(3))** Library For All Limited.
Misha's Big Day - Siku Kuu Ya Mwari. Michelle Wanasundera. Illus. by Oluwasegun Olaiya. 2023. (SWA.). 34p. (J). pap. **(978-1-922951-47-2(1))** Library For All Limited.
Mishkan HaNefesh for Youth: A Machzor for Youth & Families. Melissa Buyer Witman. Illus. by Mark H. Podwal. 2018. (HEB & ENG.). (J). *(978-0-88123-291-2(2))* Central Conference of American Rabbis/CCAR Pr.
Mishka's Race to Win. Michelle Wanasundera. Illus. by John Robert Azuelo. 2023. (ENG.). 34p. (J). pap. **(978-1-922991-60-7(0))** Library For All Limited.
Mishmash... the Beginning. Amanda L. Maybee. 2019. (ENG., Illus.). 28p. (J). *(978-0-2288-0526-7(0))*; pap. *(978-0-2288-0525-0(2))* Tellwell Talent.
Misinformation: What It Is & How to Identify It. Contrib. by Don Nardo. 2023. (ENG.). 64p. (YA). (gr. 6-12). 43.93 **(978-1-6782-0578-2(8))** ReferencePoint Pr., Inc.
Misión: Sistema Solar. Francis Spencer. 2022. (Destino: el Espacio (Destination Space) Ser.).Tr. of Solar System Mission. (SPA.). 24p. (J). (gr. k-2). pap. *(978-1-0396-4947-7(5),* 19709) Crabtree Publishing Co.
Mision Arcoirls. Anne Astilleros. 2016. (SPA., Illus.). (J). *(978-84-941640-6-4(6))* Unlock Press.
Misión de Rox / All the Fairies in the Kingdom. Laura Gallego. 2019. (Guardianes de la Ciudadela Ser.: 3). (SPA.). 704p. (YA). (gr. 8-12). pap. 17.95 *(978-607-31-7757-3(7),* Montena) Penguin Random House Grupo Editorial ESP. Dist: Penguin Random Hse. LLC.
Misión: Sistema Solar. Francis Spencer. 2022. (Destino: el Espacio (Destination Space) Ser.). (SPA.). 24p. (J). (gr. k-2). lib. bdg. *(978-1-0396-4820-3(7),* 19708) Crabtree Publishing Co.
Misisolrelami: New Colored Notes System to Learn How to Play the Guitar. Teresa Madiedo. 2020. (ENG., Illus.). 56p. (J). pap. 23.99 *(978-1-64268-151-2(2))* WSB Publishing, Inc.
Miskodeed, 1914 (Classic Reprint) Mishawaka High School. (ENG., Illus.). (J). 2018. 100p. 25.98 *(978-0-656-50549-4(4))*; 2017. pap. 9.57 *(978-0-259-83705-3(9))* Forgotten Bks.
Miskodeed, 1915 (Classic Reprint) Mishawaka High School. (ENG., Illus.). (J). 2018. 118p. 26.35 *(978-0-365-13176-2(8))*; 2017. pap. 9.57 *(978-0-259-88350-0(6))* Forgotten Bks.
Mismatched Martha. Cherri Greeno. 2022. (ENG.). 30p. (J). pap. **(978-1-64979-478-9(9))** Austin Macauley Pubs. Ltd.
Mismatched Nativity. Merrilee Boyack. Illus. by Shawna J. C. Tenney. 2016. (J). 18.99 *(978-1-62972-239-9(1))* Deseret Bk. Co.
Mismatched Twins. Neli Fanning. Illus. by Thad Anzur. 2018. (Mismatched Twins Ser.: Vol. 1). (ENG.). 30p. (J). 19.00 *(978-0-692-19555-0(6))* Fanning, Neli.
Misplaced Bears. Veronica C. Sharpe. 2020. (ENG.). 30p. (J). pap. 10.00 *(978-0-578-72645-8(9))* Sharpe, Veronica C.
Misplaced Mentor. Terry Marchion. 2020. Vol. 4. (ENG.). 216p. (YA). pap. 11.99 *(978-1-393-39152-4(4))* Draft2Digital.
Misrepresentative Men (Classic Reprint) Harry Graham. 2018. (ENG., Illus.). 104p. (J). 26.04 *(978-0-656-93306-8(2))* Forgotten Bks.
Miss. Rodolphe. Illus. by LEO. 2022. (Trent Ser.: 7). 48p. (J). (gr. -1-12). pap. 11.95 *(978-1-84918-397-0(X))* CineBook GBR. Dist: National Bk. Network.
Miss. 318: A Stiry in Season & Out of Season (Classic Reprint) Rupert Hughes. 2018. (ENG., Illus.). 142p. (J). 26.83 *(978-0-267-15821-8(1))* Forgotten Bks.
Miss. 318 & Mr. 37 (Classic Reprint) Rupert Hughes. 2018. (ENG., Illus.). 142p. (J). 26.83 *(978-0-483-22500-8(2))* Forgotten Bks.
Miss Åker Is a Maker!, 8. Dan Gutman. ed. 2021. (My Weirder-Est School Ser.). (ENG., Illus.). 104p. (J). (gr. 2-3). 15.99 *(978-1-64697-883-0(8))* Penworthy Co., LLC, The.
Miss America: The Most Beautiful Rat in the World. Virginia Chamlee Cooper. 2022. (ENG.). 46p. (J). pap. 21.00 **(978-1-68537-456-3(5))** Dorrance Publishing Co., Inc.
Miss. American Dollars: A Romance of Travel (Classic Reprint) Paul Myron. 2018. (ENG., Illus.). 326p. (J). 30.62 *(978-0-483-81642-8(6))* Forgotten Bks.
Miss. & Her Doll, or the New Years Gift (Classic Reprint) Unknown Author. (ENG., Illus.). (J). 2018. 38p. 24.72 *(978-0-484-68063-9(3))*; 2016. pap. 7.97 *(978-1-334-16320-3(0))* Forgotten Bks.
Miss Andi's Making Spanish Fun for Kids. Andi Kerner. 2018. (ENG., Illus.). 42p. (J). pap. 19.96 *(978-1-387-64086-7(0))* Lulu Pr., Inc.
Miss. Angel, and, Fulham Lawn (Classic Reprint) Anne Thackeray Ritchie. (ENG., Illus.). (J). 2018. 396p. 32.08 *(978-0-267-59470-2(4))*; 2016. pap. 16.57 *(978-1-334-15690-8(5))* Forgotten Bks.
Miss. Archer Archer: A Novel (Classic Reprint) Clara Louise Burnham. 2018. (ENG., Illus.). 324p. (J). 30.58 *(978-0-484-12414-0(5))* Forgotten Bks.
Miss. Armstrong's: And Other Circumstances (Classic Reprint) John Davidson. 2017. (ENG., Illus.). (J). 30.08 *(978-0-265-17588-0(7))* Forgotten Bks.
Miss Ashton's New Pupil: A School Girl's Story. S. S. Robbins. 2017. (ENG., Illus.). (J). pap. *(978-0-649-65005-7(0))* Trieste Publishing Pty Ltd.
Miss. Ashton's New Pupil: A School Girl's Story (Classic Reprint) S. S. Robbins. (ENG., Illus.). (J). 2018. 284p. 29.75 *(978-0-364-37523-5(X))*; 2017. pap. 13.57 *(978-0-259-24299-4(3))* Forgotten Bks.
Miss Ayr of Virginia & Other Stories. Julia Magruder. 2017. (ENG.). 412p. (J). pap. *(978-3-7447-4732-5(8))* Creation Pubs.
Miss. Ayr of Virginia Other Stories (Classic Reprint) Julia Magruder. 2018. (ENG., Illus.). 414p. (J). 32.44 *(978-0-483-53992-1(9))* Forgotten Bks.
Miss Baby & Me: The Beginning. Elynn Taylor. Illus. by Elynn Taylor. 2021. (Miss Baby & Me Ser.: 1). (ENG.). 24p. (J). pap. 10.99 *(978-1-0983-4157-2(0))* BookBaby.
Miss Baby & Me: We Can Do It Together! Elynn Taylor. Illus. by Elynn Taylor. 2021. (Miss Baby & Me Ser.: 2). 34p. (J). pap. 10.99 *(978-1-0983-6076-4(1))* BookBaby.
Miss. Badsworth, M. F. H (Classic Reprint) Eyre Hussey. 2017. (ENG., Illus.). (J). 31.26 *(978-0-266-19317-3(X))* Forgotten Bks.
Miss. Bagg's Secretary: A Best Point Komance (Classic Reprint) Clara Louise Burnham. 2018. (ENG., Illus.). 434p. (J). 32.85 *(978-0-267-17448-5(9))* Forgotten Bks.
Miss. Balmaine's Past (Classic Reprint) B. M. Croker. 2018. (ENG., Illus.). 332p. (J). 30.74 *(978-0-332-85291-1(1))* Forgotten Bks.
Miss. Beauchamp, Vol. 1 Of 3: A Philistine (Classic Reprint) Constance Macewen. (ENG., Illus.). (J). 2018. 274p. 29.57 *(978-0-484-04995-5(X))*; 2016. pap. 11.97 *(978-1-333-51233-0(3))* Forgotten Bks.
Miss. Beauchamp, Vol. 2 (Classic Reprint) Constance Macewen. 2018. (ENG., Illus.). 270p. (J). 29.49 *(978-0-332-97385-2(9))* Forgotten Bks.
Miss. Beauchamp, Vol. 3 Of 3: A Philistine (Classic Reprint) Constance Macewen. 2018. (ENG., Illus.). 254p. (J). 29.16 *(978-0-484-86133-5(6))* Forgotten Bks.
Miss Bee & the Butterfly Garden. Brandi Chambless. 2018. (ENG., Illus.). 34p. (J). 23.95 *(978-1-63575-799-6(1))* Christian Faith Publishing.
Miss. Belladonna: A Social Satire (Classic Reprint) Caroline Ticknor. 2018. (ENG., Illus.). 296p. (J). 30.00 *(978-0-666-80459-4(1))* Forgotten Bks.
Miss. Bellard's Inspiration: A Novel (Classic Reprint) William Dean Howells. 2018. (ENG., Illus.). 232p. (J). 28.68 *(978-0-365-40123-0(4))* Forgotten Bks.
Miss. Betty (Classic Reprint) Bram Stoker. (ENG., Illus.). (J). 2018. 218p. 28.39 *(978-0-666-14049-4(9))*; 2017. pap. 10.97 *(978-0-259-17175-1(1))* Forgotten Bks.
Miss. Betty of New York (Classic Reprint) Ellen Douglas Deland. 2018. (ENG., Illus.). 302p. (J). 30.15 *(978-0-483-69525-2(4))* Forgotten Bks.
Miss. Billy: A Neighborhood Story (Classic Reprint) Edith Keeley Stokely. 2017. (ENG., Illus.). (J). 31.78 *(978-0-266-66834-3(8))*; pap. 16.57 *(978-1-5276-4059-7(0))* Forgotten Bks.
Miss. Billy (Classic Reprint) Eleanor H. Porter. 2018. (ENG., Illus.). 370p. (J). 31.53 *(978-0-267-21716-8(1))* Forgotten Bks.
Miss. Billy-Married (Classic Reprint) Eleanor Hodgman Porter. (ENG., Illus.). (J). 2018. 402p. 32.29 *(978-0-484-63773-2(8))*; 2016. pap. 16.57 *(978-1-334-14588-9(1))* Forgotten Bks.
Miss. Billy's Decision (Classic Reprint) Eleanor H. Porter. 2018. (ENG., Illus.). 384p. (J). 31.82 *(978-0-365-35852-7(5))* Forgotten Bks.
Miss Blake Is a Flake, 4. Dan Gutman. ed. 2020. (My Weirder-Est School Ser.). (ENG., Illus.). 104p. (J). (gr. 2-3). 15.49 *(978-1-64697-439-9(5))* Penworthy Co., LLC, The.
Miss. Blanchard of Chicago, Vol. 1 of 3 (Classic Reprint) Albert Kevill-Davies. 2018. (ENG., Illus.). 256p. (J). 29.20 *(978-0-483-38398-2(8))* Forgotten Bks.
Miss. Blanchard of Chicago, Vol. 2 of 3 (Classic Reprint) Albert Kevill-Davies. 2018. (ENG., Illus.). 260p. (J). 29.28 *(978-0-428-87959-4(4))* Forgotten Bks.
Miss. Blanchard of Chicago, Vol. 3 of 3 (Classic Reprint) Albert Kevill-Davies. 2018. (ENG., Illus.). 274p. (J). 29.55 *(978-0-267-23358-8(2))* Forgotten Bks.
Miss Brooks Loves Books (and I Don't) Barbara Bottner. 2016. (CHI.). 32p. (J). (gr. k-3). *(978-7-5552-3723-5(7))* Qingdao Publishing Hse.
Miss Brooks Loves Books (and I Don't) Barbara Bottner. Illus. by Michael Emberley. 2018. (ENG.). 32p. (J). (gr. -1-2). 8.99 *(978-1-9848-5210-6(8),* Dragonfly Bks.) Random Hse. Children's Bks.
Miss. Brown, Vol. 1 Of 3: A Novel (Classic Reprint) Vernon Lee. 2017. (ENG., Illus.). 314p. (J). 30.39 *(978-0-484-23860-1(4))* Forgotten Bks.
Miss. Buncle, Married: Being the Further Adventures of the Celebrated Authoress (Classic Reprint) D. E. Stevenson. 2018. (ENG., Illus.). (J). 318p. 30.46 *(978-1-397-20343-4(9))*; 320p. pap. 13.57 *(978-1-397-20300-7(5))* Forgotten Bks.
Miss Bunny: A Quest for the Meaning of Life. Julie Nylund. 2019. (ENG., Illus.). 40p. (J). (gr. k-6). pap. *(978-1-64088-277-5(4))* Trilogy Christian Publishing, Inc.
Miss. Burnett Puts One Over: An One-Act Play for Six Girls (Classic Reprint) Ethelyn Sexton. (ENG., Illus.). (J). 2018. 22p. 24.39 *(978-0-484-63046-7(6))*; 2016. pap. 7.97 *(978-1-333-30612-0(1))* Forgotten Bks.
Miss. Carew, Vol. 1 of 2 (Classic Reprint) Amelia Blanford Edwards. (ENG., Illus.). (J). 2018. 636p. 37.03 *(978-0-483-65100-5(1))*; 2017. pap. 19.57 *(978-0-243-60094-6(1))* Forgotten Bks.
Miss. Carew, Vol. 1 of 3 (Classic Reprint) Amelia Blanford Edwards. (ENG., Illus.). (J). 2018. 318p. 30.48 *(978-0-428-85554-3(7))*; 2016. pap. 13.57 *(978-1-334-14231-4(9))* Forgotten Bks.
Miss. Carew, Vol. 3 of 3 (Classic Reprint) Amelia Ann Blanford Edwards. 2018. (ENG., Illus.). 318p. (J). 30.46 *(978-0-484-58937-6(7))* Forgotten Bks.
Miss. Carmichael's Conscience: A Study in Fluctuations (Classic Reprint) Baroness Von Hutten. 2018. (ENG., Illus.). 180p. (J). 27.61 *(978-0-483-53271-7(1))* Forgotten Bks.
Miss. Charity: A Tale from My Heart (Classic Reprint) Keble Howard. (ENG., Illus.). (J). 2018. 306p. 30.21 *(978-0-483-65161-6(3))*; 2017. pap. 13.57 *(978-0-243-32499-6(5))* Forgotten Bks.
Miss. Cheyne of Essilmont, Vol. 2 of 3 (Classic Reprint) James Grant. 2018. (ENG., Illus.). 330p. (J). 30.70 *(978-0-483-87842-6(1))* Forgotten Bks.
Miss. Cheyne of Essilmont, Vol. 3 of 3 (Classic Reprint) James Grant. 2018. (ENG., Illus.). 356p. (J). 31.24 *(978-0-428-75255-2(1))* Forgotten Bks.
Miss. Civilization (Classic Reprint) Richard Harding Davis. 2017. (ENG., Illus.). 54p. (J). 25.03 *(978-0-332-89270-2(0))* Forgotten Bks.
Miss. Claire's Pupils (Classic Reprint) Mattie Sampson Smith. 2017. (ENG., Illus.). (J). 30.31 *(978-0-265-67303-4(8))*; pap. 13.57 *(978-1-5276-4404-5(9))* Forgotten Bks.
Miss Clare & Chad the Bear. Michael. 2022. (ENG., Illus.). 24p. (J). 23.95 *(978-1-63814-767-1(1))*; pap. 13.95 *(978-1-68526-024-8(1))* Covenant Bks.
Miss Coda's Music Room Mysteries. Hazel Spire. 2021. (Coyote Creek Ser.). (ENG.). 96p. (J). pap. 7.50 **(978-1-7325090-5-4(0))** Raemark Pr.
Miss Colfax's Light. Aimee Bissonette. Illus. by Eileen Ryan Ewen. 2016. (ENG.). 32p. (J). (gr. 1-4). 16.99 *(978-1-58536-955-3(1),* 204029) Sleeping Bear Pr.
Miss. Columbia's Public School: Or, Will It Blow over? (Classic Reprint) A. Cosmopolitan. 2018. (ENG., Illus.). 86p. (J). 25.67 *(978-0-666-81649-8(2))* Forgotten Bks.
Miss Communication. Jennifer L. Holm. Illus. by Matthew Holm. (Babymouse Tales from the Locker Ser.: 2). (ENG.). (J). (gr. 3-7). 2022. 224p. 7.99 *(978-0-593-42830-6(7),* Yearling); 2018. 208p. 13.99 *(978-0-399-55441-4(6),* Random Hse. Bks. for Young Readers) Random Hse. Children's Bks.
Miss Communication, 2. Jennifer L. Holm et al. ed. 2022. (Babymouse Tales from the Locker Ser.). (ENG.). 191p. (J). (gr. 4-5). 20.46 **(978-1-68505-459-5(5))** Penworthy Co., LLC, The.
Miss. Conover's Vocation: A Play in Two Acts (Classic Reprint) Mary C. Robinson. (ENG., Illus.). (J). 2018. 30p. 24.54 *(978-0-483-80418-0(5))*; 2016. pap. 7.97 *(978-1-334-23762-1(X))* Forgotten Bks.
Miss Crabapple & Her Magical Violin. Betsy Cerulo. 2018. (ENG., Illus.). 32p. (YA). pap. 12.95 *(978-1-64138-327-1(5))* Page Publishing Inc.
Miss. Curtis: A Sketch (Classic Reprint) Kate Gannett Wells. 2018. (ENG., Illus.). 308p. (J). 30.25 *(978-0-484-89461-6(7))* Forgotten Bks.
Miss. Daisy Dimity, Vol. 1 of 3 (Classic Reprint) May Crommelin. 2016. (ENG., Illus.). (J). pap. 13.57 *(978-1-334-15499-7(6))* Forgotten Bks.
Miss. Daisy Dimity, Vol. 2 of 3 (Classic Reprint) Unknown Author. 2018. (ENG., Illus.). 322p. (J). 30.54 *(978-0-484-39943-2(8))* Forgotten Bks.
Miss. Daisy Dimity, Vol. 3 of 3 (Classic Reprint) May Crommelin. (ENG., Illus.). (J). 2018. 288p. 29.86 *(978-0-267-39144-8(7))*; 2016. pap. 13.57 *(978-1-334-13768-6(4))* Forgotten Bks.
Miss Daisy Weed's Flower Power. Charlotte Godkin. 2022. (ENG.). 158p. (J). **(978-1-64378-357-4(2))**; pap. **(978-1-64378-356-7(4))** Austin Macauley Pubs. Ltd.
Miss Daisy Weed's Heat Wave Experience. Charlotte Godkin. 2023. (ENG.). 138p. (J). **(978-1-64575-933-1(4))**; pap. **(978-1-64575-934-8(2))** Austin Macauley Pubs. Ltd.
Miss. Decourcy: A Drama in Four Acts (Classic Reprint) Graham Ashmead. 2018. (ENG., Illus.). 42p. (J). 24.76 *(978-0-483-80477-7(0))* Forgotten Bks.
Miss. Devereux of the Mariquita a Story of Bonanza Days in Nevada (Classic Reprint) Richard Henry Savage. 2018. (ENG., Illus.). 500p. (J). 34.23 *(978-0-484-72778-5(8))* Forgotten Bks.
Miss. Dividends a Novel (Classic Reprint) Archibald Clavering Gunter. 2018. (ENG., Illus.). 280p. (J). 29.67 *(978-0-483-89069-5(3))* Forgotten Bks.
Miss. Dulcie from Dixie (Classic Reprint) Lulah Ragsdale. 2018. (ENG., Illus.). 296p. (J). 30.00 *(978-0-364-31435-7(4))* Forgotten Bks.
Miss. Duzenberry: A Burlesque Comedy (Classic Reprint) Eugène Labiche. (ENG., Illus.). (J). 2018. 44p. 24.82 *(978-0-656-34993-7(X))*; 2017. pap. 7.97 *(978-0-243-44470-0(2))* Forgotten Bks.
Miss. Eagle, the Suffragette (Classic Reprint) Mary Dale. 2018. (ENG., Illus.). 62p. (J). 25.18 *(978-0-483-71491-5(7))* Forgotten Bks.
Miss Edna's Classroom - Ana Umwanreirei Miss Edna (Te Kiribati) Hinamuyuweta Ellis. Illus. by Romulo Reyes, III. 2023. (ENG.). 38p. (J). pap. **(978-1-922849-53-3(7))** Library For All Limited.
Miss. Eily O'Connor: A New & Original Burlesque, Founded on the Great Sensation Drama of the Colleen Bawn (Classic Reprint) Henry J. Byron. 2018. (ENG., Illus.). 44p. (J). 24.76 *(978-0-484-03098-4(1))* Forgotten Bks.
Miss. Eliza Rossell: A Tale of the Unfortunate Female (Classic Reprint) Unknown Author. 2017. (ENG., Illus.). (J). pap. 7.97 *(978-0-259-50840-3(3))* Forgotten Bks.
Miss Ellicott's School for the Magically Minded. Sage Blackwood. (ENG.). 368p. (J). (gr. 3-7). 2019. pap. 6.99 *(978-0-06-240264-6(1))*; 2017. (Illus.). 16.99 *(978-0-06-240263-9(3))* HarperCollins Pubs. (Tegen, Katherine Bks).
Miss. Elvesters Girls, Vol. 1 Of 3: A Novel (Classic Reprint) Author of By-Ways. 2018. (ENG., Illus.). 254p. (J). 29.16 *(978-0-428-82248-4(7))* Forgotten Bks.
Miss. Elvester's Girls, Vol. 2 Of 3: A Novel (Classic Reprint) Unknown Author. 2018. (ENG., Illus.). 288p. (J). 29.84 *(978-0-483-69262-6(X))* Forgotten Bks.
Miss. Elvester's Girls, Vol. 3 Of 3: A Novel (Classic Reprint) Mary W. Paxton. (ENG., Illus.). (J). 2018. 278p. 29.63 *(978-0-483-76216-9(4))*; 2016. pap. 13.57 *(978-1-334-13221-6(6))* Forgotten Bks.
Miss. Emeline's Kith & Kin (Classic Reprint) Winifred Arnold. 2018. (ENG., Illus.). 228p. (J). 28.60 *(978-0-483-79498-6(8))* Forgotten Bks.
Miss Emily's Magic Sweet Shop 'Tubby Creams' Claire Heuclin. 2020. (ENG.). 26p. (J). pap. *(978-1-78830-769-7(0))* Olympia Publishers.
Miss. Erin (Classic Reprint) M. E. Francis. (ENG., Illus.). (J). 2018. 410p. 32.39 *(978-0-332-78736-7(2))*; 2016. pap. 16.57 *(978-1-334-47013-4(8))* Forgotten Bks.
Miss. Esperance & Mr. Wycherly (Classic Reprint) L. Allen Harker. 2018. (ENG., Illus.). 338p. (J). 30.89 *(978-0-365-20988-1(0))* Forgotten Bks.
Miss. Eyre from Boston: And Others (Classic Reprint) Louise Chandler Moulton. (ENG., Illus.). (J). 2018. 356p. 31.24 *(978-0-428-27695-9(4))*; 2017. pap. 13.97 *(978-0-259-20178-6(2))* Forgotten Bks.
Miss. Fallowfield's Fortune (Classic Reprint) Ellen Thorneycroft Fowler. (ENG., Illus.). (J). 2018. 364p. 31.42 *(978-1-396-70603-5(8))*; 2018. 366p. pap. 13.97 *(978-1-390-82630-2(9))*; 2017. 31.32 *(978-0-266-40074-5(4))*; 2016. pap. 13.97 *(978-1-333-33084-2(7))* Forgotten Bks.
Miss. Fingal (Classic Reprint) W. K. Clifford. 2017. (ENG., Illus.). (J). 30.50 *(978-0-331-65626-8(4))* Forgotten Bks.
Miss Fischer's Jewels. Jenny Alexander. 2016. (ENG., Illus.). 104p. (J). pap. *(978-1-910300-11-4(X))* Five Lanes Pr.
Miss Fox's Class Earns a Field Trip. Eileen Spinelli. Illus. by Anne Kennedy. 2018. (Miss Fox's Class Ser.). (ENG.). 32p. (J). (gr. -1-3). 7.99 *(978-0-8075-5170-7(8),* 807551708) Whitman, Albert & Co.
Miss Fox's Class Gets It Wrong. Eileen Spinelli. Illus. by Anne Kennedy. 2018. (Miss Fox's Class Ser.). (ENG.). 32p. (J). (gr. -1-3). 7.99 *(978-0-8075-5173-8(2),* 807551732) Whitman, Albert & Co.
Miss Fox's Class Shapes Up. Eileen Spinelli. Illus. by Anne Kennedy. 2018. (Miss Fox's Class Ser.). (ENG.). 32p. (J). (gr. -1-3). 7.99 *(978-0-8075-5172-1(4),* 807551724) Whitman, Albert & Co.
Miss. Frances Merley: A Novel (Classic Reprint) John Elliott Curran. (ENG., Illus.). (J). 2018. 446p. 33.10 *(978-0-484-01021-4(2))*; 2016. pap. 16.57 *(978-1-334-16128-5(3))* Forgotten Bks.
Miss Gem & the Missing Hat. Jessica Williams. 2022. (ENG.). 148p. (J). pap. **(978-1-80227-850-7(8))** Publishing Push Ltd.
Miss. Gibbie Gault a Story (Classic Reprint) Kate Langley Bosher. 2018. (ENG., Illus.). 344p. (J). 31.01 *(978-0-365-24542-1(9))* Forgotten Bks.
Miss Gilbert's Career. J. G. Holland. 2016. (ENG., Illus.). (J). pap. *(978-3-7428-9760-2(8))* Creation Pubs.
Miss. Gilbert's Career: An American Story (Classic Reprint) J. G. Holland. 2017. (ENG., Illus.). (J). 32.46 *(978-1-5282-6914-8(4))* Forgotten Bks.
Miss Ginger Snap. Fiona Kelly. 2020. (ENG., Illus.). 24p. (J). pap. *(978-0-2288-0989-0(4))* Tellwell Talent.
Miss Goose (a True Story) Dale Snader. Illus. by Ali Shuey. 2020. (ENG.). 24p. (J). 22.99 *(978-1-63221-033-3(9))* Salem Author Services.
Miss Goose (a True Story) Dale Snader & Ali Shuey. 2020. (ENG., Illus.). 24p. (J). pap. 12.49 *(978-1-63221-032-6(0))* Salem Author Services.
Miss Gorilla Lost Her Keys. Miya Taylor. Illus. by Steven Johnson. 2018. (Miss Gorilla & Friends Ser.: Vol. 1). (ENG.). 38p. (J). pap. *(978-1-7752963-0-0(X))* Taylor, Miya.
Miss Grace & Winifred. Grace Simmons. 2019. (ENG.). 50p. (J). pap. 8.00 *(978-1-68471-042-3(1))* Lulu Pr., Inc.
Miss. Grace of All Souls (Classic Reprint) William Edwards Tirebuck. 2017. (ENG., Illus.). (J). 29.30 *(978-0-266-48412-7(3))* Forgotten Bks.
Miss. Haroun Al-Raschid (Classic Reprint) Jessie Douglas Kerruish. (ENG., Illus.). (J). 2018. 402p. 32.19 *(978-0-483-33366-6(2))*; 2016. pap. 16.57 *(978-1-333-51169-2(8))* Forgotten Bks.
Miss. Heck's Thanksgiving Party: Or Topsy up to Date (Classic Reprint) Unknown Author. 2018. (ENG., Illus.). 20p. (J). 24.31 *(978-0-267-69054-1(1))* Forgotten Bks.
Miss. Hitchcock's Wedding Dress. Fanny Wheeler Hart. 2019. (ENG.). 270p. (J). pap. *(978-3-337-71798-8(5))* Creation Pubs.
Miss. Hitchcock's Wedding Dress (Classic Reprint) Fanny Wheeler Hart. 2018. (ENG., Illus.). 272p. (J). 29.51 *(978-0-267-22143-1(6))* Forgotten Bks.
Miss. Hogg, the American Heiress: A Novel (Classic Reprint) Victorine Clarisse Jones. (ENG., Illus.). (J). 2018. 584p. 35.96 *(978-0-365-23190-5(8))*; 2017. pap. 19.57 *(978-0-259-41079-9(9))* Forgotten Bks.
Miss Impossible. Caroline Cala. (Best Babysitters Ever Ser.). (ENG.). 256p. (J). (gr. 5-7). 2021. pap. 7.99 *(978-0-358-54767-9(9),* 1807385); 2020. 13.99 *(978-1-328-85091-1(9),* 1693446) HarperCollins Pubs. (Clarion Bks.).
Miss. Ingalis (Classic Reprint) Gertrude Hall. 2018. (ENG., Illus.). 322p. (J). 30.54 *(978-0-483-40360-4(1))* Forgotten Bks.
Miss Ione d & the Mayan Marvel: A Steampunk Adventure. Vaughn L. Treude. 2017. (Adventures of Ione D Ser.: Vol. 1). (ENG., Illus.). (YA). pap. 6.95 *(978-0-9882442-4-5(1))* Nakota Publishing.
Miss Irwin. Allen Say. Illus. by Allen Say. 2023. (ENG.). 32p. (J). (gr. -1-3). 19.99 *(978-1-338-30040-6(7),* Scholastic Pr.) Scholastic, Inc.
Miss. Janie (Classic Reprint) Mary Bonham. 2018. (ENG., Illus.). 46p. (J). 24.85 *(978-0-267-44254-6(8))* Forgotten Bks.
Miss Jaster's Garden. Nm Bodecker. 2017. (ENG., Illus.). (J). (gr. -1-3). 18.95 *(978-1-930900-91-2(0))* Purple Hse. Pr.
Miss. Jimmy (Classic Reprint) Laura E. Richards. (ENG., Illus.). (J). 2018. 274p. 29.55 *(978-0-656-65744-5(8))*; 2017. pap. 11.97 *(978-1-5276-4327-7(1))* Forgotten Bks.
Miss Juju & Her Tutu Host a Ballerina Birthday. Julia C. Pearson. Illus. by Marina Saumell. 2020. (Miss Juju & Her Tutu Ser.: Vol. 2). (ENG.). 34p. (J). pap. 12.99 *(978-1-7334433-3-3(9))* Southampton Publishing.

Miss. Kate: Or, Confessions of a Caretaker (Classic Reprint) Rita Rita. 2018. (ENG., Illus.). 228p. (J). 28.60 *(978-0-332-78391-8(X))* Forgotten Bks.

Miss. Kate: Or, the Village Teacher; a True Character (Classic Reprint) Levina Buoncuore Urbino. 2018. (ENG., Illus.). 90p. (J). 25.77 *(978-0-483-42447-0(1))* Forgotten Bks.

Miss Kate's Very Special Class Adventure. Lori Buckland. 2017. (ENG.). (J). 14.95 *(978-1-68401-161-2(2))* Amplify Publishing Group.

Miss Kite Can't Do Right. Taryn Lewis. 2022. (ENG.). 38p. (J). 15.95 *(978-1-64543-889-2(9))* Amplify Publishing Group.

Miss Kittywiggin's Cup of Cold Water. Allison Carpenter. 2019. (ENG.). 38p. (J). (gr. -1-3). 16.99 *(978-1-5456-8124-4(4))* Salem Author Services.

Miss Lavicka Gives Away Her Birthday. M. Elaine Finley. Illus. by Kathy Nikirk Butcher. 2020. (ENG.). 54p. (J). 19.99 *(978-1-952320-20-0(8))* Yorkshire Publishing Group.

Miss. Leonora When Last Seen: And Fifteen Other Stories (Classic Reprint) Peter Taylor. (ENG., Illus.). (J). 2018. 412p. 32.39 *(978-0-428-97971-3(8))*; 2017. pap. 16.57 *(978-0-243-38642-0(7))* Forgotten Bks.

Miss Lily Put & Miss Day Lily. Bettie MacIntyre. 2022. (ENG.). 40p. (J). pap. 11.99 ***(978-1-0880-4797-2(1))*** Indy Pub.

Miss. Lily's Voyage Round the World: Undertaken in Company with Masters Paul (Classic Reprint) Lorenz Frolich. (ENG., Illus.). (J). 2018. 200p. 28.04 *(978-0-666-47295-3(5))*; 2017. pap. 10.57 *(978-0-282-32100-0(4))* Forgotten Bks.

Miss Lily's Wobbilty Bobbilty House. Jennifer Preston Chushcoff. Illus. by Irene Silvino. 2022. (ENG.). 40p. (J). 17.99 *(978-0-9984076-7-8(4))* Autumn's End Pr.

Miss Lily's Wobbilty Bobbilty House. Jennifer Preston Chushcoff. Illus. by Irene Silvino. 2022. (ENG.). 40p. (J). pap. 11.99 *(978-0-9984076-8-5(2))* Autumn's End Pr.

Miss Little Bea Sharp. M. S. Jessica Rosen. Illus. by David R. Martinez. 2017. (ENG.). 34p. (J). pap. 15.00 *(978-0-9996760-0-4(8))* Free Spirit Artworks, LLC.

Miss. Livingston's Companion: A Love Story of Old New York (Classic Reprint) Mary Dillon. 2018. (ENG., Illus.). 462p. (J). 33.38 *(978-0-484-03501-9(0))* Forgotten Bks.

Miss. Lou, and, Driven Back to Eden: Illustrated (Classic Reprint) Edward Payson Roe. 2018. (ENG., Illus.). 584p. (J). 35.96 *(978-0-483-92743-8(0))* Forgotten Bks.

Miss Lovelace's Code Gets an Upgrade. R. M. Price-Mohr. 2020. (ENG.). 76p. (J). pap. *(978-0-9569089-6-4(9))* Crossbridge Bks.

Miss Lovelace's Code Gets an Upgrade (dyslexia-Friendly Edition) R. M. Price-Mohr. 2020. (ENG.). 84p. (J). pap. *(978-1-913946-20-3(7))* Crossbridge Bks.

Miss Lovelace's Code Rebooted. R. M. Price-Mohr. 2020. (ENG., Illus.). 76p. (J). (gr. 3-6). pap. *(978-0-9569089-4-0(2))* Crossbridge Bks.

Miss Lovelace's Code Rebooted (dyslexia-Friendly Edition) R. M. Price-Mohr. 2020. (ENG.). 78p. (J). (gr. 3-6). pap. *(978-1-913946-19-7(3))* Crossbridge Bks.

Miss Lovelace's Unexplained Code. R. M. Price-Mohr. 2019. (ENG., Illus.). 66p. (J). (gr. 3-6). pap. *(978-0-9569089-9-5(3))* Crossbridge Bks.

Miss Lovelace's Unexplained Code (dyslexia-Friendly Edition) R. M. Price-Mohr. 2020. (ENG.). 68p. (J). (gr. 3-6). pap. *(978-1-913946-18-0(5))* Crossbridge Bks.

Miss Lucy's Ghost. Jimmy Beard. 2017. (ENG.). 260p. (YA). pap. 16.99 *(978-1-393-24075-4(5))* Draft2Digital.

Miss Lucy's Secret. Jimmy Beard. 2018. (ENG.). 194p. (J). pap. 14.99 *(978-1-386-11781-0(1))* Draft2Digital.

Miss. Lulu Bett (Classic Reprint) Zona Gale. 2018. (ENG., Illus.). 274p. (J). 29.55 *(978-0-483-89414-3(1))* Forgotten Bks.

Miss Mabel's School for Girls. Katie Cross. 2019. (Network Ser.: Vol. 1). (ENG.). 316p. (YA). pap. 17.99 *(978-1-0878-0871-0(5))* Indy Pub.

Miss. MacKenzie, Vol. 1 of 2 (Classic Reprint) Trollope. 2016. (ENG., Illus.). (J). pap. 16.57 *(978-1-333-94852-8(2))* Forgotten Bks.

Miss. MacKenzie, Vol. 1 of 2 (Classic Reprint) Anthony Trollope. 2017. (ENG., Illus.). 394p. (J). 32.04 *(978-0-484-37801-7(5))* Forgotten Bks.

Miss. Mackenzie, Vol. 1 of 2 (Classic Reprint) Anthony Trollope. 2018. (ENG., Illus.). (J). 346p. 31.03 *(978-1-391-84414-5(9))*; 348p. pap. 13.57 *(978-1-391-84399-5(1))* Forgotten Bks.

Miss. Mackenzie, Vol. 2 of 2 (Classic Reprint) Anthony Trollope. 2018. (ENG., Illus.). (J). 346p. 31.05 *(978-1-396-76667-1(7))*; 348p. pap. 13.57 *(978-1-391-84526-5(9))* Forgotten Bks.

Miss. Maitland Private Secretary (Classic Reprint) Geraldine Bonner. 2018. (ENG., Illus.). 370p. (J). 31.55 *(978-0-364-37903-5(0))* Forgotten Bks.

Miss Mallard Mysteries Collection (Boxed Set) Texas Trail to Calamity; Dig to Disaster; Stairway to Doom; Express Train to Trouble; Bicycle to Treachery; Gondola to Danger; Surfboard to Peril; Taxi to Intrigue; Cable Car to Catastrophe; Dogsled to Dread (QUIX Books) Robert Quackenbush. Illus. by Robert Quackenbush. ed. 2019. (Miss Mallard Mystery Ser.). (ENG., Illus.). 800p. (J). (gr. k-3). pap. 59.99 *(978-1-5344-6234-2(1)*, Aladdin) Simon & Schuster Children's Publishing.

Miss Mallard's Case Book: A QUIX Book. Robert Quackenbush. Illus. by Robert Quackenbush. 2023. (Miss Mallard Mystery Ser.). (ENG., Illus.). 96p. (J). (gr. k-3). 17.99 ***(978-1-5344-1569-0(6))***; pap. 5.99 ***(978-1-5344-1568-3(8))*** Simon & Schuster Children's Publishing. (Aladdin).

Miss Maple's Seeds. Eliza Wheeler. ed. 2017. lib. bdg. 19.65 *(978-0-606-40087-9(7))* Turtleback.

Miss. Mapp (Classic Reprint) Edward Frédéric Benson. (ENG., Illus.). (J). 2017. 29.88 *(978-0-331-62814-2(7))*; 2016. pap. 13.57 *(978-1-334-14746-3(9))* Forgotten Bks.

Miss Marble's Backyard Critters. Patricia Brooks Stewart. 2017. (ENG., Illus.). (J). pap. 8.99 *(978-0-692-84875-3(4))* targa 7 inc.

Miss Marci Goes to Ireland. Marci Seither. 2020. (ENG., Illus.). 26p. (J). (gr. k-2). pap. 8.99 *(978-1-0878-6595-9(6))* Sawmill Pr.

Miss. Marjoribanks (Classic Reprint) Margaret O. W. Oliphant. 2017. (ENG., Illus.). (J). 29.92 *(978-0-260-14707-3(9))* Forgotten Bks.

Miss. Marjoribanks, Vol. 2 of 3 (Classic Reprint) Margaret Oliphant. 2018. (ENG., Illus.). 308p. (J). 30.25 *(978-0-483-83320-3(7))* Forgotten Bks.

Miss. Marjoribanks, Vol. 2 of 3 (Classic Reprint) Margaret O. W. Oliphant. 2016. (ENG., Illus.). (J). pap. 13.57 *(978-1-333-22591-9(1))* Forgotten Bks.

Miss. Marjoribanks, Vol. 3 of 3 (Classic Reprint) Margaret Oliphant. 2018. (ENG., Illus.). 302p. (J). 30.13 *(978-0-267-95905-1(2))* Forgotten Bks.

Miss. Marjoribanks, Vol. 3 of 3 (Classic Reprint) Margaret O. W. Oliphant. 2016. (ENG., Illus.). (J). pap. 13.57 *(978-1-334-19953-0(1))* Forgotten Bks.

Miss. Martha Brownlow, or the Heroine of Tennessee: A Truthful & Graphic Account of the Many Perils & Privations Endured by Miss. Martha Brownlow (Classic Reprint) W. D. Reynolds. (ENG., Illus.). (J). 2018. 36p. 24.64 *(978-0-364-98557-1(7))*; 2016. pap. 7.97 *(978-1-334-16416-3(9))* Forgotten Bks.

Miss Mary: The Irish Woman Who Saved the Lives of Hundreds of Children During World War II. Bernard S. Wilson. Illus. by Julia Castaño. 2020. (ENG.). 144p. (J). pap. 9.95 *(978-0-7171-8655-6(5))* Gill Bks. IRL. Dist: Casemate Pubs. & Bk. Distributors, LLC.

Miss. Mary Blandy's Own Account of the Affair Between Her & Mr. Cranstoun: From the Commencement of Their Acquaintance, in the Year 1746, to the Death of Her Father, in August 1751; with All the Circumstances Leading to That Unhappy Event. Mary Blandy. 2017. (ENG., Illus.). (J). 25.90 *(978-0-331-75773-6(7))* Forgotten Bks.

Miss Mary Lou Asks Why Am I Sad? M. J. Parker. 2021. (ENG., Illus.). 28p. (J). pap. 13.95 *(978-1-63710-863-5(X))* Fulton Bks.

Miss Mary Mack. Lucy Bell. 2020. (Re-Versed Rhymes Ser.). (ENG., Illus.). 16p. (J). bds. 5.99 *(978-1-4867-0933-5(8))* Gardner Media LLC.

Miss Mary Mack. Melissa Everett. Illus. by Juan Bautista. 2017. (ENG.). 20p. (J). (gr. -1-2). bds. *(978-1-4867-1240-3(1))* Flowerpot Children's Pr. Inc.

Miss Mary Reporting: The True Story of Sportswriter Mary Garber. Sue Macy. Illus. by C. F. Payne. 2016. (ENG.). 40p. (J). (gr. k-3). 18.99 *(978-1-4814-0120-3(3)*, Simon & Schuster Bks. For Young Readers) Simon & Schuster Bks. For Young Readers.

Miss Mary's Christmas Mittens. Trinka Hakes Noble. Illus. by Renée Andriani. 2022. (ENG.). 32p. (J). (gr. k-3). 17.99 *(978-1-5341-1167-7(0)*, 205276) Sleeping Bear Pr.

Miss Meow. Jane Smith. 2021. (ENG., Illus.). 32p. (J). (gr. -1-1). 17.99 *(978-1-5132-8945-8(4)*, West Margin Pr.) West Margin Pr.

Miss. Mephistopheles (Classic Reprint) Fergus Hume. (ENG., Illus.). (J). 2018. 322p. 30.56 *(978-0-365-17580-3(3))*; 2017. pap. 13.57 *(978-0-259-54715-0(8))* Forgotten Bks.

Miss. Meredith (Classic Reprint) Amy Levy. 2018. (ENG., Illus.). 128p. (J). 26.56 *(978-0-666-55409-3(9))* Forgotten Bks.

Miss Meteor. Tehlor Kay Mejia & Anna-Marie McLemore. (ENG.). 400p. (YA). (gr. 9). 2021. pap. 10.99 *(978-0-06-286992-0(2))*; 2020. 17.99 *(978-0-06-286991-3(4))* HarperCollins Pubs. (HarperTeen).

Miss. Middleton's Lover or Parted on Their Bridal Tour (Classic Reprint) Laura Jean Libbey. (ENG., Illus.). (J). 2018. 220p. 28.43 *(978-0-483-55759-8(5))*; 2017. pap. 10.97 *(978-0-243-31402-7(7))* Forgotten Bks.

Miss. Million's Maid: A Romance of Love & Fortune (Classic Reprint) Berta Ruck. (ENG., Illus.). (J). 2018. 412p. 32.41 *(978-0-428-74353-6(6))*; 2017. pap. 16.57 *(978-0-243-25973-1(5))* Forgotten Bks.

Miss. Minerva & William Green Hill (Classic Reprint) Frances Boyd Calhoun. 2017. (ENG., Illus.). (J). 28.39 *(978-0-260-67453-1(2))* Forgotten Bks.

Miss Mingo & the 100th Day of School. Jamie Harper. Illus. by Jamie Harper. 2020. (Miss Mingo Ser.). (ENG.). 40p. (J). (gr. -1-3). 17.99 *(978-1-5362-0491-9(9))* Candlewick Pr.

Miss Mink: Life Lessons for a Cat Countess. Janet Hill. 2019. (Illus.). 48p. (J). (gr. -1-3). 17.99 *(978-1-77049-922-5(9)*, Tundra Bks.) Tundra Bks. CAN. Dist: Penguin Random Hse. LLC.

Miss. Mink's Soldier: And Other Stories (Classic Reprint) Alice Hegan Rice. 2018. (ENG., Illus.). 230p. (J). 28.66 *(978-0-666-29347-3(3))* Forgotten Bks.

Miss. Moccasins (Classic Reprint) Marah Ellis Ryan. 2018. (ENG., Illus.). 354p. (J). 31.20 *(978-0-483-60829-0(7))* Forgotten Bks.

Miss. Molly (Classic Reprint) Beatrice May Butt. 2018. (ENG., Illus.). 300p. (J). 30.10 *(978-0-484-06622-8(6))* Forgotten Bks.

Miss Molly Learns Responsibility. Kathleen S. Pero. 2020. (ENG., Illus.). 28p. (J). 20.95 *(978-1-61244-863-3(1))*; pap. 13.95 *(978-1-61244-854-1(2))* Halo Publishing International.

Miss Molly Moo Loves a Selfie (or Two) Andi Burnum. 2022. (ENG.). 34p. (J). pap. 15.95 *(978-1-63985-764-7(8))* Fulton Bks.

Miss Molly's School of Manners. James Maclaine. 2019. (ENG.). 32ppp. (J). 14.99 *(978-0-7945-4199-6(2)*, Usborne) EDC Publishing.

Miss Moon: Wise Words from a Dog Governess. Janet Hill. 2016. (Illus.). 48p. (J). (gr. -1-3). 18.99 *(978-1-101-91793-0(8)*, Tundra Bks.) Tundra Bks. CAN. Dist: Penguin Random Hse. LLC.

Miss Muffet's Christmas Party. Samuel McChord Crothers. 2019. (ENG., Illus.). 64p. (YA). pap. *(978-93-5329-512-7(2))* Alpha Editions.

Miss Muffet's Christmas Party. Grandma's Treasures & Samuel McChord Crothers. 2019. (ENG.). 78p. (J). *(978-0-359-95361-5(1))*; pap. *(978-0-359-95253-3(4))* Lulu Pr., Inc.

Miss. Muffet's Christmas Party (Classic Reprint) Samuel McChord Crothers. 2018. (ENG., Illus.). 124p. (J). 26.45 *(978-0-483-07493-4(4))* Forgotten Bks.

Miss. Mystery: A Novel (Classic Reprint) Etta Anthony Baker. (ENG., Illus.). (J). 2018. 382p. 31.78 *(978-0-666-21063-0(2))*; 2017. pap. 16.57 *(978-0-259-35781-0(2))* Forgotten Bks.

Miss. Nancy (Classic Reprint) Ida Rahm. (ENG., Illus.). (J). 2018. 256p. 29.18 *(978-0-365-29525-9(6))*; 2017. pap. 11.57 *(978-0-282-54254-2(X))* Forgotten Bks.

Miss Nelson Is Back / Miss Nelson Is Missing Novel Units Teacher Guide. Novel Units. 2019. (Miss Nelson Ser.). (ENG.). (J). (gr. -1-3). pap. 12.99 *(978-1-56137-032-0(0)*, Novel Units, Inc.) Classroom Library Co.

Miss Nelson Is Back Read-Along Set. Harry G. Allard, Jr. Illus. by James Marshall. 2018. (ENG.). (J). pap. 34.96 *(978-0-358-10877-1(2)*, Clarion Bks.) HarperCollins Pubs.

Miss Nelson Is Missing Read-Along Set. Harry G. Allard, Jr. Illus. by James Marshall. 2018. (ENG.). (J). pap. 34.96 *(978-0-358-10878-8(0)*, Clarion Bks.) HarperCollins Pubs.

Miss Never Pleased. Ayesha Marfani. Illus. by Aisha Aamir. 2018. (ENG.). 84p. (J). (gr. 1-6). pap. 7.99 *(978-1-68160-573-9(2))* Crimson Cloak Publishing.

Miss Newman Isn't Human! Dan Gutman. Illus. by Jim Paillot. 2018. 105p. (J). *(978-1-5182-5371-3(7))* Harper & Row Ltd.

Miss Newman Isn't Human! Dan Gutman. ed. 2018. (My Weirdest School Ser.: 10). (Illus.). 105p. (J). lib. bdg. 14.75 *(978-0-606-41046-5(5))* Turtleback.

Miss No Manners: A Funny Little Tail about a Badly Behaved Cat! Shannon Savory. Illus. by Arianne Quinn. 2023. (ENG.). 54p. (J). pap. ***(978-1-7387231-3-3(5))*** LoGreco, Bruno.

Miss. Nobody of Nowhere. Archibald Clavering Gunter. 2017. (ENG.). 308p. (J). pap. *(978-3-337-03391-0(1))* Creation Pubs.

Miss. Nobody of Nowhere: A Novel (Classic Reprint) Archibald Clavering Gunter. (ENG., Illus.). (J). 2018. 298p. 30.06 *(978-0-267-32446-0(4))*; 2016. pap. 13.57 *(978-1-333-51614-7(2))* Forgotten Bks.

Miss. Nonentity (Classic Reprint) L. T. Meade. (ENG., Illus.). (J). 2018. 386p. 31.86 *(978-0-666-94644-7(2))*; 2017. pap. 16.57 *(978-0-259-39364-1(9))* Forgotten Bks.

Miss Not Together. Belle M. Brooks. Ed. by Lauren Clark. 2019. (ENG.). 262p. (YA). (gr. 11-12). pap. *(978-0-6483770-4-7(0))* Obie Books.

Miss Numè of Japan. Onoto Watanna. 2017. (ENG.). 246p. (J). pap. *(978-3-7446-9239-7(6))* Creation Pubs.

Miss Numè of Japan; A Japanese-American Romance. Onoto Watanna. 2017. (ENG.). 226p. (J). pap. *(978-3-337-18535-0(5))* Creation Pubs.

Miss. Nume of Japan: A Japanese-American Romance (Classic Reprint) Onoto Watanna. 2017. (ENG., Illus.). (J). 29.01 *(978-0-331-27887-3(1))* Forgotten Bks.

Miss Oak & the Weather Balloon: Life, Love, Divorce & Everything in Between. Karen Delette Osborn. 2017. (ENG., Illus.). (J). (gr. k-4). pap. 12.95 *(978-0-9988274-0-7(1))*; 18.95 *(978-0-9988274-1-4(X))* Gentle Thoughts for Hard Spots.

Miss Olive Finds Her Furever Friends: The Doggy Diva Diaries. Susan Marie. Illus. by Kim Ranson & Rebekah Phillips. 2020. (Doggy Diva Diaries: Vol. 2). (ENG.). 32p. (J). (gr. k-2). 17.99 *(978-0-578-67286-1(3))* Doggy Diva Show, Inc., The.

Miss Olive Finds Her Furever Home: The Doggy Diva Diaries. Susan Marie & Miss Olive. Illus. by Rebekah Phillips. 2nd ed. 2018. (Doggy Diva Diaries: Vol. 1). (ENG.). 30p. (J). (gr. k-3). 16.99 *(978-0-692-15017-7(X))* Doggy Diva Show, Inc., The.

Miss Olive Finds Her Furever Winter Wonderland. Susan Marie. Illus. by Rebekah Phillips. 2021. (ENG.). 32p. (J). 19.99 *(978-0-578-95951-1(8))* Doggy Diva Show, Inc., The.

Miss or Mrs. ? Wilkie Collins. 2017. (ENG.). 320p. (J). pap. *(978-3-7447-4971-8(1))* Creation Pubs.

Miss. or Mrs. ? And Other Stories in Outline (Classic Reprint) Wilkie Collins. (ENG., Illus.). (J). 2018. 322p. 30.54 *(978-0-483-69786-7(9))*; 2016. pap. 13.57 *(978-1-333-77130-0(4))* Forgotten Bks.

Miss. or Mrs. ? (Classic Reprint) Wilkie Collins. (ENG., Illus.). (J). 2018. 172p. 27.32 *(978-0-332-84205-9(3))*; 2016. pap. 9.97 *(978-1-333-23473-7(2))* Forgotten Bks.

Miss P, a Pup with a P. Heather M. Thompson. 2022. (ENG.). 18p. (J). pap. 9.99 *(978-1-0880-3039-4(4))* Indy Pub.

Miss P Goes to Church. Kelly Simmons. 2022. (ENG., Illus.). 38p. (J). 24.95 *(978-1-63814-888-3(0))*; pap. 14.95 *(978-1-63814-886-9(4))* Covenant Bks.

Miss. Pandora, Vol. 1 (Classic Reprint) M. E. Norman. (ENG., Illus.). (J). 2018. 322p. 30.54 *(978-0-484-01411-3(0))*; 2017. pap. 13.57 *(978-0-243-33024-9(3))* Forgotten Bks.

Miss. Pardoe's Complete Works: Comprising the Confessions of a Pretty Woman, the Jealous Wife, the Rival Beauties, the Wife's Trials, the Romance of the Harem (Classic Reprint) Julia Pardoe. 2017. (ENG., Illus.). (J). 42.31 *(978-0-331-80839-1(0))*; pap. 24.55 *(978-0-243-52039-8(5))* Forgotten Bks.

Miss Pat at Artemis Lodge. Pemberton Ginther. 2017. (ENG., Illus.). (J). 22.95 *(978-1-374-86684-3(9))*; pap. 12.95 *(978-1-374-86683-6(0))* Capital Communications, Inc.

Miss Pat at School. Pemberton Ginther. 2017. (ENG., Illus.). (J). 23.95 *(978-1-374-98497-4(3))*; pap. 13.95 *(978-1-374-98496-7(5))* Capital Communications, Inc.

Miss. Pat's Great Idea (Classic Reprint) Pemberton Ginther. 2018. (ENG., Illus.). 240p. (J). 28.85 *(978-0-484-00271-4(6))* Forgotten Bks.

Miss. Pat's Holidays at Greycroft (Classic Reprint) Pemberton Ginther. 2018. (ENG., Illus.). 240p. (J). 28.87 *(978-0-483-81852-1(6))* Forgotten Bks.

Miss. Patty Peep (Classic Reprint) Julia Greene. (ENG., Illus.). (J). 2017. 24.49 *(978-0-331-90371-3(7))*; 2016. pap. 7.97 *(978-1-334-17192-5(0))* Forgotten Bks.

Miss Paul & the President: The Creative Campaign for Women's Right to Vote. Dean Robbins. Illus. by Nancy Zhang. 2016. 40p. (J). (gr. -1-3). 18.99 *(978-1-101-93720-4(3)*, Knopf Bks. for Young Readers) Random Hse. Children's Bks.

Miss Pecosita's Day at Work. Diana J. Zambrano. Illus. by Pia Reyes. 2023. (Adventures of Miss Pecosita Ser.). (ENG.). 20p. (J). ***(978-1-0391-4885-7(9))***; pap. ***(978-1-0391-4884-0(0))*** FriesenPress.

Miss. Percie of Clifden (Classic Reprint) C. J. H. (ENG., Illus.). (J). 2018. 182p. 27.65 *(978-0-483-18094-9(7))*; 2017. pap. 10.57 *(978-0-259-38447-2(X))* Forgotten Bks.

Miss Peregrine's Home for Peculiar Children (Movie Tie-In Edition) Ransom Riggs. ed. 2016. (Miss Peregrine's Peculiar Children Ser.: 1). (Illus.). 392p. (YA). (gr. 9). pap. 11.99 *(978-1-59474-902-5(7))* Quirk Bks.

Miss Peregrine's Journal for Peculiar Children. Ransom Riggs. 2016. (Miss Peregrine's Peculiar Children Ser.). 192p. (YA). (gr. 9). 14.99 *(978-1-59474-940-7(X))* Quirk Bks.

Miss Peregrine's Museum of Wonders: An Indispensable Guide to the Dangers & Delights of the Peculiar World for the Instruction of New Arrivals. Ransom Riggs. 2022. (Miss Peregrine's Peculiar Children Ser.). (ENG.). 240p. (YA). (gr. 7). 24.99 *(978-0-399-53856-8(9)*, Dutton Books for Young Readers) Penguin Young Readers Group.

Miss. Petticoats (Classic Reprint) Dwight Tilton. 2018. (ENG., Illus.). 404p. (J). 32.25 *(978-0-267-45148-7(2))* Forgotten Bks.

Miss Pickle a Dizzy Witch. Neelie Wicks. Illus. by Dawn Treacher. 2017. (Miss Pickle Stories Ser.: Vol. 1). (ENG.). 38p. (J). (gr. k-3). pap. *(978-0-9957721-0-6(X))* Skelwicks Arts.

Miss Pickle's Royal Surprise. Neelie Wicks. 2018. (Miss Pickle Ser.). (ENG., Illus.). 32p. (J). (gr. k-3). pap. *(978-0-9957721-1-3(8))* Skelwicks Arts.

Miss Pinkeltink's Purse. 1 vol. Patty Brozo. Illus. by Ana Ochoa. 2018. (ENG.). 36p. (J). (gr. 1-4). 17.95 *(978-0-88448-626-8(5)*, 884626) Tilbury Hse. Pubs.

Miss Porter Is Out of Order. 2. Dan Gutman. ed. 2019. (My Weirder-Est School Ser.). (ENG., Illus.). 105p. (J). (gr. 2-3). 15.36 *(978-0-87617-541-5(8))* Penworthy Co., LLC, The.

Miss President & the Trail of Clues see Rinny & the Trail of Clues

Miss. Primrose: A Novel (Classic Reprint) Roy Rolfe Gilson. 2018. (ENG., Illus.). 302p. (J). 30.15 *(978-0-365-01710-3(8))* Forgotten Bks.

Miss Priscilla Fox Faster Than You. Lisa McDaniel. 2019. (ENG.). 28p. (J). pap. 15.95 *(978-1-64584-505-8(2))* Page Publishing Inc.

Miss. Priscilla Hunter: And My Daughter Susan (Classic Reprint) Pansy Pansy. 2019. (ENG., Illus.). 288p. (J). 29.84 *(978-0-428-98105-1(4))* Forgotten Bks.

Miss. Pritchard's Wedding Trip: A Novel (Classic Reprint) Clara Louise Burnham. 2018. (ENG., Illus.). 376p. (J). 31.65 *(978-0-483-54844-2(6))* Forgotten Bks.

Miss. Prudence: A Story of Two Girls' Lives. Jennie Maria Conklin. 2017. (ENG., Illus.). (J). 26.95 *(978-1-374-89112-8(6))*; pap. 16.95 *(978-1-374-89111-1(8))* Capital Communications, Inc.

Miss. Quillet (Classic Reprint) Sabine Baring-Gould. 2018. (ENG., Illus.). 376p. (J). 31.65 *(978-0-483-67847-7(3))* Forgotten Bks.

Miss Quinces: a Graphic Novel. Kat Fajardo. Illus. by Kat Fajardo. 2022. (ENG., Illus.). 256p. (J). (gr. 3-7). 24.99 *(978-1-338-53558-7(7))*; pap. 12.99 *(978-1-338-53559-4(5))* Scholastic, Inc. (Graphix).

Miss. Ravenel's Conversion from Secession to Loyalty (Classic Reprint) J. W. De Forest. 2018. (ENG., Illus.). 532p. (J). 34.87 *(978-0-484-01321-5(1))* Forgotten Bks.

Miss. Richards Boy, & Other Stories (Classic Reprint) Marietta Holley. 2018. (ENG., Illus.). 414p. (J). 32.44 *(978-0-484-68913-7(4))* Forgotten Bks.

Miss Rita, Mystery Reader. Sam Donovan & Kristen Wixted. Illus. by Violet Tobacco. 2022. (ENG.). 40p. (J). 18.99 *(978-1-250-77476-7(4)*, 900234738, Farrar, Straus & Giroux (BYR)) Farrar, Straus & Giroux.

Miss. Roberts' Fortune: A Story for Girls (Classic Reprint) Sophy Winthrop. (ENG., Illus.). (J). 2018. 430p. 32.77 *(978-0-484-02850-9(2))*; 2016. pap. 16.57 *(978-1-333-52242-1(8))* Forgotten Bks.

Miss Rosie's Miraculous Journey. Kim Q. 2017. (ENG., Illus.). (J). pap. 16.95 *(978-1-5127-8081-9(2)*, WestBow Pr.) Author Solutions, LLC.

MISS RUBY to the RESCUE. Lael Atkinson. 2021. (ENG.). 118p. (J). pap. 11.99 *(978-1-6628-2651-1(6))* Salem Author Services.

Miss. Russell's Hobby, Vol. 1 Of 2: A Novel (Classic Reprint) Unknown Author. (ENG., Illus.). (J). 2018. 280p. 29.69 *(978-0-483-81339-7(7))*; 2016. pap. 13.57 *(978-1-334-15129-3(6))* Forgotten Bks.

Miss. Russell's Hobby, Vol. 2 Of 2: A Novel (Classic Reprint) Unknown Author. (ENG., Illus.). (J). 2018. 314p. 30.37 *(978-0-267-32105-6(8))*; 2016. pap. 13.57 *(978-1-333-49153-6(0))* Forgotten Bks.

Miss Santa Claus of the Pullman. Annie Fellows Johnston. 2018. (ENG., Illus.). 84p. (YA). (gr. 7-12). pap. *(978-93-5329-275-1(1))* Alpha Editions.

Miss. Santa Claus of the Pullman (Classic Reprint) Annie F. Johnston. 2017. (ENG., Illus.). 196p. (J). 27.94 *(978-0-484-30248-7(5))* Forgotten Bks.

Miss. Schuyler's Alias (Classic Reprint) George Horton. 2018. (ENG., Illus.). 336p. (J). 30.85 *(978-0-483-21431-6(0))* Forgotten Bks.

Miss. Shafto, Vol. 1 of 2 (Classic Reprint) W. E. Norris. 2018. (ENG., Illus.). 294p. (J). 29.96 *(978-0-332-19896-5(0))* Forgotten Bks.

Miss. Shafto, Vol. 1 of 3 (Classic Reprint) William Edward Norris. (ENG., Illus.). (J). 2018. 312p. 30.35 *(978-0-267-32039-4(6))*; 2016. pap. 13.57 *(978-1-333-48784-3(3))* Forgotten Bks.

Miss. Shafto, Vol. 2 of 3 (Classic Reprint) William Edward Norris. (ENG., Illus.). (J). 2018. 312p. 30.35 *(978-0-267-40663-0(0))*; 2016. pap. 13.57 *(978-1-334-11700-8(4))* Forgotten Bks.

Miss Silly Strings: My Silly Cats. Lucio A Grasso. 2019. (ENG.). 32p. (J). 22.95 *(978-1-64350-322-6(7))*; pap. 14.95 *(978-1-64350-320-2(0))* Page Publishing Inc.

Miss Sillyworth. Ateval Dier. 2018. (ENG., Illus.). 36p. (J). (gr. 1-6). 22.99 *(978-1-5456-2293-3(0))*; pap. 12.49 *(978-1-5456-2292-6(2))* Salem Author Services. (Liberty Hill Publishing).

Miss. Slimmens' Window: And Other Papers (Classic Reprint) Mark Peabody. 2018. (ENG., Illus.). 316p. (J). 30.41 *(978-0-483-20418-8(8))* Forgotten Bks.

TITLE INDEX MISSING VIOLET

Miss. Somebody Else: A Comedy in Four Acts (Classic Reprint) Marion Short. 2018. (ENG., Illus.). 94p. (J). 25.84 *(978-0-483-83436-1(X))* Forgotten Bks.

Miss Spider's ABC. David Kirk. ed. 2018. (ENG., Illus.). 32p. (J). (gr. -1 — 1). bds. 9.95 *(978-0-935112-33-7(2))* Callaway Editions, Inc.

Miss Spider's Tea Party. David Kirk. ed. 2018. (ENG., Illus.). 32p. (J). (gr. -1-3). 19.95 *(978-0-935112-13-9(8))* Callaway Editions, Inc.

Miss. Stuart's Legacy (Classic Reprint) Flora Annie Steel. 2017. (ENG., Illus.). (J). 34.54 *(978-0-266-19627-3(6))* Forgotten Bks.

Miss Swirly Pepper: The Case of the Bread & Wine. Angela M. Conti. Illus. by Angela M. Conti. 2018. (Miss Swirly Pepper Ser.: Vol. 3). (ENG., Illus.). 52p. (J). (gr. k-6). 16.99 *(978-1-943574-14-8(6))*; pap. 7.99 *(978-1-943574-15-5(4))* Big Eyes Publishing.

Miss Swirly Pepper: The Case of the Spicy Pretzel. Angela M. Conti. Illus. by Angela M. Conti. 2018. (Miss Swirly Pepper Ser.: Vol. 1). (ENG., Illus.). 44p. (J). (gr. k-6). 14.99 *(978-1-943574-16-2(2))* Big Eyes Publishing.

Miss. Sylvester's Marriage (Classic Reprint) Cecil Charles. 2018. (ENG., Illus.). 266p. (J). 29.38 *(978-0-483-88687-2(4))* Forgotten Bks.

Miss Teacher Mom. Katlynne Mirabal. Illus. by Timerie Blair. 2020. (ENG.). 24p. (J). 15.99 *(978-1-7351382-0-6(7))*; pap. 10.99 *(978-1-7351382-1-3(5))* Miss Teacher Mom Publishing.

Miss Tery Knows the Story: Collecting & Organizing Experimental Data Science Experiments Grade 5 Children's Science Experiment Books. Baby Professor. 2022. (ENG.). 72p. (J). 31.99 ***(978-1-5419-8658-9(X))***; pap. 19.99 ***(978-1-5419-8109-6(X))*** Speedy Publishing LLC. (Baby Professor (Education Kids)).

Miss Theodora. Helen Leah Reed. 2017. (ENG.). 260p. (J). pap. *(978-3-7447-4947-3(9))* Creation Pubs.

Miss. Theodora: A West End Story (Classic Reprint) Helen Leah Reed. 2018. (ENG., Illus.). 260p. (J). 29.26 *(978-0-428-94819-1(7))* Forgotten Bks.

Miss. Theodosia's Heartstrings (Classic Reprint) Annie Hamilton Donnell. (ENG., Illus.). (J). 2018. 206p. 28.17 *(978-0-364-23674-1(4))*; 2016. pap. 10.57 *(978-1-334-01579-3(1))* Forgotten Bks.

Miss. Thistledown (Classic Reprint) Sophie May. 2018. (ENG., Illus.). 218p. (J). 28.41 *(978-0-483-86211-1(8))* Forgotten Bks.

Miss Tina Is My Teacher: Roles in My Community, 1 vol. Simone Braxton. 2018. (Civics for the Real World Ser.). (ENG.). 8p. (gr. k-1). pap. *(978-1-5383-6355-3(0),* 5cd37d40-c594-422e-88cf-1bbbbbf03894, Rosen Classroom) Rosen Publishing Group, Inc., The.

Miss. Tiverton Goes Out (Classic Reprint) Adelaide Mary Champneys. (ENG., Illus.). (J). 2017. 30.60 *(978-0-331-28801-8(X))*; 2016. pap. 13.57 *(978-1-333-36828-9(3))* Forgotten Bks.

Miss. Todd's Vampire: A Comedy in One Act (Classic Reprint) Sally Shute. 2018. (ENG., Illus.). 24p. (J). 24.39 *(978-0-267-28158-9(7))* Forgotten Bks.

Miss. Tommy: A Medioeval Romance & in a Houseboat; a Journal (Classic Reprint) Dinah Maria Mulock Craik. 2017. (ENG., Illus.). (J). 29.38 *(978-1-5283-6748-6(0))* Forgotten Bks.

Miss. Toosey's Mission & Laddie (Classic Reprint) Evelyn Whitaker. 2017. (ENG., Illus.). (J). 27.09 *(978-0-265-18092-1(9))* Forgotten Bks.

Miss. Toosey's Mission (Classic Reprint) Evelyn Whitaker. 2018. (ENG., Illus.). 124p. (J). 26.45 *(978-0-666-21126-2(4))* Forgotten Bks.

Miss Underwood. Audrey M. McLean & Andrea a McLean. 2017. (ENG., Illus.). 32p. (J). (gr. 2-5). pap. *(978-0-947481-12-4(5))* McLean, Audrey.

Miss. Uraca (Classic Reprint) Evelyn Everett-Green. (ENG., Illus.). (J). 2018. 274p. 29.57 *(978-0-267-33167-3(3))*; 2016. pap. 11.97 *(978-1-333-57456-7(8))* Forgotten Bks.

Miss Vicky. Alan Jorgenson. 2022. (ENG.). 244p. (YA). pap. 18.95 *(978-1-63985-942-9(X))* Fulton Bks.

Miss. Washington, of Virginia: A Semi-Centennial Love-Story (Classic Reprint) F. Berger Moran. 2018. (ENG., Illus.). 114p. (J). 26.27 *(978-0-483-57440-3(6))* Forgotten Bks.

Miss. West's Class in Geography (Classic Reprint) Frances C. Sparhawk. (ENG., Illus.). (J). 2018. 146p. 26.93 *(978-0-365-43021-6(8))*; 2017. pap. 9.57 *(978-0-259-55731-9(5))* Forgotten Bks.

Miss. Williamson's Divagations (Classic Reprint) Anne Isabella Ritchie Thackeray. 2017. (ENG., Illus.). (J). 31.59 *(978-0-265-18498-1(3))* Forgotten Bks.

Miss Willow & the Great Fish Mystery. Erin Kinsella. 2016. (ENG., Illus.). (J). pap. 15.95 *(978-1-4808-3612-9(5))* Archway Publishing.

Miss. Wilton (Classic Reprint) Cornelia Warren. 2017. (ENG., Illus.). (J). 588p. 36.02 *(978-0-332-69889-2(0))*; 590p. pap. 19.57 *(978-0-332-31860-8(5))* Forgotten Bks.

Miss Wisherley's Bus Adventures: Don't Judge a Book by Its Cover. Nichole Cole. 2020. (ENG.). 26p. (J). 23.00 *(978-1-0879-2600-1(9))* Indy Pub.

Miss. Wistaria at Home: A Tale of Modern Japan (Classic Reprint) Margaret Lancaster String. (ENG., Illus.). (J). 2018. 94p. 25.84 *(978-0-332-08016-1(1))*; 2017. pap. 9.57 *(978-0-243-22177-6(0))* Forgotten Bks.

Miss You Love You Hate You Bye. Abby Sher. 2021. (ENG.). 304p. (YA). pap. 10.99 *(978-1-250-76285-6(5),* 900178886) Square Fish.

Missa & Her Magnificent Bubbles Learn to Tidy Up. Valeri Talens. 2019. (ENG., Illus.). 24p. (J). *(978-0-2288-1746-8(3))*; pap. *(978-0-2288-1400-9(6))* Tellwell Talent.

Missal for Children. Magnificat & Magnificat. 2016. (ENG., Illus.). 96p. (J). (gr. 2-7). im. lthr. 16.99 *(978-1-62164-082-0(5))* Ignatius Pr.

Missed Meal Mayhem, 1. Jarrett Lerner. ed. 2022. (Hungry Heroes Ser.). (ENG.). 128p. (J). (gr. k-1). 22.46 ***(978-1-68505-417-5(X))*** Penworthy Co., LLC, The.

Missed Meal Mayhem. Jarrett Lerner. Illus. by Jarrett Lerner. 2021. (Hunger Heroes Ser.: 1). (ENG., Illus.). 128p. (J). (gr. k-3). 19.99 *(978-1-5344-6282-3(1))*; pap. 7.99 *(978-1-5344-6280-9(5))* Simon & Schuster Children's Publishing. (Aladdin).

Misses Make-Believe (Classic Reprint) Mary Stuart Boyd. (ENG., Illus.). (J). 2018. 370p. 31.55 *(978-0-483-27065-7(2))*; 2017. pap. 13.97 *(978-0-243-12780-1(4))* Forgotten Bks.

Missile: January, 1915 (Classic Reprint) Petersburg High School. 2018. (ENG., Illus.). (J). 52p. 24.97 *(978-1-396-77397-6(5))*; 54p. pap. 9.57 *(978-1-391-87495-1(1))* Forgotten Bks.

Missile: May, 1931 (Classic Reprint) Petersburg High School. 2018. (ENG., Illus.). (J). 76p. 25.46 *(978-1-396-77424-9(6))*; 78p. pap. 9.57 *(978-1-391-87510-1(9))* Forgotten Bks.

Missile Mouse #1 see Star Crusher: a Graphic Novel (Missile Mouse #1): The Star Crusher

Missile Toe: A Very Confused Christmas. Devin Scillian. Illus. by Marty Kelley. 2017. (ENG.). 32p. (J). (gr. k-3). 16.99 *(978-1-58536-371-1(5),* 204328) Sleeping Bear Pr.

Missiles: Self-Guided Explosives, 1 vol. Earle Rice & Earle Rice, Jr. 2016. (Military Engineering in Action Ser.). (ENG., Illus.). 48p. (gr. 5-6). pap. 12.70 *(978-0-7660-7521-4(4),* 3c646785-aacb-4fdc-a085-5e4efcf9c433) Enslow Publishing, LLC.

Missiles & Spy Satellites. John Hamilton. 2018. (Space Race Ser.). (ENG., Illus.). 48p. (J). (gr. 5-9). lib. bdg. 34.21 *(978-1-5321-1830-2(9),* 30536, Abdo & Daughters) ABDO Publishing Co.

Missing. Savannah Brown. 2023. (ENG.). 368p. (YA). (gr. 9-12). pap. 11.99 ***(978-1-7282-5946-8(0))*** Sourcebooks, Inc.

Missing. Kate O'Hearn. (Titans Ser.: 2). (ENG.). (J). (gr. 3-7). 2021. 480p. pap. 9.99 *(978-1-5344-1708-3(7))*; 2020. 464p. 19.99 *(978-1-5344-1707-6(9))* Simon & Schuster Children's Publishing. (Aladdin).

Missing. Michael Smith. Ed. by Debbie Smith. 2021. (ENG.). 190p. (YA). pap. 14.99 *(978-1-6628-1610-9(3))* Salem Author Services.

Missing — One Brain! Bruce Coville. Illus. by Glen Mullaly. 2020. (Sixth-Grade Alien Ser.: 3). (ENG.). 160p. (J). (gr. 3-7). 17.99 *(978-1-5344-6484-1(0))*; pap. 6.99 *(978-1-5344-6482-7(4))* Simon & Schuster Children's Publishing. (Aladdin).

Missing At 17. Christine Conradt. 2018. (At 17 Ser.: 1). (ENG.). 304p. (YA). (gr. 9). pap. 9.99 *(978-0-06-265164-8(1),* HarperTeen) HarperCollins Pubs.

Missing at Harmony Festival. Eileen Charbonneau. 2022. (ENG.). 208p. (YA). pap. *(978-0-2286-2173-7(9))* Books We Love Publishing Partners.

Missing Bag: Leveled Reader Orange Level 16. Rg Rg. 2016. (PM Ser.). (ENG.). 16p. (J). (gr. 1-2). pap. 11.00 *(978-0-544-89162-3(7))* Rigby Education.

Missing Ball: An Orange Porange Story. Howard Pearlstein. Illus. by Rob Hardison. (Orange Porange Ser.). (ENG.). 32p. (J). (gr. -1-k). 2023. pap. 9.99 ***(978-981-5044-84-3(2))***; 2022. 16.99 *(978-981-4974-08-0(0))* Marshall Cavendish International (Asia) Private Ltd. SGP. Dist: Independent Pubs. Group.

Missing Barbegazi. H. S. Norup. 2019. (ENG.). 224p. (J). (gr. 3-7). pap. 11.99 *(978-1-63163-377-5(5),* 1631633775, Jolly Fish Pr.) North Star Editions.

Missing Baseball. Mike Lupica. 2018. (Zach & Zoe Mysteries Ser.: 1). (ENG., Illus.). 80p. (J). (gr. 1-4). 6.99 *(978-0-425-28937-2(0),* Puffin Books) Penguin Young Readers Group.

Missing Beat. Bob Stone. 2018. (ENG., Illus.). 234p. (YA). pap. *(978-1-78645-198-9(0))* Beaten Track Publishing.

Missing Bones. Phyllis J. Perry. 2018. (ENG.). 168p. (J). (gr. 3-5). pap. 9.95 *(978-1-943431-34-2(5))* Tumblehome Learning.

Missing Bouncy Ball: A Fox & Goat Mystery, 1 vol. Misti Kenison. 2018. (Fox & Goat Mysteries Ser.: 1). (ENG., Illus.). 28p. (J). bds. 12.99 *(978-0-7643-5600-1(3),* 16097) Schiffer Publishing, Ltd.

Missing Bully: An Interactive Mystery Adventure. Steven Brezenoff. Illus. by Marcos Calo. 2017. (You Choose Stories: Field Trip Mysteries Ser.). (ENG.). 112p. (J). (gr. 3-7). lib. bdg. 32.65 *(978-1-4965-2642-7(2),* 131205, Stone Arch Bks.) Capstone.

Missing Butterfly Feelings. Nan Nelson. 2021. (ENG.). 42p. (J). pap. 21.99 *(978-1-5136-8939-5(8))* Primedia eLaunch LLC.

Missing Cartographers: A Collection of Poetry. Kyle Phaneuf. 2021. (ENG.). 116p. (YA). pap. 13.00 *(978-1-716-05029-9(4))* Lulu Pr., Inc.

Missing Cat & the Hungry Dinosaur. Diana Aleksandrova. Illus. by Svilen Dimitrov. 2021. (Dino Trouble Ser.: Vol. 2). (ENG.). 110p. (J). 15.99 ***(978-1-953118-14-1(3))***; pap. 7.90 ***(978-1-953118-15-8(1))*** Dedoni.

Missing Caterpillar. April Joy Manger. Illus. by Penny Jamrack. 2021. (ENG.). 32p. (J). pap. 9.95 *(978-1-7343786-4-1(6))* April Joy Manger.

Missing Chums #4. Franklin W. Dixon. 2016. (Hardy Boys Ser.: 4). (Illus.). 192p. (J). (gr. 3-7). 8.99 *(978-0-448-48955-1(4),* Grosset & Dunlap) Penguin Young Readers Group.

Missing Clarissa: A Novel. Ripley Jones. 2023. (ENG., Illus.). 256p. (YA). 18.99 *(978-1-250-80196-8(6),* 900243156, Wednesday Bks.) St. Martin's Pr.

Missing (Classic Reprint) Humphry Ward. 2018. (ENG., Illus.). (J). 408p. 32.31 *(978-0-332-34685-4(4))*; 410p. pap. 16.57 *(978-1-330-97752-1(1))* Forgotten Bks.

Missing Colors of the Rainbow. Anne Kneese. 2020. (ENG.). 44p. (J). pap. 12.99 *(978-1-7337479-2-9(3))* Moon Bound Pr. LLC.

Missing Crown. Zahra M. Visram. 2018. (ENG., Illus.). 50p. (J). pap. *(978-0-9953314-5-7(6))* Murji, Zahra.

Missing Daddy. Mariame Kaba. Illus. by bria royal. 2019. (ENG.). 36p. (J). 16.95 *(978-1-64259-036-4(3))* Haymarket Bks.

Missing Dangling Earrings. Sharon Griffin. 2017. (ENG., Illus.). (J). pap. 12.95 *(978-1-68197-123-0(2))* Christian Faith Publishing.

Missing Dead Girls. Sara Walters. 2023. 240p. (YA). (gr. 9-12). pap. 11.99 *(978-1-7282-3413-7(1))* Sourcebooks, Inc.

Missing Dwarf, 3. Anna Staniszewski. ed. 2020. (Branches Early Ch Bks). (ENG., Illus.). 89p. (J). (gr. 2-3). 15.36 *(978-1-64697-479-5(4))* Penworthy Co., LLC, The.

Missing Dwarf: a Branches Book (Once upon a Fairy Tale #3) Anna Staniszewski. Illus. by Macky Pamintuan. 2020. (Once upon a Fairy Tale Ser.: 3). (ENG.). 96p. (J). (gr. 1-3). pap. 6.99 *(978-1-338-34978-8(3))* Scholastic, Inc.

Missing Dwarf: a Branches Book (Once upon a Fairy Tale #3) (Library Edition) Anna Staniszewski. Illus. by Macky Pamintuan. 2020. (Once upon a Fairy Tale Ser.: 3). (ENG.). 96p. (J). (gr. 1-3). lib. bdg. 24.99 *(978-1-338-34979-5(1))* Scholastic, Inc.

Missing Easter Bunny (Pikmi Pops), 1 vol. Scholastic. 2018. (Pikmi Pops Ser.). (ENG.). 24p. (J). (gr. -1-3). pap. 4.99 *(978-1-338-31607-0(9))* Scholastic, Inc.

Missing Eggs - Bunimoa Aika Bua (Te Kiribati) Ruiti Tumoa. Illus. by John Robert Azuelo. 2023. (ENG.). 30p. (J). pap. ***(978-1-922895-77-6(6))*** Library For All Limited.

Missing Fox. Katherine Cox. ed. 2018. (Scholastic Readers Ser.). (ENG.). 32p. (J). (gr. -1-1). 9.00 *(978-1-64310-477-5(2))* Penworthy Co., LLC, The.

Missing Friends: Being the Adventures of a Danish Emigrant in Queensland (1871-1880) (Classic Reprint) Unknown Author. (ENG., Illus.). (J). 2018. 354p. 31.20 *(978-0-428-81691-9(6))*; 2016. pap. 13.57 *(978-1-334-17116-1(5))* Forgotten Bks.

Missing 'Gator of Gumbo Limbo Novel Units Teacher Guide. Novel Units. 2019. (ENG.). (J). pap. 12.99 *(978-1-56137-700-8(7),* Novel Units, Inc.) Classroom Library Co.

Missing Grimoire. Claire Hastie. 2022. (ENG.). 388p. (J). pap. *(978-1-80378-061-0(4))* Cranthorpe Millner Pubs.

Missing Grizzly Cubs. Judy Young. 2016. (Wild World of Buck Bray Ser.). (ENG.). 240p. (J). (gr. 3-6). 16.99 *(978-1-58536-970-6(5),* 204107) Sleeping Bear Pr.

Missing Hairpin. Larry Bubar. 2018. (ENG., Illus.). 34p. (J). pap. *(978-1-387-59976-9(3))* Lulu Pr., Inc.

Missing Hero (Classic Reprint) Annie French Hector. (ENG., Illus.). (J). 2018. 416p. 32.48 *(978-0-267-22601-6(2))*; 2017. pap. 16.57 *(978-0-259-22180-7(5))* Forgotten Bks.

Missing Hug. Sarina Aujla. Illus. by Afton Jane. 2023. (Oogey's Adventures Ser.). (ENG.). 24p. (J). ***(978-1-0391-6842-8(6))***; pap. ***(978-1-0391-6841-1(8))*** FriesenPress.

Missing in the Mountains: A Wren & Frog Adventure. Grant Allison. Ed. by Kate Downs. Illus. by Jennifer Kirkham. 2018. (Adventures of Wren & Frog Ser.: Vol. 1). (ENG.). 72p. (J). pap. 14.99 *(978-1-948657-05-1(8))* Summer Storm Publishing, LLC.

Missing in the Mountains - Black & White Edition: A Wren & Frog Adventure. Grant Allison. Ed. by Kate Downs. Illus. by Jennifer Kirkham. 2018. (Wren & Frog Adventures Ser.: Vol. 1). (ENG.). 72p. (J). pap. 9.99 *(978-1-948657-06-8(6))* Summer Storm Publishing, LLC.

Missing in the Pages. Ashley Tropea. 2022. (ENG.). 358p. (YA). pap. 12.99 ***(978-1-0880-8863-0(5))*** Indy Pub.

Missing Jewels, 2. Hayley LeBlanc. ed. 2023. (Hayley Mysteries Ser.). (ENG.). 163p. (J). (gr. 3-7). 20.96 ***(978-1-68505-835-7(3))*** Penworthy Co., LLC, The.

Missing Kitten & Other Tales. Holly Webb. Illus. by Sophy Williams. 2018. (Pet Rescue Adventures Ser.). (ENG.). 384p. (J). (gr. 1-4). pap. 10.99 *(978-1-68010-415-8(2))* Tiger Tales.

Missing Letters: A Dreidel Story. Renee Londner. Illus. by Iryna Bodnaruk. 2017. (ENG.). 32p. (J). (gr. -1-3). 12.99 *(978-1-4677-8933-2(X),* 5a26b3d7-a59a-4eee-9c00-97f890a98ee6, Kar-Ben Publishing) Lerner Publishing Group.

Missing Magic. Kallie George. ed. 2017. (Magical Animal Adoption Agency Ser.: 3). (J). lib. bdg. 16.00 *(978-0-606-39973-9(9))* Turtleback.

Missing Magic, 7. Rebecca Elliott. ed. 2022. (Branches Early Ch Bks). (ENG.). 72p. (J). (gr. 1-4). 16.46 ***(978-1-68505-717-6(9))*** Penworthy Co., LLC, The.

Missing Magic: a Branches Book (Unicorn Diaries #7) Rebecca Elliott. Illus. by Rebecca Elliott. 2022. (Unicorn Diaries). (ENG.). 80p. (J). (gr. k-2). pap. 5.99 *(978-1-338-74557-3(3))* Scholastic, Inc.

Missing Magic: a Branches Book (Unicorn Diaries #7) (Library Edition) Rebecca Elliott. Illus. by Rebecca Elliott. 2022. (Unicorn Diaries). (ENG.). 80p. (J). (gr. k-2). 24.99 *(978-1-338-74558-0(1))* Scholastic, Inc.

Missing Maiden, Volume 6. Sophie de Mullenheim. 2023. (In the Shadows of Rome Ser.). (ENG.). 208p. (J). (gr. 4). pap. 12.99 ***(978-1-62164-618-1(1))*** Ignatius Pr.

Missing Max. Katy Newton Naas. 2017. (ENG.). 36p. (J). pap. 8.99 *(978-1-68350-088-9(1))* Morgan James Publishing.

Missing Menorah: A Story for Families Who Love the Messiah. Janie-Sue Wertheim. Illus. by Kiki Callaghan. 2021. (ENG.). 74p. (J). pap. 16.49 *(978-1-6628-2722-8(9))* Salem Author Services.

Missing Mike. Shari Green. (ENG.). 248p. (J). (gr. 3-8). 2019. pap. 12.95 *(978-1-77278-085-7(5))*; 2018. (Illus.). 17.95 *(978-1-77278-045-1(6))* Pajama Pr. CAN. Dist: Publishers Group West (PGW).

Missing Money. Evan Jacobs. 2017. (Walden Lane Ser.). (ENG.). 64p. (J). (gr. 4-7). pap. 9.75 *(978-1-68021-368-3(7))* Saddleback Educational Publishing, Inc.

Missing Monkey. Joseph Mathew. 2017. (ENG., Illus.). 59p. (J). pap. *(978-1-84897-745-7(X))* Olympia Publishers.

Missing Movie. Gerónimo Stilton. ed. 2021. (Geronimo Stilton Ser.). (ENG., Illus.). 102p. (J). (gr. 2-3). 18.36 *(978-1-64697-567-9(7))* Penworthy Co., LLC, The.

Missing Mushroom Mystery. Debbie New. 2017. (ENG., Illus.). (J). *(978-1-5255-0257-6(3))*; pap. *(978-1-5255-0258-3(1))* FriesenPress.

Missing Nana. Minnie Kansman. 2017. (ENG., Illus.). (J). pap. 22.00 *(978-1-365-89330-8(8))* Lulu Pr., Inc.

Missing Notebook! Ready-To-Read Level 1. Adapted by Tina Gallo. 2022. (Donkey Hodie Ser.). (ENG.). 32p. (J). (gr. -1-1). 17.99 *(978-1-6659-2835-9(2))*; pap. 4.99 *(978-1-6659-2834-2(4))* Simon Spotlight. (Simon Spotlight).

Missing Nursery Rhymes. Terri Sandford. 2019. (ENG.). 20p. (J). pap. *(978-1-5289-4730-5(4))* Austin Macauley Pubs. Ltd.

Missing of Clairdelune. Christelle Dabos. Tr. by Hildegarde Serle. 2019. (Mirror Visitor Quartet Ser.: 2). (ENG.). 540p. (YA). 20.95 *(978-1-60945-507-1(X))* Europa Editions, Inc.

Missing of Clairdelune: Book Two of the Mirror Visitor Quartet. Christelle Dabos. Tr. by Hildegarde Serle. 2020. (Mirror Visitor Quartet Ser.: 2). (ENG.). 516p. (YA). 12.95 *(978-1-60945-608-5(4))* Europa Editions, Inc.

Missing Pairs. Yvonne Ivinson. 2021. (ENG., Illus.). 40p. (J). (gr. -1-3). 17.99 *(978-0-06-284289-3(7),* Greenwillow Bks.) HarperCollins Pubs.

Missing Passenger. Jack Heath. 2021. (Liars Ser.: 2). (ENG.). 224p. (YA). (gr. 7). 18.99 *(978-1-5344-4989-3(2),* Simon & Schuster Bks. For Young Readers) Simon & Schuster Bks. For Young Readers.

Missing Person. Meagan Capone. 2020. (ENG.). 38p. (J). pap. 11.95 *(978-1-64701-973-0(7))* Page Publishing Inc.

Missing Persons: What Happens When Someone Disappears?, 1 vol. Amanda Vink. 2017. (Crime Scene Investigations Ser.). (ENG.). 104p. (YA). (gr. 7-7). pap. 20.99 *(978-1-5345-6275-2(3),* 53a49f16-24a0-497b-8e01-62d6ab099411); lib. bdg. 42.03 *(978-1-5345-6178-6(1),* cafa378e-fab6-481f-a2de-ac5d49f3b591) Greenhaven Publishing LLC. (Lucent Pr.).

Missing Picture. David Brown. 2018. (UKR., Illus.). 92p. (J). pap. *(978-0-244-06872-1(0))* Lulu Pr., Inc.

Missing Piece of Charlie O'Reilly. Rebecca K. S. Ansari. (ENG.). (J). (gr. 3-7). 2020. 416p. pap. 9.99 *(978-0-06-267967-3(8))*; 2019. 400p. 16.99 *(978-0-06-267966-6(X))* HarperCollins Pubs. (Walden Pond Pr.).

Missing Pieces. Sarah Irwin. 2021. (ENG.). 248p. (YA). 31.95 *(978-1-0980-7583-5(8))*; pap. 18.95 *(978-1-0980-7582-8(X))* Christian Faith Publishing.

Missing Pieces. Jerry B. Jenkins & Chris Fabry. 2020. (Red Rock Mysteries Ser.: 3). (ENG.). 224p. (J). pap. 7.99 *(978-1-4964-4227-7(X),* 20_33626, Tyndale Kids) Tyndale Hse. Pubs.

Missing Pieces: an AFK Book (Hello Neighbor #1), Vol. 1. Carly Anne West. Illus. by Tim Heitz. 2018. (Hello Neighbor Ser.: 1). (ENG.). 208p. (J). (gr. 5-5). pap. 7.99 *(978-1-338-28007-4(4))* Scholastic, Inc.

Missing Planet, or Frank Reade, Jr.'s Hunt for a Fallen Star (Classic Reprint) Luis Senarens. 2018. (ENG., Illus.). (J). 54p. 25.03 *(978-1-396-68544-6(8))*; 56p. pap. 9.57 *(978-1-396-17892-4(9))* Forgotten Bks.

Missing Playbook. Franklin Dixon. Illus. by Matt David. 2016. (Hardy Boys Clue Book Ser.: 2). (ENG.). 96p. (J). (gr. 1-4). 16.99 *(978-1-4814-5178-9(2),* Aladdin) Simon & Schuster Children's Publishing.

Missing Playbook. Franklin W. Dixon. Illus. by Matt David. 2016. (Hardy Boys Clue Book Ser.: 2). (ENG.). 96p. (J). (gr. 1-4). pap. 5.99 *(978-1-4814-5177-2(4),* Aladdin) Simon & Schuster Children's Publishing.

Missing Pocket-Book: Or Tom Mason's Luck (Classic Reprint) Harry Castlemon. 2017. (ENG., Illus.). (J). 32.02 *(978-1-5281-6988-2(3))* Forgotten Bks.

Missing Pot of Gold, 2. Jamie Mae. ed. 2020. (Isle of Misfits Ser.). (ENG.). 94p. (J). (gr. 2-3). 15.49 *(978-1-64697-049-0(7))* Penworthy Co., LLC, The.

Missing Potty. Anita Bijsterbosch. Illus. by Anita Bijsterbosch. 2021. (ENG., Illus.). 20p. (J). bds. 14.95 *(978-1-60537-639-4(6))* Clavis Publishing.

Missing, Presumed Dead. Emma Berquist. 2019. (ENG.). 384p. (YA). (gr. 9). 17.99 *(978-0-06-264281-3(2),* Greenwillow Bks.) HarperCollins Pubs.

Missing Prince. G. E. Farrow. 2017. (ENG., Illus.). (J). pap. *(978-0-649-11153-4(2))* Trieste Publishing Pty Ltd.

Missing Prince (Classic Reprint) G. E. Farrow. 2018. (ENG., Illus.). 228p. (J). 28.60 *(978-0-267-47805-7(4))* Forgotten Bks.

Missing Programmer, 1 vol. L. A. Bowen. 2018. (Power Coders Ser.). (ENG.). 32p. (gr. 5-5). 27.93 *(978-1-5383-4021-9(6),* d842abf9-4c15-4ee6-8c27-c78a1e973725, PowerKids Pr.) Rosen Publishing Group, Inc., The.

Missing Puppy & Other Tales. Holly Webb. Illus. by Sophy Williams. 2017. (Pet Rescue Adventures Ser.). (ENG.). 384p. (J). (gr. 1-4). pap. 10.99 *(978-1-68010-404-2(7))* Tiger Tales.

Missing Puzzle Piece. Fallon MacNeil. 2021. (ENG.). 26p. (J). 19.00 *(978-1-0878-6702-1(9))* Indy Pub.

Missing Referee: Croke Park Mice. Ruth Croke & Triona Croke. Illus. by Triona Croke & Audrey Dowling. 2022. (Croke Park Mice Ser.). (ENG.). 32p. (J). 18.99 *(978-1-78849-055-9(X))* O'Brien Pr., Ltd., The. IRL. Dist: Casemate Pubs. & Bk. Distributors, LLC.

Missing Richmond. Patrick Corrigan. ed. 2020. (ENG., Illus.). 32p. (J). (gr. -1-1). 16.95 *(978-1-913337-31-5(6),* Scribblers) Book Hse. GBR. Dist: Sterling Publishing Co., Inc.

Missing Season. Gillian French. (ENG.). (YA). (gr. 8). 2020. 320p. pap. 10.99 *(978-0-06-280334-4(4))*; 2019. 304p. 17.99 *(978-0-06-280333-7(6))* HarperCollins Pubs. (HarperTeen).

Missing (Shadow House, Book 4) Dan Poblocki. 2018. (Shadow House Ser.: 4). (ENG.). 224p. (J). (gr. 3-7). 12.99 *(978-1-338-24578-3(3))* Scholastic, Inc.

Missing Shoe. Dolores D. Bennett. 2023. (ENG.). 32p. (J). 19.99 ***(978-1-0880-8253-9(X))*** Indy Pub.

Missing Shoe - Our Yarning. Juli Coffin. Illus. by John Robert Azuelo. 2022. (ENG.). 28p. (J). pap. ***(978-1-922910-51-6(1))*** Library For All Limited.

Missing Toe: The Story of an Adventurous Caterpillar & His Friends. Ellen Dalzell. Illus. by Penny Brown. 2022. (ENG.). 28p. (J). *(978-1-0391-4167-4(6))*; pap. *(978-1-0391-4166-7(8))* FriesenPress.

Missing Tooth Fairy. Poppy Green. Illus. by Jennifer A. Bell. 2019. (Adventures of Sophie Mouse Ser.: 15). (ENG.). 128p. (J). (gr. k-4). 17.99 *(978-1-5344-4949-7(3))*; pap. 6.99 *(978-1-5344-4948-0(5))* Little Simon. (Little Simon).

Missing Trick. Robin Jacobs. Illus. by Aimee Wright. 2021. (ENG.). 32p. (J). 16.99 *(978-1-908714-94-7(8))* Cicada Bks. GBR. Dist: Consortium Bk. Sales & Distribution.

Missing Violet. Kelly Swemba. Illus. by Fabiana Faiallo. 2023. 32p. (J). 17.99 *(978-1-5064-8331-3(3),* Beaming Books) 1517 Media.

M

Missing Will, Vol. 1 of 3 (Classic Reprint) Herbert Broom. (ENG., Illus.). (J). 2018. 272p. 29.53 *(978-0-484-54642-3(2))*; 2016. pap. 11.97 *(978-1-334-13418-0(9))* Forgotten Bks.

Missing Years of Thomas Pritchard. Matt Shaw. 2022. (ENG.). 197p. (YA). pap. ***(978-1-4716-2351-6(3))*** Lulu Pr., Inc.

Missing You. Jessica Brison. 2018. (ENG.). (J). 14.95 *(978-1-68401-437-8(9))* Amplify Publishing Group.

Missing You. Phellip Willian. Tr. by Fabio Ramos. Illus. by Melissa Garabeli. 2023. (ENG.). 120p. (J). pap. 15.99 *(978-1-63715-207-2(8))* Oni Pr., Inc.

Mission. Fiona Palmer. 2018. (Mtg Agency Ser.: Vol. 2). (ENG., Illus.). 216p. (YA). (gr. 9-12). pap. *(978-0-6482368-1-8(1))* Palmer, Fiona.

Mission: Achor Valley. Laura J. Salgado. 2018. (ENG., Illus.). 324p. (YA). pap. 17.99 *(978-1-5456-2353-4(8))* Salem Author Services.

Mission: Space: Explore the Galaxy. Carole Stott. 2016. (Illus.). 128p. (J). *(978-1-4654-5376-1(8))* Dorling Kindersley Publishing, Inc.

Mission: Teamwork. Natasha Bouchard. ed. 2022. (Step into Reading Ser.). (ENG.). 19p. (J). (gr. 2-3). 16.46 ***(978-1-68505-401-4(3))*** Penworthy Co., LLC, The.

Mission Accomplished! Adapted by A. E. Dingee. 2018. (PJ Masks Ser.). (ENG.). 12p. (J). (gr. -1-2). bds. 8.99 *(978-1-5344-2738-9(4)*, Simon Spotlight) Simon Spotlight.

Mission at the Museum: Ready-To-Read Level 2. Illus. by Guido Guidi. 2023. (Transformers: Rise of the Beasts Ser.). (ENG.). 32p. (J). (gr. k-2). 17.99 ***(978-1-6659-2189-3(7))***; pap. 4.99 ***(978-1-6659-2188-6(9))*** Simon Spotlight. (Simon Spotlight).

Mission Atomic, Bk. 4. Nel Yomtov & Sarwat Chadda. 2016. (39 Clues: Doublecross Ser.: 4). (ENG.). 48p. (J). (gr. 3-7). 18.50 *(978-0-545-94395-6(7))* Scholastic, Inc.

Mission Atomic (the 39 Clues: Doublecross, Book 4) Sarwat Chadda. 2018. (Follow Me Around... Ser.: 4). (ENG.). 256p. (J). (gr. 3-4). E-Book 27.00 *(978-0-545-76936-5(1))* Scholastic, Inc.

Mission: Bravery. Make Believe Ideas. Illus. by Lara Ede. 2021. (ENG.). 32p. (J). pap. 6.99 *(978-1-80058-330-6(3))*; pap. 4.99 *(978-1-80058-340-5(0))* Make Believe Ideas GBR. Dist: Scholastic, Inc.

Mission Canari. Gil Ferre. Illus. by Lucie Ory. 2017. (FRE.). (J). pap. *(978-2-930821-48-1(5))* Plannum.

Mission Canary. Gil Ferre. 2017. (ENG., Illus.). (J). pap. *(978-2-930821-50-4(7))* Plannum.

Mission Cheese. Sana M. Hussain. 2017. (ENG., Illus.). (J). pap. 20.06 *(978-1-5437-4015-8(4))* Partridge Pub.

Mission de la Dernière Chance. Christian Ruzé. 2017. (FRE.). 123p. (YA). pap. ***(978-0-244-05012-2(0))*** Lulu Pr., Inc.

Mission Defrostable. Josh Funk. Illus. by Brendan Kearney. 2018. (Lady Pancake & Sir French Toast Ser.: 3). (ENG.). 40p. (J). (gr. -1-3). 17.99 *(978-1-4549-2811-9(5))* Sterling Publishing Co., Inc.

Mission Dyslexia: Find Your Superpower & Be Your Brilliant Self. Julie McNeill et al. Illus. by Rossie Stone. ed. 2021. 128p. pap. 19.95 *(978-1-78775-296-2(8)*, 729230) Kingsley, Jessica Pubs. GBR. Dist: Hachette UK Distribution.

Mission Explosions! The Challenger Space Shuttle, 1986 & the Columbia Space Shuttle 2003. Anne O'Daly. 2023. (Doomed History (set 2) Ser.). (ENG.). 32p. (J). (gr. 3-7). lib. bdg. 28.50 Bearport Publishing Co., Inc.

Mission Farmers' Market. Marsha Qualey. Illus. by Jessica Gibson. 2018. (Bumble B. Ser.). (ENG.). 40p. (J). (gr. k-2). 22.65 *(978-1-4965-6183-1(X)*, 137798, Picture Window Bks.) Capstone.

Mission for Leedle Burro. Sheila Von Maltitz. 2020. (ENG.). 45p. (J). pap. *(978-1-716-99047-2(5))* Lulu Pr., Inc.

Mission Hindenburg (the 39 Clues: Doublecross, Book 2) C. Alexander London. 2018. (Follow Me Around... Ser.: 2). (ENG.). 192p. (J). (gr. 3-4). E-Book 27.00 *(978-0-545-76925-9(6))* Scholastic, Inc.

Mission HTML. Sheela Preuitt. 2019. (Mission: Code (Alternator Books (r)) Ser.). (ENG., Illus.). 32p. (J). (gr. 3-6). 30.65 *(978-1-5415-5591-4(0)*, dd88da36-b711-4bd1-914a-3b3c7985d522); pap. 10.99 *(978-1-5415-7373-4(0)*, c2be145d-071d-4531-b145-c1714306ef16) Lerner Publishing Group. (Lerner Pubns.).

Mission Hurricane, Bk. 3. Scholastic, Inc. Staff & Jenny Goebel. 2016. (39 Clues: Doublecross Ser.). (ENG.). 16p. (J). (gr. 3-7). 18.50 *(978-0-545-91035-4(8))* Scholastic, Inc.

Mission Impastable: from the Doodle Boy Joe Whale (Bad Food #3) Eric Luper. Illus. by Joe Whale. 2022. (Bad Food Ser.). (ENG.). 160p. (J). (gr. 1-3). pap. 6.99 *(978-1-338-83542-7(4))* Scholastic, Inc.

Mission Jaguar. Bear Grylls. 2016. (ENG., Illus.). (J). pap. *(978-1-911295-71-6(3))* IPSO Bks.

Mission JavaScript. Sheela Preuitt. 2019. (Mission: Code (Alternator Books (r)) Ser.). (ENG., Illus.). 32p. (J). (gr. 3-6). pap. 10.99 *(978-1-5415-7374-1(9)*, 7a98fc79-43e8-4bd8-812a-c20155b9da0f, Lerner Pubns.) Lerner Publishing Group.

Mission Keramos. Patrick de Lachevrotiere. 2019. (Ceramons Ser.: Vol. 2). (ENG.). 168p. (J). pap. *(978-2-9817096-5-3(8))* Provencher, Marie-Eve.

Mission Life among the Zulu-Kafirs: A Memoir of Henrietta Robertson, Wife of the REV. R. Robertson (Classic Reprint) Anne MacKenzie. 2018. (ENG., Illus.). 254p. (J). 29.14 *(978-0-483-48108-4(4))* Forgotten Bks.

Mission Lost Cat. Marsha Qualey. Illus. by Jessica Gibson. 2018. (Bumble B. Ser.). (ENG.). 40p. (J). (gr. k-2). 22.65 *(978-1-4965-6182-4(1)*, 137797, Picture Window Bks.) Capstone.

Mission: Mars (Set), 6 vols. Mari Bolte. 2022. (21st Century Skills Library: Mission: Mars Ser.). (ENG., Illus.). 32p. (J). (gr. 4-8). 192.42 *(978-1-5341-9852-4(0)*, 219941); pap., pap., pap. 85.29 *(978-1-5341-9994-1(2)*, 220057) Cherry Lake Publishing.

Mission Mind: Bones Abode. Rachel Elspeth Shanks. 2021. (ENG.). 294p. (J). pap. 19.95 *(978-1-63844-731-3(4))* Christian Faith Publishing.

Mission Moon, 1. Drew Brockington. ed. 2021. (CatStronauts Ser.). (ENG., Illus.). (J). (gr. 2-3). 18.96 *(978-1-64697-594-5(4))* Penworthy Co., LLC, The.

Mission Multiverse. Rebecca Caprara. 2021. (Mission Multiverse Ser.). (ENG.). 400p. (YA). (gr. 3-7). 16.99 *(978-1-4197-4823-3(8)*, 1706601) Abrams, Inc.

Mission of Black Rifle. Elijah Kellogg. 2017. (ENG.). 328p. (J). pap. *(978-3-7447-2515-6(4))* Creation Pubs.

Mission of Black Rifle: Or, on the Trail (Classic Reprint) Elijah Kellogg. 2018. (ENG., Illus.). 326p. (J). 30.62 *(978-0-267-49480-4(7))* Forgotten Bks.

Mission of Freedom. Naomi Sowell. 2017. (ENG., Illus.). (YA). pap. 12.95 *(978-1-64079-559-4(6))* Christian Faith Publishing.

Mission of Letty: A Play in Two Acts for Female Characters Only (Classic Reprint) Evelyn Watson. (ENG., Illus.). (J). 2018. 48p. 24.89 *(978-0-484-53985-2(X))*; 2016. pap. 9.57 *(978-1-333-74913-2(9))* Forgotten Bks.

Mission of the American Board to West Central Africa: Pioneer Work, 1881 (Classic Reprint) Unknown Author. 2018. (ENG., Illus.). 86p. (J). 25.69 *(978-0-484-03013-7(2))* Forgotten Bks.

Mission of Victoria Wilhelmina (Classic Reprint) Jeanne Bartholow Magoun. 2017. (ENG., Illus.). (J). 148p. 26.95 *(978-0-332-84315-5(7))*; pap. 9.57 *(978-0-259-19405-7(0))* Forgotten Bks.

Mission on Danger Mountain. Daniel Kenney. 2020. (Lunchmeat Lenny Ser.: Vol. 2). (ENG.). 192p. (J). pap. 9.95 *(978-1-947865-41-9(2))* Trendwood Pr.

Mission Paw. Steve Sullivan & Andy Guerdat. Illus. by Nate Lovett. 2017. 24p. (J). *(978-1-5182-4195-6(6))* Random Hse., Inc.

Mission PAW. Random House Editors. ed. 2017. (Step into Reading Level 2 Ser.). lib. bdg. 14.75 *(978-0-606-39862-6(7))* Turtleback.

Mission Paw. Steve Sullivan et al. ed. 2018. (Step into Reading Ser.). (ENG.). 24p. (J). (gr. -1-1). 13.89 *(978-1-64310-320-4(2))* Penworthy Co., LLC, The.

Mission PAW (PAW Patrol) Random House. Illus. by Nate Lovett. 2017. (Step into Reading Ser.). (ENG.). 24p. (J). (gr. -1-1). pap. 4.99 *(978-1-5247-6413-5(2)*, Random Hse. Bks. for Young Readers) Random Hse. Children's Bks.

Mission Possible. Robin Bee Owens. 2017. (ENG., Illus.). (J). pap. 12.99 *(978-1-946841-12-4(9))* Inknbeans Pr.

Mission Possible: a Daily Devotional for Young Readers: 365 Days of Encouragement for Living a Life That Counts. Tim Tebow. 2023. (ENG.). 384p. (J). (gr. 5). 18.00 ***(978-0-593-60127-3(0)***, WaterBrook Pr.) Crown Publishing Group, The.

Mission Possible! Super Fun & Challenging Mega Kids Activity Book. Kreative Kids. 2016. (ENG., Illus.). (J). pap. 10.81 *(978-1-68377-215-6(6))* Whike, Traudl.

Mission Python. Sheela Preuitt. 2019. (Mission: Code (Alternator Books (r)) Ser.). (ENG., Illus.). 32p. (J). (gr. 3-6). pap. 10.99 *(978-1-5415-7375-8(7)*, 2d2ce756-c2ce-4527-8e72-51c03be44392); lib. bdg. 30.65 *(978-1-5415-5593-8(7)*, aa5c3631-ead3-4de6-8c62-1362b8b0c672) Lerner Publishing Group. (Lerner Pubns.).

Mission Python: Code a Space Adventure Game! Sean McManus. 2018. (Illus.). 280p. (gr. 5). pap. 29.95 *(978-1-59327-857-1(8))* No Starch Pr., Inc.

Mission Ruby. Sheela Preuitt. 2019. (Mission: Code (Alternator Books (r)) Ser.). (ENG., Illus.). 32p. (J). (gr. 3-6). pap. 10.99 *(978-1-5415-7376-5(5)*, 2fd683d9-5d5c-4fbc-abdf-c00d4599378f); lib. bdg. 30.65 *(978-1-5415-5592-1(9)*, 05f75136-f858-4090-8685-c7df191df669) Lerner Publishing Group. (Lerner Pubns.).

Mission Science Club. Marsha Qualey. Illus. by Jessica Gibson. 2018. (Bumble B. Ser.). (ENG.). 40p. (J). (gr. k-2). 22.65 *(978-1-4965-6184-8(8)*, 137799, Picture Window Bks.) Capstone.

Mission Spelling Book 1: A Crash Course to Succeed in Spelling with Phonics (Ages 7-11 Years) Sally Jones et al. 2018. (Mission Spelling Ser.: Vol. 1). (ENG., Illus.). 109p. (J). (gr. 1-5). pap. *(978-1-907733-82-6(5))* Guinea Pig Education.

Mission Spelling Book 2: A Crash Course to Succeed in Spelling with Phonics (Ages 7-11 Years) Sally Jones et al. 2018. (Mission Spelling Ser.: Vol. 2). (ENG., Illus.). 56p. (J). (gr. 2-5). pap. *(978-1-907733-83-3(3))* Guinea Pig Education.

Mission Spelling Book 3: A Crash Course to Succeed in Spelling with Phonics (Ages 7-11 Years) Sally Jones et al. 2018. (Mission Spelling Ser.: Vol. 3). (ENG., Illus.). 92p. (J). (gr. 2-6). pap. *(978-1-907733-84-0(1))* Guinea Pig Education.

Mission Super Halloween. Marsha Qualey. Illus. by Jessica Gibson. 2018. (Bumble B. Ser.). (ENG.). 40p. (J). (gr. k-2). 22.65 *(978-1-4965-6181-7(3)*, 137796, Picture Window Bks.) Capstone.

Mission: Teamwork (Disney/Pixar Lightyear) RH Disney. Illus. by RH Disney. 2022. (Step into Reading Ser.). (ENG., Illus.). 24p. (J). (gr. -1-1). 5.99 *(978-0-7364-4296-1(0)*, RH/Disney) Random Hse. Children's Bks.

Mission to Blue Grannus. K. H. Brower. 2022. (Bosque Family Adventures Ser.: Vol. 2). (ENG.). 242p. (YA). pap. 20.00 *(978-0-9887911-4-5(5))* Scramjet Bks.

Mission to Mars. Group Authors. 2021. (SPA.). 42p. (J). 19.99 *(978-1-952330-53-7(X))* Csb Innovations.

Mission to Mars. Mary Kay Carson. 2018. (Beyond Planet Earth Ser.). (Illus.). 32p. (J). (gr. 1). 16.95 *(978-1-4549-2351-0(2))* Sterling Publishing Co., Inc.

Mission To Mars, 6 bks. John Hamilton. Incl. Mariner Missions to Mars. 32p. (gr. 5). 1998. 27.07 *(978-1-56239-828-6(8)*, Abdo & Daughters); (Illus.). Set lib. bdg. 136.68 *(978-1-57765-258-8(4)*, Abdo & Daughters) ABDO Publishing Co.

Mission to Mars: Teen Astronauts #3. Eric Walters. 2023. (Teen Astronauts Ser.: 3). (ENG.). 272p. (J). (gr. 4-7). pap. 12.95 *(978-1-4598-3673-0(1))* Orca Bk. Pubs. USA.

Mission to Mars #4. Cathy Hapka, pseud & Ellen Vandenberg. Illus. by Gillian Reid. 2021. (Astronaut Girl Ser.: 4). 96p. (J). (gr. 1-3). 6.99 *(978-0-593-09580-5(4)*, Penguin Workshop) Penguin Young Readers Group.

Mission to Mars (Set), 6 vols. 2018. (Mission to Mars Ser.). (ENG.). 48p. (J). (gr. 5-9). lib. bdg. 205.32 *(978-1-5321-1591-2(1)*, 28758, Abdo & Daughters) ABDO Publishing Co.

Mission to Moon Farm. K. E. Rocha. 2016. (Illus.). 209p. (J). *(978-0-545-81316-7(6)*, Scholastic Pr.) Scholastic, Inc.

Mission to Pluto: The First Visit to an Ice Dwarf & the Kuiper Belt. Mary Kay Carson. (Scientists in the Field Ser.). (ENG.). 80p. (J). (gr. 5-7). 2020. pap. 10.99 *(978-0-358-23872-3(1)*, 1768166); 2017. (Illus.). 18.99 *(978-0-544-41671-0(6)*, 1594758) HarperCollins Pubs. (Clarion Bks.).

Mission to Save Goodness Garden. Debora Scott. Illus. by Elizabeth Nancy. 2016. (ENG.). (J). pap. 7.99 *(978-0-9972797-0-2(2))* Wisehearted Warrior Enterprises.

Mission to the Moon! Jordan D. Brown. ed. 2019. (Ready-To-Read Ser.). (ENG.). 40p. (J). (gr. k-1). 13.96 *(978-0-87617-589-7(2))* Penworthy Co., LLC, The.

Mission to the Moon. Mark Cheverton. ed. 2017. (Mystery of Entity303 Ser.: 3). lib. bdg. 20.85 *(978-0-606-40314-6(0))* Turtleback.

Mission to the Moon! Ready-To-Read Level 2. Adapted by Jordan D. Brown. 2019. (Ready Jet Go! Ser.). (ENG.). 40p. (J). (gr. k-2). 17.99 *(978-1-5344-4049-4(6))*; pap. 4.99 *(978-1-5344-4048-7(8))* Simon Spotlight. (Simon Spotlight).

Mission: Total Confidence. Ant Middleton. 2023. (ENG., Illus.). 176p. (J). 10.99 ***(978-0-7555-0380-3(5)***, Red Shed) Farshore GBR. Dist: HarperCollins Pubs.

Mission Total Resilience. Ant Middleton. 2022. (ENG., Illus.). 176p. (J). 8.99 *(978-0-7555-0381-0(3)*, Red Shed) Farshore GBR. Dist: HarperCollins Pubs.

Mission Unpluckable. Aaron Blabey. ed. 2017. (Bad Guys Ser.: 2). lib. bdg. 16.00 *(978-0-606-40154-8(7))* Turtleback.

Missionary Cabinet (Classic Reprint) Helen Cross Knight. 2018. (ENG., Illus.). 144p. (J). 26.89 *(978-0-483-31644-7(X))* Forgotten Bks.

Missionary Entertainments for the Junior Missionary Society & the Sunday School (Classic Reprint) Unknown Author. 2018. (ENG., Illus.). 172p. (J). 27.44 *(978-0-483-65709-0(3))* Forgotten Bks.

Missionary Life among the Villages in India (Classic Reprint) Thomas Jefferson Scott. (ENG., Illus.). (J). 2018. 346p. 31.05 *(978-0-484-88631-4(2))*; 2016. pap. 13.57 *(978-1-333-64545-8(7))* Forgotten Bks.

Missionary Program Material: For Use with Boys & Girls (Classic Reprint) Anita B. Ferris. 2018. (ENG., Illus.). 114p. (J). 26.27 *(978-0-483-77785-9(4))* Forgotten Bks.

Missionary Readings: For Old & Young (Classic Reprint) Unknown Author. (ENG., Illus.). (J). 2018. 132p. 26.62 *(978-0-364-23872-1(0))*; 2018. 136p. 26.72 *(978-0-484-33921-6(4))*; 2017. pap. 9.57 *(978-0-243-27601-1(X))* Forgotten Bks.

Missionary Readings for Missionary Programs. Belle M. Brain. 2017. (ENG., Illus.). (J). pap. *(978-0-649-35728-4(0))* Trieste Publishing Pty Ltd.

Missionary Readings for Missionary Programs (Classic Reprint) Belle M. Brain. 2018. (ENG., Illus.). 242p. (J). 28.91 *(978-0-483-02968-2(8))* Forgotten Bks.

Missionary Sheriff: Being Incidents in the Life of a Plain Man Who Tried to Do His Duty (Classic Reprint) Octave Thanet. 2018. (ENG., Illus.). 288p. (J). 29.84 *(978-0-483-92408-6(3))* Forgotten Bks.

Missionary Tales: For Little Listeners (Classic Reprint) M. A. S. Barber. 2018. (ENG., Illus.). 190p. (J). 27.82 *(978-0-483-73410-4(1))* Forgotten Bks.

Missionary Twig (Classic Reprint) Emma L. Burnett. 2018. (ENG., Illus.). 218p. (J). 28.39 *(978-0-267-48898-8(X))* Forgotten Bks.

Missionary's Notebook (Classic Reprint) Richard W. Alexander. 2018. (ENG., Illus.). 194p. (J). 27.92 *(978-0-484-08381-2(3))* Forgotten Bks.

Missioner (Classic Reprint) E. Phillips Oppenheim. 2018. (ENG., Illus.). 328p. (J). 30.66 *(978-0-656-91733-4(4))* Forgotten Bks.

Missions: Their Temporal Utility, Rate of Progress, & Spiritual Foundation, Stated in the Addresses of Lord Napier, Canon Lightfoot, & Bishop Kelly, at the Annual Meeting of the Society for the Propagation of the Gospel, on the 29th April 1873. Unknown Author. 2016. (ENG., Illus.). (J). pap. 7.97 *(978-1-334-64698-0(8))* Forgotten Bks.

Missions of California, 21 bks. Incl. Mission San Carlos Borromeo del Rio Carmela. Kathleen J. Edgar & Susan E. Edgar. lib. bdg. 32.93 *(978-0-8239-5889-9(9)*, 0a29d53c-1ea8-4c86-81c8-e35627f2ef0e); Mission San Fernando Rey de Espana. Jacqueline Ching. lib. bdg. 32.93 *(978-0-8239-5503-9(6)*, 8e1a3f3d-ae1a-4e88-9afb-f08f5551b691); Mission San Gabriel Arcangel. Alice B. Mcginty. lib. bdg. 32.93 *(978-0-8239-5490-2(0)*, 38f8f140-58fc-4812-aafb-75ff10d896ea); 64p. (J). (gr. 4). 1999. (Illus.). Set lib. bdg. 535.50 *(978-0-8239-5706-4(3)*, MISET, PowerKids Pr.) Rosen Publishing Group, Inc., The.

Missions to Mars. Kim Etingoff. 2016. (ENG., Illus.). (J). pap. 17.99 *(978-1-62524-405-5(3)*, Village Earth Pr.) Harding Hse. Publishing Sebice Inc.

Missions to Mars. Gregory Vogt. 2018. (Illus.). 48p. (J). pap. *(978-1-4896-9818-6(3)*, AV2 by Weigl) Weigl Pubs., Inc.

Missions to Mars. Gregory L. Vogt. 2018. (Destination Space Ser.). (ENG., Illus.). 48p. (J). (gr. 5-6). pap. 11.95 *(978-1-63517-568-4(2)*, 1635175682); lib. bdg. 34.21 *(978-1-63517-496-0(1)*, 1635174961) North Star Editions. (Focus Readers).

Mississippi. Jill Foran. 2018. (Our American States Ser.). (ENG.). 48p. (J). lib. bdg. 22.99 *(978-1-5105-3469-8(5))* SmartBook Media, Inc.

Mississippi, 1 vol. John Hamilton. 2016. (United States of America Ser.). (ENG., Illus.). 48p. (J). (gr. 5-9). 34.21 *(978-1-68078-326-1(2)*, 21637, Abdo & Daughters) ABDO Publishing Co.

Mississippi. Ann Heinrichs. Illus. by Matt Kania. 2017. (U. S. A. Travel Guides). (ENG.). 40p. (J). (gr. 2-5). lib. bdg. 38.50 *(978-1-5038-1964-1(7)*, 211601) Child's World, Inc, The.

Mississippi. Bonnie Hinman. 2022. (Core Library of US States Ser.). (ENG., Illus.). 48p. (J). (gr. 4-8). lib. bdg. 35.64 *(978-1-5321-9765-9(9)*, 39621) ABDO Publishing Co.

Mississippi. Jordan Mills & Bridget Parker. 2016. (States Ser.). (ENG., Illus.). 32p. (J). (gr. 3-6). lib. bdg. 27.99 *(978-1-5157-0411-9(4)*, 132022, Capstone Pr.) Capstone.

Mississippi: Children's American Local History Book. Bold Kids. 2022. (ENG.). 42p. (J). pap. 14.99 *(978-1-0717-1066-1(4))* FASTLANE LLC.

Mississippi: The Magnolia State. Jill Foran. 2016. (J). *(978-1-4896-4887-7(9))* Weigl Pubs., Inc.

Mississippi (a True Book: My United States) Jennifer Zeiger. 2018. (True Book (Relaunch) Ser.). (ENG., Illus.). 48p. (J). (gr. 3-5). pap. 7.95 *(978-0-531-24718-1(X)*, Children's Pr.) Scholastic Library Publishing.

Mississippi (a True Book: My United States) (Library Edition) Jennifer Zeiger. 2018. (True Book (Relaunch) Ser.). (ENG., Illus.). 48p. (J). (gr. 3-5). 31.00 *(978-0-531-23167-8(4)*, Children's Pr.) Scholastic Library Publishing.

Mississippi Bubble: A Novel (Classic Reprint) Emerson Hough. (ENG., Illus.). (J). 2018. 654p. 37.39 *(978-0-666-92661-6(1))*; 2017. pap. 19.97 *(978-1-5276-8119-4(X))* Forgotten Bks.

Mississippi Bubble: How the Star of Good Fortune Rose & Set & Rose Again (Classic Reprint) Emerson Hough. 2018. (ENG., Illus.). 490p. (J). 34.00 *(978-0-267-18056-1(X))* Forgotten Bks.

Mississippi Comforts. Ray Flowers. 2021. (ENG.). 190p. (YA). pap. 16.95 *(978-1-63710-413-2(8))* Fulton Bks.

Mississippi Pilot; Two Men of Sandy Bar; Poems (Classic Reprint) Twain. 2016. (ENG., Illus.). (J). pap. 13.57 *(978-1-334-13670-2(X))* Forgotten Bks.

Mississippi Pilot; Two Men of Sandy Bar; Poems (Classic Reprint) Mark Twain, pseud. 2018. (ENG., Illus.). 318p. (J). 30.48 *(978-0-483-76510-8(4))* Forgotten Bks.

Mississippi Rescue. Elizabeth Ann Garner. 2019. (ENG., Illus.). 22p. (J). (gr. -1-3). 22.95 *(978-1-64559-229-7(4))*; pap. 12.95 *(978-1-64559-228-0(6))* Covenant Bks.

Mississippi River: Leveled Reader Gold Level 21. Rg Rg. 2016. (PM Ser.). (ENG.). 24p. (J). (gr. 2-3). pap. 11.00 *(978-0-544-89238-5(0))* Rigby Education.

Mississippi River Research Journal. Ellen Rodger. 2018. (J). (ENG.). (gr. 3-7). *(978-1-4271-2063-2(3))*; (Illus.). 32p. (gr. 4-5). *(978-0-7787-4659-1(3))* Crabtree Publishing Co.

Mississippi Scenes: Or Sketches of Southern & Western Life & Adventure, Humorous, Satirical, & Descriptive, Including the Legend of Black Creek (Classic Reprint) Joseph B. Cobb. 2017. (ENG., Illus.). (J). 29.18 *(978-1-5281-7633-0(2))* Forgotten Bks.

Mississippian Culture: the Mound Builders, 1 vol. Louise Spilsbury. 2018. (Analyze the Ancients Ser.). (ENG.). 48p. (gr. 5-6). lib. bdg. 33.60 *(978-1-5382-2566-0(2)*, 10890d22-137b-4e15-bb0f-e6f351a55114) Stevens, Gareth Publishing LLLP.

Missouri. Samantha S. Bell. 2022. (Core Library of US States Ser.). (ENG., Illus.). 48p. (J). (gr. 4-8). lib. bdg. 35.64 *(978-1-5321-9766-6(7)*, 39623) ABDO Publishing Co.

Missouri, 1 vol. John Hamilton. 2016. (United States of America Ser.). (ENG., Illus.). 48p. (J). (gr. 5-9). 34.21 *(978-1-68078-327-8(0)*, 21639, Abdo & Daughters) ABDO Publishing Co.

Missouri. Ann Heinrichs. Illus. by Matt Kania. 2017. (U. S. A. Travel Guides). (ENG.). 40p. (J). (gr. 2-5). lib. bdg. 38.50 *(978-1-5038-1965-8(5)*, 211602) Child's World, Inc, The.

Missouri. Jordan Mills & Bridget Parker. 2016. (States Ser.). (ENG., Illus.). 32p. (J). (gr. 3-6). lib. bdg. 27.99 *(978-1-5157-0412-6(2)*, 132023, Capstone Pr.) Capstone.

Missouri: Children's American Local History Book. Bold Kids. 2022. (ENG.). 42p. (J). pap. 14.99 *(978-1-0717-1067-8(2))* FASTLANE LLC.

Missouri: Discover Pictures & Facts about Missouri for Kids! Bold Kids. 2021. (ENG.). 34p. (J). pap. 11.99 *(978-1-0717-0815-6(5))* FASTLANE LLC.

Missouri: The Show Me State. Natasha Evdokimoff. 2016. (J). *(978-1-4896-4890-7(9))* Weigl Pubs., Inc.

Missouri (a True Book: My United States) (Library Edition) Jennifer Zeiger. 2018. (True Book (Relaunch) Ser.). (ENG., Illus.). 48p. (J). (gr. 3-5). 31.00 *(978-0-531-23562-1(9)*, Children's Pr.) Scholastic Library Publishing.

Missouri Compromise & Its Effects Missouri History Textbook Grade 5 Children's American History. Baby Professor. 2022. (ENG.). 72p. (J). 31.99 ***(978-1-5419-8475-2(7))***; pap. 19.99 ***(978-1-5419-6037-4(8))*** Speedy Publishing LLC. (Baby Professor (Education Kids)).

Missouri Compromise Threatens National Unity U. S. Politics 1801-1840 History 5th Grade Children's American History Of 1800s. Universal Politics. 2021. (ENG.). 72p. (J). 27.99 *(978-1-5419-8485-1(4))*; pap. 16.99 *(978-1-5419-5046-7(1))* Speedy Publishing LLC. (Universal Politics (Politics & Social Sciences)).

Missouri Editor: A 3-ACT Comedy-Drama (Classic Reprint) M. S. Glenn. (ENG., Illus.). (J). 2018. 30p. 24.52 *(978-0-267-39445-6(4))*; 2016. pap. 7.97 *(978-1-334-13327-5(1))* Forgotten Bks.

Missouri Yesterdays: Stories of the Romantic Days of Missouri (Classic Reprint) Louise Platt Hauck. (ENG., Illus.). (J). 2018. 206p. 28.15 *(978-0-483-78279-2(3))*; 2017. pap. 10.57 *(978-0-243-40478-0(6))* Forgotten Bks.

Missourian (Classic Reprint) Eugene P. Lyle. 2017. (ENG., Illus.). (J). 35.18 *(978-1-5282-7030-4(4))* Forgotten Bks.

Missourian in the Far West: Or the World As Seen by a Stranger (Classic Reprint) Joel Strother Williams. 2018. (ENG., Illus.). 82p. (J). 25.61 *(978-0-483-32186-1(9))* Forgotten Bks.

Missy: A Novel (Classic Reprint) Unknown Author. 2018. (ENG., Illus.). 420p. (J). 32.56 *(978-0-365-42602-8(4))* Forgotten Bks.

Missy (Classic Reprint) Dana Gatlin. 2018. (ENG., Illus.). 364p. (J). 31.42 *(978-0-428-84202-4(X))* Forgotten Bks.

Missy Piggle-Wiggle & the Sticky-Fingers Cure. Ann M. Martin & Annie Parnell. Illus. by Ben Hatke. 2019. (Missy Piggle-Wiggle Ser.: 3). (ENG.). 240p. (J). pap. 11.99 *(978-1-250-21139-2(5)*, 900176808) Square Fish.

Missy Piggle-Wiggle & the Whatever Cure. Ann M. Martin & Annie Parnell. Illus. by Ben Hatke. 2017. (Missy Piggle-Wiggle Ser.: 1). (ENG.). 272p. (J). pap. 14.99 *(978-1-250-12953-6(2)*, 900176094) Square Fish.

Missy Piggle-Wiggle & the Whatever Cure. Ann M. Martin & Annie Parnell. ed. 2017. (Missy Piggle-Wiggle Ser.). (J). lib. bdg. 18.40 *(978-0-606-40585-0(2))* Turtleback.

Missy Piggle-Wiggle & the Won't-Walk-The-Dog Cure. Ann M. Martin & Annie Parnell. Illus. by Ben Hatke. 2018. (Missy Piggle-Wiggle Ser.: 2). (ENG.). 256p. (J). pap. 11.99 *(978-1-250-17903-6(3),* 900189918) Square Fish.

Missy the Angry Roach. Melissa H. Sitts. Illus. by Pandu Permana. 2021. (ENG.). 26p. (J). 15.99 *(978-1-0878-8024-2(6))* Indy Pub.

Missy Tours the United States in an RV. Sharon Fehlman. Illus. by Patricia McCormack Eisenbraun. 2021. (ENG.). 58p. (J). pap. 17.95 *(978-1-0980-9989-3(3))* Christian Faith Publishing.

Missy's Green Ball. Michael Clark & Seri Schneider. 2019. (ENG.). 44p. (J). 24.95 *(978-1-64214-827-5(X));* pap. 14.95 *(978-1-64214-825-1(3))* Page Publishing Inc.

Mist. Matthew K. Manning. Illus. by Rico Lima & Thiago Dal Bello. 2016. (EOD Soldiers Ser.). (ENG.). 40p. (J). (gr. 4-8). lib. bdg. 26.65 *(978-1-4965-3108-7(6),* 132174, Stone Arch Bks.) Capstone.

Mist & Whispers. C. M. Lucas. 2016. (Weaver's Riddle Ser.: Vol. 1). (ENG., Illus.). (YA). (gr. 7-12). pap. *(978-0-9956365-8-3(3))* Oftomes Publishing.

Mist & Whispers: Collector Edition. C. M. Lucas. 2016. (Weaver's Riddle Ser.: Vol. 1). (ENG., Illus.). (YA). (gr. 7-12). *(978-0-9956792-8-3(2))* Oftomes Publishing.

Mist, Metal, & Ash. Gwendolyn Clare. 2020. (Ink, Iron, & Glass Ser.: 2). (ENG.). 336p. (YA). pap. 9.99 *(978-1-250-23338-7(0),* 900170557) Square Fish.

Mist of Memories. Kate Blair. 2023. (ENG.). 256p. (YA). (gr. 8-12). pap. 16.95 ***(978-1-77086-696-5(5),*** Dancing Cat Bks.) Cormorant Bks. Inc. CAN. Dist: Orca Bk. Pubs. USA.

Mist of Morning (Classic Reprint) Isabel Ecclestone MacKay. 2018. (ENG., Illus.). 406p. (J). 32.29 *(978-0-267-25102-5(5))* Forgotten Bks.

Mist over Leviathan. Kimm Reid. 2016. (Beyond Solstice Gates Ser.: Vol. 5). (ENG., Illus.). (YA). (gr. 7-12). pap. *(978-1-988001-01-2(3))* Toast, Burnt.

Mistaken Identity: An Original Comedy of Character; in Three Acts (Classic Reprint) Stewart Alexander. (ENG., Illus.). (J). 2018. 56p. 25.05 *(978-0-483-69911-3(X));* 2017. pap. 9.57 *(978-0-243-31819-3(7))* Forgotten Bks.

Mistakes. Krista Jonelle. 2019. (ENG.). 30p. (J). pap. 11.95 *(978-1-64462-900-0(3))* Page Publishing Inc.

Mistakes Are What the World Is Made Of. Reis Hanna. 2021. (ENG.). 36p. (J). *(978-1-0391-2943-6(9));* pap. *(978-1-0391-2942-9(0))* FriesenPress.

Mistakes Help Us Learn. Robin Johnson. 2019. (Full STEAM Ahead! - Engineering Everywhere Ser.). (Illus.). 24p. (J). (gr. 1-1). *(978-0-7787-6207-2(6));* (ENG., pap. *(978-0-7787-6252-2(1))* Crabtree Publishing Co.

Mistakes That Produced Scientific Advancements - Science Book 6th Grade Children's How Things Work Books. Baby Professor. 2017. (ENG., Illus.). 64p. (J). pap. 9.52 *(978-1-5419-1487-2(2),* Baby Professor (Education Kids)) Speedy Publishing LLC.

Mistakes That Worked. Charlotte Foltz Jones. 2018. (VIE., Illus.). (J). (gr. 3-7). pap. *(978-604-77-4927-0(5))* Thegioi Publishing Hse.

Mistakes That Worked: The World's Familiar Inventions & How They Came to Be. Charlotte Foltz Jones. Illus. by John O'Brien. 2016. 96p. (J). (gr. 3-7). 12.99 *(978-0-399-55202-1(2),* Delacorte Bks. for Young Readers) Random Hse. Children's Bks.

Mistakes You Can Erase! Adult Drawing & Activity Book. Activibooks. 2016. (ENG., Illus.). (J). pap. 6.99 *(978-1-68321-542-4(7))* Mimaxion.

Mister: Nature, Nurture & Teenage Trouble. Elizabeth Chennamchetty. Illus. by Katherine Gutkovskiy. 2019. (ENG.). 36p. (J). (gr. k-4). 17.99 *(978-0-9983615-9-8(3));* pap. 9.99 *(978-0-9983615-8-1(5))* EC Pr. Bks.

Mister Bill a Man (Classic Reprint) Albert E. Lyons. 2018. (ENG., Illus.). 326p. (J). 30.62 *(978-0-483-93376-7(7))* Forgotten Bks.

Mister d & Me. Wes Craven. Illus. by Wes Craven. 2022. (ENG.). 32p. (J). pap. 13.00 ***(978-1-955309-16-5(7))*** Living Parables of Central Florida, Inc.

Mister Frog Collection: Volume 1 Sunny. Leena Korhonen. 2016. (Mister Frog Collection: Vol. 1). (ENG., Illus.). (J). *(978-1-77302-161-4(3));* pap. *(978-1-77302-160-7(5))* Tellwell Talent.

Mister Hamster's Rescue: A True Story of How a Creative Idea Saved the Day. Stephanie Lee Allensworth. 2017. (ENG., Illus.). (J). 25.95 *(978-1-4808-5057-6(8));* pap. 16.95 *(978-1-4808-5056-9(X))* Archway Publishing.

Mister Horn & His Friends: Or, Givers & Giving (Classic Reprint) Mark Guy Pearse. 2018. (ENG., Illus.). 188p. (J). 27.77 *(978-0-483-39290-8(1))* Forgotten Bks.

Mister Impossible (the Dreamer Trilogy #2) Maggie Stiefvater. 2021. (Dreamer Trilogy Ser.: 2). (ENG.). 352p. (J). (gr. 8-12). 19.99 *(978-1-338-18836-3(4),* Scholastic Pr.) Scholastic, Inc.

Mister Magnificent. Price. 2017. (ENG., Illus.). 82p. (J). pap. *(978-1-387-22528-6(6))* Lulu Pr., Inc.

Mister Max: the Book of Kings: Mister Max 3. Cynthia Voigt. Illus. by Iacopo Bruno. 2016. (Mister Max Ser.: 3). (ENG.). 352p. (J). (gr. 3-7). 8.99 *(978-0-307-97688-8(2),* Yearling) Random Hse. Children's Bks.

Mister Miracle: the Great Escape. Varian Johnson. Illus. by Daniel Isles. 2022. 208p. (YA). (gr. 8-12). pap. 16.99 *(978-1-77950-125-7(0))* DC Comics.

Mister Monday (the Keys to the Kingdom #1) Garth Nix. 2018. (Keys to the Kingdom Ser.: 1). (ENG.). 368p. (J). (gr. 2-5). pap. 8.99 *(978-1-338-21613-4(9))* Scholastic, Inc.

Mister Moon & Missus Sun. John Martin & Brooke Martin. Illus. by Bob Tompkins. 2023. (ENG.). 26p. (J). ***(978-0-2288-9092-8(6));*** pap. ***(978-0-2288-9091-1(8))*** Tellwell Talent.

Mister Peanut Mcwoolly Story. Diane Wilkins. Illus. by Monique Legault. 2021. (ENG.). 40p. (J). *(978-1-5255-9836-4(8));* pap. *(978-1-5255-9835-7(X))* FriesenPress.

Mister Pip. Thereza Rowe. 2016. (ENG., Illus.). 32p. (J). (gr. -1-k). 16.95 *(978-1-84976-382-0(8),* 1648201) Tate Publishing, Ltd. GBR. Dist: Abrams, Inc.

Mister Ram Comes to Pembroke. Carl Hancock. 2017. (ENG.). 188p. (J). 17.95 *(978-1-78693-193-1(1),* b1cca7f2-b758-4b84-8ed8-f925e2f5a8f3) Austin Macauley Pubs. Ltd. GBR. Dist: Baker & Taylor Publisher Services (BTPS).

Mister Robin & the Magical Discovery. Renee Barnes. 2018. (Tales from the Evergreen Wood Ser.). (ENG., Illus.). 68p. (J). *(978-1-5255-2021-1(0));* pap. *(978-1-5255-2022-8(9))* FriesenPress.

Mister Rogers. Rebecca Felix. 2019. (Checkerboard Biographies Ser.). (ENG., Illus.). 32p. (J). (gr. 3-6). lib. bdg. 32.79 *(978-1-5321-1939-2(9),* 32463, Checkerboard Library) ABDO Publishing Co.

Mister Rogers' Neighborhood: Henrietta Meets Someone New. Fred Rogers. Illus. by Golden Books. 2019. (Little Golden Book Ser.). (ENG.). 24p. (J). (-k). 4.99 *(978-0-593-11997-6(5),* Golden Bks.) Random Hse. Children's Bks.

Mister Story. Monte Barrett. 2023. (ENG.). 26p. (J). 20.00 ***(978-1-0880-8104-4(5));*** pap. 15.00 ***(978-1-0880-8099-3(5))*** Indy Pub.

Mister T. V. The Story of John Logie Baird. Julie Fulton. Illus. by Patrick Corrigan. 2020. (ENG.). 32p. (J). (gr. -1-3). 17.99 *(978-1-84886-646-1(1),* 10e190da-e43f-4b90-92ae-65c81f202f53) Maverick Arts Publishing GBR. Dist: Lerner Publishing Group.

Mister Tugboat. Marinelli. 2022. (ENG.). 26p. (J). pap. ***(978-1-0880-2514-7(5))*** Quadry, Fatima.

Mister Twix Mystery: A Cat Scene Investigation. T. Allen Winn. 2016. (ENG., Illus.). (J). pap. 10.00 *(978-0-9978909-0-7(8))* Buttermilk Bks.

Misterio de Huesopolis. Jean-Luc Fromental. 2017. (Especiales de a la Orilla Del Viento Ser.). (SPA.). 48p. (J). 13.99 *(978-607-16-5131-0(X))* Fondo de Cultura Economica USA.

Misterio de la Biblioteca Más Pequeña Del Mundo. Miguel Mendoza Luna. 2021. (SPA.). 80p. (J). (gr. 3-5). 11.99 *(978-958-30-6312-1(6))* Panamericana Editorial COL. Dist: Lectorum Pubns., Inc.

Misterio de la Casa Amarilla (the Yellow House Mystery) Gertrude Chandler Warner. ed. 2016. (Boxcar Children Ser.: 3). (SPA.). (J). lib. bdg. 16.00 *(978-0-606-40334-4(5))* Turtleback.

Misterio de la Casa Del Promontorio. Ursula Llanos. 2017. (SPA., Illus.). (J). pap. *(978-84-944974-6-9(4))* Bernasoft Ediciones.

Misterio de la Casa Verde. Norma Huidobro. Illus. by Melina Canale. 2019. (Torre Azul Ser.). (SPA.). 136p. (J). pap. *(978-958-776-006-4(9))* Norma Ediciones, S.A.

Misterio de la Grapadora Desaparecida. Laurie Friedman. Illus. by Barbara Szepesi Szucs. 2022. (Detective Daisy (Detective Daisy) Ser.). (SPA.). 24p. (J). (gr. -1-3). pap. *(978-1-0396-4976-7(9),* 20109); lib. bdg. *(978-1-0396 4849 4(5),* 20108) Crabtree Publishing Co. (Crabtree Blossoms).

Misterio de la Rana Invisible / Real Pigeons Splash Back. Andrew McDonald. Illus. by Ben Wood. 2022. (Pandilla Paloma Ser.: 4). (SPA.). 224p. (J). (gr. 2-5). pap. 11.95 *(978-607-38-1650-2(2),* Altea) Penguin Random House Grupo Editorial ESP. Dist: Penguin Random Hse. LLC.

Misterio de la Serpiente Susurrante. Alfred Hitchcock. (Alfred Hitchcock y los Tres Investigadores Ser.). (SPA.). (YA). 8.95 *(978-84-272-4917-2(9),* MO69) Molino, Editorial ESP. Dist: Continental Bk. Co., Inc.

Misterio de Las Botanas Robadas see Misterio de Las Botanas Robadas (the Mystery of the Stolen Snacks) Bilingual

Misterio de Las Botanas Robadas. Laurie Friedman. Illus. by Barbara Szepesi Szucs. 2022. (Detective Daisy (Detective Daisy) Ser.). (SPA.). 24p. (J). (gr. -1-3). pap. *(978-1-0396-4979-8(3),* 20115); lib. bdg. *(978-1-0396-4852-4(5),* 20114) Crabtree Publishing Co. (Crabtree Blossoms).

Misterio de Las Botanas Robadas (the Mystery of the Stolen Snacks) Bilingual. Laurie Friedman. Illus. by Barbara Szepesi Szucs. 2022. (Detective Daisy (Detective Daisy) Bilingual Ser.).Tr. of Misterio de Las Botanas Robadas. (SPA.). 24p. (J). (gr. -1-3). pap. *(978-1-0396-2481-8(2),* 20098, Crabtree Blossoms) Crabtree Publishing Co.

Misterio de Las Fresas Perdidas: Leveled Reader Book 75 Level J 6 Pack. Hmh Hmh. 2021. (SPA.). 16p. (J). pap. 74.40 *(978-0-358-08291-0(9))* Houghton Mifflin Harcourt Publishing Co.

Misterio de Las Migas de Pan / Real Pigeons Fight Crime! Andrew McDonald. Illus. by Ben Wood. 2022. (Pandilla Paloma Ser.: 1). (SPA.). 208p. (J). (gr. 2-5). pap. 11.95 *(978-607-38-0920-7(4),* Altea) Penguin Random House Grupo Editorial ESP. Dist: Penguin Random Hse. LLC.

Misterio de Las Monarca: Leveled Reader Book 22 Level e 6 Pack. Hmh Hmh. 2021. (SPA.). 16p. (J). pap. 74.40 *(978-0-358-08242-2(0))* Houghton Mifflin Harcourt Publishing Co.

Misterio de Las Notas Secretas see Misterio de Las Notas Secretas (the Mystery of the Secret Notes) Bilingual

Misterio de Las Notas Secretas. Laurie Friedman. Illus. by Barbara Szepesi Szucs. 2022. (Detective Daisy (Detective Daisy) Ser.). (SPA.). 24p. (J). (gr. -1-3). pap. *(978-1-0396-4977-4(7),* 20121); lib. bdg. *(978-1-0396-4850-0(9),* 20120) Crabtree Publishing Co. (Crabtree Blossoms).

Misterio de Las Notas Secretas (the Mystery of the Secret Notes) Bilingual. Laurie Friedman. Illus. by Barbara Szepesi Szucs. 2022. (Detective Daisy (Detective Daisy) Bilingual Ser.).Tr. of Misterio de Las Notas Secretas. (SPA.). 24p. (J). (gr. -1-3). pap. *(978-1-0396-2479-5(0),* 20101, Crabtree Blossoms) Crabtree Publishing Co.

misterio de Leo see Mystery of Leo: El misterio de Leo

Misterio de los Campistas Desaparecidos. Laurie Friedman. Illus. by Jake Hill. 2022. (Campamento de Terror (Camp Creepy Lake) Ser.).Tr. of The Mystery of the Missing Campers. (SPA.). 48p. (J). (gr. 2-4). pap. *(978-1-0396-5002-2(3),* 19477); lib. bdg. *(978-1-0396-4875-3(4),* 19476) Crabtree Publishing Co. (Leaves Chapter Books).

Misterio de Los Escritorios Móviles. Laurie Friedman. Illus. by Barbara Szepesi Szucs. 2022. (Detective Daisy (Detective Daisy) Ser.). (SPA.). 24p. (J). (gr. -1-3). pap. *(978-1-0396-4981-1(5),* 20127, Crabtree Blossoms) Crabtree Publishing Co.

Misterio de los Escritorios Móviles. Laurie Friedman. Illus. by Barbara Szepesi Szucs. 2022. (Detective Daisy (Detective Daisy) Ser.).Tr. of The Mystery of the Moving Desks. (SPA.). 24p. (J). (gr. -1-3). lib. bdg. *(978-1-0396-4854-8(1),* 20126, Crabtree Blossoms) Crabtree Publishing Co.

Misterio de Los Frijoles Perdidos. Nydia R. Kastre. Illus. by Maria Santucci. 2022. (SPA.). 88p. (J). pap. 17.95 ***(978-1-7356527-3-3(3))*** Michael Kastre Publishing, LLC.

Misterio de Los Mayas/ Mystery of the Maya. R. A. Montgomery. 2022. (Elige Tu Propia Aventura Ser.: 5). (SPA.). 128p. (J). (gr. 3-7). pap. 10.95 *(978-607-38-1291-7(4))* Penguin Random House Grupo Editorial ESP. Dist: Penguin Random Hse. LLC.

Misterio de Los Sonidos Aterradores see Misterio de Los Sonidos Aterradores (the Mystery of the Spooky Sounds) Bilingual

Misterio de los Sonidos Aterradores. Laurie Friedman. Illus. by Barbara Szepesi Szucs. 2022. (Detective Daisy (Detective Daisy) Ser.).Tr. of The Mystery of the Spooky Sounds. (SPA.). 24p. (J). (gr. -1-3). pap. *(978-1-0396-4980-4(7),* 20133); lib. bdg. *(978-1-0396-4853-1(3),* 20132) Crabtree Publishing Co. (Crabtree Blossoms).

Misterio de Los Sonidos Aterradores (the Mystery of the Spooky Sounds) Bilingual. Laurie Friedman. Illus. by Barbara Szepesi Szucs. 2022. (Detective Daisy (Detective Daisy) Bilingual Ser.).Tr. of Misterio de Los Sonidos Aterradores. (SPA.). 24p. (J). (gr. -1-3). pap. *(978-1-0396-2480-1(4),* 20104, Crabtree Blossoms) Crabtree Publishing Co.

Misterio de Marisol: Leveled Reader Book 53 Level H 6 Pack. Hmh Hmh. 2021. (SPA.). 16p. (J). pap. 74.40 *(978-0-358-08270-5(6))* Houghton Mifflin Harcourt Publishing Co.

Misterio de Mi Mascota Verdesin. Katish Mira. Illus. by Wabi Sabi. 2018. (SPA.). 34p. (J). (gr. k-3). *(978-958-48-3872-8(5))* Restrepo, Ana.

Misterio Del Avestruz Fugado / Real Pigeons Eat Danger. Andrew McDonald. Illus. by Ben Wood. 2022. (Pandilla Paloma Ser.: 2). (SPA.). 224p. (J). (gr. 2-5). pap. 11.95 *(978-607-38-0921-4(2),* Altea) Penguin Random House Grupo Editorial ESP. Dist: Penguin Random Hse. LLC.

Misterio Del Colibrí. Rodolfo Naró. 2022. (SPA.). 128p. (J). pap. 7.95 *(978-607-07-6510-0(9))* Editorial Planeta, S. A. ESP. Dist: Two Rivers Distribution.

Misterio Del Dinero Perdido. Debbie Wood. Tr. by Milagros Duval. Illus. by Theresa Stites. 2018. (Olliezoodle's Hope Ser.: Vol. 1). (SPA.). 32p. (J). (gr. k-6). pap. 14.27 *(978-0-578-43189-5(0))* Debra L. Wood.

Misterio Del Gato Inteligente: Leveled Reader Book 18 Level J 6 Pack. Hmh Hmh. 2021. (SPA.). 16p. (J). pap. 74.40 *(978-0-358-08330-6(3))* Houghton Mifflin Harcourt Publishing Co.

Misterio Del Ladrón de Nidos / Real Pigeons Nest Hard. Andrew McDonald. Illus. by Ben Wood. 2022. (Pandilla Paloma Ser.: 3). (SPA.). 200p. (J). (gr. 2-5). pap. 11.95 *(978-607-38-1454-6(2),* Altea) Penguin Random House Grupo Editorial ESP. Dist: Penguin Random Hse. LLC.

Misterio Del Libro Perdido: Leveled Reader Book 49 Level o 6 Pack. Hmh Hmh. 2021. (SPA.). 32p. (J). pap. 74.40 *(978-0-358-08444-0(X))* Houghton Mifflin Harcourt Publishing Co.

Misterio Del Libro Perdido de la Biblioteca. Laurie Friedman. Illus. by Barbara Szepesi Szucs. 2022. (Detective Daisy (Detective Daisy) Ser.). (SPA.). 24p. (J). (gr. -1-3). pap. *(978-1-0396-4978-1(5),* 20139); lib. bdg. *(978-1-0396-4851-7(7),* 20138) Crabtree Publishing Co. (Crabtree Blossoms).

Misterio Del Mayordomo. Norma Huidobro. Illus. by Melina Canale. 2019. (Torre Azul Ser.). (SPA.). 138p. (J). (gr. -1-7). pap. *(978-958-776-483-3(8))* Norma Ediciones, S.A.

Misterio Del Monstruo de la Bahía: Leveled Reader Book 19 Level J 6 Pack. Hmh Hmh. 2021. (SPA.). 16p. (J). pap. 74.40 *(978-0-358-08331-3(1))* Houghton Mifflin Harcourt Publishing Co.

Misterio Del Naranjal: Leveled Reader Book 67 Level S 6 Pack. Hmh Hmh. 2021. (SPA.). 48p. (J). pap. 74.40 *(978-0-358-08547-8(0))* Houghton Mifflin Harcourt Publishing Co.

Misterio Del Número 7: Leveled Reader Book 82 Level Q 6 Pack. Hmh Hmh. 2021. (SPA.). 24p. (J). pap. 74.40 *(978-0-358-08476-1(8))* Houghton Mifflin Harcourt Publishing Co.

Misterio Del Pollo en la Batea / the Mysterious Case of the Chicken in the Bucket (Torre de Papel Roja) Spanish Edition. Javier Arevalo. 2017. (Torre de Papel Roja Ser.). (SPA., Illus.). (J). (gr. 3-6). pap. *(978-958-776-007-1(7))* Norma Ediciones, S.A.

Misterio en el Bosque (a Mystery in the Forest) Susanna Isern. Illus. by Daniel Montero Galan. 2020. (Susurros en el Bosque Ser.). (SPA.). 32p. (J). (gr. k-3). 16.95 *(978-84-16733-91-0(0))* Cuento de Luz SL ESP. Dist: Publishers Group West (PGW).

Misterio en la Marisma: Leveled Reader Book 50 Level U 6 Pack. Hmh Hmh. 2021. (SPA.). 56p. (J). pap. 74.40 *(978-0-358-08618-5(3))* Houghton Mifflin Harcourt Publishing Co.

Misterio para DOS. Maria Baranda. Illus. by Rosi Aragon. 2019. (Torre Azul Ser.). (SPA.). 72p. (J). pap. *(978-607-9107-92-5(9))* Norma Ediciones, S.A.

Misterios de Excursión. Steve Brezenoff. Illus. by Chris Canga. 2019. (Misterios de Excursión Ser.). (SPA.). 88p. (J). (gr. 3-6). 103.96 *(978-1-4965-8571-4(2),* 29720, Stone Arch Bks.) Capstone.

Misterios Del Universo (the Mysteries of the Universe) Will Gater. 2021. (DK Children's Anthologies Ser.). (SPA.). 224p. (J). (gr. 2-4). 21.99 *(978-0-7440-4920-6(2),* DK Children) Dorling Kindersley Publishing, Inc.

Misterios Sin Resolver: Leveled Reader Book 58 Level U 6 Pack. Hmh Hmh. 2021. (SPA.). 32p. (J). pap. 74.40 *(978-0-358-08625-3(6))* Houghton Mifflin Harcourt Publishing Co.

M

Misteriosa Cápsula Del Tiempo: Leveled Reader Book 6 Level o 6 Pack. Hmh Hmh. 2021. (SPA.). 24p. (J). pap. 74.40 *(978-0-358-08489-1(X))* Houghton Mifflin Harcourt Publishing Co.

Misteriosa Señorita Martín: Leveled Reader Book 35 Level N 6 Pack. Hmh Hmh. 2021. (SPA.). 48p. (J). pap. 74.40 *(978-0-358-08431-0(8))* Houghton Mifflin Harcourt Publishing Co.

Mistero a Dog Town. Liana Fadda. Ed. by R. D. Hastur. Illus. by Davide Romanini. 2018. (ITA.). 146p. (J). pap. *(978-88-6817-049-3(3))* Eclypsed Word.

Mistero Del Quadro Scomparso. Fabio Maltagliati. 2017. (ITA., Illus.). (J). pap. 12.69 *(978-1-326-74764-0(9))* Lulu Pr., Inc.

Misther O'Ryan: An Incident in the History of a Nation (Classic Reprint) Edward McNulty. 2017. (ENG., Illus.). (J). 29.69 *(978-0-265-93893-5(7))* Forgotten Bks.

Mistletoe: A Christmas Story. Tad Hills & Tad Hills. 2020. (Illus.). 40p. (J). (gr. -1-2). 17.99 *(978-0-593-17442-5(9));* (ENG., lib. bdg. 20.99 *(978-0-593-17443-2(7))* Random Hse. Children's Bks. (Schwartz & Wade Bks.).

Mistletoe & Murder. Robin Stevens. (Murder Most Unladylike Mystery Ser.). (ENG., Illus.). (J). (gr. 5). 2019. 368p. pap. 8.99 *(978-1-4814-8913-3(5));* 2018. 352p. 19.99 *(978-1-4814-8912-6(7))* Simon & Schuster Bks. For Young Readers. (Simon & Schuster Bks. For Young Readers).

Mistress Alice Jocelyn, Her Letters: In the Which Be Set Forth an English Mayde's Voyage to the Province of Maine & What Did Befall Her Thereafter (Classic Reprint) Clara Emma Cheney. (ENG., Illus.). (J). 2017. 80p. 25.57 *(978-0-331-44814-6(9));* 2016. pap. 9.57 *(978-1-334-34494-7(9))* Forgotten Bks.

Mistress & Maid: A Household Story (Classic Reprint) Dinah Maria Mulock Craik. (ENG., Illus.). (J). 2018. 124p. 26.47 *(978-0-484-32064-1(5));* 2017. 30.91 *(978-0-331-05344-9(6));* 2016. pap. 9.57 *(978-1-333-12432-8(5))* Forgotten Bks.

Mistress & Maid, Vol. 1 of 2 (Classic Reprint) Dinah Maria Mulock Craik. (ENG., Illus.). (J). 2018. 344p. 31.01 *(978-0-332-95350-2(5));* 2016. pap. 13.57 *(978-1-333-87918-1(0))* Forgotten Bks.

Mistress & Maid, Vol. 2 (Classic Reprint) Dinah Maria Mulock Craik. 2018. (ENG., Illus.). 350p. (J). 31.12 *(978-0-483-95651-3(1))* Forgotten Bks.

Mistress Anne (Classic Reprint) Temple Bailey. 2018. (ENG., Illus.). 378p. (J). 31.71 *(978-0-484-00040-6(3))* Forgotten Bks.

Mistress Brent: A Story of Lord Baltimore's Colony in 1638 (Classic Reprint) Lucy Meacham Thruston. 2019. (ENG., Illus.). 376p. (J). 31.65 *(978-0-365-24387-8(6))* Forgotten Bks.

Mistress Content Cradock (Classic Reprint) Annie Eliot Trumbull. (ENG., Illus.). (J). 2018. 322p. 30.56 *(978-0-484-75983-0(3));* 2017. pap. 13.57 *(978-0-259-18897-1(2))* Forgotten Bks.

Mistress Dorothy Marvin: Being Excerpta from the Memoirs of Sir Edward Armstrong, Baronet, of Copeland Hall, in the County of Somerset (Classic Reprint) J. C. Snaith. 2017. (ENG., Illus.). (J). 32.89 *(978-0-331-99982-2(X))* Forgotten Bks.

Mistress Dorothy of Haddon Hall: Being the True Love Story of Dorothy Vernon of Haddon Hall (Classic Reprint) Henry Hastings. 2018. (ENG., Illus.). 298p. (J). 30.04 *(978-0-484-24685-9(2))* Forgotten Bks.

Mistress Haselwode, Vol. 1 Of 2: A Tale of the Reformation Oak (Classic Reprint) Frederick H. Moore. 2018. (ENG., Illus.). 300p. (J). 30.10 *(978-0-483-41598-0(7))* Forgotten Bks.

Mistress Haselwode, Vol. 2 Of 2: A Tale of the Reformation Oak, a Novel in Two Volumes (Classic Reprint) F. H. Moore. 2018. (ENG., Illus.). 288p. (J). 29.84 *(978-0-483-93899-1(8))* Forgotten Bks.

Mistress Joy: A Tale of Natchez in 1798 (Classic Reprint) Grace MacGowan Cooke. 2018. (ENG., Illus.). 386p. (J). 31.88 *(978-0-483-56504-3(0))* Forgotten Bks.

Mistress Judith: A Cambridgeshire Story (Classic Reprint) C. C. Fraser-Tytler. (ENG., Illus.). (J). 2018. 368p. 31.49 *(978-0-483-37245-0(5));* 2016. pap. 13.97 *(978-1-334-31881-8(6))* Forgotten Bks.

Mistress Margery. Emily Sarah Holt. 2017. (ENG., Illus.). (J). 22.95 *(978-1-374-97899-7(X))* Capital Communications, Inc.

Mistress Margery. Emily Sarah Holt. 2017. (ENG.). 186p. (J). pap. *(978-3-337-02674-5(5))* Creation Pubs.

Mistress Margery: A Tale of the Lollards (Classic Reprint) Emily Sarah Holt. 2018. (ENG., Illus.). 226p. (J). 28.56 *(978-0-428-94820-7(0))* Forgotten Bks.

Mistress May (Classic Reprint) Amy E. Blanchard. 2018. (ENG., Illus.). 234p. (J). 28.72 *(978-0-332-18256-8(8))* Forgotten Bks.

Mistress Nancy Molesworth: A Tale of Adventure (Classic Reprint) Joseph Hocking. (ENG., Illus.). (J). 2018. 436p. 32.89 *(978-0-483-63331-5(3));* 2016. pap. 16.57 *(978-1-333-57229-7(8))* Forgotten Bks.

Mistress Nell: A Merry Tale of a Merry Time (Twixt Fact & Fancy) (Classic Reprint) George Cochrane Hazelton. 2018. (ENG., Illus.). 322p. (J). 30.56 *(978-0-267-43653-8(X))* Forgotten Bks.

Mistress of All Evil-Villains, Book 4. Serena Valentino. 2017. (Villains Ser.: 4). (ENG.). 320p. (YA). (gr. 7-12). 17.99 *(978-1-368-00901-0(8),* Disney Press Books) Disney Publishing Worldwide.

Mistress of Beech Knoll a Novel (Classic Reprint) Clara Louise Burnham. 2018. (ENG., Illus.). 420p. (J). 32.58 *(978-0-365-37837-2(2))* Forgotten Bks.

Mistress of Blades. Britt Cooper & Erin Durin. 2022. (Chronicles of Fayble Ser.: Vol. 2). (ENG.). 346p. (YA). pap. ***(978-1-80250-991-5(7))*** Totally Entwinded Group.

Mistress of Bonaventure (Classic Reprint) Harold Bindloss. 2018. (ENG., Illus.). 344p. (J). 31.01 *(978-0-483-46075-1(3))* Forgotten Bks.

Mistress of Brae Farm: A Novel (Classic Reprint) Rosa Nouchette Carey. 2018. (ENG., Illus.). 474p. (J). 33.69 *(978-0-267-19386-8(6))* Forgotten Bks.

Mistress of Court Regna (Classic Reprint) Charles Garvice. 2018. (ENG., Illus.). 362p. (J). 31.36 *(978-0-332-83103-9(5))* Forgotten Bks.

Mistress of Many Moods (Classic Reprint) Charlotte Boardman Rogers. 2018. (ENG., Illus.). 128p. (J). 26.56 *(978-0-484-56637-7(7))* Forgotten Bks.

Mistress of Quest a Novel (Classic Reprint) Adeline Sergeant. 2018. (ENG., Illus.). 360p. (J). 31.34 *(978-0-483-99940-4(7))* Forgotten Bks.

Mistress of Shenstone (Classic Reprint) Florence L. Barclay. 2018. (ENG., Illus.). 356p. (J). 31.24 *(978-0-483-20559-8(1))* Forgotten Bks.

Mistress of Sherburne (Classic Reprint) Amanda M. Douglas. 2018. (ENG., Illus.). 354p. (J). 31.22 *(978-0-483-18123-6(4))* Forgotten Bks.

Mistress of the Ranch: A Novel (Classic Reprint) Frederick Thickstun Clark. 2018. (ENG., Illus.). 370p. (J). 31.53 *(978-0-483-85685-1(1))* Forgotten Bks.

Mistress of Windfells: A Novel (Classic Reprint) Agnes M. Gwynne. (ENG., Illus.). (J). 2018. 262p. 29.32 *(978-0-267-35000-1(7))*; 2016. pap. 11.97 *(978-1-333-73173-1(6))* Forgotten Bks.

Mistress Penwick (Classic Reprint) Dutton Payne. 2018. (ENG., Illus.). 396p. (J). 32.06 *(978-0-484-79262-2(8))* Forgotten Bks.

Mistress Runaway: A Comedy for Four Ladies in One Act (Classic Reprint) M. Lefuse. 2018. (ENG., Illus.). 28p. (J). 24.47 *(978-0-267-44563-9(6))* Forgotten Bks.

Mistress Spitfire. J. S. Fletcher. 2017. (ENG.). 326p. (J). pap. *(978-3-337-22790-6(2))* Creation Pubs.

Mistress Spitfire: A Plain Account of Certain Episodes in the History of Richard Coope, Gent;, & of His Cousin, Mistress Alison French, at the Time of the Revolution, 1642-1644 (Classic Reprint) J. S. Fletcher. 2018. (ENG., Illus.). 324p. (J). 30.58 *(978-0-267-48987-9(0))* Forgotten Bks.

Mists of Paracosmia. Emily Golus. 2019. (World of Vindor Ser.: Vol. 2). (ENG.). 346p. (YA). (gr. 7-12). pap. 18.95 *(978-0-9845515-0-7(6)*, Taberah Pr.) Sonfire Media, LLC.

Mists of the Silver Circle. James Angela. 2019. (Amshir Legacy Ser.: Vol. 3). (ENG., Illus.). 312p. (J). pap. *(978-1-912615-99-5(1))* Acorn Independent Pr.

Mistwizzled. Kay Goodnight. Illus. by Karen Ferrell. 2020. (ENG.). 148p. (J). pap. 8.00 *(978-1-7327341-5-9(1))* Ferrell, Karen.

Misty. Jean L. Neely. 2020. (ENG., Illus.). 30p. (J). 23.00 *(978-1-64426-163-7(4))* Dorrance Publishing Co., Inc.

Misty & Faker. Mystery Elf. 2017. (ENG., Illus.). 34p. (J). (gr. 1-6). pap. *(978-1-365-75465-4(0))* Lulu Pr., Inc.

Misty & Katie. Jonel Martindale. 2019. (ENG.). 30p. (J). pap. 13.95 *(978-1-68456-099-8(3))* Page Publishing Inc.

Misty & the Maniacs. Anne Frances Jackson. 2018. (ENG., Illus.). 50p. (J). pap. 8.64 *(978-0-244-42322-3(9))* Lulu Pr., Inc.

Misty Blue: The Kloudsville Series. K. Marie. Illus. by Oliver Kryzz Bundoc. 2018. (Kloudsville Ser.: 1). (ENG.). 36p. 21.99 *(978-0-9989541-1-0(X))* BookBaby.

Misty Copeland. Golriz Golkar. 2018. (Influential People Ser.). (ENG., Illus.). 32p. (J). (gr. 4-6). lib. bdg. 28.65 *(978-1-5435-4130-4(5)*, 139084, Capstone Pr.) Capstone.

Misty Copeland. Katlin Sarantou. Illus. by Jeff Bane. 2020. (My Early Library: My Itty-Bitty Bio Ser.). (ENG.). 24p. (J). (gr. k-1). pap. 12.79 *(978-1-5341-6105-4(8)*, 214420); lib. bdg. 30.64 *(978-1-5341-5875-7(8)*, 214419) Cherry Lake Publishing.

Misty Copeland. Gail Terp. 2016. (Women Who Rock Ser.). (ENG., Illus.). 32p. (J). (gr. 4-6). 31.35 *(978-1-68072-065-5(1)*, 10420, Bolt) Black Rabbit Bks.

Misty Copeland: Ballerina, 1 vol. Hannah Isbell. 2016. (Junior Biographies Ser.). (ENG.). 24p. (J). (gr. 3-4). pap. 10.35 *(978-0-7660-8177-2(X)*, 4153efc6-ba00-463b-9143-73bc56529611) Enslow Publishing, LLC.

Misty Copeland: Ballet Dancer, 1 vol. Kaitlin Scirri. 2019. (Barrier-Breaker Bios Ser.). (ENG.). 32p. (J). (gr. 2-2). pap. 11.58 *(978-1-5026-4960-7(8)*, 01853cf0-d2f9-4fd8-ac56-2148a031e833) Cavendish Square Publishing LLC.

Misty Copeland: First African American Principal Ballerina for the American Ballet Theatre, 1 vol. Elizabeth Krajnik. 2017. (Breakout Biographies Ser.). (ENG., Illus.). 32p. (J). (gr. 4-5). 27.93 *(978-1-5383-2557-5(8)*, c60f0fbe-33a1-428d-8ed0-fb66666d108c, PowerKids Pr.) Rosen Publishing Group, Inc., The.

Misty Copeland: Principal Ballerina. Heather E. Schwartz. 2020. (Boss Lady Bios (Alternator Books (r)) Ser.). (ENG., Illus.). 32p. (J). (gr. 3-6). lib. bdg. 30.65 *(978-1-5415-9708-2(7)*, 63ecc295-1172-44b3-806f-4152d956dba8, Lerner Pubns.) Lerner Publishing Group.

Misty Copeland: Principal Ballerina, 1 vol. Erin Staley. 2017. (Influential Lives Ser.). (ENG.). 128p. (gr. 7-7). lib. bdg. 40.27 *(978-0-7660-8509-1(0)*, 3cdc567c-3471-4ca1-8f5a-c746d2e88b8d) Enslow Publishing, LLC.

Misty Copeland: Ready-To-Read Level 3. Laurie Calkhoven. Illus. by Monique Dong. 2016. (You Should Meet Ser.). (ENG.). 48p. (J). (gr. 1-3). pap. 4.99 *(978-1-4814-7043-8(4)*, Simon Spotlight) Simon Spotlight.

Misty Copeland: Ballet Star: I Can Read Level 1. Sarah Howden. Illus. by Nick Craine. 2020. (ENG.). 32p. (J). pap. 4.99 *(978-1-4434-6024-8(9)*, HarperCollins) HarperCollins Pubs.

Misty e Faker (Portuguese Edition) Mystery Elf. 2017. (POR.). 30p. (J). pap. 8.99 *(978-1-5071-8791-3(2))* Lulu Pr., Inc.

Misty Fairchild & the Heart of Alignment. Michael D. Brooks. 2022. (ENG.). 256p. (YA). 35.95. pap. 17.99 Author Solutions, LLC.

Misty Meets Palet at Segerstrom. Elizabeth Michele Cantine. 2023. (ENG.). 38p. (J). 19.95 ***(978-1-7321163-4-4(2)***, Mascot Kids) Amplify Publishing Group.

Misty Mountain Mysteries: Daniel & Caleb Stories. Joan Altmaier. 2020. (ENG.). 127p. (J). pap. *(978-1-716-92494-1(4))* Lulu Pr., Inc.

Misty of Chincoteague Essential Collection (Boxed Set) Misty of Chincoteague; Stormy, Misty's Foal; Sea Star; Misty's Twilight. Marguerite Henry. Illus. by Wesley Dennis. ed. 2020. (ENG.). 736p. (J). (gr. 3-7). pap. 31.99 *(978-1-5344-5783-6(6)*, Aladdin) Simon & Schuster Children's Publishing.

Misty of Chincoteague Novel Units Student Packet. Novel Units. 2019. (ENG.). (J). pap. 13.99 *(978-1-58130-903-4(1)*, Novel Units, Inc.) Classroom Library Co.

Misty of Chincoteague Novel Units Teacher Guide. Novel Units. 2019. (ENG.). (J). pap. 12.99 *(978-1-58130-902-7(3)*, Novel Units, Inc.) Classroom Library Co.

Misty the Abandoned Kitten. Holly Webb. Illus. by Sophy Williams. 2016. (Pet Rescue Adventures Ser.). (ENG.). 128p. (J). (gr. 1-4). pap. 4.99 *(978-1-58925-489-3(9))* Tiger Tales.

Misty the Cloud: a Very Stormy Day. Dylan Dreyer. Illus. by Rosie Butcher. 2021. 40p. (J). (gr. -1-2). (ENG.). lib. bdg. 21.99 *(978-0-593-18040-2(2))*; 19.99 *(978-0-593-18038-9(0))* Random Hse. Children's Bks. (Random Hse. Bks. for Young Readers).

Misty the Cloud: Friends Through Rain or Shine. Dylan Dreyer. Illus. by Rosie Butcher. 2022. 40p. (J). (gr. -1-2). (ENG.). lib. bdg. 22.99 *(978-0-593-18044-0(5))*; 19.99 *(978-0-593-18042-6(9))* Random Hse. Children's Bks. (Random Hse. Bks. for Young Readers).

Misty the Cloud: Fun Is in the Air. Dylan Dreyer. Illus. by Rosie Butcher. 2023. (Step into Reading Ser.). 32p. (J). (gr. -1-1). pap. 5.99 *(978-0-593-18046-4(1))*; (ENG.). lib. bdg. 14.99 *(978-0-593-18048-8(8))* Random Hse. Children's Bks. (Random Hse. Bks. for Young Readers).

Misty the Puppy. Jonel Martindale. 2019. (ENG.). 30p. (J). pap. 12.95 *(978-1-64462-898-0(8))* Page Publishing Inc.

Misty's Blood. Denise Newsome. 2020. (ENG.). 202p. (J). pap. 14.99 *(978-0-9827110-4-0(2))* Azz1 Productions.

Misty's Twilight. Marguerite Henry. Illus. by Karen Haus Grandpre. 2016. (ENG.). 144p. (J). (gr. 3-7). 19.99 *(978-1-4814-5221-2(5)*, Aladdin) Simon & Schuster Children's Publishing.

Misunderstood. Chloe Altinoglu. Illus. by Zachary Bramall. 2023. (ENG.). 30p. (J). ***(978-0-2288-9405-6(0))***; pap. ***(978-0-2288-9406-3(9))*** Tellwell Talent.

Misunderstood. Jay Sherfey. 2020. (ENG.). 208p. (J). pap. 9.99 *(978-1-63684-598-2(3))* Regency Pubs., The.

Misunderstood Children: Sketches Taken from Life (Classic Reprint) Elizabeth Harrison. 2018. (ENG., Illus.). 188p. (J). 27.77 *(978-0-428-96865-6(1))* Forgotten Bks.

Misunderstood (Classic Reprint) Florence Montgomery. (ENG., Illus.). (J). 2018. 304p. 30.17 *(978-0-365-15492-1(X))*; 2017. pap. 13.57 *(978-0-259-49914-5(5))* Forgotten Bks.

Misunderstood Hero (Classic Reprint) Mary Louise Barnes Beal. 2017. (ENG., Illus.). (J). pap. 13.57 *(978-0-282-07165-3(2))* Forgotten Bks.

Misunderstood Shark. Ame Dyckman. Illus. by Scott Magoon. 2018. (ENG.). 48p. (J). (gr. -1-k). 18.99 *(978-1-338-11247-4(3)*, Orchard Bks.) Scholastic, Inc.

Misunderstood Shark: Friends Don't Eat Friends. Ame Dyckman. Illus. by Scott Magoon. 2019. (ENG.). 48p. (J). (gr. -1-k). 17.99 *(978-1-338-11388-4(7)*, Orchard Bks.) Scholastic, Inc.

Misunderstood Soul: Searching for a Purpose. Sandra M. Dorazil. Illus. by Ashley Menting. 2022. (Misunderstood Soul Ser.: Vol. 2). (ENG.). 364p. (YA). pap. 29.99 ***(978-1-6629-3268-7(5))*** Gatekeeper Pr.

Mit Turnschuhen in Den Himmel. Kim Holtey. 2017. (GER., Illus.). (J). *(978-3-7345-8783-2(2))*; pap. *(978-3-7345-8782-5(4))* tredition Verlag.

Mital Ou, Avantures Incroyables, et Toute-Fois, et Caetera: Ces Avantures Contiennent Quinze Relations d'un Voyage Rempli d'un Tres-Grand Nombre de Differentes Sortes de Prodiges, de Merveilles, d'Usages, de Coutumes, d'Opinions, et de Divertissemens. Laurent Bordelon. 2017. (FRE., Illus.). (J). pap. 19.57 *(978-0-259-48504-9(7))* Forgotten Bks.

Mital Ou, Avantures Incroyables, et Toute-Fois, et Caetera: Ces Avantures Contiennent Quinze Relations d'un Voyage Rempli d'un Tres-Grand Nombre de Differentes Sortes de Prodiges, de Merveilles, d'Usages, de Coûtumes, d'Opinions, et de Divertissemens. Laurent Bordelon. 2018. (FRE., Illus.). 582p. (J). 35.90 *(978-0-364-09106-7(1))* Forgotten Bks.

Mitch Miller. Edgar Lee Masters. 2017. (ENG., Illus.). (J). 24.95 *(978-1-374-98645-9(3))*; pap. 14.95 *(978-1-374-98644-2(5))* Capital Communications, Inc.

Mitch Miller (Classic Reprint) Edgar Lee Masters. 2018. (ENG., Illus.). 270p. (J). 29.47 *(978-0-267-22062-5(6))* Forgotten Bks.

Mitchelhurst Place, Vol. 1 Of 2: A Novel (Classic Reprint) Margaret Veley. (ENG., Illus.). (J). 2018. 296p. 30.00 *(978-0-484-60324-9(8))*; 2016. pap. 13.57 *(978-1-334-15650-2(6))* Forgotten Bks.

Mitchelhurst Place, Vol. 2 Of 2: A Novel (Classic Reprint) Margaret Veley. (ENG., Illus.). (J). 2018. 286p. 29.80 *(978-0-267-78413-4(9))*; 2016. pap. 13.57 *(978-1-334-29284-2(1))* Forgotten Bks.

Mitchell Comes Home. Amy Mortimer. 2021. (Mitchell the Corgi Ser.: 1). 30p. (J). pap. 12.99 *(978-1-6678-0013-4(2))* BookBaby.

Mitchells' Family Road Trip! (or That Time They Saved the World) Illus. by Tiffany Lam. 2021. (Connected, Based on the Movie the Mitchells vs. the Machines Ser.). (ENG.). 16p. (J). (gr. -1-2). pap. 6.99 *(978-1-5344-7600-4(8)*, Simon Spotlight) Simon Spotlight.

Mitchell's Modern Atlas: A Series of Forty-Four Copperplate Maps (Classic Reprint) Samuel Augustus Mitchell. 2018. (ENG., Illus.). 72p. (J). pap. 9.57 *(978-1-391-13725-4(6))* Forgotten Bks.

Mite-Y House Guest. Deirdre Clary Foreman & Barbara Clary. Illus. by Maggie Berthold Fearn. 2020. (ENG.). 32p. (J). pap. 15.00 *(978-1-938796-70-8(5))* Fruitbearer Publishing, LLC.

Mitjons de Llana. Rosa Marfa Morros. 2019. (CAT.). 384p. (J). pap. *(978-84-616-1833-0(5))* Morros, Rosa Marfà.

Mito Yashiki, a Tale of Old Japan. Arthur Collins Maclay. 2017. (ENG.). 470p. (J). pap. *(978-3-7447-7034-7(6))* Creation Pubs.

Mito Yashiki, a Tale of Old Japan: Being a Feudal Romance Descriptive of the Decline of the Shogunate & of the Downfall of the Power of the Tokugawa Family (Classic Reprint) Arthur Collins Maclay. 2018. (ENG., Illus.). 470p. (J). 33.59 *(978-0-484-69529-9(0))* Forgotten Bks.

Mitochondrial Eves. Ajc Green. 2023. (ENG.). 464p. (YA). 36.00 ***(978-1-68235-824-5(0)***, Strategic Bk. Publishing) Strategic Book Publishing & Rights Agency (SBPRA).

Mitochondrial Eves: Book 2, the Leaffe Series. Green. 2023. (ENG.). 464p. (YA). pap. 24.95 ***(978-1-68235-651-7(5)***, Strategic Bk. Publishing) Strategic Book Publishing & Rights Agency (SBPRA).

Mitologia Maravillosa para Ninos. Luis Francisco Trujillo. (SPA., Illus.). (gr. -1-7). 2019. 152p. (J). pap. 11.95 *(978-607-453-563-1(9))*; 2018. 160p. (YA). per. 6.95 *(978-968-403-926-1(3))* Selector, S.A. de C.V. MEX. Dist: Spanish Pubs., LLC.

Mitologia Mexicana para Ninos. Gabriela Santana. 2019. (SPA.). 168p. (J). pap. 10.95 *(978-607-453-610-2(4))* Selector, S.A. de C.V. MEX. Dist: Spanish Pubs., LLC.

Mitón. Jan Brett. Illus. by Jan Brett. 2017.Tr. of Mitten. (Illus.). 32p. (J). (gr. -1-3). pap. 9.99 *(978-0-425-29170-2(7)*, Puffin Books) Penguin Young Readers Group.

Mitos de Animales. Mary Holland. Tr. by Alejandra de la Torre & Javier Camacho Miranda from ENG. 2023. (Anatomía de Los Animales Ser.).Tr. of Animal Myths. (SPA., Illus.). 32p. (J). (gr. 1-4). 11.95 ***(978-1-63817-261-1(7))*** Arbordale Publishing.

Mitos Griegos / Greek Myths. Cecilia Blanco. Illus. by Roberto Cubillas. 2020. (SPA.). 64p. (J). (gr. 2-5). 12.95 *(978-987-3994-29-6(7))* El Gato de Hojalata ARG. Dist: Penguin Random Hse. LLC.

Mitos Griegos (Greek Myths) Historias épicas de Héroes, Dioses y Criaturas Legendarias. DK. 2023. (SPA.). 160p. (J). (gr. 2-4). 21.99 *(978-0-7440-7921-0(7)*, DK Children) Dorling Kindersley Publishing, Inc.

Mitos Vikingos / Viking Myths. Cecilia Blanco. Illus. by Roberto Cubillas. 2020. (SPA.). 64p. (J). (gr. 2-5). 12.95 *(978-987-3994-30-2(0))* El Gato de Hojalata ARG. Dist: Penguin Random Hse. LLC.

Mitos y Leyendas De África. Catherine Chambers. 2019. (Mundo de Mitos Ser.). (SPA., Illus.). 48p. (J). (gr. 5-8). lib. bdg. 33.32 *(978-1-4109-9118-8(0)*, 141277, Raintree) Capstone.

Mitos y Leyendas de Egipto. Fiona Macdonald. 2019. (Mundo de Mitos Ser.). (SPA., Illus.). 48p. (J). (gr. 5-8). lib. bdg. 33.32 *(978-1-4109-9119-5(9)*, 141278, Raintree) Capstone.

Mitos y Leyendas de Grecia. Jilly Hunt. 2019. (Mundo de Mitos Ser.). (SPA., Illus.). 48p. (J). (gr. 5-8). lib. bdg. 33.32 *(978-1-4109-9121-8(0)*, 141280, Raintree) Capstone.

Mitos y Leyendas de Roma. Jilly Hunt. 2019. (Mundo de Mitos Ser.). (SPA., Illus.). 48p. (J). (gr. 5-8). lib. bdg. 33.32 *(978-1-4109-9120-1(2)*, 141279, Raintree) Capstone.

Mitos y Leyendas Del Antiguo Egipto. Robert Swindells. 2018. (SPA.). 144p. (J). (gr. 5-8). pap. 17.99 *(978-84-682-1940-0(1))* Vicens-Vives, Editorial, S.A. ESP. Dist: Lectorum Pubns., Inc.

Mitos y Leyendas (Myths, Legends, & Sacred Stories) Una Enciclopedia Visual. Philip Wilkinson. 2021. (DK Children's Visual Encyclopedias Ser.). (SPA.). 240p. (J). (gr. 4-7). 29.99 *(978-0-7440-4869-8(9)*, DK Children) Dorling Kindersley Publishing, Inc.

Mitre Court, Vol. 1 Of 3: A Tale of the Great City (Classic Reprint) J. H. Riddell. 2018. (ENG., Illus.). 312p. (J). 30.35 *(978-0-484-50612-0(9))* Forgotten Bks.

Mitre Court, Vol. 2 Of 3: A Tale of the Great City (Classic Reprint) J. H. Riddell. (ENG., Illus.). (J). 2018. 334p. 30.79 *(978-0-484-26015-2(4))*; 2016. pap. 13.57 *(978-1-334-16980-9(2))* Forgotten Bks.

Mitre Court, Vol. 3 Of 3: A Tale of the Great City (Classic Reprint) J. H. Riddell. 2018. (ENG., Illus.). 324p. (J). 30.60 *(978-0-267-19541-1(9))* Forgotten Bks.

Mittens for Christmas! Penelope Dyan. l.t. ed. 2018. (ENG., Illus.). 34p. (J). pap. 12.60 *(978-1-61477-329-0(7))* Bellissima Publishing, LLC.

Mittens the Kitten. Jennifer Zurick. 2017. (ENG.). 32p. (J). pap. ***(978-1-365-62484-1(6))*** Lulu Pr., Inc.

Mittheilungen Aus Altfranzosischen Handschriften, Vol. 1: Aus der Chanson de Geste Von Auberi Nach Einer Vaticanischen Handschrift (Classic Reprint) Adolf Tobler. 2017. (GER., Illus.). (J). pap. 13.57 *(978-0-282-49208-3(9))* Forgotten Bks.

Mittheilungen Aus Altfranzösischen Handschriften, Vol. 1: Aus der Chanson de Geste Von Auberi, Nach Einer Vaticanischen Handschrift (Classic Reprint) Adolf Tobler. 2018. (FRE., Illus.). 308p. (J). 30.25 *(978-0-267-66310-1(2))* Forgotten Bks.

Mittheilungen Aus Altfranzsischen Handschriften, Vol. 1: Aus der Chanson de Geste Von Auberi Nach Einer Vaticanischen Handschrift (Classic Reprint) Adolf Tobler. 2018. (GER., Illus.). 308p. (J). 30.25 *(978-0-656-70595-5(7))* Forgotten Bks.

Mittheilungen Aus der Zoologischen Station Zu Neapel, 1883, Vol. 4: Zugleich ein Repertorium Fur Mittelmeerkunde (Classic Reprint) Stazione Zoologica Di Napoli. 2017. (GER., Illus.). (J). 36.73 *(978-0-265-39072-6(9))* Forgotten Bks.

Mittheilungen Aus der Zoologischen Station Zu Neapel, 1891-1893, Vol. 10: Zugleich ein Repertorium Fur Mittelmeerkunde; Mit 40 Tafeln (1-22, 24-41) und 2 Abbildungen Im Text, Sowie; Mit Dem Autorenregister Zu Band 1-10 (Classic Reprint) Stazione Zoologica Di Napoli. 2017. (GER., Illus.). (J). pap. 20.57 *(978-0-282-66053-6(4))* Forgotten Bks.

Mittheilungen Aus der Zoologischen Station Zu Neapel, 1900, Vol. 14: Zugleich ein Repertorium Fur Mittelmeerkunde; 1. und 2. Heft, Mit 10 Tafeln und 11 Figuren Im Text (Classic Reprint) Stazione Zoologica Di Napoli. 2017. (GER., Illus.). (J). pap. 19.57 *(978-0-282-37217-0(2))* Forgotten Bks.

Mittheilungen Aus der Zoologischen Station Zu Neapel, 1900, Vol. 14: Zugleich ein Repertorium Für Mittelmeerkunde; 1. und 2. Heft, Mit 10 Tafeln und 11 Figuren Im Text (Classic Reprint) Stazione Zoologica Di Napoli. 2018. (GER., Illus.). 644p. (J). 37.20 *(978-0-666-19764-1(4))* Forgotten Bks.

Mittheilungen Aus der Zoologischen Station Zu Neapel, 1906, Vol. 17: Zugleich ein Repertorium Fur Mittelmeerkunde; Mit 33 Tafeln und 20 Abbildungen Im Text (Classic Reprint) Stazione Zoologica Di Napoli. 2017. (GER., Illus.). (J). pap. 19.57 *(978-0-243-46249-0(2))* Forgotten Bks.

Mittheilungen Aus der Zoologischen Station Zu Neapel, Vol. 13: Zugleich ein Repertorium Fur Mittelmeerkunde (Classic Reprint) Stazione Zoologica Di Napoli. 2017. (GER., Illus.). (J). pap. 19.57 *(978-0-282-05625-4(4))* Forgotten Bks.

Mittheilungen Aus der Zoologischen Station Zu Neapel, Vol. 13: Zugleich ein Repertorium Für Mittelmeerkunde (Classic Reprint) Stazione Zoologica Di Napoli. 2018. (GER., Illus.). 616p. (J). 36.60 *(978-0-666-49441-2(X))* Forgotten Bks.

Mitya's Love (Classic Reprint) Iván Bunin. 2017. (ENG., Illus.). (J). 28.31 *(978-0-331-47109-0(4))*; pap. 10.97 *(978-0-260-36871-3(7))* Forgotten Bks.

Mitzi: Tale of a Dog. Dennis West. Ed. by Carolyn Wickwire. Illus. by Glenn D. Woodrome. 2016. (ENG.). (J). (gr. 1-6). pap. 9.99 *(978-0-9978774-2-7(1))* Dennis West.

Mitzi & the Big Bad Nosy Wolf: A Digital Citizenship Story. Teresa Bateman. Illus. by Jannie Ho. 2023. 40p. (J). (gr. -1-3). pap. 8.99 *(978-0-8234-5323-8(5))* Holiday Hse., Inc.

Mitzi Clark & the Covenant Cube. Grace Mirchandani. 2022. (ENG.). 244p. (J). pap. 14.99 *(978-1-0879-4002-1(8))* Indy Pub.

Mitzi Clark & the Keepers of SHUT. Grace Mirchandani. 2022. (ENG.). 224p. (J). pap. 12.99 ***(978-1-0880-1346-5(5))*** Indy Pub.

Mitzi Mufflin Principal for a Day. Liz Cooper. 2020. (ENG., Illus.). 126p. (J). pap. 8.95 *(978-1-948747-66-0(9))* J2B Publishing LLC.

Mitzi the Millipede Learns Gratefulness. Debra Matson. 2021. (ENG., Illus.). 38p. (J). pap. 14.95 *(978-1-63814-836-4(8))* Covenant Bks.

Mitzvah Gets Scared. Deborah Lee Prescott. 2017. (Mitzvah Ser.: Vol. 2). (ENG., Illus.). (J). (gr. k-3). pap. 15.95 *(978-1-943789-71-9(1))* Taylor and Seale Publishing.

Mitzvah le Chien: Une Histoire Tres Vraie. Deborah Lee Prescott. 2017. (FRE., Illus.). (J). (gr. k-3). pap. 15.95 *(978-1-940224-30-5(6))* Taylor and Seale Publishing.

Mitzvah Mad Libs: World's Greatest Word Game. Irving Sinclair. 2021. (Mad Libs Ser.). 48p. (J). (gr. 3-7). pap. 4.99 *(978-0-593-22262-1(8)*, Mad Libs) Penguin Young Readers Group.

Mitzvah Pizza. Sarah Lynn Scheerger. Illus. by Deborah Melmon. 2019. (ENG.). 32p. (J). (gr. k-4). 17.99 *(978-1-5415-2170-4(6)*, cf855a72-f931-4885-a070-ed4d5dcd5c29, Kar-Ben Publishing) Lerner Publishing Group.

Mitzy & Blitzy: A Christmas Story. Jane T. Connolly. 2022. (ENG.). 54p. (J). 19.99 ***(978-1-7348596-9-0(5))***; pap. 13.99 ***(978-1-7348596-8-3(7))*** Artful Options, LLC.

Mitzy Mcgee Diary of a Super-Geek Stuttering Songbird. January Joyce. l.t. ed. 2021. (ENG.). 242p. (YA). pap. 14.99 *(978-0-578-86212-5(3))* January Joyce Author.

Mitzy's Homecoming: A QUIX Book. Allison Gutknecht. Illus. by Anja Grote. 2021. (Pet Pals Ser.: 1). (ENG.). 80p. (J). (gr. k-3). 17.99 *(978-1-5344-7399-7(8))*; pap. 5.99 *(978-1-5344-7398-0(X))* Simon & Schuster Children's Publishing. (Aladdin).

Miwok. Jens Haakonsen. 2017. (Spotlight on the American Indians of California Ser.). 32p. (J). (gr. 9-13). 70.50 *(978-1-5081-6286-5(7)*, PowerKids Pr.) Rosen Publishing Group, Inc., The.

Mix-A-Mutt. Sara Ball. 2018. (ENG., Illus.). 22p. (J). (gr. -1-2). bds. 16.95 *(978-0-7892-1310-5(9)*, 791310, Abbeville Kids) Abbeville Pr., Inc.

Mix & Match. Nicola Tuxworth. 2016. (Learn-a-Word Book Ser.). (Illus.). 20p. (J). (gr. -1-2). bds. 6.99 *(978-1-84322-862-2(9)*, Armadillo) Anness Publishing GBR. Dist: National Bk. Network.

Mix & Match Animals: Over 100 Animals to Create! Connie Isaacs. Illus. by Barry Green. 2019. (Dover Kids Activity Books: Animals Ser.). (ENG.). 12p. (J). (gr. -1-3). bds. 9.99 *(978-0-486-83289-0(9)*, 832899) Dover Pubns., Inc.

Mix & Match Coloring Fun: Super Coloring Books. Jupiter Kids. 2016. (ENG., Illus.). 106p. (J). pap. 12.55 *(978-1-68305-286-9(2)*, Jupiter Kids (Childrens & Kids Fiction)) Speedy Publishing LLC.

Mix & Match Fun: What's That Truck? Roger Priddy. 2021. (Mix & Match Ser.). (ENG., Illus.). 12p. (J). bds. 9.99 *(978-1-68449-176-6(2)*, 900240859) St. Martin's Pr.

Mix & Match: Halloween. Roger Priddy. 2016. (Mix & Match Ser.). (ENG., Illus.). 12p. (J). bds. 5.99 *(978-0-312-52021-2(2)*, 900156774) St. Martin's Pr.

Mix & Match Silly Sentences Kindergarten Workbook: Scholastic Early Learners (Workbook) Scholastic. 2017. (Scholastic Early Learners Ser.). (ENG.). 32p. (J). (gr. -1-k). 9.99 *(978-1-338-25592-8(4)*, Cartwheel Bks.) Scholastic, Inc.

Mix & Measure. Kimberly Derting et al. ed. 2021. (I Can Read Ser.). (ENG., Illus.). 40p. (J). (gr. 2-3). 14.96 *(978-1-64697-679-9(7))* Penworthy Co., LLC, The.

Mix Bloods. Bobbie Parsley. 2020. (ENG.). 288p. (YA). 27.00 *(978-1-0879-1084-0(6))* Indy Pub.

Mix It Up! Board Book Edition. Hervé Tullet. 2021. (Herve Tullet Ser.). (ENG., Illus.). 46p. (J). (gr. -1-k). bds. 8.99 *(978-1-7972-0760-5(1))* Chronicle Bks. LLC.

Mix, Match, Mazes & Coloring Activity Book for Kids Vol. 1. Activity Book Zone for Kids. 2016. (ENG., Illus.). (J). pap. 7.55 *(978-1-68376-677-3(6))* Sabeels Publishing.

Mix, Match, Mazes & Coloring Activity Book for Kids Vol. 2. Activity Book Zone for Kids. 2016. (ENG., Illus.). (J). pap. 7.55 *(978-1-68376-678-0(4))* Sabeels Publishing.

Mix, Match, Mazes & Coloring Activity Book for Kids Vol. 3. Activity Book Zone for Kids. 2016. (ENG., Illus.). (J). pap. 7.55 *(978-1-68376-727-5(6))* Sabeels Publishing.

Mix, Match, Mazes & Coloring Activity Book for Kids Vol. 4. Activity Book Zone for Kids. 2016. (ENG., Illus.). (J). pap. 7.55 *(978-1-68376-680-3(6))* Sabeels Publishing.

Mix, Match, Mazes & Coloring Activity Book for Kids Vol. 5. Activity Book Zone for Kids. 2016. (ENG., Illus.). (J). pap. 7.55 *(978-1-68376-681-0(4))* Sabeels Publishing.

Mix, Match, Mazes & Coloring Activity Book for Kids Vol. 6. Activity Book Zone for Kids. 2016. (ENG., Illus.). (J). pap. 7.55 *(978-1-68376-683-4(0))* Sabeels Publishing.

Mix, Mix, Mix! Book 17. Carole Crimeen & Suzanne Fletcher. 2023. (Comic Decoders Ser.). (ENG., Illus.). 16p. (J). (gr. -1-k). pap. 7.99 *(978-1-76127-097-0(4)*, 56421ff0-d673-46fb-9107-fdc77f839f32) Knowledge Bks. & Software AUS. Dist: Lerner Publishing Group.

Mix Theme Activity Book Dot to Dot. Jupiter Kids. 2017. (ENG., Illus.). (J). pap. 9.20 *(978-1-5419-0977-9(1)*, Jupiter Kids (Childrens & Kids Fiction)) Speedy Publishing LLC.

Mix Themed Activity Book: Mazes, Odd One Out & Matching Exercises for 3rd Graders. Jupiter Kids. 2017. (ENG., Illus.). (J). pap. 8.33 *(978-1-5419-3302-6(8)*, Jupiter Kids (Childrens & Kids Fiction)) Speedy Publishing LLC.

Mix-Up. Adrian Beck. 2018. (Champion Charlies Ser.: 1). (Illus.). 176p. (J). (gr. 2-6). 13.99 *(978-0-14-379124-9(9))* Random Hse. Australia AUS. Dist: Independent Pubs. Group.

Mix-Up Mayhem. Tom E. Moffatt. Illus. by Paul Beavis. 2022. (ENG.). 270p. (J). pap. *(978-1-9911617-0-3(0))* Write Laugh.

Mixed: Celebrating Diverse Latino Heritage. Josie Gonzales. Illus. by Eduardo Calatayud. 2023. (ENG.). 20p. (J). 18.99 *(978-1-0881-2042-2(3))* Lulu Pr., Inc.

Mixed: a Colorful Story. Arree Chung. Illus. by Arree Chung. 2018. (ENG., Illus.). 40p. (J). 18.99 *(978-1-250-14273-3(3)*, 900180378, Holt, Henry & Co. Bks. For Young Readers) Holt, Henry & Co.

Mixed Bag of God's Grace. Sharon Rene. 2018. (ENG., Illus.). 156p. (J). pap. 14.99 *(978-1-946920-43-0(6))* TouchPoint Pr.

Mixed Beasts: Rhymes & Pictures (Classic Reprint) Kenyon Cox. (ENG., Illus.). (J). 2018. 146p. 26.91 *(978-0-484-09198-5(0))*; 2017. pap. 9.57 *(978-0-259-92119-6(X))* Forgotten Bks.

Mixed Doubles: A Benchwarmers Novel. John Feinstein. 2022. (Benchwarmers Ser.: 3). (ENG.). 288p. (J). 16.99 *(978-0-374-31207-7(9)*, 900198340, Farrar, Straus & Giroux (BYR)) Farrar, Straus & Giroux.

Mixed Faces (Classic Reprint) Roy Norton. 2017. (ENG., Illus.). (J). 30.13 *(978-0-266-71441-5(2))*; pap. 13.57 *(978-1-5276-6925-3(4))* Forgotten Bks.

Mixed Grill (Classic Reprint) W. Pett Ridge. 2018. (ENG., Illus.). 260p. (J). 29.26 *(978-0-483-60990-7(0))* Forgotten Bks.

Mixed Hope. Debra a Stratton. 2020. (ENG.). 64p. (J). pap. 15.95 *(978-1-7948-9606-2(6))* Lulu Pr., Inc.

Mixed Marriage: A Play in Four Acts (Classic Reprint) John G. Ervine. 2018. (ENG., Illus.). 68p. (J). 25.30 *(978-0-267-69057-2(6))* Forgotten Bks.

Mixed Marriage (Classic Reprint) Frank Penny. 2018. (ENG., Illus.). 338p. (J). 30.87 *(978-0-483-23238-9(6))* Forgotten Bks.

Mixed Martial Artists. Elizabeth Noll. 2016. (Rank It! Ser.). (ENG.). 32p. (J). (gr. 4-6). 31.35 *(978-1-68072-061-7(9)*, 10235); pap. 9.99 *(978-1-64466-133-8(0)*, 10236) Black Rabbit Bks. (Bolt).

Mixed Martial Arts. Jim Whiting. 2018. (Odysseys in Extreme Sports Ser.). (ENG.). 80p. (J). (gr. 7-10). *(978-1-60818-692-1(X)*, 19876, Creative Education) Creative Co., The.

Mixed Martial Arts (Set), 6 vols. 2022. (Mixed Martial Arts Ser.). (ENG.). 64p. (J). (gr. 5-9). lib. bdg. 213.84 *(978-1-5321-9919-6(8)*, 40627, Abdo & Daughters) ABDO Publishing Co.

Mixed Me! Taye Diggs. ed. 2021. (ENG., Illus.). 32p. (J). (gr. k-1). 19.96 *(978-1-64697-722-2(X))* Penworthy Co., LLC, The.

Mixed Me! Taye Diggs. Illus. by Shane W. Evans. 2021. (ENG.). 32p. (J). pap. 8.99 *(978-1-250-76985-5(X)*, 900233460) Square Fish.

Mixed Media Skills Lab. Sandee Ewasiuk. 2018. (Art Skills Lab Ser.). (Illus.). 32p. (J). (gr. 4-4). pap. *(978-0-7787-5235-6(6))* Crabtree Publishing Co.

Mixed Pickles: A Story for Girls & Boys (Classic Reprint) E. M. Field. 2018. (ENG., Illus.). 284p. (J). 29.75 *(978-0-267-19997-6(X))* Forgotten Bks.

Mixed Up. Gordon Korman. 2023. (ENG.). 256p. (J). (gr. 3-7). 17.99 *(978-1-338-82672-2(7)*, Scholastic Pr.) Scholastic, Inc.

Mixed up - Advanced Search a Word Game: Activity Books for 8 Year Olds. Jupiter Kids. 2016. (ENG., Illus.). 76p. (J). pap. 13.75 *(978-1-68305-409-2(1)*, Jupiter Kids (Childrens & Kids Fiction)) Speedy Publishing LLC.

Mixed up - Beginners Search a Word Game: Activity Books for 5 Year Olds. Jupiter Kids. 2016. (ENG., Illus.). 76p. (J). pap. 13.75 *(978-1-68305-410-8(5)*, Jupiter Kids (Childrens & Kids Fiction)) Speedy Publishing LLC.

Mixed-Up Construction Vehicles. Illus. by Spencer Wilson. 2023. (ENG.). 20p. (J). (— 1). bds. 12.99 *(978-1-914912-38-2(1))* Boxer Bks., Ltd. GBR. Dist: Sterling Publishing Co., Inc.

Mixed-Up Dollhouse (Gabby's Dollhouse Storybook) Violet Zhang. 2021. (ENG.). 24p. (J). (gr. -1-k). pap. 5.99 *(978-1-338-64169-1(7))* Scholastic, Inc.

Mixed-Up Emergency Vehicles. Spencer Wilson. 2023. (ENG.). 20p. (J). (— 1). bds. 12.99 *(978-1-914912-76-4(4))* Boxer Bks., Ltd. GBR. Dist: Sterling Publishing Co., Inc.

Mixed-Up Fairy Tales Story. Darlene Middleton. 2019. (ENG., Illus.). 30p. (J). pap. 13.95 *(978-1-64096-345-0(6))* Newman Springs Publishing, Inc.

Mixed up in Mazes! Kids Activity Book. Activibooks For Kids. 2016. (ENG., Illus.). (J). pap. 6.99 *(978-1-68321-543-1(5))* Mimaxion.

Mixed up! Matched up! Animal Zoo Matching Game Activity Book. Activity Book Zone for Kids. 2016. (ENG., Illus.). (J). pap. 7.55 *(978-1-68376-027-6(1))* Sabeels Publishing.

Mixed-Up Truck. Stephen Savage. 2016. (ENG., Illus.). 32p. (J). 19.99 *(978-1-62672-153-1(X)*, 900140585) Roaring Brook Pr.

Mixed up with Mazes: Super Kids Activity Book. Activibooks For Kids. 2016. (ENG., Illus.). (J). pap. 6.99 *(978-1-68321-544-8(3))* Mimaxion.

Mixed Vintages, a Blend of Essays Old & New. E. V. Lucas. 2017. (ENG., Illus.). (J). pap. *(978-0-649-25542-9(9))* Trieste Publishing Pty Ltd.

Mixed Vintages a Blend of Essays Old & New (Classic Reprint) E. V. Lucas. 2018. (ENG., Illus.). 192p. (J). 27.86 *(978-0-483-70362-9(1))* Forgotten Bks.

Mixing & Separating Materials in My Makerspace. Rebecca Sjonger. 2018. (Matter & Materials in My Makerspace Ser.). 32p. (J). (gr. 2-3). *(978-0-7787-4619-5(4))* Crabtree Publishing Co.

Mixing (Classic Reprint) Bouck White. (ENG., Illus.). (J). 2018. 360p. 31.32 *(978-0-483-51131-6(5))*; 2016. pap. 13.97 *(978-1-334-13301-5(8))* Forgotten Bks.

Mixing Colors at School, 1 vol. Hayma Chopra. 2017. (Wonderful World of Colors Ser.). (ENG.). 24p. (gr. 1-1). pap. 9.25 *(978-1-5383-2171-3(8)*, eea14ea1-51ec-47f5-8acd-35df066550a8, PowerKids Pr.) Rosen Publishing Group, Inc., The.

Mixter Twizzle's Breakfast. Regan W. H. Macaulay. Illus. by Wei Lu. 2018. (ENG.). 44p. (J). (gr. k-3). pap. *(978-1-987976-49-6(5))* Mirror World Publishing.

Mixtures & Solutions. Cassie Meyer. 2023. (Building Blocks of Chemistry Ser.). (ENG.). 42p. (J). pap. *(978-0-7166-4857-4(1))* World Bk.-Childcraft International.

Mixtures & Solutions. Emily Sohn. 2019. (IScience Ser.). (ENG., Illus.). 48p. (J). (gr. 5-6). 23.94 *(978-1-68450-947-8(5))*; pap. 13.26 *(978-1-68404-405-4(7))* Norwood Hse. Pr.

Miyamoto Musashi: Battle Against Yoshioka Clan. Satoru Matsumoto & Marco Daga. Tr. by Paul Meighan. 2020. (ENG.). 164p. (YA). pap. *(978-1-716-56863-3(3))* Lulu Pr., Inc.

Miyamoto Musashi: Sfida Al Clan Yoshioka. Satoru Matsumoto & Marco Daga. 2020. (ITA.). 128p. (YA). pap. *(978-1-716-66272-0(9))* Lulu Pr., Inc.

Miz, 1 vol. Benjamin Proudfit. 2018. (Superstars of Wrestling Ser.). (ENG.). 32p. (J). (gr. 1-2). 28.27 *(978-1-5382-2111-2(X)*, fb54b7a8-7b6f-4cbb-a64e-c96980c0aea0) Stevens, Gareth Publishing LLLP.

Miz Maze; or the Winkworth Puzzle: A Story in Letters (Classic Reprint) Frances Awdry. 2018. (ENG., Illus.). 380p. (J). 31.73 *(978-0-332-72517-8(0))* Forgotten Bks.

Mizpah (Classic Reprint) Brigham Young University. 2018. (ENG., Illus.). 142p. (J). 26.83 *(978-0-267-26674-6(X))* Forgotten Bks.

Mjolnir: A Story about Ultimate. Don Rummelhart. 2018. (ENG., Illus.). 346p. (J). pap. 16.45 *(978-0-9963107-3-4(8))* Skyd LLC.

MJ's Camp Crisis. Wendy L. Brandes. Illus. by Eleonora Lorenzet. 2016. (Summer Camp Ser.). (ENG.). 96p. (J). (gr. 4-6). lib. bdg. 25.32 *(978-1-4965-2598-7(1)*, 130727, Stone Arch Bks.) Capstone.

Mlb. Marty Gitlin. 2020. (Professional Sports Leagues Ser.). (ENG., Illus.). 112p. (J). (gr. 6-12). lib. bdg. 41.36 *(978-1-5321-9206-7(1)*, 34965, Essential Library) ABDO Publishing Co.

Mlb All Stars 2019: The Ultimate Baseball Coloring, Activity & STATS Book for Adults & Kids. Anthony Curcio. 2018. (All Star Sports Coloring Ser.: Vol. 7). (ENG., Illus.). 130p. (J). pap. 8.99 *(978-0-9980307-1-5(6))* Sportiva Bks.

MLB All-Time Greats Set 2 (Set Of 12) 2022. (MLB All-Time Greats Set 2 Ser.). (ENG.). 288p. (J). (gr. 3-3). pap. 107.40 *(978-1-63494-526-4(3))*; lib. bdg. 342.00 *(978-1-63494-500-4(X))* Pr. Room Editions LLC.

MLB All-Time Greats (Set Of 8) Brendan Flynn. 2021. (MLB All-Time Greats Ser.). (ENG.). (J). (gr. 3-3). pap. 71.60 *(978-1-63494-306-2(6))*; lib. bdg. 228.00 *(978-1-63494-288-1(4))* Pr. Room Editions LLC.

MLB Encyclopedia Brendan Flynn. 2021. (Sports Encyclopedias Ser.). (ENG., Illus.). 192p. (J). (gr. 4-8). lib. bdg. 49.93 *(978-1-5321-9690-4(3)*, 38474, Early Encyclopedias) ABDO Publishing Co.

MLB Hot Streaks. Emma Huddleston. 2019. (Hot Streaks Ser.). (ENG.). 32p. (J). (gr. 3-6). lib. bdg. 35.64 *(978-1-5038-3229-9(5)*, 213308, MOMENTUM) Child's World, Inc, The.

Mlb (mlb) B. Keith Davidson. Tr. by Jean Pierre Gaston. 2021. (Lig Espò Pi Gwo a (Major League Sports) Ser.). (CRP.). (J). (gr. 3-9). pap. *(978-1-0396-2203-6(8))*, 10147, Crabtree Branches) Crabtree Publishing Co.

MLB's Greatest Teams (Set), 8 vols. 2018. (MLB's Greatest Teams Ser.). (ENG.). 32p. (J). (gr. 2-5). lib. bdg. 273.76 *(978-1-5321-1513-4(X)*, 28862, Big Buddy Bks.) ABDO Publishing Co.

MLB's Greatest Teams Set 2 (Set), 8 vols. 2018. (MLB's Greatest Teams Ser.). (ENG.). 32p. (J). (gr. 2-5). lib. bdg. 273.76 *(978-1-5321-1805-0(8)*, 30656, Big Buddy Bks.) ABDO Publishing Co.

Mls. Jon Marthaler. 2020. (Professional Sports Leagues Ser.). (ENG., Illus.). 112p. (J). (gr. 6-12). lib. bdg. 41.36 *(978-1-5321-9207-4(X)*, 34967, Essential Library) ABDO Publishing Co.

Mls (mls) B. Keith Davidson. Tr. by Jean Pierre Gaston. 2021. (Lig Espò Pi Gwo a (Major League Sports) Ser.). (CRP.). (J). (gr. 3-9). pap. *(978-1-0396-2204-3(6))*, 10148, Crabtree Branches) Crabtree Publishing Co.

Mm. Bela Davis. 2016. (Alphabet Ser.). (ENG., Illus.). 24p. (J). (gr. -1-2). lib. bdg. 31.36 *(978-1-68080-889-6(3)*, 23253, Abdo Kids) ABDO Publishing Co.

Mm (Spanish Language) Maria Puchol. 2017. (Abecedario (the Alphabet) Ser.). (SPA.). 24p. (J). (gr. -1-2). lib. bdg. 31.36 *(978-1-5321-0312-4(3)*, 27187, Abdo Kids) ABDO Publishing Co.

MMA: Female Fighters. Contrib. by Frazer Andrew Krohn. 2022. (Mixed Martial Arts Ser.). (ENG.). 64p. (J). (gr. 5-9). lib. bdg. 35.64 *(978-1-5321-9920-2(1)*, 40629, Abdo & Daughters) ABDO Publishing Co.

MMA: Ferocious Fighting Styles. Contrib. by Frazer Andrew Krohn. 2022. (Mixed Martial Arts Ser.). (ENG.). 64p. (J). (gr. 5-9). lib. bdg. 35.64 *(978-1-5321-9921-9(X)*, 40631, Abdo & Daughters) ABDO Publishing Co.

MMA: Heroic History. Contrib. by Frazer Andrew Krohn. 2022. (Mixed Martial Arts Ser.). (ENG.). 64p. (J). (gr. 5-9). lib. bdg. 35.64 *(978-1-5321-9922-6(8)*, 40633, Abdo & Daughters) ABDO Publishing Co.

MMA: Lasting Legends. Contrib. by Frazer Andrew Krohn. 2022. (Mixed Martial Arts Ser.). (ENG., Illus.). 64p. (J). (gr. 5-9). lib. bdg. 35.64 *(978-1-5321-9923-3(6)*, 40635, Abdo & Daughters) ABDO Publishing Co.

MMA: Targeted Training. Contrib. by Frazer Andrew Krohn. 2022. (Mixed Martial Arts Ser.). (ENG., Illus.). 64p. (J). (gr. 5-9). lib. bdg. 35.64 *(978-1-5321-9924-0(4)*, 40637, Abdo & Daughters) ABDO Publishing Co.

MMA: UFC Unleashed. Contrib. by Frazer Andrew Krohn. 2022. (Mixed Martial Arts Ser.). (ENG., Illus.). 64p. (J). (gr. 5-9). lib. bdg. 35.64 *(978-1-5321-9925-7(2)*, 40639, Abdo & Daughters) ABDO Publishing Co.

Mmm, Cookies! Robert Munsch. Illus. by Michael Martchenko. 2019. (ENG.). 32p. (J). pap. 7.99 *(978-0-590-51694-5(9))* Scholastic Canada, Ltd. CAN. Dist: Publishers Group West (PGW).

Mmm! INSECTALICIOUS! Paula G. Illus. by Baby D & Baby M. 2019. (ENG.). 32p. (J). *(978-1-5255-6036-1(0))*; pap. *(978-1-5255-6037-8(9))* FriesenPress.

MMoMM SQUAD: The Golden Egg. Aaron E. Heredia. 2019. (ENG.). 34p. (J). pap. 14.95 *(978-1-64569-513-4(1))* Christian Faith Publishing.

MMORPGs in Minecraft. Josh Gregory. 2019. (21st Century Skills Innovation Library: Unofficial Guides Junior Ser.). (ENG.). 24p. (J). (gr. 2-4). pap. 12.79 *(978-1-5341-3981-7(8)*, 212753); (Illus.). lib. bdg. 30.64 *(978-1-5341-4325-8(4)*, 212752) Cherry Lake Publishing.

MN Memories, 2004-2005 (Classic Reprint) Marple Newtown Senior High School. 2017. (ENG., Illus.). (J). 27.75 *(978-0-331-16900-3(2))*; pap. 10.57 *(978-0-260-11997-1(0))* Forgotten Bks.

Mnemophobia & Chronophobia. Chris Dingess. 2017. (ENG., Illus.). 136p. (YA). pap. 16.99 *(978-1-5343-0230-3(1)*, fad877c5-e7b9-4410-8a35-3c859c29b304) Image Comics.

Mnidoosh Miinwaa E-Zhaash'sid: The Bug & the Slug. Edwin Taylor. Illus. by Mattéa Tabor. 2021. (ENG.). 32p. (J). pap. *(978-0-2288-6104-1(7))* Tellwell Talent.

Mnon Or: Or Well-Nigh Reconstructed; a Political Novel (Classic Reprint) Brinsley Matthews. 2018. (ENG., Illus.). 282p. (J). 29.73 *(978-0-428-96757-4(4))* Forgotten Bks.

Mnoomin Maan'gowing / the Gift of Mnoomin. Brittany Luby. Tr. by Mary Ann Corbiere. Illus. by Joshua Mangeshig Pawis-Steckley. 2023. 36p. (J). (gr. -1-1). 21.99 *(978-1-77306-846-6(6))* Groundwood Bks. CAN. Dist: Publishers Group West (PGW).

Mo & Beau 2. Vanya Nastanlieva. Illus. by Vanya Nastanlieva. 2021. (ENG., Illus.). 40p. (J). (gr. -1-1). 15.95 *(978-1-927018-97-2(8))* Simply Read Bks. CAN. Dist: Ingram Publisher Services.

Mo & Ela. Kazim Mohammed. 2017. (ENG., Illus.). 32p. (J). pap. *(978-1-387-13462-5(0))* Lulu Pr., Inc.

Mo & June's Colorful Summer. Stacy Marie. 2019. (ENG., Illus.). 80p. (J). (gr. 4-6). pap. 7.99 *(978-1-970068-44-3(2))* Kingston Publishing Co.

Mo Gapa Bahi. Santwana Dash. 2023. (ORI.). 74p. (J). pap. 12.00 *(978-1-64560-417-4(9))* Black Eagle Bks.

Mo Has a Problem. Scott M. Campbell. Illus. by Eric Hawkins. 2nd ed. 2021. (Book of Mo Ser.). (ENG.). 40p. (J). 20.99 *(978-0-578-33993-1(5))* Campbell, Scott.

Mo Has a Problem. Scott M. Campbell. Illus. by Eric K. Hawkins. 2021. (ENG.). 38p. (J). pap. 16.99 *(978-1-0880-0126-4(2))* Indy Pub.

Mo in the Snow: Padded Board Book. IglooBooks. 2018. (ENG.). 26p. (J). (-k). bds. 8.99 *(978-1-4998-8198-1(3))* Igloo Bks. GBR. Dist: Simon & Schuster, Inc.

Mo Me Da Miedo la Oscuridad (bueno, No Mucho) I'm Not (Very) Afraid of the Dark. Anna Milbourne. 2019. (I'm Not (Very) Afraid of the Dark Ser.). (SPA.). 32ppp. (J). 16.99 *(978-0-7945-4810-0(5)*, Usborne) EDC Publishing.

Mo' Money, Mo' Problems: How to Avoid the Mistakes People Make with Money & Build the Life YOU Want. Ian Saciuk. 2022. (ENG.). 282p. (YA). *(978-1-0391-4510-8(8))*; pap. *(978-1-0391-4509-2(4))* FriesenPress.

Mo Odia Abhyasa Bahi: My Odia Activity Book. Santwana Dash. 2021. (ORI.). 76p. (J). pap. 8.00 *(978-1-64560-195-1(1))* Black Eagle Bks.

Mo Odia Bahi: My Odia Book. Santwana Dash. 2021. (ORI.). 118p. (J). pap. 15.00 *(978-1-64560-182-1(X))* Black Eagle Bks.

Mo Willems. Julie Murray. 2021. (Children's Authors Ser.). (ENG.). 24p. (J). (gr. -1-2). lib. bdg. 32.79 *(978-1-0982-0724-3(6)*, 38210, Abdo Kids) ABDO Publishing Co.

Moana. Tony Fejeran. Illus. by Griselda Sastrawinata-Lemay. 2016. (J). *(978-1-5182-2105-7(X)*, Golden Bks.) Random Hse. Children's Bks.

Moana. Alessandro Ferrari. Illus. by Luca Bertelè & Veronica Di Lorenzo. 2020. (Disney Princesses Ser.). (ENG.). 52p. (J). (gr. 2-6). lib. bdg. 32.79 *(978-1-5321-4563-6(2)*, 35210, Graphic Novels) Spotlight.

Moana: Read-Along Storybook & CD. Rena Owen. 2016. (Illus.). (J). *(978-1-5182-2280-1(3))* Disney Publishing Worldwide.

Moana: The Deluxe Junior Novelization. Adapted by Suzanne Francis. 2016. (Illus.). 140p. (J). *(978-1-5182-2360-0(5))* Random Hse., Inc.

Moana & Pua. Melissa Lagonegro. ed. 2019. (Step into Reading Ser.). (ENG.). 24p. (J). (gr. k-1). 14.96 *(978-1-64310-864-3(6))* Penworthy Co., LLC, The.

Moana & Pua (Disney Moana) Melissa Lagonegro. Illus. by Disney Storybook Disney Storybook Art Team. 2019. (Step into Reading Ser.). (ENG.). 24p. (J). (gr. -1-1). 5.99 *(978-0-7364-3957-2(9)*, RH/Disney) Random Hse. Children's Bks.

Moana Big Golden Book (Disney Moana) RH Disney. Illus. by RH Disney. 2016. (Big Golden Book Ser.). (ENG., Illus.). 48p. (J). (gr. -1-2). 10.99 *(978-0-7364-3602-1(2)*, Golden/Disney) Random Hse. Children's Bks.

Moana Finds the Way (Disney Moana) RH Disney. Illus. by RH Disney. 2016. (Step into Reading Ser.). (ENG., Illus.). 24p. (J). (gr. -1-1). pap. 5.99 *(978-0-7364-3644-1(8)*, RH/Disney) Random Hse. Children's Bks.

Moana Junior Novelization. Random House Disney. Illus. by Random House Disney. ed. 2016. (Junior Novel Ser.). (ENG., Illus.). 144p. (J). (gr. 2-5). 17.20 *(978-0-606-39357-7(9))* Turtleback.

Moana Little Golden Book (Disney Moana) Laura Hitchcock. Illus. by Griselda Sastrawinata-Lemay. 2016. (Little Golden Book Ser.). (ENG.). 24p. (J). (-k). 4.99 *(978-0-7364-3603-8(0)*, Golden/Disney) Random Hse. Children's Bks.

Moana ReadAlong Storybook & CD. Disney Books. ed. 2016. (Read-Along Storybook & CD Ser.). (ENG., Illus.). 32p. (J). (gr. 1-3). pap. 6.99 *(978-1-4847-4361-4(X)*, Disney Press Books) Disney Publishing Worldwide.

Moana: the Junior Novelization (Disney Moana) RH Disney. Illus. by RH Disney. 2016. (ENG., Illus.). 144p. (J). (gr. 2-5). 6.99 *(978-0-7364-3600-7(6)*, RH/Disney) Random Hse. Children's Bks.

Moana's New Friend. Jennifer Liberts. ed. 2019. (Step into Reading Ser.). (ENG., Illus.). 24p. (J). (gr. k-1). 14.96 *(978-0-87617-563-7(9))* Penworthy Co., LLC, The.

Moana's New Friend (Disney Moana) Jennifer Liberts. Illus. by Disney Storybook Disney Storybook Art Team. 2019. (Step into Reading Ser.). (ENG.). 24p. (J). (gr. -1-1). 5.99 *(978-0-7364-3991-6(9))*; 12.99 *(978-0-7364-8279-0(2))* Random Hse. Children's Bks. (RH/Disney).

Moana's Story Collection (Disney Princess) Random House. Illus. by Disney Storybook Disney Storybook Art Team. 2023. (Step into Reading Ser.). (ENG.). 144p. (J). (gr. -1-1). 7.99 *(978-0-7364-4360-9(6)*, RH/Disney) Random Hse. Children's Bks.

Moaning Morris. Ginny Adair-Franklin. 2018. (ENG., Illus.). 30p. (J). pap. *(978-1-78623-322-6(3))* Grosvenor Hse. Publishing Ltd.

Mob of Meerkats. Martha E. H. Rustad. 2019. (Animal Groups Ser.). (ENG., Illus.). 24p. (J). (gr. -1-2). pap. 6.95 *(978-1-9771-1044-2(4)*, 141120); lib. bdg. 27.32 *(978-1-9771-0948-4(9)*, 140547) Capstone. (Pebble).

MOBA Games. Ashley Gish. 2023. (Video Games Ser.). (ENG., Illus.). 32p. (J). lib. bdg. 31.35 *(978-1-63738-573-9(0)*, Apex) North Star Editions.

MOBA Games. Contrib. by Ashley Gish. 2023. (Video Games Ser.). (ENG., Illus.). 32p. (J). pap. 9.95 *(978-1-63738-627-9(3)*, Apex) North Star Editions.

Mobile Continent White Band. Chris Oxlade. ed. 2016. (Cambridge Reading Adventures Ser.). (ENG., Illus.). 32p. pap. 9.50 *(978-1-316-60067-2(X))* Cambridge Univ. Pr.

Mobile Crane. Samantha Bell. 2018. (21st Century Basic Skills Library: Level 1: Welcome to the Construction Site Ser.). (ENG., Illus.). 24p. (J). (gr. k-3). lib. bdg. 30.64 *(978-1-5341-2922-1(7)*, 211732) Cherry Lake Publishing.

Mobile Suit Gundam WING 10: Glory of the Losers. Katsuyuki Sumizawa. Illus. by Tomofumi Ogasawara. 2019. (Gundam Wing Ser.: 10). (ENG.). 176p. (YA). (gr. 8-12). pap. 12.95 *(978-1-947194-27-4(5)*, Vertical Comics) Vertical, Inc.

Mobile Suit Gundam WING 8: Glory of the Losers. Katsuyuki Sumizawa. Illus. by Tomofumi Ogasawara. 2018. (Gundam Wing Ser.: 8). (ENG.). 176p. (YA). (gr. 8-12). pap. 12.95 *(978-1-947194-16-8(X)*, Vertical Comics) Vertical, Inc.

Mobile Suit Gundam WING 9: Glory of the Losers. Katsuyuki Sumizawa. Illus. by Tomofumi Ogasawara. 2018. (Gundam Wing Ser.: 9). (ENG.). 176p. (YA). (gr. 8-12). pap. 12.95 *(978-1-947194-22-9(4)*, Vertical Comics) Vertical, Inc.

Mobilians: Or Talks about the South (Classic Reprint) Sutton Selwyn Scott. (ENG., Illus.). (J). 2018. 172p. 27.44 *(978-0-483-67627-5(6))*; 2016. pap. 9.97 *(978-1-333-37185-2(3))* Forgotten Bks.

Mobility & Displacement: Nomadism, Identity & Postcolonial Narratives in Mongolia. Orhon Myadar. 2021. (ENG., Illus.). 138p. (YA). pap. *(978-0-367-55220-6(5))* Routledge, Chapman & Hall, Inc.

Mobs in the Mine: An Unofficial Minetrapped Adventure, #2. Winter Morgan. 2016. (Unofficial Minetrapped Adventure Ser.: 2). (ENG.). 112p. (J). (gr. 1-7). pap. 7.99 *(978-1-5107-0598-2(8)*, Sky Pony Pr.) Skyhorse Publishing Co., Inc.

Mobs in the Overworld! Nick Eliopulos. ed. 2021. (Step into Reading Ser.). (ENG., Illus.). 31p. (J). (gr. 2-3). 15.96 *(978-1-68505-010-8(7))* Penworthy Co., LLC, The.

Mobs in the Overworld! (Minecraft) Nick Eliopulos. Illus. by Alan Batson. 2021. (Step into Reading Ser.). (ENG.). 32p. (J). (gr. k-3). 5.99 *(978-0-593-37270-8(0)*, Random Hse. Bks. for Young Readers) Random Hse. Children's Bks.

Mobs Rule! (Minecraft Stonesword Saga #2) Nick Eliopulos. 2022. (Minecraft Stonesword Saga Ser.). (ENG., Illus.). 144p. (J). (gr. 1-4). 9.99 *(978-1-9848-5075-1(X))*; lib. bdg. 12.99 *(978-1-9848-5076-8(8))* Random Hse. Children's Bks. (Random Hse. Bks. for Young Readers).

Mobsley's Mohicans: A Tale of Two Terms (Classic Reprint) Harold Avery. 2017. (ENG., Illus.). (J). 30.74 *(978-1-5279-5005-4(0))* Forgotten Bks.

Moby Dick. Illus. by Adam Horsepool. 2017. (10 Minute Classics Ser.). (ENG.). 32p. (J). (gr. 1-5). 16.99 *(978-1-4867-1200-7(2)*, c7b4148a-fe8e-42d3-880d-96cf96985bd5) Flowerpot Pr.

Moby-Dick. Herman. Melville. 2021. (ENG.). 428p. (J). (gr. 3-7). pap. 13.99 *(978-1-4209-7555-0(2))* Digireads.com Publishing.

Moby Dick. Herman. Melville. 2019. (ENG.). 320p. (J). (gr. 3-7). *(978-1-989631-64-5(9))* OMNI Publishing.

Moby-Dick: A Pop-Up Book from the Novel by Herman Melville (Pop up Books for Adults & Kids, Classic Books for Kids, Interactive Books for Adults & Children) Illus. by Joëlle Jolivet. 2019. (ENG.). 16p. 40.00 *(978-1-4521-7384-9(2))* Chronicle Bks. LLC.

Moby Dick: Ilustrado. Ed. by Jonathan Tayupanta. Illus. by Jesus Duran. 2020. (Ariel Juvenil Ilustrada Ser.: Vol. 52). (SPA.). 136p. (J). pap. *(978-9978-18-564-3(X))* Radmandi Editorial, Compania Ltd.

Moby Dick: a BabyLit(TM) Storybook: A BabyLit(TM) Storybook, 1 vol. Illus. by Annabel Tempest. 2017. (BabyLit Ser.). 28p. (gr. -1-k). 12.99 *(978-1-4236-4784-3(X))* Gibbs Smith, Publisher.

Moby Dick. Bilingue. Herman. Melville. 2018. (SPA.). 88p. (J). (gr. 1-7). pap. 7.95 *(978-607-453-489-4(6))* Selector, S.A. de C.V. MEX. Dist: Spanish Pubs., LLC.

Moby-Dick; or, the Whale. Herman. Melville. 2021. (ENG.). 532p. (YA). 35.00 *(978-0-9843093-7-5(3))* Curiouser Hse. Publishing.

Moby Dick; or the Whale. Herman. Melville. 2020. (ENG.). 560p. (YA). 21.99 *(978-1-64798-519-6(6))* Wyatt North.

Moby Lane (Classic Reprint) A. Neil Lyons. 2018. (ENG., Illus.). 344p. (J). 31.01 *(978-0-483-64952-1(X))* Forgotten Bks.

Moby the Goby: Is a Climbing Fish. Johnnie Perkins. Illus. by Kate Kutsenko. 2022. (ENG.). 38p. (J). 39.50 *(978-1-4357-1024-5(X))* Lulu Pr., Inc.

Mocassins D'eau. Tracy Nelson Maurer. Tr. by Annie Evearts. 2021. (Serpents Dangereux (Dangerous Snakes) Ser.).Tr. of Cottonmouths. (FRE.). 24p. (J). (gr. k-2). pap. *(978-1-0396-0872-6(8),* 13638) Crabtree Publishing Co.

Moccasin Maker (Classic Reprint) E. Pauline Johnson. 2018. (ENG., Illus.). 242p. (J). 28.89 *(978-0-483-63917-1(6))* Forgotten Bks.

Moccasin Ranch: A Story of Dakota (Classic Reprint) Hamlin Garland. 2017. (ENG., Illus.). (J). 27.01 *(978-1-5279-6841-7(3))* Forgotten Bks.

Moccasins of Gold (Classic Reprint) Norman Way. (ENG., Illus.). (J). 2018. 316p. 30.41 *(978-0-267-00369-3(2))*; 2017. pap. 13.57 *(978-0-243-95967-9(2))* Forgotten Bks.

Mocha. Lou Shavell. 2019. (ENG.). 28p. (J). pap. 12.95 *(978-1-64349-847-8(9))* Christian Faith Publishing.

Mocha & Her Book of Opposites. Christina Crosby. 2020. (ENG., Illus.). 26p. (J). 23.95 *(978-1-6624-3936-0(9))*; pap. 13.95 *(978-1-6624-0089-6(6))* Page Publishing Inc.

Mochila: A Missionaries Adventure. Terry Nantz Spradlin. 2020. (ENG.). 48p. (J). 34.99 *(978-1-63221-948-0(4))*; pap. 24.99 *(978-1-63221-947-3(6))* Salem Author Services.

Mochila de Cuentos. Luis Bernardo Pérez. 2022. (SPA.). 128p. (J). pap. 11.95 *(978-607-07-5464-7(6))* Editorial Planeta, S. A. ESP. Dist: Two Rivers Distribution.

Mock Auction: Ossawatomie Sold, a Mock Heroic Poem (Classic Reprint) Mann Satterwhite Valentine. (ENG., Illus.). (J). 2018. 284p. 29.77 *(978-0-483-45184-1(3))*; 2017. pap. 13.57 *(978-0-259-24568-1(2))* Forgotten Bks.

Mock Trial: For Breach of Promise (Classic Reprint) G. a Doremus. 2018. (ENG., Illus.). 30p. (J). 24.54 *(978-0-365-24187-4(3))* Forgotten Bks.

Mockery: A Tale of Deceptions (Classic Reprint) Alex Macfarlan. 2018. (ENG., Illus.). 306p. (J). 30.21 *(978-0-483-19733-6(5))* Forgotten Bks.

Mocking Bards: A Collection of Parodies, Burlesques & Imitations (Classic Reprint) Ralph Aberdein Lyon. 2019. (ENG., Illus.). 72p. (J). 25.40 *(978-0-365-09485-2(4))* Forgotten Bks.

Mocking Bird's Breed (Classic Reprint) Jennie McMillan. 2017. (ENG., Illus.). (J). 29.94 *(978-0-266-73253-2(4))*; pap. 13.57 *(978-1-5276-9453-8(4))* Forgotten Bks.

Mockingbird in Mark Twain's Hat. Kaia Alexander. 2020. (ENG.). 154p. (J). pap. 14.95 *(978-1-949001-91-4(1))* Waterside Pr.

Mockingbird's Coloring Book: It's a Coloring Book That You Can Color (Do My Job for Me) Ben Mock. 2023. (ENG.). 66p. (J). pap. ***(978-1-312-78537-3(3))*** Lulu Pr., Inc.

Modales Importantes! (Manners Matters in Spanish)-Paperback. Evelyn H. Armstrong & Omar Reyes. 2020. (SPA.). 57p. (J). pap. *(978-1-716-78961-8(3))* Lulu Pr., Inc.

Mode e Muse. Silvana Mariani. 2017. (ITA., Illus.). 48p. (J). pap. *(978-0-244-93750-8(8))* Lulu Pr., Inc.

Model Behavior: Charlotte. Nicole A. Davis. Illus. by Billy Pondexter Jr. 2019. (ENG.). 50p. (YA). pap. 23.95 *(978-1-9736-5055-3(X),* WestBow Pr.) Author Solutions, LLC.

Model Book of Dreams, Fortune Teller, & Epitome of Parlor Entertainments: Comprising Interpretation of Dreams, Fortune Telling, Charades, Tableaux Vivants, Parlor Games, Parlor Magic, Scientific Amusements, etc;, etc (Classic Reprint) Henry Temple. 2018. (ENG., Illus.). 348p. (J). 31.07 *(978-0-483-83880-2(2))* Forgotten Bks.

Model Course in Touch Typewriting, Vol. 1: Supplement to Part I (Classic Reprint) George Moffat James. 2017. (ENG., Illus.). (J). 40p. 24.72 *(978-0-332-98047-8(2))*; pap. 7.97 *(978-0-259-86499-8(4))* Forgotten Bks.

Model Elementary Arithmetic: Oral & Written. Part I. Edward Gideon. 2017. (ENG., Illus.). (J). pap. *(978-0-649-47865-1(7))* Trieste Publishing Pty Ltd.

Model Fourth Reader: In Two Parts, for Intermediate & Higher Grades (Classic Reprint) John Russell Webb. (ENG., Illus.). (J). 2018. 516p. 34.54 *(978-0-483-60275-5(2))*; 2016. pap. 16.97 *(978-1-333-22834-7(1))* Forgotten Bks.

Model House: A Comedy in Five Acts (Classic Reprint) Unknown Author. (ENG., Illus.). (J). 2018. 114p. 26.25 *(978-0-365-10817-7(0))*; 2017. pap. 9.57 *(978-0-259-19558-0(8))* Forgotten Bks.

Model Landlord (Classic Reprint) M. A. Holt. 2018. (ENG., Illus.). 218p. (J). 28.39 *(978-0-483-97098-4(0))* Forgotten Bks.

Model Locomotive: Its Design & Construction; a Practical Manual on the Building & Management of Miniature Railway Engines (Classic Reprint) Henry Greenly. 2017. (ENG., Illus.). (J). 29.67 *(978-0-331-31717-6(6))* Forgotten Bks.

Model Maker: Craft & Play: Craft Box Set for Kids. IglooBooks. Illus. by Kristen Humphrey. 2022. (ENG.). 24p. (J). (gr. k). pap. 14.99 *(978-1-80368-851-0(3))* Igloo Bks. GBR. Dist: Simon & Schuster, Inc.

Model Mania: The Fabulous Diary of Persephone Pinchgut. Aleesah Darlison. Illus. by Serena Geddes. 2021. (Totally Twins Ser.). (ENG.). 162p. (J). (gr. 2-6). 16.99 *(978-1-913639-37-2(1),* b8211e66-b7c5-4c84-98fa-4c5c9b6e049b) New Frontier Publishing AUS. Dist: Lerner Publishing Group.

Model Mania: The Fabulous Diary of Persephone Pinchgut. Aleesah Darlison. Illus. by Serena Geddes. 2016. (Totally Twins Ser.: 2). (ENG.). 160p. (J). 8.99 *(978-1-78226-296-1(2),* a918bb1b-85f7-40cf-afc5-432f14e97813) Sweet Cherry Publishing GBR. Dist: Baker & Taylor Publisher Services (BTPS).

Model Men & Model Women & Children (Classic Reprint) Horace Mayhew. (ENG., Illus.). (J). 2018. 226p. 28.56 *(978-0-364-18269-7(5))*; 2017. pap. 10.97 *(978-0-243-41287-7(8))* Forgotten Bks.

Model Merchant of the Middle Ages. Samuel Lysons. 2017. (ENG., Illus.). 108p. (J). pap. *(978-3-337-10288-3(3))* Creation Pubs.

Model Merchant of the Middle Ages, Exemplified in the Story of Whittington & His Cat (Classic Reprint) Samuel Lysons. 2018. (ENG., Illus.). 112p. (J). 26.21 *(978-0-364-24801-0(7))* Forgotten Bks.

Model Second Reader: Sentence Method (Classic Reprint) John Russell Webb. (ENG., Illus.). (J). 2018. 184p. 27.69 *(978-0-364-53172-3(X))*; 2017. pap. 10.57 *(978-0-259-50006-3(2))* Forgotten Bks.

Model Speaker & Reciter: Being a Standard Work on Composition & Oratory; Containing Rules for Expressing Written Thought in a Correct & Elegant Manner, Selections from the Most Famous Authors, Subjects for Compositions & How to Treat Them. Henry Davenport Northrop. (ENG., Illus.). (J). 2018. 260p. 29.26 *(978-0-483-63295-4(8))*; 2017. pap. 11.57 *(978-0-243-31388-4(8))* Forgotten Bks.

Model T to Self-Driving Cars. Jennifer Colby. 2019. (21st Century Junior Library: Then to Now Tech Ser.). (ENG.). 24p. (J). (gr. 2-5). pap. 12.79 *(978-1-5341-5015-7(3),* 213367); (Illus.). lib. bdg. 30.64 *(978-1-5341-4729-4(2),* 213366) Cherry Lake Publishing.

Model Third Reader (Classic Reprint) John Russell Webb. 2017. (ENG., Illus.). (J). 30.74 *(978-0-266-72116-1(8))*; pap. 13.57 *(978-1-5276-7790-6(7))* Forgotten Bks.

Model Trains: Creating Tabletop Railroads. David Jefferis. 2018. (Model-Making Mindset Ser.). 32p. (J). (gr. 5-5). *(978-0-7787-5017-8(5))* Crabtree Publishing Co.

Model Undercover: London. Carina Axelsson. 2016. (Model Undercover Ser.: 3). (ENG.). 368p. (J). (gr. 5-8). pap. 6.99 *(978-1-4926-2088-4(2))* Sourcebooks, Inc.

Modeling Clay with 3 Basic Shapes: Model More Than 40 Animals with Teardrops, Balls, & Worms. Bernadette Cuxart. ed. 2018. (Modeling Clay Ser.). (ENG.). 95p. (J). (gr. 1-3). 22.96 *(978-1-64310-346-4(6))* Penworthy Co., LLC, The.

Modeling Clay with 3 Basic Shapes: Model More Than 40 Animals with Teardrops, Balls, & Worms. Bernadette Cuxart. 2016. (ENG., Illus.). 96p. (J). (gr. 2-7). pap. 12.99 *(978-1-4380-0908-7(9))* Sourcebooks, Inc.

Modelos. (One Hundred One Things to Do Ser.).Tr. of Models. (SPA.). (J). (gr. 3-5). pap. 4.76 *(978-950-724-206-9(6))* Lumen ARG. Dist: Lectorum Pubns., Inc.

Models see Modelos

Models & Designs. Emily Sohn. 2019. (IScience Ser.). (ENG., Illus.). 48p. (J). (gr. 5-6). 23.94 *(978-1-68450-946-1(7))*; pap. 13.26 *(978-1-68404-406-1(5))* Norwood Hse. Pr.

Models on the Runway Coloring Book. Jupiter Kids. 2016. (ENG., Illus.). 106p. (J). pap. 12.55 *(978-1-68326-353-1(7),* Jupiter Kids (Childrens & Kids Fiction)) Speedy Publishing LLC.

Moderate Man: And Other Verses (Classic Reprint) Edwin Hamilton. (ENG., Illus.). (J). 2018. 112p. 26.23 *(978-0-484-60632-5(8))*; 2016. pap. 9.57 *(978-1-334-11856-2(6))* Forgotten Bks.

Moderation: A Tale (Classic Reprint) Hofland. 2017. (ENG., Illus.). 278p. (J). 29.63 *(978-0-484-28582-7(3))* Forgotten Bks.

Modern Accomplishments, or the March of Intellect (Classic Reprint) Catherine Sinclair. 2018. (ENG., Illus.). 384p. (J). 31.82 *(978-0-666-97107-4(2))* Forgotten Bks.

Modern Adam & Eve in a Garden (Classic Reprint) Amanda Minnie Douglas. (ENG., Illus.). (J). 2018. 426p. 32.68 *(978-0-267-39525-5(6))*; 2016. pap. 16.57 *(978-1-334-13256-8(9))* Forgotten Bks.

Modern Age, 1 vol. Enzo George. 2016. (Primary Sources in World History Ser.). (ENG.). 48p. (gr. 6-6). 33.07 *(978-1-5026-1828-3(1),* 8a27b5d6-923c-4933-969a-632ec09a04e4) Cavendish Square Publishing LLC.

Modern American Poetry: An Anthology (Classic Reprint) Louis Untermeyer. 2017. (ENG., Illus.). (J). 33.30 *(978-0-266-55950-4(6))* Forgotten Bks.

Modern American Poetry: An Introduction (Classic Reprint) Louis Untermeyer. 2018. (ENG., Illus.). 192p. (J). 27.86 *(978-0-483-78854-1(6))* Forgotten Bks.

Modern Antaeus (Classic Reprint) Laurence Housman. (ENG., Illus.). (J). 2018. 540p. 35.05 *(978-0-428-75529-4(1))*; 2017. pap. 19.57 *(978-1-334-90076-1(0))* Forgotten Bks.

Modern Antique: A Florentine Story (Classic Reprint) Riccardo Nobili. 2018. (ENG., Illus.). 332p. (J). 30.76 *(978-0-666-46505-4(3))* Forgotten Bks.

Modern Antæus (Classic Reprint) Unknown Author. 2018. (ENG., Illus.). 524p. (J). 34.72 *(978-0-666-85486-5(6))* Forgotten Bks.

Modern Apollos (Classic Reprint) Robert McIntyre. (ENG., Illus.). (J). 2018. 382p. 31.96 *(978-0-332-76176-3(2))*; 2017. pap. 16.57 *(978-0-243-28078-0(5))* Forgotten Bks.

Modern Arabia Displayed: In Four Tales Illustrative of the Manners & Customs of the Arabians in the Last Century (Classic Reprint) Unknown Author. 2018. (ENG., Illus.). 172p. (J). 27.44 *(978-0-267-86154-5(0))* Forgotten Bks.

Modern Architecture. Joyce Markovics. 2023. (Building Big Ser.). (ENG., Illus.). 32p. (J). (gr. 4-6). pap. 14.21 *(978-1-6689-2087-9(5),* 222065); lib. bdg. 32.07 *(978-1-6689-1985-9(0),* 221963) Cherry Lake Publishing.

Modern Art Explorer: Modern Art Explorer: Discover the Stories Behind Artworks by Matisse, Kahlo & More... Alice Harman. Illus. by Serge Bloch. 2020. (ENG.). 96p. (J). (gr. 4-7). 19.95 *(978-0-500-65220-6(1),* 565220) Thames & Hudson.

Modern Art for Kids: Hands-On Art & Craft Activities Inspired by the Masters. Stephanie Ho Poon. Illus. by Shannon Yeung. 2023. (Art Stars Ser.). (ENG.). 128p. (J). (gr. 1-5). pap. 19.99 *(978-0-7603-8207-3(7),* 420423, Quarry Bks.) Quarto Publishing Group USA.

Modern Art Journal. Mary Richards. 2018. (ENG., Illus.). 112p. (J). (gr. 5-17). pap. 17.99 *(978-1-84976-450-6(6))* Tate Publishing, Ltd. GBR. Dist: Hachette Bk. Group.

Modern Art Styles Coloring Book. Activity Attic. 2016. (ENG., Illus.). (J). pap. 7.74 *(978-1-68323-939-0(3))* Twin Flame Productions.

Modern Broods: Or Developments Unlooked for (Classic Reprint) Charlotte Mary Yonge. 2018. (ENG., Illus.). 334p. (J). 30.79 *(978-0-484-30090-2(3))* Forgotten Bks.

Modern Business Speller: Designed for Use in Commercial Schools (Classic Reprint) Gustavus Sylvester Kimball. 2017. (ENG., Illus.). (J). pap. 9.57 *(978-0-282-70507-4(4))* Forgotten Bks.

Modern Chemistry: Student Edition 2017. Houghton Mifflin Harcourt. 2016. (Modern Chemistry Ser.). (ENG.). 960p. (J). (gr. 9-12). 103.25 *(978-0-544-76506-1(0))* Houghton Mifflin Harcourt Publishing Co.

Modern Chemistry: Student Next Generation Science Guide. Holt McDougal. 2016. (Modern Chemistry Ser.). (ENG.). 56p. (J). (gr. 9-12). pap. 5.50 *(978-0-544-77608-1(9))* Holt McDougal.

Modern Child (Classic Reprint) Hervey Elwes. 2018. (ENG., Illus.). 282p. (J). 29.71 *(978-0-484-17695-8(1))* Forgotten Bks.

Modern Chivalry, Vol. 1: Containing the Adventures of Captain John Farrago, & Teague Oregan, His Servant (Classic Reprint) Hugh Henry Brackenridge. 2017. (ENG., Illus.). (J). 37.36 *(978-0-331-75287-8(5))* Forgotten Bks.

Modern Chronicle (Classic Reprint) Winston Churchill. 2017. (ENG., Illus.). 546p. (J). 35.18 *(978-0-484-71461-7(9))* Forgotten Bks.

Modern Cinderella. Louisa Alcott. 2018. (ENG., Illus.). 96p. (J). 12.99 *(978-1-5154-2671-4(8))* Wilder Pubns., Corp.

Modern Cinderella & Other Stories. Louisa May Alcott. 2023. (ENG.). 100p. (J). pap. 15.99 ***(978-1-0881-7239-1(3))*** Indy Pub.

Modern Cinderella; or, the Little Old Shoe, & Other Stories. Louisa Alcott. 2020. (ENG.). (J). 140p. 17.95 *(978-1-64799-501-0(9))*; 138p. pap. 9.95 *(978-1-64799-500-3(0))* Bibliotech Pr.

Modern Circe (Classic Reprint) Unknown Author. (ENG., Illus.). (J). 2018. 396p. 32.08 *(978-0-656-79092-0(X))*; 2017. pap. 16.57 *(978-0-259-29064-3(5))* Forgotten Bks.

Modern Columbus (Classic Reprint) Richard George Knowles. (ENG., Illus.). (J). 2018. 384p. 31.84 *(978-0-484-25375-8(1))*; 2016. pap. 16.57 *(978-1-333-66008-6(1))* Forgotten Bks.

Modern Corsair: A Story of the Levant (Classic Reprint) Richard Henry Savage. (ENG., Illus.). (J). 2018. 386p. 31.86 *(978-0-365-30239-1(2))*; 2017. pap. 16.57 *(978-0-282-40115-3(6))* Forgotten Bks.

Modern Critical Views 2003, 10 vols., Set. Ed. by Harold Bloom. Incl. E. L. Doctorow. 200p. (gr. 8-18). 2001. 45.00 *(978-0-7910-6451-1(4),* P113483, Facts On File); Set lib. bdg. 227.70 *(978-0-7910-7194-6(4),* 021846S, Facts On File) Infobase Holdings, Inc.

Modern Cycles: A Practical Handbook on Their Construction & Repair (Classic Reprint) Alexander James Wallis-Tayler. 2017. (ENG., Illus.). (J). 32.31 *(978-0-331-72562-9(2))*; pap. 16.57 *(978-0-282-24953-3(2))* Forgotten Bks.

Modern Cymon, Vol. 1 (Classic Reprint) Charles Paul De Kock. (ENG., Illus.). (J). 2018. 204p. 28.10 *(978-0-267-00587-1(3))*; 2017. pap. 10.57 *(978-0-259-02046-2(X))* Forgotten Bks.

Modern Dance. Wendy Hinote Lanier. 2017. (Shall We Dance? Ser.). (ENG., Illus.). 32p. (J). (gr. 2-3). pap. 9.95 *(978-1-63517-342-0(6),* 1635173426); lib. bdg. 31.35 *(978-1-63517-277-5(2),* 1635172772) North Star Editions. (Focus Readers).

Modern Daughters: Conversations with Various American Girls & One Man (Classic Reprint) Alexander Black. (ENG., Illus.). (J). 2018. 224p. 28.52 *(978-0-483-77566-4(5))*; 2016. pap. 10.97 *(978-1-333-75597-3(X))* Forgotten Bks.

Modern Day Cowboy. Nathaniel Sheffield. 2020. (ENG.). 546p. (YA). pap. 21.99 *(978-1-393-34913-6(7))* Draft2Digital.

Modern Day Dragons! Komodo Dragons - Animal Encyclopedia for Kids - Children's Biological Science of Reptiles & Amphibians Books. Baby Iq Builder Books. 2016. (ENG., Illus.). (J). pap. 8.99 *(978-1-68374-697-3(X))* Examined Solutions PTE. Ltd.

Modern Day Miracles: Larry & Mary. Larry Downs. 2020. (ENG.). 34p. (YA). pap. 11.95 *(978-1-0980-6011-4(3))* Christian Faith Publishing.

Modern Day Super-Hero: We All Possess the Power! Marvin Deitz. 2022. (ENG.). 232p. (YA). pap. ***(978-1-387-95341-7(9))*** Lulu Pr., Inc.

Modern Democratic Party. John Ziff. 2016. 64p. (J). *(978-1-61900-091-9(1))* Eldorado Ink.

Modern Dick Whittington: Or a Patron of Letters (Classic Reprint) James Payn. 2018. (ENG., Illus.). 472p. (J). 33.59 *(978-0-332-96356-3(X))* Forgotten Bks.

Modern Dick Whittington, Vol. 1: Or a Patron of Letters (Classic Reprint) James Payn. 2018. (ENG., Illus.). 282p. (J). 29.75 *(978-0-267-13042-9(2))* Forgotten Bks.

Modern Dick Whittington, Vol. 2 Of 2: Or a Patron of Letters (Classic Reprint) James Payn. 2018. (ENG., Illus.). 282p. (J). 29.71 *(978-0-483-93349-1(X))* Forgotten Bks.

Modern Engineering Marvels (Set), 6 vols. 2017. (Modern Engineering Marvels Ser.). (ENG.). 32p. (J). (gr. 3-6). lib. bdg. 196.74 *(978-1-5321-1086-3(3),* 25748, Checkerboard Library) ABDO Publishing Co.

Modern Essays & Stories: A Book to Awaken Appreciation of Modern Prose, & to Develop Ability & Originality in Writing; Edited, with Introduction, Notes, Suggestive Questions, Subjects for Written Imitation, Directions for Writing, & Original Illus. Frederick Houk Law. 2018. (ENG., Illus.). 366p. (J). 31.45 *(978-0-332-82100-9(5))* Forgotten Bks.

Modern Exodus: A Novel (Classic Reprint) Violet Guttenberg. (ENG., Illus.). (J). 2018. 334p. 30.81 *(978-0-656-34425-3(3))*; 2017. pap. 13.57 *(978-0-243-41559-5(1))* Forgotten Bks.

Modern Fables: The Development of Emotional Intelligence, Vocabulary, & Integrity in Children Through the Presentation of Short Stories & Poetry. C. Mangal. 2022. (ENG.). 54p. (J). pap. 19.99 *(978-1-64702-166-5(9))* Dorrance Publishing Co., Inc.

Modern Faerie Tales Collection (Boxed Set) Tithe; Valiant; Ironside. Holly Black. ed. 2020. (Modern Faerie Tales Ser.). (ENG.). 816p. (YA). (gr. 9). pap. 35.99 *(978-1-5344-8528-0(7),* McElderry, Margaret K. Bks.) McElderry, Margaret K. Bks.

Modern Flash Dictionary: Containing All the Cant Words, Slang Terms, & Flash Phrases, Now in Vogue (Classic Reprint) George Kent. 2017. (ENG., Illus.). (J). 24.78 *(978-0-265-77484-7(5))*; pap. 7.97 *(978-1-5277-5608-3(4))* Forgotten Bks.

Modern Flights: Where Next? Julia Golding et al. Illus. by Brett Hudson. ed. 2019. (Curious Science Quest Ser.). (ENG.). 128p. (J). (gr. 4-7). pap. 9.99 *(978-0-7459-7755-3(3),* f35e2b89-0bf7-4951-849c-103bb8883bcb, Lion Children's) Lion Hudson PLC GBR. Dist: Baker & Taylor Publisher Services (BTPS).

Modern Flirtations: A Novel (Classic Reprint) Catherine Sinclair. 2018. (ENG., Illus.). 414p. (J). 32.44 *(978-0-483-98534-6(1))* Forgotten Bks.

Modern Flirtations, Vol. 1 Of 3: Or, a Month at Harrowgate (Classic Reprint) Catherine Sinclair. 2018. (ENG., Illus.). 392p. (J). 31.98 *(978-0-483-89328-3(5))* Forgotten Bks.

Modern French & English Conversation: Containing Elementary Phrases, & New Easy Dialogues in French & English, on the Most Familiar Subjects (Classic Reprint) William A. Bellenger. 2018. (ENG., Illus.). 274p. (J). 29.55 *(978-0-365-23388-6(9))* Forgotten Bks.

Modern Gas-Engine & the Gas-Producer (Classic Reprint) Arvid Michael Levin. 2017. (ENG., Illus.). (J). 34.77 *(978-0-331-25481-5(6))* Forgotten Bks.

Modern Ghost Stories: A Medley of Dreams, Impressions & Spectral Illusions (Classic Reprint) Emma May Buckingham. 2017. (ENG., Illus.). (J). 26.91 *(978-0-331-76340-9(0))*; pap. 9.57 *(978-0-243-95015-7(2))* Forgotten Bks.

Modern Gilpin: A Ballad of Bull Run (Classic Reprint) N. Historical Publishing Company N. York. 2017. (ENG., Illus.). (J). 24.47 *(978-0-265-24199-8(5))*; pap. 7.97 *(978-1-5277-6646-4(2))* Forgotten Bks.

Modern Grammar-School Reader (Illustrated) (Classic Reprint) H. I. Gourley. 2018. (ENG., Illus.). (J). 388p. 31.92 *(978-1-396-76905-4(6))*; 390p. pap. 16.57 *(978-1-391-85054-2(8))* Forgotten Bks.

Modern Greek Stories (Classic Reprint) Demetra Vaka. (ENG., Illus.). (J). 2018. 310p. 30.29 *(978-0-483-65465-5(5))*; 2016. pap. 13.57 *(978-1-333-73756-6(4))* Forgotten Bks.

Modern Griselda: A Tale (Classic Reprint) Miss Edgeworth. 2018. (ENG., Illus.). 206p. (J). 28.15 *(978-0-332-88429-5(5))* Forgotten Bks.

Modern Grub Street & Other Essays. A. St John Adcock. 2017. (ENG., Illus.). (J). pap. *(978-0-649-31165-1(5))* Trieste Publishing Pty Ltd.

Modern Grub Street Other Essays (Classic Reprint) A. St John Adcock. 2018. (ENG., Illus.). 226p. (J). 28.58 *(978-0-428-96740-6(X))* Forgotten Bks.

Modern Guide to Stock Market Investing for Teens: How to Ensure a Life of Financial Freedom Through the Power of Investing: Alan John. 2020. (ENG., Illus.). 130p. (YA). (gr. 7-12). pap. 8.99 *(978-1-0878-7933-8(7))* Indy Pub.

Modern Gulliver's Travels, Lilliput: Being a New Journey to That Celebrated Island: Containing a Faithful Account of the Manners, Characters, Customs, Religion, Laws, Politics, Revenues, Taxes, Learning, General Progress in Arts & Sciences, Dress, Amuse. Lemuel Gulliver. 2018. (ENG., Illus.). 228p. (J). 28.62 *(978-0-483-27575-1(1))* Forgotten Bks.

Modern Hagar: A Novel (Classic Reprint) Charles M. Clay. (ENG., Illus.). (J). 2018. 804p. 40.50 *(978-0-332-63691-7(7))*; 2016. pap. 23.57 *(978-1-334-16804-8(0))* Forgotten Bks.

Modern Hagar, Vol. 1: A Drama (Classic Reprint) Charles M. Clay. (ENG., Illus.). (J). 2018. 372p. 31.59 *(978-0-656-15083-0(1))*; 2017. pap. 13.97 *(978-1-5276-6090-8(7))* Forgotten Bks.

Modern Hagar, Vol. 2: A Drama (Classic Reprint) Charles M. Clay. 2017. (ENG., Illus.). (J). 32.23 *(978-0-265-74041-5(X))*; pap. 16.57 *(978-1-5277-0484-8(X))* Forgotten Bks.

Modern Herculaneum: Story of the New Richmond Tornado (Classic Reprint) Anna P. Epley. 2017. (ENG., Illus.). (J). 31.63 *(978-0-265-65519-1(6))* Forgotten Bks.

Modern Hero, in the Kingdom of Cathal, in the Year 90000 (Classic Reprint) Benjamin Frere. 2018. (ENG., Illus.). 196p. (J). 27.94 *(978-0-364-10364-7(7))* Forgotten Bks.

Modern Herodians, or Slaughterers of Innocents (Classic Reprint) C. I. Harris. (ENG., Illus.). (J). 2018. 52p. 24.99 *(978-0-483-44000-5(0))*; 2016. pap. 9.57 *(978-1-334-15337-2(X))* Forgotten Bks.

Modern Hudibras: In Two Cantos (Classic Reprint) Bankes Bankes. 2019. (ENG., Illus.). 52p. (J). 24.99 *(978-0-365-05443-6(7))* Forgotten Bks.

Modern Icelandic Plays, VI of the Hills: The Hraun Farm (Classic Reprint) Johann Sigurjonsson. 2018. (ENG., Illus.). 148p. (J). 26.97 *(978-0-364-88035-7(X))* Forgotten Bks.

Modern Idolaters, Vol. 3 of 3 (Classic Reprint) Hawley Smart. 2018. (ENG., Illus.). 328p. (J). 30.66 *(978-0-483-26201-0(3))* Forgotten Bks.

Modern Instance: A Novel (Classic Reprint) William Dean Howells. 2017. (ENG., Illus.). 522p. (J). 34.68 *(978-0-331-97094-4(5))* Forgotten Bks.

Modern Inventions in Energy: Solar Panels & Wind Turbines - Physics Books for Beginners Grade 3 - Children's Physics Books. Baby Professor. 2019. (ENG.). 74p. (J). pap. 14.89 *(978-1-5419-5290-4(1))*; 24.88 *(978-1-5419-7488-3(3))* Speedy Publishing LLC. (Baby Professor (Education Kids)).

Modern Legionary (Classic Reprint) John Patrick Le Poer. 2017. (ENG., Illus.). (J). 360p. 31.34 *(978-0-332-42002-8(7))*; pap. 13.97 *(978-0-282-00339-5(8))* Forgotten Bks.

Modern Linguist: Or Conversations in English, & German; Followed by Models of Receipts, Bills of Exchange,

1352

The check digit for ISBN-10 appears in parentheses after the full ISBN-13

Letters, Notes, Tables of the English, French & German Coins, & of the English & French Weights & Measures (Classic Reprint) Albert Bartels. 2018. (ENG., Illus.). 184p. (J). 27.69 *(978-0-656-68575-2(1))* Forgotten Bks.

Modern Literature for Oral Interpretation: Practice Book for Vocal Expression (Classic Reprint) Gertrude Elizabeth Johnson. (ENG., Illus.). (J). 2018. 432p. 32.81 *(978-0-656-28005-6(0))*; 2017. pap. 16.57 *(978-0-259-40305-0(9))* Forgotten Bks.

Modern Literature, Vol. 1 Of 3: A Novel (Classic Reprint) Robert Bisset. 2018. (ENG., Illus.). 348p. (J). 31.07 *(978-0-267-41644-8(X))* Forgotten Bks.

Modern Literature, Vol. 2 Of 3: A Novel (Classic Reprint) Robert Bisset. 2018. (ENG., Illus.). 352p. (J). 31.16 *(978-0-267-30007-5(7))* Forgotten Bks.

Modern Lover (Classic Reprint) George Moore. (ENG., Illus.). (J). 2018. 342p. 30.95 *(978-0-483-69585-6(8))*; 2016. pap. 13.57 *(978-1-333-60425-7(4))* Forgotten Bks.

Modern Lovers (Classic Reprint) Viola Meynell. (ENG., Illus.). (J). 2018. 316p. 30.41 *(978-0-483-54011-8(0))*; 2016. pap. 13.57 *(978-1-334-16029-5(5))* Forgotten Bks.

Modern Madonna (Classic Reprint) Caroline Abbot Stanley. 2017. (ENG., Illus.). (J). 32.52 *(978-0-266-79352-6(5))* Forgotten Bks.

Modern Magdalen: An Original Drama in Three Acts (Classic Reprint) Isabel Moncrieff. 2018. (ENG., Illus.). 66p. (J). 25.26 *(978-0-267-44169-3(X))* Forgotten Bks.

Modern Manners; or, the Country Cousins: In a Series of Poetical Epistles (Classic Reprint) Unknown Author. (ENG., Illus.). (J). 2018. 174p. 27.51 *(978-0-428-47112-5(9))*; 2017. pap. 9.97 *(978-0-259-20526-5(5))* Forgotten Bks.

Modern Masterpieces of Short Prose Fiction (Classic Reprint) Alice Vinton Waite. 2017. (ENG., Illus.). (J). 32.85 *(978-1-5284-8451-0(7))* Forgotten Bks.

Modern Medicine. Sarah Shabazz-Ugwumba. Ed. by Wag Publishing. Illus. by Aminah Shabazz. 2016. (ENG.). (J). (gr. 2-4). pap. 10.50 *(978-0-9886117-6-4(7))* Gulley, Wayne.

Modern Men (Classic Reprint) A. Modern Maid. (ENG., Illus.). (J). 2018. 148p. 26.95 *(978-0-267-79528-4(9))*; 2017. pap. 9.57 *(978-0-259-20929-4(5))* Forgotten Bks.

Modern Mephistopheles (Classic Reprint) Unknown Author. 2017. (ENG., Illus.). (J). 31.30 *(978-0-260-04113-5(0))* Forgotten Bks.

Modern Meteorology: An Outline of the Growth & Present Condition of Some of Its Phases (Classic Reprint) Frank Waldo. 2018. (ENG., Illus.). 508p. (J). 34.39 *(978-0-365-37285-1(4))* Forgotten Bks.

Modern Midas: A Romance (Classic Reprint) Maurus Jokai. 2018. (ENG., Illus.). (J). 388p. 31.90 *(978-1-391-43267-0(3))*; 390p. pap. 16.57 *(978-1-390-97338-9(7))* Forgotten Bks.

Modern Military Machines: The World Goes to War. Baby Professor. 2017. (ENG., Illus.). (J). pap. 7.89 *(978-1-5419-0377-7(3)*, Baby Professor (Education Kids)) Speedy Publishing LLC.

Modern Minister, Vol. 1 Of 2: With Illustrations (Classic Reprint) Valentine Durrant. (ENG., Illus.). (J). 2018. 362p. 31.36 *(978-0-483-39944-0(2))*; 2016. pap. 13.97 *(978-1-334-12143-2(5))* Forgotten Bks.

Modern Minister, Vol. 1 of 2 (Classic Reprint) Valentine Durrant. 2018. (ENG., Illus.). 522p. (J). 34.66 *(978-0-483-93988-2(9))* Forgotten Bks.

Modern Minister, Vol. 2 of 2 (Classic Reprint) Valentine Durrant. (ENG., Illus.). (J). 2017. 36.66 *(978-0-331-97259-7(X))*; 2016. pap. 19.57 *(978-1-333-61678-6(3))* Forgotten Bks.

Modern Mnemotechny, or How to Acquire a Good Memory (Classic Reprint) Asa Shinn Boyd. (ENG., Illus.). (J). 2018. 220p. 28.43 *(978-0-332-88589-6(5))*; 2017. pap. 10.97 *(978-0-282-91000-6(X))* Forgotten Bks.

Modern Monologues (Classic Reprint) Marjorie Benton Cooke. 2018. (ENG., Illus.). 210p. (J). 28.23 *(978-0-666-97686-4(4))* Forgotten Bks.

Modern Mother Goose (Classic Reprint) Helen Hamilton. 2018. (ENG., Illus.). 58p. (J). 25.09 *(978-0-267-43941-6(5))* Forgotten Bks.

Modern Mummies. Joyce Markovics. 2021. (Unwrapped: Marvelous Mummies Ser.). (ENG., Illus.). 24p. (J). (gr. 2-4). lib. bdg. 30.64 *(978-1-5341-8044-4(3)*, 218456) Cherry Lake Publishing.

Modern Music Masters, vols. 3, vol. 3. Incl. Reggae Poet: The Story of Bob Marley. Calvin Craig Miller. 128p. (YA). (gr. 9-18). 2007. lib. bdg. 27.95 *(978-1-59935-071-4(8))*; Revolution: The Story of John Lennon. John Duggleby. 176p. 2007. lib. bdg. 28.95 *(978-1-59935-034-9(3))*; Say It with Music: The Story of Irving Berlin. Nancy Furstinger. 128p. (gr. 6-12). 2003. 28.95 *(978-1-931798-12-9(5))*; Spin: The Story of Michael Jackson. Sherry O'Keefe. 144p. (YA). (gr. 6-9). 2011. 28.95 *(978-1-59935-134-6(X))*; Uh Huh! The Story of Ray Charles. John Duggleby. 160p. (gr. 9-12). 2005. lib. bdg. 28.95 *(978-1-931798-65-5(6))*; (Illus.). 2010. Set lib. bdg. 92.85 *(978-1-59935-007-3(6))* Reynolds, Morgan Inc.

Modern Myth. Clara Wake. 2018. (Modern Myth Ser.: Vol. 1). (ENG., Illus.). 430p. (YA). (gr. 12). pap. *(978-0-646-98552-7(3))* Wake, Clara.

Modern Nerd's Guide to Comic Books, 1 vol. Nicole Horning. 2019. (Geek Out! Ser.). (ENG.). 32p. (gr. 3-4). pap. 11.50 *(978-1-5382-4006-9(8)*, 35758737-2470-4f65-a5e2-5454973be01a) Stevens, Gareth Publishing LLLP.

Modern Nerd's Guide to Cosplay, 1 vol. Kristen Rajczak Nelson. 2017. (Geek Out! Ser.). (ENG.). 32p. (J). (gr. 3-4). pap. 11.50 *(978-1-5382-1197-7(1)*, 989298b5-2d25-403a-a096-fed539862093) Stevens, Gareth Publishing LLLP.

Modern Nerd's Guide to Drone Racing, 1 vol. Ryan Nagelhout. 2017. (Geek Out! Ser.). (ENG.). 32p. (J). (gr. 3-4). pap. 11.50 *(978-1-5382-1201-1(3)*, cacfb1e7-d00f-4c9b-a4a9-61aed6cdddd2) Stevens, Gareth Publishing LLLP.

Modern Nerd's Guide to Esports, 1 vol. Matthew Jankowski. 2017. (Geek Out! Ser.). (ENG.). 32p. (J). (gr. 3-4). pap. 11.50 *(978-1-5382-1205-9(6)*, ae4c972c-cdc2-4123-86b2-305856a3120e); lib. bdg. 28.27 *(978-1-5382-1207-3(2)*, e2dfcfa0-6538-4351-bc7f-b0d92b9105f1) Stevens, Gareth Publishing LLLP.

Modern Nerd's Guide to Fan Fiction, 1 vol. Katie Kawa. 2019. (Geek Out! Ser.). (ENG.). 32p. (gr. 3-4). pap. 11.50 *(978-1-5382-4014-4(9)*, 51e845dc-4732-4b01-9a5b-ad46312cb3fd) Stevens, Gareth Publishing LLLP.

Modern Nerd's Guide to LARPing, 1 vol. Mike Sciandra. 2017. (Geek Out! Ser.). (ENG.). 32p. (J). (gr. 3-4). pap. 11.50 *(978-1-5382-1209-7(9)*, b2d07d98-798f-4fdb-9498-9f179a13945e); lib. bdg. 28.27 *(978-1-5382-1211-0(0)*, 57907e13-3dd6-4a10-8305-7f50a896665b) Stevens, Gareth Publishing LLLP.

Modern Nerd's Guide to Miniatures, 1 vol. Amanda Vink. 2019. (Geek Out! Ser.). (ENG.). 32p. (gr. 3-4). 28.27 *(978-1-5382-4020-5(3)*, 45a342b4-2581-465e-a94f-530a75c72476) Stevens, Gareth Publishing LLLP.

Modern Nerd's Guide to Renaissance Fairs, 1 vol. Jill Keppeler. 2019. (Geek Out! Ser.). (ENG.). 32p. (gr. 3-4). pap. 11.50 *(978-1-5382-4022-9(X)*, 79ce5921-4c9e-4463-adc3-d9fa041c3b71) Stevens, Gareth Publishing LLLP.

Modern Nerd's Guide to Robot Battles, 1 vol. Melissa Raé Shofner. 2017. (Geek Out! Ser.). (ENG.). 32p. (J). (gr. 3-4). lib. bdg. 28.27 *(978-1-5382-1215-8(3)*, 4c697b49-e27d-41f0-88f4-aaea4f111e82) Stevens, Gareth Publishing LLLP.

Modern Nerd's Guide to Robot Battles, 1 vol. Melissa Raé Shofner. 2017. (Geek Out! Ser.). (ENG.). 32p. (J). (gr. 3-4). pap. 11.50 *(978-1-5382-1214-1(5)*, 5e5e429b-c461-4633-815a-446168a8ac53) Stevens, Gareth Publishing LLLP.

Modern Nerd's Guide to Steampunk, 1 vol. Nicole Horning. 2019. (Geek Out! Ser.). (ENG.). 32p. (gr. 3-4). pap. 11.50 *(978-1-5382-4026-7(2)*, 70847123-a6bc-42cc-9db1-6ba1d4be31db) Stevens, Gareth Publishing LLLP.

Modern Nerd's Guide to Tabletop & Card Games, 1 vol. Jill Keppeler. 2017. (Geek Out! Ser.). (ENG.). 32p. (J). (gr. 3-4). pap. 11.50 *(978-1-5382-1217-2(X)*, fff86c87-d39d-4434-a818-ce6c0dd5627b); lib. bdg. 28.27 *(978-1-5382-1220-2(X)*, b01a871e-3683-48a2-a38a-ec4ad6970635) Stevens, Gareth Publishing LLLP.

Modern Ninjas & Their Gear Coloring Book. Bobo's Children Activity Books. 2016. (ENG., Illus.). (J). pap. 9.33 *(978-1-68327-663-0(9))* Sunshine In My Soul Publishing.

Modern Obstacle (Classic Reprint) Alice Duer Miller. (ENG., Illus.). (J). 2018. 280p. 29.69 *(978-0-267-28186-2(2))*; 2017. pap. 13.57 *(978-1-5276-4342-0(5))* Forgotten Bks.

Modern Pagan: A Novel (Classic Reprint) Constance Goddard Du Bois. 2018. (ENG., Illus.). 284p. (J). 29.75 *(978-0-483-81136-2(X))* Forgotten Bks.

Modern Pagans (Classic Reprint) Charles M. Sheldon. 2017. (ENG., Illus.). (J). 25.75 *(978-0-265-57042-5(5))* Forgotten Bks.

Modern Pedagogue, Vol. 1 Of 2: Or Rustic Reminiscences (Classic Reprint) Jean Rhys. 2018. (ENG., Illus.). 348p. (J). 31.07 *(978-0-483-84368-4(7))* Forgotten Bks.

Modern Pedagogue, Vol. 2 Of 2: Or, Rustic Reminiscences (Classic Reprint) Jean Rhys. 2018. (ENG., Illus.). 332p. (J). 30.74 *(978-0-332-44710-0(3))* Forgotten Bks.

Modern Persian Phrases (Classic Reprint) Aka Meerza Zeinul Abideen Sheerazee. (ENG., Illus.). (J). 2018. 118p. 26.35 *(978-0-365-47431-9(2))*; 2017. pap. 9.57 *(978-0-259-53502-7(8))* Forgotten Bks.

Modern Perspectives (Set), 8 vols. 2017. (Perspectives Library: Modern Perspectives Ser.). (ENG., Illus.). 32p. (J). (gr. 4-7). 256.56 *(978-1-5341-0215-6(9)*, 209634); pap., pap., pap. 113.71 *(978-1-5341-0265-1(5)*, 209635) Cherry Lake Publishing.

Modern Petrography. George Huntington Williams. 2017. (ENG., Illus.). (J). pap. *(978-3-7446-8898-7(4))* Creation Pubs.

Modern Pharisee (Classic Reprint) Silas K. Hocking. (ENG., Illus.). (J). 2018. 458p. 33.34 *(978-0-484-34577-4(X))*; 2017. pap. 16.57 *(978-0-243-90552-2(1))* Forgotten Bks.

Modern Phenix (Classic Reprint) Gervé Baronti. 2018. (ENG., Illus.). 84p. (J). 25.65 *(978-0-483-86228-9(2))* Forgotten Bks.

Modern Phonic Primer, Vol. 2 (Classic Reprint) John Dearness. (ENG., Illus.). (J). 2017. 26.27 *(978-0-331-62872-2(4))*; 2016. pap. 9.57 *(978-1-334-15165-1(2))* Forgotten Bks.

Modern Pilgrims, Vol. 1 Of 2: Showing the Improvements in Travel, & the Newest Methods of Reaching the Celestial City (Classic Reprint) George Wood. 2018. (ENG., Illus.). 400p. (J). 32.15 *(978-0-267-29269-1(4))* Forgotten Bks.

Modern Pilgrims, Vol. 2 Of 2: Showing the Improvements in Travel, & the Newest Methods of Reaching the Celestial City (Classic Reprint) George Wood. 2018. (ENG., Illus.). 398p. (J). 32.11 *(978-0-483-99390-7(5))* Forgotten Bks.

Modern Political Parties, 1 vol. Lydia Bjornlund. 2016. (American Citizenship Ser.). (ENG., Illus.). 48p. (J). (gr. 4-8). lib. bdg. 35.64 *(978-1-68078-242-4(8)*, 22085) ABDO Publishing Co.

Modern Prodigal: A Series of Practical Talks to Young People (Classic Reprint) Leonard G. Broughton. (ENG., Illus.). (J). 2018. 120p. 26.37 *(978-0-483-55824-3(9))*; 2017. pap. 9.57 *(978-0-243-18988-5(5))* Forgotten Bks.

Modern Prodigal (Classic Reprint) Julia McNair Wright. 2017. (ENG., Illus.). (J). 332p. 30.74 *(978-0-484-32924-8(3))*; pap. 13.57 *(978-1-5276-6941-3(6))* Forgotten Bks.

Modern Prose & Poetry: For Secondary Schools (Classic Reprint) Margaret Ashmun. 2017. (ENG., Illus.). 338p. (J). 30.89 *(978-0-332-30025-2(0))* Forgotten Bks.

Modern Purgatory (Classic Reprint) Carlo de Fornaro. 2018. (ENG., Illus.). 196p. (J). 27.94 *(978-0-364-62196-7(6))* Forgotten Bks.

Modern Pythagorean, Vol. 2 Of 2: A Series of Tales, Essays, & Sketches (Classic Reprint) Robert Macnish. 2017. (ENG., Illus.). (J). 33.86 *(978-0-265-73358-5(8))*; pap. 16.57 *(978-1-5276-9618-1(9))* Forgotten Bks.

Modern Quixote: A Story of Southern Life (Classic Reprint) S. C. McCay. (ENG., Illus.). (J). 2018. 202p. 28.06 *(978-0-484-21778-1(X))*; 2016. pap. 10.57 *(978-1-333-33950-0(X))* Forgotten Bks.

Modern Quixote: Or Wife's Fool of a Husband (Classic Reprint) August Berkeley. 2018. (ENG., Illus.). 476p. (J). 33.73 *(978-0-483-32090-1(0))* Forgotten Bks.

Modern Quixote, Vol. 1 (Classic Reprint) J. Kent Spender. (ENG., Illus.). (J). 2018. 262p. 29.30 *(978-0-484-57893-6(6))*; 2016. pap. 11.97 *(978-1-333-63118-5(9))* Forgotten Bks.

Modern Quixote, Vol. 2 (Classic Reprint) John Kent Spender. (ENG., Illus.). (J). 2018. 266p. 29.38 *(978-0-332-13810-7(0))*; 2016. pap. 11.97 *(978-1-333-71840-4(3))* Forgotten Bks.

Modern Republican Party. John Ziff. 2016. 64p. (J). *(978-1-61900-092-6(X))* Eldorado Ink.

Modern Revolt from Rome (Classic Reprint) John Berkeley. 2018. (ENG., Illus.). 342p. (J). 30.97 *(978-0-483-81240-6(4))* Forgotten Bks.

Modern Russian Classics: Silence, by L. N. Andreyev; the White Dog, by Feodor Sologub; the Doctor, by Michael Artzibashev; a Father, by Anton Tchekov; Her Lover, by Maxim Gorky (Classic Reprint) Edmund R. Brown. (ENG., Illus.). (J). 2018. 76p. 25.46 *(978-0-332-17209-5(0))*; 2017. pap. 9.57 *(978-1-5276-6415-9(5))* Forgotten Bks.

Modern Screen: December 1931-November 1932 (Classic Reprint) Ernest V. Heyn. (ENG., Illus.). (J). 2018. 1116p. 46.91 *(978-0-656-34540-3(3))*; 2017. pap. 29.26 *(978-0-243-42740-6(9))* Forgotten Bks.

Modern Screen: February, 1957 (Classic Reprint) David Myers. (ENG., Illus.). (J). 2018. 1040p. 45.35 *(978-0-364-12577-9(2))*; 2017. pap. 27.69 *(978-0-243-89747-6(2))* Forgotten Bks.

Modern Screen: July, 1946 (Classic Reprint) Albert P. Delacorte. (ENG., Illus.). (J). 2018. 794p. 40.27 *(978-0-364-02585-7(9))*; 2017. pap. 23.57 *(978-0-243-55286-3(6))* Forgotten Bks.

Modern Screen, 1933 (Classic Reprint) Ernest V. Heyn. (ENG., Illus.). (J). 2018. 930p. 43.08 *(978-0-656-34297-6(8))*; 2017. pap. 25.40 *(978-0-243-40390-5(9))* Forgotten Bks.

Modern Screen, 1936, Vol. 14 (Classic Reprint) Regina Cannon. 2017. (ENG., Illus.). (J). 1124p. 47.08 *(978-0-332-93521-8(3))*; pap. 29.42 *(978-0-259-79053-2(2))* Forgotten Bks.

Modern Screen, 1938 (Classic Reprint) Regina Cannon. 2017. (ENG., Illus.). (J). 718p. 38.71 *(978-0-484-36562-8(2))*; pap. 23.57 *(978-0-243-92397-7(X))* Forgotten Bks.

Modern Screen 1946: Vol. 32-33 (Classic Reprint) Henry P. Malmgreen. (ENG., Illus.). (J). 2018. 774p. 39.86 *(978-0-656-45638-3(8))*; 2017. pap. 23.57 *(978-0-259-79662-6(X))* Forgotten Bks.

Modern Screen Magazine, Vol. 1: November, 1930 (Classic Reprint) Ernest V. Heyn. (ENG., Illus.). (J). 2018. 140p. 26.78 *(978-0-267-64006-5(4))*; 2017. pap. 9.57 *(978-0-259-95104-9(8))* Forgotten Bks.

Modern Screen Magazine, Vol. 2: June, 1931 (Classic Reprint) Ernest V. Heyn. (ENG., Illus.). (J). 2018. 374p. 31.61 *(978-0-332-90658-4(2))*; 2017. pap. 13.97 *(978-0-243-58374-4(5))* Forgotten Bks.

Modern Screen, Vol. 20: January, 1940 (Classic Reprint) Regina Cannon. (ENG., Illus.). (J). 2018. 1072p. 46.01 *(978-0-483-44544-4(4))*; 2017. pap. 28.35 *(978-0-259-02037-0(0))* Forgotten Bks.

Modern Screen, Vol. 22: December, 1940 (Classic Reprint) Pearl H. Finley. (ENG., Illus.). (J). 2018. 1180p. 48.23 *(978-0-365-08024-4(1))*; 2017. pap. 30.58 *(978-0-243-98202-8(X))* Forgotten Bks.

Modern Screen, Vol. 24: December, 1941 (Classic Reprint) Unknown Author. (ENG., Illus.). (J). 2018. 1200p. 48.65 *(978-0-483-04105-9(X))*; 2017. pap. 30.95 *(978-0-243-92533-9(6))* Forgotten Bks.

Modern Screen, Vol. 26: August, 1943 (Classic Reprint) Unknown Author. (ENG., Illus.). (J). 2018. 212p. 28.27 *(978-0-484-05842-1(8))*; 2017. pap. 10.97 *(978-0-243-49410-1(6))* Forgotten Bks.

Modern Screen, Vol. 26: December 1942-May 1943 (Classic Reprint) Albert P. Delacorte. 2017. (ENG., Illus.). (J). 36.81 *(978-0-266-74601-0(2))*; pap. 19.57 *(978-1-5277-1444-1(6))* Forgotten Bks.

Modern Screen, Vol. 32: Jul. -Dec. 1945 (Classic Reprint) Unknown Author. 2018. (ENG., Illus.). (J). 814p. 40.69 *(978-0-366-56584-9(2))*; 816p. pap. 23.57 *(978-0-366-24212-2(1))* Forgotten Bks.

Modern Screen, Vol. 42: January-November, 1951 (Classic Reprint) Charles D. Saxon. (ENG., Illus.). (J). 2018. 1090p. 46.38 *(978-0-364-02625-0(1))*; 2017. pap. 28.66 *(978-0-243-55472-0(9))* Forgotten Bks.

Modern Screen, Vol. 44: January-November, 1952 (Classic Reprint) Charles D. Saxon. (ENG., Illus.). (J). 2018. 1180p. 48.23 *(978-0-656-34193-1(9))*; 2017. pap. 30.58 *(978-0-243-38983-4(3))* Forgotten Bks.

Modern Screen, Vol. 48: December, 1953 (Classic Reprint) Charles D. Saxon. (ENG., Illus.). (J). 2018. 1160p. 47.99 *(978-0-332-92693-3(1))*; 2017. pap. 30.16 *(978-0-243-43829-7(X))* Forgotten Bks.

Modern Screen, Vol. 49: America's Greatest Movie Magazine; December, 1954-December, 1955 (Classic Reprint) Charles D. Saxon. 2017. (ENG., Illus.). (J). 47.24 *(978-0-266-74957-8(7))*; pap. 29.59 *(978-1-5277-1792-3(5))* Forgotten Bks.

Modern Screen, Vol. 50: January, 1956 (Classic Reprint) Charles D. Saxon. (ENG., Illus.). (J). 2018. 1088p. 46.34 *(978-0-666-92311-0(6))*; 2017. pap. 28.68 *(978-0-259-80674-5(9))* Forgotten Bks.

Modern Screen, Vol. 52: America's Greatest Movie Magazine; February, 1958 (Classic Reprint) David Myers. (ENG., Illus.). (J). 2018. 942p. 43.35 *(978-0-666-84488-0(7))*; 2017. pap. 25.69 *(978-0-259-81875-5(5))* Forgotten Bks.

Modern Screen, Vol. 53: February, 1959 (Classic Reprint) David Myers. (ENG., Illus.). (J). 2018. 952p. 43.53 *(978-0-484-28241-3(7))*; 2017. pap. 25.87 *(978-0-259-40760-7(7))* Forgotten Bks.

Modern Short Stories. Frederick Houk Law. 2019. (ENG.). 338p. (J). pap. *(978-3-7477-5648-5(4)*, Inktank-Publishing) Musketier Verlag UG.

Modern Short Stories: A Book for High Schools (Classic Reprint) Frederick Houk Law. 2017. (ENG., Illus.). (J). 30.87 *(978-1-5282-5342-0(6))* Forgotten Bks.

Modern Short-Stories: Edited with an Introduction & with Biographies & Bibliographies (Classic Reprint) Margaret Ashmun. 2017. (ENG., Illus.). (J). 33.67 *(978-1-5283-8399-8(0))* Forgotten Bks.

Modern Society: Or the March of Intellect, the Conclusion of Modern Accomplishments (Classic Reprint) Catherine Sinclair. 2018. (ENG., Illus.). 488p. (J). 33.96 *(978-0-267-82458-8(0))* Forgotten Bks.

Modern Speller. Book Two. Kate Van Wagenen. 2017. (ENG., Illus.). (J). pap. *(978-0-649-03104-7(0))* Trieste Publishing Pty Ltd.

Modern Speller, Vol. 1: Book One (Classic Reprint) Kate Van Wagenen. 2017. (ENG., Illus.). (J). 26.66 *(978-0-265-57289-4(4))* Forgotten Bks.

Modern Spies Tell Their Stories: Personal Narratives of Many Exploits in Secret Service (Classic Reprint) Richard Wilmer Rowan. 2017. (ENG., Illus.). (J). 34.17 *(978-0-331-48668-1(7))*; pap. 16.57 *(978-0-260-85665-4(7))* Forgotten Bks.

Modern Spy Stories. Emma Huddleston. 2021. (True Spy Stories Ser.). (ENG.). 32p. (J). (gr. 3-6). lib. bdg. 35.64 *(978-1-5038-4484-1(6)*, 214251, MOMENTUM) Child's World, Inc, The.

Modern Steam Road Wagons (Classic Reprint) William Norris. 2018. (ENG., Illus.). 190p. (J). 27.84 *(978-0-666-76894-0(3))* Forgotten Bks.

Modern Stories (Classic Reprint) Eva March Tappan. 2018. (ENG., Illus.). 530p. (J). 34.83 *(978-0-483-51127-9(7))* Forgotten Bks.

Modern Story-Teller, or the Best Stories of the Best Authors: Now First Collected (Classic Reprint) Unknown Author. 2017. (ENG., Illus.). (J). 30.68 *(978-1-5280-7094-2(1))* Forgotten Bks.

Modern Street Ballads (Classic Reprint) John Ashton. 2017. (ENG., Illus.). (J). 33.45 *(978-0-331-89365-6(7))* Forgotten Bks.

Modern Swedish Masterpieces: Short Stories Selected & Translated (Classic Reprint) Charles Wharton Stork. (ENG., Illus.). (J). 2018. 270p. 29.49 *(978-0-332-34279-5(4))*; 2017. pap. 11.97 *(978-0-243-28608-9(2))* Forgotten Bks.

Modern Technologies Invented in the Renaissance Children's Renaissance History. Baby Professor. 2017. (ENG., Illus.). (J). pap. 7.89 *(978-1-5419-0304-3(8)*, Baby Professor (Education Kids)) Speedy Publishing LLC.

Modern Telemachus (Classic Reprint) Charlotte Mary Yonge. 2018. (ENG., Illus.). 274p. (J). 29.57 *(978-0-483-67263-5(7))* Forgotten Bks.

Modern Telemachus, Vol. 1 of 2 (Classic Reprint) Charlotte Mary Yonge. (ENG., Illus.). (J). 2018. 238p. 28.81 *(978-0-483-44884-1(2))*; 2016. pap. 11.57 *(978-1-333-46109-6(7))* Forgotten Bks.

Modern Telemachus, Vol. 2 of 2 (Classic Reprint) Charlotte Mary Yonge. (ENG., Illus.). (J). 2018. 254p. 29.16 *(978-0-267-54067-9(1))*; 2016. pap. 11.57 *(978-1-333-38421-0(1))* Forgotten Bks.

Modern Times, or Anecdotes of the English Family, Vol. 2 of 3 (Classic Reprint) Unknown Author. 2018. (ENG., Illus.). 234p. (J). 28.72 *(978-0-484-38797-2(9))* Forgotten Bks.

Modern Times, Vol. 3 Of 3: Or, Anecdotes of the English Family (Classic Reprint) Unknown Author. 2018. (ENG., Illus.). 266p. (J). 29.40 *(978-0-267-83634-5(1))* Forgotten Bks.

Modern Tomboy: A Story for Girls. L. T. Meade. 2017. (ENG., Illus.). (J). 25.95 *(978-1-374-86692-8(X))*; pap. 15.95 *(978-1-374-86691-1(1))* Capital Communications, Inc.

Modern Training & Handling. Bernard Waters. 2016. (ENG.). 356p. (J). pap. *(978-3-7434-6504-6(3))* Creation Pubs.

Modern Traveller (Classic Reprint) Hilaire Belloc. 2017. (ENG., Illus.). (J). 25.63 *(978-0-260-00729-2(3))* Forgotten Bks.

Modern Trio in an Old Town (Classic Reprint) Katharine Haviland Taylor. 2018. (ENG., Illus.). (J). 286p. 29.80 *(978-1-396-57543-3(X))*; 288p. pap. 13.57 *(978-1-391-59338-8(3))* Forgotten Bks.

Modern Ulysses, Being the Life, Loves, Adventures, & Strange Experiences of Horace Durand, Vol. 1 of 3 (Classic Reprint) Joseph Hatton. 2018. (ENG., Illus.). 274p. (J). 29.55 *(978-0-483-74029-7(2))* Forgotten Bks.

Modern Ulysses, Vol. 3 Of 3: Being the Life, Loves, Adventures, & Strange Experiences of Horace Durand (Classic Reprint) Joseph Hatton. 2018. (ENG., Illus.). 312p. (J). 30.35 *(978-0-332-19853-8(7))* Forgotten Bks.

Modern Utopia. H. G. Wells. Ed. by Sheba Blake. 2020. (ENG.). 254p. (J). pap. 13.99 *(978-1-222-29317-3(X))* Indy Pub.

Modern Vikings: Stories of Life & Sport in the Norseland (Classic Reprint) Hjalmar Hjorth Boyesen. 2017. (ENG., Illus.). (J). 30.29 *(978-1-5283-8923-5(9))* Forgotten Bks.

Modern Warfare, 8 vols., Set. Martin J. Dougherty. Incl. Air Warfare. (YA). lib. bdg. 28.67 *(978-1-4339-2720-1(9)*, c61a8608-6393-475a-a093-ec2060aa1814); Land Warfare. (Illus.). (YA). lib. bdg. 28.67 *(978-1-4339-2727-0(6)*, d634ac7a-beb5-42ab-b550-34d9a3eef86c); Sea Warfare. (Illus.). (J). lib. bdg. 28.67 *(978-1-4339-2734-8(9)*, 45af19c0-ebb4-47bd-acbf-dcc391772edf); Weapons & Technology. (YA). lib. bdg. 28.67 *(978-1-4339-2741-6(1)*, 211a8154-2cf5-4e65-b0dd-bc7a97d5b2ba); (gr. 3-5). (Modern Warfare Ser.). (ENG.). 32p. 2010. Set lib. bdg. 114.68 *(978-1-4339-3582-4(1)*, c4682182-1be2-4189-b169-f183db9b56d6, Gareth Stevens Learning Library) Stevens, Gareth Publishing LLLP.

Modern Women (Classic Reprint) Gustav Kobbe. 2018. (ENG., Illus.). 140p. (J). 26.80 *(978-0-332-51469-7(2))* Forgotten Bks.

Modern Women in Love: Sixty Twentieth-Century Masterpieces of Fiction (Classic Reprint) Christina Stead. (ENG., Illus.). (J). 2018. 692p. 38.19 *(978-0-656-06146-4(4))*; 2017. pap. 20.57 *(978-0-259-30533-0(2))* Forgotten Bks.

Modern Word Book for Primary Grades: An Elementary Course in Phonetics & Spelling (Classic Reprint) Jasper Newton Hunt. 2016. (ENG., Illus.). (J). pap. 9.57 *(978-1-333-59966-9(8))* Forgotten Bks.

Modern World. Briony Ryles. 2018. (Scientific Discovery Ser.). (ENG.). 48p. (YA). lib. bdg. 34.99 *(978-1-5105-3769-9(4))* SmartBook Media, Inc.

Modern World: The Last Hundred Years. John Farndon. Illus. by Christian Cornia. 2018. (Human History Timeline Ser.). (ENG.). 32p. (J). (gr. 3-6). lib. bdg. 27.99 *(978-1-5124-5974-6(7),* 8aa328f1-2202-44f0-b3ee-6bbfda5b601b, Hungry Tomato (r)) Lerner Publishing Group.

Moderne Leitfaden Für Aktienmarktinvestitionen Für Jugendliche: Wie ein Leben in Finanzieller Freiheit Durch Die Macht des Investierens Gewährleistet Werden Kann. Alan John. 2nd ed. 2022. (GER.). 142p. (YA). pap. 14.99 ***(978-1-0880-6319-4(5))*** Indy Pub.

Moderns: An Anthology of New Writing in America (Classic Reprint) LeRoi Jones. 2017. (ENG., Illus.). (J). 31.18 *(978-0-331-84052-0(9))*; pap. 13.57 *(978-0-243-38511-9(0))* Forgotten Bks.

Modest Mermaid. Cassandra Holtke. 2019. (ENG.). 30p. (J). pap. 12.95 *(978-1-64258-075-4(9))* Christian Faith Publishing.

Modified Cars. Green Android. Ed. by Green Android. 2017. (Illus.). 32p. (J). pap. 6.99 *(978-1-61067-420-1(0))* Kane Miller.

Modoc, 1 vol. Francine Topacio. 2017. (Spotlight on the American Indians of California Ser.). (ENG.). 32p. (J). (gr. 4-5). 27.93 *(978-1-5383-2470-7(9),* 3925d99b-453a-4c4a-a01b-24d53a78c8bc); pap. 12.75 *(978-1-5081-6291-9(3),* 2e08f3fa-dc70-4c53-bab1-0d66ce171c77) Rosen Publishing Group, Inc., The. (PowerKids Pr.).

Modul Die Unsichtbare: Eine Abenteuerliche Geschichte Aus der Unterwelt. Anneliese Van Bellen. 2019. (GER.). 226p. (J). pap. *(978-3-7497-1054-6(6))* tredition Verlag.

Modulus: Twelfth Annual of Senior Class, 1923 (Classic Reprint) Huntington High School. 2018. (ENG., Illus.). 172p. (J). 27.44 *(978-0-267-24728-8(1))* Forgotten Bks.

Modulus, 1916 (Classic Reprint) Huntington High School. (ENG., Illus.). (J). 2018. 144p. 26.89 *(978-0-656-06213-3(4))*; 2017. pap. 9.57 *(978-0-259-31946-7(5))* Forgotten Bks.

Modulus, 1918 (Classic Reprint) Huntington High School. (ENG., Illus.). (J). 2018. 150p. 26.99 *(978-0-483-92290-7(0))*; 2017. pap. 9.57 *(978-0-243-40538-1(3))* Forgotten Bks.

Modulus, 1919 (Classic Reprint) Huntington High School. (ENG., Illus.). (J). 2018. 186p. 27.73 *(978-0-484-52950-1(1))*; 2017. pap. 10.57 *(978-0-259-96542-8(1))* Forgotten Bks.

Modulus, 1920, Vol. 9 (Classic Reprint) Huntington High School. 2017. (ENG., Illus.). (J). 196p. 27.96 *(978-0-484-07377-6(X))*; pap. 10.57 *(978-0-282-30375-4(8))* Forgotten Bks.

Modulus 1922: Eleventh Annual of Senior Class H. H. S (Classic Reprint) Mary E. Spencer. (ENG., Illus.). (J). 2018. 160p. 27.20 *(978-0-666-97063-3(7))*; 2017. pap. 9.57 *(978-0-243-44831-9(7))* Forgotten Bks.

Modulus, 1933, Vol. 22 (Classic Reprint) Huntington High School. 2018. (ENG., Illus.). (J). 104p. 26.04 *(978-1-396-68950-5(8))*; 106p. pap. 9.57 *(978-1-396-20745-7(7))* Forgotten Bks.

Moe & His Best Friend Boo. Nancy Alan. 2019. (ENG.). 30p. (J). 23.95 *(978-1-64544-557-9(7))*; pap. 13.95 *(978-1-64544-555-5(0))* Page Publishing Inc.

Moe Berg: Spy Catcher. Jeri Cipriano. Illus. by Scott R. Brooks. 2018. (Hidden History — Spies Ser.). (ENG.). 32p. (J). (gr. 2-5). pap. 8.99 *(978-1-63440-294-1(4),* ef609875-eac4-4c2b-890c-414d134f3af7) Red Chair Pr.

Moe Is Best. Richard Torrey. ed. 2018. (I Like to Read Ser.). (ENG.). 25p. (J). (gr. -1-1). 10.00 *(978-1-64310-757-8(7))* Penworthy Co., LLC, The.

Moe's Oboe: The Sound of OE. Kara L. Laughlin. 2020. (Vowel Blends Ser.). (ENG.). 24p. (J). (gr. -1-2). lib. bdg. 32.79 *(978-1-5038-3544-3(8),* 213435) Child's World, Inc, The.

Moey & the Kitty in the City. Rochelle M. Lazauskas. 2019. (Adventures of Moe Ser.: Vol. 3). (ENG., Illus.). 36p. (J). 22.99 *(978-1-951263-21-8(9))*; pap. 13.99 *(978-1-951263-20-1(0))* Pen It Pubns.

Moey Lends a Helping Paw. Rochelle M. Lazauskas. Illus. by Teresa Amehana Garcia. 2021. (ENG.). 38p. (J). pap. 12.99 *(978-1-63984-056-4(7))* Pen It Pubns.

Moey Lends a Helping Paw. Rochelle M. Lazauskas. Illus. by Teresa Amehana Garcia. 2021. (ENG.). 38p. (J). 21.99 *(978-1-63984-057-1(5))* Pen It Pubns.

Moey's Big Back Yard. Rochelle M. Lazauskas. 2019. (Adventures of Moe Ser.: Vol. 1). (ENG., Illus.). 66p. (J). 25.99 *(978-1-950454-13-6(4))* Pen It Pubns.

Moey's Day at the Farm. Rochelle M. Lazauskas. (ENG., (J). 2019. Illus.). 38p. 20.99 *(978-1-950454-12-9(6))*; 2018. 36p. pap. 12.99 *(978-1-949609-43-1(X))* Pen It Pubns.

Moffats (Classic Reprint) Ethel Daniels Hubbard. 2018. (ENG., Illus.). 298p. (J). 30.06 *(978-0-365-25289-4(1))* Forgotten Bks.

Mog. Liza Rebecca van der Peijl. Illus. by Mirko Filippi. 2019. (SPA.). 64p. (J). (gr. -1-3). 9.95 *(978-607-748-141-6(6),* Uranito) Ediciones Urano de México MEX. Dist: Spanish Pubs., LLC.

Mog & Barnaby. Judith Kerr. Illus. by Judith Kerr. 2020. (ENG., Illus.). 24p. (J). pap. 8.99 *(978-0-00-836382-6(X),* HarperCollins Children's Bks.) HarperCollins Pubs. Ltd. GBR. Dist: HarperCollins Pubs.

Mog & Bunny & Other Stories. Judith Kerr. 2017. (ENG.). 112p. (J). pap. 12.99 *(978-0-00-820423-5(3),* HarperCollins Children's Bks.) HarperCollins Pubs. Ltd. GBR. Dist: HarperCollins Pubs.

Mog & the Baby & Other Stories. Judith Kerr. 2019. (ENG.). 112p. (J). pap. 12.99 *(978-0-00-832652-4(5),* HarperCollins Children's Bks.) HarperCollins Pubs. Ltd. GBR. Dist: HarperCollins Pubs.

Mog & the Granny. Judith Kerr. Illus. by Judith Kerr. 2019. (ENG., Illus.). 32p. (J). pap. 6.99 *(978-0-00-832651-7(7),* HarperCollins Children's Bks.) HarperCollins Pubs. Ltd. GBR. Dist: HarperCollins Pubs.

Mog & Tom's Kitten Capers: Book One. A. B. Adair. 2022. (ENG.). 50p. (J). pap. *(978-1-3984-2440-1(4))* Austin Macauley Pubs. Ltd.

Mog in the Garden. Judith Kerr. Illus. by Judith Kerr. 2019. (ENG., Illus.). 16p. (J). bds. 6.99 *(978-0-00-831056-1(4),* HarperCollins Children's Bks.) HarperCollins Pubs. Ltd. GBR. Dist: HarperCollins Pubs.

Mog the Forgetful Cat. Judith Kerr. Illus. by Judith Kerr. ed. 2020. (ENG., Illus.). 38p. bds. 7.99 *(978-0-00-838964-2(0))*; 40p. pap. 7.99 *(978-0-00-717134-7(X))* HarperCollins Pubs. Ltd. GBR. (HarperCollins Children's Bks.). Dist: HarperCollins Pubs.

Mog the Forgetful Cat Book & Toy Gift Set, 1 vol. Judith Kerr. Illus. by Judith Kerr. 2020. (ENG., Illus.). 40p. 19.99 *(978-0-00-826214-3(4),* HarperCollins Children's Bks.) HarperCollins Pubs. Ltd. GBR. Dist: HarperCollins Pubs.

Mog the Forgetful Cat Slipcase Gift Edition. Judith Kerr. 50th ed. 2020. (ENG., Illus.). 40p. 19.99 *(978-0-00-840958-6(7),* HarperCollins Children's Bks.) HarperCollins Pubs. Ltd. GBR. Dist: HarperCollins Pubs.

Mog Time Treasury: Six Stories about Mog the Forgetful Cat. Judith Kerr. Illus. by Judith Kerr. 2019. (ENG., Illus.). 208p. (J). 24.99 *(978-0-00-833698-1(9),* HarperCollins Children's Bks.) HarperCollins Pubs. Ltd. GBR. Dist: HarperCollins Pubs.

Mog Treasury. Judith Kerr. Illus. by Judith Kerr. 2020. (ENG., Illus.). 208p. 24.99 *(978-0-00-840775-9(4),* HarperCollins Children's Bks.) HarperCollins Pubs. Ltd. GBR. Dist: HarperCollins Pubs.

Mogens: And Other Stories (Classic Reprint) Jens Peter Jacobsen. 2017. (ENG., Illus.). (J). 27.07 *(978-0-265-72938-0(6))*; pap. 9.57 *(978-1-5276-9010-3(5))* Forgotten Bks.

Moggies. Jayne Stennett. Illus. by Joanna Baker. 2016. (ENG.). 25p. (J). pap. *(978-1-910223-79-6(4))* UK Bk. Publishing.

Moggies' Big Adventure. Jayne Stennett. Illus. by Joanna Baker. 2016. (ENG.). 40p. (J). pap. *(978-1-910223-80-2(8))* UK Bk. Publishing.

Moggy Malone: The Great Cat Detective. Sara Lord. l.t. ed. 2023. (ENG.). 38p. (J). pap. ***(978-1-80094-591-3(4))*** Terence, Michael Publishing.

Mog's Birthday. Judith Kerr. 2021. (ENG., Illus.). 24p. (J). 6.99 *(978-0-00-846953-5(9),* HarperCollins Children's Bks.) HarperCollins Pubs. Ltd. GBR. Dist: HarperCollins Pubs.

Mog's Christmas. Judith Kerr. 2020. (ENG., Illus.). 30p. bds. 7.99 *(978-0-00-843354-3(2),* HarperCollins Children's Bks.) HarperCollins Pubs. Ltd. GBR. Dist: HarperCollins Pubs.

Mog's Christmas. Judith Kerr. Illus. by Judith Kerr. 2019. (ENG., Illus.). 30p. (J). bds. 7.99 *(978-0-00-834764-2(6),* HarperCollins Children's Bks.) HarperCollins Pubs. Ltd. GBR. Dist: HarperCollins Pubs.

Mogul Tales, or the Dreams of Men Awake, Vol. 1: Being Stories Told to Divert the Grief of the Sultana's of Guzarat, for the Supposed Death of the Sultan (Classic Reprint) Thomas-Simon Gueullette. (ENG., Illus.). (J). 2018. 320p. 30.52 *(978-0-364-62766-2(2))*; 2017. pap. 13.57 *(978-0-259-18837-7(9))* Forgotten Bks.

Mohamed Salah: Get to Know the Soccer Superstar. Nevien Shaabneh. 2019. (People You Should Know Ser.). (ENG., Illus.). 32p. (J). (gr. 3-6). pap. 7.95 *(978-1-5435-7467-8(X),* 140907); lib. bdg. 27.99 *(978-1-5435-7185-1(9),* 140436) Capstone.

Mohandas Gandhi. William Rice & Dona Rice. 2017. (TIME for Kids en Español - Level 3 Ser.). (SPA., Illus.). 32p. (J). (gr. 2-5). lib. bdg. 32.65 *(978-1-5157-5189-2(9),* 134708, Capstone Pr.) Capstone.

Mohandas Gandhi, 1 vol. Joan Stoltman. 2018. (Little Biographies of Big People Ser.). (ENG.). 24p. (gr. 1-2). 24.27 *(978-1-5382-1851-8(8),* f4ac0609-56fb-461b-9558-e5943b4295cb) Stevens, Gareth Publishing LLLP.

Mohavárosi Döbbencsek. Laszlo Sandor. 2018. (HUN., Illus.). 100p. (J). pap. *(978-3-99048-985-7(2))* novum pocket Verlag in der novum publishing GmbH.

Mohave, 1 vol. Andrea Palmer. 2017. (Spotlight on the American Indians of California Ser.). (ENG.). 32p. (J). (gr. 4-5). 27.93 *(978-1-5383-2473-8(3),* c61f8da8-b65c-4059-8f2d-effa5b9e13fd, PowerKids Pr.) Rosen Publishing Group, Inc., The.

Mohawk. Katie Lajiness. 2018. (Native Americans Ser.). (ENG., Illus.). 32p. (J). (gr. 2-5). lib. bdg. 34.21 *(978-1-5321-1509-7(1),* 28890, Big Buddy Bks.) ABDO Publishing Co.

Mohawk Valley & Lake Ontario (Classic Reprint) Edward Payson Morton. 2017. (ENG., Illus.). 104p. (J). 26.04 *(978-0-484-56085-6(9))* Forgotten Bks.

Mohawks, Vol. 1 Of 3: A Novel (Classic Reprint) M. E. Braddon. 2018. (ENG., Illus.). 344p. (J). 31.01 *(978-0-484-35495-0(7))* Forgotten Bks.

Mohawks, Vol. 2 Of 3: A Novel (Classic Reprint) Mary Elizabeth Braddon. (ENG., Illus.). (J). 2018. 326p. 30.64 *(978-0-483-06493-5(9))*; 2016. pap. 13.57 *(978-1-333-46250-5(6))* Forgotten Bks.

Mohawks, Vol. 3 Of 3: A Novel (Classic Reprint) M. E. Braddon. 2018. (ENG., Illus.). 318p. (J). 30.46 *(978-0-483-02318-5(3))* Forgotten Bks.

Mohun: Or, the Last Days of Lee. John Esten Cooke. 2017. (ENG., Illus.). (J). 31.95 *(978-1-374-88052-8(3))*; pap. 22.95 *(978-1-374-88051-1(5))* Capital Communications, Inc.

Mohun: Or, the Last Days of Lee & His Paladins, Final Memoirs of a Staff Officer Serving in Virginia, from the Mss; of Colonel Surry, of Eagle's Nest (Classic Reprint) John Esten Cooke. 2018. (ENG., Illus.). 516p. (J). 34.56 *(978-0-483-80713-6(3))* Forgotten Bks.

Moi: Je Peux Faire une Difference Positive! Deborah a Fotios. 2016. (FRE., Illus.). (J). pap. *(978-1-4866-0330-5(0))* Word Alive Pr.

Moi, J'ai un Coeur D'artichaut! Antonio Vivaldi. Ana Gerhard. Illus. by Marie Lafrance. 2021. (Petites Histoires de Grands Compositeurs Ser.). (ENG.). 32p. (J). (gr. 2-4). 16.95 *(978-2-924774-91-5(8))* Secret Mountain CAN. Dist: Independent Pubs. Group.

Moina: A Detective Story (Classic Reprint) Lawrence L. Lynch. (ENG., Illus.). (J). 2018. 482p. 33.84 *(978-0-483-65341-2(1))*; 2017. pap. 16.57 *(978-0-243-38079-4(8))* Forgotten Bks.

Moira's Birthday. Robert Munsch. Illus. by Michael Martchenko. 2019. (Classic Munsch Ser.). 32p. (J). pap. 6.95 *(978-1-77321-108-4(0))* Annick Pr., Ltd. CAN. Dist: Publishers Group West (PGW).

Moira's Pen: A Queen's Thief Collection. Megan Whalen Turner. Illus. by Deena So'Oteh. 2022. (Queen's Thief Ser.). (ENG.). 224p. (YA). (gr. 8). 18.99 *(978-0-06-288560-9(X),* Greenwillow Bks.) HarperCollins Pubs.

Mois en Afrique. Pierre-Napoleon Bonaparte. 2017. (FRE., Illus.). (J). 22.95 *(978-1-374-84800-9(X))*; pap. 12.95 *(978-1-374-84799-6(2))* Capital Communications, Inc.

Mois, Poeme, en Douze Chants, Vol. 2 (Classic Reprint) Jean-Antoine Roucher. 2017. (FRE., Illus.). (J). pap. 16.57 *(978-0-282-79490-3(5))* Forgotten Bks.

Moises - Hombres y Mujeres de la Biblia. Contrib. by Casscom Media. 2017. (Men & Women of the Bible - Revised Ser.). (ENG & SPA.). (J). pap. *(978-87-7132-621-5(9))* Scandinavia Publishing Hse.

Moist on the Mountain. Rusty Bradshaw. 2019. (ENG.). 176p. (YA). pap. 13.95 *(978-1-64628-543-3(3))* Page Publishing Inc.

Moji Omiljeni Fraktali: Sveska 1. David E. McAdams. 2023. (Moji Omiljeni Fraktali Ser.: Vol. 1). (BOS.). 50p. (J). pap. 24.95 ***(978-1-63270-352-1(1))*** Life is a Story Problem LLC.

Moji Omiljeni Fraktali: Sveska 2. David E. McAdams. 2023. (Moji Omiljeni Fraktali Ser.: Vol. 2). (BOS.). 50p. (J). pap. 24.95 ***(978-1-63270-353-8(X))*** Life is a Story Problem LLC.

Mojo & Spice. Vineeta Dhillon. 2021. (ENG.). 20p. (J). pap. 20.00 *(978-1-7353502-5-7(7))* Mo' Bks.

Mokeanna: A Treble Temptation (Classic Reprint) F. C. Burnand. 2018. (ENG., Illus.). 298p. (J). 30.04 *(978-0-267-13712-1(5))* Forgotten Bks.

Moko to the Rescue: Heroic Dolphin of New Zealand. Matthew K. Manning. Illus. by Dolo Okecki. 2023. (Heroic Animals Ser.). (ENG.). 32p. (J). 36.65 *(978-1-6663-9396-5(7),* 244472); pap. 7.99 *(978-1-6663-9409-2(2),* 244457) Capstone. (Capstone Pr.).

Mokomaki. Satu Kontinen. 2017. (ENG., Illus.). 32p. (J). (-k). 14.95 *(978-1-57687-805-7(8),* powerHouse Bks.) powerHse. Bks.

Moky - the Pokey Little Snail! Coloring Book. Creative Playbooks. 2016. (ENG., Illus.). (J). pap. 7.74 *(978-1-68323-697-9(1))* Twin Flame Productions.

Mola Ocean Sunfish. Grace Hansen. 2018. (Super Species Ser.). (ENG., Illus.). 24p. (J). (gr. -1-2). lib. bdg. 32.79 *(978-1-5321-0824-2(9),* 28209, Abdo Kids) ABDO Publishing Co.

Moldilocks & the Three Scares: A Zombie Tale. Lynne Marie. Illus. by David Rodriguez Lorenzo. 2019. 40p. (J). (gr. -1-3). 16.95 *(978-1-4549-3061-7(6))* Sterling Publishing Co., Inc.

Moldova, 1 vol. Debbie Nevins et al. 2019. (Cultures of the World (Third Edition)(r) Ser.). (ENG.). 144p. (gr. 5-5). lib. bdg. 48.79 *(978-1-5026-4750-4(8),* 7cb78421-5842-4fd2-88b0-bfff6caa256f) Cavendish Square Publishing LLC.

Moldy Orange Bandage: Playbooks & Short Stories. Lirio Blanco Show. 2021. (ENG.). 108p. (YA). pap. 12.99 *(978-1-6653-0129-9(5))* Sprout Printing.

Mole. Ruth Owen. 2018. (Wildlife Watchers Ser.). (ENG., Illus.). 24p. (J). (gr. k-2). 8.99 *(978-1-78856-073-3(6),* c24be2fb-4935-4529-950b-a64337de3ee1); lib. bdg. 27.99 *(978-1-78856-060-3(4),* ccc4df6d-56f1-4595-aca5-26dad56d2593) Ruby Tuesday Books Limited GBR. Dist: Lerner Publishing Group.

Mole & Hedgehog. Cecilia Smith. 2021. (Entry Level Readers Ser.). (ENG.). (J). 20p. 24.99 ***(978-1-5324-3882-0(6))***; 20p. pap. 12.99 ***(978-1-5324-4177-6(0))***; 8p. pap. 5.99 *(978-1-5324-2798-5(0))* Xist Publishing.

Mole & New Beginnings: Children's Rhyme Story Book. Kim Horn Schreuder. 2021. (the Mole's Adventures Ser.: Vol. 2). (ENG.). 34p. (J). pap. *(978-0-620-91794-0(6))* National Library of South Africa, Pretoria Division.

Mole & the Hole. Brayden Kowalczuk. 2021. (ENG., Illus.). 32p. (J). ***(978-0-7112-6264-5(0))*** Frances Lincoln Childrens Bks.

Mole & the Sparrow: Educational Children's Story Book. Kim Schreuder Horn. 2021. (the Mole's Adventures Ser.: Vol. 1). (ENG.). 36p. (J). pap. ***(978-0-620-91793-3(8))*** African Public Policy & Research Institute, The.

Mole & the Sunglasses. Juliana Sheikh. Ed. by Jennifer Rees. Illus. by Dunja Pantic. 2020. (ENG.). 42p. (J). pap. *(978-1-78324-158-3(6))* Wordzworth Publishing.

Mole Books: Mole Witnesses a Miracle in Nature & Explore the World of Frogs with Mole: from the Second Series: the Little Scientist. Armaan J. Sarna. 2016. (ENG., Illus.). (J). pap. 22.99 *(978-1-4828-8603-0(0))* Partridge Pub.

Mole Gets Ready for Christmas. Xist Publishing. 2019. (Entry Level Readers Ser.). (ENG.). 8p. (J). (gr. -1-2). pap. 5.99 *(978-1-5324-1250-9(9))* Xist Publishing.

Mole Gets Ready for Christmas. Xist Publishing. 2019. (Entry Level Readers Ser.). (ENG.). 20p. (J). 12.99 ***(978-1-5324-3883-7(4))***; pap. 12.99 ***(978-1-5324-4178-3(9))*** Xist Publishing.

Mole Gets Sick. Cecilia Smith. 2020. (Entry Level Readers Ser.). (ENG.). (J). 20p. 12.99 ***(978-1-5324-3884-4(2))***; 20p. pap. 12.99 ***(978-1-5324-4179-0(7))***; 8p. (gr. -1-2). pap. 5.99 *(978-1-5324-2801-2(4))* Xist Publishing.

Mole Goes Camping. Cecilia Smith. 2021. (Entry Level Readers Ser.). (ENG.). (J). 20p. 12.99 ***(978-1-5324-3885-1(0))***; 20p. pap. 12.99 ***(978-1-5324-4180-6(0))***; 8p. pap. 5.99 *(978-1-5324-2804-3(9))* Xist Publishing.

Mole Goes to the Beach. Xist Publishing. 2019. (Entry Level Reader Ser.). (ENG.). 8p. (J). (gr. -1-2). pap. 5.99 *(978-1-5324-1131-1(6))* Xist Publishing.

Mole Goes to the Beach. Xist Publishing. 2019. (Entry Level Readers Ser.). (ENG.). 20p. (J). 12.99 ***(978-1-5324-3886-8(9))***; pap. 12.99 ***(978-1-5324-4181-3(9))*** Xist Publishing.

Mole Has a Birthday. Xist Publishing. 2019. (Entry Level Reader Ser.). (ENG.). 8p. (J). (gr. -1-2). pap. 5.99 *(978-1-5324-1132-8(4))* Xist Publishing.

Mole Has a Birthday. Xist Publishing. 2019. (Entry Level Readers Ser.). (ENG.). 20p. (J). 12.99 ***(978-1-5324-3887-5(7))***; pap. 12.99 ***(978-1-5324-4182-0(7))*** Xist Publishing.

Mole in a Black & White Hole. Tereza Sediva. 2021. (Illus.). 32p. (J). (gr. -1-3). 16.95 *(978-0-500-65205-3(8),* 565205) Thames & Hudson.

Mole in a Hole IR. 2017. (Phonics Readers Ser.). (ENG.). (J). pap. 6.99 *(978-0-7945-3715-9(4),* Usborne) EDC Publishing.

Mole in Autumn. Cecilia Smith. 2022. (Entry Level Readers Ser.). (ENG.). (J). 20p. pap. 12.99 ***(978-1-5324-4170-7(3))***; 16p. (gr. -1-2). 24.99 ***(978-1-5324-3888-2(5))***; 16p. (gr. -1-2). pap. 12.99 ***(978-1-5324-2806-7(5))*** Xist Publishing.

Mole in Spring. Cecilia Smith. 2023. (Entry Level Readers Ser.). (ENG.). (J). 20p. pap. 12.99 ***(978-1-5324-4183-7(5))***; 8p. (gr. -1-2). 24.99 ***(978-1-5324-3889-9(3))***; 8p. (gr. -1-2). pap. 12.99 ***(978-1-5324-2809-8(X))*** Xist Publishing.

Mole in Summer. Cecilia Smith. 2023. (Entry Level Readers Ser.). (ENG.). (J). 20p. pap. 12.99 ***(978-1-5324-4184-4(3))***; 8p. (gr. -1-2). 24.99 ***(978-1-5324-3890-5(7))***; 8p. (gr. -1-2). pap. 12.99 ***(978-1-5324-2812-8(X))*** Xist Publishing.

Mole in the Garden. Cecilia Smith. 2023. (Entry Level Readers Ser.). (ENG.). (J). 20p. pap. 12.99 ***(978-1-5324-2816-6(2))***; 8p. (gr. -1-2). 24.99 ***(978-1-5324-3891-2(5))***; 8p. (gr. -1-2). pap. 12.99 ***(978-1-5324-2815-9(4))*** Xist Publishing.

Mole in the Hole. Sophea Saroay. 2020. (ENG., Illus.). 30p. (J). pap. *(978-1-5289-3104-5(1))* Austin Macauley Pubs. Ltd.

Mole in the White House. Rebecca Gilan. 2020. (ENG., Illus.). 28p. (J). pap. 12.95 *(978-1-64531-510-0(X))* Newman Springs Publishing, Inc.

Mole in Winter. Cecilia Smith. 2022. (Entry Level Readers Ser.). (ENG.). (J). 20p. pap. 12.99 ***(978-1-5324-4171-4(1))***; 16p. (gr. -1-2). 24.99 ***(978-1-5324-3892-9(3))***; 16p. (gr. -1-2). pap. 12.99 ***(978-1-5324-2818-0(9))*** Xist Publishing.

Mole Is Not Alone. Maya Tatsukawa. Illus. by Maya Tatsukawa. 2023. (ENG., Illus.). 40p. (J). 18.99 ***(978-1-250-86964-7(1)***, 900279070, Holt, Henry & Co. Bks. For Young Readers) Holt, Henry & Co.

Mole Makes Art. Cecilia Smith. 2022. (Entry Level Readers Ser.). (ENG.). (J). 20p. pap. 12.99 ***(978-1-5324-4172-1(X))***; 16p. (gr. -1-2). 24.99 ***(978-1-5324-3893-6(1))***; 16p. (gr. -1-2). pap. 12.99 ***(978-1-5324-2821-0(9))*** Xist Publishing.

Mole on Patrol. Chlöe Applin. 2021. (Illus.). 40p. (J). (gr. k-3). 16.95 *(978-1-76036-130-3(5),* 6cddbd86-4bf2-4129-9378-744c6a56c7a5) Starfish Bay Publishing Pty Ltd. AUS. Dist: Baker & Taylor Publisher Services (BTPS).

Mole Plays Pirate. Xist Publishing. 2019. (Entry Level Readers Ser.). (ENG.). 8p. (J). (gr. -1-2). pap. 5.99 *(978-1-5324-1248-6(7))* Xist Publishing.

Mole Plays Pirate. Xist Publishing. 2019. (Entry Level Readers Ser.). (ENG.). 20p. (J). 12.99 ***(978-1-5324-3894-3(X))***; pap. 12.99 ***(978-1-5324-4185-1(1))*** Xist Publishing.

Mole Sisters & the Blue Egg. Roslyn Schwartz. 2019. (Mole Sisters Ser.). (Illus.). 32p. (J). bds. 7.99 *(978-1-77321-219-7(2))* Annick Pr., Ltd. CAN. Dist: Publishers Group West (PGW).

Mole Sisters & the Question. Roslyn Schwartz. 2019. (Mole Sisters Ser.). (ENG., Illus.). 32p. (J). (gr. -1-k). bds. 7.99 *(978-1-77321-224-1(9))* Annick Pr., Ltd. CAN. Dist: Publishers Group West (PGW).

Mole Sisters & the Rainy Day. Roslyn Schwartz. 2019. (Mole Sisters Ser.). (ENG., Illus.). 32p. (J). (gr. -1-k). bds. 7.99 *(978-1-77321-229-6(X))* Annick Pr., Ltd. CAN. Dist: Publishers Group West (PGW).

Mole Sisters & the Wavy Wheat. Roslyn Schwartz. 2019. (Mole Sisters Ser.). (ENG., Illus.). 32p. (J). (gr. -1-k). bds. 7.99 *(978-1-77321-214-2(1))* Annick Pr., Ltd. CAN. Dist: Publishers Group West (PGW).

Mole the Builder. Cecilia Smith. 2023. (Entry Level Readers Ser.). (ENG.). (J). 20p. pap. 12.99 ***(978-1-5324-2825-8(1))***; 8p. (gr. -1-2). 24.99 ***(978-1-5324-3895-0(8))***; 8p. (gr. -1-2). pap. 12.99 ***(978-1-5324-2824-1(3))*** Xist Publishing.

Mole Who Got Spectacles. Gini Graham Scott. 2020. (ENG.). 40p. (J). pap. 14.95 ***(978-1-950613-39-7(9))*** Taylor and Seale Publishing.

Molecules, 1 vol. Kennon O'Mara. 2018. (Look at Chemistry Ser.). (ENG.). 32p. (gr. 2-2). 28.27 *(978-1-5382-3012-1(7),* 0241038c-0afe-4f02-a054-93f8bd320c1f) Stevens, Gareth Publishing LLLP.

Molecules & How They Work! Chemistry for Kids Series - Children's Analytic Chemistry Books. Baby Professor. 2017. (ENG., Illus.). (J). pap. 7.89 *(978-1-68305-740-6(6),* Baby Professor (Education Kids)) Speedy Publishing LLC.

Molecules That Make You You. Robert E. Wells. Illus. by Patrick Corrigan. 2022. (Tell Me Why Ser.). (ENG.). 32p. (J). (gr. -1-3). 17.99 *(978-0-8075-7774-5(X),* 080757774X) Whitman, Albert & Co.

Moles. Lori Dittmer. 2018. (Seedlings: Backyard Animals Ser.). (ENG.). 24p. (J). (gr. k-2). pap. 8.99 *(978-1-62832-600-0(X),* 19929, Creative Paperbacks); (gr. -1-k). *(978-1-60818-973-1(2),* 19920, Creative Education) Creative Co., The.

Moles. Martha London. 2020. (Underground Animals Ser.). (ENG., Illus.). 24p. (J). (gr. k-3). lib. bdg. 31.36 *(978-1-5321-6763-8(6),* 34687, Pop! Cody Koala) Pop!.

Moles. Rachel Poliquin. Illus. by Nicholas John Frith. (Superpower Field Guide Ser.). (ENG.). 96p. (J). (gr. 3-7). 2020. pap. 8.99 *(978-0-358-27259-5(9),* 1771930); 2019. 18.99 *(978-0-544-95107-5(7),* 1659965) HarperCollins Pubs. (Clarion Bks.).

Moles. Kate Riggs. 2016. (In My Backyard Ser.). (ENG., Illus.). 24p. (J). (gr. 1-3). *(978-1-60818-700-3(4),* 20596, Creative Education); pap. 8.99 *(978-1-62832-296-5(9),* 20594, Creative Paperbacks) Creative Co., The.

Mole's Quiet Place. Jane Chapman. Illus. by Jane Chapman. 2023. (ENG.). 32p. (J). (gr. -1-2). 18.99 *(978-1-6643-0019-4(8))* Tiger Tales.

1354

The check digit for ISBN-10 appears in parentheses after the full ISBN-13

Mole's Sad Day. Savannah Field. 2020. (ENG.). 18p. (J). 22.95 *(978-1-64952-425-6(0))*; pap. 12.95 *(978-1-64654-468-4(4))* Fulton Bks.

Mole's Star. Britta Teckentrup. 2022. (ENG., Illus.). 32p. (J). (gr. -1-k). pap. 10.99 *(978-1-4083-4283-1(9)*, Orchard Bks.) Hachette Children's Group GBR. Dist: Hachette Bk. Group.

Mole's Tale. Dawn Northrup. Illus. by Jodie Northrup. 2019. (ENG.). 36p. (J). 23.95 *(978-1-64300-791-5(2))*; pap. 13.95 *(978-1-64300-790-8(4))* Covenant Bks.

Moll Flanders (Annotated) Daniel Defoe. 2021. (Sastrugi Press Classics Ser.). (ENG.). 284p. (J). pap. 12.95 *(978-1-64922-213-8(0))* Sastrugi Pr.

Moll Meredyth Madcap (Classic Reprint) May Baldwin. 2018. (ENG., Illus.). 334p. (J). 30.81 *(978-0-267-67418-3(X))* Forgotten Bks.

Moll Pitcher's Prophecies: Or the American Sibyl (Classic Reprint) Ellen M. Griffin. 2017. (ENG., Illus.). (J). 184p. 27.69 *(978-0-484-66321-2(6))*; pap. 10.57 *(978-1-5276-3909-6(6))* Forgotten Bks.

Molli & Me & the Family Tree. Margi Kramer. Illus. by Mark Kramer & Joshua Korenblat. 2021. (ENG.). 40p. (J). *(978-1-5255-9935-4(6))* FriesenPress.

Molli & Me & the Family Tree. Margi & Mark Kramer. Illus. by Mark Kramer. 2021. (ENG.). 40p. (J). pap. *(978-1-5255-9934-7(8))* FriesenPress.

Mollie & the Unwiseman Abroad (Classic Reprint) John Kendrick Bangs. 2018. (ENG., Illus.). 290p. (J). 29.80 *(978-0-484-49205-8(5))* Forgotten Bks.

Mollie & the Unwiseman (Classic Reprint) John Kendrick Bangs. 2018. (ENG., Illus.). 244p. (J). 28.93 *(978-0-666-07055-5(5))* Forgotten Bks.

Mollie Magee & the Christmas Pajamas. A. Carol Morgan. Illus. by Paula Kanani Weeks. 2021. (ENG.). 34p. (J). 18.99 *(978-1-0879-7021-9(0))*; pap. 12.99 *(978-1-0879-1646-0(1))* Indy Pub.

Mollie on the March. Anna Carey. 2018. (ENG.). 352p. 17.00 *(978-1-78849-008-5(8))* O'Brien Pr., Ltd., The IRL. Dist: Casemate Pubs. & Bk. Distributors, LLC.

Mollie's Adventure. Helene Harris. 2016. (ENG., Illus.). (J). pap. 12.95 *(978-1-68348-699-2(4))* Page Publishing Inc.

Mollie's Adventures: Live Your Own Way. Alana Stott. 2023. (ENG.). 32p. (J). 18.99 ***(978-1-6657-2029-8(8))***; pap. 10.99 ***(978-1-6657-2030-4(1))*** Archway Publishing.

Mollie's Adventures: Me & My Friends Play. Alana Stott. 2023. (ENG.). 34p. (J). 18.99 ***(978-1-6657-2599-6(0))***; pap. 10.99 ***(978-1-6657-2597-2(4))*** Archway Publishing.

Mollie's Adventures: Who to Help Today? Mbe Alana Stott. 2023. (ENG.). 32p. (J). pap. 10.99 ***(978-1-6657-3463-9(9))*** Lulu Pr., Inc.

Mollie's Choice. Helen Barber. 2017. (ENG., Illus.). 246p. (J). pap. *(978-1-909423-90-9(4))* Bks. to Treasure.

Mollie's Friends. Helen Barber. 2021. (ENG.). 240p. (J). pap. *(978-1-909423-96-1(3))* Bks. to Treasure.

Mollie's Prince. Rosa Nouchette Carey. 2017. (ENG.). 324p. (J). pap. *(978-3-337-03307-1(5))* Creation Pubs.

Mollie's Prince: A Novel (Classic Reprint) Rosa Nouchette Carey. 2018. (ENG., Illus.). 326p. (J). 30.62 *(978-0-365-03007-2(4))* Forgotten Bks.

Mollie's Substitute Husband (Classic Reprint) Max McConn. 2018. (ENG., Illus.). 382p. (J). 31.78 *(978-0-428-86647-1(6))* Forgotten Bks.

Mollusks. Dalton Rains. 2023. (Animal Groups Ser.). (ENG., Illus.). 24p. (J). pap. 8.95 ***(978-1-64619-840-5(9))***; lib. bdg. 28.50 ***(978-1-64619-811-5(5))*** Little Blue Hse.

Mollusks, 1 vol. Madeline Tyler. 2019. (Animal Classification Ser.). (ENG.). 32p. (gr. 3-4). pap. 11.50 *(978-1-5345-3056-0(8)*, 96e355cd-139b-465b-9f52-21d9be91f154); lib. bdg. 28.88 *(978-1-5345-3027-0(4)*, 6d91abbd-4b39-4c1c-8e81-67313a885a33) Greenhaven Publishing LLC. (KidHaven Publishing).

Mollusks & More: Sea Life You Never Knew Coloring Book. Kreative Kids. 2016. (ENG., Illus.). (J). pap. 9.20 *(978-1-68377-336-8(5))* Whlke, Traudl.

Mollusks Are Wonderfully Designed: A Coloring Book. Michael Reed. 2022. (ENG.). 34p. (J). pap. ***(978-1-387-62938-1(7))*** Lulu Pr., Inc.

Molly. Ben Levin. 2019. (Nellie's Friends Ser.: Vol. 2). (ENG.). 46p. (J). pap. 9.95 *(978-0-9997310-8-6(4))* Shrimlife Pr.

Molly. Alice VL. 2019. (ENG.). 224p. (YA). pap. *(978-1-393-38163-1(4))* Loggerenberg, Alice Van.

Molly: The Best Behaved Student. Ngozi Elizabeth Mbonu. 2018. (ENG., Illus.). 42p. (J). (gr. k-3). pap. *(978-1-4866-1614-5(3))* Word Alive Pr.

Molly: The True Story of the Dog Who Rescues Lost Cats. Colin Butcher. 2023. (ENG.). 320p. (J). pap. 10.95 ***(978-1-250-90390-7(4))*** St. Martin's Pr.

Molly: a Winning Spirit. Valerie Tripp. Illus. by Renee Graef. 2022. (American Girl(r) Historical Characters Ser.). (ENG.). 136p. (J). pap. 7.99 *(978-1-68337-194-6(1))* American Girl Publishing, Inc.

Molly & Abigail. Joan McCoy. 2018. (ENG., Illus.). 36p. (J). pap. *(978-0-244-72759-8(7))* Lulu Pr., Inc.

Molly & Billy's Favorite Backyard Birds. Anne C. Lewis. 2018. (ENG., Illus.). 32p. (J). 22.95 *(978-1-64003-370-2(X))*; pap. 12.95 *(978-1-64003-369-6(6))* Covenant Bks.

Molly & Corry: Satellite Sleuths. Chris Hart. Illus. by Scott Leyland. 2018. (Molly & Corry Ser.: Vol. 2). (ENG.). 222p. (J). pap. *(978-1-9998113-0-3(5))* Nitere Publishing.

Molly & Corry Boot Up! The Friendship Paradox. Chris A. Hart. Illus. by Scott Leyland. 2017. (Molly & Corry Ser.: Vol. 1). (ENG.). 216p. (J). pap. *(978-0-9956568-1-9(9))* Nitere Publishing.

Molly & I, or the Silver Ring (Classic Reprint) Frank R. Adams. (ENG., Illus.). (J). 2018. 312p. 30.33 *(978-0-483-56079-6(0))*; 2016. pap. 13.57 *(978-1-334-13715-0(3))* Forgotten Bks.

Molly & Kitty, or Peasant Life in Ireland: With Other Tales (Classic Reprint) Olga Eschenbach. 2018. (ENG., Illus.). 346p. (J). 31.05 *(978-0-267-31220-7(2))* Forgotten Bks.

Molly & Mae: A Friendship Journey. Danny Parker. Illus. by Freya Blackwood. 2017. (ENG.). 32p. (J). (gr. -1-3). 16.99 *(978-1-328-71543-2(4)*, 1674164, Clarion Bks.) HarperCollins Pubs.

Molly & Morag Meet the Toe-Rag. Billy Mitchell. 2020. (ENG.). 30p. (J). pap. *(978-1-5289-5125-8(5))* Austin Macauley Pubs. Ltd.

Molly & Mousey: the Idiotic Husband. Anthony Cesar. 2017. (ENG., Illus.). (J). (gr. k-1). pap. 14.95 *(978-1-941247-37-2(7))*; (gr. 1-4). 16.95 *(978-1-941247-44-0(X))* 3G Publishing, Inc.

Molly & Nightmare. Shannon Avra. Illus. by David Spencer. 2023. (ENG.). 32p. (J). (gr. -1-2). 18.99 *(978-1-64823-019-6(9))* POW! Kids Bks.

Molly & Ollie: The Great Adventure to France. Susan Valentine. 2020. (ENG.). 34p. (J). pap. *(978-1-5289-5033-6(X))* Austin Macauley Pubs. Ltd.

Molly & Omari Learn Yoga. Patricia Brogdon. Illus. by Bemmygail Abanilla. 2020. (ENG.). 112p. (J). pap. 21.99 *(978-0-9906649-1-8(0))* Red Cardinal Publishing, LLC.

Molly & Space for Adventure. Cyndi Wiebe. Illus. by Cyndi Wiebe. 2021. (ENG.). 26p. (J). *(978-0-2288-6311-3(2))*; pap. *(978-0-2288-6310-6(4))* Tellwell Talent.

Molly & Superyam(tm) Alla Novochenok-Serhan. 2017. (Adventures of Superyam(tm) Ser.: Vol. 2). (ENG., Illus.). (J). (gr. k-3). *(978-0-9942914-2-4(6))* Novochenok, Alla.

Molly & Taylor's Adventure. James F. Park. 2018. (ENG.). 104p. (J). pap. ***(978-0-244-37098-5(2))*** Lulu Pr., Inc.

Molly & the Little Lipstick Lie. Kevin Gallagher. Illus. by Christopher Tupa. 2022. (Holy Moleys Ser.). (ENG.). 32p. (J). (gr. -1-3). pap. 14.95 *(978-1-7370796-9-9(0)*, GT9699) Good & True Media.

Molly & the Lost Dance Shoes. Pria Dee. Illus. by Tina Perko. 2022. (ENG.). 24p. (J). pap. 12.99 ***(978-1-0879-3974-2(7))*** Indy Pub.

Molly & the Machine. Erik Jon Slangerup. (Far Flung Falls Ser.: 1). (ENG.). (J). (gr. 3-7). 2023. 432p. pap. 8.99 ***(978-1-5344-9800-6(1))***; 2022. 416p. 17.99 *(978-1-5344-9799-3(4))* Simon & Schuster Children's Publishing. (Aladdin).

Molly & the Mathematical Mysteries: Ten Interactive Adventures in Mathematical Wonderland. Eugenia Cheng. Illus. by Aleksandra Artymoska. 2021. (ENG.). 30p. (J). (gr. 2-5). 24.99 *(978-1-5362-1710-0(7)*, Big Picture Press) Candlewick Pr.

Molly & the Monsters of Kindergarten. Jd Wise. 2023. (ENG.). 36p. (J). pap. ***(978-1-329-18333-9(9))*** Lulu Pr., Inc.

Molly & the Mutants. Erik Jon Slangerup. 2023. (Far Flung Falls Ser.: 2). (ENG.). 496p. (J). (gr. 3-7). 18.99 ***(978-1-5344-9802-0(8)***, Aladdin) Simon & Schuster Children's Publishing.

Molly & the Runaway Trolley: Putting the Brakes on Stress & Worry, Volume 1. Ashley Bartley. Illus. by Brian Martin. 2023. (Self-Management & Me Ser.). (ENG.). 31p. (J). (gr. k-5). pap. 11.95 Boys Town Pr.

Molly & the Stormy Sea. Malachy Doyle. Illus. by Andrew Whitson. 2018. (ENG.). 36p. (J). (gr. -1-k). 21.99 *(978-1-912654-45-1(8))* Graffeg Limited GBR. Dist: Independent Pubs. Group.

Molly & the Stormy Sea. Malachy Doyle & Andrew Whitson. 2018. (ENG., Illus.). 36p. (J). (gr. -1-k). pap. 13.99 *(978-1-912050-13-0(7))* Graffeg Limited GBR. Dist: Independent Pubs. Group.

Molly & the Stormy Sea Postcard Pack. Malachy Doyle. Illus. by Andrew Whitson. 2018. (ENG.). 36p. (J). (gr. k-2). 21.95 *(978-1-912654-52-9(0))* Graffeg Limited GBR. Dist: Independent Pubs. Group.

Molly & Tim's Zooventure. Kathleen Mancuso. Illus. by Monica Gartler & Alberta Sulik. 2018. (ENG.). 32p. (J). pap. 12.95 *(978-1-7324191-5-5(9))* NFB Publishing.

Molly & Winston: A Molly Mcpherson - 1st Lady Series Book. Janice McAlpine. Illus. by Merri Vacura. 2022. (Molly Mcpherson - 1st Lady Ser.). (ENG.). 48p. (J). ***(978-1-0391-5438-4(7))***; pap. ***(978-1-0391-5437-7(9))*** FriesenPress.

Molly Bawn. Margaret Wolfe Hamilton. 2017. (ENG., Illus.). (J). 29.95 *(978-1-374-86660-7(1))*; pap. 19.95 *(978-1-374-86659-1(8))* Capital Communications, Inc.

Molly Bawn (Classic Reprint) Unknown Author. 2018. (ENG., Illus.). 406p. (J). 32.27 *(978-0-267-29187-8(6))* Forgotten Bks.

Molly Bawn (Classic Reprint) Marie Doran. (ENG., Illus.). (J). 2018. 400p. 32.15 *(978-0-365-14220-1(4))*; 2016. pap. 13.57 *(978-1-334-12897-4(9))* Forgotten Bks.

Molly Bishop's Family (Classic Reprint) Catherine Owen. (ENG., Illus.). (J). 2018. 296p. 30.02 *(978-0-483-63895-2(1))*; 2017. pap. 13.57 *(978-0-243-07655-0(X))* Forgotten Bks.

Molly Brown's Orchard Home. Nell Speed. 2017. (ENG., Illus.). (J). pap. 13.95 *(978-1-374-93157-2(8))* Capital Communications, Inc.

Molly Brown's Orchard Home (Classic Reprint) Nell Speed. (ENG., Illus.). (J). 2018. 318p. 30.46 *(978-0-666-98565-1(0))*; 2017. pap. 13.57 *(978-0-243-46663-4(3))* Forgotten Bks.

Molly Brown's Sophomore Days (Classic Reprint) Nell Speed. 2018. (ENG., Illus.). 320p. (J). 30.52 *(978-0-484-27621-4(2))* Forgotten Bks.

Molly (Classic Reprint) Jean Louise De Forest. 2017. (ENG., Illus.). (J). pap. 13.57 *(978-0-259-20623-1(7))* Forgotten Bks.

Molly (Classic Reprint) Barbara Yechton. 2018. (ENG., Illus.). 134p. (J). 26.66 *(978-0-483-47150-4(X))* Forgotten Bks.

Molly Darling & Other Stories (Classic Reprint) Duchess Duchess. 2018. (ENG., Illus.). 216p. (J). 28.35 *(978-0-483-73537-8(X))* Forgotten Bks.

Molly Discovers Magic (Then Wants to un-Discover It) Megan Atwood. Illus. by Lucy Fleming. 2016. (Dear Molly, Dear Olive Ser.). (ENG.). 96p. (J). (gr. 1-3). lib. bdg. 21.99 *(978-1-4795-8694-3(3)*, 130930, Picture Window Bks.) Capstone.

Molly Discovers Magic (Then Wants to Un-Discover It) Megan Atwood. Illus. by Lucy Fleming. 2017. (Dear Molly, Dear Olive Ser.). (ENG.). 96p. (J). (gr. 1-3). pap. 5.95 *(978-1-62370-616-6(5)*, 130934, Capstone Young Readers) Capstone.

Molly Finds a Home. Patricia Holden. 2020. (ENG., Illus.). 30p. (J). 22.95 *(978-1-64559-277-8(4))*; pap. 12.95 *(978-1-64559-276-1(6))* Covenant Bks.

Molly Finds a Home: Getting to Know William Miller Through a Visit to His House. Linda Everhart. 2018. (ENG., Illus.). 26p. (J). pap. 12.95 *(978-1-4796-0976-5(5))* TEACH Services, Inc.

Molly Finds Her Purr. Pamela S. Wight. Illus. by Shelley a Steinle. 2019. (ENG.). 32p. (J). 17.99 *(978-1-7339165-6-1(3))* Borgo Publishing.

Molly Finds Her Voice. Marjorie Sawyer. 2021. (ENG., Illus.). 30p. (J). pap. 13.95 *(978-1-0980-8747-0(X))* Christian Faith Publishing.

Molly Genera Electricidad: Probar y Verificar, 1 vol. Leigh McClure. 2017. (Computación Científica en el Mundo Real (Computer Science for the Real World) Ser.). (SPA.). 24p. (J). (gr. 3-4). pap. *(978-1-5383-5770-5(4)*, 34dadf3c-527b-4827-b286-77f38066c212, Rosen Classroom) Rosen Publishing Group, Inc., The.

Molly Genera Electricidad: Probar y Verificar (Molly Makes Electricity: Testing & Checking), 1 vol. Leigh McClure. 2017. (Niños Digitales: Superdotados con Pensamiento Computacional (Computer Kids: Powered by Computational Thinking) Ser.). (SPA.). 24p. (J). (gr. 3-4). 25.27 *(978-1-5383-2887-3(9)*, 6bd65062-e73b-4a6a-9ad1-a27439c0254a, PowerKids Pr.) Rosen Publishing Group, Inc., The.

Molly Gets a Goat (and Wants to Give It Back) Megan Atwood. Illus. by Gareth Llewhellin. 2018. (Dear Molly, Dear Olive Ser.). (ENG.). 96p. (J). (gr. 1-3). lib. bdg. 21.99 *(978-1-5158-2921-8(9)*, 138457, Picture Window Bks.) Capstone.

Molly Gets Her Wheels. Sherry Carnahan. Illus. by Laura Merer. 2019. (ENG.). 36p. (J). (gr. k-3). 18.99 ***(978-0-9600527-0-7(4))*** Fly High Media, LLC.

Molly Goes Camping: A Molly Mcpherson - 1st Lady Series Book. Janice McAlpine. Illus. by Merri Vacura. 2018. (Molly Mcpherson - 1st Lady Ser.). (ENG.). 32p. (J). *(978-1-5255-2456-1(9))* FriesenPress.

Molly Grue & the Enchanted Circus. Miss Angel. 2017. (ENG., Illus.). (J). pap. 20.00 *(978-1-365-67276-7(X))* Lulu Pr., Inc.

Molly Grue & the Fearsome Dragon. Miss Angel. 2017. (ENG., Illus.). (J). pap. 20.00 *(978-1-365-68092-2(4))* Lulu Pr., Inc.

Molly Grue & the Magical Attic. Miss Angel. 2017. (ENG., Illus.). (J). pap. 20.00 *(978-1-365-66188-4(1))* Lulu Pr., Inc.

Molly Grue & the Trip to the Moon. Miss Angel. 2017. (ENG., Illus.). (J). pap. 20.00 *(978-1-365-68090-8(8))* Lulu Pr., Inc.

Molly Hashimoto's Birds! Season by Season. Zoe Burke. Illus. by Molly Hashimoto. 2018. 24p. (J). bds. 10.95 *(978-0-7649-8217-0(6)*, POMEGRANATE KIDS) Pomegranate Communications, Inc.

Molly in the Middle. Ronni Arno. 2017. (Mix Ser.). (ENG.). 240p. (J). (gr. 4-8). 17.99 *(978-1-4814-8032-1(4))*; (Illus.). pap. 7.99 *(978-1-4814-8031-4(6))* Simon & Schuster Children's Publishing. (Aladdin).

Molly Jo Daisy Being the New Kid: A Chapter Book for Ages 9-12 about Emotions, Feelings, Kindness, Moving to a New Town, & Going to a Different School. Mary Louise Morris. 2020. (Molly Jo Daisy Ser.: Vol. 4). (ENG.). 242p. (J). pap. 9.97 *(978-1-7352512-0-2(8))* Southampton Publishing.

Molly Loves to Move. Mary Kf Morice. Illus. by Angela Woodgate. 2021. (ENG.). 30p. (J). *(978-0-2288-6119-5(5))*; pap. *(978-0-2288-6118-8(7))* Tellwell Talent.

Molly Make-Believe (Classic Reprint) Eleanor Hallowell Abbott. 2018. (ENG., Illus.). 220p. (J). 28.43 *(978-0-364-74480-2(4))* Forgotten Bks.

Molly Makes Electricity: Testing & Checking, 1 vol. Leigh McClure. 2017. (Computer Kids: Powered by Computational Thinking Ser.). (ENG.). 24p. (J). (gr. 3-4). 25.27 *(978-1-5383-2412-7(1)*, 87370022-74ec-45bc-a1d8-e6a22d29e324, PowerKids Pr.); pap. *(978-1-5081-3794-8(3)*, 7303982e-e2a1-425f-95d8-06352479fd00, Rosen Classroom) Rosen Publishing Group, Inc., The.

Molly Mcbean Clutterbug Queen. Julie Hanson. Illus. by Julie Hanson. 2019. (ENG., Illus.). 34p. (J). (gr. k-3). 17.95 *(978-1-7326633-2-9(7))*; pap. 9.99 *(978-1-7326633-3-6(5))* Candlelight Bay Publishing.

Molly Mcbride & the Party Invitation. Jean Schoonover-Egolf. 2019. (ENG.). 36p. (J). (gr. k-5). pap. 10.95 *(978-1-68192-507-3(9))* Our Sunday Visitor, Publishing Div.

Molly Mcbride & the Plaid Jumper. Jean Schoonover-Egolf. 2019. (ENG.). (J). (gr. -1-2). pap. 10.95 *(978-1-68192-508-0(7))* Our Sunday Visitor, Publishing Div.

Molly Mcbride & the Purple Habit. Jean Schoonover-Egolf. 2019. (ENG.). 32p. (J). (gr. k-3). pap. 10.95 *(978-1-68192-506-6(0))* Our Sunday Visitor, Publishing Div.

Molly Mcdonald: A Tale of the Old Frontier (Classic Reprint) Randall Parrish. 2018. (ENG., Illus.). 418p. (J). 32.52 *(978-0-365-53106-7(5))* Forgotten Bks.

Molly Mcfrost Gets Lost. Mary Friedman & Hannah Friedman. 2019. (ENG.). 32p. (J). *(978-1-5255-5186-4(8))*; pap. *(978-1-5255-5187-1(6))* FriesenPress.

Molly Mcpherson - 1st Lady. Janice McAlpine. 2017. (ENG., Illus.). (J). pap. *(978-1-5255-0335-1(9))* FriesenPress.

Molly Meets Trouble (Whose Real Name Is Jenna) Megan Atwood. Illus. by Lucy Fleming. 2016. (Dear Molly, Dear Olive Ser.). (ENG.). 96p. (J). (gr. 1-3). lib. bdg. 21.99 *(978-1-4795-8696-7(X)*, 130933, Picture Window Bks.) Capstone.

Molly Mouse & the Sleepless Nights. Madeline Bell. Illus. by J. D. Yonge. 2019. (ENG.). 44p. (J). pap. 9.49 *(978-1-7325905-8-8(3))* Dancing With Bear Publishing.

Molly of Denali: a-Maze-ing Snow. Wgbh WGBH Kids. Illus. by Wgbh WGBH Kids. 2019. (Molly of Denali Ser.). (ENG., Illus.). 24p. (J). (gr. -1-3). 4.99 *(978-0-06-295038-3(X)*, HarperCollins) HarperCollins Pubs.

Molly of Denali: an Alaskan Adventures Reading Collection. Wgbh WGBH Kids. 2020. (I Can Read Level 1 Ser.). (ENG.). 160p. (J). (gr. -1-3). pap. 19.99 *(978-0-06-295048-2(7)*, HarperCollins) HarperCollins Pubs.

Molly of Denali: Berry Itchy Day. Wgbh WGBH Kids. Illus. by Wgbh WGBH Kids. 2020. (I Can Read Level 1 Ser.). (ENG., Illus.). 32p. (J). (gr. -1-3). pap. 4.99 *(978-0-06-295044-4(4)*, HarperCollins) HarperCollins Pubs.

Molly of Denali: Crane Song. Wgbh WGBH Kids. Illus. by Wgbh WGBH Kids. 2020. (I Can Read Level 1 Ser.). (ENG., Illus.). 32p. (J). (gr. -1-3). pap. 4.99 *(978-0-06-295040-6(1)*, HarperCollins) HarperCollins Pubs.

Molly of Denali: Little Dog Lost. Wgbh WGBH Kids. Illus. by Wgbh WGBH Kids. 2019. (I Can Read Level 1 Ser.). (ENG., Illus.). 32p. (J). (gr. -1-3). pap. 4.99 *(978-0-06-295036-9(3)*, HarperCollins) HarperCollins Pubs.

Molly of Denali: Molly's Awesome Alaska Guide. Wgbh WGBH Kids. Illus. by Wgbh WGBH Kids. 2020. (Molly of Denali Ser.). (ENG., Illus.). 64p. (J). (gr. -1-3). pap. 6.99 *(978-0-06-295042-0(8)*, HarperCollins) HarperCollins Pubs.

Molly of Denali: Party Moose. Wgbh WGBH Kids. Illus. by Wgbh WGBH Kids. 2019. (I Can Read Level 1 Ser.). (ENG., Illus.). 32p. (J). (gr. -1-3). pap. 4.99 *(978-0-06-295034-5(7)*, HarperCollins) HarperCollins Pubs.

Molly of Denali: Tubing Rocks! Wgbh WGBH Kids. Illus. by Wgbh WGBH Kids. 2020. (Molly of Denali Ser.). (ENG., Illus.). 24p. (J). (gr. -1-3). 4.99 *(978-0-06-295046-8(0)*, HarperFestival) HarperCollins Pubs.

Molly, Olive, & Dexter Play Hide-And-Seek. Catherine Rayner. Illus. by Catherine Rayner. 2023. (ENG.). 32p. (J). (-k). 17.99 ***(978-1-5362-2841-0(9))*** Candlewick Pr.

Molly on the Moon. Mary Robinette Kowal. Illus. by Diana Mayo. 2022. (ENG.). 40p. (J). 18.99 *(978-1-250-25961-5(4)*, 900221068) Roaring Brook Pr.

Molly Pitcher. Emily Dolbear. Illus. by Kathleen Petelinsek. 2021. (Tall Tales Ser.). (ENG.). 24p. (J). (gr. k-3). 32.79 *(978-1-5038-5003-3(X)*, 214852) Child's World, Inc, The.

Molly Rides. Adam B. Ford. Illus. by Brian Berley. 2016. (ENG.). (J). pap. 12.95 *(978-0-9893092-3-3(1))* H Bar Pr.

Molly Saw a Bear. Leta Serafim. 2020. (ENG.). 34p. (J). 22.95 ***(978-1-0878-8373-1(3))***; (Illus.). pap. 18.95 ***(978-1-0878-7663-4(X))*** Indy Pub.

Molly Tailwagger. Gwen C. Rollings. 2017. (ENG., Illus.). (J). pap. 10.99 *(978-1-5456-0680-3(3))* Salem Author Services.

Molly Tailwagger. Gwen C. Rollings. Illus. by Brittany L. Rollings. 2016. (ENG.). (J). pap. 10.99 *(978-1-4984-8588-3(X))* Salem Author Services.

Molly Tailwagger & the Family Vacation. Gwen C. Rollings. Illus. by Brittany L. Rollings. 2016. (ENG.). (J). pap. 10.99 *(978-1-4984-9194-5(4))* Salem Author Services.

Molly Tailwagger & the Greatest Show on Earth. Gwen C. Rollings. Illus. by Brittany L. Rollings. 2016. (ENG.). (J). pap. 10.99 *(978-1-4984-8926-3(5))* Salem Author Services.

Molly Tailwagger Faces Her Fear. Gwen C. Rollings. Illus. by Brittany L. Rollings. 2019. (ENG.). 52p. (J). pap. 13.49 *(978-1-5456-5666-2(5))* Salem Author Services.

Molly Tailwagger Meets the New Neighbors. Gwen C. Rollings (Author) (illustrator). 2018. (ENG., Illus.). 58p. (J). pap. 13.49 *(978-1-5456-3376-2(2))* Salem Author Services.

Molly Tailwagger Takes a Tumble. Gwen C. Rollings (Author) (illustrator). 2018. (ENG., Illus.). 56p. (J). pap. 13.49 *(978-1-5456-3242-0(1))* Salem Author Services.

Molly Tailwagger You Could Be a Star. Gwen C. Rollings. Illus. by Brittany L. Rollings. 2017. (ENG.). (J). pap. 10.99 *(978-1-5456-0028-3(7))* Salem Author Services.

Molly Takes on School: Can the First Day of School Be the Best? Yes! Katie Greer. 2020. (ENG., Illus.). 26p. (J). pap. 13.95 *(978-1-64334-978-7(3))* Page Publishing Inc.

Molly the Beautiful Pig. Marilyn Ferrett. 2016. (ENG., Illus.). (J). pap. *(978-1-4602-6830-8(X))* FriesenPress.

Molly the Beautiful Pig Has a Pink Party. Marilyn Ferrett. Illus. by Chad Thompson. 2023. (Molly the Beautiful Pig Ser.). (ENG.). 44p. (J). ***(978-1-0391-6403-1(X))***; pap. ***(978-1-0391-6402-4(1))*** FriesenPress.

Molly the Beautiful Pig Meets Totem. Marilyn Ferrett. 2021. (ENG.). 48p. (J). pap. *(978-1-5255-2544-5(1))* FriesenPress.

Molly the Knotty Spider. D.M. Currie. 2021. (ENG.). 26p. (J). 21.95 *(978-1-64801-795-7(9))* Newman Springs Publishing, Inc.

Molly the Malian Hippo. Kelsey Lamb. 2017. (ENG., Illus.). 20p. (J). *(978-1-387-01613-6(X))* Lulu Pr., Inc.

Molly the Meek & Kizzie the Bully Dog. Jim Teague. 2020. (ENG., Illus.). 20p. (J). 19.95 *(978-1-64559-300-3(2))*; pap. 10.95 *(978-1-64559-299-0(5))* Covenant Bks.

Molly the Monk Seal. Lucca Stella. 2019. (ENG.). 36p. (J). pap. ***(978-0-359-53602-3(6))*** Lulu Pr., Inc.

Molly the Mouse & Her Feathered Hat. Janice Key. 2021. (ENG.). 33p. (J). ***(978-1-105-97696-4(3))*** Lulu Pr., Inc.

Molly the Service Dog. Barbara Charles. 2017. (ENG., Illus.). (J). pap. 16.95 *(978-1-4808-5189-4(2))* Archway Publishing.

Molly: the True Story of the Dog Who Rescues Lost Cats. Colin Butcher. 2022. (ENG., Illus.). 320p. (J). 22.99 *(978-1-250-20705-0(3)*, 900201576) Feiwel & Friends.

Molly Wanted a Cute Pony Not Naughty. Robyn McRae. 2019. (ENG.). 66p. (J). pap. 13.99 *(978-1-64550-702-4(5))* Matchstick Literary.

Molly Wants a Dolly. Tracilyn George. 2020. (ENG.). 30p. (J). pap. 14.00 *(978-1-990153-22-8(4))* Lulu Pr., Inc.

Molly Warner: School Reporter. Dan Kilday. 2018. (ENG., Illus.). 170p. (J). pap. *(978-1-78465-349-1(7)*, Vanguard Press) Pegasus Elliot Mackenzie Pubs.

Molly's Big Swing. Morya Rossington. Illus. by Keishart. 2022. (Our Yarning Ser.). (ENG.). 26p. (J). pap. ***(978-1-922918-58-1(X))*** Library For All Limited.

Molly's Christmas Surprise. Linda Paul. 2017. (ENG., Illus.). 46p. (J). (gr. 1-6). pap. 10.99 *(978-1-68160-510-4(4))* Crimson Cloak Publishing.

Molly's Christmas Surprise. Lauren Clauss. ed. 2021. (Step into Reading Ser.). (ENG., Illus.). 32p. (J). (gr. 2-3). 16.46 *(978-1-68505-048-1(4))* Penworthy Co., LLC, The.

Molly's Christmas Surprise (American Girl) Lauren Clauss. Illus. by Melissa Manwill Kashiwagi. 2021. (Step into Reading Ser.). (ENG.). 32p. (J). (gr. k-3). 5.99 *(978-0-593-38196-0(3)*, Random Hse. Bks. for Young Readers) Random Hse. Children's Bks.

Molly's Lost Adventure. Caroline Jo Langel. 2022. (ENG.). 31p. (J). ***(978-1-387-25542-9(8))*** Lulu Pr., Inc.

Molly's Magic Door. Kirsten Link. l.t. ed. 2020. (ENG.). 26p. (J). *(978-1-927735-67-1(X))* Peanut Butter Pr.

Molly's Mental Health: Love Me Too. Aerie Ms Taree. 2019. (ENG.). 34p. (J). pap. *(978-0-359-80411-5(X))* Lulu Pr., Inc.

Molly's Moon Mission. Duncan Beedie. Illus. by Duncan Beedie. 2020. (ENG., Illus.). 40p. (J). (gr. -1-1). 17.99 *(978-1-5362-1016-3(1)*, Templar) Candlewick Pr.

Molly's New Pony, Sir Wallace Mcgee. David Casentini. 2020. (ENG.). 34p. (J). pap. 11.95 *(978-1-68471-427-8(3))* Lulu Pr., Inc.

Molly's Pilgrim. Barbara Cohen. Illus. by Jennifer Bricking. 2018. (ENG.). 48p. (J). (gr. 1-5). pap. 5.99 *(978-0-06-287094-0(7)*, HarperCollins) HarperCollins Pubs.

Molly's Rocker. Susan M. Hoskins. Ed. by Nancy E. Doherty. 2nd ed. 2021. (ENG.). 272p. (YA). pap. 16.00 *(978-1-950647-80-4(3))* BookCrafters.

Molly's Shoe Box. Natasha Spence. 2017. (ENG., Illus.). (J). (gr. k-1). pap. *(978-1-910779-35-4(0))* Oxford eBooks Ltd.

Molly's Story: A Puppy Tale. W. Bruce Cameron. (Puppy Tale Ser.). (ENG., Illus.). 208p. (J). 2019. pap. 8.99 *(978-0-7653-9494-1(4)*, 900178049); 2017. 16.99 *(978-0-7653-9493-4(6)*, 900178048) Doherty, Tom Assocs., LLC. (Starscape).

Molly's Tree. Iain Lauchlan. Illus. by Nik Afia. 2021. (ENG.). 32p. (J). pap. *(978-1-913615-43-7(X))*; ***(978-1-915680-52-5(2))*** Trigger Publishing.

Molly's Tuxedo. Vicki Johnson. Illus. by Gillian Reid. 2023. (ENG.). 40p. (J). (gr. -1-3). 18.99 ***(978-1-4998-1314-2(7))*** Little Bee Books Inc.

Molly's Way: A Comedy in Three Acts (Classic Reprint) Alice M. Thompson. 2018. (ENG., Illus.). 58p. (J). 25.09 *(978-0-483-97740-2(3))* Forgotten Bks.

Moloch: A Story of Sacrifice (Classic Reprint) Campbell Praed. 2017. (ENG., Illus.). (J). 30.83 *(978-0-331-23684-2(2))*; pap. 13.57 *(978-0-266-99640-8(X))* Forgotten Bks.

Moltke in His Home (Classic Reprint) Friedrich August Dressler. 2018. (ENG., Illus.). 196p. (J). 27.96 *(978-0-666-90172-9(4))* Forgotten Bks.

Moltke's Letters to His Wife & Other Relatives, Vol. 1 of 2 (Classic Reprint) Helmuth von Moltke. 2018. (ENG., Illus.). 328p. (J). 30.68 *(978-0-428-19188-7(6))* Forgotten Bks.

Moltke's Letters to His Wife & Other Relatives, Vol. 2 of 2 (Classic Reprint) Helmuth von Moltke. 2018. (ENG., Illus.). (J). 31.65 *(978-0-260-45436-2(2))* Forgotten Bks.

Mom, a Broom, & a Rooster. Martha Servin. 2021. (ENG., Illus.). 30p. (J). pap. 13.95 *(978-1-6624-4549-1(0))* Page Publishing Inc.

Mom! a Fly Is in My Room. T. Johnson. 2021. (ENG.). 32p. (J). pap. 7.99 ***(978-1-0880-0008-3(8))*** Indy Pub.

Mom & Dad: 10 Things I Want You to Know about Nature! John Pogachar. Illus. by Chloe Helms & John Pogachar. 2022. (ENG.). 40p. (J). pap. 19.99 ***(978-1-957124-05-6(9))*** Butler, Kate Bks.

Mom & Dad: 10 Things I Want You to Know by the Time I'm One Week Old! John Pogachar. Illus. by Chloe Helms. 2022. (ENG.). 38p. (J). pap. 21.99 *(978-1-948927-56-7(X))* Butler, Kate Bks.

Mom & Dad Are Firefighters. B. Waites Austell. Illus. by Aria Jones. 2019. (ENG.). 40p. (J). pap. 11.75 ***(978-0-9823900-9-2(2))*** Simply B, L.L.C.

Mom & Dad Go to Work! Illus. by Alessandra Psacharopulo. 2017. (ENG.). 16p. (J). (gr. -1). bds. 6.95 *(978-88-544-1194-4(9))* White Star Publishers ITA. Dist: Sterling Publishing Co., Inc.

Mom & Me. Kalikolehua Hurley. ed. 2020. (Disney 8x8 Ser.). (ENG.). 24p. (J). (gr. k-1). 15.96 *(978-1-64697-209-8(0))* Penworthy Co., LLC, The.

Mom & Me: Kitchen Magicians. CQ Products. 2017. (ENG., Illus.). 64p. (J). spiral bd. 12.00 *(978-1-56383-597-1(5))* G & R Publishing.

Mom & Me Cooking Together. Danielle Kartes. Illus. by Annie Wilkinson. 2020. (Little Chef Ser.). 20p. (J). (gr. -1-k). 12.99 *(978-1-7282-1416-0(5))* Sourcebooks, Inc.

Mom & Me (Disney Princess) Kalikolehua Hurley. Illus. by Disney Storybook Disney Storybook Art Team. 2020. (Pictureback(R) Ser.). (ENG.). 24p. (J). (gr. -1-2). 5.99 *(978-0-7364-4042-4(9)*, RH/Disney) Random Hse. Children's Bks.

Mom & Me, Me & Mom (Mother Daughter Gifts, Mother Daughter Books, Books for Moms, Motherhood Books) Miguel Tanco. 2019. (You & Me, Me & You Ser.). (ENG., Illus.). 36p. (J). (gr. -1-k). 12.99 *(978-1-4521-7190-6(4))* Chronicle Bks. LLC.

Mom & Me Sweet As Can Be Star Songbook. I. Kids P. 2019. (Play-A-Song Ser.). (ENG., Illus.). 14p. (J). *(978-1-5037-4535-3(X)*, d364f8d8-3977-4253-a33e-bda7584aa5c9, PI Kids) Phoenix International Publications, Inc.

Mom, Are You Ready? Isaias C. Rodriguez. 2022. (ENG.). 38p. (J). 18.95 *(978-1-63755-404-3(4)*, Mascot Kids) Amplify Publishing Group.

Mom Can: A Devotional & Journal for Moms. Emmie R. Werner. Illus. by Jack Foster. 2023. (ENG.). 50p. (YA). 20.95 ***(978-1-63765-375-3(1))***; pap. 14.95 ***(978-1-63765-374-6(3))*** Halo Publishing International.

Mom Can Fix Anything. Kimberlee Graves. 2017. (Learn-To-Read Ser.). (ENG., Illus.). (J). (gr. -1-2). pap. 3.49 *(978-1-68310-187-1(1))* Pacific Learning, Inc.

Mom Can I Have a Dragon? T. E. Watson. Illus. by Steve Ferchaud. 2018. (ENG.). 38p. (J). (gr. -1-3). pap. *(978-1-58478-072-4(X)*, Highland Pr.) Paw Print Pr.

Mom Fights Forest Fires. B. Waites Austell. Illus. by Aria Jones. 2019. (ENG.). 48p. (J). pap. 11.99 *(978-1-7331401-1-9(5))* Simply B, L.L.C.

Mom for a Day! (Netflix: Go, Dog. Go!) Random House. Illus. by Random House. 2023. (Pictureback(R) Ser.). (Illus.). 24p. (J). (gr. -1-2). 5.99 *(978-0-593-57117-0(7)*, Random Hse. Bks. for Young Readers) Random Hse. Children's Bks.

Mom Got a Job. Cecilia Minden. Illus. by Lucy Neale. 2023. (Little Blossom Stories Ser.). (ENG.). 16p. (J). (gr. -1-2). pap. 11.36 *(978-1-6689-1891-3(9)*, 221869, Cherry Blossom Press) Cherry Lake Publishing.

Mom, I Lost My Jacket. Tynishia R. McGraw. Illus. by Claude Harris. 2019. (ENG.). 38p. (J). (gr. k-3). pap. 10.99 ***(978-1-970079-25-8(8))*** Opportune Independent Publishing Co.

Mom, I Love You So Much. Sequoia Children's Publishing. Illus. by Sonja Rescek. 2021. (Love You Board Bks.). (ENG.). 16p. (J). (gr. k-2). lib. bdg. 9.00 *(978-1-64996-047-4(6)*, 4778, Sequoia Publishing & Media LLC) Phoenix International Publications, Inc.

Mom I Love You So Much. Sequoia Children's Publishing. 2019. (ENG.). (J). 10p. bds. *(978-1-64269-074-3(0)*, 4735); 16p. bds. 9.99 *(978-1-64269-048-4(1)*, 4731) Phoenix International Publications, Inc. (Sequoia Publishing & Media LLC).

Mom, I Love You So Much. Sequoia Kids Media Sequoia Kids Media. Illus. by Sanja Rescek. 2021. (Love You Board Bks.). (ENG.). 10p. (J). (gr. -1-3). pap. 6.50 ***(978-1-64996-666-7(0)***, 17035, Sequoia Kids Media) Sequoia Children's Bks.

Mom I Want a Pet. Curtis Schultz. 2020. (ENG., Illus.). 20p. (J). pap. 12.95 *(978-1-64801-287-7(6))* Newman Springs Publishing, Inc.

Mom I Wrote a Book about You - I See You in All the Women Who Changed the World: Personalized Gift for Mother's Day - What I Love about Mom Book Birthday Gift for Moms Perfect Gift Book for Mom - Fill in 25 Reasons Why I Love You. Anna-Rose Carter. 2021. (ENG.). 54p. (J). pap. 9.99 *(978-0-425-46348-2(6)*, Heat) Penguin Publishing Group.

Mom, If You Don't Like Spiders, Don't Even! J. Ryan James. 2020. (ENG.). (J). 42p. *(978-1-5255-7783-3(2))*; 44p. pap. *(978-1-5255-7784-0(0))* FriesenPress.

Mom Is Hiding. Qian Mo. Illus. by Zhou Yi. 2020. (Hopeful Picture Bks.). (ENG.). 32p. (J). (gr. k-2). lib. bdg. 27.29 *(978-1-64996-005-4(0)*, 4095, Sequoia Publishing & Media LLC) Phoenix International Publications, Inc.

Mom Is Late: Leveled Reader Blue Fiction Level 11 Grade 1. Hmh Hmh. 2019. (Rigby PM Ser.). (ENG.). 16p. (J). (gr. 1). pap. 11.00 *(978-0-358-12021-6(7))* Houghton Mifflin Harcourt Publishing Co.

Mom Is Recharging Her Batteries. Keyonna Monroe. 2019. (ENG., Illus.). 22p. (J). (gr. k-6). pap. 12.95 *(978-1-941247-59-4(8))* 3G Publishing, Inc.

Mom Is Sick & Zap, Zap, Zap! Georgie Tennant. Illus. by Chris Cooper. 2023. (Level 3 - Yellow Set Ser.). (ENG.). 32p. (J). (gr. k-2). lib. bdg. 19.95 Bearport Publishing Co., Inc.

Mom Is So Lucky. Kim MacLean. 2018. (ENG., Illus.). 24p. (J). pap. *(978-0-2288-0524-3(4))* Tellwell Talent.

Mom Is There a Santa Claus? Susan J. Berger. Illus. by Kc Snider. l.t. ed. 2021. (ENG.). 26p. (J). pap. 7.95 *(978-1-7370751-0-3(5))* Berger, Susan J.

Mom Is There a Santa Claus? Susan J. Berger. Illus. by Kc Snider. l.t. ed. 2016. (ENG.). (J). (gr. 4-6). pap. 10.95 *(978-1-61633-798-8(2))* Guardian Angel Publishing, Inc.

Mom, Look at Him! Stephanie C. Larsen. 2022. (ENG.). 34p. (J). 19.99 ***(978-0-578-37716-2(0))*** Robert, Stephanie.

Mom Looks at the Books: Inflectional Endings. Brian P. Cleary. Illus. by Jason Miskimins. 2022. (Phonics Fun Ser.). (ENG.). 24p. (J). (gr. -1-2). pap. 8.99 *(978-1-7284-4854-1(9)*, 56afae1d-26af-4425-a91b-29697acdfe70); lib. bdg. 27.99 *(978-1-7284-4131-3(5)*, e419eb8a-f9c8-4faa-8359-f6bb638e085b) Lerner Publishing Group. (Lerner Pubns.).

Mom Loves Little Jumbo: Hello, I Am Jumbo. Yasushi Muraki. Illus. by Yasushi Muraki. 2019. (Illus.). 22p. (J). (gr. -1-k). bds. 9.99 *(978-988-8341-78-8(2)*, Minedition) Penguin Young Readers Group.

Mom Makes the Team. Mary Don Beachy. 2019. (ENG., Illus.). 34p. (J). 23.95 *(978-1-64531-142-3(2))*; pap. 13.95 *(978-1-64096-568-3(8))* Newman Springs Publishing, Inc.

Mom Marries Mum! Ken Setterington. Illus. by Alice Priestley. 2020. (ENG.). 18p. (J). (gr. -1 — 1). bds. 10.95 *(978-1-77260-134-3(9))* Second Story Pr. CAN. Dist: Orca Bk. Pubs. USA.

Mom, May I Have Some More Broccoli Please: A Children's Book. Gwen GATES. 2022. (ENG.). 60p. (J). pap. ***(978-1-387-99134-1(5))*** Lulu Pr., Inc.

Mom-Mom Sandy Comes to Town. Illus. by Amber G. Moore. 2021. (ENG.). 30p. (J). 18.99 ***(978-1-0880-0248-3(X))*** Indy Pub.

Mom, Put Your Hat On! Edie Anderson. Illus. by Henrique Rampazzo. 2021. (ENG.). 26p. (J). 24.99 *(978-1-64719-683-7(3))* Booklocker.com, Inc.

Mom School. Rebecca Van Slyke. ed. 2021. (Parent School Ser.). (ENG., Illus.). 25p. (J). (gr. k-1). 20.46 *(978-1-64697-935-6(4))* Penworthy Co., LLC, The.

Mom School. Rebecca Van Slyke. Illus. by Priscilla Burris. 2021. 32p. (J). (gr. -1-2). pap. 7.99 *(978-0-593-37438-2(X)*, Dragonfly Bks.) Random Hse. Children's Bks.

Mom Serves Monsters. Brandon Weimer. Illus. by Jared Salmond. 2018. (ENG.). 24p. (J). pap. 7.99 *(978-0-692-14609-5(1))* Weimer, Brandon Publishing.

Mom, There's a Bear at the Door. Sabine Lipan. Illus. by Manuela Olten. 2016. (ENG.). 34p. (J). 16.00 *(978-0-8028-5460-5(5)*, Eerdmans Bks For Young Readers) Eerdmans, William B. Publishing Co.

Mom Tiger's New Job. Illus. by Jason Fruchter. 2019. (Daniel Tiger's Neighborhood Ser.). (ENG.). 24p. (J). (gr. -1-2). pap. 4.99 *(978-1-5344-5347-0(4)*, Simon Spotlight) Simon Spotlight.

Mom Tiger's New Job. Alexandra Cassel Schwartz. ed. 2020. (Daniel Tiger 8x8 Bks). (ENG.). 24p. (J). (gr. k-1). 13.89 *(978-1-64697-210-4(4))* Penworthy Co., LLC, The.

Mom Travelled. Manal Bin Dayel. 2017. (ENG., Illus.). (J). pap. 20.06 *(978-1-4828-8108-0(X))* Partridge Pub.

Mom, We Are Just Like You! Mandeep Kaur Bassi. Illus. by Eleanor Maber. 2023. (ENG.). 28p. (J). ***(978-1-0391-6128-3(6))***; pap. ***(978-1-0391-6127-6(8))*** FriesenPress.

Mom! What Is That? Emi & Matt. 2021. (ENG., Illus.). 38p. (J). 23.95 *(978-1-6624-6034-0(1))* Page Publishing Inc.

Mom, What's That Sound? Lisa Baker. 2023. (ENG.). 34p. (J). pap. 16.95 ***(978-1-958878-45-3(6))*** Booklocker.com, Inc.

Mom, Why Is Sister Different? Diane Peyton. 2019. (ENG., Illus.). 22p. (J). pap. 12.95 *(978-1-64471-793-6(X))* Covenant Bks.

Mom Works. Lisa Beere. Illus. by Stephanie Daze. 2019. (ENG.). 28p. (J). pap. 9.99 *(978-1-68160-694-1(1))* Crimson Cloak Publishing.

Momcilo Gavric's World War I Story. Vanessa Acton. Illus. by Ann Kronheimer. 2018. (Narrative Nonfiction: Kids in War Ser.). (ENG.). 32p. (J). (gr. 2-4). 27.99 *(978-1-5124-5679-0(9)*, 5300603e-3906-4416-9734-1ea47dd1a084, Lerner Pubns.); pap. 9.99 *(978-1-5415-1193-4(X)*, 95ef1b3c-5db0-4edb-8ae0-fb702f810dc6) Lerner Publishing Group.

Moment Like This: A Story of Love Between Parent & Child. Ronne Randall. Illus. by Peter Scott. 2017. (ENG.). 26p. (J). (— 1). bds. 7.99 *(978-1-78670-311-8(4))* Igloo Bks. GBR. Dist: Simon & Schuster, Inc.

Moment of Madness, Vol. 1 Of 3: And Other Stories (Classic Reprint) Florence Marryat. 2017. (ENG., Illus.). (J). 29.51 *(978-0-266-46934-6(5))* Forgotten Bks.

Moment of Madness, Vol. 2 Of 3: And Other Stories (Classic Reprint) Florence Marryat. 2017. (ENG., Illus.). (J). 29.07 *(978-0-265-68949-3(X))* Forgotten Bks.

Moment of Madness, Vol. 3 Of 3: And Other Stories (Classic Reprint) Florence Lean. Marryat. 2017. (ENG., Illus.). (J). 29.03 *(978-0-266-60057-2(3))* Forgotten Bks.

Moment of Tooth: #1. Mike Allegra. Illus. by Kiersten Eagan. 2021. (Kimmie Tuttle Ser.). (ENG.). 112p. (J). (gr. 2-5). lib. bdg. 38.50 *(978-1-0982-3164-4(3)*, 38712, Calico Chapter Bks.) ABDO Publishing Co.

Moment of Trust. Brenda Hasse. 2020. (ENG.). 342p. (YA). (gr. 7-12). pap. 13.99 *(978-1-7347786-0-1(1))* Hasse, Brenda.

Moment of Truth. Kasie West. (ENG.). (YA). (gr. 8). 2021. 368p. pap. 10.99 *(978-0-06-285101-7(2))*; 2020. 352p. 18.99 *(978-0-06-267581-1(8))* HarperCollins Pubs. (HarperTeen).

Moment Time Stood Still. Kevin Kimes. 2018. (ENG., Illus.). 42p. (J). pap. 14.95 *(978-1-64299-166-6(X))* Christian Faith Publishing.

Moment We Fell. Kelli Warner. 2019. (ENG.). 382p. (YA). (gr. 8-12). pap. 15.99 *(978-1-7327170-1-5(X))* Wave Runner Publishing.

Momento de Gloria de Dora: Leveled Reader Book 51 Level o 6 Pack. Hmh Hmh. 2021. (SPA.). 40p. (J). pap. 74.40 *(978-0-358-08446-4(6))* Houghton Mifflin Harcourt Publishing Co.

Momento Favorable. Madeleine L´Engle. 2020. (SPA.). 356p. (YA). (gr. 7). pap. 19.50 *(978-607-527-950-3(4))* Editorial Oceano de Mexico MEX. Dist: Independent Pubs. Group.

Momentos Inspirado - Libro de Colorear. Gary Chapman & Chanelle Correia. 2017. (SPA.). (YA). pap. 4.99 *(978-0-7899-2387-5(4))* Editorial Unilit.

Momentous Events in the Life of a Cactus. Dusti Bowling. 2021. (Life of a Cactus Ser.). 336p. (J). (gr. 3-7). pap. 8.99 *(978-1-4549-4335-8(1))* Sterling Publishing Co., Inc.

Momentous Events in the Life of a Cactus. Dusti Bowling & Dusti Bowling. 2019. (Life of a Cactus Ser.: 2). 320p. (J). (gr. 3-7). 16.95 *(978-1-4549-3329-8(1))* Sterling Publishing Co., Inc.

Moments at Mcbride. Shannon Everhart. 2021. (ENG.). 206p. (YA). 30.95 *(978-1-6624-3714-4(5))*; pap. 16.95 *(978-1-6624-1731-3(4))* Page Publishing Inc.

Moments I Wish I Dreamt. Taylor Byers. 2022. (ENG.). 128p. (YA). pap. 15.00 ***(978-1-387-40305-9(2))*** Lulu Pr., Inc.

Moments in History, 12 vols., Set. Incl. Why Did Hiroshima Happen? R. G. Grant. lib. bdg. 34.60 *(978-1-4339-4163-4(5)*, 2b6ea7b6-a641-4b5e-86c9-252c57d25795); Why Did the Cold War Happen? Paul Harrison. lib. bdg. 34.60 *(978-1-4339-4166-5(X)*, eae20eee-654b-480c-9bb2-4b4e7dcf1173); Why Did the Great Depression Happen? R. G. Grant. lib. bdg. 34.60 *(978-1-4339-4169-6(4)*, 2cef96c8-83ef-49c1-9b92-65399e65e0dc); Why Did the Holocaust Happen? Sean Sheehan. lib. bdg. 34.60 *(978-1-4339-4172-6(4)*, c48c81b5-7fe6-4406-90ae-f694e53f11c8); Why Did the Rise of the Nazis Happen? Charles Freeman. lib. bdg. 34.60 *(978-1-4339-4175-7(9)*, 325cb1a1-640f-4027-a952-3ea9ec96c7d3); Why Did the Vietnam War Happen? Clive Gifford. lib. bdg. 34.60 *(978-1-4339-4178-8(3)*, 49a09c6a-e207-45a7-83ee-602b45d6bad5); Why Did World War I Happen? R. G. Grant. lib. bdg. 34.60 *(978-1-4339-4181-8(3)*, dbc68180-7d50-4924-bbf4-621b4712124b); Why Did World War II Happen? Cath Senker. lib. bdg. 34.60 *(978-1-4339-4184-9(8)*, 8cebe7d6-0af0-46bd-ab47-a1890c7ffe55); (YA). (gr. 6-8). (Moments in History Ser.). (ENG., Illus.). 48p. 2010. Set lib. bdg. 207.66 *(978-1-4339-4195-5(3)*, d1f5d570-c32f-4b02-8aca-1b000b3a4f21, Gareth Stevens Secondary Library) Stevens, Gareth Publishing LLLP.

Moments in History That Changed the World. Clare Hibbert. 2017. (Revolutions Ser.). (ENG., Illus.). 64p. (J). (gr. 3-6). 19.99 *(978-0-7123-5670-1(3))* British Library, The GBR. Dist: Independent Pubs. Group.

Moment's Mistake, Vol. 1 (Classic Reprint) R. H. Holt-Lomax. 2018. (ENG., Illus.). 204p. (J). 28.10 *(978-0-483-69333-3(2))* Forgotten Bks.

Moments of Impact. Jillian Monitello. 2022. (ENG.). 258p. (YA). pap. 18.95 *(978-1-63885-386-2(X))* Covenant Bks.

Moments with Jesus: Coloring Book. Rik Feeney. 2021. (ENG.). 64p. (J). pap. 6.97 *(978-1-935683-28-5(4))* Richardson Publishing, Inc.

Moments with Jesus Family Devotional: An Immersive Journey Through the Gospel of Mark. Eugene Luning. 2023. (ENG.). 274p. (J). pap. 16.99 ***(978-0-7684-7562-3(7))*** Destiny Image Pubs.

Moments with Mark Twain (Classic Reprint) Mark Twain, pseud. 2018. (ENG., Illus.). 308p. (J). 30.27 *(978-0-484-11933-7(8))* Forgotten Bks.

Momma, & Other Unimportant People (Classic Reprint) Rupert Hughes. 2017. (ENG., Illus.). (J). 32.02 *(978-0-266-36056-8(4))* Forgotten Bks.

Momma, Buy Me a China Doll. John M. Feierabend. Illus. by Allyssa Norton. 2017. (First Steps in Music Ser.). (ENG.). 32p. (J). (— 1). 17.95 *(978-1-62277-226-1(1))* G I A Pubns., Inc.

Momma Has Cancer. Phi Thach. 2023. (ENG.). 38p. (J). 18.95 ***(978-1-63755-379-4(X)***, Mascot Kids) Amplify Publishing Group.

Momma I Hate My Hair. Theresa S. Braxton. Illus. by Aaron C. Johnson. 2017. (ENG.). (J). (gr. k-3). 18.99 *(978-0-692-95780-6(4))* Braxton, Theresa.

Momma Loves Me. Joan Vitale Flamino. 2019. (ENG., Illus.). 38p. (J). pap. 14.95 *(978-1-64559-836-7(5))* Covenant Bks.

Momma Queen: My Angelic Butterfly. Shamarko Thomas. Ed. by L. L. C. The Savvy Sisters. Illus. by Tayyaba Rasheed. 2022. (ENG.). 28p. (J). ***(978-1-716-00800-9(X))*** Lulu Pr., Inc.

Momma, Read to Me. Frankie Curtis Duncan. 2018. (ENG., Illus.). 28p. (J). 21.95 *(978-1-64191-287-7(1))*; pap. 12.95 *(978-1-64028-195-0(9))* Christian Faith Publishing.

Momma Said. Taylor Jackson. (ENG.). (J). 2021. 114p. 19.99 *(978-1-953156-43-3(6))*; 2019. 116p. pap. 16.99 *(978-1-7331313-6-0(1))* 13th & Joan.

Momma Says. Laurie Recktenwald-Fogle. 2016. (ENG., Illus.). 38p. (J). pap. *(978-1-365-50909-4(5))* Lulu Pr., Inc.

Momma Would You Ever? Rebecca Marklund. Illus. by Veronika Hipolito. 2023. (ENG.). 54p. (J). ***(978-0-2288-7041-8(0))***; pap. ***(978-0-2288-7040-1(2))*** Tellwell Talent.

Momma's Many Hats. Johanna Clark. 2017. (ENG., Illus.). 34p. (J). (gr. 1-3). 20.95 *(978-1-947656-47-5(3))* Butterfly Typeface, The.

Momma's Many Hats. Johanna Clark. Ed. by Iris M. Williams. 2016. (ENG., Illus.). (J). pap. 12.95 *(978-1-942022-41-1(7))* Butterfly Typeface, The.

Momma's Many Hats (Journal & Color Book) Johanna Clark. Ed. by Iris M. Williams. 2016. (ENG., Illus.). (J). pap. 10.95 *(978-1-942022-53-4(0))* Butterfly Typeface, The.

Momma's Song, 1 vol. Basma El Khatiri. Illus. by Sabah Kala. 2016. (Stories & Fables from Around the World Ser.). (ENG.). 24p. (J). (gr. 1-2). lib. bdg. 26.27 *(978-1-4777-5694-2(9)*, 650c7de1-5de2-4328-bf9b-2c864df9ac3e, Windmill Bks.) Rosen Publishing Group, Inc., The.

Momma's Wings! Bonnie Tarbert. 2022. (ENG.). 20p. (J). 18.99 ***(978-1-0880-3901-4(4))*** Indy Pub.

Mommies. Laci Morrissey. 2021. (ENG.). 20p. (J). 22.95 *(978-1-64468-906-6(5))*; pap. 12.95 *(978-1-64468-905-9(7))* Covenant Bks.

Mommies Are Amazing. Meredith Costain. Illus. by Polona Lovsin. 2018. (ENG.). 28p. (J). bds. 8.99 *(978-1-250-10721-3(0)*, 900164823, Holt, Henry & Co. Bks. For Young Readers) Holt, Henry & Co.

Mommies Everywhere. Michael Quick & Lauren Quick. 2021. (ENG.). 28p. (J). *(978-1-105-46176-7(9))* Lulu Pr., Inc.

Mommies Make Rainbows. Becky Davies. Illus. by Dan Taylor. 2022. (ENG.). 28p. (J). (gr. -1-2). pap. 4.99 *(978-1-68010-492-9(6))* Tiger Tales.

Mommmm, the Tooth Fairy Didn't Come. Angel Gates. 2023. (ENG.). 46p. (J). pap. 14.73 ***(978-1-312-66836-2(9))*** Lulu Pr., Inc.

Mommy. Leslie Patricelli. Illus. by Leslie Patricelli. 2021. (Leslie Patricelli Board Bks.). (ENG., Illus.). 26p. (J). (— 1). bds. 8.99 *(978-1-5362-0381-3(5))* Candlewick Pr.

Mommy Always Comes Back to You. Christine Yeung & Anna Liang. 2019. (ENG., Illus.). 40p. (J). *(978-0-2288-0954-8(1))*; pap. *(978-0-2288-0953-1(3))* Tellwell Talent.

Mommy, Am I American? Aila Malik. 2020. (ENG.). 50p. (J). 24.00 ***(978-0-578-71175-1(3))*** Mind's Eye Publishing.

Mommy, Am I Strong? Michelle S. Lazurek. 2021. (ENG.). 30p. (J). pap. 12.95 *(978-0-578-83858-8(3))* michelle s lazurek-author.

Mommy & Baby Letters - Uppercase & Lowercase Workbook for Kids Children's Reading & Writing Book. Baby Professor. 2017. (ENG., Illus.). (J). pap. 8.79 *(978-1-5419-4033-8(4)*, Baby Professor (Education Kids)) Speedy Publishing LLC.

Mommy & Daddy Help Me Growbaby & Toddler Size & Shape. Pfiffikus. 2016. (ENG., Illus.). (J). pap. 10.81 *(978-1-68377-708-3(5))* Whlke, Traudl.

Mommy & Daddy, I Want to Be a Fighter! Geert Tepper. Illus. by M. S. Hayat. 2021. (ENG.). 24p. (J). pap. *(978-0-2288-6367-0(8))* Tellwell Talent.

Mommy & Mary Talk About. Jennifer Long. Illus. by Derry Maulana. 2021. (Mommy & Mary Ser.: Vol. 1). (ENG.). 24p. (J). pap. 12.99 *(978-1-0879-5134-8(8))* Indy Pub.

Mommy & Me. Suzanne R. Ehry. 2021. (ENG., Illus.). 30p. (J). 23.00 *(978-1-4809-3102-2(0))* Dorrance Publishing Co., Inc.

Mommy & Me. Tiya Hall. Ed. by Cottage Door Press. Illus. by Sydney Hanson. 2018. (ENG.). 20p. (J). (gr. -1-1). bds. 9.99 *(978-1-68052-453-6(4)*, 2000520) Cottage Door Pr.

Mommy & Me. Sarah Ward. 2018. (ENG.). 12p. (J). (gr. -1 — 1). bds. 7.99 *(978-1-68052-440-6(2)*, 2000390) Cottage Door Pr.

Mommy & Me: 100 Devotions to Share. Text by Alyssa Jones. 2021. (ENG., Illus.). 240p. (J). (gr. -1-1). 12.99 *(978-1-0877-3161-2(5)*, 005829668, B&H Kids) B&H Publishing Group.

Mommy & Me: Coloring & Activity Book. LaTia N. S. Russell. 2021. (ENG.). 52p. (J). pap. 6.00 *(978-1-954608-14-6(4))* Ties That Bind Publishing.

Mommy & Me: Reborn Journal. Margaret Dunn. 2021. (ENG.). 120p. (J). pap. *(978-1-6671-3094-1(3))* Lulu Pr., Inc.

Mommy & Me, a Mother & Child Coloring Book. Activibooks For Kids. 2016. (ENG., Illus.). (J). pap. 9.20 *(978-1-68321-807-4(8))* Mimaxion.

Mommy & Me, a to Z Alphabet Book. Amanda and Logan Richmond. 2020. (ENG.). 34p. (J). pap. 24.00 *(978-1-6780-1621-0(7))* Lulu Pr., Inc.

Mommy & Me Coloring Christmas: Creativity Inspired by Faith. Twin Sisters(r) Staff et al. 2017. (Color Yourself Inspired Ser.). (ENG.). 96p. (J). pap. 9.99 *(978-1-68322-244-6(X)*, Barbour Bks.) Barbour Publishing, Inc.

Mommy & Me Don't Match. K. Monsma. 2018. (ENG., Illus.). 28p. (J). pap. 12.95 *(978-1-64003-631-4(8))* Covenant Bks.

Mommy & Me During Covid-19. Karen Martin & Jamison Martin. Illus. by C. Lauren. 2021. (ENG.). 24p. (J). *(978-1-0391-0610-9(2))*; pap. *(978-1-0391-0609-3(9))* FriesenPress.

Mommy & Me Go to Swimming Lessons. Angela A. Kear. 2016. (ENG., Illus.). (J). pap. 15.95 *(978-1-62550-371-8(7))* Breezeway Books.

Mommy, Baby, & Me. Linda Elovitz Marshall. 2017. (ENG., Illus.). 32p. (J). 16.99 *(978-1-4413-2238-8(8),* c24f6c57-3ec5-44f1-99bb-3e2d1e47d62d) Peter Pauper Pr. Inc.

Mommy, Call Me Noah. Casey Williams. 2021. (ENG.). 48p. (J). pap. 6.99 *(978-1-63684-843-3(5))* Waldorf Publishing.

Mommy, Can I Eat This? Maria S. 2019. (ENG., Illus.). 30p. (J). *(978-0-2288-0166-5(4))*; pap. *(978-0-2288-0165-8(6))* Tellwell Talent.

Mommy, Can We Pray for Unicorns? Sarah Dienethal. 2021. (ENG., Illus.). 34p. (J). pap. 14.95 *(978-1-6624-4134-9(7))* Page Publishing Inc.

Mommy, Can You Stop the Rain? Rona Milch Novick. Illus. by Anna Kubaszewska. 2020. (ENG.). 32p. (J). 17.95 *(978-1-68115-555-5(9),* 0af463f0-a462-4701-8221-bd14af153516, Apples & Honey Pr.) Behrman Hse., Inc.

Mommy Can't Feed the Baby? Simone Colwill. Illus. by Darvin Cortes. 2020. (ENG.). 40p. (J). (gr. k-6). pap. *(978-0-473-49878-8(2))* Bks. for Caring Kids.

Mommy, Carry Me Please! Jane Cabrera. 2020. (Jane Cabrera's Story Time Ser.). (Illus.). (J). (— 1). 24p. bds. 7.99 *(978-0-8234-4473-1(2))*; 32p. 18.99 *(978-0-8234-4474-8(0))* Holiday Hse., Inc.

Mommy Cooks a Feast! Thanksgiving Color Book. Jupiter Kids. 2018. (ENG., Illus.). 106p. (J). pap. 12.55 *(978-1-5419-3781-9(3),* Jupiter Kids (Childrens & Kids Fiction)) Speedy Publishing LLC.

Mommy Cried This Morning: I Really Need to Know Book 2. Sharon Norris Elliot. Illus. by Darrin Drda. 2022. (ENG.). 36p. (J). 25.98 ***(978-1-64949-724-6(5))***; pap. 14.99 ***(978-1-64949-725-3(3))*** Elk Lake Publishing, Inc.

Mommy Cuddles. Hannah C. Hall. Illus. by Aleksandra Szmidt. 2019. (ENG.). 20p. (J). (gr. -1-k). bds. 7.99 *(978-0-8249-5695-0(8))* Worthy Publishing.

Mommy Cuddles: Padded Board Book. IglooBooks. Illus. by Daniel Howarth. 2021. (ENG.). 24p. (J). (-k). bds. 8.99 *(978-1-80022-783-5(3))* Igloo Bks. GBR. Dist: Simon & Schuster, Inc.

Mommy Cuddles: Picture Story Book. IglooBooks. Illus. by Daniel Howarth. 2019. (ENG.). 24p. (J). (gr. -1-1). 12.99 *(978-1-83852-552-1(1))* Igloo Bks. GBR. Dist: Simon & Schuster, Inc.

Mommy, Daddy, & Me. Eve Tharlet. 2020. 16p. (J). (— 1). bds. 11.99 *(978-988-8341-97-9(9),* Minedition) Penguin Young Readers Group.

Mommy, Daddy, What Are They Doing? Teach Your Child to Worship God. Frizella Taylor. 2021. (ENG.). 38p. (J). pap. 12.99 *(978-1-953526-21-2(7))* TaylorMade Publishing, LLC.

Mommy Do My Hair. Yesenia Hernandez. 2018. (ENG., Illus.). 26p. (J). (gr. 1-4). pap. 9.95 *(978-1-943258-67-3(8))* Warren Publishing, Inc.

Mommy Do My Hair: Coloring Book. Yesenia Hernandez. 2018. (ENG., Illus.). 26p. (J). (gr. k-4). pap. 9.95 *(978-1-943258-69-7(4))* Warren Publishing, Inc.

Mommy, Do You Love Me? Clever Publishing. Illus. by Olga Boncheva. 2023. (Clever Family Stories Ser.). (ENG.). 20p. (J). (gr. -1 — 1). bds. 9.99 *(978-1-956560-44-2(0))* Clever Media Group.

Mommy Does My Crown. Porcha Packer. 2021. (ENG.). 40p. (J). pap. 11.95 *(978-1-63765-047-9(7))* Halo Publishing International.

Mommy Dots. Cathryne Poling. 2019. (ENG.). 54p. (J). pap. 17.95 *(978-1-68456-278-7(3))* Page Publishing Inc.

Mommy Ever After. Rebecca Fox Starr. Illus. by Sara Ugolotti. 2022. (ENG.). 32p. (J). (gr. -1-2). 17.99 *(978-1-64170-451-9(9),* 550451) Familius LLC.

Mommy Gave Me Money! Money Book - Math Books for Kids Children's Money & Saving Reference. Baby Professor. 2017. (ENG., Illus.). 64p. (J). pap. 9.52 *(978-1-5419-2793-3(1),* Baby Professor (Education Kids)) Speedy Publishing LLC.

Mommy Gave Me the Moon. Dana Irina Stoica. Illus. by Andreea Deliu. 2018. (Generosity Book Collection). (ENG.). 30p. (J). 15.99 *(978-0-692-16913-1(X))* Stoica, Dana.

Mommy Gets Cancer. Roochi Arora. 2021. (ENG.). 34p. (J). *(978-0-2288-5002-1(9))*; pap. *(978-0-2288-5001-4(0))* Tellwell Talent.

Mommy Gets Sick. Pauline Peters. 2018. (ENG., Illus.). 26p. (J). pap. *(978-1-77370-357-2(9))* Tellwell Talent.

Mommy Goes Back to Work Coloring Book. Bobo's Children Activity Books. 2016. (ENG., Illus.). (J). pap. 9.33 *(978-1-68327-664-7(7))* Sunshine In My Soul Publishing.

Mommy Goose: Rhymes from the Mountains. Mike Norris. Illus. by Minnie Adkins. 2016. (ENG.). 48p. 19.95 *(978-0-8131-6614-8(4),* 978-0-8131-6614-8) Univ. Pr. of Kentucky.

Mommy Has Eyes in the Back of Her Head. Calvin Denson. 2022. (ENG.). 20p. (J). 21.99 ***(978-1-957262-77-2(X))***; pap. 15.99 ***(978-1-957262-47-5(8))*** Yorkshire Publishing Group.

Mommy Has Lupus. Aujia Wood-Russell. 2018. (ENG., Illus.). 34p. (J). pap. 16.95 *(978-1-64299-037-9(X))* Christian Faith Publishing.

Mommy, I Am Afraid! Melody Hennessee. 2021. (ENG., Illus.). 36p. (J). pap. 14.95 *(978-1-63903-196-2(0))* Christian Faith Publishing.

Mommy I Can... Sheila Evans. 2018. (ENG., Illus.). 20p. (J). (gr. -1-k). pap. 7.95 *(978-0-692-11629-6(X))* Holy Child Pubns.

Mommy, I Can Talk! Sight Words by Your Little Baby. - Baby & Toddler First Word Books. Baby Professor. 2017. (ENG., Illus.). (J). pap. 7.89 *(978-1-68326-712-6(5),* Baby Professor (Education Kids)) Speedy Publishing LLC.

Mommy I Don't Want to Die! Linda D. Washington. 2019. (ENG., Illus.). 32p. (J). (gr. k-6). pap. 12.00 *(978-1-946904-08-9(2))* Products & Activities for Christian Education (PACE) LTD.

Mommy, I Have a Friend Who Once Walked on Water. David Kennedy. 2021. (ENG., Illus.). 32p. (J). 24.95 *(978-1-63814-131-0(2))*; pap. 14.95 *(978-1-63814-130-3(4))* Covenant Bks.

Mommy I Lost My Tooth Coloring & Activity Book. Joy Yvette. 2020. (ENG.). 54p. (J). pap. 14.99 ***(978-1-7328463-3-3(2))*** Ascend Pubns. (InJoy IT, LLC).

Mommy I Love You: Keepsake Storybook with an Adorable Heart Plush Cover. IglooBooks. Illus. by Gail Yerrill. 2023. (ENG.). 8p. (J). (— 1). 9.99 ***(978-1-80368-898-5(X))*** Igloo Bks. GBR. Dist: Simon & Schuster, Inc.

Mommy, I Love You: Sparkly Story Board Book. IglooBooks. Illus. by Alison Edgson. 2020. (ENG.). 12p. (J). (-k). bds. 7.99 *(978-1-80022-775-0(2))* Igloo Bks. GBR. Dist: Simon & Schuster, Inc.

Mommy, I Snarted! Gabrielle Grande. 2018. (ENG., Illus.). 38p. (J). 23.95 *(978-1-64214-299-0(9))*; pap. 13.95 *(978-1-64138-446-9(8))* Page Publishing Inc.

Mommy, I Thought You Said Black Was Beautiful. Phillip White. 2020. (ENG.). 28p. (J). pap. 10.99 *(978-1-7354542-2-1(2))* November Media Publishing and Consulting Firm.

Mommy, I Thought You Said Black Was Beautiful. Phillip White & Jeresha White. 2020. (ENG.). 28p. (J). 19.99 *(978-1-7354542-1-4(4))* November Media Publishing and Consulting Firm.

Mommy, I Want You to Know. Debbie Reed. 2017. (ENG., Illus.). (J). (gr. k-5). pap. 10.95 *(978-0-9991525-0-8(5))* Brimming Cup, The.

Mommy, I'm Bored. Patsy Stackhouse. Illus. by Chrissy Chabot. 2021. (ENG.). 28p. (J). pap. 12.99 *(978-1-63984-014-4(1))* Pen It Pubns.

Mommy, I'm with Jesus, 1 vol. Claudia Duran. 2018. (ENG.). 20p. (J). 22.99 *(978-1-59555-776-6(8))*; pap. 7.99 *(978-1-59555-807-7(1))* Elm Hill.

Mommy Is 1, Daddy Makes 2, I Am Number Counting for Babies & Toddlers. - Baby & Toddler Counting Books. Baby Professor. 2017. (ENG., Illus.). (J). pap. 7.89 *(978-1-68326-676-1(5),* Baby Professor (Education Kids)) Speedy Publishing LLC.

Mommy, Is Hell Real? Sammy Nelson. 2018. (ENG., Illus.). 116p. (J). 31.95 *(978-1-64191-035-4(6))*; pap. 21.95 *(978-1-64028-054-0(5))* Christian Faith Publishing.

Mommy, Is My Hair Nice? Growing up with Kaliah & Asara. Tanika J. Baker. Illus. by Wade Williams. 2020. (Growing up with Kaliah & Asara Ser.: Vol. 1). (ENG.). 24p. (J). *(978-0-2288-3139-6(3))*; pap. *(978-0-2288-3138-9(5))* Tellwell Talent.

Mommy Is Sick. What Do You Do? Marcia Ashford. Illus. by Alexandria Winters. 2019. (What Do You Do? Ser.: Vol. 1). (ENG.). 18p. (J). pap. 9.99 *(978-0-578-53540-1(8))* Heartstring Productions, LLC.

Mommy Is the Mayor. Letitia Clark. 2021. (ENG.). 24p. (J). 19.95 *(978-1-63765-131-5(7))*; pap. 14.95 *(978-1-63765-041-7(8))* Halo Publishing International.

Mommy, Is Today Sabbath? - Mama, Es Hoy Sabado? (English/Spanish Bilingual) Jacqueline Galloway-Blake. 2018. (ENG., Illus.). 26p. (J). pap. 12.95 *(978-1-4796-0920-8(X))* TEACH Services, Inc.

Mommy Lawyer. Molly Bowen. 2019. (ENG., Illus.). 40p. (J). (gr. -1-3). 24.95 *(978-0-578-40317-5(X))* Soulshine Pr., LLC.

Mommy Lives in Heaven. Mary C. Kubeny. Illus. by Anastasia Honcharenko. 2022. (ENG.). 26p. (J). pap. 8.99 ***(978-1-0878-8699-2(6))*** Indy Pub.

Mommy Loves Her Baby Coloring Book. Jupiter Kids. 2017. (ENG., Illus.). (J). pap. 9.20 *(978-1-68326-844-4(X),* Jupiter Kids (Childrens & Kids Fiction)) Speedy Publishing LLC.

Mommy Loves Line. Joe Lampe. l.t. ed. 2023. (Funny Sound Substitutions Ser.). (ENG.). 26p. (J). pap. 9.99 ***(978-1-0882-0341-5(8))*** Indy Pub.

Mommy Loves Me. Lou Treleaven. Illus. by Jennifer Bartlett. 2023. (Heartfelt - Die-Cut Heart Board Book Ser.). (ENG.). 8p. (J). (gr. -1-k). bds. 12.99 *(978-1-80105-572-7(6))* Top That! Publishing PLC GBR. Dist: Independent Pubs. Group.

Mommy Loves Me. Georgina Wren. 2020. (Padded Picture Storybook Ser.). (ENG.). 24p. (J). (— 1). 12.99 *(978-1-78958-638-1(0))* Top That! Publishing PLC GBR. Dist: Independent Pubs. Group.

Mommy Loves Me. Georgina Wren. Illus. by Gabi Murphy. 2020. (5-Minute Stories Portrait Padded Board B Ser.). (ENG.). 22p. (J). bds. 9.99 *(978-1-78958-628-2(3))* Top That! Publishing PLC GBR. Dist: Independent Pubs. Group.

Mommy Loves Me: The Book That Comes with a Hug! Stephanie Miles. Illus. by David W. Miles. 2018. (ENG.). 10p. (J). (gr. -1 — 1). bds. 12.99 *(978-1-945547-94-2(4),* 554794) Familius LLC.

Mommy Loves Me/Daddy Loves Me: Flip over for Another Story! Elena Ulyeva & Clever Publishing. Illus. by Anna Mamaeva. 2023. (2-In-1 Stories Ser.). (ENG.). 32p. (J). (gr. -1-2). 13.99 *(978-1-956560-10-7(6))* Clever Media Group.

Mommy Loves You! Helen Foster James. Illus. by Petra Brown. 2017. (ENG.). 32p. (J). (gr. -1-k). 15.99 *(978-1-58536-941-6(1),* 204232) Sleeping Bear Pr.

Mommy Loves You. Danielle McLean. Illus. by Zoe Waring. 2021. (ENG.). 10p. (J). (-k). bds. 9.99 *(978-1-68010-634-3(1))* Tiger Tales.

Mommy, Mommy! Ronalyn T. Alston. Illus. by Chiquanda Tillie. 2019. (ENG.). 24p. (J). pap. 9.99 *(978-0-9990536-8-3(X))* Tickle Me Purple, LLC.

MOMMY, MOMMY LOOK WHAT I SEE! Chris at the Park. Km Reid. 2021. (ENG.). 28p. (J). 18.95 *(978-1-7341125-5-9(7))* Reid For Read Publishing, LLC.

Mommy, Mommy, Where Do They Go When It Rains? Natalie Wemmer. 2021. (ENG., Illus.). 30p. (J). 23.00 *(978-1-64804-243-0(0))* Dorrance Publishing Co., Inc.

Mommy, Mommy Why Am I So Different? Taira Scott. 2019. (ENG.). 24p. (J). pap. 15.00 *(978-0-359-76889-9(X))* Lulu Pr., Inc.

Mommy Needs Me. Shay Australia. Ed. by Paul Courter. 2022. (ENG.). 44p. (J). 21.99 ***(978-1-0878-9899-5(4))*** Indy Pub.

Mommy, Please Let Me Live Voice of the Unborn. Pearl Robinson. 2020. (ENG.). 142p. (J). pap. 15.99 *(978-1-0878-9903-9(6))* Indy Pub.

Mommy Protect Me. Katerina Balaban. Illus. by Finn Sawatzky. 2021. (ENG.). 56p. (J). pap. *(978-1-0391-0291-0(3))*; *(978-1-0391-0292-7(1))* FriesenPress.

Mommy Says I Can Do It! a Shape & Color Book for Children. Baby Professor. 2017. (ENG., Illus.). (J). pap. 7.89 *(978-1-5419-0169-8(X),* Baby Professor (Education Kids)) Speedy Publishing LLC.

Mommy, Sing Me a Lullaby! Feather Chelle. Illus. by Pandu Permana. 2022. (ENG.). 40p. (J). 20.00 ***(978-1-0879-1884-6(7))*** Indy Pub.

Mommy Snuggles: (Motherhood Books for Kids, Toddler Board Books) Anne Gutman & Georg Hallensleben. 2017. (Daddy, Mommy Ser.). (ENG., Illus.). 14p. (J). (gr. -1 — 1). bds. 5.99 *(978-1-4521-5822-8(3))* Chronicle Bks. LLC.

Mommy, Tell Me about God. Sharanika Curlee. 2019. (ENG.). 52p. (J). pap. 23.95 *(978-1-9736-6482-6(8),* WestBow Pr.) Author Solutions, LLC.

Mommy, Tell Me Another I Love You More Than Story! Rhonda F. Butler & Nicole Butler. Illus. by Zuri Scott. 2021. (ENG.). 36p. (J). (gr. k-5). 21.99 *(978-1-0879-3993-3(3))* Indy Pub.

Mommy, Tell Me Why I Am Radiant: Mami, ¿dime Por Qué Soy Radiante? Sandra Gonzalez & Julia Rae Rodriguez. Illus. by Reynaldo Mora. 2017.Tr. of Mami, ¿dime Por Qué Soy Radiante?. (ENG & SPA.). 32p. (J). (gr. -1-3). 20.00 *(978-0-9989520-1-7(X))*; pap. 15.00 *(978-0-9989520-0-0(1))* Skillful & Soulful Pr.

Mommy, Tell Me Why I Am Radiant: Mamma, Perché Sono Radiosa? Sandra Gonzalez & Julia Rae Rodriguez. Tr. by Maddalena Nicoletti. Illus. by Reynaldo Mora. 2018.Tr. of Mamma, Perché Sono Radiosa?. (MUL, ENG & ITA.). 32p. (J). (gr. k-3). 25.00 *(978-0-9989520-2-4(8))* Skillful & Soulful Pr.

Mommy Time. Monique James-Duncan. Illus. by Ebony Glenn. 2023. (ENG.). 32p. (J). (gr. -1-3). 17.99 *(978-1-5362-1226-6(1))* Candlewick Pr.

Mommy Too to Me Too. Sophia Choi. 2018. (ENG., Illus.). 28p. (J). 25.00 *(978-0-692-07768-9(5))* Choi, Sophia.

Mommy Wants You to Know. Destiny Phillip. Illus. by Whimsical Designs Cj. 2021. (ENG.). 36p. (J). 19.99 ***(978-1-7371124-6-4(9))*** Francis & Lee Publishing.

Mommy Washes My Hair Coloring Book. Bobo's Children Activity Books. 2016. (ENG., Illus.). (J). pap. 9.33 *(978-1-68327-665-4(5))* Sunshine In My Soul Publishing.

Mommy, What If? Casey Kiel. 2022. (ENG.). 28p. (J). 24.95 ***(978-1-63765-269-5(0))***; pap. 15.95 ***(978-1-63765-308-1(5))*** Halo Publishing International.

Mommy, What's Wrong? Jessica Hensarling. 2022. (ENG.). 20p. (J). pap. 12.95 *(978-1-68517-261-9(X))* Christian Faith Publishing.

Mommy, Where Are All the Honeybees? Dana Bradshaw. 2016. (ENG., Illus.). (J). 21.99 *(978-0-9977466-3-1(7))*; pap. 14.99 *(978-0-9977466-2-4(9))* Mindstir Media.

Mommy, Where Are We Going? Heather M. Bruhl. Illus. by Heather M. Bruhl. 2019. (ENG., Illus.). 40p. (J). pap. 14.95 *(978-1-7324181-1-0(X))* Longwood Publishing.

Mommy, Where Do Babies Come From? Robert Roper. 2020. (ENG., Illus.). 26p. (J). 18.99 *(978-1-952320-48-4(8))*; pap. 9.99 *(978-1-952320-47-7(X))* Yorkshire Publishing Group.

Mommy, Where Is God? Dawn Gainor. 2020. (ENG., Illus.). 30p. (J). pap. 12.95 *(978-1-64559-337-9(1))* Covenant Bks.

Mommy, Why Am I Sick? Sherrill Schlimpert. Illus. by Leigh Rampley. 2016. (ENG.). (J). pap. 9.99 *(978-1-4984-8564-7(2))* Salem Author Services.

Mommy, Why Come? Shirley Blount. Ed. by Createspace. 2018. (ENG., Illus.). 26p. (J). pap. *(978-3-7439-9990-9(0))* tredition Verlag.

Mommy, Why Come? Shirley Judge Blount. Illus. by Sukkar. 2020. (ENG.). 76p. (J). 34.95 *(978-1-9736-9426-7(3))*; pap. 31.95 *(978-1-9736-9413-7(1))* Author Solutions, LLC. (WestBow Pr.)

Mommy, Why Come? Accepting Differences. Shirley Blount. 2019. (Mommy, Why Come? Ser.: Vol. 1). (ENG.). 32p. (J). *(978-3-7482-1109-9(0))* tredition Verlag.

Mommy, Why Come? Being Bullied: Maybe I'll Tell & Maybe I Won't. Shirley Judge Blount. 2019. (ENG., Illus.). 46p. (J). *(978-3-7482-4425-7(8))*; (Mommy, Why Come? Ser.: Vol. 2). pap. *(978-3-7482-4424-0(X))* tredition Verlag.

Mommy Will Be Back. Erica Argos. 2021. (ENG.). 26p. (J). pap. 11.95 *(978-1-63692-526-4(X))* Newman Springs Publishing, Inc.

Mommy, Will You Play with Me? Tierashia Adair. Illus. by Kiara Adair. 2018. (ENG.). 32p. (J). pap. 12.99 *(978-1-948248-13-6(1))* Authors Pen, LLC, The.

Mommy's Big, Red Monster Truck. Alison Paul Klakowicz. 2018. (ENG., Illus.). 28p. (J). *(978-1-5255-3017-3(8))*; pap. *(978-1-5255-3018-0(6))* FriesenPress.

Mommy's Blue Stilettos. Missy Brickman. 2022. (ENG., Illus.). 30p. (J). 21.95 ***(978-1-6624-8184-0(5))*** Page Publishing Inc.

Mommy's Going to the Hospital. Josie Leon. Illus. by Elizabeth Parkes. 2017. (ENG.). (J). pap. 9.99 *(978-0-9994628-6-7(5))* Sungrazer Publishing.

Mommy's Home. Katasha L. Davis. 2019. (ENG.). 70p. (J). pap. 17.99 ***(978-0-578-58076-0(4))*** Southampton Publishing.

Mommy's Hometown. Hope Lim. Illus. by Jaime Kim. 2022. (ENG.). 32p. (J). (gr. -1-2). 17.99 *(978-1-5362-1332-4(2))* Candlewick Pr.

Mommy's Hot Pink Heels. Missy Brickman. 2021. (ENG., Illus.). 30p. (J). 21.95 *(978-1-6624-1855-6(8))* Page Publishing Inc.

Mommy's House, Daddy's House. Sara Jean Wadley. 2019. (ENG.). 30p. (J). 22.95 *(978-1-64569-986-6(2))* Christian Faith Publishing.

Mommy's House, Daddy's House. Sara Jean Wadley. 2019. (ENG.). 30p. (J). pap. 13.95 *(978-1-64492-849-3(3))* Christian Faith Publishing.

Mommy's Khimar. Jamilah Thompkins-Bigelow. Illus. by Ebony Glenn. 2018. (ENG.). 40p. (J). (gr. -1-3). 18.99 *(978-1-5344-0059-7(1),* Salaam Reads) Simon & Schuster Bks. For Young Readers.

Mommy's Kisses & Cuddles. Linda Ashman. Illus. by Jane Massey. 2023. (ENG.). 24p. (J). (gr. -1-k). 12.99 *(978-1-338-35977-0(0),* Cartwheel Bks.) Scholastic, Inc.

Mommy's Little Wordlings. Linh Nguyen-Ng. Illus. by Linh Nguyen-Ng. 2019. (ENG., Illus.). 42p. (J). (gr. k-3). 18.99 *(978-1-7323275-0-4(5))*; 10.99 *(978-1-7323275-1-1(3))* Prose & Concepts.

Mommy's Love. Anastasia Galkina. Illus. by Ekaterina Ladatko. 2022. (ENG.). 20p. (J). (gr. -1 — 1). bds. 9.99 *(978-1-64170-665-0(1),* 550665) Familius LLC.

Mommy's Suitcase. Pip Jones. Illus. by Laura Hughes. 2020. (ENG.). 32p. (J). (gr. 3-7). 16.95 *(978-0-571-35061-2(5))* Faber & Faber, Inc.

Mommy's Treasure. Katrin Osk Johannsdottir. 2021. (ENG.). 34p. (J). *(978-1-64979-401-7(0))* Austin Macauley Pubs. Ltd.

Momo. Ethan Long. 2020. (¡Me Gusta Leer! Ser.). (Illus.). 32p. (J). (gr. -1-3). pap. 8.99 *(978-0-8234-4690-2(5))* Holiday Hse., Inc.

MoMo & Her Bugs. Jo a Cantu. 2019. (ENG.). 40p. (J). 25.95 *(978-1-64416-539-3(2))* Christian Faith Publishing.

Momo & Lily, 1 vol. Katarina Macurová. Illus. by Katarina Macurová. 2020. (ENG.). 32p. (J). (gr. 1-2). pap. 11.00 *(978-1-4994-8655-1(3),* e80e0eb8-27fe-4661-b188-0e6360f78320, Windmill Bks.) Rosen Publishing Group, Inc., The.

Momo & Lily, 1 vol. Katarina Macurova & Katarina Macurová. Illus. by Katarina Macurova & Katarina Macurová. 2020. (ENG.). 32p. (J). (gr. 1-2). lib. bdg. 28.93 *(978-1-4994-8656-8(1),* 92620fd9-415e-4fd7-8bb8-8a9521d6f73c, Windmill Bks.) Rosen Publishing Group, Inc., The.

MoMo & the King. Tonya Cope. 2019. (ENG.). 36p. (J). pap. ***(978-0-359-43741-2(9))*** Lulu Pr., Inc.

Momo Arashima Steals the Sword of the Wind. Misa Sugiura. 2023. (Momo Arashima Ser.: 1). (ENG.). 384p. (J). (gr. 3-7). 18.99 *(978-0-593-56406-6(5))*; lib. bdg. 21.99 *(978-0-593-56407-3(3))* Random Hse. Children's Bks. (Laybrinth Road).

Momo (Edición Ilustrada) / Momo (Illustrated Edition) Michael Ende. Illus. by Ayesha L. Rubio. 2023. (SPA.). 349p. (J). (gr. 5-9). 25.95 ***(978-607-38-3124-6(2),*** Alfaguara) Penguin Random House Grupo Editorial ESP. Dist: Penguin Random Hse. LLC.

Momo (Spanish Edition) Michael Ende. 2017. (Colección Alfaguara Clásicos Ser.). (SPA.). 320p. (YA). (gr. 5-10). pap. 13.95 *(978-1-945540-46-2(X),* Alfaguara) Penguin Random House Grupo Editorial ESP. Dist: Penguin Random Hse. LLC.

Mom's Birthday Surprise. Cecilia Minden & Joanne Meier. Illus. by Bob Ostrom. 2022. (Bear Essential Readers Ser.). (ENG.). 32p. (J). (gr. -1-2). lib. bdg. 35.64 *(978-1-5038-5918-0(5),* 215816, First Steps) Child's World, Inc, The.

Mom's Busy Days. Elise Raucy. Illus. by Estelle Meens. 2018. 32p. (J). *(978-1-4338-2820-1(0),* Magination Pr.) American Psychological Assn.

Moms Can Do It All! Ted Maass. Illus. by Ekaterina Trukhan. 2023. 18p. (J). (— 1). bds. 8.99 *(978-0-593-52297-4(4),* Grosset & Dunlap) Penguin Young Readers Group.

Mom's First Days of School. Terrica Joseph. Illus. by Emanuel Cliette & Emily Zieroth. 2018. (ENG.). 32p. (J). pap. 9.99 *(978-1-970016-25-3(6))* Fruit Springs, LLC.

Mom's Genes: Empowering Children to Learn about Their Family's Health History. Shannon Pulaski. 2018. (ENG., Illus.). 30p. (J). pap. 9.99 *(978-0-9997666-0-6(0))* Cure Media Group.

Mom's Hugs & Kisses. Christophe Loupy. Illus. by Eve Tharlet. 2023. (ENG.). 32p. (J). (gr. -1-1). 19.95 *(978-0-7358-4514-5(X))* North-South Bks., Inc.

Mom's Many Hats. Karlie Burnham. Illus. by Andrea Stevenson. 2020. (ENG.). 30p. (J). (gr. k-3). 16.99 *(978-1-952209-06-2(4))* Lawley Enterprises.

Moms Many Hats. Karlie Burnham. Illus. by Andrea Stevenson. 2020. (ENG.). 30p. (J). (gr. k-3). pap. 9.99 *(978-1-952209-08-6(0))* Lawley Enterprises.

Moms Needed Bread! the Women's March on Versailles - History 4th Grade Children's European History. Baby Professor. 2017. (ENG., Illus.). (J). pap. 8.79 *(978-1-5419-1376-9(0),* Baby Professor (Education Kids)) Speedy Publishing LLC.

Moms Never Get a Break. Tameka M. Smart. Illus. by Mahnoor Ali. 2021. 24p. (J). 23.99 *(978-1-0983-5817-4(1))* BookBaby.

Mom's Phone Number: Leveled Reader Green Fiction Level 12 Grade 1-2. Hmh Hmh. 2019. (Rigby PM Ser.). (ENG.). 16p. (J). (gr. 1-2). pap. 11.00 *(978-0-358-12052-0(7))* Houghton Mifflin Harcourt Publishing Co.

Mom's Scripture Study Journal: Blank 'HEAR' Study. Emj Jenkins. 2022. (ENG.). 135p. (J). pap. ***(978-1-387-73406-1(7))*** Lulu Pr., Inc.

Mom's Turn. William Anthony. Illus. by Maia Batumashvili. 2023. (Level 5 - Green Set Ser.). (ENG.). 32p. (J). (gr. 1-3). lib. bdg. 19.95 Bearport Publishing Co., Inc.

Mon Atlas du Canada. Québec Amérique. rev. ed. 2021. (FRE., Illus.). 64p. (J). (gr. 4-7). 19.95 *(978-2-7644-3450-5(2))* Quebec Amerique CAN. Dist: Orca Bk. Pubs. USA.

Mon Cahier de Dessin Antistress: Mon Compagnon D'art-Thérapie: Coloriages & Mandalas I Dessins & Pages d'écriture I Citations Inspirantes. Libellule Bleue Editions. 2023. (FRE.). 101p. (YA). pap. ***(978-1-4476-2139-3(5))*** Lulu Pr., Inc.

Mon Camarade de Classe Est de Retour (French) Gennevive Jonas & Karlisha Barrett. 2017. (FRE., Illus.). (J). pap. 19.95 *(978-1-68394-154-5(3))* America Star Bks.

Mon Dodo Turquoise. Institut Somna. 2016. (FRE., Illus.). 32p. (J). pap. *(978-1-365-00276-2(4))* Lulu Pr., Inc.

Mon Frère et Moi et le TSA. Marilyn Clark. Illus. by Chantal Piché. 2020. (FRE.). 34p. (J). pap. *(978-1-77222-585-3(1))* Apprentissage Illimite, Inc.

Mon Hôpital Local. Alan Walker. Tr. by Claire Savard. 2021. (Dans Ma Communauté (in My Community) Ser.). (FRE.). 24p. (J). (gr. -1-1). pap. *(978-1-4271-3656-5(4),* 12502) Crabtree Publishing Co.

Mon Hôpital Local (My Local Hospital) Alan Walker. Tr. by Claire Savard. 2021. (FRE.). 24p. (J). (gr. -1-1). lib. bdg. ***(978-1-4271-4978-7(X))*** Crabtree Publishing Co.

Mon Imagier de la Routine. Québec Amérique. 2020. (Bébé Futé Ser.: 2). (FRE., Illus.). 24p. (J). (— 1). bds. 9.95

(978-2-7644-4067-4(7)) Quebec Amerique CAN. Dist: Orca Bk. Pubs. USA.

Mon Imagier des Aliments. Québec Amérique. 2021. (Bébé Futé Ser.: 4). (FRE., Illus.). 24p. (J). (gr. -1 — 1). bds. 9.95 (978-2-7644-4166-4(5)) Quebec Amerique CAN. Dist: Orca Bk. Pubs. USA.

Mon Imagier des Bébés Animaux. Québec Amérique. 2020. (Bébé Futé Ser.: 1). (FRE., Illus.). 24p. (J). (— 1). bds. 9.95 (978-2-7644-4068-1(5)) Quebec Amerique CAN. Dist: Orca Bk. Pubs. USA.

Mon Imagier des Couleurs. Québec Amérique. 2021. (Bébé Futé Ser.: 3). (FRE., Illus.). 24p. (J). (— 1). bds. 9.95 (978-2-7644-4070-4(7)) Quebec Amerique CAN. Dist: Orca Bk. Pubs. USA.

Mon Journal à Moi. Agnes De Bezenac & Salem De Bezenac. Illus. by Agnes De Bezenac. 2020. (FRE.). 98p. (J). 18.00 (978-1-63474-374-7(1)) iCharacter.org.

Mon Livre de Petites Histoires (Classic Reprint) Agnes Godfrey Gay. 2018. (ENG., Illus.). (J). 160p. 27.20 (978-0-428-48248-0(1)); 162p. pap. 9.57 (978-0-428-04015-4(2)) Forgotten Bks.

Mon Livret de Demenagement. Valerie Besanceney. 2017. (FRE., Illus.). 65p. (J). pap. (978-1-909193-93-2(3)) Summertime Publishing.

Mon Petit Busy Day. Annette Tamarkin. Illus. by Annette Tamarkin. 2018. (ENG., Illus.). 12p. (J). (gr. -1-k). bds. 14.99 (978-1-5344-1296-5(4), Little Simon) Little Simon.

Mon Petit Mémo. Blue Phoenix. 2022. (FRE.). 82p. (J). pap. **(978-1-6781-8513-8(2))** Lulu Pr., Inc.

Mon Premier Imagier: Français - Anglais. Québec Amérique. 2022. (Bébé Futé Ser.). (ENG & FRE., Illus.). 32p. (J). (gr. -1 — 1). bds. 14.95 (978-2-7644-4404-7(4)) Quebec Amerique CAN. Dist: Orca Bk. Pubs. USA.

Mon Premier Visuel Français-Anglais. Jean-Claude Corbeil & Ariane Archambault. 2nd ed. 2022. (FRE & ENG., Illus.). 80p. (J). (gr. 1-3). 18.95 (978-2-7644-1155-1(3)) Quebec Amerique CAN. Dist: Orca Bk. Pubs. USA.

Mon Workbook des Valeurs Avec la Bible. Agnes De Bezenac. Illus. by Agnes De Bezenac. 2020. (FRE., Illus.). 82p. (J). pap. 7.50 (978-1-63474-351-8(2)) iCharacter.org.

Mona Lisa & the Others. Alice Harman. Illus. by Quentin Blake. 2023. (ENG.). 96p. (J). (gr. 2-5). 19.95 **(978-0-500-65274-9(0)**, 565274) Thames & Hudson.

Mona Lisa in New York. Yevgenia Nayberg. 2021. (ENG., Illus.). 32p. (J). (gr. -1-3). 14.95 (978-3-7913-7445-1(1)) Prestel Verlag GmbH & Co KG. DEU. Dist: Penguin Random Hse. LLC.

Mona Lisa Smiled. Audra. 2022. (ENG., Illus.). 30p. (J). pap. 14.95 (978-1-63881-427-6(9)) Newman Springs Publishing, Inc.

Mona Lisa Vanishes: A Legendary Painter, a Shocking Heist, & the Birth of a Global Celebrity. Nicholas Day. Illus. by Brett Helquist. 2023. (ENG.). 288p. (J). (gr. 5-9). 19.99 **(978-0-593-64384-6(4))**; lib. bdg. 22.99 **(978-0-593-64385-3(2))** Random Hse. Children's Bks.

Mona Maclean, Medical Student. Graham Travers. 2017. (ENG.). (J). 308p. pap. (978-3-7446-4035-0(3)); 296p. pap. (978-3-7446-4036-7(1)); 296p. pap. (978-3-7446-4037-4(X)) Creation Pubs.

Mona MacLean, Medical Student: A Novel (Classic Reprint) Graham Travers. (ENG., Illus.). (J). 2018. 514p. 34.50 (978-0-428-76749-5(4)); 2017. pap. 16.97 (978-0-243-01569-6(0)) Forgotten Bks.

Mona Maclean, Medical Student, Vol. 1 Of 3: A Novel (Classic Reprint) Graham Travers. 2018. (ENG., Illus.). (J). 308p. 30.25 (978-0-364-43627-1(1)); 310p. pap. 13.57 (978-0-656-82198-3(1)) Forgotten Bks.

Mona MacLean, Medical Student, Vol. 2 Of 3: A Novel (Classic Reprint) Graham Travers. 2017. (ENG., Illus.). (J). 30.04 (978-0-331-18980-3(1)); pap. 13.57 (978-0-260-03704-6(4)) Forgotten Bks.

Mona MacLean, Medical Student, Vol. 3 Of 3: A Novel (Classic Reprint) Graham Travers. 2017. (ENG., Illus.). (J). 29.94 (978-0-331-18867-7(8)); pap. 13.57 (978-0-260-03780-0(X)) Forgotten Bks.

Mona Nantow. 1 vol. Flora Rideout. 2016. (ENG., Illus.). 32p. (J). 10.95 (978-1-926506-02-9(2), 21095d79-3920-4671-8141-b46e436b9310) Pemmican Pubns., Inc. CAN. Dist: Firefly Bks., Ltd.

Monaco & Its Gaming Table (Classic Reprint) John Polson. 2018. (ENG., Illus.). 84p. (J). 25.63 (978-0-656-04861-8(1)) Forgotten Bks.

Monaco & Its Gaming Tables (Classic Reprint) John Polson. 2017. (ENG., Illus.). (J). pap. 9.57 (978-0-243-40174-1(4)) Forgotten Bks.

Monalisa Goes to France. Dawnmarie Neet. Illus. by Rubi Carpio & Michelle Kim. 2022. (ENG.). 34p. (J). 24.99 **(978-1-6629-1562-8(4))**; pap. 14.99 **(978-1-6629-1563-5(2))** Gatekeeper Pr.

Monarch Buddies: Munch-A-Bunch of Milkweed! Lynn M. Rosenblatt. 2017. (ENG., Illus.). (J). (gr. 2-5). pap. 12.99 (978-0-9995121-7-3(X)) Mindstir Media.

Monarch Butterflies. Contrib. by Rachel Grack. 2023. (Animals at Risk Ser.). (ENG., Illus.). (J). (gr. k-3). lib. bdg. 26.95 Bellwether Media.

Monarch Butterflies: A Generational Journey. Rebecca E. Hirsch. 2016. (Illus.). 32p. (J). (978-1-4896-4521-0(7)) Weigl Pubs., Inc.

Monarch Butterflies: Children's Insects & Bugs Book. Bold Kids. 2022. (ENG.). 42p. (J). pap. 14.99 (978-1-0717-1068-5(0)) FASTLANE LLC.

Monarch Butterflies: Explore the Life Journey of One of the Winged Wonders of the World. Ann Hobbie. Illus. by Olga Baumert. 2021. (ENG.). 48p. (J). (gr. 2-5). 16.95 (978-1-63586-289-8(2), 626289) Storey Publishing, LLC.

Monarch Butterfly. Susan H. Gray. Illus. by Jeff Bane. 2021. (My Early Library: My Life Cycle Ser.). (ENG.). 24p. (J). (gr. k-1). lib. bdg. 30.64 (978-1-5341-8001-7(X), 218284) Cherry Lake Publishing.

Monarch Butterfly & the Cecropia Moth: Miraculous Stages & Changes. Monica Taylor. 2018. (ENG., Illus.). 64p. (J). (978-1-5255-1495-1(4)); pap. (978-1-5255-1496-8(2)) FriesenPress.

Monarch Butterfly Board. Gail Gibbons. 2023. 20p. (J). (— 1). bds. 8.99 **(978-0-8234-5445-7(2))** Holiday Hse., Inc.

Monarch Butterfly Migration. Susan H. Gray. 2020. (21st Century Junior Library: Marvelous Migrations Ser.). (ENG., Illus.). 24p. (J). (gr. 2-5). lib. bdg. 30.64 (978-1-5341-6854-1(0), 215303) Cherry Lake Publishing.

Monarch Butterfly Migration. Grace Hansen. 2017. (Animal Migration Ser.). (ENG., Illus.). 24p. (J). (gr. -1-2). lib. bdg. 32.79 (978-1-5321-0030-7(2), 25140, Abdo Kids) ABDO Publishing Co.

Monarch Butterfly Migration. Kari Schuetz. 2018. (Animals on the Move Ser.). (ENG., Illus.). 24p. (J). (gr. k-3). lib. bdg. 26.95 (978-1-62617-818-2(6), Blastoff! Readers) Bellwether Media.

Monarch Butterfly (New & Updated) Gail Gibbons. 2021. (Illus.). 32p. (J). (gr. -1-3). 18.99 (978-0-8234-4831-9(2)) Holiday Hse., Inc.

Monarch Butterfly's Journey. Jon M. Fishman. 2018. (Lightning Bolt Books (r) — Amazing Migrators Ser.). (ENG., Illus.). 24p. (J). (gr. 1-3). 29.32 (978-1-5124-8633-9(7), 12644d60-903d-4e59-a2bc-4431b2b68ea1, Lerner Pubns.) Lerner Publishing Group.

Monarch King. Christiane Reinhold Germino. 2021. (ENG.). 32p. pap. (978-1-716-18714-8(1)) Lulu Pr., Inc.

Monarch Madness: Dragon Wars - Book 6. Craig Halloran. 2020. (ENG.). 258p. (YA). 19.99 (978-1-946218-77-3(4)) Two-Ten Bk. Pr., Inc.

Monarch Magic! Butterfly Activities & Nature Discoveries. Lynn Rosenblatt. 2018. (ENG., Illus.). 102p. (J). (gr. 3-6). pap. 16.99 (978-1-7323398-4-2(8)) Mindstir Media.

Monarch Mystery: A Butterfly Researcher's Journal. J. A. Watson. 2018. (Science Squad Ser.). (ENG., Illus.). 192p. (J). (gr. 3-4). lib. bdg. 28.50 (978-1-63163-183-2(7), 1631631837, Jolly Fish Pr.) North Star Editions.

Monarch Mystery: A Butterfly Researcher's Journal. J. A. Watson. Illus. by Arpad Olbey. 2018. (Science Squad Ser.). (ENG.). 192p. (J). (gr. 3-4). pap. 9.99 (978-1-63163-184-9(5), 1631631845, Jolly Fish Pr.) North Star Editions.

Monarch of Mincing Lane (Classic Reprint) William Black. 2017. (ENG., Illus.). (J). 31.22 (978-0-266-75182-3(2)) Forgotten Bks.

Monarch Rising. Harper Glenn. 2022. (ENG.). 368p. (YA). (gr. 9). 19.99 (978-1-338-74145-2(4), Scholastic Pr.) Scholastic, Inc.

Monarch, the Big Bear of Tallac. Ernest Thompson Seton. 2017. (ENG., Illus.). (J). 21.95 (978-1-375-00207-3(4)); pap. 10.95 (978-1-375-00206-6(6)) Capital Communications, Inc.

Monarch, the Big Bear of Tallac. Ernest Thompson Seton. 2017. (ENG., Illus.). (J). pap. (978-0-649-65125-2(1)); pap. (978-0-649-20586-8(3)); pap. (978-0-649-30378-6(4)) Trieste Publishing Pty Ltd.

Monarch, the Big Bear of Tallac: With 100 Drawings (Classic Reprint) Ernest Thompson Seton. 2017. (ENG., Illus.). (J). 28.41 (978-0-266-30288-9(2)) Forgotten Bks.

Monarch the Dog & His Friend Misty: Helping Children Grieve. William "Bill" Savino. 2021. 24p. (J). pap. 14.99 (978-1-0983-6707-7(3)) BookBaby.

Monarchs. Kass Morgan & Danielle Paige. 2022. (Ravens Ser.). (ENG.). 448p. (YA). (gr. 9). pap. 11.99 (978-0-358-73214-3(X)); 18.99 (978-0-358-09822-5(X), 1748154) HarperCollins Pubs. (Clarion Bks.).

Monarchs Are Missing: A Butterfly Mystery. Rebecca E. Hirsch. 2018. (ENG., Illus.). 56p. (J). (gr. 3-6). 31.99 (978-1-5124-5250-1(5), 99e8225f-6fbb-45c3-bf95-86233cb1e960, Millbrook Pr.) Lerner Publishing Group.

Monarch's Gift: A Journey Through the Life of a Monarch Butterfly. Stephanie Feuerstein. Illus. by Kathryn Wedge. 2021. (ENG.). 34p. (J). 16.95 **(978-1-55566-412-1(1))** Bower Hse.

Monarchy. LeeAnne Gelletly. 2018. (Major Forms of World Government Ser.). (ENG.). 48p. (J). lib. bdg. 29.99 (978-1-5105-3955-6(7)) SmartBook Media, Inc.

Monarchy. 1 vol. Xina M. Uhl & Katy Schiel. 2019. (Examining Political Systems Ser.). (ENG.). 64p. (gr. 6-6). pap. 13.95 (978-1-5081-8522-2(0), 4a14d357-c7d2-4ba3-ad64-f2b6f3ecaed9, Rosen Reference) Rosen Publishing Group, Inc., The.

Monarchy: Sovereignty of a King or Queen, Vol. 8. Larry Gillespie. 2018. (Systems of Government Ser.). (Illus.). 96p. (J). (gr. 7). 34.60 (978-1-4222-4020-5(7)) Mason Crest.

Mona's Choice (Classic Reprint) Annie French Hector. 2017. (ENG., Illus.). (J). 29.59 (978-0-265-68295-1(9)); pap. 11.97 (978-1-5276-5613-0(6)) Forgotten Bks.

Mona's Choice, Vol. 1 Of 3: A Novel (Classic Reprint) Alexander. 2016. (ENG., Illus.). (J). pap. 11.57 (978-1-333-33716-2(7)) Forgotten Bks.

Mona's Choice, Vol. 1 Of 3: A Novel (Classic Reprint) Alexander. 2018. (ENG., Illus.). (J). 29.18 (978-0-331-98959-5(X)) Forgotten Bks.

Mona's Choice, Vol. 2 Of 3: A Novel (Classic Reprint) Alexander. 2017. (ENG., Illus.). (J). pap. 11.57 (978-0-243-09588-9(0)) Forgotten Bks.

Mona's Choice, Vol. 2 Of 3: A Novel (Classic Reprint) Alexander. 2018. (ENG., Illus.). 254p. (J). 29.16 (978-0-484-44224-4(4)) Forgotten Bks.

Mona's Choice, Vol. 3 Of 3: A Novel (Classic Reprint) Alexander. 2018. (ENG., Illus.). 254p. (J). 29.14 (978-0-483-85237-2(6)) Forgotten Bks.

Mona's Mission: The Story of Monarch Migration. Ellen Dalzell. Illus. by Penny Brown. 2023. (ENG.). 24p. (J). **(978-1-0391-7759-8(X))**; pap. **(978-1-0391-7758-1(1))** FriesenPress.

Mona's Wings. Art & Adventure in Paris. Sheila Dubell. Illus. by Sheri Gillett. 2021. (ENG.). 44p. (J). pap. 14.00 (978-1-0879-5659-6(5)) Indy Pub.

Monastery of Petschenga: Sketches of Russian Lapland, from Historical & Legendary Sources (Classic Reprint) J. A. Friis. 2017. (ENG., Illus.). (J). 26.06 (978-0-266-88327-2(3)) Forgotten Bks.

Monastery of St. Columb, or, the Atonement, Vol. 2 Of 2: A Novel (Classic Reprint) Regina Maria Roche. 2018. (ENG., Illus.). 304p. (J). 30.19 (978-0-484-01454-0(4)) Forgotten Bks.

Monastery, Vol. 1 (Classic Reprint) Walter Scott. 2017. (ENG., Illus.). (J). 31.20 (978-0-260-21986-2(X)) Forgotten Bks.

Monastery, Vol. 2 Of 2: A Romance (Classic Reprint) Walter Scott. (ENG., Illus.). (J). 2018. 234p. 28.72 (978-0-483-88665-0(3)); 2017. pap. 11.57 (978-0-243-90821-9(0)) Forgotten Bks.

Monday. Lucy Branam. Illus. by Kevin M. Barry. 2021. (ENG.). 32p. (gr. k-3). 16.99 (978-1-5341-1098-4(4), 205107) Sleeping Bear Pr.

Monday - into the Cave of Thieves (Total Mayhem #1), 1 vol. Ralph Lazar. Illus. by Ralph Lazar. 2021. (Total Mayhem Ser.: 1). (ENG., Illus.). 208p. (J). (gr. 2-5). pap. 6.99 (978-1-338-77037-5(X)) Scholastic, Inc.

Monday - into the Cave of Thieves (Total Mayhem #1) (Library Edition) Ralph Lazar. Illus. by Ralph Lazar. 2021. (Total Mayhem Ser.: 1). (ENG.). 208p. (J). (gr. 2-5). lib. bdg. 21.99 (978-1-338-77039-1(X)) Scholastic, Inc.

Monday into the Cave of Thieves. 1. et al Ralph Lazar. ed. 2022. (Total Mayhem Ser.). (ENG.). 200p. (J). (gr. 2-3). 19.46 **(978-1-68505-331-4(9))** Penworthy Co., LLC, The.

Monday Morning March with Rainey Estelle. Michael Verrett. 2019. (ENG.). 36p. (J). pap. 16.95 (978-0-359-46091-5(7)) Lulu Pr., Inc.

Monday Morning Mind Mixers Activity Book. Kreative Kids. 2016. (ENG., Illus.). (J). pap. 10.81 (978-1-68377-216-3(4)) Whike, Traudl.

Monday or Tuesday (Classic Reprint) Virginia Woolf. 2018. (ENG., Illus.). 90p. (J). 25.75 (978-0-483-89628-4(4)) Forgotten Bks.

Monday Tales (Classic Reprint) Alphonse Daudet. 2017. (ENG., Illus.). (J). 31.90 (978-0-266-25218-4(4)) Forgotten Bks.

Monday's Not Coming. Tiffany D. Jackson. (ENG.). (YA). (gr. 8). 2019. 464p. pap. 12.99 (978-0-06-242268-2(5)); 2018. 448p. 18.99 (978-0-06-242267-5(7)) HarperCollins Pubs. (Tegen, Katherine Bks).

Monde D'Astagard. Alexandre Gagnon. 2016. (FRE.). 92p. (J). pap. **(978-1-329-97521-7(9))** Lulu Pr., Inc.

Monde de Marie. Dariodo. 2017. (FRE., Illus.). (J). pap. (978-2-7973-0080-8(7)) nouvelle(s) génération.

Monde Secret des Lichens: Guide du Jeune Naturaliste. Troy McMullin. 2022. (FRE.). 48p. (J). (gr. 3-7). pap. 9.95 (978-0-2281-0404-9(1), 78806ca8-4b5a-4ea1-888d-0e9ff60bb3c9) Firefly Bks., Ltd.

Mondragó 1. la Gran Prueba. Ana Galán. 2023. (SPA.). 144p. (J). pap. 15.95 **(978-607-07-9450-6(8))** Editorial Planeta, S. A. ESP. Dist: Two Rivers Distribution.

Mondragó 2. Rídel y Los árboles Parlantes. Ana Galán. 2023. (SPA.). 128p. (J). pap. 15.95 **(978-607-07-9446-9(X))** Editorial Planeta, S. A. ESP. Dist: Two Rivers Distribution.

Mo'ne Davis: Remember My Name - My Story from First Pitch to Game Changer. Mo'ne Davis. 2016. (ENG.). 208p. (J). (gr. 3-7). pap. 9.99 (978-0-06-239754-6(0), HarperCollins) HarperCollins Pubs.

Moneda Mágica. Columba Casillas. 2019. (SPA.). 80p. (J). (gr. 4-7). pap. 7.95 (978-607-8469-60-4(6)) Nostra Ediciones MEX. Dist: Independent Pubs. Group.

Moneta Bitcoin: La Storia Della Città Di Bitville Alla Scoperta Della Buona Moneta. Michael Caras. Illus. by Marina Yakubivska. 2019. (ITA.). 28p. (J). (gr. k-6). pap. 14.99 (978-0-578-52844-1(4)) Caras, Michael.

Moneta Nel Fuoco. Tanator Tenabaun & Volk Volk. 2023. (ITA.). 71p. (YA). pap. **(978-1-4477-4927-1(8))** Lulu Pr., Inc.

Monet's Cat. Lily Murray. Illus. by Becky Cameron. 2021. (ENG.). 32p. (J). (gr. -1-2). 18.99 (978-0-593-30613-0(9)) Random Hse. Children's Bks.

Money see Dinero: Set Of 6

Money. Dezhane Burnside. 2021. (ENG.). 242p. (YA). pap. 15.92 (978-1-7947-9744-4(0)) Lulu Pr., Inc.

Money. DEZHANE' BURNSIDE. 2022. (ENG.). 149p. (YA). pap. **(978-1-387-48327-3(7))** Lulu Pr., Inc.

Money. Sara Pistoia. 2019. (Let's Do Math! Ser.). (ENG.). 24p. (J). (gr. -1-2). lib. bdg. 22.99 (978-1-5105-4566-3(2)) SmartBook Media, Inc.

Money. Sara Pistoia. 2016. (J). (978-1-4896-5113-6(6)) Weigl Pubs., Inc.

Money. Kim Thompson. 2023. (Let's Sort Ser.). (ENG.). (J). (gr. -1-1). 16p. lib. bdg. 25.27 **(978-1-63897-952-4(9)**, 33049); (Illus.). pap. 7.95 Seahorse Publishing.

Money: Not Ready for Kindergarten. Marc Brown. ed. 2018. (Monkey Not Ready 8x8 Bks). (ENG.). 25p. (J). (gr. -1-1). 14.89 (978-1-64310-681-6(3)) Penworthy Co., LLC, The.

Money: What You Need to Know. Jill Sherman. 2017. (Fact Files Ser.). (ENG., Illus.). 24p. (J). (gr. 1-3). lib. bdg. 27.99 (978-1-5157-8120-2(8), 136129, Capstone Pr.) Capstone.

Money ($$$) Tree with Anthony Ant. Joel Brown. Illus. by Garrett Myers. 2017. (Zoom-Boom the Scarecrow & Friends Ser.: 6). (ENG.). (J). (gr. 1-3). pap. 12.95 (978-1-946683-08-3(6)); 17.99 (978-1-946683-02-1(7)) Rapier Publishing Co., LLC.

Money Against Money: A Play on High Finance (Classic Reprint) Clarence J. Shipton. (ENG., Illus.). (J). 2018. 58p. 25.11 (978-0-267-61316-8(4)); 2016. pap. 9.57 (978-1-334-11998-9(8)) Forgotten Bks.

Money & Trade. 1 vol. Tim Cooke. 2017. (What's the Big Idea? a History of the Ideas That Shape Our World Ser.). (ENG.). 48p. (gr. 6-6). lib. bdg. 33.07 (978-1-5026-2816-9(3), bfa8c049-eb80-4af8-8f9d-8bb17808dc39) Cavendish Square Publishing LLC.

Money & Value. Jennifer Colby. Illus. by Jeff Bane. 2018. (My Early Library: My Guide to Money Ser.). (ENG.). 24p. (J). (gr. k-1). lib. bdg. 30.64 (978-1-5341-2900-9(6), 211644) Cherry Lake Publishing.

Money Around the World. Mari Schuh. 2018. (Money & Me Ser.). (ENG., Illus.). 24p. (gr. -1-2). lib. bdg. 28.50 (978-1-64156-403-8(2), 9781641564038) Rourke Educational Media.

Money at Its Best: Millionaires of the Old Testament, 12 vols., Set. Incl. Abraham & Sarah. Denise-Renée Barberet. 112p. (gr. 7-18). pap. 14.95 (978-1-4222-0841-0(9)); Daniel. Cheryl A. Paden. 112p. (gr. 7-18). pap. 14.95 (978-1-4222-0842-7(7)); David. Zachary Taylor. 112p. (gr. 7-18). pap. 14.95 (978-1-4222-0843-4(5)); Esther. Stephen B. Woodruff. 112p. (gr. 7-18). pap. 14.95 (978-1-4222-0844-1(3)); Jacob. Benjamin T. Hoak. 112p. (gr. 7-18). pap. 14.95 (978-1-4222-0845-8(1)); Job. Cameron Christine Davis. 112p. (gr. 7-18). pap. 14.95 (978-1-4222-0846-5(X)); Joseph. Benjamin T. Hoak. 112p. (gr. 7-18). pap. 14.95 (978-1-4222-0847-2(8)); Moses. Dorothy Kavanaugh. (Illus.). 143p. (gr. 5-18). pap. 14.95 (978-1-4222-0848-9(6), 1291109); Noah. Stephen B. Woodruff. 112p. (gr. 7-18). pap. 14.95 (978-1-4222-0849-6(4)); Samson. Denise-Renée Barberet. 112p. (gr. 7-18). pap. 14.95 (978-1-4222-0850-2(8)); Solomon. Jennifer Vance. 112p. (gr. 7-18). pap. 14.95 (978-1-4222-0851-9(6)); Wealth in Biblical Times. Rose Ross Zediker. 112p. (gr. 7-18). pap. 14.95 (978-1-4222-0852-6(4)); (YA). 2007. 2009. Set pap. 179.40 (978-1-4222-0840-3(0)); Set lib. bdg. 299.40 (978-1-4222-0465-8(0)) Mason Crest.

Money, Banking, & Finance, 1 vol. Jeanne Nagle. 2018. (Understanding Economics Ser.). (ENG.). 48p. (gr. 6-7). lib. bdg. 28.41 (978-1-5383-0270-5(5), 0120e9bf-b104-4665-ba7e-8c2b6622f432, Britannica Educational Publishing) Rosen Publishing Group, Inc., The.

Money Captain (Classic Reprint) Will Payne. 2018. (ENG., Illus.). 328p. (J). 30.68 (978-0-484-66544-5(8)) Forgotten Bks.

Money Doesn't Grow on Mars (Book 8) Lori Haskins Houran. Illus. by Jessica Warrick. 2017. (How to Be an Earthling Ser.: 8). 64p. (J). (gr. 1-4). 6.99 (978-1-57565-850-6(X), 6203e0f5-a1e1-42f0-9d7c-72467d932644, Kane Press) Astra Publishing Hse.

Money Doesn't Grow on Mars (Book 8) Self-Control. Lori Haskins Houran. Illus. by Jessica Warrick. ed. 2017. (How to Be an Earthling (r) Ser.: 8). (ENG.). 64p. (J). (gr. 1-3). E-Book 34.65 (978-1-57565-854-4(2)) Astra Publishing Hse.

Money for Beginners. Matthew Oldham & Eddie Reynolds. Illus. by Marco Bonatti. 2023. (For Beginners Ser.). (ENG.). 128p. (J). 14.99 **(978-1-80507-013-9(4))** Usborne Publishing, Ltd. GBR. Dist: HarperCollins Pubs.

Money for Your Life: Invest in Your Financial Future. Diane Dakers. 2017. (Financial Literacy for Life Ser.). (ENG.). 48p. (J). (gr. 5-5). (978-0-7787-3098-9(0)); pap. (978-0-7787-3107-8(3)) Crabtree Publishing Co.

Money from Heaven. Thelma Collins. Illus. by Corbin Hillam. 2022. (From the Jesus Is Real Ser.: Vol. 2). (ENG.). 22p. (J). pap. 20.99 (978-1-6628-4802-5(1)) Salem Author Services.

Money Gods (Classic Reprint) Ellery H. Clark. (ENG., Illus.). (J). 2018. 262p. 29.32 (978-0-666-96870-8(5)); 2017. pap. 11.97 (978-1-5276-3828-0(6)) Forgotten Bks.

Money Grows Here. Matthew J. Bowe Cfp(r). 2021. (ENG., Illus.). 32p. (J). 21.95 (978-1-64952-280-1(0)) Fulton Bks.

Money in My Pocket. Omar Zia. 2017. (ENG., Illus.). (J). pap. (978-0-9959847-4-5(3)) Zia, Omar.

Money in Politics, 1 vol. Derek Miller. 2019. (Dilemmas in Democracy Ser.). (ENG.). 80p. (gr. 7-7). lib. bdg. 37.36 (978-1-5026-4493-0(2), 34caaa1a-ed6a-4396-a62a-f5fcb6ad6b39) Cavendish Square Publishing LLC.

Money in Sports. Nick Hunter. Illus. by Darren Lingard. 2022. (Ethics of Sports Ser.). (ENG.). 64p. (J). 37.32 (978-1-4846-8309-5(9), 252770); pap. 9.00 (978-1-4846-8317-0(X), 252779) Capstone. (Heinemann).

Money in the Bank. Mari Schuh. 2018. (Money & Me Ser.). (ENG., Illus.). 24p. (gr. k-2). lib. bdg. 28.50 (978-1-64156-404-5(0), 9781641564045) Rourke Educational Media.

Money in the Community. Jennifer Colby. Illus. by Jeff Bane. 2018. (My Early Library: My Guide to Money Ser.). (ENG.). 24p. (J). (gr. k-1). lib. bdg. 30.64 (978-1-5341-2901-6(4), 211648) Cherry Lake Publishing.

Money Is a Gift. Harmony Lavonne Rowell. 2021. (ENG.). 24p. (J). pap. 19.99 (978-1-7368098-0-8(6)) Alexander, Preshes.

Money Is Always Business 2: Business As Usual. Danya'an. Ed. by Bambi Renee. 2021. (ENG.). 150p. (YA). pap. 16.95 (978-1-7948-2675-5(0)) Lulu Pr., Inc.

Money-Lender, Vol. 1 of 3 (Classic Reprint) Gore. 2018. (ENG., Illus.). 302p. (J). 30.13 (978-0-483-25979-9(9)) Forgotten Bks.

Money-Lender, Vol. 2 of 3 (Classic Reprint) Gore. 2018. (ENG., Illus.). 300p. (J). 30.08 (978-0-332-34367-9(7)) Forgotten Bks.

Money Lessons & Practicums -Children's Money & Saving Reference. Baby Professor. 2017. (ENG., Illus.). (J). pap. 7.89 (978-1-5419-0292-3(0), Baby Professor (Education Kids)) Speedy Publishing LLC.

Money, Love & Kate: Together with the Story of a Nickel (Classic Reprint) Eleanor H. Porter. (ENG., Illus.). (J). 2018. 308p. 30.25 (978-0-364-02573-4(5)); 2017. pap. 13.57 (978-0-243-54011-2(6)) Forgotten Bks.

Money Magic (Classic Reprint) Hamlin Garl. 2018. (ENG., Illus.). 382p. (J). 31.80 (978-0-484-83246-5(8)) Forgotten Bks.

Money-Maker, Other Tales (Classic Reprint) Jane C. Campbell. 2018. (ENG., Illus.). 354p. (J). 31.22 (978-0-484-49454-0(6)) Forgotten Bks.

Money-Makers: A Social Parable (Classic Reprint) Henry F. Keenan. 2017. (ENG., Illus.). (J). 31.20 (978-0-260-65988-0(6)) Forgotten Bks.

Money Market (Classic Reprint) E. F. Benson. 2017. (ENG., Illus.). (J). 29.47 (978-0-331-80363-1(1)) Forgotten Bks.

Money Math: Addition & Subtraction. David A. Adler. Illus. by Edward Miller. 32p. (J). (gr. 1-4). 2019. pap. 7.99 (978-0-8234-4182-2(2)); 2017. (ENG.). 17.95 (978-0-8234-3698-9(5)) Holiday Hse., Inc.

Money Matters: A Classroom Economy: Adding & Subtracting Decimals (Grade 5) Dona Herweck Rice. rev. ed. 2018. (Mathematics in the Real World Ser.). (ENG., Illus.). 32p. (J). (gr. 4-8). pap. 11.99 (978-1-4258-5820-9(1)) Teacher Created Materials, Inc.

Money Matters: A Kid's Guide to Money, 5 vols., Set. Tamra Orr. Incl. Budgeting Tips for Kids. lib. bdg. 29.95 (978-1-58415-644-4(9)); Coins & Other Currency. lib. bdg. 29.95 (978-1-58415-640-6(6)); Kid's Guide to Earning Money. lib. bdg. 29.95 (978-1-58415-643-7(0)); Kid's Guide to Stock Market Investing. lib. bdg. 29.95 (978-1-58415-642-0(2)); Savings Tips for Kids. lib. bdg. 29.95 (978-1-58415-641-3(4)); (Illus.). 48p. (YA). (gr. 3-6). 2008. 2008. Set lib. bdg. 149.75 (978-1-58415-645-1(7)) Mitchell Lane Pubs.

1358 The check digit for ISBN-10 appears in parentheses after the full ISBN-13

Money Matters: Counting Coins. Michelle Jovin. rev. ed. 2018. (Mathematics in the Real World Ser.). (ENG., Illus.). 24p. (J). (gr. 1-2). pap. 9.99 *(978-1-4258-5690-8(X))* Teacher Created Materials, Inc.

Money Matters: Find the Money. Linda Claire. 2018. (Mathematics in the Real World Ser.). (ENG., Illus.). 20p. (gr. k-1). 8.99 *(978-1-4258-5618-2(7))* Teacher Created Materials, Inc.

Money Matters: School Fundraisers: Problem Solving with Ratios. Georgia Beth & Alison Marzocchi. 2019. (Mathematics in the Real World Ser.). (ENG., Illus.). 32p. (gr. 5-8). pap. 11.99 *(978-1-4258-5880-3(5))* Teacher Created Materials, Inc.

Money Matters: What's It Worth? Financial Literacy (Grade 3) Torrey Maloof. 2017. (Mathematics in the Real World Ser.). (ENG., Illus.). 32p. (J). (gr. 3-4). pap. 11.99 *(978-1-4807-5806-3(X))* Teacher Created Materials, Inc.

Money Matters: Young Entrepreneurs: Addition & Subtraction (Grade 4) Kristy Stark. rev. ed. 2017. (Mathematics in the Real World Ser.). (ENG., Illus.). 32p. (J). (gr. 3-5). pap. 11.99 *(978-1-4258-5547-5(4))* Teacher Created Materials, Inc.

Money Matters for Teens: Advice on Spending & Saving, Managing Income, & Paying for College. Ed. by Youth Communication & Virginia Vitzthum. 2022. (YC Teen's Advice from Teens Like You Ser.: 2). 176p. (YA). (gr. 3-8). pap. 14.99 *(978-1-5107-5992-3(1)*, Sky Pony Pr.) Skyhorse Publishing Co., Inc.

Money Mike Wants a Brand New Bike. Hope Bell. Ed. by Mariah Bell. Illus. by Hope Bell. 2018. (Youth Entrepreneur Ser.: Vol. 1). (ENG., Illus.). 30p. (J). (gr. k-5). pap. 8.99 *(978-0-692-16751-9(X))* Hope Belle LLC.

Money! Money! Money! - Counting Money Books for Kids: Children's Money & Saving Reference. Professor Gusto. 2016. (ENG., Illus.). (J). pap. 10.81 *(978-1-68321-230-0(4))* Mimaxion.

Money Moon. Deanna Stinson. 2023. (ENG.). 100p. (YA). pap. *(978-1-312-56838-9(0))* Lulu Pr., Inc.

Money Moon: A Romance (Classic Reprint) Jeffery Farnol. 2018. (ENG., Illus.). 344p. (J). 30.99 *(978-0-483-05132-4(2))* Forgotten Bks.

Money Ninja: A Children's Book about Saving, Investing, & Donating. Mary Nhin & Grow Grit Press. Illus. by Jelena Stupar. 2020. (Ninja Life Hacks Ser.: Vol. 10). (ENG.). 28p. (J). 18.99 *(978-1-953399-59-5(2))* Grow Grit Pr.

Money Out Loud: All the Financial Stuff No One Taught Us. Berna Anat & Monique Sterling. 2023. (ENG., Illus.). 272p. (J). (gr. 8). 19.99 *(978-0-06-306737-0(4))*; pap. 15.99 *(978-0-06-306736-3(6))* HarperCollins Pubs. (Quill Tree Bks.).

Money Sense: A Novel (Classic Reprint) John Strange Winter. 2017. (ENG., Illus.). (J). 30.50 *(978-1-5285-5297-4(0))*; pap. 13.57 *(978-1-5278-9869-1(5))* Forgotten Bks.

Money Skills for Kids. 2017. (Money Skills for Kids Ser.). 32p. (gr. 10-10). pap. 50.00 *(978-1-5081-5431-0(7))*; (ENG.). (gr. 5-5). 139.65 *(978-1-4994-3402-6(2)*, 4ce65b2c-ea20-404f-944f-850079f4f0f1) Rosen Publishing Group, Inc., The. (PowerKids Pr.).

Money-Spinner: And Other Character Notes (Classic Reprint) Henry Seton Merriman. 2018. (ENG., Illus.). 358p. (J). 31.28 *(978-0-267-87192-6(9))* Forgotten Bks.

Moneyed Man, Vol. 1 Of 2: Or the Lesson of a Life (Classic Reprint) Horace Smith. (ENG., Illus.). (J). 2018. 208p. 28.19 *(978-0-365-48487-5(3))*; 2017. pap. 10.57 *(978-0-259-56512-3(1))* Forgotten Bks.

Moneyless Man. Henry Thompson Stanton. 2017. (ENG.). 164p. (J). pap. *(978-3-7447-3990-0(2))* Creation Pubs.

Mongo Proverbs & Fables (Classic Reprint) Edward Algernon Ruskin. (ENG., Illus.). (J). 2018. 112p. 26.21 *(978-0-267-55743-1(4))*; 2016. pap. 9.57 *(978-1-333-68540-9(8))* Forgotten Bks.

Mongol Conquests: Warfare, Slaughter, & Political Rule, 1 vol. Jeri Freedman. 2016. (Mongols Ser.). (ENG., Illus.). 64p. (gr. 6-6). pap. 14.95 *(978-1-4994-6358-3(8)*, b9f45a38-7483-4909-9d70-dff95948534d) Rosen Publishing Group, Inc., The.

Mongol Empire. Virginia Loh-Hagan. 2020. (Surviving History Ser.). (ENG., Illus.). 32p. (J). (gr. 4-8). lib. bdg. 32.07 *(978-1-5341-6909-8(1)*, 215523, 45th Parallel Press) Cherry Lake Publishing.

Mongolia. Heather Adamson. 2016. (Exploring Countries Ser.). (ENG., Illus.). 32p. (J). (gr. 3-7). lib. bdg. 27.95 *(978-1-62617-344-6(3)*, Blastoff! Readers) Bellwether Media.

Mongolia. Henrietta Toth & Guek Cheng Pang. 2018. (J). pap. *(978-1-5026-4128-1(3))* Musa Publishing.

Mongols, 14 vols. 2016. (Mongols Ser.). 64p. (gr. 6-6). (ENG.). 252.91 *(978-1-4777-8554-6(X)*, af5fb3ea-b47f-4e6a-bfc5-fa4de11034b0); pap. 90.65 *(978-1-4994-6425-2(8))* Rosen Publishing Group, Inc., The. (Rosen Young Adult).

Mongols. Galadriel Watson. 2017. (World Cultures Ser.). (ENG.). 32p. (J). lib. bdg. 29.99 *(978-1-5105-2255-8(7))* SmartBook Media, Inc.

Mongols on the Silk Road: Trade, Transportation, & Cross-Cultural Exchange in the Mongol Empire, 1 vol. Kathryn Harrison. 2016. (Mongols Ser.). (ENG., Illus.). 64p. (J). (gr. 6-6). pap. 14.95 *(978-1-4994-6370-5(7)*, 8badaac5-a340-4d1d-b3cc-be3c9ce52916) Rosen Publishing Group, Inc., The.

Monhegan Magic: A Hedgehog, Six Ducks & a Truck: a Maine Adventure. Carol-Lynn Rossel. 2021. (ENG.). 42p. (J). 24.99 *(978-0-9788367-1-9(5))* Yetta Nother Pr.

Moni: The Goat-Boy (Classic Reprint) Johanna Spyri. 2017. (ENG., Illus.). (J). 25.13 *(978-0-331-83505-2(3))* Forgotten Bks.

Moni der Geibub (Classic Reprint) Johanna Spyri. 2017. (ENG., Illus.). (J). 25.59 *(978-0-331-48212-6(6))*; pap. 9.57 *(978-0-331-48117-4(0))*; pap. 9.57 *(978-0-243-27956-2(6))* Forgotten Bks.

Moni der Geißbub (Classic Reprint) Johanna Spyri. 2018. (ENG., Illus.). (J). 80p. 25.55 *(978-0-666-92647-0(6))*; 90p. 25.75 *(978-0-666-33458-9(7))* Forgotten Bks.

Moni the Goat Boy: And Other Stories (Classic Reprint) Edith F. Kunz. 2018. (ENG., Illus.). 228p. (J). 28.62 *(978-0-332-79194-4(7))* Forgotten Bks.

Moni the Goat-Boy (Classic Reprint) Johanna Spyri. 2017. (ENG., Illus.). (J). pap. 9.57 *(978-0-259-46239-2(X))* Forgotten Bks.

Monica Adventures #2: We Fought Each Other As Kids... Now We're in Love?! Mauricio de Sousa. 2019. (Monica Adventures Ser.). (ENG., Illus.). 128p. (J). pap. 8.99 *(978-1-5458-0216-8(5)*, 900198762, Papercutz) Mad Cave Studios.

Monica Adventures #3: Who's Saying Nasty Things about Me... Online?! Mauricio de Sousa. 2019. (Monica Adventures Ser.). (ENG., Illus.). 128p. (J). 13.99 *(978-1-5458-0324-0(2)*, 900207964, Papercutz) Mad Cave Studios.

Monica Adventures #4: Should I Say Yes... to Nick Nope? Mauricio de Sousa. 2019. (Monica Adventures Ser.). (ENG., Illus.). 128p. (J). pap. 8.99 *(978-1-5458-0339-4(0)*, 900209650, Papercutz) Mad Cave Studios.

Monica (Classic Reprint) Unknown Author. 2018. (ENG., Illus.). 28p. (J). 24.47 *(978-0-484-64415-0(7))* Forgotten Bks.

Monica Grey (Classic Reprint) Lady Hely-Hutchinson. 2018. (ENG., Illus.). 186p. (J). 27.73 *(978-0-483-81412-7(1))* Forgotten Bks.

Monica Pink Pet Shrink. Frances O'Neill. Illus. by Xiaoyi Hu. 2019. (Monica Pink Pet Shrink Ser.: Vol. 1). (ENG.). 130p. (J). pap. *(978-1-9160329-3-4(1))* Sainted Media.

Monica's Miracle. Monica McKeen. 2017. (ENG., Illus.). (J). pap. 15.95 *(978-1-5127-7986-8(5)*, WestBow Pr.) Author Solutions, LLC.

Moñita y Moños. Abdi Oliva. 2022. (SPA.). 34p. (J). pap. 12.95 *(978-1-63765-173-5(2))* Halo Publishing International.

Moniteur (Classic Reprint) Unknown Author. 2018. (FRE., Illus.). (J). 126p. 26.52 *(978-0-428-67881-4(5))*; 128p. pap. 9.57 *(978-0-428-52633-7(0))* Forgotten Bks.

Monitor Lizards. Ashley Gish. 2019. (X-Books: Reptiles Ser.). (ENG.). 32p. (J). (gr. 3-5). pap. 9.99 *(978-1-62832-671-0(9)*, 18884, Creative Paperbacks); *(978-1-64026-083-2(8)*, 18883) Creative Co., The.

Monitress Merle. Angela Brazil. 2019. (ENG.). 168p. (J). pap. *(978-93-5329-846-3(6))* Alpha Editions.

Monje Loco: Bada Shanren (Spanish Edition) Zirong ZENG. 2021. (Conozcamos a Los Pintores Famosos Ser.). (ENG.). 32p. (J). 19.95 *(978-1-4878-0820-4(8))* Royal Collins Publishing Group Inc. CAN. Dist: Independent Pubs. Group.

Monk & the Dancer (Classic Reprint) Arthur Cosslett Smith. 2018. (ENG., Illus.). 252p. (J). 29.11 *(978-0-484-80283-3(6))* Forgotten Bks.

Monk of the Jungle - Book I: Jungle vs. City. Majestico. 2018. (ENG., Illus.). 88p. (J). (gr. 1-6). pap. 19.99 *(978-1-63492-887-8(3))* Booklocker.com, Inc.

Monk (SADHU) Sadhu. Akhilesh Yadav. 2021. (ENG.). 46p. (YA). pap. 8.99 *(978-1-68487-561-0(7))* Notion Pr., Inc.

Monk Seal & the Mermaid. Sylvia M. Medina. Illus. by Joy Eagle. 2018. (Green Kids Club Ser.). (ENG.). 35p. (J). (gr. k-3). pap. 9.95 *(978-1-939871-43-5(3))* Green Kids Club, Inc.

Monk Seal & the Mermaid - Hardback. Sylvia M. Medina. Illus. by Joy Eagle. 2018. (ENG.). 36p. (J). 20.50 *(978-1-939871-77-0(8))* Green Kids Club, Inc.

Monk Seals of the Coral Reef Coloring Book. Kreative Kids. 2016. (ENG., Illus.). (J). pap. 9.20 *(978-1-68377-337-5(3))* Whlke, Traudl.

Monk, Vol. 1 Of 3: A Romance (Classic Reprint) Matthew Gregory Lewis. 2018. (ENG., Illus.). (J). 244p. 28.93 *(978-1-396-34765-8(8))*; 246p. pap. 11.57 *(978-1-390-89807-1(5))* Forgotten Bks.

Monkey. Melissa Gish. (Spotlight on Nature Ser.). (ENG.). 32p. (J). (gr. 4-7). 2021. *(978-1-64026-342-0(X)*, 18643, Creative Education); 2020. pap. 9.99 *(978-1-62832-874-5(6)*, 18644, Creative Paperbacks) Creative Co., The.

Monkey. August Hoeft. (I See Animals Ser.). (ENG.). (J). 2022. 20p. pap. 12.99 *(978-1-5324-4231-5(9))*; 2021. 12p. pap. 5.99 *(978-1-5324-1510-4(9))* Xist Publishing.

Monkey. Katesalin Pagkaihang. 2019. (Our Animal Friends Ser.: Vol. 3). (ENG., Illus.). 58p. (J). (gr. 2-5). 16.99 *(978-616-468-847-6(7))* Pagkaihang, Katesalin.

Monkey. Kate Sargent. 2019. (ENG.). 113p. (J). pap. *(978-0-244-13472-3(3))* Lulu Pr., Inc.

Monkey: Children's Animal Fact Book. Bold Kids. 2022. (ENG.). 40p. (J). pap. 14.99 *(978-1-0717-1069-2(9))* FASTLANE LLC.

Monkey: Not Ready for Bedtime. Illus. by Marc Brown. 2017. (J). pap. *(978-0-399-55782-8(2))* Knopf, Alfred A. Inc.

Monkey - Dagens Superhelt:: Da Tigeren Mistede Sine Striber. Dino Theodoor Bramsted. Ed. by Natalina Atlanta Bramsted. Illus. by Diptee Thapa. 2016. (Monkey - Dagens Superhelt Ser.: Vol. 1). (DAN.). (J). (gr. k-2). *(978-87-93084-29-2(3))* Piffz.

Monkey - Dagens Superhelt: Elefanten der Ikke Kunne Hore. Dino Theodoor Bramsted. Ed. by Natalina Atlanta Bramsted. Illus. by Diptee Thapa. 2017. (Monkey - Dagens Superhelt Ser.: Vol. 2). (DAN.). 50p. (J). (gr. k-2). *(978-87-93084-31-5(5))* Piffz.

Monkey - Dagens Superhelt: En Knude der Skal Losnes. Dino Theodoor Bramsted. Ed. by Natalina Atlanta Bramsted. Illus. by Diptee Thapa. 2017. (Monkey - Dagens Superhelt Ser.: Vol. 3). (DAN.). 50p. (J). (gr. k-2). *(978-87-93084-33-9(1))* Piffz.

Monkey - Hero of the Jungle: A Knot to Be Loosened. Dino Theodoor Bramsted. Ed. by Natalina Atlanta Bramsted. Illus. by Diptee Thapa. 2017. (Monkey - Hero of the Jungle Ser.: Vol. 3). (ENG.). (J). (gr. k-2). *(978-87-93084-32-2(3))* Piffz.

Monkey - Hero of the Jungle: The Elephant Who Could Not Hear. Dino Theodoor Bramsted. Ed. by Natalina Atlanta Bramsted. Illus. by Diptee Thapa. 2017. (Monkey - Hero of the Jungle Ser.: Vol. 2). (ENG.). (J). (gr. k-2). *(978-87-93084-30-8(7))* Piffz.

Monkey - Hero of the Jungle: When the Tiger Lost Its Stripes. Dino Theodoor Bramsted. Ed. by Natalina Atlanta Bramsted. Illus. by Diptee Thapa. 2016. (Monkey: Hero of the Jungle Ser.: Vol. 1). (ENG.). (J). (gr. k-2). *(978-87-93084-28-5(5))* Piffz.

Monkey & Bug's Night at the Corn Stand Jam. Scott Smallwood. Illus. by Hannah Tebbe. 2022. (ENG.). 36p. (J). pap. 12.95 *(978-1-954396-36-4(8))* Barringer Publishing.

Monkey & Chicken. Lauren Evans. Illus. by Kim Griffin. 2022. (ENG.). 32p. (J). pap. *(978-1-922751-97-3(9))* Shawline Publishing Group.

Monkey & Elephant & the Babysitting Adventure. Carole Lexa Schaefer. Illus. by Galia Bernstein. (Candlewick Sparks Ser.). (ENG.). 48p. (J). (gr. k-4). 2017. pap. 5.99 *(978-0-7636-9781-5(8))*; 2016. 14.99 *(978-0-7636-6535-7(5))* Candlewick Pr.

Monkey & Max. Richard Rockport. 2021. (ENG.). 24p. (J). pap. 13.95 *(978-1-63692-319-2(4))* Newman Springs Publishing, Inc.

Monkey & Maybeline. Kay Andrews & Fontaine Lloyd. Illus. by Anna Benczédi. 2022. (ENG.). 36p. (J). pap. 15.99 *(978-1-0880-4259-5(7))* Indy Pub.

Monkey & Molly: Friends. Illus. by Alice HICKEY. 2021. (ENG.). 56p. (J). pap. *(978-1-329-11879-9(0))* Lulu Pr., Inc.

Monkey & the Rhino. Daniel Murray. 2018. (ENG., Illus.). 54p. (J). pap. *(978-0-646-98747-7(X))* Empathic Consulting.

Monkey & the Tiger. Constance Clarke. 2020. (ENG., Illus.). 20p. (J). *(978-1-64575-297-4(6))*; pap. *(978-1-64575-298-1(4))* Austin Macauley Pubs. Ltd.

Monkey & Turtle - Me Too! Nicola Jaworsky. Illus. by I. Cenizal. 2021. (ENG.). 20p. (J). *(978-0-2288-2489-3(3))*; pap. *(978-0-2288-2488-6(5))* Tellwell Talent.

Monkey Blue. Laura Quinn. 2017. (ENG., Illus.). (J). *(978-0-6481466-7-4(7))* Karen Mc Dermott.

Monkey Business. Louise M. Crowley. 2018. (ENG.). 34p. (J). pap. *(978-0-244-71681-3(1))* Lulu Pr., Inc.

Monkey Business: Jungle Animals Coloring Book Edition. Kreative Kids. 2016. (ENG., Illus.). (J). pap. 9.20 *(978-1-68377-217-0(2))* Whlke, Traudl.

Monkey Coloring Book for Kids: Amazing Coloring Images of Cute Monkey Children Activity Book for Boys & Girls Ages 4-8. Smudge Jessa. 2021. (ENG.). 96p. (J). pap. 12.99 *(978-0-9509166-1-3(7))* Piper Publishing, Inc.

Monkey Coloring Book for Kids & Toddlers! a Unique Collection of Coloring Pages. Bold Illustrations. 2018. (ENG., Illus.). 96p. (J). (gr. k-6). pap. 11.99 *(978-1-64193-827-3(7)*, Bold Illustrations) FASTLANE LLC.

Monkey Crush Colouring Book. Illus. by Silke Diehl. 2022. (Crush Ser.). (ENG.). 28p. (J). (gr. -1-k). pap. 9.99 *(978-80-908121-2-3(0)*, Crush Series) Crush Publishing CZE. Dist: Independent Pubs. Group.

Monkey du - Life Is an Open Book. Richard Symes. 2019. (ENG.). 26p. (J). pap. 12.95 *(978-1-64628-673-7(1))* Page Publishing Inc.

Monkey du - Siblings. Richard Symes. (ENG.). 20p. (J). 2019. pap. 11.95 *(978-1-64628-532-7(8))*; 2018. 21.95 *(978-1-64298-907-6(X))* Page Publishing Inc.

Monkey Is Bored. Lia Frescura & Rose Frescura. 2020. (ENG.). 24p. (J). *(978-0-2288-2954-6(2))*; pap. *(978-0-2288-2953-9(4))* Tellwell Talent.

Monkey King: A Classic Chinese Tale for Children. David Seow. Illus. by L. K. Tay-Audouard. 2017. 32p. (J). (gr. -1-3). 9.95 *(978-0-8048-4840-4(8))* Tuttle Publishing.

Monkey King's Revenge: Sequel to Moon Rabbit. Oliver Eade. Illus. by Alma Dowle. 2022. (ENG.). 220p. (J). pap. *(978-1-912513-59-8(5))* Silver Quill Publishing.

Monkey Love. Vicktoria Kraemer. 2016. (Monkey Love Ser.: Vol. 1). (ENG., Illus.). 38p. (J). (gr. k-3). *(978-0-9951956-0-8(9))* Kraemer, Vicktoria.

Monkey Man. Takuji Ichikawa. Tr. by Lisa Lilley & Daniel Lilley. 2021. (Red Circle Minis Ser.: Vol. 7). (ENG.). 92p. (YA). pap. *(978-1-912864-12-6(6))* Red Circle.

Monkey Mischief. Tori Kosara. 2019. (DK Readers Ser.). (ENG.). 47p. (J). (gr. k-1). 14.96 *(978-0-87617-438-8(1))* Penworthy Co., LLC, The.

Monkey Named Haha. Erica Tipton. Illus. by Erica Tipton. 2019. (ENG., Illus.). 36p. (J). pap. 9.99 *(978-0-359-22383-1(4))* Wright Bks.

Monkey Not Ready for the Baby. Marc Brown. ed. 2018. (Monkey Not Ready 8x8 Bks). (ENG.). 25p. (J). (gr. -1-1). 14.89 *(978-1-64310-405-8(5))* Penworthy Co., LLC, The.

Monkey on the Run. Leo Timmers. Illus. by Leo Timmers. 2019. (ENG., Illus.). 32p. (J). (gr. -1-k). 17.99 *(978-1-77657-250-2(5)*, e8b6aeda-6b84-4a21-8ff1-5de56aa08dfb) Gecko Pr. NZL. Dist: Lerner Publishing Group.

Monkey-Pod Good Night. Susy Guzman. 2018. (ENG., Illus.). 30p. (J). 21.95 *(978-1-64300-646-8(0))*; pap. 12.95 *(978-1-64300-645-1(2))* Covenant Bks.

Monkey See, Monkey Do: A Coloring Book. Bobo's Children Activity Books. 2016. (ENG., Illus.). (J). pap. 9.33 *(978-1-68327-492-6(X))* Sunshine In My Soul Publishing.

Monkey See, Monkey Do: Do Monkeys Copy? Marne Ventura. 2022. (Animal Idioms Ser.). (ENG., Illus.). 32p. (J). (gr. 2-3). pap. 9.95 *(978-1-64494-648-0(3))* North Star Editions.

Monkey See, Monkey Do: Do Monkeys Copy? Do Monkeys Copy? Marne Ventura. 2021. (Animal Idioms Ser.). (ENG., Illus.). 32p. (J). (gr. 2-5). lib. bdg. 34.21 *(978-1-5321-9669-0(5)*, 38314, Kids Core) ABDO Publishing Co.

Monkey See, Zebra Do: A Zoo Party. Ed Shankman. Illus. by Dave O'Neill. 2020. (Shankman & O'Neill Ser.). (ENG.). 32p. (J). 14.95 *(978-1-64194-108-2(1)*, Commonwealth Editions) Applewood Bks.

Monkey Tale Adventures: Loose in the Zoo. Chris Fieber. 2023. (ENG.). 56p. (J). *(978-1-0391-5468-1(9))*; pap. *(978-1-0391-5467-4(0))* FriesenPress.

Monkey That Escaped from the Bronx Zoo. Mark Love. 2021. (ENG.). 24p. (J). pap. 14.95 *(978-1-946746-97-9(5))* ASA Publishing Corp.

Monkey That Had No Tree to Climb: A Story for Children. Frank Simmons Jr. 2018. (ENG., Illus.). 36p. (J). 25.95 *(978-1-4808-6658-4(X))*; pap. 15.95 *(978-1-4808-6659-1(8))* Archway Publishing.

Monkey That Would Not Kill. Henry Drummond. 2019. (ENG.). 26p. (J). pap. *(978-1-912925-10-0(9))* Yesterday's World Publishing, A.

Monkey That Would Not Kill (Classic Reprint) Henry Drummond. 2018. (ENG., Illus.). 126p. (J). 26.52 *(978-0-267-67124-3(5))* Forgotten Bks.

Monkey Time. Michael Hall. Illus. by Michael Hall. 2019. (ENG., Illus.). 48p. (J). (gr. -1-3). 17.99 *(978-0-06-238302-0(7)*, Greenwillow Bks.) HarperCollins Pubs.

Monkey Trial: John Scopes & the Battle over Teaching Evolution. Anita Sanchez. 2023. (ENG., Illus.). 192p. (J). (gr. 3-7). 19.99 *(978-0-358-45769-5(6)*, Clarion Bks.) HarperCollins Pubs.

Monkey Who Ate Meatballs. Allyson L. Casstevens. Illus. by Sakshi Mangal. 2019. (ENG.). 24p. (J). *(978-1-5255-4009-7(2))*; pap. *(978-1-5255-4010-3(6))* FriesenPress.

Monkey Who Wanted to Be Different: Little Stories, Big Lessons. Jacqui Shepherd. 2018. (Animal Adventures Ser.). (ENG., Illus.). 32p. (J). (gr. k-6). pap. *(978-1-77008-955-6(1))* Awareness Publishing.

Monkey Who Went to the Market: Marvin the Monkey Series Book 2. Allyson L. Casstevens. 2022. (Marvin the Monkey Ser.: Vol. 2). (ENG.). 36p. (J). 21.99 *(978-1-6629-2037-0(7))*; pap. 15.99 *(978-1-6629-2038-7(5))* Gatekeeper Pr.

Monkey with a Tool Belt & the Craftiest Christmas Ever! Chris Monroe. Illus. by Chris Monroe. 2021. (Monkey with a Tool Belt Ser.). (ENG., Illus.). 32p. (J). (gr. -1-2). 17.99 *(978-1-7284-0465-3(7)*, 5aaa503b-0d7e-466e-a6b8-784a04d34ba0, Carolrhoda Bks.) Lerner Publishing Group.

Monkey with a Tool Belt & the Maniac Muffins. Chris Monroe. Illus. by Chris Monroe. (Monkey with a Tool Belt Ser.). (ENG., Illus.). (J). (gr. -1-2). 2023. 40p. 9.99 *(978-1-7284-8780-9(3)*, e8b191ce-9ad2-42aa-a17d-7e85d6ffa533); 2016. 32p. 17.99 *(978-1-4677-2155-4(7)*, 72e58124-43b0-441a-ba6a-44699c291b1a); 2016. 32p. E-Book 35.99 *(978-1-4677-9562-3(3))* Lerner Publishing Group. (Carolrhoda Bks.).

Monkey with a Tool Belt & the Seaside Shenanigans. Chris Monroe. Illus. by Chris Monroe. 2023. (Monkey with a Tool Belt Ser.). (ENG., Illus.). 40p. (J). (gr. -1-2). 9.99 *(978-1-7284-8782-3(X)*, f7694667-2188-4e9e-8c2f-16ce569843d8, Carolrhoda Bks.) Lerner Publishing Group.

Monkey with a Tool Belt & the Silly School Mystery. Chris Monroe. Illus. by Chris Monroe. 2023. (Monkey with a Tool Belt Ser.). (ENG., Illus.). 40p. (J). (gr. -1-2). 9.99 *(978-1-7284-8781-6(1)*, ba6e7ce2-d86d-4824-8b21-f1db08c994b2, Carolrhoda Bks.) Lerner Publishing Group.

Monkey with a Tool Belt Blasts Off! Chris Monroe. Illus. by Chris Monroe. 2020. (Monkey with a Tool Belt Ser.). (ENG., Illus.). 32p. (J). (gr. -1-2). 17.99 *(978-1-5415-7757-2(4)*, eed07eba-23fa-4179-a41f-6af4139dabb2, Carolrhoda Bks.) Lerner Publishing Group.

Monkeyfolk of South Africa (Classic Reprint) F. W. Fitzsimons. 2018. (ENG., Illus.). 288p. (J). 29.86 *(978-0-364-33475-1(4))* Forgotten Bks.

Monkeys. Contrib. by Dk. 2023. (DK Super Readers Ser.). (ENG., Illus.). 32p. (J). (gr. 1-3). pap. 4.99 *(978-0-7440-7313-3(8)*, DK Children) Dorling Kindersley Publishing, Inc.

Monkeys. Julie Murray. (Animal Kingdom Ser.). (ENG., Illus.). (J). 2019. 32p. (gr. 2-5). lib. bdg. 34.21 *(978-1-5321-1644-5(6)*, 32399, Big Buddy Bks.); 2016. 24p. (gr. -1-2). lib. bdg. 31.36 *(978-1-68080-533-8(9)*, 21346, Abdo Kids) ABDO Publishing Co.

Monkeys. Nick Rebman. 2018. (Animals Ser.). (ENG., Illus.). 16p. (J). (gr. k-1). pap. 7.95 *(978-1-63517-953-8(X)*, 163517953X); lib. bdg. 25.64 *(978-1-63517-852-4(5)*, 1635178525) North Star Editions. (Focus Readers).

Monkeys. Valerie Bodden. 2nd ed. 2020. (Amazing Animals Ser.). 24p. (J). (gr. 1-3). pap. 9.99 *(978-1-62832-768-7(5)*, 18092, Creative Paperbacks) Creative Co., The.

Monkeys: Baboons, Macaques, Mandrills, Lemurs & Other Primates, All Shown in More Than 180 Enticing Pictures. Tom Jackson. 2016. (Illus.). 64p. (J). (gr. -1-12). 15.00 *(978-1-86147-497-1(0)*, Armadillo) Anness Publishing GBR. Dist: National Bk. Network.

Monkey's 100th Day. Bonnie Ferrante. 2017. (ENG., Illus.). (J). pap. *(978-1-928064-41-1(8))* Single Drop Publishing.

Monkeys & Apes, Vol. 12. Paul Sterry. 2018. (Animals in the Wild Ser.). (Illus.). 80p. (J). (gr. 7). 33.27 *(978-1-4222-4172-1(6))* Mason Crest.

Monkeys at the Zoo, 1 vol. Seth Lynch. 2019. (Zoo Animals Ser.). (ENG.). 24p. (gr. k-k). pap. 9.15 *(978-1-5382-3934-6(5)*, ec789337-943e-41e7-a823-e49e40a35c41) Stevens, Gareth Publishing LLLP.

Monkey's Big Bike: Leveled Reader Red Fiction Level 3 Grade 1. Hmh Hmh. 2019. (Rigby PM Ser.). (ENG.). 16p. (J). (gr. 1). pap. 11.00 *(978-0-358-12121-3(3))* Houghton Mifflin Harcourt Publishing Co.

Monkey's Fart. Michael Skyner. 2nd ed. 2020. (ENG.). 110p. (J). pap. *(978-1-83945-466-0(0))* FeedARead.com.

Monkey's Frolic: A Humourous Tale; in Verse (Classic Reprint) Unknown Author. 2018. (ENG., Illus.). 36p. (J). 24.64 *(978-0-267-86155-2(9))* Forgotten Bks.

Monkey's Paw: A Story in Three Scenes (Classic Reprint) W. W. Jacobs. 2017. (ENG., Illus.). (J). 24.74 *(978-0-331-55218-8(3))*; pap. 7.97 *(978-0-259-54932-1(0))* Forgotten Bks.

Monkey's Paw: A Story in Three Scenes (Classic Reprint) William Wymark Jacobs. 2019. (ENG., Illus.). (J). 40p. 24.74 *(978-1-397-26097-0(1))*; 42p. pap. 7.97 *(978-1-397-26078-9(5))* Forgotten Bks.

Monkey's Paw (Classic Reprint) Leo Edwards. 2019. (ENG., Illus.). (J). 230p. 28.64 *(978-1-397-25490-0(4))*; 232p. pap. 11.57 *(978-1-397-25396-5(7))* Forgotten Bks.

Monkeys Swing. Rebecca Glaser. 2016. (ENG., Illus.). 16p. (J). (gr. -1 — 1). bds. 7.99 *(978-1-68152-072-8(9)*, 15818) Amicus.

Monkish Mysteries; or the Miraculous Escape: Containing the History & the Villanies of the Monk Bertrand; the Detection of His Impious Frauds, & Subsequent Repentance & Retribution (Classic Reprint) Unknown Author. 2018. (ENG., Illus.). 46p. (J). 24.87 *(978-0-267-44113-6(4))* Forgotten Bks.

Monks Daily Bread. Sylvia Dorham. 2018. (ENG., Illus.). 34p. (J). (gr. -1-2). pap. 14.95 *(978-1-5051-1178-1(1)*, 2743) TAN Bks.

Monks Make Amends. Sylvia Dorham. Illus. by Christopher Tupa. 2020. (ENG.). 24p. (J). (gr. -1-2). pap. 14.95 *(978-1-5051-1790-5(9)*, 2906) TAN Bks.

Monks of Thelema. Walter Besant & James Rice. 2017. (ENG.). (J). 322p. pap. *(978-3-337-04023-9(3))*; 288p. pap. *(978-3-337-04024-6(1))*; 448p. pap. *(978-3-337-00218-3(8))* Creation Pubs.

Monks of Thelema: A Novel (Classic Reprint) Walter Besant. 2018. (ENG., Illus.). 476p. (J). 33.73 *(978-0-364-05663-9(0))* Forgotten Bks.

Monks of Thelema, Vol. 2: A Novel (Classic Reprint) Walter Besant. (ENG., Illus.). (J). 2018. 288p. 29.86 *(978-0-484-36576-5(2))*; 2016. pap. 13.57 *(978-1-334-11884-5(1))* Forgotten Bks.

Monks of Thelema, Vol. 3 Of 3: A Novel (Classic Reprint) Walter Besant. 2018. (ENG., Illus.). 284p. (J). 29.75 *(978-0-332-36959-4(5))* Forgotten Bks.

Monks of World, Vol. 1 Of 3: A Novel (Classic Reprint) Walter Besant. 2018. (ENG., Illus.). 320p. (J). 30.50 *(978-0-483-62836-6(0))* Forgotten Bks.

Monk's Tale. Owen A. Heberling. 2021. (ENG.). 114p. (J). 33.95 *(978-1-63692-170-9(1))* Newman Springs Publishing, Inc.

Monk's Treasure (Classic Reprint) George Horton. (ENG., Illus.). (J). 2018. 420p. 32.58 *(978-0-428-75352-8(3))*; 2016. pap. 16.57 *(978-1-333-62069-1(1))* Forgotten Bks.

Monnaie Bitcoin: L'histoire de Bitville découvrant la Bonne Monnaie. Michael Caras. Illus. by Marina Yakubivska. 2019. (FRE.). 28p. (J). (gr. k-6). pap. 14.99 *(978-0-578-52834-2(7))* Caras, Michael.

Mono. Valerie Bodden. 2020. (Planeta Animal Ser.). (SPA.). 24p. (J). (gr. 1-4). *(978-1-64026-263-8(6)*, 18127, Creative Education) Creative Co., The.

Mono, 1 vol. Gabriel Merrick. 2017. (Spotlight on the American Indians of California Ser.). (ENG.). 32p. (J). (gr. 4-5). 27.93 *(978-1-5383-2478-3(4)*, e4addd40-f1e7-4439-b7ee-a2d1e8909595, PowerKids Pr.) Rosen Publishing Group, Inc., The.

Mono Tití Pigmeo (Pygmy Marmoset) Julie Murray. 2020. (Animales Miniatura (Mini Animals) Ser.). (SPA.). 24p. (J). (gr. -1-2). lib. bdg. 31.36 *(978-1-0982-0422-8(0)*, 35334, Abdo Kids) ABDO Publishing Co.

Mono y Pastel: ¿Qué Hay en la Caja? (What Is Inside This Box?) Un Libro de Mono y Pastel. Drew Daywalt. Illus. by Olivier Tallec. 2019. (Monkey & Cake Ser.: 1). (SPA.). 56p. (J). (gr. -1-3). pap. 4.99 *(978-1-338-35910-7(X)*, Scholastic en Espanol) Scholastic, Inc.

Mono y Su Bicicleta Grande: Leveled Reader Book 42 Level C 6 Pack. Hmh Hmh. 2021. (SPA.). 16p. (J). pap. 74.40 *(978-0-358-08171-5(8))* Houghton Mifflin Harcourt Publishing Co.

Monochromes (Classic Reprint) Ella D'Arcy. 2017. (ENG., Illus.). (J). 30.06 *(978-0-260-13828-6(2))* Forgotten Bks.

Monograph of Australian Land Shells. James Charles Cox. 2017. (ENG.). 160p. (J). pap. *(978-3-337-31235-0(7))* Creation Pubs.

Monograph of the Foraminifera of the Permo-Carboniferous Limestones of New South Wales (Classic Reprint) Frederick Chapman. 2018. (ENG., Illus.). 66p. (J). 25.26 *(978-0-332-46889-1(5))* Forgotten Bks.

Monograph of the Genus Bos: The Natural History of Bulls, Bisons, & Buffaloes Exhibiting All the Known Species, & the More Remarkable Varies; with an Introduction, Containing an Account of Experiments on Rumination, from the French of M. Flourens. George Vasey. 2017. (ENG., Illus.). (J). 28.72 *(978-0-331-63318-4(3))* Forgotten Bks.

Monograph of the Jumping Plant-Lice or Psyllidae of the New World (Classic Reprint) David Livingston Crawford. 2017. (ENG., Illus.). (J). pap. 16.57 *(978-0-331-11592-5(1))* Forgotten Bks.

Monographie du Genre Ostrea: Terrain Crétacé (Classic Reprint) Henri Coquand. 2018. (FRE., Illus.). (J). 224p. 28.54 *(978-1-391-96177-4(3))*; 226p. pap. 10.97 *(978-1-390-55256-0(X))* Forgotten Bks.

Monographieen Aus der Geschichte der Chemie, Vol. 1 (Classic Reprint) Georg Wilhelm August Kahlbaum. 2018. (GER., Illus.). 676p. (J). 37.86 *(978-0-364-61196-8(0))* Forgotten Bks.

Monographs on Education in the United States, 6; the American University, Pp. 253-318. Edward Delavan Perry. 2017. (ENG., Illus.). (J). pap. *(978-0-649-34137-5(6))* Trieste Publishing Pty Ltd.

Monologue of Monster. Grace Suen. 2021. (ENG., Illus.). 36p. (J). (gr. 2-7). 16.95 *(978-1-76036-143-3(7)*, 75b9ca55-7f05-46d6-ac6b-154c0c6da8f0) Starfish Bay Publishing Pty Ltd. AUS. Dist: Baker & Taylor Publisher Services (BTPS).

Monologues & Plays: Designed for the Platform Entertainer, the Reader & the Teacher (Classic Reprint) Edna Sutton Stark. (ENG., Illus.). (J). 2018. 86p. 25.67 *(978-0-666-76399-0(2))*; 2017. pap. 9.57 *(978-0-282-54125-5(X))* Forgotten Bks.

Monologues (Classic Reprint) May Isabel Fisk. 2018. (ENG., Illus.). 204p. (J). 28.10 *(978-0-428-96706-2(X))* Forgotten Bks.

Monologues (Classic Reprint) Beatrice Herford. 2018. (ENG., Illus.). 154p. (J). 27.09 *(978-0-267-27014-9(3))* Forgotten Bks.

Monologues (Classic Reprint) Stanley Schell. (ENG., Illus.). (J). 2018. 164p. 27.28 *(978-0-484-84059-0(2))*; 2016. pap. 9.97 *(978-1-333-60497-4(1))* Forgotten Bks.

Monopatinaje de Las Pequeñas Estrellas. Taylor Farley. Tr. by Pablo de la Vega. 2021. (Pequeñas Estrellas (Little Stars) Ser.). (SPA.). 24p. (J). (gr. k-2). pap. *(978-1-4271-3185-0(6)*, 15146); lib. bdg. *(978-1-4271-3167-6(8)*, 15127) Crabtree Publishing Co.

Monoplanes & Biplanes; Their Design, Construction & Operation: The Application of Aerodynamic Theory with a Complete Description & Comparison of the Notable Types (Classic Reprint) Grover Cleveland Loening. 2017. (ENG., Illus.). (J). 31.20 *(978-0-265-74423-9(7))* Forgotten Bks.

Monopoly Imagine Ink Magic Ink Pictures (Value) Des. by Bendon. 2020. (ENG.). (J). 3.00 ***(978-1-6902-1191-4(1))*** Bendon, Inc.

Monopoly Mad Libs: World's Greatest Word Game. Gabriella DeGennaro. 2021. (Mad Libs Ser.). (ENG.). 48p. (J). (gr. 3-7). pap. 5.99 *(978-0-593-22586-8(4)*, Mad Libs) Penguin Young Readers Group.

Monopoly Mastermind: Charles B. Darrow. Paige V. Polinsky. 2017. (Toy Trailblazers Set 2 Ser.). (ENG., Illus.). 32p. (J). (gr. 3-6). lib. bdg. 32.79 *(978-1-5321-1095-5(2)*, 25766, Checkerboard Library) ABDO Publishing Co.

Monorails. Quinn M. Arnold. 2020. (Seedlings Ser.). 24p. (J). (gr. -1-1). pap. 8.99 *(978-1-62832-804-2(5)*, 18266, Creative Paperbacks) Creative Co., The.

Monorails. Christina Leighton. 2017. (Amazing Trains Ser.). (ENG., Illus.). 24p. (J). (gr. k-3). lib. bdg. 26.95 *(978-1-62617-672-0(8)*, Blastoff! Readers) Bellwether Media.

Monorails. Kate Riggs. 2020. (Seedlings Ser.). (ENG.). 24p. (J). (gr. -1-k). *(978-1-64026-241-6(5)*, 18265, Creative Education) Creative Co., The.

Monos Araña: Valor Posicional. Logan Avery. rev. ed. 2019. (Mathematics in the Real World Ser.). (SPA., Illus.). 24p. (J). (gr. 1-2). pap. 9.99 *(978-1-4258-2840-0(X))* Teacher Created Materials, Inc.

Monos (Monkeys) Julie Murray. 2016. (¡Me Gustan Los Animales! (I Like Animals!) Ser.). (SPA.). 24p. (J). (gr. -1-2). lib. bdg. 31.36 *(978-1-62402-634-8(6)*, 24772, Abdo Kids) ABDO Publishing Co.

Monotheistic Faiths: Judaism, Christianity, & Islam, Vol. 8. Israa Aman. Ed. by Camille Pecastaing. 2016. (Understanding Islam Ser.: Vol. 8). (ENG., Illus.). 112p. (J). (gr. 7-12). 25.95 *(978-1-4222-3674-1(9))* Mason Crest.

Monroe's New First Reader (Classic Reprint) Lewis Baxter Monroe. 2017. (ENG., Illus.). (J). pap. 9.57 *(978-0-259-50739-0(3))* Forgotten Bks.

Monroe's New Fourth Reader (Classic Reprint) Lewis Baxter Monroe. (ENG., Illus.). (J). 2018. 324p. 30.58 *(978-0-483-87430-5(2))*; 2017. pap. 13.57 *(978-0-243-58862-6(3))* Forgotten Bks.

Mons, Anzac & Kut (Classic Reprint) Aubrey Herbert. 2018. (ENG., Illus.). 274p. (J). 29.55 *(978-0-267-83497-6(7))* Forgotten Bks.

Monsieur Beaucaire. Booth Tarkington. 2018. (GER., Illus.). 46p. (J). *(978-3-7326-2652-6(0))* Klassik Literatur. ein Imprint der Salzwasser Verlag GmbH.

Monsieur Beaucaire: The Beautiful Lady; His Own People (Classic Reprint) Booth Tarkington. 2017. (ENG., Illus.). 260p. (J). 29.28 *(978-0-484-91371-3(9))* Forgotten Bks.

Monsieur Beaucaire (Classic Reprint) Booth Tarkington. 2018. (ENG., Illus.). (J). 130p. 26.58 *(978-0-656-42221-0(1))*; 274p. 29.55 *(978-0-483-85274-7(0))* Forgotten Bks.

Monsieur Caillou - Lis Avec Caillou, Niveau 1 (French Edition of Caillou: Getting Dressed with Daddy) Lis Avec Caillou, Niveau 1. Illus. by Eric Sevigny. 2021. (Lis Avec Caillou Ser.). (FRE.). 22p. (J). (gr. -1). 4.95 *(978-2-89718-472-8(8))* Caillouet, Gerry.

Monsieur Chat. Jedda Robaard. 2018. (ENG.). 32p. (J). (gr. -1-k). 18.99 *(978-1-76040-500-7(0))* Little Hare Bks. AUS. Dist: Independent Pubs. Group.

Monsieur Claude's Great French Adventure. Julia Beacroft. 2019. (ENG.). 38p. (J). pap. *(978-1-5289-0586-2(5))* Austin Macauley Pubs. Ltd.

Monsieur Cledsol: Fantaisie Musicale en un Acte (Classic Reprint) Emile Guerinon. 2017. (FRE., Illus.). (J). pap. 7.97 *(978-0-259-54448-7(5))* Forgotten Bks.

Monsieur Clédsol: Fantaisie Musicale en un Acte (Classic Reprint) Emile Guerinon. 2018. (FRE., Illus.). 30p. (J). 24.54 *(978-0-332-40825-5(6))* Forgotten Bks.

Monsieur Dupont, Vol. 1 (Classic Reprint) Charles Paul De Kock. 2017. (ENG., Illus.). (J). 30.08 *(978-0-265-37228-9(3))* Forgotten Bks.

Monsieur Dupont, Vol. 2 (Classic Reprint) Charles Paul De Kock. 2017. (ENG., Illus.). (J). 29.32 *(978-0-266-37125-0(6))* Forgotten Bks.

Monsieur Martin: A Romance of the Great Swedish War (Classic Reprint) Wymond Carey. (ENG., Illus.). (J). 2018. 568p. 35.63 *(978-0-666-55606-6(7))*; 2017. pap. 19.57 *(978-1-5276-8763-9(5))* Forgotten Bks.

Monsieur Nasson & Others (Classic Reprint) Grace Howard Peirce. 2018. (ENG., Illus.). 276p. (J). 29.59 *(978-0-483-06394-5(0))* Forgotten Bks.

Monsieur Sylvestre (Classic Reprint) George Sand. (Illus.). (J). 2018. (ENG.). 340p. 30.91 *(978-0-332-79677-2(9))*; 2017. (FRE., 31.12 *(978-0-265-51185-5(2))*; 2016. (ENG., pap. 13.57 *(978-1-334-13997-0(0))*; 2016. (FRE., pap. 13.57 *(978-1-334-81414-3(7))* Forgotten Bks.

Monsoon. Uma Krishnaswami. Illus. by Jamel Akib. 2022. (ENG.). 32p. (J). pap. 8.99 *(978-1-250-83511-6(9)*, 900254240) Square Fish.

Monsoon Afternoon, 1 vol. Kashmira Sheth. Illus. by Yoshiko Jaeggi. ed. 2018. 32p. (J). (gr. -1-3). pap. 8.99 *(978-1-68263-061-7(7))* Peachtree Publishing Co. Inc.

Monsoon Dogs: They Dream Big! Thurston Jones. 2022. (Dog Tales Ser.: Vol. 1). (ENG.). 30p. (J). pap. ***(978-1-80068-356-3(1))*** Independent Publishing Network.

Monsoons, Prevailing Winds (Classic Reprint) Frank Richards Hall. (ENG., Illus.). (J). 2018. 92p. 25.81 *(978-0-484-40744-1(9))*; 2017. pap. 9.57 *(978-0-243-44628-5(4))* Forgotten Bks.

Monster. Brenda Allen. 2021. (ENG., Illus.). 26p. (J). pap. 13.95 *(978-1-6624-4541-5(5))* Page Publishing Inc.

Monster. Michael Grant. (Gone Ser.: 7). (ENG.). (YA). (gr. 9). 2018. 448p. pap. 11.99 *(978-0-06-246785-0(9))*; 2017. 432p. 18.99 *(978-0-06-246784-3(0))* HarperCollins Pubs. (Tegen, Katherine Bks).

Monster. Eiko Kadono. 2019. (CHI.). (J). *(978-986-211-872-6(5))* Hsaio Lu Publishing Co., Ltd.

Monster. Walter Dean Myers. 2019. (ENG., Illus.). 336p. (YA). (gr. 8). reprint ed. pap. 12.99 *(978-0-06-440731-1(4)*, Amistad) HarperCollins Pubs.

Monster: Kinder Malbuch. Bold Illustrations. 2017. (GER., Illus.). (J). pap. 8.35 *(978-1-64193-155-7(8)*, Bold Illustrations) FASTLANE LLC.

Monster ABC. Kyle Sullivan. Illus. by Derek Sullivan. 2018. (Hazy Dell Press Monster Ser.). 30p. (J). (gr. k-1). bds. 13.95 *(978-0-9965787-0-7(6))* Hazy Dell Pr.

Monster Activity Book. Rachyl Worsfold. 2022. (ENG.). 32p. (J). pap. *(978-1-7779347-3-6(7))* LoGreco, Bruno.

Monster & Boy. Hannah Barnaby. Illus. by Anoosha Syed. 2020. (Monster & Boy Ser.: 1). (ENG.). 144p. (J). 15.99 *(978-1-250-21783-7(0)*, 900207062, Holt, Henry & Co. Bks. For Young Readers) Holt, Henry & Co.

Monster & Boy. Hannah Barnaby. Illus. by Anoosha Syed. 2021. (Monster & Boy Ser.: 1). (ENG.). 160p. (J). pap. 7.99 *(978-1-250-79144-3(8)*, 900207063) Square Fish.

Monster & Boy: Monster's First Day of School. Hannah Barnaby. Illus. by Anoosha Syed. 2021. (Monster & Boy Ser.: 2). (ENG.). 144p. (J). 13.99 *(978-1-250-21785-1(7)*, 900207065, Holt, Henry & Co. Bks. For Young Readers) Holt, Henry & Co.

Monster & Boy: Monster's First Day of School. Hannah Barnaby. Illus. by Anoosha Syed. 2022. (Monster & Boy Ser.: 2). (ENG.). 160p. (J). pap. 7.99 *(978-1-250-82107-2(X)*, 900207066) Square Fish.

Monster & Boy: the Sister Surprise. Hannah Barnaby. Illus. by Anoosha Syed. 2022. (Monster & Boy Ser.: 3). (ENG.). 144p. (J). 13.99 *(978-1-250-21787-5(3)*, 900207068, Holt, Henry & Co. Bks. For Young Readers) Holt, Henry & Co.

Monster & Boy: the Sister Surprise. Hannah Barnaby. Illus. by Anoosha Syed. 2023. (Monster & Boy Ser.: 3). (ENG.). 144p. (J). pap. 7.99 *(978-1-250-85324-0(9)*, 900207069) Square Fish.

Monster & Creepy-Crawly Jokes, Riddles, & Games. Ellen Rodger. 2016. (ENG., Illus.). 32p. (J). *(978-0-7787-2389-9(5))* Crabtree Publishing Co.

Monster & Dragon: Write Poems. Shannon Anderson. Illus. by Sharon Vargo. 2018. (ENG.). 38p. (J). pap. 9.99 *(978-1-64071-016-0(7))* Burnett Young Books.

Monster & Me, Set. Robert Marsh. Illus. by Tom Percival. Incl. Monster Moneymaker. (ENG., Illus.). 40p. (J). (gr. 2-5). 2010. lib. bdg. 23.99 *(978-1-4342-1891-9(0)*, 102350, Stone Arch Bks.); (Monster & Me Ser.). (ENG.). Illus.). 40p. 2010. 71.97 *(978-1-4342-2671-6(9)*, 15368, Stone Arch Bks.) Capstone.

Monster & Me 1: Who's the Scaredy-Cat? Cort Lane. Illus. by Ankitha Kini. 2022. (Monster & Me Ser.). (ENG.). 112p. (J). (gr. k-3). 16.99 *(978-1-4998-1292-3(2))*; pap. 6.99 *(978-1-4998-1291-6(4))* Little Bee Books Inc.

Monster & Me 2: the Palace Prankster. Cort Lane. Illus. by Ankitha Kini. 2022. (Monster & Me Ser.). (ENG.). 112p. (J). (gr. k-3). 16.99 *(978-1-4998-1296-1(5))*; pap. 6.99 *(978-1-4998-1295-4(7))* Little Bee Books Inc.

Monster & Me 3: the Unicorn's Spell. Cort Lane. Illus. by Ankitha Kini. 2022. (Monster & Me Ser.). (ENG.). 112p. (J). (gr. k-3). 16.99 *(978-1-4998-1299-2(X))*; pap. 6.99 *(978-1-4998-1298-5(1))* Little Bee Books Inc.

Monster & Me 4: Too Cool for School. Cort Lane. Illus. by Ankitha Kini. 2023. (Monster & Me Ser.). (ENG.). 112p. (J). (gr. k-3). 16.99 *(978-1-4998-1302-9(3))*; pap. 6.99 *(978-1-4998-1301-2(5))* Little Bee Books Inc.

Monster & Mouse Go Camping. Deborah Underwood. Illus. by Jared Chapman. 2018. (ENG.). 32p. (J). (gr. -1-3). 17.99 *(978-0-544-64832-6(3)*, 1621605, Clarion Bks.) HarperCollins Pubs.

Monster & Other Stories (Classic Reprint) Stephen. Crane. 2018. (ENG., Illus.). 226p. (J). 28.56 *(978-0-364-04752-1(6))* Forgotten Bks.

Monster at o'Malley's Mansion. Donald W. Kruse. Illus. by Donny Crank. 2016. (ENG.). (J). (gr. k-5). pap. 14.95 *(978-0-9969964-9-5(4))* Zaccheus Entertainment Co.

Monster at Recess: A Book about Teasing, Bullying & Building Friendships. Shira Potter. 2017. (ENG., Illus.). (J). (gr. k-4). pap. *(978-0-9950441-6-6(3))* Heartlab Pr.

Monster Baker. Laura Lavoie. Illus. by Vanessa Morales. 2023. (ENG.). 32p. (J). 18.99 *(978-1-250-82832-3(5)*, 900252273) Roaring Brook Pr.

Monster Bash: A Halloween Story. Clay Sproles. Illus. by LaMont Russ. 2019. (ENG.). 38p. (J). (gr. k-2). 14.49 *(978-1-7340097-2-9(1))*; pap. 9.49 ***(978-1-7340097-1-2(3))*** Cats Corner Publishing.

Monster Battles. Julia March. 2016. (Illus.). 63p. (J). *(978-1-5182-1852-1(0))* Dorling Kindersley Publishing, Inc.

Monster Battles. Julia March. ed. 2018. (DK Readers Ser.). (ENG.). 63p. (J). (gr. 1-3). 13.89 *(978-1-64310-459-1(4))* Penworthy Co., LLC, The.

Monster Battles. Julia March. 2016. (DK Reader Level 3 Ser.). lib. bdg. 13.55 *(978-0-606-38228-1(3))* Turtleback.

Monster Birds. Sara Gilbert. 2017. (Ice Age Mega Beasts Ser.). (ENG., Illus.). 24p. (J). (gr. 1-4). pap. 8.99 *(978-1-62832-376-4(0)*, 20078, Creative Paperbacks); *(978-1-60818-768-3(3)*, 20080, Creative Education) Creative Co., The.

Monster Blood Is Back, 13. R. L. Stine. ed. 2021. (Goosebumps SlappyWorld Ser.). (ENG., Illus.). 135p. (J). (gr. 4-5). 17.46 *(978-1-68505-018-4(2))* Penworthy Co., LLC, The.

Monster Blood Is Back (Goosebumps SlappyWorld #13) R. L. Stine. 2021. (Goosebumps SlappyWorld Ser.: 13). (ENG.). 160p. (J). (gr. 3-7). pap. 6.99 *(978-1-338-35579-6(1)*, Scholastic Paperbacks) Scholastic, Inc.

Monster Bogarr & the Power of the Fire Flame. Hb Gardner. 2021. (ENG.). 32p. (J). pap. *(978-1-7948-7220-2(5))* Lulu Pr., Inc.

Monster Boogie. Laurie Berkner. Illus. by Ben Clanton. 2018. (ENG.). 40p. (J). (gr. -1-3). 17.99 *(978-1-4814-6465-9(5)*, Simon & Schuster Bks. For Young Readers) Simon & Schuster Bks. For Young Readers.

Monster Book of Feelings: Creative Activities & Stories to Explore Emotions & Mental Health. Amie Taylor. Illus. by Richy K. Chandler. 2022. 208p. 32.95 *(978-1-78775-900-8(8)*, 813759) Kingsley, Jessica Pubs. GBR. Dist: Hachette UK Distribution.

Monster Book of Knock Knock Jokes. Myles O'Smiles. 2021. (ENG.). 226p. (J). pap. *(978-1-990291-25-8(2))* Crimson Hill Bks.

Monster Book of Switzerland. Jeanne Darling. Illus. by Michael Meister. 2018. (ENG.). 72p. (J). pap. 29.95 *(978-3-03869-024-5(4))* Helvetiq, RedCut Sarl CHE. Dist: Consortium Bk. Sales & Distribution.

Monster Book of Zombies, Spooks & Ghouls: (spooky, Halloween, Activities) Illus. by Jason Ford. 2019. (ENG.). 112p. (J). (gr. 2-6). pap. 15.99 *(978-1-78627-304-8(7)*, King, Laurence Publishing) Orion Publishing Group, Ltd. GBR. Dist: Hachette Bk. Group.

Monster Boy: A Super Trip! Mel Gilden. Illus. by John Pierard. 2021. (Fifth Grade Monsters Ser.: Vol. 13). (ENG.). 100p. (J). pap. 11.95 *(978-1-59687-790-0(1))* ibooks, Inc.

Monster Boy: Lair of the Grelgoroth. Ruth Fox. 2017. (ENG., Illus.). (YA). pap. 16.95 *(978-1-937178-82-6(X))* WiDo Publishing.

Monster Boy: Three Monster Stories. Shoo Rayner. Illus. by Rayner Shoo. 2016. (ENG.). (J). (gr. 1-5). pap. *(978-1-908944-37-5(4))* Rayner, Shoo.

Monster Calls: a Novel (Movie Tie-In) Inspired by an Idea from Siobhan Dowd. Patrick Ness. 2016. (ENG.). 240p. (YA). (gr. 7). pap. 9.99 *(978-0-7636-9215-5(8))* Candlewick Pr.

Monster Camp. Sarah Henning. 2023. (ENG.). 368p. (J). (gr. 3-7). 17.99 ***(978-1-6659-3005-5(5)***, McElderry, Margaret K. Bks.) McElderry, Margaret K. Bks.

Monster Castle: Book 1 of 3 of the Monster Castle Series. Tabitha Williams. 2021. (ENG.). 278p. (YA). pap. ***(978-1-716-06130-1(X))*** Lulu Pr., Inc.

Monster Chronicles, 11 vols., Set. Stephen Krensky. Incl. Bigfoot. (J). (gr. 5-8). 2006. lib. bdg. 26.60 *(978-0-8225-5925-2(0)*, Lerner Pubns.); Bogeyman. (gr. 4-7). 2007. lib. bdg. 26.60 *(978-0-8225-6760-8(1)*, Lerner Pubns.); Creatures from the Deep. (gr. 4-7). 2007. lib. bdg. 26.60 *(978-0-8225-6761-5(X)*, Lerner Pubns.); Dragons. (gr. 4-7). 2006. lib. bdg. 26.60 *(978-0-8225-6543-7(9)*, Lerner Pubns.); Frankenstein. (J). (gr. 3-7). 2005. lib. bdg. 26.60 *(978-0-8225-5923-8(4))*; Ghosts. (J). (gr. 4-8). 2007. lib. bdg. 26.60 *(978-0-8225-6762-2(8)*, Lerner Pubns.); Mummy. (J). (gr. 5-8). 2006. lib. bdg. 26.60 *(978-0-8225-5924-5(2)*, Lerner Pubns.); Vampires. (gr. 4-7). 2006. lib. bdg. 26.60 *(978-0-8225-5891-0(2))*; Watchers in the Woods. (gr. 4-7). 2007. lib. bdg. 26.60 *(978-0-8225-6763-9(6)*, Lerner Pubns.); Werewolves. (gr. 4-7). 2006. lib. bdg. 26.60 *(978-0-8225-5922-1(6))*; Zombies. (gr. 4-7). 2007. lib. bdg. 26.60 *(978-0-8225-6759-2(8)*, Lerner Pubns.); (Illus.). 48p. 2007. lib. bdg. *(978-0-8225-5890-3(4))* Lerner Publishing Group.

Monster (Classic Reprint) Edgar Saltus. 2017. (ENG., Illus.). 240p. (J). 28.85 *(978-0-260-35608-6(5))* Forgotten Bks.

Monster Clothes. Daisy Hirst. Illus. by Daisy Hirst. 2021. (Daisy Hirst's Monster Bks.). (ENG., Illus.). 18p. (J). (— 1). bds. 7.99 *(978-1-5362-1528-1(7))* Candlewick Pr.

Monster Club. Darren Aronofsky & Ari Handel. 2022. (Monster Club Ser.: 1). (ENG., Illus.). 352p. (J). (gr. 3-7). 17.99 *(978-0-06-313663-2(5)*, HarperCollins) HarperCollins Pubs.

Monster Coloring Book. Blue Digital Media Group. 2020. (ENG.). 102p. (J). pap. 17.99 ***(978-1-952524-37-0(7))*** Smith Show Media Group.

Monster Coloring Book for Kids: Frightening Monsters Coloring Book for Children & Kids of All Ages, Great Monster Gifts for Teens & Toddlers Who Love Horror & Enjoy Halloween with Creepy Monsters. Amelia Yardley. 2021. (ENG.). 102p. (J). pap. *(978-1-387-37140-2(1))* Lulu.com.

Monster Coloring Book for Kids: Monster Activity Book for Boys & Girls | Monster Coloring Book for Kids Ages (1-4 , 2-4 , 2-8) | Fun & Entertaining Monster Coloring Book. POPACOLOR. 2021. (ENG.). 32p. (J). pap. ***(978-1-4717-9246-5(3))*** Lulu Pr., Inc.

Monster Colors. Ed. by Rainstorm Publishing. Illus. by Laila Hills. 2019. (Early Learning Rhymes Ser.). (ENG.). 20p. (J). bds. 7.99 *(978-1-989219-63-8(2))* Rainstorm Pr.

Monster Cookbook. Shalini Vallepur. Illus. by Drue Rintoul. 2023. (Level 6 - Orange Set Ser.). (ENG.). 32p. (J). (gr. 1-4). lib. bdg. 19.95 Bearport Publishing Co., Inc.

Monster Counting. Madeline Tyler. Illus. by Amy Li. 2020. (Monster Math Ser.). (ENG.). 24p. (J). (gr. -1-2). pap. 7.99 *(978-1-5415-8920-9(3)*, b7722f5f-7e1a-48d8-8600-85b209380dba); lib. bdg. 26.65 *(978-1-5415-7927-9(5)*, fa2580e1-e23d-413c-82bd-a48a432d9c18) Lerner Publishing Group. (Lerner Pubns.).

Monster Creatures of the Deep Sea. David E. McAdams. 2023. (ENG.). 76p. (YA). 34.95 ***(978-1-63270-442-9(0))***; pap. 24.95 ***(978-1-63270-441-2(2))*** Life is a Story Problem LLC.

Monster Detector, 2. Ellen Potter. ed. 2020. (Big Foot & Little Foot Ser.). (ENG.). 120p. (J). (gr. 2-3). 16.96 *(978-1-64697-002-5(0))* Penworthy Co., LLC, The.

Monster Detector (Big Foot & Little Foot #2) Ellen Potter. Illus. by Felicita Sala. 2018. (Big Foot & Little Foot Ser.). (ENG.). 128p. (J). (gr. 1-4). 13.99 *(978-1-4197-3122-8(X)*, 1201501, Amulet Bks.) Abrams, Inc.

Monster Detector (Big Foot & Little Foot #2), Vol. 2. Ellen Potter. Illus. by Felicita Sala. 2019. (ENG.). 144p. (J). (gr. 1-4). pap. 6.99 *(978-1-4197-3386-4(9)*, 1201503, Amulet Bks.) Abrams, Inc.

Monster Dog: A Small Dog with a Big Heart Learns about Alzheimer's Disease. Carmen R. Tribbett. Illus. by Katie L. Hunerdosse. 2019. (Monster Dog Ser.: Vol. 2). (ENG.). 34p. (J). (gr. 2-6). 19.95 *(978-0-578-57118-8(8))* Fox Pointe Publishing LLP.

Monster Doodles with Scooby-Doo! Benjamin Bird. Illus. by Scott Neely. 2017. (Scooby-Doodles! Ser.). (ENG.). 32p. (J). (gr. 3-9). lib. bdg. 28.65 *(978-1-5157-3406-2(4)*, 133382, Capstone Pr.) Capstone.

Monster Dreams. Elizabeth F. Szewczyk. Illus. by Bryan Werts. 2021. (ENG.). 32p. (J). pap. 12.99 *(978-1-63984-096-0(6))* Pen It Pubns.

Monster Energy NASCAR Cup. Jennifer Howse. 2019. (We Are the Champions Ser.). (ENG., Illus.). 32p. (J). (gr. 4-7). pap. 13.95 *(978-1-7911-0578-5(5))*; lib. bdg. 29.99 *(978-1-7911-0041-4(4))* Weigl Pubs., Inc.

Monster Escape (Diary of a Roblox Pro #1: an AFK Book) Ari Avatar. 2023. (Diary of a Roblox Pro Ser.). (ENG.). 128p. (J). (gr. 2-5). pap. 6.99 *(978-1-338-86346-8(0))* Scholastic, Inc.

Monster Exterminators. Martha Hite. 2021. (ENG.). 122p. (J). pap. 14.95 *(978-1-63692-994-1(X))* Newman Springs Publishing, Inc.

TITLE INDEX MONSTER TRUCKS

M

Monster Eyeballs. Jacqueline Wilson. Illus. by Stephen Lewis. 2nd ed. 2016. (Reading Ladder Level 2 Ser.). (ENG.). 48p. (gr. k-2). pap. 4.99 *(978-1-4052-8199-7(5))* Farshore GBR. Dist: HarperCollins Pubs.
Monster Faces! Kids Coloring Book. Bold Illustrations. 2017. (ENG., Illus.). (J). pap. 8.35 *(978-1-64193-007-9(1),* Bold Illustrations) FASTLANE LLC.
Monster Food. Daisy Hirst. Illus. by Daisy Hirst. 2021. (Daisy Hirst's Monster Bks.). (ENG., Illus.). 18p. (J). (— 1). bds. 7.99 *(978-1-5362-1774-2(3))* Candlewick Pr.
Monster Friends: (a Graphic Novel) Kaeti Vandorn. 2021. (Illus.). 272p. (J). (gr. -1-3). 12.99 *(978-1-9848-9682-7(2))* Penguin Random Hse. LLC.
Monster from the Sea: Level 2. William H. Hooks. Illus. by Angela Trotta Thomas. 2020. (ENG.). 34p. (J). pap. 9.95 *(978-1-876965-81-5(9))* ibooks, Inc.
Monster Handbook: A Toolkit of Strategies & Exercise to Help Children Manage BIG Feelings. Marneta Viegas. 2022. (Relax Kids Ser.). (ENG., Illus.). 208p. (J). (gr. k-6). pap. 21.95 *(978-1-84694-824-4(X),* Our Street Bks.) Hunt, John Publishing Ltd. GBR. Dist: National Bk. Network.
Monster Heroes. Blake Hoena. 2018. (Monster Heroes Ser.). (ENG.). 32p. (J). (gr. k-2). 181.20 *(978-1-4965-6425-2(1),* 28280, Stone Arch Bks.) Capstone.
Monster Heroes. Blake Hoena. Illus. by Dave Bardin. ed. 2017. (ENG.). 96p. (J). (gr. k-2). pap., pap., pap. 5.95 *(978-1-62370-783-5(8),* 133089, Capstone Young Readers) Capstone.
Monster House. Sally Rogers. 2021. (ENG.). 40p. (J). pap. *(978-1-914225-30-7(9))* Orla Kelly Self Publishing Services.
Monster Hunt. Rosina Mirabella. ed. 2020. (Paddington Bear 8x8 Bks). (ENG., Illus.). 24p. (J). (gr. k-1). 14.96 *(978-1-64697-395-8(X))* Penworthy Co., LLC, The.
Monster-Hunters (Classic Reprint) Francis Rolt-Wheeler. 2017. (ENG., Illus.). (J). 32.83 *(978-0-265-85157-9(2))* Forgotten Bks.
Monster Hunting, 8 vols. 2016. (Monster Hunting Ser.). (ENG.). 00088p. (YA). (gr. 8-8). 155.20 *(978-1-4994-6570-9(X),* 5981f53a-9aba-4f28-9e65-033a255df827, Rosen Young Adult) Rosen Publishing Group, Inc., The.
Monster Hunting: Monsters Bite Back, Book 2. Ian Mark. Illus. by Louis Ghibault. 2023. (Monster Hunting Ser.: 2). (ENG.). 304p. (J). 9.99 ***(978-0-7555-0437-4(2))*** Farshore GBR. Dist: HarperCollins Pubs.
Monster Hunting for Beginners (Monster Hunting, Book 1) Ian Mark. Illus. by Louis Ghibault. 2023. (Monster Hunting Ser.: 1). (ENG.). 304p. (J). 9.99 ***(978-0-00-863986-0(8))*** Farshore GBR. Dist: HarperCollins Pubs.
Monster I Fought. The TLS. Ed. by P. Graft. 2023. (ENG.). 27p. (J). ***(978-1-312-40845-6(6))*** Lulu Pr., Inc.
Monster in Creeps Head Bay: Is There Really a Sea Serpent in Creeps Head Bay? Mel Gilden. Illus. by John Pierard. 2021. (Fifth Grade Monster Ser.: Vol. 9). (ENG.). 102p. (J). pap. 11.95 *(978-1-59687-786-3(4))* ibooks, Inc.
Monster in My House. Johan Potma. 2018. 32p. (J). (-k). 23.99 *(978-0-14-379170-6(2),* Viking Adult) Penguin Publishing Group.
Monster in My Mirror. Mia James Bompensa. 2022. (Illus.). 34p. (J). pap. 13.79 ***(978-1-6678-7370-1(9))*** BookBaby.
Monster in the Attic: Leveled Reader Book 33 Level F 6 Pack. Hmh Hmh. 2021. (SPA.). 16p. (J). pap. 74.40 *(978-0-358-08112-8(2))* Houghton Mifflin Harcourt Publishing Co.
Monster in the Bathtub. Gayle M. Luebke. 2017. (ENG., Illus.). 26p. (J). *(978-1-365-79266-3(8))* Lulu Pr., Inc.
Monster in the Lake. Louie Stowell. Illus. by Davide Ortu. 2022. (Kit the Wizard Ser.). (ENG.). 224p. (J). (gr. 2-4). 17.99 *(978-1-5362-1494-9(9));* pap. 7.99 *(978-1-5362-2230-2(5))* Candlewick Pr.
Monster in the Mailbox: And Other Scary Tales. Michael Dahl. Illus. by Xavier Bonet. 2016. (Michael Dahl's Really Scary Stories Ser.). (ENG.). 72p. (J). (gr. 1-3). lib. bdg. 25.32 *(978-1-4965-3771-3(8),* 133102, Stone Arch Bks.) Capstone.
Monster in the Margins. Michael Dahl. Illus. by Patricio Clarey. 2022. (Secrets of the Library of Doom Ser.). (ENG.). 40p. (J). 23.99 *(978-1-6639-7675-8(9),* 226377); pap. 5.95 *(978-1-6663-2995-7(9),* 226359) Capstone. (Stone Arch Bks.).
Monster in the Mirror: A Tale of Terror. Anthony Wacholtz. Illus. by Mariano Epelbaum. 2018. (Michael Dahl Presents: Phobia Ser.). (ENG.). 72p. (J). (gr. 4-6). lib. bdg. 25.32 *(978-1-4965-7341-4(2),* 138928, Stone Arch Bks.) Capstone.
Monster in the Morning. Thomas McDonnell. Illus. by Robert Wright. 2018. (ENG.). 38p. (J). (gr. k-3). pap. 10.95 *(978-0-9995330-9-3(6))* Primedia eLaunch LLC.
Monster in the Morning. Tom McDonnell. Illus. by Robert A. Wright. 2019. (ENG.). 38p. (J). (gr. k-2). 16.95 *(978-1-7326830-9-9(3))* Primedia eLaunch LLC.
Monster in the Mountains: A Dylan Maples Adventure, 1 vol. Shane Peacock. 2nd ed. 2019. (Dylan Maples Adventure Ser.: 4). (ENG.). 224p. (J). pap. 9.95 *(978-1-77108-715-5(3),* ac1bc8f7-69c1-4f30-ae85-c9c79db337ea) Nimbus Publishing, Ltd. CAN. Dist: Baker & Taylor Publisher Services (BTPS).
Monster in the Room. Sarah M. Copeland. Illus. by I. Cenizal. 2022. (ENG.). 36p. (J). *(978-0-2288-6794-4(0));* pap. *(978-0-2288-6793-7(2))* Tellwell Talent.
Monster in Wonderland. Donia Youssef. 2019. (ENG., Illus.). 38p. (J). *(978-1-9162194-5-8(4))* Tiny Angel Pr. Ltd.
Monster Is Eating This Book. Karen Kilpatrick. Illus. by German Blanco. 2022. (ENG.). 40p. (J). 18.99 *(978-1-250-81759-4(5),* 900249418, Holt, Henry & Co. Bks. For Young Readers) Holt, Henry & Co.
Monster Jokes. Joe King. 2023. (Abdo Kids Jokes Ser.). (ENG.). 24p. (J). (gr. -1-2). lib. bdg. 31.36 ***(978-1-0982-6607-3(2),*** 42116, Abdo Kids) ABDO Publishing Co.
Monster Jokes. Ima Laffin. 2016. (Big Buddy Jokes Ser.). (ENG., Illus.). 32p. (J). (gr. 2-5). lib. bdg. 34.21 *(978-1-68078-513-5(3),* 23575, Big Buddy Bks.) ABDO Publishing Co.
Monster Journal. Pearl R. Lewis & Eddie Lewis. 2018. (ENG.). 68p. (J). pap. *(978-1-387-67107-6(3))* Lulu Pr., Inc.
Monster Knights. Andy Briggs. 2022. (ENG.). 42p. (J). pap. *(978-1-915387-41-7(8))* Markosia Enterprises, Ltd.
Monster Laughs, 1 vol. Paul Virr. Illus. by Amanda Enright. 2019. (Just Kidding! Ser.). (ENG.). 32p. (J). (gr. 1-2). 28.93 *(978-1-5383-9126-6(0),* 31090546-2ed5-4c09-bff2-a2ffca362450); pap. 11.00 *(978-1-5383-9124-2(4),* d14cb25c-9b8c-42c3-afd6-f692ed1e42b3) Rosen Publishing Group, Inc., The. (Windmill Bks.).
Monster Laughs Joke Book, 1 vol. Lisa Regan. 2019. (Sidesplitting Jokes Ser.). (ENG.). 24p. (J). (gr. 1-2). 26.27 *(978-1-7253-9600-5(9),* 9497ea83-fe23-4709-a2e3-a81230e77fd6); pap. 9.25 *(978-1-7253-9598-5(3),* 456140e7-fad7-4999-81fb-66dcb31f25e9) Rosen Publishing Group, Inc., The. (Windmill Bks.).
Monster Lie. Lynne Hanson. Illus. by Erik Lobo. 2016. (ENG.). (J). pap. 14.99 *(978-0-692-69750-4(0))* Creekside Publishing.
Monster Like Me. Wendy S. Swore. 2019. (ENG.). 304p. (J). (gr. 3-6). 16.99 *(978-1-62972-555-0(2),* 5214782, Shadow Mountain) Shadow Mountain Publishing.
Monster Mac & Cheese Party. todd Parr. 2023. (ENG., Illus.). 40p. (J). (gr. -1-3). 17.99 ***(978-0-316-37642-6(6))*** Little, Brown Bks. for Young Readers.
Monster Mâché Art. Emily Kington. 2019. (Wild Art Projects Ser.). (ENG., Illus.). 32p. (J). (gr. 3-6). 27.99 *(978-1-5415-0127-0(6),* 37892cc6-e85c-42cb-93a5-4e2d8d0c46e8, Hungry Tomato (r)) Lerner Publishing Group.
Monster Machines Go Turbo! Mazes, Matching & Drawing Activity Book for Boys. Speedy Kids. 2017. (ENG., Illus.). (J). pap. 8.33 *(978-1-5419-3443-6(1))* Speedy Publishing LLC.
Monster Madness, 12 vols. 2022. (Monster Madness Ser.). (ENG.). 24p. (J). (gr. 2-3). lib. bdg. 145.62 *(978-1-9785-3200-7(8),* c4465336-3e31-458b-ae73-cf3bcfeaf1bf) Enslow Publishing, LLC.
Monster Man & Furby. Neal Wooten. Illus. by Swapan Debnath. 2021. (ENG.). 56p. (J). pap. 9.00 *(978-1-61225-465-4(9))* Mirror Publishing.
Monster Mania Coloring & Activity Fun: With 100+ Stickers & 25 Tattoos! Dover Dover Publications. 2020. (Dover Kids Activity Books: Fantasy Ser.). (ENG.). 28p. (J). (gr. k). pap. 7.99 *(978-0-486-84267-7(3),* 842673) Dover Pubns., Inc.
Monster Mash: A Halloween Story. Jenne Simon. 2019. (Super Monsters 8x8 Bks). (ENG., Illus.). 23p. (J). (gr. k-1). 13.96 *(978-0-87617-670-2(8))* Penworthy Co., LLC, The.
Monster Mash Mad Libs: World's Greatest Word Game. Tristan Roarke. 2021. (Mad Libs Ser.). 48p. (J). (gr. 3-7). pap. 5.99 *(978-0-593-22584-4(8),* Mad Libs) Penguin Young Readers Group.
Monster Mashers: Save the Monsters! Mel Gilden. Illus. by John Pierard. 2020. (Fifth Grade Monster Ser.: Vol. 6). (ENG.). 100p. (J). pap. 11.95 *(978-1-59687-783-2(9))* ibooks, Inc.
Monster Master. Shawn Pryor. Illus. by Francesca Ficorilli. 2022. (Gamer Ser.). (ENG.). 40p. (J). 23.99 *(978-1-6639-7707-6(0),* 229086); pap. 5.95 *(978-1-6663-3056-4(6),* 229068) Capstone. (Stone Arch Bks.).
Monster Match. Caroline Gray. 2019. (ENG., Illus.). 32p. (J). (gr. -1-k). 9.99 *(978-1-4449-2946-1(1),* Hodder Children's Books) Hachette Children's Group GBR. Dist: Hachette Bk. Group.
Monster Match: Book 1. Caryn Rivadeneira. Illus. by Dani Jones. 2023. (Frankinschool Ser.). (ENG.). 112p. (J). (gr. 2-5). 16.99 ***(978-1-64371-241-3(1),*** 64dba384-1372-4c65-8399-9b99306a65db) Red Chair Pr.
Monster Matchup! Illus. by Patrick Spaziante. 2021. (Rumble Movie Ser.). (ENG.). 16p. (J). (gr. k-3). pap. 6.99 *(978-1-5344-7611-0(3),* Simon Spotlight) Simon Spotlight.
Monster Math: A Mathematical Quest Starring Young Monsters. Tom Durwood. Illus. by Pedro Kruger Garcia & James Derosso. 2021. (Monster Math Ser.). (ENG.). 44p. (J). pap. 12.99 *(978-1-952520-07-5(X))* Empire Studies Pr.
Monster Math: Card Games That Create Math Aces: Includes 10 Games! Illus. by Rob Hodgson. 2022. (ENG.). (J). (gr. k-17). 14.99 *(978-0-85782-937-5(8),* King, Laurence Publishing) Orion Publishing Group, Ltd. GBR. Dist: Hachette Bk. Group.
Monster Max's BIG Breakfast: Have Fun with Numbers. Dee Reid. 2018. (Busy Monsters Ser.). (ENG., Illus.). 24p. (J). (gr. k-2). 8.99 *(978-1-78856-068-9(X),* 18891b3c-bd4a-40c8-ae43-4fda28072f5b) Ruby Tuesday Books Limited GBR. Dist: Lerner Publishing Group.
Monster Mayhem. Katie Dale. Illus. by Dean Gray. 2022. (Early Bird Readers — Blue (Early Bird Stories (tm)) Ser.). (ENG.). 32p. (J). (gr. -1-2). pap. 9.99 *(978-1-7284-4832-9(8),* c02e2a34-cb92-4746-8f24-83c043033726); lib. bdg. 30.65 *(978-1-7284-3844-3(6),* 979a8fdc-a7e2-48c3-b191-2cd99431f9e2) Lerner Publishing Group. (Lerner Pubns.).
Monster Mayhem. Christopher Eliopoulos. Illus. by Christopher Eliopoulos. 2020. (Illus.). 216p. (J). (gr. 3-7). pap. 10.99 *(978-0-593-11003-4(X),* Dial Bks) Penguin Young Readers Group.
Monster Maze! A Monster Truck Myth. Blake Hoena. Illus. by Fern Cano. 2018. (ThunderTrucks! Ser.). (ENG.). 56p. (J). (gr. k-2). lib. bdg. 21.99 *(978-1-4965-5736-0(0),* 136726, Stone Arch Bks.) Capstone.
Monster Maze-O-Rama! Kids Activity Book. Activity Book Zone for Kids. 2016. (ENG., Illus.). (J). pap. 9.20 *(978-1-68376-028-3(X))* Sabeels Publishing.
Monster Measuring. Madeline Tyler. Illus. by Amy Li. 2020. (Monster Math Ser.). (ENG.). 24p. (J). (gr. -1-2). pap. 7.99 *(978-1-5415-8923-0(8),* 655d2ae9-4511-4d95-b501-eea15db059b2); lib. bdg. 26.65 *(978-1-5415-7928-6(3),* 6e802131-4862-4a9d-8447-55831373f066) Lerner Publishing Group. (Lerner Pubns.).
Monster Megan's BIG Clean Up: Have Fun with Shapes. Dee Reid. 2018. (Busy Monsters Ser.). (ENG., Illus.). 24p. (J). (gr. k-2). 8.99 *(978-1-78856-069-6(8),* eb5f6fb9-82b5-4862-a5f0-fda14c0d30bb) Ruby Tuesday Books Limited GBR. Dist: Lerner Publishing Group.
Monster Missions. Laura Martin. (ENG.). (J). (gr. 3-7). 2022. 336p. pap. 9.99 *(978-0-06-289439-7(0));* 2021. 320p. 16.99 *(978-0-06-289438-0(2))* HarperCollins Pubs. (HarperCollins).
Monster Molly's BIG Day Out: Have Fun with Opposites. Dee Reid. 2018. (Busy Monsters Ser.). (ENG., Illus.). 24p. (J). (gr. k-2). 8.99 *(978-1-78856-071-9(X),* c2bd3966-d45f-43e1-b14f-4affe61aa2e4) Ruby Tuesday Books Limited GBR. Dist: Lerner Publishing Group.
Monster, Monster, Go Away! Angela M. Ashford. 2023. (ENG., Illus.). 20p. (J). 24.95 ***(978-1-6624-6651-9(X))*** Page Publishing.
Monster Mo's BIG Party: Have Fun with Colors. Dee Reid. 2018. (Busy Monsters Ser.). (ENG., Illus.). 24p. (J). (gr. k-2). 8.99 *(978-1-78856-070-2(1),* 9eb16fcc-cfda-4f6c-b181-83894efa5dc0) Ruby Tuesday Books Limited GBR. Dist: Lerner Publishing Group.
Monster Munch. Little Bee Books. Illus. by Allison Black. 2021. (Crunchy Board Bks.). (ENG.). 12p. (J). (gr. -1-1). bds. 9.99 *(978-1-4998-1208-4(6))* Little Bee Books Inc.
Monster Music Journal. Pearl R. Lewis & Eddie Lewis. 2018. (ENG., Illus.). 52p. (J). pap. *(978-1-387-60193-6(8))* Lulu Pr., Inc.
Monster Mutt Madness. Michael Anthony Steele. Illus. by Scott Jeralds. 2017. (Scooby-Doo! Beginner Mysteries Ser.). (ENG.). 112p. (J). (gr. 1-3). lib. bdg. 22.65 *(978-1-4965-4767-5(5),* 135304, Stone Arch Bks.) Capstone.
Monster Named Chores. Cindy Miller. 2020. (ENG.). 30p. (J). 23.95 *(978-1-4808-8525-7(8));* pap. 13.95 *(978-1-4808-8524-0(X))* Archway Publishing.
Monster Nanny. Tuutikki Tolonen. Tr. by Annira Silver. Illus. by Pasi Pitkanen. 2017. (ENG.). 304p. (J). (gr. 3-7). 16.99 *(978-0-544-94354-4(6),* 1659015, Clarion Bks.) HarperCollins Pubs.
Monster Next Door: The Adventures of Kid Humpty Dumpty. Benjamin. Boyd. 2018. (ENG., Illus.). 56p. (J). (gr. 6). pap. 13.95 *(978-1-948858-01-4(0))* Strategic Book Publishing & Rights Agency (SBPRA).
Monster Next Door: Ladybird Readers Level 2, Vol. 2. Ladybird. 2016. (Ladybird Readers Ser.). (Illus.). 48p. (J). (gr. 2-4). pap. 9.99 *(978-0-241-25444-8(2))* Penguin Bks., Ltd. GBR. Dist: Independent Pubs. Group.
Monster Notebook: a Branches Special Edition (the Notebook of Doom) Troy Cummings. Illus. by Troy Cummings. 2017. (Notebook of Doom Ser.). (ENG., Illus.). 144p. (J). (gr. 1-3). pap. 6.99 *(978-1-338-15742-0(6))* Scholastic, Inc.
Monster of Disguise. Joe McGee. Illus. by Ethan Long. 2020. (Junior Monster Scouts Ser.: 4). (ENG.). 128p. (J). (gr. 2-5). 17.99 *(978-1-5344-3686-2(3));* pap. 5.99 *(978-1-5344-3685-5(5))* Simon & Schuster Children's Publishing. (Aladdin).
Monster of the Deep! Adapted by Maggie Testa. 2022. (PJ Masks Ser.). (ENG.). 24p. (J). (gr. -1-2). pap. 4.99 *(978-1-6659-1337-9(1),* Simon Spotlight) Simon Spotlight.
Monster of the Deep. Taylor Zajonc. Illus. by Geraldine Rodriguez. 2018. (Adventures of Samuel Oliver Ser.). (ENG.). 48p. (J). (gr. 3-7). lib. bdg. 34.21 *(978-1-5321-3374-9(X),* 31171, Spellbound) Magic Wagon.
Monster of the Deep! Maggie Testa. ed. 2022. (Disney 8x8 Ser.). (ENG.). 24p. (J). (gr. k-1). 15.46 ***(978-1-68505-514-1(1))*** Penworthy Co., LLC, The.
Monster on Main Street. Emily Siwek. Illus. by Emily Siwek. 2018. (ENG., Illus.). 32p. (J). (gr. -1-2). pap. 15.00 *(978-1-947989-08-5(1),* Fifth Avenue Pr.) Ann Arbor District Library.
Monster on the Bus. Josh Lieb. Illus. by Hannah Marks. 2022. 48p. (J). (gr. -1-3). 18.99 *(978-1-9848-3551-2(3),* Razorbill) Penguin Young Readers Group.
Monster on the Hill (Expanded Edition) Rob Harrell. 2020. (Illus.). 200p. (J). (gr. 4-7). pap. 19.99 *(978-1-60309-491-7(1))* Top Shelf Productions.
Monster Party: A Song about Drawing with Numbers. Blake Hoena. Illus. by Tim Palin. 2017. (Sing & Draw! Ser.). (ENG.). 24p. (J). (gr. 1-3). 33.99 *(978-1-68410-041-5(0),* 31581) Cantata Learning.
Monster Patterns. Madeline Tyler. Illus. by Amy Li. 2020. (Monster Math Ser.). (ENG.). 24p. (J). (gr. -1-2). pap. 7.99 *(978-1-5415-8921-6(1),* 23c9a3ae-08b6-46a4-b87a-3bbc8b8a2062); lib. bdg. 26.65 *(978-1-5415-7929-3(1),* 83c9bb97-b340-449a-9d97-abbebb659144) Lerner Publishing Group. (Lerner Pubns.).
Monster Phonics (Blaze & the Monster Machines) 12 Step into Reading Books, 12 vols. Jennifer Liberts. Illus. by Dynamo Limited. 2016. (Step into Reading Ser.). (ENG.). 144p. (J). (gr. -1-1). pap. 12.99 *(978-1-101-94026-6(3),* Random Hse. Bks. for Young Readers) Random Hse. Children's Bks.
Monster Power. Judy Katschke. ed. 2018. (Branches Early Ch Bks). (ENG.). 91p. (J). (gr. 1-3). 15.96 *(978-1-64310-718-9(6))* Penworthy Co., LLC, The.
Monster Power: Exploring Renewable Energy. Judy Katschke. ed. 2018. (Magic School Bus Rides Again — Branches Ser.: 2). lib. bdg. 14.75 *(978-0-606-41054-0(6))* Turtleback.
Monster Power: Exploring Renewable Energy: a Branches Book (the Magic School Bus Rides Again) Judy Katschke. Illus. by Artful Doodlers Ltd. 2017. (Magic School Bus Rides Again Ser.: 2). (ENG.). 96p. (J). (gr. 1-3). pap. 5.99 *(978-1-338-19444-9(5))* Scholastic, Inc.
Monster Problems. Jason R. Lady. 2019. (ENG., Illus.). 174p. (J). (gr. 3-6). pap. 16.95 *(978-1-68433-407-0(1))* Black Rose Writing.
Monster Problems. Victor Piñeiro. 2022. (Time Villains Ser.: 2). (ENG.). 264p. (J). (gr. 3-8). pap. 7.99 *(978-1-7282-5139-4(7))* Sourcebooks, Inc.
Monster Problems. Victor Pineiro. 2022. (Time Villains Ser.: 2). (ENG.). 264p. (J). (gr. 3-8). 16.99 *(978-1-7282-3052-8(7))* Sourcebooks, Inc.
Monster Scares: Epic Tales of Monsters Past, Present & Future. Dave Alden Hutchison. 2021. (ENG.). 54p. (J). pap. 9.99 *(978-1-7373981-0-3(9))* Mighty & Meek.
Monster School: (Poetry Rhyming Books for Children, Poems about Kids, Spooky Books) Kate Coombs. Illus. by Lee Gatlin. 2018. (ENG.). 40p. (J). (gr. k-3). 16.99 *(978-1-4521-2938-9(X))* Chronicle Bks. LLC.
Monster Science: Could Monsters Survive (and Thrive!) in the Real World? Helaine Becker. Illus. by Phil McAndrew. 2016. (ENG.). 96p. (J). (gr. 3-7). 18.95 *(978-1-77138-054-6(3))* Kids Can Pr., Ltd. CAN. Dist: Hachette Bk. Group.
Monster Shapes. Madeline Tyler. Illus. by Amy Li. 2020. (Monster Math Ser.). (ENG.). 24p. (J). (gr. -1-2). pap. 7.99 *(978-1-5415-8922-3(X),* 55b1a377-1fa8-48eb-9ddb-23b493d06833); lib. bdg. 26.65 *(978-1-5415-7930-9(5),* 3093a34c-8570-404b-bd7c-ec814354854e) Lerner Publishing Group. (Lerner Pubns.).
Monster Sisters & the Mystery of the Stone Octopus. Gareth Gaudin. 2021. (Monster Sisters Ser.: 2). (ENG., Illus.). 160p. (J). (gr. 4-7). pap. 19.95 *(978-1-4598-2229-0(3))* Orca Bk. Pubs. USA.
Monster Sisters & the Mystery of the Unlocked Cave, 1 vol. Gareth Gaudin. 2019. (Monster Sisters Ser.: 1). (ENG., Illus.). 160p. (J). (gr. 4-7). pap. 19.95 *(978-1-4598-2226-9(9))* Orca Bk. Pubs. USA.
Monster Squad. Joe McGee. Illus. by Ethan Long. 2019. (Junior Monster Scouts Ser.: 1). (ENG.). 112p. (J). (gr. 2-5). 17.99 *(978-1-5344-3677-0(4));* pap. 6.99 *(978-1-5344-3676-3(6))* Simon & Schuster Children's Publishing. (Aladdin).
Monster Stars - Read It Yourself with Ladybird Level 0. Ladybird Books Staff. 2018. (Read It Yourself with Ladybird Ser.). 32p. (J). (gr. -1-1). 4.99 *(978-0-241-31223-0(X))* Penguin Bks., Ltd. GBR. Dist: Independent Pubs. Group.
Monster Stew. Marcia S. Gresko. 2017. (Learn-To-Read Ser.). (ENG., Illus.). (J). pap. 3.49 *(978-1-68310-280-9(0))* Pacific Learning, Inc.
Monster Street Complete Set, Set. Michael Dahl. Illus. by Miguel Ornia-Blanco. Incl. Two Heads Are Better Than One. (ENG., Illus.). 32p. (J). (gr. 1-3). 2010. lib. bdg. 23.99 *(978-1-4048-6067-4(3),* 103251, Picture Window Bks.); (Monster Street Ser.). (ENG.). Illus.). 32p. 2010. 71.97 *(978-1-4048-6352-1(4),* 15360, Picture Window Bks.) Capstone.
Monster Support Group: the Werewolf's Tale. Laura Suárez. 2023. (Monster Support Group Ser.). (ENG., Illus.). 56p. (J). (gr. 2-4). pap. 12.99 *(978-1-83874-089-4(9))* Flying Eye Bks. GBR. Dist: Penguin Random Hse. LLC.
Monster Tails: A Green-Eyed Boy Named Harvey. Kenlynn Dorothy Scott. Illus. by Jon Klassen. 2020. (Monster Tails Ser.: Vol. 1). (ENG.). 26p. (J). pap. 10.00 *(978-1-6629-0049-5(X))* Gatekeeper Pr.
Monster Tails: Harvey Will Not Wear His Mask. Kenlynn Dorothy Scott. Illus. by Jon Klassen. 2020. (Monster Tails Ser.: Vol. 2). (ENG.). 24p. (J). pap. 10.00 *(978-1-6629-0411-0(8))* Gatekeeper Pr.
Monster Talk: Talking It Out, 1 vol. Sonja Reyes. 2019. (Social & Emotional Learning for the Real World Ser.). (ENG.). 12p. (gr. 1-2). pap. *(978-1-7253-5566-8(3),* 10fbd177-cf0b-4c81-9914-590aa5b9f6f0, Rosen Classroom) Rosen Publishing Group, Inc., The.
Monster Tamer. Lacey L. Bakker. Illus. by Alex Goubar. 2021. (ENG.). 34p. (J). pap. *(978-1-989506-37-0(2))* Pandamonium Publishing Hse.
Monster That Dwells under Beds. William J. Smith. 2020. (ENG.). 372p. (J). pap. 37.46 *(978-1-716-50290-3(X))* Lulu Pr., Inc.
Monster Toys. Daisy Hirst. Illus. by Daisy Hirst. 2022. (Daisy Hirst's Monster Bks.). (ENG.). 18p. (J). (— 1). bds. 8.99 *(978-1-5362-2655-3(6))* Candlewick Pr.
Monster Treaty of In-Betweeny. Kp Loundy. Illus. by Lucy Shin. 2021. (ENG.). 36p. (J). 17.99 *(978-1-7374325-0-0(1))* KPPages.
Monster Truck: Fun & Unique Coloring Book for Kids Ages 3-10. Cate Wilson. 2021. (ENG.). 74p. (J). pap. *(978-1-60578-885-2(6))* Preface Digital.
Monster Truck Coloring Book: A Fun Coloring Book for Kids Ages 4-8 with over 25 Designs of Monster Trucks. Happy Harper. l.t. ed. 2020. (FRE., Illus.). 106p. (J). pap. *(978-1-989968-12-3(0),* Happy Harper) Gill, Karanvir.
Monster Truck Coloring Book for Kids: A Coloring Book for Boys Ages 4-8 Filled with over 40 Pages of Monster Trucks. Happy Harper. 2019. (ENG., Illus.). 106p. (J). pap. *(978-1-989543-34-4(0),* Happy Harper) Gill, Karanvir.
Monster Truck Coloring Book for Kids: The Ultimate Monster Truck Coloring Activity Book with over 45 Designs for Kids Ages 3-5 5-8. Happy Harper. l.t. ed. 2020. (ENG., Illus.). 96p. (J). pap. *(978-1-989968-11-6(2),* Happy Harper) Gill, Karanvir.
Monster Truck Livre de Coloriage: Livre à Colorier de Camions Monster Pour Garçons - des Camions Monstres éTonnants Pour Enfants de 3 à 5 Ans et de 4 à 8 Ans. Emil Rana O'Neil. 2021. (FRE., Illus.). 76p. (J). pap. 10.99 *(978-1-7947-0643-9(7))* Ridley Madison, LLC.
Monster Truck Mania, 1 vol. Craig Stevens. 2022. (Insane Speed Ser.). (ENG.). 24p. (J). (gr. k-2). lib. bdg. *(978-1-0396-4486-1(4),* 16273); (Illus.). pap. *(978-1-0396-4677-3(8),* 17215) Crabtree Publishing Co. (Crabtree Seedlings).
Monster Truck Race. Rachel Bach. 2016. (Let's Race Ser.). (ENG.). 16p. (J). (gr. -1-1). pap. 7.99 *(978-1-68152-134-3(2),* 15500) Amicus.
Monster Truck Race. Rachel Bach. 2016. (Let's Race Ser.). (ENG.). 16p. (J). (gr. k-3). 17.95 *(978-1-60753-917-9(9))* Amicus Learning.
Monster Truck Rallies. Kenny Abdo. 2018. (Arena Events Ser.). (ENG., Illus.). 24p. (J). (gr. 2-8). lib. bdg. 31.36 *(978-1-5321-2535-5(6),* 30079, Abdo Zoom-Fly) ABDO Publishing Co.
Monster Trucks. Kenny Abdo. 2023. (Motor Mayhem Ser.). (ENG.). 24p. (J). (gr. 2-8). lib. bdg. 31.36 ***(978-1-0982-8145-8(4),*** 42410, Abdo Zoom-Fly) ABDO Publishing Co.
Monster Trucks. Quinn M. Arnold. 2017. (Seedlings Ser.). (ENG., Illus.). 24p. (J). (gr. -1-k). *(978-1-60818-791-1(8),* 20113, Creative Education) Creative Co., The.
Monster Trucks. Chris Bowman. 2017. (Mighty Machines in Action Ser.). (ENG., Illus.). 24p. (J). (gr. k-3). lib. bdg. 26.95

(978-1-62617-606-5(X), Blastoff! Readers) Bellwether Media.

Monster Trucks. Coming Soon. 2018. (Eyediscover Ser.). (ENG., Illus.). 24p. (J). (gr. 1-2). 28.55 *(978-1-4896-8005-1(5)*, AV2 by Weigl) Weigl Pubs., Inc.

Monster Trucks. Anika Denise. Illus. by Nate Wragg. 2016. (ENG.). 32p. (J). (gr. -1-3). 17.99 *(978-0-06-234522-6(2)*, HarperCollins) HarperCollins Pubs.

Monster Trucks. Matt Doeden. 2018. (Horsepower Ser.). (ENG., Illus.). 32p. (J). (gr. 3-9). lib. bdg. 27.32 *(978-1-5435-2456-7(7)*, 137959, Capstone Pr.) Capstone.

Monster Trucks. Contrib. by Ryan Earley. 2023. (Mighty Trucks Ser.). (ENG.). (J). (gr. -1-1). 16p. lib. bdg. 25.27 ***(978-1-63897-947-0(2)***, 33173); (Illus.). pap. 7.95 Seahorse Publishing.

Monster Trucks. Martha London. 2019. (Start Your Engines! Ser.). (ENG., Illus.). 32p. (J). (gr. 3-3). pap. 9.95 *(978-1-64494-217-8(8)*, 1644942178) Bigfoot Bks. GBR. Dist: North Star Editions.

Monster Trucks. Amy McDonald. 2020. (Machines with Power! Ser.). (ENG., Illus.). 24p. (J). (gr. -1-2). pap. 7.99 *(978-1-68103-808-7(0)*, 12897); lib. bdg. 25.95 *(978-1-64487-321-2(4))* Bellwether Media. (Blastoff! Readers).

Monster Trucks, 1 vol. Kate Mikoley. 2019. (Motorsports Maniacs Ser.). (ENG.). 32p. (gr. 1-2). pap. 11.50 *(978-1-5382-4090-8(4)*, 65122718-d6db-4ba1-b7c8-957f447f3c60) Stevens, Gareth Publishing LLLP.

Monster Trucks. Candice Ransom. 2017. (Let's Roll Ser.). (ENG., Illus.). 32p. (J). (gr. 2-3). pap. 9.95 *(978-1-63517-103-7(2)*, 1635171032); lib. bdg. 31.35 *(978-1-63517-047-4(8)*, 1635170478) North Star Editions. (Focus Readers).

Monster Trucks. Clive Gifford. 2nd rev. ed. 2019. (Mighty Machines Ser.). (ENG., Illus.). 32p. (J). (gr. 2-5). pap. 6.95 *(978-0-2281-0221-2(9)*, 2eef9599-0154-43d4-867b-bdd7db77dbf4) Firefly Bks., Ltd.

Monster Trucks: A First Look. Percy Leed. 2023. (Read about Vehicles (Read for a Better World (tm)) Ser.). (ENG., Illus.). 24p. (J). (gr. k-2). pap. 9.99. lib. bdg. 29.32 ***(978-1-7284-9145-5(2)***, 0e8394e4-7bf6-4673-889c-45e7ba528a9c) Lerner Publishing Group. (Lerner Pubns.).

Monster Trucks! Big Machines on the Road - Vehicles for Kids Children's Transportation Books. Baby Professor. 2017. (ENG., Illus.). 64p. (J). pap. 9.55 *(978-1-5419-1772-9(3)*, Baby Professor (Education Kids)) Speedy Publishing LLC.

Monster Trucks Board Book. Anika Denise. Illus. by Nate Wragg. 2018. (ENG.). 32p. (J). (gr. -1 — 1). bds. 7.99 *(978-0-06-274162-2(4)*, HarperFestival) HarperCollins Pubs.

Monster Trucks Cars, Mazes & More. Jocelyn Smirnova. 2020. (ENG., Illus.). 108p. (J). pap. 11.00 *(978-1-716-33138-1(2))* Lulu Pr., Inc.

Monster Trucks (Colorforms) Rufus Downy. Ed. by Cottage Door Press. Illus. by Steve James. 2019. (Colorforms Ser.). (ENG.). 12p. (J). (gr. -1-2). bds. 11.99 *(978-1-68052-741-4(X)*, 1004620) Cottage Door Pr.

Monster Trucks Coloring Book for Children - Create Your Own Doodle Cover (8x10 Hardcover Personalized Coloring Book / Activity Book) Sheba Blake. 2021. (ENG.). 58p. (J). 24.99 ***(978-1-222-34316-8(9))*** Indy Pub.

Monster Truck's Day. Rebecca Sabelko. Illus. by Christos Skaltsas. 2023. (Machines at Work Ser.). (ENG.). (J). (gr. k-3). pap. 7.99 Bellwether Media.

Monster Truck's Day. Contrib. by Rebecca Sabelko. 2023. (Machines at Work Ser.). (ENG., Illus.). (J). (gr. k-3). lib. bdg. 26.95 Bellwether Media.

Monster Trucks on the Go. Kerry Dinmont. 2016. (Bumba Books (r) — Machines That Go Ser.). (ENG., Illus.). 24p. (J). (gr. -1-1). lib. bdg. 26.65 *(978-1-5124-1445-5(X)*, c9481e44-147d-421e-8b14-24c2d5623829, Lerner Pubns.) Lerner Publishing Group.

Monster Trucks! Vroom Vroom - Awesome Trucks for Kids - Children's Cars & Trucks. Left Brain Kids. 2016. (ENG., Illus.). (J). pap. 7.51 *(978-1-68376-621-6(0))* Sabeels Publishing.

Monster under My Bed. Beth Costanzo. 2017. (ENG., Illus.). 32p. (J). pap. *(978-1-365-89461-9(4))* Lulu Pr., Inc.

Monster under Your Bed Is Just a Story in Your Head: Conquering Fear Through Neuroliteracy. Lisa Wimberger. Illus. by Zoe Jay Wimberger. 2017. (ENG.). (J). pap. 9.99 *(978-0-692-80006-5(9))* Neurosculpting Institute.

Monster Upstairs. George Jumara. Illus. by George Jumara & Kamin R. Jumara. 2021. (ENG.). 34p. (J). 16.99 ***(978-1-0880-8679-7(9))*** Indy Pub.

Monster Who Had a Kind Face. Lyn Wells Clark. Illus. by Lorena Mary Hart. 2019. (ENG.). 22p. (J). (gr. k-2). 18.95 *(978-0-9994409-4-0(2))* Blue-Eyed Star Creations, LLC.

Monster Who Wasn't. T. C. Shelley. 2020. (ENG.). 272p. (J). 16.99 *(978-1-5476-0456-2(5)*, 900223558, Bloomsbury Children's Bks.) Bloomsbury Publishing USA.

Monsterland. James Crowley. ed. 2018. lib. bdg. 19.65 *(978-0-606-41311-4(1))* Turtleback.

Monsterland: A Scary Counting Book. Illus. by Agnese Baruzzi. 2019. (Search, Find, & Count Ser.). (ENG.). 56p. (J). (gr. 1). pap. 9.95 *(978-88-544-1525-6(1))* White Star Publishers ITA. Dist: Sterling Publishing Co., Inc.

Monsters. Sharon Dogar. 2020. (ENG.). 464p. (YA). (gr. 7). 17.99 *(978-1-78344-802-9(4))* Andersen Pr. GBR. Dist: Independent Pubs. Group.

Monsters. Anna Fienberg. Illus. by Kim Gamble & Stephen Axelsen. 2018. (ENG.). 32p. (J). (gr. k-3). 20.99 *(978-1-76029-336-9(9))* Allen & Unwin AUS. Dist: Independent Pubs. Group.

Monsters, 1 vol. Joe Fullman. 2019. (Amazing Origami Ser.). (ENG.). 32p. (J). (gr. 2-3). pap. 11.50 *(978-1-5382-4235-3(4)*, 7064efb9-667b-403a-84b2-c90b38de8877); lib. bdg. 29.27 *(978-1-5382-4176-9(5)*, 3704db34-5575-4f19-892a-ffa67a06ad10) Stevens, Gareth Publishing LLLP.

Monsters. Laura Pratt. 2019. (J). *(978-1-7911-1991-1(3))* Weigl Pubs., Inc.

Monsters: A Magic Lens Hunt for Creatures of Myth, Legend, Fairy Tale, & Fiction. Céline Potard. Illus. by Sophie Ledesma. 2019. (ENG.). 32p. (J). (gr. 1-5). 21.99 *(978-1-9999680-6-9(9))* What on Earth Bks GBR. Dist: Ingram Publisher Services.

Monsters! A Scary Top Score Game. Text by Rob Hodgson. 2018. (ENG., Illus.). 111p. (J). (gr. 1-5). 9.99 *(978-1-78627-170-9(2)*, King, Laurence Publishing) Orion Publishing Group, Ltd. GBR. Dist: Hachette Bk. Group.

Monsters! Set 2, 12 vols. 2016. (Monsters! Ser.). 32p. (ENG.). (gr. 1-2). lib. bdg. 169.62 *(978-1-4824-4609-8(X)*, ea5dcea0-dc5f-4019-896e-bc4e61cd4fcd); (gr. 2-1). pap. 63.00 *(978-1-4824-5292-1(8))* Stevens, Gareth Publishing LLLP.

Monsters: The Passion & Loss That Created Frankenstein. Sharon Dogar. 2021. (ENG.). 464p. (YA). (gr. 7). pap. 11.99 *(978-1-78344-903-3(9))* Andersen Pr. GBR. Dist: Independent Pubs. Group.

Monsters All Around: A Supplement to Childcraft — The How & Why Library. Contrib. by World Book, Inc. Staff. 2018. (Illus.). 160p. (J). *(978-0-7166-0636-9(4))* World Bk., Inc.

Monsters among Us. Monica Rodden. 2022. 400p. (YA). (gr. 9). pap. 11.99 *(978-0-593-12589-2(4)*, Ember) Random Hse. Children's Bks.

Monsters & Aliens Coloring Book: For Kids Ages 4-8. Young Dreamers Press. Illus. by Nana Siqueira. 2020. (Coloring Books for Kids Ser.: Vol. 7). (ENG.). 66p. (J). pap. *(978-1-989790-41-0(0))* EnemyOne.

Monsters & Creatures ABC Book: Graphic Design by Craig Taylor Written & Illustrated by Jim Allen Jackson. Jim Allen Jackson. 2021. (ENG.). 29p. (J). ***(978-1-716-08292-4(7))*** Lulu Pr., Inc.

Monsters & Creatures Compendium (Dungeons & Dragons) A Young Adventurer's Guide. Jim Zub & Official Dungeons & Dragons Licensed. 2023. (Dungeons & Dragons Young Adventurer's Guides). 256p. (J). (gr. 3-7). 24.99 ***(978-1-9848-6247-1(2)***, Ten Speed Pr.) Potter/Ten Speed/Harmony/Rodale.

Monsters & Creatures (Dungeons & Dragons) A Young Adventurer's Guide. Jim Zub et al. 2019. (Dungeons & Dragons Young Adventurer's Guides). (Illus.). 112p. (J). (gr. 3-7). 12.99 *(978-1-9848-5640-1(5)*, Ten Speed Pr.) Potter/Ten Speed/Harmony/Rodale.

Monsters & Creatures of World Mythology. Contrib. by Clara MacCarald. 2023. (Mythology of the World Ser.). (ENG.). 64p. (J). (gr. 6-12). 43.93 ***(978-1-6782-0498-3(6)***, BrightPoint Pr.) ReferencePoint Pr., Inc.

Monsters & Modules, 6. Gene Luen Yang. ed. 2019. (Secret Coders Ser.). (ENG.). 98p. (J). (gr. 4-5). 19.96 *(978-0-87617-294-0(X))* Penworthy Co., LLC, The.

Monsters & Myths, 16 vols., Set. Lisa Regan. Incl. Ancient Legends. Gerrie McCall. lib. bdg. 34.60 *(978-1-4339-4988-3(1)*, eb130233-a7a4-479d-9776-12b360936557); Bloodsucking Beasts. lib. bdg. 34.60 *(978-1-4339-4991-3(1)*, 6ed66bf8-bb1c-4a04-9da7-82c68e92cc83); Classical Myths. Gerrie McCall. lib. bdg. 34.60 *(978-1-4339-4994-4(6)*, e4b2726a-e986-43c4-ade9-7e645c2f265e); Dragons & Serpents. Gerrie McCall. lib. bdg. 34.60 *(978-1-4339-4997-5(0)*, 5e44e9fb-4309-4cf4-8439-25fc4f051ca3); Movie Monsters. Gerrie McCall. lib. bdg. 34.60 *(978-1-4339-5006-3(5)*, cdd2fe63-241e-441d-9ca6-09c98f38de1d); Urban Myths & Legendary Creatures. Chris McNab. lib. bdg. 34.60 *(978-1-4339-5009-4(X)*, 52145f49-55fd-4312-9d13-4f6f844a8bc5); (J). (gr. 4-5). (Monsters & Myths Ser.). (ENG., Illus.). 48p. 2011. Set lib. bdg. 276.80 *(978-1-4339-5012-4(X)*, 19326b06-33a7-4536-bf7c-d06cf61049fb, Gareth Stevens Learning Library) Stevens, Gareth Publishing LLLP.

Monsters & the Supernatural: A Young Person's Guide. Jonathan J; Moon Moore. 2019. (ENG.). 160p. (J). (gr. 1). pap. 14.99 *(978-1-76079-053-0(2))* New Holland Pubs. Pty, Ltd. AUS. Dist: Independent Pubs. Group.

Monsters Are Cute Too Coloring Book. Activity Book Zone for Kids. 2016. (ENG., Illus.). (J). pap. 9.20 *(978-1-68376-362-8(9))* Sabeels Publishing.

Monsters Are Real! And Other Fun Facts. Hannah Eliot. Illus. by Aaron Spurgeon. 2016. (Did You Know? Ser.). (ENG.). 32p. (J). (gr. -1-3). pap. 6.99 *(978-1-4814-6781-0(6)*, Little Simon) Little Simon.

Monsters Aren't Scary: An Imagineville Story. Michael Everett Frey. 2020. (ENG., Illus.). 30p. (J). pap. 19.00 *(978-1-64530-245-2(8))* Dorrance Publishing Co., Inc.

Monsters Aren't So Scary Coloring Book. Kreative Kids. 2016. (ENG., Illus.). (J). pap. 9.20 *(978-1-68377-338-2(1))* Whlke, Traudl.

Monsters at the End of This Book (Sesame Street) Jon Stone. Illus. by Michael Smollin. 2020. (Big Golden Book Ser.). (ENG.). 64p. (J). (-k). 10.99 *(978-0-593-17781-5(9)*, Golden Bks.) Random Hse. Children's Bks.

Monsters Ate the Alphabet. Travis Talburt. 2021. (ENG.). 64p. (J). 29.99 *(978-1-0879-8764-4(4))* Indy Pub.

Monsters Beware! Jorge Aguirre. Illus. by Rafael Rosado. 2018. (Chronicles of Claudette Ser.). (ENG.). 176p. (J). pap. 15.99 *(978-1-62672-180-7(7)*, 900143174, First Second Bks.) Roaring Brook Pr.

Monsters Beware! Jorge Augusto Aguirre & John Novak. Illus. by Rafael Rosado. 2018. 171p. (J). *(978-0-7804-0062-7(3)*, First Second Bks.) Roaring Brook Pr.

Monster's Bones (Young Readers Edition) The Discovery of T. Rex & How It Shook Our World. Contrib. by David K. Randall. 2023. (ENG.). 192p. (J). (gr. 5-9). 19.95 *(978-1-324-01550-5(0)*, 341550, Norton Young Readers) Norton, W. W. & Co., Inc.

Monsters Born & Made. Tanvi Berwah. 352p. (YA). (gr. 8-12). 2023. pap. 11.99 ***(978-1-7282-6884-2(2))***; 2022. 18.99 *(978-1-7282-4762-5(4))* Sourcebooks, Inc.

Monsters Come Out Tonight! Frederick Glasser. Illus. by Edward Miller. 2019. (Festive Flaps Ser.). (ENG.). 18p. (J). (gr. -1-k). bds. 9.99 *(978-1-4197-3722-0(8)*, 1277110, Abrams Appleseed) Abrams, Inc.

Monsters Do Math!: Sets 1 - 2. 2020. (Monsters Do Math! Ser.). (ENG.). (J). pap. 109.80 *(978-1-5382-6225-2(8))*; (gr. 2-3). lib. bdg. 291.24 *(978-1-5382-5987-0(7)*, d83751cc-43b4-490b-9d58-d86907439965) Stevens, Gareth Publishing LLLP.

Monsters Dot Marker Activity Book: Easy Dots to Color for Kids Ages 2-4. Darcy Harvey. 2022. (Darcy Dot Marker Activit Book Ser.: Vol. 1). (ENG.). 62p. (J). pap. 14.99 *(978-1-892500-79-3(5))* Adamson, Bruce Campbell.

Monsters Go. Daisy Hirst. Illus. by Daisy Hirst. 2022. (Daisy Hirst's Monster Bks.). (ENG., Illus.). 18p. (J). (— 1). bds. 8.99 *(978-1-5362-2656-0(4))* Candlewick Pr.

Monsters Go Night-Night. Aaron Zenz. 2018. (ENG., Illus.). 32p. (J). (gr. -1-k). pap. 5.99 *(978-1-4197-3201-0(3)*, 1105303, Abrams Bks. for Young Readers) Abrams, Inc.

Monsters Go Night-Night. Aaron Zenz. 2019. (ENG.). 32p. (J). (gr. k-1). 13.89 *(978-1-64310-971-8(5))* Penworthy Co., LLC, The.

Monsters Have Nightmares Too! Patricia Cassell Gorden. 2021. (ENG.). 24p. (J). 24.95 *(978-1-6624-3599-7(1))* Page Publishing Inc.

Monsters Have Nightmares Too! Patricia Cassell Gorden. 2021. (ENG., Illus.). 24p. (J). pap. 14.95 *(978-1-6624-2318-5(7))* Page Publishing Inc.

Monsters Have Stinky Breath: Why It's Silly to Be Afraid of the Dark. Noah Powell & Barry MARKS. Illus. by Daryl Cox. 2020. (Monsters? Shoo! Ser.: 1). 96p. (J). pap. 9.95 *(978-1-5439-9882-5(8))* BookBaby.

Monsters Hiding in Your Closet. Ed. by Madeline Smoot. 2017. (ENG.). 200p. (J). (gr. 4-7). pap. 9.95 *(978-1-944821-20-3(1))* CBAY Bks.

Monsters Histories. Bradley Cole et al. 2019. (Monster Histories Ser.). (ENG.). 32p. (J). (gr. 4-6). 245.20 *(978-1-5435-7143-1(3)*, 29300); pap., pap., pap. 63.60 *(978-1-5435-8247-5(8)*, 29703) Capstone.

Monsters Hunters *see* **Cazadores de Monstruos**

Monsters in Legends & in Real Life - Level 1 Reading for Kids - 1st Grade. Catherine Fet. 2021. (ENG.). 30p. (J). pap. 7.99 ***(978-1-0881-3650-8(8))*** Stratostream LLC.

Monsters in Masks. Phoenix Fyre & B. a Kyo. Illus. by Wylde Fyre. 2020. (ENG.). 28p. (J). pap. 9.99 *(978-1-7358371-1-6(3))* BuchWyrm, LLC.

Monsters in My Backpack. Kaitlin Griffin. 2020. (ENG.). 32p. (J). *(978-1-5255-7332-3(2))*; pap. *(978-1-5255-7333-0(0))* FriesenPress.

Monsters in Myth, 8 vols., Set. Incl. Cerberus. Kathleen Tracy. lib. bdg. 29.95 *(978-1-58415-924-7(3))*; Chimaera. Amy LaRoche. lib. bdg. 29.95 *(978-1-58415-925-4(1))*; Cyclopes. Russell Roberts. lib. bdg. 29.95 *(978-1-58415-926-1(X))*; Medusa. Kathleen Tracy. lib. bdg. 29.95 *(978-1-58415-928-5(6))*; Minotaur. Russell Roberts. lib. bdg. 29.95 *(978-1-58415-929-2(4))*; Monsters of Hercules. Tamra Orr. lib. bdg. 29.95 *(978-1-58415-927-8(8))*; Sirens. Tamra Orr. lib. bdg. 29.95 *(978-1-58415-930-8(8))*; Sphinx. Pete DiPrimio. lib. bdg. 29.95 *(978-1-58415-931-5(6))*; (Illus.). 48p. (J). (gr. 4-7). 2010. 239.60 *(978-1-58415-932-2(4))* Mitchell Lane Pubs.

Monsters in the Briny. Lynn Becker. Illus. by Scott Brundage. 2022. (ENG.). 32p. (J). (gr. k-3). 17.99 *(978-1-5341-1149-3(2)*, 205198) Sleeping Bear Pr.

Monsters in the Drawers! Monsters Coloring Book. Jupiter Kids. 2016. (ENG., Illus.). 106p. (J). pap. 12.55 *(978-1-68305-287-6(0)*, Jupiter Kids (Childrens & Kids Fiction)) Speedy Publishing LLC.

Monsters in the Mind the Truth about Healing & Deliverance. Orlando E. Short. 2022. (ENG.). 225p. (J). pap. ***(978-1-387-53710-5(5))*** Lulu Pr., Inc.

Monsters in the Mist. Juliana Brandt. 2022. 320p. (J). (gr. 3-7). pap. 7.99 *(978-1-7282-4545-4(1))* Sourcebooks, Inc.

Monsters in the Mist. Mark Cheverton. ed. 2017. (Mystery of Entity303 Ser.: 2). lib. bdg. 20.85 *(978-0-606-40313-9(2))* Turtleback.

Monsters in the Night. Kat Michels. 2017. (ENG., Illus.). (J). (gr. k-2). 15.00 *(978-0-9989264-4-5(2))*; pap. 9.00 *(978-0-9989264-6-9(9))* In Heels Publishing.

Monsters in Trucks. Laura Baker. Illus. by Nina Dzyvulska. 2023. (Monsters Everywhere Ser.: 1). (ENG.). 32p. (J). (gr. -1 — 1). 18.99 ***(978-0-7112-7640-6(4)***, Happy Yak) Quarto Publishing Group UK GBR. Dist: Hachette Bk. Group.

Monsters, Inc. Charles Bazaldua. Illus. by Elisabetta Melaranci & Anna Merli. 2020. (Disney & Pixar Movies Ser.). (ENG.). 48p. (J). (gr. 2-6). lib. bdg. 32.79 *(978-1-5321-4553-7(5)*, 35200, Graphic Novels) Spotlight.

Monster's Legacy. Andre Norton. Illus. by Jody A. Lee. 2017. (ENG.). 160p. (YA). (gr. 7). pap. 13.99 *(978-1-5344-1247-7(6)*, Atheneum Bks. for Young Readers) Simon & Schuster Children's Publishing.

Monsters Love Christmas Too! Cara M. Stoerger. 2017. (ENG., Illus.). 32p. (J). pap. *(978-1-387-39873-7(3))* Lulu Pr., Inc.

Monsters Love Cupcakes. Mike Austin. 2022. (ENG., Illus.). 40p. (J). (gr. -1-3). 17.99 *(978-0-06-228619-2(6)*, HarperCollins) HarperCollins Pubs.

Monsters Malbuch: Ein Gruseliges und Lustiges Mal-Und Activity-Buch Für Kinder Mit Monster-Alphabet. Lora Dorny. 2021. (GER.). 112p. (J). pap. 11.95 *(978-1-68501-037-9(7))* Rusu, Lacramioara.

Monster's Message. Susan Serena Marie. 2022. (ENG., Illus.). 30p. (J). pap. 14.95 *(978-1-63961-092-1(8))* Christian Faith Publishing.

Monsters Move. Juliana O'Neill. Illus. by Adam Pryce. 2019. (Reading Stars Ser.). (ENG.). 28p. (J). (gr. -1-2). pap. 5.99 *(978-1-5324-0937-0(0))* Xist Publishing.

Monsters Move / Movimiento de Monstruos. Juliana O'Neill. Illus. by Adam Pryce. 2021. (Reading Stars Ser.). (SPA.). 28p. (J). (gr. k-2). 12.99 *(978-1-5324-2085-6(4))*; pap. 12.99 *(978-1-5324-2084-9(6))* Xist Publishing.

Monsters Never Get Haircuts. Marie-Hélène Versini. Illus. by Vincent Boudgourd. 2023. (ENG.). 40p. (J). (gr. -1-1). 18.99 ***(978-1-914912-73-3(X))*** Boxer Bks., Ltd. GBR. Dist: Sterling Publishing Co., Inc.

Monster's New Undies. Samantha Berger. Illus. by Tad Carpenter. (ENG.). (J). 2022. 30p. (— 1). bds. 8.99 *(978-1-338-83296-9(4)*, Cartwheel Bks.); 2017. 40p. (gr. -1-k). 18.99 *(978-0-545-87973-6(6)*, Orchard Bks.) Scholastic, Inc.

Monsters Night of the Full Moon Coloring Book. Jupiter Kids. 2016. (ENG., Illus.). 106p. (J). pap. 12.55 *(978-1-68326-354-8(5)*, Jupiter Kids (Childrens & Kids Fiction)) Speedy Publishing LLC.

Monsters of Nights & Dark Places Coloring Book. Bobo's Children Activity Books. 2016. (ENG., Illus.). (J). pap. 9.33 *(978-1-68327-555-8(1))* Sunshine In My Soul Publishing.

Monsters of the Creek & Things That Squish under Your Feet. Matt Dougherty & Jeff Eberle. 2018. (ENG.). 28p. (J). *(978-0-359-31760-8(X))* Lulu Pr., Inc.

Monsters on Land. John Perritano. 2020. (Red Rhino Nonfiction Ser.). (ENG., Illus.). 60p. (J). (gr. 4-7). pap. 11.95 *(978-1-68021-863-3(8))* Saddleback Educational Publishing, Inc.

Monsters on Machines. Deb Lund. Illus. by Robert Neubecker. 2017. (ENG.). 40p. (J). (gr. -1-3). pap. 6.99 *(978-0-544-92783-4(4)*, 1657204, Clarion Bks.) HarperCollins Pubs.

Monsters on Machines. Deb Lund. ed. 2018. (ENG.). 34p. (J). (gr. -1-1). 18.96 *(978-1-64310-769-1(0))* Penworthy Co., LLC, The.

Monsters on Machines. Deb Lund. Illus. by Robert Neubecker. ed. 2017. (ENG.). (J). (gr. -1-3). lib. bdg. 17.20 *(978-0-606-39815-2(5))* Turtleback.

Monsters on the Broom. Annemarie Riley Guertin. Illus. by Shauna Lynn Panczyszyn. 2022. (ENG.). 14p. (J). (gr. -1). bds. 8.99 *(978-1-6659-1146-7(8)*, Little Simon) Little Simon.

Monsters Play... Counting! Flavia Z. Drago. Illus. by Flavia Z. Drago. 2022. (Monsters Play Ser.). (ENG.). 24p. (J). (— 1). bds. 8.99 *(978-1-5362-2052-0(3))* Candlewick Pr.

Monsters Play... Peekaboo! Flavia Z. Drago. Illus. by Flavia Z. Drago. 2022. (Monsters Play Ser.). (ENG.). 24p. (J). (— 1). bds. 8.99 *(978-1-5362-2053-7(1))* Candlewick Pr.

Monsters!: Sets 1 - 2. 2016. (Monsters! Ser.). (ENG.). (J). pap. 138.00 *(978-1-4824-5286-0(3))*; (gr. 1-2). lib. bdg. 339.24 *(978-1-4824-4664-7(2)*, bb1d3343-f586-47f2-9bf0-b9ae4e2cc66c) Stevens, Gareth Publishing LLLP.

Monsters' Tea Party. Rozanne Williams. 2017. (Learn-To-Read Ser.). (ENG., Illus.). (J). pap. 3.49 *(978-1-68310-282-3(7))* Pacific Learning, Inc.

Monsters That Walk the Earth - Coloring Books Dinosaurs Edition. Creative Playbooks. 2016. (ENG., Illus.). (J). pap. 7.74 *(978-1-68323-122-6(8))* Twin Flame Productions.

Monster's Trucks. Rebecca Van Slyke. Illus. by Joe Sutphin. 2020. (ENG.). 40p. (J). 17.99 *(978-1-68119-301-4(9)*, 900165544, Bloomsbury Children's Bks.) Bloomsbury Publishing USA.

Monsters University. Alessandro Ferrari. Illus. by Elisabetta Melaranci. 2021. (Disney & Pixar Movies Ser.). (ENG.). 52p. (J). (gr. 2-6). lib. bdg. 32.79 *(978-1-5321-4812-5(7)*, 37023, Graphic Novels) Spotlight.

Monsters Unleashed. John Kloepfer. 2018. (Monsters Unleashed Ser.: 1). (ENG., Illus.). 224p. (J). (gr. 3-7). pap. 6.99 *(978-0-06-229031-1(2)*, HarperCollins) HarperCollins Pubs.

Monsters Unleashed #2: Bugging Out. John Kloepfer. Illus. by Mark Oliver. 2018. (Monsters Unleashed Ser.: 2). (ENG.). 192p. (J). (gr. 3-7). pap. 6.99 *(978-0-06-242754-0(7)*, HarperCollins) HarperCollins Pubs.

Monsters Unmasked! (Scooby-Doo) Nicole Johnson. Illus. by Random House. 2022. (Pictureback(R) Ser.). (ENG.). 24p. (J). (gr. -1-2). 5.99 *(978-0-593-48404-3(5)*, Random Hse. Bks. for Young Readers) Random Hse. Children's Bks.

Monsters We Deserve. Marcus Sedgwick. 2018. (ENG., Illus.). 240p. 22.95 *(978-1-78854-230-2(4)*, Zephyr) Head of Zeus GBR. Dist: Independent Pubs. Group.

Monsterstreet #1: the Boy Who Cried Werewolf. J. H. Reynolds. 2019. (ENG.). 176p. (J). (gr. 3-7). 16.99 *(978-0-06-286935-7(3))*; pap. 5.99 *(978-0-06-286934-0(5))* HarperCollins Pubs. (Tegen, Katherine Bks).

Monsterstreet #2: the Halloweeners. J. H. Reynolds. 2019. (ENG.). 208p. (J). (gr. 3-7). 16.99 *(978-0-06-286938-8(8))*; pap. 5.99 *(978-0-06-286937-1(X))* HarperCollins Pubs. (Tegen, Katherine Bks).

Monsterstreet #3: Carnevil. J. H. Reynolds. 2019. (ENG.). 192p. (J). (gr. 3-7). 16.99 *(978-0-06-286941-8(8))*; pap. 5.99 *(978-0-06-286940-1(X))* HarperCollins Pubs. (Tegen, Katherine Bks).

Monsterstreet #4: Camp of No Return. J. H. Reynolds. 2020. (ENG.). 192p. (J). (gr. 3-7). 16.99 *(978-0-06-286944-9(2))*; pap. 5.99 *(978-0-06-286943-2(4))* HarperCollins Pubs. (Tegen, Katherine Bks).

Monstertruck-Malbuch Für Kinder Von 4-8 Jahren: Monster Trucks Färbung Buch Für Jungen und Mädchen - Kinder Ab 4 Jahren. Darien Faraday Adan. 2021. (GER.). 76p. (J). pap. 10.99 *(978-0-86346-442-3(4))* Lulu Pr., Inc.

Monsterville: a Lissa Black Production. Sarah S. Reida. 2016. (ENG.). 368p. (J). (gr. 2-7). 16.99 *(978-1-5107-0733-7(6)*, Sky Pony Pr.) Skyhorse Publishing Co., Inc.

Monstres: Livre Coloriage Pour Enfants. Bold Illustrations. 2017. (FRE., Illus.). 82p. (J). pap. 8.35 *(978-1-64193-044-4(6)*, Bold Illustrations) FASTLANE LLC.

Monstres Sacrés: Voyage Au Coeur des Volcans *see* **Mountain of Fire: Into the Heart of Volcanoes**

Monstrosity. R. L. Stine. ed. 2022. (Just Beyond Ser.). (ENG.). 138p. (J). (gr. 4-5). 22.46 ***(978-1-68505-206-5(1))*** Penworthy Co., LLC, The.

Monstrous. Jessica Lewis. 2023. (ENG.). 432p. (YA). (gr. 9). pap. 12.99 ***(978-0-593-43481-9(1)***, Delacorte Pr.) Random Hse. Children's Bks.

Monstrous. Thomas E. Sniegoski. (Savage Ser.). (ENG.). 448p. (YA). (gr. 9). 2018. pap. 12.99 *(978-1-4814-7719-2(6))*; 2017. (Illus.). 18.99 *(978-1-4814-7718-5(8))* Simon Pulse. (Simon Pulse).

Monstrous. MarcyKate Connolly. ed. 2016. (J). lib. bdg. 18.40 *(978-0-606-38136-9(8))* Turtleback.

Monstrous: A Transracial Adoption Story. Sarah Myer. 2023. (ENG., Illus.). 272p. (YA). 25.99 *(978-1-250-26879-2(6)*, 900222714); pap. 17.99 *(978-1-250-26880-8(X)*, 900222715) Roaring Brook Pr. (First Second Bks.).

Monstrous: The Lore, Gore, & Science Behind Your Favorite Monsters. Carlyn Beccia. Illus. by Carlyn Beccia. 2019. (ENG., Illus.). 148p. (J). (gr. 4-8). lib. bdg. 24.99 *(978-1-5124-4916-7(4)*,

1362

The check digit for ISBN-10 appears in parentheses after the full ISBN-13

1c9e5fb1-af4a-4f21-bff0-9f7f6f19a85d, Carolrhoda Bks.) Lerner Publishing Group.

Monstrous Affections: An Anthology of Beastly Tales. Ed. by Kelly Link & Gavin J. Grant. 2019. (ENG.). 480p. (J). (gr. 9). pap. 14.99 *(978-1-5362-0641-8(5))* Candlewick Pr.

Monstrous Alphabet: Volume 1. Nixie Fae. 2017. (ENG., Illus.). (YA). (gr. 7-12). pap. 13.99 *(978-1-365-51618-4(0))*; (Volume Ser.: Vol. 1). 19.99 *(978-1-365-51617-7(2))* Lulu Pr., Inc.

Monstrous Alphabet: Volume 1. Nixie Fae. Illus. by Dino Turull. ed. 2017. (ENG.). 36p. (YA). (gr. 7-12). 17.99 *(978-1-64372-029-6(5))*; pap. 13.99 *(978-1-64372-274-0(3))* MacLaren-Cochrane Publishing. (Huskies Pub).

Monstrous Alphabet Dyslexic Edition: Dyslexic Font Volume 1. Nixie Fae. Illus. by Dino Turull. ed. 2017. (ENG.). 36p. (YA). (gr. 7-12). 19.99 *(978-1-64372-275-7(1))*; pap. 15.99 *(978-1-64372-276-4(X))* MacLaren-Cochrane Publishing.

Monstrous Alphabet Dyslexic Font: Volume 1. Nixie Fae. 2017. (ENG., Illus.). (YA). (gr. 7-12). 19.99 *(978-1-365-51620-7(2))*; pap. 13.99 *(978-1-365-51621-4(0))* Lulu Pr., Inc.

Monstrous Bonitos Libro para Colorear para Niños: Increíble Libro con Lindos Monstruos - Monstruos Fáciles de Colorear para Niños. Gabrielle Noyce. 2021. (SPA.). 106p. (J). pap. 11.49 *(978-0-284-42290-3(8))*, Wednesday Bks.) St. Martin's Pr.

Monstrous Child. Francesca Simon. 2016. (ENG., Illus.). 304p. (J). 13.50 *(978-0-571-33026-3(6))*, Faber & Faber Children's Bks.) Faber & Faber, Inc.

Monstrous Coloring Book. Megan Brock. 2022. (ENG.). 63p. (J). pap. *(978-1-4357-7613-5(5))* Lulu Pr., Inc.

Monstrous Devices. Damien Love. 2019. (ENG., Illus.). 368p. (J). (gr. 3-7). 8.99 *(978-0-451-47859-7(2))*, Puffin Books) Penguin Young Readers Group.

Monstrous History: Leveled Reader Card Book 30 Level Y. Hmh Hmh. 2019. (ENG.). (J). pap. 14.13 *(978-0-358-16199-8(1))* Houghton Mifflin Harcourt Publishing Co.

Monstrous History: Leveled Reader Card Book 30 Level y 6 Pack. Hmh Hmh. 2021. (J). (ENG.). pap. 69.33 *(978-0-358-18940-4(3))*; (SPA.). pap. 74.40 *(978-0-358-27335-6(8))* Houghton Mifflin Harcourt Publishing Co.

Monstrous Matchmakers. Luna Graves. 2022. (Witches of Peculiar Ser.: 3). (ENG.). 160p. (J). (gr. 2-5). 17.99 *(978-1-6659-0627-2(8))*; pap. 7.99 *(978-1-6659-1428-4(9))* Simon & Schuster Children's Publishing. (Aladdin).

Monstrous Maud: Big Fright. A. B. Saddlewick. 2017. (ENG., Illus.). 128p. (J). (gr. 1-5). pap. 7.99 *(978-1-5107-1698-8(X))*, Sky Pony Pr.) Skyhorse Publishing Co., Inc.

Monstrous Medicine, 1 vol. Hannah Isbell. 2019. (Creepy, Kooky Science Ser.). (ENG.). 48p. (gr. 5-5). pap. 12.70 *(978-1-9785-1377-8(1))*, e166138a-5340-4a16-be63-89bbbe1a83ae) Enslow Publishing, LLC.

Monstruo, 12 bks., Set. Ellen Blance. Incl. Monstruo Compre un Animalito. Ann Cook. 1.98 *(978-0-8372-3482-3(4))*; Monstruo Encuentra Trabajo. Tony Cook. 1.98 *(978-0-8372-3485-4(9))*; Monstruo, la Senorita Monstruo y el Paseo en Bicicleta. Tony Cook. 1.98 *(978-0-8372-3488-5(3))*; Monstruo Recorre la Ciudad. Tony Cook. 1.98 *(978-0-8372-3490-8(5))*; Monstruo Va a la Playa. Tony Cook. 1.98 *(978-0-8372-3479-3(4))*; Monstruo Va Al Circo. Tony Cook. 1.98 *(978-0-8372-3483-0(2))*; Monstruo Va Al Hospital. Tony Cook. 1.98 *(978-0-8372-3489-2(1))*; Monstruo y el Muro. Tony Cook. 1.98 *(978-0-8372-3487-8(5))*; Monstruo y la Galleta de Sorpresa. Tony Cook. 1.98 *(978-0-8372-3486-1(7))*; Monstruo y la Liquidacion de Juguetes. Tony Cook. 1.98 *(978-0-8372-3480-9(8))*; Plan de la Senorita Monstruo. Tony Cook. 1.98 *(978-0-8372-3481-6(6))*; Senorita Monstruo Ayuda. Tony Cook. 1.98 *(978-0-8372-3484-7(0))*; (J). (Illus.). Set pap. 215.00 *(978-0-8372-3493-9(X))* Bowmar/Noble Pubs.

Monstruo bajo la cama solicita niño al que asustar. José Luis Zárate. 2022. (SPA.). 56p. (J). (gr. 4-7). pap. 10.95 *(978-607-557-155-3(8))* Editorial Oceano de Mexico MEX. Dist: Independent Pubs. Group.

Monstruo Color. Ed. by Ediciones Larousse. 2022. (SPA.). 448p. (J). (gr. -1-k). pap. 4.95 *(978-607-21-0464-8(9))* Larousse, Ediciones, S. A. de C. V. MEX. Dist: Independent Pubs. Group.

Monstruo de Barro. Jonnie Wild. 2020. (SPA., Illus.). 40p. (J). (gr. -1-2). 17.95 *(978-84-9145-319-2(9))*, Picarona Editorial) Ediciones Obelisco ESP. Dist: Spanish Pubs., LLC.

Monstruo de Colores, en cartoné. Anna Llenas Serra. 2017. (SPA.). 20p. (J). (gr. k-k). bds. *(978-84-946035-7-0(4))* Editorial Flamboyant ESP. Dist: Lectorum Pubns., Inc.

Monstruo de Mongolia. Ichinnorov Ganbaatar. 2017. (SPA.). 36p. (J). (gr. 2-4). 16.99 *(978-84-946699-6-5(6))* Ekare, Ediciones VEN. Dist: Lectorum Pubns., Inc.

Monstruo Del Armario Existe ¡y Te lo Voy a Demostrar! Antoine Dole. 2018. (SPA.). 36p. (J). (gr. k-2). 25.99 *(978-84-9142-121-4(1))* Algar Editorial, Feditres, S.L. ESP. Dist: Lectorum Pubns., Inc.

Monstruo Del Cajon. Pamela Cerdeira. Illus. by Vania Lecuona. 2019. (SPA.). 76p. (J). (gr. -1-3). 12.95 *(978-607-748-144-7(0))*, Uranito) Ediciones Urano de México MEX. Dist: Spanish Pubs., LLC.

Monstruo Del Miedo/Juego de Valientes. Maria Ines Balbin. 2021. (SPA.). 48p. (J). pap. 12.99 *(978-607-8712-75-5(6))* V&R Editoras.

Monstruo en los Manglares (Monster in the Mangroves) Reese Everett. Illus. by Sally Garland. 2017. (Beginning Chapter Bks.). (SPA.). 48p. (gr. k-3). pap. 8.95 *(978-1-68342-248-8(1))*, 9781683422488) Rourke Educational Media.

Monstruo Más Feo Del Mundo. Luis Amavisca. Illus. by Erica Salcedo. 2021. 36p. (J). 15.99 *(978-84-17673-75-8(X))* NubeOcho Ediciones ESP. Dist: Consortium Bk. Sales & Distribution.

Monstruos: Libro para Colorear Niños. Bold Illustrations. 2017. (SPA., Illus.). (J). pap. 8.35 *(978-1-64193-081-9(0))*, Bold Illustrations) FASTLANE LLC.

Monstruos Devices. Pequeños Robots Malvados / Monster Devices. Damien Love. 2019. (SPA.). 384p. (J). (gr. 4-7). pap. 14.95 *(978-607-31-8381-9(X))*, Alfaguara) Penguin Random House Grupo Editorial ESP. Dist: Penguin Random Hse. LLC.

Monstruos Ordinarios. J. M. Miro. 2022. (SPA.). 624p. (YA). pap. 17.95 *(978-607-07-8927-4(X))* Editorial Planeta, S. A. ESP. Dist: Two Rivers Distribution.

Montagne Mère: Vous Pouvez Grimper Mt. Everest. Mitch A. Lewis. Illus. by Stefanie St Denis. (ENG.). 80p. (J). 2022. pap. ***(978-0-2288-8757-7(7))***; 2021. *(978-0-2288-6315-1(5))* Tellwell Talent.

Montague Newburgh, or the Mother & Son, Vol. 2 of 2 (Classic Reprint) Alicia Catherine Mant. (ENG., Illus.). (J). 2018. 260p. 29.26 *(978-0-267-30238-3(X))*; 2016. pap. 11.97 *(978-1-333-22389-2(7))* Forgotten Bks.

Montague Newburgh, Vol. 1 Of 2: Or, the Mother & Son (Classic Reprint) Alicia Catherine Mant. 2018. (ENG., Illus.). 360p. (J). 31.34 *(978-0-483-77080-5(9))* Forgotten Bks.

Montague Twins #2: the Devil's Music: (a Graphic Novel) Nathan Page. Illus. by Drew Shannon. 2022. (Montague Twins Ser.: 2). 320p. (YA). (gr. 7). 25.99 *(978-0-525-64680-8(9))*; pap. 17.99 *(978-0-525-64681-5(7))* Random Hse. Children's Bks. (Knopf Bks. for Young Readers).

Montague Twins: the Witch's Hand: (a Graphic Novel) Nathan Page. Illus. by Drew Shannon. 2020. (Montague Twins Ser.: 1). 352p. (YA). (gr. 7). pap. 17.99 *(978-0-525-64677-8(9))*, Knopf Bks. for Young Readers) Random Hse. Children's Bks.

Montalbert, Vol. 1 Of 3: A Novel (Classic Reprint) Charlotte Turner Smith. (ENG., Illus.). (J). 2018. 268p. 29.44 *(978-0-483-79897-7(5))*; 2016. pap. 11.97 *(978-1-334-50487-7(3))* Forgotten Bks.

Montalbert, Vol. 2 Of 3: A Novel (Classic Reprint) Charlotte Turner Smith. 2018. (ENG., Illus.). 266p. (J). 29.40 *(978-0-483-40875-3(1))* Forgotten Bks.

Montalbert, Vol. 3 Of 3: A Novel (Classic Reprint) Charlotte Smith. 2017. (ENG., Illus.). (J). 30.70 *(978-0-265-72588-7(7))*; pap. 13.57 *(978-1-5276-8568-0(3))* Forgotten Bks.

Montana, 1 vol. John Hamilton. 2016. (United States of America Ser.). (ENG., Illus.). 48p. (J). (gr. 5-9). 34.21 *(978-1-68078-328-5(9))*, 21641, Abdo & Daughters) ABDO Publishing Co.

Montana. Ann Heinrichs. Illus. by Matt Kania. 2017. (U. S. A. Travel Guides). (ENG.). 40p. (J). (gr. 2-5). lib. bdg. 38.50 *(978-1-5038-1966-5(3))*, 211603) Child's World, Inc, The.

Montana. Jordan Mills & Bridget Parker. 2016. (States Ser.). (ENG., Illus.). 32p. (J). (gr. 3-6). lib. bdg. 27.99 *(978-1-5157-0413-3(0))*, 132024, Capstone Pr.) Capstone.

Montana. Jane Vernon. 2022. (Core Library of US States Ser.). (ENG., Illus.). 48p. (J). (gr. 4-8). lib. bdg. 35.64 *(978-1-5321-9767-3(5))*, 39625) ABDO Publishing Co.

Montana: Children's American Local History Book. Bold Kids. 2022. (ENG.). 46p. (J). pap. 14.99 *(978-1-0717-1070-8(2))* FASTLANE LLC.

Montana: Discover Pictures & Facts about Montana for Kids! Bold Kids. 2021. (ENG.). 32p. (J). pap. 11.99 *(978-1-0717-0816-3(3))* FASTLANE LLC.

Montana: The Treasure State. Krista McLuskey. 2016. (J). *(978-1-4896-4893-8(3))* Weigl Pubs., Inc.

Montana (a True Book: My United States) (Library Edition) Josh Gregory. 2018. (True Book (Relaunch) Ser.). (ENG., Illus.). 48p. (J). (gr. 3-5). 31.00 *(978-0-531-23563-8(7))*, Children's Pr.) Scholastic Library Publishing.

montaña cualquiera. Fran Pintadera. 2018. (SPA.). 36p. (J). *(978-84-16003-96-9(3))* Takatuka.

montaña de libros más alta del mundo. Illus. by Rocio Bonilla Raya. 2018. (SPA.). (J). *(978-84-9142-050-7(9))* Algar Editorial, Feditres, S.L.

Montaña de Problemas / Cuphead in a Mountain of Trouble. Ron Bates. 2023. (Cuphead Ser.: 2). (SPA.). 272p. (J). (gr. 4-7). 17.95 ***(978-84-19366-86-3(2))***, Alfaguara) Penguin Random House Grupo Editorial ESP. Dist: Penguin Random Hse. LLC.

Montana History for Kids in 50 Objects: With 50 Fun Activities. Steph Lehman. Illus. by Steph Lehman. 2021. (ENG.). (J). pap. 18.95 *(978-1-56037-789-4(5))* Farcountry Pr.

Montaña Madre: Puedes Escalar el Mt. Everest. Mitch A. Lewis. Illus. by Stefanie St Denis. (SPA.). 80p. (J). 2022. pap. ***(978-0-2288-6309-0(0))***; 2021. *(978-0-2288-5779-2(1))* Tellwell Talent.

Montana Mustang. Connie Squiers. I.t. ed. 2021. (ENG.). 126p. (J). pap. 8.99 *(978-1-64970-016-2(4))* Primedia eLaunch LLC.

Montañas. Nick Rebman. 2017. (Ciencia de la Tierra Ser.). (SPA.). 16p. (J). (gr. -1-2). pap. 7.95 *(978-1-68320-113-7(2))*, 16929) RiverStream Publishing.

Montañas / Mountains, 1 vol. Jagger Youssef. Tr. by Eida de la Vega. 2017. (¡Nuestra Maravillosa Tierra! / Our Exciting Earth! Ser.). (ENG & SPA.). 24p. (J). (gr. k-k). lib. bdg. 24.27 *(978-1-5382-1535-7(7))*, e9c0c2f1-e0af-4997-8ca8-be884091be68) Stevens, Gareth Publishing LLLP.

Montana's New Day. Pamela Nightingale. Illus. by Christa Clopton. 2021. (ENG.). 36p. (J). 23.99 ***(978-1-7368626-0-5(X))*** Poco Bks.

Montañas Rusas (Roller Coasters) Grace Hansen. 2018. (En el Parque de Atracciones (Amusement Park Rides) Ser.). (SPA.). 24p. (J). (gr. -1-2). lib. bdg. 32.79 *(978-1-5321-8384-3(4))*, 29961, Abdo Kids) ABDO Publishing Co.

Monte Carlo: A Novel (Classic Reprint) Margaret De Vere Stacpoole. 2018. (ENG., Illus.). 378p. (J). 31.71 *(978-0-483-78310-2(2))* Forgotten Bks.

Monte Felis (Classic Reprint) Mary Brearley. (ENG., Illus.). (J). 2018. 288p. 29.86 *(978-0-656-34342-3(7))*; 2017. pap. 13.57 *(978-0-243-40145-1(0))* Forgotten Bks.

Monte Rushmore. Kaite Goldsworthy. 2017. (Los Símbolos Estadounidenses Ser.). (SPA.). 24p. (J). lib. bdg. 23.99 *(978-1-5105-2386-9(3))* SmartBook Media, Inc.

Monte Rushmore (Mount Rushmore) Julie Murray. 2017. (Lugares Simbólicos de Los Estados Unidos (US Landmarks) Ser.). (SPA.). 24p. (J). (gr. -1-2). lib. bdg. 31.36 *(978-1-5321-0189-2(9))*, 25204, Abdo Kids) ABDO Publishing Co.

Monte Santa Helena la Explosión de una Montaña: Leveled Reader Book 83 Level N 6 Pack. Hmh Hmh. 2020. (SPA.). 16p. (J). pap. 74.40 *(978-0-358-08391-7(5))* Houghton Mifflin Harcourt Publishing Co.

Monte Takes the Lead. Chanitta Westbrooks. Illus. by Aldonte Flonnoy. 2020. (ENG.). 26p. (J). pap. 11.99 *(978-0-578-77889-1(0))* Minds With Motives.

Monte Video, or the Officer's Wife & Her Sister, Vol. 2: A Novel (Classic Reprint) Elizabeth Thomas. 2017. (ENG., Illus.). (J). 30.04 *(978-0-331-09024-6(4))*; pap. 13.57 *(978-0-260-23815-3(5))* Forgotten Bks.

Montes the Matador; & Other Stories. Frank Harris. 2017. (ENG., Illus.). (J). pap. *(978-0-649-38634-5(5))* Trieste Publishing Pty Ltd.

Montes the Matador; & Other Stories. Frank Harris. 2017. (ENG., Illus.). (J). pap. *(978-0-649-65160-3(X))* Trieste Publishing Pty Ltd.

Montes the Matador & Other Stories (Classic Reprint) Frank Harris. 2017. (ENG., Illus.). (J). 29.34 *(978-1-5282-8399-1(6))* Forgotten Bks.

Montesquieu & the Spirit of Laws. Kevin Hall. 2016. (J). lib. bdg. *(978-1-68048-546-2(6))* Rosen Publishing Group, Inc., The.

Montessori Activity Book: Spring-Themed Montessori Activities Book for Toddlers, Montessori Toddler Book, Educational & Fun Activities. Craftgenie. 2021. (ENG.). 182p. (J). 37.99 *(978-1-63996-005-7(8))*; pap. 23.99 *(978-1-63996-004-0(X))* Pr.Ville.

Montessori Activity Book: Winter-Themed Montessori Activities Book for Toddlers, Montessori Toddler Book, Educational & Fun Activities. Craftgenie. 2021. (ENG.). 174p. (J). 36.99 *(978-1-63996-007-1(4))*; pap. 22.99 *(978-1-63996-006-4(6))* Pr.Ville.

Montessori Book of Coordination & Life Skills. Maja Pitamic. 2022. (ENG.). 176p. pap. 18.99 *(978-1-4380-9000-9(5))* Sourcebooks, Inc.

Montessori Book of Words & Numbers. Maja Pitamic. 2022. (ENG.). 176p. pap. 18.99 *(978-1-4380-8999-7(6))* Sourcebooks, Inc.

Montessori Friendly Worksheets for Kindergarten. Agnieszka Swiatkowska-Sulecka. 2022. (ENG.). 106p. (J). pap. *(978-1-4717-0201-3(4))* Lulu Pr., Inc.

Montessori from the Start: A Complete Guide to Apply the Montessori Method at Home to Nurture a Happy, Smart & Sensible Child. Laurie Alber. 2020. (ENG.). 202p. (J). pap. ***(978-1-80157-355-9(7))*** Charlie Creative Lab.

Montessori Method. Maria Montessori. 2018. (ENG., Illus.). 272p. (J). 24.99 *(978-1-5154-3477-1(X))* Wilder Pubns., Corp.

Montessori Method: My First Book of Feelings. The Montessori The Montessori Method. 2021. (ENG., Illus.). 22p. (J). (— 1). bds. 7.99 *(978-0-593-17315-2(5))*, Rodale Kids) Random Hse. Children's Bks.

Montessori: Planet Work. Bobby George. Illus. by Alyssa Nassner. 2020. (Montessori Ser.). (ENG.). 24p. (J). (gr. -1-k). bds. 10.99 *(978-1-4197-4368-9(6))*, 1685810) Abrams, Inc.

Montessori Schools: As Seen in the Early Summer of 1913 (Classic Reprint) Jessie White. 2017. (ENG., Illus.). (J). 27.79 *(978-1-5284-7892-2(4))* Forgotten Bks.

Montessori: Seed Work. Bobby George. Illus. by Alyssa Nassner. 2022. (Montessori Ser.). (ENG.). 22p. (J). (gr. -1-k). bds. 10.99 *(978-1-4197-4369-6(4))*, 1685910, Abrams Appleseed) Abrams, Inc.

Montessori Workbook for Preschoolers - Animals Theme. Agnieszka Swiatkowska-Sulecka. 2022. (ENG.). 128p. (J). pap. 25.35 *(978-1-4717-3236-2(3))* Lulu Pr., Inc.

Montezuma II, 1 vol. Elizabeth Schulz. 2017. (Great Military Leaders Ser.). (ENG.). 128p. (YA). (gr. 9-9). 47.36 *(978-1-5026-2789-6(2))*, 922400b8-71f4-4451-b223-951ff9855275) Cavendish Square Publishing LLC.

Montezuma's Castle, & Other Weird Tales (Classic Reprint) Charles Barney Cory. (ENG., Illus.). (J). 2018. 274p. 29.57 *(978-0-267-55480-5(X))*; 2016. pap. 11.97 *(978-1-333-63051-5(4))* Forgotten Bks.

Montgomery Eugene Cobblesworth Picks Up. Aaron Dietzen. 2017. (ENG., Illus.). (J). (gr. k-2). 21.99 *(978-0-692-91147-1(2))* Cobblesworth Studio.

Montgomery Street Gang. Emily C. Ramsdell. 2021. (ENG., Illus.). 74p. (J). 27.95 *(978-1-63814-734-3(5))*; pap. 17.95 *(978-1-63814-732-9(9))* Covenant Bks.

Month & a Day Meet April Thursday. Britney Harris. 2016. (Month & a Day Meet April Thursday Ser.: Vol. 1). (ENG., Illus.). (J). (gr. 3-4). pap. 7.99 *(978-0-9916537-6-8(9))* Woodberry International Publishing.

Month at Ashfield Farm: Or, Ellen & Robert's First Journey from Home (Classic Reprint) Unknown Author. 2018. (ENG., Illus.). 146p. (J). 26.91 *(978-0-483-81812-5(7))* Forgotten Bks.

Month at Constantinople (Classic Reprint) Albert Smith. 2017. (ENG., Illus.). (J). 29.30 *(978-0-331-10714-2(7))* Forgotten Bks.

Month at Gastein, or Footfalls in the Tyrol: With Twenty-One Illustrations (Classic Reprint) Unknown Author. (ENG., Illus.). (J). 2017. 30.68 *(978-0-266-50841-0(3))*; 2016. pap. 13.57 *(978-1-334-21400-4(X))* Forgotten Bks.

Month in Town, Vol. 1 Of 3: A Satirical Novel (Classic Reprint) John Agg. 2018. (ENG., Illus.). (J). 598p. 36.23 *(978-1-396-20926-0(3))*; 600p. pap. 19.57 *(978-1-390-89720-3(6))* Forgotten Bks.

Month in Yorkshire (Classic Reprint) Walter White. (ENG., Illus.). (J). 2018. 400p. 32.15 *(978-0-483-72343-6(6))*; 2016. pap. 13.57 *(978-1-334-15884-1(3))* Forgotten Bks.

Monthly Messenger: A Repository of Information; Comprising Original Articles on Various Subjects, & Select & Elegant Extracts from the Writings of Both Ancient & Modern Authors; Interspersed with Remarks Critical & Explanatory. James Napier Bailey. (ENG., Illus.). (J). 2018. 230p. 28.64 *(978-0-484-45592-3(3))*; 2017. pap. 11.57 *(978-0-282-54291-7(4))* Forgotten Bks.

Monthly Packet of Evening Readings for Members of the English Church, Vol. 1: Parts I. to VI., Jan. -June, 1891 (Classic Reprint) Charlotte Mary Yonge. (ENG., Illus.). (J). 2018. 678p. 37.90 *(978-0-267-00299-3(8))*; 2017. pap. 20.57 *(978-0-243-95174-1(4))* Forgotten Bks.

Monthly Packet of Evening Readings for Members of the English Church, Vol. 1: Parts I. to VI. January-June, 1881 (Classic Reprint) Charlotte Mary Yonge. (ENG., Illus.). (J). 2018. 628p. 36.85 *(978-0-484-79629-3(1))*; 2016. pap. 19.57 *(978-1-334-14310-6(2))* Forgotten Bks.

Monthly Packet of Evening Readings for Members of the English Church, Vol. 10: July December, 1885 (Classic Reprint) Charlotte M. Yonge. (ENG., Illus.). (J). 2018. 602p. 36.33 *(978-0-332-30344-4(6))*; 2017. pap. 19.57 *(978-0-259-00598-8(3))* Forgotten Bks.

Monthly Packet of Evening Readings for Members of the English Church, Vol. 10: Parts LV to LX; July-December, 1870 (Classic Reprint) Charlotte Mary Yonge. (ENG., Illus.). (J). 2018. 640p. 37.12 *(978-0-267-00257-3(2))*; 2017. pap. 19.57 *(978-0-243-93628-1(1))* Forgotten Bks.

Monthly Packet of Evening Readings for Members of the English Church, Vol. 11: Parts LXI. to LXVI., January-June, 1886 (Classic Reprint) Charlotte Mary Yonge. 2017. (ENG., Illus.). (J). 36.42 *(978-0-265-72369-2(8))*; pap. 19.57 *(978-1-5276-8223-8(4))* Forgotten Bks.

Monthly Packet of Evening Readings for Members of the English Church, Vol. 11: Parts LXI to LXVI; January-June 1871 (Classic Reprint) Charlotte Mary Yonge. 2018. (ENG., Illus.). (J). 638p. 37.08 *(978-1-396-34843-3(3))*; 640p. pap. 19.57 *(978-1-390-90047-7(9))* Forgotten Bks.

Monthly Packet of Evening Readings for Members of the English Church, Vol. 12: Parts 67-72; July-December 1886 (Classic Reprint) Charlotte Mary Yonge. 2017. (ENG., Illus.). (J). 36.33 *(978-0-265-68033-9(6))*; pap. 19.57 *(978-1-5276-4981-1(4))* Forgotten Bks.

Monthly Packet of Evening Readings for Members of the English Church, Vol. 12: Parts LXVII. to LXXII., July-December, 1871 (Classic Reprint) Charlotte Mary Yonge. (ENG., Illus.). (J). 2018. 634p. 36.99 *(978-0-666-27705-3(2))*; 2017. pap. 19.57 *(978-0-243-99329-1(3))* Forgotten Bks.

Monthly Packet of Evening Readings for Members of the English Church, Vol. 13: Parts LXXIII to LXXVII; January-June 1872 (Classic Reprint) Charlotte Mary Yonge. 2017. (ENG., Illus.). (J). 36.83 *(978-0-331-05287-9(3))*; pap. 19.57 *(978-1-5279-9428-7(7))* Forgotten Bks.

Monthly Packet of Evening Readings for Members of the English Church, Vol. 13: Parts LXXIII. to LXXVIII., January June, 1887 (Classic Reprint) Charlotte Mary Yonge. 2018. (ENG., Illus.). 604p. (J). 36.35 *(978-0-483-49618-7(9))* Forgotten Bks.

Monthly Packet of Evening Readings for Members of the English Church, Vol. 14: Parts LXXIX. to LXXXIV., July-December, 1887 (Classic Reprint) Charlotte Mary Yonge. 2017. (ENG., Illus.). (J). 36.37 *(978-0-266-72367-7(5))*; pap. 19.57 *(978-1-5279-0000-4(2))* Forgotten Bks.

Monthly Packet of Evening Readings for Members of the English Church, Vol. 15: Parts LXXXV to XC; January-June, 1888 (Classic Reprint) Charlotte M. Yonge. 2017. (ENG., Illus.). (J). 36.19 *(978-0-265-73674-6(9))*; pap. 19.57 *(978-1-5277-0057-4(7))* Forgotten Bks.

Monthly Packet of Evening Readings for Members of the English Church, Vol. 17: Parts XCVII to CII; January-June, 1874 (Classic Reprint) Charlotte Mary Yonge. (ENG., Illus.). (J). 2018. 658p. 37.49 *(978-0-332-35022-6(3))*; 2017. pap. 19.97 *(978-0-243-97818-2(9))* Forgotten Bks.

Monthly Packet of Evening Readings for Members of the English Church, Vol. 17: Third Series; Parts XCVII to CII; January-June, 1889 (Classic Reprint) Charlotte Mary Yonge. 2017. (ENG., Illus.). (J). 36.25 *(978-0-265-71975-6(5))*; pap. 19.57 *(978-1-5276-7602-2(1))* Forgotten Bks.

Monthly Packet of Evening Readings for Members of the English Church, Vol. 18: Parts CIII. to CVIII.; July December, 1874 (Classic Reprint) Charlotte Mary Yonge. (ENG., Illus.). (J). 2018. 664p. 37.59 *(978-0-483-72342-9(8))*; 2016. pap. 19.97 *(978-1-334-13089-2(2))* Forgotten Bks.

Monthly Packet of Evening Readings for Members of the English Church, Vol. 18: Parts CIII. to CVIII., July-December, 1889 (Classic Reprint) Charlotte Mary Yonge. 2017. (ENG., Illus.). (J). pap. 19.57 *(978-0-243-23927-6(0))* Forgotten Bks.

Monthly Packet of Evening Readings for Members of the English Church, Vol. 19: Parts 109 to 114; January-June, 1890 (Classic Reprint) Charlotte Mary Yonge. (ENG., Illus.). (J). 2018. 606p. 36.42 *(978-0-483-33496-0(0))*; 2016. pap. 19.57 *(978-1-334-15492-8(9))* Forgotten Bks.

Monthly Packet of Evening Readings for Members of the English Church, Vol. 19: Parts CIX. to CXIV., January-June, 1875 (Classic Reprint) Charlotte Mary Yonge. (ENG., Illus.). (J). 2018. 654p. 37.41 *(978-0-483-13669-4(7))*; 2017. pap. 19.97 *(978-0-243-59180-0(2))* Forgotten Bks.

Monthly Packet of Evening Readings for Members of the English Church, Vol. 2: Parts VII to XII; July-Dec., 1891 (Classic Reprint) Charlotte Mary Yonge. 2017. (ENG., Illus.). (J). 718p. 38.71 *(978-0-332-62990-2(2))*; 720p. pap. 23.57 *(978-0-243-58367-6(2))* Forgotten Bks.

Monthly Packet of Evening Readings for Members of the English Church, Vol. 20: Parts 115 to 120, July-December, 1890 (Classic Reprint) Charlotte Mary Yonge. (ENG., Illus.). (J). 2018. 600p. 36.29 *(978-0-364-46041-2(5))*; 2017. pap. 19.57 *(978-0-259-22807-3(9))* Forgotten Bks.

Monthly Packet of Evening Readings for Members of the English Church, Vol. 20: Parts CXV. to CXX.; July-December, 1875 (Classic Reprint) Charlotte Mary Yonge. (ENG., Illus.). (J). 2018. 582p. 35.92 *(978-0-267-00272-6(6))*; 2017. pap. 19.57 *(978-0-243-93815-5(2))* Forgotten Bks.

M

Monthly Packet of Evening Readings for Members of the English Church, Vol. 28 (Classic Reprint) Charlotte Mary Yonge. 2018. (ENG., Illus.). 632p. (J). 36.93 *(978-0-483-84747-7(X))* Forgotten Bks.

Monthly Packet of Evening Readings for Members of the English Church, Vol. 3: Parts XIII. to XVIII.; Jan. -June, 1892 (Classic Reprint) Charlotte Mary Yonge. 2017. (ENG., Illus.). (J). 38.85 *(978-0-265-68111-4(1))*; pap. 23.57 *(978-1-5276-5171-5(1))* Forgotten Bks.

Monthly Packet of Evening Readings for Members of the English Church, Vol. 3: Parts XIII. to XVIII. , January-June, 1882 (Classic Reprint) Charlotte Mary Yonge. (ENG., Illus.). (J). 2018. 618p. 36.66 *(978-0-483-42522-4(2))*; 2016. pap. 19.57 *(978-1-334-26334-7(5))* Forgotten Bks.

Monthly Packet of Evening Readings for Members of the English Church, Vol. 30 (Classic Reprint) Charlotte Mary Yonge. (ENG., Illus.). (J). 2018. 634p. 36.99 *(978-0-483-66224-7(0))*; 2017. pap. 19.57 *(978-0-243-27918-0(3))* Forgotten Bks.

Monthly Packet of Evening Readings for Members of the English Church, Vol. 4: Parts XIX to XXIV; July-December, 1867 (Classic Reprint) Charlotte Mary Yonge. 2017. (ENG., Illus.). (J). 37.20 *(978-0-266-73712-4(9))*; pap. 19.57 *(978-1-5277-0118-2(2))* Forgotten Bks.

Monthly Packet of Evening Readings for Members of the English Church, Vol. 5: Parts XXV. to XXX. , January-June, 1883 (Classic Reprint) Charlotte Mary Yonge. 2017. (ENG., Illus.). (J). 36.21 *(978-0-266-73112-2(0))*; pap. 19.57 *(978-1-5276-9216-9(7))* Forgotten Bks.

Monthly Packet of Evening Readings for Members of the English Church, Vol. 5: Parts XXVI. to XXX. , January-June, 1868 (Classic Reprint) Charlotte Mary Yonge. 2017. (ENG., Illus.). (J). 37.03 *(978-0-266-68094-9(1))*; pap. 19.57 *(978-1-5276-5155-5(X))* Forgotten Bks.

Monthly Packet of Evening Readings for Members of the English Church, Vol. 84: Parts CCCCXCVII. to DII. , July-Dec. , 1892 (Classic Reprint) Charlotte Mary Yonge. 2017. (ENG., Illus.). (J). 38.81 *(978-0-265-97219-9(1))*; pap. 23.57 *(978-1-5278-4912-9(0))* Forgotten Bks.

Monthly Packet of Evening Readings for Members of the English Church, Vol. 9: Parts XLIX to LIV, January-June, 1870 (Classic Reprint) Charlotte Mary Yonge. 2017. (ENG., Illus.). (J). 36.95 *(978-0-266-75171-7(7))*; pap. 19.57 *(978-1-5277-2290-3(2))* Forgotten Bks.

Monthly Packet of Evening Readings for Younger Members of the English Church, Vol. 16: Parts XCI. to XCVI. , July-December, 1888 (Classic Reprint) Charlotte Mary Yonge. 2017. (ENG., Illus.). (J). 36.27 *(978-0-265-72757-7(X))*; pap. 19.57 *(978-1-5276-8772-1(4))* Forgotten Bks.

Monthly Packet of Evening Readings, Vol. 26: For Members of the English Church, July December, 1878 (Classic Reprint) Charlotte M. Yonge. 2017. (ENG., Illus.). (J). 628p. 36.85 *(978-0-332-18034-2(4))*; pap. 19.57 *(978-0-259-24354-0(X))* Forgotten Bks.

Monthly Packet of Evening Readings, Vol. 4: For Members of the English Church (Classic Reprint) Charlotte M. Yonge. 2018. (ENG., Illus.). 606p. (J). 36.42 *(978-0-484-05699-1(9))* Forgotten Bks.

Monthly Packet of Evening Readings, Vol. 6: For Members of the English Church; July December, 1868 (Classic Reprint) Charlotte Mary Yonge. 2018. (ENG., Illus.). (J). 36.99 *(978-0-331-97922-0(5))* Forgotten Bks.

Monthly Packet of Evening Readings, Vol. 7 (Classic Reprint) Charlotte Mary Yonge. (ENG., Illus.). (J). 2018. 622p. 36.73 *(978-0-365-28993-7(0))*; 2017. pap. 19.57 *(978-0-259-23321-3(8))* Forgotten Bks.

Monthly Packet of Evening Readings, Vol. 8: For Members of the English Church; Parts XLIII. to XLVIII. July December, 1884 (Classic Reprint) Charlotte M. Yonge. 2018. (ENG., Illus.). 606p. (J). 36.42 *(978-0-483-21305-0(5))* Forgotten Bks.

Monthly Packet of Evening Readings, Vol. 9: For Members of the English Church; January June, 1885 (Classic Reprint) Charlotte M. Yonge. (ENG., Illus.). (J). 2018. 626p. 36.83 *(978-0-483-21304-3(7))*; 2016. pap. 19.57 *(978-1-334-52617-6(6))* Forgotten Bks.

Monthly Packet or Evening Readings for Members of the English Church, Vol. 29: Parts 169 to 174, January-June, 1880 (Classic Reprint) Charlotte Mary Yonge. (ENG., Illus.). (J). 2018. 628p. 36.87 *(978-0-364-55597-2(1))*; 2016. pap. 19.57 *(978-1-333-26156-6(X))* Forgotten Bks.

Monthly Packet, Vol. 21 (Classic Reprint) Charlotte Mary Yonge. 2017. (ENG., Illus.). (J). 596p. 36.19 *(978-0-484-68923-6(1))*; pap. 19.57 *(978-0-259-40251-0(6))* Forgotten Bks.

Monthly Packet, Vol. 25 (Classic Reprint) Charlotte Mary Yonge. 2017. (ENG., Illus.). (J). 636p. 37.03 *(978-0-332-52146-6(X))*; pap. 19.57 *(978-0-259-50908-0(6))* Forgotten Bks.

Monthly Packet, Vol. 88: Half-Yearly Volume; Parts DXXI. to DXXVI. , July-Dec. , 1894 (Classic Reprint) Christabel R. Coleridge. 2017. (ENG., Illus.). (J). pap. 23.57 *(978-0-243-55866-7(X))* Forgotten Bks.

Monthly Packet, Vol. 88: Half-Yearly Volume; Parts DXXI. to DXXVI. , July-Dec. , 1894 (Classic Reprint) Christabel Rose Coleridge. 2018. (ENG., Illus.). 764p. (J). 39.67 *(978-0-483-78447-5(8))* Forgotten Bks.

Monthly Packet, Vol. 94: Half-Yearly Volume; Parts DLVII. to DLXII.; July-Dec. 1897 (Classic Reprint) Christabel R. Coleridge. 2017. (ENG., Illus.). (J). 38.83 *(978-0-265-74125-2(4))*; pap. 23.57 *(978-1-5277-0705-4(9))* Forgotten Bks.

Monthly Packet, Vol. 95: Half-Yearly Volume; Parts DLXIII to DLXVIII, Jan. -June, 1898 (Classic Reprint) Christabel Rose Coleridge. 2017. (ENG., Illus.). (J). 38.79 *(978-0-265-72839-0(8))*; pap. 23.57 *(978-1-5276-8875-9(5))* Forgotten Bks.

Monthly Packet, Vol. 96: Half-Yearly Volume (Classic Reprint) Charlotte Mary Yonge. 2017. (ENG., Illus.). (J). 726p. 38.87 *(978-0-484-12106-4(5))*; pap. 23.57 *(978-1-5276-3062-8(5))* Forgotten Bks.

Monthly Packet, Vol. 97: Half-Yearly Volume; Parts DLXXV. to DLXXX. , January-June, 1899 (Classic Reprint) Christabel R. Coleridge. 2017. (ENG., Illus.). (J). pap. 23.57 *(978-0-243-55509-3(1))* Forgotten Bks.

Monthly Packet, Vol. 97: Half-Yearly Volume; Parts DLXXV. to DLXXX. , January-June, 1899 (Classic Reprint) Christabel Rose Coleridge. 2018. (ENG., Illus.). 722p. (J). 38.81 *(978-0-428-83703-7(4))* Forgotten Bks.

Month's Caravan Tour Through Five Counties (Classic Reprint) Fleur De Lys. 2018. (ENG., Illus.). 128p. (J). 26.54 *(978-0-364-63087-7(6))* Forgotten Bks.

Months of the Year. Emma Bernay & Emma Carlson Berne. Illus. by Tim Palin. 2019. (Patterns of Time Ser.). (ENG.). 24p. (J). (gr. -1-2). pap. 7.95 *(978-1-68410-436-9(X)*, 141231); lib. bdg. 33.99 *(978-1-68410-409-3(2)*, 141219) Cantata Learning.

Months of the Year. Denise Duguay. 2018. (Teachings by Milou Ser.). (ENG., Illus.). 32p. (J). *(978-1-5255-1608-5(6))*; pap. *(978-1-5255-1609-2(4))* FriesenPress.

Months of the Year, 12 vols., Set. Mari Kesselring. Incl. April. Illus. by Brian Caleb Dumm. 31.36 *(978-1-60270-631-6(X)*, 11569); August. Illus. by Roberta Collier-Morales. 31.36 *(978-1-60270-635-4(2)*, 11577); December. Illus. by Paige Billin-Frye. 31.36 *(978-1-60270-639-2(5)*, 11585); February. Illus. by Paige Billin-Frye. 31.36 *(978-1-60270-629-3(8)*, 11565); January. Illus. by Paige Billin-Frye. 31.36 *(978-1-60270-628-6(X)*, 11563); July. Illus. by Roberta Collier-Morales. 31.36 *(978-1-60270-634-7(4)*, 11575); June. Illus. by Roberta Collier-Morales. 31.36 *(978-1-60270-633-0(6)*, 11573); March. Illus. by Brian Caleb Dumm. 31.36 *(978-1-60270-630-9(1)*, 11567); May. Illus. by Brian Caleb Dumm. 31.36 *(978-1-60270-632-3(8)*, 11571); November. Illus. by Ronnie Rooney. 31.36 *(978-1-60270-638-5(7)*, 11583); October. Illus. by Ronnie Rooney. 31.36 *(978-1-60270-637-8(9)*, 11581); September. Illus. by Ronnie Rooney. 31.36 *(978-1-60270-636-1(0)*, 11579); (J). (gr. k-2). (Months of the Year Ser.). (ENG.). 24p. 2009. 376.32 *(978-1-60270-627-9(1)*, 11561, Looking Glass Library) Magic Wagon.

Months of the Year (Classic Reprint) Pemberton Lloyd. 2018. (ENG., Illus.). 380p. (J). 31.82 *(978-0-484-56249-2(5))* Forgotten Bks.

Monticola, 1909 (Classic Reprint) West Virginia University. (ENG., Illus.). (J). 2018. 316p. 30.41 *(978-0-656-13380-2(5))*; 2017. pap. 13.57 *(978-0-259-97479-6(X))* Forgotten Bks.

Montmorency Montgomery Bear: The Bear with the Ginormous Heart. Terry Molloy. 2017. (ENG., Illus.). (J). (gr. 2-6). pap. *(978-0-9932043-6-4(8))* Nordic.

Montón de Sentimientos. Jennifer Moore-Mallinos. 2017. (SPA.). 96p. (J). (gr. k-2). 18.99 *(978-84-17079-47-5(5))* Pluton Ediciones ESP. Dist: Lectorum Pubns., Inc.

Montreal by Way of Chazy: And down the St. Lawrence River to Quebec (Classic Reprint) Allan Eric. 2019. (ENG., Illus.). 122p. (J). 26.43 *(978-0-267-67850-1(9))* Forgotten Bks.

Montreal Canadiens. Brendan Flynn. 2022. (NHL Teams Ser.). (ENG., Illus.). 32p. (J). (gr. 3-4). pap. 9.95 *(978-1-63494-519-6(0))*; lib. bdg. 31.35 *(978-1-63494-493-9(3))* Pr. Room Editions LLC.

Montreal Canadiens. Eric Zweig. 2017. (Original Six: Celebrating Hockey's History Ser.). (Illus.). 32p. (J). (gr. 5-5). *(978-0-7787-3439-0(0))* Crabtree Publishing Co.

Monty & Friends: Storytime - First Day of School. Rashad Meadows. l.t. ed. 2022. (Little Foot Academy Ser.). (ENG.). 36p. (J). 20.00 ***(978-1-0880-2524-6(2))*** Indy Pub.

Monty & Friends African Adventure: The Mission to Save Kaluwa. Mt Sanders. Illus. by Zoe Saunders. 2020. (ENG.). 38p. (J). (gr. k-5). pap. *(978-1-913071-51-6(0))* 2QT, Ltd. (Publishing).

Monty & I. Maia Kodrin. 2019. (ENG.). 34p. (J). pap. ***(978-0-359-76979-7(9))*** Lulu Pr., Inc.

Monty & Sylvester a Tale of Everyday Astronauts. Carly Gledhill. 2019. (Monty & Sylvester Ser.). (ENG., 32p. (J). (gr. -1-k). Illus.). pap. 9.99 *(978-1-4083-5177-2(3))*; 16.99 *(978-1-4083-5176-5(5))* Hachette Children's Group GBR. (Orchard Bks.). Dist: Hachette Bk. Group.

Monty & Sylvester a Tale of Everyday Super Heroes. Carly Gledhill. 2019. (Monty & Sylvester Ser.). (ENG., Illus.). 32p. (J). (gr. -1-k). 16.99 *(978-1-4083-5174-1(9)*, Orchard Bks.) Hachette Children's Group GBR. Dist: Hachette Bk. Group.

Monty & the Land of the Dinodogs. Mt Sanders. Illus. by Zoe Saunders. 2020. (ENG.). 36p. (J). pap. *(978-1-913071-60-8(X))* 2QT, Ltd. (Publishing).

Monty & the Monster. Rhonda Smiley. 2019. (ENG., Illus.). 232p. (J). (gr. 4-6). pap. 9.99 *(978-0-9984492-3-4(7))* Smiley, Rhonda.

Monty & the Mountain: A Modern Fairy Tale. Arthur H. Schurgin. Illus. by Nick A. Erickson. 2018. (ENG.). 36p. (J). pap. 10.00 *(978-0-692-10235-0(3))* schurgin, arthur.

Monty & the Ocean Rescue: A Plastic Disaster. Mt Sanders. Illus. by Zoe Saunders. 2019. (ENG.). 36p. (J). (gr. 1-3). *(978-1-913071-13-4(8))* 2QT, Ltd. (Publishing).

Monty & the Poodles. Katie Harnett. 2019. (ENG., Illus.). 40p. (J). (gr. k-2). 17.95 *(978-1-911171-77-5(1))* Flying Eye Bks. GBR. Dist: Penguin Random Hse. LLC.

Monty & the Slobbernosserus. Mt Sanders. Illus. by Rebecca Sharp. 2017. (ENG.). 40p. (J). (gr. k-3). pap. *(978-1-912014-79-8(3))* 2QT, Ltd. (Publishing).

Monty-Moo the Rabbit Says Get off My Tail. M. S. Diane Joan Carroll. Illus. by M. S. Diane Joan Carroll. 2018. (ENG., Illus.). 26p. (J). pap. *(978-1-78926-234-6(8))* Independent Publishing Network.

Monty Saves the Day. Jax Gooding. 2019. (ENG.). 38p. (J). pap. *(978-1-5289-1850-3(9))* Austin Macauley Pubs. Ltd.

Monty the Menace: Understanding Differences: Vision. Lonna Baum. Illus. by Dave Messing. 2019. (ENG.). 36p. (J). 22.00 *(978-1-64446-003-0(3))*; pap. 14.00 *(978-1-64446-004-7(1))* Rowe Publishing.

Monty the Menor's Magic. D. S. Harvey. 2019. (ENG.). 38p. (J). *(978-1-78878-857-1(5))*; pap. *(978-1-78878-856-4(7))* Austin Macauley Pubs. Ltd.

Monty's Many Meals. Lottie Henwood. 2021. (ENG.). 24p. (J). pap. *(978-1-83975-549-1(0))* Grosvenor Hse. Publishing Ltd.

Monty's River Adventure - Neweabaakin Te Karaanga Iroun Monty (Te Kiribati) Nelson Eae. Illus. by Sherainne Louise Casinto. 2023. (ENG.). 36p. (J). pap. ***(978-1-922849-10-6(3))*** Library For All Limited.

Monty's Special Day. Ellen Delange. Illus. by Malgorzata Zajac. 2020. (ENG.). 32p. (J). (gr. k). 18.95 *(978-1-60537-587-8(X))* Clavis Publishing.

Monument. Annie Flanagan. 2018. (ENG.). 270p. (YA). pap. *(978-1-912183-72-2(2))* UK Bk. Publishing.

Monumental Mazes! Kids Maze Activity Book. Activibooks For Kids. 2016. (ENG., Illus.). (J). pap. 6.99 *(978-1-68321-545-5(1))* Mimaxion.

Monumental Milestones: Great Events of Modern Times, 22 vols., Set. Incl. Assassination of John F. Kennedy 1963. Susan Sales Harkins & William H. Harkins. (YA). (gr. 4-7). 2007. lib. bdg. 29.95 *(978-1-58415-540-9(X))*; Blitzreg! Hitler's Lightning War. Earle Rice, Jr. (YA). (gr. 4-7). 2007. lib. bdg. 29.95 *(978-1-58415-542-3(6))*; Breaking the Sound Barrier: The Story of Chuck Yeager. Susan Sales Harkins. (YA). (gr. 4-7). 2005. lib. bdg. 29.95 *(978-1-58415-398-6(9)*, 1244924); Civil Rights Movement. Rebecca Thatcher Murcia. (YA). (gr. 4-7). 2005. lib. bdg. 29.95 *(978-1-58415-401-3(2))*; Creation of Isreal. Jim Whiting. (YA). (gr. 4-7). 2007. lib. bdg. 29.95 *(978-1-58415-538-6(8))*; Cuban Missile Crisis: The Cold War Goes Hot. Jim Whiting. (YA). (gr. 4-7). 2005. lib. bdg. 29.95 *(978-1-58415-404-4(7))*; Dawn of Aviation: The Story of the Wright Brothers. Tamra B. Orr. (YA). (gr. 4-7). 2005. lib. bdg. 29.95 *(978-1-58415-396-2(2)*, 1244922); Disaster in the Indian Ocean, Tsunami 2004. John Albert Torres. (YA). (gr. 4-7). 2005. lib. bdg. 29.95 *(978-1-58415-344-3(X))*; Exploring the North Pole: The Story Robert Edwin Peary & Matthew Henson. Josepha Sherman. (J). (gr. 4-7). 2005. lib. bdg. 29.95 *(978-1-58415-402-0(0))*; Fall of the Berlin Wall. Kathleen Tracy. (YA). (gr. 4-7). 2005. lib. bdg. 29.95 *(978-1-58415-405-1(5))*; Fall of the Soviet Union 1991. Susan Sales Harkins & William H. Harkins. (J). (gr. 4-7). 2007. lib. bdg. 29.95 *(978-1-58415-539-3(6))*; Hurricane Katrina & the Devastation of New Orleans 2005. John Albert Torres. (YA). (gr. 4-7). 2006. lib. bdg. 29.95 *(978-1-58415-473-0(X))*; Overview of World War I. Jim Whiting. (YA). (gr. 4-7). 2006. lib. bdg. 29.95 *(978-1-58415-471-6(3))*; Russian Revolution 1917. Jim Whiting. (YA). (gr. 4-7). 2007. lib. bdg. 29.95 *(978-1-58415-537-9(X))*; Scopes Monkey Trial. Jim Whiting. (YA). (gr. 4-7). 2006. lib. bdg. 29.95 *(978-1-58415-468-6(3))*; Sinking of the Titanic. Jim Whiting. (J). (gr. 3-7). 2006. lib. bdg. 29.95 *(978-1-58415-472-3(1))*; Story of the Attack on Pearl Harbor. Jim Whiting. (YA). (gr. 4-7). 2005. lib. bdg. 29.95 *(978-1-58415-397-9(0))*; Story of the Great Depression. Mona K. Gedney. (YA). (gr. 4-7). 2005. lib. bdg. 29.95 *(978-1-58415-403-7(9))*; Story of the Holocaust. Jim Whiting. (YA). (gr. 4-7). 2005. lib. bdg. 29.95 *(978-1-58415-400-6(4))*; Top Secret: The Story of the Manhattan Project. Kathleen Tracy. (YA). (gr. 4-7). 2005. lib. bdg. 29.95 *(978-1-58415-399-3(7))*; Vietnam War. Karen Bush Gibson. (J). (gr. 4-8). 2007. lib. bdg. 29.95 *(978-1-58415-541-6(8))*; Watergate Scandal. Kathleen Tracy. (YA). (gr. 4-7). 2006. lib. bdg. 29.95 *(978-1-58415-470-9(5))*; (Illus.). 48p. (Monumental Milestones Ser.). 2007. Set lib. bdg. 658.90 *(978-1-58415-543-0(4))* Mitchell Lane Pubs.

Monumental Mystery on the National Mall. Carole Marsh. 2018. (Real Kids! Real Places Ser.: Vol. 52). (ENG.). 160p. (J). pap. 7.99 *(978-0-635-13175-1(7))*; lib. bdg. 24.99 *(978-0-635-13176-8(5))* Gallopade International. (Marsh, Carole Mysteries).

Monumental Views: Nature's Splendor Coloring Book. Bobo's Adult Activity Books. 2016. (ENG., Illus.). (J). pap. 9.33 *(978-1-68327-666-1(3))* Sunshine In My Soul Publishing.

Monumento a Jefferson. Aaron Carr. 2018. (Los Símbolos Estadounidenses Ser.). (SPA.). 24p. (J). lib. bdg. 22.99 *(978-1-5105-3378-3(8))* SmartBook Media, Inc.

Monumento a Jefferson. Aaron Carr. 2016. (Iconos Americanos Ser.). (SPA.). 24p. (J). pap. 31.41 *(978-1-4896-4267-7(6))* Weigl Pubs., Inc.

Monumento a Lincoln (Lincoln Memorial) Julie Murray. 2017. (Lugares Simbólicos de Los Estados Unidos (US Landmarks) Ser.). (SPA.). 24p. (J). (gr. -1-2). lib. bdg. 31.36 *(978-1-5321-0187-8(2)*, 25200, Abdo Kids) ABDO Publishing Co.

Monumentos Del Mundo: Suma y Resta. Jennifer Overend Prior. rev. ed. 2018. (Mathematics in the Real World Ser.). (SPA., Illus.). 32p. (J). (gr. 2-3). pap. 10.99 *(978-1-4258-2866-0(3))* Teacher Created Materials, Inc.

Moo. Sharon Creech. ed. 2018. (Penworthy Picks Middle School Ser.). (ENG.). 278p. (J). (gr. 5-7). 17.96 *(978-1-64310-363-1(6))* Penworthy Co., LLC, The.

Moo. Sharon Creech. ed. 2017. (J). lib. bdg. 17.20 *(978-0-606-40402-0(3))* Turtleback.

Moo: A First Book of Counting. Illus. by Fiona Galloway. 2016. (J). *(978-1-5182-3185-8(3))* Tiger Tales.

Moo: A Novel. Sharon Creech. (ENG.). 288p. (J). (gr. 3-7). 2017. pap. 9.99 *(978-0-06-241526-4(3))*; 2016. 16.99 *(978-0-06-241524-0(7))*; 2016. lib. bdg. 17.89 *(978-0-06-241525-7(5))* HarperCollins Pubs. (HarperCollins).

Moo Am I? Ruby Byrd. Ed. by Cottage Door Press. Illus. by Ivan Barrera. 2022. (ENG.). 10p. (J). (gr. -1 — 1). bds. 10.99 *(978-1-64638-628-4(0)*, 1008250) Cottage Door Pr.

Moo & Baa - Farm. Jenny Copper. Illus. by Rachael McLean. 2021. (Paint with Water Ser.). (ENG.). 56p. (J). 12.99 *(978-1-80105-121-7(6))* Top That! Publishing PLC GBR. Dist: Independent Pubs. Group.

Moo & Her Favorite Spot. Jennifer Milius. (Einstein & Moo Ser.: Vol. 5). (ENG., Illus.). (J). 2017. 19.99 *(978-1-945355-83-7(2))*; 2016. pap. 14.99 *(978-1-945355-41-7(7))* Rocket Science Productions, LLC.

Moo & Moo & the Little Calf Too. Jane Milton. Illus. by Deborah Hinde. 2017. (ENG.). 32p. (J). (-3). pap. 14.99 *(978-1-877505-92-8(7))* Allen & Unwin AUS. Dist: Independent Pubs. Group.

Moo & the Case of the Mistaken Identity. Jennifer Milius. 2017. (Einstein & Moo Ser.: Vol. 2). (ENG., Illus.). (J). 19.99 *(978-1-945355-87-5(5))* Rocket Science Productions, LLC.

Moo, Baa, Fa la la la La! Sandra Boynton. Illus. by Sandra Boynton. 2022. (ENG., Illus.). 16p. (J). (gr. -1-k). bds. bds. 6.99 *(978-1-6659-1435-2(1))* Simon & Schuster Children's Publishing.

Moo Bird. David Milgrim. 2016. (Illus.). 32p. (J). *(978-1-5182-0400-5(7))* Scholastic, Inc.

Moo Cow, Moo Cow Peekaboo. Illus. by Grace Habib. 2023. (Peekaboo Ser.). (ENG.). 8p. (J). (— 1). bds. 10.99 ***(978-1-915801-17-3(6))*** Boxer Bks., Ltd. GBR. Dist: Sterling Publishing Co., Inc.

Moo Dog (Scholastic Reader, Level 1) David Milgrim. Illus. by David Milgrim. 2016. (Scholastic Reader, Level 1 Ser.). (ENG., Illus.). 32p. (J). (gr. -1-1). pap. 3.99 *(978-0-545-82503-0(2))* Scholastic, Inc.

Moo Hoo. Candace Ryan. Illus. by Mike Lowery. 2021. (ENG.). 26p. (J). bds. 7.99 *(978-1-5476-0596-5(0)*, 900233543, Bloomsbury Children's Bks.) Bloomsbury Publishing USA.

Moo la La! Cow Goes Shopping. Stephanie Shaw. 2017. (Illus.). (J). *(978-1-4351-6584-7(5))* Barnes & Noble, Inc.

Moo, Moo, Chew, Chew: Sounds from the Farm. Jennifer Shand. Illus. by Barbara Vagnozzi. 2019. (Turn Without Tearing What's That Sound? Ser.). (ENG.). 32p. (J). (gr. -1-1). 7.99 *(978-1-4867-1583-1(4)*, 1d0f0153-0d59-4c55-b f51-4a223047b317) Flowerpot Pr.

Moo-Moo, I Love You! Tom Lichtenheld & Amy Krouse Rosenthal. (ENG., (J). (gr. -1 — 1). 2022. Illus.). 34p. bds., bds. 8.99 *(978-1-4197-6179-9(X)*, 1701610, Abrams Appleseed); 2020. 48p. 17.99 *(978-1-4197-4706-9(1)*, 1701601, Abrams Bks. for Young Readers) Abrams, Inc.

Moo Moo in a Tutu. Tim J. Miller. 2017. (Moo Moo & Mr. Quackers Book Ser.). (ENG., Illus.). 32p. (J). (gr. -1-3). 17.99 *(978-0-06-241440-3(2)*, Balzer & Bray) HarperCollins Pubs.

Moo Moo Mouse. Beth Boso. 2019. (ENG., Illus.). 20p. (J). 21.95 *(978-1-64471-080-7(3))* Covenant Bks.

Moo Moo Says a Cow see Muu muuu dice una Vaca

Moo-Moo's Spectacular Alaskan Summers. Eston Jennings. 2023. (ENG.). 38p. (J). ***(978-1-922936-13-4(8))*** Pacific Pubns.

Moo! on the Farm. Joshua George. Illus. by Jonathan Finch. 2017. (Stick & Learn Ser.). (ENG.). 36p. (J). (gr. -1-1). pap. 5.99 *(978-1-78700-193-0(8))* Top That! Publishing PLC GBR. Dist: Independent Pubs. Group.

Moo, Quack, Roar & More! Ed. by Kidsbooks. 2019. (My First Search & Find Ser.). (ENG., Illus.). 16p. (J). bds. 9.99 *(978-1-62885-687-3(4))* Kidsbooks, LLC.

Moo-Sic & More & Closing Corral Leader Manual. Ed. by Group Publishing. 2019. (Group's Weekend Vbs 2019 Ser.). (ENG.). 40p. (J). pap. 6.44 *(978-1-4707-5808-0(3))* Group Publishing, Inc.

Moo (Talk to the Animals) Board Book. Alison Lester. 2018. (Talk to the Animals Ser.). (Illus.). 16p. bds. 6.99 *(978-0-7333-2994-4(2))* ABC Bks. AUS. Dist: HarperCollins Pubs.

Moo the Cow-Tastrophe: (As It Was & So It Is) Roberta a Thies. 2017. (ENG., Illus.). (J). (gr. k-2). 17.99 *(978-0-692-93363-3(8))* Thies, Roberta A.

Mooch. Karla Oceanak. Illus. by Kendra Spanjer. 2018. (Aldo Zelnick Comic Novel Ser.: 13). (ENG.). 160p. (J). 12.95 *(978-1-934649-76-3(7))* Bailiwick Pr.

Mood Enhancing Mandalas to Color: Mandala Coloring for Adults Edition. Activibooks. 2016. (ENG., Illus.). (J). pap. 9.20 *(978-1-68321-103-7(0))* Mimaxion.

Mood Flip Book. Created by Peter Pauper Press Inc. 2020. (ENG.). (J). 12.99 *(978-1-4413-3504-3(8)*, ecade2b0-72d9-4eec-95d8-d34646c9316c) Peter Pauper Pr. Inc.

Mood Improving Mandalas: An Adult Coloring Book. Bobo's Adult Activity Books. 2016. (ENG., Illus.). (J). pap. 9.33 *(978-1-68327-667-8(1))* Sunshine In My Soul Publishing.

Mood Lifting Artwork of Animal Ornaments Coloring Book Nature for Kids. Educando Kids. 2019. (ENG.). 42p. (J). pap. 6.99 *(978-1-64521-011-5(1)*, Educando Kids) Editorial Imagen.

Mood Monsters: An Interactive Art Journal, Celebrating the Diversity of Emotion, for Little Readers, with Big Imaginations! Melissa Frankish. 2021. (ENG.). 92p. (J). pap. 15.96 *(978-1-300-41671-5(8))* Lulu Pr., Inc.

Mood Science. Jim Benton. Illus. by Jim Benton. (Franny K. Stein, Mad Scientist Ser.: 10). (ENG., Illus.). 160p. (J). (gr. 1-5). 2022. pap. 7.99 *(978-1-5344-1344-3(8))*; 2021. 16.99 *(978-1-5344-1343-6(X))* Simon & Schuster Bks. For Young Readers. (Simon & Schuster Bks. For Young Readers).

Moodon Act I. Jamel Massie. 2022. (ENG.). 139p. (YA). pap. ***(978-1-387-72991-3(8))*** Lulu Pr., Inc.

Moods. Louisa Alcott. 2017. (ENG.). (J). 368p. pap. *(978-3-337-10220-3(4))*; 372p. pap. *(978-3-337-04090-1(X))* Creation Pubs.

Moods. Louisa Alcott. 2018. (ENG., Illus.). 198p. (J). 24.99 *(978-1-5154-2636-3(X))* Wilder Pubns., Corp.

Moods. Louisa May Alcott. 2020. (ENG.). (J). 198p. 17.95 *(978-1-63637-049-1(7))*; 196p. pap. 10.95 *(978-1-63637-048-4(9))* Bibliotech Pr.

Moods. Louisa May Alcott. 2022. (ENG.). 176p. (J). pap. ***(978-1-387-85841-5(6))*** Lulu Pr., Inc.

Moods: Prose Poems (Classic Reprint) Mercedes de Acosta. 2018. (ENG., Illus.). 56p. (J). 25.05 *(978-0-428-83615-3(1))* Forgotten Bks.

Moods (Classic Reprint) Louisa Alcott. 2018. (ENG., Illus.). 376p. (J). 31.65 *(978-0-428-89819-9(X))* Forgotten Bks.

Moodunnit (Hook Books) C. Salamander. 2020. (ENG.). 40p. (J). (gr. 2-4). pap. 7.99 *(978-0-14-345171-6(5))* Penguin Bks. India PVT, Ltd IND. Dist: Independent Pubs. Group.

Moody & Toody Adventures. Sheila Davis. 2022. (ENG., Illus.). 36p. (J). pap. 15.95 ***(978-1-6624-8224-3(8))*** Page Publishing Inc.

Moody Moments: Poems (Classic Reprint) Edward Doyle. (ENG., Illus.). (J). 2018. 96p. 25.90 *(978-0-484-13416-3(7))*; 2016. pap. 9.57 *(978-1-333-44460-0(5))* Forgotten Bks.

Moody Mona Tells Scary Christmas Stories! Kelly Bradley. Illus. by Louis Hansell. 2020. (ENG.). 38p. (J). pap. 13.99 *(978-1-7347046-1-7(6))* New Montgomery Pr.

Moody's Child Stories As Related by Dwight Lyman Moody in His Revival Work in Europe & America

1364 The check digit for ISBN-10 appears in parentheses after the full ISBN-13

(Classic Reprint) Dwight Lyman Moody. 2017. (ENG., Illus.). (J). 306p. 30.21 *(978-0-332-31251-4(8))*; pap. 13.57 *(978-0-259-17813-2(6))* Forgotten Bks.
Moody's Lodging House: And Other Tenement Sketches (Classic Reprint) Alvan Francis Sanborn. 2018. (ENG., Illus.). 186p. (J). 27.75 *(978-0-483-12326-7(9))* Forgotten Bks.
Moody's Stories: Being a Second Volume of Anecdotes, Incidents & Illustrations (Classic Reprint) D. L. Moody. 2017. (ENG., Illus.). (J). 26.54 *(978-0-265-30550-8(0))* Forgotten Bks.
Moof the Moose Is Afraid of the Dark & Other Moosey Tales. Courtnee R. Morris. Illus. by Courtnee R. Morris. 2020. (ENG.). 58p. (J). pap. 17.00 *(978-1-950490-87-5(4))* Mack N' Morris Entertainment.
Moogem Tree: A Sol-Larrian Adventure. Robert C. Kew. 2022. (ENG.). 216p. (YA). pap. ***(978-1-80381-147-5(1))*** Grosvenor Hse. Publishing Ltd.
Mooing in the Barn! a Farm Coloring Book. Jupiter Kids. 2017. (ENG., Illus.). (J). pap. 9.20 *(978-1-68326-845-1(8)*, Jupiter Kids (Childrens & Kids Fiction)) Speedy Publishing LLC.
Mook: True Tales about a Chinese Boy & His Friends (Classic Reprint) Evelyn Worthley Sites. 2017. (ENG., Illus.). (J). 28.12 *(978-0-331-10500-1(4))* Forgotten Bks.
Mooki & the Advent Tree. Sandy Goforth. 2019. (ENG., Illus.). 28p. (J). pap. 12.95 *(978-1-64300-650-5(9))* Covenant Bks.
Mookie Betts. Kenny Abdo. 2020. (Sports Biographies Ser.). (ENG., Illus.). 24p. (J). (gr. 2-8). lib. bdg. 31.36 *(978-1-0982-2139-3(7)*, 34525, Abdo Zoom-Fly) ABDO Publishing Co.
Mookie Betts. Jon M. Fishman. 2020. (Sports All-Stars (Lerner (tm) Sports) Ser.). (ENG., Illus.). 32p. (J). (gr. 2-5). 29.32 *(978-1-5415-7725-1(6)*, 2c83a814-2f8f-4e68-9697-935b9826c415); pap. 9.99 *(978-1-5415-8956-8(4)*, 0f1ff9d1-0edf-49bd-b14b-cc25c95feb1c) Lerner Publishing Group. (Lerner Pubns.).
Mookie Betts: Baseball Record-Breaker, 1 vol. Budd Bailey. 2019. (At the Top of Their Game Ser.). (ENG.). 112p. (gr. 9-9). pap. 20.99 *(978-1-5026-5104-4(1)*, d70c4b5a-fc42-4bcb-9280-37b1fcedd3d3); lib. bdg. 44.50 *(978-1-5026-5106-8(8)*, f290f4dc-32e1-4c7a-b8f0-3b56817271b1) Cavendish Square Publishing LLC.
Mookie Betts: Baseball Star. Greg Bates. 2019. (Biggest Names in Sports Set 4 Ser.). (ENG., Illus.). 32p. (J). (gr. 3-5). 31.35 *(978-1-64185-317-0(4)*, 1641853174, Focus Readers) North Star Editions.
Mookie Builds a House: Mookie's Adventures on Earth. Robin Adolphs. Illus. by Trevor Salter. 2022. (ENG.). 32p. (J). pap. *(978-0-6455055-2-8(8))* Butternut Bks.
Mookie Crosses the River. Robin Adolphs. Illus. by Trevor Salter. 2022. (ENG.). 32p. (J). pap. ***(978-0-6455055-6-6(0))*** Butternut Bks.
Mookie Goes to Earth. Robin Adolphs. Illus. by Trevor Salter. 2022. (ENG.). 30p. (J). pap. *(978-0-6455055-0-4(1))* Butternut Bks.
Mookie the Funny Little Boy. Mark Simon. 2021. (ENG.). 24p. (J). pap. 12.95 *(978-1-63692-160-0(4))* Newman Springs Publishing, Inc.
Mookination - the Power of the Blue. J. Brian Page. 2020. (ENG.). 254p. (YA). pap. *(978-1-78723-366-9(9))* CompletelyNovel.com.
Moolaksharanche Bet. Vidya Terdalkar. 2021. (MAR.). 66p. (J). pap. 16.99 *(978-1-68586-697-6(2))* Notion Pr., Inc.
Moomin 123: An Illustrated Counting Book. Tove Jansson. 2023. (Moomin Ser.). (ENG.). 40p. (J). (gr. -1-2). 9.99 ***(978-1-915801-07-4(9))*** Boxer Bks., Ltd. GBR. Dist: Sterling Publishing Co., Inc.
Moomin ABC: An Illustrated Alphabet Book. Tove Jansson. 2023. (Moomin Ser.). (ENG.). 40p. (J). (gr. -1-2). 9.99 ***(978-1-915801-06-7(0))*** Boxer Bks., Ltd. GBR. Dist: Sterling Publishing Co., Inc.
Moomin & the Golden Leaf. Tove Jansson. 2023. (Moomin Ser.). (ENG.). 32p. (J). (gr. -1-3). 15.99 ***(978-1-915801-02-9(8))*** Boxer Bks., Ltd. GBR. Dist: Sterling Publishing Co., Inc.
Moomin & the Ice Festival. Tove Jansson. 2023. (Moomin Ser.). (ENG.). 32p. (J). (gr. -1-3). 15.99 ***(978-1-914912-65-8(9))*** Boxer Bks., Ltd. GBR. Dist: Sterling Publishing Co., Inc.
Moomin & the Moonlight Adventure. Tove Jansson. 2023. (Moomin Ser.). (ENG.). 32p. (J). (gr. -1-3). 15.99 ***(978-1-914912-66-5(7))*** Boxer Bks., Ltd. GBR. Dist: Sterling Publishing Co., Inc.
Moomin & the Spring Surprise. Tove Jansson. 2023. (Moomin Ser.). (ENG.). 32p. (J). (gr. -1-2). 14.99 ***(978-1-915801-05-0(2))*** Boxer Bks., Ltd. GBR. Dist: Sterling Publishing Co., Inc.
Moomin & the Winter Snow. Tove Jansson. 2023. (Moomin Ser.). (ENG.). 32p. (J). (gr. -1-3). 15.99 ***(978-1-914912-63-4(2))*** Boxer Bks., Ltd. GBR. Dist: Sterling Publishing Co., Inc.
Moomin & the Wishing Star. Tove Jansson. 2023. (Moomin Ser.). (ENG.). 32p. (J). (gr. -1-3). 15.99 ***(978-1-914912-64-1(0))*** Boxer Bks., Ltd. GBR. Dist: Sterling Publishing Co., Inc.
Moomin Begins a New Life. Tove Jansson. 2017. (Moomin Ser.). (ENG., Illus.). 40p. pap. 9.95 *(978-1-77046-271-7(6)*, 900174547) Drawn & Quarterly Pubns. CAN. Dist: Macmillan.
Moomin Coloring Book (Official Gift Edition with Gold Foil Cover) Tove Jansson. 2017. (ENG.). 96p. (J). (gr. k-5). pap. 14.99 *(978-1-4998-0578-9(0))* Little Bee Books Inc.
Moomin Winter. Tove Jansson. 2018. (Moomin Ser.). (ENG., Illus.). 60p. (J). pap. 9.95 *(978-1-77046-310-3(0)*, 900190487) Drawn & Quarterly Pubns. CAN. Dist: Macmillan.
Moomin Words Tummy Time. Tove Jansson. 2023. (Moomin Ser.). (ENG.). 12p. (J). (— 1). bds. 8.99 ***(978-1-915801-04-3(4))*** Boxer Bks., Ltd. GBR. Dist: Sterling Publishing Co., Inc.
Moomins & the Great Flood. Tove Jansson. 2018. (ENG., Illus.). 64p. (J). 16.95 *(978-1-77046-328-8(3)*, 900195463) Drawn & Quarterly Pubns. CAN. Dist: Macmillan.
Moon, 1 vol. David Armentrout & Patricia Armentrout. 2022. (Destination Space Ser.). (ENG.). 24p. (J). (gr. k-2). lib. bdg. *(978-1-0396-4469-4(4)*, 16240); (Illus.). pap. *(978-1-0396-4660-5(3)*, 17182) Crabtree Publishing Co. (Crabtree Seedlings).
Moon. Becky Noelle. 2020. (Space Systems: Patterns & Cycles Ser.). (ENG.). 24p. (J). lib. bdg. 22.99 *(978-1-5105-5530-3(7))* SmartBook Media, Inc.
Moon. James Buckley. 2016. (Smithsonian Ser.). (ENG., Illus.). 48p. (J). (gr. 3-4). pap. 5.99 *(978-0-448-49020-5(X)*, Penguin Young Readers) Penguin Young Readers Group.
Moon. Czeena Devera. Illus. by Jeff Bane. 2022. (My Early Library: My Guide to the Solar System Ser.). (ENG.). 24p. (J). (gr. k-1). pap. 12.79 *(978-1-6689-0018-5(1)*, 220109); lib. bdg. 30.64 *(978-1-5341-9904-0(7)*, 219965) Cherry Lake Publishing.
Moon, 1 vol. Nancy Dickmann. 2018. (Space Facts & Figures Ser.). (ENG.). 32p. (gr. 2-3). 28.93 *(978-1-5081-9663-1(X)*, 61ce2a01-cb7b-4c9e-9277-92cf68c230c9, Windmill Bks.) Rosen Publishing Group, Inc., The.
Moon. Kelly Doudna. 2016. (Exploring Our Universe Ser.). (ENG., Illus.). 32p. (J). (gr. 3-6). lib. bdg. 32.79 *(978-1-68078-405-3(6)*, 23669, Checkerboard Library) ABDO Publishing Co.
Moon. Grace Hansen. 2017. (Our Galaxy Ser.). (ENG., Illus.). 24p. (J). (gr. -1-2). lib. bdg. 32.79 *(978-1-5321-0053-6(1)*, 25180, Abdo Kids) ABDO Publishing Co.
Moon. Ellen Lawrence. 2022. (Zoom into Space Ser.). (ENG.). 24p. (J). (gr. 3-6). pap. 9.50 ***(978-1-64996-772-5(1)***, 17158, Sequoia Kids Media) Sequoia Children's Bks.
Moon. Joanne Mattern. 2022. (Space Ser.). (ENG., Illus.). 32p. (J). (gr. 2-3). pap. 9.95 *(978-1-63739-298-0(2))*; lib. bdg. 31.35 *(978-1-63739-246-1(X))* North Star Editions. (Focus Readers).
Moon. Gemma McMullen. 2019. (Solar System Ser.). (ENG.). 24p. (J). (gr. k-2). pap. 6.99 *(978-1-78637-642-8(3))* BookLife Publishing Ltd. GBR. Dist: Independent Pubs. Group.
Moon. James Nasmyth & James Carpenter. 2016. (ENG.). 284p. (J). pap. *(978-3-7433-7283-2(5))* Creation Pubs.
Moon. Alison Oliver. Illus. by Alison Oliver. 2018. (ENG., Illus.). 40p. (J). (gr. -1-3). 17.99 *(978-1-328-78160-4(7)*, 1683178, Clarion Bks.) HarperCollins Pubs.
Moon. Arnold Ringstad. 2021. (Blast off to Space Ser.). (ENG.). 24p. (J). (gr. 1-4). lib. bdg. 32.79 *(978-1-5038-4473-5(0)*, 214240) Child's World, Inc, The.
Moon. Martha E. H. Rustad. 2016. (Space Ser.). (ENG., Illus.). 24p. (J). (gr. -1-2). lib. bdg. 22.65 *(978-1-4914-8323-7(7)*, 130796, Capstone Pr.) Capstone.
Moon. Nathan Sommer. 2019. (Space Science Ser.). (ENG., Illus.). 24p. (J). (gr. 3-7). lib. bdg. 26.95 *(978-1-62617-975-2(1)*, Torque Bks.) Bellwether Media.
Moon, 1 vol. Bert Wilberforce. 2020. (Look at Space Science Ser.). (ENG.). 32p. (gr. 2-2). pap. 11.50 *(978-1-5382-5926-9(5)*, ae9c2580-e643-410b-882e-ac6043027fdf) Stevens, Gareth Publishing LLLP.
Moon. Mary-Jane Wilkins. 2017. (Our Solar System Ser.). (ENG.). 24p. (J). (gr. 2-4). 28.50 *(978-1-78121-365-0(8)*, 16655) Brown Bear Bks.
Moon. Marion Dane Bauer. ed. 2021. (Ready-To-Read Ser.). (ENG., Illus.). 32p. (J). (gr. k-1). 15.46 *(978-1-64697-978-3(8))* Penworthy Co., LLC, The.
Moon: A First Look. Percy Leed. 2022. (Read about Space (Read for a Better World (tm)) Ser.). (ENG., Illus.). 24p. (J). (gr. k-2). pap. 9.99 *(978-1-7284-6434-3(X)*, f896541a-a00e-41ce-bf24-241262c68579); lib. bdg. 29.32 *(978-1-7284-5922-6(2)*, 562ca73c-f7f6-49df-811e-58a58e08d96d) Lerner Publishing Group. (Lerner Pubns.).
Moon: Children's Planets & Space Book. Bold Kids. 2022. (ENG.). 32p. (J). pap. 14.99 *(978-1-0717-1071-5(0))* FASTLANE LLC.
Moon: Discover the Mysteries of Earth's Closest Neighbor. Sanlyn Buxner et al. 2022. (Space Explorers Ser.). (ENG., Illus.). 80p. (J). (gr. 2-4). 14.99 *(978-0-7440-5659-4(4)*, DK Children) Dorling Kindersley Publishing, Inc.
Moon: Discover This Children's Space Book about the Moon. Bold Kids. 2021. (ENG.). 32p. (J). pap. 11.99 *(978-1-0717-0793-7(0))* FASTLANE LLC.
Moon 514: Blaze & the White Griffon. Drew Briney. Illus. by Grant Hansen. 2018. (ENG.). 366p. (J). pap. 13.25 *(978-1-61463-992-3(2))* Perspicacious Publishing.
Moon: a Peek-Through Board Book. Britta Teckentrup. 2022. (ENG., Illus.). 26p. (J). (— 1). bds. 9.99 *(978-0-593-37239-5(5)*, Doubleday Bks. for Young Readers) Random Hse. Children's Bks.
Moon: a Peek-Through Picture Book. Britta Teckentrup. 2018. (ENG., Illus.). 32p. (J). (gr. -1-2). 17.99 *(978-1-5247-6966-6(5)*, Doubleday Bks. for Young Readers) Random Hse. Children's Bks.
Moon (a True Book) Steve Tomecek. Illus. by Gary LaCoste. 2020. (True Book (Relaunch) Ser.). (ENG.). 48p. (J). (gr. 3-5). pap. 7.99 *(978-0-531-13238-8(2)*, Children's Pr.) Scholastic Library Publishing.
Moon (a True Book) (Library Edition) Steve Tomecek. Illus. by Gary LaCoste. 2020. (True Book (Relaunch) Ser.). (ENG.). 48p. (J). (gr. 3-5). 31.00 *(978-0-531-13220-3(X)*, Children's Pr.) Scholastic Library Publishing.
Moon & Me. Deanna Baltov. 2018. (ENG., Illus.). 32p. (J). 16.99 *(978-0-692-78706-9(2))* Baltov, Deanna.
Moon & Midnight. Samantha Billings. 2022. (ENG.). 32p. (J). pap. ***(978-1-4478-9001-0(9))*** Lulu Pr., Inc.
Moon & More & Just Listen. Sarah Dessen. ed. 2020. 832p. (YA). (gr. 7). pap. 13.99 *(978-0-593-20306-4(2)*, Penguin Books) Penguin Young Readers Group.
Moon & Other Satellites. Ellen Labrecque. 2019. (Our Place in the Universe Ser.). (ENG., Illus.). 24p. (J). (gr. 1-3). pap. 7.95 *(978-1-9771-1019-0(3)*, 140962, Pebble) Capstone.
Moon & Sixpence (Classic Reprint) Somerset Maugham. 2017. (ENG., Illus.). (J). 30.41 *(978-1-5285-7930-8(5))* Forgotten Bks.
Moon & Stars: A Tale of Dakota Rising. R. Calhoun Sargent & Thelonius Fix. 2018. (ENG., Illus.). 294p. (J). pap. 14.99 *(978-0-692-11422-3(X))* No Doubt Imagination.
Moon & Sunflower. Phyllis Clifford. Illus. by Sharrel Lee. 2022. (ENG.). 32p. (J). pap. *(978-1-9160303-5-0(1))* Restawhile Publishing.
Moon & the Loons on the Bay. Jewels Julie Jo Niccum. Illus. by Blueberry Illustrations. 2020. (ENG.). 20p. (J). (gr. k-6). 16.95 ***(978-0-578-61998-9(9))*** Niccum, Jewels.
Moon & Tides: Gravitational Effects of the Moon Astronomy Guide Grade 3 Children's Astronomy & Space Books. Baby Professor. 2021. (ENG.). 72p. (J). 27.99 *(978-1-5419-8007-5(7))*; pap. 16.99 *(978-1-5419-5922-4(1))* Speedy Publishing LLC. (Baby Professor (Education Kids)).
Moon Base & Beyond: The Lunar Gateway to Deep Space. Alicia Z. Klepeis. 2019. (Future Space Ser.). (ENG., Illus.). 32p. (J). (gr. 3-9). pap. 7.95 *(978-1-5435-7515-6(3)*, 141046); lib. bdg. 28.65 *(978-1-5435-7267-4(7)*, 140598) Capstone.
Moon Beam. Travis S. Taylor & Jody Lynn Nye. 2017. (ENG.). 384p. (J). (gr. 5). 18.99 *(978-1-4814-8252-3(1))* Baen Bks.
Moon Book (New & Updated Edition) Gail Gibbons. 2019. (Illus.). 32p. (J). (gr. -1-3). 18.99 *(978-0-8234-4324-6(8))*; pap. 8.99 *(978-0-8234-4323-9(X))* Holiday Hse., Inc.
Moon Boy: Level 2. Barbara Brenner. Illus. by Jesús Gabán. 2020. (ENG.). 34p. (J). pap. 9.95 *(978-1-876965-73-0(8))* ibooks, Inc.
Moon Boy Loves My Best Friend. Rebecca Patterson. 2021. (Moon Girl Ser.: 3). (ENG., Illus.). 176p. (J). (gr. 3-5). pap. 14.99 *(978-1-83913-017-5(2))* Andersen Pr. GBR. Dist: Independent Pubs. Group.
Moon-Calf: A Novel (Classic Reprint) Floyd Dell. 2018. (ENG., Illus.). 360p. (J). 31.32 *(978-0-666-63140-4(9))* Forgotten Bks.
Moon Camp. Barry Gott. 2021. (Illus.). 32p. (J). (gr. -1-3). 17.99 *(978-0-593-20267-8(8)*, Viking Books for Young Readers) Penguin Young Readers Group.
Moon Cat. Angel Dunworth. 2019. (ENG.). 32p. (J). pap. 20.00 *(978-0-359-97757-4(X))* Lulu Pr., Inc.
Moon Child. Candace Nadine Breen Ph D. 2019. (ENG.). 32p. (J). pap. 10.99 *(978-1-7329486-2-4(3))* Awakened Path Bks., LLC.
Moon Child. Cate Cain. 2016. (Jade Boy Ser.: 2). (ENG.). 432p. (J). (gr. 4-7). pap. 11.99 *(978-1-78370-058-5(0))* Bonnier Publishing GBR. Dist: Independent Pubs. Group.
Moon Child. Jennifer Mary Croy. 2017. (ENG., Illus.). (J). 31.50 *(978-1-387-26682-1(9))* Lulu Pr., Inc.
Moon Child, Moon Magic. Judyth Hopkins Wendkos. Illus. by Andrew Michael Smith. 2023. (ENG.). 54p. (J). 24.99 ***(978-1-6629-3113-0(1))***; pap. 15.99 ***(978-1-6629-3114-7(X))*** Gatekeeper Pr.
Moon Chosen. P. C. Cast. l.t. ed. 2017. (Tales of a New World Ser.). (ENG.). 896p. lib. bdg. 22.99 *(978-1-4328-4325-0(7))* Cengage Gale.
Moon Chosen: Tales of a New World. P. C. Cast. 2017. (Tales of a New World Ser.: 1). (ENG.). 624p. (YA). pap. 15.00 *(978-1-250-10073-3(9)*, 900162486, Wednesday Bks.) St. Martin's Pr.
Moon City. Rebecca Clements. Illus. by Gloria Vanessa Nicoli. 2020. (ENG.). 28p. (J). pap. *(978-1-8382938-0-2(9))* Lambie, Kenneth Michael.
Moon Comes. Ren Kawachi. 2018. (ENG.). (J). *(978-4-05-204858-6(X))* Gakken Plus Co., Ltd.
Moon Comes down to Play & Adventures in the Sky: Nana Audrey's Stories. Bre Bre. 2017. (ENG., Illus.). (J). pap. 20.23 *(978-1-4828-8048-9(2))* Partridge Pub.
Moon Dark Smile. Tessa Gratton. 2022. (ENG.). 432p. (YA). (gr. 9). 19.99 *(978-1-5344-9815-0(X)*, McElderry, Margaret K. Bks.) McElderry, Margaret K. Bks.
Moon Dust & Earthlight: A Mist of Stars Book Two. Barrie Collins. 2017. (ENG., Illus.). 184p. (J). pap. *(978-1-387-19538-1(7))* Lulu Pr., Inc.
Moon! Earth's Best Friend. Stacy McAnulty. Illus. by Stevie Lewis. 2019. (Our Universe Ser.: 3). (ENG.). 40p. (J). 19.99 *(978-1-250-19934-8(4)*, 900194811, Holt, Henry & Co. Bks. For Young Readers) Holt, Henry & Co.
Moon Explorer's Model Book: Includes 2 Fantastic Models. William Potter. Illus. by Laura Deo. 2019. (ENG.). 8p. (J). bds. 9.99 *(978-1-78950-033-2(8)*, 84ce6315-3f00-4ae4-84cd-139ce4d493a4) Arcturus Publishing GBR. Dist: Baker & Taylor Publisher Services (BTPS).
Moon-Face: And Other Stories (Classic Reprint) Jack London. 2017. (ENG., Illus.). (J). 538p. 35.01 *(978-0-332-36305-9(8))*; 29.80 *(978-1-5283-6735-6(9))* Forgotten Bks.
Moon Fairies. Kate Bruenner. Illus. by Sabina Hahn. 2022. (ENG.). 34p. (J). pap. 12.99 ***(978-1-7344958-0-5(4))*** Southampton Publishing.
Moon Festival: Leveled Reader Gold Level 22. Rg Rg. 2016. (PM Ser.). (ENG.). 24p. (J). (gr. 2-3). pap. 11.00 *(978-0-544-89249-1(6))* Rigby Education.
Moon Follows Me... Vivian Choy. 2017. (ENG., Illus.). (J). *(978-1-5255-0686-4(2))*; pap. *(978-1-5255-0687-1(0))* FriesenPress.
Moon for Moe & Mo. Jane Breskin Zalben. Illus. by Mehrdokht Amini. 2018. 48p. (J). (gr. -1-2). lib. bdg. 17.99 *(978-1-58089-727-3(4))* Charlesbridge Publishing, Inc.
Moon Forgot. Mi Ji. 2018. (CHI.). (J). *(978-7-5108-7283-9(9))* Jiuzhou Pr.
Moon from Dehradun: A Story of Partition. Shirin Shamsi. Illus. by Tarun Lak. 2022. (ENG.). 40p. (J). (gr. -1-3). 18.99 *(978-1-6659-0679-1(0)*, Atheneum Bks. for Young Readers) Simon & Schuster Children's Publishing.
Moon Girl & Devil Dinosaur: Place in the World. Brandon Montclare. Illus. by Gustavo Duarte & Marvel Various. 2022. 240p. (gr. 5-9). pap. 13.99 *(978-1-302-94500-8(9)*, Outreach/New Reader) Marvel Worldwide, Inc.
Moon Girl & Devil Dinosaur: Full Moon. Brandon Montclare & Marvel Various. Illus. by Marvel Various & Natacha Bustos. 2019. (Moon Girl & Devil Dinosaur Ser.: 2). 264p. (J). (gr. 5-9). pap. 12.99 ***(978-1-302-92113-2(4)***, Outreach/New Reader) Marvel Worldwide, Inc.
Moon Girl & Devil Dinosaur: Hair Today, Gone Tomorrow. Ashley Franklin. 2023. (ENG.). 40p. (J). (gr. 1-3). 15.99 *(978-1-368-07733-0(1))* Marvel Worldwide, Inc.
Moon Girl & Devil Dinosaur Little Golden Book (Marvel) Frank Berrios. Illus. by Golden Books. 2023. (Little Golden Book Ser.). (ENG.). 24p. (J). (-k). 5.99 *(978-0-593-56496-7(0)*, Golden Bks.) Random Hse. Children's Bks.
Moon Girl & Devil Dinosaur: One Girl Can Make a Difference. Michelle Meadows. 2023. (ENG.). 160p. (J). (gr. 3-7). pap. 6.99 *(978-1-368-07737-8(4))* Marvel Worldwide, Inc.
Moon Girl & Devil Dinosaur (Set), 6 vols. 2017. (Moon Girl & Devil Dinosaur Ser.). (ENG.). 24p. (J). (gr. 2-8). lib. bdg. 188.16 *(978-1-5321-4007-5(X)*, 25495, Marvel Age) Spotlight.
Moon Girl & Devil Dinosaur Vol. 2: Cosmic Cooties, Vol. 2. Amy Reeder & Marvel Various. Illus. by Marvel Various & Marco Failla. 2016. (Moon Girl & Devil Dinosaur Ser.: 2). 136p. (gr. 4-17). pap. 17.99 ***(978-1-302-90208-7(3)***, Marvel Universe) Marvel Worldwide, Inc.
Moon Girl & Devil Dinosaur: World of Reading: This Is Moon Girl: (Level 2) Tonya Leslie. 2023. (World of Reading Ser.). (ENG.). 32p. (J). (gr. k-3). pap. 5.99 *(978-1-368-07330-1(1))* Marvel Worldwide, Inc.
Moon Girl Stole My Friend. Rebecca Patterson. 2019. (Moon Girl Ser.: 1). (ENG., Illus.). 176p. (J). (gr. 3). 11.99 *(978-1-78344-798-5(2))* Andersen Pr. GBR. Dist: Independent Pubs. Group.
Moon Glow & Twisted Brew: Book Two. Mary I. Schmal. 2018. (ENG., Illus.). 232p. (J). pap. 16.95 *(978-1-64191-649-3(4))*; (Children of the Light Ser.: Vol. 2). 29.95 *(978-1-64191-651-6(6))* Christian Faith Publishing.
Moon God's Secret: A Tale of the Tropical Pacific (Classic Reprint) Robert M. MacDonald. (ENG., Illus.). (J). 2018. 454p. 33.26 *(978-0-267-72285-3(0))*; 2016. pap. 16.57 *(978-1-333-55747-8(7))* Forgotten Bks.
Moon Has Phases. Belinda M. Sanders. 2019. (ENG., Illus.). 32p. (J). (gr. k-5). 20.95 *(978-1-63132-061-3(0))* Advanced Publishing LLC.
Moon Henge. Warren Friend. 2023. (ENG.). 240p. (YA). pap. ***(978-1-80042-225-4(3))*** SilverWood Bks.
Moon in a Month. Tracy Nelson Maurer. 2022. (My First Space Bks.). (ENG.). 24p. (J). (gr. k-2). pap. *(978-1-0396-6216-2(1)*, 20837); lib. bdg. *(978-1-0396-6021-2(5)*, 20836) Crabtree Publishing Co.
Moon in You: A Period Book for Girls. Alexandria King. Illus. by Giselle Vriesen. 2nd ed. 2019. (ENG.). 228p. (J). (gr. 4-6). pap. *(978-0-9936624-8-5(X))* Vriesen, Andrea.
Moon in You: A Period Book for Young Women. Alexandria King. Illus. by Leighyah Allen. 2016. (ENG.). (J). (gr. 3-6). pap. *(978-0-9936624-0-9(4))* Vriesen, Andrea.
Moon in You: A Period Love Book for Girls. Alexandria King. Illus. by Giselle Vriesen. 2020. (ENG.). 228p. (J). (gr. 4-6). pap. *(978-0-9936624-9-2(8))* Vriesen, Andrea.
Moon Inside, 1 vol. Sandra V. Feder. Illus. by Aimée Sicuro. 2016. (ENG.). 32p. (J). (gr. -1-k). 17.95 *(978-1-55498-823-5(3))* Groundwood Bks. CAN. Dist: Publishers Group West (PGW).
Moon Is a Ball: Stories of Panda & Squirrel. Ed Franck. Illus. by Khing Thé. 2023. (ENG.). 80p. (J). (gr. -1-4). 19.99 *(978-1-77657-493-3(1)*, a80c0b7d-1605-4487-81a3-4c7748cf965e) Gecko Pr. NZL. Dist: Lerner Publishing Group.
Moon Is a Silver Pond *see* **Lune Est un étang d'argent**
The Moon Is a Silver Pond
Moon Is a Silver Pond, 1 vol. Sara Cassidy. Illus. by Josée Bisaillon. 2019. (ENG.). 24p. (J). (gr. -1 — 1). bds. 10.95 *(978-1-4598-1864-4(4))* Orca Bk. Pubs. USA.
Moon Is a Silver Pond, the Sun Is a Peach: A Flippable Book. Sara Cassidy. Illus. by Josée Bisaillon. ed. 2022. (ENG.). 48p. (J). (gr. -1-k). 19.95 *(978-1-4598-3225-1(6))* Orca Bk. Pubs. USA.
Moon Is More Than a Night-Light. Robert E. Wells. Illus. by Patrick Corrigan. 2022. (Tell Me Why Ser.). (ENG.). 32p. (J). (gr. -1-3). 17.99 *(978-0-8075-5275-9(5)*, 0807552755) Whitman, Albert & Co.
Moon Is My Balloon: Practicing the Long Oo Sound, 1 vol. Timea Thompson. 2016. (Rosen Phonics Readers Ser.). (ENG., Illus.). 12p. (J). (gr. -1-2). pap. *(978-1-5081-3151-9(1)*, ff560ac0-b355-4d2c-a469-91bf4d78ed86, Rosen Classroom) Rosen Publishing Group, Inc., The.
Moon Keeper. Bonny L. Morningstar. Illus. by M. S. Amanda Newman. 2016. (ENG.). (J). pap. *(978-0-9951567-1-5(9))* Morningstar Publishing.
Moon Keeper. Zosienka. Illus. by Zosienka. 2020. (ENG., Illus.). 40p. (J). (gr. -1-3). 17.99 *(978-0-06-295952-2(2)*, HarperCollins) HarperCollins Pubs.
Moon Knight: Legacy Vol. 1 - Crazy Runs in the Family, Vol. 1. Max Bemis. Illus. by Jacen Burrows. 2018. (Moon Knight Ser.: 1). 144p. (gr. 8-17). pap. 17.99 ***(978-1-302-90937-6(1)***, Marvel Universe) Marvel Worldwide, Inc.
Moon Knows Lily. Ednar Jacques. Illus. by Cha Consul. 2021. (ENG.). 34p. (J). 17.95 *(978-1-7372387-1-3(3))* Jacques, Ednar.
Moon Lady (Classic Reprint) Helen Huntington. 2018. (ENG., Illus.). 306p. (J). 30.23 *(978-0-332-03919-0(6))* Forgotten Bks.
Moon Landing Was Fake. V. C. Thompson. 2022. (Conspiracy Theories: DEBUNKED Ser.). (ENG., Illus.). 32p. (J). (gr. 4-8). pap. 14.21 *(978-1-6689-1105-1(1)*, 221050); lib. bdg. 32.07 *(978-1-6689-0945-4(6)*, 220912) Cherry Lake Publishing. (45th Parallel Press).
Moon Landings. Contrib. by Shoshana Z. Weider. 2023. (DK Super Readers Ser.). (ENG., Illus.). 64p. (J). (gr. 4-7). 14.99 *(978-0-7440-7307-2(3)*, DK Children) Dorling Kindersley Publishing, Inc.
Moon Landings. Shoshana Z. Weider. ed. 2019. (DK Readers Ser.). (ENG., Illus.). 64p. (J). (gr. 2-3). 14.49 *(978-1-64310-926-8(X))* Penworthy Co., LLC, The.
Moon Landings: Level 3. Dorling Kindersley Publishing Staff. 2019. (ENG., Illus.). 64p. (J). *(978-0-241-35853-5(1))* Dorling Kindersley Publishing, Inc.
Moon Lantern: Picture Book for Children 3+ Loreley Amiti. 2017. (ENG., Illus.). (J). pap. *(978-0-9956761-5-2(1))* Littwitz Pr.
Moon Light. Jean Chery. 2020. (ENG.). 178p. (YA). 15.99 *(978-1-64803-525-8(6))*; pap. 9.99 *(978-1-64803-524-1(8))* Westwood Bks. Publishing.
Moon Light in the Water. Charles Gilbert. 2022. (ENG.). 48p. (J). pap. 7.93 *(978-1-4583-1811-4(7))* Lulu Pr., Inc.

Moon-Madness & Other Fantasies (Classic Reprint) Aimee Crocker Gouraud. 2017. (ENG., Illus.). (J). 26.08 *(978-0-331-55474-8(7))* Forgotten Bks.

Moon Messenger: A Family Reunion During the Mid-Autumn Festival - a Story Told in English & Chinese. Jie Wei. Illus. by Xinxin Xia. 2020. (ENG.). 42p. (gr. -1-3). 14.95 *(978-1-60220-462-1(4))* SCPG Publishing Corp.

Moon Mission: The Epic 400-Year Journey to Apollo 11. Sigmund Brouwer. 2019. (ENG., Illus.). 128p. (J). (gr. 7-11). 17.99 *(978-1-5253-0036-3(9))* Kids Can Pr., Ltd. CAN. Dist: Hachette Bk. Group.

Moon, Moon - Fulan, Fulan. Laurie Poretti. Illus. by Viktoriia Davydova. 2021. (TET.). 40p. (J). pap. *(978-1-922621-68-9(4))* Library For All Limited.

Moon Mouse. Kate Stubbs. 2018. (ENG., Illus.). 92p. (J). pap. *(978-1-9996705-9-7(0))* Stubbs, Kate.

Moon of His Heart. Patrick Hodge. 2019. (ENG.). 38p. (J). 14.95 *(978-1-64307-419-1(9))* Amplify Publishing Group.

Moon of Masarrah. Farah Zaman. 2nd ed. 2018. (Moon of Masarrah Ser.: Vol. 1). (ENG.). 244p. (YA). (gr. 7-12). pap. 11.99 *(978-1-945873-10-2(8))* Niyah Pr.

Moon of the Caribbees: And Six Other Plays of the Sea (Classic Reprint) Eugene G. O'Neill. 2017. (ENG., Illus.). (J). 28.58 *(978-0-260-48466-6(0))* Forgotten Bks.

Moon of the Goddess. Cathy Hird. 2019. (ENG.). 236p. (YA). (gr. 7-12). 19.95 *(978-1-64633-180-2(X))*; pap. 16.95 *(978-1-64370-014-4(6))* Waldorf Publishing.

Moon of Valleys: A Romance (Classic Reprint) David Whitelaw. 2018. (ENG., Illus.). 328p. (J). 30.66 *(978-0-483-31161-9(8))* Forgotten Bks.

Moon over Broadway (Classic Reprint) Unknown Author. 2018. (ENG., Illus.). 318p. (J). 30.46 *(978-0-483-57973-6(4))* Forgotten Bks.

Moon Phases Introduction to the Night Sky Science & Technology Teaching Edition. Baby Professor. 2016. (ENG., Illus.). 42p. (J). pap. 11.65 *(978-1-68305-632-4(9))*, Baby Professor (Education Kids)) Speedy Publishing LLC.

Moon Pops. Heena Baek. Tr. by Jieun Kiaer from KOR. 2021. (ENG., Illus.). 36p. (J). (gr. 1). 18.95 *(978-1-77147-429-0(7))* Owlkids Bks. Inc. CAN. Dist: Publishers Group West (PGW).

Moon Prince: And Other Nabobs (Classic Reprint) Richard Kendall Munkittrick. 2017. (ENG., Illus.). (J). 31.20 *(978-0-331-79896-8(4))* Forgotten Bks.

Moon Princess: A Fairy Tale (Classic Reprint) Edith Ogden Harrison. 2017. (ENG., Illus.). (J). 178p. 27.57 *(978-0-332-75935-7(0))*; 180p. pap. 9.97 *(978-0-332-58036-4(9))* Forgotten Bks.

Moon Puppets: A Flora Figglesworth Fantasy. Baxter B. Bramatti. Illus. by Taylor J. Graham. 2020. (ENG.). 32p. (J). (gr. k-2). 18.99 *(978-1-0878-6161-6(6))* Indy Pub.

Moon Rabbit. Oliver Eade. Illus. by Alma Dowle. 2022. (ENG.). 158p. (J). pap. *(978-1-912513-58-1(7))* Silver Quill Publishing.

Moon Ridge Valley. Iris M. Williams. Ed. by J. "E" M. Illus. by J. "E" M. 2018. (Moon Ridge Valley Ser.: Vol. 1). (ENG.). 148p. (J). pap. 10.95 *(978-1-947656-77-2(5))* Butterfly Typeface, The.

Moon Rise: A Tucker Family Adventure. Bo Quick & Stacia Quick. 2018. (ENG., Illus.). 302p. (YA). 28.95 *(978-1-64416-355-9(1))*; pap. 16.95 *(978-1-64416-225-5(3))* Christian Faith Publishing.

Moon Rising. Tui T. Sutherland. 2016. (Wings of Fire Ser.: 6). lib. bdg. 17.20 *(978-0-606-38815-3(X))* Turtleback.

Moon Rising: a Graphic Novel (Wings of Fire Graphic Novel #6) Tui T. Sutherland. Illus. by Mike Holmes. 2022. (Wings of Fire Graphix Ser.). (ENG.). 224p. (J). (gr. 3-7). 24.99 *(978-1-338-73090-6(8))*; pap. 12.99 *(978-1-338-73089-0(4))* Scholastic, Inc. (Graphix).

Moon River. Johnny Mercer & Henry Mancini. Illus. by Tim Hopgood. 2018. (ENG.). 32p. (J). 24.99 *(978-1-250-15900-7(8))*, 900185546, Holt, Henry & Co. Bks. For Young Readers) Holt, Henry & Co.

Moon Rock (Classic Reprint) Arthur J. Rees. 2017. (ENG., Illus.). 362p. (J). 30.41 *(978-0-332-08933-1(9))* Forgotten Bks.

Moon Rogue: Arc of the Sky, Book 1. L. M. R. Clarke. 2019. (Arc of the Sky Ser.: Vol. 1). (ENG.). 266p. (YA). pap. *(978-1-912327-45-4(7))* Castrum Pr.

Moon (Rookie Read-About Science: the Universe) Cody Crane. 2018. (Rookie Read-About Science Ser.). (ENG., Illus.). 32p. (J). (gr. 1-2). pap. 5.95 *(978-0-531-22862-3(2))*, Children's Pr.) Scholastic Library Publishing.

Moon Rope see **Moon Rope/un Lazo a la Luna**

Moon Saga: How Dancing Turtle Captured the Moon. Harris Tobias. Illus. by Dimitris Mitsopoulos. 2019. (ENG.). 34p. (J). pap. 14.99 *(978-1-950454-57-0(6))* Pen It Pubns.

Moon Shadow. Erin Downing. (ENG.). 256p. (J). (gr. 3-7). 2018. pap. 7.99 *(978-1-4814-7522-8(3))*; 2017. (Illus.). 17.99 *(978-1-4814-7521-1(5))* Simon & Schuster Children's Publishing. (Aladdin).

Moon-Shine, or the Restauration of Jews-Trumps & Bagpipes: Being an Answer to Dr. R. Wild's Letter &C. & His Poetica Licentia, &C (Classic Reprint) J. Achard. 2017. (ENG., Illus.). (J). 24.87 *(978-0-331-99716-3(9))*; pap. 9.57 *(978-0-259-95697-6(X))* Forgotten Bks.

Moon: Small-But-Mighty Neighbor. Laura Perdew. Illus. by Hui Li. 2021. (Picture Book Science Ser.). (ENG.). 32p. (J). (gr. k-3). 19.95 *(978-1-61930-985-2(8))*, a825d0e0-3997-4ae9-bbd8-9104cc659f25); pap. 9.95 *(978-1-61930-988-3(2))*, 5ab47fb4-429e-4986-aa2a-e602649bc404) Nomad Pr.

Moon Speaks. Jason G. Duesing. 2021. (ENG., Illus.). 24p. (J). (— 1). bds. 9.99 *(978-1-0877-3462-0(2))*, 005830055, B&H Kids) B&H Publishing Group.

Moon Spun Round: W. B. Yeats for Children. W. B. Yeats. Ed. by Noreen Doody. Illus. by Shona Shirley Macdonald. 2016. (ENG.). 64p. 30.00 *(978-1-84717-738-4(7))* O'Brien Pr., Ltd., The IRL. Dist: Casemate Pubs. & Bk. Distributors, LLC.

Moon, the Sun & All the Constellations- Beginner's Astronomy Lessons for Kids - Children's Astronomy & Space Books. Pfiffikus. 2016. (ENG., Illus.). (J). pap. 10.81 *(978-1-68377-599-7(6))* Whlke, Traudl.

Moon the Whale & Waves. Kate Dobrowolska. 2020. (ENG., Illus.). 50p. (J). pap. *(978-1-78222-766-3(0))* Paragon Publishing, Rothersthorpe.

Moon Thief. Kristine Keck. Illus. by Heidi Barnett. 2021. (ENG.). 42p. (J). pap. 14.99 *(978-1-63649-578-1(8))* Primedia eLaunch LLC.

Moon Time Prayer. Cindy Gaudet. Illus. by Leah Dorion. 2nd ed. 2018. (ENG.). 80p. (J). pap. *(978-1-7752231-4-6(0))* MotherButterfly Bks.

Moon Tracks. Jody Lynn Nye & Travis S. Taylor. 2019. (ENG.). 256p. (gr. 5). 24.00 *(978-1-4814-8383-4(8))* Baen Bks.

Moon Tree. Isabelle O'Donnell. 2021. (ENG.). 156p. (J). pap. 9.56 *(978-1-716-62718-7(4))* Lulu Pr., Inc.

Moon Watchers: Shirin's Ramadan Miraacle. Reza Jalali. ed. 2017. lib. bdg. 19.60 *(978-0-606-40159-3(8))* Turtleback.

Moon Watchers: Shirin's Ramadan Miracle, 1 vol. Reza Jalali. Illus. by Anne Sibley O'Brien. 2017. (ENG.). 32p. (J). (gr. 1-7). pap. 9.95 *(978-0-88448-587-2(0))*, 884587) Tilbury Hse. Pubs.

Moon Within (Scholastic Gold), 1 vol. Aida Salazar. 2019. (ENG., Illus.). 240p. (J). (gr. 3-7). 17.99 *(978-1-338-28337-2(5))*, Levine, Arthur A. Bks.) Scholastic, Inc.

Moonaby. Kat Moore. Illus. by Kat Moore. 2021. (ENG.). 30p. (J). pap. 12.99 *(978-1-7376060-3-1(8))* Camelian Moon Publishing, Inc.

Moonbeams: A Lullaby of the Phases of the Moon. Ann Bausum. Illus. by Kyung Eun Han. 2020. (ENG.). 40p. (J). (gr. -1-3). 17.99 *(978-1-4998-1033-2(4))* Little Bee Books Inc.

Moonbeams from the Larger Lunacy (Classic Reprint) Stephen Leacock. 2018. (ENG., Illus.). 236p. (J). 28.76 *(978-0-365-36216-6(6))* Forgotten Bks.

Moonbear. Frank Asch. Illus. by Frank Asch. (Moonbear Ser.). (ENG., Illus.). 32p. (J). (gr. -1-3). 2022. 8.99 *(978-1-4814-8064-2(2))*; 2020. 17.99 *(978-1-4814-8063-5(4))* Simon & Schuster Children's Publishing. (Aladdin).

Moonblight & Six Feet of Romance (Classic Reprint) Daniel Carter Beard. 2018. (ENG., Illus.). 230p. (J). 28.64 *(978-0-365-04911-1(5))* Forgotten Bks.

Moonburner. Claire Luana. 2019. (Moonburner Cycle Ser.: Vol. 1). (ENG.). 314p. (YA). (gr. 7-12). 22.00 *(978-1-948947-84-8(6))* Claire Luana.

Mooncakes. Suzanne Walker. Illus. by Wendy Xu. 2019. (ENG.). 256p. (YA). (gr. 8). pap. 17.99 *(978-1-5493-0304-3(X))*, 6d8f8499-ed34-4175-aece-4b5a301353ec, Lion Forge) Oni Pr., Inc.

Moonchild. Jonathan Pogioli. 2021. (ENG.). 186p. (YA). pap. 11.99 *(978-1-63649-777-8(2))* Primedia eLaunch LLC.

Moonchild: City of the Sun, Book 2. Aisha Bushby. 2nd ed. 2021. (Moonchild Ser.: 2). (ENG., Illus.). 240p. (J). 9.99 ***(978-0-7555-0062-8(8))*** Farshore GBR. Dist: HarperCollins Pubs.

Moondog: Once in a Blue Moon. Thomas Trock. 2021. (ENG.). 218p. (J). pap. 12.99 *(978-0-9978271-4-9(9))* Rocky Mountain Moonworks.

Moondragon in the Mosque Garden. El-Farouk Khaki & Troy Jackson. Illus. by Katie Commodore. 2017. (ENG.). 28p. (J). (gr. 1-3). 15.95 *(978-1-7750840-3-7(5))* Flamingo Rampant! CAN. Dist: Orca Bk. Pubs. USA.

Moondyne: A Story of Convict Life in Australia (Classic Reprint) John Boyle O'Reilly. 2017. (ENG., Illus.). (J). 26.64 *(978-0-266-24832-3(2))* Forgotten Bks.

Moone Boy & the Marvellous Activity Manual. Chris O'Dowd & Nick Vincent Murphy. 2017. (ENG., Illus.). 144p. (J). (gr. 3-7). 9.99 *(978-1-5098-3259-0(9))* Pan Macmillan GBR. Dist: Independent Pubs. Group.

Moonfleet. J. Meade Falkner. 2018. (Dover Children's Evergreen Classics Ser.). (ENG.). 288p. (gr. 2-6). pap. 5.99 *(978-0-486-82878-7(6))*, 828786) Dover Pubns., Inc.

Moonfleet: Gothic Novel. J. Meade Falkner. 2019. (ENG.). 118p. (J). (gr. 2-6). pap. *(978-80-273-3351-6(2))* E-Artnow.

Moonflower, 1 vol. Kacen Callender. 2022. (ENG.). 272p. (J). (gr. 4-7). 17.99 *(978-1-338-63659-8(6))* Scholastic, Inc.

Moonflower, 1 vol. Peter Loewer. Illus. by Jean Loewer. rev. ed. 2019. 32p. (J). (gr. -1-3). pap. 7.95 *(978-1-68263-101-0(X))* Peachtree Publishing Co. Inc.

Moonfolk. Jane Goodwin Austin. 2017. (ENG.). 212p. (J). pap. *(978-3-7447-6784-2(1))* Creation Pubs.

Moonfolk: A True Account of the Home of the Fairy Tales (Classic Reprint) Jane Goodwin Austin. 2017. (ENG., Illus.). (J). 28.12 *(978-0-331-70889-9(2))*; pap. 10.57 *(978-0-259-17406-6(8))* Forgotten Bks.

Moonglade: A Novel (Classic Reprint) Unknown Author. 2018. (ENG., Illus.). 362p. (J). 31.36 *(978-0-483-57361-1(2))* Forgotten Bks.

Moonglow (IngramSpark) Peggy Dickerson. Illus. by Cynthia Wells. 2019. (ENG.). 48p. (J). (gr. k-5). 23.00 *(978-0-9981666-4-3(2))*, An Ice Wine Bk.) Ice Wine Productions, Inc.

Moongobble & Me Magical Collection (Boxed Set) The Dragon of Doom; the Weeping Werewolf; the Evil Elves; the Mischief Monster; the Naughty Nork. Bruce Coville. Illus. by Katherine Coville. ed. 2020. (Moongobble & Me Ser.). (ENG.). 448p. (J). (gr. 1-5). pap. 32.99 *(978-1-5344-5784-3(4))*, Aladdin) Simon & Schuster Children's Publishing.

Moonhorse. Mary Pope Osborne. Illus. by S. M. Saelig. 2016. (ENG.). 40p. (J). (gr. -1-2). 16.99 *(978-0-394-88960-3(6))*, Knopf Bks. for Young Readers) Random Hse. Children's Bks.

Moonlight. Grace Hansen. 2019. (Sky Lights Ser.). (ENG., Illus.). 24p. (J). (gr. -1-2). lib. bdg. 32.79 *(978-1-5321-8908-1(7))*, 32984, Abdo Kids) ABDO Publishing Co.

Moonlight. Stephen Savage. 2022. (Illus.). 32p. (J). (gr. -1-3). 18.99 *(978-0-8234-5084-8(8))*, Neal Porter Bks) Holiday Hse., Inc.

Moonlight: The Moonlight Saga 1. Ariel Wood. 2018. (ENG.). 424p. (J). *(978-1-387-49793-5(6))* Lulu Pr., Inc.

Moonlight & Molly: Reach for the Stars. Maureen Harris. Illus. by Maureen Harris. 2021. (ENG.). 36p. (J). (gr. -1-7). pap. 9.95 *(978-1-7320719-7-1(7))* Enger, Norman.

Moonlight & Murder Volume 1: Action-Packed Romantic Mystery Thrillers. Reily Garrett. 2020. (ENG.). 466p. (J). pap. 17.99 *(978-1-7339585-8-5(4))* Reily Garrett.

Moonlight & Roses. Elizabeth Love. 2018. (ENG., Illus.). 44p. (J). pap. *(978-1-78465-376-7(4))*, Vanguard Press) Pegasus Elliot Mackenzie Pubs.

Moonlight & Stardust: A Night-Time Fairy Fantasy Coloring Book. Activity Attic Books. 2016. (ENG., Illus.). (J). pap. 7.74 *(978-1-68323-698-6(X))* Twin Flame Productions.

Moonlight Blade. Tessa Barbosa. 2023. (ENG.). 368p. (YA). 18.99 *(978-1-64937-336-6(8))*, 900281311) Entangled Publishing, LLC.

Moonlight Book: Christmas Hide-And-Seek. Elizabeth Golding & Dean Gray. 2016. (ENG., Illus.). 12p. (J). (gr. -1-3). 10.95 *(978-0-7624-5965-0(4))*, Running Pr. Kids) Running Pr.

Moonlight Boy (Classic Reprint) E. W. Howe. 2018. (ENG., Illus.). 344p. (J). 30.99 *(978-0-267-21957-5(1))* Forgotten Bks.

Moonlight Dance. Gabriella Eva Nagy. (Illus.). 24p. (J). (gr. k-6). 2019. (ENG.). pap. 12.95 *(978-1-61244-732-2(5))*; 2018. (SPA., pap. 11.95 *(978-1-61244-632-5(9))*; 2018. (HUN., pap. 11.95 *(978-1-61244-544-1(6))* Halo Publishing International.

Moonlight Dancer. Lisa Calhoun-Owen & Matthew Reilly. 2019. (ENG., Illus.). 22p. (J). (gr. -1-3). pap. 8.99 *(978-1-7337955-9-3(6))* Warren Publishing, Inc.

Moonlight Dancer. Lisa Calhoun-Owen & Matthew Scott Reilly. 2019. (ENG., Illus.). 22p. (J). (gr. -1-3). 17.95 *(978-1-7337955-1-7(0))* Warren Publishing, Inc.

Moonlight Madness. John R. Erickson. Illus. by Gerald L. Holmes. 2017. (Hank the Cowdog Ser.: Vol. 23). (ENG.). 114p. (J). (gr. 3-6). 15.99 *(978-1-59188-223-7(0))* Maverick Bks., Inc.

Moonlight Magic. B. J. Bishop. 2020. (ENG.). 30p. (J). pap. 13.95 *(978-1-64584-754-0(3))* Page Publishing Inc.

Moonlight Magic. Joan Lake. Illus. by Cathy Morrison. 2020. (ENG.). 28p. (J). 19.95 *(978-1-64670-489-7(4))*; pap. 12.95 *(978-1-64670-488-0(6))* Covenant Bks.

Moonlight Meeting: The Nocturnals Grow & Read Early Reader, Level 2. Tracey Hecht. Illus. by Waymond Singleton. 2017. (Nocturnals Ser.). (ENG.). 64p. (J). (gr. 1-3). pap. 5.99 *(978-1-944020-14-9(4))*, Fabled Films Pr. LLC) Fabled Films LLC.

Moonlight Melodies: Alpha's Broken Song. Kitty Haize. 2022. (ENG.). 350p. (YA). pap. 22.95 *(978-1-63985-124-9(0))* Fulton Bks.

Moonlight Mischief. Linda Chapman. Illus. by Lucy Fleming. 2022. (Star Friends Ser.: 7). (ENG.). 160p. (J). (gr. 1-4). pap. 6.99 *(978-1-6643-4013-8(0))* Tiger Tales.

Moonlight Mums. Laura Stitzel. 2021. (Illus.). 24p. (J). (— 1). 26.99 *(978-1-76089-579-2(2))*, Puffin) Penguin Random Hse. AUS. Dist: Independent Pubs. Group.

Moonlight of Morgan Hill. Patricia Tracy Dow Beveridge. 2017. (ENG., Illus.). (J). 22.99 *(978-1-5456-0981-1(0))* Salem Author Services.

Moonlight Prance. Serena Gingold Allen. Illus. by Teagan White. 2022. (ENG.). 14p. (J). (gr. -1 — 1). 12.99 *(978-1-4521-7406-8(7))* Chronicle Bks. LLC.

Moonlight Secrets. Laura Lukasavage. 2021. (ENG., Illus.). 190p. (YA). 29.95 *(978-1-64952-607-6(5))*; pap. 16.95 *(978-1-64952-605-2(9))* Fulton Bks.

Moonlight Walkers: Forbidden Lands. Courtney Moore. (ENG.). (J). (gr. 2-6). 2021. 276p. *(978-1-913206-05-5(X))*; 2020. (Illus.). 278p. pap. *(978-1-913206-00-0(9))* Notebook Publishing.

Moonlight Zoo. Maudie Powell-Tuck. Illus. by Karl James Mountford. 2022. (ENG.). 32p. (J). (gr. -1-2). 18.99 *(978-1-68010-291-8(5))* Tiger Tales.

Moonlighter: A Play in Four Acts (Classic Reprint) George Fitzmaurice. (ENG., Illus.). (J). 2017. 25.59 *(978-0-265-50313-3(2))*; 2016. pap. 9.57 *(978-1-334-11844-9(2))* Forgotten Bks.

Moonling Adventure - the Serengeti. Diann Floyd Boehm. Illus. by Katherine Louise Boehm. 2020. (Moonling Adventures Ser.: Vol. 1). (ENG.). 40p. (J). *(978-1-989833-05-6(5))* OC Publishing.

Moonling Adventures - the Serengeti. Diann Floyd Boehm. Illus. by Katherine Louise Boehm. 2020. (Moonling Adventures Ser.: Vol. 1). (ENG.). 40p. (J). pap. *(978-1-989833-04-9(7))* OC Publishing.

Moonlit Adventures. Xitlali Valenzuela. 2021. (ENG.). 94p. (J). pap. 15.00 *(978-1-953507-61-7(1))* Brightlings.

Moonlit Tales. Miss Angel. 2017. (ENG., Illus.). (J). pap. 20.00 *(978-1-365-80154-9(3))* Lulu Pr., Inc.

Moonlit Vine, 1 vol. Elizabeth Santiago. Illus. by McKenzie Mayle. 2023. (ENG.). 368p. (YA). (gr. 8-12). 24.95 ***(978-1-64379-580-5(5))***, leelowtu, Tu Bks.) Lee & Low Bks., Inc.

Moonlit Way: A Novel (Classic Reprint) Robert William Chambers. (ENG., Illus.). (J). 2018. 438p. 32.93 *(978-0-483-62928-8(6))*; 2017. pap. 16.57 *(978-0-243-30295-6(9))* Forgotten Bks.

Moonlit Way a Novel (Classic Reprint) Robert W. Chambers. 2018. (ENG., Illus.). 436p. (J). 32.89 *(978-0-483-49251-6(5))* Forgotten Bks.

Moonlocket. Peter Bunzl. 2019. (Cogheart Adventures Ser.). (ENG.). 384p. (J). (gr. 3-7). pap. 12.99 *(978-1-63163-375-1(9))*, 1631633759, Jolly Fish Pr.) North Star Editions.

Moonpekian Summer. J. J. N. Whitley. 2017. (ENG., Illus.). 516p. (YA). pap. 25.95 *(978-1-64082-390-7(5))* Page Publishing Inc.

Moonpenny Island. Tricia Springstubb. Illus. by Gilbert Ford. 2016. (ENG.). 320p. (J). (gr. 3-7). pap. 6.99 *(978-0-06-211294-1(5))*, Balzer & Bray) HarperCollins Pubs.

Moonpenny Island. Tricia Springstubb. ed. 2016. (J). lib. bdg. 17.20 *(978-0-606-38742-2(0))* Turtleback.

Moonrise. Sarah Crossan. 2018. (ENG.). 400p. (YA). 17.99 *(978-1-68119-366-3(3))*, 900171570, Bloomsbury Young Adult) Bloomsbury Publishing USA.

Moons. Carolyn Bennett Fraiser. 2022. (Our Solar System Ser.). (ENG.). 64p. (J). (gr. 6-12). 43.93 *(978-1-6782-0406-8(4))*, BrightPoint Pr.) ReferencePoint Pr., Inc.

Moons. Christina Leaf & Derek Zobel. 2022. (Journey into Space Ser.). (ENG., Illus.). 24p. (J). (gr. k-3). pap. 7.99 *(978-1-64834-840-2(8))*, 21694, Blastoff! Readers) Bellwether Media.

Moons. Betsy Rathburn. 2018. (Space Science Ser.). (ENG., Illus.). 24p. (J). (gr. 3-7). lib. bdg. 26.95 *(978-1-62617-860-1(7))*, Torque Bks.) Bellwether Media.

Moon's Almost Here. Patricia MacLachlan. Illus. by Tomie dePaola. 2016. (ENG.). 32p. (J). (gr. -1-3). 17.99 *(978-1-4814-2062-4(3))*, McElderry, Margaret K. Bks.) McElderry, Margaret K. Bks.

Moon's Big Adventure. Christopher J. Cilauro. 2021. (ENG., Illus.). 32p. (J). 24.95 *(978-1-64701-272-4(4))*; pap. 14.95 *(978-1-64701-172-7(8))* Page Publishing Inc.

Moon's Cyclical Phases: Understanding the Relationship Between the Earth, Sun & Moon - Astronomy Beginners' Guide Grade 4 - Children's Astronomy & Space Books. Baby Professor. 2020. (ENG.). 72p. (J). 24.99 *(978-1-5419-8060-0(3))*, Baby Professor (Education Kids)) Speedy Publishing LLC.

Moon's Cyclical Phases: Understanding the Relationship Between the Earth, Sun & Moon Astronomy Beginners' Guide Grade 4 Children's Astronomy & Space Books. Baby Professor. 2020. (ENG.). 72p. (J). pap. 14.99 *(978-1-5419-7812-6(9))*, Baby Professor (Education Kids)) Speedy Publishing LLC.

Moon's First Friends: One Giant Leap for Friendship. Susanna Leonard Hill. Illus. by Elisa Paganelli. (ENG.). (J). (-3). 2020. 32p. 8.99 *(978-1-7282-2308-7(3))*; 2019. 40p. 17.99 *(978-1-4926-5680-7(1))* Sourcebooks, Inc.

Moon's Last Fortress. Christopher Bulis. 2020. (ENG.). 276p. (YA). pap. *(978-1-78695-375-9(7))* Double Dragon ebooks.

Moons, Moons & More Moons! All Moons of Our Solar System - Space for Kids - Children's Aeronautics & Space Book. Baby Professor. 2017. (ENG., Illus.). (J). pap. 7.89 *(978-1-68326-960-1(8))*, Baby Professor (Education Kids)) Speedy Publishing LLC.

Moon's Ramadan. Natasha Khan Kazi. Illus. by Natasha Khan Kazi. 2023. (ENG., Illus.). 40p. (J). (gr. -1-3). 18.99 *(978-0-358-69409-0(4))*, Versify) HarperCollins Pubs.

Moon's Time to Shine. Storybots. ed. 2019. (Step into Reading Ser.). (ENG.). 32p. (J). (gr. k-1). 14.96 *(978-1-64310-865-0(4))* Penworthy Co., LLC, The.

Moon's Time to Shine (StoryBots) Storybots. 2018. (Step into Reading Ser.). (Illus.). 32p. (J). (gr. -1-1). pap. 5.99 *(978-0-525-64610-5(8))*, Random Hse. Bks. for Young Readers) Random Hse. Children's Bks.

Moonshadow & the Baby Ice Dragon. Angela James. 2016. (ENG., Illus.). (J). pap. *(978-1-911079-57-6(3))* Acorn Independent Pr.

Moonshine. Justin Benton. 2019. 192p. (J). (gr. 3-7). 17.99 *(978-1-62979-811-0(8))*, Calkins Creek) Highlights Pr., c/o Highlights for Children, Inc.

Moonshine & Clover. Laurence Housman. 2019. (ENG., Illus.). 142p. (YA). pap. *(978-93-5329-514-1(9))* Alpha Editions.

Moonshine & Watermelons: And Other Ozark Tales. Mark Van Patten. 2020. (ENG.). 144p. (YA). pap. 14.95 *(978-1-6624-0376-7(3))* Page Publishing Inc.

Moonshine (Classic Reprint) Theodore Goodridge Roberts. 2017. (ENG., Illus.). (J). 30.68 *(978-0-265-73282-3(4))*; pap. 13.57 *(978-1-5276-9496-5(8))* Forgotten Bks.

Moonshine Clover (Classic Reprint) Laurence Housman. 2018. (ENG., Illus.). 214p. (J). 28.31 *(978-0-484-74397-6(X))* Forgotten Bks.

Moonshiner's Son (Classic Reprint) Will Allen Dromgoole. (ENG., Illus.). (J). 2018. 362p. 31.36 *(978-0-267-44905-7(4))*; 2016. pap. 13.97 *(978-1-333-64814-5(6))* Forgotten Bks.

Moonshot: A Space Shuttle Coloring Book. Jupiter Kids. 2017. (ENG., Illus.). (J). pap. 9.20 *(978-1-68326-846-8(6))*, Jupiter Kids (Childrens & Kids Fiction)) Speedy Publishing LLC.

Moonshot: The Flight of Apollo 11. Brian Floca. Illus. by Brian Floca. 2019. (ENG., Illus.). 56p. (J). (gr. -1-5). 19.99 *(978-1-5344-4030-2(5))*, Atheneum/Richard Jackson Bks.) Simon & Schuster Children's Publishing.

Moonstone. Shannon Layne. 2016. (ENG., Illus.). (J). pap. 12.99 *(978-1-68076-691-2(0))*, Epic Pr.) ABDO Publishing Co.

Moonstruck Volume 3: Troubled Waters. Grace Ellis. 2020. (ENG., Illus.). 136p. (YA). pap. 14.99 *(978-1-5343-1493-1(8))*, d462c911-1abc-4284-82f4-88a0e7f90158) Image Comics.

Moonsweep. Sarah A. Cools. Illus. by Sarah A. Cools. 2021. (ENG.). 44p. (J). 20.00 *(978-1-7365417-7-7(3))* Cools, Sarah A.

Moonwalker(antiunna Edition Picture Book) Antiunna Butchee. 2017. (ENG., Illus.). (J). pap. 30.00 *(978-1-387-01658-7(X))* Lulu Pr., Inc.

Moonwalkers. Mark Greenwood. Illus. by Terry Denton. 2020. 32p. (J). (gr. k-2). 18.99 *(978-0-14-379355-7(1))*, Puffin) Penguin Random Hse. AUS. Dist: Independent Pubs. Group.

Moonwalking. Zetta Elliott & Lyn Miller-Lachmann. 2022. (ENG., Illus.). 224p. (J). 19.99 *(978-0-374-31437-8(3))*, 900231929, Farrar, Straus & Giroux (BYR)) Farrar, Straus & Giroux.

Moonwalking. Zetta Elliott & Lyn Miller-Lachmann. 2023. (ENG., Illus.). 224p. (J). pap. 8.99 *(978-1-250-86651-6(0))*, 900231930) Square Fish.

Moony Moon Shines at Noon! Kevin Driscoll. 2017. (Moony Moon Ser.: Vol. 1). (ENG., Illus.). (J). (gr. -1-2). 14.99 *(978-0-9991179-2-7(0))* Sundance Circle Publishing.

Moorland & Stream: With Notes & Prose Idylls on Shooting & Trout Fishing (Classic Reprint) W. Barry. 2018. (ENG., Illus.). 310p. (J). 30.31 *(978-0-364-34436-1(9))* Forgotten Bks.

Moorland Idylls (Classic Reprint) Grant Allen. (ENG., Illus.). (J). 2017. 30.13 *(978-0-331-83099-6(X))*; 2016. pap. 13.57 *(978-1-333-17990-8(1))* Forgotten Bks.

Moose. Al Albertson. 2020. (Animals of the Forest Ser.). (ENG.). 24p. (J). (gr. k-3). lib. bdg. 26.95 *(978-1-64487-128-7(9))*, Blastoff! Readers) Bellwether Media.

1366

The check digit for ISBN-10 appears in parentheses after the full ISBN-13

M

Moose. Elizabeth Andrews. 2022. (Twilight Animals Ser.). (ENG., Illus.). 24p. (J). (gr. k-3). lib. bdg. 31.36 *(978-1-0982-4208-4(4),* 40005, Pop! Cody Koala) Pop!.
Moose. August Hoeft. (I See Animals Ser.). (ENG.). (J). 2022. 20p. pap. 12.99 ***(978-1-5324-4232-2(7))***; 2021. 12p. pap. 5.99 *(978-1-5324-1511-1(7))* Xist Publishing.
Moose. Virginia Loh-Hagan. Illus. by Jeff Bane. 2017. (My Early Library: My Favorite Animal Ser.). (ENG.). 24p. (J). (gr. k-1). lib. bdg. 30.64 *(978-1-63472-834-8(3),* 209762) Cherry Lake Publishing.
Moose. Christy Mihaly. 2017. (Animals of North America Ser.). (ENG., Illus.). 32p. (J). (gr. 2-3). pap. 9.95 *(978-1-63517-091-7(5),* 1635170915, Focus Readers) North Star Editions.
Moose! Robert Munsch. Illus. by Michael Martchenko. (ENG.). (J). 2022. 32p. (gr. -1-3). 8.99 *(978-1-4431-0718-1(2))*; 2019. 30p. bds. 9.99 *(978-1-4431-4292-2(1))* Scholastic Canada, Ltd. CAN. Dist: Publishers Group West (PGW).
Moose. Gail Terp. 2016. (Wild Animal Kingdom Ser.). (ENG.). 32p. (J). (gr. 4-6). pap. 9.99 *(978-1-64466-171-0(3),* 10401); (Illus.). 31.35 *(978-1-68072-053-2(8),* 10400) Black Rabbit Bks. (Bolt).
Moose. Contrib. by Gail Terp. 2018. (Wild Animal Kingdom Ser.). (ENG., Illus.). 32p. (gr. 2-7). pap. 9.95 *(978-1-68072-310-6(3))* RiverStream Publishing.
Moose. Nick Winnick. 2016. (Animals of North America Ser.). (ENG., Illus.). 24p. (J). lib. bdg. 22.99 *(978-1-5105-0809-5(0))* SmartBook Media, Inc.
Moose: Facts & Picture Book for Children. Bold Kids. 2022. (ENG.). 42p. (J). pap. 14.99 *(978-1-0717-1073-9(7))* FASTLANE LLC.
Moose: Mystery of the Alabama Charm. Beverly Bruemmer. Illus. by Seth Fitts. 2022. (ENG.). 148p. (J). pap. 10.95 *(978-1-957479-00-2(0))* Vabella Publishing.
Moose: Mystery of the Arizona Charm. Beverly Bruemmer. Illus. by Seth Fitts. 2020. (ENG.). 100p. (J). pap. 9.95 *(978-1-942766-76-6(9))* Vabella Publishing.
Moose: Mystery of the Washington, D. C. Charm. Beverly Bruemmer. Illus. by Seth Fitts. 2021. (ENG.). 102p. (J). pap. 9.95 *(978-1-942766-78-0(5))* Vabella Publishing.
Moose Al Nan Makèt (Moose at the Market) Laurie Friedman. Tr. by Jean Pierre Gaston. Illus. by Gal Weizman. 2021. (Yon Chen Yo Rele Moose (Moose the Dog) Ser.). (CRP.). (J). (gr. -1-3). pap. ***(978-1-0396-2187-9(2),*** 10036, Crabtree Blossoms) Crabtree Publishing Co.
Moose & Goose on the Bus. Grace Diane. Illus. by Alethea Heyman. 2021. (ENG.). 20p. (J). *(978-1-0391-0592-8(0))*; pap. *(978-1-0391-0591-1(2))* FriesenPress.
Moose & the Smelly Sneakers. Danny Robertshaw et al. Illus. by Laura Catrinella. 2022. (Life in the Doghouse Ser.). (ENG.). 160p. (J). (gr. 2-5). 17.99 *(978-1-5344-8263-0(6))*; pap. 6.99 *(978-1-5344-8264-7(4))* Simon & Schuster Children's Publishing. (Aladdin).
Moose Ap Fè Lesiv Yo (Moose Does the Laundry) Laurie Friedman. Tr. by Jean Pierre Gaston. Illus. by Gal Weizman. 2021. (Yon Chen Yo Rele Moose (Moose the Dog) Ser.). (CRP.). (J). (gr. -1-3). pap. ***(978-1-0396-2186-2(4),*** 10033, Crabtree Blossoms) Crabtree Publishing Co.
Moose Ap Fè Soup (Moose Makes Soup) Laurie Friedman. Tr. by Jean Pierre Gaston. Illus. by Gal Weizman. 2021. (Yon Chen Yo Rele Moose (Moose the Dog) Ser.). (CRP.). (J). (gr. -1-3). pap. ***(978-1-0396-2189-3(9),*** 10035, Crabtree Blossoms) Crabtree Publishing Co.
Moose Ap Netwaye Kay la (Moose Cleans House) Laurie Friedman. Tr. by Jean Pierre Gaston. Illus. by Gal Weizman. 2021. (Yon Chen Yo Rele Moose (Moose the Dog) Ser.). (CRP.). (J). (gr. -1-3). pap. ***(978-1-0396-2185-5(6),*** 10034, Crabtree Blossoms) Crabtree Publishing Co.
Moose Au Marché (Moose at the Market) Laurie Friedman. Tr. by Annie Evearts. Illus. by Gal Weizman. 2021. (Moose le Chien (Moose the Dog) Ser.). (FRE.). (J). (gr. -1-3). pap. ***(978-1-0396-0209-0(6),*** 13475, Crabtree Blossoms) Crabtree Publishing Co.
Moose Avec une Boîte à Outils (Moose with a Tool Box) Laurie Friedman. Tr. by Annie Evearts. Illus. by Gal Weizman. 2021. (Moose le Chien (Moose the Dog) Ser.). (FRE.). (J). (gr. -1-3). pap. ***(978-1-0396-0212-0(6),*** 13476, Crabtree Blossoms) Crabtree Publishing Co.
Moose Avek Yon Bwat Zouti (Moose with a Tool Box) Laurie Friedman. Tr. by Jean Pierre Gaston. Illus. by Gal Weizman. 2021. (Yon Chen Yo Rele Moose (Moose the Dog) Ser.). (CRP.). (J). (gr. -1-3). pap. ***(978-1-0396-2190-9(2),*** 10032, Crabtree Blossoms) Crabtree Publishing Co.
Moose Book: Facts & Stories from Northern Forests (Classic Reprint) Samuel Merrill. 2018. (ENG., Illus.). 438p. (J). 32.93 *(978-0-365-40516-0(7))* Forgotten Bks.
Moose (Classic Reprint) Agnes Herbert. 2018. (ENG., Illus.). 272p. (J). 29.59 *(978-0-428-32994-5(2))* Forgotten Bks.
Moose Coloring Book: Coloring Books for Adults, Gifts for Painting Lover, Moose Mandala Coloring Pages, Activity Crafts & Hobbies, Wildlife. Illus. by Paperland Online Store. 2021. (ENG.). 44p. (J). pap. 21.28 *(978-1-716-13743-3(8))* Lulu Pr., Inc.
Moose Fairy. Steve Smallman. Illus. by Steve Smallman. 2021. (ENG., Illus.). 32p. (J). (gr. -1-1). ***(978-0-7112-5883-9(X))*** White Lion Publishing.
Moose Fait de la Soupe (Moose Makes Soup) Laurie Friedman. Tr. by Annie Evearts. Illus. by Gal Weizman. 2021. (Moose le Chien (Moose the Dog) Ser.). (FRE.). (J). (gr. -1-3). pap. ***(978-1-0396-0211-3(8),*** 13477, Crabtree Blossoms) Crabtree Publishing Co.
Moose Fait le Lavage (Moose Does the Laundry) Laurie Friedman. Tr. by Annie Evearts. Illus. by Gal Weizman. 2021. (Moose le Chien (Moose the Dog) Ser.). (FRE.). (J). (gr. -1-3). pap. ***(978-1-0396-0208-3(8),*** 13478, Crabtree Blossoms) Crabtree Publishing Co.
Moose Fait le Ménage (Moose Cleans House) Laurie Friedman. Tr. by Annie Evearts. Illus. by Gal Weizman. 2021. (Moose le Chien (Moose the Dog) Ser.). (FRE.). (J). (gr. -1-3). pap. ***(978-1-0396-0207-6(X),*** 13479, Crabtree Blossoms) Crabtree Publishing Co.
Moose Fait un Jardin (Moose Plants a Garden) Laurie Friedman. Tr. by Annie Evearts. Illus. by Gal Weizman. 2021. (Moose le Chien (Moose the Dog) Ser.). (FRE.). (J). (gr. -1-3). pap. ***(978-1-0396-0210-6(X),*** 13480, Crabtree Blossoms) Crabtree Publishing Co.
Moose Family Christmas. Beverly Bruemmer. Illus. by Seth Fitts. 2020. (ENG.). 42p. (J). pap. 14.95 *(978-1-942766-73-5(4))* Vabella Publishing.
Moose Family Christmas. Beverly Bruemmer. Illus. by Seth Fitts. 2020. (ENG.). 42p. (J). 24.95 *(978-1-942766-74-2(2))* Vabella Publishing.
MOOSE Family Halloween. Beverly Bruemmer. Illus. by Seth Fitts. 2021. (ENG.). 40p. (J). 24.95 *(978-1-942766-91-9(2))* Vabella Publishing.
MOOSE Family Thanksgiving. Beverly Bruemmer. Illus. by Seth Fitts. 2021. (ENG.). 50p. (J). 24.95 *(978-1-942766-99-5(8))* Vabella Publishing.
Moose Goes Fishing. Laurie Friedman. Illus. by Gal Weizman. 2022. (Moose the Dog Ser.). (ENG.). 24p. (J). (gr. -1-3). pap. *(978-1-0396-6280-3(3),* 20723); lib. bdg. *(978-1-0396-6085-4(1),* 20722) Crabtree Publishing Co. (Crabtree Blossoms).
Moose, Goose, & Mouse. Mordicai Gerstein. Illus. by Jeff Mack. 32p. (J). (gr. -1-2). 2022. pap. 8.99 *(978-0-8234-5132-6(1))*; 2021. 18.99 *(978-0-8234-4760-2(X))* Holiday Hse., Inc.
Moose, Goose, Animals on the Loose! A Canadian Wildlife ABC. Geraldo Valério. 2016. (Canadian Concepts Ser.). (ENG., Illus.). 40p. (J). (gr. -1-1). 16.95 *(978-1-77147-174-9(3),* Owlkids) Owlkids Bks. Inc. CAN. Dist: Publishers Group West (PGW).
Moose Hunt: Lost in Alaska: Lost in Alaska. Emily L. Hay Hinsdale. Illus. by Caitlin O'Dwyer. 2023. (Wilderness Adventures Ser.). (ENG.). 112p. (J). (gr. 2-5). lib. bdg. 38.50 ***(978-1-0982-3716-5(1),*** 42581, Calico Chapter Bks.) ABDO Publishing Co.
Moose in the Bright Red Socks. Oak Mackey. 2019. (ENG.). 18p. (J). 19.95 *(978-1-64628-001-8(6))* Page Publishing Inc.
Moose in the Zoo: Practicing the Long Oo Sound, 1 vol. Rafael Moya. 2016. (Rosen Phonics Readers Ser.). (ENG.). 12p. (J). (gr. -1-2). pap. *(978-1-5081-3332-2(8),* 0165df4a-e2c6-4cf1-b09a-0b73e766be75, Rosen Classroom) Rosen Publishing Group, Inc., The.
Moose Is Loose. Terri Forehand. 2018. (ENG.). 26p. (J). pap. 14.99 ***(978-1-948390-29-3(9))*** Pen It Pubns.
Moose Is Loose on the Palouse. Seema Jot Kaur. 2020. (ENG.). 48p. (J). 22.95 *(978-1-6629-0578-0(5))*; (Illus.). pap. 15.95 *(978-1-6629-0579-7(3))* Gatekeeper Pr.
Moose Joins the Band. Laurie Friedman. Illus. by Gal Weizman. 2023. (Moose the Dog Ser.). (ENG.). 24p. (J). (gr. -1-3). pap. ***(978-1-0398-0096-0(3),*** 33186); lib. bdg. ***(978-1-0398-0037-3(8),*** 33185) Crabtree Publishing Co.
Moose Learns to Paint. Laurie Friedman. Illus. by Gal Weizman. 2022. (Moose the Dog Ser.). (ENG.). 24p. (J). (gr. -1-3). pap. *(978-1-0396-6281-0(1),* 20729); lib. bdg. *(978-1-0396-6086-1(X),* 20728) Crabtree Publishing Co. (Crabtree Blossoms).
Moose of Ewenki. Gerelchimeg Blackcrane. Tr. by Helen Mixter. Illus. by Jiu Er. 2019. (Aldana Libros Ser.). (ENG.). 68p. (J). (gr. k-4). 19.95 *(978-1-77164-538-6(5),* Greystone Kids) Greystone Books Ltd. CAN. Dist: Publishers Group West (PGW).
Moose on the Loose. Alyssa Ionita. 2023. (ENG.). 36p. (J). pap. 14.95 ***(978-1-68235-871-9(2),*** Strategic Bk. Publishing) Strategic Book Publishing & Rights Agency (SBPRA).
Moose or Elk? Kirsten Chang. 2021. (Spotting Differences Ser.). (ENG., Illus.). 24p. (J). (gr. k-3). lib. bdg. 26.95 *(978-1-64487-404-2(0),* Blastoff! Readers) Bellwether Media.
Moose Pee & Tea! Donald W. Kruse. Illus. by Craig Howarth. 2018. (ENG.). 40p. (J). (gr. k-5). pap. 14.95 *(978-0-9985191-3-5(8))* Zaccheus Entertainment Co.
Moose Plante Yon Jaden (Moose Plants a Garden) Laurie Friedman. Tr. by Jean Pierre Gaston. Illus. by Gal Weizman. 2021. (Yon Chen Yo Rele Moose (Moose the Dog) Ser.). (CRP.). (J). (gr. -1-3). pap. ***(978-1-0396-2188-6(0),*** 10037, Crabtree Blossoms) Crabtree Publishing Co.
Moose the Mouse, Kitty the Kitten, & the Clown Who Frowns. Ed. by J. "E" M. Illus. by Fishline. 2019. (Moose the Mouse Ser.: Vol. 1). (ENG.). 36p. (J). pap. 15.95 *(978-1-947656-23-9(6))* Butterfly Typeface, The.
Moose the Mouse Likes to Run. G. Miller. Ed. by Iris Williams. Illus. by Paul Valencia. 2021. (ENG.). 32p. (J). 20.95 *(978-1-951883-72-0(1))* Butterfly Typeface, The.
Moose! the Reading Dog. Laura Bruneau & Beverly Timmons. Illus. by Mic Ru. 2018. (New Directions in the Human-Animal Bond Ser.). (ENG.). 74p. (J). pap. 12.99 *(978-1-55753-813-0(1),* P571047) Purdue Univ. Pr.
Moose Who Needed Glasses. Elaine W. Kaufman. Illus. by 18/1 Graphics Studio. 2022. 34p. (J). pap. 14.99 *(978-1-6678-5568-9(X))* BookBaby.
Moose with a Uke. Aaron Risi. 2019. (ENG.). 44p. (J). pap. 17.95 *(978-1-68470-340-1(9))* Lulu Pr., Inc.
Moosehead Journal; My Garden Acquaintance; a Good Word for Winter (Classic Reprint) James Russell Lowell. 2018. (ENG., Illus.). 132p. (J). 26.62 *(978-0-666-12696-2(8))* Forgotten Bks.
Moosely Awkward & Ducky. Jannyce Bennett. 2023. (ENG.). 30p. (J). pap. 17.00 ***(978-1-63661-214-0(8))*** Dorrance Publishing Co., Inc.
Moose's Book Bus. Inga Moore. Illus. by Inga Moore. 2021. (ENG., Illus.). 48p. (J). (gr. -1-2). 17.99 *(978-1-5362-1767-4(0))* Candlewick Pr.
Moose's Mittens. Sarah Keyes & Hannah Keyes. 2016. (ENG., Illus.). 46p. (J). pap. *(978-1-365-57950-9(6))* Lulu Pr., Inc.
Moosha & the Miracle Behind the Inn. Mitch Albaugh. Illus. by Olivia Polk. 2021. (ENG.). 82p. (J). 24.99 *(978-0-578-79989-6(8))* MITCHELL E. ALBAUGH.
Mooshie Moose & the Nature Class. Rosie Amazing. Illus. by Andreea Balcan. 2022. (ENG.). 28p. (J). pap. *(978-1-990292-12-5(7))* Annelid Pr.
MOOsic Makers. Heather Pindar. Illus. by Barbara Bakos. 2020. (ENG.). 32p. (J). (gr. -1-3). 17.99 *(978-1-84886-649-2(6),* d7a8c585-e534-411f-984f-952e66668c7f) Maverick Arts Publishing GBR. Dist: Lerner Publishing Group.
Mooswa Others of the Boundaries: Illustrated by Arthur Heming (Classic Reprint) W. A. Fraser. 2017. (ENG., Illus.). (J). (gr. 4-7). 30.17 *(978-0-331-16534-0(1))* Forgotten Bks.
Moosy. Morenike Bolujoko. 2018. (ENG., Illus.). 20p. (J). pap. 13.00 *(978-1-64438-424-4(8))* Booklocker.com, Inc.
Moot Quest. Roosevelt L. Bryant, III. 2021. (ENG.). 54p. (J). pap. *(978-1-6780-7568-2(X))* Lulu Pr., Inc.
Mooted Question, & Other Rhymes, Vol. 1 (Classic Reprint) Laurence W. Scott. 2018. (ENG., Illus.). 98p. (J). 25.92 *(978-0-332-86331-3(X))* Forgotten Bks.
Mootilda's Bad Mood. Corey Rosen Schwartz & Kirsti Call. Illus. by Claudia Ranucci. 2020. (ENG.). 32p. (J). (gr. -1-3). 17.99 *(978-1-4998-1086-8(5))* Little Bee Books Inc.
Mop & Dad at the Top. Gemma McMullen. Illus. by Jasmine Pointer. 2023. (Level 1 - Pink Set Ser.). (ENG.). 32p. (J). (gr. k-1). lib. bdg. 19.95 Bearport Publishing Co., Inc.
MOP Away Bullying! Sharon Seligman Lomayesva. Illus. by Daniel Lomayesva. 2022. (ENG.). 34p. (J). pap. 11.99 ***(978-1-7376453-1-3(9))*** Lulu Pr., Inc.
Mop Rides the Waves of Life: A Story of Mindfulness & Surfing (Emotional Regulation for Kids, Mindfulness 1 01 for Kids) Jaimal Yogis. Illus. by Matt Allen. 2020. (Mop Rides Ser.: 1). 40p. (J). (gr. k-3). 16.95 *(978-1-946764-60-7(4),* Plum Blossom Bks.) Parallax Pr.
Mop Weebee Book 4. R. M. Price-Mohr. 2020. (ENG., Illus.). 28p. (J). pap. *(978-1-913946-03-6(7))* Crossbridge Bks.
Mop Weebee Book 4a. R. M. Price-Mohr. 2020. (ENG.). 28p. (J). pap. *(978-1-913946-12-8(6))* Crossbridge Bks.
Mopping up (Classic Reprint) Jack Munroe. 2017. (ENG., Illus.). (J). 30.72 *(978-0-266-29952-3(0))* Forgotten Bks.
Mops, Chops, Pooches, & Pigs: Gertrude & Gunter: Orphans in the Storm. Sfiki Sviki Sfichi-Hortopan. 2019. (ENG.). 176p. (J). pap. 13.99 *(978-1-4808-6723-9(3))* Archway Publishing.
Mops Goes to Pre-School. Deborah Carter. Illus. by Steve Carter. 2019. (ENG.). 24p. (J). pap. 7.49 *(978-0-473-48993-9(7))* Carter, Deborah.
Mopsa the Fairy (Classic Reprint) Jean Ingelow. 2018. (ENG., Illus.). 270p. (J). 29.47 *(978-0-483-40235-5(4))* Forgotten Bks.
Mopsworth Custard Company. Alastair MacDonald. 2022. (ENG.). 192p. (J). ***(978-1-80369-532-7(3))***; pap. ***(978-1-80369-531-0(5))*** Authors OnLine, Ltd.
Mopsy, the Wonder Dog. Marion Veal. Illus. by Shanée Buxton. 2022. (ENG.). 32p. (J). pap. ***(978-1-7396329-5-3(8))*** Lane, Betty.
Mopwater Files. John R. Erickson. Illus. by Gerald L. Holmes. 2017. (Hank the Cowdog Ser.: Vol. 28). (ENG.). 111p. (J). (gr. 3-6). 15.99 *(978-1-59188-228-2(1))* Maverick Bks., Inc.
moquito. Geraldine Collet. 2020. (SPA.). 32p. (J). (gr. -1-2). 15.95 *(978-84-9145-391-8(1),* Picarona Editorial) Ediciones Obelisco ESP. Dist: Spanish Pubs., LLC.
Mòr-Thubaist Aig Na Geamannan Gàidhealach. Riel Nason. Illus. by Nathasha Pilotte. 2nd ed. 2023. (GLA.). 34p. (J). pap. ***(978-1-77861-018-9(8))*** Bradan Pr.
Morado. Amy Culliford. Tr. by Pablo de la Vega. 2021. (Mi Color Favorito (My Favorite Color) Ser.). (SPA., Illus.). 16p. (J). (gr. -1-1). pap. *(978-1-4271-3294-9(1),* 14842) Crabtree Publishing Co.
Morag. Milne Rae. 2016. (ENG.). 392p. (J). pap. *(978-3-7433-4549-2(8))* Creation Pubs.
Morag: A Tale of the Highlands of Scotland (Classic Reprint) Milne Rae. 2018. (ENG., Illus.). 390p. (J). 31.94 *(978-0-428-83462-3(0))* Forgotten Bks.
Morag the Seal (Classic Reprint) John William Brodie -Innes. 2017. (ENG., Illus.). (J). 30.83 *(978-0-265-73031-7(7))* Forgotten Bks.
Moral Alphabet (Classic Reprint) H. B. 2017. (ENG., Illus.). (J). 25.26 *(978-0-265-51746-8(X))* Forgotten Bks.
Moral & Entertaining Fables, Vol. 1: With Copperplates, for the Amusement of Children (Classic Reprint) Unknown Author. 2018. (ENG., Illus.). 56p. (J). 25.05 *(978-0-267-51695-7(9))* Forgotten Bks.
Moral & Entertaining Stories, for Youth (Classic Reprint) Unknown Author. 2018. (ENG., Illus.). 94p. (J). 25.84 *(978-0-267-26778-1(9))* Forgotten Bks.
Moral & Popular Tales (Classic Reprint) Maria Edgeworth. 2017. (ENG., Illus.). (J). pap. 19.97 *(978-1-334-93544-2(0))* Forgotten Bks.
Moral & Popular Tales (Classic Reprint) Maria Edgeworth. 2018. (ENG., Illus.). 664p. (J). 37.59 *(978-0-428-90591-0(9))* Forgotten Bks.
Moral Blot: A Novel (Classic Reprint) Sigmund B. Alexander. 2018. (ENG., Illus.). 252p. (J). 29.09 *(978-0-428-72864-9(2))* Forgotten Bks.
Moral Class-Book (Classic Reprint) W. Chambers. 2017. (ENG., Illus.). (J). 27.51 *(978-0-260-02237-0(3))* Forgotten Bks.
Moral Class-Book (Classic Reprint) William Chambers. 2017. (ENG., Illus.). (J). 29.90 *(978-0-266-65686-9(2))*; pap. 13.57 *(978-1-5276-1336-2(4))* Forgotten Bks.
Moral Demise. Joseph Briganti. 2022. (ENG.). 70p. (YA). pap. ***(978-1-64979-819-0(9))*** Austin Macauley Pubs. Ltd.
Moral Emblems: Other Poems (Classic Reprint) Robert Louis Stevenson. 2017. (ENG., Illus.). (J). 26.04 *(978-0-260-25772-7(9))* Forgotten Bks.
Moral Fables of Robert Henryson (Classic Reprint) Robert Henryson. 2017. (ENG., Illus.). (J). 26.43 *(978-0-260-06599-5(4))* Forgotten Bks.
Moral High Ground. TheBinMan. 2022. (ENG.). 64p. (YA). pap. 27.45 *(978-1-6698-1505-1(6),* Balboa Pr.) Author Solutions, LLC.
Moral Imbeciles (Classic Reprint) Sarah Pratt McLean Greene. 2018. (ENG., Illus.). 248p. (J). 29.01 *(978-0-483-79931-8(9))* Forgotten Bks.
Moral Instruction in the Public Schools Through the Story (Classic Reprint) J. a Churchill. (ENG., Illus.). (J). 2018. 20p. 24.33 *(978-0-656-07520-1(1))*; 2016. pap. 7.97 *(978-1-333-64265-5(2))* Forgotten Bks.
Moral Instructor, Vol. 3: Or Culture of the Heart, Affections, & Intellect, While Learning to Read (Classic Reprint) Thomas H. Palmer. 2017. (ENG., Illus.). (J). 26.95 *(978-0-331-15215-9(0))* Forgotten Bks.
Moral of the Story: an Introduction to Ethics. Rosenstand. 2020. (ENG.). (J). 93.94 *(978-1-259-23119-3(4))* Ingram Bk. Co.
Moral Pirates. William Livingston Alden. 2017. (ENG.). 180p. (J). pap. *(978-3-337-17809-3(X))* Creation Pubs.
Moral Scenes in a Rustic Walk: Or a Pedestrian Trip to Kill Time (Classic Reprint) Unknown Author. 2018. (ENG., Illus.). 52p. (J). 24.97 *(978-0-483-88492-2(8))* Forgotten Bks.
Moral Stories for Little Folks: For Sunday Schools, Primary Associations & Home Teaching (Classic Reprint) Church Of Jesus Christ Of Latter Saints. 2017. (ENG., Illus.). (J). 27.28 *(978-0-265-50638-7(7))* Forgotten Bks.
Moral Tale: Founded on an Historical Fact, & Calculated to Improve the Minds of Young People (Classic Reprint) Blackford. 2017. (ENG., Illus.). (J). 140p. 26.78 *(978-0-332-68736-0(8))*; pap. 10.57 *(978-1-334-55857-3(4))* Forgotten Bks.
Moral Tales: A Christmas Night's Entertainment (Classic Reprint) John Hall-Stevenson. (ENG., Illus.). (J). 2018. 68p. 25.30 *(978-0-483-63893-8(5))*; 2016. pap. 9.57 *(978-1-334-59218-8(7))* Forgotten Bks.
Moral Tales (Classic Reprint) 2018. (ENG., Illus.). 194p. (J). 27.90 *(978-0-656-92233-8(8))* Forgotten Bks.
Moral Tales (Classic Reprint) Maria Edgeworth. 2017. (ENG., Illus.). (J). 33.26 *(978-1-5282-6033-6(3))* Forgotten Bks.
Moral Tales (Classic Reprint) Élisabeth Charlotte Pauline Guizot. (ENG., Illus.). (J). 2018. 454p. 33.26 *(978-0-483-83038-7(0))*; 2016. pap. 16.57 *(978-1-334-14564-3(4))* Forgotten Bks.
Moral Tales for Young People, Vol. 1 of 3 (Classic Reprint) Maria Edgeworth. (ENG., Illus.). (J). 2018. 232p. 28.68 *(978-0-666-45824-7(3))*; 2017. pap. 11.57 *(978-1-5276-3165-6(6))* Forgotten Bks.
Moral Tales for Young People, Vol. 2 of 3 (Classic Reprint) Maria Edgeworth. 2017. (ENG., Illus.). (J). pap. 10.97 *(978-0-259-19072-1(1))* Forgotten Bks.
Moral Tales for Young People, Vol. 2 of 3 (Classic Reprint) Maria Edgeworth. 2018. (ENG., Illus.). 214p. (J). 28.31 *(978-0-364-87800-2(2))* Forgotten Bks.
Moral Tales from Panchtantra: Timeless Stories for Children from Ancient India. Wonder House Books. 2019. (Classic Tales from India Ser.). (ENG.). 84p. (J). (gr. 3). 11.99 ***(978-93-89178-12-8(6))*** Prakash Bk. Depot IND. Dist: Independent Pubs. Group.
Moral Tales, in Verse: Calculated to Please & Instruct Young Children, Embellished with Numerous Engravings (Classic Reprint) Unknown Author. 2018. (ENG., Illus.). 38p. (J). 24.68 *(978-0-484-37355-5(2))* Forgotten Bks.
Moral Tales, Vol. 1 (Classic Reprint) M. Marmontel. 2018. (ENG., Illus.). 286p. (J). 29.80 *(978-0-428-86557-3(7))* Forgotten Bks.
Moralist: Or, Amusing & Interesting Dialogues, on Natural, Moral, & Religious Subjects, Calculated to Afford Rational & Improving Entertainment to the Ingenious Youth (Classic Reprint) Unknown Author. 2018. (ENG., Illus.). 152p. (J). 27.03 *(978-0-483-48267-8(6))* Forgotten Bks.
Morals, Manners & Miseries: In Tenement Houses (Classic Reprint) John Laffan. (ENG., Illus.). (J). 2018. 46p. 24.97 *(978-0-484-56853-1(1))*; 2016. pap. 7.97 *(978-1-334-45047-1(1))* Forgotten Bks.
Morals of Marcus Ordeyne: A Novel (Classic Reprint) William John Locke. 2017. (ENG., Illus.). (J). 30.91 *(978-1-5282-4693-4(4))* Forgotten Bks.
Morals of Pleasure: Illustrated by Stories Designed for Young Persons (Classic Reprint) Susan Anne Livingston Ridley Sedgwick. 2017. (ENG., Illus.). (J). 27.22 *(978-0-266-71338-8(6))*; pap. 9.57 *(978-1-5276-6745-7(6))* Forgotten Bks.
Morang's Modern Phonic Primer, Vol. 1 (Classic Reprint) Unknown Author. (ENG., Illus.). (J). 2018. 66p. 25.30 *(978-0-484-02835-6(9))*; 2016. pap. 9.57 *(978-1-334-16058-5(9))* Forgotten Bks.
Moray Blockbuster Collection *see* **Radiant Energy Research Collection**
Moray Eels. Lindsay Shaffer. 2020. (Animals of the Coral Reef Ser.). (ENG.). 24p. (J). (gr. k-3). lib. bdg. 26.95 *(978-1-64487-132-4(7),* Blastoff! Readers) Bellwether Media.
Morceaux Choisis des Auteurs Francais du Moyen Age: Avec une Introduction Grammaticale, des Notes Litteraires et un Glossaire du Vieux Francais (Classic Reprint) Leon Cledat. 2017. (FRE., Illus.). (J). pap. 19.57 *(978-0-282-96060-5(0))* Forgotten Bks.
Morceaux Choisis des Auteurs Français du Moyen Age: Avec une Introduction Grammaticale, des Notes Littéraires et un Glossaire du Vieux Français (Classic Reprint) Leon Cledat. 2018. (FRE., Illus.). 594p. (J). 36.17 *(978-0-483-48689-8(2))* Forgotten Bks.
Morchester a Story of American Society, Politics, & Affairs (Classic Reprint) Charles Datchet. 2018. (ENG., Illus.). 494p. (J). 34.09 *(978-0-483-13464-5(3))* Forgotten Bks.
Mordaunt Hall; or a September Night, Vol. 2 Of 3: A Novel (Classic Reprint) Anne Marsh-Caldwell. 2018. (ENG., Illus.). 320p. (J). 30.50 *(978-0-484-13176-6(1))* Forgotten Bks.
Mordaunt Hall, Vol. 1 Of 3: Or, a September Night; a Novel (Classic Reprint) Emilia Wyndham. 2018. (ENG., Illus.). 322p. (J). 30.54 *(978-0-484-56118-1(9))* Forgotten Bks.
Mordec & the Hidden Hand. Jillian Becker. 2018. (Thrilling Adventures of Mordec the Viking Ser.: Vol. 3). (ENG., Illus.). 164p. (YA). 19.99 *(978-1-7327275-5-7(4))*; pap. 10.99 *(978-1-7327275-4-0(6))* Gothenburg Bks.
Mordec & the Lost Boys. Jillian Becker. 2018. (Thrilling Adventures of Mordec the Viking Ser.: Vol. 4). (ENG., Illus.). 270p. (YA). 19.99 *(978-1-7327275-7-1(0))*; pap. 10.99 *(978-1-7327275-6-4(2))* Gothenburg Bks.
Mordec Raids England. Jillian Becker. 2018. (Thrilling Adventures of Mordec the Viking Ser.: Vol. 1). (ENG., Illus.). 252p. (YA). 19.99 *(978-1-7327275-1-9(1))*; pap. 10.99 *(978-1-7327275-0-2(3))* Gothenburg Bks.

Mordec the Conqueror. Jillian Becker. 2018. (Thrilling Adventures of Mordec the Viking Ser.: Vol. 5). (ENG., Illus.). 276p. (YA). 19.99 *(978-1-7327275-9-5(7))*; pap. 10.99 *(978-1-7327275-8-8(9))* Gothenburg Bks.

Mordec's Quest. Jillian Becker. 2018. (Thrilling Adventures of Mordec the Viking Ser.: Vol. 2). (ENG., Illus.). 190p. (YA). 19.99 *(978-1-7327275-3-3(8))*; pap. 10.99 *(978-1-7327275-2-6(X))* Gothenburg Bks.

Mordiscos. Carl Hiaasen & Jeff Warren. 2020. (SPA.). 380p. (J). (gr. 7). pap. 12.50 *(978-607-527-795-0(1))* Editorial Oceano de Mexico MEX. Dist: Independent Pubs. Group.

Mordizan. Alyssa Roat. 2022. 2. (ENG.). 366p. (YA). pap. 13.99 *(978-1-953957-20-7(X)*, Mountain Brook Fire) Mountain Brook Ink.

More. I. C. Springman. Illus. by Brian Lies. 2019. (ENG.). 40p. (J). (gr. -1-3). pap. 7.99 *(978-0-358-11790-2(9)*, 1750732, Clarion Bks.) HarperCollins Pubs.

More: A Journey of Self-Discovery. Jo Ann King & Lori J. Wilson. 2016. (More Ser.: Vol. 1). (ENG.). 64p. (J). pap. 15.00 ***(978-0-9977470-0-3(5))*** L And J Bks. LLC.

More about Jesus (Classic Reprint) Favell Lee Mortimer. (ENG., Illus.). (J). 2018. 250p. 29.05 *(978-0-483-53872-6(8))*; 2016. pap. 13.57 *(978-1-334-19129-9(8))* Forgotten Bks.

More about Live Dolls (Classic Reprint) Josephine Scribner Gates. 2017. (ENG., Illus.). (J). 26.33 *(978-0-265-91057-3(9))*; pap. 9.57 *(978-0-243-44762-6(0))* Forgotten Bks.

More about the Doctor (Classic Reprint) Isabel Cameron. 2018. (ENG., Illus.). 86p. (J). 25.69 *(978-0-483-56525-8(3))* Forgotten Bks.

More about the Mongols (Classic Reprint) James Gilmour. 2018. (ENG., Illus.). 330p. (J). 30.70 *(978-0-267-28114-5(5))* Forgotten Bks.

More about the Squirrels (Classic Reprint) Eleanor Tyrrell. 2018. (ENG., Illus.). (J). 26.68 *(978-0-331-99197-0(7))* Forgotten Bks.

More about Vermont Gnomes. Marijke De Roo Westberg. Illus. by Marijke De Roo Westberg. 2016. (ENG., Illus.). (J). 24.95 *(978-1-60571-310-6(4))* Northshire Pr.

More Acorns: Math Reader 2 Grade 3. Hmh Hmh. 2018. (SPA.). 12p. (J). pap. 23.60 *(978-1-328-57697-2(3))* Houghton Mifflin Harcourt Publishing Co.

More Acorns: Math Reader Grade 3. Hmh Hmh. 2017. (Math Expressions Ser.). (ENG.). 12p. (J). (gr. 3). pap. 3.53 *(978-1-328-77195-7(4))* Houghton Mifflin Harcourt Publishing Co.

More Adventures in Kilt & Khaki: Sketches of the Glasgow Highlanders, & Others in France (Classic Reprint) Thomas M. Lyon. 2017. (ENG., Illus.). (J). 28.64 *(978-0-260-39472-9(6))* Forgotten Bks.

More Adventures of Captain Kettle, Captain Kettle K. C. B (Classic Reprint) Cutcliffe Hyne. 2017. (ENG., Illus.). (J). 356p. 31.24 *(978-0-332-74690-6(9))*; 358p. pap. 13.97 *(978-0-332-53130-4(9))* Forgotten Bks.

More Adventures of Dai & I. Juleeia Sneesby. 2023. (ENG.). 24p. (J). pap. ***(978-0-6456996-3-0(2))*** Wendiilou Publishing.

More Adventures of Little Mikey. Anthony Harris. 2021. (Little Mikey Ser.: Vol. 2). (ENG.). 88p. (J). pap. 15.00 *(978-1-6629-1374-7(5))* Gatekeeper Pr.

More Adventures of PJ Pepperjay, 1 vol. Yehudis Backenroth. Illus. by Chani Judowitz. 2016. (ENG.). 96p. (J). *(978-1-4226-1688-8(6)*, ArtScroll Series) Mesorah Pubns., Ltd.

More Adventures of the Magnificent Dancing Circle Snails. Michael Read. 2018. (Magnificent Dancing Circle Snails Ser.: Vol. 2). (ENG., Illus.). 110p. (J). (gr. k-2). pap. *(978-1-911589-59-4(8)*, Choir Pr., The) Action Publishing Technology Ltd.

More Adventures of the Magnificent Dancing Circle Snails: Miscellaneous. Michael Read. 2021. (ENG.). 74p. (J). pap. *(978-1-78963-208-8(0)*, Choir Pr., The) Action Publishing Technology Ltd.

More Adventures of the Magnificent Dancing Circle Snails: Ups & Downs. Michael Read. 2020. (Magnificent Dancing Circle Snails Ser.: Vol. 6). (ENG., Illus.). 84p. (J). (gr. k-3). pap. *(978-1-78963-123-4(8)*, Choir Pr., The) Action Publishing Technology Ltd.

More Adventures of the Magnificent Dancing Circle Snails - Dreams & Thundersnails. Michael Read. 2019. (Magnificent Dancing Circle Snails Ser.: Vol. 3). (ENG., Illus.). 88p. (J). (gr. k-3). pap. *(978-1-78963-005-3(3)*, Choir Pr., The) Action Publishing Technology Ltd.

More Adventures with Clarissa & Gregory. Nadine Redfield. 2019. (Clarissa & Gregory Ser.: 2). (ENG., Illus.). (J). (gr. -1-3). pap. 17.99 *(978-1-943492-46-6(8))* Elm Grove Publishing.

More Adventures with Clarissa & Gregory. Nadine Redfield. Illus. by Nadine Redfield & Macaeli Pickens. 2019. (Clarissa & Gregory Ser.). (ENG.). 38p. (J). (gr. -1-3). 17.99 *(978-1-943492-45-9(X))* Elm Grove Publishing.

More Adventures with the Bury Road Girls: Stories from the Bruce Peninsula. Donna Jansen. Illus. by Stephanie Milton. 2018. (ENG.). 122p. (J). (gr. 2-5). pap. *(978-1-4866-1750-0(6))* Word Alive Pr.

More Alarming Developments, Life & Times in Groton, or One Way for Lawyers & Clients to Raise the Wind: Containing a Report of a Trial in the Supreme Judicial Court, Holden at Cambridge, County of Middlesex, & Commonwealth of Massachusetts, Octo. Richard Fletcher. (ENG., Illus.). (J). 2018. 38p. 24.70 *(978-0-483-86089-6(1))*; 2017. pap. 7.97 *(978-0-259-48230-7(7))* Forgotten Bks.

More Algebra by Design. Russell F. Jacobs. Ed. by Erika Jacobs. 2017. (ENG.). 48p. (J). (gr. 8-10). pap., wbk. ed. 19.95 *(978-0-918272-24-9(6)*, 162) Tessellations.

More & Less. Brienna Rossiter. 2019. (Opposites Ser.). (ENG., Illus.). 16p. (J). (gr. k-1). 25.64 *(978-1-64185-349-1(2)*, 1641853492, Focus Readers) North Star Editions.

More & More & More. Ian Mutch. 2019. (Illus.). 32p. (J). (gr. k-2). 17.95 *(978-1-925591-54-5(9))* Fremantle Pr. AUS. Dist: Independent Pubs. Group.

More & More Ant & Bee (Ant & Bee) Angela Banner. 2020. (Ant & Bee Ser.). (ENG., Illus.). 112p. (J). 9.99 *(978-1-4052-9849-0(9))* Farshore GBR. Dist: HarperCollins Pubs.

More Animals (Classic Reprint) Oliver Herford. 2017. (ENG., Illus.). (J). 26.08 *(978-0-265-65416-3(5))*; pap. 9.57 *(978-1-5276-0672-2(4))* Forgotten Bks.

More Animals Look at Me. Howie Minsky. 2019. (Hello, Everglades! Ser.). (ENG.). 16p. (J). (gr. -1-2). pap. 11.36 *(978-1-5341-5717-0(4)*, 214126, Cherry Blossom Press) Cherry Lake Publishing.

More Australian Legendary Tales (Classic Reprint) K. Langloh Parker. 2017. (ENG., Illus.). (J). 26.83 *(978-0-331-64790-7(7))* Forgotten Bks.

More Ava Stories. Elisient Maeve Vernon. 2017. (ENG., Illus.). 36p. (J). pap. 10.95 *(978-1-948282-21-5(6))* Yorkshire Publishing Group.

More Bab Ballads (Classic Reprint) William S. Gilbert. (ENG., Illus.). (J). 2018. 224p. 28.52 *(978-0-484-17346-9(4))*; 2017. pap. 10.97 *(978-0-259-47849-2(0))* Forgotten Bks.

More Baby Birds in the Wild, 1 vol. Damon Calderwood & Donald E. Waite. 2016. (Kids' Own Nature Book Ser.). (ENG., Illus.). 48p. (J). (gr. -1-k). pap. 6.95 *(978-1-77203-119-5(4))* Heritage Hse. CAN. Dist: Orca Bk. Pubs. USA.

More Baby Wild Animals, 1 vol. Ed. by Heritage House Press. 2016. (Kids' Own Nature Book Ser.). (ENG., Illus.). 48p. (J). (gr. -1-k). pap. 6.95 *(978-1-77203-138-6(0))* Heritage Hse. CAN. Dist: Orca Bk. Pubs. USA.

More Beasts (for Worse Children) (Classic Reprint) Hilaire Belloc. 2018. (ENG., Illus.). 52p. (J). 24.97 *(978-0-267-84281-0(3))* Forgotten Bks.

More Beautiful Than Heaven. Lotus Kay. Illus. by Chey Diehl. 2019. (ENG.). 30p. (J). (gr. k-5). 14.99 *(978-1-63233-225-7(6))*; pap. 9.99 *(978-1-63233-224-0(8))* Eifrig Publishing.

More Bed-Time Stories (Classic Reprint) Louise Chandler Moulton. 2018. (ENG., Illus.). 254p. (J). 29.16 *(978-0-428-39768-5(9))* Forgotten Bks.

More Bees Please! Brian Courrejou. Illus. by Katie Crumpton. 2018. (ENG.). 50p. (J). pap. 10.53 *(978-0-578-41034-0(6))* Ellosir Pubns.

More Birds of the Everglades. Howie Minsky. 2019. (Hello, Everglades! Ser.). (ENG.). 16p. (J). (gr. -1-2). pap. 11.36 *(978-1-5341-5714-9(X)*, 214117, Cherry Blossom Press) Cherry Lake Publishing.

More Bywords (Classic Reprint) Charlotte M. Yonge. 2018. (ENG., Illus.). 306p. (J). 30.23 *(978-0-483-80845-4(8))* Forgotten Bks.

More Caps for Sale: Another Tale of Mischievous Monkeys Board Book. Esphyr Slobodkina. 2018. (ENG., Illus.). 32p. (J). (gr. -1-3). bds. 8.99 *(978-0-06-240560-9(8)*, HarperFestival) HarperCollins Pubs.

More Cats Tails: The Further Adventures of Rommy & Reemy. Derek T. Morgan. 2016. (ENG., Illus.). (YA). (gr. 7-12). pap. 27.50 *(978-1-68181-846-7(9))* Strategic Book Publishing & Rights Agency (SBPRA).

More Celtic Fairy Tales: [illustrated Edition]. Vairous. Ed. by Joseph Jacobs. Illus. by John D. Batten. 2019. (ENG.). 262p. (J). (gr. k-4). pap. *(978-605-7876-75-1(X))* Uhrayoglu, Murat E Kitap Projesi.

More Celtic Fairy Tales: [Illustrated Edition]. Vairous. Ed. by Joseph Jacobs. Illus. by John D. Batten. 2019. (ENG.). 262p. (J). (gr. k-4). *(978-605-7748-74-4(3))* Uhrayoglu, Murat E Kitap Projesi.

More Cheerful Americans (Classic Reprint) Charles Battell Loomis. (ENG., Illus.). (J). 2017. 30.46 *(978-0-266-40446-0(4))*; 2016. pap. 13.57 *(978-1-333-41004-9(2))* Forgotten Bks.

More Children's Rhymes. Elliott Nightingale. 2018. (ENG., Illus.). 62p. (J). pap. *(978-1-78623-391-2(6))*; (Children's Rhymes Ser.: Vol. 2). *(978-1-78623-382-0(7))* Grosvenor Hse. Publishing Ltd.

More Civil War: How the Union Waged a Just War. D. H. Dilbeck. 2020. (Civil War America Ser.). (ENG.). 224p. pap. 28.00 *(978-1-4696-5905-3(0)*, 01PODPB) Univ. of North Carolina Pr.

More Classic Stories for the Little Ones. Lida Brown McMurry. 2017. (ENG., Illus.). (J). pap. *(978-0-649-43529-6(X))* Trieste Publishing Pty Ltd.

More Classic Stories for the Little Ones (Classic Reprint) Lida Brown McMurry. (ENG., Illus.). (J). 2018. 102p. 26.00 *(978-0-267-87871-0(0))*; 2016. pap. 9.57 *(978-1-333-29341-3(0))* Forgotten Bks.

More Colorful Birds. Howie Minsky. 2019. (Hello, Everglades! Ser.). (ENG.). 16p. (J). (gr. -1-2). pap. 11.36 *(978-1-5341-5719-4(0)*, 214132, Cherry Blossom Press) Cherry Lake Publishing.

More Consonants. Wiley Blevins. Illus. by Sean O'Neill. 2019. (Sound It Out (LOOK! Books (tm)) Ser.). (ENG.). 32p. (J). (gr. -1-3). pap. 8.99 *(978-1-63440-349-8(5)*, 9c7e3e5d-a33d-4380-917e-cc12749737db) Red Chair Pr.

More Crack Yourself up Jokes for Kids. Sandy Silverthorne. 2019. (ENG., Illus.). 144p. (J). mass mkt. 5.99 *(978-0-8007-2970-7(6))* Revell.

More Creatures & Characters: Drawing Awesomely Wild, Wacky, & Funny Animals, 1 vol. Timothy Young. 2018. (ENG., Illus.). 48p. (gr. 3-6). pap. 12.99 *(978-0-7643-5606-3(2)*, 16029) Schiffer Publishing, Ltd.

More Curious Jane. Curious Jane. ed. 2021. (Curious Jane Ser.). (ENG., Illus.). 127p. (J). (gr. 2-3). 26.96 *(978-1-64697-666-9(5))* Penworthy Co., LLC, The.

More Dangerous Thoughts (Classic Reprint) Mike Quin. 2018. (ENG., Illus.). 158p. (J). 27.28 *(978-0-484-80010-5(8))* Forgotten Bks.

More Daniel Tiger 5-Minute Stories. Illus. by Jason Fruchter. 2020. (Daniel Tiger's Neighborhood Ser.). (ENG.). 192p. (J). (gr. -1-2). 12.99 *(978-1-5344-7114-6(6)*, Simon Spotlight) Simon Spotlight.

More Deadly Than War: The Hidden History of the Spanish Flu & the First World War. Kenneth C. Davis. 2018. (ENG., Illus.). 304p. (YA). 19.99 *(978-1-250-14512-3(0)*, 900180782, Holt, Henry & Co. Bks. For Young Readers) Holt, Henry & Co.

More Dollies (Classic Reprint) Ruth Cobb. 2018. (ENG., Illus.). 102p. (J). 26.00 *(978-0-656-03440-6(8))* Forgotten Bks.

More E. K Means (Classic Reprint) E. K. Means. 2017. (ENG., Illus.). (J). 31.82 *(978-0-331-89173-7(5))* Forgotten Bks.

More English Fairy Tales (Classic Reprint) Joseph Jacobs. 2018. (ENG., Illus.). 276p. (J). 29.59 *(978-0-483-71257-7(4))* Forgotten Bks.

More Everglades Animal Sounds. Howie Minsky. 2019. (Hello, Everglades! Ser.). (ENG.). 16p. (J). (gr. -1-2). pap. 11.36 *(978-1-5341-5741-5(7)*, 214198, Cherry Blossom Press) Cherry Lake Publishing.

More Fables (Classic Reprint) George Ade. 2017. (ENG., Illus.). 234p. (J). 28.72 *(978-0-332-43155-0(X))* Forgotten Bks.

More Fairy Tales for Life: A Collection of Twenty Original Short Stories. Linda Champion. 2019. (ENG.). 98p. (J). 19.99 *(978-1-5456-6172-7(3)*, Two Harbors Press) Salem Author Services.

More Far Out Fairy Tales: Five Full-Color Graphic Novels. Alberto Rayo et al. Illus. by Álex López et al. ed. 2020. (Far Out Fairy Tales Ser.). (ENG.). 176p. (J). (gr. 3-6). pap., pap., pap. 12.95 *(978-1-4965-9342-9(1)*, 142369, Stone Arch Bks.) Capstone.

More Fools' Gold. Bob Scott. 2021. (ENG.). 183p. (YA). pap. *(978-1-312-12891-0(7))* Lulu Pr., Inc.

More Freaky Science Discoveries, 1 vol. Sarah Machajewski. 2019. (Freaky True Science Ser.). (ENG.). 32p. (gr. 4-5). pap. 11.50 *(978-1-5382-4058-8(0)*, 8fd715c5-b597-4aa0-bacf-4046844faae6) Stevens, Gareth Publishing LLLP.

More Freaky Space Stories, 1 vol. Eric Keppeler. 2019. (Freaky True Science Ser.). (ENG.). 32p. (gr. 4-5). pap. 11.50 *(978-1-5382-4062-5(9)*, 242e9922-9f68-4957-a807-c0a26d7fdb35) Stevens, Gareth Publishing LLLP.

More Freaky Stories about Our Bodies. Kristen Rajczak Nelson. 2019. (Freaky True Science Ser.). (ENG.). 32p. (gr. 4-5). 63.00 *(978-1-5382-4067-0(X))* Stevens, Gareth Publishing LLLP.

More Freaky Stories about the Paranormal, 1 vol. Jill Keppeler. 2019. (Freaky True Science Ser.). (ENG.). 32p. (gr. 4-5). 28.27 *(978-1-5382-4072-4(6)*, f0b17d48-5968-41af-9402-3259890863af) Stevens, Gareth Publishing LLLP.

More Freaky Weather Stories, 1 vol. Grace Vail. 2019. (Freaky True Science Ser.). (ENG.). 32p. (gr. 4-5). pap. 11.50 *(978-1-5382-4074-8(2)*, 5b669164-55c7-492b-92c6-e77ac1d84f03) Stevens, Gareth Publishing LLLP.

More Girls Who Rocked the World: Heroines from Ada Lovelace to Misty Copeland. Michelle Roehm McCann. Illus. by David Hahn. 2017. (ENG.). 320p. (J). (gr. 3-7). 21.99 *(978-1-58270-640-5(9))* Aladdin/Beyond Words.

More Girls Who Rocked the World: Heroines from Ada Lovelace to Misty Copeland. Michelle Roehm McCann. Illus. by David Hahn. 2017. (ENG.). 320p. (J). (gr. 3-7). pap. 11.99 *(978-1-58270-641-2(7))* Aladdin/Beyond Words.

More Golfing Adventures with Frankie, the Witty Caddie. Paul Sturm. 2021. (ENG.). 46p. (YA). pap. 9.95 *(978-1-64999-961-0(5))* Waldorf Publishing.

More Good Choices, Bad Choices: Bible Characters Decide. Jean Stapleton. 2020. (ENG., Illus.). 128p. (J). 9.99 *(978-1-5271-0528-7(8)*, 30726618-8039-48ed-ae17-d7b0bd5d525f, CF4Kids) Christian Focus Pubns. GBR. Dist: Baker & Taylor Publisher Services (BTPS).

More Goops & How Not to Be Them: A Manual of Manners for Impolite Infants Depicting the Characteristics of Many Naughty & Thoughtless Children, with Instructive Illustrations (Classic Reprint) Gelett Burgess. (ENG., Illus.). (J). 2018. 98p. 25.94 *(978-0-484-63389-5(9))*; 2017. pap. 9.57 *(978-0-259-77970-4(9))* Forgotten Bks.

More Graceful Shaboom. Jacinta Bunnell. 2020. (ENG., Illus.). 48p. (J). (gr. k-2). 16.95 *(978-1-62963-824-9(2))* PM Pr.

More Happy Than Not (Deluxe Edition) Adam Silvera. 2020. 352p. (YA). (gr. 9). pap. 10.99 *(978-1-64129-194-1(X)*, Soho Teen) Soho Pr., Inc.

More Happy Thoughts, &C. , &c (Classic Reprint) Francis Cowley Burnand. 2018. (ENG., Illus.). 330p. (J). 30.70 *(978-0-365-22355-9(7))* Forgotten Bks.

More Haunted Houses of London (Classic Reprint) Elliot O'Donnell. 2018. (ENG., Illus.). 188p. (J). 27.79 *(978-0-267-21933-9(4))* Forgotten Bks.

More Hidden Pictures(r) Puzzles to Highlight. Created by Highlights. 2019. (Highlights Hidden Pictures Puzzles to Highlight Activity Bks.). 96p. (J). (gr. 1-4). pap. 9.99 *(978-1-68437-169-3(4)*, Highlights) Highlights Pr., c/o Highlights for Children, Inc.

More Hidden Pictures(r) Two-Player Puzzles. Created by Highlights. 2020. (Highlights Hidden Pictures Two-Player Puzzles Ser.). 144p. (J). (gr. 1-4). pap. 9.99 *(978-1-68437-258-4(5)*, Highlights) Highlights Pr., c/o Highlights for Children, Inc.

More Honorable Man (Classic Reprint) Arthur Somers Roche. 2017. (ENG., Illus.). (J). 30.08 *(978-0-331-34490-5(4))* Forgotten Bks.

More I Spy in the Everglades. Howie Minsky. 2019. (Hello, Everglades! Ser.). (ENG.). 16p. (J). (gr. -1-2). pap. 11.36 *(978-1-5341-5723-1(9)*, 214144, Cherry Blossom Press) Cherry Lake Publishing.

More-Igami. Dori Kleber. Illus. by G. Brian Karas. 2019. (ENG.). 40p. (J). (gr. -1-3). 8.99 *(978-1-5362-0971-6(6))* Candlewick Pr.

More in Sorrow (Classic Reprint) Wolcott Gibbs. 2017. (ENG., Illus.). (J). 30.54 *(978-0-331-62850-0(3))*; pap. 13.57 *(978-0-243-26904-4(8))* Forgotten Bks.

More Jataka Tales (Classic Reprint) Ellen C. Babbitt. 2017. (ENG., Illus.). (J). 26.08 *(978-0-331-55172-3(1))* Forgotten Bks.

More Jokes, Riddles & Scenarios for Happy Kids: A Children's Activity Book for Kids 8-12. Myles O'Smiles. Illus. by Camilo Luis Berneri. 2018. (ENG.). 90p. (J). (gr. 4-6). *(978-1-988650-69-2(0))* Crimson Hill Bks.

More Jokes, Riddles & Scenarios for Happy Kids: A Children's Activity Book for Kids 8-12. Myles O'Smiles & Camilo Luis Berneri. 2018. (ENG., Illus.). 90p. (J). (gr. 4-6). pap. *(978-1-988650-68-5(2))* Crimson Hill Bks.

More Jonathan Papers (Classic Reprint) Elisabeth Woodbridge. 2017. (ENG., Illus.). (J). 28.64 *(978-0-266-17804-0(9))* Forgotten Bks.

More Kindred of the Wild (Classic Reprint) Charles G. D. Roberts. (ENG., Illus.). (J). 2018. 276p. 29.61 *(978-0-483-80105-9(4))*; 2016. pap. 11.97 *(978-1-333-49185-7(9))* Forgotten Bks.

More Leaves from a Life (Classic Reprint) Unknown Author. 2018. (ENG., Illus.). 348p. (J). 31.07 *(978-0-484-74578-9(6))* Forgotten Bks.

More Leaves from the Journal of a Life in the Highlands: From 1802 to 1888 (Classic Reprint) Queen Victoria. 2017. (ENG., Illus.). (J). 33.65 *(978-0-265-45817-4(X))* Forgotten Bks.

More Letters from Billy (Classic Reprint) Billy Gray. (ENG., Illus.). (J). 2017. 122p. 26.43 *(978-0-266-43042-1(2))*; 2016. pap. 9.57 *(978-1-334-16197-1(6))* Forgotten Bks.

More Lunch Box Jokes Card Deck (60 Cards), 60 vols. Created by Peter Pauper Press. 2023. (ENG., Illus.). (J). 5.99 ***(978-1-4413-4137-2(4)***, 680781b8-d57f-4328-b3a7-d7005193e863) Peter Pauper Pr. Inc.

More Lunch Lines: Tear-Out Riddles for Lunchtime Giggles (Lunch Jokes for Kids, Notes for Kids' Lunch Boxes with Silly Kid Jokes) Dan Signer. Illus. by Steve James. 2020. (ENG.). 408p. (J). (gr. k-3). 9.99 *(978-1-4521-7442-6(3))* Chronicle Bks. LLC.

More Magic Pictures of the Long Ago: Stories of the People of Many Lands (Classic Reprint) Anna Curtis Chandler. 2018. (ENG., Illus.). 194p. (J). 27.90 *(978-0-364-46840-1(8))* Forgotten Bks.

More Math Adventures with Penrose the Mathematical Cat. Theoni Pappas. 2017. (ENG., Illus.). 128p. (gr. 1). pap. 12.95 *(978-1-884550-76-8(2))* Wide World Publishing/Tetra.

More Meat Please! Delicious Sandwiches for Meat-Eating Kids. Alison Deering. Illus. by Bob Lentz. 2017. (Between the Bread Ser.). (ENG.). 48p. (J). (gr. 4-8). lib. bdg. 31.99 *(978-1-5157-3921-0(X)*, 133829, Capstone Pr.) Capstone.

More Memoirs: And Some Travels (Classic Reprint) G. B. Burgin. (ENG., Illus.). (J). 2018. 342p. 30.97 *(978-0-483-39408-7(4))*; 2016. pap. 13.57 *(978-1-333-40048-4(9))* Forgotten Bks.

More Merseyside Tales. Ken Pye. 2016. (ENG., Illus.). 192p. 17.95 *(978-0-7509-7052-5(9))* History Pr. Ltd.,The GBR. Dist: Independent Pubs. Group.

More Minds: The Minds Series, Book Two. Carol Matas & Perry Nodelman. 2017. (ENG., Illus.). (J). pap. *(978-0-9919012-8-9(2))* Matas, Carol & Perry Nodelman.

More Minor Morals, or an Introduction to the Winter Family: With Aunt Eleanor's Stories Interspersed (Classic Reprint) Unknown Author. 2017. (ENG., Illus.). 314p. (J). 30.37 *(978-0-484-39352-2(9))* Forgotten Bks.

More Miseries!! Addressed to the Morbid, the Melancholy, & the Irritable (Classic Reprint) Fretful Murmur. (ENG., Illus.). (J). 2018. 218p. 28.45 *(978-0-483-69499-6(1))*; 2017. 28.06 *(978-0-331-69015-6(2))*; 2017. pap. 10.57 *(978-0-259-40905-2(7))*; 2016. pap. 10.97 *(978-1-334-14676-3(4))* Forgotten Bks.

More Mittens. Aunt Fanny. 2017. (ENG.). 188p. (J). pap. *(978-3-7446-6723-4(5))* Creation Pubs.

More Mittens: With the Doll's Wedding & Other Stories, Being the Third Book of the Series (Classic Reprint) Aunt Fanny. 2018. (ENG., Illus.). 186p. (J). 27.73 *(978-0-483-92501-4(2))* Forgotten Bks.

More Modern Monologues (Classic Reprint) Marjorie Benton Cooke. 2018. (ENG., Illus.). 144p. (J). 26.87 *(978-0-483-92035-4(5))* Forgotten Bks.

More Monster. Hayley Wells. 2022. (ENG., Illus.). 32p. (J). pap. 7.99 *(978-1-84365-469-8(5)*, Pavilion Children's Books) Pavilion Bks. GBR. Dist: HarperCollins Pubs.

More Monsters, More Problems. Tracey West. ed. 2018. (Lego Chapter Ser.). (ENG.). 72p. (J). (gr. 1-3). 9.00 *(978-1-64310-635-9(X))* Penworthy Co., LLC, The.

More Mystery Tales: For Boys & Girls (Classic Reprint) Elva Sophronia Smith. 2018. (ENG., Illus.). (J). 398p. 32.11 *(978-0-366-55807-0(2))*; 400p. pap. 16.57 *(978-0-366-05280-6(2))* Forgotten Bks.

More Notes from Underledge (Classic Reprint) William Lotts. 2017. (ENG., Illus.). (J). 30.50 *(978-0-265-19732-5(5))* Forgotten Bks.

More of Everything for Early Learning Workbook Toddler - Ages 1 To 3. Pfiffikus. 2016. (ENG., Illus.). (J). pap. 10.81 *(978-1-68377-646-8(1))* Whlke, Traudl.

More of God's Promises Kept: Devotions Inspired by Charles Spurgeon. Catherine MacKenzie. 2021. (Promises Ser.). (ENG., Illus.). 96p. (J). 9.99 *(978-1-5271-0619-2(5)*, afc48b25-b017-4e7c-8886-26958d7bc9f9, CF4Kids) Christian Focus Pubns. GBR. Dist: Baker & Taylor Publisher Services (BTPS).

More of Janice VanCleave's Wild, Wacky, & Weird Astronomy Experiments, 1 vol. Janice VanCleave. 2016. (Janice VanCleave's Wild, Wacky, & Weird Science Experiments Ser.). (ENG.). 64p. (J). (gr. 5-5). pap. 14.53 *(978-1-4994-6537-2(8)*, 2e7d1e3a-affb-4ebb-a148-3b839c2e8781, Rosen Young Adult) Rosen Publishing Group, Inc., The.

More of Janice VanCleave's Wild, Wacky, & Weird Biology Experiments, 1 vol. Janice VanCleave. 2016. (Janice VanCleave's Wild, Wacky, & Weird Science Experiments Ser.). (ENG.). 64p. (J). (gr. 5-5). pap. 14.53 *(978-1-4994-6541-9(6)*, ddd009fb-bb1f-48a2-90bc-f497d59491bf, Rosen Young Adult) Rosen Publishing Group, Inc., The.

More of Janice VanCleave's Wild, Wacky, & Weird Chemistry Experiments, 1 vol. Janice VanCleave. 2016. (Janice VanCleave's Wild, Wacky, & Weird Science Experiments Ser.). (ENG.). 64p. (J). (gr. 5-5). pap. 14.53 *(978-1-4994-6545-7(9)*, 53c4359e-0942-4d07-ab91-cc1ced8f05cc, Rosen Young Adult) Rosen Publishing Group, Inc., The.

More of Janice VanCleave's Wild, Wacky, & Weird Earth Science Experiments, 1 vol. Janice VanCleave. 2016. (Janice VanCleave's Wild, Wacky, & Weird Science Experiments Ser.). (ENG.). 64p. (J). (gr. 5-5). pap. 14.53 *(978-1-4994-6549-5(1)*,

48fe6930-9b18-43d3-b131-63934ac199f9, Rosen Young Adult) Rosen Publishing Group, Inc., The.

More of Janice VanCleave's Wild, Wacky, & Weird Physics Experiments, 1 vol. Janice VanCleave. 2016. (Janice VanCleave's Wild, Wacky, & Weird Science Experiments Ser.). (ENG., Illus.). 64p. (J). (gr. 5-5). pap. 14.53 *(978-1-4994-6553-2(X)*, 7838fae0-2783-4b81-a7e1-2e1762d9d3bf, Rosen Young Adult) Rosen Publishing Group, Inc., The.

More of the Adventures of Charles the Cat with the Question Mark Tail. Elaine Florence Singleton. Ed. by David W. Eckert. Illus. by Jasmine Duarte-Oskrdal. 2020. (ENG.). 48p. (J). *(978-0-2288-2465-7(6))*; pap. *(978-0-2288-2464-0(8))* Tellwell Talent.

More Oomph: An ABC Book Celebrating Nature. Anne Lingelbach. Illus. by Kimberly Vandenberg. 2020. (ENG.). 56p. (J). (gr. 3-6). pap. 14.99 *(978-1-64538-125-9(0))* Orange Hat Publishing.

More Pages from a Journal: With Other Papers (Classic Reprint) Mark Rutherford. 2018. (ENG., Illus.). 316p. (J). 30.41 *(978-0-332-37505-2(6))* Forgotten Bks.

More Patient Than Orpheus: A Leafy Tom Adventure. Robin Buckallew. 2021. (ENG.). 217p. (YA). pap. *(978-1-716-37239-1(9))* Lulu Pr., Inc.

More Pennsylvania Mountain Stories (Classic Reprint) Henry W. Shoemaker. 2018. (ENG., Illus.). 422p. (J). 32.60 *(978-0-483-54328-7(4))* Forgotten Bks.

More Perfect Union. Jarvis L. Collier. 2022. (ENG.). 250p. (J). 34.95 ***(978-1-6624-6232-0(8))*** Page Publishing Inc.

More Pies! Robert Munsch. Illus. by Michael Martchenko. 2020. (ENG.). 32p. (J). pap. 7.99 *(978-0-7791-1363-7(2))* Scholastic Canada, Ltd. CAN. Dist: Publishers Group West (PGW).

More Readings from One Man's Wilderness: The Journals of Richard L. Proenneke, 1974-1980 (Classic Reprint) Richard Proenneke. 2017. (ENG., Illus.). (J). pap. 16.97 *(978-0-259-44851-8(6))* Forgotten Bks.

More Readings from One Man's Wilderness: The Journals of Richard L. Proenneke, 1974-1980 (Classic Reprint) Richard L. Proenneke. 2018. (ENG., Illus.). 506p. (J). 34.33 *(978-0-331-15416-0(1))* Forgotten Bks.

More Rhyming Riddles. Nicky Ismail. 2018. (ENG., Illus.). 106p. (J). pap. *(978-3-7103-3566-2(3))* united p.c. Verlag.

More Russian Picture Tales (Classic Reprint) Valery Carrick. (ENG., Illus.). (J). 2017. 122p. 26.41 *(978-0-332-32179-0(7))*; 2016. pap. 9.57 *(978-1-333-38488-3(2))* Forgotten Bks.

More Ryan's World of Science. Ryan Kaji. ed. 2021. (Ready-To-Read Ser.). (ENG., Illus.). 32p. (J). (gr. k-1). 15.46 *(978-1-64697-928-8(1))* Penworthy Co., LLC, The.

More Ryan's World of Science: Ready-To-Read Level 1. Ryan Kaji. 2021. (Ryan's World Ser.). (ENG.). 32p. (J). (gr. -1-1). 17.99 *(978-1-5344-8532-7(5))*; pap. 4.99 *(978-1-5344-8531-0(7))* Simon Spotlight. (Simon Spotlight).

More Scary Stories to Tell in the Dark. Alvin Schwartz. Illus. by Stephen Gammell. 2017. (Scary Stories Ser.: 2). (ENG.). 112p. (J). (gr. 3-7). pap. 7.99 *(978-0-06-268285-7(7)*, HarperCollins) HarperCollins Pubs.

More Scary Stories to Tell in the Dark Movie Tie-In Edition. Alvin Schwartz. Illus. by Stephen Gammell. 2019. (Scary Stories Ser.: 2). (ENG.). 112p. (J). (gr. 3-7). pap. 7.99 *(978-0-06-296130-3(6)*, HarperCollins) HarperCollins Pubs.

More Seven Club Tales: Found in Mr. Jefferay's Papers Marked; Some Strange Relatings, Sent by Divers (Classic Reprint) John Osborne Austin. 2018. (ENG., Illus.). 106p. (J). 26.10 *(978-0-483-38519-1(0))* Forgotten Bks.

More Short Mysteries You Solve with Science! / ¡Más Misterios Cortos Que Resuelves con Ciencias! Eric Yoder & Natalie Yoder. Tr. by Nadia Bercovich & Esteban Bachelet. ed. 2016. (One Minute Mysteries Ser.). (ENG & SPA., Illus.). 224p. (J). (gr. 4-8). pap. 12.95 *(978-1-938492-15-0(3))* Science, Naturally!.

More Short Plays: For Amateurs (Classic Reprint) Barry Pain. 2017. (ENG., Illus.). (J). 26.72 *(978-0-331-97396-9(0))*; pap. 9.57 *(978-0-259-19979-3(6))* Forgotten Bks.

More Short Stories, in Words of Two Syllables (Classic Reprint) Elizabeth Semple. 2018. (ENG., Illus.). 120p. (J). 26.56 *(978-0-483-80048-9(1))* Forgotten Bks.

More Shortsixes (Classic Reprint) Henry Cuyler Bunner. 2018. (ENG., Illus.). 238p. (J). 28.83 *(978-0-666-78764-4(6))* Forgotten Bks.

More Sight Word Songs. Liza Charlesworth. 2019. (ENG.). 26p. (J). (gr. k-2). spiral bd. 27.99 *(978-1-338-31710-7(5))* Scholastic, Inc.

More Society Recollections (Classic Reprint) Unknown Author. 2018. (ENG., Illus.). 346p. (J). 31.03 *(978-0-267-50064-2(5))* Forgotten Bks.

More Sonnets of an Office Boy (Classic Reprint) Samuel Ellsworth Kiser. 2018. (ENG., Illus.). (J). 64p. 25.22 *(978-0-366-56868-0(X))*; 66p. pap. 9.57 *(978-0-366-46170-7(2))* Forgotten Bks.

More Stories of Married Life (Classic Reprint) Mary Stewart Cutting. 2017. (ENG., Illus.). 276p. (J). 29.61 *(978-0-484-20362-3(2))* Forgotten Bks.

More Surprising Stories Behind Everyday Stuff. National Geographic Kids. 2021. (ENG.). 256p. (J). (gr. 3-7). lib. bdg. 19.90 *(978-1-4263-3866-3(X)*, National Geographic Kids) Disney Publishing Worldwide.

More Surprising Stories Behind Everyday Stuff. National Geographic Kids. 2021. (ENG., Illus.). 256p. (J). (gr. 3-7). pap. 9.99 *(978-1-4263-3865-6(1)*, National Geographic Kids) Disney Publishing Worldwide.

More T Leaves (Classic Reprint) Edward F. Turner. 2018. (ENG., Illus.). 292p. (J). 29.94 *(978-0-483-23372-0(2))* Forgotten Bks.

More Tales by Polish Authors: Translated by Else C. M. Benecke & Marie Busch (Classic Reprint) Else C. M. Benecke. 2018. (ENG., Illus.). 298p. (J). 30.04 *(978-0-483-21300-5(4))* Forgotten Bks.

More Tales from the Land of Trees. Olivia Truesdale. 2020. (ENG.). 94p. (YA). pap. *(978-1-716-65907-2(8))* Lulu Pr., Inc.

More Tales from Tolstoi (Classic Reprint) Leo Tolstoi. 2018. (ENG., Illus.). 324p. (J). 30.58 *(978-0-483-39040-9(2))* Forgotten Bks.

More Tales of the Birds (Classic Reprint) W. Warde Fowler. 2018. (ENG., Illus.). 262p. (J). 29.26 *(978-0-332-77618-7(2))* Forgotten Bks.

More Tales to Keep You up at Night. Dan Poblocki. Illus. by Marie Bergeron. 2023. 288p. (J). (gr. 5). 17.99 ***(978-0-593-38750-4(3)***, Penguin Workshop) Penguin Young Readers Group.

More Tall Tales: a Graphic Novel (BONE Companion) Jeff Smith & Tom Sniegoski. 2023. (Bone Ser.). (ENG.). 128p. (J). (gr. 3-7). 26.99 ***(978-1-338-72639-8(0))***; pap. 12.99 ***(978-1-338-72638-1(2))*** Scholastic, Inc. (Graphix).

More Than a Conqueror: A Christian Kid's Guide to Winning the War Against Worry. Laura Kuehn. 2023. (ENG.). 120p. (J). 23.99 ***(978-1-64960-487-3(4))***; pap. 13.99 ***(978-1-64960-309-8(6))*** Emerald Hse. Group, Inc.

More Than a Dream. Loren A. Yadon. 2019. (ENG.). 96p. (Orig.). (YA). pap. 12.95 *(978-1-64458-741-6(6))* Christian Faith Publishing.

More Than a Dream: The Radical March on Washington for Jobs & Freedom. Yohuru Williams & Michael G. Long. 2023. (ENG., Illus.). 272p. (J). 21.99 ***(978-0-374-39174-4(2)***, 900291713, Farrar, Straus & Giroux (BYR)) Farrar, Straus & Giroux.

More Than a Friend. N. J. Lindquist. 2016. (Circle of Friends Ser.: Vol. 4). (ENG., Illus.). (YA). pap. *(978-1-927692-07-3(5))* That's Life! Communications.

More Than a Game: Race, Gender, & Politics in Sports. Matt Doeden. 2019. (ENG., Illus.). 64p. (J). (gr. 5-12). lib. bdg. 34.65 *(978-1-5415-4094-1(8)*, 82a60aff-b280-455c-94bf-9444fd815bac, Millbrook Pr.) Lerner Publishing Group.

More Than a Guess: Math Reader 6 Grade 6. Hmh Hmh. 2018. (SPA.). 8p. (J). pap. 9.27 *(978-1-328-57724-5(4))* Houghton Mifflin Harcourt Publishing Co.

More Than a Guess: Math Reader Grade 6. Hmh Hmh. 2017. (Math Expressions Ser.). (ENG.). 8p. (J). (gr. 6). pap. 8.67 *(978-1-328-77210-7(1))* Houghton Mifflin Harcourt Publishing Co.

More Than a Journal: A Guide to Your Inner Self. Erica Anderson. 2022. (ENG.). 100p. (YA). pap. ***(978-1-387-67243-1(6))*** Lulu Pr., Inc.

More Than a Kiss Hello. Lesa Marie Saint Boco. 2022. (ENG.). 112p. (YA). pap. 14.95 *(978-1-6624-6691-5(9))* Page Publishing Inc.

More Than a Princess. E. D. Baker. (More Than a Princess Ser.). (ENG.). (J). 2019. 304p. pap. 8.99 *(978-1-5476-0211-7(2)*, 900203281); 2018. 288p. 16.99 *(978-1-68119-768-5(5)*, 900185875) Bloomsbury Publishing USA. (Bloomsbury Children's Bks.).

More Than a Syndrome. Liza Zickefoose. 2018. (ENG., Illus.). 32p. (J). 22.95 *(978-1-64349-707-5(3))*; pap. 12.95 *(978-1-64191-766-7(0))* Christian Faith Publishing.

More Than a Thief. Beverly Patt. 2023. (ENG.). 330p. (YA). pap. 14.95 ***(978-1-958109-38-0(X))*** Owl Hollow Pr.

More Than Anger, 1 vol. Lexi Bruce. 2019. (YA Verse Ser.). (ENG.). 200p. (J). (gr. 3-4). 25.80 *(978-1-5383-8264-6(4)*, ff4724c9-386b-4996-b6b5-fe680f09a83d); pap. 16.35 *(978-1-5383-8263-9(6)*, 03ad62c0-be3b-4307-bd10-22a59efe405c) Enslow Publishing, LLC. (West 44 Bks.).

More Than Balloons, 1 vol. Lorna Crozier. Illus. by Rachelle Anne Miller. 2017. (ENG.). 26p. (J). (gr. -1 — 1). bds. 9.95 *(978-1-4598-1028-0(7))* Orca Bk. Pubs. USA.

More Than Brave: 180 Devotions & Prayers for Boys. Glenn Hascall. 2022. (Brave Boys Ser.). (ENG.). 192p. (J). pap. 12.99 *(978-1-63609-258-4(6))* Barbour Publishing, Inc.

More Than Conquerors: On the Run. Djanée. 2021. (ENG.). 278p. (YA). pap. 17.99 *(978-1-5456-7410-9(8))* Salem Author Services.

More Than Conquerors (Classic Reprint) Ariadne Gilbert. 2017. (ENG., Illus.). (J). 33.05 *(978-1-5282-8326-7(0))* Forgotten Bks.

More Than Coronets (Classic Reprint) G. Linnaeus Banks. 2017. (ENG., Illus.). (J). 302p. 30.15 *(978-0-332-03728-8(2))*; pap. 13.57 *(978-1-5276-8924-4(7))* Forgotten Bks.

More Than Courageous: 180 Devotions & Prayers for a Girl's Heart. JoAnne Simmons. 2022. (Courageous Girls Ser.). (ENG.). 192p. (J). pap. 12.99 *(978-1-63609-255-3(1))* Barbour Publishing, Inc.

More Than Enough: A Passover Story. April Halprin Wayland. Illus. by Katie Kath. 2022. 40p. (J). (-k). 7.99 *(978-0-593-46254-6(8)*, Dial Bks) Penguin Young Readers Group.

More Than Fluff. Madeline Valentine. 2021. (Illus.). 40p. (J). (gr. -1-2). 18.99 *(978-0-593-17905-5(6))*; (ENG., lib. bdg. 20.99 *(978-0-593-17906-2(4))* Random Hse. Children's Bks. (Knopf Bks. for Young Readers).

More Than Food? Natalie Broulette. Illus. by Christy Plummer. 2018. (ENG.). 36p. (J). 17.99 *(978-0-692-15944-6(4))* Plumlette Publishing.

More Than Just a Pretty Face. Syed M. Masood. 2021. (ENG.). 368p. (YA). (gr. 9-17). pap. 10.99 *(978-0-316-49236-2(1))* Little, Brown Bks. for Young Readers.

More Than Just a Star. E. J. Clarke. Illus. by Katy Dynes. 2018. (ENG.). 28p. (J). (gr. k-3). 18.99 *(978-1-78719-788-6(3))*; pap. 12.99 *(978-1-78719-787-9(5))* New Generation Publishing GBR. Dist: Independent Pubs. Group.

More Than Just Pretty: Discover Your True Value, Beauty & Purpose. Jessie Faerber. 2018. (ENG.). 144p. pap. 16.99 *(978-0-281-07786-1(X)*, e7e12ae8-cd02-4ddd-ac1f-9c4e1fbad751) SPCK Publishing GBR. Dist: Baker & Taylor Publisher Services (BTPS).

More Than Just Shadows. Bob Leone. 2020. (Shadow Ser.: Vol. 2). (ENG.). 274p. (YA). pap. 19.95 *(978-1-0980-4770-2(2))* Christian Faith Publishing.

More Than Magic. Kate Butler & Bella Butler. Illus. by Izabela Ciesinska. 2023. (ENG.). 36p. (J). 20.00 ***(978-1-957124-95-7(4))*** Butler, Kate Bks.

More Than Marmalade: Michael Bond & the Story of Paddington Bear. Rosanne Tolin. 2020. (ENG., Illus.). 176p. (J). (gr. 4-7). 18.99 *(978-1-64160-314-0(3))* Chicago Review Pr., Inc.

More Than Maybe: A Novel. Erin Hahn. 2020. (ENG.). 336p. (YA). 17.99 *(978-1-250-23164-2(7)*, 900209211, Wednesday Bks.) St. Martin's Pr.

More Than Me. Tranae S. Dunn. 2022. (ENG.). 30p. (J). 22.95 *(978-1-6642-6146-4(X))*; pap. 13.95 *(978-1-6642-6144-0(3))* Author Solutions, LLC. (WestBow Pr.).

More Than Meets the Eye Hidden Picture Book. Activibooks For Kids. 2016. (ENG., Illus.). (J). pap. 9.43 *(978-1-68321-546-2(X))* Mimaxion.

More Than Money: How Economic Inequality Affects ... Everything. Hadley Dyer. Illus. by Mitchell Bernard. 2022. 128p. (YA). (gr. 7). 19.95 *(978-1-77321-700-0(3))*; (ENG.). pap. 12.95 *(978-1-77321-701-7(1))* Annick Pr., Ltd. CAN. Dist: Publishers Group West (PGW).

More Than Mud. Kate Butler. Illus. by Izabela Ciesinska. 2023. (ENG.). 34p. (J). 20.00 ***(978-1-957124-94-0(6))*** Butler, Kate Bks.

More Than One Voice: Changing Our World Starts with a Girl. Global Girl Project. 2020. (ENG.). 94p. (YA). pap. *(978-1-913674-22-9(3))* Conscious Dreams Publishing.

More Than Peach (Bellen Woodard Original Picture Book) Bellen Woodard. Illus. by Fanny Liem. 2022. (ENG.). 40p. (J). (gr. k-2). 17.99 *(978-1-338-80927-5(X))* Scholastic, Inc.

More Than Pretty Student Leader Kit: Defining Beauty Through the Lens of Scripture. Ocielia Gibson. 2016. (ENG.). (YA). (gr. 7-12). 59.99 *(978-1-4300-5525-9(1))* Lifeway Christian Resources.

More Than We Can Tell. Brigid Kemmerer. (ENG.). (YA). 2019. 432p. pap. 11.99 *(978-1-68119-991-7(2)*, 900194711, Bloomsbury Young Adult); 2018. 416p. 17.99 *(978-1-68119-014-3(1)*, 900154816, Bloomsbury USA Childrens) Bloomsbury Publishing USA.

More Than Words: So Many Ways to Say What We Mean. Roz MacLean. Illus. by Roz MacLean. 2023. (ENG., Illus.). 48p. (J). 18.99 ***(978-1-250-86450-5(X)***, 900277760, Holt, Henry & Co. Bks. For Young Readers) Holt, Henry & Co.

MORE Than Your Mountains. Whitney Ward. Illus. by Courtney Smith. 2021. (ENG.). 36p. (J). 19.99 *(978-1-64949-334-7(7))*; pap. 10.99 *(978-1-64949-335-4(5))* Elk Lake Publishing, Inc.

MORE Than Your Mountains. Whitney Lane Ward. Illus. by Courtney Smith. 2021. (ENG.). 36p. (J). pap. 10.99 *(978-1-64949-333-0(9))* Elk Lake Publishing, Inc.

More the Merrier. David Martin. Illus. by Raissa Figueroa. 2021. (ENG.). 40p. (J). (gr. -1-2). 17.99 *(978-1-5362-0918-1(X))* Candlewick Pr.

More to Me: The Story of a 7ft. 3rd. Grader. Nnamdi Y. McDowell. Illus. by Kory Cooley. 2021. (ENG.). 34p. (J). pap. 12.99 *(978-1-0878-6952-0(8))* Indy Pub.

More to the Story. Hena Khan. (ENG.). (J). (gr. 3-7). 2020. 288p. pap. 7.99 *(978-1-4814-9210-2(1))*, Simon & Schuster Bks. For Young Readers); 2019. (Illus.). 272p. 17.99 *(978-1-4814-9209-6(8)*, Salaam Reads) Simon & Schuster Bks. For Young Readers.

More Toasts. Marion Dix Mosher. 2017. (ENG., Illus.). (J). 31.95 *(978-1-375-01381-9(5))* Capital Communications, Inc.

More Toasts: Jokes, Stories & Quotations (Classic Reprint) Marion Dix Mosher. 2017. (ENG., Illus.). (J). 35.36 *(978-0-266-56854-4(8))*; pap. 19.57 *(978-1-334-87961-6(3))* Forgotten Bks.

More Towing Path Tales. Beatrice Holloway. 2018. (ENG.). 70p. (J). pap. *(978-1-912416-53-0(0))* TSL Pubns.

More Tramps Abroad (Classic Reprint) Mark Twain, pseud. 2018. (ENG., Illus.). 520p. (J). 34.62 *(978-0-666-40635-4(9))* Forgotten Bks.

More Translations from the Chinese (Classic Reprint) Arthur Waley. 2018. (ENG., Illus.). 116p. (J). 26.31 *(978-0-365-45305-5(6))* Forgotten Bks.

More Trivia (Classic Reprint) Logan Pearsall Smith. 2018. (ENG., Illus.). 156p. (J). 27.11 *(978-0-483-90860-4(6))* Forgotten Bks.

More Truth Than Poetry (Classic Reprint) James J. Montague. 2017. (ENG., Illus.). (J). 27.32 *(978-0-260-11499-0(5))* Forgotten Bks.

More Ukulele Magic: Tutor Book 2 - Pupil's Book (with CD), 1 vol. Ian Lawrence. 2020. (ENG.). 32p. (J). (gr. k). pap. 12.95 incl. audio compact disk *(978-0-00-839472-1(5))* HarperCollins Pubs. Ltd. GBR. Dist: Independent Pubs. Group.

More Ukulele Magic: Tutor Book 2 - Teacher's Book (with CD), 1 vol. Ian Lawrence. 2020. (ENG.). 32p. (J). (gr. k). pap. 19.95 incl. audio compact disk *(978-0-00-839471-4(7))* HarperCollins Pubs. Ltd. GBR. Dist: Independent Pubs. Group.

More We Get Together. Celeste Cortright. Illus. by Betania Zacarias. (Barefoot Singalongs Ser.). 32p. (J). (gr. -1-2). 2022. (ENG.). pap. 9.99 *(978-1-64686-512-3(X))*; 2020. (ENG.). 16.99 *(978-1-78285-932-1(2))*; 2022. (BEN.). pap. 7.99 ***(978-1-64686-730-1(0))***; 2021. (CHI.). pap. 7.99 ***(978-1-64686-553-6(7))***; 2021. (HMN.). pap. 7.99 ***(978-1-64686-693-9(2))***; 2021. (SOM.). pap. 7.99 ***(978-1-64686-554-3(5))***; 2021. (VIE.). pap. 7.99 ***(978-1-64686-696-0(7))***; 2021. (POR.). pap. 7.99 ***(978-1-64686-551-2(0))***; 2021. (HAT.). pap. 7.99 ***(978-1-64686-550-5(2))***; 2021. (PUS.). pap. 7.99 ***(978-1-64686-695-3(9))***; 2021. (SPA.). pap. 7.99 ***(978-1-64686-118-7(3))***; 2021. (BUR.). pap. 7.99 ***(978-1-64686-690-8(8))***; 2021. (PRS.). pap. 7.99 ***(978-1-64686-692-2(4))***; 2021. (RUS.). pap. 7.99 ***(978-1-64686-552-9(9))***; 2021. (KOR.). pap. 7.99 ***(978-1-64686-694-6(0))***; 2021. (ARA.). pap. 7.99 ***(978-1-64686-549-9(9))*** Barefoot Bks., Inc.

More Wishing-Chair Stories: Book 3. Enid Blyton. 2022. (Wishing-Chair Ser.). (ENG., Illus.). 144p. (J). (gr. k-2). pap. 10.99 *(978-1-4449-5950-5(6))* Hachette Children's Group GBR. Dist: Hachette Bk. Group.

Moredun: A Tale of the Twelve Hundred & Ten (Classic Reprint) Walter Scott. 2017. (ENG., Illus.). (J). 26.78 *(978-0-266-67895-3(5))*; pap. 9.57 *(978-1-5276-4833-3(8))* Forgotten Bks.

Moreton Mystery (Classic Reprint) Elizabeth Dejeans. (ENG., Illus.). (J). 2018. 354p. 31.22 *(978-0-656-33901-3(2))*; 2017. pap. 13.57 *(978-0-243-41842-8(6))* Forgotten Bks.

Morgan a Caribbean Fairy Tale. Bárbara Anderson. 2016. (ENG., Illus.). (J). pap. 18.99 *(978-1-365-57744-4(9))* Lulu Pr., Inc.

Morgan & Mollie's Year. Mary Weeks Millard. 2022. (ENG., Illus.). 75p. (J). (gr. 2-4). 10.99 *(978-1-914273-30-8(3)*, a2a8980a-cf13-426e-8753-5339fc9bbefb) Ritchie, John Ltd. GBR. Dist: Baker & Taylor Publisher Services (BTPS).

Morgan & the Forty Thieves: A Magic Math Adventure. Addie Abacus. Illus. by Elisabeth Alba. 2018. (Magic Math Adventures Ser.: Vol. 1). (ENG.). 130p. (J). pap. 8.99 *(978-1-7328813-1-0(6))* Phantom Hill Pr.

Morgan & the Great Cascade Mountain Fire. Harry Holmes. 2023. (ENG.). 46p. (J). 26.95 ***(978-1-958878-99-6(5))*** Booklocker.com, Inc.

Morgan & the Great Cascade Mountain Fire. Harry Winthrop Holmes, Jr. 2021. (ENG.). 46p. (J). pap. 14.95 *(978-1-64719-431-4(8))* Booklocker.com, Inc.

Morgan & the Monster of the Deep: A Magic Math Adventure. Addie Abacus. Illus. by Elisabeth Alba. 2019. (Magic Math Adventures Ser.: Vol. 2). (ENG.). 140p. (J). pap. 8.99 *(978-1-7328813-7-2(5))* Phantom Hill Pr.

Morgan Goes to Kindy. N. Taylor. 2020. (ENG.). 20p. (J). pap. 13.62 *(978-0-244-55311-1(4))* Lulu Pr., Inc.

Morgan Horses. Rachel Grack. 2021. (Saddle Up! Ser.). (ENG., Illus.). 24p. (J). (gr. k-3). lib. bdg. 26.95 *(978-1-64487-430-1(X)*, Blastoff! Readers) Bellwether Media.

Morgan Horses. Cari Meister. 2018. (Favorite Horse Breeds Ser.). (ENG.). 24p. (J). (gr. 1-4). *(978-1-68151-426-0(5)*, 15139) Amicus.

Morgan Horses. Cari Meister. 2018. (Favorite Horse Breeds Ser.). (ENG.). 24p. (J). (gr. 1-4). pap. 8.99 *(978-1-68152-346-0(9)*, 15147) Amicus.

Morgan Otter Saves the Sea Turtles: Sea Turtle Superhero. Tara V. Thompson. Illus. by Candace Andersen. 2016. (ENG.). 130p. (J). (gr. k-4). pap. 6.99 *(978-1-944995-01-0(3))* Amberjack Publishing Co.

Morgan the Brave. Ted Staunton & Will Staunton. Illus. by Bill Slavin. 2017. (Be Brave, Morgan! Ser.). (ENG.). 96p. (J). (gr. k-3). 16.99 *(978-1-4595-0497-4(6)*, ad170693-9c4c-42c1-ba22-0362591c1d44) Formac Publishing Co., Ltd. CAN. Dist: Lerner Publishing Group.

Morgana Chronicles: The Pen of Guinevere. Morgan Harrison. 2021. (Morgana Chronicles Ser.: Vol. 1). (ENG.). 270p. (YA). pap. *(978-1-83975-602-3(0))* Grosvenor Hse. Publishing Ltd.

Morgan's Got Game. Ted Staunton. Illus. by Bill Slavin. 2018. (Be Brave, Morgan! Ser.). (ENG.). 96p. (J). (gr. k-3). 16.99 *(978-1-4595-0508-7(5)*, 15ba60e2-defa-4d8b-8d93-bb469a047cf5) Formac Publishing Co., Ltd. CAN. Dist: Lerner Publishing Group.

Morgesons. Elizabeth Stoddard. 2017. (ENG., Illus.). (J). 26.95 *(978-1-374-94215-8(4))*; pap. 16.95 *(978-1-374-94214-1(6))* Capital Communications, Inc.

Morgesons: A Novel (Classic Reprint) Elizabeth Stoddard. 2017. (ENG., Illus.). (J). 29.51 *(978-0-265-89143-8(4))* Forgotten Bks.

Morgues Mortíferas. Joyce L. Markovics. 2018. (De Puntillas en Lugares Escalofriantes/Tiptoe into Scary Places Ser.). (SPA.). 24p. (J). (gr. k-3). 18.95 *(978-1-68402-614-2(8))* Bearport Publishing Co., Inc.

M¿ori Warriors. Kenny Abdo. 2020. (Ancient Warriors Ser.). (ENG., Illus.). 24p. (J). (gr. 2-8). lib. bdg. 31.36 *(978-1-0982-2123-2(0)*, 34493, Abdo Zoom-Fly) ABDO Publishing Co.

Moria Versus the Nightmare Machine. Martin Matthews. 2019. (ENG., Illus.). 322p. (YA). (gr. 7-12). pap. 20.95 *(978-1-68433-340-0(7))* Black Rose Writing.

Moriah's Mourning & Other Half-Hour Sketches. Ruth McEnery Stuart. 2017. (ENG., Illus.). (J). 22.95 *(978-1-374-93756-7(8))* Capital Communications, Inc.

Moriah's Mourning, & Other Half-Hour Sketches (Classic Reprint) Ruth McEnery Stuart. 2018. (ENG., Illus.). 250p. (J). 29.05 *(978-0-483-89066-4(9))* Forgotten Bks.

Moriartys of Yale (Classic Reprint) Norris G. Osborn. 2018. (ENG., Illus.). 54p. (J). 25.03 *(978-0-484-56560-8(5))* Forgotten Bks.

Moriarty's Trap: An Escape Room Adventure Book. Stéphane Anquetil. Illus. by Marie Capriata. 2023. 288p. (J). (gr. 5-9). pap. 19.99 *(978-1-5107-6063-9(6)*, Sky Pony Pr.) Skyhorse Publishing Co., Inc.

Morley & Feather. Jacquelyn Johnson. 2019. (ENG.). 336p. (YA). *(978-1-988650-93-7(3))*; (Morley Stories Ser.: Vol. 1). (J). pap. *(978-1-988650-97-5(6))*; (Morley Stories Ser.: Vol. 1). (YA). pap. *(978-1-988650-92-0(5))* Crimson Hill Bks.

Morley Ernstein or the Tenants of the Heart, Vol. 1 of 3 (Classic Reprint) George Payne Rainsford James. 2018. (ENG., Illus.). 364p. (J). 31.40 *(978-0-428-85972-5(0))* Forgotten Bks.

Mormon of the Little Manitou Island: An Historical Romance (Classic Reprint) Knight of Chillon of Switzerland. 2018. (ENG., Illus.). 588p. (J). 36.02 *(978-0-483-39125-3(5))* Forgotten Bks.

Mormon Prophet (Classic Reprint) Lily Dougall. 2018. (ENG., Illus.). 452p. (J). 33.22 *(978-0-483-36263-5(8))* Forgotten Bks.

Mormons at Home, with Some Incidents of Travel from Missouri to California, 1852-8: In a Series of Letters (Classic Reprint) Benjamin G. Ferris. 2017. (ENG., Illus.). 316p. (J). 30.41 *(978-0-484-38670-8(0))* Forgotten Bks.

Morna's Magic: A Sweet Scottish Time Travel Romance. Bethany Claire. 2017. 258p. pap. 12.99 *(978-1-947731-08-0(4))* Bethany Claire Bks.

Momin'-Glory Girl (Classic Reprint) Alice Maud Winlow. (ENG., Illus.). (J). 2018. 238p. 28.81 *(978-0-267-78818-7(5))*; 2016. pap. 11.57 *(978-1-334-39203-0(X))* Forgotten Bks.

Morning: From Reveries of a Bachelor. Donald G. Mitchell. 2017. (ENG., Illus.). (J). pap. *(978-0-649-41046-0(7))* Trieste Publishing Pty Ltd.

Morning: From Reveries of a Bachelor (Classic Reprint) Donald G. Mitchell. (ENG., Illus.). (J). 2018. 100p. 25.96 *(978-0-483-59901-7(8))*; 2017. pap. 9.57 *(978-0-243-33132-1(0))* Forgotten Bks.

Morning Adventures of Scooter, a Curious Kitty. Jessica McCarty. 2018. (ENG., Illus.). 26p. (J). 22.95 *(978-1-64299-843-6(5))* Christian Faith Publishing.

For book reviews, descriptive annotations, tables of contents, cover images, author biographies & additional information, updated daily, subscribe to **www.booksinprint.com**

1369

Morning Bug Lane: Operation Flavor. C. E. Morning. 2019. (ENG.). 50p. (J). pap. 20.40 *(978-1-68470-274-9(7))* Lulu Pr., Inc.

Morning Faces (Classic Reprint) George McPherson Hunter. 2018. (ENG., Illus.). 222p. (J). 28.50 *(978-0-483-99134-7(1))* Forgotten Bks.

Morning Flower: The Omte Origins (from the World of the Trylle) Amanda Hocking. 2020. (Omte Origins Ser.: 2). (ENG.). 352p. (YA). pap. 10.99 *(978-1-250-20428-8(3),* 900199952, Wednesday Bks.) St. Martin's Pr.

Morning Girl see Tainos

Morning-Glories: And Other Stories (Classic Reprint) Louisa Alcott. (ENG., Illus.). (J). 2018. 214p. 28.31 *(978-0-364-04363-9(6));* 2017. pap. 10.97 *(978-1-5276-0804-7(2))* Forgotten Bks.

Morning Glory. Katy Pistole. Illus. by Katy Pistole. 2021. (ENG.). 186p. (J). pap. 11.99 *(978-1-7325935-9-6(0))* Theotrope Publishing.

Morning-Glory (Classic Reprint) Cora Gannaway Williams. 2018. (ENG., Illus.). (J). 164p. 27.28 *(978-0-366-37120-4(7));* 166p. pap. 9.97 *(978-0-365-83003-0(8))* Forgotten Bks.

Morning Glory Club (Classic Reprint) George A. Kyle. 2018. (ENG., Illus.). 276p. (J). 29.59 *(978-0-484-80099-0(X))* Forgotten Bks.

Morning Glory Lane. Barbara Mengis. 2018. (ENG., Illus.). 42p. (J). (gr. 3-6). pap. 14.99 *(978-1-63263-856-4(8))* Booklocker.com, Inc.

Morning in Cork-Street, or Raising the Wind: Containing a Picture of Our Hopeful Young Sprigs of Nobility & Men of Fashion; with Original Letters & Anecdotes, Together with the Character & Qualifications of the Major Part of Money Lenders. Unknown Author. (ENG., Illus.). (J). 2018. 246p. 28.99 *(978-0-484-76292-2(3));* 2016. pap. 11.57 *(978-1-334-12870-7(7))* Forgotten Bks.

Morning, Noon & Night: There Are Surprises in Plain Sight Activity Book. Activibooks For Kids. 2016. (ENG., Illus.). (J). pap. 9.43 *(978-1-68321-547-9(8))* Mimaxion.

Morning of to-Day (Classic Reprint) Florence Bone. 2017. (ENG., Illus.). (J). 28.27 *(978-0-266-39025-1(0))* Forgotten Bks.

Morning on the Farm. Sabrina Ehlenberger & Shalie Miller. 2022. (ENG.). 24p. (J). pap. 10.99 *(978-1-957723-29-7(7))* Warren Publishing, Inc.

Morning on the Farm. Sabrina Ehlenberger & Shalie Miller. Illus. by Michelle Carlos. 2022. (ENG.). 24p. (J). 19.95 *(978-1-957723-30-3(0))* Warren Publishing, Inc.

Morning People. Evan Jacobs. 2019. (Amazing Adventures of Abby Mcquade Ser.). (ENG.). 88p. (J). (gr. 4-7). pap. 10.95 *(978-1-68021-472-7(1))* Saddleback Educational Publishing, Inc.

Morning Perks: 30-Day Inspirational Journal to Help You Jumpstart Your Day. P. Rose. 2021. (ENG.). 97p. (YA). pap. *(978-1-300-38512-7(X))* Lulu Pr., Inc.

Morning Puppa. P. Anastasia. Illus. by Zoe Saunders. 2021. (ENG.). 34p. (J). pap. 12.99 *(978-1-952425-00-4(X),* Jackal Moon Pr.) P. Anastasia.

Morning Ramble: Or, the Mountain Top (Classic Reprint) Alexander Anderson. 2018. (ENG., Illus.). 28p. (J). 24.47 *(978-0-656-03441-3(6))* Forgotten Bks.

Morning Ramble: With Original Engravings (Classic Reprint) John D. Felter. 2018. (ENG., Illus.). 24p. (J). 24.39 *(978-0-267-28552-5(3))* Forgotten Bks.

Morning Santa Left His Present Christmas Coloring Books Ages 8-12. Educando Kids. 2019. (ENG.). 42p. (J). pap. 6.99 *(978-1-64521-149-5(5),* Educando Kids) Editorial Imagen.

Morning Sun in Wuhan. Ying Chang Compestine. 2022. (ENG., Illus.). 208p. (J). (gr. 3-7). 16.99 *(978-0-358-57205-3(3),* 1810603, Clarion Bks.) HarperCollins Pubs.

Morning Tribe: A Graphic Novel. Julian Lennon & Bart Davis. Illus. by Alejandra Green & Fanny Rodriguez. 2021. 136p. (J). (gr. 2-6). 16.99 *(978-1-5107-6619-8(7),* Sky Pony Pr.) Skyhorse Publishing Co., Inc.

Morning Walks: Or Steps to the Study of Mineralogy (Classic Reprint) Author of Morning Conversations. 2018. (ENG., Illus.). 384p. (J). 31.82 *(978-0-332-15772-6(5))* Forgotten Bks.

Morning with Grandpa, 1 vol. Sylvia Liu. Illus. by Christina Forshay. (ENG.). 32p. (J). 2020. (gr. k-3). pap. 10.95 *(978-1-64379-422-8(1),* leelowbooks); 2016. (gr. -1-3). 17.95 *(978-1-62014-192-2(2))* Lee & Low Bks., Inc.

Mornings at Bow Street 1875: A Selection of the Most Humorous & Entertaining Reports Which Have Appeared in the Morning Herald (Classic Reprint) John Wight. 2018. (ENG., Illus.). 322p. (J). 30.54 *(978-0-666-83987-9(5))* Forgotten Bks.

Mornings at Matlock, Vol. 2 of 3 (Classic Reprint) R. Shelton MacKenzie. 2018. (ENG., Illus.). 320p. (J). 30.50 *(978-0-332-20108-5(2))* Forgotten Bks.

Mornings at Matlock, Vol. 3 of 3 (Classic Reprint) R. Shelton MacKenzie. 2018. (ENG., Illus.). 330p. (J). 30.70 *(978-0-483-72630-7(3))* Forgotten Bks.

Mornings I Woke up with 2 Men. Nikki S. Reed. 2021. (ENG.). 272p. (J). pap. 19.95 *(978-1-64628-381-1(3))* Page Publishing Inc.

Morning's War: A Romance (Classic Reprint) C. E. Montague. 2018. (ENG., Illus.). 324p. (J). 30.60 *(978-0-484-03616-0(5))* Forgotten Bks.

Mornings with Monet. Barb Rosenstock. Illus. by Mary GrandPre. 2021. 40p. (J). (gr. -1-3). 17.99 *(978-0-525-70817-9(0));* (ENG.). lib. bdg. 20.99 *(978-0-525-70818-6(9))* Random Hse. Children's Bks. (Knopf Bks. for Young Readers).

Morningside Plays (Classic Reprint) Barrett H. Clark. 2018. (ENG., Illus.). 116p. (J). 26.31 *(978-0-483-84981-5(2))* Forgotten Bks.

Morningside, Vol. 2: December 14, 1897 (Classic Reprint) Columbia University. 2018. (ENG., Illus.). (J). 34p. 24.60 *(978-1-396-74511-9(4));* 36p. pap. 7.97 *(978-1-391-98347-9(5))* Forgotten Bks.

Morningside, Vol. 3: April 19, 1898 (Classic Reprint) William A. Bradley. 2018. (ENG., Illus.). 32p. (J). 24.56 *(978-0-267-24496-6(7))* Forgotten Bks.

Morningside, Vol. 3: December 20, 1898 (Classic Reprint) William A. Bradley. (ENG., Illus.). (J). 2018. 38p. 24.70 *(978-0-364-63817-0(6));* 2017. pap. 7.97 *(978-0-259-81788-0(6))* Forgotten Bks.

Morningside, Vol. 3: March 29, 1898 (Classic Reprint) Columbia University. (ENG., Illus.). (J). 2018. 30p. 24.52 *(978-0-483-63482-4(4));* 2017. pap. 7.97 *(978-0-243-48508-6(5))* Forgotten Bks.

Morningside, Vol. 3: May 10, 1898 (Classic Reprint) Columbia College. (ENG., Illus.). (J). 2018. 30p. 24.52 *(978-0-666-98613-9(4));* 2017. pap. 7.97 *(978-0-243-47090-7(8))* Forgotten Bks.

Morningside, Vol. 3: October 3, 1898 (Classic Reprint) Columbia University. (ENG., Illus.). (J). 2018. 32p. 24.56 *(978-0-666-32443-6(3));* 2017. pap. 7.97 *(978-0-259-82649-1(9))* Forgotten Bks.

Morningside, Vol. 4: April, 1899 (Classic Reprint) James R. Knapp. (ENG., Illus.). (J). 2018. 44p. 24.80 *(978-0-428-75613-0(1));* 2017. pap. 7.97 *(978-0-243-45034-3(6))* Forgotten Bks.

Morningside, Vol. 4: December 21, 1899 (Classic Reprint) Columbia College. 2018. (ENG., Illus.). (J). 30p. 24.52 *(978-1-396-78325-8(3));* 32p. pap. 7.97 *(978-1-391-93601-7(9))* Forgotten Bks.

Morningside, Vol. 4: January 25, 1900 (Classic Reprint) John Erskine. 2018. (ENG., Illus.). 36p. (J). 24.64 *(978-0-364-48663-4(5))* Forgotten Bks.

Morningside, Vol. 4: June 1, 1899 (Classic Reprint) Columbia College. (ENG., Illus.). (J). 2018. 30p. 24.54 *(978-0-332-52316-3(0));* 2017. pap. 7.97 *(978-0-243-43734-4(X))* Forgotten Bks.

Morningside, Vol. 4: October 5, 1899 (Classic Reprint) John Erskine. (ENG., Illus.). (J). 2018. 34p. 24.60 *(978-0-364-32054-9(0));* 2017. pap. 7.97 *(978-0-259-55363-2(8))* Forgotten Bks.

Morningside, Vol. 5: April 23, 1900 (Classic Reprint) E. B. Mitchell. 2017. (ENG., Illus.). (J). 24.52 *(978-0-266-72217-5(2));* pap. 7.97 *(978-1-5276-7924-5(1))* Forgotten Bks.

Morningside, Vol. 5: June 12, 1900 (Classic Reprint) E. B. Mitchell. (ENG., Illus.). (J). 2018. 28p. 24.47 *(978-0-656-34786-5(4));* 2017. pap. 7.97 *(978-0-259-09360-2(2))* Forgotten Bks.

Morningside, Vol. 5: November 1, 1900 (Classic Reprint) E. B. Mitchell. 2017. (ENG., Illus.). (J). 36p. 24.64 *(978-0-332-84016-1(6));* pap. 7.97 *(978-0-243-43785-6(4))* Forgotten Bks.

Morningside, Vol. 5: November 22, 1900 (Classic Reprint) E. B. Mitchell. (ENG., Illus.). (J). 2018. 40p. 24.72 *(978-0-656-34706-3(6));* 2017. pap. 7.97 *(978-0-243-43624-8(6))* Forgotten Bks.

Morningside, Vol. 5: October 11, 1900 (Classic Reprint) E. B. Mitchell. (ENG., Illus.). (J). 2018. 36p. 24.64 *(978-0-484-17251-6(4));* 2017. pap. 7.97 *(978-0-259-41891-7(9))* Forgotten Bks.

Moroccan Darija & English Coloring Book. Green Art Service. 2023. (ENG.). 43p. pap. ***(978-1-312-80538-5(2))*** Lulu Pr., Inc.

Morocco. Alicia Z. Klepeis. 2020. (Country Profiles Ser.). (ENG., Illus.). 32p. (J). (gr. 3-8). lib. bdg. 27.95 *(978-1-64487-170-6(X),* Blastoff! Discovery) Bellwether Media.

Morocco. Joyce L. Markovics. 2019. (Countries We Come From Ser.). (ENG., Illus.). 32p. (J). (gr. k-3). 19.95 *(978-1-64280-532-1(7))* Bearport Publishing Co., Inc.

Morocco, 1 vol. Joanne Mattern. 2020. (Exploring World Cultures (First Edition) Ser.). (ENG.). 32p. (gr. 3-3). pap. 12.16 *(978-1-5026-5677-3(9),* 1d0c5e50-77ba-4d26-9f44-96512478c57d) Cavendish Square Publishing LLC.

Morocco. John Perritano. 2018. (Illus.). 32p. (J). *(978-1-4896-7510-1(8),* AV2 by Weigl) Weigl Pubs., Inc.

Morocco, 1 vol. Pat Seward et al. 3rd rev. ed. 2016. (Cultures of the World (Third Edition)(r) Ser.). (ENG., Illus.). 144p. (gr. 5-5). 48.79 *(978-1-5026-1699-9(8),* a575fa74-2ccd-4e87-b123-dd347557fd07) Cavendish Square Publishing LLC.

Morocco: Its People & Places (Classic Reprint) Edmondo De Amicis. 2018. (ENG., Illus.). 442p. (J). 33.01 *(978-0-365-39266-8(9))* Forgotten Bks.

Morocco (Classic Reprint) S. L. Bensusan. 2018. (ENG., Illus.). 562p. (J). 35.49 *(978-0-365-16936-9(6))* Forgotten Bks.

Morocco, Vol. 1 Of 2: Its People & Places (Classic Reprint) Edmondo De Amicis. 2018. (ENG., Illus.). 356p. (J). 31.26 *(978-0-365-23496-8(6))* Forgotten Bks.

Morosa: Book Two of the Viridian Chronicles. A. E. Outerbridge. (ENG.). 352p. (YA). 2021. pap. *(978-0-2288-4115-9(1));* 2018. (Viridian Chronicles Ser.: Vol. 2). *(978-1-77370-741-9(8));* 2018. (Viridian Chronicles Ser.: Vol. 2). pap. ***(978-1-77370-740-2(X))*** Tellwell Talent.

Morphers. Helen Goltz. 2022. (ENG.). 268p. (J). pap. *(978-0-6453966-1-4(3))* Atlas Productions.

Morphids. Kerry Alexander-Hall. 2016. (Tales of Cerahya Ser.: Vol. 1). (ENG., Illus.). (YA). (gr. 7-12). pap. *(978-0-9954113-3-3(6));* 626p. pap. *(978-0-9954113-0-2(1))* Kerry Alexander-Hall.

Morrigan's Curse. Dianne K. Salerni. 2016. (Eighth Day Ser.: 3). (ENG.). 400p. (J). (gr. 3-7). 16.99 *(978-0-06-227221-8(7),* HarperCollins) HarperCollins Pubs.

Morrighan: The Beginnings of the Remnant Universe; Illustrated & Expanded Edition. Mary E. Pearson. Illus. by Kate O'Hara. 2022. (Remnant Chronicles Ser.). (ENG.). 256p. (YA). 22.99 *(978-1-250-86835-0(1),* 900278741, Holt, Henry & Co. Bks. For Young Readers) Holt, Henry & Co.

Morris & the Magic of Stories. Didier Lévy. Illus. by Lorenzo Sangiò. 2023. (ENG.). 40p. (J). (gr. -1). 17.95 ***(978-0-500-65325-8(9),*** 565325) Thames & Hudson.

Morris Book Shop: Impressions of Some Old Friends in Celebration of the Xxvth Anniversary. Laurence Conger Woodworth. 2017. (ENG., Illus.). (J). pap. *(978-0-649-24039-5(1))* Trieste Publishing Pty Ltd.

Morris Book Shop: Impressions of Some Old Friends in Celebration of the Xxvth Anniversary (Classic Reprint) Laurence Conger Woodworth. 2017. (ENG., Illus.). 40p. (J). 24.72 *(978-0-332-37891-6(8))* Forgotten Bks.

Morris Flip Sound Machine. Liz Cooper. 2021. (ENG.). 120p. (J). pap. 8.95 *(978-1-948747-97-4(9))* J2B Publishing LLC.

Morris Minor: 70 Years on the Road. Ray Newell. 2018. (ENG., Illus.). 224p. pap. 60.00 *(978-1-78711-207-0(1))* Veloce Publishing Ltd. GBR. Dist: National Bk. Network.

Morris Mole. Dan Yaccarino. Illus. by Dan Yaccarino. 2017. (ENG., Illus.). 40p. (J). (gr. -1-3). 17.99 *(978-0-06-241107-5(1),* HarperCollins) HarperCollins Pubs.

Morris Plunkett, Extraordinary Hero. Barbara Tiffany Ratliff. Ed. by Nancy E. Williams. Illus. by Grace Metzger Forrest. 2016. (Extraordinary Hero Ser.: Vol. 2). (ENG.). (J). (gr. k-6). pap. 17.98 *(978-1-943523-22-1(3))* Laurus Co., Inc., The.

Morris the Stealing Magpie. Nicola Parkhouse. Illus. by Joseph Hopkins. 2017. (ENG.). 28p. (J). pap. 10.49 *(978-1-9998868-0-6(1))* Ormond, Jennifer.

Morris's New Home. Emma-Louise Nash. 2016. (ENG.). 50p. (J). pap. *(978-0-9935398-2-4(3))* Nash, Emma-Louise.

Morrow Family: Wireless Winter Day: Jen Selinsky. Illus. by Sanghamitra Dasgupta. 2020. (ENG.). 54p. (J). pap. 15.99 *(978-1-954004-28-3(1))* Pen It Pubns.

Morrow Family: Wireless Winter Day. Jen Selinsky. 2020. (ENG.). 54p. (J). 24.99 *(978-1-954004-29-0(X));* pap. 8.99 *(978-1-954004-43-6(5))* Pen It Pubns.

Morsa en Mi Jardín. Alex Nogués Otero. 2019. (SPA.). 36p. (J). (gr. k-2). 21.99 *(978-84-948110-4-3(5))* Ekare, Ediciones VEN. Dist: Lectorum Pubns., Inc.

Morse. Herve Paniaq & Ben Shannon. 2020. (Animaux Illustrés Ser.: 2). Orig. Title: Animals Illustrated: Walrus. (FRE., Illus.). 32p. (J). (gr. 1-3). 14.95 *(978-2-7644-3934-0(2))* Quebec Amerique CAN. Dist: Orca Bk. Pubs. USA.

Morse Readers: Practical Graded Text (Classic Reprint) Ella Marie Powers Thomas Minard Balliet. 2018. (ENG., Illus.). 298p. (J). 30.04 *(978-0-666-39350-0(8))* Forgotten Bks.

Mort 2 Mon Passé. Angelia Bailey. 2021. (FRE.). 419p. (YA). pap. ***(978-1-300-15434-1(9))*** Lulu Pr., Inc.

Mort Ziff Is Not Dead. Cary Fagan. 176p. (J). (gr. 3-7). 2018. pap. 7.99 *(978-0-14-319848-2(3));* 2017. (ENG.). 15.99 *(978-0-14-319847-5(5))* PRH Canada Young Readers CAN. (Puffin Canada). Dist: Penguin Random Hse. LLC.

Mortal Antipathy. Oliver Wendell Holmes. 2016. (ENG.). 332p. (J). pap. *(978-3-7433-8213-8(X))* Creation Pubs.

Mortal Antipathy: First Opening of the New Portfolio (Classic Reprint) Oliver Wendell Holmes, Sr. (ENG., Illus.). (J). 2018. 328p. 30.68 *(978-0-483-39509-1(9));* 2018. 318p. 30.48 *(978-0-484-38698-2(0));* 2017. 30.62 *(978-1-5281-6646-1(9));* 2017. pap. 13.57 *(978-0-243-60129-5(8));* 2016. pap. 13.57 *(978-1-334-14134-8(7))* Forgotten Bks.

Mortal Coil (Skulduggery Pleasant, Book 5) Derek Landy. 2018. (Skulduggery Pleasant Ser.: 5). (ENG.). 576p. (J). 7.99 *(978-0-00-826636-3(0),* HarperCollins Children's Bks.) HarperCollins Pubs. Ltd. GBR. Dist: HarperCollins Pubs.

Mortal Coil Trilogy: This Mortal Coil; This Cruel Design; This Vicious Cure. Emily Suvada. ed. 2021. (Mortal Coil Ser.). (ENG.). 1280p. (YA). (gr. 9). pap. 38.99 *(978-1-5344-5985-4(5),* McElderry, Margaret K. Bks.) McElderry, Margaret K. Bks.

Mortal Coils (Classic Reprint) Huxley Aldous. (ENG., Illus.). (J). 2018. 218p. 28.41 *(978-0-666-85156-7(5));* 2017. pap. 10.97 *(978-0-259-20350-6(5))* Forgotten Bks.

Mortal Engines (Mortal Engines, Book 1) Philip Reeve. 2017. (Mortal Engines Ser.: 1). (ENG.). 320p. (YA). (gr. 7-7). pap. 12.99 *(978-1-338-20112-3(3),* Scholastic Pr.) Scholastic, Inc.

Mortal Heart. Robin LaFevers. 2018. (His Fair Assassin Ser.: 3). (ENG., Illus.). 496p. (YA). (gr. 9). pap. 15.99 *(978-1-328-56767-3(2),* 1726824, Clarion Bks.) HarperCollins Pubs.

Mortal Realm Witch: The Magical Adventures of Dww2. Jennifer Priester. Illus. by Jennifer Priester. 2016. (Mortal Realm Witch Ser.: Vol. 4). (ENG., Illus.). (J). (gr. 3-6). pap. 6.99 *(978-1-938783-08-1(5))* A&M Moonlight Creations.

Mortal Remains. Mary Ann Fraser. 2022. 368p. (YA). (gr. 9-12). pap. 9.99 *(978-1-4549-4408-9(0))* Sterling Publishing Co., Inc.

Mortal Vestige: A Tech Noir Novel. Zachry Wheeler. 2020. (Immortal Wake Ser.: 3). (ENG.). 136p. (YA). (gr. 8-17). pap. 12.99 *(978-1-9991027-7-7(0),* Mayhematic Pr.) Wheeler, Zachry.

Mortals & Immortals of Greek Myth. Françoise Rachmuhl. 2018. (ENG., Illus.). 128p. (J). 16.99 *(978-1-941302-48-4(3),* 45779458-1dfc-4c2d-9e84-761c3070705f, Lion Forge) Oni Pr., Inc.

Morte Al Circo. Liana Fadda. Ed. by R. D. Hastur. Illus. by Davide Romanini. 2017. (ITA.). (J). pap. *(978-88-6817-047-9(7))* Eclypsed Word.

Morte Darthur, Vol. 1: Text (Classic Reprint) Sir Thomas Malory. 2016. (ENG., Illus.). (J). pap. 16.57 *(978-1-334-15147-7(4))* Forgotten Bks.

Morte Darthur, Vol. 1: Text (Classic Reprint) Thomas Malory. (ENG., Illus.). (J). 2018. 898p. 42.44 *(978-0-428-74414-4(1));* 2017. 32.99 *(978-0-331-86988-0(8))* Forgotten Bks.

Mortgage Foreclosed: A Story of the Farm (Classic Reprint) E. H. Thayer. (ENG., Illus.). (J). 2018. 290p. 29.88 *(978-0-483-84774-3(7));* 2016. pap. 13.57 *(978-1-333-33485-7(0))* Forgotten Bks.

Mortification of Fovea Munson. Mary Winn Heider. Illus. by Chi Birmingham. 2018. (ENG.). 336p. (J). (gr. 3-7). E-Book 45.00 *(978-1-4847-8107-4(4))* Little, Brown Bks. for Young Readers.

Mortimer see Dodo

Mortimer: Rat Race to Space. Joan Marie Galat. 2022. (ENG.). 208p. (J). (gr. 4-7). pap. 13.95 *(978-1-77086-653-9(1),* Dancing Cat Bks.) Cormorant Bks. Inc. CAN. Dist: Orca Bk. Pubs. USA.

Mortimer Collins, Vol. 1 Of 2: His Letters & Friendships, with Some Account of His Life (Classic Reprint) Frances Collins. 2018. (ENG., Illus.). 496p. (J). 34.15 *(978-0-483-54573-1(2))* Forgotten Bks.

Mortimer Early Reader: (Munsch Early Reader) Robert Munsch. Illus. by Michael Martchenko. 2022. (Munsch Early Readers Ser.). (ENG.). 32p. (gr. 1-1). 16.99 *(978-1-77321-652-2(X));* (J). (gr. k-3). pap. 4.99 *(978-1-77321-642-3(2))* Annick Pr., Ltd. CAN. Dist: Publishers Group West (PGW).

Mortimer Mouse & the Pond Mystery. Cynthia Evanson & Maggie Fielding. 2020. (ENG.). 34p. (J). pap. *(978-1-5289-1294-5(2))* Austin Macauley Pubs. Ltd.

Mortimers: A Novel (Classic Reprint) John Travers. 2018. (ENG., Illus.). 320p. (J). 30.52 *(978-0-483-33955-2(5))* Forgotten Bks.

Mortimer's Gold (Classic Reprint) Harold Horn. 2018. (ENG., Illus.). 326p. (J). 30.64 *(978-0-267-21932-2(6))* Forgotten Bks.

Mortmain (Classic Reprint) Arthur Train. 2017. (ENG., Illus.). (J). 31.09 *(978-1-5281-6707-9(4))* Forgotten Bks.

Mortomley's Estate: A Novel (Classic Reprint) J. H. Riddell. 2018. (ENG., Illus.). 434p. (J). 32.87 *(978-0-483-87240-0(7))* Forgotten Bks.

Mortomley's Estate, Vol. 1 Of 3: A Novel (Classic Reprint) Riddell. 2018. (ENG., Illus.). 310p. (J). 30.31 *(978-0-483-39055-3(0))* Forgotten Bks.

Mortomley's Estate, Vol. 2 Of 3: A Novel (Classic Reprint) Riddell. (ENG., Illus.). (J). 2018. 324p. 30.58 *(978-0-267-32219-0(4));* 2016. pap. 13.57 *(978-1-333-49796-5(2))* Forgotten Bks.

Mortomley's Estate, Vol. 3 Of 3: A Novel (Classic Reprint) J. H. Riddell. (ENG., Illus.). (J). 2018. 338p. 30.89 *(978-0-483-70840-2(2));* 2016. pap. 13.57 *(978-1-333-34425-2(2))* Forgotten Bks.

Morton House. Christian Reid. 2017. (ENG.). 284p. (J). pap. *(978-3-337-02633-2(8))* Creation Pubs.

Morton House: A Novel (Classic Reprint) Christian Reid. (ENG., Illus.). (J). 2018. 284p. 29.75 *(978-0-484-23370-5(X));* 2016. pap. 13.57 *(978-1-333-70197-0(7))* Forgotten Bks.

Morton the Caterpillar. David Schweizer. Illus. by Jamie Doyle. 2020. (ENG.). 32p. (J). 26.95 *(978-1-64670-672-3(2));* pap. 16.95 *(978-1-64670-329-6(4))* Covenant Bks.

Morton's Hope, Vol. 1: Or the Memoirs of a Provincial (Classic Reprint) John Lothrop Motley. 2017. (ENG., Illus.). (J). 29.07 *(978-0-331-75602-9(1))* Forgotten Bks.

Morton's Hope, Vol. 2: Or the Memoirs of a Provincial (Classic Reprint) John Lothrop Motley. 2017. (ENG., Illus.). (J). 30.21 *(978-1-5280-8587-8(6))* Forgotten Bks.

Morton's Meanderings: Mission 1: Save Me. Save a Tree. Save We. Alice Elizabeth Shoemake & Morton Mortimer Koala. 2022. (ENG., Illus.). 34p. (J). pap. 16.95 *(978-1-63903-762-9(4))* Christian Faith Publishing.

Morts Ou Vifs: L'Apocalypse. Lola Panetta. 2023. (FRE.). 338p. (YA). pap. ***(978-1-4478-4249-1(9))*** Lulu Pr., Inc.

Morty el Autobús de la Calle Morton. Molly O'Connor. Tr. by Harold Raley. Illus. by Michael Swaim. 2021. (SPA.). 52p. (J). pap. 15.00 *(978-1-64883-476-9(0),* ExamWise) Total Recall Learning, Inc.

Morty l'autobus de la Rue Morton. Molly O'Connor. 2021. (FRE.). 52p. (J). pap. 15.00 *(978-1-64883-478-3(7),* ExamWise) Total Recall Learning, Inc.

Morty the Morton Street Bus. Molly O'Connor. Illus. by Michael Swaim. 2021. (ENG.). 52p. (J). pap. 15.00 *(978-1-64883-098-3(6),* ExamWise) Total Recall Learning, Inc.

Morvan District of Its Wild Sports, Vineyards & Forests: With Legends, Antiquities, Rural & Local Sketches (Classic Reprint) Henri De Crignelle. 2018. (ENG., Illus.). 342p. (J). 30.97 *(978-0-483-66504-0(5))* Forgotten Bks.

Morven (Classic Reprint) Robert Sellar. 2018. (ENG., Illus.). 200p. (J). 28.04 *(978-0-483-61830-5(6))* Forgotten Bks.

Mo's Bows: a Young Person's Guide to Start-Up Success: Measure, Cut, Stitch Your Way to a Great Business. Moziah Bridges & Tramica Morris. 2019. (ENG., Illus.). 176p. (J). (gr. 6-9). pap. 14.99 *(978-0-7624-9251-0(1),* Running Pr. Kids) Running Pr.

Mo's Little Giant. Dorie Deats. Illus. by Joanna Pasek. 2018. (ENG.). 38p. (J). pap. 12.00 *(978-1-7326064-1-8(2))* Deats, Dorie.

Mosaic: Comprising Mateo Falcone & Other Tales (Classic Reprint) Emily Mary Waller. 2018. (ENG., Illus.). 342p. (J). 31.09 *(978-0-484-07384-4(2))* Forgotten Bks.

Mosaic: King of the World, Vol. 1. Geoffrey Thorne. Illus. by Khary Randolph. 2017. (Mosaic Ser.: 1). 128p. pap. 15.99 ***(978-1-302-90039-7(0),*** Marvel Universe) Marvel Worldwide, Inc.

Mosaic Advanced Color by Number, Spiral Bound. Created by Bendon Publishing. 2021. (ENG.). (J). pap. 8.99 *(978-1-6902-1371-0(X))* Bendon, Inc.

Mosaic Gleanings: A Souvenir for 1876 (Classic Reprint) R. Frazier. 2017. (ENG., Illus.). (J). 31.24 *(978-1-5282-7868-3(2))* Forgotten Bks.

Mosaic of Magical Information, 10 vols., Set. Incl. Birds. Jinny Johnson. (Illus.). (YA). 2004. lib. bdg. 19.95 *(978-1-59084-447-2(5));* Cats & Kittens. Steve Parker. (Illus.). (YA). 2010. 19.95 *(978-1-4222-1987-4(9));* Dogs & Puppies. Camilla De la Bédoyère. (Illus.). (J). 2010. 19.95 *(978-1-4222-1988-1(7));* Human Body. Steve Parker. (YA). 2010. 19.95 *(978-1-4222-1989-8(5));* Inventions. Duncan Brewer. (Illus.). (YA). 2010. 19.95 *(978-1-4222-1990-4(9));* T-Rex. Steve Parker. (Illus.). (YA). 2010. 19.95 *(978-1-4222-1991-1(7));* 100 Things You Should Know about the Wild West. Andrew Langley. (Illus.). (YA). 2004. lib. bdg. 19.95 *(978-1-59084-458-8(0));* 48p. (gr. 3-18). 2011. Set lib. bdg. 199.50 *(978-1-4222-1992-8(5))* Mason Crest.

Mosaic Stickers Coloring & Activity: With over 4000 Stickers. IglooBooks. 2023. (ENG.). 112p. (J). (gr. -1). 10.99 ***(978-1-83771-575-6(0))*** Igloo Bks. GBR. Dist: Simon & Schuster, Inc.

Mosaics, 1902 (Classic Reprint) Virginia Female Institute. 2018. (ENG., Illus.). (J). 146p. 26.93 *(978-1-396-67685-7(6));* 148p. pap. 9.57 *(978-1-396-01355-3(5))* Forgotten Bks.

Mosaics, 1903, Vol. 3 (Classic Reprint) Virginia Female Institute. 2018. (ENG., Illus.). (J). 172p. 27.44 *(978-1-396-67690-1(2));* 174p. pap. 9.97 *(978-1-396-01356-0(3))* Forgotten Bks.

Mosasaurs. Kate Moening. Illus. by Mat Edwards. 2023. (Ancient Marine Life Ser.). (ENG.). (J). (gr. 3-7). pap. 8.99 Bellwether Media.

Mosasaurs. Contrib. by Kate Moening. 2023. (Ancient Marine Life Ser.). (ENG., Illus.). (J). (gr. 3-7). lib. bdg. 26.95 Bellwether Media.

The check digit for ISBN-10 appears in parentheses after the full ISBN-13

Mosasaurus. Grace Hansen. 2020. (Dinosaurs (Abdo Kids Jumbo) Ser.). (ENG., Illus.). 24p. (J). (gr. -1-2). lib. bdg. 32.79 *(978-1-0982-0244-6(9)*, 34621, Abdo Kids) ABDO Publishing Co.

Mosasaurus (Mosasaurus) Grace Hansen. 2022. (Dinosaurios Ser.). (ENG., Illus.). 24p. (J). (gr. -1-2). lib. bdg. 32.79 *(978-1-0982-6337-9(5)*, 39377, Abdo Kids) ABDO Publishing Co.

Mosca en Leche: Easy Spanish Story in Easy-To-Read Format with Spanish-English Notes & Glossary. Margarita Pérez García. 2021. (SPA.). 86p. (J). pap. *(978-0-9951215-8-4(3))* García, Margarita Pérez.

Mosca, ¡¡Mosca!! Spanish-English in Easy-To-Read Format. Margarita Pérez García. 2020. (Por Si Las Moscas Ser.). (SPA.). 86p. (J). pap. *(978-0-9951215-5-3(9))* García, Margarita Pérez.

Mosca y Cerdito. Lysa Mullady. Illus. by Janet McDonnell. 2021. (SPA.). 32p. (J). (gr. -1-k). 17.00 *(978-84-16470-01-3(4))* Fineo Editorial, S.L. ESP. Dist: Independent Pubs. Group.

Moschops & Other Ancient Reptiles. Brown Bear Books. 2018. (Dinosaur Detectives Ser.). (ENG., Illus.). 24p. (J). (gr. 2-4). lib. bdg. *(978-1-78121-404-6(2)*, 16468) Brown Bear Bks.

Moscow, Vol. 8. Mason Crest. 2016. (Major World Cities Ser.: Vol. 8). (ENG., Illus.). 48p. (J). (gr. 5-8). 20.95 *(978-1-4222-3542-3(4))* Mason Crest.

Moscow Acquaintance; Snow-Storm; Domestic Happiness; Polikushka; Pedagogical Articles; Linen-Measurer (Classic Reprint) Lev N. Tolstoy. 2017. (ENG., Illus.). (J). 898p. 42.44 *(978-0-484-27462-3(7))*; pap. 24.78 *(978-1-5276-5621-5(7))* Forgotten Bks.

Moscow Acquaintance; the Snow Storm; Domestic Happiness; Miscellanies (Classic Reprint) Lev N. Tolstoy. (ENG., Illus.). (J). 2018. 504p. 34.29 *(978-0-483-55230-2(5))*; 2017. pap. 16.97 *(978-0-243-19352-3(1))* Forgotten Bks.

Moscow in Flames (Classic Reprint) G. P. Danilevski. 2017. (ENG., Illus.). (J). 31.49 *(978-1-5283-4871-3(0))* Forgotten Bks.

Moscow Puzzles: 359 Mathematical Recreations. Boris A. Kordemsky. 2017. (ENG.). 322p. (YA). (gr. 7). 24.99 *(978-1-68411-377-4(6))* BN Publishing.

Mose Evans: Simple Statement of the Singular Facts of His Case (Classic Reprint) William M. Baker. 2017. (ENG., Illus.). (J). 30.68 *(978-0-331-82471-1(X))* Forgotten Bks.

Mose Skinner's Great World's Jubilee & Humstrum Convulsion (Classic Reprint) James E. Brown. 2018. (ENG., Illus.). 32p. (J). 24.58 *(978-0-428-91358-8(X))* Forgotten Bks.

Moses. Beverley J. Bolland. 2017. (ENG., Illus.). (J). pap. 12.95 *(978-1-63525-490-7(6))* Christian Faith Publishing.

Moses - Men & Women of the Bible Revised. Contrib. by Casscom Media. 2017. (Men & Women of the Bible - Revised Ser.). (ENG., Illus.). (J). pap. *(978-87-7132-587-4(5))* Scandinavia Publishing Hse.

Moses & the Exodus Express. Paul Kerensa. Illus. by Liz and Kate Pope. 2018. (ENG.). 32p. (J). pap. 12.99 *(978-0-281-07757-1(6)*, 033c59b4-d7b6-42f2-9d50-3065de2a4784) SPCK Publishing GBR. Dist: Baker & Taylor Publisher Services (BTPS).

Moses & the Ten Plagues Activity Book. Pip Reid. 2020. (ENG.). (J). (gr. 2-6). (Beginners Ser.: Vol. 4). 100p. pap. *(978-1-988585-87-1(2))*; 118p. pap. *(978-1-988585-74-1(0))* Bible Pathway Adventures.

Moses & the Very Big Rescue. Tim Thornborough. Illus. by Jennifer Davison. 2020. (Very Best Bible Stories Ser.). (ENG.). 24p. (J). *(978-1-78498-557-8(0))* Good Bk. Co., The.

Moses Could Have Been Selfish. Illus. by Mj Wexler. 2021. (ENG.). 26p. (J). pap. 11.99 ***(978-1-0879-7503-0(4))*** Indy Pub.

Moses, God & Egypt Coloring Book. Activity Book Zone for Kids. 2016. (ENG., Illus.). (J). pap. 9.20 *(978-1-68376-363-5(7))* Sabeels Publishing.

Moses Is Born. Ronald A. Beers & V. Gilbert Beers. 2019. (ENG., Illus.). 42p. (J). pap. 9.99 *(978-0-7396-0428-1(7))* Inspired Studios Inc.

Moses' Readers: Number One (Classic Reprint) Edward Pearson Moses. 2017. (ENG., Illus.). (J). 25.53 *(978-0-265-84095-5(3))*; pap. 9.57 *(978-1-5280-2687-1(X))* Forgotten Bks.

Moses, the Meekest Man. Mary R. Miller. Illus. by Tabitha Higgins & Linda Shirk. 2016. (ENG.). 32p. (J). (gr. -1). 3.25 *(978-0-7399-2536-2(9))* Rod & Staff Pubs., Inc.

Moses/John Flip-Over Book. Victoria Kovacs. 2017. (Little Bible Heroes(tm) Ser.). (ENG.). 32p. (J). (gr. -1 — 1). pap. 3.99 *(978-1-4627-4339-1(0)*, 005793547, B&H Kids) B&H Publishing Group.

Moshe Monkey & Elias Froggy: Puzzle Book 1. Caleb Berkeley. 2019. (ENG.). 54p. (J). pap. *(978-1-927820-98-8(7))* CM Berkeley Media Group.

Moshe Monkey & Elias Froggy: Puzzle Book 2. Caleb Berkeley. 2019. (ENG.). 68p. (J). pap. *(978-1-989612-00-2(8))* CM Berkeley Media Group.

Moshe Monkey & Elias Froggy 2019 Daily Success Planner. Caleb Berkeley. 2019. (ENG.). 120p. (J). pap. *(978-1-927820-76-6(6))* CM Berkeley Media Group.

Moshe Monkey Breaks His Leg. Caleb Berkeley. 2019. (ENG.). 36p. (J). pap. *(978-1-927820-70-4(7))* CM Berkeley Media Group.

Mosi Musa: A True Tale about a Baby Monkey Raised by His Grandma. Georgeanne Irvine. 2019. (ENG., Illus.). 36p. (J). 14.95 *(978-1-943198-09-2(8))* Southwestern Publishing Hse., Inc.

Mosquetero Del Rey. Juan Pedro Delgado Espada. 2018. (SPA.). 208p. (J). pap. *(978-84-946225-5-7(2))* Nipho Publicaciones & Comunicación S.L.

Mosquito. Elise Gravel. (Disgusting Critters Ser.). (ENG.). 32p. (J). (gr. 1-4). 2021. pap. 5.99 *(978-0-7352-6647-6(6))*; 2020. 10.99 *(978-0-7352-6645-2(X))* Tundra Bks. CAN. (Tundra Bks.). Dist: Penguin Random Hse. LLC.

Mosquito. August Hoeft. 2022. (I See Insects Ser.). (ENG.). (J). 20p. pap. 12.99 ***(978-1-5324-4140-0(1))***; 16p. (gr. -1-2). 24.99 ***(978-1-5324-3351-1(4))***; 16p. (gr. -1-2). pap. 12.99 ***(978-1-5324-2843-2(X))*** Xist Publishing.

Mosquito Brigades & How to Organise Them (Classic Reprint) Ronald Ross. 2018. (ENG., Illus.). 112p. (J). 26.23 *(978-0-483-40448-9(9))* Forgotten Bks.

Mosquito Life: The Habits & Life Cycles of the Known Mosquitoes of the United States; Methods for Their Control; & Keys for Easy Identification of the Species in Their Various Staged. Evelyn Groesbeeck Mitchell. 2017. (ENG., Illus.). (J). pap. *(978-0-649-65235-8(5))* Trieste Publishing Pty Ltd.

Mosquito Life: The Habits & Life Cycles of the Known Mosquitoes of the United States, Methods for Their Control, & Keys for Easy Identification of the Species in Their Various Stages (Classic Reprint) Evelyn Groesbeeck Mitchell. 2017. (ENG., Illus.). (J). 30.91 *(978-1-5282-8108-9(X))* Forgotten Bks.

Mosquito Moms. Matt Reher. 2016. (2G Bugs Ser.). (ENG., Illus.). 24p. (J). pap. 9.60 *(978-1-63437-510-8(6))* American Reading Co.

Mosquitoes, 1 vol. Anika Abraham. 2018. (Creepy Crawlers Ser.). (ENG.). 24p. (gr. 1-1). pap. 9.22 *(978-1-5026-4228-8(X)*, 9a817c36-27fd-4211-a2e3-fa1866e2a29b) Cavendish Square Publishing LLC.

Mosquitoes. Emma Huddleston. 2022. (Bugs Ser.). (ENG., Illus.). 24p. (J). (gr. k-1). lib. bdg. 26.99 *(978-1-63691-378-0(4)*, 18585) Bearport Publishing Co., Inc.

Mosquitoes. Julie Murray. 2019. (Animal Kingdom Ser.). (ENG., Illus.). 32p. (J). (gr. 2-5). lib. bdg. 34.21 *(978-1-5321-1645-2(4)*, 32401, Big Buddy Bks.) ABDO Publishing Co.

Mosquitoes. Patrick Perish. 2018. (Insects up Close Ser.). (ENG., Illus.). 24p. (J). (gr. k-3). lib. bdg. 26.95 *(978-1-62617-717-8(1)*, Blastoff! Readers) Bellwether Media.

Mosquitoes. Jared Siemens. 2017. (Illus.). 24p. (J). *(978-1-5105-0641-1(1))* SmartBook Media, Inc.

Mosquitoes: An Augmented Reality Experience. Sandra Markle. 2021. (Creepy Crawlers in Action: Augmented Reality Ser.). (ENG., Illus.). 32p. (J). (gr. 3-6). lib. bdg. 31.99 *(978-1-7284-0272-7(7)*, 18d79c1a-5bb8-4cf1-b9fd-fd54f38b6ae4, Lerner Pubns.) Lerner Publishing Group.

Mosquitoes Dont Bite Me. Pendred Noyce. (ENG.). 200p. (J). (gr. 4-7). 2018. pap. 12.95 *(978-1-943431-37-3(X))*; 2017. 16.95 *(978-1-943431-30-4(2))* Tumblehome Learning.

Mosquitoland. David Arnold. 2018. (SPA.). 356p. (YA). 23.99 *(978-958-30-5636-9(7))* Panamericana Editorial COL. Dist: Lectorum Pubns., Inc.

Mosquitos & Malaria: A Summary of Knowledge on the Subject up to Date, with an Account of the Natural History of Some Mosquitos. Cuthbert Christy. 2017. (ENG., Illus.). (J). pap. *(978-0-649-43771-9(3))* Trieste Publishing Pty Ltd.

Mosquitos & Malaria: A Summary of Knowledge on the Subject up to Date; with an Account of the Natural History of Some Mosquitos (Classic Reprint) Cuthbert Christy. 2018. (ENG., Illus.). 108p. (J). 26.12 *(978-0-365-38831-9(9))* Forgotten Bks.

Moss Gate. Alex Linwood. (ENG.). (YA). (gr. 7-12). 2021. 318p. pap. 15.99 *(978-1-951098-10-0(2))*; 2019. (Jack of Magic Ser.: Vol. 2). (Illus.). 260p. pap. 12.95 *(978-1-951098-04-9(8))* Greenlees Publishing.

Moss Rose: A Christmas & New Year's Present (Classic Reprint) S. G. Goodrich. (ENG., Illus.). (J). 2018. 298p. 30.04 *(978-0-656-11215-9(8))*; 2017. pap. 13.57 *(978-0-259-20281-3(9))* Forgotten Bks.

Moss Rose (Classic Reprint) Unknown Author. (ENG., Illus.). (J). 2018. 278p. 29.63 *(978-0-483-28896-6(9))*; 2016. pap. 11.97 *(978-1-333-23558-1(5))* Forgotten Bks.

Moss-Rose for 1850 (Classic Reprint) Emeline P. Howard. (ENG., Illus.). (J). 2018. 348p. 31.07 *(978-0-483-57923-1(8))*; 2016. pap. 13.57 *(978-1-334-13206-3(2))* Forgotten Bks.

Moss-Side (Classic Reprint) Marion Harland. 2018. (ENG., Illus.). 460p. (J). 33.38 *(978-0-483-88865-4(6))* Forgotten Bks.

Mossa: Libro Da Colorare per Bambini. Bold Illustrations. 2017. (ITA., Illus.). (J). pap. 8.35 *(978-1-64193-111-3(6)*, Bold Illustrations) FASTLANE LLC.

Mossbelly MacFearsome & the Dwarves of Doom. Alex Gardiner. 2019. (Mossbelly MacFearsome Ser.: 1). (ENG.). 240p. (J). (gr. 4). 14.99 *(978-1-78344-791-6(5))* Andersen Pr. GBR. Dist: Independent Pubs. Group.

Mossdale: A Tale (Classic Reprint) Anna M. De Iongh. 2018. (ENG., Illus.). 272p. (J). 29.51 *(978-0-332-04966-3(3))* Forgotten Bks.

Mosses from a Rolling Stone (Classic Reprint) Sadie Shaw. (ENG., Illus.). (J). 2018. 152p. 27.05 *(978-0-483-62004-9(1))*; 2017. pap. 9.57 *(978-0-243-08630-6(X))* Forgotten Bks.

Mosses from an Old Manse (Classic Reprint) Nathanial Hawthorne. 2018. (ENG., Illus.). 632p. (J). 36.95 *(978-0-484-06562-7(9))* Forgotten Bks.

Mossheart's Promise. Rebecca Gardyn Levington. 2023. (ENG.). 432p. (J). (gr. 3-7). 19.99 ***(978-0-06-325405-3(0)***, Balzer & Bray) HarperCollins Pubs.

Mossland Dream. Beth Ann Boyle. 2017. (ENG., Illus.). (J). (gr. k-6). pap. 21.95 *(978-0-9824741-7-4(2))* Sojourner Publishing, Inc.

Mossy & Tweed: Crazy for Coconuts. Mirka Hokkanen. 2023. (I Like to Read Comics Ser.). (Illus.). 40p. (J). (gr. -1-3). 14.99 *(978-0-8234-5234-7(4))* Holiday Hse., Inc.

Most Accomplished Cell Biologists in History Cellular Biology Book Grade 5 Children's Science Education Books. Baby Professor. 2021. (ENG.). 72p. (J). 27.99 *(978-1-5419-8354-0(8))*; pap. 16.99 *(978-1-5419-6012-1(2))* Speedy Publishing LLC. (Baby Professor (Education Kids)).

Most Amazing Bird. Michael Arvaarluk Kusugak. Illus. by Andrew Qappik. 2020. (ENG.). 40p. (J). (-2). 18.95 *(978-1-77321-418-4(7))* Annick Pr., Ltd. CAN. Dist: Publishers Group West (PGW).

Most Amazing Mouse Emporium. Jeff Jenkins. 2022. (ENG.). 130p. (J). ***(978-0-7223-5185-7(2))*** Stockwell, Arthur H. Ltd.

Most Amazing Story. Bennion Ellsworth. 2018. (ENG., Illus.). 30p. (J). pap. 12.95 *(978-1-64298-942-7(8))* Page Publishing Inc.

Most Amazing Zoo. Linda Flynn. Illus. by Linda Laurie. 2020. (ENG.). 44p. (J). (gr. k-1). pap. *(978-1-910542-48-4(2))* Chapeltown.

Most Annoying Robots in the Universe. Russ Bolts. Illus. by Jay Cooper. 2019. (Bots Ser.: 1). (ENG.). 128p. (J). (gr. k-4). 16.99 *(978-1-5344-3689-3(8))*; pap. 5.99 *(978-1-5344-3688-6(X))* Little Simon. (Little Simon).

Most Awesomest Book of Fun! Mark Gunning. 2022. (ENG.). 150p. (J). ***(978-1-7781602-1-9(2))***; pap. *(978-1-7781602-0-2(4))* Itchygooney Bks.

Most Beautiful & Elegant Animals Coloring Book: For Older Kids Ages 6 to 17 Years Old. Beatrice Harrison. 2017. (ENG., Illus.). (J). pap. 6.95 *(978-1-365-71703-1(8))* Lulu Pr., Inc.

Most Beautiful Fables of la Fontaine - les Plus Belles Fables de la Fontaine. Jean La Fontaine. Tr. by Rowland Hill. Illus. by Muriel Gestin. 2019. (ENG.). 60p. (J). (gr. 1-5). *(978-2-89687-812-3(2))* chouetteditions.com.

Most Beautiful Flower. Anny Fassler. 2019. (ENG., Illus.). 20p. (J). 14.90 *(978-0-578-53324-7(3))* Rustik Haws LLC.

Most Beautiful Story. Brynjulf Jung Tjonn. Tr. by Kari Dickson. Illus. by Oyvind Torseter. 2021. 48p. (J). (gr. 2-5). 17.95 *(978-1-59270-350-0(X))* Enchanted Lion Bks., LLC.

Most Beautiful Thing. Kao Kalia Yang. Illus. by Khoa Le. 2020. (ENG.). 32p. (J). (gr. k-3). 17.99 *(978-1-5415-6191-5(0)*, 6357d985-e876-450c-b13b-fb5cbb9cc314, Carolrhoda Bks.) Lerner Publishing Group.

Most Beautiful Thing (Chinese Edition) Kao Kalia Yang. Illus. by Khoa Le. 2021. (CHI.). 40p. (J). (gr. k-3). 17.99 *(978-1-7284-4892-3(1)*, 3c8ee419-f660-454e-bc47-842e1bd1842f, Carolrhoda Bks.) Lerner Publishing Group.

Most Beautiful Thing I Have Ever Seen. Nadia Devi Umadat. Illus. by Christine Wei. 2023. (ENG.). 32p. (J). (gr. 1-3). 21.95 ***(978-1-77260-314-9(7))*** Second Story Pr. CAN. Dist: Orca Bk. Pubs. USA.

Most Beautiful Village in the World. Yutaka Kobayashi. 2018. (Yamo's Village Ser.). (ENG., Illus.). 39p. (J). (gr. k-2). 17.99 *(978-1-940842-25-7(5))* Museyon.

Most Briefe Tables to Knovve Redily Hovve Manye Ranckes of Footemen Armed with Corslettes, As Unarmed, Go to the Making of a Just Battayle, from an Hundred unto Twentye Thousande: Next, a Very Easye, & Approved Vvay to Arme a Battaile with Harkabuzers, Girolamo Cataneo. 2017. (ENG., Illus.). (J). 25.36 *(978-0-265-85231-6(5))*; pap. 9.57 *(978-1-5278-8398-7(1))* Forgotten Bks.

Most Clever Girl: How Jane Austen Discovered Her Voice. Jasmine A. Stirling. Illus. by Vesper Stamper. 2021. (ENG.). 48p. (J). 18.99 *(978-1-5476-0110-3(8)*, 900198791, Bloomsbury Children's Bks.) Bloomsbury Publishing USA.

Most Colorful (and Stripey) Jungle Animals Ever. Anna Claybourne. 2022. (Awesome Jungle Animals Ser.). (ENG., Illus.). 32p. (J). (gr. k-2). lib. bdg. 27.99 *(978-0-7112-7227-9(1)*, 51eda7b4-2565-4370-ae32-0dc0cd2113bf) QEB Publishing Inc.

Most Colorful Beetles Ever Found Coloring Book. Creative Playbooks. 2016. (ENG., Illus.). (J). pap. 7.74 *(978-1-68323-938-3(5))* Twin Flame Productions.

Most Common Baby Toys Coloring Book. Bobo's Children Activity Books. 2016. (ENG., Illus.). (J). pap. 9.33 *(978-1-68327-668-5(X))* Sunshine In My Soul Publishing.

Most Common Healthcare Symbols Coloring Book. Creative Playbooks. 2016. (ENG., Illus.). (J). pap. 7.74 *(978-1-68323-075-5(2))* Twin Flame Productions.

Most Courageous Sailor in the World. Can Tugrul. Illus. by Can Tugrul. ed. 2022. (ENG., Illus.). 32p. (J). (gr. -1). 15.95 *(978-2-89802-319-4(1)*, CrackBoom! Bks.) Chouette Publishing CAN. Dist: Publishers Group West (PGW).

Most Cuddly Jungle Animals Ever. Anna Claybourne. 2022. (Awesome Jungle Animals Ser.). (ENG., Illus.). 32p. (J). (gr. k-2). lib. bdg. 27.99 *(978-0-7112-7224-8(7)*, 3c7959ec-8c3d-4be1-9b2f-e3cfc3e8e197) QEB Publishing Inc.

Most Curious Case of the Runaway Spoon. Tony Flannagan. 2017. (ENG., Illus.). 178p. (J). pap. *(978-1-907552-90-8(1)*, Nightingale Books) Pegasus Elliot Mackenzie Pubs.

Most Dangerous. Joanne Mattern. 2019. (Core Content Science — Animal Top Ten Ser.). (ENG., Illus.). 40p. (J). (gr. 2-4). lib. bdg. 25.32 *(978-1-63440-690-1(7)*, 96833bf1-6fc7-44b3-86f2-4a967aeefb6c) Red Chair Pr.

Most Dangerous: Daniel Ellsberg & the Secret History of the Vietnam War. Steve Sheinkin. 2019. (ENG., Illus.). 400p. (J). pap. 14.99 *(978-1-250-18083-4(X)*, 900190262) Square Fish.

Most Dangerous Deserts in the World Deserts of the World for Kids Children's Explore the World Books. Baby Professor. 2017. (ENG., Illus.). 64p. (J). pap. 9.52 *(978-1-5419-1673-9(5)*, Baby Professor (Education Kids)) Speedy Publishing LLC.

Most Dangerous Mission: Saving Freezer Paperback. H. Madison. 2017. (Heroes vs. Villains Ser.: Vol. 2). (ENG., Illus.). 62p. (J). pap. *(978-1-365-78968-7(3))* Lulu Pr., Inc.

Most Dangerous Spy. Sharon Edwards. 2021. (ENG.). 282p. (J). pap. *(978-1-83975-074-8(X))* Grosvenor Hse. Publishing Ltd.

Most Dangerous Thing, 1 vol. Leanne Lieberman. 2017. (ENG.). 240p. (YA). (gr. 8-12). pap. 14.95 *(978-1-4598-1184-3(4))* Orca Bk. Pubs. USA.

Most Daring Raids in History, 12 vols., Set. Incl. Counterterrorism in West Africa: The Most Dangerous SAS Assault. Will Fowler. lib. bdg. 37.13 *(978-1-4488-1871-6(0)*, 221f33d10-ef04-408d-a5c0-1c6cf42079c8); Entebbe: The Most Daring Raid of Israel's Special Forces. Simon Dunstan. 37.13 *(978-1-4488-1868-6(0)*, bd8a47e5-10de-494b-81a2-a4b07b1abfff); Most Daring Raid of the Civil War: The Great Locomotive Chase. Gordon L. Rottman. 37.13 *(978-1-4488-1870-9(2)*, 39516277-a6d8-4cc8-a833-62e9509030a5); Most Daring Raid of the Samurai. Stephen R. Turnbull. lib. bdg. 37.13 *(978-1-4488-1872-3(9)*, b7b3e90d-ba10-464d-925e-df4a877d580b); Most Daring Raid of World War II: D-Day — Pointe-Du-Hoc. Steven J. Zaloga. lib. bdg. 37.13 *(978-1-4488-1867-9(2)*, 3ef3ba30-ecb1-412b-bdd2-8540d49e07d0); Rescue at the Iranian Embassy: The Most Daring SAS Raid. Gregory Fremont-Barnes. lib. bdg. 37.13 *(978-1-4488-1869-3(9)*, 248d6de7-a710-41a2-a2d0-36238874c537); (YA). (gr. 7-7). (Most Daring Raids in History Ser.). (ENG., Illus.). 64p. 2011. Set lib. bdg. 222.78 *(978-1-4488-1956-0(3)*, d57e7594-1b97-4c4a-971c-7b4275223dba) Rosen Publishing Group, Inc., The.

Most Dazzling Girl in Berlin. Kip Wilson. (ENG.). 416p. (YA). (gr. 8). 2023. pap. 15.99 *(978-0-358-75532-6(8))*; 2022. 18.99 *(978-0-358-44890-7(5)*, 1794819) HarperCollins Pubs. (Versify).

Most Delectable History of Reynard the Fox. Joseph Jacobs & W. Frank Calderon. 2016. (ENG.). 304p. (J). pap. *(978-3-7434-0047-4(2))* Creation Pubs.

Most Delectable History of Reynard the Fox, & of His Son Reynardine: A Revised Version of an Old Romance (Classic Reprint) Unknown Author. 2017. (ENG., Illus.). (J). 26.85 *(978-0-265-49334-2(X))* Forgotten Bks.

Most Delectable History of Reynard the Fox (Classic Reprint) Joseph Jacobs. 2018. (ENG., Illus.). 308p. (J). 30.25 *(978-0-267-64648-7(8))* Forgotten Bks.

Most Delicious in the World. Mei Su. Illus. by Ruiling Zhang. 2023. (Most Beautiful Gusu Fairy Tales Ser.). (ENG.). 48p. (J). (gr. k-2). 19.95 ***(978-1-4878-1120-4(9))*** Royal Collins Publishing Group Inc. CAN. Dist: Independent Pubs. Group.

Most Exciting Book of Science, Inventions, & Space Ever. DK. Illus. by Lisa Swerling & Ralph Lazar. 2023. (Serendipity Ser.). (ENG.). 176p. (J). (gr. 4-7). 21.99 *(978-0-7440-7753-7(2)*, DK Children) Dorling Kindersley Publishing, Inc.

Most Famous Entrepreneurs of All Time - Biography Book 3rd Grade Children's Biographies. Baby Professor. 2017. (ENG., Illus.). 64p. (J). pap. 9.55 *(978-1-5419-1762-0(6)*, Baby Professor (Education Kids)) Speedy Publishing LLC.

Most Famous Inventors Who Ever Lived Inventor's Guide for Kids Children's Inventors Books. Tech Tron. 2017. (ENG., Illus.). 64p. (J). pap. 9.52 *(978-1-5419-1706-4(5))* Speedy Publishing LLC.

Most Forgetful Rabbit Ever. Candace Woods. Illus. by Btween Animation. 2019. (Most Forgetful Rabbit Ever Ser.: Vol. 1). (ENG.). 50p. (J). (gr. k-3). pap. 16.99 *(978-0-578-55878-3(5))* Woods, Candace E.

Most Important Ancient Greek Artifacts Ancient Artifacts Grade 5 Children's Ancient History. Baby Professor. 2021. (ENG.). 72p. (J). 27.99 *(978-1-5419-8484-4(6))*; pap. 16.99 *(978-1-5419-5424-3(6))* Speedy Publishing LLC. (Baby Professor (Education Kids)).

Most Important Animal of All. Penny Worms. Illus. by Hannah Bailey. 2023. (ENG.). (J). (gr. -1-2). 19.99 *(978-1-63163-701-8(0)*, Jolly Fish Pr.) North Star Editions.

Most Important Day - a Wedding Coloring Book. Activity Attic Books. 2016. (ENG., Illus.). (J). pap. 7.74 *(978-1-68323-711-2(0))* Twin Flame Productions.

Most Important Fossils That Tell Interesting Tales Curious about Fossils Grade 5 Children's Earth Sciences Books. Baby Professor. 2022. (ENG.). 80p. (J). 32.99 ***(978-1-5419-8460-8(9))***; pap. 20.99 ***(978-1-5419-5405-2(X))*** Speedy Publishing LLC. (Baby Professor (Education Kids)).

Most Important Inventions of All Time Inventions for Kids Children's Inventors Books. Tech Tron. 2017. (ENG., Illus.). 64p. (J). pap. 9.52 *(978-1-5419-1705-7(7))* Speedy Publishing LLC.

Most Important Thing: Stories about Sons, Fathers, & Grandfathers. Avi. (ENG.). 224p. (J). (gr. 5). 2019. pap. 8.99 *(978-1-5362-0883-2(3))*; 2016. 16.99 *(978-0-7636-8111-1(3))* Candlewick Pr.

Most Incredible Dot 2 Dot for Kids Activity Book. Activibooks For Kids. 2016. (ENG., Illus.). (J). pap. 6.99 *(978-1-68321-431-1(5))* Mimaxion.

Most Influential Female Activists, 1 vol. Erin Staley. 2018. (Breaking the Glass Ceiling: the Most Influential Women Ser.). (ENG., Illus.). 112p. (J). (gr. 8-8). 40.13 *(978-1-5081-7963-4(8)*, 490411ad-d4e0-41c9-8383-d9585a665b8c) Rosen Publishing Group, Inc., The.

Most Influential Female Inventors, 1 vol. Xina M. Uhl. 2018. (Breaking the Glass Ceiling: the Most Influential Women Ser.). (ENG.). 112p. (gr. 8-8). 40.13 *(978-1-5081-7965-8(4)*, 97abe484-fdee-408a-ba5e-43c6d1794360) Rosen Publishing Group, Inc., The.

Most Influential Female Writers, 1 vol. Anne Cunningham. 2018. (Breaking the Glass Ceiling: the Most Influential Women Ser.). (ENG.). 112p. (J). (gr. 8-8). 40.13 *(978-1-5081-7966-5(2)*, b968197e-e313-4236-808a-4f2222a3aed8); pap. 19.24 *(978-1-5081-7981-8(6)*, bbaa768f-9db7-4da5-898c-220ada364f27) Rosen Publishing Group, Inc., The. (Rosen Young Adult).

Most Influential Women in Business, 1 vol. Marcia Amidon Lüsted. 2018. (Breaking the Glass Ceiling: the Most Influential Women Ser.). (ENG., Illus.). 112p. (J). (gr. 8-8). 40.13 *(978-1-5081-7967-2(0)*, aeb5ae19-8a78-4f9f-85be-5941a3cabdea) Rosen Publishing Group, Inc., The.

Most Influential Women in Politics, 1 vol. Rajdeep Paulus. 2018. (Breaking the Glass Ceiling: the Most Influential Women Ser.). (ENG.). 112p. (gr. 8-8). 40.13 *(978-1-5081-7968-9(9)*, 84b1d5fc-6861-43a5-9eed-63eddbecb077) Rosen Publishing Group, Inc., The.

Most Influential Women in STEM, 1 vol. Barbara Allman. 2018. (Breaking the Glass Ceiling: the Most Influential Women Ser.). (ENG.). 112p. (J). (gr. 8-8). 40.13 *(978-1-5081-7969-6(7)*, 31de5863-ef82-43d4-92b4-e273bda38fe9) Rosen Publishing Group, Inc., The.

Most Influential Women in the Arts, 1 vol. Avery Elizabeth Hurt. 2018. (Breaking the Glass Ceiling: the Most Influential

Women Ser.). (ENG.). 112p. (gr. 8-8). 40.13 *(978-1-5081-7964-1(6),* 83cca142-f351-4921-8f48-9f897df951da) Rosen Publishing Group, Inc., The.

Most Interesting Ferret in the World. Sarah Keyes & Hannah Keyes. 2016. (ENG., Illus.). 46p. (J). pap. *(978-1-365-55977-8(7))* Lulu Pr., Inc.

Most Interesting Stories about Animals. Thanh Minh. 2016. (VIE.). (J). pap. *(978-604-926-599-0(2))* Woman's Publishing Hse.

Most Intersting Book That Explores Why Creatures Extincted or Not Extincted. Imaizumi Tadaki. 2018. (ENG.). (J). *(978-4-478-10420-0(4))* Diamond Co. Ltd.

Most Likely. Sarah Watson. (ENG.). 384p. (YA). 2021. (gr. 9-17). pap. 10.99 *(978-0-316-45477-3(X))*; 2020. (gr. 7-17). 17.99 *(978-0-316-45483-4(4))* Little, Brown Bks. for Young Readers. (Poppy).

Most Love Ever! Mary Hoy Schmidt. Illus. by Mary Hoy Schmidt. 2018. (Love Series, by Infinity Times Eternity Ser.: Vol. 1). (ENG., Illus.). 32p. (J). (gr. k-3). *(978-1-7752565-4-0(5))*; *(978-1-7752565-3-3(7))* Rising Intent.

Most Magical Girl. Karen Foxlee. 2017. (ENG.). 304p. (J). (gr. 3-7). 8.99 *(978-0-553-51288-5(9))*, Yearling) Random Hse. Children's Bks.

Most Magnificent Idea. Ashley Spires. Illus. by Ashley Spires. 2022. (ENG., Illus.). 40p. (J). (gr. -1-2). 18.99 *(978-1-5253-0504-7(2))* Kids Can Pr., Ltd. CAN. Dist: Hachette Bk. Group.

Most Magnificent Maker's a to Z. Ashley Spires. Illus. by Ashley Spires. 2023. (ENG., Illus.). 32p. (J). (gr. -1-3). 19.99 ***(978-1-5253-0629-7(4))*** Kids Can Pr., Ltd. CAN. Dist: Hachette Bk. Group.

Most Marshmallows: (Children?s Storybook, Funny Picture Book for Kids) Rowboat Watkins. 2019. (ENG., Illus.). 40p. (J). (gr. -1-k). 16.99 *(978-1-4521-5959-1(9))* Chronicle Bks. LLC.

Most Miserable, Awful Day of the Year: A Mostly True Story on Forgiveness. Written for Children of All Ages. Julia Rae Wilson. 2018. (ENG., Illus.). 34p. (J). pap. 15.99 *(978-1-4834-8854-7(3))* Lulu Pr., Inc.

Most Mysterious Manor. Megan Hess. 2023. (Young Queens Collection). (ENG., Illus.). 32p. (J). (gr. -1-17). 19.99 ***(978-1-76121-265-9(6))*** Hardie Grant Bks. AUS. Dist: Hachette Bk. Group.

Most Mysterious Mouse. Giovanna Zoboli. Illus. by Lisa D'Andrea. 2016. 40p. (J). (gr. -1-4). 17.95 *(978-1-59270-213-8(9))* Enchanted Lion Bks., LLC.

Most of the Better Natural Things in the World: (Juvenile Fiction, Nature Book for Kids, Wordless Picture Book) Dave Eggers. Illus. by Angel Chang. 2019. (ENG.). 52p. (J). (gr. k-3). 17.99 *(978-1-4521-6282-9(4))* Chronicle Bks. LLC.

Most People, 1 vol. Michael Leannah. Illus. by Jennifer E. Morris. 2017. (ENG.). 32p. (J). (gr. -1-2). 16.95 *(978-0-88448-554-4(4)*, 884554) Tilbury Hse. Pubs.

Most Perfect Thing in the Universe. Tricia Springstubb. 192p. (J). (gr. 4-7). 2023. pap. 8.99 ***(978-0-8234-5496-9(7))***; 2021. 17.99 *(978-0-8234-4757-2(X))* Holiday Hse., Inc. (Margaret Ferguson Books).

Most Popular Baseball Players - Sports for Kids Children's Sports & Outdoors Books. Baby Professor. 2017. (ENG., Illus.). (J). pap. 8.79 *(978-1-5419-3836-6(4)*, Baby Professor (Education Kids)) Speedy Publishing LLC.

Most Popular Home Songs: Selected & Arranged (Classic Reprint) Gilbert Clifford Noble. (ENG., Illus.). (J). 2018. 134p. 26.66 *(978-0-267-11943-1(7))*; 2017. pap. 9.57 *(978-0-259-48429-5(6))* Forgotten Bks.

Most Popular Mother Goose Songs (Classic Reprint) Mabel Betsy Hill. 2018. (ENG., Illus.). (J). 56p. 25.05 *(978-0-366-50140-3(2))*; 58p. pap. 9.57 *(978-0-365-80353-9(7))* Forgotten Bks.

Most Powerful Presidential Words, 1 vol. Katie Kawa. 2019. (Words That Shaped America Ser.). (ENG.). 32p. (gr. 4-5). pap. 11.50 *(978-1-5382-4795-2(X)*, a7a51070-e634-4726-b426-d350f2e5ccce) Stevens, Gareth Publishing LLLP.

Most Powerful Words about Civil Rights, 1 vol. Sarah Smykowski. 2019. (Words That Shaped America Ser.). (ENG.). 32p. (gr. 4-5). pap. 11.50 *(978-1-5382-4799-0(2)*, 236be79c-c90b-40fd-a398-8af7f9dcf400) Stevens, Gareth Publishing LLLP.

Most Powerful Words about the American Dream, 1 vol. Caitie McAneney. 2019. (Words That Shaped America Ser.). (ENG.). 32p. (gr. 4-5). pap. 11.50 *(978-1-5382-4803-4(4)*, 7618d8fa-c086-40c3-8a3c-d766a8d1b28d) Stevens, Gareth Publishing LLLP.

Most Powerful Words about Women's Rights, 1 vol. Janey Levy. 2019. (Words That Shaped America Ser.). (ENG.). 32p. (gr. 4-5). pap. 11.50 *(978-1-5382-4807-2(7)*, 67040c36-d73c-4a25-a939-4f290cac0c77) Stevens, Gareth Publishing LLLP.

Most Powerful Words of the American Revolution, 1 vol. Jeremy Morlock. 2019. (Words That Shaped America Ser.). (ENG.). 32p. (gr. 4-5). pap. 11.50 *(978-1-5382-4811-9(5)*, 5ac89f6f-5745-4677-8139-d26985c38545) Stevens, Gareth Publishing LLLP.

Most Powerful Words of the Civil War, 1 vol. Jason Glaser. 2019. (Words That Shaped America Ser.). (ENG.). 32p. (gr. 4-5). pap. 11.50 *(978-1-5382-4815-7(8)*, a3bf0336-ddc4-440e-a6af-ff448d698198) Stevens, Gareth Publishing LLLP.

Most Slanticulis Christmas. Beaufort Smedley. Illus. by Linda McConville. 2018. (ENG.). 104p. (J). pap. *(978-1-9993215-0-5(2))* Beaufort Smedley Bks.

Most Special Christmas Night. Harvest House Publishers. 2023. (Bible Infographics for Little Ones Ser.). (ENG.). 20p. (J). (— 1). bds. 9.99 ***(978-0-7369-8679-3(0)***, 6986793, Harvest Kids) Harvest Hse. Pubs.

Most Special Gift: An Amiran Fairy Tale. Daniel J. a Smith. (ENG.). (J). 2023. 32p. 18.99 ***(978-1-6628-7091-0(4))***; 2021. 36p. pap. 10.99 *(978-1-6628-3138-6(2))* Salem Author Services.

Most Splendidly Spectacular Circus of Starzborough: The City of Smogg. Michelle Path. 2017. (ENG., Illus.). (J). (gr. 2-4). pap. *(978-1-911240-45-7(5))* Rowanvale Bks.

Most Surprising Adventures, & Wonderful Life of Robinson Crusoe, of York, Mariner: Containing a Full & Particular Account How His Ship Was Lost in a Storm, & All His Companions Were Drowned, & He Only Was Cast upon the Shore by the Wreck. Daniel Dafoe. 2018. (ENG., Illus.). 132p. (J). 26.62 *(978-0-267-70299-2(X))* Forgotten Bks.

Most Terrible of All. Muon Thi Van. Illus. by Matt Myers. 2019. (ENG.). 40p. (J). (gr. -1-3). 17.99 *(978-1-5344-1716-8(8)*, McElderry, Margaret K. Bks.) McElderry, Margaret K. Bks.

Most Ungrateful Girl in the World. Petra James. Illus. by Anna Zabel. 2019. 288p. (J). (gr. 3-5). 16.99 *(978-0-14-379367-0(5)*, Puffin) Penguin Random Hse. AUS. Dist: Independent Pubs. Group.

Most Unlikely Hero, Vol. 1. Brandon Varnell. Illus. by H. Nh Ninh Th. 2017. (Most Unlikely Hero Ser.: Vol. 1). (ENG.). (YA). (gr. 7-12). pap. 13.00 *(978-0-9978028-4-9(7))* Kitsune Inc.

Most Unlikely Hero, Vol. 2. Brandon Varnell. 2017. (Most Unlikely Her Ser.: Vol. 2). (ENG., Illus.). (YA). (gr. 7-12). pap. 13.00 *(978-0-9978028-5-6(5))* Kitsune Inc.

Most Unlikely Hero, Vol. 3. Brandon Varnell. Ed. by Dominique Goodall. Illus. by Hanh Ninh Thi. 2018. (Most Unlikely Hero Ser.: Vol. 3). (ENG.). 222p. (YA). (gr. 7-12). pap. 13.00 *(978-0-9989942-4-6(3))* Kitsune Inc.

Most Unlikely Hero, Volume 10. Brandon B. Varnell. Illus. by Xuahan Nin. 2022. (Most Unlikely Hero Ser.: Vol. 10). (ENG.). 296p. (YA). pap. 13.00 *(978-1-951904-55-5(9))* Kitsune Inc.

Most Unlikely Hero, Volume 4. Brandon Varnell. Illus. by Xuahan Nin. 2018. (Most Unlikely Hero Ser.: Vol. 4). (ENG.). 288p. (YA). (gr. 7-12). pap. 13.00 *(978-0-9978028-7-0(1))* Kitsune Inc.

Most Unlikely Hero, Volume 5. Brandon Varnell. Illus. by Xuahan Nin. 2019. (Most Unlikely Hero Ser.: Vol. 5). (ENG.). 304p. (YA). (gr. 7-12). pap. 13.00 *(978-0-9989942-0-8(0))* Kitsune Inc.

Most Unlikely Hero, Volume 6. Brandon Varnell. Ed. by Dominique Goodall. 2019. (Most Unlikely Hero Ser.: Vol. 6). (ENG., Illus.). 254p. (YA). (gr. 7-12). pap. 13.00 *(978-0-9989942-6-0(X))* Kitsune Inc.

Most Unlikely Hero, Volume 9: A Sci-Fi Harem Light Novel. Brandon Varnell. Illus. by Xuahan Nin. 2021. (Most Unlikely Hero Ser.: Vol. 9). (ENG.). 270p. (YA). (gr. 7-12). pap. 13.00 *(978-1-951904-23-4(0))* Kitsune Inc.

Most Unusual Day. Sydra Mallery. Illus. by E. B. Goodale. 2018. (ENG.). 40p. (J). (gr. -1-3). 18.99 *(978-0-06-236430-2(8)*, Greenwillow Bks.) HarperCollins Pubs.

Most Unusual Race. Hubert Lagae. 2018. (ENG., Illus.). 32p. (J). pap. 12.95 *(978-1-64300-307-8(0))* Covenant Bks.

Most Valuable Players: A Rip & Red Book. Phil Bildner. Illus. by Tim Probert. 2019. (Rip & Red Ser.: 4). (ENG.). 240p. (J). pap. 11.99 *(978-1-250-30853-5(4)*, 900162698) Square Fish.

Most Valuable Puppy. Carol Kim. Illus. by Felia Hanakata. 2019. (Doggie Daycare Ser.). (ENG.). 48p. (J). (gr. 1-3). pap. 6.99 *(978-1-63163-340-9(6)*, 1631633406); lib. bdg. 24.27 *(978-1-63163-339-3(2)*, 1631633392) North Star Editions. (Jolly Fish Pr.).

Most Wanted. Donovan Bixley. Illus. by Donovan Bixley. 2018. (Flying Furballs Ser.: 4). (Illus.). 112p. (J). (gr. 2-4). pap. 8.99 *(978-1-927262-99-3(2))* Upstart Pr. NZL. Dist: Independent Pubs. Group.

Most Wanted: The Revolutionary Partnership of John Hancock & Samuel Adams. Sarah Jane Marsh. Illus. by Edwin Fotheringham. 2020. (ENG.). 80p. (J). (gr. 1-5). 19.99 *(978-1-368-02683-3(4))* Little, Brown Bks. for Young Readers.

Most Well Known Horses in History Coloring Book. Bobo's Children Activity Books. 2016. (ENG., Illus.). (J). pap. 9.33 *(978-1-68327-442-1(3))* Sunshine In My Soul Publishing.

Most Wonderful Gift in the World. Mark Sperring. ed. 2020. (ENG.). 25p. (J). (gr. k-1). 21.96 *(978-0-87617-259-9(1))* Penworthy Co., LLC, The.

Most Wonderful Gift in the World. Mark Sperring. Illus. by Lucy Fleming. 2019. (ENG.). 32p. (J). (gr. -1-2). 17.99 *(978-1-68010-173-7(0))* Tiger Tales.

Most Wonderful House, in the World, the Mechanics & Hygiene of the Body (Classic Reprint) Mary S. Haviland. 2018. (ENG., Illus.). 216p. (J). 28.37 *(978-0-483-48079-7(7))* Forgotten Bks.

Most Wonderful Time of the Year Holiday Magic Coloring Book. Activibooks For Kids. 2016. (ENG., Illus.). (J). pap. 9.20 *(978-1-68321-737-4(3))* Mimaxion.

Mostly Boy (Classic Reprint) William Henry Tompkins. 2018. (ENG., Illus.). 160p. (J). 27.11 *(978-0-483-06264-1(2))* Forgotten Bks.

Mostly Boys: Short Stories (Classic Reprint) Francis J. Finn. 2017. (ENG., Illus.). (J). 28.89 *(978-1-5281-8963-7(9))* Forgotten Bks.

Mostly Ghostly Stories. Subhadra Sengupta. 2019. (ENM.). 176p. (YA). pap. *(978-93-89231-60-1(4))* Speaking Tiger Publishing.

Mostly the Honest Truth. Jody J. Little. (ENG.). (J). (gr. 3-7). 2022. 288p. pap. 7.99 *(978-0-06-285250-2(7))*; 2019. 272p. 16.99 *(978-0-06-285249-6(3))* HarperCollins Pubs. (HarperCollins).

Mostly True Adventures of the Mighty Moonbeam. Sandra Brazil. Illus. by Radosveta Zhelyazkova. 2022. (ENG.). 44p. (J). pap. 15.99 ***(978-1-5243-1847-5(7))*** Lantia LLC.

Mostri: Libro Da Colorare per Bambini. Bold Illustrations. 2017. (ITA., Illus.). 82p. (J). pap. 8.35 *(978-1-64193-118-2(3)*, Bold Illustrations) FASTLANE LLC.

Motes in the Sunbeam & Other Parables from Nature (Classic Reprint) Alfred Gatty. (ENG., Illus.). (J). 2018. 332p. 30.76 *(978-0-365-29821-2(2))*; 2017. pap. 13.57 *(978-0-259-25188-0(7))* Forgotten Bks.

Moteurs 1: Livre Coloriage Pour Enfants. Bold Illustrations. 2017. (FRE., Illus.). (J). pap. 8.35 *(978-1-64193-051-2(9)*, Bold Illustrations) FASTLANE LLC.

Moteurs 2: Livre Coloriage Pour Enfants. Bold Illustrations. 2017. (FRE., Illus.). (J). pap. 8.35 *(978-1-64193-052-9(7)*, Bold Illustrations) FASTLANE LLC.

Moth. August Hoeft. 2022. (I See Insects Ser.). (ENG.). (J). 20p. pap. 12.99 ***(978-1-5324-4156-1(8))***; 16p. (gr. -1-2). 24.99 ***(978-1-5324-3352-8(2))***; 16p. (gr. -1-2). pap. 12.99 ***(978-1-5324-2844-9(8))*** Xist Publishing.

Moth: An Evolution Story. Isabel Thomas. Illus. by Daniel Egneus. 2019. (ENG.). 48p. (J). 18.99 *(978-1-5476-0020-5(9)*, 900195004, Bloomsbury Children's Bks.) Bloomsbury Publishing USA.

Moth a Novel (Classic Reprint) William Dana Orcutt. 2018. (ENG., Illus.). 344p. (J). 30.99 *(978-0-483-40031-3(9))* Forgotten Bks.

Moth & Butterfly: Ta Da! Dev Petty. Illus. by Ana. Aranda. 2021. 32p. (J). (gr. -1-2). 17.99 *(978-1-5247-4051-1(9)*, Nancy Paulsen Books) Penguin Young Readers Group.

Moth & Rust: Together with Geoffrey's Wife & the Pitfall (Classic Reprint) Mary Cholmondeley. (ENG., Illus.). (J). 2018. 340p. 30.93 *(978-0-364-49900-9(1))*; 2016. pap. 13.57 *(978-1-333-42239-4(3))* Forgotten Bks.

Moth & Wasp, Soil & Ocean: Remembering Chinese Scientist Pu Zhelong's Work for Sustainable Farming. Sigrid Schmalzer. Illus. by Melanie Linden Chan. 2020. (ENG.). 40p. (J). (gr. 3-7). pap. 9.95 *(978-0-88448-635-0(4)*, 884635) Tilbury Hse. Pubs.

Moth & Whisper Vol. 1. Ted Anderson. Ed. by Mike Marts. 2019. (ENG., Illus.). 120p. (YA). pap. 14.99 *(978-1-949028-09-6(7)*, 5706b9bb-7fbe-4b00-80b6-87347b96765f) AfterShock Comics.

Moth Decides: A Novel (Classic Reprint) Edward Alden Jewell. 2018. (ENG., Illus.). 284p. (J). 29.75 *(978-0-483-74452-3(2))* Forgotten Bks.

Moth Girl. Heather Kamins. 2022. (ENG.). 272p. (YA). (gr. 7). 17.99 *(978-0-593-10936-6(8)*, G.P. Putnam's Sons Books for Young Readers) Penguin Young Readers Group.

Moth Keeper: (a Graphic Novel) K. O'Neill. 2023. (ENG.). 272p. (J). (gr. 3-7). 21.99 *(978-0-593-18227-7(8))*; pap. 13.99 *(978-0-593-18226-0(X))*; lib. bdg. 24.99 *(978-0-593-18228-4(6))* Penguin Random Hse. LLC.

Mother. Kathleen Norris. 2019. (ENG.). (J). 120p. 17.95 *(978-1-61895-674-3(4))*; 118p. pap. 9.95 *(978-1-61895-673-6(6))* Bibliotech Pr.

Mother: A Story (Classic Reprint) Kathleen Norris. 2017. (ENG., Illus.). (J). 27.98 *(978-0-260-39688-4(5))* Forgotten Bks.

Mother & Bride Wedding Prayer Journal: A Prayer Journal. Jill Kelly & Erin Kelly-Bean. 2018. (Deluxe Signature Journals). (ENG.). 160p. 15.99 *(978-1-63326-208-9(1)*, Ellie Claire) Worthy Publishing.

Mother & Child Are Doing Well: A Farce, in One Act (Classic Reprint) John Maddison Morton. 2019. (ENG., Illus.). 32p. (J). 24.56 *(978-0-267-29415-2(8))* Forgotten Bks.

Mother & Father: From in the Morning Glow (Classic Reprint) Roy Rolfe Gilson. (ENG., Illus.). (J). 2018. 80p. 25.67 *(978-0-484-39302-7(2))*; 2016. pap. 9.57 *(978-1-334-21828-6(5))* Forgotten Bks.

Mother & the Father: Dramatic Passages (Classic Reprint) W. D. Howells. 2017. (ENG., Illus.). 80p. (J). 25.57 *(978-0-484-72161-5(5))* Forgotten Bks.

Mother Bird Stories: A Book of the Best Bird Stories That Mothers Can Tell Their Children; with One Hundred & Thirty-Four Illustrations (Classic Reprint) Unknown Author. (ENG., Illus.). (J). 2018. 132p. 26.62 *(978-0-484-60387-4(6))*; 2016. pap. 9.57 *(978-1-333-70012-6(1))* Forgotten Bks.

Mother Book (Classic Reprint) Margaret Elizabeth Sangster. 2017. (ENG., Illus.). (J). 402p. 32.21 *(978-0-484-57595-9(3))*; pap. 16.57 *(978-1-5276-5442-6(7))* Forgotten Bks.

Mother Bunch: A Story for Boys & Girls (Classic Reprint) Stella Austin. (ENG., Illus.). (J). 2018. 284p. 29.75 *(978-0-267-31751-6(4))*; 2016. pap. 13.57 *(978-1-333-70699-9(5))* Forgotten Bks.

Mother Bunch's Closet Newly Broke Open. George Laurence Gomme. 2017. (ENG., Illus.). 54p. (J). pap. *(978-3-337-14201-8(X))* Creation Pubs.

Mother Bunch's Closet Newly Broke Open: And the History of Mother Bunch of the West (Classic Reprint) George Laurence Gomme. 2018. (ENG., Illus.). 52p. (J). 24.97 *(978-0-332-90644-7(2))* Forgotten Bks.

Mother Bunch's Closet Newly Broke Open, & the History of Mother Bunch of the West. George Laurence Gomme. 2017. (ENG., Illus.). (J). pap. *(978-0-649-19331-8(8))*; pap. *(978-0-649-29812-9(8))* Trieste Publishing Pty Ltd.

Mother Carey's Chickens: Illustrated. Kate Douglas Wiggin. Illus. by Alice Barbar Stephen. 2019. (ENG.). 384p. (J). (gr. 4-6). pap. 9.99 *(978-1-68422-399-2(7))* Martino Fine Bks.

Mother Carey's Chickens (Classic Reprint) Kate Douglas Smith Wiggin. 2017. (ENG., Illus.). (J). 32.02 *(978-0-266-73986-9(5))* Forgotten Bks.

Mother (Classic Reprint) T. S. Arthur. 2018. (ENG., Illus.). 148p. (J). 26.97 *(978-0-483-79200-5(4))* Forgotten Bks.

Mother (Classic Reprint) Grazia Deledda. 2018. (ENG., Illus.). 254p. (J). 29.14 *(978-0-365-16458-6(5))* Forgotten Bks.

Mother (Classic Reprint) Norman Duncan. 2018. (ENG., Illus.). 222p. (J). 28.48 *(978-0-666-72202-7(1))* Forgotten Bks.

Mother (Classic Reprint) Maxim Gorky. 2017. (ENG., Illus.). (J). 34.79 *(978-0-266-95438-5(3))* Forgotten Bks.

Mother (Classic Reprint) Eden Phillpotts. 2017. (ENG., Illus.). (J). 33.10 *(978-0-265-37429-0(4))* Forgotten Bks.

Mother (Classic Reprint) Owen Wister. (ENG., Illus.). (J). 2018. 104p. 26.04 *(978-0-483-85740-7(8))*; 2018. 102p. 26.02 *(978-0-484-23243-2(6))*; 2017. pap. 9.57 *(978-0-243-40282-3(1))* Forgotten Bks.

Mother-Daughter Book Camp. Heather Vogel Frederick. 2016. (Mother-Daughter Book Club Ser.). (ENG., Illus.). 336p. (J). (gr. 5-9). 19.99 *(978-1-4424-7183-2(2))*, Simon & Schuster Bks. For Young Readers) Simon & Schuster Bks. For Young Readers.

Mother Earth: A Sentimental Comedy (Classic Reprint) Frances Harrod. 2017. (ENG., Illus.). (J). 31.03 *(978-0-265-71230-6(0))*; pap. 13.57 *(978-1-5276-6585-9(2))* Forgotten Bks.

Mother Earth & a Different Kind of Friend. Maureen Annette Russell. Illus. by Laura Caiafa. 2021. (ENG.). 34p. (J). *(978-1-84327-933-4(9))*; *(978-1-84327-927-3(4))* Electric Bk. Co.

Mother Earth, Brother Sun, Sister Moon. Kevin O'Dell. 2017. (ENG., Illus.). (J). (gr. k-4). 19.95 *(978-1-61244-576-2(4))* Halo Publishing International.

Mother Earth, Brother Sun, Sister Moon. Kevin M. O'Dell. 2017. (ENG., Illus.). (J). (gr. k-4). pap. 12.95 *(978-1-61244-575-5(6))* Halo Publishing International.

Mother Earth Colouring & Activity Book: Explore & Discover Indigenous Culture Through Colouring. Leah Marie Dorion. 2020. (ENG., Illus.). 42p. (J). pap. *(978-1-989579-11-4(6))* MotherButterfly Bks.

Mother Earth Needs a Band-Aid! Facts about Global Warming - Nature Books for Kids Children's Nature Books. Baby Professor. 2017. (ENG., Illus.). (J). pap. 8.79 *(978-1-5419-3823-6(2)*, Baby Professor (Education Kids)) Speedy Publishing LLC.

Mother Earth's Children: The Frolics of the Fruits & Vegetables. Elizabeth Gordon. 2017. (ENG., Illus.). (J). pap. *(978-0-649-40934-1(5))* Trieste Publishing Pty Ltd.

Mother Earth's Children: The Frolics of the Fruits & Vegetables (Classic Reprint) Elizabeth Gordon. 2017. (ENG., Illus.). (J). 25.96 *(978-0-265-50158-0(X))* Forgotten Bks.

Mother Earth's Lullaby: A Song for Endangered Animals. Terry Pierce. Illus. by Carol Heyer. 2023. (ENG.). 20p. (J). (gr. -1-2). 9.95 ***(978-1-958394-19-9(X)***, 839419) Tilbury Hse. Pubs.

Mother Earth's Lullaby: A Song for Endangered Animals (Tilbury House Nature Book), 1 vol. Terry Pierce. Illus. by Carol Heyer. 2018. (Tilbury House Nature Book Ser.: 0). (ENG.). 36p. (J). (gr. -1-2). 17.95 *(978-0-88448-557-5(9)*, 884557) Tilbury Hse. Pubs.

Mother Fox & Her Cubs. Amandine Momenceau. 2016. (ENG., Illus.). 48p. (J). (gr. -1-2). 19.95 *(978-0-500-65089-9(5)*, 565089) Thames & Hudson.

Mother Ghost: Nursery Rhymes for Little Monsters. Rachel Kolar. Illus. by Roland Garrigue. 2018. (ENG.). 32p. (J). (gr. k-2). 16.99 *(978-1-58536-392-6(6)*, 204588) Sleeping Bear Pr.

Mother Goose: Containing All the Melodies the Old Lady Ever Wrote (Classic Reprint) Dame Goslin. 2018. (ENG., Illus.). 68p. (J). 25.32 *(978-0-364-50470-3(6))* Forgotten Bks.

Mother Goose: For Grown Folks (Classic Reprint) A. D. T. Whitney. 2018. (ENG., Illus.). 232p. (J). 28.68 *(978-0-267-13259-1(X))* Forgotten Bks.

Mother Goose: More Than 100 Famous Rhymes! Eulalie Osgood Grover. Illus. by Frederick Richardson. 2017. (Children's Classic Collections). (ENG.). 144p. (J). (gr. -1-3). 12.99 *(978-1-944686-09-3(6)*, Racehorse Publishing) Skyhorse Publishing Co., Inc.

Mother Goose: The Old Nursery Rhymes; Illustrated (Classic Reprint) Arthur Rackham. 2016. (ENG., Illus.). (J). pap. 13.57 *(978-1-333-87333-2(6))* Forgotten Bks.

Mother Goose: The Old Nursery Rhymes, Illustrated (Classic Reprint) Arthur Rackham. 2017. (ENG., Illus.). (J). 29.84 *(978-0-265-44390-3(3))* Forgotten Bks.

Mother Goose & Friends. Ruth Sanderson. 2023. (Ruth Sanderson Collection). (ENG., Illus.). 64p. (J). pap. 9.95 *(978-1-62371-946-3(1)*, Crocodile Bks.) Interlink Publishing Group, Inc.

Mother Goose & Her Puppet Friends. Elaine Macejak. 2018. (ENG., Illus.). 20p. (J). pap. 10.95 *(978-1-64350-723-1(0))* Page Publishing Inc.

Mother Goose & What Happened Next (Classic Reprint) Anna Marion Smith. (ENG., Illus.). (J). 2018. 156p. 27.13 *(978-0-267-37821-0(1))*; 2016. pap. 9.57 *(978-1-334-15621-2(2))* Forgotten Bks.

Mother Goose Comes to Portland (Classic Reprint) Frederic William Freeman. (ENG., Illus.). (J). 2017. 25.24 *(978-0-265-81517-5(7))*; 2016. pap. 9.57 *(978-1-333-36074-0(6))* Forgotten Bks.

Mother Goose for Grown-Ups (Classic Reprint) Guy Wetmore Carryl. 2017. (ENG., Illus.). (J). 140p. 26.78 *(978-0-332-76806-9(6))*; pap. 9.57 *(978-0-259-22634-5(3))* Forgotten Bks.

Mother Goose from Germany (Classic Reprint) Ludwig Richter. 2017. (ENG., Illus.). (J). 25.42 *(978-0-265-61242-2(X))* Forgotten Bks.

Mother Goose Guessing. Rozanne Williams. 2017. (Learn-To-Read Ser.). (ENG., Illus.). (J). pap. 3.49 *(978-1-68310-264-9(9))* Pacific Learning, Inc.

Mother Goose in Gridiron Rhyme: A Collection of Alphabets, Rhymes, Tales & Jingles (Classic Reprint) Gridiron Club. (ENG., Illus.). (J). 2018. 78p. 25.53 *(978-0-428-37058-9(6))*; 2016. pap. 9.57 *(978-1-334-15548-2(8))* Forgotten Bks.

Mother Goose in Hieroglyphics (Classic Reprint) Unknown Author. (ENG., Illus.). (J). 2018. 62p. 25.18 *(978-0-483-58496-9(7))*; 2016. pap. 9.57 *(978-1-334-34909-6(6))* Forgotten Bks.

Mother Goose in Prose. L. Frank Baum. 2019. (ENG., Illus.). 164p. (YA). pap. *(978-93-5329-515-8(7))* Alpha Editions.

Mother Goose in Prose. Layman Frank Baum. 2017. (ENG., Illus.). (J). 23.95 *(978-1-374-91934-1(9))*; pap. 13.95 *(978-1-374-91933-4(0))* Capital Communications, Inc.

Mother Goose in Prose (Classic Reprint) L. Frank Baum. 2017. (ENG., Illus.). (J). 29.80 *(978-0-266-20925-6(4))* Forgotten Bks.

Mother Goose in Silhouettes (Classic Reprint) Katharine Gough Buffum. 2018. (ENG., Illus.). 86p. (J). 25.67 *(978-0-267-87162-9(7))* Forgotten Bks.

Mother Goose in White: Mother Goose Rhymes, with Silhouette Illustrations (Classic Reprint) J. F. Goodridge. (ENG., Illus.). (J). 2018. 108p. 26.14 *(978-0-483-10822-6(7))*; 2016. pap. 9.57 *(978-1-333-87276-2(3))* Forgotten Bks.

Mother Goose Nursery Rhymes. Ed. by Donald Kasen. 2018. (ENG.). 28p. (J). pap. 8.99 *(978-0-7396-0260-7(8))* Inspired Studios Inc.

Mother Goose Nursery Rhymes: A Little Apple Classic. Gina Baek. 2019. (Little Apple Bks.). (ENG., Illus.). 28p. (J). 4.99 *(978-1-60433-925-3(X)*, Applesauce Pr.) Cider Mill Pr. Bk. Pubs., LLC.

Mother Goose Nursery Rhymes Touch & Feel Board Book: A Touch & Feel Lift the Flap Board Book. Gina Baek. 2020. (ENG., Illus.). 16p. (J). bds. 12.95

1372

The check digit for ISBN-10 appears in parentheses after the full ISBN-13

M

(978-1-60433-980-2(2), Applesauce Pr.) Cider Mill Pr. Bk. Pubs., LLC.

Mother Goose of Pudding Lane. Chris Raschka. Illus. by Vladimir Radunsky. 2019. (ENG.). 48p. (J). (gr. -1-3). 17.99 (978-0-7636-7523-3(7)) Candlewick Pr.

Mother Goose on the Loose — Here, There, & Everywhere. Betsy Diamant-Cohen. 2019. (ENG.). 160p. pap. 69.99 (978-0-8389-1647-6(3)) American Library Assn.

Mother Goose or the Old Nursery Rhymes. Kate Greenaway. 2017. (ENG., Illus.). 56p. (J). pap. (978-3-337-27402-3(1)) Creation Pubs.

Mother Goose; or, the Old Nursery Rhymes. Kate Greenaway. 2017. (ENG., Illus.). 64p. (J). pap. (978-0-649-76341-2(6)) Trieste Publishing Pty Ltd.

Mother Goose, or the Old Nursery Rhymes: Illustrated (Classic Reprint) Kate Greenaway. 2017. (ENG., Illus.). (J). 25.20 (978-0-331-76291-4(9)) Forgotten Bks.

Mother Goose, or the Old Nursery Rhymes (Classic Reprint) Kate Greenaway. 2017. (ENG., Illus.). (J). 24.66 (978-0-266-80230-3(3)); pap. 7.97 (978-1-5278-4106-2(5)) Forgotten Bks.

Mother Goose Plush Gift Set: Featuring Mother Goose Classic Children's Board Book + Plush Goose Stuffed Animal Toy. Gina Baek. 2021. (ENG., Illus.). 16p. (J). 16.95 (978-1-64643-045-1(X), Applesauce Pr.) Cider Mill Pr. Bk. Pubs., LLC.

Mother Goose Primer (Classic Reprint) Belle Wiley. 2017. (ENG., Illus.). (J). 26.68 (978-0-266-73507-6(X)); pap. 9.57 (978-1-5276-9859-8(9)) Forgotten Bks.

Mother Goose Refigured: A Critical Translation of Charles Perrault's Fairy Tales. Christine A. Jones. 2016. (Series in Fairy-Tale Studies). (ENG., Illus.). 216p. pap. 31.99 (978-0-8143-3892-6(5), P520412) Wayne State Univ. Pr.

Mother Goose Rhymes (Book & Downloadable App!) Little Grasshopper Books. Illus. by Stacy Peterson. 2020. (ENG.). 24p. (J). (gr. -1-k). bds. 5.98 (978-1-64030-971-5(3), 6112100, Little Grasshopper Bks.) Publications International, Ltd.

Mother Goose Treasury: A Beautiful Collection of Favorite Nursery Rhymes. Ed. by Parragon Books. Illus. by Priscilla Lamont. 2018. (ENG.). 192p. (J). (gr. -1-3). 14.99 (978-1-68052-461-1(5), 2000601, Parragon Books) Cottage Door Pr.

Mother Goose's Bicycle Tour (Classic Reprint) Mary Susan Goose. 2017. (ENG., Illus.). (J). 26.06 (978-0-266-82403-9(X)); pap. 9.57 (978-1-5278-1156-0(5)) Forgotten Bks.

Mother Goose's Melodies: Containing All That Have Ever Come to Light of Her Memorable Writings (Classic Reprint) Unknown Author. (ENG., Illus.). (J). 2017. 26.08 (978-0-332-00038-1(9)); 2016. pap. 9.57 (978-1-333-87326-4(3)) Forgotten Bks.

Mother Goose's Melodies: Or Songs for the Nursery (Classic Reprint) William Adolphus Wheeler. 2018. (ENG., Illus.). 248p. (J). 29.01 (978-0-364-45638-5(8)) Forgotten Bks.

Mother Goose's Melodies: The Only Pure Edition; Containing All That Have Ever Come to Light of Her Memorable Writings, Together with Those Which Have Been Discovered among the Mss. of Herculaneum (Classic Reprint) Munroe And Francis. 2017. (ENG., Illus.). (J). 25.92 (978-0-260-27008-5(3)) Forgotten Bks.

Mother Goose's Melody: A Facsimile Reproduction of the Earliest Known Edition; with an Introduction & Notes (Classic Reprint) William Francis Prideaux. 2018. (ENG., Illus.). 138p. (J). 26.74 (978-0-267-29725-2(4)) Forgotten Bks.

Mother Goose's Menagerie (Classic Reprint) Carolyn Wells. (ENG., Illus.). (J). 2017. 27.44 (978-0-265-80558-9(9)); 2016. pap. 9.97 (978-1-334-32900-5(1)) Forgotten Bks.

Mother Goose's Nursery Rhymes. John Gilbert & Walter Crane. 2017. (ENG.). 324p. (J). pap. (978-3-337-02473-4(4)) Creation Pubs.

Mother Goose's Nursery Rhymes: A Collection of Alphabets, Rhymes, Tales, & Jingles. Walter Crane. 2018. (ENG., Illus.). 290p. (YA). (gr. 7-12). pap. (978-93-5297-193-0(0)) Alpha Editions.

Mother Goose's Nursery Rhymes: A Collection of Alphabets, Rhymes, Tales, & Jingles (Classic Reprint) John Gilbert. 2017. (ENG., Illus.). (J). 30.54 (978-0-265-22329-1(6)) Forgotten Bks.

Mother Goose's Nursery Rhymes: A Collection of Alphabets, Rhymes, Tales, & Jingles. [London-1877]. Walter Crane et al. 2017. (ENG., Illus.). (J). pap. (978-0-649-65247-1(9)) Trieste Publishing Pty Ltd.

Mother Goose's Nursery Rhymes: With 250 Pictures (Classic Reprint) F. Opper. 2017. (ENG., Illus.). (J). 30.58 (978-0-265-76786-3(5)) Forgotten Bks.

Mother Goose's Nursery Rhymes & Nursery Songs: Set to Music (Classic Reprint) James William Elliott. (ENG., Illus.). (J). 2018. 116p. 26.31 (978-0-267-56103-2(2)); 2016. pap. 9.57 (978-1-333-72819-9(0)) Forgotten Bks.

Mother Goose's Nursery Rhymes (Classic Reprint) Lavinia Edna Walter. (ENG., Illus.). (J). 2018. 188p. 27.77 (978-0-484-91956-2(3)); 2016. pap. 10.57 (978-1-334-27492-3(4)) Forgotten Bks.

Mother Goose's Nursery Rhymes, Tales & Jingles: Complete Edition, with Notes & Critical Illustrative Remarks (Classic Reprint) W. Gannon. 2018. (ENG., Illus.). 422p. (J). 32.62 (978-0-666-88426-8(9)) Forgotten Bks.

Mother Goose's Protest (Classic Reprint) Jane Campbell. (ENG., Illus.). (J). 2018. 20p. 24.33 (978-0-267-61489-9(6)); 2016. pap. 7.97 (978-1-334-11788-6(8)) Forgotten Bks.

Mother Goose's Teddy Bears. Frederick Leopold Cavally. 2018. (ENG., Illus.). 68p. (YA). (gr. 7-12). pap. (978-93-5297-196-1(5)) Alpha Editions.

Mother Goth Rhymes. Kaz Windness. 2019. (ENG., Illus.). 64p. 24.99 (978-1-61345-173-1(3), 21660aab-f145-4dde-8330-9a0a9b8dd47e) Hermes Pr.

Mother Hen. Amy Cobb. Illus. by Alexandria Neonakis. 2018. (Libby Wimbley Ser.). (ENG.). 32p. (J). (gr. -1-3). lib. bdg. 32.79 (978-1-5321-3254-4(9), 31137, Calico Chapter Bks) Magic Wagon.

Mother Hen. Delroy O. Walker. Illus. by Davia A. Morris. 2022. (Hawk Trilogy Ser.: 3). 52p. (J). 33.00 (978-1-6678-2258-7(6)) BookBaby.

Mother Holly. Brothers Grimm. Illus. by Bernadette Watts. 2016. (ENG.). 32p. 17.95 (978-0-7358-4267-0(1)) North-South Bks., Inc.

Mother Hubbard Her Picture Book: Containing Mother Hubbard, the Three Bears, & the Absurd a-B-C; with the Original Coloured Pictures, an Illustrated Preface & Odds & End Papers, Never Before Printed (Classic Reprint) Walter Crane. 2018. (ENG., Illus.). (J). 60p. 25.13 (978-0-365-60306-1(6)); 62p. pap. 9.57 (978-0-365-60305-4(8)) Forgotten Bks.

Mother Hubbard's Dog (Classic Reprint) Sarah Catherine Martin. 2018. (ENG., Illus.). 20p. (J). 24.31 (978-0-656-04658-4(9)) Forgotten Bks.

Mother in Exile (Classic Reprint) Unknown Author. (ENG., Illus.). (J). 2018. 336p. 30.83 (978-0-364-72894-9(9)); 2016. pap. 13.57 (978-1-334-13070-0(1)) Forgotten Bks.

Mother-In-Law: Or, the Isle of Rays a Tale (Classic Reprint) E. D. E. N. Southworth. 2018. (ENG., Illus.). 304p. (J). 30.17 (978-0-484-88030-5(6)) Forgotten Bks.

Mother-In-Law, or Married in Haste (Classic Reprint) E. D. E. N. Southworth. (ENG., Illus.). (J). 2017. 33.82 (978-0-260-51870-5(0)); 2016. pap. 16.57 (978-1-334-15343-3(4)) Forgotten Bks.

Mother Is a House. Aurore Petit. Illus. by Aurore Petit. 2021. (ENG., Illus.). 48p. (J). (gr. -1-k). 18.99 (978-1-77657-323-3(4), 5aaa9539-c5e7-4e1e-b643-0a45544671c8) Gecko Pr. NZL. Dist: Lerner Publishing Group.

Mother Is Angry. Sook-hee Choi. 2017. (VIE.). (J). pap. (978-604-56-4006-7(3)) Woman's Publishing Hse.

Mother Jones & Her Army of Mill Children. Jonah Winter. Illus. by Nancy Carpenter. 2020. (ENG.). 40p. (J). (gr. -1-3). 20.99 (978-0-449-81292-1(8), Schwartz & Wade Bks.) Random Hse. Children's Bks.

Mother Knows Best-Villains, Book 5. Serena Valentino. 2018. (Villains Ser.: 5). (ENG.). 400p. (YA). (gr. 7-12). 17.99 (978-1-368-00902-7(6), Disney Press Books) Disney Publishing Worldwide.

Mother Knows Mad Libs: World's Greatest Word Game. Sarah Fabiny. 2019. (Mad Libs Ser.). 48p. (J). (gr. 3-7). pap. 5.99 (978-1-5247-9069-1(9), Mad Libs) Penguin Young Readers Group.

Mother Koala Knows Best & Other Australian Animal Stories. Betty Salthouse. Illus. by Pip Westgate. 2020. (ENG.). 94p. (J). pap. (978-1-911223-60-3(7)) Hawkesbury Pr.

Mother Machree: A Novel (Classic Reprint) Martin Jerome Scott. 2017. (ENG., Illus.). (J). 27.84 (978-0-331-46400-9(4)); pap. 10.57 (978-0-259-06166-3(2)) Forgotten Bks.

Mother Medusa. Kitty Crowther. 2018. (KOR.). (J). (978-89-8414-328-9(6)) Nonjang.

Mother Michel & Her Cat (Classic Reprint) Emile De La Bedolliere. (ENG., Illus.). (J). 2018. 104p. 26.04 (978-0-666-99236-9(3)); 2017. pap. 9.57 (978-1-5276-5852-3(X)) Forgotten Bks.

Mother Moon Adopts a Star. Chyler Keiran. (ENG.). 26p. (J). 2023. 19.00 **(978-1-0880-8971-2(2))**; 2022. pap. 16.99 **(978-1-915852-80-9(3))** Indy Pub.

Mother Mountain: You Can Climb Mount Everest. Mitch A. Lewis. Illus. by Stefanie St Denis. 2020. (ENG.). 78p. (YA). (978-0-2288-2828-0(7)); pap. (978-0-2288-2827-3(9)) Tellwell Talent.

Mother Nature. Penelope Dyan. Illus. by Penelope Dyan. l.t. ed. 2022. (ENG.). 34p. (J). pap. 12.60 **(978-1-61477-619-2(9))** Bellissima Publishing, LLC.

Mother Nature Is Trying to Kill Me!, 12 vols. 2019. (Mother Nature Is Trying to Kill Me! Ser.). (ENG.). 24p. (J). (gr. 2-3). lib. bdg. 145.62 (978-1-5382-4165-3(X), 0fc60c00-ae53-4737-b303-3b52e9122dd7) Stevens, Gareth Publishing LLLP.

Mother Nature! Plant & Animal Life Around the World (Wildlife) - Children's Ecology Books. Bobo's Little Brainiac Books. 2016. (ENG., Illus.). (J). pap. 7.99 (978-1-68327-797-2(X)) Sunshine In My Soul Publishing.

Mother Nature Stories: A Book of the Best Nature Stories That Mothers Can Tell Their Children (Classic Reprint) Henry Altemus Company. (ENG., Illus.). (J). 2018. 100p. 25.96 (978-0-483-35327-5(2)); 2017. pap. 9.57 (978-0-259-46109-8(1)) Forgotten Bks.

Mother Nature's Children (Classic Reprint) Allen Walton Gould. 2018. (ENG., Illus.). 268p. (J). 29.44 (978-0-666-60143-8(7)) Forgotten Bks.

Mother Nature's Kiss. Lisa G. Shore. 2018. (ENG., Illus.). 38p. (J). (978-0-2288-0487-1(6)); pap. (978-0-2288-0486-4(8)) Tellwell Talent.

Mother Nature's Little Ones (Classic Reprint) Frances Margaret Fox. (ENG., Illus.). (J). 2018. 106p. 26.08 (978-0-365-27547-3(6)); 2017. pap. 9.57 (978-0-259-52791-6(2)) Forgotten Bks.

Mother Nature's Picnic (Classic Reprint) Alice Gay Judd. 2018. (ENG., Illus.). 26p. (J). 24.39 (978-0-483-05077-8(6)) Forgotten Bks.

Mother Nature's Plan: Saga of Mik & Min. Willie Bevan. Illus. by Ella Bevan. 2022. (Saga of Mik & Min Ser.). (ENG.). 414p. (J). **(978-1-0391-4995-3(2))**; pap. **(978-1-0391-4994-6(4))** FriesenPress.

Mother of All Living: A Novel of Africa (Classic Reprint) Robert Keable. 2017. (ENG., Illus.). (J). 31.51 (978-1-5284-7553-2(4)) Forgotten Bks.

Mother of an Emperor: Reprints from Pen & Brush (Classic Reprint) Mary McArthur T. Tuttle. 2018. (ENG., Illus.). 52p. (J). 24.99 (978-0-267-63160-5(X)) Forgotten Bks.

Mother of Emeralds (Classic Reprint) Fergus Hume. 2017. (ENG., Illus.). (J). 27.92 (978-0-331-13290-8(7)) Forgotten Bks.

Mother of Many. Pamela M Tuck. 2019. (ENG.). 38p. (J). 16.95 (978-1-64307-439-9(3)) Amplify Publishing Group.

Mother of Monsters: A Tale from South Africa. Fran Parnell. Illus. by Sophie Fatus. 2020. (Stories from Around the World Ser.). (ENG.). 48p. (J). (gr. 1-5). pap. 6.99 **(978-1-78285-847-8(4))** Barefoot Bks., Inc.

Mother of Pauline (Classic Reprint) L. Parry Truscott. 2017. (ENG., Illus.). (J). 322p. 30.54 (978-0-332-70024-3(0)); pap. 13.57 (978-0-259-18565-9(5)) Forgotten Bks.

Mother of Sharks. Melissa Cristina Márquez. Illus. by Devin Elle Kurtz. 2023. 48p. (J). (gr. k-3). 19.99 (978-0-593-52358-2(X), Penguin Workshop) Penguin Young Readers Group.

Mother of the Man (Classic Reprint) Eden Phillpotts. 2017. (ENG., Illus.). (J). 33.49 (978-0-265-72974-8(2)); pap. 16.57 (978-1-5276-9047-9(4)) Forgotten Bks.

Mother Owl's Rhymes: Not So Goosie As Mother Goose (Classic Reprint) Kate Perkinson Howard. (ENG., Illus.). (J). 2018. 48p. 24.91 (978-0-483-78510-6(5)); 2016. pap. 9.57 (978-1-334-15713-4(8)) Forgotten Bks.

Mother Pitcher's Poems for Little People (Classic Reprint) Charles G. Leland. (ENG., Illus.). (J). 2018. 56p. 25.05 (978-0-484-76966-2(9)); 2016. pap. 9.57 (978-1-333-48449-1(6)) Forgotten Bks.

Mother Seigel's Almanac, 1894 (Classic Reprint) Unknown Author. 2017. (ENG., Illus.). (J). 40p. 24.74 (978-0-484-09846-5(2)); pap. 7.97 (978-0-282-56546-6(9)) Forgotten Bks.

Mother Shipton's Gipsy Fortune Teller & Dream Book: With Napoleon's Oraculum (Classic Reprint) A. Wehman. (ENG., Illus.). (J). 2018. 70p. 25.36 (978-0-656-07114-2(1)); 2017. pap. 9.57 (978-0-259-76676-6(3)) Forgotten Bks.

Mother Shipton's Gipsy Fortune Teller & Dream Book, with Napoleon's Oraculum: Embracing Full & Correct Rules of Divination Concerning Dreams & Visions, Foretelling of Future Events, Their Scientific Application to Physiognomy, Physiology, Moles, Car. Unknown Author. (ENG., Illus.). (J). 2017. 25.28 (978-0-265-26643-4(2)); 2016. pap. 9.57 (978-1-334-15310-5(8)) Forgotten Bks.

Mother Stories. Maud Lindsay. 2017. (ENG., Illus.). (J). pap. 12.95 (978-1-374-87467-1(1)) Capital Communications, Inc.

Mother Stories (Classic Reprint) Maud Lindsay. 2018. (ENG., Illus.). 222p. (J). 28.48 (978-0-483-23490-1(7)) Forgotten Bks.

Mother Stories from the Book of Mormon. William A. Morton. 2018. (ENG., Illus.). 78p. (J). pap. (978-1-5287-0387-1(1)) Freeman Pr.

Mother Stories from the Book of Mormon (Classic Reprint) William A. Morton. (ENG., Illus.). (J). 2018. 152p. 27.05 (978-0-484-78190-9(1)); 2016. pap. 9.57 (978-1-334-13831-7(1)) Forgotten Bks.

Mother-Teacher of Religion (Classic Reprint) Anna Freelove Betts. 2018. (ENG., Illus.). 298p. (J). 30.04 (978-0-483-46011-9(7)) Forgotten Bks.

Mother Teresa. Emma E. Haldy. Illus. by Jeff Bane. 2017. (My Early Library: My Itty-Bitty Bio Ser.). (ENG.). 24p. (J). (gr. k-1). lib. bdg. 30.64 (978-1-63472-154-7(3), 209188) Cherry Lake Publishing.

Mother Teresa. Laura K. Murray. 2019. (Odysseys in Peace Ser.). (ENG.). 80p. (gr. 7-12). (YA). pap. 14.99 (978-1-62832-729-8(4), 19116, Creative Paperbacks); (J). (978-1-64026-166-2(4), 19119, Creative Education) Creative Co., The.

Mother Teresa. Jennifer Strand. 2016. (Great Women Ser.). (ENG.). 24p. (J). (gr. -1-2). 49.94 (978-1-68079-391-8(8), 23012, Abdo Zoom-Launch) ABDO Publishing Co.

Mother Teresa: A Kid's Book about Loving Others Through Service. Mary Nhin. 2022. (Mini Movers & Shakers Ser.: Vol. 31). (ENG.). 34p. (J). 22.99 **(978-1-63731-657-3(7))** Grow Grit Pr.

Mother Teresa: My First Mother Teresa. Maria Isabel Sanchez Vegara. Illus. by Natascha Rosenberg. 2019. (Little People, Big Dreams Ser.: Vol. 15). (ENG.). 24p. (J). (gr. -1). bds. **(978-0-7112-4313-2(1))** Frances Lincoln Childrens Bks.

Mother Teresa of Calcutta & Her Life of Charity - Kids Biography Books Ages 9-12 Children's Biography Books. Baby Professor. 2017. (ENG., Illus.). (J). pap. 8.79 (978-1-5419-1044-7(3), Baby Professor (Education Kids)) Speedy Publishing LLC.

Mother Tongue. Julie Mayhew. 2019. (ENG.). 304p. (J). (gr. 9). 16.99 (978-1-5362-0263-2(0)) Candlewick Pr.

Mother Tree: How Trees Secretly Speak. Dayna Young. 2021. (ENG.). 30p. (J). (978-0-2288-5547-7(0)); pap. (978-0-2288-5546-0(2)) Tellwell Talent.

Mother Truth's Melodies: Common Sense for Children, a Kindergarten (Classic Reprint) E. P. Miller. 2018. (ENG., Illus.). 354p. (J). 31.20 (978-0-483-58424-2(X)) Forgotten Bks.

Mother Truth's Melodies: Common Sense for Children; a Kindergarten (Classic Reprint) E. P. Miller. 2018. (ENG., Illus.). 220p. (J). 28.43 (978-0-656-95407-0(8)) Forgotten Bks.

Mother West Wind How Stories. Thornton W. Burgess. 2018. (ENG., Illus.). 80p. (YA). (gr. 7-12). pap. (978-93-5297-461-0(1)) Alpha Editions.

Mother West Wind How Stories. Thornton W. Burgess. 2017. (ENG., Illus.). (J). pap. (978-0-649-14658-1(1)) Trieste Publishing Pty Ltd.

Mother West Wind How Stories (Classic Reprint) Thornton W. Burgess. 2017. (ENG., Illus.). (J). 28.97 (978-0-331-57133-2(1)) Forgotten Bks.

Mother West Wind When Stories. Thornton W. Burgess. 2017. (ENG., Illus.). (J). pap. (978-0-649-65258-7(4)) Trieste Publishing Pty Ltd.

Mother West Wind When Stories (Classic Reprint) Thornton W. Burgess. 2018. (ENG., Illus.). 256p. (J). 29.20 (978-0-365-00801-9(X)) Forgotten Bks.

Mother West Wind Where Stories. Thornton W. Burgess. 2018. (ENG., Illus.). 86p. (YA). (gr. 7-12). pap. (978-93-5297-462-7(X)) Alpha Editions.

Mother West Wind Where Stories (Classic Reprint) Thornton W. Burgess. 2017. (ENG., Illus.). (J). 29.30 (978-0-265-81679-0(3)) Forgotten Bks.

Mother West Wind 'why' Stories. Thornton W. Burgess. 2018. (ENG., Illus.). 86p. (YA). (gr. 7-12). pap. (978-93-5297-463-4(8)) Alpha Editions.

Mother West Wind Why Stories (Classic Reprint) Thornton W. Burgess. 2018. (ENG., Illus.). 252p. (J). 29.11 (978-0-666-91937-3(2)) Forgotten Bks.

Mother West Wind's Animal Friends. Thornton W. Burgess. 2017. (ENG., Illus.). (J). pap. (978-0-649-11338-5(1)) Trieste Publishing Pty Ltd.

Mother West Wind's Animal Friends (Classic Reprint) Thornton W. Burgess. 2017. (ENG., Illus.). (J). 28.99 (978-0-265-85702-1(3)) Forgotten Bks.

Mother West Wind's Children. Thornton W. Burgess. 2018. (ENG., Illus.). 94p. (YA). (gr. 7-12). pap. (978-93-5297-460-3(3)) Alpha Editions.

Mother West's Neighbors (Classic Reprint) Jane Dunbar Chaplin. 2018. (ENG., Illus.). 162p. (J). 27.24 (978-0-483-75787-5(X)) Forgotten Bks.

Mothering on Perilous (Classic Reprint) Lucy Furman. 2018. (ENG., Illus.). 328p. (J). 30.66 (978-0-267-24793-6(1)) Forgotten Bks.

Motherless Bairns, & Who Sheltered Them (Classic Reprint) Great Britain Religious Tract Society. (ENG., Illus.). (J). 2018. 86p. 25.67 (978-0-332-96967-1(3)); 2017. pap. 9.57 (978-0-243-43798-6(6)) Forgotten Bks.

Motherless Ellen, or the Orphan Children: With Their Correspondence (Classic Reprint) Unknown Author. (ENG., Illus.). (J). 2018. 110p. 26.17 (978-0-267-36415-2(6)); 2016. pap. 9.57 (978-1-334-16604-4(8)) Forgotten Bks.

Mother's Advice to Her Child. M. Layne. Illus. by Rumar Yongco. 2019. (ENG.). 30p. (J). pap. 16.95 (978-1-9736-6575-5(1), WestBow Pr.) Author Solutions, LLC.

Mothers & Children: Hitherto Unpublished Stories (Classic Reprint) Frank Danby. 2018. (ENG., Illus.). 172p. (J). 27.44 (978-0-428-62414-9(6)) Forgotten Bks.

Mothers & Daughters, Vol. 1 of 2 (Classic Reprint) Catherine Grace Frances. 2017. (ENG., Illus.). (J). 198p. 28.00 (978-0-484-76018-8(1)); pap. 10.57 (978-0-259-24297-0(7)) Forgotten Bks.

Mothers & Daughters, Vol. 1 Of 3: A Tale of the Year 1830 (Classic Reprint) Gore. 2018. (ENG., Illus.). 324p. (J). 30.58 (978-0-332-78630-8(7)) Forgotten Bks.

Mothers & Daughters, Vol. 2 Of 3: A Tale of the Year 1830 (Classic Reprint) Catherine Grace Frances Gore. 2018. (ENG., Illus.). 336p. (J). 30.85 (978-0-267-29806-8(4)) Forgotten Bks.

Mothers & Daughters, Vol. 3 Of 3: A Tale of the Year 1830 (Classic Reprint) Catherine Grace Frances Gore. 2018. (ENG., Illus.). (J). 31.45 (978-0-260-52446-1(8)) Forgotten Bks.

Mothers & Fathers (Classic Reprint) Juliet Wilbor Tompkins. (ENG., Illus.). (J). 2018. 390p. 31.96 (978-0-428-96811-3(2)); 2016. pap. 16.57 (978-1-334-21474-5(3)) Forgotten Bks.

Mothers & Newborn Babies Coloring Book. Bobo's Children Activity Books. 2016. (ENG., Illus.). (J). pap. 9.33 (978-1-68327-669-2(8)) Sunshine In My Soul Publishing.

Mothers Are Part of a Family. Lucia Raatma. 2017. (Our Families Ser.). (ENG., Illus.). 24p. (J). (gr. -1-2). lib. bdg. 22.65 (978-1-5157-7465-5(1), 135810, Capstone Pr.) Capstone.

Mother's Assistant & Young Lady's Friend, 1853 (Classic Reprint) S. S. Allen. (ENG., Illus.). (J). 2018. 394p. 32.02 (978-0-267-00585-7(7)); 2017. pap. 16.57 (978-0-259-00975-7(X)) Forgotten Bks.

Mother's Assurance. Jessica a Wiley. 2017. (ENG., Illus.). 42p. (J). (gr. k-6). 19.99 (978-0-9991780-1-0(6)) Entegrity Choice Publishing.

Mother's Birthday, or, the Broken Vase: For Little Boys & Little Girls (Classic Reprint) Hughs. 2017. (ENG., Illus.). (J). 25.30 (978-0-260-06531-5(5)) Forgotten Bks.

Mother's Care Rewarded: In the Correction of Those Defects Most General in Young People, During Their Education (Classic Reprint) Hughs. 2018. (ENG., Illus.). 116p. (J). 26.29 (978-0-267-67624-8(7)) Forgotten Bks.

Mother's Day 2023 32c Pre-Pack. 2023. (J). (-k). pap., pap. 243.68 (978-0-593-32260-4(6), Grosset & Dunlap) Penguin Young Readers Group.

Mother's Day Crafts. Trudi Strain Trueit. Illus. by Mernie Gallagher-Cole. 2016. (Holiday Crafts Ser.). (ENG.). 24p. (J). (gr. k-3). 32.79 (978-1-5038-0819-5(X), 210655) Child's World, Inc, The.

Mother's Day Gifts. Anastasia Suen. 2017. (Craft It! Ser.). (ENG.). 24p. (gr. 2-4). pap. 9.95 (978-1-68342-882-4(X), 9781683428824) Rourke Educational Media.

Mothers Day Gifts: Mommy Bunny Farts: a Funny Read Aloud Rhyming Mothers Day Book for Kids (Gift for Easter Basket, Mothers Day, Fathers Day, Birthday Etc) Eric Little & Mothers Day Gifts. 2022. (ENG.). 36p. (J). pap. 11.99 (978-1-956677-62-1(3)) Great Liberty Pub.

Mother's Day Mice Gift Edition. Eve Bunting. Illus. by Jan Brett. 2017. (Holiday Classics Ser.). (ENG.). 40p. (J). (gr. -1-3). 8.99 (978-0-544-88033-7(1), 1651181, Clarion Bks.) HarperCollins Pubs.

Mother's Day Surprise. Lindsay B. 2021. (ENG.). 34p. (J). pap. (978-1-7775761-2-7(1)) LoGreco, Bruno.

Mother's Day Surprise. H. A. Rey. ed. 2018. (Curious George TV Tie-In Early Reader Ser.). lib. bdg. 13.55 (978-0-606-41009-0(0)) Turtleback.

Mother's Day with Snowman Paul. Yossi Lapid. Illus. by Joanna Pasek. 2018. (Snowman Paul Ser.: Vol. 9). (ENG.). 38p. (J). (gr. k-2). 22.99 (978-0-9993361-8-2(5)); pap. 9.99 (978-0-9993361-9-9(3)) Lapid, Yosef.

Mother's Fables: In Verse; Designed, Through the Medium of Amusement, to Convey to Children Some Useful Precepts of Virtue & Benevolence (Classic Reprint) E. L. Aveline. 2018. (ENG., Illus.). 204p. (J). 28.10 (978-0-483-89714-4(0)) Forgotten Bks.

Mother's Fables, in Verse: Designed, Through the Medium of Amusement, to Convey to the Minds of Children Some Useful Precepts of Virtue & Benevolence (Classic Reprint) E. L. Aveline. 2018. (ENG., Illus.). 112p. (J). 26.21 (978-0-428-18668-5(8)) Forgotten Bks.

Mothers Floral Notebook: -Amazing Mothers Floral Notebook for Party Planning, Ideas, Notes & to Do Lists. Elli Preston. 2021. (ENG.). 100p. (YA). pap. 9.99 (978-1-008-99799-8(4)) Lulu Pr., Inc.

Mother's Gift, or a Present for All Little Boys, Who Wish to Be Good (Classic Reprint) Unknown Author. (ENG., Illus.). (J). 2018. 60p. 25.15 (978-0-267-57788-0(5)); 2016. pap. 9.57 (978-1-334-16078-3(3)) Forgotten Bks.

Mother's Heart. Carolyn Hayes. 2017. (ENG., Illus.). (J). 22.95 *(978-1-68197-707-2(9))*; pap. 12.95 *(978-1-68197-706-5(0))* Christian Faith Publishing.

Mothers in Israel: A Study in Rustic Amenities (Classic Reprint) J. S. Fletcher. 2017. (ENG., Illus.). (J). 340p. 30.91 *(978-0-484-08477-2(1))*; pap. 13.57 *(978-0-259-28864-0(0))* Forgotten Bks.

Mothers-In-Law (Classic Reprint) Baroness Von Hutten. 2018. (ENG., Illus.). 300p. (J). 30.08 *(978-0-332-65783-7(3))* Forgotten Bks.

Mother's List of Books for Children (Classic Reprint) Gertrude Weld Arnold. (ENG., Illus.). (J). 2018. 276p. 29.59 *(978-0-483-76954-0(1))*; 2016. pap. 11.97 *(978-1-333-33321-8(8))* Forgotten Bks.

Mother's Love. Diana Aleksandrova. Ed. by Robin Katz. Illus. by Svilen Dimitrov. 2021. (ENG.). 32p. (J). 18.99 ***(978-1-953118-18-9(6))***; pap. 12.99 ***(978-1-953118-19-6(4))*** Dedoni.

Mother's Love. Elpida Marangou. Illus. by Sarah K. Turner. 2021. (ENG.). 24p. (J). pap. 13.95 *(978-1-63765-060-8(4))* Halo Publishing International.

Mother's Manual: Or, Illustrations of Matrimonial Economy; an Essay in Verse (Classic Reprint) Frances Milton Trollope. 2018. (ENG., Illus.). 128p. (J). 26.54 *(978-0-365-42766-7(7))* Forgotten Bks.

Mother's Memories: A History from Girlhood to the Seventies, 1858-1914 (Classic Reprint) Isabelle Champion. 2018. (ENG., Illus.). 374p. (J). 31.61 *(978-0-267-25809-3(7))* Forgotten Bks.

Mother's Most Precious Memories Book & Keepsake Journal. @ Journals and Notebooks. 2016. (ENG., Illus.). 106p. (YA). pap. 12.25 *(978-1-68326-443-9(6))* Speedy Publishing LLC.

Mother's Nosegay (Classic Reprint) Cameron. 2018. (ENG., Illus.). 52p. (J). 24.97 *(978-0-484-54565-5(5))* Forgotten Bks.

Mother's Nursery Tales (Classic Reprint) Katharine Pyle. 2017. (ENG., Illus.). (J). 32.19 *(978-0-331-32944-5(1))* Forgotten Bks.

Mothers on Strike, or Local Number One: A Play in One Act (Classic Reprint) Carl Webster Pierce. (ENG., Illus.). (J). 2018. 30p. 24.54 *(978-0-483-55158-9(9))*; 2016. pap. 7.97 *(978-1-333-27823-6(3))* Forgotten Bks.

Mother's Poem. Helen Millman. 2020. (ENG.). 28p. (J). 19.95 *(978-1-61244-880-0(1))*; pap. 13.95 *(978-1-61244-873-2(9))* Halo Publishing International.

Mother's Prayer. Linda K. Burton. Illus. by Jennifer Meyer. 2018. (J). 17.99 *(978-1-62972-471-3(8))* Deseret Bk. Co.

Mother's Present: A Holiday Gift for the Young (Classic Reprint) Colman. 2018. (ENG., Illus.). 244p. (J). 28.93 *(978-0-483-99769-1(2))* Forgotten Bks.

Mother's Reply: A Pamphlet for Mothers (Classic Reprint) Nellie May Smith. (ENG., Illus.). (J). 2018. 28p. 24.49 *(978-0-484-63474-8(7))*; 2017. pap. 7.97 *(978-0-259-81605-8(1))* Forgotten Bks.

Mother's Rule. T. S. Arthur. 2017. (ENG.). 312p. (J). pap. *(978-3-7447-0860-9(8))* Creation Pubs.

Mother's Rule: Or, the Right Way & the Wrong Way (Classic Reprint) T. S. Arthur. 2018. (ENG., Illus.). 314p. (J). 30.37 *(978-0-483-90857-4(6))* Forgotten Bks.

Mother's Sacrifice: And Other Tales (Classic Reprint) A. M. Clarke. 2018. (ENG., Illus.). 198p. (J). 28.00 *(978-0-483-22036-2(1))* Forgotten Bks.

Mother's Souvenir: Composed in the 71st Year of Her Age (Classic Reprint) Mary H. Matthew. (ENG., Illus.). (J). 2017. 78p. 25.51 *(978-0-484-78494-8(3))*; 2016. pap. 9.57 *(978-1-334-13004-5(3))* Forgotten Bks.

Mothers to Men (Classic Reprint) Zona Gale. 2018. (ENG., Illus.). 344p. (J). 31.01 *(978-0-365-42342-3(4))* Forgotten Bks.

Mother's Trials & Triumphs (Classic Reprint) Protestant Episcopal Tract Society. 2018. (ENG., Illus.). 196p. (J). 27.94 *(978-0-483-44033-3(7))* Forgotten Bks.

Mother's Trials (Classic Reprint) Emily Ponsonby. 2017. (ENG., Illus.). (J). pap. 16.57 *(978-0-259-37230-1(7))* Forgotten Bks.

Mother's Trials (Classic Reprint) Emily Charlotte Mary Ponsonby. 2018. (ENG., Illus.). 408p. (J). 32.31 *(978-0-656-92722-7(4))* Forgotten Bks.

Mother's True Stories (Classic Reprint) Boston Sunday School Society. 2018. (ENG., Illus.). 258p. (J). 29.22 *(978-0-483-27345-0(7))* Forgotten Bks.

Mother's Work. Melissa Walker & Andrew Fullmer. 2022. (ENG., Illus.). 26p. (J). 24.95 *(978-1-63860-833-2(4))*; pap. 14.95 *(978-1-63710-976-2(8))* Fulton Bks.

Mothership. Tony Chandler. 2022. (ENG.). 458p. (J). pap. ***(978-1-78695-787-0(6))*** Double Dragon ebooks.

Mothia. C. G. Broadway. 2017. (ENG.). 66p. (J). pap. ***(978-0-244-31104-9(8))*** Lulu Pr., Inc.

Mothman. Virginia Loh-Hagan. 2018. (Urban Legends: Don't Read Alone! Ser.). (ENG., Illus.). 32p. (J). (gr. 4-8). pap. 14.21 *(978-1-5341-0860-8(2)*, 210804); lib. bdg. 32.07 *(978-1-5341-0761-8(4)*, 210803) Cherry Lake Publishing. (45th Parallel Press).

Mothman Sightings. Chris Bowman. 2019. (Paranormal Mysteries Ser.). (ENG., Illus.). 24p. (J). (gr. 3-8). pap. 8.99 *(978-1-61891-733-1(1)*, 12335, Black Sheep) Bellwether Media.

Mothman's Curse. Christine Hayes. ed. 2016. (J). lib. bdg. 18.40 *(978-0-606-39560-1(1))* Turtleback.

Mothman's Vengeance. Marilyn Brokaw Hall. 2018. (ENG.). 258p. (YA). *(978-1-5255-2934-4(X))*; pap. *(978-1-5255-2935-1(8))* FriesenPress.

Moths. Emma Bassier. 2019. (Pollinators Ser.). (ENG., Illus.). 32p. (J). (gr. 2-5). lib. bdg. 32.79 *(978-1-5321-6598-6(6)*, 33298, DiscoverRoo) Pop!.

Moths. Nessa Black. 2019. (Spot Creepy Crawlies Ser.). (ENG.). 16p. (J). (gr. -1-2). lib. bdg. *(978-1-68151-538-0(5)*, 14499) Amicus.

Moths. Ashley Gish. 2018. (X-Books: Insects Ser.). (ENG.). 32p. (J). (gr. 3-5). pap. 9.99 *(978-1-62832-619-2(0)*, 20008, Creative Paperbacks); *(978-1-60818-992-2(9)*, 20000, Creative Education) Creative Co., The.

Moths. Patrick Perish. 2018. (Insects up Close Ser.). (ENG., Illus.). 24p. (J). (gr. k-3). lib. bdg. 26.95 *(978-1-62617-718-5(X)*, Blastoff! Readers) Bellwether Media.

Moths: Backyard Bugs & Creepy-Crawlies (Engaging Readers, Level Pre-1) Ava Podmorow. Ed. by Sarah Harvey. l.t. ed. 2022. (Backyard Bugs & Creepy-Crawlies Ser.: Vol. 5). (ENG., Illus.). 32p. (J). ***(978-1-77476-712-2(0))***; pap. ***(978-1-77476-713-9(9))*** AD Classic.

Moths & Butterflies of Africa Coloring Book. Bobo's Adult Activity Books. 2016. (ENG., Illus.). (J). pap. 9.33 *(978-1-68327-440-7(7))* Sunshine In My Soul Publishing.

Moths (Classic Reprint) Maria Louise Rame. (ENG., Illus.). (J). 2018. 530p. 34.85 *(978-0-666-54997-6(4))*; 2017. pap. 19.57 *(978-0-259-21276-8(8))* Forgotten Bks.

Moths, Vol. 1 Of 3: A Novel (Classic Reprint) Ouida. 2016. (ENG., Illus.). (J). pap. 16.57 *(978-1-333-20753-3(0))* Forgotten Bks.

Moths, Vol. 1 Of 3: A Novel (Classic Reprint) Ouida Ouida. 2018. (ENG., Illus.). 402p. (J). 32.19 *(978-0-267-30190-4(1))* Forgotten Bks.

Moths, Vol. 2 Of 3: A Novel (Classic Reprint) Maria Louise Rame. (ENG., Illus.). (J). 2018. 392p. 32.00 *(978-0-332-99100-9(8))*; 2016. pap. 16.57 *(978-1-333-67325-3(6))* Forgotten Bks.

Moths, Vol. 3 Of 3: A Novel (Classic Reprint) Ouida Ouida. 2017. (ENG., Illus.). (J). 32.17 *(978-0-265-46293-5(2))* Forgotten Bks.

Mothwise (Classic Reprint) Knut Hamsun. 2018. (ENG., Illus.). 222p. (J). 28.48 *(978-0-483-72712-0(1))* Forgotten Bks.

Moti the Mitzvah Mouse. Vivian Bonnie Newman. Illus. by Inga Knopp-Kilpert. 2017. (ENG.). 24p. (J). (gr. -1-k). 17.99 *(978-1-5124-2647-2(4)*, 11b75fab-3f40-4b46-b9b9-50eea00768f6, Kar-Ben Publishing) Lerner Publishing Group.

Motín Del Miño: La Aventura de Tita y Tito. José Marzo. Illus. by Paula Mori & David Vela. 2016. (SPA.). 38p. (J). pap. *(978-84-944688-9-6(8))* ACVF Editorial.

Motion. Rebecca Grudzina. 2017. (Text Connections Guided Close Reading Ser.). (J). (gr. k). *(978-1-4900-1763-1(1))* Benchmark Education Co.

Motion. Grace Hansen. 2018. (Beginning Science Ser.). (ENG., Illus.). 24p. (J). (gr. -1-2). lib. bdg. 32.79 *(978-1-5321-0811-2(7)*, 28183, Abdo Kids) ABDO Publishing Co.

Motion. Karen Latchana Kenney. 2022. (Intro to Physics: Need to Know Ser.). (ENG.). (J). (gr. 5-7). lib. bdg. 28.50 Bearport Publishing Co., Inc.

Motion. Megan Cooley Peterson. 2019. (Little Physicist Ser.). (ENG., Illus.). 32p. (J). (gr. 1-3). pap. 6.95 *(978-1-9771-1066-4(5)*, 141140); lib. bdg. 28.65 *(978-1-9771-0963-7(2)*, 140554) Capstone. (Pebble).

Motion. Andrea Rivera. 2017. (Science Concepts Ser.). (ENG., Illus.). 24p. (J). (gr. -1-2). lib. bdg. 31.36 *(978-1-5321-2054-1(0)*, 25358, Abdo Zoom-Launch) ABDO Publishing Co.

Motion at the Amusement Park. Tammy Laura Lynn Enz. 2019. (Amusement Park Science Ser.). (ENG., Illus.). 32p. (J). (gr. 3-6). 27.99 *(978-1-5435-7285-8(5)*, 140607) Capstone.

Motion Capture. Sara Green. 2019. (Movie Magic Ser.). (ENG., Illus.). 32p. (J). (gr. 3-8). lib. bdg. 27.95 *(978-1-64487-043-3(6)*, Blastoff! Discovery) Bellwether Media.

Motion Commotion! Optical Illusions. Spencer Brinker. 2022. (Eye-Mazing Illusions Ser.). (ENG., Illus.). 24p. (J). (gr. 2-6). lib. bdg. 26.99 *(978-1-63691-500-5(0)*, 18632) Bearport Publishing Co., Inc.

Motion Energy 1st Grade Children's Science Book. Bold Kids. 2023. (ENG.). 42p. (J). pap. 14.99 ***(978-1-0717-1808-7(8))*** FASTLANE LLC.

Motion Examining Interactions: Set, 24 vols. 2019. (Spotlight on Physical Science Ser.). (ENG.). 32p. (J). (gr. 4-6). lib. bdg. 335.16 *(978-1-7253-1393-4(6)*, 4908067b-bf39-4e1f-ab25-e62fed21858e, PowerKids Pr.) Rosen Publishing Group, Inc., The.

Motion Force: Children's Science Fact Book. Bold Kids. 2022. (ENG.). 42p. (J). pap. 14.99 *(978-1-0717-1072-2(9))* FASTLANE LLC.

Motion Madness. Gianni A. Sarcone & Marie-Jo Waeber. 2019. (Optical Illusions Ser.). (ENG., Illus.). 24p. (J). (gr. 2-5). lib. bdg. 26.65 *(978-0-7112-4230-2(5)*, d9162020-38f2-4412-8aee-c93224ed295f) QEB Publishing Inc.

Motion of Objects Educational Facts Children's Science Book. Bold Kids. 2023. (ENG.). 42p. (J). pap. 14.99 ***(978-1-0717-1696-0(4))*** FASTLANE LLC.

Motion Picture, 1940-1941, Vol. 60 (Classic Reprint) Laurence Reid. 2018. (ENG., Illus.). (J). 526p. 34.75 *(978-1-396-00908-2(6))*; 528p. pap. 19.57 *(978-1-396-00752-1(0))* Forgotten Bks.

Motion Picture Classic, Vol. 27: July, 1928 (Classic Reprint) Laurence Reid. (ENG., Illus.). (J). 2018. 540p. 35.03 *(978-0-332-77515-9(1))*; 2017. pap. 19.57 *(978-0-243-46726-6(5))* Forgotten Bks.

Motion Picture Classic, Vol. 28: January, 1929 (Classic Reprint) Laurence Reid. (ENG., Illus.). (J). 2018. 588p. 36.02 *(978-0-332-38469-6(1))*; 2017. pap. 19.57 *(978-0-243-51855-5(2))* Forgotten Bks.

Motion Picture Classic, Vol. 31: July, 1930 (Classic Reprint) Laurence Reid. (ENG., Illus.). (J). 2018. 654p. 37.39 *(978-0-656-34574-8(8))*; 2017. pap. 19.97 *(978-0-243-42817-5(0))* Forgotten Bks.

Motion Picture Classic, Vol. 9: January, 1920 (Classic Reprint) Unknown Author. (ENG., Illus.). (J). 2018. 1178p. 48.21 *(978-0-332-42507-8(X))*; 2017. pap. 30.43 *(978-0-243-43842-6(7))* Forgotten Bks.

Motion Picture Magazine, Vol. 10: August, 1915 (Classic Reprint) Eugene V. Brewster. 2017. (ENG., Illus.). (J). 46.83 *(978-0-265-78826-4(9))*; pap. 29.17 *(978-1-5277-6764-5(7))* Forgotten Bks.

Motion Picture Magazine, Vol. 11: February 1915-May 1916 (Classic Reprint) Eugene V. Brewster. 2018. (ENG., Illus.). (J). 756p. 39.49 *(978-1-391-33349-6(7))*; 758p. pap. 23.57 *(978-1-390-82631-9(7))* Forgotten Bks.

Motion Picture Magazine, Vol. 12: November 1916-January 1917 (Classic Reprint) Eugene V. Brewster. 2017. (ENG., Illus.). (J). 34.50 *(978-0-265-77588-2(4))*; pap. 16.97 *(978-1-5277-5568-0(1))* Forgotten Bks.

Motion Picture Magazine, Vol. 13: February-July, 1917 (Classic Reprint) Eugene V. Brewster. 2018. (ENG., Illus.). (J). 1032p. 45.18 *(978-1-396-00910-5(8))*; 1034p. pap. 27.52 *(978-1-396-00791-0(1))* Forgotten Bks.

Motion Picture Magazine, Vol. 14: August, 1917 (Classic Reprint) Unknown Author. 2017. (ENG., Illus.). (J). 1182p. 48.28 *(978-0-332-05254-0(0))*; pap. 30.62 *(978-0-243-91953-6(0))* Forgotten Bks.

Motion Picture Magazine, Vol. 16: August, 1918 (Classic Reprint) Eugene V. Brewster. (ENG., Illus.). (J). 2018. 710p. 38.56 *(978-0-428-49271-7(1))*; 2017. pap. 20.97 *(978-0-243-89327-0(2))* Forgotten Bks.

Motion Picture Magazine, Vol. 17: February, 1919-July, 1919 (Classic Reprint) Eugene V. Brewster. (ENG., Illus.). (J). 2018. 652p. 37.34 *(978-0-364-02550-5(6))*; 2017. pap. 19.97 *(978-0-243-53626-9(7))* Forgotten Bks.

Motion Picture Magazine, Vol. 18: August, 1919 (Classic Reprint) Eugene V. Brewster. 2017. (ENG., Illus.). (J). pap. 20.97 *(978-0-243-56250-3(0))* Forgotten Bks.

Motion Picture Magazine, Vol. 19: February, 1920 (Classic Reprint) Adele Whitely Fletcher. (ENG., Illus.). (J). 2018. 684p. 38.02 *(978-0-332-99295-2(0))*; 2017. pap. 20.57 *(978-0-243-50942-3(1))* Forgotten Bks.

Motion Picture Magazine, Vol. 20: August, 1920-January, 1921 (Classic Reprint) Adele W. Fletcher. (ENG., Illus.). (J). 2018. 722p. 38.81 *(978-0-365-14602-5(1))*; 2017. pap. 23.57 *(978-0-259-00412-7(X))* Forgotten Bks.

Motion Picture Magazine, Vol. 21: February, 1921 (Classic Reprint) Frederick James Smith. (ENG., Illus.). (J). 2018. 676p. 37.84 *(978-0-365-50475-7(0))*; 2017. pap. 20.57 *(978-0-243-86515-4(5))* Forgotten Bks.

Motion Picture Magazine, Vol. 22: August 1921-January 1922 (Classic Reprint) Eugene V. Brewster. 2018. (ENG., Illus.). (J). 642p. 37.16 *(978-1-396-40858-8(4))*; 644p. pap. 19.57 *(978-1-390-90104-7(1))* Forgotten Bks.

Motion Picture Magazine, Vol. 23: February, 1922 (Classic Reprint) Eugene V. Brewster. 2018. (ENG., Illus.). (J). 698p. 38.29 *(978-1-396-76724-1(X))*; 700p. pap. 20.97 *(978-1-396-00999-0(X))* Forgotten Bks.

Motion Picture Magazine, Vol. 24: August, 1922 (Classic Reprint) Eugene V. Brewster. (ENG., Illus.). (J). 2018. 700p. 38.33 *(978-0-364-02609-0(X))*; 2017. pap. 20.97 *(978-0-243-54390-8(5))* Forgotten Bks.

Motion Picture Magazine, Vol. 25: February-July, 1923 (Classic Reprint) Unknown Author. 2017. (ENG., Illus.). (J). 38.58 *(978-0-265-81254-9(2))*; pap. 20.97 *(978-1-5277-7832-0(0))* Forgotten Bks.

Motion Picture Magazine, Vol. 27: February, 1924 (Classic Reprint) Eugene V. Brewster. 2017. (ENG., Illus.). (J). 694p. 38.21 *(978-0-484-37291-6(2))*; pap. 20.57 *(978-0-259-81829-8(1))* Forgotten Bks.

Motion Picture Magazine, Vol. 28: The Quality Magazine of the Screen; August, 1924 (Classic Reprint) Eugene V. Brewster. 2017. (ENG., Illus.). (J). 712p. 38.58 *(978-0-484-54018-6(1))*; pap. 20.97 *(978-0-243-96323-2(8))* Forgotten Bks.

Motion Picture Magazine, Vol. 29: February, 1925 (Classic Reprint) F. M. Osborne. (ENG., Illus.). (J). 2018. 748p. 39.32 *(978-0-332-11599-3(2))*; 2017. pap. 23.57 *(978-0-243-48338-9(4))* Forgotten Bks.

Motion Picture Magazine, Vol. 32: August, 1926 (Classic Reprint) Adele Whitely Fletcher. 2017. (ENG., Illus.). (J). 758p. 39.53 *(978-0-332-20553-3(3))*; pap. 23.57 *(978-0-243-86634-2(8))* Forgotten Bks.

Motion Picture Magazine, Vol. 33: February, 1927 (Classic Reprint) Adele Whitely Fletcher. 2017. (ENG., Illus.). (J). 754p. 39.45 *(978-0-484-16891-5(6))*; pap. 23.57 *(978-0-243-94112-4(9))* Forgotten Bks.

Motion Picture Magazine, Vol. 36: August, 1928 (Classic Reprint) Dorothy Donnell Calhoun. (ENG., Illus.). (J). 2018. 742p. 39.22 *(978-0-365-26842-0(9))*; 2017. pap. 23.57 *(978-0-259-00583-4(5))* Forgotten Bks.

Motion Picture Magazine, Vol. 8: August 1914-January 1915 (Classic Reprint) Unknown Author. 2018. (ENG., Illus.). (J). 1120p. 47.00 *(978-1-396-76692-3(8))*; 1122p. pap. 29.34 *(978-1-396-00794-1(6))* Forgotten Bks.

Motion Picture Magazine, Vol. 9: February-July, 1915 (Classic Reprint) Eugene V. Brewster. 2017. (ENG., Illus.). (J). 46.96 *(978-0-266-81872-4(2))*; pap. 29.30 *(978-1-5277-8139-9(9))* Forgotten Bks.

Motion Picture Story Magazine: August, 1912 (Classic Reprint) Eugene V. Brewster. 2017. (ENG., Illus.). (J). 1086p. 46.30 *(978-0-484-39363-8(4))*; pap. 28.64 *(978-0-259-76173-0(7))* Forgotten Bks.

Motion Picture Story Magazine: August, 1913 (Classic Reprint) Eugene V. Brewster. (ENG., Illus.). (J). 2018. 1070p. 45.97 *(978-0-666-04783-0(9))*; 2017. pap. 28.31 *(978-0-259-02205-3(5))* Forgotten Bks.

Motion Picture Story Magazine: February, 1914 (Classic Reprint) Eugene V. Brewster. (ENG., Illus.). (J). 2018. 908p. 42.62 *(978-0-364-01231-4(5))*; 2017. pap. 24.97 *(978-0-243-51038-2(1))* Forgotten Bks.

Motion Picture Story Magazine, Vol. 1: February, 1911 (Classic Reprint) Unknown Author. 2018. (ENG., Illus.). (J). 862p. 41.68 *(978-1-396-25551-9(6))*; 864p. pap. 24.02 *(978-1-396-00807-8(1))* Forgotten Bks.

Motion Picture Story Magazine, Vol. 2: August 1911-January 1912 (Classic Reprint) Montanye Perry. (ENG., Illus.). (J). 2018. 1008p. 44.71 *(978-0-656-34474-1(1))*; 2017. pap. 27.07 *(978-0-243-42028-5(5))* Forgotten Bks.

Motion Picture Story Magazine, Vol. 3: February, 1912 (Classic Reprint) Eugene V. Brewster. (ENG., Illus.). (J). 2018. 1106p. 46.71 *(978-0-428-40391-1(3))*; 2017. pap. 29.05 *(978-0-259-76667-4(4))* Forgotten Bks.

Motion Picture Story Magazine, Vol. 5: February, 1913 (Classic Reprint) Eugene V. Brewster. (ENG., Illus.). (J). 2018. 1082p. 46.23 *(978-0-267-46029-8(5))*; 2017. pap. 28.57 *(978-0-243-90564-5(5))* Forgotten Bks.

Motion Picture Story Magazine, Vol. 7: February, 1914 (Classic Reprint) Eugene V. Brewster. (ENG., Illus.). (J). 2018. 1132p. 47.24 *(978-0-364-00729-7(X))*; 2017. pap. 29.59 *(978-0-243-50463-3(2))* Forgotten Bks.

Motion Picture, Vol. 30: September, 1925 (Classic Reprint) Florence M. Osborne. (ENG., Illus.). (J). 2018. 882p. 42.09 *(978-0-656-34370-6(2))*; 2017. pap. 24.43 *(978-0-243-42910-3(X))* Forgotten Bks.

Motion Picture, Vol. 37: February-July, 1929 (Classic Reprint) Dorothy Donnell Calhoun. 2018. (ENG., Illus.). (J). 786p. 40.11 *(978-1-396-40998-1(X))*; 788p. pap. 23.57 *(978-1-390-90107-8(6))* Forgotten Bks.

Motion Picture, Vol. 39: February-July, 1930 (Classic Reprint) Dorothy Donnell Calhoun. (ENG., Illus.). (J). 2018. 760p. 39.57 *(978-0-364-02809-4(2))*; 2017. pap. 23.57 *(978-0-243-85121-8(9))* Forgotten Bks.

Motion Picture, Vol. 42: August 1931-January 1932 (Classic Reprint) Laurence Reid. 2018. (ENG., Illus.). (J). 630p. 36.89 *(978-0-366-51859-3(3))*; 632p. pap. 19.57 *(978-0-366-18073-8(8))* Forgotten Bks.

Motion Picture, Vol. 43: February, 1932 (Classic Reprint) Stanley V. Gibson. (ENG., Illus.). (J). 2018. 604p. 36.35 *(978-0-484-24482-4(5))*; 2016. pap. 19.57 *(978-1-334-38976-4(4))* Forgotten Bks.

Motion Picture, Vol. 44: August, 1932 (Classic Reprint) Laurence Reid. (ENG., Illus.). (J). 2018. 562p. 35.49 *(978-0-267-61182-9(X))*; 2016. pap. 19.57 *(978-1-334-12624-6(0))* Forgotten Bks.

Motion Picture, Vol. 45: February, 1933 (Classic Reprint) Laurence Reid. (ENG., Illus.). (J). 2019. 580p. 35.86 *(978-0-365-14592-9(0))*; 2017. pap. 19.57 *(978-0-243-88422-3(2))* Forgotten Bks.

Motion Picture, Vol. 46: August, 1933 (Classic Reprint) Laurence Reid. (ENG., Illus.). (J). 2018. 582p. 35.90 *(978-0-428-52904-8(6))*; 2017. pap. 19.57 *(978-0-259-74766-6(1))* Forgotten Bks.

Motion Picture, Vol. 47: February, 1934 (Classic Reprint) Laurence Reid. (ENG., Illus.). (J). 2018. 592p. 36.11 *(978-0-666-98669-6(X))*; 2017. pap. 19.57 *(978-0-243-47233-8(1))* Forgotten Bks.

Motion Picture, Vol. 48: The Original Film Magazine Edited in Hollywood & New York; August 1934-January 1935 (Classic Reprint) Laurence Reid. 2017. (ENG., Illus.). (J). 35.41 *(978-0-265-77547-9(7))*; pap. 19.57 *(978-1-5277-5638-0(6))* Forgotten Bks.

Motion Picture, Vol. 49: February, 1935 (Classic Reprint) Roscoe Fawcett. (ENG., Illus.). (J). 2018. 520p. 34.62 *(978-0-484-82400-2(7))*; 2017. pap. 16.97 *(978-0-243-85213-0(4))* Forgotten Bks.

Motion Picture, Vol. 52: August, 1936-January, 1937 (Classic Reprint) Roscoe Fawcett. (ENG., Illus.). (J). 2018. 572p. 35.71 *(978-0-364-58913-7(2))*; 2017. pap. 19.57 *(978-0-243-95352-3(6))* Forgotten Bks.

Motion Picture, Vol. 53: February, 1937 (Classic Reprint) Laurence Reid. (ENG., Illus.). (J). 2018. 624p. 36.77 *(978-0-364-02553-6(0))*; 2017. pap. 19.57 *(978-0-243-53669-6(0))* Forgotten Bks.

Motion Picture, Vol. 54: Combined with Movie Classic; August, 1937 (Classic Reprint) Laurence Reid. (ENG., Illus.). (J). 2018. 572p. 35.71 *(978-0-365-30684-9(3))*; 2017. pap. 19.57 *(978-0-259-77765-6(X))* Forgotten Bks.

Motion Picture, Vol. 56: Incorporating Movie Classic; August, 1938 (Classic Reprint) Laurence Reid. (ENG., Illus.). (J). 2018. 468p. 33.57 *(978-0-364-00171-4(2))*; 2017. pap. 16.57 *(978-0-243-49759-1(8))* Forgotten Bks.

Motion Picture, Vol. 57: A Fawcett Publication; February, 1939 (Classic Reprint) Laurence Reid. 2017. (ENG., Illus.). (J). 526p. 34.77 *(978-0-484-19446-4(1))*; pap. 19.57 *(978-0-243-25731-7(7))* Forgotten Bks.

Motion Picture, Vol. 59: February, 1940 (Classic Reprint) Laurence Reid. (ENG., Illus.). (J). 2018. 514p. 34.50 *(978-0-666-96888-3(8))*; 2017. pap. 16.97 *(978-0-243-89644-8(1))* Forgotten Bks.

Motion Picture, Vol. 61: Incorporating Movie Classic; February-July 1941 (Classic Reprint) Laurence Reid. 2018. (ENG., Illus.). (J). 540p. 35.03 *(978-1-396-59331-4(4))*; 542p. pap. 19.57 *(978-1-396-00805-4(5))* Forgotten Bks.

Motion Projects to Build On: 4D an Augmented Reading Experience. Marne Ventura. 2019. (Take Making to the Next Level 4D Ser.). (ENG., Illus.). 48p. (J). (gr. 3-5). lib. bdg. 33.99 *(978-1-5435-2847-3(3)*, 138337, Capstone Classroom) Capstone.

Motion Words. Carrie B. Sheely. 2020. (Word Play Ser.). (ENG., Illus.). 32p. (J). (gr. -1-2). pap. 8.95 *(978-1-9771-1829-5(1)*, 142199); lib. bdg. 31.32 *(978-1-9771-1313-9(3)*, 141451) Capstone. (Pebble).

Motivated Ninja: A Social, Emotional Learning Book for Kids about Motivation. Mary Nhin. Illus. by Jelena Stupar. 2021. (Ninja Life Hacks Ser.: Vol. 56). (ENG.). 36p. (J). 19.99 *(978-1-63731-196-7(6))* Grow Grit Pr.

Motivation Queen. Diane Davis. Illus. by Sudipta Basu. 2022. (ENG.). 36p. (J). 19.99 ***(978-1-6629-2779-9(7))*** ELOHAI International Publishing & Media.

Motivational Coloring Books for Girls (Do What You Love) 36 Coloring Pages to Boost Confidence in Girls. James Manning. 2019. (Motivational Coloring Books for Girls Ser.: Vol. 1). (ENG., Illus.). 74p. (J). pap. *(978-1-83856-498-8(5))* Coloring Pages.

Motivational Notebook. Roda Ducommun. 2022. (ENG.). 100p. (YA). pap. ***(978-1-4716-4834-2(6))*** Lulu Pr., Inc.

Motivational Quotes - Vol. 2: Collection of Healthy Quotes. Akshat Thapa. 2018. (ENG., Illus.). 56p. (J). pap. 8.99 *(978-1-64324-275-0(X))* Notion Pr., Inc.

Motley Book: A Series of Tales & Sketches of American Life (Classic Reprint) Cornelius Mathews. 2018. (ENG., Illus.). (J). 28.39 *(978-0-260-28355-9(X))* Forgotten Bks.

Motley (Classic Reprint) John Galsworthy. 2018. (ENG., Illus.). 282p. (J). 29.71 *(978-0-483-55248-7(8))* Forgotten Bks.

Motley (Classic Reprint) C. F. Huston Miller. 2018. (ENG., Illus.). 60p. (J). 25.13 *(978-0-656-95819-1(7))* Forgotten Bks.

Motley Crew: Reminiscences, Observations & Attempts at Play-Writing (Classic Reprint) Christina Steevens. 2018. (ENG., Illus.). 332p. (J). 30.76 *(978-0-267-28809-0(3))* Forgotten Bks.

Motley Education. S. A. Larsen. Ed. by Kelly Hashway. 2016. (ENG., Illus.). (J). (gr. 3-6). pap. 15.99 *(978-1-61603-077-3(1))* Leap Bks.

Motley Muse: Rhymes for the Times (Classic Reprint) Harry Graham. 2018. (ENG., Illus.). 134p. (J). 26.66 *(978-0-267-62692-2(4))* Forgotten Bks.

1374

The check digit for ISBN-10 appears in parentheses after the full ISBN-13

Motley, Prose & Verse: Grave & Gay (Classic Reprint) Cuthbert Bede. 2018. (ENG., Illus.). 120p. (J). 26.37 *(978-0-483-86542-6(7))* Forgotten Bks.

Moto & Me: My Year As a Wildcat's Foster Mom. Suzi Eszterhas. 2020. (ENG., Illus.). 40p. (J). (gr. 2-6). pap. 9.95 *(978-1-77147-426-9(2))* Owlkids Bks. Inc. CAN. Dist: Publishers Group West (PGW).

Moto Bike Song ... a Bedtime Lullaby (Version 2) Savannah Lo. 2020. (ENG.). 34p. (J). pap. 11.86 ***(978-1-6780-2928-9(9))*** Wright Bks.

Moto Maki's Ghostly Mysteries (Set), 4 vols. Anita Yasuda. Illus. by Francesca Ficorilli. 2020. (Moto Maki's Ghostly Mysteries Ser.). (ENG.). 24p. (J). (gr. 3-7). lib. bdg. 136.88 *(978-1-5321-3823-2(7),* 35256, Spellbound) Magic Wagon.

Moto X. John Willis. 2018. (Illus.). 24p. (J). *(978-1-4896-8037-2(3),* AV2 by Weigl) Weigl Pubs., Inc.

Moto X: Arabic-English Bilingual Edition. Aaron Carr. 2016. (Cool Sports Ser.). (ARA & ENG.). (J). (gr. k-2). 29.99 *(978-1-61913-878-0(6))* Weigl Pubs., Inc.

Motocicletas en Acción (Motorcycles on the Go) Kerry Dinmont. ed. 2017. (Bumba Books (r) en Español — Máquinas en Acción (Machines That Go) Ser.). (SPA., Illus.). 24p. (J). (gr. -1-1). E-Book 4.99 *(978-1-5124-3579-5(1),* 9781512435795); E-Book 39.99 *(978-1-5124-2974-9(0));* E-Book 39.99 *(978-1-5124-3578-8(3),* 9781512435788) Lerner Publishing Group. (Ediciones Lerner).

Motocross. Kenny Abdo. (Motor Mayhem Ser.). (ENG.). 24p. (J). (gr. 2-8). 2023. lib. bdg. 31.36 ***(978-1-0982-8146-5(2),*** 42413); 2017. (Illus.). lib. bdg. 31.36 *(978-1-5321-2093-0(1),* 26776) ABDO Publishing Co. (Abdo Zoom-Fly).

Motocross. Matt Doeden. 2019. (Todo Motor Ser.). (SPA., Illus.). 32p. (J). (gr. 3-9). lib. bdg. 27.32 *(978-1-5435-8256-7(7),* 141266) Capstone.

Motocross. Wendy Hinote Lanier. 2020. (Extreme Sports Ser.). (ENG.). 32p. (J). (gr. 2-5). lib. bdg. 32.79 *(978-1-5321-6782-9(2),* 34725, DiscoverRoo) Pop!.

Motocross. Ciara ONeal. 2022. (Extreme Sports Ser.). (ENG., Illus.). 32p. (J). (gr. 2-3). pap. 9.95 *(978-1-63738-187-8(5));* lib. bdg. 31.35 *(978-1-63738-151-9(4))* North Star Editions. (Apex).

Motocross, 12 vols., Set. Janey Levy. Incl. Freestyle Motocross. lib. bdg. 28.93 *(978-1-4042-3694-3(5),* fd7400cc-0227-46a1-bc43-b5ec0f700c82); lib. bdg. 28.93 *(978-1-4042-3692-9(9),* 484b1da7-34d8-440e-b011-9aaee7391185); Motocross Races. lib. bdg. 28.93 *(978-1-4042-3696-7(1),* 6b71ced9-efee-48ec-8180-c8fc14a3e803); Motocross Superstars. lib. bdg. 28.93 *(978-1-4042-3695-0(3),* 43b92e34-7cbf-4509-b5da-cfc400a95363); Motocross Tricks. lib. bdg. 28.93 *(978-1-4042-3697-4(X),* 70c4a1fb-e86b-4575-820b-7ce0eae03363); Supercross. lib. bdg. 28.93 *(978-1-4042-3693-6(7),* cba2bef7-313e-4537-87e5-6a8f78b8ac00); (Illus.). 32p. (J). (gr. 4-5). 2007., PowerKids Pr. (Motocross Ser.). (ENG.). 2006. Set lib. bdg. 173.58 *(978-1-4042-3611-0(2),* 71321050-3222-4f9b-ab04-ab26c9fb1eb7) Rosen Publishing Group, Inc., The.

Motocross Cycles. Emma Huddleston. 2019. (Start Your Engines! Ser.). (ENG., Illus.). 32p. (J). (gr. 3-3). pap. 9.95 *(978-1-64494-218-5(6),* 1644942186) Bigfoot Bks. GBR. Dist: North Star Editions.

Motocross Cycles. Lindsay Shaffer. 2018. (Full Throttle Ser.). (ENG., Illus.). 24p. (J). (gr. 3-7). lib. bdg. 26.95 *(978-1-62617-875-5(5),* Epic Bks.) Bellwether Media.

Motocross Me. Cheyanne Young. 2021. (ENG.). 226p. (YA). pap. 9.99 *(978-1-393-72819-1(7))* Draft2Digital.

Motocross Racing. K. A. Hale. 2019. (Action Sports Ser.). (ENG., Illus.). 32p. (J). (gr. 3-3). pap. 9.95 *(978-1-64494-147-8(3),* 1644941473) Bigfoot Bks. GBR. Dist: North Star Editions.

MotoMice. Paul Owen Lewis. 2017. (ENG., Illus.). 32p. (J). 16.99 *(978-1-58270-660-3(3),* Beyond Words) Simon & Schuster.

Motor Boat Boys Mississippi Cruise: Or, the Dash for Dixie. Louis Arundel. 2018. (ENG., Illus.). 148p. (YA). (gr. 7-12). pap. *(978-93-5297-465-8(4))* Alpha Editions.

Motor Boat Boys Mississippi Cruise: Or, the Dash for Dixie. Louis Arundel. 2017. (ENG., Illus.). (J). 23.95 *(978-1-374-91298-4(0))* Capital Communications, Inc.

Motor Boat Club at Nantucket; or, the Mystery of the Dunstan Heir. H. Irving Hancock. 2017. (ENG., Illus.). (J). pap. *(978-0-649-15059-5(7))* Trieste Publishing Pty Ltd.

Motor Boys on the Border: Or Sixty Nuggets of Gold (Classic Reprint) Clarence Young. 2018. (ENG., Illus.). 268p. (J). 29.42 *(978-0-267-27690-5(7))* Forgotten Bks.

Motor Car: A Practical Manual for the Use of Students & Motor Car Owners; with Notes on the Internal Combustion Engine & Its Fuel (Classic Reprint) Robert W. A. Brewer. (ENG., Illus.). (J). 2017. 29.09 *(978-0-331-92913-3(9));* 2016. pap. 11.57 *(978-1-333-48193-3(4))* Forgotten Bks.

Motor Car Divorce (Classic Reprint) Louise Closser Hale. (ENG., Illus.). (J). 2018. 400p. 32.15 *(978-0-484-82455-2(4));* 2017. pap. 16.57 *(978-0-243-96335-5(1))* Forgotten Bks.

Motor Car Dumpy Book (Classic Reprint) Thomas William Hodgson Crosland. (ENG., Illus.). (J). 2018. 102p. 26.00 *(978-0-267-56918-2(1));* 2016. pap. 9.57 *(978-1-333-81013-9(X))* Forgotten Bks.

Motor Flight Through Algeria & Tunisia (Classic Reprint) Edward Burbank Ayer. 2018. (ENG., Illus.). 540p. (J). 35.05 *(978-0-267-47784-5(8))* Forgotten Bks.

Motor Girls. Margaret Penrose. 2018. (ENG., Illus.). 164p. (YA). (gr. 7-12). pap. *(978-93-5297-466-5(2))* Alpha Editions.

Motor Girls: How Women Took the Wheel & Drove Boldly into the Twentieth Century. Sue Macy. 2017. (Illus.). 96p. (J). (gr. 5-9). 18.99 *(978-1-4263-2697-4(1),* National Geographic Kids) Disney Publishing Worldwide.

Motor Girls on a Tour. Margaret Penrose. 2018. (ENG., Illus.). 160p. (YA). (gr. 7-12). pap. *(978-93-5297-467-2(0))* Alpha Editions.

Motor Girls on a Tour. Margaret Penrose. 2017. (ENG., Illus.). (J). 23.95 *(978-1-374-92566-3(7))* Capital Communications, Inc.

Motor Girls on Cedar Lake the Hermit of Fern Island. Margaret Penrose. 2018. (ENG., Illus.). 166p. (YA). (gr. 7-12). pap. *(978-93-5297-468-9(9))* Alpha Editions.

Motor Girls on Crystal Bay the Secret of the Red Oar. Margaret Penrose. 2018. (ENG., Illus.). 170p. (YA). (gr. 7-12). pap. *(978-93-5297-469-6(7))* Alpha Editions.

Motor Girls on Waters Blue: Or the Strange Cruise of the Tartar. Margaret Penrose. 2018. (ENG., Illus.). 180p. (YA). (gr. 7-12). pap. *(978-93-5297-470-2(0))* Alpha Editions.

Motor Girls Through New England or, Held by the Gypsies. Margaret Penrose. 2018. (ENG., Illus.). 166p. (YA). (gr. 7-12). pap. *(978-93-5297-471-9(9))* Alpha Editions.

Motor Journeys: Illustrations, & a Chapter on the Cost of Motoring Abroad (Classic Reprint) Louise Closser Hale. 2017. (ENG., Illus.). (J). 32.15 *(978-1-5279-8524-7(5))* Forgotten Bks.

Motor Maid (Classic Reprint) C. N. Williamson. (ENG., Illus.). (J). 2018. 372p. 31.59 *(978-0-267-33481-0(8));* 2016. pap. 13.97 *(978-1-333-58842-7(9))* Forgotten Bks.

Motor Maids at Sunrise Camp. Katherine Stokes. 2018. (ENG., Illus.). 156p. (YA). (gr. 7-12). pap. *(978-93-5297-472-6(7))* Alpha Editions.

Motor Maids in Fair Japan. Katherine Stokes. 2018. (ENG., Illus.). 172p. (YA). (gr. 7-12). pap. *(978-93-5297-473-3(5))* Alpha Editions.

Motor Maids' School Days (Classic Reprint) Katherine Stokes. (ENG., Illus.). (J). 2018. 322p. 30.54 *(978-0-484-09213-5(8));* 2016. pap. 13.57 *(978-1-333-23254-2(3))* Forgotten Bks.

Motor Mayhem (Set), 6 vols. 2023. (Motor Mayhem Ser.). (ENG.). 24p. (J). (gr. 2-8). lib. bdg. 188.16 ***(978-1-0982-8141-0(1),*** 42398, Abdo Zoom-Fly) ABDO Publishing Co.

Motor Miles. John Burningham. Illus. by John Burningham. 2016. (ENG., Illus.). 32p. (J). (gr. -1-2). 16.99 *(978-0-7636-9064-9(3))* Candlewick Pr.

Motor Mix: Emergency: (Interactive Children's Books, Transportation Books for Kids) Emily Snape. Illus. by Rilla Alexander. 2017. (Motor Mix Ser.). (ENG.). 16p. (J). (gr. -1 — 1). bds. 9.99 *(978-1-4521-4838-0(4))* Chronicle Bks. LLC.

Motor Mix: Flight: (Interactive Children's Books, Transportation Books for Kids) Emily Snape. Illus. by Rilla Alexander. 2017. (Motor Mix Ser.). (ENG.). 16p. (J). (gr. -1 — 1). bds. 9.99 *(978-1-4521-4839-7(2))* Chronicle Bks. LLC.

Motor Mouse. Cynthia Rylant. Illus. by Arthur Howard. 2019. (Motor Mouse Bks.). (ENG.). 64p. (J). (gr. -1-3). 17.99 *(978-1-4814-9126-6(1),* Beach Lane Bks.) Beach Lane Bks.

Motor Mouse Delivers. Cynthia Rylant. Illus. by Arthur Howard. 2020. (Motor Mouse Bks.). (ENG.). 72p. (J). (gr. -1-3). 18.99 *(978-1-4814-9128-0(8),* Beach Lane Bks.) Beach Lane Bks.

Motor Pirate (Classic Reprint) G. Sidney Paternoster. 2017. (ENG., Illus.). (J). 29.47 *(978-1-5280-7275-5(8))* Forgotten Bks.

Motor Rambles in Italy (Classic Reprint) Credo Harris. (ENG., Illus.). (J). 2018. 494p. 34.11 *(978-0-365-25201-6(8));* 2017. pap. 16.57 *(978-0-282-02813-8(7))* Forgotten Bks.

Motor Rangers Through the Sierras. Marvin West. 2019. (ENG., Illus.). 162p. (YA). (gr. 7-12). pap. *(978-93-5329-457-1(6))* Alpha Editions.

Motor Scamper 'Cross Canada: A Human-Interest Narrative of a Pathfinding Journey from Montreal to Vancouver (Classic Reprint) Percy Gomery. (ENG., Illus.). (J). 2018. 266p. 29.42 *(978-0-484-65910-9(3));* 2016. pap. 11.97 *(978-1-333-15312-0(0))* Forgotten Bks.

Motor Skills: A-Z Truck Coloring Book: Alphabet Vehicle Coloring Book for Kids Early Elementary, Preschoolers, Toddlers - Activity Book - Fun for Kids Ages 2-4, 4-8, Vol 1. Lisa Blore & Erick Blore. 2019. (Motor Skills Ser.: Vol. 1). (ENG.). 106p. (J). pap. 5.69 ***(978-0-9834906-2-3(7))*** Eclectry Bks.

Motor That, Went to Court, a Fact-Story: With Random Illustrations (Classic Reprint) Frederic Courtland Penfield. 2018. (ENG., Illus.). 100p. (J). 26.02 *(978-0-332-54459-5(1))* Forgotten Bks.

Motor Tour Through Canada (Classic Reprint) Thomas W. Wilby. (ENG., Illus.). (J). 2017. 31.94 *(978-0-331-23590-6(0));* 2016. pap. 16.57 *(978-1-334-14356-4(0))* Forgotten Bks.

Motor Tours in Yorkshire (Classic Reprint) Rodolph Stawell. 2018. (ENG., Illus.). 340p. (J). 30.91 *(978-0-267-85499-8(4))* Forgotten Bks.

Motor Truck As an Aid to Business Profits (Classic Reprint) Strong Vincent Norton. (ENG., Illus.). (J). 2018. 546p. 35.18 *(978-0-365-30201-8(5));* 2017. pap. 19.57 *(978-0-282-23417-1(9))* Forgotten Bks.

Motor Vehicle Engineering: The Chassis (Classic Reprint) Ethelbert Favary. 2017. (ENG., Illus.). (J). 33.92 *(978-0-265-55198-1(6))* Forgotten Bks.

Motor Vehicles & Their Engines: A Practical Handbook on the Care, Repair & Management of Motor Trucks & Automobiles, for Owners, Chauffeurs, Garagemen & Schools (Classic Reprint) Edward Smith Fraser. 2017. (ENG., Illus.). (J). 31.90 *(978-0-265-33679-3(1))* Forgotten Bks.

Motorbike of My Own. Jordan A. Underwood. 2022. (ENG.). 30p. (J). *(978-0-2288-7249-8(9));* pap. *(978-0-2288-7248-1(0))* Tellwell Talent.

Motorcycle & Racing Sports Coloring Book. Bobo's Children Activity Books. 2016. (ENG., Illus.). (J). pap. 9.33 *(978-1-68327-745-3(7))* Sunshine In My Soul Publishing.

Motorcycle Chums in Yellowstone Park, or Lending a Helping Hand (Classic Reprint) Andrew Carey Lincoln. 2017. (ENG., Illus.). (J). 29.34 *(978-0-260-53388-3(2));* pap. 11.97 *(978-0-243-30382-3(3))* Forgotten Bks.

Motorcycle Coloring Book Collection. Bobo's Children Activity Books. 2016. (ENG., Illus.). (J). pap. 9.33 *(978-1-68327-726-2(0))* Sunshine In My Soul Publishing.

Motorcycle Race. Mari Schuh. 2016. (Let's Race Ser.). (ENG., Illus.). 16p. (J). (gr. -1-1). pap. 7.99 *(978-1-68152-135-0(0),* 15501); lib. bdg. 17.95 *(978-1-60753-915-5(2),* 15493) Amicus.

Motorcycle Road Trip! Stanley Strickland. Illus. by Rhys Jefferys. 2018. (Take the Wheel! Ser.). (ENG.). 14p. (J). (gr. -1-k). bds. 8.99 *(978-1-4998-0626-7(4))* Little Bee Books Inc.

Motorcycle Safety for the Whole Family Coloring Book. Bobo's Children Activity Books. 2016. (ENG., Illus.). (J). pap. 9.33 *(978-1-68327-744-6(9))* Sunshine In My Soul Publishing.

Motorcycle Tracks & Terrains Coloring Book. Bobo's Children Activity Books. 2016. (ENG., Illus.). (J). pap. 9.33 *(978-1-68327-743-9(0))* Sunshine In My Soul Publishing.

Motorcycles. Chris Bowman. 2018. (Mighty Machines in Action Ser.). (ENG., Illus.). 24p. (J). (gr. k-3). lib. bdg. 26.95 *(978-1-62617-758-1(9),* Blastoff! Readers) Bellwether Media.

Motorcycles. Wendy Strobel Dieker. 2019. (Spot Mighty Machines Ser.). (ENG.). 16p. (J). (gr. -1-2). lib. bdg. *(978-1-68151-646-2(2),* 10778) Amicus.

Motorcycles. Mari Schuh. 2020. (Wild about Wheels Ser.). (ENG., Illus.). 24p. (J). (gr. k-2). lib. bdg. 29.99 *(978-1-9771-2478-4(X),* 200490, Pebble) Capstone.

Motorcycles. Marysa Storm. 2020. (Wild Rides Ser.). (ENG.). 24p. (J). (gr. k-3). pap. 8.99 *(978-1-64466-121-5(7),* 23007, Bolt Jr.) Black Rabbit Bks.

Motorcycles. Penny Worms. 2016. (Motormania Ser.). 32p. (gr. 2-7). 31.35 *(978-1-59920-996-8(9),* Smart Apple Media) Black Rabbit Bks.

Motorcycles: Children's Transportation Book. Bold Kids. 2022. (ENG.). 46p. (J). pap. 14.99 *(978-1-0717-1074-6(5))* FASTLANE LLC.

Motorcycles: Leveled Reader Ruby Level 27 No. Rg Rg. 2019. (Rigby PM Ser.). (ENG.). 16p. (J). (gr. 5). pap. 11.00 *(978-0-544-89297-2(6))* Rigby Education.

Motorcycles. Cambridge Reading Adventures. Turquoise Band. Andy Belcher. ed. 2016. (Cambridge Reading Adventures Ser.). (ENG., Illus.). 24p. pap. 8.80 *(978-1-107-57624-7(5))* Cambridge Univ. Pr.

Motorcycles on the Go. Kerry Dinmont. 2016. (Bumba Books (r) — Machines That Go Ser.). (ENG., Illus.). 24p. (J). (gr. -1-1). 26.65 *(978-1-5124-1446-2(8),* ac13f9b0-6a43-4ca9-8b75-358d5284bafa, Lerner Pubns.) Lerner Publishing Group.

Motorcycles (Set), 6 vols. 2018. (Motorcycles Ser.). (ENG.). 24p. (J). (gr. k-4). lib. bdg. 188.16 *(978-1-5321-2301-6(9),* 28369, Abdo Zoom-Dash) ABDO Publishing Co.

Motorcylces: Made for Speed: Set, 8 vols. Connor Dayton. Incl. Choppers. lib. bdg. 26.27 *(978-1-4042-3654-7(6),* b30a0a21-84a5-4ab6-88a5-c62bd11b0575); Dirt Bikes. lib. bdg. 26.27 *(978-1-4042-3652-3(X),* 9b61f873-a01a-4c35-98d5-b28de3f22beb); Street Bikes, lib. bdg. 26.27 *(978-1-4042-3656-1(2),* 4f82e69a-f4ff-4ab8-b76b-1691ff516978); Superbikes. lib. bdg. 26.27 *(978-1-4042-3653-0(8),* 8cec671a-7441-49c6-9ae7-d2536f7f4480); Tricks with Bikes. lib. bdg. 26.27 *(978-1-4042-3657-8(0),* 17cd17ea-d925-4c6d-b917-55103864052c); (Illus.). 24p. (J). (gr. 1-1). (Motorcycles: Made for Speed Ser.). (ENG.). 2007. Set lib. bdg. 105.08 *(978-1-4042-3604-2(X),* 39cba7c8-4ebb-4a0f-bcf3-083f7f8defeb) Rosen Publishing Group, Inc., The.

Motoren 1: Kinder Malbuch. Bold Illustrations. 2017. (GER., Illus.). (J). pap. 8.35 *(978-1-64193-162-5(0),* Bold Illustrations) FASTLANE LLC.

Motoren 2: Kinder Malbuch. Bold Illustrations. 2017. (GER., Illus.). (J). pap. 8.35 *(978-1-64193-163-2(9),* Bold Illustrations) FASTLANE LLC.

Motores 1: Libro para Colorear Ninos. Bold Illustrations. 2017. (SPA., Illus.). (J). pap. 8.35 *(978-1-64193-088-8(8),* Bold Illustrations) FASTLANE LLC.

Motores 2: Libro para Colorear Ninos. Bold Illustrations. 2017. (SPA., Illus.). 82p. (J). pap. 8.35 *(978-1-64193-089-5(6),* Bold Illustrations) FASTLANE LLC.

Motori 1: Libro Da Colorare per Bambini. Bold Illustrations. 2017. (ITA., Illus.). (J). pap. 8.35 *(978-1-64193-125-0(6),* Bold Illustrations) FASTLANE LLC.

Motori 2: Libro Da Colorare per Bambini. Bold Illustrations. 2017. (ITA., Illus.). (J). pap. 8.35 *(978-1-64193-126-7(4),* Bold Illustrations) FASTLANE LLC.

Motoring in the Balkans: Along the Highways of Dalmatia, Montenegro, the Herzegovina & Bosnia (Classic Reprint) Frances Kinsley Hutchinson. 2018. (ENG., Illus.). 434p. (J). 32.85 *(978-0-364-45640-8(X))* Forgotten Bks.

Motormaniacs (Classic Reprint) Lloyd Osbourne. 2018. (ENG., Illus.). (J). 27.92 *(978-0-266-20974-4(2))* Forgotten Bks.

Motorsports Maniacs, 12 vols. 2019. (Motorsports Maniacs Ser.). (ENG.). 32p. (J). (gr. 1-2). lib. bdg. 169.62 *(978-1-5382-4166-0(8),* 20c235f8-cdf8-465e-a9d3-6971609f98d6) Stevens, Gareth Publishing LLLP.

Motorsports Trivia: What You Never Knew about Car Racing, Monster Truck Events, & More Motor Mania. Joe Levit. 2018. (Not Your Ordinary Trivia Ser.). (ENG., Illus.). 32p. (J). (gr. 3-9). pap. 7.95 *(978-1-5435-2534-2(2),* 138035); lib. bdg. 28.65 *(978-1-5435-2530-4(X),* 138027) Capstone. (Capstone Pr.).

Motos de Sport. Peter Bodensteiner. 2016. (Passion Mécanique Ser.). (FRE., Illus.). 32p. (J). (gr. 4-6). *(978-1-77092-368-3(3),* 10441, Bolt) Black Rabbit Bks.

Motos Todoterreno. Deanna Caswell. 2018. (SPA., Illus.). 31p. (J). lib. bdg. *(978-1-68072-573-5(4))* Black Rabbit Bks.

Motos Tout Terrain. Deanna Caswell. 2017. (Passion Mécanique Ser.). (FRE.). 32p. (J). (gr. 4-6). *(978-1-77092-413-0(2),* 10607, Bolt) Black Rabbit Bks.

Motto. Aaron Carr. 2017. (Symbols of America Ser.). (ENG.). 24p. (J). lib. bdg. 22.99 *(978-1-5105-2167-4(4))* SmartBook Media, Inc.

Motto of Mrs. Mclane: The Story of an American Farm (Classic Reprint) Shirley Carson. (ENG., Illus.). (J). 2018. 230p. 28.64 *(978-0-484-30226-5(4));* 2016. pap. 11.57 *(978-1-333-28739-9(9))* Forgotten Bks.

Mott's Elementary Book No; II: Containing Exercises in Spelling & Reading, Model Exercises in Drawing, & Appropriate Exercises in Mental Arithmetic (Classic Reprint) George C. Mott. 2018. (ENG., Illus.). 36p. (J). 24.64 *(978-0-267-18108-7(6))* Forgotten Bks.

Motzart the Dog. Erica Sweet-Tankoos. 2021. (ENG., Illus.). 26p. (J). 20.95 *(978-1-6624-4081-6(2));* pap. 12.95 *(978-1-6624-4079-3(0))* Page Publishing Inc.

MOUCHEUR D'Histoires. dominique gaultier. 2021. (FRE.). 98p. (J). pap. ***(978-1-008-90612-9(3))*** Lulu Pr., Inc.

Moufflon: The Dog of Florence (Classic Reprint) Louise De La Rame. 2017. (ENG., Illus.). (J). 25.63 *(978-0-266-27792-7(6))* Forgotten Bks.

Moufflou: And Other Stories (Classic Reprint) Louisa De La Rame. 2018. (ENG., Illus.). 104p. (J). 26.04 *(978-0-428-79488-0(2))* Forgotten Bks.

Mouflonce (Rampunzel) Alicia Rodriguez. Illus. by Srimalie Bassani. 2021. (Contes de Fées de la Ferme (Farmyard Fairy Tales) Ser.). (FRE.). 16p. (J). (gr. -1-3). pap. *(978-1-0396-0175-8(8),* 12471) Crabtree Publishing Co.

Mouillé et SEC. Amy Culliford. Tr. by Annie Evearts. 2021. (Contraires Autour de Moi! (Opposites All Around Me!) Ser.). (FRE., Illus.). 16p. (J). (gr. -1-1). pap. *(978-1-0396-0587-9(7),* 12910) Crabtree Publishing Co.

Moulding a Maiden (Classic Reprint) Albert Ross. (ENG., Illus.). (J). 2017. 31.57 *(978-0-260-27713-8(4));* 2016. pap. 13.97 *(978-1-334-32354-6(2))* Forgotten Bks.

Moulin Aux Fées. Joel Verbauwhede. 2018. (FRE., Illus.). 30p. (J). pap. *(978-2-37830-012-8(3))* Joël, Verbauwhede.

Moun Ki Fè Livrezon (Delivery Person) Douglas Bender. Tr. by Jean Pierre Gaston. 2021. (Moun Mwen Rankontre Yo (People I Meet) Ser.). (CRP., Illus.). (J). (gr. -1-1). pap. ***(978-1-0396-2281-4(X),*** 10167, Crabtree Roots) Crabtree Publishing Co.

Mound: Number of Normal Bulletin; June, 1919 (Classic Reprint) Fairmont State Normal School. (ENG., Illus.). (J). 2018. 66p. 25.28 *(978-0-267-48421-8(6));* 2017. pap. 9.57 *(978-0-259-83318-5(5))* Forgotten Bks.

Mound, 1909 (Classic Reprint) Fairmont State Normal School. 2017. (ENG., Illus.). (J). 27.16 *(978-0-260-25951-6(9));* pap. 9.57 *(978-0-266-12643-0(X))* Forgotten Bks.

Mound, 1910 (Classic Reprint) Fairmont State Normal School. 2017. (ENG., Illus.). (J). 28.23 *(978-0-331-23545-6(5));* pap. 10.57 *(978-0-266-05277-7(0))* Forgotten Bks.

Mound, 1911 (Classic Reprint) Fairmont State Normal School. 2019. (ENG., Illus.). (J). 198p. 28.00 *(978-0-260-16947-1(1));* 200p. pap. 10.57 *(978-1-5281-5994-4(2))* Forgotten Bks.

Mound, 1912 (Classic Reprint) Fairmont State Normal School. (ENG., Illus.). (J). 2018. 198p. 27.98 *(978-0-656-34733-9(3));* 2017. pap. 10.57 *(978-0-243-43577-7(0))* Forgotten Bks.

Mound, 1914 (Classic Reprint) Fairmont State Normal School. (ENG., Illus.). (J). 2018. 206p. 28.15 *(978-0-483-74614-5(2));* 2017. pap. 10.57 *(978-0-243-41804-6(3))* Forgotten Bks.

Mound, 1915 (Classic Reprint) Fairmont State Normal School. (ENG., Illus.). (J). 2018. 202p. 28.08 *(978-0-364-00133-2(X));* 2017. pap. 10.57 *(978-0-243-49703-4(2))* Forgotten Bks.

Mound, 1918, Vol. 11 (Classic Reprint) Fairmont State Normal School. 2018. (ENG., Illus.). 170p. (J). 27.42 *(978-0-483-90067-7(2))* Forgotten Bks.

Mound, 1921, Vol. 13 (Classic Reprint) Fairmont State Normal School. (ENG., Illus.). (J). 2018. 134p. 26.68 *(978-0-267-63582-5(6));* 2017. pap. 9.57 *(978-0-259-90665-0(4))* Forgotten Bks.

Mount Desolation: An Australian Romance (Classic Reprint) W. Carlton Dawe. (ENG., Illus.). (J). 2018. 316p. 30.43 *(978-0-483-53334-9(3));* 2017. pap. 13.57 *(978-0-243-44439-7(7))* Forgotten Bks.

Mount Eryx & Other Diversions of Travel (Classic Reprint) Henry Festing Jones. 2018. (ENG., Illus.). 336p. (J). 30.85 *(978-0-267-21579-9(7))* Forgotten Bks.

Mount Etna Lava Leap. Sean Petrie. Illus. by Carl Pearce. 2021. (Jett Ryder Ser.). (ENG.). 72p. (J). (gr. 3-4). pap. 5.99 *(978-1-63163-547-2(6));* lib. bdg. 22.84 *(978-1-63163-546-5(8))* North Star Editions. (Jolly Fish Pr.).

Mount Evelynn Erupts! Elizabeth Bracey. 2021. (ENG.). 52p. (J). pap. 14.99 *(978-1-0983-8642-9(6))* BookBaby.

Mount Everest. Lisa M. Bolt Simons. 2018. (Natural Wonders of the World Ser.). (ENG., Illus.). 32p. (J). (gr. 3-5). pap. 9.95 *(978-1-63517-587-5(9),* 1635175879); lib. bdg. 31.35 *(978-1-63517-515-8(1),* 1635175151) North Star Editions. (Focus Readers).

Mount Everest. Martha London. 2020. (Engineered by Nature Ser.). (ENG., Illus.). 32p. (J). (gr. 2-5). lib. bdg. 34.21 *(978-1-5321-9289-0(4),* 35041, Kids Core) ABDO Publishing Co.

Mount Everest Disaster Of 1996. Cindy L. Rodriguez. Illus. by Paul McCaffrey. 2023. (Deadly Expeditions Ser.). (ENG.). 32p. (J). 36.65 *(978-1-6663-9046-9(1),* 243706); pap. 7.99 *(978-1-6663-9041-4(0),* 243691) Capstone. (Capstone Pr.).

Mount Fuji Has Free Wi-Fi. Lacey L. Bakker. 2019. (ENG.). 34p. (J). pap. *(978-1-7753119-7-3(X))* Pandamonium Publishing Hse.

Mount Fuji is Beautiful. Ken Tanaka. 2017. (Text Connections Guided Close Reading Ser.). (J). (gr. k-1). *(978-1-4900-1792-1(5))* Benchmark Education Co.

Mount Hideaway Mysteries: Breaking & Entering. Vincent Christopher. 2021. (ENG.). 260p. (YA). pap. 18.99 *(978-1-950948-54-3(4))* Freiling Publishing.

Mount Holyoke Book of Prose & Verse (Classic Reprint) Elizabeth Crane Porter. 2018. (ENG., Illus.). 192p. (J). 27.86 *(978-0-484-78615-7(6))* Forgotten Bks.

Mount Music (Classic Reprint) E. OE Somerville. 2017. (ENG., Illus.). (J). 30.35 *(978-0-265-91685-8(2))* Forgotten Bks.

Mount of Olives. Henry Vaughan. 2017. (ENG., Illus.). (J). pap. *(978-0-649-01574-0(6))* Trieste Publishing Pty Ltd.

Mount of Olives: And Primitive Holiness Set Forth in the Life of Paulinus, Bishop of Nola (Classic Reprint) Henry Vaughan. 2017. (ENG., Illus.). (J). 27.92 *(978-0-266-96706-4(X))* Forgotten Bks.

Mount Rainier (a True Book: National Parks) (Library Edition) Joanne Mattern. 2018. (True Book (Relaunch) Ser.). (ENG., Illus.). 48p. (J). (gr. 3-5). lib. bdg. 31.00 *(978-0-531-17594-1(4),* Children's Pr.) Scholastic Library Publishing.

Mount Rainier National Park (Rookie National Parks) (Library Edition) Joanne Mattern. 2018. (Rookie National Parks Ser.). (ENG., Illus.). 32p. (J). (gr. 1-2). lib. bdg. 25.00 *(978-0-531-12653-0(6)*, Children's Pr.) Scholastic Library Publishing.

Mount Royal: A Novel (Classic Reprint) M. E. Braddon. 2017. (ENG., Illus.). (J). 31.26 *(978-1-5284-7168-8(7))* Forgotten Bks.

Mount Royal, Vol. 1 Of 3: A Novel (Classic Reprint) M. E. Braddon. (ENG., Illus.). (J). 2017. 312p. 30.33 *(978-0-332-86887-5(7))*; 2016. pap. 13.57 *(978-1-334-13474-6(X))* Forgotten Bks.

Mount Royal, Vol. 2 Of 3: A Novel (Classic Reprint) Mary Elizabeth Braddon. (ENG., Illus.). (J). 2018. 296p. 30.02 *(978-0-483-76412-5(4))*; 2016. pap. 13.57 *(978-1-333-13300-9(6))* Forgotten Bks.

Mount Royal, Vol. 3 Of 3: A Novel (Classic Reprint) M. E. Braddon. (ENG., Illus.). (J). 2018. 332p. 30.74 *(978-0-483-37795-0(3))*; 2016. pap. 13.57 *(978-1-334-13226-1(7))* Forgotten Bks.

Mount Rushmore. Kirsten Chang. 2019. (Symbols of American Freedom Ser.). (ENG., Illus.). 24p. (J). (gr. k-3). pap. 7.99 *(978-1-61891-494-1(4)*, 12144, Blastoff! Readers) Bellwether Media.

Mount Rushmore. Lori Dittmer. 2019. (Landmarks of America Ser.). (ENG.). 24p. (J). (gr. 1-4). *(978-1-64026-127-3(3)*, 18977, Creative Education); pap. 8.99 *(978-1-62832-690-1(5)*, 18978, Creative Paperbacks) Creative Co., The.

Mount Rushmore, 1 vol. Barbara M. Linde. 2018. (Symbols of America Ser.). (ENG.). 24p. (gr. 1-2). 24.27 *(978-1-5382-2898-2(X)*, 12e83fe3-3dea-4a49-b778-c7998c922109) Stevens, Gareth Publishing LLLP.

Mount Rushmore. Julie Murray. 2016. (US Landmarks Ser.). (ENG., Illus.). 24p. (J). (gr. -1-2). lib. bdg. 31.36 *(978-1-68080-913-8(X)*, 23301, Abdo Kids) ABDO Publishing Co.

Mount Rushmore. Susan Rose Simms. 2018. (US Symbols Ser.). (ENG., Illus.). 24p. (J). (gr. 1-1). pap. 8.95 *(978-1-63517-834-0(7)*, 1635178347) North Star Editions.

Mount Rushmore. Susan Rose Simms. 2018. (US Symbols Ser.). (ENG., Illus.). 24p. (J). (gr. k-3). lib. bdg. 31.36 *(978-1-5321-6046-2(1)*, 28724, Pop! Cody Koala) Pop!.

Mount Rushmore. Nancy Harris. rev. ed. 2016. (Patriotic Symbols Ser.). (ENG.). 24p. (J). (gr. -1-1). pap. 6.29 *(978-1-4846-3588-9(4)*, 133656, Heinemann) Capstone.

Mount Rushmore: All about the American Symbol. Jessica Gunderson. 2020. (Smithsonian Little Explorer: Little Historian American Symbols Ser.). (ENG., Illus.). 32p. (J). (gr. 1-3). lib. bdg. 31.32 *(978-1-9771-2584-2(0)*, 201123, Pebble) Capstone.

Mount Rushmore: Faces of Our History. Joanne Mattern. 2017. (Core Content Social Studies — Let's Celebrate America Ser.). (ENG., Illus.). 32p. (J). (gr. 2-5). pap. 8.99 *(978-1-63440-236-1(7)*, 6bea6138-6169-493d-8ec7-8200775503e7); lib. bdg. 26.65 *(978-1-63440-226-2(X)*, 84d9c69c-2df6-4420-9c01-65c14712eb9f) Red Chair Pr.

Mount Rushmore's Hidden Room & Other Monumental Secrets: Monuments & Landmarks (Ready-To-Read Level 3) Laurie Calkhoven. Illus. by Valerio Fabbretti. 2018. (Secrets of American History Ser.). (ENG.). 48p. (J). (gr. 1-3). 17.99 *(978-1-5344-2925-3(5))*; pap. 4.99 *(978-1-5344-2924-6(7))* Simon Spotlight. (Simon Spotlight).

Mount Sorel: Or the Heiress of the de Veres (Classic Reprint) Anne Marsh-Caldwell. (ENG., Illus.). (J). 2018. 380p. 31.73 *(978-0-267-31392-1(6))*; 2016. pap. 16.57 *(978-1-333-43504-2(5))* Forgotten Bks.

Mount St. Helens see Montaña Santa Helena: Set of 6

Mount Vernon: The Home of Washington (Classic Reprint) J. E. Jones. 2018. (ENG., Illus.). 80p. (J). 25.55 *(978-0-484-78143-5(X))* Forgotten Bks.

Mount Vernon Reader: A Course of Reading Lessons; Selected with Reference to Their Moral Influence on the Hearts & Lives of the Young Designed for Middle Classes (Classic Reprint) Abbott Abbott. 2017. (ENG., Illus.). (J). 29.18 *(978-0-266-18990-9(3))* Forgotten Bks.

Mountain. Rebecca Gugger. Illus. by Simon Röthlisberger. 2021. (ENG.). 48p. (J). (gr. -1-2). 17.95 *(978-0-7358-4457-5(7))* North-South Bks., Inc.

Mountain. Illus. by Abi Hall. 2020. (Making Tracks 2 Ser.: 4). 12p. (J). bds. *(978-1-78628-415-0(4))* Child's Play International Ltd.

Mountain. Ashley R. Johnson. 2019. (ENG.). 30p. (J). pap. 12.95 *(978-1-64492-195-1(2))* Christian Faith Publishing.

Mountain. Ursula Pflug. 2017. (ENG., Illus.). 104p. (YA). (gr. 7-15). pap. 19.95 *(978-1-77133-349-8(9))* Inanna Pubns. & Education, Inc. CAN. Dist: SPD-Small Pr. Distribution.

Mountain: A Novel (Classic Reprint) Clement Wood. 2018. (ENG., Illus.). 366p. (J). 31.47 *(978-0-484-32749-7(6))* Forgotten Bks.

Mountain Adventures at Home & Abroad (Classic Reprint) George D. Abraham. 2018. (ENG., Illus.). 408p. (J). 32.33 *(978-0-656-53166-0(5))* Forgotten Bks.

Mountain Baby. Shawna Rae Strickland. Illus. by Tosha Washington. 2021. (ENG.). 36p. (J). 24.99 ***(978-1-0880-0072-4(X))*** Indy Pub.

Mountain Bikes. Kenny Abdo. 2017. (Off Road Vehicles Ser.). (ENG., Illus.). 24p. (J). (gr. 2-8). lib. bdg. 31.36 *(978-1-5321-2104-3(0)*, 26787, Abdo Zoom-Fly) ABDO Publishing Co.

Mountain Biking. Meg Gaertner. 2022. (Extreme Sports Ser.). (ENG., Illus.). 32p. (J). (gr. 2-3). pap. 9.95 *(978-1-63738-188-5(3))*; lib. bdg. 31.35 *(978-1-63738-152-6(2))* North Star Editions. (Apex).

Mountain Biking. Christa C. Hogan. 2019. (Outdoor Adventures Ser.). (ENG.). 48p. (J). (gr. 3-9). lib. bdg. 34.21 *(978-1-5321-9051-3(4)*, 33612, SportsZone) ABDO Publishing Co.

Mountain Biking. Stephanie Turnbull. 2016. (Adventure Sports Ser.). (ENG.). 24p. (J). (gr. 3-6). 28.50 *(978-1-62588-385-8(4)*, 17242) Black Rabbit Bks.

Mountain Biking. Jim Whiting. 2018. (Odysseys in Extreme Sports Ser.). (ENG.). 80p. (J). (gr. 7-10). *(978-1-60818-693-8(8)*, 19877, Creative Education) Creative Co., The.

Mountain Biking, Vol. 10. Diane Bailey. 2016. (Great Outdoors! Ser.). (Illus.). 48p. (J). (gr. 5). 20.95 *(978-1-4222-3572-0(6))* Mason Crest.

Mountain Biking Adventures with Izzy: Etiquette Is a Big Word. Lindsey Richter & Heidi Ashwell. 2021. (ENG.). 44p. (J). *(978-0-2288-6702-9(9))*; pap. *(978-0-2288-6701-2(0))* Tellwell Talent.

Mountain Birds of the West, 1 vol. Genevieve Einstein. 2021. (KidsWorld Ser.). (ENG., Illus.). 96p. (J). pap. 9.99 *(978-1-988183-30-5(8)*, 148f3ae5-e9db-4ab2-91b1-667071b407bd) KidsWorld Bks. CAN. Dist: Lone Pine Publishing USA.

Mountain Blood: A Novel (Classic Reprint) Joseph Hergesheimer. 2017. (ENG., Illus.). (J). 31.53 *(978-1-5284-5036-2(1))* Forgotten Bks.

Mountain Boy. Jim Connelly. 2016. (ENG., Illus.). (J). pap. *(978-0-9924547-7-7(8))* Connelly, James Timothy.

Mountain Cat: Jackson's Novel (Classic Reprint) James Jackson. 2018. (ENG., Illus.). 42p. (J). 24.78 *(978-0-267-48140-8(3))* Forgotten Bks.

Mountain Challenge. Bear Grylls. ed. 2021. (Bear Grylls Adventures Ser.). (ENG., Illus.). 116p. (J). (gr. 2-3). 14.96 *(978-1-64697-718-5(1))* Penworthy Co., LLC, The.

Mountain Chef. Annette Bay Pimentel. ed. 2019. (ENG.). 40p. (J). (gr. k-1). 19.36 *(978-1-64310-962-6(6))* Penworthy Co., LLC, The.

Mountain Chef: How One Man Lost His Groceries, Changed His Plans, & Helped Cook up the National Park Service. Annette Bay Pimentel. Illus. by Rich Lo. 40p. (J). (gr. 1-4). 2019. pap. 7.99 *(978-1-58089-985-7(4))*; 2016. (ENG.). 16.95 *(978-1-58089-711-2(8))* Charlesbridge Publishing, Inc.

Mountain Cottager, or Wonder upon Wonder: A Tale; Translated from the German (Classic Reprint) Christian Heinrich Spiess. (ENG., Illus.). (J). 2018. 228p. 28.60 *(978-0-656-34176-4(9))*; 2017. pap. 10.97 *(978-0-243-38976-6(0))* Forgotten Bks.

Mountain Divide (Classic Reprint) Frank H. Spearman. 2017. (ENG., Illus.). (J). 352p. 31.18 *(978-0-332-35977-9(8))*; pap. 13.57 *(978-0-259-46040-4(0))* Forgotten Bks.

Mountain Geo Facts. Izzi Howell. 2018. (Geo Facts Ser.). (Illus.). 32p. (J). (gr. 5-5). *(978-0-7787-4384-2(5))* Crabtree Publishing Co.

Mountain Girl (Classic Reprint) Payne Erskine. (ENG., Illus.). (J). 2018. 350p. 31.12 *(978-0-483-62190-9(0))*; 2018. 330p. 30.70 *(978-0-483-99330-3(1))*; 2017. pap. 13.57 *(978-0-243-29896-9(X))*; 2016. pap. 13.57 *(978-1-333-26377-5(5))* Forgotten Bks.

Mountain Goats. Megan Borgert-Spaniol. 2017. (North American Animals Ser.). (ENG., Illus.). 24p. (J). (gr. k-3). lib. bdg. 26.95 *(978-1-62617-638-6(8)*, Blastoff! Readers) Bellwether Media.

Mountain Goats. Laura Pratt. 2016. (Animals of North America Ser.). (ENG., Illus.). 24p. (J). lib. bdg. 22.99 *(978-1-5105-0812-5(0))* SmartBook Media, Inc.

Mountain Goats. Lindsay Shaffer. 2019. (Animals of the Mountains Ser.). (ENG., Illus.). 24p. (J). (gr. k-3). lib. bdg. 26.95 *(978-1-64487-014-3(2)*, Blastoff! Readers) Bellwether Media.

Mountain Gorilla Dreams. Kristen Halverson. Illus. by Tatiana Kutsachenko. 2023. (ENG.). 42p. (J). 26.99 ***(978-1-0880-7231-8(3))***; pap. 19.99 ***(978-1-0880-6548-8(1))*** The Tale of Noel: The Holiday Horse Angel, The.

Mountain Gorillas. Kaitlyn Duling. 2021. (Animals of the Mountains Ser.). (ENG., Illus.). 24p. (J). (gr. k-3). lib. bdg. 26.95 *(978-1-64487-414-1(8)*, Blastoff! Readers) Bellwether Media.

Mountain Home: The Walker Family Farmstead, Great Smoky Mountains National Park (Classic Reprint) Robert R. Madden. (ENG., Illus.). (J). 2018. 70p. 25.34 *(978-0-365-47662-7(5))*; 2017. pap. 9.57 *(978-0-282-38289-6(5))* Forgotten Bks.

Mountain Interval (Classic Reprint) Robert Frost. 2017. (ENG., Illus.). (J). 25.59 *(978-1-5283-5142-3(8))* Forgotten Bks.

Mountain-Laure & Maidenhair (Classic Reprint) Louisa Alcott. 2018. (ENG., Illus.). 62p. (J). 25.18 *(978-0-267-23959-7(9))* Forgotten Bks.

Mountain Life in Algeria. Edgar Barclay. (ENG.). (J). 2017. 172p. pap. *(978-3-337-28800-6(6))*; 2016. 164p. pap. *(978-3-7433-3858-6(0))* Creation Pubs.

Mountain Life in Algeria. Edgar Barclay. 2017. (ENG., Illus.). (J). pap. *(978-0-649-49320-3(6))* Trieste Publishing Pty Ltd.

Mountain Lion. August Hoeft. (I See Animals Ser.). (ENG.). (J). 2022. 20p. 24.99 ***(978-1-5324-3430-3(8))***; 2021. 12p. pap. 5.99 *(978-1-5324-1512-8(5))* Xist Publishing.

Mountain Lion. Virginia Loh-Hagan. Illus. by Jeff Bane. 2017. (My Early Library: My Favorite Animal Ser.). (ENG.). 24p. (J). (gr. k-1). lib. bdg. 30.64 *(978-1-63472-841-6(6)*, 209790) Cherry Lake Publishing.

Mountain Lion & the Bee Girl. Tim Ynclan & Nicole Bannister-Durling. 2018. (ENG., Illus.). 40p. (J). 23.95 *(978-1-64350-505-3(X))* Page Publishing Inc.

Mountain Lion vs. Coyote. Thomas K. Adamson. 2021. (Animal Battles Ser.). (ENG., Illus.). 24p. (J). (gr. 3-7). pap. 7.99 *(978-1-64834-254-7(X)*, 20365); lib. bdg. 26.95 *(978-1-64487-461-5(X))* Bellwether Media.

Mountain Lions. Rachel Grack. 2018. (North American Animals Ser.). (ENG.). 24p. (J). (gr. 1-4). pap. 8.99 *(978-1-68152-337-8(X)*, 15122); lib. bdg. *(978-1-68151-417-8(6)*, 15114) Amicus.

Mountain Lions. Christa C. Hogan. 2017. (Animals of North America Ser.). (ENG., Illus.). 32p. (J). (gr. 2-3). pap. 9.95 *(978-1-63517-092-4(3)*, 1635170923, Focus Readers) North Star Editions.

Mountain Lions. Betsy Rathburn. 2017. (North American Animals Ser.). (ENG., Illus.). 24p. (J). (gr. k-3). lib. bdg. 26.95 *(978-1-62617-639-3(6)*, Blastoff! Readers) Bellwether Media.

Mountain Lions. Lindsay Shaffer. 2019. (Animals of the Mountains Ser.). (ENG., Illus.). 24p. (J). (gr. k-3). lib. bdg. 26.95 *(978-1-64487-015-0(0)*, Blastoff! Readers) Bellwether Media.

Mountain Lions: Children's Animal Fact Book. Bold Kids. 2022. (ENG.). 42p. (J). pap. 14.99 *(978-1-0717-1075-3(3))* FASTLANE LLC.

Mountain Lute, or the Happy Discovery: Adorned with Cuts (Classic Reprint) Arnaud Berquin. (ENG., Illus.). (J). 2018. 32p. 24.54 *(978-0-484-67209-2(6))*; 2016. pap. 7.97 *(978-1-333-78200-9(4))* Forgotten Bks.

Mountain Madness (Classic Reprint) Anna Alice Chapin. 2018. (ENG., Illus.). 332p. (J). 30.74 *(978-0-267-16767-8(9))* Forgotten Bks.

Mountain Man Malik, 1 vol. Chad Taylor. 2016. (Rosen REAL Readers: Social Studies Nonfiction / Fiction: Myself, My Community, My World Ser.). (ENG.). 8p. (gr. k-1). pap. 5.46 *(978-1-5081-2515-0(5)*, 419c631f-c043-4c99-a578-fa0571220959, Rosen Classroom) Rosen Publishing Group, Inc., The.

Mountain Maria. Christine Warugaba. 2017. (ENG., Illus.). 34p. (J). pap. *(978-99977-771-7-1(4))* FURAHA Pubs. Ltd.

Mountain Massacre (Classic Reprint) George Martin Nathaniel Parker. (ENG., Illus.). (J). 2018. 114p. 26.27 *(978-0-428-39315-1(2))*; 2017. pap. 9.57 *(978-0-259-46995-7(5))* Forgotten Bks.

Mountain Mayhem. Suzanne Brooks Kuhn. 2017. (ENG., Illus.). 208p. (J). pap. 14.99 *(978-1-943785-18-6(X)*, 0cf85ecc-d46b-4d26-8591-9c14024e0cea) Rabbit Pubs.

Mountain, Meadow,& Mere: A Series of Outdoor Sketches of Sport, Scenery, Adventure & Natural History (Classic Reprint) G. Christopher Davies. 2018. (ENG., Illus.). 242p. (J). 28.91 *(978-0-267-47815-6(1))* Forgotten Bks.

Mountain Mission. Kristin Earhart. ed. 2016. (Race the Wild Ser.: 6). (ENG., Illus.). 144p. (J). (gr. 2-5). 14.75 *(978-0-606-39139-9(8))* Turtleback.

Mountain Mission (Race the Wild #6), 1 vol. Kristin Earhart. 2016. (Race the Wild Ser.: 6). (ENG., Illus.). 144p. (J). (gr. 2-5). pap. 4.99 *(978-0-545-94065-8(6)*, Scholastic Paperbacks) Scholastic, Inc.

Mountain Movers. Aili Mou. 2022. (Interesting Chinese Myths Ser.). (ENG.). 50p. (J). (gr. k-2). pap. 9.95 *(978-1-4878-0955-3(7))* Royal Collins Publishing Group Inc. CAN. Dist: Independent Pubs. Group.

Mountain of a Problem. Ashlyn Anstee. 2022. (Shelby & Watts Ser.: 2). (Illus.). 96p. (J). (gr. 1-4). 12.99 *(978-0-593-20535-8(9)*, Viking Books for Young Readers) Penguin Young Readers Group.

Mountain of Fears (Classic Reprint) Henry Cottrell Rowland. (ENG., Illus.). (J). 2017. 30.58 *(978-0-266-40294-7(1))*; 2016. pap. 13.57 *(978-1-333-38004-5(6))* Forgotten Bks.

Mountain of Fire: Into the Heart of Volcanoes. Julie Roberge. Tr. by Charles Simard from FRE. Illus. by Aless MC. 2023. Orig. Title: Monstres Sacrés: Voyage Au Coeur des Volcans. (ENG.). 96p. (J). (gr. 4-7). 29.95 *(978-1-4598-3506-1(9))* Orca Bk. Pubs. USA.

Mountain of Fire 1 Pathfinders. Peter Millett. Illus. by Giorgio Bacchin. ed. 2017. (Cambridge Reading Adventures Ser.). (ENG.). 24p. pap. 8.60 *(978-1-108-40074-9(4))* Cambridge Univ. Pr.

Mountain of Glass (hardcover) M. Marinan. 2023. (Across Time & Space Ser.: Vol. 2). (ENG.). 412p. (YA). ***(978-1-990014-21-5(6))*** Silversmith Publishing.

Mountain of Health: Or the Hour Improved (Classic Reprint) Cameron. 2018. (ENG., Illus.). 24p. (J). 24.39 *(978-0-267-51696-4(7))* Forgotten Bks.

Mountain Playmates (Classic Reprint) Helen R. Albee. (ENG., Illus.). (J). 2018. 282p. 29.71 *(978-0-365-25681-6(1))*; 2017. pap. 13.57 *(978-1-5276-7209-3(3))* Forgotten Bks.

Mountain Prophecy. Linda Hoover. 2016. (ENG., Illus.). (J). pap. 17.50 *(978-0-9981806-0-1(2))* Hoover, Linda.

Mountain Ranges Educational Facts Children's Earth Sciences Book. Bold Kids. 2023. (ENG.). 42p. (J). pap. 14.99 ***(978-1-0717-1655-7(7))*** FASTLANE LLC.

Mountain Ranges of the World: Andes, Rockies, Himalayas, Atlas, Alps Introduction to Geography Grade 4 Children's Science & Nature Books. Baby Professor. 2020. (ENG.). 92p. (J). 26.99 *(978-1-5419-8016-7(6))*; pap. 16.99 *(978-1-5419-5982-8(5))* Speedy Publishing LLC. (Baby Professor (Education Kids)).

Mountain Rescues. Mark L. Lewis. 2019. (Rescues in Focus Ser.). (ENG., Illus.). 32p. (J). (gr. 2-3). pap. 9.95 *(978-1-64185-842-7(7)*, 1641858427); lib. bdg. 31.35 *(978-1-64185-773-4(0)*, 1641857730) North Star Editions. (Focus Readers).

Mountain Runaways. Pam Withers. 2022. (ENG.). 280p. (YA). (gr. 7-10). pap. 12.99 *(978-1-4597-4831-6(X))* Dundurn Pr. CAN. Dist: Publishers Group West (PGW).

Mountain School-Teacher (Classic Reprint) Melville Davisson Post. 2018. (ENG., Illus.). 204p. (J). 28.12 *(978-0-483-66998-7(9))* Forgotten Bks.

Mountain Sings! a Nature Coloring Book. Bobo's Children Activity Books. 2016. (ENG., Illus.). (J). pap. 9.33 *(978-1-68327-556-5(X))* Sunshine In My Soul Publishing.

Mountain Sports. Andrew Luke. 2017. (Illus.). 48p. (J). *(978-1-4222-3707-6(9))* Mason Crest.

Mountain States of America: People, Politics, & Power in the Eight Rocky Mountain States (Classic Reprint) Neal R. Peirce. 2017. (ENG., Illus.). (J). 32.23 *(978-0-260-01070-4(7))* Forgotten Bks.

Mountain Stream: The Chinese Classic Story of Friendship Betweem Yu Boya & Zhong Ziqi. Xue Feng Liu. 2016. (CHI.). (J). pap. *(978-7-5148-2874-0(5))* China Children's Publishing Hse.

Mountain Throwers. Peter Davis. 2023. (ENG.). 136p. (YA). pap. 13.99 ***(978-1-0880-8956-9(9))*** Indy Pub.

Mountain Top Mystery (the Boxcar Children: Time to Read, Level 2) Illus. by Liz Brizzi. 2021. (Boxcar Children Early Readers Ser.). (ENG.). 48p. (J). (gr. k-2). pap. 4.99 *(978-0-8075-5289-6(5)*, 807552895); 12.99 *(978-0-8075-5291-9(7)*, 807552917) Random Hse. Children's Bks. (Random Hse. Bks. for Young Readers).

Mountain Town in France. Robert Louis Stevenson. 2016. (ENG., Illus.). (J). pap. *(978-3-7433-5005-2(X))* Creation Pubs.

Mountain Town in France: A Fragment (Classic Reprint) Robert Louis Stevenson. (ENG., Illus.). (J). 2018. 42p. 24.76 *(978-0-267-33152-9(5))*; 2016. pap. 7.97 *(978-1-333-57275-4(1))* Forgotten Bks.

Mountain Trail & Its Message (Classic Reprint) Albert W. Palmer. 2018. (ENG., Illus.). 36p. (J). 24.66 *(978-0-267-69071-8(1))* Forgotten Bks.

Mountain Travel (Grade 1) Dona Herweck Rice. 2018. (See Me Read! Everyday Words Ser.). (ENG., Illus.). 12p. (J). (gr. k-1). 6.99 *(978-1-4938-9856-5(6))* Teacher Created Materials, Inc.

Mountain Woman (Classic Reprint) Elia Wilkinson Peattie. 2018. (ENG., Illus.). 266p. (J). 29.38 *(978-0-483-50645-9(1))* Forgotten Bks.

Mountaineering in the Land of the Midnight Sun (Classic Reprint) Aubrey Le Blond. (ENG., Illus.). (J). 2018. 430p. 32.77 *(978-0-365-31048-8(4))*; 2017. pap. 16.57 *(978-0-282-39568-1(7))* Forgotten Bks.

Mountaineering Records (Classic Reprint) Emily Hornby. abr. ed. 2018. (ENG., Illus.). 366p. (J). 31.47 *(978-0-267-48199-6(3))* Forgotten Bks.

Mountaineers: Or, Bottled Sunshine for Blue Mondays (Classic Reprint) Jean Yelsew. 2018. (ENG., Illus.). 312p. (J). 30.33 *(978-0-483-53318-9(1))* Forgotten Bks.

Mountains. Lisa J. Amstutz. 2020. (Earth's Landforms Ser.). (ENG.). 24p. (J). (gr. k-2). 6.95 *(978-1-9771-2633-7(2)*, 201613); (Illus.). lib. bdg. 27.99 *(978-1-9771-2457-9(7)*, 200468) Capstone. (Pebble).

Mountains. Quinn M. Arnold. 2016. (Seedlings Ser.). (ENG., Illus.). 24p. (J). (gr. -1-k). *(978-1-60818-742-3(X)*, 20735, Creative Education); pap. 8.99 *(978-1-62832-338-2(8)*, 20733, Creative Paperbacks) Creative Co., The.

Mountains. Erinn Banting. 2016. (Illus.). 32p. (J). *(978-1-5105-0873-6(2))* SmartBook Media, Inc.

Mountains. Sean Callery. 2018. (Lifecycles Ser.). (ENG.). 32p. (J). pap. 7.99 *(978-0-7534-7424-2(7)*, 900187156, Kingfisher) Roaring Brook Pr.

Mountains, 1 vol. Kathy Furgang. 2019. (Investigate Earth Science Ser.). (ENG.). 24p. (gr. 2-2). pap. 10.95 *(978-1-9785-0871-2(9)*, 39ff04d8-5b5f-4d11-aa09-b8f7933eabac) Enslow Publishing, LLC.

Mountains. Emily Kington. 2021. (Extreme Habitats Ser.). (ENG., Illus.). 32p. (J). (gr. 2-5). lib. bdg. 29.32 *(978-1-914087-08-0(9)*, 5010a19c-882d-472b-8e02-e5fd94873c06, Hungry Tomato (r)) Lerner Publishing Group.

Mountains. Samantha Kusari. Illus. by Rosendo Pabalinas, Jr. 2021. (ENG.). 30p. (J). pap. *(978-1-922621-53-5(6))* Library For All Limited.

Mountains. Martha London. 2018. (Landforms Ser.). (ENG., Illus.). 32p. (J). (gr. 2-3). pap. 9.95 *(978-1-63517-995-8(5)*, 1635179955); lib. bdg. 31.35 *(978-1-63517-894-4(0)*, 1635178940) North Star Editions. (Focus Readers).

Mountains. Alexis Roumanis. 2018. (Habitats Ser.). (ENG.). 24p. (J). lib. bdg. 22.99 *(978-1-5105-3819-1(4))* SmartBook Media, Inc.

Mountains. Richard Thomas. 2019. (ENG.). 44p. (J). pap. 18.95 *(978-1-4834-9876-8(X))* Lulu Pr., Inc.

Mountains. Mary-Jane Wilkins. 2017. (Who Lives Here? Ser.). (ENG., Illus.). 24p. (J). (gr. 2-4). 28.50 *(978-1-78121-348-3(8)*, 16714) Brown Bear Bks.

Mountains, 1 vol. Jagger Youssef. 2017. (Our Exciting Earth! Ser.). (ENG.). 24p. (J). (gr. k-k). pap. 9.15 *(978-1-5382-0965-3(9)*, 965e654a-4610-453f-a53e-7901b67d4af1) Stevens, Gareth Publishing LLLP.

Mountains: Children's Fact Book. Bold Kids. 2022. (ENG.). 42p. (J). pap. 14.99 *(978-1-0717-1076-0(1))* FASTLANE LLC.

Mountains: Discover Pictures & Facts about Mountains for Kids! a Children's Topography Book. Bold Kids. 2022. (ENG.). 34p. (J). pap. 14.99 *(978-1-0717-0843-9(0))* FASTLANE LLC.

Mountains - Animal Habitats for Kids! Environment Where Wildlife Lives for Kids - Children's Environment Books. Baby Iq Builder Books. 2016. (ENG., Illus.). (J). pap. 8.99 *(978-1-68374-725-3(9))* Examined Solutions PTE. Ltd.

Mountains - Maunga (Te Kiribati) Samantha Kusari. Illus. by Rosendo Pabalinas. 2023. (ENG.). 30p. (J). pap. ***(978-1-922827-93-7(2))*** Library For All Limited.

Mountains & Canyons, 1 vol. Dennis Rudenko. 2016. (Spotlight on Earth Science Ser.). (ENG.). 24p. (J). (gr. 4-6). pap. 11.00 *(978-1-4994-2527-7(9)*, 9903d5c1-7e64-452c-8343-bfdf7674f39c, PowerKids Pr.) Rosen Publishing Group, Inc., The.

Mountains (Classic Reprint) Stewart Edward White. 2018. (ENG., Illus.). 326p. (J). 30.62 *(978-0-666-11303-0(3))* Forgotten Bks.

Mountains Made by God's Hands Coloring Book. Smarter Activity Books for Kids. 2016. (ENG., Illus.). (J). pap. 9.22 *(978-1-68374-374-3(1))* Examined Solutions PTE. Ltd.

Mountains of Fire. 2017. (Illus.). 40p. (J). *(978-0-7166-3367-9(1))* World Bk., Inc.

Mountains of Frosting Cupcake Coloring Book. Activibooks. 2016. (ENG., Illus.). (J). pap. 9.20 *(978-1-68321-808-1(6))* Mimaxion.

Mountains of Mourne: Their Charm & Their People (Classic Reprint) Louise McKay. 2017. (ENG., Illus.). (J). 26.66 *(978-1-5283-7566-5(1))* Forgotten Bks.

Mountains of Necessity (Classic Reprint) Hester White. 2018. (ENG., Illus.). 348p. (J). 31.07 *(978-0-483-91421-6(5))* Forgotten Bks.

Mountains of the Moon (Classic Reprint) J. D. Beresford. 2017. (ENG., Illus.). (J). 30.48 *(978-0-265-21501-2(3))* Forgotten Bks.

Mountains of the Morning (Classic Reprint) Guy Fitch Phelps. (ENG., Illus.). (J). 2018. 406p. 32.29 *(978-0-483-76992-2(4))*; 2017. pap. 16.57 *(978-0-259-00292-5(5))* Forgotten Bks.

Mountains, Rivers, & Streams Coloring Book. Bobo's Children Activity Books. 2016. (ENG., Illus.). (J). pap. 9.33 *(978-1-68327-670-8(1))* Sunshine In My Soul Publishing.

Mountain's Wisdom: The Slate & the Granite. Jessica Janowsky. 2022. (ENG.). 60p. (J). pap. *(978-1-83875-447-1(4))* Vanguard Pr.

MountainSea Scrolls & the 9 Tailed Fox. Kyle Anderson. 2022. (ENG.). 192p. (J). 29.99 ***(978-1-7341906-7-0(1))***; pap. 11.99 ***(978-1-7341906-1-8(2))*** Marro, Jon.

1376 The check digit for ISBN-10 appears in parentheses after the full ISBN-13

Mountebank (Classic Reprint) William J. Locke. 2018. (ENG., Illus.). 326p. (J). 30.62 *(978-0-484-23801-4(9))* Forgotten Bks.

Mounted Justice: True Stories of the Pennsylvania State Police (Classic Reprint) Katherine Mayo. 2018. (ENG., Illus.). 308p. (J). 30.27 *(978-0-483-40171-6(4))* Forgotten Bks.

Mountie & the Sourdough (Classic Reprint) Alexander J. Rosborough. 2018. (ENG., Illus.). 36p. (J). 24.66 *(978-0-656-92905-4(7))* Forgotten Bks.

Mourning Doves. Lisa J. Amstutz. 2016. (Backyard Birds Ser.). (ENG., Illus.). 24p. (J). (gr. -1-2). lib. bdg. 27.32 *(978-1-4914-8514-9(0)*, 131097, Capstone Pr.) Capstone.

Mourtray Family, Vol. 1 Of 4: A Novel (Classic Reprint) Elizabeth Hervey. 2017. (ENG., Illus.). (J). 30.15 *(978-0-266-72054-6(4))*; pap. 13.57 *(978-1-5276-7726-5(5))* Forgotten Bks.

Mourtray Family, Vol. 2 Of 4: A Novel (Classic Reprint) Elizabeth Hervey. 2018. (ENG., Illus.). 286p. (J). 29.82 *(978-0-483-66517-0(7))* Forgotten Bks.

Mourtray Family, Vol. 3 Of 4: A Novel (Classic Reprint) Elizabeth Hervey. 2017. (ENG., Illus.). (J). 29.71 *(978-0-265-73137-6(2))*; pap. 13.57 *(978-1-5276-9256-5(6))* Forgotten Bks.

Mourtray Family, Vol. 4 Of 4: A Novel (Classic Reprint) Elizabeth Hervey. 2018. (ENG., Illus.). 280p. (J). 29.67 *(978-0-483-93453-5(4))* Forgotten Bks.

Mouse. Richard Ford Burley. 2017. (Mouse Ser.: Vol. 1). (ENG., Illus.). (YA). 24.95 *(978-1-943419-50-0(7))* Prospective Pr.

Mouse. August Hoeft. (I See Animals Ser.). (ENG.). (J). 2022. 20p. pap. 12.99 ***(978-1-5324-4234-6(3))***; 2021. 12p. pap. 5.99 *(978-1-5324-1509-8(5))* Xist Publishing.

Mouse: That Helps Us Learn the Books of the Bible. Clayton E. Thomas. Illus. by Loren M. Collins. 2020. (ENG.). 42p. (J). pap. 20.45 *(978-1-9736-8744-3(5)*, WestBow Pr.) Author Solutions, LLC.

Mouse & Cat. Bill Burt. 2016. (ENG., Illus.). (J). pap. 10.99 *(978-1-62550-380-0(6))* Breezeway Books.

Mouse & Frog & Rat Trap. Ed. by William Webster. Illus. by Nashmin Valadi. 2019. (ENG.). 40p. (J). (gr. k). pap. *(978-0-6483864-4-5(9))* Australian Self Publishing Group/ Inspiring Pubs.

Mouse & Giraffe. Kelly DiPucchio. Illus. by Jen Corace. 2023. 40p. (J). (gr. -1-2). 18.99 ***(978-0-593-46503-5(2)***, Viking Books for Young Readers) Penguin Young Readers Group.

Mouse & Hippo. Mike Twohy. Illus. by Mike Twohy. 2017. (ENG., Illus.). 32p. (J). (gr. -1-3). 17.99 *(978-1-4814-5124-6(3)*, Simon & Schuster/Paula Wiseman Bks.) Simon & Schuster/Paula Wiseman Bks.

Mouse & Mice, Fly & Flies. Mariya Siegelman. Illus. by Ravin Phul. 2022. (ENG.). 32p. (J). pap. 12.99 ***(978-1-0879-8395-0(9))*** Indy Pub.

Mouse & Mole, 1 vol. Joyce Dunbar. Illus. by James Mayhew. 2021. (ENG.). 40p. (J). 17.99 *(978-1-59572-900-2(3))*; 7.99 *(978-1-59572-901-9(1))* Star Bright Bks., Inc.

Mouse & Mole Have a Party, 1 vol. Joyce Dunbar. Illus. by James Mayhew. 2021. (ENG.). 40p. (J). 17.99 *(978-1-59572-902-6(X))*; 7.99 *(978-1-59572-903-3(8))* Star Bright Bks., Inc.

Mouse & the Big Show. Jimmy Danelli. Illus. by Maureen Danelli. 2016. (ENG.). (J). pap. 12.99 *(978-0-692-78740-3(2))* Straight From The Heart Publishing.

MOUSE & the City of Secrets: MOUSE & the City of Secrets. 2020. (Mouse Ser.: Vol. 2). (ENG.). 124p. (J). pap. *(978-1-9163591-3-0(2))* Utility Fog Pr.

Mouse & the Doctor. Erin McLain. Illus. by Betsy Feinberg. 2020. (ENG.). 64p. (J). pap. 11.65 *(978-1-64970-612-6(X))* Primedia eLaunch LLC.

Mouse & the Flood. Marion Heffernan. Illus. by Amy Begley. 2021. (ENG.). 46p. (J). 19.99 *(978-1-948928-71-7(X))*; pap. 9.99 *(978-1-948928-70-0(1))* Ideopage Pr. Solutions.

MOUSE & the Grand Plan. Alanna Betambeau. Illus. by Daniel Rumsey. 2021. (ENG.). 92p. (J). pap. *(978-1-9196261-0-9(7))* Utility Fog Pr.

Mouse & the Inbetween. Chet Celenza. Illus. by Adeline Celenza. 2023. (ENG.). 24p. (J). 18.99 ***(978-1-64538-566-0(3))***; pap. 13.99 ***(978-1-64538-562-2(0))*** Orange Hat Publishing.

Mouse & the Little Pink Elephant. Shannon L. Mokry. Illus. by Shannon L. Mokry. 2021. (ENG., Illus.). 34p. (J). 16.95 *(978-1-951521-38-7(2))*; pap. 9.95 *(978-1-951521-39-4(0))* Sillygeese Publishing, LLC.

Mouse & the Moonbeam (Classic Reprint) Eugene Field. 2018. (ENG., Illus.). 26p. (J). 24.43 *(978-0-483-23572-4(5))* Forgotten Bks.

Mouse & the Motorcycle see Ratoncito de la Moto: The Mouse & the Motorcycle (Spanish Edition)

Mouse & the Motorcycle. Beverly Cleary. Illus. by Jacqueline Rogers. 2021. (Ralph S. Mouse Ser.: 1). (ENG.). 208p. (J). (gr. 3-7). 18.99 *(978-0-688-21698-6(6))*; reprint ed. pap. 9.99 *(978-0-380-70924-3(4))* HarperCollins Pubs. (HarperCollins).

Mouse & the Motorcycle: a Harper Classic. Beverly Cleary. Illus. by Jacqueline Rogers. 2017. (Harper Classic Ser.). (ENG.). 224p. (J). (gr. 3-7). 16.99 *(978-0-06-265798-5(4)*, HarperCollins) HarperCollins Pubs.

Mouse & the Motorcycle Novel Units Teacher Guide. Novel Units. 2019. (ENG.). (J). pap. 12.99 *(978-1-56137-274-4(9)*, Novel Units, Inc.) Classroom Library Co.

MOUSE & the Mystery Box: MOUSE & the Mystery Box. 2020. (Mouse Ser.: Vol. 1). (ENG.). 98p. (J). pap. *(978-1-9163591-0-9(8))* Utility Fog Pr.

Mouse & the Owl. Stephanie Joan Boraas. 2021. (ENG.). 24p. (J). pap. *(978-0-2288-4990-2(X))* Tellwell Talent.

Mouse & the Storm. Susan Quayle. Illus. by Melissa Muldoon. 2017. 56p. 15.95 *(978-1-84819-344-4(0)*, 696462, Singing Dragon) Kingsley, Jessica Pubs. GBR. Dist: Hachette UK Distribution.

Mouse at the Manger. Patricia Davenport. Illus. by Casey Davenport. 2021. (ENG.). 20p. (J). pap. 14.95 *(978-1-63844-147-2(2))* Christian Faith Publishing.

Mouse Before Christmas. Tracey Turner. Illus. by Jenny Løvlie. 2020. (ENG.). 32p. (J). 10.99 *(978-1-5037-5495-9(2)*, 3679, Sunbird Books) Phoenix International Publications, Inc.

Mouse Called Julian. Joe Todd-Stanton. 2019. (ENG., Illus.). 40p. (J). (-k). 16.95 *(978-1-912497-06-5(9))* Flying Eye Bks. GBR. Dist: Penguin Random Hse. LLC.

Mouse Called Miika. Matt Haig. Illus. by Chris Mould. (Boy Called Christmas Ser.). (ENG.). (J). (gr. 3-7). 2022. 176p. 7.99 *(978-0-593-64485-0(9)*, Yearling); 2021. 160p. 16.99 *(978-0-593-37739-0(7)*, Knopf Bks. for Young Readers) Random Hse. Children's Bks.

Mouse Caper. Marilyn Seigle. Illus. by Maegan Penley. 2020. (ENG.). 32p. (J). (gr. k-3). 21.95 *(978-1-951565-10-7(X)*, Belle Isle Bks.) Brandylane Pubs., Inc.

Mouse Cookie Delights: 3 Board Book Bites: The Best Mouse Cookie; Happy Birthday, Mouse!; Time for School, Mouse! Laura Numeroff. Illus. by Felicia Bond. 2020. (If You Give... Ser.). (ENG.). 72p. (J). (gr. -1 — 1). 22.97 *(978-0-06-298394-7(6)*, HarperFestival) HarperCollins Pubs.

Mouse Count/Cuenta de Ratón: Bilingual English-Spanish. Ellen Stoll Walsh. 2020. (ENG., Illus.). 30p. (J). (— 1). bds. 5.99 *(978-0-358-36257-9(1)*, 1784594, Clarion Bks.) HarperCollins Pubs.

Mouse Cricket Caper: (the MCC) Trenowden Mark. 3rd ed. 2019. (Mouse Cricket Caper Ser.: Vol. 1). (ENG., Illus.). 222p. (YA). (gr. 7-11). pap. *(978-1-5272-3574-8(2))* Cambrian Way Trust.

Mouse Deer. Colleen Sexton. 2022. (Library of Awesome Animals Set Three Ser.). (ENG.). (J). (gr. 2-5). lib. bdg. 26.99 Bearport Publishing Co., Inc.

Mouse Ears. Tony Weston. 2016. (ENG.). 134p. (J). pap. ***(978-1-326-62563-4(2))*** Lulu Pr., Inc.

Mouse Family Thanksgiving. Sarah Thomas. 2021. (ENG.). 46p. (J). 16.95 *(978-1-948807-11-1(4)*, Line By Lion Pubns.) 3 Fates Pr.

Mouse Family Thanksgiving. Sarah Thomas. Illus. by Oli Rainwater. 2021. (ENG.). 46p. (J). 24.99 ***(978-1-948807-23-4(8)***, Line By Lion Pubns.) 3 Fates Pr.

Mouse Grown a Rat, or the Story of the City & Country Mouse Newly Transpos'd: In a Discourse Betwixt Bays, Johnson, & Smith (Classic Reprint) John Tutchin. (ENG., Illus.). (J). 2018. 38p. 24.68 *(978-0-483-64110-5(3))*; 2016. pap. 7.97 *(978-1-334-36895-0(3))* Forgotten Bks.

Mouse Guard Alphabet Book. David Petersen. Illus. by Serena Malyon. 2017. (Mouse Guard Ser.: 1). (ENG.). 64p. (J). (gr. -1). 16.99 *(978-1-68415-010-6(8)*, Archaia Entertainment) BOOM! Studios.

Mouse Guard Volume 2: Winter 1152 Black & White Limited Edition Vol. 2. David Petersen. 2016. (Mouse Guard Ser.: 2). (ENG., Illus.). 192p. (gr. 4). 99.99 *(978-1-932386-81-3(5)*, Archaia Entertainment) BOOM! Studios.

Mouse House. John Burningham. Illus. by John Burningham. 2018. (ENG., Illus.). 32p. (J). (gr. -1-2). 16.99 *(978-1-5362-0039-3(5))* Candlewick Pr.

Mouse House. Rumer Godden. Illus. by Adrienne Adams. 2016. (ENG.). 72p. (J). (gr. -1-2). 18.95 *(978-1-59017-998-7(6)*, NYR Children's Collection) New York Review of Bks., Inc., The.

Mouse House. Poppy Green. Illus. by Jennifer A. Bell. 2017. (Adventures of Sophie Mouse Ser.: 11). (ENG.). 128p. (J). (gr. k-4). pap. 6.99 *(978-1-4814-9435-9(X)*, Little Simon) Little Simon.

Mouse in Beethoven's House. Chanel Rose Chow. Illus. by Pia Reyes. 2022. (ENG.). 36p. (J). ***(978-1-5255-9677-3(2))***; pap. ***(978-1-5255-9676-6(4))*** FriesenPress.

Mouse in Our House. Louise Watson. (ENG.). (J). 2022. 40p. 18.99 ***(978-1-6629-3499-5(8))***; 2022. 40p. pap. 9.99 ***(978-1-6629-3500-8(5))***; 2021. 38p. 15.99 *(978-1-6629-1087-6(8))*; 2021. 38p. pap. 7.99 *(978-1-6629-1780-6(5))* Gatekeeper Pr.

Mouse in Room Twelve. John Cowart & Gracelyn Yarborough. 2018. (ENG., Illus.). 38p. (J). *(978-0-359-13019-1(4))* Lulu Pr., Inc.

Mouse in the House. Russell Ayto. Illus. by Russell Ayto. 2020. (ENG., Illus.). 32p. (J). (gr. -1-3). 17.99 *(978-1-7284-1581-9(0)*, 57594e90-1311-40a0-b700-69f6a0d7dba5) Lerner Publishing Group.

Mouse in the House. Courtney DuQuette, 2017. (ENG.). (J). 14.95 *(978-1-63177-809-4(9))* Amplify Publishing Group.

Mouse in the House. Mary Page-Clay. 2017. (ENG., Illus.). (J). pap. 12.45 *(978-1-4808-4186-4(2))* Archway Publishing.

Mouse in the House: A True Story about the Mice Who Came into Our Home after Hurricane Sandy. Steve Tarpinian. Illus. by Steve Dansereau. 2018. (ENG.). 34p. (J). (gr. 4-6). pap. 12.99 *(978-0-692-06685-0(3))* mellano, jean.

Mouse in the House: For the Love of Peanut Butter. J. L. Callison. Illus. by Donna J. Setterlund. 2019. (Mouse in the House Ser.: Vol. 1). (ENG.). 42p. (J). (gr. k-2). 11.95 *(978-0-9987771-5-3(3))*; 22.95 *(978-0-9987771-4-6(5))* Callison, J.L.

Mouse in the House & Other Stories from Mrs. Avery's Kitchen. J. S. Rust. 2021. (ENG.). 88p. (YA). 26.95 *(978-1-63881-866-3(5))*; pap. 16.95 *(978-1-63881-280-7(2))* Newman Springs Publishing, Inc.

Mouse Loves Fall. Comment by Lauren Thompson. 2019. (Ready-To-Read Ser.). (ENG.). 32p. (J). (gr. k-1). 13.96 *(978-0-87617-781-5(X))* Penworthy Co., LLC, The.

Mouse Loves Fall: Ready-To-Read Pre-Level 1. Lauren Thompson. Illus. by Buket Erdogan. 2018. (Mouse Ser.). (ENG.). 32p. (J). (gr. -1-k). 17.99 *(978-1-5344-2147-9(5))*; pap. 4.99 *(978-1-5344-2146-2(7))* Simon Spotlight. (Simon Spotlight).

Mouse Loves Love. Comment by Lauren Thompson. 2019. (Ready-To-Read Ser.). (ENG.). 32p. (J). (gr. k-1). 13.96 *(978-0-87617-782-2(8))* Penworthy Co., LLC, The.

Mouse Loves Love: Ready-To-Read Pre-Level 1. Lauren Thompson. Illus. by Buket Erdogan. 2018. (Mouse Ser.). (ENG.). 32p. (J). (gr. -1-k). 17.99 *(978-1-5344-2150-9(5))*; pap. 4.99 *(978-1-5344-2149-3(1))* Simon Spotlight. (Simon Spotlight).

Mouse Loves Snow. Lauren Thompson. ed. 2018. (Ready-To-Read Ser.). (ENG.). 32p. (J). (gr. -1-1). 13.89 *(978-1-64310-618-2(X))* Penworthy Co., LLC, The.

Mouse Loves Snow: Ready-To-Read Pre-Level 1. Lauren Thompson. Illus. by Buket Erdogan. 2017. (Mouse Ser.). (ENG.). 32p. (J). (gr. -1-k). 17.99 *(978-1-5344-0182-2(2))*; pap. 4.99 *(978-1-5344-0181-5(4))* Simon Spotlight. (Simon Spotlight).

Mouse Loves Spring. Lauren Thompson. ed. 2018. (Simon & Schuster Ready-To-Read Level 1 Ser.). lib. bdg. 13.55 *(978-0-606-40862-2(2))* Turtleback.

Mouse Loves Spring: Ready-To-Read Pre-Level 1. Lauren Thompson. Illus. by Buket Erdogan. 2018. (Mouse Ser.). (ENG.). 32p. (J). (gr. -1-k). 17.99 *(978-1-5344-0185-3(7))*; pap. 4.99 *(978-1-5344-0184-6(9))* Simon Spotlight. (Simon Spotlight).

Mouse Loves Summer: Ready-To-Read Pre-Level 1. Lauren Thompson. Illus. by Buket Erdogan. 2018. (Mouse Ser.). (ENG.). 32p. (J). (gr. -1-k). 17.99 *(978-1-5344-2057-1(6))*; pap. 4.99 *(978-1-5344-2056-4(8))* Simon Spotlight. (Simon Spotlight).

Mouse Miller: And Other Stories (Classic Reprint) Cooke Don-Carlos. (ENG., Illus.). (J). 2018. 124p. 26.45 *(978-0-483-45155-1(X))*; 2016. pap. 9.57 *(978-1-334-12444-0(2))* Forgotten Bks.

Mouse Mischief: Snappy Shaped Board Books. Derek Matthews. annot. ed. 2016. (CHI.). (J). *(978-986-212-303-4(6))* Shan Jen Publishing Co., Ltd.

Mouse of the Opera. Tuula Pere. Ed. by Susan Korman. Illus. by Outi Rautkallio. 2018. (ENG.). 40p. (J). (gr. 1-4). *(978-952-7107-03-4(2))*; pap. *(978-952-5878-14-1(7))* Wickwick oy.

Mouse Scouts: Make Friends. Sarah Dillard. 2018. (Mouse Scouts Ser.: 4). (Illus.). 160p. (J). (gr. 2-5). pap. 7.99 *(978-0-385-75612-9(7)*, Yearling) Random Hse. Children's Bks.

Mouse Seasons. Leo Lionni. 2022. (ENG., Illus.). 32p. (J). (gr. -1-2). 17.99 *(978-0-593-37475-7(4))*; lib. bdg. 20.99 *(978-0-593-37476-4(2))* Random Hse. Children's Bks. (Knopf Bks. for Young Readers).

Mouse Tails & Other Short Bedtime Stories for Children. John L. Barker. 2022. (ENG.). 162p. (J). pap. 29.95 *(978-1-68517-985-4(1))* Christian Faith Publishing.

Mouse Tails of Dewey Alowishus. Linda McKenna Hohertz. 2018. (ENG., Illus.). 46p. (J). pap. 14.95 *(978-1-63575-283-0(3))* Christian Faith Publishing.

Mouse Thanksgiving. Carlton Montgomery. 2021. (ENG.). 32p. (J). pap. 16.95 *(978-1-63302-210-2(2)*, Total Publishing & Media) Yorkshire Publishing Group.

Mouse Train. Michael E. Champey. 2022. (ENG.). 96p. (J). pap. 6.99 *(978-1-0879-3939-1(9))* Indy Pub.

Mouse Train 2: Dirby's World Tour. M. E. Champey. 2023. (ENG.). 116p. (J). pap. 7.99 ***(978-1-0881-2207-5(8))*** Indy Pub.

Mouse-Trap, & Other Farces. W. D. Howells. 2017. (ENG., Illus.). (J). pap. *(978-0-649-28882-3(3))* Trieste Publishing Pty Ltd.

Mouse-Trap & Other Farces (Classic Reprint) W. D. Howells. 2017. (ENG., Illus.). (J). 27.98 *(978-0-266-71628-0(8))* Forgotten Bks.

Mouse-Trap (Classic Reprint) William Dean Howells. 2018. (ENG., Illus.). 66p. (J). 25.28 *(978-0-483-94313-1(4))* Forgotten Bks.

Mouse Turds on Granny's Pillow. Cherie Burbach. 2022. (ENG.). 32p. (J). 22.99 *(978-1-7370962-3-8(4))* Bonjour Publishing.

Mouse vs Wild (Geronimo Stilton #82) Geronimo Stilton. 2022. (Geronimo Stilton Ser.). (ENG.). 128p. (J). (gr. 2-5). pap. 8.99 *(978-1-338-84802-1(X)*, Scholastic Paperbacks) Scholastic, Inc.

Mouse Watch in Space, the-The Mouse Watch, Book 3. J. J. Gilbert. 2022. (Mouse Watch Ser.: 3). 224p. (J). (gr. 3-7). 16.99 *(978-1-368-05220-7(7))*; pap. 7.99 *(978-1-368-06821-5(9))* Disney Publishing Worldwide. (Disney-Hyperion).

Mouse Watch, the-The Mouse Watch, Book 1. J. J. Gilbert. (Mouse Watch Ser.: 1). (J). (gr. 3-7). 2021. 272p. pap. 7.99 *(978-1-368-06820-8(0))*; 2020. (Illus.). 48p. 16.99 *(978-1-368-05218-4(5))* Disney Publishing Worldwide. (Disney-Hyperion).

Mouse Watch Underwater, the-The Mouse Watch, Book 2. J. J. Gilbert. 2021. (Mouse Watch Ser.: 2). (Illus.). 240p. (J). (gr. 3-7). 16.99 *(978-1-368-05219-1(3)*, Disney-Hyperion) Disney Publishing Worldwide.

Mouse Who Came to Lunch. Susan E. Snyder. Illus. by Sue Lynn Cotton. 2018. (ENG.). 20p. (J). (gr. k-4). 21.95 *(978-1-61493-617-6(X))* Peppertree Pr., The.

Mouse Who Carried a House on His Back. Jonathan Stutzman. Illus. by Isabelle Arsenault. 2022. (ENG.). 48p. (J). (gr. -1-3). 18.99 *(978-1-5362-1679-0(8))* Candlewick Pr.

Mouse Who Had Everything. Suzanne Hetzel. Illus. by Suzanne Hetzel. 2022. (ENG.). 38p. (J). 21.99 ***(978-1-0879-9501-4(9))*** Indy Pub.

Mouse Who Lives in a Violin: Book 1: a Bully's Story (Best in State) Thomas Eaton. 2016. (ENG., Illus.). (J). pap. 24.95 *(978-1-63508-382-8(6))* America Star Bks.

Mouse Who Wanted Some Cheese. Era Cathlean Lindsey. Illus. by Anastasia Busko. 2019. (ENG.). 34p. (J). 16.99 *(978-1-0878-1193-2(7))* Sing Creative Consulting.

Mouse Who Wasn't Scared. Petr Horacek & Petr Horacek. Illus. by Petr Horacek & Petr Horacek. 2018. (ENG., Illus.). 32p. (J). (-k). 15.99 *(978-0-7636-9881-2(4))* Candlewick Pr.

Mouse Without a House: The Story of Munchee the Mouse. Glynna Alderman Hood. Illus. by Jesús Román. 2022. (ENG.). 34p. (J). 24.95 *(978-1-68526-589-2(8))*; pap. 15.95 *(978-1-68526-587-8(1))* Covenant Bks.

Mouseboat. Larissa Theule. Illus. by Abigail Halpin. 2023. 40p. (J). (gr. -1-3). 18.99 *(978-0-593-32735-7(7)*, Viking Books for Young Readers) Penguin Young Readers Group.

Mousedom Christmas. Dennis F. Killeen. 2020. (ENG.). 72p. (J). pap. 9.99 *(978-1-6628-0061-0(4))* Salem Author Services.

Mouseford Musical (Mouseford Academy #6) Thea Stilton. Illus. by Thea Stilton. 2018. (Thea Stilton Mouseford Academy Ser.: 6). (ENG., Illus.). 128p. (J). (gr. 2-5). pap. 7.99 *(978-0-545-78905-9(2)*, Scholastic Paperbacks) Scholastic, Inc.

Mousekeeper Christmas: Early Reader. Jenny Copeland. Illus. by Ivan Marecic. 2018. (Mousekeeper Christmas Ser.: Vol. 2). (ENG.). 78p. (J). (gr. k-3). 21.99 *(978-0-9992968-3-7(3))* Crazy Red Head Publishing.

Mouse's Best Day Ever: Children's Reflexology to Soothe Sore Teeth & Tums. Susan Quayle. Illus. by Melissa Muldoon. 2016. 44p. 18.95 *(978-1-84819-315-4(7)*, 694042, Singing Dragon) Kingsley, Jessica Pubs. GBR. Dist: Hachette UK Distribution.

Mouse's Christmas Gift, 1 vol. Mindy Baker. Illus. by Dow Phumiruk. 2018. (ENG.). 32p. (J). 17.99 *(978-0-310-75900-3(5))* Zonderkidz.

Mouse's Houses. Andrea Witt. 2021. (ENG.). 36p. (J). pap. 14.99 *(978-1-0879-6667-0(1))* Indy Pub.

Mouse's Life. John Himmelman. Illus. by John Himmelman. l.t. ed. 2022. (ENG.). 34p. (J). pap. 14.95 ***(978-1-956381-19-1(8))*** Mazo Pubs.

Mouse's Night Before Christmas. Tracey Corderoy. Illus. by Sarah Massini. 2020. (ENG.). 32p. (J). (-k). 17.99 *(978-1-5362-1440-6(X))* Candlewick Pr.

Mouse's Tail. Prod. by Red Tower. 2023. (ENG.). 38p. (J). pap. 11.99 ***(978-1-913432-69-0(6))*** Stairwell Bks.

Mouse's Tail (Classic Reprint) Helen Pettes. (ENG., Illus.). (J). 2018. 32p. 24.58 *(978-0-267-56740-9(5))*; 2016. pap. 7.97 *(978-1-333-83068-7(8))* Forgotten Bks.

Mouse's Tale: The Adventures of Sniffelena & Sniffles. Margaret Ferron-Foley. 2018. (ENG., Illus.). 46p. (J). 24.95 *(978-1-64082-877-3(X))* Page Publishing Inc.

Mouse's Thanksgiving. Judy Cox. Illus. by Jeffrey Ebbeler. 2020. (Adventures of Mouse Ser.: 1). 30p. (J). (— 1). bds. 7.99 *(978-0-8234-4826-5(6))* Holiday Hse., Inc.

Mouse's Wood: A Year in Nature. Alice Melvin. 2022. (ENG., Illus.). 32p. (J). (gr. -1-k). 19.95 ***(978-0-500-65270-1(8)***, 565270) Thames & Hudson.

Mousetropolis. R. Gregory Christie. 2016. (ENG., Illus.). 32p. (J). (gr. -1-3). 6.99 *(978-0-8234-3692-7(6))* Holiday Hse., Inc.

Mousey's Brighton Adventures. Jo Gibson. 2019. (ENG.). 32p. (J). pap. *(978-1-5289-2664-5(1))* Austin Macauley Pubs. Ltd.

Mousie & Lousie & Friends. Michael Schildcrout. 2019. (ENG.). 58p. (J). pap. 17.95 *(978-1-68456-990-8(7))* Page Publishing Inc.

Mousie, I Will Read to You. Rachael Cole. Illus. by Melissa Crowton. 2018. 40p. (J). (gr. -1-2). 17.99 *(978-1-5247-1536-6(0)*, Schwartz & Wade Bks.) Random Hse. Children's Bks.

Mousier the Merrier! Eleanor May. 2018. (Mouse Math Ser.). (ENG.). 32p. (J). (gr. -1-1). lib. bdg. 34.28 *(978-1-4896-8293-2(7)*, AV2 by Weigl) Weigl Pubs., Inc.

Mousie's Way Home. Sylvester. 2023. (ENG.). 44p. (J). 24.99 ***(978-1-63984-384-8(1))*** Pen It Pubns.

Mousie's Way Home. Apara Mahal Sylvester. 2023. (ENG.). 44p. (J). pap. 16.99 ***(978-1-63984-382-4(5))*** Pen It Pubns.

Mousy Mess. Laura Driscoll. 2018. (Mouse Math Ser.). (ENG.). 32p. (J). (gr. -1-1). lib. bdg. 34.28 *(978-1-4896-8295-6(3)*, AV2 by Weigl) Weigl Pubs., Inc.

Mouth (a Nauseating Augmented Reality Experience) Percy Leed. 2020. (Gross Human Body in Action: Augmented Reality Ser.). (ENG., Illus.). 32p. (J). (gr. 3-5). 31.99 *(978-1-5415-9809-6(1)*, 4dd6bf0d-d3f5-4bc9-9f91-612838958380, Lerner Pubns.) Lerner Publishing Group.

Mouth of the Earth. Paula Marie Gilbert. 2023. (ENG.). 80p. (YA). pap. 20.04 ***(978-1-312-62779-6(4))*** Lulu Pr., Inc.

Mouthful of Minnows. John Hare. 2022. (ENG., Illus.). 40p. (J). (gr. -1-3). 19.99 *(978-0-06-309322-5(7)*, Greenwillow Bks.) HarperCollins Pubs.

Mouthful of Murder. Andrea Carter. 2019. (ENG.). 306p. (YA). pap. 15.00 *(978-0-9991989-5-7(5))* Konstellation Pr.

Mouthful of Words. Logan K. Roulier. 2017. (ENG., Illus.). (J). (gr. 2-6). pap. 15.00 *(978-1-943789-10-8(X))* Taylor and Seale Publishing.

Mouths, Teeth, & Tongues, 1 vol. Derek Miller. 2018. (Animal Structures Ser.). (ENG.). 24p. (J). (gr. 1-1). pap. 9.22 *(978-1-5026-4232-5(8)*, 7766be49-5302-4c88-b5d7-0403a0c71dd5) Cavendish Square Publishing LLC.

Mouton. Amy Culliford. Tr. by Jean Pierre Gaston. 2021. (Zannimo Pak Yo (Farm Animal Friends) Ser.). (CRP., Illus.). 16p. (J). (gr. -1-1). pap. *(978-1-4271-3821-7(4)*, 10222) Crabtree Publishing Co.

Mouton Livre de Coloriage Pour les Enfants: Livre de Coloriage de Mouton Pour les Enfants âgés de 4 à 8 Ans Avec de Belles Pages à Colorier Pour les Amoureux des Moutons. Rhea Stokes. 2021. (FRE.). 84p. (J). pap. 10.45 *(978-1-5155-8240-3(X))* Lulu Pr., Inc.

Mouye Ak Sèk (Wet & Dry) Amy Culliford. Tr. by Jean Pierre Gaston. 2021. (Bagay Ki Opoze Youn Ak lòt Ki Tout Otou Mwen! (Opposites All Around Me!) Ser.). (CRP., Illus.). (J). (gr. -1-1). pap. ***(978-1-0396-2256-2(9)***, 10004, Crabtree Roots) Crabtree Publishing Co.

Mouzart. Carol A. Grolman. Illus. by Arielle Miller. 2020. (ENG.). 36p. (J). *(978-1-5255-5117-8(5))*; pap. *(978-1-5255-5118-5(3))* FriesenPress.

Mouzzie Mouse's 2019 Daily Success Planner. Elisha Berkeley. 2019. (ENG.). 122p. (J). pap. *(978-1-927820-87-2(1))* CM Berkeley Media Group.

Mov. Amy Culliford. Tr. by Jean Pierre Gaston. 2021. (Koulè Mwen Pi Renmen Yo (My Favorite Color) Ser.).Tr. of Purple. (CRP., Illus.). 16p. (J). (gr. -1-1). pap. *(978-1-4271-3801-9(X)*, 10105) Crabtree Publishing Co.

Move. Kareem Bernard. 2019. (ENG.). 16p. (J). *(978-0-359-80943-1(X))* Lulu Pr., Inc.

Move! Lolly Hopwood & YoYo Kusters. Illus. by Luke Flowers. 2016. (ENG.). 32p. (J). (gr. -1-1). bds. 12.99 *(978-0-7611-8733-2(2)*, 18733) Workman Publishing Co., Inc.

Move & Soothe: Yoga & Play for Families. Michelle Kizner. Illus. by Michelle Kizner & Camilla Kizner. 2020. (ENG.). 26p. (J). pap. 12.00 *(978-1-0878-7029-8(1))* Indy Pub.

Move It! Wiley Blevins. 2021. (What a Job (LOOK! Books (tm)) Ser.). (ENG., Illus.). 24p. (J). (gr. k-2). pap. 8.99 *(978-1-63440-834-9(9)*, 2f65f502-7d57-4652-ad1c-905532dbe90c); lib. bdg. 25.32 *(978-1-63440-830-1(6)*, d34da473-6616-4649-abdf-1988fab79f33) Red Chair Pr.

Move It, Miss Macintosh! Peggy Robbins Janousky. Illus. by Meghan Lands. 2016. (ENG.). 32p. (J). (gr. -1-2). 9.95 *(978-1-55451-862-3(8))* Annick Pr., Ltd. CAN. Dist: Publishers Group West (PGW).

Move It, Miss Macintosh! Peggy Robbins Janousky. ed. 2018. (ENG.). 32p. (J). (gr. -1-1). 18.96 (978-1-64310-739-4(9)) Penworthy Co., LLC, The.

Move It! Projects You Can Drive, Fly, & Roll. Christa Schneider. 2017. (Cool Makerspace Gadgets & Gizmos Ser.). (ENG., Illus.). 32p. (J). (gr. 3-6). lib. bdg. 34.21 (978-1-5321-1254-6(8), 27585, Checkerboard Library) ABDO Publishing Co.

Move Like Me - Around the Farm. Benjamin Stagg & Jacquelyn Stagg. 2017. (Move Like Me Ser.: Vol. 1). (ENG., Illus.). 24p. (J). pap. (978-1-7751833-0-3(0)) Stagg, Jacquelyn.

Move on up That Beanstalk, Jack! The Fairy-Tale Physics of Forces & Motion. Thomas Kingsley Troupe. Illus. by Jomike Tejido. 2018. (STEM-Twisted Fairy Tales Ser.). (ENG.). 32p. (J). (gr. k-3). pap. 7.95 (978-1-5158-2898-3(0), 138420); lib. bdg. 27.99 (978-1-5158-2894-5(8), 138416) Capstone. (Picture Window Bks.).

Move or Die: How Plants & Animals React to Changing Environments Ecology Books Grade 3 Children's Environment Books. Baby Professor. 2021. (ENG.). 72p. (J). 27.99 (978-1-5419-8356-4(4)); pap. 16.99 (978-1-5419-7891-1(9)) Speedy Publishing LLC. (Baby Professor (Education Kids)).

Move over, Deer! A Story about Sharing, Tolerance, & Friendship. Stephanie Schneider. Tr. by Andy Jones Berasaluce. Illus. by Susan Batori. 2023. 32p. (J). (gr. -1-1). 19.99 **(978-1-5107-7515-2(3)**, Sky Pony Pr.) Skyhorse Publishing Co., Inc.

Move over, Rover! Karen Beaumont. Illus. by Jane Dyer. 2016. (ENG.). 40p. (J). (gr. -1-3). 7.99 (978-0-544-80900-0(9), 1641299, Clarion Bks.) HarperCollins Pubs.

Move over, Rover! Shaped Board Book. Karen Beaumont. Illus. by Jane Dyer. 2019. (ENG.). 32p. (J). (— 1). bds. 7.99 (978-1-328-60635-8(X), 1732552, Clarion Bks.) HarperCollins Pubs.

Move the Crowd: A Children's Picture Book. Eric Barrier & William Griffin. Illus. by Kirk Parrish. 2020. (LyricPop Ser.). 32p. (J). 16.95 (978-1-61775-849-2(3)) Akashic Bks.

Move the Mountains: the Freedom Finders. Emily Conolan. 2020. (Freedom Finders Ser.: 3). (ENG., Illus.). 288p. (J). (gr. 4-8). pap. 10.99 (978-1-76029-494-6(2), A&U Children's) Allen & Unwin AUS. Dist: Independent Pubs. Group.

Move with Art! Activities to Power the Body. Megan Borgert-Spaniol. 2022. (Wellness Workshop Ser.). (ENG., Illus.). 32p. (J). (gr. 3-6). lib. bdg. 34.21 (978-1-5321-9982-0(1), 40753, Checkerboard Library) ABDO Publishing Co.

Move with Nature. Amanda Morin. Illus. by Hannah Bursey. 2022. (ENG.). 48p. (J). **(978-0-2288-8548-1(5))**; pap. **(978-0-2288-8547-4(7))** Tellwell Talent.

Move Your Mood! Brenda S. Miles & Colleen A. Patterson. Illus. by Holly Clifton-Brown. 2016. 32p. (J). (978-1-4338-2112-7(5), Magination Pr.) American Psychological Assn.

Movement: A Simple Joy Coloring Book. Compiled by Brigid Day. 2021. (ENG.). 88p. (J). pap. 22.00 (978-1-6781-6241-2(8)) Lulu Pr., Inc.

Movement & Balance. Joyce Markovics. 2022. (Mind Blowing! the Brain Ser.). (ENG., Illus.). 24p. (J). (gr. 4-6). pap. 12.79 (978-1-6689-0070-3(X), 220161); lib. bdg. 30.64 (978-1-5341-9956-9(X), 220017) Cherry Lake Publishing.

Movement Game: New Edition. Andrea Lambertson. Illus. by Linda M. Gangian. 2020. (ENG.). 24p. (J). pap. 8.99 (978-1-64550-973-8(7)) Matchstick Literary.

Movements & Moments That Changed America (Set), 16 vols. 2020. (Movements & Moments That Changed America Ser.). (ENG.). 128p. (gr. 7-7). lib. bdg. 310.40 (978-1-7253-4197-5(2), 13ac1efd-5062-4ab0-9b5c-4f8dcf7134b9) Rosen Publishing Group, Inc., The.

Movements & Resistance. Shawn Pryor et al. Illus. by Silvio dB et al. 2022. (Movements & Resistance Ser.). (ENG.). 32p. (J). 219.90 (978-1-6663-1825-8(6), 233850, Capstone Pr.) Capstone.

Movements of Magicalness. Debs Prior. 2020. (ENG.). 32p. (YA). pap. **(978-0-473-55875-8(0))** Debs Prior.

#Movements (Set), 6 vols. 2019. (#Movements Ser.). (ENG.). 32p. (J). (gr. 5-9). lib. bdg. 196.74 (978-1-5321-1928-6(3), 32255, Abdo & Daughters) ABDO Publishing Co.

Movers. Damien Jackson. 2021. (ENG.). 114p. (YA). pap. 18.95 (978-1-6624-0986-8(9)) Page Publishing Inc.

Movers & Shakers, 1 vol. Anna Claybourne. 2019. (Science of Optical Illusions Ser.). (ENG.). 32p. (gr. 4-5). pap. 11.50 (978-1-5382-4243-8(5), ac19eff8-9a1a-4434-9016-225122724bc7); lib. bdg. 28.27 (978-1-5382-4186-8(2), 26a606fa-04ca-4ca8-8b33-9acef708f29e) Stevens, Gareth Publishing LLLP.

Moverse! / Let's Get Active! (Set), 8 vols. 2017. (¡a Moverse! / Let's Get Active! Ser.). (ENG & SPA., Illus.). (J). (gr. 1-1). lib. bdg. 101.08 (978-1-5081-6341-1(3), 446e1fd8-3b29-4c74-aea0-55dcc3a46851, PowerKids Pr.) Rosen Publishing Group, Inc., The.

Moverse! (Let's Get Active!), 8 vols. 2017. (¡a Moverse! (Let's Get Active!) Ser.). (SPA., Illus.). (J). (gr. 1-1). lib. bdg. 101.08 (978-1-5081-6342-8(1), f5cfc735-42ed-46bb-8f3e-46109c1a0f92, PowerKids Pr.) Rosen Publishing Group, Inc., The.

Movie Action Magazine, Vol. 1: November, 1935 (Classic Reprint) John L. Nanovic. (ENG., Illus.). (J). 2018. 788p. 40.15 (978-0-656-34189-4(0)); 2017. pap. 23.57 (978-0-243-38981-0(7)) Forgotten Bks.

Movie Chair. Shari Borkin. 2022. (ENG., Illus.). 50p. (J). pap. 17.95 **(978-1-68570-813-9(7))** Christian Faith Publishing.

Movie Challenge Activity Book. Rick Melton. 2023. (ENG.). 179p. (YA). pap. **(978-1-329-37936-7(5))** Lulu Pr., Inc.

Movie Classic: September, 1931 (Classic Reprint) Laurence Reid. (ENG., Illus.). (J). 2018. 246p. 28.97 (978-0-666-99423-3(4)); 2017. pap. 11.57 (978-0-243-48667-0(7)) Forgotten Bks.

Movie Classic, Vol. 10: March, 1936 (Classic Reprint) James E. Reid. (ENG., Illus.). (J). 2018. 554p. 35.34 (978-0-364-02436-2(4)); 2017. pap. 19.57 (978-0-243-53167-7(2)) Forgotten Bks.

Movie Classic, Vol. 11: September, 1936 (Classic Reprint) Jack Smalley. 2017. (ENG., Illus.). (J). 572p. 35.69 (978-0-484-01582-0(6)); pap. 19.57 (978-0-243-92217-8(5)) Forgotten Bks.

Movie Classic, Vol. 2: The Tabloid Magazine of the Screen; April, 1932 (Classic Reprint) Laurence Reid. (ENG., Illus.). (J). 2018. 320p. 30.50 (978-0-656-34194-8(7)); 2017. pap. 13.57 (978-0-243-38995-7(7)) Forgotten Bks.

Movie Classic, Vol. 3: The Tabloid Magazine of the Screen; September, 1932-February, 1933 (Classic Reprint) Laurence Reid. (ENG., Illus.). (J). 2018. 402p. 32.44 (978-0-267-11519-8(9)); 2017. pap. 16.57 (978-0-243-58512-0(8)) Forgotten Bks.

Movie Classic, Vol. 4: March, 1933 (Classic Reprint) Dorothy Calhoun. (ENG., Illus.). (J). 2018. 338p. 30.87 (978-0-364-02681-6(2)); 2017. pap. 13.57 (978-0-243-57522-0(X)) Forgotten Bks.

Movie Classic, Vol. 5: January-July, 1934 (Classic Reprint) Laurence Reid. (ENG., Illus.). (J). 2018. 246p. 28.97 (978-0-656-34199-3(8)); 2017. pap. 11.57 (978-0-243-38989-6(2)) Forgotten Bks.

Movie Classic, Vol. 7: September, 1934 (Classic Reprint) Laurence Reid. (ENG., Illus.). (J). 2018. 356p. 31.26 (978-0-332-86205-7(4)); 2017. pap. 13.97 (978-0-243-48387-7(2)) Forgotten Bks.

Movie Classic, Vol. 8: March-August, 1935 (Classic Reprint) Murphy McHenry. 2018. (ENG., Illus.). (J). 496p. 34.13 (978-1-396-00912-9(4)); 498p. pap. 16.57 (978-1-396-00802-3(0)) Forgotten Bks.

Movie Classic, Vol. 9: September 1935 (Classic Reprint) James E. Reid. 2017. (ENG., Illus.). (J). 34.48 (978-0-266-77149-4(1)); pap. 16.97 (978-1-5277-5017-3(5)) Forgotten Bks.

Movie Connection. Megan Brock. 2022. (ENG.). 184p. (J). pap. **(978-1-387-37519-6(9))** Lulu Pr., Inc.

Movie Director. Amy Rechner. 2019. (Cool Careers Ser.). (ENG., Illus.). 24p. (J). (gr. 3-7). lib. bdg. 26.95 (978-1-64487-063-1(0), Torque Bks.) Bellwether Media.

Movie Industry. Wil Mara. 2018. (21st Century Skills Library: Global Citizens: Modern Media Ser.). (ENG., Illus.). 32p. (J). (gr. 4-7). lib. bdg. 32.07 (978-1-5341-2927-6(8), 211752) Cherry Lake Publishing.

Movie Jokes. Joe King. 2023. (Abdo Kids Jokes Ser.). (ENG.). 24p. (J). (gr. -1-2). lib. bdg. 31.36 **(978-1-0982-6608-0(0)**, 42119, Abdo Kids) ABDO Publishing Co.

Movie Madness. Carolyn Keene. Illus. by Peter Francis. 2016. (Nancy Drew Clue Book Ser.: 5). (ENG.). 96p. (J). (gr. 1-4). pap. 5.99 (978-1-4814-5820-7(5), Aladdin) Simon & Schuster Children's Publishing.

Movie Madness. Carolyn Keene. Illus. by Peter Francis. 2016. (Nancy Drew Clue Book Ser.: 5). (ENG.). 96p. (J). (gr. 1-4). 16.99 (978-1-4814-5821-4(3), Simon & Schuster/Paula Wiseman Bks.) Simon & Schuster/Paula Wiseman Bks.

Movie Madness: A 4D Book. Cari Meister. Illus. by Heather Burns. 2018. (Three Horses Ser.). (ENG.). 56p. (J). (gr. k-2). pap. 4.95 (978-1-5158-2954-6(5), 138501); lib. bdg. 23.99 (978-1-5158-2950-8(2), 138497) Capstone. (Picture Window Bks.).

Movie Magic. Rebecca L. Schmidt. ed. 2018. (Scholastic Readers Ser.). (ENG.). 32p. (J). (gr. 1-3). 9.00 (978-1-64310-538-3(8)) Penworthy Co., LLC, The.

Movie Magic Madness. Michael Anthony Steele. Illus. by Omar Lozano. 2019. (You Choose Stories: Wonder Woman Ser.). (ENG.). 112p. (J). (gr. 2-6). pap. 6.95 (978-1-4965-8440-3(6), 140965); lib. bdg. 32.65 (978-1-4965-8350-5(7), 140644) Capstone. (Stone Arch Bks.).

Movie Making Book: Skills & Projects to Learn & Share. Dan Farrell & Donna Bamford. 2017. (ENG., Illus.). 144p. (J). (gr. 2-7). pap. 18.99 (978-1-61373-915-0(X)) Chicago Review Pr., Inc.

Movie Monsters: From Godzilla to Frankenstein. Krystyna Poray Goddu. ed. 2017. (Monster Mania Ser.). (ENG., Illus.). 32p. (J). (gr. 2-5). E-Book 4.99 (978-1-5124-3824-6(3), 9781512438246); E-Book 39.99 (978-1-5124-3825-3(1), 9781512438253); E-Book 39.99 (978-1-5124-2816-2(7)) Lerner Publishing Group. (Lerner Pubns.).

Movie Night. Lucy Courtenay. 2018. (ENG., Illus.). 352p. (J). (gr. 7-17). 9.99 (978-1-4449-3073-3(7)) Hachette Children's Group GBR. Dist: Hachette Bk. Group.

Movie Night Magic! Mary Tillworth. ed. 2018. (Step into Reading Ser.). (ENG.). 24p. (J). (gr. -1-1). 9.00 (978-1-64310-404-1(7)) Penworthy Co., LLC, The.

Movie Star Mice Say Cheese! Coloring Book. Jupiter Kids. 2016. (ENG., Illus.). 106p. (J). pap. 12.55 (978-1-68326-356-2(1), Jupiter Kids (Childrens & Kids Fiction)) Speedy Publishing LLC.

Movie Superstars, 12 vols., Set. Maggie Murphy. Incl. Johnny Depp. 28.93 (978-1-4488-2566-0(0), b5dd275b-d832-4a8f-a471-ff05df4c8053); Megan Fox. lib. bdg. 28.93 (978-1-4488-2567-7(9), 0c28d94b-16ba-4b64-b7ee-6868cead796b); Reese Witherspoon. lib. bdg. 28.93 (978-1-4488-2568-4(7), 763ce019-29b0-4036-a20a-6efe2bc56468); Shia Labeouf. 28.93 (978-1-4488-2563-9(6), 8cde57c8-3759-4311-952a-c2f52264abfc); Taylor Lautner. lib. bdg. 28.93 (978-1-4488-2564-6(4), d104c531-1eb7-4646-a004-e4cb34014baa); Zoe Saldana. lib. bdg. 28.93 (978-1-4488-2565-3(2), 578064c9-f92b-4b0e-85a3-52b8b251d772); (J). (gr. 4-4). (Movie Superstars Ser.). (ENG., Illus.). 32p. 2011. Set lib. bdg. 173.58 (978-1-4488-2907-1(0), b9cd6b7e-1a16-458f-a4f4-178fb613e1ef, PowerKids Pr.) Rosen Publishing Group, Inc., The.

Movie Theater Mystery, 7. Martin Widmark. Illus. by Helena Willis. 2016. (Whodunit Detective Agency Ser.). (ENG.). 80p. (J). (gr. 2-4). 18.69 (978-1-4844-6957-6(7)) Penguin Publishing Group.

Movie Version. Emma Wunsch. 2016. (ENG.). 368p. (J). (gr. 9-17). 18.95 (978-1-4197-1900-4(9), 1121901, Amulet Bks.) Abrams, Inc.

Movie Weekly, Vol. 2: August 19, 1922 (Classic Reprint) Physical Culture Corporation. (ENG., Illus.). (J). 2018. 416p. 32.50 (978-0-483-64298-0(3)); 2017. pap. 16.57 (978-0-243-32788-1(9)) Forgotten Bks.

Movie World 4 Voyagers. Colin Millar & Spike Breakwell. ed. 2017. (Cambridge Reading Adventures Ser.). (ENG., Illus.). 48p. pap. 11.00 (978-1-108-40106-7(6)) Cambridge Univ. Pr.

Moviemakers' Film Club: Direct with Confidence (Set), 12 vols. 2017. (Moviemakers' Film Club Ser.). (ENG.). (J). (gr. 4-5). lib. bdg. 167.58 (978-1-5081-6271-1(9), bd1f3cbe-0841-4528-abe4-88366af01896, PowerKids Pr.) Rosen Publishing Group, Inc., The.

Moviemaking Magic of Marvel Studios: Heroes & Villains. Eleni Roussos. 2019. (ENG., Illus.). 176p. (gr. 5-17). 29.99 (978-1-4197-3587-5(X), 1269701, Abrams Bks. for Young Readers) Abrams, Inc.

Moviemaking Magic of Marvel Studios: Spider-Man. Abrams Books. 2021. (ENG., Illus.). 128p. (J). (gr. 5-17). 29.99 (978-1-4197-4382-5(1), 1686501, Abrams Bks. for Young Readers) Abrams, Inc.

Moviemaking Magic of Star Wars: Creatures & Aliens. Abrams Abrams Books. 2018. (ENG., Illus.). 144p. (J). (gr. 5-17). 29.99 (978-1-4197-2819-8(9), 1199101, Abrams Bks. for Young Readers) Abrams, Inc.

Moviemaking Magic of Star Wars: Ships & Battles. Landry Walker. 2019. (ENG., Illus.). 144p. (J). (gr. 5-17). 29.99 (978-1-4197-3633-9(7), 1272601, Abrams Bks. for Young Readers) Abrams, Inc.

Moviemaking Technology: 4D, Motion Capture, & More, 1 vol. John Wood. 2018. (STEM in Our World Ser.). (ENG.). 32p. (gr. 4-5). lib. bdg. 28.27 (978-1-5382-2650-6(2), 7140c932-4920-4e7f-96f8-a5f3e00c4f4a) Stevens, Gareth Publishing LLLP.

Movies & Music. Martin Gitlin. 2019. (21st Century Skills Innovation Library: Disruptors in Tech Ser.). (ENG., Illus.). 32p. (J). (gr. 4-8). pap. 14.21 (978-1-5341-5042-3(0), 213475); lib. bdg. 32.07 (978-1-5341-4756-0(X), 213474) Cherry Lake Publishing.

Movimiento: Libro para Colorear Ninos. Bold Illustrations. 2017. (SPA., Illus.). (J). pap. 8.35 (978-1-64193-074-1(8), Bold Illustrations) FASTLANE LLC.

Movimiento de Monstruos. Juliana O'Neill. Illus. by Adam Pryce. 2021. (Reading Stars Ser.). (SPA.). 28p. (J). (gr. k-2). 12.99 (978-1-5324-2081-8(1)); pap. 12.99 (978-1-5324-2080-1(3)) Xist Publishing.

Movimiento (Motion) Grace Hansen. 2018. (Ciencia Básica (Beginning Science) Ser.). (SPA.). 24p. (J). (gr. -1-2). lib. bdg. 32.79 (978-1-5321-8391-1(7), 29975, Abdo Kids) ABDO Publishing Co.

Movin' & Shakin' Projects: Balloon Rockets, Dancing Pepper, & More. Rebecca Felix. 2019. (Unplug with Science Buddies (r) Ser.). (ENG., Illus.). 32p. (J). (gr. 2-5). pap. 8.99 (978-1-5415-7490-8(7), fd155c10-e936-43fc-8c82-258cb61b660c); lib. bdg. 27.99 (978-1-5415-5495-5(7), 32d283fe-b84b-4cb4-910b-0cfecc6ffeec) Lerner Publishing Group. (Lerner Pubns.).

Moving. Linda Budge. 2023. (ENG.). 32p. (YA). 19.99 **(978-1-0880-8634-6(9))**; pap. 12.99 **(978-1-915904-26-3(9))** Indy Pub.

Moving. Meg Gaertner. 2022. (Dealing with Challenges Ser.). (ENG., Illus.). 24p. (J). (gr. k-1). pap. 8.95 (978-1-64619-514-5(0)); lib. bdg. 28.50 (978-1-64619-487-2(X)) Little Blue Hse. (Little Blue Readers).

Moving-Box Sukkah. Leah Berkowitz. Illus. by Sharon Vargo. 2023. 32p. (J). 18.95 **(978-1-68115-627-9(X)**, Apples & Honey Pr.) Behrman Hse., Inc.

Moving Day. Vincent Mirante. 2020. (ENG., Illus.). 40p. (J). pap. 14.95 (978-1-6624-0026-1(8)) Page Publishing Inc.

Moving Day! Robert Munsch. Illus. by Michael Martchenko. 2020. (ENG.). 32p. (J). 19.99 (978-1-4431-6398-9(8), North Winds Pr); pap. 7.99 (978-1-4431-6399-6(6)) Scholastic Canada, Ltd. CAN. Dist: Publishers Group West (PGW).

Moving Day. Pamela a Pedder. Ed. by E. Rachael Hardcastle. Illus. by Mark Edwards. 2019. (Amazing Adventures of Berty Bee Ser.: Vol. 1). (ENG.). 36p. (J). pap. 8.99 (978-1-9161342-0-1(3), Curious Cat Bks.) Legacy Bound.

Moving Day. Pamela Adele Pedder. Illus. by Mark Edwards. 2020. (ENG.). 42p. (J). pap. (978-1-9161342-4-9(6)) Berty Bee Bks.

Moving Day. Barbara Perry. Illus. by Autumn Brook. 2019. (ENG.). 34p. (J). (gr. -1-3). pap. 11.99 (978-1-61254-383-3(9)) Brown Books Publishing Group.

Moving Day. Harold Rober. ed. 2017. (Bumba Books (r) — Fun Firsts Ser.). (ENG., Illus.). 24p. (J). (gr. -1-1). E-Book 39.99 (978-1-5124-3686-0(0), 9781512436860); E-Book 4.99 (978-1-5124-3687-7(9), 9781512436877); E-Book 39.99 (978-1-5124-2747-9(0)) Lerner Publishing Group. (Lerner Pubns.).

Moving Finger. Mary Gaunt. 2017. (ENG., Illus.). (J). 23.95 (978-1-374-86196-1(0)); pap. 13.95 (978-1-374-86195-4(2)) Capital Communications, Inc.

Moving Finger (Classic Reprint) Mary Gaunt. (ENG., Illus.). (J). 2018. 338p. 30.87 (978-0-483-61030-9(5)); 2017. pap. 13.57 (978-1-5276-5798-4(1)) Forgotten Bks.

Moving Finger Writes (Classic Reprint) Grace Denio Litchfield. 2018. (ENG., Illus.). 278p. (J). 29.65 (978-0-365-40515-3(9)) Forgotten Bks.

Moving from Place to Place. Amari Tyler Wiggins. 2018. (ENG., Illus.). 38p. (J). pap. (978-0-359-09066-2(4)) Lulu Pr., Inc.

Moving Hat. Terri Unruh. 2020. (ENG.). 24p. (J). pap. 10.49 (978-1-63050-316-1(9)) Salem Author Services.

Moving Loads on Railway Underbridges: Including Diagrams of Bending Moments & Shearing Forces & Tables of Equivalent Uniform Live Loads (Classic Reprint) Harry Bamford. (ENG., Illus.). (J). 2018. 228p. 28.60 (978-0-656-02744-6(4)); 2016. pap. 10.97 (978-1-334-18871-8(8)) Forgotten Bks.

Moving Loads on Railway Underbridges, Including, Vol. 1: Diagrams of Bending Moments & Shearing Forces & Tables of Equivalent Uniform Live Loads (Classic Reprint) Harry Bamford. 2017. (ENG., Illus.). 92p. (J). 25.79 (978-0-332-07361-3(0)) Forgotten Bks.

Moving Mountains. Jennifer Degenhardt. Illus. by L. Moment. 2022. (ENG.). 64p. (J). pap. 9.00 **(978-1-956594-20-1(5))** Puentes.

Moving North. Tudor Robins. 2021. (Perryside Ser.: Vol. 1). (ENG.). 226p. (YA). pap. (978-1-9991338-6-3(2)) Robins, Tudor.

Moving North: A Heartwarming Novel Celebrating Family Love & Finding Joy after Loss. Tudor Robins. 2021. (Perryside Ser.: Vol. 1). (ENG.). 226p. (YA). (978-1-990802-15-7(X)); (978-1-990802-16-4(8)) Robins, Tudor.

Moving On: Leveled Reader Emerald Level 25. Rg Rg. 2019. (PM Ser.). (ENG.). 32p. (J). (gr. 3-4). pap. 11.00 (978-0-544-89271-2(2)) Rigby Education.

Moving Picture Boys & the Flood: Perilous Days on the Mississippi (Classic Reprint) Victor Appleton. 2018. (ENG., Illus.). 228p. (J). 28.60 (978-0-267-48281-8(7)) Forgotten Bks.

Moving Picture Boys & the Flood, or Perilous Days on the Mississippi. Victor Appleton. 2017. (ENG., Illus.). (J). pap. (978-0-649-12243-1(7)) Trieste Publishing Pty Ltd.

Moving Picture Boys at Panama Stirring Adventures along the Great Canal. Victor Appleton. 2018. (ENG., Illus.). 146p. (YA). (gr. 7-12). pap. (978-93-5297-474-0(3)) Alpha Editions.

Moving Picture Boys on the Coast. Victor Appleton. 2018. (ENG., Illus.). 142p. (YA). (gr. 7-12). pap. (978-93-5297-475-7(1)) Alpha Editions.

Moving Picture Boys on the Coast (Classic Reprint) Victor Appleton. 2018. (ENG., Illus.). 228p. (J). 28.60 (978-0-267-47947-4(6)) Forgotten Bks.

Moving Picture Boys on the War Front: Or, the Hunt for the Stolen Army Films. Victor Appleton. 2018. (ENG., Illus.). 152p. (YA). (gr. 7-12). pap. (978-93-5297-476-4(X)) Alpha Editions.

Moving Picture Girls at Oak Farm: Or, Queer Happenings While Taking Rural Plays. Laura Lee Hope. 2018. (ENG., Illus.). 142p. (YA). (gr. 7-12). pap. (978-93-5297-477-1(8)) Alpha Editions.

Moving Picture Girls, at Oak Farm or Queer Happenings While Taking Rural Plays (Classic Reprint) Laura Lee Hope. 2018. (ENG., Illus.). 222p. (J). 28.48 (978-0-267-19823-8(X)) Forgotten Bks.

Moving Picture Girls at Rocky Ranch: Or, Great Days among the Cowboys. Laura Lee Hope. 2018. (ENG., Illus.). 148p. (YA). (gr. 7-12). pap. (978-93-5297-478-8(6)) Alpha Editions.

Moving Picture Girls at Sea: Or, a Pictured Shipwreck That Became Real. Laura Lee Hope. 2018. (ENG., Illus.). 140p. (YA). (gr. 7-12). pap. (978-93-5297-479-5(4)) Alpha Editions.

Moving Picture Girls at Sea, or a Pictured Shipwreck That Became Real (Classic Reprint) Laura Lee Hope. (ENG., Illus.). (J). 2018. 224p. 28.52 (978-0-365-36500-6(9)); 2017. pap. 10.97 (978-0-259-88323-4(9)) Forgotten Bks.

Moving Picture Girls First Appearances in Photo Dramas. Laura Lee Hope. 2018. (ENG., Illus.). 148p. (YA). (gr. 7-12). pap. (978-93-5297-480-1(8)) Alpha Editions.

Moving Picture Girls in War Plays: Or, the Sham Battles at Oak Farm. Laura Lee Hope. 2018. (ENG., Illus.). 150p. (YA). (gr. 7-12). pap. (978-93-5297-481-8(6)) Alpha Editions.

Moving Picture Girls Snowbound: Or, the Proof on the Film. Laura Lee Hope. 2018. (ENG., Illus.). 148p. (YA). (gr. 7-12). pap. (978-93-5297-482-5(4)) Alpha Editions.

Moving Picture Girls under the Palms: Or Lost in the Wilds of Florida. Laura Lee Hope. 2018. (ENG., Illus.). 146p. (YA). (gr. 7-12). pap. (978-93-5297-483-2(2)) Alpha Editions.

Moving Picture Weekly, Vol. 4: A Magazine for Exhibitors & Others Interested in Films; 1916-1917 (Classic Reprint) Paul Gulick. (ENG., Illus.). (J). 2018. 348p. 31.09 (978-0-666-02609-5(2)); 2017. pap. 13.57 (978-0-259-91144-9(5)) Forgotten Bks.

Moving Picture Weekly, Vol. 4: June 30, 1917 (Classic Reprint) Paul Gulick. (ENG., Illus.). (J). 2018. 650p. 37.30 (978-0-666-95618-7(9)); 2017. pap. 19.97 (978-0-259-93326-7(0)) Forgotten Bks.

Moving Picture World, Vol. 1: June 1, 1907 (Classic Reprint) Alfred H. Saunders. (ENG., Illus.). (J). 2018. 84p. 25.63 (978-0-484-59291-8(2)); 2017. pap. 9.57 (978-0-259-86218-5(5)) Forgotten Bks.

Moving Picture World, Vol. 1: November 2, 1907 (Classic Reprint) Alfred H. Saunders. 2018. (ENG., Illus.). 92p. (J). 25.81 (978-0-483-31960-8(0)) Forgotten Bks.

Moving Picture World, Vol. 1: September 1907 (Classic Reprint) Alfred H. Saunders. 2017. (ENG., Illus.). (J). 68p. 25.32 (978-0-484-74000-5(8)); pap. 9.57 (978-0-259-39973-5(6)) Forgotten Bks.

Moving Picture World, Vol. 2: April 4, 1908 (Classic Reprint) Alfred H. Saunders. 2017. (ENG., Illus.). 106p. (J). 26.10 (978-0-332-53707-8(2)) Forgotten Bks.

Moving Picture World, Vol. 2: January 11, 1908 (Classic Reprint) Alfred M. Saunders. (ENG., Illus.). (J). 2018. 72p. 25.40 (978-0-365-46627-7(1)); 2017. pap. 9.57 (978-0-259-48163-8(7)) Forgotten Bks.

Moving Picture World, Vol. 2: March 7, 1908 (Classic Reprint) Alfred H. Saunders. 2017. (ENG., Illus.). (J). pap. 9.57 (978-0-282-54143-9(8)) Forgotten Bks.

Moving Picture World, Vol. 3: With Which Is Incorporated the Exhibit; July-December, 1908 (Classic Reprint) J. P. Chalmers. (ENG., Illus.). (J). 2018. 554p. 35.32 (978-0-364-70728-9(3)); 2017. pap. 19.57 (978-0-259-40798-0(4)) Forgotten Bks.

Moving Picture World, Vol. 6: January 8, 1910 (Classic Reprint) J. P. Chalmers. (ENG., Illus.). (J). 2018. 1162p. 47.88 (978-0-365-49337-2(6)); 2017. pap. 30.22 (978-0-259-89959-4(3)) Forgotten Bks.

Moving the Millers' Minnie Moore Mine Mansion: a True Story. Dave Eggers. Illus. by Júlia Sardà. 2023. (ENG.). 56p. (J). (gr. -1-3). 19.99 (978-1-5362-1588-5(0)) Candlewick Pr.

Moving the Mountain (Classic Reprint) Charlotte Perkins Gilman. (ENG., Illus.). (J). 2018. 294p. 29.98 (978-0-483-51240-5(0)); 2017. pap. 13.57 (978-0-243-95225-0(2)) Forgotten Bks.

1378

The check digit for ISBN-10 appears in parentheses after the full ISBN-13

Moving to Bigcityopolis. Derek L. Polen. 2019. (ENG., Illus.). 30p. (J). 14.99 ***(978-1-7335651-1-0(6))*** Goal Line Group LLC.

Moving to the Neighborhood. Illus. by Jason Fruchter. 2018. (Daniel Tiger's Neighborhood Ser.). (ENG.). 14p. (J). (gr. -1-k). bds. 6.99 *(978-1-5344-3194-2(2)*, Simon Spotlight) Simon Spotlight.

Moving Trees & Little Thieves: A Boy Detective Story. Oswald St Benedict. Illus. by Keny Widjaja. 2019. (ENG.). 68p. (J). (gr. k-5). 18.00 *(978-1-63337-320-4(7))* Roland Golf Services.

Moving up with Science, 12 vols. 2016. (Moving up with Science Ser.). (ENG.). 00032p. (J). (gr. 3-4). 167.58 *(978-1-4994-3192-6(9)*, d7975891-f044-4163-af0b-71b01447bb08, PowerKids Pr.) Rosen Publishing Group, Inc., The.

Moving Water in Minecraft. Adam Hellebuyck & Mike Medvinsky. 2019. (21st Century Skills Innovation Library: Minecraft & STEAM Ser.). (ENG., Illus.). 32p. (J). (gr. 4-8). pap. 14.21 *(978-1-5341-3970-1(2)*, 212709) Cherry Lake Publishing.

Moving Water in Minecraft: Engineering. Adam Hellebuyck & Mike Medvinsky. 2019. (21st Century Skills Innovation Library: Minecraft & STEAM Ser.). (ENG., Illus.). 32p. (J). (gr. 4-8). lib. bdg. 32.07 *(978-1-5341-4314-2(9)*, 212708) Cherry Lake Publishing.

Mowgli: Tales from the Jungle Book. Rudyard Kipling. 2018. (ENG., Illus.). 180p. (J). (gr. 3-7). pap. 8.99 *(978-1-5154-3920-2(8))* Wilder Pubns., Corp.

Mowgli & the Magic Bandana. Liise Davis. 2022. (ENG., Illus.). 26p. (J). pap. 13.95 *(978-1-63881-120-6(2))* Newman Springs Publishing, Inc.

Mowgli of the Jungle Book: The Complete Stories. Rudyard Kipling. 2016. (ENG.). 224p. (gr. 1-1). pap. 6.99 *(978-1-944686-32-1(0)*, Racehorse Publishing) Skyhorse Publishing Co., Inc.

Moxie. Jennifer Mathieu. 2018. (SPA.). 432p. (YA). (gr. 9-12). pap. 19.99 *(978-987-747-376-6(3))* V&R Editoras.

Moxie: A Novel. Jennifer Mathieu. ed. 2018. (ENG.). 352p. (YA). pap. 10.99 *(978-1-250-10426-7(2)*, 900163699) Square Fish.

Moy O'Brien: A Tale of Irish Life (Classic Reprint) Emily Skeffington Thompson. 2017. (ENG., Illus.). (J). 30.19 *(978-0-331-82167-3(2))* Forgotten Bks.

Moyen de Parvenir, Oevvre Contenant la Raison de Tout Ce Qui a Esté, Est, et Sera: Auec Demonstrations Certaines et Necessaires, Selon la Rencontre des Effets de Vertu (Classic Reprint) Béroalde de Verville. 2018. (FRE., Illus.). (J). 770p. 39.78 *(978-1-391-85457-1(8))*; 772p. pap. 23.57 *(978-1-390-61696-5(7))* Forgotten Bks.

Moyle Church-Town: A Novel (Classic Reprint) John Trevena. (ENG., Illus.). (J). 2018. 404p. 32.25 *(978-0-483-60390-5(2))*; 2017. 31.90 *(978-0-331-86243-0(3))*; 2017. pap. 16.57 *(978-0-243-91440-1(7))*; 2017. pap. 16.57 *(978-0-243-27770-4(9))* Forgotten Bks.

Mozart, 1 vol. Tim Cooke. 2016. (Meet the Greats Ser.). (ENG.). 48p. (J). (gr. 5-5). pap. 15.65 *(978-1-4824-5956-2(6)*, 9e3bb5eb-2c2f-4548-b951-1e5f2c130541) Stevens, Gareth Publishing LLLP.

Mozart. Maria Isabel Sanchez Vegara. 2023. (Little People, BIG DREAMS Ser.). (ENG.). 32p. (J). (gr. -1-2). 15.99 ***(978-0-7112-8553-8(5)***, Frances Lincoln Children's Bks.) Quarto Publishing Group UK GBR. Dist: Hachette Bk. Group.

Mozart: A Biographical Romance (Classic Reprint) E. r. Sill. 2018. (ENG., Illus.). 334p. (J). 30.81 *(978-0-365-16757-0(6))* Forgotten Bks.

Mozart: Gift of God. Demi. Illus. by Demi. 2019. (ENG., Illus.). 48p. (J). (gr. 2-5). 15.99 *(978-1-62164-300-5(X))* Ignatius Pr.

Mozart (esp.) Mariano Veloy Planas. 2018. (Los Mas Grandes para Los Mas Pequeños Ser.). (SPA., Illus.). 32p. (J). (gr. k-2). pap. 6.99 *(978-84-16918-01-0(5))* Lectio Ediciones ESP. Dist: Independent Pubs. Group.

Mozart GirlThe Secret Wish of Nannerl Mozart, 1 vol. Barbara Nickel. ed. 2019. Orig. Title: The Secret Wish of Nannerl Mozart. (ENG.). 208p. (J). (gr. 4-7). pap. 13.95 *(978-1-77260-089-6(X))* Second Story Pr. CAN. Dist: Orca Bk. Pubs. USA.

Mozart's Youth. George Upton. 2019. (ENG.). 136p. (J). pap. *(978-0-359-74163-2(0))* Lulu Pr., Inc.

Mozay of Pepperwick. Jean Perry. 2022. 294p. (J). pap. 14.99 *(978-1-0983-1986-1(9))* BookBaby.

Mozzarella Bella & the English Fella. Tony Flannagan. 2019. (ENG., Illus.). 254p. (YA). (gr. 7-12). pap. *(978-1-78465-538-9(4)*, Vanguard Press) Pegasus Elliot Mackenzie Pubs.

Mphaka Wamphamvu Zochiritsa: Chicheva Edition of the Healer Cat. Tuula Pere. Tr. by Symon Symon Simbotah. Illus. by Klaudia Bezak. 2019. (NYA.). 40p. (J). (gr. k-4). *(978-952-357-160-0(5))* Wickwick oy.

Mphaka Wamphamvu Zochiritsa: Chicheva Edition of the Healer Cat. Tuula Pere. Tr. by Symon Simbotah. Illus. by Klaudia Bezak. 2019. (NYA.). 40p. (J). (gr. k-4). pap. *(978-952-357-161-7(3))* Wickwick oy.

Mpuke: Our Little African Cousin (Classic Reprint) Mary Hazelton Wade. 2017. (ENG., Illus.). (J). 26.45 *(978-0-331-25074-9(8))*; pap. 9.57 *(978-0-266-09175-2(X))* Forgotten Bks.

MQ-9 Reaper Drone. Luke Colins. 2020. (J). pap. *(978-1-62310-075-9(5))* Black Rabbit Bks.

MR. , Miss. & Mrs. (Classic Reprint) Charles Bloomingdale. (ENG., Illus.). (J). 2018. 270p. 29.47 *(978-0-332-60344-5(X))*; 2017. pap. 11.97 *(978-0-243-97784-0(0))* Forgotten Bks.

Mr. Absalom Billingslea. Richard Malcolm Johnston. 2016. (ENG.). 434p. (J). pap. *(978-3-7433-7320-4(3))* Creation Pubs.

Mr. Absalom Billingslea: And Other Georgia Folk (Classic Reprint) Richard Malcolm Johnston. 2018. (ENG., Illus.). 432p. (J). 32.81 *(978-0-483-14863-5(6))* Forgotten Bks.

Mr. Achilles (Classic Reprint) Jennette Lee. (ENG., Illus.). (J). 2018. 296p. 30.00 *(978-0-332-15992-8(2))*; 2018. 280p. 29.69 *(978-0-656-92992-4(8))*; 2017. pap. 13.57 *(978-0-243-49911-3(6))* Forgotten Bks.

Mr. Adams Shows Us Vibration, 1 vol. Lamar Coldwell. 2016. (Rosen REAL Readers: STEM & STEAM Collection). (ENG.). 12p. (gr. k-1). pap. 6.33 *(978-1-5081-2643-0(7)*, 00339621-ff84-4331-8248-36122190dc90, Rosen Classroom) Rosen Publishing Group, Inc., The.

Mr. Adventure. Adam Hargreaves. 2016. (Mr. Men & Little Miss Ser.). (ENG., Illus.). 32p. (J). (gr. -1-2). pap. 4.99 *(978-0-451-53415-6(8)*, Grosset & Dunlap) Penguin Young Readers Group.

Mr. Aeroplane. Gemay Van Jaarsveld. Illus. by Jp Roberts. 2019. (ENG.). 28p. (J). *(978-1-5255-4471-2(3))*; pap. *(978-1-5255-4472-9(1))* FriesenPress.

Mr. All-This-And-That. Andrea Gibbs. Illus. by Lainy Michelle. 2018. (ENG.). 30p. (J). (gr. k-2). 19.99 *(978-1-7325932-0-6(5))* Gibbs, Andrea.

Mr. & Mrs. Asheton, Vol. 1 of 3 (Classic Reprint) Julia Cecilia Stretton. 2018. (ENG., Illus.). (J). 338p. 30.87 *(978-0-483-84883-2(2))*; 340p. pap. 13.57 *(978-0-483-84875-7(1))* Forgotten Bks.

Mr. & Mrs. Asheton, Vol. 2 of 3 (Classic Reprint) Julia Cecilia Stretton. (ENG., Illus.). (J). 2018. 366p. 31.45 *(978-0-267-00030-2(8))*; 2016. pap. 13.97 *(978-1-334-09185-8(4))* Forgotten Bks.

Mr. & Mrs. Asheton, Vol. 3 of 3 (Classic Reprint) Julia Cecilia Stretton. 2018. (ENG., Illus.). 342p. (J). 30.95 *(978-0-483-88484-7(7))* Forgotten Bks.

Mr. & Mrs. Barney Williams' Irish Boy & Yankee Gal Songster: Containing a Selection of Songs As Sung by Those Two Artists Throughout England, Ireland, Scotland & Wales (Classic Reprint) Barney Williams. (ENG., Illus.). (J). 2018. 74p. 25.42 *(978-0-666-98467-8(0))*; 2017. pap. 9.57 *(978-0-243-46343-5(X))* Forgotten Bks.

MR & Mrs Bloodsucker's Travel Adventure. Angelina Carriera. Illus. by Roundhouse Creative. 2016. (ENG.). (J). pap. *(978-0-9944325-5-1(0))* Ralston, Angelina.

Mr. & Mrs. Europe (Classic Reprint) Ruth Osborne Swan. 2018. (ENG., Illus.). 106p. (J). 26.08 *(978-0-483-41536-2(7))* Forgotten Bks.

MR. & Mrs. Peter White: A Farce, in One Act (Classic Reprint) R. J. Raymond. 2018. (ENG., Illus.). 34p. (J). 24.60 *(978-0-267-28172-5(2))* Forgotten Bks.

Mr. & Mrs. Pierce: A Story of Youth (Classic Reprint) Cameron MacKenzie. 2017. (ENG., Illus.). (J). 33.18 *(978-0-266-72914-3(2))*; pap. 16.57 *(978-1-5276-8979-4(4))* Forgotten Bks.

Mr. & Mrs. Sèn (Classic Reprint) Louise Jordan Miln. 2019. (ENG., Illus.). (J). 334p. 30.81 *(978-1-397-28197-5(9))*; 336p. pap. 13.57 *(978-1-397-28105-0(7))* Forgotten Bks.

Mr. & Mrs. Spoopendyke (Classic Reprint) Stanley Huntley. (ENG., Illus.). (J). 2018. 162p. 27.24 *(978-0-331-64031-1(7))*; 2017. pap. 9.97 *(978-0-282-37053-4(6))* Forgotten Bks.

MR & Mrs Universe & Their Four Best Friends. Maureen Annette Russell. Illus. by Laura Caiafa. 2017. (ENG.). (J). (gr. k-2). *(978-1-84327-934-1(7))* Electric Bk. Co.

Mr. & Mrs. Villiers (Classic Reprint) Hubert Wales. 2018. (ENG., Illus.). 314p. (J). 30.37 *(978-0-365-36918-9(7))* Forgotten Bks.

Mr. & Mrs. Woodbridge, with Other Tales: Representing Life As It Isl; & Intended to Show What It Should Be (Classic Reprint) Miss E. Leslie. (ENG., Illus.). (J). 2018. 180p. 27.61 *(978-0-483-59831-7(3))*; 2017. pap. 9.97 *(978-0-259-02122-3(9))* Forgotten Bks.

Mr. Antiphilos, Satyr (Classic Reprint) Remy de Gourmont. 2018. (ENG., Illus.). 278p. (J). 29.63 *(978-0-483-44394-5(8))* Forgotten Bks.

Mr. B & Me. Randall Pfannenstiel. 2018. (ENG., Illus.). 34p. (YA). pap. 10.95 *(978-1-64079-476-4(X))* Christian Faith Publishing.

Mr. B & the Yellow Pumpkin. Lucinda Marks. 2023. (ENG.). 30p. (J). 21.95 ***(978-1-64594-215-3(5))*** Athanatos Publishing Group.

Mr. Bambuckle: Class 12B Fights Back. Tim Harris. 2019. (Mr. Bambuckle Ser.: 2). (ENG., Illus.). 224p. (J). (gr. 3-7). pap. 7.99 *(978-1-4926-8561-6(5))* Sourcebooks, Inc.

Mr. Bambuckle: Class 12B Goes Wild. Tim Harris. 2019. (Mr. Bambuckle Ser.: 3). (ENG., Illus.). 224p. (J). (gr. 3-7). pap. 7.99 *(978-1-4926-8564-7(X))* Sourcebooks, Inc.

Mr. Bambuckle's Remarkables. Tim Harris. 2019. (Mr. Bambuckle Ser.: 1). (ENG., Illus.). 240p. (J). (gr. 3-7). pap. 7.99 *(978-1-4926-8558-6(5))* Sourcebooks, Inc.

Mr Bambuckle's Remarkables Join Forces. Tim Harris. Illus. by James Hart. 2022. 240p. (J). (gr. 3). 15.99 *(978-1-76104-455-7(9)*, Puffin) Penguin Random Hse. AUS. Dist: Independent Pubs. Group.

Mr. Banks Is Moving. Donna Gorsick. 2020. (ENG., Illus.). 34p. (J). pap. 13.95 *(978-1-64654-434-9(X))* Fulton Bks.

Mr. Barnes, American: A Sequel to Mr. Barnes of New York (Classic Reprint) Archibald Clavering Gunter. 2018. (ENG., Illus.). 336p. (J). 30.85 *(978-0-666-38197-2(6))* Forgotten Bks.

Mr. Barnes of New York: A Novel (Classic Reprint) Archibald Clavering Gunter. 2018. (ENG., Illus.). 216p. (J). 28.37 *(978-0-364-26110-1(2))* Forgotten Bks.

Mr. Baseball: Level 3. William H. Hooks. Illus. by Paul Meisel. 2020. (Bank Street Ready-To-Read Ser.). (ENG.). 50p. (J). 17.95 *(978-1-876967-12-3(9))* ibooks, Inc.

Mr. Bat Wants a Hat. Kitty Black. Illus. by Laura Wood. 2022. (ENG.). 32p. (J). (gr. -1-1). 18.99 *(978-1-913639-98-3(3)*, 185f06da-0b57-48b2-85ee-fb83699f14bf) New Frontier Publishing AUS. Dist: Lerner Publishing Group.

Mr. Beagle & the Georgestown Mystery, 01 vols. Lori Doody. 2021. (Mr. Beagle Bks.: 2). (ENG., Illus.). 40p. (J). (gr. -1-k). pap. 9.95 *(978-1-927917-42-8(5))* Running the Goat, Bks. & Broadsides CAN. Dist: Orca Bk. Pubs. USA.

Mr. Beagle Climbs Signal Hill. Lori Doody. 2022. (Mr. Beagle Bks.: 3). (ENG., Illus.). 44p. (J). (gr. -1-k). 9.95 *(978-1-927917-80-0(8))* Running the Goat, Bks. & Broadsides CAN. Dist: Orca Bk. Pubs. USA.

Mr. Beagle Goes to Rabbittown, 1 vol. Lori Doody. 2021. (Mr. Beagle Bks.: 1). (ENG., Illus.). 44p. (J). (gr. -1-k). 9.95 *(978-1-927917-31-2(X))* Running the Goat, Bks. & Broadsides CAN. Dist: Orca Bk. Pubs. USA.

Mr Bear Babysits see Mr. Arth Yn Gwarchod

Mr. Bear Goes Nowhere. Linda Jenkins Garcia. Illus. by Diana Boles. 2020. (ENG.). 24p. (J). pap. 13.95 *(978-1-64531-734-0(X))* Newman Springs Publishing, Inc.

Mr. Bear's Adventure. Linda García. 2021. (ENG., Illus.). 50p. (J). pap. 15.95 *(978-1-63692-438-0(7))* Newman Springs Publishing, Inc.

Mr. Bear's Birthday. Created by Virginie Aracil. 2020. (Mr. Bear Ser.). (ENG., Illus.). 40p. (J). (gr. -1-k). 21.99 Éditions Tourbillon FRA. Dist: Hachette Bk. Group.

Mr. Bear's Colors. Created by Virginie Aracil. 2019. (Mr. Bear Ser.: 2). (ENG.). 46p. (J). (gr. -1 — 1). 19.99 Éditions Tourbillon FRA. Dist: Hachette Bk. Group.

Mr. Bear's World of Food. Created by Virginie Aracil. 2022. (Mr. Bear Ser.: 6). (ENG.). 36p. (J). (gr. -1-k). 19.99 Éditions Tourbillon FRA. Dist: Hachette Bk. Group.

MR Beauregard's Adventures. Lynn Hahn. 2019. (ENG.). 32p. (J). pap. *(978-0-359-50479-4(5))* Lulu Pr., Inc.

Mr. Beaver Plans a Party: Illustrated Children's Book. Susan Zutautas. Illus. by Sannel Larson. 2016. (ENG.). (J). pap. *(978-0-9939172-1-9(6))* Zutautas, Susan.

Mr. Beethoven's Day Out. Angela Goss. 2022. (ENG., Illus.). 30p. (J). pap. 14.95 *(978-1-63860-795-3(8))* Fulton Bks.

Mr. Beke of the Blacks (Classic Reprint) John Ayscough. 2018. (ENG., Illus.). 342p. (J). 30.97 *(978-0-428-75084-8(2))* Forgotten Bks.

Mr. Benjamin's Suitcase of Secrets. Pei-Yu Chang. 2017. (ENG., Illus.). 48p. (J). (gr. -1-3). 18.95 *(978-0-7358-4280-9(9))* North-South Bks., Inc.

Mr. Berti & Jack. Joe Berti. 2019. (ENG.). 30p. (J). 23.95 *(978-1-64569-969-9(2))*; pap. 13.95 *(978-1-64492-369-6(6))* Christian Faith Publishing.

Mr Big Adventures, Adult Sex Coloring Book. Martin G. 2022. (ENG.). 41p. (YA). pap. *(978-1-4716-5477-0(X))* Lulu Pr., Inc.

Mr. Big & Tiny. Bill Kennedy. Illus. by Linda Roesch. 2020. (ENG.). 46p. (J). (gr. k-2). 24.95 ***(978-1-0878-5959-0(X))*** Indy Pub.

Mr. Bigglebotsõ Bobigliest Bookatorium. Charlie Schlafke. 2018. (ENG., Illus.). 104p. (J). pap. *(978-0-359-08138-7(X))* Lulu Pr., Inc.

Mr. Bigg's Biggest Day. Patty Bee. 2018. (ENG., Illus.). 32p. (J). pap. 9.99 *(978-1-7329953-2-1(X))* Scott, Sue Ann.

Mr. Billy Buttons. Walter Lecky. 2016. (ENG., Illus.). (J). pap. *(978-3-7428-3181-1(X))* Creation Pubs.

Mr. Billy Buttons: A Novel (Classic Reprint) Walter Lecky. 2018. (ENG., Illus.). 276p. (J). 29.59 *(978-0-484-46587-8(2))* Forgotten Bks.

Mr. Billy Downs & His Likes. Richard Malcolm Johnston. 2017. (ENG., Illus.). (J). pap. *(978-0-649-21143-2(X))* Trieste Publishing Pty Ltd.

Mr. Billy Downs & His Likes (Classic Reprint) Richard Malcolm Johnston. (ENG., Illus.). (J). 2017. 29.05 *(978-0-331-04167-5(7))*; 2016. pap. 11.57 *(978-1-334-22817-9(5))* Forgotten Bks.

Mr. Bing Has Hen Dots: (Step 3) Sound Out Books (systematic Decodable) Help Developing Readers, Including Those with Dyslexia, Learn to Read with Phonics. Pamela Brookes. 2020. (Dog on a Log Let's Go! Books: Vol. 11). (ENG., Illus.). 36p. (J). 14.99 *(978-1-64831-061-4(3)*, DOG ON A LOG Bks.) Jojoba Pr.

Mr. Bing Has Hen Dots Chapter Book: (Step 3) Sound Out Books (systematic Decodable) Help Developing Readers, Including Those with Dyslexia, Learn to Read with Phonics. Pamela Brookes. 2020. (Dog on a Log Chapter Books: Vol. 11). (ENG., Illus.). 56p. (J). (gr. 1-6). 14.99 *(978-1-64831-018-8(4)*, DOG ON A LOG Bks.) Jojoba Pr.

Mr. Bingle (Classic Reprint) George Barr McCutcheon. (ENG., Illus.). (J). 2018. 390p. 31.96 *(978-0-332-01971-0(3))*; 2017. pap. 16.57 *(978-0-243-53474-6(4))* Forgotten Bks.

Mr. Binks from Binktown: A Farce in One Act (Classic Reprint) Albert Carr. 2018. (ENG., Illus.). 32p. (J). 24.56 *(978-0-267-51150-1(7))* Forgotten Bks.

Mr. Bivins: A Comedy in Three Acts (Classic Reprint) F. E. Dumm. 2018. (ENG., Illus.). 34p. (J). 24.62 *(978-0-267-19501-5(X))* Forgotten Bks.

Mr. Blake's Walking Stick. Edward Eggleston. 2017. (ENG., Illus.). 66p. (J). pap. *(978-3-337-16579-6(6))* Creation Pubs.

Mr. Blake's Walking-Stick. Edward Eggleston. 2017. (ENG., Illus.). 64p. (J). pap. *(978-3-337-26037-8(3))* Creation Pubs.

Mr. Blake's Walking-Stick: A Christmas Story for Boys & Girls. Edward Eggleston. 2017. (ENG., Illus.). (J). pap. *(978-0-649-01905-2(9))* Trieste Publishing Pty Ltd.

Mr. Blake's Walking Stick: A Christmas Story for Boys & Girls (Classic Reprint) Edward Eggleston. 2018. (ENG., Illus.). 70p. (J). 25.36 *(978-0-267-20280-5(6))* Forgotten Bks.

Mr Blinking. Charley King. 2021. (ENG.). 180p. (J). pap. *(978-1-9163953-4-3(1))* Beercott Bks.

MR Blue in Rainbow Planet: A Story of Staying True to Who You Are. Maryam Yousaf. 2018. (ENG., Illus.). 42p. (J). pap. *(978-0-9934078-6-4(2))* Muslima Today Publishing.

Mr. Blue Jay. Rl Garabedian. 2023. (ENG.). 36p. (J). 21.95 ***(978-1-63765-349-4(2))***; pap. 14.95 ***(978-1-63765-350-0(6))*** Halo Publishing International.

Mr. Boddington's Studio: Chicago ABCs. Boddington's Studio. 2020. (Illus.). 28p. (J). (-k). bds. 9.99 *(978-1-5247-9349-4(3)*, Penguin Workshop) Penguin Young Readers Group.

Mr. Boddington's Studio: NYC ABCs. Boddington's Studio. Illus. by Boddington's Studio. 2019. (Illus.). 28p. (J). (-k). bds. 9.99 *(978-1-5247-9203-9(9)*, Penguin Workshop) Penguin Young Readers Group.

Mr. Boddington's Studio: San Francisco ABCs. Boddington's Studio. 2019. (Illus.). 28p. (J). (-k). bds. 9.99 *(978-1-5247-9347-0(7)*, Penguin Workshop) Penguin Young Readers Group.

Mr. Boddington's Studio: 'Twas the Night Before Christmas. Clement Clarke Moore. Illus. by Boddington's Studio. 2021. 32p. (J). (-k). 16.99 *(978-0-593-38407-7(5)*, Penguin Workshop) Penguin Young Readers Group.

Mr. Boddington's Studio: Washington, DC ABCs. Boddington's Studio. Illus. by Boddington's Studio. 2020. (Illus.). 28p. (J). (-k). bds. 9.99 *(978-1-5247-9351-7(5)*, Penguin Workshop) Penguin Young Readers Group.

Mr. Bodley Abroad, and, the Bodley Grandchildren & Their Journey in Holland (Classic Reprint) Horace E. Scudder. (ENG., Illus.). (J). 2018. 404p. 32.23 *(978-0-483-85591-5(X))*; 2017. pap. 16.57 *(978-0-243-88426-1(5))* Forgotten Bks.

Mr. Bodley Abroad (Classic Reprint) Horace Elisha Scudder. 2018. (ENG., Illus.). 222p. (J). 28.48 *(978-0-483-63200-4(7))* Forgotten Bks.

Mr. Book. Steve Hawkes. 2019. (ENG.). 44p. (YA). pap. 15.95 *(978-1-64544-306-3(X))* Page Publishing Inc.

Mr. Brady's Camera Boy (Classic Reprint) Frances Rogers. (ENG., Illus.). (J). 2018. 260p. 29.26 *(978-0-332-94826-3(9))*; 2017. pap. 11.97 *(978-0-243-43378-0(6))* Forgotten Bks.

Mr. Braschuk's Marvellous Motor. Leanne Jones. Illus. by Andrew A. Currie. 2022. (Inventive Mind Ser.). (ENG.). 42p. (YA). *(978-1-990335-09-9(8))* Agio Publishing Hse.

Mr. Britling Sees It Through (Classic Reprint) H. G. Wells. 2017. (ENG., Illus.). (J). 33.43 *(978-0-265-42847-4(5))* Forgotten Bks.

Mr. Brown Can Moo! Can You? Seuss. ed. 2019. (Dr. Seuss Beginner Bks.). (ENG.). 29p. (J). (gr. k-1). 17.49 *(978-0-87617-609-2(0))* Penworthy Co., LLC, The.

Mr. Brown' S Letters to a Young Man about Town: With the Proser & Other Papers (Classic Reprint) William Makepeace Thackeray. (ENG., Illus.). (J). 2018. 292p. 29.92 *(978-0-483-93196-1(9))*; 2016. pap. 13.57 *(978-1-334-23247-3(4))* Forgotten Bks.

Mr. Brown's Bad Day. Lou Peacock. Illus. by Alison Friend. 2020. (ENG.). 32p. (J). (-k). 16.99 *(978-1-5362-1436-9(1))* Candlewick Pr.

Mr. Brown's Letters to a Young Man about Town (Classic Reprint) William Makepeace Thackeray. (ENG., Illus.). (J). 2018. 220p. 28.43 *(978-0-365-26212-1(9))*; 2017. pap. 10.97 *(978-0-259-17198-0(0))* Forgotten Bks.

Mr. Brown's Pigs, etc (Classic Reprint) George Megrath. 2018. (ENG., Illus.). 56p. (J). 25.05 *(978-0-267-16465-3(3))* Forgotten Bks.

Mr. Bryant's Mistake (Classic Reprint) Unknown Author. 2018. (ENG., Illus.). 314p. (J). 30.37 *(978-0-484-29207-8(2))* Forgotten Bks.

Mr. Bryant's Mistake, Vol. 2 of 3 (Classic Reprint) Katharine Wylde. 2018. (ENG., Illus.). 328p. (J). 30.68 *(978-0-267-18764-5(5))* Forgotten Bks.

Mr. Bryant's Mistake, Vol. 3 of 3 (Classic Reprint) Katharine Wylde. 2018. (ENG., Illus.). 322p. (J). 30.54 *(978-0-483-84835-1(2))* Forgotten Bks.

Mr. Bubble Gum: Level 3. William H. Hooks. Illus. by Paul Meisel. 2020. (Bank Street Ready-To-Read Ser.). (ENG.). 50p. (J). pap. 11.95 *(978-1-876966-05-8(X))* ibooks, Inc.

Mr. Bugabug's Journey. Jewell Cartales. Illus. by Natalia Berning. 2017. (ENG.). (J). 23.99 *(978-1-4984-9398-7(X))*; pap. 12.99 *(978-1-4984-9397-0(1))* Salem Author Services.

Mr. Bumbles in Nogales. Marguerite Lemmon. 2020. (ENG.). 58p. (J). pap. 16.95 *(978-1-64654-351-9(3))*; (Illus.). 26.95 *(978-1-63710-121-6(X))* Fulton Bks.

Mr. Bumpkin's Lawsuit, or How to Win Your Opponent's Case (Classic Reprint) Richard Harris. 2016. (ENG., Illus.). (J). pap. 16.57 *(978-1-333-55372-2(2))* Forgotten Bks.

Mr. Bumpkin's Lawsuit, or How to Win Your Opponent's Case (Classic Reprint) Richard Harris. 2018. (ENG., Illus.). 406p. (J). 32.29 *(978-0-484-48835-8(X))* Forgotten Bks.

Mr. Bunny & the Colorful Easter Eggs! Beth Costanzo. 2023. (ENG.). 26p. (J). pap. 12.99 ***(978-1-0880-9067-1(2))*** Adventures of Scuba Jack Pubs., The.

Mr. Bunny's Easter Eggs: Coloring Books Easter. Jupiter Kids. 2016. (ENG., Illus.). 106p. (J). pap. 12.55 *(978-1-68305-288-3(9)*, Jupiter Kids (Childrens & Kids Fiction)) Speedy Publishing LLC.

Mr. Buttonman & the Great Escape. Joelle Gebhardt. 2020. (ENG., Illus.). 40p. (J). (gr. -1-3). 16.95 *(978-1-77229-028-8(9))* Simply Read Bks. CAN. Dist: Ingram Publisher Services.

Mr. C Takes Manhattan. John Contratti. 2017. (ENG.). (J). 14.95 *(978-1-68401-402-6(6))* Amplify Publishing Group.

Mr. Calm. Adam Hargreaves. Illus. by Adam Hargreaves. 2023. (Mr. Men & Little Miss Ser.). (ENG.). 32p. (J). (-k). pap. 4.99 ***(978-0-593-65833-8(7)***, Grosset & Dunlap) Penguin Young Readers Group.

Mr. Cannelloni's Circus. Tuula Pere. Ed. by Susan Korman. Tr. by Paivi Vuoriaro. 2018. (ENG., Illus.). 144p. (J). (gr. 3-6). *(978-952-357-027-6(7))*; pap. *(978-952-357-021-4(8))* Wickwick oy.

Mr. Carteret (Classic Reprint) David Gray. 2017. (ENG., Illus.). 180p. (J). 27.63 *(978-0-484-58374-9(3))* Forgotten Bks.

Mr. Cat & Mrs. Mouse - Ten Nakatamwa Ao Nei Kimoa (Te Kiribati) Tara Tiibau. Illus. by Romulo Reyes, III. 2023. (ENG.). 34p. (J). pap. ***(978-1-922876-07-2(0))*** Library For All Limited.

Mr. Cat & the Little Girl. Wang Yu Wei. 2019. (ENG., Illus.). 32p. (J). 17.95 *(978-1-60537-488-8(1))*; 9.95 *(978-1-60537-500-7(4))* Clavis Publishing.

Mr. Chaine's Sons, Vol. 1 Of 3: A Novel (Classic Reprint) William Edward Norris. (ENG., Illus.). (J). 2018. 328p. 30.66 *(978-0-267-40952-5(4))*; 2016. pap. 13.57 *(978-1-334-22816-2(7))* Forgotten Bks.

Mr. Chaine's Sons, Vol. 2 Of 3: A Novel (Classic Reprint) W. E. Norris. (ENG., Illus.). (J). 2018. 322p. 30.54 *(978-0-267-78463-9(5))*; 2016. pap. 13.57 *(978-1-334-29874-5(2))* Forgotten Bks.

Mr. Chaine's Sons, Vol. 3 Of 3: A Novel (Classic Reprint) W. E. Norris. 2018. (ENG., Illus.). 312p. (J). 30.33 *(978-0-332-35983-0(2))* Forgotten Bks.

Mr Chicken Arriva a Roma. Leigh Hobbs. (Mr Chicken Ser.). (ENG.). 32p. (J). 2019. (gr. k-3). pap. 9.99 *(978-1-76052-856-0(0))*; 2017. (Illus.). (gr. -1-3). 18.99 *(978-1-925266-77-1(X))* Allen & Unwin AUS. Dist: Independent Pubs. Group.

Mr. Chupes & Miss. Jenny: The Life Story of Two Robins (Classic Reprint) Effie Molt Bignell. 2018. (ENG., Illus.). 264p. (J). 29.34 *(978-0-267-19457-5(9))* Forgotten Bks.

Mr. Claghorn's Daughter (Classic Reprint) Hilary Trent. (ENG., Illus.). (J). 2018. 276p. 29.61

(978-0-332-44030-9(3)); 2016. pap. 11.97 (978-1-334-13548-4(7)) Forgotten Bks.

Mr. Clerihew, Wine Merchant (Classic Reprint) H. Warner Allen. 2018. (ENG., Illus.). (J). 302p. 30.15 (978-1-396-73642-1(5)); 304p. pap. 13.57 (978-1-391-75442-0(5)) Forgotten Bks.

Mr. Cleveland: A Personal Impression (Classic Reprint) Jesse Lynch Williams. 2018. (ENG., Illus.). 82p. (J). 25.61 (978-0-365-14715-2(X)) Forgotten Bks.

Mr. Cleveland, a Personal Impression (Classic Reprint) Jesse Lynch Williams. (ENG., Illus.). (J). 2018. 82p. 25.61 (978-0-365-15501-0(2)); 2017. pap. 9.57 (978-0-259-51689-7(9)) Forgotten Bks.

Mr. Clock & Mrs. Watch! - Telling Time Kids Book: Children's Money & Saving Reference. Baby Professor. 2016. (ENG., Illus.). 40p. (J). pap. 11.65 (978-1-68326-420-0(7), Baby Professor (Education Kids)) Speedy Publishing LLC.

Mr. Cock-A-Doodle-Doo & Mrs. Penny. Jan Geis. 2018. (ENG., Illus.). 28p. (J). 22.95 (978-1-64003-467-9(6)) Covenant Bks.

Mr. Complain Takes the Train. Wade Bradford. Illus. by Stephan Britt. 2021. (ENG.). 32p. (J). (gr. -1-3). 17.99 (978-0-544-82981-7(6), 1644038, Clarion Bks.) HarperCollins Pubs.

Mr. Complain Takes the Train F. Bradford/Britt. 2021. (ENG.). (J). 17.99 (978-0-544-82980-0(8), HarperCollins) HarperCollins Pubs.

Mr. Conklemeyer's Musical Pets. Gregory Stewart. 2018. (ENG., Illus.). 28p. (J). (978-1-387-62484-3(9)) Lulu Pr., Inc.

Mr. Corbett Is in Orbit! Dan Gutman. ed. 2021. (My Weird School Graphic Novel Ser.). (ENG., Illus.). 84p. (J). (gr. 2-3). 18.96 (978-1-64697-623-2(1)) Penworthy Co., LLC, The.

Mr. Corbett Is in Orbit! Graphic Novel. Dan Gutman. Illus. by Jim Paillot. 2019. (My Weird School Graphic Novel Ser.: Vol. 1). (ENG.). 96p. (J). (gr. 1-5). lib. bdg. 19.80 (978-1-6636-3062-9(3)) Perfection Learning Corp.

Mr. Corny Visits the Great State of Colorado. Ellen Weisberg & Ken Yoffe. 2021. (ENG.). 44p. (J). pap. 6.99 (978-1-63795-314-3(3)) Waldorf Publishing.

Mr. Corny Visits the Great State of Hawaii. Ellen Weisberg & Ken Yoffe. 2021. (ENG.). 44p. (J). pap. 6.99 (978-1-63795-315-0(1)) Waldorf Publishing.

Mr. Corny Visits the Great State of Idaho. Ellen Weisberg & Kenn Yoffe. 2021. (ENG.). 44p. (J). pap. 6.99 (978-1-63795-313-6(5)) Waldorf Publishing.

Mr Crab - Na Mwanai (Te Kiribati) Kiaua Timau. Illus. by Romulo Reyes, III. 2023. (ENG.). 36p. (J). pap. (978-1-922876-06-5(2)) Library For All Limited.

Mr. Crewe's Career (Classic Reprint) Winston Churchill. 2017. (ENG., Illus.). (J). 34.83 (978-1-5280-8566-3(3)) Forgotten Bks.

MR Crocodile Adventures: Magenta the Witch Works Her Magic on a Bored MR Crocodile. Sally-Anne Tapia-Bowes. Illus. by Holly Faith Bushnell. 2016. (ENG.). (J). pap. (978-0-9931919-4-7(0)) PurplePenguinPublishing.

Mr Crocodile's Adventures at Woodlands Primary! Sally-Anne Tapia-Bowes. Illus. by Holly Bushnell. 2019. (MR Crocodile's Adventures Ser.: Vol. 3). (ENG.). 52p. (J). pap. (978-0-9931919-8-5(3)) PurplePenguinPublishing.

Mr. Crum's Potato Predicament. Anne Renaud. Illus. by Felicita Sala. 2017. (ENG.). 40p. (J). (gr. -1-3). 19.99 (978-1-77138-619-7(3)) Kids Can Pr., Ltd. CAN. Dist: Hachette Bk. Group.

Mr. Cups. Martel Lewis. Illus. by Pablo Cabrera. 2023. (ENG.). 36p. (J). pap. 15.99 (978-1-5243-1852-9(3)) Lantia LLC.

Mr. Darcy. Alex Field. Illus. by Peter Carnavas. 2022. (Mr. Darcy Ser.). (ENG.). 32p. (J). (gr. -1-1). 17.99 (978-1-913639-86-0(X), 53876121-a36b-463f-acef-bd930c92d122) New Frontier Publishing AUS. Dist: Lerner Publishing Group.

Mr. Dawg I Am a Frog. Jorja DuPont Oliva & Linda Revels DuPont. Illus. by Stewart Maxcy. 2020. (ENG.). 30p. (J). 14.97 (978-0-9991838-1-6(8)) JD PUBLISHING.

Mr. Dawg I Am a Frog COLORING BOOK. Jorja DuPont Oliva & Linda Revels DuPont. Illus. by Stewart Maxcy. 2020. (ENG.). 32p. (J). pap. 4.21 (978-0-9991838-2-3(6)) JD PUBLISHING.

Mr. Delite's Breakfast Party. Jennifer M. Bradley. 2020. (ENG.). 34p. (J). 24.95 (978-1-64468-777-2(1)); pap. 14.95 (978-1-64559-850-3(0)) Covenant Bks.

Mr. Demaio Presents!: Record-Breaking Natural Disasters: Based on the Hit YouTube Series! Mike DeMaio. Illus. by Saxton Moore. 2022. 80p. (J). (gr. 3-7). pap. 7.99 (978-0-593-22478-6(7), Grosset & Dunlap) Penguin Young Readers Group.

Mr. Demaio Presents!: the Biggest Stuff in the Universe: Based on the Hit YouTube Series! Mike DeMaio. Illus. by Saxton Moore. 2022. 80p. (J). (gr. 3-7). pap. 7.99 (978-0-593-22480-9(9), Grosset & Dunlap) Penguin Young Readers Group.

Mr. Dewey's Zoo. Doug Curtle. Illus. by Charlie Kaye. 2019. (ENG.). 50p. (J). 21.99 (978-1-7335506-1-1(5)) Ten Critters Pr.

Mr. Dickens Goes to the Play (Classic Reprint) Alexander Woollcott. 2017. (ENG., Illus.). (J). 29.44 (978-0-260-90965-7(3)) Forgotten Bks.

Mr. Dide His Vacation in Colorado: And Other Sketches (Classic Reprint) L. B. France. 2018. (ENG., Illus.). 282p. (J). 29.73 (978-0-483-23308-9(0)) Forgotten Bks.

Mr. Dide His Vacation in Colorado (Classic Reprint) Lewis B. France. 2018. (ENG., Illus.). 178p. (J). 27.57 (978-0-484-50243-6(3)) Forgotten Bks.

Mr. Dill Pickles. Caitlin Wendt. 2018. (ENG.). 38p. (J). 14.95 (978-1-68401-351-7(8)) Amplify Publishing Group.

Mr. Dimock (Classic Reprint) Denis O'Sullivan. 2018. (ENG., Illus.). 364p. (J). 31.42 (978-0-483-72671-0(0)) Forgotten Bks.

Mr. Dinosaur: Level 3. William H. Hooks. Illus. by Paul Meisel. 2020. (Bank Street Ready-To-Read Ser.). (ENG.). 50p. (J). 17.95 (978-1-876967-14-7(5)) ibooks, Inc.

Mr. DNA's Book of Dinosaurs (Jurassic World) Arie Kaplan. Illus. by Paul Daviz. 2021. (Little Golden Book Ser.). (ENG.). 24p. (J). (-k). 5.99 (978-0-593-31050-2(0), Golden Bks.) Random Hse. Children's Bks.

Mr. Doctor-Man (Classic Reprint) Helen S. Woodruff. 2018. (ENG., Illus.). 106p. (J). 26.08 (978-0-484-32641-4(4)) Forgotten Bks.

Mr. Dog & the Rabbit Habit (Mr. Dog) Ben Fogle & Steve Cole. Illus. by Nikolas Ilic. 2020. (Mr. Dog Ser.). (ENG.). 144p. (J). 4.99 (978-0-00-838446-3(0), HarperCollins Children's Bks.) HarperCollins Pubs. Ltd. GBR. Dist: HarperCollins Pubs.

Mr. Dooley: In Peace & in War (Classic Reprint) Finley Peter Dunne. 2017. (ENG., Illus.). (J). 29.77 (978-0-266-79010-5(0)) Forgotten Bks.

Mr. Dooley: In the Hearts of His Countrymen. Finley Peter Dunne. 2017. (ENG., Illus.). (J). 23.95 (978-1-374-95291-1(5)) Capital Communications, Inc.

Mr. Dooley in the Hearts of His Countrymen (Classic Reprint) Unknown Author. 2018. (ENG., Illus.). 298p. (J). 30.06 (978-0-483-14588-7(2)) Forgotten Bks.

Mr. Dooley on Making a Will & Other Necessary Evils (Classic Reprint) Finley Peter Dunne. 2017. (ENG., Illus.). (J). 28.78 (978-0-331-67246-6(4)) Forgotten Bks.

Mr. Dooley Says (Classic Reprint) Finley Peter Dunne. 2017. (ENG., Illus.). (J). 28.39 (978-0-331-82533-6(3)) Forgotten Bks.

Mr. Dooley's Opinions (Classic Reprint) Finley Peter Dunne. (ENG., Illus.). (J). 2018. 222p. 28.48 (978-0-365-38420-5(8)); 2017. 28.56 (978-0-331-56355-9(X)) Forgotten Bks.

Mr. Dooley's Philosophy (Classic Reprint) Finley Peter Dunne. 2017. (ENG., Illus.). (J). 29.53 (978-1-5281-6174-9(2)) Forgotten Bks.

Mr. Doom. Kai-Yu She. 2019. (ENG.). 66p. (J). pap. (978-0-359-72842-8(1)) Lulu Pr., Inc.

Mr. Doom & Mr. Paine. Joy Borden. 2023. (ENG.). 40p. (J). pap. 14.99 (978-1-6628-7500-7(2)) Salem Author Services.

Mr. Eagle's USA: As Seen in a Buggy Ride of 1400 Miles from Illinois to Boston (Classic Reprint) John Livingston Wright. 2018. (ENG., Illus.). 274p. (J). 29.57 (978-0-483-07440-8(3)) Forgotten Bks.

Mr. Easter Bunny Needs Your Help Coloring for Easter Eggs. Educando Kids. 2019. (ENG.). 42p. (J). pap. 6.99 (978-1-64521-116-7(9), Educando Kids) Editorial Imagen.

MR Emoji Face! Kids Coloring Book. Bold Illustrations. 2017. (ENG., Illus.). (J). pap. 8.35 (978-1-64193-001-7(2), Bold Illustrations) FASTLANE LLC.

Mr. Facey Romford's Hounds (Classic Reprint) Unknown Author. 2018. (ENG., Illus.). 446p. (J). 33.12 (978-0-267-48058-6(X)) Forgotten Bks.

Mr. Fahrenheit. T. Michael Martin. 2016. (ENG.). 320p. (YA). (gr. 9). 17.99 (978-0-06-220183-6(2), Balzer & Bray) HarperCollins Pubs.

Mr. Familiar. J. S. Frankel. 2022. (ENG.). 212p. (J). pap. (978-1-4874-3648-3(3)) eXtasy Bks.

Mr. Feelings' Birthday Party. Norhan Refai. Illus. by Yara Meraki. 2022. (ENG.). 32p. (J). pap. (978-0-2288-7332-7(0)) Tellwell Talent.

Mr. Filkins in the Desert. Quentin Blake. 2022. (ENG., Illus.). 32p. (J). (gr. -1-k). 17.99 (978-1-84976-750-7(5)) Tate Publishing, Ltd. GBR. Dist: Abrams, Inc.

Mr. Fleight (Classic Reprint) Ford Madox Ford. 2018. (ENG., Illus.). 320p. (J). 30.52 (978-0-666-83776-9(7)) Forgotten Bks.

Mr. Flopsy Whispers from God: A Lesson on Being Still. Christi Eley. Illus. by Aries Cheung. 2021. (ENG.). 40p. (J). (gr. k-3). pap. 15.99 (978-1-7359680-3-2(X)) Mrs. Cottontail & Friends.

Mr. Flying Cicada. Tim Clasen. 2021. (ENG.). 32p. (J). 20.00 (978-1-7348113-9-1(0)) Lightning Fast Bk. Publishing.

Mr. Foley of Salmon: A Story of Life in a California Village (Classic Reprint) John Joseph Curran. 2017. (ENG., Illus.). 188p. (J). 27.77 (978-0-484-81778-3(7)) Forgotten Bks.

Mr. Forgetful Dragon: Vol 1, Ed 1 (English), Also Translated into French & Spanish (the Dragon Series) (English Edition) Linda J. Keep. 2016. (ENG., Illus.). (J). pap. (978-0-9952922-3-9(X)) Psychology Center Inc.

Mr. Fortner's Marital Claims: And Other Stories (Classic Reprint) Richard Malcolm Johnston. 2018. (ENG., Illus.). 196p. (J). 27.94 (978-0-484-85088-9(1)) Forgotten Bks.

Mr. Fox can fix it! Practicing the KS Sound, 1 vol. Jamal Brown. 2016. (Rosen Phonics Readers Ser.). (ENG., Illus.). 12p. (J). (gr. -1-2). pap. (978-1-5081-3554-8(1), 69a9b242-c1f7-4fba-a52e-f26feb2d324d, Rosen Classroom) Rosen Publishing Group, Inc., The.

Mr. Frank: The Underground Mail-Agent (Classic Reprint) Vidi Vidi. 2018. (ENG., Illus.). 294p. (J). 29.98 (978-0-483-60854-2(8)) Forgotten Bks.

Mr. Froggy's Dilemma. James Mikel Wilson. 2018. (ENG., Illus.). 38p. (J). pap. 9.50 (978-1-64237-239-7(0)) Gatekeeper Pr.

Mr. Frog's Hoppy Trail. Sandy Katchuk. 2021. (ENG.). 30p. (J). pap. 10.00 (978-1-6629-1370-9(2)) Gatekeeper Pr.

Mr. Garbage: Level 3. William H. Hooks. Illus. by Kate Duke. 2020. (Bank Street Ready-To-Read Ser.). (ENG.). 50p. (J). 17.95 (978-1-876967-15-4(3)); pap. 11.95 (978-1-876966-07-2(6)) ibooks, Inc.

Mr. Gaskins's Pants Are Tight Around the Bum. C. Christopher Jenkins. 2022. (ENG., Illus.). 30p. (J). pap. 14.95 (978-1-68526-120-7(5)) Covenant Bks.

Mr. Gedrick & Me. Patrick Carman. (ENG.). 224p. (J). (gr. 3-7). 2019. pap. 6.99 (978-0-06-242161-6(1)); 2017. 16.99 (978-0-06-242160-9(3)) HarperCollins Pubs. (Tegen, Katherine Bks).

Mr. Gedrick & Me. Patrick Carman. ed. 2020. (Penworthy Picks YA Fiction Ser.). (ENG.). 211p. (J). (gr. 4-5). 18.49 (978-1-64697-211-1(2)) Penworthy Co., LLC, The.

Mr Germ Is Not Welcome - e Aki Butimwaaeaki Na Maninnaoraki (Te Kiribati) Melinda Lem. Illus. by Mihailo Tatic. 2023. (ENG.). 30p. (J). pap. (978-1-922844-11-8(X)) Library For All Limited.

Mr. Gilmore's Glasses. Heath Smith. 2019. (ENG.). 30p. (J). pap. 12.95 (978-1-64458-421-7(2)) Christian Faith Publishing.

Mr. Glow. J. M. Hymas. Illus. by David McHolland. 2022. (ENG.). 32p. (J). (978-1-0391-2025-9(3)); pap. (978-1-0391-2024-2(5)) FriesenPress.

Mr. Goat's Valentine. Eve Bunting. Illus. by Kevin Zimmer. 2016. (ENG.). 32p. (J). (gr. k-2). 16.99 (978-1-58536-944-7(6), 204024) Sleeping Bear Pr.

Mr. Goggles (Classic Reprint) H. Collins Brown. 2017. (ENG., Illus.). (J). 30.08 (978-0-260-52143-9(4)) Forgotten Bks.

Mr. Grant Allen's New Story Michael's Crag: With Three-Hundred & Fifty Marginal Illustrations in Silhouette (Classic Reprint) Francis Carruthers Gould. 2018. (ENG., Illus.). 244p. (J). 28.93 (978-0-483-31217-3(7)) Forgotten Bks.

Mr. Gray & Frieda Frolic. Binette Schroeder. 2022. (ENG., Illus.). 32p. (J). (gr. -1). 17.95 (978-0-7358-4473-5(9)) North-South Bks., Inc.

Mr. Green & Mr. Blue Party at the Farm. Perry Anderson. 2019. (ENG.). 38p. (J). 14.95 (978-1-64307-500-6(4)) Amplify Publishing Group.

Mr. Green & Mr. Blue's Party at the Zoo. Perry Anderson. 2019. (ENG.). 38p. (J). 14.95 (978-1-64307-499-3(7)) Amplify Publishing Group.

Mr. Green Grows a Garden. Ruth Owen. 2021. (ENG., Illus.). 32p. (J). (gr. 2-5). lib. bdg. 19.99 (978-1-78856-195-2(3), e3cbedd1-ad8d-4332-83e1-a080eb07ea6a) Ruby Tuesday Books Limited GBR. Dist: Lerner Publishing Group.

Mr. Greenbug Flies to the Sun. Jonathan Aspensen. 2019. (ENG.). 34p. (J). pap. (978-0-359-55752-5(1)) Lulu Pr., Inc.

Mr. Green's Party. Matt Zielsdorf. 2020. (ENG.). 36p. (J). pap. 14.95 (978-1-64584-438-9(2)) Page Publishing Inc.

Mr. Gresham & Olympus (Classic Reprint) Norman Lindsay. 2017. (ENG., Illus.). (J). 30.58 (978-0-331-82968-6(1)); pap. 13.57 (978-0-243-38500-3(5)) Forgotten Bks.

Mr. Grex of Monte Carlo. Edward Phillips Oppenheim. 2017. (ENG., Illus.). (J). 26.95 (978-1-374-93058-2(X)); pap. 16.95 (978-1-374-93057-5(1)) Capital Communications, Inc.

Mr. Grex of Monte Carlo (Classic Reprint) E. Phillips Oppenheim. 2017. (ENG., Illus.). (J). 31.90 (978-1-5285-8139-4(3)) Forgotten Bks.

Mr. Grosvenor's Daughter: A Story of City Life (Classic Reprint) Julia MacNair Wright. 2018. (ENG., Illus.). 394p. (J). 32.02 (978-0-483-91872-6(5)) Forgotten Bks.

Mr. Groundy (the Groundhog) Victoria. 2021. (ENG., Illus.). 18p. (J). 22.95 (978-1-6624-5089-1(3)) Page Publishing Inc.

Mr. Grumbles: Bedtime Stories for the Young. William Pryse-Phillips. Illus. by C. Anne MacLeod. 2020. (ENG.). 56p. (J). (978-1-5255-6259-4(2)); pap. (978-1-5255-6260-0(6)) FriesenPress.

Mr. Grumpy. Florence MacKinnon. 2019. (ENG.). 30p. (J). pap. 13.95 (978-1-64515-299-6(5)) Christian Faith Publishing.

Mr Gum & the Biscuit Billionaire. Andy Stanton. Illus. by David Tazzyman. 2019. (Mr Gum Ser.: 2). (ENG.). 192p. (J). (gr. 2-6). pap. 7.99 (978-1-4052-9370-9(5)) Farshore GBR. Dist: HarperCollins Pubs.

Mr. Gum & the Goblins. Andy Stanton. 2019. (Mr Gum Ser.: 3). (ENG., Illus.). 208p. (J). (gr. 2-6). pap. 7.99 (978-1-4052-9371-6(3)) Farshore GBR. Dist: HarperCollins Pubs.

Mr. Handsome Hay. Alicia J. Berry. 2019. (ENG., Illus.). 42p. (J). pap. 19.99 (978-1-7343660-0-6(1)) Berry, Alicia J.

Mr. Happy: 50th Anniversary Edition. Roger Hargreaves. Illus. by Roger Hargreaves. 2021. (Mr. Men & Little Miss Ser.). (ENG., Illus.). 32p. (J). (gr. -1-2). 8.99 (978-0-593-22662-9(3), Grosset & Dunlap) Penguin Young Readers Group.

Mr. Helpless Gets Organized. Margaret Harmon. 2021. (ENG.). 50p. (J). pap. 13.95 (978-1-7341443-3-8(5)) Plowshare Media.

Mr. Heratio, Where Did You Go? Guess Who. 2018. (ENG., Illus.). 24p. (J). pap. 11.95 (978-1-64140-959-9(2)) Christian Faith Publishing.

Mr. Hobby: A Cheerful Romance (Classic Reprint) Harold Kellock. 2018. (ENG., Illus.). (J). 360p. 31.32 (978-0-366-56328-9(9)); 362p. pap. 13.97 (978-0-366-12606-4(7)) Forgotten Bks.

Mr. Hogarth's Will. Catherine Helen Spence. 2017. (ENG., Illus.). (J). 28.95 (978-1-374-92086-6(X)); pap. 18.95 (978-1-374-92085-9(1)) Capital Communications, Inc.

Mr. Hollyberry's Christmas Gift. Kate Westerlund. Illus. by Kveta Pacovska. 2018. 32p. (J). (gr. -1-k). 17.99 (978-988-8341-62-7(6), Minedition) Penguin Young Readers Group.

Mr Hoot's Lights Out. T. Harrogate. 2023. (ENG.). 34p. (J). pap. (978-1-3984-9017-8(2)) Austin Macauley Pubs. Ltd.

Mr. Hornsby & the Time Traveling Classroom: Book 1: Secrets of the Pierce Journal. Andrew Brezak & Daniel. 2021. (ENG.). 198p. (J). pap. 15.95 (978-1-63710-460-6(X)) Fulton Bks.

Mr. How Do You Do Learns to Pray: Teaching Children the Joy & Simplicity of Prayer (Spanish Edition) Kelly Johnson. Tr. by Kathy Scruggs. Illus. by Jan Hamilton. 2016. (Mr. How Do You Do Ser.: Vol. 1). (SPA.). (J). (gr. k-6). pap. 15.95 (978-1-61314-341-4(9)) Innovo Publishing, LLC.

Mr Howard the Rescued Cat. Erin Hayburn. 2022. (ENG.). 32p. (J). (978-0-2288-8006-6(8)); pap. (978-0-2288-8005-9(X)) Tellwell Talent.

Mr. Hulot at the Beach. David Merveille. 2016. (ENG., Illus.). 32p. (J). 18.95 (978-0-7358-4254-0(X)) North-South Bks., Inc.

Mr. Impossible & the Easter Egg Hunt. Adam Hargreaves. Illus. by Adam Hargreaves. 2022. (Mr. Men & Little Miss Ser.). (ENG.). 32p. (J). (-k). pap. 4.99 (978-0-593-38596-8(9), Grosset & Dunlap) Penguin Young Readers Group.

Mr. Incoul's Misadventure. Edgar Saltus. 2016. (ENG.). 226p. (J). pap. (978-3-7433-5686-3(4)) Creation Pubs.

Mr. Incoul's Misadventure: A Novel (Classic Reprint) Edgar Saltus. 2017. (ENG., Illus.). (J). 28.56 (978-1-5282-4900-3(3)) Forgotten Bks.

Mr. Ingleside (Classic Reprint) E. V. Lucas. 2017. (ENG., Illus.). (J). 30.68 (978-0-266-18435-5(9)) Forgotten Bks.

Mr. Inker Goes to School. Christina Francine. 2020. (ENG.). 40p. (J). pap. 6.99 (978-1-64370-008-3(1)) Waldorf Publishing.

Mr. Isaacs: A Tale of Modern India (Classic Reprint) F. Marion Crawford. 2017. (ENG., Illus.). (J). 30.83 (978-1-5285-5480-0(9)) Forgotten Bks.

Mr. Ivan's Farm. Cynthia Fintel. 2017. (ENG., Illus.). (J). (gr. -1-3). 16.95 (978-1-9736-0945-2(2), WestBow Pr.) Author Solutions, LLC.

Mr. J. Nope. Alba Emigdia Santiago. 2021. (ENG.). 24p. (J). pap. 12.99 (978-1-7365260-8-8(1)) Freedom International Bks. LLC.

Mr. Jack Hamlin's Mediation. Bret Harte. 2017. (ENG.). 300p. (J). pap. (978-3-7446-6140-9(7)) Creation Pubs.

Mr. Jack Hamlin's Mediation: Two Men of Sandy Bar (Classic Reprint) Bret Harte. 2018. (ENG., Illus.). 508p. (J). 34.39 (978-0-483-70445-9(8)) Forgotten Bks.

Mr. Jack Hamlin's Mediation & Other Stories. Bret Harte. 2017. (ENG.). 300p. (J). pap. (978-3-7447-4999-2(1)) Creation Pubs.

Mr. Jacobi Helps Out: Leveled Reader Gold Level 21. Rg Rg. 2016. (PM Ser.). (ENG.). 24p. (J). (gr. 2-3). pap. 11.00 (978-0-544-89240-8(2)) Rigby Education.

Mr. Jacobs 1883: A Tale of the Drummer, the Reporter, & the Prestidigitateur (Classic Reprint) Arlo Bates. 2018. (ENG., Illus.). 46p. (J). 24.85 (978-0-267-42165-7(6)) Forgotten Bks.

Mr. Jay's Mysterious Evening at the School. A. A. Jackson. 2020. (ENG.). 36p. (J). pap. 15.95 (978-1-6642-1651-8(0), WestBow Pr.) Author Solutions, LLC.

MR Jenkins Farm: The Secret Journey. Dianna L. Jackson. Illus. by S. Randini Senevirathna. 2023. (ENG.). 42p. (J). pap. 25.99 (978-1-6628-4892-6(7)) Salem Author Services.

Mr. Jervis (Classic Reprint) Bithia Mary Croker. (ENG., Illus.). (J). 2018. 398p. 32.13 (978-0-483-75102-6(2)); 2016. pap. 16.57 (978-1-334-12107-4(9)) Forgotten Bks.

Mr. Jervis, Vol. 1 of 3 (Classic Reprint) B. M. Croker. 2018. (ENG., Illus.). 264p. (J). 29.34 (978-0-483-97695-5(4)) Forgotten Bks.

Mr. Jervis, Vol. 3 of 3 (Classic Reprint) B. M. Croker. 2018. (ENG., Illus.). 290p. (J). 29.90 (978-0-267-19458-2(7)) Forgotten Bks.

Mr Jim's Treehouse the Book. Craig Taylor & Jim Allen Jackson. 2021. (ENG.). 52p. (J). pap. (978-1-6780-6987-2(6)) Lulu Pr., Inc.

Mr. John Strood (Classic Reprint) Percy White. 2017. (ENG., Illus.). (J). 30.66 (978-0-265-68100-8(6)); pap. 13.57 (978-1-5276-5161-6(4)) Forgotten Bks.

Mr. Jorrocks' Lectors from Handley Cross (Classic Reprint) Robert Smith Surtees. 2017. (ENG., Illus.). (J). 270p. 29.47 (978-0-484-39478-9(9)); pap. 11.97 (978-0-259-87907-7(X)) Forgotten Bks.

Mr. Justice Raffles. E. W. Hornung. 2017. (ENG., Illus.). (J). 24.95 (978-1-374-88774-9(9)); pap. 14.95 (978-1-374-88773-2(0)) Capital Communications, Inc.

Mr. Justice Raffles (Classic Reprint) E. W. Hornung. 2018. (ENG., Illus.). 322p. (J). 30.54 (978-0-666-19193-9(X)) Forgotten Bks.

Mr. Kazarian, Alien Librarian. Steve Foxe. Illus. by Gary Boller. (Mr. Kazarian, Alien Librarian Ser.). (ENG.). 64p. (J). (gr. 3-5). 2020. pap. 6.95 (978-1-4965-9341-2(3), 142359); 2019. 21.99 (978-1-4965-8366-6(3), 140650) Capstone. (Stone Arch Bks.).

Mr. Kazarian, Alien Librarian. Steve Foxe. Illus. by Gary Boller. 2020. (Mr. Kazarian, Alien Librarian Ser.). (ENG.). 64p. (J). (gr. 3-5). 69.96 (978-1-5158-7353-2(6), 201810, Stone Arch Bks.) Capstone.

Mr. Keegan's Elopement (Classic Reprint) Winston Churchill. 2017. (ENG., Illus.). (J). 25.77 (978-0-265-22973-6(1)) Forgotten Bks.

Mr. King's Castle Elementary: New Beginnings. Tony Ferreira. Ed. by Chad Zuber. 2020. (ENG.). 50p. (J). pap. 12.00 (978-1-0879-1051-2(X)) Indy Pub.

Mr. King's Machine. Geneviève Côté. Illus. by Geneviève Côté. 2016. (Mr. King Ser.). (ENG., Illus.). 32p. (J). (gr. -1-2). 16.95 (978-1-77138-021-8(7)) Kids Can Pr., Ltd. CAN. Dist: Hachette Bk. Group.

Mr. Kris Kringle: A Christmas Tale (Classic Reprint) S. Weir Mitchell. 2017. (ENG., Illus.). (J). 26.37 (978-0-266-16727-3(6)) Forgotten Bks.

Mr. Kryptonite & Ms. Boomerang. Sonya L. Pochik. 2019. (ENG.). 132p. (YA). pap. 14.95 (978-1-64584-291-0(6)) Page Publishing Inc.

Mr. L. E. Font. Beth Woodruff. 2020. (ENG.). 20p. (J). pap. 12.95 (978-1-64801-303-4(1)) Newman Springs Publishing, Inc.

Mr. L. E. Font Meets His Match. Beth Woodruff. 2022. (ENG., Illus.). 26p. (J). pap. 13.95 (978-1-63881-703-1(0)) Newman Springs Publishing, Inc.

Mr Leap Frog Saves the World. Neville Gallagher. 2019. (ENG.). 162p. (J). pap. (978-0-9876353-5-8(2)) Morris Publishing Australia.

Mr. Lemoncello & the Titanium Ticket. Chris Grabenstein. 2021. (Mr. Lemoncello's Library). (Illus.). 304p. (J). (gr. 3-7). 8.99 (978-0-525-64777-5(5), Yearling) Random Hse. Children's Bks.

Mr. Lemoncello's All-Star Breakout Game. Chris Grabenstein. (Mr. Lemoncello's Library: 4). (J). (gr. 3-7). 2020. 304p. 8.99 (978-0-525-64647-1(7), Yearling); 2019. (ENG., Illus.). 288p. 16.99 (978-0-525-64644-0(2), Random Hse. Bks. for Young Readers) Random Hse. Children's Bks.

Mr. Lemoncello's Great Library Race. Chris Grabenstein. 2018. (Mr. Lemoncello's Library: 3). (ENG.). 320p. (J). (gr. 3-7). 7.99 (978-0-553-53609-6(5), Yearling) Random Hse. Children's Bks.

Mr. Lemoncello's Greatest Box Set on Earth: Books 1-6. Chris Grabenstein. 2023. (Mr. Lemoncello's Library). (ENG.). 1888p. (J). (gr. 3-7). 52.94 (978-0-593-64956-5(7), Yearling) Random Hse. Children's Bks.

Mr. Lemoncello's Library Olympics. Chris Grabenstein. 2017. (Mr. Lemoncello's Library: 2). (ENG., Illus.). 320p. (J). (gr. 3-7). 8.99 (978-0-553-51042-3(8), Yearling) Random Hse. Children's Bks.

Mr. Lemoncello's Library Olympics. Chris Grabenstein. ed. 2017. lib. bdg. 18.40 (978-0-606-39875-6(9)) Turtleback.

Mr. Lemoncello's Very First Game. Chris Grabenstein. 2023. (Mr. Lemoncello's Library). 304p. (J). (gr. 3-7). 8.99 (978-0-593-48085-4(6), Yearling) Random Hse. Children's Bks.

1380

The check digit for ISBN-10 appears in parentheses after the full ISBN-13

TITLE INDEX MR. PUNCH ON TOUR

Mr. Lincoln, 1 vol. Ed. by Joanne Randolph. 2018. (Civil War & Reconstruction: Rebellion & Rebuilding Ser.). (ENG.). 32p. (gr. 4-5). 27.93 *(978-1-5383-4093-6(3),* 14df60c2-99ff-4d63-b23a-bf306f950ba2, PowerKids Pr.) Rosen Publishing Group, Inc., The.

Mr. Lincoln Sits for His Portrait: The Story of a Photograph That Became an American Icon. Leonard S. Marcus. 2023. (ENG., Illus.). 128p. (J). 19.99 *(978-0-374-30348-8(7),* 900156261, Farrar, Straus & Giroux (BYR)) Farrar, Straus & Giroux.

Mr. Lincoln's Way. Patricia Polacco. ed. 2017. lib. bdg. 19.65 *(978-0-606-39783-4(3))* Turtleback.

Mr. Lollypop Makes a Friend. Andrew Stoner. 2019. (ENG.). 34p. (J). pap. 14.95 *(978-1-68456-949-6(4))* Page Publishing Inc.

Mr. Longstory Meets Mr. Longstory. Christopher G. Nicholson. 2020. (ENG., Illus.). 28p. (J). pap. 12.95 *(978-1-64670-083-7(X))* Covenant Bks.

Mr Magic Mouse. Karen Kirby. 2017. (ENG., Illus.). 20p. pap. 13.95 *(978-1-78612-764-8(4),* 898e121c-172a-4e06-83c8-802d0188df4b) Austin Macauley Pubs. Ltd. GBR. Dist: Baker & Taylor Publisher Services (BTPS).

MR Magic Mouse. Karen Kirby. 2018. (ENG., Illus.). 20p. (J). *(978-1-5289-2506-8(8));* pap. *(978-1-5289-2507-5(6))* Austin Macauley Pubs. Ltd.

Mr Magic Mouse. Karen Tanner & Karen Kirby. 2017. (ENG., Illus.). 20p. (J). 24.95 *(978-1-78612-765-5(2),* 4f1dd930-1bce-4283-a624-db9af2c05304) Austin Macauley Pubs. Ltd. GBR. Dist: Baker & Taylor Publisher Services (BTPS).

Mr. Man (Classic Reprint) Victor De Kubinyi. (ENG., Illus.). (J). 2018. 170p. 27.42 *(978-0-483-40687-2(2));* 2016. pap. 9.97 *(978-1-333-36890-6(9))* Forgotten Bks.

Mr. Marshmallow. Mary Rivers. 2016. (ENG., Illus.). (J). pap. 12.95 *(978-1-63525-447-1(7))* Christian Faith Publishing.

Mr. Marty Loves a Party, 5. Dan Gutman. ed. 2020. (My Weirder-Est School Ser.). (ENG., Illus.). 104p. (J). (gr. 2-3). 15.49 *(978-1-64697-440-5(9))* Penworthy Co., LLC, The.

Mr. Mason's Magnificent Circus. W. P. Charlotte. 2016. (ENG., Illus.). (J). pap. 21.18 *(978-1-4828-8105-9(5))* Partridge Pub.

Mr. Maugham Himself (Classic Reprint) Somerset Maugham. (ENG., Illus.). (J). 2018. 698p. 38.29 *(978-0-484-64551-5(X));* 2017. pap. 20.97 *(978-0-243-31771-4(9))* Forgotten Bks.

Mr. Mcdaniel & Loofey the Cat. Leira Leet. Illus. by Stefanie St Denis. 2023. (ENG.). 20p. (J). ***(978-0-2288-9135-2(3));*** pap. ***(978-0-2288-9134-5(5))*** Tellwell Talent.

Mr. Mcdoogle Visits the Dinosaurs. Marie Whitton. 2019. (ENG., Illus.). 46p. (J). 25.00 *(978-0-578-48847-9(7))* Whitton Bks., LLC.

Mr. Mcdoogle's Dune Buggy Trip. Marie Whitton. 2019. (ENG., Illus.). 30p. (J). 22.00 *(978-0-578-48800-4(0))* Whitton Bks., LLC.

Mr. Mcdoogle's Farm. Marie Whitton. 2019. (ENG.). 30p. (J). 22.00 *(978-0-578-47773-2(4))* Whitton Bks., LLC.

Mr. Mcdoogle's Yellow Submarine. Marie Whitton. 2019. (ENG., Illus.). 30p. (J). 22.00 *(978-0-578-47764-0(5))* Whitton Bks., LLC.

Mr. Mcgee & the Biting Flea. Pamela Allen. 2023. 30p. (J). (gr. -1-k). bds. 16.99 ***(978-1-76134-097-0(2))*** Penguin Random Hse. AUS. Dist: Independent Pubs. Group.

Mr. Mcginty's Monarchs. Linda Vander Heyden. Illus. by Eileen Ryan Ewen. 2016. (ENG.). 32p. (J). (gr. 1-4). 16.99 *(978-1-58536-612-5(9),* 204034) Sleeping Bear Pr.

MR. McTAVISH: Goes to the Community Park. Bon Kay. 2022. (ENG., Illus.). 30p. (J). 22.95 ***(978-1-63860-849-3(0));*** pap. 12.95 ***(978-1-63860-847-9(4))*** Fulton Bks.

MR. McTAVISH: Goes to the Hospital. Bon Kay. 2021. (ENG., Illus.). 24p. (J). 22.95 *(978-1-63860-664-2(1));* pap. 12.95 *(978-1-64952-931-2(7))* Fulton Bks.

MR. McTAVISH: Goes to the Library. Bon Kay. 2021. (ENG., Illus.). 22p. (J). 22.95 *(978-1-63710-821-5(4));* pap. 12.95 *(978-1-64952-119-4(7))* Fulton Bks.

Mr. Meeson's Will (Classic Reprint) H. Rider Haggard. 2018. (ENG., Illus.). 320p. (J). 30.50 *(978-0-483-31869-4(8))* Forgotten Bks.

Mr. Mehan's Mildly Amusing Mythical Mammals. Matthew Mehan. Illus. by John Folley. 2018. (ENG.). 140p. (J). (gr. 3-7). 24.95 *(978-1-5051-1249-8(4),* 2756) TAN Bks.

Mr. Melon Bear: How Curiosity Cures All: a Fun & Heart-Warming Children's Story That Teaches Kids about Creative Problem-solving (enhances Creativity, Problem-solving, Critical Thinking Skills, & More) Jennifer L. Trace. 2021. (ENG.). 44p. (J). 16.99 *(978-1-956397-40-6(X))* Kids Activity Publishing.

Mr. Melvin the Money Master & the Rule Of 72. Roger F. Hartwich. Illus. by Kendra Cagle. 2021. (ENG.). 64p. (YA). pap. 14.99 *(978-1-7362828-0-9(8))* RFH-RLP Real Life Publishing, LLC.

Mr. Men: a Very Thankful Thanksgiving. Adam Hargreaves. 2018. (Mr. Men & Little Miss Ser.). (ENG., Illus.). 32p. (J). (gr. -1-2). pap. 4.99 *(978-1-5247-8763-9(9),* Grosset & Dunlap) Penguin Young Readers Group.

Mr. Men: Road Trip! Adam Hargreaves. 2018. (Mr. Men & Little Miss Ser.). (ENG.). 32p. (J). (gr. -1-2). pap. 4.99 *(978-1-5247-8762-2(0),* Grosset & Dunlap) Penguin Young Readers Group.

Mr. Mergler, Beethoven, & Me, 1 vol. David Gutnick. Illus. by Mathilde Cinq-Mars. 2018. (ENG.). 32p. (J). (gr. 2-4). 18.95 *(978-1-77260-059-9(8))* Second Story Pr. CAN. Dist: Orca Bk. Pubs. USA.

Mr. Mesey's Magic Bag. Darrel Mesey. 2021. (ENG.). 30p. (J). 23.00 *(978-1-64913-388-5(X))* Dorrance Publishing Co., Inc.

Mr. Midshipman Easy, Vol. 1 of 3 (Classic Reprint) Frederick Marryat. (ENG., Illus.). (J). 2018. 304p. 30.19 *(978-0-267-32521-4(5));* 2016. pap. 13.57 *(978-1-333-52825-6(0))* Forgotten Bks.

Mr. Midshipman Easy, Vol. 3 of 3 (Classic Reprint) Frederick Marryat. 2018. (ENG., Illus.). 328p. (J). 30.66 *(978-0-267-26862-7(9))* Forgotten Bks.

Mr. Midshipman Easy, Vol. 7 (Classic Reprint) Frederick Marryat. (ENG., Illus.). (J). 2019. 442p. 33.01 *(978-0-365-12262-3(9));* 2017. pap. 16.57 *(978-0-259-30586-6(3))* Forgotten Bks.

Mr. Milo Bush, & Other Worthies Their Recollections (Classic Reprint) Hayden Carruth. 2018. (ENG., Illus.). 242p. (J). 28.89 *(978-0-483-36304-5(9))* Forgotten Bks.

Mr. Mischief & the Leprechaun. Adam Hargreaves. 2016. (Mr. Men & Little Miss Ser.). (ENG., Illus.). 32p. (J). (-k). pap. 4.99 *(978-0-8431-8376-4(4),* Grosset & Dunlap) Penguin Young Readers Group.

Mr. Moffat & the Bechuanas of South Africa (Classic Reprint) Unknown Author. 2018. (ENG., Illus.). 112p. (J). 26.23 *(978-0-483-44038-8(8))* Forgotten Bks.

Mr. Mole Moves In. Lesley-Anne Green. 2021. (Juniper Hollow Ser.: 2). (ENG.). 32p. (J). (gr. -1-2). 17.99 *(978-1-101-91802-9(0),* Tundra Bks.) Tundra Bks. CAN. Dist: Penguin Random Hse. LLC.

Mr. Monk, King of the Monkeys. Benicia Bernard. 2022. (ENG., Illus.). 48p. (YA). pap. 17.95 *(978-1-63903-840-4(X))* Christian Faith Publishing.

Mr Monkey & the Fairy Tea Party (Early Reader) Linda Chapman. 2016. (Early Reader Ser.). (ENG.). 64p. (J). (gr. k-2). pap. 6.99 *(978-1-4440-1552-2(4),* Orion Children's Bks.) Hachette Children's Group GBR. Dist: Hachette Bk. Group.

Mr. Monkey Bakes a Cake. Jeff Mack. Illus. by Jeff Mack. (Mr. Monkey Ser.: 1). (ENG., Illus.). 64p. (J). (gr. -1-3). 2019. 7.99 *(978-1-5344-6670-8(3));* 2018. 9.99 *(978-1-5344-0431-1(7))* Simon & Schuster Bks. For Young Readers. (Simon & Schuster Bks. For Young Readers).

Mr. Monkey Takes a Hike. Jeff Mack. Illus. by Jeff Mack. 2019. (Mr. Monkey Ser.: 3). (ENG., Illus.). 64p. (J). (gr. -1-3). 9.99 *(978-1-5344-0433-5(3),* Simon & Schuster Bks. For Young Readers) Simon & Schuster Bks. For Young Readers.

Mr. Monkey Visits a School. Jeff Mack. Illus. by Jeff Mack. 2018. (Mr. Monkey Ser.: 2). (ENG., Illus.). 64p. (J). (gr. -1-3). 9.99 *(978-1-5344-0429-8(5),* Simon & Schuster Bks. For Young Readers) Simon & Schuster Bks. For Young Readers.

Mr. Monster Compendium. Fred Kelly. Ed. by Rachel Richey. 2019. (ENG., Illus.). 112p. (YA). pap. 12.99 *(978-1-988247-19-9(5),* 75b85c43-00e5-4142-96f1-fb5cd2aee655) Chapterhouse Comics CAN. Dist: Diamond Comic Distributors, Inc.

Mr. Montenello, Vol. 1: A Romance of the Civil Service (Classic Reprint) W. A. Baillie Hamilton. 2018. (ENG., Illus.). 302p. (J). 30.15 *(978-0-267-20510-3(4))* Forgotten Bks.

Mr. Montenello, Vol. 2: A Romance of the Civil Service (Classic Reprint) William Alexander Baillie Hamilton. 2018. (ENG., Illus.). 288p. (J). 29.84 *(978-0-483-71045-0(8))* Forgotten Bks.

Mr Monty. Melinda Lem. 2021. (ENG.). 30p. (J). pap. *(978-1-922621-23-8(4))* Library For All Limited.

Mr. Moon. Michael Paraskevas. 2017. (Illus.). 34p. (J). (gr. -1-2). bds. 7.99 *(978-0-399-54995-3(1),* Crown Books For Young Readers) Random Hse. Children's Bks.

Mr. Moon Sleeps In. Ricky Ross. Illus. by Jackie Miller. 2021. 24p. (J). 21.39 *(978-1-6678-0567-2(3))* BookBaby.

Mr Moon Wakes Up. Jemima Sharpe. Illus. by Jemima Sharpe. 2016. (Child's Play Library). (Illus.). 32p. (J). (ENG.). *(978-1-84643-694-9(X));* pap. *(978-1-84643-693-2(1))* Child's Play International Ltd.

Mr Mornington's Favorite Things. Karen George. 2023. (ENG.). 32p. (J). (-k). 14.95 ***(978-1-80130-102-2(6))*** Welbeck Publishing Group Ltd. GBR. Dist: Two Rivers Distribution.

Mr. Mortimer Meets the Aliens (Hardack) Carol Dean. 2021. (ENG.). 44p. (J). 25.00 *(978-1-4461-3704-8(X))* Lulu Pr., Inc.

Mr. Mosquito Stay Out of My Pants. Victoria NaBozny Mayhugh. 2017. (ENG., Illus.). (J). pap. 19.95 *(978-1-4834-5373-6(1))* Lulu Pr., Inc.

Mr. Mot & the Contagious Frown. Thom Mulichak. Ed. by Thom Mulichak. 2023. (ENG.). 78p. (J). ***(978-1-329-31991-2(5))*** Lulu Pr., Inc.

Mr. Mouthful Learns His Lesson. Joseph Kimble. 2017. (ENG., Illus.). (J). (gr. k-4). *(978-1-77180-229-1(4))* Iguana Bks.

Mr. Munchausen: Being a True Account of Some of the Recent Adventures Beyond the Styx of the Late Hieronymus Carl Frindrich, Sometime Baron Munchausen of Bodenwerder, As Originally Reported for the Sunday Edition of the Gehenna Gazette by Its Special in T. John Kendrick Bangs. 2018. (ENG., Illus.). 222p. (J). 28.48 *(978-0-428-67380-2(5))* Forgotten Bks.

Mr. Mygale's Hobby: A Story about Spiders (Classic Reprint) Francesca Maria Steele. 2018. (ENG., Illus.). (J). 208p. 28.21 *(978-1-396-83814-9(7));* 210p. pap. 10.57 *(978-1-396-83811-8(2))* Forgotten Bks.

Mr Naughty Nine Legs. Benjamin Thomas Stanley. 2022. (ENG.). 44p. (J). ***(978-1-3984-6858-0(4));*** pap. ***(978-1-3984-6857-3(6))*** Austin Macauley Pubs. Ltd.

Mr. Nightingale's Diary: A Farce in One Act (Classic Reprint) Charles Dickens. (ENG., Illus.). (J). 2018. 104p. 26.06 *(978-0-267-32048-6(5));* 2016. pap. 9.57 *(978-1-333-48982-3(X))* Forgotten Bks.

Mr. Nobody (Classic Reprint) John Kent Spender. (ENG., Illus.). (J). 2018. 354p. 31.20 *(978-0-484-43130-9(7));* 2017. pap. 13.57 *(978-0-243-96921-0(X))* Forgotten Bks.

Mr. Nobody, Vol. 1 of 3 (Classic Reprint) John Kent Spender. 2018. (ENG., Illus.). 316p. (J). 30.43 *(978-0-365-12638-6(1))* Forgotten Bks.

Mr. Nobody, Vol. 2 of 3 (Classic Reprint) John Kent Spender. (ENG., Illus.). (J). 2018. 314p. 30.39 *(978-0-332-63254-4(7));* 2016. pap. 13.57 *(978-1-334-11825-8(6))* Forgotten Bks.

Mr. Nobody, Vol. 3 of 3 (Classic Reprint) John Kent Spender. (ENG., Illus.). (J). 2018. 314p. 30.37 *(978-0-428-36588-2(4));* 2017. pap. 13.57 *(978-0-243-39963-5(4))* Forgotten Bks.

Mr. Nogginbody & the Childish Child. David Shannon. 2020. (ENG., Illus.). 40p. (J). (gr. -1-2). 17.95 *(978-1-324-00463-9(0),* 340463, Norton Young Readers) Norton, W. W. & Co., Inc.

Mr. Nogginbody Gets a Hammer. David Shannon. 2019. (ENG., Illus.). 40p. (J). (gr. -1-3). 17.95 *(978-1-324-00344-1(8),* 340344, Norton Young Readers) Norton, W. W. & Co., Inc.

Mr. Noisy. Rozanne Williams. 2017. (Learn-To-Read Ser.). (ENG., Illus.). (J). pap. 3.49 *(978-1-68310-208-3(8))* Pacific Learning, Inc.

Mr. Noisy Builds a House. Luella Connelly. 2017. (Learn-To-Read Ser.). (ENG., Illus.). (J). pap. 3.49 *(978-1-68310-245-8(2))* Pacific Learning, Inc.

Mr. Noisy Paints His House. Joel Kupperstein. 2017. (Learn-To-Read Ser.). (ENG., Illus.). (J). pap. 3.49 *(978-1-68310-274-8(6))* Pacific Learning, Inc.

Mr. Noisy's Book of Patterns. Rozanne Williams. 2017. (Learn-To-Read Ser.). (ENG., Illus.). (J). pap. 3.49 *(978-1-68310-217-5(7))* Pacific Learning, Inc.

Mr. Noisy's Helpers. Rozanne Williams. 2017. (Learn-To-Read Ser.). (ENG., Illus.). (J). pap. 3.49 *(978-1-68310-253-3(3))* Pacific Learning, Inc.

Mr. North Wind see Senor Viento Norte

Mr. Nubbins Goes to School. Jill C. Spencer. Illus. by Joy Lineberger. 2018. (ENG.). 26p. (J). (gr. k-3). pap. 14.99 *(978-1-946171-28-3(X))* Kids At Heart Publishing, LLC.

Mr. o Presents Lil Nique. Kamal Imani. 2017. (ENG., Illus.). 34p. (J). pap. 13.99 *(978-1-387-39117-2(8))* Lulu Pr., Inc.

Mr Oily & the Runaway Lawnmower. Gregory Simpson. Illus. by Anneta Wamono. 2020. (ENG.). 32p. (J). ***(978-0-620-91297-6(9));*** pap. ***(978-0-620-90715-6(0))*** African Public Policy & Research Institute, The.

Mr. Okra Sells Fresh Fruits & Vegetables, 1 vol. Lashon Daley. Illus. by Emile Henriquez. 2016. (ENG.). 32p. (J). (gr. k-3). 16.99 *(978-1-4556-2112-5(9),* Pelican Publishing) Arcadia Publishing.

Mr. Oldmixon: A Novel (Classic Reprint) William A. Hammond. 2018. (ENG., Illus.). 464p. (J). 33.47 *(978-0-267-15073-1(3))* Forgotten Bks.

Mr. Opp (Classic Reprint) Alice Hegan Rice. (ENG., Illus.). (J). 2018. 352p. 31.18 *(978-0-483-13742-4(1));* 2018. 338p. 30.87 *(978-0-483-27042-8(3));* 2017. pap. 13.57 *(978-1-334-93952-5(7))* Forgotten Bks.

Mr Owl Learns to Relax. Michelle Wanasundera. Illus. by Amit Mohanta. (ENG.). 34p. (J). 2023. pap. ***(978-1-922991-82-9(1));*** 2022. pap. ***(978-1-922895-33-2(4))*** Library For All Limited.

Mr Owl Learns to Relax - Bw. Bundi Anajifunza Kutulia. Michelle Wanasundera. Illus. by Amit Mohanta. 2023. (SWA.). 34p. (J). pap. ***(978-1-922951-22-9(6))*** Library For All Limited.

Mr. Owliver's Magic at the Museum: Magic at the Museum, 1 vol. Carolyn Bracken. 2017. (ENG., Illus.). 40p. (J). (gr. -1-3). 16.99 *(978-0-7643-5427-4(2),* 8941) Schiffer Publishing, Ltd.

Mr Owl's Classroom Presents: Bobby the Bobcat. Will Kelly. 2023. (ENG.). 70p. (J). pap. ***(978-1-83934-740-5(6))*** Olympia Publishers.

Mr. Pack Rat Really Wants That. Marcus Ewert. Illus. by Kayla Stark. 2018. 40p. (J). (gr. -1-3). 14.95 *(978-1-946764-25-6(6),* Plum Blossom Bks.) Parallax Pr.

Mr. Paul (Classic Reprint) Gertrude Bone. (ENG., Illus.). (J). 2018. 298p. 30.06 *(978-0-483-42662-7(8));* 2016. pap. 13.57 *(978-1-333-41098-8(0))* Forgotten Bks.

Mr. Peek-A-Boo: He Is Watching over You. Bjh. 2021. (ENG., Illus.). 30p. (J). pap. 13.95 *(978-1-63844-986-7(4))* Christian Faith Publishing.

Mr. Pendleton's Cup: A Story for Boys (Classic Reprint) Glance Gaylord. 2017. (ENG., Illus.). (J). 29.09 *(978-0-331-85408-4(2))* Forgotten Bks.

Mr. Penguin & the Catastrophic Cruise, 1 vol. Alex T. Smith. (Mr. Penguin Ser.: 3). (ENG.). 288p. (J). (gr. 3-7). 2021. pap. 9.99 *(978-1-68263-330-4(6));* 2020. 16.99 *(978-1-68263-213-0(X))* Peachtree Publishing Co. Inc.

Mr. Penguin & the Fortress of Secrets. Alex T. Smith. (Mr. Penguin Ser.: 2). (ENG.). 288p. (J). (gr. 3-7). 2020. pap. 9.99 *(978-1-68263-195-9(8));* 2019. (Illus.). 16.95 *(978-1-68263-130-0(3))* Peachtree Publishing Co. Inc.

Mr. Penguin & the Lost Treasure, 1 vol. Alex T. Smith. (Mr. Penguin Ser.: 1). (ENG., Illus.). 208p. (J). (gr. 3-7). 2020. pap. 9.99 *(978-1-68263-170-6(2));* 2019. 16.95 *(978-1-68263-120-1(6))* Peachtree Publishing Co. Inc.

Mr. Penguin & the Tomb of Doom. Alex T. Smith. 2022. (ENG., Illus.). 288p. (J). (gr. 3-7). 16.99 *(978-1-68263-459-2(0))* Peachtree Publishing Co. Inc.

Mr. Penguin, Don't Be a Meany! Courtney Exeter. Illus. by Qbn Studios. 2021. (ENG.). 20p. (J). pap. 12.95 *(978-0-578-31803-5(2))* Blue Creek Publishing LLC.

Mr Penguin's First Christmas. Hayley Down. 2018. (ENG.). 32p. (J). pap. 6.99 *(978-1-78843-257-3(6))* Make Believe Ideas GBR. Dist: Scholastic, Inc.

Mr. Peters. Riccardo Stephens. 2017. (ENG.). 428p. (J). pap. *(978-3-337-00033-2(9))* Creation Pubs.

Mr. Peters: A Novel (Classic Reprint) Riccardo Stephens. 2017. (ENG., Illus.). (J). 32.72 *(978-1-5283-4752-5(8))* Forgotten Bks.

MR Peter's Adventures in Siracusa, Sicily: Le Avventure Di Peter a Siracusa, Sicilia. Michelle Vaid. Illus. by Paola Tusa. 2017. (ENG.). 66p. (J). pap. *(978-1-9999194-0-5(8))* Life: Work In Progress.

Mr. Philips Goneness (Classic Reprint) James M. Bailey. 2018. (ENG., Illus.). 194p. (J). 27.90 *(978-0-483-90629-7(8))* Forgotten Bks.

Mr Pickering's Hat - Bwaran Tem Pickering (Te Kiribati) Amani Uduman. Illus. by Anastasiya Benzel. 2023. (ENG.). 38p. (J). pap. ***(978-1-922844-12-5(8))*** Library For All Limited.

Mr. Pickett of Detroit (Classic Reprint) Theophil Stanger. (ENG., Illus.). (J). 2018. 150p. 26.99 *(978-0-483-39390-5(8));* 2016. pap. 9.57 *(978-1-333-26735-3(5))* Forgotten Bks.

Mr. Pickle & Miss Tomato. Lexis Schonherr. 2022. (ENG., Illus.). 30p. (J). pap. 13.95 *(978-1-63885-028-1(3))* Covenant Bks.

Mr. Pickles & Maggie: A Tail of True Friendship. Christy Busby. 2022. 42p. (J). pap. 11.99 *(978-1-6678-1191-8(6))* BookBaby.

Mr. Pickwick's Christmas: Being an Account of the Pickwickians' Christmas at the Manor Farm, of the Adventures There; the Tale of the Goblin Who Stole a Sexton, & of the Famous Sports on the Ice (Classic Reprint) Charles Dickens. 2017. (ENG., Illus.). (J). 27.07 *(978-0-266-18087-6(6))* Forgotten Bks.

Mr. Pig Bought Me Ice Cream. Brandon Garcia. 2020. (1 Ser.: Vol. 1). (ENG., Illus.). 38p. (J). (gr. k-2). pap. 7.99 *(978-0-578-63543-9(7))* Garcia, Brandon.

Mr. Pine's Mixed-Up Signs: 55th Anniversary Edition. Leonard Kessler. 55th ed. 2016. (Mr. Pine Ser.). (ENG., Illus.). 63p. (J). (gr. 1-4). pap. 8.99 *(978-1-930900-92-9(9))* Purple Hse. Pr.

Mr Pippety Poppety's Birthday. Molly Copestake. Illus. by Alex Crump. 2021. (ENG.). 40p. (J). pap. *(978-1-8383415-8-9(7))* Lane, Betty.

Mr. Pisistratus Brown, M. P. , in the Highlands: Reprinted from the Daily News, with Additions (Classic Reprint) William Black. (ENG., Illus.). (J). 2018. 284p. 29.82 *(978-0-483-81196-6(3));* 2016. pap. 13.57 *(978-1-333-55646-4(2))* Forgotten Bks.

Mr. Podd (Classic Reprint) Freeman Tilden. 2019. (ENG., Illus.). (J). 300p. 30.08 *(978-1-397-28415-0(3));* 302p. pap. 13.57 *(978-1-397-28153-1(7))* Forgotten Bks.

Mr. Podd of Borneo (Classic Reprint) Peter Blundell. 2017. (ENG., Illus.). (J). 29.30 *(978-0-266-96765-1(5))* Forgotten Bks.

Mr. Poop Knows Poop. Amy Ballantyne. 2020. (ENG.). 44p. (J). pap. *(978-1-7775027-0-6(5))* Library and Archives Canada.

Mr. Popper's Penguins. Richard Atwater & Florence Atwater. Illus. by Robert Lawson. 2020. 158p. pap. 18.95 *(978-4-87187-096-2(0))* Ishi Pr. International.

Mr. Popper's Penguins Novel Units Teacher Guide. Novel Units. 2019. (ENG.). (J). pap. 12.99 *(978-1-56137-177-8(7),* NU1777, Novel Units, Inc.) Classroom Library Co.

Mr. Posey's New Glasses. Ted Kooser. Illus. by Daniel Duncan. 2019. (ENG.). 40p. (J). (gr. 1-4). 16.99 *(978-0-7636-9609-2(9))* Candlewick Pr.

Mr. Postmouse's Rounds. Marianne Dubuc. 2018. (VIE.). (J). (gr. -1-2). pap. *(978-604-2-10619-1(8))* Kim Dong Publishing Hse.

Mr. Potato. Nora J. Embury. 2020. (ENG., Illus.). 30p. (J). 23.95 *(978-1-64468-060-5(2));* pap. 13.95 *(978-1-64468-059-9(9))* Covenant Bks.

Mr. Potato Head Inventor: George Lerner. Paige V. Polinsky. 2017. (Toy Trailblazers Set 2 Ser.). (ENG., Illus.). 32p. (J). (gr. 3-6). lib. bdg. 32.79 *(978-1-5321-1096-2(0),* 25768, Checkerboard Library) ABDO Publishing Co.

Mr. Potter of Texas. Archibald Clavering Gunter. (ENG.). (J). 2017. 284p. pap. *(978-3-337-00098-1(3));* 2016. (Illus.). pap. *(978-3-7433-0312-6(4))* Creation Pubs.

Mr. Potter of Texas: A Novel (Classic Reprint) Archibald Clavering Gunter. 2017. (ENG., Illus.). (J). 29.80 *(978-0-260-53074-5(3))* Forgotten Bks.

Mr. Powell's Christmas - Tree Farm: This Is a True Story. Sarah Sanders. 2022. (ENG., Illus.). 26p. (J). 24.95 *(978-1-6624-1839-6(6));* pap. 14.95 *(978-1-6624-1837-2(X))* Page Publishing Inc.

Mr. Pratt a Novel (Classic Reprint) Joseph Crosby Lincoln. 2018. (ENG., Illus.). 360p. (J). 31.32 *(978-0-483-16648-6(0))* Forgotten Bks.

Mr. Pratt's Patients (Classic Reprint) Joseph C. Lincoln. 2018. (ENG., Illus.). 366p. (J). 31.47 *(978-0-483-95072-6(6))* Forgotten Bks.

Mr. President: A Life of Benjamin Harrison. Ray E. Boomhower. 2018. (J). *(978-0-87195-427-5(3))* Indiana Historical Society.

Mr. Prohack (Classic Reprint) Arnold Bennett. 2017. (ENG., Illus.). (J). 30.64 *(978-0-265-19663-2(9))* Forgotten Bks.

Mr. Puffball: Escape from Castaway Island. Constance Lombardo. Illus. by Constance Lombardo. 2018. (Mr. Puffball Ser.: 3). (ENG., Illus.). 240p. (J). (gr. 3-7). 12.99 *(978-0-06-232071-1(8),* HarperCollins) HarperCollins Pubs.

Mr. Puffball: Stunt Cat Across America. Constance Lombardo. Illus. by Constance Lombardo. 2016. (Mr. Puffball Ser.: 2). (ENG., Illus.). 240p. (J). (gr. 3-7). 12.99 *(978-0-06-232068-1(8),* HarperCollins) HarperCollins Pubs.

Mr. Punch Afloat: The Humours of Boating & Sailing (Classic Reprint) John Tenniel. 2018. (ENG., Illus.). 202p. (J). 28.06 *(978-0-267-24099-9(6))* Forgotten Bks.

Mr. Punch & the Services: With 232 Illustrations & Frontispiece in Colours (Classic Reprint) Unknown Author. (ENG., Illus.). (J). 2018. 244p. 28.93 *(978-0-267-59481-8(X));* 2017. pap. 11.57 *(978-0-243-26977-8(3))* Forgotten Bks.

Mr. Punch at the Seaside. J. A. Hammerton. 2017. (ENG., Illus.). (J). pap. *(978-0-649-10803-9(5))* Trieste Publishing Pty Ltd.

Mr. Punch at the Seaside: As Pictured by Charles Keene, John Leech, George du Maurier, Phil May, L. Raven-Hill, J. Bernard Partridge, Gordon Browne, E. T. Reed, & Others; with 200 Illustrations (Classic Reprint) J. A. Hammerton. (ENG., Illus.). (J). 2018. 200p. 28.02 *(978-0-484-61042-1(2));* 2016. pap. 10.57 *(978-1-334-16674-7(9))* Forgotten Bks.

Mr. Punch Awheel: The Humours of Motoring & Cycling (Classic Reprint) Unknown Author. 2018. (ENG., Illus.). 204p. (J). 28.10 *(978-0-267-51973-6(7))* Forgotten Bks.

Mr. Punch in Bohemia: Or, the Lighter Side of Literary, Artistic & Professional Life. Phil May. 2017. (ENG., Illus.). (J). pap. *(978-0-649-13547-9(4))* Trieste Publishing Pty Ltd.

Mr. Punch in Bohemia: Or the Lighter Side of Literary, Artistic & Professional Life (Classic Reprint) Phil May. 2018. (ENG., Illus.). 196p. (J). 27.98 *(978-0-332-17513-3(8))* Forgotten Bks.

Mr. Punch in Society: Being the Humours of Social Life (Classic Reprint) George Du Maurier. (ENG., Illus.). (J). 2018. 194p. 27.90 *(978-0-267-40518-3(9));* 2016. pap. 10.57 *(978-1-334-11854-8(X))* Forgotten Bks.

Mr. Punch in the Highlands (Classic Reprint) Charles Keene. 2018. (ENG., Illus.). 200p. (J). 28.02 *(978-0-267-51152-5(3))* Forgotten Bks.

Mr. Punch in Wig & Gown: The Lighter Side of Bench & Bar; with 120 Illustrations (Classic Reprint) Henry Stacy Marks. (ENG., Illus.). (J). 2018. 194p. 27.90 *(978-0-483-88025-2(6));* 2016. pap. 10.57 *(978-1-333-66026-0(X))* Forgotten Bks.

Mr. Punch on the Continong: With 152 Illustrations (Classic Reprint) Phil May. 2018. (ENG., Illus.). 194p. (J). 27.90 *(978-0-267-20159-4(1))* Forgotten Bks.

Mr. Punch on Tour: The Humour of Travel at Home & Abroad (Classic Reprint) Phil May. (ENG., Illus.). (J).

M

2018. 194p. 27.90 *(978-0-364-88557-4(2))*; 2016. pap. 10.57 *(978-1-333-36673-5(6))* Forgotten Bks.

Mr. Punch with the Children (Classic Reprint) J. A. Hammerton. (ENG., Illus.). (J). 2018. 194p. 27.90 *(978-0-483-84185-7(4))*; 2016. pap. 10.57 *(978-1-334-13128-8(7))* Forgotten Bks.

Mr. Punch's after-Dinner Stories (Classic Reprint) John Leech. 2018. (ENG., Illus.). 194p. (J). 27.90 *(978-0-267-28174-9(9))* Forgotten Bks.

Mr. Punch's Book of Love: Being the Humours of Courtship & Matrimony (Classic Reprint) John Leech. (ENG., Illus.). (J). 2018. 194p. 27.90 *(978-0-332-87441-8(9))*; 2016. pap. 10.57 *(978-1-333-24107-0(0))* Forgotten Bks.

Mr. Punch's Cockney Humour in Picture & Story: With Illustrations (Classic Reprint) Phil May. 2018. (ENG., Illus.). 196p. (J). 27.94 *(978-0-267-16690-9(7))* Forgotten Bks.

Mr. Punch's Country Life: Humours of Our Rustics (Classic Reprint) Phil May. 2018. (ENG., Illus.). 196p. (J). 27.94 *(978-0-267-28175-6(7))* Forgotten Bks.

Mr. Punch's Irish Humour: In Picture & Story (Classic Reprint) Charles Keene. (ENG., Illus.). (J). 2018. 196p. 27.94 *(978-0-267-90554-6(8))*; 2016. pap. 10.57 *(978-1-334-09561-0(2))* Forgotten Bks.

Mr. Punch's Life in London (Classic Reprint) Phil May. (ENG., Illus.). (J). 2018. 194p. 27.90 *(978-0-483-86848-9(5))*; 2016. pap. 10.57 *(978-1-334-12084-8(6))* Forgotten Bks.

Mr. Punch's Model Music-Hall Songs & Dramas. F. Anstey, pseud. 2017. (ENG.). (J). 274p. pap. *(978-3-337-34214-2(0))*; 184p. pap. *(978-3-337-34474-0(7))* Creation Pubs.

Mr. Punch's Model Music-Hall Songs Dramas (Classic Reprint) F. Anstey, pseud. 2018. (ENG., Illus.). 272p. (J). 29.51 *(978-0-365-29878-6(6))* Forgotten Bks.

Mr. Punch's Pocket Ibsen. F. Anstey, pseud. 2017. (ENG.). 224p. (J). pap. *(978-3-337-21772-3(9))* Creation Pubs.

Mr. Punch's Pocket Ibsen: A Collection of Some of the Master's Best-Known Dramas Condensed, Revised, & Slightly, Re-Arranged for the Benefit of the Earnest Student (Classic Reprint) F. Anstey, pseud. 2018. (ENG., Illus.). 238p. (J). 28.81 *(978-0-483-26219-5(6))* Forgotten Bks.

Mr. Punch's Railway Book (Classic Reprint) Phil May. (ENG., Illus.). (J). 2018. 198p. 27.98 *(978-0-267-78503-2(8))*; 2017. pap. 10.57 *(978-0-243-26100-0(4))* Forgotten Bks.

Mr. Putter & Tabby Hit the Slope. Cynthia Rylant. Illus. by Arthur Howard. (Mr. Putter & Tabby Ser.). (ENG.). 40p. (J). (gr. 1-4). 2017. pap. 5.99 *(978-1-328-74060-1(9)*, 1677037); 2016. 14.99 *(978-0-15-206427-3(3)*, 1199224) HarperCollins Pubs. (Clarion Bks.).

Mr. Putter & Tabby Pick the Pears American Reading Company Edition. Cynthia Rylant. Illus. by Arthur Howard. 2021. (Mr. Putter & Tabby Ser.: 4). (ENG.). 44p. (J). (gr. 1-4). pap. 5.99 *(978-0-358-68337-7(8)*, 1826171, Clarion Bks.) HarperCollins Pubs.

Mr. Putter & Tabby Smell the Roses. Cynthia Rylant. Illus. by Arthur Howard. 2016. (Mr. Putter & Tabby Ser.: 24). (ENG.). 40p. (J). (gr. 1-4). pap. 5.99 *(978-0-544-80907-9(6)*, 1641356, Clarion Bks.) HarperCollins Pubs.

Mr. Quigley's Keys. Barbara Gruener. Illus. by Audrye Williams. 2021. (ENG.). 50p. (J). 27.99 *(978-1-953852-33-5(5))*; pap. 16.99 *(978-1-953852-27-4(0))* EduMatch.

Mr. Quixley of the Gate House (Classic Reprint) Percy James Brebner. (ENG., Illus.). (J). 2018. 316p. 30.41 *(978-0-484-51826-0(7))*; 2017. pap. 13.57 *(978-0-243-98655-2(6))* Forgotten Bks.

Mr. Rabbit at Home: A Sequel to Little Mr. Thimblefinger & His Queer Country (Classic Reprint) Joel Chandler Harris. (ENG., Illus.). (J). 2018. 232p. 28.68 *(978-0-365-37045-1(2))*; 2017. 31.40 *(978-1-5282-4435-0(4))*; 2017. pap. 11.57 *(978-0-259-45131-0(2))* Forgotten Bks.

Mr. Rabbit Gets a New Name. Alberta J. Namchek. 2022. (ENG., Illus.). 40p. (J). pap. 15.95 *(978-1-6624-2457-1(4))* Page Publishing Inc.

Mr. Rabbit's Wedding. Albert Bigelow Paine. 2018. (ENG., Illus.). 60p. (YA). (gr. 7-12). pap. *(978-93-5329-325-3(1))* Alpha Editions.

Mr. Rabbit's Wedding (Classic Reprint) Albert Bigelow Paine. 2018. (ENG., Illus.). 126p. (J). 26.50 *(978-0-483-40878-4(6))* Forgotten Bks.

Mr. Rick: The Fix-It Bee. Sheryl Jones. Illus. by Rachel Brody. 2018. (ENG.). 52p. (J). pap. 10.95 *(978-1-55571-924-1(4)*, Grid Pr.) L & R Publishing, LLC.

Mr. Rolfe of the Hill (Classic Reprint) Alfred Grosvenor Rolfe. 2018. (ENG., Illus.). 138p. (J). 26.74 *(978-0-483-38362-3(7))* Forgotten Bks.

Mr. Roll Finds New Life. Sophia Huang. Illus. by EorG (Evelyn Ghozalli). 2023. (ENG.). 36p. (J). (gr. -1-k). pap. 9.99 *(978-981-5044-89-8(3))* Marshall Cavendish International (Asia) Private Ltd. SGP. Dist: Independent Pubs. Group.

Mr. Roll Finds New Life: Let's Upcycle. Sophia Huang. Illus. by EorG (Evelyn Ghozalli). 2022. (ENG.). 36p. (J). (gr. -1-k). 16.99 *(978-981-4974-03-5(X))* Marshall Cavendish International (Asia) Private Ltd. SGP. Dist: Independent Pubs. Group.

Mr. Rooster. Bob Ashbrook. 2022. (ENG.). 28p. (J). pap. 14.95 ***(978-1-63692-951-4(6))*** Newman Springs Publishing, Inc.

Mr. Rooster. Jonathan Morales. 2017. (ENG., Illus.). (J). (gr. k-2). 16.99 *(978-1-943331-53-6(7))* Orange Hat Publishing.

Mr. Runkin's Secret. L. Sydney Abel. 2017. (ENG., Illus.). (J). pap. 12.95 *(978-1-62815-659-1(7))* Speaking Volumes, LLC.

Mr. Rushel Joins the Choir. Brenda Warner Herbert. 2017. (ENG., Illus.). (J). 16.99 *(978-0-9982352-4-0(5))* Alabaster Bk. Pub.

Mr Rusty's New House. John Patience. Illus. by John Patience. 2021. (Tales from Fern Hollow Ser.). (ENG.). 26p. (J). *(978-1-9162769-8-7(9))* Talewater Pr.

Mr. Rutherford's Children (Classic Reprint) Susan Warner. (ENG., Illus.). (J). 2018. 138p. 26.74 *(978-0-267-23293-2(4))*; 2017. 29.49 *(978-0-265-51972-1(1))*; 2017. pap. 11.97 *(978-0-243-26611-1(1))* Forgotten Bks.

Mr. S: A First Day of School Book. Monica Arnaldo. Illus. by Monica Arnaldo. 2023. (ENG., Illus.). 40p. (J). (gr. -1-3). 19.99 *(978-0-06-300395-8(3)*, Tegen, Katherine Bks) HarperCollins Pubs.

Mr. S. nor's Gravitational Peace. Lamonthe A. Colquitt, Sr. Illus. by Kierra Thompson. 2022. (ENG.). 28p. (J). pap. 14.99 *(978-1-6628-5098-1(0))* Salem Author Services.

Mr. Salt: A Novel (Classic Reprint) Will Payne. 2018. (ENG., Illus.). 346p. (J). 31.03 *(978-0-428-88282-2(X))* Forgotten Bks.

Mr. Sam & Mrs. Moon (Classic Reprint) Richard Le Gallienne. (ENG., Illus.). (J). 2018. 62p. 25.18 *(978-0-484-26714-4(0))*; 2016. pap. 9.57 *(978-1-333-46381-6(2))* Forgotten Bks.

Mr. Scarborough's Family, Vol. 1 of 3 (Classic Reprint) Anthony Trollope. (ENG., Illus.). (J). 2018. 848p. 41.39 *(978-0-365-46541-6(0))*; 2017. pap. 23.97 *(978-0-259-44011-6(6))* Forgotten Bks.

Mr. Schuyler's Fiancees (Classic Reprint) Caroline M. Beaumont. 2018. (ENG., Illus.). 72p. (J). 25.40 *(978-0-267-21018-3(3))* Forgotten Bks.

MR Scribbles - Cursive Writing Practice 2nd Grade Handwriting Workbook Vol 1. Baby Professor. 2016. (ENG., Illus.). 40p. (J). pap. 11.65 *(978-1-68305-542-6(X)*, Baby Professor (Education Kids)) Speedy Publishing LLC.

MR Scribbles - Printing Practice Edition 2nd Grade Handwriting Workbook Vol 3. Baby Professor. 2016. (ENG., Illus.). 40p. (J). pap. 11.65 *(978-1-68305-544-0(6)*, Baby Professor (Education Kids)) Speedy Publishing LLC.

MR Scribbles - Printing Practice, Tracing & Cursive Writing 2nd Grade Handwriting Workbook Gold Edition (*mini Edition) Baby Professor. 2016. (ENG., Illus.). 40p. (J). pap. 11.65 *(978-1-68305-545-7(4)*, Baby Professor (Education Kids)) Speedy Publishing LLC.

MR Scribbles - Tracing Numbers & Letters 2nd Grade Handwriting Workbook Vol 2. Baby Professor. 2016. (ENG., Illus.). 40p. (J). pap. 11.65 *(978-1-68305-543-3(8)*, Baby Professor (Education Kids)) Speedy Publishing LLC.

Mr. Scruff. Simon James. Illus. by Simon James. 2019. (ENG., Illus.). 32p. (J). (gr. -1-2). 18.99 *(978-1-5362-0935-8(X))* Candlewick Pr.

MR Scruffy. Raymond David. 2018. (ENG., Illus.). 89p. (J). pap. *(978-0-244-99432-7(3))* Lulu Pr., Inc.

Mr. Shark Makes New Friends. Joann Kain. (ENG.). 38p. (J). 2019. 24.95 *(978-1-64628-078-0(4))*; 2018. (Illus.). pap. 13.95 *(978-1-64298-458-3(2))* Page Publishing Inc.

Mr. Shark Makes New Friends: Coloring Book. Joann Kain. 2019. (ENG.). 38p. (J). pap. 11.95 *(978-1-64628-090-2(3))* Page Publishing Inc.

Mr. Sillifant Suckoothumb, & Other Oxford Yarns (Classic Reprint) Compton Reade. (ENG., Illus.). (J). 2018. 286p. 29.82 *(978-0-483-09553-3(2))*; 2017. pap. 13.57 *(978-1-334-92127-8(X))* Forgotten Bks.

Mr. Smile. La aventura. Daniel Múgica Díaz. 2019. (SPA.). 288p. (YA). (gr. 6-12). pap. 24.95 *(978-84-15943-69-3(5)*, Toromítico) Almuzara, Editorial ESP. Dist: Spanish Pubs., LLC.

Mr. Smith: A Part of His Life (Classic Reprint) Lucy Bethia Walford. (ENG., Illus.). (J). 2018. 376p. 31.67 *(978-0-483-81404-2(0))*; 2017. pap. 16.57 *(978-0-243-42162-6(1))* Forgotten Bks.

Mr. Smith, Vol. 1 Of 2: A Part of His Life (Classic Reprint) L. B. Walford. 2017. (ENG., Illus.). (J). pap. 13.57 *(978-0-243-40128-4(0))* Forgotten Bks.

Mr. Smith, Vol. 2 Of 2: A Part of His Life (Classic Reprint) L. B. Walford. (ENG., Illus.). (J). 2018. 350p. 31.12 *(978-0-483-67722-7(1))*; 2016. pap. 13.57 *(978-1-334-18880-0(7))* Forgotten Bks.

Mr. Snail & Other Tales. Beth A. Smeader. Illus. by Beth A. Smeader. 2022. (ENG.). 60p. (J). 27.99 ***(978-1-955180-06-1(7))*** Media Hatchery.

Mr. Sniffy's Adventures. K. M. Arthur. Illus. by Alexander Asaro Gilbert. 2022. (ENG.). 28p. (J). 14.99 ***(978-1-6629-2748-5(7))***; pap. 7.99 ***(978-1-6629-3204-5(9))*** Gatekeeper Pr.

Mr. Snip. Rhys Bright. 2019. (ENG.). 36p. (J). pap. *(978-1-78830-463-4(2))* Olympia Publishers.

MR Snuffles' Birthday. David Greaves. Illus. by Emily Wallis. 2018. (ENG.). 32p. (J). *(978-1-912562-31-2(6))* Clink Street Publishing.

Mr. Solesby's Shop. Amy Epps. 2018. (ENG., Illus.). 32p. (J). pap. *(978-1-387-76981-0(2))* Lulu Pr., Inc.

Mr. Special Meets Leo. Sharon Jenise Grant. 2020. (ENG., Illus.). 44p. (J). pap. 15.95 *(978-1-6624-1428-2(5))* Page Publishing Inc.

Mr. Spinks & His Hounds: A Hunting Story (Classic Reprint) F. M. Lutyens. 2018. (ENG., Illus.). 306p. (J). 30.21 *(978-0-428-82999-5(6))* Forgotten Bks.

Mr. Spivey's Clerk: A Novel (Classic Reprint) Joseph Smith Fletcher. (ENG., Illus.). (J). 2018. 290p. 29.88 *(978-0-365-52319-2(4))*; 2017. pap. 13.57 *(978-0-259-39616-1(8))* Forgotten Bks.

Mr. Sponge's Sporting Tour (Classic Reprint) John Leech. 2018. (ENG., Illus.). 456p. (J). 33.30 *(978-0-267-23115-7(6))* Forgotten Bks.

Mr. Sprinkles. Beth Costanzo. 2022. (ENG.). 30p. (J). pap. 13.99 *(978-1-0879-2510-3(X))* Adventures of Scuba Jack Pubs., The.

Mr. Sprouts: His Opinions (Classic Reprint) Richard Whiteing. 2018. (ENG., Illus.). 226p. (J). 28.56 *(978-0-364-14415-2(7))* Forgotten Bks.

Mr. Squem & Some Male Triangles (Classic Reprint) Arthur Russell Taylor. (ENG., Illus.). (J). 2018. 164p. 27.28 *(978-0-267-54040-2(6))*; 2016. pap. 9.97 *(978-1-333-38204-9(9))* Forgotten Bks.

Mr. Squigglesworth Goes to the Market. Elena Riccio. 2022. (Illus.). 36p. (J). 28.00 *(978-1-6678-4734-4(1))* BookBaby.

Mr. Squirrel & His Thingamajigger. Regina Nay. 2022. (ENG.). 28p. (J). pap. *(978-1-3984-3383-0(7))* Austin Macauley Pubs. Ltd.

Mr. Squirrel & the King of the Forest. Sebastian Meschenmoser. 2019. (ENG., Illus.). 64p. (J). (gr. -1-2). 18.95 *(978-0-7358-4342-4(2))* North-South Bks., Inc.

Mr. Standfast (Classic Reprint) John Buchan. 2017. (ENG., Illus.). (J). 31.69 *(978-0-331-43311-1(7))*; pap. 16.57 *(978-0-243-95365-3(8))* Forgotten Bks.

Mr. Stinky's Adventures. Adam Scoggins. 2020. (ENG., Illus.). 24p. (J). (gr. k-4). pap. 12.95 *(978-1-61244-839-8(9))* Halo Publishing International.

MR Stratfold's School for Monsters. Ian Smith. 2016. (MR Stratfold's School for Monsters Ser.: Vol. 1). (ENG., Illus.). 54p. (J). pap. *(978-0-9562248-1-1(4))* Dust Cover Publishing, Ltd.

Mr. Stubbs's Brother: A Sequel to Toby Tyler (Classic Reprint) James Otis. 2017. (ENG., Illus.). (J). 29.77 *(978-0-331-80420-1(4))* Forgotten Bks.

Mr. Stuffer Stuffed the Turkey Coloring Book: The Thanksgiving Grandma Never Expected! Gunter. Ed. by Nate Books. Illus. by Mauro Lirussi. 2021. (Children's Activity Bks.: Vol. 3). (ENG.). 36p. (J). pap. 5.99 ***(978-1-0879-9324-9(5))*** TGJS Publishing.

Mr. Summerling's Secret Code #1. Dori Hillestad Butler. Illus. by Tim Budgen. 2021. (Treasure Troop Ser.: 1). 128p. (J). (gr. 2-5). 6.99 *(978-0-593-09482-2(4))*; 16.99 *(978-0-593-09483-9(2))* Penguin Young Readers Group. (Penguin Workshop).

Mr Sun & Miss Moon. Geetha Krishnakumar. Illus. by Graham Evans. 2021. (ENG.). 22p. (J). pap. *(978-1-922591-14-2(9))* Library For All Limited.

Mr Sun & Miss Moon - Maun Loro No Mana Fulan. Geetha Krishnakumar. Illus. by Graham Evans. 2021. (TET.). 22p. (J). pap. *(978-1-922591-93-7(9))* Library For All Limited.

Mr. Sunnyside: Imagination. Colin Gregory. Illus. by Stephanie Richoll. 2021. (Mr. Sunnyside & Friends Ser.: Vol. 1). (ENG.). 34p. (J). pap. 11.95 *(978-1-6629-1259-7(5))* Gatekeeper Pr.

Mr. Sweet Potatoes: And Other Stories (Classic Reprint) Unknown Author. (ENG., Illus.). (J). 2018. 116p. 26.31 *(978-0-267-61343-4(1))*; 2016. pap. 9.57 *(978-1-334-11957-6(0))* Forgotten Bks.

MR Sweetcorn's Adventure. David Driscoll. 2017. (ENG., Illus.). (J). (gr. k-6). pap. 10.50 *(978-1-68181-226-7(6))* Strategic Book Publishing & Rights Agency (SBPRA).

Mr. T & Mr. B. Lucinda Marks. 2019. (ENG.). 28p. (J). 16.95 *(978-1-947844-85-8(7))* Athanatos Publishing Group.

Mr. Tangier's Vacations: A Novel (Classic Reprint) Edward Everett Hale. (ENG., Illus.). (J). 2017. 30.17 *(978-0-266-48257-4(0))*; 2016. pap. 13.57 *(978-1-334-13540-8(1))* Forgotten Bks.

Mr. Tanner. Harry Chapin. Illus. by Bryan Langdo. 2017. (ENG.). 40p. (J). (gr. k-2). 17.99 *(978-0-9913866-8-0(X))* Ripple Grove Pr.

Mr. Tempkin Climbs a Tree. Cary Fagan. Illus. by Carles Arbat. 2019. (ENG.). 32p. (J). (gr. -1-2). 17.99 *(978-1-5415-2173-5(0)*, 91d22d39-8a82-48ce-a5d1-699b688c7999, Kar-Ben Publishing) Lerner Publishing Group.

Mr. Thatcher's House. Kristin Wauson. Illus. by Kristin Wauson. 2022. (ENG., Illus.). 32p. (J). (gr. k-3). 17.99 *(978-1-5341-1157-8(3)*, 205277) Sleeping Bear Pr.

Mr. Thunder & the Pet Predicament. Samantha Lyons Haynes. 2022. (ENG., Illus.). 44p. (J). pap. 15.95 *(978-1-6624-4214-8(9))* Page Publishing Inc.

Mr Tick the Teacher. Allan Ahlberg. 2016. (Happy Families Ser.). (Illus.). 24p. (J). (gr. k-2). pap. 12.99 *(978-0-14-136996-9(5))* Penguin Bks., Ltd. GBR. Dist: Independent Pubs. Group.

Mr. Tiger. Davide Cali. 2021. (ENG., Illus.). 40p. (J). (gr. k-2). 16.99 *(978-1-84976-747-7(5))* Tate Publishing, Ltd. GBR. Dist: Abrams, Inc.

Mr. Tiger, Betsy, & the Blue Moon. Sally Gardner. Illus. by Nick Maland. 2021. (ENG.). 192p. (J). (gr. 3-7). pap. 8.99 *(978-0-593-09583-6(9)*, Penguin Workshop) Penguin Young Readers Group.

Mr. Tiger, Betsy, & the Sea Dragon. Sally Gardner. Illus. by Nick Maland. 2021. (ENG.). 208p. (J). (gr. 3-7). pap. 8.99 *(978-0-593-09586-7(3)*, Penguin Workshop) Penguin Young Readers Group.

Mr. Tiggywiggle: A Tale of Tails. Sherry Van Wickle Walrath. Illus. by Mary Beth Morrison. 2021. (ENG.). 32p. (J). pap. 9.95 *(978-1-882190-94-2(7))* Solon Ctr. for Research & Publishing.

MR Tilly's Bake It Yourself Book. Noreen Leighton. Illus. by Lorna Wilson. 2017. (ENG.). 69p. (J). pap. *(978-0-9933114-6-8(6))* Resonate and Blue.

Mr. Toad's Adventures: My First Dental Examination. Tim Carpenter. 2022. (ENG.). 38p. (J). 18.95 *(978-1-64543-458-0(3)*, Mascot Kids) Amplify Publishing Group.

Mr. Toad's Wonderful Gun. S. E. Wilson. 2023. (ENG.). 202p. (YA). pap. 12.00 ***(978-1-990089-52-7(6))*** Birch Tree Publishing.

Mr. Togo Maid of All Work. Wallace Irwin. 2017. (ENG., Illus.). (J). pap. *(978-0-649-20357-4(7))* Trieste Publishing Pty Ltd.

Mr. Togo, Maid of All Work (Classic Reprint) Wallace Irwin. 2018. (ENG., Illus.). 200p. (J). 28.02 *(978-0-666-76396-9(8))* Forgotten Bks.

Mr. Tommy Dove: And Other Stories. Margaret Deland. 2017. (ENG., Illus.). (J). pap. *(978-0-649-65310-2(6))* Trieste Publishing Pty Ltd.

Mr. Tommy Dove: And Other Stories (Classic Reprint) Margaret Deland. 2018. (ENG., Illus.). 290p. (J). 29.88 *(978-0-365-10221-2(0))* Forgotten Bks.

Mr. Torture. Reyna Young. 2016. (ENG., Illus.). (J). pap. 9.98 *(978-0-9984427-1-6(2))* Black Bed Sheet Bks.

Mr. Traffic Light's Day Off. Sana M. Hussain. 2017. (ENG., Illus.). (J). pap. 3.99 *(978-1-5437-4039-4(1))* Partridge Pub.

Mr. Triceratops' Class. Charles Putterman. 2020. (ENG.). 34p. pap. *(978-1-716-77604-5(X))* Lulu Pr., Inc.

Mr. Tuckerman's Nieces (Classic Reprint) Helen Dawes Brown. (ENG., Illus.). (J). 2018. 286p. 29.80 *(978-0-484-51042-4(8))*; 2017. pap. 13.57 *(978-0-259-02843-7(6))* Forgotten Bks.

Mr. Tummy Chases Rainbows! The Happy Adventures of Mr. Tummy Searching for the End of the Rainbow! Coco Short. 2022. (ENG.). 68p. (J). ***(978-1-387-81646-0(2))*** Lulu Pr., Inc.

Mr. Turtle's Flying Adventure. Albert Bigelow Paine. 2018. (ENG., Illus.). 58p. (YA). (gr. 7-12). pap. *(978-93-5329-326-0(X))* Alpha Editions.

Mr. Turtle's Flying Adventure: Hollow Tree Stories (Classic Reprint) Albert Bigelow Paine. (ENG., Illus.). (J). 2018. 122p. 26.41 *(978-0-484-50898-8(9))*; 2016. pap. 9.57 *(978-1-333-52476-0(5))* Forgotten Bks.

Mr. Tyler Rocks!!! Jay Tyler. 2018. (ENG., Illus.). 42p. (J). pap. *(978-0-359-20897-5(5))* Lulu Pr., Inc.

Mr. Umgawa's Pumpkin Tree. Joseph McIntire. 2020. (ENG.). 62p. (J). pap. 19.95 *(978-1-949001-12-9(1))* Waterside Pr.

Mr. Universe. Arthur Slade. 2021. (Orca Soundings Ser.). (ENG.). 128p. (YA). (gr. 8-12). pap. 10.95 *(978-1-4598-2688-5(4))* Orca Bk. Pubs. USA.

Mr. Vaughan's Heir. Frank Lee Benedict. 2017. (ENG.). 200p. (J). pap. *(978-3-337-34911-0(0))* Creation Pubs.

Mr. Vaughan's Heir: A Novel (Classic Reprint) Frank Lee Benedict. (ENG., Illus.). (J). 2018. 198p. 28.00 *(978-0-483-38967-0(6))*; 2016. pap. 10.57 *(978-1-334-13164-6(3))* Forgotten Bks.

Mr. Verdant Green (Classic Reprint) Cuthbert Bede. 2018. (ENG., Illus.). 272p. (J). 29.51 *(978-0-365-48278-9(1))* Forgotten Bks.

Mr. Wackenteach Teaches Sixth Grade. Jcm. 2016. (ENG., Illus.). (J). (gr. k-6). pap. 9.99 *(978-0-9905501-6-7(8))* Socrates Solutions Incorporated.

Mr. Waddington of Wyck (Classic Reprint) May Sinclair. 2018. (ENG., Illus.). 320p. (J). 30.52 *(978-0-267-21078-7(7))* Forgotten Bks.

Mr. Waddy's Return (Classic Reprint) Theodore Winthrop. 2018. (ENG., Illus.). 292p. (J). 29.92 *(978-0-483-51994-7(4))* Forgotten Bks.

Mr. Waldorf Travels to Montana, Big Sky Country. Barbara Terry. 2017. (Spectacular World of Waldorf Ser.: 6). (ENG.). 32p. (J). 12.95 *(978-1-68419-258-8(7)*, 9781684192588) Waldorf Publishing.

Mr. Waldorf Travels to the Empire State of New York. Barbara Terry. 2017. (Spectacular World of Waldorf Ser.: 5). (ENG., Illus.). 32p. (J). 12.95 *(978-1-68419-260-1(9)*, 9781684192601) Waldorf Publishing.

Mr. Waldorf Travels to the Huge Russia the Spectacular World of Waldorf. Beth Ann Stifflemire & Barbara Terry. 2016. (Spectacular World of Waldorf Ser.: 4). (ENG., Illus.). 32p. (J). pap. 12.95 *(978-1-943274-42-0(8)*, 9781943274420) Waldorf Publishing.

Mr Walker & the Dessert Delight. Illus. by Jess Black & Sara Acton. 2021. (Mr Walker Ser.). 96p. (J). (gr. k-2). 12.99 *(978-0-14-379308-3(X)*, Puffin) Penguin Random Hse. AUS. Dist: Independent Pubs. Group.

Mr Walker & the Perfect Mess. Jess Black. Illus. by Sara Acton. 2021. (Mr Walker Ser.). 96p. (J). (gr. k-2). 12.99 *(978-0-14-379311-3(X)*, Puffin) Penguin Random Hse. AUS. Dist: Independent Pubs. Group.

Mr Walker Braves the Night. Jess Black. Illus. by Sara Acton. 2020. (Mr Walker Ser.). 96p. (J). (gr. k-2). 12.99 *(978-0-14-379310-6(1)*, Puffin) Penguin Random Hse. AUS. Dist: Independent Pubs. Group.

Mr Walker Gets the Inside Scoop. Illus. by Sara Acton. 2020. (Mr Walker Ser.). 96p. (J). (gr. k-2). 12.99 *(978-0-14-379309-0(8)*, Puffin) Penguin Random Hse. AUS. Dist: Independent Pubs. Group.

Mr. Walker Steps Out. Lisa Graff. Illus. by Christophe Jacques. 2021. (ENG.). 32p. (J). (gr. -1-3). 17.99 *(978-1-328-85103-1(6)*, 1693360, Clarion Bks.) HarperCollins Pubs.

Mr. Walker Steps Out F&g. Graff. 2021. (ENG.). (J). 17.99 *(978-1-328-85104-8(4)*, HarperCollins) HarperCollins Pubs.

Mr. Wally & His Funny Little Hat: A 3 Little Words Book. Victoria NaBozny Mayhugh. 2019. (ENG.). 54p. (J). pap. 19.95 *(978-1-68470-275-6(5))* Lulu Pr., Inc.

Mr. Warrenne, the Medical Practitioner, Vol. 1 of 3 (Classic Reprint) Ellen Wallace. 2018. (ENG., Illus.). 302p. (J). 30.15 *(978-0-267-21767-0(6))* Forgotten Bks.

Mr. Warrenne, the Medical Practitioner, Vol. 2 Of 3: A Novel (Classic Reprint) Ellen Wallace. 2016. (ENG., Illus.). (J). pap. 13.57 *(978-1-334-50013-8(4))* Forgotten Bks.

Mr. Warrenne, the Medical Practitioner, Vol. 3 Of 3: A Novel (Classic Reprint) Ellen Wallace. (ENG., Illus.). (J). 2018. 318p. 30.46 *(978-0-267-00049-4(9))*; 2016. pap. 13.57 *(978-1-334-67976-6(2))* Forgotten Bks.

Mr. Watson's Chickens. Jarrett Dapier. Illus. by Andrea Tsurumi. 2021. (ENG.). 48p. (J). (gr. -1-k). 17.99 *(978-1-4521-7714-4(7))* Chronicle Bks. LLC.

Mr. Wayt's Wife's Sister (Classic Reprint) Marion Harland. 2017. (ENG., Illus.). (J). 30.58 *(978-1-5283-8557-2(8))* Forgotten Bks.

Mr. Whimple's Potion. Q. E. B. QEB Publishing. 2022. (Reading Gems Phonics Ser.). (ENG., Illus.). 32p. (J). (gr. -1-2). pap. 9.99 *(978-0-7112-7307-8(3)*, dfcacfed-6365-4dd0-94ef-0769b520151d); lib. bdg. 27.99 *(978-0-7112-7159-3(3)*, 48fd7207-38d0-4f56-ae96-d82ad68f67c1) QEB Publishing Inc.

Mr. Whiskers Wins the Spelling Bee. Thomas Troso. Illus. by Denis Alonso. 2023. 28p. (J). pap. 12.99 ***(978-1-6678-9871-1(X))*** BookBaby.

MR Wiggles Has the Wobbles. Debbie Birt. 2016. (ENG., Illus.). (J). pap. 18.99 *(978-1-5043-0486-3(1)*, Balboa Pr.) Author Solutions, LLC.

Mr. Wildridge of the Bank (Classic Reprint) Lynn Doyle. 2018. (ENG., Illus.). 330p. (J). 30.70 *(978-0-483-84721-7(6))* Forgotten Bks.

Mr. Will Needs to Chill. Dan Gutman. ed. 2018. (My Weirdest School Ser.: 11). (J). lib. bdg. 14.75 *(978-0-606-41378-7(2))* Turtleback.

Mr. Will Needs to Chill! 11. Dan Gutman. ed. 2019. (My Weirdest School Ser.). (ENG.). 105p. (J). (gr. 2-3). 15.36 *(978-1-64310-846-9(8))* Penworthy Co., LLC, The.

Mr. Wilson & Nugget. Dolores Bennett. 2023. (ENG.). 18p. (J). 19.99 ***(978-1-0880-1737-1(1))*** Indy Pub.

Mr. Wind & Madam Rain (Classic Reprint) Paul de Musset. 2018. (ENG., Illus.). 132p. (J). 26.62 *(978-0-428-94564-0(3))* Forgotten Bks.

Mr. Wishbone & the Praying Mantis. Al Lohn. 2021. (ENG.). 38p. (J). pap. 13.99 *(978-1-954868-79-3(0))* Pen It Pubns.

1382

The check digit for ISBN-10 appears in parentheses after the full ISBN-13

Mr Wiz & the Dragon. Alex Stears. 2021. (ENG.). 42p. (J). pap. ***(978-1-83934-197-7(1))*** Olympia Publishers.
Mr. Wolf Clears His Name: A Children's Story about Finding Your Voice & Standing up for the Truth. Janice Jones. Illus. by Ravin Kaur. 2021. (ENG.). 52p. (J). pap. 14.99 *(978-1-7371874-0-0(X))* Jones, Janice.
Mr Wolf Goes to the Ball. Tatyana Feeney. 2023. (ENG.). 32p. (J). 19.99 ***(978-1-78849-334-5(6))*** O'Brien Pr., Ltd., The IRL. Dist: Casemate Pubs. & Bk. Distributors, LLC.
Mr. Wolf's Class: a Graphic Novel (Mr. Wolf's Class #1) Aron Nels Steinke. 2018. (Mr. Wolf's Class Ser.: 1). (ENG., Illus.). 160p. (J). (gr. 2-5). pap. 9.99 *(978-1-338-04768-4(X))*; Vol. 1. 18.99 *(978-1-338-04769-1(8))* Scholastic, Inc. (Graphix).
Mr. Wormy. Kim Richards. 2018. (ENG., Illus.). 32p. (J). pap. *(978-0-359-21107-4(0))* Lulu Pr., Inc.
Mr Worry Tackles Rugby. Helen Huston. 2021. (ENG.). 36p. (J). pap. ***(978-1-83934-190-8(4))*** Olympia Publishers.
Mr. Wu (Classic Reprint) Louise Jordan Miln. 2018. (ENG., Illus.). 324p. (J). 30.58 *(978-0-666-87637-9(1))* Forgotten Bks.
Mr. Wycherly's Wards (Classic Reprint) Lizzie Allen Harker. 2018. (ENG., Illus.). 378p. (J). 31.69 *(978-0-332-19633-6(X))* Forgotten Bks.
Mr. Wynyard's Ward, Vol. 1 of 2 (Classic Reprint) Holme Lee. (ENG., Illus.). (J). 2018. 332p. 30.74 *(978-0-332-48591-1(9))*; 2016. pap. 13.57 *(978-1-334-11718-3(7))* Forgotten Bks.
Mr. Wynyard's Ward, Vol. 2 (Classic Reprint) Holme Lee. 2018. (ENG., Illus.). 286p. (J). 29.80 *(978-0-483-42650-4(4))* Forgotten Bks.
Mr. Zinzan of Bath: Or, Seen in an Old Mirror. a Novel. Mary Deane. 2017. (ENG., Illus.). (J). pap. *(978-0-649-65313-3(0))* Trieste Publishing Pty Ltd.
Mr. Zinzan of Bath: Or Seen in an Old Mirror, a Novel (Classic Reprint) Mary Deane. (ENG., Illus.). (J). 2018. 204p. 28.12 *(978-0-428-82065-7(4))*; 2016. pap. 10.57 *(978-1-334-38111-9(9))* Forgotten Bks.
Mrs. Abercorn & the Bunce Boys. Liza Fosburgh. 2019. (ENG.). 128p. (J). (gr. 3). pap. 13.99 *(978-1-5344-6780-4(7))*, Simon & Schuster Bks. For Young Readers) Simon & Schuster Bks. For Young Readers.
Mrs. Ackley's Birds. Paige Parker Byard. 2017. (ENG., Illus.). (J). pap. 16.95 *(978-1-4808-4132-1(3))* Archway Publishing.
Mrs. Albert Grundy: Observations in Philistia (Classic Reprint) Harold Frederic. 2018. (ENG., Illus.). 208p. (J). 28.19 *(978-0-365-11526-7(6))* Forgotten Bks.
Mrs. Alderman Casey (Classic Reprint) Irene Stoddard Capwell. 2018. (ENG., Illus.). 188p. (J). 27.79 *(978-0-484-89113-4(8))* Forgotten Bks.
Mrs. Ames (Classic Reprint) E. F. Benson. 2017. (ENG., Illus.). (J). 30.68 *(978-0-265-75693-5(6))* Forgotten Bks.
Mrs. Annie Green: A Romance (Classic Reprint) Opie Percival Read. 2018. (ENG., Illus.). 240p. (J). 28.85 *(978-0-267-17772-1(0))* Forgotten Bks.
Mrs. Armytage, Vol. 1 Of 3: Or, Female Domination (Classic Reprint) Gore. 2017. (ENG., Illus.). (J). 30.33 *(978-0-266-99538-8(1))* Forgotten Bks.
Mrs. Armytage, Vol. 2 Of 3: Or, Female Domination (Classic Reprint) Gore. 2018. (ENG., Illus.). 296p. (J). 30.00 *(978-0-483-78625-7(X))* Forgotten Bks.
Mrs. Arthur, Vol. 2 of 3 (Classic Reprint) Margaret O. W. Oliphant. 2018. (ENG., Illus.). 342p. (J). 30.95 *(978-0-267-22747-1(7))* Forgotten Bks.
Mrs. Avery & Jeffrey. Jann Moses Falkenstern. 2018. (ENG., Illus.). 30p. (J). pap. 12.95 *(978-1-64003-350-4(5))* Covenant Bks.
Mrs. B, Substitute Grandma. Kathleen Beining. 2017. (ENG., Illus.). (J). pap. 13.95 *(978-1-5127-8556-2(3))*, WestBow Pr.) Author Solutions, LLC.
Mrs. Bacon Is Fakin', 6. Dan Gutman. ed. 2020. (My Weirder-Est School Ser.). (ENG., Illus.). 105p. (J). (gr. 2-3). 15.49 *(978-1-64697-441-2(7))* Penworthy Co., LLC, The.
Mrs. Bagg's Bargain Day: A Comedy in Two Acts (Classic Reprint) K. McDowell Rice. 2018. (ENG., Illus.). 38p. (J). 24.68 *(978-0-484-91322-5(0))* Forgotten Bks.
Mrs. Bahbooshka's Birds. Henry Thomas. 2020. (ENG.). 32p. (J). 19.99 *(978-1-63625-886-7(7))* Primedia eLaunch LLC.
Mrs. Balfame: A Novel (Classic Reprint) Gertrude Franklin Horn Atherton. 2018. (ENG., Illus.). 346p. (J). 31.05 *(978-0-365-35441-3(4))* Forgotten Bks.
Mrs. Barbauld's Lessons for Children: Translated into French (Classic Reprint) (Anna Letitia) Barbauld. 2018. (FRE., Illus.). (J). 68p. 25.32 *(978-0-366-32605-1(8))*; 70p. pap. 9.57 *(978-0-365-87711-0(5))* Forgotten Bks.
Mrs. Barr Has Gone Too Far!, 9. Dan Gutman. ed. 2022. (My Weirder-Est School Ser.). (ENG.). 105p. (J). (gr. 2-3). 15.96 ***(978-1-68505-240-9(1))*** Penworthy Co., LLC, The.
Mrs. Beauchamp Brown (Classic Reprint) Jane G. Austin. 2017. (ENG., Illus.). 322p. (J). 30.56 *(978-0-260-16151-2(9))* Forgotten Bks.
Mrs. Ben Darby: Or the Weal & Woe of Social Life (Classic Reprint) A. Maria Collins. 2018. (ENG., Illus.). 384p. (J). 31.82 *(978-0-364-06462-7(5))* Forgotten Bks.
Mrs. Betsy Fieldmouse Borrows an Egg. Barbara Bockman. Illus. by Elexis King. l.t. ed. 2016. (ENG.). (J). (gr. k-2). 19.95 *(978-1-61633-796-4(6))*; pap. 10.95 *(978-1-61633-784-1(2))* Guardian Angel Publishing, Inc.
Mrs. Betts' Backyard. Stan E Hughes Aka Ha-Gue-A-Dees-Sas. 2021. (ENG.). 122p. (J). pap. 21.99 *(978-1-64268-205-2(5))* WSB Publishing, Inc.
Mrs Bibi's Elephant. Reza Dalvand. 2020. (ENG., Illus.). 32p. (J). (-k). 16.95 *(978-1-912497-16-4(6))* Flying Eye Bks. GBR. Dist: Penguin Random Hse. LLC.
Mrs. Blackford's Scottish Stories (Classic Reprint) Blackford. (ENG., Illus.). (J). 2018. 380p. 31.73 *(978-0-666-21559-8(6))*; 2017. pap. 16.57 *(978-0-259-55400-4(6))* Forgotten Bks.
Mrs Blackhat. Mick Inkpen & Chloe Inkpen. 2021. (Mrs Blackhat Ser.). (ENG., Illus.). 32p. (J). (gr. -1-k). pap. 10.99 *(978-1-4449-4010-7(4))* Hachette Children's Group GBR. Dist: Hachette Bk. Group.
Mrs Blackhat & the ZoomBroom. Mick Inkpen & Chloe Inkpen. 2021. (Mrs Blackhat Ser.). (ENG., Illus.). 32p. (J). (gr. -1-k). pap. 10.99 *(978-1-4449-5034-2(7))* Hachette Children's Group GBR. Dist: Hachette Bk. Group.
Mrs. Blake, Vol. 1 Of 3: A Story of Twenty Years (Classic Reprint) Newton Crosland. (ENG., Illus.). (J). 2018. 328p. 30.68 *(978-0-483-59967-3(0))*; 2017. pap. 13.57 *(978-0-259-00557-5(6))* Forgotten Bks.
Mrs. Bligh. Rhoda Broughton. 2017. (ENG.). (J). 366p. pap. *(978-3-337-00204-6(8))*; 368p. pap. *(978-3-337-03272-2(9))* Creation Pubs.
Mrs. Bligh: A Novel (Classic Reprint) Rhoda Broughton. 2018. (ENG., Illus.). 376p. (J). 31.63 *(978-0-484-08326-3(0))* Forgotten Bks.
Mrs Blunderbuss: Human Foghorn. Richard Rudd. Illus. by Maisie Weston Lake. 2022. (ENG.). 46p. (J). 21.00 ***(978-1-913820-12-1(2))*** Gene Keys Publishing.
Mrs Blunderbuss - Human Foghorn. Richard Rudd. 2022. (ENG.). 46p. (J). pap. 15.00 *(978-1-913820-02-2(5))* Gene Keys Publishing.
Mrs. Bobble's Trained Nurse (Classic Reprint) George Fox Tucker. 2018. (ENG., Illus.). 114p. (J). 26.25 *(978-0-483-73122-6(6))* Forgotten Bks.
Mrs. Bouverie, Vol. 1 (Classic Reprint) F. C. Philips. 2017. (ENG., Illus.). (J). 28.37 *(978-0-331-55461-8(5))* Forgotten Bks.
Mrs. Bouverie, Vol. 2 of 2 (Classic Reprint) F. C. Philips. 2017. (ENG., Illus.). (J). 28.23 *(978-0-331-37637-1(7))* Forgotten Bks.
Mrs. Brand: A Novel (Classic Reprint) H. A. Mitchell Keays. (ENG., Illus.). (J). 2018. 382p. 31.80 *(978-0-483-82391-4(0))*; 2016. pap. 16.57 *(978-1-333-66858-7(9))* Forgotten Bks.
Mrs. Bright's Visitor: A Comedy in One Act (Classic Reprint) Mary R. P. Hatch. (ENG., Illus.). (J). 2018. 28p. 24.47 *(978-0-267-96436-9(6))*; 2016. pap. 7.97 *(978-1-334-59786-2(3))* Forgotten Bks.
Mrs. Brown on the Tichborne Case (Classic Reprint) Arthur Sketchley. 2017. (ENG., Illus.). (J). 27.13 *(978-0-331-84553-2(9))*; pap. 9.57 *(978-0-259-51888-4(3))* Forgotten Bks.
Mrs. Brown on Women's Rights (Classic Reprint) Arthur Sketchley. 2018. (ENG., Illus.). 170p. (J). 27.40 *(978-0-267-26618-0(9))* Forgotten Bks.
Mrs. Brown Series (Classic Reprint) Arthur Sketchley. 2017. (ENG., Illus.). (J). 27.24 *(978-0-331-84529-7(6))* Forgotten Bks.
Mrs. Brown's Visit to the Paris Exhibition (Classic Reprint) Arthur Sketchley. (ENG., Illus.). (J). 2018. 436p. 32.89 *(978-0-365-15433-4(4))*; 2017. pap. 16.57 *(978-0-259-39524-9(2))* Forgotten Bks.
Mrs. Brown's Visits to Paris (Classic Reprint) Arthur Sketchley. 2018. (ENG., Illus.). 166p. (J). 27.32 *(978-0-267-27135-1(2))* Forgotten Bks.
Mrs. B's Christmas Tree. Kathleen Beining. 2017. (ENG., Illus.). 26p. (J). pap. 13.95 *(978-1-9736-1224-7(0))*, WestBow Pr.) Author Solutions, LLC.
Mrs. Budlong's Christmas Presents (Classic Reprint) Rupert Hughes. 2017. (ENG., Illus.). 128p. (J). 26.56 *(978-0-332-08251-6(2))* Forgotten Bks.
Mrs. Bumbleberry & the Scary Noise. Kathleen Beining. 2016. (ENG., Illus.). (J). pap. 13.95 *(978-1-5127-5481-0(1))*, WestBow Pr.) Author Solutions, LLC.
Mrs. Buttons & Her Magical Cards. Dorothy Ruelle-Elliott. 2022. (ENG.). 42p. (J). *(978-0-2288-6950-4(1))*; pap. *(978-0-2288-6949-8(8))* Tellwell Talent.
Mrs. Campbell & Her Friend at the Fair (Classic Reprint) Unknown Author. 2018. (ENG., Illus.). 20p. (J). 24.31 *(978-0-365-07986-6(3))*; pap. 7.97 *(978-0-364-30439-6(1))* Forgotten Bks.
Mrs. Capellini's Umbrella Collection. Brian Catanzaro. 2018. (ENG., Illus.). 4p. (J). *(978-1-387-48227-6(0))* Lulu Pr., Inc.
Mrs. Cash & Mr. Coin! - Counting Money Book 1st Grade: Children's Money & Saving Reference. Professor Gusto. 2016. (ENG., Illus.). (J). pap. 10.81 *(978-1-68321-216-4(9))* Mimaxion.
Mrs. Caudle's Curtain Lectures. Douglas Jerrold. 2017. (ENG., Illus.). (J). pap. *(978-0-649-15974-1(8))*; pap. *(978-0-649-27052-1(5))* Trieste Publishing Pty Ltd.
Mrs. Caudle's Curtain Lectures: Mrs. Bib's Baby, Pp. 1-187. Douglas Jerrold & Blanchard Jerrold. 2017. (ENG., Illus.). (J). pap. *(978-0-649-65291-4(6))* Trieste Publishing Pty Ltd.
Mrs. Caudle's Curtain Lectures (Classic Reprint) Douglas William Jerrold. (ENG., Illus.). (J). 2018. 64p. 25.22 *(978-0-332-27479-9(9))*; 2016. pap. 9.57 *(978-1-333-59193-9(4))* Forgotten Bks.
Mrs. Caudle's Curtain Lectures (Classic Reprint) Punch Punch. 2018. (ENG., Illus.). 158p. (J). 27.16 *(978-0-483-96239-2(2))* Forgotten Bks.
Mrs. Caudle's Curtain Lectures; the Story of a Feather; the Sick Giant & the Doctor Dwarf (Classic Reprint) Douglas Jerrold. (ENG., Illus.). (J). 2018. 410p. 32.37 *(978-0-483-70800-6(3))*; 2016. pap. 16.57 *(978-1-334-59809-8(6))* Forgotten Bks.
Mrs. Chipley's Chattering Chipmunks: The Mystery of the Strange Trees. Gwen Petreman. 2018. (ENG., Illus.). 26p. (J). pap. *(978-1-77370-676-4(4))* Tellwell Talent.
Mrs. Church's Garden, 1 vol. ej Ndeto. 2019. (ENG.). 36p. (J). pap. 9.99 *(978-1-4003-2590-0(0))* Elm Hill.
Mrs. Claus. Paul N. Lazarus. 2021. (ENG.). 60p. (J). *(978-0-2288-6084-6(9))*; pap. *(978-0-2288-6083-9(0))* Tellwell Talent.
Mrs Claus. Sara Grace. 2018. (ENG.). 38p. (J). 14.95 *(978-1-64307-237-1(4))* Amplify Publishing Group.
Mrs Claus & Her Christmas Adventures: Read Aloud Stories for Children about Mrs Claus & Santa, 3 in 1 Kids Story (ages 4-8) Anne Carol Carter. 2019. (ENG.). 144p. (J). pap. *(978-1-908567-04-8(X))* Hope Bks., Ltd.
Mrs. Claus & the School for Santas. Timothy Stewart. Illus. by Blueberry Illustrations. 2019. (ENG.). 38p. (J). (gr. k-6). 25.00 ***(978-0-578-42711-9(7))*** Stewart, Timothy.
Mrs. Claus' Christmas Wish. Kassi Mangum. l.t. ed. 2022. (ENG.). 46p. (J). 22.89 ***(978-1-0879-6009-8(6))*** Indy Pub.
Mrs. Claus Explains the Magic of Affirmations. Dianne Bell. 2023. (ENG.). 52p. (J). 51.84 ***(978-1-312-53346-2(3))*** Lulu Pr., Inc.
Mrs. Claus Explains the Magic of Affirmations: Coloring Book. Dianne Bell. 2023. (ENG.). 52p. (J). pap. 12.00 ***(978-1-312-56015-4(0))*** Lulu Pr., Inc.
Mrs. Claus Explains the Magic of Gratitude. Dianne Bell. 2023. (ENG.). 31p. (J). ***(978-1-008-93211-1(6))*** Lulu Pr., Inc.
Mrs. Claus Explains the Magic Power of a Smile. Dianne Bell. Illus. by Maria Hecher. 2021. (ENG.). 31p. (J). *(978-1-6780-9921-3(X))* Lulu Pr., Inc.
Mrs. Claus Saves Christmas. Yvonne Wonder. Illus. by Brad Sarganis. 2018. (ENG.). 34p. (J). 19.95 *(978-1-949752-00-7(3))* Destination Wonder Pr.
Mrs. Claus Saves the Day. Kharia J. Holmes. 2020. (ENG.). 26p. (J). 18.99 *(978-1-0879-2839-5(7))* Indy Pub.
Mrs. Claus Takes a Vacation. Linas Alsenas. Illus. by Linas Alsenas. 2022. (ENG.). 32p. (J). (gr. -1-k). pap. 7.99 *(978-1-338-83337-9(5))* Scholastic, Inc.
Mrs. Cleveland, & the St. Clairs, &C, Vol. 2 of 3 (Classic Reprint) Unknown Author. 2018. (ENG., Illus.). 304p. (J). 30.17 *(978-0-484-86812-9(8))* Forgotten Bks.
Mrs. Cleveland, & the St. Clairs, &C, Vol. 3 of 3 (Classic Reprint) Unknown Author. 2018. (ENG., Illus.). 316p. (J). 30.41 *(978-0-484-71411-2(2))* Forgotten Bks.
Mrs. Cleveland, and, the St. Clairs, Vol. 1 of 3 (Classic Reprint) Unknown Author. (ENG., Illus.). (J). 2018. 308p. 30.27 *(978-0-483-95197-6(8))*; 2016. pap. 13.57 *(978-1-334-12462-4(0))* Forgotten Bks.
Mrs. Clifford's Marriage (Classic Reprint) Unknown Author. (ENG., Illus.). (J). 2018. 134p. 26.68 *(978-0-483-74974-0(5))*; 2016. pap. 9.57 *(978-1-334-13843-0(5))* Forgotten Bks.
Mrs. Clyde the Story of a Social Career (Classic Reprint) Julien Gordon. 2018. (ENG., Illus.). 368p. (J). 31.51 *(978-0-483-02726-8(X))* Forgotten Bks.
Mrs. Compton's Manager: A Comedy in Three Acts (Classic Reprint) Harry O. Osgood. 2018. (ENG., Illus.). 66p. (J). 25.28 *(978-0-267-17617-5(1))* Forgotten Bks.
Mrs. Coulson's Daughter: An One Act Play for Girls (Classic Reprint) Elizabeth Gale. 2018. (ENG., Illus.). 22p. (J). 24.37 *(978-0-267-28173-2(0))* Forgotten Bks.
Mrs. Craddock (Classic Reprint) Somerset Maugham. (ENG., Illus.). (J). 2018. 314p. 30.39 *(978-0-267-59884-7(X))*; 2016. pap. 13.57 *(978-1-334-14413-4(3))* Forgotten Bks.
Mrs. Crichton's Creditor (Classic Reprint) Alexander. 2017. (ENG., Illus.). (J). 194p. 27.92 *(978-0-332-73158-2(8))*; 196p. pap. 10.57 *(978-0-332-48176-0(X))* Forgotten Bks.
Mrs. Curgenven of Curgenven (Classic Reprint) S. Baring-Gould. 2018. (ENG., Illus.). 412p. (J). 32.39 *(978-0-483-88794-7(3))* Forgotten Bks.
Mrs. Curgenven of Curgenven, Vol. 1 of 3 (Classic Reprint) S. Baring-Gould. (ENG., Illus.). (J). 2018. 234p. 28.74 *(978-0-428-26658-5(4))*; 2016. pap. 11.57 *(978-1-333-76805-8(2))* Forgotten Bks.
Mrs. Curgenven of Curgenven, Vol. 2 of 3 (Classic Reprint) S. Baring-Gould. 2018. (ENG., Illus.). 238p. (J). 28.81 *(978-0-484-86857-0(8))* Forgotten Bks.
Mrs. Curgenven of Curgenven, Vol. 3 of 3 (Classic Reprint) S. Baring-Gould. 2018. (ENG., Illus.). 226p. (J). 28.58 *(978-0-483-59829-4(1))* Forgotten Bks.
Mrs Dalloway: a-Level Set Text Student Edition (Collins Classroom Classics) Virginia Woolf & Collins GCSE. ed. 2020. (Collins Classroom Classics Ser.). (ENG.). 256p. 5.95 *(978-0-00-837184-5(9))* HarperCollins Pubs. Ltd. GBR. Dist: Independent Pubs. Group.
Mrs. Deacon Spriggs: A Two Act Play for Women (Classic Reprint) Willis N. Bugbee. (ENG., Illus.). (J). 2018. 20p. 24.31 *(978-0-267-34435-2(X))*; 2016. pap. 7.97 *(978-1-333-67707-7(3))* Forgotten Bks.
Mrs. Denys of Cote, Vol. 1 of 3 (Classic Reprint) Holme Lee. (ENG., Illus.). (J). 2018. 332p. 30.76 *(978-0-267-32826-0(5))*; 2016. pap. 13.57 *(978-1-333-54578-9(9))* Forgotten Bks.
Mrs. Denys of Cote, Vol. 2 of 3 (Classic Reprint) Holme Lee. (ENG., Illus.). (J). 2018. 344p. 31.01 *(978-0-483-87368-1(3))*; 2016. pap. 13.57 *(978-1-334-24942-6(3))* Forgotten Bks.
Mrs. Denys of Cote, Vol. 3 of 3 (Classic Reprint) Holme Lee. (ENG., Illus.). (J). 2018. 304p. 30.17 *(978-0-484-29241-2(2))*; 2016. pap. 13.57 *(978-1-333-54982-4(2))* Forgotten Bks.
Mrs. Dobbs' Dull Boy. Annette Lyster. 2017. (ENG., Illus.). (J). pap. *(978-0-649-36539-5(9))* Trieste Publishing Pty Ltd.
Mrs. Dobbs Dull Boy (Classic Reprint) Annette Lyster. 2018. (ENG., Illus.). 270p. (J). 29.47 *(978-0-483-75136-1(7))* Forgotten Bks.
Mrs. Dorriman, Vol. 1 Of 3: A Novel (Classic Reprint) Henry Wayland Chetwynd. 2018. (ENG., Illus.). 342p. (J). 30.95 *(978-0-332-04416-3(5))* Forgotten Bks.
Mrs. Dorriman, Vol. 3 Of 3: A Novel (Classic Reprint) Henry Wayland Chetwynd. 2018. (ENG., Illus.). 344p. (J). 30.99 *(978-0-428-97546-3(1))* Forgotten Bks.
Mrs. Drummond's Vocation (Classic Reprint) Mark Ryce. 2018. (ENG., Illus.). 292p. (J). 29.94 *(978-0-267-24862-9(8))* Forgotten Bks.
Mrs. Duck. Virginia Barnum. 2018. (ENG., Illus.). 26p. (J). 18.95 *(978-1-64082-725-7(0))* Page Publishing Inc.
Mrs. Dymond, Vol. 1 of 2 (Classic Reprint) Anne Thackeray Ritchie. 2018. (ENG., Illus.). 526p. (J). 34.77 *(978-0-483-50691-6(5))* Forgotten Bks.
Mrs. E. M. Ward's Reminiscences (Classic Reprint) Elliott O'Donnell. 2017. (ENG., Illus.). (J). 30.62 *(978-0-260-59201-9(3))* Forgotten Bks.
Mrs. Essington: The Romance of a House-Party (Classic Reprint) Esther Chamberlain. (ENG., Illus.). (J). 2017. 29.71 *(978-0-331-73576-5(8))*; 2016. pap. 13.57 *(978-1-333-50056-6(4))* Forgotten Bks.
Mrs. Falchion. Gilbert Parker. 2017. (ENG., Illus.). (J). 25.95 *(978-1-374-93258-6(2))*; pap. 15.95 *(978-1-374-93257-9(4))* Capital Communications, Inc.
Mrs. Falchion: A Novel (Classic Reprint) Gilbert Parker. (ENG., Illus.). (J). 2018. 292p. 29.92 *(978-0-483-30940-1(0))*; 2016. pap. 13.57 *(978-1-334-63280-8(4))* Forgotten Bks.
Mrs. Farrell: A Novel (Classic Reprint) William Dean Howells. 2017. (ENG., Illus.). (J). 29.75 *(978-1-5282-4883-9(X))* Forgotten Bks.
Mrs. Featherweight's Musical Moments (Classic Reprint) John Brady. (ENG., Illus.). (J). 2018. 132p. 26.58 *(978-0-332-92549-3(8))*; 2018. 56p. 25.07 *(978-0-483-46053-9(2))*; 2017. pap. 9.57 *(978-0-243-41574-8(5))* Forgotten Bks.
Mrs. Fitz (Classic Reprint) J. C. Snaith. 2018. (ENG., Illus.). 368p. (J). 31.51 *(978-0-428-78616-8(2))* Forgotten Bks.
Mrs. Fitz-Maurice on Leave (Classic Reprint) Gabrielle Fitz -Maurice. 2018. (ENG., Illus.). 262p. (J). 29.32 *(978-0-483-71768-8(1))* Forgotten Bks.
Mrs. Fizzlebury's New Girl: A Truly Domestic Story (Classic Reprint) Rafael de Cordova. (ENG., Illus.). (J). 2018. 162p. 27.24 *(978-0-364-74472-7(3))*; 2017. pap. 9.97 *(978-0-259-79350-2(7))* Forgotten Bks.
Mrs. Flores Thinks of Him, Her, & Me! Marissa Gregory. 2021. (ENG.). 34p. (J). pap. 9.99 *(978-0-578-89612-0(5))* Gregory, Marissa.
Mrs. Frisby & the Rats of Nimh: 50th Anniversary Edition. Robert C. O'Brien. Illus. by Zena Bernstein. ed. 2021. (ENG.). 240p. (J). (gr. 3-7). pap. 9.99 *(978-1-5344-5573-3(6))*, Aladdin) Simon & Schuster Children's Publishing.
Mrs. Frisby & the Rats of NIMH Novel Units Student Packet. Novel Units. 2019. (Rats of NIMH Ser.). (ENG.). (J). (gr. 4-7). pap. 13.99 *(978-1-56137-532-5(2))*, Novel Units, Inc.) Classroom Library Co.
Mrs. Frisby & the Rats of NIMH Novel Units Teacher Guide. Novel Units. 2019. (Rats of NIMH Ser.). (ENG.). (J). (gr. 4-7). pap. 12.99 *(978-1-56137-273-7(0))*, Novel Units, Inc.) Classroom Library Co.
Mrs. Frost. Sara Grace Goble. Illus. by Joe Huffy. 2018. (ENG.). 38p. (J). (gr. -1-3). 14.95 *(978-1-68401-585-6(5))* Amplify Publishing Group.
Mrs. Galers Business (Classic Reprint) William Pett Ridge. 2018. (ENG., Illus.). 370p. (J). 31.53 *(978-0-483-85236-5(8))* Forgotten Bks.
Mrs. Gaskell (Classic Reprint) Esther Alice Chadwick. (ENG., Illus.). (J). 2018. 442p. 33.01 *(978-0-484-09257-9(X))*; 2016. pap. 16.57 *(978-1-333-49049-2(6))* Forgotten Bks.
Mrs. Gerald's Niece: A Novel (Classic Reprint) Georgiana Fullerton. 2018. (ENG., Illus.). 638p. (J). 37.06 *(978-0-332-61093-1(4))* Forgotten Bks.
Mrs. Gerald's Niece, Vol. 1 of 3 (Classic Reprint) Georgiana Fullerton. 2018. (ENG., Illus.). 362p. (J). 31.36 *(978-0-428-96575-4(X))* Forgotten Bks.
Mrs. Gerald's Niece, Vol. 2 of 3 (Classic Reprint) Lady Georgiana Fullerton. 2018. (ENG., Illus.). 354p. (J). 31.20 *(978-0-483-60692-0(8))* Forgotten Bks.
Mrs. Gerald's Niece, Vol. 3 of 3 (Classic Reprint) Georgiana Fullerton. 2018. (ENG., Illus.). 386p. (J). 31.86 *(978-0-484-55926-3(5))* Forgotten Bks.
Mrs. Goose, Her Book (Classic Reprint) Maurice Switzer. 2017. (ENG., Illus.). (J). 25.40 *(978-0-266-74952-3(6))* Forgotten Bks.
Mrs. Gorski I Think I Have the Wiggle Fidgets. Barbara Esham & Carl Gordon. Illus. by Mike Gordon. 2018. (Adventures of Everyday Geniuses Ser.: 0). 32p. (J). (gr. -1-3). 17.99 *(978-1-4926-6997-5(0))*, Little Pickle Pr.) Sourcebooks, Inc.
Mrs. Granny Claus & the Christmas Cheer Cookies: A Recipe for a Festive Cookie Feast. Oretha Mobley. Illus. by Remi Bryant. 2022. (ENG.). 32p. (J). pap. 12.99 ***(978-1-954529-38-0(4))*** PlayPen Publishing.
Mrs. Green (Classic Reprint) Evelyne Elsye Rynd. 2018. (ENG., Illus.). 192p. (J). 27.86 *(978-0-483-53996-9(1))* Forgotten Bks.
Mrs. Greenjeans Coaches Clever Craig: A Children's Storybook. Ebony Jackson Brown. 2017. (ENG., Illus.). (J). pap. 15.95 *(978-1-947656-09-3(0))* Butterfly Typeface, The.
Mrs. Greenjeans Coaches Clever Craig: A Coloring Book. Ebony Jackson Brown. 2017. (ENG., Illus.). (J). pap. 5.95 *(978-1-947656-11-6(2))* Butterfly Typeface, The.
Mrs. Greenjeans Coaches Clever Craig: An Adult-Guided Workbook. Ebony Jackson Brown. 2017. (ENG., Illus.). (J). pap. 10.95 *(978-1-947656-10-9(4))* Butterfly Typeface, The.
Mrs. Greenjeans Soothes the Blues: A Children's Storybook. Ebony Jackson Brown. Ed. by Iris M. Williams. 2016. (ENG., Illus.). (J). pap. 15.95 *(978-1-942022-85-5(9))* Butterfly Typeface, The.
Mrs. Greenjeans Soothes the Blues: An Adult-Guided Children's Workbook. Ebony Jackson Brown. Ed. by Iris M. Williams. 2017. (ENG., Illus.). (J). pap. 10.95 *(978-1-942022-87-9(5))* Butterfly Typeface, The.
Mrs. Greenjeans Works Out the Worries. Ebony Jackson Brown. 2017. (ENG., Illus.). (J). pap. 15.95 *(978-0-9909919-0-8(3))* Butterfly Typeface, The.
Mrs. Greenjeans Works Out the Worries: A Coloring Book. Ebony Jackson Brown. 2017. (ENG., Illus.). (J). pap. 5.95 *(978-0-9909919-1-5(1))* Butterfly Typeface, The.
Mrs. Greenjeans Works Out the Worries: An Adult-Guided Workbook. Ebony Jackson Brown. 2017. (ENG., Illus.). (J). pap. 10.95 *(978-0-9909919-2-2(X))* Butterfly Typeface, The.
Mrs. Greville, Vol. 1 Of 3: The Story of a Woman's Life (Classic Reprint) Ursula Ursula. 2018. (ENG., Illus.). 308p. (J). 30.27 *(978-0-484-17661-3(7))* Forgotten Bks.
Mrs. Greville, Vol. 2 Of 3: The Story of a Woman's Life (Classic Reprint) Ursula Ursula. 2018. (ENG., Illus.). 316p. (J). 30.41 *(978-0-483-97487-6(0))* Forgotten Bks.
Mrs. Greville, Vol. 3 Of 3: The Story of a Woman's Life (Classic Reprint) Ursula Ursula. 2018. (ENG., Illus.). 326p. (J). 30.64 *(978-0-484-49914-9(9))* Forgotten Bks.
Mrs. Grey's Reminiscences, Vol. 2 of 3 (Classic Reprint) Louise Pilkington Blake. (ENG., Illus.). (J). 2018. 306p. 30.21 *(978-0-483-91572-5(6))*; 2016. pap. 13.57 *(978-1-333-70983-9(8))* Forgotten Bks.
Mrs. Grey's Reminiscences, Vol. 3 of 3 (Classic Reprint) Louise Pilkington Blake. 2017. (ENG., Illus.). (J). 29.92 *(978-0-266-21559-2(9))* Forgotten Bks.
Mrs. H & Icelynn Discover Space in Art. Kimberly Helleren. 2022. (ENG., Illus.). 30p. (J). 25.95 *(978-1-63985-558-2(0))*; pap. 16.95 *(978-1-63985-556-8(4))* Fulton Bks.
Mrs. Hallam's Companion, and, the Spring Farm: And Other Tales (Classic Reprint) Mary Jane Holmes. (ENG., Illus.). (J). 2018. 442p. 33.03 *(978-0-267-30253-6(3))*; 2016. pap. 16.57 *(978-1-333-22199-7(1))* Forgotten Bks.

Mrs. Halliburton's Troubles (Classic Reprint) M. S. Henry Wood. (ENG., Illus.). (J). 2018. 474p. 33.69 (978-0-483-60699-9(5)); 2016. pap. 16.57 (978-1-333-62005-9(5)) Forgotten Bks.

Mrs. Halliburton's Troubles, Vol. 1 of 3 (Classic Reprint) Henry Wood. (ENG., Illus.). (J). 2018. 352p. 31.18 (978-0-483-77046-1(9)); 2016. pap. 13.57 (978-1-334-13220-9(8)) Forgotten Bks.

Mrs. Halliburton's Troubles, Vol. 2: A Novel (Classic Reprint) Henry Wood. (ENG., Illus.). (J). 2018. 126p. 26.50 (978-0-483-79108-4(3)); 2016. pap. 9.57 (978-1-334-16319-7(7)) Forgotten Bks.

Mrs. Halliburton's Troubles, Vol. 2 of 3 (Classic Reprint) Henry Wood. 2018. (ENG., Illus.). 344p. (J). 30.99 (978-0-267-22177-6(0)) Forgotten Bks.

Mrs. Happy. Bonita Christensen. 2020. (ENG.). 13p. (J). (978-1-716-90092-1(1)) Lulu Pr., Inc.

Mrs. Harold Stagg (Classic Reprint) Robert Grant. 2016. (ENG., Illus.). (J). pap. 11.57 (978-1-333-45142-4(3)) Forgotten Bks.

Mrs. Harold Stagg (Classic Reprint) Robert Grant. 2018. (ENG., Illus.). 254p. (J). 29.14 (978-0-483-12329-8(3)) Forgotten Bks.

Mrs. Haywood's Help: A Comedy in Two Acts (Classic Reprint) Gladys Ruth Bridgham. (ENG., Illus.). (J). 2018. 58p. 25.09 (978-0-332-97800-0(1)); 2016. pap. 9.57 (978-1-333-19000-2(X)) Forgotten Bks.

Mrs. Hazenby's Health: A Play in One Act (Classic Reprint) Curtis Brown. 2018. (ENG., Illus.). 20p. (J). 24.33 (978-0-267-40656-2(8)) Forgotten Bks.

Mrs. Hephaestus: And Other Short Stories, Together with West Point, a Comedy in Three Acts (Classic Reprint) George Augustus Baker. 2018. (ENG., Illus.). 224p. (J). 28.52 (978-0-484-84884-8(4)) Forgotten Bks.

Mrs. Herndon's Income: A Novel (Classic Reprint) Helen Campbell. (ENG., Illus.). (J). 2018. 540p. 35.03 (978-0-483-60058-4(X)); 2017. pap. 19.57 (978-1-334-94872-5(0)) Forgotten Bks.

Mrs. Howard's Favorite Stories: Laura Morrow & the Green Grapes, Miss Daylily, Noche. Eleanor Howard. 2017. (ENG., Illus.). (J). (gr. k-6). 17.50 (978-1-946088-95-6(1)) CHB Media.

Mrs. J. E. de Camp Sweet's Narrative of Her Captivity in the Sioux Outbreak of 1862 (Classic Reprint) Jannette E. De Camp Sweet. (ENG., Illus.). (J). 2018. 36p. 24.64 (978-0-267-37846-3(7)); 2016. pap. 7.97 (978-1-334-15565-9(8)) Forgotten Bks.

Mrs. J. Worthington Woodward: A Novel (Classic Reprint) Helen Beekman. (ENG., Illus.). (J). 2018. 366p. 31.47 (978-0-483-66837-9(0)); 2016. pap. 13.97 (978-1-334-59469-4(4)) Forgotten Bks.

Mrs. Jarley's Far-Famed Collection of Waxworks, Vol. 1 (Classic Reprint) George Bradford Bartlett. 2018. (ENG., Illus.). 128p. (J). 26.54 (978-0-483-00435-1(9)) Forgotten Bks.

Mrs. Jerningham's Journal; & Mr. John Jerningham's Journal. Fanny Wheeler Hart. 2017. (ENG., Illus.). (J). pap. (978-0-649-65296-9(7)) Trieste Publishing Pty Ltd.

Mrs. Jerningham's Journal, & Mr. John Jerningham's Journal (Classic Reprint) Fanny Wheeler Hart. 2017. (ENG., Illus.). (J). 27.94 (978-0-331-95697-9(7)); pap. 10.57 (978-0-243-38801-1(2)) Forgotten Bks.

Mrs. Jerningham's Journal (Classic Reprint) Jernongham's. 2018. (ENG., Illus.). 148p. (J). 26.95 (978-0-364-02590-1(5)) Forgotten Bks.

Mrs. Job: Journey Through a Mother's Unspeakable Sorrow. Jerri Zimmerman. 2021. (ENG.). 142p. (J). 28.95 (978-1-6642-4140-4(X)); pap. 11.95 (978-1-6642-4138-1(8)) Author Solutions, LLC. (WestBow Pr.).

Mrs. Johnson & the Ant Attack. Rachel Johnson. 2018. (ENG.). 38p. (J). 14.95 (978-1-68401-591-7(X)) Amplify Publishing Group.

Mrs. Jones, Rascal & Me. Tina Sell. 2017. (ENG., Illus.). 32p. (J). pap. 12.95 (978-1-64003-163-0(4)) Covenant Bks.

Mrs. Keats Bradford a Novel (Classic Reprint) Maria Louise Pool. 2018. (ENG., Illus.). 322p. (J). 30.54 (978-0-483-81225-3(0)) Forgotten Bks.

Mrs Kelly: the Astonishing Life of Ned Kelly's Mother. Grantlee Kieza. 2019. 496p. 19.99 (978-0-7333-3871-7(2)) ABC Bks. AUS. Dist: HarperCollins Pubs.

Mrs. Knollys: And Other Stories (Classic Reprint) Frederic Jesup Stimson. (ENG., Illus.). (J). 2018. 212p. (gr. -1-3). 28.29 (978-0-483-45639-6(X)); 2017. pap. 10.97 (978-1-334-94728-5(7)) Forgotten Bks.

Mrs. Lancelot: A Comedy of Assumptions (Classic Reprint) Maurice Hewlett. 2018. (ENG., Illus.). 364p. (J). 31.42 (978-0-483-19684-1(3)) Forgotten Bks.

Mrs Lather's Laundry. Allan Ahlberg. 2016. (Happy Families Ser.). (Illus.). 24p. (J). (gr. k-2). pap. 12.99 (978-0-14-136995-2(7)) Penguin Bks., Ltd. GBR. Dist: Independent Pubs. Group.

Mrs. Leary's Cow: A Legend of Chicago (Classic Reprint) Charles Cole Hine. (ENG., Illus.). (J). 2018. 20p. 24.31 (978-0-364-24424-1(0)); 2017. pap. 7.97 (978-0-259-79267-3(5)) Forgotten Bks.

Mrs. Leicester's School. Charles Lamb et al. 2017. (ENG.). 436p. (J). pap. (978-3-337-36594-3(9)) Creation Pubs.

Mrs. Leicester's School: The Histories of Several Young Ladies, Related by Themselves (Classic Reprint) Charles Lamb. (ENG., Illus.). (J). 2018. 174p. 27.51 (978-0-267-40593-0(6)); 2017. 27.36 (978-0-260-44369-4(7)) Forgotten Bks.

Mrs. Leicester's School & Other Writings in Prose & Verse (Classic Reprint) Charles Lamb. 2017. (ENG., Illus.). (J). 33.01 (978-1-5284-5478-0(2)) Forgotten Bks.

Mrs. Limber's Raffle, or a Church Fair & Its Victims (Classic Reprint) William Allen Butler. 2017. (ENG., Illus.). (J). 27.61 (978-0-331-43280-0(3)) Forgotten Bks.

Mrs. Lirriper's Legacy: The Extra Christmas Number of All the Year Round, Conducted by Charles Dickens, for Christmas, 1864 (Classic Reprint) Charles Dickens. 2018. (ENG., Illus.). 60p. (J). 25.15 (978-0-483-11511-8(8)) Forgotten Bks.

Mrs. Lirriper's Lodgings, the Extra Christmas Number of All the Year Round (Classic Reprint) Charles Dickens. 2018. (ENG., Illus.). 52p. (J). 24.99 (978-0-365-30718-1(1)) Forgotten Bks.

Mrs. Lord's Moonstone, & Other Stories (Classic Reprint) Charles Stokes Wayne. (ENG., Illus.). (J). 2018. 148p. 26.95 (978-0-656-33803-0(2)); 2017. pap. 9.57 (978-0-243-28904-2(9)) Forgotten Bks.

Mrs. Lorimer: A Sketch in Black & White (Classic Reprint) Lucas Malet. 2017. (ENG., Illus.). (J). 31.14 (978-0-331-54724-5(4)) Forgotten Bks.

Mrs. Lorimer, Vol. 1: A Sketch in Black & White (Classic Reprint) Lucas Malet. 2018. (ENG., Illus.). 354p. (J). 31.20 (978-0-267-23084-6(2)) Forgotten Bks.

Mrs. Lothbury's Gospel (Classic Reprint) Albert Ernest Stafford Smythe. (ENG., Illus.). (J). 2018. 44p. 24.80 (978-0-364-00043-4(0)); 2018. 38p. 24.68 (978-0-365-32658-8(5)); 2017. pap. 7.97 (978-0-282-34975-2(8)); 2017. pap. 7.97 (978-0-243-49275-6(8)) Forgotten Bks.

Mrs. Macker's Quacker. Illus. by Darrin Drda. 2021. (ENG.). 40p. (J). 17.95 (978-1-7367765-3-7(3)) Creative Pursuits Publishing.

Mrs. Macker's Quacker. Ruth Gomah. Illus. by Darrin Drda. 2021. (ENG.). 40p. (J). 17.95 (978-1-7367765-0-6(9)); pap. 12.95 (978-1-7367765-1-3(7)) Creative Pursuits Publishing.

Mrs. Mahoney of the Tenement (Classic Reprint) Louise Montgomery. 2018. (ENG., Illus.). 188p. (J). 27.77 (978-0-484-45015-7(8)) Forgotten Bks.

Mrs. Martin's Company: And Other Stories (Classic Reprint) Jane Barlow. 2018. (ENG., Illus.). 240p. (J). 28.85 (978-0-267-26002-7(4)) Forgotten Bks.

Mrs. Martin's Man (Classic Reprint) John G. Ervine. 2018. (ENG., Illus.). 328p. (J). 30.68 (978-0-365-19337-1(2)) Forgotten Bks.

Mrs. Master Is a Disaster! Dan Gutman. ed. 2017. (My Weirdest School Ser.: 8). (Illus.). 105p. (J). lib. bdg. 14.75 (978-0-606-40078-7(8)) Turtleback.

Mrs. Maxon Protests (Classic Reprint) Anthony Hope. 2018. (ENG., Illus.). 392p. (J). 31.98 (978-0-483-93559-4(X)) Forgotten Bks.

Mrs. Mayes' Strawberry Pie. Tony King. 2021. 78p. (J). pap. 12.00 (978-1-0983-5457-2(5)) BookBaby.

Mrs. Mcbee Leaves Room 3, 1 vol. Gretchen Brandenburg McLellan. Illus. by Grace Zong. 2017. 32p. (J). (gr. -1-3). 16.95 (978-1-56145-944-5(5)) Peachtree Publishing Co. Inc.

Mrs. Mcbee Leaves Room 3. Gretchen Brandenburg McLellan. ed. 2018. (ENG.). 30p. (J). (gr. -1-1). 20.36 (978-1-64310-737-0(2)) Penworthy Co., LLC, The.

Mrs. Mcgiggle Makes a Way. Susan Huppert. Illus. by Sharon Christensen. 2020. (ENG.). 38p. (J). pap. 10.95 (978-0-9799635-2-0(4)) Homegrown Pubns.,LLC.

Mrs. Mcqueen & the Wellington Wind. Peter Adolph. 2018. (ENG., Illus.). 24p. (J). (gr. 1-5). pap. (978-1-5289-2402-3(9)) Austin Macauley Pubs. Ltd.

Mrs. Mcthing: A Play (Classic Reprint) Mary Chase. (ENG., Illus.). (J). 2018. 144p. 26.87 (978-0-484-64792-2(X)); 2017. pap. 9.57 (978-0-243-48460-7(7)) Forgotten Bks.

Mrs Merryweather's Letter. John Patience. Illus. by John Patience. 2021. (ENG.). 26p. (J). (978-1-8384498-9-6(2)) Talewater Pr.

Mrs. Meyer Is on Fire! Dan Gutman. Illus. by Jim Paillot. 2016. 105p. (J). (978-1-4806-9926-7(8)) Harper & Row Ltd.

Mrs. Meyer Is on Fire! Dan Gutman. ed. 2016. (My Weirdest School Ser.: 4). (J). lib. bdg. 14.75 (978-0-606-38154-3(6)) Turtleback.

Mrs. Miller (Classic Reprint) James Whitcomb Riley. 2018. (ENG., Illus.). 82p. (J). 25.61 (978-0-364-34737-9(6)) Forgotten Bks.

Mrs. Miller's Magic Blankets. Virginia Mohler. 2019. (ENG., Illus.). 30p. (J). 23.95 (978-1-64471-932-9(0)); pap. 13.95 (978-1-64468-926-4(X)) Covenant Bks.

Mrs Milligan & the Spoon. Terence Fitzsimons. 2022. (ENG.). 170p. (J). pap. (978-1-914965-65-4(5)) Mirador Publishing.

Mrs. M'Lerie (Classic Reprint) J. J. Bell. 2017. (ENG., Illus.). (J). 28.81 (978-0-266-92274-2(0)) Forgotten Bks.

Mrs. Moody in the Birthday Jinx. Megan Mcdonald. Illus. by Erwin Madrid. ed. 2016. (Judy Moody & Friends Ser.: 7). (ENG.). 64p. (J). (gr. -1-1). 14.75 (978-0-606-39092-7(8)) Turtleback.

Mrs. M's Magical Museum Adventure in Denver. Kennetha Pinkham Miller. 2020. (ENG.). 28p. (J). pap. 9.98 (978-1-7333460-0-9(7)) Weir, Kenneth.

Mrs. Mulligan's Millions (Classic Reprint) Edward McNulty. 2017. (ENG., Illus.). (J). 30.70 (978-0-331-74474-3(0)) Forgotten Bks.

Mrs. Murphy's Disappointment: Comedy Sketch (Classic Reprint) Walter Smith Griffith. (ENG., Illus.). (J). 2018. 28p. 24.47 (978-0-267-34452-9(X)); 2016. pap. 7.97 (978-1-333-67873-9(8)) Forgotten Bks.

Mrs Nimwanei - Nei Nimwanai (Te Kiribati) Otan Itinnang & John Maynard Balinggao. 2023. (ENG.). 38p. (J). pap. (978-1-922876-11-9(9)) Library For All Limited.

Mrs. Noah. Patti Richards. Illus. by Alice. Pieroni. 2021. (ENG.). 34p. (J). 18.99 (978-1-953456-03-8(0)); pap. 12.99 (978-1-953456-16-8(2)) Little Lamb Bks.

Mrs Noah's Song. Jackie Morris. Illus. by James Mayhew. 2022. (Mrs Noah Ser.). (ENG.). 40p. (J). (gr. -1-k). 17.99 (978-1-913074-42-5(0)) Otter-Barry Bks. GBR. Dist: Independent Pubs. Group.

Mrs. Oldified. Mother Grimm. 2022. 30p. (J). 24.99 (978-1-6678-4182-3(3)) BookBaby.

Mrs. Overtheways Remembrances (Classic Reprint) Juliana Horatia Gatty Ewing. 2018. (ENG., Illus.). (J). 28.83 (978-0-331-06443-8(X)) Forgotten Bks.

Mrs. Paddington & the Silver Mousetraps: A Hair-Raising History of Women's Hairstyles in 18th-Century London. Gail Skroback Hennessey. Illus. by Steve Cox. 2020. (ENG.). 40p. (J). (gr. 3-6). 18.99 (978-1-63440-900-1(0), 9c91ccbf-868c-4ce2-a611-b941d4f6ddfd) Red Chair Pr.

Mrs. Partington's Carpet-Bag of Fun: With 150 Engravings from Designs by Darley, MC Lenan, Leech, Phiz, Henning, Cruikshank, Hine, Doyle, Tenniel, Goater Crowquill, etc (Classic Reprint) Unknown Author. 2018. (ENG., Illus.). 316p. (J). 30.52 (978-0-484-73662-6(0)) Forgotten Bks.

Mrs. Partington's Mother Goose's Melodies: Containing All the Original Rhymes of Mother Goose, Besides Many Others of a Similar Character, & Full Directions for Costumes & Acting Some of the Principal Pieces; with a Choice Selection of Music, Especial. Uncle Willis. (ENG., Illus.). (J). 2018. 158p. 27.18 (978-0-331-73623-6(3)); 2017. pap. 9.57 (978-0-259-41985-3(0)) Forgotten Bks.

Mrs. Peanuckle's Bird Alphabet. Peanuckle. Illus. by Jessie Ford. 2018. (Mrs. Peanuckle's Alphabet Ser.: 5). 28p. (J). (— 1). bds. 8.99 (978-1-62336-937-8(1), 9781623369378, Rodale Kids) Random Hse. Children's Bks.

Mrs. Peanuckle's Bug Alphabet. Peanuckle. Illus. by Jessie Ford. 2018. (Mrs. Peanuckle's Alphabet Ser.: 3). 28p. (J). (— 1). bds. 8.99 (978-1-62336-939-2(8), 9781623369392, Rodale Kids) Random Hse. Children's Bks.

Mrs. Peanuckle's Earth Alphabet. Peanuckle. Illus. by Jessie Ford. 2023. (Mrs. Peanuckle's Alphabet Ser.: 9). 28p. (J). (— 1). bds. 8.99 (978-0-593-48663-4(3), Rodale Kids) Random Hse. Children's Bks.

Mrs. Peanuckle's Flower Alphabet. Peanuckle. Illus. by Jessie Ford. 2018. (Mrs. Peanuckle's Alphabet Ser.: 4). (ENG.). 28p. (J). (— 1). bds. 8.99 (978-1-62336-941-5(X), 9781623369415, Rodale Kids) Random Hse. Children's Bks.

Mrs. Peanuckle's Hiking Alphabet. Peanuckle. Illus. by Jessie Ford. 2021. (Mrs. Peanuckle's Alphabet Ser.: 7). 28p. (J). (— 1). bds. 8.99 (978-0-593-17817-1(3), Rodale Kids) Random Hse. Children's Bks.

Mrs. Peanuckle's Kitchen Alphabet. Peanuckle. Illus. by Jessie Ford. 2022. (Mrs. Peanuckle's Alphabet Ser.: 8). 28p. (J). (— 1). bds. 7.99 (978-0-593-17819-5(X), Rodale Kids) Random Hse. Children's Bks.

Mrs. Peanuckle's Ocean Alphabet. Peanuckle. Illus. by Jessie Ford. 2023. (Mrs. Peanuckle's Alphabet Ser.: 10). 28p. (J). (— 1). bds. 8.99 (978-0-593-48661-0(7), Rodale Kids) Random Hse. Children's Bks.

Mrs. Peanuckle's Tree Alphabet. Peanuckle. Illus. by Jessie Ford. 2018. (Mrs. Peanuckle's Alphabet Ser.: 6). 28p. (J). (— 1). 7.99 (978-1-62336-943-9(6), 9781623369439, Rodale Kids) Random Hse. Children's Bks.

Mrs. Peanuckle's Vegetable Alphabet. Peanuckle. Illus. by Jessie Ford. 2017. (Mrs. Peanuckle's Alphabet Ser.: 1). 28p. (J). (— 1). bds. 8.99 (978-1-62336-870-8(7), 9781623368708, Rodale Kids) Random Hse. Children's Bks.

Mrs. Peck's Pudding; a Humorous Paper, Dramatic Sketch: With Illustrations by Darley (Classic Reprint) Thomas Hood. (ENG., Illus.). (J). 2018. 148p. 26.97 (978-0-484-51907-6(7)); 2016. pap. 9.57 (978-1-333-26916-6(1)) Forgotten Bks.

Mrs. Pederson's Niece (Classic Reprint) Isabel Suart Robson. 2018. (ENG., Illus.). 310p. (J). 30.25 (978-0-484-38495-7(3)) Forgotten Bks.

Mrs. Pendleton's Four-In-Hand (Classic Reprint) Gertrude Franklin Horn Atherton. 2018. (ENG., Illus.). 106p. (J). 26.10 (978-0-483-84762-0(3)) Forgotten Bks.

Mrs. Perivale & the Blue Fire Crystal. Dash Hoffman. 2017. (Mrs. Perivale Ser.: Vol. 1). (ENG.). 334p. (YA). 25.00 (978-0-578-71597-1(X)); pap. 14.00 (978-0-578-71580-3(5)) Got-Moxie.

Mrs. Perivale & the Dragon Prince. Dash Hoffman. 2020. (Mrs. Perivale Ser.: Vol. 2). (ENG.). (YA). 322p. 25.00 (978-0-578-78465-6(3)); 316p. pap. 14.00 (978-0-578-78464-9(5)) Got-Moxie.

Mrs. Peter Rabbit (Classic Reprint) Thornton W. Burgess. (ENG., Illus.). (J). 2018. 238p. 28.83 (978-0-483-95973-6(1)); 2016. pap. 11.57 (978-1-333-76531-6(2)) Forgotten Bks.

Mrs. Picadilly's Magical Place. Sandy Cathcart. 2020. (ENG.). 40p. (J). pap. 9.99 (978-1-943500-21-5(5)) Needle Rock Pr.

Mrs. Pine Takes a Trip. Leonard Kessler. 2021. (Mr. Pine Ser.: Vol. 3). (ENG.). 48p. (J). pap. 9.99 (978-1-948959-42-1(9)) Purple Hse. Pr.

Mrs PJ Wigglesworth:: the Dancing Spy. Mark Dutton. 2020. (ENG., Illus.). 276p. (YA). (gr. 7-12). pap. (978-1-912964-12-3(0)) Cranthorpe Millner Pubs.

Mrs Pj Wigglesworth & the Kingfisher of Souls. Mw Dutton. 2018. (ENG., Illus.). 228p. (J). pap. 11.10 (978-0-244-09872-8(7)) Lulu Pr., Inc.

Mrs Pringles Needs a Nurse. Jae Malone. Illus. by Jess Hawksworth. 2020. (ENG.). 18p. (J). (gr. k-3). pap. (978-1-80031-954-7(1)) Authors OnLine, Ltd.

Mrs. Private Peat (Classic Reprint) Private Peat. 2018. (ENG., Illus.). 264p. (J). 29.36 (978-0-484-56449-6(8)) Forgotten Bks.

Mrs. Rabbit's Pie. JOyA Georgiafay Kezas. 2023. (ENG.). 28p. (J). pap. 12.99 (978-1-63950-192-2(4)) Writers Apex.

Mrs. Radigan Her Biography: With That of Miss. Pearl Veal, & the Memoirs, of Madison (Classic Reprint) Nelson Lloyd. (ENG., Illus.). (J). 2018. 356p. 31.24 (978-0-483-88997-2(0)); 2016. pap. 13.97 (978-1-334-06376-3(1)) Forgotten Bks.

Mrs. Rasher's Curtain Lectures (Classic Reprint) Metta Victoria (Fuller) Victor. 2018. (ENG., Illus.). 290p. (J). 29.90 (978-0-483-67710-4(8)) Forgotten Bks.

Mrs. Red Pepper (Classic Reprint) Grace S. Richmond. 2018. (ENG., Illus.). 352p. (J). 31.18 (978-0-666-50776-1(7)) Forgotten Bks.

Mrs. Roberts & Rascal the Raccoon. Yolanda Hawley. 2019. (ENG., Illus.). 32p. (J). 23.95 (978-1-64559-050-7(X)); pap. 13.95 (978-1-64559-354-6(1)) Covenant Bks.

Mrs. Romney & 'but Men Must Work' (Classic Reprint) Rosa Nouchette Carey. (ENG., Illus.). (J). 2018. 388p. 31.90 (978-0-428-98161-7(5)); 2017. pap. 16.57 (978-0-243-43491-6(X)) Forgotten Bks.

Mrs. Romney (Classic Reprint) Rosa Nouchette Carey. (ENG., Illus.). (J). 2018. 100p. 25.96 (978-0-483-70726-9(0)); 2016. pap. 9.57 (978-1-334-14491-2(5)) Forgotten Bks.

Mrs. Royall's Southern Tour, or Second Series of the Black Book, Vol. 2: In Three or More Volumes (Classic Reprint) Anne Royall. (ENG., Illus.). (J). 2017. 27.86 (978-0-331-31333-8(2)); 2016. pap. 10.57 (978-1-333-65076-6(0)) Forgotten Bks.

Mrs. Russell's Treasure el Tasaro de la Senora Russell. Bella Rose. 2022. (SPA.). 18p. (J). pap. 14.99 (978-1-6628-3935-1(9)) Salem Author Services.

Mrs. Severn, Vol. 1 Of 3: A Novel (Classic Reprint) Mary Elizabeth Carter. 2018. (ENG., Illus.). 278p. (J). 29.63 (978-0-484-55724-5(6)) Forgotten Bks.

Mrs. Severn, Vol. 2 Of 3: A Novel (Classic Reprint) Mary Elizabeth Carter. 2018. (ENG., Illus.). 294p. (J). 29.96 (978-0-483-19495-3(6)) Forgotten Bks.

Mrs. Severn, Vol. 3 Of 3: A Novel (Classic Reprint) Mary E. Carter. 2018. (ENG., Illus.). 282p. (J). 29.71 (978-0-428-36465-6(9)) Forgotten Bks.

Mrs. Skagg's Husbands: And Other Sketches (Classic Reprint) Bret Harte. 2018. (ENG., Illus.). 358p. (J). 31.28 (978-0-267-36207-3(2)) Forgotten Bks.

Mrs. Smith's Spy School for Girls. Beth McMullen. 2017. (Mrs. Smith's Spy School for Girls Ser.: 1). (ENG., Illus.). 304p. (J). (gr. 4-8). 17.99 (978-1-4814-9020-7(6), Aladdin) Simon & Schuster Children's Publishing.

Mrs. Smith's Spy School for Girls. Beth McMullen. 2018. (Mrs. Smith's Spy School for Girls Ser.: 1). (ENG., Illus.). 320p. (J). (gr. 4-8). pap. 8.99 (978-1-4814-9021-4(4), Simon & Schuster/Paula Wiseman Bks.) Simon & Schuster/Paula Wiseman Bks.

Mrs. Smith's Spy School for Girls Complete Collection (Boxed Set) Mrs. Smith's Spy School for Girls; Power Play; Double Cross. Beth McMullen. ed. 2020. (Mrs. Smith's Spy School for Girls Ser.). (ENG.). 912p. (J). (gr. 4-8). pap. 23.99 (978-1-5344-5264-0(8), Aladdin) Simon & Schuster Children's Publishing.

Mrs. Smudge. Illus. by Anna Marie Guthrie. 2018. (Around the Pond Ser.: Vol. 4). (ENG.). 38p. (J). pap. 9.99 (978-1-7329953-4-5(6)) Scott, Sue Ann.

Mrs. Solomon Smith Looking on (Classic Reprint) Pansy Pansy. 2017. (ENG., Illus.). (J). 30.56 (978-0-260-51469-1(1)) Forgotten Bks.

Mrs. Spider's Beautiful Web: Leveled Reader Green Fiction Level 13 Grade 1-2. Hmh Hmh. 2019. (Rigby PM Ser.). (ENG.). 16p. (J). (gr. 1-2). pap. 11.00 (978-0-358-12056-8(X)) Houghton Mifflin Harcourt Publishing Co.

Mrs. Spring Fragrance (Classic Reprint) Sui Sin Far. 2017. (ENG., Illus.). (J). 360p. 31.32 (978-0-332-14309-5(0)); 31.26 (978-0-265-47414-3(0)); 31.26 (978-1-5280-7252-6(9)); pap. 13.97 (978-0-243-53956-7(8)); pap. 13.97 (978-0-259-42723-0(3)) Forgotten Bks.

Mrs. Stephens' Illustrated New Monthly, Vol. 1: July to December 1856 (Classic Reprint) Stephens. 2017. (ENG., Illus.). (J). 35.86 (978-0-266-68359-9(2)); pap. 19.57 (978-1-5276-5802-8(3)) Forgotten Bks.

Mrs. Stephens' Illustrated New Monthly, Vol. 1: July to December, 1856 (Classic Reprint) Ann Sophia Stephens. (ENG., Illus.). (J). 2018. 292p. 29.92 (978-0-428-97458-9(9)); 2016. pap. 13.57 (978-1-334-14255-0(6)) Forgotten Bks.

Mrs. Stowe's Uncle Tom at Home in Kentucky (Classic Reprint) James Lane Allen. (ENG., Illus.). (J). 2018. 22p. 24.35 (978-0-483-57976-7(9)); 2017. pap. 7.97 (978-0-243-22033-5(2)) Forgotten Bks.

Mrs. Sullivan's Seance (Classic Reprint) Laura Frances Kelley. 2018. (ENG., Illus.). 26p. (J). 24.43 (978-0-484-82057-8(5)) Forgotten Bks.

Mrs. Sylvester Is a Pig. Carol E. Doxey. 2018. (ENG.). 26p. (J). pap. 12.95 (978-1-942766-55-1(6)) Vabella Publishing.

Mrs T & the Magic Pencil. Elizabeth Mary Cummings. Illus. by Johanna Roberts. 2016. (Verityville Ser.: Vol. 3). (ENG.). 32p. (J). pap. (978-1-911076-28-5(0)) Spiffing covers.

Mrs. Thompson: A Novel (Classic Reprint) W. B. Maxwell. 2018. (ENG., Illus.). 374p. (J). 31.63 (978-0-267-16056-3(9)) Forgotten Bks.

Mrs. Tippet Adventure Series: Mrs. Tippet Learns to Drive. Laura Kirby Stryker. 2016. (ENG., Illus.). (J). pap. 7.99 (978-0-692-98556-4(5)) Stryker, Laura Kirby.

Mrs. Toothbrush. Christine Warugaba. 2017. (ENG., Illus.). 26p. (J). pap. (978-99977-770-6-5(9)) FURAHA Pubs. Ltd.

Mrs. Tree (Classic Reprint) Laura Elizabeth Richards. (ENG., Illus.). (J). 2018. 296p. 29.88 (978-0-483-66687-3(X)); 2016. pap. 13.57 (978-1-333-34447-4(3)) Forgotten Bks.

Mrs. Tree's Will (Classic Reprint) Laura Elizabeth Richards. 2018. (ENG., Illus.). 328p. (J). 30.66 (978-0-364-83791-7(8)) Forgotten Bks.

Mrs. Tregaskiss a Novel of Anglo-Australian Life (Classic Reprint) Campbell-Praed. 2018. (ENG., Illus.). 422p. (J). 32.60 (978-0-483-50878-1(0)) Forgotten Bks.

Mrs. Tregaskiss, Vol. 1 Of 3: A Novel of Anglo-Australian Life (Classic Reprint) Campbell Praed. (ENG., Illus.). (J). 2018. 286p. 29.75 (978-0-332-50358-5(5)); 2017. pap. 13.57 (978-0-243-09558-2(9)) Forgotten Bks.

Mrs. Tregaskiss, Vol. 2 Of 3: A Novel of Anglo-Australian Life (Classic Reprint) Campbell Praed. (ENG., Illus.). (J). 2019. 268p. 29.42 (978-0-483-40537-0(X)); 2016. pap. 11.97 (978-1-333-42048-2(5)) Forgotten Bks.

Mrs. Tregaskiss, Vol. 3 Of 3: A Novel of Anglo-Australian Life (Classic Reprint) Campbell Praed. (ENG., Illus.). (J). 2018. 258p. 29.24 (978-0-483-29255-0(9)); 2016. pap. 11.57 (978-1-333-39358-8(X)) Forgotten Bks.

Mrs. Trimmer's Introduction to Natural History: In an Easy & Familiar Style, Adapted to the Capacities of Children (Classic Reprint) Sarah Trimmer. 2018. (ENG., Illus.). (J). 236p. 28.76 (978-1-397-18956-1(8)); 238p. pap. 11.57 (978-1-397-18933-2(9)) Forgotten Bks.

Mrs. Tubbs Does Her Bit: A Patriotic Comedy-Drama, in Three Acts (Classic Reprint) Walter Ben Hare. 2018. (ENG., Illus.). 72p. (J). 25.40 (978-0-267-44743-5(4)) Forgotten Bks.

Mrs. Tubbs of Shantytown: A Comedy-Drama in Three Acts (Classic Reprint) Walter Ben Hare. 2018. (ENG., Illus.). 78p. (J). 25.51 (978-0-484-60291-4(8)) Forgotten Bks.

Mrs. Turner's Cautionary Stories (Classic Reprint) Turner. 2018. (ENG., Illus.). 146p. (J). 26.93 (978-0-365-36136-7(4)) Forgotten Bks.

Mrs. Vanderstein's Jewels (Classic Reprint) Charles Bryce. (ENG., Illus.). (J). 2018. 364p. 31.40 (978-0-483-76751-5(4)); 2016. pap. 13.97 (978-1-333-30143-9(X)) Forgotten Bks.

1384 The check digit for ISBN-10 appears in parentheses after the full ISBN-13

TITLE INDEX MUD ROSE

Mrs. Warren's Daughter: A Story of the Woman's Movement (Classic Reprint) Sir Harry Johnston. 2018. (ENG., Illus.). 410p. (J). 32.35 *(978-0-484-26665-9(9))* Forgotten Bks.

Mrs. Warren's Profession. George Bernard Shaw. 2022. (ENG.). (J). 140p. 19.95 *(978-1-63637-791-9(2))*; 138p. pap. 9.95 *(978-1-63637-790-2(4))* Bibliotech Pr.

Mrs. Warren's Profession: A Play in Four Acts (Classic Reprint) Bernar Shaw. (ENG., Illus.). (J). 2017. 26.85 *(978-0-331-15779-6(9))*; 2016. pap. 9.57 *(978-1-334-14696-1(9))* Forgotten Bks.

Mrs. Watson's Flight of Fancy, Colouring Book. Bob Williams. 2017. (ENG., Illus.). (J). (gr. k-6). pap. 10.99 *(978-1-68160-459-6(0))* Crimson Cloak Publishing.

Mrs. Watson's Washday, Colouring Book. Bob Williams. 2017. (ENG., Illus.). (J). (gr. k-6). pap. 11.99 *(978-1-68160-346-9(2))* Crimson Cloak Publishing.

Mrs. White Rabbit. Gilles Bachelet. 2017. (ENG., Illus.). 32p. (J). 17.00 *(978-0-8028-5483-4(4)*, Eerdmans Bks For Young Readers) Eerdmans, William B. Publishing Co.

Mrs. Wiggs of the Cabbage Patch. Alice Caldwell Hegan. 2017. (ENG., Illus.). (J). pap. *(978-0-649-49666-2(3))* Trieste Publishing Pty Ltd.

Mrs. Wiggs of the Cabbage Patch (Classic Reprint) Alice Caldwell Hegan. 2017. (ENG., Illus.). (J). 27.44 *(978-0-331-88130-1(6))*; 27.46 *(978-0-266-72884-9(7))*; pap. 9.97 *(978-1-5276-8930-5(1))* Forgotten Bks.

Mrs. Willing's Busy Day (Classic Reprint) Ida Helm Beatty. 2018. (ENG., Illus.). 24p. (J). 24.41 *(978-0-428-27356-9(4))* Forgotten Bks.

Mrs. Willy Nilly: Lost & Found. Ann Adair Walker. 2020. (ENG.). 56p. (J). pap. 14.95 *(978-1-64764-871-8(8))*; pap. 6.99 *(978-1-64764-939-5(0))* Waldorf Publishing.

Mrs. Willy Nilly: Old School & Old Dogs. Ann Adair Walker. 2020. (ENG.). 56p. (J). 18.95 *(978-1-63625-714-3(3))*; pap. 6.99 *(978-1-64764-907-4(2))*; pap. 14.95 *(978-1-64764-934-0(X))* Waldorf Publishing.

Mrs. Willy Nilly: The Lice Invasion. Ann Adair Walker. 2020. (ENG.). 56p. (J). pap. 6.99 *(978-1-64764-923-4(4))*; 18.95 *(978-1-63625-713-6(5))*; pap. 14.95 *(978-1-64764-935-7(8))* Waldorf Publishing.

Mrs. Witty & the Coconut Tree. Layla Audi & Ayah Khamees. 2022. (ENG.). 44p. (J). pap. *(978-1-922918-93-2(8))* Library For All Limited.

Mrs Wordsmith 2nd Grade English Wondrous Workbook. Wordsmith. 2022. (Mrs Wordsmith Ser.). (ENG.). 192p. (J). (gr. k-2). pap. 12.99 *(978-0-7440-5461-3(3)*, DK Children) Dorling Kindersley Publishing, Inc.

Mrs Wordsmith 3rd Grade English Sensational Workbook: With 3 Months Free Access to Word Tag, Mrs Wordsmith's Vocabulary-Boosting App! Wordsmith. 2022. (Mrs Wordsmith Ser.). (ENG.). 192p. (J). (gr. 2-4). pap. 12.99 *(978-0-7440-5462-0(1)*, DK Children) Dorling Kindersley Publishing, Inc.

Mrs Wordsmith 4th Grade English Humongous Workbook: With 3 Months Free Access to Word Tag, Mrs Wordsmith's Vocabulary-Boosting App! Wordsmith. 2022. (Mrs Wordsmith Ser.). (ENG.). 192p. (J). (gr. 3-4). pap. 12.99 *(978-0-7440-5699-0(3)*, DK Children) Dorling Kindersley Publishing, Inc.

Mrs Wordsmith 5th Grade English Stupendous Workbook, With 3 Months Free Access to Word Tag, Mrs Wordsmith's Vocabulary-Boosting App! Wordsmith. 2022. (Mrs Wordsmith Ser.). (ENG.). 192p. (J). (gr. 2-5). pap. 12.99 *(978-0-7440-5700-3(0)*, DK Children) Dorling Kindersley Publishing, Inc.

Mrs Wordsmith 6th Grade English Monumental Workbook. Wordsmith. 2023. (Mrs Wordsmith Ser.). (ENG.). 192p. (J). (gr. 4-7). pap. 12.99 *(978-0-7440-5701-0(9)*, DK Children) Dorling Kindersley Publishing, Inc.

Mrs Wordsmith ABC Handwriting Workbook, Kindergarten & Grades 1-2: Storybook with Handwriting Practice. Wordsmith. 2022. (Mrs Wordsmith Ser.). (ENG.). 144p. (J). (gr. -1-3). pap. 12.99 *(978-0-7440-5151-3(7)*, DK Children) Dorling Kindersley Publishing, Inc.

Mrs Wordsmith Epic Words Vocabulary Book, Kindergarten & Grades 1-3: 1,000 Words to Improve Your Reading & Comprehension. Wordsmith. 2022. (Mrs Wordsmith Ser.). (ENG.). 256p. (J). (gr. 1-3). 19.99 *(978-0-7440-5150-6(9)*, DK Children) Dorling Kindersley Publishing, Inc.

Mrs Wordsmith First Grade English Gargantuan Workbook: Phonics, Vocabulary, Grammar, Handwriting & More! Wordsmith. 2022. (Mrs Wordsmith Ser.). (ENG.). 192p. (J). (gr. k-2). pap. 12.99 *(978-0-7440-5153-7(3)*, DK Children) Dorling Kindersley Publishing, Inc.

Mrs Wordsmith Get Reading with Phonics, Kindergarten. Wordsmith. 2022. (Mrs Wordsmith Ser.). (ENG.). 176p. (J). (gr. -1-1). pap. 14.99 *(978-0-7440-6343-1(4)*, DK Children) Dorling Kindersley Publishing, Inc.

Mrs Wordsmith How to Write a Story, Grades 3-5: Write Captivating Stories All by Yourself. Wordsmith. 2022. (Mrs Wordsmith Ser.). (ENG.). 192p. (J). (gr. 2-6). pap. 12.99 *(978-0-7440-5149-0(5)*, DK Children) Dorling Kindersley Publishing, Inc.

Mrs Wordsmith Kindergarten English Colossal Workbook: Letters & Sounds, Phonics, Vocabulary, Handwriting & More! Wordsmith. 2022. (Mrs Wordsmith Ser.). (ENG.). 192p. (J). (gr. k-1). pap. 12.99 *(978-0-7440-5152-0(5)*, DK Children) Dorling Kindersley Publishing, Inc.

Mrs Wordsmith Phonics Blah Blah Blah Card Game, Kindergarten & Grades 1-2: Accelerate Every Child's Reading. Wordsmith. 2022. (Mrs Wordsmith Ser.). (ENG.). 200p. (J). (gr. k-2). 30.00 *(978-0-7440-5147-6(9)*, DK Children) Dorling Kindersley Publishing, Inc.

Mrs Wordsmith Storyteller's Illustrated Dictionary 3rd-5th Grades: 1000+ Words to Take Your Storytelling to the Next Level. Wordsmith. 2022. (Mrs Wordsmith Ser.). (ENG.). 272p. (J). (gr. 2-6). 19.99 *(978-0-7440-5806-2(6)*, DK Children) Dorling Kindersley Publishing, Inc.

Mrs Wordsmith Storyteller's Word a Day, Grades 3-5: 180 Words to Take Your Storytelling to the Next Level. Wordsmith. 2022. (Mrs Wordsmith Ser.). (ENG.). 364p. (J). (gr. 2-6). spiral bd. 25.00 *(978-0-7440-5148-3(7)*, DK Children) Dorling Kindersley Publishing, Inc.

Mrs Wordsmith the Book of Big Feelings: Hundreds of Words to Help You Express How You Feel. Wordsmith. 2023. (Mrs Wordsmith Ser.). (ENG.). 256p. (J). (gr. -1-3). spiral bd. 24.99 *(978-0-7440-6103-1(2)*, DK Children) Dorling Kindersley Publishing, Inc.

Mrs Wordsmith Vocabularious Card Game 3rd - 5th Grades. Wordsmith. 2022. (Mrs Wordsmith Ser.). (ENG.). 354p. (J). (gr. 2-6). 30.00 *(978-0-7440-5805-5(8)*, DK Children) Dorling Kindersley Publishing, Inc.

Ms. Abrams' Everything Garden. Lisa Colodny & Samantha Colodny. Illus. by Ashley Scott. 2018. (ENG.). 58p. (J). (gr. k-6). pap. 9.99 *(978-1-970068-79-5(5))* Kingston Publishing Co.

Ms. Bixby's Last Day. John David Anderson. (ENG.). (J). (gr. 3-7). 2017. 336p. pap. 7.99 *(978-0-06-233818-1(8))*; 2016. 320p. 17.99 *(978-0-06-233817-4(X))* HarperCollins Pubs. (Walden Pond Pr.).

Ms. Blau Screams Loud. Glen S. Hoffman. 2018. (ENG., Illus.). 32p. (J). pap. 11.99 *(978-0-9996386-1-3(0))* Eastpoint Enterprises.

Ms. Carolyn: The Principal. Jacqueline C. Scott. 2019. (ENG.). 30p. (J). pap. 11.95 *(978-1-64628-442-9(9))* Page Publishing Inc.

Ms. Claus Rescues Christmas: The Year Santa Claus Was Too Sick to Deliver Presents! Marilyn Jackson. Illus. by DeWitt Studios. 2021. (ENG.). 32p. (J). *(978-1-5255-9965-1(8))*; pap. *(978-1-5255-9964-4(X))* FriesenPress.

Ms. Frogbottom's Field Trips Magical Map Collection (Boxed Set) I Want My Mummy!; Long Time, No Sea Monster; Fangs for Having Us!; Get a Hold of Your Elf! Nancy Krulik. Illus. by Harry Briggs. ed. 2022. (Ms. Frogbottom's Field Trips Ser.). (ENG.). 576p. (J). (gr. 2-5). pap. 23.99 *(978-1-5344-9653-8(X)*, Aladdin) Simon & Schuster Children's Publishing.

Ms. Gloria Steinem: A Life. Winifred Conkling. 2022. (ENG., Illus.). 320p. (YA). pap. 12.99 *(978-1-250-83304-4(3)*, 900212382) Square Fish.

Ms. Greenthumb's Garden. Carol Awe. 2018. (ENG., Illus.). 26p. (J). pap. 12.95 *(978-1-64003-175-3(8))* Covenant Bks.

Ms. Greenthumb's Garden: What Do I Do with All These Vegetables?: Book II of the Ms. Greenthumb's Garden Series. Carol Awe. 2019. (Ms. Greenthumb's Garden Ser.: Vol. 2). (ENG., Illus.). 28p. (J). pap. 12.95 *(978-1-64300-401-3(8))* Covenant Bks.

Ms. Hall Is a Goofball!, 12. Dan Gutman. ed. 2019. (My Weirdest School Ser.). (ENG.). 105p. (J). (gr. 2-3). 15.36 *(978-1-64310-847-6(6))* Penworthy Co., LLC, The.

Ms Higgs Starts School: Leveled Reader Turquoise Level 18. Rg Rg. 2016. (PM Ser.). (ENG.). 16p. (J). (gr. 2). pap. 11.00 *(978-0-544-89178-4(3))* Rigby Education.

Ms. in a Red Box (Classic Reprint) John Arthur Hamilton. 2017. (ENG., Illus.). (J). 30.99 *(978-0-331-78951-5(5))* Forgotten Bks.

Ms. Jo-Jo Is a Yo-Yo!, 7. Dan Gutman. ed. 2021. (My Weirder-Est School Ser.). (ENG., Illus.). 104p. (J). (gr. 2-3). 15.99 *(978-1-64697-884-7(6))* Penworthy Co., LLC, The.

Ms. Joni Is a Phony! Dan Gutman. Illus. by Jim Paillot. 2017. 105p. (J). *(978-1-5182-3403-3(8))* Harper & Row Ltd.

Ms. Knotty's Satchel. Judy N. Jurkowski. 2017. (ENG., Illus.). (J). 22.95 *(978-1-64028-131-8(2))* Christian Faith Publishing.

Ms. MacDonald Has a Farm. May Nakamura. ed. 2022. (Ready-To-Read Ser.). (ENG., Illus.). 32p. (J). (gr. k-1). 15.46 *(978-1-68505-159-4(6))* Penworthy Co., LLC, The.

Ms. MacDonald Has a Farm: Ready-To-Read Pre-Level 1. Adapted by May Nakamura. 2021. (Rhyme Time Town Ser.). (ENG.). 32p. (J). (gr. -1-k). 17.99 *(978-1-5344-9399-5(9))*; pap. 4.99 *(978-1-5344-9398-8(0))* Simon Spotlight. (Simon Spotlight).

Ms. Marvel: Stretched Thin. Nadia Shammas. ed. 2022. (Ms. Marvel Graphic Nvls Ser.). (ENG., Illus.). 110p. (J). (gr. 3-7). 24.96 *(978-1-68505-676-6(8))* Penworthy Co., LLC, The.

Ms. Marvel - Generations. G. Willow Wilson & Marvel Various. Illus. by Marvel Various & Nico Leon. 2022. (Excalibur Ser.: 1). 232p. (gr. 5-9). pap. 13.99 *(978-1-302-94529-9(7)*, Outreach/New Reader) Marvel Worldwide, Inc.

Ms. Marvel & the Teleporting Dog. Jim McCann. Illus. by Dario Brizuela & Chris Sotomayor. 2019. (Marvel Super Hero Adventures Graphic Novels Ser.). (ENG.). 24p. (J). (gr. 1-5). lib. bdg. 31.36 *(978-1-5321-4450-9(4)*, 33855, Marvel Age) Spotlight.

Ms. Marvel: Army of One. G. Willow Wilson. Illus. by Takeshi Miyazawa & Adrian Alphona. 2021. (Ms. Marvel Ser.: 3). 280p. (J). (gr. 5-9). pap. 12.99 *(978-1-302-92363-1(3)*, Outreach/New Reader) Marvel Worldwide, Inc.

Ms. Marvel by Saladin Ahmed Vol. 1: Destined, Vol.1 Saladin Ahmed. 2019. (Magnificent Ms. Marvel Ser.: 1). (Illus.). 136p. (gr. 8-17). pap. 17.99 *(978-1-302-91829-3(X)*, Marvel Universe) Marvel Worldwide, Inc.

Ms. Marvel Meets the Marvel Universe. Mark Waid & Marvel Various. Illus. by Marvel Various & Humberto Ramos. 2020. 248p. (J). (gr. 5-9). pap. 12.99 *(978-1-302-92362-4(5)*, Outreach/New Reader) Marvel Worldwide, Inc.

Ms. Marvel (Set), 5 vols. 2023. (Ms. Marvel Ser.). (ENG.). 24p. (J). (gr. 4-8). lib. bdg. 156.80 *(978-1-0982-5281-6(0)*, 42684, Graphic Novels) Spotlight.

Ms. Marvel: Something New. G. Willow Wilson & Marvel Various. Illus. by Marvel Various & Nico Leon. 2021. (Ms. Marvel Ser.: 1). 248p. (J). (gr. 5-9). pap. 12.99 *(978-1-302-93167-4(9)*, Outreach/New Reader) Marvel Worldwide, Inc.

Ms. Marvel: Stretched Thin (Original Graphic Novel) Nadia Shammas. Illus. by Nabi H. Ali. 2021. (ENG.). 128p. (J). (gr. 3-7). 24.99 *(978-1-338-72259-8(X))*; pap. 12.99 *(978-1-338-72258-1(1))* Scholastic, Inc. (Graphix).

Ms. Marvel's Fists of Fury. Calliope Glass. ed. 2018. (Marvel Chapter Ser.). (ENG.). 118p. (J). (gr. 1-3). 16.96 *(978-1-64310-400-3(4))* Penworthy Co., LLC, The.

Ms. Nanji's Embarrassingly Bizarre Day. Razina Nanji. 2020. (ENG.). 28p. (J). *(978-0-2288-2667-5(5))*; pap. *(978-0-2288-2666-8(7))* Tellwell Talent.

Ms Purplebubble's Class - Book 1. Chinenye Santina Ebuka-Ugwu. 2022. (ENG.). 68p. (J). *(978-1-3984-5769-0(8))*; pap. *(978-1-3984-5768-3(X))* Austin Macauley Pubs. Ltd.

Ms. Spider Builds Her Home Anywhere. Yolanda Banks & Karen Hastie. Illus. by Chad England. 2023. 24p. (J). pap. 24.00 *(978-1-6678-9692-2(X))* BookBaby.

Msichana Anayeweza. Martha Lumatete. 2022. (SWA.). 38p. (J). pap. 14.99 *(978-1-0880-2151-4(4))* Indy Pub.

Msichana Mdogo Na Simba Watatu - the Little Girl & the Three Lions - Swahili Children Book. Kiazpora. 2017. (SWA., Illus.). (J). pap. 8.99 *(978-1-946057-15-0(0))* Kiazpora LLC.

MSOP & DPAK: One Hot Day. Jeffrey C. Dunnihoo. Illus. by Simona M. Ceccarelli. (Soic & Friends Ser.: Vol. 3). (ENG.). 34p. (J). 2019. pap. 9.45 *(978-1-958367-03-2(6))*; 2018. 19.45 *(978-1-7322836-6-4(4))* Pragma Design, Inc.

Mt. Olympus Theme Park (Set), 6 vols. Elizabeth Catanese. Illus. by Benedetta Capriotti. 2021. (Mt. Olympus Theme Park Ser.). (ENG.). 48p. (J). (gr. 3-7). lib. bdg. 205.32 *(978-1-0982-3035-7(3)*, 37687, Spellbound) Magic Wagon.

Mt. Vesuvius Erupts! Pompeii, 79 CE. Nancy Dickmann. 2022. (Doomed History Ser.). (ENG.). (J). (gr. 3-7). lib. bdg. 28.50 Bearport Publishing Co., Inc.

MTH Time of the Turtle King 12-Copy Floor Display (Fall 2023) Mary Pope Osborne. 2023. (J). (gr. 1-4). 179.88 *(978-0-593-78036-7(1)*, Random Hse. Bks. for Young Readers) Random Hse. Children's Bks.

Mtoto Yesu... Masihi! Janice D. Green. Tr. by Goodluck Gabriel. Illus. by Viorica Violet V. Vandor. 2023. (Honeycomb Adventures Book Ser.). (SWA.). 32p. (J). pap. 6.99 *(978-0-9820886-5-4(5))* Honeycomb Adventures Pr., LLC.

Mu Guiying Takes Command. Illus. by Pangbudun'er. 2023. (My Favorite Peking Opera Picture Bks.). (ENG.). 60p. (J). (gr. k-2). 19.95 *(978-1-4878-1115-0(2))* Royal Collins Publishing Group Inc. CAN. Dist: Independent Pubs. Group.

Mub & Grub & Their Amazing Adventure. Samantha Morris. 2018. (ENG., Illus.). 40p. (J). pap. *(978-1-78830-069-8(6))* Olympia Publishers.

Much Ado about Baseball. Rajani LaRocca. (ENG.). 336p. (J). (gr. 3-7). 2023. pap. 9.99 *(978-1-4998-1433-0(X))*; 2021. 17.99 *(978-1-4998-1101-8(2))* Bonnier Publishing USA. (Yellow Jacket).

Much ADO about Betty: A Comedy in Three Acts (Classic Reprint) Walter Ben Hare. (ENG., Illus.). (J). 2018. 70p. 25.36 *(978-0-484-65426-5(8))*; 2016. pap. 9.57 *(978-1-333-34613-3(1))* Forgotten Bks.

Much ADO about Nothing. William Shakespeare. 2019. (ENG.). 182p. (J). (gr. 2-3). *(978-605-7861-77-1(9))* Uhrayoglu, Murat E Kitap Projesi.

Much Ado about Nothing: a Shakespeare Children's Story. Illus. by Macaw Books. abr. ed. 2019. (Sweet Cherry Easy Classics Ser.). (ENG.). 64p. (J). (gr. 3-6). 5.99 *(978-1-78226-566-5(X)*, 2eccb7fe-5c1d-48ea-9066-a1cdeca0e6cc); 8.99 *(978-1-78226-561-0(9)*, 98ab43ef-afa0-4aac-afd9-1019dfd31d03) Sweet Cherry Publishing GBR. Dist: Baker & Taylor Publisher Services (BTPS).

Much Ado about Nothing Novel Units Student Packet. Novel Units. 2019. (ENG.). (YA). pap. 13.99 *(978-1-56137-926-2(3)*, Novel Units, Inc.) Classroom Library Co.

Much Ado about Nothing Novel Units Teacher Guide. Novel Units. 2019. (ENG.). (YA). pap. 12.99 *(978-1-56137-925-5(5)*, Novel Units, Inc.) Classroom Library Co.

Much ADO about Peter (Classic Reprint) Jean Webster. 2017. (ENG., Illus.). (J). 30.58 *(978-0-260-82666-4(9))* Forgotten Bks.

Much Darker Days (Classic Reprint) A. Huge Langway. 2018. (ENG., Illus.). 120p. (J). 26.39 *(978-0-484-43416-4(0))* Forgotten Bks.

Much More Munsch! (Combined Volume) A Robert Munsch Collection. Robert Munsch. Illus. by Michael Martchenko et al. ed. 2019. (ENG.). 184p. (J). 26.99 *(978-0-439-93571-5(7))* Scholastic Canada, Ltd. CAN. Dist: Publishers Group West (PGW).

Much Sound & Little Sense (Classic Reprint) W. S. Gilbert. 2018. (ENG., Illus.). 310p. (J). 30.31 *(978-0-483-89596-6(2))* Forgotten Bks.

Much to Blame, Vol. 1 Of 3: A Tale (Classic Reprint) Unknown Author. (ENG., Illus.). (J). 2018. 958p. 43.66 *(978-1-391-60116-8(5))*; 2018. 960p. pap. 26.00 *(978-1-391-59415-6(0))*; 2018. 300p. 30.08 *(978-0-483-80838-6(5))*; 2018. 302p. 30.15 *(978-0-267-41050-7(6))*; 2016. pap. 13.57 *(978-1-334-25133-7(9))* Forgotten Bks.

Much to Blame, Vol. 3 Of 3: A Tale (Classic Reprint) Unknown Author. (ENG., Illus.). (J). 2018. 342p. 30.95 *(978-0-483-95238-6(9))*; 2016. pap. 13.57 *(978-1-333-37062-6(8))* Forgotten Bks.

Much Too Much Birthday. J. E. Morris. 2019. (Maud the Koala Ser.). (Illus.). 32p. (J). (gr. k-2). 5.99 *(978-1-5247-8445-4(1)*, Penguin Workshop) Penguin Young Readers Group.

Much Too Much Birthday. J. E. Morris. ed. 2021. (Penguin Workshop Early Readers Ser.). (ENG., Illus.). 30p. (J). (gr. k-1). 14.96 *(978-1-64697-637-9(1))* Penworthy Co., LLC, The.

Mucho Mazes! Adult Level Maze Activity Book. Kreativ Entspannen. 2016. (ENG., Illus.). (J). pap. 10.81 *(978-1-68377-080-0(3))* Whlke, Traudl.

Muchokids: Galaxia & Her Quest to Save the Universe Chapter 1: #TheBeginning (Picture Book) Clark Watts & Laura Chavez Campero. 2018. (Muchokids Picture Bks.: Vol. 1). (ENG.). 40p. (J). pap. *(978-1-912346-03-5(6))* Muchokids Ltd.

Muchokids: Galaxia & Her Quest to Save the Universe Chapter 2: #TrainingCamp: Galaxia's Quest (Picture Book) Clark Watts & Laura Chavez Campero. 2020. (Muchokids Picture Bks.: Vol. 2). (ENG.). 30p. (J). pap. *(978-1-912346-21-9(4))* Muchokids Ltd.

Muchokids: Galaxia & Her Quest to Save the Universe Chapter 3: #TheIntruder: Galaxia's Quest (Picture Book) Clark Watts & Laura Chavez Campero. 2020. (Muchokids Picture Bks.: Vol. 3). (ENG.). 36p. (J). pap. *(978-1-912346-22-6(2))* Muchokids Ltd.

Muchokids in England: #TheFreezing: Earth Adventures (Picture Book) Clark Watts & Laura Chavez Campero. 2020. (ENG.). 40p. (J). pap. *(978-1-912346-23-3(0))* Muchokids Ltd.

Muchokids in Kenya: #TheVanishing: Earth Adventures (Picture Book) Clark Watts & Laura Chavez Campero. 2020. (ENG.). 44p. (J). pap. *(978-1-912346-25-7(7))* Muchokids Ltd.

Muchos Hogares: Leveled Reader Book 38 Level B 6 Pack. Hmh Hmh. 2021. (SPA.). 16p. (J). pap. 74.40 *(978-0-358-08167-8(X))* Houghton Mifflin Harcourt Publishing Co.

Muchos Trabajos: Leveled Reader Book 24 Level J 6 Pack. Hmh Hmh. 2021. (SPA.). 16p. (J). pap. 74.40 *(978-0-358-08336-8(2))* Houghton Mifflin Harcourt Publishing Co.

Muck & Magic. Michael Morpurgo. Illus. by Olivia Lomenech Gill. 2020. (ENG.). 64p. (J). (gr. 2-5). 16.99 *(978-1-5362-1288-4(1))* Candlewick Pr.

Muckle Jock: And Other Stories of Peasant Life in the North (Classic Reprint) Malcolm M'Lennan. (ENG., Illus.). (J). 2018. 374p. 31.61 *(978-0-267-22346-6(3))*; 2017. pap. 13.97 *(978-0-259-26482-8(2))* Forgotten Bks.

Muckrakers: Ida Tarbell Takes on Big Business. Valerie Bodden. 2017. (Hidden Heroes Ser.). (ENG., Illus.). 112p. (J). (gr. 6-12). lib. bdg. 41.36 *(978-1-68078-388-9(2)*, 23541, Essential Library) ABDO Publishing Co.

Mucky, Plucky Peas: A Story Massage Book to Read Aloud Before Bedtime. Sviatlana Heimal. 2020. (ENG.). 56p. (J). pap. *(978-1-5255-5163-5(9))*; (Illus.). *(978-1-5255-5162-8(0))* FriesenPress.

Mucky Truck. Ammi-Joan Paquette. Illus. by Elisa Ferro. 2021. (ENG.). 40p. (J). 17.99 *(978-1-250-26380-3(8)*, 900221804, Holt, Henry & Co. Bks. For Young Readers) Holt, Henry & Co.

Mucosidades (Boogers & Snot) Grace Hansen. 2021. (Ciencia Básica: Las Funciones Físicas Del Cuerpo (Beginning Science: Gross Body Functions) Ser.). Tr. of Boogers & Snot. (SPA.). 24p. (J). (gr. -1-2). lib. bdg. 32.79 *(978-1-0982-6078-1(3)*, 38258, Abdo Kids) ABDO Publishing Co.

Mud! Annie Bailey. Illus. by Jen Corace. 2022. (ENG.). 32p. (J). (gr. -1-k). 16.99 *(978-1-4197-5097-7(6)*, 1716801, Abrams Appleseed) Abrams, Inc.

Mud. Emily Holland & Emily Thomas. 2018. (ENG.). 416p. (YA). (gr. 6). 15.99 *(978-1-78344-689-6(7))* Andersen Pr. GBR. Dist: Independent Pubs. Group.

Mud: & How It Helps Animals. Ruth Owen. 2021. (Tell Me More! Science Ser.). (ENG., Illus.). 24p. (J). (gr. 2-5). pap. 9.99 *(978-1-78856-145-7(7)*, 9ba75781-75b1-4c8b-84dd-338d5ee275f2); lib. bdg. 29.32 *(978-1-78856-144-0(9)*, d23e79d1-1207-4258-be4d-3ab1d32dfeea) Ruby Tuesday Books Limited GBR. Dist: Lerner Publishing Group.

Mud: Off-Road Discoveries. Rich Aguilera. 2017. (Illus.). xi, 128p. pap. *(978-0-8163-6252-3(1))* Pacific Pr. Publishing Assn.

Mud & Khaki: Sketches from Flanders & France (Classic Reprint) Vernon Bartlett. (ENG., Illus.). (J). 2018. 188p. 27.77 *(978-0-267-30773-9(X))*; 2016. pap. 10.57 *(978-1-333-34856-4(8))* Forgotten Bks.

Mud Between My Toes. Phil Mills Jr. 2019. (ENG.). 38p. (J). 16.95 *(978-1-64307-362-0(1))* Amplify Publishing Group.

Mud Boy: A Story about Bullying. Sarah Siggs. Illus. by Amy Crosby. ed. 2019. 48p. 17.95 *(978-1-78592-870-3(8)*, 697073) Kingsley, Jessica Pubs. GBR. Dist: Hachette UK Distribution.

Mud-King's Daughter: And Other Tales (Classic Reprint) Hans Christian Anderson. (ENG., Illus.). (J). 2018. 170p. 27.40 *(978-0-483-72650-5(8))*; 2016. pap. 9.97 *(978-1-334-11777-0(2))* Forgotten Bks.

Mud Larks Again (Classic Reprint) Crosbie Garstin. (ENG., Illus.). (J). 2018. 110p. 26.19 *(978-0-484-74043-2(1))*; 2016. pap. 9.57 *(978-1-334-15037-1(0))* Forgotten Bks.

Mud Larks (Classic Reprint) Crosbie Garstin. 2018. (ENG., Illus.). 212p. (J). 28.29 *(978-0-365-17465-3(3))* Forgotten Bks.

Mud Menace! Laurie S. Sutton. Illus. by Dario Brizuela. 2019. (Amazing Adventures of Batman! Ser.). (ENG.). 32p. (J). (gr. k-2). lib. bdg. 25.32 *(978-1-5158-3979-8(6)*, 139705, Stone Arch Bks.) Capstone.

Mud, Mud, Mud - Our Yarning. Lisa-May Rossington. Illus. by Nerida Groom. 2022. (ENG.). 26p. (J). pap. *(978-1-922932-90-7(6))* Library For All Limited.

Mud on the Path: (Step 2) Sound Out Books (systematic Decodable) Help Developing Readers, Including Those with Dyslexia, Learn to Read with Phonics. Pamela Brookes. 2020. (Dog on a Log Let's Go! Books: Vol. 6). (ENG., Illus.). 34p. (J). 14.99 *(978-1-64831-056-0(7)*, DOG ON A LOG Bks.) Jojoba Pr.

Mud on the Path Chapter Book: (Step 2) Sound Out Books (systematic Decodable) Help Developing Readers, Including Those with Dyslexia, Learn to Read with Phonics. Pamela Brookes. 2020. (Dog on a Log Chapter Books: Vol. 6). (ENG., Illus.). 54p. (J). 14.99 *(978-1-64831-013-3(3)*, DOG ON A LOG Bks.) Jojoba Pr.

Mud on the Van. Cecilia Minden. 2018. (Little Blossom Stories Ser.). (ENG., Illus.). 16p. (J). (gr. -1-2). pap. 11.36 *(978-1-5341-2399-1(7)*, 210586, Cherry Blossom Press) Cherry Lake Publishing.

Mud Pies & Sandcastles! Penelope Dyan. Illus. by Penelope Dyan. l.t. ed. 2022. (ENG.). 34p. (J). pap. 12.60 *(978-1-61477-572-0(9))* Bellissima Publishing, LLC.

Mud Puddle (Annikin Miniature Edition) Robert Munsch. Illus. by Dusan Petricic. 2020. (Annikin Ser.). (ENG.). 32p. (J). (gr. -1-2). 2.49 *(978-1-77321-414-6(4))* Annick Pr., Ltd. CAN. Dist: Publishers Group West (PGW).

Mud Puddle Early Reader. Robert Munsch. Illus. by Michael Martchenko. 2022. (Munsch Early Readers Ser.). 40p. (J). (gr. 1-1). 16.99 *(978-1-77321-658-4(9))*; pap. 4.99 *(978-1-77321-648-5(1))* Annick Pr., Ltd. CAN. Dist: Publishers Group West (PGW).

Mud Rose. Renee Duke. 2016. (Time Rose Ser.: Vol. 2). (ENG., Illus.). (YA). (gr. 7-12). pap. *(978-1-77299-315-8(8))* Books We Love Publishing Partners.

M

Mud, Sand, & Snow, 1 vol. Charlotte Agell. 2019. (ENG., Illus.). 24p. (J). bds. 10.95 *(978-1-944762-63-6(9)*, d78dec78-9cf2-4564-827f-b22713342f84) Islandport Pr., Inc.

Mud Stew for Two. Sara Thrall & Gloria Thrall. 2017. (ENG., Illus.). (J). pap. 9.59 *(978-0-9988339-1-0(6))* Dancing With Bear Publishing.

Mud Trouble. Teri Bergens. 2020. (ENG.). 34p. (J). pap. 14.98 *(978-1-716-77996-1(0))* Lulu Pr., Inc.

Mud Trouble (Problemas de Barro) Teri Bergens. 2020. (SPA.). 34p. (J). pap. 9.99 *(978-1-716-81700-7(5))* Lulu Pr., Inc.

Muddle & Match Fairy Tales. Hannah Campling. Illus. by Stephanie Hinton. 2018. (ENG.). 16p. (J). 8.99 *(978-1-61067-631-1(9))* Kane Miller.

Muddle & Match Farm Animals. Illus. by Stephanie Hinton. 2018. (ENG.). 16p. (J). bds. 8.99 *(978-1-61067-687-8(4))* Kane Miller.

Muddle & Match Jobs. Frankie Jones. Illus. by Stephanie Hinton. 2016. 16p. (J). bds. 8.99 *(978-1-61067-491-1(X))* Kane Miller.

Muddle & Match Sports. Frankie Jones. Illus. by Stephanie Hinton. 2016. 16p. (J). bds. 8.99 *(978-1-61067-493-5(6))* Kane Miller.

Muddle & Mo. Nikki Slade Robinson. Illus. by Nikki Slade Robinson. 2017. (ENG., Illus.). 32p. (J). (gr. -1-3). 14.99 *(978-0-544-71612-4(4)*, 1629695, Clarion Bks.) HarperCollins Pubs.

Muddle & Mo's Rainy Day. Nikki Slade Robinson. 2023. (Illus.). 32p. (J). (gr. -1-3). pap. 9.95 *(978-1-76036-153-2(4)*, a50e0b42-1806-4c89-b0d9-67c498d85007) Starfish Bay Publishing Pty Ltd. AUS. Dist: Baker & Taylor Publisher Services (BTPS).

Muddle & Mo's Rainy Day. Nikki Slade Robinson. 2019. (Illus.). 40p. (J). (gr. -1-k). 16.95 *(978-1-76036-058-0(9)*, 30bf3552-1d6d-4096-8469-caef4a884797) Starfish Bay Publishing Pty Ltd. AUS. Dist: Baker & Taylor Publisher Services (BTPS).

Muddle & Mo's Worm Surprise. Nikki Slade Robinson. 2022. (Muddle & Mo Ser.). (Illus.). 32p. (J). (gr. -1-3). pap. 9.95 *(978-1-76036-152-5(6)*, 1a76572e-cecc-493c-bbc0-e0431904169c) Starfish Bay Publishing Pty Ltd. AUS. Dist: Baker & Taylor Publisher Services (BTPS).

Muddle-Annie: A Play in One Act (Classic Reprint) Harold Chapin. 2018. (ENG., Illus.). 78p. (J). 25.55 *(978-0-428-63061-4(8))* Forgotten Bks.

Muddle School. Dave Whamond. Illus. by Dave Whamond. 2021. (ENG., Illus.). 144p. (J). (gr. 5-8). 15.99 *(978-1-5253-0486-6(0))* Kids Can Pr., Ltd. CAN. Dist: Hachette Bk. Group.

Muddle the Magic Puppy Book 1: the Magic Carpet. Hayley Daze. 2018. (Muddle the Magic Puppy Ser.: 1). (ENG., Illus.). 112p. (J). (gr. 1-4). pap. 4.99 *(978-1-78700-453-5(8))* Willow Tree Bks. GBR. Dist: Independent Pubs. Group.

Muddle the Magic Puppy Book 2: Toyshop Trouble. Hayley Daze. 2018. (Muddle the Magic Puppy Ser.: 2). (ENG.). 112p. (J). (gr. 1-4). pap. 4.99 *(978-1-78700-458-0(9))* Willow Tree Bks. GBR. Dist: Independent Pubs. Group.

Muddle the Magic Puppy Book 3: Ballet Show Mischief. Hayley Daze. 2018. (Muddle the Magic Puppy Ser.: 3). (ENG.). 112p. (J). (gr. 1-4). pap. 4.99 *(978-1-78700-616-4(6))* Willow Tree Bks. GBR. Dist: Independent Pubs. Group.

Muddle the Magic Puppy Book 4: Rainforest Hide & Seek. Hayley Daze. 2019. (Muddle the Magic Puppy Ser.). (ENG.). 112p. (J). (gr. 1-2). pap. 4.99 *(978-1-78700-979-0(3))* Willow Tree Bks. GBR. Dist: Independent Pubs. Group.

Muddled Jack & Bright, Brave, but Broken. Chip Colquhoun & Mario Coelho. Illus. by Korky Paul. 2023. (Chip Colquhoun & Korky Paul's Fables & Fairy Tales Ser.: Vol. 17). (ENG.). 66p. (J). pap. ***(978-1-915703-17-0(4))*** Snail Tales.

Muddles at the Manor. John Patience. Illus. by John Patience. 2021. (ENG.). 26p. (J). *(978-1-8384498-7-2(6))* Talewater Pr.

Muddy: The Raccoon Who Stole Dishes. Griffin Ondaatje. Illus. by Linda Wolfsgruber. 2019. (ENG.). 32p. (J). (gr. -1-2). 17.95 *(978-0-7358-4337-0(6))* North-South Bks., Inc.

Muddy: The Story of Blues Legend Muddy Waters. Michael Mahin. Illus. by Evan Turk. 2017. (ENG.). 48p. (J). (gr. -1-3). 17.99 *(978-1-4814-4349-4(6))* Simon & Schuster Children's Publishing.

Muddy Ballerinas & the Big Bowling Party. Hollee Raye Freeman. Illus. by Hayley Moore. 2022. (ENG.). 26p. (J). pap. 12.00 *(978-1-64921-312-9(3))* Southampton Publishing.

Muddy Cuddle. Hjm Dwyer. Illus. by Chris Connell. 2019. (ENG.). 22p. (J). *(978-1-78623-519-0(6))*; pap. *(978-1-78623-495-7(5))* Grosvenor Hse. Publishing Ltd.

Muddy Max: The Mystery of Marsh Creek. Elizabeth Rusch & Mike Lawrence. 2016. (ENG., Illus.). (J). (gr. 2-6). 37.99 *(978-1-4494-7388-4(1))* Andrews McMeel Publishing.

Muddy Muddy: Children of the Lord. Philip M. Hudson. 2017. (ENG., Illus.). (J). 29.95 *(978-1-943650-51-4(9)*, Philip M. Hudson) BookCrafters.

Muddy Mutt. Carol Kim. Illus. by Courtney Godbey. 2020. (Doggie Daycare Set 2 Ser.). (ENG.). 48p. (J). (gr. 1-3). pap. 6.99 *(978-1-63163-461-1(5)*, 1631634615); lib. bdg. 24.27 *(978-1-63163-460-4(7)*, 1631634607) North Star Editions. (Jolly Fish Pr.).

Muddy Puddles. Danielle Fecht. 2020. (ENG., Illus.). 30p. (J). 22.95 *(978-1-64559-380-5(0))*; pap. 12.95 *(978-1-64559-379-9(7))* Covenant Bks.

Muddy Puppy, 1. Amy Edgar. ed. 2018. (Scholastic Readers Ser.). (ENG.). 32p. (J). (gr. -1-1). 13.89 *(978-1-64310-374-7(1))* Penworthy Co., LLC, The.

Muddy the Waters. Tas Cru. 2021. (ENG.). 78p. (J). pap. 15.00 *(978-0-578-84438-1(9))* Southampton Publishing.

Mudfog Papers, etc (Classic Reprint) Charles Dickens. 2017. (ENG., Illus.). (J). 28.27 *(978-0-265-20226-5(4))* Forgotten Bks.

Mudhog That Stole Groundhog Day. Jane Kopper Hilleary. 2017. (ENG., Illus.). (J). 25.95 *(978-1-4808-4636-4(8))*; pap. 16.95 *(978-1-4808-4638-8(4))* Archway Publishing.

Mudley Explores Kuala Lumpur: An Amazing Adventure into Mudtown. Arp Raph Broadhead. 2017. (ENG., Illus.). 64p. (J). pap. 19.95 *(978-981-4721-94-3(8))* Marshall Cavendish International (Asia) Private Ltd. SGP. Dist: Independent Pubs. Group.

Mudley Explores Singapore: An Amazing Adventure into the Lion City. Arp Raph Broadhead. 2017. (ENG., Illus.). 64p. pap. 19.95 *(978-981-4721-95-0(6))* Marshall Cavendish International (Asia) Private Ltd. SGP. Dist: Independent Pubs. Group.

Mudnocchio: An Afro-Latino Coloring Book. Anubis Mud. 2023. (ENG.). 214p. (YA). pap. ***(978-1-365-66461-8(9))*** Lulu Pr., Inc.

Mudnocchio: an American Commentary. Anubis MUD. 2023. (ENG.). 126p. (YA). pap. ***(978-1-365-33805-2(3))*** Lulu Pr., Inc.

Mudpuppies to Mountains: Colleen Reece Chapbook Series Book 5. Colleen S. Reece. l.t. ed. 2019. (Colleen Reece Chapbook Ser.: Vol. 5). (ENG., Illus.). 64p. (J). (gr. k-6). pap. 9.95 *(978-1-951545-03-1(6))* Guardian Angel Publishing, Inc.

Muela Del Rey Farfan: Zarzuela Infantil, Comico-Fantastica en un Acto, Dividido en Cinco Cuadros (Classic Reprint) Serafin Alvarez Quintero. 2017. (SPA., Illus.). (J). pap. 7.97 *(978-0-282-76557-6(3))* Forgotten Bks.

Muela Del Rey Farfán: Zarzuela Infantil, Cómico-Fantástica en un Acto, Dividido en Cinco Cuadros (Classic Reprint) Serafin Alvarez Quintero. 2018. (SPA., Illus.). 50p. (J). 24.95 *(978-0-666-23933-4(9))* Forgotten Bks.

Muela Del Rey Farfán (Classic Reprint) Serafin Alvarez Quintero. 2018. (SPA., Illus.). 112p. (J). 26.21 *(978-0-666-35054-1(X))* Forgotten Bks.

Muerde el Polvo (Enmascarado de Terciopelo 2) / Make Him Hit the Mat. Diego Mejia Eguiluz. 2019. (ENMASCARADO de TERCIOPELO / the VELVET MASKED WRESTLER Ser.: 2). (SPA.). 240p. (J). (gr. 3-7). pap. 11.95 *(978-607-31-7257-8(5)*, Alfaguara) Penguin Random House Grupo Editorial ESP. Dist: Penguin Random Hse. LLC.

Muerte de Las Cuatro Reinas. Astrid Scholte. 2021. (SPA.). 426p. (YA). (gr. 9-12). pap. 23.99 *(978-84-17361-78-5(2))* Ediciones Kiwi S.L. ESP. Dist: Lectorum Pubns., Inc.

Muerte y Otras Sorpresas / Death & Other Surprises. Mario Benedetti. 2017. (SPA.). 152p. (gr. 9-9). pap. 9.95 *(978-607-31-3377-7(4)*, Debolsillo) Penguin Random House Grupo Editorial ESP. Dist: Penguin Random Hse. LLC.

Muevo Mi Cuerpo. Carmen Corriols. Illus. by Marc Mones. 2016. (Early Rising Readers Ser.). (SPA.). 16p. (J). (gr. 1-1). 6.67 *(978-1-4788-4176-0(1))* Newmark Learning LLC.

Muevo Mi Cuerpo - 6 Pack. Carmen Corriols. 2016. (Early Rising Readers Ser.). (SPA.). (J). (gr. 1). 40.00 net. *(978-1-4788-4755-7(7))* Newmark Learning LLC.

Mufaro's Beautiful Daughters: A Caldecott Honor Award Winner. John Steptoe. Illus. by John Steptoe. 2018. (ENG., Illus.). 32p. (J). (gr. -1-3). 19.99 *(978-0-688-04045-1(4)*, Amistad) HarperCollins Pubs.

Muffin & the Pot of Gold. Lucia Miller. Illus. by Sakharum Umrikar. 2022. (Muffin the Marmalade Cat Ser.). (ENG.). 54p. (J). pap. 12.50 ***(978-1-7367124-3-6(8))*** n/a.

Muffin Man: And Other Best-Ever Songs. Wendy Straw. 2022. (Wendy Straw's Nursery Rhyme Collection). (ENG.). 12p. (J). pap. 4.99 *(978-1-922418-31-9(5)*, Brolly Bks.) Borghesi & Adam Pubs. Pty Ltd AUS. Dist: Independent Pubs. Group.

Muffin-Pan Baby. Pat Small. 2017. (ENG., Illus.). (J). (gr. k-3). pap. 11.99 *(978-1-946198-04-4(8))* Paws and Claws Publishing, LLC.

Muffin Saves Christmas. Gary Si. 2016. (ENG., Illus.). (J). pap. 21.18 *(978-1-4828-8136-3(5))* Partridge Pub.

Muffin Toppin It to School. Darrell Hensel. 2022. (ENG., Illus.). 36p. (J). pap. 15.95 *(978-1-63985-537-7(8))* Fulton Bks.

Muffins. Tim Robinson. 2019. (ENG.). 272p. (J). pap. 28.95 *(978-1-64424-853-9(0))* Page Publishing Inc.

Muffin's Adventures As Told by Muffin: Muffin Goes to the Beach. Ellen Perkinson. 2020. (Muffin's Adventures Ser.). (ENG., Illus.). 34p. (J). pap. 14.95 *(978-1-64559-667-7(2))* Covenant Bks.

Muffin's New Home. Ellen Perkinson. 2019. (ENG., Illus.). 24p. (J). pap. 12.95 *(978-1-64471-215-3(6))* Covenant Bks.

Muffintops of Muffinville - the Great Cupcake Battle. Eve Newton. 2017. (ENG., Illus.). 32p. (J). pap. *(978-1-365-75810-2(9))* Lulu Pr., Inc.

Muffled. Jennifer Gennari. 2021. (ENG.). 240p. (J). (gr. 3-7). pap. 7.99 *(978-1-5344-6366-0(6))* Simon & Schuster.

Muffled. Jennifer Gennari. 2020. (ENG.). 224p. (J). (gr. 3-7). 17.99 *(978-1-5344-6365-3(8)*, Simon & Schuster Bks. For Young Readers) Simon & Schuster Bks. For Young Readers.

Muffluppitts. Sheila Ponsford. 2019. (ENG.). 24p. (J). *(978-1-5255-3923-7(X))*; pap. *(978-1-5255-3924-4(8))* FriesenPress.

Muffy & the Big Pink Ball. Mary Ann Wittman. Illus. by Dan Pasley. 2022. (Dogtales Ser.). (ENG.). 26p. (J). pap. 14.95 ***(978-0-692-01523-0(X))*** Southampton Publishing.

Muffy Goes to School. Cathy Jones. 2021. (ENG.). 38p. (J). pap. *(978-0-2288-4639-0(0))* Tellwell Talent.

Muffy Goes to School: In the Clouds. Cathy Jones. 2022. (ENG.). 40p. (J). pap. ***(978-0-2288-8177-3(3))*** Tellwell Talent.

Muffy Goes to the Park. Amabel F. McKay-Omar. Illus. by Saleam Bey. 2021. (ENG.). 40p. (J). *(978-1-5255-9179-2(7))*; pap. *(978-1-5255-9178-5(9))* FriesenPress.

Muffy Learns to Bark. Dianna Pledger. 2020. (ENG.). 30p. (J). pap. 14.95 *(978-1-64628-817-5(3))* Page Publishing Inc.

Muffy Was Fluffy. Rikki Marie DuBois. Illus. by Denis Grenier. 2019. (ENG.). 28p. (J). *(978-1-5255-5649-4(5))*; pap. *(978-1-5255-5650-0(9))* FriesenPress.

Muffy's First Day of School. Amabel McKay-Omar. Illus. by Saleam Bey. 2019. (ENG.). 48p. (J). pap. *(978-1-5255-6215-0(0))*; *(978-1-5255-6214-3(2))* FriesenPress.

Mufti (Classic Reprint) Sapper Sapper. 2017. (ENG., Illus.). (J). 30.08 *(978-1-5283-8769-9(4))* Forgotten Bks.

Mugby Junction: The Extra Christmas Number of All the Year Round; Christmas, 1866 (Classic Reprint) Charles Dickens. (ENG., Illus.). (J). 2017. 24.99 *(978-0-266-83372-7(1))*; 2016. pap. 9.57 *(978-1-334-11829-6(9))* Forgotten Bks.

Mugsy's Tracks. Jeanna Tuell. 2022. (ENG., Illus.). 34p. (J). pap. 14.95 *(978-1-63692-380-2(1))* Newman Springs Publishing, Inc.

Muhammad Ali, 1 vol. Michael Rajczak. 2020. (Heroes of Black History Ser.). (ENG.). 32p. (gr. 3-4). pap. 11.50 *(978-1-5382-5794-4(7)*, ea8fc45b-0353-443a-ad2c-faf373fe3eee) Stevens, Gareth Publishing LLLP.

Muhammad Ali. Jessica Rusick. 2021. (Checkerboard Biographies Ser.). (ENG., Illus.). 32p. (J). (gr. 3-6). lib. bdg. 32.79 *(978-1-5321-9596-9(6)*, 37406, Checkerboard Library) ABDO Publishing Co.

Muhammad Ali. Maria Isabel Sanchez Vegara. Illus. by Brosmind. 2019. (Little People, Big Dreams Ser.: Vol. 21). (ENG.). 32p. (J). (gr. -1-2). ***(978-1-78603-331-4(3))*** Frances Lincoln Childrens Bks.

Muhammad Ali. J. E. Skinner. 2018. (21st Century Skills Library: Sports Unite Us Ser.). (ENG., Illus.). 32p. (J). (gr. 3-6). lib. bdg. 32.07 *(978-1-5341-2960-3(X)*, 211884) Cherry Lake Publishing.

Muhammad Ali. Jennifer Strand. 2016. (Trailblazing Athletes Ser.). (ENG.). 24p. (J). (gr. -1-2). 49.94 *(978-1-68079-420-5(5)*, 23041, Abdo Zoom-Launch) ABDO Publishing Co.

Muhammad Ali: A Champion Is Born. Gene Barretta. Illus. by Frank Morrison. (ENG.). 40p. (J). (gr. -1-3). 2023. pap. 9.99 *(978-0-06-243017-5(3))*; 2017. 17.99 *(978-0-06-243016-8(5))* HarperCollins Pubs. (Tegen, Katherine Bks).

Muhammad Ali: A Kid's Book about Being Courageous. Mary Nhin. Illus. by Yuliia Zolotova. 2021. (ENG.). 38p. (J). 19.99 *(978-1-63731-265-0(2))* Grow Grit Pr.

Muhammad Ali: (Children's Biography Book, Kids Ages 5 to 10, Sports, Athlete, Boxing, Boys):: (Children's Biography Book, Kids Ages 5 to 10, Sports, Athlete, Boxing, Boys) Inspired Inner Genius. 2022. (ENG.). 38p. (J). pap. 13.99 *(978-1-6904-1259-5(3))* IIG Pub.

Muhammad Ali: Fighting As a Conscientious Objector, 1 vol. John Micklos & John Micklos, Jr. 2017. (Rebels with a Cause Ser.). (ENG.). 128p. (J). (gr. 8-8). 38.93 *(978-0-7660-9256-3(9)*, c883e37b-5b0e-4b95-8a73-7ee3bcf15da2); pap. 20.95 *(978-0-7660-9553-3(3)*, 0316448b-6e5d-4a61-a006-aefc5e29980b) Enslow Publishing, LLC.

Muhammad Ali: I Am the Greatest. Percy Leed. 2020. (Epic Sports Bios (Lerner (tm) Sports) Ser.). (ENG., Illus.). 32p. (J). (gr. 2-5). pap. 9.99 *(978-1-7284-1341-9(9)*, 22b9f748-d2d0-4aa7-b0b3-1000d6e32308); lib. bdg. 30.65 *(978-1-5415-9742-6(7)*, 3e6a93ed-7883-4ed3-b188-286bcefe815e) Lerner Publishing Group. (Lerner Pubns.).

Muhammad Ali: The Greatest. Matt Doeden. 2017. (Gateway Biographies Ser.). (ENG.). 48p. (J). (gr. 4-8). 12.99 *(978-1-5124-4433-9(2))*; 39.99 *(978-1-5124-4434-6(0))*; (Illus.). 31.99 *(978-1-5124-4431-5(6)*, 27b6c0da-f8b0-485e-bf6f-de2be80949a9) Lerner Publishing Group. (Lerner Pubns.).

Muhammad Ali: The Greatest. Matt Doeden. ed. 2017. (Gateway Biographies Ser.). (ENG., Illus.). 48p. (J). (gr. 4-8). E-Book 47.99 *(978-1-5124-4432-2(4)*, Lerner Pubns.) Lerner Publishing Group.

Muhammad Ali: The People's Champion. Walter Dean Myers. ed. 2016. (J). lib. bdg. 17.20 *(978-0-606-38179-6(1))* Turtleback.

Muhammad Ali (Rookie Biographies) (Library Edition) Joanne Mattern. 2017. (Rookie Biographies Ser.). (ENG., Illus.). 32p. (J). (gr. 1-2). lib. bdg. 25.00 *(978-0-531-22117-4(2)*, Children's Pr.) Scholastic Library Publishing.

Muhammad Ali: the Greatest of All Time! James Buckley, Jr. Illus. by Andy Duggan. 2020. (Show Me History! Ser.). (ENG.). 96p. (J). (gr. 3-7). 12.99 *(978-1-64517-413-4(1)*, Portable Pr.) Printers Row Publishing Group.

Muhiima's Quest. Rahma Rodaah. 2017. (ENG., Illus.). (J). pap. *(978-0-9959229-0-7(X))* LoGreco, Bruno.

Muir Magic! Sasha Emma Selvaraj. Illus. by Morgan Colonna. 2018. (ENG.). 22p. (J). (gr. 1-3). pap. 9.99 *(978-1-7335173-0-0(8))* Emma, Sasha.

Mujer de la Guarda. Sara Bertrand. 2017. (SPA.). 90p. (J). (gr. 4-6). *(978-958-8954-10-3(X))* Babel Libros COL. Dist: Lectorum Pubns., Inc.

Mujercitas. Louisa Alcott. 2019.Tr. of Little Women. (SPA.). 88p. (J). (gr. 1-7). pap. 7.95 *(978-607-453-505-1(1))* Selector, S.A. de C.V. MEX. Dist: Spanish Pubs., LLC.

Mujercitas / Little Women. Louisa May Alcott. Illus. by Maria Hesse. 2020. (Colección Alfaguara Clásicos Ser.). (SPA.). 352p. (J). (gr. 4-7). pap. 14.95 *(978-1-64473-269-4(6)*, Alfaguara) Penguin Random House Grupo Editorial ESP. Dist: Penguin Random Hse. LLC.

Mujeres de Ciencia. Rachel Ignotofsky. 2018. (ENG & SPA., Illus.). (J). (gr. 3-7). mass mkt. 19.99 *(978-607-01-3362-6(5))* Santillana USA Publishing Co., Inc.

Mujeres en el Deporte. Rachel Ignotofsky. 2019. (SPA.). 126p. (J). (gr. 5-8). pap. 20.99 *(978-607-745-858-6(9))* Lectorum Pubns., Inc.

Mujeres Que Cambiaron el Mundo. Elizabeth Anderson Lopez. rev. ed. 2019. (Social Studies: Informational Text Ser.). (SPA., Illus.). 32p. (J). (gr. 2-3). pap. 11.99 *(978-1-64290-116-0(4))* Teacher Created Materials, Inc.

Mujeres Valientes. Jill Sherman. 2020. (Mujeres Valientes Ser.).Tr. of Daring Women. (SPA.). 64p. (J). (gr. 7-12). 149.28 *(978-0-7565-6545-9(6)*, 29932, Compass Point Bks.) Capstone.

Mukesh Starts a Zoo. Bond Ruskin. 2019. (ENG.). 40p. (J). pap. 8.99 *(978-0-14-342879-4(9)*, Puffin) Penguin Bks. India PVT, Ltd IND. Dist: Independent Pubs. Group.

Mukluk Ball. Katharine Johnson. Illus. by Alicia Schwab. 2018. (ENG.). 32p. (J). 16.95 *(978-1-68134-116-3(6))* Minnesota Historical Society Pr.

Mukluks for Annabelle: Mukluks for Annabelle Is Based on the True Story of Annabelle, the Baby Elephant at the Alaska Zoo. Dianne Barske. 2021. (ENG.). 26p. (J). pap. 14.95 *(978-1-63747-023-7(1))* Publication Consultants.

Mula & the Fly: a Fun Yoga Story: A Fun Yoga Story. Lauren Hoffmeier. Illus. by Ela Smietanka. 2021. 1. (ENG.). 40p. (J). 16.99 *(978-1-78226-889-5(8)*, de74ace0-57b9-4151-ab64-84522add0517) Sweet Cherry Publishing GBR. Dist: Baker & Taylor Publisher Services (BTPS).

Mula & the Snooty Monkey: a Fun Yoga Story: A Fun Yoga Story. Lauren Hoffmeier. Illus. by Ela Smietanka. 2022. 2. (ENG.). 40p. (J). 16.99 *(978-1-78226-760-7(3)*, 6382587e-8087-4312-825c-52732599843a) Sweet Cherry Publishing GBR. Dist: Baker & Taylor Publisher Services (BTPS).

Mula & the Unsure Elephant: a Fun Yoga Story. Lauren Hoffmeier. Illus. by Ela Smietanka. 2023. (ENG.). 40p. (J). 16.99 *(978-1-78226-761-4(1)*, e9e6fc50-98a3-48f1-a54b-e36f21d3f2ec) Sweet Cherry Publishing GBR. Dist: Baker & Taylor Publisher Services (BTPS).

Mulan. Greg Ehrbar & Bob Foster. Illus. by Mario Cortes. 2020. (Disney Princesses Ser.). (ENG.). 48p. (J). (gr. 2-6). lib. bdg. 32.79 *(978-1-5321-4564-3(0)*, 35211, Graphic Novels) Spotlight.

Mulan. Carin Davis. ed. 2020. (Disney 8x8 Ser.). (ENG.). 22p. (J). (gr. k-1). 15.49 *(978-1-64697-269-2(4))* Penworthy Co., LLC, The.

Mulan. Mary Tillworth. ed. 2020. (Step into Reading Ser.). (ENG.). 22p. (J). (gr. 2-3). 14.96 *(978-1-64697-177-0(9))* Penworthy Co., LLC, The.

Mulan: The Legend of the Woman Warrior. Faye-Lynn Wu. Illus. by Joy Ang. 2019. (ENG.). 32p. (J). (gr. -1-3). 17.99 *(978-0-06-280341-2(7)*, HarperCollins) HarperCollins Pubs.

Mulan: The Story of the Legendary Warrior Told in English & Chinese. Tr. by Jian Li. 2020. (Illus.). 42p. (gr. -1-3). pap. 8.95 *(978-1-60220-463-8(2))* SCPG Publishing Corp.

Mulan - Ladybird Readers Level 4. Ladybird. 2020. (Ladybird Readers Ser.). (Illus.). 64p. (J). (gr. k-2). pap. 9.99 *(978-0-241-35824-5(8)*, Ladybird) Penguin Bks., Ltd. GBR. Dist: Independent Pubs. Group.

Mulan Activity Book - Ladybird Readers Level 4. Ladybird. 2020. (Ladybird Readers Ser.). (ENG., Illus.). 16p. (J). (gr. 3-5). pap. 5.99 *(978-0-241-35825-2(6)*, Ladybird) Penguin Bks., Ltd. GBR. Dist: Independent Pubs. Group.

Mulan Coloring Book for Children (6x9 Coloring Book / Activity Book) Sheba Blake. 2021. (ENG.). 30p. (J). pap. 9.99 *(978-1-222-29054-7(5))* Indy Pub.

Mulan Coloring Book for Children (8. 5x8. 5 Coloring Book / Activity Book) Sheba Blake. 2021. (ENG.). 30p. (J). pap. 12.99 *(978-1-222-29196-4(7))* Indy Pub.

Mulan Coloring Book for Children (8x10 Coloring Book / Activity Book) Sheba Blake. 2021. (ENG.). 30p. (J). pap. 14.99 *(978-1-222-29055-4(3))* Indy Pub.

Mulan Deluxe Step into Reading (Disney Princess) Mary Tillworth. Illus. by RH Disney. 2020. (Step into Reading Ser.). (ENG.). 24p. (J). (gr. -1-1). 5.99 *(978-0-7364-4053-0(4))*; 12.99 *(978-0-7364-8290-5(3))* Random Hse. Children's Bks. (RH/Disney).

Mulan Is Loyal: Merida Is Brave. Cherie Gosling & Disney Storybook Artists Staff. 2017. (Illus.). 24p. (J). *(978-1-5379-5745-6(7))* Random Hse., Inc.

Mulan Is Loyal / Merida Is Brave. Disney Editors. ed. 2017. (Disney Princess Step into Reading Ser.). lib. bdg. 16.00 *(978-0-606-40246-0(2))* Turtleback.

Mulan Is Loyal/Merida Is Brave (Disney Princess) RH Disney. Illus. by RH Disney. 2017. (Step into Reading Ser.). (ENG., Illus.). 48p. (J). (gr. -1-1). pap. 5.99 *(978-0-7364-3803-2(3)*, RH/Disney) Random Hse. Children's Bks.

Mulan's Big Adventure: The True Story of a Lost Kitty. Nina Neefe. 2020. (Adventures of Simon & Mulan Ser.: Vol. 1). (ENG.). 32p. (J). 17.99 *(978-1-0878-8616-9(3))* Indy Pub.

Mulan's Happy Panda. Amy Sky Koster. ed. 2020. (Step into Reading Ser.). (ENG., Illus.). 24p. (J). (gr. 2-3). 14.96 *(978-1-64697-359-0(3))* Penworthy Co., LLC, The.

Mulan's Happy Panda (Disney Princess: Palace Pets) RH Disney. Illus. by RH Disney. 2020. (Step into Reading Ser.). (ENG., Illus.). 24p. (J). (gr. -1-1). 5.99 *(978-0-7364-4112-4(3)*, RH/Disney) Random Hse. Children's Bks.

Mulan's Perfect Present / Jasmine's New Friends. Random House Disney. ed. 2018. (Disney Princess 8x8 Ser.). lib. bdg. 16.00 *(978-0-606-40950-6(5))* Turtleback.

Mulan's Perfect Present/Jasmine's New Friends (Disney Princess) RH Disney. Illus. by RH Disney. 2018. (Pictureback(R) Ser.). (ENG., Illus.). 48p. (J). (gr. -1-2). pap. 5.99 *(978-0-7364-3753-0(3)*, RH/Disney) Random Hse. Children's Bks.

Mulan's Secret Plan, 1. Tessa Roehl. ed. 2020. (Disney Before the Story Ser.). (ENG., Illus.). 126p. (J). (gr. 2-3). 16.96 *(978-1-64697-384-2(4))* Penworthy Co., LLC, The.

Mulan's Story. Judy Katschke. ed. 2020. (Disney 8x8 Ser.). (ENG.). 24p. (J). (gr. k-1). 15.96 *(978-1-64697-178-7(7))* Penworthy Co., LLC, The.

Mulan's Story (Disney Princess) Judy Katschke. Illus. by Disney Storybook Disney Storybook Art Team. 2020. (Pictureback(R) Ser.). (ENG.). 24p. (J). (gr. -1-2). 5.99 *(978-0-7364-4043-1(7)*, RH/Disney) Random Hse. Children's Bks.

Mulatto Girl Aggie, 13: Name on the Ledger. LaKesa Cox. l.t. ed. 2017. (ENG., Illus.). (YA). (gr. 7-12). pap. 16.95 *(978-1-61296-853-7(8))* Black Rose Writing.

Mulberry Chronicles: The Broken Curse. K. D. Tyler. Illus. by Danilo Cerovic. 2023. (ENG.). 124p. (J). 17.99 ***(978-1-6629-3594-7(3))***; (Mulberry Chronicles Ser.: Vol. 1). pap. 12.99 ***(978-1-6629-3319-6(3))*** Gatekeeper Pr.

Mule Called Christmas. Nyambura Mpesha. 2022. (ENG.). 26p. (J). pap. 14.99 ***(978-1-0880-4545-9(6))*** Indy Pub.

1386
The check digit for ISBN-10 appears in parentheses after the full ISBN-13

Mule in the Bedroom. Joice Christine Bailey Lewis. (ENG.). 38p. (J). 2023. pap. 11.99 *(978-1-960546-72-2(4))*; 2021. pap. 11.99 *(978-1-956696-51-6(2))* Rushmore Pr. LLC.
Mulley the Mullet: With His New Heart Praise God. Miles Phillip Lewis. 2022. (ENG.). 32p. (J). pap. 15.99 *(978-1-6628-5362-3(9))* Salem Author Services.
Mulligan Runs for Office. Lonnie Whitaker. Illus. by Kristina Z. Young. 2020. (ENG.). 30p. (J). (gr. k-4). 19.99 *(978-1-7332029-7-8(8))*; pap. 14.99 *(978-1-7332029-6-1(X))* Montier Shannon.
Multi-Theme Coloring Book with Large Pictures. Educando Kids. 2019. (ENG.). 42p. (J). pap. 6.99 *(978-1-64521-091-7(X)*, Educando Kids) Editorial Imagen.
Multicultural Fairy Tales. Cari Meister. Illus. by Teresa Ramos Chano & Colleen Madden. 2016. (Multicultural Fairy Tales Ser.). (ENG.). 32p. (J). (gr. k-2). 179.94 *(978-1-4795-9707-9(4)*, 24970, Picture Window Bks.) Capstone.
Multigenerational Families, Vol. 12. H. W. Poole. 2016. (Families Today Ser.). (Illus.). 48p. (J). (gr. 5). 20.95 *(978-1-4222-3621-5(8))* Mason Crest.
Multimedia & Graphic Designers: A Practical Career Guide. Kezia Endsley. 2020. (Practical Career Guides). (Illus.). 112p. (YA). (gr. 8-17). pap. 39.00 *(978-1-5381-3364-4(4))* Rowman & Littlefield Publishers, Inc.
Multimedia Artist & Animator. Ellen Labrecque. 2016. (21st Century Skills Library: Cool Vocational Careers Ser.). (ENG., Illus.). 32p. (J). (gr. 4-7). 32.07 *(978-1-63471-064-0(9)*, 208335) Cherry Lake Publishing.
Multiple Intelligences. Virginia Loh-Hagan. 2020. (Who Are You? Ser.). (ENG., Illus.). 32p. (J). (gr. 4-8). lib. bdg. 32.07 *(978-1-5341-6921-0(0)*, 215571, 45th Parallel Press) Cherry Lake Publishing.
Multiple Mayhem. Elise Allen & Daryle Conners. ed. 2018. (Gabby Duran Ser.: 3). (J). lib. bdg. 18.40 *(978-0-606-40963-6(7))* Turtleback.
Multiple Monkeys. David Stanley. 2019. (ENG.). 32p. (J). pap. *(978-0-244-21478-4(6))* Lulu Pr., Inc.
Multiple Monkeys at Christmas. David Stanley. 2019. (ENG.). 32p. (J). pap. *(978-0-244-81480-9(5))* Lulu Pr., Inc.
Multiple Monkeys See the World. David Stanley. 2019. (ENG.). 36p. (J). pap. *(978-0-244-21479-1(4))* Lulu Pr., Inc.
Multiple Sclerosis, 1 vol. Richard Spilsbury. 2018. (Genetic Diseases & Gene Therapies Ser.). (ENG.). 48p. (gr. 5-5). 33.47 *(978-1-5081-8283-2(3)*, b328486d-8292-4cfe-bcfd-0795f41beff0, Rosen Central) Rosen Publishing Group, Inc., The.
Multiple (Zombie) Monkeys 12 Days of Christmas. David Stanley. 2019. (ENG.). 38p. (J). pap. *(978-0-244-81482-3(1))* Lulu Pr., Inc.
Multiplication. Nat Lambert. Illus. by Barry Green. 2021. (I Can Do It! Ser.). (ENG.). 12p. (J). bds. 9.99 *(978-1-78958-880-4(4))* Top That! Publishing PLC GBR. Dist: Independent Pubs. Group.
Multiplication. Joseph Midthun. Illus. by Samuel Hiti. 2022. (ENG.). 42p. (J). pap. *(978-0-7166-4879-6(2))* World Bk.-Childcraft International.
Multiplication 0-12, 56 vols. School Zone Publishing Company Staff. rev. ed. 2019. (ENG.). 56p. (J). (gr. 3-5). 3.49 *(978-0-938256-93-9(9)*, 313a85f4-cfcd-4b68-85f9-73de9f01698f) School Zone Publishing Co.
Multiplication 4th Grade Math Essentials Children's Arithmetic Books. Professor Gusto. 2016. (ENG., Illus.). (J). pap. 10.81 *(978-1-68321-215-7(0))* Mimaxion.
Multiplication & Division: Times Tables Workbook (with Answer Key) - Multiply & Divide Digits 0-12 - KS2 (Ages 7-11) (Grades 2-4) Academic Sidekick. 2020. (ENG.). 110p. (J). pap. 5.99 *(978-1-63578-539-5(1))* Libro Studio LLC.
Multiplication & Division 3-4. Ed. by School Zone Staff. deluxe ed. 2019. (ENG.). 64p. (J). (gr. 3-4). pap. 4.49 *(978-1-58947-329-4(9)*, d6ef307c-e3e1-420f-9331-04705cfc0540) School Zone Publishing Co.
Multiplication & Division Bumper Book Ages 5-7: Ideal for Home Learning (Collins Easy Learning KS1) Collins Easy Learning. 2018. (ENG., Illus.). 64p. pap. 9.95 *(978-0-00-827547-1(5))* HarperCollins Pubs. Ltd. GBR. Dist: Independent Pubs. Group.
Multiplication & Division Bumper Book Ages 7-9: Ideal for Home Learning. Collins Easy Learning. 2017. (Collins Easy Learning KS2 Ser.). (ENG.). 64p. (J). (gr. 2-4). pap. 9.99 *(978-0-00-821242-1(2))* HarperCollins Pubs. Ltd. GBR. Dist: Independent Pubs. Group.
Multiplication & Division Math Essentials Children's Arithmetic Books. Professor Gusto. 2016. (ENG., Illus.). (J). pap. 10.81 *(978-1-68321-222-5(3))* Mimaxion.
Multiplication Discovery Workbook. Bendon, Inc. Staff. 2016. (Illus.). 32p. (J). (gr. 2-3). pap., wbk. ed. *(978-1-4530-9513-3(6))* Bendon, Inc.
Multiplication Division Workbook Math Essentials Children's Arithmetic Books. Prodigy Wizard Books. 2016. (ENG., Illus.). (J). pap. 9.25 *(978-1-68323-224-7(0))* Twin Flame Productions.
Multiplication Facts Colouring Book 1-12: The Easy Way to Learn the Times Tables. Magdalene Press. 2019. (ENG., Illus.). 52p. (J). (gr. k-5). pap. *(978-1-77335-125-4(7))* Magdalene Pr.
Multiplication Facts Made Easy 3-4. Barbara Bando Irvin. Illus. by Robin Boyer. 2018. (ENG.). 64p. (J). (gr. 3-4). pap. 4.49 *(978-1-58947-328-7(0)*, a79231ee-2ffb-4ca0-b788-fea1079eca4e) School Zone Publishing Co.
Multiplication Facts That Stick: Help Your Child Master the Multiplication Facts for Good in Just Ten Weeks. Kate Snow. Illus. by Debra Pearson. 2018. (Facts That Stick Ser.: 0). (ENG.). 426p. (J). (gr. 3-8). pap. 21.95 *(978-1-945841-17-0(6)*, 458417) Well-Trained Mind Pr.
Multiplication Flash Cards. 2021. (ENG., Illus.). 56p. (J). 3.95 *(978-1-4413-3702-3(4)*, b20bb9cf-3e86-41e8-ada2-c8ccedec476a) Peter Pauper Pr. Inc.
Multiplication Football. Rachel Roger & Joe Lineberry. Illus. by Arte Rave. 2021. (Gift of Numbers Ser.: Vol. 5). (ENG.). 42p. (J). 17.95 *(978-1-943419-09-8(4))*; pap. 12.95 *(978-1-943419-10-4(8))* Prospective Pr.
Multiplication Games for 3rd Graders Math Essentials Children's Arithmetic Books. Prodigy Wizard Books. 2016. (ENG., Illus.). (J). pap. 9.25 *(978-1-68323-231-5(3))* Twin Flame Productions.
Multiplication Grade 3 Math Essentials Children's Arithmetic Books. Prodigy Wizard Books. 2016. (ENG., Illus.). (J). pap. 9.25 *(978-1-68323-238-4(0))* Twin Flame Productions.
Multiplication Magic. Sharon Veraguth Thomas. 2020. (ENG.). 42p. (J). 23.95 *(978-1-64544-622-4(0))*; pap. 13.95 *(978-1-64544-620-0(4))* Page Publishing Inc.
Multiplication Speed Drills: 100 Daily Timed Math Speed Tests, Multiplication Facts 0-12, Reproducible Practice Problems, Double & Multi-Digit Worksheets for Grades 3-5. Scholastic Panda Education. 2021. (Practicing Math Facts Ser.). (ENG.). 112p. (J). pap. 9.98 *(978-1-953149-35-0(9))* Polymath Publishing Hse. LLC.
Multiplication Workbook Grade 2 Math Essentials Children's Arithmetic Books. Professor Gusto. 2016. (ENG., Illus.). (J). pap. 10.81 *(978-1-68321-283-6(5))* Mimaxion.
Multiplication Workbook Grade 3 Math Essentials Children's Arithmetic Books. Professor Gusto. 2016. (ENG., Illus.). (J). pap. 9.43 *(978-1-68321-292-8(4))* Mimaxion.
Multiplication Workbook Grade 4 Math Essentials Children's Arithmetic Books. Bobo's Little Brainiac Books. 2016. (ENG., Illus.). (J). pap. 7.99 *(978-1-68327-119-2(X))* Sunshine In My Soul Publishing.
Multiplication Workbook Math Essentials Children's Arithmetic Books. Prodigy Wizard Books. 2016. (ENG., Illus.). (J). pap. 9.25 *(978-1-68323-268-1(2))* Twin Flame Productions.
Multiplikingdom. Shelley Clunie. 2019. (ENG.). 36p. (J). (gr. k-5). pap. 6.99 *(978-1-950580-53-8(9))* Bookwhip.
Multiplying a Good Deed: Math Reader 3 Grade 4. Hmh Hmh. 2018. (SPA.). 8p. (J). pap. 9.00 *(978-1-328-57705-4(8))* Houghton Mifflin Harcourt Publishing Co.
Multiplying a Good Deed: Math Reader Grade 4. Hmh Hmh. 2017. (Math Expressions Ser.). (ENG.). 8p. (J). (gr. 4). pap. 3.07 *(978-1-328-77201-5(2))* Houghton Mifflin Harcourt Publishing Co.
Multiplying & Dividing Activity Book. Darran Strobbart. 2019. (Math Sticker Activity Bks.). (ENG.). (J). pap. 9.99 *(978-0-7945-4678-6(1)*, Usborne) EDC Publishing.
Multiplying & Dividing Activity Book. Penny Worms. Illus. by Kasia Dudziuk. 2021. (Arcturus Math Skills Workbooks Ser.: 3). (ENG.). 96p. (J). pap. 9.99 *(978-1-83940-605-8(4)*, afaf5acb-7a74-42b3-ba56-d93882f40717) Arcturus Publishing GBR. Dist: Baker & Taylor Publisher Services (BTPS).
Multiplying Mysteries of Mount Ten. Krista Van Dolzer. 2019. (ENG.). 272p. (J). 16.99 *(978-1-68119-770-8(7)*, 900185876, Bloomsbury Children's Bks.) Bloomsbury Publishing USA.
Multiracial Families. Barbara Sheen. 2018. (Changing Families Ser.). 64p. (J). (gr. 6-12). 39.93 *(978-1-68282-361-3(X))* ReferencePoint Pr., Inc.
Multiracial Families, Vol. 12. H. W. Poole. 2016. (Families Today Ser.). (Illus.). 48p. (J). (gr. 5). 20.95 *(978-1-4222-3622-2(6))* Mason Crest.
Multitopics (Classic Reprint) Constantine M. F. Dressel. 2018. (ENG., Illus.). 66p. (J). 25.28 *(978-0-666-11582-9(6))* Forgotten Bks.
Multitude & Solitude (Classic Reprint) Masefield. 2017. (ENG., Illus.). (J). 30.48 *(978-1-5283-8022-5(3))* Forgotten Bks.
Multitude of Dreams. Mara Rutherford. 2023. (ENG.). 384p. (YA). 19.99 *(978-1-335-45796-7(8))* Harlequin Enterprises ULC CAN. Dist: HarperCollins Pubs.
Multitude of Mazes! Kids Maze Activity Book. Bobo's Children Activity Books. 2016. (ENG., Illus.). (J). pap. 7.99 *(978-1-68327-275-5(7))* Sunshine In My Soul Publishing.
Multiverse 1: New Worlds. Jonathan Fetzner-Roell et al. 2023. (ENG.). 148p. (YA). pap. 16.99 Author Solutions, LLC.
Multiverso Del Terror: Atrapados / Trapped. the Multiverse of Terror. ITownGamePlay et al. 2023. (SPA.). 320p. (YA). (gr. 7). pap. 19.95 *(978-84-19743-13-8(5))* Penguin Random House Grupo Editorial ESP. Dist: Penguin Random Hse. LLC.
Mulvaney Stories. Rudyard Kipling. 2017. (ENG., Illus.). (J). pap. *(978-0-649-12383-4(2))* Trieste Publishing Pty Ltd.
Mulvaney Stories (Classic Reprint) Rudyard Kipling. 2017. (ENG., Illus.). (J). 29.09 *(978-0-331-58136-2(1))* Forgotten Bks.
Mulysses. Tr. by Kari Dickson. 2023. (Illus.). 156p. (J). 29.95 *(978-1-59270-276-3(7))* Enchanted Lion Bks., LLC.
Mum & Dad Are Separating: A Practical Resource for Separating Families & Family Therapy Professionals, 2 vols. Marina Tsioumanis. ed. 2017. (ENG., Illus.). 176p. (C). pap. 51.95 *(978-0-86388-669-0(8)*, Y329910) Routledge.
Mum, I Want to Pee! Sharon Milling. Illus. by Jason Lee. 2018. (ENG.). 22p. (J). pap. *(978-1-912551-14-9(4))* Conscious Dreams Publishing.
Mum, Me, & the Mulberry Tree. Tanya Rosie. Illus. by Chuck Groenink. 2022. (ENG.). 32p. (J). (gr. -1-2). 18.99 *(978-1-5362-2035-3(3))* Candlewick Pr.
Mum Said I Can Do It - Sudoku for Kids. Senor Sudoku. 2019. (ENG.). 78p. (J). pap. 10.99 *(978-1-64521-562-2(8))* Editorial Imagen.
Mumbai, Here We Come (Discover India City by City) Sonia Mehta. 2019. (Discover India Ser.). (ENG.). 64p. (J). (gr. 3-5). pap. 8.99 *(978-0-14-344523-4(5)*, Puffin) Penguin Bks. India PVT, Ltd IND. Dist: Independent Pubs. Group.
Mumblefossick: Leveled Reader Book 84 Level Q 6 Pack. Hmh Hmh. 2021. (SPA.). 32p. (J). pap. 74.40 *(978-0-358-08478-5(4))* Houghton Mifflin Harcourt Publishing Co.
Mumbo Jumbo, Stay Out of the Gumbo, 1 vol. Johnette Downing. Illus. by Jennifer Lindsley. 2017. (ENG.). 32p. (J). (gr. -1-3). 19.99 *(978-1-4556-2300-6(8)*, Pelican Publishing) Arcadia Publishing.
Mumford Never Gives Up. Michelle Zeman. Illus. by Yolanda Boag. 2021. (ENG.). 34p. (J). *(978-1-716-28359-8(0))* Lulu Pr., Inc.
Mumford the Manatee. Dee Mountcastle. Illus. by Rose Grier Evans. 2018. (ENG.). 38p. (J). 21.95 *(978-0-9992073-1-4(8))* Mountcastle, Deirdre D. PA.
Mumma, Dadda, No, Mine, More! Jane Godwin. Illus. by Jane Massey. 2021. (ENG.). 24p. (J). 17.99 *(978-1-76050-069-6(0))* Little Hare Bks. AUS. Dist: Independent Pubs. Group.
Mummer Mystic Plays: I. Cobwebs; II. Whats Gone of Menie? a Study in Vulgarity (Classic Reprint) Frederick Townshend Marryat. (ENG., Illus.). (J). 2018. 216p. 28.37 *(978-0-483-68939-8(4))*; 2016. pap. 10.97 *(978-1-334-21718-0(1))* Forgotten Bks.
Mummers in Mufti (Classic Reprint) Philip Curtiss. 2017. (ENG., Illus.). (J). 378p. 31.69 *(978-0-332-63378-7(0))*; pap. 16.57 *(978-0-259-24611-4(5))* Forgotten Bks.
Mummer's Wife (Classic Reprint) George Moore. 2018. (ENG., Illus.). 478p. (J). 33.78 *(978-0-365-16631-3(6))* Forgotten Bks.
Mummies. K. A. Hale. 2021. (Mysterious & Creepy Ser.). (ENG.). 80p. (YA). (gr. 6-12). 43.93 *(978-1-6782-0210-1(X)*, BrightPoint Pr.) ReferencePoint Pr., Inc.
Mummies. John Malam & Miles Kelly. Ed. by Richard Kelly. 2017. (Illus.). 48p. (J). pap. 9.95 *(978-1-84810-106-7(6))* Miles Kelly Publishing, Ltd. GBR. Dist: Parkwest Pubns., Inc.
Mummies. Marie Pearson. 2019. (Monster Histories Ser.). (ENG., Illus.). 32p. (J). (gr. 4-6). pap. 7.95 *(978-1-5435-7501-9(3)*, 141031); lib. bdg. 28.65 *(978-1-5435-7124-0(7)*, 140406) Capstone.
Mummies, 1 vol. Cathleen Small. 2016. (Creatures of Fantasy Ser.). (ENG., Illus.). 64p. (gr. 6-6). 35.93 *(978-1-5026-1854-2(0)*, 7dd45538-019f-4ebb-9340-bbddcb8d74f4) Cavendish Square Publishing LLC.
Mummies & Murder (XBooks:Strange) (Library Edition) Bodies in the Swamp. N. B. Grace. 2020. (Xbooks Ser.). (ENG.). 48p. (J). (gr. 3-8). lib. bdg. 29.00 *(978-0-531-23814-1(8)*, Children's Pr.) Scholastic Library Publishing.
Mummies Around the World. Emma Carlson-Berne. 2023. (Lightning Bolt Books (r) — That's Scary! Ser.). (ENG., Illus.). 24p. (J). (gr. 1-3). pap. 9.99. lib. bdg. 29.32 *(978-1-7284-9119-6(3)*, 3d16da35-0327-461c-8437-4d0943edba13) Lerner Publishing Group. (Lerner Pubns.).
Mummies at the Museum. Illus. by Wong Herbert Yee. 2018. 107p. (J). *(978-1-5490-1900-5(7))* Holt, Henry & Co.
Mummies Educational Facts Children's History Book. Bold Kids. 2022. (ENG.). 42p. (J). pap. 14.99 *(978-1-0717-1656-4(5))* FASTLANE LLC.
Mummies Exposed! Creepy & True #1. Kerrie Logan Hollihan. 2019. (Creepy & True Ser.). (ENG., Illus.). 208p. (J). (gr. 5-9). 16.99 *(978-1-4197-3167-9(X)*, 1171201) Abrams, Inc.
Mummies in the Morning, 3. Mary Pope Osborne. 2019. (Magic Tree House Ser.). (ENG.). 64p. (J). (gr. 2-3). 16.96 *(978-0-87617-692-4(9))* Penworthy Co., LLC, The.
Mummies in the Morning, 3. Jenny Laird. ed. 2022. (Magic Tree House Ser.). (ENG.). 149p. (J). (gr. 1-4). 22.46 *(978-1-68505-540-0(0))* Penworthy Co., LLC, The.
Mummies in the Morning Graphic Novel. Mary Pope Osborne. Illus. by Kelly Matthews & Nichole Matthews. 2022. (Magic Tree House (R) Ser.: 3). (ENG.). 176p. (J). (gr. 1-4). 16.99 *(978-0-593-17476-0(3))*; pap. 9.99 *(978-0-593-17479-1(8))*; lib. bdg. 19.99 *(978-0-593-17477-7(1))* Random Hse. Children's Bks. (Random Hse. Bks. for Young Readers).
Mummies Multiply!, 1 vol. Therese M. Shea. 2018. (Monsters Do Math! Ser.). (ENG.). 24p. (gr. 2-3). 24.27 *(978-1-5382-2934-7(X)*, 1b210d55-b27e-4597-9420-d073a046fd31) Stevens, Gareth Publishing LLLP.
Mummies, Myths, & Mysteries. Dan Gutman. ed. 2019. (My Weird School Fast Facts Ser.). (ENG.). 185p. (J). (gr. 2-3). 16.49 *(978-0-87617-477-7(2))* Penworthy Co., LLC, The.
Mummies of Ancient Egypt. Brianna Hall. rev. ed. 2022. (Ancient Egyptian Civilization Ser.). (ENG.). 32p. (J). pap. 8.99 *(978-1-6690-5117-6(X)*, 255304, Capstone Pr.) Capstone.
Mummin Pieni Kaarnalaiva. Kaarina Brooks. 2021. (FIN.). 26p. (J). pap. 9.95 *(978-1-988763-29-3(0))* Villa Wisteria Pubns.
Mummy. Kenny Abdo. 2018. (Hollywood Monsters Ser.). (ENG.). 24p. (J). (gr. 2-8). lib. bdg. 31.36 *(978-1-5321-2320-7(5)*, 28407, Abdo Zoom-Fly) ABDO Publishing Co.
Mummy Days. Sue deGennaro. 2020. (Different Days Ser.). (ENG., Illus.). 24p. (J). 17.99 *(978-1-76050-534-9(X))* Little Hare Bks. AUS. Dist: Independent Pubs. Group.
Mummy Dearest-A Pharaonic Adventure. Barbara Russell. 2019. (ENG.). 246p. (YA). (gr. 7-12). pap. 18.95 *(978-1-68433-169-7(2))* Black Rose Writing.
Mummy Dogs & Other Horrifying Snacks. Ali Vega. 2017. (Little Kitchen of Horrors Ser.). (ENG., Illus.). 32p. (J). (gr. 2-5). lib. bdg. 26.65 *(978-1-5124-2575-8(3)*, 6c913299-0ca7-4a8a-b1c1-9f288a474160); E-Book 39.99 *(978-1-5124-3770-6(0)*, 9781512437706); E-Book 6.99 *(978-1-5124-3771-3(9)*, 9781512437713); E-Book 39.99 *(978-1-5124-2806-3(X))* Lerner Publishing Group. (Lerner Pubns.).
Mummy Family Find Fame. Martin Chatterton. Illus. by Tony Bradman. 2nd ed. 2016. (Reading Ladder Level 3 Ser.). (ENG.). 48p. (J). (gr. k-2). pap. 4.99 *(978-1-4052-8241-3(X)*, Reading Ladder) Farshore GBR. Dist: HarperCollins Pubs.
Mummy Has Lost Her Voice. Rimmington Josh. 2018. (ENG., Illus.). 28p. (J). (gr. k-4). pap. *(978-0-646-98762-0(3))* JR Marketing Group.
Mummy I Love Your Hair. Rebecca Morgan. 2017. (ENG., Illus.). (J). pap. *(978-0-9929919-7-5(8))* Conscious Dreams Publishing.
Mummy Looks Different Today: What's Wrong with Mummy? Michelle Marie. 2022. (ENG.). 28p. (J). pap. *(978-1-80227-405-9(7))* Publishing Push Ltd.
Mummy Makers of Egypt. Tamara Bower. 2016. (Illus.). 40p. (J). (gr. 2-5). 18.95 *(978-1-60980-600-2(X)*, Triangle Square) Seven Stories Pr.
Mummy Sometimes Goes Funny! Gina Strudwick. Illus. by Gina Strudwick. 2019. (ENG., Illus.). 28p. (J). (gr. 5-6). pap. *(978-1-912358-03-8(4))* Stellium Ltd.
Mummy Stays in Egypt! History Stories for Children Children's Ancient History. Baby Professor. 2017. (ENG., Illus.). (J). pap. 8.79 *(978-1-5419-1154-3(7)*, Baby Professor (Education Kids)) Speedy Publishing LLC.
Mummy Tombs. Joyce Markovics. 2017. (Tiptoe into Scary Places Ser.). (ENG., Illus.). 24p. (J). (gr. k-3). lib. bdg. 26.99 *(978-1-68402-271-7(1))* Bearport Publishing Co., Inc.
Mummy, Vol. 1 Of 3: A Tale of the Twenty-Second Century (Classic Reprint) Loudon. 2017. (ENG., Illus.). (J). 30.33 *(978-0-265-30917-9(4))* Forgotten Bks.
Mummy!, Vol. 2 Of 3: A Tale of the Twenty-Second Century (Classic Reprint) Jane Loudon. 2017. (ENG., Illus.). (J). 31.24 *(978-0-331-57894-2(8))* Forgotten Bks.
Mummy Wears Blue Shoes. Scott Furlong. 2020. (ENG.). 54p. (J). pap. *(978-1-913340-70-4(8))* Clink Street Publishing.
Mummy... What Is Black Lives Matter? Jade Calder. 2020. (ENG.). 48p. (J). pap. *(978-1-8380927-4-0(9))* Calder, Jade.
Mummy, What's in Your Tummy? Bernardita Romero. Illus. by Bernardita Romero. 2020. (ENG., Illus.). 20p. (J). (gr. -1-k). bds. 8.99 *(978-1-78285-976-5(4))* Barefoot Bks., Inc.
Mummy's Big Tummy. Jane Callow. 2022. (ENG.). 20p. (J). pap. *(978-1-913568-77-1(6))* Clink Street Publishing.
Mummy's Curse. Holly Webb. Illus. by Sarah Lodge. 2021. (Museum Kittens Ser.: 2). (ENG.). 160p. (J). (gr. 1-4). pap. 6.99 *(978-1-68010-486-8(1))* Tiger Tales.
Mummy's Milk Is Made of Love. Jen Gabler. 2016. (ENG., Illus.). (J). pap. 9.99 *(978-1-943992-07-2(X))* Jacera Publishing.
Mummy's Tummy. Linzi Bowden. 2022. (ENG.). 22p. (J). pap. *(978-1-3984-4550-5(9))* Austin Macauley Pubs. Ltd.
Muna & the Seed. Muna Hamadah. 2022. (ARA.). 26p. (J). pap. *(978-1-80227-554-4(1))* Publishing Push Ltd.
Munch. Anthony Day. 2016. (ENG., Illus.). 79p. (J). pap. *(978-0-9955556-2-4(1))* Columbine Pictures Pr.
Munch. Joey Hands. 2017. (ENG., Illus.). (J). pap. *(978-1-4602-7653-2(1))* FriesenPress.
Munch! Illus. by Make Believe Ideas. 2021. (ENG.). 10p. (J). (— 1). bds. 10.99 *(978-1-80058-308-5(7))* Make Believe Ideas GBR. Dist: Scholastic, Inc.
Munch Crunch Lunch. Q. E. B. QEB Publishing. 2022. (Reading Gems Phonics Ser.). (ENG., Illus.). 32p. (J). (gr. -1-2). pap. 9.99 *(978-0-7112-7310-8(3)*, f6ec3140-a178-4c7c-a7f1-467db52802eb); lib. bdg. 27.99 *(978-0-7112-7156-2(9)*, 622caccd-599e-4686-baea-c3e0995c49d7) QEB Publishing Inc.
Munch Your Lunch! Illus. by Jason Fruchter. 2018. (Daniel Tiger's Neighborhood Ser.). (ENG.). 16p. (J). (gr. -1-2). pap. 5.99 *(978-1-5344-1778-6(8)*, Simon Spotlight) Simon Spotlight.
Munch Your Lunch! Becky Friedman. ed. 2018. (Daniel Tiger's Neighborhood 8X8 Ser.). (Illus.). (J). lib. bdg. 16.00 *(978-0-606-41413-5(4))* Turtleback.
Munchausen XX: Being Wondrous but Veracious Happenings Which Befell My Ancestors, Here Translated & for the First Time Printed from Manuscripts Found Most Miraculously by Myself (Classic Reprint) W. G. Worfel. 2017. (ENG., Illus.). (J). 28.19 *(978-0-265-20317-0(1))* Forgotten Bks.
Munching & Crunching the ABCs. Nell K. Duke et al. 2018. (J). pap. *(978-0-87659-821-4(1))* Gryphon Hse., Inc.
Munching on Churros in Mexico - Geography Literacy for Kids Children's Mexico Books. Baby Professor. 2017. (ENG., Illus.). 64p. (J). pap. 9.52 *(978-1-5419-1593-0(3)*, Baby Professor (Education Kids)) Speedy Publishing LLC.
Munching on the Sun. Mark Paul Oleksiw. 2018. (ENG., Illus.). 296p. (YA). (gr. 7-12). pap. *(978-1-7751111-2-2(1))* Oleksiw, Mark Paul.
Munching the Hay: Cows at Play Coloring Book. Activibooks For Kids. 2016. (ENG., Illus.). (J). pap. 9.20 *(978-1-68321-809-8(4))* Mimaxion.
Munchkin Tales: Book One: Our Lost Heritage. Dennis Griffith. 2019. (Munchkin Tales Ser.: Vol. 1). (ENG.). 312p. (YA). (gr. 7-12). pap. 10.99 *(978-1-7337270-0-6(0))* DGriffith Publishing.
Munchy Munchy Cookbook for Kids: Essential Skills & Recipes Every Young Chef Should Know. Pierre Lamielle. 2019. (ENG., Illus.). 170p. (J). (gr. 3-8). 19.99 *(978-1-64170-156-3(0)*, 550156) Familius LLC.
Mundane Ghost. Jeffrey Schweitzer. Illus. by Jeffrey Schweitzer. 2016. (ENG., Illus.). (J). (gr. 4-6). 30.00 *(978-0-692-77061-0(5))* Bindlestick Bks.
Mundial. Jennifer Degenhardt. 2022. (SPA.). 94p. (J). pap. 9.00 *(978-1-956594-18-8(3))* Puentes.
Mundo de Ela. Laura Caputo-Wickham. Illus. by Davide Corradino. l.t. ed. 2022. (SPA.). 28p. (J). pap. 7.99 *(978-1-938712-22-7(6))* Long Bridge Publishing.
Mundo de Eshe. Nancy Hahn. 2017. (SPA., Illus.). (J). pap. 14.99 *(978-1-61813-272-7(5))* eBooks2go Inc.
Mundo de Fabula. Ed. by Maan. 2016. (ENG & SPA., Illus.). (J). pap. *(978-607-720-008-6(5))* Tomorrow's Guides, Ltd.
Mundo de la Serpiente de Cascabel (a Rattlesnake's World) Katie Gillespie. 2021. (SPA.). 24p. (J). lib. bdg. 28.55 *(978-1-7911-3547-8(1))* Weigl Pubs., Inc.
Mundo de Los Demonios: Los Ladrones de Humo 2. Sally Green. 2020. (SPA.). 476p. (YA). (gr. 7). pap. 18.95 *(978-607-557-056-3(X))* Editorial Oceano de Mexico MEX. Dist: Independent Pubs. Group.
Mundo de Mitos. Fiona Macdonald et al. 2019. (Mundo de Mitos Ser.). (SPA.). 48p. (J). (gr. 5-8). 176.60 *(978-1-4109-9128-7(8)*, 29718, Raintree) Capstone.
Mundo Del Camaleón. Eric Doty. 2018. (Eyediscover Ser.). (SPA.). 24p. (J). lib. bdg. 31.41 *(978-1-4896-8187-4(6))* Weigl Pubs., Inc.
Mundo Del Canguro (a Kangaroo's World) Katie Gillespie. 2021. (SPA.). 24p. (J). lib. bdg. 28.55 *(978-1-7911-3543-0(9))* Weigl Pubs., Inc.
Mundo Del Flamenco. John Willis. 2018. (Eyediscover Ser.). (SPA.). 24p. (J). lib. bdg. 31.41 *(978-1-4896-8189-8(2))* Weigl Pubs., Inc.

M

Mundo Del Gorila (a Gorilla's World) Katie Gillespie. 2021. (SPA.). 24p. (J). lib. bdg. 28.55 (978-1-7911-3541-6(2)) Weigl Pubs., Inc.
Mundo Del Guepardo (a Cheetah's World) Katie Gillespie. 2021. (SPA.). 24p. (J). lib. bdg. 28.55 (978-1-7911-3539-3(0)) Weigl Pubs., Inc.
Mundo Del León. Karen Durrie. 2018. (Eyediscover Ser.). (SPA.). 24p. (J). lib. bdg. 31.41 (978-1-4896-8191-1(4)) Weigl Pubs., Inc.
Mundo Del Mañana. Susan Ee. 2021. (Ángeles Caídos Ser.: Vol. 2). (SPA.). 364p. (YA). pap. 13.99 (978-1-63820-001-7(7)) Dream, Feral LLC.
Mundo Del Manatí. Samantha Nugent. 2018. (Eyediscover Ser.). (SPA.). 24p. (J). lib. bdg. 31.41 (978-1-4896-8193-5(0)) Weigl Pubs., Inc.
Mundo Del Reno. John Willis. 2018. (Eyediscover Ser.). (SPA.). 24p. (J). lib. bdg. 31.41 (978-1-4896-8195-9(7)) Weigl Pubs., Inc.
Mundo Entre Actores. Daniel Pita Sanchez. 2022. (SPA.). 255p. (J). pap. (978-1-4583-7726-5(1)) Lulu Pr., Inc.
Mundo Era Nuestro. Jacqueline Woodson. Tr. by Yanitzia Canetti from ENG. Illus. by Leo Espinosa. 2022. Orig. Title: The World Belonged to Us. (SPA.). 32p. (J). (gr. k-3). 18.99 (978-0-593-53019-1(5), Nancy Paulsen Books) Penguin Young Readers Group.
Mundo Feliz. Huxley Aldous. 2020. (SPA.). 88p. (J). (gr. 4-7). pap. 8.95 (978-607-453-678-2(3)) Selector, S.A. de C.V. MEX. Dist: Spanish Pubs., LLC.
Mundo Humano. A. J. Wood & Mike Jolley. 2019. (Libro Océano De... Ser.). (SPA.). 112p. (YA). (gr. 4-7). 26.00 (978-607-527-717-2(X)) Editorial Oceano de Mexico MEX. Dist: Independent Pubs. Group.
Mundo Maravilloso de Dios. Jennifer Sue Hilton & Kristen McCurry. Illus. by Natasha Rimmington. 2016. (SPA.). (J). (978-1-5064-2094-3(X)) 1517 Media.
Mundo Natural. Amanda Wood & Mike Jolley. 2017. (Libro Océano De... Ser.). (SPA.). 112p. (YA). (gr. 4-7). 19.95 (978-607-527-147-7(3)) Editorial Oceano de Mexico MEX. Dist: Independent Pubs. Group.
Mundo Real Level 1 Complete Print Package Media Edition Texas Spanish Edition. Celia Meana. 2016. (SPA.). (J). (978-1-316-64530-7(4)) Cambridge Univ. Pr.
Mundo Real Level 1 Print Package for Heritage Learners Media Edition Texas Spanish Edition. Celia Meana & Eduardo Aparicio. 2016. (SPA.). (J). (978-1-316-64579-6(7)) Cambridge Univ. Pr.
Mundo Real Level 1 Print Package Media Edition Texas Spanish Edition. Celia Meana & Eduardo Aparicio. 2016. (SPA.). (J). (978-1-316-64576-5(2)) Cambridge Univ. Pr.
Mundo Real Level 2 Complete Print Package Media Edition Texas Spanish Edition. Celia Meana & Eduardo Aparicio. 2016. (SPA.). (J). (978-1-316-64571-0(1)) Cambridge Univ. Pr.
Mundo Real Level 2 Print Package for Heritage Learners Media Edition Texas Spanish Edition. Celia Meana & Eduardo Aparicio. 2016. (SPA.). (J). (978-1-316-64580-2(0)) Cambridge Univ. Pr.
Mundo Real Level 2 Print Package Media Edition Texas Spanish Edition. Celia Meana & Eduardo Aparicio. 2016. (SPA.). (J). (978-1-316-64577-2(0)) Cambridge Univ. Pr.
Mundo Real Level 3 Complete Print Package Media Edition Texas Spanish Edition. Celia Meana & Eduardo Aparicio. 2016. (SPA.). (J). (978-1-316-64572-7(X)) Cambridge Univ. Pr.
Mundo Real Level 3 Print Package for Heritage Learners Media Edition Texas Spanish Edition. Celia Meana & Eduardo Aparicio. 2016. (SPA.). (J). (978-1-316-64581-9(9)) Cambridge Univ. Pr.
Mundo Real Level 3 Print Package Media Edition Texas Spanish Edition. Celia Meana & Eduardo Aparicio. 2016. (SPA.). (J). (978-1-316-64578-9(9)) Cambridge Univ. Pr.
Mundo Real Level 4 Complete Print Package Media Edition Texas Spanish Edition. Celia Meana & Eduardo Aparicio. 2016. (SPA.). (J). (978-1-316-64574-1(6)) Cambridge Univ. Pr.
Mundo Secreto de Los Códigos: Leveled Reader Book 73 Level V 6 Pack. Hmh Hmh. 2021. (SPA.). 32p. (J). pap. 74.40 (978-0-358-08637-6(X)) Houghton Mifflin Harcourt Publishing Co.
Muñeca de Kokoschka. Afonso Cruz. 2018. (SPA.). 248p. (YA). pap. 21.99 (978-958-30-5647-5(2)) Panamericana Editorial COL. Dist: Lectorum Pubns., Inc.
Muñeca de Lucas. Luis Amavisca & Alicia Acosta. Illus. by Amelie Graux. 2021. (Egalité Ser.). (SPA.). 40p. (J). 16.99 (978-84-18133-39-8(2)) NubeOcho Ediciones ESP. Dist: Consortium Bk. Sales & Distribution.
Muneca de Trapo de Oz. L. Frank Baum. 2018. (ENG & SPA.). 351p. (J). pap. (978-607-415-817-5(7)) Grupo Editorial Tomo, S.A. de C.V.
Muneco de Nieve. Mary Lindeen. Illus. by Elisa Rocchi. 2016. (Early Rising Readers Ser.). (SPA.). 16p. (J). (gr. 1-1). 6.67 (978-1-4788-3746-6(2)) Newmark Learning LLC.
Muñeco de Nieve - 6 Pack. Mary Lindeen. 2016. (Early Rising Readers Ser.). (SPA.). (J). (gr. 1). 40.00 net. (978-1-4788-4689-5(5)) Newmark Learning LLC.
Mungo, the Little Traveller: A Work Compiled for the Instruction & Amusement of Youth (Classic Reprint) Mary Mister. 2018. (ENG., Illus.). 118p. (J). 26.33 (978-0-267-39283-4(4)) Forgotten Bks.
Mungojerrie & Rumpelteazer. T. S. Eliot. Illus. by Arthur Robins. 2018. (Old Possum Picture Bks.). (ENG.). 32p. (J). pap. 9.95 (978-0-571-32486-6(X), Faber & Faber Children's Bks.) Faber & Faber, Inc.
Mungo's Picture Book of Poems for Children. William Paul Marlette. 2018. (ENG., Illus.). 32p. (J). pap. (978-1-387-65015-6(7)) Lulu Pr., Inc.
Munmun. Jesse Andrews. 2018. (ENG.). 416p. (YA). (gr. 9-17). 18.99 (978-1-4197-2871-6(7), 1140101, Amulet Bks.) Abrams, Inc.
Munni Monster. Madhurima Vidyarthi. Illus. by Tanvi Bhat. 2023. (ENG.). 104p. (J). (gr. 3). pap. 9.99 (978-0-14-345991-0(0)) Penguin Bks. India PVT, Ltd IND. Dist: Independent Pubs. Group.
Munro vs. the Coyote. Darren Groth. (ENG.). 288p. (YA). (gr. 8-12). 2021. pap. 14.95 (978-1-4598-2385-3(0)); 2017. 19.95 (978-1-4598-1409-7(6)) Orca Bk. Pubs. USA.
Munsch More! (Combined Volume) A Robert Munsch Collection. Robert Munsch. Illus. by Michael Martchenko et al. ed. 2022. (ENG.). 184p. (J). (gr. -1-3). 24.99 (978-1-4431-9660-4(6)) Scholastic Canada, Ltd. CAN. Dist: Publishers Group West (PGW).
Munsey's Magazine, Vol. 14: October, 1895, to March, 1896 (Classic Reprint) Unknown Author. 2017. (ENG., Illus.). (J). 39.70 (978-0-265-72777-5(4)); pap. 23.57 (978-1-5276-8786-8(4)) Forgotten Bks.
Munsey's Magazine, Vol. 15: April to September, 1896 (Classic Reprint) Frank A. Munsey. (ENG., Illus.). (J). 2017. 40.56 (978-0-331-62347-5(1)); 2016. pap. 23.57 (978-1-333-26196-2(9)) Forgotten Bks.
Munsey's Magazine, Vol. 16: October, 1896, to March, 1897 (Classic Reprint) Unknown Author. (ENG., Illus.). (J). 2018. 760p. 39.59 (978-0-483-68179-8(2)); 2017. pap. 23.57 (978-0-243-32903-8(2)) Forgotten Bks.
Munsey's Magazine, Vol. 19: April to September, 1898 (Classic Reprint) Unknown Author. (ENG., Illus.). (J). 2018. 964p. 43.78 (978-0-428-94350-9(0)); 2017. pap. 26.12 (978-1-334-91860-5(0)) Forgotten Bks.
Munsey's Magazine, Vol. 28: October, 1902, to March, 1903 (Classic Reprint) Unknown Author. (ENG., Illus.). (J). 2018. 934p. 43.16 (978-0-428-90490-6(4)); 2017. pap. 25.50 (978-0-259-26371-5(0)) Forgotten Bks.
Munsey's Magazine, Vol. 31: April to September, 1904 (Classic Reprint) Unknown Author. (ENG., Illus.). (J). 2018. 962p. 43.74 (978-0-364-02349-5(X)); 2017. pap. 26.08 (978-0-243-52025-1(5)) Forgotten Bks.
Munsey's Magazine, Vol. 7: April to September, 1892 (Classic Reprint) Unknown Author. (ENG., Illus.). (J). 2018. 774p. 39.86 (978-0-332-05288-5(5)); 2017. pap. 23.57 (978-0-243-93990-9(6)) Forgotten Bks.
Munsey's Magazine, Vol. 9: April to September, 1893 (Classic Reprint) Unknown Author. (ENG., Illus.). (J). 2018. 710p. 38.56 (978-0-483-67060-0(X)); 2017. pap. 20.97 (978-0-243-32382-1(4)) Forgotten Bks.
Munson Music Christmas Songbook. Munson Summer. 2022. (ENG.). 129p. pap. (978-1-387-55803-2(X)) Lulu Pr., Inc.
Munster Cottage Boy, Vol. 1 Of 4: A Tale in Four Volumes (Classic Reprint) Regina Maria Roche. 2018. (ENG., Illus.). 290p. (J). 29.88 (978-0-483-62183-1(8)) Forgotten Bks.
Munster Cottage Boy, Vol. 2 Of 4: A Tale (Classic Reprint) Regina Maria Roche. 2018. (ENG., Illus.). 334p. (J). 30.79 (978-0-484-09692-8(3)) Forgotten Bks.
Munster Cottage Boy, Vol. 3 Of 4: A Tale (Classic Reprint) Regina Maria Roche. 2018. (ENG., Illus.). 310p. (J). 30.29 (978-0-483-33951-4(2)) Forgotten Bks.
Munster Cottage Boy, Vol. 4 Of 4: A Tale (Classic Reprint) Regina Maria Roche. (ENG., Illus.). (J). 2018. 288p. 29.84 (978-0-484-41367-1(8)); 2016. pap. 13.57 (978-1-333-33105-4(3)) Forgotten Bks.
Munster Twilight (Classic Reprint) Daniel Corkery. 2017. (ENG., Illus.). (J). 27.16 (978-0-266-44101-4(7)) Forgotten Bks.
Muodot: Visuaalinen Esittely Geometrisia Muotoja. Iät Ja Ajat 4-7. David E. McAdams. 2023. (FIN.). 38p. (J). pap. 19.95 (978-1-63270-440-5(4)) Life is a Story Problem LLC.
Muolo, the Monkey, or the Missing Link: A Farce, in One Act (Classic Reprint) Chas E. Helm. (ENG., Illus.). (J). 2018. 22p. 24.35 (978-0-484-10433-3(0)); 2016. pap. 7.97 (978-1-334-11805-0(1)) Forgotten Bks.
Mup & the Bad Wish: A Graphic Novel. Raea Gragg. 2020. (Mup Ser.: Vol. 1). (ENG.). 66p. (J). pap. 7.99 (978-0-9916269-7-7(4)) Raea Gragg Bks.
Mup & the Black Dread: A Graphic Novel. Raea Gragg. 2020. (Mup Ser.: Vol. 3). (ENG.). 56p. (J). pap. 7.99 (978-1-7360124-0-6(1)) Raea Gragg Bks.
Mup & the Hearts of Courage: A Graphic Novel. Raea Gragg. 2020. (Mup Ser.: Vol. 4). (ENG.). 70p. (J). pap. 7.99 (978-1-7360124-2-0(8)) Raea Gragg Bks.
Mup & the Mystery Beast: A Graphic Novel. Raea Gragg. 2020. (Mup Ser.: Vol. 2). (ENG.). 70p. (J). pap. 7.99 (978-0-9916269-8-4(2)) Raea Gragg Bks.
Mup & the Twisted Oak: A Graphic Novel. Raea Gragg. 2020. (ENG.). 46p. (J). pap. 7.99 (978-1-7360124-4-4(4)) Raea Gragg Bks.
Murad the Unlucky, & Other Tales (Classic Reprint) Maria Edgeworth. 2017. (ENG., Illus.). (J). pap. 10.97 (978-0-259-02562-7(3)) Forgotten Bks.
Murad the Unlucky, & Other Tales (Classic Reprint) Maria Edgeworth. 2018. (ENG., Illus.). 218p. (J). 28.41 (978-0-483-64158-7(8)) Forgotten Bks.
Murat. Alexandre Dumas. 2019. (ENG.). 78p. (J). (978-605-7748-75-1(1)) Unrayoglu, Murat E Kitap Projesi.
Murciélago. Wendy Strobel Dieker. 2017. (Spot Backyard Animals Ser.). (SPA & ENG., Illus.). 16p. (J). (gr. k-3). 17.95 (978-1-68151-270-9(X)) Amicus Learning.
Murcielago. Melissa Gish. 2023. (SPA.). 48p. (J). (gr. 5-7). pap. 13.99 (978-1-68277-296-6(9), Creative Paperbacks) Creative Co., The.
Murciélago. Colección Animalejos. Elise Gravel. Illus. by Elise Gravel. 2022. (SPA., Illus.). 36p. (J). 11.99 (978-84-18599-36-1(7)) NubeOcho Ediciones ESP. Dist: Consortium Bk. Sales & Distribution.
Murciélagos: Aprendiendo a Volar. Falynn Koch. 2020. (Cómics de Ciencia Ser.). (SPA.). 128p. (J). (gr. 2-4). pap. 12.50 (978-607-557-024-2(1)) Editorial Oceano de Mexico MEX. Dist: Independent Pubs. Group.
Murciélagos y Aves (Big Book) Lucía M. Sánchez & Jayson Fleischer. 2017. (1V Big Bks.). (SPA.). 20p. (J). pap. 9.60 (978-1-64053-197-0(1), ARC Pr. Bks.) American Reading Co.
Murciélagos y Huesos en la Cabaña Cinco. Laurie Friedman. Illus. by Jake Hill. 2022. (Campamento de Terror (Camp Creepy Lake) Ser.). (SPA.). 48p. (J). (gr. 2-4). pap. (978-1-0396-5001-5(5), 19494); lib. bdg. (978-1-0396-4874-6(6), 19493) Crabtree Publishing Co. (Leaves Chapter Books).
Murder among Friends: How Leopold & Loeb Tried to Commit the Perfect Crime. Candace Fleming. 2022. (Illus.). 368p. (YA). (gr. 7). 19.99 (978-0-593-17742-6(8)); (ENG., lib. bdg. 22.99 (978-0-593-17743-3(6)) Random Hse. Children's Bks. (Schwartz & Wade Bks.).
Murder among the Stars: A Lulu Kelly Mystery. Adam Shankman & Laura L. Sullivan. 2017. (ENG., Illus.). 320p. (YA). (gr. 9). 17.99 (978-1-4814-4790-4(4), Atheneum Bks. for Young Readers) Simon & Schuster Children's Publishing.
Murder at Emerson's. Ruby Jane Schwieger. 2017. (ENG., Illus.). (YA). (gr. 7-12). pap. 7.99 (978-0-9987157-0-4(0)) RMA Publicity LLC dba Sigma's Bookshelf.
Murder at Minnesota Point: Unraveling the Captivating Mystery of a Long-Forgotten True Crime. Jeffrey M. Sauve. 2022. (ENG.). 208p. pap. 14.99 (978-0-578-34139-2(5)) North Star Editions.
Murder at the Hotel Hopeless. John Lekich. 2022. (Orca Soundings Ser.). (ENG.). 128p. (YA). (gr. 8-12). pap. 10.95 (978-1-4598-3349-4(X)) Orca Bk. Pubs. USA.
Murder at the Monty. Phoenix Pastrama. 2022. (ENG., Illus.). 40p. (J). pap. 12.95 (978-1-63881-997-4(1)) Newman Springs Publishing, Inc.
Murder at the Museum (Agatha Oddly, Book 2) Lena Jones. 2020. (Agatha Oddly Ser.: 2). (ENG.). 336p. (J). 7.99 (978-0-00-834892-2(8), HarperCollins Children's Bks.) HarperCollins Pubs. Ltd. GBR. Dist: HarperCollins Pubs.
Murder at the Zoo. Penelope Dyan & Pamela Hillan. 2022. (ENG.). 98p. (YA). pap. 9.50 (978-1-61477-580-5(X)) Bellissima Publishing, LLC.
Murder by Warrant (Classic Reprint) E. T. Collis. 2018. (ENG., Illus.). 272p. (J). 29.51 (978-0-483-19081-8(0)) Forgotten Bks.
Murder (Classic Reprint) David Solon Greenberg. 2017. (ENG., Illus.). (J). 628p. 36.85 (978-0-484-89225-4(8)); pap. 19.57 (978-0-259-22606-2(8)) Forgotten Bks.
Murder Complex #2: the Death Code. Lindsay Cummings. 2016. (Murder Complex Ser.: 2). (ENG.). 512p. (YA). (gr. 9). pap. 9.99 (978-0-06-222004-2(7), Greenwillow Bks.) HarperCollins Pubs.
Murder for the Modern Girl. Kendall Kulper. 352p. (YA). (gr. 9). 2023. pap. 10.99 (978-0-8234-5454-9(1)); 2022. 19.99 (978-0-8234-4972-9(6)) Holiday Hse., Inc.
Murder Gone Viral. Stephen Simpson. 2020. (ENG.). 126p. (J). pap. 9.99 (978-1-393-92143-1(4)) Draft2Digital.
Murder Has a Ball. Shannon Symonds. 2022. (ENG.). 14p. pap. 14.99 (978-1-4621-4078-7(5), Sweetwater Bks.) Cedar Fort, Inc./CFI Distribution.
Murder Hornets Invade Honeybee Colonies. Susan H. Gray. 2021. (21st Century Junior Library: Invasive Species Science: Tracking & Controlling Ser.). (ENG., Illus.). 24p. (J). (gr. 2-5). pap. 12.79 (978-1-5341-8840-2(1), 219095); lib. bdg. 30.64 (978-1-5341-8700-9(6), 219094) Cherry Lake Publishing.
Murder Hosts an Event. Shannon Symonds. 2022. (ENG.). 184p. (J). pap. 14.99 (978-1-4621-4080-0(7), Sweetwater Bks.) Cedar Fort, Inc./CFI Distribution.
Murder in Quidi Vidi Trail. Sherif Sadek. 2019. (ENG.). 60p. (YA). (gr. 7-12). pap. (978-1-7770682-1-9(5)) Yakootah.
Murder in the Middle Pasture. John R. Erickson. Illus. by Gerald L. Holmes. 2017. (Hank the Cowdog Ser.: Vol. 4). (ENG.). (J). (gr. 3-6). 15.99 (978-1-59188-204-6(4)) Maverick Bks., Inc.
Murder Makes a Vlog. Shannon Symonds. 2021. (ENG.). (J). pap. 15.99 (978-1-4621-4076-3(9)) Cedar Fort, Inc./CFI Distribution.
Murder Most Unladylike Mystery Collection (Boxed Set) Murder Is Bad Manners; Poison Is Not Polite; First Class Murder; Jolly Foul Play; Mistletoe & Murder. Robin Stevens. Illus. by Elizabeth Baddeley. ed. 2022. (Murder Most Unladylike Mystery Ser.). (ENG.). 1776p. (J). (gr. 5). pap. 44.99 (978-1-6659-1085-9(2), Simon & Schuster Bks. For Young Readers) Simon & Schuster Bks. For Young Readers.
Murder Mystery Race. Andrew S. Cohen. 2023. (ENG.). 256p. (YA). 19.99 (978-1-63758-826-0(7)) Permuted Press.
Murder of Crows (Lethal Lit, Novel #1), 1 vol. K. Ancrum. 2022. (ENG.). 288p. (YA). (gr. 7-7). pap. 10.99 (978-1-338-74292-3(2)) Scholastic, Inc.
Murder of Emmett Till, 1 vol. Henrietta Toth. 2017. (Spotlight on the Civil Rights Movement Ser.). (ENG., Illus.). 48p. (J). (gr. 6-6). pap. 12.75 (978-1-5383-8054-3(4), 3b16bc12-3c08-48ab-bbe3-b39c57cdc263) Rosen Publishing Group, Inc., The.
Murder on a School Night. Kate Weston. 2023. (ENG.). 384p. (YA). (gr. 9). 19.99 (978-0-06-326027-6(1), Tegen, Katherine Bks) HarperCollins Pubs.
Murder on the Baltimore Express: The Plot to Keep Abraham Lincoln from Becoming President. Suzanne Jurmain. (ENG.). 256p. (J). (gr. 4-9). 2023. pap. 9.99 (978-1-4998-1431-6(3)); 2021. 17.99 (978-1-4998-1044-8(X)) Bonnier Publishing USA. (Yellow Jacket).
Murder on the Bay. Dee Dee Edwards. 2021. (ENG.). 152p. (YA). 26.95 (978-1-63860-639-0(0)); pap. 14.95 (978-1-63860-637-6(4)) Fulton Bks.
Murder on the Orient Express see Asesinato en el Orient Expreso
Murder on the Safari Star: Adventures on Trains #3. M. G. Leonard & Sam Sedgman. Illus. by Elisa Paganelli. 2022. (Adventures on Trains Ser.: 3). (ENG.). 272p. (J). 17.99 (978-1-250-22295-4(8), 900208112) Feiwel & Friends.
Murder Takes a Selfie. Shannon Symonds. 2021. (ENG.). 200p. pap. 15.99 (978-1-4621-3880-7(2), Sweetwater Bks.) Cedar Fort, Inc./CFI Distribution.
Murder the March Hare. H. Lyall. Ed. by Nicola Peake. 2020. (ENG.). 348p. (YA). pap. (978-1-912948-18-5(4)) Crystal Peake Publisher.
Murder Will Out: A Farce in One Act for Six Female Characters (Classic Reprint) Lizzie May Elwyn. (ENG., Illus.). (J). 2018. 22p. 24.39 (978-0-332-08928-7(2)); 2016. pap. 7.97 (978-1-334-11719-0(5)) Forgotten Bks.
Murdered At 17. Christine Conradt. 2018. (At 17 Ser.: 3). (ENG.). 400p. (YA). (gr. 9). pap. 11.99 (978-0-06-265168-6(4), HarperTeen) HarperCollins Pubs.
Murdered Mother (Classic Reprint) American Sunday School Union. (ENG., Illus.). (J). 2018. 40p. 24.72 (978-0-428-72201-2(6)); 2017. pap. 7.97 (978-1-334-97520-2(5)) Forgotten Bks.
Murdered Queen! or Caroline of Brunswick: A Diary of the Court of George IV (Classic Reprint) Charlotte Campbell Bury. (ENG., Illus.). (J). 2018. 668p. 37.67 (978-0-267-77183-7(5)); 2016. pap. 20.57 (978-1-334-12955-1(X)) Forgotten Bks.
Murderer Within the Walls. Elizabeth Purkiss. 2019. (ENG.). 94p. (J). pap. (978-0-359-71638-8(5)) Lulu Pr., Inc.
Murderer's Ape. Jakob Wegelius & Peter Graves. 2017. (Illus.). 588p. (YA). lib. bdg. (978-1-101-93176-9(0), Delacorte Pr) Random House Publishing Group.
#MurderFunding. Gretchen McNeil. (#MurderTrending Ser.: 2). (YA). (gr. 9-12). 2021. 352p. pap. 9.99 (978-1-368-04388-5(7)); 2019. 336p. 17.99 (978-1-368-02627-7(3)) Disney Publishing Worldwide. (Disney-Hyperion).
Murderous Mosquitoes. Meish Goldish. 2019. (Bugged Out! the World's Most Dangerous Bugs Ser.). (ENG., Illus.). 24p. (J). (gr. 2-7). lib. bdg. 19.45 (978-1-64280-166-8(6)) Bearport Publishing Co., Inc.
Murders in Maine. Zachary Collins. 2016. (ENG.). 108p. (J). pap. (978-1-77210-044-0(7)) Love + Lifestyle Media Group.
Murders of Tupac & Biggie. Sue Bradford Edwards. 2019. (American Crime Stories Ser.). (ENG., Illus.). 112p. (J). (gr. 6-12). lib. bdg. 41.36 (978-1-5321-9012-4(3), 33344, Essential Library) ABDO Publishing Co.
#MurderTrending. Gretchen McNeil. 2019. (#MurderTrending Ser.: 1). 368p. (YA). (gr. 9). pap. 10.99 (978-1-368-01370-3(8), Disney-Hyperion) Disney Publishing Worldwide.
Murdio. Guillermo F. Porro III. 2017. (ENG., Illus.). 144p. (YA). (gr. 7-12). pap. 15.00 (978-0-692-99603-4(6)) Porro, Guillermo Fermin III.
Muriel's Dreamland: A Fairy Tale. J. W. Brown. 2017. (ENG., Illus.). (J). pap. (978-0-649-44586-8(4)) Trieste Publishing Pty Ltd.
Murmel, Murmel, Murmel Early Reader. Robert Munsch. Illus. by Michael Martchenko. adapted ed. 2022. (Munsch Early Readers Ser.). (ENG.). 32p. (J). (gr. 1-1). 16.99 (978-1-77321-654-6(6)); pap. 4.99 (978-1-77321-644-7(9)) Annick Pr., Ltd. CAN. Dist: Publishers Group West (PGW).
Murmuration: A Good Vibration. Richard Birrer. 2021. (ENG.). 36p. (J). pap. 14.99 (978-1-64719-872-5(0)) Booklocker.com, Inc.
Murmures. dominique gaultier. 2020. (FRE.). 64p. (YA). pap. (978-1-716-46296-2(7)) Lulu Pr., Inc.
Murphie & the Meerkat. Kim Holley. Illus. by Baraciel Almada. 2016. (ENG.). (J). (gr. k-3). pap. 14.00 (978-1-939054-75-3(3)) Rowe Publishing.
Murphstar, Neighborhood Rockstar. Taylor Immel. l.t. ed. 2022. (ENG.). 22p. (J). pap. 14.34 (978-1-0880-6705-5(0)) Indy Pub.
Murphy. Susan Hughes. 2016. (Puppy Pals Ser.: 3). (ENG.). 128p. (J). (gr. 2-5). pap. 5.99 (978-1-4926-3400-3(X), 9781492634003, Sourcebooks Jabberwocky) Sourcebooks, Inc.
Murphy & the Great Surf Rescue. Gill Lewis. Illus. by Sarah Horne. 2017. (Puppy Academy Ser.: 4). (ENG.). 128p. (J). 16.99 (978-1-62779-800-6(5), 900159851, Holt, Henry & Co. Bks. For Young Readers) Holt, Henry & Co.
Murphy, Gold Rush Dog, 1 vol. Alison Hart. Illus. by Michael G. Montgomery. 2018. (Dog Chronicles Ser.). 160p. (J). (gr. 2-5). pap. 7.95 (978-1-68263-039-6(0)) Peachtree Publishing Co. Inc.
Murphy Keeps His Distance. Sherrel Campbell. Ed. by Farrawh Charles. Illus. by Kelly Gomez. 2020. (Covid-19 Ser.: Vol. 2). (ENG.). 44p. (J). pap. 12.99 (978-1-7353760-2-8(7)) Campbell, Sherrel.
Murphy Learns about the Louvre. Tracilyn George. 2023. (ENG.). 22p. (J). pap. 12.99 (978-1-77475-683-6(8)) Draft2Digital.
Murphy the Cat & His New Friends. Susan Smith. 2017. (ENG., Illus.). 48p. (J). pap. (978-1-387-42151-0(4)) Lulu Pr., Inc.
Murphy's Butt Goes Bananas. Andrew Heindl. Illus. by Andrew Heindl. 2020. (ENG.). 26p. (J). (978-0-2288-4050-3(3)); pap. (978-0-2288-4049-7(X)) Tellwell Talent.
Murphy's Law. Muireann ní Chíobháin. Illus. by Paul Nugent. 2022. (ENG.). 32p. (J). 18.99 (978-1-78849-292-8(7)) O'Brien Pr., Ltd., The IRL. Dist: Casemate Pubs. & Bk. Distributors, LLC.
Murphy's Master: And Other Stories (Classic Reprint) James Payn. (ENG., Illus.). (J). 2018. 400p. 32.17 (978-0-483-37505-5(5)); 2016. pap. 16.57 (978-1-334-13678-8(5)) Forgotten Bks.
Murphy's Miracle: One Dog's Wild Journey. Julie Samrick. 2018. (ENG., Illus.). 232p. (J). pap. 11.99 (978-1-945060-10-6(7)) Motina Bks.
Murphy's Neighborhood Adventures. Martha Smith. Ed. by Lynn Berner Coble. Illus. by Jennifer Tipton Cappoen. 2021. (ENG.). 42p. (J). pap. 14.99 (978-1-946198-29-7(3)) Paws and Claws Publishing, LLC.
Murphy's Road Home. Bianca Farrell. Illus. by Nardene Manna. 2022. (ENG.). 24p. (J). (978-1-922788-32-0(5)); pap. (978-1-922788-31-3(7)) Vivid Publishing.
Murphy's Ticket: The Goofy Start & Glorious End of the Chicago Cubs Billy Goat Curse. Brad Herzog. Illus. by David Leonard. 2017. (ENG.). 32p. (J). (gr. 1-4). 16.99 (978-1-58536-387-2(1), 204331) Sleeping Bear Pr.
Murray - The Golden Boy of Centre Court. John Murray. 2018. (Ultimate Sports Heroes Ser.). (ENG.). 176p. (J). (gr. 4-8). pap. 10.99 (978-1-78606-468-4(5)) Blake, John Publishing, Ltd. GBR. Dist: Independent Pubs. Group.
Murray & the Mice. Rosy Applesauce. 2017. (ENG., Illus.). (J). (gr. k-4). pap. 11.95 (978-1-61244-579-3(9)) Halo Publishing International.
Murray & the Seagull. Will Braid. 2021. (ENG.). 32p. (J). pap. (978-1-922594-84-6(9)) Shawline Publishing Group.
Murray the Dragon. Cristina Suzann Petersen. 2019. (ENG., Illus.). 42p. (J). (978-0-2288-0333-1(0)); pap. (978-0-2288-0332-4(2)) Tellwell Talent.
Murray the Ferret. Debbi Michiko Florence. Illus. by Melanie Demmer. 2020. (My Furry Foster Family Ser.). (ENG.). 72p. (J). (gr. k-2). pap. 7.95 (978-1-5158-7330-3(7), 201740); lib. bdg. 23.32 (978-1-5158-7091-3(X), 199184) Capstone. (Picture Window Bks.).
Murray the Mailmonkey. Josh Merchant. 2016. (ENG., Illus.). (J). 17.95 (978-1-59298-627-9(7)) Beaver's Pond Pr., Inc.
Murray the Race Horse: Fables from the Stables Book 1. Gavin Puckett. Illus. by Tor Freeman. 2018. (Fables from

1388 The check digit for ISBN-10 appears in parentheses after the full ISBN-13

the Stables Ser.). (ENG.). 80p. (J). pap. 8.95 *(978-0-571-33468-1(7))* Faber & Faber, Inc.

Murray's Magazine, Vol. 10: A Home & Colonial Periodical for the General Reader, July December, 1891 (Classic Reprint) John Murray Firm. 2018. (ENG., Illus.). 1028p. (J). 45.10 *(978-0-267-27962-3(0))* Forgotten Bks.

Murray's Magazine, Vol. 3: A Home & Colonial Periodical for the General Reader; January-June, 1888 (Classic Reprint) John Murray. 2017. (ENG., Illus.). (J). pap. 24.35 *(978-0-243-53416-6(7))* Forgotten Bks.

Murray's Magazine, Vol. 3: A Home & Colonial Periodical for the General Reader; January-June, 1888 (Classic Reprint) John Murray. 2017. (ENG., Illus.). 878p. (J). 42.01 *(978-0-484-82365-4(5))* Forgotten Bks.

Murray's Magazine, Vol. 6: A Home & Colonial Periodical for the General Reader; July-December, 1889 (Classic Reprint) John Murray. 2017. (ENG., Illus.). (J). pap. 19.57 *(978-1-334-92199-5(7))* Forgotten Bks.

Murray's Magazine, Vol. 6: A Home & Colonial Periodical for the General Reader; July-December, 1889 (Classic Reprint) John Murray. 2017. (ENG., Illus.). (J). 42.79 *(978-0-265-51649-2(8))* Forgotten Bks.

Murray's Magazine, Vol. 8: A Home & Colonial Periodical for the General Reader; July-December, 1890 (Classic Reprint) John Murray. 2017. (ENG., Illus.). (J). pap. 24.22 *(978-0-243-55306-8(4))* Forgotten Bks.

Murray's Magazine, Vol. 8: A Home & Colonial Periodical for the General Reader; July-December, 1890 (Classic Reprint) John Murray. 2018. (ENG., Illus.). 872p. (J). 41.88 *(978-0-666-20591-9(4))* Forgotten Bks.

Murray's Miraculous Mission. Brooke Young. 2021. (ENG.). 26p. (J). 19.95 *(978-1-61244-950-0(6))*; pap. 12.95 *(978-1-61244-939-5(5))* Halo Publishing International.

Murray's Nightmare (Science Fiction), 1 vol. Janet Lorimer. 2017. (Pageturners Ser.). (ENG.). 76p. (YA). (gr. 9-12). 10.75 *(978-1-68021-396-6(2))* Saddleback Educational Publishing, Inc.

Murry in a Hurry! Misti Lyles. 2022. (ENG., Illus.). 44p. (J). pap. 16.95 ***(978-1-68570-640-1(1))*** Christian Faith Publishing.

Murry the Moose. Gary Philip Guido. 2017. (ENG., Illus.). 42p. (J). (gr. 1-6). pap. 14.95 *(978-1-6720-3579-8(1))* Honeydrop Kids Club.

Mus, a Mouse Adventure. Ann Edall-Robson. Ed. by Tracy Cartwright. Illus. by Karon Argue. 2020. (ENG.). 32p. (J). pap. *(978-1-989248-10-2(1))* 1449511 Alberta Ltd.

Musa de Las Pesadillas / Musa of Nightmares. Laini Taylor. 2019. (SPA.). 528p. (YA). (gr. 8-12). pap. 17.95 *(978-607-31-7954-6(5)*, Alfaguara) Penguin Random House Grupo Editorial ESP. Dist: Penguin Random Hse. LLC.

Musa Moose: An Alphabetical Adventure. Waqqas Hanafi. 2020. (ENG.). 30p. (J). pap. *(978-1-7772195-0-5(7))* Ho, Frank.

Musa Pedestris. John S. Farmer. 2017. (ENG.). 272p. (J). pap. *(978-3-337-26446-8(8))* Creation Pubs.

Musa Pedestris: Three Centuries of Canting Songs & Slang Rhymes, 1536-1896 (Classic Reprint) John S. Farmer. 2017. (ENG., Illus.). (J). 29.44 *(978-0-265-36482-6(5))* Forgotten Bks.

Musau & His Father. Kanyiva Sandi. Illus. by Benjamin Mitchley. 2022. (ENG.). 34p. (J). pap. ***(978-1-922910-88-2(0))*** Library For All Limited.

Musau & His Father - Musau Na Babake. Kanyiva Sandi. Illus. by Benjamin Mitchley. 2023. (SWA.). 34p. (J). pap. ***(978-1-922910-30-1(9))*** Library For All Limited.

Muscle Cars. Deanna Caswell. 2017. (Gearhead Garage Ser.). (ENG., Illus.). 32p. (J). (gr. 4-6). lib. bdg. *(978-1-68072-033-4(3)*, 10452, Bolt) Black Rabbit Bks.

Muscle Cars. Deanna Caswell. 2017. (Passion Mécanique Ser.). (FRE.). 32p. (J). (gr. 4-6). *(978-1-77092-417-8(5)*, 10611, Bolt) Black Rabbit Bks.

Muscle Cars. Ryan James. 2022. (Car Mania Ser.). (ENG.). 24p. (J). (gr. 3-6). pap. 8.95 *(978-1-63897-587-8(6)*, 19514); lib. bdg. 27.93 *(978-1-63897-472-7(1)*, 19513) Seahorse Publishing.

Muscle Cars: Graphs, Tables, & Equations. Elisa Jordan. 2019. (Mathematics in the Real World Ser.). (ENG., Illus.). 32p. (J). (gr. 5-8). pap. 11.99 *(978-1-4258-5888-9(0))* Teacher Created Materials, Inc.

Muscle Cars Colouring Book. Elaine M. Phillips. 2016. (ENG., Illus.). (J). pap. *(978-1-988097-10-7(X))* CISS Registration.

Muscle Cars of America: A Coloring Book. Bobo's Children Activity Books. 2016. (ENG., Illus.). (J). pap. 9.33 *(978-1-68327-102-4(5))* Sunshine In My Soul Publishing.

Muscle System the Amazing Human Body & Its Systems Grade 4 Children's Anatomy Books. Baby Professor. 2020. (ENG.). 72p. (J). 24.99 *(978-1-5419-8058-7(1))*; pap. 14.99 *(978-1-5419-5955-2(8))* Speedy Publishing LLC. (Baby Professor (Education Kids)).

Muscles. Joyce Markovics. 2022. (Hello, Body! Ser.). (ENG., Illus.). 24p. (J). (gr. 4-6). pap. 12.79 *(978-1-6689-1123-5(X)*, 221068); lib. bdg. 30.64 *(978-1-6689-0963-8(4)*, 220930) Cherry Lake Publishing.

Muscles: All about the Muscular System. Simon Rose. 2017. (Illus.). 32p. (J). *(978-1-5105-0890-3(2))* SmartBook Media, Inc.

Muscles & Bones (a Repulsive Augmented Reality Experience) Gillia M. Olson. 2020. (Gross Human Body in Action: Augmented Reality Ser.). (ENG., Illus.). 32p. (J). (gr. 3-5). 31.99 *(978-1-5415-9811-9(3)*, 5a000a7a-c788-4b2c-af11-7fbe47fa2e40, Lerner Pubns.) Lerner Publishing Group.

Muscles Mariana. Ray Sicchia. (ENG., (J). 2021. Illus.). 148p. 25.95 *(978-1-6624-6987-9(X))*; 2020. 96p. pap. 13.95 *(978-1-6624-0159-6(0))* Page Publishing Inc.

Muscles! Muscles in the Human Body -Anatomy for Kids - Children's Biology Books. Baby Iq Builder Books. 2016. (ENG., Illus.). (J). pap. 8.99 *(978-1-68374-705-5(4))* Examined Solutions PTE. Ltd.

Muscular Dystrophy & Other Neuromuscular Disorders. Molly Jones. 2017. (Illus.). 128p. (J). *(978-1-4222-3758-8(3))* Mason Crest.

Muscular System. Barbara Lowell. 2018. (Amazing Human Body Ser.). (ENG.). 32p. (gr. 2-7). 9.95 *(978-1-68072-683-1(8))*; (Illus.). (J). (gr. 4-6). lib. bdg. *(978-1-68072-389-2(8)*, 23160); (J). (gr. 4-6). pap. 9.99 *(978-1-64466-236-6(1)*, 12201) Black Rabbit Bks. (Bolt).

Muscular System. Rebecca Pettiford. 2019. (Your Body Systems Ser.). (ENG., Illus.). 24p. (J). (gr. k-3). lib. bdg. 26.95 *(978-1-64487-020-4(7)*, Blastoff! Readers) Bellwether Media.

Muscular System. Amy C. Rea. 2022. (Body Systems Ser.). (ENG.). 32p. (J). (gr. 2-5). lib. bdg. 34.21 *(978-1-5321-9860-1(4)*, 40843, Kids Core) ABDO Publishing Co.

Muscular System: A Book Filled with Facts for Children. Bold Kids. 2022. (ENG.). 42p. (J). pap. 14.99 *(978-1-0717-1077-7(X))* FASTLANE LLC.

Muse. Brittany Cavallaro. (ENG.). (YA). (gr. 9). 2022. 368p. pap. 11.99 *(978-0-06-284026-4(6))*; 2021. (Illus.). 352p. 17.99 *(978-0-06-284025-7(8))* HarperCollins Pubs. (Tegen, Katherine Bks).

Muse, 1900 (Classic Reprint) Saint Mary's School. (ENG., Illus.). (J). 2018. 102p. 26.00 *(978-0-365-47470-8(3))*; 2017. pap. 9.57 *(978-0-259-82303-2(1))* Forgotten Bks.

Muse, 1901 (Classic Reprint) Saint Mary's School. 2018. (ENG., Illus.). (J). 126p. 26.50 *(978-0-366-56869-7(8))*; 128p. pap. 9.57 *(978-0-366-46153-0(2))* Forgotten Bks.

Muse, 1905-1906, Vol. 8 (Classic Reprint) Saint Mary's School. 2017. (ENG., Illus.). (J). 26.41 *(978-0-260-59556-0(X))*; pap. 9.57 *(978-0-265-02968-8(6))* Forgotten Bks.

Muse, 1905, Vol. 7 (Classic Reprint) Saint Mary's School. 2017. (ENG., Illus.). (J). 27.77 *(978-0-331-46803-8(4))*; pap. 10.57 *(978-0-260-30671-5(1))* Forgotten Bks.

Muse, 1906-07, Vol. 9: The Year-Book of the Students of St. Mary's School, Raleigh, N. C (Classic Reprint) Saint Mary's School. 2017. (ENG., Illus.). (J). 26.74 *(978-0-260-50037-3(2))*; pap. 9.57 *(978-0-265-06072-8(9))* Forgotten Bks.

Muse, 1909, Vol. 11 (Classic Reprint) Saint Mary's School. 2017. (ENG., Illus.). (J). 27.11 *(978-0-260-99843-9(5))*; pap. 9.57 *(978-1-5279-8977-1(1))* Forgotten Bks.

Muse, 1922, Vol. 24 (Classic Reprint) Saint Mary's School. 2018. (ENG., Illus.). (J). 148p. 26.95 *(978-0-366-86237-5(5))*; 150p. pap. 9.57 *(978-0-366-86141-5(7))* Forgotten Bks.

Muse of Nightmares. Laini Taylor. Illus. by LitJoy Crate et al. 2021. (YA). 59.99 *(978-1-7350633-8-6(X))* LitJoy Crate.

Muse of Nightmares. Laini Taylor. (Strange the Dreamer Ser.: 2). (ENG.). (YA). (gr. 9-17). 2019. 544p. pap. 12.99 *(978-0-316-34169-1(X))*; 2018. 528p. 19.99 *(978-0-316-34171-4(1))* Little, Brown Bks. for Young Readers.

Muse of Saint Mary's School, Vol. 6: Class of 1904 (Classic Reprint) Saint Mary School. 2017. (ENG., Illus.). (J). pap. 11.57 *(978-0-282-86511-5(X))* Forgotten Bks.

Muse of Saint Mary's School, Vol. 6: Class of 1904 (Classic Reprint) Saint Mary's School. 2017. (ENG., Illus.). (J). 29.05 *(978-0-266-58174-1(9))* Forgotten Bks.

Muse Squad: the Cassandra Curse. Chantel Acevedo. (Muse Squad Ser.: 1). (ENG.). (J). (gr. 3-7). 2021. 384p. pap. 7.99 *(978-0-06-294770-3(2))*; 2020. (Illus.). 368p. 16.99 *(978-0-06-294769-7(9))* HarperCollins Pubs. (Balzer & Bray).

Muse Squad: the Mystery of the Tenth. Chantel Acevedo. (Muse Squad Ser.: 2). (ENG.). (J). (gr. 3-7). 2022. 368p. pap. 7.99 *(978-0-06-294773-4(7))*; 2021. 352p. 16.99 *(978-0-06-294772-7(9))* HarperCollins Pubs. (Balzer & Bray).

Musen På Operan: Swedish Edition of the Mouse of the Opera. Tuula Pere. Tr. by Angelika Nikolowski-Bogomoloff. Illus. by Outi Rautkallio. 2018. (SWE.). 40p. (J). (gr. k-4). *(978-952-7107-05-8(9))*; pap. *(978-952-5878-94-3(5))* Wickwick oy.

Museo. Piper Whelan. 2018. (Los Lugares de Mi Comunidad Ser.). (SPA.). 24p. (J). lib. bdg. 23.99 *(978-1-5105-3370-7(2))* SmartBook Media, Inc.

Museo de Arte. Cari Meister. 2016. (Los Primeros Viajes Escolares (First Field Trips)).Tr. of Art Museum. (SPA.). 24p. (J). (gr. k-2). lib. bdg. 25.65 *(978-1-62031-331-2(6)*, Bullfrog Bks.) Jump! Inc.

Muses: Escaping Montague Manor. N. L. McEvoy. 2016. (ENG., Illus.). (J). pap. 14.00 *(978-0-9908933-1-8(6))* McEvoy, N. L.

Muses Inc. M. T. Cryan. 2021. (ENG.). 276p. (YA). *(978-1-5255-9115-0(0))*; pap. *(978-1-5255-9114-3(2))* FriesenPress.

Muses Up-To-Date: A Mythological Liberty in Two Acts, with a Prologue (Classic Reprint) Henrietta Field. 2018. (ENG., Illus.). 282p. (J). 29.73 *(978-0-483-84203-8(6))* Forgotten Bks.

Museum. Megan Cuthbert & Jared Siemens. 2016. (J). *(978-1-5105-1885-8(1))* SmartBook Media, Inc.

Museum. K. C. Kelley. 2018. (Field Trips, Let's Go! Ser.). (ENG.). 16p. (J). (gr. k-2). lib. bdg. 25.65 *(978-1-68151-303-4(X)*, 14862) Amicus.

Museum. Contrib. by Christina Leaf. 2023. (Community Places Ser.). (ENG., Illus.). (J). (gr. -1-2). lib. bdg. 25.95 Bellwether Media.

Museum. Five Mile. 2019. (Lift-The-Fact Bks.). (ENG.). 10p. (J). (gr. k-2). bds. 16.99 *(978-1-76068-432-7(5))* Bonnier Publishing GBR. Dist: Independent Pubs. Group.

Museum Activity Book. 2017. (ENG.). 80p. pap. 12.99 *(978-0-7945-4019-7(8)*, Usborne) EDC Publishing.

Museum in a Book. Ruach-El Durrant. 2021. (ENG.). 32p. (J). *(978-0-2288-2570-8(9))*; pap. *(978-0-2288-2568-5(7))* Tellwell Talent.

Museum Mysteries. Steve Brezenoff. 2020. (Museum Mysteries Ser.). (ENG.). 128p. (J). 245.88 ***(978-1-6690-6402-2(6)**, 260330, Stone Arch Bks.)* Capstone.

Museum Mystery Squad & the Case of the Curious Coins, 32 vols. Mike Nicholson. Illus. by Mike Phillips. 2017. (Museum Mystery Squad Ser.: 3). 128p. (J). pap. 6.95 *(978-1-78250-363-7(3)*, Kelpies) Floris Bks. GBR. Dist: Consortium Bk. Sales & Distribution.

Museum Mystery Squad & the Case of the Hidden Hieroglyphics, 30 vols. Mike Nicholson. Illus. by Mike Phillips. 2017. (Museum Mystery Squad Ser.: 2). 128p. (J). pap. 6.95 *(978-1-78250-362-0(5)*, Kelpies) Floris Bks. GBR. Dist: Consortium Bk. Sales & Distribution.

Museum Mystery Squad & the Case of the Moving Mammoth, 30 vols. Mike Nicholson. Illus. by Mike Phillips. 2017. (Museum Mystery Squad Ser.: 1). 128p. (J). pap. 6.95 *(978-1-78250-361-3(7)*, Kelpies) Floris Bks. GBR. Dist: Consortium Bk. Sales & Distribution.

Museum Mystery Squad & the Case of the Roman Riddle, 30 vols. Mike Nicholson. Illus. by Mike Phillips. 2018. (Museum Mystery Squad Ser.: 4). 128p. (J). pap. 6.95 *(978-1-78250-364-4(1)*, Kelpies) Floris Bks. GBR. Dist: Consortium Bk. Sales & Distribution.

Museum of Everything. Lynne Rae Perkins. 2021. (ENG., Illus.). 40p. (J). (gr. -1-3). 17.99 *(978-0-06-298630-6(9)*, Greenwillow Bks.) HarperCollins Pubs.

Museum of Foreign Literature & Science, Vol. 25: July to December, 1834 (Classic Reprint) Robert Walsh. 2017. (ENG., Illus.). (J). pap. 19.57 *(978-0-243-94053-0(X))* Forgotten Bks.

Museum of Foreign Literature, Science, & Art, Vol. 31: For the Year 1837 (Classic Reprint) Robert Walsh. 2017. (ENG., Illus.). (J). pap. 19.57 *(978-1-5279-4194-6(9))* Forgotten Bks.

Museum of Foreign Literature, Science, & Art, Vol. 33: May to August, 1838 (Classic Reprint) E. Littell. (ENG., Illus.). (J). 2018. 574p. 35.74 *(978-0-483-34049-7(9))*; 2017. pap. 19.57 *(978-0-259-30236-0(8))* Forgotten Bks.

Museum of Foreign Literature, Science & Art, Vol. 34: September to December, 1838 (Classic Reprint) Robert Walsh. 2018. (ENG., Illus.). 610p. (J). 36.48 *(978-0-365-25530-7(0))* Forgotten Bks.

Museum of Foreign Literature, Science, & Art, Vol. 39: May to August, 1840 (Classic Reprint) Robert Walsh. (ENG., Illus.). (J). 2018. 466p. 33.53 *(978-0-428-89148-0(9))*; 2017. pap. 16.57 *(978-0-243-91247-6(1))* Forgotten Bks.

Museum of Heartbreak. Meg Leder. (ENG., Illus.). 288p. (YA). 2017. (gr. 7). pap. 10.99 *(978-1-4814-3211-5(7))*; 2016. (gr. 9). 17.99 *(978-1-4814-3210-8(9))* Simon Pulse. (Simon Pulse).

Museum of Lost & Found. Leila Sales. Illus. by Jacqueline Li. 2023. (ENG.). 304p. (J). (gr. 3-7). 18.99 *(978-1-4197-5451-7(3)*, 1732801, Amulet Bks.) Abrams, Inc.

Museum of Magnificent Mystery! Connect the Dots Activity Book. Activibooks For Kids. 2016. (ENG., Illus.). (J). pap. 7.55 *(978-1-68321-548-6(6))* Mimaxion.

Museum of Odd Body Leftovers: A Tour of Your Useless Parts, Flaws, & Other Weird Bits. Rachel Poliquin. Illus. by Clayton Hanmer. 2022. (ENG.). 88p. (J). (gr. 2-7). 18.95 *(978-1-77164-745-8(0)*, Greystone Kids) Greystone Books Ltd. CAN. Dist: Publishers Group West (PGW).

Museum of Phobias, 8 vols. 2020. (Museum of Phobias Ser.). (ENG.). 32p. (J). (gr. 3-4). lib. bdg. 113.08 *(978-1-5382-6010-4(7)*, 7726b65e-e2a3-4c3e-b3c2-80a4ee41e373) Stevens, Gareth Publishing LLLP.

Museum of Remarkable & Interesting Events, Vol. 1: Containing Historical & Other Accounts of Adventures, Incidents of Travels & Voyages, Scenes of Peril, & Escapes, Military Achievements, Eocentric Personages, Noble Examples of Fortitude & P. J. Watts. (ENG., Illus.). (J). 2018. 616p. 36.60 *(978-0-483-95837-1(9))*; 2017. pap. 19.57 *(978-0-243-91455-5(5))* Forgotten Bks.

Museum of Wonders, & What the Young Folks Saw There: Explained in Many Pictures (Classic Reprint) Frederick Opper. (ENG., Illus.). (J). 2018. 64p. 25.24 *(978-0-364-75578-5(4))*; 2017. pap. 9.57 *(978-0-259-57306-7(X))* Forgotten Bks.

Museum Stories for Children, Vol. 13: February 22, 1930 (Classic Reprint) Field Museum Of Natural History. 2018. (ENG., Illus.). (J). 44p. 24.80 *(978-1-396-84150-7(4))*; 46p. pap. 7.97 *(978-1-396-84127-9(X))* Forgotten Bks.

Museum Volunteer. Jennifer Howse. 2016. 32p. (J). *(978-1-4896-5851-7(3))* Weigl Pubs., Inc.

Museums. Joanne Mattern. 2018. (Kids' Day Out Ser.). (ENG., Illus.). 32p. (J). (gr. 2-4). lib. bdg. 25.32 *(978-1-63440-390-0(8)*, 0cef5936-0a93-4930-98b5-28227f75c17d) Red Chair Pr.

Museums of the World 2018. 25th ed. 2018. (ENG., Illus.). 1581p. *(978-3-11-057711-2(9)*, De Gruyter Saur) de Gruyter, Walter GmbH.

Musgrove Ranch: A Tale of Southern California (Classic Reprint) T. M. Browne. 2018. (ENG., Illus.). (J). 28.15 *(978-0-332-01918-5(7))* Forgotten Bks.

Mushling Coloring Story Book. Cherisha Norman. 2023. (ENG.). 46p. (J). pap. ***(978-1-312-72235-4(5))*** Lulu Pr., Inc.

Mushroom Cave. Hugh Drennan. 2018. (ENG., Illus.). 30p. (J). pap. 13.95 *(978-1-64299-480-3(4))* Christian Faith Publishing.

Mushroom Fan Club. Elise Gravel. 2018. (ENG., Illus.). 56p. (J). 17.95 *(978-1-77046-322-6(4)*, 900192092) Drawn & Quarterly Pubns. CAN. Dist: Macmillan.

Mushroom Land. N. Sers. 2022. (ENG.). 222p. (J). ***(978-1-0391-5701-9(7))***; pap. ***(978-1-0391-5700-2(9))*** FriesenPress.

Mushroom Lullaby. Kenneth Kraegel. Illus. by Kenneth Kraegel. 2022. (Lullaby Ser.). (ENG.). 32p. (J). (-k). 17.99 *(978-1-5362-1941-8(X))* Candlewick Pr.

Mushroom Rain. Laura K. Zimmermann. Illus. by Jamie Green. 2022. (ENG.). 32p. (J). (gr. k-3). 17.99 *(978-1-5341-1150-9(6)*, 205213) Sleeping Bear Pr.

Mushroom Town (Classic Reprint) Oliver Onions. 2017. (ENG., Illus.). (J). 31.26 *(978-0-265-41861-1(5))* Forgotten Bks.

Mushrooms: 16 Rhythms (Classic Reprint) Alfred Kreymborg. (ENG., Illus.). (J). 2018. 24p. 24.39 *(978-0-364-11266-3(2))*; 2016. pap. 7.97 *(978-1-334-11791-6(8))* Forgotten Bks.

Mushrooms: A Book of Free Forms (Classic Reprint) Alfred Kreymborg. 2017. (ENG., Illus.). (J). 27.11 *(978-0-265-16717-5(5))* Forgotten Bks.

Mushrooms for Dinner: Leveled Reader Blue Fiction Level 11 Grade 1. Hmh Hmh. 2019. (Rigby PM Ser.). (ENG.). 16p. (J). (gr. 1). pap. 11.00 *(978-0-358-12022-3(5))* Houghton Mifflin Harcourt Publishing Co.

Music. Stefanie Anduri. 2021. (High-Interest STEAM Ser.: 10). (ENG.). 80p. (J). (gr. 7-12). 34.60 *(978-1-4222-4523-1(3))* Mason Crest.

Music. Carol Thompson. Illus. by Carol Thompson. 2018. (Amazing Me! Ser.: 4). (Illus.). 12p. (J). (gr. k-k). spiral bd. *(978-1-84643-961-2(2))* Child's Play International Ltd.

Music. Claude Delafosse & Gallimard Jeunesse. Tr. by Sarah Matthews. Illus. by Donald Grant. ed. 2019. (My First Discoveries Ser.). (ENG.). 36p. (J). (gr. -1-k). spiral bd. 19.99 *(978-1-85103-474-1(9))* Moonlight Publishing, Ltd. GBR. Dist: Independent Pubs. Group.

Music: Techniques, Styles, Instruments, & Practice, 1 vol. Russell Kuhtz. 2016. (Britannica's Practical Guide to the Arts Ser.). (ENG.). 128p. (J). (gr. 10-10). lib. bdg. 37.82 *(978-1-68048-372-7(2)*, 65edc87e-a8ec-4fdd-8071-12584e408888, Britannica Educational Publishing) Rosen Publishing Group, Inc., The.

Music All Around. Gema Sirvent. Illus. by Lucía Cobo. 2021. (One Story, One Song Ser.). (ENG.). 48p. (J). (gr. k-2). 16.95 *(978-2-924774-86-1(1))* La Montagne Secrete CAN. Dist: Independent Pubs. Group.

Music & Friends Coloring Book. Dani Dixon. 2021. (ENG.). 66p. (J). pap. 7.99 *(978-1-953026-04-0(4))* Tumble Creek Pr.

Music & How It Works: The Complete Guide for Kids. DK. 2020. (How It Works). (ENG., Illus.). 96p. (J). (gr. 2-4). 16.99 *(978-1-4654-9990-5(3)*, DK Children) Dorling Kindersley Publishing, Inc.

Music & Its Story (Yesterday's Classics) Robert T. White. 2022. (ENG.). 246p. (YA). pap. 12.95 *(978-1-63334-164-7(X))* Yesterday's Classics.

Music & More & Coral Reef Closing Leader Manual. Ed. by Group Publishing. 2020. (Group's Weekend Vbs 2020 Ser.). (ENG.). 40p. (J). pap. 10.39 *(978-1-4707-6157-8(2))* Group Publishing, Inc.

Music & Rhythm. Heron Books. 2021. (ENG.). 70p. (J). pap. ***(978-0-89739-272-3(8)**, Heron Bks.)* Quercus.

Music & Singing in the Early Years: A Guide to Singing with Young Children. Zoe Greenhalgh. 2018. (ENG., Illus.). 106p. (C). pap. 29.95 *(978-1-138-23323-2(4)*, Y309041) Routledge.

Music Appreciation: For Little Children, in the Home, Kindergarten, & Primary Schools; Designed to Meet the Needs of the Child Mind During the Sensory Period of Development; to Be Used with the Victoria & Victor Records (Classic Reprint) Unknown Author. 2018. (ENG., Illus.). 182p. (J). 27.65 *(978-0-365-29293-7(1))* Forgotten Bks.

Music Box. Ron Kramer. Illus. by Heather Dixon. 2016. (ENG.). (J). (gr. 3-6). 18.99 *(978-0-692-80099-7(9))* PANDA BKS. PR.

Music Class. Katrina Streza. Illus. by Brenda Ponnay. 2023. (Little Readers Ser.: Vol. 20). (ENG.). 20p. (J). 24.99 ***(978-1-5324-3507-2(X))***; pap. 12.99 ***(978-1-5324-3305-4(0))*** Xist Publishing.

Music Coloring Book! Discover This Unique Collection of Coloring Pages. Bold Illustrations. 2018. (ENG., Illus.). 78p. (J). (gr. k-6). pap. 11.99 *(978-1-64193-885-3(4)*, Bold Illustrations) FASTLANE LLC.

Music Concerts. Kenny Abdo. 2018. (Arena Events Ser.). (ENG.). 24p. (J). (gr. 2-8). lib. bdg. 31.36 *(978-1-5321-2536-2(4)*, 30081, Abdo Zoom-Fly) ABDO Publishing Co.

Music Fairy Is Late. Laurie Friedman. 2022. (Fairy Friends Ser.). (ENG.). 32p. (J). (gr. k-2). pap. 9.50 *(978-1-63897-640-0(6)*, 19922); lib. bdg. 30.00 *(978-1-63897-525-0(6)*, 19921) Seahorse Publishing.

Music for Little Mozarts — Rhythm Ensembles & Teaching Activities: Performance Ensembles & Strategies to Reinforce Musical Concepts. Christine H. Barden et al. 2018. (Music for Little Mozarts Ser.). (ENG.). 80p. (J). pap. 19.99 *(978-1-4706-4054-5(6))* Alfred Publishing Co., Inc.

Music for Little Mozarts — Rhythm Speller, Bk 1: Written Activities & Rhythm Patterns to Reinforce Rhythm-Reading. Christine H. Barden et al. 2018. (Music for Little Mozarts Ser.: Bk 1). (ENG.). 24p. (J). pap. 7.99 *(978-1-4706-4050-7(3))* Alfred Publishing Co., Inc.

Music for Little Mozarts — Rhythm Speller, Bk 2: Written Activities & Rhythm Patterns to Reinforce Rhythm-Reading. Christine H. Barden et al. 2018. (Music for Little Mozarts Ser.: Bk 2). (ENG.). 24p. (J). pap. 7.99 *(978-1-4706-4051-4(1))* Alfred Publishing Co., Inc.

Music for Little Mozarts — Rhythm Speller, Bk 3: Written Activities & Rhythm Patterns to Reinforce Rhythm-Reading. Christine H. Barden et al. 2018. (Music for Little Mozarts Ser.: Bk 3). (ENG.). 24p. (J). pap. 7.99 *(978-1-4706-4052-1(X))* Alfred Publishing Co., Inc.

Music for Little Mozarts — Rhythm Speller, Bk 4: Written Activities & Rhythm Patterns to Reinforce Rhythm-Reading. Christine H. Barden et al. 2018. (Music for Little Mozarts Ser.: Bk 4). (ENG.). 24p. (J). pap. 7.99 *(978-1-4706-4053-8(8))* Alfred Publishing Co., Inc.

Music for Mister Moon. Philip C. Stead. Illus. by Erin E. Stead. 2019. 40p. (J). (gr. -1-3). 18.99 *(978-0-8234-4160-0(1)*, Neal Porter Bks) Holiday Hse., Inc.

Music for Tigers. Michelle Kadarusman. 2021. (Illus.). 192p. (J). (gr. 4-7). pap. 13.95 *(978-1-77278-189-2(4))* Pajama Pr. CAN. Dist: Publishers Group West (PGW).

Music from Another World. Robin Talley. 2020. (ENG.). 384p. (YA). 18.99 *(978-1-335-14677-9(6))* Harlequin Enterprises ULC CAN. Dist: HarperCollins Pubs.

Music Handbook - Level 4. Cyrilla Rowsell & David Vinden. Illus. by Karen Lamb. 2019. (ENG.). 236p. (J). spiral bd. 59.95 *(978-1-84414-573-7(5)*, Jolly Music) Jolly Learning, Ltd. GBR. Dist: American International Distribution Corp.

Music Heals My Soul Lyrics & Notes Diary Journal for Girls. Planners & Notebooks Inspira Journals. 2019. (ENG.). 200p. (J). pap. 12.55 *(978-1-64521-293-5(9)*, Inspira) Editorial Imagen.

Music Hour, Vol. 1: Lower Grades (Classic Reprint) Osbourne McConathy. 2017. (ENG., Illus.). (J). 146p. 26.93 *(978-0-484-54803-8(4))*; pap. 9.57 *(978-0-259-83863-0(2))* Forgotten Bks.

Music Hour, Vol. 1 (Classic Reprint) Osbourne McConathy. (ENG., Illus.). (J). 2018. 100p. 25.96

MUSIC IN DARKNESS

(978-0-267-83458-7(6)); 2017. pap. 9.57 (978-0-259-92344-2(3)) Forgotten Bks.

Music in Darkness. Exona Moll. 2022. (ENG.). 58p. (YA). pap. 5.99 **(978-1-955531-96-2(X))** New Age Literary Agency.

Music in the Bread. Ray Boswell. 2023. (ENG.). 138p. (J). pap. 15.00 **(978-1-953728-14-2(6))** Full Court Pr.

Music in the Car - Our Yarning. Reaf Rogers. Illus. by Clarice Masajo. 2023. (ENG.). 26p. (J). pap. **(978-1-922991-14-0(7))** Library For All Limited.

Music in Theater, 1 vol. Don Rauf. 2016. (Exploring Theater Ser.). (ENG., Illus.). 96p. (YA). (gr. 7-7). lib. bdg. 44.50 (978-1-5026-2271-6(8), 089380b8-c3fa-4cfe-8a95-b9eceda90d3b) Cavendish Square Publishing LLC.

MUSIC Inside My Heart. Lisa Busbice Boss. 2020. (Musical Adventures of Grey Goose Ser.). (ENG.). 52p. (J). (978-1-5255-4279-4(6)); pap. (978-1-5255-4280-0(X)) FriesenPress.

Music Is ... Stephen T. Johnson. Illus. by Stephen T. Johnson. 2020. (ENG., Illus.). 52p. (J). (gr. -1-5). 24.99 (978-1-4169-9950-8(7)) Simon & Schuster Bks. For Young Readers.

Music Is ... Brandon Stosuy. Illus. by Amy Martin. 2016. (ENG.). 32p. (J). (gr. -1 — 1). bds. 8.99 (978-1-4814-7702-4(1), Little Simon) Little Simon.

Music Is for Everyone, 1 vol. Sydney Smith. Illus. by Jill Barber. 2017. 32p. (J). (gr. 1-3). pap. 12.95 (978-1-77108-535-9(5), 543fec31-c625-4cf5-ba12-d3e5fe12a9eb) Nimbus Publishing, Ltd. CAN. Dist: Baker & Taylor Publisher Services (BTPS).

Music Is in Everything. Ziggy Marley. Illus. by Ag Jatkowska. 2022. 40p. (J). 16.95 (978-1-61775-943-7(0)) Akashic Bks.

Music Manuscript Book: Coated Candy, Large Kids Stave Paper. Young Dreamers Press. 2019. (Musicians Notebook Ser.: Vol. 5). (ENG.). 102p. (J). (gr. 4-6). pap. (978-1-989387-22-1(5)) EnemyOne.

Music Manuscript Book: Floral Pattern on Blue, Large Kids Stave Paper. Young Dreamers Press. 2019. (Musicians Notebook Ser.: Vol. 6). (ENG.). 102p. (J). (gr. 4-6). pap. (978-1-989387-23-8(3)) EnemyOne.

Music Manuscript Book: Girls Musical Instruments, Large Kids Stave Paper. Young Dreamers Press. 2019. (Musicians Notebook Ser.: Vol. 4). (ENG.). 102p. (J). (gr. 4-6). pap. (978-1-989387-21-4(7)) EnemyOne.

Music Master (Classic Reprint) Charles Klein. 2018. (ENG., Illus.). 356p. (J). 31.24 (978-0-365-32247-4(4)) Forgotten Bks.

Music Mavens: 15 Women of Note in the Industry. Ashley Walker & Maureen Charles. 2022. (Women of Power Ser.: 9). (Illus.). 224p. (YA). (gr. 7). 16.99 (978-1-64160-723-0(8)) Chicago Review Pr., Inc.

Music Monster! Shawn Pryor. Illus. by Francesca Ficorilli. 2022. (Gamer Ser.). (ENG.). 40p. (J). 24.65 (978-1-6663-4814-9(7), 238758); pap. 5.95 (978-1-6663-4815-6(5), 238740) Capstone. (Stone Arch Bks.).

Music Mountain. Sofi Mandil. 2018. (ENG., Illus.). 18p. (J). (978-1-387-82983-5(1)) Lulu Pr., Inc.

Music Note Kids: Your Story Matters. Joseph Inigo. Illus. by Simonne-Anais Clarke & Zachary-michael Clarke. 2022. (ENG.). 34p. (J). pap. 17.99 (978-1-948071-46-8(0)) Lauren Simone Publishing Hse.

Music Notebook Clear Pages for Kids Wide Notes - 6 Staves per Page 8. 5 X 11 In: Music Writing for Kids Blank Sheet Music Paper - See What You Write Great Size 130 Pages. Brotss Studio. 2019. (ENG.). 134p. (J). pap. 12.50 (978-1-716-11335-2(0)) Lulu Pr., Inc.

Music of Children's Wings. Beatrice Bauscher. 2018. (ENG., Illus.). 46p. (J). pap. (978-1-387-67810-5(8)) Lulu Pr., Inc.

Music of Life: Bartolomeo Cristofori & the Invention of the Piano. Elizabeth Rusch. Illus. by Marjorie Priceman. 2017. (ENG.). 48p. (J). (gr. -1-3). 19.99 (978-1-4814-4484-2(0)) Simon & Schuster Children's Publishing.

Music of Peace. Beverly Fearon. Illus. by Marie Peligro. 2022. (ENG.). 30p. (J). pap. 13.99 **(978-1-68547-159-0(5))** WordHse.

Music of Peace. Beverly J. Fearon. 2021. (ENG.). 24p. (J). pap. 8.00 (978-1-7356422-5-3(8)) Spark Literary & Media Management.

Music of the Butterfly: A Story of Hope. Gail Klein & Ann Leis. Illus. by Patricia Hardwick. 2018. (ENG.). 40p. (J). 19.95 (978-1-942945-56-7(6), 32765d3e-40bb-4941-ba65-08ab989f52cc) Night Heron Media.

Music of the Mantees. Rebecca Hanna. Illus. by Daniel Garcia. 2021. (ENG.). 28p. (J). pap. (978-1-922721-76-1(X)) Library For All Limited.

Music of What Happens, 1 vol. Bill Konigsberg. 2019. (ENG.). 352p. (YA). (gr. 9-9). 17.99 (978-1-338-21550-2(7), Levine, Arthur A. Bks.) Scholastic, Inc.

Music Oracles: Creative & Life Inspiration from 50 Musical Icons (Channel Your Oracle's Advice on Attitude, Lifestyle or Inspiration!) Stephen Ellcock. Illus. by Timba Smits. 2019. (ENG.). 50p. 16.99 (978-1-78627-422-9(1), King, Laurence Publishing) Orion Publishing Group, Ltd. GBR. Dist: Hachette Bk. Group.

Music Study in Germany (Classic Reprint) Amy Fay. 2018. (ENG., Illus.). 364p. (J). 31.40 (978-0-483-30984-5(2)) Forgotten Bks.

Music Technology: From Gramophones to Music Streaming. Tracey Kelly. 2019. (History of Inventions Ser.). (ENG.). 24p. (J). (gr. 2-4). lib. bdg. (978-1-78121-455-8(7), 16730) Brown Bear Bks.

Music: the Sound of Science. Margaret Albertson & Paula Emick. 2018. (Project: STEAM Ser.). (ENG., Illus.). 48p. (gr. 4-8). pap. 10.95 (978-1-64156-589-9(6), 9781641565899) Rourke Educational Media.

Music Time, 1 vol., Vol. 1. Gwendolyn Hooks. Illus. by Shirley Ng-Benitez. 2017. (Confetti Kids Ser.: 4). (ENG.). 32p. (J). (gr. k-2). 14.95 (978-1-62014-343-8(7), leelowbooks) Lee & Low Bks., Inc.

Music Tree. Julia Valtanen. 2021. (Illus.). 40p. (J). (gr. k-1). 16.95 (978-1-76036-129-7(1), 91b9758d-5a8d-4c97-9d84-e8f1106729ca) Starfish Bay

Publishing Pty Ltd. AUS. Dist: Baker & Taylor Publisher Services (BTPS).

Music Trivia: What You Never Knew about Rock Stars, Recording Studios, & Smash-Hit Songs. Alicia Z. Klepeis. 2018. (Not Your Ordinary Trivia Ser.). (ENG., Illus.). 32p. (J). (gr. 3-9). lib. bdg. 28.65 (978-1-5435-2529-8(6), 138026, Capstone Pr.) Capstone.

Musica. Mary Lindeen. 2016. (Early Rising Readers Ser.). (SPA.). 16p. (J). (gr. 1). 6.67 (978-1-4788-4174-6(5)) Newmark Learning LLC.

Música - 6 Pack. Mary Lindeen. 2016. (Early Rising Readers Ser.). (SPA.). (J). (gr. 1). 40.00 net. (978-1-4788-4753-3(0)) Newmark Learning LLC.

Musica de Todo el Mundo. Elena Beatriz Mansilla Sepulveda. Illus. by Claudia Navarro. 2016. (Cuentamelo Otra Vez Ser.). (ENG & SPA.). (J). 16.95 (978-1-68165-271-9(4)) Trialtea USA, LLC.

Musica Del Mar (the Music of the Sea) Susanna Isern. Illus. by Marta Chicote. 2020. (SPA.). 24p. (J). 9.95 (978-84-16733-97-2(X)) Cuento de Luz SL ESP. Dist: Publishers Group West (PGW).

Música y el Baile Flamenco: Leveled Reader Book 76 Level N 6 Pack. Hmh Hmh. 2020. (SPA.). 24p. (J). pap. 74.40 (978-0-358-08384-9(2)) Houghton Mifflin Harcourt Publishing Co.

Musical ABC. Natalie Briscoe. Illus. by Natalie Briscoe. 2022. (ENG.). 32p. (J). 9.99 (978-1-5037-6286-2(6), 9098, Sunbird Books) Phoenix International Publications, Inc.

Musical Adventure. Sharon Belcher. 2019. (ENG.). 46p. (J). 25.95 (978-1-64462-690-0(X)); pap. 15.95 (978-1-64462-688-7(8)) Page Publishing Inc.

Musical Adventures of Grace: Spring. Kenneth E. Korber. 2017. (ENG., Illus.). (J). pap. 16.95 (978-1-5043-7386-9(3), Balboa Pr.) Author Solutions, LLC.

Musical Adventures of Grace - Winter. Kenneth E. Korber. 2017. (ENG., Illus.). (J). pap. 16.95 (978-1-5043-6530-7(5), Balboa Pr.) Author Solutions, LLC.

Musical Christmas Tree. Illus. by Patricia Regan. 2017. (ENG.). 16p. (J). (gr. -1-1). bds. 14.99 (978-0-7641-6899-4(1)) Sourcebooks, Inc.

Musical Hues: Abstract Colour-By-Music Adventures. Nicola Cantan. 2018. (ENG., Illus.). 42p. (J). (gr. 2-6). pap. (978-1-913000-09-7(5)) Colourful Keys Bks.

Musical Instruments - Bwaai ni Katangitang (Te Kiribati) Rhianne Conway & Ryan Conway. Illus. by Rhianne Conway. 2023. (ENG.). 28p. (J). pap. **(978-1-922849-40-3(5))** Library For All Limited.

Musical Instruments for Musicians Sound of Music Book for Children Grade 4 Children's Music Books. Baby Professor. 2020. (ENG.). 72p. (J). 24.99 (978-1-5419-7999-4(0)); pap. 14.99 (978-1-5419-5327-7(4)) Speedy Publishing LLC. (Baby Professor (Education Kids)).

Musical Instruments for the Music Lovers Coloring Books 6 Year Old Girl. Educando Kids. 2019. (ENG.). 42p. (J). pap. 6.99 (978-1-64521-067-2(7), Educando Kids) Editorial Imagen.

Musical Instruments (Set), 12 vols. 2019. (Musical Instruments Ser.). (ENG.). (J). (gr. 3-6). lib. bdg. 393.48 (978-1-5038-3998-4(2), 213623) Child's World, Inc, The.

Musical Instruments (Set Of 8) Nick Rebman. 2023. (Musical Instruments Ser.). (ENG., Illus.). 8p. (J). (gr. -1-1). pap. 71.60 (978-1-64619-729-3(1)); lib. bdg. 228.00 (978-1-64619-697-5(X)) Little Blue Hse. (Little Blue Readers).

Musical Mayhem: The Fabulous Diary of Persephone Pinchgut. Aleesah Darlison. Illus. by Serena Geddes. 2021. (Totally Twins Ser.). (ENG.). 156p. (J). (gr. 2-6). 16.99 (978-1-912858-87-3(8), abde6dbe-5088-4o42-a948-d785da87547c) New Frontier Publishing AUS. Dist: Lerner Publishing Group.

Musical Munchies Song Book. Frances Turnbull. 2017. (ENG., Illus.). 52p. (J). pap. (978-1-907935-78-7(9)) Musicaliti Pubs.

Musical Notes (Set), 6 vols. Kenny Abdo. 2019. (Musical Notes Ser.). (ENG.). 24p. (J). (gr. 2-8). lib. bdg. 188.16 (978-1-5321-2939-1(4), 33160, Abdo Zoom-Fly) ABDO Publishing Co.

Musical Travels Through England: By the Late Joel Collier, Licentiate in Music; with an Appendix, Containing an Authentic Account of the Author's Last Illness & Death (Classic Reprint) Nat Collier. 2018. (ENG., Illus.). 156p. (J). 27.13 (978-0-483-81028-0(2)) Forgotten Bks.

Musical Travels Through England (Classic Reprint) Joel Collier. (ENG., Illus.). (J). 2018. 74p. 25.42 (978-0-364-67499-4(7)); 2017. pap. 9.57 (978-0-259-80700-1(1)) Forgotten Bks.

Musician in My Head: And Two Other Stories. Marwan Asmar. 2018. (ENG., Illus.). 32p. (J). pap. (978-1-77334-057-9(3)) Propriety Publishing.

Musicians of Bremen. Yen Binh. 2017. (VIE., Illus.). (J). pap. (978-604-957-786-4(2)) Van hoc.

Musicians of Bremen. Collective. 2017. (Earlyreads Ser.). (ENG.). 112p. (J). pap. 14.95 (978-88-530-1545-7(4), Black Cat) Grove/Atlantic, Inc.

Musicians of Bremen: A Grimm's Fairy Tale, 24 vols. Gerda Muller. 2022. Orig. Title: Les Quatres Musicens de Breme. (Illus.). 32p. (J). 18.95 (978-1-78250-792-5(2)) Floris Bks. GBR. Dist: Consortium Bk. Sales & Distribution.

Musicians of the World: Abida Parveen. Shirin Lutfaeli. 2022. (ENG.). 22p. (J). pap. **(978-1-922827-96-8(7))** Library For All Limited.

Musicienne. Connie Colwell Miller. Illus. by Silvia Baroncelli. 2016. (Plus Tard, Je Serai... Ser.). (FRE.). 24p. (J). (gr. 1-4). (978-1-77092-356-0(X), 17619) Amicus.

Musikalische Lied in Geschichtlicher Entwickelung: Übersichtlich und Gemeinfaßlich Dargestellt (Classic Reprint) Karl Ernst Schneider. 2018. (FRE., Illus.). (J). 534p. 34.93 (978-1-391-31220-0(1)); 536p. pap. 19.57 (978-1-390-14214-3(0)) Forgotten Bks.

Musings & Prosings (Classic Reprint) Thomas Haynes Bayly. 2018. (ENG., Illus.). (J). 348p. 31.07 (978-1-396-40951-6(3)); 350p. pap. 13.57 (978-1-391-00283-5(0)) Forgotten Bks.

Musings by Camp-Fire & Wayside (Classic Reprint) William Cunningham Gray. 2017. (ENG., Illus.). (J). 31.38 (978-0-265-20177-0(2)) Forgotten Bks.

Musings in a Moment. Moyinoluwa Oyebanji. 2018. (ENG.). 84p. (YA). (gr. 7-12). pap. 11.95 (978-1-63132-046-0(7)) Advanced Publishing LLC.

Musings of Uncle Silas (Classic Reprint) Bascom Byron Clarke. (ENG., Illus.). (J). 2018. 208p. 28.21 (978-0-483-58609-3(9)); 2016. pap. 10.57 (978-1-333-30254-2(1)) Forgotten Bks.

Musings on the Moon: Loony Rhymes for Playful Minds. Flo-Jo (Florence Lim). Illus. by Rex Lee. 2022. (ENG.). 48p. (J). (gr. 4-6). 19.99 (978-981-4974-38-7(2)) Marshall Cavendish International (Asia) Private Ltd. SGP. Dist: Independent Pubs. Group.

Musique. Québec Amérique. 2022. (Savoir - Auteur du Monde Ser.: 3). (FRE., Illus.). 32p. (J). (gr. 4-8). 18.95 (978-2-7644-4622-5(5)) Quebec Amerique CAN. Dist: Orca Bk. Pubs. USA.

Musique Autour de Nous. Gema Sirvent. Illus. by Lucía Cobo. 2021. (Histoire, une Chanson Ser.). (ENG.). 48p. (J). (gr. k-2). 16.95 (978-2-924774-88-5(8)) Secret Mountain CAN. Dist: Independent Pubs. Group.

Musk Hashish & Blood (Classic Reprint) Hector France. 2018. (ENG., Illus.). 466p. (J). 33.53 (978-0-483-69216-9(6)) Forgotten Bks.

Musk Ox in the Tub: (Step 4) Sound Out Books (systematic Decodable) Help Developing Readers, Including Those with Dyslexia, Learn to Read with Phonics. Pamela Brookes. 2020. (Dog on a Log Let's Go! Books: Vol. 19). (ENG., Illus.). 34p. (J). 14.99 (978-1-64831-070-6(2), DOG ON A LOG Bks.) Jojoba Pr.

Musk Ox in the Tub Chapter Book: (Step 4) Sound Out Books (systematic Decodable) Help Developing Readers, Including Those with Dyslexia, Learn to Read with Phonics. Pamela Brookes. 2020. (Dog on a Log Chapter Books: Vol. 19). (ENG., Illus.). 50p. (J). (gr. 1-6). 14.99 (978-1-64831-025-6(7), DOG ON A LOG Bks.) Jojoba Pr.

Musk Oxen. Jessie Alkire. 2018. (Arctic Animals at Risk Ser.). (ENG., Illus.). 32p. (J). (gr. 3-6). lib. bdg. 32.79 (978-1-5321-1697-1(7), 30682, Checkerboard Library) ABDO Publishing Co.

Musk Oxen. Julie Murray. 2022. (Animals with Strength Ser.). (ENG.). 24p. (J). (gr. k-4). lib. bdg. 31.36 (978-1-0982-8004-8(0), 41043, Abdo Zoom-Dash) ABDO Publishing Co.

Musketeer's Ransom: The Musketeer's of Orleandia Book 3. Philippe Cantin. 2020. (EST.). 258p. (J). pap. (978-0-6488275-6-6(9)) Cantin, Philippe.

Muskingum Legends, with Other Sketches & Papers: Descriptive of the Young Men of Germany & the Old Boys of America (Classic Reprint) Stephen Powers. 2017. (ENG., Illus.). (J). 31.34 (978-0-265-20793-2(2)) Forgotten Bks.

Muskingum Legends with Other Sketches & Papers Descriptive of the Young Men of Germany & the Old Boys of America. Stephen Powers. 2016. (ENG.). 364p. (J). pap. (978-3-7433-8348-7(9)) Creation Pubs.

Muskoka Memories: Sketches from Real Life (Classic Reprint) Ann Hathaway. (ENG., Illus.). (J). 2017. 28.95 (978-0-266-90043-6(7)); 2016. pap. 11.57 (978-1-334-15112-5(1)) Forgotten Bks.

Muskoka Sketch (Classic Reprint) William Edwin Hamilton. (ENG., Illus.). (J). 2018. 48p. 24.89 (978-0-483-45995-3(X)); 2017. pap. 9.57 (978-0-259-41969-3(9)) Forgotten Bks.

Muskox & the Caribou, 1 vol. Nadia Mike. Illus. by Tamara Campeau. 2018. (ENG.). 32p. (J). (gr. k-2). 16.95 (978-1-77227-163-8(2)) Inhabit Media Inc. CAN. Dist: Consortium Bk. Sales & Distribution.

Muskrat. Ellen Lawrence. 2016. (Swamp Things: Animal Life in a Wetland Ser.). (ENG.). 24p. (J). (gr. -1-3). 26.99 (978-1-944102-55-5(8)) Bearport Publishing Co., Inc.

Muskrat & Skunk / Sinkpe Na Maka: A Lakota Drum Story. Donald F. Montileaux & Agnes Gay. 2018. (ENG & DAK., Illus.). 32p. (J). 19.95 (978-1-941813-16-4(X), P559865) South Dakota Historical Society Pr.

Muskrat Ballet. Wren Haasch. 2021. (ENG.). 36p. (J). 18.99 (978-1-64538-220-1(6)); pap. 14.99 (978-1-64538-219-5(2)) Orange Hat Publishing.

Muskrat City (Classic Reprint) Henry Abbott. 2018. (ENG., Illus.). 58p. (J). 25.11 (978-0-332-82992-0(8)) Forgotten Bks.

Muskrat Lodge & Other Stories. Valerie May Kingsmill. 2020. (ENG.). 68p. (J). pap. (978-1-393-15417-4(4)) Kingsmill, Peter.

Muskrats. Al Albertson. 2019. (North American Animals Ser.). (ENG., Illus.). 24p. (J). (gr. k-3). lib. bdg. 26.95 (978-1-62617-984-4(0), Blastoff! Readers) Bellwether Media.

Muskrats. Meg Gaertner. 2019. (Pond Animals Ser.). (ENG., Illus.). 24p. (J). (gr. 1-1). pap. 8.95 (978-1-64185-580-8(0), 1641855800) North Star Editions.

Muskrats. Meg Gaertner. 2018. (Pond Animals Ser.). (ENG., Illus.). 24p. (J). (gr. k-3). lib. bdg. 31.36 (978-1-5321-6209-1(X), 30201, Pop! Cody Koala) Pop!.

Muskrats Rumble Tumble & Read. Casie Wiens. 2018. (ENG.). 32p. (J). pap. (978-1-387-87242-8(7)) Lulu Pr., Inc.

Muslim Brotherhood. Earle Rice Jr. 2017. (J). lib. bdg. 29.95 (978-1-68020-057-7(7)) Mitchell Lane Pubs.

Muslim Contributions: A Thousand & One Arabian Gifts Civilizations of Islam Books on History of Islam 6th Grade History Children's Middle Eastern History. Baby Professor. 2020. (ENG.). 80p. (J). 25.99 (978-1-5419-7665-8(7)); pap. 14.99 (978-1-5419-5050-4(X)) Speedy Publishing LLC. (Baby Professor (Education Kids)).

Muslim Girls Rise: Inspirational Champions of Our Time. Saira Mir. Illus. by Aaliya Jaleel. 2019. (ENG.). 48p. (J). (gr. 1). 19.99 (978-1-5344-1888-2(1)) Simon & Schuster, Inc.

Muslim Heroes & Holy Places, Vol. 8. Musheer Mansoor. Ed. by Camille Pecastaing. 2016. (Understanding Islam Ser.: Vol. 8). (ENG., Illus.). 112p. (J). (gr. 7-12). 25.95 (978-1-4222-3675-8(7)) Mason Crest.

Muslim Immigrants: In Their Shoes. Amy C. Rea. 2019. (Immigrant Experiences Ser.). (ENG.). 32p. (J). (gr. 3-6). lib.

bdg. 35.64 (978-1-5038-2800-1(X), 212607, MOMENTUM) Child's World, Inc, The.

Muslim in America. Leanne Currie-McGhee. 2020. (Bias in America Ser.). (ENG.). 80p. (YA). (gr. 6-12). 42.60 (978-1-68282-899-1(9)) ReferencePoint Pr., Inc.

Muslim Sir Galahad: A Present Day Story, of Islam in Turkey (Classic Reprint) Henry Otis Dwight. 2018. (ENG., Illus.). 200p. (J). 28.02 (978-0-666-40873-0(4)) Forgotten Bks.

Muslim World, 6 vols., Set. Ed. by Marshall Cavendish Reference Staff Reference. Incl. Illustrated Dictionary of the Muslim World. 960p. lib. bdg. 88.36 (978-0-7614-7929-1(5), 4082fd26-b160-4dd7-b9d1-ac351e44396e); Islamic Beliefs, Practices, & Cultures. 352p. lib. bdg. 116.93 (978-0-7614-7926-0(0), 9ca210a8-a4a9-4617-8a69-38650b1edc54); Modern Muslim Societies. 960p. lib. bdg. 116.93 (978-0-7614-7927-7(9), 2845a798-89a2-43a9-b299-a81f030cd632); (YA). (gr. 8-8). (Muslim World Ser.). (ENG.). 2011. Set lib. bdg. 322.22 (978-0-7614-7930-7(9), 47bf6812-583a-4fc4-a7c0-46d228bdb9e3, Cavendish Square) Cavendish Square Publishing LLC.

Muslims in America, Vol. 8. Anbara Zaidi. Ed. by Camille Pecastaing. 2016. (Understanding Islam Ser.: Vol. 8). (ENG., Illus.). 112p. (J). (gr. 7-12). 25.95 (978-1-4222-3676-5(5)) Mason Crest.

Muslin (Classic Reprint) George Moore. (ENG., Illus.). (J). 2018. 366p. 31.45 (978-0-267-16831-6(4)); 2017. 31.82 (978-0-331-59925-1(2)) Forgotten Bks.

Mussie (Hapyxelor) - Three-Eyed Loch Ness-Like Monster of Muskrat Lake in Ontario Mythology for Kids True Canadian Mythology, Legends & Folklore. Professor Beaver. 2021. (ENG.). 72p. (J). 24.99 (978-0-2282-3605-4(3)); pap. 14.99 (978-0-2282-3564-4(2)) Speedy Publishing LLC. (Professor Beaver).

Mussulman, Vol. 1 of 3 (Classic Reprint) Richard Robert Madden. 2017. (ENG., Illus.). (J). 31.24 (978-0-266-20434-3(1)) Forgotten Bks.

Mussulman, Vol. 2 of 3 (Classic Reprint) Richard Robert Madden. 2017. (ENG., Illus.). (J). 30.37 (978-0-260-19338-4(0)) Forgotten Bks.

Must Know Stories: Level 2: the Princess & the Pea. Jackie Walter. 2017. (Must Know Stories: Level 2 Ser.). (ENG.). 32p. (J). (gr. 1-3). pap. 4.99 (978-1-4451-4655-3(X), Franklin Watts) Hachette Children's Group GBR. Dist: Hachette Bk. Group.

Mustache Baby Board Book. Bridget Heos. Illus. by Joy Ang. 2016. (Mustache Baby Ser.). (ENG.). 36p. (J). (— 1). bds. 7.99 (978-0-544-78984-5(9), 1639283, Clarion Bks.) HarperCollins Pubs.

Mustache Baby Christmas: A Christmas Holiday Book for Kids. Bridget Heos. Illus. by Joy Ang. 2019. (Mustache Baby Ser.). (ENG.). 40p. (J). (gr. -1-3). 17.99 (978-1-328-50653-5(3), 1718799, Clarion Bks.) HarperCollins Pubs.

Mustache Baby Christmas Board Book: A Christmas Holiday Book for Kids. Bridget Heos. Illus. by Joy Ang. 2020. (Mustache Baby Ser.). (ENG.). 36p. (J). (— 1). bds. 8.99 (978-0-358-36267-8(9), 1784604, Clarion Bks.) HarperCollins Pubs.

Mustache Baby Lap Board Book. Bridget Heos. Illus. by Joy Ang. 2018. (Mustache Baby Ser.). (ENG.). 36p. (J). (— 1). bds. 12.99 (978-1-328-91048-6(2), 1701056, Clarion Bks.) HarperCollins Pubs.

Mustache Baby Meets His Match Board Book. Bridget Heos. Illus. by Joy Ang. 2018. (Mustache Baby Ser.). (ENG.). 36p. (J). (gr. -1-3). bds. 7.99 (978-1-328-86653-0(X), 1695874, Clarion Bks.) HarperCollins Pubs.

Mustache Duckstache. Amy Young. Illus. by A. J. Young. 2021. 32p. (J). (-k). 17.99 (978-0-593-20558-7(8), Viking Books for Young Readers) Penguin Young Readers Group.

Mustache Mania! Twitching Whiskers Coloring Book. Activity Book Zone. 2016. (ENG., Illus.). (J). pap. 9.20 (978-1-68376-364-2(5)) Sabeels Publishing.

Mustaches for Maddie. Shelly Brown & Chad Morris. 2017. (ENG.). 256p. (J). (gr. 3-6). 16.99 (978-1-62972-330-3(4), 5177725, Shadow Mountain) Shadow Mountain Publishing.

Mustaches for Maddie. Chad Morris & Shelly Brown. 2018. (ENG.). 256p. (J). (gr. 3-6). pap. 7.99 (978-1-62972-419-5(X), 5194502, Shadow Mountain) Shadow Mountain Publishing.

Mustafa, 1 vol. Marie-Louise Gay. 2018. (ENG., Illus.). 40p. (J). (gr. k-3). 19.95 (978-1-77306-138-2(0)) Groundwood Bks. CAN. Dist: Publishers Group West (PGW).

Mustang: The American Muscle Car. Nicky Wright. 2017. (Speed Rules! Inside the World's Hottest Cars Ser.: Vol. 8). (ENG., Illus.). 96p. (J). (gr. 7-12). 25.95 (978-1-4222-3835-6(0)) Mason Crest.

Mustang: Wild Spirit of the West. Marguerite Henry. Illus. by Robert Lougheed. 2016. (ENG.). 240p. (J). (gr. 3-7). 19.99 (978-1-4814-5222-9(3), Simon & Schuster/Paula Wiseman Bks.) Simon & Schuster/Paula Wiseman Bks.

Mustang Babies! Carol J. Walker. 2018. (ENG.). 26p. (J). bds. 8.95 (978-1-56037-727-6(5)) Farcountry Pr.

Mustang Girl. Kay Flowers. 2018. (ENG., Illus.). 342p. (YA). (gr. 7-12). pap. 17.95 (978-1-63263-651-5(4)) Booklocker.com, Inc.

Mustang Gray: A Romance (Classic Reprint) Jeremiah Clemens. 2017. (ENG., Illus.). (J). 29.96 (978-0-266-66005-7(3)); pap. 13.57 (978-1-5276-3331-5(4)) Forgotten Bks.

Mustang Horses. Grace Hansen. 2019. (Horses (Abdo Kids Jumbo 2) Ser.). (ENG., Illus.). 24p. (J). (gr. -1-2). lib. bdg. 32.79 (978-1-5321-8565-6(0), 31468, Abdo Kids) ABDO Publishing Co.

Mustang Macy. Dana Wilkerson. 2017. (ENG.). 122p. (J). (gr. 2-5). pap. 7.99 (978-1-948148-00-9(5)) Dana Wilkerson, LLC.

Mustang Moon. Terri Farley. 2023. (Phantom Stallion Ser.: 2). (ENG.). 336p. (J). (gr. 3-7). 18.99 **(978-1-6659-1635-6(4))**; pap. 8.99 **(978-1-6659-1634-9(6))** Simon & Schuster Children's Publishing. (Aladdin).

Mustard & Cress: A Humorous Story (Classic Reprint) Samuel Horton. (ENG., Illus.). (J). 2018. 238p. 28.83

The check digit for ISBN-10 appears in parentheses after the full ISBN-13

(978-0-483-43410-3(8)); 2017. pap. 11.57 *(978-0-243-08370-1(X))* Forgotten Bks.
Mustard Seed. Jodi Lynn. Illus. by Sheng-Mei Li. 2021. (ENG.). 30p. (YA). *(978-0-2288-5355-8(9))*; pap. *(978-0-2288-5353-4(2))* Tellwell Talent.
Mustee, or Love & Liberty (Classic Reprint) B. F. Presbury. 2018. (ENG., Illus.). 488p. (J). 33.98 *(978-0-483-27589-8(1))* Forgotten Bks.
Musty Old Magical Curiosity Shop. Dianne Carol Sudron. 2023. (ENG.). 236p. (J). pap. ***(978-0-7223-5186-4(0))*** Stockwell, Arthur H. Ltd.
Mutable Many: A Novel (Classic Reprint) Robert Barr. 2017. (ENG., Illus.). (J). 31.84 *(978-1-5279-5256-0(8))* Forgotten Bks.
Mutant. Daniel Bittencourt Paredes. 2022. (ENG.). 18p. (J). pap. *(978-1-83975-732-7(9))* Grosvenor Hse. Publishing Ltd.
Mutant Bunny Island. Obert Skye. Illus. by Eduardo Vieira. 2017. (ENG.). 224p. (J). (gr. 3-7). 12.99 *(978-0-06-239912-0(8))*, HarperCollins) HarperCollins Pubs.
Mutant Bunny Island #2: Bad Hare Day. Obert Skye. Illus. by Eduardo Vieira. 2018. (ENG.). 208p. (J). (gr. 3-7). 12.99 *(978-0-06-239915-1(2))*, HarperCollins) HarperCollins Pubs.
Mutant Bunny Island #3: Buns of Steel. Obert Skye. Illus. by Eduardo Vieira. 2019. (ENG.). 208p. (J). (gr. 3-7). 12.99 *(978-0-06-239917-5(9))*, HarperCollins) HarperCollins Pubs.
Mutant Rising. Steve Feasey. 2016. (ENG.). 352p. (YA). (gr. 7). pap. *(978-1-4088-5572-0(0))*, 258446, Bloomsbury Children's Bks.) Bloomsbury Publishing Plc.
Mutantsitters Club. Sj Whitby. 2022. (ENG.). 232p. (YA). pap. ***(978-1-9911603-6-2(4))*** SJ Whitby.
Mutation (Cryptid Hunters #4) Roland Smith. 2016. (Cryptid Hunters Ser.: 4). (ENG.). 352p. (J). (gr. 3-7). pap. 7.99 *(978-0-545-08181-8(5))*, Scholastic Pr.) Scholastic, Inc.
Mute. Lydia Wiebe. 2018. (ENG., Illus.). 102p. (YA). pap. 12.95 *(978-1-64349-410-4(4))* Christian Faith Publishing.
Mute Confessor: The Romance of a Southern Town (Classic Reprint) William N. Harben. 2018. (ENG., Illus.). 204p. (J). 28.10 *(978-0-267-10526-7(6))* Forgotten Bks.
Mute Singer: A Novel (Classic Reprint) Anna Cora Ritchie Mowatt. 2018. (ENG., Illus.). 362p. (J). 31.38 *(978-0-365-23317-6(X))* Forgotten Bks.
Muted. Tami Charles. (ENG.). 400p. (YA). (gr. 7). 2022. pap. 12.99 *(978-1-338-67354-8(8))*; 2021. 18.99 *(978-1-338-67352-4(1))* Scholastic, Inc. (Scholastic Pr.).
Mutineers. Charles Boardman Hawes. 2019. (ENG.). 204p. (J). (gr. k-6). pap. 7.99 *(978-1-5154-4217-2(9))* Wilder Pubns., Corp.
Mutineers (Classic Reprint) Arthur E. J. Legge. 2017. (ENG., Illus.). (J). 362p. 31.36 *(978-0-484-28997-9(7))*; pap. 13.97 *(978-1-5276-4350-5(6))* Forgotten Bks.
Mutiny. Benjamin Vogt. 2019. (ENG.). 276p. (YA). pap. 13.99 *(978-1-7337650-2-2(6))* Kyburg Publishing.
Mutiny of the Elsinore. Jack. London. 2020. (ENG.). (J). 240p. 19.95 *(978-1-64799-451-8(9))*; 238p. pap. 11.95 *(978-1-64799-450-1(0))* Bibliotech Pr.
Mutiny of the Elsinore. Jack London. 2022. (ENG.). 242p. (J). pap. 33.38 *(978-1-4583-4379-6(0))* Lulu Pr., Inc.
Mutt. Douglas Dietrichson. 2021. (ENG.). 224p. (J). 27.95 *(978-1-68517-299-2(7))*; pap. 17.95 *(978-1-0980-9496-6(4))* Christian Faith Publishing.
Mutter Kuche: Kinder Malbuch. Bold Illustrations. 2017. (GER., Illus.). 84p. (J). pap. 8.35 *(978-1-64193-157-1(4))*, Bold Illustrations) FASTLANE LLC.
Muttlee: the Best Dog in the World! Taylor Farley. 2021. (I Read-N-Rhyme Ser.). (ENG., Illus.). 28p. (J). (gr. -1-3). pap. *(978-1-4271-2938-3(X))*, 11025); lib. bdg. *(978-1-4271-2927-7(4))*, 11013) Crabtree Publishing Co.
Muttly's Farmyard Adventures. Bob Ovenden. 2017. (ENG., Illus.). (J). pap. 24.95 *(978-1-60474-032-5(9))* America Star Bks.
Mutton Birds & Other Birds (Classic Reprint) H. Guthrie-Smith. (ENG., Illus.). (J). 2017. 31.78 *(978-0-260-86721-6(7))*; 2016. pap. 16.57 *(978-1-333-45561-3(5))* Forgotten Bks.
Mutton Busting to Bull Riding. Ford. Ed. by Bobbie Hinman. Illus. by Jose Nieto. 2022. (Rocking Horse Rodeo Ser.). (ENG.). 36p. (J). pap. 14.99 ***(978-1-7369555-7-4(8))*** MD Ford.
Mutts 1. Patrick McDonnell. 2020. (SPA.). 128p. (J). (gr. 4-7). pap. 14.50 *(978-607-527-761-5(7))* Editorial Oceano de Mexico MEX. Dist: Independent Pubs. Group.
Mutts Autumn Diaries. Patrick Mcdonnell. 2016. (Mutts Kids Ser.: Vol. 3). (ENG., Illus.). (J). (gr. 4-6). 33.99 *(978-1-4494-8500-9(6))* Andrews McMeel Publishing.
Mutts Autumn Diaries. Patrick Mcdonnell. ed. 2016. (Mutts for Kids Ser.). lib. bdg. 20.85 *(978-0-606-39181-8(9))* Turtleback.
Mutts Diaries. Patrick Mcdonnell. 2016. (ENG., Illus.). 226p. (J). (gr. 3-7). 29.99 *(978-1-4494-7380-8(6))* Andrews McMeel Publishing.
Mutts Go Green: Earth-Friendly Tips & Comic Strips. Patrick McDonnell. 2021. (ENG., Illus.). 176p. (J). pap. 11.99 *(978-1-5248-6694-5(6))* Andrews McMeel Publishing.
Mutts Spring Diaries. Patrick Mcdonnell. 2018. (Mutts Kids Ser.). (ENG., Illus.). 178p. (J). (gr. 3-6). 34.99 *(978-1-4494-9456-8(0))* Andrews McMeel Publishing.
Mutts Spring Diaries. Patrick McDonnell. 2018. (Mutts Kids Ser.: 4). (ENG., Illus.). 176p. (J). pap. 9.99 *(978-1-4494-8514-6(6))* Andrews McMeel Publishing.
Mutts Summer Diaries. Patrick McDonnell. 2019. (Mutts Kids Ser.: 5). (ENG.). (J). 176p. pap. 9.99 *(978-1-4494-9523-7(0))*; (Illus.). 178p. (gr. 3-6). 35.99 *(978-1-5248-5131-6(0))* Andrews McMeel Publishing.
Muttwupp. Sven Kinzel & Oliver Renner. Illus. by Sven Kinzel. 2019. (GER., Illus.). 34p. (J). (gr. k-4). 14.99 *(978-1-63233-178-6(0))* Elfrig Publishing.
Mutzphey's Last Stand: A Mutzphey & Milo Story! Hank Kunneman. Illus. by Norris Hall. 2020. (ENG.). 36p. (J). pap. 9.99 *(978-0-7684-5806-0(4))* Destiny Image Pubs.
Muu / Moo (Spanish Edition) Tapitas Curiosas en la Granja. Jaye Garnett. Ed. by Cottage Door Press. Illus. by Joy Steuerwald. 2019. (Peek-A-Flap Ser.). (SPA.). 12p. (J). (gr. -1-1). bds. 9.99 *(978-1-68052-843-5(2))*, 1001170-SLA) Cottage Door Pr.
Muuller-Walle Method of Lip-Reading for the Deaf: Bruhn Lip-Reading System, September, 1916 (Classic Reprint) Martha Emma Bruhn. 2017. (ENG., Illus.). (J). 29.32 *(978-0-266-74729-1(9))* Forgotten Bks.
Muurien Välissä: Finnish Edition of Between the Walls. Tuula Pere. Illus. by Andrea Alemanno. 2018. (FIN.). 40p. (J). (gr. k-4). *(978-952-7107-10-2(5))*; pap. *(978-952-5878-87-5(2))* Wickwick oy.
¡Muy Verde! - Too Green! Sumana Seeboruth. Illus. by Maribel Castells. 2023. (Feelings & Firsts Ser.). (ENG.). 26p. (J). (— 1). bds. 8.99 ***(978-1-64686-994-7(X))*** Barefoot Bks., Inc.
Muzoon: A Syrian Refugee Speaks Out. Muzoon Almellehan & Wendy Pearlman. 2023. 288p. (J). (gr. 5). 17.99 *(978-1-9848-5198-7(5))*; (ENG.). lib. bdg. 20.99 *(978-1-9848-5199-4(3))* Random Hse. Children's Bks. (Knopf Bks. for Young Readers).
Mvp: Most Valuable Puppy. Mike Greenberg & Stacy Steponate Greenberg. Illus. by Bonnie Pang. 2018. (ENG.). 32p. (J). (gr. -1-3). 17.99 *(978-1-4814-8931-7(3))*, Aladdin) Simon & Schuster Children's Publishing.
MVP #1: the Gold Medal Mess. David A. Kelly. Illus. by Scott Brundage. 2016. (Most Valuable Players Ser.: 1). 128p. (J). (gr. 1-4). 5.99 *(978-0-553-51319-6(2))*, Random Hse. Bks. for Young Readers) Random Hse. Children's Bks.
MVP #2: the Soccer Surprise. David A. Kelly. Illus. by Scott Brundage. 2016. (Most Valuable Players Ser.: 2). 128p. (J). (gr. 1-4). 5.99 *(978-0-553-51322-6(2))*, Random Hse. Bks. for Young Readers) Random Hse. Children's Bks.
MVP #3: the Football Fumble. David A. Kelly. Illus. by Scott Brundage. 2016. (Most Valuable Players Ser.: 3). 128p. (J). (gr. 1-4). 7.99 *(978-0-553-51325-7(7))*, Random Hse. Bks. for Young Readers) Random Hse. Children's Bks.
MVP #4: the Basketball Blowout. David A. Kelly. Illus. by Scott Brundage. 2017. (Most Valuable Players Ser.: 4). 128p. (J). (gr. 1-4). 7.99 *(978-0-553-51328-8(1))*, Random Hse. Bks. for Young Readers) Random Hse. Children's Bks.
Mwemwe & Her Cat - Nei Mwemwe Ma Ana Katamwa (Te Kiribati) Katiring Buariki. Illus. by John Robert Azuelo. 2023. (ENG.). 32p. (J). pap. ***(978-1-922876-70-6(4))*** Library For All Limited.
Mwen Renmen Chen Sa A see Love That Dog
Mwen Se Yon DoktÈ: KI Kalite Doktè Mwen Ye? Daphney Maurissaeau Carter. 2018. (CPF., Illus.). 32p. (J). (gr. k-4). pap. 10.00 *(978-1-945532-73-3(4))* Opportune Independent Publishing Co.
Mwikali & the Forbidden Mask. Shiko Nguru. 2022. (Intasimi Warriors Ser.). (ENG.). 228p. (J). (gr. 4-7). 18.99 *(978-1-913747-93-0(X))*, d50a21e2-3900-4b46-8a4b-3a2aa5de0d98) Lantana Publishing GBR. Dist: Lerner Publishing Group.
My 3 Sons: What They Celebrate. Jacques A. Walden Sr. 2021. (ENG.). 36p. (J). 22.95 *(978-1-9822-6325-6(3))*; pap. 10.95 *(978-1-9822-6323-2(7))* Author Solutions, LLC. (Balboa Pr.).
My 8 Legged Friends: Arachnid: Spider Coloring Book. Jupiter Kids. 2016. (ENG., Illus.). 106p. (J). pap. 12.55 *(978-1-68305-289-0(7))*, Jupiter Kids (Childrens & Kids Fiction)) Speedy Publishing LLC.
My 901: A Book of Short Stories & Poems. Robin Taylor Hall. 2020. (ENG.). 28p. (YA). pap. 12.99 *(978-1-0879-1008-6(0))* Indy Pub.
My a-B-C for Mom, Dad, & Me! Neebeeshaabookway - Author (L G). 2017. (ENG., Illus.). 50p. (J). pap. *(978-1-365-95871-7(X))* Lulu Pr., Inc.
My A. E. F: A Hail & Farewell (Classic Reprint) Frances Newbold Noyes. 2017. (ENG., Illus.). (J). 25.30 *(978-1-5280-6312-8(0))* Forgotten Bks.
My 'a' Sound Box. Jane Belk Moncure. Illus. by Rebecca Thornburgh. 2018. (Jane Belk Moncure's Sound Box Bks.). (ENG.). 32p. (J). (gr. -1-2). 35.64 *(978-1-5038-2304-4(0))*, 212133) Child's World, Inc, The.
My ABC Clip N' Color Activity Book. Jupiter Kids. 2016. (ENG., Illus.). 108p. (J). pap. 12.55 *(978-1-68326-122-3(4))*, Jupiter Kids (Childrens & Kids Fiction)) Speedy Publishing LLC.
My ABC Picture Words. Rose Marie Colucci. 2020. (ENG.). 70p. (J). pap. 12.99 *(978-1-6781-2827-2(9))* Lulu Pr., Inc.
My ABC Poet Tree: Reading Poetry LEAVES Me Happy! Penny Macinnis. Illus. by Canvastone Children's Art School. 2022. (ENG.). 64p. (J). *(978-1-0391-1162-2(9))*; pap. ***(978-1-0391-1161-5(0))*** FriesenPress.
My ABC's. John W. Ensley, 2nd. Illus. by Wesley Van Eeden. 2017. (ENG.). (J). 16.99 *(978-1-62676-875-8(7))*, Melanin Origins, LLC) Grivante Pr.
My ABCs Build Confidence. Lauretha Brown Ward. 2018. (ENG.). (J). 14.95 *(978-1-68401-316-6(X))* Amplify Publishing Group.
My ABCs Build Confidence: Always Be Courageous - Coloring Book. Lauretha Brown Ward. 2018. (ENG.). 24p. (J). pap. 9.95 *(978-1-68401-740-9(8))* Amplify Publishing Group.
My ABC's to Know God, Jesus & the Holy Ghost. Terric W. Ferguson. 2022. (ENG., Illus.). 92p. (J). pap. 23.95 ***(978-1-68517-938-0(X))*** Christian Faith Publishing.
My ABCs with Baby Giraffe. Noria Hamdoun. 2023. (ENG.). 72p. (J). pap. ***(978-1-4477-4328-6(8))*** Lulu Pr., Inc.
My Abstract Ideas RM: An Unofficial BTS Journal. Jin's Eve. 2022. (ENG.). 200p. pap. ***(978-1-4710-6835-5(8))*** Lulu Pr., Inc.
My Abuelita & Me. Rosa Tiscareno. 2021. (ENG.). 23p. (J). *(978-1-716-20739-6(8))* Lulu Pr., Inc.
My Accented Bilingual Book of Igbo & English Words. Helena Chinweoke. 2021. (ENG.). 24p. (J). pap. 14.99 *(978-1-7376021-0-1(5))* Opportune Independent Publishing Co.
My Accented Bilingual Book of Igbo& English Words. Helena Chinweoke. 2021. (ENG.). 24p. (J). 19.99 *(978-1-7376021-1-8(3))* Opportune Independent Publishing Co.
My Activity Book: Puzzles, Coloring Pages, Alphabets & Bible Scriptures. Shonda Haywood. 2021. (ENG.). 111p. (J). pap. ***(978-1-365-44340-4(X))*** Lulu Pr., Inc.
My Activity Book of Pretty Pink Fun. Ed. by Cottage Door Press. 2023. (ENG.). 192p. (J). pap. 9.99 ***(978-1-64638-034-3(7)***, 3000400) Cottage Door Pr.
My Actor-Husband: A True Story of American Stage Life (Classic Reprint) Unknown Author. 2018. (ENG., Illus.). 332p. (J). 30.76 *(978-0-332-28111-7(6))* Forgotten Bks.
My Adopted Family. Claudia Harrington. Illus. by Zoe Persico. 2017. (My Family Set 2 Ser.). (ENG.). 32p. (J). (gr. -1-4). lib. bdg. 32.79 *(978-1-5321-3016-8(3))*, 25534, Looking Glass Library) Magic Wagon.
My Adoption Journey: The Story of My Adoption. Zoila López et al. 2021. (ENG.). 34p. (J). pap. 12.95 *(978-1-7329647-9-2(3))* Holt International.
My Adoptive Family see Mi Familia Adoptiva (My Adoptive Family)
My Adoptive Family. Julie Murray. 2020. (This Is My Family Ser.). (ENG., Illus.). 24p. (J). (gr. -1-2). lib. bdg. 31.36 *(978-1-0982-0221-7(X))*, 34575, Abdo Kids); (gr. k-k). pap. 9.95 *(978-1-64494-389-2(1))*, Abdo Kids-Junior) ABDO Publishing Co.
My Advent Nativity Press-Out-And-Play Book: Features 25 Pop-Out Pieces for Ages 3-7. Tama Fortner. 2022. (ENG.). 24p. (J). bds. 16.99 *(978-1-4002-3185-0(X))*, Tommy Nelson) Nelson, Thomas Inc.
My Adventure. Tiffany Lonetto. 2020. (ENG.). 52p. (YA). (gr. 7-12). pap. 8.99 *(978-0-9987157-3-5(5))* RMA Publicity LLC dba Sigma's Bookshelf.
My Adventure & What Did I See. Rebecca Kecskes. 2019. (ENG.). 22p. (J). pap. 11.95 *(978-1-64424-084-7(X))* Page Publishing Inc.
My Adventure Book: a Journal for Young Explorers: Notebook. Maria D. E. L. Carmen APONTE. 2023. (ENG.). 108p. (J). pap. ***(978-1-329-01673-6(4))*** Lulu Pr., Inc.
My Adventure on the North Pole Express. J. D. Green. Illus. by Joanne Partis. 2022. (North Pole Express Bears Ser.). (ENG.). 32p. (J). (gr. -1-3). 7.99 ***(978-1-7282-6495-0(2))*** Sourcebooks, Inc.
My Adventure on the North Pole Express. J. D. Green. 2019. (North Pole Express Ser.). (ENG.). 32p. (J). (gr. -1-3). 7.99 ***(978-1-7282-0385-0(6))***; 7.99 ***(978-1-7282-0384-3(8))*** Sourcebooks, Inc.
My Adventure with Harold & the Purple Crayon Activity Book. Crockett Johnson. Illus. by Crockett Johnson. 2022. (ENG., Illus.). 128p. (J). (gr. -1-3). pap. 14.99 *(978-0-06-265528-8(0))*, HarperFestival) HarperCollins Pubs.
My Adventures & Bright Ideas: Writing Journal for Kids (Elementary School-Aged): a Journal for the Bright Minds of Today & Tomorrow. (Kids: Elementary School-Aged) Jessica Walker & Layton Walker. 2022. (ENG.). 66p. (J). pap. ***(978-1-387-99514-1(6))*** Lulu Pr., Inc.
My Adventures As a Spy. Robert Baden-Powell. 2017. (ENG., Illus.). (J). 22.95 *(978-1-374-81844-6(5))*; pap. 12.95 *(978-1-374-81843-9(7))* Capital Communications, Inc.
My Adventures in Alphabetland: How I Learned the Letters of the Alphabet - I Met Every One of Them. Nathaniel Jensen. Illus. by Nate Jensen. 2018. (ENG.). 34p. (J). (gr. k-1). 19.99 *(978-1-7327161-2-4(9))* Creative Avenues Media.
My Adventures in Alphabetland: How I Learned the Letters of the Alphabet - I Met Every One of Them. Nathaniel P. Jensen. 2019. (ENG., Illus.). 34p. (J). (gr. k-1). pap. 11.99 *(978-1-7327161-1-7(0))* Creative Avenues Media.
My Adventures in the Congo (Classic Reprint) Marguerite Roby. (ENG., Illus.). (J). 2017. 32.08 *(978-0-331-63716-8(2))*; 2016. pap. 16.57 *(978-1-333-14230-8(7))* Forgotten Bks.
My Adventures in the Sierras (Classic Reprint) Obed Gray Wilson. (ENG., Illus.). (J). 2018. 254p. 29.16 *(978-0-428-52155-4(X))*; 2016. pap. 11.57 *(978-1-333-34032-2(X))* Forgotten Bks.
My Adventures on a Jungle Safari. Joe Hester. Illus. by Hannabill Guimbellot. 2017. (ENG.). (J). 23.95 *(978-1-64003-348-1(3))*; pap. 12.95 *(978-1-64003-347-4(5))* Covenant Bks.
My Adventures, Vol. 2 of 2 (Classic Reprint) Montgomery Maxwell. (ENG., Illus.). (J). 2018. 350p. 31.12 *(978-0-267-38972-8(8))*; 2016. pap. 13.57 *(978-1-334-13966-6(0))* Forgotten Bks.
My Adventurous Tales. Eugene Harvey. 2021. (ENG.). 100p. (J). pap. 13.95 *(978-1-64544-791-7(X))* Page Publishing Inc.
My African Home: Or, Bush Life in Natal When a Young Colony (1852-7) (Classic Reprint) Eliza Whigham Feilden. 2018. (ENG., Illus.). 394p. (J). 32.02 *(978-0-483-64352-9(1))* Forgotten Bks.
My African Me. Ras Jah Strength. 2017. (ENG., Illus.). (J). pap. 11.99 *(978-1-947318-02-1(0))* Solomon & Makeda Publishing.
My African Me Too. Dwight J. Gordon. 2017. (ENG., Illus.). (J). pap. 11.99 *(978-0-9987233-7-2(1))* Solomon & Makeda Publishing.
My Afro: Twin Best Friends. Tiana-Rose Akoh-Arrey. 2021. (ENG.). 30p. (J). pap. *(978-1-913674-74-8(6))* Conscious Dreams Publishing.
My Afternoon Guest. Aaron Zevy. Illus. by Jeric Tan. 2nd ed. 2023. (ENG.). 24p. (J). (gr. -1-k). 11.99 ***(978-1-7782017-8-3(4))*** Tumbleweed Press CAN. Dist: Orca Bk. Pubs. USA.
My Ain Laddie (Classic Reprint) David Dorley. 2018. (ENG., Illus.). 120p. (J). 26.37 *(978-0-483-27421-1(6))* Forgotten Bks.
My Airman over There (Classic Reprint) Unknown Author. 2017. (ENG., Illus.). (J). 29.92 *(978-1-5284-8935-5(7))* Forgotten Bks.
My Airplane Holiday Journal. Petal Publishing. 2021. (ENG.). 32p. (J). pap. *(978-1-922664-31-0(6))* Life Graduate, The.
My Airport Journal. Petal Publishing. 2021. (ENG.). 32p. (J). pap. *(978-1-922664-29-7(4))* Life Graduate, The.
My Alabama Notebook. Sheila Simmons. 2018. (ENG.). 192p. (YA). 14.95 *(978-1-934817-41-4(4))* Great American Pubs.
My Alien Best Friend. Mark Mulle. 2019. (ENG.). 110p. (J). pap. *(978-1-7947-6639-6(1))* Lulu Pr., Inc.
My Alien Origin. Daryl Elmore. 2023. (ENG.). 508p. (YA). pap. 25.95 ***(978-1-68235-616-6(7)***, Strategic Bk. Publishing) Strategic Book Publishing & Rights Agency (SBPRA).
My Alphabet - Manin Te Koroboki (Te Kiribati) Stella Rumbam. Illus. by Mihailo Tatic. 2023. (ENG.). 60p. (J). pap. ***(978-1-922844-60-6(8))*** Library For All Limited.
My Alphabet Bible Story Book. Renea Green. 2017. (ENG., Illus.). (J). (gr. k-3). pap. 12.95 *(978-1-891282-09-6(3))* Million Words Publishing, LLC.
My Alphabet Fun Clip N' Color Activity Book. Jupiter Kids. 2017. (ENG., Illus.). (J). pap. 9.20 *(978-1-68326-123-0(2))*, Jupiter Kids (Childrens & Kids Fiction)) Speedy Publishing LLC.
My Alphabetasaurus. Peter Winn. 2022. (ENG.). 50p. (J). pap. ***(978-1-80381-249-6(4))*** Grosvenor Hse. Publishing Ltd.
My Amazing Animals Activity Book. Sequoia Children's Publishing. 2020. (ENG.). 16p. (J). *(978-1-64269-127-6(5))*, 69f10733-7c1f-4752-b567-94fd40729d90, Sequoia Publishing & Media LLC) Sequoia Children's Bks.
My Amazing Body (Girls) First Human Body Book for Kids. IglooBooks. Illus. by Ana Djordjevic. 2020. (ENG.). 10p. (J). (gr. -1-k). bds. 7.99 *(978-1-83903-227-1(8))* Igloo Bks. GBR. Dist: Simon & Schuster, Inc.
My Amazing Body Machine: A Colorful Visual Guide to How Your Body Works. Robert Winston. Illus. by Owen Gildersleeve. 2017. (ENG.). 128p. (J). (gr. 2-4). 19.99 *(978-1-4654-6185-8(X))*, DK Children) Dorling Kindersley Publishing, Inc.
My Amazing Book of Praise & Worship Church Coloring Book. Kreative Kids. 2016. (ENG., Illus.). (J). pap. 9.20 *(978-1-68377-340-5(3))* Whike, Traudl.
My Amazing Collection of Magical Stories: Storybook Treasury with 11 Tales. IglooBooks. Illus. by Antonella Fant. 2021. (ENG.). 96p. (J). (-k). 14.99 *(978-1-80022-800-9(7))* Igloo Bks. GBR. Dist: Simon & Schuster, Inc.
My Amazing Dad. Ezekiel Kwaymullina. Illus. by Tom Jellett. 2016. (ENG.). 24p. (J). (gr. -1-k). 16.99 *(978-1-5107-0584-5(8))*, Sky Pony Pr.) Skyhorse Publishing Co., Inc.
My Amazing Diary All about Me: A Secret Journal Full of My Favourite Things. Ellen Bailey & Susannah Bailey. Illus. by Max Jackson. 2022. ('All about Me' Diary & Journal Ser.: 5). (ENG.). 96p. (J). pap. 12.95 *(978-1-78055-720-5(5))*, Buster Bks.) O'Mara, Michael Bks., Ltd. GBR. Dist: Independent Pubs. Group.
My Amazing Fingerprints. Lorri B. Noble. Illus. by Nizhoni Thompson. 2022. (ENG.). 22p. (J). 26.99 *(978-1-6628-4491-1(3))*; pap. 14.99 *(978-1-6628-4490-4(5))* Salem Author Services.
My Amazing Gratitude Journal: Gratitude Journal for Kids, Practice Gratitude & Mindfulness to Increase Children Happiness. Magical Colors. 2020. (ENG.). 124p. (J). pap. 8.55 *(978-1-716-29882-0(2))* Lulu Pr., Inc.
My Amazing Mom. Sherry Walker. Illus. by Sherry Walker & Myla Gibbons. 2017. (ENG.). (J). pap. 9.13 *(978-0-578-19687-9(5))* Walker, Sherry.
My Amazing Mop of Hair. Katie Katay. Illus. by Mary Em. 2021. (My Fun Mop of Hair Ser.: Vol. 2). (ENG.). 36p. (J). pap. *(978-0-9951332-5-9(5))* Sunsmile Bks.
My Amazing Poo Plant. Moya Simons & Judith Rossell. 2020. (Puffin Nibbles Ser.). (Illus.). 80p. (J). (gr. k-2). pap. 9.99 *(978-0-14-330146-2(2))*, Puffin) Penguin Random Hse. AUS. Dist: Independent Pubs. Group.
My Amazing Travel Journal: Trip Diary for Kids, 120 Pages to Write Your Own Adventures. Magical Colors. 2020. (ENG.). 122p. (J). pap. 8.55 *(978-1-716-30677-8(9))* Lulu Pr., Inc.
My America. Karen Katz. Illus. by Karen Katz. 2021. (ENG., Illus.). 32p. (J). 18.99 *(978-0-8050-9012-3(6))*, 900059041, Holt, Henry & Co. Bks. For Young Readers) Holt, Henry & Co.
My America, the Beautiful: A Little Patriot's Celebration. Katharine Lee Bates. Illus. by Katie Melrose. 2018. (ENG.). 20p. (J). (gr. -1-3). bds. 12.99 *(978-1-64170-019-1(X))*, 550019) Familius LLC.
My American Baby. Rose Rossner. Illus. by Louise Anglicas. 2021. (My Baby Locale Ser.). (ENG.). 24p. (J). (-k). bds. 8.99 *(978-1-7282-3679-7(7))*, Hometown World) Sourcebooks, Inc.
My American Diary (Classic Reprint) Clare Sheridan. 2017. (ENG., Illus.). (J). 31.63 *(978-1-5284-8716-0(8))* Forgotten Bks.
My American Government, 8 vols., Set. William David Thomas. Incl. How Do We Elect Our Leaders? lib. bdg. 28.67 *(978-0-8368-8860-7(X))*, c7d46ad2-a0ce-4f68-b056-4267636313a1); What Are Citizens' Basic Rights? lib. bdg. 28.67 *(978-0-8368-8861-4(8))*, 392aa92c-5cf0-4283-80d8-e70137bf9c0a); What Are the Parts of Government? lib. bdg. 28.67 *(978-0-8368-8862-1(6))*, 48d52e72-eb0d-409f-8498-f3e421778243); What Is a Constitution? lib. bdg. 28.67 *(978-0-8368-8863-8(4))*, 52c724a2-3838-4b82-91ae-b3883562c9fc); (Illus.). (gr. 4-6). (My American Government Ser.). (ENG.). 32p. 2008. Set lib. bdg. 114.68 *(978-0-8368-8859-1(6))*, e5a6db90-a371-42ed-955d-2eb8af0b05f2, Gareth Stevens Learning Library) Stevens, Gareth Publishing LLLP.
My Ancestors' Wildest Dreams. Amanda Loraine Lynch & Ava Holloway. Illus. by Bonnie Lemaire. 2020. (ENG.). 30p. (J). pap. 15.87 *(978-1-7345026-9-5(X))* Rethinking Resiliency, LLC.
My Angels. Nyasha Chimbari. 2018. (ENG., Illus.). 38p. (J). pap. 18.32 *(978-1-387-70296-1(3))* Lulu Pr., Inc.
My Angling Friends: Being a Second Series of Sketches of Men I Have Fished with (Classic Reprint) Fred Mather. (ENG., Illus.). (J). 2018. 396p. 32.08 *(978-0-365-11986-9(5))*; 2016. pap. 16.57 *(978-1-333-55100-1(2))* Forgotten Bks.
My Animal Book. OKIDO. 2017. (Illus.). 64p. (J). (gr. k-4). pap. 12.95 *(978-0-500-65131-5(6))*, 565131) Thames & Hudson.
My Animal Family: Meet the Different Families of the Animal Kingdom. Kate Peridot. 2023. (ENG.). 80p. (J). (gr. k-2). 16.99 *(978-0-7440-7087-3(2))*, DK Children) Dorling Kindersley Publishing, Inc.
My Animals. Kathy Broderick. Illus. by Kris Dresen. ed. 2021. (Book in Four Languages Ser.). (ENG.). 28p. (J). (gr. k-2).

lib. bdg. 24.69 *(978-1-64996-163-1(4)*, 4922, Sequoia Kids Media) Phoenix International Publications, Inc.

My Animals from a to Z. Robert Pleasant. 2021. (ENG.). 62p. (J). pap. 11.17 *(978-1-716-09969-4(2))* Lulu Pr., Inc.

My Animals Quiz Book: Wipe-Clean Quiz Book with Pen. IglooBooks. 2020. (ENG.). 10p. (J). (gr. k-2). bds. 9.99 *(978-1-83852-848-5(2))* Igloo Bks. GBR. Dist: Simon & Schuster, Inc.

My Anime /Cartoon Sketchbook. MaGumbo Publishers. 2023. (ENG.). 201p. (YA). pap. ***(978-1-4477-4882-3(4))*** Lulu Pr., Inc.

My Antonia (Classic Reprint) Willa Cather. 2017. (ENG., Illus.). (J). 33.22 *(978-0-265-15571-4(1))* Forgotten Bks.

My Antonia Novel Units Student Packet. Novel Units. 2019. (ENG.). (YA). pap. 13.99 *(978-1-56137-759-6(7)*, Novel Units, Inc.) Classroom Library Co.

My Anxiety Handbook: Getting Back on Track. Sue Knowles et al. Illus. by Emmeline Pidgen. 2018. (Handbooks Ser.). 192p. pap. 19.95 *(978-1-78592-440-8(0)*, 696737) Kingsley, Jessica Pubs. GBR. Dist: Hachette UK Distribution.

My Anxiety Monster. Chivaun Oldes. Illus. by Chivaun Oldes. 2022. (ENG.). 36p. (J). 19.99 ***(978-1-0879-5295-6(6))*** Indy Pub.

My Apingi Kingdom: With Life in the Great Sahara, & Sketches of the Chase of the Ostrich, Hyena, &C (Classic Reprint) Paul Du Chaillu. 2018. (ENG., Illus.). 296p. (J). 30.00 *(978-0-428-92741-7(6))* Forgotten Bks.

My April Coloring Book: 8. 5 X11 , 50 Designs to Color, Easter, Butterflies, Daisies. Korey's World. 2023. (ENG.). 100p. (J). pap. ***(978-1-4478-1670-6(6))*** Lulu Pr., Inc.

My Arms Will Hold You Tight. Crystal Bowman & Teri McKinley. Illus. by Anna Kubaszewska. 2021. (ENG.). 26p. (J). bds. 7.99 *(978-1-4964-4622-0(4)*, 20_33989, Tyndale Kids) Tyndale Hse. Pubs.

My Army & Me. Adam Kollar. 2021. (ENG., Illus.). 28p. (J). 26.95 *(978-1-0980-6138-8(1))*; pap. 16.95 *(978-1-63844-924-9(4))* Christian Faith Publishing.

My Art Book of Adventure. Shana Gozansky. 2023. (ENG., Illus.). 48p. (gr. -1 — 1). bds. 18.95 ***(978-1-83866-699-6(0))*** Phaidon Pr., Inc.

My Art Book of Friendship. Shana Gozansky. 2021. (ENG., Illus.). 48p. (gr. -1 — 1). bds. 18.95 *(978-1-83866-259-2(6))* Phaidon Pr., Inc.

My Art Book of Friendship: (Spanish) Shana Gozansky. 2021. (SPA.). 48p. (J). (gr. -1 — 1). bds. 16.95 *(978-1-83866-268-4(5))* Phaidon Pr., Inc.

My Art Book of Happiness. Shana Gozansky. 2020. (ENG., Illus.). 48p. (gr. -1 — 1). bds. 18.95 *(978-1-83866-082-6(8))* Phaidon Pr., Inc.

My Art Book of Love. Shana Gozansky. 2018. (ENG., Illus.). 48p. (gr. -1 — 1). bds. 18.95 *(978-0-7148-7718-1(2))* Phaidon Pr., Inc.

My Art Book of Sleep. Shana Gozansky. 2019. (ENG., Illus.). 48p. (gr. -1 — 1). bds. 18.95 *(978-0-7148-7865-2(0))* Phaidon Pr., Inc.

My Art, My World. Rita Winkler. 2021. (ENG.). 32p. (J). (gr. 1-4). 19.95 *(978-1-77260-214-2(0))* Second Story Pr. CAN. Dist: Orca Bk. Pubs. USA.

My Attack Stat Is Negligible So I Can't Help but Rely on Critical Hits to Succeed! Vol. 1. Kazesenken Kazesenken. 2023. (ENG.). 296p. (YA). pap. ***(978-1-312-69954-0(X))*** Lulu Pr., Inc.

My Aunt. W. W. Rowe. 2018. (ENG., Illus.). 86p. (J). pap. *(978-1-387-43503-6(5))* Lulu Pr., Inc.

My Aunt Is a Firefighter: Roles in My Community, 1 vol. Sommer Conway. 2018. (Civics for the Real World Ser.). (ENG.). 8p. (gr. k-1). pap. *(978-1-5383-6343-0(7)*, 860e11c2-7414-42cc-a9c9-0bdc3a30bac9, Rosen Classroom) Rosen Publishing Group, Inc., The.

My Aunt Is a Monster: (a Graphic Novel) Reimena Yee. 2022. (Illus.). 336p. (J). (gr. 3-7). 20.99 *(978-0-593-12546-5(0))*; pap. 13.99 *(978-1-9848-9418-2(8))* Penguin Random Hse. LLC.

My Aunt Lee Lee. Linda Crim. 2021. (ENG., Illus.). 20p. (J). pap. 12.95 *(978-1-6624-2562-2(7))* Page Publishing Inc.

My Aunt Lucy's Gift: Embellished with Coloured Engravings (Classic Reprint) Unknown Author. 2019. (ENG., Illus.). 20p. (J). 24.31 *(978-0-365-11068-2(X))* Forgotten Bks.

My Aunt Pontypool: In Two Volumes (Classic Reprint) George Payne Rainsford James. (ENG., Illus.). (J). 2018. 420p. 32.56 *(978-0-267-30220-8(7))*; 2016. pap. 16.57 *(978-1-333-22387-8(0))* Forgotten Bks.

My Auntie Is a Writer: The Power of Written Words. Eevi Jones. Illus. by Edwin Daboin. 2020. (Changemakers Ser.: Vol. 2). (ENG.). 42p. (J). 16.00 *(978-1-952517-97-6(4))* LHC Publishing.

My Aunt's Ant's Aunt. Claire Loach. Illus. by Rob Amenta. 2018. (ENG.). 20p. (J). *(978-1-5255-3035-7(6))*; pap. *(978-1-5255-3036-4(4))* FriesenPress.

My Aussie & the Hiking Boots. Terri Anne Strickland-Odell. 2022. (ENG.). 28p. (YA). pap. 9.99 *(978-1-957618-82-1(5))* WorkBk. Pr.

My Austrian Love: The History of the Adventures of an English Composer in Vienna, Written in the Trenches by Himself (Classic Reprint) Maxime Provost. (ENG., Illus.). (J). 2017. 30.23 *(978-0-260-05213-1(2))*; 2016. pap. 13.57 *(978-1-333-33932-6(1))* Forgotten Bks.

My Autistic Friend, Ian. Yael Manor. Illus. by Julia Po. 2019. (ENG.). 48p. (J). (gr. k-3). pap. 10.53 *(978-1-64204-631-1(0))* Primedia eLaunch LLC.

My Autobiography: Some Events Pathetic but Absolutely True (Classic Reprint) Ellen Gray. 2017. (ENG., Illus.). (J). 80p. 25.57 *(978-0-484-61404-7(5))*; pap. 9.57 *(978-0-259-45307-9(2))* Forgotten Bks.

My Autobiography & Reminiscences (Classic Reprint) W. P. Frith. 2018. (ENG., Illus.). 552p. (J). 35.28 *(978-0-332-34154-5(2))* Forgotten Bks.

My Autobiography & Reminiscences, Vol. 2 of 2 (Classic Reprint) William Powell Frith. 2018. (ENG., Illus.). 368p. (J). 31.49 *(978-0-483-55618-8(1))* Forgotten Bks.

My Autobiography (Classic Reprint) Julie Bernat. (ENG., Illus.). (J). 2019. 346p. 31.03 *(978-0-365-23058-8(8))*; 2016. pap. 13.57 *(978-1-333-72197-8(8))* Forgotten Bks.

My Autosaurus Will Win! Gerónimo Stilton & Julia Heim. Illus. by Giuseppe Facciotto et al. 2016. 113p. (J). *(978-1-5182-0304-6(3))* Scholastic, Inc.

My Autumn Treehouse. V. I. Tran. 2021. (ENG.). 22p. (J). pap. *(978-0-6452750-1-8(8))* Tran, Vi.

My Awesome Brother: A Children's Book about Transgender Acceptance. Lise Frances. (ENG., Illus.). 20p. (J). (gr. k-6). 2019. *(978-0-6485903-2-3(1))*; 2018. pap. *(978-0-6483676-1-1(4))* MABEL Media.

My Awesome Dinosaur Book. Christie Hainsby. Illus. by Make Believe Ideas. 2020. (ENG.). 36p. (J). (gr. -1-k). bds. 9.99 *(978-1-78947-813-6(8))* Make Believe Ideas GBR. Dist: Scholastic, Inc.

My Awesome Family. Lisé Frances. 2020. (ENG.). 36p. (J). *(978-0-6485903-4-7(8))* MABEL Media.

My Awesome Hair & Nails. Lakita Wilson. 2022. (Searchlight Books (tm) — My Style Ser.). (ENG., Illus.). 32p. (J). (gr. 3-5). pap. 9.99 *(978-1-7284-2369-2(4)*, 469ee15c-136c-4162-8acd-5ca2fb61d588, Lerner Pubns.) Lerner Publishing Group.

My Awesome Jungle Book. Amy Boxshall. 2020. (ENG.). 36p. (J). 9.99 *(978-1-78947-819-8(7))* Make Believe Ideas GBR. Dist: Scholastic, Inc.

My Awesome Magical Creatures Book. Christie Hainsby. 2020. (ENG.). 28p. (J). (— 1). bds. 9.99 *(978-1-78947-368-1(3))* Make Believe Ideas GBR. Dist: Scholastic, Inc.

My Awesome Nursery Rhymes Book, 1 vol. Make Believe Ideas. Illus. by Dawn Machell. 2018. (ENG.). 30p. (J). (gr. -1 — 1). bds. 9.99 *(978-1-78692-905-1(8))* Make Believe Ideas GBR. Dist: Scholastic, Inc.

My Awesome Sharks Book. Amy Boxshall. 2020. (ENG.). 36p. (J). 9.99 *(978-1-78947-820-4(0))* Make Believe Ideas GBR. Dist: Scholastic, Inc.

My Awesome Sister: A Children's Book about Transgender Acceptance. Lise Frances. (ENG.). (J). (gr. k-6). 2019. Illus.). 20p. *(978-0-6485903-3-0(X))*; 2019. 24p. pap. *(978-0-6483676-7-3(3))*; 2018. (Illus.). 20p. pap. *(978-0-6483676-3-5(0))* MABEL Media.

My Awesome Sports Activity Book. Sequoia Children's Publishing. 2020. (ENG.). 16p. (J). 4.99 *(978-1-64269-126-9(7)*, 77cafbc1-47d6-4523-a6c4-77b054eb583d, Sequoia Publishing & Media LLC) Sequoia Children's Bks.

My Awesome Summer by P. Mantis. Paul Meisel. (Nature Diary Ser.: 1). (ENG.). 40p. (J). (gr. -1-3). 2018. pap. 7.99 *(978-0-8234-4006-1(0))*; 2017. (Illus.). 16.99 *(978-0-8234-3671-2(3))* Holiday Hse., Inc.

My Awesome Superhero Journal: A Fun Fill-In Book for Kids. Diana Zourelias. 2018. (Dover Kids Activity Bks.). (ENG.). 96p. (J). (gr. 1-4). pap. 7.99 *(978-0-486-82412-3(8)*, 824128) Dover Pubns., Inc.

My Awesome Uncle: A Children's Book about Transgender Acceptance. Lise Frances. 2019. (ENG., Illus.). 16p. (J). (gr. k-5). pap. *(978-0-6483676-0-4(6))* MABEL Media.

My Awesome Year Being 10. Kia Marie Hunt & Collins Kids. 2020. (My Awesome Year Ser.). (ENG.). 128p. (J). (gr. 5-6). 16.99 *(978-0-00-837264-4(0))* HarperCollins Pubs. Ltd. GBR. Dist: Independent Pubs. Group.

My Awesome Year Being 6. Collins. 2020. (My Awesome Year Ser.). (ENG.). 128p. (J). (gr. 1-2). 16.99 *(978-0-00-837260-6(8))* HarperCollins Pubs. Ltd. GBR. Dist: Independent Pubs. Group.

My Awesome Year Being 7. Kia Marie Hunt & Collins Collins Kids. 2020. (My Awesome Year Ser.). (ENG.). 128p. (J). (gr. 2-3). 16.99 *(978-0-00-837261-3(6))* HarperCollins Pubs. Ltd. GBR. Dist: Independent Pubs. Group.

My Awesome Year Being 8. Kia Marie Hunt & Collins Kids. 2020. (My Awesome Year Ser.). (ENG.). 128p. (J). (gr. 3-4). 16.99 *(978-0-00-837262-0(4))* HarperCollins Pubs. Ltd. GBR. Dist: Independent Pubs. Group.

My Awesome Year Being 9. Kia Marie Hunt & Collins Kids. 2020. (My Awesome Year Ser.). (ENG.). 128p. (J). (gr. 4-5). 16.99 *(978-0-00-837263-7(2))* HarperCollins Pubs. Ltd. GBR. Dist: Independent Pubs. Group.

My 'b' Sound Box. Jane Belk Moncure. Illus. by Rebecca Thornburgh. 2018. (Jane Belk Moncure's Sound Box Bks.). (ENG.). 32p. (J). (gr. -1-2). 35.64 *(978-1-5038-2305-1(9)*, 212134) Child's World, Inc, The.

My Baba Is the Best. Bachar Houli. Illus. by Debby Rahmalia. 2022. 32p. (J). (-k). 19.99 *(978-1-76104-656-8(X)*, Puffin) Penguin Random Hse. AUS. Dist: Independent Pubs. Group.

My Babaji's Garden. Parm Laniado. Illus. by DeWitt Studios. 2021. (ENG.). 36p. (J). *(978-1-0391-0250-7(6))*; pap. *(978-1-0391-0249-1(2))* FriesenPress.

My Baba's Garden. Jordan Scott. Illus. by Sydney Smith. 2023. (ENG.). 32p. (J). (gr. -1-3). 18.99 *(978-0-8234-5083-1(X)*, Neal Porter Bks) Holiday Hse., Inc.

My Baba's Garden I-Card W/ 6 Copy Pre-Pack. Jordan Scott. 2023. (J). (gr. -1-3). 113.94 *(978-0-8234-5375-7(8)*, Neal Porter Bks) Holiday Hse., Inc.

My Baba's House. Amani Mugasa. Illus. by Eman Salem. 2022. (ENG.). 34p. (J). 12.95 *(978-0-86037-861-7(6))* Kube Publishing Ltd. GBR. Dist: Consortium Bk. Sales & Distribution.

My Babies. Marilyn Pitt & Jane Hileman. Illus. by John Bianchi. 2016. (1G Potato Chip Bks.). (ENG.). 12p. (J). (gr. k-1). pap. 8.00 *(978-1-61541-065-1(1))* American Reading Co.

My Babies & Me. Theresa Byrd. 2022. (ENG.). 32p. (J). pap. 12.99 *(978-1-955107-95-2(5))* Hope of Vision Publishing.

My Baby Crocodile. Tr. by Sarah Klinger. 2016. (ENG., Illus.). 56p. (J). (gr. -1-3). 18.95 *(978-1-59270-192-6(2))* Enchanted Lion Bks., LLC.

My Baby Elephant. Margo Gates. Illus. by Sarah Jennings. 2019. (Let's Look at Animal Habitats (Pull Ahead Readers — Fiction) Ser.). (ENG.). 16p. (J). (gr. -1-1). 27.99 *(978-1-5415-5864-9(2)*, 919a2771-d332-4bf1-a2ff-0e5b7a325b2d, Lerner Pubns.) Lerner Publishing Group.

My Baby Loves Christmas: A Christmas Holiday Book for Kids. Jabari Asim. Illus. by Tara Nicole Whitaker. 2019. (ENG.). 20p. (J). (gr. -1 — 1). bds. 7.99 *(978-0-06-288462-6(X)*, HarperFestival) HarperCollins Pubs.

My Baby Loves Halloween. Jabari Asim. Illus. by Tara Nicole Whitaker. 2020. (ENG.). 20p. (J). (gr. -1 — 1). bds. 7.99 *(978-0-06-288463-3(8)*, HarperFestival) HarperCollins Pubs.

My Baby Loves Valentine's Day. Jabari Asim. Illus. by Tara Nicole Whitaker. 2020. (ENG.). 20p. (J). (gr. -1 — 1). bds. 7.99 *(978-0-06-288464-0(6)*, HarperFestival) HarperCollins Pubs.

My Baby, My World. Bryan G. Avila. 2022. (ENG.). 24p. (J). pap. 13.95 ***(978-1-0980-9297-9(X))*** Christian Faith Publishing.

My Baby's First Love. Lauren Perry. Illus. by Brittney Smith. 2020. (ENG.). 36p. (J). *(978-1-5255-6358-4(0))*; pap. *(978-1-5255-6359-1(9))* FriesenPress.

My Babysitter Is a Vampire. Ann Hodgman. Illus. by John Pierard. 2018. (My Babysitter Ser.: Vol. 1). (ENG.). 104p. (YA). (gr. 7-12). pap. 11.95 *(978-1-59687-738-2(3))* ibooks, Inc.

My Babysitter Wears Hijab. Sabirah Lucas. Illus. by Ujala Shahid. 2022. (ENG.). 40p. (J). 20.00 ***(978-1-0880-2696-0(6))*** Indy Pub.

My Backyard Color by Number. Maggie Swanson. 2017. (Dover Kids Coloring Bks.). (ENG.). 32p. (J). (gr. -1-2). pap. 3.99 *(978-0-486-81461-2(0)*, 814610) Dover Pubns., Inc.

My Bag of Feelings. Danielle McLean. Illus. by Lisa Koesterke. 2022. (ENG.). 12p. (J). (-k). bds. 8.99 *(978-1-6643-5038-0(1))* Tiger Tales.

My Bag of Kindness. Danielle McLean. Illus. by Lisa Koesterke. 2021. (ENG.). 12p. (J). (-k). bds. 8.99 *(978-1-6643-5023-6(3))* Tiger Tales.

My Balcony Oasis: (Level 10) Collins UK. 2016. (Collins Big Cat Arabic Ser.). (ENG.). 24p. (J). pap. 5.99 *(978-0-00-818582-4(4))* HarperCollins Pubs. Ltd. GBR. Dist: Independent Pubs. Group.

My Balkan Log (Classic Reprint) J. Johnston Abraham. 2017. (ENG., Illus.). (J). 31.26 *(978-0-266-20489-3(9))* Forgotten Bks.

My Ball. Audrey Bea. Illus. by Jenna Johnston. 2021. (Reading Stars Ser.). (ENG.). 24p. (J). (gr. -1-2). pap. 12.99 *(978-1-5324-2927-9(4))*; 12.99 *(978-1-5324-2928-6(2))* Xist Publishing.

My Ball / Mi Pelota. Audrey Bea. Illus. by Jenna Johnston. 2021. (Reading Stars Ser.). (ENG.). 24p. (J). (gr. k-2). 21.99 *(978-1-5324-2936-1(3))*; pap. 12.99 *(978-1-5324-2935-4(5))* Xist Publishing.

My Ball Is a Circle & My Table Is a Square! I Know My Shapes for Kids - Baby & Toddler Size & Shape Books. Baby Professor. 2017. (ENG., Illus.). (J). pap. 7.89 *(978-1-68326-816-1(4)*, Baby Professor (Education Kids)) Speedy Publishing LLC.

My Ballet Journal. Petal Publishing. 2021. (ENG.). 32p. (J). pap. *(978-1-922664-30-3(8))* Life Graduate, The.

My Balloons. Juleah Miller. 2020. (ENG.). 15p. (J). ***(978-1-716-75910-9(2))*** Lulu Pr., Inc.

My Banana Tree. Robin Burnett-Klyzub. Illus. by Todd Dunn & Sophia Dunn. 2020. (ENG.). 32p. (J). *(978-1-5255-8055-0(8))*; pap. *(978-1-5255-8056-7(6))* FriesenPress.

My Bath Book: It's Bath Time. Tr. by Robin Bright. Illus. by Karina Dupuis. 2020. (Bath Bks.). 6p. (J). (— 1). 6.99 *(978-2-89802-180-0(6)*, CrackBoom! Bks.) Chouette Publishing CAN. Dist: Publishers Group West (PGW).

My Bath Books: At the Farm. Illus. by Annie Sechao et al. 2023. (Bath Bks.). 16p. (J). (— 1). 8.99 *(978-2-89802-504-4(6)*, CrackBoom! Bks.) Chouette Publishing CAN. Dist: Publishers Group West (PGW).

My Bath Books - Bedtime Routine. Illus. by Annie Sechao. 2021. (Bath Bks.). 8p. (J). (— 1). 8.95 *(978-2-89802-329-3(9)*, CrackBoom! Bks.) Chouette Publishing CAN. Dist: Publishers Group West (PGW).

My Battles with Vice (Classic Reprint) Virginia Brooks. 2018. (ENG., Illus.). 252p. (J). 29.09 *(978-0-364-98679-0(4))* Forgotten Bks.

My Beach Adventure. Mary Williamson. 2018. (ENG., Illus.). 30p. (J). pap. 13.95 *(978-1-64258-691-6(9))* Christian Faith Publishing.

My Beach Baby. Rose Rossner. Illus. by Louise Anglicas. 2021. (My Baby Locale Ser.). (ENG.). 24p. (J). (-k). bds. 8.99 *(978-1-7282-3678-0(9)*, Hometown World) Sourcebooks, Inc.

My Beach Bag - 6 Pack: Set of 6 Common Core Edition. Katherine Scraper. 2016. (Early Explorers Ser.). (J). (gr. k-1). 39.00 net. *(978-1-5125-8629-9(3))* Benchmark Education Co.

My Beagle Ali Baba Who Had 40 Fleas: A Counting Book for Young Children. Jacqueline Pyle. Illus. by Molly M. Courtright. 2017. (ENG.). (J). (gr. k-1). pap. 10.99 *(978-1-942922-35-3(4))* Wee Creek Pr. LLC.

My Beard. Jai D. Thoolen. Illus. by Fred Whitson. 2018. (ENG.). 26p. (J). pap. *(978-0-6482030-3-2(4))* picklepoetry.

My Beautiful Birds. Suzanne Del Rizzo. Illus. by Suzane Del Rizzo. (ENG.). 32p. (J). (gr. 1-3). 2020. pap. 13.95 *(978-1-77278-121-2(5))*; 2017. 18.95 *(978-1-77278-010-9(3))* Pajama Pr. CAN. Dist: Publishers Group West (PGW).

My Beautiful Curly Hair. Kiana Holder & Arya Holder. 2021. (ENG.). 22p. (J). *(978-0-2288-5554-5(3))*; pap. *(978-0-2288-4842-4(3))* Tellwell Talent.

My Beautiful Dilemma. Florence Durrant. 2016. (ENG.). 354p. (J). 25.95 *(978-1-78629-027-4(8)*, cea8701f-131f-4a6e-b2ca-8e097762a245) Austin Macauley Pubs. Ltd. GBR. Dist: Baker & Taylor Publisher Services (BTPS).

My Beautiful Easter Coloring Book for Kids: Perfect Cute Easter Coloring Book for Boys & Girls. W. Mendoza. 2021. (ENG.). 62p. (J). pap. 9.19 *(978-1-68474-535-7(7))* Lulu Pr., Inc.

My Beautiful Gambian Life: A Story in Photography: a Story in Photography. Muhamadou Bittaye. 2022. (ENG.). (J). 70p. 25.99 ***(978-1-0880-8520-2(2))***; 68p. pap. 16.99 ***(978-1-0880-6409-2(4))*** Indy Pub.

My Beautiful Hair, 1 vol. Ines Abassi. Illus. by Sabah Kala. 2016. (Stories & Fables from Around the World Ser.). (ENG.). 24p. (J). (gr. 1-2). lib. bdg. 26.27 *(978-1-4777-5695-9(7)*, 4560b0a0-75df-41ee-8ed2-b4f14835e552, Windmill Bks.) Rosen Publishing Group, Inc., The.

My Beautiful Note Book: Exploring the Enchanting World of Flora: Unleash Your Creativity in 'My Beautiful Notebook' Kiran Ghatora. 2023. (ENG.). 72p. (YA). ***(978-1-4476-6526-7(0))*** Lulu Pr., Inc.

My Beautiful Princesses & Unicorns Coloring Book: For Girl's Ages 4 Years Old & Up. Beatrice Harrison. 2017. (ENG., Illus.). (J). pap. 6.85 *(978-1-365-75094-6(9))* Lulu Pr., Inc.

My Bed: Enchanting Ways to Fall Asleep Around the World. Rebecca Bond. Illus. by Salley Mavor. 2020. (ENG.). 40p. (J). (gr. -1-3). 18.99 *(978-0-544-94906-5(4)*, 1660320, Clarion Bks.) HarperCollins Pubs.

My Bed & Other Home Furniture. Helen Greathead. 2016. (Well Made, Fair Trade Ser.). (ENG., Illus.). 32p. (J). (gr. 5-9). *(978-0-7787-2713-2(0))* Crabtree Publishing Co.

My Bed Is a Spaceship: The Pirates of the Milky Way. Nick Krasner. Illus. by Charlotte White. 2020. (ENG.). 124p. (J). pap. *(978-1-78955-856-2(5))* Authors OnLine, Ltd.

My Bed Is an Air Balloon. Julia Copus. Illus. by Alison Jay. 2018. (ENG.). 32p. 15.95 *(978-0-571-33484-1(9)*, Faber & Faber Children's Bks.) Faber & Faber, Inc.

My Bed Wont Sleep! Alyse B. Sabina. Illus. by Alma Clark. 2022. (ENG.). 28p. (J). pap. 14.99 *(978-1-6678-1125-3(8))* BookBaby.

My Bedtime ABC's with Belle the Bear & Friends. Rachel Grundy. 2021. (ENG.). 31p. (J). *(978-1-6671-4064-3(7))* Lulu Pr., Inc.

My Bedtime Bible Prayers, 1 vol. Karoline Pahus Pedersen. Illus. by Gavin Scott. 2019. 96p. (J). (gr. 1). 10.99 *(978-0-8254-4633-7(3))* Kregel Pubns.

My Bedtime Prayer. Tyesha Davis. 2020. (ENG.). 26p. (J). pap. 11.99 *(978-1-63732-124-9(4))* Primedia eLaunch LLC.

My Bedtime Story Bible for Little Ones, 1 vol. Jean E. Syswerda. Illus. by Daniel Howarth. 2016. (ENG.). 32p. (J). bds. 9.99 *(978-0-310-75330-8(9))* Zonderkidz.

My Bee Book (Classic Reprint) William Charles Cotton. (ENG., Illus.). (J). 2017. 32.35 *(978-0-260-56357-6(9))*; 2016. pap. 16.57 *(978-1-333-38895-9(0))* Forgotten Bks.

My Beginning Reader Set (25 Book Set) Ruth Wolff. 2022. (ENG., Illus.). 200p. (J). 15.99 *(978-1-4413-3953-9(1)*, f7043f45-d7d9-4430-a771-74d45f92cbb1) Peter Pauper Pr. Inc.

My Beginning Readers: Level B (Set of 25 Books), 25 vols. Ruth Wolf, MS.Ed.,. Illus. by Simon Abbott. 2023. (ENM.). 200p. (J). 15.99 ***(978-1-4413-4145-7(5)***, e2a22633-c58b-4b93-95d0-d932a46b40d2) Peter Pauper Pr. Inc.

My Beliefs. Kirsty Louise Holmes. 2018. (Our Values - Level 1 Ser.). (Illus.). 24p. (J). (gr. 1-1). *(978-0-7787-4727-7(1))* Crabtree Publishing Co.

My Beloved Poilus (Classic Reprint) Agnes Warner. 2018. (ENG., Illus.). 158p. (J). 27.16 *(978-0-267-28718-5(6))* Forgotten Bks.

My Beloved South (Classic Reprint) T. P. O'Connor. 2017. (ENG., Illus.). (J). 33.07 *(978-0-260-84016-5(5))* Forgotten Bks.

My Bent Tree **see Mi Árbol Doblado**

My Best Book of Dinosaurs. Christopher Maynard. 2020. (Best Book Of Ser.). (ENG.). 32p. (J). pap. 7.99 *(978-0-7534-7540-9(5)*, 900211380, Kingfisher) Roaring Brook Pr.

My Best Book of Snakes. Christiane Gunzi. 2020. (Best Book Of Ser.). (ENG.). 32p. (J). pap. 7.99 *(978-0-7534-7538-6(3)*, 900211378, Kingfisher) Roaring Brook Pr.

My Best Book of Volcanoes. Simon Adams. 2020. (Best Book Of Ser.). (ENG.). 32p. (J). pap. 7.99 *(978-0-7534-7539-3(1)*, 900211379, Kingfisher) Roaring Brook Pr.

My Best Buddy Is Forever with Me. Lynn Dunn. Illus. by Matrix Media Solutions Ltd. 2018. (ENG.). 26p. (J). pap. *(978-1-988071-81-7(X))* Hasmark Services Publishing.

My Best Day. B. Dawn. 2022. (ENG., Illus.). 30p. (J). pap. 13.95 *(978-1-63874-212-8(X))* Christian Faith Publishing.

My Best Day So Far: A Story Using the Short Vowel Sounds in: Bag, Beg, Big, Bog & Bug. Charlene Harkin. Illus. by Angel M. Alvarez. 2021. 30p. (J). pap. 12.99 *(978-1-0983-6267-6(5))* BookBaby.

My Best Dress. Miriam Yerushalmi. 2017. (ENG., Illus.). 34p. (J). 20.00 *(978-1-934152-53-9(6))* Sane.

My Best Dress (Yiddish) Miriam Yerushalmi. 2017. (YID., Illus.). 34p. (J). 20.00 *(978-1-934152-54-6(4))* Sane.

My Best-Ever Action Rhymes Sing-Along Songbook. Illus. by Wendy Straw. 2021. (Wendy Straw's Songbooks Ser.). (ENG.). 18p. (J). (— 1). bds. 13.99 *(978-0-6486918-7-7(X)*, Brolly Bks.) Borghesi & Adam Pubs. Pty Ltd AUS. Dist: Independent Pubs. Group.

My Best Ever Bible. Victoria Tebbs. 2016. (ENG., Illus.). 160p. (J). (gr. -1-k). 12.99 *(978-1-68099-186-4(8)*, Good Bks.) Skyhorse Publishing Co., Inc.

My Best Ever Book of Nursery Songs: With CD. Wendy Straw. 2017. (ENG.). 28p. (J). (— 1). 20.99 *(978-1-925386-47-9(3)*, Brolly Bks.) Borghesi & Adam Pubs. Pty Ltd AUS. Dist: Independent Pubs. Group.

My Best-Ever Counting Rhymes Sing-Along Songbook. Illus. by Wendy Straw. 2021. (Wendy Straw's Songbooks Ser.). (ENG.). 20p. (J). (— 1). bds. 13.99 *(978-0-6486918-6-0(1)*, Brolly Bks.) Borghesi & Adam Pubs. Pty Ltd AUS. Dist: Independent Pubs. Group.

My Best Friend. Julie Fogliano. Illus. by Jillian Tamaki. 2020. (ENG.). 32p. (J). (gr. -1-3). 17.99 *(978-1-5344-2722-8(8)*, Atheneum Bks. for Young Readers) Simon & Schuster Children's Publishing.

My Best Friend. Darlene Gatto & Sherrie McKenzie. 2018. (ENG., Illus.). 24p. (J). 21.95 *(978-1-64349-300-8(0))*; pap. 12.95 *(978-1-64258-787-6(7))* Christian Faith Publishing.

My Best Friend. Amanda Goode. 2022. (ENG.). 38p. (J). pap. ***(978-1-83875-448-8(2)***, Nightingale Books) Pegasus Elliot Mackenzie Pubs.

My Best Friend. Kristin Graham. 2023. (ENG.). 43p. (J). pap. ***(978-1-312-73572-9(4))*** Lulu Pr., Inc.

My Best Friend. Miguel Tanco. 2022. (ENG., Illus.). 40p. (J). (gr. -1-2). 18.99 *(978-0-7352-7070-1(8)*, Tundra Bks.) Tundra Bks. CAN. Dist: Penguin Random Hse. LLC.

My Best Friend. Patricia Thomas. 2019. (ENG., Illus.). 26p. (J). pap. 11.95 *(978-1-64471-884-1(7))* Covenant Bks.

1392
The check digit for ISBN-10 appears in parentheses after the full ISBN-13

My Best Friend. Gilles Tibo. Illus. by Janice Nadeau. 2019. (ENG.). 52p. (J). (gr. k-4). 16.95 *(978-1-77229-022-6(X))* Simply Read Bks. CAN. Dist: Ingram Publisher Services.

My Best Friend & Me: A Child's Development with New Friends. Agnieszka Kwiatkowska Stenzel. 2018. (ENG., Illus.). 56p. (J). 19.98 *(978-0-578-42357-9(X))* Our Blueprint-A Recipe for Wellness.

My Best Friend Browny. Shane Lashley. Illus. by Shane Lashley. 2020. (ENG.). 18p. (J). 13.00 *(978-0-578-80470-5(0))* Lashley, Shane.

My Best Friend Fred: Learn 6 Ways to Spell the Short e Sound. Karen Sandelin. 2019. (ENG., Illus.). 38p. (J). pap. *(978-0-6483102-9-7(9))* Clever Speller Pty, Limited.

My Best Friend Has Type 1 Diabetes. Nabaa Shami. 2020. (ENG.). 22p. (J). pap. *(978-1-922381-23-1(3))* Tablo Publishing.

My Best Friend: Is a Dinosaur. Roger Priddy. 2022. (My Best Friend Is A Ser.). (ENG., Illus.). 10p. (J). bds. 9.99 *(978-1-68449-173-5(8)*, 900240852) St. Martin's Pr.

My Best Friend Is a Dolphin! And More True Dolphin Stories. Moira Rose Donohue. 2017. (NGK Chapters Ser.). (Illus.). 112p. (J). (gr. 3-7). pap. 5.99 *(978-1-4263-2902-9(4)*, National Geographic Kids) Disney Publishing Worldwide.

My Best Friend Is a Goldfish. Mark Lee. Illus. by Chris Jevons. 2018. (ENG.). 24p. (J). (gr. -1-2). 17.99 *(978-1-5124-2601-4(6)*, 0948cf6a-327a-4940-b5d3-38f6a0f24f96, Carolrhoda Bks.) Lerner Publishing Group.

My Best Friend Is a Secret Agent: How Chip Became C. H. I. P. & Foiled the Freaky Fuzzy Invasion. Richard Clark. 2021. (ENG.). 164p. (J). 9.99 *(978-1-989365-77-9(9)*, 900237509) Wattpad Bks. CAN. Dist: Macmillan.

My Best Friend: Is a Sloth. Roger Priddy. 2023. (My Best Friend Is A Ser.). (ENG., Illus.). 10p. (J). bds. 9.99 ***(978-1-68449-293-0(9)**, 900279894)* St. Martin's Pr.

My Best Friend: Is a Tiger. Roger Priddy. 2023. (My Best Friend Is A Ser.). (ENG., Illus.). 10p. (J). bds. 9.99 ***(978-1-68449-292-3(0)**, 900279893)* St. Martin's Pr.

My Best Friend Is a Viral Dancing Zombie. Karin Adams. 2017. (Lorimer Illustrated Humor Ser.). (ENG., Illus.). 176p. (J). (gr. 3-7). lib. bdg. 27.99 *(978-1-4594-1130-2(7)*, cf83f694-2434-407a-8c79-2859ccf95b7b) James Lorimer & Co. Ltd., Pubs. CAN. Dist: Lerner Publishing Group.

My Best Friend Is a Yeti! Comment by Patty Michaels. 2019. (Ready-To-Read Ser.). (ENG.). 32p. (J). (gr. k-1). 13.96 *(978-0-87617-783-9(6))* Penworthy Co., LLC, The.

My Best Friend Is Extinct. Rebecca Wood Barrett. Illus. by Cornelia Li. 2021. (ENG.). 240p. (J). (gr. 3-5). pap. 10.95 *(978-1-4598-2442-3(3))* Orca Bk. Pubs. USA.

My Best Friend Little Rocket. David Brooks. 2020. (ENG., Illus.). 26p. (J). pap. 13.95 *(978-1-6624-0548-8(0))* Page Publishing Inc.

My Best Friend Moved Away. Myra Manji. Illus. by Sofie Engstorm Von Alten. 2022. (ENG.). 40p. (J). pap. 12.99 ***(978-1-6629-3061-4(5))*** Gatekeeper Pr.

My Best Friend Murgatroyd. Bh Decou. 2021. (ENG., Illus.). 38p. (J). pap. 14.95 *(978-1-63692-748-0(3))* Newman Springs Publishing, Inc.

My Best Friend, Sometimes. Naomi Danis. Illus. by Cinta Arribas. 2020. (ENG.). 32p. (J). (gr. -1-3). 17.99 *(978-1-57687-946-7(1)*, powerHouse Bks.) powerHse. Bks.

My Best Pop-Up Construction Site Book: Let's Start Building! DK. 2016. (Noisy Pop-Up Bks.). (ENG., Illus.). 18p. (J). (-k). bds. 14.99 *(978-1-4654-5391-4(1)*, DK Children) Dorling Kindersley Publishing, Inc.

My Best Pop-Up Noisy Train Book. DK. 2017. (Noisy Pop-Up Bks.). (ENG., Illus.). 18p. (J). (-k). bds. 15.99 *(978-1-4654-6173-5(6)*, DK Children) Dorling Kindersley Publishing, Inc.

My Best Self. Uncle Dave. Illus. by Derrik Soares. 2021. 46p. (J). pap. 16.95 *(978-1-6678-0227-5(5))* BookBaby.

My Best Toddler Coloring Book: Amazing Coloring Books Activity for Kids, Fun with Numbers, Letters, Shapes, Animals, Fruits & Vegetables, Workbook for Toddlers & Kids, Page Large 8. 5 X 11. Elma Angels. 2020. (ENG.). 112p. (J). pap. 10.00 *(978-1-716-33110-7(2))* Lulu Pr., Inc.

My Best Workbook - Hardcover Fun with Numbers, Letters, Shapes, Colors, Animals: Activity Workbook for Toddlers & Kids. Temperate Targon. 2021. (ENG.). 70p. (YA). 19.99 *(978-1-6780-4940-9(9))* Lulu Pr., Inc.

My Bestest Friend. Gena Baxter. 2021. (ENG.). 34p. (J). pap. 11.11 *(978-1-7948-8947-7(7))* Lulu Pr., Inc.

My Bestie. Suey-Sen Reza. 2021. (ENG., Illus.). 30p. (J). pap. 14.95 *(978-1-63961-442-4(7))* Christian Faith Publishing.

My Bff Journal: 2nd Grade Diary for Girls. Baby Professor. 2016. (ENG., Illus.). 106p. (J). pap. 10.99 *(978-1-68305-552-5(7)*, Baby Professor (Education Kids)) Speedy Publishing LLC.

My Bi-Polar MamaBear. Tracy Ann Mystic. 2022. (ENG.). 26p. (J). pap. 11.99 ***(978-1-0880-1734-0(7))*** Indy Pub.

My Bible ABCs Activity Book. Pip Reid. 2020. (ENG.). 64p. (J). (gr. k-2). pap. *(978-1-988585-71-0(6))* Bible Pathway Adventures.

My Bible & Prayer Journal for Boys. Nicole Baldwin. 2023. (ENG.). 154p. (J). pap. ***(978-1-329-18477-0(7))*** Lulu Pr., Inc.

My Bible & Prayer Journal for Girls. Nicole Baldwin. 2023. (ENG.). 137p. (J). pap. ***(978-1-329-08383-7(0))*** Lulu Pr., Inc.

My Bible Book of Mazes, 1 vol. Thomas Nelson Publishing Staff. 2019. (ENG.). 20p. (J). bds. 12.99 *(978-1-4002-1261-3(8)*, Tommy Nelson) Nelson, Thomas Inc.

My Bible Friends. Alexis Merrill. 2019. (Illus.). (J). 14.99 *(978-1-62972-628-1(1))* Deseret Bk. Co.

My Bible Friends, 1 vol. The Beginner's The Beginner's Bible. 2020. (Beginner's Bible Ser.). (ENG., Illus.). 16p. (J). bds. 8.99 *(978-0-310-73104-7(6))* Zonderkidz.

My Bible Stories Colouring & Sticker Book. Juliet David. Illus. by Lucy Barnard. ed. 2019. (ENG.). 48p. (J). (gr. k). pap. 10.99 *(978-1-78128-373-8(7)*, b6129530-1d2d-48d5-b4ee-cd0ab79e910d, Candle Bks.) Lion Hudson PLC GBR. Dist: Baker & Taylor Publisher Services (BTPS).

My Bible Story Coloring Book: The Books of the Bible, 1 vol. Zonderkidz. 2017. (ENG.). 144p. (J). pap. 9.99 *(978-0-310-76106-8(9))* Zonderkidz.

My Bible Teaches Me about Baptism. Olivia Hale. 2022. (My Bible Teaches Ser.). (ENG.). 26p. (J). pap. 12.95 *(978-1-4796-1337-3(1))* TEACH Services, Inc.

My Bible Teaches Me about Modesty. Olivia Hale. 2022. (My Bible Teaches Ser.). (ENG.). 26p. (J). pap. 12.95 *(978-1-4796-1339-7(8))* TEACH Services, Inc.

My Bible Teaches Me about Obedience. Olivia Hale. 2023. (My Bible Teaches Ser.). (ENG.). 26p. (J). pap. 12.95 ***(978-1-4796-1343-4(6))*** TEACH Services, Inc.

My Bible Values Coloring Book. Agnes De Bezenac. Illus. by Agnes De Bezenac. 2019. (ENG., Illus.). 58p. (J). (gr. 1-2). 12.00 *(978-1-63474-308-2(3))*; pap. 7.00 *(978-1-63474-307-5(5))* iCharacter.org.

My Big Activity Book: Find Opposites for Kids at Home! - Baby & Toddler Opposites Books. Baby Professor. 2017. (ENG., Illus.). (J). pap. 7.89 *(978-1-68326-747-8(8)*, Baby Professor (Education Kids)) Speedy Publishing LLC.

My Big & Awesome Coloring Book with Mazes. Activibooks For Kids. 2016. (ENG., Illus.). (J). pap. 9.20 *(978-1-68321-164-8(2))* Mimaxion.

My Big Animal Coloring Book: Best Coloring Book for Kids, Educational Coloring Book, Great Gift for Boys & Girls. Lindsay Bandi. 2021. (ENG.). 104p. (J). pap. 11.75 *(978-1-716-54057-8(7))* Lulu Pr., Inc.

My Big Bad Monster. A. N. Kang. Illus. by A. N. Kang. 2019. (ENG., Illus.). 40p. (J). (gr. -1-3). 16.99 *(978-1-4847-2882-6(3))* Disney Pr.

My Big Barefoot Book of French & English Words. Sophie Fatus & Jennifer Couëlle. 2016. (FRE & ENG., Illus.). (J). pap. *(978-1-78285-303-9(0))* Barefoot Bks., Inc.

My Big Barefoot Book of Spanish & English Words. Sophie Fatus & Mertxe Paris. 2016. (SPA & ENG.). (J). pap. *(978-1-78285-275-9(1))* Barefoot Bks., Inc.

My Big Barefoot Book of Spanish & English Words. Barefoot Books. Illus. by Sophie Fatus. ed. 2016. (ENG.). 48p. (J). (gr. -1-1). 19.99 *(978-1-78285-286-5(7))* Barefoot Bks., Inc.

My Big Bear, My Little Bear & Me. Margarita del Mazo. Illus. by Rocio Bonilla. 2019. (ENG.). 36p. (J). 16.95 *(978-84-17123-50-5(4))* NubeOcho Ediciones ESP. Dist: Consortium Bk. Sales & Distribution.

My Big Birthday Party: Early Concepts: Opposites. Jeffrey Turner. 2021. (Doodle the Science Poodle Ser.: 4). (ENG., Illus.). 20p. (J). bds. 9.99 *(978-0-7643-6105-0(8)*, 20595) Schiffer Publishing, Ltd.

My Big Blue Book of Coloring: With over 90 Coloring Pages. IglooBooks. Illus. by Kaley McCabe. 2023. (ENG.). 188p. (J). (gr. -1). 8.99 ***(978-1-83771-571-8(8))*** Igloo Bks. GBR. Dist: Simon & Schuster, Inc.

My Big Blue Robot. Stephen T. Johnson. Illus. by Stephen T. Johnson. 2023. (My Big Bks.). (ENG., Illus.). 16p. (J). (gr. -1-3). 29.99 *(978-1-6659-1840-4(3)*, Simon & Schuster/Paula Wiseman Bks.) Simon & Schuster/Paula Wiseman Bks.

My Big Book of Bible, People, Places & Things: Almost Everything in the Bible from a to Z. Phil Smouse. 2020. (ENG., Illus.). 256p. (J). (gr. k-4). pap. 19.99 *(978-1-64123-549-5(7)*, 773005) Whitaker Hse.

My Big Book of Bible Stories: Rhyming Bible Fun for Kids. Phil Smouse. 2020. (ENG., Illus.). 256p. (J). (gr. k-4). pap. 19.99 *(978-1-64123-548-8(9)*, 773004) Whitaker Hse.

My Big Book of Christmas Activities: Make & Color Decorations, Creative Crafts, & More! Clare Beaton. Ed. by Sam Hutchinson & Catherine Bruzzone. 2018. (ENG.). 96p. (J). (gr. 2-6). 12.99 *(978-1-63158-415-2(4)*, Racehorse Publishing) Skyhorse Publishing Co., Inc.

My Big Book of Cute Coloring. Editors of Silver Dolphin Books. 2020. (Jumbo Coloring Book Ser.). (ENG.). 224p. (J). (gr. -1-k). pap. 9.99 *(978-1-64517-267-3(8)*, Silver Dolphin Bks.) Printers Row Publishing Group.

My Big Book of Dogs! Various Authors. 2016. (ENG.). 36p. (J). pap. *(978-93-82454-41-0(1))* Katha.

My Big Book of Dots: Connect the Dots Activity Book. Activibooks For Kids. 2016. (ENG., Illus.). (J). pap. 7.55 *(978-1-68321-549-3(4))* Mimaxion.

My Big Book of Easter Activities: Make & Color Decorations, Creative Crafts, & More! Clare Beaton. 2020. (ENG., Illus.). 96p. (J). (-4). 12.99 *(978-1-63158-456-5(1)*, Racehorse Publishing) Skyhorse Publishing Co., Inc.

My Big Book of Farmyard Friends to Color. Editors of Dreamtivity. Illus. by John Jordan. 2022. (ENG.). 224p. (J). (gr. -1 — 1). pap. 8.99 *(978-1-64588-636-5(0))* Printers Row Publishing Group.

My Big Book of Feelings: 200+ Awesome Activities to Grow Every Kid's Emotional Well-Being. Russell Ginns. Illus. by Kristen Terrana-Hollis. 2020. 256p. (J). (gr. -1-2). pap. 12.99 *(978-0-525-57140-7(X)*, Rodale Kids) Random Hse. Children's Bks.

My Big Book of Girls! Various Authors. 2017. (ENG.). 36p. (J). pap. *(978-93-82454-76-2(4))* Katha.

My Big Book of Global Warming. Various Authors. 2017. (ENG.). 36p. (J). pap. *(978-93-82454-80-9(2))* Katha.

My Big Book of Halloween Activities: Fun Decorations, Cards, Recipes, & Coloring for the Whole Family. Clare Beaton. 2019. (ENG.). 96p. (J). (gr. 2-6). 12.99 *(978-1-63158-414-5(6)*, Racehorse Publishing) Skyhorse Publishing Co., Inc.

My Big Book of Kindness. Various Authors. 2017. (ENG.). 36p. (J). pap. *(978-93-82454-82-3(9))* Katha.

My Big Book of Look & Find Images - Look & Find Books for Kids Edition. Activibooks For Kids. 2016. (ENG., Illus.). (J). pap. 9.25 *(978-1-68321-045-0(X))* Mimaxion.

My Big Book of Nature Sounds. Created by Lucie Brunelliere. 2023. (ENG., Illus.). 24p. (J). (gr. -1 — 1). 21.99 *(978-2-408-04216-5(X))* Éditions Tourbillon FRA. Dist: Hachette Bk. Group.

My Big Book of Outdoors. Tim Hopgood. Illus. by Tim Hopgood. 2022. (ENG.). 128p. (J). (gr. 2-4). 19.99 *(978-1-5362-1533-5(3))* Candlewick Pr.

My Big Book of Patterns & Pencil Control: Interactive Activity Book for Children to Practice Patterns, Numbers 1-20 & Alphabet. Wonder House Books. 2019. (ENG.). 192p. (J). (gr. -1-k). pap. 12.99 ***(978-93-88810-60-9(0))*** Prakash Bk. Depot IND. Dist: Independent Pubs. Group.

My Big Book of Science: Over 60 Exciting Experiments to Boost Your STEM Science Skills. Susan Akass. 2019. (ENG., Illus.). 192p. (J). pap. 14.95 *(978-1-78249-747-9(1)*, 1782497471, Cico Kidz) Ryland Peters & Small GBR. Dist: WIPRO.

My Big Book of Sounds: More Than 100 Sounds. Created by Kiko. 2019. (ENG., Illus.). 24p. (J). (gr. -1 — 1). bds. 21.99 *(978-2-408-01285-4(6))* Éditions Tourbillon FRA. Dist: Hachette Bk. Group.

My Big Book of Summer Activities: Packed with Creative Crafts to Make & Outdoor Activities to Do. Clare Beaton. 2019. (ENG.). 96p. (J). (gr. 2-6). 12.99 *(978-1-63158-455-8(3)*, Racehorse Publishing) Skyhorse Publishing Co., Inc.

My Big Book of the World. Angela Royston & Gerald Hawksley. Illus. by Gerald Hawksley. 2017. (Illus.). 40p. (J). (gr. k-6). 12.99 *(978-1-84322-893-6(9)*, Armadillo) Anness Publishing GBR. Dist: National Bk. Network.

My Big Book of Words, Grade 1 Workbook. Evan-Moor Corporation. 2023. (My Big Book of Words Ser.). (ENG., Illus.). (J). (gr. 1-1). pap. 14.99 ***(978-1-64514-273-7(6))*** Evan-Moor Educational Pubs.

My Big Book of Words, Grade 2 Workbook. Evan-Moor Corporation. 2023. (My Big Book of Words Ser.). (ENG., Illus.). (J). (gr. 2-2). pap. 14.99 ***(978-1-64514-274-4(4))*** Evan-Moor Educational Pubs.

My Big Brother. Alka-Lea Margerison. 2019. (ENG., Illus.). 36p. (J). pap. *(978-1-78710-299-6(8))* Austin Macauley Pubs. Ltd.

My Big Brother: Leveled Reader Yellow Non Fiction Level 8/9 Grade 1. Hmh Hmh. 2019. (Rigby PM Ser.). (ENG.). 16p. (J). (gr. 1). pap. 11.00 *(978-0-358-12177-0(9))* Houghton Mifflin Harcourt Publishing Co.

My Big Brother Is in Heaven Now: An Inspiring Story of Life, Love & Grief Through the Eyes of a Child. J. L. Sampson & J. Omar Coleman. 2019. (ENG.). 32p. (J). pap. 12.49 *(978-1-5456-6798-9(5))* Salem Author Services.

My Big Brother Troy. Danielle Wallace. Illus. by Jeff Purnawan. 2019. (My Big Brother Troy Ser.: Vol. 1). (ENG.). 30p. (J). pap. 15.99 *(978-0-578-44206-8(X))* Horn, Jonathan.

My Big Catch: A Sally Ann Tale. Sally Jenkins. 2021. (ENG.). 30p. (J). pap. 14.95 *(978-1-63630-759-6(0))* Covenant Bks.

My Big Color & Learn Book: Scholastic Early Learners (Coloring Book) Scholastic. 2022. (Scholastic Early Learners Ser.). (ENG.). 240p. (J). (gr. -1-k). pap. 9.99 *(978-1-338-84988-2(3)*, Cartwheel Bks.) Scholastic, Inc.

My Big Cousin Ollie. Tina Bauer. Illus. by Luke Travers. 2021. (ENG.). 28p. (J). 16.99 *(978-1-7375675-1-6(2))* Bauer, Tina.

My Big, Dumb, Invisible Dragon. Angie Lucas. 2019. (ENG., Illus.). 32p. (J). 17.95 *(978-1-68364-184-1(1)*, 900220901) Sounds True, Inc.

My Big Embarrassing Elephant. Angie Lucas. Illus. by Pierre Collet-Derby. 2023. 32p. (J). (gr. k-3). 18.99 ***(978-1-958325-02-5(3)**,* 6873fad3-79a8-4ca5-b5b8-68738ca13632) Marble Pr.

My Big Evil Brother Packed My Lunch: 20+ Gross Lift-The-flaps (Kids Novelty Book, Children's Lift the Flaps Book, Sibling Rivalry Book) Chronicle Books. Illus. by Laura Watson. 2019. (ENG.). 12p. (J). (gr. -1-3). 16.99 *(978-1-4521-7089-3(4))* Chronicle Bks. LLC.

My Big Family: Early Concepts: Numbers. Jeffrey Turner. 2020. (Doodle the Science Poodle Ser.: 3). (ENG., Illus.). 20p. (J). bds. 9.99 *(978-0-7643-6005-3(1)*, 17522) Schiffer Publishing, Ltd.

My Big Green Coloring Book Vol. 2: Over 100 Big Pages of Family Activity! Coloring, Abcs, 123s, Characters, Puzzles, Mazes, Shapes, Letters + Numbers for Boys, Girls, Toddlers & Even Adults! Age 3+ Don Davies. 2018. (My Big Coloring Book for Kids Ser.: Vol. 2). (ENG., Illus.). 112p. (J). pap. 6.99 *(978-1-64467-540-3(4))* Little Bear Pr.

My Big Little Girl: A Book for Dads & Daughters. Greg Pope. Illus. by Lea Wells. 2021. (ENG.). 36p. (J). (gr. -1-1). 16.99 *(978-1-4867-1823-8(X)*, 46e4bc20-a2fb-4b1e-991a-0afdf56f5d5f) Flowerpot Pr.

My Big Magic Fish. Maz Thomas. 2020. (ENG.). 66p. (J). pap. *(978-1-5289-2631-7(5))* Austin Macauley Pubs. Ltd.

My Big Maze Book Mazes Junior Edition. Creative Playbooks. 2016. (ENG., Illus.). (J). pap. 10.81 *(978-1-68323-052-6(3))* Twin Flame Productions.

My Big Maze Collection: Children's Maze Activity Book. Activibooks For Kids. 2016. (ENG., Illus.). (J). pap. 6.99 *(978-1-68321-550-9(8))* Mimaxion.

My Big Pink Book of Coloring: With over 90 Coloring Pages. IglooBooks. Illus. by Kaley McCabe. 2023. (ENG.). 188p. (J). (gr. -1). 8.99 ***(978-1-83771-586-2(6))*** Igloo Bks. GBR. Dist: Simon & Schuster, Inc.

My Big Pink Princess Purse. Stephen T. Johnson. Illus. by Stephen T. Johnson. 2023. (My Big Bks.). (ENG., Illus.). 16p. (J). (gr. -1-3). 29.99 *(978-1-6659-1839-8(X)*, Simon & Schuster/Paula Wiseman Bks.) Simon & Schuster/Paula Wiseman Bks.

My Big Rainbow Book of Coloring: With over 90 Coloring Pages. IglooBooks. Illus. by Kaley McCabe. 2023. (ENG.). 188p. (J). (gr. -1). 8.99 ***(978-1-83771-587-9(4))*** Igloo Bks. GBR. Dist: Simon & Schuster, Inc.

My Big Red Book of Coloring: With over 90 Coloring Pages. IglooBooks. Illus. by Kaley McCabe. 2023. (ENG.). 188p. (J). (gr. -1). 8.99 ***(978-1-83771-572-5(6))*** Igloo Bks. GBR. Dist: Simon & Schuster, Inc.

My Big Red Coloring Book Vol. 1: Over 100 Big Pages of Family Activity! Coloring, Abcs, 123s, Characters, Puzzles, Mazes, Shapes, Letters + Numbers for Boys, Girls, Toddlers & Even Adults! Age 3+ Little Bear Press. 2018. (My Big Coloring Book for Kids Ser.: Vol. 1). (ENG., Illus.). 110p. (J). pap. 6.99 *(978-1-64467-541-0(2))* Little Bear Pr.

My Big Red Dump Truck Coloring Book. Bobo's Children Activity Books. 2016. (ENG., Illus.). (J). pap. 9.33 *(978-1-68327-671-5(X))* Sunshine In My Soul Publishing.

My Big Red Fire Truck. Stephen T. Johnson. Illus. by Stephen T. Johnson. 2023. (My Big Bks.). (ENG., Illus.). 16p. (J). (gr. -1-3). 29.99 *(978-1-6659-1838-1(1)*, Simon & Schuster/Paula Wiseman Bks.) Simon & Schuster/Paula Wiseman Bks.

My Big Secret. Karmin Johnson. 2019. (ENG.). 32p. (J). pap. ***(978-1-7947-3389-3(2))*** Lulu Pr., Inc.

My Big Seek-And-Find Book: With Wipe-Clean Pen! Roger Priddy. 2018. (Seek-And-Find Ser.). (ENG., Illus.). 56p. (J). spiral bd. 12.99 *(978-0-312-52224-7(X)*, 900175689) St. Martin's Pr.

My Big Suitcase of Emotions. Stephanie Campbell. 2021. (ENG.). 26p. (J). 21.99 *(978-1-954095-66-3(X))*; pap. 14.99 *(978-1-954095-88-5(0))* Yorkshire Publishing Group.

My Big Toddler Activity Book: A Montessori Inspired Workbook for Beginning Learners Ages 3-6. Sheba Blake. 2023. (ENG.). 108p. (J). pap. 18.99 ***(978-1-0881-5207-2(4))*** Indy Pub.

My Big Touch-And-Feel Concepts Book. Xavier Deneux. 2020. (TW My Big Touch & Feel Ser.: 2). (ENG.). 22p. (J). (gr. -1 — 1). bds. 21.99 *(978-2-408-01968-6(0))* Éditions Tourbillon FRA. Dist: Hachette Bk. Group.

My Big Wig. Marv Alinas. Illus. by Kathleen Petelinsek. 2018. (Rhyming Word Families Ser.). (ENG.). 24p. (J). (gr. -1-2). lib. bdg. 32.79 *(978-1-5038-2353-2(9)*, 212188) Child's World, Inc, The.

My Big Wipe & Clean Book of Alphabet for Kids: Capital & Small Letters. Wonder House Books. 2021. (ENG.). 16p. (J). (-k). bds. 11.99 ***(978-93-5440-104-6(X))*** Prakash Bk. Depot IND. Dist: Independent Pubs. Group.

My Big Wipe & Clean Book of Pen Control for Kids: Line Tracing & Patterns. Wonder House Books. 2021. (ENG.). 16p. (J). (-k). bds. 11.99 ***(978-93-5440-120-6(1))*** Prakash Bk. Depot IND. Dist: Independent Pubs. Group.

My Big Wipe & Clean Book of Three Letter Words for Kids: Learn & Trace Words. Wonder House Books. 2021. (ENG.). 16p. (J). (-k). bds. 11.99 ***(978-93-5440-128-2(7))*** Prakash Bk. Depot IND. Dist: Independent Pubs. Group.

My Big Wipe & Clean Book of Times Tables for Kids: Fun with Maths. Wonder House Books. 2021. (ENG.). 16p. (J). (-k). bds. 11.99 ***(978-93-5440-144-2(9))*** Prakash Bk. Depot IND. Dist: Independent Pubs. Group.

My Big Wipe-Clean Book: Preschool ABC 123. Kidsbooks. 2020. (ENG.). (J). 12.99 *(978-1-62885-835-8(4))* Kidsbooks, LLC.

My Big Wipe Clean Handwriting: Wipe-Clean Workbook. IglooBooks. 2018. (First Time Learning Ser.). (ENG.). 44p. (J). (gr. -1-1). spiral bd. 7.99 *(978-1-4998-8139-4(8))* Igloo Bks. GBR. Dist: Simon & Schuster, Inc.

My Big Wipe Clean: Kindergarten Words Numbers. Kidsbooks. 2020. (ENG.). (J). spiral bd. 12.99 *(978-1-62885-836-5(2))* Kidsbooks, LLC.

My Big Wipe Clean Letters: Wipe-Clean Workbook. IglooBooks. 2016. (First Time Learning Ser.). (ENG.). 44p. (J). (gr. -1-1). spiral bd. 7.99 *(978-1-78670-724-6(1))* Igloo Bks. GBR. Dist: Simon & Schuster, Inc.

My Big Wipe Clean Numbers: Wipe-Clean Workbook. IglooBooks. 2016. (First Time Learning Ser.). (ENG.). 44p. (J). (gr. -1-1). spiral bd. 7.99 *(978-1-78670-725-3(X))* Igloo Bks. GBR. Dist: Simon & Schuster, Inc.

My Big Wipe Clean Time: Wipe-Clean Workbook. IglooBooks. 2018. (First Time Learning Ser.). (ENG.). 44p. (J). (gr. -1-1). spiral bd. 7.99 *(978-1-4998-8138-7(X))* Igloo Bks. GBR. Dist: Simon & Schuster, Inc.

My Big Wipe Clean: Words & Numbers. Kidsbooks. 2021. (ENG.). (J). spiral bd. 12.99 *(978-1-62885-840-2(0))* Kidsbooks, LLC.

My Big Yellow Bulldozer Coloring Book. Bobo's Children Activity Books. 2016. (ENG., Illus.). (J). pap. 9.33 *(978-1-68327-672-2(8))* Sunshine In My Soul Publishing.

My Biggest Questions about God. Tony Evans. 2023. (ENG.). 32p. (J). (gr. -1-3). 17.99 *(978-0-7369-8383-9(X)*, 6983839, Harvest Kids) Harvest Hse. Pubs.

My Bike Board Book. Byron Barton. Illus. by Byron Barton. 2016. (ENG., Illus.). 40p. (J). (gr. -1-3). bds. 8.99 *(978-0-06-233701-6(7)*, Greenwillow Bks.) HarperCollins Pubs.

My Bike Lap Book. Byron Barton. 2016. (ENG., Illus.). 40p. (J). (gr. -1-3). bds. 12.99 *(978-0-06-233702-3(5)*, Greenwillow Bks.) HarperCollins Pubs.

My Bindi. Gita Varadarajan. Illus. by Archana Sreenivasan. 2022. (ENG.). 40p. (J). (gr. -1-3). 17.99 *(978-1-338-59881-0(3))* Scholastic, Inc.

My Bird & My Dog: A Tale for Youth (Classic Reprint) Minerva Press. 2018. (ENG., Illus.). 130p. (J). 26.58 *(978-0-267-20258-4(X))* Forgotten Bks.

My Birds in Freedom Captivity (Classic Reprint) Hubert D. Astley. 2018. (ENG., Illus.). 332p. (J). 30.74 *(978-0-365-16761-7(4))* Forgotten Bks.

My Birthday. Anita Bijsterbosch. 2018. (ENG., Illus.). 34p. (J). 14.95 *(978-1-60537-425-3(3))* Clavis Publishing.

My Birthday Eve. Nykki Matthews. Illus. by Hh Pax. 2022. (ENG.). 30p. (J). 28.00 *(978-1-7360727-9-0(X))*; pap. 17.99 *(978-1-7360727-7-6(3))* Mylestones & Co LLC.

My Birthday Gifts. Ty Fabulous. 2020. (ENG.). 32p. (J). pap. 13.95 *(978-1-64082-812-4(5))* Page Publishing Inc.

My Birthday in Quarantine. Star Higginbotham. 2020. (ENG.). 48p. (J). pap. 9.99 *(978-1-0879-4266-7(7))* Indy Pub.

My Black Is Beautiful. Torin Floyd. 2022. (ENG.). 28p. (J). pap. 9.99 ***(978-1-0880-4319-6(4))*** Indy Pub.

My Black Is Gold. Sabrina Jean Baptiste. 2021. (ENG.). 24p. (J). pap. 14.99 *(978-1-6629-0850-7(4))* Gatekeeper Pr.

My Black Mammy: A True Story of the Southland (Classic Reprint) Jefferson Penn. 2017. (ENG., Illus.). (J). 25.24 *(978-0-331-61911-9(3))*; pap. 9.57 *(978-0-282-53176-8(9))* Forgotten Bks.

My Blanket. Raiza Feroz. 2022. (ENG.). 24p. (J). *(978-0-2288-4699-4(4))*; pap. *(978-0-2288-4698-7(6))* Tellwell Talent.

My Blended Family. Claudia Harrington. Illus. by Zoe Persico. 2017. (My Family Set 2 Ser.). (ENG.). 32p. (J). (gr. -1-4). lib. bdg. 32.79 *(978-1-5321-3017-5(1)*, 25536, Looking Glass Library) Magic Wagon.

My Blended Family. Yandy Smith et al. 2017. (ENG., Illus.). (J). (gr. 1-2). 21.00 *(978-0-692-82418-4(9))* McBride Collection of Stories LLC.

My Blue Railway Book Box (Thomas & Friends) Random House. 2017. (Bright & Early Board Books(TM) Ser.). (ENG., Illus.). 96p. (J). (— 1). bds. 14.99

(978-1-5247-7224-6(0), Random Hse. Bks. for Young Readers) Random Hse. Children's Bks.

My Blue-Ribbon Horse: The True Story of the Eighty-Dollar Champion. Elizabeth Letts. Illus. by Kayla Harren. 2022. 40p. (J). (gr. -1-2). 18.99 *(978-0-593-17385-5(6))*; (ENG.). lib. bdg. 21.99 *(978-0-593-17386-2(4))* Random Hse. Children's Bks. (Random Hse. Bks. for Young Readers).

My Boat Tipi - Au Booti Ae Tipi (Te Kiribati) Nelson Eae. Illus. by Kimberly Pacheco. 2023. (ENG.). 36p. (J). pap. ***(978-1-922844-33-0(0))*** Library For All Limited.

My Body see Mi Cuerpo: Set Of 6

My Body. Marnie Forestieri. 2018. (Grow with Steam Ser.). (ENG.). 12p. (J). bds. *(978-1-63560-165-7(7))* Lake Press.

My Body. Illus. by Rebecca Jones. 2018. (First Explorers Ser.). (ENG.). 10p. (J). (— 1). bds. 8.95 *(978-1-4549-2942-0(1))* Sterling Publishing Co., Inc.

My Body, 1 vol. Anne Rooney. 2020. (Curious Questions & Answers About... Ser.). (ENG., Illus.). 32p. (gr. 3-4). pap. 11.00 *(978-1-4994-8473-1(9)*, 9417fbf8-58bd-43a3-b604-0cecc976cde8); lib. bdg. 28.93 *(978-1-4994-8475-5(5)*, e37cada1-d917-46f6-aeef-01e68fd37a23) Rosen Publishing Group, Inc., The. (Windmill Bks.).

My Body. Rozanne Williams. 2017. (Learn-To-Read Ser.). (ENG., Illus.). (J). pap. 3.49 *(978-1-68310-335-6(1))* Pacific Learning, Inc.

My Body. Ed. by World Book, Inc. Staff. 2016. (Learning Ladders 1/Hardcover Ser.: Vol. 2). (ENG., Illus.). 34p. (J). *(978-0-7166-7904-2(3))* World Bk.-Childcraft International.

My Body - Mon Corps. Et Al Clare Verbeek. Illus. by Mlungisi Dlamini. 2022. (FRE.). 24p. (J). pap. ***(978-1-922849-85-4(5))*** Library For All Limited.

My Body - Mwili. Zanele Buthelezi Et Al. Illus. by Mlungisi Dlamini Et Al. 2023. (SWA.). 24p. (J). pap. ***(978-1-922876-45-4(3))*** Library For All Limited.

My Body - Rabwatau (Te Kiribati) Library for All. Illus. by Clarice Masajo. 2022. (MIS.). 30p. (J). pap. ***(978-1-922918-69-7(5))*** Library For All Limited.

My Body & Its Parts: The Anatomy of Coloring Book. Jupiter Kids. 2016. (ENG., Illus.). 106p. (J). pap. 12.55 *(978-1-68305-290-6(0)*, Jupiter Kids (Childrens & Kids Fiction)) Speedy Publishing LLC.

My Body & What It Needs. Ruth Owen. 2017. (Get Started with STEM Ser.). (ENG., Illus.). 32p. (J). (gr. k-3). 9.99 *(978-1-78856-119-8(8)*, 95c66406-4083-4b19-804c-ea6f08004af8); lib. bdg. 30.65 *(978-1-911341-41-3(3)*, 99e35424-5b89-4a53-a33d-315a933b1630) Ruby Tuesday Books Limited GBR. Dist: Lerner Publishing Group.

My Body Belongs to Me! Larissa H. Rhone & Tina N. Foster. 2021. (ENG.). 40p. (J). pap. 10.99 *(978-1-954553-07-1(2))* Journey 2 Free Publishing.

My Body Belongs to Me! A Book about Body Ownership, Healthy Boundaries & Communication. Larissa H. Rhone & Tina N. Foster. 2021. (ENG.). 40p. (J). pap. 10.97 *(978-1-954553-08-8(0))* Journey 2 Free Publishing.

My Body Has a Mouth, 1 vol. Amy Culliford. 2022. (My Body Ser.). (ENG.). 24p. (J). (gr. k-2). pap. *(978-1-0396-4636-0(0)*, 17231); lib. bdg. *(978-1-0396-4445-8(7)*, 16289) Crabtree Publishing Co. (Crabtree Roots).

My Body Has a Nose, 1 vol. Amy Culliford. 2022. (My Body Ser.). (ENG.). 24p. (J). (gr. k-2). pap. *(978-1-0396-4639-1(5)*, 17232); lib. bdg. *(978-1-0396-4448-9(1)*, 16290) Crabtree Publishing Co. (Crabtree Roots).

My Body Has Arms & Hands, 1 vol. Amy Culliford. 2022. (My Body Ser.). (ENG.). 24p. (J). (gr. k-2). pap. *(978-1-0396-4638-4(7)*, 17233); lib. bdg. *(978-1-0396-4447-2(3)*, 16291) Crabtree Publishing Co. (Crabtree Roots).

My Body Has Ears, 1 vol. Amy Culliford. 2022. (My Body Ser.). (ENG.). 24p. (J). (gr. k-2). pap. *(978-1-0396-4634-6(4)*, 17234); lib. bdg. *(978-1-0396-4443-4(0)*, 16292) Crabtree Publishing Co. (Crabtree Roots).

My Body Has Eyes, 1 vol. Amy Culliford. 2022. (My Body Ser.). (ENG.). 24p. (J). (gr. k-2). pap. *(978-1-0396-4635-3(2)*, 17235); lib. bdg. *(978-1-0396-4444-1(9)*, 16293) Crabtree Publishing Co. (Crabtree Roots).

My Body Has Legs & Feet, 1 vol. Amy Culliford. 2022. (My Body Ser.). (ENG.). 24p. (J). (gr. k-2). pap. *(978-1-0396-4637-7(9)*, 17236); lib. bdg. *(978-1-0396-4446-5(5)*, 16294) Crabtree Publishing Co. (Crabtree Roots).

My Body in Pieces, 1 vol. Marie-Noëlle Hébert. Tr. by Shelley Tanaka. 2021. (ENG., Illus.). 104p. (YA). (gr. 9-12). 19.95 *(978-1-77306-484-0(3))* Groundwood Bks. CAN. Dist: Publishers Group West (PGW).

My Body Is a Rainbow: The Color of My Feelings. Mallika Chopra. Illus. by Izzy Burton. 2021. (ENG.). 32p. (J). (gr. -1-3). 17.99 *(978-0-7624-9904-5(4)*, Running Pr. Kids) Running Pr.

My Body Is Amazing. Deborah Tutty. Illus. by @Lucillustrations. 2021. (ENG.). 24p. (J). *(978-1-5255-8965-2(2))*; pap. *(978-1-5255-8964-5(4))* FriesenPress.

My Body Is Growing: A Guide for Children, Ages 4 To 8. Dagmar Geisler. 2020. (Safe Child, Happy Parent Ser.). (ENG.). 48p. (J). (gr. 2-2). 16.99 *(978-1-5107-4659-6(5)*, Sky Pony Pr.) Skyhorse Publishing Co., Inc.

My Body Is My Body. Allison Schmitt. Illus. by Neris Naranjo. 2021. (ENG.). 32p. 26.95 *(978-1-6642-2606-7(0))*; pap. 13.95 *(978-1-6642-2604-3(4))* Author Solutions, LLC. (WestBow Pr.).

My Body Is My Own. Lauren K. Carlson. 2020. (ENG.). 26p. (J). pap. 12.95 *(978-1-0879-2272-0(0))* Indy Pub.

My Body Is My Temple: A Powerful Nia Book about Loving Yourself. Wendy Goodall McDonald M D. 2017. (ENG., Illus.). (J). pap. 10.99 *(978-0-9993341-0-2(7))* McDonald, Wendy Goodall MD.

My Body Is Not Your Playground Boys Ediition. Sheryll Roberts. 2017. (ENG.). 36p. (J). pap. ***(978-1-365-70586-1(2))*** Lulu Pr., Inc.

My Body Is Tough & Gray. Joyce L. Markovics. 2016. (Zoo Clues 2 Ser.). (ENG., Illus.). 24p. (J). (gr. -1-3). 26.99 *(978-1-944102-63-0(9))* Bearport Publishing Co., Inc.

My Body My Choice: The Fight for Abortion Rights, 1 vol. Robin Stevenson. 2019. (Orca Issues Ser.: 2). (ENG., Illus.). 176p. (YA). (gr. 8-12). pap. 19.95 *(978-1-4598-1712-8(5))* Orca Bk. Pubs. USA.

My Body Systems: Working As a Team, 1 vol. Marisa Pace. 2017. (Computer Kids: Powered by Computational Thinking Ser.). (ENG.). 24p. (J). (gr. 3-4). 25.27 *(978-1-5383-2413-4(X)*, 867575f1-7cd4-4ba0-8ed2-7e78849abf72, PowerKids Pr.); pap. *(978-1-5081-3768-9(4)*, df45d385-6e24-425b-a8ff-65adb497bd71, Rosen Classroom) Rosen Publishing Group, Inc., The.

My Body Wants to Be Healthy. Anne Nancy Shriver. Illus. by Emelia Beanie Schmidt. 2019. (ENG.). 32p. (J). pap. 17.77 *(978-0-934101-06-6(X))* Taylor, Sally & Friends.

My Body! What I Say Goes! Teach Children about Body Safety, Safe & Unsafe Touch, Private Parts, Consent, Respect, Secrets & Surprises. Jayneen Sanders. Illus. by Anna Hancock. 2017. (ENG.). 40p. (J). (gr. k-5). *(978-1-925089-16-5(9)*, Educate2Empower Publishing) UpLoad Publishing Pty, Ltd.

My Body! What I Say Goes! - Activity Book: Teach Children about Body Safety, Safe & Unsafe Touch, Private Parts, Consent, Respect, Secrets & Surprises. Jayneen Sanders. Illus. by Farimah Khavarinezhad. 2nd ed. 2022. (ENG.). 20p. (J). pap. ***(978-1-76116-035-6(4))*** UpLoad Publishing Pty, Ltd.

My Body! What I Say Goes! 2nd Edition: Teach Children about Body Safety, Safe & Unsafe Touch, Private Parts, Consent, Respect, Secrets & Surprises. Jayneen Sanders. Illus. by Farimah Khavarinezhad. 2nd ed. 2022. (ENG.). 42p. (J). ***(978-1-76116-032-5(X))***; pap. ***(978-1-76116-031-8(1))*** UpLoad Publishing Pty, Ltd.

My Body's Special. Jennifer Buchanan. 2021. (ENG.). 34p. (J). pap. *(978-0-9739446-9-3(2))* Tune In Pr.

My BODYTROTTER Book * Journey Within: Healthy Cells = Healthy You. Marisha Wojciechowska. 2022. (ENG.). 28p. (J). pap. *(978-1-7771411-8-9(4))* Wojciechowska, Maria.

My Bohemian Days in London (Classic Reprint) Julius M. Price. 2018. (ENG., Illus.). 328p. (J). 30.66 *(978-0-483-58558-4(0))* Forgotten Bks.

My Bohemian Days in Paris (Classic Reprint) Julius M. Price. 2017. (ENG., Illus.). (J). 31.20 *(978-0-265-88722-6(4))* Forgotten Bks.

My Bollywood Dream. Avani Dwivedi. Illus. by Avani Dwivedi. 2023. (ENG.). 40p. (J). (gr. -1-2). 18.99 ***(978-1-5362-2842-7(7))*** Candlewick Pr.

My Bones. Rachel Rose. 2022. (What's Inside Me? Ser.). (ENG., Illus.). 24p. (J). (gr. 1-3). lib. bdg. 26.99 *(978-1-63691-440-4(3)*, 18603) Bearport Publishing Co., Inc.

My Book about Christmas by ME, Myself: With Some Help from the Grinch & Dr. Seuss. Seuss. 2016. (ENG., Illus.). 64p. (J). (gr. -1-3). 16.99 *(978-0-553-52446-8(1)*, Random Hse. Bks. for Young Readers) Random Hse. Children's Bks.

My Book Adventures: Write & Draw Reading Journal. Valerie Ipson. 2019. (ENG.). 76p. (J). pap. 5.99 *(978-0-9864246-8-7(4))* Riverside Park Pr.

My Book of Amazing Animals. IglooBooks. 2018. (ENG.). 12p. (J). bds. 8.99 *(978-1-4998-8022-9(7))* Igloo Bks. GBR. Dist: Simon & Schuster, Inc.

My Book of Animals. Wendy Madgwick. Illus. by Graeme Rosewarne. 2016. 48p. (J). (gr. -1-12). bds. 9.99 *(978-1-86147-768-2(6)*, Armadillo) Anness Publishing GBR. Dist: National Bk. Network.

My Book of Animals. Allison Zweig MSW. 2023. (ENG.). 32p. (J). ***(978-1-312-45579-5(9))*** Lulu Pr., Inc.

My Book of Awesomeness! Every Girl's Companion on the Journey to Self-Love. Mary Loanga-Balamba. 2018. (ENG.). 102p. (J). pap. *(978-1-5272-2055-3(9))* MIINII.

My Book of Baby Animals: A Fun-Packed Picture & Puzzle Book for Little Ones. Armadillo Press Staff. 2016. (Illus.). 48p. (J). (gr. -1-12). bds. 9.99 *(978-1-86147-662-3(0)*, Armadillo) Anness Publishing GBR. Dist: National Bk. Network.

My Book of Beautiful Oops! A Scribble It, Smear It, Fold It, Tear It Journal for Young Artists. Barney Saltzberg. 2017. (ENG., Illus.). 52p. (J). (gr. -1-7). 16.99 *(978-0-7611-8950-3(5)*, 18950) Workman Publishing Co., Inc.

My Book of Birds, 1 vol. Geraldo Valério. 2016. (ENG., Illus.). 60p. (J). (gr. k). 24.95 *(978-1-55498-800-6(4))* Groundwood Bks. CAN. Dist: Publishers Group West (PGW).

My Book of Blue. Little Bee Books. 2017. (My Color Bks.). (ENG., Illus.). 16p. (J). (gr. -1 — 1). bds. 5.99 *(978-1-4998-0531-4(4))* Little Bee Books Inc.

My Book of Brillant Ideas. Robin Glenn. 2022. (ENG.). 102p. (J). 13.99 ***(978-1-0880-3017-2(3))*** Indy Pub.

My Book of Butterflies, 1 vol. Geraldo Valério. 2021. (ENG., Illus.). 48p. (J). (gr. -1-1). 24.99 *(978-1-77306-335-5(9))* Groundwood Bks. CAN. Dist: Publishers Group West (PGW).

My Book of Cats & Kittens: A Fact-Filled Guide to Your Feline Friends. DK. 2nd ed. 2023. (My Book Of Ser.). (ENG.). 96p. (J). (gr. k-4). 14.99 *(978-0-7440-7389-8(8)*, DK Children) Dorling Kindersley Publishing, Inc.

My Book of Dinosaurs & Prehistoric Life: Animals & Plants to Amaze, Surprise, & Astonish! DK & Dean R. Lomax. 2021. (My Book Of Ser.). (ENG.). 96p. (J). (gr. k-4). 12.99 *(978-0-7440-2653-5(9)*, DK Children) Dorling Kindersley Publishing, Inc.

My Book of Dogs & Puppies: A Fact-Filled Guide to Your Canine Friends. DK. 2nd ed. 2023. (My Book Of Ser.). (ENG.). 96p. (J). (gr. k-4). 14.99 *(978-0-7440-7394-2(4)*, DK Children) Dorling Kindersley Publishing, Inc.

My Book of Feelings. Nicola Edwards. Illus. by Thomas Elliott. 2021. (My World Ser.). (ENG.). 16p. (J). (-k). bds. 16.99 *(978-1-68010-655-8(4))* Tiger Tales.

My Book of Feelings: A Book to Help Children with Attachment Difficulties, Learning or Developmental Disabilities Understand Their Emotions. Tracey Ross. Illus. by Rosy Salaman. 2021. 40p. (C). 16.95 *(978-1-83997-266-9(1)*, 855354) Kingsley, Jessica Pubs. GBR. Dist: Hachette UK Distribution.

My Book of Firsts: First Coloring Books. Jupiter Kids. 2016. (ENG., Illus.). 106p. (J). pap. 12.55 *(978-1-68305-291-3(9)*, Jupiter Kids (Childrens & Kids Fiction)) Speedy Publishing LLC.

My Book of Fossils: A Fact-Filled Guide to Prehistoric Life. DK & Dean R. Lomax. 2022. (My Book Of Ser.). (ENG., Illus.). 96p. (J). (gr. k-4). 14.99 *(978-0-7440-4994-7(6)*, DK Children) Dorling Kindersley Publishing, Inc.

My Book of Green. Little Bee Books. 2017. (My Color Bks.). (ENG., Illus.). 16p. (J). (gr. -1 — 1). bds. 5.99 *(978-1-4998-0548-2(9))* Little Bee Books Inc.

My Book of Gymnastics. DK. 2020. (Illus.). 64p. (J). *(978-0-241-41222-0(6))* Dorling Kindersley Publishing, Inc.

My Book of Gymnastics. DK. 2020. (My Book of Sports Ser.). (ENG., Illus.). 64p. (J). (gr. 1-4). 14.99 *(978-1-4654-9152-7(X)*, DK Children) Dorling Kindersley Publishing, Inc.

My Book of Kittens. Contrib. by Ulkutay Design Group Staff & Random House Children's Books Staff. 2016. (Illus.). (J). *(978-1-4806-9710-2(9)*, Golden Bks.) Random Hse. Children's Bks.

My Book of Letters: For Ages 3+ Illus. by Richar Watson. 2016. (ENG.). 24p. (J). pap. *(978-1-78209-799-0(6))* Miles Kelly Publishing, Ltd.

My Book of Little Poems That Gave Me a Fright! D. M. Shipp. 2018. (ENG., Illus.). 60p. (J). pap. *(978-1-78823-032-2(9))* Austin Macauley Pubs. Ltd.

My Book of Monsters. Ine de Volder. Illus. by Maarten Arys. 2022. (ENG.). 32p. (J). 18.95 *(978-1-60537-786-5(4))* Clavis Publishing.

My Book of Mormon Friends. Alexis Merrill. 2018. (Illus.). (J). bds. 14.99 *(978-1-62972-470-6(X))* Deseret Bk. Co.

My Book of Orange. Little Bee Books. 2018. (My Color Bks.). (ENG.). 16p. (J). (gr. -1 — 1). bds. 5.99 *(978-1-4998-0697-7(3))* Little Bee Books Inc.

My Book of Poems: Leveled Reader Turquoise Level 18. Rg Rg. 2016. (PM Ser.). (ENG.). 16p. (J). (gr. 2). pap. 11.00 *(978-0-544-89186-9(4))* Rigby Education.

My Book of Rocks & Minerals: Things to Find, Collect, & Treasure. Devin Dennie. 2017. (My Book Of Ser.). (ENG., Illus.). 96p. (J). (gr. k-4). 14.99 *(978-1-4654-6190-2(6)*, DK Children) Dorling Kindersley Publishing, Inc.

My Book of Seasons. Amy Loescher. 2019. (ENG.). 38p. (J). pap. 8.95 *(978-1-64569-517-2(4))* Christian Faith Publishing.

My Book Of (Set), 10 vols. 2018. (My Book Of Ser.). (ENG., Illus.). 24p. (gr. k-1). lib. bdg. 131.35 *(978-1-5081-9675-4(3)*, 294bfd5a-379c-4dee-9168-404bdbeb5ddc, Windmill Bks.) Rosen Publishing Group, Inc., The.

My Book of Shapes - Au Boki Ibukin Tein Bwaai (Te Kiribati) Olusegun Akinfenwa. Illus. by Bea Balint. 2023. (ENG.). 28p. (J). pap. ***(978-1-922918-35-2(0))*** Library For All Limited.

My Book of Sleepy Time Tales. Zenaida Cubbinz. Illus. by Dreamstime Com Spaceheater. 2nd ed. 2018. (ENG.). 80p. (J). (gr. k-1). pap. *(978-1-912315-34-5(3))* Stergiou Ltd.

My Book of Stars & Planets: A Fact-Filled Guide to Space. Parshati Patel. 2021. (My Book Of Ser.). (ENG., Illus.). 96p. (J). (gr. k-4). 14.99 *(978-0-7440-3496-7(5)*, DK Children) Dorling Kindersley Publishing, Inc.

My Book of Stories from the Poets: Told in Prose (Classic Reprint) Christine Chaundler. (ENG., Illus.). (J). 2018. 346p. 31.05 *(978-0-656-09772-2(8))*; 2016. pap. 13.57 *(978-1-334-14248-2(3))* Forgotten Bks.

My Book with No Pictures. B.j. Novak. 2019. (ENG.). 40p. (J). (gr. k-3). pap. 9.99 *(978-0-593-11101-7(X)*, Dial Bks) Penguin Young Readers Group.

My Boston Terrier Adventures (with Rudy, Riley & More...) L. A. Meyer. 2016. (ENG., Illus.). (J). 22.95 *(978-1-68197-871-0(7))*; pap. 12.95 *(978-1-68197-307-4(3))* Christian Faith Publishing.

My Boy. Christine Pleiman. 2023. (ENG.). 32p. (J). pap. ***(978-1-83934-158-8(0))*** Olympia Publishers.

My Boy 3. Hitomi Takano. 2019. (My Boy Ser.: 3). (Illus.). 168p. (YA). (gr. 8-12). pap. 12.95 *(978-1-947194-21-2(6)*, Vertical Comics) Vertical, Inc.

My Boy in Khaki: A Mother's Story (Classic Reprint) Della Thompson Lutes. 2018. (ENG., Illus.). 202p. (J). 28.06 *(978-0-483-26233-1(1))* Forgotten Bks.

My Boy Life. John Carroll. 2017. (ENG.). 404p. (J). pap. *(978-3-337-05385-7(8))* Creation Pubs.

My Boy Life: Presented in a Succession of True Stories (Classic Reprint) John Carroll. 2017. (ENG., Illus.). (J). 32.25 *(978-1-5284-8909-6(8))* Forgotten Bks.

My Boyhood: A Story Book for Boys (Classic Reprint) Henry C. Barkley. (ENG., Illus.). (J). 2018. 320p. 30.52 *(978-0-332-89959-6(4))*; 2016. pap. 13.57 *(978-1-334-14406-6(0))* Forgotten Bks.

My Boyhood (Classic Reprint) John Burroughs. 2018. (ENG., Illus.). 278p. (J). 29.65 *(978-0-484-03456-2(1))* Forgotten Bks.

My Brain. Sloane Hughes. 2022. (What's Inside Me? Ser.). (ENG., Illus.). 24p. (J). (gr. 1-3). lib. bdg. 26.99 *(978-1-63691-441-1(1)*, 18604) Bearport Publishing Co., Inc.

My Brain: Null. Aaron Fields. 2022. (ENG.). 34p. (J). pap. 15.00 ***(978-1-953962-26-3(2))*** Write Perspective, LLC, The.

My Brain Has Made Friends with My Guts. Roy Hardman & Melissa Formica. Illus. by Emma Hay. 2022. (ENG.). 34p. (J). pap. ***(978-1-922850-83-6(7))*** Shawline Publishing Group.

My Brain Is My Best Friend. Melissa Formica & Roy Hardman. Illus. by Kimberley Coffey. 2021. (ENG.). 32p. (J). pap. *(978-1-922594-88-4(1))* Shawline Publishing Group.

My Brain Needs Glasses: ADHD Explained to Kids. Annick Vincent. 2017. (ENG.). 48p. (J). pap. 14.95 *(978-1-988002-80-4(X))* Juniper Publishing CAN. Dist: Simon & Schuster, Inc.

My Brain Needs Glasses - 4e Edition: ADHD Explained to Kids. Annick Vincent. 2022. (ENG.). 64p. (J). pap. 14.95 *(978-1-988002-94-1(X))* Juniper Publishing CAN. Dist: Simon & Schuster, Inc.

My Brave & Gallant Gentleman: A Romance of British Columbia (Classic Reprint) Robert Watson. 2018. (ENG., Illus.). 354p. (J). 31.22 *(978-0-484-76289-2(3))* Forgotten Bks.

My Breakfast with Jesus: Worshipping God Around the World. Tina Cho. 2020. (ENG., Illus.). 32p. (J). (gr. -1-2). 16.99 *(978-0-7369-7712-8(0)*, 6977128) Harvest Hse. Pubs.

My Brigadista Year. Katherine Paterson. 2017. (ENG.). 160p. (J). (gr. 5-9). 15.99 *(978-0-7636-9508-8(4))* Candlewick Pr.

My Brigadista Year. Katherine Paterson. 2019. (ENG.). 208p. (J). (gr. 5-9). pap. 8.99 *(978-1-5362-0223-6(1))* Candlewick Pr.

My Brigadista Year. Katherine Paterson. l.t. ed. 2018. (ENG.). 324p. (J). lib. bdg. 22.99 *(978-1-4328-4930-6(1))* Cengage Gale.

My Bright Friend. Simon Boulerice. Tr. by Sophie B. Watson from FRE. Illus. by Marilyn Faucher. 2019. Orig. Title: Un Ami Lumineux. (ENG.). 32p. (J). (gr. -1-k). 19.95 *(978-1-4598-2189-7(0))* Orca Bk. Pubs. USA.

My Brilliant Big Activity Book. Andrea Pinnington. 2018. (Y Ser.). (ENG.). 192p. (J). (gr. 1-3). pap. 14.95 *(978-1-78312-367-4(2))* Carlton Kids GBR. Dist: Two Rivers Distribution.

My Brilliant Career. Miles Franklin. 2020. (ENG.). (J). 176p. 17.95 *(978-1-64799-948-3(0))*; 174p. pap. 9.95 *(978-1-64799-947-6(2))* Bibliotech Pr.

My Brilliant Idea (and How It Caused My Downfall) Stuart David. 2017. (ENG.). 240p. (YA). (gr. 7). pap. 9.99 *(978-0-544-93886-1(0)*, 1658465, Clarion Bks.) HarperCollins Pubs.

My Brother. Dee Huxley & Tiffany Huxley. Illus. by Oliver Huxley. 2019. (ENG.). 32p. pap. 6.99 *(978-1-921504-95-2(1)*, Working Title Pr.) HarperCollins Pubs. Australia AUS. Dist: HarperCollins Pubs.

My Brother. Andrea Yip. 2016. (ENG., Illus.). (J). pap. 21.18 *(978-1-4828-8081-6(4))* Partridge Pub.

My Brother & I. Taghreed Najjar. Tr. by Michelle Hartman. Illus. by Maya Fidawi. 2019. (ENG.). 32p. (J). (gr. -1). 15.95 *(978-2-89802-013-1(3)*, CrackBoom! Bks.) Chouette Publishing CAN. Dist: Publishers Group West (PGW).

My Brother & Me. Roger Hargreaves. 2020. (Mr. Men & Little Miss Ser.). (ENG., Illus.). 32p. (J). (gr. -1-2). pap. 6.99 *(978-0-593-09416-7(6)*, Grosset & Dunlap) Penguin Young Readers Group.

My Brother & Me. Claire Massey. 2018. (ENG., Illus.). 26p. (J). (gr. 1-5). pap. *(978-1-5289-2443-6(6))* Austin Macauley Pubs. Ltd.

My Brother & Me: The Adventures of Max & Leo. Judi Taylor Cantor. Ed. by Laura Goldberg. Illus. by Mary Kate Gaide. 2022. (Adventures of Max & Leo Ser.: 1). (ENG.). 32p. (J). 22.56 *(978-1-6678-1455-1(9))* BookBaby.

My Brother & Me & ASD. Marilyn Clark. Illus. by Chantal Piché. 2020. (ENG.). 34p. (J). (gr. 3-6). pap. *(978-1-77222-586-0(X))* Apprentissage Illimite, Inc.

My Brother Ate My Homework. Jennifer Lobasso. 2019. (ENG., Illus.). 38p. (J). (gr. k-3). 14.95 *(978-1-64307-035-3(5))* Amplify Publishing Group.

My Brother Basil (Classic Reprint) E. Neal. (ENG., Illus.). (J). 2018. 328p. 30.66 *(978-0-364-91160-0(3))*; 2017. pap. 13.57 *(978-1-5276-4664-3(5))* Forgotten Bks.

My Brother (Classic Reprint) Vincent Brown. 2017. (ENG., Illus.). (J). 28.00 *(978-0-266-17692-3(5))* Forgotten Bks.

My Brother Dominic. Virginia Alexander. 2020. (ENG.). 38p. (J). pap. 7.95 *(978-0-359-94398-2(5))* Lulu Pr., Inc.

My Brother Harry: Leveled Reader Emerald Level 26. Rg Rg. 2019. (PM Ser.). (ENG.). 32p. (J). (gr. 3-4). pap. 11.00 *(978-0-544-89283-5(6))* Rigby Education.

My Brother Has Autism. Mandy Morreale & Vin Morreale, Jr. 2020. (ENG., Illus.). 18p. (J). pap. 14.99 *(978-1-0878-6197-5(7))* Indy Pub.

My Brother Has Cancer. Michelle Heidrich & Ethan Heidrich. Illus. by Julie Haislip. 2023. 24p. (J). pap. 15.99 ***(978-1-6678-9614-4(8))*** BookBaby.

My Brother Is a Brat. Daniel Roberts. Illus. by Daniel Roberts. 2020. (ENG.). 36p. (J). *(978-1-716-69900-9(2))* Lulu Pr., Inc.

My Brother Is a Brat. Daniel Roberts. 2017. (ENG., Illus.). 36p. (J). pap. *(978-1-387-98614-9(7))* Lulu Pr., Inc.

My Brother Is a Dog. Kelsey Bell-Bechtol. l.t. ed. 2023. (ENG.). 20p. (J). 16.99 ***(978-1-0881-1312-7(5))*** Indy Pub.

My Brother Is a Superhero. David Solomons. 2017. (ENG.). 320p. (J). (gr. 3-7). 9.99 *(978-0-14-751605-3(6)*, Puffin Books) Penguin Young Readers Group.

My Brother Is a Superhero. David Solomons. ed. 2017. lib. bdg. 18.40 *(978-0-606-39790-2(6))* Turtleback.

My Brother Is a Zombie! Kirsty Holmes. Illus. by Richard Bayley. 2023. (Level 11 - Lime Set Ser.). (ENG.). 48p. (J). (gr. 2-4). lib. bdg. 19.95 Bearport Publishing Co., Inc.

My Brother Is AU-Mazing! Bethany Lynn. 2022. (ENG.). 28p. (J). 24.99 ***(978-1-0880-7416-9(2))***; pap. 17.99 ***(978-1-0880-6715-4(8))*** Indy Pub.

My Brother Is Special: A Cerebral Palsy Story. Murray Stenton. Illus. by Murray Stenton. 2017. (ENG., Illus.). (J). (gr. k-2). 27.95 *(978-1-61599-326-0(6))* Loving Healing Pr., Inc.

My Brother Is Special: A Sibling with Cerebral Palsy. Illus. by Murray Stenton. 2016. (J). pap. *(978-1-61599-309-3(6))* Loving Healing Pr., Inc.

My Brother Is the Best! (a Hello!Lucky Book) Eunice Moyle & Sabrina Moyle. 2023. (Hello!Lucky Book Ser.). (ENG., Illus.). 24p. (J). (gr. -1 — 1). bds., bds. 7.99 ***(978-1-4197-5983-3(3)***, 1763810, Abrams Appleseed) Abrams, Inc.

My Brother, My Enemy (Classic Reprint) Mitchell Wilson. 2017. (ENG., Illus.). (J). 31.16 *(978-0-331-62242-3(4))*; pap. 13.57 *(978-0-243-38813-4(6))* Forgotten Bks.

My Brother Otto, 1 vol. Meg Raby. Illus. by Elisa Pallmer. 2019. 32p. (J). (gr. -1-k). 16.99 *(978-1-4236-5154-3(5))* Gibbs Smith, Publisher.

My Brother Sam Is Dead Novel Units Student Packet. Novel Units. 2019. (ENG.). (J). pap. 13.99 *(978-1-56137-823-4(2)*, Novel Units, Inc.) Classroom Library Co.

My Brother Sam Is Dead Novel Units Teacher Guide. Novel Units. 2019. (ENG.). (YA). pap. 12.99

M

(978-1-56137-380-2(X), Novel Units, Inc.) Classroom Library Co.

My Brother the Angel. Jess L. Owen. 2018. (ENG., Illus.). 28p. (J). (gr. 2-4). 15.99 *(978-1-64255-116-7(3))* Owen, Jessica.

My Brother, the Skyscraper. Coral Jones. Illus. by David Boyce. 2021. (ENG.). 34p. (J). 28.99 *(978-1-7375240-0-7(7))* jones, coral.

My Brother, the Skyscraper Coloring Book. Coral Lois Jones & David R. Boyce. Ed. by Eric Fannin. l.t. ed. 2022. (ENG.). 34p. (J). pap. 20.00 ***(978-1-7375240-8-3(2))*** jones, coral.

My Brother Yves (Classic Reprint) Pierre Loti. 2018. (ENG., Illus.). (J). 274p. 29.55 *(978-1-396-34271-4(0))*; 276p. pap. 11.97 *(978-1-390-91125-1(X))* Forgotten Bks.

My Brother Zane. Loretta Woods. 2022. (ENG.). 30p. (J). pap. 19.95 *(978-1-62023-872-1(1))* Atlantic Publishing Group, Inc.

My Brother's Guitar, 1 vol. Elizabeth Ritter. 2018. (Making Music! Ser.). (ENG.). 24p. (J). (gr. 1-1). 25.27 *(978-1-5081-6810-2(5),* 4a89bca1-a37e-45bd-9227-080686e698fa); pap. 9.25 *(978-1-5081-6812-6(1),* 80f766bb-6de6-47e9-a8f4-dedfad86c456) Rosen Publishing Group, Inc., The. (PowerKids Pr.).

My Brother's Keeper. Olivia Ann Harriger. 2023. (ENG.). 208p. (YA). pap. 16.49 ***(978-1-6628-6591-6(0))*** Salem Author Services.

My Brother's Keeper: Knight Songs. Deema Aneles. 2022. (ENG.). 124p. pap. ***(978-1-387-73380-4(X))*** Lulu Pr., Inc.

My Brother's Keeper (Classic Reprint) Charles Tenney Jackson. 2017. (ENG., Illus.). (J). 31.03 *(978-0-266-19693-8(4))* Forgotten Bks.

My Brother's Keeper (Classic Reprint) A. Bartlett Warner. 2018. (ENG., Illus.). 400p. (J). 32.15 *(978-0-483-61706-3(7))* Forgotten Bks.

My Brother's Keepers. La Tanya M Mathews. 2021. (ENG.). 36p. (J). 22.95 *(978-1-63710-207-7(0))*; (Illus.). pap. 13.95 *(978-1-63985-389-2(8))* Fulton Bks.

My Brother's Shot: The Boy to Man Handbook for Navigating Your Teen Years. Y. R. Spence. 2021. (ENG.). 166p. (YA). pap. 14.95 *(978-1-5136-7699-9(7))* Elite Online Publishing.

My Brother's Wife: A Life-History (Classic Reprint) Amelia B. Edwards. 2018. (ENG., Illus.). 116p. (J). 26.29 *(978-0-332-81144-4(1))* Forgotten Bks.

My Buddy & Me. Ashley Kantonen. 2021. (ENG., Illus.). 28p. (J). 23.95 *(978-1-63844-351-3(3))* Christian Faith Publishing.

My Buddy, Killer Croc. Sara Farizan. Illus. by Nicoletta Baldari. 2022. 152p. (J). (gr. 3-7). pap. 9.99 *(978-1-77950-124-0(2))* DC Comics.

My Bug Buddy. Mimi Soes. 2017. (ENG., Illus.). (J). pap. 15.95 *(978-1-4808-2506-2(9))* Archway Publishing.

My Bully, My Friend. Vinnie Woods. 2020. (ENG.). 32p. (J). pap. 15.95 *(978-1-5289-4015-3(6))* Austin Macauley Pubs. Ltd.

My Burb Baby. Rose Rossner. Illus. by Louise Anglicas. 2021. (My Baby Locale Ser.). (ENG.). 24p. (J). (-k). bds. 8.99 *(978-1-7282-3674-2(6),* Hometown World) Sourcebooks, Inc.

My Busiest Book Ever!: Scholastic Early Learners (Touch & Explore) Scholastic. 2022. (Scholastic Early Learners Ser.). (ENG.). 10p. (J). (— 1). 12.99 *(978-1-338-85005-5(9),* Cartwheel Bks.) Scholastic, Inc.

My Busy Backyard Activity Book. Fran Newman-D'Amico. 2016. (Dover Little Activity Bks.). (ENG.). 64p. (J). (gr. k-3). pap. 2.50 *(978-0-486-81034-8(8),* 810348) Dover Pubns., Inc.

My Busy Brain: A First Look at ADHD. Pat Thomas. Illus. by Leslie Harker. 2023. (First Look At... Ser.). (ENG.). 32p. (J). (gr. -1-2). pap. 8.99 ***(978-1-7282-7085-2(5))*** Sourcebooks, Inc.

My Busy Construction Coloring Book. Tiger Tales. Illus. by Cathy Hughes. 2022. (ENG.). 192p. (J). (gr. -1-2). pap. 8.99 *(978-1-6643-4025-1(4))* Tiger Tales.

My Busy Day. Illus. by Jan Lewis. 2017. 14p. (J). (gr. -1-12). pap. 11.99 *(978-1-86147-723-1(6))* Anness Publishing, Inc.

My Busy Day. Ruth Owen. 2017. (First Words & Pictures Ser.). (ENG., Illus.). 32p. (J). (gr. -1-2). lib. bdg. 29.32 *(978-1-911341-83-3(9),* 32b3a571-e1e9-4a74-a80c-b3f296bfd487) Ruby Tuesday Books Limited GBR. Dist: Lerner Publishing Group.

My Busy Dinosaur Coloring Book. Tiger Tales. Illus. by Cathy Hughes. 2023. (ENG.). 192p. (J). (gr. -1-2). pap. 8.99 *(978-1-6643-4051-0(3))* Tiger Tales.

My Busy Farm Coloring Book. Tiger Tales. Illus. by Cathy Hughes. 2021. (ENG.). 192p. (J). (gr. -1-2). pap. 8.99 *(978-1-68010-300-7(8))* Tiger Tales.

My Busy Green Garden, 1 vol. Terry Pierce. Illus. by Carol Schwartz. 2017. (Tilbury House Nature Book Ser.: 0). (ENG.). 416p. (J). (gr. -1-1). 16.95 *(978-0-88448-495-0(5),* 884495) Tilbury Hse. Pubs.

My Busy Halloween Coloring Book. Tiger Tales. Illus. by Cathy Hughes. 2023. (ENG.). 192p. (J). (gr. -1-2). pap. 8.99 ***(978-1-6643-4064-0(5))*** Tiger Tales.

My Busy Magical Friends Coloring Book. Tiger Tales. Illus. by Cathy Hughes. 2021. (ENG.). 192p. (J). (gr. -1-2). pap. 8.99 *(978-1-68010-301-4(6))* Tiger Tales.

My Busy Truck Book: Scholastic Early Learners (Touch & Explore) Scholastic Early Learners. 2023. (Scholastic Early Learners Ser.). (ENG.). 10p. (J). (gr. -1 — 1). 12.99 ***(978-1-339-01804-1(7),*** Cartwheel Bks.) Scholastic, Inc.

My Butt Is SO CHRISTMASSY! Dawn McMillan. Illus. by Ross Kinnaird. 2022. (ENG.). 32p. (J). (gr. k-4). pap. 8.99 *(978-0-486-85069-6(2),* 850692) Dover Pubns., Inc.

My Butt Is SO NOISY! Dawn McMillan & Ross Kinnaird. 2021. (ENG.). 32p. (J). (gr. k-4). pap. 8.99 *(978-0-486-84731-3(4),* 847314) Dover Pubns., Inc.

My Butt Is SO SILLY! Dawn McMillan & Ross Kinnaird. 2022. (ENG.). 32p. (J). (gr. k-4). pap. 8.99 *(978-0-486-84976-8(7),* 849767) Dover Pubns., Inc.

My Butt Is So Spooky! Dawn McMillan. Illus. by Ross Kinnaird. 2023. (ENG.). 32p. (J). (gr. k-4). pap. 8.99 ***(978-0-486-85163-1(X),*** 85163X) Dover Pubns., Inc.

My Butt Speaks. Trenton Clay Gross. 2022. (ENG.). 24p. (J). 14.99 *(978-1-6629-2526-9(3))*; pap. 9.99 *(978-1-6629-2527-6(1))* Gatekeeper Pr.

My Butterfly Chair. P. Diane Buie. 2020. (ENG.). 24p. (J). 19.00 *(978-1-716-71931-8(3))* Lulu Pr., Inc.

My 'c' Sound Box. Jane Belk Moncure. Illus. by Rebecca Thornburgh. 2018. (Jane Belk Moncure's Sound Box Bks.). (ENG.). 32p. (J). (gr. -1-2). 35.64 *(978-1-5038-2306-8(7),* 212135) Child's World, Inc, The.

My Calamity Jane. Cynthia Hand et al. (Lady Janies Ser.). (ENG.). (YA). (gr. 8). 2021. 560p. pap. 10.99 *(978-0-06-265282-9(6))*; 2020. (Illus.). 544p. 18.99 *(978-0-06-265281-2(8))* HarperCollins Pubs. (HarperTeen).

My California Nightmare. Cheryl DeMers Fluet. 2019. (ENG.). 28p. (YA). pap. 11.95 *(978-1-64584-282-8(7))* Page Publishing Inc.

My Calm Me down Book. Trace Moroney. (ENG.). 32p. (J). 2022. (gr. -1-4). pap. 15.99 *(978-1-922677-09-9(4))*; 2020. (Illus.). (-k). 18.99 *(978-1-925970-67-8(1))* Bonnier Publishing GBR. Dist: Independent Pubs. Group.

My Camel Wants to Be a Unicorn. Julia Inserro. Illus. by Tanja Varcelija. 2021. (ENG.). 32p. (J). 12.99 *(978-1-947891-08-1(1))* Julia Inserro.

My Camera, 1 vol. Dewayne Hotchkins. 2016. (Rosen REAL Readers: STEM & STEAM Collection). (ENG.). 8p. (gr. k-1). pap. 5.46 *(978-1-5081-2622-5(4),* 17cc9f10-d6cd-4be2-8bfe-f3bd5c693de5, Rosen Classroom) Rosen Publishing Group, Inc., The.

My Canada. K. C. D'Angelo. 2018. (ENG., Illus.). 34p. (J). *(978-1-77302-448-6(5))*; pap. *(978-1-77302-449-3(3))* Tellwell Talent.

My Canada: An Illustrated Atlas. Katherine Dearlove. Illus. by Lori Joy Smith. 2019. (ENG.). 32p. (J). (gr. -1-2). pap. 9.95 *(978-1-77147-377-4(0))* Owlkids Bks. Inc. CAN. Dist: Publishers Group West (PGW).

My Canada (Classic Reprint) Elinor Marsden Eliot. (ENG., Illus.). (J). 2018. 292p. 29.94 *(978-0-267-92778-4(9))*; 2016. pap. 13.57 *(978-1-334-14995-5(X))* Forgotten Bks.

My Canadian Friends: 30 Funny Characters for Coloring. Roberto Viacava. 2021. (ENG.). 64p. (J). pap. *(978-0-2288-4898-1(9))* Tellwell Talent.

My Canadian Friends: Coloring Book. Green Iceberg Press. Illus. by Roberto J. Viacava. 2020. (ENG.). 60p. (J). pap. *(978-1-7774596-0-4(5))* Chan, Raz.

My Canadian Journal, 1872-'78: Extracts from My Letters Home Written While Lord Dufferin Was Governor-General (Classic Reprint) Hariot Hamilton-Temple-Blackwood. (ENG., Illus.). (J). 2017. 34.29 *(978-0-331-73918-3(6))*; 2016. pap. 16.97 *(978-1-333-40486-4(7))* Forgotten Bks.

My Canadian Leaves. Frances E. O. Monck. 2017. (ENG.). 374p. (J). pap. *(978-3-337-18770-5(6))* Creation Pubs.

My Canadian Leaves: An Account of a Visit to Canada in 1864 1865 (Classic Reprint) Frances E. O. Monck. 2017. (ENG., Illus.). 372p. (J). 31.59 *(978-0-484-26891-2(0))* Forgotten Bks.

My Captive: A Novel (Classic Reprint) J. an Altsheler. 2017. (ENG., Illus.). (J). pap. 13.57 *(978-0-282-12753-4(4))* Forgotten Bks.

My Car. Byron Barton. 2016. (ENG., Illus.). 40p. (J). (gr. -1-3). pap. 7.99 *(978-0-06-239960-1(8),* Greenwillow Bks.) HarperCollins Pubs.

My Car - Ha'u-Nia Karreta. Mayra Walsh. Illus. by Anton Syadrov. 2021. (TET.). 24p. (J). pap. *(978-1-922591-83-8(1))* Library For All Limited.

My Car In 2055. Carrie Lewis. Illus. by Christos Skaltsas. 2021. (My Life In 2055 Ser.). (ENG.). 32p. (J). (gr. 2-5). pap. 9.99 *(978-1-7284-2352-4(X),* 528cb604-d01c-40c2-b0ea-2497e51e07a0); lib. bdg. 27.99 *(978-1-7284-1628-1(0),* ab3df6d8-1449-4ab7-8b2b-09b849d3ddcb) Lerner Publishing Group. (Lerner Pubns.).

My Cardboard Castle. LaShanda Rigsby. Illus. by Rebecca Smith. 2023. 50p. (J). pap. 12.99 ***(978-1-6678-8342-7(9))*** BookBaby.

My Caribbean Dream. Sharon R. Burow & Bridget K. Weber. 2017. (ENG., Illus.). (J). 31.95 *(978-1-4808-3936-6(1))*; pap. 23.95 *(978-1-4808-3935-9(3))* Archway Publishing.

My Car/Mi Carro: Bilingual English-Spanish. Byron Barton. Illus. by Byron Barton. 2016. (ENG., Illus.). 40p. (J). (gr. -1-3). 17.99 *(978-0-06-245545-1(1))*; pap. 9.99 *(978-0-06-245544-4(3))* HarperCollins Pubs. (Greenwillow Bks.).

My Carrott Book. Jumoke Jackson. 2017. (ENG., Illus.). 34p. (J). pap. 15.00 *(978-1-387-35125-1(7))* Lulu Pr., Inc.

My Cartoon Imagination at the Hospital. Sabrina D. Clayton. 2019. (ENG.). 50p. (J). 26.95 *(978-1-0980-1441-4(3))*; pap. 16.95 *(978-1-64515-792-2(X))* Christian Faith Publishing.

My Cat Annie. Rick Shaw. Illus. by Blueberry Illustrations. 2021. (ENG.). 38p. (J). 16.99 *(978-1-0879-8455-1(6))* Bootstrap Publishing.

My Cat Book: A Keepsake Journal for My Pet. Running Press. Illus. by Mike Lowery. 2018. (ENG.). 80p. (J). (gr. 2-17). pap. 12.99 ***(978-0-7624-9163-6(9),*** Running Pr. Kids) Running Pr.

My Cat Fred Wears a Skirt. Katrina W. Gidstedt & Emelie H. R. Gidstedt. 2023. (ENG.). 38p. (J). 18.95 ***(978-1-63755-588-0(1),*** Mascot Kids) Amplify Publishing Group.

My Cat Is Sad. Katrina Streza. Illus. by Brenda Ponnay. 2017. (Cat & Dog Readers Ser.). (ENG.). 40p. (J). (gr. -1-2). pap. 9.99 *(978-1-5324-0244-9(9))* Xist Publishing.

My Cat Is Sad / Mi Gato Esta Triste. Katrina Streza. Illus. by Brenda Ponnay. 2018. (Xist Kids Bilingual Spanish English Ser.). (ENG & SPA.). 36p. (J). (gr. -1-3). pap. 9.99 *(978-1-5324-0675-1(4))* Xist Publishing.

My Cat Looks Like My Dad. Thao Lam. 2019. (ENG., Illus.). 32p. (J). 17.95 *(978-1-77147-351-4(7))* Owlkids Bks. Inc. CAN. Dist: Publishers Group West (PGW).

My Cat Needs Me. Jane Cottrell. Illus. by Jordan Wray. 2017. (ENG.). 20p. (J). (gr. -1-1). bds. *(978-1-4867-1309-7(2))* Flowerpot Children's Pr, Inc.

My Cat Passport: Cats Log Book, Cat Information Book, Pet Health Records Keeper, Gifts for Cat Lovers, Pet Expense Tracker, Pet Passport. Illus. by Paperland Online Store. 2021. (ENG.). 102p. (J). pap. *(978-1-300-58366-0(5))* Lulu Pr., Inc.

My Cat Sheena. Candy Michelle Johnson et al. 2022. (ENG.). 46p. (J). 84.04 *(978-1-716-01236-5(8))* Lulu Pr., Inc.

My Cat Sits. Katrina Streza. Illus. by Brenda Ponnay. 2021. (Cat & Dog Readers Ser.). (ENG.). 32p. (J). (gr. -1-2). 12.99 *(978-1-5324-1651-4(2))*; pap. 12.99 *(978-1-5324-1650-7(4))* Xist Publishing.

My Cave Life in Vicksburg: With Letters of Trial & Travel (Classic Reprint) Unknown Author. 2017. (ENG., Illus.). (J). 28.19 *(978-0-265-44412-2(8))* Forgotten Bks.

My Caveman Brain: #5. Brian Daly. Illus. by Alex Lopez. 2022. (Caveman Dave Ser.). (ENG.). 112p. (J). (gr. 2-5). lib. bdg. 38.50 *(978-1-0982-3590-1(8),* 41161, Calico Chapter Bks.) ABDO Publishing Co.

My CC ABCs, Cycle 3. Robert Bortins. Illus. by Leah Neverov. 2017. 26p. (J). bds. 10.99 *(978-0-9972442-5-0(9))* Classical Conversations, Inc.

My Celebrations see Mis Fiestas: My Celebrations

My Chickens Lay Eggs. Sherry Crelin. 2018. (ENG., Illus.). 28p. (J). *(978-1-5255-2395-3(3))*; pap. *(978-1-5255-2396-0(1))* FriesenPress.

My Child. Heidi Bradbury. 2017. (ENG., Illus.). (J). 18.00 *(978-0-692-90149-6(3))* Bradbury, Heidi.

My Child: A Book of Verse (Classic Reprint) Jean Berry. (ENG., Illus.). (J). 2018. 80p. 25.57 *(978-0-483-84645-6(7))*; 2016. pap. 9.57 *(978-1-333-45604-7(2))* Forgotten Bks.

My Child-Life in Burmah. Olive Jennie Bixby. 2017. (ENG.). 176p. (J). pap. *(978-3-337-23810-0(6))* Creation Pubs.

My Child-Life in Burmah: Or, Recollection & Incidents. Olive Jennie Bixby. 2017. (ENG.). 176p. (J). pap. *(978-3-337-21577-4(7))* Creation Pubs.

My Child Looks & Feels Greatbaby & Toddler Size & Shape. Bobo's Little Brainiac Books. 2016. (ENG., Illus.). (J). pap. 7.99 *(978-1-68327-855-9(0))* Sunshine In My Soul Publishing.

My Childhood (Classic Reprint) Maxim Gorky. 2017. (ENG., Illus.). (J). 32.39 *(978-0-331-96287-1(X))* Forgotten Bks.

My Childhood in Lille, as told to my Daughter see Mon Enfance Lilloise Racontee a ma Fille: Recits d'Antan (1950 A 1955)

My Childish Thoughts. Teresa Morris Scott. Illus. by Morgane Xenos. 2022. (ENG.). 46p. (J). ***(978-0-2288-8385-2(7))***; pap. ***(978-0-2288-8384-5(9))*** Tellwell Talent.

My Children's Robert Louis Stevenson Paint Book (Classic Reprint) Robert Louis Stevenson. (ENG., Illus.). (J). 2018. 36p. 24.66 *(978-0-267-12549-4(6))*; 2016. pap. 7.97 *(978-1-333-51489-1(1))* Forgotten Bks.

My Chinatown: One Year in Poems. Kam Mak. Illus. by Kam Mak. 2016. (ENG., Illus.). 32p. (J). (gr. -1-3). pap. 8.99 *(978-0-06-443732-5(9),* HarperCollins) HarperCollins Pubs.

My Chinese Days (Classic Reprint) Gulielma F. Alsop. 2017. (ENG., Illus.). (J). 30.23 *(978-1-5280-5289-4(7))* Forgotten Bks.

My Chinese Marriage (Classic Reprint) M. T. F. 2017. (ENG., Illus.). (J). 27.96 *(978-1-5280-4355-7(3))* Forgotten Bks.

My Chocolate: Children's Edition. Clover Ford. Illus. by Kalunda Smith. 2020. (ENG.). 26p. (J). (gr. k-5). 18.99 *(978-1-0878-5612-4(4))* Indy Pub.

My Chocolate Bar & Other Foods. Helen Greathead. 2016. (Well Made, Fair Trade Ser.). (ENG., Illus.). 32p. (J). (gr. 5-9). *(978-0-7787-2714-9(9))* Crabtree Publishing Co.

My Choices. Grace Jones. 2017. (Our Values - Level 1 Ser.). (Illus.). 24p. (J). (gr. 5-8). *(978-0-7787-3701-8(2))* Crabtree Publishing Co.

My Christmas ABCs, 1 vol. Jordan Wray. 2018. (ENG., Illus.). 20p. (J). bds. 9.99 *(978-1-4002-0981-1(1),* Tommy Nelson) Nelson, Thomas Inc.

My Christmas Adventure: Carboona (Revised & Partly Rewritten) & Other Poems. Henry Heylyn Hayter. 2017. (ENG., Illus.). (J). pap. *(978-0-649-53912-3(5))* Trieste Publishing Pty Ltd.

My Christmas Adventure: Carboona (Revised & Partly Rewritten) & Other Poems (Classic Reprint) Henry Heylyn Hayter. 2017. (ENG., Illus.). (J). 140p. 26.78 *(978-0-332-13304-1(4))*; pap. 9.57 *(978-0-282-44504-1(8))* Forgotten Bks.

My Christmas Collection. Make Believe Ideas. Illus. by Make Believe Ideas. 2017. (ENG.). 28p. (J). (gr. -1-7). 12.99 *(978-1-78692-359-2(9))* Make Believe Ideas GBR. Dist: Scholastic, Inc.

My Christmas Coloring Book for Kids: Amazing Christmas Coloring Book for Kids - Beautiful Christmas Gift for Toddlers & Kids - a Perfect Holiday Coloring Book for Boys, Girls, & Kids of All Ages. Kiddo's Christmas. 2020. (ENG.). (J). 104p. pap. 6.99 *(978-1-716-37512-5(6))*; 122p. pap. 7.50 *(978-1-716-38831-6(7))* Lulu Pr., Inc.

My Christmas Friends, Animals Coloring Book. Cristie Publishing. 2020. (ENG.). 64p. (J). pap. 8.99 *(978-1-716-33228-9(1))* Lulu Pr., Inc.

My Christmas Gift. Jennifer Croy. 2020. (ENG.). 20p. (J). *(978-1-716-36053-4(6))* Lulu Pr., Inc.

My Christmas Gift-Coloring Book for Kids Ages 6-12. Bianca Montgomery. 2020. (ENG.). 160p. (J). pap. 11.99 *(978-1-716-28156-3(3))* Lulu Pr., Inc.

My Christmas List, 1 vol. Charmaine Robertson. 2016. (Rosen REAL Readers: Social Studies Nonfiction / Fiction: Myself, My Community, My World Ser.). (ENG.). 12p. (gr. k-1). pap. 6.33 *(978-1-5081-2550-1(3),* 40b9efc9-4b7f-4b1e-a5d0-c3ca7bf1816c, Rosen Classroom) Rosen Publishing Group, Inc., The.

My Christmas Prayer, 1 vol. Amy Parker. Illus. by Frank Endersby. 2017. (ENG.). 12p. (J). bds. 8.99 *(978-0-7180-9952-7(4),* Tommy Nelson) Nelson, Thomas Inc.

My Christmas Story. Michael Frank. 2020. (ENG.). 28p. (J). pap. 15.00 *(978-1-7948-1230-7(X))* Lulu Pr., Inc.

My Christmas Story Tree, 1 vol. Mary Manz Simon. Illus. by Gavin Scott. 2018. (ENG.). 20p. (J). bds. 8.99 *(978-0-310-76125-9(5))* Zonderkidz.

My Christmas Tree. Michael. 2022. (ENG., Illus.). 42p. (J). 25.95 *(978-1-63885-598-9(6))*; pap. 15.95 *(978-1-68526-025-5(X))* Covenant Bks.

My Christmas Wish. Put Me In The Story & J. D. Green. Illus. by Julia Seal. 2018. (Christmas Wish Ser.). (ENG.). 32p. (J). (gr. k-3). 6.99 ***(978-1-4926-8368-1(X))***; 6.99 ***(978-1-4926-8369-8(8))*** Sourcebooks, Inc.

My Christmas Wish for You. Lisa Swerling & Ralph Lazar. 2021. (ENG., Illus.). 60p. (J). (gr. -1-k). 14.99 *(978-1-4521-8436-4(4))* Chronicle Bks. LLC.

My Circular Notes, Vol. 1 Of 2: Extracts from Journals, Letters Sent Home, Geological & Other Notes, Written While Travelling Westwards Round the World, from July 6, 1874, to July 6, 1875 (Classic Reprint) J. F. Campbell. (ENG., Illus.). (J). 2018. 422p. 32.60 *(978-0-364-10020-2(6))*; 2017. pap. 16.57 *(978-0-282-98387-1(2))* Forgotten Bks.

My Circular Notes, Vol. 1 Of 2: Extracts from Journals, Letters Sent Home, Geological & Other Notes, Written While Travelling Westwards Round the World, from July 6, 1874, to July 6, 1875 (Classic Reprint) John Francis Campbell. 2017. (ENG., Illus.). (J). 800p. 40.40 *(978-0-332-32053-3(7))*; pap. 23.57 *(978-0-259-57880-2(0))* Forgotten Bks.

My Circular Notes, Vol. 2 Of 2: Extracts from Journals, Letters Sent Home, Geological & Other Notes, Written While Travelling Westwards; Round the World, from July 6, 1874, to July 6, 1875 (Classic Reprint) J. F. Campbell. 2018. (ENG., Illus.). 412p. (J). 32.41 *(978-0-267-20556-1(2))* Forgotten Bks.

My Circulatory System: A 4D Book. Martha E. H. Rustad. 2018. (My Body Systems Ser.). (ENG., Illus.). 24p. (J). (gr. -1-2). lib. bdg. 29.32 *(978-1-9771-0020-7(1),* 138173, Capstone Pr.) Capstone.

My City. Meg Gaertner. 2020. (Where I Live Ser.). (ENG., Illus.). 16p. (J). (gr. k-1). pap. 7.95 *(978-1-64493-412-8(4),* 1644934124); lib. bdg. 25.64 *(978-1-64493-336-7(5),* 1644933365) North Star Editions. (Focus Readers).

My City. Joanne Liu. 2019. (ENG., Illus.). 32p. (J). (-k). 14.95 *(978-3-7913-7377-5(3))* Prestel Verlag GmbH & Co KG. DEU. Dist: Penguin Random Hse. LLC.

My City Baby. Rose Rossner. Illus. by Louise Anglicas. 2021. (My Baby Locale Ser.). (ENG.). 24p. (J). (-k). bds. 8.99 *(978-1-7282-3673-5(8),* Hometown World) Sourcebooks, Inc.

My City In 2055. Carrie Lewis. Illus. by Christos Skaltsas. 2021. (My Life In 2055 Ser.). (ENG.). 32p. (J). (gr. 2-5). pap. 9.99 *(978-1-7284-2353-1(8),* e3b742cb-9e8f-4433-85a6-c5d256400c6d); lib. bdg. 27.99 *(978-1-7284-1630-4(2),* 1d79e2fe-08b1-4e99-9ca7-5f9bd660df39) Lerner Publishing Group. (Lerner Pubns.).

My City Speaks. Darren Lebeuf. Illus. by Ashley Barron. 2021. (ENG.). 32p. (J). (gr. -1-2). 19.99 *(978-1-5253-0414-9(3))* Kids Can Pr., Ltd. CAN. Dist: Hachette Bk. Group.

My Class Campaign: Working As a Team, 1 vol. Emma Carlson-Berne. 2017. (Computer Kids: Powered by Computational Thinking Ser.). (ENG.). 24p. (J). (gr. 4-5). 25.27 *(978-1-5383-2414-1(8),* ac22d566-682c-4bbc-b191-d22b506b76e1, PowerKids Pr.) Rosen Publishing Group, Inc., The.

My Class Campaign: Working As a Team, 1 vol. Emma Carlson Berne. 2017. (Computer Science for the Real World Ser.). (ENG.). 24p. (J). (gr. 4-5). pap. *(978-1-5383-5307-3(5),* d0ef7332-99d9-4db9-921e-af3d06588577, Rosen Classroom) Rosen Publishing Group, Inc., The.

My Class Decides Together: Civic Virtues, 1 vol. Naomi Wells. 2018. (Civics for the Real World Ser.). (ENG.). 16p. (gr. 2-3). pap. *(978-1-5383-6505-2(7),* 76a9926b-d3b3-46cb-833f-80eb8b6e3c6c, Rosen Classroom) Rosen Publishing Group, Inc., The.

My Class Government: Sharing & Reusing, 1 vol. Roman Ellis. 2017. (Computer Kids: Powered by Computational Thinking Ser.). (ENG.). 24p. (J). (gr. 3-4). 25.27 *(978-1-5383-2415-8(6),* 2d4160cb-94ea-4b26-9c4b-c0a4afafaee3, PowerKids Pr.); pap. *(978-1-5383-5314-1(8),* 01b39852-a228-4859-80a3-2894f580bb78, Rosen Classroom) Rosen Publishing Group, Inc., The.

My Class Makes a Flag: Breaking down the Problem, 1 vol. Corina Jeffries. 2017. (Computer Science for the Real World Ser.). (ENG.). 8p. (gr. k-1). pap. *(978-1-5383-5036-2(X),* b00a071d-fd1d-43ca-9ce2-68990e85e6d2, Rosen Classroom) Rosen Publishing Group, Inc., The.

My Class Vote: Taking Civic Action, 1 vol. Sloane Gould. 2018. (Civics for the Real World Ser.). (ENG.). 12p. (gr. 1-2). pap. *(978-1-5383-6484-0(0),* d48b8085-bd38-48e6-96d9-ca32993e14a5, Rosen Classroom) Rosen Publishing Group, Inc., The.

My Classroom: A Book about Neurodiversity. Ashleigh Hyman. 2023. (ENG.). 32p. (J). pap. ***(978-1-312-80966-6(3))*** Lulu Pr., Inc.

My Classroom Bill of Rights. Imani H. Campbell. Illus. by Brittany N. Deanes. 2022. (ENG.). 52p. (J). 25.99 *(978-1-951300-40-1(8))*; pap. 21.99 *(978-1-7326934-9-4(8))* Liberation's Publishing.

My Claws Are Huge & Black. Joyce L. Markovics. 2016. (Zoo Clues 2 Ser.). (ENG & SPA.). 24p. (J). (gr. -1-3). 26.99 *(978-1-944102-60-9(4))* Bearport Publishing Co., Inc.

My Clementine. Roberto Innocenti. 2018. (KOR.). (J). (gr. 3-5). *(978-89-433-1129-2(X))* Borim Pr.

My Clementine. Roberto Innocenti. 2018. (ENG.). 40p. (J). (gr. 3-6). 18.99 *(978-1-56846-323-0(5),* 19708, Creative Editions) Creative Co., The.

My Clothes. 2019.Tr. of Mi Ropa. (Illus.). *(978-1-4351-6979-1(4))* Barnes & Noble, Inc.

My Clothes. Marnie Forestieri. 2018. (Grow with Steam Ser.). (ENG.). 12p. (J). bds. *(978-1-63560-175-6(4))* Lake Press.

My Clubfoot Boots. Allen Lee & Laura Lee. Illus. by Kaitlin Pasma. 2021. (ENG.). 18p. (J). *(978-0-2288-5125-7(4))*; pap. *(978-0-2288-5124-0(6))* Tellwell Talent.

My Coach: Practicing the OA Sound, 1 vol. Dylan Karsten. 2016. (Rosen Phonics Readers Ser.). (ENG.). 8p. (J). (gr. -1-2). pap. *(978-1-5081-3188-5(0),* 563596c8-51a1-432b-861c-25009265b96d, Rosen Classroom) Rosen Publishing Group, Inc., The.

My Coach Inspires Me: My Coach Is Always in My Head. Clifton Palmer. 2022. (ENG.). 64p. (J). pap. *(978-0-2288-6571-1(9))* Tellwell Talent.

My Coast Is Better Than Yours! Kathryn L. O'Dell et al. 2017. (Text Connections Guided Close Reading Ser.). (J). (gr. 2). *(978-1-4900-1852-2(2))* Benchmark Education Co.

My Collection: How Children Can Develop Daily Prayers of Thanks. Dianne de Jong. 2020. (ENG.). 32p. (J). *(978-1-5255-3350-1(9))*; pap. *(978-1-5255-3351-8(7))* FriesenPress.

My Colorful Day. Ali Reza Kohani. 2022. (ENG.). 29p. (J). *(978-1-6781-8430-8(6))* Lulu Pr., Inc.

My Colorland Visit. Johana Goldberg-Garrison. 2016. (ENG., Illus.). (J). pap. 17.20 *(978-1-4834-5360-6(X))* Lulu Pr., Inc.

My Colors. Kevin D. Kone. Illus. by Vania Ora & Adriana Mangiarotti. 2018. (ENG.). 56p. (J). (gr. 2-6). pap. 19.99 *(978-0-9997562-0-1(6))* kevindkone.

My Colors. Kathy Broderick. Illus. by Kris Dresen. ed. 2021. (Book in Four Languages Ser.). (ENG.). 28p. (J). (gr. k-2). lib. bdg. 24.69 *(978-1-64996-165-5(0)*, 4924, Sequoia Kids Media) Phoenix International Publications, Inc.

My Colour Collection: Green. Sue Tredget. Illus. by Diana J. Kelly. 2017. (ENG.). (J). pap. *(978-0-6480901-4-4(0))* Causeway Publishing.

My Colour Collection: Red. Sue Tredget. Illus. by Diana J. Kelly. 2017. (ENG.). (J). pap. *(978-0-6480901-5-1(9))* Causeway Publishing.

My Colour Collection: Yellow. Sue Tredget. Illus. by Diana J. Kelly. 2017. (ENG.). (J). pap. *(978-0-6480901-6-8(7))* Causeway Publishing.

My Colourful & Cuddly Caterpillar. Maureen Larter. Illus. by Annie Gabriel. 2022. (ENG.). 20p. (J). pap. *(978-0-6450325-8-1(1))* Sweetfields Publishing.

My Comic Book: Create Your Own Anime Comic. Blank Anime/Manga Sketchbook with Templates, 7x10 Inches, Secure Binding & Quality Paper. MaGumbo Publishers. 2023. (ENG.). 200p. (YA). pap. ***(978-1-4478-2808-2(9))*** Lulu Pr., Inc.

My Comic Book: Rookie Series 001. Make It Happen Publishing Inc. 2018. (Blank Ninja & Dragon Graphic Novel for Kids to Write & Draw Cartoons Ser.: Vol. 1). (ENG.). 220p. (J). pap. *(978-1-989116-11-1(6)*, Make It Happen Publishing Inc.) Lunches, Sylina.

My Comic Book: Rookie Series 002. Make It Happen Publishing Inc. 2018. (Blank Robot Graphic Novel Story Books for Kids Ser.: Vol. 2). (ENG.). 220p. (J). pap. *(978-1-989116-12-8(4)*, Make It Happen Publishing Inc.) Lunches, Sylina.

My Comic Book, Create Your Board. Tcorporation Edition. 2022. (ENG.). 100p. (YA). pap. ***(978-1-4716-3190-0(7))*** Lulu Pr., Inc.

My Comic Fantastic, Create Your Own Comic. Tcorporation Edition. 2022. (ENG.). 100p. pap. ***(978-1-4716-2577-0(X))*** Lulu Pr., Inc.

My Comic Sketchbook: Vintage Anime Inspired,Large Print, 200 Paged Blank Templates Comic Art Book. MaGumbo Publishers. 2023. (ENG.). 202p. (YA). pap. ***(978-1-4477-1171-1(8))*** Lulu Pr., Inc.

My Community. Ed. by Gardner. 2020. (Grow with Steam Ser.). (ENG.). 12p. (J). bds. 4.99 *(978-1-63560-261-6(0))* Gardner Media LLC.

My Community. Raven Howell. Illus. by Yeng Yang. 2018. (ENG.). 30p. (J). (gr. k-6). 21.99 *(978-1-387-02119-2(2))*; pap. 15.99 *(978-1-387-02122-2(2))* Lulu Pr., Inc.

My Community. Grace Jones. 2017. (Our Values - Level 1 Ser.). (Illus.). 24p. (J). (gr. 1-1). *(978-0-7787-3702-5(0))* Crabtree Publishing Co.

My Community: Jobs Set 2 (Set), 6 vols. 2018. (My Community: Jobs Ser.). (ENG.). 24p. (J). (gr. -1-2). lib. bdg. 188.16 *(978-1-5321-0785-6(4)*, 28131, Abdo Kids) ABDO Publishing Co.

My Community: Places, 6 vols. Julie Murray. 2016. (My Community: Places Ser.). (ENG.). 24p. (J). (gr. -1-2). lib. bdg. 188.16 *(978-1-68080-534-5(7)*, 21348, Abdo Kids) ABDO Publishing Co.

My Community Dyslexic Edition: Dyslexic Font. Raven Howell. Illus. by Yeng Yang. ed. 2018. (ENG.). 30p. (J). (gr. k-6). 19.99 *(978-1-64372-060-9(0))* MacLaren-Cochrane Publishing.

My Community: Jobs Set 3 (Set), 6 vols. Julie Murray. 2020. (My Community: Jobs Ser.). (ENG.). 24p. (J). (gr. -1-2). lib. bdg. 188.16 *(978-1-0982-0577-5(4)*, 36341, Abdo Kids) ABDO Publishing Co.

My Community Project: Sharing & Reusing, 1 vol. Marisa Pace. 2017. (Computer Science for the Real World Ser.). (ENG.). 12p. (gr. 1-2). pap. *(978-1-5383-5170-3(6)*, 77e52888-97b1-4e60-a02a-175655a8b90c, Rosen Classroom) Rosen Publishing Group, Inc., The.

My Community Rules: Understanding Citizenship, 1 vol. Rory McCallum. 2018. (Civics for the Real World Ser.). (ENG.). 12p. (gr. 1-2). pap. *(978-1-5383-6460-4(3)*, daa1711d-79e3-4103-b1eb-5d6be9ab8d01, Rosen Classroom) Rosen Publishing Group, Inc., The.

My Community/Mi Comunidad. Ed. by Gardner. 2020. (Grow with Steam Bilingual Ser.). (ENG.). 12p. (J). bds. 4.99 *(978-1-63560-275-3(0))* Gardner Media LLC.

My Company (Classic Reprint) Carroll Judson Swan. 2018. (ENG., Illus.). 330p. (J). 30.70 *(978-0-656-83761-8(6))* Forgotten Bks.

My Confession: The Story of a Woman's Life, & Other Tales (Classic Reprint) Unknown Author. 2018. (ENG., Illus.). 306p. (J). 30.21 *(978-0-483-31353-8(X))* Forgotten Bks.

My Connaught Cousins, Vol. 1 of 3 (Classic Reprint) Harriett Jay. (ENG., Illus.). (J). 2018. 250p. 29.07 *(978-0-267-39573-6(6))*; 2016. pap. 11.57 *(978-1-334-13157-8(0))* Forgotten Bks.

My Connaught Cousins, Vol. 2 of 3 (Classic Reprint) Harriett Jay. (ENG., Illus.). (J). 2018. 258p. 29.22 *(978-0-332-82629-5(5))*; 2016. pap. 11.57 *(978-1-333-36741-1(4))* Forgotten Bks.

My Connaught Cousins, Vol. 3 of 3 (Classic Reprint) Harriett Jay. 2018. (ENG., Illus.). 274p. (J). 29.57 *(978-0-484-64973-5(6))* Forgotten Bks.

My Continent. Meg Gaertner. 2020. (Where I Live Ser.). (ENG., Illus.). 16p. (J). (gr. k-1). pap. 7.95 *(978-1-64493-413-5(2)*, 1644934132); lib. bdg. 25.64 *(978-1-64493-337-4(3)*, 1644933373) North Star Editions. (Focus Readers).

My Contrary Mary. Cynthia Hand et al. (Lady Janies Ser.). (ENG.). (YA). (gr. 8). 2022. 528p. pap. 11.99 *(978-0-06-293005-7(2))*; 2021. 512p. 18.99 *(978-0-06-293004-0(4))* HarperCollins Pubs. (HarperTeen).

My Cool Car Trip Journal: A Fun Fill-In Book for Kids. Diana Zourelias. 2018. (Dover Kids Activity Bks.). (ENG.). 96p. (J). (gr. 1-4). pap. 7.99 *(978-0-486-82414-7(4)*, 824144) Dover Pubns., Inc.

My Corner of the Ring. Jesselyn Silva. 2019. (ENG., Illus.). 256p. (J). (gr. 5). 17.99 *(978-0-525-51840-2(1)*, G.P. Putnam's Sons Books for Young Readers) Penguin Young Readers Group.

My Cornish Neighbours (Classic Reprint) Havelock Ellis. 2018. (ENG., Illus.). 200p. (J). 28.04 *(978-0-483-26242-3(0))* Forgotten Bks.

My Country. Meg Gaertner. 2020. (Where I Live Ser.). (ENG., Illus.). 16p. (J). (gr. k-1). pap. 7.95 *(978-1-64493-414-2(0)*, 1644934140); lib. bdg. 25.64 *(978-1-64493-338-1(1)*, 1644933381) North Star Editions. (Focus Readers).

My Country a Story of Today (Classic Reprint) George Rothwell Brown. 2018. (ENG., Illus.). 380p. (J). 31.73 *(978-0-332-59228-2(6))* Forgotten Bks.

My Country Baby. Rose Rossner. Illus. by Louise Anglicas. 2021. (My Baby Locale Ser.). (ENG.). 24p. (J). (-k). bds. 8.99 *(978-1-7282-3675-9(4)*, Hometown World) Sourcebooks, Inc.

My Country 'Tis of Thee. Kate Shoup. 2019. (America's Songs Ser.). (ENG.). 32p. (gr. 3-3). 63.48 *(978-1-5026-4870-9(9))* Cavendish Square Publishing LLC.

My Cousin Is an Alien! Activity Book for Future Space Explorers. Speedy Kids. 2018. (ENG., Illus.). 106p. (J). pap. 12.55 *(978-1-5419-3738-3(4))* Speedy Publishing LLC.

My Cousin's House. Lisa Scott. 2020. (ENG.). 30p. (J). pap. 13.95 *(978-1-64584-327-6(0))* Page Publishing Inc.

My Cousin's Mermaid: A Story from Poland. Anna Staniszewski. Illus. by Ewa Poklewska-Koziello. 2023. (ENG.). 32p. (J). (gr. 1-5). 17.99. pap. 9.99 Barefoot Bks., Inc.

My Cow. Candice Letkeman. 2018. (Illus.). 24p. (J). *(978-1-4896-5650-6(2)*, AV2 by Weigl) Weigl Pubs., Inc.

My Coyote Nose & Ptarmigan Toes: An Almost-True Alaskan Adventure. Erin McKittrick. Illus. by Valisa Higman. 2016. (Paws IV Ser.). 32p. (J). (gr. -1-2). pap. 10.99 *(978-1-63217-031-6(0)*, Little Bigfoot) Sasquatch Bks.

My Cozy Home Picturepedia. Marianne Potter. 2019. (ENG.). 32p. (J). pap. ***(978-0-359-39645-0(3))*** Lulu Pr., Inc.

My Cranford: A Phase of the Quiet Life (Classic Reprint) Arthur Gilman. 2018. (ENG., Illus.). 280p. (J). 29.69 *(978-0-267-25427-9(X))* Forgotten Bks.

My Creative Wellbeing Journal. Dior Haughton & Jade Calder. 2022. (ENG.). 26p. (J). pap. *(978-1-7396938-0-0(9))* Calder, Jade.

My Creative Writing Book. Jade Calder. 2021. (ENG.). 34p. (J). pap. *(978-1-9169010-3-2(4))* Calder, Jade.

My Creator Really Loves Me. Annie Buddy. 2016. (ENG., Illus.). (J). pap. 16.95 *(978-1-5127-5449-0(8)*, WestBow Pr.) Author Solutions, LLC.

My Creepy Valentine. Arthur Howard. Illus. by Arthur Howard. 2020. (ENG., Illus.). 32p. (J). (gr. -1-3). 17.99 *(978-1-4814-5840-5(X)*, Beach Lane Bks.) Beach Lane Bks.

My Crocodile Is... Pink & Fluffy. Annie Simpson. 2020. (ENG.). 10p. (J). (gr. -1 — 1). bds. 10.99 *(978-1-78947-727-6(1))* Make Believe Ideas GBR. Dist: Scholastic, Inc.

My Crystal Guide: Learn How to Identify, Grow, & Work with Crystals & Discover the Amazing Things They Can Do - for Children Aged 7+ Philip Permutt & Nicci Roscoe. 2021. (ENG., Illus.). 128p. (J). pap. 14.99 *(978-1-80065-015-2(9)*, 1800650159, CICO Books) Ryland Peters & Small GBR. Dist: WIPRO.

My Culture & Me. Gregg Dreise. 2019. (Illus.). 32p. (J). (gr. k). 23.99 *(978-0-14-378937-6(6)*, Puffin) Penguin Random Hse. AUS. Dist: Independent Pubs. Group.

My Curiosity Shop: Pictures & Stories for Youngest Readers (Classic Reprint) Unknown Author. (ENG., Illus.). (J). 2018. 166p. 27.34 *(978-0-267-00684-7(5))*; 2017. pap. 9.97 *(978-0-259-06229-5(4))* Forgotten Bks.

My Cute & Cuddly Animal Adventures Super Fun Coloring Book. Jupiter Kids. 2017. (ENG., Illus.). (J). pap. 9.20 *(978-1-68326-847-5(4)*, Jupiter Kids (Children & Kids Fiction)) Speedy Publishing LLC.

My 'd' Sound Box. Jane Belk Moncure. Illus. by Rebecca Thornburgh. 2018. (Jane Belk Moncure's Sound Box Bks.). (ENG.). 32p. (J). (gr. -1-2). 35.64 *(978-1-5038-2307-5(5)*, 212136) Child's World, Inc, The.

My Dachshund's Record Book: Pet Information Book, Dog Training Log, Puppy Vaccine Record, Dachshund Dad, Puppy Shower Gift, Dog Mom Planner. Paperland Online Store. 2022. (ENG.). 104p. (J). pap. 20.07 *(978-1-716-00354-7(7))* Lulu Pr., Inc.

My Dad. Susan Quinn. Illus. by Marina Ruiz. 2021. (ENG.). 32p. (J). (gr. -1-2). 17.95 ***(978-0-7112-5534-0(2)***, Words & Pictures) Quarto Publishing Group UK GBR. Dist: Hachette Bk. Group.

My Dad: Leveled Reader Yellow Non Fiction Level 8/9 Grade 1. Hmh Hmh. 2019. (Rigby PM Ser.). (ENG.). 16p. (J). (gr. 1). pap. 11.00 *(978-0-358-12178-7(7))* Houghton Mifflin Harcourt Publishing Co.

My Dad & Me. Roger Hargreaves. 2019. (Mr. Men & Little Miss Ser.). (ENG.). 32p. (J). (gr. -1-2). pap. 6.99 *(978-1-5247-9237-4(3)*, Grosset & Dunlap) Penguin Young Readers Group.

My Dad & Me on the Tee. Patrina King. Illus. by Jesse Raudales. 2020. (ENG.). 32p. (J). 17.99 *(978-1-0879-3860-8(0))* Indy Pub.

My Dad at My Age: List of Rules. Burford Parker. 2019. (At My Age Ser.: Vol. 1). (ENG., Illus.). 34p. (J). (gr. k-4). pap. *(978-1-9160086-0-1(7))* Node Central.

My Dad Develops Software: Careers in Computers, 1 vol. Rachael Morlock. 2017. (Computer Kids: Powered by Computational Thinking Ser.). (ENG.). 24p. (J). (gr. 4-5). 25.27 *(978-1-5383-2416-5(4)*, 33b6b7ad-5945-45f9-87ec-131a7f7e9e1c, PowerKids Pr.); pap. *(978-1-5383-5301-1(6)*, c6b4321c-4087-43d4-95bd-595d67df50a7, Rosen Classroom) Rosen Publishing Group, Inc., The.

My Dad Got Hurt. What Can I Do? Helping Military Children Cope with a Brain-Injured Parent. National Academy of Neuropsychology Foun. 2017. (ENG., Illus.). (J). (gr. 2-5). pap. 19.99 *(978-1-4834-7257-7(4))* Lulu Pr., Inc.

My Dad Had (?) see Mi papá Tenia (?)

My Dad Has a Beard. Kellen Roggenbuck. 2017. (ENG., Illus.). (J). (gr. -1-1). 9.99 *(978-1-943331-55-0(3))* Orange Hat Publishing.

My Dad Has a Food Truck! Joseph Rush. 2021. (ENG.). 28p. (J). pap. 9.99 *(978-1-7363475-3-9(5))* Rush, Joy.

My Dad Is a Builder Pink B Band. Lynne Rickards. Illus. by Timothy Hustache. ed. 2016. (Cambridge Reading Adventures Ser.). (ENG.). 16p. pap. 7.95 *(978-1-107-54973-9(6))* Cambridge Univ. Pr.

My Dad Is a DJ. Kathryn Erskine & Keith Henry Brown. Illus. by Keith Henry Brown. 2023. (ENG., Illus.). 32p. (J). 18.99 *(978-0-374-30742-4(3)*, 900179873, Farrar, Straus & Giroux (BYR)) Farrar, Straus & Giroux.

My Dad Is a GOOD Cop. Kacy C. Chambers. Ed. by Johnson. I.t. ed. 2022. (ENG.). 30p. (J). pap. 9.99 *(978-1-7359497-2-7(8))* Great Bks. Publishing Co.

My Dad Is a Superhero! (DC Superman) Dennis R. Shealy. Illus. by Red Central LTD. 2021. (ENG.). 22p. (J). (— 1). bds. 6.99 *(978-0-593-30542-3(6)*, Random Hse. Bks. for Young Readers) Random Hse. Children's Bks.

My Dad Is a Tree. Jon Agee. 2023. (ENG.). 40p. (J). (gr. -1-3). 18.99 *(978-0-593-53137-2(X)*, Rocky Pond Bks.) Penguin Young Readers Group.

My Dad Is Always Working. Hafsah Dabiri. Illus. by Arwa Salameh. 2022. 26p. (J). pap. 12.95 *(978-0-86037-841-9(1))* Kube Publishing Ltd. GBR. Dist: Consortium Bk. Sales & Distribution.

My Dad Is Amazing! (a Hello!Lucky Book) Hello!Lucky. 2018. (Hello!Lucky Book Ser.). (ENG., Illus.). 24p. (J). (gr. -1 — 1). bds. 8.99 *(978-1-4197-2961-4(6)*, 1212010) Abrams, Inc.

My Dad Is an Alcoholic, What about Me? A Pre-Teen Guide to Conquering Addictive Genes. Marc Treitler & Lianna Treitler. Illus. by Bennett Treitler. 2016. (ENG.). 148p. (J). pap. 9.99 *(978-0-9974263-0-4(6))* Do Good Pr.

My Dad Is an Entrepreneur (2022) The First Business Was Family. Brandon B2 and Brave Williamson. 2022. (ENG.). 32p. (J). pap. 12.99 ***(978-1-0879-5434-9(7))*** Indy Pub.

My Dad Is Awesome: A Coloring Book. Gwen Gates. 2022. (ENG.). 45p. (J). pap. ***(978-1-387-95925-9(5))*** Lulu Pr., Inc.

My Dad Is Awesome by Bluey & Bingo. Penguin Young Readers Licenses. 2022. (Bluey Ser.). (ENG., Illus.). 48p. (J). (-k). 9.99 *(978-0-593-51965-3(5)*, Penguin Young Readers Licenses) Penguin Young Readers Group.

My Dad Is Strange! My Dad Is Cool! Bryan Kest. 2019. (ENG., Illus.). 34p. (J). (gr. k-6). 19.95 *(978-0-9992573-3-3(1))* Lane, Veronica Bks.

My Dad Is the Best! Freddy Allen Barron, Sr. Illus. by L. L. B. Vladimir Cebu. 2020. (ENG.). 26p. (J). pap. 12.95 *(978-1-64871-779-6(9))* Primedia eLaunch LLC.

My Dad Knows How! Emily Skwish. Illus. by Morgan Huff. 2019. (ENG.). 12p. (J). bds. 7.99 *(978-1-5037-4531-5(7)*, 3229, PI Kids) Phoenix International Publications, Inc.

My Dad Loves Me. Melissa Lee. 2022. (ENG.). 32p. (J). 24.95 *(978-1-6657-1176-0(0))*; pap. 16.95 *(978-1-6657-1175-3(2))* Archway Publishing.

My Dad Loves Me. Sara Miller. Ed. by Cottage Door Press. Illus. by Flavio Remontti. 2023. (ENG.). 22p. (J). (gr. -1 — 1). bds. 9.99 *(978-1-64638-480-8(6)*, 1007990) Cottage Door Pr.

My Dad Loves Me This Much. Joe Fitzpatrick. Illus. by Brian Fitzgerald. 2017. (ENG.). 32p. (J). (gr. k-2). 16.99 *(978-1-4867-1318-9(1)*, 4611263e-8fd0-4122-b0a7-593b4e5174ef) Flowerpot Pr.

My Dad Makes Awesome Boats. Jo Johnson. ed. 2017. (ENG.). 32p. (C). pap. 7.95 *(978-0-86388-999-8(9)*, Y328881) Routledge.

My Dad Says Yes! Calvin Denson. Illus. by Henry Smith. 2020. (ENG.). 24p. (J). 17.99 *(978-1-952320-27-9(5))*; pap. 9.99 *(978-1-952320-22-4(4))* Yorkshire Publishing Group.

My Dad Snores. John Williamson. Illus. by Peter Carnavas. 2021. 32p. (J). (gr. -1). 15.99 *(978-0-14-379380-9(2)*, Puffin) Penguin Random Hse. AUS. Dist: Independent Pubs. Group.

My Dad Snores. John Williamson & Peter Carnavas. Illus. by Peter Carnavas. 2019. 32p. (J). (gr. k). 18.99 *(978-0-14-379379-3(9)*, Puffin) Penguin Random Hse. AUS. Dist: Independent Pubs. Group.

My Dad Stared down a Dinosaur. Brian Laws. 2017. (ENG., Illus.). 36p. pap. 16.95 *(978-1-4808-4616-6(3))* Archway Publishing.

My Dad Survived 9/11! - Us History for Kids Grade 5 Children's American History Of 2000s. Baby Professor. 2017. (ENG., Illus.). 64p. (J). pap. 9.52 *(978-1-5419-1271-7(3)*, Baby Professor (Education Kids)) Speedy Publishing LLC.

My Dad Takes a Train to Work, 1 vol. Nancy Anderson. 2016. (Rosen REAL Readers: Social Studies Nonfiction / Fiction: Myself, My Community, My World Ser.). (ENG.). 8p. (gr. k-1). pap. 5.46 *(978-1-5081-2278-4(4)*, 764c66a6-d577-4193-9d31-09e2f4d9c74b, Rosen Classroom) Rosen Publishing Group, Inc., The.

My Dad the Dino. Mona Kraemer. Illus. by Mindy Baroody. 2022. (ENG.). 32p. (J). ***(978-1-0391-4046-2(7))***; pap. ***(978-1-0391-4045-5(9))*** FriesenPress.

My Dad the Dragon. Jackie French. Illus. by Stephen Michael King. 2018. (Wacky Families Ser.: 03). (ENG.). 128p. 5.99 *(978-0-207-19950-9(7)*, HarperCollins) HarperCollins Pubs.

My Dad, the Earth Warrior. Gary Haq. Illus. by Mark Beech. 2018. (ENG.). 276p. (J). (gr. k-6). pap. *(978-1-9999337-9-1(6))* Gazzimodo.

My Dad the Fat Gnu. Paul Loak. 2016. (ENG., Illus.). 501p. (J). pap. *(978-1-911113-40-9(2))* Spiderwize.

My Dad Thinks He's a Pirate. Katrina Germein. Illus. by Tom Jellett. 2023. (ENG.). 32p. (J). (gr. -1-3). 18.99 ***(978-1-5362-2502-0(9))*** Candlewick Pr.

My Dad Thinks I'm a Boy?! A Trans Positive Children's Book. Sophie Labelle. ed. 2020. (Illus.). 48p. (J). 16.95 *(978-1-78775-221-4(6)*, 726083) Kingsley, Jessica Pubs. GBR. Dist: Hachette UK Distribution.

My Dad Took Me to Outer Space (the Took Me Series) Regina Tranfa. 2019. (ENG.). 46p. (J). pap. 14.99 *(978-1-7342210-5-3(4))* Mindstir Media.

My Dada & Me. David E. Yeates & Duchess E. Yeates. 2021, (ENG.). 44p. (J). *(978-0-2288-2106-9(1))*; pap. *(978-0-2288-2105-2(3))* Tellwell Talent.

My Dads Hat: Otousan No Boushi. Yuichi Amano. Illus. by Hiroko Nagatomo. 2020. (ENG & JPN.). 26p. (YA). 21.68 *(978-1-0983-1126-1(4))* BookBaby.

My Daddy & Me. Linda Ashman. Illus. by Jane Massey. 2020. (ENG.). 20p. (J). (gr. -1-k). bds. 8.99 *(978-1-338-35976-3(2)*, Cartwheel Bks.) Scholastic, Inc.

My Daddy & Me. Liesbet Slegers. 2019. (ENG., Illus.). 32p. (J). 12.95 *(978-1-60537-451-2(2))* Clavis Publishing.

My Daddy & Me: A Keepsake Activity Book. Sam Hutchinson. Illus. by Vicky Barker. 2023. (ENG.). 32p. (J). (gr. -1 — 1). pap. 8.99 *(978-1-63158-717-7(X)*, Racehorse Publishing) Skyhorse Publishing Co., Inc.

My Daddy Can Fly! (American Ballet Theatre) Thomas Forster & Shari Siadat. Illus. by Jami Gigot. 2021. (American Ballet Theatre Ser.). (ENG.). 40p. (J). (gr. -1-3). lib. bdg. 20.99 *(978-0-593-18098-3(4))* Random Hse. Children's Bks.

My Daddy Got Sick. Donna Ruth Stawarz. Illus. by Dawn Rudge. 2021. (ENG.). 36p. (J). 22.99 *(978-1-6628-0573-8(X))*; pap. 12.49 *(978-1-6628-0572-1(1))* Salem Author Services.

My Daddy Is a Hero. Isabel Otter. 2018. *(978-1-61067-720-2(X))* Kane Miller.

My Daddy Is a Leukemia Super Hero. Rebecca Shipe. 2018. (ENG., Illus.). 24p. (J). (gr. k-5). pap. 14.95 *(978-1-63263-707-9(3))* Booklocker.com, Inc.

My Daddy Is a Podcast Host: A Podcast Book for Kids. Eevi Jones. Illus. by Edwin Daboin. 2020. (Changemakers Ser.: Vol. 1). (ENG.). 42p. (J). 16.00 *(978-1-7323733-9-6(6))* LHC Publishing.

My Daddy Is Hilarious. Gavin Puckett. Illus. by Chris Jevons. 2020. (ENG.). 32p. (J). (gr. 2-4). 16.95 *(978-0-571-33641-8(8))* Faber & Faber, Inc.

My Daddy Is in Heaven. Shawna L. Della Cerra & Alexander R. Della Cerra. Illus. by Ryan Law. 2022. (ENG.). 32p. (J). pap. 10.99 *(978-1-956357-53-0(X))*; 17.99 *(978-1-956357-47-9(5))* Lawley Enterprises.

My Daddy Is in Jail. Phyllis Martin Hopp. 2017. (ENG., Illus.). (J). 25.95 *(978-1-4808-4345-5(8))*; pap. 16.95 *(978-1-4808-4344-8(X))* Archway Publishing.

My Daddy Is the Best! Jean Bello & Clever Publishing. Illus. by Lucy Boden. 2022. (Clever Family Stories Ser.). (ENG.). 20p. (J). (gr. -1-1). bds. 9.99 *(978-1-951100-94-0(8))* Clever Media Group.

My Daddy Loves Me: I'm His Little Girl. Shanalee Sharboneau. 2016. (ENG.). (J). 14.95 *(978-1-63177-008-1(X))* Amplify Publishing Group.

My Daddy Might Be a Wizard. J. J. Hebert. Illus. by Mindstir Media. 2019. (ENG.). 24p. (J). pap. 14.99 *(978-1-7342210-0-8(3))* Mindstir Media.

My Daddy, My Hero. Michael Eberle. 2021. (ENG., Illus.). 26p. (J). pap. 13.95 *(978-1-6624-2976-7(2))* Page Publishing Inc.

My Daddy (Peppa Pig) Scholastic. Illus. by EOne. 2018. (ENG.). 16p. (J). (gr. -1-k). bds. 7.99 *(978-1-338-22878-6(1))* Scholastic, Inc.

My Daddy Said: I Can Be Anything. Fanita Moon Pendleton. 2020. (ENG.). 30p. (J). pap. 12.00 ***(978-1-64826-440-5(9))*** Urban Moon Productions.

My Daddy Wears a Lot of Shoes. David Cooper. 2018. (ENG., Illus.). 32p. (J). pap. 12.95 *(978-1-68197-792-8(3))* Christian Faith Publishing.

My Daddy Works on an Oil Rig. Andrew Douglas. 2018. (ENG.). 26p. (J). pap. ***(978-1-5272-2329-5(9))*** Collingwood Publishing & Media Ltd.

My Daddy's a Wizard. Akiala I. 2022. (ENG.). 32p. (J). pap. 14.99 ***(978-1-7368647-3-9(4))*** Golden Dragon Pr., LLC.

My Daddy's Coat. David L. Banks. 2018. (ENG.). 40p. (J). pap. 12.99 *(978-0-578-21278-4(1))* Noble Success Publishing.

My Daddy's Heart Is Purple. Kari Porfirio. 2018. (ENG., Illus.). 36p. (J). 23.95 *(978-1-64003-534-8(6))* Covenant Bks.

My Daddy's in the Sky. Patrece Orr. 2021. (ENG., Illus.). 36p. (J). pap. 14.95 *(978-1-0980-8319-9(9))* Christian Faith Publishing.

My Daddy's Jeep: A Colorful Adventure. Joshua R. Heigle. 2021. (ENG.). 28p. (J). 24.98 ***(978-1-0879-9538-0(8))*** Indy Pub.

My Daddy's Legs. Fred Smith. 2019. (ENG., Illus.). 24p. (J). *(978-0-2288-1339-2(5))*; pap. *(978-0-2288-1338-5(7))* Tellwell Talent.

My Daddy's Whistle. Tomeka R. Goggins & Raenira A. Goggins. 2022. (ENG., Illus.). 30p. (J). pap. 15.95 *(978-1-63961-354-0(4))* Christian Faith Publishing.

My Dad's a Rock Star. Shannon Anderson & Savannah Skye Anderson. 2018. (ENG., Illus.). 40p. (J). (gr. k-3). pap. 12.99 *(978-1-7322452-0-4(7))* G Publishing LLC.

My Dads & Me Coloring Book: Celebrating LGBT Families - Vol 2. Mark Loewen. 2020. (Celebrating LGBT Families Ser.: 2). (ENG.). 46p. (J). (gr. k-2). pap. 7.95 *(978-1-945448-91-1(1)*, BQB Publishing) Boutique of Quality Books Publishing Co., Inc.

My Dad's Discovery, 1 vol. Wayan James. 2016. (Rosen REAL Readers: STEM & STEAM Collection). (ENG.). 12p. (gr. k-1). pap. 6.33 *(978-1-5081-2646-1(1)*, c0ba4466-126b-4075-a3fd-297ef9a09324, Rosen Classroom) Rosen Publishing Group, Inc., The.

My Dad's in the Navy. Annette Hughes. Illus. by Trenton Walker & Caleb Price. 2018. (ENG.). 26p. (J). pap. 12.00 *(978-1-948708-17-3(5))* HATCHBACK Publishing.

My Dad's Job. Deirdre Pecchioni Cummings. 2016. (ENG., Illus.). (J). pap. 21.95 *(978-1-4834-4696-7(4))* Lulu Pr., Inc.

My Dad's Pumpkin. Susannah Nilsen. Ed. by Susannah Nilsen. 2022. (ENG., Illus.). 34p. (gr. -1-4). pap. *(978-0-6454010-6-6(4))* Floribunda Publishing.

My Daily Gratitude Journal: Build Confidence & Happiness in Children Through Daily Thanks & Fun

Activities. Dubreck World Publishing. 2021. (ENG.). 110p. (J). pap. *(978-1-291-71603-0(3))* Lulu Pr., Inc.

My Daily Gratitude Journal Amazing Gratitude Journal for Kids, Daily Journal, Gratitude Challenges for Boys & Girls, Positivity & Appreciation Boost. The Path. 2021. (ENG.). 96p. (J). pap. 8.99 *(978-1-716-17697-5(2))* Lulu Pr., Inc.

My Daily Journal. Cnm Publishing. 2021. (ENG.). 200p. (YA). pap. *(978-1-291-61785-6(X))* Lulu Pr., Inc.

My Daily Walk: Discover the Holy Spirit: Discover the Holy Spirit. Flora A. Trebi-Ollennu. 2022. (ENG.). 406p. (YA). *(978-1-894718-20-2(8))* Amerley Treb Bks.

My Daily Wisdom Prayer Journal: Daily Prayer Journal. Angela Snead. 2022. (ENG.). 370p. (J). pap. *(978-1-6781-0622-5(4))* Lulu Pr., Inc.

My Dancing Tap Shoes Color Illustrated Paperback. Chesley Nelson. Illus. by Motz Mike. 2016. (ENG.). (J). (gr. 2-5). pap. 13.98 *(978-0-692-75287-6(0))* 1948.

My Dark Companions: And Their Strange Stories (Classic Reprint) Henry M. Stanley. 2017. (ENG., Illus.). (J). 31.07 *(978-0-331-57279-7(6))* Forgotten Bks.

My Darling Abyss. Stewart J. Clark. 2020. (ENG.). 362p. (J). pap. 16.56 *(978-0-244-27359-0(6))* Lulu Pr., Inc.

My Darling Child Shiloh. Aaron Ozee. 2016. (ENG., Illus.). (J). pap. 20.00 *(978-1-365-33252-4(7))* Lulu Pr., Inc.

My Daughter Elinor. Frank Lee Benedict. 2017. (ENG.). 256p. (J). pap. *(978-3-337-04755-9(6))* Creation Pubs.

My Daughter Elinor: A Novel (Classic Reprint) Frank Lee Benedict. 2016. (ENG., Illus.). (J). pap. 11.57 *(978-1-333-47590-1(X))* Forgotten Bks.

My Day at School: A Bullying Awareness Book. Ed. by Chandra Wooten & Liz Crowder. Illus. by Lee Murkey. 2019. (ENG.). 28p. (J). pap. 12.00 *(978-0-578-52851-9(7))* SpeakToChange Enterprise.

My Day at the Beach. Jessie Moses. Illus. by Lyn Boyer. 2017. (Text Connections Guided Close Reading Ser.). (J). (gr. k). *(978-1-4900-1769-3(0))* Benchmark Education Co.

My Day at Work with Mommy the Lawyer. Marcia Greaves. 2018. (ENG., Illus.). 38p. (J). pap. *(978-1-387-54604-6(X))* Lulu Pr., Inc.

My Day Is Ruined! A Story Teaching Flexible Thinking, Volume 2. Bryan Smith. Illus. by Lisa M. Griffin. ed. 2016. (Executive FUNction Ser.: Vol. 2). (ENG.). 31p. (J). (gr. k-6). pap. 11.95 *(978-1-944882-04-4(9))* Boys Town Pr.

My Day Learning Health & Safety (Set), 4 vols. 2017. (My Day Readers Ser.). (ENG.). (J). (gr. -1-2). lib. bdg. 131.16 ***(978-1-5038-8822-7(3),*** 217429) Child's World, Inc, The.

My Day Learning Math (Set), 6 vols. 2018. (My Day Learning Math Ser.). (ENG.). (J). (gr. -1-2). lib. bdg. 196.74 *(978-1-5038-3090-5(X),* 212673); lib. bdg. 196.74 *(978-1-5038-4263-2(0),* 214114) Child's World, Inc, The.

My Day Learning Science (Set), 7 vols. 2017. (My Day Readers Ser.). (ENG.). (J). (gr. -1-2). lib. bdg. 229.53 *(978-1-5038-6830-4(3),* 216475) Child's World, Inc, The.

My Day Learning Social Studies (Set), 6 vols. 2018. (My Day Learning Social Studies). (ENG.). (J). (gr. -1-2). lib. bdg. 196.74 *(978-1-5038-3089-9(6),* 212674); lib. bdg. 196.74 *(978-1-5038-4265-6(7),* 214116) Child's World, Inc, The.

My Day Readers (Set), 23 vols. 2018. (My Day Readers Ser.). (ENG.). (J). (gr. -1-2). lib. bdg. 754.17 ***(978-1-5038-8819-7(3),*** 217426) Child's World, Inc, The.

My Day with Dad. Rae Crawford. 2023. (I Like to Read Ser.). 32p. (J). (gr. -1-3). 15.99 *(978-0-8234-5263-8(7))* Holiday Hse., Inc.

My Day with Erik: Community Wellness Is Family Wellness. Sonja Martin & Laura McMaster. 2023. (ENG.). 24p. (J). pap. ***(978-0-2288-7444-7(0))*** Tellwell Talent.

My Day with Gong Gong. Sennah Yee. Illus. by Elaine Chen. 2020. 36p. (J). (-2). 18.95 *(978-1-77321-429-0(2))* Annick Pr., Ltd. CAN. Dist: Publishers Group West (PGW).

My Day with Mabel: Sammy's Story. Sandie A. Bruins. 2023. (Sammy's Story Ser.). 28p. (J). (-7). pap. 14.99 BookBaby.

My Day with the Dalai Lama: A Coloring Book for All Ages. Travis Hellstrom. Illus. by Leighanna Hoyle. 2017. 64p. (J). (gr. -1-2). pap. 5.99 *(978-1-57826-639-5(4),* Hatherleigh Pr.) Hatherleigh Co., Ltd., The.

My Day with the Hounds: And Other Stories (Classic Reprint) G. Finch Mason. 2018. (ENG., Illus.). 268p. (J). 29.44 *(978-0-267-47213-0(7))* Forgotten Bks.

My Day with the Panye. Tami Charles. Illus. by Sara Palacios. 2021. (ENG.). 40p. (J). (gr. k-4). 18.99 *(978-0-7636-9749-5(4))* Candlewick Pr.

My Days with Uncle Sam (Classic Reprint) Rash Behari Day. 2018. (ENG., Illus.). 298p. (J). 30.06 *(978-0-483-32275-2(X))* Forgotten Bks.

My Dazzling Dreams. Make Believe Ideas. 2020. (ENG.). (J). (gr. 3-7). 9.99 *(978-1-78947-812-9(X))* Make Believe Ideas GBR. Dist: Scholastic, Inc.

My Dear Ellie. Aisha Urooj. 2020. Vol. 1. (ENG.). 166p. (YA). pap. 10.99 *(978-1-393-46004-6(6))* Draft2Digital.

My Dear Henry: a Jekyll & Hyde Remix. Kalynn Bayron. 2023. (Remixed Classics Ser.: 6). (ENG.). 272p. (YA). 19.99 *(978-1-250-83356-3(6),* 900253642) Feiwel & Friends.

My Dear Little One. Al Carraway. 2022. (ENG.). 32p. (J). 16.99 *(978-1-4621-4363-4(6))* Cedar Fort, Inc./CFI Distribution.

My Dear Nuakuluapik: English Edition. Irène Jonas. Illus. by Tindur Peturs. 2022. 20p. (J). (gr. 1-1). pap. 12.95 *(978-1-77450-570-0(3))* Inhabit Education Bks. Inc. CAN. Dist: Consortium Bk. Sales & Distribution.

My Dear Sweet Child. Chance Blake. 2021. (ENG., Illus.). 26p. (J). 21.95 *(978-1-64654-291-8(6))* Fulton Bks.

My Dearest Darkest. Kayla Cottingham. 2022. (ENG.). 368p. (YA). (gr. 9-12). pap. 10.99 *(978-1-7282-3641-4(X))* Sourcebooks, Inc.

My Dearest Dido: The Holodomor Story. Marion Mutala. (ENG., 174p. (YA). 2020. Illus.). pap. *(978-1-989078-09-5(5));* 2020. (Illus.). ***(978-1-990863-14-1(0));*** 2019. pap. *(978-1-989078-20-4(6))* Martrain Corporate & Personal Development.

My Debut in Journalism & Other Odd Happenings (Classic Reprint) Walter Polk Phillips. 2017. (ENG., Illus.). (J). 28.12 *(978-0-331-80911-4(7))* Forgotten Bks.

My Defender Sets Me Free. Carter Trogdon & Lauren Trogdon. 2019. (ENG., Illus.). 108p. (J). pap. 16.49 *(978-1-5456-5643-3(6))* Salem Author Services.

My Delicious Garden. Anne-Marie Fortin. Tr. by Heather Camlot from FRE. Illus. by Julien Castanié. 2022. Orig. Title: Mon Beau Potager. (ENG.). 24p. (J). (gr. 2). 16.95 *(978-1-77147-468-9(8))* Owlkids Bks. Inc. CAN. Dist: Publishers Group West (PGW).

My Demons Made Me: The Rising of a Fallen Angel. Paul Burroughs. 2020. (ENG.). 120p. (YA). pap. 14.95 *(978-1-6624-1313-1(0))* Page Publishing Inc.

My Dentist & a Trip to the Stars. Colleen Baxter Sullivan. 2020. (ENG.). 36p. (J). (gr. k-2). pap. 5.99 *(978-1-64764-898-5(X))* Waldorf Publishing.

My Dentist & Me: A Keepsake Photo Album of My Very Own. Renay L. Ivens. 2018. (ENG., Illus.). 48p. (J). 22.95 *(978-1-64349-732-7(4));* pap. 12.95 *(978-1-64349-730-3(8))* Christian Faith Publishing.

My Dentist's ABCs. Corliss J. Furbert & Amanda J. Furbert. 2022. (ENG.). 56p. (J). pap. *(978-0-2288-6761-6(4))* Tellwell Talent.

My Design in Progress: A Journal to Unleash Your Imagination, 1 vol. Zondervan Staff. 2020. (ENG.). 128p. (YA). 17.99 *(978-0-310-77069-5(6))* Zonderkidz.

My Desire (Classic Reprint) Susan Warner. (ENG., Illus.). (J). 2017. 37.01 *(978-0-265-40430-0(4));* 2016. pap. 19.57 *(978-1-333-40684-4(3))* Forgotten Bks.

My Diary: Emily Owen. Emily Owen. 2021. (ENG.). 210p. (J). pap. 12.99 *(978-1-78893-166-3(1),* 329827) Authentic Media.

My Diary: My First Journal (Primary Composition Notebook with Picture Box) Custom Book Creations. Illus. by Jenae Jordan. 2018. (My First Creative Books: Rainbow Teddy Bear Ser.: Vol. 2). (ENG.). 102p. (J). pap. 7.87 *(978-1-949301-01-4(X))* Rhythm & Reasoning Pubns.

My Diary from the Edge of the World. Jodi Lynn Anderson. 2017. (ENG., Illus.). 448p. (J). (gr. 3-7). pap. 9.99 *(978-1-4424-8388-0(1),* Simon & Schuster/Paula Wiseman Bks.) Simon & Schuster/Paula Wiseman Bks.

My Diary Get Your Own! Erica Davis. 2021. (ENG.). 102p. (YA). 29.99 *(978-1-7947-0696-5(8))* Lulu Pr., Inc.

My Diary in a Chinese Farm (Classic Reprint) Alicia Helen Neva Little. (ENG., Illus.). (J). 2018. 114p. 26.29 *(978-0-484-06903-8(9));* 2016. pap. 9.57 *(978-1-333-44462-4(1))* Forgotten Bks.

My Diary in India, Vol. 2 Of 2: In the Year 1858-9 (Classic Reprint) William Howard Russell. 2017. (ENG., Illus.). (J). 33.24 *(978-0-331-64246-9(8))* Forgotten Bks.

My Diary in Serbia: April 1, 1915-Nov; 1, 1915 (Classic Reprint) Monica M. Stanley. 2017. (ENG., Illus.). (J). 26.74 *(978-0-331-87665-9(5))* Forgotten Bks.

My Diary of Rambles with the 25th Mass 1884: Volunteer Infantry, with Burnside's Coast Division; 18th Army Corps, & Army of the James (Classic Reprint) D. L. Day. 2018. (ENG., Illus.). 156p. (J). 27.13 *(978-0-656-34612-7(4))* Forgotten Bks.

My Diary of You. Haley Peterson. 2018. (ENG., Illus.). 92p. (J). pap. *(978-1-9995054-1-7(7))* Peterson, Haley.

My Digestive System: A 4D Book. Emily Raij. 2019. (My Body Systems Ser.). (ENG., Illus.). 24p. (J). (gr. -1-2). lib. bdg. 29.32 *(978-1-9771-0234-8(4),* 139242, Capstone Pr.) Capstone.

My Digital Community & Media. Ben Hubbard. Illus. by Diego Vaisberg. 2019. (Digital Citizens Ser.). (ENG.). 32p. (J). (gr. 2-5). 27.99 *(978-1-5415-3878-8(1),* 7d57583f-a7a7-42f1-9dc9-974b7673df21, Lerner Pubns.) Lerner Publishing Group.

My Digital Future. Ben Hubbard. Illus. by Diego Vaisberg. 2019. (Digital Citizens Ser.). (ENG.). 32p. (J). (gr. 2-5). 27.99 *(978-1-5415-3879-5(X),* 2a9fe06b-8a3a-4df6-bad2-3a647df79bce, Lerner Pubns.) Lerner Publishing Group.

My Digital Health & Wellness. Ben Hubbard. Illus. by Diego Vaisberg. 2019. (Digital Citizens Ser.). (ENG.). 32p. (J). (gr. 2-5). lib. bdg. 27.99 *(978-1-5415-3880-1(3),* db69e194-8e11-40ce-bd9d-b99c20b084f9, Lerner Pubns.) Lerner Publishing Group.

My Digital Rights & Rules. Ben Hubbard. Illus. by Diego Vaisberg. 2019. (Digital Citizens Ser.). (ENG.). 32p. (J). (gr. 2-5). 27.99 *(978-1-5415-3881-8(1),* d99cfe58-3a93-4e25-82ee-796876e676f9, Lerner Pubns.) Lerner Publishing Group.

My Digital Safety & Security. Ben Hubbard. Illus. by Diego Vaisberg. 2019. (Digital Citizens Ser.). (ENG.). 32p. (J). (gr. 2-5). 27.99 *(978-1-5415-3882-5(X),* f414e323-5400-419d-ad28-1dee81f78148, Lerner Pubns.) Lerner Publishing Group.

My Digital World. Ben Hubbard. Illus. by Diego Vaisberg. 2019. (Digital Citizens Ser.). (ENG.). 32p. (J). (gr. 2-5). lib. bdg. 27.99 *(978-1-5415-3883-2(8),* 512b4bdb-1aaf-446e-911e-aad8ed90931e, Lerner Pubns.) Lerner Publishing Group.

My Dinky-Di Aussie Colouring Book. Patricia Concha. 2018. (ENG., Illus.). 70p. (J). pap. *(978-1-78710-766-3(3))* Austin Macauley Pubs. Ltd.

My Dinosaur 123 Activity Book: A Preschool Writing Workbook for Ages 3-5. Sophie Foster. 2023. (ENG.). 64p. (J). (— 1). pap. 9.99 *(978-1-78055-854-7(6),* Buster Bks.) O'Mara, Michael Bks., Ltd. GBR. Dist: Independent Pubs. Group.

My Dinosaur ABC. Luisa Adam. Illus. by Nadia Turner. 2020. (ENG.). 28p. (J). (gr. -1-k). bds. 12.99 *(978-0-6484571-4-5(1),* Brolly Bks.) Borghesi & Adam Pubs. Pty Ltd AUS. Dist: Independent Pubs. Group.

My Dinosaur ABC Activity Book: A Preschool Writing Workbook for Ages 3-5. Sophie Foster. 2023. (ENG.). 64p. (J). (— 1). pap. 9.99 *(978-1-78055-853-0(8),* Buster Bks.) O'Mara, Michael Bks., Ltd. GBR. Dist: Independent Pubs. Group.

My Dinosaur Activity Book: Fun Facts & Puzzle Play. Dougal Dixon. Illus. by Jean Claude. 2022. (Learn & Play Ser.). (ENG.). 96p. (J). (gr. k-2). pap. 14.99 *(978-1-78055-697-0(7),* Buster Bks.) O'Mara, Michael Bks., Ltd. GBR. Dist: Independent Pubs. Group.

My Dinosaur Adventure (Set), 4 vols. Jake Nelson. Illus. by Jeff Bane. 2020. (My Early Library: My Dinosaur Adventure Ser.). (ENG.). 24p. (J). (gr. k-1). 245.12 *(978-1-5341-6802-2(8),* 215109); pap., pap., pap. 102.29 *(978-1-5341-6984-5(9),* 215110) Cherry Lake Publishing.

My Dinosaur & Unicorn: Bilingual (English/Urdu) Sarwar J. Khan. 2021. (ENG.). 22p. (J). 12.99 *(978-1-5457-5374-3(1))* eBooks2go Inc.

My Dinosaur Coloring Book: 50 Completely Unique Dinosaur Coloring Pages. Lindsay Bandi. 2021. (ENG.). 104p. (J). pap. 12.90 *(978-1-716-80224-9(5))* Lulu Pr., Inc.

My Diocese During the War (Classic Reprint) Arthur Hamilton Baynes. 2018. (ENG., Illus.). 314p. (J). 30.37 *(978-0-267-44511-0(3))* Forgotten Bks.

My DIY Afternoon: Recycling. Marie-Laure & Pham-Bouwnes. 2019. (ENG., Illus.). 56p. (J). (gr. k-3). 14.99 *(978-1-84976-652-4(5),* 1364401) Tate Publishing, Ltd. GBR. Dist: Abrams, Inc.

My Doctor (Classic Reprint) Willie Wallis Moore. (ENG., Illus.). (J). 2018. 90p. 25.75 *(978-0-483-54415-4(9));* 2017. pap. 9.57 *(978-0-243-16764-7(4))* Forgotten Bks.

My Doctor Looks Like Me. Emily D. Woolcock. Illus. by Sanjay Vijayaverl. 2022. (ENG.). 30p. (J). 19.99 ***(978-1-7359319-4-4(2));*** 19.99 ***(978-1-7359319-6-8(9))*** Dr. Emily Woolcock.

My Dog. Maurice Maeterlinck. 2017. (ENG., Illus.). (J). pap. *(978-0-649-33292-2(X))* Trieste Publishing Pty Ltd.

My Dog & I (Classic Reprint) Gerald Sidney. 2018. (ENG., Illus.). 210p. (J). 28.23 *(978-0-483-17779-6(2))* Forgotten Bks.

My Dog Bigsy. Alison Lester. 2019. 32p. (J). bds. 15.99 *(978-0-14-378742-6(X),* Puffin) Penguin Bks., Ltd. GBR. Dist: Independent Pubs. Group.

My Dog, Bob. Richard Torrey. 2018. (ENG., 32p. (J). (gr. -1-3). Illus.). pap. 6.99 *(978-0-8234-4470-0(8));* 7.99 *(978-0-8234-3980-5(1))* Holiday Hse., Inc.

My Dog, Bob. Richard Torrey. Illus. by Richard Torrey. 2016. (ENG., Illus.). 32p. (J). (gr. -1-3). 6.99 *(978-0-8234-3691-0(8))* Holiday Hse., Inc.

My Dog, Bob. Richard Torrey. ed. 2018. (I Like to Read Ser.). (ENG.). 31p. (J). (gr. -1-1). 17.36 *(978-1-64310-371-6(7))* Penworthy Co., LLC, The.

My Dog Book: A Keepsake Journal for My Pet. Running Press. Illus. by Mike Lowery. 2018. (ENG.). 80p. (J). (gr. 2-17). pap. 12.99 *(978-0-7624-9164-3(7),* Running Pr. Kids) Running Pr.

My Dog Bruce Official Colouring Book. Rebecca (Becca Blue) Carrigan. 2022. (ENG.). 40p. (J). pap. ***(978-0-9878132-7-5(7))*** Carrigan Publishing.

My Dog Bubbles. Ernest L. Brown. Illus. by Jason Valezquez. 2023. (ENG.). 26p. (J). pap. 20.99 ***(978-1-6628-8186-2(X))*** Salem Author Services.

My Dog Can Catch the Moon. Bj Anderson. 2022. (ENG.). 22p. (J). pap. 15.95 ***(978-1-68526-526-7(X))*** Covenant Bks.

My Dog Can't Jump. W. David Lane. Illus. by Caleb McBee. 2020. (ENG.). 32p. (J). 19.50 *(978-1-7342675-3-2(4))* Bear's Place Publishing.

My Dog Fred. Gail Heath. 2021. (ENG.). 34p. (J). 18.95 *(978-1-931079-41-9(2))* Condor Publishing, Inc.

My Dog Gets a Job. Elizabeth Fensham. 2019. (My Dog Ugly Ser.: 2). (ENG., Illus.). 192p. (J). (gr. 3-7). pap. 7.99 *(978-1-4926-8089-5(3))* Sourcebooks, Inc.

My Dog Gizmo. Sharon E. Harris. 2020. (ENG.). 36p. (J). pap. 14.95 *(978-1-64701-740-8(8))* Page Publishing Inc.

My Dog, Hen. David Mackintosh. 2022. (ENG., Illus.). 40p. (J). (gr. -1-3). 16.95 *(978-3-7913-7535-9(0))* Prestel Verlag GmbH & Co KG. DEU. Dist: Penguin Random Hse. LLC.

My Dog Is An Elephant see **Mon Chien Est un Elephant**

My Dog Is Lost! (Classic Reprint) Ezra Jack Keats. (ENG., Illus.). (J). 2017. 24.93 *(978-1-5279-6234-7(2));* 2016. pap. 9.57 *(978-1-334-11712-1(8))* Forgotten Bks.

My Dog Is My Best Friend. Jennifer L. Trace. 2021. (ENG.). 32p. (J). pap. 10.98 *(978-1-954392-65-6(6))* Kids Activity Publishing.

My Dog Is the Tooth Fairy. Steven Viele. Illus. by Ashley McKeown. 2018. (ENG.). 26p. (J). (gr. k-4). 18.99 *(978-1-7323550-0-2(2));* pap. 13.99 *(978-1-7323550-2-6(9))* Lollypop Bks.

My Dog Just Speaks Spanish. Andrea Cáceres. Illus. by Andrea Cáceres. 2023. (ENG.). 32p. (J). (-k). 17.99 *(978-1-5362-2278-4(X))* Candlewick Pr.

My Dog Laughs. Rachel Isadora. Illus. by Rachel Isadora. 2018. (Illus.). 32p. (J). (-k). 17.99 *(978-0-399-17385-1(4),* Nancy Paulsen Books) Penguin Young Readers Group.

My Dog Made Me Write This Book. Elizabeth Fensham. 2019. (My Dog Ugly Ser.: 1). (ENG.). 160p. (J). (gr. 3-7). pap. 7.99 *(978-1-4926-8086-4(9))* Sourcebooks, Inc.

My Dog Monkey. Jon Taylor. Illus. by Robin Mosler. 2018. (My Dog Monkey Ser.: Vol. 1). (ENG.). 26p. (J). (gr. k-3). pap. 9.99 *(978-0-692-07792-4(8))* Mighty Publishing, LLC.

My Dog, My Friend. Anita Raziq. 2018. (ENG., Illus.). 18p. (J). 12.95 *(978-0-578-43534-3(9))* Anita.

My Dog, My Love, My Best Friend. Norman Adcox. Illus. by Meredith Wilson. 2019. (ENG.). 34p. (J). (gr. 3-6). 24.99 *(978-0-578-56496-8(3))* Whippet Creative Works, Inc.

My Dog Needs Me. Jane Cottrell. Illus. by Jordan Wray. 2017. (Pet Needs Ser.). (ENG.). 20p. (J). (gr. -1-k). bds. 7.99 *(978-1-4867-1308-0(4),* 46d3e9dc-d5ef-465e-b25a-9733ac9913ee) Flowerpot Pr.

My Dog Passport: Pet Care Planner Book, Dog Health Care Log, Pet Vaccination Record, Dog Training Log, Pet Information Book, New Puppy Gift. Illus. by Paperland Online Store. 2021. (ENG.). 102p. (J). pap. *(978-1-257-04560-0(1))* Lulu Pr., Inc.

My Dog Romeo. Ziggy Marley. Illus. by Ag Jatkowska. 2021. (ENG.). 32p. (J). 16.95 *(978-1-61775-942-0(2))* Akashic Bks.

My Dog Spot. Jack E. Levin & Norma R. Levin. Illus. by Jack E. Levin & Norma R. Levin. 2016. (ENG., Illus.). 40p. (J). (gr. -1-3). 17.99 *(978-1-4814-6907-4(X),* Aladdin) Simon & Schuster Children's Publishing.

My Dog the Dinosaur. Jackie French. Illus. by Stephen Michael King. 2018. (Wacky Families Ser.: 02). (ENG.). 112p. 5.99 *(978-0-207-19941-7(8),* HarperCollins) HarperCollins Pubs.

My Dog Zippy. Susana Rodriguez. Illus. by Elizabeth Rodriguez. 2021. (ENG.). 48p. (J). pap. 16.95 *(978-1-68517-343-2(8))* Christian Faith Publishing.

My Doggie & I (Classic Reprint) R. M. Ballantyne. (ENG., Illus.). (J). 2018. 220p. 28.43 *(978-0-483-58591-1(2));* 2016. pap. 10.97 *(978-1-333-43720-6(X))* Forgotten Bks.

My Doggie Best Friend, Z. Angelo Mariano. Illus. by Kelsey Marshalsey. 2023. (ENG.). 36p. (J). pap. ***(978-1-990336-52-2(3))*** Rusnak, Alanna.

My Doggie Charlie Joe. Angela Bowen. 2017. (ENG., Illus.). (J). (gr. 1-3). pap. 5.99 *(978-1-61984-739-2(6))* Gatekeeper Pr.

My Dogs in the Northland (Classic Reprint) Egerton Ryerson Young. 2018. (ENG., Illus.). 310p. (J). 30.31 *(978-0-666-41850-0(0))* Forgotten Bks.

My Dog's Medical Record Book: Personal Log Book Health Record & Medical Organizer Notebook Journal for Dogs & Puppy Owners - Practical Guide to Log Your Dog's Personal & Health History. Book Devpers. 2021. (ENG.). 102p. (YA). pap. 10.99 *(978-1-716-21775-3(X))* Lulu Pr., Inc.

My Doll & Me: Superheroes Fighting Bullying with Kindness. Carla Andrea Norde' & Smith Lolo. l.t. ed. 2017. (ENG., Illus.). (J). (gr. k-3). 16.99 *(978-0-692-86055-7(X))* Do The Write Thing Foundation of DC.

My Doodle Goes on Holiday. Roselee Guinness. 2022. (ENG.). 24p. (J). ***(978-1-0358-0094-0(2));*** pap. ***(978-1-3984-5081-3(2))*** Austin Macauley Pubs. Ltd.

My Dragon Boat Festival. Bing Ge. 2022. (ENG.). 32p. (J). pap. 7.95 *(978-1-4788-7523-9(2))* Newmark Learning LLC.

My Dragon Doesn't Want to Wear Shoes. Ligia Carvalho. 2020. (ENG.). 32p. (J). ***(978-1-5255-8419-0(7));*** pap. *(978-1-5255-8418-3(9))* FriesenPress.

My Dream Bedroom: A Decorating Journal to Guide You to a Bedroom That You Will Love! Kerry Binard. 2023. (ENG.). 50p. (YA). pap. ***(978-1-329-85875-6(1));*** pap. ***(978-1-365-50032-9(2))*** Lulu Pr., Inc.

My Dream Diary: A Journal for Recording & Interpreting Your Dreams. Dubreck World Publishing. 2021. (ENG.). 120p. (J). pap. *(978-1-326-12572-1(9))* Lulu Pr., Inc.

My Dream Dog. Arthur Howard. Illus. by Arthur Howard. 2016. (ENG., Illus.). 32p. (J). (gr. -1-3). 17.99 *(978-1-4814-5838-2(8),* Beach Lane Bks.) Beach Lane Bks.

My Dream Home - Mweengau Ae I Tangiria (Te Kiribati) Elton Tabu. Illus. by James Pereda. 2023. (ENG.). 20p. (J). pap. ***(978-1-922844-87-3(X))*** Library For All Limited.

My Dream Job: Construction Worker. Carly Hawthorne. 2022. (ENG., Illus.). 32p. (J). pap. 13.95 *(978-1-64654-910-8(4))* Fulton Bks.

My Dream Notebook: Record & Remember Your Dreams. Dubreck World Publishing. 2021. (ENG.). 100p. (J). pap. *(978-1-326-07819-5(4))* Lulu Pr., Inc.

My Dream Pillow. Shannon L. Morrison. Illus. by Christy Grace. 2018. (ENG.). 26p. (J). pap. 9.99 *(978-1-948563-01-7(0))* La Puerta Pubns.

My Dream Wedding Day Activity Book. Kreative Kids. 2016. (ENG., Illus.). (J). pap. 10.81 *(978-1-68377-081-7(1))* Whike, Traudl.

My Dreams: The Dreams of a 5-Year-old During the 2020 Pandemic Quarantine. Amadea Violetta. 2020. (ENG., Illus.). 36p. (J). pap. 11.85 *(978-1-63684-801-3(X))* Primedia eLaunch LLC.

My Dreams NotePad. Jessica Duran. 2023. (ENG.). 53p. (J). pap. ***(978-1-312-60020-1(9))*** Lulu Pr., Inc.

My 'e' Sound Box. Jane Belk Moncure. Illus. by Rebecca Thornburgh. 2018. (Jane Belk Moncure's Sound Box Bks.). (ENG.). 32p. (J). (gr. -1-2). 35.64 *(978-1-5038-2308-2(3),* 212137) Child's World, Inc, The.

My Early Adventures During the Peninsular Campaigns of Napoleon (Classic Reprint) Selina Bunbury. (ENG., Illus.). (J). 2018. 204p. 28.10 *(978-0-428-33372-0(9));* 2016. pap. 10.57 *(978-1-334-59749-7(9))* Forgotten Bks.

My Early Days (Classic Reprint) Eliza Woodson Burhans Farnham. 2017. (ENG., Illus.). 430p. (J). 32.77 *(978-0-484-75950-2(7))* Forgotten Bks.

My Early Days (Classic Reprint) Walter Furguson. 2018. (ENG., Illus.). 156p. (J). 27.13 *(978-0-483-27187-6(X))* Forgotten Bks.

My Early Learning Activity Book: Observation - Logic - Fine Motor Skills: More Than 300 Stickers. Tr. by Robin Bright. Illus. by Annie Sechao. 2021. (Activity Bks.). 96p. (J). (gr. -1-1). 9.99 *(978-2-89802-267-8(5),* CrackBoom! Bks.) Chouette Publishing CAN. Dist: Publishers Group West (PGW).

My Early Learning Book of Farm Animals & Pets: Attractive Shape Board Books for Kids. Wonder House Books. 2018. (My Early Learning Bks.). (ENG.). 10p. (J). (— 1). bds. 3.99 ***(978-93-87779-06-8(8))*** Prakash Bk. Depot IND. Dist: Independent Pubs. Group.

My Early Learning Book of Sea Animals: Attractive Shape Board Books for Kids. Wonder House Books. 2018. (My Early Learning Bks.). (ENG.). 10p. (J). (— 1). bds. 3.99 ***(978-93-87779-14-3(9))*** Prakash Bk. Depot IND. Dist: Independent Pubs. Group.

My Early Learning Book of Vegetables: Attractive Shape Board Books for Kids. Wonder House Books. 2018. (My Early Learning Bks.). (ENG.). 10p. (J). (— 1). bds. 3.99 ***(978-93-87779-12-9(2))*** Prakash Bk. Depot IND. Dist: Independent Pubs. Group.

My Early Library (Set), 250 vols. 2023. (My Early Library). (ENG., Illus.). 24p. (J). (gr. k-1). pap. 3197.50 *(978-1-6689-1999-6(0),* 221977); lib. bdg. 7660.00 *(978-1-6689-1869-2(2),* 221847) Cherry Lake Publishing.

My Ears Are Huge & Fuzzy. Jessica Rudolph. 2016. (Zoo Clues 2 Ser.). (ENG., Illus.). 24p. (J). (gr. -1-3). 26.99 *(978-1-944102-57-9(4))* Bearport Publishing Co., Inc.

My Ears Are Special: The Science of Sound - Physics Book for Children Children's Physics Books. Baby Professor. 2017. (ENG., Illus.). (YA). pap. 8.79 *(978-1-5419-1141-3(5),* Baby Professor (Education Kids)) Speedy Publishing LLC.

My Ears Can Hear! My Eyes Can See! How I Use My Senses to Discover the World Around Me - Baby & Toddler Sense & Sensation Books. Baby Professor. 2017. (ENG., Illus.). (J). pap. 7.89 *(978-1-68326-783-6(4),* Baby Professor (Education Kids)) Speedy Publishing LLC.

My Ears Don't Work. Dornalee Saunders. 2021. (ENG.). 26p. (J). pap. 15.99 *(978-1-7375096-5-3(2))* Priceless Moments Publishing.

M

My Earth, My Home: A Kid's Book about Why Protecting Our Planet Matters. Yolanda Kondonassis. Illus. by Joan Brush. 2022. 48p. (J). 14.99 *(978-1-5107-6925-0(0)*, Sky Pony Pr.) Skyhorse Publishing Co., Inc.

My Earthquake Adventure: A Write-Your-Own-Story Workbook. Lou Jenkins. 2018. (ENG.). 28p. (J). pap. 9.99 *(978-1-945378-06-5(9))* Jack Walker Pr.

My Easter 2021 Activity Book: Coloring * Games * Puzzles. Cathy McGough. 2021. (ENG.). 102p. (J). pap. *(978-1-988201-96-2(9))* McGough, Cathy.

My Easter Activity Book. Elanor Best. Illus. by Dawn Machell. 2019. (ENG.). 42p. (J). (gr. -1-7). pap. 6.99 *(978-1-78843-536-9(2))* Make Believe Ideas GBR. Dist: Scholastic, Inc.

My Easter Activity Book: 40 Days to Celebrate Jesus' Resurrection. Catherine MacKenzie & Kim Shaw. rev. ed. 2016. (ENG.). 64p. (J). pap. 7.99 *(978-1-78191-913-2(5)*, b0fc67b2-3b4b-4742-aa58-060d8f64f20b, CF4Kids) Christian Focus Pubns. GBR. Dist: Baker & Taylor Publisher Services (BTPS).

My Easter Activity Book: Colouring * Games * Math Puzzles. Cathy McGough. 2021. (ENG.). 86p. (J). pap. *(978-1-988201-97-9(7))* McGough, Cathy.

My Easter Basket (die-Cut) The True Story of Easter. Mary Manz Simon. Illus. by Angelika Scudamore. 2016. (ENG.). 14p. (J). (gr. -1 — 1). bds. 15.99 *(978-1-4336-8990-1(1)*, 005773752, B&H Kids) B&H Publishing Group.

My Easter Coloring Book for Toddlers Ages 4-6: Perfect Cute Easter Coloring Book for Boys & Girls Ages 4-6. W. Mendoza. 2021. (ENG.). 60p. (J). pap. 8.49 *(978-1-716-09445-3(3))* Lulu Pr., Inc.

My Easter Dot-To-Dot Activity Book: Coloring Activity Books Easter (2-4) Created by Warner Press. 2021. (ENG.). 16p. (J). pap. 2.39 *(978-1-68434-279-2(1))* Warner Pr., Inc.

My Easter Sticker Book. Make Believe Ideas. 2020. (ENG., Illus.). 48p. (J). (gr. -1-7). pap. 6.99 *(978-1-78947-288-2(1))* Make Believe Ideas GBR. Dist: Scholastic, Inc.

My Easter Story. Maria Hoskins. Illus. by Deloney Rex. 2017. (ENG.). (J). (gr. k-5). 21.99 *(978-0-9864036-5-1(2))* C&V 4 Seasons Publishing.

My Eating for Two Food Journal for Pregnancy. @ Journals and Notebooks. 2016. (ENG., Illus.). 106p. (YA). pap. 12.25 *(978-1-68326-526-9(2))* Speedy Publishing LLC.

My Edgy Ideas J-Hope: An Unofficial BTS Journal. Jin's Eve. 2022. (ENG.). 200p. ***(978-1-4710-6181-3(7))*** Lulu Pr., Inc.

My Egg Carton Animals. Editors of Klutz. 2017. (Klutz Jr Ser.). (ENG.). 28p. (J). 12.99 *(978-0-545-93244-8(0))* Scholastic, Inc.

My Eighty Years (Classic Reprint) Robert Blatchford. (ENG., Illus.). (J). 2018. 306p. 30.21 *(978-0-332-57077-8(0))*; 2017. pap. 13.57 *(978-0-243-20791-6(3))* Forgotten Bks.

My Eldest Brother, Vol. 1 Of 2: A Tale (Classic Reprint) Unknown Author. (ENG., Illus.). (J). 2018. 340p. 30.91 *(978-0-483-73154-7(4))*; 2016. pap. 13.57 *(978-1-334-13656-6(4))* Forgotten Bks.

My Eldest Brother, Vol. 2 Of 2: A Tale (Classic Reprint) Miss Coulton. (ENG., Illus.). (J). 2018. 332p. 30.74 *(978-0-484-46046-0(3))*; 2016. pap. 13.57 *(978-1-333-40958-6(3))* Forgotten Bks.

My Elephant Is Blue. Melinda Szymanik. Illus. by Vasanti Unka. 2021. 32p. (J). (gr. k-2). 17.99 ***(978-0-14-377564-5(2))*** Penguin Group New Zealand, Ltd. NZL. Dist: Independent Pubs. Group.

My Elopement with Martha: A Mountaineering Episode (Classic Reprint) John Harker. 2017. (ENG., Illus.). (J). 24.43 *(978-0-260-55006-4(X))*; pap. 7.97 *(978-0-265-04413-1(8))* Forgotten Bks.

My Emojis. London Orie. 2017. (ENG., Illus.). (J). pap. 9.99 *(978-0-9989702-4-0(7))* 13th & Joan.

My Emotions. Claire Winslow. Illus. by Kris Dresen. ed. 2021. (Book in Four Languages Ser.). (ENG.). 28p. (J). (gr. k-2). lib. bdg. 24.69 *(978-1-64996-164-8(2)*, 4923, Sequoia Kids Media) Phoenix International Publications, Inc.

My Emotions Are a Gift. Grace Boucaud-Moore. 2023. (Wisdom from Grandma Ser.: Vol. 3). (ENG.). 38p. (J). pap. 12.95 ***(978-1-4796-1569-8(2))*** TEACH Services, Inc.

My Emotions Ok, but What Do I Do with Them ? An Educational Comic Book for Children. Anne Calderon. Illus. by Fanny Bocquet. 2018. (ENG.). 48p. (J). pap. 22.00 *(978-2-9701219-0-9(5))* Trono-Calderon, Anne.

My Emotions Through Emojis. 2023. (My Emotions Through Emojis Ser.). (ENG.). (J). (gr. 1-2). pap. 62.10 ***(978-1-9785-3701-9(8))*** Enslow Publishing, LLC.

My Enchanted Island. Norma Iris Pagan Morales. 2023. (ENG.). 184p. (YA). pap. 10.99 ***(978-1-959895-84-8(2))*** Print & Media, Westpoint.

My Encyclopedia of Very Important Adventures: For Little Learners Who Love Exciting Journeys & Incredible Discoveries. DK. 2020. (My Very Important Encyclopedias Ser.). (ENG., Illus.). 224p. (J). (gr. k-4). 18.99 *(978-1-4654-9974-5(1)*, DK Children) Dorling Kindersley Publishing, Inc.

My Encyclopedia of Very Important Animals. DK. 2017. (My Very Important Encyclopedias Ser.). (ENG., Illus.). 224p. (J). (gr. k-4). 18.99 *(978-1-4654-6198-8(1)*, DK Children) Dorling Kindersley Publishing, Inc.

My Encyclopedia of Very Important Dinosaurs: Discover More Than 80 Prehistoric Creatures. DK. 2018. (My Very Important Encyclopedias Ser.). (ENG., Illus.). 224p. (J). (gr. k-4). 18.99 *(978-1-4654-6848-2(X)*, DK Children) Dorling Kindersley Publishing, Inc.

My Encyclopedia of Very Important Oceans. DK. 2021. (My Very Important Encyclopedias Ser.). (ENG.). 224p. (J). (gr. k-4). 18.99 *(978-0-7440-3493-6(0)*, DK Children) Dorling Kindersley Publishing, Inc.

My Encyclopedia of Very Important Sports: For Little Athletes & Fans Who Want to Know Everything. DK. 2020. (My Very Important Encyclopedias Ser.). (ENG., Illus.). 224p. (J). (gr. k-4). 18.99 *(978-1-4654-9151-0(1)*, DK Children) Dorling Kindersley Publishing, Inc.

My Encyclopedia of Very Important Things. Dorling Kindersley Publishing Staff & Caroline Bingham. 2016. (Illus.). 224p. (J). *(978-0-241-22493-9(4))* Dorling Kindersley Publishing, Inc.

My Encyclopedia of Very Important Things: For Little Learners Who Want to Know Everything. DK. 2016. (My Very Important Encyclopedias Ser.). (ENG., Illus.). 224p. (J). (gr. k-4). 18.99 *(978-1-4654-4968-9(X)*, DK Children) Dorling Kindersley Publishing, Inc.

My Encyclopedia of Very Important Things Collection: 3-Book Box Set for Kids Ages 5-9, Including General Knowledge, Animals, & Dinosaurs. DK. 2023. (My Very Important Encyclopedias Ser.). (ENG.). 672p. (J). (gr. k-4). 74.99 *(978-0-7440-7941-8(1)*, DK Children) Dorling Kindersley Publishing, Inc.

My Enemy the Motor: A Tale in Eight Honks & One Crash. Julian Street. 2017. (ENG., Illus.). (J). pap. *(978-0-649-51462-5(9))* Trieste Publishing Pty Ltd.

My Enemy the Motor: A Tale in Eight Honks & One Crash (Classic Reprint) Julian Street. (ENG., Illus.). (J). 2018. 126p. 26.52 *(978-0-666-56716-1(6))*; 2017. pap. 9.57 *(978-0-282-11334-6(7))* Forgotten Bks.

My Enemy's Daughter. Justin McCarthy. 2017. (ENG.). (J). 282p. pap. *(978-3-337-21365-7(0))*; 292p. pap. *(978-3-337-21366-4(9))*; 280p. pap. *(978-3-337-21367-1(7))* Creation Pubs.

My Enemy's Daughter: A Novel (Classic Reprint) Justin McCarthy. 2017. (ENG., Illus.). (J). 27.44 *(978-1-5283-6965-7(3))* Forgotten Bks.

My Enemy's Daughter, Vol. 1: A Novel (Classic Reprint) Justin McCarthy. 2018. (ENG., Illus.). 280p. (J). 29.67 *(978-0-483-93539-6(5))* Forgotten Bks.

My English Cow, a Young Man's Poetic Musings. Thomas Birk. 2017. (ENG., Illus.). (J). (gr. 3-6). pap. 17.95 *(978-0-9847111-8-5(X))* Olive Pr. Pub.

My Enormous Book of Mazes: Kids Activity Book. Activibooks For Kids. 2016. (ENG., Illus.). (J). pap. 6.99 *(978-1-68321-551-6(6))* Mimaxion.

My Epic Spring Break (up) Kristin Rockaway. 2021. (Underlined Paperbacks Ser.). 256p. (YA). (gr. 7). pap. 9.99 *(978-0-593-18011-2(9)*, Underlined) Random Hse. Children's Bks.

My Escape from King Alcohol. George M. Dutcher & Samuel S. Hall. 2017. (ENG.). 364p. (J). pap. *(978-3-7434-3557-5(8))* Creation Pubs.

My Escape from King Alcohol: With Trials & Triumphs on Temperance Trails (Classic Reprint) George M. Dutcher. 2018. (ENG., Illus.). 294p. (J). 31.38 *(978-0-483-84411-7(X))* Forgotten Bks.

My Escape from the Mutinies in Oudh, Vol. 1 of 2 (Classic Reprint) Robert Dwarris Gibney. (ENG., Illus.). (J). 2018. 378p. 31.69 *(978-0-483-33571-4(1))*; 2016. pap. 16.57 *(978-1-334-14470-7(2))* Forgotten Bks.

My Escape from the Mutinies in Oudh, Vol. 2 of 2 (Classic Reprint) Robert Dwarris. 2018. (ENG., Illus.). 366p. (J). 31.45 *(978-0-483-35127-1(X))* Forgotten Bks.

My Especially Weird Week with Tess: The Times Children's Book of the Week. Anna Woltz. Tr. by David Colmer. 2023. (ENG.). 176p. (J). 9.99 ***(978-0-86154-298-7(3)***, Rock the Boat) Oneworld Pubns. GBR. Dist: Simon & Schuster, Inc.

My Ex-Imaginary Friend. Jimmy Matejek-Morris. 2021. (ENG.). 296p. (J). (gr. 4-6). 17.99 *(978-1-5415-9699-3(4)*, e1591d15-85a7-434d-851f-28997fce585d, Carolrhoda Bks.) Lerner Publishing Group.

My Exciting Ideas Suga: An Unofficial BTS Journal. Jin's Eve. 2022. (ENG.). 200p. ***(978-1-4710-6184-4(1))***; pap. ***(978-1-4710-6019-9(5))*** Lulu Pr., Inc.

My Experience in the Confederate Army & in Northern Prisons: Written from Memory (Classic Reprint) John R. King. 2018. (ENG., Illus.). 56p. (J). 25.05 *(978-0-267-46432-6(0))* Forgotten Bks.

My Experience in the World War (Classic Reprint) Robert a Scudder. 2018. (ENG., Illus.). 144p. (J). 26.87 *(978-0-267-22204-9(1))* Forgotten Bks.

My Experience with Indians (Classic Reprint) John James. 2018. (ENG., Illus.). (J). 188p. 27.79 *(978-0-366-56516-0(8))*; 190p. pap. 10.57 *(978-0-366-19702-6(9))* Forgotten Bks.

My Experiments with Truth. Mahatma Gandhi. Illus. by Shailja Jain Chougule. 2016. (ENG.). 64p. pap. 7.95 *(978-1-906230-88-3(9))* Real Reads Ltd. GBR. Dist: Casemate Pubs. & Bk. Distributors, LLC.

My Expressions Jin: An Unofficial BTS Journal. Jin's Eve. 2022. (ENG.). 200p. ***(978-1-4710-6199-8(X))***; pap. ***(978-1-4710-6036-6(5))*** Lulu Pr., Inc.

My Extra Mom. Gina Grad. Illus. by Lindsay Parker. 2023. (ENG.). 38p. (J). 24.99 ***(978-1-956867-59-6(7))***; pap. 16.99 ***(978-1-956867-58-9(9))*** Telemachus Pr., LLC.

My Eyes Are up Here. Laura Zimmermann. 2021. 352p. (YA). (gr. 7). pap. 10.99 *(978-1-9848-1526-2(1)*, Dutton Books for Young Readers) Penguin Young Readers Group.

My 'f' Sound Box. Jane Belk Moncure. Illus. by Rebecca Thornburgh. 2018. (Jane Belk Moncure's Sound Box Bks.). (ENG.). 32p. (J). (gr. -1-2). 35.64 *(978-1-5038-2309-9(1)*, 212138) Child's World, Inc, The.

My Fabulous Activity Book. Sequoia Children's Publishing. 2019. (ENG.). 16p. (J). 2.99 *(978-1-64269-086-6(4)*, 4001, Sequoia Publishing & Media LLC) Phoenix International Publications, Inc.

My Face. Rozanne Williams. 2017. (Learn-To-Read Ser.). (ENG., Illus.). (J). pap. 3.49 *(978-1-68310-333-2(5))* Pacific Learning, Inc.

My Fade Is Fresh. Shauntay Grant. Illus. by Kitt Thomas. 2022. 32p. (J). (gr. -1-2). 17.99 *(978-0-593-38708-5(2)*, Penguin Workshop) Penguin Young Readers Group.

My Fair Lady (Classic Reprint) Louis He Mon. 2017. (ENG., Illus.). (J). pap. 11.57 *(978-1-334-91825-4(2))* Forgotten Bks.

My Fair Lady (Classic Reprint) Louis Hemon. 2018. (ENG., Illus.). 240p. (J). 28.87 *(978-0-332-78963-7(2))* Forgotten Bks.

My Fairy Godmother Is a Drag Queen. David Clawson. 2017. (ENG.). 336p. (J). (gr. 8-8). 17.99 *(978-1-5107-1411-3(1)*, Sky Pony Pr.) Skyhorse Publishing Co., Inc.

My Fairy Tale Garden: Fairy Coloring Books for Girls. Jupiter Kids. 2016. (ENG., Illus.). 106p. (J). pap. 12.55 *(978-1-68305-292-0(7)*, Jupiter Kids (Childrens & Kids Fiction)) Speedy Publishing LLC.

My Family. Theodora Akpan. 2018. (ENG., Illus.). 28p. (J). pap. *(978-1-9998854-6-5(5))* MIA Publishing.

My Family. Grace Jones. 2017. (Our Values - Level 1 Ser.). 24p. (J). (gr. 1-1). *(978-0-7787-3245-7(2))* Crabtree Publishing Co.

My Family. Ellen Oimae Wairiu. Illus. by Fariza Dzatalin Nurtsani. 2021. (ENG.). 28p. (J). pap. *(978-1-922647-27-6(6))* Library For All Limited.

My Family. Michelle St Claire. 2022. (ENG.). 50p. (J). pap. 9.50 *(978-1-945891-76-2(9))* May 3rd Bks., Inc.

My Family, 4 vols., Set. Sarah L. Schuette. Incl. Foster Families. lib. bdg. 24.65 *(978-1-4296-3979-8(2)*, 102590); Single-Parent Families. lib. bdg. 24.65 *(978-1-4296-3980-4(6)*, 102589); (J). (gr. -1-2). (My Family Ser.). (ENG.). 24p. 2010. 67.95 *(978-1-4296-4411-2(7)*, 169232, Pebble) Capstone.

My Family - Au Utuu (Te Kiribati) Kym Simoncini. Illus. by Mihailo Tatic. 2023. (ENG.). 22p. (J). pap. ***(978-1-922849-41-0(3))*** Library For All Limited.

My Family - Au Utuu (Te Kiribati) Ruiti Tumoa. Illus. by Jovan Carl Segura. 2022. (MIS.). 26p. (J). pap. ***(978-1-922910-65-3(1))*** Library For All Limited.

My Family - Kaain Au Utuu (Te Kiribati) Matirete Aukitino & Jovan Carl Segura. 2023. (ENG.). 32p. (J). pap. ***(978-1-922876-87-4(9))*** Library For All Limited.

My Family & I: Ma Famille et Moi - Mi Familia y Yo. Alberto Agraso. Illus. by Alberto Agraso. 2017. (ENG., Illus.). 60p. (J). pap. *(978-1-927803-15-8(2))* Walking for Peace Publishing.

My Family & Me: A Family History Fill-In Book. Cara J. Stevens. 2019. (ENG.). 128p. (J). (gr. 3-7). pap. 9.99 *(978-0-06-291484-2(7)*, HarperCollins) HarperCollins Pubs.

My Family & Me: An Inclusive Family Tree Activity Book. Sam Hutchinson. Illus. by Vicky Barker. 2021. (ENG.). 64p. (J). (gr. 1-1). pap. 9.99 *(978-1-63158-661-3(0)*, Racehorse Publishing) Skyhorse Publishing Co., Inc.

My Family & Other Animals. Gerald Durrell. 2018. (CHI.). (YA). pap. *(978-986-384-300-9(8))*; pap. *(978-986-384-301-6(6))* Yen Ren Publishing Hse.

My Family & Other Families: Finding the Power in Our Differences. Richard Edwards-Middleton & Lewis Edwards-Middleton. Illus. by Andy Passchier. 2022. (ENG.). 32p. (J). (-k). 16.99 *(978-0-7440-5981-6(X)*, DK Children) Dorling Kindersley Publishing, Inc.

My Family Celebrates Christmas. Lisa Bullard. Illus. by Katie Saunders. 2018. (Holiday Time (Early Bird Stories (tm)) Ser.). (ENG.). 24p. (J). (gr. k-2). 29.32 *(978-1-5415-2007-3(6)*, 5cfb93b3-a895-458d-9d61-a0ea16af97fe, Lerner Pubns.) Lerner Publishing Group.

My Family Celebrates Day of the Dead. Lisa Bullard. Illus. by Holli Conger. 2018. (Holiday Time (Early Bird Stories (tm)) Ser.). (ENG.). 24p. (J). (gr. k-2). pap. 9.99 *(978-1-5415-2739-3(9)*, 61afe369-dbd7-4af0-9ca9-17bc1f2b540c) Lerner Publishing Group.

My Family Celebrates Halloween. Lisa Bullard. Illus. by Holli Conger. 2018. (Holiday Time (Early Bird Stories (tm)) Ser.). (ENG.). 24p. (J). (gr. k-2). 29.32 *(978-1-5415-2010-3(6)*, ad28463e-cb6e-4929-8227-5636b17924b3, Lerner Pubns.) Lerner Publishing Group.

My Family Celebrates Kwanzaa. Lisa Bullard. Illus. by Constanza Basaluzzo. 2018. (Holiday Time (Early Bird Stories (tm)) Ser.). (ENG.). 24p. (J). (gr. k-2). 29.32 *(978-1-5415-2011-0(4)*, 63aa084e-6e2c-4b89-bd7f-de31db99a559, Lerner Pubns.) Lerner Publishing Group.

My Family Celebrates Thanksgiving. Lisa Bullard. Illus. by Katie Saunders. 2018. (Holiday Time (Early Bird Stories (tm)) Ser.). (ENG.). 24p. (J). (gr. k-2). pap. 9.99 *(978-1-5415-2743-0(7)*, 9756b948-53c6-48cd-a028-79d5d2001fc8); lib. bdg. 29.32 *(978-1-5415-2009-7(2)*, 0db1bbf3-fad7-4375-b807-8d45c6b8bf61, Lerner Pubns.) Lerner Publishing Group.

My Family Counts. Ariane Roesch. 2020. (ENG., Illus.). 46p. (J). pap. 9.99 *(978-1-7330545-6-0(1))* Atmen Pr.

My Family Divided: One Girl's Journey of Home, Loss, & Hope. Diane Guerrero & Erica Moroz. 2018. (ENG., Illus.). 256p. (J). 18.99 *(978-1-250-13486-8(2)*, 900177991, Holt, Henry & Co. Bks. For Young Readers) Holt, Henry & Co.

My Family Divided: One Girl's Journey of Home, Loss, & Hope. Diane Guerrero & Erica Moroz. 2019. (ENG., Illus.). 256p. (J). pap. 8.99 *(978-1-250-30878-8(X)*, 900177992) Square Fish.

My Family Four Floors Up. Caroline Stutson. Illus. by Celia Krampien. 2018. (ENG.). 32p. (J). (gr. -1-2). 16.99 *(978-1-58536-991-1(8)*, 204406) Sleeping Bear Pr.

My Family Goes Green! Defining the Problem, 1 vol. Gillian Clifton. 2017. (Computer Kids: Powered by Computational Thinking Ser.). (ENG.). 24p. (J). (gr. 3-4). 25.27 *(978-1-5383-2417-2(2)*, b712597e-e8e2-43da-bb38-b5487ce3a066, PowerKids Pr.); pap. *(978-1-5081-3782-5(X)*, 7bbf8402-347e-493c-a292-7c20224984c5, Rosen Classroom) Rosen Publishing Group, Inc., The.

My Family Helps Me: Book 6. Carole Crimeen & Suzanne Fletcher. 2023. (Healthy Me! Ser.). (ENG., Illus.). 16p. (J). (gr. -1-2). pap. 7.99 ***(978-1-922516-52-7(X)***, 773ca7ba-c634-4f0b-8986-a0ba892bf077) Knowledge Bks. & Software AUS. Dist: Lerner Publishing Group.

My Family Is Special. Maggie Testa. ed. 2020. (Ready-To-Read Ser.). (ENG., Illus.). 32p. (J). (gr. k-1). 13.96 *(978-1-64697-427-6(1))* Penworthy Co., LLC, The.

My Family Is Special: Ready-To-Read Pre-Level 1. Illus. by Jason Fruchter. 2020. (Daniel Tiger's Neighborhood Ser.). (ENG.). 32p. (J). (gr. -1-k). 17.99 *(978-1-5344-6982-2(6))*; pap. 4.99 *(978-1-5344-6981-5(8))* Simon Spotlight. (Simon Spotlight).

My Family Loves Me: Celebrate! Families. Sophia Day & Megan Johnson. Illus. by Stephanie Strouse. 2019. (Celebrate! Ser.: 23). (ENG.). 32p. (J). pap. 4.99 *(978-1-64255-235-5(6)*, acd44cb2-64b3-49b6-8a41-cb13d2e135fa) MVP Kids Media.

My Family, My Home. Dawn Skinner. Illus. by Matthew West. 2016. (Dysfunctional Piggies Ser.: Vol. 2). (ENG.). (J). pap. *(978-1-4602-7347-0(8))* FriesenPress.

My Family Plays Music (15th Anniversary Edition) Judy Cox. Illus. by Elbrite Brown. 2018. 32p. (J). (gr. -1-3). 18.99 *(978-0-8234-4039-9(7))* Holiday Hse., Inc.

My Family S History Searching for My Ancestors. Miguela de la Cruz. 2019. (ENG.). 36p. (J). pap. 15.00 *(978-0-359-80836-6(0))* Lulu Pr., Inc.

My Family Tree. Rebecca Yee. 2018. (ENG., Illus.). 50p. (J). (gr. k-6). 19.99 *(978-0-692-16062-6(0))* Adventures of Pookie, The.

My Family Tree Has Roots. Tina Mowrey. Illus. by Vineet Siddhartha. 2022. (ENG.). 32p. (J). (gr. k-1). 22.95 *(978-1-953021-26-7(3))*; pap. 13.95 *(978-1-953021-27-4(1))* Brandylane Pubs., Inc.

My Family, Your Family! Kathryn Cole. Illus. by Cornelia Li. 2020. (ENG.). 16p. (J). (gr. -1-k). bds. 12.95 *(978-1-77260-133-6(0))* Second Story Pr. CAN. Dist: Orca Bk. Pubs. USA.

My Family's Famous Pizza, 1 vol. Nancy Anderson. 2016. (Rosen REAL Readers: Social Studies Nonfiction / Fiction: Myself, My Community, My World Ser.). (ENG.). 12p. (gr. k-1). pap. 6.33 *(978-1-5081-2559-4(7)*, f325f82a-53d4-4427-a45a-86266e5ad859, Rosen Classroom) Rosen Publishing Group, Inc., The.

My Family's Journey. Hannah Sato. 2017. (Text Connections Guided Close Reading Ser.). (J). (gr. k-1). *(978-1-4900-1789-1(5))* Benchmark Education Co.

My Family's Secret. Shadahyah Elizabeth. 2023. (ENG.). 294p. (YA). pap. 19.95 ***(978-1-64654-295-6(9))*** Fulton Bks.

My Family's Trip to the Smoky Mountains. Jeremiah J. Barnes. Ed. by Shawnta Barnes. 2019. (ENG., Illus.). 36p. (J). (gr. 1-3). 19.99 *(978-0-9982754-6-8(8))* VK Pr., LLC.

My FANGtastically Evil Vampire Pet. Mo O'Hara. Illus. by Marek Jagucki. 2019. (My FANGtastically Evil Vampire Pet Ser.: 1). (ENG.). 224p. (J). pap. 7.99 *(978-1-250-29412-8(6)*, 900175672) Square Fish.

My Fantastic Fairy Tale Collection: Storybook Treasury with 11 Tales. IglooBooks. Illus. by Emanuela Mannello. 2019. (ENG.). 96p. (J). (-k). 14.99 *(978-1-83852-515-6(7))* Igloo Bks. GBR. Dist: Simon & Schuster, Inc.

My Fantastic Vacation Journal: A Fun Fill-In Book for Kids. Diana Zourelias. 2019. (Dover Children's Activity Bks.). (ENG.). 96p. (J). (gr. 1-4). pap. 7.99 *(978-0-486-82415-4(2)*, 824152) Dover Pubns., Inc.

My Fantástica Family. Jacqueline Jules. Illus. by Kim Smith. ed. 2017. (Sofia Martinez Ser.). (ENG.). 96p. (J). (gr. k-2). pap., pap. 4.95 *(978-1-5158-0746-9(0)*, 133621, Picture Window Bks.) Capstone.

My Fantasy World. Anaya Panchal. 2023. (ENG.). 84p. (J). pap. ***(978-1-80381-394-3(6))*** Grosvenor Hse. Publishing Ltd.

My Farm Show Adventure. Ashley Marie. 2021. (ENG., Illus.). 28p. (J). pap. 13.95 *(978-1-0980-6219-4(1))* Christian Faith Publishing.

My Fashion Addiction Coloring Book 10 Year Old Girl. Educando Kids. 2019. (ENG.). 42p. (J). pap. 6.99 *(978-1-64521-031-3(6)*, Educando Kids) Editorial Imagen.

My Fashion Portfolio. Editors of Klutz. 2016. (ENG.). 60p. (J). (gr. 3-7). 21.99 *(978-0-545-90649-4(0))* Klutz.

My Fashionable Journey: A Memoir of Determination & Perserverance. Cheryl C. C. McKenzie. 2022. 90p. (YA). pap. 19.99 *(978-1-6678-3567-9(X))* BookBaby.

My Fate According to the Butterfly. Gail D. Villanueva. (ENG.). (J). (gr. 3-7). 2021. 256p. pap. 7.99 *(978-1-338-31051-1(8))*; 2019. 240p. 17.99 *(978-1-338-31050-4(X)*, Scholastic Pr.) Scholastic, Inc.

My Father & I: A Picture Book for Dads & Their Loving Children. P. K. Hallinan. 2020. (Illus.). 24p. (J). (-1). 9.99 *(978-1-5107-5819-3(4)*, Sky Pony Pr.) Skyhorse Publishing Co., Inc.

My Father & My Mother (Classic Reprint) Helen Swift. 2017. (ENG., Illus.). (J). 28.35 *(978-0-260-36137-0(2))*; pap. 10.97 *(978-0-243-22370-1(6))* Forgotten Bks.

My Father As I Recall Him (Classic Reprint) Mamie Dickens. 2018. (ENG., Illus.). 154p. (J). 27.09 *(978-0-666-99271-0(1))* Forgotten Bks.

My Father Is in the Indian Army. Mamta Nainy. 2019. (ENG.). 40p. (J). (gr. 2-4). pap. 8.99 *(978-0-14-344767-2(X)*, Puffin) Penguin Bks. India PVT, Ltd IND. Dist: Independent Pubs. Group.

My Father, My Big Brother, & My Best Friend: The Children's Guide for Learning Obedience on Their Journey As They Grow. Sharon C. L. O. U. D. S. Booker. 2016. (ENG., Illus.). (J). pap. 10.95 *(978-1-5127-5145-1(6)*, WestBow Pr.) Author Solutions, LLC.

My Father the Great Pirate. Davide Cali. 2016. (CHI.). (J). (gr. k-3). pap. *(978-7-5148-3203-7(3))* China Children's Publishing Hse.

My Father the Great Pirate. Davide Cali. 2019. (CHI.). (J). (gr. k-3). *(978-986-5406-00-4(4))* Locus Publishing Co.

My Father, the Panda Killer. Jamie Jo Hoang. 2023. (ENG.). 384p. (YA). (gr. 9). 18.99 ***(978-0-593-64296-2(1))***; lib. bdg. 21.99 ***(978-0-593-64297-9(X))*** Random Hse. Children's Bks. (Crown Books For Young Readers).

My Father Was Born in the United States, 1 vol. Elliot Paderewski. 2016. (Rosen REAL Readers: Social Studies Nonfiction / Fiction: Myself, My Community, My World Ser.). (ENG.). 8p. (gr. k-1). pap. 5.46 *(978-1-5081-2290-6(3)*, b6e4853d-d9d9-4ac0-b666-0c59fd9a1c59, Rosen Classroom) Rosen Publishing Group, Inc., The.

My Father's Dragon. Ruth Stiles Gannett. Illus. by Ruth Chrisman Gannett. 2021. (ENG.). 70p. (J). (gr. 1-4). pap. 5.99 *(978-1-4209-7512-3(9))* Digireads.com Publishing.

My Father's Dragon. Ruth Stiles Gannett. Illus. by Ruth Gannett. 2018. (ENG.). 92p. (J). (gr. 3-6). pap. 4.35 *(978-1-68422-196-7(X))* Martino Fine Bks.

My Father's Dragon. Ruth Stiles Gannett. Ed. by Mnemosyne Books. Illus. by Ruth Chrisman Gannett. 2020. (ENG.). 56p. (J). (gr. 1-4). pap. *(978-0-9951741-7-7(2))* Mnemosyne.

My Father's Dragon. Ruth Stiles Gannett & Ruth Chrisman Gannett. 2019. (ENG., Illus.). 96p. (gr. 1-4). 15.95 *(978-0-486-83749-9(1)*, 837491) Dover Pubns., Inc.

M

My Father's Dragon. Grandma's Treasures & Ruth Stiles Gannett. 2019. (ENG., Illus.). 66p. (J). pap. *(978-0-359-52920-9(8))* Lulu Pr., Inc.

My Father's Dragon (the Jim Weiss Audio Collection) Jim Weiss. 2020. (Jim Weiss Audio Collection: 69). (ENG.). (J). (gr. 3-12). audio compact disk 14.95 *(978-1-945841-68-2(0),* 458468) Well-Trained Mind Pr.

My Father's Kite. Veronica D. Slater. Illus. by Valentina Migliore. 2019. (ENG.). 34p. (J). pap. *(978-1-9990247-0-3(2))* Gauvin, Jacques.

My Father's Soup. Michelle St Claire. Ed. by Msb Editing Services. 2019. (Beautifully Unbroken Ser.: Vol. 12). (ENG.). 136p. (YA). (gr. 7-12). 20.98 *(978-1-945891-66-3(1))* May 3rd Bks., Inc.

My Father's Words. Patricia MacLachlan. (ENG.). (J). (gr. 3-7). 2020. 160p. pap. 7.99 *(978-0-06-268771-5(9))*; 2018. 144p. 15.99 *(978-0-06-268769-2(7))* HarperCollins Pubs. (Tegen, Katherine Bks).

My Father's Workshop. James Phillips Aka Professor Know-How. 2019. (ENG., Illus.). 76p. (J). (gr. 5-12). 32.95 *(978-1-64349-499-9(6))*; pap. 23.95 *(978-1-64349-497-5(X))* Christian Faith Publishing.

My Favorite Animal. Beth Gottlieb. 2022. (My Favorite Animal Ser.). (ENG.). 24p. (J). pap. 54.90 ***(978-1-5382-8444-5(8))*** Stevens, Gareth Publishing LLLP.

My Favorite Animal: Bats. Victoria Marcos. 2021. (My Favorite Animal Ser.). (ENG.). 36p. (J). (gr. -1-3). 29.99 ***(978-1-5324-4302-2(1))***; (gr. k-3). pap. 12.99 *(978-1-5324-1619-4(9))* Xist Publishing.

My Favorite Animal: Beluga Whales. Victoria Marcos. 2019. (My Favorite Animal Ser.). (ENG.). 36p. (J). (gr. k-3). pap. 12.99 *(978-1-5324-1226-4(6))* Xist Publishing.

My Favorite Animal: Cats. Victoria Marcos. 2018. (My Favorite Animal Ser.). (ENG., Illus.). 36p. (J). (gr. k-5). pap. 12.99 *(978-1-5324-0619-5(3))* Xist Publishing.

My Favorite Animal: Chickens. Victoria Marcos. 2019. (My Favorite Animal Ser.). (ENG.). 36p. (J). (gr. k-3). pap. 12.99 *(978-1-5324-1232-5(0))* Xist Publishing.

My Favorite Animal: Chimpanzees. Victoria Marcos. 2016. (My Favorite Animal Ser.). (ENG.). 36p. (J). (gr. k-5). pap. 14.99 *(978-1-5324-0053-7(5))* Xist Publishing.

My Favorite Animal: Cows. Victoria Marcos. 2019. (My Favorite Animal Ser.). (ENG.). 36p. (J). (gr. k-3). pap. 12.99 *(978-1-5324-1234-9(7))* Xist Publishing.

My Favorite Animal: Dolphins. Victoria Marcos. 2016. (My Favorite Animal Ser.). (ENG.). 96p. (J). (gr. k-5). pap. 12.99 *(978-1-5324-0055-1(1))* Xist Publishing.

My Favorite Animal: Ducks. Victoria Marcos. 2021. (My Favorite Animal Ser.). (ENG.). 36p. (J). (gr. k-3). pap. 12.99 *(978-1-5324-1621-7(0))* Xist Publishing.

My Favorite Animal: Elk. Victoria Marcos. 2018. (ENG.). 36p. (J). (gr. k-3). 29.99 ***(978-1-5324-4316-9(1))***; (Illus.). pap. 12.99 *(978-1-5324-0057-5(8))* Xist Publishing.

My Favorite Animal: Flamingos. Victoria Marcos. 2018. (My Favorite Animal Ser.). (ENG., Illus.). 36p. (J). (gr. k-5). pap. 12.99 *(978-1-5324-0617-1(7))* Xist Publishing.

My Favorite Animal: Foxes. Victoria Marcos. 2021. (My Favorite Animal Ser.). (ENG.). 36p. (J). (gr. k-3). pap. 12.99 *(978-1-5324-1623-1(7))* Xist Publishing.

My Favorite Animal: Frogs. Victoria Marcos. 2018. (My Favorite Animal Ser.). (ENG., Illus.). 36p. (J). (gr. k-5). pap. 12.99 *(978-1-5324-0615-7(0))* Xist Publishing.

My Favorite Animal: Goats. Victoria Marcos. 2021. (My Favorite Animal Ser.). (ENG.). 36p. (J). (gr. k-3). pap. 12.99 *(978-1-5324-1625-5(3))* Xist Publishing.

My Favorite Animal: Gorillas. Victoria Marcos. 2016. (My Favorite Animal Ser.). (ENG.). 96p. (J). (gr. k-5). pap. 12.99 *(978-1-5324-0059-9(4))* Xist Publishing.

My Favorite Animal: Groundhogs. Victoria Marcos. 2016. (My Favorite Animal Ser.). (ENG.). 96p. (J). (gr. k-5). pap. 12.99 *(978-1-5324-0061-2(6))* Xist Publishing.

My Favorite Animal: Hippopotamus. Victoria Marcos. 2016. (My Favorite Animal Ser.). (ENG.). 96p. (J). (gr. k-5). pap. 12.99 *(978-1-5324-0063-6(2))* Xist Publishing.

My Favorite Animal: Humpback Whales. Victoria Marcos. 2018. (My Favorite Animal Ser.). (ENG., Illus.). 36p. (J). (gr. k-5). pap. 12.99 *(978-1-5324-0613-3(4))* Xist Publishing.

My Favorite Animal: Kangaroos. Victoria Marcos. 2018. (My Favorite Animal Ser.). (ENG., Illus.). 36p. (J). (gr. k-5). pap. 12.99 *(978-1-5324-0611-9(8))* Xist Publishing.

My Favorite Animal: Koalas. Victoria Marcos. 2018. (My Favorite Animal Ser.). (ENG., Illus.). 36p. (J). (gr. k-5). pap. 12.99 *(978-1-5324-0609-6(6))* Xist Publishing.

My Favorite Animal: Lemurs. Victoria Marcos. 2018. (My Favorite Animal Ser.). (ENG., Illus.). 36p. (J). (gr. k-5). pap. 12.99 *(978-1-5324-0607-2(X))* Xist Publishing.

My Favorite Animal: Milk Snakes. Victoria Marcos. 2016. (My Favorite Animal Ser.). (ENG.). 96p. (J). (gr. k-5). pap. 12.99 *(978-1-5324-0065-0(9))* Xist Publishing.

My Favorite Animal: Orangutans. Victoria Marcos. 2016. (My Favorite Animal Ser.). (ENG.). 96p. (J). (gr. k-5). pap. 12.99 *(978-1-5324-0067-4(5))* Xist Publishing.

My Favorite Animal: Orcas. Victoria Marcos. 2019. (My Favorite Animal Ser.). (ENG.). 36p. (J). (gr. k-3). pap. 12.99 *(978-1-5324-1228-8(2))* Xist Publishing.

My Favorite Animal: Otters. Victoria Marcos. 2016. (My Favorite Animal Ser.). (ENG.). 96p. (J). (gr. k-5). pap. 12.99 *(978-1-5324-0069-8(1))* Xist Publishing.

My Favorite Animal: Owls. Victoria Marcos. 2018. (My Favorite Animal Ser.). (ENG., Illus.). 36p. (J). (gr. k-5). pap. 12.99 *(978-1-5324-0605-8(3))* Xist Publishing.

My Favorite Animal: Polar Bears. Victoria Marcos. 2018. (My Favorite Animal Ser.). (ENG., Illus.). 36p. (J). (gr. k-5). pap. 12.99 *(978-1-5324-0603-4(7))* Xist Publishing.

My Favorite Animal: Pythons. Victoria Marcos. 2018. (My Favorite Animal Ser.). (ENG., Illus.). 36p. (J). (gr. k-5). pap. 12.99 *(978-1-5324-0601-0(0))* Xist Publishing.

My Favorite Animal: Rays. Victoria Marcos. 2018. (My Favorite Animal Ser.). (ENG., Illus.). 36p. (J). (gr. k-5). pap. 12.99 *(978-1-5324-0599-0(5))* Xist Publishing.

My Favorite Animal: Rhinoceros. Victoria Marcos. 2018. (My Favorite Animal Ser.). (ENG., Illus.). 36p. (J). (gr. k-5). pap. 12.99 *(978-1-5324-0597-6(9))* Xist Publishing.

My Favorite Animal: Sea Lions. Victoria Marcos. 2018. (My Favorite Animal Ser.). (ENG., Illus.). 36p. (J). (gr. k-5). pap. 12.99 *(978-1-5324-0595-2(2))* Xist Publishing.

My Favorite Animal: Seals. Victoria Marcos. 2018. (ENG.). 36p. (J). (gr. k-3). 29.99 ***(978-1-5324-4347-3(1))***; (Illus.). pap. 12.99 *(978-1-5324-0593-8(6))* Xist Publishing.

My Favorite Animal: Sharks. Victoria Marcos. 2016. (My Favorite Animal Ser.). (ENG.). 96p. (J). (gr. k-5). pap. 12.99 *(978-1-5324-0071-1(3))* Xist Publishing.

My Favorite Animal: Sloths. Victoria Marcos. 2018. (My Favorite Animal Ser.). (ENG., Illus.). 36p. (J). (gr. k-5). pap. 12.99 *(978-1-5324-0591-4(X))* Xist Publishing.

My Favorite Animal: Spiders. Victoria Marcos. 2018. (My Favorite Animal Ser.). (ENG., Illus.). 36p. (J). (gr. k-5). pap. 12.99 *(978-1-5324-0589-1(8))* Xist Publishing.

My Favorite Animal: Squirrels. Victoria Marcos. 2019. (My Favorite Animal Ser.). (ENG.). 36p. (J). (gr. k-3). pap. 12.99 *(978-1-5324-1230-1(4))* Xist Publishing.

My Favorite Animal: Turtles. Victoria Marcos. 2021. (My Favorite Animal Ser.). (ENG.). 36p. (J). (gr. k-3). pap. 12.99 *(978-1-5324-1627-9(X))* Xist Publishing.

My Favorite Animal: Walrus. Victoria Marcos. 2018. (My Favorite Animal Ser.). (ENG., Illus.). 36p. (J). (gr. k-5). pap. 12.99 *(978-1-5324-0587-7(1))* Xist Publishing.

My Favorite Animal: Wolverines. Victoria Marcos. 2018. (My Favorite Animal Ser.). (ENG., Illus.). 36p. (J). (gr. k-5). pap. 12.99 *(978-1-5324-0585-3(5))* Xist Publishing.

My Favorite Animal Brown Bears. Victoria Marcos. 2016. (My Favorite Animal Ser.). (ENG.). 96p. (J). (gr. k-5). pap. 12.99 *(978-1-5324-0051-3(9))* Xist Publishing.

My Favorite Animal (Set), 8 vols. 2017. (My Early Library: My Favorite Animal Ser.). (ENG., Illus.). 24p. (J). (gr. k-1). 245.12 *(978-1-5341-0212-5(4),* 209622); pap., pap. 102.29 *(978-1-5341-0262-0(0),* 209623) Cherry Lake Publishing.

My Favorite Animals. Pearl Markovics. 2019. (My Favorite Things Ser.). (ENG.). 16p. (J). (gr. -1-1). 6.99 *(978-1-64280-383-9(9))* Bearport Publishing Co., Inc.

My Favorite Berenstain Bears Stories: Learning to Read Box Set. Stan Berenstain et al. Illus. by Stan Berenstain et al. 2018. (I Can Read Level 1 Ser.). (ENG.). 160p. (J). (gr. -1-3). pap. 19.99 *(978-0-06-265459-5(4),* HarperCollins) HarperCollins Pubs.

My Favorite Clothes. Pearl Markovics. 2019. (My Favorite Things Ser.). (ENG.). 16p. (J). (gr. -1-1). 6.99 *(978-1-64280-387-7(1))* Bearport Publishing Co., Inc.

My Favorite Color: I Can Only Pick One? Aaron Becker. Illus. by Aaron Becker. 2020. (ENG.). 16p. (J). (gr. -1-3). bds. 15.99 *(978-1-5362-1474-1(4))* Candlewick Pr.

My Favorite Color Activity Book: Black. Odd Dot. Illus. by Taryn Johnson. 2021. (My Favorite Color Activity Book Ser.). (ENG.). 40p. (J). pap. 5.99 *(978-1-250-76843-8(8),* 900233080, Odd Dot) St. Martin's Pr.

My Favorite Color Activity Book: Blue. Odd Dot. Illus. by Mei Stoyva. 2021. (My Favorite Color Activity Book Ser.). (ENG.). 40p. (J). pap. 5.99 *(978-1-250-76840-7(3),* 900233077, Odd Dot) St. Martin's Pr.

My Favorite Color Activity Book: Green. Odd Dot. Illus. by Taryn Johnson. 2021. (My Favorite Color Activity Book Ser.). (ENG.). 40p. (J). pap. 5.99 *(978-1-250-76839-1(X),* 900233075, Odd Dot) St. Martin's Pr.

My Favorite Color Activity Book: Orange. Odd Dot. Illus. by Maria Neradova. 2021. (My Favorite Color Activity Book Ser.). (ENG.). 40p. (J). pap. 5.99 *(978-1-250-76837-7(3),* 900233073, Odd Dot) St. Martin's Pr.

My Favorite Color Activity Book: Pink. Odd Dot. Illus. by Mei Stoyva. 2021. (My Favorite Color Activity Book Ser.). (ENG.). 40p. (J). pap. 5.99 *(978-1-250-76842-1(X),* 900233079, Odd Dot) St. Martin's Pr.

My Favorite Color Activity Book: Purple. Odd Dot. Illus. by Maria Neradova. 2021. (My Favorite Color Activity Book Ser.). (ENG.). 40p. (J). pap. 5.99 *(978-1-250-76841-4(1),* 900233078, Odd Dot) St. Martin's Pr.

My Favorite Color Activity Book: Red. Odd Dot. Illus. by Taryn Johnson. 2021. (My Favorite Color Activity Book Ser.). (ENG.). 40p. (J). pap. 5.99 *(978-1-250-76836-0(5),* 900232514, Odd Dot) St. Martin's Pr.

My Favorite Color Activity Book: Yellow. Odd Dot. Illus. by Mei Stoyva. 2021. (My Favorite Color Activity Book Ser.). (ENG.). 40p. (J). pap. 5.99 *(978-1-250-76838-4(1),* 900233074, Odd Dot) St. Martin's Pr.

My Favorite Colors. Pearl Markovics. 2019. (My Favorite Things Ser.). (ENG., Illus.). 16p. (J). (gr. -1-1). 6.99 *(978-1-64280-388-4(X))* Bearport Publishing Co., Inc.

My Favorite Colors of China: Chinese New Year Kids Activity Coloring Books Bundle, 2 vols. Speedy Publishing Books. 2019. (ENG.). 172p. (J). pap. 19.99 *(978-1-5419-7191-2(4))* Speedy Publishing LLC.

My Favorite Comic Cut Outs Activity Book. Activity Book Zone for Kids. 2016. (ENG., Illus.). (J). pap. 7.55 *(978-1-68376-029-0(8))* Sabeels Publishing.

My Favorite Connecting the Dots. Activity Book Zone for Kids. 2016. (ENG., Illus.). (J). pap. 9.20 *(978-1-68376-030-6(1))* Sabeels Publishing.

My Favorite Day of the Year. Jessica DeGorter. 2021. (ENG.). 38p. (J). 15.95 *(978-1-64543-835-9(X))* Amplify Publishing Group.

My Favorite Delicacy at Hanukkah - Hanukkah Coloring Books for Kids Children's Jewish Holiday Books. Speedy Kids. 2017. (ENG., Illus.). (J). pap. 8.45 *(978-1-5419-4728-3(2))* Speedy Publishing LLC.

My Favorite Dinosaurs. Ruth Ashby. 2016. (ENG., Illus.). 32p. (J). (gr. k-3). pap. 27.95 *(978-1-59687-517-3(8),* ipicturebooks) ibooks, Inc.

My Favorite Dinosaurs: From the Tiniest, Largest Weirdest, Cleverest to the Scariest Dinosaurs. Emily Kington. 2020. (ENG., Illus.). 80p. (J). pap. 12.99 *(978-1-913077-75-4(6),* 8b7ade64-6866-40a3-bfe0-21e37bfff347, Beetle Bks.) Hungry Tomato Ltd. GBR. Dist: Baker & Taylor Publisher Services (BTPS).

My Favorite Dot to Dot for the Little Ones. Activity Book Zone For Kids. 2016. (ENG., Illus.). (J). pap. 6.92 *(978-1-68376-031-3(X))* Sabeels Publishing.

My Favorite Farmer. Misty R. Kershner. Illus. by Julie Kabana. 2020. (ENG.). 12p. (J). pap. *(978-1-716-65068-0(2))* Lulu Pr., Inc.

My Favorite Foods. Pearl Markovics. 2019. (My Favorite Things Ser.). (ENG.). 16p. (J). (gr. -1-1). 6.99 *(978-1-64280-384-6(7))* Bearport Publishing Co., Inc.

My Favorite Foods: Baby & Toddler Color Books. Bobo's Little Brainiac Books. 2016. (ENG., Illus.). (J). pap. 7.99 *(978-1-68327-850-4(X))* Sunshine In My Soul Publishing.

My Favorite Foods: Connect the Dots Activity Book. Creative. 2016. (ENG., Illus.). (J). pap. 7.74 *(978-1-68323-465-4(0))* Twin Flame Productions.

My Favorite Fractals: Volume 1. David E. McAdams. 2nd ed. 2023. (My Favorite Fractals Ser.: Vol. 1). (ENG.). 50p. (J). pap. 19.95 ***(978-1-63270-287-6(8))***; 29.95 ***(978-1-63270-288-3(6))*** Life is a Story Problem LLC.

My Favorite Fractals: Volume 2. David E. McAdams. 2nd ed. 2023. (My Favorite Fractals Ser.: Vol. 3). (ENG.). 50p. (J). pap. 19.95 ***(978-1-63270-289-0(4))***; 29.95 ***(978-1-63270-290-6(8))*** Life is a Story Problem LLC.

My Favorite Future: An Inspirational Children's Picture Book for Boys & Girls Ages 3-7 Encouraging Them to Follow Their Dreams. Portia Bright Pittman. Illus. by Harry Aveira. 2023. (ENG.). 32p. (J). 16.99 ***(978-1-0882-1535-7(1))*** Bright Pittman, Portia.

My Favorite Games. Pearl Markovics. 2019. (My Favorite Things Ser.). (ENG.). 16p. (J). (gr. -1-1). 6.99 *(978-1-64280-386-0(3))* Bearport Publishing Co., Inc.

My Favorite Lift-The-Flap Bible Stories. Zondervan. 2022. (ENG.). 14p. (J). bds. 14.99 *(978-1-4002-3329-8(1),* Tommy Nelson) Nelson, Thomas Inc.

My Favorite Machine: Airplanes. Victoria Marcos. 2018. (My Favorite Machines Ser.). (ENG., Illus.). 36p. (J). (gr. k-3). 12.99 *(978-1-5324-1066-6(2))*; pap. 12.99 *(978-1-5324-0543-3(X))* Xist Publishing.

My Favorite Machine: Ambulances. Victoria Marcos. 2019. (My Favorite Machines Ser.). (ENG.). (J). (gr. k-2). 36p. 12.99 *(978-1-5324-1240-0(1))*; 32p. pap. 12.99 *(978-1-5324-1238-7(X))* Xist Publishing.

My Favorite Machine: Bulldozers. Victoria Marcos. 2018. (ENG., Illus.). 36p. (J). (gr. -1-5). pap. 12.99 *(978-1-5324-0545-7(6))*; (gr. k-3). 12.99 *(978-1-5324-1067-3(0))*; (gr. k-3). pap. 12.99 *(978-1-5324-0931-8(1))* Xist Publishing.

My Favorite Machine: Concrete Mixers. Victoria Marcos. 2018. (My Favorite Machines Ser.). (ENG., Illus.). 36p. (J). (gr. k-3). 12.99 *(978-1-5324-1068-0(9))*; pap. 12.99 *(978-1-5324-0547-1(2))* Xist Publishing.

My Favorite Machine: Cranes. Victoria Marcos. 2018. (My Favorite Machines Ser.). (ENG., Illus.). 36p. (J). (gr. k-3). 12.99 *(978-1-5324-1069-7(7))*; pap. 12.99 *(978-1-5324-0549-5(9))* Xist Publishing.

My Favorite Machine: Dump Trucks. Victoria Marcos. 2018. (My Favorite Machines Ser.). (ENG., Illus.). 36p. (J). (gr. k-3). 12.99 *(978-1-5324-1070-3(0))*; pap. 12.99 *(978-1-5324-0551-8(0))* Xist Publishing.

My Favorite Machine: Excavators. Victoria Marcos. 2019. (My Favorite Machines Ser.). (ENG.). (J). (gr. k-2). 36p. 12.99 *(978-1-5324-1243-1(6))*; 32p. pap. 12.99 *(978-1-5324-1242-4(8))* Xist Publishing.

My Favorite Machine: Fire Trucks. Victoria Marcos. 2018. (My Favorite Machines Ser.). (ENG., Illus.). 36p. (J). (gr. k-3). 12.99 *(978-1-5324-1071-0(9))*; pap. 12.99 *(978-1-5324-0553-2(7))* Xist Publishing.

My Favorite Machine: Garbage Trucks. Victoria Marcos. 2018. (My Favorite Machines Ser.). (ENG., Illus.). 36p. (J). (gr. k-3). 12.99 *(978-1-5324-1072-7(7))*; pap. 12.99 *(978-1-5324-0555-6(3))* Xist Publishing.

My Favorite Machine: Helicopters. Victoria Marcos. 2021. (My Favorite Machines Ser.). (ENG.). 36p. (J). (gr. k-2). 25.99 *(978-1-5324-1630-9(X))*; pap. 12.99 *(978-1-5324-1629-3(6))* Xist Publishing.

My Favorite Machine: Motor Boats. Victoria Marcos. 2021. (My Favorite Machines Ser.). (ENG.). 36p. (J). (gr. k-2). 25.99 *(978-1-5324-1633-0(4))*; pap. 12.99 *(978-1-5324-1632-3(6))* Xist Publishing.

My Favorite Machine: Motorcycles. Victoria Marcos. 2021. (My Favorite Machines Ser.). (ENG.). 36p. (J). (gr. k-2). 25.99 *(978-1-5324-1636-1(9))*; pap. 12.99 *(978-1-5324-1635-4(0))* Xist Publishing.

My Favorite Machine: Race Cars. Victoria Marcos. 2021. (My Favorite Machines Ser.). (ENG.). 36p. (J). (gr. k-2). 25.99 *(978-1-5324-1639-2(3))*; pap. 12.99 *(978-1-5324-1638-5(5))* Xist Publishing.

My Favorite Machine: Tow Trucks. Victoria Marcos. 2018. (My Favorite Machines Ser.). (ENG., Illus.). 36p. (J). (gr. k-3). 12.99 *(978-1-5324-1073-4(5))*; pap. 12.99 *(978-1-5324-0557-0(X))* Xist Publishing.

My Favorite Machine: Tractors. Victoria Marcos. 2018. (My Favorite Machines Ser.). (ENG., Illus.). 36p. (J). (gr. k-3). 12.99 *(978-1-5324-1074-1(3))*; pap. 12.99 *(978-1-5324-0559-4(6))* Xist Publishing.

My Favorite Machine: Trains. Victoria Marcos. 2018. (My Favorite Machines Ser.). (ENG., Illus.). 36p. (J). (gr. k-3). 12.99 *(978-1-5324-1075-8(1))*; pap. 12.99 *(978-1-5324-0561-7(8))* Xist Publishing.

My Favorite Museum, 1 vol. Jill Andersen. 2016. (Rosen REAL Readers: Social Studies Nonfiction / Fiction: Myself, My Community, My World Ser.). (ENG.). 8p. (gr. k-1). pap. 5.46 *(978-1-5081-2266-1(0),* a056ff97-46b5-44bc-bf4d-e7a3bbced8c1, Rosen Classroom) Rosen Publishing Group, Inc., The.

My Favorite Pet: Birds. Victoria Marcos. 2018. (My Favorite Pets Ser.). (ENG., Illus.). 36p. (J). (gr. k-3). 12.99 *(978-1-5324-1076-5(X))*; pap. 12.99 *(978-1-5324-0563-1(4))* Xist Publishing.

My Favorite Pet: Cats. Victoria Marcos. 2018. (My Favorite Pets Ser.). (ENG., Illus.). 36p. (J). (gr. k-3). 12.99 *(978-1-5324-1077-2(8))*; pap. 12.99 *(978-1-5324-0932-5(X))* Xist Publishing.

My Favorite Pet: Chinchillas. Victoria Marcos. 2021. (My Favorite Pets Ser.). (ENG.). 36p. (J). (gr. k-3). 25.99 *(978-1-5324-1642-2(3))*; pap. 12.99 *(978-1-5324-1641-5(5))* Xist Publishing.

My Favorite Pet: Dogs. Victoria Marcos. 2018. (My Favorite Pets Ser.). (ENG., Illus.). 36p. (J). (gr. k-3). 12.99 *(978-1-5324-1078-9(6))*; pap. 12.99 *(978-1-5324-0567-9(7))* Xist Publishing.

My Favorite Pet: Ferrets. Victoria Marcos. 2018. (My Favorite Pets Ser.). (ENG., Illus.). 36p. (J). (gr. k-3). 12.99 *(978-1-5324-1079-6(4))*; pap. 12.99 *(978-1-5324-0569-3(3))* Xist Publishing.

My Favorite Pet: Fish. Victoria Marcos. 2018. (My Favorite Pets Ser.). (ENG., Illus.). 36p. (J). (gr. k-3). 12.99 *(978-1-5324-1080-2(8))*; pap. 12.99 *(978-1-5324-0571-6(5))* Xist Publishing.

My Favorite Pet: Guinea Pigs. Victoria Marcos. 2018. (My Favorite Pets Ser.). (ENG., Illus.). 36p. (J). (gr. k-3). 12.99 *(978-1-5324-1081-9(6))*; pap. 12.99 *(978-1-5324-0573-0(1))* Xist Publishing.

My Favorite Pet: Hamsters. Victoria Marcos. 2018. (My Favorite Pets Ser.). (ENG.). 36p. (J). (gr. k-3). 12.99 *(978-1-5324-1082-6(4))*; (Illus.). pap. 12.99 *(978-1-5324-0575-4(8))* Xist Publishing.

My Favorite Pet: Lizards. Victoria Marcos. 2018. (My Favorite Pets Ser.). (ENG., Illus.). 36p. (J). (gr. k-3). 12.99 *(978-1-5324-1083-3(2))*; pap. 12.99 *(978-1-5324-0577-8(4))* Xist Publishing.

My Favorite Pet: Mice. Victoria Marcos. 2018. (My Favorite Pets Ser.). (ENG., Illus.). 36p. (J). (gr. k-3). 12.99 *(978-1-5324-1084-0(0))*; pap. 12.99 *(978-1-5324-0579-2(0))* Xist Publishing.

My Favorite Pet: Ponies. Victoria Marcos. 2018. (My Favorite Pets Ser.). (ENG., Illus.). 36p. (J). (gr. k-3). 12.99 *(978-1-5324-1085-7(9))*; pap. 12.99 *(978-1-5324-0581-5(2))* Xist Publishing.

My Favorite Pet: Rabbits. Victoria Marcos. 2019. (My Favorite Pets Ser.). (ENG.). (J). (gr. k-2). 36p. 12.99 *(978-1-5324-1239-4(8))*; 32p. pap. 12.99 *(978-1-5324-1236-3(3))* Xist Publishing.

My Favorite Pet: Rats. Victoria Marcos. 2021. (My Favorite Pets Ser.). (ENG.). 36p. (J). (gr. k-3). 25.99 *(978-1-5324-1645-3(8))*; pap. 12.99 *(978-1-5324-1644-6(X))* Xist Publishing.

My Favorite Pet: Snakes. Victoria Marcos. 2018. (My Favorite Pets Ser.). (ENG., Illus.). 36p. (J). (gr. k-3). 12.99 *(978-1-5324-1086-4(7))*; pap. 12.99 *(978-1-5324-0583-9(9))* Xist Publishing.

My Favorite Pets. Pearl Markovics. 2019. (My Favorite Things Ser.). (ENG., Illus.). 16p. (J). (gr. -1-1). 6.99 *(978-1-64280-389-1(8))* Bearport Publishing Co., Inc.

My Favorite Place to Be. Kathleen Waters. 2017. (ENG., Illus.). (J). 22.95 *(978-1-63575-166-6(7))*; (gr. -1-3). pap. 12.95 *(978-1-63575-164-2(0))* Christian Faith Publishing.

My Favorite Places. Pearl Markovics. 2019. (My Favorite Things Ser.). (ENG.). 16p. (J). (gr. -1-1). 6.99 *(978-1-64280-385-3(5))* Bearport Publishing Co., Inc.

My Favorite Prayers. Illus. by Anna Láng. 2020. (ENG.). 40p. (J). (gr. 1). 14.95 *(978-88-544-1669-7(X))* White Star Publishers ITA. Dist: Sterling Publishing Co., Inc.

My Favorite Season Is Spring. Erin Colvin. 2022. (ENG.). 38p. (J). pap. 15.95 ***(978-1-68498-646-0(X))*** Newman Springs Publishing, Inc.

My Favorite Shirt. Ciara Ijames. Illus. by Des'za'rae King. (ENG.). 26p. (J). (gr. k-3). 2021. 11.99 *(978-1-0879-6943-5(3))*; 2019. pap. 6.99 *(978-0-578-51677-6(2))* CI Publishing Group.

My Favorite Shoes. Coral Hayward. Illus. by Emily Smith. 2022. (ENG.). 28p. (J). pap. 9.99 ***(978-1-0880-5930-2(9))*** Indy Pub.

My Favorite Sport. Robert Rosen. Illus. by Nina De Polonia. 2017. (Play Time Ser.). (ENG.). 24p. (gr. -1-2). 28.50 *(978-1-68342-716-2(5),* 9781683427162) Rourke Educational Media.

My Favorite Sport. Robert Rosen. Illus. by Nina de Polonia. 2017. (Play Time Ser.). (ENG.). 24p. (gr. -1-2). pap. 9.95 *(978-1-68342-768-1(8),* 9781683427681) Rourke Educational Media.

My Favorite Sport: Baseball. Nancy Streza. 2018. (My Favorite Sport Ser.). (ENG., Illus.). 36p. (J). (gr. k-3). 12.99 *(978-1-5324-1062-8(X))*; pap. 12.99 *(978-1-5324-0930-1(3))* Xist Publishing.

My Favorite Sport: Basketball. Nancy Streza. 2018. (My Favorite Sport Ser.). (ENG.). 36p. (J). (gr. k-3). pap. 12.99 *(978-1-5324-0912-7(5))*; (Illus.). 12.99 *(978-1-5324-1096-3(4))* Xist Publishing.

My Favorite Sport: Cheerleading. Nancy Streza. 2018. (My Favorite Sport Ser.). (ENG.). 36p. (J). (gr. k-3). pap. 12.99 *(978-1-5324-0908-0(7))*; (Illus.). 12.99 *(978-1-5324-1097-0(2))* Xist Publishing.

My Favorite Sport: Cricket. Nancy Streza. 2019. (My Favorite Sport Ser.). (ENG.). (J). (gr. k-2). 36p. 12.99 *(978-1-5324-1246-2(0))*; 32p. pap. 12.99 *(978-1-5324-1245-5(2))* Xist Publishing.

My Favorite Sport: Football. Nancy Streza. 2018. (My Favorite Sport Ser.). (ENG., Illus.). 36p. (J). (gr. k-3). 12.99 *(978-1-5324-1063-5(8))*; pap. 12.99 *(978-1-5324-0643-0(6))* Xist Publishing.

My Favorite Sport: Golf. Nancy Streza. 2018. (My Favorite Sport Ser.). (ENG., Illus.). 36p. (J). (gr. k-3). 12.99 *(978-1-5324-1064-2(6))*; pap. 12.99 *(978-1-5324-0645-4(2))* Xist Publishing.

My Favorite Sport: Gymnastics. Nancy Streza. 2019. (My Favorite Sport Ser.). (ENG.). (J). (gr. k-2). 36p. 12.99 *(978-1-5324-1117-5(0))*; 32p. pap. 24.99 *(978-1-5324-1116-8(2))* Xist Publishing.

My Favorite Sport: Hockey. Nancy Streza. 2018. (My Favorite Sport Ser.). (ENG.). 36p. (J). (gr. k-3). pap. 12.99 *(978-1-5324-0906-6(0))*; (Illus.). 12.99 *(978-1-5324-1098-7(0))* Xist Publishing.

My Favorite Sport: Horseback Riding. Nancy Streza. 2018. (My Favorite Sport Ser.). (ENG.). 36p. (J). (gr. k-3). pap. 12.99 *(978-1-5324-0920-2(6))*; (Illus.). 12.99 *(978-1-5324-1099-4(9))* Xist Publishing.

My Favorite Sport: Lacrosse. Nancy Streza. 2021. (My Favorite Sport Ser.). (ENG.). 36p. (J). (gr. k-3). 25.99 *(978-1-5324-2061-0(7))*; pap. 12.99 *(978-1-5324-2060-3(9))* Xist Publishing.

My Favorite Sport: Skateboarding. Nancy Streza. 2018. (My Favorite Sport Ser.). (ENG.). 36p. (J). (gr. k-3). pap. 12.99 *(978-1-5324-0916-5(8))*; (Illus.). 12.99 *(978-1-5324-1100-7(6))* Xist Publishing.

My Favorite Sport: Soccer. Nancy Streza. 2018. (My Favorite Sport Ser.). (ENG.). 36p. (J). (gr. k-3). pap. 12.99 *(978-1-5324-0910-3(9))*; (Illus.). 12.99 *(978-1-5324-1101-4(4))* Xist Publishing.

My Favorite Sport: Softball. Nancy Streza. 2021. (My Favorite Sport Ser.). (ENG.). 36p. (J). (gr. k-3). 25.99

(978-1-5324-1608-8(3)); pap. 12.99 *(978-1-5324-1607-1(5))* Xist Publishing.

My Favorite Sport: Swimming. Nancy Streza. 2018. (My Favorite Sport Ser.). (ENG.). 36p. (J). (gr. k-3). pap. 12.99 *(978-1-5324-0918-9(4))*; (Illus.). 12.99 *(978-1-5324-1102-1(2))* Xist Publishing.

My Favorite Sport: Tennis. Nancy Streza. 2018. (My Favorite Sport Ser.). (ENG., Illus.). 36p. (J). (gr. k-3). 12.99 *(978-1-5324-1065-9(4))*; pap. 12.99 *(978-1-5324-0647-8(9))* Xist Publishing.

My Favorite Sport: Volleyball. Nancy Streza. 2018. (My Favorite Sport Ser.). (ENG.). 36p. (J). (gr. k-3). pap. 12.99 *(978-1-5324-0914-1(1))*; (Illus.). 12.99 *(978-1-5324-1103-8(0))* Xist Publishing.

My Favorite Sport Is? Chloe Wilson. Illus. by David A. Baker. 2017. (ENG.). (J). pap. 19.95 *(978-1-63448-571-5(8))* America Star Bks.

My Favorite Things: A Paragraph Writing Guide for Beginners. Gahmya Drummond-Bey. 2019. (ENG., Illus.). 60p. (J). (gr. k-6). pap. 14.99 *(978-1-7335569-3-4(1)*, Evolved Teacher Pr.) 499.

My Favorite Things - Animals: Search & Find! Follow the Characters from Page to Page! DK. 2022. (DK Find My Favorite Ser.). (ENG., Illus.). 16p. (J). (-k). bds. 12.99 *(978-0-7440-5023-3(5)*, DK Children) Dorling Kindersley Publishing, Inc.

My Favorite Things of Fall. Amanda Rogers. 2017. (ENG., Illus.). 32p. (J). pap. *(978-1-387-38755-7(3))* Lulu Pr., Inc.

My Favorite Toys. Pearl Markovics. 2019. (My Favorite Things Ser.). (ENG.). 16p. (J). (gr. -1-1). 6.99 *(978-1-64280-382-2(0))* Bearport Publishing Co., Inc.

My Favorite Word: Arcane. Reagan Rothe. Illus. by Dan Weiss. l.t. ed. 2016. (My Favorite Word Ser.: Vol. 1). (ENG.). (J). pap. 9.95 *(978-1-944715-10-6(X))* Black Rose Writing.

My Favourite Chocolate. Samadhan R. Bavaskar. 2019. (ENG.). 190p. (YA). pap. 7.99 *(978-93-88459-52-5(0)*, White Falcon Publishing) White Falcon Publishing.

My Favourite Colour Is Red. Kym Simoncini. Illus. by Mihailo Tatic. 2021. (ENG.). 28p. (J). pap. *(978-1-922621-33-7(1))* Library For All Limited.

My Favourite Colour Is Red - Maamaten Nanou Te Kara Ae Uraura (Te Kiribati) Kym Simoncini. Illus. by Mihailo Tatic. 2023. (ENG.). 28p. (J). pap. ***(978-1-922844-74-3(8))*** Library For All Limited.

My Favourite Comedian. Michael Grossman. 2019. (ENG.). 210p. (J). (gr. 4-6). pap. *(978-0-646-81136-9(3))* Grossman, Michael.

My Favourite Fairytales. Luisa Adam. Illus. by Joy Scherger. 2020. (ENG.). 56p. (J). (gr. 1-4). 19.99 *(978-0-6484571-6-9(8)*, Brolly Bks.) Borghesi & Adam Pubs. Pty Ltd AUS. Dist: Independent Pubs. Group.

My Favourite Nursery Rhyme Collection, Set. Illus. by Jan Lewis. 2017. (ENG.). 1p. (J). (gr. -1-12). bds. 14.99 *(978-1-86147-740-8(6)*, Armadillo) Anness Publishing GBR. Dist: National Bk. Network.

My Feathered Friends (Classic Reprint) J. g. Wood. (ENG., Illus.). (J). 2018. 436p. 32.89 *(978-0-364-07097-0(8))*; 2016. pap. 16.57 *(978-1-333-50918-7(9))* Forgotten Bks.

My Feelings, 12 vols. 2019. (My Feelings Ser.). (ENG.). 24p. (J). (gr. 1-1). lib. bdg. 151.62 *(978-1-9785-1149-1(3)*, 9ea45e08-2fa6-423c-912f-96513720f8e9) Enslow Publishing, LLC.

My Feelings. Ed. by Gardner. 2020. (Grow with Steam Ser.). (ENG.). 12p. (J). bds. 4.99 *(978-1-63560-265-4(3))* Gardner Media LLC.

My Feelings. Grace Jones. 2017. (Our Values - Level 1 Ser.). (Illus.). 24p. (J). (gr. 1-1). *(978-0-7787-3246-4(0))* Crabtree Publishing Co.

My Feelings. Jeffrey Turner. Illus. by Jeffrey Turner. 2021. (ENG., Illus.). 24p. (J). bds. 10.99 *(978-1-5037-5846-9(X)*, 3815, Sunbird Books) Phoenix International Publications, Inc.

My Feelings & Emotions Activity Book: Over 50 Fun Puzzles, Games, & More! Barbara Paulding. Illus. by Martha Day Zschock. 2021. (ENG.). 64p. (J). pap. 5.99 *(978-1-4413-3710-8(5)*, c5bf5a1a-ff47-47c4-8be4-beec2386be63) Peter Pauper Pr. Inc.

My Feelings & Me. Holde Kreul. Illus. by Dagmar Geisler. 2018. (Safe Child, Happy Parent Ser.). 32p. (J). (gr. -1-k). 16.99 *(978-1-5107-3533-0(X)*, Sky Pony Pr.) Skyhorse Publishing Co., Inc.

My Feelings & Me (8-Book Set) Hannah Beilenson. Illus. by Simon Abbott. 2022. (ENG.). 192p. (J). 15.99 ***(978-1-4413-4007-8(6)***, 2e48633c-6421-4504-8c0f-ffe42e8eacb3) Peter Pauper Pr. Inc.

My Feelings Are Okay. Donielle Fagan. 2021. (ENG.). 24p. (J). pap. 14.99 *(978-1-0983-8774-7(0))* BookBaby.

My Feelings in Action (8 Book Set), 8 vols. Hannah Beilenson. Illus. by Simon Abbott. 2023. (ENG.). 192p. (J). 15.99 ***(978-1-4413-4209-6(5)***, fa08984e-12da-4e48-bfc1-c924c0a3c5e4) Peter Pauper Pr. Inc.

My Feelings, My Choices. Emily Arrow. Illus. by Joy Steuerwald et al. 2019. (My Feelings, My Choices Ser.). (ENG.). 24p. (J). (gr. -1-2). 135.96 *(978-1-68410-413-0(0)*, 29713) Cantata Learning.

My Feet Are Webbed & Orange. Joyce L. Markovics. 2016. (Zoo Clues 2 Ser.). (ENG., Illus.). 24p. (J). (gr. -1-3). 26.99 *(978-1-944102-62-3(0))* Bearport Publishing Co., Inc.

My Feet Arent Ugly: A Girls Guide to Loving Herself from the Inside Out. Debra Beck. 3rd ed. 2020. (ENG., Illus.). 200p. (YA). (gr. 7-9). pap. 12.95 *(978-0-8253-0937-3(9))* Beaufort Bks., Inc.

My Feet Go Together Click! Click! Click! David Samuel Foresta. Illus. by Sanja Boskovic. 2018. (Go Together Ser.: Vol. 1). (ENG.). 26p. (J). pap. 12.99 *(978-0-578-42370-8(7))* Foresta, David Samuel.

My Feet Have Toenails. Joetta Gregston. Illus. by Jason Velazquez. 2021. (ENG.). 28p. (J). 29.99 *(978-1-6628-0170-9(X))*; pap. 19.99 *(978-1-6628-0169-3(6))* Salem Author Services.

My Felicia: A Novel (Classic Reprint) Paul Driscoll. 2017. (ENG., Illus.). (J). 29.63 *(978-0-266-94582-6(1))*; pap. 13.57 *(978-1-5278-3489-7(1))* Forgotten Bks.

My Feminist ABC: Skyline. duopress labs. Illus. by Irene Pizzolante. 2018. 20p. (J). (gr. -1-k). bds. 7.95 *(978-1-946064-98-1(X)*, 806498) Duo Pr. LLC.

My Fickle Fairy: What Is It That You Want? Michelle Tascione. 2021. (ENG.). 36p. (J). 26.95 *(978-1-6657-0125-9(0))*; pap. 15.95 *(978-1-6657-0124-2(2))* Archway Publishing.

My FIFO Dad - Our Yarning. Jade Muli. Illus. by Anna Szczypiorska. 2022. (Our Yarning Ser.). (ENG.). 26p. (J). pap. ***(978-1-922951-52-6(8))*** Library For All Limited.

My Fifteenth: A Magical Journey of Love & Farewell. Carolina Santiago. 2020. (ENG., Illus.). 110p. (YA). pap. 12.99 *(978-1-7331309-0-5(X))* MyPublica Pr.

My Fighting Life (Classic Reprint) Georges Carpentier. 2017. (ENG., Illus.). (J). 29.73 *(978-0-266-32431-7(2))* Forgotten Bks.

My Fiirst Ubie the Ubinator Coloring Book: Alphabet Wonders. Robert Lee Robert. Illus. by Shawn Mathis. 2017. (Alphabet Wonders Ser.: Vol. 1). (ENG.). (J). pap. 9.99 *(978-0-9986232-1-4(0))* Rolest P. Inc.

My Fine Feathers: Book Three in the Nature Nurtures Storybook Series. J. L. W. Illus. by Bonnie Lemaire. 2020. (ENG.). 36p. (J). *(978-0-2288-2536-4(9))*; pap. *(978-0-2288-2535-7(0))* Tellwell Talent.

My Fine Fellow. Jennieke Cohen. (ENG.). 352p. (YA). (gr. 8). 2023. pap. 15.99 *(978-0-06-304754-9(3))*; 2022. 19.99 *(978-0-06-304753-2(5))* HarperCollins Pubs. (HarperTeen).

My Fingerpaint Masterpiece Coloring Book. Sherrill S. Cannon. 2023. (ENG.). 34p. (J). pap. 11.95 ***(978-1-68235-812-2(7)***, Strategic Bk. Publishing) Strategic Book Publishing & Rights Agency (SBPRA).

My First 100 Animal Words. Chris Ferrie. Illus. by Lindsay Dale-Scott. 2021. (My First STEAM Words Ser.). (ENG.). 24p. (J). (gr. -1-k). bds. 6.99 *(978-1-7282-2861-7(1))* Sourcebooks, Inc.

My First 100 Animals & Birds: Padded Board Books. Wonder House Books. 2018. (My First 100 Ser.). (ENG.). 24p. (J). (— 1). bds. 9.99 ***(978-93-87779-47-1(5))*** Prakash Bk. Depot IND. Dist: Independent Pubs. Group.

My First 100 Art Words. Chris Ferrie. Illus. by Lindsay Dale-Scott. 2020. (My First STEAM Words Ser.). (ENG.). 24p. (J). (gr. -1-k). bds. 6.99 *(978-1-7282-1127-5(1))* Sourcebooks, Inc.

My First 100 Construction Words. Chris Ferrie. Illus. by Lindsay Dale-Scott. 2021. (My First STEAM Words Ser.). (ENG.). 24p. (J). (gr. -1-k). bds. 6.99 *(978-1-7282-2862-4(X))* Sourcebooks, Inc.

My First 100 Engineering Words. Chris Ferrie. Illus. by Lindsay Dale-Scott. 2020. (My First STEAM Words Ser.). (ENG.). 24p. (J). (gr. -1-k). bds. 6.99 *(978-1-7282-1126-8(3))* Sourcebooks, Inc.

My First 100 Food We Eat: Early Learning Books for Children. Wonder House Books. 2018. (My First 100 Ser.). (ENG.). 16p. (J). (— 1). pap. 2.99 ***(978-93-88144-88-9(0))*** Prakash Bk. Depot IND. Dist: Independent Pubs. Group.

My First 100 Food We Eat: Padded Board Books. Wonder House Books. 2018. (My First 100 Ser.). (ENG.). 24p. (J). (— 1). bds. 9.99 ***(978-93-87779-48-8(3))*** Prakash Bk. Depot IND. Dist: Independent Pubs. Group.

My First 100 Library: Boxset of 5 Early Learning Board Books for Kids/Children (homeschool, Preschool, Baby/toddler) Wonder House Books. 2021. (My First 100 Ser.). (ENG.). 120p. (J). (— 1). bds. 24.99 ***(978-93-5440-273-9(9))*** Prakash Bk. Depot IND. Dist: Independent Pubs. Group.

My First 100 Mathematics Words. Chris Ferrie. Illus. by Lindsay Dale-Scott. 2020. (My First STEAM Words Ser.). (ENG.). 24p. (J). (gr. -1-k). bds. 6.99 *(978-1-7282-1128-2(X))* Sourcebooks, Inc.

My First 100 Nature Words. Chris Ferrie. Illus. by Lindsay Dale-Scott. 2020. (My First STEAM Words Ser.). (ENG.). 24p. (J). (gr. -1-k). bds. 6.99 *(978-1-7282-2034-5(3))* Sourcebooks, Inc.

My First 100 Neighborhood Words. Maggie Testa. Illus. by Jason Fruchter. 2018. (Daniel Tiger's Neighborhood Ser.). (ENG.). 26p. (J). (gr. -1-k). bds. 7.99 *(978-1-5344-2526-2(8)*, Simon Spotlight) Simon Spotlight.

My First 100 Numbers: Padded Board Books. Wonder House Books. 2018. (My First 100 Ser.). (ENG.). 24p. (J). (— 1). bds. 5.99 ***(978-93-87779-49-5(1))*** Prakash Bk. Depot IND. Dist: Independent Pubs. Group.

My First 100 Objects Around Us: Padded Board Books. Wonder House Books. 2018. (My First 100 Ser.). (ENG.). 24p. (J). (— 1). bds. 5.99 ***(978-93-87779-50-1(5))*** Prakash Bk. Depot IND. Dist: Independent Pubs. Group.

My First 100 Ocean Words. Chris Ferrie. Illus. by Lindsay Dale-Scott. 2020. (My First STEAM Words Ser.). (ENG.). 24p. (J). (gr. -1-k). bds. 6.99 *(978-1-7282-2860-0(3))* Sourcebooks, Inc.

My First 100 Peanuts Words. Charles M. Schulz & May Nakamura. Illus. by Vicki Scott. 2018. (Peanuts Ser.). (ENG.). 26p. (J). (gr. -1-k). bds. 7.99 *(978-1-5344-2624-5(8)*, Simon Spotlight) Simon Spotlight.

My First 100 Samoan Animal Words - Book 3. Vaoese Kava. Illus. by Osaiasi Lolohea & Michelle Ann Canlom. l.t. ed. 2022. (ENG.). 26p. (J). *(978-0-6451622-6-4(4))* Kava, Vaiese.

My First 100 Samoan Animal Words - Book 3. Vaoese Kava. Illus. by Osaiasi Lolohea & Michelle A. Canlom. l.t. ed. 2022. (ENG.). 26p. (J). pap. *(978-0-6451622-7-1(2))* Kava, Vaiese.

My First 100 Samoan Household Item Words - Book 4. Vaoese Kava. l.t. ed. 2022. (ENG.). 26p. (J). *(978-0-6451622-9-5(9))*; pap. *(978-0-6455496-0-7(6))* Kava, Vaiese.

My First 100 Science Words. Chris Ferrie. Illus. by Lindsay Dale-Scott. 2020. (My First STEAM Words Ser.). (ENG.). 24p. (J). (gr. -1-k). bds. 6.99 *(978-1-7282-1124-4(7))* Sourcebooks, Inc.

My First 100 Space Words. Chris Ferrie. Illus. by Lindsay Dale-Scott. 2020. (My First STEAM Words Ser.). (ENG.). 24p. (J). (gr. -1-k). bds. 6.99 *(978-1-7282-2037-6(8))* Sourcebooks, Inc.

My First 100 Technology Words: First STEAM Words. Chris Ferrie. Illus. by Lindsay Dale-Scott. 2020. (My First STEAM Words Ser.). (ENG.). 24p. (J). (gr. -1-k). bds. 6.99 *(978-1-7282-1125-1(5))* Sourcebooks, Inc.

My First 100 Things That Move: Early Learning Books for Children. Wonder House Books. 2018. (My First 100 Ser.). (ENG.). 16p. (J). (— 1). pap. 2.99 ***(978-93-88144-91-9(0))*** Prakash Bk. Depot IND. Dist: Independent Pubs. Group.

My First 100 Things That Move: Padded Board Books. Wonder House Books. 2018. (My First 100 Ser.). (ENG.). 24p. (J). (— 1). bds. 5.99 ***(978-93-87779-51-8(3))*** Prakash Bk. Depot IND. Dist: Independent Pubs. Group.

My First 100 Weather Words. Chris Ferrie. Illus. by Lindsay Dale-Scott. 2021. (My First STEAM Words Ser.). (ENG.). 24p. (J). (gr. -1-k). bds. 6.99 *(978-1-7282-3267-6(8))* Sourcebooks, Inc.

My First 100 Words see My First 100 Words in French/English

My First 100 Words. Felicity Brooks. 2018. (ENG.). 24p. (J). 15.99 *(978-0-7945-4210-8(7)*, Usborne) EDC Publishing.

My First 100 Words: Early Learning Books for Children. Wonder House Books. 2018. (My First 100 Ser.). (ENG.). 16p. (J). (— 1). pap. 2.99 ***(978-93-88144-92-6(9))*** Prakash Bk. Depot IND. Dist: Independent Pubs. Group.

My First 100 Words: Picture Dictionary. IglooBooks. 2018. (ENG.). 12p. (J). (gr. -1-1). bds. 7.99 *(978-1-4998-8212-4(2))* Igloo Bks. GBR. Dist: Simon & Schuster, Inc.

My First 100 Words / Mis Primeras 100 Palabras (Bilingual) Ed. by Parragon Books. Illus. by Paula Knight. 2020. (ENG.). 32p. (J). (gr. -1-2). 7.99 *(978-1-68052-858-9(0)*, 2003140, Parragon Books) Cottage Door Pr.

My First 100 Words (Mis Primeras 100 Palabras) Spanish & English Picture Dictionary. Igloo Igloo Books. 2019. (SPA.). 12p. (J). (gr. -1-1). bds. 7.99 *(978-1-78905-079-0(0))* Igloo Bks. GBR. Dist: Simon & Schuster, Inc.

My First 100 Words Photographic First Picture Dictionary with Tabbed Pages. IglooBooks. 2023. (ENG.). 26p. (J). (-k). bds. 10.99 *(978-1-83852-779-2(6))* Igloo Bks. GBR. Dist: Simon & Schuster, Inc.

My First 1000 Animals. Agnès Besson. Illus. by Manuel Surein. 2016. (ENG.). 64p. (J). (gr. -1 — 1). 19.95 *(978-1-77085-796-4(6)*, 9818f11c-4c8b-410d-ad29-9e2040acbde0) Firefly Bks., Ltd.

My First 1000 Spanish Words, New Edition: A Search-And-Find Book. Susan Martineau et al. Illus. by Stu McLellan. 2022. (ENG & SPA.). 64p. (J). pap. 8.99 *(978-1-64124-194-6(2)*, 1946) Fox Chapel Publishing Co., Inc.

My First 1000 Words. Susan Miller. 2019. (ENG.). 96p. (J). 12.99 *(978-1-64269-067-5(8)*, 3992, Sequoia Publishing & Media LLC) Phoenix International Publications, Inc.

My First 1000 Words. Illus. by Caroline Modeste. 2016. (ENG.). 64p. (J). (gr. -1 — 1). 19.95 *(978-1-77085-797-1(4)*, e00e78fa-daa7-4871-8421-96bc61d330cc) Firefly Bks., Ltd.

My First 1000 Words. Wonder House Books. 2018. (ENG.). 96p. (J). (— 1). 8.99 ***(978-93-88144-11-7(2))*** Prakash Bk. Depot IND. Dist: Independent Pubs. Group.

My First 1000 Words: Softcover Active Minds Reference Series. Susan Miller. 2019. (ENG.). 96p. (J). 5.99 *(978-1-64269-122-1(4)*, 4010, Sequoia Publishing & Media LLC) Phoenix International Publications, Inc.

My First 1000 Words: With 1000 Colorful Pictures! Racehorse for Young Readers. 2017. (ENG.). 128p. 7.99 *(978-1-63158-241-7(0)*, Racehorse Publishing) Skyhorse Publishing Co., Inc.

My First 101 Words Bilingual Board Book (English/Spanish) (Padded) Illus. by Simon Abbott. 2022. (ENG.). 24p. (J). bds. 5.99 *(978-1-4413-3810-5(1)*, 9e00d320-8c79-4493-808b-ca8c38a8ac34) Peter Pauper Pr. Inc.

My First 123 see My First Bilingual 123

My First 123: Felt Book. IglooBooks. Illus. by Gareth Williams. 2020. (ENG.). 12p. (J). (-k). bds. 8.99 *(978-1-83903-760-3(1))* Igloo Bks. GBR. Dist: Simon & Schuster, Inc.

My First 123: First Concepts Book. IglooBooks. Illus. by Max and Max and Sid. 2022. (ENG.). 10p. (J). (— 1). bds., bds. 7.99 *(978-1-83903-670-5(2))* Igloo Bks. GBR. Dist: Simon & Schuster, Inc.

My First 150 Sight Words Workbook: (Ages 6-8) Bilingual (English / American Sign Language - ASL): Learn to Write & Sign 150+ & Read 500+ Sight Words (Body, Actions, Family, Food, Opposites, Numbers, Shapes, Jobs, Places, Nature, Weather, Time & More!) Lauren Dick. l.t. ed. 2021. (My First 150 Sight Words Ser.). (ENG.). 70p. (J). pap. *(978-1-77476-269-1(2))* AD Classic.

My First 150 Sight Words Workbook: (Ages 6-8) Bilingual (English / Dutch) (Engels / Nederlands): Learn to Write 150 & Read 500 Sight Words (Body, Actions, Family, Food, Opposites, Numbers, Shapes, Jobs, Places, Nature, Weather, Time & More!) Lauren Dick. l.t. ed. 2021. (My First 150 Sight Words Ser.). (ENG.). 76p. (J). pap. *(978-1-77476-305-6(2))* AD Classic.

My First 150 Sight Words Workbook: (Ages 6-8) Bilingual (English / Filipino) (Ingles / Filipino): Learn to Write 150 & Read 500 Sight Words (Body, Actions, Family, Food, Opposites, Numbers, Shapes, Jobs, Places, Nature, Weather, Time & More!) Lauren Dick. l.t. ed. 2021. (My First 150 Sight Words Ser.). (ENG.). 76p. (J). pap. *(978-1-77476-274-5(9))* AD Classic.

My First 150 Sight Words Workbook: (Ages 6-8) Bilingual (English / French) (Anglais / Français): Learn to Write 150 & Read 500 Sight Words (Body, Actions, Family, Food, Opposites, Numbers, Shapes, Jobs, Places, Nature, Weather, Time & More!) Lauren Dick. l.t. ed. 2021. (My First 150 Sight Words Ser.). (ENG.). 70p. (J). pap. *(978-1-77437-958-5(9))* AD Classic.

My First 150 Sight Words Workbook: (Ages 6-8) Bilingual (English / German) (Englisch / Deutsch): Learn to Write 150 & Read 500 Sight Words (Body, Actions, Family, Food, Opposites, Numbers, Shapes, Jobs, Places, Nature, Weather, Time & More!) Lauren Dick. l.t. ed. 2021. (My First 150 Sight Words Ser.). (ENG.). 76p. (J). pap. *(978-1-77476-293-6(5))* AD Classic.

My First 150 Sight Words Workbook: (Ages 6-8) Bilingual (English / Haitian Creole) (Anglè / Kreyòl Ayisyen): Learn to Write 150 & Read 500 Sight Words (Body, Actions, Family, Food, Opposites, Numbers, Shapes, Jobs, Places, Nature, Weather, Time & More. Lauren Dick. l.t. ed. 2021. (My First 150 Sight Words Ser.). (ENG.). 70p. (J). pap. *(978-1-77476-310-0(9))* AD Classic.

My First 150 Sight Words Workbook: (Ages 6-8) Bilingual (English / Italian) (Inglese / Italiano): Learn to Write 150 & Read 500 Sight Words (Body, Actions, Family, Food, Opposites, Numbers, Shapes, Jobs, Places, Nature, Weather, Time & More!) Lauren Dick. l.t. ed. 2021. (My First 150 Sight Words Ser.). (ENG.). 76p. (J). pap. *(978-1-77476-297-4(8))* AD Classic.

My First 150 Sight Words Workbook: (Ages 6-8) Bilingual (English / Polish) (Angielski / Polski): Learn to Write 150 & Read 500 Sight Words (Body, Actions, Family, Food, Opposites, Numbers, Shapes, Jobs, Places, Nature, Weather, Time & More!) Lauren Dick. l.t. ed. 2021. (My First 150 Sight Words Ser.). (ENG.). 76p. (J). pap. *(978-1-77476-300-1(1))* AD Classic.

My First 150 Sight Words Workbook: (Ages 6-8) Bilingual (English / Portuguese) (Inglês / Português): Learn to Write 150 & Read 500 Sight Words (Body, Actions, Family, Food, Opposites, Numbers, Shapes, Jobs, Places, Nature, Weather, Time & More!) Lauren Dick. l.t. ed. 2021. (My First 150 Sight Words Ser.). (ENG.). 76p. (J). pap. *(978-1-77476-296-7(X))* AD Classic.

My First 150 Sight Words Workbook: (Ages 6-8) Bilingual (English / Spanish) (Inglés / Español): Learn to Write 150 & Read 500 Sight Words (Body, Actions, Family, Food, Opposites, Numbers, Shapes, Jobs, Places, Nature, Weather, Time & More!) Lauren Dick. l.t. ed. 2021. (My First 150 Sight Words Ser.). (ENG.). 70p. (J). pap. *(978-1-77476-261-5(7))* AD Classic.

My First 150 Sight Words Workbook: (Ages 6-8) Learn to Write 150 & Read 500 Sight Words (Body, Actions, Family, Food, Opposites, Numbers, Shapes, Jobs, Places, Nature, Weather, Time & More!) Lauren Dick. 2020. (ENG.). 70p. (J). pap. *(978-1-77437-791-8(8))* AD Classic.

My First 200 Unicorns & Caticorns Coloring Book for Kids - Jumbo Size 200 Pages: Big Format 8. 5 X 11 in - 200 Clear Pages - No Repeating Pages - Age 3+ - 200 Adorable Designs - Brotss Studio. 2021. (ENG.). 202p. (J). pap. 15.40 *(978-1-716-11294-2(X))* Lulu Pr., Inc.

My First 200 Words: Learning Is Fun with Teddy the Bear! Nicola Baxter. Illus. by Susie Lacome. 2016. 24p. (J). (gr. -1-12). pap. 7.99 *(978-1-86147-759-0(7)*, Armadillo) Anness Publishing GBR. Dist: National Bk. Network.

My First 200 Words in French: Learning Is Fun with Teddy the Bear! Guillaume Dopffer & Baxter Nicola. Illus. by Susie Lacome. 2016. 24p. (J). (gr. -1-12). pap. 7.99 *(978-1-86147-760-6(0)*, Armadillo) Anness Publishing GBR. Dist: National Bk. Network.

My First 3 Letter Words: Tracing & Activity Book. Wonder House Books. 2020. (ENG.). 32p. (J). (gr. -1-k). pap. 3.99 ***(978-93-89717-30-3(2))*** Prakash Bk. Depot IND. Dist: Independent Pubs. Group.

My First 365 Coloring Book: Jumbo Coloring Book for Kids (with Tear Out Sheets) Wonder House Books. 2020. (ENG.). 272p. (J). (gr. -1-2). pap. 8.99 ***(978-93-90183-00-5(6))*** Prakash Bk. Depot IND. Dist: Independent Pubs. Group.

My First 4 in 1 Alphabet Numbers Colours Shapes: Padded Board Books. Wonder House Books. 2018. (ENG.). 24p. (J). (— 1). bds. 5.99 ***(978-93-87779-56-3(4))*** Prakash Bk. Depot IND. Dist: Independent Pubs. Group.

My First 4 in 1 One Wild Animals, Pet & Farm Animals, Birds, Sea Animals: Padded Board Books. Wonder House Books. 2018. (ENG.). 24p. (J). (— 1). bds. 5.99 ***(978-93-87779-55-6(6))*** Prakash Bk. Depot IND. Dist: Independent Pubs. Group.

My First 5 Minutes Fairy Tales: Little Red Riding Hood. Wonder House Books. 2018. (5 Minutes Fairy Tales Ser.). (ENG.). 16p. (J). (gr. -1-k). pap. 2.99 ***(978-93-88144-67-4(8))*** Prakash Bk. Depot IND. Dist: Independent Pubs. Group.

My First 500 Words: Build Your Child's Vocabulary the Fun Way: Search & Find 500 Object Across 20 Illustrations That Include the Classroom, Kitchen, Town Centre & More. Wanderlust Press. Illus. by Jazer Cerojano-Basan. 2021. (ENG.). 44p. (J). *(978-1-913668-57-0(6))* VKC&B Books.

My First 500 Words: Early Learning Picture Book to Learn Alphabet, Numbers, Shapes & Colours, Transport, Birds & Animals, Professions, Opposite Words, Action Words, Parts of the Body & Objects Around Us. Wonder House Books. 2018. (ENG.). 64p. (J). (— 1). pap. 7.99 ***(978-93-88144-10-0(4))*** Prakash Bk. Depot IND. Dist: Independent Pubs. Group.

My First a B C see My First Bilingual a B C

My First A. B. C. Animals Colouring Book. Prod. by Edson Consultancy. 2018. (ENG., Illus.). 56p. (J). (gr. 2-6). pap. *(978-0-9957468-1-7(8))* Edson Consultancy.

My First a-Z Animal Coloring Book. Kreative Kids. 2016. (ENG., Illus.). (J). pap. 9.20 *(978-1-68377-427-3(2))* Whlke, Traudl.

My First ABC. Shirley Hughes. Illus. by Shirley Hughes. 2019. (ENG., Illus.). 32p. (J). (-k). 16.99 *(978-0-7636-9729-7(X))* Candlewick Pr.

My First ABC. Illus. by Edward Underwood. 2023. (ENG.). 16p. (J). (gr. -1 — 1). bds. 12.99 Nosy Crow Inc.

My First ABC: Learn the Alphabet with 300 Words & Pictures. Illus. by Jan Lewis. 2016. 48p. (J). (gr. -1-12). pap. 9.99 *(978-1-86147-728-6(7)*, Armadillo) Anness Publishing GBR. Dist: National Bk. Network.

My First ABC Animal Book. Editors of Happy Fox Books. 2023. (ENG., Illus.). 28p. (J). bds. 9.99 *(978-1-64124-297-4(3)*, 2974) Fox Chapel Publishing Co., Inc.

My First ABC Animals Coloring Book Little Busy Book. School Zone. 2018. (ENG.). 48p. (J). (gr. -1-k). pap. 3.49 *(978-1-60159-310-8(4)*, 0d23c028-72c4-49ef-b237-6ea8a28fdef8) School Zone Publishing Co.

My First ABC Book with Lucy & Mr: A to Z Illustrated Book for Toddlers, Kindergartner & Kids Aged 1 - 4. Caterpillar Learner. 2022. (ENG.). 64p. (J). pap. ***(978-1-4709-8375-8(3))*** Lulu Pr., Inc.

1400

The check digit for ISBN-10 appears in parentheses after the full ISBN-13

M

My First ABC Coloring Book. Cristie Dozaz. 2020. (ENG.). 58p. (J). pap. 10.00 *(978-1-716-42390-1(2))* Lulu Pr., Inc.

My First ABC Garden Coloring Book. Prod. by Consultancy Edson. 2018. (ENG., Illus.). 56p. (J). (gr. k-3). pap. *(978-0-9957468-2-4(6))* Edson Consultancy.

My First ABCs Board Book. Illus. by Simon Abbott. 2021. (Board Bks.). (ENG.). 24p. (J). bds. 5.99 *(978-1-4413-3678-1(8),* 1a631c72-32f0-4efc-84a7-04f748f4c3a5) Peter Pauper Pr. Inc.

My First Activity Book. Kasia Dudziuk et al. 2018. (ENG.). 256p. (J). pap. 14.99 *(978-1-78828-303-8(1),* fc75b1f1-8027-4cf0-95a5-902b2012a5b6) Arcturus Publishing GBR. Dist: Baker & Taylor Publisher Services (BTPS).

My First Activity Book - Look & Find Kids Books Edition. Creative Playbooks. 2016. (ENG., Illus.). (J). pap. 10.81 *(978-1-68323-138-7(4))* Twin Flame Productions.

My First Advent Storybook. Laura Richie. Illus. by Ian Dale. 2021. (Bible Storybook Ser.). (ENG.). 14p. (J). (— 1). bds. 8.99 *(978-0-8307-8299-4(0),* 152725) Cook, David C.

My First Adventures Sticker Book: My First Sticker Books. Wonder House Books. 2019. (ENG.). 32p. (J). (— 1). pap. 6.99 ***(978-93-88369-82-4(3))*** Prakash Bk. Depot IND. Dist: Independent Pubs. Group.

My First African Adventure. Riaan Manser. 2022. (ENG., Illus.). 120p. (J). pap. 12.00 *(978-1-77635-372-9(2))* Penguin Random House South Africa ZAF. Dist: Casemate Pubs. & Bk. Distributors, LLC.

My First All in One: Bilingual Picture Book for Kids Hindi-English. Wonder House Books. 2018. (HIN.). 48p. (J). (— 1). pap. 7.99 ***(978-93-88144-45-2(7))*** Prakash Bk. Depot IND. Dist: Independent Pubs. Group.

My First Alphabet Book: Animal ABC: An Alphabet Book with Animal Friends. Amber Lily. Illus. by Zhanna Ovocheva. 2020. (Animal Friends Concept Board Bks.). (ENG.). 28p. (J). (— 1). bds. 9.99 *(978-1-78958-496-7(5))* Top That! Publishing PLC GBR. Dist: Independent Pubs. Group.

My First Alphabet Copy Coloring Book: Helps Develop Advanced Skills Coordination. Justine Avery. 2021. (ENG.). 26p. (J). pap. 6.95 *(978-1-63882-259-2(X))* Suteki Creative.

My First Alphabet Dot-To-Dot: Over 50 Fantastic Puzzles. Illus. by Jake McDonald. 2019. (My First Activity Bks.). (ENG.). 64p. (J). (gr. -1-2). pap. 8.99 *(978-1-4380-1270-4(5))* Sourcebooks, Inc.

My First Alphabet Wipe off Han. 2020. (My First Wipe-Clean Ser.). (ENG.). (J). spiral bd. 8.99 *(978-1-62885-742-9(0))* Rainstorm Pr.

My First Amharic Dictionary. Tr. by Tsegazeab Hailegebriel. 2019. (ENG., Illus.). 92p. (J). (gr. -1-8). pap. 17.95 *(978-0-7818-1402-7(2))* Hippocrene Bks., Inc.

My First Animal ABCs Coloring Book. Creative. 2016. (ENG., Illus.). (J). pap. 7.74 *(978-1-68323-699-3(8))* Twin Flame Productions.

My First Animal Atlas. Isobel Lundie. ed. 2021. (ENG., Illus.). 14p. (J). (gr. -1-k). bds. 9.95 *(978-1-913971-00-7(7),* Scribblers) Book Hse. GBR. Dist: Sterling Publishing Co., Inc.

My First Animal Fun Sticker Book. Julia Donaldson. Illus. by Nick Sharratt. 2016. (ENG.). 30p. (J). (gr. -1-2). pap. 8.99 *(978-1-5098-1622-4(4))* Pan Macmillan GBR. Dist: Independent Pubs. Group.

My First Animal Knitting Book: 30 Fantastic Knits for Children Aged 7+ Fiona Goble. 2019. (ENG., Illus.). 128p. (J). pap. 14.95 *(978-1-78249-707-3(2),* 1782497072, Cico Kidz) Ryland Peters & Small GBR. Dist: WIPRO.

My First Animal Moves: A Children's Book to Encourage Kids & Their Parents to Move More & Sit Less. Darryl Edwards. 2021. (ENG.). 38p. (J). pap. *(978-0-9933298-8-3(8))* Explorer Publishing.

My First Animal Moves: A Children's Book to Encourage Kids & Their Parents to Move More, Sit Less & Decrease Screen Time. Darryl Edwards. 2021. (ENG.). 38p. (J). *(978-1-7399637-0-5(9))* Explorer Publishing.

My First Animal Sounds: With 22 Sound Buttons. IglooBooks. Illus. by Elisa Patrissi. 2022. (ENG.). 12p. (J). (— 1). bds. 17.99 *(978-1-83903-609-5(5))* Igloo Bks. GBR. Dist: Simon & Schuster, Inc.

My First Animal Toddler Coloring Book: Fun Children's Coloring Book with 50 Adorable Animal Pages for Toddlers & Kids to Learn & Color. Feel Happy Books. 2020. (ENG., Illus.). 106p. (J). pap. *(978-1-910677-59-9(0))* CWP Publishing.

My First Animal Toddler Coloring Book: Toddler Coloring Activity, Animal Coloring Pages for Little Kids, Educational Coloring Book for Toddlers. Lindsay Bandi. 2021. (ENG.). 104p. (J). pap. 11.75 *(978-1-6671-8605-4(1))* Lulu Pr., Inc.

My First Animal Toddler Colouring Book: Fun Children's Colouring Book with 50 Adorable Animal Pages for Toddlers & Kids to Learn & Colour. Feel Happy Books. 2020. (ENG., Illus.). 106p. (J). pap. *(978-1-910677-60-5(4))* CWP Publishing.

My First Animal Words: Over 100 First Animals & Fun Pictures. IglooBooks. 2019. (ENG.). 12p. (J). (-k). bds. 7.99 *(978-1-78810-639-9(3))* Igloo Bks. GBR. Dist: Simon & Schuster, Inc.

My First Animals. Illus. by Max and Sid. 2016. (My First Ser.). (ENG.). 12p. (J). (gr. -1 — 1). bds. 5.99 *(978-1-4998-0185-9(8))* Little Bee Books Inc.

My First Animals: Chunky 3D Shapes Book. IglooBooks. Illus. by Andy Passchier. 2022. (ENG.). 14p. (J). (gr. -1 — 1). bds., bds. 9.99 *(978-1-80108-784-1(9))* Igloo Bks. GBR. Dist: Simon & Schuster, Inc.

My First Animals: Felt Book. IglooBooks. 2022. (ENG.). 12p. (J). (gr. -1-1). bds., bds. 8.99 *(978-1-80022-811-5(2))* Igloo Bks. GBR. Dist: Simon & Schuster, Inc.

My First Animals: High-Contrast Black-and-white Pictures. Clever Publishing. Illus. by Eva Maria Gey. 2023. (Tiny Tots Tummy Time Ser.). (ENG.). 20p. (J). (gr. -1 — 1). bds. 9.99 ***(978-1-956560-93-0(9))*** Clever Media Group.

My First Animals: Let's Squeak & Squawk! DK. 2022. (My First Tabbed Board Book Ser.). (ENG.). 28p. (J). (— 1). bds. 12.99 *(978-0-7440-5845-1(7),* DK Children) Dorling Kindersley Publishing, Inc.

My First Arabic Book of Numbers: Bilingual Picture Books for Children (Arabic-English) Wonder House Books. 2018. (ARA.). 24p. (J). (— 1). pap. 2.99 ***(978-93-88144-42-1(2))*** Prakash Bk. Depot IND. Dist: Independent Pubs. Group.

My First Art Book of Baby Animals Coloring Book 2 Year Olds. Educando Kids. 2019. (ENG.). 42p. (J). pap. 6.99 *(978-1-64521-014-6(6),* Educando Kids) Editorial Imagen.

My First Atlas. Marilee Joy Mayfield. 2016. (Illus.). 52p. (J). *(978-1-4351-6296-9(X))* Barnes & Noble, Inc.

My First Atlas of Animals. Cristina Banfi. Illus. by Ronny Gazzola. 2022. (ENG.). 20p. (J). (gr. k). 16.99 *(978-88-544-1850-9(1))* White Star Publishers ITA. Dist: Sterling Publishing Co., Inc.

My First Atlas of the 50 States. Georgia Beth. Illus. by Sara Lynn Cramb. 2019. (ENG.). 64p. (J). (gr. -1-1). 16.95 ***(978-0-7112-4289-0(5))*** QEB Publishing Inc.

My First Atlas of the World, 3rd Edition. National Geographic Kids. 2023. (Illus.). 40p. (J). (gr. -1-k). 18.99 ***(978-1-4263-7419-7(4));*** (ENG., lib. bdg. 28.90 ***(978-1-4263-7521-7(2))*** Disney Publishing Worldwide. (National Geographic Kids).

My First Baby Animals: A Sparkly Sound Button Book. IglooBooks. Illus. by Sarah Ward. 2023. (ENG.). 8p. (J). (— 1). bds. 16.99 ***(978-1-83771-535-0(1))*** Igloo Bks. GBR. Dist: Simon & Schuster, Inc.

My First Baby Animals Bedtime Storybook. Disney Books. 2022. (My First Bedtime Storybook Ser.). (ENG.). 72p. (J). (gr. 1-3). 10.99 *(978-1-368-05553-6(2),* Disney Press Books) Disney Publishing Worldwide.

My First Baby Animals Book: A Picture Book with Lots of Fun Facts Too. Arie Pitch. 2023. (ENG.). 60p. (J). pap. ***(978-1-915161-35-2(5))*** Tamarind Hill Pr.

My First Baby Books: Three Adorable Books in One Box: Bath Book, Cloth Book, Buggy Book. Marine Guion. Illus. by Jonathan Miller & Annie Sechao. 2021. 16p. (J). (gr. -1). 17.99 *(978-2-89802-186-2(5),* CrackBoom! Bks.) Chouette Publishing CAN. Dist: Publishers Group West (PGW).

My First Baby Signs: Over 40 Fundamental Signs for You & Baby. Lee Ann Steyns. Illus. by Julia Seal. 2023. (ENG.). 48p. (J). 16.99 ***(978-1-4413-4004-7(1),*** bbd25589-d70c-4f18-a2d6-d3c12f063460) Peter Pauper Pr. Inc.

My First Ballet Class. Alyssa Satin Capucilli. ed. 2018. 32p. (J). (gr. 1-4). 12.89 *(978-1-64310-124-8(2))* Penworthy Co., LLC, The.

My First Barbecue Book. Peter J. Swann. 2017. (ENG., Illus.). (J). pap. *(978-1-912325-06-1(3))* Ravensforge Bks.

My First Bedtime Copy Coloring Book: Helps Develop Advanced Skills Coordination. Justine Avery. 2021. (ENG.). 26p. (J). pap. 6.95 *(978-1-63882-262-2(X))* Suteki Creative.

My First Bedtime Stories. Nicola Baxter. Illus. by Marie Allen. 2016. (ENG.). 16p. (J). (gr. -1-12). bds. 10.99 *(978-0-85723-809-2(4),* Armadillo) Anness Publishing GBR. Dist: National Bk. Network.

My First Bible. Merce Segarra & Armelle Modere. 2020. (ENG.). 96p. (J). (gr. -1 — 1). 12.99 *(978-1-68099-491-9(3),* Good Bks.) Skyhorse Publishing Co., Inc.

My First Bible: Bible Stories Every Child Should Know. Retold by Kris Hirschmann. 2021. (My First Bible Ser.). (ENG.). 48p. (J). (gr. k-5). bds. 9.99 ***(978-1-57755-818-7(9))*** Flying Frog Publishing, Inc.

My First Bible & Prayers. Ed. by Cottage Door Press. 2018. (ENG.). 384p. (J). (gr. -1-2). 16.99 *(978-1-68052-408-6(9),* 2000070) Cottage Door Pr.

My First Bible Bilingual Spanish. Retold by Kris Hirschmann. 2022. (My First Bible Ser.). (SPA.). 48p. (J). (gr. k-5). bds. 9.99 ***(978-1-63560-345-3(5))*** Flying Frog Publishing, Inc.

My First Bible in Pictures see Mi Primera Biblia en Cuadros: Edición Del 30 Aniversario30th Anniversary Edition

My First Bible in Pictures. Kenneth N. Taylor. 30th ed. 2022. (ENG., Illus.). 256p. (J). 12.99 *(978-1-4964-5123-1(6),* 20_35186, Tyndale Kids) Tyndale Hse. Pubs.

My First Bible Songs: With Carry Handle & Jingle Bells. IglooBooks. Illus. by James Newman Gray. 2021. (ENG.). 10p. (J). (-k). bds. 12.99 *(978-1-83903-769-6(5))* Igloo Bks. GBR. Dist: Simon & Schuster, Inc.

My First Bible Stories. Make Believe Ideas. Illus. by Dawn Machell. 2019. (ENG.). 40p. (J). (— 1). bds. 9.99 *(978-1-78843-535-2(4))* Make Believe Ideas GBR. Dist: Scholastic, Inc.

My First Bible Stories. Ed. by Parragon Books. 2018. (ENG., Illus.). 192p. (J). (gr. -1-2). 11.99 *(978-1-68052-459-8(3),* 2000580, Parragon Books) Cottage Door Pr.

My First Bible Stories: Adam & Eve, Noah's Ark, Moses, Joseph, David & Goliath, Jesus. Illus. by Jan Lewis. 2016. 48p. (J). (gr. -1-12). bds. 9.99 *(978-1-86147-737-8(6),* Armadillo) Anness Publishing GBR. Dist: National Bk. Network.

My First Bible Stories: Chunky Board Book. IglooBooks. Illus. by Cory Reid. 2021. (ENG.). 20p. (J). (gr. -1-k). bds. 9.99 *(978-1-83903-257-8(X))* Igloo Bks. GBR. Dist: Simon & Schuster, Inc.

My First Bible Stories: Padded Board Book. IglooBooks. (ENG.). 24p. (J). (-k). 2022. bds. 9.99 *(978-1-80368-444-4(5));* 2020. bds. 8.99 *(978-1-80022-885-6(6))* Igloo Bks. GBR. Dist: Simon & Schuster, Inc.

My First Bible Words Flash Cards. Compiled by Compiled by Barbour Staff. 2021. (ENG.). (J). 7.99 *(978-1-64352-901-1(3),* Shiloh Kidz) Barbour Publishing, Inc.

My First Big Book of Activities. Little Bee Books. 2021. (My First Big Book of Coloring Ser.). (ENG.). 192p. (J). (gr. -1-k). 9.99 *(978-1-4998-1161-2(6))* Little Bee Books Inc.

My First Big Book of Bilingual Coloring Animals: Spanish. Little Bee Books. 2020. (My First Big Book of Coloring Ser.). (ENG.). 192p. (J). (gr. -1-k). 9.99 *(978-1-4998-1087-5(3))* Little Bee Books Inc.

My First Big Book of Bilingual Coloring French. Little Bee Books. 2021. (My First Big Book of Coloring Ser.). (ENG.). 192p. (J). (gr. -1-k). 9.99 *(978-1-4998-1112-4(8))* Little Bee Books Inc.

My First Big Book of Bilingual Coloring Mandarin. Little Bee Books. 2021. (My First Big Book of Coloring Ser.). (ENG.). 192p. (J). (gr. -1-k). 9.99 *(978-1-4998-1113-1(6))* Little Bee Books Inc.

My First Big Book of Bilingual Coloring: Spanish. Little Bee Books. 2020. (My First Big Book of Coloring Ser.). (ENG.). 192p. (J). (gr. -1-k). 9.99 *(978-1-4998-1088-2(1))* Little Bee Books Inc.

My First Big Book of Christmas. Little Bee Books. 2019. (My First Big Book of Coloring Ser.). (ENG.). 192p. (J). (gr. -1-k). 9.99 *(978-1-4998-1007-3(5))* Little Bee Books Inc.

My First Big Book of Coloring for Toodlers: Activity Book for Kids Ages 1 - 3 46 Drawing Pages for Your Toodler, Fun Activies, Learning Numbers & Letters for Your Kids. Jenu Fumigenu. 2021. (ENG.). 100p. (J). pap. 14.99 *(978-1-716-22560-4(4))* Lulu Pr., Inc.

My First Big Book of Dinosaur Facts. Ruth Owen. 2022. (My First BIG Book Of ... Ser.). (ENG., Illus.). 96p. (J). (gr. k-3). pap. 14.99 *(978-1-78856-247-8(X),* d3616ed1-6ad0-43f9-95cb-cdc217212da2); lib. bdg. 34.65 *(978-1-78856-246-1(1),* 9a851972-55fe-490a-90b9-0f8bc81388db) Ruby Tuesday Books Limited GBR. Dist: Lerner Publishing Group.

My First Big Book of Dinosaurs. Little Bee Books. 2018. (My First Big Book of Coloring Ser.). (ENG.). 192p. (J). (gr. -1-k). 8.99 *(978-1-4998-0803-2(8))* Little Bee Books Inc.

My First Big Book of Drawing. Little Bee Books. 2023. (My First Big Book of Coloring Ser.). (ENG.). 192p. (J). (gr. -1-k). pap. 9.99 *(978-1-4998-1407-1(0))* Little Bee Books Inc.

My First Big Book of Fairy Tales. Little Bee Books. 2020. (My First Big Book of Coloring Ser.). (ENG.). 192p. (J). (gr. -1-k). 9.99 *(978-1-4998-1009-7(1))* Little Bee Books Inc.

My First Big Book of Farm Animals. Little Bee Books. 2022. (My First Big Book of Coloring Ser.). (ENG.). 192p. (J). (gr. -1-k). 9.99 *(978-1-4998-1283-1(3))* Little Bee Books Inc.

My First Big Book of Heroes. Little Bee Books. 2020. (My First Big Book of Coloring Ser.). (ENG.). 192p. (J). (gr. -1-k). 9.99 *(978-1-4998-1190-2(X))* Little Bee Books Inc.

My First Big Book of Monsters. Little Bee Books. 2020. (My First Big Book of Coloring Ser.). (ENG.). 192p. (J). (gr. -1-k). 8.99 *(978-1-4998-1010-3(5))* Little Bee Books Inc.

My First Big Book of Outer Space. Little Bee Books. 2019. (My First Big Book of Coloring Ser.). (ENG.). 192p. (J). (gr. -1-k). 9.99 *(978-1-4998-0970-1(0))* Little Bee Books Inc.

My First Big Book of Preschool Math. Little Bee Books. 2023. (My First Big Book of Coloring Ser.). (ENG.). 192p. (J). (gr. -1-k). 9.99 *(978-1-4998-1285-5(X))* Little Bee Books Inc.

My First Big Book of Princesses. Little Bee Books. Illus. by Tanya Emelyanova. 2019. (My First Big Book of Coloring Ser.). (ENG.). 192p. (J). (gr. -1-k). 9.99 *(978-1-4998-0913-8(1))* Little Bee Books Inc.

My First Big Book of Sight Words. Little Bee Books. 2022. (My First Big Book of Coloring Ser.). (ENG.). 192p. (J). (gr. -1-k). 9.99 *(978-1-4998-1284-8(1))* Little Bee Books Inc.

My First Big Book of Space Facts. Ruth Owen. 2022. (My First BIG Book Of ... Ser.). (ENG., Illus.). 96p. (J). (gr. k-3). pap. 14.99 *(978-1-78856-251-5(8),* b17e1207-b351-4fd6-9add-da12ed7fc6c7); lib. bdg. 34.65 *(978-1-78856-250-8(X),* bde462e4-62f8-485c-b69e-daa948f7dea5) Ruby Tuesday Books Limited GBR. Dist: Lerner Publishing Group.

My First Big Book of the Bible. Little Bee Books. 2021. (My First Big Book of Coloring Ser.). (ENG.). 192p. (J). (gr. -1-k). 9.99 *(978-1-4998-1160-5(8))* Little Bee Books Inc.

My First Big Book of Trucks. Little Bee Books. Illus. by Tanya Emelyanova. 2019. (My First Big Book of Coloring Ser.). (ENG.). 192p. (J). (gr. -1-k). 9.99 *(978-1-4998-0914-5(X))* Little Bee Books Inc.

My First Big Book of Undersea Creatures. Little Bee Books. 2021. (My First Big Book of Coloring Ser.). (ENG.). 192p. (J). (gr. -1-k). 9.99 *(978-1-4998-1162-9(4))* Little Bee Books Inc.

My First Big Book of Unicorns. Little Bee Books. 2018. (My First Big Book of Coloring Ser.). (ENG.). 192p. (J). (gr. -1-k). 8.99 *(978-1-4998-0774-5(0))* Little Bee Books Inc.

My First Big Book of Valentine's Day. Little Bee Books. 2021. (My First Big Book of Coloring Ser.). (ENG.). 192p. (J). (gr. -1-k). 9.99 *(978-1-4998-1253-4(1))* Little Bee Books Inc.

My First Big Book of Words, Grade K Workbook. Evan-Moor Corporation. 2023. (My Big Book of Words Ser.). (ENG., Illus.). (J). (gr. k-k). pap. 14.99 ***(978-1-64514-272-0(8))*** Evan-Moor Educational Pubs.

My First Big Book of Words, Grade PreK Workbook. Evan-Moor Corporation. 2023. (My Big Book of Words Ser.). (ENG., Illus.). (J). (gr. -1 — 1). pap. 14.99 ***(978-1-64514-271-3(X))*** Evan-Moor Educational Pubs.

My First Bilingual 123. DK. ed. 2019. (My First Board Bks.).Tr. of My First 123. (Illus.). 36p. (J). (— 1). bds. 6.99 *(978-1-4654-8838-1(3),* DK Children) Dorling Kindersley Publishing, Inc.

My First Bilingual a B C. DK. ed. 2019. (My First Board Bks.).Tr. of My First a B C. (Illus.). 36p. (J). (— 1). bds. 6.99 *(978-1-4654-8839-8(1),* DK Children) Dorling Kindersley Publishing, Inc.

My First Bilingual Animals. DK. ed. 2020. (My First Board Bks.).Tr. of Los Animales. 36p. (J). (— 1). bds. 6.99 *(978-1-4654-9689-8(0),* DK Children) Dorling Kindersley Publishing, Inc.

My First Bilingual Baby Animals. DK. ed. 2021. (My First Board Bks.).Tr. of Los Animales Bebés. (Illus.). 28p. (J). (— 1). bds. 6.99 *(978-0-7440-4862-9(1),* DK Children) Dorling Kindersley Publishing, Inc.

My First Bilingual Body. DK. ed. 2020. (My First Board Bks.).Tr. of Cuerpo. 36p. (J). (— 1). bds. 6.99 *(978-1-4654-9687-4(4),* DK Children) Dorling Kindersley Publishing, Inc.

My First Bilingual Book-Emotions (English-Arabic), 1 vol. Patricia Billings. 2021. (My First Bilingual Book Ser.). (ENG., Illus.). 20p. (J). (— 1). bds. 8.99 *(978-1-78508-948-0(X))* Milet Publishing.

My First Bilingual Book-Emotions (English-Bengali), 1 vol. Patricia Billings. 2021. (My First Bilingual Book Ser.). (ENG., Illus.). 20p. (J). (— 1). bds. 8.99 *(978-1-78508-949-7(8))* Milet Publishing.

My First Bilingual Book-Emotions (English-Chinese), 1 vol. Patricia Billings. 2021. (My First Bilingual Book Ser.). (ENG., Illus.). 20p. (J). (— 1). bds. 8.99 *(978-1-78508-950-3(1))* Milet Publishing.

My First Bilingual Book-Emotions (English-Farsi), 1 vol. Patricia Billings. 2021. (My First Bilingual Book Ser.). (ENG., Illus.). 20p. (J). (— 1). bds. 8.99 *(978-1-78508-951-0(X))* Milet Publishing.

My First Bilingual Book-Emotions (English-French), 1 vol. Patricia Billings. 2021. (My First Bilingual Book Ser.). (FRE.). 20p. (J). (— 1). bds. 8.99 *(978-1-78508-952-7(8))* Milet Publishing.

My First Bilingual Book-Emotions (English-German), 1 vol. Patricia Billings. 2021. (My First Bilingual Book Ser.). (GER.). 20p. (J). (— 1). bds. 8.99 *(978-1-78508-953-4(6))* Milet Publishing.

My First Bilingual Book-Emotions (English-Italian), 1 vol. Patricia Billings. 2021. (My First Bilingual Book Ser.). (ENG & ITA., Illus.). 20p. (J). (— 1). bds. 8.99 *(978-1-78508-954-1(4))* Milet Publishing.

My First Bilingual Book-Emotions (English-Japanese), 1 vol. Patricia Billings. 2021. (My First Bilingual Book Ser.). (ENG., Illus.). 20p. (J). (— 1). bds. 8.99 *(978-1-78508-955-8(2))* Milet Publishing.

My First Bilingual Book-Emotions (English-Korean), 1 vol. Patricia Billings. 2021. (My First Bilingual Book Ser.). (ENG., Illus.). 20p. (J). (— 1). bds. 8.99 *(978-1-78508-956-5(0))* Milet Publishing.

My First Bilingual Book-Emotions (English-Polish), 1 vol. Patricia Billings. 2021. (My First Bilingual Book Ser.). (ENG., Illus.). 20p. (J). (— 1). bds. 8.99 *(978-1-78508-957-2(9))* Milet Publishing.

My First Bilingual Book-Emotions (English-Portuguese), 1 vol. Patricia Billings. 2021. (My First Bilingual Book Ser.). (POR.). 20p. (J). (— 1). bds. 8.99 *(978-1-78508-958-9(7))* Milet Publishing.

My First Bilingual Book-Emotions (English-Russian), 1 vol. Patricia Billings. 2021. (My First Bilingual Book Ser.). (ENG & RUS., Illus.). 20p. (J). (— 1). bds. 8.99 *(978-1-78508-960-2(9))* Milet Publishing.

My First Bilingual Book-Emotions (English-Somali), 1 vol. Patricia Billings. 2021. (My First Bilingual Book Ser.). (ENG., Illus.). 20p. (J). (— 1). bds. 8.99 *(978-1-78508-959-6(5))* Milet Publishing.

My First Bilingual Book-Emotions (English-Spanish), 1 vol. Patricia Billings. 2021. (My First Bilingual Book Ser.). (ENG & SPA., Illus.). 20p. (J). (— 1). bds. 8.99 *(978-1-78508-961-9(7))* Milet Publishing.

My First Bilingual Book-Emotions (English-Turkish), 1 vol. Patricia Billings. 2021. (My First Bilingual Book Ser.). (ENG., Illus.). 20p. (J). (— 1). bds. 8.99 *(978-1-78508-962-6(5))* Milet Publishing.

My First Bilingual Book-Emotions (English-Urdu), 1 vol. Patricia Billings. 2021. (My First Bilingual Book Ser.). (ENG., Illus.). 20p. (J). (— 1). bds. 8.99 *(978-1-78508-963-3(3))* Milet Publishing.

My First Bilingual Book-Emotions (English-Vietnamese), 1 vol. Patricia Billings. 2021. (My First Bilingual Book Ser.). (ENG., Illus.). 20p. (J). (— 1). bds. 8.99 *(978-1-78508-964-0(1))* Milet Publishing.

My First Bilingual Book-Empathy (English-Arabic), 1 vol. Milet Publishing. 2019. (My First Bilingual Book Ser.). (ENG & ARA., Illus.). 24p. (J). (— 1). bds. 8.99 *(978-1-78508-839-1(4))* Milet Publishing.

My First Bilingual Book-Empathy (English-Bengali), 1 vol. Milet Publishing. 2019. (My First Bilingual Book Ser.). (ENG & BEN., Illus.). 24p. (J). (— 1). bds. 8.99 *(978-1-78508-840-7(8))* Milet Publishing.

My First Bilingual Book-Empathy (English-Chinese), 1 vol. Milet Publishing. 2019. (My First Bilingual Book Ser.). (ENG & CHI., Illus.). 24p. (J). (— 1). bds. 8.99 *(978-1-78508-841-4(6))* Milet Publishing.

My First Bilingual Book-Empathy (English-Farsi), 1 vol. Milet Publishing. 2019. (My First Bilingual Book Ser.). (ENG., Illus.). 24p. (J). (— 1). bds. 8.99 *(978-1-78508-842-1(4))* Milet Publishing.

My First Bilingual Book-Empathy (English-French), 1 vol. Milet Publishing. 2019. (My First Bilingual Book Ser.). (ENG & FRE., Illus.). 24p. (J). (— 1). bds. 8.99 *(978-1-78508-843-8(2))* Milet Publishing.

My First Bilingual Book-Empathy (English-German), 1 vol. Milet Publishing. 2019. (My First Bilingual Book Ser.). (ENG & GER., Illus.). 24p. (J). (— 1). bds. 8.99 *(978-1-78508-844-5(0))* Milet Publishing.

My First Bilingual Book-Empathy (English-Italian), 1 vol. Milet Publishing. 2019. (My First Bilingual Book Ser.). (ENG & ITA., Illus.). 24p. (J). (— 1). bds. 8.99 *(978-1-78508-845-2(9))* Milet Publishing.

My First Bilingual Book-Empathy (English-Japanese), 1 vol. Milet Publishing. 2019. (My First Bilingual Book Ser.). (ENG & JPN., Illus.). 24p. (J). (— 1). bds. 8.99 *(978-1-78508-846-9(7))* Milet Publishing.

My First Bilingual Book-Empathy (English-Korean), 1 vol. Milet Publishing. 2019. (My First Bilingual Book Ser.). (ENG.). 24p. (J). (— 1). bds. 8.99 *(978-1-78508-847-6(5))* Milet Publishing.

My First Bilingual Book-Empathy (English-Polish), 1 vol. Milet Publishing. 2019. (My First Bilingual Book Ser.). (ENG & POL., Illus.). 24p. (J). (— 1). bds. 8.99 *(978-1-78508-848-3(3))* Milet Publishing.

My First Bilingual Book-Empathy (English-Portuguese), 1 vol. Milet Publishing. 2019. (My First Bilingual Book Ser.). (ENG & POR.). 24p. (J). (— 1). bds. 8.99 *(978-1-78508-849-0(1))* Milet Publishing.

My First Bilingual Book-Empathy (English-Russian), 1 vol. Milet Publishing. 2019. (My First Bilingual Book Ser.). (ENG & RUS., Illus.). 24p. (J). (— 1). bds. 8.99 *(978-1-78508-850-6(5))* Milet Publishing.

My First Bilingual Book-Empathy (English-Somali), 1 vol. Milet Publishing. 2019. (My First Bilingual Book Ser.). (ENG., Illus.). 24p. (J). (— 1). bds. 8.99 *(978-1-78508-851-3(3))* Milet Publishing.

My First Bilingual Book-Empathy (English-Spanish), 1 vol. Milet Publishing. 2019. (My First Bilingual Book Ser.). (ENG & SPA., Illus.). 24p. (J). (— 1). bds. 8.99 *(978-1-78508-852-0(1))* Milet Publishing.

My First Bilingual Book-Empathy (English-Turkish), 1 vol. Milet Publishing. 2019. (My First Bilingual Book Ser.). (ENG., Illus.). 24p. (J). (— 1). bds. 8.99 *(978-1-78508-853-7(X))* Milet Publishing.

My First Bilingual Book-Empathy (English-Urdu), 1 vol. Milet Publishing. 2019. (My First Bilingual Book Ser.). (ENG., Illus.). 24p. (J). (— 1). bds. 8.99 *(978-1-78508-854-4(8))* Milet Publishing.

My First Bilingual Book-Empathy (English-Vietnamese), 1 vol. Milet Publishing. 2019. (My First Bilingual Book Ser.). (ENG., Illus.). 24p. (J). (— 1). bds. 8.99 *(978-1-78508-855-1(6))* Milet Publishing.

My First Bilingual Book-Friends (English-Arabic), 1 vol. Milet Publishing. 2018. (My First Bilingual Book Ser.). (ENG & ARA., Illus.). 24p. (J). (— 1). bds. 8.99 *(978-1-78508-857-5(2))* Milet Publishing.

My First Bilingual Book-Friends (English-Bengali), 1 vol. Milet Publishing. 2018. (My First Bilingual Book Ser.). (ENG & BEN., Illus.). 24p. (J). (— 1). bds. 8.99 *(978-1-78508-858-2(0))* Milet Publishing.

My First Bilingual Book-Friends (English-Chinese), 1 vol. Milet Publishing. 2018. (My First Bilingual Book Ser.). (ENG & CHI., Illus.). 24p. (J). (— 1). bds. 8.99 *(978-1-78508-859-9(9))* Milet Publishing.

My First Bilingual Book-Friends (English-Farsi), 72 vols. Milet Publishing. 2018. (My First Bilingual Book Ser.). (ENG., Illus.). 24p. (J). (— 1). bds. 8.99 *(978-1-78508-860-5(2))* Milet Publishing.

My First Bilingual Book-Friends (English-French), 72 vols. Milet Publishing. 2018. (My First Bilingual Book Ser.). (ENG & FRE., Illus.). 24p. (J). (— 1). bds. 8.99 *(978-1-78508-861-2(0))* Milet Publishing.

My First Bilingual Book-Friends (English-German), 1 vol. Milet Publishing. 2018. (My First Bilingual Book Ser.). (ENG & GER., Illus.). 24p. (J). (— 1). bds. 8.99 *(978-1-78508-862-9(9))* Milet Publishing.

My First Bilingual Book-Friends (English-Italian), 72 vols. Milet Publishing. 2018. (My First Bilingual Book Ser.). (ENG & ITA., Illus.). 24p. (J). (— 1). bds. 8.99 *(978-1-78508-863-6(7))* Milet Publishing.

My First Bilingual Book-Friends (English-Japanese), 1 vol. Milet Publishing. 2018. (My First Bilingual Book Ser.). (ENG & JPN., Illus.). 24p. (J). (— 1). bds. 8.99 *(978-1-78508-864-3(5))* Milet Publishing.

My First Bilingual Book-Friends (English-Korean), 1 vol. Milet Publishing. 2018. (My First Bilingual Book Ser.). (ENG., Illus.). 24p. (J). (— 1). bds. 8.99 *(978-1-78508-865-0(3))* Milet Publishing.

My First Bilingual Book-Friends (English-Polish), 1 vol. Milet Publishing. 2018. (My First Bilingual Book Ser.). (ENG & POR., Illus.). 24p. (J). (— 1). bds. 8.99 *(978-1-78508-866-7(1))* Milet Publishing.

My First Bilingual Book-Friends (English-Portuguese), 1 vol. Milet Publishing. 2018. (My First Bilingual Book Ser.). (ENG & POR., Illus.). 24p. (J). (— 1). bds. 8.99 *(978-1-78508-867-4(X))* Milet Publishing.

My First Bilingual Book-Friends (English-Russian), 1 vol. Milet Publishing. 2018. (My First Bilingual Book Ser.). (ENG & RUS., Illus.). 24p. (J). (— 1). bds. 8.99 *(978-1-78508-868-1(8))* Milet Publishing.

My First Bilingual Book-Friends (English-Somali), 72 vols. Milet Publishing. 2018. (My First Bilingual Book Ser.). (ENG., Illus.). 24p. (J). (— 1). bds. 8.99 *(978-1-78508-869-8(6))* Milet Publishing.

My First Bilingual Book-Friends (English-Spanish), 1 vol. Milet Publishing. 2018. (My First Bilingual Book Ser.). (ENG & SPA., Illus.). 24p. (J). (— 1). bds. 8.99 *(978-1-78508-870-4(X))* Milet Publishing.

My First Bilingual Book-Friends (English-Turkish), 1 vol. Milet Publishing. 2018. (My First Bilingual Book Ser.). (ENG., Illus.). 24p. (J). (— 1). bds. 8.99 *(978-1-78508-871-1(8))* Milet Publishing.

My First Bilingual Book-Friends (English-Urdu), 1 vol. Milet Publishing. 2018. (My First Bilingual Book Ser.). (ENG., Illus.). 24p. (J). (— 1). bds. 8.99 *(978-1-78508-872-8(6))* Milet Publishing.

My First Bilingual Book-Friends (English-Vietnamese), 1 vol. Milet Publishing. 2018. (My First Bilingual Book Ser.). (ENG., Illus.). 24p. (J). (— 1). bds. 8.99 *(978-1-78508-873-5(4))* Milet Publishing.

My First Bilingual Book-Gratitude (English-Arabic), 1 vol. Patricia Billings. 2021. (My First Bilingual Book Ser.). (ENG & ARA., Illus.). 20p. (J). (— 1). bds. 8.99 *(978-1-78508-966-4(8))* Milet Publishing.

My First Bilingual Book-Gratitude (English-Bengali), 1 vol. Patricia Billings. 2021. (My First Bilingual Book Ser.). (ENG & BEN., Illus.). 20p. (J). (— 1). bds. 8.99 *(978-1-78508-967-1(6))* Milet Publishing.

My First Bilingual Book-Gratitude (English-Chinese), 1 vol. Patricia Billings. 2021. (My First Bilingual Book Ser.). (ENG & CHI., Illus.). 20p. (J). (— 1). bds. 8.99 *(978-1-78508-968-8(4))* Milet Publishing.

My First Bilingual Book-Gratitude (English-Farsi), 1 vol. Patricia Billings. 2021. (My First Bilingual Book Ser.). (ENG., Illus.). 20p. (J). (— 1). bds. 8.99 *(978-1-78508-969-5(2))* Milet Publishing.

My First Bilingual Book-Gratitude (English-French), 1 vol. Patricia Billings. 2021. (My First Bilingual Book Ser.). (ENG & FRE., Illus.). 20p. (J). (— 1). bds. 8.99 *(978-1-78508-970-1(6))* Milet Publishing.

My First Bilingual Book-Gratitude (English-German), 1 vol. Patricia Billings. 2021. (My First Bilingual Book Ser.). (ENG & GER., Illus.). 20p. (J). (— 1). bds. 8.99 *(978-1-78508-971-8(4))* Milet Publishing.

My First Bilingual Book-Gratitude (English-Italian), 1 vol. Patricia Billings. 2021. (My First Bilingual Book Ser.). (ENG & ITA., Illus.). 20p. (J). (— 1). bds. 8.99 *(978-1-78508-972-5(2))* Milet Publishing.

My First Bilingual Book-Gratitude (English-Japanese), 1 vol. Patricia Billings. 2021. (My First Bilingual Book Ser.). (ENG & JPN., Illus.). 20p. (J). (— 1). bds. 8.99 *(978-1-78508-973-2(0))* Milet Publishing.

My First Bilingual Book-Gratitude (English-Korean), 1 vol. Patricia Billings. 2021. (My First Bilingual Book Ser.). (ENG., Illus.). 20p. (J). (— 1). bds. 8.99 *(978-1-78508-974-9(9))* Milet Publishing.

My First Bilingual Book-Gratitude (English-Polish), 1 vol. Patricia Billings. 2021. (My First Bilingual Book Ser.). (ENG & POR., Illus.). 20p. (J). (— 1). bds. 8.99 *(978-1-78508-975-6(7))* Milet Publishing.

My First Bilingual Book-Gratitude (English-Portuguese), 1 vol. Patricia Billings. 2021. (My First Bilingual Book Ser.). (ENG & POR., Illus.). 20p. (J). (— 1). bds. 8.99 *(978-1-78508-976-3(5))* Milet Publishing.

My First Bilingual Book-Gratitude (English-Russian), 1 vol. Patricia Billings. 2021. (My First Bilingual Book Ser.). (ENG & RUS., Illus.). 20p. (J). (— 1). bds. 8.99 *(978-1-78508-977-0(3))* Milet Publishing.

My First Bilingual Book-Gratitude (English-Somali), 1 vol. Patricia Billings. 2021. (My First Bilingual Book Ser.). (ENG., Illus.). 20p. (J). (— 1). bds. 8.99 *(978-1-78508-978-7(1))* Milet Publishing.

My First Bilingual Book-Gratitude (English-Spanish), 1 vol. Patricia Billings. 2021. (My First Bilingual Book Ser.). (ENG & SPA., Illus.). 20p. (J). (— 1). bds. 8.99 *(978-1-78508-979-4(X))* Milet Publishing.

My First Bilingual Book-Gratitude (English-Turkish), 1 vol. Patricia Billings. 2021. (My First Bilingual Book Ser.). (ENG., Illus.). 20p. (J). (— 1). bds. 8.99 *(978-1-78508-980-0(3))* Milet Publishing.

My First Bilingual Book-Gratitude (English-Urdu), 1 vol. Patricia Billings. 2021. (My First Bilingual Book Ser.). (ENG., Illus.). 20p. (J). (— 1). bds. 8.99 *(978-1-78508-981-7(1))* Milet Publishing.

My First Bilingual Book-Gratitude (English-Vietnamese), 1 vol. Patricia Billings. 2021. (My First Bilingual Book Ser.). (ENG., Illus.). 20p. (J). (— 1). bds. 8.99 *(978-1-78508-982-4(X))* Milet Publishing.

My First Bilingual Book-Love (English-Arabic), 1 vol. Milet Publishing. 2018. (My First Bilingual Book Ser.). (ENG & ARA., Illus.). 24p. (J). (— 1). bds. 8.99 *(978-1-78508-875-9(0))* Milet Publishing.

My First Bilingual Book-Love (English-Bengali), 1 vol. Milet Publishing. 2018. (My First Bilingual Book Ser.). (ENG & BEN., Illus.). 24p. (J). (— 1). bds. 8.99 *(978-1-78508-876-6(9))* Milet Publishing.

My First Bilingual Book-Love (English-Chinese), 1 vol. Milet Publishing. 2018. (My First Bilingual Book Ser.). (ENG & CHI., Illus.). 24p. (J). (— 1). bds. 8.99 *(978-1-78508-877-3(7))* Milet Publishing.

My First Bilingual Book-Love (English-Farsi), 1 vol. Milet Publishing. 2018. (My First Bilingual Book Ser.). (ENG., Illus.). 24p. (J). (— 1). bds. 8.99 *(978-1-78508-878-0(5))* Milet Publishing.

My First Bilingual Book-Love (English-French), 1 vol. Milet Publishing. 2018. (My First Bilingual Book Ser.). (ENG & FRE., Illus.). 24p. (J). (— 1). bds. 8.99 *(978-1-78508-879-7(3))* Milet Publishing.

My First Bilingual Book-Love (English-German), 1 vol. Milet Publishing. 2018. (My First Bilingual Book Ser.). (ENG & GER., Illus.). 24p. (J). (— 1). bds. 8.99 *(978-1-78508-880-3(7))* Milet Publishing.

My First Bilingual Book-Love (English-Italian), 1 vol. Milet Publishing. 2018. (My First Bilingual Book Ser.). (ENG & ITA., Illus.). 24p. (J). (— 1). bds. 8.99 *(978-1-78508-897-1(1))* Milet Publishing.

My First Bilingual Book-Love (English-Japanese), 1 vol. Milet Publishing. 2018. (My First Bilingual Book Ser.). (ENG & JPN., Illus.). 24p. (J). (— 1). bds. 8.99 *(978-1-78508-898-8(X))* Milet Publishing.

My First Bilingual Book-Love (English-Korean), 1 vol. Milet Publishing. 2018. (My First Bilingual Book Ser.). (ENG.). 24p. (J). (— 1). bds. 8.99 *(978-1-78508-899-5(8))* Milet Publishing.

My First Bilingual Book-Love (English-Polish), 1 vol. Milet Publishing. 2018. (My First Bilingual Book Ser.). (ENG & POR., Illus.). 24p. (J). (— 1). bds. 8.99 *(978-1-78508-900-8(5))* Milet Publishing.

My First Bilingual Book-Love (English-Portuguese), 1 vol. Milet Publishing. 2018. (My First Bilingual Book Ser.). (ENG & POR., Illus.). 24p. (J). (— 1). bds. 8.99 *(978-1-78508-901-5(3))* Milet Publishing.

My First Bilingual Book-Love (English-Russian), 1 vol. Milet Publishing. 2018. (My First Bilingual Book Ser.). (ENG & RUS., Illus.). 24p. (J). (— 1). bds. 8.99 *(978-1-78508-902-2(1))* Milet Publishing.

My First Bilingual Book-Love (English-Somali), 1 vol. Milet Publishing. 2018. (My First Bilingual Book Ser.). (ENG., Illus.). 24p. (J). (— 1). bds. 8.99 *(978-1-78508-903-9(X))* Milet Publishing.

My First Bilingual Book-Love (English-Spanish), 1 vol. Milet Publishing. 2018. (My First Bilingual Book Ser.). (ENG & SPA., Illus.). 24p. (J). (— 1). bds. 8.99 *(978-1-78508-904-6(8))* Milet Publishing.

My First Bilingual Book-Love (English-Turkish), 1 vol. Milet Publishing. 2018. (My First Bilingual Book Ser.). (ENG., Illus.). 24p. (J). (— 1). bds. 8.99 *(978-1-78508-905-3(6))* Milet Publishing.

My First Bilingual Book-Love (English-Urdu), 1 vol. Milet Publishing. 2018. (My First Bilingual Book Ser.). (ENG., Illus.). 24p. (J). (— 1). bds. 8.99 *(978-1-78508-906-0(4))* Milet Publishing.

My First Bilingual Book-Love (English-Vietnamese), 1 vol. Milet Publishing. 2018. (My First Bilingual Book Ser.). (ENG., Illus.). 24p. (J). (— 1). bds. 8.99 *(978-1-78508-907-7(2))* Milet Publishing.

My First Bilingual Book-Sharing (English-Arabic), 72 vols. Milet Publishing. 2018. (My First Bilingual Book Ser.). (ENG & ARA., Illus.). 24p. (J). (— 1). bds. 8.99 *(978-1-78508-909-1(9))* Milet Publishing.

My First Bilingual Book-Sharing (English-Bengali), 1 vol. Milet Publishing. 2018. (My First Bilingual Book Ser.). (ENG & BEN., Illus.). 24p. (J). (— 1). bds. 8.99 *(978-1-78508-910-7(2))* Milet Publishing.

My First Bilingual Book-Sharing (English-Chinese), 1 vol. Milet Publishing. 2018. (My First Bilingual Book Ser.). (ENG & CHI., Illus.). 24p. (J). (— 1). bds. 8.99 *(978-1-78508-911-4(0))* Milet Publishing.

My First Bilingual Book-Sharing (English-Farsi), 72 vols. Milet Publishing. 2018. (My First Bilingual Book Ser.). (ENG., Illus.). 24p. (J). (— 1). bds. 8.99 *(978-1-78508-912-1(9))* Milet Publishing.

My First Bilingual Book-Sharing (English-French), 1 vol. Milet Publishing. 2018. (My First Bilingual Book Ser.). (ENG & FRE., Illus.). 24p. (J). (— 1). bds. 8.99 *(978-1-78508-913-8(7))* Milet Publishing.

My First Bilingual Book-Sharing (English-German), 1 vol. Milet Publishing. 2018. (My First Bilingual Book Ser.). (ENG & GER., Illus.). 24p. (J). (— 1). bds. 8.99 *(978-1-78508-914-5(5))* Milet Publishing.

My First Bilingual Book-Sharing (English-Italian), 1 vol. Milet Publishing. 2018. (My First Bilingual Book Ser.). (ENG & ITA., Illus.). 24p. (J). (— 1). bds. 8.99 *(978-1-78508-915-2(3))* Milet Publishing.

My First Bilingual Book-Sharing (English-Japanese), 1 vol. Milet Publishing. 2018. (My First Bilingual Book Ser.). (ENG & JPN., Illus.). 24p. (J). (— 1). bds. 8.99 *(978-1-78508-916-9(1))* Milet Publishing.

My First Bilingual Book-Sharing (English-Korean), 72 vols. Milet Publishing. 2018. (My First Bilingual Book Ser.). (ENG., Illus.). 24p. (J). (— 1). bds. 8.99 *(978-1-78508-917-6(X))* Milet Publishing.

My First Bilingual Book-Sharing (English-Polish), 1 vol. Milet Publishing. 2018. (My First Bilingual Book Ser.). (ENG & POR., Illus.). 24p. (J). (gr. -1 — 1). bds. 8.99 *(978-1-78508-918-3(8))* Milet Publishing.

My First Bilingual Book-Sharing (English-Portuguese), 1 vol. Milet Publishing. 2018. (My First Bilingual Book Ser.). (ENG & POR., Illus.). 24p. (J). (— 1). bds. 8.99 *(978-1-78508-919-0(6))* Milet Publishing.

My First Bilingual Book-Sharing (English-Russian), 1 vol. Milet Publishing. 2018. (My First Bilingual Book Ser.). (ENG & RUS., Illus.). 24p. (J). (— 1). bds. 8.99 *(978-1-78508-920-6(X))* Milet Publishing.

My First Bilingual Book-Sharing (English-Somali), 1 vol. Milet Publishing. 2018. (My First Bilingual Book Ser.). (ENG., Illus.). 24p. (J). (— 1). bds. 8.99 *(978-1-78508-921-3(8))* Milet Publishing.

My First Bilingual Book-Sharing (English-Spanish), 1 vol. Milet Publishing. 2018. (My First Bilingual Book Ser.). (ENG & SPA., Illus.). 24p. (J). (— 1). bds. 8.99 *(978-1-78508-922-0(6))* Milet Publishing.

My First Bilingual Book-Sharing (English-Turkish), 1 vol. Milet Publishing. 2018. (My First Bilingual Book Ser.). (ENG., Illus.). 24p. (J). (— 1). bds. 8.99 *(978-1-78508-923-7(4))* Milet Publishing.

My First Bilingual Book-Sharing (English-Urdu), 1 vol. Milet Publishing. 2018. (My First Bilingual Book Ser.). (ENG., Illus.). 24p. (J). (— 1). bds. 8.99 *(978-1-78508-924-4(2))* Milet Publishing.

My First Bilingual Book-Sharing (English-Vietnamese), 72 vols. Milet Publishing. 2018. (My First Bilingual Book Ser.). (ENG., Illus.). 24p. (J). (— 1). bds. 8.99 *(978-1-78508-925-1(0))* Milet Publishing.

My First Bilingual Colors. DK. ed. 2019. (My First Board Bks.).Tr. of Los Colores. (Illus.). 36p. (J). (— 1). bds. 6.99 *(978-1-4654-8837-4(5)*, DK Children) Dorling Kindersley Publishing, Inc.

My First Bilingual Day & Night. DK. ed. 2021. (My First Board Bks.).Tr. of My First Bilingual el Dia y la Noche. (Illus.). 36p. (J). (— 1). bds. 6.99 *(978-0-7440-4027-2(2)*, DK Children) Dorling Kindersley Publishing, Inc.

My First Bilingual Dinosaurs. DK. ed. 2021. (My First Board Bks.).Tr. of Los Dinosaurio. (Illus.). 36p. (J). (— 1). bds. 6.99 *(978-0-7440-4861-2(3)*, DK Children) Dorling Kindersley Publishing, Inc.

My First Bilingual el Dia y la Noche see My First Bilingual Day & Night

My First Bilingual Farm. DK. ed. 2021. (My First Board Bks.).Tr. of My First Bilingual la Granja. (Illus.). 36p. (J). (— 1). bds. 6.99 *(978-0-7440-4028-9(0)*, DK Children) Dorling Kindersley Publishing, Inc.

My First Bilingual la Granja see My First Bilingual Farm

My First Bilingual la Hora de Jugar see My First Bilingual Playtime

My First Bilingual Las Formas see My First Bilingual Shapes

My First Bilingual Pets. DK. ed. 2022. (My First Ser.).Tr. of Mi Primer Mascotas Bilingüe. (Illus.). 36p. (J). (— 1). bds. 6.99 *(978-0-7440-5954-0(2)*, DK Children) Dorling Kindersley Publishing, Inc.

My First Bilingual Playtime. DK. ed. 2021. (My First Board Bks.).Tr. of My First Bilingual la Hora de Jugar. (Illus.). 36p. (J). (— 1). bds. 6.99 *(978-0-7440-4029-6(9)*, DK Children) Dorling Kindersley Publishing, Inc.

My First Bilingual Shapes. DK. ed. 2020. (My First Board Bks.).Tr. of My First Bilingual Las Formas. (Illus.). 36p. (J). (— 1). bds. 6.99 *(978-0-7440-2702-0(0)*, DK Children) Dorling Kindersley Publishing, Inc.

My First Bilingual Tractors. DK. ed. 2022. (My First Ser.).Tr. of Mi Primer Tractor Bilingüe. (Illus.). 36p. (J). (— 1). bds. 6.99 *(978-0-7440-5953-3(4)*, DK Children) Dorling Kindersley Publishing, Inc.

My First Bilingual Trucks. DK. ed. 2021. (My First Board Bks.).Tr. of Los Camiones. (Illus.). 36p. (J). (— 1). bds. 6.99 *(978-0-7440-4860-5(5)*, DK Children) Dorling Kindersley Publishing, Inc.

My First Bilingual Words. DK. ed. 2020. (My First Board Bks.).Tr. of My First Words. 36p. (J). (— 1). bds. 6.99 *(978-1-4654-9688-1(2)*, DK Children) Dorling Kindersley Publishing, Inc.

My First Bingo: Home. Illus. by Niniwanted. 2021. (ENG.). (J). (gr. -1-2). 14.99 *(978-1-78627-954-5(1)*, King, Laurence Publishing) Orion Publishing Group, Ltd. GBR. Dist: Hachette Bk. Group.

My First Bingo: School. Illus. by Niniwanted. 2021. (ENG.). (J). (gr. -1-2). 14.99 *(978-1-78627-957-6(6)*, King, Laurence Publishing) Orion Publishing Group, Ltd. GBR. Dist: Hachette Bk. Group.

My First Bird, 1 vol. Joan Stoltman. 2017. (Let's Get a Pet! Ser.). (ENG.). 24p. (J). (gr. 1-2). pap. 9.15 *(978-1-4824-6437-5(3)*, d80f1d2e-0fb9-49a1-9f46-8b09bd063f63) Stevens, Gareth Publishing LLLP.

My First Birthday. Editor. 2017. (ENG., Illus.). 20p. (J). (gr. -1 — 1). bds. 6.99 *(978-0-8249-1999-3(8))* Worthy Publishing.

My First Board Book: a Day at the Beach. Donovan Bixley. 2022. (My First Board Book Ser.). (ENG., Illus.). 24p. (J). (gr. -1-k). bds. 13.99 *(978-1-86971-365-2(6))* Hachette New Zealand NZL. Dist: Hachette Bk. Group.

My First Board Book: a Day at the Zoo. Donovan Bixley. 2022. (My First Board Book Ser.). (ENG., Illus.). 24p. (J). (gr. -1-k). bds. 13.99 *(978-1-86971-366-9(4))* Hachette New Zealand NZL. Dist: Hachette Bk. Group.

My First Board Book: Animals. Donovan Bixley. 2022. (My First Board Book Ser.). (ENG., Illus.). 24p. (J). (gr. -1-k). bds. 13.99 *(978-1-86971-343-0(5))* Hachette New Zealand NZL. Dist: Hachette Bk. Group.

My First Board Book: Colours. Donovan Bixley. 2023. (My First Board Book Ser.). (ENG., Illus.). 24p. (J). (gr. -1-k). bds. 13.99 *(978-1-86971-344-7(3))* Hachette Australia AUS. Dist: Hachette Bk. Group.

My First Board Book: Shapes. Donovan Bixley. 2022. (My First Board Book Ser.). (ENG., Illus.). 24p. (J). (gr. -1-k). bds. 13.99 *(978-1-86971-347-8(8))* Hachette New Zealand NZL. Dist: Hachette Bk. Group.

My First Board Book: Things That Go! Donovan Bixley. 2022. (My First Board Book Ser.). (ENG., Illus.). 24p. (J). (gr. -1-k). bds. 13.99 *(978-1-86971-348-5(6))* Hachette New Zealand NZL. Dist: Hachette Bk. Group.

My First Body. DK. 2016. (My First Board Bks.). (ENG., Illus.). 36p. (J). (— 1). bds. 6.99 *(978-1-4654-4492-9(0)*, DK Children) Dorling Kindersley Publishing, Inc.

My First Body Board Book see Mi Primer Libro Del Cuerpo/My First Body Board Book

My First Body Map - Anatomy for Kids Workbook Children's Anatomy Books. Baby Professor. 2017. (ENG., Illus.). (J). pap. 8.79 *(978-1-5419-4038-3(5)*, Baby Professor (Education Kids)) Speedy Publishing LLC.

My First Body Part Coloring Book. Smarter Activity Books for Kids. 2016. (ENG., Illus.). (J). pap. 9.22 *(978-1-68374-018-6(1))* Examined Solutions PTE. Ltd.

My First Book. Jane Belk Moncure. Illus. by Rebecca Thornburgh. 2018. (Jane Belk Moncure's Sound Box Bks.). (ENG.). 32p. (J). (gr. -1-2). 35.64 *(978-1-5038-2302-0(4)*, 212157) Child's World, Inc, The.

My First Book about Allah. Sara Khan. Illus. by Alison Lodge. 2020. 24p. (J). bds. 9.95 *(978-0-86037-708-5(3))* Islamic Foundation, Ltd. GBR. Dist: Consortium Bk. Sales & Distribution.

My First Book about Backyard Nature: Ecology for Kids! Patricia J. Wynne. 2016. (Dover Science for Kids Coloring Bks.). (ENG., Illus.). 48p. (J). (gr. 3-6). pap. 5.99 *(978-0-486-80949-6(8)*, 809498) Dover Pubns., Inc.

My First Book about Bugs. Patricia J. Wynne & Donald M. Silver. 2023. (Dover Science for Kids Coloring Bks.). (ENG., Illus.). 48p. (J). (gr. 3-6). pap. 5.99 *(978-0-486-85028-3(5)*, 850285) Dover Pubns., Inc.

My First Book about Chemistry. Patricia J. Wynne & Donald M. Silver. 2020. (Dover Science for Kids Coloring Bks.). (ENG.). 48p. (J). (gr. 3-6). 5.99 *(978-0-486-83758-1(0)*, 837580) Dover Pubns., Inc.

My First Book about Dinosaurs. Patricia J. Wynne & Donald M. Silver. 2021. (Dover Science for Kids Coloring Bks.). (ENG.). 48p. (J). (gr. 3-6). pap. 5.99 *(978-0-486-84556-2(7)*, 845567) Dover Pubns., Inc.

My First Book about Hajj. Sara Khan. Illus. by Ali Lodge. 2022. 24p. (J). bds. 9.95 *(978-0-86037-881-5(0))* Kube Publishing Ltd. GBR. Dist: Consortium Bk. Sales & Distribution.

My First Book about Physics. Patricia J. Wynne & Donald M. Silver. 2019. (Dover Science for Kids Coloring Bks.). (ENG.). 48p. (J). (gr. 3-6). pap. 5.99 *(978-0-486-82614-1(7)*, 826147) Dover Pubns., Inc.

My First Book about Prophet Muhammad: Teachings for Toddlers & Young Children. Sara Khan. Illus. by Alison Lodge. 2020. (ENG.). 26p. (J). (gr. -1-k). bds. 9.95 *(978-0-86037-702-3(4))* Islamic Foundation, Ltd. GBR. Dist: Consortium Bk. Sales & Distribution.

My First Book about Ramadan. Sara Khan. Illus. by Alison Lodge. 2nd ed. 2021. 26p. (J). (gr. -1-k). 9.95 *(978-0-86037-830-3(6))* Kube Publishing Ltd. GBR. Dist: Consortium Bk. Sales & Distribution.

My First Book about Salah. Sara Khan. Illus. by Ali Lodge. 2023. (My First Book About Ser.). 26p. (J). bds. 9.95 *(978-0-86037-852-5(7))* Kube Publishing Ltd. GBR. Dist: Consortium Bk. Sales & Distribution.

My First Book about the Five Senses. Patricia J. Wynne. 2017. (Dover Science for Kids Coloring Bks.). (ENG., Illus.). 48p. (J). (gr. 3-6). pap. 5.99 *(978-0-486-81748-4(2)*, 817482) Dover Pubns., Inc.

My First Book about the Oceans. Patricia J. Wynne & Donald M. Silver. 2018. (Dover Science for Kids Coloring Bks.). (ENG.). 48p. (gr. 3-6). pap. 5.99 *(978-0-486-82171-9(4)*, 821714) Dover Pubns., Inc.

My First Book about the Qur'an. Sara Khan. Illus. by Alison Lodge. 2017. 26p. (J). (gr. -1-k). bds. 9.95 *(978-0-86037-618-7(4))* Kube Publishing Ltd. GBR. Dist: Consortium Bk. Sales & Distribution.

My First Book about Weather. Patricia J. Wynne & Donald M. Silver. 2016. (Dover Science for Kids Coloring Bks.). (ENG.). 48p. (J). (gr. 3-6). pap. 5.99 *(978-0-486-79872-1(0)*, 798720) Dover Pubns., Inc.

My First Book of ABC: First Board Book. Wonder House Books. 2018. (My First Book Of Ser.). (ENG.). 22p. (J). (— 1). bds. 1.99 ***(978-93-86538-38-3(5))*** Prakash Bk. Depot IND. Dist: Independent Pubs. Group.

My First Book of about Me: First Board Book. Wonder House Books. 2018. (My First Book Of Ser.). (ENG.). 22p. (J). (— 1). bds. 1.99 ***(978-93-86538-46-8(6))*** Prakash Bk. Depot IND. Dist: Independent Pubs. Group.

My First Book of Animal Hugs & Kisses (National Wildlife Federation) National Wildlife Federation. 2016. (Illus.). 22p. (J). (— 1). bds. 6.95 *(978-1-62354-061-6(5))* Charlesbridge Publishing, Inc.

My First Book of Animal Opposites (National Wildlife Federation) National Wildlife Federation. 2016. (Illus.). 22p. (J). (— 1). bds. 6.95 *(978-1-62354-062-3(3))* Charlesbridge Publishing, Inc.

My First Book of Animals. Monica Harris. (Active Minds: My First Reference Bks.). (ENG.). 96p. (J). 2021. (gr. -1-2). 15.59 *(978-1-64996-052-8(2)*, 10888); 2019. 12.99 *(978-1-64269-066-8(X)*, 3991) Phoenix International Publications, Inc. (Sequoia Publishing & Media LLC).

1402 The check digit for ISBN-10 appears in parentheses after the full ISBN-13

My First Book of Animals: Softcover Active Minds Reference Series. Monica Harris. 2019. (ENG.). 96p. (J). pap. 5.99 *(978-1-64269-111-5(9)*, 4009, Sequoia Publishing & Media LLC) Phoenix International Publications, Inc.
My First Book of Animals; Ang Aking Unang Aklat Ng Mga Hayop. Jennifer G. Suzara-Cheng. 2020. (ENG.). 20p. (J). (gr. k-6). pap. 10.00 *(978-1-0878-7873-7(X))* Indy Pub.
My First Book of Baby Animals: First Board Book. Wonder House Books. 2018. (My First Book Of Ser.). (ENG.). 22p. (J). (— 1). bds. 1.99 ***(978-93-86538-39-0(3))*** Prakash Bk. Depot IND. Dist: Independent Pubs. Group.
My First Book of Baseball: a Rookie Book. 2023. 48p. (J). (gr. k-2). 14.99 ***(978-1-63727-502-3(1)**,* Sports Illustrated Books) Time Inc. Bks.
My First Book of Basketball: A Rookie Book. 2023. 48p. (J). (-1). 14.99 ***(978-1-63727-527-6(7)**,* Sports Illustrated Books) Time Inc. Bks.
My First Book of Beards. Robyn Wall. Illus. by Lydia Nichols. 2022. (My Cool Family Ser.). 22p. (J). (— 1). bds. 8.99 *(978-0-593-48193-6(3)*, Doubleday Bks. for Young Readers) Random Hse. Children's Bks.
My First Book of Bible Stories. Lori C. Froeb. 2022. (ENG., Illus.). 72p. (J). (gr. -1-3). 10.99 *(978-0-7944-4872-1(0)*, Studio Fun International) Printers Row Publishing Group.
My First Book of Birds: First Board Book. Wonder House Books. 2018. (My First Book Of Ser.). (ENG.). 22p. (J). (— 1). bds. 1.99 ***(978-93-86538-47-5(4))*** Prakash Bk. Depot IND. Dist: Independent Pubs. Group.
My First Book of Canadian Birds. Andrea Miller. Illus. by Angela Doak. 2022. (ENG.). 32p. (J). pap. 11.95 ***(978-1-77471-087-6(0)**,* 55c57db0-0307-4631-8b3a-1dc432584020) Nimbus Publishing, Ltd. CAN. Dist: Baker & Taylor Publisher Services (BTPS).
My First Book of Cars: Colorful Pictures of All Types of Cars. Javier. Sanz. 2023. (ENG.). 32p. (J). pap. 9.99 ***(978-1-0880-9694-9(8))*** Indy Pub.
My First Book of Cats: All about Furry Felines for Kids. Morgan Grassi. 2023. (My First Book Of Ser.). (ENG.). 68p. (J). pap. 7.99 Callisto Media Inc.
My First Book of Chinese Words: An ABC Rhyming Book of Chinese Language & Culture. Faye-Lynn Wu. Illus. by Aya Padron. 2017. (My First Words Ser.). 32p. (J). (gr. -1-3). 10.95 *(978-0-8048-4941-8(2))* Tuttle Publishing.
My First Book of Colors. Scholastic Early Learners Staff. 2016. (Scholastic Early Learners Ser.). (ENG.). 14p. (J). (gr. -1 — 1). bds. 6.99 *(978-0-545-90341-7(6))* Scholastic, Inc.
My First Book of Colors & Shapes/Ang Aking Unang Aklat Ng Mga Kulay at Hugis. Jennifer Suzara-Cheng. 2020. (ENG.). 20p. (J). pap. 10.00 *(978-1-0879-1379-7(9))* Indy Pub.
My First Book of Colors: Scholastic Early Learners (My First) Scholastic. 2021. (Scholastic Early Learners Ser.). (ENG., Illus.). 14p. (J). (gr. -1 — 1). 6.99 *(978-1-338-77035-3(7)*, Cartwheel Bks.) Scholastic, Inc.
My First Book of Colours: First Board Book. Wonder House Books. 2018. (My First Book Of Ser.). (ENG.). 22p. (J). (— 1). bds. 1.99 ***(978-93-86538-48-2(2))*** Prakash Bk. Depot IND. Dist: Independent Pubs. Group.
My First Book of Comparisons: How the World Measures Up. Clive Gifford. Illus. by Ana Seixas. 2020. (ENG.). 48p. (J). (gr. k-2). 16.99 *(978-1-78240-935-9(1)*, 327277, Ivy Kids) Ivy Group, The GBR. Dist: Hachette UK Distribution.
My First Book of Dinosaur Comparisons: From Heights & Weights to Fossils & Funny Features: See How the Dinosaurs Measured Up! Sara Hurst. Illus. by Ana Seixas. 2021. (ENG.). 48p. (J). (gr. k-2). 16.99 ***(978-0-7112-6075-7(3)**,* Happy Yak) Quarto Publishing Group UK GBR. Dist: Hachette Bk. Group.
My First Book of Dreams. Pooja Sekhon. 2022. (ENG.). 32p. (J). *(978-1-0391-1318-3(4))*; pap. *(978-1-0391-1317-6(6))* FriesenPress.
My First Book of Electromagnetism. Sheddad Kaid-Salah Ferron. Illus. by Eduard Altarriba. 2023. (My First Book of Science Ser.). (ENG.). 48p. (J). 17.99 *(978-1-78708-124-6(9))* Button Bks. GBR. Dist: Publishers Group West (PGW).
My First Book of Ewww! Squirmy Stinky Slimy Stuff That's Real! Jake McFarland. 2020. (ENG.). 16p. (J). 9.99 *(978-1-64269-256-3(5)*, 4069, Sequoia Publishing & Media LLC) Phoenix International Publications, Inc.
My First Book of Farm Animals & Pets: First Board Book. Wonder House Books. 2018. (My First Book Of Ser.). (ENG.). 22p. (J). (— 1). bds. 4.99 ***(978-93-86538-54-3(7))*** Prakash Bk. Depot IND. Dist: Independent Pubs. Group.
My First Book of Feelings: A Lift the Flap Book. Trace Moroney. 2020. (ENG.). 10p. (J). (-k). bds. 14.99 *(978-1-76068-472-3(4))* Bonnier Publishing GBR. Dist: Independent Pubs. Group.
My First Book of Feminism (for Boys) Julie Merberg. Illus. by Michéle Brummer Everett. 2018. (ENG.). 20p. (J). bds. 10.99 *(978-1-941367-62-9(3))* Downtown Bookworks.
My First Book of Flowers: First Board Book. Wonder House Books. 2018. (My First Book Of Ser.). (ENG.). 22p. (J). (— 1). bds. 1.99 ***(978-93-86538-41-3(5))*** Prakash Bk. Depot IND. Dist: Independent Pubs. Group.
My First Book of Food: First Board Book. Wonder House Books. 2018. (My First Book Of Ser.). (ENG.). 22p. (J). (— 1). bds. 1.99 ***(978-93-86538-49-9(0))*** Prakash Bk. Depot IND. Dist: Independent Pubs. Group.
My First Book of Football: a Rookie Book. 2023. 48p. (J). (-1). 14.99 ***(978-1-63727-505-4(6)**,* Sports Illustrated Books) Time Inc. Bks.
My First Book of Fruit. Fred Wolter. 2023. (ENG.). 20p. (J). (— 1). bds. 8.99 *(978-1-914912-42-9(X))* Boxer Bks., Ltd. GBR. Dist: Sterling Publishing Co., Inc.
My First Book of Fruits: First Board Book. Wonder House Books. 2018. (My First Book Of Ser.). (ENG.). 22p. (J). (— 1). bds. 1.99 ***(978-93-86538-50-5(4))*** Prakash Bk. Depot IND. Dist: Independent Pubs. Group.
My First Book of GAA. Photos by Joe Butler. 2018. (First Steps Ser.). (ENG., Illus.). 18p. 14.00 *(978-1-78849-063-4(0))* O'Brien Pr., Ltd., The IRL. Dist: Casemate Pubs. & Bk. Distributors, LLC.
My First Book of Haiku Poems: A Picture, a Poem & a Dream; Classic Poems by Japanese Haiku Masters (Bilingual English & Japanese Text) Esperanza Ramirez-Christensen. Illus. by Tracy Gallup. 2019. 48p. (J). (gr. k-4). 16.99 *(978-4-8053-1515-6(6))* Tuttle Publishing.
My First Book of Hindi Words: An ABC Rhyming Book of Hindi Language & Indian Culture. Rina Singh. Illus. by Farida Zaman. 2021. 32p. (J). (gr. -1-3). 10.99 *(978-0-8048-5013-1(5))* Tuttle Publishing.
My First Book of Hockey. Sports Illustrated for Kids Editors. 2016. (ENG., Illus.). 48p. (J). (gr. -1-1). 14.99 *(978-1-61893-177-1(6))* Sports Illustrated For Kids.
My First Book of Indonesian Words: An ABC Rhyming Book of Indonesian Language & Culture. Linda Hibbs. Illus. by Julia Laud. 2020. (My First Words Ser.). (ENG.). 32p. (J). (gr. -1-3). 10.99 *(978-0-8048-5311-8(8))* Tuttle Publishing.
My First Book of Japanese Words: An ABC Rhyming Book of Japanese Language & Culture. Michelle Haney Brown. Illus. by Aya Padron. 2017. (My First Words Ser.). 32p. (J). (gr. -1-3). 10.95 *(978-0-8048-4953-1(6))* Tuttle Publishing.
My First Book of Jungle Animals. Claire Philip. Illus. by Jean Claude. 2019. (Arcturus My First Ser.). (ENG.). 48p. (J). 9.99 *(978-1-78950-029-5(X)*, 1763fbe4-8312-4f4e-88a1-4dd178ab198b) Arcturus Publishing GBR. Dist: Baker & Taylor Publisher Services (BTPS).
My First Book of Korean Words: An ABC Rhyming Book of Korean Language & Culture. Kyubyong Park & Henry J. Amen. Illus. by Aya Padron. 2017. (My First Words Ser.). 32p. (J). (gr. -1-3). 10.95 *(978-0-8048-4940-1(4))* Tuttle Publishing.
My First Book of Lacrosse: A Rookie Book (a Sports Illustrated Kids Book) The Editors The Editors of Sports Illustrated Kids. 2018. (Illus.). 48p. (J). (gr. -1-1). 11.99 *(978-1-68330-078-6(5))* Sports Illustrated For Kids.
My First Book of London. Ingela P. Arrhenius. Illus. by Ingela P. Arrhenius. 2020. (ENG.). 32p. (J). (gr. -1-2). 18.99 *(978-1-5362-0991-4(0))* Candlewick Pr.
My First Book of Magic. Dolores Ashcroft-Nowicki. 2019. (ENG., Illus.). 212p. (J). pap. *(978-1-912241-10-1(2))* Megalithica Bks.
My First Book of Mindfulness: Enhance Your Child's Social Emotional Health Through Mindfulness, Art & Home Experiments. Sunita Rai. 2022. (Illus.). 72p. (gr. 2-8). pap. 15.95 *(978-981-4893-81-7(1))* Marshall Cavendish International (Asia) Private Ltd. SGP. Dist: Independent Pubs. Group.
My First Book of Motorcycles: Colorful Illustrations of All Types of Motorcycles. Javier. Sanz. 2023. (My First Book Of Ser.). (ENG.). 34p. (J). pap. 9.99 ***(978-1-0881-0425-5(8))*** Indy Pub.
My First Book of Musical Instruments: Saxophones, Ukuleles, Clarinets, Bongos & More - Baby & Toddler Color Books. Baby Professor. 2017. (ENG., Illus.). (J). pap. 7.89 *(978-1-68326-640-2(4)*, Baby Professor (Education Kids)) Speedy Publishing LLC.
My First Book of My Body: Discover How Your Body Works with 35 Fun Projects & Experiments. Susan Akass & Frances Butcher. 2017. (ENG., Illus.). 128p. (J). pap. 14.95 *(978-1-78249-531-4(2)*, 1782495312, Cico Kidz) Ryland Peters & Small GBR. Dist: WIPRO.
My First Book of Nature (Set), 12 vols. 2018. (My First Book of Nature Ser.). (ENG.). 24p. (gr. 2-2). lib. bdg. 157.62 *(978-1-5081-9676-1(1)*, d2820782-6faa-4ce6-bc72-acd805e831d9, Windmill Bks.) Rosen Publishing Group, Inc., The.
My First Book of New York. Ingela P. Arrhenius. Illus. by Ingela P. Arrhenius. 2019. (ENG., Illus.). 32p. (J). (gr. -1-2). 18.99 *(978-1-5362-0990-7(2))* Candlewick Pr.
My First Book of Numbers: First Board Book. Wonder House Books. 2018. (My First Book Of Ser.). (ENG.). 22p. (J). (— 1). bds. 1.99 ***(978-93-86538-42-0(3))*** Prakash Bk. Depot IND. Dist: Independent Pubs. Group.
My First Book of Ocean Creatures: Learn about Jellyfish, Sharks, Deep Sea Creatures, & More with Fun Facts! Contrib. by Sandy Creek (Firm) Staff. 2016. (Illus.). 51p. (J). *(978-1-4351-6406-2(7))* Barnes & Noble, Inc.
My First Book of Opposites: First Board Book. Wonder House Books. 2018. (My First Book Of Ser.). (ENG.). 22p. (J). (— 1). bds. 1.99 ***(978-93-86538-43-7(1))*** Prakash Bk. Depot IND. Dist: Independent Pubs. Group.
My First Book of Paris. Ingela P. Arrhenius. Illus. by Ingela P. Arrhenius. 2021. (ENG.). 32p. (J). (gr. -1-2). 18.99 *(978-1-5362-1518-2(X))* Candlewick Pr.
My First Book of Patterns Capital Letters: Write & Practice Patterns & Capital Letters a to Z. Wonder House Books. 2018. (My First Book Of Ser.). (ENG.). 48p. (J). (gr. -1-k). pap. 4.99 ***(978-93-87779-28-0(9))*** Prakash Bk. Depot IND. Dist: Independent Pubs. Group.
My First Book of Patterns Numbers 1 To 20: Write & Practice Patterns & Numbers 1 To 20. Wonder House Books. 2018. (My First Book Of Ser.). (ENG.). 48p. (J). (gr. -1-k). pap. 4.99 ***(978-93-87779-30-3(0))*** Prakash Bk. Depot IND. Dist: Independent Pubs. Group.
My First Book of Patterns Pencil Control. Wonder House Books. 2018. (My First Book Of Ser.). (ENG.). 48p. (J). (gr. -1-k). 4.99 ***(978-93-87779-31-0(9))*** Prakash Bk. Depot IND. Dist: Independent Pubs. Group.
My First Book of Patterns Small Letters: Write & Practice Patterns & Small Letters a to Z. Wonder House Books. 2018. (My First Book Of Ser.). (ENG.). 48p. (J). (gr. -1-k). pap. 4.99 ***(978-93-87779-29-7(7))*** Prakash Bk. Depot IND. Dist: Independent Pubs. Group.
My First Book of Pencil Control Book. Wonder House Books. 2023. (SPA.). 48p. (J). (-k). pap. 4.99 ***(978-93-5440-111-4(2))*** Prakash Bk. Depot IND. Dist: Independent Pubs. Group.
My First Book of People at Work: First Board Book. Wonder House Books. 2018. (My First Book Of Ser.). (ENG.). 22p. (J). (— 1). bds. 1.99 ***(978-93-86538-57-4(1))*** Prakash Bk. Depot IND. Dist: Independent Pubs. Group.
My First Book of Pets: Learn about Dogs, Cats, Lizards, & More with Fun Facts! Contrib. by Sandy Creek (Firm) Staff. 2016. (Illus.). 51p. (J). *(978-1-4351-6527-4(6))* Barnes & Noble, Inc.
My First Book of Pictures Drawing Activity Book. Activity Book Zone for Kids. 2016. (ENG., Illus.). (J). pap. 9.20 *(978-1-68376-032-0(8))* Sabeels Publishing.
My First Book of Planes, Trains, & Cars. Marilee Joy Mayfield. 2016. (Illus.). 51p. (J). *(978-1-4351-6528-1(4))* Barnes & Noble, Inc.
My First Book of Poems. Miss Angel. 2017. (ENG., Illus.). (J). pap. 20.00 *(978-1-365-74126-5(5))* Lulu Pr., Inc.
My First Book of Prayers. WorthyKids. Illus. by Gillian Flint. 2018. (ENG.). 20p. (J). (gr. -1-k). bds. 6.99 *(978-0-8249-1683-1(2))* Worthy Publishing.
My First Book of Psalms. Susan Jones. 2018. (ENG., Illus.). 64p. (J). (gr. -1-2). pap. 12.99 *(978-1-68099-321-9(6)*, Good Bks.) Skyhorse Publishing Co., Inc.
My First Book of Sea Animals: First Board Book. Wonder House Books. 2018. (My First Book Of Ser.). (ENG.). 22p. (J). (— 1). bds. 1.99 ***(978-93-86538-44-4(X))*** Prakash Bk. Depot IND. Dist: Independent Pubs. Group.
My First Book of Shapes: First Board Book. Wonder House Books. 2018. (My First Book Of Ser.). (ENG.). 22p. (J). (— 1). bds. 1.99 ***(978-93-86538-55-0(5))*** Prakash Bk. Depot IND. Dist: Independent Pubs. Group.
My First Book of Shapes / Mi Primer Libro de Figuras: Scholastic Early Learners (Bilingual) Scholastic. 2017. (Scholastic Early Learners Ser.). (SPA & ENG.). 14p. (J). (gr. -1 — 1). 6.99 *(978-1-338-18710-6(4)*, Cartwheel Bks.) Scholastic, Inc.
My First Book of Shapes: Scholastic Early Learners (My First) Scholastic. 2017. (Scholastic Early Learners Ser.). (ENG.). 14p. (J). (gr. -1 — 1). bds. 6.99 *(978-1-338-16151-9(2)*, Cartwheel Bks.) Scholastic, Inc.
My First Book of Sharks: Learn about Great Whites, Hammerheads, Goblin Sharks, & More with Fun Facts! Contrib. by Sandy Creek (Firm) Staff. 2016. (Illus.). 51p. (J). *(978-1-4351-6321-8(4))* Barnes & Noble, Inc.
My First Book of Soccer: Mostly Everything Explained about the Game. Sports Illustrated for Kids Editors. 2017. (ENG., Illus.). 48p. (J). (gr. -1-1). 11.99 *(978-1-68330-002-1(5))* Sports Illustrated For Kids.
My First Book of Space. Claire Philip. 2019. (ENG.). 48p. (J). 9.99 *(978-1-78950-028-8(1)*, 6a2ece70-3d5e-46b8-9e64-6406126ff08b) Arcturus Publishing GBR. Dist: Baker & Taylor Publisher Services (BTPS).
My First Book of Tagalog Words: An ABC Rhyming Book of Filipino Language & Culture. Liana Romulo. Illus. by Jaime Laurel. 2018. (My First Words Ser.). 32p. (J). (gr. -1-3). 10.99 *(978-0-8048-5014-8(3))* Tuttle Publishing.
My First Book of Tattoos. Robyn Wall. Illus. by Lydia Nichols. 2022. (My Cool Family Ser.). 22p. (J). (— 1). bds. 8.99 *(978-0-593-48195-0(X)*, Doubleday Bks. for Young Readers) Random Hse. Children's Bks.
My First Book of Things at Home: First Board Book. Wonder House Books. 2018. (My First Book Of Ser.). (ENG.). 22p. (J). (— 1). bds. 1.99 ***(978-93-86538-51-2(2))*** Prakash Bk. Depot IND. Dist: Independent Pubs. Group.
My First Book of Transport: First Board Book. Wonder House Books. 2018. (My First Book Of Ser.). (ENG.). 22p. (J). (— 1). bds. 1.99 ***(978-93-86538-52-9(0))*** Prakash Bk. Depot IND. Dist: Independent Pubs. Group.
My First Book of United States Monuments & Parks. Marilee Joy Mayfield. 2017. (Illus.). 51p. (J). *(978-1-4351-6637-0(X))* Barnes & Noble, Inc.
My First Book of Vegetables: First Board Book. Wonder House Books. 2018. (My First Book Of Ser.). (ENG.). 22p. (J). (— 1). bds. 1.99 ***(978-93-86538-53-6(9))*** Prakash Bk. Depot IND. Dist: Independent Pubs. Group.
My First Book of Veggies. Fred Wolter. 2023. (ENG.). 20p. (J). (— 1). bds. 8.99 *(978-1-914912-40-5(3))* Boxer Bks., Ltd. GBR. Dist: Sterling Publishing Co., Inc.
My First Book of Vietnamese Words: An ABC Rhyming Book of Vietnamese Language & Culture. Phuoc Thi Minh Tran. Illus. by Dong Nguyen & Hop Thi Nguyen. 2017. (My First Words Ser.). 32p. (J). (gr. -1-3). 10.95 *(978-0-8048-4907-4(2))* Tuttle Publishing.
My First Book of What Is This? Real Stuff You Will Never, Ever Use! Jake McFarland. 2020. (ENG.). 16p. (J). 9.99 *(978-1-64269-257-0(3)*, 4070, Sequoia Publishing & Media LLC) Phoenix International Publications, Inc.
My First Book of Wild Animals: First Board Book. Wonder House Books. 2018. (My First Book Of Ser.). (ENG.). 22p. (J). (— 1). bds. 1.99 ***(978-93-86538-56-7(3))*** Prakash Bk. Depot IND. Dist: Independent Pubs. Group.
My First Book of Wild Animals: Learn about Zebras, Elephants, Pandas, & More with Fun Facts! Contrib. by Sandy Creek (Firm) Staff. 2016. (Illus.). 51p. (J). *(978-1-4351-6322-5(2))* Barnes & Noble, Inc.
My First Book of World Religions. Emma Matteo. 2023. (ENG.). 24p. (J). 17.99 *(978-1-0881-0173-5(9))* Indy Pub.
My First Books: Welcome, Baby! Three Stimulating Books in One Box: Bath Book, Cloth Book, Stroller Book. Illus. by Annie Sechao. 2022. (Boxed Sets Ser.). 22p. (J). (— 1). 19.99 *(978-2-89802-370-5(1)*, CrackBoom! Bks.) Chouette Publishing CAN. Dist: Publishers Group West (PGW).
My First Box of Bible Stories: Tales from the Old & New Testament Retold in Six Charming Boardbooks, 6 vols. Jan Lewis. 2018. (Illus.). 72p. (J). (gr. -1-12). bds. 14.99 *(978-1-86147-854-2(2)*, Armadillo) Anness Publishing GBR. Dist: National Bk. Network.
My First Box of Books: 1 2 3 Colours Animals, 3 vols. Illus. by Anne Wilson. 2016. 72p. (J). (gr. -1-2). bds. 9.99 *(978-1-86147-416-2(4)*, Armadillo) Anness Publishing GBR. Dist: National Bk. Network.
My First Brain Quest 123s: A Question-And-Answer Book, Volume 2. Workman Publishing. 2023. (Brain Quest Board Bks.: 2). (ENG., Illus.). 22p. (J). (gr. -1 — 1). bds. 8.99 *(978-1-5235-0381-0(5)*, 100381) Workman Publishing Co., Inc.
My First Brain Quest ABCs: A Question-And-Answer Book, Volume 1. Workman Publishing. 2023. (Brain Quest Board Bks.: 1). (ENG., Illus.). 26p. (J). (gr. -1 — 1). bds. 8.99 *(978-1-5235-1412-0(4)*, 101412) Workman Publishing Co., Inc.
My First Brain Quest Colors: A Question-And-Answer Book, Volume 3. Workman Publishing. 2023. (Brain Quest Board Bks.: 3). (ENG., Illus.). 20p. (J). (gr. -1 — 1). bds. 8.99 *(978-1-5235-1596-7(1)*, 101596) Workman Publishing Co., Inc.
My First Brain Quest: Feelings: A Question-And-Answer Book. Workman Publishing. 2023. (Brain Quest Board Bks.: 7). (ENG.). 20p. (J). (gr. -1 — 1). bds. 8.99 ***(978-1-5235-1111-2(7))*** Workman Publishing Co., Inc.
My First Brain Quest First Words: Around the Home: A Question-And-Answer Book, Volume 5. Workman Publishing. 2023. (Brain Quest Board Bks.: 5). (ENG., Illus.). 20p. (J). (gr. -1 — 1). bds. 10.99 *(978-1-5235-0380-3(7)*, 100380) Workman Publishing Co., Inc.
My First Brain Quest First Words: Community Helpers: A Question-And-Answer Book. Workman Publishing. 2023. (Brain Quest Board Bks.: 9). (ENG.). 20p. (J). (gr. -1 — 1). bds. 10.99 ***(978-1-5235-1981-1(9))*** Workman Publishing Co., Inc.
My First Brain Quest First Words: Science Around Us: A Question-And-Answer Book, Volume 6. Workman Publishing. 2023. (Brain Quest Board Bks.: 6). (ENG., Illus.). 20p. (J). (gr. -1 — 1). bds. 10.99 *(978-1-5235-1598-1(8)*, 101598) Workman Publishing Co., Inc.
My First Brain Quest: Opposites: A Question-And-Answer Book. Workman Publishing. 2023. (Brain Quest Board Bks.: 8). (ENG.). 20p. (J). (gr. -1 — 1). bds. 8.99 ***(978-1-5235-1112-9(5))*** Workman Publishing Co., Inc.
My First Brain Quest Shapes: A Question-And-Answer Book, Volume 4. Workman Publishing. 2023. (Brain Quest Board Bks.: 4). (ENG., Illus.). 20p. (J). (gr. -1 — 1). bds. 8.99 *(978-1-5235-1597-4(X)*, 101597) Workman Publishing Co., Inc.
My First Bunny, 1 vol. Joan Stoltman. 2017. (Let's Get a Pet! Ser.). (ENG.). 24p. (J). (gr. 1-2). pap. 9.15 *(978-1-4824-6441-2(1)*, 24341616-e4bd-400e-a669-825d527f4080) Stevens, Gareth Publishing LLLP.
My First Business Book. Tony Paez. 2019. (ENG.). 38p. (J). pap. *(978-0-359-51698-8(X))* Lulu Pr., Inc.
My First Busy World. Eric Carle. Illus. by Eric Carle. 2019. (World of Eric Carle Ser.). (ENG., Illus.). 12p. (J). (gr. -1). bds. 14.99 *(978-1-5344-4391-4(6)*, Little Simon) Little Simon.
My First Campout: Get Ready for the Great Outdoors with This Interactive Board Book! Editors of Applesauce Press. 2022. (ENG., Illus.). 16p. (J). bds. 29.95 *(978-1-64643-300-1(9)*, Applesauce Pr.) Cider Mill Pr. Bk. Pubs., LLC.
My First Card-Making Book: 35 Easy-To-make Cards for Every Occasion for Children Aged 7+ Compiled by CICO Kidz. 2017. (ENG., Illus.). 112p. (J). (gr. 7-11). pap. 14.95 *(978-1-78249-445-4(6)*, 1782494456, CICO Books) Ryland Peters & Small GBR. Dist: WIPRO.
My First Cariboo Hunt (Classic Reprint) Unknown Author. 2017. (ENG., Illus.). (J). 34p. 24.60 *(978-0-484-18715-2(5))*; pap. 7.97 *(978-0-259-75143-4(X))* Forgotten Bks.
My First Cat, 1 vol. Joan Stoltman. 2017. (Let's Get a Pet! Ser.). (ENG.). 24p. (J). (gr. 1-2). pap. 9.15 *(978-1-4824-6445-0(4)*, 03debabb-aea7-4283-9100-8a0f4b98f02d) Stevens, Gareth Publishing LLLP.
My First Cat Book: Simple & Fun Ways to Care for Your Feline Friend for Kids Aged 7+ Angela Herlihy. 2016. (ENG., Illus.). 128p. (J). (gr. 7-11). pap. 14.95 *(978-1-78249-380-8(8)*, 1782493808, CICO Books) Ryland Peters & Small GBR. Dist: WIPRO.
My First Chess Book IR. Katie Daynes. 2019. (Chess Ser.). (ENG.). 40ppp. (J). 8.99 *(978-0-7945-4429-4(0)*, Usborne) EDC Publishing.
My First Christmas. Ideals Editors. 2016. (ENG., Illus.). 20p. (J). (gr. -1 — 1). bds. 5.99 *(978-0-8249-1979-5(3)*, Worthy Kids/Ideals) Worthy Publishing.
My First Christmas Coloring Book for Toddlers: Amazing Children's Christmas Gift -Easy & Cute Coloring Pages with Santa Claus, Reindeer, Snowmen & More! Adil Daisy. 2020. (ENG.). 68p. (J). pap. 12.99 *(978-1-716-42007-8(5))* Lulu Pr., Inc.
My First Christmas Copy Coloring Book: Helps Develop Advanced Skills Coordination. Justine Avery. 2021. (ENG.). 26p. (J). pap. 6.95 *(978-1-63882-260-8(3))* Suteki Creative.
My First Christmas Prayers. Make Believe Ideas. Illus. by Dawn Machell. 2018. (ENG.). 40p. (J). (— 1). bds. 8.99 *(978-1-78843-251-1(7))* Make Believe Ideas GBR. Dist: Scholastic, Inc.
My First Codes & Puzzles Little Busy Book. School Zone. 2016. (ENG.). 48p. (J). (gr. 1-3). pap. 3.49 *(978-1-60159-311-5(2)*, aa0fc4ee-14a8-47d9-a3e1-4182a3c5c8ae) School Zone Publishing Co.
My First Coding Book. Kiki Prottsman. 2017. (My First Board Bks.). (ENG., Illus.). 24p. (J). (gr. k-2). bds. 15.99 *(978-1-4654-5973-2(1)*, DK Children) Dorling Kindersley Publishing, Inc.
My First Color by Numbers & Shapes: Over 50 Fantastic Puzzles. Moira Butterfield. Illus. by Anna Clariana Muntada. 2018. (My First Activity Bks.). (ENG.). 64p. (J). (gr. -1-2). pap. 5.99 *(978-1-4380-1143-1(1))* Sourcebooks, Inc.
My First Coloring Adventure Little Busy Book. School Zone. 2019. (ENG.). 48p. (J). (gr. -1-k). pap. 3.49 *(978-1-60159-661-1(8)*, 1c5d0e57-d1ea-4760-bee0-b0f94c91bd17) School Zone Publishing Co.
My First Coloring & Drawing Book. Sandra Ure Griffin. 2020. (ENG.). 58p. (J). pap. *(978-1-716-44265-0(6))* Lulu Pr., Inc.
My First Coloring Book: Activity Coloring Book for Children & Toddlers. Pixie Publishing House. 2023. (ENG.). 55p. (J). pap. ***(978-1-312-73207-0(5))*** Lulu Pr., Inc.
My First Coloring Book: Animals. Created by Inc. Peter Pauper Press. 2020. (Toddler Time! Ser.). (ENG., Illus.). 72p. (J). pap. 5.99 *(978-1-4413-3202-8(2)*, bd667c00-8e43-478b-9f5d-23507a7e7d89) Peter Pauper Pr. Inc.
My First Coloring Book Animals: Fun Adorable Cute Little Animals - 30 Beautiful Illustrations to Color. All Ages, Boys & Girls, Little Kids, Preschool, Kindergarten &

Elementary. Jasmine Taylor. 2021. (ENG.). 65p. (J). pap. *(978-1-7947-9787-1(4))* Lulu Pr., Inc.

My First Coloring Book Dinosaurs: Fun Adorable Cute Little Dinosaurs - 30 Beautiful Illustrations to Color. All Ages, Boys & Girls, Little Kids, Preschool, Kindergarten & Elementary. Jasmine Taylor. 2021. (ENG.). 65p. (J). pap. *(978-1-7947-9735-2(1))* Lulu Pr., Inc.

My First Coloring Book (for Kids Ages 2 - 4) Katherine Young. 2023. (ENG.). 106p. (J). pap. 7.95 *(978-0-9754334-1-6(5))* Torkavian, Devin.

My First Coloring Book: Numbers & Shapes. Created by Inc. Peter Pauper Press. 2020. (Toddler Time! Ser.). (ENG., Illus.). 72p. (J). pap. 5.99 *(978-1-4413-3196-0(4),* f432479f-33c9-4c96-ba3b-77e0ff740c67) Peter Pauper Pr. Inc.

My First Coloring Book! on the Farm. Illus. by Martha Zschock. 2022. (ENG.). 35p. (J). 5.99 *(978-1-4413-3991-1(4),* e02c99d6-80b5-4ef9-97f7-8ad3cd21c50c) Peter Pauper Pr. Inc.

My First Coloring Book/Ang Aking Unang Pangkulay Na Aklat. Jennifer Suzara-Cheng. Illus. by Fer Basbas. 2020. (ENG.). 20p. (J). pap. 7.99 *(978-1-7356110-8-2(5))* Indy Pub.

My First Colors: Felt Book. IglooBooks. Illus. by Gareth Williams. 2020. (ENG.). 12p. (J). (-k). bds. 8.99 *(978-1-83903-759-7(8))* Igloo Bks. GBR. Dist: Simon & Schuster, Inc.

My First Colors: Learn about Our Colorful World. Editors of Happy Fox Books. 2023. (ENG., Illus.). 28p. (J). bds. 9.99 *(978-1-64124-299-8(X),* 2998) Fox Chapel Publishing Co., Inc.

My First Colors: Let's Learn Them All. DK. 2023. (My First Tabbed Board Book Ser.). (ENG.). 28p. (J). (— 1). bds. 12.99 *(978-0-7440-8264-7(1),* DK Children) Dorling Kindersley Publishing, Inc.

My First Colors: With Touch & Feel on Every Page. IglooBooks. 2019. (ENG.). 12p. (J). (-k). bds. 7.99 *(978-1-83852-537-8(8))* Igloo Bks. GBR. Dist: Simon & Schuster, Inc.

My First Colors Book: Illustrated. Ed. by Johannah Gilman Paiva. 2017. (ENG.). 20p. (J). (gr. -1-1). bds. *(978-1-4867-1253-3(3))* Flowerpot Children's Pr. Inc.

My First Colors in English & Spanish: Bilingual Board Book. IglooBooks. 2022. (ENG.). 10p. (J). (— 1). bds., bds. 8.99 *(978-1-80108-792-6(X))* Igloo Bks. GBR. Dist: Simon & Schuster, Inc.

My First Communion: A Keepsake Book. Precious Moments & Jamie Calloway-Hanauer. 2018. 72p. (J). (gr. 2-4). 14.99 *(978-1-4926-5673-9(9),* Sourcebooks Jabberwocky) Sourcebooks, Inc.

My First Communion Bible. Mary Martha Moss. Illus. by Augusta Currel. 2018. (ENG.). 128p. (J). pap. 19.95 *(978-0-8198-4965-6(0))* Pauline Bks. & Media.

My First Communion Journal. Jerry Windley-Daoust. 2019. (ENG.). 48p. (J). 12.95 *(978-1-68192-503-5(6))* Our Sunday Visitor, Publishing Div.

My First Complete Learning Library: Boxset of 20 Board Books Gift Set for Kids (Horizontal Design) Wonder House Books. 2019. (ENG.). 440p. (J). (— 1). 39.99 *(978-93-88369-88-6(2))* Prakash Bk. Depot IND. Dist: Independent Pubs. Group.

My First Computer Coding Book Using ScratchJr IR. Rosie Dickins. 2019. (Coding for Beginners Ser.). (ENG.). 48ppp. (J). 14.99 *(978-0-7945-4395-2(2),* Usborne) EDC Publishing.

My First Connect the Dots Activity Book. Activibooks For Kids. 2016. (ENG., Illus.). (J). pap. 7.55 *(978-1-68321-552-3(4))* Mimaxion.

My First Cookbook: Fun Recipes to Cook Together ... with As Much Mixing, Rolling, Scrunching, & Squishing As Possible! Ed. by America's Test America's Test Kitchen Kids. 2020. (ENG., Illus.). 192p. (J). (gr. k-3). 21.99 *(978-1-948703-22-2(X),* America's Test Ktichen Kids) America's Test Kitchen.

My First Cookie & Cake Decorating Book: 35 Techniques & Recipes for Children Aged 7-Plus. 2017. (ENG., Illus.). 128p. pap. 14.95 *(978-1-78249-492-8(8),* 1782494928, Cico Kidz) Ryland Peters & Small GBR. Dist: WIPRO.

My First Copy & Color. Make Believe Ideas. Illus. by Charly Lane. 2017. (ENG.). 56p. (J). (gr. -1-7). pap. 6.99 *(978-1-78598-952-0(9))* Make Believe Ideas GBR. Dist: Scholastic, Inc.

My First Counting Book: Barnyard Animals: Counting 1 To 10. Editors of Applesauce Press. 2021. (My First Counting Book Ser.). (ENG., Illus.). 24p. (J). (gr. -1-1). bds. 8.95 *(978-1-64643-114-4(6),* Applesauce Pr.) Cider Mill Pr. Bk. Pubs., LLC.

My First Counting Book: Illustrated. Johannah Gilman Paiva. 2017. (ENG.). 20p. (J). (gr. k-1). bds. *(978-1-4867-1252-6(5))* Flowerpot Children's Pr. Inc.

My First Cousin or Myself (Classic Reprint) Annie E. Barnard. 2017. (ENG., Illus.). (J). 25.75 *(978-0-260-56254-8(8))* Forgotten Bks.

My First Crosswords Little Busy Book. School Zone. 2019. (ENG.). 48p. (J). (gr. 1-2). pap. 3.49 *(978-1-60159-663-5(4),* 7a473c28-864b-4aa5-bee4-5d0d91b3350b) School Zone Publishing Co.

My First Curious George 3-Book Box Set: My First Curious George, Curious George: My First Bike, Curious George: My First Kite. H. A. Rey. 2022. (My First Curious George Ser.). (ENG., Illus.). 72p. (J). (gr. -1 — 1). 17.99 *(978-0-358-71368-5(4),* Clarion Bks.) HarperCollins Pubs.

My First Curious George Padded Board Book. H. A. Rey & Margret Rey. 2019. (My First Curious George Ser.). (ENG., Illus.). 24p. (J). (— 1). bds. 8.99 *(978-0-358-16339-8(0),* 1756271, Clarion Bks.) HarperCollins Pubs.

My First Day. Phùng Nguyên Quang & Huynh Kim Liên. 2021. (Illus.). 40p. (J). (gr. -1-3). 18.99 *(978-0-593-30626-0(0),* Make Me a World) Random Hse. Children's Bks.

My First Day at School. Thomas Kingsley Troupe. Illus. by Kat Uno. 2019. (School Rules Ser.). (ENG.). 24p. (J). (gr. k-2). pap. 8.95 *(978-1-5158-4062-6(X),* 140056, Picture Window Bks.) Capstone.

My First Day of First Grade. Louise Martin. Illus. by Denise Hughes. 2023. (My First Day Of Ser.). (ENG.). 40p. (J). (gr. k-2). 10.99 *(978-1-7282-6525-4(8))* Sourcebooks, Inc.

My First Day of Kindergarten. Louise Martin. Illus. by Joanne Partis. 2023. (My First Day Of Ser.). (ENG.). 40p. (J). (gr. -1-2). 10.99 *(978-1-7282-6522-3(3))* Sourcebooks, Inc.

My First Day of Preschool. Louise Martin. Illus. by Joanne Partis. 2023. (My First Day Of Ser.). (ENG.). 40p. (J). (gr. -1-1). 10.99 *(978-1-7282-6519-3(3))* Sourcebooks, Inc.

My First Day of School. Michelle Medlock Adams. 2017. (ENG., Illus.). 20p. (J). (gr. -1-1). bds. 7.99 *(978-0-8249-1657-2(3))* Worthy Publishing.

My First Day of School. Diana Cison. 2020. (ENG., Illus.). 32p. (J). *(978-1-64750-069-6(9));* pap. *(978-1-64750-070-2(2))* Austin Macauley Pubs. Ltd.

My First Day of School. Laura Gates Galvin. Illus. by Kay Widdowson. 2023. (Tender Moments Ser.). (ENG.). 20p. (J). bds. 9.99 *(978-1-63854-179-0(5))* Kidsbooks, LLC.

My First Day of School. Alyssa Satine Capucilli. ed. 2019. (Ready-To-Read Ser.). (ENG.). 32p. (J). (gr. k-1). 13.96 *(978-0-87617-590-3(6))* Penworthy Co., LLC, The.

My First Day of School: Padded Board Book. IglooBooks. 2018. (ENG.). 26p. (J). (-k). bds. 8.99 *(978-1-4998-8154-7(1))* Igloo Bks. GBR. Dist: Simon & Schuster, Inc.

My First Day of School: Ready-To-Read Pre-Level 1. Alyssa Satin Capucilli. Photos by Jill Wachter. 2019. (My First Ser.). (ENG., Illus.). 32p. (J). (gr. -1-k). 17.99 *(978-1-5344-2845-4(3));* pap. 4.99 *(978-1-5344-2844-7(5))* Simon Spotlight. (Simon Spotlight).

My First Day of School Dot to Dot Activity Book. Activibooks For Kids. 2016. (ENG., Illus.). (J). pap. 7.55 *(978-1-68321-553-0(2))* Mimaxion.

My First Diary: A Fun Daily Journal for Children to Log Their Day & Practice Gratitude. Dubreck World Publishing. 2021. (ENG.). 110p. (J). pap. *(978-1-291-68884-9(6))* Lulu Pr., Inc.

My First Dictionary. Ed. by Angela Crawley. 2019. (Kingfisher First Reference Ser.). (ENG.). 144p. (J). pap. 10.99 *(978-0-7534-7479-2(4),* 900196730, Kingfisher) Roaring Brook Pr.

My First Dictionary. Susan Miller. Illus. by Ted Williams. 2021. (Active Minds: My First Reference Bks.). (ENG.). 96p. (J). (gr. -1-2). 15.59 *(978-1-64996-053-5(0),* 10889, Sequoia Publishing & Media LLC) Phoenix International Publications, Inc.

My First Dictionary Things That Go: Over 100 First Vehicles & Fun Pictures. IglooBooks. 2023. (ENG.). 12p. (J). (gr. -1 — 1). bds. 8.99 *(978-1-83903-721-4(0))* Igloo Bks. GBR. Dist: Simon & Schuster, Inc.

My First Dino-Baseball. Lisa Wheeler. Illus. by Barry Gott. 2022. (Dino Board Bks.). (ENG.). 12p. (J). (gr. -1 — 1). bds. 7.99 *(978-1-7284-4614-1(7),* df038a0e-4499-4162-baf8-5505e47e9b45, Carolrhoda Bks.) Lerner Publishing Group.

My First Dino-Christmas. Lisa Wheeler. Illus. by Barry Gott. 2023. (Dino Board Bks.). (ENG.). 12p. (J). (gr. -1 — 1). bds. 7.99 *(978-1-7284-4619-6(8),* bef34d86-1c4d-4617-a373-e2a8289c6964, Carolrhoda Bks.) Lerner Publishing Group.

My First Dino-Halloween. Lisa Wheeler. Illus. by Barry Gott. 2023. (Dino Board Bks.). (ENG.). 12p. (J). (gr. -1 — 1). bds. 7.99 *(978-1-7284-7741-1(7),* 18458a88-35f4-4321-8a81-7663fdb29cb3, Carolrhoda Bks.) Lerner Publishing Group.

My First Dino-Hockey. Lisa Wheeler. Illus. by Barry Gott. 2022. (Dino Board Bks.). (ENG.). 12p. (J). (gr. -1 — 1). bds. 7.99 *(978-1-7284-4616-5(3),* 41c5283c-c5e2-4e23-bec8-f722545eabce, Carolrhoda Bks.) Lerner Publishing Group.

My First Dino-Racing. Lisa Wheeler. Illus. by Barry Gott. 2023. (Dino Board Bks.). (ENG.). 12p. (J). (gr. -1 — 1). bds. 7.99 *(978-1-7284-4620-2(1),* 818fc20c-3ac7-47ce-aea3-d909734892ba, Carolrhoda Bks.) Lerner Publishing Group.

My First Dino-Soccer. Lisa Wheeler. Illus. by Barry Gott. 2022. (Dino Board Bks.). (ENG.). 12p. (J). (gr. -1 — 1). bds. 7.99 *(978-1-7284-4615-8(5),* 3206f0ff-e809-4ec1-951b-7c9c2d7af07b, Carolrhoda Bks.) Lerner Publishing Group.

My First Dino-Wrestling. Lisa Wheeler. Illus. by Barry Gott. 2023. (Dino Board Bks.). (ENG.). 12p. (J). (gr. -1 — 1). bds. 7.99 *(978-1-7284-7740-4(9),* 8e7b137a-1b99-4bd8-9c5c-cf9bb27142b2, Carolrhoda Bks.) Lerner Publishing Group.

My First Dinosaur Atlas: Roar Around the World with the Mightiest Beasts Ever! (Dinosaur Books for Kids, Prehistoric Reference Book) Penny Arlon. Illus. by Paul Daviz. 2022. (ENG.). 32p. (J). 18.99 *(978-1-68188-799-9(1))* Weldon Owen, Inc.

My First Dinosaur Dig: Let's Go Fossil Hunting! Applesauce Press Staff. 2023. (ENG.). 14p. (J). bds. 29.99 *(978-1-64643-404-6(8),* Applesauce Pr.) Cider Mill Pr. Bk. Pubs., LLC.

My First Dinosaur Flash Cards. DK. 2021. (My First Board Bks.). (ENG.). 54p. (J). (-k). 12.99 *(978-0-7440-3941-2(X),* DK Children) Dorling Kindersley Publishing, Inc.

My First Dinosaurs: A Cloth Book with First Dinosaur Words. Happy Yak. Illus. by Margaux Carpentier. 2022. (Tiny Cloth Bks.). (ENG.). 10p. (gr. -1). *(978-0-7112-7522-5(X))* White Lion Publishing.

My First Discoveries - Birds. Ren'e Mettler. 2018. (VIE.). (J). *(978-604-77-3724-6(2))* Thegioi Publishing Hse.

My First Discoveries - Boats. Christian Broutin. 2018. (VIE.). (J). *(978-604-77-3727-7(7))* Thegioi Publishing Hse.

My First Discoveries - Cats. Henri Galeron. 2018. (VIE.). (J). *(978-604-77-3726-0(9))* Thegioi Publishing Hse.

My First Discoveries - Flowers. Ren'e Mettler. 2018. (VIE.). (J). *(978-604-77-3725-3(0))* Thegioi Publishing Hse.

My First Discoveries - Fruits. Pierre-Marie Valat. 2018. (VIE.). (J). *(978-604-77-3729-1(3))* Thegioi Publishing Hse.

My First Discoveries - the Egg. Ren'e Mettler. 2018. (VIE.). (J). *(978-604-77-3722-2(6))* Thegioi Publishing Hse.

My First Discoveries - the Farm. Sylvaine Peyrols. 2018. (VIE.). (J). *(978-604-77-3728-4(5))* Thegioi Publishing Hse.

My First Discoveries -Cars. Sophie Kniffke. 2018. (VIE.). (J). *(978-604-77-3723-9(4))* Thegioi Publishing Hse.

My First Discoveries -Dinosaurs. James Prunier. 2018. (VIE.). (J). *(978-604-77-3730-7(7))* Thegioi Publishing Hse.

My First Disney Bunnies Bedtime Storybook. Disney Books. 2020. (My First Bedtime Storybook Ser.). (Illus.). 12p. (J). (gr. -1-k). 10.99 *(978-1-368-05269-6(X),* Disney Press Books) Disney Publishing Worldwide.

My First Disney Christmas Bedtime Storybook. Disney Books. 2020. (My First Bedtime Storybook Ser.). (ENG.). 72p. (J). (gr. -1-k). 10.99 *(978-1-368-05270-2(3),* Disney Press Books) Disney Publishing Worldwide.

My First Disney Classics: a Christmas Carol. Disney Books. 2023. (ENG.). 24p. (J). (— 1). bds. 6.99 *(978-1-368-09002-5(8),* Disney Press Books) Disney Publishing Worldwide.

My First Disney Classics Bedtime Storybook. Disney Books. 2018. (My First Bedtime Storybook Ser.). (ENG., Illus.). 72p. (J). (gr. -1-k). 10.99 *(978-1-368-02810-3(1),* Disney Press Books) Disney Publishing Worldwide.

My First Disney Classics: the Legend of Sleepy Hollow. Disney Books. 2023. (ENG.). 24p. (J). (— 1). bds. 6.99 *(978-1-368-09003-2(6),* Disney Press Books) Disney Publishing Worldwide.

My First Disney Cuddle Bedtime Storybook. Disney Books. 2020. (My First Bedtime Storybook Ser.). (ENG.). 72p. (J). (gr. -1-k). 10.99 *(978-1-368-05539-0(7),* Disney Press Books) Disney Publishing Worldwide.

My First Dog, 1 vol. Joan Stoltman. 2017. (Let's Get a Pet! Ser.). (ENG.). 24p. (J). (gr. 1-2). pap. 9.15 *(978-1-4824-6449-8(7),* 98095814-eaf8-49b5-a9ee-00c20ddaa56b) Stevens, Gareth Publishing LLLP.

My First Dot-To-Dot: Over 50 Fantastic Puzzles. Illus. by Sonia Baretti & Maria Neradova. 2017. (My First Activity Bks.). (ENG.). 64p. (J). (gr. -1-2). pap. 8.99 *(978-1-4380-1002-1(8))* Sourcebooks, Inc.

My First Dot to Dot Activity Book: Baby Animals. Illus. by Hazel Quintanilla. 2022. (My First Dot to Dot Ser.). (ENG.). 64p. (J). (gr. -1-2). pap. 8.99 *(978-1-7282-6066-2(3))* Sourcebooks, Inc.

My First Dot to Dot Activity Book for Kids 2+ Adil Daisy. 2020. (ENG., Illus.). 52p. (J). pap. 9.99 *(978-1-716-32461-1(0))* Lulu Pr., Inc.

My First Dot-To-Dots. School Zone Staff. 2019. (ENG.). 48p. (J). (gr. -1-k). pap. 3.49 *(978-1-60159-246-0(9),* 4c933749-1158-4705-a72c-69190a279aba) School Zone Publishing Co.

My First Dragon Dance - Chinese New Year Coloring Book Children's Chinese New Year Books. Speedy Kids. 2017. (ENG., Illus.). (J). pap. 8.45 *(978-1-5419-4730-6(4))* Speedy Publishing LLC.

My First Drawings. Tamara Fonteyn. 2016. (Magic Pictures Ser.). (ENG.). (J). pap. 4.00 *(978-1-62321-074-8(7))* Tommye-music Corp. DBA Tom eMusic.

My First Drumming Book IR. Sam Taplin. 2018. (My First Musical Books* Ser.). (ENG.). 18p. (J). 24.99 *(978-0-7945-4202-3(6),* Usborne) EDC Publishing.

My First Easter Storybook. Laura Richie. Illus. by Ian Dale. 2022. (Bible Storybook Ser.). (ENG.). 14p. (J). (— 1). bds. 8.99 *(978-0-8307-8415-8(2),* 152859) Cook, David C.

My First Emoji Feelings. Contrib. by Weldon Owen Inc Staff & Weldon Owen Inc Staff. 2016. (Illus.). (J). *(978-1-4351-6433-8(4))* Barnes & Noble, Inc.

My First Emoji Words. Contrib. by Weldon Owen Inc. Staff. 2016. (Illus.). (J). *(978-1-4351-6435-2(0))* Barnes & Noble, Inc.

My First Emojis: What's Emoji? Melissa Kay Moore. 2020. (ENG.). 38p. (J). pap. 14.95 *(978-1-64654-108-9(1))* Fulton Bks.

My First Emojis Tm: Where's Emoji? Melissa Kay Moore. 2019. (ENG.). 34p. (J). 25.95 *(978-1-4808-7944-7(4));* pap. 16.95 *(978-1-4808-7943-0(6))* Archway Publishing.

My First Encyclopedia of Animals. Editors of Kingfisher. 2020. (Kingfisher First Reference Ser.). (ENG.). 144p. (J). pap. 14.99 *(978-0-7534-7542-3(1),* 900211382, Kingfisher) Roaring Brook Pr.

My First Encyclopedia of Fish: A Great Big Book of Amazing Aquatic Creatures to Discover. Richard McGinlay. 2017. (Illus.). 24p. (J). (gr. -1-12). pap. 7.99 *(978-1-86147-824-5(0),* Armadillo) Anness Publishing GBR. Dist: National Bk. Network.

My First Encyclopedia of How? Sophie Lamoureux. 2017. (My First Encyclopedias Ser.). (ENG., Illus.). 68p. (J). (gr. -1-2). spiral bd. 23.99 *(978-1-85103-448-2(X))* Moonlight Publishing, Ltd. GBR. Dist: Independent Pubs. Group.

My First Encyclopedia of How? Sophie Lamoureux. 2018. (VIE., Illus.). (J). (gr. -1-2). *(978-604-77-3945-5(8))* Thegioi Publishing Hse.

My First Encyclopedia of Trees: A Great Big Book of Amazing Plants to Discover. Richard McGinlay. 2017. (Illus.). 24p. (J). (gr. -1-12). pap. 7.99 *(978-1-86147-825-2(9),* Armadillo) Anness Publishing GBR. Dist: National Bk. Network.

My First Encyclopedia of Why? Sophie Lamoureux. 2018. (VIE., Illus.). (J). (gr. -1-2). *(978-604-77-3946-2(6))* Thegioi Publishing Hse.

My First Encylopedia of Animals: A First Encyclopedia with Supersize Pictures. Matt Bugler. 2016. (Illus.). 24p. (J). (gr. -1-4). pap. 7.99 *(978-1-86147-822-1(4),* Armadillo) Anness Publishing GBR. Dist: National Bk. Network.

My First Encylopedia of Birds: A First Encyclopedia with Supersize Pictures. Matt Bugler. 2016. (Illus.). 24p. (J). (gr. -1-12). pap. 7.99 *(978-1-86147-821-4(6),* Armadillo) Anness Publishing GBR. Dist: National Bk. Network.

My First Encylopedia of British Wildlife: Mammals, Birds, Fish, Bugs, Flowers, Trees. Richard McGinlay. 2020. (ENG., Illus.). 24p. (J). (gr. -1-12). pap. 7.99 *(978-1-86147-849-8(6),* Armadillo) Anness Publishing GBR. Dist: National Bk. Network.

My First Encylopedia of Bugs: A Great Big Book of Amazing Creatures to Discover. Matt Bugler. 2016. (Illus.). 24p. (J). (gr. -1-4). pap. 7.99 *(978-1-86147-823-8(2),* Armadillo) Anness Publishing GBR. Dist: National Bk. Network.

My First Encylopedia of Dinosaurs: A First Encyclopedia with Supersize Pictures. Matt Bugler. 2016. (Illus.). 24p. (J). (gr. -1-12). pap. 7.99 *(978-1-86147-820-7(8),* Armadillo) Anness Publishing GBR. Dist: National Bk. Network.

My First Encyclopedia of the Rainforest: A Great Big Book of Amazing Animals & Plants. Richard McGinlay. 2018. (Illus.). 24p. (J). (gr. -1-12). pap. 7.99 *(978-1-86147-848-1(8),* Armadillo) Anness Publishing GBR. Dist: National Bk. Network.

My First English - Español Learning Library (Mi Primea English - Español Learning Library) Boxset of 10 English - Spanish Board Books. Wonder House Books. 2018. (SPA.). 220p. (J). (-k). 24.99 *(978-93-89567-65-6(3))* Prakash Bk. Depot IND. Dist: Independent Pubs. Group.

My First English-Spanish Library. Mandy Stanley. 2018. (ENG., Illus.). 60p. (J). 29.99 *(978-0-7534-7467-9(0),* 900197795, Kingfisher) Roaring Brook Pr.

My First Everyday Words in Cantonese & English: With Jyutping Pronunciation. Karen Yee. (Cantonese for Kids Ser.). (ENG, YUE & CHI., 30p. (J). 2017. Illus.). pap. 12.99 *(978-0-9992730-3-6(5),* Green Cows Bks.); 2021. 15.99 *(978-1-955188-05-0(X))* K Yee.

My First Falltime Copy Coloring Book: Helps Develop Advanced Skills Coordination. Justine Avery. 2021. (ENG.). 26p. (J). pap. 6.95 *(978-1-63882-256-1(5))* Suteki Creative.

My First Farm. DK. 2016. (My First Board Bks.). (ENG., Illus.). 36p. (J). (— 1). bds. 6.99 *(978-1-4654-4487-5(4),* DK Children) Dorling Kindersley Publishing, Inc.

My First Farm Animals: A Cloth Book with First Animal Words. Happy Yak. Illus. by Margaux Carpentier. 2022. (Tiny Cloth Bks.). (ENG.). 10p. (gr. -1). *(978-0-7112-7524-9(6))* White Lion Publishing.

My First Farm: Let's Get Working! DK. 2022. (My First Tabbed Board Book Ser.). (ENG.). 28p. (J). (— 1). bds. 12.99 *(978-0-7440-5843-7(0),* DK Children) Dorling Kindersley Publishing, Inc.

My First Farm Stories. Samantha Sweeney et al. Illus. by Rebecca Harry. 2018. (ENG.). 44p. (J). (gr. -1-k). bds. 9.99 *(978-1-68010-544-5(2))* Tiger Tales.

My First Filling. Tamara Murphy. 2023. (ENG.). 32p. (J). *(978-1-0391-5346-2(1));* pap. *(978-1-0391-5345-5(3))* FriesenPress.

My First Firehouse: 3D Puzzle & Book. Sequoia Children's Publishing. 2019. (ENG.). 16p. (J). *(978-1-64269-056-9(2),* f43b9301-dfc6-446e-9791-358c63953342, Sequoia Publishing & Media LLC) Sequoia Children's Bks.

My First Fish, 1 vol. Joan Stoltman. 2017. (Let's Get a Pet! Ser.). (ENG.). 24p. (J). (gr. 1-2). pap. 9.15 *(978-1-4824-6453-5(5),* 4695363c-f493-45ab-9076-6ee47bd743bb) Stevens, Gareth Publishing LLLP.

My First Fishing Book: Blank Form Notebook for the Kids to Log Their Fishing Fun. Kay D. Johnson. 2018. (ENG., Illus.). 128p. (J). pap. *(978-1-989194-97-3(4))* Johnson, Kathleen Delia.

My First Flowers Coloring Book: Amazing Flower Coloring Book for Toddlers & Kids Ages 3-6, Page Large 8. 5 X 11. Elma Angels. 2020. (ENG.). 98p. (J). pap. 9.79 *(978-1-716-30564-1(0))* Lulu Pr., Inc.

My First French Lesson: Color & Learn! Roz Fulcher. 2019. (Dover Bilingual Books for Kids Ser.). (ENG., Illus.). 64p. (J). (gr. k-3). pap. 4.99 *(978-0-486-83308-8(9),* 833089) Dover Pubns., Inc.

My First Garden: Everything You Need to Know about the Birds, Butterflies, Reptiles, & Animals in Your Backyard. Bénédicte Boudassou. Tr. by Grace McQuillan. Illus. by Charlène Tong & Charlène Tong. 2022. (I Love Nature Ser.). 64p. (J). (gr. -1-2). pap. 14.99 *(978-1-5107-6397-5(X),* Sky Pony Pr.) Skyhorse Publishing Co., Inc.

My First Garden: For Little Gardeners Who Want to Grow. Livi Gosling. 2023. (My First Ser.). (ENG.). 80p. (J). (gr. k-2). 16.99 *(978-0-7440-7086-6(4),* DK Children) Dorling Kindersley Publishing, Inc.

My First Gardening Book: 35 Easy & Fun Projects for Budding Gardeners: Planting, Growing, Maintaining, Garden Crafts. Compiled by CICO Kidz. 2016. (ENG., Illus.). 112p. (J). (gr. 7-11). pap. 14.95 *(978-1-78249-333-4(6),* 1782493336, CICO Books) Ryland Peters & Small GBR. Dist: WIPRO.

My First-Generation Family. Claudia Harrington. Illus. by Zoe Persico. 2017. (My Family Set 2 Ser.). (ENG.). 32p. (J). (gr. -1-4). lib. bdg. 32.79 *(978-1-5321-3018-2(X),* 25538, Looking Glass Library) Magic Wagon.

My First Geography Book: The World Tour of Stuffed Toys Around Their Apartment. Igor Okunev. Tr. by Katya Kolmakov. Illus. by Olga Baron. 2020. (ENG.). 44p. (J). 21.99 *(978-1-6629-0281-9(6))* Gatekeeper Pr.

My First German Lesson: Color & Learn! Roz Fulcher. 2019. (Dover Bilingual Books for Kids Ser.). (ENG., Illus.). 64p. (J). (gr. k-3). pap. 4.99 *(978-0-486-83310-1(0),* 833100) Dover Pubns., Inc.

My First Getting Dressed Copy Coloring Book: Helps Develop Advanced Skills Coordination. Justine Avery. 2021. (ENG.). 26p. (J). pap. 6.95 *(978-1-63882-263-9(8))* Suteki Creative.

My First Giant Coloring Book of Animals Coloring for Preschoolers. Educando Kids. 2019. (ENG.). 42p. (J). pap. 6.99 *(978-1-64521-125-9(8),* Educando Kids) Editorial Imagen.

My First Golf Bag: Tee up to Drive, Putt, & Play Like a Young Pro! Press Applesauce. 2023. (ENG.). 14p. (J). (gr. 1). 29.95 *(978-1-64643-359-9(9),* Applesauce Pr.) Cider Mill Pr. Bk. Pubs., LLC.

My First Gratitude Journal: A Daily Gratitude Journal for Kids to Practice Gratitude & Mindfulness - Large Size 8,5 X 11. Adil Daisy. 2020. (ENM.). 102p. (J). pap. 10.99 *(978-1-716-34205-9(8))* Lulu Pr., Inc.

My First Gratitude Journal: Building Confidence & Happiness in Children Through Fun & Fast Daily Thanks & Activities. Dubreck World Publishing. 2021. (ENG.). 110p. (J). pap. *(978-1-291-66048-7(8))* Lulu Pr., Inc.

My First Grimoire. Kaye Hughes. 2023. (ENG.). 99p. (J). pap. *(978-1-4709-0714-3(3))* Lulu Pr., Inc.

My First Guide to Duct Tape Projects. Marne Ventura & Sheri Bell-Rehwoldt. 2017. (My First Guides). (ENG., Illus.). 24p. (J). (gr. 1-3). lib. bdg. 27.99 *(978-1-5157-3593-9(1),* 133592, Capstone Pr.) Capstone.

1404

The check digit for ISBN-10 appears in parentheses after the full ISBN-13

TITLE INDEX — MY FIRST ORIGAMI BOOK

My First Guide to Fast Vehicles. Nikki Potts. 2017. (My First Guides). (ENG., Illus.). 24p. (J). (gr. 1-3). lib. bdg. 27.99 *(978-1-5157-3594-6(X),* 133593, Capstone Pr.) Capstone. **My First Guide to Weather.** Camilla De La Bedoyere. Illus. by Cinyee Chiu. 2022. (ENG.). 64p. (J). (gr. 1-4). 10.99 *(978-1-5362-2672-0(6),* Big Picture Press) Candlewick Pr. **My First Guides.** Norm Barnhart et al. 2017. (My First Guides). (ENG., Illus.). 24p. (J). (gr. 1-3). 167.94 **My First Guinea Pig & Other Small Pets se MI Primera Mascota Pequeña / My First Guinea Pig & Other Small** Pets **My First Gymnastics Class: Ready-To-Read Pre-Level 1.** Alyssa Satin Capucilli. 2016. (My First Ser.). (ENG., Illus.). 32p. (J). (gr. -1-k). pap. 4.99 *(978-1-4814-6187-0(7),* Simon Spotlight) Simon & Schuster. **My First Haitian Creole Dictionary.** Tr. by Nathan Vertilus. 2019. (ENG., Illus.). 92p. (J). (gr. -1-8). pap. 17.95 *(978-0-7818-1400-3(8))* Hippocrene Bks., Inc. **My First Halloween Bedtime Storybook.** Disney Books. 2020. (My First Bedtime Storybook Ser.). (ENG.). 72p. (J). (gr. -1-k). 10.99 *(978-1-368-05547-3(9),* Disney Press Books) Disney Publishing Worldwide. **My First Halloween Copy Coloring Book: Helps Develop Advanced Skills Coordination.** Justine Avery. 2021. (ENG.). 28p. (J). pap. 6.95 *(978-1-63882-257-8(2))* Suteki Creative. **My First Hamster.** 1 vol. Joan Stoltman. 2017. (Let's Get a Pet! Ser.). (ENG.). 24p. (gr. 1-2). pap. 9.15 *(978-1-4824-6457-4(3),* 662cbc08-c390-4d28-8779-6239560cc3ad) Stevens, Gareth Publishing LLLP. **My First Healthy Habits Book.** Maria Gigante. 2022. (ENG.). 30p. (J). 29.99 *(978-1-6629-1787-5(2))* Gatekeeper Pr. **My First Heroes: Black History.** Editors of Silver Dolphin Books. 2022. (My First Heroes Ser.). (ENG.). 8p. (J). (gr. -1-k). bds. 8.99 *(978-1-6457-9970-2(2),* Silver Dolphin Bks.) Printers Row Publishing Group. **My First Hidden Picture Activity Book.** Activbooks For Kids. 2016. (ENG., Illus.). (J). pap. 5.55 *(978-1-68321-554-7(0))* Mimazon. **My First Hidden Pictures, School Zone Staff.** 2019. (ENG.). 48p. (J). (gr. -1-k). pap. 3.49 *(978-1-60159-251-4(5),* ec4d1ede-7109-4477-b113-0541099c8f62) School Zone Publishing Co. **My First Hindi Animals & Insects Picture Book with English Translations.** Khushi S. Li, ed. 2022. (ENG.). 38p. (J). pap. *(978-0-3696-0327-2(3))* My First Picture Bk. Inc. **My First Hindi Fruits & Snacks Picture Book with English Translations.** Khushi S. Li, ed. 2022. (ENG.). 38p. (J). pap. *(978-0-3696-0328-9(1))* My First Picture Bk. Inc. **My First Hindi Vegetables & Spices Picture Book with English Translations.** Khushi S. Li, ed. 2022. (ENG.). 36p. (J). pap. *(978-0-3696-0329-6(0))* My First Picture Bk. Inc. **My First Holiday: Or Letters Home from Colorado, Utah, & California (Classic Reprint).** Carmine H. Dell. 2017. (ENG., Illus.). (J). 32.99 *(978-1-5271-8827-9(9))* Forgotten Bks. **My First Holy Communion Keepsake Journal.** Avril O'Reilly. 2019. (ENG., Illus.). 2018. 34p. 22.16 *(978-0-244-c3541-7(3)),* 2016. 32p. *(978-1-326-27232-9(3))* Lulu Pr., Inc. **My First Horoscope.** Running Press. Illus. by Rachel McAlister. 2020. (ENG.). 28p. (J). (gr. -1 — 1). bds. 9.99 *(978-0-7624-9636-5(4),* Running Pr. Kids) Running Pr. **My First How to Catch a Witch.** Alice Walstead. Illus. by Joel Selby & Ashley Selby. 2021. (How to Catch Ser.). 24p. (J). (gr. -1 — 1). bds. 7.99 *(978-1-7282-4097-6(3))* Sourcebooks, Inc. **My First How to Catch Santa Claus.** Alice Walstead. Illus. by Joel Selby & Ashley Selby. 2020. (How to Catch Ser.). 24p. (J). (gr. -1 — 1). bds. 7.99 *(978-1-7282-4153-1(7))* Sourcebooks, Inc. **My First How to Catch the Big Bad Wolf.** Alice Walstead. Illus. by Joel Selby & Ashley Selby. 2023. (How to Catch Ser.). (ENG.). 24p. (J). (— 1). bds. 7.99 *(978-1-7282-6149-2(2))* Sourcebooks, Inc. **My First How to Catch the Easter Bunny.** Alice Walstead. Illus. by Joel Selby & Ashley Selby. 2022. (How to Catch Ser.). 24p. (J). (— 1). bds. 7.99 *(978-1-7282-4356-3(8))* Sourcebooks, Inc. **My First How to Draw Book.** Activbooks For Kids. 2016. (ENG., Illus.). (J). pap. 6.99 *(978-1-68321-555-4(9))* Mimazon. **My First Human Anatomy Coloring Book.** Activbooks For Kids. 2016. (ENG., Illus.). (J). pap. 9.20 *(978-1-68321-8(1)-0(4))* Mimazon. **My First Human Body Coloring Book.** Bobo's Children Activity Books. 2016. (ENG., Illus.). (J). pap. 9.33 *(978-1-68321-525-7-268)* Sunshine in My Soul Publishing. **My First I Can Draw.** Amy Boxshall. Illus. by Scott Barker. 2021. (ENG.). 160p. (J). (gr. -1-2). pap. 9.99 *(978-1-60006-133-3(5))* Make Believe Ideas GBR. Dist: Scholastic, Inc. **My First I See You: A Mirror Book.** Eric Carle. Illus. by Eric Carle. 2018. (World of Eric Carle Ser.). (ENG., Illus.). 14p. (J). (gr. -1 — 1). bds. 7.99 *(978-1-5344-2454-0(7),* Little Simon) Simon & Schuster. **My First Indoor Garden.** Philippe Asseray, ed. 2022. (My First Garden Ser.). (ENG.). 63p. (J). (gr. k-1). 25.46 *(978-1-68505-421-2(8))* Penworthy Co., LLC, The. **My First Indoor Garden: Everything You Need to Know to Grow Little Houseplants.** Philippe Asseray. Tr. by Grace McQuillan. Illus. by Charlotte Tong & Charlyne Tong. 2021. (I Love Nature Ser.: 1). 64p. (J). (gr. -1-2). pap. 12.99 *(978-1-5107-6393-7(7),* Sly Pony Pr.) Skyhorse Publishing Co., Inc. **My First Interactive Mass Book.** Jennifer Sharpe. 2020. (ENG.). (J). bds. 14.99 *(978-1-950784-38-7(X))* Ascension Pr. **My First Iqra.** Orin Azizah. 2021. (ENG., Illus.). 20p. (J). bds. 9.95 *(978-0-86037-778-8(4))* Kube Publishing Ltd. GBR. Dist: Consortium Bk. Sales & Distribution. **My First Italian Lesson: Color & Learn!** Roz Fulcher. 2019. (Dover Bilingual Books for Kids Ser.). (ENG., Illus.). 64p. (J). (gr. k-3). pap. 4.99 *(978-0-486-83311-8(9),* 833119) Dover Pubns., Inc. **My First Jewish Baby Book: Almost Everything You Need to Know about Being Jewish — From Afikomen to Zayde.** Julie Merberg. Illus. by Beck Feiner. 2018. (ENG.).

20p. (J). bds. 12.99 *(978-1-941367-60-5(7))* Downtown Bookworks. **My First Joke Book.** Amanda Enright. 2018. (ENG.). 96p. (J). pap. 9.99 *(978-1-78828-520-9(4),* 1f305e6e-095a-41d5-a8a3-99070102ed1ad) Arcturus Publishing GBR. Dist: Baker & Taylor Publisher Services (BTPS). **My First Joke Book for Kids Ages 4-9.** Ed. by Emily McKeon. 2023. (ENG.). 42p. (J). pap. 6.98 *(978-1-737127-1-8(7))* Scruple Love Pr. **My First Jungle Animals: A Cloth Book with First Animal Words.** Happy Yak. Illus. by Margaux Carpentier. 2022. (Tiny Cloth Bks.). (ENG.). 10p. (gr. -1 — *(978-0-7112-7526-3(2))* White Lion Publishing. **My First Little Seek & Find: Busy Bugs.** J. L. Rothberg. Illus. by David Wojtowycz. 2021. (My First Seek & Find Ser.). (ENG.). (J). (gr. k-2). pap. 8.95 *(978-1-64996-706-3(5),* 17064, Sequoia Kids Media) Sequoia Children's Bks. **My First Little Seek & Find: Baby Animals.** Sequoia Kids Media Sequoia Kids Media. Illus. by Tamsin Hinrichsen. 2022. (Seek & Find Ser.). (ENG.). 18p. (J). (gr. -1-2). pap. 8.95 *(978-1-64996-754-4(3),* 17127, Sequoia Kids Media) Sequoia Children's Bks. **My First Little Seek & Find: Booo!!** Julia Lobo. Illus. by Ben Martire. 2021. (My First Seek & Find Ser.). (ENG.). 18p. (J). pap. 8.95 *(978-1-64996-702-2(0)),* 17063, Sequoia Kids Media) Sequoia Children's Bks. **My First Karate Class.** Alyssa Satin Capucilli, ed. 2018. 32p. (J). (gr. -1-k). 13.89 *(978-1-64510-130-9(7))* Penworthy Co., LLC, The. **My First Karen Katz Library (Boxed Set) Peek-A-Baby; Where is Baby's Tummy?; What Does Baby Say?; Kiss Baby's Boo-Boo; Where is Baby's Puppy?; Where Is Baby's Birthday Cake?; How Does Baby Feel?; What Does Baby Love?; Baby Loves Winter; Baby Loves Spring; Baby Loves Summer; Baby Loves Fall!** Karen Katz. Illus. by Karen Katz, ed. 2017. (ENG., Illus.). 170p. (J). (gr. -1 — 1). bds. 89.99 *(978-1-5344-0236-6(1)),* Little Simon. **My First Kitten.** Lisa Chimes. Illus. by Tina Burke. 2016. (ENG.). 32p. (J). 10.99 *(978-1-61067-517-8(7))* Kane Miller. **My First Kitten.** Alyssa Satin Capucilli, ed. 2021. Ready-To-Read Ser.). (ENG., Illus.). 32p. (J). (gr. k-1). 13.96 *(978-1-64697-756-7(4))* Penworthy Co., LLC, The. **My First Kitten: Ready-To-Read Pre-Level 1.** Alyssa Satin Capucilli. Photos by Jill Wachter. 2020. (My First Ser.). (ENG., Illus.). 32p. (J). (gr. -1-k). 17.99 *(978-1-5344-7754-4(3)),* pap. 4.99 *(978-1-5344-7753-7(5))* Simon Spotlight) Simon & Schuster. **My First Korean Dictionary.** Tr. by Mhee Song. 2019. (ENG., Illus.). 92p. (J). (gr. -1-8). pap. 17.95 *(978-0-7818-1304-5(8))* Hippocrene Bks., Inc. **My First Learn-To-Draw: Baby Animals. (25 Wipe Clean Activities + Dry Erase Marker)** Anna Madin. Illus. by Charlotte Pepper. 2021. (My First Wipe Clean How-To-Draw Ser.). (ENG.). 56p. (J). (gr. -1 — 1). spiral bd. 12.99 *(978-1-7282-2310-4(9))* Sourcebooks, Inc. **My First Learn-To-Draw: Bible Stories.** Anna Madin. Illus. by Charlotte Pepper. 2021. (My First Wipe Clean How-To-Draw Ser.). (ENG.). 56p. (J). (gr. -1 — 1). spiral bd. 12.99 *(978-1-7282-3440-3(9))* Sourcebooks, Inc. **My First Learn-To-Draw: Dinosaurs. (25 Wipe Clean Activities + Dry Erase Marker)** Anna Madin. Illus. by Charlotte Pepper. 2021. (My First Wipe Clean How-To-Draw Ser.). (ENG.). 56p. (J). (gr. -1 — 1). spiral bd. 12.99 *(978-1-7282-3897-6(5))* Sourcebooks, Inc. **My First Learn-To-Draw: Farm Animals. (25 Wipe Clean Activities + Dry Erase Marker)** Anna Madin. Illus. by Charlotte Pepper. 2020. (My First Wipe Clean How-To-Draw Ser.). (ENG.). 56p. (J). (gr. -1 — 1). spiral bd. 12.99 *(978-1-7282-2371-4(7))* Sourcebooks, Inc. **My First Learn-To-Draw: Things That Go. (25 Wipe Clean Activities + Dry Erase Marker)** Anna Madin. Illus. by Charlotte Pepper. 2020. (My First Wipe Clean How-To-Draw Ser.). (ENG.). 56p. (J). (gr. -1 — 1). spiral bd. 12.99 *(978-1-7282-2372-8(5))* Sourcebooks, Inc. **My First Learn-To-Talk Book.** Stephanie Cohen. 2022. (Learn to Talk Ser.). 20p. (J). (gr. -1 — 1). bds. 9.99 *(978-1-7282-6970-3(0))* Sourcebooks, Inc. **My First Learn-To-Talk Book: Things That Go.** Stephanie Cohen. Illus. by Lindsay Dale-Scott. 2022. (Learn to Talk Ser.). (ENG.). 20p. (J). (— 1). bds. 9.99 *(978-1-7282-4(5)1-3-4(2))* Sourcebooks, Inc. **My First Learn to Write Workbook: Amazing Learn to Write Book for Boys & Girls with Easy Tracing Instructions for Toddlers Aged 3-5 Mainly Pen Control, Line Tracing, Shapes, Alphabet, Numbers, Sight Words & Lots of Coloring Pages.** Antonia Griffin. 2021. (ENG.). 14p. (J). pap. *(978-1-257-89282-6(9))* Lulu Pr., Inc. **My First Learning Library. 4 vols.** Lauren Crisp. 2021. (My First Home Learning Ser.). (ENG.). 88p. (J). (-k). bds. 12.99 *(978-1-68010-642-8(2))* Tiger Tales. **My First Learning Library Box Set.** Scholastic Early Learners (My First). Set. Scholastic. 2017. (Scholastic Early Learners Ser.). (ENG.). 104p. (J). (gr. -1 — 1). 12.99 *(978-1-338-20242-6(3),* Cartwheel Bks.) Scholastic, Inc. **My First Learning Library: Colors, Shapes, Numbers & Opposites: 4 Board Books Included.** Illus. by Annie Sechao. 2022. (Bolder Ser.). (ENG.). 40p. (J). (gr. -1-k). bds. 12.99 *(978-2-89802-339-0(5),* Crackboom Bks.) Chouette Publishing CAN. Dist: Publishers Group West (PGW). **My First Learning (Pre-K Early Learning Concepts Workbook) Preschool Activities, Ages 3-5, Alphabet, Numbers, Tracing, Colors, Shapes, Basic Words, & More.** The Reading The Reading House. 2021. (Reading House Ser.). (ENG.). 80p. (J)(-k). pap. 9.99 *(978-0-593-45042-0(6))* Random Hse. Children's Bks. **My First Let's Shop! What Shall We Buy? What Will We Buy? DK.** 2023. (My First Tabbed Board Book Ser.). (ENG.). 28p. (J). (— 1). bds. 12.99 *(978-0-7440-8051-3(7),* DK Children) Dorling Kindersley Publishing, Inc. **My First Letters Book.** Illustrated. Johnson, Paiva. 2017. (ENG.). 20p. (J). (gr. -1-1). bds. *(978-1-4867-1250-2(9))* Flowerpot Children's Pr. Inc. **My First Library: With Nine Colorful Books.** Illus. by Rachael O'Neill. (J). *(978-1-58479-824-8(9))* Oktana, Michael Bks., Ltd. **My First Library: Little Red Riding Hood see Caperucita Roja My First Library of Learning: Box Set, Complete Collection of 10 Early Learning Board Books for Super Kids, 0 to 5 | ABC, Colours, Opposites, Numbers, Animals (Homeschooling/preschool/baby, Toddler)** Penguin India. 2021. (ENG.). 220p. (J). bds. 24.99 *(978-0-14-345276-8(2),* Puffin) Penguin Bks. India PVT, Ltd. IND. Dist: Independent Pubs. Group. **My First Lift-The-Flap Animal Book.** duopress labs. Illus. by Amy Mullen. 2018. (Natural World Ser.). 20p. (J). (gr. -1 — 1). bds. 9.95 *(978-1-946064-95-0(3),* 806495) Duo Pr. LLC.

My First Lift-The-Flap Nursery Rhymes. Illus. by Ingela P. Arrhenius. 2023. (ENG.). 16p. (J). (gr. -1 — 1). bds. 12.99 Nosy Crow Inc. **My First Little Puzzle Book: Word Games, Mazes, Hidden Pictures & More!** Fran Newman D'Amico. 2021. (Dover Little Activity Bks.). (ENG.). 64p. (J). (gr. -1-). 2.50 *(978-0-486-46963-4(8),* 848969) Dover Pubns., Inc. **My First Little Seek & Find: 3-Book Slipcase Set.** 3 vols. J. L. Rothberg. Illus. by Michelle Berg Wojtowycz. (J). (gr. k-2). *(978-1-64226-2700-4(0),* 4071, Sequoia Publishing & Media LLC) Phoenix International Publications, Inc. **My First Little Seek & Find: Busy Bugs.** J. L. Rothberg. Illus. by David Wojtowycz. 2021. (My First Seek & Find Ser.). (ENG.). (J). (gr. k-2). pap. 8.95 *(978-1-64996-706-0(3),* 17064, Sequoia Kids Media) Sequoia Children's Bks. **My First Little Seek & Find: Baby Animals.** Sequoia Kids Media Sequoia Kids Media. Illus. by Tamsin Hinrichsen. 2022. (Seek & Find Ser.). (ENG.). 18p. (J). (gr. -1-2). pap. 8.95 *(978-1-64996-754-4(3),* 17127, Sequoia Kids Media) Sequoia Children's Bks. **My First Little Seek & Find: Booo!!** Julia Lobo. Illus. by Ben Martire. 2021. (My First Seek & Find Ser.). (ENG.). 18p. (J). pap. 8.95 *(978-1-64996-702-2(0)),* 17063, Sequoia Kids Media) Sequoia Children's Bks. **My First Little Seek & Find: Little Elf.** Sequoia Kids Media. Sequoia Kids Media. Illus. by Stacy Peterson. 2021. (My First Seek & Find Ser.). (ENG.). 18p. (J). (gr. k-2). pap. *(978-1-64996-703-9(0)),* 17065, Sequoia Kids Media) Sequoia Children's Bks. **My First Little Seek & Find: Merry Christmas.** Sequoia Kids Media Sequoia Kids Media. Illus. by Casey Sanborn. 2021. My First Seek & Find Ser.). (ENG.). 18p. (J). (gr. k-2). pap. 8.95 *(978-1-64996-704-6(7)),* 17066, Sequoia Kids Media) Sequoia Children's Bks. **My First Little Seek & Find: Old MacDonald's Farm.** Arthur. 2022. (Seek & Find Ser.). (ENG.). 18p. (J). (gr. k-2). pap. 8.95 *(978-1-64996-755-8(1)),* 17130, Sequoia Kids Media) Sequoia Children's Bks. **My First Little Seek & Find: on the Farm.** J. L. Rothberg. Illus. by David Wojtowycz. 2021. (My First Seek & Find Ser.). (ENG.). 18p. (J). pap. 8.95 *(978-1-64996-707-7(1)),* 17067, Sequoia Kids Media) Sequoia Children's Bks. **My First Little Seek & Find: Puppies.** Sequoia Kids Media. Sequoia Kids Media. Illus. by Mike Byrne. 2022. (Seek & Find Ser.). (ENG.). 18p. (J). (gr. -1-2). pap. 8.95 *(978-1-64996-750-3(7)),* 17131, Sequoia Kids Media) Sequoia Children's Bks. **My First Little Seek & Find: under the Sea.** J. L. Rothberg. Illus. by Michelle Berg. 2021. (My First Seek & Find Ser.). (ENG.). 18p. (J). (gr. k-2). pap. 8.95 *(978-1-64996-700-2(0)),* 17068, Sequoia Kids Media) Sequoia Children's Bks. **My First Love & My Last Love: A Novel (Classic Reprint).** H. Riddell. (ENG., Illus.). (J). 2017. 29.22 *(978-0-331-47218-4(2)),* 2016. pap. 13.57 *(978-1-333-62739-3(4))* Forgotten Bks. **My First Love & My Last Love.** H. Riddell. (ENG., Illus.). (J). pap. *(978-0-4560-1560-3(9))* Trieste Publishing Pty Ltd. **My First Korean Word Book.** Illus. by Mandy Stanley. 2020. (ENG.). 48p. (J). pap. 7.99 *(978-0-3447-5454-1(6),* 090211420, Kingfisher) Roaring Brook Pr. **My First Mandarin Words with Gordon & LI LI.** Michele McSween. Illus. by Nam-Dunn. 2018. (ENG.). 24p. (J). (gr. -1 — 1). bds. 9.86 *(978-1-336-08060-3(7),* Cartwheel Bks.) Scholastic, Inc. **My First Maths.** Christopher Abbott. 2021. (ENG.). 22p. (J). *(978-1-78963-261-4(0)),* Choir Pr., The) Action Publishing Technology, Ltd. **My First Maths: What Shape Is It?** Stacey Walter. ed. 2018. My First Maths Ser.). (ENG., Illus.). 24p. (J). (gr. -1-1). pap. 8.69 *(978-1-4451-5752-6(4)),* Franklin Watts) Hachette Children's Group GBR. **My First Maths: What Size Is It?** Jackie Walter. (My First Maths Ser.). (ENG.). 24p. (J). (gr. -1 — 1). 2019. pap. 7.99 *(978-1-4455-9916-2(0)),* 2018. 1. 14.99 *(978-1-4451-4928-8(1))* Hachette Children's Group GBR. Dist: Hachette Bk. Group. **My First Mazes: Over 50 Fantastic Puzzles.** Illus. by Susan Fairbrother. 2020. (ENG.). 48p. (J). (gr. k-1). pap. 3.49 *(978-1-6105-1915-247(1-7)),* Ariel. 2017. (My First Activity Bks.). (ENG.). 64p. (J). (gr. -1-2). pap. 8.99 *(978-1-4261-100-1(3))* Sourcebooks, Inc. **My First Memory Verse Bible.** 1 vol. Thomas Nelson. Publishing Staff. 2019. (ENG.). 48p. (J). bds. 11.99 *(978-1-4002-1315-3(0)),* Tommy Nelson) Nelson, Thomas Inc. **My First Mickey Mouse Bedtime Storybook.** Disney Books. (My First Bedtime Storybook Ser.). (ENG., Illus.). 72p. (J). (gr. -1-k). 10.99 *(978-1-368-04644-0(4)),* Disney Press Books) Disney Publishing Worldwide. **My First Minnie Mouse Bedtime Storybook.** Disney Books. (My First Bedtime Storybook Ser.). (ENG.). 72p. (J). 10.99 *(978-1-368-07085-8(5)),* Disney Press Books) Disney Publishing Worldwide.

My First MOG ABC. Judith Kerr. 2020. (ENG.). 32p. (J). pap. 6.99 *(978-0-00-838166-0(6)),* HarperCollins Children's Bks.) HarperCollins Pubs. Ltd. GBR. Dist: HarperCollins Pubs. **My First Mog Books.** Judith Kerr. Illus. by Judith Kerr. 2019. (ENG., Illus.). 40p. (J). bds. 8.99 *(978-0-00-834765-9(4)),* HarperCollins Children's Bks.) HarperCollins Pubs. Ltd. GBR. Dist: HarperCollins Pubs. **My First Mom & Daughter Journal: An Activity Book for Girls & Moms Together.** Katie Clemons. Illus. by Anna Clark & Daniel Clark. 2023. (ENG.). 144p. (J). (gr. k-3). pap. 14.99 *(978-1-7282-5313-8(6))* Sourcebooks, Inc. **My First Mom & Son Journal: An Activity Book for Boys & Moms Together.** Katie Clemons. Illus. by Anna Clark & Daniel Clark. 2023. (ENG.). 144p. (J). (gr. k-3). pap. 14.99 *(978-1-7282-5310-7(1))* Sourcebooks, Inc. **My First Montessori Activity Book.** Barusseau Lydie. 2018. (VIE.). (J). pap. *(978-604-58-7842-2(6))* Tong hop Tp. Ho Chi Minh. **My First Mother Goose Nursery Rhymes.** Editors of Studio Fun International. Illus. by Lisa McCue. 2018. (ENG.). 20p. (J). (gr. -1 — 1). bds. 8.99 *(978-0-7944-4163-0(7)),* Studio Fun International) Printers Row Publishing Group. **My First Music Book: Drum Set: Sound Book.** IglooBooks. 2018. (ENG.). 10p. (J). (gr. -1 — 1). bds. 9.99 *(978-1-4998-8813-7(5))* Igloo Bks. GBR. Dist: Simon & Schuster, Inc. **My First Music Fun: Portable Activities Designed to Ignite Creativity!** Editors of Silver Dolphin Books. 2018. (ENG.). 10p. (J). (gr. -1-1). 12.99 *(978-1-64998-6813-7(5))* Igloo Bks. **My First Music: Guitar (Sound Book)** Listen & Learn with 4 Bonus Buttons. IglooBooks. 2018. (ENG.). 10p. (J). (gr. -1-1). 12.99 *(978-1-4998-6813-7(5))* Igloo Bks. **My First Music Fun: Portable Activities Designed to Ignite Creativity!** Editors of Silver Dolphin Books. 2018. (ENG.). *(978-1-5037-4995-9(3)),* 34838, PI Kids) Phoenix International Publications, Inc. **My First Musical Keyboard Book.** Sam Taplin. Illus. by Rachel Stubbs. Illus. by Elisa Paganelli. 2019. (ENG.). 14p. (J). 14.99 *(978-0-7945-5861-6(8)),* Usborne Pub., Ltd. **My First Nativity.** DK. 2017. (My First Board Book Ser.). (ENG., Illus.). 14p. (J). (gr. -1-k). bds. 6.99 *(978-1-4654-6628-7(5)),* DK Children) Dorling Kindersley Publishing, Inc. **My First Nature: Let's Go Exploring!** DK. 2022. (My First Tabbed Board Book Ser.). (ENG.). 28p. (J). (— 1). bds. 12.99 *(978-0-7440-5604-4(3)),* DK Children) Dorling Kindersley Publishing, Inc. **My First Navajo Book of Colors.** Shane Natan. 2020. (ENG., Illus.). 32p. (J). pap. 9.99 **My First Night Away from Home.** Danielle Steel. 2018. (ENG.). 32p. (J). pap. 30.94 **My First Nighttime Book.** Adorable Mind Press. 2019. (ENG.). 12p. (J). 14.99 *(978-1-64796-115-6(0)),* Adorable Mind Pr. **My First Number Board Book.** Illus. by Melanie Schmidt. 2021. (ENG.). pap. *(978-3-96735-019-5(8)),* Independently Published. **My Neighborhood Book: Common Places & Faces.** Ashley Robinson. 2021. (ENG.). 18p. (J). bds. 13.99 *(978-1-63849-647-2(6)),* Baby Professor) Creative Media Partners, LLC. **My First Numbers.** 30 vols. 2018. (ENG., Illus.). 14p. (J). pap. 9.95 *(978-1-72781-078-7(9)),* Kelipis) Foris Books GBR. Dist: Independent Pubs. Group. **My First Night-Night Stories.** Samuel de Skeveoy & Sweeny. 2017. (ENG.). 14p. (J). pap. **My First Number Skills (Pre-K Number Recognition):** Preschool Activities, Ages 3-5, Early Math, Number Tracing, Counting, Sorting, Grouping, Addition, Comparing, Sorting, & More. The Reading The Reading House. 2021. (Reading House Ser.). (ENG.). 80p. (J). (-k). pap. 9.99 *(978-0-593-45050-5(5))* Random Hse. Children's Bks. **My First Numbers: Chunky 3D Shapes Book.** 30 Pages. IglooBooks. Illus. by Andy Passchier. 2022. (ENG.). 14p. (J). (gr. -1 — 1). bds., bds. 9.99 *(978-1-80108-783-4(0))* Igloo Bks. GBR. **My First Numbers: Exciting Sticker Book with 100 Stickers.** Wonder House Books. 2018. (ENG.). 32p. (J). (— 1). pap. 6.99 *(978-93-88144-96-4(1))* Prakash Bk. Depot IND. Dist: Independent Pubs. Group. **My First Numbers Wipe-Clean Activities for Early Learners: For 2+ Year-Olds-Includes Wipe-Clean Pen.** IglooBooks. Illus. by Katie Abey. 2021. (Help with Homework Ser.). (ENG.). 20p. (J). (-k). bds., bds. 12.99 *(978-1-80108-781-0(4))* Igloo Bks. GBR. Dist: Simon & Schuster, Inc. **My First Numbers Wipe off Hand.** 2020. (My First Wipe-Clean Ser.). (ENG.). (J). spiral bd. 8.99 *(978-1-62885-743-6(9))* Rainstorm Pr. **My First Ocean Animals: A Cloth Book with First Animal Words.** Happy Yak. Illus. by Margaux Carpentier. 2022. (Tiny Cloth Bks.). (ENG.). 10p. (gr. *(978-0-7112-7528-7(9))* White Lion Publishing. **My First Opposites Board Book.** Created by Peter Pauper Press Inc. 2020. (ENG., Illus.). (J). 5.99 *(978-1-4413-3467-1(X),* 1cc3746c-19e4-40b7-8c82-89b09ac13ed39) Peter Pauper Pr., Inc.

My First MOG 123. Judith Kerr. 2020. (ENG.). 32p. (J). pap. 6.99 *(978-0-00-838167-7(4)),* HarperCollins Children's Bks.) HarperCollins Pubs. Ltd. GBR. Dist: HarperCollins Pubs.

My First Origami Book. Belinda Webster et al. 2023. (ENG.). pap. 14.95 *(978-1-78958-991-8(0)),* Arcturus Publishing

For book reviews, descriptive annotations, tables of contents, cover images, author biographies & additional information, updated daily, consult www.booksinprint.com

My First Origami Book: Includes Rainbow Origami Paper! Belinda Webster & Joe Fullman. 2019. 7. (ENG.). 96p. (J). pap. 12.99 (978-1-78950-039-4(7), d09a1715-ab91-4088-919b-591d3964a03b) Arcturus Publishing GBR. Dist: Baker & Taylor Publisher Services (BTPS).

My First Outdoor Garden. Philippe Asseray. ed. 2022. (My First Garden Ser.). (ENG.). 63p. (J). (gr. k-1). 25.46 (978-1-68505-422-9(6)) Penworthy Co., LLC, The.

My First Outdoor Garden: Everything You Need to Know to Plant & Grow Your Own Fruits, Vegetables, & Flowers. Philippe Asseray. Tr. by Grace McQuillan. Illus. by Charlène Tong & Charlène Tong. 2022. (I Love Nature Ser.: 2). (ENG.). 64p. (J). (gr. -1-2). pap. 12.99 (978-1-5107-6395-1(3), Sky Pony Pr.) Skyhorse Publishing Co., Inc.

My First Padded Board Books of Times Table: Multiplication Tables From 1-20. Wonder House Books. 2018. (ENG.). 24p. (J). (gr. -1-k). bds. 6.99 (978-93-88144-24-7(4)) Prakash Bk. Depot IND. Dist: Independent Pubs. Group.

My First Padded Book of Alphabet: Early Learning Padded Board Books for Children. Wonder House Books. 2018. (ENG.). 26p. (J). (— 1). bds. 9.99 (978-93-88144-14-8(7)) Prakash Bk. Depot IND. Dist: Independent Pubs. Group.

My First Padded Book of Animals: Early Learning Padded Board Books for Children. Wonder House Books. 2018. (ENG.). 26p. (J). (— 1). bds. 9.99 (978-93-88144-15-5(5)) Prakash Bk. Depot IND. Dist: Independent Pubs. Group.

My First Padded Book of Colours & Shapes: Early Learning Padded Board Books for Children (My First Padded Books) Wonder House Books. 2019. (ENG.). 26p. (J). (— 1). bds. 9.99 (978-93-88144-13-1(9)) Prakash Bk. Depot IND. Dist: Independent Pubs. Group.

My First Padded Book of Food: Early Learning Padded Board Books for Children. Wonder House Books. 2018. (ENG.). 26p. (J). (— 1). bds. 9.99 (978-93-88144-18-6(X)) Prakash Bk. Depot IND. Dist: Independent Pubs. Group.

My First Padded Book of Good Habits & Manners: Early Learning Padded Board Books for Children (My First Padded Books) Wonder House Books. 2018. (ENG.). 26p. (J). (— 1). bds. 9.99 (978-93-88144-83-4(X)) Prakash Bk. Depot IND. Dist: Independent Pubs. Group.

My First Padded Book of Numbers: Early Learning Padded Board Books for Children. Wonder House Books. 2018. (ENG.). 26p. (J). (— 1). bds. 9.99 (978-93-88144-21-6(X)) Prakash Bk. Depot IND. Dist: Independent Pubs. Group.

My First Padded Book of Opposites: Early Learning Padded Board Books for Children. Wonder House Books. 2018. (ENG.). 26p. (J). (— 1). bds. 9.99 (978-93-88144-22-3(8)) Prakash Bk. Depot IND. Dist: Independent Pubs. Group.

My First Padded Book of Things at Home: Early Learning Padded Board Books for Children. Wonder House Books. 2018. (ENG.). 26p. (J). (— 1). bds. 9.99 (978-93-88144-17-9(1)) Prakash Bk. Depot IND. Dist: Independent Pubs. Group.

My First Padded Book of Transport: Early Learning Padded Board Books for Children. Wonder House Books. 2018. (ENG.). 26p. (J). (— 1). bds. 9.99 (978-93-88144-23-0(6)) Prakash Bk. Depot IND. Dist: Independent Pubs. Group.

My First Painting & Collage Book: 35 Fun & Easy Art Projects for Children Aged 7 Plus. Clare Youngs. 2018. (ENG., Illus.). 128p. (J). pap. 14.95 (978-1-78249-608-3(4), 1782496084, Cico Kidz) Ryland Peters & Small GBR. Dist: WIPRO.

My First Painting Book: Adorable Animals: Easy-To-Use 6-Color Palette on Each Page. Clorophyl Editions. 2022. (ENG., Illus.). 24p. (J). pap. 7.99 (978-1-64124-176-2(4), 1762) Fox Chapel Publishing Co., Inc.

My First Painting Book: Magical Unicorns: Easy-To-Use 6-Color Palette on Each Page. Clorophyl Editions. 2022. (ENG., Illus.). 24p. (J). pap. 7.99 (978-1-64124-177-9(2), 1779) Fox Chapel Publishing Co., Inc.

My First Peek-A-Boo Animals. Eric Carle. Illus. by Eric Carle. 2017. (World of Eric Carle Ser.). (ENG., Illus.). 18p. (J). (gr. -1 — 1). bds. 7.99 (978-1-5344-0105-1(9), Little Simon) Little Simon.

My First Pet. Rebecca Hamp. 2017. (ENG., Illus.). 32p. (J). pap. (978-0-244-31953-3(7)) Lulu Pr., Inc.

My First Pet Illustrated. Rebecca Hamp. 2017. (ENG., Illus.). (J). pap. 14.16 (978-0-244-31988-5(X)) Lulu Pr., Inc.

My First Picture Bible, 1 vol. Sophie Piper. ed. 2016. (ENG., Illus.). 224p. (J). (gr. -1-k). 16.99 (978-0-7459-6551-2(2), c0470faf-747f-4854-ac46-5d0848429582) Lion Hudson PLC GBR. Dist: Baker & Taylor Publisher Services (BTPS).

My First Picture Dictionary. Maria Watson. ed. 2019. (My First Picture Dictionary (BIL) Ser.). (ENG & CHI.). 92p. (J). (gr. k-1). 25.95 (978-0-87617-305-3(9)); 25.95 (978-0-87617-342-8(3)); 25.95 (978-0-87617-344-2(X)); 25.95 (978-0-87617-293-3(1)); 25.95 (978-0-87617-316-9(4)); 25.95 (978-0-87617-341-1(5)); 25.95 (978-0-87617-348-0(2)); 25.95 (978-0-87617-345-9(8)); 25.95 (978-0-87617-350-3(4)); 25.95 (978-0-87617-317-6(2)); 25.95 (978-0-87617-346-6(6)); 25.95 (978-0-87617-351-0(2)); 25.95 (978-0-87617-347-3(4)); 25.95 (978-0-87617-343-5(1)); 25.95 (978-0-87617-349-7(0)) Penworthy Co., LLC, The.

My First Picture Puzzles: Over 50 Fantastic Puzzles. Moira Butterfield. Illus. by Natasha Rimmington. 2018. (My First Activity Bks.). (ENG.). 64p. (J). (gr. -1-2). pap. 5.99 (978-1-4380-1144-8(X)) Sourcebooks, Inc.

My First Places: My First Farm: With Giant Flaps. Roger Priddy. 2020. (My First Places Ser.: 1). (ENG., Illus.). 10p. (J). bds. 8.99 (978-0-312-52976-5(7), 900209910) St. Martin's Pr.

My First Poke-A-Dot: Christmas. Created by Melissa & Doug. 2020. (ENG.). (J). 6.99 (978-1-951733-09-4(6)) Melissa & Doug, LLC.

My First Pompom Book: 35 Fantastic & Fun Crafts for Children Aged 7+ Lucy Hopping. 2017. (ENG., Illus.). 128p. (J). (gr. 7-11). pap. 14.95 (978-1-78249-444-7(8), 1782494448, CICO Books) Ryland Peters & Small GBR. Dist: Simon & Schuster, Inc.

My First Pop-Up Dinosaurs: 15 Incredible Pop-Ups. Owen Davey. Illus. by Owen Davey. 2019. (ENG., Illus.). 20p. (J). (gr. -1-2). 18.99 (978-1-5362-0566-4(4)) Candlewick Pr.

My First Pop-Up Endangered Animals. Owen Davey. 2023. (ENG.). 32p. (J). (gr. -1-2). 18.99 (978-1-5362-2844-1(3)) Candlewick Pr.

My First Pop up Fairy Tales: Cinderella: Pop up Books for Children. Wonder House Books. 2019. (ENG.). 10p. (J). (gr. -1-k). 5.99 (978-93-89567-36-6(X)) Prakash Bk. Depot IND. Dist: Independent Pubs. Group.

My First Pop up Fairy Tales: Jack & the Beanstalk: Pop up Books for Children. Wonder House Books. 2019. (ENG.). 10p. (J). (gr. -1-k). 5.99 (978-93-89567-37-3(8)) Prakash Bk. Depot IND. Dist: Independent Pubs. Group.

My First Pop up Fairy Tales: Pinocchio: Pop up Books for Children. Wonder House Books. 2019. (ENG.). 10p. (J). (gr. -1-k). 5.99 (978-93-89567-39-7(4)) Prakash Bk. Depot IND. Dist: Independent Pubs. Group.

My First Pop up Fairy Tales: Snow White & the Seven Dwarfs: Pop up Books for Children. Wonder House Books. 2019. (ENG.). 10p. (J). (gr. -1-k). 5.99 (978-93-89567-40-3(8)) Prakash Bk. Depot IND. Dist: Independent Pubs. Group.

My First Pop-Up Mythological Monsters: 15 Incredible Pops-Ups. Owen Davey. Illus. by Owen Davey. 2021. (ENG.). 32p. (J). (gr. -1-2). 17.99 (978-1-5362-1764-3(6)) Candlewick Pr.

My First Prayer Book: Chunky Board Book. IglooBooks. Illus. by Cory Reid. 2021. (ENG.). 20p. (J). (gr. -1-k). bds. 9.99 (978-1-83903-258-5(8)) Igloo Bks. GBR. Dist: Simon & Schuster, Inc.

My First Prayer Journal (for Girls) Ashley Aonyea & Maia Moody. 2022. (ENG.). 85p. (J). pap. (978-1-387-51846-3(1)) Lulu Pr., Inc.

My First Prayers: Padded Board Book. IglooBooks. (ENG.). 24p. (J). (-k). 2022. bds. 9.99 (978-1-80368-445-1(3)); 2020. bds. 8.99 (978-1-80022-886-3(4)) Igloo Bks. GBR. Dist: Simon & Schuster, Inc.

My First Prayers for the Whole Year. Maïte Roche. 2018. (ENG., Illus.). 64p. (J). (gr. -1-1). 15.99 (978-1-62164-243-5(7)) Ignatius Pr.

My First Preschool Workbook: Animals, Colors, Letters, Numbers, Shapes, & More! Lauren Crisp. 2022. (My First Home Learning Ser.). (ENG.). 80p. (J). (-k). pap. 7.99 (978-1-6643-4032-9(7)) Tiger Tales.

My First Prime Reader. Emmanuel B. Johnson, II. 2022. (ENG., Illus.). 22p. (J). pap. 12.95 (978-1-63881-720-8(0)) Newman Springs Publishing, Inc.

My First Punjabi Animals & Insects Picture Book with English Translations. Gaganjot S. I.t. ed. 2022. (ENG.). 36p. (J). pap. (978-0-3696-0975-5(1)) My First Picture Bk. Inc.

My First Punjabi Body Parts Picture Book with English Translations: Bilingual Early Learning & Easy Teaching Punjabi Books for Kids. Gaganjot S. I.t. ed. 2022. (Teach & Learn Basic Punjabi Words for Children Ser.: Vol. 7). (ENG.). 38p. (J). pap. (978-0-3696-0980-9(8)) My First Picture Bk. Inc.

My First Punjabi Clothing & Accessories Picture Book with English Translations: Bilingual Early Learning & Easy Teaching Punjabi Books for Kids. Gaganjot S. I.t. ed. 2022. (Teach & Learn Basic Punjabi Words for Children Ser.: Vol. 9). (ENG.). 32p. (J). pap. (978-0-3696-0984-7(0)) My First Picture Bk. Inc.

My First Punjabi Colors & Places Picture Book with English Translations: Bilingual Early Learning & Easy Teaching Punjabi Books for Kids. Gaganjot S. I.t. ed. 2022. (Teach & Learn Basic Punjabi Words for Children Ser.: Vol. 6). (ENG.). 36p. (J). pap. (978-0-3696-0979-3(4)) My First Picture Bk. Inc.

My First Punjabi Fruits & Snacks Picture Book with English Translations. Gaganjot S. I.t. ed. 2022. (ENG.). 38p. (J). pap. (978-0-3696-0976-2(X)) My First Picture Bk. Inc.

My First Punjabi Tools in the Shed Picture Book with English Translations: Bilingual Early Learning & Easy Teaching Punjabi Books for Kids. Gaganjot S. I.t. ed. 2022. (Teach & Learn Basic Punjabi Words for Children Ser.: Vol. 5). (ENG.). 36p. (J). pap. (978-0-3696-0978-6(6)) My First Picture Bk. Inc.

My First Punjabi Vegetables & Spices Picture Book with English Translations. Gaganjot S. I.t. ed. 2022. (ENG.). 38p. (J). pap. (978-0-3696-0977-9(8)) My First Picture Bk. Inc.

My First Punjabi Weather & Outdoors Picture Book with English Translations: Bilingual Early Learning & Easy Teaching Punjabi Books for Kids. Gaganjot S. I.t. ed. 2022. (Teach & Learn Basic Punjabi Words for Children Ser.: Vol. 8). (ENG.). 36p. (J). pap. (978-0-3696-0982-3(4)) My First Picture Bk. Inc.

My First Puppy. Lisa Chimes. Illus. by Tina Burke. 2016. (ENG.). 32p. (J). 10.99 (978-1-61067-516-1(9)) Kane Miller.

My First Puppy. Jennifer Mary Croy. 2017. (ENG., Illus.). 26p. (J). 19.00 (978-1-387-37849-4(X)) Lulu Pr., Inc.

My First Puppy. Alyssa Capucilli. ed. 2019. (Ready-To-Read Ser.). (ENG.). 32p. (J). (gr. k-1). 13.96 (978-1-64697-119-0(1)) Penworthy Co., LLC, The.

My First Puppy: Ready-To-Read Pre-Level 1. Alyssa Satin Capucilli. Photos by Jill Wachter. 2019. (My First Ser.). (ENG., Illus.). 32p. (J). (gr. -1-k). 17.99 (978-1-5344-5380-7(6)); pap. 4.99 (978-1-5344-5379-1(2)) Simon Spotlight. (Simon Spotlight).

My First Quiz Picture Book. Clever Publishing. Illus. by Tiago Americo. 2019. (Clever Quiz Bks.). (ENG.). 16p. (J). (gr. -1 — 1). bds. 9.99 (978-1-948418-57-7(6)) Clever Media Group.

My First Quiz Picture Book of Animals. Clever Publishing. Illus. by Tiago Americo. 2019. (Clever Quiz Bks.). (ENG.). 16p. (J). (gr. -1 — 1). bds. 9.99 (978-1-948418-58-4(4)) Clever Media Group.

My First Quran with Pictures: Juz' Amma Part 1. Shereen Sharief. Ed. by Abdullah Ibn Yusuf Aljudai. Illus. by Nicola Anderson. 2018. (ENG & ARA.). 48p. (J). (gr. 1-6). pap. (978-1-9999183-0-9(4)) Sharief, Shereen.

My First Read & Learn Love & Kindness Bible Stories. American Bible Society & Amy Parker. Illus. by Walter Carzon. 2017. (ENG.). 38p. (J). (— 1). bds. 9.99 (978-1-338-18529-4(2), Little Shepherd) Scholastic, Inc.

My First Reference Book about Nature IR. 2017. (Reference Bks.). (ENG.). (J). 9.99 (978-0-7945-3774-6(X), Usborne) EDC Publishing.

My First Robot ABC Coloring Book. Kyle Brooks. 2019. (ENG., Illus.). 58p. (J). pap. (978-1-7947-6648-8(0)) Lulu Pr., Inc.

My First Rock Painting Book: 35 Fun Craft Projects for Children Aged 7+ Emma Hardy. 2018. (ENG., Illus.). 112p. (J). pap. 14.95 (978-1-78249-609-0(2), 1782496092, Cico Kidz) Ryland Peters & Small GBR. Dist: WIPRO.

My First Root Children, 30 vols. Sibylle von Olfers. 2nd rev. ed. 2020. Orig. Title: Etwas Von Den Wurzelkindern. (Illus.). 10p. (J). spiral bd. 9.95 (978-1-78250-708-6(6)) Floris Bks. GBR. Dist: Consortium Bk. Sales & Distribution.

My First School-Book, to Teach Me to Read & Spell Words, & Understand Them (Classic Reprint) Josiah Freeman Bumstead. (ENG., Illus.). (J). 2018. 110p. 26.17 (978-0-666-97404-4(7)); 2017. pap. 9.57 (978-0-259-48595-7(0)) Forgotten Bks.

My First School Days Copy Coloring Book: Helps Develop Advanced Skills Coordination. Justine Avery. 2021. (ENG.). 26p. (J). pap. 6.95 (978-1-63882-164-9(X)) Suteki Creative.

My First Science Experiments Workbook: Scholastic Early Learners (Workbook) Scholastic. 2021. (Scholastic Early Learners Ser.). (ENG., Illus.). 104p. (J). (gr. k-2). pap. 9.99 (978-1-338-77634-8(7), Cartwheel Bks.) Scholastic, Inc.

My First Search & Find. Kasia Dudziuk & Megan Higgins. 2019. 6. (ENG.). 96p. (J). pap. 9.99 (978-1-78888-162-3(1), 0fff4fd8-6fe5-4152-a6d3-07d53c24fb31) Arcturus Publishing GBR. Dist: Baker & Taylor Publisher Services (BTPS).

My First Search & Find. Ed. by Kidsbooks. 2019. (Write, Wipe & Learn Ser.). (ENG.). 56p. (J). spiral bd. 9.99 (978-1-62885-689-7(0)) Kidsbooks, LLC.

My First Search & Find. Arcturus Staff. ed. 2020. (My First Activities Ser.). (ENG.). 96p. (J). (gr. k-1). 22.96 (978-1-64697-130-5(2)) Penworthy Co., LLC, The.

My First Search & Find Animal Friends. Compiled by Kidsbooks. 2016. (Search & Find Ser.). (ENG.). 16p. (J). bds. 9.99 (978-1-62885-061-1(2)) Kidsbooks, LLC.

My First Search & Find: Dinosaurs. Editors of Silver Dolphin Books. Illus. by Neiko Ng. 2019. (ENG.). 14p. (J). (gr. -1-k). bds. 9.99 (978-1-68412-597-5(9), Silver Dolphin Bks.) Printers Row Publishing Group.

My First Season (Classic Reprint) Beatrice Reynolds. (ENG., Illus.). (J). 2018. 260p. 29.26 (978-0-484-88730-4(0)); 2017. pap. 11.97 (978-0-243-40517-6(0)) Forgotten Bks.

My First Seasons: Let's Learn about the Year! DK. 2022. (Illus.). 28p. (J). bds. (978-0-241-55530-9(2)) Dorling Kindersley Publishing, Inc.

My First Seasons: Let's Learn about the Year! DK. 2022. (My First Tabbed Board Book Ser.). (ENG., Illus.). 28p. (J). (— 1). bds. 12.99 (978-0-7440-5841-3(4), DK Children) Dorling Kindersley Publishing, Inc.

My First Seasons Library, 4 vols. Lauren Crisp. 2021. (My First Home Learning Ser.). (ENG.). 88p. (J). (-k). bds. 12.99 (978-1-6643-5025-0(X)) Tiger Tales.

My First Shaped Board Book: Illustrated Goddess Durga Hindu Mythology Picture Book for Kids Age 2+ (Indian Gods & Goddesses) Wonder House Books. 2021. (ENG.). 10p. (J). (gr. -1-2). bds. 4.99 (978-93-5440-127-5(9)) Prakash Bk. Depot IND. Dist: Independent Pubs. Group.

My First Shaped Board Book: Illustrated Kali Hindu Mythology Picture Book for Kids Age 2+ (Indian Gods & Goddesses) Wonder House Books. 2022. (ENG.). 10p. (J). (gr. -1-2). bds. 4.99 (978-93-5440-522-8(3)) Prakash Bk. Depot IND. Dist: Independent Pubs. Group.

My First Shapes. DK. 2017. (My First Board Bks.). (ENG., Illus.). 36p. (J). (— 1). bds. 6.99 (978-1-4654-6082-0(9), DK Children) Dorling Kindersley Publishing, Inc.

My First Shapes & Sizes ABC Coloring Book. Smarter Activity Books for Kids. 2016. (ENG., Illus.). (J). pap. 9.22 (978-1-68374-019-3(X)) Examined Solutions PTE. Ltd.

My First Shapes Board Book. Created by Peter Pauper Press Inc. 2020. (ENG., Illus.). (J). 5.99 (978-1-4413-3468-8(8), 5e948101-0e5b-4d24-aec2-111578cd675d) Peter Pauper Pr. Inc.

My First Shapes Book: Barnyard Animals: Kids Learn Their Shapes with This Educational & Fun Board Book!, 2. Nataliia Tymoshenko. 2021. (Barnyard Basics Ser.: 2). (ENG., Illus.). 24p. (J). bds. 8.95 (978-1-64643-142-7(1), Applesauce Pr.) Cider Mill Pr. Bk. Pubs., LLC.

My First Shapes Book: Illustrated. Johannah Gilman Paiva. 2017. (ENG.). 20p. (J). (gr. k-1). bds. (978-1-4867-1251-9(7)) Flowerpot Children's Pr. Inc.

My First Shapes Copy Coloring Book: Helps Develop Advanced Skills Coordination. Justine Avery. 2021. (ENG.). 26p. (J). pap. 6.95 (978-1-63882-269-1(7)) Suteki Creative.

My First Shoe Book: With a Practice Shoelace & Easy-To-Follow Instructions. IglooBooks. 2017. (Tiny Tots Ser.: 1). (ENG.). 12p. (J). bds. 9.99 (978-1-78557-607-2(0)) Igloo Bks. GBR. Dist: Simon & Schuster, Inc.

My First Sleep Over. Renee L. Peace. 2021. (ENG.). 20p. (J). 19.00 (978-1-0879-6616-8(7)) Indy Pub.

My First Sleepover. Lauren Cecil. Illus. by Terry Workman. 2022. (Strawberry Shortcake Ser.). (ENG.). 24p. (J). (-k). pap. 5.99 (978-0-593-38623-1(X), Penguin Young Readers Licenses) Penguin Young Readers Group.

My First Snow Children, 30 vols. Sibylle von Olfers. 2018. (Illus.). 12p. (J). bds. 9.95 (978-1-78250-523-5(7)) Floris Bks. GBR. Dist: Consortium Bk. Sales & Distribution.

My First Soccer Game: Ready-To-Read Pre-Level 1. Alyssa Satin Capucilli. Photos by Leyah Jensen. 2016. (My First Ser.). (ENG., Illus.). 32p. (J). (gr. -1-k). pap. 4.99 (978-1-4814-6185-6(0), Simon Spotlight) Simon Spotlight.

My First Space Atlas: Zoom into Space to Explore the Solar System & Beyond (Space Books for Kids, Space Reference Book) Jane Wilsher. Illus. by Paul Daviz. 2023. (My First Atlas Ser.). (ENG.). 32p. (J). 19.99 (978-1-68188-888-0(2), Earth Aware Editions) Insight Editions.

My First Space Words in English & Spanish. Zaida Hernandez. Illus. by Jayri Gomez. 2022. (ENG.). 22p. (J). (-k). bds. 13.99 (978-1-948066-40-2(8)) Little Libros, LLC.

My First Spanish Lesson: Color & Learn! Roz Fulcher. 2019. (Dover Bilingual Books for Kids Ser.). (ENG., Illus.). 64p. (J). (gr. k-3). pap. 4.99 (978-0-486-83309-5(7), 833097) Dover Pubns., Inc.

My First Spanish Picture Book Children's Learn Spanish Books. Baby Professor. 2017. (ENG., Illus.). (J). pap. 7.89 (978-1-68368-051-2(0), Baby Professor (Education Kids)) Speedy Publishing LLC.

My First Spanish Words Sticker Activity Book/Mi Primer Libro de Palabras en Espanol. Illus. by Lesley Grainger. 2018. (ENG.). 32p. (J). pap. 6.99 (978-1-68119-614-5(X), 900179036, Bloomsbury Activity Bks.) Bloomsbury Publishing USA.

My First Spot the Difference: Over 50 Fantastic Puzzles. Joe Potter. Illus. by Marta Costa Virgili. 2018. (My First Activity Bks.). (ENG.). 64p. (J). (gr. -1-2). pap. 6.99 (978-1-4380-1145-5(8)) Sourcebooks, Inc.

My First Steps to Reading Set (Set), 0 vols. Jane Belk Moncure. 2022. (Jane Belk Moncure's Sound Box Bks.). (ENG.). (J). (gr. -1-2). 428.50 (978-1-5038-8478-6(3), 217444) Child's World, Inc, The.

My First Sticker Book about Me. Felicity Brooks. 2017. (Trivia Bks.). (ENG.). 24p. pap. 12.99 (978-0-7945-3951-1(3), Usborne) EDC Publishing.

My First Sticker by Numbers: Dinosaurs & Dragons. Illus. by Hazel Quintanilla. 2022. (My First Sticker by Numbers Ser.). (ENG.). 34p. (J). (gr. -1-2). pap. 9.99 (978-1-7282-6068-6(X)) Sourcebooks, Inc.

My First Sticker by Numbers: Magical Creatures. Illus. by Hazel Quintanilla. 2022. (My First Sticker by Numbers Ser.). (ENG.). 34p. (J). (gr. -1-2). pap. 9.99 (978-1-7282-6067-9(1)) Sourcebooks, Inc.

My First Sticker Dot-To-Dot. Make Believe Ideas. Illus. by Charly Lane. 2016. (ENG.). 56p. (J). (gr. -1-7). pap. 6.99 (978-1-78598-483-9(7)) Make Believe Ideas GBR. Dist: Scholastic, Inc.

My First Story-Book: The Letterpress (Classic Reprint) Ellin Isabelle Tupper. (ENG., Illus.). (J). 2018. 130p. 26.58 (978-0-332-96798-1(0)); 2017. pap. 9.57 (978-0-243-42061-2(7)) Forgotten Bks.

My First Story of Christmas: Pack Of 10. Tim Dowley. Illus. by Roger Langton. ed. 2020. (My First Story Ser.). (ENG.). 24p. (J). pap. 27.99 (978-1-78128-406-3(7), f28f46a9-1add-4771-a8e1-9d99d61a82ab, Candle Bks.) Lion Hudson PLC GBR. Dist: Baker & Taylor Publisher Services (BTPS).

My First Story of the First Christmas. Deanna Draper; Buck. Illus. by Jerry Harston. 2016. (J). bds. 6.99 (978-1-62972-240-5(5)) Deseret Bk. Co.

My First Story Puzzle: Animals: (Set of 5 3-Piece Puzzles) Illus. by Kanae Sato. 2020. (Magma for Laurence King Ser.). (ENG.). 5p. (J). (gr. -1-k). 12.99 (978-1-78627-587-5(2), King, Laurence Publishing) Orion Publishing Group, Ltd. GBR. Dist: Hachette Bk. Group.

My First Story Puzzle Home. Kanae Sato. 2021. (Magma for Laurence King Ser.). (ENG., Illus.). (J). (gr. -1 — 1). 12.99 (978-1-78627-722-0(0), King, Laurence Publishing) Orion Publishing Group, Ltd. GBR. Dist: Hachette Bk. Group.

My First Story Puzzle: Nature: (Set of 5 3-Piece Puzzles) Illus. by Kanae Sato. 2020. (Magma for Laurence King Ser.). (ENG.). 5p. (J). (gr. -1-k). 12.99 (978-1-78627-589-9(9), King, Laurence Publishing) Orion Publishing Group, Ltd. GBR. Dist: Hachette Bk. Group.

My First Sudoku. Mercedes Orus Lacort. 2019. (ENG.). 34p. (J). pap. (978-0-244-47092-0(8)) Lulu Pr., Inc.

My First Summer in the Sierra: Illustrated Edition. John Muir. 2019. (ENG., Illus.). 168p. (J). pap. 7.00 (978-1-68422-327-5(X)) Martino Fine Bks.

My First Summer in the Sierra: The Nature Diary of a Pioneering Environmentalist. John Muir. 2017. (Th Eight Wilderness-Discovery Bks.: Vol. 3). (ENG., Illus.). (J). pap. (978-1-911342-02-1(9), Vertebrate Publishing) Vertebrate Graphics Ltd.

My First Summer in the Sierra (Classic Reprint) John Muir. 2017. (ENG., Illus.). (J). 31.16 (978-0-266-43503-7(3)) Forgotten Bks.

My First Sums & Subtractions. Mercedes Orus Lacort. 2019. (ENG.). 46p. (J). pap. (978-0-244-77094-5(8)) Lulu Pr., Inc.

My First Swedish Words Coloring Book - Mina Första Svenska Ord Målarbok: Bilingual Children's Coloring Book in Swedish & English - a Fun Way to Learn Swedish for Kids. Linda Liebrand. 2020. (SWE.). 110p. (J). pap. (978-1-913382-11-7(7)) Treetop Media Ltd.

My First Swim Class: Ready-To-Read Pre-Level 1. Alyssa Satin Capucilli. Photos by Jill Wachter. 2018. (My First Ser.). (ENG., Illus.). 32p. (J). (gr. -1-k). 17.99 (978-1-5344-0488-5(0)); pap. 3.99 (978-1-5344-0487-8(2)) Simon Spotlight. (Simon Spotlight).

My First Tackle Box with Fishing Rod Lures Hooks Line & Mo: Get Kids to Fall for Fishing, Hook, Line, & Sinker. B. Master Caster. 2022. (ENG.). 14p. (J). 29.95 (978-1-64643-219-6(3), Applesauce Pr.) Cider Mill Pr. Bk. Pubs., LLC.

My First Tagalog (Filipino) Dictionary. Tr. by Marydel Benedikto. 2019. (ENG., Illus.). 92p. (J). (gr. -1-8). pap. 17.95 (978-0-7818-1401-0(4)) Hippocrene Bks., Inc.

My First Tennis Tournament. Nick Rudman. 2017. (ENG., Illus.). (J). 25.95 (978-1-4808-4309-7(1)); pap. 16.95 (978-1-4808-4308-0(3)) Archway Publishing.

My First Thankfulness, Gratitude & Love Card Coloring Book. Sourcebooks. 2020. (ENG.). 48p. (J). (-3). pap. 7.99 (978-1-7282-4134-0(0)) Sourcebooks, Inc.

My First Thanksgiving Copy Coloring Book: Helps Develop Advanced Skills Coordination. Justine Avery. 2021. (ENG.). 26p. (J). pap. 6.95 (978-1-63882-258-5(1)) Suteki Creative.

1406

The check digit for ISBN-10 appears in parentheses after the full ISBN-13

TITLE INDEX

MY FOOD, YOUR FOOD, OUR FOOD

My First Thanksgiving! Thanksgiving Coloring Books for Toddlers Children's Thanksgiving Books. Speedy Kids. 2017. (ENG., Illus.). (J). pap. 8.45 (978-1-5419-4719-1(3)) Speedy Publishing LLC.

My First Things That Go: A Sparkly Sound Button Book. IglooBooks. Illus. by Eva Maria Gey. 2023. (ENG.). 8p. (J). (— 1). bds. 16.99 (978-1-83771-536-7(X)) Igloo Bks. GBR. Dist: Simon & Schuster, Inc.

My First Things That Go: Let's Get Moving! DK. 2023. (My First Tabbed Board Book Ser.). (ENG.). 28p. (J). (— 1). bds. 12.99 **(978-0-7440-7626-4(9),** DK Children) Dorling Kindersley Publishing, Inc.

My First Things That Go: Scholastic Early Learners (My First Learning Library) Scholastic. 2021. (Scholastic Early Learners Ser.). (ENG., Illus.). 36p. (J). (gr. -1 — 1). 5.99 (978-1-338-77632-4(0), Cartwheel Bks.) Scholastic, Inc.

My First Things That Go/Cosas Que Se Mueven: Bilingual Edition English-Spanish / Edición Bilingüe Inglés-Español. DK. ed. 2022. (My First Board Bks.). Tr. of Cosas Que Se Mueven. (Illus.). 36p. (J). (— 1). bds. 6.99 (978-0-7440-6452-0(X), DK Children) Dorling Kindersley Publishing, Inc.

My First Thomas & Friends: Get in Gear! a STEM Gear Sound Book. Kids PI. 2018. (ENG.). 14p. (J). bds. 15.99 (978-1-5037-3600-9(8), 2884, PI Kids) Phoenix International Publications, Inc.

My First Thomas & Friends 123 (Thomas & Friends) Golden Books. Illus. by Marshmallow Creative. 2019. (ENG.). 22p. (J). (— 1). bds. 6.99 (978-1-9848-4838-3(0), Random Hse. Bks. for Young Readers) Random Hse. Children's Bks.

My First Thomas & Friends ABC (Thomas & Friends) Random House. 2019. (ENG., Illus.). 22p. (J). (— 1). bds. 6.99 (978-0-525-64705-8(8), Random Hse. Bks. for Young Readers) Random Hse. Children's Bks.

My First Thomas: Let's Go, Thomas! Maggie Fischer. Illus. by Nigel Chilvers. 2020. (Storytime Sliders Ser.). (ENG.). 10p. (J). (— 1). bds. 9.99 (978-0-7944-4535-5(7), Studio Fun International) Printers Row Publishing Group.

My First Time Out to Eat! -Paperback. Evelyn H. Armstrong. 2020. (ENG.). 10p. (J). (978-1-716-12441-9(7)) Lulu Pr., Inc.

My First Toddler Coloring Book: Amazing Children's Book with Many Simple Pictures for Learning & Coloring Ages 2+ Fun with Animals, Food & Games. Rox Bdr. 2021. (ENG.). 104p. (J). pap. 11.70 (978-1-008-94390-2(8)) Sun Break Publishing.

My First Toddler Coloring Book: Amazing Coloring Books for Toddlers & Kids Ages 2, 3, 4 & 5, My First Big Book of Coloring, Animals for Toddler Coloring Book. Lenard Vinci Press. 2020. (ENG.). 250p. (J). pap. 15.49 (978-1-716-36286-6(5)) Lulu Pr., Inc.

My First Toddler Coloring Book: Cute Educational Coloring Pages with Letters, Numbers, Shapes, Colors & Animals, Activity Workbook for Toddlers Ages 4-6. Tantatiana. 2021. (ENG.). 130p. (J). pap. 10.99 (978-1-716-21704-3(0)) Lulu Pr., Inc.

My First Toddler Coloring Book: Fun with Numbers; Letters; Shapes, Colors & Animals! Kids Club. 2022. (Coloring Book for Kids Ser.: Vol. 1). (ENG.). 202p. (J). pap. 13.99 (978-1-6904-3760-4(X)) IIG Pub.

My First Toddler Coloring Book: Learn, Have Fun & Color Numbers, Letters, Shapes & Animals. Florin Stan. 2022. (ENG.). 100p. (J). pap. **(978-1-4709-3494-1(9))** Lulu Pr., Inc.

My First Toolbox: Press Out & Play. Jessie Ford. 2018. (Press-Out & Play Ser.). (ENG., Illus.). 10p. (J). (gr. -1-k). bds. 14.99 (978-1-4197-2929-4(2), 1211310, Abrams Appleseed) Abrams, Inc.

My First Tooth! Dental Care Coloring Book. Bobo's Children Activity Books. 2016. (ENG., Illus.). (J). pap. 9.33 (978-1-68327-673-9(6)) Sunshine In My Soul Publishing.

My First Touch & Feel Book: Bedtime. Wonder House Books. 2019. (My First Book Of Ser.). (ENG.). 12p. (J). (— 1). bds. 7.99 **(978-93-89567-04-5(1))** Prakash Bk. Depot IND. Dist: Independent Pubs. Group.

My First Touch & Feel Book: Colors & Shapes. Wonder House Books. 2019. (My First Book Of Ser.). (ENG.). 12p. (J). (— 1). bds. 7.99 **(978-93-89567-05-2(X))** Prakash Bk. Depot IND. Dist: Independent Pubs. Group.

My First Touch & Feel Book: First Words. Wonder House Books. 2019. (My First Book Of Ser.). (ENG.). 12p. (J). (— 1). bds. 7.99 **(978-93-89567-06-9(8))** Prakash Bk. Depot IND. Dist: Independent Pubs. Group.

My First Touch & Feel Picture Cards: Animals. DK. 2018. (My First Board Bks.). (ENG.). 17p. (J). (— 1). 9.99 (978-1-4654-6571-9(5), DK Children) Dorling Kindersley Publishing, Inc.

My First Touch & Feel Picture Cards: Colors & Shapes. DK. 2018. (My First Board Bks.). (ENG.). 17p. (J). (— 1). 12.99 (978-1-4654-6816-1(1), DK Children) Dorling Kindersley Publishing, Inc.

My First Touch & Feel Picture Cards: Farm. DK. 2018. (My First Board Bks.). (ENG.). 17p. (J). (—1). 9.99 (978-1-4654-6814-7(5), DK Children) Dorling Kindersley Publishing, Inc.

My First Touch & Feel Picture Cards: First Words. DK. 2018. (My First Board Bks.). (ENG.). 17p. (J). (— 1). 12.99 (978-1-4654-6813-0(7), DK Children) Dorling Kindersley Publishing, Inc.

My First Touch & Feel Picture Cards: Numbers & Counting. DK. 2018. (My First Board Bks.). (ENG.). 17p. (J). (— 1). 12.99 (978-1-4654-6815-4(3), DK Children) Dorling Kindersley Publishing, Inc.

My First Touch & Feel Picture Cards: Things That Go. DK. 2018. (My First Board Bks.). (ENG.). 17p. (J). (— 1). 9.99 (978-1-4654-6812-3(9), DK Children) Dorling Kindersley Publishing, Inc.

My First Train Trip. Lynne Rickards. Illus. by Ley Honor Roberts. ed. 2016. (Cambridge Reading Adventures Ser.). (ENG.). 16p. pap. 7.95 (978-1-107-57594-3(X)) Cambridge Univ. Pr.

My First Travels, Vol. 2 Of 2: Including Rides in the Pyrenees, Scenes During an Inundation at Avignon, Sketches in France & Savoy, Visits to Convents & Houses of Charity, &C. , &C (Classic Reprint) Selina Bunbury. 2017. (ENG., Illus.). (J). pap. 13.57 (978-1-5276-5965-0(8)) Forgotten Bks.

My First Travels, Vol. 2 Of 2: Including Rides in the Pyrenees, Scenes During an Inundation at Avignon, Sketches in France & Savoy, Visits to Convents & Houses of Charity, &C. , &c (Classic Reprint) Selina Bunbury. 2018. (ENG., Illus.). 332p. (J). 30.74 (978-0-365-32479-9(5)) Forgotten Bks.

My First Treasury of Animal Stories. IglooBooks. 2018. (ENG.). 96p. (J). 12.99 (978-1-4998-8038-0(3)) Igloo Bks. GBR. Dist: Simon & Schuster, Inc.

My First Treasury of Dinosaur Stories. IglooBooks. 2018. (ENG.). 96p. (J). 12.99 (978-1-4998-8039-7(1)) Igloo Bks. GBR. Dist: Simon & Schuster, Inc.

My First Trick or Treat. Ideals Editors. 2016. (ENG., Illus.). 20p. (J). (gr. -1-3). bds. 5.99 (978-0-8249-1978-8(5), Worthy Kids/Ideals) Worthy Publishing.

My First Trip Abroad: 1906 (Classic Reprint) Leonora C. Mackey. 2018. (ENG., Illus.). 46p. (J). 24.87 (978-0-267-28179-4(X)) Forgotten Bks.

My First Trip to a City. 8 vols. 2019. (My First Trip Ser.). (ENG., Illus.). 24p. (J). (gr. 1-1). lib. bdg. 101.08 (978-1-5383-4634-1(6), 1dcaa877-de4f-44ce-ae27-410b4aabf3e2, PowerKids Pr.) Rosen Publishing Group, Inc., The.

My First Trip to a City. 1 vol. Greg Roza. 2019. (My First Trip Ser.). (ENG.). 24p. (gr. 1-1). 25.27 (978-1-5383-4432-3(7), 15519d02-1630-4b45-9dc3-01229a08db2c, PowerKids Pr.) Rosen Publishing Group, Inc., The.

My First Trip to a Farm. 1 vol. Greg Roza. 2019. (My First Trip Ser.). (ENG.). 24p. (gr. 1-1). 25.27 (978-1-5383-4433-0(5), 21f0a8fa-81b6-4380-8822-84f934ea0513, PowerKids Pr.) Rosen Publishing Group, Inc., The.

My First Trip to the Beach. 1 vol. Greg Roza. 2019. (My First Trip Ser.). (ENG.). 24p. (gr. 1-1). 25.27 (978-1-5383-4434-7(3), 222dfe14-816d-459d-b3ef-726670042ab3, PowerKids Pr.) Rosen Publishing Group, Inc., The.

My First Trip to the Library. 1 vol. Greg Roza. 2019. (My First Trip Ser.). (ENG.). 24p. (gr. 1-1). 25.27 (978-1-5383-4435-4(1), cfb42f80-0830-4a90-968d-2117f071e2ce, PowerKids Pr.) Rosen Publishing Group, Inc., The.

My First Trip to the Zoo. Samina Parkar. 2021. (ENG.). 24p. (J). (gr. -1-2). pap. 9.49 (978-1-7366518-7-2(0)) AKP Holdings, LLC.

My First Truck: A Coloring Book. Gwen Gates. 2022. (ENG.). 40p. (J). pap. (978-1-387-94278-7(6)) Lulu Pr., Inc.

My First Try-N-Spy Little Busy Book. School Zone. 2019. (ENG.). 48p. (J). (gr. -1-1). pap. 3.49 (978-1-60159-696-3(0), 6872b5c5-c650-49c3-bf7e-6e969e3ebe8d) School Zone Publishing Co.

My First Ubie the Ubinator Coloring Book: Wonders of Numbers. Robert Styles. Illus. by Shawn Mathis. 2017. (Wonders of Numbers Ser.: Vol. 1). (ENG.). (J). pap. 9.99 (978-0-998622-3-0-7(2)) Rolest P. Inc.

My First Unicorn. Suellen Molviolet. 2021. (ENG.). 100p. (J). pap. 11.29 (978-1-5184-4156-6(7)) Lulu Pr., Inc.

My First Unicorn Coloring Book. Cristie Dozaz. 2020. (ENG.). 70p. (J). pap. 13.99 (978-1-716-41248-6(X)) Lulu Pr., Inc.

My First Unicorn Coloring Book: Amazing Kids Coloring Book, Contains over 50 Page Unique Unicorn Designs Large 8. 5x11. Elma Angels. 2020. (ENG.). 112p. (J). pap. 9.99 (978-1-716-30535-1(7)) Lulu Pr., Inc.

My First Unicorn Dot-To-Dot: Over 50 Fantastic Puzzles. Joe Potter. Illus. by Faye Buckingham. 2019. (My First Activity Bks.). (ENG.). 64p. (J). (gr. -1-2). pap. 8.99 (978-1-4380-1272-8(1)) Sourcebooks, Inc.

My First Valentine. WorthyKids. 2020. (ENG., Illus.). 20p. (J). (gr. -1 — 1). bds. 6.99 (978-1-5460-3440-7(4), Worthy Kids/Ideals) Worthy Publishing.

My First Veggie Bible Stories. Pamela Kennedy & Anne Kennedy Brady. Illus. by Jerry Pittenger. 2023. (VeggieTales Ser.). (ENG.). 24p. (J). (gr. -1-k). bds. 12.99 (978-1-5460-0395-3(9), Worthy Kids/Ideals) Worthy Publishing.

My First Vehicles. Illus. by Max and Sid. 2016. (My First Ser.). (ENG.). 12p. (J). (gr. -1 — 1). bds. 5.99 (978-1-4998-0188-0(2)) Little Bee Books Inc.

My First Visit: Just Right for Me! Gabrielle N. McKinney. 2017. (ENG., Illus.). (J). pap. 12.99 (978-1-943529-80-3(9)) Yawn's Bks. & More, Inc.

My First Voyage (Classic Reprint) Maurice Thompson. 2018. (ENG., Illus.). 100p. (J). 25.96 (978-0-483-19961-3(3)) Forgotten Bks.

My First Wheel Books: Farm. Patricia Hegarty. Illus. by Fiona Powers. 2022. (My First Wheel Bks.). (ENG.). 12p. (J). (— 1). bds. 9.99 (978-1-6672-0012-5(7), Silver Dolphin Bks.) Printers Row Publishing Group.

My First Wheel Books: Things That Go. Patricia Hegarty. Illus. by Fiona Lenthall. 2022. (My First Wheel Bks.). (ENG.). 12p. (J). (— 1). bds. 9.99 (978-1-6672-0011-8(9), Silver Dolphin Bks.) Printers Row Publishing Group.

My First Wipe-Clean ABC 123: Write & Learn! Lauren Crisp. 2022. (My First Home Learning Ser.). (ENG.). 24p. (J). (-k). bds. 9.99 (978-1-6643-5045-8(4)) Tiger Tales.

My First Wipe-Clean Book: Words. Kidsbooks Publishing. 2021. (My First Wipe-Clean Book Ser.). (ENG.). (J). 8.99 (978-1-62885-759-7(5)) Rainstorm Pr.

My First Wipe-Clean Farm: Write & Learn! Lauren Crisp. 2022. (My First Home Learning Ser.). (ENG.). 24p. (J). (-k). bds. 9.99 (978-1-6643-5046-5(2)) Tiger Tales.

My First Wipe-Clean Numbers Bilingual. Compiled by Kidsbooks. 2022. (My First Wipe-Clean Ser.). (SPA.). 38p. (J). spiral bd. 9.99 (978-1-63854-194-3(9)) Kidsbooks, LLC.

My First Wipe Clean Numbers (Priddy Learning) Roger Priddy & Priddy Priddy Books. 2023. (Priddy Learning Ser.). (ENG., Illus.). 14p. (J). bds. 8.99 (978-1-68449-288-6(2), 900279888) St. Martin's Pr.

My First Wipe Clean: Pen Control: A Fun Early Learning Book for Kids to Practice Their Pen Control Skills. Roger Priddy. 2019. (Wipe Clean Ser.). (ENG., Illus.). 14p. (J). bds. 8.99 (978-0-312-52869-0(8), 900198369) St. Martin's Pr.

My First Wipe-Clean Spanish Words. Created by Kidsbooks. 2021. (SPA.). (J). 9.99 (978-1-62885-949-2(0)) Kidsbooks, LLC.

My First Wipe-Clean Tracing. Created by Kidsbooks. 2022. (ENG.). (J). 9.99 (978-1-62885-758-0(7)) Kidsbooks, LLC.

My First Wipe-Clean Words Bilingual. Compiled by Kidsbooks. 2022. (My First Wipe-Clean Ser.). (SPA.). (J). spiral bd. 9.99 **(978-1-63854-195-0(7))** Kidsbooks, LLC.

My First Wipe Clean Words (Priddy Smart) A Fun Early Learning Book. Roger Priddy. 2020. (Wipe Clean Ser.). (ENG., Illus.). 14p. (J). (gr. -1-k). bds. 8.99 (978-0-312-52995-6(3), 900218584) St. Martin's Pr.

My First Word Book about Things That Go. 2017. (My Word Bks.). (ENG.). (J). bds. 9.99 (978-0-7945-3932-0(7), Usborne) EDC Publishing.

My First Word Searches Little Busy Book. School Zone. 2019. (ENG.). 48p. (J). (gr. k-1). pap. 3.49 (978-1-60159-662-8(6), bc8a6600-c696-4d3d-9564-b41197d78de4) School Zone Publishing Co.

My First Words see My First Bilingual Words

My First Words: 15 CLEVER Mini-Books Box Set. Clever Publishing. Illus. by Tatyana Korchemkina. 2019. (Clever Mini Board Bks.). (ENG.). 90p. (J). (gr. -1 — 1). bds. 24.99 (978-1-948418-50-8(9)) Clever Media Group.

My First Words: High-Contrast Black-and-white Pictures. Clever Publishing. Illus. by Eva Maria Gey. 2023. (Tiny Tots Tummy Time Ser.). (ENG.). 20p. (J). (gr. -1 — 1). bds. 9.99 **(978-1-956560-94-7(7))** Clever Media Group.

My First Words: Nature. Nicola Baxter. Illus. by Susie Lacome. 2016. 24p. (J). (gr. -1-12). pap. 7.99 (978-1-86147-770-5(8), Armadillo) Anness Publishing GBR. Dist: National Bk. Network.

My First Words 24 Book Carry Case. I. Kids P. 2017. (ENG., Illus.). 240p. (J). pap. (978-1-5037-2730-4(0), 8200f14e-6557-4ea2-96f9-faef5e83ea17) Phoenix International Publications, Inc.

My First Words a - Z English to Bengali: Bilingual Learning Made Fun & Easy with Words & Pictures. Sharon Purtill. 2021. (My First Words Language Learning Ser.: Vol. 7). (ENG.). 36p. (J). pap. (978-1-989733-86-8(7)) Dunhill-Clare Publishing.

My First Words a - Z English to Chinese: Bilingual Learning Made Fun & Easy with Words & Pictures. Sharon Purtill. 2021. (My First Words Language Learning Ser.: Vol. 9). (ENG.). 36p. (J). pap. (978-1-989733-90-5(5)) Dunhill-Clare Publishing.

My First Words a - Z English to Dutch: Bilingual Learning Made Fun & Easy with Words & Pictures. Sharon Purtill. 2021. (My First Words Language Learning Ser.: Vol. 7). (ENG.). 36p. (J). pap. (978-1-989733-96-7(4)) Dunhill-Clare Publishing.

My First Words a - Z English to French: Bilingual Learning Made Fun & Easy with Words & Pictures. Sharon Purtill. 2021. (My First Words Language Learning Ser.: Vol. 4). (ENG.). 36p. (J). pap. (978-1-989733-76-9(X)) Dunhill-Clare Publishing.

My First Words a - Z English to German: Bilingual Learning Made Fun & Easy with Words & Pictures. Sharon Purtill. 2021. (My First Words Language Learning Ser.: Vol. 3). (ENG.). 36p. (J). pap. (978-1-989733-78-3(6)) Dunhill-Clare Publishing.

My First Words a - Z English to Greek: Bilingual Learning Made Fun & Easy with Words & Pictures. Sharon Purtill. 2021. (My First Words Language Learning Ser.: Vol. 7). (ENG.). 36p. (J). pap. (978-1-990469-04-6(3)) Dunhill-Clare Publishing.

My First Words a - Z English to Hindi: Bilingual Learning Made Fun & Easy with Words & Pictures. Sharon Purtill. 2021. (My First Words Language Learning Ser.: Vol. 1). (ENG.). 36p. (J). pap. (978-1-989733-84-4(0)) Dunhill-Clare Publishing.

My First Words a - Z English to Indonesian: Bilingual Learning Made Fun & Easy with Words & Pictures. Sharon Purtill. 2021. (My First Words Language Learning Ser.: Vol. 16). (ENG.). 36p. (J). pap. (978-1-990469-02-2(7)) Dunhill-Clare Publishing.

My First Words a - Z English to Italian: Bilingual Learning Made Fun & Easy with Words & Pictures. Sharon Purtill. 2021. (My First Words Language Learning Ser.). (ENG.). 36p. (J). pap. (978-1-989733-80-6(8)) Dunhill-Clare Publishing.

My First Words a - Z English to Polish: Bilingual Learning Made Fun & Easy with Words & Pictures. Sharon Purtill. 2021. (My First Words Language Learning Ser.: Vol. 7). (ENG.). 36p. (J). pap. (978-1-989733-98-1(0)) Dunhill-Clare Publishing.

My First Words a - Z English to Portuguese: Bilingual Learning Made Fun & Easy with Words & Pictures. Sharon Purtill. 2021. (My First Words Language Learning Ser.: Vol. 5). (ENG & POR., Illus.). 36p. (J). pap. (978-1-989733-82-0(4)) Dunhill-Clare Publishing.

My First Words a - Z English to Punjabi: Bilingual Learning Made Fun & Easy with Words & Pictures. Sharon Purtill. 2021. (My First Words Language Learning Ser.: Vol. 8). (ENG.). 36p. (J). pap. (978-1-989733-88-2(3)) Dunhill-Clare Publishing.

My First Words a - Z English to Romanian: Bilingual Learning Made Fun & Easy with Words & Pictures. Sharon Purtill. 2021. (My First Words Language Learning Ser.: Vol. 14). (ENG.). 36p. (J). pap. (978-1-989733-94-3(4)) Dunhill-Clare Publishing.

My First Words a - Z English to Russian: Bilingual Learning Made Fun & Easy with Words & Pictures. Sharon Purtill. 2021. (My First Words Language Learning Ser.: Vol. 10). (ENG.). 36p. (J). pap. (978-1-989733-92-9(1)) Dunhill-Clare Publishing.

My First Words a - Z English to Spanish: Bilingual Learning Made Fun & Easy with Words & Pictures. Sharon Purtill. 2021. (My First Words Language Learning Ser.: Vol. 1). (ENG.). 36p. (J). pap. (978-1-989733-74-5(3)) Dunhill-Clare Publishing.

My First Words a - Z English to Swedish: Bilingual Learning Made Fun & Easy with Words & Pictures. Sharon Purtill. 2021. (My First Words Language Learning Ser.: Vol. 15). (ENG.). 36p. (J). pap. (978-1-990469-00-8(0)) Dunhill-Clare Publishing.

My First Words a - Z English to Turkish: Bilingual Learning Made Fun & Easy with Words & Pictures. Sharon Purtill. 2022. (ENG.). 36p. (J). pap. (978-1-990469-15-2(9)) Dunhill-Clare Publishing.

My First Words Alphabet Coloring Book. Activibooks For Kids. 2016. (ENG., Illus.). (J). pap. 9.20 (978-1-68321-811-1(6)) Mimaxion.

My First Words in French. Corinne Delporte. Illus. by Annie Sechao. 2021. (First Words Ser.). 32p. (J). (gr. -1-k). bds. 9.99 (978-2-89802-294-4(2), CrackBoom! Bks.) Chouette Publishing CAN. Dist: Publishers Group West (PGW).

My First Words in Maori. Stacey Morrison. Illus. by Ali Teo. 2020. 32p. (J). (gr. -1-k). 14.99 (978-0-14-377333-7(X)) Penguin Group New Zealand, Ltd. NZL. Dist: Independent Pubs. Group.

My First Words in Spanish. Corinne Delporte. Illus. by Annie Sechao. 2021. (First Words Ser.). 32p. (J). (gr. -1-k). bds. 9.99 (978-2-89802-295-1(0), CrackBoom! Bks.) Chouette Publishing CAN. Dist: Publishers Group West (PGW).

My First Words: Let's Get Talking. DK. 2022. (My First Tabbed Board Book Ser.). (ENG.). 28p. (J). (— 1). bds. 12.99 (978-0-7440-5842-0(2), DK Children) Dorling Kindersley Publishing, Inc.

My First Words Letters Tracing Workbook for Kids Ages 4+ Fun & Easy Handwriting Practice Book with Sight Words for Toddlers & Preschool or Kindergarten Kids. Fiona Ortega. 2023. (ENG.). 262p. (J). pap. 23.99 **(978-1-312-41749-6(8))** Lulu Pr., Inc.

My First Words: Scholastic Early Learners (My First Learning Library) Scholastic. 2021. (Scholastic Early Learners Ser.). (ENG.). 36p. (J). (gr. -1 — 1). 5.99 (978-1-338-77631-7(2), Cartwheel Bks.) Scholastic, Inc.

My First Words Sounds: With 22 Sound Buttons. IglooBooks. Illus. by Elisa Patrissi. 2022. (ENG.). 12p. (J). (— 1). bds. 17.99 (978-1-83903-608-8(7)) Igloo Bks. GBR. Dist: Simon & Schuster, Inc.

My First Words Toddler Coloring Book: Learn to Write Drawing Fun with Letters & Numbers Tracing Activities Workbook for Preschool Kids Ages 1-3. Fiona Ortega. 2023. (ENG.). 102p. (J). pap. 13.99 **(978-1-312-71188-4(4))** Lulu Pr., Inc.

My First World Atlas. Tamara Fonteyn. 2016. (Giant Poster for Stickers & Colouring Ser.). (ENG.). (J). (978-1-910538-61-6(2)) Nanook Bks. Ltd.

My First World Atlas. Isobel Lundie. ed. 2021. (ENG., Illus.). 14p. (J). (gr. -1-k). bds. 9.95 (978-1-913971-01-4(5), Scribblers) Book Hse. GBR. Dist: Sterling Publishing Co., Inc.

My First Worship. Bruce D. Rose. 2019. (ENG., Illus.). 30p. (J). pap. 12.95 (978-1-64300-411-2(5)) Covenant Bks.

My First Writing Skills (Pre-K Writing Workbook) Preschool Writing Activities, Ages 3-5, Pen Control, Letters & Numbers Tracing, Drawing Shapes, & More. The Reading The Reading House. 2021. (Reading House Ser.). (ENG.). 80p. (J). (-k). pap. 9.99 (978-0-593-45040-6(X)) Random Hse. Children's Bks.

My First Xylophone Book IR. Sam Taplin. 2018. (My First Musical Books* Ser.). (ENG.). 22p. (J). 24.99 (978-0-7945-4114-9(3), Usborne) EDC Publishing.

My First Yoga. DK. 2020. (My First Board Bks.). (ENG., Illus.). 32p. (J). (— 1). bds. 9.99 (978-1-4654-9050-6(7), DK Children) Dorling Kindersley Publishing, Inc.

My First Yoga ABC. Teresa Power. Illus. by Kathleen Rietz. 2017. (ENG.). 30p. (J). bds. **(978-0-9981070-0-4(X))** Stafford House.

My First Yoga Class. Alyssa Satin Capucilli. ed. 2018. (Ready-To-Read Ser.). (ENG.). 32p. (J). (gr. -1-1). 13.89 (978-1-64310-372-3(5)) Penworthy Co., LLC, The.

My First Yoga Class: Ready-To-Read Pre-Level 1. Alyssa Satin Capucilli. Photos by Jill Wachter. 2017. (My First Ser.). (ENG., Illus.). 32p. (J). (gr. -1-k). 16.99 (978-1-5344-0485-4(6)); pap. 4.99 (978-1-5344-0484-7(8)) Simon Spotlight. (Simon Spotlight).

My Fish Is Too Fat. Mary Ann Albergo. 2019. (ENG., Illus.). 30p. (J). pap. 13.95 (978-1-64471-584-0(8)) Covenant Bks.

My Five Senses: Creative Expression Theme. 2016. (Early Rising Readers Ser.). (ENG.). (J). (gr. 1-2). 105.00 (978-1-4788-5098-4(1)) Newmark Learning LLC.

My Five Senses: Math Theme. 2016. (Early Rising Readers Ser.). (ENG.). (J). (gr. 1-2). 105.00 (978-1-4788-5068-7(X)) Newmark Learning LLC.

My Five Senses: Physical Development Theme. 2016. (Early Rising Readers Ser.). (ENG.). (J). (gr. 1-2). 105.00 (978-1-4788-5058-8(2)) Newmark Learning LLC.

My Five Senses: Science Theme. 2016. (Early Rising Readers Ser.). (ENG.). (J). (gr. 1-2). 105.00 (978-1-4788-5088-5(4)) Newmark Learning LLC.

My Five Senses: Social & Emotional Development Theme. 2016. (Early Rising Readeers Ser.). (ENG.). (J). (gr. 1-2). 105.00 (978-1-4788-5048-9(5)) Newmark Learning LLC.

My Five Senses: Social Studies Theme. 2016. (Early Rising Readers Ser.). (ENG.). (J). (gr. 1-2). 105.00 (978-1-4788-5078-6(7)) Newmark Learning LLC.

My Flawless Life. Yvonne Woon. 2023. (ENG.). 352p. (YA). (gr. 8). 19.99 (978-0-06-300869-4(6), Tegen, Katherine Bks) HarperCollins Pubs.

My Flirtations (Classic Reprint) Margaret Wynman. 2018. (ENG., Illus.). 212p. (J). 28.27 (978-0-267-46546-0(7)) Forgotten Bks.

My Flower Garden: The Sound of FL. Alice K. Flanagan. 2017. (Consonant Blends Ser.). (ENG.). 24p. (J). (gr. -1-2). lib. bdg. 32.79 (978-1-5038-1939-9(6), 211540) Child's World, Inc, The.

My Fluffy Bunny. Carli Yim. 2018. (ENG., Illus.). 20p. (J). pap. (978-1-77370-798-3(1)) Tellwell Talent.

My Flying Kite - Au Utuao Ae e Kibarake (Te Kiribati) Maino Goroma. Illus. by Jomar Estrada. 2023. (ENG.). 18p. (J). pap. **(978-1-922835-75-8(7))** Library For All Limited.

My Fondest Purrs, Spicy. Lorraine Abrams. 2016. (Adventures of Spicy Ser.: Vol. 3). (ENG., Illus.). (J). 19.95 (978-1-62880-101-9(8)) Published by Westview, Inc.

My Fondest Purrs, Spicy. Abrams Lorraine. 2017. (Adventures of Spicy - 3 Ser.). (ENG., Illus.). (J). pap. 9.75 (978-1-62880-120-0(4)) Published by Westview, Inc.

My Food see Mis Comidas

My Food, Your Food, Our Food. Emma Bernay & Emma Carlson Berne. Illus. by Sharon Sordo. 2018. (How Are We

Alike & Different? Ser.). (ENG.). 24p. (J). (gr. -1-2). pap. 7.95 *(978-1-68410-290-7(1)*, 139061); lib. bdg. 33.99 *(978-1-68410-238-9(3)*, 138442) Cantata Learning.

My Football Family. Andy Holloway. Illus. by Honee Jang. 2022. (ENG.). 32p. (J). 18.99 *(978-1-250-84715-7(X)*, 900257320) Roaring Brook Pr.

My Footprints. Bao Phi. Illus. by Ngoc Diep Barbara Tran. 2019. (ENG.). 32p. (J). (gr. k-4). lib. bdg. 19.99 *(978-1-68446-000-7(X)*, 138466, Capstone Editions) Capstone.

My Forefathers Are Still Walking with Me: Verbal Essays on Qizhjeh an Tsaynen Dena'ina Traditions (Classic Reprint) Andrew Baluta. 2017. (ENG., Illus.). (J). 180p. 27.63 *(978-0-332-75176-4(7))*; pap. 10.57 *(978-0-282-43787-9(8))* Forgotten Bks.

My Forest Friends. Illus. by Karina Dupuis & Annie Sechao. 2022. (Bath Bks.). 8p. (J). (— 1). 6.99 *(978-2-89802-398-9(1)*, CrackBoom! Bks.) Chouette Publishing CAN. Dist: Publishers Group West (PGW).

My Forest Is Green. Darren Lebeuf. Illus. by Ashley Barron. (ENG.). 32p. (J). (gr. -1-2). 2022. 9.99 *(978-1-5253-0925-0(0))*; 2019. 19.99 *(978-1-77138-930-3(3))* Kids Can Pr., Ltd. CAN. Dist: Hachette Bk. Group.

My Forest Was Green see Verde Fue Mi Selva

My Forever Friend! Carol McGinnis-Yeje. 2018. (ENG., Illus.). (J). 62p. pap. *(978-1-387-72572-4(6))*; 64p. pap. *(978-1-387-73650-8(7))* Lulu Pr., Inc.

My Forever Home. Andrea D. Malone. 2021. (Oh, Bella! Tales of a Rescue Dog Ser.: Vol. 1). (ENG.). 18p. (J). *(978-0-2288-3332-1(9))*; pap. *(978-0-2288-3331-4(0))* Tellwell Talent.

My Forever Super Hero. Fatima Devine. Illus. by Cynthia Laroche. 2020. (ENG.). 66p. (YA). pap. 17.95 *(978-1-0879-3686-4(1))* Indy Pub.

My Forgetful Mom. Lizy J. Campbell. 2018. (ENG., Illus.). 40p. (J). pap. 11.99 *(978-1-948390-61-3(2))* Pen It Pubns.

My Four Seasons. Dawid Ryski. 2017. (ENG., Illus.). 32p. (J). (gr. -1-3). 19.95 *(978-3-89955-784-8(0))* Die Gestalten Verlag DEU. Dist: Ingram Publisher Services.

My Four Weeks in France. Ring W. Lardner. 2017. (ENG., Illus.). (J). pap. *(978-0-649-17718-9(5))* Trieste Publishing Pty Ltd.

My Four Weeks in France (Classic Reprint) Ring W. Lardner. 2017. (ENG., Illus.). (J). 27.96 *(978-0-331-56639-0(7))* Forgotten Bks.

My Fourteen Months at the Front: An American Boy's Baptism of Fire (Classic Reprint) William J. Robinson. 2018. (ENG., Illus.). 234p. (J). 28.74 *(978-0-666-73929-2(3))* Forgotten Bks.

My Fourth of July. Jerry Spinelli. Illus. by Larry Day. 40p. (J). (gr. -1-3). 2022. pap. 8.99 *(978-0-8234-5173-9(9))*; 2019. 18.99 *(978-0-8234-4288-1(8))* Holiday Hse., Inc. (Neal Porter Bks).

My French Friends (Classic Reprint) Constance Elizabeth Maud. 2018. (ENG., Illus.). 344p. (J). 30.99 *(978-0-267-67456-5(2))* Forgotten Bks.

My French Journey. Pennapa Ruben. 2020. (ENG.). 28p. (J). *(978-0-2288-3496-0(1))*; pap. *(978-0-2288-2594-4(6))* Tellwell Talent.

My French Year (Classic Reprint) Constance Elizabeth Maud. 2018. (ENG., Illus.). 322p. (J). 30.54 *(978-0-483-47877-0(6))* Forgotten Bks.

My Fridge: My First Book of Food. duopress labs & Margie & Jimbo. 2017. (Illus.). 20p. (J). (gr. -1-k). bds. 7.95 *(978-1-946064-00-4(9)*, 806400) Duo Pr. LLC.

My Friend, 1 vol. Elisa Amado. Illus. by Alfonso Ruano. 2019. (ENG.). 40p. (J). (gr. k-3). 18.95 *(978-1-55498-939-3(6))* Groundwood Bks. CAN. Dist: Publishers Group West (PGW).

My Friend! Taye Diggs. Illus. by Shane W. Evans. 2021. (ENG.). 40p. (J). 18.99 *(978-1-250-13535-3(4)*, 900178268) Feiwel & Friends.

My Friend. Diane Larry. 2021. (ENG.). 20p. (J). 16.99 *(978-1-955955-85-0(9))*; pap. 6.99 *(978-1-955955-84-3(0))* GoldTouch Pr.

My Friend Andee. Kate Henry. 2021. (ENG., Illus.). 28p. (J). 21.95 *(978-1-0980-6720-5(7))* Christian Faith Publishing.

My Friend Annabel Lee (Classic Reprint) Mary Maclane. 2017. (ENG., Illus.). (J). 29.51 *(978-0-265-90758-0(6))* Forgotten Bks.

My Friend Ben & the Big Race. Charles Beyl. Illus. by Charles Beyl. 2022. (Chip & Ben Book Ser.). (ENG., Illus.). 32p. (J). (gr. -1-3). 17.99 *(978-0-8075-5464-7(2)*, 807554642) Whitman, Albert & Co.

My Friend Ben & the First Snow. Charles Beyl. Illus. by Charles Beyl. 2022. (Chip & Ben Book Ser.). (ENG., Illus.). 32p. (J). (gr. -1-3). 17.99 *(978-0-8075-5470-8(7)*, 0807554707) Whitman, Albert & Co.

My Friend Ben & the New Neighbor. Charles Beyl. Illus. by Charles Beyl. 2023. (Chip & Ben Book Ser.). (ENG., Illus.). 32p. (J). (gr. -1-3). 18.99 ***(978-0-8075-5281-0(X)***, 080755281X) Whitman, Albert & Co.

My Friend Ben Won't Share. Charles Beyl. Illus. by Charles Beyl. 2021. (Chip & Ben Book Ser.). (ENG., Illus.). 32p. (J). (gr. -1-3). 16.99 *(978-0-8075-5443-2(X)*, 080755443X) Whitman, Albert & Co.

My Friend Bill: Many Stories Told in the Telling of One (Classic Reprint) Anson Albert Gard. 2018. (ENG., Illus.). 354p. (J). 31.22 *(978-0-483-01343-8(9))* Forgotten Bks.

My Friend Billy. Gary S. Brayshaw. 2020. (Machination Trilogy Ser.: Vol. 1). (ENG.). 476p. (J). 24.99 *(978-1-0878-6772-4(X))* Indy Pub.

My Friend Ernest. Emma Allen. Illus. by Hannah Sommerville. 2019. (ENG.). 32p. pap. 6.99 *(978-1-4607-5054-4(3)*, HarperCollins) HarperCollins Pubs.

My Friend Filomena. Ed Damiano. 2022. (ENG.). 38p. (J). 17.95 *(978-1-63755-323-7(4)*, Mascot Kids) Amplify Publishing Group.

My Friend Fritz. Ramesh Batra. 2017. (ENG.). 271p. (J). 26.95 *(978-1-78612-501-9(3)*, 877cd685-6640-427a-84ea-e22fe02e02a0) Austin Macauley Pubs. Ltd. GBR. Dist: Baker & Taylor Publisher Services (BTPS).

My Friend Gavin: Let's Be Friends. Renee Lear. 2019. (ENG.). 24p. (J). (gr. k-6). pap. 7.99 *(978-1-950580-69-9(5))* Bookwhip.

My Friend, Happy: Padded Board Book. IglooBooks. Illus. by Siân Roberts. 2021. (ENG.). 24p. (J). (-k). bds. 8.99 *(978-1-80022-822-1(8))* Igloo Bks. GBR. Dist: Simon & Schuster, Inc.

My Friend Is a Whale. Angela Chirila. 2021. (ENG.). 28p. (J). 17.99 *(978-1-0879-8895-5(0))*; pap. 12.99 *(978-1-0879-1251-6(2))* Indy Pub.

My Friend Is an Alien Coloring Book. Activibooks For Kids. 2016. (ENG., Illus.). (J). pap. 9.20 *(978-1-68321-788-6(8))* Mimaxion.

My Friend Is Deaf. Dana Pride. Illus. by Jahla Brown. 2018. (ENG.). 28p. (Orig.). (J). pap. 9.95 *(978-0-9983858-3-9(2))* Everlasting Publishing.

My Friend Jackson. Sharon Wasson. 2022. (ENG.). 28p. (J). *(978-1-922792-59-4(4))* Australian Self Publishing Group/ Inspiring Pubs.

My Friend Jake Has Autism: A Book to Explain Autism to Children, UK English Edition. Christine R. Draper. 2019. (ENG., Illus.). 42p. (J). (gr. k-2). *(978-1-909986-61-9(5))*; pap. *(978-1-909986-55-8(0))* achieve2day.

My Friend Jake Has Autism: A Book to Explain Autism to Children, US English Edition. Christine R. Draper. 2019. (ENG.). 40p. (J). (gr. k-2). *(978-1-909986-62-6(3))*; pap. *(978-1-909986-60-2(7))* achieve2day.

My Friend Jen: The Check Up. Jenica Leah. 2020. (My Friend Jen Ser.: Vol. 2). (ENG.). 26p. (J). pap. *(978-0-9956641-3-5(7))* JLG Publishing.

My Friend Jesus. Author Latoya M. Hosey Illustra Marino. 2018. (ENG., Illus.). 52p. (J). 24.49 *(978-1-5456-2843-0(2))*; pap. 13.49 *(978-1-5456-2735-8(5))* Salem Author Services.

My Friend Jim: A Story of Real Boys & for Them (Classic Reprint) Martha James. 2018. (ENG., Illus.). 222p. (J). 28.48 *(978-0-267-20096-2(X))* Forgotten Bks.

My Friend Jim (Classic Reprint) William Edward Norris. (ENG., Illus.). (J). 2018. 230p. 28.64 *(978-0-267-00586-4(5))*; 2017. pap. 10.97 *(978-0-259-02036-3(2))* Forgotten Bks.

My Friend Jim, Vol. 1 of 2 (Classic Reprint) William Edward Norris. 2018. (ENG., Illus.). (J). 218p. 28.39 *(978-0-366-50213-4(1))*; 220p. pap. 10.97 *(978-0-365-80612-7(9))* Forgotten Bks.

My Friend Josh Has Dyspraxia. Christine R. Draper. Ed. by Ruth-Abigail Williams. Illus. by Antonella Cammarano. 2018. (ENG.). 44p. (J). pap. *(978-1-909986-19-0(4))* achieve2day.

My Friend Julia: A Sesame Street (r) Book about Autism. Jennifer Cook. 2023. (ENG., Illus.). 24p. (J). (gr. -1-2). pap. 9.99 Lerner Publishing Group.

My Friend Junior. Julie Lopez. 2022. (ENG.). 18p. (J). pap. 10.99 ***(978-1-0879-6575-8(6))*** Indy Pub.

My Friend, Loonie. Nina LaCour. Illus. by Ashling Lindsay. 2023. (ENG.). 32p. (J). (gr. -1-3). 18.99 *(978-1-5362-1393-5(4))* Candlewick Pr.

My Friend Lucas. Jamie O'Rourke. 2021. (ENG.). 22p. (J). 21.95 *(978-1-63630-297-3(1))*; pap. 11.95 *(978-1-63630-296-6(3))* Covenant Bks.

My Friend Lucky. David Milgrim. ed. 2018. (Ready-To-Read Ser.). (ENG.). 28p. (J). (gr. -1-1). 13.89 *(978-1-64310-498-0(5))* Penworthy Co., LLC, The.

My Friend Lucky: Ready-To-Read Pre-Level 1. David Milgrim. Illus. by David Milgrim. 2017. (Ready-To-Read Ser.). (ENG., Illus.). 32p. (J). (gr. -1-k). pap. 4.99 *(978-1-4814-8901-0(1)*, Simon Spotlight) Simon Spotlight.

My Friend Maddy. Emberly Zellars. Illus. by Abigail Tan. 2023. 28p. (J). (gr. 6-8). pap. 8.99 ***(978-1-6678-8678-7(9))*** BookBaby.

My Friend Maggie. Hannah E. Harrison. 2016. (Illus.). 40p. (J). (gr. -1-3). 17.99 *(978-0-525-42916-6(6)*, Dial Bks) Penguin Young Readers Group.

My Friend Maya. Kiran Shines. 2020. (Consciousness for Children & Their Parents Ser.: Vol. 1). (ENG.). 32p. (J). *(978-0-2288-1950-9(4))*; pap. *(978-0-2288-1948-6(2))* Tellwell Talent.

My Friend Ookie Can. Ed. by G. E. M. 2020. (My Friend Ookie Ser.: Vol. 1). (ENG.). 32p. (J). pap. 17.95 *(978-1-951883-01-0(2))* Butterfly Typeface, The.

My Friend Ookie Can: A Coloring Book. B. Marie. Ed. by Iris M. Williams. 2020. (ENG.). 28p. (J). pap. 10.95 *(978-1-951883-24-9(1))* Butterfly Typeface, The.

My Friend Ookie Counts. Ed. by Madison Lawson. Illus. by Fishline. 2020. (My Friend Ookie Ser.). (ENG.). 34p. (J). pap. 15.95 *(978-1-951883-30-0(6))* Butterfly Typeface, The.

My Friend, or Incidents in Life: Founded on Truth; a Trifle for Children (Classic Reprint) Unknown Author. 2018. (ENG., Illus.). 52p. (J). 24.97 *(978-0-484-37189-6(4))* Forgotten Bks.

My Friend Pasquale, & Other Stories (Classic Reprint) James Selwin Tait. 2018. (ENG., Illus.). 338p. (J). 30.89 *(978-0-484-11390-8(9))* Forgotten Bks.

My Friend Phil (Classic Reprint) Isabel Maud Peacocke. 2017. (ENG., Illus.). (J). 30.87 *(978-0-331-16987-4(8))* Forgotten Bks.

My Friend Poppi. E. Alfreda Walker. Illus. by Raamiah Hupp. 2023. (ENG.). 26p. (J). pap. 14.99 ***(978-1-6628-7737-7(4))*** Salem Author Services.

My Friend Prospero: A Novel (Classic Reprint) Henry Harland. 2018. (ENG., Illus.). 334p. (J). 30.79 *(978-0-483-63194-6(9))* Forgotten Bks.

My Friend Pup-Pup: Mi Amigo Pup-Pup. Cynthia Y. Anderson. Illus. by Darnell C. Lemon. 2019. (ENG.). 34p. (J). (gr. k-5). 16.99 *(978-1-7327901-1-7(6))* Wolfy International Corp.

My Friend Robot! Sunny Scribens. Illus. by Hui Skipp. 2017. (ENG.). 32p. (J). (gr. -1-1). 16.99 *(978-1-78285-322-0(7))* Barefoot Bks., Inc.

My Friend Robot. Sunny Scribens. Illus. by Hui Skipp. 2022. (Barefoot Singalongs Ser.). (ENG.). 32p. (J). (gr. -1-2). pap. 9.99 *(978-1-64686-587-1(1))* Barefoot Bks., Inc.

My Friend Slappy, 12. R. L. Stine. ed. 2021. (Goosebumps SlappyWorld Ser.). (ENG., Illus.). 138p. (J). (gr. 4-5). 17.46 *(978-1-68505-019-1(0))* Penworthy Co., LLC, The.

My Friend Slappy (Goosebumps SlappyWorld #12) R. L. Stine. 2020. (Goosebumps SlappyWorld Ser.: 12). (ENG.). 160p. (J). (gr. 3-7). pap. 6.99 *(978-1-338-35577-2(5)*, Scholastic Paperbacks) Scholastic, Inc.

My Friend Spirit. Yasmin Chambers. Illus. by Khaiyah Navah Carter. 2023. (ENG.). 32p. (J). 30.99 ***(978-1-6628-2314-5(2))***; pap. 20.99 ***(978-1-6628-2313-8(4))*** Salem Author Services.

My Friend Sweet Mouse. Dursaliye Sahan. Illus. by Dilber Duygu Temur. 2021. (ENG.). 20p. (J). pap. *(978-1-913961-12-1(5))* Pr. Dionysus Ltd.

My Friend Swoop. Tim Bernard. 2021. (ENG.). 30p. (J). 25.99 *(978-1-0983-8669-6(8))* BookBaby.

My Friend Tertius. Corinne Fenton. Illus. by Owen Swan. 2017. (ENG.). 32p. (J). (gr. k-3). 19.99 *(978-1-76011-382-7(4))* Allen & Unwin AUS. Dist: Independent Pubs. Group.

My Friend the Boss (Classic Reprint) Edward Everett Hale. 2018. (ENG., Illus.). 206p. (J). 28.15 *(978-0-483-36020-4(1))* Forgotten Bks.

My Friend the Chauffeur (Classic Reprint) C. N. Williamson. 2017. (ENG., Illus.). (J). 31.20 *(978-1-5285-8607-8(7))* Forgotten Bks.

My Friend the Chauffeur (Classic Reprint) Charles Norris Williamson. (ENG., Illus.). (J). 2018. 364p. 31.40 *(978-0-483-62482-5(9))*; 2017. pap. 13.97 *(978-0-243-29549-4(9))* Forgotten Bks.

My Friend the Painter, 1 vol. Wayan James. 2016. (Rosen REAL Readers: STEM & STEAM Collection). (ENG.). 12p. (gr. 1-2). pap. 6.33 *(978-1-5081-2661-4(5)*, aa92d171-514d-4a9c-a632-9b3f8e2fbe0a, Rosen Classroom) Rosen Publishing Group, Inc., The.

My Friend the Snow. Bessie T. Wilkerson. 2020. (ENG.). 32p. (J). 26.49 *(978-1-6628-0055-9(X))*; pap. 19.99 *(978-1-63129-374-0(5))* Salem Author Services.

My Friend the Wind. Bessie T. Wilkerson. 2016. (ENG., Illus.). (J). 20.99 *(978-1-4984-9120-4(0))*; pap. 9.99 *(978-1-4984-9119-8(7))* Salem Author Services.

My Friend Timothy James. Coral & Camille Maxwell. 2022. (ENG.). 46p. (J). *(978-1-5289-1628-8(X))*; pap. *(978-1-5289-1627-1(1))* Austin Macauley Pubs. Ltd.

My Friend Will: Including the Little Boy That Was (Classic Reprint) Charles Fletcher Lummis. (ENG., Illus.). (J). 2018. 72p. 25.40 *(978-0-483-68200-9(4))*; 2016. pap. 9.57 *(978-1-334-15820-9(7))* Forgotten Bks.

My Friend with Autism: Enhanced Edition. 3rd ed. 2020. (Illus.). 38p. (J). (gr. -1-1). pap. 14.95 *(978-1-949177-50-3(5)*, P640300) Future Horizons, Inc.

My Friendly Neighborhood (Set), 12 vols. 2018. (My Early Library: My Friendly Neighborhood Ser.). (ENG., Illus.). 24p. (J). (gr. k-1). 367.68 *(978-1-5341-0698-7(7)*, 210515); pap., pap., pap. 153.43 *(978-1-5341-0797-7(5)*, 210516) Cherry Lake Publishing.

My Friends see Mis Amigos

My Friends. Grace Jones. 2017. (Our Values - Level 1 Ser.). (Illus.). 24p. (J). (gr. 1-1). *(978-0-7787-3247-1(9))* Crabtree Publishing Co.

My Friends: A Precious Treasure Book. Jenny Lambrigger. 2022. (ENG., Illus.). 46p. (J). 24.95 ***(978-1-68570-519-0(7))*** Christian Faith Publishing.

My Friends & I: Short Stories & Activities to Master Key Social Skills. Mary Loanga-Balamba. 2019. (ENG.). 28p. (J). pap. *(978-1-9996675-4-2(9))* MIINII.

My Friends & I (Classic Reprint) Julian Sturgis. (ENG., Illus.). (J). 2018. 242p. 28.91 *(978-0-428-87310-3(3))*; 2017. pap. 11.57 *(978-1-334-92736-2(7))* Forgotten Bks.

My Friends & Me. Patty Ann. 2022. (ENG., Illus.). 20p. (J). pap. 12.95 *(978-1-63844-853-2(1))* Christian Faith Publishing.

My Friends & Me: A Celebration of Different Kinds of Families. Stephanie Stansbie. Illus. by Katy Halford. 2019. (ENG.). 32p. (J). (gr. -1-2). 17.99 *(978-1-68010-154-6(4))* Tiger Tales.

My Friends Are Missing. Mary Kendrick. 2021. (ENG., Illus.). 36p. (J). 25.95 *(978-1-63630-681-0(0))* Covenant Bks.

My Friends at Brook Farm. John Van Der Zee Sears. 2017. (ENG., Illus.). (J). 21.95 *(978-1-374-87302-5(0))*; pap. 10.95 *(978-1-374-87301-8(2))* Capital Communications, Inc.

My Friends at Brook Farm (Classic Reprint) John Van Der Zee Sears. 2018. (ENG., Illus.). 194p. (J). 27.90 *(978-0-428-97712-2(X))* Forgotten Bks.

My Friend's Book (Classic Reprint) Anatole France. 2017. (ENG., Illus.). (J). 30.08 *(978-0-260-51704-3(6))* Forgotten Bks.

My Friends in the Forest. Meg L.Hewison. 2020. (ENG.). 42p. (J). pap. ***(978-1-716-71694-2(2))*** Lulu Pr., Inc.

My Friends Journal Coloring Craze: Journaling Collection. Agnes De Bezenac & Salem De Bezenac. Illus. by Agnes De Bezenac. 2018. (Pretty Joys Ser.: Vol. 7). (ENG., Illus.). 54p. (J). (gr. 4-6). pap. 7.00 *(978-1-63474-235-1(4))* iCharacter.org.

My Friends Make Me Happy! Jan Thomas. 2018. (Giggle Gang Ser.). (ENG., Illus.). 48p. (J). (gr. -1-3). 9.99 *(978-0-544-96655-0(4)*, 1662287, Clarion Bks.) HarperCollins Pubs.

My Friends the Penguins: Go to School. Katlyn Aubitz. 2023. (ENG.). 26p. (J). pap. 12.95 ***(978-1-959681-08-3(7))*** Kirk Hse. Pubs.

My Friends the Penguins: Having Fun Together. Katlyn Aubitz & Ann Aubitz. Illus. by Andrea Montano. 2018. (ENG.). 34p. (J). pap. 12.95 *(978-1-946195-23-4(5))* FuzionPrint.

My Friends the Penguins - Make Soup Together. Katlyn Aubitz. Illus. by Andrea Montano & Ashley Aubitz. 2020. (ENG.). 30p. (J). pap. 12.95 *(978-1-946195-68-5(5))* FuzionPrint.

My Friends the Savages (Classic Reprint) Giovanni Battista Cerruti. (ENG., Illus.). (J). 2018. 332p. 30.76 *(978-0-267-31387-7(X))*; 2016. pap. 13.57 *(978-1-333-43337-6(9))* Forgotten Bks.

My Fun Aunt Millie. Tina Bauer. Illus. by Luke Travers. 2022. (ENG.). 34p. (J). 17.99 ***(978-1-7375675-6-1(3))*** Bauer, Tina.

My Fun Colouring Book. Anna Award. 2017. (ENG.). 16p. (J). pap. 2.99 *(978-1-84135-274-9(8))*; pap. 2.99 *(978-1-84135-275-6(6))*; pap. 2.99 *(978-1-84135-273-2(X))* Award Pubns. Ltd. GBR. Dist: Parkwest Pubns., Inc.

My Fun Colouring Book Bus: ABC Buses. Anna Award. 2017. (ENG.). 16p. (J). pap. 2.99 *(978-1-84135-272-5(1))* Award Pubns. Ltd. GBR. Dist: Parkwest Pubns., Inc.

My Fun Flap Book: My Fun Fire Truck. Roger Priddy. 2021. (My Fun Flap Bks.). (ENG., Illus.). 10p. (J). bds. 10.99 *(978-1-68449-079-0(0)*, 900223640) St. Martin's Pr.

My Fun School Bus Lift-The-flap. Roger Priddy. 2018. (My Fun Flap Bks.). (ENG., Illus.). 10p. (J). bds. 10.99 *(978-0-312-52649-8(0)*, 900185562) St. Martin's Pr.

My Funday School Class: Whoa, What Matchless Love! Hannah M. Ngando Mph Dhsc. 2021. (ENG.). 186p. (YA). 29.99 *(978-1-6628-1656-7(1))*; pap. 19.49 *(978-1-6628-1372-6(4))* Salem Author Services.

My Funny Bunny. Christine Roussey. 2019. (ENG., Illus.). 32p. (J). (gr. -1-1). 16.99 *(978-1-4197-3618-6(3)*, 1271001, Abrams Bks. for Young Readers) Abrams, Inc.

My Funny Family down Under. Chris Higgins. 2016. (My Funny Family Ser.). (ENG.). 160p. (J). (gr. 2-4). pap. *(978-1-4449-2577-7(6))* Hachette Children's Group.

My Fur Baby, Cat Log Book: Pet Information Book, Pet Training Log, Pet Expense Tracker, Vet Appointment, Gifts for Cat Lovers, Cat Mom Gifts. Illus. by Paperland Online Store. 2022. (ENG.). 102p. (J). pap. ***(978-1-387-56404-0(8))*** Lulu Pr., Inc.

My Fur-Ever Family. Lisa Overcash. 2017. (ENG., Illus.). (J). (gr. k-5). 18.95 *(978-0-9985540-0-6(6))* Embracing Life.

My Furry Brother. Holly Henry. Illus. by Vera Gachot. 2020. (ENG.). 28p. (J). pap. 13.95 *(978-1-64670-823-9(7))* Covenant Bks.

My Furry Foster Family. Debbi Michiko Florence. Illus. by Melanie Demmer. 2020. (My Furry Foster Family Ser.). (ENG.). 72p. (J). (gr. k-2). 191.92 *(978-1-5158-7096-8(0)*, 199190); pap., pap., pap. 63.60 *(978-1-5158-7341-9(2)*, 201798) Capstone. (Picture Window Bks.).

My Furry Friend. Brett Hillary Aronowitz. Illus. by Hillary Hillary Aronowitz. l.t. ed. 2020. (ENG.). 32p. (J). (gr. k-6). 26.82 ***(978-1-7348204-2-3(X))*** chickenscratchPr.

My Fuzzy Valentine Deluxe Edition (Sesame Street) Naomi Kleinberg. Illus. by Louis Womble. 2018. (ENG.). 12p. (J). (— 1). bds. 9.99 *(978-1-9848-5041-6(5)*, Random Hse. Bks. for Young Readers) Random Hse. Children's Bks.

My 'g' Sound Box. Jane Belk Moncure. Illus. by Rebecca Thornburgh. 2018. (Jane Belk Moncure's Sound Box Bks.). (ENG.). 32p. (J). (gr. -1-2). 35.64 *(978-1-5038-2310-5(5)*, 212139) Child's World, Inc, The.

My Galahad of the Trenches: Being a Collection of Intimate Letters of Lieut. Vinton a Dearing (Classic Reprint) Vinton Adams Dearing. 2018. (ENG., Illus.). 104p. (J). 26.04 *(978-0-267-22654-2(3))* Forgotten Bks.

My Gallipoli. Robert Hannaford & Ruth Starke. 2019. (Illus.). 48p. 17.99 *(978-1-921504-76-1(5)*, Working Title Pr.) HarperCollins Pubs. Australia AUS. Dist: HarperCollins Pubs.

My Garden. Happy Yak. Illus. by Marijke Buurlage. 2022. (My World in 100 Words Ser.). (ENG.). 20p. (J). (gr. -1 — 1). bds. 9.99 ***(978-0-7112-5725-2(6)***, Happy Yak) Quarto Publishing Group UK GBR. Dist: Hachette Bk. Group.

My Garden Home. Little Bee Books. Illus. by carciofocontento. 2017. (ENG.). 16p. (J). (gr. -1-k). bds. 7.99 *(978-1-4998-0443-0(1))* Little Bee Books Inc.

My Garden in the City of Gardens: A Memory with Illustrations (Classic Reprint) Edith Edith. 2018. (ENG., Illus.). 320p. (J). 30.50 *(978-0-267-23643-5(3))* Forgotten Bks.

My Garden Neighbors: True Stories of Nature's Children (Classic Reprint) Lucas Albert Reed. (ENG., Illus.). (J). 2018. 260p. 29.26 *(978-0-428-65705-5(2))*; 2017. pap. 11.97 *(978-0-259-48971-9(9))* Forgotten Bks.

My Garden of Hearts: A Collection of the Best Short Stories & Essays Written During a Long Literary Lifetime (Classic Reprint) Margaret E. Sangster. (ENG., Illus.). (J). 2018. 452p. 33.22 *(978-0-365-24333-5(7))*; 2017. pap. 16.57 *(978-1-5276-0890-0(5))* Forgotten Bks.

My Garden of Roses, or the Footnotes of Life (Classic Reprint) John I. Lewis. 2018. (ENG., Illus.). 112p. (J). 26.23 *(978-0-484-31897-6(7))* Forgotten Bks.

My Garden's Alphabet. Lily Diboca. 2022. (ENG., Illus.). 22p. (J). pap. 13.95 ***(978-1-63881-447-4(3))*** Newman Springs Publishing, Inc.

My Generation (Classic Reprint) Sarah Anna Emery. 2017. (ENG., Illus.). (J). 29.82 *(978-0-260-19199-1(X))* Forgotten Bks.

My German Prisons: The Story of My Two & a Half Years of Captivity in Germany & My Final Escape, November 14, 1914 April 8, 1917 (Classic Reprint) Horace Gray Gilliland. 2018. (ENG., Illus.). 276p. (J). 29.59 *(978-0-332-06659-2(2))* Forgotten Bks.

My Ghost Goes Shopping Too? Anthony Crutcher. Illus. by Logan Mungo. 2022. (ENG.). 26p. (J). pap. 14.99 *(978-1-6628-4145-3(0))* Salem Author Services.

My Giant Book of Mazes: Kids Activity Book. Activibooks For Kids. 2016. (ENG., Illus.). (J). pap. 7.55 *(978-1-68321-556-1(7))* Mimaxion.

My Giant Book of Nature Projects: Fun & Easy Learning, with Simple Step-By-Step Experiments. Steve Parker & Jane Parker. 2019. (Illus.). 24p. (J). (gr. -1-12). pap. 10.00 *(978-1-86147-861-0(5)*, Armadillo) Anness Publishing GBR. Dist: National Bk. Network.

My Giant Book of Science Projects: Fun & Easy Learning, with Simple Step-By-Step Experiments. Steve Parker & Jane Parker. 2019. (Illus.). 24p. (J). (gr. -1-12). pap. 10.00 *(978-1-86147-855-9(0)*, Armadillo) Anness Publishing GBR. Dist: National Bk. Network.

My Giant Seek-And-Find Activity Book: More Than 200 Activities: Match It, Puzzles, Searches, Dot-To-Dot, Coloring, Mazes, & More! Roger Priddy. 2016. (Seek-And-Find Ser.). (ENG., Illus.). 200p. (J). pap. 11.99 *(978-0-312-52065-6(4)*, 900161688) St. Martin's Pr.

My Giant Storybook Library: With 24 Storybooks & 6 Sticker Sheets. IglooBooks. 2021. (ENG.). 24p. (J). (gr. -1-5). 19.99 *(978-1-80022-780-4(9))* Igloo Bks. GBR. Dist: Simon & Schuster, Inc.

My Gigantic Book of Mazes: Kids Activity Book. Activibooks For Kids. 2016. (ENG., Illus.). (J). pap. 7.55 *(978-1-68321-557-8(5))* Mimaxion.

My Ginormous Color by Number Coloring Book - Color by Number Large Edition. Activibooks For Kids. 2016. (ENG., Illus.). (J). pap. 9.25 *(978-1-68321-140-2(5))* Mimaxion.

My Giraffe ABCs. Happy Learning. 2023. (ENG.). 72p. (J). pap. 14.91 ***(978-1-4478-0128-3(8))*** Lulu Pr., Inc.

1408

The check digit for ISBN-10 appears in parentheses after the full ISBN-13

My Girl the World. Heather Themm. Illus. by Larisa Ivankovic. 2021. (ENG.). 32p. (J). pap. 10.95 *(978-0-578-79104-3(8))* Themm, Heather.

My Girls' Stuff: Giant Coloring Books for Girls. Jupiter Kids. 2016. (ENG., Illus.). 106p. (J). pap. 12.55 *(978-1-68305-293-7(5),* Jupiter Kids (Childrens & Kids Fiction)) Speedy Publishing LLC.

My Girragundji 20th Anniversary Edition. Meme McDonald & Boori Monty Pryor. 20th ed. 2018. (ENG.). 96p. (J). (gr. 3-5). pap. 12.99 *(978-1-76029-710-7(0))* Allen & Unwin AUS. Dist: Independent Pubs. Group.

My Glamorous Grandma & the Pretty Pink Pony. Sandra A. Nowicki. Illus. by Sandra A. Nowicki. 2020. (ENG.). 26p. (J). pap. 14.00 *(978-0-692-18617-6(4))* Nowicki, Sandra Ann.

My Global Address. Tamara Nunn. 2017. (Learn-To-Read Ser.). (ENG., Illus.). (J). pap. 3.49 *(978-1-68310-249-6(5))* Pacific Learning, Inc.

My God Loves Me Bible, 1 vol. Cecilie Fodor. Illus. by Gavin Scott. 2019. 40p. (J). (-k). bds. 12.99 *(978-0-8254-4632-0(5))* Kregel Pubns.

My God, Your God, Our God. Franz Hübner. Illus. by Giuliano Ferri. 2019. (ENG.). 32p. (J). (gr. 3-7). 16.95 *(978-0-8091-6789-0(1))* Paulist Pr.

My Good Goat. Katrina Streza. Illus. by Bella Dawson. 2021. (Reading Stars Ser.). (ENG.). 28p. (J). (gr. k-2). 12.99 *(978-1-5324-1576-0(1))*; pap. 12.99 *(978-1-5324-1575-3(3))* Xist Publishing.

My Good Man. Eric Gansworth. 2022. (ENG.). 424p. (YA). (gr. 9-12). 21.99 *(978-1-64614-183-8(0))* Levine Querido.

My Good Night Bible (Padded) Susan Lingo. Illus. by Jacqueline East. 2017. (ENG.). 192p. (J). (gr. -1-k). 12.99 *(978-1-4627-4273-8(4),* 005793371, B&H Kids) B&H Publishing Group.

My Government (Group 2) (My Government Ser.). (ENG.). (J). 2018. pap. 84.64 *(978-1-5026-3376-7(0))*; 2017. (gr. 3-3). lib. bdg. 241.68 *(978-1-5026-3223-4(3),* e23dc240-f60f-4fa9-a982-2b9e684a2512) Cavendish Square Publishing LLC.

My Government (Groups 1 - 2) 2017. (My Government Ser.). (ENG.). (J). pap. 162.12 *(978-1-5026-3383-5(3))*; (gr. 3-3). lib. bdg. 422.94 *(978-1-5026-3224-1(1),* 2d70e028-b8bc-402d-821c-1a6ad1038019) Cavendish Square Publishing LLC.

My GPS Won't Work! a Quick Guide to Reading Maps Social Studies Grade 4 Children's Geography & Cultures Books. Baby Professor. 2020. (ENG.). 72p. (J). 24.99 *(978-1-5419-7940-6(0))*; pap. 14.99 *(978-1-5419-7772-3(6))* Speedy Publishing LLC. (Baby Professor (Education Kids)).

My Gracie. Nikki Gangemi. Illus. by Justice Naim. 2018. (ENG.). 28p. (J). (gr. 2-5). pap. 9.95 *(978-0-692-05033-0(7))* Mindful Matters LLC.

My Gramma Takes the Cake. Paula Moyer Savaiano. 2017. (ENG., Illus.). (J). pap. 10.95 *(978-1-9736-0113-5(3),* WestBow Pr.) Author Solutions, LLC.

My Grammar & I Activity Book. Daniel Smith. 2016. (ENG.). 224p. pap. 14.95 *(978-1-78243-580-8(8))* O'Mara, Michael Bks., Ltd. GBR. Dist: Independent Pubs. Group.

My Gran & Grandad: Leveled Reader Yellow Non Fiction Level 8/9 Grade 1. Hmh Hmh. 2019. (Rigby PM Ser.). (ENG.). 16p. (J). (gr. 1). pap. 11.00 *(978-0-358-12179-4(5))* Houghton Mifflin Harcourt Publishing Co.

My Grandad Has Alz-Eye-Murs. Bernadette Muckian. 2022. (ENG.). 92p. (YA). pap. ***(978-1-80227-952-8(0))*** Publishing Push Ltd.

My Grandchild's Holy Thoughts & Words: A. D. 1865 (Classic Reprint) Unknown Author. (ENG., Illus.). (J). 2018. 22p. 24.35 *(978-0-484-12418-8(8))*; 2017. pap. 7.97 *(978-0-243-53264-3(4))* Forgotten Bks.

My Granddaughter Is Santa's Secret Elf. Put Me In The Story & Katherine Sully. Illus. by Julia Seal. 2018. (Santa's Secret Elf Ser.). (ENG.). 32p. (J). (gr. k-3). 5.99 *(978-1-4926-8171-7(7))* Sourcebooks, Inc.

My Granddaughter on the North Pole Express. J. D. Green. Illus. by Joanne Partis. 2022. (North Pole Express Bears Ser.). (ENG.). 32p. (J). (gr. -1-3). 7.99 ***(978-1-7282-6938-2(5))*** Sourcebooks, Inc.

My Granddaughter on the North Pole Express. J. D. Green. 2019. (North Pole Express Ser.). (ENG.). 32p. (J). (gr. -1-3). 7.99 ***(978-1-7282-0373-7(2))*** Sourcebooks, Inc.

My Granddaughter's Christmas Wish. Put Me In The Story & J. D. Green. Illus. by Julia Seal. 2018. (Christmas Wish Ser.). (ENG.). 32p. (J). (gr. k-3). 6.99 ***(978-1-4926-8364-3(7))*** Sourcebooks, Inc.

My Grandfather Floating up in the Air. Andrew Brookman. 2022. (ENG.). 38p. (J). pap. ***(978-0-7223-4727-0(8))*** Stockwell, Arthur H. Ltd.

My Grandfather's Old Coat: A Political Allegory (Classic Reprint) Reisender Reisender. 2018. (ENG., Illus.). 24p. (J). 24.39 *(978-0-332-10178-1(9))* Forgotten Bks.

My Grandma & Me. Mina Javaherbin. Illus. by Lindsey Yankey. (ENG.). 32p. (J). (gr. -1-3). 2022. 7.99 *(978-1-5362-2355-2(7))*; 2019. 16.99 *(978-0-7636-9494-4(0))* Candlewick Pr.

My Grandma Could Do Anything in Hawaii! Ric Dilz. 2019. (Illus.). 32p. (J). 16.95 *(978-0-9758704-5-7(9))* Ric Design LLC.

My Grandma Drives a Jeep. Karin McCay. 2021. (ENG.). 38p. (J). pap. 5.99 *(978-1-64945-106-4(7))* Waldorf Publishing.

My Grandma Has Pink Hair. Judy Hubbard. Illus. by Sean Anderson. 2021. (ENG.). 24p. (J). (-k). 18.99 *(978-1-922385-26-0(3))* Bonnier Publishing GBR. Dist: Independent Pubs. Group.

My Grandma Is a Judge! Understanding Government, 1 vol. Rosie McKee. 2018. (Civics for the Real World Ser.). (ENG.). 12p. (gr. 1-2). pap. *(978-1-5383-6427-7(1),* 2e758cf6-cdbd-4a3a-ad66-c28f181417a5, Rosen Classroom) Rosen Publishing Group, Inc., The.

My Grandma Is a Superhero. Tristan Hill. Illus. by Alicia Axnick. 2020. (ENG.). 36p. (J). pap. *(978-0-6489335-0-2(4))* Hill, Tristan.

My Grandma Is a Unicorn. Christian Ivilla Danson. Illus. by Cecil Lee Jordan. 2019. (ENG.). 26p. (J). (gr. 1-6). 15.00 *(978-0-578-58872-8(2))* Wall, Christian.

My Grandma Is Great! (a Hello!Lucky Book) Hello!Lucky & Sabrina Moyle. Illus. by Eunice Moyle. 2022. (Hello!Lucky Book Ser.). (ENG.). 24p. (J). (gr. -1 — 1). bds. 7.99 *(978-1-4197-5545-3(5),* 1738710, Abrams Appleseed) Abrams, Inc.

My Grandma Is So Much Fun. Zack F. Sydney. 2020. (ENG., Illus.). 26p. (J). pap. *(978-1-83853-415-8(6))* Independent Publishing Network.

My Grandma Is the Best! D. J. Steinberg. Illus. by Ruth Hammond. 2022. 32p. (J). (gr. -1-3). 8.99 *(978-0-593-38713-9(9),* Grosset & Dunlap) Penguin Young Readers Group.

My Grandma Sings: My Grandma Sings: a Journey Through Dementia to Long-Term Care. Andrea E. Fray. 2020. (ENG.). 18p. (J). pap. *(978-0-2288-2898-3(8))* Tellwell Talent.

My Grandma Taught Me How to Throw Stuff. Jennifer Kuhns. Illus. by Linda Oyler. 2021. (ENG.). 52p. (J). pap. 13.95 *(978-1-7351297-8-5(X))* Shalako Pr.

My Grandma the Spy: Written & Illustrated by Jim Allen Jackson. Jim Allen Jackson. 2021. (ENG.). 38p. (J). pap. ***(978-1-300-24580-3(8))*** Lulu Pr., Inc.

My Grandma's Doll. Tammy Hendrickx. 2021. (ENG.). 44p. (J). *(978-1-5255-8737-5(4))*; pap. *(978-1-5255-8738-2(2))* FriesenPress.

My Grandma's Green Thumb, 1 vol. Jill Andersen. 2016. (Rosen REAL Readers: STEM & STEAM Collection). (ENG.). 8p. (gr. k-1). pap. 5.46 *(978-1-5081-2601-0(1),* 3f17634f-968f-4af4-92b0-308162a0cedd, Rosen Classroom) Rosen Publishing Group, Inc., The.

My Grandma's Love. Alretta Tolbert. 2022. (ENG., Illus.). 32p. (J). 26.95 ***(978-1-68570-050-8(0))*** Christian Faith Publishing.

My GrandMom. Gee-eun Lee. Tr. by Sophie Bowman. Illus. by Gee-eun Lee. 2022. (ENG.). 40p. (J). (gr. -1-2). 17.99 *(978-1-6625-0825-7(5),* 9781662508257, AmazonCrossing) Amazon Publishing.

My Grandmother Ironed the King's Shirts. Torill Kove. 2017. (ENG., Illus.). 32p. (J). (gr. 2-5). 16.95 *(978-1-77085-967-8(5),* 319c0f4a-7322-463c-80c3-3b4624c58445) Firefly Bks., Ltd.

My Grandmother Lives in a Shotgun House, 1 vol. Daisy Harrison. Illus. by Emile Henriquez. 2018. (ENG.). 32p. (J). (gr. -1-3). 16.99 *(978-1-4556-2302-0(4),* Pelican Publishing) Arcadia Publishing.

My Grandmother Said, Art Is Everywhere. Judith Shaw. 2022. (ENG.). 26p. (J). pap. ***(978-0-2288-7987-9(6))*** Tellwell Talent.

My Grandmother's Dragon. D. D. McDee. 2021. (ENG.). 42p. (YA). pap. 12.95 *(978-1-948261-44-9(8))* Hugo House Publishers, Ltd.

My Grandmother's Guests & Their Tales (Classic Reprint) Henry Slingsby. 2016. (ENG., Illus.). (J). pap. 13.57 *(978-1-333-72534-1(5))* Forgotten Bks.

My Grandmother's Guests & Their Tales, Vol. 1 of 2 (Classic Reprint) Henry Slingsby. (ENG., Illus.). (J). 2018. 330p. 30.70 *(978-0-483-36676-3(5))*; 2016. pap. 13.57 *(978-1-333-42702-3(6))* Forgotten Bks.

My Grandmother's Masterpiece. Madhurima Vaidyarthi. Illus. by Tanvi Bhat. 2022. (ENG.). 88p. (J). pap. 9.99 *(978-0-14-345319-2(X))* Penguin Bks. India PVT, Ltd IND. Dist: Independent Pubs. Group.

My Grandpa. Debbie Obatoki. 2021. (ENG.). 22p. (J). *(978-0-2288-4430-3(4))*; pap. *(978-0-2288-4429-7(0))* Tellwell Talent.

My Grandpa Had Bypass Surgery. Penelope Dyan. Illus. by Penelope Dyan. l.t. ed. 2019. (ENG., Illus.). 34p. (J). (gr. k-4). pap. 12.60 *(978-1-61477-400-6(5))* Bellissima Publishing, LLC.

My Grandpa Has Superpowers. David Fankushen. 2021. (ENG., Illus.). 28p. (J). pap. 13.95 *(978-1-63860-261-3(1))* Fulton Bks.

My Grandpa Is a Dinosaur. Illus. by Richard Fairgray & Terry Jones. 2016. (ENG.). 32p. (J). (gr. -1-k). 16.99 *(978-1-63450-632-8(4),* Sky Pony Pr.) Skyhorse Publishing Co., Inc.

My Grandpa Is the Best! D. J. Steinberg. Illus. by Ruth Hammond. 2022. 32p. (J). (gr. -1-3). 8.99 *(978-0-593-38711-5(2),* Grosset & Dunlap) Penguin Young Readers Group.

My Grandpa Went to Heaven. Nekisha L. Cosey. 2023. (ENG.). 52p. (J). pap. 22.99 ***(978-1-0881-2480-2(1))*** Indy Pub.

My Grandparents Love Me. Claire Freedman. Illus. by Judi Abbot. 2016. (ENG.). 32p. (J). (gr. -1-3). 18.99 *(978-1-4814-7937-0(7),* Simon & Schuster/Paula Wiseman Bks.) Simon & Schuster/Paula Wiseman Bks.

My Grandson Is Santa's Secret Elf. Put Me In The Story & Katherine Sully. Illus. by Julia Seal. 2018. (Santa's Secret Elf Ser.). (ENG.). 32p. (J). (gr. k-3). 5.99 *(978-1-4926-8179-3(2))* Sourcebooks, Inc.

My Grandson on the North Pole Express. J. D. Green. Illus. by Joanne Partis. 2022. (North Pole Express Bears Ser.). (ENG.). 32p. (J). (gr. -1-3). 7.99 ***(978-1-7282-6939-9(3))*** Sourcebooks, Inc.

My Grandson on the North Pole Express. J. D. Green. 2019. (North Pole Express Ser.). (ENG.). 32p. (J). (gr. -1-3). 7.99 ***(978-1-7282-0374-4(0))*** Sourcebooks, Inc.

My Grandson's Christmas Wish. Put Me In The Story & J. D. Green. Illus. by Julia Seal. 2018. (Christmas Wish Ser.). (ENG.). 32p. (J). (gr. k-3). 6.99 ***(978-1-4926-8365-0(5))*** Sourcebooks, Inc.

My Grateful Book: Lessons of Gratitude for Young Hearts & Minds. Diana Smith. 2021. (ENG.). 24p. (J). pap. *(978-0-6452072-2-4(5))* Smith, Diana.

My Gratitude Book. Danny Kobayashi. 2020. (ENG.). 30p. (J). (gr. k-5). pap. 9.99 *(978-1-947773-70-7(4))* Yawn's Bks. & More, Inc.

My Gratitude Journal: 80 Ways to Have a Positive Day. Nadean Barton. 2022. (ENG.). 81p. (YA). pap. *(978-1-4583-7092-1(5))* Lulu Pr., Inc.

My Gratitude Journal: A Gratitude Journal for Confident & Empowered Girls, Discovering the Power of Gratitude, Self-Love, & Self-Expression. Pamberi Publishers. 2023. (ENG.). 82p. (J). pap. ***(978-1-4478-1945-5(4))*** Lulu Pr., Inc.

My Great Bear Rainforest Bundle, 1 vol. Nicholas Read. Photos by Ian McAllister. 2020. (My Great Bear Rainforest Ser.). (ENG., Illus.). 128p. (J). (gr. 1-3). 69.95 *(978-1-4598-2278-8(1))* Orca Bk. Pubs. USA.

My Great Big God: 20 Bible Stories to Build a Great Big Faith, 1 vol. Andy Holmes. Illus. by Marta Álvarez Miguéns. 2017. (ENG.). 40p. (J). bds. 9.99 *(978-0-7180-9737-0(8),* Tommy Nelson) Nelson, Thomas Inc.

My Great Day: A Day That Rhymes. Agnes De Bezenac & Salem De Bezenac. Illus. by Agnes De Bezenac. 2017. (ENG., Illus.). (J). (gr. k). 14.45 *(978-1-63474-068-5(8))*; pap. 7.99 *(978-1-62387-613-5(3))* iCharacter.org. (Kidible).

My Great Day with God: Rhymes That Teach. Agnes De Bezenac & Salem De Bezenac. Illus. by Agnes De Bezenac. (ENG., Illus.). (J). (gr. k-1). 2017. pap. 7.45 *(978-1-62387-616-6(8))*; 2016. 11.45 *(978-1-62387-660-9(5))* iCharacter.org.

My Great Giraffe. Brook Tate. Illus. by Brook Tate. 2021. (ENG.). 36p. (J). pap. *(978-1-80042-070-0(6))* SilverWood Bks.

My Great Granny Moo. Karen Stanley. 2017. (ENG., Illus.). 112p. (J). pap. *(978-1-326-93027-1(3))* Lulu Pr., Inc.

My Great, Wide, Beautiful World (Classic Reprint) Juanita Harrison. 2017. (ENG., Illus.). (J). 334p. 30.79 *(978-0-265-48637-5(8))*; pap. 13.57 *(978-0-243-29002-4(0))* Forgotten Bks.

My Greatest Adventure, Vol. 25 (Classic Reprint) Ada L. Ward. 2018. (ENG., Illus.). 32p. (J). 24.58 *(978-0-428-82772-4(1))* Forgotten Bks.

My Greatest Football Team Ever: Build Your Dream Team. Tom Fordyce. 2022. (ENG., Illus.). 160p. (J). (gr. 2-4). pap. 12.99 *(978-1-5263-6233-9(3),* Wren & Rook) Hachette Children's Group GBR. Dist: Hachette Bk. Group.

My Greatest Gift. 2020. (ENG.). 22p. (J). 12.99 *(978-1-952330-38-4(6))* Csb Innovations.

My Greatest Masterpiece Completed Find the Difference Books. Educando Kids. 2019. (ENG.). 42p. (J). pap. 8.55 *(978-1-64521-651-3(9),* Educando Kids) Editorial Imagen.

My Green Baby. Jenny Mira. 2022. (ENG.). 128p. (J). pap. 18.98 *(978-1-4583-2872-4(4))* Lulu Pr., Inc.

My Green Day. Melanie Walsh. ed. 2020. (ENG.). 40p. (J). (gr. k-1). 19.96 *(978-1-64697-212-8(0))* Penworthy Co., LLC, The.

My Green Day: 10 Green Things I Can Do Today. Melanie Walsh. Illus. by Melanie Walsh. 2020. (ENG., Illus.). 40p. (J). (gr. -1-2). 7.99 *(978-1-5362-1131-3(1))* Candlewick Pr.

My Greyhound's Record Book: Italian Greyhound Log Book, Dog Training Log, Pet Health Records Keeper, New Puppy Gift, Puppy Shower Gift. Illus. by Paperland Online Store. 2021. (ENG.). 102p. (J). pap. *(978-1-7947-7235-9(9))* Lulu Pr., Inc.

My Grit Journal: Set Goals, Cope with Set-Backs & Be Unstoppable. Kerry Brown. 2018. (ENG., Illus.). 148p. (YA). pap. *(978-1-912615-30-8(4))* Brown, Kerry.

My Grouch & Me. Kelly Clement. 2020. (ENG., Illus.). 20p. (J). pap. 12.95 *(978-1-64559-895-4(0))* Covenant Bks.

My Grown-Ups. Kate Costigan. Illus. by Sarah Turner. 2021. (ENG.). 30p. (J). 20.95 *(978-1-61244-993-7(X))*; pap. 13.95 *(978-1-61244-992-0(1))* Halo Publishing International.

My Growth Mindset Workbook: Scholastic Early Learners (My Growth Mindset) Scholastic. 2021. (Scholastic Early Learners Ser.). (ENG.). 64p. (J). (gr. 1-3). pap. 9.99 *(978-1-338-77635-5(5),* Cartwheel Bks.) Scholastic, Inc.

My Grumpy's Shed. Louise Maguire. 2020. (ENG.). 20p. (J). *(978-0-2288-3771-8(5))*; pap. *(978-0-2288-3770-1(7))* Tellwell Talent.

My Guardian Angel. Sophie Piper. 2022. (ENG., Illus.). 48p. (J). (gr. -1-2). 10.99 *(978-1-64060-758-3(7))* Paraclete Pr., Inc.

My Guardian Angelito Angelito de Mi Guarda: a Bilingual Angel de Mi Guarda Prayer Book: Libros Bilingües para Niños. Amparin & Univision. ed. 2020.Tr. of Libro Bilingüe Sobre Oraciones para Antes de Dormir. 20p. (J). (-k). bds. 9.95 *(978-1-64473-157-4(6),* Altea) Penguin Random House Grupo Editorial ESP. Dist: Penguin Random Hse. LLC.

My Guardian Dog. Angel Zavala. 2021. (ENG.). 36p. (J). 22.99 ***(978-1-0879-9644-8(9))*** Indy Pub.

My Guide Inside (Book I) Primary Learner Book Hebrew Language Edition. Christa Campsall & Kathy Marshall Emerson. Tr. by Aviva Pashchur. 2022. (HEB.). 76p. (J). pap. *(978-1-77143-515-4(1))* CCB Publishing.

My Guide Inside (Book I) Primary Learner Book Hebrew Language Edition (Black+White Edition) Christa Campsall & Kathy Marshall Emerson. Tr. by Aviva Pashchur. 2023. (HEB.). 76p. (J). pap. ***(978-1-77143-578-9(X))*** CCB Publishing.

My Guide Inside (Book I) Primary Teacher's Manual Hebrew Language Edition. Christa Campsall & Kathy Marshall Emerson. Tr. by Aviva Pashchur. 2022. (HEB.). 56p. (J). pap. *(978-1-77143-517-8(8))* CCB Publishing.

My Guide Inside (Book II) Intermediate Learner Book Hebrew Language Edition. Christa Campsall & Jane Tucker. Tr. by Aviva Pashchur. 2022. (HEB.). 80p. (J). pap. ***(978-1-77143-519-2(4))*** CCB Publishing.

My Guide Inside (Book II) Intermediate Learner Book Hebrew Language Edition (Black+White Edition) Christa Campsall & Jane Tucker. Tr. by Aviva Pashchur. 2023. (HEB.). 80p. (J). pap. ***(978-1-77143-579-6(8))*** CCB Publishing.

My Guide Inside (Book II) Intermediate Teacher's Manual Hebrew Language Edition. Christa Campsall. Tr. by Aviva Pashchur. 2022. (HEB.). 54p. (J). pap. ***(978-1-77143-521-5(6))*** CCB Publishing.

My Guide Inside (Book III) Advanced Learner Book Hebrew Language Edition. Christa Campsall. Tr. by Aviva Pashchur. 2022. (HEB.). 108p. (YA). pap. ***(978-1-77143-523-9(2))*** CCB Publishing.

My Guide Inside (Book III) Advanced Learner Book Hebrew Language Edition (Black+White Edition) Christa Campsall. Tr. by Aviva Pashchur. 2023. (HEB.). 108p. (YA). pap. ***(978-1-77143-580-2(1))*** CCB Publishing.

My Guide Inside (Book III) Advanced Teacher's Manual Hebrew Language Edition. Christa Campsall. Tr. by Aviva Pashchur. 2022. (HEB.). 68p. (YA). pap. ***(978-1-77143-525-3(9))*** CCB Publishing.

My Guide to Cat Training: Speak to Your Pet (Engaging Readers, Level 2) Ashley Lee. Ed. by Alexis Roumanis. l.t. ed. 2022. (Speak to Your Pet Ser.: Vol. 1). (ENG., Illus.). 32p. (J). *(978-1-77476-655-2(8))*; pap. *(978-1-77476-656-9(6))* AD Classic.

My Guide to Dog Training: Speak to Your Pet (Engaging Readers, Level 2) Ashley Lee. Ed. by Alexis Roumanis. l.t. ed. 2022. (Speak to Your Pet Ser.: Vol. 2). (ENG., Illus.). 32p. (J). *(978-1-77476-659-0(0))*; pap. *(978-1-77476-660-6(4))* AD Classic.

My Guide to Earth's Habitats (Set), 8 vols. Susan Gray. Illus. by Jeff Bane. 2022. (My Early Library: My Guide to Earth's Habitats Ser.). (ENG.). 24p. (J). (gr. k-1). 245.12 *(978-1-6689-1005-4(5),* 220814); pap., pap., pap. 102.29 *(978-1-6689-1026-9(8),* 220971) Cherry Lake Publishing.

My Guide to Money (Set), 8 vols. Illus. by Jeff Bane. 2018. (My Early Library: My Guide to Money Ser.). (ENG.). 24p. (J). (gr. k-1). 245.12 *(978-1-5341-2846-0(8),* 211444); pap., pap., pap. 102.29 *(978-1-5341-3182-8(5),* 211445) Cherry Lake Publishing.

My Guide to the Planets (Set), 8 vols. 2020. (My Early Library: My Guide to the Planets Ser.). (ENG., Illus.). 24p. (J). (gr. k-1). 245.12 *(978-1-5341-6322-5(0),* 214312); pap., pap., pap. 102.29 *(978-1-5341-6342-3(5),* 214313) Cherry Lake Publishing.

My Guide to the Solar System (Set), 8 vols. Czeena Devera. Illus. by Jeff Bane. 2022. (My Early Library: My Guide to the Solar System Ser.). (ENG.). 24p. (J). (gr. k-1). 245.12 *(978-1-5341-9847-0(4),* 219936); pap., pap., pap. 102.29 *(978-1-5341-9989-7(6),* 220052) Cherry Lake Publishing.

My Gym Teacher Is an Alien Overlord. David Solomons. ed. 2017. lib. bdg. 18.40 *(978-0-606-40090-9(7))* Turtleback.

My Gymnastics Score Book. Uffg. 2021. (ENG.). 58p. (J). pap. 133.08 *(978-1-7947-3485-2(6))* Lulu Pr., Inc.

My 'h' Sound Box. Jane Belk Moncure. Illus. by Rebecca Thornburgh. 2018. (Jane Belk Moncure's Sound Box Bks.). (ENG.). 32p. (J). (gr. -1-2). 35.64 *(978-1-5038-2311-2(3),* 212140) Child's World, Inc, The.

My Hair. Danielle Murrell Cox. 2020. (ENG., Illus.). 24p. (J). (gr. -1 — 1). bds. 7.99 *(978-0-06-289765-7(9),* HarperFestival) HarperCollins Pubs.

My Hair Is a Garden. Cozbi A. Cabrera. Illus. by Cozbi A. Cabrera. (ENG., Illus.). 32p. (J). (gr. -1-3). 2023. 9.99 ***(978-0-8075-5521-7(5),*** 0807555215); 2018. 16.99 *(978-0-8075-0923-4(X),* 080750923X) Whitman, Albert & Co.

My Hair Is Beautiful, 1 vol. Shauntay Grant. 2019. (ENG., Illus.). 14p. (J). bds. 8.95 *(978-1-77108-766-7(8),* ed3e9c50-d881-4f0e-8a22-a563a26ee4d9) Nimbus Publishing, Ltd. CAN. Dist: Baker & Taylor Publisher Services (BTPS).

My Hair Is Beauty see Mi Cabello Se Llama Bella

My Hair Is Like the Sun. St. Clair Detrick-Jules. Illus. by Tabitha Brown. 2023. (ENG.). 20p. (J). (gr. -1 — 1). 8.99 ***(978-1-7972-2179-3(5))*** Chronicle Bks. LLC.

My Hair Makes Me... Me! Jessica Harris. 2019. (ENG.). 38p. (J). 14.95 *(978-1-64307-148-0(3))* Amplify Publishing Group.

My Hair, My Way. Irealle Saul-Sylvas. Illus. by Monique Romischer. 2022. (ENG.). 24p. (J). 19.95 *(978-1-63765-200-8(3))* Halo Publishing International.

My Hair Story. CeCile Charlton. 2021. (ENG.). 28p. (J). 25.00 *(978-1-0983-4896-0(6))* BookBaby.

My Halloween Notebook: For Ideas, Thoughts, Projects, Plans, Lists & Notes. Dubreck World Publishing. 2021. (ENG.). 100p. (J). pap. *(978-1-304-73025-1(5))* Lulu Pr., Inc.

My Halloween Planner: A Journal for Your Spooky Ideas, Thoughts, Projects, Plans, Lists & Notes. Dubreck World Publishing. 2021. (ENG.). 118p. (J). pap. *(978-1-304-87657-7(8))* Lulu Pr., Inc.

My Hamster Is a Genius. Dave Lowe. Illus. by Mark Chambers. 2018. (Stinky & Jinks Ser.). (ENG.). 112p. (J). (gr. 1-4). pap. 9.99 *(978-1-84812-655-8(7))* Bonnier Publishing GBR. Dist: Independent Pubs. Group.

My Hamster Is a Spy. Dave Lowe. Illus. by Mark Chambers. 2018. (Stinky & Jinks Ser.: 3). (ENG.). 112p. (J). (gr. k-3). pap. 9.99 *(978-1-84812-657-2(3))* Bonnier Publishing GBR. Dist: Independent Pubs. Group.

My Hamster Is an Astronaut. Dave Lowe. Illus. by The Boy Fitz Hammond. 2019. (Stinky & Jinks Ser.: 2). (ENG.). 144p. (J). (gr. 1-4). pap. 9.99 *(978-1-84812-656-5(5))* Bonnier Publishing GBR. Dist: Independent Pubs. Group.

My Hamster's Got Talent. Dave Lowe. Illus. by The Boy Fitz Hammond. 2019. (Stinky & Jinks Ser.: 4). (ENG.). 112p. (J). (gr. 1-4). pap. 9.99 *(978-1-84812-658-9(1))* Bonnier Publishing GBR. Dist: Independent Pubs. Group.

My Hand. Satoshi Kitamura. 2016. (ENG., Illus.). 32p. (J). (gr. -1-k). 17.99 *(978-1-78344-288-1(3))* Andersen Pr. GBR. Dist: Independent Pubs. Group.

My Hand Art. Editors of Klutz. 2017. (Klutz Jr Ser.). (ENG.). 20p. (J). 12.99 *(978-0-545-93246-2(7))* Scholastic, Inc.

My Hands. Adriana Diaz-Donoso. Illus. by Marjolein Francois. 2022. (ENG.). 22p. (J). pap. ***(978-1-922827-47-0(9))*** Library For All Limited.

My Hands. Marva Edwards. 2016. (ENG., Illus.). 20p. (J). pap. 8.50 *(978-1-68273-480-3(3))* BookPatch LLC, The.

My Hands. Noah Messiah. Ed. by Riel Felice. 2022. (ENG.). 50p. (J). 24.99 ***(978-1-957751-04-7(5))*** Journal Joy, LLC.

My Hands Hold My Story. Bethany Swafford. 2018. (ENG.). 270p. (YA). (gr. 7-12). pap. 14.99 *(978-1-64440-644-1(6))* Swafford, Bethany.

My Hands Were Made for Helping. Jacquelyn Stagg. 2018. (ENG., Illus.). 28p. (J). pap. *(978-1-7751833-3-4(5))* Stagg, Jacquelyn.

My Happiness Journal. Jo Taylor. 2016. (Dover Kids Activity Bks.). (ENG.). 64p. (J). (gr. 2-5). pap. 6.99 *(978-0-486-80028-8(8),* 800288) Dover Pubns., Inc.

My Happy Book. Michelle Wanasundera. Illus. by John Maynard Balinggao. 2023. (ENG.). 28p. (J). pap. ***(978-1-922991-30-0(9))*** Library For All Limited.

My Happy Book. Michelle Wanasundera. Illus. by Kateryna Mansarliiska. 2022. (ENG.). 28p. (J). pap. ***(978-1-922895-10-3(5))*** Library For All Limited.

My Happy Book - Kitabu Changu Cha Furaha. Michelle Wanasundera. Illus. by John Maynard Balinggao. 2023.

(SWA.). 28p. (J). pap. *(978-1-922932-33-4(7))* Library For All Limited.

My Happy Day. Julia Giachetti. Illus. by Helen Poole. 2023. (ENG.). 16p. (J). (gr. -1-1). pap. 5.25 *(978-1-4788-0460-4(2),* d464f837-d3b4-467d-a1c3-3d355f18b48f); pap. 33.00 *(978-1-4788-0497-0(1),* f3d32820-a7c0-47ad-b4e8-b11de5b51863) Newmark Learning LLC.

My Happy Easter. Mariana Herrera. Illus. by Molly Fehr. 2021. (My Little Holiday Ser.). (ENG.). 18p. (J). (gr. -1 — 1). bds. 7.99 *(978-0-06-291600-6(9),* HarperFestival) HarperCollins Pubs.

My Happy Place. Michelle Wanasundera. Illus. by John Robert Azuelo. 2023. (ENG.). 32p. (J). pap. *(978-1-922991-39-3(2))* Library For All Limited.

My Happy Place. Michelle Wanasundera. Illus. by Fariza Dzatalin Nurtsani. 2022. (ENG.). 32p. (J). pap. *(978-1-922895-23-3(7))* Library For All Limited.

My Happy Place! - Mahali Pangu Pa Furaha! Michelle Wanasundera. Illus. by John Robert Azuelo. 2023. (SWA.). 32p. (J). pap. *(978-1-922932-52-5(3))* Library For All Limited.

My Happy Sad Mummy. Michelle Vasiliu. Illus. by Lucia Masciullo. 2021. (ENG.). 42p. (J). pap. *(978-1-921874-32-1(5))* Woodslane Pty Ltd.

My Happy Year by E. Bluebird. Paul Meisel. (Nature Diary Ser.). 40p. (J). (gr. -1-3). 2020. pap. 8.99 *(978-0-8234-4678-0(6));* 2019. (Illus.). 17.99 *(978-0-8234-3837-2(6))* Holiday Hse., Inc.

My Haunted School Year. Sam Shelton. 2019. (ENG.). 162p. (YA). (gr. 7-12). pap. 9.99 *(978-0-578-49852-2(9))* Nyght Lyght Publishing LLC.

My Haunted Summer. Sam Shelton. 2019. (ENG.). 156p. (YA). (gr. 7-12). pap. 9.99 *(978-0-578-54056-6(8))* Nyght Lyght Publishing LLC.

My Haunts & Their Frequenters. Edmund H. Yates. 2017. (ENG., Illus.). (J). pap. *(978-0-649-65384-3(X))* Trieste Publishing Pty Ltd.

My Haunts & Their Frequenters (Classic Reprint) Edmund H. Yates. (ENG., Illus.). (J). 2018. 116p. 26.29 *(978-0-484-07483-4(0));* 2017. pap. 9.57 *(978-0-243-97300-2(4))* Forgotten Bks.

My Hbcu Tour. Charles Ategbole. Illus. by Travis Thompson. 2022. (ENG.). 22p. (J). 19.99 *(978-1-7366002-2-1(2))* Ategbole, Charles.

My Head Has a Bellyache: And More Nonsense for Mischievous Kids & Immature Grown-Ups. Chris Harris. Illus. by Andrea Tsurumi. 2023. (Mischievous Nonsense Ser.: 2). (ENG.). 192p. (J). (gr. 1-17). 19.99 *(978-0-316-59259-8(5))* Little, Brown Bks. for Young Readers.

My Head in the Clouds, 1 vol. Danielle Chaperon. Tr. by Sophie B. Watson from FRE. Illus. by Josée Bisaillon. 2019. Orig. Title: Ma Tête en L'air. (ENG.). 32p. (J). (gr. -1-k). 19.95 *(978-1-4598-2178-1(5))* Orca Bk. Pubs. USA.

My Head, My Heart, My Hooha. E. M. Carr. 2017. (ENG.). (YA). pap. 12.95 *(978-1-63177-962-6(1))* Amplify Publishing Group.

My Head-To-Toe Body Book. OKIDO. 2017. (Illus.). 64p. (J). (gr. k-4). pap. 12.95 *(978-0-500-65130-8(2),* 565130) Thames & Hudson.

My Head to Toe Coloring Book. Creative. 2016. (ENG., Illus.). (J). pap. 7.74 *(978-1-68323-700-6(5))* Twin Flame Productions.

My Health. Kirsty Holmes. 2018. (Our Values - Level 1 Ser.). (Illus.). 24p. (J). (gr. 1-1). *(978-0-7787-5421-3(9))* Crabtree Publishing Co.

My Health (Classic Reprint) Francis Cowley Burnand. (ENG., Illus.). (J). 2018. 314p. 30.37 *(978-0-267-00072-2(3));* 2017. pap. 13.57 *(978-0-243-38666-6(4))* Forgotten Bks.

My Healthy Habits (Set), 8 vols. 2019. (My Early Library: My Healthy Habits Ser.). (ENG., Illus.). 24p. (J). (gr. k-1). 245.12 *(978-1-5341-4254-1(1),* 212429); pap., pap., pap. 102.29 *(978-1-5341-3897-1(8),* 212430) Cherry Lake Publishing.

My Heart. Corinna Luyken. 2019. (Illus.). 32p. (J). (gr. -1-3). 17.99 *(978-0-7352-2793-4(4),* Dial Bks) Penguin Young Readers Group.

My Heart: To Yours. Amellia Barton. 2022. (ENG.). 70p. (J). pap. *(978-1-387-52316-0(3))* Lulu Pr., Inc.

My Heart Beats. Rina Singh. 2021. (ENG., Illus.). 22p. (J). (gr. -1 — 1). bds. 10.95 *(978-1-4598-2568-0(3))* Orca Bk. Pubs. USA.

My Heart Fills with Happiness, 1 vol. Monique Gray Smith. Illus. by Julie Flett. 2016. (ENG.). 24p. (J). (gr. -1 — 1). bds. 12.95 *(978-1-4598-0957-4(2))* Orca Bk. Pubs. USA.

My Heart Fills with Happiness / Nijiikendam. Monique Gray Smith. Tr. by Angela Mesic & Margaret Noodin. Illus. by Julie Flett. ed. 2021. Orig. Title: My Heart Fills with Happiness. (ENG & OJI.). 32p. (J). (gr. -1-k). 19.95 *(978-1-4598-2539-0(X))* Orca Bk. Pubs. USA.

My Heart Fills with Happiness / Sâkaskinêw Nitêh Miywêyihtamowin Ohci. Monique Gray Smith. Ed. by Cree Literacy Network. Tr. by Mary Cardinal Collins. Illus. by Julie Flett. ed. 2021. Orig. Title: My Heart Fills with Happiness. (ENG.). 24p. (J). (gr. -1-k). 19.95 *(978-1-4598-3187-2(X))* Orca Bk. Pubs. USA.

My Heart Grows. Michael Arndt. 2020. (M Books: See + Read Ser.). (ENG.). 16p. (J). bds. 12.99 *(978-1-5248-5651-9(7))* Andrews McMeel Publishing.

My Heart Grows. Jeffrey Burton. Illus. by Joanne Liu. 2021. (ENG.). 18p. (J). (gr. -1-k). bds. 8.99 *(978-1-6659-0011-9(3),* Little Simon) Little Simon.

My Heart in Kenya. Ruth Beardsley. 2020. (ENG.). 32p. (J). *(978-1-5255-6679-0(2));* pap. *(978-1-5255-6680-6(6))* FriesenPress.

My Heart Is a House. Stacey Rawlings. Illus. by Stacey and Monterio Rawlings. 2018. (ENG.). 26p. (J). pap. 12.95 *(978-1-64140-574-4(0))* Christian Faith Publishing.

My Heart Is Full. Theresa Louise Coffey. 2022. (ENG., Illus.). 24p. (J). pap. 13.95 *(978-1-68517-801-7(4))* Christian Faith Publishing.

My Heart Song. Sister Solana. Illus. by Dion Mbd. 2018. (ENG.). 32p. (J). (gr. k-4). pap. 12.95 *(978-1-61493-629-9(3))* Peppertree Pr., The.

My Heart to Give. Alexander S B. 2019. (Maxwell Family Saga Ser.: Vol. 3). (ENG.). 178p. (YA). pap. 14.99 *(978-1-7329767-5-7(9))* Raven Wing.

My Heart to Hold. S. B. Alexander. 2019. (Maxwell Family Saga Ser.: Vol. 2). (ENG.). 180p. (YA). (gr. 8-12). pap. 14.99 *(978-1-7329767-3-3(2))* Raven Wing.

My Heart to Keep. S. B. Alexander. 2020. (Maxwell Family Saga Ser.: Vol. 4). (ENG.). 210p. (YA). pap. 14.99 *(978-1-7342468-1-0(2))* Raven Wing.

My Heart to Touch. S. B. Alexander. 2018. (Maxwell Family Saga Ser.: Vol. 1). (ENG., Illus.). 220p. (YA). (gr. 10-12). pap. 14.99 *(978-1-7329767-1-9(6))* Raven Wing.

My Heart Underwater. Laurel Flores Fantauzzo. 2020. (ENG.). 320p. (YA). (gr. 9). 17.99 *(978-0-06-297228-6(6),* Quill Tree Bks.) HarperCollins Pubs.

My Heart Was Made for Loving. Bellamuray a Terry. 2017. (ENG., Illus.). (J). 21.95 *(978-1-64079-747-5(5));* pap. 12.95 *(978-1-64028-350-3(1))* Christian Faith Publishing.

My Heart Will Stay. Jennifer LeRoux. Illus. by Ry Menson. 2020. (ENG.). 32p. (J). pap. 13.33 *(978-0-578-79457-0(8))* Susso.

My Heart's in the Highlands, Vol. 2 of 2 (Classic Reprint) Maria M. Grant. (ENG., Illus.). (J). 2018. 282p. 29.73 *(978-0-267-00639-7(X));* 2017. pap. 13.57 *(978-0-259-02990-8(4))* Forgotten Bks.

My Heaven Book. Clare Simpson. 2016. (ENG., Illus.). 48p. (J). (gr. -1). 13.99 *(978-1-61261-643-8(7))* Paraclete Pr., Inc.

My Heavenly Diary. Skylar Page. 2018. (ENG., Illus.). 174p. (YA). pap. 13.95 *(978-1-64458-070-7(5))* Christian Faith Publishing.

My Heavenly Journal. Skylar Page. 2018. (Sanctuary of the Seraphim Ser.). (ENG., Illus.). 176p. (YA). pap. 13.95 *(978-1-64458-012-7(8))* Christian Faith Publishing.

My Hero. Brian Biggs. Illus. by Brian Biggs. 2022. (Illus.). 40p. (J). (gr. -1-3). 18.99 *(978-0-525-55338-0(X),* Dial Bks) Penguin Young Readers Group.

My Hero. Alex Burroughs. 2018. (ENG., Illus.). 18p. (J). 21.95 *(978-1-64298-376-0(4));* pap. 11.95 *(978-1-64298-016-5(1))* Page Publishing Inc.

My Hero, Amelia. Maribeth Boelts. 2016. (Spring Forward Ser.). (J). (gr. 2). *(978-1-4900-9477-9(6))* Benchmark Education Co.

My Hero My Dad. Kerry Ann Currenti. 2017. (ENG., Illus.). (J). pap. 9.99 *(978-1-4984-9556-1(7))* Salem Author Services.

My Hidden Difference Makes Me Special. Rylee Tuggle. Illus. by Natalia Scabuso. 2021. (ENG.). 48p. (J). 18.99 *(978-1-6629-0773-9(7));* pap. 12.99 *(978-1-6629-0774-6(5))* Gatekeeper Pr.

My Hide & Seek Puzzle Book: Spot the Difference, Matching Pairs, Counting & Other Fun Seek & Find Games. Josephine Southon. Illus. by Max Jackson. 2022. (Puzzle Play Ser.). (ENG.). 96p. (J). (gr. -1-1). pap. 13.99 *(978-1-78055-691-8(8),* Buster Bks.) O'Mara, Michael Bks., Ltd. GBR. Dist: Independent Pubs. Group.

My Holiday. James N. Matthews. 2017. (ENG.). 276p. (J). pap. *(978-3-337-14488-3(8))* Creation Pubs.

My Holiday: How I Spent It; Being Some of Rough Notes of a Trip, to Europe & Back, in the Summer of 1866 (Classic Reprint) James N. Matthews. 2017. (ENG., Illus.). (J). 29.57 *(978-1-5285-7763-2(9))* Forgotten Bks.

My Holiday in Austria (Classic Reprint) Lizzie Selina Eden. (ENG., Illus.). (J). 2017. 312p. 30.33 *(978-0-484-06499-6(1));* 2016. pap. 13.57 *(978-1-334-20782-2(8))* Forgotten Bks.

My Hollow Home. Leanne Murner. 2022. (ENG.). 36p. (J). *(978-0-6482957-2-3(9))* Karen Mc Dermott.

My Hollydog. Charise Leemis. 2018. (ENG., Illus.). 28p. (J). *(978-1-78878-304-0(2));* pap. *(978-1-78878-303-3(4))* Austin Macauley Pubs. Ltd.

My Hollywood Diary (Classic Reprint) Edgar Wallace. 2017. (ENG., Illus.). (J). 30.13 *(978-0-331-70005-3(0));* pap. 13.57 *(978-0-259-82595-1(6))* Forgotten Bks.

My Home see Mi Casa

My Home. Happy Yak. Illus. by Marijke Buurlage. 2021. (My World in 100 Words Ser.: Vol. 4). (ENG.). 20p. (J). (gr. -1-k). bds. *(978-0-7112-5717-7(5))* White Lion Publishing.

My Home Baking Book: The Perfect Record-Your-own Recipe Book for Star Bakers of All Ages! Florence London. 2021. (ENG.). 52p. (J). pap. *(978-1-912325-23-8(3))* Ravensforge Bks.

My Home in Tasmania, or Nine Years in Australia (Classic Reprint) Charles Meredith. 2018. (ENG., Illus.). 400p. (J). 32.11 *(978-0-484-03986-4(5))* Forgotten Bks.

My Home in Tasmania, Vol. 1 Of 2: During a Residence of Nine Years (Classic Reprint) Charles Meredith. (ENG., Illus.). (J). 2018. 296p. 30.00 *(978-0-666-81410-4(4));* 2016. pap. 13.57 *(978-1-333-28135-9(8))* Forgotten Bks.

My Home in Tasmania, Vol. 2 Of 2: During a Residence of Nine Years (Classic Reprint) Charles Meredith. 2018. (ENG., Illus.). 292p. (J). 29.92 *(978-0-267-50233-2(8))* Forgotten Bks.

My Home in the City. Miranda Kelly. 2021. (In My Community Ser.). (ENG., Illus.). 24p. (J). (gr. -1-1). pap. *(978-1-4271-2966-6(5),* 11177); lib. bdg. *(978-1-4271-2956-7(8),* 11166) Crabtree Publishing Co.

My Home in the Field of Mercy (Classic Reprint) Frances Wilson Huard. 2018. (ENG., Illus.). 296p. (J). 30.02 *(978-0-484-60826-8(6))* Forgotten Bks.

My Home Is a Battlefield, 1 vol. J. M. Klein. 2019. (Totally Secret Diary of Dani D. Ser.). (ENG.). 64p. (YA). (gr. 2-3). 23.25 *(978-1-5383-8198-4(2),* c84eb406-ff61-48ea-9f69-1ffc989d4f62); pap. 13.35 *(978-1-5383-8197-7(4),* e25a496c-23c7-49d2-bd25-f44c1768e119) Enslow Publishing, LLC.

My Home Is Better Than Yours! Stephen Krensky. Illus. by Ioana Hobai. 2017. (J). *(978-0-7680-8415-3(6))* SAE Intl.

My Home Is Bigger Than a House. Carmen Patterson. 2021. (ENG.). 36p. (J). 25.00 *(978-1-0983-8902-4(6))* BookBaby.

My Home Place. Peggy Ferguson. 2019. (ENG., Illus.). 52p. (J). (gr. 3-6). pap. 15.00 *(978-1-7335709-7-8(7))* Primedia eLaunch LLC.

My Home Scavenger Hunt. Bela Davis. 2022. (Senses Scavenger Hunt Ser.). (ENG.). 24p. (J). (gr. k-k). pap. 8.95 *(978-1-64494-834-7(6),* Abdo Kids-Junior); (Illus.). (gr. -1-2). lib. bdg. 31.36 *(978-1-0982-6153-5(4),* 39471, Abdo Kids) ABDO Publishing Co.

My Hometown Is the Best Place to Visit. Aimee Smith & Deon Johnston. 2017. (Text Connections Guided Close Reading Ser.). (J). (gr. 1). *(978-1-4900-1824-9(7))* Benchmark Education Co.

My Homework Ate My Dog. Charles Montgomery. 2021. (ENG.). 28p. (J). 15.99 *(978-1-0880-1288-8(4))* Indy Pub.

My Hood's Not Big Enough! Bilingual Inuktitut & English Edition. Aija Aiofe Komangapik. Illus. by Aija Aiofe Komangapik. 2022. (Arvaaq Bks.). (Illus.). 24p. (J). 24.95 *(978-1-77450-547-2(9))* Inhabit Education Bks. Inc. CAN. Dist: Consortium Bk. Sales & Distribution.

My Horribly Splendid Life. Corri Claypool Epps. 2022. (ENG.). 116p. (YA). pap. *(978-1-63829-929-5(3))* Austin Macauley Pubs. Ltd.

My Horse. Candice Letkeman & Katie Gillespie. 2018. 24p. (J). pap. *(978-1-4896-5666-7(9),* AV2 by Weigl) Weigl Pubs., Inc.

My Horse Jesse: A Sequel to When Lincoln Kissed Me (Classic Reprint) Henry E. Wing. 2017. (ENG., Illus.). (J). 24.39 *(978-0-331-82855-9(3))* Forgotten Bks.

My Horse One Summer. Savannah Wiebe. Ed. by Marja Kostamo. Illus. by Heidi Wiebe. 2020. (ENG.). 78p. (J). pap. *(978-1-716-45053-2(5))* Lulu Pr., Inc.

My Horses Book One. D. D. Horserider. 2021. (ENG.). 66p. (YA). pap. 13.18 *(978-1-6671-8288-9(9))* Lulu Pr., Inc.

My Host the Enemy, & Other Tales: Sketches of Life & Adventure on the Border Line of the West (Classic Reprint) Frank Welles Calkins. (ENG., Illus.). (J). 2018. 338p. 30.87 *(978-0-365-20510-4(9));* 2017. pap. 13.57 *(978-0-259-52795-4(5))* Forgotten Bks.

My House see Mi Casa

My House. Byron Barton. Illus. by Byron Barton. 2016. (ENG., Illus.). 40p. (J). (gr. -1-3). 17.99 *(978-0-06-233703-0(3),* Greenwillow Bks.) HarperCollins Pubs.

My House. Marnie Forestieri. 2018. (Grow with Steam Ser.). (ENG.). 12p. (J). bds. *(978-1-63560-176-3(2))* Lake Press.

My House. Alyssa Krekelberg. 2020. (Learning Sight Words Ser.). (ENG.). 24p. (J). (gr. -1-2). lib. bdg. 32.79 *(978-1-5038-3565-8(0),* 213412) Child's World, Inc, The.

My House - Ha'u-Nia Uma. Mayra Walsh & Elizaveta Borisova. 2021. (TET.). 24p. (J). pap. *(978-1-922591-90-6(4))* Library For All Limited.

My House Board Book. Byron Barton. Illus. by Byron Barton. 2017. (ENG., Illus.). 40p. (J). (gr. -1-3). bds. 8.99 *(978-0-06-233705-4(X),* Greenwillow Bks.) HarperCollins Pubs.

My House In 2055. Carrie Lewis. Illus. by Christos Skaltsas. 2021. (My Life In 2055 Ser.). (ENG.). 32p. (J). (gr. 2-5). pap. 9.99 *(978-1-7284-2354-8(6),* ff744c96-df70-455e-b7e2-d7af521705f8); lib. bdg. 27.99 *(978-1-7284-1629-8(9),* 9ae7a082-2272-417d-a28a-6114d2970278) Lerner Publishing Group. (Lerner Pubns.).

My House Is a Lighthouse: Stories of Lighthouses & Their Keepers, 1 vol. Christine Welldon. 2019. (Compass: True Stories for Kids Ser.). (ENG., Illus.). 112p. (J). pap. 12.95 *(978-1-77108-756-8(0),* 761bad29-5417-46bc-8ba8-aae701c0ca4c) Nimbus Publishing, Ltd. CAN. Dist: Baker & Taylor Publisher Services (BTPS).

My House Is Filled with Treasures Activity Book. Activibooks For Kids. 2016. (ENG., Illus.). (J). pap. 7.55 *(978-1-68321-558-5(3))* Mimaxion.

My House Was Not a Home. Fred Voss. 2019. (ENG.). 252p. (YA). pap. 20.95 *(978-1-64424-069-4(6))* Page Publishing Inc.

My Household of Pets (Classic Reprint) Theophile Gautier. 2018. (ENG., Illus.). 142p. (J). 26.83 *(978-0-332-37502-1(1))* Forgotten Bks.

My Huggle. Tanya Collett. 2019. (ENG.). 26p. (J). pap. *(978-1-5289-3752-8(X))* Austin Macauley Pubs. Ltd.

My Hugs & Kisses Storybook Library: With 18 Books & 6 Sticker Sheets. IglooBooks. 2021. (ENG.). 24p. (J). (-5). 14.99 *(978-1-80022-829-0(5))* Igloo Bks. GBR. Dist: Simon & Schuster, Inc.

My Human & Me: A Katrina Story for Kids Told by Sidney the Labrador. Henrietta Decuir. 2023. (ENG.). 32p. (J). *(978-0-2288-8329-6(6));* pap. *(978-0-2288-8328-9(8))* Tellwell Talent.

My Human Body Coloring Book. George Toufexis. 2017. (ENG.). 64p. (gr. 1-8). pap. 6.99 *(978-1-63158-151-9(1),* Racehorse Publishing) Skyhorse Publishing Co., Inc.

My Human Likes Bones. Yelena Bogdan. 2021. (ENG.). 32p. (J). 15.99 *(978-1-6629-1164-4(5));* pap. 9.99 *(978-1-6629-1165-1(3))* Gatekeeper Pr.

My Hundred-Dollar Horse. Laurie Berkey Vance. Illus. by Dan Drewes. 2020. (ENG.). 64p. (J). pap. 13.95 *(978-1-6629-0093-8(7));* 19.95 *(978-1-6629-0092-1(9))* Gatekeeper Pr.

My Hundred-Dollar Horse. Laurie Berkey Vance. 2022. (ENG.). 68p. (J). 29.99 *(978-1-68547-082-1(3))* Paperchase Solution.

My Husband (Classic Reprint) Vernon Castle. (ENG., Illus.). (J). 2017. 30.62 *(978-0-331-53731-4(1));* 2016. pap. 13.57 *(978-1-333-45295-7(0))* Forgotten Bks.

My Husky Went to Hawaii: A Kids Tour Guide to Hawaii. Johnny Eugenio. Illus. by Bianca Borja. 2021. 24p. (J). pap. 10.99 *(978-1-0983-8751-8(1))* BookBaby.

My Hygiene. Kirsty Holmes. 2018. (Our Values - Level 1 Ser.). (Illus.). 24p. (J). (gr. 1-1). *(978-0-7787-5422-0(7))* Crabtree Publishing Co.

My I Am Song. Kelsie Josephs. 2017. (ENG., Illus.). (J). pap. 10.95 *(978-1-5043-7992-2(6),* Balboa Pr.) Author Solutions, LLC.

My 'I' Sound Box. Jane Belk Moncure. Illus. by Rebecca Thornburgh. 2018. (Jane Belk Moncure's Sound Box Bks.). (ENG.). 32p. (J). (gr. -1-2). 35.64 *(978-1-5038-2312-9(1),* 212141) Child's World, Inc, The.

My Idealed John Bullesses. Yoshio Markino. 2017. (ENG., Illus.). (J). pap. *(978-0-649-38825-7(9))* Trieste Publishing Pty Ltd.

My Idealed John Bullesses (Classic Reprint) Yoshio Markino. 2018. (ENG., Illus.). 296p. (J). 30.00 *(978-0-483-51985-5(5))* Forgotten Bks.

My Identity. Kirsty Holmes. 2018. (Our Values - Level 1 Ser.). (Illus.). 24p. (J). (gr. 1-1). *(978-0-7787-5423-7(5))* Crabtree Publishing Co.

My Identity Devotional: 55 Days Alone with God. a Children's Devotional to Help Them Discover & Affirm Their Identity in Christ. Nene C. Oluwagbohun. 2022. (ENG.). 222p. (J). pap. 25.49 *(978-1-6628-5867-3(1))* Salem Author Services.

My Imaginary Friend. Cheryl Kaye Tardif. Illus. by Cheryl Kaye Tardif. 2019. (ENG.). 26p. (J). pap. *(978-1-77223-373-5(0))* Imajin Bks.

My Imaginary Friends. Sandra Everitt. 2017. (ENG., Illus.). 68p. pap. 15.95 *(978-1-78612-232-2(4),* e626b923-9bde-41fd-aa17-591cc703e781) Austin Macauley Pubs. Ltd. GBR. Dist: Baker & Taylor Publisher Services (BTPS).

My Imaginary Mary. Cynthia Hand et al. (Lady Janies Ser.). (ENG.). 496p. (YA). (gr. 8). 2023. pap. 15.99 *(978-0-06-293008-8(7));* 2022. 18.99 *(978-0-06-293007-1(9))* HarperCollins Pubs. (HarperTeen).

My Imagination & Me. Calli-bee. 2018. (ENG., Illus.). 82p. 29.95 *(978-1-78612-206-3(5),* b7f65627-9ea5-4400-b0d5-8bf2c339a3b9) Austin Macauley Pubs. Ltd. GBR. Dist: Baker & Taylor Publisher Services (BTPS).

My Imagination & Me. Calli-bee Calli-bee. 2018. (ENG., Illus.). 82p. pap. 19.95 *(978-1-78612-205-6(7),* c18266b3-d293-4f87-ab5c-3d542ee86f11) Austin Macauley Pubs. Ltd. GBR. Dist: Baker & Taylor Publisher Services (BTPS).

My Important Life Journal. Ari Ella. 2020. (ENG., Illus.). 34p. (J). pap. 14.00 *(978-1-950817-12-2(1))* Power Corner Pr..com(r).

My Important Life Journal 2. Ari Ella. 2020. (ENG.). 34p. (J). pap. 14.00 *(978-1-950817-90-0(3))* Power Corner Pr..com(r).

My Important Life Journal 3. Ari Ella. 2020. (ENG.). 34p. (J). pap. 14.00 *(978-1-950817-91-7(1))* Power Corner Pr..com(r).

My Incredible Blankie. Marie Hinkle. Illus. by Gabby Correia. 2022. (ENG.). 40p. (J). 24.95 *(978-1-7341248-7-3(3))* 5SailPublishing.

My Incredible Mop of Hair. Katie Katay. Illus. by Mary Em. 2021. (My Fun Mop of Hair Ser.: Vol. 3). (ENG.). 36p. (J). pap. *(978-0-9951332-6-6(3))* Sunsmile Bks.

My Indian Summer (Classic Reprint) Princess Olga Cantacuzene-Altieri. 2017. (ENG., Illus.). (J). 30.08 *(978-0-266-69013-9(0))* Forgotten Bks.

My Inside Opened Out. Patricia Flowers. 2022. (ENG.). 74p. (YA). pap. *(978-1-911232-38-4(X))* William Cornelius Harris Publishing.

My Inspiration! Shanita Brown Aaron. 2020. (ENG., Illus.). 30p. (J). pap. 12.95 *(978-1-61244-874-9(7))* Halo Publishing International.

My Inspired Ideas ARMY: An Unofficial BTS Journal. Jin's Eve. 2022. (ENG.). 200p. *(978-1-4710-6139-4(6))* Lulu Pr., Inc.

My Interview with a Fairy. Lauresa A. Tomlinson. Illus. by Lauresa Tomlinson. 2018. (ENG.). 134p. (J). (gr. 2-6). 19.99 *(978-1-950421-21-3(X))* Young of Heart Publishing.

My Invisible Cosmic Zebra Has a Chronic Illness - Now What? Jessie Riley. 2017. (ENG., Illus.). (YA). (gr. 7-12). pap. 16.99 *(978-1-935734-99-4(7))* Kitanie Bks.

My Invisible Cosmic Zebra Has a Concussion - Now What? Jessie Riley. Illus. by Kitanie Books. 2016. (ENG.). (YA). (gr. 7-12). pap. 16.99 *(978-1-935734-70-3(9))* Kitanie Bks.

My Invisible Cosmic Zebra Has a Heart Disease - Now What? Jessie Riley. 2017. (ENG., Illus.). (YA). (gr. 7-12). pap. 16.99 *(978-1-935734-00-0(8))* Kitanie Bks.

My Invisible Cosmic Zebra Has a Mental Illness - Now What? Jessie Riley. 2017. (ENG., Illus.). (YA). (gr. 7-12). pap. 16.99 *(978-1-935734-39-0(3))* Kitanie Bks.

My Invisible Cosmic Zebra Has a Rare Disease - Now What? Jessie Riley. 2017. (ENG., Illus.). (YA). (gr. 7-12). pap. 16.99 *(978-1-935734-97-0(0))* Kitanie Bks.

My Invisible Cosmic Zebra Has a Seizure Disorder - Now What? Jessie Riley. 2017. (ENG., Illus.). (YA). (gr. 7-12). pap. 16.99 *(978-1-935734-89-5(X))* Kitanie Bks.

My Invisible Cosmic Zebra Has a Thyroid Disease - Now What? Jessie Riley. 2017. (ENG., Illus.). (YA). (gr. 7-12). pap. 16.99 *(978-1-935734-80-2(6))* Kitanie Bks.

My Invisible Cosmic Zebra Has a Vestibular Disorder - Now What? Jessie Riley. Illus. by Kitanie Books. 2016. (ENG.). (YA). (gr. 7-12). pap. 16.99 *(978-1-935734-83-3(0))* Kitanie Bks.

My Invisible Cosmic Zebra Has Allergies - Now What? Jessie Riley. Illus. by Kitanie Books. 2016. (ENG.). (YA). (gr. 7-12). pap. 16.99 *(978-1-935734-95-6(4))* Kitanie Bks.

My Invisible Cosmic Zebra Has an Autoimmune Disease - Now What? Jessie Riley. 2017. (ENG., Illus.). (YA). (gr. 7-12). pap. 16.99 *(978-1-935734-47-5(4))* Kitanie Bks.

My Invisible Cosmic Zebra Has Celiac Disease - Now What? Jessie Riley. Illus. by Kitanie Books. 2016. (ENG.). (YA). (gr. 7-12). pap. 16.99 *(978-1-935734-74-1(1))* Kitanie Bks.

My Invisible Cosmic Zebra Has Chronic Fatigue Syndrome - Now What? Jessie Riley & Kitanie Books. 2016. (ENG., Illus.). (YA). (gr. 7-12). pap. 16.99 *(978-1-935734-77-2(6))* Kitanie Bks.

My Invisible Cosmic Zebra Has Crohn's Disease - Now What? Jessie Riley. Illus. by Kitanie Books. 2016. (ENG.). (YA). (gr. 7-12). pap. 16.99 *(978-1-935734-84-0(9))* Kitanie Bks.

My Invisible Cosmic Zebra Has Diabetes - Now What? Jessie Riley. Illus. by Kitanie Books. 2016. (ENG.). (YA). (gr. 7-12). pap. 16.99 *(978-1-935734-76-5(8))* Kitanie Bks.

My Invisible Cosmic Zebra Has Dysautonomia - Now What? Jessie Riley. 2017. (ENG., Illus.). (YA). (gr. 7-12). pap. 16.99 *(978-1-935734-79-6(2))* Kitanie Bks.

My Invisible Cosmic Zebra Has Ehlers-Danlos Syndrome - Now What? Jessie Riley. Illus. by Kitanie Books. 2016. (ENG.). (YA). (gr. 7-12). pap. 16.99 *(978-1-935734-75-8(X))* Kitanie Bks.

My Invisible Cosmic Zebra Has Endometriosis - Now What? Jessie Riley. 2017. (ENG., Illus.). (YA). (gr. 7-12). pap. 16.99 *(978-1-935734-85-7(7))* Kitanie Bks.

1410

The check digit for ISBN-10 appears in parentheses after the full ISBN-13

My Invisible Cosmic Zebra Has Fibromyalgia - Now What? Jessie Riley. Illus. by Kitanie Books. 2016. (ENG.). (YA). (gr. 7-12). pap. 16.99 *(978-1-935734-78-9(4))* Kitanie Bks.

My Invisible Cosmic Zebra Has Gastroparesis - Now What? Jessie Riley. 2017. (ENG., Illus.). (YA). (gr. 7-12). pap. 16.99 *(978-1-935734-41-3(5))* Kitanie Bks.

My Invisible Cosmic Zebra Has Hashimoto's Disease - Now What? Jessie Riley. Illus. by Kitanie Books. 2016. (ENG.). (YA). (gr. 7-12). pap. 16.99 *(978-1-935734-90-1(3))* Kitanie Bks.

My Invisible Cosmic Zebra Has Inflammatory Bowel Disease - Now What? Jessie Riley. 2017. (ENG., Illus.). (YA). (gr. 7-12). pap. 16.99 *(978-1-935734-52-9(0))* Kitanie Bks.

My Invisible Cosmic Zebra Has Lupus - Now What? Jessie Riley. Illus. by Kitanie Books. 2016. (ENG.). (YA). (gr. 7-12). pap. 16.99 *(978-1-935734-71-0(7))* Kitanie Bks.

My Invisible Cosmic Zebra Has Lyme Disease - Now What? Jessie Riley. Illus. by Kitanie Books. 2016. (ENG.). (YA). (gr. 7-12). pap. 16.99 *(978-1-935734-73-4(3))* Kitanie Bks.

My Invisible Cosmic Zebra Has Mast Cell Activation Syndrome - Now What? Jessie Riley. 2017. (ENG., Illus.). (YA). (gr. 7-12). pap. 16.99 *(978-1-935734-92-5(X))* Kitanie Bks.

My Invisible Cosmic Zebra Has Migraines - Now What? Jessie Riley. Illus. by Kitanie Books. 2016. (ENG.). (YA). (gr. 7-12). pap. 16.99 *(978-1-935734-72-7(5))* Kitanie Bks.

My Invisible Cosmic Zebra Has Mitochondrial Disease - Now What? Jessie Riley. 2017. (ENG., Illus.). (YA). (gr. 7-12). pap. 16.99 *(978-1-935734-98-7(9))* Kitanie Bks.

My Invisible Cosmic Zebra Has Multiple Sclerosis - Now What? Jessie Riley. Illus. by Kitanie Books. 2016. (ENG.). (YA). (gr. 7-12). pap. 16.99 *(978-1-935734-93-2(8))* Kitanie Bks.

My Invisible Cosmic Zebra Has Post Concussion Syndrome - Now What? Jessie Riley. 2017. (ENG., Illus.). (YA). (gr. 7-12). pap. 16.99 *(978-1-935734-91-8(1))* Kitanie Bks.

My Invisible Cosmic Zebra Has Pots - Now What? Jessie Riley. Illus. by Kitanie Books. 2016. (ENG.). (YA). (gr. 7-12). pap. 16.99 *(978-1-935734-81-9(4))* Kitanie Bks.

My Invisible Cosmic Zebra Has Ptsd - Now What? Jessie Riley. Illus. by Kitanie Books. 2016. (ENG.). (YA). (gr. 7-12). pap. 16.99 *(978-1-935734-86-4(5))* Kitanie Bks.

My Invisible Cosmic Zebra Has Rheumatoid Arthritis - Now What? Jessie Riley. Illus. by Kitanie Books. 2016. (ENG.). (YA). (gr. 7-12). pap. 16.99 *(978-1-935734-94-9(6))* Kitanie Bks.

My Invisible Cosmic Zebra Has Sjogren's Syndrome - Now What? Jessie Riley. Illus. by Kitanie Books. 2016. (ENG.). (YA). (gr. 7-12). pap. 16.99 *(978-1-935734-82-6(2))* Kitanie Bks.

My Invisible Cosmic Zebra Has Ulcerative Colitis - Now What? Jessie Riley. 2017. (ENG., Illus.). (YA). (gr. 7-12). pap. 16.99 *(978-1-935734-43-7(1))* Kitanie Bks.

My Invisible Cosmic Zebra's Cancer Is in Remission - Now What? Jessie Riley. 2017. (ENG., Illus.). (YA). (gr. 7-12). pap. 16.99 *(978-1-935734-96-3(2))* Kitanie Bks.

My Invisible Father: Turn on the Light to See the Unseen. Jaer Armstead-Jones. 2021. (ENG.). 244p. (YA). pap. 17.99 *(978-1-0983-7700-7(1))* BookBaby.

My Invisible Superhero Vest. Melissa Titre. Illus. by Jason Lee. (ENG.). 32p. (J). 2021. pap. *(978-1-913674-73-1(8))*; 2020. pap. *(978-1-913674-30-4(4))* Conscious Dreams Publishing.

My Irish Rose: A Comedy-Drama of Irish Life in Three Acts (Classic Reprint) Walter Ben Hare. 2017. (ENG., Illus.). (J). 25.94 *(978-0-331-53212-8(3))* Forgotten Bks.

My Islam Friends: Islam Coloring Book. Jupiter Kids. 2016. (ENG., Illus.). 106p. (J). pap. 12.55 *(978-1-68305-295-1(1)*, Jupiter Kids (Childrens & Kids Fiction)) Speedy Publishing LLC.

My Island. Stephanie Demasse-Pottier. Illus. by Seng Soun Ratanavanh. 2019. (ENG.). 25p. (J). (gr. -1-k). 16.95 *(978-1-61689-813-7(5))* Princeton Architectural Pr.

My Island Baby. Garon A. Sweeting. 2022. (ENG., Illus.). 30p. (J). 24.95 *(978-1-63860-546-1(7))* Fulton Bks.

My Ittu: the Biggest, Best Grandpa. Laura Deal. Illus. by Thamires Paredes. 2023. 28p. (J). (gr. -1-k). 17.95 *(978-1-77227-441-7(0))* Inhabit Media Inc. CAN. Dist: Consortium Bk. Sales & Distribution.

My Itty-Bitty Bio (Set), 122 vols. 2023. (My Early Library: My Itty-Bitty Bio Ser.). (ENG., Illus.). 24p. (J). (gr. k-1). pap. 1573.17 *(978-1-6689-2000-8(X)*, 221978); lib. bdg. 3768.72 *(978-1-6689-1870-8(6)*, 221848) Cherry Lake Publishing.

My 'j' Sound Box. Jane Belk Moncure. Illus. by Rebecca Thornburgh. 2018. (Jane Belk Moncure's Sound Box Bks.). (ENG.). 32p. (J). (gr. -1-2). 35.64 *(978-1-5038-2313-6(X)*, 212142) Child's World, Inc, The.

My Japanese Prince: Being Some Startling Excerpts from the Diary of Hilda Patience Armstrong of Meriden, Connecticut, at Present Travelling in the Far East (Classic Reprint) Archibald Clavering Gunter. 2018. (ENG., Illus.). 258p. (J). 29.24 *(978-0-267-23269-7(1))* Forgotten Bks.

My Japanese Wife: A Japanese Idle (Classic Reprint) Clive Holland. 2017. (ENG., Illus.). (J). 28.54 *(978-0-331-45274-7(X))* Forgotten Bks.

My Japanese Year (Classic Reprint) T. H. Sanders. 2018. (ENG., Illus.). 428p. (J). 32.72 *(978-0-483-47203-7(4))* Forgotten Bks.

My Jasper June. Laurel Snyder. (ENG.). 304p. (J). (gr. 3-7). 2021. pap. 9.99 *(978-0-06-283663-2(3))*; 2019. 16.99 *(978-0-06-283662-5(5))*; 2019. E-Book *(978-0-06-283664-9(1)*, 9780062836649) HarperCollins Pubs. (Waldon Pond Pr.).

My Jesus Bible: With Handle, 1 vol. Thomas Nelson Publishing Staff. 2017. (ENG., Illus.). 40p. (J). bds. 9.99 *(978-0-7180-9188-0(4)*, Tommy Nelson) Nelson, Thomas Inc.

My Jesus Story Collection: 18 New Testament Bible Stories, 1 vol. Desmond Tutu. 2020. (ENG., Illus.). 40p. (J). 17.99 *(978-0-310-76932-3(9))* Zonderkidz.

My Jolly Christmas. Mariana Herrera. Illus. by Molly Fehr. 2020. (My Little Holiday Ser.). (ENG.). 18p. (J). (gr. -1 — 1). bds. 7.99 *(978-0-06-291599-3(1)*, HarperFestival) HarperCollins Pubs.

My Jolly Christmas Activity & Sticker Book. Bloomsbury. 2023. (ENG.). 40p. (J). pap. 6.99 *(978-1-5476-1301-4(7)*, 900290657, Bloomsbury Activity Bks.) Bloomsbury Publishing USA.

My Journal. Desire Biggiers. 2022. (ENG.). 48p. (J). pap. *(978-1-387-96955-5(2))* Lulu Pr., Inc.

My Journal: My First Journal (Primary Composition Notebook with Picture Box) Custom Book Creations. Illus. by Jenae Jordan. 2018. (My First Creative Books: Primary Colors Teddy Bear Ser.: Vol. 2). (ENG.). 102p. (J). pap. 7.87 *(978-1-949301-05-2(2))* Rhythm & Reasoning Pubns.

My Journal: Positivity Notebook for Girls. Charmaine Kennedy & Jamielee Kennedy. 2023. (ENG.). 100p. (YA). pap. *(978-1-4476-7307-1(7))* Lulu Pr., Inc.

My Journal in Foreign Lands (Classic Reprint) Florence Trail. 2018. (ENG., Illus.). 106p. (J). 26.10 *(978-0-267-48280-1(9))* Forgotten Bks.

My Journey. Priscilla Ebarguen. 2021. (ENG.). 180p. (YA). *(978-1-329-28628-3(6))* Lulu Pr., Inc.

My Journey: Your Personal Journal. Miker E. Hook. 2021. (ENG.). 199p. (YA). pap. *(978-1-716-07642-8(0))* Lulu Pr., Inc.

My Journey Aboard the Mayflower, 1 vol. Max Caswell. 2017. (My Place in History Ser.). (ENG.). 24p. (J). (gr. 2-3). pap. 9.15 *(978-1-5382-0217-3(4)*, edf8b884-3702-4b22-9c1e-68fc6859bf6d) Stevens, Gareth Publishing LLLP.

My Journey As a Catholic: A Perspective of the Catholic Faith & Testimonies of Life Experiences: a Guide for Rcia & Non- Practicing Christians. Jordan Bolich. 2018. (ENG., Illus.). 82p. (YA). pap. 11.95 *(978-1-64299-759-0(5))* Christian Faith Publishing.

My Journey As a Preemie Baby. Ryco Taylor & Roneka Taylor. 2023. (ENG.). 30p. (J). 18.00 *(978-1-0881-6991-9(0))* Strength Builders Publishing LLC.

My Journey Home: Mi Camino a Casa. Ruby Ortiz. 2022. (ENG.). 36p. (J). 24.95 *(978-1-63985-147-8(X))* Fulton Bks.

My Journey Round the World, Vol. 2 Of 2: Via Ceylon, New Zealand, Australia, Torres Straits, China, Japan, & the United States (Classic Reprint) S. H. Jones-Parry. 2018. (ENG., Illus.). 326p. (J). 30.62 *(978-0-484-90126-0(5))* Forgotten Bks.

My Journey to the Stars. Scott Kelly. Illus. by André Ceolin. (ENG.). 48p. (J). (gr. k-3). 2020. pap. 8.99 *(978-0-593-12465-9(0)*, Dragonfly Bks.); 2017. 17.99 *(978-1-5247-6377-0(2)*, Crown Books For Young Readers) Random Hse. Children's Bks.

My Journey to the Stars: Step into Reading Edition. Scott Kelly. ed. 2019. (Step into Reading Ser.). (ENG., Illus.). 48p. (J). (gr. 2-3). 14.96 *(978-1-64310-862-9(X))* Penworthy Co., LLC, The.

My Journey to the Stars (Step into Reading) Scott Kelly. Illus. by André Ceolin. 2019. (Step into Reading Ser.). (ENG.). 48p. (J). (gr. k-3). pap. 5.99 *(978-1-5247-6380-0(2)*, Random Hse. Bks. for Young Readers) Random Hse. Children's Bks.

My Joy-Ride Round the World. Dorothy Dix. 2017. (ENG., Illus.). (J). pap. *(978-0-649-12969-0(5))* Trieste Publishing Pty Ltd.

My Joy-Ride Round the World (Classic Reprint) Dorothy Dix. 2017. (ENG., Illus.). (J). 29.71 *(978-0-331-12404-0(1))* Forgotten Bks.

My July Coloring Book: With 50 Designs to Color, 4th of July, Water Lilies, Cupcakes, Zodiac, Summer Fun. Korey's World. 2023. (ENG.). 100p. (J). pap. *(978-1-312-59041-0(6))* Lulu Pr., Inc.

My Jumbo Bible Story Activity Book. Warner Press. 2018. (ENG.). 208p. (J). pap. 11.99 *(978-1-68434-099-6(3))* Warner Pr., Inc.

My Jungle Animal Alphabet Coloring Book. Smarter Activity Books for Kids. 2016. (ENG., Illus.). (J). pap. 9.22 *(978-1-68374-375-0(X))* Examined Solutions PTE. Ltd.

My Jungle Book: Volume 1. Jade Heart. 2022. (ENG.). 34p. (J). pap. *(978-1-387-52136-4(5))* Lulu Pr., Inc.

My Jungle Pals: A Connect the Dots Activity Book. Kreative Kids. 2016. (ENG., Illus.). (J). pap. 10.81 *(978-1-68377-077-0(3))* Whlke, Traudl.

My 'k' Sound Box. Jane Belk Moncure. Illus. by Rebecca Thornburgh. 2018. (Jane Belk Moncure's Sound Box Bks.). (ENG.). 32p. (J). (gr. -1-2). 35.64 *(978-1-5038-2314-3(8)*, 212143) Child's World, Inc, The.

My Kalulu, Prince, King & Slave. Henry Morton Stanley. 2016. (ENG.). 482p. (J). pap. *(978-3-7433-8372-2(1))* Creation Pubs.

My Kalulu, Prince, King, & Slave: A Story of Central Africa (Classic Reprint) Henry Morton Stanley. 2017. (ENG., Illus.). (J). 33.47 *(978-0-260-54692-0(5))* Forgotten Bks.

My Key. Amal. 2021. (ENG., Illus.). 32p. (J). 17.95 *(978-1-60537-689-9(2))* Clavis Publishing.

My Key Verse Bible, 1 vol. Vanessa Carroll & Cecilie Fodor. Illus. by Fabioano Fiorin. 2018. 92p. (J). (gr. -1-2). 12.99 *(978-0-8254-4582-8(5))* Kregel Pubns.

My Keys to Allah's Love: Perfecting My Character. Daria Volyanskaya. 2022. (My Keys to Allah's Love Ser.: Vol. 3). (ENG.). 36p. (J). 15.95 *(978-1-915025-51-7(6))*; pap. 9.95 *(978-1-915025-50-0(8))* Bright Pittman, Portia.

My Keys to Allah's Love: Perfecting My Manners. Daria Volyanskaya. 2022. (My Keys to Allah's Love Ser.: Vol. 2). (ENG.). 40p. (J). 15.95 *(978-1-915025-48-7(6))*; pap. 9.95 *(978-1-915025-47-0(8))* Bright Pittman, Portia.

My Keys to Allah's Love: Understanding My Religion. Daria Volyanskaya. 2022. (My Keys to Allah's Love Ser.: Vol. 1). (ENG.). 36p. (J). 15.95 *(978-1-915025-45-6(1))*; pap. 9.95 *(978-1-915025-44-9(3))* Bright Pittman, Portia.

My Kicks: A Sneaker Story! Susan Verde. Illus. by Katie Kath. 2017. (ENG.). 40p. (J). (gr. k-2). 16.95 *(978-1-4197-2309-4(X)*, 1142201) Abrams, Inc.

My Kind of Crazy. Robin Reul. 2016. 336p. (YA). (gr. 8-12). pap. 10.99 *(978-1-4926-3176-7(0)*, 9781492631767) Sourcebooks, Inc.

My Kingdom of Darkness, 1. Susan Tan. ed. 2022. (Branches Early Ch Bks). (ENG.). 86p. (J). (gr. 1-4). 16.46 *(978-1-68505-563-9(X))* Penworthy Co., LLC, The.

My Kite. Margaret James. 2021. (ENG.). 50p. (J). pap. *(978-1-922591-81-4(5))* Library For All Limited.

My Kite Is Stuck! & Other Stories. Salina Yoon. (Duck, Duck, Porcupine Book Ser.: 2). (ENG., Illus.). 64p. (J). 2020. pap. 6.99 *(978-1-61963-890-7(8)*, 900150918, Bloomsbury Children's Bks.); 2017. 9.99 *(978-1-61963-887-7(8)*, 900150931, Bloomsbury USA Childrens) Bloomsbury Publishing USA.

My Kite Is Stuck! & Other Stories. Salina Yoon. ed. 2019. (J). lib. bdg. 16.00 *(978-0-606-41071-7(6))* Turtleback.

My Kitten's Baby Book. Wendy Straw. 2019. (ENG.). 32p. (J). (gr. k-5). 16.99 *(978-0-6484095-9-5(7)*, Brolly Bks.) Borghesi & Adam Pubs. Pty Ltd AUS. Dist: Independent Pubs. Group.

My Kitty. Nanna Wrinkles. Illus. by Yosephine A. Djohan. 2022. (ENG.). 24p. (J). *(978-0-6453846-5-9(8))* WHITEKEEP Bks.

My Koala Doesn't Take Baths. Jessica Williams. Illus. by Jessica Williams. 2019. (ENG., Illus.). 20p. (J). pap. *(978-1-9995397-5-7(3))* All Write Here Publishing.

My Kookie, Crazy, Curious Cat. Jen Bedard. Illus. by Mo Yusuf. 2021. (ENG.). 26p. (J). pap. *(978-1-7777599-3-3(5))* LoGreco, Bruno.

My 'l' Sound Box. Jane Belk Moncure. Illus. by Rebecca Thornburgh. 2018. (Jane Belk Moncure's Sound Box Bks.). (ENG.). 32p. (J). (gr. -1-2). 35.64 *(978-1-5038-2315-0(6)*, 212144) Child's World, Inc, The.

My Lady: A Story of Long Ago (Classic Reprint) Marguerite Bouvet. (ENG., Illus.). (J). 2018. 284p. 29.75 *(978-0-267-39754-9(2))*; 2016. pap. 13.57 *(978-1-334-12823-3(5))* Forgotten Bks.

My Lady: A Tale of Modern Life (Classic Reprint) Unknown Author. (ENG., Illus.). (J). 2018. 262p. 29.30 *(978-0-364-10722-5(7))*; 2017. pap. 11.97 *(978-0-259-21229-4(6))* Forgotten Bks.

My Lady & Allan Darke. Charles Donnel Gibson. 2017. (ENG.). 388p. (J). pap. *(978-3-337-10727-7(3))* Creation Pubs.

My Lady & Allan Darke (Classic Reprint) Charles Donnel Gibson. 2018. (ENG., Illus.). 384p. (J). 31.82 *(978-0-484-89656-6(3))* Forgotten Bks.

My Lady April (Classic Reprint) John Overton. 2018. (ENG., Illus.). 280p. (J). 29.67 *(978-0-484-47057-5(4))* Forgotten Bks.

My Lady Caprice (Classic Reprint) Jeffery Farnol. 2018. (ENG., Illus.). 300p. (J). 30.08 *(978-0-666-57590-6(8))* Forgotten Bks.

My Lady Cinderella (Classic Reprint) C. N. Williamson. 2018. (ENG., Illus.). 344p. (J). 30.99 *(978-0-428-73736-8(6))* Forgotten Bks.

My Lady Clancarty Being the True Story of the Earl of Clancarty & Lady Elizabeth Spencer (Classic Reprint) Mary Imlay Taylor. 2018. (ENG., Illus.). 314p. (J). 30.37 *(978-0-267-15581-1(6))* Forgotten Bks.

My Lady Coquette, Vol. 1 Of 3: A Novel (Classic Reprint) Rita Rita. 2018. (ENG., Illus.). 300p. (J). 30.08 *(978-0-267-16017-4(8))* Forgotten Bks.

My Lady Coquette, Vol. 2 Of 3: A Novel (Classic Reprint) Rita Rita. (ENG., Illus.). (J). 2018. 248p. 29.03 *(978-0-428-34450-4(X))*; 2016. pap. 11.57 *(978-1-333-55019-6(7))* Forgotten Bks.

My Lady Coquette, Vol. 3 Of 3: A Novel (Classic Reprint) Rita Rita. 2018. (ENG., Illus.). 220p. (J). 28.43 *(978-0-483-95463-2(2))* Forgotten Bks.

My Lady Frivol (Classic Reprint) Rosa Nouchette Carey. 2017. (ENG., Illus.). (J). 30.39 *(978-0-331-97092-0(9))*; pap. 13.57 *(978-0-259-23066-3(9))* Forgotten Bks.

My Lady Jane. Cynthia Hand et al. (Lady Janies Ser.). (ENG.). 512p. (YA). (gr. 8). 2017. pap. 11.99 *(978-0-06-239176-6(3))*; 2016. 18.99 *(978-0-06-239174-2(7))* HarperCollins Pubs. (HarperTeen).

My Lady Laughter: A Romance of Boston Town in the Days of the Great Siege (Classic Reprint) Dwight Tilton. (ENG., Illus.). (J). 2018. 450p. 33.18 *(978-0-483-95446-5(2))*; 2016. pap. 16.57 *(978-1-334-11940-8(6))* Forgotten Bks.

My Lady Legend, & Other Folk Tales from the North: Translated from the Swedish (Classic Reprint) Albrekt Segerstedt. (ENG., Illus.). (J). 2018. 306p. 30.23 *(978-0-483-42029-8(8))*; 2016. pap. 13.57 *(978-1-334-19404-7(1))* Forgotten Bks.

My Lady Nicotine (Classic Reprint) James Matthew Barrie. 2017. (ENG., Illus.). (J). 29.67 *(978-0-265-35198-7(7))* Forgotten Bks.

My Lady Nobody. Maarten Maartens. 2017. (ENG.). 472p. (J). pap. *(978-3-337-02954-8(X))* Creation Pubs.

My Lady Nobody: A Novel (Classic Reprint) Maarten Maartens. 2017. (ENG., Illus.). (J). 33.71 *(978-1-5284-4649-5(6))* Forgotten Bks.

My Lady Nobody, Vol. 2 Of 2: A Novel (Classic Reprint) Maarten Maartens. 2018. (ENG., Illus.). 282p. (J). 29.73 *(978-0-483-45824-6(4))* Forgotten Bks.

My Lady of Aros (Classic Reprint) John Brandane. 2017. (ENG., Illus.). (J). 29.38 *(978-0-331-13039-3(4))*; pap. 11.97 *(978-0-266-00276-5(5))* Forgotten Bks.

My Lady of Doubt (Classic Reprint) Randall Parrish. 2018. (ENG., Illus.). 392p. (J). 32.00 *(978-0-483-56699-6(3))* Forgotten Bks.

My Lady of Orange (Classic Reprint) H. C. Bailey. 2017. (ENG., Illus.). 270p. (J). 29.47 *(978-0-332-35819-2(4))* Forgotten Bks.

My Lady of the Chimney Corner. Alexander Irvine. 2017. (ENG., Illus.). (J). pap. *(978-0-649-17372-3(4))* Trieste Publishing Pty Ltd.

My Lady of the Chimney Corner (Classic Reprint) Alexander Irvine. 2018. (ENG., Illus.). 238p. (J). 28.81 *(978-0-267-46338-1(3))* Forgotten Bks.

My Lady of the Fog (Classic Reprint) Ralph Henry Barbour. 2018. (ENG., Illus.). 250p. (J). 29.07 *(978-0-483-94305-6(3))* Forgotten Bks.

My Lady of the Search-Light. Mary Hall Leonard. 2017. (ENG., Illus.). (J). pap. *(978-0-649-31253-5(8))* Trieste Publishing Pty Ltd.

My Lady of the Search-Light (Classic Reprint) Mary Hall Leonard. 2018. (ENG., Illus.). 68p. (J). 25.30 *(978-0-364-19022-7(1))* Forgotten Bks.

My Lady of the South: A Story of the Civil War (Classic Reprint) Randall Parrish. (ENG., Illus.). (J). 2018. 394p. 32.02 *(978-0-483-62226-5(5))*; 2017. pap. 16.57 *(978-0-243-28931-8(6))* Forgotten Bks.

My Lady Peggy Goes to Town (Classic Reprint) Frances Aymar Mathews. 2018. (ENG., Illus.). 362p. (J). 31.38 *(978-0-666-33470-1(6))* Forgotten Bks.

My Lady Peggy Leaves Town (Classic Reprint) Frances Aymar Mathews. (ENG., Illus.). (J). 2018. 386p. 31.86 *(978-0-483-33426-7(X))*; 2017. pap. 16.57 *(978-0-259-20318-6(1))* Forgotten Bks.

My Lady Pride (Classic Reprint) Charles Garvice. (ENG., Illus.). (J). 2018. 262p. 29.32 *(978-0-267-39894-2(8))*; 2016. pap. 11.97 *(978-1-334-12512-6(0))* Forgotten Bks.

My Lady's Diamonds (Classic Reprint) Adeline Sergeant. 2018. (ENG., Illus.). 322p. (J). 30.54 *(978-0-483-63308-7(9))* Forgotten Bks.

My Lady's Garter (Classic Reprint) Jacques Futrelle. (ENG., Illus.). (J). 2018. 362p. 31.36 *(978-0-483-62131-2(5))*; 2017. 31.65 *(978-0-331-82277-9(6))*; 2017. pap. 13.97 *(978-0-243-29512-8(X))* Forgotten Bks.

My Lake Baby. Rose Rossner. Illus. by Louise Anglicas. 2021. (My Baby Locale Ser.). (ENG.). 24p. (J). (-k). bds. 8.99 *(978-1-7282-3677-3(0)*, Hometown World) Sourcebooks, Inc.

My Lala. Thomas King. Illus. by Charlene Chua. 2022. (ENG.). 40p. (J). (gr. -1-2). 18.99 *(978-0-7352-6934-7(3)*, Tundra Bks.) Tundra Bks. CAN. Dist: Penguin Random Hse. LLC.

My Lantern & the Fairy: A Story of Light & Kindness Told in English & Chinese. Xin Lin. 2019. (ENG., Illus.). 42p. (gr. -1-3). 16.95 *(978-1-60220-458-4(6))* SCPG Publishing Corp.

My Laptop Was Lonely: Jasper's Giant Imagination. Laura J. Wellington. 2019. (Jasper's Giant Imagination Ser.: Vol. 2). (ENG., Illus.). 58p. (J). (gr. k-1). pap. 15.99 *(978-1-940310-91-6(1))* 4RV Pub.

My Last Friend, Dog Dick (Classic Reprint) Edmondo De Amicis. 2018. (ENG., Illus.). (J). 40p. 24.74 *(978-1-391-60767-2(8))*; 42p. pap. 7.97 *(978-1-391-59377-7(4))* Forgotten Bks.

My Last Summer with Cass. Mark Crilley. Illus. by Mark Crilley. 2021. (ENG., Illus.). 256p. (YA). (gr. 9-17). 24.99 *(978-0-7595-5546-4(X))*; pap. 17.99 *(978-0-7595-5545-7(1))* Little, Brown Bks. for Young Readers.

My Last Tour & First Work: Or, a Visit to the Baths of Wildbad & Rippoldsau (Classic Reprint) Anne Vavasour. 2017. (ENG., Illus.). (J). 33.69 *(978-0-265-21793-1(8))* Forgotten Bks.

My Laughing Philosopher (Classic Reprint) Eden Phillpotts. (ENG., Illus.). (J). 2018. 380p. 31.73 *(978-0-267-92379-3(1))*; 2017. pap. 16.57 *(978-1-5276-5157-9(6))* Forgotten Bks.

My Laundry Basket Adventures. Jill Yamaner. Illus. by Heather McCarthy. 2020. (ENG.). 18p. (J). 24.95 *(978-0-578-22287-5(6))*; pap. 14.95 *(978-0-578-22288-2(4))* Happy Kamperz.

My Leaf Book. Monica Wellington. Illus. by Monica Wellington. 2022. (ENG.). 34p. (J). pap. 7.99 *(978-1-0880-2818-6(7))* Wellington, Monica.

My Letter Coloring Book. Johana Moon Goldberg. 2016. (ENG., Illus.). (J). pap. 10.00 *(978-1-4834-6220-2(X))* Lulu Pr., Inc.

My Life, 12 vols. 2022. (My Life Ser.). (ENG.). 32p. (J). (gr. 4-5). lib. bdg. 167.58 *(978-1-5383-8747-4(6)*, c6db4936-070e-4d26-b440-90e623d099d9, PowerKids Pr.) Rosen Publishing Group, Inc., The.

My Life, 4 vols., Set. Incl. Abraham Lincoln. Judy Wearing. lib. bdg. 25.70 *(978-1-61690-056-4(3))*; Amelia Earhart. Judy Wearing. lib. bdg. 25.70 *(978-1-61690-059-5(8))*; Lady Bird Johnson. Anita Yasuda. lib. bdg. 25.70 *(978-1-61690-062-5(8))*; Sam Houston. Carolyn Turner. lib. bdg. 25.70 *(978-1-61690-065-6(2))*; 24p. (J). (gr. 2-4). 2010. 2010. Set lib. bdg. 102.80 *(978-1-61690-190-5(X))* Weigl Pubs., Inc.

My Life: Here & There (Classic Reprint) Princess Cantacuzene. 2017. (ENG., Illus.). (J). 31.36 *(978-0-265-20306-4(6))* Forgotten Bks.

My Life & Dancing (Classic Reprint) Maud Allan. 2017. (ENG., Illus.). (J). 27.13 *(978-0-266-73796-4(X))* Forgotten Bks.

My Life & Loves (Classic Reprint) Frank Harris. (ENG., Illus.). (J). 2018. 396p. 32.06 *(978-0-484-86149-6(2))*; 2016. pap. 16.57 *(978-1-334-12396-2(9))* Forgotten Bks.

My Life & Other Exploding Chickens. Tristan Bancks. Illus. by Gus Gordon. (Tom Weekly Ser.: 4). (J). (gr. 4-7). 2019. 240p. 9.99 *(978-0-14-379011-2(0))*; 2016. (ENG.). 192p. 9.99 *(978-0-85798-531-6(0))* Random Hse. Australia AUS. Dist: Independent Pubs. Group.

My Life & Other Failed Experiments. Tristan Bancks. Illus. by Gus Gordon. 2019. (Tom Weekly Ser.: 6). 240p. (J). (gr. 4-7). 9.99 *(978-0-14-378161-5(8))* Random Hse. Australia AUS. Dist: Independent Pubs. Group.

My Life & Other Massive Mistakes. Tristan Bancks. Illus. by Gus Gordon. 2018. (Tom Weekly Ser.: 3). 240p. (J). (gr. 4-7). 9.99 *(978-0-14-379010-5(2))* Random Hse. Australia AUS. Dist: Independent Pubs. Group.

My Life, & Other Stories. Anton Chekov. 2017. (ENG., Illus.). (J). pap. *(978-0-649-09135-5(3))* Trieste Publishing Pty Ltd.

My Life & Other Stories (Classic Reprint) Anton Chekov. 2018. (ENG., Illus.). 256p. (J). 29.20 *(978-0-267-46685-6(4))* Forgotten Bks.

My Life & Other Stuff I Made Up. Tristan Bancks. 2022. (Tom Weekly Ser.). 240p. (J). (gr. 4-6). 15.99 *(978-1-76104-268-3(8)*, Puffin) Penguin Random Hse. AUS. Dist: Independent Pubs. Group.

My Life & Other Stuff That Went Wrong. Tristan Bancks. Illus. by Gus Gordon. 2018. (Tom Weekly Ser.: 2). 240p. (J). (gr. 4-7). 9.99 *(978-0-14-379009-9(9))* Random Hse. Australia AUS. Dist: Independent Pubs. Group.

My Life & Other Weaponised Muffins. Tristan Bancks. Illus. by Gus Gordon. 2017. (My Life & Other Stuff... Ser.: 5). (ENG.). 208p. (J). (gr. 4-7). 10.99 *(978-0-14-378106-6(5))* Random Hse. Australia AUS. Dist: Independent Pubs. Group.

M

My Life & Other Weaponised Muffins. Tristan Bancks & Gus Gordon. 2019. (Tom Weekly Ser.: 5). (ENG.). 240p. (J). (gr. 4-7). 9.99 *(978-0-14-379012-9(9))* Random Hse. Australia AUS. Dist: Independent Pubs. Group.

My Life & Some Letters (Classic Reprint) Patrick Campbell. 2017. (ENG., Illus.). (J). 33.20 *(978-0-266-32128-6(3))* Forgotten Bks.

My Life As a Billionaire. Janet Tashjian. Illus. by Jake Tashjian. 2021. (My Life Ser.: 10). (ENG.). 224p. (J). 15.99 *(978-1-250-26181-6(3)*, 900221426, Holt, Henry & Co. Bks. For Young Readers) Holt, Henry & Co.

My Life As a Broken Bungee Cord, 1 vol. Bill Myers. 2020. (Incredible Worlds of Wally Mcdoogle Ser.: 3). (ENG., Illus.). 144p. (J). pap. 8.99 *(978-0-7852-3119-6(6)*, Tommy Nelson) Nelson, Thomas Inc.

My Life As a Buddhist. Fleur Bradley. 2022. (How the World Worships Ser.). (ENG., Illus.). 32p. (J). (gr. 4-8). pap. 14.21 *(978-1-6689-0053-6(X)*, 220144); lib. bdg. 32.07 *(978-1-5341-9939-2(X)*, 220000) Cherry Lake Publishing. (45th Parallel Press).

My Life As a Chinese Immigrant, 1 vol. Max Caswell. 2017. (My Place in History Ser.). (ENG.). 24p. (J). (gr. 2-3). pap. 9.15 *(978-1-5382-0293-7(X)*, b9a1b810-4d98-4291-8560-1023b40012c0) Stevens, Gareth Publishing LLLP.

My Life As a Christian. Fleur Bradley. 2022. (How the World Worships Ser.). (ENG., Illus.). 32p. (J). (gr. 4-8). pap. 14.21 *(978-1-6689-0054-3(8)*, 220145); lib. bdg. 32.07 *(978-1-5341-9940-8(3)*, 220001) Cherry Lake Publishing. (45th Parallel Press).

My Life As a Coder. Janet Tashjian. Illus. by Jake Tashjian. 2020. (ENG.). (J). (My Life Ser.: 9). 272p. 15.99 *(978-1-250-26179-3(1)*, 900221423, Holt, Henry & Co. Bks. For Young Readers); 237p. pap. *(978-1-250-75964-1(1))* Holt, Henry & Co.

My Life As a Gamer. Janet Tashjian. Illus. by Jake Tashjian. 2018. (My Life Ser.: 5). (ENG.). 288p. (J). pap. 8.99 *(978-1-250-14368-6(3)*, 900180543) Square Fish.

My Life As a Hashtag. Gabrielle Williams. 2018. (ENG.). 288p. (YA). (gr. 8-13). pap. 15.99 *(978-1-76011-368-1(9))* Allen & Unwin AUS. Dist: Independent Pubs. Group.

My Life As a Hindu. Fleur Bradley. 2022. (How the World Worships Ser.). (ENG.). 32p. (J). (gr. 4-8). pap. 14.21 *(978-1-6689-0055-0(6)*, 220146); (Illus.). lib. bdg. 32.07 *(978-1-5341-9941-5(1)*, 220002) Cherry Lake Publishing. (45th Parallel Press).

My Life As a Human Hockey Puck, 1 vol. Bill Myers. 2020. (Incredible Worlds of Wally Mcdoogle Ser.: 7). (ENG.). 160p. (J). pap. 8.99 *(978-0-7852-3377-0(6)*, Tommy Nelson) Nelson, Thomas Inc.

My Life As a Jew. Fleur Bradley. 2022. (How the World Worships Ser.). (ENG., Illus.). 32p. (J). (gr. 4-8). pap. 14.21 *(978-1-6689-0057-4(2)*, 220148, 45th Parallel Press) Cherry Lake Publishing.

My Life As a Meme. Janet Tashjian. Illus. by Jake Tashjian. 2019. (My Life Ser.: 8). (ENG.). 256p. (J). 13.99 *(978-1-250-19657-6(4)*, 900194128, Holt, Henry & Co. Bks. For Young Readers) Holt, Henry & Co.

My Life As a Meme. Janet Tashjian. Illus. by Jake Tashjian. 2021. (My Life Ser.: 8). (ENG.). 272p. (J). pap. 7.99 *(978-1-250-76924-4(8)*, 900194129) Square Fish.

My Life As a Muslim. Fleur Bradley. 2022. (How the World Worships Ser.). (ENG., Illus.). 32p. (J). (gr. 4-8). pap. 14.21 *(978-1-6689-0056-7(4)*, 220147); lib. bdg. 32.07 *(978-1-5341-9942-2(X)*, 220003) Cherry Lake Publishing. (45th Parallel Press).

My Life As a Myth. Huston Piner. 2017. (ENG., Illus.). (YA). pap. 11.99 *(978-1-947139-73-2(8))* NineStar Pr.

My Life As a Naturalist (Classic Reprint) W. Percival Westell. (ENG., Illus.). (J). 2018. 288p. 29.86 *(978-0-484-45017-1(4))*; 2016. pap. 13.57 *(978-1-333-68584-3(X))* Forgotten Bks.

My Life As a Ninja. Janet Tashjian. Illus. by Jake Tashjian. 2019. (My Life Ser.: 6). (ENG.). 256p. (J). pap. 8.99 *(978-1-250-29415-9(0)*, 900161972) Square Fish.

My Life As a Pastor. Archie King. 2022. (ENG.). 44p. (J). pap. 14.95 *(978-1-68570-043-0(8))* Christian Faith Publishing.

My Life As a Potato. Arianne Costner. (Illus.). (J). (gr. 3-7). 2022. 288p. 8.99 *(978-0-593-11869-6(3)*, Yearling); 2020. (ENG., 272p. lib. bdg. 19.99 *(978-0-593-11867-2(7)*, Random Hse. Bks. for Young Readers) Random Hse. Children's Bks.

My Life As a Sikh. Fleur Bradley. 2022. (How the World Worships Ser.). (ENG., Illus.). 32p. (J). (gr. 4-8). pap. 14.21 *(978-1-6689-0058-1(0)*, 220149); lib. bdg. 32.07 *(978-1-5341-9944-6(6)*, 220005) Cherry Lake Publishing. (45th Parallel Press).

My Life As a Sinner unto the Right Path. Yah's Vessel. 2019. (ENG.). 104p. (YA). pap. ***(978-1-716-98941-4(8))*** Lulu Pr., Inc.

My Life As a Torpedo Test Target, 1 vol. Bill Myers. 2020. (Incredible Worlds of Wally Mcdoogle Ser.: 6). (ENG., Illus.). 144p. (J). pap. 8.99 *(978-0-7852-3245-2(1)*, Tommy Nelson) Nelson, Thomas Inc.

My Life As a Youtuber. Janet Tashjian. Illus. by Jake Tashjian. 2018. (My Life Ser.: 7). (ENG.). 272p. (J). 13.99 *(978-1-62779-892-1(7)*, 900161978, Holt, Henry & Co. Bks. For Young Readers) Holt, Henry & Co.

My Life As a Youtuber. Janet Tashjian. Illus. by Jake Tashjian. 2020. (My Life Ser.: 7). (ENG.). 288p. (J). pap. 7.99 *(978-1-250-23367-7(4)*, 900161979) Square Fish.

My Life As Alien Monster Bait, 1 vol. Bill Myers. 2019. (Incredible Worlds of Wally Mcdoogle Ser.: 2). (ENG.). 144p. (J). pap. 8.99 *(978-0-7852-3114-1(5)*, Tommy Nelson) Nelson, Thomas Inc.

My Life As an Afterthought Astronaut, 1 vol. Bill Myers. 2020. (Incredible Worlds of Wally Mcdoogle Ser.: 8). (ENG.). 144p. (J). pap. 8.99 *(978-0-7852-3380-0(6)*, Tommy Nelson) Nelson, Thomas Inc.

My Life As an Emperor Penguin. John Sazaklis. Illus. by Duc Nguyen. 2022. (My Life Cycle Ser.). (ENG.). 32p. (J). 27.32 *(978-1-6639-8484-5(0)*, 229293, Picture Window Bks.) Capstone.

My Life As an Explorer: Autobiography of the First Man to Reach the South Pole. Roald Amundsen. 2019. (ENG., Illus.). 130p. (J). pap. *(978-1-78987-153-1(0))* Pantianos Classics.

My Life As an Ice Cream Sandwich. Ibi Zoboi. (Illus.). 256p. (J). (gr. 5). 2020. 8.99 *(978-0-399-18736-0(7)*, Puffin Books); 2019. 17.99 *(978-0-399-18735-3(9)*, Dutton Books for Young Readers) Penguin Young Readers Group.

My Life As an Ice Cream Sandwich. Ibi Zoboi. l.t. ed. 2020. (ENG.). lib. bdg. 22.99 *(978-1-4328-7709-5(7))* Thorndike Pr.

My Life As an Indian: The Story of a Red Woman & a White Man in the Lodges of the Blackfeet (Classic Reprint) James Willard Schultz. 2017. (ENG., Illus.). (J). 33.84 *(978-1-5285-6855-5(9))* Forgotten Bks.

My Life As Crocodile Junk Food, 1 vol. Bill Myers. 2020. (Incredible Worlds of Wally Mcdoogle Ser.: 4). (ENG., Illus.). 144p. (J). pap. 8.99 *(978-0-7852-3122-6(6)*, Tommy Nelson) Nelson, Thomas Inc.

My Life As Dinosaur Dental Floss, 1 vol. Bill Myers. 2020. (Incredible Worlds of Wally Mcdoogle Ser.: 5). (ENG., Illus.). 144p. (J). pap. 8.99 *(978-0-7852-3240-7(0)*, Tommy Nelson) Nelson, Thomas Inc.

My Life As Eva: The Struggle Is Real. Eva Gutowski. 2019. (ENG., Illus.). 208p. pap. 16.99 *(978-1-5011-4672-5(6)*, Gallery Bks.) Gallery Bks.

My Life As Lotta: a House Full of Rabbits (Book 1) My Life As Lotta Book 1. Alice Pantermuller & Daniela Kohl. 2019. (My Life As Lotta Ser.). (Illus.). 184p. (J). (gr. 3-7). 12.95 *(978-1-4549-3624-4(X))* Sterling Publishing Co., Inc.

My Life at the Bottom: The Story of a Lonesome Axolotl. Linda Bondestam. Tr. by A. A. Prime. 2022. (Illus.). 46p. (J). 19.95 *(978-1-63206-138-6(4))* Restless Bks.

My Life Begins! Patricia MacLachlan. (ENG.). 128p. (J). (gr. 3-7). 2023. pap. 9.99 ***(978-0-06-311603-0(0))***; 2022. 16.99 *(978-0-06-311601-6(4))* HarperCollins Pubs. (Tegen, Katherine Bks).

My Life (Classic Reprint) Emma Calve. 2017. (ENG., Illus.). (J). 30.76 *(978-0-265-90331-5(9))* Forgotten Bks.

My Life Cycle (Set), 8 vols. Susan H. Gray. Illus. by Jeff Bane. 2021. (My Early Library: My Life Cycle Ser.). (ENG.). 24p. (J). (gr. k-1). 245.12 *(978-1-5341-7955-4(0)*, 218112); pap., pap., pap. 102.29 *(978-1-5341-8154-0(7)*, 218113) Cherry Lake Publishing.

My Life During the Gold Rush, 1 vol. Max Caswell. 2017. (My Place in History Ser.). (ENG.). 24p. (J). (gr. 2-3). pap. 9.15 *(978-1-5382-0297-5(2)*, f914c158-3b52-481b-ab04-4ea6c235a473) Stevens, Gareth Publishing LLLP.

My Life, from 1815 to 1849, Vol. 1 of 2 (Classic Reprint) Charles Loftus. (ENG., Illus.). (J). 2018. 326p. 30.62 *(978-0-428-79386-9(X))*; 2016. pap. 13.57 *(978-1-334-20027-4(0))* Forgotten Bks.

My Life Hereafter. Lynette Ferreira. 2017. (ENG., Illus.). (J). pap. 11.96 *(978-0-244-01038-6(2))*; 28.03 *(978-1-326-48132-2(0))* Lulu Pr., Inc.

My Life Hereafter. Rosaline Saul. 2021. (ENG.). 188p. (YA). 34.99 *(978-1-008-96354-2(2))* Lulu Pr., Inc.

My Life in a Chinook Village, 1 vol. Max Caswell. 2017. (My Place in History Ser.). (ENG.). 24p. (J). (gr. 2-3). pap. 9.15 *(978-1-5382-0301-9(4)*, 8ca90258-77ed-4203-b26d-23823830593d) Stevens, Gareth Publishing LLLP.

My Life in Paris Fifty Years Ago: From the Journal of an; Ellen Stanton, Paris, 1868-1869 (Classic Reprint) A. Ellen Stanton. 2018. (ENG., Illus.). 498p. (J). 34.17 *(978-0-364-60248-5(1))* Forgotten Bks.

My Life in Pictures. Deborah Zemke. ed. 2017. (Bea Garcia Ser.: 1). lib. bdg. 18.40 *(978-0-606-40083-1(4))* Turtleback.

My Life in Smiley (Book 1 in Smiley Series) It's All Good. Anne Kalicky. 2018. (My Life in Smiley Ser.). (ENG., Illus.). 208p. (J). 13.99 *(978-1-4494-8987-8(7))* Andrews McMeel Publishing.

My Life in Smiley (Book 2 in Smiley Series) I Got This! Anne Kalicky. 2018. (My Life in Smiley Ser.). (ENG.). 216p. (J). 13.99 *(978-1-4494-9571-8(0))* Andrews McMeel Publishing.

My Life in Smiley (Book 3 in Smiley Series) Save Me! Anne Kalicky. 2019. (My Life in Smiley Ser.). (ENG., Illus.). 208p. (J). 13.99 *(978-1-4494-9572-5(9))* Andrews McMeel Publishing.

My Life in the Army (Classic Reprint) Robert Blatchford. 2018. (ENG., Illus.). 150p. (J). 27.07 *(978-0-483-88546-2(0))* Forgotten Bks.

My Life in the Fish Tank. Barbara Dee. (ENG.). (J). (gr. 4-8). 2021. 336p. pap. 8.99 *(978-1-5344-3234-5(5))*; 2020. 320p. 17.99 *(978-1-5344-3233-8(7))* Simon & Schuster Children's Publishing. (Aladdin).

My Life in the Plymouth Colony, 1 vol. Max Caswell. 2017. (My Place in History Ser.). 24p. (J). (gr. 2-3). (ENG.). pap. 9.15 *(978-1-5382-0305-7(7)*, df02096f-11bd-46ba-b238-e6a666baecc2); pap. 48.90 *(978-1-5382-0306-4(5))* Stevens, Gareth Publishing LLLP.

My Life in the South (Classic Reprint) Jacob Stroyer. 2018. (ENG., Illus.). 104p. (J). 26.04 *(978-0-364-45271-4(4))* Forgotten Bks.

My Life Is a Joke. James Patterson & Chris Grabenstein. ed. 2017. (Jacky Ha-Ha Ser.: 2). (J). lib. bdg. 25.75 *(978-0-606-40733-5(2))* Turtleback.

My Life Is Nuts! A Chipmunk's Tale. Renata Quattro. 2020. (ENG.). 90p. (YA). pap. *(978-0-2288-3951-4(3))* Tellwell Talent.

My Life Is Strange. Haitong Peng. 2021. (ENG.). 36p. (J). *(978-1-0391-0430-3(4))*; pap. *(978-1-0391-0429-7(0))* FriesenPress.

My Life Matters & Yours Does Too. Ebony Mason. 2021. (ENG.). 30p. (J). 23.00 *(978-1-0879-3985-8(2))* Indy Pub.

My Life My Story Writing Journal. Ed. by Joshua Williams. 2022. (ENG.). 70p. (J). pap. *(978-1-716-49717-9(5))* Lulu Pr., Inc.

My Life of Adventure (Classic Reprint) Alfred Greenwood Hales. 2018. (ENG., Illus.). 398p. (J). 32.13 *(978-0-364-55186-8(0))* Forgotten Bks.

My Life on Request: Pieces of Me. Richard Stothert. 2016. (ENG.). 307p. (J). 25.95 *(978-1-78629-081-6(2)*, 53b4c97a-a698-460c-b028-23e8df5e2eef) Austin Macauley Pubs. Ltd. GBR. Dist: Baker & Taylor Publisher Services (BTPS).

My Life on the Trail of Tears, 1 vol. Max Caswell. 2017. (My Place in History Ser.). 24p. (J). (gr. 2-3). (ENG.). pap. 9.15 *(978-1-5382-0309-5(X)*, 7a140881-1752-4ba6-a467-a05914345e25); pap. 48.90 *(978-1-5382-0310-1(3))* Stevens, Gareth Publishing LLLP.

My Life Out of Prison (Classic Reprint) Donald Lowrie. 2018. (ENG., Illus.). 346p. (J). 31.05 *(978-0-428-73060-4(4))* Forgotten Bks.

My Life Uploaded. Rae Earl. 2020. (My Life Uploaded Ser.). (ENG.). 272p. (YA). pap. 18.99 *(978-1-250-30908-2(5)*, 900177545) Square Fish.

My Life, Vol. 1 of 2 (Classic Reprint) William Hamilton Maxwell. (ENG., Illus.). (J). 2018. 216p. 28.35 *(978-0-483-75590-1(7))*; 2016. pap. 10.97 *(978-1-334-12498-3(1))* Forgotten Bks.

My Life, Vol. 1 of 3 (Classic Reprint) W. H. Maxwell. 2018. (ENG., Illus.). 306p. (J). 30.21 *(978-0-332-59357-9(6))* Forgotten Bks.

My Life, Vol. 2 Of 2: From 1815 to 1849 (Classic Reprint) Charles Loftus. 2018. (ENG., Illus.). 372p. (J). 31.57 *(978-0-484-76430-8(6))* Forgotten Bks.

My Life, Vol. 2 of 3 (Classic Reprint) W. H. Maxwell. 2018. (ENG., Illus.). 306p. (J). 30.21 *(978-0-267-22743-3(4))* Forgotten Bks.

My Life, Vol. 3 of 3 (Classic Reprint) W. H. Maxwell. 2018. (ENG., Illus.). 210p. (J). 28.23 *(978-0-428-74805-0(8))* Forgotten Bks.

My Life, Vol. 3 of 3 (Classic Reprint) William Hamilton Maxwell. 2017. (ENG., Illus.). (J). 31.03 *(978-0-260-91098-1(8))*; pap. 13.57 *(978-1-5281-5662-2(5))* Forgotten Bks.

My Life with Black Bears. Gabriel Mapel. 2016. (ENG., Illus.). 56p. (J). pap. 12.95 *(978-0-9719807-2-3(1))* Wild Earth.

My Life with Buffalo Bill. Dan Muller. 2017. (ENG., Illus.). (J). pap. *(978-0-649-65398-0(X))* Trieste Publishing Pty Ltd.

My Life with Buffalo Bill (Classic Reprint) Dan Muller. (ENG., Illus.). (J). 2018. 304p. 30.19 *(978-0-483-60177-2(2))*; 2017. pap. 13.57 *(978-0-243-26669-2(3))* Forgotten Bks.

My Life with Gary: Coping with Autism Spectrum Disorder. Jeannette Magaro & Luciano Magaro. 2019. (ENG., Illus.). 50p. (J). (gr. 3-6). pap. 5.99 *(978-1-945169-21-2(4))* Orison Pubs.

My Life with Scoliosis. Elsie Guerrero. Illus. by Clarissa Libertelli. 2019. (ENG.). 30p. (J). (gr. k-6). 19.99 *(978-1-7327573-5-6(6))* Elsie Publishing Co.

My Life with Stanley's Rear Guard (Classic Reprint) Herbert Ward. (ENG., Illus.). (J). 2018. 154p. 27.09 *(978-0-484-68149-0(4))*; 2016. pap. 9.57 *(978-1-333-47262-7(5))* Forgotten Bks.

My Life with the Liars. Caela Carter. 2016. (ENG.). 288p. (J). (gr. 3-7). 16.99 *(978-0-06-238571-0(2)*, Quill Tree Bks.) HarperCollins Pubs.

My Life, Your Life: Understanding Transgender. Honor Head. 2021. (My Life, Your Life Ser.). (ENG.). 32p. (J). (gr. 4-6). pap. 13.99 *(978-1-4451-5565-4(6)*, Franklin Watts) Hachette Children's Group GBR. Dist: Hachette Bk. Group.

My Lighthouse. Liana Goncalves. 2017. (ENG., Illus.). (J). 22.95 *(978-1-4808-4316-5(4))*; pap. 12.45 *(978-1-4808-4282-3(6))* Archway Publishing.

My Lil Dragon: The Adventures of Sam & Rummy Loafer. Matthew Curry. 2017. (ENG., Illus.). 26p. (J). ***(978-1-77302-517-9(1))***; pap. ***(978-1-77302-516-2(3))*** Tellwell Talent.

My Literary Zoo (Classic Reprint) Kate Sanborn. 2017. (ENG., Illus.). (J). 27.32 *(978-1-5279-8264-2(5))* Forgotten Bks.

My Little Album of Dublin: An English / Irish Wordbook. Juliette Saumande. Illus. by Tarsila Krüse. (ENG.). 32p. (J). 2019. 20.00 *(978-1-84717-998-2(3))*; 2022. 15.99 *(978-1-78849-348-2(6))* O'Brien Pr., Ltd., The IRL. Dist: Casemate Pubs. & Bk. Distributors, LLC.

My Little Alien Friends. Sue Exton. 2023. (ENG.). 92p. (J). ***(978-1-80381-375-2(X))***; pap. ***(978-1-80381-374-5(1))*** Grosvenor Hse. Publishing Ltd.

My Little Angel. Sherrill S. Cannon. 2017. (ENG., Illus.). (J). (gr. -1-2). 12.00 *(978-1-68181-947-1(3))* Strategic Book Publishing & Rights Agency (SBPRA).

My Little Angel Coloring Book. Sherrill S. Cannon. 2021. (ENG.). 26p. (J). pap. 9.95 *(978-1-68235-583-1(7))* Strategic Book Publishing & Rights Agency (SBPRA).

My Little Angel (Inspirational Book about Self-Esteem for Kids, Preschool Books, Kids Books, Kindergarten Books, Baby Books, Kids Book, Ages 2-8, Toddler Books, Kids Books, Baby Books, Kids Books) Marie Nerissa. 2017. (Illus.). 26p. (J). (gr. -1-7). *(978-1-925647-69-3(2))* Quantum Centre, The.

My Little Angels: Cameron's Magic Rock. Maureen P. Swan. Illus. by Aashay Utkarsh. l.t. ed. 2022. (My Little Angels Ser.: Vol. 1). (ENG.). 28p. (J). 19.95 ***(978-1-956581-03-4(0))*** Erin Go Bragh Publishing.

My Little Bento Box: Colors, Shapes, Numbers: (Counting Books for Kids, Colors Books for Kids, Educational Board Books, Pop Culture Books for Kids) Insight Insight Kids. 2022. (ENG., Illus.). 20p. (J). bds., bds. 9.99 *(978-1-64722-815-6(8))* Insight Editions.

My Little Bible, 1 vol. Diane Le Feyer. 2016. (ENG., Illus.). 96p. (J). 6.99 *(978-0-7180-4018-5(X)*, Tommy Nelson) Nelson, Thomas Inc.

My Little Bible & Prayers, 1 vol. Illus. by Diane Le Feyer. 2019. (ENG.). 192p. (J). 10.99 *(978-1-4002-1120-3(4)*, Tommy Nelson) Nelson, Thomas Inc.

My Little Bible & Prayers. Amanda Enright, Karen Williamson. Illus. by Amanda Enright. ed. 2020. (ENG.). 208p. (J). (gr. -1-k). 15.99 *(978-1-78128-388-2(5)*, 6d466649-b968-4185-8192-531cf0956c22, Candle Bks.) Lion Hudson PLC GBR. Dist: Baker & Taylor Publisher Services (BTPS).

My Little Big Brother. Richard Nelson. Illus. by A. Yustiadi. 2018. (ENG.). (J). (gr. k). 26p. *(978-1-7752839-8-0(4))*; 28p. pap. *(978-1-7752839-7-3(6))* Nelson, Richard.

My Little Body Works As a Team. Meme Taylor Davis & Tyeshia Babineaux. Illus. by Renée Ross. 2023. (ENG.). 36p. (J). 15.99 ***(978-1-0880-5288-4(6))***; pap. 10.99 ***(978-1-0880-5295-2(9))*** Indy Pub.

My Little Boobaholic: Baby Feeding & Diaper Tracker - Breastfeeding Journal Organizer with Baby Mood. Gabriel Bachheimer. 2020. (ENG.). 150p. (J). pap. 10.95 *(978-1-716-28839-5(8))* Lulu Pr., Inc.

My Little Book about Me. Angela Royston. 2022. (My Little Book Of Ser.). (ENG., Illus.). 64p. (J). (gr. k-2). lib. bdg. 33.32 *(978-0-7112-7147-0(X)*, 04cb65b2-9df3-4df8-af48-44c76798f0c7) QEB Publishing Inc.

My Little Book of Animal Adventures. Sequoia Children's Publishing. 2019. (ENG.). 160p. (J). *(978-1-64269-073-6(2)*, b4ffcf8c-43e3-45bf-90a9-dc01dc4299bd, Sequoia Publishing & Media LLC) Sequoia Children's Bks.

My Little Book of Baby Animals. Camilla De la Bédoyère. 2016. (Illus.). 64p. (J). *(978-1-4351-6347-8(8))* Barnes & Noble, Inc.

My Little Book of Big Freedoms. Illus. by Chris Riddell. 2017. (ENG.). 40p. (J). (gr. -1-3). 9.99 *(978-1-5247-8634-2(9)*, Penguin Workshop) Penguin Young Readers Group.

My Little Book of Big Questions. Britta Teckentrup. 2019. (ENG., Illus.). 192p. (J). (gr. 1-4). 19.95 *(978-3-7913-7376-8(5))* Prestel Verlag GmbH & Co KG. DEU. Dist: Penguin Random Hse. LLC.

My Little Book of Burrowing Owls (My Little Book Of...) Hope Irvin Marston. Illus. by Maria Magdalena Brown. 2020. (My Little Books Of Ser.). 32p. (J). (gr. -1-12). pap. 7.95 *(978-1-63076-374-9(8))* Muddy Boots Pr.

My Little Book of Cars. Rod Green. 2022. (My Little Book Of Ser.). (ENG., Illus.). 64p. (J). (gr. k-2). lib. bdg. 33.32 *(978-0-7112-7145-6(3)*, bad2db2f-0d75-48b5-99c4-c38199dfbe8b) QEB Publishing Inc.

My Little Book of Cats & Kittens. David Alderton. 2016. (Illus.). 64p. (J). *(978-1-4351-6413-0(X))* Barnes & Noble, Inc.

My Little Book of Dogs & Puppies. Nicola Jane Swinney. 2016. (Illus.). 64p. (J). *(978-1-4351-6414-7(8))* Barnes & Noble, Inc.

My Little Book of Dump Trucks & Diggers. Honor Head. 2022. (My Little Book Of Ser.). (ENG., Illus.). 64p. (J). (gr. k-2). lib. bdg. 33.32 *(978-0-7112-7146-3(1)*, b8a4ee89-5b99-4506-94ff-f4539579a9f8) QEB Publishing Inc.

My Little Book of Dump Trucks & Diggers. Contrib. by QEB Publishing Staff. 2016. (Illus.). 64p. (J). *(978-1-4351-6348-5(6))* Barnes & Noble, Inc.

My Little Book of Durga: Illustrated Board Books on Hindu Mythology, Indian Gods & Goddesses for Kids Age 3+; a Puffin Original. Penguin India Editorial Team. 2023. (My Little Book Of Ser.). (ENG.). 22p. (J). (gr. -1-k). bds. 6.99 ***(978-0-14-345329-1(7)***, Puffin) Penguin Bks. India PVT, Ltd IND. Dist: Independent Pubs. Group.

My Little Book of Ganesha. Penguin India. 2021. (My Little Book Of Ser.). (ENG., Illus.). 22p. (J). (-k). bds. 6.99 *(978-0-14-345326-0(2)*, Puffin) Penguin Bks. India PVT, Ltd IND. Dist: Independent Pubs. Group.

My Little Book of Greatness. Lisa Colman-Smith. 2023. (ENG.). 56p. (J). ***(978-1-80541-084-3(9))*** Publishing Push Ltd.

My Little Book of Hanuman: Illustrated Board Books on Hindu Mythology, Indian Gods & Goddesses for Kids Age 3+; a Puffin Original. Penguin India Editorial Team. 2023. (My Little Book Of Ser.). (ENG.). 22p. (J). (gr. -1-k). bds. 6.99 ***(978-0-14-345327-7(0)***, Puffin) Penguin Bks. India PVT, Ltd IND. Dist: Independent Pubs. Group.

My Little Book of Horses & Ponies. Nicola Jane Swinney. Illus. by Bob Langrish. 2016. 64p. (J). *(978-1-4351-6349-2(4))* Barnes & Noble, Inc.

My Little Book of Krishna. Penguin India. 2021. (My Little Book Of Ser.). (ENG., Illus.). 22p. (J). (-k). bds. 6.99 *(978-0-14-345324-6(6)*, Puffin) Penguin Bks. India PVT, Ltd IND. Dist: Independent Pubs. Group.

My Little Book of Lakshmi. Penguin India. 2021. (My Little Book Of Ser.). (ENG., Illus.). 22p. (J). (-k). bds. 6.99 *(978-0-14-345325-3(4)*, Puffin) Penguin Bks. India PVT, Ltd IND. Dist: Independent Pubs. Group.

My Little Book of Love! Kids Coloring Book 2. Bold Illustrations. 2017. (ENG., Illus.). (J). pap. 8.35 *(978-1-64193-017-8(9)*, Bold Illustrations) FASTLANE LLC.

My Little Book of Love! Toddler Coloring Book Ages 1-3 Book 1. Bold Illustrations. 2017. (ENG., Illus.). (J). pap. 8.35 *(978-1-64193-016-1(0)*, Bold Illustrations) FASTLANE LLC.

My Little Book of Manners. Sequoia Children's Publishing. 2019. (ENG.). 160p. (J). *(978-1-64269-072-9(4)*, a4f1269b-aa0a-4c39-89e9-1d8a60545216, Sequoia Publishing & Media LLC) Sequoia Children's Bks.

My Little Book of Painted Turtles (My Little Book Of...) Hope Irvin Marston. Illus. by Maria Magdalena Brown. 2020. (My Little Books Of Ser.). 32p. (J). (gr. -1-12). pap. 7.95 *(978-1-63076-372-5(1))* Muddy Boots Pr.

My Little Book of Poems. Beverly Dianne Vogel. 2019. (ENG.). 34p. (J). pap. 13.95 *(978-1-64299-889-4(3))* Christian Faith Publishing.

My Little Book of Rescue Vehicles. Claudia Martin. 2016. (Illus.). 64p. (J). *(978-1-4351-6335-5(4))* Barnes & Noble, Inc.

My Little Book of River Otters (My Little Book Of...) Hope Irvin Marston. Illus. by Maria Magdalena Brown. 2020. (My Little Books Of Ser.). 32p. (J). (gr. -1-12). pap. 7.95 *(978-1-63076-364-0(0))* Muddy Boots Pr.

My Little Book of Shiva: Illustrated Board Books on Hindu Mythology, Indian Gods & Goddesses for Kids Age 3+; a Puffin Original. Penguin India Editorial Team. 2023. (My Little Book Of Ser.). (ENG.). 22p. (J). (gr. -1-k). bds. 6.99 ***(978-0-14-345328-4(9)***, Puffin) Penguin Bks. India PVT, Ltd IND. Dist: Independent Pubs. Group.

My Little Book of Trains. Rod Green. 2022. (My Little Book Of Ser.). (ENG., Illus.). 64p. (J). (gr. k-2). lib. bdg. 33.32 *(978-0-7112-7144-9(5)*, f4b1687f-7d4f-4c38-87cb-ac6187dd9a59) QEB Publishing Inc.

My Little Book of Trucks & Things That Go. Roger Priddy. 2019. (My Little Bks.). (ENG., Illus.). 28p. (J). bds. 9.99 *(978-0-312-52814-0(0)*, 900195179) St. Martin's Pr.

My Little Book of Weather. Claudia Martin. 2022. (My Little Book Of Ser.). (ENG., Illus.). 64p. (J). (gr. k-2). lib. bdg. 33.32 *(978-0-7112-7143-2(7)*,

1412

The check digit for ISBN-10 appears in parentheses after the full ISBN-13

becabfec-b69c-4942-9c3f-9322ada4e84f) QEB Publishing Inc.

My Little Book of Whitetails. Hope Irvin Marston. Illus. by Maria Magdalena Brown. 2020. (My Little Book Ser.). 32p. (J). (gr. -1-12). pap. 7.95 *(978-1-63076-366-4(7))* Muddy Boots Pr.

My Little Box of Emotions: Little Guides for All My Emotions — Five-Book Box Set, 5 vols. DK. 2020. (First Emotions Ser.). (ENG.). 80p. (J). (-k). bds. 34.95 *(978-0-7440-2581-1(8),* DK Children) Dorling Kindersley Publishing, Inc.

My Little Boy Blue (Classic Reprint) Rosa Nouchette Carey. (ENG., Illus.). (J). 2018. 52p. 24.99 *(978-0-483-53000-3(X));* 2016. pap. 9.57 *(978-1-333-97316-2(0))* Forgotten Bks.

My Little Boy (Classic Reprint) Carl Ewald. 2018. (ENG., Illus.). 132p. (J). 26.62 *(978-0-483-36427-1(4))* Forgotten Bks.

My Little Brain! - Explaining the Human Brain for Kids. Baby Professor. 2017. (ENG., Illus.). (J). pap. 9.25 *(978-1-5419-0161-2(4),* Baby Professor (Education Kids)) Speedy Publishing LLC.

My Little Brave Girl. Hilary Duff. Illus. by Kelsey Garrity-Riley. 2021. (ENG.). 32p. (J). (gr. -1-2). 18.99 *(978-0-593-30072-5(6));* lib. bdg. 21.99 *(978-0-593-30073-2(4))* Random Hse. Children's Bks. (Random Hse. Bks. for Young Readers).

My Little Brother's Dirty Room. Laura P. Holton. Illus. by Taillefer Long. 2020. (ENG.). 28p. (J). pap. 15.00 *(978-1-0878-9898-8(6))* Indy Pub.

My Little Brown Boy. Hailey H. Rush. Illus. by Darneice Floyd. 2017. (ENG.). 18p. (J). 19.95 *(978-0-692-99626-3(5))* Rush, Hailey.

My Little Chick. Géraldine Elschner. Illus. by Eve Tharlet. 2019. 32p. (J). (gr. -1-k). 17.99 *(978-988-8341-74-0(X),* Minedition) Penguin Young Readers Group.

My Little Christmas Story: Pack Of 10. Christina Goodings. Illus. by Claudine Gevry. ed. 2020. (ENG.). 32p. (J). pap. 27.99 ***(978-0-7459-7860-4(6),*** d8d2ab69-2410-45dc-8c6c-07428d4e059c, Lion Children's) Lion Hudson PLC GBR. Dist: Baker & Taylor Publisher Services (BTPS).

My Little Cities: London: (Travel Books for Toddlers, City Board Books) Jennifer Adams. Illus. by Greg Pizzoli. 2017. (My Little Cities Ser.). (ENG.). 22p. (J). (gr. -1-k). bds. 9.99 *(978-1-4521-5387-2(6))* Chronicle Bks. LLC.

My Little Cities: New York: (Travel Books for Toddlers, City Board Books) Jennifer Adams. Illus. by Greg Pizzoli. 2017. (My Little Cities Ser.). (ENG.). 22p. (J). (gr. -1-k). bds. 9.99 *(978-1-4521-5388-9(4))* Chronicle Bks. LLC.

My Little Cities: New York City Skyline Playset: (Travel Books for Toddlers, City Board Books) Jennifer Adams. Illus. by Greg Pizzoli. 2017. (My Little Cities Ser.). (ENG.). 8p. (J). (gr. -1-k). 14.99 *(978-1-4521-5389-6(2))* Chronicle Bks. LLC.

My Little Cities: Paris: (Board Books for Toddlers, Travel Books for Kids, City Children's Books) Jennifer Adams. Illus. by Greg Pizzoli. 2017. (My Little Cities Ser.). (ENG.). 22p. (J). (gr. -1 — 1). bds. 9.99 *(978-1-4521-5390-2(6))* Chronicle Bks. LLC.

My Little Cities: San Francisco: (Board Books for Toddlers, Travel Books for Kids, City Children's Books) Jennifer Adams. Illus. by Greg Pizzoli. 2017. (My Little Cities Ser.). (ENG.). 22p. (J). (gr. -1 — 1). bds. 9.99 *(978-1-4521-5391-9(4))* Chronicle Bks. LLC.

My Little Cupcake. Kimberly Beaman. 2019. (ENG.). 36p. (J). (gr. -1-3). pap. 12.95 ***(978-0-578-48996-4(1))*** Accessible Bks. For Children, LLC.

My Little Devos for Boys: 365 Devotionals for Little Fellas. Compiled by Criswell Freeman. 2017. (ENG.). (J). pap. 9.99 *(978-1-68408-108-0(4))* DaySpring Cards.

My Little Devos for Girls: 365 Devotionals for Little Ladies. Compiled by Criswell Freeman. 2017. (ENG.). (J). pap. 9.99 *(978-1-68408-107-3(6))* DaySpring Cards.

My Little Doodles Happy Flowers Kids Coloring & Activity Book: Creative Early Learning Activities for Toddlers & Little Kids (Ages 2-6) Personaldev Books. 2021. (ENG., Illus.). 94p. (J). pap. 10.99 *(978-1-716-24010-2(7))* Lulu Pr., Inc.

My Little Dream. Amna Albedwawi. 2022. (ENG.). 66p. (J). pap. ***(978-1-4710-1210-5(7))*** Lulu Pr., Inc.

My Little Eagle: Theo Learns to Fly. Merici Huggins. 2021. (ENG.). 26p. (J). 25.00 *(978-1-955117-02-9(0))* My Litte Eagle Pr.

My Little Eye. Curtis Voisin & Serena Tam. 2021. (ENG.). 28p. (J). *(978-1-5255-9374-1(9));* pap. *(978-1-5255-9373-4(0))* FriesenPress.

My Little Farm. Wendy Kendall. 2023. (Snuggle up: a Hug Me Love Me Cloth Book Ser.). (ENG.). 8p. (J). (— 1). 14.99 *(978-1-4549-4684-7(9),* Union Square Pr.) Sterling Publishing Co., Inc.

My Little Fence: An Early Introduction to Boundaries. Allison Oklesh. Illus. by Shannon Gercken. 2022. (ENG.). 28p. (J). 18.99 ***(978-1-6629-1578-9(0));*** pap. 13.99 ***(978-1-6629-1579-6(9))*** Gatekeeper Pr.

My Little Forest. Wendy Kendall. 2023. (Snuggle up: a Hug Me Love Me Cloth Book Ser.). (ENG.). 8p. (J). (— 1). 14.99 *(978-1-4549-4685-4(7),* Union Square Pr.) Sterling Publishing Co., Inc.

My Little Forest. Katrin Wiehle. 2019. (Natural World Board Book Ser.). (ENG., Illus.). 16p. (J). (— 1). bds. 8.99 *(978-1-328-53482-8(0),* 1722630, Clarion Bks.) HarperCollins Pubs.

My Little Fox. Rick Chrustowski. Illus. by Rick Chrustowski. 2017. (ENG., Illus.). 40p. (J). (gr. -1-k). 17.99 *(978-1-4814-6961-6(4),* Beach Lane Bks.) Beach Lane Bks.

My Little Friend & Growing on Me. Mignonne Gunasekara. Illus. by Eren Arpaci. 2023. (Level 0 - Lilac Set Ser.). (ENG.). 32p. (J). (gr. k-1). lib. bdg. 19.95 Bearport Publishing Co., Inc.

My Little Friend Batbird. Sofania Dellarte & Helen Nicol. 2019. (ENG.). 58p. (J). pap. *(978-1-9164439-1-4(5))* Heavenly Message Publishing.

My Little Garden. Wendy Kendall. 2023. (Snuggle up: a Hug Me Love Me Cloth Book Ser.). (ENG.). 8p. (J). (— 1). 14.99 *(978-1-4549-4597-0(4))* Sterling Publishing Co., Inc.

My Little Garden. Katrin Wiehle. 2019. (Natural World Board Book Ser.). (ENG., Illus.). 16p. (J). (— 1). bds. 8.99 *(978-1-328-54395-0(1),* 1723734, Clarion Bks.) HarperCollins Pubs.

My Little Garden: Poetry Representing the Fragility of Daughterhood. Elle Yoder & Christi Kenner. 2022. (ENG.). 110p. (YA). pap. 14.17 ***(978-1-387-51215-7(3))*** Lulu Pr., Inc.

My Little Gifts: A Book of Sharing. Jo Witek. Illus. by Christine Roussey. 2018. (Growing Hearts Ser.). (ENG.). 30p. (J). (gr. -1 — 1). 16.99 *(978-1-4197-3320-8(6),* 1257701, Abrams Appleseed) Abrams, Inc.

My Little Girl: A Novel (Classic Reprint) Walter Besant. (ENG., Illus.). (J). 2018. 484p. 33.90 *(978-0-483-77717-0(X));* 2017. 27.67 *(978-0-266-38328-4(9))* Forgotten Bks.

My Little Girl, Vol. 1 of 3 (Classic Reprint) Walter Sir Besant. 2018. (ENG., Illus.). 308p. (J). 30.25 *(978-0-484-01319-2(X))* Forgotten Bks.

My Little Girl, Vol. 2 Of 3: A Novel (Classic Reprint) Unknown Author. 2018. (ENG., Illus.). 272p. (J). 29.53 *(978-0-484-22742-1(4))* Forgotten Bks.

My Little Girl, Vol. 3 of 3 (Classic Reprint) Walter Sir Besant. 2018. (ENG., Illus.). 246p. (J). 28.97 *(978-0-483-43650-3(X))* Forgotten Bks.

My Little Golden Book about Abraham Lincoln. Bonnie Bader. Illus. by Viviana Garofoli. 2016. (Little Golden Book Ser.). 24p. (J). (gr. -1-3). 5.99 *(978-1-101-93971-0(0),* Golden Bks.) Random Hse. Children's Bks.

My Little Golden Book about Airplanes. Michael Joosten. Illus. by Paul Boston. 2019. (Little Golden Book Ser.). 24p. (J). (-k). 5.99 *(978-0-525-58182-6(0),* Golden Bks.) Random Hse. Children's Bks.

My Little Golden Book about Balto. Charles Lovitt. Illus. by Sophie Allsopp. 2019. (Little Golden Book Ser.). 24p. (J). (gr. -1-3). 5.99 *(978-1-9848-9352-9(1),* Golden Bks.) Random Hse. Children's Bks.

My Little Golden Book about Betty White. Deborah Hopkinson. Illus. by Margeaux Lucas. 2021. (Little Golden Book Ser.). 24p. (J). (gr. -1-3). 5.99 *(978-0-593-43352-2(1),* Golden Bks.) Random Hse. Children's Bks.

My Little Golden Book about Boston. Judy Katschke. Illus. by Melanie Demmer. 2023. (Little Golden Book Ser.). 24p. (J). (-k). 5.99 *(978-0-593-47940-7(8),* Golden Bks.) Random Hse. Children's Bks.

My Little Golden Book about Bugs. Bonnie Bader. Illus. by Emma Jayne. 2020. (Little Golden Book Ser.). 24p. (J). (-k). 5.99 *(978-0-593-12388-1(3),* Golden Bks.) Random Hse. Children's Bks.

My Little Golden Book about Chicago. Toyo Tyler. Illus. by Barbara Bongini. 2021. (Little Golden Book Ser.). 24p. (J). (-k). 5.99 *(978-0-593-30449-5(7),* Golden Bks.) Random Hse. Children's Bks.

My Little Golden Book about Construction Vehicles. Michael Joosten. Illus. by Paul Boston. 2022. (Little Golden Book Ser.). 24p. (J). (-k). 5.99 *(978-0-593-38075-8(4),* Golden Bks.) Random Hse. Children's Bks.

My Little Golden Book about Dinosaurs. Dennis R. Shealy. Illus. by Steph Laberis. 2017. (Little Golden Book Ser.). 24p. (J). (-k). 5.99 *(978-0-385-37861-1(0),* Golden Bks.) Random Hse. Children's Bks.

My Little Golden Book about Dogs. Lori Haskins Houran. Illus. by Jess Golden. 2018. (Little Golden Book Ser.). 24p. (J). (-k). 4.99 *(978-0-399-55813-9(6),* Golden Bks.) Random Hse. Children's Bks.

My Little Golden Book about Dolly Parton. Deborah Hopkinson. Illus. by Monique Dong. 2021. (Little Golden Book Ser.). 24p. (J). (gr. -1-3). 5.99 *(978-0-593-30685-7(6),* Golden Bks.) Random Hse. Children's Bks.

My Little Golden Book about Frida Kahlo see Mi Little Golden Book Sobre Frida Kahlo (My Little Golden Book about Frida Kahlo Spanish Edition)

My Little Golden Book about Frida Kahlo. Silvia López. Illus. by Elisa Chavarri. 2021. (Little Golden Book Ser.). 24p. (J). (gr. -1-3). 4.99 *(978-0-593-17542-2(5),* Golden Bks.) Random Hse. Children's Bks.

My Little Golden Book about George Washington. Lori Haskins Houran. Illus. by Viviana Garofoli. 2016. (Little Golden Book Ser.). 24p. (J). (gr. -1-3). 5.99 *(978-1-101-93969-7(9),* Golden Bks.) Random Hse. Children's Bks.

My Little Golden Book about Greek Gods & Goddesses. John Sazaklis. Illus. by Elsa Chang. 2023. (Little Golden Book Ser.). 24p. (J). (-k). 5.99 *(978-0-593-42739-2(4),* Golden Bks.) Random Hse. Children's Bks.

My Little Golden Book about Jackie Robinson. Frank John Berrios, III. Illus. by Betsy Bauer. 2018. (Little Golden Book Ser.). 24p. (J). (gr. -1-3). 5.99 *(978-0-525-57868-0(4),* Golden Bks.) Random Hse. Children's Bks.

My Little Golden Book about Johnny Appleseed. Lori Haskins Houran. Illus. by Geneviève Godbout. 2017. (Little Golden Book Ser.). 24p. (J). (gr. -1-3). 5.99 *(978-0-399-55590-9(0),* Golden Bks.) Random Hse. Children's Bks.

My Little Golden Book about Kamala Harris. Rajani LaRocca. Illus. by Ashley Evans. 2021. (Little Golden Book Ser.). 24p. (J). (gr. -1-3). 5.99 *(978-0-593-43022-4(0),* Golden Bks.) Random Hse. Children's Bks.

My Little Golden Book about Martin Luther King Jr. Bonnie Bader. Illus. by Sue Cornelison. 2018. (Little Golden Book Ser.). 24p. (J). (gr. -1-3). 5.99 *(978-0-525-57870-3(6),* Golden Bks.) Random Hse. Children's Bks.

My Little Golden Book about Misty Copeland. Sherri L. Smith. Illus. by Tara Nicole Whitaker. 2022. (Little Golden Book Ser.). 24p. (J). (gr. -1-3). 5.99 *(978-0-593-38067-3(3),* Golden Bks.) Random Hse. Children's Bks.

My Little Golden Book about New York City. Apple Jordan & Melanie Demmer. 2021. (Little Golden Book Ser.). (Illus.). 24p. (J). (-k). 5.99 *(978-0-593-30447-1(0),* Golden Bks.) Random Hse. Children's Bks.

My Little Golden Book About Queen Patrenialla: A Fairy-Tail About the Queen of England Patrenia Turner. Patrenia Turner. Ed. by Troyius Turner. 2017. (Little Golden Book Ser.). (Illus.). pap. 4.99 *(978-0-578-19815-6(0))* The Sleeping Bear Pr.

My Little Golden Book about Ruth Bader Ginsburg. Shana Corey. Illus. by Margeaux Lucas. 2020. (Little Golden Book Ser.). 24p. (J). (gr. -1-3). 5.99 *(978-0-593-17280-3(9),* Golden Bks.) Random Hse. Children's Bks.

My Little Golden Book about San Francisco. Toyo Tyler. Illus. by Courtney Dawson. 2021. (Little Golden Book Ser.). 24p. (J). (-k). 5.99 *(978-0-593-30118-0(8),* Golden Bks.) Random Hse. Children's Bks.

My Little Golden Book about Seattle. Jennifer Liberts. Illus. by Sonya Abby. 2023. (Little Golden Book Ser.). 24p. (J). (-k). 5.99 *(978-0-593-37923-3(3),* Golden Bks.) Random Hse. Children's Bks.

My Little Golden Book about Sharks. Bonnie Bader. Illus. by Steph Laberis. 2016. (Little Golden Book Ser.). 24p. (J). (-k). 5.99 *(978-1-101-93092-2(6),* Golden Bks.) Random Hse. Children's Bks.

My Little Golden Book about the First Moon Landing. Charles Lovitt. Illus. by Bryan Sims. 2019. (Little Golden Book Ser.). (ENG.). 24p. (J). (-k). 5.99 *(978-0-525-58007-2(7),* Golden Bks.) Random Hse. Children's Bks.

My Little Golden Book about the Solar System. Dennis R. Shealy. Illus. by Richard Johnson. 2018. (Little Golden Book Ser.). 24p. (J). (-k). 5.99 *(978-1-5247-6684-9(4),* Golden Bks.) Random Hse. Children's Bks.

My Little Golden Book about the Statue of Liberty. Jen Arena. Illus. by Viviana Garofoli. 2018. (Little Golden Book Ser.). 24p. (J). (-k). 5.99 *(978-1-5247-7033-4(7),* Golden Bks.) Random Hse. Children's Bks.

My Little Golden Book about the White House. Jen Arena. Illus. by Viviana Garofoli. 2019. (Little Golden Book Ser.). 24p. (J). (-k). 4.99 *(978-0-525-58233-5(9),* Golden Bks.) Random Hse. Children's Bks.

My Little Golden Book about Trains. Dennis R. Shealy. Illus. by Paul Boston. 2021. (Little Golden Book Ser.). 24p. (J). (-k). 5.99 *(978-0-593-17466-1(6),* Golden Bks.) Random Hse. Children's Bks.

My Little Golden Book about Washington, DC. Rich Volin. Illus. by Ed Myer. 2021. (Little Golden Book Ser.). 24p. (J). (-k). 5.99 *(978-0-593-30115-9(3),* Golden Bks.) Random Hse. Children's Bks.

My Little Golden Book about Weather. Dennis R. Shealy. Illus. by Xindi Yan. 2020. (Little Golden Book Ser.). 24p. (J). (-k). 4.99 *(978-0-593-12323-2(9),* Golden Bks.) Random Hse. Children's Bks.

My Little Hero. Christopher Meek. 2018. (ENG., Illus.). 42p. (J). pap. *(978-1-387-10957-9(X))* Lulu Pr., Inc.

My Little Hero! Girl Power! Christopher Meek. 2018. (ENG., Illus.). 44p. (J). pap. *(978-1-387-83143-2(7))* Lulu Pr., Inc.

My Little Lady (Classic Reprint) Eleanor Frances Poynter. (ENG., Illus.). (J). 2018. 362p. 31.36 *(978-0-483-58655-0(2));* 2016. pap. 13.97 *(978-1-334-14891-0(0))* Forgotten Bks.

My Little Lady, Vol. 1 (Classic Reprint) E. Frances Poynter. 2018. (ENG., Illus.). 312p. (J). 30.33 *(978-0-483-71543-1(3))* Forgotten Bks.

My Little Library: Bedtime Stories (12 Board Books) Ed. by Little Grasshopper Books. Illus. by Stacy Peterson. 2020. (My Little Library). (ENG.). 120p. (J). (gr. -1-k). 15.98 *(978-1-64030-999-9(3),* 6118000) Publications International, Ltd.

My Little Library: Being Kind (12 Board Books): Ed. by West Side Publishing. 2020. (My Little Library). (ENG.). 120p. (J). (gr. -1-k). 15.98 *(978-1-64030-997-5(7),* 6115400) Publications International, Ltd.

My Little Library: Christmas. Ed. by Little Grasshopper Books. 2020. (My Little Library). (ENG.). 120p. (J). (— 1). 15.98 *(978-1-64558-840-5(8),* 6121400, Little Grasshopper Bks.) Publications International, Ltd.

My Little Library: Early Learning. Ed. by Little Grasshopper Books. 2020. (My Little Library). (ENG.). 120p. (J). (gr. -1 — 1). 15.98 *(978-1-64030-998-2(5),* 6117900, Little Grasshopper Bks.) Publications International, Ltd.

My Little Library: Stories of Jesus (12 Board Books) Little Grasshopper Books & Publications International Ltd. Staff. 2021. (My Little Library). (ENG.). 120p. (J). (gr. -1-k). 15.98 *(978-1-64558-670-8(7),* 6124500, Little Grasshopper Bks.) Publications International, Ltd.

My Little Lore of Light: Coloring Book. Karima Sperling. 2017. (ENG., Illus.). (J). pap. 6.50 *(978-0-9913003-5-8(1))* Little Bird Bks.

My Little Love (Classic Reprint) Marion Harland. 2018. (ENG., Illus.). 398p. (J). 32.15 *(978-0-484-53512-0(9))* Forgotten Bks.

My Little Magic Words. Karen Charles-Joseph. 2022. (ENG.). 20p. (J). 13.99 ***(978-1-0880-4397-4(6))*** Indy Pub.

My Little Mandala Coloring Book - Calming Coloring for Kids. Activibooks For Kids. 2016. (ENG., Illus.). (J). pap. 9.20 *(978-1-68321-007-8(7))* Mimaxion.

My Little Mustache & Family Plan. Sholly Fisch & Merrill Hagan. Illus. by Dario Brizuela & Jeremy Lawson. 2020. (DC Teen Titans Go! Ser.). (ENG.). 32p. (J). (gr. 2-6). lib. bdg. 21.93 *(978-1-4965-9943-8(8),* 201384, Stone Arch Bks.) Capstone.

My Little Notebook: A Simple Blank Lined Journal for Children to Log Their Daily Thoughts & Ideas. Dubreck World Publishing. 2021. (ENG.). 68p. (J). pap. *(978-1-300-28230-3(4))* Lulu Pr., Inc.

My Little One. Germano Zullo. Tr. by Katie Kitamura. Illus. by Albertine. 2020. 80p. (J). (gr. k-4). 24.00 *(978-1-939810-66-3(3),* Elsewhere Editions) Steerforth Pr.

My Little Pantry! Toddler Coloring Book. Bold Illustrations. 2017. (ENG., Illus.). (J). pap. 8.35 *(978-1-64193-008-6(X),* Bold Illustrations) FASTLANE LLC.

My Little Part in a Big War (Classic Reprint) Alvin S. Mela. 2018. (ENG., Illus.). 90p. (J). 25.75 *(978-0-267-44910-1(0))* Forgotten Bks.

My Little Plant: If... Then, 1 vol. Leonard Clasky. 2017. (Computer Science for the Real World Ser.). (ENG.). 8p. (gr. k-1). pap. *(978-1-5383-5104-8(8),* cf2e1d4f-5cd4-4c7f-961a-ee0599cbfb8a, Rosen Classroom) Rosen Publishing Group, Inc., The.

My Little Pony. Sara Green. 2018. (Brands We Know Ser.). (ENG., Illus.). 24p. (J). (gr. 3-8). lib. bdg. 27.95 *(978-1-62617-775-8(9),* Pilot Bks.) Bellwether Media.

My Little Pony: Equestria Girls. Ted Anderson & Katie Cook. ed. 2016. lib. bdg. 30.60 *(978-0-606-37807-9(3))* Turtleback.

My Little Pony: Friends Forever Set 2 (Set), 8 vols. 2018. (My Little Pony: Friends Forever Ser.). (ENG.). 24p. (J). (gr. 1-8). lib. bdg. 250.88 *(978-1-5321-4233-8(1),* 28561, Graphic Novels) Spotlight.

My Little Pony: To Where & Back Again. Josh Haber. 2019. (MLP Episode Adaptations Ser.). (Illus.). 160p. (J). (gr. 1-3). pap. 7.99 *(978-1-68405-419-0(2))* Idea & Design Works, LLC.

My Little Pony 24 Page Imagine Ink Game Book with Mess Free Marker. Created by Bendon Publishing. 2021. (ENG.). (J). 5.99 *(978-1-6902-1116-7(4))* Bendon, Inc.

My Little Pony: 5-Minute Stories. Hasbro. Illus. by Hasbro. 2023. (My Little Pony Ser.). (ENG., Illus.). 192p. (J). (gr. -1-3). 16.99 ***(978-0-06-306077-7(9),*** HarperCollins) HarperCollins Pubs.

My Little Pony: 5-Minute Stories: Includes 10 Pony Tales! Hasbro. Illus. by Hasbro. 2021. (My Little Pony Ser.). (ENG., Illus.). 192p. (J). (gr. -1-3). 16.99 *(978-0-06-303764-9(5),* HarperCollins) HarperCollins Pubs.

My Little Pony: a Magical Reading Collection 5-Book Box Set: Ponies Unite, Izzy Does It, Meet the Ponies of Maritime Bay, Cutie Mark Mix-Up, a New Adventure. Hasbro. Illus. by Hasbro. 2023. (I Can Read Level 1 Ser.). (ENG., Illus.). 160p. (J). (gr. -1-3). pap. 29.95 ***(978-0-06-306349-5(2),*** HarperCollins) HarperCollins Pubs.

My Little Pony: a New Adventure. Hasbro. Illus. by Hasbro. 2021. (My Little Pony Ser.). (ENG., Illus.). 32p. (J). (gr. -1-3). pap. 4.99 *(978-0-06-303765-6(3),* HarperCollins) HarperCollins Pubs.

My Little Pony: Classics Reimagined — Little Fillies. Megan Brown. Illus. by Jenna Ayoub. 2023. 96p. (J). (gr. 4-7). pap. 12.99 ***(978-1-68405-999-7(2))*** Idea & Design Works, LLC.

My Little Pony Cutie Mark Crew Collector's Guide. Rachael Upton. 2019. (Collector's Guide Ser.). (ENG.). 96p. (J). (gr. 3-7). pap. 8.99 *(978-0-7944-4312-2(5),* Studio Fun International) Printers Row Publishing Group.

My Little Pony: Cutie Mark Mix-Up. Hasbro. Illus. by Hasbro. 2023. (I Can Read Level 1 Ser.). (ENG., Illus.). 32p. (J). (gr. -1-3). pap. 5.99 *(978-0-06-306075-3(2),* HarperCollins) HarperCollins Pubs.

My Little Pony: Detective Hitch. Hasbro. Illus. by Hasbro. 2023. (I Can Read Comics Level 1 Ser.). (ENG., Illus.). 32p. (J). (gr. -1-3). pap. 5.99 ***(978-0-06-306071-5(X),*** HarperAlley) HarperCollins Pubs.

My Little Pony: Easter Egg Surprise! An Easter & Springtime Book for Kids. Hasbro. Illus. by Hasbro. 2022. (My Little Pony Ser.). (ENG., Illus.). 24p. (J). (gr. -1-3). pap. 4.99 *(978-0-06-306348-8(4),* HarperCollins) HarperCollins Pubs.

My Little Pony: Feats of Friendship. Ian Flynn. Illus. by Tony Fleecs. 2020. 80p. (J). (gr. 4-7). pap. 9.99 *(978-1-68405-671-2(3))* Idea & Design Works, LLC.

My Little Pony: Friends Forever Omnibus, Vol. 1, Vol. 1. Alex De Campi et al. 2016. (MLP FF Omnibus Ser.: 1). (Illus.). 292p. (J). (gr. 4-7). pap. 24.99 *(978-1-63140-771-0(6),* 9781631407710) Idea & Design Works, LLC.

My Little Pony: Friends Forever Omnibus, Vol. 2, Vol. 2. Jeremy Whitley & Christina Rice. Illus. by Agnes Garbowska et al. 2017. (MLP FF Omnibus Ser.: 2). 296p. (J). (gr. 4-7). pap. 24.99 *(978-1-63140-882-3(8),* 9781631408823) Idea & Design Works, LLC.

My Little Pony: Friends Forever Omnibus, Vol. 3, Vol. 3. Jeremy Whitley & Christina Rice. Illus. by Tony Fleecs et al. 2018. (MLP FF Omnibus Ser.: 3). 320p. (J). (gr. 4-7). pap. 24.99 *(978-1-68405-050-5(2))* Idea & Design Works, LLC.

My Little Pony: Friends Forever Volume 9, Vol. 9. Christina Rice & Thom Zahler. Illus. by Tony Fleecs et al. 2017. (MLP Friends Forever Ser.: 9). 120p. (J). (gr. 4-7). pap. 19.99 *(978-1-63140-918-9(2))* Idea & Design Works, LLC.

My Little Pony: Friendship Is Magic Season 10, Vol. 1. Jeremy Whitley & Mary Kenney. Illus. by Andy Price & Trish Forstner. 2021. (MLP Season 10 Ser.: 1). 128p. (J). (gr. 4-7). pap. 17.99 *(978-1-68405-787-0(6))* Idea & Design Works, LLC.

My Little Pony: Friendship Is Magic Season 10, Vol. 2. Thom Zahler & Jeremy Whitley. Illus. by Toni Kuusisto et al. 2022. (MLP Season 10 Ser.: 2). 136p. (J). (gr. 4-7). pap. 17.99 *(978-1-68405-845-7(7))* Idea & Design Works, LLC.

My Little Pony: Friendship Is Magic Season 10, Vol. 3. Thom Zahler & Celeste Bronfman. Illus. by Akeem S. Roberts et al. 2022. (MLP Season 10 Ser.: 3). 152p. (J). (gr. 4-7). pap. 17.99 *(978-1-68405-876-1(7))* Idea & Design Works, LLC.

My Little Pony: Friendship Is Magic Set 2 (Set), 8 vols. 2018. (My Little Pony: Friendship Is Magic Ser.). (ENG.). 24p. (J). (gr. 2-8). lib. bdg. 250.88 *(978-1-5321-4224-6(2),* 31101, Graphic Novels) Spotlight.

My Little Pony: Friendship Is Magic: Vol. 10. Katie Cook. Illus. by Andy Price et al. 2018. (My Little Pony: Friendship Is Magic Ser.). (ENG.). 24p. (J). (gr. 2-8). lib. bdg. 31.36 *(978-1-5321-4226-0(9),* 31103, Graphic Novels) Spotlight.

My Little Pony: Friendship Is Magic: Vol. 11. Katie Cook. Illus. by Andy Price et al. 2018. (My Little Pony: Friendship Is Magic Ser.). (ENG.). 24p. (J). (gr. 2-8). lib. bdg. 31.36 *(978-1-5321-4227-7(7),* 31104, Graphic Novels) Spotlight.

My Little Pony: Friendship Is Magic: Vol. 12. Katie Cook. Illus. by Andy Price et al. 2018. (My Little Pony: Friendship Is Magic Ser.). (ENG.). 24p. (J). (gr. 2-8). lib. bdg. 31.36 *(978-1-5321-4228-4(5),* 31105, Graphic Novels) Spotlight.

My Little Pony: Friendship Is Magic: Vol. 13. Heather Nuhfer. Illus. by Brenda Hickey et al. 2018. (My Little Pony: Friendship Is Magic Ser.). (ENG.). 24p. (J). (gr. 2-8). lib. bdg. 31.36 *(978-1-5321-4229-1(3),* 31106, Graphic Novels) Spotlight.

My Little Pony: Friendship Is Magic: Vol. 14. Heather Nuhfer. Illus. by Brenda Hickey et al. 2018. (My Little Pony: Friendship Is Magic Ser.). (ENG.). 24p. (J). (gr. 2-8). lib. bdg. 31.36 *(978-1-5321-4230-7(7),* 31107, Graphic Novels) Spotlight.

My Little Pony: Friendship Is Magic: Vol. 15. Heather Nuhfer. Illus. by Amy Mebberson et al. 2018. (My Little Pony: Friendship Is Magic Ser.). (ENG.). 24p. (J). (gr. 2-8). lib. bdg. 31.36 *(978-1-5321-4231-4(5),* 31108, Graphic Novels) Spotlight.

My Little Pony: Friendship Is Magic: Vol. 16. Heather Nuhfer. Illus. by Amy Mebberson et al. 2018. (My Little Pony: Friendship Is Magic Ser.). (ENG.). 24p. (J). (gr. 2-8). lib. bdg. 31.36 *(978-1-5321-4232-1(3)*, 31109, Graphic Novels) Spotlight.

My Little Pony: Friendship Is Magic: Vol. 9. Katie Cook. Illus. by Andy Price et al. 2018. (My Little Pony: Friendship Is Magic Ser.). (ENG.). 24p. (J). (gr. 2-8). lib. bdg. 31.36 *(978-1-5321-4225-3(0)*, 31102, Graphic Novels) Spotlight.

My Little Pony: Friendship Is Magic Volume 10, Vol. 10. Christina Rice et al. Illus. by Agnes Garbowska & Brenda Hickey. 2016. (My Little Pony Ser.: 10). 124p. (J). (gr. 4-7). pap. 19.99 *(978-1-63140-688-1(4)*, 9781631406881) Idea & Design Works, LLC.

My Little Pony: Friendship Is Magic Volume 11, Vol. 11. Thom Zahler & Ted Anderson. Illus. by Tony Fleecs & Agnes Garbowska. 2017. (My Little Pony Ser.: 11). 120p. (J). (gr. 4-7). pap. 19.99 *(978-1-63140-815-1(1)*, 9781631408151) Idea & Design Works, LLC.

My Little Pony: Friendship Is Magic Volume 12, Vol. 12. Ted Anderson et al. Illus. by Andy Price & Tony Fleecs. 2017. (My Little Pony Ser.: 12). 152p. (J). (gr. 4-7). pap. 19.99 *(978-1-63140-903-5(4))* Idea & Design Works, LLC.

My Little Pony: Friendship Is Magic Volume 15 Vol. 15. Ted Anderson et al. Illus. by Andy Price & Tony Fleecs. 2018. (My Little Pony Ser.: 15). (ENG.). 120p. (J). (gr. 4-7). pap. 17.99 *(978-1-68405-357-5(9))* Idea & Design Works, LLC.

My Little Pony: Friendship Is Magic Volume 16. Ted Anderson & Jeremy Whitley. Illus. by Toni Kuusisto et al. 2019. (My Little Pony Ser.: 16). 120p. (J). (gr. 4-7). pap. 17.99 *(978-1-68405-428-2(1))* Idea & Design Works, LLC.

My Little Pony: Friendship Is Magic Volume 17. Ted Anderson & Katie Cook. Illus. by Kate Sherron & Andy Price. 2019. (My Little Pony Ser.: 17). 144p. (J). (gr. 4-7). pap. 19.99 *(978-1-68405-526-5(1))* Idea & Design Works, LLC.

My Little Pony: Friendship Is Magic Volume 19. Christina Rice & Jeremy Whitley. Illus. by Casey W. Coller et al. 2020. (My Little Pony Ser.: 19). 120p. (J). (gr. 4-7). pap. 17.99 *(978-1-68405-685-9(3))* Idea & Design Works, LLC.

My Little Pony: Generations. Casey Gilly. Illus. by Michela Cacciatore. 2022. 120p. (J). (gr. 4-7). pap. 17.99 *(978-1-68405-794-8(9))* Idea & Design Works, LLC.

My Little Pony: Holiday Memories. Katie Cook & James Asmus. Illus. by Brenda Hickey et al. 2020. (ENG.). 112p. (J). (gr. 4-7). pap. 12.99 *(978-1-68405-721-4(3))* Idea & Design Works, LLC.

My Little Pony Imagine Ink Magic Ink Pictures. Des. by Bendon. 2020. (ENG.). (J). 4.99 ***(978-1-6902-0959-1(3))*** Bendon, Inc.

My Little Pony: Izzy Comes Home. Hasbro. Illus. by Hasbro. 2022. (I Can Read Comics Level 1 Ser.). (ENG., Illus.). 32p. (J). (gr. -1-3). pap. 5.99 *(978-0-06-303751-9(3)*, HarperAlley) HarperCollins Pubs.

My Little Pony: Izzy Does It. Hasbro. Illus. by Hasbro. 2022. (I Can Read Level 1 Ser.). (ENG., Illus.). 32p. (J). (gr. -1-3). pap. 5.99 *(978-0-06-303757-1(2)*, HarperCollins) HarperCollins Pubs.

My Little Pony: Legends of Magic Omnibus. Jeremy Whitley. Illus. by Brenda Hickey & Tony Fleecs. 2020. (MLP Legends of Magic Ser.). 320p. (J). (gr. 4-7). pap. 24.99 *(978-1-68405-566-1(0))* Idea & Design Works, LLC.

My Little Pony: Legends of Magic, Vol. 2. Jeremy Whitley. Illus. by Tony Fleecs. 2018. (MLP Legends of Magic Ser.: 2). 144p. (J). (gr. 4-7). pap. 19.99 *(978-1-68405-158-8(4))* Idea & Design Works, LLC.

My Little Pony Leveled Readers (Set), 8 vols. 2017. (My Little Pony Leveled Readers Ser.). (ENG.). 32p. (J). (gr. -1-3). lib. bdg. 250.88 *(978-1-5321-4090-7(8)*, 26963) Spotlight.

My Little Pony Little Flashlight Book O/P. Kids PI. 2017. (Play-A-Sound Ser.). (ENG.). 10p. (J). *(978-1-5037-1705-3(4)*, f4eb68eb-8254-481e-8cf4-d8ab7e3851fc, PI Kids) Phoenix International Publications, Inc.

My Little Pony Look & Find. ed. 2018. (Look & Find Ser.). (ENG.). 19p. (J). (gr. -1-1). 22.36 *(978-1-64310-741-7(0))* Penworthy Co., LLC, The.

My Little Pony: Meet the Ponies of Maretime Bay. Hasbro. Illus. by Hasbro. 2022. (I Can Read Level 1 Ser.). (ENG., Illus.). 32p. (J). (gr. -1-3). pap. 5.99 *(978-0-06-303753-3(X)*, HarperCollins) HarperCollins Pubs.

My Little Pony: Merry Christmas, Everypony! Includes More Than 50 Stickers! a Christmas Holiday Book for Kids. Hasbro. Illus. by Agnes Garbowska. 2022. (My Little Pony Ser.). (ENG.). 24p. (J). (gr. -1-3). pap. 5.99 *(978-0-06-303761-8(0)*, HarperCollins) HarperCollins Pubs.

My Little Pony Omnibus Volume 5. Christina Rice & Thom Zahler. Illus. by Agnes Garbowska et al. 2020. (My Little Pony OMNIBUS Ser.: 5). 336p. (J). (gr. 4-7). pap. 24.99 *(978-1-68405-588-3(1))* Idea & Design Works, LLC.

My Little Pony Omnibus Volume 6. Katie Cook et al. Illus. by Andy Price & Toni Kuusisto. 2021. (My Little Pony OMNIBUS Ser.: 6). 312p. (J). (gr. 4-7). pap. 24.99 *(978-1-68405-742-9(6))* Idea & Design Works, LLC.

My Little Pony Omnibus Volume 7. Sam Maggs & Thom Zahler. Illus. by Toni Kuusisto et al. 2022. (My Little Pony OMNIBUS Ser.: 7). 224p. (J). (gr. 4-7). pap. 24.99 *(978-1-68405-864-8(3))* Idea & Design Works, LLC.

My Little Pony Omnibus Volume 8. Jeremy Whitley & Thom Zahler. Illus. by Andy Price et al. 2023. (My Little Pony OMNIBUS Ser.: 8). 384p. (J). (gr. 4-7). pap. 24.99 ***(978-1-68405-992-8(5))*** Idea & Design Works, LLC.

My Little Pony Pioneer. Megan Borgert-Spaniol. 2018. (Toy Trailblazers Ser.). (ENG.). 32p. (J). (gr. 3-6). lib. bdg. 32.79 *(978-1-5321-1710-7(8)*, 30708, Checkerboard Library) ABDO Publishing Co.

My Little Pony: Ponies Unite. Hasbro. Illus. by Hasbro. 2021. (I Can Read Level 2 Ser.). (ENG., Illus.). 32p. (J). (gr. -1-3). pap. 5.99 *(978-0-06-303746-5(7)*, HarperCollins) HarperCollins Pubs.

My Little Pony: Pony Life: Meet the Ponies. Hasbro. 2021. (My First I Can Read Ser.). (ENG., Illus.). 32p. (J). (gr. -1-3). pap. 4.99 *(978-0-06-303744-1(0)*, HarperCollins) HarperCollins Pubs.

My Little Pony: Pony Life: Royal Bake-Off. Hasbro. 2021. (I Can Read Level 1 Ser.). (ENG., Illus.). 32p. (J). (gr. -1-3). pap. 4.99 *(978-0-06-303742-7(4)*, HarperCollins) HarperCollins Pubs.

My Little Pony: Ponyville Mysteries. Christina Rice. Illus. by Agnes Garbowska. 2019. (My Little Pony Ser.). (ENG.). 120p. (J). (gr. 2-5). pap. 17.99 *(978-1-68405-393-3(5))* Idea & Design Works, LLC.

My Little Pony Retro Coloring Book. Editors of Studio Fun International. 2019. (Coloring Book Ser.). (ENG.). 96p. (J). (gr. 7-7). pap. 12.99 *(978-0-7944-4436-5(9)*, Studio Fun International) Printers Row Publishing Group.

My Little Pony: Shadowplay. Josh Haber & Nicole Dubuc. 2021. (MLP Episode Adaptations Ser.). (Illus.). 152p. (J). (gr. 1-3). pap. 7.99 *(978-1-68405-755-9(8))* Idea & Design Works, LLC.

My Little Pony Shaped Coloring & Activity Book. Des. by Bendon. 2020. (ENG.). (J). pap. 5.00 ***(978-1-6902-1200-3(4))*** Bendon, Inc.

My Little Pony: Sister Switch. Hasbro. Illus. by Hasbro. 2023. (I Can Read Comics Level 1 Ser.). (ENG., Illus.). 32p. (J). (gr. -1-3). pap. 5.99 *(978-0-06-303755-7(6)*, HarperAlley) HarperCollins Pubs.

My Little Pony: Spirit of the Forest. Ted Anderson. Illus. by Brenda Hickey. 2019. 72p. (J). (gr. 4-7). pap. 9.99 *(978-1-68405-609-5(8))* Idea & Design Works, LLC.

My Little Pony: Star Pupil. Adapted by Justin Eisinger. 2019. (MLP Episode Adaptations Ser.). (ENG., Illus.). 152p. (J). (gr. 1-3). pap. 7.99 *(978-1-68405-495-4(8))* Idea & Design Works, LLC.

My Little Pony: Sunny's Day. Hasbro. Illus. by Hasbro. 2022. (I Can Read Comics Level 1 Ser.). (ENG., Illus.). 32p. (J). (gr. -1-3). pap. 5.99 *(978-0-06-303748-9(3)*, HarperAlley) HarperCollins Pubs.

My Little Pony Tails of Equestria. 2019. (ENG.). 52p. (J). pap. 15.99 *(978-1-62692-627-1(1)*, cc500a6f-ecb4-4445-855e-e2634ee0b994) Shinobi Ent., Inc.

My Little Pony Tails of Equestria Story Telling Game Core Rule Book. 2018. (ENG.). 152p. (J). 34.99 *(978-1-62692-619-6(0)*, 9781626926196) Shinobi Ent., Inc.

My Little Pony Tails of Equestria: the Bestiary of Equestria. 2018. (ENG.). 128p. (J). 29.99 *(978-1-62692-625-7(5)*, 73003514-b17b-49b0-8a12-50296fe756de) Shinobi Ent., Inc.

My Little Pony Tails of Equestria: the Festival of Lights. 2018. (ENG.). 60p. (J). pap. 15.99 *(978-1-62692-624-0(7)*, 94351a3f-ca5f-46c8-aca9-7c8ef6c3213e) Shinobi Ent., Inc.

My Little Pony Tails of Equestria: the Official Movie Sourcebook. 2018. (ENG.). 96p. (J). 24.99 *(978-1-62692-626-4(3)*, af54fe2c-bb66-4bdd-9037-4376722a5bf5) Shinobi Ent., Inc.

My Little Pony: the Crystalling. Josh Haber. 2019. (MLP Episode Adaptations Ser.). (Illus.). 144p. (J). (gr. 1-3). pap. 7.99 *(978-1-68405-307-0(2)*, 9781684053070) Idea & Design Works, LLC.

My Little Pony: the Cutie Map. Scott Sonneborn & M. A. Larson. 2018. (MLP Episode Adaptations Ser.). (Illus.). 144p. (J). (gr. 1-3). pap. 7.99 *(978-1-68405-065-9(0))* Idea & Design Works, LLC.

My Little Pony: the Cutie Re-Mark. Josh Haber. 2018. (MLP Episode Adaptations Ser.). (Illus.). 160p. (J). (gr. 1-3). pap. 7.99 *(978-1-68405-306-3(4))* Idea & Design Works, LLC.

My Little Pony: the Movie Adaptation. Meghan McCarthy & Rita Hsiao. ed. 2017. (MLP the Movie Ser.). (Illus.). 148p. (J). (gr. 4-7). pap. 7.99 *(978-1-68405-116-8(9))* Idea & Design Works, LLC.

My Little Pony: the Movie Prequel. Ted Anderson. Illus. by Andy Price. ed. 2017. (MLP the Movie Ser.). 96p. (J). (gr. 4-7). pap. 9.99 *(978-1-68405-107-6(X))* Idea & Design Works, LLC.

My Little Pony: Tricks & Treats: More Than 50 Stickers Included! Hasbro. Illus. by Hasbro. 2021. (My Little Pony Ser.). (ENG., Illus.). 24p. (J). (gr. -1-3). pap. 4.99 *(978-0-06-306347-1(6)*, HarperCollins) HarperCollins Pubs.

My Little Pony: Twilight's Kingdom. Meghan McCarthy. 2017. (MLP Episode Adaptations Ser.). (Illus.). 144p. (J). (gr. 1-3). pap. 7.99 *(978-1-68405-064-2(2))* Idea & Design Works, LLC.

My Little Pony, Vol. 1: Big Horseshoes to Fill, Vol. 1. Celeste Bronfman et al. Illus. by Amy Mebberson & Trish Forstner. 2023. 120p. (J). (gr. 4-7). pap. 9.99 *(978-1-68405-952-2(6))* Idea & Design Works, LLC.

My Little Pony, Vol. 2: Smoothie-Ing It Over. Celeste Bronfman. Illus. by Amy Mebberson et al. 2023. 120p. (J). (gr. 4-7). pap. 9.99 Idea & Design Works, LLC.

My Little Pony: Welcome to Ponyville. Hasbro. Illus. by Hasbro. 2021. (I Can Read Level 1 Ser.). (ENG., Illus.). 32p. (J). (gr. -1-3). pap. 4.99 *(978-0-06-306069-2(8)*, HarperCollins) HarperCollins Pubs.

My Little Prayers, 1 vol. Diane Le Feyer. 2016. (ENG., Illus.). 96p. (J). 6.99 *(978-0-7180-4019-2(8)*, Tommy Nelson) Nelson, Thomas Inc.

My Little Prayers for All Occasions: Please & Thank You, God! Agnes De Bezenac & Salem De Bezenac. Illus. by Agnes De Bezenac. 2017. (ENG., Illus.). (J). (gr. k-1). 16.95 *(978-1-63474-060-9(2))*; pap. 8.99 *(978-1-63474-069-2(6))* iCharacter.org.

My Little Princess. J. R. Berry. 2018. (ENG., Illus.). 30p. (J). 22.95 *(978-1-64003-571-3(0))*; pap. 12.95 *(978-1-64003-570-6(2))* Covenant Bks.

My Little Promise Bible, 1 vol. Juliet David. Illus. by Lucy Barnard & Lucy Barnard. ed. 2016. (ENG.). 96p. (J). 9.99 *(978-1-78128-257-1(9)*, 1caf0bca-3648-4e5c-bdeb-ab880e5c0e74, Candle Bks.) Lion Hudson PLC GBR. Dist: Baker & Taylor Publisher Services (BTPS).

My Little Promise Bible Colouring Book, 1 vol. Juliet David. Illus. by Lucy Barnard. 2016. 48p. (J). pap. 6.99 *(978-1-78128-307-3(9)*, Candle Bks.) Lion Hudson PLC GBR. Dist: Kregel Pubns.

My Little Rainbow Unicorns Coloring Book: For Girls Ages 3 Years Old & Up. Beatrice Harrison. 2019. (ENG.). 34p. (J). pap. 4.90 *(978-0-359-37480-9(8))* Lulu Pr., Inc.

My Little Seaside. Wendy Kendall. 2023. (Snuggle up: a Hug Me Love Me Cloth Book Ser.). (ENG.). 8p. (J). (— 1). 14.99 *(978-1-4549-4598-7(2))* Sterling Publishing Co., Inc.

My Little Sister. Norma Iris Pagan Morales. 2023. (ENG.). 262p. (YA). pap. 13.99 ***(978-1-959895-86-2(9))*** Print & Media, Westpoint.

My Little Sister: Leveled Reader Yellow Non Fiction Level 8/9 Grade 1. Hmh Hmh. 2019. (Rigby PM Ser.). (ENG.). 16p. (J). (gr. 1). pap. 11.00 *(978-0-358-12180-0(9))* Houghton Mifflin Harcourt Publishing Co.

My Little Sister & Me. Maple Lam. Illus. by Maple Lam. 2016. (ENG., Illus.). 40p. (J). (gr. -1-3). 17.99 *(978-0-06-239697-6(8)*, HarperCollins) HarperCollins Pubs.

My Little Sister (Classic Reprint) Elizabeth Robins. 2017. (ENG., Illus.). (J). 31.28 *(978-1-5284-8525-8(4))* Forgotten Bks.

My Little Skeets: Trust & Obey. Gina Z. 2017. (ENG., Illus.). (J). (gr. -1-3). pap. 10.95 *(978-1-9736-0466-2(3)*, WestBow Pr.) Author Solutions, LLC.

My Little Small. Illus. by Linda Bondestam. 2018. (ENG.). 52p. (J). (gr. -1-3). 15.95 *(978-1-59270-209-1(0))* Enchanted Lion Bks., LLC.

My Little Star. Jenny Cooper. Illus. by Gareth Llewhellin. 2020. (Shake, Shimmer & Sparkle Bks.). (ENG.). 10p. (J). bds. 9.99 *(978-1-78958-326-7(8))* Top That! Publishing PLC GBR. Dist: Independent Pubs. Group.

My Little Story of Christmas: 10 - Pack. Karen Williamson. Illus. by Amanda Enright. ed. 2019. (ENG.). 20p. (J). pap. 34.99 ***(978-1-78128-381-3(8)***, 62dd11d3-32fc-42a6-9269-4cd9f58a651b, Candle Bks.) Lion Hudson PLC GBR. Dist: Baker & Taylor Publisher Services (BTPS).

My Little Storybook: Little Duck Learns to Swim. Illus. by Sarah Ward. 2016. (ENG.). 12p. (J). (gr. -1 — 1). bds. 4.99 *(978-1-4998-0190-3(4))* Little Bee Books Inc.

My Little Sunshine: Mommy & Me. Zephanie Garrett. 2018. (My Little Sunshine Ser.: Vol. 1). (ENG., Illus.). 30p. (J). pap. 12.95 *(978-1-64300-559-1(6))* Covenant Bks.

My Little Town (Classic Reprint) Winifred Kirkland. (ENG., Illus.). (J). 2018. 36p. 24.64 *(978-0-332-12710-1(9))*; 2017. pap. 7.97 *(978-0-259-88172-8(4))* Forgotten Bks.

My Little Two. Jessica Hogan. 2021. (ENG., Illus.). 30p. (J). pap. 13.95 *(978-1-6624-5495-0(3))* Page Publishing Inc.

My Little Vacation. Kaylee Duda. 2021. (ENG.). 248p. (YA). pap. *(978-1-312-83303-6(3))* Lulu Pr., Inc.

My Little Valentine. Cheri Love-Byrd. Ed. by Cottage Door Press. Illus. by Kathryn Selbert. 2022. (ENG.). 12p. (J). bds. 7.99 *(978-1-64638-687-1(6)*, 1008680) Cottage Door Pr.

My Little Warrior. Janet Marie. Illus. by Jonathan Pegher. 2018. (ENG.). 38p. (J). pap. 17.95 *(978-1-64191-281-5(2))* Christian Faith Publishing.

My Little Wonder. Welcome Sweet Baby. Mack van Gageldonk. Illus. by Mack van Gageldonk. 2021. (Chick Ser.: 4). (ENG., Illus.). 64p. (J). 11.95 *(978-1-60537-624-0(8))* Clavis Publishing.

My Little Words Devotional, Padded Board Book. Illus. by Holli Conger. 2017. (Little Words Matter(tm) Ser.). (ENG.). 38p. (J). (— 1). bds. 9.99 *(978-1-4627-5933-0(5)*, 005795785, B&H Kids) B&H Publishing Group.

My Little World: Let's Poop! A Turn-The-Wheel Book for Potty Training. Roger Priddy. 2020. (My Little World Ser.: 1). (ENG., Illus.). 8p. (J). (gr. -1). bds. 9.99 *(978-0-312-53017-4(X)*, 900218644) St. Martin's Pr.

My Little World: My Body. Roger Priddy. 2022. (My Little World Ser.: 1). (ENG., Illus.). 10p. (J). bds. 9.99 *(978-1-68449-148-3(7)*, 900237952) St. Martin's Pr.

My Little World: Watch Me Grow. Roger Priddy. 2020. (My Little World Ser.: 1). (ENG., Illus.). 10p. (J). bds. 9.99 *(978-0-312-53016-7(1)*, 900218643) St. Martin's Pr.

My Local Hospital. Alan Walker. 2021. (In My Community Ser.). (ENG., Illus.). 24p. (J). (gr. -1-1). pap. *(978-1-4271-2967-3(3)*, 11178); lib. bdg. *(978-1-4271-2957-4(6)*, 11167) Crabtree Publishing Co.

My Log (Classic Reprint) Robert Barrie. 2018. (ENG., Illus.). 278p. (J). 29.63 *(978-0-483-45711-9(6))* Forgotten Bks.

My Logic Games. Mercedes Orus Lacort. 2019. (ENG.). 50p. (J). pap. *(978-0-244-78542-0(2))* Lulu Pr., Inc.

My London Infographic Sticker Activity Book. Kay Barnham. 2017. (My Infographic Sticker Activity Book Ser.). (ENG.). 32p. (J). (gr. k-2). pap. 7.99 *(978-0-7502-9943-5(6)*, Wayland) Hachette Children's Group GBR. Dist: Hachette Bk. Group.

My Lonely Room. John A. Vikara. 2017. (ENG., Illus.). (YA). (gr. 7-12). pap. 16.95 *(978-1-61296-809-4(0))* Black Rose Writing.

My Long List of Impossible Things. Michelle Barker. 2020. 360p. (YA). (gr. 9). 18.95 *(978-1-77321-365-1(2))*; pap. 9.95 *(978-1-77321-364-4(4))* Annick Pr., Ltd. CAN. Dist: Publishers Group West (PGW).

My Lord Bag-O'-Rice. Basil Hall Chamberlain. 2017. (ENG., Illus.). (J). pap. *(978-3-7447-6289-2(0))* Creation Pubs.

My Lord Bag-O'-Rice (Classic Reprint) Basil Hall Chamberlain. (ENG., Illus.). (J). 2018. 24p. 24.39 *(978-0-366-56889-5(2))*; 2018. 26p. pap. 7.97 *(978-0-366-46994-9(0))*; 2017. 24p. 24.41 *(978-0-332-95505-6(2))*; 2017. pap. 7.97 *(978-0-259-48886-6(0))* Forgotten Bks.

My Lord, the Count: A Society Drama (Classic Reprint) Emma Shoudy. 2018. (ENG., Illus.). 48p. (J). 24.91 *(978-0-483-98649-7(6))* Forgotten Bks.

My Lords of Strogue, Vol. 1 Of 3: A Chronicle of Ireland, from the Convention to the Union (Classic Reprint) Lewis Wingfield. (ENG., Illus.). (J). 2018. 310p. 30.31 *(978-0-332-42681-5(5))*; 2016. pap. 13.57 *(978-1-333-71423-9(8))* Forgotten Bks.

My Lords of Strogue, Vol. 2 Of 3: A Chronicle of Ireland, from the Convention to the Union (Classic Reprint) Lewis Wingfield. (ENG., Illus.). (J). 2018. 300p. 30.08 *(978-0-483-81915-3(8))*; 2016. pap. 13.57 *(978-1-334-25003-3(0))* Forgotten Bks.

My Lords of Strogue, Vol. 3 Of 3: A Chronicle of Ireland, from the Convention to the Union (Classic Reprint) Lewis Wingfield. 2018. (ENG., Illus.). 322p. (J). 30.56 *(978-0-484-18859-3(3))* Forgotten Bks.

My Lorraine Journal (Classic Reprint) Edith O'Shaughnessy. 2017. (ENG., Illus.). (J). 28.64 *(978-0-265-36809-1(X))* Forgotten Bks.

My Lost Duchess: An Idyl of the Town (Classic Reprint) Jesse Lynch Williams. 2018. (ENG., Illus.). 324p. (J). 30.60 *(978-0-483-83226-8(X))* Forgotten Bks.

My Lost Hug. Ashley Stern. 2017. (ENG., Illus.). 30p. (J). (gr. -1-3). 12.95 *(978-1-64003-032-9(8))* Covenant Bks.

My Lost Self (Classic Reprint) Arthur W. Marchmont. (ENG., Illus.). (J). 2018. 328p. 30.66 *(978-0-365-10757-6(3))*; 2017. pap. 13.57 *(978-0-259-27250-2(7))* Forgotten Bks.

My Lost Shoe: A Story about Staying Safe. Rhonda S. Ferguson. Ed. by Avant-Garde Books. Illus. by Suzanne Horwitz. 2018. (ENG.). 36p. (J). pap. 12.95 *(978-1-946753-34-2(3))* Avant-garde Bks.

My Louisiana Heritage! Roland Brown, Jr. 2020. (ENG.). 24p. (J). pap. 11.99 *(978-1-7354785-8-6(X))* Mindstir Media.

My Love & I (Classic Reprint) Alice Brown. 2018. (ENG., Illus.). 396p. (J). 32.08 *(978-0-483-13059-3(1))* Forgotten Bks.

My Love (Classic Reprint) E. Lynn Linton. 2018. (ENG., Illus.). 500p. (J). 34.23 *(978-0-666-31829-9(8))* Forgotten Bks.

My Love for You. Lisa Varchol Perron. Illus. by Sheryl Murray. 2023. (ENG.). 22p. (J). (gr. -1). bds., bds. 7.99 ***(978-1-6659-2807-6(7)***, Little Simon) Little Simon.

My Love for You Is Always. Gillian Sze. Illus. by Michelle Lee. 2021. 32p. (J). (gr. -1-3). 16.99 *(978-0-593-20307-1(0)*, Philomel Bks.) Penguin Young Readers Group.

My Love Is All Around. Danielle McLean. Illus. by Sebastien Braun. 2020. (ENG.). 32p. (J). (gr. -1-2). 17.99 *(978-1-68010-194-2(3))* Tiger Tales.

My Love Is for Always: Profound Little Messages to Grow a Resilient Child. Beth Bardovi & Margie Gayle. Illus. by Barney Saltzberg. 2021. (ENG.). 44p. (J). 24.95 *(978-1-7362174-7-4(X))* Precocity Pr.

My Love Is for My Pets & My Pets's Love Is for Me. Barbara Puryear. 2022. (ENG.). 102p. (J). 71.59 *(978-1-4357-8004-0(3))* Lulu Pr., Inc.

My Love, Vol. 1 of 3 (Classic Reprint) E. Lynn Linton. 2018. (ENG., Illus.). 312p. (J). 30.35 *(978-0-267-15188-2(8))* Forgotten Bks.

My Love, Vol. 2 of 3 (Classic Reprint) E. Lynn Linton. 2018. (ENG., Illus.). 330p. (J). 30.76 *(978-0-484-57809-7(X))* Forgotten Bks.

My Love, Vol. 3 of 3 (Classic Reprint) E. Lynn Linton. 2018. (ENG., Illus.). 340p. (J). 30.91 *(978-0-484-51334-0(6))* Forgotten Bks.

My Love Will Never Leave You. Stephen Hogtun. 2022. (ENG., Illus.). 32p. (J). 17.99 *(978-1-5476-0899-7(4)*, 900252501, Bloomsbury Children's Bks.) Bloomsbury Publishing USA.

My Lovely Frankie. Judith Clarke. 2018. (ENG.). 224p. (YA). (gr. 7). pap. 12.99 *(978-1-76029-633-9(3))* Allen & Unwin AUS. Dist: Independent Pubs. Group.

My Lungs. Jennifer Wendt. 2022. (What's Inside Me? Ser.). (ENG., Illus.). 24p. (J). (gr. 1-3). lib. bdg. 26.99 *(978-1-63691-443-5(8)*, 18606) Bearport Publishing Co., Inc.

My 'm' Sound Box. Jane Belk Moncure. Illus. by Rebecca Thornburgh. 2018. (Jane Belk Moncure's Sound Box Bks.). (ENG.). 32p. (J). (gr. -1-2). 35.64 *(978-1-5038-2316-7(4)*, 212145) Child's World, Inc, The.

My Mad Face: The Perfect Book for Those Not-So-Perfect Days. Roni Lee Clark Archer. Illus. by Nathan Warner. 2022. (ENG.). 25p. (J). ***(978-1-387-52955-1(2))*** Lulu Pr., Inc.

My Mad Hair Day, 1 vol. Nathalie Dion. 2021. (Illus.). 44p. (J). (gr. -1-1). 18.99 *(978-1-77306-511-3(4))* Groundwood Bks. CAN. Dist: Publishers Group West (PGW).

My Maddy. Gayle E. Pitman. Illus. by Violet Tobacco. 2020. 32p. (J). *(978-1-4338-3044-0(2)*, Magination Pr.) American Psychological Assn.

My Madly Bonkers Life. Margaret Morgan. 2020. (ENG.). 222p. (YA). pap. ***(978-1-913704-22-3(X))*** Publishing Push Ltd.

My Magic Ball. Anna Svetchnikov. 2020. (ENG.). 46p. (J). *(978-1-716-44089-2(0))* Lulu Pr., Inc.

My Magic Ball: A Book about Procrastination. Anna Svetchnikov. 2020. (ENG.). 48p. (J). 34.39 *(978-1-716-37124-0(4))* Lulu Pr., Inc.

My Magic Breath: Finding Calm Through Mindful Breathing. Nick Ortner & Alison Taylor. Illus. by Nick Ortner & Michelle Polizzi. 2018. (ENG.). 32p. (J). (gr. -1-3). 17.99 *(978-0-06-268776-0(X)*, HarperCollins) HarperCollins Pubs.

My Magic Hat Goes to School! Debi Novotny. 2019. (ENG.). 38p. (J). 14.95 *(978-1-68401-955-7(9))* Amplify Publishing Group.

My Magic Hat Rules! Debi Novotny. 2017. (ENG., Illus.). (J). (gr. -1-3). 14.95 *(978-1-68401-449-1(2))* Amplify Publishing Group.

My Magic Wand: A Magical Sound Book! Illus. by Susy Zanella. 2019. (ENG.). 14p. (J). (gr. -1-1). 14.95 *(978-88-544-1553-9(7))* White Star Publishers ITA. Dist: Sterling Publishing Co., Inc.

My Magic Wheelchair. Shalanta Boli. Illus. by Muhammad Ali Khalid. 2021. (ENG.). 26p. (J). pap. *(978-1-922621-46-7(3))* Library For All Limited.

My Magic Wheelchair - Au Kaintekateka Ae Mwaaka (Te Kiribati) Shalanta Boli. Illus. by Muhammad Ali Khalid. 2023. (ENG.). 26p. (J). pap. ***(978-1-922844-34-7(9))*** Library For All Limited.

My Magic Wings. Christina Walker. Illus. by Rachel Barbee. 2022. (ENG.). 24p. (J). pap. 24.00 *(978-1-7372599-9-2(0))* BookBaby.

My Magical Brown Unicorn. Ren Lowe & Kameryn Lowe. 2020. (ENG.). 34p. (J). 16.99 *(978-1-7359437-9-4(7))* Royaltee Pr. LLC.

My Magical Brown Unicorn: Sugar Pie & the Magic Trail of Positivity. Ren Lowe & Kameryn Lowe. Illus. by Zeynep Zahide Cakmak. 2021. (ENG.). 38p. (J). pap. 9.99 *(978-1-7359437-6-3(2))* Royaltee Pr. LLC.

My Magical Castle. Yujin Shin. 2022. (My Magical Friends Ser.). (ENG.). 10p. (J). (gr. -1 — 1). bds. 9.99 *(978-1-4197-5393-0(2)*, 1730310) Abrams, Inc.

My Magical Cursive Handwriting Practice Book: Toddlers & Kids Cursive Handwriting Workbook, Beginning Cursive Practice Book for Kids 4-9, 100 Pages Dotted Line Notebook (Handwriting Practice Paper Notebook / Blank Handwriting Practice Books for Kids) Maggie C. Love. 2021. (ENG.). 104p. (J). pap. 7.89 *(978-1-716-22978-7(2))* Lulu Pr., Inc.

1414

The check digit for ISBN-10 appears in parentheses after the full ISBN-13

My Magical Easter Bunny. Yujin Shin. 2022. (My Magical Friends Ser.). (ENG.). 8p. (J). (gr. -1 — 1). bds. 8.99 *(978-1-4197-4461-7(5)*, 1691210, Abrams Appleseed) Abrams, Inc.

My Magical Garden! the Best in Floral Patterns Coloring Book - Pattern Coloring Books for Girls Edition. Activibooks For Kids. 2016. (ENG., Illus.). (J). pap. 9.20 *(978-1-68321-118-1(9))* Mimaxion.

My Magical Gnome Story Book. Monika Anna Blichar. Illus. by Monika Anna Blichar. 2022. (ENG.). 48p. (J). ***(978-0-2288-6014-3(8))***; pap. ***(978-0-2288-6013-6(X))*** Tellwell Talent.

My Magical Grandma. Michael K. Williams. 2022. (ENG.). 26p. (J). pap. 16.95 *(978-1-9822-7937-0(0)*, Balboa Pr.) Author Solutions, LLC.

My Magical Leprechaun. Yujin Shin. 2021. (My Magical Friends Ser.). (ENG.). 8p. (J). (gr. -1 — 1). bds. 8.99 *(978-1-4197-4812-7(2)*, 1706010) Abrams, Inc.

My Magical Mandalas Coloring Book: Mandala Coloring Kids. Activibooks For Kids. 2016. (ENG., Illus.). (J). pap. 9.20 *(978-1-68321-092-4(1))* Mimaxion.

My Magical Mermaid. Illus. by Yujin Shin. 2019. (My Magical Friends Ser.). (ENG.). 8p. (J). (gr. -1 — 1). bds. 8.99 *(978-1-4197-3730-5(9)*, 1278010, Abrams Appleseed) Abrams, Inc.

My Magical Mermicorn. Danielle McLean. Illus. by Prisca Le Tandé. import ed. 2020. (Llamacorn & Friends Ser.). (ENG.). 18p. (J). (— 1). bds. 9.99 *(978-0-593-17835-5(1)*, Random Hse. Bks. for Young Readers) Random Hse. Children's Bks.

My Magical Preschool Workbook: Letter Tracing - Coloring for Kids Ages 3 + - Lines & Shapes Pen Control - Toddler Learning Activities - Pre K to Kindergarten (Preschool Workbooks) Personaldev Book. 2021. (ENG.). 80p. (J). pap. 8.99 *(978-1-716-21903-0(5))* Lulu Pr., Inc.

My Magical Rainbow. Yujin Shin. 2022. (My Magical Friends Ser.). (ENG.). 8p. (J). (gr. -1 — 1). bds. 8.99 *(978-1-4197-5704-4(0)*, 1748910) Abrams, Inc.

My Magical Santa. Yujin Shin. 2023. (My Magical Friends Ser.). (ENG.). 8p. (J). (gr. -1 — 1). bds. 8.99 ***(978-1-4197-6720-3(8)***, 1803710, Abrams Appleseed) Abrams, Inc.

My Magical Snowman. Yujin Shin. Illus. by Yujin Shin. 2020. (My Magical Friends Ser.). (ENG., Illus.). 8p. (J). (gr. -1 — 1). bds. 8.99 *(978-1-4197-4462-4(3)*, 1691310, Abrams Appleseed) Abrams, Inc.

My Magical Soundbook. Grace Baranowski. Illus. by Morgan Huff. 2023. (4-Button Sound Bks.). (ENG.). 12p. (J). (gr. -1-k). bds. 11.99 *(978-1-64517-877-4(3)*, Silver Dolphin Bks.) Printers Row Publishing Group.

My Magical Unicorn. Illus. by Yujin Shin. 2019. (My Magical Friends Ser.). (ENG.). 8p. (J). (gr. -1 — 1). bds. 8.99 *(978-1-4197-3729-9(5)*, 1277910) Abrams, Inc.

My Magical Witch. Yujin Shin. 2021. (My Magical Friends Ser.). (ENG.). 8p. (J). (gr. -1 — 1). bds. 8.99 *(978-1-4197-4463-1(1)*, 1691410, Abrams Appleseed) Abrams, Inc.

My Magical World! Fairies Coloring Book: Includes 100 Glitter Stickers! Isabelle Metzen. 2020. (Dover Fantasy Coloring Bks.). (ENG.). 64p. (J). (gr. k). 9.99 *(978-0-486-84327-8(0)*, 843270) Dover Pubns., Inc.

My Magical World of Music. Ruth Frierson. 2022. (ENG.). 26p. (J). 17.99 ***(978-1-7370053-5-3(2))*** TheCo.YouKeep.net.

My Magical World! Princesses Coloring Book: Includes 100 Glitter Stickers! Isabelle Metzen. 2020. (Dover Fantasy Coloring Bks.). (ENG.). 64p. (J). (gr. k). 9.99 *(978-0-486-84328-5(9)*, 843289) Dover Pubns., Inc.

My Magnet: Fixing a Problem, 1 vol. Ava Beasley. 2017. (Computer Science for the Real World Ser.). (ENG.). 12p. (gr. 1-2). pap. *(978-1-5383-5146-8(3)*, e400cd07-a2ae-4ca5-b265-7047bd2c1830, Rosen Classroom) Rosen Publishing Group, Inc., The.

My Magnificent Jelly Bean Tree. Maura Finn. Illus. by Aura Parker. 2022. (ENG.). 32p. (J). (gr. -1-1). 18.99 *(978-1-913639-99-0(1)*, e23c0a90-e280-4e08-83a7-6f6996c1da0a) New Frontier Publishing AUS. Dist: Lerner Publishing Group.

My Maine School Bus Driver. Norma Salway. Illus. by Norma Salway. 2019. (ENG., Illus.). 44p. (J). (gr. k-3). pap. 14.95 *(978-1-944386-47-4(5))* Just Write Bks.

My Mama. Annemarie van Haeringen. Illus. by Annemarie van Haeringen. 2020. (ENG., Illus.). 32p. (J). (gr. -1-k). 17.99 *(978-1-77657-267-0(X)*, afd76cf6-5384-45c7-b0ad-9d0105c900a2) Gecko Pr. NZL. Dist: Lerner Publishing Group.

My Mama Is a Devi. Kirtie Devi Persaud. l.t. ed. 2022. (ENG.). 32p. (J). 18.99 ***(978-1-0880-2326-6(6))*** Indy Pub.

My Mama Spoiled Me. Tijuana Agnew. 2022. (ENG.). 28p. (J). pap. 25.00 ***(978-1-0880-4228-1(7))*** Indy Pub.

My Mama's Garden. Mary R. Williams. 2023. (ENG.). 42p. (J). 24.99 ***(978-0-9992773-4-8(0))*** Williams, Mary.

My Mama's Milk. Kawani Aj Brown. Illus. by Edward Basil. 2016. (ENG.). (J). pap. 12.95 *(978-0-9971763-1-5(8))* Brown, Kawani.

My Mama's Pajamas. Theresa Burns. 2020. (ENG., Illus.). 34p. (J). pap. 11.99 *(978-0-9916623-8-8(5))* Wooded Isle Pr., LLC.

My Mamie Rose: The Story of My Regeneration; an Autobiography (Classic Reprint) Owen Kildare. 2017. (ENG., Illus.). (J). 30.43 *(978-0-331-97145-3(3))*; pap. 13.57 *(978-0-243-08997-0(X))* Forgotten Bks.

My Man John (Classic Reprint) Florence Henrietta Maitland Darwin. 2018. (ENG., Illus.). 52p. (J). 24.99 *(978-0-267-28461-0(6))* Forgotten Bks.

My Mane Is Short & Spiky (Hyena) Jessica Rudolph. 2016. (Zoo Clues 2 Ser.). (ENG., Illus.). 24p. (J). (gr. -1-3). 26.99 *(978-1-944102-58-6(2))* Bearport Publishing Co., Inc.

My Mania for Mazes! Kids Activity Book. Activibooks For Kids. 2016. (ENG., Illus.). (J). pap. 6.99 *(978-1-68321-559-2(1))* Mimaxion.

My Manners. Grace Jones. 2017. (Our Values - Level 1 Ser.). (Illus.). 24p. (J). (gr. 1-1). *(978-0-7787-3260-0(6))* Crabtree Publishing Co.

My Many Emotions (Set), 8 vols. Czeena Devera. Illus. by Jeff Bane. 2021. (My Early Library: My Many Emotions Ser.). (ENG.). 24p. (J). (gr. k-1). 245.12 *(978-1-5341-9278-2(6)*, 218882); pap., pap., pap. 102.29 *(978-1-5341-9296-6(4)*, 218883) Cherry Lake Publishing.

My Map Book. Sara Fanelli. Illus. by Sara Fanelli. 2019. (ENG., Illus.). 32p. (J). (gr. -1-3). 17.99 *(978-0-06-289887-6(6)*, HarperCollins) HarperCollins Pubs.

My Marjonary (Classic Reprint) Robert Carlton Brown. 2018. (ENG., Illus.). 96p. (J). 25.90 *(978-0-483-51566-6(3))* Forgotten Bks.

My Married Life at Hillside. Barry Gray. 2017. (ENG.). (J). 326p. pap. *(978-3-337-05429-8(3))*; 322p. pap. *(978-3-337-09553-6(4))* Creation Pubs.

My Married Life at Hillside (Classic Reprint) Barry Gray. 2018. (ENG., Illus.). 322p. (J). 30.54 *(978-0-267-46336-7(7))* Forgotten Bks.

My Mask. Lorena Pitera. 2020. (ENG.). 28p. (J). pap. *(978-0-2288-4065-7(1))* Tellwell Talent.

My Mastodon. Barbara Lowell. Illus. by Antonio Marinoni. 2020. (ENG.). 32p. (J). (gr. 1-3). 19.99 *(978-1-56846-327-8(8)*, 18364, Creative Editions) Creative Co., The.

My Mate Molly & My Chum Charlie: Children's Book Introducing Two Dog Friends & Their Family, Bedtime Story, Rhyming Books, Picture Books, Book 1. C. Selbherr. Illus. by M. Kahn. 2018. (ENG.). 32p. (J). pap. *(978-3-947677-05-4(7))*; pap. *(978-3-947677-00-9(6))* Selbherr. , Charlotte Harlescott Bks.

My Math Monster. E. M. Olson. 2017. (ENG., Illus.). (J). 25.95 *(978-1-4808-4408-7(X))*; pap. 16.95 *(978-1-4808-4406-3(3))* Archway Publishing.

My May Coloring Book: 44 Designs to Color, Mother's Day, Egypt, Cute Safari Animals, Flowers, Fun for All Ages. Korey's World. 2023. (ENG.). 88p. (J). pap. ***(978-1-312-76191-9(1))*** Lulu Pr., Inc.

My Maze Book: Mazes for Kids Ages 4-8 - Maze Activity Workbook for Children - 50 Mazes Medium Level - Challenging Maze Activity Book. Lena Bidden. 2021. (ENG.). 102p. (J). pap. 10.00 *(978-1-716-27697-2(7))* Lulu Pr., Inc.

My Maze Collection - Maze Activity Book. Activibooks For Kids. 2016. (ENG., Illus.). (J). pap. 7.55 *(978-1-68321-560-8(5))* Mimaxion.

My Me Ideas Taehyung: An Unofficial BTS Journal. Jin's Eve. 2022. (ENG.). 200p. ***(978-1-4710-6170-7(1))*** Lulu Pr., Inc.

My Mechanical Romance. Alexene Farol Follmuth. (ENG.). 272p. (YA). (gr. 9). 2023. pap. 10.99 *(978-0-8234-5453-2(3))*; 2022. 18.99 *(978-0-8234-5010-7(4))* Holiday Hse., Inc.

My Mega Matching Game Activity Book. Activibooks For Kids. 2016. (ENG., Illus.). (J). pap. 6.99 *(978-1-68321-561-5(3))* Mimaxion.

My Melanin Is Fierce! Cheryl Smith. Illus. by Melanin Girl Culture. 2023. (ENG.). 104p. (YA). pap. ***(978-1-365-39093-7(4))*** Lulu Pr., Inc.

My Memoirs, Vol. 4 of 6 (Classic Reprint) Alex. Dumas. 2018. (ENG., Illus.). 574p. (J). 35.76 *(978-0-267-20479-3(5))* Forgotten Bks.

My Memories & Miscellanies (Classic Reprint) Wilhelmina Fitzclarence. (ENG., Illus.). (J). 2018. 312p. 30.33 *(978-0-483-60292-2(2))*; 2016. pap. 13.57 *(978-1-334-14947-4(X))* Forgotten Bks.

My Mermaid Coloring Book | Mermaid Coloring Book | Mermaid Coloring Book for Kids | Mermaid Coloring Book for Kids Ages 2-8. Rachael Reed. 2022. (ENG.). 73p. (J). pap. ***(978-1-387-53685-6(0))*** Lulu Pr., Inc.

My Mermaid Purse. Elanor Best. Illus. by Dawn Machell. 2020. (ENG.). 72p. (J). (gr. -1-1). pap. 9.99 *(978-1-78947-393-3(4))* Make Believe Ideas GBR. Dist: Scholastic, Inc.

My Merry Christmas Journal: A Fun Fill-In Book for Kids. Diana Zourelias. 2019. (Dover Children's Activity Bks.). (ENG.). 96p. (J). (gr. 1-4). pap. 7.99 *(978-0-486-83307-1(0)*, 833070) Dover Pubns., Inc.

My Merry Christmas (padded Board Book) Sally Lloyd-Jones. Illus. by Sara Gianassi. 2017. (ENG.). 20p. (J). (gr. -1-k). bds. 12.99 *(978-1-4336-4895-3(4)*, 005790558, B&H Kids) B&H Publishing Group.

My MET Sticker Collection: Make Your Own Sticker Museum. DK. Illus. by Liz Kay. 2021. (DK the Met Ser.). (ENG.). 72p. (J). (gr. k-2). pap. 12.99 *(978-0-7440-3363-2(2)*, DK Children) Dorling Kindersley Publishing, Inc.

My Mice & Me. Kimberli. 2022. (ENG.). 28p. (J). pap. 13.95 *(978-1-63692-848-7(X))* Newman Springs Publishing, Inc.

My Michigan Summer: With My Cousin, My Best Buddy. Rose Klopf Tithof. 2017. (ENG., Illus.). (J). pap. 10.00 *(978-0-9891006-1-8(8))* Reading with Rose.

My Middle Name Is Not You. Patricia Kraemer. 2018. (ENG., Illus.). 28p. (J). pap. 12.95 *(978-1-64416-208-8(3))* Christian Faith Publishing.

My Midnight Flora. Abyan Junus-Nishizawa & Farah Landemaine. 2023. (Anak Rimba Ser.: Vol. 5). (ENG.). 50p. (J). pap. ***(978-0-6456278-6-2(0))*** KMD Bks.

My Mighty Journey: A Waterfall's Story. John Coy. Illus. by Gaylord Schanilec. 2019. (ENG.). 40p. (J). 18.95 *(978-1-68134-008-1(9))* Minnesota Historical Society Pr.

My Military Parent. Julie Murray. 2020. (This Is My Family Ser.). (ENG., Illus.). 24p. (J). (gr. -1-2). lib. bdg. 31.36 *(978-1-0982-0222-4(8)*, 34577, Abdo Kids); (gr. k-k). pap. 9.95 *(978-1-64494-390-8(5)*, Abdo Kids-Junior) ABDO Publishing Co.

My Mind Book. Fiona Maria Williams. Illus. by David Williams. 2016. (ENG.). (J). (gr. 2-6). pap. *(978-0-9950415-0-9(4))* Williams, Fiona Maria.

My Mindful a to Zen: 26 Well-Being Haiku for Happy Little Minds, 1 vol. Krina Patel-Sage. Illus. by Krina Patel-Sage. 2021. (ENG., Illus.). 32p. (J). (gr. -1-1). 17.99 *(978-1-911373-80-3(3)*, d0cdd7ac-e0a3-461e-912a-d222dfb940d4) Lantana Publishing GBR. Dist: Lerner Publishing Group.

My Mindful Day (Set), 8 vols. 2019. (My Early Library: My Mindful Day Ser.). (ENG., Illus.). 24p. (J). (gr. k-1). 245.12 *(978-1-5341-4686-0(5)*, 213127); pap., pap., pap. 102.29 *(978-1-5341-5289-2(X)*, 213128) Cherry Lake Publishing.

My Mindful Walk with Grandma. Sheri Mabry. Illus. by Wazza Pink. 2020. (ENG.). 32p. (J). (gr. -1-3). 16.99 *(978-0-8075-7072-2(9)*, 807570729) Whitman, Albert & Co.

My Mindfulness & Well-Being Journal. Yale Mercieca. Illus. by Vaughan Duck. 2021. (ENG.). 66p. (J). pap. *(978-1-76116-015-8(X))* UpLoad Publishing Pty, Ltd.

My Mindfulness Workbook: Scholastic Early Learners (My Growth Mindset) A Book of Practices. Scholastic. 2021. (Scholastic Early Learners Ser.). (ENG.). 64p. (J). (gr. -1-1). pap. 9.99 *(978-1-338-77624-9(X)*, Cartwheel Bks.) Scholastic, Inc.

My Mini Concert - Musical Instruments for Kids - Music Book for Beginners Children's Musical Instruments. Baby Professor. 2017. (ENG., Illus.). 64p. (J). pap. 9.55 *(978-1-5419-1768-2(5)*, Baby Professor (Education Kids)) Speedy Publishing LLC.

My Miniature Library: 30 Tiny Books to Make, Read & Treasure. Concept by Daniela Jaglenka Terrazzini. 2017. (ENG., Illus.). 54p. (J). (gr. 2-6). 19.99 *(978-1-78627-026-9(9)*, King, Laurence Publishing) Orion Publishing Group, Ltd. GBR. Dist: Hachette Bk. Group.

My Mirror & Me. Bonita Andrea Shelby. 2019. (ENG.). 48p. (J). pap. 18.99 *(978-1-5456-5673-0(8))* Salem Author Services.

My Miscellanies (Classic Reprint) Wilkie Collins. (ENG., Illus.). (J). 2018. 546p. 35.16 *(978-0-365-23348-0(X))*; 2018. 434p. 32.85 *(978-0-483-70863-1(1))*; 2016. pap. 19.57 *(978-1-334-34484-8(1))* Forgotten Bks.

My Mix & Match Flip Book of Prayers. Kelly McIntosh. 2020. (ENG., Illus.). 16p. (J). bds. 9.99 *(978-1-64352-262-3(0)*, Shiloh Kidz) Barbour Publishing, Inc.

My Mixed Emotions: Help Your Kids Handle Their Feelings. DK. 2018. (ENG., Illus.). 80p. (J). (gr. 2-5). 17.99 *(978-1-4654-7332-5(7)*, DK Children) Dorling Kindersley Publishing, Inc.

My Mobile Kindergarten. Sylva Nnaekpe. 2022. (ENG.). 212p. (J). pap. 46.97 *(978-1-955692-97-7(1))* SILSNORRA LLC.

My Mobile Pre-K. Sylva Nnaekpe. 2022. (ENG.). 228p. (J). pap. 46.97 *(978-1-955692-89-2(0))* SILSNORRA LLC.

My Mom Can Code: Careers in Computers, 1 vol. Sheri Lang. 2017. (Computer Science for the Real World Ser.). (ENG.). 16p. (gr. 2-3). pap. *(978-1-5383-5226-7(5)*, 5bb3d785-691a-4f1e-9f62-ea4036670821, Rosen Classroom) Rosen Publishing Group, Inc., The.

My Mom Had an Abortion. Beezus B. Murphy. Illus. by Tatiana Gill. 2021. (ENG.). 64p. (J). pap. 13.95 *(978-1-62963-913-0(3))* PM Pr.

My Mom Has Jury Duty: Understanding Government, 1 vol. Leigh McClure. 2018. (Civics for the Real World Ser.). (ENG.). 16p. (gr. 2-3). pap. *(978-1-5383-6533-5(2)*, e5e8d7ac-338e-4a4f-a8dd-c755f7b9c5a8, Rosen Classroom) Rosen Publishing Group, Inc., The.

My Mom Has the Boo Boos. Jerry Lalic. Illus. by Micaela Lalic. 2022. (ENG.). 24p. (J). ***(978-1-0391-5716-3(5))***; pap. ***(978-1-0391-5715-6(7))*** FriesenPress.

My Mom Hates Gum! Penny Beevor. 2017. (ENG., Illus.). 40p. (J). pap. 11.99 *(978-1-948390-05-7(1))* Pen It Pubns.

My Mom Is a Girl. Andrea Lardner. 2019. (ENG.). 38p. (J). 14.95 *(978-1-64307-122-0(X))* Amplify Publishing Group.

My Mom Is a Nurse. Candy Campbell. Illus. by Michael Vincent Fusco. 2017. (ENG.). 34p. (J). 14.95 *(978-0-9842385-9-0(X))* Peripatetic Productions, LLC.

My Mom Is a Nurse. Candy Campbell. Tr. by Toshiyoshi Imura. Illus. by Michael Vincent Fusco. 2017. (JPN.). (J). pap. 14.95 *(978-0-9842385-4-5(9))* Peripatetic Productions, LLC.

My Mom Is a Spy: My Mom Is a Spy: Book One. Andy McNab & Jess French. Illus. by Nathan Reed. 2022. (My Mom Is a Spy Ser.: 1). (ENG.). 176p. (J). (gr. 2-5). pap. 8.95 *(978-1-80130-030-8(5))* Welbeck Publishing Group Ltd. GBR. Dist: Two Rivers Distribution.

My Mom Is a Superhero! (DC Wonder Woman) Rachel Chlebowski. Illus. by Red Central LTD. 2021. (ENG.). 22p. (J). (— 1). bds. 6.99 *(978-0-593-30540-9(X)*, Random Hse. Bks. for Young Readers) Random Hse. Children's Bks.

My Mom Is an Octopus. Nellie Emrani & Melody Emrani. Illus. by Pia Reyes. 2018. (ENG.). 48p. (J). *(978-1-5255-1057-1(6))*; pap. *(978-1-5255-1058-8(4))* FriesenPress.

My Mom Is Awesome. Shelley Admont. 2017. (Korean English Bilingual Collection). (KOR., Illus.). (J). (gr. 1-4). *(978-1-5259-0308-3(X))* Kidkiddos Bks.

My Mom Is Awesome: Chinese Edition. Shelley Admont & S. a Publishing. 2016. (Chinese Bedtime Collection). (CHI., Illus.). (J). (gr. 1-4). *(978-1-77268-831-3(2))*; pap. *(978-1-77268-830-6(4))* Shelley Admont Publishing.

My Mom Is Awesome: Chinese English Bilingual Edition. Shelley Admont & S. a Publishing. 2016. (Chinese English Bilingual Collection). (CHI., Illus.). (J). (gr. k-3). *(978-1-5259-0045-7(5))*; pap. *(978-1-5259-0044-0(7))* Shelley Admont Publishing.

My Mom Is Awesome: English Arabic. Shelley Admont & S. a Publishing. 2018. (English Arabic Bilingual Collection). (ARA., Illus.). 34p. (J). (gr. 1-4). pap. *(978-1-5259-0886-6(3))* Kidkiddos Bks.

My Mom Is Awesome: English Chinese Bilingual Edition. Shelley Admont & S. a Publishing. 2016. (English Chinese Bilingual Collection). (CHI., Illus.). (J). (gr. 1-4). *(978-1-77268-829-0(0))*; pap. *(978-1-77268-828-3(2))* Shelley Admont Publishing.

My Mom Is Awesome: English Farsi Bilingual Book. Shelley Admont & Kidkiddos Books. 2019. (English Farsi Bilingual Collection). (PER., Illus.). 34p. (J). (gr. k-3). *(978-1-5259-1149-1(X))*; pap. *(978-1-5259-1148-4(1))* Kidkiddos Bks.

My Mom Is Awesome: English Hebrew Bilingual Book. Shelley Admont & Kidkiddos Books. 2019. (English Hebrew Bilingual Collection). (HEB., Illus.). 34p. (J). (gr. k-3). *(978-1-5259-1267-2(4))* Kidkiddos Bks.

My Mom Is Awesome: English Hebrew Bilingual Books. Shelley Admont & Kidkiddos Books. 2019. (English Hebrew Bilingual Collection). (HEB., Illus.). 34p. (J). (gr. k-3). pap. *(978-1-5259-1266-5(6))* Kidkiddos Bks.

My Mom Is Awesome: English Hindi. Shelley Admont & S. a Publishing. 2018. (English Hindi Bilingual Collection). (HIN., Illus.). 34p. (J). (gr. k-3). *(978-1-5259-0953-5(3))*; pap. *(978-1-5259-0952-8(5))* Kidkiddos Bks.

My Mom Is Awesome: English Japanese Bilingual Edition. Shelley Admont & S. a Publishing. 2016. (JPN., Illus.). (J). *(978-1-77268-953-2(X))*; pap. *(978-1-77268-952-5(1))* Shelley Admont Publishing.

My Mom Is Awesome: English Korean Bilingual Edition. Shelley Admont. 2016. (English Korean Bilingual Collection). (KOR., Illus.). (J). (gr. k-3). *(978-1-5259-0141-6(9))*; (gr. 1-4). pap. *(978-1-5259-0140-9(0))* Kidkiddos Bks.

My Mom Is Awesome: English Russian Bilingual Edition. Shelley Admont & S. a Publishing. 2016. (English Russian Bilingual Collection). (RUS., Illus.). (J). (gr. k-4). *(978-1-77268-971-6(8))*; pap. *(978-1-77268-970-9(X))* Shelley Admont Publishing.

My Mom Is Awesome: English Spanish Bilingual Book. Shelley Admont & Kidkiddos Books. 2nd ed. 2019. (English Spanish Bilingual Collection). (SPA., Illus.). 34p. (J). (gr. 1-4). pap. *(978-1-5259-1285-6(2))* Kidkiddos Bks.

My Mom Is Awesome: English Ukrainian. Shelley Admont & Kidkiddos Books. 2019. (English Ukrainian Bilingual Collection). (UKR., Illus.). 34p. (J). (gr. k-3). *(978-1-5259-1106-4(6))*; pap. *(978-1-5259-1105-7(8))* Kidkiddos Bks.

My Mom Is Awesome: English Vietnamese. Shelley Admont & Kidkiddos Books. 2019. (English Vietnamese Bilingual Collection). (VIE., Illus.). 34p. (J). (gr. k-3). *(978-1-5259-1057-9(4))*; pap. *(978-1-5259-1056-2(6))* Kidkiddos Bks.

My Mom Is Awesome: Hindi Language Edition. Shelley Admont & S. a Publishing. 2018. (Hindi Bedtime Collection). (HIN., Illus.). 34p. (J). (gr. k-3). *(978-1-5259-0956-6(8))*; pap. *(978-1-5259-0955-9(X))* Kidkiddos Bks.

My Mom Is Awesome: Japanese Edition. Shelley Admont & S. a Publishing. 2016. (Japanese Bedtime Collection). (JPN., Illus.). (J). (gr. k-4). *(978-1-77268-956-3(4))*; pap. *(978-1-77268-955-6(6))* Shelley Admont Publishing.

My Mom Is Awesome: Japanese English Bilingual Edition. Shelley Admont. 2017. (Japanese English Bilingual Ser.). (JPN., Illus.). (J). (gr. k-3). pap. *(978-1-5259-0242-0(3))*; (gr. 1-4). *(978-1-5259-0243-7(1))* Kidkiddos Bks.

My Mom Is Awesome: Korean Edition. Shelley Admont. 2016. (Korean Bedtime Collection). (KOR., Illus.). (J). (gr. k-3). pap. *(978-1-5259-0142-3(7))*; (gr. 1-4). *(978-1-5259-0143-0(5))* Kidkiddos Bks.

My Mom Is Awesome: Korean English Bilingual Edition. Shelley Admont. 2017. (Korean English Bilingual Collection). (KOR., Illus.). (J). (gr. 1-4). *(978-1-5259-0309-0(8))* Kidkiddos Bks.

My Mom Is Awesome: Russian Edition. Shelley Admont & S. a Publishing. 2016. (Russian Bedtime Collection). (RUS., Illus.). (J). (gr. k-3). pap. *(978-1-77268-972-3(6))*; *(978-1-77268-973-0(4))* Shelley Admont Publishing.

My Mom Is Awesome: Russian English Bilingual Book. Shelley Admont & Kidkiddos Books. 2nd ed. 2019. (Russian English Bilingual Collection). (RUS., Illus.). 34p. (J). (gr. 1-4). pap. *(978-1-5259-1721-9(8))* Kidkiddos Bks.

My Mom Is Awesome: Russian English Bilingual Edition. Shelley Admont. 2017. (Russian English Bilingual Collection). (RUS., Illus.). (J). (gr. 1-4). *(978-1-5259-0258-1(X))*; pap. *(978-1-5259-0257-4(1))* Kidkiddos Bks.

My Mom Is Awesome: Spanish Edition. Shelley Admont & Kidkiddos Books. 2019. (Spanish Bedtime Collection). (SPA., Illus.). 34p. (J). (gr. 1-4). pap. *(978-1-5259-1750-9(1))* Kidkiddos Bks.

My Mom Is Awesome: Ukrainian Language Book. Shelley Admont & Kidkiddos Books. 2019. (Ukrainian Bedtime Collection). (UKR., Illus.). 34p. (J). (gr. k-3). *(978-1-5259-1108-8(2))*; pap. *(978-1-5259-1107-1(4))* Kidkiddos Bks.

My Mom Is Awesome: Vietnamese Edition. Shelley Admont & Kidkiddos Books. 2019. (Vietnamese Bedtime Collection). (VIE., Illus.). 34p. (J). (gr. k-3). *(978-1-5259-1059-3(0))*; pap. *(978-1-5259-1058-6(2))* Kidkiddos Bks.

My Mom Is Awesome - Polish Edition. Shelley Admont & Kidkiddos Books. 2020. (Polish Bedtime Collection). (POL., Illus.). 34p. (J). (gr. k-4). *(978-1-5259-2315-9(3))*; pap. *(978-1-5259-2314-2(5))* Kidkiddos Bks.

My Mom Is Awesome (Romanian Book for Kids) Romanian Children's Book. Shelley Admont & S. a Publishing. 2017. (Romanian Bedtime Collection). (RUM., Illus.). 34p. (J). (gr. 1-4). *(978-1-5259-0584-1(8))*; pap. *(978-1-5259-0583-4(X))* Kidkiddos Bks.

My Mom Is Awesome (Afrikaans Children's Book) Shelley Admont & Kidkiddos Books. l.t. ed. (Afrikaans Bedtime Collection). (AFR., Illus.). 34p. (J). 2022. *(978-1-5259-5995-0(6))*; 2021. pap. *(978-1-5259-5994-3(8))* Kidkiddos Bks.

My Mom Is Awesome (Afrikaans English Bilingual Children's Book) Shelley Admont & Kidkiddos Books. l.t. ed. 2022. (Afrikaans English Bilingual Collection). (AFR., Illus.). 34p. (J). *(978-1-5259-5998-1(0))*; pap. *(978-1-5259-5997-4(2))* Kidkiddos Bks.

My Mom Is Awesome (Albanian Children's Book) Shelley Admont & Kidkiddos Books. l.t. ed. 2021. (Albanian Bedtime Collection). (ALB., Illus.). 34p. (J). *(978-1-5259-5399-6(0))*; pap. *(978-1-5259-5398-9(2))* Kidkiddos Bks.

My Mom Is Awesome (Albanian English Bilingual Book for Kids) Shelley Admont & Kidkiddos Books. l.t. ed. 2021. (Albanian English Bilingual Collection). (ALB., Illus.). 34p. (J). *(978-1-5259-5402-3(4))*; pap. *(978-1-5259-5401-6(6))* Kidkiddos Bks.

My Mom Is Awesome Ang Aking Nanay Ay Kamangha-Mangha: English Tagalog Bilingual Book. Shelley Admont & Kidkiddos Books. 2nd ed. 2020. (English Tagalog Bilingual Collection). (TGL., Illus.). 34p. (J). (gr. 1-4). pap. *(978-1-5259-2280-0(7))* Kidkiddos Bks.

My Mom Is Awesome Ang Aking Nanay Ay Kamangha-Mangha: English Tagalog Bilingual Edition. Shelley Admont & S. a Publishing. 2016. (English Tagalog Bilingual Collection). (TGL., Illus.). (J). (gr. 1-4).

(978-1-77268-718-7(9)); pap. *(978-1-77268-717-0(0))* Shelley Admont Publishing.

My Mom Is Awesome (Bengali Children's Book) Shelley Admont & Kidkiddos Books. l.t. ed. 2022. (Bengali Bedtime Collection). (BEN., Illus.). 34p. (J). *(978-1-5259-6436-7(4))*; pap. *(978-1-5259-6435-0(6))* Kidkiddos Bks.

My Mom Is Awesome (Bengali English Bilingual Children's Book) Shelley Admont & Kidkiddos Books. l.t. ed. 2022. (Bengali English Bilingual Collection). (BEN., Illus.). 34p. (J). *(978-1-5259-6439-8(9))*; pap. *(978-1-5259-6438-1(0))* Kidkiddos Bks.

My Mom Is Awesome (Bulgarian Book for Kids) Shelley Admont & Kidkiddos Books. l.t. ed. 2020. (Bulgarian Bedtime Collection). (BUL., Illus.). 34p. (J). *(978-1-5259-3121-5(0))*; pap. *(978-1-5259-3120-8(2))* Kidkiddos Bks.

My Mom Is Awesome (Bulgarian English Bilingual Book for Kids) Shelley Admont & Kidkiddos Books. l.t. ed. 2020. (Bulgarian English Bilingual Collection). (BUL.). 34p. (J). *(978-1-5259-3124-6(5))*; pap. *(978-1-5259-3123-9(7))* Kidkiddos Bks.

My Mom Is Awesome (Chinese English Bilingual Book for Kids - Mandarin Simplified) Shelley Admont & Kidkiddos Books. 2nd l.t. ed. 2020. (Chinese English Bilingual Collection). (CHI., Illus.). 34p. (J). pap. *(978-1-5259-4381-2(2))* Kidkiddos Bks.

My Mom Is Awesome (Croatian Children's Book) Shelley Admont & Kidkiddos Books. l.t. ed. 2021. (Croatian Bedtime Collection). (HRV., Illus.). 34p. (J). *(978-1-5259-4522-9(X))*; pap. *(978-1-5259-4521-2(1))* Kidkiddos Bks.

My Mom Is Awesome (Croatian English Bilingual Book for Kids) Shelley Admont & Kidkiddos Books. l.t. ed. 2021. (Croatian English Bilingual Collection). (HRV., Illus.). 34p. (J). *(978-1-5259-4525-0(4))*; pap. *(978-1-5259-4524-3(6))* Kidkiddos Bks.

My Mom Is Awesome (Czech Children's Book) Shelley Admont & Kidkiddos Books. l.t. ed. 2021. (Czech Bedtime Collection). (CZE., Illus.). 34p. (J). *(978-1-5259-4955-5(1))*; pap. *(978-1-5259-4954-8(3))* Kidkiddos Bks.

My Mom Is Awesome (Czech English Bilingual Book for Kids) Shelley Admont & Kidkiddos Books. l.t. ed. 2021. (Czech English Bilingual Collection). (CZE., Illus.). 34p. (J). *(978-1-5259-4958-6(6))*; pap. *(978-1-5259-4957-9(8))* Kidkiddos Bks.

My Mom Is Awesome (Czech Ukrainian Bilingual Children's Book) Shelley Admont & Kidkiddos Books. l.t. ed. 2022. (Czech Ukrainian Bilingual Collection). (UKR., Illus.). 34p. (J). pap. *(978-1-5259-6444-2(5))* Kidkiddos Bks.

My Mom Is Awesome (Danish Book for Kids) Shelley Admont & Kidkiddos Books. l.t. ed. 2020. (Danish Bedtime Collection). (DAN.). 34p. (J). *(978-1-5259-3377-6(9))*; pap. *(978-1-5259-3376-9(0))* Kidkiddos Bks.

My Mom Is Awesome (Danish English Bilingual Book for Kids) Shelley Admont & Kidkiddos Books. l.t. ed. 2020. (Danish English Bilingual Collection). (DAN., Illus.). 34p. (J). *(978-1-5259-3380-6(9))*; pap. *(978-1-5259-3379-0(5))* Kidkiddos Bks.

My Mom Is Awesome (Dutch Children's Book) Dutch Book for Kids. Shelley Admont & S. a Publishing. 2018. (Dutch Bedtime Collection). (DUT., Illus.). 34p. (J). (gr. 1-4). *(978-1-5259-0788-3(3))*; pap. *(978-1-5259-0787-6(5))* Kidkiddos Bks.

My Mom Is Awesome (Dutch English Bilingual Book for Kids) Shelley Admont & Kidkiddos Books. l.t. ed. 2020. (DUT., Illus.). 34p. (J). (gr. 1-4). *(978-1-5259-4066-8(X))*; pap. *(978-1-5259-4065-1(1))* Kidkiddos Bks.

My Mom Is Awesome (English Afrikaans Bilingual Book for Kids) Shelley Admont & Kidkiddos Books. l.t. ed. 2021. (AFR., Illus.). 34p. (J). *(978-1-5259-5992-9(1))*; pap. *(978-1-5259-5991-2(3))* Kidkiddos Bks.

My Mom Is Awesome (English Albanian Bilingual Book for Kids) Shelley Admont & Kidkiddos Books. l.t. ed. 2021. (English Albanian Bilingual Collection). (ALB., Illus.). 34p. (J). (gr. k-4). *(978-1-5259-5396-5(6))*; pap. *(978-1-5259-5395-8(8))* Kidkiddos Bks.

My Mom Is Awesome (English Arabic Bilingual Book) Shelley Admont & Kidkiddos Books. 2nd ed. 2019. (English Arabic Bilingual Collection). (ARA., Illus.). 34p. (J). (gr. 1-4). pap. *(978-1-5259-1511-6(8))* Kidkiddos Bks.

My Mom Is Awesome (English Arabic Children's Book) Arabic Book for Kids. Shelley Admont & S. a Publishing. 2018. (English Arabic Bilingual Collection). (ARA., Illus.). 34p. (J). (gr. 1-4). *(978-1-5259-0887-3(1))* Kidkiddos Bks.

My Mom Is Awesome (English Bengali Bilingual Book for Kids) Shelley Admont & Kidkiddos Books. l.t. ed. 2022. (English Bengali Bilingual Collection). (BEN., Illus.). 34p. (J). *(978-1-5259-6433-6(X))*; pap. *(978-1-5259-6432-9(1))* Kidkiddos Bks.

My Mom Is Awesome (English Bulgarian Bilingual Children's Book) Shelley Admont & Kidkiddos Books. l.t. ed. 2020. (English Bulgarian Bilingual Collection). (BUL., Illus.). 34p. (J). (gr. k-4). *(978-1-5259-3118-5(0))*; pap. *(978-1-5259-3117-8(2))* Kidkiddos Bks.

My Mom Is Awesome (English Croatian Bilingual Book for Kids) Shelley Admont & Kidkiddos Books. l.t. ed. 2021. (English Croatian Bilingual Collection). (HRV., Illus.). 34p. (J). (gr. k-4). *(978-1-5259-4519-9(X))*; pap. *(978-1-5259-4518-2(1))* Kidkiddos Bks.

My Mom Is Awesome (English Czech Bilingual Book for Kids) Shelley Admont & Kidkiddos Books. l.t. ed. 2021. (English Czech Bilingual Collection). (CZE., Illus.). 34p. (J). (gr. k-4). *(978-1-5259-4952-4(7))*; pap. *(978-1-5259-4951-7(9))* Kidkiddos Bks.

My Mom Is Awesome (English Danish Bilingual Children's Book) Shelley Admont & Kidkiddos Books. l.t. ed. 2020. (English Danish Bilingual Collection). (DAN.). 34p. (J). (gr. k-4). *(978-1-5259-3374-5(4))*; pap. *(978-1-5259-3373-8(6))* Kidkiddos Bks.

My Mom Is Awesome (English Dutch Bilingual Book for Kids) Shelley Admont & Kidkiddos Books. 2nd l.t. ed. 2020. (English Dutch Bilingual Collection). (DUT., Illus.). 34p. (J). (gr. 1-4). pap. *(978-1-5259-4252-5(2))* Kidkiddos Bks.

My Mom Is Awesome (English Dutch Children's Book) Dutch Book for Kids. Shelley Admont & S. a Publishing. 2018. (English Dutch Bilingual Collection). (DUT., Illus.). 34p. (J). (gr. k-3). pap. *(978-1-5259-0784-5(0))*; (gr. 1-4). *(978-1-5259-0785-2(9))* Kidkiddos Bks.

My Mom Is Awesome (English Greek Children's Book) Greek Book for Kids. Shelley Admont & S. a Publishing. 2018. (English Greek Bilingual Collection). (GRE., Illus.). 34p. (J). (gr. k-3). *(978-1-5259-0729-6(8))*; pap. *(978-1-5259-0728-9(X))* Kidkiddos Bks.

My Mom Is Awesome (English Hindi Bilingual Book) Shelley Admont & Kidkiddos Books. 2nd ed. 2019. (English Hindi Bilingual Collection). (HIN., Illus.). 34p. (J). (gr. k-3). pap. *(978-1-5259-1608-3(4))* Kidkiddos Bks.

My Mom Is Awesome (English Hungarian Bilingual Book for Kids) Shelley Admont & Kidkiddos Books. l.t. ed. 2020. (English Hungarian Bilingual Collection). (HUN.). 34p. (J). (gr. k-4). *(978-1-5259-2870-3(8))*; pap. *(978-1-5259-2869-7(4))* Kidkiddos Bks.

My Mom Is Awesome (English Irish Bilingual Book for Kids) Shelley Admont & Kidkiddos Books. l.t. ed. 2023. (English Irish Bilingual Collection). (GLE., Illus.). 34p. (J). ***(978-1-5259-7096-2(8))***; pap. ***(978-1-5259-7095-5(X))*** Kidkiddos Bks.

My Mom Is Awesome (English Japanese Bilingual Book) Shelley Admont & Kidkiddos Books. 2nd ed. 2019. (English Japanese Bilingual Collection). (JPN., Illus.). 34p. (J). (gr. k-4). pap. *(978-1-5259-1476-8(6))* Kidkiddos Bks.

My Mom Is Awesome (English Macedonian Bilingual Children's Book) Shelley Admont & Kidkiddos Books. l.t. ed. 2022. (English Macedonian Bilingual Collection). (MAC., Illus.). 34p. (J). *(978-1-5259-6505-0(0))*; pap. *(978-1-5259-6504-3(2))* Kidkiddos Bks.

My Mom Is Awesome (English Malay Bilingual Book) Shelley Admont & Kidkiddos Books. 2020. (English Malay Bilingual Collection). (MAY., Illus.). 34p. (J). (gr. k-4). *(978-1-5259-2462-0(1))*; pap. *(978-1-5259-2461-3(3))* Kidkiddos Bks.

My Mom Is Awesome (English Mandarin Chinese Bilingual Book) Shelley Admont & Kidkiddos Books. 2nd ed. 2019. (English Chinese Bilingual Collection). (CHI., Illus.). 34p. (J). (gr. 1-4). pap. *(978-1-5259-1733-2(1))* Kidkiddos Bks.

My Mom Is Awesome (English Polish Bilingual Book) Shelley Admont & Kidkiddos Books. 2020. (English Polish Bilingual Collection). (POL., Illus.). 34p. (J). (gr. k-4). *(978-1-5259-2312-8(9))*; pap. *(978-1-5259-2311-1(0))* Kidkiddos Bks.

My Mom Is Awesome (English Portuguese Bilingual Book) Brazilian Portuguese. Shelley Admont & Kidkiddos Books. 2nd ed. 2019. (English Portuguese Bilingual Collection). (POR., Illus.). 34p. (J). (gr. 1-4). pap. *(978-1-5259-2000-4(6))* Kidkiddos Bks.

My Mom Is Awesome (English Portuguese Bilingual Children's Book - Portugal) European Portuguese. Shelley Admont & Kidkiddos Books. l.t. ed. 2020. (English Portuguese Bilingual Collection - Portugal Ser.). (POR.). 34p. (J). (gr. k-4). *(978-1-5259-3556-5(9))*; pap. *(978-1-5259-3555-8(0))* Kidkiddos Bks.

My Mom Is Awesome (English Portuguese Children's Book) Brazilian Portuguese Book for Kids. Shelley Admont & S. a Publishing. 2018. (English Portuguese Bilingual Collection). (POR., Illus.). 34p. (J). (gr. 1-4). *(978-1-5259-0878-1(2))* Kidkiddos Bks.

My Mom Is Awesome (English Punjabi Bilingual Children's Book - Gurmukhi) Shelley Admont & Kidkiddos Books. l.t. ed. 2021. (English Punjabi Bilingual Collection - India Ser.). (PAN., Illus.). 34p. (J). (gr. k-4). *(978-1-5259-4649-3(8))*; pap. *(978-1-5259-4648-6(X))* Kidkiddos Bks.

My Mom Is Awesome (English Romanian Bilingual Book) Shelley Admont & Kidkiddos Books. 2nd ed. 2019. (English Romanian Bilingual Collection). (RUM., Illus.). 34p. (J). (gr. 1-4). pap. *(978-1-5259-1507-9(X))* Kidkiddos Bks.

My Mom Is Awesome (English Romanian Children's Book) Romanian Book for Kids. Shelley Admont & S. a Publishing. 2017. (English Romanian Bilingual Collection). (RUM., Illus.). 34p. (J). (gr. 1-4). *(978-1-5259-0582-7(1))*; pap. *(978-1-5259-0581-0(3))* Kidkiddos Bks.

My Mom Is Awesome (English Russian Bilingual Book) Shelley Admont & Kidkiddos Books. 2nd ed. 2019. (English Russian Bilingual Collection). (RUS., Illus.). 34p. (J). (gr. k-4). pap. *(978-1-5259-1580-2(0))* Kidkiddos Bks.

My Mom Is Awesome (English Serbian Bilingual Book) Shelley Admont & Kidkiddos Books. 2nd ed. 2019. (English Serbian Bilingual Collection). (SRP., Illus.). 34p. (J). (gr. 1-4). pap. *(978-1-5259-1694-6(7))* Kidkiddos Bks.

My Mom Is Awesome (English Serbian Bilingual Book - Cyrillic) Shelley Admont & Kidkiddos Books. 2020. (English Serbian Bilingual Collection - Cyrillic Ser.). (SRP., Illus.). 34p. (J). (gr. k-4). *(978-1-5259-2489-7(3))*; pap. *(978-1-5259-2488-0(5))* Kidkiddos Bks.

My Mom Is Awesome (English Serbian Children's Book) Serbian Book for Kids. Shelley Admont & S. a Publishing. 2018. (English Serbian Bilingual Collection). (SRP., Illus.). 34p. (J). (gr. 1-4). *(978-1-5259-0834-7(0))* Kidkiddos Bks.

My Mom Is Awesome (English Swedish Bilingual Children's Book) Shelley Admont & Kidkiddos Books. l.t. ed. 2020. (English Swedish Bilingual Collection). (SWE.). 34p. (J). (gr. k-4). *(978-1-5259-3655-5(7))*; pap. *(978-1-5259-3654-8(9))* Kidkiddos Bks.

My Mom Is Awesome (English Thai Bilingual Book for Kids) Shelley Admont & Kidkiddos Books. l.t. ed. 2022. (English Thai Bilingual Collection). (THA., Illus.). 34p. (J). *(978-1-5259-6415-2(1))*; pap. *(978-1-5259-6414-5(3))* Kidkiddos Bks.

My Mom Is Awesome (English Turkish Bilingual Book) Shelley Admont & Kidkiddos Books. 2020. (English Turkish Bilingual Collection). (TUR., Illus.). 34p. (J). (gr. k-4). *(978-1-5259-2471-2(0))*; pap. *(978-1-5259-2470-5(2))* Kidkiddos Bks.

My Mom Is Awesome (English Urdu Bilingual Book for Kids) Shelley Admont & Kidkiddos Books. l.t. ed. 2020. (English Urdu Bilingual Collection). (URD., Illus.). 34p. (J). (gr. k-4). *(978-1-5259-3673-9(5))*; pap. *(978-1-5259-3672-2(7))* Kidkiddos Bks.

My Mom Is Awesome (English Vietnamese Bilingual Book for Kids) Shelley Admont & Kidkiddos Books. 2nd l.t. ed. 2020. (English Vietnamese Bilingual Collection). (VIE., Illus.). 34p. (J). (gr. 1-4). pap. *(978-1-5259-3469-8(4))* Kidkiddos Bks.

My Mom Is Awesome (English Welsh Bilingual Children's Book) Shelley Admont & Kidkiddos Books. l.t. ed. 2022. (English Welsh Bilingual Collection). (WEL., Illus.). 34p. (J). ***(978-1-5259-6622-4(7))***; pap. ***(978-1-5259-6621-7(9))*** Kidkiddos Bks.

My Mom Is Awesome (German Book for Kids) Shelley Admont & Kidkiddos Books. 2nd l.t. ed. 2020. (German Bedtime Collection). (GER., Illus.). 34p. (J). pap. *(978-1-5259-3456-8(2))* Kidkiddos Bks.

My Mom Is Awesome (Greek Book for Kids) Greek Language Children's Book. Shelley Admont & S. a Publishing. 2018. (Greek Bedtime Collection). (GRE., Illus.). 34p. (J). (gr. k-4). *(978-1-5259-0731-9(X))*; pap. *(978-1-5259-0730-2(1))* Kidkiddos Bks.

My Mom Is Awesome (Greek English Bilingual Book for Kids) Shelley Admont & Kidkiddos Books. l.t. ed. 2021. (Greek English Bilingual Collection). (GRE., Illus.). 34p. (J). (gr. k-4). *(978-1-5259-5090-2(8))*; pap. *(978-1-5259-5089-6(4))* Kidkiddos Bks.

My Mom Is Awesome Ho una Mamma Fantastica: English Italian Bilingual Book. Shelley Admont & Kidkiddos Books. 2nd ed. 2019. (English Italian Bilingual Collection). (ITA., Illus.). 34p. (J). (gr. 1-4). pap. *(978-1-5259-1714-1(5))* Kidkiddos Bks.

My Mom Is Awesome (Hungarian Children's Book) Shelley Admont & Kidkiddos Books. l.t. ed. 2020. (Hungarian Bedtime Collection). (HUN.). 34p. (J). *(978-1-5259-2873-4(2))*; pap. *(978-1-5259-2872-7(4))* Kidkiddos Bks.

My Mom Is Awesome (Hungarian English Bilingual Children's Book) Shelley Admont & Kidkiddos Books. l.t. ed. 2020. (Hungarian English Bilingual Collection). (HUN.). 34p. (J). *(978-1-5259-2876-5(7))*; pap. *(978-1-5259-2875-8(9))* Kidkiddos Bks.

My Mom Is Awesome (Irish Children's Book) Shelley Admont & Kidkiddos Books. l.t. ed. 2023. (Irish Bedtime Collection). (GLE., Illus.). 34p. (J). ***(978-1-5259-7099-3(2))***; pap. ***(978-1-5259-7098-6(4))*** Kidkiddos Bks.

My Mom Is Awesome (Irish English Bilingual Children's Book) Shelley Admont & Kidkiddos Books. l.t. ed. 2023. (Irish English Bilingual Collection). (GLE., Illus.). 34p. (J). ***(978-1-5259-7102-0(6))***; pap. ***(978-1-5259-7101-3(8))*** Kidkiddos Bks.

My Mom Is Awesome (Italian English Bilingual Book for Kids) Shelley Admont & Kidkiddos Books. 2nd l.t. ed. 2020. (Italian English Bilingual Collection). (ITA.). 34p. (J). pap. *(978-1-5259-3828-3(2))* Kidkiddos Bks.

My Mom Is Awesome (Japanese Children's Book) Shelley Admont & Kidkiddos Books. 2nd l.t. ed. 2020. (Japanese Bedtime Collection). (JPN., Illus.). 34p. (J). pap. *(978-1-5259-3918-1(1))* Kidkiddos Bks.

My Mom Is Awesome (Japanese English Bilingual Book for Kids) Shelley Admont & Kidkiddos Books. 2nd l.t. ed. 2020. (Japanese English Bilingual Collection). (JPN., Illus.). 34p. (J). pap. *(978-1-5259-3601-2(8))* Kidkiddos Bks.

My Mom Is Awesome (Korean English Bilingual Children's Book) Shelley Admont & Kidkiddos Books. 2nd l.t. ed. 2020. (Korean English Bilingual Collection). (KOR., Illus.). 34p. (J). pap. *(978-1-5259-3833-7(9))* Kidkiddos Bks.

My Mom Is Awesome (Macedonian Book for Kids) Shelley Admont & Kidkiddos Books. l.t. ed. 2022. (Macedonian Bedtime Collection). (MAC., Illus.). 34p. (J). *(978-1-5259-6508-1(5))*; pap. *(978-1-5259-6507-4(7))* Kidkiddos Bks.

My Mom Is Awesome (Macedonian English Bilingual Book for Kids) Shelley Admont & Kidkiddos Books. l.t. ed. 2022. (Macedonian English Bilingual Collection). (MAC., Illus.). 34p. (J). *(978-1-5259-6511-1(5))*; pap. *(978-1-5259-6510-4(7))* Kidkiddos Bks.

My Mom Is Awesome (Malay Edition) Shelley Admont & Kidkiddos Books. 2020. (Malay Bedtime Collection). (MAY., Illus.). 34p. (J). (gr. k-4). *(978-1-5259-2465-1(6))*; pap. *(978-1-5259-2464-4(8))* Kidkiddos Bks.

My Mom Is Awesome (Malay English Bilingual Book) Shelley Admont & Kidkiddos Books. 2020. (Malay English Bilingual Collection). (MAY., Illus.). 34p. (J). (gr. k-4). *(978-1-5259-2468-2(0))*; pap. *(978-1-5259-2467-5(2))* Kidkiddos Bks.

My Mom Is Awesome Minha Mãe É Demais: English Portuguese. Shelley Admont & S. a Publishing. 2018. (English Portuguese Bilingual Collection). (POR., Illus.). 34p. (J). (gr. k-3). pap. *(978-1-5259-0877-4(4))* Kidkiddos Bks.

My Mom Is Awesome Moja Mama Je Super: English Serbian. Shelley Admont & S. a Publishing. 2018. (English Serbian Bilingual Collection). (SRP., Illus.). 34p. (J). (gr. k-3). pap. *(978-1-5259-0833-0(2))* Kidkiddos Bks.

My Mom Is Awesome (Polish English Bilingual Book) Shelley Admont & Kidkiddos Books. 2020. (Polish English Bilingual Collection). (POL., Illus.). 34p. (J). (gr. k-4). *(978-1-5259-2318-0(8))*; pap. *(978-1-5259-2317-3(X))* Kidkiddos Bks.

My Mom Is Awesome (Portuguese Book for Kids - Portugal) European Portuguese. Shelley Admont & Kidkiddos Books. l.t. ed. 2020. (Portuguese Bedtime Collection - Portugal Ser.). (POR.). 34p. (J). (gr. 1-4). *(978-1-5259-3559-6(3))*; pap. *(978-1-5259-3558-9(5))* Kidkiddos Bks.

My Mom Is Awesome (Portuguese Children's Book) Brazilian Portuguese Book for Kids. Shelley Admont & S. a Publishing. 2018. (Portuguese Bedtime Collection). (POR., Illus.). 34p. (J). (gr. 1-4). *(978-1-5259-0881-1(2))*; pap. *(978-1-5259-0880-4(4))* Kidkiddos Bks.

My Mom Is Awesome (Portuguese English Bilingual Book for Kids- Portugal) European Portuguese. Shelley Admont & Kidkiddos Books. l.t. ed. 2020. (Portuguese English Bilingual Collection - Portugal Ser.). (POR.). 34p. (J). (gr. 1-4). pap. *(978-1-5259-3561-9(5))*; (Illus.). *(978-1-5259-3562-6(3))* Kidkiddos Bks.

My Mom Is Awesome (Punjabi Book for Kids- Gurmukhi) Shelley Admont & Kidkiddos Books. l.t. ed. 2021. (Punjabi Bedtime Collection - India Ser.). (PAN., Illus.). 34p. (J). *(978-1-5259-4652-3(8))*; pap. *(978-1-5259-4651-6(X))* Kidkiddos Bks.

My Mom Is Awesome (Punjabi English Bilingual Book for Kids - Gurmukhi) Shelley Admont & Kidkiddos Books. l.t. ed. 2021. (Punjabi English Bilingual Collection - India Ser.). (PAN., Illus.). 34p. (J). *(978-1-5259-4655-4(2))*; pap. *(978-1-5259-4654-7(4))* Kidkiddos Bks.

My Mom Is Awesome (Romanian English Bilingual Book for Kids) Shelley Admont & Kidkiddos Books. l.t. ed. 2021. (Romanian English Bilingual Collection). (RUM., Illus.). 34p. (J). *(978-1-5259-4895-4(4))*; pap. *(978-1-5259-4894-7(6))* Kidkiddos Bks.

My Mom Is Awesome (Russian Language Children's Story) Russian Book for Kids. Shelley Admont & S. a Publishing. 2016. (Russian Bedtime Collection). (RUS., Illus.). 34p. (J). (gr. k-3). pap. *(978-1-5259-0860-6(X))* Shelley Admont Publishing.

My Mom Is Awesome (Serbian Children's Book) Serbian Book for Kids. Shelley Admont & S. a Publishing. 2018. (Serbian Bedtime Collection). (SRP., Illus.). 34p. (J). (gr. 1-4). *(978-1-5259-0836-1(7))*; pap. *(978-1-5259-0835-4(9))* Kidkiddos Bks.

My Mom Is Awesome (Serbian Edition - Cyrillic) Shelley Admont & Kidkiddos Books. 2020. (Serbian Bedtime Collection - Cyrillic Ser.). (SRP., Illus.). 34p. (J). (gr. k-4). *(978-1-5259-2492-7(3))*; pap. *(978-1-5259-2491-0(5))* Kidkiddos Bks.

My Mom Is Awesome (Serbian English Bilingual Book - Cyrillic) Shelley Admont & Kidkiddos Books. 2020. (Serbian English Bilingual Collection - Cyrillic Ser.). (SRP., Illus.). 34p. (J). (gr. k-4). *(978-1-5259-2495-8(8))*; pap. *(978-1-5259-2494-1(X))* Kidkiddos Bks.

My Mom Is Awesome (Serbian English Bilingual Children's Book -Latin Alphabet) Shelley Admont & Kidkiddos Books. l.t. ed. 2021. (Serbian English Bilingual Collection - Latin Ser.). (SRP., Illus.). 34p. (J). (gr. k-4). *(978-1-5259-5305-7(2))*; pap. *(978-1-5259-5304-0(4))* Kidkiddos Bks.

My Mom Is Awesome (Swedish Book for Kids) Shelley Admont & Kidkiddos Books. l.t. ed. 2020. (Swedish Bedtime Collection). (SWE.). 34p. (J). *(978-1-5259-3658-6(1))*; pap. *(978-1-5259-3657-9(3))* Kidkiddos Bks.

My Mom Is Awesome (Swedish English Bilingual Book for Kids) Shelley Admont & Kidkiddos Books. l.t. ed. 2020. (Swedish English Bilingual Collection). (SWE., Illus.). 34p. (J). *(978-1-5259-3661-6(1))*; pap. *(978-1-5259-3660-9(3))* Kidkiddos Bks.

My Mom Is Awesome (Tagalog English Bilingual Book for Kids) Shelley Admont & Kidkiddos Books. 2nd l.t. ed. 2020. (Tagalog English Bilingual Collection). (TGL., Illus.). 34p. (J). pap. *(978-1-5259-3479-7(1))* Kidkiddos Bks.

My Mom Is Awesome (Thai Children's Book) Shelley Admont & Kidkiddos Books. l.t. ed. 2022. (Thai Bedtime Collection). (THA., Illus.). 34p. (J). *(978-1-5259-6418-3(6))*; pap. *(978-1-5259-6417-6(8))* Kidkiddos Bks.

My Mom Is Awesome (Thai English Bilingual Children's Book) Shelley Admont & Kidkiddos Books. l.t. ed. 2022. (Thai English Bilingual Collection). (THA., Illus.). 34p. (J). *(978-1-5259-6421-3(6))*; pap. *(978-1-5259-6420-6(8))* Kidkiddos Bks.

My Mom Is Awesome (Turkish Edition) Shelley Admont & Kidkiddos Books. 2020. (Turkish Bedtime Collection). (TUR., Illus.). 34p. (J). (gr. k-4). *(978-1-5259-2474-3(5))*; pap. *(978-1-5259-2473-6(7))* Kidkiddos Bks.

My Mom Is Awesome (Turkish English Bilingual Book) Shelley Admont & Kidkiddos Books. 2020. (Turkish English Bilingual Collection). (TUR., Illus.). 34p. (J). (gr. k-4). *(978-1-5259-2477-4(X))*; pap. *(978-1-5259-2476-7(1))* Kidkiddos Bks.

My Mom Is Awesome (Ukrainian English Bilingual Children's Book) Shelley Admont & Kidkiddos Books. l.t. ed. 2022. (Ukrainian English Bilingual Collection). (UKR., Illus.). 34p. (J). *(978-1-5259-6271-4(X))*; pap. *(978-1-5259-6270-7(1))* Kidkiddos Bks.

My Mom Is Awesome (Vietnamese English Bilingual Book for Kids) Shelley Admont & Kidkiddos Books. l.t. ed. 2021. (Vietnamese English Bilingual Collection). (VIE., Illus.). 34p. (J). *(978-1-5259-4997-5(7))*; pap. *(978-1-5259-4996-8(9))* Kidkiddos Bks.

My Mom Is Awesome (Welsh Book for Kids) Shelley Admont & Kidkiddos Books. l.t. ed. 2022. (Welsh Bedtime Collection). (WEL., Illus.). 34p. (J). ***(978-1-5259-6625-5(1))***; pap. ***(978-1-5259-6624-8(3))*** Kidkiddos Bks.

My Mom Is Awesome (Welsh English Bilingual Book for Kids) Shelley Admont & Kidkiddos Books. l.t. ed. 2022. (Welsh English Bilingual Collection). (WEL., Illus.). 34p. (J). ***(978-1-5259-6628-6(6))***; pap. ***(978-1-5259-6627-9(8))*** Kidkiddos Bks.

My Mom Is Magical! (a Hello!Lucky Book) Hello!Lucky & Sabrina Moyle. Illus. by Eunice Moyle. 2018. (Hello!Lucky Book Ser.). (ENG.). 24p. (J). (gr. -1 — 1). bds. 7.99 *(978-1-4197-2962-1(4)*, 1212110) Abrams, Inc.

My Mom Is the Boss. Mike Ludwig. 2018. (ENG., Illus.). 44p. (J). (gr. k-6). 22.99 *(978-0-692-14699-6(7))* Ludwig, Michael.

My Mom Is the Boss. Mike Ludwig. Illus. by Valerie Bouthyette & Haeun Sung. 2nd ed. 2020. (ENG.). 44p. (J). 24.99 *(978-1-7362371-5-1(2))*; pap. 11.99 *(978-1-7362371-0-6(1))* Ludwig, Michael.

My Mom Is There. Martin Thomas. Illus. by Ag Jatkowska. 2018. (ENG.). 20p. (gr. -1 — 1). bds. 8.99 *(978-1-5107-3616-0(6)*, Sky Pony Pr.) Skyhorse Publishing Co., Inc.

My Mom, MS, & a Sixth-Grade Mess. Stacey Longo. 2017. (ENG., Illus.). (J). pap. 9.99 *(978-0-9979274-1-2(0))* Farmer's Daughter Pr.

My Mom Takes a Bus to Work, 1 vol. Elliot Paderewski. 2016. (Rosen REAL Readers: Social Studies Nonfiction / Fiction: Myself, My Community, My World Ser.). (ENG.). 8p. (gr. k-1). pap. 5.46 *(978-1-5081-2272-2(5)*, 5e3c2c63-40dd-479e-8865-0583d6f3fe4a, Rosen Classroom) Rosen Publishing Group, Inc., The.

My Mom, the Magician. Kelly Mazerolle. Illus. by Allecia McDonald. 2020. (ENG.). 24p. (J). *(978-1-5255-9260-7(2))*; pap. *(978-1-5255-9259-1(9))* FriesenPress.

My Momma Said! R. J. 2021. (ENG.). 32p. (J). pap. 15.00 *(978-1-7363669-4-3(7))* InspiredByVanessa.

1416

The check digit for ISBN-10 appears in parentheses after the full ISBN-13

My Mommies Built a Treehouse. Gareth Peter. Illus. by Izzy Evans. 2023. (ENG.). 32p. (J). (gr. -1-3). 18.99 (978-1-915244-18-5(8), 8fcc7dfb-c969-4516-9b99-299619f9acbc) Lantana Publishing GBR. Dist: Lerner Publishing Group.

My Mommy & Me. Liesbet Slegers. 2019. (ENG., Illus.). 32p. (J). 12.95 (978-1-60537-452-9(0)) Clavis Publishing.

My Mommy & Me. Sherie L. Warren. 2019. (ENG.). 34p. (J). pap. 13.95 (978-1-64515-652-9(4)) Christian Faith Publishing.

My Mommy & Me: A Keepsake Activity Book. Sam Hutchinson. Illus. by Vicky Barker. 2023. 32p. (J). (gr. -1 — 1). pap. 8.99 (978-1-63158-716-0(1), Racehorse Publishing) Skyhorse Publishing Co., Inc.

My Mommy Is a Dancer Coloring Book. Bobo's Children Activity Books. 2016. (ENG., Illus.). (J). pap. 9.33 (978-1-68327-559-6(4)) Sunshine In My Soul Publishing.

My Mommy Is a Hero. Illus. by Hannah Tolson. 2018. 32p. 12.99 (978-1-61067-721-9(8)) Kane Miller.

My Mommy Is a Surviving Soldier. Gianna Darby. 2020. (ENG.). 54p. (J). (978-1-716-41845-7(3)) Lulu Pr., Inc.

My Mommy Is the Best. Jean Bello & Clever Publishing. Illus. by Lucy Boden. 2022. (Clever Family Stories Ser.). (ENG.). 20p. (J). (gr. -1-1). bds. 9.99 (978-1-951100-95-7(6)) Clever Media Group.

My Mommy Marches. Samantha Hawkins. Illus. by Cory Reid. 2023. (ENG.). 32p. (J). (gr. -1-3). 18.99 (978-1-915244-12-3(9), 90176764-700f-4270-97e2-84d96c22c92c) Lantana Publishing GBR. Dist: Lerner Publishing Group.

My Mommy Medicine. Edwidge Danticat. Illus. by Shannon Wright. 2019. (ENG.). 32p. (J). 18.99 (978-1-250-14091-3(9), 900179769) Roaring Brook Pr.

My Mommy Medicine. Edwidge Danticat. Illus. by Shannon Wright. 2022. (ENG.). 32p. (J). pap. 8.99 (978-1-250-82560-5(1), 900251630) Square Fish.

My Mommy, My Mama, My Brother, & Me: These Are the Things We Found by the Sea, 1 vol. Natalie Meisner. Illus. by Mathilde Cinq-Mars. 2019. (ENG.). 32p. (J). 22.95 (978-1-77108-741-4(2), 499129bc-6f43-4d85-bd3d-aab6b7008c8b) Nimbus Publishing, Ltd. CAN. Dist: Baker & Taylor Publisher Services (BTPS).

My Mommy Prays. Yvanna D. Bright. Ed. by Jan Crewe. Illus. by Robert Crewe. 2016. (ENG.). (J). pap. 14.99 (978-0-9981891-0-9(3)) Bright Hse. Publishing, LLC.

My Mommy Says God Loves Me. Ashley Horn. 2021. (ENG.). 30p. (J). 23.95 (978-1-64468-651-5(1)); pap. 13.95 (978-1-64468-650-8(3)) Covenant Bks.

My Mommy the Airman. Myllissa Reyes. 2018. (ENG., Illus.). 22p. (J). pap. 11.95 (978-1-64079-460-3(3)) Christian Faith Publishing.

My Mommy, the Octopus. Wendy Gerber & Nonnie Gerber. Illus. by Tori Davis. 2023. 32p. (J). (gr. -1-1). 19.99 (978-1-5107-7124-6(7), Sky Pony Pr.) Skyhorse Publishing Co., Inc.

My Mommy Told Me I Could Do Anything. Camillya Masunda. 2017. (ENG., Illus.). 34p. (J). pap. (978-1-365-96162-5(1)) Lulu Pr., Inc.

My Mommy's a Trucker. Robyn Mitchell. Illus. by Douglas Brown. 2017. (ENG.). 36p. (J). 24.95 (978-0-9972129-8-3(5)); pap. 12.95 (978-0-9972129-7-6(7)) CRLE Publishing.

My Mommy's Name Is Mommy. Jane Efua Asamoah. Illus. by Patrick Noze. 2022. (ENG.). 34p. (J). 19.95 (978-1-950685-95-0(0)); pap. 12.95 (978-1-950685-90-5(X)) Inspire Bks.

My Mommy's Name Is Mommy. Jane Efua Asamoah. Illus. by Patrick Noze. 2021. (ENG.). 38p. (J). 20.49 (978-1-6628-0690-2(6)); pap. 12.49 (978-1-6628-0689-6(2)) Salem Author Services.

My Mom's a Princess. Carol Eckersley. Illus. by Toni Maisey/Shinnick. 2019. (ENG.). 28p. (J). pap. 12.50 (978-1-7328957-2-0(4)) Sentimental Bloke Holdings International.

My Mom's in the Army. Annette Hughes. Illus. by Trenton Walker & Caleb Price. 2018. (ENG.). 26p. (J). pap. 12.00 (978-1-948708-18-0(3)) HATCHBACK Publishing.

My Moms Love Me. Anna Membrino. Illus. by Joy Hwang Ruiz. 2022. (ENG.). 32p. (J). (gr. -1-k). 17.99 (978-1-338-81196-4(7), Orchard Bks.) Scholastic, Inc.

My Mom's Magic Bus, 1 vol. Elliot Paderewski. 2016. (Rosen REAL Readers: Social Studies Nonfiction / Fiction: Myself, My Community, My World Ser.). (ENG.). 8p. (gr. k-1). pap. 5.46 (978-1-5081-2488-7(4), 62b28ab3-aa3a-42ef-bbc1-631a7edcfb01, Rosen Classroom) Rosen Publishing Group, Inc., The.

My Mom's Name Is Sarah, but Everyone Keeps Calling Her Karen. Ryan Jordan. 2021. (ENG., Illus.). 28p. (J). pap. 15.97 (978-1-6629-1697-7(3)); 18.97 (978-1-6629-1696-0(5)) Gatekeeper Pr.

My Mom's Piano, 1 vol. Nora Ellison. 2018. (Making Music! Ser.). (ENG.). 24p. (J). (gr. 1-1). 25.27 (978-1-5081-6814-0(8), 2b3aebd4-cd05-416d-89f3-9edf3f6d6149); pap. 9.25 (978-1-5081-6816-4(4), bb35e859-fa36-4d51-9ecc-2ee45d22ab2a) Rosen Publishing Group, Inc., The. (PowerKids Pr.).

My Money Choices, 1 vol. Claire Llewellyn. Illus. by Mike Gordon. 2016. (Your Money Ser.). (ENG.). 24p. (J). (gr. 1-1). pap. 9.25 (978-1-4994-8191-4(8), f2034267-dca0-4591-811d-e4c6a3423a71, Windmill Bks.) Rosen Publishing Group, Inc., The.

My Monks of Vagabondia (Classic Reprint) Andress Floyd. 2018. (ENG., Illus.). 144p. (J). 26.87 (978-0-483-43865-1(0)) Forgotten Bks.

My Monster & Me. Nadiya Hussain. Illus. by Ella Bailey. 2021. (ENG.). 32p. (J). (-k). 17.99 (978-0-593-35076-8(6), Viking Books for Young Readers) Penguin Young Readers Group.

My Monster Eating Mommy. Paige Hunt. Illus. by Kristen Ritter. 2022. (ENG.). 26p. (J). 17.99 (978-1-64533-368-5(X)); pap. 9.99 (978-1-64533-366-1(3)) Kingston Publishing Co.

My Monster Friend - Raoraou Ae Te Mwaontita (Te Kiribati) Nelson Eae. Illus. by Romulo Reyes, III. 2023. (ENG.). 38p. (J). pap. (978-1-922844-32-3(2)) Library For All Limited.

My Monster-Mashing Activity Book. Catherine Leblanc. Illus. by Roland Garrigue. 2016. (ENG.). 80p. (J). (gr. -1). pap., act. bk. ed. 14.99 (978-1-60887-710-2(8)) Insight Editions.

My Monster Truck Family. John Cena. ed. 2020. (Step into Reading Ser.). (ENG., Illus.). 32p. (J). (gr. k-1). 14.96 (978-1-64697-166-4(3)) Penworthy Co., LLC, The.

My Monster Truck Family (Elbow Grease) John Cena. Illus. by Dave Aikins. 2020. (Step into Reading Ser.). 32p. (J). (gr. -1-1). pap. 4.99 (978-0-525-57755-3(6)); lib. bdg. 12.99 (978-0-525-57756-0(4)) Random Hse. Children's Bks. (Random Hse. Bks. for Young Readers).

My Mood Journal. Fearne Cotton. 2020. (Illus.). 224p. (J). (gr. 3-7). 25.95 (978-0-241-46669-8(5)) Penguin Bks., Ltd. GBR. Dist: Independent Pubs. Group.

My Moorland Patients (Classic Reprint) R. W. S. Bishop. 2018. (ENG., Illus.). (J). 29.34 (978-0-260-59432-7(6)) Forgotten Bks.

My Mortal Enemy. Willa Cather. 2022. (ENG.). 70p. (J). (978-1-387-59611-9(X)); pap. (978-1-387-59620-1(9)) Lulu Pr., Inc.

My Mortal Enemy. Willa Cather. 2022. (ENG.). 128p. (J). pap. 7.95 (978-1-68422-654-2(6)) Martino Fine Bks.

My Most Beautiful Dream - Minun Kaikista Kaunein Uneni (English - Finnish) Bilingual Children's Picture Book, with Audiobook for Download. Ulrich Renz. Tr. by Janika Konttinen. Illus. by Cornelia Haas. 2020. (Sefa Picture Books in Two Languages Ser.). (ENG.). 42p. (J). pap. (978-3-7399-6440-9(5)) Boedeker, Kirsten. Sefa Verlag.

My Most Beautiful Dream - Moj Najljepsi San (English - Croatian) Bilingual Children's Picture Book, with Audiobook for Download. Ulrich Renz. Tr. by Sefa Agnew. Illus. by Cornelia Haas. 2020. (Sefa Picture Books in Two Languages Ser.). (ENG.). 42p. (J). pap. (978-3-7399-6410-2(3)) Boedeker, Kirsten. Sefa Verlag.

My Most Beautiful Dream - Ndoto Yangu Nzuri Sana Kuliko Zote (English - Swahili) Bilingual Children's Picture Book, with Audiobook for Download. Ulrich Renz. Tr. by Yumiko Saito. Illus. by Cornelia Haas. 2020. (Sefa Picture Books in Two Languages Ser.). (ENG.). 42p. (J). pap. (978-3-7399-6392-1(1)) Boedeker, Kirsten. Sefa Verlag.

My Most Beautiful Dream - Visul Meu Cel Mai Frumos (English - Romanian) Bilingual Children's Picture Book, with Audiobook for Download. Ulrich Renz. Tr. by Bianca Roiban. Illus. by Cornelia Haas. 2020. (Sefa Picture Books in Two Languages Ser.). (ENG.). 42p. (J). pap. (978-3-7399-6414-0(6)) Boedeker, Kirsten. Sefa Verlag.

My Most Pink Activity Book. Various Authors. 2018. (VIE.). (J). pap. (978-604-2-10655-9(4)) Kim Dong Publishing Hse.

My Mother & I: A Love Story (Classic Reprint) John Halifax. 2018. (ENG., Illus.). 288p. (J). 29.84 (978-0-364-71114-9(0)) Forgotten Bks.

My Mother & I: A Picture Book for Moms & Their Loving Children. P. K. Hallinan. 2020. (ENG.). 24p. (J). (-1). 9.99 (978-1-5107-4546-9(7), Sky Pony Pr.) Skyhorse Publishing Co., Inc.

My Mother & I (Classic Reprint) Elisabeth G. Stern. 2017. (ENG., Illus.). (J). 27.59 (978-0-266-72609-8(7)) Forgotten Bks.

My Mother (Classic Reprint) Comus Comus. (ENG., Illus.). (J). 2018. 50p. 24.93 (978-0-364-36435-2(1)); 2017. pap. 9.57 (978-1-5276-7620-6(X)) Forgotten Bks.

My Mother Goose Collection: Nursery Rhymes for Little Ones, 3 vols. Armadillo & Anon. 2018. (Illus.). 72p. (J). (gr. -1-12). 9.99 (978-1-78214-140-2(5), Armadillo) Anness Publishing GBR. Dist: National Bk. Network.

My Mother Helps Me with Homework, 1 vol. Nancy Anderson. 2016. (Rosen REAL Readers: Social Studies Nonfiction / Fiction: Myself, My Community, My World Ser.). (ENG.). 8p. (gr. k-1). pap. 5.46 (978-1-5081-2284-5(9), 6e193f52-b570-465f-b717-bb53f61227be, Rosen Classroom) Rosen Publishing Group, Inc., The.

My Mother-In-Law (Classic Reprint) Amos Kidder Fiske. 2018. (ENG., Illus.). 162p. (J). 27.26 (978-0-483-71727-5(4)) Forgotten Bks.

My Mother is a Dancer: Practicing the ER Sound, 1 vol. Victoria Vinci. 2016. (Rosen Phonics Readers Ser.). (ENG., Illus.). 12p. (J). (gr. -1-2). pap. (978-1-5081-3024-6(8), de4e6171-8cf3-4064-a850-d8e3383aa5ab, Rosen Classroom) Rosen Publishing Group, Inc., The.

My Mother Is a Midwife - Te Tia Kabung Tinau (Te Kiribati) Ella Kurz. Illus. by John Robert Azuelo. 2023. (ENG.). 36p. (J). pap. (978-1-922844-84-2(5)) Library For All Limited.

My Mother Is in the Indian Air Force. Arthy Muthanna Singh. 2019. (ENG.). 40p. (J). (gr. 2-4). pap. 8.99 (978-0-14-344766-5(1), Puffin) Penguin Bks. India PVT, Ltd IND. Dist: Independent Pubs. Group.

My Mother Is My Sister. Ogles McB'well. 2020. (ENG.). 70p. (J). pap. 12.95 (978-1-64544-695-8(6)) Page Publishing Inc.

My Mother Made a Quilt. Deborah Zabloski. Illus. by Kathi Legault. 2023. (ENG.). 24p. (J). (978-1-0391-6326-3(2)); pap. (978-1-0391-6325-6(4)) FriesenPress.

My Mother, My Heart: A Joyful Book to Color. Eleri Fowler. Illus. by Eleri Fowler. 2016. (ENG., Illus.). 96p. (J). (gr. -1). pap. 15.99 (978-0-06-247938-9(5), HarperFestival) HarperCollins Pubs.

My Mother, or Home Scenes in Yorkshire (Classic Reprint) Annie Ward. 2017. (ENG., Illus.). (J). 28.19 (978-0-266-72890-0(1)); pap. 10.57 (978-1-5276-8949-7(2)) Forgotten Bks.

My Mother Planted. Tom Sabwa. Illus. by Jonathan Field. 2022. (ENG.). 24p. (J). pap. (978-1-922910-77-6(5)) Library For All Limited.

My Mother Planted - Mamangu Alipanda. Tom Sabwa. Illus. by Jonathan Field. 2023. (SWA.). 24p. (J). pap. (978-1-922910-19-6(8)) Library For All Limited.

My Mother Was a Nanny. Laura James. 2023. (ENG., Illus.). 32p. (J). (gr. -1-1). 19.99 (978-1-77306-830-5(X)) Groundwood Bks. CAN. Dist: Publishers Group West (PGW).

My Mother Was Born in Mexico, 1 vol. Charmaine Robertson. 2016. (Rosen REAL Readers: Social Studies Nonfiction / Fiction: Myself, My Community, My World Ser.). (ENG.). 8p. (gr. k-1). pap. 5.46 (978-1-5081-2281-4(4), 84812fc5-0ed2-4d61-baf6-8c6ed1ec161a, Rosen Classroom) Rosen Publishing Group, Inc., The.

My Mother's Bible Stories: Told in the Language of a Gentle, Loving Mother Conversing with Her Children; Designed for Family Use During the Children's Hour Around the Evening Lamp (Classic Reprint) John H. Vincent. 2017. (ENG., Illus.). (J). 33.80 (978-0-331-84322-4(6)); pap. 16.57 (978-0-243-18394-4(1)) Forgotten Bks.

My Mother's Delightful Deaths. Carla Haslbauer. 2021. (ENG.). 48p. (J). (gr. -1-3). 17.95 (978-0-7358-4456-8(9)) North-South Bks., Inc.

My Mother's Diamonds: A Domestic Story for Daughters at Home (Classic Reprint) Maria J. Greer. (ENG., Illus.). (J). 2018. 344p. 30.99 (978-0-428-20567-6(4)); 2017. pap. 13.57 (978-0-243-08403-6(X)) Forgotten Bks.

My Mother's Door. M. Heart Moss. Illus. by Blueberry Illustrations. 2020. (ENG.). 26p. (J). 19.95 (978-0-578-69598-3(7)) Moss, Marc.

My Mother's Garden, 1 vol. Jayda Cooper. 2016. (Rosen REAL Readers: STEM & STEAM Collection). (ENG.). 8p. (gr. k-1). pap. 5.46 (978-1-5081-2589-1(9), 39b3101c-d803-4f58-8f60-07c9aa1e1378, Rosen Classroom) Rosen Publishing Group, Inc., The.

My Mother's Gold Ring: Founded on Fact (Classic Reprint) Unknown Author. 2017. (ENG., Illus.). 28p. (J). 24.47 (978-0-484-80848-4(6)) Forgotten Bks.

My Mother's House see Chateau de Ma Mere

My Mother's Jewel: Or Happy in Life, Happy in Death (Classic Reprint) Jane A. Eames. 2018. (ENG., Illus.). 236p. (J). 28.76 (978-0-332-97629-7(7)) Forgotten Bks.

My Mother's Journal: A Young Lady's Diary of Five Years Spent in Manila, Macao, & the Cape of Good Hope from 1829-1834 (Classic Reprint) Harriet Hillard. 2017. (ENG., Illus.). (J). 30.74 (978-1-5282-8286-4(8)) Forgotten Bks.

My Mother's Mummy: Kate Kate & the Bizzy Girls. Deborah Kanafani. Illus. by Renee Bently. 2018. (Kate Kate & the Bizzy Girls Ser.: Vol. 3). (ENG.). 122p. (J). pap. 7.99 (978-0-9833532-7-0(1)) Bizzy Girls Publishing.

My Mountain Baby. Rose Rossner. Illus. by Louise Anglicas. 2021. (My Baby Locale Ser.). (ENG.). 24p. (J). (-k). bds. 8.99 (978-1-7282-3676-6(2), Hometown World) Sourcebooks, Inc.

My Mountain Tops: The Romance of a Journey Across the Canadian Rockies. Lalah Ruth Randle. 2017. (ENG., Illus.). (J). pap. (978-0-649-34987-6(3)) Trieste Publishing Pty Ltd.

My Mountain Tops: The Romance of a Journey Across the Canadian Rockies (Classic Reprint) Lalah Ruth Randle. 2017. (ENG., Illus.). (J). 25.51 (978-1-5279-8365-6(X)) Forgotten Bks.

My Muddy Puddle. Kristina Nearchou. Illus. by Tiffany Everett. 2022. (ENG.). 24p. (J). (978-1-0391-0073-2(2)); pap. (978-1-0391-0072-5(4)) FriesenPress.

My Mum & Dad. Andrew Lindsay. 2018. (ENG., Illus.). 32p. (J). (978-1-5289-2408-5(8)); pap. (978-1-5289-2406-1(1)) Austin Macauley Pubs. Ltd.

My Mum Bakes Awesome Cakes: Neurorology Series: Talking about MS. Jo Johnson. ed. 2017. (ENG.). 28p. (C). pap. 7.95 (978-0-86388-998-1(0), Y328889) Routledge.

My Mum Is a Wonder. Michele Messaoudi. 2016. (ENG., Illus.). 24p. (J). (gr. -1). 8.95 (978-0-86037-298-1(7)) Kube Publishing Ltd. GBR. Dist: Consortium Bk. Sales & Distribution.

My Mum Is the Best by Bluey & Bingo. Penguin Young Readers Licenses. 2022. (Bluey Ser.). (ENG., Illus.). 48p. (J). (-k). 9.99 (978-0-593-51966-0(3), Penguin Young Readers Licenses) Penguin Young Readers Group.

My Mum Says I'm a Wriggle Worm. Jeleasa M. Robinson. Illus. by Jeleasa M. Robinson. 2020. (ENG., Illus.). 24p. (J). (gr. k-4). pap. (978-0-6485775-1-5(1)) Robinson, Jeleasa.

My Mum the Pirate. Jackie French. Illus. by Stephen Michael King. 2018. (Wacky Families Ser.: 01). (ENG.). 112p. 5.99 (978-0-207-19949-3(3), HarperCollins) HarperCollins Pubs.

My Mum the Police Woman. Jessica Grout. Illus. by Brooke Bond. 2020. (ENG.). 32p. (J). pap. (978-0-2288-4108-1(9)) Tellwell Talent.

My Mummy after Our Baby: A Journey of Hope & Healing. Namita Mahanama. 2021. (ENG.). 28p. (J). (978-0-2288-6294-9(9)); pap. (978-0-2288-6293-2(0)) Tellwell Talent.

My Mummy Is So Much Fun: Mummies Are Our Best Friend, Teacher, Driver & SUPERHERO! Zack F. Sydney. 2020. (ENG., Illus.). 36p. (J). pap. (978-1-83853-413-4(X)) Independent Publishing Network.

My Mummy Milkies: A Journey Through Breastfeeding. Pamela M. Nievas. 2020. (ENG.). 46p. (J). (978-0-2288-4275-0(1)); pap. (978-0-2288-4274-3(3)) Tellwell Talent.

My Mum's a Princess. Carol Eckersley. Illus. by Toni Maisey-Shinnick. 2019. (ENG.). 28p. (J). pap. 10.00 (978-1-7328957-3-7(2)) Sentimental Bloke Holdings International.

My Mum's Growing Down. Laura Dockrill. Illus. by David Tazzyman. 2017. (ENG.). 160p. (J). pap. 9.95 (978-0-571-33506-0(3), Faber & Faber Children's Bks.) Faber & Faber, Inc.

My Muscles. Rachel Rose. 2022. (What's Inside Me? Ser.). (ENG., Illus.). 24p. (J). (gr. 1-3). lib. bdg. 26.99 (978-1-63691-444-2(6), 18607) Bearport Publishing Co., Inc.

My Museum. Joanne Liu. 2017. (ENG., Illus.). 32p. (J). (gr. -1-3). 14.95 (978-3-7913-7319-5(6)) Prestel Verlag GmbH & Co KG. DEU. Dist: Penguin Random Hse. LLC.

My Music see Mi Musica

My Music Box: Little Classical Masterpieces for My Baby. Illus. by Élodie Nouhen. 2022. (ENG.). 44p. (J). (— 1). 16.95 (978-2-89836-014-5(7)) La Montagne Secrete CAN. Dist: Independent Pubs. Group.

My Musical Instrument: Leveled Reader Turquoise Level 18. Rg Rg. 2016. (PM Ser.). (ENG.). 16p. (J). (gr. 2). pap. 11.00 (978-0-544-89181-4(3)) Rigby Education.

My Musical Instruments: Rapper Coloring Book. Jupiter Kids. 2016. (ENG., Illus.). 106p. (J). pap. 12.55 (978-1-68305-296-8(X), Jupiter Kids (Childrens & Kids Fiction)) Speedy Publishing LLC.

My Must-Have Mom. Maudie Smith. Illus. by Jen Khatun. 2022. (ENG.). 32p. (J). (gr. k-2). 17.99 (978-1-913747-71-8(9), 961f513d-63ed-466b-9501-4d2c82402078) Lantana Publishing GBR. Dist: Lerner Publishing Group.

My My First Colors: With Shiny Colors on Every Page. IglooBooks. Illus. by Max and Max and Sid. 2021. (ENG.). 10p. (J). (— 1). bds., bds. 6.99 (978-1-83903-671-2(0)) Igloo Bks. GBR. Dist: Simon & Schuster, Inc.

My My First Shapes: With Shiny Colors on Every Page. IglooBooks. Illus. by Max and Max and Sid. 2021. (ENG.). 10p. (J). (— 1). bds., bds. 6.99 (978-1-83903-673-6(7)) Igloo Bks. GBR. Dist: Simon & Schuster, Inc.

My My First Words: With Shiny Colors on Every Page. IglooBooks. Illus. by Max and Max and Sid. 2021. (ENG.). 10p. (J). (— 1). bds., bds. 6.99 (978-1-83903-672-9(9)) Igloo Bks. GBR. Dist: Simon & Schuster, Inc.

My My Treasury of Classic Christmas Stories: With 4 Stories. IglooBooks. Illus. by James Newman Gray. 2022. (ENG.). 96p. (J). (gr. -1). 14.99 (978-1-80108-669-1(9)) Igloo Bks. GBR. Dist: Simon & Schuster, Inc.

My N. C. from A-Z. Michelle Lanier. Illus. by Dare Coulter. 2020. (ENG.). 32p. (J). 14.95 (978-0-86526-499-1(6), 01OSPS) North Carolina Office of Archives & History.

My 'n' Sound Box. Jane Belk Moncure. Illus. by Rebecca Thornburgh. 2018. (Jane Belk Moncure's Sound Box Bks.). (ENG.). 32p. (J). (gr. -1-2). 35.64 (978-1-5038-2317-4(2), 212146) Child's World, Inc, The.

My Name. Supriya Kelkar. Illus. by Sandhya Prabhat. 2023. (ENG.). 40p. (J). 18.99 (978-0-374-31463-7(2), 900235327, Farrar, Straus & Giroux (BYR)) Farrar, Straus & Giroux.

My Name Is a Story. Ashanti. Illus. by Monica Mikai. 2022. (ENG.). 40p. (J). (gr. -1-3). 18.99 (978-0-06-322236-6(1), HarperCollins) HarperCollins Pubs.

My Name Is Adam: A Multilevel Educational Book. Julie Sytsma. 2021. (ENG., Illus.). 70p. (J). 29.95 (978-1-68517-380-7(2)); pap. 19.95 (978-1-0980-9114-9(0)) Christian Faith Publishing.

My Name Is an Address. Ekuwah Mends Moses. 2021. (ENG.). 36p. (J). 26.99 (978-1-953852-36-6(X)); pap. 17.99 (978-1-953852-30-4(0)) EduMatch.

My Name Is Angel. Robyn Bandinel. 2017. (ENG., Illus.). (J). (gr. k-6). pap. 13.99 (978-0-578-19637-4(9)) Angel Island Productions.

My Name Is Apple. Jenelyn Q. Dawson. Illus. by David Bou. 2022. (ENG.). 24p. (J). pap. (978-1-0391-1035-9(5)) FriesenPress.

My Name Is Cool. Antonio Sacre. Illus. by Sarah Demonteverde. 2022. (ENG.). 32p. (J). (gr. -1-3). 16.99 (978-1-64170-657-5(0), 550657) Familius LLC.

My Name Is Curly. Andi Kryszak. 2018. (ENG., Illus.). 42p. (J). (gr. k-4). 23.99 (978-1-7329546-0-1(7)) Wisdom Hse. Bks.

My Name Is Cyrus. Nazila Fathi. 2020. (ENG., Illus.). 34p. (J). 24.99 (978-1-7346078-0-2(7)) Susa Inc.

My Name Is Daniel. Dora Imas. 2022. (ENG.). 30p. (J). pap. 10.95 (978-1-63710-446-0(4)) Fulton Bks.

My Name Is Destiny. Sarah Zaun. Illus. by Sarah Zaun & Paris Zaun. 2018. (ENG.). 20p. (J). (gr. k-6). pap. 12.95 (978-0-692-05388-1(3)) Courage Publishing.

My Name Is Elizabeth! Annika Dunklee. ed. 2021. (ENG., Illus.). 22p. (J). (gr. k-1). 20.46 (978-1-64697-816-8(1)) Penworthy Co., LLC, The.

My Name Is George. Renee A. Schmaltz. 2021. (ENG., Illus.). 30p. (J). 24.95 (978-1-64584-406-8(4)) Page Publishing Inc.

My Name Is Helen Keller. Myron Uhlberg. Illus. by Jenn Kocsmiersky. 2020. (ENG.). 32p. (J). (gr. -1-3). 16.99 (978-0-8075-5322-0(0), 807553220) Whitman, Albert & Co.

My Name Is Henry Bibb: A Story of Slavery & Freedom. Afua Cooper. 2023. (ENG.). 160p. (J). (gr. 5-9). pap. 9.99 (978-1-5253-1085-0(2)) Kids Can Pr., Ltd. CAN. Dist: Hachette Bk. Group.

My Name Is James Madison Hemings. Jonah Winter. Illus. by Terry Widener. 2016. (ENG.). 40p. (J). (gr. k-4). 17.99 (978-0-385-38342-4(8), Schwartz & Wade Bks.) Random Hse. Children's Bks.

My Name Is Jason. Mine Too: Our Story. Our Way. Jason Reynolds & Jason Griffin. 2022. (ENG.). 96p. (YA). (gr. 7). 19.99 (978-1-5344-7823-7(X)); pap. 10.99 (978-1-5344-7822-0(1)) Simon & Schuster Children's Publishing. (Atheneum/Caitlyn Dlouhy Books).

My Name Is Jazmine, Beautiful As Can Be. Kimmie Cannon. 2022. (ENG.). 28p. (J). 24.95 (978-1-68517-312-8(8)); pap. 13.95 (978-1-63903-831-2(0)) Christian Faith Publishing.

My Name Is Julius... I Stutter... & So What! Maurice Allen & Jabril Allen. Illus. by Amair Watts. 2020. (ENG.). 28p. (J). pap. 11.96 (978-0-9998154-2-7(3)) Daisy Mae Bk. Publishing.

My Name Is Konisola. Alisa Siegel. 2020. (ENG.). 176p. (J). (gr. 4-7). pap. 12.95 (978-1-77260-119-0(5)) Second Story Pr. CAN. Dist: Orca Bk. Pubs. USA.

My Name Is Lamoosh. Linda Meanus. 2023. (ENG., Illus.). 100p. (J). (gr. k-5). pap. 14.95 (978-0-87071-231-9(4)) Oregon State Univ. Pr.

My Name Is Lettuce... Ian R a Brown. 2018. (ENG., Illus.). 118p. (J). pap. (978-3-7103-3564-8(7)) united p.c. Verlag.

My Name Is Lizzy Adams. Ibitola Ojoye-Adebayo. 2018. (ENG., Illus.). 152p. (YA). pap. (978-1-84914-969-3(0)) CompletelyNovel.com.

My Name Is M. Farah Doulkidah. 2022. (ENG., Illus.). 22p. (J). 24.95 (978-1-0980-9681-6(9)) Christian Faith Publishing.

My Name Is Mac. Lori Reynolds. Illus. by Brett Cardwell. 2016. (ENG.). (J). (978-1-925515-56-5(7)); pap. (978-1-925515-45-9(1)) Vivid Publishing.

My Name Is Malala. Malala Yousafzai. 2022. (ENG.). 28p. (J). (gr. -1 — 1). bds. 8.99 (978-0-316-34027-4(8)) Little, Brown Bks. for Young Readers.

My Name Is Marisol. Michelle St Claire. Ed. by Msb Editing Services. 2019. (Beautifully Unbroken Ser.: Vol. 6). (ENG.). 124p. (YA). (gr. 7-12). 19.98 (978-1-945891-65-6(3)) May 3rd Bks., Inc.

My Name Is Marisol: Beautifully Unbroken - Book 6. Michelle St Claire. 2016. (ENG., Illus.). 206p. (YA). (gr. 9-12). pap. 13.98 (978-1-945891-15-1(7)) May 3rd Bks., Inc.

My Name Is Merlin: A de Good Life Farm Book. Diane Orr. 2019. (ENG., Illus.). 22p. (J). 21.99 *(978-1-950454-72-3(X))* Pen It Pubns.

My Name Is Milena Rokva. T. a Maclagan. 2016. (Alexandra Gastone Duology Ser.: Vol. 2). (ENG., Illus.). 290p. (YA). (gr. 7-12). pap. *(978-0-473-36221-8(X))* Rare Design Ltd.

My Name Is Million: The Experiences of an Englishwoman in Poland (Classic Reprint) Unknown Author. 2018. (ENG., Illus.). (J). 288p. 29.84 *(978-1-396-75557-6(8))*; 290p. pap. 13.57 *(978-1-391-80989-2(0))* Forgotten Bks.

My Name Is Mocha. Diane Orr. 2019. (ENG., Illus.). 34p. (J). (gr. -1-3). 21.99 *(978-1-950454-56-3(8))* Pen It Pubns.

My Name Is Not Ed Tug. Amy Nielander. 2022. (ENG., Illus.). 32p. (J). (gr. k-3). 18.99 *(978-1-5131-3487-1(6)*, West Margin Pr.) West Margin Pr.

My Name Is Not Jamie. Marie McCumber. 2021. (ENG.). 30p. (J). pap. 15.99 *(978-1-953852-39-7(4))* EduMatch.

My Name Is Not Peaseblossom. Jackie French. 2021. 234p. 8.99 *(978-1-4607-5478-8(6)*, HarperCollins) HarperCollins Pubs.

My Name Is Odin: A de Good Life Farm Book. Diane Orr. 2020. (De Good Life Farm Ser.: Vol. 4). (ENG.). 40p. (J). 22.99 *(978-1-952894-98-5(0))* Pen It Pubns.

My Name Is Phillis Wheatley: A Story of Slavery & Freedom. Afua Cooper. 2023. (ENG.). 152p. (J). (gr. 5-9). pap. 9.99 *(978-1-5253-1086-7(0))* Kids Can Pr., Ltd. CAN. Dist: Hachette Bk. Group.

My Name Is Philomena: A Saint's Story. Peregrine Fletcher. 2023. (ENG.). 48p. (J). (gr. 2-6). 19.95 ***(978-1-5051-2682-2(7)***, 3122) TAN Bks.

My Name Is Quincie. Joanne Martin. 2019. (ENG.). 52p. (J). *(978-1-5255-3740-0(7))*; pap. *(978-1-5255-3741-7(5))* FriesenPress.

My Name Is Roar. Kenneth D. Whitfield Jr. 2017. (ENG., Illus.). (J). pap. 13.95 *(978-1-4808-3924-3(8))* Archway Publishing.

My Name Is Rocky. Mark D. Donnelly. Illus. by Corey Zayatz. 2016. (ENG.). (J). (gr. k-4). 16.95 *(978-0-9977996-0-6(9))* Primedia eLaunch LLC.

My Name Is Saajin Singh. Kuljinder Kaur Brar. Illus. by Samrath Kaur. 2022. 36p. (J). (gr. -1-2). 18.95 *(978-1-77321-705-5(4))* Annick Pr., Ltd. CAN. Dist: Publishers Group West (PGW).

My Name Is Seepeetza: 30th Anniversary Edition. Shirley Sterling. 30th ed. 2022. (ENG., Illus.). 144p. (J). (gr. 4-7). pap. 12.99 *(978-1-77306-856-5(3))* Groundwood Bks. CAN. Dist: Publishers Group West (PGW).

My Name Is Shybo. Teresa A. Marotta. Illus. by Jay Rollins. 2016. (ENG.). (J). (gr. 3-6). 18.95 *(978-0-9980887-1-6(4))* Crary Pubns.

My Name Is Simon. I Am a Snail. Melanie Richardson Dundy. 2022. (ENG.). 24p. (J). 25.00 ***(978-1-0880-4559-6(6))*** M D C T Publishing.

My Name Is Squirt. Sharon Tobin. Illus. by Jolie Hamm. 2016. (ENG.). (J). pap. *(978-0-9950013-0-5(8))* SHAMIK FARM PUBLISHING.

My Name Is Squirt Coloring Book Pages. Sharon Tobin. Illus. by Jolie Hamm. 2016. (ENG.). (J). pap. *(978-0-9950013-3-6(2))* SHAMIK FARM PUBLISHING.

My Name Is Sugar. Stacy T. Snyder. Illus. by Anne M. Johnson. 2018. (My Name Is Sugar Ser.: Vol. 1). (ENG.). 32p. (J). 17.99 *(978-0-9600041-0-2(6))* Snyder, Stacy.

My Name Is Taco. Angela Carson. 2017. (ENG., Illus.). 24p. pap. 12.45 *(978-1-4808-5372-0(0))* Archway Publishing.

My Name Is Tani ... & I Believe in Miracles Young Readers Edition, 1 vol. Tani Adewumi. 2020. (ENG., Illus.). 208p. (J). pap. 15.99 *(978-1-4002-1829-5(2)*, Tommy Nelson) Nelson, Thomas Inc.

My Name Is Tommie: My Story of Hydrocephalus. Julia Gressel-Murray. 2019. (ENG., Illus.). 28p. (J). 22.95 *(978-1-64300-268-2(6))* Covenant Bks.

My Name Is Tzip, Nice to Meet You. Yael Manor. Illus. by Jofelyn Martinez. 2018. (ENG.). 42p. (J). pap. 9.90 *(978-1-63649-926-0(0))* Primedia eLaunch LLC.

My Name Is Victoria. Lucy Worsley. 2018. (ENG.). 384p. (J). (gr. 7). 16.99 *(978-0-7636-8807-3(X))* Candlewick Pr.

My Name Is Wakawakaloch! Chana Stiefel. Illus. by Mary Sullivan. 2019. (ENG.). 32p. (J). (gr. -1-3). 17.99 *(978-1-328-73209-5(6)*, 1675985, Clarion Bks.) HarperCollins Pubs.

My Name Is Yellow Kitty & This Is My Story. Naomi Hills. 2020. (ENG., Illus.). 30p. (J). pap. 12.95 *(978-1-64531-122-5(8))* Newman Springs Publishing, Inc.

My Name Is Zedonk. Jia Han. 2017. (Illus.). 40p. (J). (gr. -1-2). 16.95 *(978-1-941529-53-9(4)*, Plum Blossom Bks.) Parallax Pr.

My Name Is Zero. Larry Johnson. 2018. (ENG., Illus.). 66p. (J). pap. 9.95 *(978-0-359-21940-7(3))* Lulu Pr., Inc.

My Name Must Be Trouble. Edward G. Chandler. 2022. 96p. (J). pap. 10.00 *(978-1-6678-2784-1(7))* BookBaby.

My Name's Is Sammy, & I'm No Snitch, Volume 1. Jeff Tucker. Illus. by Miranda Morrissey. ed. 2020. (Chicoree Elementary Stories for Success Ser.). (ENG.). 31p. (J). (gr. k-5). pap. 10.95 *(978-1-944882-61-7(8)*, 68-001) Boys Town Pr.

My Name's Maria, Not Mary: Memoir of a Former Campesina. Rosemary Martin. 2020. (ENG.). 172p. (YA). pap. 19.98 *(978-1-716-71236-4(X))* Lulu Pr., Inc.

My Nana, My Love. Mediline Tador. Illus. by Asifa Younas. 2021. (ENG.). 42p. (J). 35.99 *(978-1-6628-2889-8(6))*; pap. 25.99 *(978-1-6628-2888-1(8))* Salem Author Services.

My Nana's Garden. Dawn Casey. Illus. by Jessica Courtney-Tickle. 2021. (ENG.). 40p. (J). (gr. -1-2). 16.99 *(978-1-5362-1711-7(5)*, Templar) Candlewick Pr.

My Nani's Chicken Biryani. Afroz Martino. 2022. (ENG.). 48p. (J). 20.99 *(978-0-6455197-1-6(5))*; pap. 16.99 *(978-0-6455197-0-9(7))* ASM International.

My Nanna - Tibuu Te Unnaine (Te Kiribati) Delma Venudi-Geary. Illus. by Romulo Reyes, III. 2023. (ENG.). 18p. (J). pap. ***(978-1-922835-80-2(3))*** Library For All Limited.

My Nap, Mi Siesta: A Coco Rocho Book (Bilingual English-Spanish) Raúl the Raúl the Third, III. 2022. (World Of ¡Vamos! Ser.). (ENG., Illus.). 18p. (J). (gr. -1 — 1). bds. 7.99 *(978-0-358-39473-0(2)*, 1788247, Versify) HarperCollins Pubs.

My Native Village: Or, the Recollections of Twenty-Five Years (Classic Reprint) Unknown Author. 2018. (ENG., Illus.). 152p. (J). 27.05 *(978-0-267-48066-1(0))* Forgotten Bks.

My Nativity 1-2-3s. Esther Yu Sumner. Illus. by Robert Davis. 2018. (ENG.). 32p. (J). 14.99 *(978-1-4621-2246-2(9))* Cedar Fort, Inc./CFI Distribution.

My Nativity ABCs. Esther Sumner. 2017. (ENG.). (J). (gr. -1-k). 14.99 *(978-1-4621-2027-7(X))* Cedar Fort, Inc./CFI Distribution.

My Natural Hair Dictionary. Aundia Gray. Illus. by Amanda Neves. 2019. (ENG.). 66p. (J). (gr. k-6). 25.00 *(978-1-7332492-0-1(6))* Tree Top Bks.

My Naturama Nature Journal. Michael Fewer. Illus. by Melissa Doran. 2017. (ENG.). 264p. (J). pap. 25.00 *(978-0-7171-7545-1(6))* Gill Bks. IRL. Dist: Casemate Pubs. & Bk. Distributors, LLC.

My Nature Notebook (Classic Reprint) E. Kay Robinson. 2018. (ENG., Illus.). 216p. (J). 28.37 *(978-0-267-69076-3(2))* Forgotten Bks.

My Naughty Little Sister (My Naughty Little Sister) Dorothy Edwards. Illus. by Shirley Hughes. 2nd ed. 2017. (My Naughty Little Sister Ser.: 1). (ENG.). 192p. (J). (gr. -1-2). pap. 5.99 *(978-1-4052-5334-5(7))* Farshore GBR. Dist: HarperCollins Pubs.

My Neighbor Frankie. Ignacio Sanz. Tr. by Jon Brokenbrow. Illus. by Eva Poyato. 2020. 24p. (J). (gr. k-3). 16.95 *(978-84-16733-86-6(4))* Cuento de Luz SL ESP. Dist: Publishers Group West (PGW).

My Neighbor Raymond (Classic Reprint) Paul de Kock. 2017. (ENG., Illus.). (J). 424p. 32.64 *(978-0-332-35793-5(7))*; pap. 16.57 *(978-0-259-41300-4(3))* Forgotten Bks.

My Neighbor Raymond, Vol. 1 (Classic Reprint) Paul de Kock. 2017. (ENG., Illus.). (J). 29.77 *(978-1-5281-7999-7(4))* Forgotten Bks.

My Neighbor Raymond, Vol. 2: Translated into English (Classic Reprint) Charles Paul De Kock. 2018. (ENG., Illus.). 280p. (J). 29.69 *(978-0-364-00556-9(4))* Forgotten Bks.

My Neighborhood, 1 vol. Portia Summers. 2016. (Zoom in on Communities Ser.). (ENG.). 24p. (gr. 2-2). pap. 10.95 *(978-0-7660-7800-0(0)*, deb65ad4-f11d-4adc-b504-9245bbd3b407) Enslow Publishing, LLC.

My Neighborhood: Creative Expression Theme. 2016. (Early Rising Readers Ser.). (ENG.). (J). (gr. 1-2). 105.00 *(978-1-4788-5101-1(5))* Newmark Learning LLC.

My Neighborhood: Math Theme. 2016. (Early Rising Readers Ser.). (ENG.). (J). (gr. 1-2). 105.00 *(978-1-4788-5071-7(X))* Newmark Learning LLC.

My Neighborhood: Physical Development Theme. 2016. (Early Rising Readers Ser.). (ENG.). (J). (gr. 1-2). 105.00 *(978-1-4788-5061-8(2))* Newmark Learning LLC.

My Neighborhood: Science Theme. 2016. (Early Rising Readers Ser.). (ENG.). (J). (gr. 1-2). 105.00 *(978-1-4788-5091-5(4))* Newmark Learning LLC.

My Neighborhood: Social & Emotional Development Theme. 2016. (Early Rising Readeers Ser.). (ENG.). (J). (gr. 1-2). 105.00 *(978-1-4788-5051-9(5))* Newmark Learning LLC.

My Neighborhood: Social Studies Theme. 2016. (Early Rising Readers Ser.). (ENG.). (J). (gr. 1-2). 105.00 *(978-1-4788-5081-6(7))* Newmark Learning LLC.

My Neighborhood Farm. Karen McKay. Illus. by Louise Anglicas. 2022. (My Neighborhood Ser.). (ENG.). 10p. (J). (-k). bds. 10.99 *(978-1-7282-5281-0(4)*, Hometown World) Sourcebooks, Inc.

My Neighborhood School. Karen McKay. Illus. by Louise Anglicas. 2022. (My Neighborhood Ser.). (ENG.). 10p. (J). (-k). bds. 10.99 *(978-1-7282-5284-1(9)*, Hometown World) Sourcebooks, Inc.

My Neighbors: Stories of the Welsh People (Classic Reprint) Caradoc Evans. 2017. (ENG., Illus.). 254p. (J). 29.14 *(978-0-484-43088-3(2))* Forgotten Bks.

My Neighbors & Their Simple Machines. Erin Seagraves & Heather Baker. 2016. (Illus.). 18p. (J). *(978-1-60617-727-3(3))* Teaching Strategies, LLC.

My Neighbors Are All Cats: Collecting Stars. Onlyanose & Charlene Kelly. Illus. by Tiger Hu. 2020. (ENG.). 28p. (J). 25.99 *(978-1-4808-9118-0(5))*; pap. 13.95 *(978-1-4808-9119-7(3))* Archway Publishing.

My Nephew Is Santa's Secret Elf. Put Me In The Story & Katherine Sully. Illus. by Julia Seal. 2018. (Santa's Secret Elf Ser.). (ENG.). 32p. (J). (gr. k-3). 5.99 *(978-1-4926-8126-7(1))* Sourcebooks, Inc.

My Nephew on the North Pole Express. J. D. Green. 2019. (North Pole Express Ser.). (ENG.). 32p. (J). (gr. -1-3). 7.99 ***(978-1-7282-0375-1(9))*** Sourcebooks, Inc.

My Nephew's Christmas Wish. Put Me In The Story & J. D. Green. Illus. by Julia Seal. 2018. (Christmas Wish Ser.). (ENG.). 32p. (J). (gr. k-3). 6.99 ***(978-1-4926-8367-4(1))*** Sourcebooks, Inc.

My Nervous System: A 4D Book. Martha E. H. Rustad. 2018. (My Body Systems Ser.). (ENG., Illus.). 24p. (J). (gr. -1-2). lib. bdg. 29.32 *(978-1-9771-0022-1(8)*, 138175, Capstone Pr.) Capstone.

My New Backpack. Rozanne Williams. 2017. (Learn-To-Read Ser.). (ENG., Illus.). (J). pap. 3.49 *(978-1-68310-262-5(2))* Pacific Learning, Inc.

My New Best Friend. Sara Marlowe. Illus. by Ivette Salom. 2016. (ENG.). 32p. (J). 15.95 *(978-1-61429-353-8(8))* Wisdom Pubns.

My New Boots for My Daddy's Farm. David Haave. 2017. (ENG., Illus.). (J). (gr. k-6). 30.99 *(978-1-5456-1266-8(8))*; pap. 20.49 *(978-1-5456-1217-0(X))* Salem Author Services.

My New Brunswick Lullaby: Ma Berceuse du Nouveau-Brunswick. Tabitha Faye Snelgrove. Illus. by Tabitha Faye Snelgrove. 2021. (FRE.). 32p. (J). pap. *(978-0-2288-4941-4(1))* Tellwell Talent.

My New Curate: A Story. P. A. Sheehan. 2017. (ENG., Illus.). (J). 26.95 *(978-1-374-85150-4(7))* Capital Communications, Inc.

My New Curate: A Story Gathered from the Stray Leaves of an Old Diary (Classic Reprint) P. A. Sheehan. 2017. (ENG., Illus.). (J). 34.37 *(978-0-331-35798-1(4))* Forgotten Bks.

My New Family: A Cooper Tails Book. B. K. Sterling. Illus. by Judy Weber. 2019. (Cooper Tails Ser.: Vol. 1). (ENG.). 24p. (J). (gr. k-5). pap. 12.95 *(978-0-578-44760-5(6))* Sterling, Bridgette.

My New Friend, Squatchette: A True Story As Told to Robert E. Wood. Robert E. Wood. Illus. by Jaclyn Matic. 2018. (ENG.). 36p. (J). *(978-1-5255-2215-4(9))*; pap. *(978-1-5255-2216-1(7))* FriesenPress.

My New Haircut: Early Concepts: Shapes, 4 vols. Jeffrey Turner. 2020. (Doodle the Science Poodle Ser.: 2). (ENG., Illus.). 20p. (J). bds. 9.99 *(978-0-7643-5916-3(9)*, 17507) Schiffer Publishing, Ltd.

My New Home after Iran, 1 vol. Heather C. Hudak. 2019. (Leaving My Homeland: after the Journey Ser.). (ENG., Illus.). 32p. (J). (gr. 4-4). pap. *(978-0-7787-6501-1(6)*, 1dd8d112-e994-4d26-a0a6-3f4feac08879); lib. bdg. *(978-0-7787-6495-3(8)*, acc8321d-e3e3-422e-b13d-450154e248bf) Crabtree Publishing Co.

My New Home after Iraq. Ellen Rodger. 2018. (Leaving My Homeland: after the Journey Ser.). (Illus.). 32p. (J). (gr. 4-4). *(978-0-7787-4975-2(4))* Crabtree Publishing Co.

My New Home after Somalia, 1 vol. Heather C. Hudak. 2019. (Leaving My Homeland: after the Journey Ser.). (ENG., Illus.). 32p. (J). (gr. 4-4). pap. *(978-0-7787-6503-5(2)*, 19798fbf-7cf8-4517-93a9-25d28569ba0d); lib. bdg. *(978-0-7787-6497-7(4)*, 321cad7a-4ad5-4e72-8467-ae0ee0889628) Crabtree Publishing Co.

My New Home after Syria. Linda Barghoorn. 2018. (Leaving My Homeland: after the Journey Ser.). (Illus.). 32p. (J). (gr. 4-4). *(978-0-7787-4983-7(5))* Crabtree Publishing Co.

My New Home after the Democratic Republic of the Congo, 1 vol. Ellen Rodger. 2019. (Leaving My Homeland: after the Journey Ser.). (ENG., Illus.). 32p. (J). (gr. 4-4). pap. *(978-0-7787-6499-1(0)*, eb5e5103-a19b-480d-9f15-02ccf6089c13); lib. bdg. *(978-0-7787-6487-8(7)*, 076886bc-ce0e-4186-a809-b8d7e25b31c0) Crabtree Publishing Co.

My New Home after Yemen. Heather C. Hudak. 2018. (Leaving My Homeland: after the Journey Ser.). (Illus.). 32p. (J). (gr. 4-4). *(978-0-7787-4984-4(3))* Crabtree Publishing Co.

My New Home (Classic Reprint) Molesworth. (ENG., Illus.). (J). 2018. 282p. 29.73 *(978-0-365-13868-6(1))*; 2017. pap. 13.57 *(978-0-259-20478-7(1))* Forgotten Bks.

My New Human. Kelsey Summer. 2022. (ENG.). 32p. (J). 20.99 *(978-1-63988-113-0(1))* Primedia eLaunch LLC.

My New Human. Kelsey Summer. Illus. by Lana Lee. 2022. (ENG.). 32p. (J). pap. 13.99 *(978-1-63988-100-0(X))* Primedia eLaunch LLC.

My New Pet, 12 vols. 2022. (My New Pet Ser.). (ENG.). 24p. (J). (gr. 1-2). lib. bdg. 145.62 *(978-1-5382-8156-7(2)*, 7f57dc95-86d8-4ad8-9f02-18bb8f9de2d4) Stevens, Gareth Publishing LLLP.

My New Red Boots. Lisa Marie Salazar. 2018. (ENG., Illus.). 32p. (J). pap. *(978-1-387-65483-3(7))* Lulu Pr., Inc.

My New Shoes. Leilani Sparrow. Illus. by Dan Taylor. (Mini Bee Board Bks.). (ENG.). (J). (gr. -1-1). 2018. 24p. bds. 7.99 *(978-1-4998-0729-5(5))*; 2016. 32p. 16.99 *(978-1-4998-0363-1(X))* Little Bee Books Inc.

My New Superpower & Other Stories We Write Together: Once upon a Pancake: for Younger Storytellers. Rick Benger. 2023. (ENG.). 64p. (J). (gr. 1-3). pap. 13.00 ***(978-1-4434-7100-8(3)***, Collins) HarperCollins Canada, Ltd. CAN. Dist: HarperCollins Pubs.

My Next Imitation (Classic Reprint) Holworthy Hall. 2018. (ENG., Illus.). 96p. (J). 25.88 *(978-0-267-21265-1(8))* Forgotten Bks.

My Nice Friend Theodore. Andreea Togoe & Rosie Amazing. 2020. (ENG.). 28p. (J). pap. *(978-1-7771360-3-1(2))* Annelid Pr.

My Nice Magic Friend the Unicorn: A Children's Book of Magical & Fancy Stories of Friendship. Wonderland For Children. 2019. (ENG.). 60p. (J). pap. ***(978-1-80118-768-8(1))*** Charlie Creative Lab.

My Niece Is Santa's Secret Elf. Put Me In The Story & Katherine Sully. Illus. by Julia Seal. 2018. (Santa's Secret Elf Ser.). (ENG.). 32p. (J). (gr. k-3). 5.99 *(978-1-4926-8121-2(0))* Sourcebooks, Inc.

My Niece on the North Pole Express. J. D. Green. 2019. (North Pole Express Ser.). (ENG.). 32p. (J). (gr. -1-3). 7.99 ***(978-1-7282-0376-8(7))*** Sourcebooks, Inc.

My Niece's Christmas Wish. Put Me In The Story & J. D. Green. Illus. by Julia Seal. 2018. (Christmas Wish Ser.). (ENG.). 32p. (J). (gr. k-3). 6.99 ***(978-1-4926-8366-7(3))*** Sourcebooks, Inc.

My Night in the Planetarium. Innosanto Nagara. 2016. (Illus.). 24p. (J). (gr. k-3). 17.95 *(978-1-60980-700-9(6)*, Triangle Square) Seven Stories Pr.

My Nine-Year-Old Grandpa: The Adventures of Maya & Her Modern-Day Family. Sheila R. Alvarez et al. 2017. (ENG., Illus.). 34p. (J). pap. 9.95 *(978-0-9972566-2-8(1))* Maya & Me Pubns.

My Ninja Scrolls: For Recording Ninja Secrets. Eight Winds Books. 2018. (ENG., Illus.). 108p. (J). pap. 9.99 *(978-0-359-16609-1(1))* Lulu Pr., Inc.

My Northern Exposure: The Kawa at the Pole (Classic Reprint) Walter E. Traprock. 2019. (ENG., Illus.). 254p. (J). 29.16 *(978-0-365-12483-2(4))* Forgotten Bks.

My Not So Anonymous Best Friend. Elizabeth Arroyo. 2022. (ENG.). 294p. (J). pap. *(978-0-3695-0633-7(2))* Evernight Publishing.

My Not-So-Great French Escape. Cliff Burke. 2023. (ENG.). 224p. (J). (gr. 3-7). 18.99 *(978-0-358-70150-7(3)*, Clarion Bks.) HarperCollins Pubs.

My Not So Super Sweet Life. Rachel Harris. 2017. (ENG., Illus.). (YA). pap. 14.99 *(978-1-68281-443-7(2))* Entangled Publishing, LLC.

My Note Book; or Sketches from the Gallery of St. Stephen's: A Satirical Poem (Classic Reprint) Wilfred Woodfall. (ENG., Illus.). (J). 2018. 360p. 31.32 *(978-0-666-46235-0(6))*; 2017. pap. 13.97 *(978-0-259-19806-2(4))* Forgotten Bks.

MY Notebook. Dee Forbes. 2022. (ENG.). 151p. (C). pap. ***(978-1-4716-0419-5(5))*** Lulu Pr., Inc.

MY NOTEBOOK Cute Chipmunk: Cute Original Art Cover - Chipmunk - Latge Nameplate - 100 Alternate Lined & Blank Pages - Write, Draw, Color. Creative Creative Journals. 2023. (ENG.). 100p. (J). pap. ***(978-1-365-08391-4(8))*** Lulu Pr., Inc.

My Novel by Pisistratus Caxton, or Varieties in English Life, Vol. 1 of 2 (Classic Reprint) Edward Bulwer Lytton. (ENG., Illus.). (J). 2018. 386p. 31.88 *(978-0-483-71291-1(4))*; 2017. pap. 16.57 *(978-0-243-38659-8(1))* Forgotten Bks.

My Novel by Pisistratus Caxton, or Varieties in English Life, Vol. 2 of 4 (Classic Reprint) Edward Bulwer Lytton. 2018. (ENG., Illus.). 390p. (J). 31.94 *(978-0-666-77418-7(8))* Forgotten Bks.

My Novel, or Varieties in English Life by Pisistratus Caxton (Classic Reprint) Edward Bulwer Lytton. 2017. (ENG., Illus.). (J). 44.69 *(978-0-331-83326-3(3))*; pap. 27.03 *(978-0-259-48120-1(3))* Forgotten Bks.

My Novel, or Varieties in English Life (Classic Reprint) Edward Bulwer Lytton. 2017. (ENG., Illus.). (J). 32.52 *(978-0-265-52063-5(0))*; pap. 29.96 *(978-0-243-43492-3(8))* Forgotten Bks.

My Novel, or Varieties in English Life, Vol. 1 of 2 (Classic Reprint) Edward Bulwer Lytton. (ENG., Illus.). (J). 2018. 828p. 40.99 *(978-0-265-52047-5(9))*; 2017. pap. 23.57 *(978-0-243-39968-0(5))* Forgotten Bks.

My Novel, or Varieties in English Life, Vol. 2 of 2 (Classic Reprint) Edward Bulwer Lytton. (ENG., Illus.). (J). 2018. 978p. 44.07 *(978-0-666-13483-7(9))*; 2017. pap. 26.41 *(978-0-243-44293-5(9))* Forgotten Bks.

My Novel, Vol. 1: Or Varieties of English Life (Classic Reprint) Edward Bulwer Lytton. 2018. (ENG., Illus.). 354p. (J). 31.22 *(978-0-656-99863-0(6))* Forgotten Bks.

My Novel, Vol. 1 Of 2: Three Volumes in Two (Classic Reprint) Edward Bulwer Lytton. 2019. (ENG., Illus.). (J). 890p. 42.25 *(978-1-397-29379-4(9))*; 892p. pap. 24.59 *(978-1-397-29368-8(3))* Forgotten Bks.

My Numbers. Claire Winslow. Illus. by Kris Dresen. ed. 2021. (Book in Four Languages Ser.). (ENG.). 28p. (J). (gr. k-2). lib. bdg. 24.69 *(978-1-64996-166-2(9)*, 4925, Sequoia Kids Media) Phoenix International Publications, Inc.

My Numbers & Alphabet, Colors & Shapes Toddler Coloring Book with the Learning Bugs: Fun Children's Activity Coloring Books for Toddlers & Kids Ages 2-12 for Kindergarten & Preschool Prep Success. Magnificent Maxim. 2021. (ENG.). 70p. (J). pap. 10.98 *(978-1-6780-4868-6(2))* Lulu Pr., Inc.

My Nunna Has Parkinsons: Teaching Young Children about Parkinsons Disease. Antionette Talbot. Illus. by James Hatfield. 2021. (ENG.). 34p. (J). pap. 19.99 *(978-1-0983-8543-9(8))* BookBaby.

My 'o' Sound Box. Jane Belk Moncure. Illus. by Rebecca Thornburgh. 2018. (Jane Belk Moncure's Sound Box Bks.). (ENG.). 32p. (J). (gr. -1-2). 35.64 *(978-1-5038-2318-1(0)*, 212147) Child's World, Inc, The.

My Ocean Friends: A Journal to Record Memories of Cherished Friendships. Jacqueline Thim. Ed. by Mark Single. Illus. by Mia Velican. 2020. (ENG.). 66p. (J). *(978-0-6488821-3-8(6))* My FriendsBk.

My Ocean Is Blue. Darren Lebeuf. Illus. by Ashley Barron. 2020. (ENG.). 32p. (J). (gr. -1-2). 18.99 *(978-1-5253-0143-8(8))* Kids Can Pr., Ltd. CAN. Dist: Hachette Bk. Group.

My Odd Little Folk: Rhymes & Verses about Them; with Some Others (Classic Reprint) Malcolm Douglas. 2017. (ENG., Illus.). (J). 27.09 *(978-0-266-52256-0(4))* Forgotten Bks.

My Official Wife: A Novel (Classic Reprint) Richard Henry Savage. 2018. (ENG., Illus.). 236p. (J). 28.76 *(978-0-483-77754-5(4))* Forgotten Bks.

My Old Kentucky Home: A Thrilling Story of Kentucky Mountain Life (Classic Reprint) C. Perry Gibbs. (ENG., Illus.). (J). 2017. 24.97 *(978-0-266-41567-1(9))*; 2016. pap. 9.57 *(978-1-334-11798-5(5))* Forgotten Bks.

My Old Note Book in Print (Classic Reprint) John M. Denig. 2018. (ENG., Illus.). 210p. (J). 28.23 *(978-0-484-82937-3(8))* Forgotten Bks.

My Old Testament ABC. Ellen E. Sadler. 2018. (ENG., Illus.). 30p. (J). pap. 12.95 *(978-1-64114-576-3(5))* Christian Faith Publishing.

My One Wish. Stephanie Ade. Illus. by Deborah C. Johnson. 2022. (ENG.). 44p. (J). 24.95 ***(978-1-954819-56-6(0))***; pap. 16.95 ***(978-1-954819-67-2(6))*** Briley & Baxter Publications.

My Opinions & Betsey Bobbet's: Designed As a Beacon Light, to Guide Women to Life Liberty & the Pursuit of Happiness, but Which May Be Read by Members of the Sterner Sect, Without Injury to Themselves or the Book (Classic Reprint) Josiah Allen's Wife. 2018. (ENG., Illus.). 446p. (J). 33.10 *(978-0-483-03405-1(3))* Forgotten Bks.

My Organic Apple Pie Baking Greenie Grandma Loves to Eat Worms. Kate Fallahee & Patrick Baker. 2020. (ENG.). 42p. (J). pap. *(978-0-473-51200-2(9))* HookMedia Co. Ltd.

My Otter Half. Michelle Schusterman. 2022. (ENG.). 240p. (J). (gr. 3-7). pap. 7.99 *(978-1-338-74149-0(7))* Scholastic, Inc.

My Own Artwork: A Dot to Dot Activity Book. Activibooks For Kids. 2016. (ENG., Illus.). (J). pap. 7.55 *(978-1-68321-562-2(1))* Mimaxion.

My Own Child: A Novel (Classic Reprint) Florence Marryat. 2017. (ENG., Illus.). (J). 27.71 *(978-0-265-71805-6(8))*; pap. 10.57 *(978-1-5276-7436-3(3))* Forgotten Bks.

My Own Fairy Book. Andrew Lang & Gordon Browne. 2016. (ENG.). 330p. (J). pap. *(978-3-7433-4534-8(X))* Creation Pubs.

My Own Fairy Book: Namely Certain Chronicles of Pantouflia, As Notably the Adventures of Prigio, Prince of That Country, & of His Son Ricardo, with an Excerpt from the Annals of Scotland, As Touching Ker of Fairnilee, His Sojourn with the Queen of Faery. Andrew Lang. (ENG., Illus.). (J). 2017. 29.82 *(978-0-266-40493-4(6))*; 2016. pap. 13.57 *(978-1-333-36889-0(5))* Forgotten Bks.

My Own Keepsake Bible. 2016. (ENG., Illus.). (J). pap. *(978-1-4321-1581-4(2))* Christian Art Pubs.

M

My Own Life, or a Deserted Wife (Classic Reprint) Ida May Beard. 2018. (ENG., Illus.). (J). 218p. 28.39 *(978-1-396-74464-8(9))*; 220p. pap. 10.97 *(978-1-391-97858-1(7))* Forgotten Bks.

My Own Lightning. Lauren Wolk. (ENG.). 320p. (J). (gr. 5). 2023. 8.99 *(978-0-525-55561-2(7))*; 2022. 17.99 *(978-0-525-55559-9(5))* Penguin Young Readers Group. (Dutton Books for Young Readers).

My Own Little Story: Volume 1: about Me. Curtis Walker. 2019. (ENG.). 72p. (J). pap. *(978-1-9994399-3-4(7))* Toad*Rip Pr.

My Own Main Street (Classic Reprint) Wm a Johnston. 2017. (ENG., Illus.). (J). 28.93 *(978-0-266-34686-9(3))* Forgotten Bks.

My Own Past (Classic Reprint) Maude M. C. Ffoulkes. (ENG., Illus.). (J). 2018. 390p. 31.94 *(978-0-267-56037-0(0))*; 2016. pap. 16.57 *(978-1-333-72244-9(3))* Forgotten Bks.

My Own Sacred Grove. Angie Killian. 2022. (ENG.). 32p. (J). pap. 12.99 *(978-1-4621-4332-0(6))* Cedar Fort, Inc./CFI Distribution.

My Own Story: As Told to Mildred Harrington (Classic Reprint) Marie Dressler. 2017. (ENG., Illus.). (J). 30.79 *(978-0-265-55370-1(9))*; pap. 13.57 *(978-0-243-38851-6(9))* Forgotten Bks.

My Own Story (Classic Reprint) Unknown Author. 2018. (ENG., Illus.). 326p. (J). 30.64 *(978-0-364-70305-2(9))* Forgotten Bks.

My Own Story (Classic Reprint) Joaquin Miller. 2017. (ENG., Illus.). (J). 29.49 *(978-0-331-92083-3(2))* Forgotten Bks.

My Own Treasury: A Gift Book for Boys & Girls (Classic Reprint) Unknown Author. 2018. (ENG., Illus.). 258p. (J). 29.22 *(978-0-483-70038-3(X))* Forgotten Bks.

My Own Way: Celebrating Gender Freedom for Kids. Joana Estrela & Jay Hulme. 2022. (ENG., Illus.). 40p. (J). (gr. -1-3). ***(978-0-7112-6586-8(0)***, Wide Eyed Editions) Quarto Publishing Group UK.

My Own World. Mike Holmes. 2021. (ENG., Illus.). 240p. (J). pap. 12.99 *(978-1-250-20828-6(9)*, 900203047, First Second Bks.) Roaring Brook Pr.

My 'p' Sound Box. Jane Belk Moncure. Illus. by Rebecca Thornburgh. 2018. (Jane Belk Moncure's Sound Box Bks.). (ENG.). 32p. (J). (gr. -1-2). 35.64 *(978-1-5038-2319-8(9)*, 212148) Child's World, Inc, The.

My Paati's Saris. Jyoti Rajan Gopal. Illus. by Art Art Twink. 2022. 40p. (J). (gr. -1-3). 18.99 *(978-0-593-32460-8(9)*, Kokila) Penguin Young Readers Group.

My Pacific Star. Hilary Pedersen. 2016. (ENG., Illus.). 221p. (J). pap. 18.95 *(978-1-78612-444-9(0)*, 6ccd9ea7-5820-4056-bf73-b0c89e786394) Austin Macauley Pubs. Ltd. GBR. Dist: Baker & Taylor Publisher Services (BTPS).

My Painted Tree: And Other Poems (Classic Reprint) Allen Ayrault Green. 2018. (ENG., Illus.). 48p. (J). 24.93 *(978-0-483-82915-2(3))* Forgotten Bks.

My Panda Sweater. Gilles Baum. Illus. by Barroux. 2020. (ENG.). 24p. (J). (gr. -1-2). 16.99 *(978-1-78285-979-6(9))*; pap. 9.99 *(978-1-78285-980-2(2))* Barefoot Bks., Inc.

My Papa Is a Princess. Doug Cenko. 2018. (ENG., Illus.). 32p. (J). (gr. -1-2). 17.99 *(978-1-936669-70-7(6))* Blue Manatee Press.

My Papa Is an Angel. Ian Miles. 2018. (ENG., Illus.). 38p. (J). 12.95 *(978-0-692-16512-6(6))* Scroll Group, The.

My Paperback Book. Sharron Ansell. 2016. (ENG.). 72p. (J). pap. ***(978-1-365-49352-2(0))*** Lulu Pr., Inc.

My Paperback Book. Max Brighton. 2017. (ENG., Illus.). (J). pap. 7.24 *(978-0-244-04712-2(X))* Lulu Pr., Inc.

My Paperback Book. Ben E. Eld. 2017. (ENG., Illus.). 40p. (J). pap. 15.40 *(978-1-387-09690-9(7))* Lulu Pr., Inc.

My Paperback Book. Kay Higgins. 2016. (ENG., Illus.). 12p. (J). *(978-1-326-64417-8(3))* Lulu Pr., Inc.

My Paperback Book. Anita Hollman. 2017. (ENG., Illus.). 46p. (J). pap. *(978-1-387-28705-5(2))* Lulu Pr., Inc.

My Paperback Book. C. M. Holmes. 2018. (ENG.). 16p. (J). *(978-0-244-67409-0(4))* Lulu Pr., Inc.

My Paperback Book. Molly L. Marita. 2016. (ENG.). 32p. (J). pap. ***(978-1-365-54179-7(7))*** Lulu Pr., Inc.

My Paperback Book. Emily Morley-Davies. 2016. (ENG.). 58p. (J). pap. *(978-1-326-52409-8(7))* Lulu Pr., Inc.

My Paperback Book. Lecia Reardon. 2017. (ENG., Illus.). (J). pap. 9.99 *(978-1-365-76413-4(3))*; pap. 19.99 *(978-1-365-80726-8(6))* Lulu Pr., Inc.

My Papi Has a Motorcycle. Isabel Quintero. Illus. by Zeke Peña. 2019. (ENG.). 40p. (J). (gr. -1-3). 18.99 *(978-0-525-55341-0(X)*, Kokila) Penguin Young Readers Group.

My Parents Are Getting a Divorce... I Wonder What Will Happen to Me. Karen Kaye & Hara Wachholder. 2019. (ENG.). 54p. (J). (gr. k-6). pap. 19.95 *(978-1-0879-2671-1(8))* Indy Pub.

My Parents Are Taking Me to Africa! Charles Ategbole. Ed. by Kenya N. Phifer-Jones. Illus. by Travis a Thompson. 2021. (ENG.). 22p. (J). 19.99 *(978-1-7366002-0-7(6))* Ategbole, Charles.

My Parents Won't Stop Talking! Emma Hunsinger & Tillie Walden. Illus. by Emma Hunsinger. 2022. (ENG., Illus.). 40p. (J). 18.99 *(978-1-250-80027-5(7)*, 900240565) Roaring Brook Pr.

My Paris: French Character Sketches (Classic Reprint) Edward King. (ENG., Illus.). (J). 2018. 340p. 30.91 *(978-0-365-01824-7(4))*; 2017. pap. 13.57 *(978-1-5276-8221-4(8))* Forgotten Bks.

My Parisian Year: A Woman's Point of View (Classic Reprint) Maude Annesley. 2018. (ENG., Illus.). 358p. (J). 31.30 *(978-0-267-48570-3(0))* Forgotten Bks.

My Park Scavenger Hunt. Bela Davis. 2022. (Senses Scavenger Hunt Ser.). (ENG.). 24p. (J). (gr. k-k). pap. 8.95 *(978-1-64494-835-4(4)*, Abdo Kids-Junior); (Illus.). (gr. -1-2). lib. bdg. 31.36 *(978-1-0982-6154-2(2)*, 39473, Abdo Kids) ABDO Publishing Co.

My Participation Trophy. Daniel King. Illus. by Mandy Morreale. 2023. (ENG.). 28p. (J). 19.99 ***(978-1-0880-8842-5(2))***; pap. 9.99 ***(978-1-0881-0524-5(6))*** Royalty Pr.

My Party, Mi Fiesta: A Coco Rocho Book. Raúl the Raúl the Third, III. 2022. (World Of ¡Vamos! Ser.). (ENG., Illus.). 18p. (J). (gr. -1 — 1). bds. 9.99 *(978-0-358-39472-3(4)*, 1788246, Versify) HarperCollins Pubs.

My Past (Classic Reprint) Marie Larisch. 2016. (ENG., Illus.). (J). pap. 13.97 *(978-1-334-14733-3(7))* Forgotten Bks.

My Past (Classic Reprint) Marie Luise Larisch Von Moennich. 2017. (ENG., Illus.). (J). 32.17 *(978-0-265-45295-0(3))* Forgotten Bks.

My Path to Sustained Happiness. Michael Rhithm. 2022. (ENG.). 96p. *(978-1-4717-5226-1(7))* Lulu Pr., Inc.

My Pawpaw Is a Star. Danette Wallace Kirvin. 2018. (ENG., Illus.). 34p. (J). 22.95 *(978-1-64299-224-3(0))*; pap. 13.95 *(978-1-64079-729-1(7))* Christian Faith Publishing.

My Peaceful Place. Natalie Nordlund. Illus. by Paige Rule. 2021. (ENG.). 28p. (J). 16.99 *(978-1-64538-285-0(0))*; pap. 10.99 *(978-1-64538-286-7(9))* Orange Hat Publishing.

My Peekaboo Fun - Shapes, Colors & Opposites. YoYo YoYo Books. 2022. (ENG.). 40p. (J). (gr. -1). bds. 9.99 *(978-94-6454-058-1(3))* YoYo Bks. BEL. Dist: Simon & Schuster, Inc.

My Peekaboo Fun First Words. YoYo YoYo Books. 2022. (ENG.). 40p. (J). (gr. -1). bds. 9.99 *(978-94-6454-059-8(1))* YoYo Bks. BEL. Dist: Simon & Schuster, Inc.

My People: Stories of the Peasantry of West Wales. Caradoc Evans. 2017. (ENG., Illus.). (J). pap. *(978-0-649-21234-7(7))* Trieste Publishing Pty Ltd.

My People: Stories of the Peasantry of West Wales (Classic Reprint) Caradoc Evans. 2017. (ENG., Illus.). (J). 29.63 *(978-1-5283-6719-6(7))* Forgotten Bks.

My People Are Innovative: A Coloring & Activity Book about African American Inventors. Tasha Thompson-Gray. Illus. by Stephanie Rogers Carter. 2021. (ENG.). 56p. (J). pap. 8.99 *(978-1-7357314-6-9(3))* P A Reading Pr.

My People Are Innovative: A Story about African American Inventors. Tasha Thompson-Gray. Illus. by Stephanie Rogers Carter. 2021. (ENG.). 32p. (J). 22.99 *(978-1-7357314-5-2(5))* P A Reading Pr.

My Perfect Brown Boy. Britni Nicole. 2022. (ENG.). 42p. (J). pap. 15.00 *(978-0-578-34711-0(3))* Legacy Now International.

My Period - for Girls. Shana Walters. 2021. (ENG.). 102p. (YA). pap. *(978-1-326-76147-9(1))* Lulu.com.

My Period Pouch Tracker & Journal. Jamesha Bazemore. 2019. (ENG.). 34p. (J). pap. 9.99 *(978-1-7947-2575-1(X))* Lulu Pr., Inc.

My Period Tracker. Tbrad Designs. 2023. (ENG.). 60p. (YA). pap. ***(978-1-312-44518-5(1))*** Lulu Pr., Inc.

My Persian Haft Seen: An Iranian Nowruz Tradition. Susanne Shirzad. Illus. by Susanne Shirzad. 2018. (ENG., Illus.). 40p. (J). pap. 18.00 *(978-1-58814-179-8(9))* Ibex Pubs., Inc.

My Persian Haft Seen: The Iranian Nowruz Tradition. Susanne Shirzad. Illus. by Susanne Shirzad. 2018. (Illus.). 32p. (J). pap. 20.00 *(978-1-58814-178-1(0))* Ibex Pubs., Inc.

My Personal Experiences in Belgium & Germany (Classic Reprint) Marie Rose Lauler. (ENG., Illus.). (J). 2018. 72p. 25.40 *(978-0-483-47883-1(0))*; 2016. pap. 9.57 *(978-1-333-21645-0(9))* Forgotten Bks.

My Pet. Megan Borgert-Spaniol. Illus. by Lisa Hunt. 2022. (I Care (Pull Ahead Readers People Smarts — Fiction) Ser.). (ENG.). 16p. (J). (gr. -1-1). pap. 8.99 *(978-1-7284-6299-8(1)*, 667a25e5-714d-4261-99a4-d47ced94be9c, Lerner Pubns.) Lerner Publishing Group.

My Pet, 12 vols., Set. Incl. Bird (My Pet) Lynn Hamilton. 2008. lib. bdg. 26.00 *(978-1-59036-900-5(9))*; Cat. Susan Ring. 2008. lib. bdg. 26.00 *(978-1-59036-898-5(3))*; Dog. Jill Foran. 2008. lib. bdg. 26.00 *(978-1-59036-902-9(5))*; Ferret. Lynn Hamilton. 2009. lib. bdg. 26.00 *(978-1-60596-096-8(9))*; Fish. Lynn Hamilton. 2008. lib. bdg. 26.00 *(978-1-59036-904-3(1))*; Gecko. Rennay Craats. 2009. lib. bdg. 26.00 *(978-1-60596-098-2(5))*; Guinea Pig. Jill Foran. 2009. lib. bdg. 26.00 *(978-1-60596-090-6(X))*; Hamster. Jill Foran. 2008. lib. bdg. 26.00 *(978-1-59036-906-7(8))*; Horse. Michelle Lomberg. 2009. lib. bdg. 26.00 *(978-1-60596-092-0(6))*; Rabbit. Jill Foran. 2008. lib. bdg. 26.00 *(978-1-59036-908-1(4))*; Spider. Michelle Lomberg. 2009. lib. bdg. 26.00 *(978-1-60596-094-4(2))*; Turtle. Lynn Hamilton. 2009. lib. bdg. 26.00 *(978-1-60596-088-3(8))*; 32p. (J). (gr. 3-5). (Illus.). 2010. Set lib. bdg. 312.00 *(978-1-60596-015-9(2))* Weigl Pubs., Inc.

My Pet Bird. Brienna Rossiter. 2022. (I Got a Pet! Ser.). (ENG., Illus.). 24p. (J). (gr. k-1). pap. 8.95 *(978-1-64619-611-1(2))*; lib. bdg. 28.50 *(978-1-64619-584-8(1))* Little Blue Hse. (Little Blue Readers).

My Pet Cat. Brienna Rossiter. 2022. (I Got a Pet! Ser.). (ENG., Illus.). 24p. (J). (gr. k-1). pap. 8.95 *(978-1-64619-612-8(0))*; lib. bdg. 28.50 *(978-1-64619-585-5(X))* Little Blue Hse. (Little Blue Readers).

My Pet Cat Has Wild Cousins: All about Cats - Animal Book for 2nd Grade Children's Animal Books. Baby Professor. 2017. (ENG., Illus.). (J). pap. 9.55 *(978-1-5419-1436-0(8)*, Baby Professor (Education Kids)) Speedy Publishing LLC.

My Pet Dinosaur: Breaking down the Problem, 1 vol. Rosie McKee. 2017. (Computer Science for the Real World Ser.). (ENG.). 12p. (gr. 1-2). pap. *(978-1-5383-5138-3(2)*, 1a493f59-2fe3-4618-b0ce-a04298622eb0, Rosen Classroom) Rosen Publishing Group, Inc., The.

My Pet Dog. Brienna Rossiter. 2022. (I Got a Pet! Ser.). (ENG., Illus.). 24p. (J). (gr. k-1). pap. 8.95 *(978-1-64619-613-5(9))*; lib. bdg. 28.50 *(978-1-64619-586-2(8))* Little Blue Hse. (Little Blue Readers).

My Pet Dragon. Elanor Best. Illus. by Jess Moorhouse. 2020. (ENG.). 12p. (J). (— 1). bds. 6.99 *(978-1-78947-422-0(1))* Make Believe Ideas GBR. Dist: Scholastic, Inc.

My Pet Dragon. John Townsend. Illus. by Serena Lombardo. ed. 2022. (Magical Pets Ser.). (ENG.). 12p. (J). (— 1). bds. 7.99 *(978-1-913971-64-9(3)*, Scribblers) Book Hse. GBR. Dist: Sterling Publishing Co., Inc.

My Pet Ferret. Brienna Rossiter. 2022. (I Got a Pet! Ser.). (ENG., Illus.). 24p. (J). (gr. k-1). pap. 8.95 *(978-1-64619-614-2(7))*; lib. bdg. 28.50 *(978-1-64619-587-9(6))* Little Blue Hse. (Little Blue Readers).

My Pet Fish. Brienna Rossiter. 2022. (I Got a Pet! Ser.). (ENG., Illus.). 24p. (J). (gr. k-1). pap. 8.95 *(978-1-64619-615-9(5)*, Little Blue Readers) Little Blue Hse.

My Pet Fish. Contrib. by Brienna Rossiter. 2022. (I Got a Pet! Ser.). (ENG., Illus.). 24p. (J). (gr. k-1). lib. bdg. 28.50 *(978-1-64619-588-6(4)*, Little Blue Readers) Little Blue Hse.

My Pet Fish - Animal Book 4-6 Children's Animal Books. Baby Professor. 2017. (ENG., Illus.). (J). pap. 8.79 *(978-1-5419-1349-3(3)*, Baby Professor (Education Kids)) Speedy Publishing LLC.

My Pet Goldfish. Catherine Rayner. Illus. by Catherine Rayner. 2021. (ENG., Illus.). 32p. (J). (gr. -1-3). 17.99 *(978-1-5362-1520-5(1))* Candlewick Pr.

My Pet Guinea Pig. Brienna Rossiter. 2022. (I Got a Pet! Ser.). (ENG., Illus.). 24p. (J). (gr. k-1). pap. 8.95 *(978-1-64619-616-6(3))*; lib. bdg. 28.50 *(978-1-64619-589-3(2))* Little Blue Hse. (Little Blue Readers).

My Pet Hamster. Brienna Rossiter. 2022. (I Got a Pet! Ser.). (ENG., Illus.). 24p. (J). (gr. k-1). lib. bdg. 28.50 *(978-1-64619-590-9(6)*, Little Blue Readers) Little Blue Hse.

My Pet Hamster. Contrib. by Brienna Rossiter. 2022. (I Got a Pet! Ser.). (ENG., Illus.). 24p. (J). (gr. k-1). pap. 8.95 *(978-1-64619-617-3(1)*, Little Blue Readers) Little Blue Hse.

My Pet Hawk: English Edition. Etua Snowball. Illus. by Erin Hunting. 2023. (Nunavummi Reading Ser.). 44p. (J). (gr. 3-3). 22.95 ***(978-1-77450-606-6(8))*** Inhabit Education Bks. Inc. CAN. Dist: Consortium Bk. Sales & Distribution.

My Pet Human. Yasmine Surovec. ed. 2016. (ENG.). 108p. (J). (gr. 1-5). 16.00 *(978-0-606-39282-2(3))* Turtleback.

My Pet Joey - Our Yarning. Khaila Ricks. Illus. by John Robert Azuelo. 2022. (ENG.). 28p. (J). pap. ***(978-1-922918-83-3(0))*** Library For All Limited.

My Pet Lizard. Brienna Rossiter. 2022. (I Got a Pet! Ser.). (ENG., Illus.). 24p. (J). (gr. k-1). pap. 8.95 *(978-1-64619-618-0(X))*; lib. bdg. 28.50 *(978-1-64619-591-6(4))* Little Blue Hse. (Little Blue Readers).

My Pet Moon. Natasha M. Bickle. 2017. (ENG., Illus.). (J). 25.95 *(978-1-4808-3949-6(3))*; pap. 20.45 *(978-1-4808-3948-9(5))* Archway Publishing.

My Pet Mouse: Step by Step, 1 vol. Vanessa Flores. 2017. (Computer Science for the Real World Ser.). (ENG.). 8p. (gr. k-1). pap. *(978-1-5383-5044-7(0)*, 4bc9a541-6af9-4c2d-a3d4-1e76f7189d1b, Rosen Classroom) Rosen Publishing Group, Inc., The.

My Pet Rabbit. Brienna Rossiter. 2022. (I Got a Pet! Ser.). (ENG., Illus.). 24p. (J). (gr. k-1). pap. 8.95 *(978-1-64619-619-7(8))*; lib. bdg. 28.50 *(978-1-64619-592-3(2))* Little Blue Hse. (Little Blue Readers).

My Pet Slime. Courtney Sheinmel. Illus. by Renée Kurilla. 2020. (My Pet Slime Ser.: 1). (ENG.). 160p. (J). pap. 6.99 *(978-1-5248-5520-8(0))* Andrews McMeel Publishing.

My Pet Slime Box Set. Courtney Sheinmel & Colleen AF Venable. Illus. by Renée Kurilla. 2022. (My Pet Slime Ser.). (ENG.). 504p. (J). pap. 21.99 *(978-1-5248-7685-2(2))* Andrews McMeel Publishing.

My Pet Slime (My Pet Slime Book 1) Courtney Sheinmel. Illus. by Renée Kurilla. 2019. (My Pet Slime Ser.). (ENG.). 160p. (J). 12.99 *(978-1-5248-5545-1(6))* Andrews McMeel Publishing.

My Pet Snake. Matt Reher. 2017. (1G Domestic Animals Ser.). (ENG., Illus.). 24p. (J). pap. 9.60 *(978-1-64053-190-1(4)*, ARC Pr. Bks.) American Reading Co.

My Pet Snake. Brienna Rossiter. 2022. (I Got a Pet! Ser.). (ENG., Illus.). 24p. (J). (gr. k-1). pap. 8.95 *(978-1-64619-620-3(1))*; lib. bdg. 28.50 *(978-1-64619-593-0(0))* Little Blue Hse. (Little Blue Readers).

My Pet Star. Corrinne Averiss. Illus. by Ros Beardshaw. 2020. (ENG.). 32p. (J). (gr. -1-k). pap. 10.99 *(978-1-4083-5366-0(0)*, Orchard Bks.) Hachette Children's Group GBR. Dist: Hachette Bk. Group.

My Pet the Single Cell Coloring Book. Bobo's Children Activity Books. 2016. (ENG., Illus.). (J). pap. 9.33 *(978-1-68327-674-6(4))* Sunshine In My Soul Publishing.

My Pet Tree, Albert. Stephen Krensky. Illus. by Ioana Hobai. 2016. (J). *(978-0-7680-8372-9(9))* SAE Intl.

My Pet Unicorn. Elanor Best. Illus. by Jess Moorhouse. 2020. (ENG.). 12p. (J). (— 1). bds. 6.99 *(978-1-78947-420-6(5))* Make Believe Ideas GBR. Dist: Scholastic, Inc.

My Pets: Real Happenings in My Aviary (Classic Reprint) Marshall Saunders. (ENG., Illus.). (J). 2017. 30.06 *(978-0-331-62975-0(5))*; 2016. pap. 13.57 *(978-1-334-11572-1(9))* Forgotten Bks.

My Pets (Classic Reprint) Alexandre Dumas. 2018. (ENG., Illus.). 396p. (J). 32.06 *(978-0-666-07674-8(X))* Forgotten Bks.

My Pets, Your Pets, Our Pets. Emma Bernay & Emma Carlson Berne. Illus. by Tanja Stevanovic. 2018. (How Are We Alike & Different? Ser.). (ENG.). 24p. (J). (gr. -1-2). lib. bdg. 33.99 *(978-1-68410-240-2(5)*, 138444) Cantata Learning.

My Pew: A Story of Love & Kindness. Regina Murden. 2022. (ENG.). 26p. (J). 15.99 ***(978-1-0879-6892-6(5))*** Indy Pub.

My Photo Bible for Babies: Your Photos with Bible Stories. Loyola Press. 2020. (ENG.). 12p. (J). bds. 12.95 *(978-0-8294-4798-9(9))* Loyola Pr.

My Picture - Au Taamnei (Te Kiribati) Amani Uduman. Illus. by Lilia Martynyuk. 2023. (ENG.). 28p. (J). pap. ***(978-1-922918-76-5(8))*** Library For All Limited.

My Picture Book: My First Story Book (Primary Composition Notebook with Picture Box) Custom Book Creations. Illus. by Jenae Jordan. 2018. (My First Creative Books: Rainbow Teddy Bear Ser.: Vol. 3). (ENG.). 102p. (J). pap. 7.87 *(978-1-949301-03-8(6))*; pap. 7.87 *(978-1-949301-06-9(0))* Rhythm & Reasoning Pubns.

My Picture-Book (Classic Reprint) Bobbett and Hooper. 2019. (ENG., Illus.). 66p. (J). 25.26 *(978-0-267-51697-1(5))* Forgotten Bks.

My Picture Book of First Communion. Ed. by Lisa Bergman. Illus. by Bernard Reith. 2020. (ENG.). 38p. (J). 19.95 *(978-1-64051-083-8(4))* St. Augustine Academy Pr.

My Picture Book of First Confession. Ed. by Lisa Bergman. Illus. by Bernard Reith. 2020. (ENG.). 38p. (J). 19.95 *(978-1-64051-082-1(6))* St. Augustine Academy Pr.

My Picture Book of the Bible. Maïte Roche. 2017. (ENG.). 96p. (J). (gr. -1-1). 16.99 *(978-1-62164-205-3(4))* Ignatius Pr.

My Picture Book of the Catholic Faith. Maïte Roche. Illus. by Maïte Roche. 2018. (ENG., Illus.). 96p. (J). (gr. -1-1). 16.99 *(978-1-62164-221-3(6))* Ignatius Pr.

My Piggy Bank Is Hungry! How to Save Money for Kids Children's Money & Saving Reference. Baby Professor. 2017. (ENG., Illus.). 64p. (J). pap. 9.52 *(978-1-5419-1283-0(7)*, Baby Professor (Education Kids)) Speedy Publishing LLC.

My Pillow Keeps Moving. Laura Gehl. Illus. by Christopher Weyant. 2018. 40p. (J). (gr. -1-3). 17.99 *(978-0-425-28824-5(2)*, Viking Books for Young Readers) Penguin Young Readers Group.

My Pink & Powerful Alphabet. Rosie Greening. 2020. (ENG., Illus.). 20p. (J). (gr. -1-7). bds. 12.99 *(978-1-78947-763-4(8))* Make Believe Ideas GBR. Dist: Scholastic, Inc.

My Pink Journal Unicorn: Pink Journal - Pink Pages Unicorn Journal for Children - Kids Planner - Best Gift Idea for Unicorns Lovers - Gratitude Journal for Girls. Jenny Wayne. l.t. ed. 2021. (ENG.). 122p. (YA). pap. 12.99 *(978-0-490-72527-0(9))* Lulu Pr., Inc.

My Pink Ribbons. Marissa Johnson. 2022. (ENG.). 38p. (J). 18.95 *(978-1-63755-349-7(8)*, Mascot Kids) Amplify Publishing Group.

My Pinsans & Me: Amara's Talent Show. Monica Canlas Tuy & Eric Tuy. Illus. by Joseph Canlas. 2022. (My Pinsans & Me Ser.: 1). 32p. (J). pap. 19.99 *(978-1-7353493-7-4(2))* BookBaby.

My Place in God's World: 52-Week Devotional for Boys Ages 6-9. Lynn Marie-Ittn Klammer. 2020. (Gotta Have God Ser.). (ENG., Illus.). 384p. (J). pap. 16.99 *(978-1-62862-898-2(7)*, 20_41435, Tyndale Fiction) Tyndale Hse. Pubs.

My Place in History: Set 2. 2017. (My Place in History Ser.). 24p. (gr. 2-3). pap. 48.90 *(978-1-5382-0486-3(X))*; (ENG.). lib. bdg. 145.62 *(978-1-5382-0472-6(X)*, b636a25d-b81e-423d-a1d8-9bd4e1fc6938) Stevens, Gareth Publishing LLLP.

My Plain Jane. Cynthia Hand et al. (Lady Janies Ser.). (ENG.). (YA). (gr. 8). 2019. 480p. pap. 10.99 *(978-0-06-265278-2(8))*; 2018. 464p. 17.99 *(978-0-06-265277-5(X))* HarperCollins Pubs. (HarperTeen).

My Planet. Meg Gaertner. 2020. (Where I Live Ser.). (ENG., Illus.). 16p. (J). (gr. k-1). pap. 7.95 *(978-1-64493-415-9(9)*, 1644934159); lib. bdg. 25.64 *(978-1-64493-339-8(X)*, 164493339X) North Star Editions. (Focus Readers).

My Planet Earth Activity Book: Fun Facts & Puzzle Play. Imogen Currell-Williams. Illus. by Sarah Long. 2022. (Learn & Play Ser.). (ENG.). 96p. (J). (gr. 2-4). pap. 14.99 *(978-1-78055-737-3(X)*, Buster Bks.) O'Mara, Michael Bks., Ltd. GBR. Dist: Independent Pubs. Group.

My Play Is Study: A Book for Children (Classic Reprint) L. Lermont. 2018. (ENG., Illus.). 120p. (J). 26.39 *(978-0-267-48546-8(8))* Forgotten Bks.

My Playtime Learning Sticker Activity Book. Elanor Best. Illus. by Make Believe Ideas. 2020. (ENG.). 96p. (J). pap. 9.99 *(978-1-78947-997-3(5))* Make Believe Ideas GBR. Dist: Scholastic, Inc.

My Playtime Sticker Fun Activity Book. Elanor Best. Illus. by Dawn Machell. 2021. (ENG.). 96p. (J). pap. 9.99 *(978-1-80058-142-5(4))* Make Believe Ideas GBR. Dist: Scholastic, Inc.

My Pocket-Book, or Hints for a Ryghte Merrie & Conceitede Tour, in Quarto: To Be Called the Stranger in Ireland, in 1805 (Classic Reprint) Edward Du Bois. (ENG., Illus.). (J). 2018. 162p. 27.24 *(978-0-666-17652-3(3))*; 2017. pap. 9.97 *(978-0-282-99342-9(8))* Forgotten Bks.

My Pocket Book, or Hints for a Ryghte Merrie & Conceitede Tour, in Quarto: To Be Called the Stranger in Ireland, in 1805; with Humorous Plates (Classic Reprint) Edward Du Bois. 2017. (ENG., Illus.). (J). 29.65 *(978-0-266-68305-6(3))*; pap. 13.57 *(978-1-5276-5638-3(1))* Forgotten Bks.

My Poet. Patricia MacLachlan. Illus. by Jen Hill. 2022. (ENG.). 32p. (J). (gr. -1-3). 17.99 *(978-0-06-297114-2(X)*, Tegen, Katherine Bks) HarperCollins Pubs.

My Point of View: Civic Virtues, 1 vol. Ava Beasley. 2018. (Civics for the Real World Ser.). (ENG.). 16p. (gr. 2-3). pap. *(978-1-5383-6496-3(4)*, 7b3f8d8e-554c-442b-937b-425176c8d0d7, Rosen Classroom) Rosen Publishing Group, Inc., The.

My Police Court Friends with the Colours (Classic Reprint) Robert Holmes. 2017. (ENG., Illus.). 370p. (J). 31.53 *(978-0-332-02002-0(9))* Forgotten Bks.

My Policies in Jungleland (Classic Reprint) Fletcher C. Ransom. 2019. (ENG., Illus.). 64p. (J). 25.22 *(978-0-267-51161-7(2))* Forgotten Bks.

My Poll & My Partner Joe; a Nautical Drama, in Three Acts. John Thomas Haines. 2017. (ENG., Illus.). 56p. (J). pap. *(978-3-337-30564-2(4))* Creation Pubs.

My Poll & My Partner Joe; a Nautical Drama, in Three Acts: The Music Selected & Arranged by Mr. Jolly (Classic Reprint) John Thomas Haines. 2018. (ENG., Illus.). 58p. (J). 25.11 *(978-0-656-52673-4(4))* Forgotten Bks.

My Pony for the Summer. Hannah Wright. 2022. (ENG.). 90p. (J). pap. *(978-1-80381-072-0(6))* Grosvenor Hse. Publishing Ltd.

My Pony Loves to Gallop! Horses Book for Children Children's Horse Books. Pets Unchained. 2017. (ENG., Illus.). 64p. (J). pap. 9.52 *(978-1-5419-1681-4(6))* Speedy Publishing LLC.

My Pony Planner. Berean Publishing. 2019. (ENG.). 46p. (J). pap. *(978-1-7947-6371-5(6))* Lulu Pr., Inc.

My Poor Relations, Vol. 1 Of 2: Stories of Dutch Peasant Life (Classic Reprint) Maarten Maartens. 2018. (ENG.,

Illus.). 288p. (J). 29.84 *(978-0-483-90260-2(8))* Forgotten Bks.

My Poor Relations, Vol. 2 Of 2: Stories of Dutch Peasant Life (Classic Reprint) Maarten Maartens. 2017. (ENG., Illus.). (J). 268p. 29.44 *(978-0-484-40766-3(X))*; pap. 11.97 *(978-1-5276-7400-4(2))* Forgotten Bks.

My Pop the Cop. Beverly Anderson. 2020. (ENG.). 28p. (J). pap. 13.95 *(978-1-6642-0130-9(0)*, WestBow Pr.) Author Solutions, LLC.

My Potty. Anita Bijsterbosch. 2017. (ENG., Illus.). 24p. (J). bds. 12.95 *(978-1-60537-329-4(X))* Clavis ROM. Dist: Publishers Group West (PGW).

My Powerful Hair. Carole Lindstrom. Illus. by Steph Littlebird. 2023. (ENG.). 48p. (J). (gr. -1-3). 18.99 *(978-1-4197-5943-7(4)*, 1762001, Abrams Bks. for Young Readers) Abrams, Inc.

My Powerful Mind. Milagros H. Roman. 2022. 24p. (J). 24.99 ***(978-1-6678-6976-6(0))*** BookBaby.

My Prayer Book. Gaelle Tertrais & Gaëlle Tertrais. Illus. by Marie Flusin. 2017. (ENG.). 96p. (J). (gr. -1-2). 14.99 *(978-1-62164-178-0(3))* Ignatius Pr.

My Prayer Journal for Children. Deisare Terry. 2023. (ENG.). 53p. (J). pap. ***(978-1-365-39894-0(3))*** Lulu Pr., Inc.

MY PRAYER JOURNAL: for GIRLS! 100 Days of Gratitude & Prayer: Wonderful Journal to Teach Children Gratitude & Inspire Prayer & Conversation with God. R. D. WILLS. 2022. (ENG.). 100p. (J). pap. ***(978-1-6781-2382-6(X))*** Lulu Pr., Inc.

My Preferred Way to Be. Avra Davidoff. Illus. by Bonnie Lemaire. 2020. (ENG.). 20p. (J). *(978-0-2288-3792-3(8))*; pap. *(978-0-2288-3791-6(X))* Tellwell Talent.

My Preschool Classroom - a Maze Activity Book. Activibooks For Kids. 2016. (ENG., Illus.). (J). pap. 7.55 *(978-1-68321-563-9(X))* Mimaxion.

My Preschool Worksheets Alphabet. Cristie Publishing. 2021. (ENG.). 84p. (J). pap. 10.99 *(978-1-716-25559-5(7))* Lulu Pr., Inc.

My Preschool Worksheets Literacy. Cristie Publishing. 2021. (ENG.). 102p. (J). pap. 10.99 *(978-1-716-22925-1(1))* Lulu Pr., Inc.

My Preschool Worksheets Literacy & Maths. Cristie Publishing. 2021. (ENG.). 102p. (J). pap. 16.00 *(978-1-716-22649-6(X))* Lulu Pr., Inc.

My Preschool Worksheets Maths. Cristie Publishing. 2021. (ENG.). 100p. (J). pap. 11.50 *(978-1-716-24337-0(8))* Lulu Pr., Inc.

My Pretty Goldfish. Diane Orr. Illus. by Chrissy Chabot. 2021. (ENG.). 26p. (J). pap. 12.99 *(978-1-63984-064-9(8))* Pen It Pubns.

My Pretty Jane, or Judy & I (Classic Reprint) Alfred Pretor. (ENG., Illus.). (J). 2018. 200p. 28.02 *(978-0-364-51440-5(X))*; 2017. pap. 10.57 *(978-0-259-20534-0(6))* Forgotten Bks.

My Pretty Pink Bible Sticker Purse. Make Believe Ideas. Illus. by Lara Ede. 2020. (ENG.). 48p. (J). (gr. -1-7). pap. 6.99 *(978-1-78947-289-9(X))* Make Believe Ideas GBR. Dist: Scholastic, Inc.

My Pretty Present (Classic Reprint) Unknown Author. 2018. (ENG., Illus.). 60p. (J). 25.13 *(978-0-332-82768-1(2))* Forgotten Bks.

My Pretty Scrap-Book: Or, Picture Pages & Pleasant Stories for Little Readers (Classic Reprint) George Cupples. 2018. (ENG., Illus.). 128p. (J). 26.54 *(978-0-267-49659-4(1))* Forgotten Bks.

My Prince. Stephanie Bradley. Illus. by Sam Sileno. 2022. (ENG.). 26p. (J). 21.99 ***(978-1-6628-6813-9(8))***; pap. 10.99 ***(978-1-6628-6007-2(2))*** Salem Author Services.

My Private Note-Book, or Recollections of an Old Reporter (Classic Reprint) W. H. Watts. (ENG., Illus.). (J). 2018. 324p. 30.60 *(978-0-483-65359-7(4))*; 2017. pap. 13.57 *(978-0-243-38106-7(9))* Forgotten Bks.

My Private Parts Belong to Me! Yael Feder. Tr. by Jessica Setbon. Illus. by Lee Kurtzweil. 2019. (ENG.). 26p. (J). pap. *(978-965-19-1071-5(2))* Schocken Publishing Hse. Ltd.

My Promise. Jillian Roberts. Illus. by Slavka Kolesar. 2022. (ENG.). 20p. (J). (gr. -1 — 1). bds. 10.95 *(978-1-4598-3205-3(1))* Orca Bk. Pubs. USA.

My Protector: Book One. Jenny a Berg. 2018. (ENG.). 370p. (J). 39.95 *(978-1-4834-9186-8(2))*; pap. 22.94 *(978-1-4834-9184-4(6))* Lulu Pr., Inc.

My Puppy. Nanna Wrinkles. Illus. by Yosephine A. Djohan. 2023. (ENG.). 24p. (J). ***(978-0-6453846-9-7(0))*** WHITEKEEP Bks.

My Puppy Buddy, Dougie. Keith Garety. Illus. by Kira Alston. 2022. (ENG.). 24p. (J). ***(978-1-0391-5999-0(0))***; pap. ***(978-1-0391-5998-3(2))*** FriesenPress.

My Puppy Life. Brittney Downey. 2022. (ENG., Illus.). 22p. (J). pap. 13.95 ***(978-1-63881-399-6(X))*** Newman Springs Publishing, Inc.

My Puppy Patch. Theo Heras. Illus. by Alice Carter. 2019. (ENG.). 24p. (J). (gr. -1-1). 16.95 *(978-1-77278-080-2(4))* Pajama Pr. CAN. Dist: Publishers Group West (PGW).

My Puppy, Sable! Elisabeth Grassby Stefan. Illus. by Bannarot S. 2023. (ENG.). 40p. (J). ***(978-1-0391-6077-4(8))***; pap. ***(978-1-0391-6076-7(X))*** FriesenPress.

My Puppy's Baby Book. Wendy Straw. 2019. (ENG.). 32p. (J). (gr. k-5). 16.99 *(978-0-6484095-8-8(9)*, Brolly Bks.) Borghesi & Adam Pubs. Pty Ltd AUS. Dist: Independent Pubs. Group.

My Purple World 6-Copy Clip Strip Fall 2023. Kristen Bell. 2023. (J). (gr. -1-1). pap., pap. 29.94 ***(978-0-593-78079-4(5)***, Random Hse. Bks. for Young Readers) Random Hse. Children's Bks.

My 'q' Sound Box. Jane Belk Moncure. Illus. by Rebecca Thornburgh. 2018. (Jane Belk Moncure's Sound Box Bks.). (ENG.). 32p. (J). (gr. -1-2). 35.64 *(978-1-5038-2320-4(2)*, 212149) Child's World, Inc, The.

My Quaker Maid (Classic Reprint) Marah Ellis Ryan. 2017. (ENG., Illus.). (J). 29.26 *(978-1-5281-8112-9(3))* Forgotten Bks.

My Queen: A Romance of the Great Salt Lake (Classic Reprint) Marie A. Walsh. 2017. (ENG., Illus.). (J). 31.90 *(978-0-266-71203-9(7))*; pap. 16.57 *(978-1-5276-6539-2(9))* Forgotten Bks.

My Quest of the Arab Horse. Homer Davenport. 2017. (ENG., Illus.). (J). pap. *(978-0-649-65406-2(4))* Trieste Publishing Pty Ltd.

My Quest of the Arab Horse (Classic Reprint) Homer Davenport. 2017. (ENG., Illus.). (J). 30.00 *(978-1-5284-6555-7(5))* Forgotten Bks.

My Question For Jesus. Christy Hoss. Illus. by Kerstin Fletcher. 2022. (ENG.). 44p. (J). 15.99 *(978-1-64949-628-7(1))*; pap. 13.99 *(978-1-64949-622-5(2))* Elk Lake Publishing, Inc.

My Quiet Ship: When They Argue. Hallee Adelman. Illus. by Sonia Sánchez. (ENG.). 32p. (J). (gr. -1-3). 2021. pap. 7.99 *(978-0-8075-6716-6(7)*, 807567167); 2018. 16.99 *(978-0-8075-6713-5(2)*, 807567132) Whitman, Albert & Co.

My 'r' Sound Box. Jane Belk Moncure. Illus. by Rebecca Thornburgh. 2018. (Jane Belk Moncure's Sound Box Bks.). (ENG.). 32p. (J). (gr. -1-2). 35.64 *(978-1-5038-2321-1(0)*, 212150) Child's World, Inc, The.

My Rabbit in the Moon. Mandy Mazure. 2018. (ENG., Illus.). 28p. (J). pap. 15.95 *(978-1-64350-289-2(1))* Page Publishing Inc.

My Raccoon Family: Adventure in My Backyard. Margaret Churchill. 2018. (ENG., Illus.). 48p. (J). 29.99 *(978-1-948304-79-5(1))*; pap. 13.99 *(978-1-948304-78-8(3))* PageTurner: Pr. & Media.

My Ragpicker (Classic Reprint) Mary E. Waller. 2018. (ENG., Illus.). 126p. (J). 26.50 *(978-0-483-07751-5(8))* Forgotten Bks.

My Ragpicker (Classic Reprint) Mary Ella Waller. (ENG., Illus.). (J). 2018. 150p. 27.01 *(978-0-428-71868-8(X))*; 2017. pap. 9.57 *(978-1-334-91232-0(7))* Forgotten Bks.

My Rainbow. Molly Field. 2020. (Cloth Bks.). (ENG.). 8p. (J). 7.99 *(978-1-63560-243-2(2))* Gardner Media LLC.

My Rainbow. DeShanna Neal & Trinity Neal. Illus. by Art Art Twink. 2020. 32p. (J). (gr. -1-3). 18.99 *(978-1-9848-1460-9(5)*, Kokila) Penguin Young Readers Group.

My Rainbow of Energy. Kristy Snyman. 2020. (ENG.). 34p. (J). pap. *(978-1-78830-585-3(X))* Olympia Publishers.

My Rainbow Purse. Elanor Best. Illus. by Dawn Machell. (ENG.). (J). (gr. -1-7). 2020. 48p. pap. 6.99 *(978-1-78947-656-9(9))*; 2019. 72p. pap. 9.99 *(978-1-78947-030-7(7))* Make Believe Ideas GBR. Dist: Scholastic, Inc.

My Raincoat Has a Silver Lining. Stephanie Reitz. 2021. 34p. (J). pap. 12.95 *(978-1-0983-6526-4(7))* BookBaby.

My Rainy Day Maze Activity Book. Activibooks For Kids. 2016. (ENG., Illus.). (J). pap. 6.99 *(978-1-68321-564-6(8))* Mimaxion.

My Rainy Day Rocket Ship. Markette Sheppard. Illus. by Charly Palmer. 2020. (ENG.). 32p. (J). (gr. -1-3). 17.99 *(978-1-5344-6177-2(9)*, Simon & Schuster Bks. For Young Readers) Simon & Schuster Bks. For Young Readers.

My Reading Adventures: A Book Journal for Kids. Anne Bogel. 2022. (ENG.). 144p. (J). (gr. 2-7). pap. 16.99 *(978-0-7369-8309-9(0)*, 6983099) Harvest Hse. Pubs.

My Real Castles in Spain (Classic Reprint) Blanche Frost. (ENG., Illus.). (J). 2018. 152p. 27.05 *(978-0-483-47830-5(X))*; 2017. pap. 9.57 *(978-0-243-93030-2(5))* Forgotten Bks.

My Real-Life Rom-Com: How to Build Confidence & Write Your Own Relationship Rules. Contrib. by Carrie Berk. 2023. (ENG.). 272p. (YA). pap. 18.00 Post Hill Pr.

My Real Name Is Hanna. Tara Lynn Masih. 3rd ed. 2018. 224p. (YA). (gr. 6-16). pap. 16.95 *(978-1-942134-51-0(7))* Mandel Vilar Pr.

My Recordable Storytime: I Love You So. Marianne Richmond. Illus. by Fiona Lee. 2023. (My Recordable Storytime Ser.). 40p. (J). 24.99 ***(978-1-7282-8249-7(7))*** Sourcebooks, Inc.

My Recordable Storytime: Sweet Dreams, Night Night. J. D. Green. Illus. by Joanne Partis. 2023. (My Recordable Storytime Ser.). (ENG.). 40p. (J). (gr. -1-3). 24.99 ***(978-1-7282-8250-3(0))*** Sourcebooks, Inc.

My Recordable Storytime: Welcome Little One: A Love Letter to You. Sandra Magsamen. 2023. (My Recordable Storytime Ser.). (ENG.). 40p. (J). 24.99 ***(978-1-7282-8248-0(9))*** Sourcebooks, Inc.

My Recycled Soul. Lynette Ferreira. 2020. (ENG.). 276p. (J). pap. 14.99 *(978-1-393-31029-7(X))* Draft2Digital.

My Red Hat. Rachel Stubbs. Illus. by Rachel Stubbs. 2021. (ENG.). 32p. (J). (gr. -1-2). 16.99 *(978-1-5362-1271-6(7))* Candlewick Pr.

My Red Hat Keeps Me on the Ground: Without My Red Hat I Would Fly. Brian W. Kelly. 2016. (ENG., Illus.). (J). pap. 11.99 *(978-0-9982683-5-4(6))* Lets Go Publish.

My Red Velvet Cape. Dana Sullivan. Illus. by Dana Sullivan. 2018. (ENG., Illus.). 32p. (J). (gr. k-3). 16.99 *(978-1-58536-393-3(6)*, 204399) Sleeping Bear Pr.

My Red, White, & Blue. Alana Tyson. Illus. by London Ladd. 2023. 32p. (J). (gr. -1-3). 18.99 *(978-0-593-52570-8(1)*, Philomel Bks.) Penguin Young Readers Group.

My Relatives. Terese Jonsson. 2018. (SWE.). 40p. (J). pap. ***(978-0-359-12919-5(6))*** Lulu Pr., Inc.

My Religion & Me: We Are Christians. Philip Blake. 2016. (My Religion & Me Ser.). (ENG.). 32p. (J). (gr. 4-6). pap. 11.99 *(978-1-4451-3825-1(5)*, Franklin Watts) Hachette Children's Group GBR. Dist: Hachette Bk. Group.

My Religion & the War: A Discourse. Emil G. Hirsch. 2017. (ENG., Illus.). 36p. (J). pap. *(978-0-649-74541-8(8))* Trieste Publishing Pty Ltd.

My Reminiscences (Classic Reprint) Sir Rabindranath Tagore. 2017. (ENG., Illus.). (J). 30.56 *(978-0-265-57520-8(6))* Forgotten Bks.

My Respiratory System: A 4D Book. Martha E. H. Rustad. 2018. (My Body Systems Ser.). (ENG., Illus.). 24p. (J). (gr. -1-2). lib. bdg. 29.32 *(978-1-9771-0021-4(X)*, 138174, Capstone Pr.) Capstone.

My Responsibility - Bon Tabeu (Te Kiribati) Nuseta. Illus. by Michael Magpantay. 2022. (MIS.). 26p. (J). pap. ***(978-1-922895-94-3(6))*** Library For All Limited.

My Rest Cure (Classic Reprint) George Robey. (ENG., Illus.). (J). 2018. 236p. 28.76 *(978-0-267-30423-3(4))*; 2016. pap. 11.57 *(978-1-333-27308-8(8))* Forgotten Bks.

My Restaurant Scavenger Hunt. Bela Davis. 2022. (Senses Scavenger Hunt Ser.). (ENG.). 24p. (J). (gr. k-k). pap. 8.95 *(978-1-64494-836-1(2)*, Abdo Kids-Junior); (Illus.). (gr. -1-2). lib. bdg. 31.36 *(978-1-0982-6155-9(0)*, 39475, Abdo Kids) ABDO Publishing Co.

My Revision Notes: Aqa a Level Business. Neil James. 2016. (My Revision Notes Ser.). (ENG.). 216p. (YA). pap. ***(978-1-4718-4216-0(9))*** Hodder Education Group.

My Rhymes, Your Drawings: An Activity. Joseph Koot. 2020. (ENG.). 108p. (J). pap. *(978-0-9936085-3-7(1))* Clifftop Consulting Services Inc.

My Rhyming Adventure: Dinosaurs. Drew Antony Piercey. Illus. by Beth Bluck. 2022. (ENG.). 22p. (J). pap. *(978-1-3984-2629-0(6))* Austin Macauley Pubs. Ltd.

My Ride (FSTK ONLY) Jane Hileman. 2016. (2g Fstk Ser.). (ENG.). 12p. (J). pap. 8.00 *(978-1-63437-641-9(2))* American Reading Co.

My Rights: Understanding Citizenship, 1 vol. Mitchell Allen. 2018. (Civics for the Real World Ser.). (ENG.). 8p. (gr. k-1). pap. *(978-1-5383-6373-7(9)*, 1b387f90-5b5c-4c43-8c4d-f55a923cf877, Rosen Classroom) Rosen Publishing Group, Inc., The.

My River: Cleaning up the Lahave River. Stella Bowles. 2018. (ENG.). 96p. (J). (gr. 3-6). pap. 8.99 *(978-1-4595-0551-3(4)*, a5c560da-b2bc-49df-80f9-c4b26c017a7e) Formac Publishing Co., Ltd. CAN. Dist: Lerner Publishing Group.

My Road to a Gift of Life. Michael W. Peterson. 2022. (ENG.). 258p. (YA). 36.95 ***(978-1-68517-700-3(X))***; pap. 27.95 ***(978-1-68517-698-3(4))*** Christian Faith Publishing.

My Robin (Classic Reprint) Frances Burnett. 2018. (ENG., Illus.). 50p. (J). 24.93 *(978-0-365-12173-2(8))* Forgotten Bks.

My Robot Ate My Homework: Project Droid #3. Nancy Krulik & Amanda Burwasser. Illus. by Mike Moran. 2017. (Project Droid Ser.). (ENG.). 104p. (J). (gr. 1-4). 13.99 *(978-1-5107-1020-7(5)*, Sky Pony Pr.) Skyhorse Publishing Co., Inc.

My Robots: The Robotic Genius of Lady Regina Bonquers III. Johan Olander. Illus. by Johan Olander. 2020. 64p. (J). (gr. 3-7). pap. 9.99 *(978-1-5420-2033-6(6)*, 9781542020336, Two Lions) Amazon Publishing.

My Room, My Space Interior Design One Color at a Time Coloring Book for Girls. Educando Kids. 2019. (ENG.). 42p. (J). pap. 6.99 *(978-1-64521-159-4(2)*, Educando Kids) Editorial Imagen.

My Rotten Stepbrother Ruined Cinderella. Jerry Mahoney. Illus. by Aleksei Bitskoff. 2017. (My Rotten Stepbrother Ruined Fairy Tales Ser.). (ENG.). 160p. (J). (gr. 3-6). lib. bdg. 26.65 *(978-1-4965-4466-7(8)*, 134771, Stone Arch Bks.) Capstone.

My Rotten Stepbrother Ruined Fairy Tales, 4 vols. Jerry Mahoney. 2017. (My Rotten Stepbrother Ruined Fairy Tales Ser.). (ENG.). 160p. (J). (gr. 3-6). 109.28 *(978-1-4965-4487-2(0)*, 26118); pap., pap., pap. 35.80 *(978-1-4965-4488-9(9)*, 26119) Capstone. (Stone Arch Bks.).

My Rotten Stepbrother Ruined Snow White. Jerry Mahoney. Illus. by Aleksei Bitskoff. 2017. (My Rotten Stepbrother Ruined Fairy Tales Ser.). (ENG.). 160p. (J). (gr. 3-6). pap. 8.95 *(978-1-4965-4467-4(6)*, 134772); lib. bdg. 26.65 *(978-1-4965-4463-6(3)*, 134768) Capstone. (Stone Arch Bks.).

My Routine. Carl Nino. Illus. by Brett Curzon. 2017. (All about Me Ser.). (ENG.). 24p. (gr. -1-2). 28.50 *(978-1-68342-705-6(X)*, 9781683427056) Rourke Educational Media.

My Rows & Piles of Coins. Tololwa M. Mollel. Illus. by E. B. Lewis. 2019. (ENG.). 32p. (J). (gr. -1-3). pap. 8.99 *(978-0-358-12447-4(6)*, 1753728, Clarion Bks.) HarperCollins Pubs.

My Royal Clients (Classic Reprint) Xavier Paoli. 2017. (ENG., Illus.). (J). 32.31 *(978-0-331-56105-0(0))* Forgotten Bks.

My Royal Princess Journal: A Fun Fill-In Book for Kids. Diana Zourelias. 2018. (Dover Kids Activity Bks.). (ENG.). 96p. (J). (gr. 1-4). pap. 7.99 *(978-0-486-82413-0(6)*, 824136) Dover Pubns., Inc.

My Rugby ABC Book. Chris Bjornestad. 2023. (ENG.). 38p. (J). pap. ***(978-1-387-31620-5(6))*** Lulu Pr., Inc.

My Run Home (Classic Reprint) Rolf Boldrewood. (ENG., Illus.). (J). 2019. 462p. 33.43 *(978-0-365-22494-5(4))*; 2017. pap. 16.57 *(978-0-259-22931-5(8))* Forgotten Bks.

My Rural Community, 1 vol. Portia Summers. 2016. (Zoom in on Communities Ser.). (ENG.). 24p. (gr. 2-2). pap. 10.95 *(978-0-7660-7815-4(9)*, a5cf7ace-872f-470b-8dfb-23e924473b3c) Enslow Publishing, LLC.

My Russian & Turkish Journals (Classic Reprint) Dowager Marchioness of Dufferin and Ava. 2018. (ENG., Illus.). 386p. (J). 31.88 *(978-0-267-40269-4(4))* Forgotten Bks.

My 's' Sound Box. Jane Belk Moncure. Illus. by Rebecca Thornburgh. 2018. (Jane Belk Moncure's Sound Box Bks.). (ENG.). 32p. (J). (gr. -1-2). 35.64 *(978-1-5038-2322-8(9)*, 212151) Child's World, Inc, The.

My Sadness Monster. P. K. Lopes. Illus. by Weronika Bartczak. 2022. (ENG.). 20p. (J). ***(978-0-2288-7757-8(1))***; pap. ***(978-0-2288-7756-1(3))*** Tellwell Talent.

My Safe & Cozy Space. Angela Conroy. 2022. (ENG.). 38p. (J). pap. *(978-1-83875-431-0(8)*, Nightingale Books) Pegasus Elliot Mackenzie Pubs.

My Safety. Kirsty Louise Holmes. 2018. (Our Values - Level 1 Ser.). (Illus.). 24p. (J). (gr. 1-1). *(978-0-7787-4728-4(X))* Crabtree Publishing Co.

My Safety Superhero. Jo Pina. 2023. (ENG.). 32p. (J). 19.99 ***(978-1-6629-3827-6(6))*** Gatekeeper Pr.

My Sandwich & Me. Voula Christopoulos. 2016. (ENG., Illus.). (J). pap. 9.95 *(978-0-9975435-8-2(2))* Mindstir Media.

My Satchel & I: Or, Literature on Foot (Classic Reprint) Ikabod Izax. 2018. (ENG., Illus.). 338p. (J). 30.87 *(978-0-483-43233-8(4))* Forgotten Bks.

My Saturday Bird Class (Classic Reprint) Margaret Miller. 2018. (ENG., Illus.). 132p. (J). 26.62 *(978-0-267-51869-2(2))* Forgotten Bks.

My Scars Tell My Story. Renee Izle Campos. 2022. (ENG.). 114p. (YA). 26.95 *(978-1-63885-008-3(9))* Covenant Bks.

My School. Kirsty Holmes. 2018. (Our Values - Level 1 Ser.). (Illus.). 24p. (J). (gr. 1-1). *(978-0-7787-5424-4(3))*; pap. *(978-0-7787-5447-3(2))* Crabtree Publishing Co.

My School. Illus. by Ko San Tun. 2022. (ENG.). 30p. (J). pap. ***(978-1-922827-80-7(0))*** Library For All Limited.

My School - Au Reirei (Te Kiribati) Kym Simoncini. Illus. by Sviatoslav Franko. 2023. (ENG.). 24p. (J). pap. ***(978-1-922844-31-6(4))*** Library For All Limited.

My School-Boy Days & My Youthful Companions (Classic Reprint) Unknown Author. 2018. (ENG., Illus.). (J). 350p. 31.14 *(978-1-396-33111-4(5))*; 352p. pap. 13.57 *(978-1-390-90086-6(X))* Forgotten Bks.

My School Clothes - Mes Vêtements D'école. Et Al Clare Verbeek. Illus. by Mlungisi Dlamini & Ingrid Schechter. 2022. (FRE.). 24p. (J). pap. ***(978-1-922849-86-1(3))*** Library For All Limited.

My School Clothes - Nguo Zangu Za Shule. Zanele Buthelezi Et Al. Illus. by Mlungisi Dlamini Et Al. 2023. (SWA.). 24p. (J). pap. ***(978-1-922876-46-1(1))*** Library For All Limited.

My School Community, 1 vol. Portia Summers. 2016. (Zoom in on Communities Ser.). (ENG.). 24p. (gr. 2-2). pap. 10.95 *(978-0-7660-7824-6(8)*, 90cee62a-8ea6-4fc3-a806-feb3bb068157) Enslow Publishing, LLC.

My School Days, Reconstruction Experiences in the South (Classic Reprint) Wade H. Harris. 2018. (ENG., Illus.). 76p. (J). 25.46 *(978-0-267-20960-6(6))* Forgotten Bks.

My School Holidays. Sonny Vikash Chandra. 2021. (ENG.). 28p. (J). pap. *(978-1-922591-22-7(X))* Library For All Limited.

My School Holidays - Ha'u-Nia Tempu Feriadu. Sonny Vikash Chandra. 2021. (TET.). 28p. (J). pap. *(978-1-922550-51-4(5))* Library For All Limited.

My School In 2055. Carrie Lewis. Illus. by Christos Skaltsas. 2021. (My Life In 2055 Ser.). (ENG.). 32p. (J). (gr. 2-5). pap. 9.99 *(978-1-7284-2355-5(4)*, a8c7e934-ca4b-4ff9-b1ed-cc4c70f5a048); lib. bdg. 27.99 *(978-1-7284-1631-1(0)*, 94dfbd86-3543-4c64-8c71-7bbf3ca74bfb) Lerner Publishing Group. (Lerner Pubns.).

My School Scavenger Hunt. Bela Davis. 2022. (Senses Scavenger Hunt Ser.). (ENG.). 24p. (J). (gr. k-k). pap. 8.95 *(978-1-64494-837-8(0)*, Abdo Kids-Junior); (Illus.). (gr. -1-2). lib. bdg. 31.36 *(978-1-0982-6156-6(9)*, 39477, Abdo Kids) ABDO Publishing Co.

My School Stinks! Becky Scharnhorst. Illus. by Julia Patton. 2021. 32p. (J). (gr. -1-3). 17.99 *(978-0-593-11652-4(6))* Flamingo Bks.

My School Supplies: Sharing & Reusing, 1 vol. Leigh McClure. 2017. (Computer Science for the Real World Ser.). (ENG.). 8p. (gr. k-1). pap. *(978-1-5383-5093-5(9)*, 3da1d9c4-7f13-4516-b2db-3b8cc0e4f0b9, Rosen Classroom) Rosen Publishing Group, Inc., The.

My School Trip (Bob Books Stories: Scholastic Reader, Level 1) Lynn Maslen Kertell. Illus. by Sue Hendra. 2022. (Scholastic Reader, Level 1 Ser.). (ENG.). 32p. (J). (gr. -1-1). 22.99 *(978-1-338-81416-3(8))*; pap. 4.99 *(978-1-338-81415-6(X))* Scholastic, Inc.

My School Unicorn. Willow Evans. Illus. by Tom Knight. 2021. (ENG.). 32p. (J). (gr. -1-k). 12.99 *(978-1-64517-730-2(0)*, Silver Dolphin Bks.) Printers Row Publishing Group.

My School Years: Memory Keeper. PI Kids. 2020. (ENG.). 12p. (J). 23.99 *(978-1-5037-4574-2(0)*, 3246, PI Kids) Phoenix International Publications, Inc.

My School, Your School, Our Schools. Emma Bernay & Emma Carlson Berne. Illus. by Micah Player. 2018. (How Are We Alike & Different? Ser.). (ENG.). 24p. (J). (gr. -1-2). pap. 7.95 *(978-1-68410-293-8(6)*, 139064); lib. bdg. 33.99 *(978-1-68410-241-9(3)*, 138445) Cantata Learning.

My Schoolhouse Rocks! Katlynne Mirabal. Illus. by Timerie Blair. 2020. (ENG.). 28p. (J). 15.99 *(978-1-7351382-2-0(3))* Miss Teacher Mom Publishing.

My Schoolhouse Rocks! Katlynne Mirabal & Timerie Blair. 2020. (ENG.). 28p. (J). pap. 10.99 *(978-1-7351382-3-7(1))* Miss Teacher Mom Publishing.

My Schools & Schoolmasters: Or the Story of My Education (Classic Reprint) Hugh Miller. 2017. (ENG., Illus.). (J). 35.34 *(978-1-5285-4959-2(7))* Forgotten Bks.

My Schools & Schoolmasters, or the Story of My Education: An Autobiography (Classic Reprint) Hugh Miller. 2017. (ENG., Illus.). (J). 35.55 *(978-0-265-72388-3(4))*; pap. 19.57 *(978-1-5276-8251-1(X))* Forgotten Bks.

My Science Flowchart: Following Instructions, 1 vol. Vanessa Flores. 2017. (Computer Kids: Powered by Computational Thinking Ser.). (ENG.). 24p. (J). (gr. 3-4). 25.27 *(978-1-5383-2418-9(0)*, 8b4a8e6c-6bce-4f38-b27b-e1838440d131, PowerKids Pr.); pap. *(978-1-5081-3784-9(6)*, ea9a838a-5234-4d89-9271-c481a6a4638c, Rosen Classroom) Rosen Publishing Group, Inc., The.

My Science Fun (Set), 16 vols. 2017. (My Early Library: My Science Fun Ser.). (ENG., Illus.). 24p. (J). (gr. k-1). 490.24 *(978-1-5341-0210-1(8)*, 209614); pap., pap., pap. 204.57 *(978-1-5341-0260-6(4)*, 209615) Cherry Lake Publishing.

My Science Notebook, 6 vols., Set. Martine Podesto. Incl. Body. (YA). lib. bdg. 33.67 *(978-0-8368-9212-3(7)*, 63c0610b-0e9e-45b9-8329-89604dfbf439); Dinosaurs. (J). lib. bdg. 33.67 *(978-0-8368-9213-0(5)*, ccd84418-d861-46e4-b5cf-66ababc8b0c6); Inventions. (J). lib. bdg. 33.67 *(978-0-8368-9214-7(3)*, 19591178-09ac-489a-bf12-e5d9174ae650); Moon. (YA). lib. bdg. 33.67 *(978-0-8368-9215-4(1)*, e794d5c4-8de1-4366-8914-50d2eebe66b7); (Illus.). (gr. 4-5). (My Science Notebook Ser.). (ENG.). 104p. 2008. Set lib. bdg. 101.01 *(978-0-8368-9306-9(9)*, 54a52ee6-7e8c-4a29-8834-9896c3a7d359, Gareth Stevens Learning Library) Stevens, Gareth Publishing LLLP.

My Science Project: Fixing a Problem, 1 vol. Dwayne Booker. 2017. (Computer Science for the Real World Ser.). (ENG.). 16p. (gr. 2-3). pap. *(978-1-5383-5208-3(7)*, e1b7e75e-9faa-4d7b-b2a4-62ddcc4e972c, Rosen Classroom) Rosen Publishing Group, Inc., The.

My Science Tools. Julie K. Lundgren. 2021. (My First Science Bks.). (ENG., Illus.). 24p. (J). (gr. k-2). pap.

TITLE INDEX

MY SQUARE BOOK

(978-1-4271-3040-2(X), 11578); lib. bdg. (978-1-4271-3029-7(9), 11561) Crabtree Publishing Co.

My Scientist Friends. Ravin Singh. 2017. (ENG.). (J). 12.95 (978-1-68401-278-7(3)) Amplify Publishing Group.

My Scooter Got Stuck! Arba Spak. 2020. (ENG.). 36p. (J). (978-1-83975-283-4(1)); pap. (978-1-83975-282-7(3)) Grosvenor Hse. Publishing Ltd.

My Scout: And Other Poems (Classic Reprint) Merritt Lamb. 2018. (ENG., Illus.). 92p. (J). 25.79 (978-0-267-46737-2(0)) Forgotten Bks.

My Scrap Book (Classic Reprint) Louise Stockton Andrews. 2018. (ENG., Illus.). (J). 30p. 24.52 (978-0-483-54210-5(5)); 32p. pap. 7.97 (978-0-483-54191-7(5)) Forgotten Bks.

My Second Impression of You. Michelle I. Mason. 2022. (ENG.). 304p. (YA). 18.99 (978-1-5476-0412-8(3), 900219889, Bloomsbury Young Adult) Bloomsbury Publishing USA.

My Second Pictionary. Incl. My Second Picture Dictionary. 448p. (J). (gr. 2-5). 1990. pap. 16.38 (978-0-673-28453-2(0), Scott Foresman); 448p. 15.95 (978-0-673-12490-6(8)) Addison-Wesley Educational Pubs., Inc.

My Second Year of Kindergarten. Rebecca Eisenberg. 2018. (ENG.). 38p. (J). 14.95 (978-1-63177-813-1(7)) Amplify Publishing Group.

My Secret Alien. Elizabeth Dale. 2nd ed. 2016. (Reading Ladder Level 2 Ser.). (ENG., Illus.). 48p. (gr. k-2). pap. 4.99 (978-1-4052-8231-4(2), Reading Ladder) Farshore GBR. Dist: HarperCollins Pubs.

My Secret Diary, No Adults Allowed! A Fun Journal for Children to Log Their Day & Practice Daily Thanks. Dubreck World Publishing. 2021. (ENG.). 110p. (J). pap. (978-1-291-71563-7(0)) Lulu Pr., Inc.

My Secret Diary, No Boys Allowed! A Fun Daily Journal for Girls to Log Their Day & Practice Gratitude. Dubreck World Publishing. 2021. (ENG.). 110p. (J). pap. **(978-1-300-28447-5(1))** Lulu Pr., Inc.

My Secret Diary, No Girls Allowed! A Fun Daily Journal for Boys to Log Their Day & Practice Gratitude. Dubreck World Publishing. 2021. (ENG.). 110p. (J). pap. **(978-1-300-28265-5(7))** Lulu Pr., Inc.

My Secret Dog. Tom Alexander. 2017. (Illus.). 40p. (J). 17.95 (978-1-78592-486-6(9), 696829) Kingsley, Jessica Pubs. GBR. Dist: Hachette UK Distribution.

My Secret Life (Classic Reprint) Unknown Author. 2018. (ENG., Illus.). (J). 306p. 30.23 (978-0-365-54252-0(0)); 308p. pap. 13.57 (978-0-365-54250-6(4)) Forgotten Bks.

My Secret, Magic Friend. Amy Van Duyn. 2019. (ENG., Illus.). 32p. (J). 21.99 (978-1-951263-95-9(2)); pap. 13.99 (978-1-950454-68-6(1)) Pen It Pubns.

My Secret Mirror: Hiding Madness from a Perception of Life. Benjamin MacArthur. Ed. by A. Trumpler & A. L. Woodley. 2021. (ENG.). 84p. (YA). (978-1-0391-0751-9(6)); pap. (978-1-0391-0750-2(8)) FriesenPress.

My Secret Recipes: Ultimate Cookbook. Pixie Publishing House. 2023. (ENG.). 62p. (YA). pap. **(978-1-312-73185-1(0))** Lulu Pr., Inc.

My Secret Scribblings & Sketches! Drawing Pad & Sketch Book for Boys & Girls (Kids Sketchbook) Sketch_kids_inc. 2019. (ENG.). 102p. (J). (gr. k-6). pap. (978-1-913357-36-8(8)) Devela Publishing.

My Secret Super-Powers 2: A Hilarious Adventure for Kids of All Ages 2. Paul T. Wolly. Ed. by Adventure Books. Illus. by M. O. T. 2017. (ENG.). 72p. (J). pap. (978-3-946819-11-0(7)) Obst, Hartmut. be-to-ce_publishing.

My Secret to Tell. Natalie D. Richards. 2nd ed. 2020. (ENG.). 352p. (YA). (gr. 8-12). pap. 10.99 (978-1-7282-0995-1(1)) Sourcebooks, Inc.

My Self-Esteem Journal. Anjalon Edwards. 2021. (ENG.). 100p. (YA). pap. **(978-1-329-22760-6(3))** Lulu Pr., Inc.

My Self, Your Self. Esmé Shapiro. 2022. (ENG., Illus.). 48p. (J). (gr. -1-2). 18.99 (978-1-77488-023-4(7), Tundra Bks.) Tundra Bks. CAN. Dist: Penguin Random Hse. LLC.

My Selma: True Stories of a Southern Childhood at the Height of the Civil Rights Movement. Willie Mae Brown. 2023. (ENG.). 240p. (J). 16.99 (978-0-374-39023-5(1), 900257602, Farrar, Straus & Giroux (BYR)) Farrar, Straus & Giroux.

My Senses. Ed. by Editor. 2020. (Grow with Steam Ser.). (ENG.). 12p. (J). bds. 4.99 (978-1-63560-268-5(8)) Gardner Media LLC.

My Senses. Ruth Owen. 2017. (Get Started with STEM Ser.). (ENG., Illus.). 32p. (J). (gr. k-3). 9.99 (978-1-78856-120-4(1), 4ac20e4e-d0bb-4754-a580-d4e22b1b7e67); lib. bdg. 30.65 (978-1-911341-39-0(1), e9e7c70a-5b5e-4ba8-b09d-c88c8f2fe6b4) Ruby Tuesday Books Limited GBR. Dist: Lerner Publishing Group.

My Senses: Hearing. Katie Gillespie. 2017. (Illus.). 24p. (J). (978-1-4896-5662-9(6), AV2 by Weigl) Weigl Pubs., Inc.

My Senses (Set Of 5) Nick Rebman. 2022. (My Senses Ser.). (ENG.). 120p. (J). (gr. 1-2). pap. 44.75 (978-1-63739-090-0(4)); lib. bdg. 142.50 (978-1-63739-036-8(X)) North Star Editions. (Focus Readers).

My Senses: Sight. Sara Cucini. 2017. (Eyediscover Ser.). (ENG., Illus.). 24p. (J). (gr. k-2). 28.55 (978-1-4896-5692-6(8), AV2 by Weigl) Weigl Pubs., Inc.

My Senses: Touch. Katie Gillespie. 2017. (Eyediscover Ser.). (ENG., Illus.). 24p. (J). (gr. k-2). 28.55 (978-1-4896-5707-7(X), AV2 by Weigl) Weigl Pubs., Inc.

My Senses/MIS Sentidos. Ed. by Gardner. 2020. (Grow with Steam Bilingual Ser.). (ENG.). 12p. (J). bds. 4.99 (978-1-63560-279-1(3)) Gardner Media LLC.

My Sentimental Self (Classic Reprint) Eliza Davis Aria. (ENG., Illus.). (J). 2017. 30.31 (978-0-331-50717-1(X)); 2016. pap. 13.57 (978-1-334-15188-0(1)) Forgotten Bks.

My Shadow. Robert Louis Stevenson. Illus. by Glenna Lang. 2019. (ENG.). 32p. (gr. 1-18). 17.95 (978-0-87923-788-2(0)) Godine, David R. Pub.

My Shadow. Robert Louis Stevenson. Illus. by Sara Sanchez. 2016. (ENG.). 32p. (J). (gr. -1-k). 16.99 (978-1-63450-178-1(0), Sky Pony Pr.) Skyhorse Publishing Co., Inc.

My Shapes Activity Book. Jeeky. 2017. (ENG., Illus.). 34p. (J). pap. (978-1-387-04265-4(3)) Lulu Pr., Inc.

My Sheep Know My Voice. Joan Byrd. Illus. by Joan Byrd. 2021. (ENG.). 32p. (J). pap. 14.95 (978-1-63066-526-5(6)) Indigo Sea Pr., LLC.

My Shepherd: Psalm 23. David A. Wager & Linda R. Wager. 2019. (God's Pictures Ser.: Vol. 1). (ENG., Illus.). 30p. (J). (gr. k-6). 21.99 (978-1-7328241-0-2(X)) Silver Birch Ranch Pr.

My Shining Little Star. Bhijal Parbhoo. 2016. (ENG., Illus.). (J). pap. 22.99 (978-1-4828-7655-0(8)) Partridge Pub.

My Shiny Little Red Heart. Beverly Megan. 2021. (ENG., Illus.). 32p. (J). 23.95 (978-1-0980-5247-8(1)); pap. 13.95 (978-1-0980-5246-1(3)) Christian Faith Publishing.

My Shoebox. Laura Fleming. 2022. (ENG.). 38p. (J). 16.95 (978-1-63755-224-7(6), Mascot Kids) Amplify Publishing Group.

My Shoes & I / Mis Zapatos y Yo: Crossing Three Borders / Cruzando Tres Fronteras. René Colato Laínez & Fabricio Vanden Broeck. Illus. by Fabricio Vanden Broeck. 2019. (ENG & SPA., Illus.). 32p. (J). (gr. 1-3). 17.95 (978-1-55885-884-8(9), Piñata Books) Arte Publico Pr.

My Shoes Take Me Everywhere. Claire Dulaney. 2020. (ENG.). 48p. (J). pap. 15.95 (978-1-64654-064-8(6)) Fulton Bks.

My Shooting Star. Kurt Warner. 2021. (ENG., Illus.). 30p. (J). pap. 13.95 (978-1-6624-6131-6(3)) Page Publishing Inc.

My Shot: Balancing It All & Standing Tall. Elena Delle Donne. (ENG.). 272p. (YA). (gr. 7). 2019. pap. 11.99 (978-1-5344-1229-3(8)); 2018. (Illus.). 17.99 (978-1-5344-1228-6(X)) Simon & Schuster Bks. For Young Readers. (Simon & Schuster Bks. For Young Readers).

My Show Day. Carole Crimeen & Suzanne Fletcher. 2023. (Celebrations & Events Ser.). (ENG., Illus.). 16p. (J). (gr. -1-2). pap. 7.99 **(978-1-922370-21-1(5),** 3487b7b6-fefb-4345-895a-7bfda362f02e) Knowledge Bks. & Software AUS. Dist: Lerner Publishing Group.

My Siblings Have Paws. Amanda Dushion Blew. 2019. (ENG., Illus.). 26p. (J). pap. 13.95 (978-1-64559-142-9(5)) Covenant Bks.

My Side of the Mountain Novel Units Student Packet. Novel Units. 2019. (ENG.). (YA). pap. 13.99 (978-1-56137-494-6(6), NU4946SP, Novel Units, Inc.) Classroom Library Co.

My Silly Auntie: A Tilly Tale. Jessica Parkin. Illus. by Phillip Reed. 2019. (Tilly Tale Ser.: Vol. 1). (ENG.). 34p. (J). pap. (978-1-9996427-6-1(7)) Jeffcock, Pippa.

My Silly Dog Spike. James R. Bower. 2019. (ENG.). 30p. (J). pap. 12.99 (978-1-7337590-0-7(X)) Average Dog Publishing.

My Silly Mum. Monique Mulligan. Illus. by Veronica Rooke. 2016. (ENG.). 30p. (978-0-9945265-5-7(5)) Karen Mc Dermott.

My Sin City. Charles Graham. 2020. (ENG.). 19p. (YA). **(978-1-716-37641-2(6))** Lulu Pr., Inc.

My Singing Nana. Pat Mora & Alyssa Bermudez. 2019. (ENG., Illus.). 32p. (J). (978-1-4338-3021-1(3), Magination Pr.) American Psychological Assn.

My Single Dad. Claudia Harrington. Illus. by Zoe Persico. 2017. (My Family Set 2 Ser.). (ENG.). 32p. (J). (gr. -1-4). lib. bdg. 32.79 (978-1-5321-3019-9(8), 25540, Looking Glass Library) Magic Wagon.

My Single Mom. Claudia Harrington. Illus. by Zoe Persico. 2017. (My Family Set 2 Ser.). (ENG.). 32p. (J). (gr. -1-4). lib. bdg. 32.79 (978-1-5321-3020-5(1), 25542, Looking Glass Library) Magic Wagon.

My Single Parent see Mi Papá y Mamá Están Solteros (My Single Parent)

My Single Parent. Julie Murray. 2020. (This Is My Family Ser.). (ENG., Illus.). 24p. (J). (gr. -1-2). lib. bdg. 31.36 (978-1-0982-0223-1(6), 34579, Abdo Kids); (gr. k-k). pap. 9.95 (978-1-64494-391-5(3), Abdo Kids-Junior) ABDO Publishing Co.

My Sister & Me. Roger Hargreaves. 2020. (Mr. Men & Little Miss Ser.). (ENG., Illus.). 32p. (J). (gr. -1-2). pap. 6.99 (978-0-593-09417-4(4), Grosset & Dunlap) Penguin Young Readers Group.

My Sister Aria. Gretel Matawan. Illus. by Kimberly Pacheco. 2021. (ENG.). 30p. (J). pap. (978-1-922621-36-8(6)) Library For All Limited.

My Sister Aria - Tariu Ae Aria (Te Kiribati) Gretel Matawan. Illus. by Kimberly Pacheco. 2023. (ENG.). 30p. (J). pap. **(978-1-922849-11-3(1))** Library For All Limited.

My Sister Is a Wicked Troll?! Haya Al-Asadi. 2019. (ENG.). 40p. (J). pap. (978-0-244-80137-3(1)) Lulu Pr., Inc.

My Sister Is an Alien. Elizabeth F. Szewczyk. Illus. by Abira Das. 2021. (ENG.). 36p. (J). pap. 13.99 (978-1-954868-80-9(4)) Pen It Pubns.

My Sister Is in the Indian Navy. Arthy Muthanna Singh. 2019. (ENG.). 40p. (J). (gr. 2-4). pap. 8.99 (978-0-14-344768-9(8), Puffin) Penguin Bks. India PVT, Ltd IND. Dist: Independent Pubs. Group.

My Sister Is Just Like You & Me. Nicole La Ha Zwiercan. 2022. (ENG.). 30p. (J). 15.99 **(978-1-6629-3437-7(8))**; pap. 8.99 **(978-1-6629-3438-4(6))** Gatekeeper Pr.

My Sister Is Sick, What about Me? Mary Kay Olson & Eli Olson. Illus. by Becky Wosick. 2022. (ENG.). 42p. (J). 22.99 **(978-1-63988-445-2(9))** Primedia eLaunch LLC.

My Sister Is Sick, What about Me? Mary Kay Olson & Eli Olson. 2022. (ENG.). (J). pap. 12.99 (978-1-63988-446-9(7)) Primedia eLaunch LLC.

My Sister Is Sleeping. Devora Busheri. Illus. by Michel Kichka. 2020. (ENG.). 24p. (J). (gr. -1-2). 17.99 (978-1-5415-4244-0(4), a29a9ff7-3e01-4694-bf05-694ee5c133be, Kar-Ben Publishing) Lerner Publishing Group.

My Sister Is Super! (a Hello!Lucky Book) Eunice Moyle & Sabrina Moyle. 2023. (Hello!Lucky Book Ser.). (ENG., Illus.). 24p. (J). (gr. -1 — 1). bds., bds. 7.99 **(978-1-4197-5981-9(7),** 1763610, Abrams Appleseed) Abrams, Inc.

My Sister Lily, Who Doesn't Have Autism. Natalie Dalton. 2021. (ENG.). 34p. (J). pap. 11.95 (978-1-942197-77-5(2)) Autism Asperger Publishing Co.

My Sister Loves Pets: Connect the Dots Activity Book. Kreative Kids. 2016. (ENG., Illus.). (J). pap. 10.81 (978-1-68377-086-2(2)) Whlke, Traudl.

My Sister Rosa. Justine Larbalestier. (ENG.). 360p. (YA). (gr. 9). 2017. pap. 10.99 (978-1-61695-817-6(0)); 2016. 18.99 (978-1-61695-674-5(7)) Soho Pr., Inc. (Soho Teen).

My Sister Sophie. Cindy Mackey. 2017. (ENG., Illus.). (J). (gr. k-4). pap. 8.99 (978-0-9990993-5-3(3)) Cyrano Bks.

My Sister the Actress. Florence Marryat. 2017. (ENG.). (J). 286p. pap. (978-3-337-04717-7(3)); 276p. pap. (978-3-337-04718-4(1)) Creation Pubs.

My Sister the Actress a Novel, Vol. 1 of 3 (Classic Reprint) Florence Marryat. 2018. (ENG., Illus.). 284p. (J). 29.75 (978-0-483-73094-6(7)) Forgotten Bks.

My Sister Wants an Elephant. Lynne Podrat. Illus. by Sarah Gledhill. 2022. (ENG.). 36p. (J). pap. 12.99 **(978-1-63988-731-6(8))** Primedia eLaunch LLC.

My Sister Wants an Elephant. Lynne Podrat. Illus. by Sarah Gledhill. 2023. (ENG.). 36p. (J). pap. 12.99 **(978-1-63988-918-1(3))** Primedia eLaunch LLC.

My Sister Would Make a Good President. Simplyharmony. Illus. by Joan Coleman. 2019. (ENG.). 26p. (J). pap. 14.44 (978-0-578-56435-7(1)) Hom, Jonathan.

My Sisters. Ann-Marie Zoë Coore. Illus. by Gabrielle Walker. 2022. 44p. (J). 32.95 (978-1-6678-5323-9(6)) BookBaby.

My Sister's a Superhero. Amanda Morrison. Illus. by Kate Pellerinn. 2019. (ENG.). 62p. (J). pap. (978-1-989027-08-0(3)) Cavern of Dreams Publishing Hse.

My Sister's Big Fat Indian Wedding. Sajni Patel. (ENG.). (J). (gr. 8-17). 2023. 384p. pap. 11.99 **(978-1-4197-5454-8(8),** 1732903); 2022. 368p. 18.99 (978-1-4197-5453-1(X), 1732901) Abrams, Inc. (Amulet Bks.).

My Sister's Diary. Fabian Nickels. 2021. (ENG.). 182p. (YA). pap. 23.95 (978-1-63881-286-9(1)) Newman Springs Publishing, Inc.

My Sister's Drums, 1 vol. Jack Reader. 2018. (Making Music! Ser.). (ENG.). 24p. (J). (gr. 1-1). 25.27 (978-1-5081-6818-8(0), eb06d750-23e5-4db2-8c33-6b450937fcba); pap. 9.25 (978-1-5081-6820-1(2), e8739518-ba42-4a52-b3b0-c3e748f9efbf) Rosen Publishing Group, Inc., The. (PowerKids Pr.).

My Sisters, My Best Friends. Ishrah Issa. Illus. by Latosha M. Haith. 2023. (Sister Ser.). (ENG.). 30p. (J). pap. **(978-1-7388829-0-8(X))** LoGreco, Bruno.

My Sister's My Teacher! Jane Burns. 2017. (ENG.). 182p. (J). pap. 14.95 (978-1-78612-482-1(3), aab81ec6-e7a5-4641-b583-7cdbe7df8e23) Austin Macauley Pubs. Ltd. GBR. Dist: Baker & Taylor Publisher Services (BTPS).

My Sixteen Year Old Life. Theresa Evans. 2021. (ENG.). 40p. (J). pap. 13.95 (978-1-6624-5616-9(6)) Page Publishing Inc.

My Skeletal System: A 4D Book. Martha E. H. Rustad. 2018. (My Body Systems Ser.). (ENG., Illus.). 24p. (J). (gr. -1-2). lib. bdg. 29.32 (978-1-9771-0019-1(8), 138172, Capstone Pr.) Capstone.

My Sketchbook: My First Sketch Book (Drawing Notebook with Picture Box) Custom Book Creations. Illus. by Jenae Jordan. 2018. (My First Creative Books: Primary Colors Teddy Bear Ser.: Vol. 1). (ENG.). 102p. (J). pap. 7.87 (978-1-949301-04-5(4)); pap. 7.87 (978-1-949301-02-1(8)) Rhythm & Reasoning Pubns.

My Sketches from Dickens (Classic Reprint) Bransby Williams. (ENG., Illus.). (J). 2018. 38p. 24.68 (978-0-484-78140-4(5)); 2016. pap. 7.97 (978-1-334-11790-9(X)) Forgotten Bks.

My Skin. Kameila A. Stephens. 2021. (ENG.). 24p. (J). pap. 10.99 (978-1-6629-1126-2(2)) Gatekeeper Pr.

My Skylighter. Sulema Espinosa. 2022. (ENG., Illus.). 30p. (J). pap. 13.95 **(978-1-64559-412-3(2))** Covenant Bks.

My Sleepover at Grandma's House. Illus. by Hazel Quintanilla & Luke Seguin-Magee. 2022. (My Grandma's House Ser.). (ENG.). 48p. (J). (gr. -1-3). pap. 9.99 (978-1-7282-6042-6(6), Hometown World) Sourcebooks, Inc.

My Slime Is Alive! Katie Schenkel. Illus. by Juan Calle. 2020. (Scary Graphics Ser.). (ENG.). 40p. (J). (gr. 3-5). lib. bdg. 25.32 (978-1-4965-9798-4(2), 200592, Stone Arch Bks.) Capstone.

My Smartphone & Other Digital Accessories. Helen Greathead. 2016. (Well Made, Fair Trade Ser.). (Illus.). 32p. (J). (gr. 5-9). (978-0-7787-2715-6(7)) Crabtree Publishing Co.

My Smelly Ass: Kids Funny Bedtime Story Picture Book. Lee Pong Wong. Illus. by Montes. 2018. (My Smelly Ass Ser.: Vol. 1). (ENG.). 28p. (J). (gr. k-2). pap. (978-1-9993483-2-8(X)) Credwell Ltd.

My Snorkeling Days. Jacqueline Messer. 2017. (ENG., Illus.). (J). 22.95 (978-1-4808-4948-8(0)); pap. 12.45 (978-1-4808-4949-5(9)) Archway Publishing.

My Snow Day / Ang Aking Snow Day: Babl Children's Books in Tagalog & English. Ally Nathaniel. l.t. ed. 2017. (ENG., Illus.). (J). 14.99 (978-1-68304-263-1(8)) Babl Books, Incorporated.

My Snow Day / Ma Journée de Neige: Babl Children's Books in French & English. Ally Nathaniel. Illus. by Milena Radeva. l.t. ed. 2018. (FRE.). 38p. (J). 14.99 (978-1-68304-278-5(6)) Babl Books, Incorporated.

My Snow Day / Meu Dia de Neve: Children's Picture Books in Portuguese. Ally Nathaniel. Illus. by Milena Radeva. 2016. (POR.). (J). (gr. 1-3). 14.99 (978-1-68304-187-0(9)) Babl Books, Incorporated.

My Snow Day / Ngay Tuyet Roi Cua Toi: Babl Children's Books in Vietnamese & English. Ally Nathaniel. l.t. ed. 2017. (ENG., Illus.). (J). 14.99 (978-1-68304-210-5(7)) Babl Books, Incorporated.

My Snow Globe: a Sparkly Peek-Through Story. Megan E. Bryant. Illus. by Melissa Iwai. 2016. (ENG.). 10p. (J). (gr. -1). bds. 7.99 (978-0-545-92176-3(7), Cartwheel Bks.) Scholastic, Inc.

My Snowflake Purse. Make Believe Ideas. Illus. by Dawn Machell. 2019. (ENG.). 48p. (J). (gr. -1-7). pap. 6.99 (978-1-78843-935-0(X)) Make Believe Ideas GBR. Dist: Scholastic, Inc.

My Snowman, Paul. Yossi Laipid. Illus. by Joanna Pasek. 2018. (Snowman Paul Ser.: Vol. 1). (ENG.). 42p. (J). (gr. k-2). 24.99 (978-1-949091-09-0(0)) Lapid, Yosef.

My Snowman, Paul. Yossi Lapid. 2017. (Snowman Paul Ser.: Vol. 1). (ENG., Illus.). (J). (gr. k-2). pap. 9.99 (978-0-9973899-0-6(7)) Lapid, Yosef.

My So-Called Superpowers. Heather Nuhfer. Illus. by Simini Blocker. 2019. (My So-Called Superpowers Ser.: 1). (ENG.). 272p. (J). pap. 7.99 (978-1-250-29421-0(5), 900179186) Square Fish.

My Soldier & I. Angela Rawlings. 2022. (ENG., Illus.). 30p. (J). 22.95 **(978-1-63710-646-4(7))** Fulton Bks.

M

My Soldier Lady (Classic Reprint) Ella Hamilton Durley. 2018. (ENG., Illus.). 258p. (J). 29.22 (978-0-332-41513-0(9)) Forgotten Bks.

My Son & I (Classic Reprint) Mabel H. Spielmann. 2018. (ENG., Illus.). 334p. (J). 30.81 (978-0-267-22741-9(8)) Forgotten Bks.

My Son Arthur: A Comedy in One Act (Classic Reprint) Mary F. Kingston. 2018. (ENG., Illus.). 28p. (J). 24.47 (978-0-267-43852-5(4)) Forgotten Bks.

My Son the Petunia Patch. Rebecca Blair. Illus. by Caylin Graham. 2019. (ENG.). 28p. (J). (gr. k-2). 18.00 (978-0-692-17683-2(7)) Blair, Rebecca E.

My Song to My Son. Barbara Farrell-Moshier Brown. Illus. by Rob Parmenter. 2021. (ENG.). 22p. (J). pap. 12.95 (978-1-0980-7247-6(2)) Christian Faith Publishing.

My Son's Wife (Classic Reprint) Rose Porter. (ENG., Illus.). (J). 2018. 224p. 28.52 (978-0-666-86721-6(6)); 2017. pap. 10.97 (978-0-259-36462-7(2)) Forgotten Bks.

My Soul to Keep: A Baby Book & Journal for Miscarriage & Stillbirth. Anna Semonco. 2022. (ENG.). 62p. (J). 19.95 (978-1-6642-2421-6(1), WestBow Pr.) Author Solutions, LLC.

My Soul Treasure. Kate Searle. Illus. by Alison Mutton. 2022. (Kate's Soul Treasure Ser.). (ENG.). 28p. (J). pap. **(978-0-6454154-0-7(5))** Kate's Soul Treasure.

My Sound Parade. Jane Belk Moncure. Illus. by Rebecca Thornburgh. 2018. (Jane Belk Moncure's Sound Box Bks.). (ENG.). 32p. (J). (gr. -1-2). 35.64 (978-1-5038-2303-7(2), 212158) Child's World, Inc, The.

My South Sea Sweetheart (Classic Reprint) Beatrice Grimshaw. (ENG., Illus.). (J). 2018. 298p. 30.04 (978-0-484-01611-7(3)); 2016. pap. 13.57 (978-1-334-15239-9(X)) Forgotten Bks.

My Southern Friends (Classic Reprint) Edmund Kirke. 2017. (ENG., Illus.). (J). 30.33 (978-0-265-18303-8(0)) Forgotten Bks.

My Southern Home, or the South & Its People (Classic Reprint) William Wells Brown. 2017. (ENG., Illus.). (J). 29.42 (978-0-260-67365-7(X)); pap. 11.97 (978-1-334-91761-5(2)) Forgotten Bks.

My Spa Day. Kennita Manning. 2021. (ENG.). 26p. (J). pap. (978-0-2288-4721-2(4)) Tellwell Talent.

My Space - Kids Sketch Book: Blank Paper for Drawing - Scribblings - Doodling - Writing - Drawing Pad - 8. 5 X 11 In. Brotss Studio. 2021. (ENG.). 102p. (J). pap. 11.20 (978-1-716-11323-9(7)) Lulu Pr., Inc.

My Space Infographic Sticker Activity Book. Kay Barnham. 2018. (My Infographic Sticker Activity Book Ser.). (ENG.). 32p. (J). (gr. k-2). pap. 8.99 (978-0-7502-9906-0(1), Wayland) Hachette Children's Group GBR. Dist: Hachette Bk. Group.

My Spaceman Daddy - Original Illustrations. Hayward Coral. Illus. by Hayward Sarah & Hayward Alice. 2020. (ENG.). 34p. (J). 24.99 (978-1-0878-6857-8(2)) Indy Pub.

My Spaghetti ABC. Deborah Niland. 2021. (Illus.). 32p. (J). (gr. -1-k). 24.99 (978-1-76089-725-3(6), Puffin) Penguin Random Hse. AUS. Dist: Independent Pubs. Group.

My Spanish Year (Classic Reprint) Bernhard Whishaw. 2018. (ENG., Illus.). 406p. (J). 32.27 (978-0-267-23485-1(6)) Forgotten Bks.

My Sparkly New Boots. Jenny Goebel. Illus. by Taia Morley. 2023. (Little Golden Book Ser.). 24p. (J). (-k). 5.99 (978-0-593-42741-5(6), Golden Bks.) Random Hse. Children's Bks.

My Special Alphabet Book: A Green-Themed Story & Workbook for Developing Speech Sound Awareness for Children Aged 3+ at Risk of Dyslexia or Language Difficulties. Helen Likierman & Valerie Muter. Illus. by Jane Dorner. ed. 2021. 128p. pap. 27.95 (978-1-78775-779-0(X), 795316) Kingsley, Jessica Pubs. GBR. Dist: Hachette UK Distribution.

My Special Angels: The Two Noble Scribes. Razana Noor. Illus. by Omar Burgess. 2017. 24p. (J). (gr. -1-2). 8.95 (978-0-86037-645-3(1)) Kube Publishing Ltd. GBR. Dist: Consortium Bk. Sales & Distribution.

My Special Circus. Emily Ashcroft. Illus. by Maria Marium. 2021. (ENG.). 30p. (J). 24.95 (978-1-64719-671-4(X)) Booklocker.com, Inc.

My Special Different Friend. Rosa Carroll. 2020. (ENG.). 28p. (J). 23.95 (978-1-64584-262-0(2)) Page Publishing Inc.

My Special Friend. J. D. Neblett. 2017. (ENG., Illus.). 6p. (J). (978-1-365-79235-9(8)) Lulu Pr., Inc.

My Special Gifts. Bernie DiPasquale. 2017. (ENG., Illus.). (J). pap. 12.99 (978-0-9995121-1-1(0)) Mindstir Media.

My Special Girl. Janice D. Kiser. Illus. by Jahdei G. Franceschi. 2021. (ENG.). 26p. (J). 25.99 **(978-1-0880-1750-0(9))** Indy Pub.

My Special Needs Family. Claudia Harrington. Illus. by Zoe Persico. 2017. (My Family Set 2 Ser.). (ENG.). 32p. (J). (gr. -1-4). lib. bdg. 32.79 (978-1-5321-3021-2(X), 25544, Looking Glass Library) Magic Wagon.

My Spook-Tacular Halloween Library: With 18 Books & Stickers. IglooBooks. 2021. (ENG.). 24p. (J). (gr. -1-5). 14.99 (978-1-80022-844-3(9)) Igloo Bks. GBR. Dist: Simon & Schuster, Inc.

My Spooky Halloween. Mariana Herrera. Illus. by Molly Fehr. 2020. (My Little Holiday Ser.). (ENG.). 18p. (J). (gr. -1 — 1). bds. 7.99 (978-0-06-291598-6(3), HarperFestival) HarperCollins Pubs.

My Spots. Kimberly Parker. Illus. by Ashley E. Dowell. 2020. (ENG.). 26p. (J). (gr. k-6). pap. 12.99 (978-0-578-67839-9(X), Pierre Publishing) Carol J. Pierre, LLC.

My Square Book. Illus. by Agnese Baruzzi. 2018. (My First Book Ser.). (ENG.). 20p. (J). (— 1). bds. 6.95 (978-88-544-1227-9(9)) White Star Publishers ITA. Dist: Sterling Publishing Co., Inc.

My Star-Spangled Friend. Marlene Norgard. 2019. (ENG., Illus.). 36p. (J). pap. 13.95 *(978-1-64531-255-0(0))* Newman Springs Publishing, Inc.

My State. Meg Gaertner. 2020. (Where I Live Ser.). (ENG., Illus.). 16p. (J). (gr. k-1). pap. 7.95 *(978-1-64493-416-6(7),* 1644934167); lib. bdg. 25.64 *(978-1-64493-340-4(3),* 1644933403) North Star Editions. (Focus Readers).

My STEM Brain. Cherie D. Lebron & Maira Islam. 2020. (ENG.). 28p. (J). 17.99 *(978-1-0878-9573-4(1))* Indy Pub.

My STEM Day: Engineering: Packed with Fun Facts & Activities! Nancy Dickmann. 2021. (My STEM Day Ser.). (ENG.). 64p. (J). (gr. 3-7). pap. 9.95 *(978-1-78312-658-3(2))* Welbeck Publishing Group Ltd. GBR. Dist: Two Rivers Distribution.

My STEM Day: Mathematics: Packed with Fun Facts & Activities! Anne Rooney. 2021. (My STEM Day Ser.). (ENG.). 64p. (J). (gr. 3-7). pap. 9.95 *(978-1-78312-657-6(4))* Welbeck Publishing Group Ltd. GBR. Dist: Two Rivers Distribution.

My STEM Day: Science: Packed with Fun Facts & Activities! Anne Rooney. 2021. (My STEM Day Ser.). (ENG.). 64p. (J). (gr. 3-7). pap. 9.95 *(978-1-78312-656-9(6))* Welbeck Publishing Group Ltd. GBR. Dist: Two Rivers Distribution.

My STEM Day: Technology: Packed with Fun Facts & Activities! Nancy Dickmann. 2021. (My STEM Day Ser.). (ENG.). 64p. (J). (gr. 3-7). pap. 9.95 *(978-1-78312-655-2(8))* Welbeck Publishing Group Ltd. GBR. Dist: Two Rivers Distribution.

My Sticker & Activity Book: Animals: Over 100 Stickers! Tr. by Carine Laforest & Robin Bright. Illus. by Annie Sechao & Karina Dupuis. 2023. (Activity Bks.). 44p. (J). (gr. -1). 7.99 *(978-2-89802-489-4(9),* CrackBoom! Bks.) Chouette Publishing CAN. Dist: Publishers Group West (PGW).

My Sticker & Activity Book: Things That Go: Over 100 Stickers! Tr. by Robin Bright. Illus. by Annie Sechao. 2021. (Activity Bks.). 44p. (J). (gr. -1). 6.99 *(978-2-89802-284-5(5),* CrackBoom! Bks.) Chouette Publishing CAN. Dist: Publishers Group West (PGW).

My Sticker Dictionary: Scholastic Early Learners (Sticker Book) Scholastic. 2020. (Scholastic Early Learners Ser.). (ENG.). 88p. (J). (gr. k-2). pap. 9.99 *(978-1-338-67770-6(5),* Cartwheel Bks.) Scholastic, Inc.

My Sticker Dress-Up - Dancers. Illus. by Louise Anglicas. 2023. (My Sticker Dress-Up Ser.). 44p. (J). (gr. k-3). pap. 9.99 *(978-1-7282-7637-3(3))* Sourcebooks, Inc.

My Sticker Dress-Up - Fairies. Illus. by Louise Anglicas. 2023. (My Sticker Dress-Up Ser.). 44p. (J). (gr. k-3). pap. 9.99 *(978-1-7282-7638-0(1))* Sourcebooks, Inc.

My Sticker Dress-Up - Princesses. Illus. by Louise Anglicas. 2023. (My Sticker Dress-Up Ser.). 44p. (J). (gr. k-3). pap. 9.99 *(978-1-7282-7639-7(X))* Sourcebooks, Inc.

My Sticker Dress-Up: Fashionista. Illus. by Louise Anglicas. 2023. (My Sticker Dress-Up Ser.). 44p. (J). (gr. k-3). pap. 9.99 ***(978-1-7282-7641-0(1))*** Sourcebooks, Inc.

My Sticker Dress-Up: Salon. Illus. by Louise Anglicas. 2023. (My Sticker Dress-Up Ser.). 44p. (J). (gr. k-3). pap. 9.99 ***(978-1-7282-7642-7(X))*** Sourcebooks, Inc.

My Sticker Dress-Up: Weddings. Illus. by Louise Anglicas. 2023. (My Sticker Dress-Up Ser.). 44p. (J). (gr. k-3). pap. 9.99 ***(978-1-7282-7643-4(8))*** Sourcebooks, Inc.

My Sticker Paintings: Animals of the World: 10 Magnificent Paintings. Clorophyl Editions. 2022. (My Sticker Painting Ser.). (ENG., Illus.). 44p. (J). 9.99 *(978-1-64124-184-7(5),* 1847) Fox Chapel Publishing Co., Inc.

My Sticker Paintings: Birds: 10 Magnificent Paintings. Clorophyl Editions. 2022. (My Sticker Painting Ser.). (ENG., Illus.). 44p. (J). 9.99 *(978-1-64124-185-4(3),* 1854) Fox Chapel Publishing Co., Inc.

My Sticker Paintings: Dinosaurs: 10 Magnificent Paintings. Clorophyl Editions. 2022. (My Sticker Painting Ser.). (ENG., Illus.). 44p. (J). 9.99 *(978-1-64124-186-1(1),* 1861) Fox Chapel Publishing Co., Inc.

My Sticker Paintings: Horses: 10 Magnificent Paintings. Clorophyl Editions. 2022. (My Sticker Painting Ser.). (ENG., Illus.). 44p. (J). 9.99 *(978-1-64124-187-8(X),* 1878) Fox Chapel Publishing Co., Inc.

My Sticker Paintings: Ocean Animals: 10 Magnificent Paintings. Clorophyl Editions. 2022. (My Sticker Painting Ser.). (ENG., Illus.). 44p. (J). 9.99 *(978-1-64124-183-0(7),* 1830) Fox Chapel Publishing Co., Inc.

My Sticker Paintings: Unicorns: 10 Magnificent Paintings. Clorophyl Editions. 2022. (My Sticker Painting Ser.). (ENG., Illus.). 44p. (J). 9.99 *(978-1-64124-188-5(8),* 1885) Fox Chapel Publishing Co., Inc.

My Stinky Buck. Joe Lampe. i.t. ed. 2023. (Funny Sound Substitutions Ser.). (ENG.). 26p. (J). pap. 9.99 ***(978-1-0882-0990-5(4))*** Indy Pub.

My Stinky Dog. Christine Roussey. 2018. (ENG., Illus.). 32p. (J). (gr. -1-1). 16.99 *(978-1-4197-2823-5(7),* 1186301, Abrams Bks. for Young Readers) Abrams, Inc.

My Stinky Summer by S. Bug. Paul Meisel. (Nature Diary Ser.). (Illus.). 40p. (J). (gr. -1-3). 2021. pap. 8.99 *(978-0-8234-4943-9(2));* 2020. 17.99 *(978-0-8234-4053-5(2))* Holiday Hse., Inc.

My Stomach. Sloane Hughes. 2022. (What's Inside Me? Ser.). (ENG., Illus.). 24p. (J). (gr. 1-3). lib. bdg. 26.99 *(978-1-63691-445-9(4),* 18608) Bearport Publishing Co., Inc.

My Store Scavenger Hunt. Bela Davis. 2022. (Senses Scavenger Hunt Ser.). (ENG.). 24p. (J). (gr. k-k). pap. 8.95 *(978-1-64494-838-5(9),* Abdo Kids-Junior); (Illus.). (gr. -1-2). lib. bdg. 31.36 *(978-1-0982-6157-3(7),* 39479, Abdo Kids) ABDO Publishing Co.

My Story. Lizzy May Morrison. 2022. (ENG.). 224p. (YA). pap. *(978-1-3984-2756-3(X))* Austin Macauley Pubs. Ltd.

My Story: A Kid's Creative Journal for Expressing Yourself. Janine Wilburn. 2021. (Resiliency Guides). 128p. (J). (gr. 3-7). pap. 14.99 *(978-1-5132-6732-6(9),* West Margin Pr.) West Margin Pr.

My Story 2: My Country, My World. Craig Froman & Andrew Froman. 2018. 411p. (gr. 1-2). pap. 44.99 *(978-1-68344-118-2(4),* Master Books) New Leaf Publishing Group.

My Story about PANS/PANDAS by Owen Ross. Rachel Avery & Keri Bassman Ross. 2019. (ENG., Illus.). 42p. (J). (gr. -1-3). 18.95 *(978-1-5069-0874-8(8))* First Edition Design Publishing.

My Story about PANS/PANDAS by Owen Ross. Keri Bassman Ross et al. 2019. (ENG., Illus.). 46p. (J). (gr. k-3). 24.99 *(978-0-578-64266-6(2));* pap. 14.99 *(978-0-578-64265-9(4))* Ross, Keri.

My Story Book of Rhyme. Maisie Grady. 2022. (ENG.). 30p. (J). pap. *(978-1-3984-7600-4(5))* Austin Macauley Pubs. Ltd.

My Story (Classic Reprint) Katharine S. Macquoid. (ENG., Illus.). (J). 2018. 216p. 28.35 *(978-0-364-48121-9(8));* 2017. pap. 10.97 *(978-0-259-44042-0(6))* Forgotten Bks.

My Story for Now & Later - Au Karaki Ibukin Ngkai Ao Taai Rimwii (Te Kiribati) Anne-Marie Miller & Jovan Carl Segura. 2023. (ENG.). 36p. (J). pap. ***(978-1-922844-96-5(9))*** Library For All Limited.

My Story Journal: A Personal Time Capsule with Stories & Bible Verses. Agnes De Bezenac & Salem De Bezenac. Illus. by Agnes De Bezenac. 2019. (ENG., Illus.). 98p. (J). pap. 18.00 *(978-1-63474-291-7(5));* (gr. 1-4). 19.00 *(978-1-63474-301-3(6))* iCharacter.org.

My Story of the Civil War & the under-Ground Railroad (Classic Reprint) Marvin Benjamin Butler. 2017. (ENG., Illus.). (J). 32.19 *(978-0-265-42758-3(4))* Forgotten Bks.

My Story Paper for Kids: Blank Notebook Story for Kids-124 Pages-6x9. Pappel20. 2020. (ENG.). 124p. (J). pap. 9.00 *(978-1-716-36721-2(2))* Lulu Pr., Inc.

My Story (So Far) A Write/Color/Sketch Journal. Lk Hunsaker. 2018. (ENG., Illus.). 100p. (J). (gr. 1-6). 19.95 *(978-0-9825299-8-0(8))* Elucidate Publishing.

My Story Starts Here: Voices of Young Offenders, 1 vol. Deborah Ellis. 2019. (ENG.). 224p. (J). (gr. 7). pap. 18.95 *(978-1-77306-121-4(6))* Groundwood Bks. CAN. Dist: Publishers Group West (PGW).

My Story Writing & Drawing Book. Vivienne Ainslie. 2020. (ENG., Illus.). 158p. (J). pap. ***(978-1-912677-73-3(3))*** Ainslie & Fishwick Pub.

My Storybook of Fairies & Elves. Nicola Baxter. 2018. 240p. (J). (gr. -1-12). 9.99 *(978-0-85723-738-5(1),* Armadillo) Anness Publishing GBR. Dist: National Bk. Network.

My Strange Friend (Classic Reprint) Francis J. Finn. 2017. (ENG., Illus.). (J). 25.63 *(978-0-266-71075-2(1))* Forgotten Bks.

My Strange Life: The Intimate Life Story of a Moving Picture Actress (Classic Reprint) Edward J. Clode. 2018. (ENG., Illus.). 314p. (J). 30.43 *(978-0-332-42545-0(2))* Forgotten Bks.

My Strange Rescue: And Other Stories of Sport & Adventure in Canada (Classic Reprint) J. Macdonald Oxley. (ENG., Illus.). (J). 2018. 380p. 31.75 *(978-0-483-80112-7(7));* 2016. pap. 16.57 *(978-1-334-15868-1(1))* Forgotten Bks.

My Strange Shrinking Parents. Zeno Sworder. 2023. (ENG., Illus.). 40p. (J). (gr. k-3). 17.95 ***(978-1-76076-295-7(4),*** 776295) Thames & Hudson.

My Street. Meg Gaertner. 2020. (Where I Live Ser.). (ENG., Illus.). 16p. (J). (gr. k-1). pap. 7.95 *(978-1-64493-417-3(5),* 1644934175); lib. bdg. 25.64 *(978-1-64493-341-1(1),* 1644933411) North Star Editions. (Focus Readers).

My Strong Mind (Createspace) A Story about Developing Mental Strength. Niels Van Hove. 2017. (ENG., Illus.). (J). (gr. 1-2). pap. *(978-0-6480859-1-0(0))* Truebridges.

My Strong Mind (Ingram) A Story about Developing Mental Strength. Niels Van Hove. 2018. (ENG., Illus.). 34p. (J). (gr. k-2). *(978-0-6480859-3-5(7))* Truebridges.

My Strong Mind (Ingram & Hit Ink) A Story about Developing Mental Strength. Niels Van Hove. 2017. (ENG., Illus.). (J). (gr. 1-2). pap. *(978-0-6480859-0-4(2))* Truebridges.

My Strong Mind IV: I Am Pro-Active & Keep My Emotions in Check. Niels Van Hove. 2021. (Social Skills & Mental Health for Kids Ser.: Vol. 4). (ENG.). 30p. (J). *(978-0-6452336-3-6(3));* pap. *(978-0-6452336-2-9(5))* Truebridges.

My Strong Mind V: I Believe in My Abilities & Stand My Ground. Niels Van Hove. Illus. by Vanlaldiki. 2022. (Social Skills & Mental Health for Kids Ser.: Vol. 5). (ENG.). 30p. (J). pap. *(978-0-6454541-0-9(9))* Truebridges.

My Stupid Stepbrother Ruined Aladdin. Jerry Mahoney. Illus. by Aleksei Bitskoff. 2017. (My Rotten Stepbrother Ruined Fairy Tales Ser.). (ENG.). 160p. (J). (gr. 3-6). lib. bdg. 26.65 *(978-1-4965-4464-3(1),* 134769, Stone Arch Bks.) Capstone.

My Stupid Stepbrother Ruined Beauty & the Beast. Jerry Mahoney. Illus. by Aleksei Bitskoff. 2017. (My Rotten Stepbrother Ruined Fairy Tales Ser.). (ENG.). 160p. (J). (gr. 3-6). lib. bdg. 26.65 *(978-1-4965-4465-0(X),* 134770, Stone Arch Bks.) Capstone.

My Style & Me: Beauty Hacks, Fashion Tips, Style Projects. Caroline Rowlands. 2020. (Y Ser.). (ENG.). 144p. (J). (gr. 3-7). pap. 14.95 *(978-1-78312-501-2(2))* Carlton Kids GBR. Dist: Two Rivers Distribution.

My Suburban Community, 1 vol. Portia Summers. 2016. (Zoom in on Communities Ser.). (ENG.). 24p. (gr. 2-2). pap. 10.95 *(978-0-7660-7833-8(7),* dc3a686a-d881-46df-b927-9a08f36a42f6) Enslow Publishing, LLC.

My Summer. Hae-Won Shin. 2018. (KOR.). (J). *(978-89-433-1180-3(2))* Borim Pr.

My Summer Friend. Debi J. Gatlyn. 2019. (ENG., Illus.). 34p. (J). (gr. k-4). 20.99 *(978-1-7338134-0-2(3))* Come As A Child.

My Summer Friend. Debi Jean Gatlyn. 2019. (ENG., Illus.). 34p. (J). (gr. k-5). pap. 12.99 *(978-1-7338134-2-6(X))* Come As A Child.

My Summer in a Garden (Classic Reprint) Charles Dudley Warner. 2017. (ENG., Illus.). (J). 28.97 *(978-0-266-33558-0(6))* Forgotten Bks.

My Summer in a Mormon Village. Florence A. Merriam. 2017. (ENG., Illus.). (J). pap. *(978-0-649-65434-5(X))* Trieste Publishing Pty Ltd.

My Summer in a Mormon Village (Classic Reprint) Florence A. Merriam. 2017. (ENG., Illus.). (J). 27.59 *(978-0-266-67867-0(X))* Forgotten Bks.

My Summer in a Mormon Village, Pp. 1-169. Florence A. Merriam. 2017. (ENG., Illus.). (J). pap. *(978-0-649-65435-2(8))* Trieste Publishing Pty Ltd.

My Summer in the Kitchen (Classic Reprint) Hetty Athon Morrison. 2017. (ENG., Illus.). (J). 26.89 *(978-0-265-65506-1(4));* pap. 9.57 *(978-1-5276-0929-7(4))* Forgotten Bks.

My Summer of Love & Misfortune. Lindsay Wong. 2021. (ENG.). 384p. (YA). (gr. 9). pap. 12.99 *(978-1-5344-4335-8(5),* Simon & Schuster Bks. For Young Readers) Simon & Schuster Bks. For Young Readers.

My Summer of Love & Misfortune. Lindsay Wong. 2020. (ENG.). 384p. (YA). (gr. 9). 18.99 *(978-1-5344-4334-1(7),* Simon Pulse) Simon Pulse.

My Summer on the Farm (Classic Reprint) Mary A. Swift. (ENG., Illus.). (J). 2018. 58p. 25.09 *(978-0-267-40788-0(2));* 2016. pap. 9.57 *(978-1-334-13061-8(2))* Forgotten Bks.

My Summer Vacation: The Adventures of Buddy & Sissy. Jimmie King. 2021. (ENG., Illus.). 36p. (J). pap. 16.95 *(978-1-0980-6780-9(0))* Christian Faith Publishing.

My Sunday Quiet Book. Rebecca Bird. 2017. (ENG.). (J). pap. 39.99 *(978-1-4621-1936-3(0))* Cedar Fort, Inc./CFI Distribution.

My Sunshine Space. M. E. Rich. Illus. by E. Dunlap. 2023. 40p. (J). (gr. -1-4). pap. 16.00 BookBaby.

My Super Amazing Coloring Book! Perfect for Preschool, Kindergarten Kids & All Children Who Love Coloring with 100 Pages of Size 8. 5 X 11. Chelzea Jett. 2023. (ENG.). 100p. (J). pap. ***(978-1-312-91373-8(8))*** Lulu Pr., Inc.

My Super Cute Pet Adventure Coloring Book. Bobo's Children Activity Books. 2016. (ENG., Illus.). (J). pap. 9.33 *(978-1-68327-560-2(8))* Sunshine In My Soul Publishing.

My Super Family: A Book for Blended Families. Heather Orchard. Illus. by Angela Matlashevsky. 2018. (Healing Hearts Ser.: Vol. 1). (ENG.). 36p. (J). (gr. k-4). pap. 14.99 *(978-0-692-18461-5(9))* Healing Heart's Publishing Co.

My Super Fun & Totally Awesome Friends Book. Gemma McGowan. 2019. (ENG.). 54p. (J). pap. 23.00 *(978-0-359-60927-7(9))* Lulu Pr., Inc.

My Super Hero. Jill Schroeder Hemann. Illus. by Olivia Beaty. 2020. 28p. (J). pap. 11.60 *(978-1-0983-0831-5(X))* BookBaby.

My Super Hero's. Joseph Harrod. 2023. (ENG., Illus.). 30p. (J). 20.95 ***(978-1-63860-880-6(6))*** Fulton Bks.

My Super Puzzle Book. Sequoia Children's Publishing. 2019. (ENG.). 16p. (J). 2.99 *(978-1-64269-087-3(2),* 4002, Sequoia Publishing & Media LLC) Phoenix International Publications, Inc.

My Super Scar. Cynthia Vandermolen. 2017. (ENG., Illus.). (J). (gr. -1-2). pap. 12.95 *(978-1-68197-738-6(9))* Christian Faith Publishing.

My Super Sparkly Sticker Purse. Make Believe Ideas. Illus. by Dawn Machell. (ENG.). (J). (gr. -1-7). 2020. 48p. pap. 6.99 *(978-1-78947-323-0(3));* 2016. 96p. pap. 9.99 *(978-1-78598-147-0(1))* Make Believe Ideas GBR. Dist: Scholastic, Inc.

My Super-Special, Kinda-Human Dog Named Louie. Jeanne Andersen. 2018. (ENG., Illus.). 36p. (J). 17.99 *(978-621-434-037-8(1));* pap. 9.99 *(978-621-434-038-5(X))* Omnibook Co.

My Super Sweet Scented Sketchbook. Editors of Klutz. 2017. (ENG.). 62p. (J). (gr. 3-7). spiral bd. 18.99 *(978-1-338-10638-1(4))* Klutz.

My Super Sweet Sixteenth Century. Rachel Harris. 2017. (ENG., Illus.). (YA). pap. 14.99 *(978-1-68281-441-3(6))* Entangled Publishing, LLC.

My Super Winter Activity Book. Sequoia Children's Publishing. 2019. (ENG.). 16p. (J). 4.99 *(978-1-64269-052-1(X),* f2571674-c83b-4ee1-9f24-8a64e42841dd, Sequoia Publishing & Media LLC) Sequoia Children's Bks.

My Superhero Mind. Jaina Marie Thatch. Illus. by Merrie Gallagher Cole. 2019. (ENG.). 34p. (J). (gr. k-2). 24.95 *(978-0-578-59280-0(0))* Thatch, Jaina.

My Superpower. Delores Topping. 2019. (ENG.). 22p. (J). pap. 12.95 *(978-1-64569-145-7(4))* Christian Faith Publishing.

My Survival: a Girl on Schindler's List. Joshua M. Greene & Rena Finder. (ENG.). 144p. (J). (gr. 3-7). 2022. pap. 7.99 *(978-1-338-59382-2(X));* 2019. (Illus.). 16.99 *(978-1-338-59379-2(X),* Scholastic Pr.) Scholastic, Inc.

My Sweet Katie. MacKenzie Drew. 2023. (ENG.). 316p. (YA). pap. 13.99 ***(978-1-0881-8447-9(2))*** Indy Pub.

My Sweet Little Megabyte. Jeffrey Burton. Illus. by Laura Roode. 2016. (ENG.). 16p. (J). (gr. -1 — 1). bds. 5.99 *(978-1-4814-6809-1(X),* Little Simon) Little Simon.

My Sweet Orange Tree. Jose Mauro De Vasconcelos. 2019. (ENG.). 272p. (YA). (gr. 9). 17.99 *(978-1-5362-0328-8(9))* Candlewick Pr.

My Sweet Unicorn Daily Journal. Helen C. Seventh. 2020. (ENG.). 104p. (J). pap. 5.00 *(978-1-716-30541-2(1))* Lulu Pr., Inc.

My Sword for Lafayette: Being the Story of a Great Friendship; & of Certain Episodes in the Wars Waged for Liberty, Both in France & America by One Who Took No Mean Part Therein (Classic Reprint) Max Pemberton. (ENG., Illus.). (J). 2018. 332p. 30.76 *(978-0-483-55970-7(9));* 2016. pap. 13.57 *(978-1-334-14374-8(9))* Forgotten Bks.

My T-Shirt & Other Clothing. Helen Greathead. 2016. (Well Made, Fair Trade Ser.). (ENG., Illus.). 32p. (J). (gr. 5-9). *(978-0-7787-2716-3(5))* Crabtree Publishing Co.

My 't' Sound Box. Jane Belk Moncure. Illus. by Rebecca Thornburgh. 2018. (Jane Belk Moncure's Sound Box Bks.). (ENG.). 32p. (J). (gr. -1-2). 35.64 *(978-1-5038-2323-5(7),* 212152) Child's World, Inc, The.

My Tail's Not Tired. Jana Novotny-Hunter. Illus. by Paula Bowles. 2017. (Child's Play Library). 32p. (J). (ENG.). *(978-1-84643-985-8(X));* pap. *(978-1-84643-986-5(8))* Child's Play International Ltd.

My Tail's NOT Tired! 8x8 Edition. Jana Novotny-Hunter. Illus. by Paula Bowles. 2022. (Child's Play Mini-Library). (ENG.). 32p. (J). pap. *(978-1-78628-642-0(4))* Child's Play International Ltd.

My Tale of the Tails. Jani. 2021. (ENG.). 24p. (J). *(978-1-5255-7633-1(X));* pap. *(978-1-5255-7634-8(8))* FriesenPress.

My Teacher & Me. Adam Hargreaves. 2021. (Mr. Men & Little Miss Ser.). (ENG., Illus.). 32p. (J). (gr. -1-2). pap. 6.99 *(978-0-593-22414-4(0),* Grosset & Dunlap) Penguin Young Readers Group.

My Teacher Dad. Sonya Annita Song. Illus. by Kate Fallahee. 2019. (ENG.). 32p. (J). *(978-1-9995402-6-5(3));* (My Teacher Dad Ser.: Vol. 1). pap. *(978-1-9995402-7-2(1))* Chinchilla Bks.

My Teacher Dad - Wednesday Edition: Dinosaur Museum. Sonya Annita Song. Illus. by Kate Fallahee. 2019. (ENG.). 24p. (J). pap. *(978-1-989381-00-7(6))* Chinchilla Bks.

My Teacher Is a Robot. Jeffrey Brown. ed. 2021. (ENG., Illus.). 34p. (J). (gr. k-1). 20.46 *(978-1-64697-899-1(4))* Penworthy Co., LLC, The.

My Teacher Is a Robot. Jeffrey Brown. (Illus.). 40p. (J). (gr. -1-2). 2021. (ENG.). 7.99 *(978-0-553-53454-2(8),* Dragonfly Bks.); 2019. 17.99 *(978-0-553-53451-1(3),* Crown Books For Young Readers); 2019. (ENG.). lib. bdg. 20.99 *(978-0-553-53452-8(1),* Crown Books For Young Readers) Random Hse. Children's Bks.

My Teacher Is an Alien. Lisa Marsh & Hornanzo Early. 2021. (ENG.). 38p. (J). pap. 14.95 *(978-1-64468-960-8(X))* Covenant Bks.

My Teacher Is the Best! D. J. Steinberg. Illus. by Ruth Hammond. 2022. 32p. (J). (gr. -1-3). 8.99 *(978-0-593-38603-3(5),* Grosset & Dunlap) Penguin Young Readers Group.

My Teacher Was a Marine, 1 vol. Elliot Paderewski. 2016. (Rosen REAL Readers: Social Studies Nonfiction / Fiction: Myself, My Community, My World Ser.). (ENG.). 8p. (gr. k-1). pap. 5.46 *(978-1-5081-2512-9(0),* c4201d0f-7a6e-4628-8d00-4afda44d1e7d, Rosen Classroom) Rosen Publishing Group, Inc., The.

My Teacher's a Spy! Phil Barnes. 2017. (ENG.). 66p. (J). 19.95 *(978-1-78629-498-2(2),* 38e7717c-8f37-41e8-8b52-291af2009c29); pap. 10.95 *(978-1-78629-497-5(4),* 718f7420-02c0-4e75-ab7b-c2d3d49bf9ff) Austin Macauley Pubs. Ltd. GBR. Dist: Baker & Taylor Publisher Services (BTPS).

My Teacher's Gem: Illustrated (Classic Reprint) Unknown Author. 2018. (ENG., Illus.). 64p. (J). 25.22 *(978-0-483-40430-4(6))* Forgotten Bks.

My Teacher's Not Here! Lana Button. Illus. by Christine Battuz. 2018. (ENG.). 32p. (J). (gr. -1-2). 16.99 *(978-1-77138-356-1(9))* Kids Can Pr., Ltd. CAN. Dist: Hachette Bk. Group.

My Tech-Wise Life: Growing up & Making Choices in a World of Devices. Amy Crouch & Andy Crouch. 2020. (ENG., Illus.). 208p. (YA). 15.99 *(978-0-8010-1867-1(6))* Baker Bks.

My Teenage Life in Australia. Michael Burgan. 2017. (Customs & Cultures of the World Ser.: Vol. 12). (ENG., Illus.). 64p. (J). (gr. 7-12). 23.95 *(978-1-4222-3900-1(4))* Mason Crest.

My Teenage Life in Brazil. Jim Whiting. 2017. (Customs & Cultures of the World Ser.: Vol. 12). (ENG., Illus.). 64p. (J). (gr. 7-12). 23.95 *(978-1-4222-3901-8(2))* Mason Crest.

My Teenage Life in China. Jim Whiting & Shi Yu Li. 2017. (Customs & Cultures of the World Ser.). (Illus.). 128p. (J). *(978-1-4222-3902-5(0))* Mason Crest.

My Teenage Life in Egypt. Jim Whiting & Muhammad Nabil. 2017. (Illus.). 64p. (J). *(978-1-4222-3899-8(7))* Mason Crest.

My Teenage Life in Greece. James Buckley. 2017. (Customs & Cultures of the World Ser.). (ENG., Illus.). 64p. (J). (gr. 7-12). 23.95 *(978-1-4222-3904-9(7))* Mason Crest.

My Teenage Life in India. Michael Centore. 2017. (Customs & Cultures of the World Ser.). (ENG., Illus.). 64p. (J). (gr. 7-12). 23.95 *(978-1-4222-3905-6(5))* Mason Crest.

My Teenage Life in Japan. Mari Rich. 2017. (Customs & Cultures of the World Ser.). (ENG., Illus.). 64p. (J). (gr. 7-12). 23.95 *(978-1-4222-3906-3(3))* Mason Crest.

My Teenage Life in Mexico. Betsy Cassriel. 2017. (Customs & Cultures of the World Ser.). (ENG., Illus.). 64p. (J). (gr. 7-12). 23.95 *(978-1-4222-3907-0(1))* Mason Crest.

My Teenage Life in Nepal. Diane Bailey & Purneema Chhetri. 2017. (Customs & Cultures of the World Ser.). (Illus.). 128p. (J). *(978-1-4222-3909-4(8))* Mason Crest.

My Teenage Life in Russia. Kathryn Hulick. 2017. (Customs & Cultures of the World Ser.: Vol. 12). (ENG., Illus.). 64p. (J). (gr. 7-12). 23.95 *(978-1-4222-3910-0(1))* Mason Crest.

My Teenage Life in South Africa. Michael Centore & Tshwarelo Lebeko. 2017. (Illus.). 128p. (J). *(978-1-4222-3911-7(X))* Mason Crest.

My Teeth. Nicole A. Mansfield. 2023. (My Teeth Ser.). (ENG.). 24p. (J). 119.96 *(978-0-7565-7166-5(9),* 247267); pap., pap., pap. 27.96 *(978-0-7565-7165-8(0),* 247268) Capstone. (Pebble).

My Teeth Are Sharp & Pointy. Jessica Rudolph. 2016. (Zoo Clues 2 Ser.). (ENG., Illus.). 24p. (J). (gr. -1-3). 26.99 *(978-1-944102-56-2(6))* Bearport Publishing Co., Inc.

My Teeth: Top to Bottom. Bsdh Amanda Krompetz Rdh. 2020. (ENG.). 18p. (J). bds. 16.99 *(978-1-4808-9202-6(5))* Archway Publishing.

My Ten Painted Nails: Bilingual Inuktitut & English Edition. Jennifer Jaypoody. Illus. by Emma Pedersen. 2022. (Arvaaq Bks.). 26p. (J). bds. 12.95 *(978-1-77450-546-5(0))* Inhabit Education Bks. Inc. CAN. Dist: Consortium Bk. Sales & Distribution.

My Tender Heart Bible. Laura Sassi. Illus. by Sandra Eide. 2023. (My Tender Heart Ser.). (ENG.). 26p. (J). (gr. -1). bds. 15.99 *(978-1-64060-839-9(7))* Paraclete Pr., Inc.

My Terminal Moraine (Classic Reprint) Frank R. Stockton. 2018. (ENG., Illus.). 106p. (J). 26.10 *(978-0-267-75440-3(X))* Forgotten Bks.

My Terminal Moraine (Classic Reprint) Frank Richard Stockton. 2016. (ENG., Illus.). (J). pap. 9.57 *(978-1-334-14920-7(8))* Forgotten Bks.

My Testimony: Faith over Fear. Cratelyn Henderson. 2019. (ENG.). 28p. (J). pap. 11.95 *(978-1-64458-832-1(3))* Christian Faith Publishing.

1422

The check digit for ISBN-10 appears in parentheses after the full ISBN-13

TITLE INDEX

MY VAGABONDAGE

My Theatrical & Musical Recollections. Emily Soldene. 2016. (ENG.). 324p. (J). pap. *(978-3-7433-9268-7(2))* Creation Pubs.

My Theatrical & Musical Recollections (Classic Reprint) Emily Soldene. 2017. (ENG., Illus.). (J). 30.64 *(978-0-260-93386-7(4))* Forgotten Bks.

My Thinking Book. Pat Lamb. 2018. (ENG., Illus.). 426p. (J). pap. 19.95 *(978-1-64300-514-0(6))* Covenant Bks.

My Third Public Auction Sale of United States Coins Will Be Held at the Parker House, Tremont Street, Boston, Mass: Tuesday, July 19th, 1938 at 11 P. M. , Lots on Exhibition Morning of the Sale from 10: 30 until 12m (Classic Reprint) Horace M. Grant. 2017. (ENG., Illus.). (J). 24.52 *(978-0-331-46166-4(8))*; pap. 7.97 *(978-0-266-90009-2(7))* Forgotten Bks.

My Thirty Years Out of the Senate (Classic Reprint) Jack Downing. 2017. (ENG., Illus.). 462p. (J). 33.45 *(978-0-332-87213-1(0))* Forgotten Bks.

My Thomas Potty Book (Thomas & Friends) Random House. 2016. (ENG., Illus.). 14p. (J). (gr. -1 — 1). bds. 9.99 *(978-1-101-93427-2(1)*, Random Hse. Bks. for Young Readers) Random Hse. Children's Bks.

My Thoughts Are Clouds: Poems for Mindfulness. Georgia Heard. Illus. by Isabel Roxas. 2021. (ENG.). 56p. (J). 21.99 *(978-1-250-24468-0(4)*, 900212394) Roaring Brook Pr.

My Thoughts Exactly: By Darcy Diggins, Middle School Biospychologist. Jodie Randisi. 2020. (Darcy Diggins & Grandma Earlene Ser.: Vol. 1). (ENG.). 220p. (J). (gr. 6). pap. 14.99 *(978-0-9975172-4-8(7))* COWCATCHER Pubns.

My Thousand Treasures. Licia Chenoweth. 2023. (ENG.). 230p. (J). 19.99 ***(978-1-64538-489-2(6))***; pap. 15.99 ***(978-1-64538-490-8(X))*** Orange Hat Publishing.

My Three Conversations with Miss. Chester (Classic Reprint) Frederic Beecher Perkins. (ENG., Illus.). (J). 2017. 96p. 25.88 *(978-0-332-80251-0(5))*; 2016. pap. 9.57 *(978-1-334-16803-1(2))* Forgotten Bks.

My Three Husbands (Classic Reprint) Unknown Author. 2018. (ENG., Illus.). 250p. (J). 29.07 *(978-0-332-17444-0(1))* Forgotten Bks.

My Three Keys: And Other Talks to Boys & Girls (Classic Reprint) William D. Murray. (ENG., Illus.). (J). 2018. 150p. 26.95 *(978-0-332-94452-4(2))*; 2017. pap. 9.57 *(978-0-243-14897-4(6))* Forgotten Bks.

My Three Years in Manipur, & Escape from the Recent Mutiny (Classic Reprint) Ethel St Clair Grimwood. 2018. (ENG., Illus.). 348p. (J). 31.09 *(978-0-365-49537-6(9))* Forgotten Bks.

My Tickle Toes (Together Time Books) Illus. by Carolina Búzio. 2020. (ENG.). 6p. (J). (gr. -1 — 1). 14.99 *(978-1-338-64742-6(3)*, Cartwheel Bks.) Scholastic, Inc.

My Time. Blue Phoenix. 2022. (ENG.). 100p. (YA). pap. ***(978-1-4716-6364-2(7))*** Lulu Pr., Inc.

My Time, & What I've Done with It. F. C. Burnand. 2017. (ENG.). 464p. (J). pap. *(978-3-337-12412-0(7))* Creation Pubs.

My Time, & What I've Done with It: An Autobiography, Compiled from the Diary, Notes, & Personal Recollections of Cecil Colvin, Son of Sir John Colvin, Bart;, of the Late Firm of Colvin, Cavander Co (Classic Reprint) F. C. Burnand. 2018. (ENG., Illus.). 524p. (J). 34.70 *(978-0-267-20874-6(X))* Forgotten Bks.

My Time! Super Fun Activity Book for Kids. Kreative Kids. 2016. (ENG., Illus.). (J). pap. 10.81 *(978-1-68377-218-7(0))* Whlke, Traudl.

My Time with God. Cecilie Fodor. Illus. by Gustavo Mazali. 2018. (ENG.). 68p. (J). bds. 11.95 *(978-0-8091-6790-6(5))* Paulist Pr.

My Time with Papa. Shauntae Spaulding. 2020. (ENG.). 24p. (J). *(978-0-2288-3073-3(7))*; pap. *(978-0-2288-3072-6(9))* Tellwell Talent.

My Time with the Great Ahayah. Sawach Gabar. 2020. (ENG.). 33p. (J). ***(978-1-716-96952-2(2))*** Lulu Pr., Inc.

My Tin Bin. Marv Alinas. Illus. by Kathleen Petelinsek. 2019. (Rhyming Word Families Ser.). (ENG.). 24p. (J). (gr. -1-2). lib. bdg. 32.79 *(978-1-5038-2764-6(X)*, 212662) Child's World, Inc, The.

My Tiny Life by Ruby T. Hummingbird. Paul Meisel. (Nature Diary Ser.). 40p. (J). (gr. -1-3). 2023. pap. 8.99 *(978-0-8234-5466-2(5))*; 2021. (Illus.). 17.99 *(978-0-8234-4322-2(1))* Holiday Hse., Inc.

My Tiny Linky. Ana L. Aragon. Illus. by Alysah Fuentes. 2021. (ENG.). 30p. (J). 22.99 *(978-1-6628-1642-0(1))*; pap. 12.49 *(978-1-6628-1641-3(3))* Salem Author Services.

My Tiny Shiny Shell. Terese Walkeapaa. 2022. (ENG., Illus.). 32p. (J). pap. 14.95 ***(978-1-63985-652-7(8))*** Fulton Bks.

My Toddler Bible, 1 vol. Juliet David. Illus. by Chris Embleton-Hall. ed. 2016. (ENG.). 224p. (J). (gr. -1-k). 11.99 *(978-1-78128-241-0(2)*, 22cae172-894a-4c24-aa89-758704248e07, Candle Bks.) Lion Hudson PLC GBR. Dist: Baker & Taylor Publisher Services (BTPS).

My Tongue Is Long & Curved. Joyce L. Markovics. 2016. (Zoo Clues 2 Ser.). (ENG.). 24p. (J). (gr. -1-3). 26.99 *(978-1-944102-59-3(0))* Bearport Publishing Co., Inc.

My Tooth Fairy. Terrence Derby. 2021. (ENG., Illus.). 28p. (J). 23.95 *(978-1-0980-7225-4(1))*; pap. 13.95 *(978-1-0980-7224-7(3))* Christian Faith Publishing.

My Tooth Is LOST! (Monkey & Cake) Drew Daywalt. Illus. by Olivier Tallec. 2019. (Monkey & Cake Ser.). (ENG.). 56p. (J). (gr. -1-3). 9.99 *(978-1-338-14388-1(3)*, Orchard Bks.) Scholastic, Inc.

My Toothbrush Is Missing. Jan Thomas. 2018. (Giggle Gang Ser.). (ENG., Illus.). 48p. (J). (gr. -1-3). 12.99 *(978-0-544-96635-2(X)*, 1662285, Clarion Bks.) HarperCollins Pubs.

My Tooth's Loose: Jasper's Giant Imagination. Laura J. Wellington. 2019. (Jasper's Giant Imagination Ser.: Vol. 4). (ENG., Illus.). 58p. (J). (gr. k-3). 21.99 *(978-1-940310-99-2(7))* 4RV Pub.

My Tooth's Loose: Jasper's Giant Imagination. Laura J. Wellinton. 2019. (Jasper's Giant Imagination Ser.: Vol. 4). (ENG., Illus.). 58p. (J). (gr. k-3). pap. 15.99 *(978-1-940310-98-5(9))* 4RV Pub.

My Top Secret Dares & Don'ts. Trudi Trueit. 2017. (Mix Ser.). (ENG., Illus.). 272p. (J). (gr. 4-8). 17.99 *(978-1-4814-6905-0(3))*; pap. 7.99 *(978-1-4814-6904-3(5))* Simon & Schuster/Paula Wiseman Bks. (Simon & Schuster/Paula Wiseman Bks.).

My Top Secret Drawing Pad: The Kids Sketch Book for Kids to Collect Their Secret Scribblings & Sketches. The Life Graduate Publishing Group. 2020. (ENG.). 102p. (J). pap. *(978-1-922568-64-9(3))* Life Graduate, The.

My Top Secret Passwords: Password Log Book, Username Keeper Password, Password Tracker, Internet Password, Password List, Password Notebook. Illus. by Paperland Online Store. 2021. (ENG.). 102p. (YA). pap. *(978-1-329-19205-8(2))* Lulu Pr., Inc.

My Topsy-Turvy Puzzle Book: Odd Ones Out, Mirror Images, Search & Finds, Spot the Differences & Much More. Illus. by Max Jackson. 2020. (ENG.). 96p. pap. 13.99 *(978-1-78055-706-9(X)*, Buster Bks.) O'Mara, Michael Bks., Ltd. GBR. Dist: Independent Pubs. Group.

My Tot's First Connect the Dots Activity Book. Activibooks For Kids. 2016. (ENG., Illus.). (J). pap. 7.55 *(978-1-68321-565-3(6))* Mimaxion.

My Touch. Jeffrey Turner. Illus. by Jeffrey Turner. 2021. (ENG.). 24p. (J). bds. 10.99 *(978-1-5037-5854-4(0)*, 3822, Sunbird Books) Phoenix International Publications, Inc.

My Town / Mi Pueblo. Nicholas Solis. Illus. by Luisa Uribe. ed. 2022.Tr. of My Town. 32p. (J). (gr. -1-2). 18.99 *(978-0-593-10991-5(0)*, Nancy Paulsen Books) Penguin Young Readers Group.

My Town Helpers. Taylor Farley. 2021. (In My Community Ser.). (ENG., Illus.). 24p. (J). (gr. -1-1). pap. *(978-1-4271-2968-0(1)*, 11179); lib. bdg. *(978-1-4271-2958-1(4)*, 11168) Crabtree Publishing Co.

My Town Smells Like Pancakes. Christine Liebert. 2019. (ENG.). 24p. (J). 22.95 *(978-1-64462-921-5(6))*; pap. 12.95 *(978-1-64462-918-5(6))* Page Publishing Inc.

My Town's (Extra) Ordinary People. Mikel Casal. 2019. (ENG., Illus.). 48p. (J). (gr. k-3). 16.95 *(978-3-7913-7383-6(8))* Prestel Verlag GmbH & Co KG. DEU. Dist: Penguin Random Hse. LLC.

My Toy Monster Trucks, Work Trucks, & Cars Coloring Book: For Kids Ages 4 Years Old & Up. Beatrice Harrison. 2020. (ENG.). 34p. (J). pap. 7.25 *(978-1-6781-5335-9(4))* Lulu Pr., Inc.

My Travel to South Korea: A Journal for All Your Travel Notes. Dutch Noonajoon. 2022. (ENG.). 200p. pap. ***(978-1-4710-6705-1(X))*** Lulu Pr., Inc.

My Travels & Adventures in Alaska: For Nine Years a Resident in the Northland (Classic Reprint) Florence Lee Mallinson. (ENG., Illus.). (J). 2018. 226p. 28.58 *(978-0-331-75119-2(4))*; 2017. pap. 10.97 *(978-0-259-46895-0(9))* Forgotten Bks.

My Travels in North West Rhodesia, or a Missionary Journey of Sixteen Thousand Miles (Classic Reprint) Rev G. E. Butt. 2018. (ENG., Illus.). 304p. (J). 30.27 *(978-0-484-65634-4(1))* Forgotten Bks.

My Treasure. Lan Harlow. 2019. (ENG.). 80p. (J). pap. *(978-1-912694-99-0(9))* Bk.PrintingUK.com.

My Treasure Box of Fairy Tales: Classic Stories Retold in Six Charming Boardbooks, 6 vols. Jan Lewis. 2018. (Illus.). 72p. (J). (gr. -1-12). bds. 14.99 *(978-1-86147-845-0(3)*, Armadillo) Anness Publishing GBR. Dist: National Bk. Network.

My Treasury of Unicorns & Dreams: Storybook Treasury with 4 Tales. IglooBooks. 2021. (ENG.). 96p. (J). (-2). 12.99 *(978-1-80108-641-7(9))* Igloo Bks. GBR. Dist: Simon & Schuster, Inc.

My Tree. Hope Lim. 2021. (Illus.). 32p. (J). (gr. -1-3). 18.99 *(978-0-8234-4338-3(8)*, Neal Porter Bks) Holiday Hse., Inc.

My Tree & Me: A Book of Seasons. Jo Witek. 2019. (Growing Hearts Ser.). (ENG., Illus.). 32p. (J). (gr. -1 — 1). 16.99 *(978-1-4197-3503-5(9)*, 1268201) Abrams, Inc.

MY Tree Is YOUR Tree! Pat Blancato Eustace. Illus. by Cristal Baldwin. 2022. (ENG.). 26p. (J). 14.99 ***(978-1-946702-67-8(6))*** Freeze Time Media.

My Tri-Color Corgi's Record Book: Corgi Log Book, Pet Care Planner Book, Pet Health Records Keeper, Dog Mom Planner, New Puppy Shower Gift. Illus. by Paperland Online Store. 2023. (ENG.). 104p. (J). pap. 19.98 ***(978-1-312-43904-7(1))*** Lulu Pr., Inc.

My Triangle Book. Illus. by Agnese Baruzzi. 2018. (My First Book Ser.). (ENG.). 20p. (J). (— 1). bds. 6.95 *(978-88-544-1228-6(7))* White Star Publishers ITA. Dist: Sterling Publishing Co., Inc.

MY TRIBE; WOODLAND ANIMALS PLAY BOOK [Paperback Teacher Edition]. Faye The Fairy. 2020. (Little Lessons of Light Ser.). (ENG., Illus.). 70p. (J). pap. 14.95 *(978-1-950698-09-7(2))* Mayor of Venice.

My Trip Abroad (Classic Reprint) Charlie Chaplin. 2017. (ENG., Illus.). (J). 28.06 *(978-1-5279-5272-0(X))* Forgotten Bks.

My Trip to Boston: Working at the Same Time, 1 vol. Emiliya King. 2017. (Computer Kids: Powered by Computational Thinking Ser.). (ENG.). 24p. (J). (gr. 3-4). 25.27 *(978-1-5383-2419-6(9)*, 90e5a8b7-c4f0-4a53-93fb-27c08f74e593, PowerKids Pr.); pap. *(978-1-5081-3770-2(6)*, 542df14a-95fe-48ed-b9de-0b246530a7e4, Rosen Classroom) Rosen Publishing Group, Inc., The.

My Trip to Europe (Classic Reprint) Anna M. Voegelin. 2018. (ENG., Illus.). 122p. (J). 26.43 *(978-0-484-06304-3(9))* Forgotten Bks.

My Trip to South Africa (Classic Reprint) J. Frank Lanning. 2017. (ENG., Illus.). (J). 27.28 *(978-0-331-42632-8(3))*; pap. 9.97 *(978-1-5276-3774-0(3))* Forgotten Bks.

My Trip to St Helena Island: Discovering Gullah Geechee Culture. C. M. White. 2016. (ENG., Illus.). (J). pap. 9.99 *(978-0-9967540-1-9(6))* Gullah Girl Publishing.

My Trip to the Library. Barbara Poor. Illus. by Elizabeth Eichelberger. 2021. (ENG.). 40p. (J). pap. ***(978-1-7948-3158-2(4))*** Lulu Pr., Inc.

My Trip to the Library. Barbara Poor & Elizabeth Eichelberger. 2020. (ENG.). 42p. (J). pap. 16.00 *(978-1-7948-6099-5(1))* Lulu Pr., Inc.

My Trip to the Science Museum. Mercer Mayer. ed. 2017. (Little Critter Ser.). (J). lib. bdg. 13.55 *(978-0-606-39625-7(X))* Turtleback.

My Trivial Life & Misfortune (Classic Reprint) Unknown Author. (ENG., Illus.). (J). 2018. 546p. 35.16 *(978-0-483-90730-0(8))*; 2016. pap. 19.57 *(978-1-333-73279-0(1))* Forgotten Bks.

My Trivial Life & Misfortune, Vol. 1 Of 3: A Gossip with No Plot in Particular (Classic Reprint) Plain Woman. 2017. (ENG., Illus.). (J). 29.55 *(978-0-331-08088-9(5))*; pap. 11.97 *(978-0-260-24805-3(3))* Forgotten Bks.

My Trivial Life & Misfortune, Vol. 2 Of 3: A Gossip with No Plot in Particular (Classic Reprint) Unknown Author. 2018. (ENG., Illus.). (J). 382p. 31.78 *(978-1-396-36933-9(3))*; 384p. pap. 16.57 *(978-1-390-98152-0(5))* Forgotten Bks.

My Trivial Life & Misfortune, Vol. 3 Of 3: A Gossip with No Plot in Particular (Classic Reprint) Unknown Author. 2017. (ENG., Illus.). (J). 29.90 *(978-0-331-07252-5(1))*; pap. 13.57 *(978-0-260-26090-1(8))* Forgotten Bks.

My True Love Gave to Me: Twelve Holiday Stories. Stephanie Perkins. 2016. (ENG., Illus.). 336p. (YA). pap. 13.99 *(978-1-250-05931-4(3)*, 900140423, St. Martin's Griffin) St. Martin's Pr.

My True Self Ideas Jimin: An Unofficial BTS Journal. Jin's Eve. 2022. (ENG.). 200p. ***(978-1-4710-6171-4(X))*** Lulu Pr., Inc.

My True Super Hero. Regina Burge. 2021. (ENG., Illus.). 26p. (J). 21.95 *(978-1-64952-154-5(5))* Fulton Bks.

My Tummy Tunnel: A Story to Help Kids Prevent the Spread of Germs. Natasha Parker. 2020. (ENG.). 30p. (J). *(978-0-2288-4540-9(8))*; pap. *(978-0-2288-4539-3(4))* Tellwell Talent.

My Turkey Is Blue. William Anthony. Illus. by Irene Renon. 2023. (Level 6 - Orange Set Ser.). (ENG.). 32p. (J). (gr. 1-4). lib. bdg. 19.95 Bearport Publishing Co., Inc.

My Tussle with the Devil: And Other Stories. O. Henry's Ghost. 2017. (ENG., Illus.). (J). pap. *(978-0-649-20779-4(3))* Trieste Publishing Pty Ltd.

My Tussle with the Devil: And Other Stories (Classic Reprint) O. Henry Ghost. 2018. (ENG., Illus.). 200p. (J). 28.04 *(978-0-365-19755-3(6))* Forgotten Bks.

My Twelve Brothers & Me Featuring Creely. Charles T. Sharp. Ed. by Nkem Denchukwu. 2020. (ENG.). 32p. (J). pap. 13.99 *(978-1-952744-05-1(9))* Eleviv Publishing Group.

My Twinkly Tiaras. Editors of Klutz. 2017. (Klutz Jr Ser.). (ENG.). 20p. (J). 14.99 *(978-0-545-93249-3(1))* Scholastic, Inc.

My Two Border Towns. David Bowles. Illus. by Erika Meza. 2021. 40p. (J). (gr. -1-3). 18.99 *(978-0-593-11104-8(4)*, Kokila) Penguin Young Readers Group.

My Two Dads. Julie Murray. 2020. (This Is My Family Ser.). (ENG., Illus.). 24p. (J). (gr. -1-2). lib. bdg. 31.36 *(978-1-0982-0224-8(4)*, 34581, Abdo Kids); (gr. k-k). pap. 9.95 *(978-1-64494-392-2(1)*, Abdo Kids-Junior) ABDO Publishing Co.

My Two Dads & Me. Michael Joosten. Illus. by Izak Zenou. 2019. 22p. (J). (— 1). bds. 8.99 *(978-0-525-58010-2(7)*, Doubleday Bks. for Young Readers) Random Hse. Children's Bks.

My Two Dogs. Melinda Melton Crow. Illus. by Eva Sassin. 2021. (My Two Dogs Ser.). (ENG.). 32p. (J). 158.55 *(978-1-6663-7696-8(5)*, 243759, Stone Arch Bks.) Capstone.

My Two Edinburghs: Searchlights Through the Mists of Thirty Years (Classic Reprint) Samuel Rutherford Crockett. (ENG., Illus.). (J). 2018. 32p. 24.58 *(978-0-364-11276-2(X))*; 2017. pap. 7.97 *(978-0-259-87918-3(5))* Forgotten Bks.

My Two Favorite Os: Oaklie & Oliver. Cliff Graham. 2022. (Family Ser.: 1). (ENG.). 24p. (J). 22.00 *(978-1-6678-2065-1(6))* BookBaby.

My Two Grandads. Floella Benjamin. Illus. by Margaret Chamberlain. 2019. (ENG.). 32p. (J). (gr. k-3). pap. 9.99 *(978-0-7112-4091-9(4)*, 324891, Frances Lincoln Children's Bks.) Quarto Publishing Group UK GBR. Dist: Hachette UK Distribution.

My Two Great-Grandmothers. Briggette Ann Blalock. 2022. (ENG., Illus.). 32p. (J). pap. 14.95 *(978-1-68498-094-9(1))* Newman Springs Publishing, Inc.

My Two Great Great Aunts. Brenda Eck. Illus. by Gregory Lies. 2017. (ENG.). (J). (gr. k-2). 20.00 *(978-1-939054-67-8(2))* Rowe Publishing.

My Two Homes see Mis Dos Casas (My Two Homes)

My Two Homes. Julie Murray. 2020. (This Is My Family Ser.). (ENG., Illus.). 24p. (J). (gr. -1-2). lib. bdg. 31.36 *(978-1-0982-0225-5(2)*, 34583, Abdo Kids); (gr. k-k). pap. 9.95 *(978-1-64494-393-9(X)*, Abdo Kids-Junior) ABDO Publishing Co.

My Two Moms. Julie Murray. 2020. (This Is My Family Ser.). (ENG., Illus.). 24p. (J). (gr. -1-2). lib. bdg. 31.36 *(978-1-0982-0226-2(0)*, 34585, Abdo Kids); (gr. k-k). pap. 9.95 *(978-1-64494-394-6(8)*, Abdo Kids-Junior) ABDO Publishing Co.

My Two Moms. Arlene Smith. 2019. (ENG., Illus.). 32p. (J). pap. 19.00 *(978-1-4809-4065-9(8))* Dorrance Publishing Co., Inc.

My Two Moms & Me. Michael Joosten. Illus. by Izak Zenou. 2019. 22p. (J). (— 1). bds. 8.99 *(978-0-525-58012-6(3)*, Doubleday Bks. for Young Readers) Random Hse. Children's Bks.

My 'u' Sound Box. Jane Belk Moncure. Illus. by Rebecca Thornburgh. 2018. (Jane Belk Moncure's Sound Box Bks.). (ENG.). 32p. (J). (gr. -1-2). 35.64 *(978-1-5038-2324-2(5)*, 212153) Child's World, Inc, The.

My Ukulele - Au Ukirere (Te Kiribati) Ruiti Tumoa. Illus. by Jovan Carl Segura. 2023. (ENG.). 26p. (J). pap. ***(978-1-922895-58-5(X))*** Library For All Limited.

My Ultimate Activity Book. Sequoia Children's Publishing. 2019. (ENG.). 16p. (J). 2.99 *(978-1-64269-085-9(6)*, 4000, Sequoia Publishing & Media LLC) Phoenix International Publications, Inc.

My Uncle: Or, Johnny's Box (Classic Reprint) John Ashworth. 2018. (ENG., Illus.). 22p. (J). 24.37 *(978-0-484-69803-0(6))* Forgotten Bks.

My Uncle & Me & the Big Game. Kevin Natale. 2021. (ENG.). 22p. (J). 17.95 *(978-1-6624-4129-5(0))*; pap. 10.95 *(978-1-6624-1873-0(6))* Page Publishing Inc.

My Uncle Barbassou (Classic Reprint) Mario Uchard. (ENG., Illus.). (J). 2018. 286p. 29.80 *(978-0-483-52456-9(5))*; 2017. 31.05 *(978-1-5285-8093-9(1))*; 2017. pap. 13.57 *(978-0-243-10577-9(0))* Forgotten Bks.

My Uncle Benjamin: A Humorous, Satirical, & Philosophical Novel (Classic Reprint) Claude Tillier. 2018. (ENG., Illus.). 324p. (J). 30.60 *(978-0-483-51382-2(2))* Forgotten Bks.

My Uncle Benjamin (Classic Reprint) Claude Tillier. 2018. (ENG., Illus.). 362p. (J). 31.38 *(978-0-484-74163-7(2))* Forgotten Bks.

My Uncle Florimond (Classic Reprint) Sidney Luska. 2018. (ENG., Illus.). 200p. (J). 28.02 *(978-0-267-00019-7(7))* Forgotten Bks.

My Uncle Is a Sanitation Worker, 1 vol. Charmaine Robertson. 2016. (Rosen REAL Readers: Social Studies Nonfiction / Fiction: Myself, My Community, My World Ser.). (ENG.). 12p. (gr. k-1). pap. 6.33 *(978-1-5081-2311-8(X)*, b2ea430e-371d-4930-8fe4-2d7a2b6b5c29, Rosen Classroom) Rosen Publishing Group, Inc., The.

My Uncle Is a Weatherman on TV, 1 vol. Jill Andersen. 2016. (Rosen REAL Readers: STEM & STEAM Collection). (ENG.). 12p. (gr. k-1). pap. 6.33 *(978-1-5081-2637-9(2)*, 669fc735-7f4c-4c95-82c6-029be3ef73a9, Rosen Classroom) Rosen Publishing Group, Inc., The.

My Uncle, the Clockmaker: A Tale (Classic Reprint) Mary Botham Howitt. 2017. (ENG., Illus.). 190p. (J). 27.84 *(978-0-484-43981-7(2))* Forgotten Bks.

My Uncle the Curate, Vol. 1 Of 3: A Nobel (Classic Reprint) Marmion Wilard Savage. (ENG., Illus.). (J). 2018. 394p. 32.02 *(978-0-267-41102-3(2))*; 2017. pap. 16.57 *(978-0-243-26037-9(7))* Forgotten Bks.

My Uncle the Curate, Vol. 2 Of 3: A Novel (Classic Reprint) M. W. Savage. (ENG., Illus.). (J). 2018. 314p. 30.37 *(978-0-332-18502-6(8))*; 2016. pap. 13.57 *(978-1-333-28552-4(3))* Forgotten Bks.

My Uncle the Curate, Vol. 3 Of 3: A Novel (Classic Reprint) Marmion Wilard Savage. (ENG., Illus.). (J). 2018. 338p. 30.87 *(978-0-484-52478-0(X))*; 2016. pap. 13.57 *(978-1-334-13275-9(5))* Forgotten Bks.

My Uncle Thomas, Vol. 1 Of 2: A Romance (Classic Reprint) Pigault-Lebrun Pigault-Lebrun. 2018. (ENG., Illus.). 234p. (J). 28.72 *(978-0-267-20145-7(1))* Forgotten Bks.

My Uncle Thomas, Vol. 2 Of 2: A Romance (Classic Reprint) Pigault Lebrun. (ENG., Illus.). (J). 2018. 234p. 28.74 *(978-0-483-88047-4(7))*; 2017. pap. 11.57 *(978-0-243-20719-0(0))* Forgotten Bks.

My Uncle Wal the Werewolf. Jackie French. Illus. by Stephen Michael King. 2018. (Wacky Families Ser.: 05). (ENG.). 128p. 5.99 *(978-0-207-20013-7(0)*, HarperCollins) HarperCollins Pubs.

My Uncle's Factory Produces Solar Panels, 1 vol. Lamar Coldwell. 2016. (Rosen REAL Readers: Social Studies Nonfiction / Fiction: Myself, My Community, My World Ser.). (ENG.). 12p. (gr. k-1). pap. 6.33 *(978-1-5081-2359-0(4)*, efa3dba2-e7da-4047-bb59-e0cf8455c2eb, Rosen Classroom) Rosen Publishing Group, Inc., The.

My Uncle's Trumpet, 1 vol. Marco Andres. 2018. (Making Music! Ser.). (ENG.). 24p. (J). (gr. 1-1). 25.27 *(978-1-5081-6822-5(9)*, 5f31c487-e626-4b73-8cb6-feff0aa1719a); pap. 9.25 *(978-1-5081-6824-9(5)*, f8e89825-1b14-4abc-91b0-567770958239) Rosen Publishing Group, Inc., The. (PowerKids Pr.).

My Undead Life. Emma T. Graves. 2018. (My Undead Life Ser.). (ENG.). 112p. (J). (gr. 3-6). 106.60 *(978-1-4965-6460-3(X)*, 28356, Stone Arch Bks.) Capstone.

My Underwater Friends: Ocean Dot to Dots. Jupiter Kids. 2016. (ENG., Illus.). 76p. (J). pap. 13.75 *(978-1-68305-447-4(4)*, Jupiter Kids (Childrens & Kids Fiction)) Speedy Publishing LLC.

My Unicorn Coloring Book for Kids Ages 4-8. Jocelyn Smirnova. 2020. (ENG.). 106p. (J). pap. 10.95 *(978-1-716-33590-7(6))* Lulu Pr., Inc.

My Unicorn Journal & Sketchbook. Chanterelle Family. 2021. (ENG.). 108p. (J). pap. 10.30 *(978-1-008-99244-3(5))*; pap. 10.20 *(978-1-008-99246-7(1))*; pap. 10.30 *(978-1-008-99248-1(8))* Lulu Pr., Inc.

My Unicorn Purse. Elanor Best. Illus. by Dawn Machell. (ENG.). (J). (gr. -1-7). 2020. 48p. pap. 6.99 *(978-1-78947-655-2(0))*; 2019. 72p. pap. 9.99 *(978-1-78947-028-4(5))* Make Believe Ideas GBR. Dist: Scholastic, Inc.

My Unique Ideas Jung Kook: An Unofficial BTS Journal. Jin's Eve. 2022. (ENG.). 200p. ***(978-1-4710-6163-9(9))***; pap. ***(978-1-4710-5731-1(3))*** Lulu Pr., Inc.

My Unique Self. Patricia Edwards-Burton. 2021. (ENG., Illus.). 32p. (J). pap. 13.95 *(978-1-0980-7421-0(1))* Christian Faith Publishing.

My Unruly Mop of Hair. Katie Katay. Illus. by Mary Em. 2020. (ENG.). 36p. (J). (gr. k-1). *(978-0-9951332-1-1(2))* Sunsmile Bks.

My Unruly Mop of Hair: Read & Colour. Katie Katay. Illus. by Mary Em. 2023. (My Fun Hair Bks.). (ENG.). 36p. (J). pap. ***(978-1-9911648-2-7(3))*** Sunsmile Bks.

My Unruly Mop of Hair Activity & Colouring Book: 2-N-1 Flip Book. Katie Katay. Illus. by Mary Em. 2019. (ENG.). 34p. (J). (gr. k-1). pap. *(978-0-9951238-2-3(9))* Sunsmile Bks.

My Untamable Hair. Aleena E. Rodriguez. Ed. by Hector M. Rodriguez. 2018. (ENG., Illus.). 42p. (J). (gr. k-6). pap. 10.00 *(978-0-692-12283-9(4))* Bks. By Aleena.

My Unusual Talent. Jenna Marcus. 2020. (ENG.). 240p. (YA). pap. 15.14 *(978-1-716-75010-6(5))* Lulu Pr., Inc.

My Urban Community, 1 vol. Portia Summers. 2016. (Zoom in on Communities Ser.). (ENG.). 24p. (gr. 2-2). pap. 10.95 *(978-0-7660-7829-1(9)*, 93e65b08-3078-4f1c-9ade-67aba6337296) Enslow Publishing, LLC.

My 'v' Sound Box. Jane Belk Moncure. Illus. by Rebecca Thornburgh. 2018. (Jane Belk Moncure's Sound Box Bks.). (ENG.). 32p. (J). (gr. -1-2). 35.64 *(978-1-5038-2325-9(3)*, 212154) Child's World, Inc, The.

My Vagabondage: Being the Intimate Autobiography of a Nature's Nomad (Classic Reprint) John Edward Patterson. (ENG., Illus.). (J). 2018. 394p. 32.02

M

(978-0-483-01724-5(8)); 2016. pap. 16.57 *(978-1-333-71085-9(2))* Forgotten Bks.

My Valentine Date Mazes Large Print. Educando Kids. 2019. (ENG.). 42p. (J). pap. 8.55 *(978-1-64521-602-5(0)*, Educando Kids) Editorial Imagen.

My Valley. Claude Ponti. Tr. by Alyson Waters. Illus. by Claude Ponti. (Illus.). (J). (gr. k-4). 2023. 40p. pap. 9.95 *(978-1-953861-56-6(3))*; 2017. 42p. 24.00 *(978-0-914671-62-6(6))* Steerforth Pr. (Elsewhere Editions).

My Vegan Year: The Young Person's Seasonal Guide to Going Plant-Based. Niki Webster. 2021. (ENG.). 128p. (J). (gr. 7). 16.95 *(978-1-78312-737-5(6))* Welbeck Publishing Group Ltd. GBR. Dist: Two Rivers Distribution.

My Very Favorite Book in the Whole Wide World. Malcolm Mitchell. Illus. by Michael Robertson. 2020. (ENG.). 32p. (J). (gr. -1-3). 17.99 *(978-1-338-22532-7(4)*, Orchard Bks.) Scholastic, Inc.

My Very First 100 Words: In English, French, & Spanish. Compiled by CICO Kidz. 2018. (ENG., Illus.). 12p. (J). 9.95 *(978-1-78249-454-6(5)*, 1782494545, Cico Kidz) Ryland Peters & Small GBR. Dist: WIPRO.

My Very First Alphabet ABC's Coloring Book: For Kids Ages 3 Years Old & Up. Beatrice Harrison. 2019. (ENG.). 34p. (J). pap. 4.99 *(978-0-359-63094-3(4))* Lulu Pr., Inc.

My Very First Animals Book IR. Alice James. 2018. (My Very First Bks.). (ENG.). 30p. (J). 11.99 *(978-0-7945-4110-1(0)*, Usborne) EDC Publishing.

My Very First Animals Coloring Book: For Kids Ages 3 Years Old & Up. Beatrice Harrison. 2019. (ENG.). 34p. (J). pap. 5.25 *(978-0-359-63292-3(0))* Lulu Pr., Inc.

My Very First Animals Coloring Book: For Kids Ages 3 Years Old & up (Book Edition:2) Beatrice Harrison. 2019. (ENG.). 34p. (J). pap. 4.99 *(978-0-359-63295-4(5))* Lulu Pr., Inc.

My Very First Animals Coloring Book: For Kids Ages 3 Years Old & up (Book Edition:3) Beatrice Harrison. 2019. (ENG.). 34p. (J). pap. 4.99 *(978-0-359-63300-5(5))* Lulu Pr., Inc.

My Very First Art Lessons Drawing Activity Book. Activity Book Zone for Kids. 2016. (ENG., Illus.). (J). pap. 9.20 *(978-1-68376-034-4(4))* Sabeels Publishing.

My Very First Bible, 1 vol. Juliet David. Illus. by Helen Prole. 2019. (Candle Bible for Toddlers Ser.). 40p. (J). pap. 4.99 *(978-0-8254-5559-9(6))* Kregel Pubns.

My Very First Bible. DK. Illus. by Diana Mayo. 2019. (ENG.). 80p. (J). (gr. 2-4). 14.99 *(978-1-4654-8133-7(8)*, DK Children) Dorling Kindersley Publishing, Inc.

My Very First Bible. Dorling Kindersley Publishing Staff. 2019. (Illus.). 80p. (J). *(978-0-241-36649-3(6))* Dorling Kindersley Publishing, Inc.

My Very First Bible. Lois Rock. Illus. by Alex Ayliffe. 2022. (ENG.). 256p. (J). (gr. -1-3). 12.99 *(978-1-68099-754-5(8)*, Good Bks.) Skyhorse Publishing Co., Inc.

My Very First Bible Stories see Mi Primera Biblia (My Very First Bible Stories)

My Very First Bible Stories. DK. 2020. (First Bible Stories Ser.). (ENG., Illus.). 48p. (J). (-k). bds. 9.99 *(978-0-7440-2109-7(X)*, DK Children) Dorling Kindersley Publishing, Inc.

My Very First Big Super Jumbo Coloring Book of Fun Alphabet, Animals, Toys, Shapes, Patterns, & More: For Kids Ages 3 Years Old & up (Use Colored Pencils or Crayons) Beatrice Harrison. 2018. (ENG., Illus.). 52p. (J). pap. 7.65 *(978-0-359-15931-4(1))* Lulu Pr., Inc.

My Very First Body Book IR. Matthew Oldham. 2019. (My Very First Bks.). (ENG.). 30ppp. (J). 11.99 *(978-0-7945-4492-8(4)*, Usborne) EDC Publishing.

My Very First Box of Books: A Set of Six Exciting Picture Books, 6 vols. Armadillo Press Staff. 2018. (Illus.). 72p. (J). (gr. -1-12). bds. 14.99 *(978-1-86147-739-2(2)*, Armadillo) Anness Publishing GBR. Dist: National Bk. Network.

My Very First Coloring Book of a Little Girls Dream of Being a Princess, Mermaid, & Ballerina: For Girls Ages 3 Years Old & Up. Beatrice Harrison. 2018. (ENG., Illus.). 34p. (J). pap. 6.75 *(978-0-359-20084-9(2))* Lulu Pr., Inc.

My Very First Coloring Book of a Little Girls Dream of Being a Princess, Mermaid, & Ballerina: For Girls Ages 3 Years Old & up (Book Edition:2) Beatrice Harrison. 2018. (ENG., Illus.). 34p. (J). pap. 6.65 *(978-0-359-20089-4(3))* Lulu Pr., Inc.

My Very First Coloring Book of Cute & Funny Peacocks: For Kids Ages 3 Years Old & Up. Beatrice Harrison. 2018. (ENG.). 32p. (J). pap. *(978-0-359-19669-2(1))* Lulu Pr., Inc.

My Very First Coloring Book of Giant Big Trucks: For Kids Ages 3 Years Old & Up. Beatrice Harrison. 2018. (ENG., Illus.). 32p. (J). pap. *(978-0-359-20091-7(5))* Lulu Pr., Inc.

My Very First Coloring Book! of Hot Wheels Monster Trucks, Work Trucks, & Cars Coloring Book: For Kids Ages 3 Years Old & Up. Beatrice Harrison. 2018. (ENG., Illus.). 34p. (J). pap. 6.99 *(978-0-359-11916-5(6))* Lulu Pr., Inc.

My Very First Coloring Book of My Little Princesses, Mermaids, Ballerinas, & Unicorns: For Girls Ages 3 Years Old & Up. Beatrice Harrison. 2019. (ENG.). 34p. (J). pap. 4.95 *(978-0-359-36217-2(6))* Lulu Pr., Inc.

My Very First Coloring Book! of Sparkling Princesses, Mermaids, Ballerinas, Fairies, & Animals: For Girls Ages 4 Years Old & up (Book Edition:1) Beatrice Harrison. 2018. (ENG., Illus.). 34p. (J). pap. *(978-0-359-11889-2(5))* Lulu Pr., Inc.

My Very First Coloring Book! of Sparkling Princesses, Mermaids, Ballerinas, Fairies, & Animals: For Girls Ages 4 Years Old & up (Book Edition:2) Beatrice Harrison. 2018. (ENG., Illus.). 34p. (J). pap. 7.00 *(978-0-359-11896-0(8))* Lulu Pr., Inc.

My Very First Coloring Book! of Sparkling Princesses, Mermaids, Ballerinas, Fairies, & Animals: For Girls Ages 4 Years Old & up (Book Edition:3) Beatrice Harrison. 2018. (ENG., Illus.). 34p. (J). pap. 7.00 *(978-0-359-11897-7(6))* Lulu Pr., Inc.

My Very First Coloring Book! of Those Little Critters of Insects & Bugs: For Kids Ages 3 Years Old & Up. Beatrice Harrison. 2018. (ENG.). 32p. (J). pap. *(978-0-359-19660-9(8))* Lulu Pr., Inc.

My Very First Coloring Book! of Toy Monster Trucks, Work Trucks, & Cars Coloring Book: For Kids Ages 3 Years Old & Up. Beatrice Harrison. 2018. (ENG., Illus.). 34p. (J). pap. 7.00 *(978-0-359-11899-1(2))* Lulu Pr., Inc.

My Very First Coloring Book of Toy Race Cars: For Kids Ages 3 Years Old & Up. Beatrice Harrison. 2019. (ENG., Illus.). 34p. (J). pap. 6.65 *(978-0-359-33222-9(6))* Lulu Pr., Inc.

My Very First Cookbook: Joyful Recipes to Make Together. Danielle Kartes. Illus. by Annie Wilkinson. 2020. (Little Chef Ser.). 96p. (J). (gr. -1-3). 17.99 *(978-1-7282-1419-1(X))* Sourcebooks, Inc.

My Very First Farm Animals Coloring Book: For Kids Ages 3 Years Old & Up. Beatrice Harrison. 2019. (ENG.). 34p. (J). pap. 4.99 *(978-0-359-63306-7(4))* Lulu Pr., Inc.

My Very First Fun at the Beach Coloring Book: For Kids Ages 3 Years Old & Up. Beatrice Harrison. 2019. (ENG.). 34p. (J). pap. 4.99 *(978-0-359-63070-7(7))* Lulu Pr., Inc.

My Very First Fun Sports Soccer, Football, Baseball, & Hockey Coloring Book: For Kids Ages 3 Years Old & Up. Beatrice Harrison. 2018. (ENG.). 34p. (J). pap. 6.65 *(978-0-359-19673-9(X))* Lulu Pr., Inc.

My Very First Giant Super Jumbo Cats, Dogs, Elephants, & More Animals Coloring Book: For Kids Ages 3 Years Old & Up. Beatrice Harrison. 2019. (ENG.). 34p. (J). pap. 4.99 *(978-0-359-63273-2(4))* Lulu Pr., Inc.

My Very First Giant Super Jumbo Coloring Book of Sparkling Princesses, Mermaids, Ballerinas, & Animals: For Girls Ages 3 Years Old & Up. Beatrice Harrison. 2018. (ENG., Illus.). 34p. (J). pap. 6.75 *(978-0-359-19698-2(5))* Lulu Pr., Inc.

My Very First Giant Super Jumbo Coloring Book over 100 Pages of Elephants, Dogs, Cats, & More Animals: For Kids Ages 3 Years Old & Up. Beatrice Harrison. 2019. (ENG.). 102p. (J). pap. 10.00 *(978-0-359-40922-8(9))* Lulu Pr., Inc.

My Very First Giant Super Jumbo Coloring Book over 100 Pages of Sparkling Princesses, Ballerinas, & Mermaids: For Girls Ages 3 Years Old & Up. Beatrice Harrison. 2019. (ENG.). 104p. (J). pap. 10.00 *(978-0-359-40928-0(8))* Lulu Pr., Inc.

My Very First Gigantic Airplanes, Trucks, Cars, Boats, & Trains: For Kids Ages 3 Years Old & Up. Beatrice Harrison. 2019. (ENG.). 34p. (J). pap. 4.99 *(978-0-359-63106-3(1))* Lulu Pr., Inc.

My Very First Gigantic Mega Monster Trucks Coloring Book: For Kids Ages 3 Years Old & Up. Beatrice Harrison. 2019. (ENG.). 34p. (J). pap. 4.99 *(978-0-359-63113-1(4))* Lulu Pr., Inc.

My Very First Happy Birthday Party Coloring Book: For Kids Ages 3 Years Old & Up. Beatrice Harrison. 2019. (ENG.). 34p. (J). pap. 4.99 *(978-0-359-63313-5(7))* Lulu Pr., Inc.

My Very First Karate Coloring Book: For Kids Ages 3 Years Old & Up. Beatrice Harrison. 2019. (ENG., Illus.). 34p. (J). pap. 6.65 *(978-0-359-33195-6(5))* Lulu Pr., Inc.

My Very First Learning Book: Learning Workbook for Kids. Monica Wright. 2021. (ENG.). 48p. (J). pap. 7.39 *(978-1-257-08127-1(6))* Lulu Pr., Inc.

My Very First Little Ballerina Coloring Book: For Girls Ages 3 Years Old & Up. Beatrice Harrison. 2018. (ENG., Illus.). 34p. (J). pap. 6.75 *(978-0-359-20080-1(X))* Lulu Pr., Inc.

My Very First Little Cheerleader Girls Coloring Book: For Girls Ages 3 Years Old & Up. Beatrice Harrison. 2019. (ENG., Illus.). 32p. (J). pap. 6.65 *(978-0-359-33201-4(3))* Lulu Pr., Inc.

My Very First Little Cute Bunny Rabbits Coloring Book: For Kids Ages 3 Years Old & Up. Beatrice Harrison. 2019. (ENG.). 34p. (J). pap. 4.99 *(978-0-359-63066-0(9))* Lulu Pr., Inc.

My Very First Little Jesus Christ Coloring Book: For Kids Ages 3 Years Old & Up. Beatrice Harrison. 2019. (ENG.). 34p. (J). pap. 4.99 *(978-0-359-63085-1(5))* Lulu Pr., Inc.

My Very First Mandala Coloring Book: Mandala Coloring Book for Kids. Activibooks For Kids. 2016. (ENG., Illus.). (J). pap. 9.20 *(978-1-68321-097-9(2))* Mimaxion.

My Very First Math Coloring Book: For Kids Ages 6 Years Old & Up. Beatrice Harrison. 2018. (ENG., Illus.). 34p. (J). pap. 6.75 *(978-0-359-16277-2(0))* Lulu Pr., Inc.

My Very First Maze Activity Book. Activibooks For Kids. 2016. (ENG., Illus.). (J). pap. 7.55 *(978-1-68321-566-0(4))* Mimaxion.

My Very First Mother Goose. Iona Opie. Illus. by Rosemary Wells. 2016. (My Very First Mother Goose Ser.). (ENG.). 108p. (J). (gr. k-k). 24.99 *(978-0-7636-8891-2(6))* Candlewick Pr.

My Very First Mother Goose Puzzle Book. Richard Mickelson. 2017. (ENG., Illus.). (J). 34.95 *(978-1-4808-4955-6(3))*; pap. 27.95 *(978-1-4808-4954-9(5))* Archway Publishing.

My Very First Our World Book IR. 2017. (My Very First Bks.). (ENG.). (J). bds. 11.99 *(978-0-7945-3879-8(7)*, Usborne) EDC Publishing.

My Very First Our World Book IR. Matthew Odom. 2018. (My First Reference Bks.). (ENG.). 32p. (J). 11.99 *(978-0-7945-4104-0(6)*, Usborne) EDC Publishing.

My Very First Outdoor Book IR. Minna Lacey & Abigail Wheatley. 2019. (My Very First Bks.). (ENG.). 30ppp. (J). 11.99 *(978-0-7945-4667-0(6)*, Usborne) EDC Publishing.

My Very First Sea Creatures Coloring Book: For Kids Ages 3 Years Old & Up. Beatrice Harrison. 2019. (ENG.). 34p. (J). pap. 4.99 *(978-0-359-63103-2(7))* Lulu Pr., Inc.

My Very First Space Book. Emily Bone. Illus. by Lee Cosgrove. 2023. (My First Bks.). (ENG.). 30p. (J). bds. 12.99 *(978-1-80507-110-5(6))* Usborne Publishing, Ltd. GBR. Dist: HarperCollins Pubs.

My Very First Super Machine Robots Coloring Book: For Kids Ages 3 Years Old & Up. Beatrice Harrison. 2019. (ENG., Illus.). 32p. (J). pap. 6.65 *(978-0-359-33199-4(8))* Lulu Pr., Inc.

My Very First Toy Vehicles Coloring Book of Toy Airplanes, Trucks, Cars, Boats, & Trains: For Kids Ages 3 Years Old & Up. Beatrice Harrison. 2018. (ENG.). 34p. (J). pap. 6.65 *(978-0-359-19665-4(9))* Lulu Pr., Inc.

My Very First Wonderful World of Animals Coloring Book: For Kids Ages 3 Years Old & Up. Beatrice Harrison. 2019. (ENG.). 34p. (J). pap. 5.99 *(978-0-359-64533-6(X))* Lulu Pr., Inc.

My Very Important Earth Encyclopedia: For Little Learners Who Want to Know Our Planet. DK. 2022. (My Very Important Encyclopedias Ser.). (ENG., Illus.). 224p. (J). (gr. k-4). 24.99 *(978-0-7440-5973-1(9)*, DK Children) Dorling Kindersley Publishing, Inc.

My Very Important Human Body Encyclopedia. Contrib. by Dk. 2023. (My Very Important Encyclopedias Ser.). (ENG.). 224p. (J). (gr. k-4). 24.99 *(978-0-7440-8049-0(5)*, DK Children) Dorling Kindersley Publishing, Inc.

My Very Important Lift-The-Flap Book: Vehicles & Things That Go: With More Than 80 Flaps to Lift. DK. 2023. (My Very Important Lift-The-Flap Ser.). (ENG.). 22p. (J). (-k). bds. 16.99 *(978-0-7440-8275-3(7)*, DK Children) Dorling Kindersley Publishing, Inc.

My Very Important World: For Little Learners Who Want to Know about the World. DK. 2019. (My Very Important Encyclopedias Ser.). (ENG.). 224p. (J). (gr. k-4). 18.99 *(978-1-4654-8537-3(6)*, DK Children) Dorling Kindersley Publishing, Inc.

My Very Long Outer Space Puzzle. Mudpuppy. Illus. by Amy Blay. 2017. (ENG.). (J). (gr. -1-k). 16.99 *(978-0-7353-5245-2(3))* Mudpuppy Pr.

My Very Merry Ugly Christmas Sweater: A Touch-And-Feel Book. Jeffrey Burton. Illus. by Julia Green. 2020. (ENG.). 12p. (J). (gr. -1-k). bds. 9.99 *(978-1-5344-7678-3(4)*, Little Simon) Little Simon.

My Very Own Bible. Karen Williamson & Lois Rock. Illus. by Carolyn Cox & Hannah Wood. ed. 2021. (ENG.). 160p. (J). (gr. k). 10.99 *(978-0-7459-7903-8(3)*, 25b727a0-0217-4dd0-8750-3d29daf82e24, Lion Children's) Lion Hudson PLC GBR. Dist: Baker & Taylor Publisher Services (BTPS).

My Very Own Bible: A Special Gift. Lois Rock. Illus. by Carolyn Cox. ed. 2021. (ENG.). 160p. (J). (gr. k). 14.99 *(978-0-7459-7905-2(X)*, b391e0db-c5f7-42c3-a172-2e5bcbec939d, Lion Children's) Lion Hudson PLC GBR. Dist: Baker & Taylor Publisher Services (BTPS).

My Very Own Bible & Prayers. Carolyn Cox, Lois Rock. Illus. by Carolyn Cox. ed. 2021. (ENG.). 256p. (J). (gr. k-2). 14.99 *(978-0-7459-7904-5(1)*, 7042f198-3444-42cd-ba36-b794cefbd398, Lion Children's) Lion Hudson PLC GBR. Dist: Baker & Taylor Publisher Services (BTPS).

My Very Own Christmas. Lois Rock. Illus. by Carolyn Cox. ed. 2021. (My Very Own Ser.). (ENG.). 80p. (J). (gr. k-2). 10.99 *(978-0-7459-7923-6(8)*, 301bdb12-53c5-4622-a380-19e0e5ab60e8, Lion Children's) Lion Hudson PLC GBR. Dist: Baker & Taylor Publisher Services (BTPS).

My Very Own Fairy Stories (Classic Reprint) Johnny Gruelle. 2017. (ENG., Illus.). (J). 25.96 *(978-0-331-57869-0(7))*; pap. 9.57 *(978-0-259-44193-9(7))* Forgotten Bks.

My Very Own Fire Truck. Jill Lorraine Turpin. 2018. (ENG.). 38p. (J). pap. 10.95 *(978-1-7320932-1-8(0))* Turpin, Jill Lorraine.

My Very Own Letter. Zalmy Hecht. Illus. by Chani Judowitz. 2016. (ENG.). 20p. (J). 11.95 *(978-1-929628-89-6(7))* Hachai Publishing.

My Very Own Room: Mi Propio Cuartito. Amada Irma Perez. Illus. by Maya Christina Gonzalez. 2019. (SPA.). 30p. (J). (gr. 2-5). lib. bdg. 21.75 *(978-1-6636-2503-8(4))* Perfection Learning Corp.

My Very Own Secret Haven Coloring Book Garden. Educando Kids. 2019. (ENG.). 42p. (J). pap. 6.99 *(978-1-64521-019-1(7)*, Educando Kids) Editorial Imagen.

My Very Own Special Particular Private & Personal Cat. Sandol Stoddard Warburg. Illus. by Remy Charlip. 2023. 56p. (J). (gr. -1-3). 17.95 *(978-1-59270-385-2(2))* Enchanted Lion Bks., LLC.

My Very Special Bubble. Robyn D. Rausch. 2020. (ENG.). 32p. (J). pap. 14.99 *(978-1-63732-890-3(7))* Primedia eLaunch LLC.

My Very Very Very Very Very Very Very Silly Book of Games. Matt Lucas. Illus. by Sarah Horne. 2021. (ENG.). 160p. (J). pap. 5.99 *(978-0-7555-0464-0(X)*, Red Shed) Farshore GBR. Dist: HarperCollins Pubs.

My Very Very Very Very Very Very Very Silly Book of Jokes. Matt Lucas. Illus. by Sarah Horne. 2022. (ENG.). 160p. (J). 5.99 *(978-0-7555-0181-6(0)*, Red Shed) Farshore GBR. Dist: HarperCollins Pubs.

My Very Very Very Very Very Very Very Silly Book of Pranks. Matt Lucas. Illus. by Sarah Horne. 2021. (ENG.). 160p. (J). 5.99 *(978-0-7555-0258-5(2)*, Red Shed) Farshore GBR. Dist: HarperCollins Pubs.

My Vida Loca. Jacqueline Jules. Illus. by Kim Smith. ed. 2016. (Sofia Martinez Ser.). (ENG.). 96p. (J). (gr. k-2). pap., pap., pap. 4.95 *(978-1-4795-8720-9(6)*, 131114, Picture Window Bks.) Capstone.

My Video Game Ate My Homework. Dustin Hansen. Illus. by Dustin Hansen. 2020. (Illus.). 160p. (J). (gr. 3-7). pap. 9.99 *(978-1-4012-9326-0(3))* DC Comics.

My Village (Classic Reprint) E. Boyd Smith. 2018. (ENG., Illus.). 336p. (J). 30.85 *(978-0-483-35085-4(0))* Forgotten Bks.

My Virtual Friends. Emily Iyamabo. 2021. (ENG.). 30p. (J). pap. *(978-1-990336-03-4(5))* Rusnak, Alanna.

My Vision: What Life Is Composed of Both Spiritually & Earthly; As Seen from the Sun in 1895 (Classic Reprint) Alfred W. Lowrie. (ENG., Illus.). (J). 2018. 256p. 29.18 *(978-0-483-29675-6(9))*; 2016. pap. 11.57 *(978-1-333-47298-6(6))* Forgotten Bks.

My Vision Quest: The Power of Dreaming Big. Eevi Jones. Illus. by Bhumika Jangid. 2020. (Braving the World Ser.: Vol. 5). (ENG.). 40p. (J). 16.00 *(978-1-952517-94-5(X))* LHC Publishing.

My Visit to the Dentist, 1 vol. David Lee. 2016. (Community Helpers Ser.). (ENG., Illus.). 24p. (J). (gr. 1-1). pap. 9.25 *(978-1-4994-2704-2(2)*, 8484dfe8-2330-4df0-b88d-56b571e40fb9, PowerKids Pr.) Rosen Publishing Group, Inc., The.

My Visit to the Doctor. Mary Man-Kong. Illus. by Kellee Riley. 2017. (J). *(978-1-5182-2648-9(5))* Random Hse., Inc.

My Visit with Mama in Heaven. Michael W. Miller. 2021. (ENG.). 26p. (J). pap. 15.95 *(978-1-63630-966-8(6))* Covenant Bks.

My Voice Is a Trumpet. Jimmie Allen. Illus. by Cathy Ann Johnson. 2021. 32p. (J). (gr. -1-2). 17.99 *(978-0-593-35218-2(1))* Flamingo Bks.

My Voice, My Life, My Story: Mighty Explorer. Liyu Makonnen. 2022. (ENG.). 20p. (J). pap. *(978-0-2288-6570-4(0))* Tellwell Talent.

My VP Looks Like Me. Phyllis Harris. Illus. by Elsa Achu. 2022. 44p. (J). pap. 14.99 *(978-1-6678-6199-9(9))* BookBaby.

My VP Looks Like Me. Phyllis Harris. 2021. 44p. (J). 24.99 *(978-1-0983-8246-9(3))* BookBaby.

My 'w' Sound Box. Jane Belk Moncure. Illus. by Rebecca Thornburgh. 2018. (Jane Belk Moncure's Sound Box Bks.). (ENG.). 32p. (J). (gr. -1-2). 35.64 *(978-1-5038-2326-6(1)*, 212155) Child's World, Inc, The.

My Wacky Eyes. Braylon Lucas. Illus. by Ilma Salman. 2023. (ENG.). 34p. (J). 25.99 *(978-1-0881-1837-5(2))* Indy Pub.

My Walk Scavenger Hunt. Bela Davis. 2022. (Senses Scavenger Hunt Ser.). (ENG.). 24p. (J). (gr. -1-2). lib. bdg. 31.36 *(978-1-0982-6158-0(5)*, 39481, Abdo Kids); (gr. -k-k). pap. 8.95 *(978-1-64494-839-2(7)*, Abdo Kids-Junior) ABDO Publishing Co.

My Wanderings in the Soudan, Vol. 1 of 2 (Classic Reprint) Cornelia Speedy. (ENG., Illus.). (J). 2018. 258p. 29.24 *(978-0-666-19239-4(1))*; 2017. pap. 11.97 *(978-0-282-11970-6(1))* Forgotten Bks.

My Wanderings in the Soudan, Vol. 2 of 2 (Classic Reprint) Cornelia Mary Speedy. (ENG., Illus.). (J). 2018. 278p. 29.65 *(978-0-365-17015-0(1))*; 2016. pap. 13.57 *(978-1-334-14764-7(7))* Forgotten Bks.

My War Diary, 1918 (Classic Reprint) Mary King Waddington. 2018. (ENG., Illus.). 378p. (J). 31.69 *(978-0-267-44705-3(1))* Forgotten Bks.

My War Diary (Classic Reprint) Mary King Waddington. (ENG., Illus.). (J). 2018. 386p. 31.88 *(978-0-267-39650-4(3))*; 2016. pap. 16.57 *(978-1-334-13082-3(5))* Forgotten Bks.

My War Experiences in Two Continents (Classic Reprint) S. Macnaughtan. 2018. (ENG., Illus.). 302p. (J). 30.13 *(978-0-365-49919-0(6))* Forgotten Bks.

My Washington, DC. Kathy Jakobsen. 2016. (ENG., Illus.). 40p. (J). (gr. -1-3). 18.99 *(978-0-316-12612-0(8))* Little, Brown Bks. for Young Readers.

My Way West: Real Kids Traveling the Oregon & California Trails. Elizabeth Goss. 2021. (ENG., Illus.). 48p. (J). (gr. 2-5). 18.99 *(978-1-5132-6730-2(2)*, West Margin Pr.) West Margin Pr.

My Wayward Pardner: Or, My Trials with Josiah, America, the Widow Bump, & Etcetery (Classic Reprint) Marietta Holley. 2017. (ENG., Illus.). 496p. (J). 34.13 *(978-0-484-04101-0(0))* Forgotten Bks.

My Week Book: Mijn Week Boek- Mon Livre de la Semaine- Mein Wochenbuch- il Mio Libro Della-Settimana- Mi Libro de la Semana. Dawn Avalon. 2021. (ENG.). 112p. (YA). *(978-1-716-08440-9(7))*; *(978-1-716-08411-9(3))* Lulu Pr., Inc.

My Week with Him. Joya Goffney. 2023. (ENG.). 400p. (YA). (gr. 8). 19.99 *(978-0-06-325474-9(3)*, HarperTeen) HarperCollins Pubs.

My Weird Reading Tips: Tips, Tricks & Secrets by the Author of My Weird School. Dan Gutman. 2019. (My Weird School Ser.). (ENG., Illus.). 224p. (J). (gr. 1-5). 16.99 *(978-0-06-288240-0(6)*, HarperCollins) HarperCollins Pubs.

My Weird Reading Tips: Tips, Tricks & Secrets from the Author of My Weird School. Dan Gutman. 2019. (My Weird School Ser.). (ENG., Illus.). 224p. (J). (gr. 1-5). pap. 6.99 *(978-0-06-288239-4(2)*, HarperCollins) HarperCollins Pubs.

My Weird School. Dan Gutman. ed. 2017. (My Weird School - I Can Read Ser.). (J). lib. bdg. 13.55 *(978-0-606-40067-1(2))* Turtleback.

My Weird School: Talent Show Mix-Up. Dan Gutman. Illus. by Jim Paillot. ed. 2016. (My Weird School - I Can Read Ser.). (ENG.). 32p. (J). (gr. -1-3). 13.55 *(978-0-606-39276-1(9))* Turtleback.

My Weird School 4 Books In 1! Books 1-4, 4 bks. in 1. Dan Gutman. Illus. by Jim Paillot. 2016. (My Weird School Ser.). (ENG.). 384p. (J). (gr. 1-5). 16.99 *(978-0-06-249668-3(9)*, HarperCollins) HarperCollins Pubs.

My Weird School Back to School 3-Book Box Set: Back to School, Weird Kids Rule!; Miss Child Has Gone Wild!; & Ms. Krup Cracks Me Up! Dan Gutman. Illus. by Jim Paillot. 2019. (My Weird School Ser.). (ENG.). 368p. (J). (gr. -1-1). 15.97 *(978-0-06-293777-3(4)*, HarperCollins) HarperCollins Pubs.

My Weird School: Class Pet Mess! Dan Gutman. Illus. by Jim Paillot. 2017. (I Can Read Level 2 Ser.). (ENG.). 32p. (J). (gr. -1-3). pap. 4.99 *(978-0-06-236746-4(3)*, HarperCollins) HarperCollins Pubs.

My Weird School Fast Facts: Dinosaurs, Dodos, & Woolly Mammoths. Dan Gutman. ed. 2019. (My Weird School Fast Facts Ser.). (ENG.). 201p. (J). (gr. 2-3). 16.49 *(978-0-87617-475-3(6))* Penworthy Co., LLC, The.

My Weird School Fast Facts: Dinosaurs, Dodos, & Woolly Mammoths. Dan Gutman. Illus. by Jim Paillot. 2018. (My Weird School Fast Facts Ser.: 6). (ENG.). 208p. (J). (gr. 1-5). pap. 5.99 *(978-0-06-267309-1(2))*; lib. bdg. 16.89 *(978-0-06-267310-7(6))* HarperCollins Pubs. (HarperCollins).

My Weird School Fast Facts: Dogs, Cats, & Dung Beetles. Dan Gutman. Illus. by Jim Paillot. 2018. (My Weird School Fast Facts Ser.: 5). (ENG.). 192p. (J). (gr. 1-5). pap. 5.99 *(978-0-06-267306-0(8))*; lib. bdg. 16.89 *(978-0-06-267307-7(6))* HarperCollins Pubs. (HarperCollins).

My Weird School Fast Facts: Explorers, Presidents, & Toilets. Dan Gutman. Illus. by Jim Paillot. 2017. (My Weird School Fast Facts Ser.). (ENG.). 192p. (J). (gr. 1-5). pap. 5.99 *(978-0-06-230623-4(5)*, HarperCollins) HarperCollins Pubs.

My Weird School Fast Facts: Geography. Dan Gutman. Illus. by Jim Paillot. 2016. (My Weird School Fast Facts Ser.). (ENG.). 176p. (J). (gr. 1-5). pap. 5.99 *(978-0-06-230620-3(0)*, HarperCollins) HarperCollins Pubs.

My Weird School Fast Facts: Mummies, Myths, & Mysteries. Dan Gutman. Illus. by Jim Paillot. 2019. (My Weird School Fast Facts Ser.: 7). (ENG.). 192p. (J). (gr.

1424

The check digit for ISBN-10 appears in parentheses after the full ISBN-13

1-5). pap. 5.99 *(978-0-06-267312-1(2))*; lib. bdg. 16.89 *(978-0-06-267313-8(0))* HarperCollins Pubs. (HarperCollins).

My Weird School Fast Facts: Pizza, Peanut Butter, & Pickles. Dan Gutman. Illus. by Jim Paillot. 2019. (My Weird School Fast Facts Ser.: 8). (ENG.). 208p. (J). (gr. 1-5). pap. 7.99 *(978-0-06-267315-2(7))*; lib. bdg. 16.89 *(978-0-06-267316-9(5))* HarperCollins Pubs. (HarperCollins).

My Weird School Fast Facts: Space, Humans, & Farts. Dan Gutman. Illus. by Jim Paillot. 2017. (My Weird School Fast Facts Ser.). (ENG.). 192p. (J). (gr. 1-5). pap. 5.99 *(978-0-06-230626-5(X))*, HarperCollins) HarperCollins Pubs.

My Weird School Fast Facts: Sports. Dan Gutman. Illus. by Jim Paillot. 2016. (My Weird School Fast Facts Ser.). (ENG.). 176p. (J). (gr. 1-5). pap. 5.99 *(978-0-06-230617-3(0))*, HarperCollins) HarperCollins Pubs.

My Weird School Goes to the Museum. Dan Gutman. Illus. by Jim Paillot. 2016. 30p. (J). *(978-1-5182-2157-6(2))* Harper & Row Ltd.

My Weird School Goes to the Museum. Dan Gutman. Illus. by Jim Paillot. 2016. (I Can Read Level 2 Ser.). (ENG.). 32p. (J). (gr. -1-3). pap. 5.99 *(978-0-06-236742-6(0))*, HarperCollins) HarperCollins Pubs.

My Weird School Graphic Novel: Dorks in New York! Dan Gutman. Illus. by Jim Paillot. 2023. (My Weird School Graphic Novel Ser.: 3). (ENG.). 96p. (J). (gr. 1-5). 19.99 *(978-0-06-322972-3(2))*; pap. 8.99 *(978-0-06-322971-6(4))* HarperCollins Pubs. (HarperAlley).

My Weird School Graphic Novel: Get a Grip! We're on a Trip! Dan Gutman. Illus. by Jim Paillot. 2022. (My Weird School Graphic Novel Ser.: 2). (ENG.). 112p. (J). (gr. 1-5). 15.99 *(978-0-06-305452-3(3))*; pap. 8.99 *(978-0-06-305448-6(5))* HarperCollins Pubs. (HarperAlley).

My Weird School Graphic Novel: Mr. Corbett Is in Orbit! Dan Gutman. Illus. by Jim Paillot. 2021. (My Weird School Graphic Novel Ser.: 1). (ENG.). 96p. (J). (gr. 1-5). 15.99 *(978-0-06-294762-8(1))*; pap. 8.99 *(978-0-06-294761-1(3))* HarperCollins Pubs. (HarperAlley).

My Weird School: Jokes, Games, & Puzzles. Dan Gutman. Illus. by Jim Paillot. 2018. (My Weird School Ser.). (ENG.). 192p. (J). (gr. 1-5). pap. 5.99 *(978-0-06-279687-5(9))*, HarperCollins) HarperCollins Pubs.

My Weird School Special: Bummer in the Summer! Dan Gutman. Illus. by Jim Paillot. 2019. (My Weird School Special Ser.). (ENG.). 144p. (J). (gr. 1-5). pap. 5.99 *(978-0-06-279681-3(X))*; lib. bdg. 16.89 *(978-0-06-279682-0(8))* HarperCollins Pubs. (HarperCollins).

My Weird School Special: the Leprechaun Is Finally Gone! Dan Gutman. Illus. by Jim Paillot. 2022. (My Weird School Special Ser.). (ENG.). 144p. (J). (gr. 1-5). pap. 6.99 *(978-0-06-306727-1(7))*; lib. bdg. 16.99 *(978-0-06-306728-8(5))* HarperCollins Pubs. (HarperCollins).

My Weird School Special: We're Red, Weird, & Blue! What Can We Do? Dan Gutman. Illus. by Jim Paillot. 2020. (My Weird School Special Ser.: 7). (ENG.). 144p. (J). (gr. 1-5). pap. 5.99 *(978-0-06-279684-4(4))*; lib. bdg. 16.89 *(978-0-06-279685-1(2))* HarperCollins Pubs. (HarperCollins).

My Weird School Summer Reading 3-Book Box Set: Bummer in the Summer!, Mr. Sunny Is Funny!, & Miss Blake Is a Flake! Dan Gutman. Illus. by Jim Paillot. 2020. (My Weird School Ser.). (ENG.). 368p. (J). (gr. 1-5). 15.97 *(978-0-06-293779-7(0))*, HarperCollins) HarperCollins Pubs.

My Weird School: Teamwork Trouble. Dan Gutman. Illus. by Jim Paillot. 2018. (I Can Read Level 2 Ser.). (ENG.). 32p. (J). (gr. -1-3). 16.99 *(978-0-06-236750-1(1))*; pap. 5.99 *(978-0-06-236749-5(8))* HarperCollins Pubs. (HarperCollins).

My Weirder-Est School #1: Dr. Snow Has Got to Go! Dan Gutman. Illus. by Jim Paillot. 2019. (My Weirder-Est School Ser.: 1). (ENG.). 112p. (J). (gr. 1-5). pap. 4.99 *(978-0-06-269101-9(5))*; lib. bdg. 16.89 *(978-0-06-269102-6(3))* HarperCollins Pubs. (HarperCollins).

My Weirder-Est School #10: Mr. Ott Is a Crackpot! Dan Gutman. Illus. by Jim Paillot. 2022. (My Weirder-Est School Ser.: 10). (ENG.). 112p. (J). (gr. 1-5). pap. 6.99 *(978-0-06-291082-0(5))*; lib. bdg. 15.99 *(978-0-06-291083-7(3))* HarperCollins Pubs. (HarperCollins).

My Weirder-Est School #11: Mrs. Stoker Is a Joker! Dan Gutman. Illus. by Jim Paillot. 2022. (My Weirder-Est School Ser.: 11). (ENG.). 112p. (J). (gr. 1-5). 15.99 *(978-0-06-291086-8(8))*; pap. 6.99 *(978-0-06-291085-1(X))* HarperCollins Pubs. (HarperCollins).

My Weirder-Est School #12: Lil Mouse Is in the House! Dan Gutman. Illus. by Jim Paillot. 2022. (My Weirder-Est School Ser.: 12). (ENG.). 112p. (J). (gr. 1-5). 16.99 *(978-0-06-291089-9(2))*; pap. 5.99 *(978-0-06-291088-2(4))* HarperCollins Pubs. (HarperCollins).

My Weirder-Est School #2: Miss Porter Is Out of Order! Dan Gutman. Illus. by Jim Paillot. 2019. (My Weirder-Est School Ser.: 2). (ENG.). 112p. (J). (gr. 1-5). pap. 6.99 *(978-0-06-269104-0(X))*; lib. bdg. 16.89 *(978-0-06-269105-7(8))* HarperCollins Pubs. (HarperCollins).

My Weirder-Est School #3: Dr. Floss Is the Boss! Dan Gutman. Illus. by Jim Paillot. 2019. (My Weirder-Est School Ser.: 3). (ENG.). 112p. (J). (gr. 1-5). pap. 4.99 *(978-0-06-269107-1(4))*; lib. bdg. 16.89 *(978-0-06-269108-8(2))* HarperCollins Pubs. (HarperCollins).

My Weirder-Est School 4-Book Box Set: Dr. Snow Has Got to Go!, Miss Porter Is Out of Order!, Dr. Floss Is the Boss!, Miss Blake Is a Flake! Dan Gutman. Illus. by Jim Paillot. 2020. (My Weirder-Est School Ser.). (ENG.). 448p. (J). (gr. 1-5). pap. 19.96 *(978-0-06-298023-6(8))*, HarperCollins) HarperCollins Pubs.

My Weirder-Est School #4: Miss Blake Is a Flake! Dan Gutman. Illus. by Jim Paillot. 2020. (My Weirder-Est School Ser.: 4). (ENG.). 112p. (J). (gr. 1-5). pap. 4.99 *(978-0-06-269110-1(4))*; lib. bdg. 16.89 *(978-0-06-269111-8(2))* HarperCollins Pubs. (HarperCollins).

My Weirder-Est School #5: Mr. Marty Loves a Party! Dan Gutman. Illus. by Jim Paillot. 2020. (My Weirder-Est School Ser.: 5). (ENG.). 112p. (J). (gr. 1-5). pap. 4.99 *(978-0-06-269113-2(9))*; lib. bdg. 16.89 *(978-0-06-269114-9(7))* HarperCollins Pubs. (HarperCollins).

My Weirder-Est School #6: Mrs. Bacon Is Fakin'! Dan Gutman. Illus. by Jim Paillot. 2020. (My Weird School Special Ser.: 6). (ENG.). 112p. (J). (gr. 1-5). pap. 5.99 *(978-0-06-269116-3(3))*; lib. bdg. 16.89 *(978-0-06-269117-0(1))* HarperCollins Pubs. (HarperCollins).

My Weirder-Est School #7: Ms. Jo-Jo Is a Yo-Yo! Dan Gutman. Illus. by Jim Paillot. 2021. (My Weirder-Est School Ser.: 7). (ENG.). 112p. (J). (gr. 1-5). pap. 4.99 *(978-0-06-291040-0(X))*; lib. bdg. 16.89 *(978-0-06-291041-7(8))* HarperCollins Pubs. (HarperCollins).

My Weirder-Est School #8: Miss Aker Is a Maker! Dan Gutman. Illus. by Jim Paillot. 2021. (My Weirder-Est School Ser.: 8). (ENG.). 112p. (J). (gr. 1-5). pap. 6.99 *(978-0-06-291044-8(2))*; lib. bdg. 16.89 *(978-0-06-291077-6(9))* HarperCollins Pubs. (HarperCollins).

My Weirder-Est School #9: Mrs. Barr Has Gone Too Far! Dan Gutman. Illus. by Jim Paillot. 2021. (My Weirder-Est School Ser.: 9). (ENG.). 112p. (J). (gr. 1-5). pap. 4.99 *(978-0-06-291079-0(5))*; lib. bdg. 16.89 *(978-0-06-291080-6(9))* HarperCollins Pubs. (HarperCollins).

My Weirdest School #10: Miss Newman Isn't Human! Dan Gutman. Illus. by Jim Paillot. 2018. (My Weirdest School Ser.: 10). (ENG.). 112p. (J). (gr. 1-5). pap. 4.99 *(978-0-06-242939-1(6))*; lib. bdg. 16.89 *(978-0-06-242940-7(X))* HarperCollins Pubs. (HarperCollins).

My Weirdest School #11: Mr. Will Needs to Chill! Dan Gutman. Illus. by Jim Paillot. 2018. (My Weirdest School Ser.: 11). (ENG.). 112p. (J). (gr. 1-5). pap. 6.99 *(978-0-06-242942-1(6))*, HarperCollins) HarperCollins Pubs.

My Weirdest School 12-Book Box Set: Books 1-12. Dan Gutman. 2018. (My Weirdest School Ser.). (ENG.). 1344p. (J). (gr. 1-5). pap. 59.88 *(978-0-06-287892-2(1))*, HarperCollins) HarperCollins Pubs.

My Weirdest School #12: Ms. Hall Is a Goofball! Dan Gutman. Illus. by Jim Paillot. 2018. (My Weirdest School Ser.: 12). (ENG.). 112p. (J). (gr. 1-5). pap. 4.99 *(978-0-06-242945-2(0))*, HarperCollins) HarperCollins Pubs.

My Weirdest School #4: Mrs. Meyer Is on Fire! Dan Gutman. Illus. by Jim Paillot. 2016. (My Weirdest School Ser.: 4). (ENG.). 112p. (J). (gr. 1-5). pap. 5.99 *(978-0-06-228430-3(4))*, HarperCollins) HarperCollins Pubs.

My Weirdest School #5: Miss Daisy Is Still Crazy! Dan Gutman. Illus. by Jim Paillot. 2016. (My Weirdest School Ser.: 5). (ENG.). 112p. (J). (gr. 1-5). lib. bdg. 15.89 *(978-0-06-228433-4(9))*, HarperCollins) HarperCollins Pubs.

My Weirdest School #6: Mr. Nick Is a Lunatic! Dan Gutman. Illus. by Jim Paillot. 2016. (My Weirdest School Ser.: 6). (ENG.). 112p. (J). (gr. 1-5). pap. 5.99 *(978-0-06-228436-5(3))*, HarperCollins) HarperCollins Pubs.

My Weirdest School #7: Ms. Joni Is a Phony! Dan Gutman. Illus. by Jim Paillot. 2017. (My Weirdest School Ser.: 7). (ENG.). 112p. (J). (gr. 1-5). pap. 4.99 *(978-0-06-242929-2(9))*, HarperCollins) HarperCollins Pubs.

My Weirdest School #8: Mrs. Master Is a Disaster! Dan Gutman. Illus. by Jim Paillot. 2017. (My Weirdest School Ser.: 8). (ENG.). 112p. (J). (gr. 1-5). pap. 5.99 *(978-0-06-242933-9(7))*, HarperCollins) HarperCollins Pubs.

My Weirdest School #9: Miss Tracy Is Spacey! Dan Gutman. Illus. by Jim Paillot. 2017. (My Weirdest School Ser.: 9). (ENG.). 112p. (J). (gr. 1-5). pap. 4.99 *(978-0-06-242936-0(1))*; lib. bdg. 16.89 *(978-0-06-242937-7(X))* HarperCollins Pubs. (HarperCollins).

My Weirdtastic School #1: Miss Banks Pulls Lots of Pranks!, Vol. 1. Dan Gutman. Illus. by Jim Paillot. 2023. (My Weirdtastic School Ser.: 1). (ENG.). 112p. (J). (gr. 1-5). pap. 6.99 *(978-0-06-320691-5(9))*;Book 1. 16.99 *(978-0-06-320692-2(7))* HarperCollins Pubs. (HarperCollins).

My Weirdtastic School #2: Uncle Fred Is a Knucklehead! Dan Gutman. Illus. by Jim Paillot. 2023. (My Weirdtastic School Ser.: 2). (ENG.). 112p. (J). (gr. 1-5). 17.99 *(978-0-06-320697-7(8))*; pap. 6.99 *(978-0-06-320696-0(X))* HarperCollins Pubs. (HarperCollins).

My Welcome Book: A Children's Book Celebrating the Arrival of a New Baby. Diana Smith. 2021. (ENG.). 24p. (J). pap. *(978-0-6489970-6-1(5))* Smith, Diana.

My Whirling Twirling Motor. Merriam Sarcia Saunders. Illus. by Tammie Lyon. 2019. 32p. (J). *(978-1-4338-2936-9(3))*, Magination Pr.) American Psychological Assn.

My Whiskers Are Long & White (Red Panda) Jessica Rudolph. 2016. (Zoo Clues 2 Ser.). (ENG., Illus.). 24p. (J). (gr. -1-3). 26.99 *(978-1-944102-61-6(2))* Bearport Publishing Co., Inc.

My Whole Truth. Mischa Thrace. 2018. (ENG.). 320p. (YA). (gr. 9-12). pap. 11.99 *(978-1-63583-024-8(9))*, 1635830249, Flux) North Star Editions.

My Wife & I: Or Harry Henderson's History (Classic Reprint) Harriet Stowe. 2018. (ENG., Illus.). 518p. (J). 34.60 *(978-0-365-44120-5(1))* Forgotten Bks.

My Wife & I in Queensland: An Eight Years' Experience in the above Colony, with Some Account of Polynesian Labour (Classic Reprint) Charles H. Eden. (ENG., Illus.). (J). 2018. 356p. 31.24 *(978-0-364-90295-0(7))*; 2017. pap. 13.97 *(978-0-282-04247-9(4))* Forgotten Bks.

My Wife (Classic Reprint) Edward Burke. (ENG., Illus.). (J). 2018. 290p. 29.88 *(978-0-483-74533-9(2))*; 2017. pap. 13.57 *(978-0-243-96467-3(6))* Forgotten Bks.

My Wife's Mother: A Comic Drama in Two Acts (Classic Reprint) Charles James Mathews. 2018. (ENG., Illus.). 46p. (J). 24.82 *(978-0-332-19494-3(9))* Forgotten Bks.

My Wild Cat. Isabelle Simler. 2019. (ENG., Illus.). 64p. (J). *(978-0-8028-5525-1(3))*, Eerdmans Bks For Young Readers) Eerdmans, William B. Publishing Co.

My WILD First Day of School. Dennis Mathew. 2019. (ENG., Illus.). 30p. (J). (gr. k-4). 20.99 *(978-1-64669-339-9(6))*; pap. 12.99 *(978-1-64606-844-9(0))* Primedia eLaunch LLC.

My Wild New Yard. Jessica Bell. 2017. (Text Connections Guided Close Reading Ser.). (J). (gr. 1). *(978-1-4900-1801-0(8))* Benchmark Education Co.

My Wild Orchestra: A Magical Sound Book! Illus. by Susy Zanella. 2019. (ENG.). 14p. (J). (gr. -1-1). 14.95 *(978-88-544-1554-6(5))* White Star Publishers ITA. Dist: Sterling Publishing Co., Inc.

My Winter City, 1 vol. James Gladstone. Illus. by Gary Clement. 2019. (ENG.). 32p. (J). (gr. k-2). 19.95 *(978-1-77306-010-1(4))* Groundwood Bks. CAN. Dist: Publishers Group West (PGW).

My Winter Garden: A Nature-Lover under Southern Skies (Classic Reprint) Maurice Thompson. 2018. (ENG., Illus.). 320p. (J). 30.50 *(978-0-364-24186-8(1))* Forgotten Bks.

My Winter in Cuba (Classic Reprint) W. M. L. Jay. 2018. (ENG., Illus.). 304p. (J). 30.17 *(978-0-483-76650-1(X))* Forgotten Bks.

My Wish for You. Kathryn Hahn. Illus. by Brigette Barrager. 2022. (ENG.). 34p. (J). (— 1). bds. 7.99 *(978-1-338-82734-7(0))*, Cartwheel Bks.) Scholastic, Inc.

My Wish for You: Lessons from My Six-Year-Old Daughter. Kathryn Hahn. Illus. by Brigette Barrager. 2018. (ENG.). 40p. (J). (gr. -1-3). 17.99 *(978-1-338-15040-7(5))*, Orchard Bks.) Scholastic, Inc.

My Wish to Catch a Fish. Catherine Karros-Rork. 2016. (ENG., Illus.). 28p. (J). *(978-1-365-31643-2(2))* Lulu Pr., Inc.

My Wolf Cub Has Superpowers. Joni McCoy. Illus. by Nicole Kim. 2020. (Winvar Jr Ser.: Vol. 1). (ENG.). 36p. (J). pap. 12.99 *(978-1-953814-13-5(1))*; 18.99 *(978-1-953814-14-2(X))* Tinlizzy Publishing.

My Wonder-Story (Classic Reprint) Anne Kendrick Benedict. 2018. (ENG., Illus.). 176p. (J). 27.53 *(978-0-483-55279-1(8))* Forgotten Bks.

My Wonderful Fran. Paul Spelzini. 2016. (ENG.). 116p. (J). pap. 13.95 *(978-1-78629-368-8(4))*, 563174e7-7247-48ac-b630-4542809927d2) Austin Macauley Pubs. Ltd. GBR. Dist: Baker & Taylor Publisher Services (BTPS).

My Wonderful Sister, Her Horrible Problem: Addiction from a Child's Point of View. Terri Forehand & Eva Prohosky. 2018. (ENG.). 44p. (J). pap. 12.99 *(978-1-949609-32-5(4))* Pen It Pubns.

My Wonderful Visit (Classic Reprint) Elizabeth Hill. 2018. (ENG., Illus.). 294p. (J). 29.98 *(978-0-483-01235-6(1))* Forgotten Bks.

My Woodland Intimates (Classic Reprint) Effie Bignell. 2018. (ENG., Illus.). 246p. (J). 28.97 *(978-0-267-51935-4(4))* Forgotten Bks.

My Woolly Bear. Debbie Wilhelm Siraco. 2021. (ENG.). 26p. (J). pap. 15.00 *(978-1-0983-5723-8(X))* BookBaby.

My Word! Owls: Owl Activity Book for Kids of All Ages. Eduard Schwan. 2023. (ENG.). 100p. (YA). pap. 9.99 ***(978-1-0881-1889-4(5))*** Indy Pub.

My Word Time Journal - Coloring Craze: Journaling Collection. Agnes De Bezenac. Illus. by Agnes De Bezenac. 2018. (Pretty Joys Ser.: Vol. 3). (ENG., Illus.). 220p. (J). (gr. 4-6). 14.00 *(978-1-63474-325-9(3))* iCharacter.org.

My Words. Grant Snider. 2020. (ENG., Illus.). 32p. (J). (gr. -1-3). 17.99 *(978-0-06-290780-6(8))*, HarperCollins) HarperCollins Pubs.

My Words Flew Away Like Birds. Debora Pearson. Illus. by Shrija Jain. 2021. (ENG.). 40p. (J). (gr. -1-3). 17.99 *(978-1-5253-0318-0(X))* Kids Can Pr., Ltd. CAN. Dist: Hachette Bk. Group.

My Work in Progress: A Journal for Self-Discovery & Creative Expression, 1 vol. Zondervan. 2020. (ENG.). 128p. (YA). 17.99 *(978-0-310-77067-1(X))* Blink.

My World, 12 vols. 2022. (My World Ser.). (ENG.). 24p. (J). (gr. k-k). lib. bdg. 151.62 *(978-1-5383-8748-1(4))*, 0b7f1113-5c50-4273-bb6a-dad909e03139, PowerKids Pr.) Rosen Publishing Group, Inc., The.

My World & Me Hidden Pictures Sticker Learning Fun. Created by Highlights Learning. 2022. (Highlights Hidden Pictures Sticker Learning Ser.). 64p. (J). (-k). pap. 8.99 *(978-1-64472-866-6(4))*, Highlights) Highlights Pr., c/o Highlights for Children, Inc.

My World Begins. Molly Fields. 2020. (Cloth Bks.). (ENG.). 8p. (J). 7.99 *(978-1-63560-241-8(6))* Gardner Media LLC.

My World Begins/el Comienzo de Mi Mundo. Molly Fields. 2020. (Cloth Bks.). (ENG.). 8p. (J). 7.99 *(978-1-63560-242-5(4))* Gardner Media LLC.

My World Get Ready for Pre-K Workbook: Scholastic Early Learners (Extra Big Skills Workbook) Scholastic Early Learners. 2019. (Scholastic Early Learners Ser.). (ENG.). 68p. (J). (gr. -1-k). pap. 7.99 *(978-1-338-53184-8(0))* Scholastic, Inc.

My World of Cute Ponies. Illus. by Melissa Ek Hattersley. 2022. (ENG.). 42p. (J). pap. ***(978-1-387-46259-9(8))*** Lulu Pr., Inc.

My World of Dreams. David Morgan. Illus. by Mark Brush. 2017. (ENG.). 65p. (J). pap. *(978-1-911113-96-6(8))* Spiderwize.

My World of Science (Set), 12 vols. Illus. by Jeff Bane. 2018. (My Early Library: My World of Science Ser.). (ENG.). 24p. (J). (gr. k-1). 367.68 *(978-1-5341-2845-3(X))*, 211440); pap., pap., pap. 153.43 *(978-1-5341-3181-1(7))*, 211441) Cherry Lake Publishing.

My World War 2 Childhood. Irene Kucholick. 2018. (ENG., Illus.). 160p. (J). pap. 10.95 *(978-1-947018-08-2(6))* Three Kings Publishing.

My World with Asd. Berlinda Juste & Mothline Williams. 2018. (ENG., Illus.). 30p. (J). pap. 13.95 *(978-1-64349-107-3(5))* Christian Faith Publishing.

My Worldwide Unicorn Journey. Bianca Montgomery. 2021. (ENG.). 66p. (J). pap. 8.99 *(978-1-716-17737-8(5))* Lulu Pr., Inc.

My Worst Book Ever! Illus. by Bruce Ingman. 2018. 64p. (J). (gr. k-5). 16.95 *(978-0-500-65090-5(X))*, 565090) Thames & Hudson.

My Worst Days Diary: Level 3. Suzanne Altman. Illus. by Diane Allison. 2020. (Bank Street Readt-To-Read Ser.). (ENG.). 50p. (J). 17.95 *(978-1-876967-17-8(X))*; pap. 11.95 *(978-1-876966-09-6(2))* ibooks, Inc.

My Wrinkled Heart. Veronica Lloyd. 2017. (ENG., Illus.). (J). (gr. 2-6). *(978-0-9951879-2-4(4))*; pap. *(978-0-9951879-0-0(8))* V Lloyd.

My 'xyz' Sound Box. Jane Belk Moncure. Illus. by Rebecca Thornburgh. 2018. (Jane Belk Moncure's Sound Box Bks.). (ENG.). 32p. (J). (gr. -1-2). 35.64 *(978-1-5038-2327-3(X))*, 212156) Child's World, Inc, The.

My Year As a Space Cadet, 1 vol. Hope Dalvay. 2021. 2. (Illus.). (J). pap. 11.95 *(978-1-77366-074-5(8))*, 7ebff06d-a80c-46b3-8403-5c9d4d340b81) Acorn Pr., The CAN. Dist: Baker & Taylor Publisher Services (BTPS).

My Year in a Log Cabin (Classic Reprint) W. D. Howells. 2018. (ENG., Illus.). 70p. (J). 25.34 *(978-0-332-09986-6(5))* Forgotten Bks.

My Year in Kindergarten. Elanor Best. Illus. by Charly Lane. 2019. (ENG.). 48p. (J). 7.99 *(978-1-78947-075-8(7))* Make Believe Ideas GBR. Dist: Scholastic, Inc.

My Year in the Middle. Lila Quintero Weaver. Illus. by Lila Quintero Weaver. 2020. (ENG., Illus.). 288p. (J). (gr. 3-7). pap. 8.99 *(978-1-5362-1317-1(9))* Candlewick Pr.

My Year with the Saints: for Kids. Ed. by Peter Celano. 2018. (ENG.). 160p. (J). pap. 14.99 *(978-1-64060-167-3(8))* Paraclete Pr., Inc.

My Years in Paris (Classic Reprint) Princess Pauline Metternich. 2017. (ENG., Illus.). (J). 28.97 *(978-0-265-17161-5(X))* Forgotten Bks.

My Yellow Notebook. Coal Harbour Publishing. 2018. (ENG., Illus.). 102p. (J). pap. *(978-1-989043-22-6(4))* Coal Harbour Publishing Ltd.

My Yesterdays: Here, There & Everywhere (Classic Reprint) Frederic Hamilton. 2018. (ENG., Illus.). 330p. (J). 30.72 *(978-0-364-44169-5(0))* Forgotten Bks.

My Yoga Workbook: A Winter Yoga Journey. Lara E. Hocheiser. Illus. by Hassan Nafeeza. 2016. (My Yoga Workbook: Seasons Ser.: Vol. 1). (ENG.). (J). (gr. k-6). pap. 14.83 *(978-1-68418-148-3(8))* Primedia eLaunch LLC.

My Yoga Workbook: Mindful Bedtime Habits. Lara Hocheiser. Illus. by Nafeeza Hassan. 2019. (ENG.). 70p. (J). (gr. k-6). pap. 24.95 *(978-1-68418-145-2(3))* Primedia eLaunch LLC.

My Young Adventures: Mya's Spelling Test. Jeannelle Effie Brew. 2020. (My Young Adventures Ser.: Vol. 2). (ENG., Illus.). 36p. (J). (gr. k-6). pap. *(978-0-9956017-0-3(4))* Bryan Hse. Publishing.

My Young Alcides: A Faded Photograph (Classic Reprint) Charlotte Mary Yonge. 2018. (ENG., Illus.). 404p. (J). 32.25 *(978-0-428-88533-5(0))* Forgotten Bks.

My Young Alcides, Vol. 1: A Faded Photograph (Classic Reprint) Charlotte Mary Yonge. 2018. (ENG., Illus.). 312p. (J). 30.33 *(978-0-483-98572-8(4))* Forgotten Bks.

My Young Alcides, Vol. 2: A Faded Photograph (Classic Reprint) Charlotte Mary Yonge. (ENG., Illus.). (J). 2018. 302p. 30.13 *(978-0-483-59633-7(7))*; 2016. pap. 13.57 *(978-1-334-31552-7(3))* Forgotten Bks.

My Young Master: A Novel (Classic Reprint) Opie Read. (ENG., Illus.). (J). 2018. 312p. 30.33 *(978-0-484-02111-1(7))*; 2016. pap. 13.57 *(978-1-334-18826-8(2))* Forgotten Bks.

My Youth (Classic Reprint) Leo Tolstoi. (ENG., Illus.). (J). 2018. 234p. 28.74 *(978-0-484-65535-4(3))*; 2016. pap. 11.57 *(978-1-334-14803-3(1))* Forgotten Bks.

My Youth Romantic Comedy Is Wrong, As I Expected @ Comic, Vol. 15 (manga) Wataru Watari. Tr. by Jennifer Ward. 2021. (My Youth Romantic Comedy Is Wrong, As I Expected @ Comic (manga) Ser.: 15). (ENG., Illus.). 164p. (gr. 8-17). pap., pap. 13.00 *(978-1-9753-2497-1(8))*, Yen Pr.) Yen Pr. LLC.

My Youth Romantic Comedy Is Wrong, As I Expected, Vol. 1 (light Novel) Wataru Watari. 2016. (My Youth Romantic Comedy Is Wrong, As I Expected Ser.: 1). (ENG., Illus.). 248p. (gr. 8-17). pap. 14.00 *(978-0-316-31229-5(0))*, Yen Pr.) Yen Pr. LLC.

My Youth Romantic Comedy Is Wrong, As I Expected, Vol. 4 (light Novel), Vol. 4. Wataru Watari. 2017. (My Youth Romantic Comedy Is Wrong, As I Expected Ser.: 4). (ENG., Illus.). 216p. (gr. 8-17). 14.00 *(978-0-316-31807-5(8))*, Yen Pr.) Yen Pr. LLC.

My Youth Romantic Comedy Is Wrong, As I Expected, Vol. 5 (light Novel) Wataru Watari. 2018. (My Youth Romantic Comedy Is Wrong, As I Expected Ser.: 5). (ENG., Illus.). 184p. (gr. 8-17). 14.00 *(978-0-316-31808-2(6))*, Yen Pr.) Yen Pr. LLC.

Mya: His Majesty's Elite. Missy Sheldrake. 2019. (His Majesty's Elite Ser.: Vol. 1). (ENG., Illus.). 392p. (YA). (gr. 8-13). 29.99 *(978-1-0878-0134-6(6))* Missy Sheldrake.

Mya & Crash & Their High-Flying Right Whale Adventure. Katie Petrinec. Illus. by Katie Petrinec. 2022. (Mya & Crash Ser.: Vol. 2). (ENG.). 32p. (J). pap. 15.99 ***(978-0-9985664-7-4(0))***; 21.99 ***(978-0-9985664-6-7(2))*** Meomya.

Mya in the Mirror. Nicole Rocke. 2022. (ENG., Illus.). 28p. (J). pap. 14.95 ***(978-1-68570-740-8(8))*** Christian Faith Publishing.

Mya Learns about Menstruation. Mph Azumah & Bria Gadsden. Illus. by Taranggana. 2020. (ENG.). 28p. (J). pap. 12.99 *(978-1-952744-10-5(5))* Eleviv Publishing Group.

Myanmar, 1 vol. Laura L. Sullivan. 2018. (Exploring World Cultures (First Edition) Ser.). (ENG.). 32p. (gr. 3-3). pap. 12.16 *(978-1-5026-4346-9(4))*, 752e6be4-ba96-409a-b04a-fa3f2bbe392b) Cavendish Square Publishing LLC.

Myanmar. Anastasiya Vasilyeva. 2019. (Countries We Come From Ser.). (ENG., Illus.). 32p. (J). (gr. k-3). 19.95 *(978-1-64280-195-8(X))* Bearport Publishing Co., Inc.

Mya's Big Imagination. Mami Kay. Illus. by Mya Kay. 2021. (ENG.). 24p. (J). *(978-1-5255-8692-7(0))*; pap. *(978-1-5255-8691-0(2))* FriesenPress.

Mya's Mystical Garden. Tonya Warner. 2022. (ENG.). 86p. (J). pap. 13.95 *(978-1-63881-674-4(3))* Newman Springs Publishing, Inc.

Mya's Strategy to Save the World. Tanya Lloyd Kyi. (J). (gr. 4-7). 2020. (ENG.). 224p. pap. 6.99 *(978-0-7352-6526-4(7))*; 2019. 200p. 15.99 *(978-0-7352-6525-7(9))* PRH Canada Young Readers CAN. (Puffin Canada). Dist: Penguin Random Hse. LLC.

M

MyDANCEjournal. Sarah C. Smith. 2021. (ENG.). 98p. (YA). *(978-0-2288-5241-4(2))*; pap. *(978-0-2288-5240-7(4))* Tellwell Talent.

Myddleton Pomfret. William Harrison Ainsworth. 2017. (ENG.). 392p. (J). pap. *(978-3-337-02855-8(1))* Creation Pubs.

Myddleton Pomfret: A Novel (Classic Reprint) William Harrison Ainsworth. 2018. (ENG., Illus.). 392p. (J). 31.98 *(978-0-484-36353-2(0))* Forgotten Bks.

Myers-Briggs. Virginia Loh-Hagan. 2020. (Who Are You? Ser.). (ENG., Illus.). 32p. (J). (gr. 4-8). lib. bdg. 32.07 *(978-1-5341-6915-9(6)*, 215547, 45th Parallel Press) Cherry Lake Publishing.

Myla Saves the Day. Annette Peaks. 2022. (ENG., Illus.). 40p. (J). pap. 15.95 ***(978-1-68526-778-0(5))*** Covenant Bks.

Mylee in the Mirror. Ellie Collins. 2nd ed. 2020. (Greek Mythology Fantasy Ser.: Vol. 2). (ENG., Illus.). 178p. (YA). 14.90 *(978-1-947867-83-3(0))* Fresh Ink Group.

Myles & the Telling Bee. Myles O'Smiles. Illus. by Camilo Luis Berneri. 2019. (ENG.). 88p. (J). pap. *(978-1-988650-99-9(2))* Crimson Hill Bks.

Myles & the Telling Bee. Myles O'Smiles. Illus. by Camilo Luis Berneri. 2019. (ENG.). 88p. (J). (gr. 4-6). *(978-1-989595-01-5(4))*; pap. *(978-1-989595-00-8(6))* Crimson Hill Bks.

Mylius's School Dictionary of the English Language: Intended for Those by Whom a Dictionary Is Used As a Series of Daily Lessons; in Which Such Words As Are Pedantical, Vulgar, Indelicate, & Obsolete, Are Omitted; & Such Only Are Preserved As Are Pure. William Frederick Mylius. (ENG., Illus.). (J). 2018. 268p. 29.42 *(978-0-484-46695-0(X))*; 2017. pap. 11.97 *(978-0-282-31251-0(X))* Forgotten Bks.

Mylo Finds a Friend. Gale Riding. Illus. by Saavi K. 2023. (ENG.). 24p. (J). ***(978-1-0391-6101-6(4))***; pap. ***(978-1-0391-6100-9(6))*** FriesenPress.

Mylo the Panda Travels to Washington, D. C. Jim Heath. 2018. (ENG.). 38p. (J). 14.95 *(978-1-68401-468-2(9))* Amplify Publishing Group.

Myopes (Classic Reprint) Marmaduke William Pickthall. 2019. (ENG., Illus.). 308p. (J). 30.27 *(978-0-365-22215-6(1))* Forgotten Bks.

Myra & the Drawing Drama. Rosemary Rivera. Ed. by John Shableski. Illus. by Mario Menjivar & Mario Menjivar. 2022. (Myra Ser.). 64p. (J). (gr. k-2). 16.99 *(978-1-63761-014-5(9))* Imagine & Wonder.

Myra Gray, or Sown in Tears, Reaped in Joy, Vol. 1 Of 3: A Novel (Classic Reprint) Charles Carlos-Clarke. 2018. (ENG., Illus.). 330p. (J). 30.72 *(978-0-267-15666-5(9))* Forgotten Bks.

Myra Gray; or Sown in Tears, Reaped in Joy, Vol. 2 Of 3: A Novel (Classic Reprint) Charles Carlos-Clarke. (ENG., Illus.). (J). 2018. 316p. 30.43 *(978-0-365-20748-1(9))*; 2017. pap. 13.57 *(978-1-5276-7488-2(6))* Forgotten Bks.

Myra Gray; or Sown in Tears, Reaped in Joy, Vol. 3 Of 3: A Novel (Classic Reprint) Charles Carlos-Clarke. 2017. (ENG., Illus.). (J). 30.95 *(978-0-265-83005-5(2))* Forgotten Bks.

Myra Kemp - Vol 1: I Need a Vacation from My Family. Debbie McKiver. Illus. by Sudesha Shrestha. 2018. (Myra Kemp Ser.: Vol. 1). (ENG.). 92p. (J). (gr. 1-6). 22.99 *(978-0-692-18080-8(X))* McKiver, Debbie dba Strong & Healthy Temple.

Myra of the Pines (Classic Reprint) Herman Knickerbocker Viele. 2017. (ENG., Illus.). (J). 30.79 *(978-0-266-21911-8(X))* Forgotten Bks.

Myra, the Child of Adoption: A Romance of Real Life (Classic Reprint) Ann Sophia Stephens. 2017. (ENG., Illus.). (J). 126p. 26.50 *(978-0-332-02479-0(2))*; pap. 9.57 *(978-0-259-38472-4(0))* Forgotten Bks.

Myra the Good Catcher. K. H. Core. 2021. (ENG.). 24p. (J). pap. 10.86 *(978-1-0983-7860-8(1))* BookBaby.

Myra y el Enredo Del Dibujo: Spanish Edition of Myra & the Drawing Drama. Rosemary Rivera. Ed. by John Shableski. Illus. by Mario Menjivar. 2022. (Myra Ser.). 64p. (J). (gr. k-2). 16.99 *(978-1-63761-015-2(7))* Imagine & Wonder.

Myriad Mazes! the Ultimate Maze Activity Book. Activibooks For Kids. 2016. (ENG., Illus.). (J). pap. 7.55 *(978-1-68321-567-7(2))* Mimaxion.

Myriam & the Mystic Brotherhood (Classic Reprint) Maude Lesseuer Howard. 2017. (ENG., Illus.). (J). 31.78 *(978-0-265-15417-5(0))* Forgotten Bks.

Myrick the Miserable Christmas Elf. Patrick Egan. 2018. (ENG., Illus.). 30p. (J). 22.95 *(978-1-64300-517-1(0))*; pap. 12.95 *(978-1-64300-516-4(2))* Covenant Bks.

Myrikal. Holli Anderson. 2019. (ENG.). 274p. (YA). (gr. 7-12). pap. 14.99 *(978-1-7324674-6-0(3))* Immortal Works LLC.

Myron Mantis Makes a Mistake. Annette Margnelli. 2020. (ENG., Illus.). 24p. (J). pap. 12.95 *(978-1-64670-719-5(2))* Covenant Bks.

Myrtle & the Heather, Vol. 1 Of 2: A Tale (Classic Reprint) A. M. Goodrich. 2018. (ENG., Illus.). 316p. (J). 30.41 *(978-0-484-23379-8(3))* Forgotten Bks.

Myrtle Baldwin (Classic Reprint) Charles Clark Munn. 2018. (ENG., Illus.). 548p. (J). 35.20 *(978-0-428-91712-8(7))* Forgotten Bks.

Myrtle Leaves in Spring Time, or Early Friends & Friendships (Classic Reprint) Emeralda Emeralda. 2018. (ENG., Illus.). (J). 206p. 28.15 *(978-0-366-09158-4(1))*; 208p. pap. 10.57 *(978-0-366-08420-3(8))* Forgotten Bks.

Myrtle Makes a New Friend: Myrtle the Purple Turtle Series. Lauren Reyes-Grange & Cynthia Reyes. Illus. by Jo Robinson. 2019. (Myrtle the Purple Turtle Ser.: Vol. 3). (ENG.). 34p. (J). pap. *(978-0-6399914-2-9(4))* Reyes, Cynthia.

Myrtle Marple & the Vanishing Virtua. Ros Wilson. 2020. (ENG.). 90p. (J). pap. *(978-1-78830-547-1(7))* Olympia Publishers.

Myrtle Teachable Moments Series, 16 vols. Saitofi Anne Deem. Incl. Myrtle Learns about Asthma. 8p. (gr. -1-3). pap. 7.95 *(978-1-930694-00-2(8))*; Myrtle Learns about Dangerous Situations. 8p. (gr. -1-3). pap. 7.95 *(978-1-930694-03-3(2))*; Myrtle Learns about Diabetes. 12p. (gr. -1-3). pap. 7.95 *(978-1-930694-04-0(0))*; Myrtle Learns about Hygiene. 8p. (gr. -1-3). pap. 7.95 *(978-1-930694-09-5(1))*; Myrtle Learns about Lice. 12p. (gr. -1-3). pap. 7.95 *(978-1-930694-11-8(3))*; Myrtle Learns about Medicine. 8p. (gr. -1-3). pap. 7.95 *(978-1-930694-12-5(1))*; Myrtle Learns about Safety. 8p. (gr. -1-3). pap. 7.95 *(978-1-930694-13-2(X))*; Myrtle Learns about Seizures. 8p. (gr. -1-3). pap. 7.95 *(978-1-930694-14-9(8))*; Myrtle Learns How You Catch an Illness. 8p. (gr. -1-3). pap. 7.95 *(978-1-930694-10-1(5))*; Myrtle Learns to Eat Well. 12p. (gr. -1-3). pap. 7.95 *(978-1-930694-05-7(9))*; Myrtle Learns to Get Along. 8p. (gr. -1-3). pap. 7.95 *(978-1-930694-08-8(3))*; Myrtle Learns to Make Friends. 8p. (gr. -1-3). pap. 7.95 *(978-1-930694-07-1(5))*; Myrtle Learns to Take Care of Boo Boos. 12p. (gr. -1-3). pap. 7.95 *(978-1-930694-01-9(6))*; Myrtle Learns Why Exercise Is Important. 8p. pap. 7.95 *(978-1-930694-06-4(7))*; Myrtle Makes a Choice. 8p. (gr. -1-3). pap. 7.95 *(978-1-930694-02-6(4))*; Myrtle's Friend Is Very Sick. 8p. (gr. -1-3). pap. 7.95 *(978-1-930694-15-6(6))*; (J). 1998. (Illus.). Set pap. 114.48 *(978-1-930694-16-3(4))* Myrtle Learns.

Myrtle the Purple Turtle. Cynthia Reyes. Illus. by Jo Robinson. 2017. (ENG.). 32p. (J). (gr. -1-3). *(978-0-620-77342-3(1))* Reyes, Cynthia.

Myrtle the Talking Turtle. Jane Fiore. 2020. (ENG., Illus.). 36p. (J). 24.95 *(978-1-6624-0720-8(3))* Page Publishing Inc.

Myrtle the Turtle: Meets Mama's Baby Bump. Shantae Bennett. Illus. by Hailey McCall. 2022. (ENG.). 32p. (J). 26.99 *(978-1-6628-3291-8(5))*; pap. 14.99 *(978-1-6628-3289-5(3))* Salem Author Services.

Myrtle the Turtle & the Strange Animals. Ben Heckart. 2021. (ENG.). 24p. (J). pap. 14.99 *(978-1-7378732-0-4(6))* Dream Big Publishing.

Myrtle Wreath: Or Stray Leaves Recalled (Classic Reprint) Minnie Myrtle. 2018. (ENG., Illus.). 392p. (J). 31.98 *(978-0-483-81696-1(5))* Forgotten Bks.

MyrtleKay Has Something to Say. Karen Duncan. 2019. (ENG., Illus.). 28p. (J). (gr. k-6). 10.99 *(978-0-578-58402-7(6))* Gerson Group, The.

Myrtles & Aloes, or Our Salcombe Sketch Book (Classic Reprint) Ellen Luscombe. 2017. (ENG., Illus.). (J). 27.61 *(978-0-331-00309-3(0))*; pap. 9.97 *(978-1-334-90051-8(5))* Forgotten Bks.

Myrtle's Game. Lauren Reyes-Grange & Cynthia Reyes. Illus. by Jo Robinson. 2018. (Myrtle the Purple Turtle Ser.: Vol. 2). (ENG.). 32p. (J). pap. *(978-0-6399488-2-9(0))* Reyes, Cynthia.

Myrtle's Halloween Secret. Julia Kelly. 2023. (Myrtle's Trailer Trips Ser.: 2). (Illus.). 36p. (J). 28.38 ***(978-1-6678-8121-8(3))*** BookBaby.

Myrtle's Secret Trailer Trip. Julia Kelly. 2022. (Myrtle's Secret Trailer Trips Ser.: 1). (ENG.). 36p. (J). 27.38 *(978-1-6678-2915-9(7))* BookBaby.

Myself & My Family: Creative Expression Theme. 2016. (Early Rising Readers Ser.). (ENG.). (J). (gr. 1-2). 105.00 *(978-1-4788-5097-7(3))* Newmark Learning LLC.

Myself & My Family: Math Theme. 2016. (Early Rising Readers Ser.). (ENG.). (J). (gr. 1-2). 105.00 *(978-1-4788-5067-0(1))* Newmark Learning LLC.

Myself & My Family: Physical Development Theme. 2016. (Early Rising Readers Ser.). (ENG.). (J). (gr. 1-2). 105.00 *(978-1-4788-5057-1(4))* Newmark Learning LLC.

Myself & My Family: Science Theme. 2016. (Early Rising Readers Ser.). (ENG.). (J). (gr. 1-2). 105.00 *(978-1-4788-5087-8(6))* Newmark Learning LLC.

Myself & My Family: Social & Emotional Development Theme. 2016. (Early Rising Readeers Ser.). (ENG.). (J). (gr. 1-2). 105.00 *(978-1-4788-5047-2(7))* Newmark Learning LLC.

Myself & My Family: Social Studies Theme. 2016. (Early Rising Readers Ser.). (ENG.). (J). (gr. 1-2). 105.00 *(978-1-4788-5077-9(9))* Newmark Learning LLC.

Myself & Things about Me: An Activity Journal. Jai D. Thoolen. 2018. (ENG., Illus.). 28p. (J). (gr. k-4). pap. *(978-0-6482030-7-0(7))* picklepoetry.

Myself & Things about Me (Hb) An Activity Journal. Jai D. Thoolen. 2018. (ENG., Illus.). 28p. (J). (gr. k-4). *(978-0-6482030-6-3(9))* picklepoetry.

Myself Today. Karen Giesbrecht. Illus. by Jenny Nazarova. 2018. (ENG.). 44p. (J). (gr. k-3). pap. *(978-0-9951983-5-7(7))* Mill Lake Bks.

Myself When Young: Confessions (Classic Reprint) Alec Waugh. 2017. (ENG., Illus.). (J). 29.32 *(978-0-331-70452-5(8))*; pap. 11.97 *(978-0-243-31792-9(1))* Forgotten Bks.

Mystekos Spring. Amy Klco. Illus. by Dan Bellini. 2020. (Lake of Two Worlds - Book 4 Ser.: Vol. 4). (ENG.). 178p. (J). pap. 9.49 *(978-0-9979511-4-1(1))* Enchantment Pr.

Mystekos Summer. Amy Klco. Illus. by Dan Bellini. 2019. (Lake of Two Worlds Ser.: Vol. 1). (ENG.). 172p. (J). pap. 9.49 *(978-0-9979511-0-7(7))* Enchantment Pr.

Mystère de l'agrafeuse Disparue (the Mystery of the Missing Stapler) Laurie Friedman. Illus. by Barbara Szepesi Szucs. 2022. (Daisy la détective (Detective Daisy) Ser.).Tr. of Mystère de l'agrafeuse Disparue. (FRE.). 24p. (J). (gr. -1-3). pap. *(978-1-0396-8816-2(0)*, 19642, Crabtree Blossoms) Crabtree Publishing Co.

Mystere de L'Imperator. Nicolas Celeguegne. 2018. (FRE., Illus.). 98p. (J). pap. 5.58 *(978-0-244-65703-1(3))* Lulu Pr., Inc.

Mystère des Bruits étranges (the Mystery of the Spooky Sounds) Laurie Friedman. Illus. by Barbara Szepesi Szucs. 2022. (Daisy la détective (Detective Daisy) Ser.).Tr. of Mystère des Bruits étranges. (FRE.). 24p. (J). (gr. -1-3). pap. *(978-1-0396-8820-9(9)*, 19647, Crabtree Blossoms) Crabtree Publishing Co.

Mystère des Campeurs Disparus see Mystère des Campeurs Disparus (the Mystery of the Missing Campers)

Mystère des Campeurs Disparus (the Mystery of the Missing Campers) Laurie Friedman. Illus. by Jake Hill. 2022. (Camp du Lac Maudit (Camp Creepy Lake) Ser.).Tr. of Mystère des Campeurs Disparus. (FRE.). 48p. (J). (gr. 2-4). pap. *(978-1-0396-8801-8(2)*, 20300, Leaves Chapter Books) Crabtree Publishing Co.

Mystère des Grignotines Volées (the Mystery of the Stolen Snacks) Laurie Friedman. Illus. by Barbara Szepesi Szucs. 2022. (Daisy la détective (Detective Daisy) Ser.).Tr. of Mystère des Grignotines Volées. (FRE.). 24p. (J). (gr. -1-3). pap. *(978-1-0396-8819-3(5)*, 19652, Crabtree Blossoms) Crabtree Publishing Co.

Mystère des Notes Secrètes see Mystère des Notes Secrètes (the Mystery of the Secret Notes)

Mystère des Notes Secrètes (the Mystery of the Secret Notes) Laurie Friedman. Illus. by Barbara Szepesi Szucs. 2022. (Daisy la détective (Detective Daisy) Ser.).Tr. of Mystère des Notes Secrètes. (FRE.). 24p. (J). (gr. -1-3). pap. *(978-1-0396-8817-9(9)*, 19657, Crabtree Blossoms) Crabtree Publishing Co.

Mystère des Pupitres Déplacés see Mystère des Pupitres déplacés (the Mystery of the Moving Desks)

Mystère des Pupitres déplacés (the Mystery of the Moving Desks) Laurie Friedman. Illus. by Barbara Szepesi Szucs. 2022. (Daisy la détective (Detective Daisy) Ser.).Tr. of Mystère des Pupitres Déplacés. (FRE.). 24p. (J). (gr. -1-3). pap. *(978-1-0396-8821-6(7)*, 19662, Crabtree Blossoms) Crabtree Publishing Co.

Mystère du Livre Perdu de la Bibliothèque (the Mystery of the Lost Library Book) Laurie Friedman. Illus. by Barbara Szepesi Szucs. 2022. (Daisy la détective (Detective Daisy) Ser.).Tr. of Mystère du Livre Perdu de la Bibliothèque. (FRE.). 24p. (J). (gr. -1-3). pap. *(978-1-0396-8818-6(7)*, 19667, Crabtree Blossoms) Crabtree Publishing Co.

Mystère et Bonne Fortune: Le Journal d'un Chat Fouineur. R F Kristi. Tr. by Isabelle Nazaire. 2019. (Série les Enquêtes du Chat Inca Ser.: Vol. 1). (FRE.). 126p. (J). pap. *(978-88-9398-311-2(7))* Tektime.

Mysteria. Melanie Hiraguri. 2020. (ENG., Illus.). 250p. (YA). (gr. 7-12). pap. 19.99 *(978-1-63363-461-9(2))* White Bird Pubns.

Mysteries & Conspiracies, 10 vols., Set. David Southwell & Sean Twist. Incl. Secret Societies. lib. bdg. 38.47 *(978-1-4042-1084-4(9)*, 34710ece-a291-4e1f-9fbd-871c8598cc48); Unsolved Political Mysteries. lib. bdg. 38.47 *(978-1-4042-1083-7(0)*, 22459ed0-c097-42d8-b4df-4471a5b1fe0b); (Illus.). 80p. (YA). (gr. 10-10). (Mysteries & Conspiracies Ser.). (ENG.). 2007. Set lib. bdg. 192.35 *(978-1-4042-1109-4(8)*, 36390583-3375-449f-a409-d227acfd16f4) Rosen Publishing Group, Inc., The.

Mysteries & Legends Book 1 Monsters. The Calithumpians. Illus. by Kaitlyn Hoyt. 2021. (ENG.). 40p. (J). ***(978-1-9990427-9-0(4))*** Herman's Monster Hse. Publishing.

Mysteries & Miseries of New York: A Story of Real Life (Classic Reprint) Ned Buntline. 2017. (ENG., Illus.). (J). 30.62 *(978-0-331-90481-9(0))*; pap. 13.57 *(978-0-243-43932-4(6))* Forgotten Bks.

Mysteries & Miseries of the Great Metropolis, with Some Adventures in the Country 1874: Being the Disguises & Surprises of a New-York Journalist, by the Amateur Vagabond, with Illustrations from Photographs by Gurney (Classic Reprint) Arthur Pember. 2018. (ENG., Illus.). 498p. (J). 34.17 *(978-0-364-01948-1(4))* Forgotten Bks.

Mysteries in History: Solving the Mysteries of the Past, 12 vols. 2017. (Mysteries in History: Solving the Mysteries of the Past Ser.). (ENG.). 48p. (gr. 5-5). lib. bdg. 198.42 *(978-1-5026-2858-9(9)*, a679fcfa-6af8-4689-9db2-47ceccaff1c3, Cavendish Square) Cavendish Square Publishing LLC.

Mysteries in History for Kids: A History Series - Children Explore History Book Edition. Baby Professor. 2016. (ENG., Illus.). 42p. (J). pap. 11.65 *(978-1-68305-647-8(7)*, Baby Professor (Education Kids)) Speedy Publishing LLC.

Mysteries in the Sky. Susan Roy. 2019. (ENG., Illus.). 24p. (J). pap. 12.95 *(978-1-64096-812-7(1))* Newman Springs Publishing, Inc.

Mysteries of Alien Life. Margaret J. Goldstein. 2020. (Searchlight Books (tm) — Space Mysteries Ser.). (ENG., Illus.). 32p. (J). (gr. 3-5). pap. 9.99 *(978-1-7284-1384-6(2)*, 0bbd35d4-025c-4a17-92f8-e0eb09ea2f23); lib. bdg. 30.65 *(978-1-5415-9737-2(0)*, 81d2c3df-d0f7-4e7d-959b-faec1829b585) Lerner Publishing Group. (Lerner Pubns.).

Mysteries of Ancient Egypt Revealed Children's Book on Egypt Grade 4 Children's Ancient History. Baby Professor. 2020. (ENG.). 80p. (J). 25.99 *(978-1-5419-8034-1(4))*; pap. 14.99 *(978-1-5419-5354-3(1))* Speedy Publishing LLC. (Baby Professor (Education Kids)).

Mysteries of Ancient South America. Harold T. Wilkins. 2020. (ENG.). 228p. (J). pap. *(978-1-716-79813-9(2))* Lulu Pr., Inc.

Mysteries of Bee-Keeping Explained. Moses Quinby. 2017. (ENG.). (J). 402p. pap. *(978-3-337-31595-5(X))*; 354p. pap. *(978-3-337-22847-7(X))* Creation Pubs.

Mysteries of Black Holes. Margaret J. Goldstein. 2020. (Searchlight Books (tm) — Space Mysteries Ser.). (ENG., Illus.). 32p. (J). (gr. 3-5). pap. 9.99 *(978-1-7284-1385-3(0)*, e96e6a4d-1881-49d2-8ec6-b11eca136036); lib. bdg. 30.65 *(978-1-5415-9740-2(0)*, 72d902c5-8001-4696-8841-50af5c5e04c7) Lerner Publishing Group. (Lerner Pubns.).

Mysteries of Black Holes & Dark Matter. Ellen Labrecque. 2020. (Solving Space's Mysteries Ser.). (ENG.). 32p. (J). (gr. 3-5). pap. 7.95 *(978-1-4966-8715-9(9)*, 201286); (Illus.). lib. bdg. 29.32 *(978-1-4966-8075-4(8)*, 198948) Capstone. (Capstone Pr.).

Mysteries of City Life, or Stray Leaves from the World's Book: Being a Series of Tales, Sketches, Incidents, & Scenes Founded upon the Notes of a Home Missionary (Classic Reprint) James Rees. 2017. (ENG., Illus.). (J). 32.31 *(978-0-265-71231-3(9))*; pap. 16.57 *(978-1-5276-6592-7(5))* Forgotten Bks.

Mysteries of Construction: What Is This Building? Coloring Book. Kreative Kids. 2016. (ENG., Illus.). (J). pap. 9.20 *(978-1-68377-341-2(1))* Whike, Traudl.

Mysteries of Deep Space. Margaret J. Goldstein. 2020. (Searchlight Books (tm) — Space Mysteries Ser.). (ENG., Illus.). 32p. (J). (gr. 3-5). pap. 9.99 *(978-1-7284-1386-0(9)*, f904267c-5f56-44b4-a766-8e2d51f1dd44); lib. bdg. 30.65 *(978-1-5415-9741-9(9)*, 371962ed-fe6f-47b4-a415-ad6e6608455e) Lerner Publishing Group. (Lerner Pubns.).

Mysteries of Easter Island. Laura Hamilton Waxman. 2017. (Ancient Mysteries (Alternator Books (r)) Ser.). (ENG., Illus.). 32p. (J). (gr. 3-6). 29.32 *(978-1-5124-4015-7(9)*, 3fec8698-62cd-4c1b-8ffd-00a14bda09af, Lerner Pubns.) Lerner Publishing Group.

Mysteries of Machu Picchu. Elizabeth Weitzman. 2017. (Ancient Mysteries (Alternator Books (r)) Ser.). (ENG., Illus.). 32p. (J). (gr. 3-6). 29.32 *(978-1-5124-4018-8(3)*, a3bef77e-6f9b-42bc-9466-c29cd1a7ccda, Lerner Pubns.) Lerner Publishing Group.

Mysteries of Mars. Rebecca E. Hirsch. 2020. (Searchlight Books (tm) — Space Mysteries Ser.). (ENG., Illus.). 32p. (J). (gr. 3-5). 30.65 *(978-1-5415-9736-5(2)*, d9ca6a02-f520-4fec-a7f0-ff404c5e922b, Lerner Pubns.) Lerner Publishing Group.

Mysteries of Mer Isle: Book Two of the Stone Keeper's Realm Saga. Mary Clare Emerine. 2017. (ENG., Illus.). (J). pap. 18.99 *(978-1-387-07545-4(4))* Lulu Pr., Inc.

Mysteries of Meteors, Asteroids, & Comets. Ellen Labrecque. 2020. (Solving Space's Mysteries Ser.). (ENG.). 32p. (J). (gr. 3-5). pap. 7.95 *(978-1-4966-8716-6(7)*, 201287); (Illus.). lib. bdg. 29.32 *(978-1-4966-8077-8(4)*, 198952) Capstone. (Capstone Pr.).

Mysteries of Montreal: Being Recollections of a Female Physician (Classic Reprint) Charlotte Fuhrer. 2018. (ENG., Illus.). 248p. (J). 29.03 *(978-0-483-90456-9(2))* Forgotten Bks.

Mysteries of Moons & Moon Phases. Ellen Labrecque. 2020. (Solving Space's Mysteries Ser.). (ENG.). 32p. (J). (gr. 3-5). pap. 7.95 *(978-1-4966-8717-3(5)*, 201288); (Illus.). lib. bdg. 29.32 *(978-1-4966-8078-5(2)*, 198953) Capstone. (Capstone Pr.).

Mysteries of New York: A Sequel to Glimpses of Gotham, & New York by Day & Night (Classic Reprint) Alfred Trumble. (ENG., Illus.). (J). 2018. 126p. 26.50 *(978-0-483-72652-9(4))*; 2017. pap. 9.57 *(978-0-243-29630-9(4))* Forgotten Bks.

Mysteries of Paris: A Novel (Classic Reprint) Eugene Sue. (ENG., Illus.). (J). 2018. 470p. 33.59 *(978-0-365-33090-5(6))*; 2017. 31.61 *(978-0-266-51175-5(9))*; 2017. pap. 16.57 *(978-0-259-36151-0(8))*; 2016. pap. 13.97 *(978-1-332-71743-9(8))* Forgotten Bks.

Mysteries of Paris: (volume I) Eugene Sue. 2018. (ENG., Illus.). 306p. (J). pap. *(978-93-5297-770-3(X))* Alpha Editions.

Mysteries of Paris: (volume II) Eugene Sue. 2018. (ENG., Illus.). 544p. (J). pap. *(978-93-5297-771-0(8))* Alpha Editions.

Mysteries of Paris: (volume III) Eugene Sue. 2018. (ENG., Illus.). 288p. (J). pap. *(978-93-5297-772-7(6))* Alpha Editions.

Mysteries of Paris: (volume IV) Eugene Sue. 2018. (ENG., Illus.). 298p. (J). pap. *(978-93-5297-773-4(4))* Alpha Editions.

Mysteries of Paris: (volume V) Eugene Sue. 2018. (ENG., Illus.). 226p. (J). pap. *(978-93-5297-774-1(2))* Alpha Editions.

Mysteries of Paris: (volume VI) Eugene Sue. 2018. (ENG., Illus.). 238p. (J). pap. *(978-93-5297-775-8(0))* Alpha Editions.

Mysteries of Paris, Vol. 1 (Classic Reprint) Eugene Sue. 2018. (ENG., Illus.). 490p. (J). 34.00 *(978-0-483-80772-3(9))* Forgotten Bks.

Mysteries of Paris, Vol. 3 (Classic Reprint) Eugene Sue. (ENG., Illus.). (J). 2018. 450p. 33.18 *(978-0-267-37149-5(7))*; 2016. pap. 16.57 *(978-1-334-15950-3(5))* Forgotten Bks.

Mysteries of Planets, Stars, & Galaxies. Lela Nargi. 2020. (Solving Space's Mysteries Ser.). (ENG.). 32p. (J). (gr. 3-5). pap. 7.95 *(978-1-4966-8718-0(3)*, 201289); (Illus.). lib. bdg. 29.32 *(978-1-4966-8079-2(0)*, 198964) Capstone. (Capstone Pr.).

Mysteries of Pompeii. Laura Hamilton Waxman. 2017. (Ancient Mysteries (Alternator Books (r)) Ser.). (ENG., Illus.). 32p. (J). (gr. 3-6). 29.32 *(978-1-5124-4017-1(5)*, 98785757-b2c3-4e2d-80d7-229f550db457, Lerner Pubns.) Lerner Publishing Group.

Mysteries of Space: Set 1, 12 vols. 2018. (Mysteries of Space Ser.). (ENG.). 80p. (gr. 7-7). lib. bdg. 233.58 *(978-1-9785-0027-3(0)*, 6cc86d6d-129a-48cd-9e07-47fd98166472) Enslow Publishing, LLC.

Mysteries of Space: Set 1. Sophie Washburne. 2022. (Mysteries of Space Ser.). (ENG.). 32p. (J). pap. 69.18 ***(978-1-9785-3328-8(4))*** Enslow Publishing, LLC.

Mysteries of Space: Sets 1 - 2. 2018. (Mysteries of Space Ser.). (ENG.). (YA). pap. 230.04 *(978-1-9785-0628-2(7))*; (gr. 7-7). lib. bdg. 467.16 *(978-1-9785-0588-9(4)*, 1d6ce1b7-2d41-4289-b7c9-dc9d753a968b) Enslow Publishing, LLC.

Mysteries of Stars. Margaret J. Goldstein. 2020. (Searchlight Books (tm) — Space Mysteries Ser.). (ENG., Illus.). 32p. (J). (gr. 3-5). 30.65 *(978-1-5415-9738-9(9)*, b4ee4c2a-b714-451e-a622-cf98630f72b5, Lerner Pubns.) Lerner Publishing Group.

Mysteries of Stonehenge. Elizabeth Weitzman. 2017. (Ancient Mysteries (Alternator Books (r)) Ser.). (ENG., Illus.). 32p. (J). (gr. 3-6). 29.32 *(978-1-5124-4016-4(7)*, 76ea6bbf-cd08-441f-9b54-43b5dfe7b155, Lerner Pubns.) Lerner Publishing Group.

Mysteries of the Castle: A Dramatic Tale, in Three Acts; As Performed at the Theatre Royal, Covent-Garden (Classic Reprint) Miles Peter Andrews. (ENG., Illus.). (J). 2018. 82p. 25.59 *(978-0-267-87710-2(2))*; 2017. pap. 9.57 *(978-0-259-33834-5(6))* Forgotten Bks.

Mysteries of the Constellations. Lela Nargi. 2020. (Solving Space's Mysteries Ser.). (ENG.). 32p. (J). (gr. 3-5). pap. 7.95 *(978-1-4966-8720-3(5)*, 201291); (Illus.). lib. bdg. 29.32 *(978-1-4966-8081-5(2)*, 198987) Capstone. (Capstone Pr.).

Mysteries of the Court of London (Classic Reprint) George William Macarthur Reynolds. (ENG., Illus.). (J). 2018. 478p. 33.78 *(978-0-483-28659-7(1))*; 2018. 40.60 *(978-0-260-72074-0(7))*; 2016. pap. 23.57 *(978-1-334-49839-8(3))*; 2016. pap. 16.57 *(978-1-334-15980-0(7))* Forgotten Bks.

Mysteries of the Court of London, Vol. 1: Pauline Clarendon (Classic Reprint) George William Macarthur Reynolds. 2018. (ENG., Illus.). 546p. (J). 35.18 *(978-0-484-04547-6(4))* Forgotten Bks.

Mysteries of the Court of London, Vol. 3 (Classic Reprint) George William Macarthur Reynolds. (ENG., Illus.). (J). 2018. 866p. 41.76 *(978-0-656-34460-4(1))*; 2017. 428p. 32.72 *(978-0-332-90962-2(X))*; 2017. pap. 16.57 *(978-0-259-30595-8(2))*; 2017. pap. 24.10 *(978-0-243-41725-4(X))* Forgotten Bks.

Mysteries of the Court of London, Vol. 7: Vol. I. Fourth Series (Classic Reprint) George William Macarthur Reynolds. (ENG., Illus.). (J). 2018. 428p. 32.72 *(978-0-364-26439-3(X))*; 2017. pap. 16.57 *(978-0-259-30512-5(X))* Forgotten Bks.

Mysteries of the Court of London, Vol. 7 (Classic Reprint) George William Macarthur Reynolds. 2018. (ENG., Illus.). 498p. (J). 34.17 *(978-0-483-00510-5(X))* Forgotten Bks.

Mysteries of the Court of London, Vol. 8 (Classic Reprint) George W. M. Reynolds. 2018. (ENG., Illus.). 424p. (J). 32.64 *(978-0-365-12818-2(X))* Forgotten Bks.

Mysteries of the Deep, Sea Creatures of the Ocean Adult Coloring Books Ocean Edition. Activity Attic Books. 2016. (ENG., Illus.). (J). pap. 7.74 *(978-1-68323-011-3(6))* Twin Flame Productions.

Mysteries of the Egyptian Pyramids. Karen Latchana Kenney. 2017. (Ancient Mysteries (Alternator Books (r)) Ser.). (ENG., Illus.). 32p. (J). (gr. 3-6). 29.32 *(978-1-5124-4014-0(0),* 0f69f067-65d0-4bad-b157-0e70704f010e, Lerner Pubns.) Lerner Publishing Group.

Mysteries of the Great Wall of China. Karen Latchana Kenney. 2017. (Ancient Mysteries (Alternator Books (r)) Ser.). (ENG., Illus.). 32p. (J). (gr. 3-6). 29.32 *(978-1-5124-4013-3(2),* 41ba509d-4d33-4468-90ac-c48853edce7a, Lerner Pubns.) Lerner Publishing Group.

Mysteries of the Mist. C. a Rand. 2023. (ENG.). 50p. (YA). 19.99 ***(978-1-6629-3126-0(3))***; pap. 11.99 ***(978-1-6629-3127-7(1))*** Gatekeeper Pr.

Mysteries of the Moon. Rebecca E. Hirsch. 2020. (Searchlight Books (tm) — Space Mysteries Ser.). (ENG., Illus.). 32p. (J). (gr. 3-5). pap. 9.99 *(978-1-7284-1389-1(3),* 6c60cbff-0439-421e-a707-64cda658a4c2); lib. bdg. 30.65 *(978-1-5415-9739-6(7),* 3d82c605-c858-430c-860d-c895bcd8f70b) Lerner Publishing Group. (Lerner Pubns.).

Mysteries of the Old House. Vivian Leedy Bevins. 2021. (ENG., Illus.). 74p. (J). pap. 14.95 *(978-1-63844-082-6(4))* Christian Faith Publishing.

Mysteries of the Overworld. Danica Davidson. ed. 2018. (Unofficial Overworld Heroes Adventure Ser.: 2). lib. bdg. 18.40 *(978-0-606-40700-7(6))* Turtleback.

Mysteries of the Overworld: An Unofficial Overworld Heroes Adventure, Book Two. Danica Davidson. 2018. (Unofficial Overworld Heroes Adventure Ser.: 2). (ENG.). 112p. (J). (gr. 3-8). 16.99 *(978-1-5107-2851-6(1))*; pap. 7.99 *(978-1-5107-2703-8(5))* Skyhorse Publishing Co., Inc. (Sky Pony Pr.).

Mysteries of the Rosary: Children's Coloring Book. Susan A. Howard. 2017. (ENG., Illus.). (J). pap. 7.99 *(978-0-9744118-4-2(1))* Total 180 Pr.

Mysteries of the Universe. Lela Nargi. 2020. (Solving Space's Mysteries Ser.). (ENG.). 32p. (J). (gr. 3-5). pap. 7.95 *(978-1-4966-8719-7(1),* 201290); (Illus.). lib. bdg. 31.32 *(978-1-4966-8080-8(4),* 198985) Capstone. (Capstone Pr.).

Mysteries of the Universe: Discover the Best-Kept Secrets of Space. Will Gater. 2020. (DK Children's Anthologies Ser.). (ENG., Illus.). 224p. (J). (gr. 2-4). 21.99 *(978-1-4654-9933-2(4),* DK Children) Dorling Kindersley Publishing, Inc.

Mysteries of the Unknown: Seek & Find Activity Book. Activity Attic Books. 2016. (ENG., Illus.). (J). pap. 10.81 *(978-1-68323-533-0(9))* Twin Flame Productions.

Mysteries of Thorn Manor. Margaret Rogerson. 2023. (ENG., Illus.). 192p. (YA). (gr. 9). 14.99 *(978-1-6659-3561-6(8),* McElderry, Margaret K. Bks.) McElderry, Margaret K. Bks.

Mysteries of Trash & Treasure: the Ghostly Photos. Margaret Peterson Haddix. 2023. (Mysteries of Trash & Treasure Ser.: 2). (ENG.). 336p. (J). (gr. 3-7). 19.99 ***(978-0-06-308981-5(5)***, Tegen, Katherine Bks) HarperCollins Pubs.

Mysteries of Trash & Treasure: the Secret Letters. Margaret Peterson Haddix. (Mysteries of Trash & Treasure Ser.: 1). (ENG.). 400p. (J). (gr. 3-7). 2023. pap. 9.99 ***(978-0-06-283853-7(9))***; 2022. 19.99 *(978-0-06-283852-0(0))* HarperCollins Pubs. (Tegen, Katherine Bks).

Mysteries of Udolpho, a Romance, Vol. 1 Of 3: Inferspersed with Some Pieces of Poetry (Classic Reprint) Ann Radcliff. (ENG., Illus.). (J). 2018. 328p. 30.68 *(978-0-267-37409-0(7))*; 2016. pap. 13.57 *(978-1-334-15830-8(4))* Forgotten Bks.

Mysteries of Udolpho, Vol. 1 Of 4: A Romance; Interspersed with Some Pieces of Poetry (Classic Reprint) Ann Radcliffe. 2017. (ENG., Illus.). (J). 32.81 *(978-0-265-68278-4(9))*; pap. 16.57 *(978-1-5276-5601-7(2))*; pap. 16.57 *(978-0-259-02296-1(9))* Forgotten Bks.

Mysteries of Udolpho, Vol. 1 Of 4: A Romance; Interspersed with Some Pieces of Poetry (Classic Reprint) Ann Ward Radcliffe. 2018. (ENG., Illus.). 432p. (J). 32.83 *(978-0-267-00616-8(0))* Forgotten Bks.

Mysteries of Udolpho, Vol. 4 Of 4: A Romance, Interspersed with Some Pieces of Poetry (Classic Reprint) Ann Radcliffe. 2017. (ENG., Illus.). (J). pap. 16.57 *(978-0-243-20338-3(1))* Forgotten Bks.

Mysteries of Udolpho, Vol. 4 Of 4: A Romance, Interspersed with Some Pieces of Poetry (Classic Reprint) Ann Ward Radcliffe. 2017. (ENG., Illus.). (J). 33.18 *(978-0-331-60675-1(5))* Forgotten Bks.

Mysteries of URAGH. P. T. Tyner. 2019. (ENG., Illus.). 38p. (J). pap. 11.95 *(978-1-64096-353-5(7))* Newman Springs Publishing, Inc.

Mysterious. Kayla McIntosh. 2020. (ENG.). 36p. (J). (gr. 3-5). 19.00 *(978-1-64610-251-8(7),* RoseDog Bks.) Dorrance Publishing Co., Inc.

Mysterious 3 (Classic Reprint) William Le Queux. 2018. (ENG., Illus.). 326p. (J). 30.62 *(978-0-267-16334-2(7))* Forgotten Bks.

Mysterious Abbott & the Velveeta Rabbit: Corgi Adventures, Bk. 3. K. Kibbee. 2019. (Theodore & the Enchanted Bookstore Ser.: 3). (ENG., Illus.). 100p. (J). pap. 8.99 *(978-1-944589-50-9(3))* Incorgnito Publishing Pr. LLC.

Mysterious Affair at Styles. Agatha Christie. 2018. (ENG., Illus.). 202p. (J). pap. *(978-93-5329-178-5(X))* Alpha Editions.

Mysterious Affair at Styles. Agatha Christie. 2021. (ENG.). 190p. (J). pap. 15.95 *(978-1-64720-238-5(8))* Fiction Hse. Pr.

Mysterious Affair at Styles. Agatha Christie. 2018. (ENG., Illus.). 168p. (J). 12.50 *(978-1-60942-371-1(2))*; pap. 5.99 *(978-1-60942-370-4(4))* Information Age Publishing, Inc.

Mysterious Benedict Society. Trenton Lee Stewart. ed. 2021. (Mysterious Benedict Society Ser.). (ENG., Illus.). 496p. (J). (gr. 3-7). pap. 9.99 *(978-0-316-29760-8(7))* Little, Brown Bks. for Young Readers.

Mysterious Benedict Society & the Riddle of Ages. Trenton Lee Stewart. (Mysterious Benedict Society Ser.: 4). (ENG., Illus.). (J). 2020. 416p. pap. 9.99 *(978-0-316-45262-5(9))*; 2019. 400p. (gr. 3-7). 18.99 *(978-0-316-45264-9(5))* Little, Brown Bks. for Young Readers.

Mysterious Benedict Society Paperback Boxed Set. Trenton Lee Stewart. 2020. (ENG.). 2272p. (J). (gr. 3-7). pap. 50.00 *(978-0-316-46096-5(6))* Little, Brown Bks. for Young Readers.

Mysterious Book of Secrets. Geoffrey McMahon. 2020. (ENG.). 254p. (J). pap. *(978-1-78465-815-1(4),* Vanguard Press) Pegasus Elliot Mackenzie Pubs.

Mysterious Bottle: A Children's Television Play. Debbie Nagioff & Peter Vincent. 2023. (ENG.). 80p. (YA). pap. ***(978-1-915660-58-9(0))*** TSL Drama.

Mysterious Brand, or Frank Reade, Jr. , Solving a Mexican Mystery: A Story of the Wild Southwest (Classic Reprint) Luis Senarens. 2018. (ENG., Illus.). (J). 20p. 24.33 *(978-1-391-93050-3(9))*; 22p. pap. 7.97 *(978-1-391-92991-0(8))* Forgotten Bks.

Mysterious Butterfly Catcher (Hindi Edition) Xin'gang Chang. 2021. (Modern Stories from China for Adolescent Ser.). (ENG.). 168p. (J). pap. 19.95 *(978-1-927670-96-5(9))* Royal Collins Publishing Group Inc. CAN. Dist: Independent Pubs. Group.

Mysterious Case of Nighty Nap Time. Christopher Askew. 2019. (ENG., Illus.). 46p. (J). pap. 9.99 *(978-1-950034-10-9(0))* Yorkshire Publishing Group.

Mysterious Castle: The Journey Continues. Jcbu Undercover. 2021. (ENG.). 158p. (YA). pap. *(978-0-2288-6291-8(4))* Tellwell Talent.

Mysterious Cities of Gold (Season 4=the FINAL) Jacintha Lucia Moreau. 2020. (ENG.). 32p. (J). pap. 12.68 *(978-1-7948-4903-7(3))* Lulu Pr., Inc.

Mysterious Corridor. Elias Zapple. 2018. (Duke & Michel Ser.: Vol. 1). (ENG., Illus.). 236p. (J). (gr. 4-5). pap. *(978-1-912704-01-9(3))* Heads or Tales Pr.

Mysterious Corridor. Elias Zapple. Illus. by Elliott Beavan. 2018. (Duke & Michel American-English Edition Ser.: Vol. 1). (ENG.). 236p. (J). (gr. 4-6). pap. *(978-1-912704-00-2(5))* Heads or Tales Pr.

Mysterious Creatures: A Cryptid Coloring Book & Field Reference Guide Including Sasquatch (Bigfoot) & the Loch Ness Monster. Leighanna Hoyle. 2016. (Illus.). 48p. (J). (gr. k-2). pap. 5.99 *(978-1-57826-638-8(6),* Hatherleigh Pr.) Hatherleigh Co., Ltd., The.

Mysterious Creatures Coloring Book. Erin Ewer. 2021. (ENG.). 56p. (J). pap. ***(978-1-365-89977-5(2))*** Lulu Pr., Inc.

Mysterious Disappearance: The Music Box Book 4. Carbone. Illus. by Gijé. 2023. (Music Box Ser.). (ENG.). 64p. (J). 26.65 *(978-1-6663-9475-7(0),* 244641); pap. 7.99 *(978-1-6690-3486-5(0),* 244616) Capstone. (Stone Arch Bks.).

Mysterious Disappearance of Aidan S. (as Told to His Brother) David Levithan. (ENG.). 224p. (J). (gr. 3-7). 2022. 8.99 *(978-1-9848-4862-8(3),* Yearling); 2021. 16.99 *(978-1-9848-4859-8(3),* Knopf Bks. for Young Readers) Random Hse. Children's Bks.

Mysterious Disappearance of Helen St. Vincent: A Story of the Vanished City (Classic Reprint) John Joseph Flinn. (ENG., Illus.). (J). 2018. 324p. 30.58 *(978-0-332-16969-9(3))*; 2016. pap. 13.57 *(978-1-334-33911-0(2))* Forgotten Bks.

Mysterious Disappearances in History, 1 vol. Enzo George. 2019. (Paranormal Throughout History Ser.). (ENG.). 48p. (gr. 5-5). 33.47 *(978-1-7253-4658-1(3),* 703d709a-6420-42bd-a001-1da9883ae3f9); pap. 12.75 *(978-1-7253-4664-2(8),* dcca094e-cb39-411b-ba55-43227833e06c) Rosen Publishing Group, Inc., The. (Rosen Central).

Mysterious Dragon. Nadine Eenkema Van Dijk & Therese Gallagher. Illus. by John Robert Azuelo. 2022. (ENG.). 44p. (J). pap. ***(978-1-922835-09-3(9))*** Library For All Limited.

Mysterious Dream. Ebun Makinde. 2021. (ENG.). 34p. (J). pap. 15.00 *(978-1-953507-58-7(1))* Brightlings.

Mysterious Experiments, 1 vol. Anna Claybourne. 2018. (Ultimate Science Lab Ser.). (ENG.). 32p. (gr. 4-5). pap. 11.50 *(978-1-5382-3538-6(2),* 3a441006-4688-456e-aa46-4448fd4f1354) Stevens, Gareth Publishing LLLP.

Mysterious Eye of the Dragon (Geronimo Stilton #78) Geronimo Stilton. ed. 2021. (Geronimo Stilton Ser.). (ENG., Illus.). 109p. (J). (gr. 2-3). 18.86 *(978-1-68505-057-3(3))* Penworthy Co., LLC, The.

Mysterious Eye of the Dragon (Geronimo Stilton #78) Geronimo Stilton. 2021. (Geronimo Stilton Ser.: 78). (ENG.). 128p. (J). (gr. 2-5). pap. 7.99 *(978-1-338-68720-0(4),* Scholastic Paperbacks);78. (gr. 1-4). 22.44 *(978-1-5364-6914-1(9))* Scholastic, Inc.

Mysterious Firefly. Candy Moore Myers. 2019. (ENG.). 116p. (YA). (gr. 7-12). 18.99 *(978-1-0878-3106-0(7))* Indy Pub.

Mysterious Flyer: A Blip & Flip Adventure. Sumi Fyhrie. 2019. (Blip & Flip Adventure Ser.: Vol. 1). (ENG., Illus.). 28p. (J). (gr. k-4). 19.95 *(978-1-937333-92-8(2))*; pap. 9.95 *(978-1-937333-91-1(4))* First Steps Publishing. (White Parrot Pr.).

Mysterious Footprints. Mary Jo Watkins. 2021. (Divinia Rose Adventures Ser.: Vol. 1). (ENG.). 38p. (J). pap. 16.99 *(978-1-6629-0514-8(9))*; 21.99 *(978-1-6629-0513-1(0))* Gatekeeper Pr.

Mysterious Forest. Terence Fitzsimons. 2020. (ENG.). 120p. (J). pap. *(978-1-913833-49-7(6))* Mirador Publishing.

Mysterious Forest House. Elizabeth Fisk. 2020. (ENG.). 132p. (YA). pap. 14.95 ***(978-1-0878-8505-6(1))*** Indy Pub.

Mysterious Fortune Tellers. John Patience. Illus. by John Patience. 2022. (ENG.). 26p. (J). *(978-1-7398518-4-2(6))* Talewater Pr.

Mysterious Garden: Uncovering Secrets Beneath the Flowers. Scarlett Nora. 2023. (ENG.). 62p. (J). pap. ***(978-1-0881-7427-2(2))*** Lulu.com.

Mysterious Giant of Barletta. Tomie dePaola. 2019. (ENG., Illus.). 32p. (J). (gr. -1-3). pap. 7.99 *(978-1-328-62265-5(7),* 1734263, Clarion Bks.) HarperCollins Pubs.

Mysterious Glowing Mammals: An Unexpected Discovery Sparks a Scientific Investigation. Maria Parrott-Ryan. 2023. (ENG., Illus.). 56p. (J). (gr. 4-8). lib. bdg. 33.32 *(978-1-7284-6041-3(7),* 7ec54265-357c-4cb7-9271-1317c0dc077f, Millbrook Pr.) Lerner Publishing Group.

Mysterious Goblet, Volume 3. Sophie de Mullenheim. 2021. (In the Shadows of Rome Ser.). (ENG.). 240p. (J). (gr. 4). pap. 12.99 ***(978-1-62164-532-0(0))*** Ignatius Pr.

Mysterious Growing Gum. Katherine Whitehead. 2022. (ENG.). 138p. (J). pap. 14.99 ***(978-1-64133-734-2(6))*** Mainspring Foundations Publishing.

Mysterious Hand, or Subterranean Horrours!, Vol. 3 Of 3: A Romance (Classic Reprint) Augustus Jacob Crandolph. (ENG., Illus.). (J). 2018. 264p. 29.34 *(978-0-428-84525-4(8))*; 2016. pap. 11.97 *(978-1-333-36003-0(7))* Forgotten Bks.

Mysterious Hand, Vol. 2 Of 3: Or Subterranean Horrours; a Romance (Classic Reprint) Augustus Jacob Crandolph. 2018. (ENG., Illus.). 228p. (J). 28.66 *(978-0-484-73432-5(6))* Forgotten Bks.

Mysterious Horse House. Lisa Wysocky. 2021. (ENG.). 156p. (J). pap. 9.95 *(978-1-890224-99-8(5))* Fura Bks.

Mysterious Hospital. Joseph Heralall. 2018. (ENG., Illus.). 202p. (YA). pap. 15.95 *(978-1-64298-758-4(1))* Page Publishing Inc.

Mysterious House (Classic Reprint) O. F. Walton. 2017. (ENG., Illus.). (J). 26.04 *(978-0-331-56853-0(5))*; pap. 9.57 *(978-0-243-19752-1(7))* Forgotten Bks.

Mysterious Icicle. Candy Moore Myers. 2019. (ENG.). 138p. (YA). (gr. 7-12). 18.99 ***(978-1-0878-3097-1(4))*** Indy Pub.

Mysterious Island. Angel Deshotel. 2018. (ENG.). 46p. (J). pap. *(978-0-359-23765-4(7))* Lulu Pr., Inc.

Mysterious Island. Jules Vern. 2020. (ENG.). 390p. (J). pap. 14.95 *(978-1-63637-146-7(9))* Bibliotech Pr.

Mysterious Island. Jules Vern. Tr. by W. H. G. Kingston. 2019. (ENG.). 418p. (J). pap. 11.99 *(978-1-4209-6137-9(3))* Digireads.com Publishing.

Mysterious Island. Jules Vern. 2018. (ENG., Illus.). 772p. (J). 42.96 *(978-1-7317-0714-7(2))*; 22.91 *(978-1-7317-0383-5(X))*; pap. 30.88 *(978-1-7317-0715-4(0))*; pap. 16.12 *(978-1-7317-0384-2(8))* Simon & Brown.

Mysterious Island. Jules Verne. 2022. (ENG.). 549p. (J). pap. ***(978-1-387-69296-5(8))*** Lulu Pr., Inc.

Mysterious Island (the Secrets of Droon #3) Tony Abbott. Illus. by Tim Jessell. 2016. (Lector de Scholastic, Nivel 2 Ser.: 3). (ENG.). 96p. (J). (gr. k-2). E-Book 4.99 *(978-0-545-83340-0(X),* Scholastic Paperbacks) Scholastic, Inc.

Mysterious Key. Mignonne Gunasekara. Illus. by Farah Shah. 2023. (Level 11 - Lime Set Ser.). (ENG.). 48p. (J). (gr. 2-4). lib. bdg. 19.95 Bearport Publishing Co., Inc.

Mysterious Kingdom of Avalor: A Princess Adventure Activity Book for Girls. Speedy Kids. 2018. (ENG., Illus.). 106p. (J). pap. 12.55 *(978-1-5419-3484-9(9))* Speedy Publishing LLC.

Mysterious Legends of Edinburgh. Alexander Leighton. 2017. (ENG.). 302p. (J). pap. *(978-3-337-39331-1(4))* Creation Pubs.

Mysterious Legends of Edinburgh: Now for the First Time Told in Print (Classic Reprint) Alexander Leighton. 2017. (ENG., Illus.). (J). 30.13 *(978-1-5284-6486-4(9))* Forgotten Bks.

Mysterious Loch Ness Monster. Candice Ransom. 2020. (Lightning Bolt Books (r) — Spooked! Ser.). (ENG., Illus.). 24p. (J). (gr. 1-3). 29.32 *(978-1-5415-9692-4(7),* be215e3f-5701-4e8b-82c2-2048174b96a8); pap. 9.99 *(978-1-7284-1365-5(6),* 4035f516-ae3c-4e4e-abc5-ce3f6eb323f9) Lerner Publishing Group. (Lerner Pubns.).

Mysterious Makers of Shaker Street, 4 vols. Stacia Deutsch. Illus. by Robin Oliver Boyden. 2017. (Mysterious Makers of Shaker Street Ser.). (ENG.). 112p. (J). (gr. 2-4). 95.96 *(978-1-4965-4701-9(2),* 26519); pap., pap., pap. 27.80 *(978-1-4965-4702-6(0),* 26520) Capstone. (Stone Arch Bks.).

Mysterious Marriage, or the Will of My Father (Classic Reprint) Catherine George Ward. (ENG., Illus.). (J). 2018. 500p. 34.21 *(978-0-267-39659-7(7))*; 2016. pap. 16.57 *(978-1-334-13030-4(2))* Forgotten Bks.

Mysterious Maya Civilization, 1 vol. Emily Mahoney. annot. ed. 2017. (World History Ser.). (ENG.). 104p. (YA). (gr. 7-7). pap. 20.99 *(978-1-5345-6309-4(1),* b79ff927-0281-4777-89d5-6fd86049e1d8); lib. bdg. 41.53 *(978-1-5345-6186-1(2),* 4ebea226-7f99-4dfe-bb2b-c077ba0c1e8b) Greenhaven Publishing LLC. (Lucent Pr.).

Mysterious Mechanical Creatures Activity Book: Advanced Coloring (Colouring) Books with 40 Coloring Pages: Mysterious Mechanical Creatures (Colouring (Coloring) Books) James Manning. 2019. (Mysterious Mechanical Creatures Activity Book Ser.: Vol. 11). (ENG., Illus.). 82p. (YA). pap. *(978-1-83856-391-2(1))* Coloring Pages.

Mysterious Mechanical Creatures Books: Advanced Coloring (Colouring) Books with 40 Coloring Pages: Mysterious Mechanical Creatures (Colouring (Coloring) Books) James Manning. 2019. (Mysterious Mechanical Creatures Bks.: Vol. 11). (ENG., Illus.). 82p. (YA). pap. *(978-1-83856-388-2(1))*; pap. *(978-1-83856-390-5(3))* Coloring Pages.

Mysterious Mechanical Creatures Coloring Book: Advanced Coloring (Colouring) Books with 40 Coloring Pages: Mysterious Mechanical Creatures (Colouring (Coloring) Books) James Manning. 2019. (Coloring Book Ser.: Vol. 11). (ENG., Illus.). 82p. (YA). pap. *(978-1-83856-782-8(8))* Coloring Pages.

Mysterious Mechanical Creatures Coloring Book for Adults: Advanced Coloring (Colouring) Books with 40 Coloring Pages: Mysterious Mechanical Creatures (Colouring (Coloring) Books) James Manning. 2019. (Mysterious Mechanical Creatures Coloring Book For Ser.: Vol. 11). (ENG., Illus.). 82p. (YA). pap. *(978-1-83856-384-4(9))*; pap. *(978-1-83856-385-1(7))* Coloring Pages.

Mysterious Mechanical Creatures Coloring Pages: Advanced Coloring (Colouring) Books with 40 Coloring Pages: Mysterious Mechanical Creatures (Colouring (Coloring) Books) James Manning. 2019. (Mysterious Mechanical Creatures Coloring Pages Ser.: Vol. 11). (ENG., Illus.). 82p. (YA). pap. *(978-1-83856-518-3(3))* West Suffolk CBT Service Ltd., The.

Mysterious Messenger. Gilbert Ford. 2022. (ENG., Illus.). 320p. (J). pap. 8.99 *(978-1-250-79212-9(6),* 900201168) Square Fish.

Mysterious Midnight Visitor at 'de Good Life Farm. Diane Orr. 2020. (De Good Life Farm Ser.: Vol. 5). (ENG.). 38p. (J). 22.99 *(978-1-952894-58-9(1))* Pen It Pubns.

Mysterious Mirage, or Frank Reade, Jr. 's Desert Search for a Secret City (Classic Reprint) Luis Senarens. 2018. (ENG., Illus.). (J). 40p. 24.74 *(978-1-396-68003-8(9))*; 42p. pap. 7.97 *(978-1-391-92662-9(5))* Forgotten Bks.

Mysterious Miss Snoddy: The Dust Bowl. Jim Campain. 2019. (Mysterious Miss Snoddy Ser.: Vol. 4). (ENG., Illus.). 184p. (J). (gr. 3-6). pap. 7.99 *(978-0-578-51086-6(3))* Red Truck LLC.

Mysterious Miss Snoddy: The Lewis & Clark Expedition. Jim Campain. 2022. (Mysterious Miss Snoddy Ser.: Vol. 5). (ENG., Illus.). 188p. (J). pap. 7.99 *(978-1-0879-5523-0(8))* Red Truck LLC.

Mysterious Miss Snoddy: The Orphan Train. Jim Campain. 2018. (Mysterious Miss Snoddy Ser.: Vol. 3). (ENG., Illus.). 154p. (J). (gr. 3-6). pap. 7.99 *(978-0-692-11452-0(1))* Hot Chocolate Pr.

Mysterious Miss Snoddy: The Underground Railroad. Jim Campain. 2017. (ENG., Illus.). (J). pap. 7.99 *(978-0-692-95409-6(0))* Hot Chocolate Pr.

Mysterious Monster of Loch Ness. David Hall. 2017. (ENG., Illus.). (J). pap. 47.67 *(978-0-244-92404-1(X))* Lulu Pr., Inc.

Mysterious Monsters. Sequoia Kids Media Sequoia Kids Media. 2022. (Super Spooky Stories for Kids Ser.). (ENG.). 24p. (J). (gr. -1-2). pap. 9.50 ***(978-1-64996-761-9(6)***, 17143, Sequoia Kids Media) Sequoia Children's Bks.

Mysterious Monsters: The Complete Series. David Michael Slater. Illus. by Mauro Sorghienti. 2019. (Mysterious Monsters Ser.: 1). (ENG.). 470p. (J). (gr. 2-4). pap. 34.95 *(978-1-944589-34-9(1))* Incorgnito Publishing Pr. LLC.

Mysterious Monsters (Set), 6 vols. 2023. (Mysterious Monsters Ser.). (ENG.). 80p. (J). (gr. 1-4). lib. bdg. 188.16 ***(978-1-0982-5274-8(8)***, 42661, Chapter Bks.) Spotlight.

Mysterious Moonstone (Key Hunters #1) Eric Luper. 2016. (Key Hunters Ser.: 1). (ENG., Illus.). 128p. (J). (gr. 2-5). pap. 5.99 *(978-0-545-82204-6(1))* Scholastic, Inc.

Mysterious Moorings with Mouse. Kitty Irvine & Julie MacPherson-Irvine. 2017. (ENG.). 96p. (J). pap. 11.95 *(978-1-78693-220-4(2),* b4497a1c-0581-417e-a47b-bb389a574432) Austin Macauley Pubs. Ltd. GBR. Dist: Baker & Taylor Publisher Services (BTPS).

Mysterious Mooshroom! (Mobs of Minecraft #3) Christy Webster. Illus. by Alan Batson. 2023. (Pictureback(R) Ser.). (ENG.). 24p. (J). (gr. -1-2). pap. 5.99 *(978-0-593-64824-7(2),* Random Hse. Bks. for Young Readers) Random Hse. Children's Bks.

Mysterious Mr. Mensch: 3 Unforgettable Lessons in Ethics. David Michael Slater. 2021. (ENG.). 186p. (J). (gr. 2-4). pap. 17.95 *(978-1-944589-87-5(2))* Incorgnito Publishing Pr. LLC.

Mysterious Ms. Lemon. Jinan Ghossainy. 2017. (ENG., Illus.). (J). pap. *(978-0-9987043-4-0(2))* Light Network, The.

Mysterious Mummies, 1 vol. Ron Knapp. 2018. (Creepy, Kooky Science Ser.). (ENG.). 48p. (gr. 5-5). 29.60 *(978-1-9785-0452-3(7),* 8903dbd3-8e9c-4ac7-91b5-bc7052aefeae) Enslow Publishing, LLC.

Mysterious Musical Day. Sheri Calhoun. 2021. (ENG.). 28p. (J). pap. 12.95 *(978-1-4796-1168-3(9))* TEACH Services, Inc.

Mysterious Objects. Emily Schlesinger. 2020. (Red Rhino Nonfiction Ser.). (ENG., Illus.). 60p. (J). (gr. 4-7). pap. 11.95 *(978-1-68021-078-1(5))* Saddleback Educational Publishing, Inc.

Mysterious Old Book: A Freddie & Edward Adventure. Simon Corr. 2019. (ENG.). 76p. (J). *(978-0-244-18339-4(2))* Lulu Pr., Inc.

Mysterious Parchment, or the Satanic License: Dedicated to Maine Law Progress (Classic Reprint) Joel Wakeman. (ENG., Illus.). (J). 2018. 324p. 30.60 *(978-0-331-65312-0(5))*; 2017. pap. 13.57 *(978-0-259-20637-8(7))* Forgotten Bks.

Mysterious Places. Don Rauf. 2017. (Freaky Phenomena Ser.: Vol. 8). (ENG., Illus.). 48p. (J). (gr. 5-8). 20.95 *(978-1-4222-3777-9(X))* Mason Crest.

Mysterious Pool. Charlene McIver. Illus. by Zoe Saunders. 2021. (ENG.). 84p. (J). *(978-0-6484178-6-6(7))* McIver, Charlene.

Mysterious Recorder & the Door to Elsewhere. Michael Davies. 2019. (ENG., Illus.). 112p. (J). (gr. 4-6). pap. *(978-0-6484766-1-0(8))* Dalton, Mickie Foundation, The.

Mysterious Red Fruit - le Mysterieux Fruit Rouge. Lafleche Dumais. Illus. by Steve Cady. 2017. (ENG.). (J). *(978-1-5255-0427-3(4))*; pap. *(978-1-5255-0106-7(2))* FriesenPress.

Mysterious Rider. Zane Grey. 2020. (ENG.). (J). 228p. 19.95 *(978-1-63637-057-6(8))*; 226p. pap. 11.95 *(978-1-63637-056-9(X))* Bibliotech Pr.

Mysterious Rider: A Novel (Classic Reprint) Zane Grey. 2017. (ENG., Illus.). (J). 31.22 *(978-0-265-92828-8(1))* Forgotten Bks.

Mysterious Rider (Annotated, Large Print) Zane Grey. l.t. ed. 2020. (Sastrugi Press Classics Ser.). (ENG.). 394p. (J). 24.95 *(978-1-64922-038-7(3))*; pap. 15.95 *(978-1-64922-004-2(9))* Sastrugi Pr.

Mysterious Sea Bunny. Peter Raymundo. Illus. by Peter Raymundo. 2021. (Illus.). 32p. (J). (-k). 18.99 *(978-0-593-32514-8(1)*, Dial Bks) Penguin Young Readers Group.

Mysterious Secret of Frankly Woods. Kathleen W. Franks. 2023. (ENG.). 214p. (J). pap. ***(978-0-7223-5196-3(8))*** Stockwell, Arthur H. Ltd.

Mysterious Shin Shira. G. E. Farrow. 2022. (ENG.). 74p. (J). pap. ***(978-1-387-69272-9(0))*** Lulu Pr., Inc.

Mysterious Shin Shira. George Edward Farrow. 2017. (ENG., Illus.). (J). 22.95 *(978-1-374-87008-6(0))*; pap. 12.95 *(978-1-374-87007-9(2))* Capital Communications, Inc.

Mysterious Snippets of Yarn. Rosemary Butler. Illus. by Rosemary Butler. 2019. (ENG., Illus.). 58p. (J). (gr. k-6). 14.99 *(978-1-883378-08-0(7))* Sun on Earth Bks.

Mysterious Stones. Enrique Peréz Díaz. 2020. (ENG., Illus.). 32p. (J). 17.95 *(978-1-62371-869-5(4)*, Crocodile Bks.) Interlink Publishing Group, Inc.

Mysterious Story-Book, or the Good Stepmother: By Whom! (Classic Reprint) Unknown Author. (ENG., Illus.). (J). 2018. 270p. 29.47 *(978-0-267-32317-3(4))*; 2016. pap. 11.97 *(978-1-333-50585-1(X))* Forgotten Bks.

Mysterious Stranger: And Other Stories (Classic Reprint) Mark Twain, pseud. 2017. (ENG., Illus.). (J). 30.87 *(978-0-266-18881-0(8))* Forgotten Bks.

Mysterious Stranger a Romance (Classic Reprint) Mark Twain, pseud. 2017. (ENG., Illus.). (J). 27.55 *(978-1-5279-5387-1(4))* Forgotten Bks.

Mysterious Stranger & Other Cartoons (Classic Reprint) John T. McCutcheon. 2018. (ENG., Illus.). (J). 328p. 30.68 *(978-1-391-95804-0(7))*; 330p. pap. 13.57 *(978-1-391-89394-5(8))* Forgotten Bks.

Mysterious Stranger, & Other Stories. Mark Twain, pseud. 2020. (ENG.). 128p. (J). *(978-1-77441-523-8(2))* Westland, Brian.

Mysterious Time Capsule: Leveled Reader Silver Level 24. Rg Rg. 2016. (PM Ser.). (ENG.). 24p. (J). (gr. 3). pap. 11.00 *(978-0-544-89265-1(8))* Rigby Education.

Mysterious Tramp (Classic Reprint) Vera C. Barclay. 2018. (ENG., Illus.). 144p. (J). 26.87 *(978-0-483-48981-3(6))* Forgotten Bks.

Mysterious Traveler: And His Return to the Country of His Boyhood (Classic Reprint) Phil Straugh. 2018. (ENG., Illus.). 274p. (J). 29.55 *(978-0-331-89441-7(6))* Forgotten Bks.

Mysterious Treasure Map. Tillie Gilpin. 2020. (ENG.). 36p. (J). pap. 15.00 *(978-1-953507-18-1(2))* Brightlings.

Mysterious UFOs & Aliens. Karen Latchana Kenney. 2017. (Searchlight Books (tm) — Fear Fest Ser.). (ENG., Illus.). 32p. (J). (gr. 3-5). 30.65 *(978-1-5124-3406-4(X)*, 1dd723e0-2272-46f8-9cf6-f108bee62f18, Lerner Pubns.); pap. 9.99 *(978-1-5124-5606-6(3)*, 549fe709-732d-4e9f-b3b5-17b18fd2d54d) Lerner Publishing Group.

Mysterious Valley of Maluda. Leon Bari. 2022. (ENG.). 226p. (YA). pap. ***(978-1-80227-509-4(6))*** Publishing Push Ltd.

Mysterious Vanishings. Virginia Loh-Hagan. 2018. (Stranger Than Fiction Ser.). (ENG., Illus.). 32p. (J). (gr. 4-8). pap. 14.21 *(978-1-5341-0857-8(2)*, 210792); lib. bdg. 32.07 *(978-1-5341-0758-8(4)*, 210791) Cherry Lake Publishing. (45th Parallel Press).

Mysterious Voyage of Captain Kidd. A. B. C. Whipple. Illus. by H. B. Vestal. 2021. (ENG.). 144p. (J). 22.99 *(978-1-948959-54-4(2))*; pap. 13.99 *(978-1-948959-55-1(0))* Purple Hse. Pr.

Mysterious Wanderer, Vol. 1 Of 3: A Novel (Classic Reprint) Sophia Reeve. (ENG., Illus.). (J). 2018. 272p. 29.51 *(978-0-267-31752-3(2))*; 2016. pap. 11.97 *(978-1-333-47137-8(8))* Forgotten Bks.

Mysterious Wanderer, Vol. 2 Of 3: A Novel (Classic Reprint) Sophia Reeve. 2018. (ENG., Illus.). 254p. (J). 29.14 *(978-0-267-16190-4(5))* Forgotten Bks.

Mysterious Wanderer, Vol. 3 Of 3: A Novel (Classic Reprint) Sophia Reeve. (ENG., Illus.). (J). 2018. 256p. 29.18 *(978-0-484-72859-1(8))*; 2016. pap. 11.57 *(978-1-333-54695-3(5))* Forgotten Bks.

Mysterious Woods: Solve Its Secrets!, 1 vol. Gareth Moore. 2018. (Puzzle Adventure Stories Ser.). (ENG.). 32p. (J). (gr. 3-3). 30.27 *(978-1-5081-9631-0(1)*, 82a958f7-16be-4b5c-9b5c-1aca9a8f0d30); pap. 12.75 *(978-1-5081-9549-8(8)*, 11558349-648c-4313-98fb-f13e6d3244e5) Rosen Publishing Group, Inc., The. (Windmill Bks.).

Mysterious World of Doctor Strange. Dorling Kindersley Publishing Staff. 2016. (ENG., Illus.). 176p. *(978-0-241-27857-4(0))* Dorling Kindersley Publishing, Inc.

Mysterious World of the Puffins Book 4. Paul & Lady Jan Beeson. 2023. (ENG.). 90p. (J). pap. 25.00 ***(978-0-9890482-9-3(2))*** Beeson, Jan.

Mystery. Rebecca Morris. 2016. (Essential Literary Genres Ser.). (ENG., Illus.). 112p. (J). (gr. 6-12). lib. bdg. 41.36 *(978-1-68078-380-3(7)*, 23525, Essential Library) ABDO Publishing Co.

Mystery & Confidence, Vol. 1 Of 3: A Tale (Classic Reprint) Pinchard. (ENG., Illus.). (J). 2018. 238p. 28.81 *(978-0-267-41114-6(6))*; 2016. pap. 11.57 *(978-1-334-27480-0(0))* Forgotten Bks.

Mystery & Confidence, Vol. 2 Of 3: A Tale (Classic Reprint) A. Lady. 2018. (ENG., Illus.). 228p. (J). 28.60 *(978-0-332-36549-7(2))* Forgotten Bks.

Mystery & Confidence, Vol. 3 Of 3: A Tale (Classic Reprint) Pinchard. (ENG., Illus.). (J). 2018. 208p. 28.21 *(978-0-483-90307-4(8))*; 2016. pap. 10.57 *(978-1-333-22511-7(3))* Forgotten Bks.

Mystery & History of Greek Myths Greek Culture History Grade 5 Children's Ancient History. Baby Professor. 2021. (ENG.). 72p. (J). 27.99 *(978-1-5419-8448-6(X))*; pap. 16.99 *(978-1-5419-6035-0(1))* Speedy Publishing LLC. (Baby Professor (Education Kids)).

Mystery & Mayhem, 1 vol. Poppy Inkwell. 2019. (Alana Oakley Ser.). (ENG.). 256p. (YA). (gr. 6-6). 25.80 *(978-1-5383-8479-4(5)*, 54fc3ebe-9cdd-43fb-a9f4-940bf3b32122); pap. 16.35 *(978-1-5383-8480-0(9)*, 963696a2-da99-43af-98f3-a1df56f30cbb) Enslow Publishing, LLC. (West 44 Bks.).

Mystery & Mayhem. Katherine Woodfine et al. 2016. (ENG., Illus.). 320p. (J). (gr. 3-5). pap. 7.99 *(978-1-4052-8264-2(9))* Farshore GBR. Dist: HarperCollins Pubs.

Mystery at Belmont Park. Pamela Hillan & Penelope Dyan. l.t. ed. 2022. (ENG.). 96p. (YA). pap. 9.50 *(978-1-61477-587-4(7))* Bellissima Publishing, LLC.

Mystery at Camp Kookaburra. Kyla Steinkraus. Illus. by Alan Brown. 2016. (Paisley Atoms Ser.). (ENG.). 64p. (gr. 2-5). 28.50 *(978-1-68191-712-2(2)*, 9781681917122) Rourke Educational Media.

Mystery at Camp Survival. Illus. by Anthony VanArsdale. 2020. (Boxcar Children Mysteries Ser.: 154). (ENG.). 128p. (J). (gr. 2-5). 12.99 *(978-0-8075-0760-5(1)*, 807507601); pap. 6.99 *(978-0-8075-0766-7(0)*, 807507660) Random Hse. Children's Bks. (Random Hse. Bks. for Young Readers).

Mystery at Cate's Creek, 1 vol. D. J. Brandon. 2021. (Graveyard Gruber Ser.). (ENG.). 64p. (J). (gr. 2-3). 23.25 *(978-1-5383-8495-4(7)*, 42a3d1f4-f9dd-48ad-8954-1ecd6a2dc109); pap. 13.35 *(978-1-5383-8496-1(5)*, 5b2fbafb-358f-4e0e-b353-df3f3a20e79f) Enslow Publishing, LLC. (West 44 Bks.).

Mystery at Hilton Head Island. Carole Marsh. 2017. (America's National Mystery Book Ser.). (ENG., Illus.). (J). (gr. 3-6). lib. bdg. 24.99 *(978-0-635-12775-4(X))*; pap. 7.99 *(978-0-635-12774-7(1))* Gallopade International. (Marsh, Carole Mysteries).

Mystery at Lake Tahoe. Penelope Dyan & Hillan. 2022. (ENG.). 98p. (YA). pap. 9.50 *(978-1-61477-575-1(3))* Bellissima Publishing, LLC.

Mystery at Lili Villa. Arathi Menon. 2021. (ENG.). 166p. (J). (gr. 3-5). pap. 11.99 *(978-1-949528-81-7(2)*, Yali Bks.) Yali Publishing LLC.

Mystery at Machu Picchu (Lost City of the Incas, Peru) Carole Marsh. 2016. (ENG.). (J). pap. 7.99 *(978-0-635-12439-5(4))* Gallopade International.

Mystery at Mermaid Cove. Melody Mews. Illus. by Ellen Stubbings. 2023. (Itty Bitty Princess Kitty Ser.: 12). (ENG.). 128p. (J). (gr. k-4). 17.99 *(978-1-6659-2805-2(0))*; pap. 6.99 *(978-1-6659-2804-5(2))* Little Simon. (Little Simon).

Mystery at Mermaid Lagoon (Disney the Never Girls: Graphic Novel #1) RH Disney. Illus. by RH Disney. 2023. (Never Girls Ser.). (ENG., Illus.). 72p. (J). (gr. 1-4). 12.99 *(978-0-7364-4354-8(1))*; lib. bdg. 15.99 *(978-0-7364-9036-8(1))* Random Hse. Children's Bks. (RH/Disney).

Mystery at Mirror Lake: Lost Girls. Myra Galloway. 2021. (ENG.). 188p. (YA). pap. 15.95 *(978-1-63630-959-0(3))* Covenant Bks.

Mystery at Moz Hollow. A. K. Hicks. 2021. (ENG.). 340p. (J). pap. 12.50 *(978-1-7320175-4-2(9))* Susso.

Mystery at Niagara Falls! Pamela Hillan & Penelope Dyan. 2021. (ENG.). 98p. (YA). pap. 9.50 *(978-1-61477-564-5(8))* Bellissima Publishing, LLC.

Mystery at Number 7: Leveled Reader Emerald Level 26. Rg Rg. 2019. (PM Ser.). (ENG.). 32p. (J). (gr. 3-4). pap. 11.00 *(978-0-544-89285-9(2))* Rigby Education.

Mystery at Pleasant Park. Vanessa Small. Illus. by Vanessa Small. 2017. (ENG., Illus.). (J). pap. 6.99 *(978-1-946257-01-7(X))* Small Publishing.

Mystery at Saddle Creek: The Saddle Creek Series. Shelley Peterson. 2017. (Saddle Creek Ser.: 3). (ENG.). 392p. (YA). pap. 12.99 *(978-1-4597-3951-2(5))* Dundurn Pr. CAN. Dist: Publishers Group West (PGW).

Mystery at Sea. Sylvie Bordzuk. 2020. (ENG.). 36p. (J). (gr. k-3). 14.95 *(978-1-952859-16-8(6))* Red Penguin Bks.

Mystery at the Aquarium. Kate B. Jerome. 2023. (OceanX Adventures Ser.: 1). (ENG.). 112p. (J). pap. 7.99 *(978-1-68188-924-5(2)*, Earth Aware Editions) Insight Editions.

Mystery at the Ballpark (the Boxcar Children: Time to Read, Level 2) Illus. by Liz Brizzi. 2023. (Boxcar Children Early Readers Ser.). (ENG.). 48p. (J). (gr. k-2). 12.99 *(978-0-8075-0626-4(5)*, 0807506265, Random Hse. Bks. for Young Readers) Random Hse. Children's Bks.

Mystery at the Carrol Ranch: A Story of the Southwest (Classic Reprint) Carl Louis Kingsbury. 2018. (ENG., Illus.). 98p. (J). 25.92 *(978-0-483-66979-6(2))* Forgotten Bks.

Mystery at the Circus. Joan Cantrell. 2022. (ENG., Illus.). 46p. (J). 27.95 ***(978-1-6624-7878-9(X))*** Page Publishing Inc.

Mystery at the Haunted Castle: A Flaugherty Twins Mystery - Book 1. Paul D. McDonald. 2022. (ENG.). 188p. (J). 24.95 *(978-1-63881-048-3(6))* Newman Springs Publishing, Inc.

Mystery at the Rodeo Ranch. Gay Toltl Kinman. 2023. (ENG.). 80p. (J). pap. 9.99 ***(978-1-0881-1566-4(7))*** Indy Pub.

Mystery at the Space Needle. Carole Marsh. 2016. (Real Kids, Real Places Ser.). (ENG.). (J). (gr. 3-7). pap. 7.99 *(978-0-635-12432-6(7)*, Marsh, Carole Mysteries) Gallopade International.

Mystery at the Stables. Gay Toltl Kinman. 2023. (ENG.). 92p. (J). pap. 9.99 ***(978-1-0880-8747-3(7))*** Indy Pub.

Mystery at Zig Zag Zoo. Donna Renee. Illus. by Abira Das. 2020. (ENG.). 30p. (J). pap. 9.95 *(978-1-7354504-9-0(9))* KaZoom Kids Bks., Inc.

Mystery Bear Hgf Edition 2017 Pa: A Purim Story. Leone Adelson. Illus. by Naomi Howland. 2017. (ENG.). 32p. (J). pap. 1.82 *(978-1-328-49141-1(2)*, Clarion Bks.) HarperCollins Pubs.

Mystery Behind the Lost Crown. Master Samarth Nair. 2022. (ENG.). 62p. (YA). pap. 5.00 *(978-1-63640-425-7(1)*, White Falcon Publishing) White Falcon Publishing.

Mystery Behind the Shaman's Call. Patricia M. Fraser. 2019. (ENG.). 216p. (YA). pap. *(978-0-2288-1370-5(0))* Tellwell Talent.

Mystery Behind the Wall. Illus. by Liz Brizzi. 2023. (Boxcar Children Early Readers Ser.). (ENG.). 48p. (J). (gr. k-2). pap. 5.99 *(978-0-8075-5477-7(4)*, 0807554774, Random Hse. Bks. for Young Readers) Random Hse. Children's Bks.

Mystery Behind the Wall (the Boxcar Children: Time to Read, Level 2) Illus. by Liz Brizzi. 2022. (Boxcar Children Early Readers Ser.). (ENG.). 48p. (J). (gr. k-2). 12.99 *(978-0-8075-5455-5(3)*, 807554553, Random Hse. Bks. for Young Readers) Random Hse. Children's Bks.

Mystery Beneath Midville Museum: Cedar Creek Mystery Book 3. Anne Loader McGee. 2016. (Cedar Creek Mystery Ser.: Vol. 3). (ENG., Illus.). (J). pap. 7.99 *(978-1-936307-40-1(5))* Vendera Publishing.

Mystery Bigger Than Big / un Misterio Mas Grande Que Grandisimo: A Mickey Rangel Mystery / Colección Mickey Rangel, Detective Privado. Rene Saldana, Jr. 2016. (Mickey Rangel Mystery / Coleccion Mickey Rangel, Detective P Ser.). (MUL, ENG & SPA., Illus.). 64p. (J). (gr. 3-6). pap. 9.95 *(978-1-55885-824-4(5)*, Piñata Books) Arte Publico Pr.

Mystery Bottle. Kristen Balouch. 2022. (ENG.). 32p. (J). 18.95 *(978-1-62371-824-4(4)*, Crocodile Bks.) Interlink Publishing Group, Inc.

Mystery Box. Monty Edwards. 2017. (ENG., Illus.). (J). pap. *(978-0-6481284-6-5(6))* Karen Mc Dermott.

Mystery Box, 1. Wes Hargis. ed. 2023. (Down in the Dumps Ser.). (ENG.). 86p. (J). (gr. 1-4). 17.96 ***(978-1-68505-737-4(3))*** Penworthy Co., LLC, The.

Mystery (Classic Reprint) Stewart Edward White. 2017. (ENG., Illus.). (J). 786p. 40.13 *(978-0-484-78171-8(5))*; pap. 23.57 *(978-0-259-18473-7(X))* Forgotten Bks.

Mystery Club. Aron Nels Steinke. ed. 2019. (Mr. Wolf's Class Ser.). (ENG.). 153p. (J). (gr. 2-3). 20.96 *(978-0-87617-307-7(5))* Penworthy Co., LLC, The.

Mystery Club: a Graphic Novel (Mr. Wolf's Class #2) Aron Nels Steinke. 2019. (Mr. Wolf's Class Ser.: 2). (ENG., Illus.). 160p. (J). (gr. 2-5). pap. 9.99 *(978-1-338-04773-8(6))*; Vol. 2. 18.99 *(978-1-338-04774-5(4))* Scholastic, Inc. (Graphix).

Mystery Club Graphic Novel: Wild Werewolves; Mummy Mischief. Davide Cali & Yannick Robert. 2019. (ENG., Illus.). 112p. (J). (gr. 3-7). 21.99 *(978-1-328-52848-3(0)*, 1722057); pap. 9.99 *(978-1-328-55043-9(5)*, 1724230) HarperCollins Pubs. (Clarion Bks.).

Mystery Comes Knocking. Albin Sadar. ed. 2018. (Ready-To-Read Ser.). (ENG.). 32p. (J). (gr. -1-1). 9.00 *(978-1-64310-553-6(1))* Penworthy Co., LLC, The.

Mystery Files Set, 6 vols., Set. Incl. Bigfoot Caught on Film: And Other Monster Sightings! Michael Teitelbaum. (gr. 9-12). 29.00 *(978-0-531-12078-1(3))*; Cities of the Dead (24/7: Science Behind the Scenes: Mystery Files) (Library Edition) Denise Rinaldo. (gr. 5-8). 22.44 *(978-0-531-12079-8(1))*; Ghosts: 24/7: Science Behind the Scenes: Mystery Files, And Real-Life Ghost Hunters. Michael Teitelbaum. (gr. 9-12). 29.00 *(978-0-531-12077-4(5))*; 24/7: Science Behind the Scenes: Mystery Files: Mummies Unwrapped. N. B. Grace. (gr. 5-8). 22.44 *(978-0-531-12076-7(7))*; 64p. (J). 2008., Watts, Franklin (24/7: Science Behind the Scenes Ser.). (Illus.). 2008. 174.00 *(978-0-531-12479-6(7))* Scholastic Library Publishing.

Mystery Fun House Search & Locate Activity Book. Kreative Kids. 2016. (ENG., Illus.). (J). pap. 10.81 *(978-1-68377-000-8(5))* Whike, Traudl.

Mystery Hidden in a Name. Kathleen Gorman. 2021. (ENG.). 24p. (J). 20.95 *(978-1-63765-070-7(1))*; pap. 15.95 *(978-1-63765-043-1(4))* Halo Publishing International.

Mystery Horse. Anna Hellinger. 2023. (ENG.). 36p. (J). pap. 5.50 ***(978-1-312-71326-0(7))*** Lulu Pr., Inc.

Mystery Horse at Oak Lane Stable. Kerri Lukasavitz. 2017. (ENG., Illus.). (J). (gr. 3-7). pap. 11.99 *(978-1-943331-88-8(X))* Orange Hat Publishing.

Mystery Hunters, 12 vols. 2016. (Mystery Hunters Ser.). (ENG.). 00048p. (J). (gr. 5-5). lib. bdg. 201.60 *(978-1-4824-5857-2(8)*, fdeafb3a-9330-42e0-8623-94fb4f6c9e43) Stevens, Gareth Publishing LLLP.

Mystery in Hong Kong - the Case of the Disappeared Dumplings. W. C. Jefferson. Illus. by T. F. Wister. 2018. (ENG.). 42p. (J). pap. *(978-988-78305-4-2(2))* Toucan Publishing, Incorporated.

Mystery in London - the Case of the Strange Tourist. W. C. Jefferson. Illus. by T. F. Wister. 2018. (ENG.). 42p. (J). pap. *(978-988-78305-7-3(7))* Toucan Publishing, Incorporated.

Mystery in Mayan Mexico. Marcia Wells. ed. 2016. (Eddie Red Undercover Ser.: 2). lib. bdg. 18.40 *(978-0-606-39664-6(0))* Turtleback.

Mystery in Middleville. Bethany Bogle. 2018. (ENG., Illus.). 192p. (YA). pap. 15.95 *(978-1-64214-777-3(X))* Page Publishing Inc.

Mystery in New York - the Case of the Missing Hot Dogs. W. C. Jefferson. Illus. by T. F. Wister. 2018. (ENG.). 42p. (J). pap. *(978-988-78305-6-6(9))* Toucan Publishing, Incorporated.

Mystery in Paris - the Case of the Vanished Baguettes. W. C. Jefferson. Illus. by T. F. Wister. 2018. (ENG.). 42p. (J). pap. *(978-988-78305-5-9(0))* Toucan Publishing, Incorporated.

Mystery in the Barn (Book 2), Bk. 2. Wiley Blevins. Illus. by Jim Paillot. 2017. (Funny Bone Books (tm) First Chapters — Ick & Crud Ser.). (ENG.). 32p. (J). (gr. k-2). pap. 6.99 *(978-1-63440-189-0(1)*, 3df73e0d-8d82-4a1e-ba42-d7e0d0c37d80) Red Chair Pr.

Mystery in the Forest. Susanna Isern. Illus. by Daniel Montero Galan. 2020. (Whispers in the Forest Ser.). 32p. (J). (gr. k-3). 16.95 *(978-84-16733-92-7(9))* Cuento de Luz SL ESP. Dist: Publishers Group West (PGW).

Mystery in the Forest. Pamela Hillan & Penelope Dyan. l.t. ed. 2021. (ENG.). 118p. (YA). pap. 9.50 *(978-1-61477-535-5(4))* Bellissima Publishing, LLC.

Mystery in the Garden: Wodge & Friends #1. Carol Ann Martin. Illus. by Sam Caldwell. 2022. (Wodge & Friends Ser.: 1). (ENG.). 192p. (J). (gr. 2-4). pap. 9.99 *(978-1-76050-564-6(1))* Hardie Grant Children?s Publishing AUS. Dist: Independent Pubs. Group.

Mystery in the Magic Shop. Illus. by Anthony VanArsdale. 2022. (Boxcar Children Mysteries Ser.: 160). (ENG.). 128p. (J). (gr. 2-5). 6.99 *(978-0-8075-0949-4(3)*, 807509493); 12.99 *(978-0-8075-0948-7(5)*, 807509485) Random Hse. Children's Bks. (Random Hse. Bks. for Young Readers).

Mystery in the Marshes: The after School Detective Club: Book Three. Mark Dawson. Illus. by Ben Mantle. 2023. (after School Detective Club Ser.: 3). (ENG.). 240p. (J). (gr. 3-7). 8.95 *(978-1-80130-049-0(6))* Welbeck Publishing Group Ltd. GBR. Dist: Two Rivers Distribution.

Mystery in the Morgue: Be a Pathologist. Alix Wood. 2017. (Crime Solvers Ser.). 48p. (gr. 6-6). pap. 84.30 *(978-1-5382-0621-8(8))* Stevens, Gareth Publishing LLLP.

Mystery in the Rain Forest (Disney Encanto) Susana Illera Martinez. Illus. by Denise Shimabukuro & Disney Storybook Disney Storybook Art Team. 2023. (Little Golden Book Ser.). (ENG.). 24p. (J). (-k). 5.99 *(978-0-7364-4407-1(6)*, Golden/Disney) Random Hse. Children's Bks.

Mystery in the Snow. Pamela Hillan & Dyan. 2021. (ENG.). 100p. (YA). pap. 9.50 *(978-1-61477-553-9(2))* Bellissima Publishing, LLC.

Mystery Island: A Search for Clues Activity Book. Kreativ Entspannen. 2016. (ENG., Illus.). (J). pap. 10.81 *(978-1-68377-001-5(3))* Whike, Traudl.

Mystery Island (Classic Reprint) Edward Harry Hurst. 2017. (ENG., Illus.). (J). 340p. 30.91 *(978-0-332-48703-8(2))*; pap. 13.57 *(978-1-5276-4323-9(9))* Forgotten Bks.

Mystery Kingdom. Candy Jones. 2023. (ENG., Illus.). 36p. (J). pap. 15.95 ***(978-1-6624-3118-0(X))*** Page Publishing Inc.

Mystery Kitten. Holly Webb. Illus. by Sophy Williams. 2020. (Pet Rescue Adventures Ser.). (ENG.). 128p. (J). (gr. 1-4). pap. 5.99 *(978-1-68010-475-2(6))* Tiger Tales.

Mystery Lights of Navajo Mesa. Jake Thoene & Luke Thoene. 2021. (Last Chance Detectives Ser.: 2). (ENG.). 112p. (J). pap. 9.99 *(978-1-64607-051-0(8)*, 20_36352) Focus on the Family Publishing.

Mystery Magnets of Nassagaweya & the Bear Facts. Melody J. Incledon. 2020. (ENG.). 34p. (J). *(978-1-77370-955-0(0))*; pap. *(978-1-77370-954-3(2))* Tellwell Talent.

Mystery Mania! (Scooby-Doo) Golden Books. Illus. by Golden Books. 2023. (ENG., Illus.). 128p. (J). (gr. -1-2). pap. 8.99 ***(978-0-593-64871-1(4)***, Golden Bks.) Random Hse. Children's Bks.

Mystery Marvels. Ananya H. Wagh. 2021. (ENG.). 158p. (J). pap. 7.99 *(978-1-63640-292-5(5)*, White Falcon Publishing) White Falcon Publishing.

Mystery Match! Puzzling Activities for Kids Activity Book. Kreative Kids. 2016. (ENG., Illus.). (J). pap. 9.20 *(978-1-68377-002-2(1))* Whike, Traudl.

Mystery Mazes: 30 Amazing Mazes. Clever Publishing & Nora Watkins. Illus. by Inna Anikeeva. 2023. (Clever Mazes Ser.). (ENG.). 32p. (J). (gr. -1-3). pap. 5.99 *(978-1-956560-51-0(3))* Clever Media Group.

Mystery Meat: Night of the Living Nuggets. Jason M. Burns. Illus. by Dustin Evans. 2023. (Nightmares of Nightmute Ser.: 3). (ENG.). 32p. (J). (gr. 4-8). pap. 14.21 *(978-1-6689-2091-6(3)*, 222069); lib. bdg. 32.07 *(978-1-6689-1989-7(3)*, 221967) Cherry Lake Publishing. (Torch Graphic Press).

Mystery Mission. Shonlisa Bonner. 2019. (Crafty Carlisha Ser.: Vol. 1). (ENG., Illus.). 34p. (J). pap. 10.99 *(978-0-578-54986-6(7))* Shonlisa Bonner.

Mystery Monster. Amy Marie Stadelmann. Illus. by Amy Marie Stadelmann. 2021. (Paige Proves It Ser.: 1). (ENG., Illus.). 112p. (J). (gr. 2-5). 19.99 *(978-1-5344-5161-2(7))*; pap. 7.99 *(978-1-5344-5160-5(9))* Simon & Schuster Children's Publishing. (Aladdin).

Mystery Mountain Adventure! Adapted by Lisa Lauria. 2019. (PJ Masks Ser.). (ENG.). 16p. (J). (gr. -1-2). 6.99 *(978-1-5344-4393-8(2)*, Simon Spotlight) Simon Spotlight.

Mystery Mountain Getaway. Walker Styles. Illus. by Ben Whitehouse. 2017. (Rider Woofson Ser.: 9). (ENG.). 128p. (J). (gr. k-4). 16.99 *(978-1-4814-9896-8(7))*; pap. 5.99 *(978-1-4814-9895-1(9))* Little Simon. (Little Simon).

Mystery Of 1100. Jason Zhang. 2018. (ENG., Illus.). 192p. (J). pap. *(978-0-359-00773-8(2))* Lulu Pr., Inc.

Mystery of a Diamond (Classic Reprint) Frank H. Converse. 2018. (ENG., Illus.). 204p. (J). 28.12 *(978-0-267-20945-3(2))* Forgotten Bks.

Mystery of a Hansom Cab (Classic Reprint) Fergus Hume. 2017. (ENG., Illus.). (J). 28.89 *(978-0-260-92431-5(8))* Forgotten Bks.

Mystery of Auchinleck House. Lynda Murphy. 2018. (ENG., Illus.). 126p. (J). pap. *(978-1-84897-982-6(7))* Olympia Publishers.

Mystery of Black Hollow Lane. Julia Nobel. 2020. (Black Hollow Lane Ser.: 1). 320p. (J). (gr. 3-7). pap. 8.99 *(978-1-4926-9154-9(2))* Sourcebooks, Inc.

Mystery of Bonanza Trail (Classic Reprint) Frank J. Arkins. 2018. (ENG., Illus.). 132p. (J). 26.62 *(978-0-484-44090-5(X))* Forgotten Bks.

Mystery of Central Park. Nellie Bly. 2017. (ENG.). 234p. (J). pap. *(978-3-337-04323-0(2))* Creation Pubs.

Mystery of Central Park: A Novel (Classic Reprint) Nellie Bly. (ENG., Illus.). (J). 2018. 232p. 28.68 *(978-0-483-54768-1(9))*; 2017. pap. 11.57 *(978-0-243-17567-3(1))* Forgotten Bks.

Mystery of Chance. Deb Dorfman. 2017. (ENG., Illus.). (J). pap. 7.30 *(978-0-692-91294-2(0))* Deborah Remington Charitable Trust for the Visual Arts.

Mystery of Choice (Classic Reprint) Robert W. Chambers. 2017. (ENG., Illus.). (J). 30.29 *(978-1-5279-6896-7(0))* Forgotten Bks.

Mystery of Cloomber (Classic Reprint) Arthur Conan Doyle. (ENG., Illus.). (J). 2018. 258p. 29.22 *(978-0-483-75802-5(7))*; 2016. pap. 11.57 *(978-1-333-52624-5(5))* Forgotten Bks.

Mystery of Covid-19. Pamela Hillan & Penelope Dyan. 2020. (Jan & Jenny Mysteries Ser.: Vol. 13). (ENG., Illus.). 114p. (YA). pap. 9.50 *(978-1-61477-467-9(6))* Bellissima Publishing, LLC.

1428

The check digit for ISBN-10 appears in parentheses after the full ISBN-13

Mystery of Croaker's Island, 1 vol. Linda DeMeulemeester. 2018. (ENG.). 208p. (J). (gr. 4-7). pap. 12.95 *(978-1-77203-251-2(4)*, Wandering Fox) Heritage Hse. CAN. Dist: Orca Bk. Pubs. USA.

Mystery of Crockness Island. Alice James. 2020. (ENG., Illus.). 28p. (J). 19.95 *(978-1-61244-823-7(2))*; pap. 13.95 *(978-1-61244-853-4(4))* Halo Publishing International.

Mystery of Edwin Drood: And Other Pieces (Classic Reprint) Charles Dickens. 2017. (ENG., Illus.). (J). 35.84 *(978-0-265-66802-3(6))* Forgotten Bks.

Mystery of Edwin Drood, & Miscellaneous Pieces (Classic Reprint) Charles Dickens. (ENG., Illus.). (J). 2018. 444p. 33.07 *(978-0-484-44310-4(0))*; 2016. pap. 16.57 *(978-1-333-51705-2(X))* Forgotten Bks.

Mystery of Edwin Drood (Classic Reprint) Charles Dickens. (ENG., Illus.). (J). 2017. 32.56 *(978-0-265-49498-1(2))*; 2017. 33.59 *(978-0-265-52330-8(3))*; 2016. pap. 16.57 *(978-1-333-25491-9(1))* Forgotten Bks.

Mystery of Edwin Drood; Master Humphrey's Clock; & Sketches by Boz (Classic Reprint) Charles Dickens. 2017. (ENG., Illus.). (J). 36.29 *(978-0-266-75030-7(3))*; pap. 19.57 *(978-1-5277-2035-0(7))* Forgotten Bks.

Mystery of Edwin Drood, Reprinted Pieces & Other Stories. Charles Dickens. 2016. (ENG., Illus.). (J). pap. *(978-3-7411-9446-7(8))* Creation Pubs.

Mystery of Edwin Drood, Reprinted Pieces, & Other Stories (Classic Reprint) Charles Dickens. 2017. (ENG., Illus.). 612p. (J). 36.52 *(978-0-266-81138-1(8))* Forgotten Bks.

Mystery of Gogarth Abbey. Tom Bridge. 2017. (ENG., Illus.). 120p. (J). pap. *(978-1-78465-232-6(6)*, Vanguard Press) Pegasus Elliot Mackenzie Pubs.

Mystery of Gordon's Gold: An Adventure Squad Novel. Lloyd Jackson. 2021. (ENG.). 234p. (YA). pap. 17.95 *(978-1-6624-4176-9(2))* Page Publishing Inc.

Mystery of Hollow Places. Rebecca Podos. (ENG.). (YA). (gr. 9). 2017. 320p. pap. 9.99 *(978-0-06-237335-9(8))*; 2016. 304p. 17.99 *(978-0-06-237334-2(X))* HarperCollins Pubs. (Balzer & Bray).

Mystery of Hopetown Valley. Amy Lee. 2019. (ENG.). 72p. (J). pap. ***(978-0-359-89960-9(9))*** Lulu Pr., Inc.

Mystery of Ireland's Eye: A Dylan Maples Adventure, 1 vol. Shane Peacock. 2018. (Dylan Maples Adventure Ser.: 1). (ENG., Illus.). 192p. (J). (gr. 4-7). pap. 9.95 *(978-1-77108-615-8(7)*, ffbd6d32-a05e-4c15-9d16-48cf44d5b6b4) Nimbus Publishing, Ltd. CAN. Dist: Baker & Taylor Publisher Services (BTPS).

Mystery of Jack, the One-Eyed Kitten: A True Story. Jeanette E Lewis. 2022. (ENG.). 20p. (J). 15.99 ***(978-1-957943-78-7(5))***; pap. 10.99 ***(978-1-957943-77-0(7))*** Rushmore Pr. LLC.

Mystery of John Wilkes Booth: A Story of the Martyr President (Classic Reprint) John Roy Musick. (ENG., Illus.). (J). 2018. 20p. 24.33 *(978-0-364-07015-4(3))*; 2017. 24.31 *(978-0-331-84371-2(4))*; 2017. 24.31 *(978-0-266-73382-9(4))*; 2017. pap. 7.97 *(978-1-5276-9964-9(1))*; 2017. pap. 7.97 *(978-0-259-41516-9(2))*; 2017. pap. 7.97 *(978-0-259-42063-7(8))* Forgotten Bks.

Mystery of June 13th (Classic Reprint) Melvin L. Severy. (ENG., Illus.). (J). 2018. 592p. 36.11 *(978-0-483-12998-6(4))*; 2017. pap. 19.57 *(978-0-243-22143-1(6))* Forgotten Bks.

Mystery of Jupiter. Katharine King Hunter. Illus. by Courtney R. Deadner. 2016. (ENG.). (J). pap. 12.95 *(978-1-942022-76-3(X))* Butterfly Typeface, The.

Mystery of Lake Kanakonda. Karel Hayes. 2022. (Illus.). 144p. (J). (gr. 4-7). pap. 14.95 *(978-1-68475-040-5(7))* Down East Bks.

Mystery of Lord Wenlock & His Glastonbury Treasure. Adrian F. Fray. 2016. (ENG., Illus.). 309p. (J). 30.95 *(978-1-78554-472-9(1)*, d67b5fc2-24d4-4ff9-8ef0-bab6d0cd947b); pap. 24.95 *(978-1-78554-471-2(3)*, 67f84b3c-bf72-4fbd-b154-680939193f64) Austin Macauley Pubs. Ltd. GBR. Dist: Baker & Taylor Publisher Services (BTPS).

Mystery of Lost River Canyon (Classic Reprint) Harry Castlemon. 2018. (ENG., Illus.). 410p. (J). 32.35 *(978-0-483-49380-3(5))* Forgotten Bks.

Mystery of Mary (Classic Reprint) Grace Livingston Hill Lutz. 2018. (ENG., Illus.). (J). 28.33 *(978-0-260-39815-4(2))* Forgotten Bks.

Mystery of Mermaid Lake Coloring Book. Bobo's Adult Activity Books. 2016. (ENG., Illus.). (J). pap. 9.33 *(978-1-68327-587-9(X))* Sunshine In My Soul Publishing.

Mystery of Metropolisville (Classic Reprint) Edward Eggleston. 2018. (ENG., Illus.). 326p. (J). 30.62 *(978-0-332-95947-4(3))* Forgotten Bks.

Mystery of MIA. Shweta Kulkarni. 2017. (ENG., Illus.). (YA). (gr. 7-12). pap. 17.95 *(978-1-61296-884-1(8))* Black Rose Writing.

Mystery of Miracles: A Scientific & Philosophical Investigation (Classic Reprint) Joseph William Reynolds. 2018. (ENG., Illus.). 480p. (J). 33.80 *(978-0-365-25271-9(9))* Forgotten Bks.

Mystery of Mirbridge (Classic Reprint) James Payn. 2018. (ENG., Illus.). (J). 358p. 31.28 *(978-0-428-19033-0(2))*; 360p. pap. 13.97 *(978-0-428-19006-4(5))* Forgotten Bks.

Mystery of Mr. E. Valerie Tripp. Illus. by Thu Thai. 2017. (American Girl: WellieWishers (Chapter Book) Ser.). (ENG.). 96p. (J). (gr. 2-4). 18.69 *(978-1-5364-1784-5(X))* American Girl Publishing, Inc.

Mystery of Murray Davenport: A Story of New York at the Present Day (Classic Reprint) Robert Neilson Stephens. (ENG., Illus.). (J). 2018. 336p. 30.85 *(978-0-365-27416-2(X))*; 2016. pap. 13.57 *(978-1-334-19196-1(4))* Forgotten Bks.

Mystery of Nida Valley: A Magical Discovery. Elaine Ouston. 2nd ed. 2021. (ENG.). 276p. (J). pap. *(978-0-6452388-3-9(X))* Morris Publishing Australia.

Mystery of Phebe's Phamous Cupcakes. Tamara Oliver. 2020. (ENG.). 28p. (J). 23.95 *(978-1-64584-547-8(8))*; pap. 13.95 *(978-1-6624-0390-3(9))* Page Publishing Inc.

Mystery of Pineville Woods. Ashley Worley. Illus. by Cheryl Sharp. 2019. (ENG.). 148p. (YA). (gr. 7-12). pap. 12.95 *(978-1-64458-897-0(8))* Christian Faith Publishing.

Mystery of Race. Rita Bhandari. Illus. by Indra Audipriatna. 2023. (Ace Compeers Ser.). (ENG.). 84p. (J). ***(978-1-0391-3678-6(8))***; pap. ***(978-1-0391-3677-9(X))*** FriesenPress.

Mystery of Red Coral. Anne Jankeliowitch. Illus. by Stéphane Khiel. 2023. (ENG.). 48p. (J). (gr. 3-7). 18.00 ***(978-1-4197-7031-9(4))*** Abrams, Inc.

Mystery of Santa's Sleigh. Scott Sonneborn. Illus. by Omar Lozano. 2016. (ENG.). 32p. (J). pap. *(978-1-4747-0031-3(4)*, Picture Window Bks.) Capstone.

Mystery of Seal Islands: Airplane Girls #3. Harrison Bardwell. 2021. (ENG.). 180p. (YA). 27.77 *(978-1-77481-083-5(2))*; pap. 17.77 *(978-1-77481-082-8(4))* iThink Bks.

Mystery of Shoemaker's Paper Mill. Terry McGuin. 2018. (ENG., Illus.). 90p. (J). 25.95 *(978-1-64298-277-0(6))* Page Publishing Inc.

Mystery of Silver Lake. Michell Plested. 2022. (ENG.). 174p. (J). pap. *(978-1-988361-24-6(9))* Evil Alter-Ego Pr.

Mystery of Sinclair Place. Michael Garwood. 2019. (ENG.). 218p. (YA). (gr. 7-12). pap. 17.95 *(978-1-0980-1016-4(7))* Christian Faith Publishing.

Mystery of Sol 2 Wayfarers. Lauri Kubuitsile. Illus. by Xavier Bonet. ed. 2017. (Cambridge Reading Adventures Ser.). (ENG.). 32p. pap. 8.60 *(978-1-108-43672-4(2))* Cambridge Univ. Pr.

Mystery of St. Rule's (Classic Reprint) Ethel Forster Heddle. (ENG., Illus.). (J). 2018. 376p. 31.65 *(978-0-332-88951-1(3))*; 2016. pap. 13.97 *(978-1-334-15054-8(0))* Forgotten Bks.

Mystery of the Alien Spaceship. Aashir Ahmed. 2017. (ENG.). 64p. (J). pap. ***(978-1-387-38183-8(0))*** Lulu Pr., Inc.

Mystery of the Ambush in India. Andy Adams. 2018. (ENG., Illus.). 176p. (J). pap. 14.95 *(978-1-947964-21-1(6))* Fiction Hse. Pr.

Mystery of the Ancient Stone City. Christine Z. Mason. 2017. (ENG., Illus.). (J). (gr. 4-6). pap. 11.99 *(978-0-9897958-9-0(6))* Hillrow Editions.

Mystery of the Baffling Blackout. Rod Thompson & Scott McBride. 2018. (Adventures of Connor the Courageous Cutter Ser.: Vol. 3). (ENG.). 38p. (J). 14.95 *(978-1-68401-817-8(X))* Amplify Publishing Group.

Mystery of the Ball Python. Jessica Lee Anderson. Illus. by Alejandra Barajas. 2023. (Naomi Nash Ser.). (ENG.). 112p. (J). 25.99 *(978-1-6663-4945-0(3)*, 238972); pap. 7.99 *(978-1-6663-4949-8(6)*, 238956) Capstone. (Picture Window Bks.).

Mystery of the Barranca (Classic Reprint) Herman Whitaker. 2018. (ENG., Illus.). 294p. (J). 29.98 *(978-0-484-15834-3(1))* Forgotten Bks.

Mystery of the Bear Cub, 1 vol. Tamra Wight. Illus. by Carl DiRocco. 2017. (Cooper & Packrat Ser.: 4). (ENG.). 176p. (J). 16.95 *(978-1-944762-25-4(6)*, d6c0afff-df5c-441d-b712-69203d6e12ea) Islandport Pr., Inc.

Mystery of the Bear Cub, 1 vol. Tamra Wight. 2nd ed. 2018. (Cooper & Packrat Adventure Ser.: 4). (ENG., Illus.). 216p. (J). pap. 12.95 *(978-1-944762-54-4(X)*, 06299155-9406-42c0-afdd-389bb2878d62) Islandport Pr., Inc.

Mystery of the Bedouin Girl. Rony Kessler. 2021. (ENG.). 220p. (J). 17.99 *(978-1-63777-122-8(3))* Red Penguin Bks.

Mystery of the Birthday Basher, Vol. 2. Amirah Kassem. 2020. (Magical Land of Birthdays Ser.). (ENG.). 176p. (J). (gr. 2-6). 14.99 *(978-1-4197-4028-2(8)*, 1280701, Amulet Bks.) Abrams, Inc.

Mystery of the Birthday Basher (the Magical Land of Birthdays #2) Amirah Kassem. 2022. (Magical Land of Birthdays Ser.). (ENG.). 176p. (J). (gr. 2-6). pap. 7.99 *(978-1-4197-5692-4(3)*, 1280703, Amulet Bks.) Abrams, Inc.

Mystery of the Blue Hole. Marilyn Gibson Forbes-Stubbs. 2022. (ENG.). 152p. (YA). pap. *(978-1-78222-909-4(4))* Paragon Publishing, Rothersthorpe.

Mystery of the Canal. Darcey Prince. 2021. (ENG.). 46p. (J). pap. *(978-1-78222-899-8(3))* Paragon Publishing, Rothersthorpe.

Mystery of the Christmas Pudding. Stuart Purcell. 2022. (ENG.). 86p. (J). pap. ***(978-0-9935137-3-2(5))*** Pocket Watch Publishing.

Mystery of the Clockwork Sparrow. Katherine Woodfine. 2017. (Illus.). 320p. (J). pap. 6.99 *(978-1-61067-437-9(5))* Kane Miller.

Mystery of the Colour Thief. Ewa Jozefkowicz. 2019. (ENG., Illus.). 208p. (J). 13.95 *(978-1-78669-895-7(1)*, 667407, Zephyr) Head of Zeus GBR. Dist: Bloomsbury Publishing Plc.

Mystery of the Dark Woods. Shirley Coughlin. 2019. (ENG.). 70p. (J). (gr. k-6). pap. 10.95 *(978-1-63135-137-2(0))* Strategic Book Publishing & Rights Agency (SBPRA).

Mystery of the Disappearing Painting. Marcie Aboff. 2016. (Spring Forward Ser.). (J). (gr. 2). *(978-1-4900-9453-3(9))* Benchmark Education Co.

Mystery of the Disappearing Treasure Map. Fran Manushkin. Illus. by Tammie Lyon. 2023. (Katie Woo & Pedro Mysteries Ser.). (ENG.). 32p. (J). 22.65 *(978-1-4846-7405-5(7)*, 247046); pap. 6.99 *(978-1-4846-7401-7(4)*, 247042) Capstone. (Picture Window Bks.).

Mystery of the Dragon Eggs. Maggie Testa. ed. 2021. (Ready-To-Read Ser.). (ENG., Illus.). 32p. (J). (gr. k-1). 15.96 *(978-1-64697-854-0(4))* Penworthy Co., LLC, The.

Mystery of the Dragon Eggs: Ready-To-Read Level 1. Adapted by Maggie Testa. 2021. (DreamWorks Dragons: Rescue Riders Ser.). (ENG.). 32p. (J). (gr. -1-1). 17.99 *(978-1-5344-8014-8(5))*; (Illus.). pap. 4.99 *(978-1-5344-8013-1(7))* Simon Spotlight. (Simon Spotlight).

Mystery of the Eagle's Nest, 1 vol. Tamra Wight. Illus. by Carl DiRocco. 2016. (Cooper & Packrat Ser.: 2). (ENG.). 175p. (J). pap. 14.95 *(978-1-939017-08-6(4)*, c7142407-34bd-4d1b-bcf3-928882aa5d83) Islandport Pr., Inc.

Mystery of the Fishy Canoe. Fran Manushkin. Illus. by Tammie Lyon. 2023. (Katie Woo & Pedro Mysteries Ser.). (ENG.). 32p. (J). 22.65 *(978-1-4846-7397-3(2)*, 247036); pap. 6.99 *(978-1-4846-7393-5(X)*, 247032) Capstone. (Picture Window Bks.).

Mystery of the Forgotten Family. Illus. by Anthony VanArsdale. 2020. (Boxcar Children Mysteries Ser.: 155). (ENG.). 128p. (J). (gr. 2-5). 12.99 *(978-0-8075-0768-1(7)*, 807507687); pap. 6.99 *(978-0-8075-0769-8(5)*, 807507695) Random Hse. Children's Bks. (Random Hse. Bks. for Young Readers).

Mystery of the Four Fingers (Classic Reprint) Fred M. White. 2018. (ENG., Illus.). 362p. (J). 31.36 *(978-0-483-69410-1(X))* Forgotten Bks.

Mystery of the Giant Claw: Book One - the HedgeHunter Heroes. Katie Parsons. Illus. by Poppie Andrew. 2023. (Hedgehunter Heroes Ser.: Vol. 1). (ENG.). 82p. (J). pap. ***(978-1-914060-41-0(5))*** Fantastic Bks. Publishing.

Mystery of the Gingerbread Man. Gale Fravel. Illus. by Lindsay Beth Deibler. 2020. (ENG.). 32p. (J). pap. 15.95 *(978-1-61493-754-8(0))* Peppertree Pr., The.

Mystery of the Golden Ball. K. S. Mitchell. 2020. (ENG.). 214p. (J). pap. 13.99 *(978-1-7341507-5-9(0))* Vinspire Publishing LLC.

Mystery of the Golden Feather: A Mindful Journey Through Birdsong. Tessa Strickland. Illus. by Clara Anganuzzi. 2023. (ENG.). 40p. (J). (-k). 17.99 *(978-0-7440-6989-1(0)*, DK Children) Dorling Kindersley Publishing, Inc.

Mystery of the Golden Tower. Elaine Newman. Illus. by Michael Southorn. 2016. (ENG.). 91p. (J). (gr. k-2). pap. *(978-0-9956190-2-9(6))* Pixel Tweaks Pub.

Mystery of the Goodfellowes' Code: The Lost Symbol of Sevenoaks. Mark Trenowden. 2nd ed. 2019. (ENG., Illus.). 224p. (J). (gr. 3-6). pap. *(978-1-5272-3614-1(5))* Cambrian Way Trust.

Mystery of the Green Ray (Classic Reprint) William Le Queux. 2018. (ENG., Illus.). 256p. (J). 29.14 *(978-0-666-58306-2(4))* Forgotten Bks.

Mystery of the Griefer's Mark (Deluxe Illustrated Edition) An Unofficial Minecrafters Adventure. Winter Morgan. Illus. by Grace Sandford. 2021. (Unofficial Gamer's Adventure Ser.). 128p. (J). (gr. 1-7). 17.99 *(978-1-5107-5975-6(1)*, Sky Pony Pr.) Skyhorse Publishing Co., Inc.

Mystery of the Hated Man & Then Some (Classic Reprint) James Montgomery Flagg. (ENG., Illus.). (J). 2018. 254p. 29.16 *(978-0-365-11615-8(7))*; 2017. pap. 11.57 *(978-0-259-21116-7(8))* Forgotten Bks.

Mystery of the Haunted Farm. Elys Dolan. Illus. by Elys Dolan. 2016. (ENG., Illus.). 32p. (J). (gr. -1-3). 17.99 *(978-0-7636-8658-1(1))* Candlewick Pr.

Mystery of the Haunted House. Willow Night. Illus. by Elizabeth Leach. 2020. (Sycamore Street Mysteries Ser.: Vol. 1). (ENG.). 110p. (J). pap. 5.99 *(978-1-393-56670-0(7))* Draft2Digital.

Mystery of the Haunted Scarecrow. Fran Manushkin. Illus. by Tammie Lyon. 2022. (Katie Woo & Pedro Mysteries Ser.). (ENG.). 32p. (J). 22.65 *(978-1-6663-3579-8(7)*, 235530); pap. 5.95 *(978-1-6663-3574-3(6)*, 235515) Capstone. (Picture Window Bks.).

Mystery of the Hidden Elves. Illus. by Thomas Girard. 2021. (Boxcar Children Creatures of Legend Ser.: 2). (ENG.). 144p. (J). (gr. 2-5). 12.99 *(978-0-8075-0805-3(5)*, 807508055); 6.99 *(978-0-8075-0814-5(4)*, 807508144) Random Hse. Children's Bks. (Random Hse. Bks. for Young Readers).

Mystery of the Hills (Classic Reprint) Ruby M. Doyle. 2018. (ENG., Illus.). 376p. (J). 31.67 *(978-0-267-17564-2(7))* Forgotten Bks.

Mystery of the Jeweled Moth. Katherine Woodfine. 2017. (Illus.). 352p. (J). pap. 6.99 *(978-1-61067-438-6(3))* Kane Miller.

Mystery of the Lake. Robert Wingfield. 2019. (ENG.). 270p. (J). pap. *(978-0-244-48327-2(2))* Lulu Pr., Inc.

Mystery of the Locks (Classic Reprint) E. W. Howe. 2018. (ENG., Illus.). 302p. (J). 30.15 *(978-0-267-45222-4(5))* Forgotten Bks.

Mystery of the Lost Colony of Roanoke - History 5th Grade Children's History Books. Baby Professor. 2017. (ENG., Illus.). (J). pap. 9.55 *(978-1-5419-1227-4(6)*, Baby Professor (Education Kids)) Speedy Publishing LLC.

Mystery of the Lost Library Book, 1 vol. Laurie Friedman. Illus. by Barbara Szepesi Szucs. 2022. (Detective Daisy Ser.). (ENG.). 24p. (J). (gr. -1-3). lib. bdg. *(978-1-0396-4501-1(1)*, 16247); pap. *(978-1-0396-4692-6(1)*, 17189) Crabtree Publishing Co. (Crabtree Blossoms).

Mystery of the Love List. Sarah Glenn Marsh. Illus. by Ishaa Lobo. 2022. (ENG.). 32p. (J). (gr. -1-2). 18.99 *(978-0-593-35221-2(1)*, Viking Books for Young Readers) Penguin Young Readers Group.

Mystery of the Mayhem Mansion. Matthew K. Manning. Illus. by Scott Neely. 2016. (You Choose Stories: Scooby-Doo Ser.). (ENG.). 112p. (J). (gr. 2-6). lib. bdg. 32.65 *(978-1-4965-2661-8(9)*, 131220, Stone Arch Bks.) Capstone.

Mystery of the Meanest Teacher. Ryan North. ed. 2022. (ENG.). 160p. (J). (gr. 2-3). 23.46 ***(978-1-68505-395-6(5))*** Penworthy Co., LLC, The.

Mystery of the Meanest Teacher: a Johnny Constantine Graphic Novel. Ryan North. Illus. by Derek Charm. 2021. 160p. (J). (gr. 2). pap. 9.99 *(978-1-77950-123-3(4))* DC Comics.

Mystery of the Mexican Treasure. Andy Adams. 2018. (ENG., Illus.). 174p. (J). pap. 14.95 *(978-1-947964-31-0(3))* Fiction Hse. Pr.

Mystery of the Midnight Rider: #3. Carolyn Keene. 2021. (Nancy Drew Diaries). (ENG.). 200p. (J). (gr. 3-7). lib. bdg. 31.36 *(978-1-0982-5010-2(9)*, 36999, Chapter Bks.) Spotlight.

Mystery of the Midnight Sun. Robert Wingfield. 2019. (ENG.). 290p. (J). pap. *(978-0-244-21223-0(6))* Lulu Pr., Inc.

Mystery of the Missing Bagpipes. Kathy Lynn Emerson. 2020. (ENG.). 120p. (Orig.). (J). pap. 9.99 *(978-1-393-72464-3(7))* Draft2Digital.

Mystery of the Missing Belly Button: Kerry M. Olitzky. Kerry M. Olitzky. 2022. (ENG.). 32p. (J). pap. 16.95 *(978-1-950613-64-9(X))* Taylor and Seale Publishing.

Mystery of the Missing Cake. Claudia Boldt. 2018. (ENG., Illus.). 32p. (J). (gr. -1-3). 16.95 *(978-1-84976-485-8(9))* Tate Publishing, Ltd. GBR. Dist: Hachette Bk. Group.

Mystery of the Missing Campers, 1 vol. Laurie Friedman. Illus. by Jake Hill. 2022. (Camp Creepy Lake Ser.). (ENG.). 48p. (J). (gr. 2-4). lib. bdg. *(978-1-0396-4589-9(5)*, 16228, Leaves Chapter Books) Crabtree Publishing Co.

Mystery of the Missing Campers, 1 vol. Laurie Friedman & Jake Hill. 2022. (Camp Creepy Lake Ser.). (ENG.). 48p. (J). (gr. 2-4). pap. *(978-1-0396-4716-9(2)*, 17170, Leaves Chapter Books) Crabtree Publishing Co.

Mystery of the Missing Chocolate Chips. Marie Pfeifer. 2017. (ENG.). (J). 14.95 *(978-1-63177-870-4(6))* Amplify Publishing Group.

Mystery of the Missing CS. Judie Ney. 2017. (ENG., Illus.). (J). 21.95 *(978-0-9989848-0-3(9))*; pap. 14.95 *(978-0-578-19088-4(5))* Neyborhood Enterprises.

Mystery of the Missing Curls. K. Y. A. SCOTT. 2023. (ENG.). 43p. (YA). pap. ***(978-1-312-60997-6(4))*** Lulu Pr., Inc.

Mystery of the Missing Food. Maria S. Barbo. ed. 2022. (Scholastic Readers Ser.). (ENG.). 32p. (J). (gr. 2-5). 15.96 ***(978-1-68505-671-1(7))*** Penworthy Co., LLC, The.

Mystery of the Missing Food (Pokémon: Scholastic Reader, Level 2) Scholastic. 2022. (Scholastic Reader, Level 2 Ser.). (ENG.). 32p. (J). (gr. 2-5). pap. 5.99 *(978-1-338-84809-0(7))* Scholastic, Inc.

Mystery of the Missing Fox, 1 vol. Tamra Wight. (Cooper & Packrat Ser.: 3). (ENG., Illus.). (J). 2017. 220p. pap. 12.95 *(978-1-939017-90-1(4)*, 15595036-d4de-4701-af0d-8081178be2b8); 2016. 206p. 16.95 *(978-1-939017-89-5(0)*, 6ccdf9e6-7c93-4da4-86f6-95eedc361b45) Islandport Pr., Inc.

Mystery of the Missing Hook. Johanna Gohmann. Illus. by Addy Rivera. 2022. (Pirate Kids Set 2 Ser.). (ENG.). 32p. (J). (gr. 2-2). pap. 9.95 *(978-1-64494-475-2(8)*, Calico Kid) ABDO Publishing Co.

Mystery of the Missing Letters - a Fill in the Blank Workbook for Kids Children's Reading & Writing Books. Baby Professor. 2017. (ENG., Illus.). (J). pap. 8.79 *(978-1-5419-4032-1(6)*, Baby Professor (Education Kids)) Speedy Publishing LLC.

Mystery of the Missing Mask. M. A. Wilson. 2017. (ENG., Illus.). (J). pap. *(978-0-9953445-2-5(3))* Rainy Bay Pr.

Mystery of the Missing Mum. Frances Moloney. 2022. (ENG., Illus.). 224p. (J). (gr. 3-7). pap. 13.95 *(978-1-78269-352-9(1)*, Pushkin Children's Bks.) Steerforth Pr.

Mystery of the Missing Mummy. Fran Manushkin. Illus. by Tammie Lyon. 2022. (Katie Woo & Pedro Mysteries Ser.). (ENG.). 32p. (J). 22.65 *(978-1-6663-3585-9(1)*, 235531); pap. 5.95 *(978-1-6663-3580-4(0)*, 235516) Capstone. (Picture Window Bks.).

Mystery of the Missing Ring. Illus. by Zai Redd & Clarke Josey. 2019. (ENG.). 38p. (J). pap. 20.95 *(978-1-947656-07-9(4))* Butterfly Typeface, The.

Mystery of the Missing Russian Rug. Ellen Kitzes Delfiner. 2020. (ENG.). 24p. (J). 22.95 *(978-1-4808-9090-9(1))* Archway Publishing.

Mystery of the Missing Smile. Carroll Devine. 2017. (ENG., Illus.). (J). pap. 12.00 *(978-0-9745249-2-4(1))* Sounds Devine.

Mystery of the Missing Socks. Maeve Clifford. 2019. (ENG.). 34p. (J). pap. 9.53 *(978-0-359-65517-5(3))* Lulu Pr., Inc.

Mystery of the Missing Socks. Florence Shearer. 2018. (ENG.). 32p. (J). pap. ***(978-1-387-48211-5(4))*** Lulu Pr., Inc.

Mystery of the Missing Stapler, 1 vol. Laurie Friedman. Illus. by Barbara Szepesi Szucs. 2022. (Detective Daisy Ser.). (ENG.). 24p. (J). (gr. -1-3). lib. bdg. *(978-1-0396-4499-1(6)*, 16248); pap. *(978-1-0396-4690-2(5)*, 17190) Crabtree Publishing Co. (Crabtree Blossoms).

Mystery of the Missing Vizsla. John Davies. 2019. (ENG., Illus.). 48p. (J). *(978-1-912655-50-2(0))*; pap. *(978-1-912655-44-1(6))* Rowanvale Bks.

Mystery of the Mist Monster. Matthew K. Manning. Illus. by Scott Neely. 2016. (Scooby-Doo Comic Chapter Bks.). (ENG.). 88p. (J). (gr. 3-7). lib. bdg. 27.32 *(978-1-4965-3586-3(3)*, 132732, Stone Arch Bks.) Capstone.

Mystery of the Monarchs: How Kids, Teachers, & Butterfly Fans Helped Fred & Norah Urquhart Track the Great Monarch Migration. Barb Rosenstock. Illus. by Erika Meza. 2022. 40p. (J). (gr. -1-3). 18.99 *(978-1-9848-2956-6(4))*; (ENG.). lib. bdg. 21.99 *(978-1-9848-2957-3(2))* Random Hse. Children's Bks. (Knopf Bks. for Young Readers).

Mystery of the Moon Tower. Francesco Sedita & Prescott Seraydarian. Illus. by Steve Hamaker. 2020. (Pathfinders Society Ser.). 176p. (J). (gr. 3-7). (ENG.). 20.99 *(978-0-425-29186-3(3))*; pap. 12.99 *(978-0-425-29187-0(1))* Penguin Young Readers Group. (Viking Books for Young Readers).

Mystery of the Moving Desks, 1 vol. Laurie Friedman. Illus. by Barbara Szepesi Szucs. 2022. (Detective Daisy Ser.). (ENG.). 24p. (J). (gr. -1-3). lib. bdg. *(978-1-0396-4504-2(6)*, 16249); pap. *(978-1-0396-4695-7(6)*, 17191) Crabtree Publishing Co. (Crabtree Blossoms).

Mystery of the Mummy's Curse. Illus. by Liz Brizzi. 2023. (Boxcar Children Early Readers Ser.). (ENG.). 48p. (J). (gr. k-2). pap. 5.99 *(978-0-8075-5492-0(8)*, 0807554928, Random Hse. Bks. for Young Readers) Random Hse. Children's Bks.

Mystery of the Painted Book. Ks Mitchell. 2019. (Pen & Quin: International Agents of Intrigue Ser.: Vol. 1). (ENG.). 204p. (J). (gr. 3-6). pap. 13.99 *(978-1-7327112-4-2(0))* Vinspire Publishing LLC.

Mystery of the Painted Dragon. Katherine Woodfine. 2017. (Illus.). 332p. (J). *(978-1-61067-695-3(5))* Kane Miller.

Mystery of the Painted Fan. Linda Trinh. Illus. by Clayton Nguyen. 2023. (Nguyen Kids Ser.: 3). 128p. (J). (gr. 1-4). 19.99 *(978-1-77321-771-0(2))*; (ENG.). pap. 7.99

(978-1-77321-772-7(0)) Annick Pr., Ltd. CAN. Dist: Publishers Group West (PGW).

Mystery of the Phantom Heist: #2. Franklin Dixon. 2021. (Hardy Boys Adventures Ser.). (ENG.). 152p. (J). (gr. 3-7). lib. bdg. 31.36 *(978-1-0982-5002-7(8)*, 36980, Chapter Bks.) Spotlight.

Mystery of the Pink Bees. Jane Warden. Illus. by Jane Warden. 2018. (ENG., Illus.). 34p. (J). pap. 9.00 *(978-1-7326741-0-3(8))* Warden, Chris.

Mystery of the Portuguese Waltzes, 1 vol. Richard Simas. Illus. by Caroline Clarke. 2019. (ENG.). 44p. (J). (gr. 4-7). pap. 9.95 *(978-1-927917-25-1(5))* Running the Goat, Bks. & Broadsides CAN. Dist: Orca Bk. Pubs. USA.

Mystery of the Radcliffe Riddle. Taryn Souders. 2023. 288p. (J). (gr. 3-8). (ENG.). 15.99 *(978-1-7282-7546-8(6))*; pap. 7.99 *(978-1-7282-7141-5(X))* Sourcebooks, Inc.

Mystery of the Ravenspurs: A Romance & Detective Story of Thibet & England (Classic Reprint) Fred Merrick White. 2018. (ENG., Illus.). 334p. (J). pap. 13.57 *(978-1-391-59390-6(1))* Forgotten Bks.

Mystery of the Rusty Key: Australia 2. Janelle Diller. Ed. by Lisa Travis. Illus. by Adam Turner. 2018. (Pack-N-Go Girls Adventures Ser.: Vol. 11). (ENG.). 128p. (J). (gr. 1-3). pap. 5.99 *(978-1-936376-58-2(X))* WorldTrek Publishing.

Mystery of the Scarlet Cat. Carmen Wright. 2022. (ENG.). 80p. (J). pap. ***(978-0-9878766-5-2(1))*** Bright Green Bks.

Mystery of the Sea (Classic Reprint) Bram Stoker. 2017. (ENG., Illus.). (J). 35.20 *(978-0-265-16790-8(6))* Forgotten Bks.

Mystery of the Sea-Lark (Classic Reprint) Ralph Henry Barbour. 2018. (ENG., Illus.). 338p. (J). 30.89 *(978-0-428-21953-6(5))* Forgotten Bks.

Mystery of the Secret Notes, 1 vol. Laurie Friedman. Illus. by Barbara Szepesi Szucs. 2022. (Detective Daisy Ser.). (ENG.). 24p. (J). (gr. -1-3). lib. bdg. *(978-1-0396-4500-4(3)*, 16250); pap. *(978-1-0396-4691-9(3)*, 17192) Crabtree Publishing Co. (Crabtree Blossoms).

Mystery of the Secret Society. Harper Paris. Illus. by Marcos Calo. 2016. (Greetings from Somewhere Ser.: 10). (ENG.). 128p. (J). (gr. k-4). pap. 5.99 *(978-1-4814-5171-0(5)*, Little Simon) Little Simon.

Mystery of the Shadow (Classic Reprint) Fergus Hume. (ENG., Illus.). (J). 2017. 30.02 *(978-0-331-63953-7(X))*; 2016. pap. 13.57 *(978-1-334-14074-7(X))* Forgotten Bks.

Mystery of the Spaced Out Blue Grouse. Geoff Swan. 2016. (ENG., Illus.). (J). *(978-1-77302-492-9(2))*; pap. *(978-1-77302-178-2(8))* Tellwell Talent.

Mystery of the Spooky Sounds, 1 vol. Laurie Friedman. Illus. by Barbara Szepesi Szucs. 2022. (Detective Daisy Ser.). (ENG.). 24p. (J). (gr. -1-3). lib. bdg. *(978-1-0396-4503-5(8)*, 16251); pap. *(978-1-0396-4694-0(8)*, 17193) Crabtree Publishing Co. (Crabtree Blossoms).

Mystery of the Spotted Leopard. Illus. by Craig Orback. 2022. (Boxcar Children Endangered Animals Ser.: 2). (ENG.). 144p. (J). (gr. 2-5). 12.99 *(978-0-8075-1019-3(X)*, 080751019X); 6.99 *(978-0-8075-1020-9(3)*, 807510203) Random Hse. Children's Bks. (Random Hse. Bks. for Young Readers).

Mystery of the Stinky, Spooky Night. Fran Manushkin. Illus. by Tammie Lyon. 2022. (Katie Woo & Pedro Mysteries Ser.). (ENG.). 32p. (J). 21.32 *(978-1-6639-5867-9(X)*, 222956); pap. 5.95 *(978-1-6663-3222-3(4)*, 222938) Capstone. (Picture Window Bks.).

Mystery of the Stolen Beans. Nydia R. Kastre. Illus. by Maria Santucci. 2021. (ENG.). 86p. (J). pap. 17.95 *(978-1-7356527-0-2(9))* Michael Kastre Publishing, LLC.

Mystery of the Stolen Snacks, 1 vol. Laurie Friedman. Illus. by Barbara Szepesi Szucs. 2022. (Detective Daisy Ser.). (ENG.). 24p. (J). (gr. -1-3). lib. bdg. *(978-1-0396-4502-8(X)*, 16252); pap. *(978-1-0396-4693-3(X)*, 17194) Crabtree Publishing Co. (Crabtree Blossoms).

Mystery of the Sun Sapphire. Samantha Manon. 2018. (ENG., Illus.). 212p. (J). pap. 11.00 *(978-1-64429-446-8(X))* Notion Pr., Inc.

Mystery of the Sycamore (Classic Reprint) Carolyn Wells. (ENG., Illus.). (J). 2018. 338p. 30.87 *(978-0-483-48564-8(0))*; 2016. pap. 13.57 *(978-1-334-12980-3(0))* Forgotten Bks.

Mystery of the Tin Can Bandit. Carmen Wright. 2022. (ENG.). 80p. (J). pap. ***(978-0-9878766-6-9(X))*** Bright Green Bks.

Mystery of the Undying Man. Kent Holloway. 2022. (ENG.). 222p. (J). 16.99 ***(978-1-0880-6693-5(3))*** Quoth Pubns.

Mystery of the Whispering Fountain. Lisa Harkrader. 2016. (Spring Forward Ser.). (J). (gr. 1). *(978-1-4900-9400-7(8))* Benchmark Education Co.

Mystery of the X Variable: Math Reader 1 Grade 6. Hmh Hmh. 2018. (SPA.). 8p. (J). pap. 23.60 *(978-1-328-57719-1(8))* Houghton Mifflin Harcourt Publishing Co.

Mystery of the X Variable: Math Reader Grade 6. Hmh Hmh. 2017. (Math Expressions Ser.). (ENG.). 8p. (J). (gr. 6). pap. 22.13 *(978-1-328-77184-1(9))* Houghton Mifflin Harcourt Publishing Co.

Mystery of the Zombie Bear. Carmen Wright. 2022. (ENG.). 80p. (J). pap. ***(978-0-9881256-1-2(7))*** Bright Green Bks.

Mystery of Woodcroft (Classic Reprint) Unknown Author. 2018. (ENG., Illus.). 218p. (J). 28.39 *(978-0-428-75458-7(9))* Forgotten Bks.

Mystery on Echo Ridge. Mary C. Jane. 2017. (ENG., Illus.). (J). (gr. 3-6). pap. *(978-1-4794-2529-7(X))* Agog! Pr.

Mystery on Lost Lagoon. Rita Monette. 2017. (Nikki Landry Swamp Legends Ser.: Vol. 4). (ENG., Illus.). (J). (gr. 1-6). pap. *(978-1-987976-37-3(1))* Mirror World Publishing.

Mystery on Magnolia Circle. Kate Klise. Illus. by Celia Krampien. 2021. (ENG.). 208p. (J). 16.99 *(978-1-250-75686-2(3)*, 900226130) Feiwel & Friends.

Mystery on Magnolia Circle. Kate Klise. Illus. by Celia Krampien. 2022. (ENG.). 208p. (J). pap. 7.99 *(978-1-250-83305-1(1)*, 900226131) Square Fish.

Mystery on Mushroom Island: An Unofficial Minecrafters Mysteries Series, Book Six. Winter Morgan. 2018. (Unofficial Minecraft Mysteries Ser.: 6). (ENG.). 112p. (J). (gr. 4-6). pap. 7.99 *(978-1-5107-3192-9(X)*, Sky Pony Pr.) Skyhorse Publishing Co., Inc.

Mystery on the Mayhem Express. Franklin W. Dixon. 2021. (Hardy Boys Adventures Ser.: 23). (ENG.). 176p. (J). (gr. 3-7). 17.99 *(978-1-5344-7808-4(6))*; pap. 6.99 *(978-1-5344-7807-7(8))* Simon & Schuster Children's Publishing. (Aladdin).

Mystery on the Pecos. Alice V. Brock. 2018. (Will & Buck Ser.: Vol. 2). (ENG., Illus.). 294p. (J). pap. 13.97 *(978-1-68313-181-6(9))* Pen-L Publishing.

Mystery Picture Theater: Connect the Dots Activities. Creative. 2016. (ENG., Illus.). (J). pap. 10.81 *(978-1-68323-466-1(9))* Twin Flame Productions.

Mystery Pictures: A Guessing Game of Dot to Dots. Smarter Activity Books for Kids. 2016. (ENG., Illus.). (J). pap. 8.99 *(978-1-68374-280-7(X))* Examined Solutions PTE. Ltd.

Mystery Pictures: Connect the Dots Activity Book. Kreative Kids. 2016. (ENG., Illus.). (J). pap. 9.20 *(978-1-68377-003-9(X))* Whlke, Traudl.

Mystery Plant, 1 vol. Elliot Paderewski. 2016. (Rosen REAL Readers: STEM & STEAM Collection). (ENG.). 12p. (gr. 1-2). pap. 6.33 *(978-1-5081-2670-6(4)*, 78c7e722-9e46-4a68-9725-1c75ff57d700, Rosen Classroom) Rosen Publishing Group, Inc., The.

Mystery Present. Ian Beresford. Illus. by Julie Sneeden. 2021. (ENG.). 36p. (J). *(978-1-83975-434-0(6))*; pap. *(978-1-83975-433-3(8))* Grosvenor Hse. Publishing Ltd.

Mystery Puzzle Visits the Lagoon. Tina Marie Young. 2020. (ENG.). 38p. (J). 18.95 *(978-1-7343437-9-3(6))* Young Publishing.

Mystery Puzzle Visits the Stars. Tina Marie Young. 2020. (ENG.). 38p. (J). 18.95 *(978-1-7343437-8-6(8))* Young Publishing.

Mystery Queen (Classic Reprint) Fergus Hume. 2017. (ENG., Illus.). (J). 294p. 29.96 *(978-0-484-30267-8(1))*; pap. 13.57 *(978-0-259-29321-7(0))* Forgotten Bks.

Mystery Ranch (Classic Reprint) Arthur Chapman. 2018. (ENG., Illus.). 314p. (J). 30.37 *(978-0-483-94676-7(1))* Forgotten Bks.

Mystery Ranch (the Boxcar Children: Time to Read, Level 2) Illus. by Shane Clester. 2019. (Boxcar Children Early Readers Ser.). (ENG.). 48p. (J). (gr. k-2). pap. 4.99 *(978-0-8075-5435-7(9)*, 807554359); 12.99 *(978-0-8075-5402-9(2)*, 807554022) Random Hse. Children's Bks. (Random Hse. Bks. for Young Readers).

Mystery Seekers Club: The Three Ring Mystery. St Ellis. 2017. (ENG., Illus.). (J). pap. 11.95 *(978-1-63568-229-8(0))* Page Publishing Inc.

Mystery Sleigh Ride. Kensington Norfleet & Mara Purl. 2020. (ENG.). 102p. (J). pap. 5.99 *(978-1-58436-271-5(5))* Haven Bks.

Mystery Traveler at Lake Fortune. Cathie Pelletier. 2023. (ENG., Illus.). 160p. (J). (gr. 3-7). 19.95 *(978-1-68475-076-4(8))* Down East Bks.

Mystery under Fugitive House. Matt Christopher. 2016. (ENG., Illus.). 114p. (J). pap. 9.95 *(978-1-62268-067-2(7))* Bella Rosa Bks.

Mystery Underneath. Neha Tiwari. 2021. (ENG.). 108p. (YA). pap. 9.99 *(978-1-68487-227-5(8))* Notion Pr., Inc.

Mystery Valentine, 6. A. I. Newton. 2019. (Alien Next Door Ch Bks). (ENG.). 95p. (J). (gr. 2-3). 15.59 *(978-0-87617-272-8(9))* Penworthy Co., LLC, The.

Mystery Within. Jodie Child. Illus. by Stephen Adams. 2017. (ENG.). 28p. pap. 20.99 *(978-1-5043-0574-7(4)*, Balboa Pr.) Author Solutions, LLC.

Mystery Woman (Classic Reprint) Campbell Praed. (ENG., Illus.). (J). 2018. 360p. 31.34 *(978-0-483-62328-6(8))*; 2017. pap. 13.97 *(978-0-243-29115-1(9))* Forgotten Bks.

Mystic & Boysen Go to the Dentist. Kimberly Griffiths. 2019. (ENG., Illus.). 38p. (J). pap. 14.95 *(978-1-0878-4852-5(0))* Indy Pub.

Mystic & the Midnight Ride (Pony Club Secrets, Book 1), Book 1. Stacy Gregg. 2020. (Pony Club Secrets Ser.: 1). (ENG., Illus.). 208p. (J). pap. 6.99 *(978-0-00-724519-2(X)*, HarperCollins Children's Bks.) HarperCollins Pubs. Ltd. GBR. Dist: HarperCollins Pubs.

Mystic Angel. Debbie Ihler Rasmussen. 2019. (Mystic Triology Ser.: Vol. 1). (ENG.). 428p. (YA). pap. 19.95 ***(978-1-7334645-2-9(2))*** Rasmussen, Author Debbie Ihler.

Mystic Bell. Edward J. Kuntze & G P Putnam & Son. 2017. (ENG.). 182p. (J). pap. *(978-3-337-36925-5(1))* Creation Pubs.

Mystic Bell: A Wonder Story for Young People (Classic Reprint) Edward J. Kuntze. 2018. (ENG., Illus.). 180p. (J). 27.61 *(978-0-484-37940-3(2))* Forgotten Bks.

Mystic Embrace. Charlotte Blackwell. 2018. (Embrace Ser.: Vol. 3). (ENG.). 170p. (J). pap. *(978-1-9993924-5-1(0))* JSLB Publishing.

Mystic Forest. Linda Chapman. Illus. by Kim Barnes. 2023. (Star Friends Ser.: 9). (ENG.). 160p. (J). (gr. 1-4). pap. 6.99 ***(978-1-6643-4067-1(X))*** Tiger Tales.

Mystic Invisible. Ryder Hunte Clancy. 2021. (ENG.). 268p. (YA). pap. 14.99 *(978-1-952909-05-4(8))* Winter Goose Publishing.

Mystic Isles. Disney Book Group Editors. ed. 2017. (Sofia the First Ser.). (J). lib. bdg. 13.55 *(978-0-606-39511-3(3))* Turtleback.

Mystic Isles of the South Seas (Classic Reprint) Frederick O'Brien. 2018. (ENG., Illus.). 622p. (J). 36.73 *(978-0-364-53527-1(X))* Forgotten Bks.

Mystic Journal. Astral Alchemy & Luna Crowley. 2021. (ENG.). 102p. (YA). pap. 13.35 *(978-1-716-13498-2(6))* Lulu Pr., Inc.

Mystic Lake. Debbie Ihler Rasmussen. 2019. (Mystic Trilogy Ser.: Vol. 2). (ENG., Illus.). 482p. (YA). pap. 19.95 ***(978-1-7334645-0-5(6))*** Rasmussen, Author Debbie Ihler.

Mystic Mansion. Debbie Ihler Rasmussen. 2019. (Mystic Trilogy Ser.: Vol. 3). (ENG.). 540p. (YA). pap. 19.95 *(978-1-7334645-4-3(9))* Rasmussen, Author Debbie Ihler.

Mystic Mission: Book Two of the Destiny Deployed Series. Rachel Higgins. 2017. (ENG., Illus.). (J). pap. 10.95 *(978-0-9978475-3-6(0))* Random Ace Ink.

Mystic Mist & Other Stories. Brian Falkner. 2018. (ENG., Illus.). 172p. (J). pap. 9.95 *(978-0-6482879-6-4(3))* Lulu Pr., Inc.

Mystic Moth Journal. Astral Alchemy. 2021. (ENG.). 102p. (YA). pap. 13.37 *(978-1-716-15054-8(X))* Lulu Pr., Inc.

Mystica Algooat: An Indian Legend & Story of Southern California (Classic Reprint) William Russell Morehouse. 2018. (ENG., Illus.). 208p. (J). 28.19 *(978-0-483-30987-6(7))* Forgotten Bks.

Mystical Computer. Mary Zaharko. 2016. (ENG., Illus.). (J). (gr. k-4). pap. 9.99 *(978-0-692-59295-3(4))* Zaharko, Mary.

Mystical Creatures & Where to Find Them: Activity Book Age 7. Speedy Kids. 2017. (ENG., Illus.). (J). pap. 8.33 *(978-1-5419-3331-6(1))* Speedy Publishing LLC.

Mystical Fairy Princess: The Encounter with Dark Madness. Monique R. Landry Johnson. 2021. (ENG.). 84p. (J). *(978-0-2288-5309-1(5))*; pap. *(978-0-2288-5310-7(9))* Tellwell Talent.

Mystical Flower: On Board. Pearly Pouatcha. Ed. by Ashley Fedor. Illus. by Akiko Okabe. 2020. (Mystical Flower Ser.: Vol. 2). (ENG.). 66p. (J). pap. 14.99 *(978-0-578-75929-6(2))* PloohFX Investments.

Mystical Garden: A Yoga-Based Journey Through Nature. Citrini N. Devi. Illus. by Aditi Andreieva. 2022. (ENG.). 42p. (J). 24.99 ***(978-1-6629-2993-9(5))***; pap. 14.99 ***(978-1-6629-2994-6(3))*** Gatekeeper Pr.

Mystical, Magical, Spectacular Tale of Abigail Blake. Piper Stewart. 2019. (Abigail Blake Ser.: Vol. 1). (ENG.). 154p. (J). pap. 8.99 *(978-1-7339628-0-3(8))* Hom, Jonathan.

Mystical Mazes: A Kids Maze Adventure Activity Book. Kreative Kids. 2016. (ENG., Illus.). (J). pap. 10.81 *(978-1-68377-005-3(6))* Whlke, Traudl.

Mystical Metamorphosis of Hanover Right: A Financial Tale. Jennifer Ferro. 2021. (ENG.). 90p. (J). *(978-1-5255-7447-4(7))*; pap. *(978-1-5255-7448-1(5))* FriesenPress.

Mystical Ones: Rise to Power. Laura Lynn. 2018. (ENG.). 294p. (YA). pap. 18.99 *(978-1-4808-6495-5(1))* Archway Publishing.

Mystical Tales: The Cursed Queen. Carlo Ocaya. 2019. (Mystical Tales Ser.: Vol. 1). (ENG.). 318p. (YA). pap. 15.99 *(978-0-9998071-3-2(7))* 1996.

Mystical Tales: The Knight. Carlo Ocaya. 2019. (Mystical Tales Ser.: Vol. 2). (ENG.). 358p. (YA). pap. 16.99 *(978-0-9998071-7-0(X))* 1996.

Mystical Treehouse. Compiled by Ann Brady. 2021. (ENG.). 92p. (J). pap. ***(978-0-9574941-9-0(X))*** Wordcatcher Publishing Group Ltd.

Mystical Wonderland. Jessica Goodsell. 2020. (ENG.). 170p. (YA). pap. 15.95 *(978-1-6624-0094-0(2))* Page Publishing Inc.

Mysticons: Prophecy of Evil. Sadie Chesterfield. 2018. (Mysticons Ser.). (ENG., Illus.). 128p. (J). pap. 6.99 *(978-1-250-16512-1(1)*, 900186941) Imprint IND. Dist: Macmillan.

Mysticons Volume 2. Kate Leth. Illus. by Megan Levens. 2019. (ENG.). 80p. (J). (gr. 3-7). pap. 10.99 *(978-1-5067-0876-8(5)*, Dark Horse Books) Dark Horse Comics.

Mystics All (Classic Reprint) Enid Maud Dinnis. (ENG., Illus.). (J). 2017. 28.81 *(978-0-331-92101-4(4))*; 2016. pap. 11.57 *(978-1-333-25544-2(6))* Forgotten Bks.

Mystifications (Classic Reprint) Clementina Stirling Graham. 2018. (ENG., Illus.). (J). 136p. 26.72 *(978-0-365-36592-1(0))*; 146p. 26.91 *(978-0-483-96596-6(0))* Forgotten Bks.

Mystifying Mammals. 2016. (Illus.). 32p. (J). *(978-1-4222-3523-2(8))* Mason Crest.

Mystir Spring: And Other Tales of Western Life (Classic Reprint) D. W. Higgins. 2018. (ENG., Illus.). 432p. (J). 32.83 *(978-0-483-99522-2(3))* Forgotten Bks.

Mystria - l'Ère des Immortels: Special Edition. Anonyme. 2019. (Mystria Ser.: Vol. 2). (FRE., Illus.). 280p. (J). pap. *(978-2-930937-05-2(X))* Bekalle-Akwe (Henri Junior).

Mystwick School of Musicraft. Jessica Khoury. (ENG.). (J). (gr. 5-7). 2022. 384p. pap. 9.99 *(978-0-358-56982-4(6)*, 1809540); 2020. (Illus.). 368p. 16.99 *(978-1-328-62563-2(X)*, 1734231) HarperCollins Pubs. (Clarion Bks.).

Mysty the Mystical Unicorn. Kimberley Paterson. Illus. by Ava Jahani. 2021. (ENG.). 24p. (J). *(978-1-0391-2316-8(3))*; pap. *(978-1-0391-2315-1(5))* FriesenPress.

Myth. Katlynn Sverko. 2019. (ENG.). 214p. (J). pap. *(978-0-359-81849-5(8))* Lulu Pr., Inc.

Myth: Prince Chandra & the Demon's War. Piyush Kumar. 2018. (ENG., Illus.). 304p. (J). pap. 13.99 *(978-1-64429-522-9(9))* Notion Pr., Inc.

Myth & Magic: The Highlands of Ireland. Astria Mikaelson. 2022. (ENG.). 289p. (YA). pap. ***(978-1-387-64848-1(9))*** Lulu Pr., Inc.

Myth Atlas: Maps & Monsters, Heroes & Gods from Twelve Mythological Worlds. Thiago de Moraes. 2019. (Blueprint Editions Ser.). (ENG.). 96p. (J). (gr. 2-5). 28.99 *(978-1-4998-0828-5(3))* Little Bee Books Inc.

Myth Hiawatha: And Other Oral Legends, Mythologic & Allegoric, of the North American Indians (Classic Reprint) Henry R. Schoolcraft. 2017. (ENG., Illus.). (J). 31.32 *(978-0-266-75155-7(5))* Forgotten Bks.

Myth Match: A Fantastical Flipbook of Extraordinary Beasts. Illus. by Good Wives and Warriors. 2018. (ENG.). 310p. (J). (gr. 3-7). 17.99 *(978-1-78627-193-8(1)*, King, Laurence Publishing) Orion Publishing Group, Ltd. GBR. Dist: Hachette Bk. Group.

Myth Match Miniature: A Fantastical Flipbook of Extraordinary Beasts. Good Wives and Warriors. 2021. (ENG., Illus.). 48p. (J). (gr. 2-4). 12.99 *(978-1-78627-898-2(7)*, King, Laurence Publishing) Orion Publishing Group, Ltd. GBR. Dist: Hachette Bk. Group.

Myth Monster Mayhem. Steve Korté. Illus. by Omar Lozano. 2019. (You Choose Stories: Wonder Woman Ser.). (ENG.). 112p. (J). (gr. 2-6). pap. 6.95 *(978-1-4965-8439-7(2)*, 140964); lib. bdg. 32.65 *(978-1-4965-8349-9(3)*, 140643) Capstone. (Stone Arch Bks.).

Myth of the Lantern Link: English Comic Manga Graphic Novel. Reed Ru. 3rd ed. 2023. (Tales of Terra Ocean Ser.). (ENG.). 172p. (YA). pap. ***(978-1-926470-79-5(6))*** CS Publish.

Myth of the Rain Forest Monster. Illus. by Thomas Girard. 2021. (Boxcar Children Creatures of Legend Ser.: 4). (ENG.). 144p. (J). (gr. 2-5). 12.99 *(978-0-8075-0807-7(1)*, 807508071); 6.99 *(978-0-8075-0817-6(9)*, 807508179) Random Hse. Children's Bks. (Random Hse. Bks. for Young Readers).

Myth Raiders: Claw of the Sphinx: Book 2. A. J. Hunter. 2018. (Myth Raiders Ser.). (ENG., Illus.). 192p. (J). (gr. 4-6). pap. 6.99 *(978-0-349-12434-6(5))* Little, Brown Bks. for Young Readers.

Myth World: Fantastical Beasts to Color & Explore. Good Wives and Warriors. 2020. (ENG., Illus.). 64p. (J). pap. 12.99 *(978-1-78627-798-5(0)*, King, Laurence Publishing) Orion Publishing Group, Ltd. GBR. Dist: Hachette Bk. Group.

Mythaya: The First Adventure. Aria Meyers. 2022. (ENG.). 180p. (J). 35.25 *(978-1-4583-0289-2(X))*; pap. 20.35 *(978-1-4357-9527-3(X))* Lulu Pr., Inc.

Mythbusters: Animal Errors. Clive Gifford. 2021. (Think Again! Ser.). (ENG.). 48p. (J). pap. 9.99 *(978-0-7534-7643-7(6)*, 900226464, Kingfisher) Roaring Brook Pr.

Mythbusters: Body Bloopers. Clive Gifford. 2021. (Think Again! Ser.). (ENG.). 48p. (J). pap. 9.99 *(978-0-7534-7642-0(8)*, 900226463, Kingfisher) Roaring Brook Pr.

Mythic Gods & Magic Creatures Children's Norse Folktales. Baby Professor. 2017. (ENG., Illus.). (J). pap. 7.89 *(978-1-5419-0372-2(2)*, Baby Professor (Education Kids)) Speedy Publishing LLC.

Mythic Koda Rose. Jennifer Nissley. 2022. (ENG.). 336p. (J). (gr. 9). pap. 12.99 *(978-1-5344-6677-7(0)*, Simon & Schuster Bks. For Young Readers) Simon & Schuster Bks. For Young Readers.

Mythical Beasts. Joanne Rippin. 2022. (Mythical Beasts Ser.). (ENG.). 32p. (J). pap. 42.32 ***(978-1-5026-6743-4(6))*** Cavendish Square Publishing LLC.

Mythical Beasts. Andrea Mills. ed. 2020. (DK Readers Ser.). (ENG.). 64p. (J). (gr. 2-3). 14.96 *(978-1-64697-028-5(4))* Penworthy Co., LLC, The.

Mythical Beasts: 30 of the World's Most Fantastical Creatures! Joanne Rippin. 2020. (Haynes Pocket Manual Ser.). (ENG., Illus.). 128p. (J). (gr. 2-6). pap. 9.95 *(978-1-78521-726-5(7))* Haynes Publishing Group P.L.C. GBR. Dist: Hachette Bk. Group.

Mythical Beasts & Beings. Lisa Graves. 2017. (ENG., Illus.). 50p. (J). (gr. 3-6). pap. 12.99 *(978-1-5324-0003-2(9))* Xist Publishing.

Mythical Beasts of the Sea Coloring Book. Bobo's Children Activity Books. 2016. (ENG., Illus.). (J). pap. 9.33 *(978-1-68327-675-3(2))* Sunshine In My Soul Publishing.

Mythical Creatures, 8 vols. 2018. (Mythical Creatures Ser.). (ENG., Illus.). 256p. (J). (gr. 2-3). pap. 79.60 *(978-1-64185-000-1(0)*, 1641850000); lib. bdg. 250.80 *(978-1-63517-898-2(3)*, 1635178983) North Star Editions. (Focus Readers).

Mythical Creatures Book One: Book One, Showcasing Mythical Creatures from Folklore & Myths. Robert Wildgoose. 2023. (ENG.). 44p. (J). pap. ***(978-1-4477-8933-8(4))*** Lulu Pr., Inc.

Mythical Creatures (Set), 8 vols. Martha London. 2019. (Mythical Creatures Ser.). (ENG.). 32p. (J). (gr. 2-5). lib. bdg. 262.32 *(978-1-5321-6573-3(0)*, 33248, DiscoverRoo) Pop!.

Mythical Irish Beasts. Mark Joyce. 2018. (ENG., Illus.). viii, 128p. 46.99 *(978-1-78218-905-3(X))* Currach Pr. IRL. Dist: Casemate Pubs. & Bk. Distributors, LLC.

Mythical Irish Wonders. Mark Joyce. 2020. (ENG., Illus.). 120p. (J). 26.99 *(978-1-78218-922-0(X))* Currach Pr. IRL. Dist: Casemate Pubs. & Bk. Distributors, LLC.

Mythical Medieval Beasts Ancient History of Europe Children's Medieval Books. Baby Professor. 2017. (ENG., Illus.). (J). pap. 9.25 *(978-1-5419-0528-3(8)*, Baby Professor (Education Kids)) Speedy Publishing LLC.

Mythics #1: Heroes Reborn, Vol. 1. Phillipe Ogaki et al. 2020. (Mythics Ser.: 1). (ENG., Illus.). 160p. (J). 19.99 *(978-1-5458-0433-9(8)*, 900211681); pap. 14.99 *(978-1-5458-0434-6(6)*, 900211682) Mad Cave Studios. (Papercutz).

Mythics #1: Marina & the Kraken. Lauren Magaziner. Illus. by Mirelle Ortega. 2022. (Mythics Ser.: 1). (ENG.). 144p. (J). (gr. 3-7). 16.99 *(978-0-06-305888-0(X)*, Tegen, Katherine Bks) HarperCollins Pubs.

Mythics #2: Teenage Gods, Vol. 2. Phillipe Ogaki et al. 2020. (Mythics Ser.: 2). (ENG., Illus.). 160p. (J). 19.99 *(978-1-5458-0484-1(2)*, 900219637); pap. 14.99 *(978-1-5458-0485-8(0)*, 900219638) Mad Cave Studios. (Papercutz).

Mythics #2: Hailey & the Dragon, Vol. 2. Lauren Magaziner. Illus. by Mirelle Ortega. 2023. (Mythics Ser.: 2). (ENG.). 160p. (J). (gr. 3-7). 18.99 *(978-0-06-305892-7(8)*, Tegen, Katherine Bks) HarperCollins Pubs.

Mythics #3: Apocalypse Ahead, Vol. 3. Phillipe Ogaki et al. 2021. (Mythics Ser.: 3). (ENG., Illus.). 160p. (J). 19.99 *(978-1-5458-0555-8(5)*, 900225146); pap. 14.99 *(978-1-5458-0556-5(3)*, 900225147) Mad Cave Studios. (Papercutz).

Mythics #4: Global Chaos, Vol. 4. Phillipe Ogaki et al. 2022. (Mythics Ser.: 4). (ENG., Illus.). 160p. (J). 19.99 *(978-1-5458-0861-0(9)*, 900249506); pap. 14.99 *(978-1-5458-0860-3(0)*, 900249507) Mad Cave Studios. (Papercutz).

Mythics Vol. 5: Sins of Youth, Vol. 5. Phillipe Ogaki et al. 2023. (Mythics Ser.: 5). (ENG., Illus.). 160p. (J). 19.99 *(978-1-5458-1029-3(X)*, 900278803); pap. 14.99 *(978-1-5458-1028-6(1)*, 900278804) Mad Cave Studios. (Papercutz).

Mythmaker. Mary Harrell. 2018. (YA). pap. *(978-1-63051-500-3(0))*; (ENG., Illus.). 148p. (J). pap. 14.95 *(978-1-63051-503-4(5))* Chiron Pubns.

Mythologica: An Encyclopedia of Gods, Monsters & Mortals from Ancient Greece. Stephen P. Kershaw. Illus. by Victoria Topping. 2019. (ENG.). 112p. (J). (gr. 3-7). 35.00 ***(978-1-78603-193-8(0)***, Wide Eyed Editions) Quarto Publishing Group UK GBR. Dist: Hachette Bk. Group.

Mythological Zoo (Classic Reprint) Oliver Herford. (ENG., Illus.). (J). 2018. 58p. 25.11 *(978-0-267-10116-0(3))*; 2016. pap. 9.57 *(978-1-333-86092-9(7))* Forgotten Bks.

Mythology & Legends Around the World, 16 vols. 2017. (Mythology & Legends Around the World Ser.). (ENG., Illus.). (J). (gr. 4-4). lib. bdg. 287.44 *(978-1-5026-3301-9(9)*, e8534701-26e6-4f7b-b4a4-e66bad702d55) Cavendish Square Publishing LLC.

1430

The check digit for ISBN-10 appears in parentheses after the full ISBN-13

Mythology Around the World. Eric Braun. 2018. (Mythology Around the World Ser.). (ENG.). 32p. (J). (gr. 3-6). 119.96 *(978-1-5157-9635-0(3)*, 27417, Capstone Pr.) Capstone.

Mythology for Kids: Explore Timeless Tales, Characters, History, & Legendary Stories from Around the World. Norse, Celtic, Roman, Greek, Egypt & Many More. History Brought Alive. 2021. (ENG.). 116p. (YA). pap. *(978-1-914312-10-6(4))* Thomas W Swain.

Mythology for Kids: Explore Timeless Tales, Characters, History, & Legendary Stories from Around the World. Norse, Celtic, Roman, Greek, Egypt & Many More. History Brought Alive. 2021. (ENG.). 116p. (YA). ***(978-1-914312-88-5(0))*** Thomas W Swain.

Mythology Novel Units Student Packet. Novel Units. 2019. (ENG.). (YA). pap. 13.99 *(978-1-56137-817-3(8)*, Novel Units, Inc.) Classroom Library Co.

Mythology of Ancient Greece & Italy. Thomas Keightley. 2020. (ENG.). 608p. (J). pap. *(978-93-5395-634-9(X))* Alpha Editions.

Mythology of Ancient Greece & Italy: For the Use of Schools (Classic Reprint) Thomas Keightley. 2018. (ENG., Illus.). 270p. (J). 29.49 *(978-0-365-34737-8(X))* Forgotten Bks.

Mythonama: The Big Book of Indian Mythologies. Mudita-Chauhan Mubayi & Adittya Nath Mubayi. 2022. (ENG.). 264p. (J). pap. 17.95 *(978-0-14-344780-1(7)*, Puffin) Penguin Bks. India PVT, Ltd IND. Dist: Independent Pubs. Group.

Mythopedia: An Encyclopedia of Mythical Beasts & Their Magical Tales. Good Wives and Warriors. 2020. (ENG., Illus.). 128p. (J). (gr. 2-6). 19.99 *(978-1-78627-691-9(7)*, King, Laurence Publishing) Orion Publishing Group, Ltd. GBR. Dist: Hachette Bk. Group.

Myths, 1 vol. Agatha Gregson. 2019. (Cultures Connect Us! Ser.). (ENG.). 24p. (gr. 1-2). pap. 9.15 *(978-1-5382-3846-2(2)*, c3c19e64-9616-4c56-ac78-d150643e0ccd) Stevens, Gareth Publishing LLLP.

Myths: Every Child Should Know (Classic Reprint) Hamilton Wright Mabie. 2017. (ENG., Illus.). 254p. (J). 29.16 *(978-0-332-88090-7(7))* Forgotten Bks.

Myths about Monarchs (Classic Reprint) Hansard Watt. 2018. (ENG., Illus.). 94p. (J). 25.84 *(978-0-267-41338-6(6))* Forgotten Bks.

Myths Across the Map, 12 vols. 2017. (Myths Across the Map Ser.). (ENG.). 48p. (J). (gr. 5-6). lib. bdg. 201.60 *(978-1-5382-1432-9(6)*, 61bd89d5-7f88-4bf0-91fc-d1ff9db360c6) Stevens, Gareth Publishing LLLP.

Myths & Folk-Lore of the Timiskaming Algonquin & Timagami Ojibwa (Classic Reprint) F. G. Speck. 2017. (ENG., Illus.). (J). 26.06 *(978-0-266-58927-3(8))* Forgotten Bks.

Myths & Legendary Heroes, Vol. 2 (Classic Reprint) Hamilton Wright Mabie. 2017. (ENG., Illus.). (J). 35.88 *(978-0-265-72817-8(7))*; pap. 19.57 *(978-1-5276-8838-4(0))* Forgotten Bks.

Myths & Legends. Gallagher Belinda. Ed. by Richard Kelly. 2017. (Illus.). 5120p. (J). pap. 23.95 *(978-1-78617-126-9(0))* Miles Kelly Publishing, Ltd. GBR. Dist: Parkwest Pubns., Inc.

Myths & Legends. Sandra Lawrence. Illus. by Emma Trithart. 2017. (ENG.). 64p. (J). *(978-1-84857-596-7(3)*, 360 Degrees) Tiger Tales.

Myths & Legends of All Nations. Ed. by Logan Marshall. 2017. (ENG., Illus.). (YA). (gr. 7-12). pap. *(978-93-86423-10-8(3))* Alpha Editions.

Myths & Legends of Ancient Egypt & Africa, 1 vol. Ed. by Joanne Randolph. 2017. (Mythology & Legends Around the World Ser.). (ENG.). 64p. (gr. 4-4). pap. 13.93 *(978-1-5026-3445-0(7)*, f92e3081-c15c-4af9-a6a3-75e1bb6b1c5d); lib. bdg. 35.93 *(978-1-5026-3277-7(2)*, f7fa4bfc-01d6-4c16-9924-313ae939a233) Cavendish Square Publishing LLC.

Myths & Legends of Ancient Greece & Rome. E. M. Berens. 2017. (ENG.). 338p. (J). pap. *(978-3-337-18382-0(4))* Creation Pubs.

Myths & Legends of Ancient Greece & Rome, 1 vol. Ed. by Joanne Randolph. 2017. (Mythology & Legends Around the World Ser.). (ENG.). 64p. (gr. 4-4). 35.93 *(978-1-5026-3276-0(4)*, 9262cafa-2b0e-4276-9b4c-d582eff15246); pap. 13.93 *(978-1-5026-3446-7(5)*, 2a39ca45-6749-471d-a36e-329f4df9e260) Cavendish Square Publishing LLC.

Myths & Legends of China. E. T. C. Werner. 2017. (ENG., Illus.). (J). 27.95 *(978-1-374-85990-6(7))*; pap. 17.95 *(978-1-374-85989-0(3))* Capital Communications, Inc.

Myths & Legends of India, 1 vol. Ed. by Joanne Randolph. 2017. (Mythology & Legends Around the World Ser.). (ENG.). 64p. (gr. 4-4). lib. bdg. 35.93 *(978-1-5026-3282-1(9)*, 01a91972-a63e-4fe9-a47f-76e6c99a9b83) Cavendish Square Publishing LLC.

Myths & Legends of Our Own Land. Charles M. Skinner. 2017. (ENG., Illus.). (J). 28.95 *(978-1-374-90050-9(8))* Capital Communications, Inc.

Myths & Legends of Our Own Land, Vol. 1 (Classic Reprint) Charles M. Skinner. 2017. (ENG., Illus.). (J). 30.79 *(978-1-5281-4631-9(X))* Forgotten Bks.

Myths & Legends of the Celtic Race: A History of Celtic Mythology, Wisdom, Folklore, Spirituality - Stories of Celt Warriors & Heritage. T. W. Rolleston. 2018. (ENG., Illus.). 218p. (J). pap. *(978-1-387-93979-4(3))* Lulu Pr., Inc.

Myths & Legends of the Celtic Race: A History of Celtic Mythology, Wisdom, Folklore, Spirituality - Stories of Celt Warriors & Heritage (Hardcover) T. W. Rolleston. 2018. (ENG., Illus.). 218p. (J). *(978-1-387-93978-7(5))* Lulu Pr., Inc.

Myths & Legends of the First Peoples of the Americas, 1 vol. Ed. by Joanne Randolph. 2017. (Mythology & Legends Around the World Ser.). (ENG.). 64p. (gr. 4-4). lib. bdg. 35.93 *(978-1-5026-3280-7(2)*, 91936182-a66a-428c-9fb5-8abcecadcaad) Cavendish Square Publishing LLC.

Myths & Legends of the Middle East, 1 vol. Ed. by Joanne Randolph. 2017. (Mythology & Legends Around the World Ser.). (ENG.). 64p. (gr. 4-4). lib. bdg. 35.93 *(978-1-5026-3279-1(9)*, 62d4c7a2-611f-44cf-958a-55c35c0ae4ef) Cavendish Square Publishing LLC.

Myths & Legends of the Sioux (Classic Reprint) Marie L. McLaughlin. 2017. (ENG., Illus.). (J). 28.06 *(978-1-5281-8983-5(3))* Forgotten Bks.

Myths & Motherplays (Classic Reprint) Sara E. Wiltse. (ENG., Illus.). (J). 2018. 60p. 25.13 *(978-0-483-75095-1(6))*; 2016. pap. 9.57 *(978-1-333-22441-7(9))* Forgotten Bks.

Myths & Tales from the White Mountain Apache (Classic Reprint) Pliny Earle Goddard. (ENG., Illus.). (J). 2017. 25.11 *(978-0-266-47908-6(1))*; 2016. pap. 9.57 *(978-1-334-31889-4(1))* Forgotten Bks.

Myths & Tales of the Southeastern Indians (Classic Reprint) John R. Swanton. 2017. (ENG., Illus.). (J). 29.86 *(978-0-260-86558-8(3))* Forgotten Bks.

Myths, Angels, & Masquerades: Exploring European Art. Amy Gray & Lucy E. Holland. 2017. (ENG., Illus.). 104p. (J). (gr. -1-12). 18.95 *(978-0-692-39101-3(0))* Marquand Bks., Inc.

Myths from Around the World, 12 vols., Set. Incl. Ancient Greek Myths. Jen Green. lib. bdg. 33.67 *(978-1-4339-3524-4(4)*, 1e4d0cc8-74d9-4741-92c0-0a40cb90d7f0); Ancient Roman Myths. Brian Innes. lib. bdg. 33.67 *(978-1-4339-3527-5(9)*, 9e91eb08-9824-4bf8-8578-aa4f1cfe7fcc); Chinese & Japanese Myths. Jen Green. lib. bdg. 33.67 *(978-1-4339-3533-6(3)*, 9261b862-cb91-4c9d-afd7-6f52540c9af0); Mesoamerican Myths. Anita Dalal. lib. bdg. 33.67 *(978-1-4339-3539-8(2)*, f5b2a7b1-80b5-4db5-b7d3-be0d6cea955c); Native American Myths. Anita Dalal. lib. bdg. 33.67 *(978-1-4339-3530-5(9)*, c0083934-7d65-40ea-906a-efb36ec8341e); West African Myths. Bridget Giles. lib. bdg. 33.67 *(978-1-4339-3536-7(8)*, 91a104ec-ce3a-47ef-89ff-616a00cc969a); (YA). (gr. 6-8). (Myths from Around the World Ser.). (ENG.). 48p. 2010. Set lib. bdg. 202.02 *(978-1-4339-3591-6(0)*, 0a0fd9da-79cd-4c9f-a7b6-03e462572fbd, Gareth Stevens Secondary Library) Stevens, Gareth Publishing LLLP.

Myths from Many Lands (Classic Reprint) Eva March Tappan. 2018. (ENG., Illus.). 550p. (J). 35.24 *(978-0-332-47165-5(9))* Forgotten Bks.

Myths from the North Children's Norse Folktales. Baby Professor. 2017. (ENG., Illus.). (J). pap. 7.89 *(978-1-5419-0355-5(2)*, Baby Professor (Education Kids)) Speedy Publishing LLC.

Myths, Legends, & Sacred Stories: A Visual Encyclopedia. Philip Wilkinson. 2019. (DK Children's Visual Encyclopedias Ser.). (ENG., Illus.). 240p. (J). (gr. 4-7). 29.99 *(978-1-4654-8629-5(1)*, DK Children) Dorling Kindersley Publishing, Inc.

Myths, Monsters & Magic of Camelot Children's Arthurian Folk Tales. Baby Professor. 2017. (ENG., Illus.). (J). pap. 7.89 *(978-1-5419-0413-2(3)*, Baby Professor (Education Kids)) Speedy Publishing LLC.

Myths of Babylonia & Assyria. Donald A. MacKenzie. 2017. (ENG., Illus.). (J). 29.95 *(978-1-374-98665-7(8))*; pap. 20.95 *(978-1-374-98664-0(X))* Capital Communications, Inc.

Myths of the Cherokee (Classic Reprint) James Mooney. 2017. (ENG., Illus.). (J). 36.77 *(978-0-331-65362-5(1))* Forgotten Bks.

Myths of the Cherokees (Classic Reprint) James Mooney. 2017. (ENG., Illus.). (J). 24.31 *(978-0-331-56666-6(4))*; pap. 7.97 *(978-0-282-53151-5(3))* Forgotten Bks.

Myths of the Modocs (Classic Reprint) Jeremiah Curtin. 2018. (ENG., Illus.). 408p. (J). 32.31 *(978-0-267-99482-3(6))* Forgotten Bks.

Myths of the Vikings: Odin's Family & Other Tales of the Norse Gods. Neil Philip. Illus. by Maryclare Foa. 2018. 128p. (J). (gr. 3-7). 13.99 *(978-1-86147-860-3(7)*, Armadillo) Anness Publishing GBR. Dist: National Bk. Network.

Myths of the World, 8 vols., Set. Virginia Schomp. Incl. Ancient Egyptians. lib. bdg. 36.93 *(978-0-7614-2549-6(7)*, 657175b1-256c-497c-abf3-eea70bfbf856); Ancient Greeks. lib. bdg. 36.93 *(978-0-7614-2547-2(0)*, 49d4fc2f-b61c-4bd5-aab2-7081bbeff7b0); Native Americans. lib. bdg. 36.93 *(978-0-7614-2550-2(0)*, 0d1ba8d1-7061-44fb-957d-152298fb79842); Norsemen. lib. bdg. 36.93 *(978-0-7614-2548-9(9)*, 14d864d0-48a5-4d7c-b061-2c12187c9050); (Illus.). 96p. (gr. 6-6). (Myths of the World Ser.). (ENG.). 2008. Set lib. bdg. 147.72 *(978-0-7614-2546-5(2)*, 338d08c1-cdd7-4e86-b663-f5817ca33fad, Cavendish Square) Cavendish Square Publishing LLC.

Myths of the World - Group 2, 8 vols., Set. Virginia Schomp. Incl. Ancient Africans. lib. bdg. 36.93 *(978-0-7614-3099-5(7)*, f1ee9181-ff82-4179-a11c-f3bac093858a); Ancient Mesopotamians. lib. bdg. 36.93 *(978-0-7614-3095-7(4)*, 6f2675fe-2cb1-4620-96a9-e218ba29c2e2); Ancient Romans. (Illus.). lib. bdg. 36.93 *(978-0-7614-3094-0(6)*, 38280b3a-537a-4619-ae81-62db9178a8d5); Aztecs. lib. bdg. 36.93 *(978-0-7614-3096-4(2)*, 9c66dde1-129d-469c-ab2a-50ba7eb57fa5); 96p. (gr. 6-6). (Myths of the World Ser.). (ENG.). 2009. Set lib. bdg. 147.72 *(978-0-7614-3093-3(8)*, 638e5083-3c33-434f-a7a1-0a607c40ee34, Cavendish Square) Cavendish Square Publishing LLC.

Myths That Every Child Should Know: A Selection of the Classic Myths of All Times For. Hamilton Wright Mabie. 2017. (ENG., Illus.). (J). 26.95 *(978-1-374-81508-7(X))*; pap. 16.95 *(978-1-374-81507-0(1))* Capital Communications, Inc.

Myths That Every Child Should Know: A Selection of the Classic Myths of All Times for Young People. Hamilton Wright Mabie. 2016. (ENG.). 304p. (J). pap. *(978-93-86019-38-7(8))* Alpha Editions.

N

N. Xist Publishing. 2019. (Discover the Alphabet Ser.). (ENG.). 20p. (J). (gr. -1-1). pap. 24.99 *(978-1-5324-1366-7(1))* Xist Publishing.

N. Xist Publishing & Xist Publishing. 2019. (Discover the Alphabet Ser.). (ENG.). 22p. (J). (gr. -1-1). 22.99 *(978-1-5324-1312-4(2))* Xist Publishing.

'n Fles Vol Ogies. Print on Demand. 2021. (AFR.). 22p. (J). pap. *(978-0-6398323-3-3(4))* Pro Christo Publications.

N. H. S. Year Book, 1925 (Classic Reprint) Norton High School. 2017. (ENG., Illus.). (J). 24.95 *(978-0-260-26409-1(1))*; pap. 9.57 *(978-0-265-12529-8(4))* Forgotten Bks.

N Hao, China. Leah Kaminski. 2019. (Countries of the World Ser.). (ENG., Illus.). 48p. (J). (gr. 4-8). pap. 17.07 *(978-1-5341-5094-2(3)*, 213683) Cherry Lake Publishing.

N Is for Nathan: Now I Know My ABCs & 123s Coloring & Activity Book with Writing & Spelling Exercises (Age 2-6) 128 Pages. Crawford House Learning Books. 2020. (ENG.). 130p. (J). pap. *(978-1-989828-77-9(9))* Crawford Hse.

N Is for Nest. Nick Rebman. 2021. (Alphabet Fun Ser.). (ENG., Illus.). 24p. (J). (gr. k-1). pap. 8.95 *(978-1-64619-405-6(5))*; lib. bdg. 28.50 *(978-1-64619-378-3(4))* Little Blue Hse. (Little Blue Readers).

N Is for New Hampshire. Rebecca Rule. Photos by Scott Snyder. 2016. (ENG., Illus.). 32p. (J). 17.95 *(978-1-934031-68-1(2)*, ec28e695-5308-4df6-9abd-a9641174713f) Islandport Pr., Inc.

N Is for NICU: An Alphabet Book about the Neonatal Intensive Care Unit. Alyssa Veech. Illus. by Penny Weber. 2023. (ENG.). 58p. (J). 19.99 ***(978-1-0881-1642-5(6))*** Veech, Alyssa.

N Is for Noah. Kris Condi. 2017. (ENG., Illus.). (J). (gr. -1-2). pap. 23.95 *(978-1-4808-5133-7(7))* Archway Publishing.

N Is for Noah: Now I Know My ABCs & 123s Coloring & Activity Book with Writing & Spelling Exercises (Age 2-6) 128 Pages. Crawford House Learning Books. 2020. (ENG.). 130p. (J). pap. *(978-1-989828-07-6(8))* Crawford Hse.

N Is for Noah Coloring Book. Ken Ham & Mally Ham. 2016. (ENG., Illus.). 32p. (J). pap. 4.99 *(978-1-68344-016-1(1)*, Master Books) New Leaf Publishing Group.

N Is for Numbat. Omri Stephenson. 2019. (ENG.). 34p. (J). pap. *(978-0-244-23349-5(7))* Lulu Pr., Inc.

N Is for Nursery, 1 vol. Blossom Budney. Illus. by Vladimir Bobri. 2018. 32p. 20.00 *(978-1-85124-482-9(4))* Bodleian Library GBR. Dist: Chicago Distribution Ctr.

N Is for Nutrition: Rhymes by the Alphabet. Todd Skene & Amneet Aulakh. Illus. by Kezzia Crossley. 2018. (ENG.). 42p. (J). (gr. k-3). *(978-1-7751147-0-3(8))* Heart Happy Kids Media.

N. K. C. Annual, 1916, Vol. 1: Year Book (Classic Reprint) National Kindergarten College. (ENG., Illus.). (J). 2018. 82p. 25.59 *(978-0-656-34150-4(5))*; 2017. pap. 9.57 *(978-0-243-38744-1(X))* Forgotten Bks.

N. K. E. C. Year Book, 1919, Vol. 4 (Classic Reprint) National-Louis University. 2018. (ENG., Illus.). (J). 25.90 *(978-0-265-71729-5(9))*; pap. 9.57 *(978-1-5276-7309-0(X))* Forgotten Bks.

N. K. E. C. Year Book, 1921, Vol. 6 (Classic Reprint) National-Louis University. (ENG., Illus.). (J). 2018. 100p. 25.96 *(978-0-483-90007-3(9))*; 2017. pap. 9.57 *(978-0-243-41265-5(7))* Forgotten Bks.

N. K. E. C. Year Book, 1922, Vol. 7 (Classic Reprint) National-Louis University. (ENG., Illus.). (J). 2018. 100p. 25.96 *(978-0-483-97341-1(6))*; 2017. pap. 9.57 *(978-0-243-39900-0(6))* Forgotten Bks.

N. K. E. C. Year Book, 1923 (Classic Reprint) National-Louis University. (ENG., Illus.). (J). 2018. 96p. 25.88 *(978-0-267-40197-0(3))*; 2016. pap. 9.57 *(978-1-334-12110-4(9))* Forgotten Bks.

N. K. E. C. Year Book, 1924, Vol. 9 (Classic Reprint) Kindergarten and Elementary College. (ENG., Illus.). (J). 2018. 94p. 25.86 *(978-0-267-11419-1(2))*; 2017. pap. 9.57 *(978-0-243-45106-7(7))* Forgotten Bks.

N. K. E. C. Year Book, 1925, Vol. 10 (Classic Reprint) National-Louis University. 2017. (ENG., Illus.). (J). 26.56 *(978-0-260-46735-5(9))*; pap. 9.57 *(978-0-265-07166-3(6))* Forgotten Bks.

N. K. E. C. Yearbook, 1920, Vol. 5 (Classic Reprint) Kindergarten and Elementary College. (ENG., Illus.). (J). 2018. 98p. 25.94 *(978-0-483-78551-9(2))*; 2017. pap. 9.57 *(978-0-243-39844-7(1))* Forgotten Bks.

N Mherst Book: A Collection of Stories, Poems, Songs, Sketches & Historical Articles (Classic Reprint) Amherst College. 2016. (ENG., Illus.). (J). pap. 10.57 *(978-1-334-15406-5(6))* Forgotten Bks.

N564: Ma Vie Quand Je Ressuscite une Sorcière Mort-Vivante Sans Faire Exprès, Au Secours ! Shinkami-Chuu Shinkami-Chuu. 2022. (FRE.). 36p. (YA). pap. ***(978-1-4709-8362-8(1))*** Lulu Pr., Inc.

N/a see Sago, A Very Special Service Dog: N/a

Na Anijoi Wesa Anida Ale Jitaga Usdi - the Three Kittens & Chicken Little. Michael Joyner. 2016. (ENG & CHR., Illus.). 68p. pap. 10.99 *(978-1-329-93340-8(0))* Lulu Pr., Inc.

Na Anijoi Wesa Anida Ale Jitaga Usdi / Jalagi-Yonega Didehlogwasdodi - the Three Kittens & Chicken Little / Cherokee-English Dictionary. Michael Joyner. 2016. (ENG & CHR., Illus.). 42p. pap. 9.99 *(978-1-329-93441-2(5))* Lulu Pr., Inc.

Na Bongles - Seasag Is Niseag. Oscar Van Heek. Illus. by Dean Queazy. 2022. (GLA.). 42p. (J). pap. ***(978-1-8383849-7-5(9))*** Sainted Media.

Na Trì Mathain. Seumas R. Macdhòmhnaill. Illus. by Leonard Leslie Brooke & William Morris. 2023. (GLA.). 32p. (J). pap. ***(978-1-77861-024-0(2))*** Bradan Pr.

Na Ui Ch'ot Chendo Suop. Yon-Ju Kim Ko. 2017. (KOR., Illus.). 201p. (YA). *(978-89-364-5227-8(4))* Chang-jag and Bipyeong Co.

NAACP: An Organization Working to End Discrimination. Andrew Santella. 2021. (Black American Journey Ser.). (ENG.). 32p. (J). (gr. 4-7). lib. bdg. 35.64 *(978-1-5038-5448-2(5)*, 215325) Child's World, Inc, The.

Nabob: A Comedy, in Three Acts (Classic Reprint) Samuel Foote. (ENG., Illus.). (J). 2018. 88p. 25.71 *(978-0-484-45196-3(0))*; 2016. pap. 9.57 *(978-1-334-12028-2(5))* Forgotten Bks.

Nabob at Home, or the Return to England (Classic Reprint) Unknown Author. (ENG., Illus.). (J). 2018. 276p. 29.59 *(978-0-332-34260-3(3))*; 2017. pap. 11.97 *(978-0-243-29942-3(7))* Forgotten Bks.

Nabob at Home, Vol. 1 Of 3: Or the Return to England (Classic Reprint) Unknown Author. 2018. (ENG., Illus.). 308p. (J). 30.25 *(978-0-484-56748-0(9))* Forgotten Bks.

Nabob (Classic Reprint) Alphonse Daudet. 2017. (ENG., Illus.). 458p. (J). 33.34 *(978-0-484-60785-8(5))* Forgotten Bks.

Naboth's Vineyard: A Novel (Classic Reprint) E. OE Somerville. 2017. (ENG., Illus.). (J). 30.08 *(978-0-266-16483-8(8))* Forgotten Bks.

NABRE New American Bible Revised Edition Catholic Bible First Communion: New Testament [Blue], 1 vol. Catholic Bible Press. 2022. (ENG.). 512p. (J). im. lthr. 24.99 *(978-0-7852-5326-6(2))* Nelson, Thomas Inc.

NABRE New American Bible Revised Edition Catholic Bible First Communion: New Testament [White], 1 vol. Catholic Bible Press. 2022. (ENG.). 512p. (J). 14.99 *(978-0-7852-5322-8(X))*; im. lthr. 24.99 *(978-0-7852-5325-9(4))* Nelson, Thomas Inc.

Nacha Regules (Classic Reprint) Manuel Galvez. 2017. (ENG., Illus.). (J). 30.37 *(978-0-265-54511-9(0))* Forgotten Bks.

Nacho & the Nevada Ruff Riders: A Collection of Tall Tales & Short Stories. Dani Cartwright. 2022. (ENG.). 154p. (YA). pap. ***(978-0-2288-7820-9(9))*** Tellwell Talent.

Nacho der Kater: Er Ist ein Sehr Wählerischer Kater (Nacho the Cat - German Edition) Kiara Shankar & Vinay Shankar. 2022. (GER.). 70p. (J). pap. 16.99 *(978-1-950263-67-7(3))* VIKI Publishing.

Nacho el Gato: Es un Gato Quisquilloso ... (Nacho the Cat - Spanish Edition) Kiara Shankar & Vinay Shankar. 2022. (SPA.). 70p. (J). pap. 16.99 *(978-1-950263-70-7(3))* VIKI Publishing.

Nacho le Chat: Un Brin Capricieux ... (Nacho the Cat - French Edition) Kiara Shankar & Vinay Shankar. I.t. ed. 2022. (FRE.). 70p. (J). pap. 19.99 *(978-1-950263-73-8(8))* VIKI Publishing.

Nacho Ninja - Protector of the Nacho Way: Kids Ninja Books / Kids Ninja Books Set. Eric Desio. 2020. (ENG., Illus.). 28p. (J). 17.95 *(978-1-952637-18-6(X))*; pap. 11.99 *(978-1-952637-19-3(8))* Be You Bks.

Nacho the Cat: He's One Picky Cat ... Kiara Shankar & Vinay Shankar. 2022. (ENG.). 70p. (J). 24.99 *(978-1-950263-64-6(9))*; pap. 16.99 *(978-1-950263-63-9(0))* VIKI Publishing.

Nacho the Lionheart: Tiny Tales of a Tiny Dog. Julia Blum. 2021. (ENG.). 36p. pap. 16.95 *(978-1-6657-0482-3(9))* Archway Publishing.

Nachtrage und Gesammtregister Zu Den Politischen Reden des Fursten Bismarck, 1905 (Classic Reprint) Horst Kohl. 2017. (GER., Illus.). (J). 28.93 *(978-0-331-01921-6(3))*; pap. 11.57 *(978-0-266-65980-8(2))* Forgotten Bks.

Nachtwandelaar / Nightwalker GEDICHTEN/POEMS: Hannie Rouweler Demer Press. Hannie Rouweler. 2023. (ENG.). 37p. (YA). pap. ***(978-1-4478-7474-4(9))*** Lulu Pr., Inc.

Nachzeichnen und Ausmalblätter (Emoji 2) Dieses Buch Bietet 40 Nachzeichnen und Ausmalblätter. Dieses Buch Soll Kleinen Kindern Helfen, Die Kontrolle über Den Stift Zu Entwickeln und Ihre Feinmotorik Zu Trainieren. Nicola Ridgeway & James Manning. 2020. (Nachzeichnen und Ausmalblätter Ser.: Vol. 22). (GER.). 86p. (J). pap. *(978-1-80027-272-9(3))* CBT Bks.

Nachzeichnen und Ausmalblätter (Emoji 3) Dieses Buch Bietet 40 Nachzeichnen und Ausmalblätter. Dieses Buch Soll Kleinen Kindern Helfen, Die Kontrolle über Den Stift Zu Entwickeln und Ihre Feinmotorik Zu Trainieren. Nicola Ridgeway & James Manning. 2020. (GER.). 86p. (J). pap. *(978-1-80027-274-3(X))* CBT Bks.

Nachzeichnen und Ausmalblätter (Eulen 1) Dieses Buch Bietet 40 Nachzeichnen und Ausmalblätter. Dieses Buch Soll Kleinen Kindern Helfen, Die Kontrolle über Den Stift Zu Entwickeln und Ihre Feinmotorik Zu Trainieren. Nicola Ridgeway & James Manning. 2020. (Nachzeichnen und Ausmalblätter Ser.: Vol. 22). (GER.). 86p. (J). pap. *(978-1-80027-277-4(4))* CBT Bks.

Nachzeichnen und Ausmalblätter (Eulen 2) Dieses Buch Bietet 40 Nachzeichnen und Ausmalblätter. Dieses Buch Soll Kleinen Kindern Helfen, Die Kontrolle über Den Stift Zu Entwickeln und Ihre Feinmotorik Zu Trainieren. Nicola Ridgeway & James Manning. 2020. (Nachzeichnen und Ausmalblätter Ser.: Vol. 22). (GER.). 86p. (J). pap. *(978-1-80027-278-1(2))* CBT Bks.

Nachzeichnen und Ausmalblätter (Lebkuchenhäuser 1) Dieses Buch Bietet 40 Nachzeichnen und Ausmalblätter. Dieses Buch Soll Kleinen Kindern Helfen, Die Kontrolle über Den Stift Zu Entwickeln und Ihre Feinmotorik Zu Trainieren. Nicola Ridgeway & James Manning. 2020. (Nachzeichnen und Ausmalblätter Ser.: Vol. 22). (GER.). 86p. (J). pap. *(978-1-80027-275-0(8))* CBT Bks.

Nachzeichnen und Ausmalblätter (Lebkuchenmänner und -Häuser 1) Dieses Buch Bietet 40 Nachzeichnen und Ausmalblätter. Dieses Buch Soll Kleinen Kindern Helfen, Die Kontrolle über Den Stift Zu Entwickeln und Ihre Feinmotorik Zu Trainieren. Nicola Ridgeway & James Manning. 2020. (Nachzeichnen und Ausmalblätter Ser.: Vol. 22). (GER.). 86p. (J). pap. *(978-1-80027-276-7(6))* CBT Bks.

Nachzeichnen und Ausmalblätter (Osterrei 1) Dieses Buch Bietet 40 Nachzeichnen und Ausmalblätter. Dieses Buch Soll Kleinen Kindern Helfen, Die Kontrolle über Den Stift Zu Entwickeln und Ihre Feinmotorik Zu Trainieren. Nicola Ridgeway & James Manning. 2020.

N

(Nachzeichnen und Ausmalblätter Ser.: Vol. 22). (GER.). 86p. (J). pap. *(978-1-80027-270-5(7))* CBT Bks.

Nachzeichnen und Ausmalblätter (Osterrei 2) Dieses Buch Bietet 40 Nachzeichnen und Ausmalblätter. Dieses Buch Soll Kleinen Kindern Helfen, Die Kontrolle über Den Stift Zu Entwickeln und Ihre Feinmotorik Zu Trainieren. Nicola Ridgeway & James Manning. 2020. (GER.). 86p. (J). pap. *(978-1-80027-271-2(5))* CBT Bks.

Nachzeichnen und Ausmalblätter (Süße Tiere) Dieses Buch Bietet 40 Nachzeichnen und Ausmalblätter. Dieses Buch Soll Kleinen Kindern Helfen, Die Kontrolle über Den Stift Zu Entwickeln und Ihre Feinmotorik Zu Trainieren. Nicola Ridgeway & James Manning. 2020. (Nachzeichnen und Ausmalblätter Ser.: Vol. 22). (GER.). 86p. (J). pap. *(978-1-80027-269-9(3))* CBT Bks.

Nachzeichnen und Ausmalblätter (Teddybären 1) Dieses Buch Bietet 40 Nachzeichnen und Ausmalblätter. Dieses Buch Soll Kleinen Kindern Helfen, Die Kontrolle über Den Stift Zu Entwickeln und Ihre Feinmotorik Zu Trainieren. Nicola Ridgeway & James Manning. 2020. (Nachzeichnen und Ausmalblätter Ser.: Vol. 22). (GER.). 86p. (J). pap. *(978-1-80027-280-4(4))* CBT Bks.

Nachzeichnen und Ausmalblätter (Teddybären 2) Dieses Buch Soll Kleinen Kindern Helfen, Die Kontrolle über Den Stift Zu Entwickeln und Ihre Feinmotorik Zu Trainieren. Nicola Ridgeway & James Manning. 2020. (Nachzeichnen Arbeitsblätter Ser.: Vol. 4). (GER.). 86p. (J). pap. *(978-1-80027-420-4(3))* CBT Bks.

Nachzeichnen und Ausmalblätter (Tier Selfies) Dieses Buch Bietet 40 Nachzeichnen und Ausmalblätter. Dieses Buch Soll Kleinen Kindern Helfen, Die Kontrolle über Den Stift Zu Entwickeln und Ihre Feinmotorik Zu Trainieren. Nicola Ridgeway & James Manning. 2020. (Nachzeichnen und Ausmalblätter Ser.: Vol. 22). (GER.). 86p. (J). pap. *(978-1-80027-268-2(5))* CBT Bks.

Nacidos en la Inundación / Bamboo Kingdom 1. Erin Hunter. Tr. by Begona Hernandez Sala. 2023. (Reino Del Bambú Ser.: 1). (SPA.). 224p. (J). (gr. 4-7). pap. 16.95 ***(978-84-18797-91-0(6))*** Publicaciones y Ediciones Salamandra, S.A. ESP. Dist: Penguin Random Hse. LLC.

Nacimiento de Los Dioses. Luc Ferry. 2019. (SPA.). 56p. (YA). (gr. 9-12). pap. 16.99 *(978-958-30-5776-2(2))* Panamericana Editorial COL. Dist: Lectorum Pubns., Inc.

Nacimiento de un Tambor. David Santiago Torres. Ed. by Natalie A. Martinez-Valles. Illus. by Gabriela Vázquez Martínez. 2022. (SPA.). 36p. (J). 22.95 *(978-1-4583-7456-1(4))* Lulu Pr., Inc.

Nacimiento Del Rey: ¡Ha Nacido el Mesías! Pip Reid. 2020. (Defensores de la Fe Ser.: Vol. 8). (SPA.). 42p. (J). pap. *(978-1-989961-12-4(6))* Bible Pathway Adventures.

Nación de Las Bestias: El Señor Del Sabbath. Mariana Palova. 2020. (SPA.). 476p. (YA). (gr. 7). pap. 21.00 *(978-607-527-826-1(5))* Editorial Oceano de Mexico MEX. Dist: Independent Pubs. Group.

Nación de Las Bestias: Leyenda de Fuego y Plomo. Mariana Palova. 2021. (SPA.). 608p. (YA). (gr. 7). pap. 24.00 *(978-607-557-230-7(9))* Editorial Oceano de Mexico MEX. Dist: Independent Pubs. Group.

Nación de Las Bestias 2. 5, Un Segundo Amor. Mariana Palova. 2023. (SPA.). 216p. (J). pap. 16.95 ***(978-607-557-448-6(4))*** Editorial Oceano de Mexico MEX. Dist: Independent Pubs. Group.

Nación de Parques: Leveled Reader Book 15 Level o 6 Pack. Hmh Hmh. 2021. (SPA.). 24p. (J). pap. 74.40 *(978-0-358-08497-6(0))* Houghton Mifflin Harcourt Publishing Co.

Nada Es Imposible. javi hernandez. 2021. (SPA.). 51p. (YA). pap. ***(978-1-6780-5632-2(4))*** Lulu Pr., Inc.

Nada que ver. Patrcio Betteo. 2022. (SPA.). 168p. (YA). (gr. 5-2). pap. 13.95 *(978-607-557-318-2(6))* Editorial Oceano de Mexico MEX. Dist: Independent Pubs. Group.

¡Nada y Salpica en el Mar! - Swim, Splash, in the Sea! Ed. by Parragon Books. Illus. by Maike Plenzke. ed. 2022. (SPA.). 10p. (J). (gr. -1-2). bds. 14.99 *(978-1-64638-384-9(2),* 2003480-SLA, Parragon Books) Cottage Door Pr.

Nadadores Escamosos (Scaly Swimmers) Cocodrilo (Crocodile) Kelly Calhoun. 2016. (Adivina (Guess What) Ser.). (SPA., Illus.). 24p. (J). (gr. k-2). 30.64 *(978-1-63471-451-8(2),* 208867) Cherry Lake Publishing.

Nadia: The Girl Who Couldn't Sit Still. Karlin Gray. Illus. by Christine Davenier. 2016. (ENG.). 40p. (J). (gr. 1-4). 17.99 *(978-0-544-31960-8(5),* 1582245, Clarion Bks.) HarperCollins Pubs.

Nadia & Nadir, 0 vols. 2023. (Nadia & Nadir (Spanish Version) Ser.). (SPA.). 32p. (J). (gr. -1-3). lib. bdg. 196.74 ***(978-1-0982-3744-8(7),*** 42798, Calico Chapter Bks) Magic Wagon.

Nadia & Nadir (Set), 6 vols. 2022. (Nadia & Nadir Ser.). (ENG.). 32p. (J). (gr. -1-3). lib. bdg. 196.74 *(978-1-0982-3305-1(0),* 39843, Calico Chapter Bks) Magic Wagon.

Nadia & Nadir Set 2 (Set), 6 vols. 2023. (Nadia & Nadir Ser.). (ENG.). 32p. (J). (gr. -1-3). lib. bdg. 196.74 ***(978-1-0982-3782-0(X),*** 42545, Calico Chapter Bks) Magic Wagon.

Nadia & Nadir (Set Of 6) Marzieh Abbas. 2022. (Nadia & Nadir Ser.). (ENG., Illus.). (J). (gr. 2-2). pap. 59.70 *(978-1-64494-819-4(2),* Calico Kid) ABDO Publishing Co.

Nadia & the Forever Kitten. Holly Webb. Illus. by Sophy Williams. 2022. (Pet Rescue Adventures Ser.). (ENG.). 128p. (J). (gr. 1-4). pap. 5.99 *(978-1-6643-4014-5(9))* Tiger Tales.

Nadia Hears the Shahadah. Kim Nisha Baten. Illus. by Marisa Lu. 2018. 30p. (J). (gr. -1-2). 14.95 *(978-1-59784-934-0(0),* Tughra Bks.) Blue Dome, Inc.

Nadia, or Out of the Beaten Track, Vol. 2 (Classic Reprint) R. Orloffsky. 2017. (ENG., Illus.). (J). 274p. 29.55 *(978-0-332-66768-3(5));* pap. 11.97 *(978-1-5276-8815-5(1))* Forgotten Bks.

Nadia, or, Out of the Beaten Track, Vol. I. R. Orloffsky & Langenau. 2017. (ENG., Illus.). (J). pap. *(978-0-649-65447-5(1))* Trieste Publishing Pty Ltd.

Nadia, Vol. 1: Or, Out of the Beaten Track (Classic Reprint) R. Orloffsky Langenau. 2018. (ENG., Illus.). 276p. (J). 29.59 *(978-0-484-34211-7(8))* Forgotten Bks.

Nadia, Vol. 3: Or, Out of the Beaten Track (Classic Reprint) R. Orloffsky. (ENG., Illus.). (J). 2018. 310p. 30.31 *(978-0-484-27749-5(9));* 2017. pap. 13.57 *(978-0-243-98768-9(4))* Forgotten Bks.

Nadie Como Mamá. Jutta Langreuter. 2017. (SPA.). 28p. (J). (gr. 1-3). 17.99 *(978-958-30-5142-5(X))* Panamericana Editorial COL. Dist: Lectorum Pubns., Inc.

Nadie Regresa Del Bosque Encantado. Robin Robinson. 2022. (SPA.). 240p. (J). pap. 17.95 *(978-607-07-8545-0(2))* Editorial Planeta, S. A. ESP. Dist: Two Rivers Distribution.

Nadie Sale Ileso Del Amor / No One Escapes Love Unscathed. Alejandro Ordóñez. 2020. (SPA.). 232p. (YA). (gr. 9). pap. 12.95 *(978-607-31-8755-8(6),* Nube De Tinta) Penguin Random House Grupo Editorial ESP. Dist: Penguin Random Hse. LLC.

Nadine in the Tenderloin. Jo Carpignano. 2021. (ENG.). 224p. (J). pap. 17.95 *(978-1-937818-90-6(X))* Sand Hill Review Pr.

Nadine the Queen of Quarantine (During Covid-19) Stacy Wender et al. 2020. (ENG.). 34p. (J). 16.99 *(978-0-578-75493-2(2))* Nadine the Queen of Quarantine, LLC.

Nadir Goes to Milan. Tracilyn George. 2020. (ENG.). 28p. (J). pap. 11.00 *(978-1-990153-23-5(2))* Lulu Pr., Inc.

Nadiya's Bake Me a Story: Fifteen Stories & Recipes for Children. Nadiya Hussain. 2017. (ENG., Illus.). 160p. (J). (gr. 1-6). 19.99 *(978-1-4449-3327-7(2))* Hachette Children's Group GBR. Dist: Hachette Bk. Group.

Nadya Skylung & the Cloudship Rescue. Jeff Seymour. Illus. by Brett Helquist. 2022. 320p. (J). (gr. 3-7). 8.99 *(978-0-593-53375-8(5),* G.P. Putnam's Sons Books for Young Readers) Penguin Young Readers Group.

Nadya Skylung & the Masked Kidnapper. Jeff Seymour. Illus. by Brett Helquist. 2022. 336p. (J). (gr. 3-7). 8.99 *(978-1-5247-3870-9(0),* G.P. Putnam's Sons Books for Young Readers) Penguin Young Readers Group.

Nagel's Dog. Morris Butch Bosin. 2020. (ENG., Illus.). 32p. (J). pap. 13.95 *(978-1-64952-072-2(7))* Fulton Bks.

Naggletons & Miss. Violet & Her Offers (Classic Reprint) Shirley Brooks. 2018. (ENG., Illus.). 394p. (J). 32.02 *(978-0-483-79272-2(1))* Forgotten Bks.

Nag's Head, or Two Months among the Bankers: A Story of Sea-Shore Life & Manners (Classic Reprint) Gregory Seaworthy. (ENG., Illus.). (J). 2018. 194p. 27.90 *(978-0-332-96877-3(4));* 2017. pap. 10.57 *(978-0-243-38834-9(9))* Forgotten Bks.

Nah Hap Peo: Big Paw. Naomi Clay Horse. 2016. (ENG., Illus.). (J). pap. 37.45 *(978-1-5127-6009-5(9),* WestBow Pr.) Author Solutions, LLC.

Nahum & the Ninevites: The Minor Prophets, Book 8. Brian J. Wright & John Robert Brown. 2023. (ENG.). 40p. (J). 10.99 *(978-1-5271-0947-6(X),* 27089fa5-245a-49c9-8c45-03617bde6831, CF4Kids) Christian Focus Pubns. GBR. Dist: Baker & Taylor Publisher Services (BTPS).

Naida the Aspiring Writer. Be Blackler. 2018. (Snow Mountain Elementary Ser.: Vol. 1). (ENG., Illus.). 130p. (J). (gr. 2-4). pap. *(978-1-7751782-3-1(4))* Honu World Publishing.

Naiia Needs a Nap. Tracilyn George. 2020. (ENG.). 22p. (J). pap. 11.00 *(978-1-990153-24-2(0))* Lulu Pr., Inc.

Naiia Needs a Nap. Tracilyn George. Illus. by Aria Jones. 2020. (ENG.). 24p. (J). pap. 17.14 *(978-1-716-62076-8(7))* Lulu Pr., Inc.

Naiia Needs a Nap. Tracilyn George. 2020. (ENG.). 24p. (J). pap. 11.63 *(978-1-716-03768-9(9))* Lulu Pr., Inc.

Nail: What Could You Be in God's Hand? Peg Stormy Bradley. Illus. by nancy Bucca. 2020. (ENG.). 26p. (J). pap. 9.99 *(978-1-64645-250-7(X))* Redemption Pr.

Nail Charms. Editors of Klutz. 2016. (ENG.). 56p. (J). (gr. 3-7). 21.99 *(978-1-338-03753-1(6))* Klutz.

Nail, Hand, & Feet Hacks: Your Nail Nuisances Solved! Mary Boone. 2017. (Beauty Hacks Ser.). (ENG., Illus.). 48p. (J). (gr. 4-8). lib. bdg. 31.99 *(978-1-5157-6830-2(9),* 135362, Capstone Pr.) Capstone.

Nail in the Apple. L. Ari Hind. 2019. (ENG.). 40p. (J). pap. 14.95 *(978-1-64191-686-8(9))* Christian Faith Publishing.

Nail Polish & Feathers. Jo Ramsey. 2016. (ENG., Illus.). (YA). (gr. 9-12). 24.99 *(978-1-63533-050-2(5),* Harmony Ink Pr.) Dreamspinner Pr.

Naimah's Hair Adventure. Nafeesah Rahman. 2020. (ENG.). 32p. (J). ***(978-1-716-84553-6(X))*** Lulu Pr., Inc.

Naini Sainik: A Young Detective. Aparanji Juturu. 2021. (ENG.). 92p. (YA). pap. 10.00 *(978-1-63640-175-1(9),* White Falcon Publishing) White Falcon Publishing.

Naissance du Roi: Le Messie Est Né ! Pip Reid. 2020. (Défenseurs de la Foi Ser.: Vol. 8). (FRE.). 42p. (J). pap. *(978-1-989961-37-7(1))* Bible Pathway Adventures.

Naked: Not Your Average Sex Encyclopedia. Myriam Daguzan Bernier. Tr. by Charles Simard from FRE. Illus. by Cécile Gariépy. 2022. Orig. Title: Tout Nu. (ENG.). 256p. (YA). (gr. 8-12). pap. 29.95 *(978-1-4598-3101-8(2))* Orca Bk. Pubs. USA.

Naked: Reloaded. Mary Jane. 2020. (ENG.). 67p. (YA). pap. ***(978-1-716-77045-6(9))*** Lulu Pr., Inc.

Naked Mole Rats. Emma Bassier. (Weird & Wonderful Animals Ser.). (ENG., Illus.). 32p. (J). 2020. (gr. 3-3). pap. 9.95 *(978-1-64494-337-3(9),* 1644943379); 2019. (gr. 2-5). lib. bdg. 32.79 *(978-1-5321-6607-5(9),* 33316, DiscoverRoo) Pop!.

Naked Mole-Rats. Emily Hudd. 2019. (Unique Animal Adaptations Ser.). (ENG., Illus.). 32p. (J). (gr. 4-6). 28.65 *(978-1-5435-7161-5(1),* 140428) Capstone.

Naked Truth: A Farcical Comedy in Three Acts (Classic Reprint) George Paston. (ENG., Illus.). (J). 2018. 124p. 26.45 *(978-0-332-94996-3(6));* 2016. pap. 9.57 *(978-1-334-12015-2(3))* Forgotten Bks.

Naked Truth (Classic Reprint) Clare Sheridan. 2018. (ENG., Illus.). (J). 398p. 32.13 *(978-1-396-68032-8(2));* 400p. pap. 16.57 *(978-1-396-04421-2(3))* Forgotten Bks.

Nakiah & Tj Visit Mr. John's Pumpkin Patch. Tonya Merriweather Gipson. 2019. (ENG.). 32p. (J). pap. ***(978-0-359-91511-8(6))*** Lulu Pr., Inc.

Nakids. Martin G. Cullup. 2021. (ENG.). 32p. (J). pap. 14.95 *(978-1-63630-551-6(2))* Covenant Bks.

Nakinco, 1917, Vol. 2 (Classic Reprint) Mary H. Collins. (ENG., Illus.). (J). 2018. 94p. 25.86 *(978-0-332-94696-2(7));* 2017. pap. 9.57 *(978-0-243-41573-1(7))* Forgotten Bks.

Nala. Ellen Miles. 2016. (Puppy Place Ser.: 41). 89p. (J). lib. bdg. 14.75 *(978-0-606-38786-6(2))* Turtleback.

Nala & Simba. Mary Tillworth. 2019. (Step into Reading Ser.). (ENG.). 24p. (J). (gr. k-1). 14.96 *(978-0-87617-445-6(4))* Penworthy Co., LLC, The.

Nala & Simba (Disney the Lion King) Mary Tillworth. Illus. by Disney Storybook Disney Storybook Art Team. 2019. (Step into Reading Ser.). (ENG.). 24p. (J). (gr. -1-1). 5.99 *(978-0-7364-4013-4(5),* RH/Disney) Random Hse. Children's Bks.

Nala the Koala. Penguin Random House Australia. Illus. by Min Pin. 2021. 24p. (J). (-k). 17.99 *(978-1-76089-883-0(X),* Puffin) Penguin Random Hse. AUS. Dist: Independent Pubs. Group.

Nalladhor Mattram. Sangana Ram. Ed. by Chitra Mahesh. 2018. (Yta2017 Ser.). (TAM., Illus.). 38p. (J). 13.99 *(978-0-9984282-8-4(0))* Ipaatti.

Nam Jayyidan Ayyuha Adh-Dhaib As-Sagir - Sleep Tight, Little Wolf (Arabic - English) Bilingual Children's Book with MP3 Audiobook for Download, Age 2-4 & Up. Ulrich Renz. Tr. by Abdelaaziz Boussayer. Illus. by Barbara Brinkmann. 2018. (Sefa Picture Books in Two Languages Ser.). (ARA.). 28p. (J). pap. *(978-3-7399-0609-6(X))* Boedeker, Kirsten. Sefa Verlag.

¡Ñam! ¡Ñam! ¡Ñam! Candace Fleming et al. 2018. 32p. (J). pap. 9.99 *(978-1-63245-672-4(9))* Lectorum Pubns., Inc.

Namarielle. Julien E. Jamar. Ed. by Julia Underwood. 2018. (Chronicles of Lashai Ser.: Vol. 1). (ENG., Illus.). 354p. (YA). pap. 15.99 *(978-0-578-40998-6(4))* Pisteuo Pubns.

Namaste, Great Gray. Beverly Davis. Illus. by Linda Cowen. 2017. (Namaste, Great Gray Ser.: Vol. 3). (ENG.). (J). (gr. 1-6). 18.00 *(978-1-941251-92-8(7));* pap. 12.00 *(978-1-941251-91-1(9))* Thewordverve.

Namaste, India. Corey Anderson. 2019. (Countries of the World Ser.). (ENG., Illus.). 48p. (J). (gr. 4-8). pap. 17.07 *(978-1-5341-5093-5(5),* 213679); lib. bdg. 39.21 *(978-1-5341-4807-9(8),* 213678) Cherry Lake Publishing.

Namaste Is a Greeting. Suma Subramaniam. Illus. by Sandhya Prabhat. 2022. (ENG.). 32p. (J). (gr. -1-3). 17.99 *(978-1-5362-1783-4(2))* Candlewick Pr.

Namaste! Meet My Jesus. Bhagyam Moses. Illus. by Lisa Prabhakar. 2023. (ENG.). 50p. (J). pap. 13.95 ***(978-1-4796-1702-9(4))*** TEACH Services, Inc.

Namaste, Ölyk. Rynka Kriya. 2021. (ENG.). 44p. (J). pap. *(978-0-2288-2237-0(8))* Tellwell Talent.

Name & Say Objects or Shapes - Sight Words for Kids. Bobo's Little Brainiac Books. 2016. (ENG., Illus.). (J). pap. 7.99 *(978-1-68327-866-5(6))* Sunshine In My Soul Publishing.

Name Drop. Susan Lee. 2023. (ENG.). 304p. (YA). 19.99 ***(978-1-335-45798-1(4))*** Harlequin Enterprises ULC CAN. Dist: HarperCollins Pubs.

Name for Evil: A Novel (Classic Reprint) Andrew Lytle. (ENG., Illus.). (J). 2018. 216p. 28.37 *(978-0-483-60136-9(5));* 2017. pap. 10.97 *(978-0-243-26460-5(7))* Forgotten Bks.

Name Game: Adventures in Learning. Marisol Sanchez. 2019. (ENG.). 108p. (J). 28.95 *(978-1-9822-3572-7(1));* pap. 8.99 *(978-1-9822-3571-0(3))* Author Solutions, LLC. (Balboa Pr.).

Name I Call Myself. Illus. by Cathryn John. 2020. 40p. (J). 17.95 *(978-1-55152-809-0(6))* Arsenal Pulp Pr. CAN. Dist: Consortium Bk. Sales & Distribution.

Name Me the Winds. Sabine Metscher. 2017. (ENG., Illus.). (J). pap. 25.51 *(978-1-387-06932-3(2))* Lulu Pr., Inc.

Name of Garland (Classic Reprint) W. Pett Ridge. (ENG., Illus.). (J). 2018. 360p. 31.32 *(978-0-666-13673-2(4));* 2017. pap. 13.97 *(978-0-259-29620-1(1))* Forgotten Bks.

Name of My Blanket Is Hlbin Hlox: The Killer Whale That Blocks Out the Moon. Matthew Harvey Moore. 2019. (ENG., Illus.). 28p. (YA). *(978-0-2288-0862-6(6));* pap. *(978-0-2288-0861-9(8))* Tellwell Talent.

Name of Yahweh, Angels & the Garden of My Heart. Lindi Masters. Illus. by Lizzie Masters. 2nd ed. 2018. (ENG.). 26p. (J). *(978-0-9946974-6-2(5));* pap. *(978-0-9946974-7-9(3))* Seraph Creative.

Name She Gave Me. Betty Culley. 2022. (ENG., Illus.). 416p. (YA). (gr. 8). 17.99 *(978-0-06-315783-5(7),* HarperTeen) HarperCollins Pubs.

Name Tags & Other Sixth-Grade Disasters. Ginger Garrett. 2020. (ENG.). 280p. (J). (gr. 4-7). 17.99 *(978-1-5415-9613-9(7),* 1f23488f-692d-408a-9093-c4759a433b92, Carolrhoda Bks.) Lerner Publishing Group.

Name That Bible Character! Practice Book Prek-Grade K - Ages 4 To 6. Baby Professor. 2017. (ENG., Illus.). (J). pap. 7.89 *(978-1-68368-053-6(7),* Baby Professor (Education Kids)) Speedy Publishing LLC.

Name That Bird!, 1 vol. Demi Jackson. 2016. (Guess That Animal! Ser.). (ENG., Illus.). 24p. (J). (gr. 1-2). lib. bdg. 24.27 *(978-1-4824-4742-2(8),* d02a62ec-f825-4ebd-8a8a-b759098e470a) Stevens, Gareth Publishing LLLP.

Name That Bug!, 1 vol. Demi Jackson. 2016. (Guess That Animal! Ser.). (ENG., Illus.). 24p. (J). (gr. 1-2). 24.27 *(978-1-4824-4744-6(4),* 48b1477f-b94f-49b5-808e-d95640a8bebd) Stevens, Gareth Publishing LLLP.

Name That Fish!, 1 vol. Santana Hunt. 2016. (Guess That Animal! Ser.). (ENG.). 24p. (J). (gr. 1-2). lib. bdg. 24.27 *(978-1-4824-4745-3(2),* 01cf2497-2f1d-4939-83b6-1b9206808a74) Stevens, Gareth Publishing LLLP.

Name That Mammal!, 1 vol. Santana Hunt. 2016. (Guess That Animal! Ser.). (ENG.). 24p. (J). (gr. 1-2). lib. bdg. 24.27 *(978-1-4824-4746-0(0),* 7a75dcb3-a611-44eb-ac91-7f2d4aad4b2b) Stevens, Gareth Publishing LLLP.

Name That Reptile!, 1 vol. Santana Hunt. 2016. (Guess That Animal! Ser.). (ENG., Illus.). 24p. (J). (gr. 1-2). lib. bdg. 24.27 *(978-1-4824-4747-7(9),* 6f0d83c2-d42b-4102-bccb-4b70c2bd43fc) Stevens, Gareth Publishing LLLP.

Name These Feelings: A Fun & Creative Picture Book to Guide Children Identify & Understand Emotions & Feelings Anger, Happy, Guilt, Sad, Confusion, ... Excitement Surprise, & Many More Emotions! Jennifer L. Trace. 2021. (ENG.). 40p. (J). 16.99 *(978-1-954392-70-0(2))* Kids Activity Publishing.

Name They Have Forgot! (Classic Reprint) Helen Finch Kasson. (ENG., Illus.). (J). 2018. 26p. 24.43 *(978-0-267-96512-0(5));* 2016. pap. 7.97 *(978-1-334-67172-2(9))* Forgotten Bks.

Name Thief of Neverland. Dimity Knight. 2019. (ENG.). 228p. 48.00 *(978-1-5326-8743-3(5),* Stone Table Bks.) Wipf & Stock Pubs.

Name to Conjure with (Classic Reprint) John Strange Winter. 2017. (ENG., Illus.). (J). 30.66 *(978-0-331-11200-9(0));* pap. 13.57 *(978-0-260-22076-9(0))* Forgotten Bks.

Name Your Emotions. Jaclyn Jaycox et al. (Name Your Emotions Ser.). (ENG.). 24p. (J). 2022. 419.86 *(978-1-6663-3325-1(5),* 235024); 2020. pap., pap., pap. 55.60 *(978-1-9771-2709-9(6),* 201774) Capstone. (Pebble).

Name Your Numbers. Smriti Prasadam-Halls. Illus. by Edward Underwood. 2023. (ENG.). 26p. (J). (— 1). bds. 9.99 ***(978-1-5362-2845-8(1))*** Candlewick Pr.

Nameless Asterism Vol. 3. Kina Kobayashi. 2018. (Nameless Asterism Ser.: 3). (ENG., Illus.). 180p. pap. 12.99 *(978-1-62692-892-3(4),* 900195587) Seven Seas Entertainment, LLC.

Nameless Castle: A Novel (Classic Reprint) Maurus Jokai. 2017. (ENG., Illus.). (J). 31.03 *(978-1-5280-7073-7(9))* Forgotten Bks.

Nameless City. Faith Erin Hicks. 2016. (Nameless City Ser.: 1). (ENG., Illus.). 240p. (J). pap. 16.99 *(978-1-62672-156-2(4),* 900140614, First Second Bks.) Roaring Brook Pr.

Nameless City: the Divided Earth. Faith Erin Hicks. 2018. (Nameless City Ser.: 3). (ENG., Illus.). 272p. (J). pap. 17.99 *(978-1-62672-160-9(2),* 900140618, First Second Bks.) Roaring Brook Pr.

Nameless Nobleman (Classic Reprint) Jane G. Austin. 2018. (ENG., Illus.). 392p. (J). 31.98 *(978-0-656-28888-5(4))* Forgotten Bks.

Nameless One: A Play in Three Acts (Classic Reprint) Anne Cleveland Cheney. 2017. (ENG., Illus.). (J). 26.89 *(978-1-5284-7330-9(2))* Forgotten Bks.

Nameless Witch. Natalie C. Parker. 2023. 272p. (J). (gr. 3-7). 18.99 ***(978-0-593-20398-9(4),*** Razorbill) Penguin Young Readers Group.

Namer of Spirits. Todd Mitchell. 2021. (ENG.). 316p. (J). pap. 12.95 *(978-1-945654-82-4(1))* Owl Hollow Pr.

Names in a Jar. Jennifer Gold. 2021. (ENG.). 336p. (YA). (gr. 8-12). pap. 14.95 *(978-1-77260-207-4(8))* Second Story Pr. CAN. Dist: Orca Bk. Pubs. USA.

Names of Fancy Flowers Coloring Book. Bobo's Children Activity Books. 2016. (ENG., Illus.). (J). pap. 9.33 *(978-1-68327-907-5(7))* Sunshine In My Soul Publishing.

Names of Jesus: Itty Bitty Activity Book (Pk Of 6) Created by Warner Press. 2023. (Ittybitty Activity Bks.). (ENG.). 48p. (J). pap. 15.54 ***(978-1-68434-467-3(0))*** Warner Pr., Inc.

Names They Gave Us. Ajay Joseph. 2017. (ENG., Illus.). (J). pap. 13.16 *(978-1-387-26215-1(7))* Lulu Pr., Inc.

Names They Gave Us. Emery Lord. (ENG.). (YA). 2018. 416p. pap. 10.99 *(978-1-68119-592-6(5),* 900179019, Bloomsbury Young Adult); 2017. 400p. 17.99 *(978-1-61963-958-4(0),* 900153588, Bloomsbury USA Childrens) Bloomsbury Publishing USA.

Names They Gave Us. Emery Lord. ed. 2018. (YA). lib. bdg. 20.85 *(978-0-606-41076-2(7))* Turtleback.

Names They Gave Us: A Play. Ajay Joseph. 2019. (ENG.). 174p. (YA). (gr. 8-12). pap. 10.00 *(978-0-359-60156-1(1))* Lulu Pr., Inc.

Namesake. Jhumpa Lahiri. 2017. (MAR.). 274p. (YA). (gr. 9). pap. *(978-81-7766-848-3(X))* Mehta Publishing House.

Namesake: A Novel. Adrienne Young. 2021. (World of the Narrows Ser.: 3). (ENG., Illus.). 368p. (YA). 18.99 *(978-1-250-25439-9(6),* 900218855, Wednesday Bks.) St. Martin's Pr.

Namesakes: A Wicce Novel. Miriam Cumming. 2018. (ENG., Illus.). 266p. (YA). (gr. 8-12). pap. *(978-0-6483921-2-5(0))* Cumming, Miriam.

Namesakes Three Fold Return: A Wicce Romance. Miriam Cumming. 2019. (Wicce Novel Ser.: Vol. 2). (ENG., Illus.). 312p. (YA). (gr. 8-12). pap. *(978-0-6483921-3-2(9))* Cumming, Miriam.

Nami-Ko: A Realistic Novel (Classic Reprint) Kenjiro Tokutomi. 2017. (ENG., Illus.). (J). 30.99 *(978-1-5281-7173-1(X))* Forgotten Bks.

Nami-Ko: Novela Popular Japonesa (Classic Reprint) Kenjiro Tokutomi. 2018. (SPA., Illus.). 282p. (J). 29.73 *(978-0-483-77501-5(0))* Forgotten Bks.

Namibia's Fairy Circles. Matt Lilley. 2020. (Nature's Mysteries Ser.). (ENG., Illus.). 32p. (J). (gr. 2-5). lib. bdg. 32.79 *(978-1-5321-6920-5(5),* 36461, DiscoverRoo) Pop!.

Naming: Book One of Pellinor. Alison Croggon. 2017. (Pellinor Ser.: 1). (ENG.). 512p. (J). (gr. 7). pap. 12.99 *(978-0-7636-9443-2(6))* Candlewick Pr.

Naming & Managing Emotions. Emily Rose. 2022. (21st Century Junior Library: Read & Reflect: a Social-Emotional Guide Ser.). (ENG., Illus.). 24p. (J). (gr. 2-5). pap. 12.79 *(978-1-6689-0021-5(1),* 220112); lib. bdg. 30.64 *(978-1-5341-9907-1(1),* 219968) Cherry Lake Publishing.

Naming Animals: Dot to Dot Activity Book Preschool. Speedy Kids. 2017. (ENG., Illus.). (J). pap. 9.20 *(978-1-5419-0995-3(X))* Speedy Publishing LLC.

Naming Ceremony. Seina Wedlick. Illus. by Jenin Mohammed. 2023. (ENG.). 40p. (J). (gr. -1-3). 18.99 *(978-1-4197-5626-9(5),* 1742401, Abrams Bks. for Young Readers) Abrams, Inc.

Naming Money. Nick Rebman. 2021. (Math Basics Ser.). (ENG., Illus.). 16p. (J). (gr. -1-1). pap. 7.95 *(978-1-64619-201-4(X),* 164619201X); lib. bdg. 25.64 *(978-1-64619-167-3(6),* 1646191676) Little Blue Hse. (Little Blue Readers).

Naming of Tishkin Silk. Glenda Millard. Illus. by Caroline Magerl. 2019. (Kingdom of Silk Ser.: 01). 96p. mass mkt. 4.99 *(978-0-7333-1314-1(0))* ABC Bks. AUS. Dist: HarperCollins Pubs.

1432

The check digit for ISBN-10 appears in parentheses after the full ISBN-13

Naming the Stars. Susan Koefod. 2016. (ENG., Illus.). (YA). (gr. 7-12). pap. 14.99 (978-1-62007-276-9(9)) Curiosity Quills Pr.

Nami's New Friend. Mandy Yom. 2021. (ENG.). 42p. (J). 21.99 (978-1-63988-040-9(2)) Primedia eLaunch LLC.

Namorutunga. Simon Ipoo & Zablon Alex Nguku. 2022. (ENG.). 30p. (J). pap. (978-1-922910-90-5(2)) Library For All Limited.

Namorutunga - Namorutunga. Simon Ipoo. Illus. by Zablon Alex Nguku. 2023. (SWA.). 30p. (J). pap. (978-1-922910-32-5(5)) Library For All Limited.

Nan (Classic Reprint) Lucy C. Lillie. 2018. (ENG., Illus.). 244p. (J). 28.93 (978-0-483-92688-2(4)) Forgotten Bks.

Nan Darrell, Vol. 1 Of 2: Or the Gipsy Mother (Classic Reprint) Ellen Pickering. (ENG., Illus.). (J). 2018. 204p. 28.10 (978-0-428-83946-8(0)); 2016. pap. 10.57 (978-1-334-12651-2(8)) Forgotten Bks.

Nan of Music Mountain (Classic Reprint) Frank H. Spearman. (ENG., Illus.). (J). 2017. 454p. 33.26 (978-0-484-86273-8(1)); 2016. pap. 16.57 (978-1-333-60090-7(9)) Forgotten Bks.

Nan Sherwood at Palm Beach: Or Strange Adventures among the Orange Groves (Classic Reprint) Annie Roe Carr. 2018. (ENG., Illus.). 260p. (J). 29.26 (978-0-483-97066-3(2)) Forgotten Bks.

Nan Sherwood at Palm Beach: Strange Adventures among the Orange Groves. Annie Roe Carr. 2018. (ENG., Illus.). 172p. (YA). (gr. 7-12). pap. (978-93-5297-484-9(0)) Alpha Editions.

Nan Sherwood at Pine Camp: The Old Lumberman's Secret. Annie Roe Carr. 2018. (ENG., Illus.). 170p. (YA). (gr. 7-12). pap. (978-93-5297-485-6(9)) Alpha Editions.

Nan Sherwood at Rose Ranch: Or the Old Mexican's Treasure (Classic Reprint) Annie Roe Carr. 2018. (ENG., Illus.). 252p. (J). 29.09 (978-0-267-49162-9(X)) Forgotten Bks.

Nan Sherwood at Rose Ranch: The Old Mexican's Treasure by Annie Roe Carr. Annie Roe Carr. 2018. (ENG., Illus.). 176p. (YA). (gr. 7-12). pap. (978-93-5297-486-3(7)) Alpha Editions.

Nan Sherwood's Winter Holidays. Annie Roe Carr. 2018. (ENG., Illus.). 176p. (YA). (gr. 7-12). pap. (978-93-5297-487-0(5)) Alpha Editions.

Nana: Sequel to l'Assommoir (Classic Reprint) Émile. Zola. 2016. (ENG., Illus.). (J). pap. 16.57 (978-1-334-13739-6(0)) Forgotten Bks.

Nana: Sequel to l'assommoir (Classic Reprint) Emile Zola. 2018. (ENG., Illus.). 430p. (J). 32.77 (978-0-267-39114-1(5)) Forgotten Bks.

Nana & Abuela. Mónica Rojas. Illus. by Emiko Rainbow. 2023. (ENG.). 32p. (J). (gr. -1-1). 17.95 (978-1-68134-254-2(5)) Minnesota Historical Society Pr.

Nana & Poppa. Andrew Lindsay. 2018. (ENG., Illus.). 26p. (J). (978-1-5289-2404-7(5)); pap. (978-1-5289-2405-4(3)) Austin Macauley Pubs. Ltd.

Nana Bell's Quilting Tales. Mloreas. 2017. (ENG., Illus.). (J). (gr. 1-5). pap. 12.95 (978-1-63492-635-5(8)) Booklocker.com, Inc.

Nana Can. Carol Aloia. 2021. (ENG.). 24p. (J). pap. 12.95 (978-1-956503-39-5(0)) Waterside Pr.

Nana (Classic Reprint) Émile. Zola. 2016. (ENG., Illus.). (J). pap. 16.57 (978-1-333-72418-4(7)) Forgotten Bks.

Nana (Classic Reprint) Emile Zola. (Illus.). (J). 2018. (ENG.). 426p. 32.68 (978-0-483-51429-4(2)); 2017. (FRE., 34.83 (978-0-331-73184-2(3)); 2017. (FRE., pap. 19.57 (978-1-334-86297-7(4)) Forgotten Bks.

Nana Dig. Margaret James. Illus. by Wendy Paterson. 2021. (ENG.). 24p. (J). pap. (978-1-922550-12-5(4)) Library For All Limited.

Nana Dig in Red Sand. Margaret James. Illus. by Wendy Paterson. 2021. (ENG.). 32p. (J). pap. (978-1-922591-23-4(8)) Library For All Limited.

Nana-Hugs-A-Lot. Sandra Hazlett. 2017. (ENG., Illus.). (J). pap. 9.99 (978-0-578-18864-5(3)) Hazlett, Sandra .

Nana, I Want to Praise the Lord. Tranise Jenkins. 2022. (ENG.). 26p. (J). pap. 10.00 (978-1-0880-5072-9(7)) Jenkins, Tranise.

Nana I Want to Praise the Lord Coloring Book. Tranise Jenkins. 2022. (ENG.). 22p. (J). pap. 5.00 (978-1-0880-5170-2(7)) Jenkins, Tranise.

Nana in the Box. Julie Glover. Illus. by Ada Walman. 2022. (ENG.). 32p. (J). (978-1-0391-2598-8(0)); pap. (978-1-0391-2597-1(2)) FriesenPress.

Nana Is Now My Guardian Angel! Joan Calvanese. 2022. (ENG., Illus.). 30p. (J). 23.95 (978-1-63985-857-6(1)) Fulton Bks.

Nana Joanna's Wise New Tales. Urbanwoods. 2022. (ENG., Illus.). 68p. (J). 26.95 (978-1-63710-787-4(0)); pap. 16.95 (978-1-63710-785-0(4)) Fulton Bks.

Nana Loves You More. Jimmy Fallon. Illus. by Miguel Ordonez. 2022. (ENG.). 40p. (J). 17.99 (978-1-250-82394-6(3), 900251246) Feiwel & Friends.

Nana Luna's Bedtime Stories to Dream. Nora Giron-Dolce. 2016. (ENG.). 94p. (J). pap. 10.00 (978-0-9974642-0-7(8)) Gim-Dolce, Nora.

Nana Nana Boo Boo. Michael Rush. 2017. (ENG., Illus.). (J). pap. 12.95 (978-1-63525-031-2(5)) Christian Faith Publishing.

Nana, Nenek & Nina. Liza Ferneyhough. Illus. by Liza Ferneyhough. 2022. (Illus.). 32p. (J). (gr. -1-3). 17.99 (978-0-593-35394-3(3), Dial Bks) Penguin Young Readers Group.

Nana Ninja. Jenny Jinks. Illus. by Sean Longcroft. 2021. (Early Bird Readers — Gold (Early Bird Stories (tm)) Ser.). (ENG.). 32p. (J). (gr. k-3). 30.65 (978-1-5415-9011-3(2), 90ce0694-6cba-497e-a8f1-24d7183d35a0); pap. 9.99 (978-1-7284-1334-1(6), 412cfad2-334b-4db0-ad00-84f91cb58fc0) Lerner Publishing Group. (Lerner Pubns.).

Nana Said Defend Yourself Story +activity Book. Annette Perry. 2022. (ENG.). 32p. (J). pap. (978-1-387-50539-5(4)) Lulu Pr., Inc.

Nana Said Put on Your Hat - Library Edition: Null. Aroara. 2023. (ENG.). 32p. (J). pap. (978-1-312-76666-2(2)) Lulu Pr., Inc.

Nana Says I Will Be Famous One Day. Ann Stott. Illus. by Andrew Joyner. 2020. (ENG.). 32p. (J). (gr. -1-2). 16.99 (978-0-7636-9560-6(2)) Candlewick Pr.

Nana Scrappy. Ryan Cochrane. 2018. (ENG., Illus.). 36p. (J). pap. (978-1-78830-056-8(4)) Olympia Publishers.

Nana Speaks Nanese. Laura Brennan. Illus. by Mauricio Corteletti Agua Viva. 2019. (ENG.). 54p. (J). pap. 12.99 (978-1-7323846-0-6(6)) Brennan, Laura.

Nana the Great Goes Camping. Lisa Tawn Bergren. Illus. by David Hohn. 2023. 40p. (J). (gr. -1-2). 12.99 (978-0-593-23290-3(9), WaterBrook Pr.) Crown Publishing Group, The.

Nana Yaa & the Golden Stool. Fuse Odg. Illus. by Rahima Shroom. 2018. (ENG.). 20p. (J). pap. (978-1-78623-420-9(3)) Grosvenor Hse. Publishing Ltd.

Nanabozho & the Maple Trees: A Tale from Canada, 1 vol. Lucy Bioletti. Illus. by Carlo Molinari. 2016. (ENG.). 24p. (J). pap. 9.95 (978-1-927244-64-7(1)) Flying Start Bks. NZL. Dist: Flying Start Bks.

Nanabozho & the Maple Trees (Big Book Edition) A Tale from Canada, 1 vol. Lucy Bioletti. 2016. (ENG., Illus.). 24p. (J). pap. (978-1-927244-74-6(9)) Flying Start Bks.

Nanabozo - Canada's Powerful Creator of Life & Ridiculous Clown Mythology for Kids True Canadian Mythology, Legends & Folklore. Professor Beaver. 2021. (ENG.). 76p. (J). 24.99 (978-0-2282-3613-9(4)); pap. 14.99 (978-0-2282-3580-4(4)) Speedy Publishing LLC. (Professor Beaver).

Nanago's Flight. Daniel Dowd. 2019. (ENG.). 36p. (J). pap. 14.99 (978-0-359-67394-0(5)) Lulu Pr., Inc.

Nana's BIG Storybook. Sheila Von Maltitz. 2020. (ENG.). 130p. (J). pap. (978-1-716-98503-4(X)) Lulu Pr., Inc.

Nana's Big Surprise see Nana, Que Sorpresa!

Nana's Daughter: A Story of Parisian Life (Classic Reprint) Alfred Sirven. (ENG., Illus.). (J). 2018. 286p. 29.80 (978-0-267-39109-7(9)); 2016. pap. 13.57 (978-1-334-13736-5(6)) Forgotten Bks.

Nana's Garden. Larissa Juliano & Clever Publishing. Illus. by Francesca. De Luca. 2020. (Clever Family Stories Ser.). (ENG.). 20p. (J). (gr. -1-1). bds. 8.99 (978-1-949998-98-6(3)) Clever Media Group.

Nana's Garden: an Activity & Coloring Book. Clever Publishing. 2021. (Clever Activity Book Ser.). (ENG.). 64p. (J). (gr. -1-3). pap. 4.99 (978-1-951100-75-9(1), 343249) Clever Media Group.

Nana's Kitchen. Larissa Juliano & Clever Publishing. Illus. by Sunila Paul. 2021. (Clever Family Stories Ser.). (ENG.). 20p. (J). (gr. -1-1). bds. 9.99 (978-1-951100-60-5(3)) Clever Media Group.

Nana's Magic Swing. Janet Shindle. 2018. (ENG., Illus.). 36p. (J). pap. (978-1-4602-9622-6(2)) FriesenPress.

Nana's Place: There's an Iguana in My Toilet. Jenniffer Harr. 2020. (ENG.). 34p. (J). pap. 6.99 (978-1-951913-27-4(2)) Lettra Pr. LLC.

Nana's Strange Fruit Tree. Paula Palmer Green. 2016. (ENG., Illus.). 20p. (J). (gr. 3-6). pap. 14.99 (978-0-9982225-0-9(X)) Green Consulting, LLC.

Nana's Ugly Duckling. Maria Williams Vanhoy. Illus. by Sanghamitra Dasgupta. 2021. (ENG.). 32p. (J). pap. 13.99 (978-1-954868-62-5(6)) Pen It Pubns.

Nance: Trials of the First Slave Freed by Abraham Lincoln: a True Story of Mrs. Nance Legins-Costley. Carl M. Adams. 2016. (Trials of Nance Ser.: Vol. 1). (ENG., Illus.). (YA). (gr. 8-12). 32.00 (978-0-9899710-1-0(5)) Adams, Carl M.

Nancy. Rhoda Broughton. 2017. (ENG., Illus.). (J). 27.95 (978-1-374-94169-4(7)) Capital Communications, Inc.

Nancy: A Novel (Classic Reprint) Rhoda Broughton. (ENG., Illus.). (J). 2018. 432p. 32.81 (978-0-267-15293-3(0)); 2018. 420p. 32.58 (978-0-428-27434-4(X)); 2017. pap. 16.57 (978-0-259-19670-9(3)) Forgotten Bks.

Nancy & Her Angels: A Story of Courage on a Trip Across Civil War America. Franklin W. Hamilton. 2018. (ENG., Illus.). 80p. (YA). pap. 12.50 (978-0-692-19471-3(1)) Walden Pr.

Nancy & Nick in Scrub-Up-Land. Olive Roberts Barton & E. R. Higgins. 2017. (ENG., Illus.). (J). pap. (978-0-649-65455-0(2)) Trieste Publishing Pty Ltd.

Nancy & Nick in Scrub-Up-Land (Classic Reprint) Olive Roberts Barton. (ENG., Illus.). (J). 2017. 27.90 (978-0-265-40209-2(3)); 2016. pap. 10.57 (978-1-333-36020-7(7)) Forgotten Bks.

Nancy & Nick in Scrub-Up-Land; Illustrated by E. R. Higgins. Olive Roberts Barton. 2017. (ENG., Illus.). (J). pap. (978-0-649-65453-6(6)) Trieste Publishing Pty Ltd.

Nancy & the Mermaid Ballet. Nancy Parent. ed. 2020. (Fancy Nancy 8x8 Bks). (ENG., Illus.). 24p. (J). (gr. k-1). 14.49 (978-1-64697-332-3(1)) Penworthy Co., LLC, The.

Nancy Blake Letters to a Western Cousin (Classic Reprint) Unknown Author. 2018. (ENG., Illus.). 40p. (J). 24.72 (978-0-484-01245-4(2)) Forgotten Bks.

Nancy Bo & Ergonwold's Nest. Paul Scales. 2019. (ENG., Illus.). 378p. (YA). (gr. 7-12). pap. (978-1-78465-474-0(4), Vanguard Press) Pegasus Elliot Mackenzie Pubs.

Nancy Clancy, Late-Breaking News!: #8. Jane O'Connor. Illus. by Robin Preiss Glasser. 2022. (Fancy Nancy: Nancy Clancy Ser.). (ENG.). 136p. (J). (gr. 1-5). lib. bdg. 32.79 (978-1-0982-5144-4(X), 40091, Chapter Bks.) Spotlight.

Nancy Clancy, Secret Admirer: #2. Jane O'Connor. Illus. by Robin Preiss Glasser. 2022. (Fancy Nancy: Nancy Clancy Ser.). (ENG.). 120p. (J). (gr. 1-5). lib. bdg. 32.79 (978-1-0982-5138-3(5), 40085, Chapter Bks.) Spotlight.

Nancy Clancy, Secret of the Silver Key: #4. Jane O'Connor. Illus. by Robin Preiss Glasser. 2022. (Fancy Nancy: Nancy Clancy Ser.). (ENG.). 128p. (J). (gr. 1-5). lib. bdg. 32.79 (978-1-0982-5140-6(7), 40087, Chapter Bks.) Spotlight.

Nancy Clancy Seeks a Fortune: #7. Jane O'Connor. Illus. by Robin Preiss Glasser. 2022. (Fancy Nancy: Nancy Clancy Ser.). (ENG.). 144p. (J). (gr. 1-5). lib. bdg. 32.79 (978-1-0982-5143-7(1), 40090, Chapter Bks.) Spotlight.

Nancy Clancy Sees the Future: #3. Jane O'Connor. Illus. by Robin Preiss Glasser. 2022. (Fancy Nancy: Nancy Clancy Ser.). (ENG.). 128p. (J). (gr. 1-5). lib. bdg. 32.79 (978-1-0982-5139-0(3), 40086, Chapter Bks.) Spotlight.

Nancy Clancy, Soccer Mania. Jane O'Connor. Illus. by Robin Preiss Glasser. ed. 2016. (Nancy Clancy Ser.: 6). (ENG.). 144p. (J). (gr. 1-5). 14.75 (978-0-606-39270-9(X)) Turtleback.

Nancy Clancy, Soccer Mania: #6. Jane O'Connor. Illus. by Robin Preiss Glasser. 2022. (Fancy Nancy: Nancy Clancy Ser.). (ENG.). 128p. (J). (gr. 1-5). lib. bdg. 32.79 (978-1-0982-5142-0(3), 40089, Chapter Bks.) Spotlight.

Nancy Clancy, Star of Stage & Screen. Jane O'Connor. ed. 2016. (Nancy Clancy Ser.: 5). (J). lib. bdg. 14.75 (978-0-606-38153-6(8)) Turtleback.

Nancy Clancy, Star of Stage & Screen: #5. Jane O'Connor. Illus. by Robin Preiss Glasser. 2022. (Fancy Nancy: Nancy Clancy Ser.). (ENG.). 128p. (J). (gr. 1-5). lib. bdg. 32.79 (978-1-0982-5141-3(5), 40088, Chapter Bks.) Spotlight.

Nancy Clancy, Super Sleuth: #1. Jane O'Connor. Illus. by Robin Preiss Glasser. 2022. (Fancy Nancy: Nancy Clancy Ser.). (ENG.). 128p. (J). (gr. 1-5). lib. bdg. 32.79 (978-1-0982-5137-6(7), 40084, Chapter Bks.) Spotlight.

Nancy Drake (Classic Reprint) Aimée Ingersoll. 2018. (ENG., Illus.). 210p. (J). 28.25 (978-0-483-74718-0(1)) Forgotten Bks.

Nancy Drew: The Curse. Micol Ostow. 2020. (ENG.). 272p. (YA). (gr. 7). pap. 11.99 (978-1-5344-7075-0(1)); 18.99 (978-1-5344-7074-3(3)) Simon Pulse. (Simon Pulse).

Nancy Drew & the Hardy Boys: the Mystery of the Missing Adults. Scott Bryan Wilson. 2019. (ENG., Illus.). 108p. (J). 12.99 (978-1-5241-1178-6(3), 7078fa3b-a9ae-43d8-8c9c-30cc66aa7c18, Dynamite Entertainment) Dynamic Forces, Inc.

Nancy Drew Christmas. Carolyn Keene. (Nancy Drew Diaries). (ENG.). 352p. (J). (gr. 3-7). 2020. pap. 8.99 (978-1-5344-3163-8(2)); 2018. (Illus.). 18.99 (978-1-5344-3164-5(0)) Simon & Schuster Children's Publishing. (Aladdin).

Nancy Drew Clue Book Conundrum Collection (Boxed Set) Pool Party Puzzler; Last Lemonade Standing; a Star Witness; Big Top Flop; Movie Madness; Pets on Parade; Candy Kingdom Chaos; World Record Mystery; Springtime Crime; Boo Crew. Carolyn Keene. Illus. by Peter Francis. ed. 2020. (Nancy Drew Clue Book Ser.). (ENG.). 992p. (J). (gr. 1-4). pap. 59.99 (978-1-5344-6150-5(7), Aladdin) Simon & Schuster Children's Publishing.

Nancy Drew Diaries 90th Anniversary Collection (Boxed Set) Curse of the Arctic Star; Strangers on a Train; Mystery of the Midnight Rider; Once upon a Thriller; Sabotage at Willow Woods; Secret at Mystic Lake; the Phantom of Nantucket; the Magician's Secret; the Clue at Black Creek Farm; a Script for Danger. Carolyn Keene. ed. 2020. (Nancy Drew Diaries). (ENG.). 1856p. (J). (gr. 3-7). pap. 69.99 (978-1-5344-6801-6(3), Aladdin) Simon & Schuster Children's Publishing.

Nancy Drew Diaries (Set), 6 vols. Carolyn Keene. 2021. (Nancy Drew Diaries). (ENG.). 144p. (J). (gr. 3-7). lib. bdg. 188.16 (978-1-0982-5007-2(9), 36996, Chapter Bks.) Spotlight.

Nancy Drew Files Vol. I: Secrets Can Kill; Deadly Intent; Murder on Ice. Carolyn Keene. 2019. (Nancy Drew Files Ser.). (ENG.). 416p. (YA). (gr. 7). pap. 12.99 (978-1-5344-6312-7(7), Simon Pulse) Simon Pulse.

Nancy Drew Files Vol. II: Smile & Say Murder; Hit & Run Holiday; White Water Terror. Carolyn Keene. 2019. (Nancy Drew Files Ser.). (ENG.). 400p. (YA). (gr. 7). pap. 12.99 (978-1-5344-6315-8(1), Simon Pulse) Simon Pulse.

Nancy First & Last (Classic Reprint) Amy E. Blanchard. (ENG., Illus.). (J). 2018. 316p. 30.41 (978-0-483-77979-2(2)); 2017. pap. 13.57 (978-0-259-51496-1(9)) Forgotten Bks.

Nancy Goes to Town (Classic Reprint) Frances R. Sterrett. 2017. (ENG., Illus.). (J). 30.23 (978-0-260-42318-4(1)); pap. 13.57 (978-0-260-42284-2(3)) Forgotten Bks.

Nancy Goes to Work. Krista Tucker. 2019. (Fancy Nancy 8x8 Bks). (ENG.). 24p. (J). (gr. k-1). 15.49 (978-0-87617-424-1(1)) Penworthy Co., LLC, The.

Nancy Knows. Cybèle Young. 2017. (Illus.). 32p. (J). (— 1). bds. 8.99 (978-1-101-91892-0(6), Tundra Bks.) Tundra Bks. CAN. Dist: Penguin Random Hse. LLC.

Nancy Lannens Unerzählte Geschichten. Rose Lannen. 2022. (GER.). 62p. (J). pap. 8.00 (978-1-4583-2639-3(X)) Lulu Pr., Inc.

Nancy Lee (Classic Reprint) Edith Kellogg Dunton. (ENG., Illus.). (J). 2018. 350p. 31.12 (978-0-267-36642-2(6)); 2016. pap. 13.57 (978-1-334-16397-5(9)) Forgotten Bks.

Nancy Lee's Lookout (Classic Reprint) Margaret Warde. 2018. (ENG., Illus.). (J). 360p. 31.34 (978-0-366-50125-0(9)); 362p. pap. 13.97 (978-0-365-80048-4(1)) Forgotten Bks.

Nancy Lee's Namesake (Classic Reprint) Margaret Warde. 2018. (ENG., Illus.). 360p. (J). 31.34 (978-0-365-22466-2(9)) Forgotten Bks.

Nancy Lee's Spring Term (Classic Reprint) Margaret Warde. 2018. (ENG., Illus.). 400p. (J). 32.17 (978-0-365-29833-5(6)) Forgotten Bks.

Nancy MacIntyre: A Tale of the Prairies (Classic Reprint) Lester Shepard Parker. 2017. (ENG., Illus.). 124p. (J). 26.47 (978-0-265-63316-8(8)) Forgotten Bks.

Nancy Makes Her Mark. Jane O'Connor. 2018. (Illus.). 32p. (J). (978-1-5444-1102-6(2)) Harper & Row Ltd.

Nancy Pelosi: Political Powerhouse. Anna Leigh. 2020. (Gateway Biographies Ser.). (ENG., Illus.). 48p. (J). (gr. 4-8). pap. 11.99 (978-1-5415-8889-9(4), 71ecdbfb-6ecb-45d4-817d-86bb18fb8795); lib. bdg. 31.99 (978-1-5415-7746-6(9), 3d6a23df-da43-4277-ab99-14602397f693) Lerner Publishing Group. (Lerner Pubns.).

Nancy Porter's Opportunity (Classic Reprint) Marion Ames Taggart. 2018. (ENG., Illus.). 356p. (J). 31.24 (978-0-267-25337-1(0)) Forgotten Bks.

Nancy Reagan. Jennifer Strand. 2017. (First Ladies (Launch!) Ser.). (ENG., Illus.). 24p. (J). (gr. -1-2). lib. bdg. 31.36 (978-1-5321-2018-3(4), 25286, Abdo Zoom-Launch) ABDO Publishing Co.

Nancy Takes the Case. Victoria Saxon. ed. 2020. (I Can Read Ser.). (ENG., Illus.). 30p. (J). (gr. k-1). 14.96 (978-1-64697-338-5(0)) Penworthy Co., LLC, The.

Nancy Talks a Lot. Catherine Kereku. Illus. by Jovan Carl Segura. 2021. (ENG.). 22p. (J). pap. (978-1-922621-55-9(2)) Library For All Limited.

Nancy the Dragonfly. Lavinia Conley. 2017. (ENG., Illus.). 28p. (gr. -1-3). 16.95 (978-1-4808-5258-7(9)); 22.95 (978-1-4808-5259-4(7)) Archway Publishing.

Nancy the Joyous (Classic Reprint) Edith Stow. 2018. (ENG., Illus.). 254p. (J). 29.16 (978-0-483-27090-9(3)) Forgotten Bks.

Nancy Tillman's the World Is a Wonderland Collection. Nancy Tillman. 2017. (ENG.). 50p. (J). 22.99 (978-1-250-11169-2(2), 900170115) Feiwel & Friends.

Nancy Wins at Friendship. Olivia Jaimes. 2023. (ENG.). 176p. (J). pap. 12.99 (978-1-5248-8092-7(2)) Andrews McMeel Publishing.

Nancy's Beach Umbrella, 1 vol. Charmaine Robertson. 2016. (Rosen REAL Readers: STEM & STEAM Collection). (ENG.). 12p. (gr. 1-2). pap. 6.33 (978-1-5081-2658-4(5), f251fd2f-0a5c-4c6d-80e1-223d3e10814c, Rosen Classroom) Rosen Publishing Group, Inc., The.

Nancy's Country Christmas & Other Stories (Classic Reprint) Eleanor Hoyt. 2018. (ENG., Illus.). 236p. (J). 28.76 (978-0-483-89234-7(3)) Forgotten Bks.

Nancy's Fancy Heirloom. Nancy Parent. ed. 2020. (I Can Read Ser.). (ENG., Illus.). 29p. (J). (gr. k-1). 14.96 (978-1-64697-339-2(9)) Penworthy Co., LLC, The.

Nancy's Genius Plan. Olivia Jaimes. 2019. (ENG., Illus.). 14p. (J). bds. 7.99 (978-1-5248-5180-4(9)) Andrews McMeel Publishing.

Nancy's Letter Adventure. Amanda Duval. 2021. (ENG.). 20p. (J). pap. 12.95 (978-1-63881-685-0(9)) Newman Springs Publishing, Inc.

Nancy's Mother (Classic Reprint) Jean Carter Cochran. 2018. (ENG., Illus.). 72p. (J). 25.38 (978-0-484-38962-4(9)) Forgotten Bks.

Nancy's Neighborhood. Lbsw Tracy Strandberg. 2017. (ENG., Illus.). 34p. (J). pap. 16.95 (978-1-4834-7682-7(0)) Lulu Pr., Inc.

Nancy's Song. William Forde. 2017. (ENG., Illus.). 50p. (J). pap. (978-1-326-91914-6(8)) Lulu Pr., Inc.

Nandia's Apparition: Book II of the Nandia Trilogy. Ned Wolf. 2017. (Nandia Trilogy Ser.: Vol. 2). (ENG., Illus.). (YA). pap. 12.95 (978-0-9675575-6-4(9)) Therapeutae Pr.

Nandia's Copper. Ned Wolf. 2016. (First Book of the Nandia Trilogy Ser.: Vol. 1). (ENG., Illus.). (YA). pap. 12.95 (978-0-9675575-4-0(2)) Therapeutae Pr.

Nando Parrado: Crash in the Andes. Virginia Loh-Hagan. 2018. (True Survival Ser.). (ENG.). 32p. (J). (gr. 4-8). pap. 14.21 (978-1-5341-0875-2(0), 210864); (Illus.). lib. bdg. 32.07 (978-1-5341-0776-2(2), 210863) Cherry Lake Publishing. (45th Parallel Press).

Nanette & Her Lovers: A Tale of Normandy (Classic Reprint) Talbot Gwynne. 2017. (ENG., Illus.). (J). 30.50 (978-0-331-68959-4(6)); pap. 13.57 (978-0-243-16387-8(8)) Forgotten Bks.

Nanette's Baguette. Mo Willems. Illus. by Mo Willems. 2016. (ENG., Illus.). 40p. (J). (gr. -1-k). 17.99 (978-1-4847-2286-2(8), Hyperion Books for Children) Disney Publishing Worldwide.

Nanima's & Nanabapa's Kitchen. Fauzya Alarakhiya. Illus. by Emma Little. 2022. (ENG.). 20p. (J). (978-1-0391-4004-2(1)); pap. (978-1-0391-4003-5(3)) FriesenPress.

Naninks & the Lady. Maitejosune Urrechaga. 2017. (ENG.). 54p. (YA). pap. (978-1-7947-8709-4(7)) Lulu Pr., Inc.

Nanjing Massacre, 1 vol. Angie Timmons. 2017. (Bearing Witness: Genocide & Ethnic Cleansing Ser.). (ENG.). 64p. (J). (gr. 6-6). 36.13 (978-1-5081-7728-9(7), d01c2491-66aa-47f2-8aa4-56a91f9c817d) Rosen Publishing Group, Inc., The.

Nanjing Massacre, 1 vol. Contrib. by Angie Timmons. 2017. (Bearing Witness: Genocide & Ethnic Cleansing Ser.). (ENG.). 64p. (J). (gr. 6-6). pap. 13.95 (978-1-5081-7871-2(2), 905367bd-33f0-467a-a115-50a0c2145ecb) Rosen Publishing Group, Inc., The.

Nanna after the Stroke. Christopher M. Cirino. Illus. by Eugenia Alvarez. 2020. (ENG.). 32p. (J). pap. 7.99 (978-1-0878-6171-5(3)) Indy Pub.

Nanna Maureen: Here & Not Seen. Casey Gillespie. 2020. (ENG.). 26p. (J). 15.00 (978-1-64921-293-1(3)) Primedia eLaunch LLC.

Nanna, Oder Uber das Seelenleben der Pflanzen (Classic Reprint) Gustav Theodor Fechner. 2017. (GER., Illus.). (J). pap. 13.57 (978-0-282-34961-5(8)) Forgotten Bks.

Nanna's Barramundi. Jason Lee. Illus. by Jason Lee. 2022. (ENG.). 28p. (J). pap. (978-1-922795-98-4(4)) Library For All Limited.

Nanna's Book of Holey Creatures. Maggie Forbes. 2022. (ENG.). 28p. (J). pap. (978-1-80227-616-9(5)) Publishing Push Ltd.

Nanna's Button Tin. Dianne Wolfer. Illus. by Heather Potter. 2018. (ENG.). 32p. (J). (gr. -1-1). 15.99 (978-0-7636-8096-1(6)) Candlewick Pr.

Nanna's Magic Globe. Kippy Dalton. 2016. (Spring Forward Ser.). (J). (gr. k). (978-1-4900-2253-6(8)) Benchmark Education Co.

Nannie Loves. Kylie Dunstan. 2020. (ENG.). 32p. pap. 6.99 (978-1-921504-84-6(6), Working Title Pr.) HarperCollins Pubs. Australia AUS. Dist: HarperCollins Pubs.

Nannie's Pearls, Book 1: Big Dreams. Kerrie Baldock. 2017. (ENG., Illus.). (J). pap. 18.99 (978-1-5043-1025-3(X), Balboa Pr.) Author Solutions, LLC.

Nannie's Pearls, Book 2: Three Little Words. Kerrie Baldock. 2017. (ENG., Illus.). 24p. (J). pap. 10.95 (978-1-5043-1167-0(1), Balboa Pr.) Author Solutions, LLC.

Nannie's Pearls, Book 3: Big Brother. Kerrie Baldock. 2017. (ENG., Illus.). 28p. (J). pap. 13.95 (978-1-5043-1163-2(9), Balboa Pr.) Author Solutions, LLC.

Nanny & Lil One Friendship Team: A Parent's Dream. Carmen M. Rosa. 2022. (ENG.). 26p. (J). 22.95 (978-1-6657-2838-6(8)); pap. 13.95 (978-1-6657-2840-9(X)) Archway Publishing.

Nanny Annie & the Magic Word. Julie Tanser. 2018. (ENG., Illus.). 40p. (J). 23.99 (978-1-7336804-2-4(X)); pap. 8.99 (978-1-7336804-3-1(8)) Tanser, Julie.

Nanny Banany! Lizy J. Campbell. 2018. (ENG.). 30p. (J). pap. 12.99 (978-1-949609-04-2(9)) Pen It Pubns.

N

Nanny Noo Goes to the Zoo. Judy Picciotti. 2018. (ENG.). 24p. (J). pap. 10.95 *(978-1-9822-0978-0(X)*, Balboa Pr.) Author Solutions, LLC.

Nanny Piggins & the Race to Power. R. A. Spratt. 2016. (Nanny Piggins Ser.: 8). 304p. (J). (gr. 4-7). 15.99 *(978-1-74275-499-4(6))* Random Hse. Australia AUS. Dist: Independent Pubs. Group.

Nano: the Spectacular Science of the Very (Very) Small. Jess Wade. Illus. by Melissa Castrillón. 2021. (ENG.). 32p. (J). (gr. 1-4). 17.99 *(978-1-5362-1766-7(2))* Candlewick Pr.

Nanomedicine. Martin Gitlin. 2017. (21st Century Skills Innovation Library: Emerging Tech Ser.). (ENG., Illus.). 32p. (J). (gr. 4-8). lib. bdg. 32.07 *(978-1-63472-700-6(2)*, 210126) Cherry Lake Publishing.

Nanomedicine. Marty Gitlin. 2018. (Emerging Technology Ser.). (ENG.). 32p. (J). (gr. 4-8). lib. bdg. 22.99 *(978-1-5105-3932-7(8))* SmartBook Media, Inc.

Nanon (Classic Reprint) George Sand. (Illus.). (J). 2017. (FRE.). 33.05 *(978-0-265-34869-7(2))*; 2017. (ENG., 30.85 *(978-0-260-82147-8(0))*; 2017. (FRE., pap. 13.97 *(978-0-243-04943-1(9))*; 2016. (ENG., pap. 13.57 *(978-1-334-13317-6(4))* Forgotten Bks.

Nano's Journey. Aldo Pourchet. Illus. by Jen Yoon. 2021. (ENG.). 50p. (J). pap. 14.99 *(978-1-939322-50-0(2))* Pixel Mouse Hse.

Nanotechnology. George Anthony Kulz. 2018. (Tech Bytes Ser.). (ENG.). 48p. (J). (gr. 4-6). 26.60 *(978-1-59953-936-2(5))* Norwood Hse. Pr.

Nanotechnology. Betsy Rathburn. 2020. (Cutting Edge Technology Ser.). (ENG., Illus.). 24p. (J). (gr. 3-7). lib. bdg. 26.95 *(978-1-64487-287-1(0))* Bellwether Media.

Nanotechnology & Medicine. Contrib. by Don Nardo. 2018. (ENG.). 80p. (YA). (gr. 5-12). *(978-1-68282-327-9(X))* ReferencePoint Pr., Inc.

Nan's Flower Garden. Maarten Christenhusz & Maarten J. M. Christenhusz. 2018. (ENG.). 32p. (J). pap. *(978-1-912629-08-4(9))* Plant Gateway Ltd.

Nantucket Elves. Amy Orlen. 2017. (ENG.). (J). 14.95 *(978-1-68401-408-8(5))* Amplify Publishing Group.

Nantucket Scrap Basket: Being a Collection of Characteristic Stories & Sayings of the People of the Town & Island of Nantucket, Massachusetts (Classic Reprint) William F. Macy. 2017. (ENG., Illus.). (J). 28.29 *(978-1-5281-9007-7(6))* Forgotten Bks.

Nantucket Scraps: Being the Experiences of an off-Islander, in Season & Out of Season, among a Passing People (Classic Reprint) Jane G. Austin. 2017. (ENG., Illus.). (J). 34.70 *(978-0-260-95659-0(7))* Forgotten Bks.

Nantucket Summer (Nantucket Blue & Nantucket Red Bind-Up) Leila Howland. 2017. (Nantucket Blue Ser.). (ENG.). 608p. (J). (gr. 9-17). pap. 11.99 *(978-1-368-00212-7(9))* Hyperion Bks. for Children.

Nantucket Wedding: A Novel. Nancy Thayer. 2019. (ENG.). 336p. pap. 17.00 *(978-1-101-96711-9(0)*, Ballantine Bks.) Random House Publishing Group.

Nanuk the Ice Bear. Jeanette Winter. Illus. by Jeanette Winter. 2016. (ENG., Illus.). 48p. (J). (gr. -1-3). 17.99 *(978-1-4814-4667-9(3)*, Beach Lane Bks.) Beach Lane Bks.

Nanuq & Nuka: a Collection of Three Stories. Ali Hinch. Illus. by Ali Hinch. 2022. (Arvaaq Bks.). (Illus.). 100p. (J). 18.95 *(978-1-77450-459-8(6))* Inhabit Education Bks. Inc. CAN. Dist: Consortium Bk. Sales & Distribution.

Nanuq & Nuka: Cleaning up the Campsite: Bilingual Inuktitut & English Edition. Ali Hinch. Illus. by Ali Hinch. ed. 2020. (Arvaaq Bks.). (ENG., Illus.). 32p. (J). pap. 10.95 *(978-0-2287-0489-8(8))* Inhabit Education Bks. Inc. CAN. Dist: Consortium Bk. Sales & Distribution.

Nanuq & Nuka: Get Up! Bilingual Inuktitut & English Edition. Ali Hinch. Illus. by Ali Hinch. ed. 2020. (Arvaaq Bks.). (ENG., Illus.). 32p. (J). pap. 10.95 *(978-0-2287-0487-4(1))* Inhabit Education Bks. Inc. CAN. Dist: Consortium Bk. Sales & Distribution.

Nanuq & Nuka: Teamwork! Bilingual Inuktitut & English Edition. Ali Hinch. Illus. by Ali Hinch. 2020. (Arvaaq Bks.). (ENG., Illus.). 28p. (J). pap. 14.95 *(978-1-77450-040-8(X))* Inhabit Education Bks. Inc. CAN. Dist: Consortium Bk. Sales & Distribution.

Nanuq & Nuka: Try Again, Nuka! Bilingual Inuktitut & English Edition. Ali Hinch. Illus. by Ali Hinch. ed. 2020. (Arvaaq Bks.). (ENG., Illus.). 28p. (J). pap. 10.95 *(978-0-2287-0488-1(X))* Inhabit Education Bks. Inc. CAN. Dist: Consortium Bk. Sales & Distribution.

Nanuq & Nuka: What Are These? Kamiik! Bilingual Inuktitut & English Edition. Ali Hinch. Illus. by Ali Hinch. 2020. (Arvaaq Bks.). (ENG., Illus.). 28p. (J). pap. 14.95 *(978-1-77450-039-2(6))* Inhabit Education Bks. Inc. CAN. Dist: Consortium Bk. Sales & Distribution.

Nanuq's Baby Brother: Bilingual Inuktitut & English Edition. Nadia Sammurtok & Rachel Rupke. Illus. by Ali Hinch. 2021. (Arvaaq Bks.). 44p. (J). pap. 14.95 *(978-1-77450-267-9(4))* Inhabit Education Bks. Inc. CAN. Dist: Consortium Bk. Sales & Distribution.

Naomi Godstone (Classic Reprint) Richmal Crompton. 2017. (ENG., Illus.). (J). 30.58 *(978-0-266-23311-4(2))* Forgotten Bks.

Naomi Grace's Wonder-Full Christmas. Jean-Marie R. Bralley. 2022. (ENG.). 42p. (J). pap. 11.95 ***(978-1-63885-560-6(9))*** Covenant Bks.

Naomi; or Boston, Two Hundred Years Ago (Classic Reprint) Eliza Buckminster Lee. 2018. (ENG., Illus.). 458p. (J). 33.34 *(978-0-483-36313-7(8))* Forgotten Bks.

Naomi Osaka. Jon M. Fishman. 2021. (Sports All-Stars (Lerner (tm) Sports) Ser.). (ENG., Illus.). 32p. (J). (gr. 2-5). pap. 9.99 *(978-1-7284-1405-8(9)*, afdde5e6-dbd7-4742-8657-f2dcc306b10f); lib. bdg. 29.32 *(978-1-5415-9751-8(6)*, a8bfc926-31e9-44e1-8ae1-ca8d4b39ae3c) Lerner Publishing Group. (Lerner Pubns.).

Naomi Osaka. Meeg Pincus. Illus. by Jeff Bane. 2020. (My Early Library: My Itty-Bitty Bio Ser.). (ENG.). 24p. (J). (gr. k-1). lib. bdg. 30.64 *(978-1-5341-6838-1(9)*, 215239) Cherry Lake Publishing.

Naomi Osaka: Tennis Star. Matt Scheff. 2020. (Biggest Names in Sports Set 5 Ser.). (ENG., Illus.). 32p. (J). (gr. 3-5). 31.35 *(978-1-64493-054-0(4)*, 1644930544, Focus Readers) North Star Editions.

Naomi Teitelbaum Ends the World. Samara Shanker. (Golems & Goblins Ser.). (ENG.). (J). (gr. 3-7). 2023. 272p. pap. 8.99 ***(978-1-6659-0503-9(4))***; 2022. 256p. 17.99 *(978-1-6659-0502-2(6))* Simon & Schuster Children's Publishing. (Atheneum Bks. for Young Readers).

Naomi the Rainbow Glitter Dragon, 3. Maddy Mara. ed. 2021. (Dragon Girls Ser.). (ENG., Illus.). 123p. (J). (gr. 2-3). 15.46 *(978-1-68505-053-5(0))* Penworthy Co., LLC, The.

Naomi the Rainbow Glitter Dragon (Dragon Girls #3) Maddy Mara. 2021. (Dragon Girls Ser.). (ENG., Illus.). 144p. (J). (gr. 2-5). pap. 5.99 *(978-1-338-68065-2(X)*, Scholastic Paperbacks) Scholastic, Inc.

Naomi, the Raven, & the Bullies at the Dance. C. Christopher Jenkins. 2021. (ENG.). 30p. (J). pap. 14.95 *(978-1-64468-207-4(9))* Covenant Bks.

Naomi Torrente: The History of a Woman (Classic Reprint) Gertrude F. De Vingut. 2018. (ENG., Illus.). 286p. (J). 29.80 *(978-0-483-20280-1(0))* Forgotten Bks.

Naomi's Experience. Helen Mondoh et al. 2022. (ENG.). 56p. (J). pap. 18.00 ***(978-1-0880-3770-6(4))*** Indy Pub.

Naomi's Joy. Sandra Lott. Illus. by Abira Das. 2021. (ENG.). 70p. (J). pap. 17.99 *(978-1-954868-93-9(6))* Pen It Pubns.

Naomis Too. Olugbemisola Rhuday-Perkovich & Audrey Vernick. (ENG.). 320p. (J). (gr. 3-7). 2020. pap. 7.99 *(978-0-06-268516-2(3))*; 2018. 16.99 *(978-0-06-268515-5(5))* HarperCollins Pubs. (Balzer & Bray).

Naondel: The Red Abbey Chronicles Book 2. Maria Turtschaninoff. 2018. (Red Abbey Chronicles Ser.). (ENG.). 384p. (J). (gr. 9-17). 18.99 *(978-1-4197-2555-5(6)*, 1157701, Amulet Bks.) Abrams, Inc.

Nap Time. Susan Hughes. 2017. (ENG., Illus.). 14p. (J). (gr. -1). bds. 7.99 *(978-1-55451-949-1(7))* Annick Pr., Ltd. CAN. Dist: Publishers Group West (PGW).

Napa Christchild: And Benicia's Letters (Classic Reprint) Charles A. Gunnison. 2018. (ENG., Illus.). 82p. (J). 25.59 *(978-0-483-51324-2(5))* Forgotten Bks.

Napheesa Collier. Erin Nicks. 2022. (WNBA Superstars Ser.). (ENG., Illus.). 32p. (J). (gr. 3-5). pap. 9.95 *(978-1-63739-119-8(6))*; lib. bdg. 31.35 *(978-1-63739-065-8(3))* North Star Editions. (Focus Readers).

Napoleon: A Life. Adam Zamoyski. 2018. (ENG., Illus.). 784p. 40.00 *(978-0-465-05593-7(1))* Basic Bks.

Napoleon: A Play (Classic Reprint) Herbert Trench. 2018. (ENG., Illus.). 114p. (J). 26.27 *(978-0-267-64260-1(1))* Forgotten Bks.

Napoleón Bonaparte. Ed. by Rafael Diaz Ycaza. Illus. by Nelson Jacome. 2017. (Ariel Juvenil Ilustrada Ser.: Vol. 35). (SPA.). 126p. (J). pap. *(978-9978-18-444-8(9))* Radmandi Editorial, Compania Ltd.

Napoleon Bonaparte, 1 vol. Megan Mills Hoffman. 2017. (Great Military Leaders Ser.). (ENG., Illus.). 128p. (J). (gr. 9-9). 47.36 *(978-1-5026-2782-7(5)*, 98bb5a2a-a196-42e6-8a97-29a738de85e0) Cavendish Square Publishing LLC.

Napoléon Bonaparte: A Reference Guide to His Life & Works. Joshua Meeks. 2019. (Significant Figures in World History Ser.). (Illus.). 288p. (YA). (gr. 8-17). 59.00 *(978-1-5381-1350-9(3))* Rowman & Littlefield Publishers, Inc.

Napoleon Bonaparte: Emperor, 1 vol. William Doyle. 2016. (History Makers Ser.). (ENG., Illus.). 144p. (YA). (gr. 9-9). 47.36 *(978-1-5026-2447-5(8)*, b7639853-43b4-4b44-beae-186162b5d27f) Cavendish Square Publishing LLC.

Napoleon, from the Tuileries to St. Helena: Personal Recollections of the Emperor's Second Mameluke & Valet Louis Etienne St. Denis (Known As Ali) (Classic Reprint) Louis Étienne Saint Denis. 2018. (ENG., Illus.). 350p. (J). 31.14 *(978-0-483-16391-1(0))* Forgotten Bks.

Napoleon from the Tuileries to St. Helena: Personal Recollections of the Emperor's Second Nameluke & Valet Louis Etienne St. Denis (Known As Ali) (Classic Reprint) Louis-Etienne Saint-Denis. 2017. (ENG., Illus.). (J). 30.29 *(978-0-331-19814-0(2))*; pap. 13.57 *(978-0-282-53995-5(6))* Forgotten Bks.

Napoleon Jackson: The Gentleman of the Plush Rocker (Classic Reprint) Ruth McEnery Stuart. 2018. (ENG., Illus.). 142p. (J). 26.83 *(978-0-656-93452-2(2))* Forgotten Bks.

Napoleon of Notting Hill (Classic Reprint) G. K. Chesterton. 2017. (ENG., Illus.). (J). 30.54 *(978-0-266-16402-9(1))* Forgotten Bks.

Napoleon Smith (Classic Reprint) William J. Arkell. 2018. (ENG., Illus.). (J). 204p. 28.10 *(978-1-397-21411-9(2))*; 206p. pap. 10.57 *(978-1-397-21408-9(2))* Forgotten Bks.

Napoleon vs. the Bunnies. J. F. Fox & J. F. Fox. Illus. by Anna Kwan. 2021. (Head-To-Head History Ser.). (ENG.). 40p. (J). (gr. k-3). 17.99 *(978-1-5253-0202-2(7))* Kids Can Pr., Ltd. CAN. Dist: Hachette Bk. Group.

Napoleon's Love Story: A Historical Romance (Classic Reprint) Waclaw Gasiorowski. (ENG., Illus.). (J). 2018. 468p. 33.55 *(978-0-484-84393-5(1))*; 2017. pap. 16.57 *(978-0-243-39965-9(0))* Forgotten Bks.

Napoleon's Oraculum & Dream Book: Containing the Great Oracle of Human Destiny; Also the True Meaning of Almost Any Kind of Dreams; Together with Charms, Ceremonies, & Curious Games of Cards; a Complete Book (Classic Reprint) Unknown Author. 2017. (ENG., Illus.). (J). 25.34 *(978-0-331-13265-6(6))*; pap. 9.57 *(978-0-259-79157-7(1))* Forgotten Bks.

Napoleon's Young Neighbor (Classic Reprint) Helen Leah Reed. 2018. (ENG., Illus.). 298p. (J). 30.06 *(978-0-484-57067-1(6))* Forgotten Bks.

Napping Princess (light Novel) The Story of the Unknown Me. Kenji Kamiyama. 2018. (ENG., Illus.). 176p. (gr. 8-17). pap. 14.00 *(978-1-9753-2608-1(3)*, 9781975326081, Yen Pr.) Yen Pr. LLC.

Nappturly Cute Chronicles: Amina's Christmas Adventure. Sandra C. Oliver. Illus. by Jasmine Mills. 2020. (Nappturly Cute Chronicles Ser.: Vol. 3). (ENG.). 44p. (J). pap. 12.99 *(978-0-578-93353-5(5))* DewPuffBaby.

Nappturly Cute Chronicles: I Can. Jasmine Mills & Sandra C. Oliver. 2021. (Nappturly Cute Chronicles Ser.: Vol. 2). (ENG.). 32p. (J). pap. 12.99 *(978-0-578-95639-8(X))* DewPuffBaby.

Nappy's Bark. Mary I. Bailey. 2022. (ENG.). 42p. (J). pap. 11.99 ***(978-1-0880-2990-9(6))*** Indy Pub.

Naptime in the Neighborhood. Illus. by Jason Fruchter. 2020. (Daniel Tiger's Neighborhood Ser.). (ENG.). 24p. (J). (gr. -1-2). pap. 4.99 *(978-1-5344-6903-7(6)*, Simon Spotlight) Simon Spotlight.

Naptime in the Neighborhood. Alexandra Cassel Schwartz. ed. 2020. (Daniel Tiger 8x8 Bks). (ENG., Illus.). 24p. (J). (gr. k-1). 13.96 *(978-1-64697-421-4(2))* Penworthy Co., LLC, The.

Nara & the Island. Dan Ungureanu. Illus. by Dan Ungureanu. 2016. (ENG., Illus.). 32p. (J). (gr. -1-3). 17.99 *(978-1-5124-1793-7(9)*, b39e93f5-4ba7-49eb-b096-f924885ca367); E-Book 27.99 *(978-1-5124-1794-4(7)*, 9781512417944) Lerner Publishing Group.

Naranja. Amy Culliford. Tr. by Pablo de la Vega. 2021. (Mi Color Favorito (My Favorite Color) Ser.). (SPA., Illus.). 16p. (J). (gr. -1-1). pap. *(978-1-4271-3293-2(3)*, 14843) Crabtree Publishing Co.

Narcissa or the Road to Rome: In Verona (Classic Reprint) Laura E. Richards. 2018. (ENG., Illus.). 92p. (J). 25.79 *(978-0-483-99810-0(9))* Forgotten Bks.

Narcissus (Classic Reprint) Viola Meynell. (ENG., Illus.). (J). 2018. 338p. 30.87 *(978-0-428-76498-2(3))*; 2016. pap. 13.57 *(978-1-334-13936-9(9))* Forgotten Bks.

Narcissus (Classic Reprint) Evelyn Scott. 2018. (ENG., Illus.). 276p. (J). 29.59 *(978-0-484-42323-6(1))* Forgotten Bks.

Narcosis Room. Louise Cypress. 2019. (ENG.). 318p. (YA). (gr. 7-12). pap. 14.95 *(978-1-945654-19-0(8))* Owl Hollow Pr.

Naresborough Victory, Vol. 1: A Story in Five Parts (Classic Reprint) Thomas Keyworth. 2018. (ENG., Illus.). 334p. (J). 30.79 *(978-0-267-43218-9(6))* Forgotten Bks.

Nari the Ninja Pet Sitter. Shawna Yant. 2019. (Nari the Ninja Ser.). (ENG., Illus.). 26p. (J). (gr. k-6). 19.00 *(978-0-578-53192-2(5))* Your Home Pet Care.

Nariz. Amy Culliford. 2022. (¿Qué Animal Tiene Estas Partes? (What Animal Has These Parts?) Ser.). (SPA.). 16p. (J). (gr. -1-1). pap. *(978-1-0396-4919-4(X)*, 19188); lib. bdg. *(978-1-0396-4792-3(8)*, 19187) Crabtree Publishing Co.

Narka, the Nihilist (Classic Reprint) Kathleen O'Meara. (ENG., Illus.). (J). 2018. 370p. 31.53 *(978-0-484-27880-5(0))*; 2016. pap. 13.97 *(978-1-333-23347-1(7))* Forgotten Bks.

Narka, Vol. 1 Of 2: A Novel (Classic Reprint) Kathleen O'Meara. (ENG., Illus.). (J). 2018. 318p. 30.46 *(978-0-483-50005-1(4))*; 2016. pap. 13.57 *(978-1-333-16493-5(9))* Forgotten Bks.

Narka, Vol. 2 Of 2: A Novel (Classic Reprint) Kathellen O'Meara. 2018. (ENG., Illus.). 322p. (J). 30.54 *(978-0-483-40745-9(3))* Forgotten Bks.

Narraciones en Espanol y en Ingles: Una Madre (Episodio de la Batalla de Trafalgar); la Flor de Las Ruinas; la Conciencia; el Escapulario (Classic Reprint) Fernán Caballero. 2017. (ENG., Illus.). (J). 31.03 *(978-0-266-35760-5(1))*; pap. 13.57 *(978-0-265-15436-6(7))* Forgotten Bks.

Narragansett; or the Plantations, Vol. 1 Of 3: A Story of 177 (Classic Reprint) Unknown Author. 2017. (ENG., Illus.). (J). pap. 13.57 *(978-1-5276-3036-9(6))* Forgotten Bks.

Narragansett, or the Plantations, Vol. 2 Of 3: A Story of 177 (Classic Reprint) Unknown Author. (ENG., Illus.). (J). 2018. 314p. 30.37 *(978-0-666-06036-5(3))*; 2017. pap. 13.57 *(978-1-5276-4330-7(1))* Forgotten Bks.

Narragansett; or the Plantations, Vol. 3: A Story of 177 (Classic Reprint) Narragansett Narragansett. 2018. (ENG., Illus.). 366p. (J). 31.45 *(978-0-483-14265-7(4))* Forgotten Bks.

Narraitve of the Life of Solomon Mack: Containing an Account of the Many Severe Accidents He Met with During a Long Series of Years, Together with the Extraordinary Manner in Which He Was Converted to the Christian Faith (Classic Reprint) Solomon Mack. 2018. (ENG., Illus.). (J). 52p. 24.99 *(978-0-366-20351-2(7))*; 54p. pap. 9.57 *(978-0-365-80561-8(0))* Forgotten Bks.

Narration & Point of View. Valerie Bodden. (Odysseys in Prose Ser.). (ENG., Illus.). 80p. (J). (gr. 7-11). 2017. pap. 14.99 *(978-1-62832-325-2(6)*, 20686, Creative Paperbacks); 2016. *(978-1-60818-729-4(2)*, 20688, Creative Education) Creative Co., The.

Narrative. Sue Duggleby & Ross Duggleby. ed. 2017. (Storycards Ser.). (ENG., Illus.). 48p. (C). 59.95 *(978-0-86388-549-5(7)*, Y330238) Routledge.

Narrative & Confessions of Lucretia P. Cannon, Who Was Tried, Convicted, & Sentences to Be Hung at Georgetown, Delaware, with Two of Her Accomplices: Containing an Account of Some of the Most Horrible & Shocking Murders & Daring Robberies Ever Com. Lucretia P. Cannon. 2018. (ENG., Illus.). (J). 26p. 24.43 *(978-0-331-10164-5(5))*; 28p. pap. 7.97 *(978-0-260-22887-1(7))* Forgotten Bks.

Narrative of a Journey Round the World: Comprising a Winter-Passage Across the Andes to Chili; with a Visit to the Gold Regions of California & Australia, the South Sea Islands, Java, &C (Classic Reprint) F. Gerstaecker. 2017. (ENG., Illus.). (J). 36.77 *(978-0-260-46599-3(2))*; 36.77 *(978-0-331-82741-5(7))*; pap. 19.57 *(978-0-243-93408-9(4))* Forgotten Bks.

Narrative of a Three Years' Residence: In Italy, 1819-1822. with Illustrations of the Present State of Religion in That Country (Classic Reprint) Unknown Author. 2017. (ENG., Illus.). (J). 468p. 33.55 *(978-0-484-19530-0(1))*; pap. 16.57 *(978-0-259-43048-3(X))* Forgotten Bks.

Narrative of All the Robberies, Escapes, &C. of John Sheppard: Giving an Exact Description of the Manner of His Wonderful Escape from the Castle in Newgate, & of the Methods He Took Afterward for His Security (Classic Reprint) John Sheppard. 2018. (ENG., Illus.). 36p. (J). 24.66 *(978-0-267-86754-7(9))* Forgotten Bks.

Narrative of Bethany Veney, a Slave Woman. Bethany Veney. 2017. (ENG., Illus.). (J). pap. *(978-3-7447-3781-4(0))* Creation Pubs.

Narrative of Bethany Veney, a Slave Woman (Classic Reprint) Bethany Veney. 2017. (ENG., Illus.). (J). 48p. 24.91 *(978-0-331-82278-6(4))*; pap. 9.57 *(978-0-243-30169-0(3))* Forgotten Bks.

Narrative of Captain Coignet: Soldier of the Empire, 1776-1850 (Classic Reprint) Lorédan Larchey. 2019. (ENG., Illus.). 362p. (J). 31.36 *(978-0-365-22651-2(3))* Forgotten Bks.

Narrative of Events in the Life of William Green, Formerly a Slave (Classic Reprint) William Green. (ENG., Illus.). (J). 2017. 24.52 *(978-0-331-81945-8(7))*; 2016. pap. 7.97 *(978-1-333-78003-6(6))* Forgotten Bks.

Narrative of Events, since the First of August, 1834 (Classic Reprint) James Williams. 2017. (ENG., Illus.). (J). 34p. 24.60 *(978-0-484-34780-8(2))*; pap. 7.97 *(978-0-259-44294-3(1))* Forgotten Bks.

Narrative of James Williams, an American Slave, Who Was for Several Years a Driver on a Cotton Plantation in Alabama (Classic Reprint) James Williams. (ENG., Illus.). (J). 2018. 112p. 26.21 *(978-0-666-09834-4(4))*; 2017. pap. 9.57 *(978-0-259-52536-3(7))* Forgotten Bks.

Narrative of Personal Experiences & Impressions During a Residence on the Bosphorus Throughout the Crimean War (Classic Reprint) Alicia Blackwood. (ENG., Illus.). (J). 2018. 354p. 31.20 *(978-0-666-13776-0(5))*; 2017. pap. 13.57 *(978-0-259-49844-5(0))* Forgotten Bks.

Narrative of Solomon Northup: A Citizen of New-York, Kidnapped in Washington City in 1841, & Rescued in 1853, from a Cotton Plantation near the Red River, in Louisiana (Classic Reprint) Solomon Northup. 2018. (ENG., Illus.). 340p. (J). 30.91 *(978-0-365-31357-1(2))* Forgotten Bks.

Narrative of Some of the Lord's Dealings with George Muller Third Part: Written by Himself. George M?¬ller. 2017. (ENG., Illus.). (J). 25.95 *(978-1-374-86624-9(5))*; pap. 15.95 *(978-1-374-86623-2(7))* Capital Communications, Inc.

Narrative of the Captivity, Sufferings, & Removes, of Mrs. Mary Rowlandson. Mary White Rowlandson. 2017. (ENG., Illus.). (J). pap. *(978-3-7447-9444-2(X))* Creation Pubs.

Narrative of the Captivity, Sufferings, & Removes, of Mrs. Mary Rowlandson: Who Was Taken Prisoner by the Indians at the Destruction of Lancaster in 1074 to Which Is Appended a Century Sermon, Preached at the First Parish in Lancaster, May 28 1758. Timothy Harrington. 2017. (ENG., Illus.). (J). 26.50 *(978-1-5285-7116-6(9))* Forgotten Bks.

Narrative of the Captivity, Sufferings, & Removes, of Mrs. Mary Rowlandson: Who Was Taken Prisoner by the Indians; with Several Others; & Treated in the Most Barbarous & Cruel Manner by Those Vile Savages (Classic Reprint) Mary White Rowlandson. (ENG., Illus.). (J). 2018. 46p. 24.87 *(978-0-484-53413-0(0))*; 2016. pap. 7.97 *(978-1-333-60504-9(8))* Forgotten Bks.

Narrative of the Case of Miss. Margaret Mcavoy: With an Account of Some Optical Experiments Connected with It (Classic Reprint) Thomas Renwick. 2018. (ENG., Illus.). 152p. (J). 27.05 *(978-0-267-69078-7(9))* Forgotten Bks.

Narrative of the Journey of an Irish Gentleman Through England in the Year 1752 (Classic Reprint) Unknown Author. 2018. (ENG., Illus.). 190p. (J). 27.82 *(978-0-483-63376-6(3))* Forgotten Bks.

Narrative of the Life of James Downing, (a Blind Man,) Late a Private in His Majesty's 20th Regiment of Foot: Containing Historical, Naval, Military, Moral, Religious, & Entertaining Reflections (Classic Reprint) James Downing. (ENG., Illus.). (J). 2018. 146p. 26.93 *(978-0-483-43396-0(9))*; 2017. pap. 9.57 *(978-0-243-27963-0(9))* Forgotten Bks.

Narrative of the Life of James Downing, (a Blind Man), Late a Private in His Majesty's 20th Regiment of Foot: Containing Historical, Naval, Military, Moral, Religious, & Entertaining Reflections (Classic Reprint) James Downing. (ENG., Illus.). (J). 2018. 150p. 26.99 *(978-0-332-82823-7(9))*; 2016. pap. 9.57 *(978-1-333-41489-4(7))* Forgotten Bks.

Narrative of the Life of John Marrant, of New York, in North America: With an Account of the Conversion of the King of the Cherokees & His Daughter (Classic Reprint) John Marrant. 2017. (ENG., Illus.). (J). 24.41 *(978-1-5285-4864-9(7))* Forgotten Bks.

Narrative of the Most Remarkable Particulars in the Life of James Albert Ukawsaw Gronniosaw, an African Prince, As Related by Himself. James Albert Ukawsaw Gronniosaw. 2018. (ENG., Illus.). 42p. (J). pap. *(978-93-87600-17-1(3))* Alpha Editions.

Narrative of the Most Remarkable Particulars in the Life of James Albert Ukawsaw Gronniosaw, an African Prince, As Related by Himself (Classic Reprint) James Albert Ukawsaw Gronniosaw. 2017. (ENG., Illus.). (J). 24.60 *(978-0-331-06562-6(2))*; pap. 7.97 *(978-0-260-38878-0(5))* Forgotten Bks.

Narrative of the Nines, 1899 (Classic Reprint) Davidson College. (ENG., Illus.). (J). 2018. 122p. 26.43 *(978-0-267-55033-3(2))*; 2016. pap. 9.57 *(978-1-333-55050-9(2))* Forgotten Bks.

Narrative of the Residence of the Persian Princes in London, in 1835 & 1836, Vol. 1 Of 2: With an Account of Their Journey from Persia, & Subsequent Adventures (Classic Reprint) James Baillie Fraser. 2017. (ENG., Illus.). (J). 30.87 *(978-0-265-67360-7(7))*; pap. 13.57 *(978-1-5276-4691-9(2))* Forgotten Bks.

Narrative of the Residence of the Persian Princes in London, in 1835 & 1836, Vol. 2 Of 2: With an Account of Their Journey from Persia, & Subsequent Adventures (Classic Reprint) James Baillie Fraser. (ENG., Illus.). (J). 2018. 334p. 30.79 *(978-0-666-58604-9(7))*; 2017. pap. 13.57 *(978-0-259-50636-2(2))* Forgotten Bks.

Narrative of the Rise, Progress, & Conclusion of the Process Against Mr. Maclagan, Minister of Melrose: With Remarks (Classic Reprint) Unknown Author. (ENG., Illus.). (J). 2018. 40p. 24.72 *(978-0-666-81617-7(4))*; 2017. pap. 7.97 *(978-0-259-39842-4(X))* Forgotten Bks.

Narrative of the Seizure & Confinement of Ann Brookhouse: Who Was Assaulted in One of the Streets of London, & Carried off by Two Hired Ruffians, May 7,

1798, & Detained in Close Imprisonment, till August 25, Following; As Related by Herself. Ann. Brookhouse. (ENG., Illus.). (J). 2018. 124p. 26.45 *(978-0-483-30395-9(X))*; 2016. pap. 9.57 *(978-1-334-16499-6(1))* Forgotten Bks.

Narrative of the Sufferings of Lewis Clarke: During a Captivity of More Than Twenty-Five Years, among the Algerines of Kentucky, One of the So Called Christian State of North America (Classic Reprint) Lewis Clark. 2017. (ENG., Illus.). (J). 27.07 *(978-0-260-29704-4(6))* Forgotten Bks.

Narrative of the Voyages Round the World, Performed by Captain James Cook with an Account of His Life During the Previous & Intervening Periods. Andrew Kippis. 2018. (ENG., Illus.). 386p. (YA). (gr. 7-12). pap. *(978-93-5297-024-7(1))* Alpha Editions.

Narrative Paragraphs. Frances Purslow. 2016. *(978-1-5105-2281-7(6))* SmartBook Media, Inc.

Narrative Story of an Unit on Soil Erosion (Classic Reprint) U. S. Department Of Agriculture. (ENG., Illus.). (J). 2018. 24p. 24.41 *(978-0-267-25949-6(2))*; 2017. pap. 7.97 *(978-0-259-99069-7(8))* Forgotten Bks.

Narratives of Eliza Cunningham: Dinah Doudney; & the Children of the Forest (Classic Reprint) American Tract Society. 2018. (ENG., Illus.). 112p. (J). 26.21 *(978-0-483-53268-7(1))* Forgotten Bks.

Narratives of Nature, & History Book for Young Naturalists (Classic Reprint) Agnes Strickland. 2018. (ENG., Illus.). (J). 306p. 30.21 *(978-1-397-18983-7(5))*; 308p. pap. 13.57 *(978-1-397-18978-3(9))* Forgotten Bks.

Narratives of Trapping Life (Classic Reprint) Unknown Author. 2018. (ENG., Illus.). 102p. (J). 26.00 *(978-0-332-84586-9(9))* Forgotten Bks.

Narrow. Kate Alice Marshall. 2023. (ENG.). 384p. (YA). (gr. 7). 19.99 ***(978-0-593-40514-7(5)***, Viking Books for Young Readers) Penguin Young Readers Group.

Narrow Escape, Vol. 1 of 3 (Classic Reprint) Annie Thomas. (ENG., Illus.). (J). 2018. 312p. 30.33 *(978-0-267-55312-9(9))*; 2016. pap. 13.57 *(978-1-333-59723-8(1))* Forgotten Bks.

Narrow Escape, Vol. 2 Of 3: Reprinted from All the Year Round (Classic Reprint) Annie Thomas. 2018. (ENG., Illus.). 308p. (J). 30.25 *(978-0-484-05725-7(1))* Forgotten Bks.

Narrow Escape, Vol. 3 Of 3: Reprinted from All the Year Round (Classic Reprint) Annie Thomas. 2018. (ENG., Illus.). 302p. (J). 30.13 *(978-0-267-47011-2(8))* Forgotten Bks.

Narrow House (Classic Reprint) Evelyn Scott. 2018. (ENG., Illus.). 268p. (J). 29.42 *(978-0-483-83289-3(8))* Forgotten Bks.

Narrow Trail: A Wanderer's Guide to Finding Jesus. Chuck Ryor. 2021. (Illus.). 236p. (J). pap. 17.99 *(978-1-63195-492-4(X))* Morgan James Publishing.

Narrowing the Attainment Gap: a Handbook for Schools. Daniel Sobel. 2018. (ENG., Illus.). 224p. pap. *(978-1-4729-4637-9(5)*, 353823, Bloomsbury Education) Bloomsbury Publishing Plc.

Naruto: Ninja & Hero: Ninja & Hero. Kenny Abdo. (Video Game Heroes Set 2 Ser.). (ENG., Illus.). 24p. (J). (gr. 2-2). 2022. pap. 8.95 *(978-1-64494-740-1(4))*; 2021. lib. bdg. 31.36 *(978-1-0982-2695-4(X)*, 38680) ABDO Publishing Co. (Abdo Zoom-Fly).

Narva, 1917 (Classic Reprint) Park College. 2018. (ENG., Illus.). (J). 170p. 27.42 *(978-1-396-71402-3(2))*; 172p. pap. 9.97 *(978-1-396-13344-2(5))* Forgotten Bks.

Narval. Solomon Awa & Hwei Lim. 2020. (Animaux Illustrés Ser.: 3). Orig. Title: Animals Illustrated: Narwhal. (FRE., Illus.). 32p. (J). (gr. 1-3). 14.95 *(978-2-7644-3932-6(6))* Quebec Amerique CAN. Dist: Orca Bk. Pubs. USA.

Narval. Aaron Carr. 2016. (Yo Soy Ser.). (SPA.). 24p. (J). pap. 31.41 *(978-1-4896-4333-9(8))* Weigl Pubs., Inc.

Narval (Narwhal) Grace Hansen. 2021. (Animales Del Ártico (Arctic Animals) Ser.). (SPA.). 24p. (J). (gr. -1-2). lib. bdg. 32.79 *(978-1-0982-0427-3(1)*, 35344, Abdo Kids) ABDO Publishing Co.

Narvales. Logan Avery. rev. ed. 2019. (Mathematics in the Real World Ser.). (SPA., Illus.). 24p. (J). (gr. 1-2). pap. 9.99 *(978-1-4258-2842-4(6))* Teacher Created Materials, Inc.

Narwhal. Grace Hansen. 2019. (Arctic Animals Ser.). (ENG., Illus.). 24p. (J). (gr. -1-2). lib. bdg. 32.79 *(978-1-5321-8887-9(0)*, 32944, Abdo Kids) ABDO Publishing Co.

Narwhal: Unicorn of the Sea, 1. Ben Clanton. ed. 2018. (ENG.). 64p. (J). (gr. -1-1). 17.96 *(978-1-64310-522-2(1))* Penworthy Co., LLC, The.

Narwhal Adventure! (Mermicorn Island #2) Jason June. 2021. (Mermicorn Island Ser.: 2). (ENG., Illus.). 128p. (J). (gr. 2-5). pap. 5.99 *(978-1-338-68519-0(8)*, Scholastic Paperbacks) Scholastic, Inc.

Narwhal & Jelly Box Set (Paperback Books 1, 2, 3, & Poster), 3 vols. Ben Clanton. 2019. (Narwhal & Jelly Book Ser.). (ENG.). 64p. (J). (gr. 1-4). pap. 23.97 *(978-0-7352-6591-2(7)*, Tundra Bks.) Tundra Bks. CAN. Dist: Penguin Random Hse. LLC.

Narwhal & Jelly: Super Pod Party Pack! (Paperback Books 1 And 2) Ben Clanton. 2023. (Narwhal & Jelly Book Ser.). (ENG.). 136p. (J). (gr. 1-4). pap. 9.99 ***(978-1-77488-373-0(2)***, Tundra Bks.) PRH Canada Young Readers CAN. Dist: Penguin Random Hse. LLC.

Narwhal I'm Around. Aaron Reynolds. 2021. (Incredibly Dead Pets of Rex Dexter Ser.: 2). (ENG., Illus.). 224p. (J). (gr. 3-7). 13.99 *(978-0-7595-5523-5(0))* Little, Brown Bks. for Young Readers.

Narwhal on a Sunny Night, 33. Mary Pope Osborne. ed. 2020. (Magic Tree House Ser.). (ENG.). 85p. (J). (gr. 2-3). 18.96 *(978-1-64697-238-8(4))* Penworthy Co., LLC, The.

Narwhal on a Sunny Night. Mary Pope Osborne. Illus. by A. G. Ford. (Magic Tree House (R) Ser.: 33). 112p. (J). (gr. 1-4). 2021. 6.99 *(978-0-525-64839-0(9))*; 2020. 13.99 *(978-0-525-64836-9(4))*; 2020. (ENG.). lib. bdg. 16.99 *(978-0-525-64837-6(2))* Random Hse. Children's Bks. (Random Hse. Bks. for Young Readers).

Narwhal Problem. Debbie Dadey. Illus. by Tatevik Avakyan. 2019. (Mermaid Tales Ser.: 19). (ENG.). 112p. (J). (gr. 1-4). 18.99 *(978-1-4814-8715-3(9))*; pap. 6.99 *(978-1-4814-8714-6(0))* Simon & Schuster Children's Publishing. (Aladdin).

Narwhal: the Arctic Unicorn. Justin Anderson. Illus. by Jo Weaver. 2022. (ENG.). 32p. (J). (gr. k-2). 17.99 *(978-1-5362-2512-9(6))* Candlewick Pr.

Narwhal: Unicorn of the Sea (a Narwhal & Jelly Book #1) Ben Clanton. 2016. (Narwhal & Jelly Book Ser.: 1). (ENG., Illus.). 64p. (J). (gr. 1-4). pap. 7.99 *(978-1-101-91871-5(3)*, Tundra Bks.) Tundra Bks. CAN. Dist: Penguin Random Hse. LLC.

Narwhal Unicorn of the Sea Coloring Book for Kids: Loaded with Uniquely Cute Narwhal Illustrations to Color. Great Gift for Girls & Boys of All Ages, Little Kids, Preschool, Kindergarten & Elementary. Jasmine Taylor. 2021. (ENG.). 65p. (J). pap. *(978-1-7947-9617-1(7))* Lulu Pr., Inc.

Narwhalicorn & Jelly (a Narwhal & Jelly Book #7) Ben Clanton. (Narwhal & Jelly Book Ser.: 7). (ENG.). 80p. (J). (gr. 1-4). 2023. pap. 7.99 ***(978-0-7352-6684-1(0))***; 2022. 12.99 *(978-0-7352-6672-8(7))* Tundra Bks. CAN. (Tundra Bks.). Dist: Penguin Random Hse. LLC.

Narwhals. Jessie Alkire. 2018. (Arctic Animals at Risk Ser.). (ENG., Illus.). 32p. (J). (gr. 3-6). lib. bdg. 32.79 *(978-1-5321-1698-8(5)*, 30684, Checkerboard Library) ABDO Publishing Co.

Narwhals. Emma Bassier. (Weird & Wonderful Animals Ser.). (ENG., Illus.). 32p. (J). 2020. (gr. 3-3). pap. 9.95 *(978-1-64494-338-0(7)*, 1644943387); 2019. (gr. 2-5). lib. bdg. 32.79 *(978-1-5321-6608-2(7)*, 33318, DiscoverRoo) Pop!.

Narwhals. Camilla de la Bedoyere. 2021. (Easy Readers Ser.). (ENG., Illus.). 32p. (J). (gr. k-2). lib. bdg. 29.32 *(978-0-7112-6460-1(0)*, 11e8e44b-4840-4867-a6b3-787f5b9c94ad) QEB Publishing Inc.

Narwhals. Betsy Rathburn. 2020. (Animals of the Arctic Ser.). (ENG., Illus.). 24p. (J). (gr. k-3). lib. bdg. 26.95 *(978-1-64487-213-0(7)*, Blastoff! Readers) Bellwether Media.

Narwhals. Katie Woolley. 2022. (Reading Gems Fact Finders Ser.). (ENG., Illus.). 32p. (J). (gr. -1-2). pap. 8.99 *(978-0-7112-7312-2(X)*, 79ac34cb-039c-4acc-b01c-14070f9a492f); lib. bdg. 27.99 *(978-0-7112-7153-1(4)*, 3e7432ef-a518-4dc9-b026-62000b102cac) QEB Publishing Inc.

Narwhals & Other Whales: A Nonfiction Companion to Magic Tree House #33: Narwhal on a Sunny Night. Mary Pope Osborne & Natalie Pope Boyce. Illus. by Isidre Mones. 2020. (Magic Tree House (R) Fact Tracker Ser.: 42). 128p. (J). (gr. 2-5). lib. bdg. 12.99 *(978-1-9848-9321-5(1)*, Random Hse. Bks. for Young Readers) Random Hse. Children's Bks.

Narwhals Are Awesome. Jaclyn Jaycox. 2019. (Polar Animals Ser.). (ENG., Illus.). 32p. (J). (gr. -1-2). pap. 7.95 *(978-1-9771-0997-2(7)*, 140940, Pebble) Capstone.

Narwhal's Otter Friend, 4. Ben Clanton. ed. 2020. (Narwhal & Jelly Book Ser.). (ENG., Illus.). 64p. (J). (gr. k-1). 18.96 *(978-1-64697-352-1(6))* Penworthy Co., LLC, The.

Narwhal's Otter Friend (a Narwhal & Jelly Book #4) Ben Clanton. 2020. (Narwhal & Jelly Book Ser.: 4). (ENG.). 64p. (J). (gr. 1-4). pap. 7.99 *(978-0-7352-6249-2(7)*, Tundra Bks.) Tundra Bks. CAN. Dist: Penguin Random Hse. LLC.

Narwhal's School of Awesomeness (a Narwhal & Jelly Book #6) Ben Clanton. (Narwhal & Jelly Book Ser.: 6). (ENG.). (J). (gr. 1-4). 2023. 80p. pap. 7.99 *(978-0-7352-6255-3(1))*; 2021. 88p. 12.99 *(978-0-7352-6254-6(3))* Tundra Bks. CAN. (Tundra Bks.). Dist: Penguin Random Hse. LLC.

NASA. Julie Murray. 2019. (US Symbols (AK) Ser.). (ENG.). 24p. (J). (gr. -1-2). lib. bdg. 31.36 *(978-1-5321-8537-3(5)*, 31412, Abdo Kids) ABDO Publishing Co.

NASA & the Astronauts. Lisa J. Amstutz. 2018. (Destination Space Ser.). (ENG., Illus.). 48p. (J). (gr. 5-6). pap. 11.95 *(978-1-63517-569-1(0)*, 1635175690); lib. bdg. 34.21 *(978-1-63517-497-7(X)*, 163517497X) North Star Editions. (Focus Readers).

NASA Astronomer Nancy Grace Roman. Heather E. Schwartz. 2018. (STEM Trailblazer Bios Ser.). (ENG., Illus.). 32p. (J). (gr. 2-5). 26.65 *(978-1-5124-9979-7(X)*, f9d26d58-4169-4b0f-8e65-837456b8c53a, Lerner Pubns.) Lerner Publishing Group.

NASA Mathematician Katherine Johnson. Heather E. Schwartz. 2017. (STEM Trailblazer Bios Ser.). (ENG., Illus.). 32p. (J). (gr. 2-5). 26.65 *(978-1-5124-5703-2(5)*, 4b873c43-8f8b-4233-b212-0f0ee2d34fe9, Lerner Pubns.) Lerner Publishing Group.

NASA (nasa) Julie Murray. (Símbolos de Los Estados Unidos Ser.). (SPA.). 24p. (J). 2020. (gr. k-k). pap. 8.95 *(978-1-64494-377-9(8)*, 1644943778, Abdo Kids-Junior); 2019. (gr. -1-2). lib. bdg. 31.36 *(978-1-0982-0076-3(4)*, 33026, Abdo Kids) ABDO Publishing Co.

NASA Spinoffs. Julie Murray. 2019. (Space Technology Ser.). (ENG., Illus.). 24p. (J). (gr. k-4). lib. bdg. 31.36 *(978-1-5321-2926-1(2)*, 33134, Abdo Zoom-Dash) ABDO Publishing Co.

NASA Takes Photography Into Space. Arnold Ringstad. 2017. (Defining Images Ser.). (ENG., Illus.). 112p. (J). (gr. 6-12). lib. bdg. 41.36 *(978-1-5321-1017-7(0)*, 25610, Essential Library) ABDO Publishing Co.

NASA X-43a. Kate Riggs. 2018. (Now That's Fast! Ser.). 24p. (J). (gr. 1-4). (ENG.). pap. 8.99 *(978-1-62832-587-4(9)*, 19856, Creative Paperbacks); (ENG.). lib. bdg. *(978-1-64026-032-0(3)*, 19852, Creative Education); (SPA.). lib. bdg. *(978-1-64026-086-3(2)*, 22323, Creative Education) Creative Co., The.

Nasal Sinus Surgery with Operations on Nose & Throat (Classic Reprint) Beaman Douglass. 2017. (ENG., Illus.). (J). 29.80 *(978-1-5285-6677-3(7))* Forgotten Bks.

NASA's Journey to Mars: Pioneering Next Steps in Space Exploration. Ed. by National Aeronautics and Space Administration (NASA) Staff. 2016. (ENG.). (J). (gr. 6-5). pap. 10.00 *(978-0-16-093113-0(4))* United States Government Printing Office.

NASB Adventure Bible, Full Color Interior, Red Letter Edition, 1995 Text, Comfort Print [Blue], 1 vol. Zondervan. Ed. by Lawrence O. Richards. 2021. (Adventure Bible Ser.). (ENG., Illus.). 1536p. (J). im. lthr. 39.99 *(978-0-310-45519-6(7))* Zonderkidz.

NASB Adventure Bible, Hardcover, Full Color Interior, Red Letter, 1995 Text, Comfort Print, 1 vol. Zondervan Staff. Ed. by Lawrence O. Richards. 2021. (Adventure Bible Ser.). (ENG., Illus.). 1536p. (J). 32.99 *(978-0-310-11270-9(2))* Zonderkidz.

Nasby in Exile or Six Months of Travel: In England, Ireland, Scotland, France, Germany, Switzerland & Belgium; with Many Things Not of Travel (Classic Reprint) David R. Locke. 2018. (ENG., Illus.). 674p. (J). 37.80 *(978-0-483-20343-3(2))* Forgotten Bks.

Nasby Letters: Being the Original Nasby Letters, As Written During His Lifetime (Classic Reprint) David Ross Locke. 2018. (ENG., Illus.). 516p. (J). 34.54 *(978-0-332-11054-7(0))* Forgotten Bks.

NASCAR Biographies (Set), 6 vols. Kenny Abdo. 2021. (NASCAR Biographies Ser.). (ENG.). 24p. (J). (gr. 2-8). lib. bdg. 188.16 *(978-1-0982-2677-0(1)*, 38630, Abdo Zoom-Fly) ABDO Publishing Co.

NASCAR Biographies (Set Of 6) Kenny Abdo. 2022. (NASCAR Biographies Ser.). (ENG., Illus.). 144p. (J). (gr. 2-2). pap. 53.70 *(978-1-64494-680-0(7)*, Abdo Zoom-Fly) ABDO Publishing Co.

Nascar Racing. Contrib. by Heather Rook Bylenga. 2023. (Racing Sports Ser.). (ENG., Illus.). 32p. (J). pap. 9.95 ***(978-1-63738-593-7(5)***, Apex) North Star Editions.

NASCAR Racing. Heather Rook Bylenga. 2023. (Racing Sports Ser.). (ENG., Illus.). 32p. (J). lib. bdg. 31.35 ***(978-1-63738-539-5(0)***, Apex) North Star Editions.

NASCAR Sprint Cup. Jennifer Howse. 2016. (Championship Games Ser.). (ENG.). 32p. (J). lib. bdg. 22.99 *(978-1-5105-0843-9(0))* SmartBook Media, Inc.

NASCAR: Stats, Facts, & Figures, 1 vol. Kate Mikoley. 2017. (Do Math with Sports Stats! Ser.). (ENG.). 32p. (J). (gr. 3-4). pap. 11.50 *(978-1-5382-1141-0(6)*, 721fdcf9-f35e-4dfe-97f8-3b951b9abd67); lib. bdg. 28.27 *(978-1-5382-1143-4(2)*, 014df7ea-2bcd-4176-8b04-a8b61ddd9ca3) Stevens, Gareth Publishing LLLP.

Naseem's Journey. Anjuli Farmay. 2022. (ENG.). 36p. (J). ***(978-1-6781-7659-4(1))*** Lulu Pr., Inc.

Nashida: Visits the Mississippi State Capitol. Meredith Coleman McGee. 2017. (Moses Meredith Children's Book Ser.: Vol. 2). (ENG., Illus.), iii, 85p. (J). (gr. 1-6). 14.99 *(978-0-9993226-0-4(5))* Meredith Etc.

Nash's Lenten Stuff: Containing the Description & First Procreation & Increase of the Town of Great Yarmouth, in Norfolk; with a New Play, Never Played Before of the Praise of the Red-Herring (Classic Reprint) Charles Hindley. 2017. (ENG., Illus.). (J). 26.68 *(978-0-260-02479-4(1))* Forgotten Bks.

Nash's Wolf Pack. Amy Vlahos. 2022. (ENG.). 32p. (J). pap. 9.95 *(978-1-950768-80-6(5))* ProsePress.

Nash's Wolf Pack. Amy Vlahos. Illus. by April Bensch. 2022. (ENG.). 32p. (J). 16.95 *(978-1-950768-81-3(3))* ProsePress.

Nashville. Lily Erlic. 2020. (J). *(978-1-7911-1594-4(2)*, AV2 by Weigl) Weigl Pubs., Inc.

Nashville Predators. Luke Hanlon. 2023. (NHL Teams Set 3 Ser.). (ENG., Illus.). 32p. (J). pap. 9.95 ***(978-1-63494-700-8(2))*** Pr. Room Editions LLC.

Nashville Predators. Contrib. by Luke Hanlon. 2023. (NHL Teams Set 3 Ser.). (ENG., Illus.). 32p. (J). lib. bdg. 31.35 ***(978-1-63494-676-6(6))*** Pr. Room Editions LLC.

Nashville SC. Anthony K. Hewson. 2021. (Inside MLS Ser.). (ENG., Illus.). 48p. (J). (gr. 3-6). lib. bdg. 34.21 *(978-1-5321-9477-1(3)*, 37464, SportsZone) ABDO Publishing Co.

Nassau Herald, 1901, Vol. 37 (Classic Reprint) Howard Edwards Gansworth. (ENG., Illus.). (J). 2018. 192p. 27.88 *(978-0-656-65479-6(1))*; 2017. pap. 10.57 *(978-0-259-50999-8(X))* Forgotten Bks.

Nassau Herald of the Class of 1900 of Princeton University, Vol. 36: Class-Day, June 11th, 1900 (Classic Reprint) Edwin D. de Witt. 2017. (ENG., Illus.). (J). 27.90 *(978-0-265-61247-7(0))*; pap. 10.57 *(978-0-282-98524-0(7))* Forgotten Bks.

Nast's Illustrated Almanac for 1872 (Classic Reprint) Thomas Nast. 2018. (ENG., Illus.). 72p. (J). 25.71 *(978-0-484-29539-0(X))* Forgotten Bks.

Nasty Parasites, 1 vol. Roxanne Troup. 2019. (Creepy, Kooky Science Ser.). (ENG.). 48p. (gr. 5-5). pap. 12.70 *(978-1-9785-1380-8(1)*, 0ff34d1d-dc59-4cfa-8e2f-c552f966f470) Enslow Publishing, LLC.

Nasty Past, 8 vols. 2019. (Nasty Past Ser.). (ENG.). 32p. (J). (gr. 5-5). lib. bdg. 113.08 *(978-1-5382-5339-7(9)*, ddf92fac-0b51-43a7-a85b-fdb801cfe188) Stevens, Gareth Publishing LLLP.

Nasty Swans. Rosie Banks. 2017. (Cutest Animals... That Could Kill You! Ser.). 24p. (J). (gr. 2-3). 48.90 *(978-1-5382-1088-8(6))* Stevens, Gareth Publishing LLLP.

Nasutoceratops. Rebecca Sabelko. Illus. by James Keuther. 2021. (World of Dinosaurs Ser.). (ENG.). 24p. (J). (gr. 3-7). pap. 8.99 *(978-1-64834-501-2(8)*, 21166) Bellwether Media.

Nat & Raj. Brenda Ponnay. Illus. by Brenda Ponnay. 2022. (We Can Readers Ser.). (ENG.). (J). 20p. pap. 12.99 ***(978-1-5324-4122-6(3))***; 16p. (gr. -1-1). 24.99 ***(978-1-5324-3542-3(8))***; 16p. (gr. -1-1). pap. 12.99 ***(978-1-5324-3003-9(5))*** Xist Publishing.

Nat Can Code. Brenda Ponnay. Illus. by Brenda Ponnay. (We Can Readers Ser.). (ENG.). (J). (gr. k-1). 2022. 20p. pap. 12.99 ***(978-1-5324-4111-0(8))***; 2020. 16p. 24.99 *(978-1-5324-3543-0(6))*; 2020. (Illus.). 8p. pap. 7.99 *(978-1-5324-1552-4(4))*; 2020. (Illus.). 16p. pap. 12.99 *(978-1-5324-1551-7(6))* Xist Publishing.

Nat Can Help. Brenda Ponnay. Illus. by Brenda Ponnay. (We Can Readers Ser.). (ENG.). (J). 2022. 20p. pap. 12.99 ***(978-1-5324-4112-7(6))***; 2020. 8p. pap. 7.99 *(978-1-5324-2716-9(6))*; 2020. 16p. 24.99 *(978-1-5324-3544-7(4))*; 2020. 16p. pap. 12.99 *(978-1-5324-2715-2(8))* Xist Publishing.

Nat Enough: a Graphic Novel (Nat Enough #1) Maria Scrivan. Illus. by Maria Scrivan. 2020. (Nat Enough Ser.: 1). (ENG., Illus.). 240p. (J). (gr. 3-7). pap. 12.99 *(978-1-338-53819-9(5)*, Graphix) Scholastic, Inc.

Nat Enough: a Graphic Novel (Nat Enough #1) (Library Edition) Maria Scrivan. Illus. by Maria Scrivan. 2020. (Nat Enough Ser.: 1). (ENG., Illus.). 240p. (J). (gr. 3-7). lib. bdg. 24.99 *(978-1-338-53821-2(7)*, Graphix) Scholastic, Inc.

Nat for Nothing: a Graphic Novel (Nat Enough #4) Maria Scrivan. Illus. by Maria Scrivan. 2023. (Nat Enough Ser.). (ENG., Illus.). 240p. (J). (gr. 3-7). 24.99 *(978-1-338-71543-9(7))*; pap. 12.99 *(978-1-338-71542-2(9))* Scholastic, Inc. (Graphix).

Nat Plays Baseball. Brenda Ponnay. Illus. by Brenda Ponnay. (We Can Readers Ser.). (ENG.). (J). (gr. k-1). 2022. 20p. pap. 12.99 ***(978-1-5324-4113-4(4))***; 2020. 16p. 24.99 ***(978-1-5324-3545-4(2))***; 2020. (Illus.). 8p. pap. 7.99 *(978-1-5324-1550-0(8))*; 2020. (Illus.). 16p. pap. 12.99 *(978-1-5324-1549-4(4))* Xist Publishing.

Nat Sits: Starter 3. Ladybird. 2019. (Ladybird Readers Ser.). (Illus.). 32p. (gr. k). pap. 9.99 *(978-0-241-39369-7(8)*, Ladybird) Penguin Bks., Ltd. GBR. Dist: Independent Pubs. Group.

Nat Sits Activity Book - Ladybird Readers Starter Level 3. Ladybird. 2019. (Ladybird Readers Ser.). 16p. (gr. k). pap. 6.99 *(978-0-241-39387-1(6)*, Ladybird) Penguin Bks., Ltd. GBR. Dist: Independent Pubs. Group.

Nat the Cat Takes a Bath: Ready-To-Read Pre-Level 1. Jarrett Lerner. Illus. by Jarrett Lerner. 2023. (Nat the Cat Ser.). (ENG., Illus.). 32p. (J). (gr. -1-k). 17.99 ***(978-1-6659-1894-7(2))***; pap. 4.99 ***(978-1-6659-1893-0(4))*** Simon Spotlight. (Simon Spotlight).

Nat Turner & the Virginia Slave Revolt. Rivvy Neshama. 2021. (Black American Journey Ser.). (ENG.). 32p. (J). (gr. 4-7). lib. bdg. 35.64 *(978-1-5038-5372-0(1)*, 215261) Child's World, Inc, The.

Nat Turner's Rebellion. Shawn Pryor. Illus. by Silvio dB. 2020. (Movements & Resistance Ser.). (ENG.). 32p. (J). (gr. 3-5). pap. 7.95 *(978-1-4966-8685-5(3)*, 201194); lib. bdg. 36.65 *(978-1-4966-8122-5(3)*, 199250) Capstone. (Capstone Pr.).

Nat Turner's Slave Rebellion. Ellis Roxburgh. 2017. (Rebellions, Revolts, & Uprisings Ser.). 48p. (gr. 5-5). pap. 84.30 *(978-1-5382-0753-6(2))* Stevens, Gareth Publishing LLLP.

Nat Visits the Museum. Brenda Ponnay. Illus. by Brenda Ponnay. 2022. (We Can Readers Ser.). (ENG.). (J). 22p. pap. 12.99 ***(978-1-5324-4121-9(5))***; 16p. (gr. -1-1). 24.99 ***(978-1-5324-3546-1(0))***; 16p. (gr. -1-1). pap. 12.99 ***(978-1-5324-3002-2(7))*** Xist Publishing.

Nat Your Average Underdog Story. Hirdesh Matta. 2020. (ENG.). 32p. (J). (gr. k-3). 14.99 ***(978-1-7344546-1-1(X))*** Primedia eLaunch LLC.

Natación de Las Pequeñas Estrellas. Taylor Farley. Tr. by Pablo de la Vega. 2021. (Pequeñas Estrellas (Little Stars) Ser.). (SPA., Illus.). 24p. (J). (gr. k-2). pap. *(978-1-4271-3189-8(9)*, 15155); lib. bdg. *(978-1-4271-3171-3(6)*, 15136) Crabtree Publishing Co.

Natación y Los Saltos Ornamentales. M. K. Osborne. 2020. (Deportes Olímpicos de Verano Ser.). (SPA.). 32p. (J). (gr. 2-5). lib. bdg. *(978-1-68151-898-5(8)*, 10702) Amicus.

Natale 1: Libro Da Colorare per Bambini. Bold Illustrations. 2017. (ITA., Illus.). (J). pap. 8.35 *(978-1-64193-121-2(3)*, Bold Illustrations) FASTLANE LLC.

Natale 2: Libro Da Colorare per Bambini. Bold Illustrations. 2017. (ITA., Illus.). (J). pap. 8.35 *(978-1-64193-122-9(1)*, Bold Illustrations) FASTLANE LLC.

Natale EXTRA Di Extraterrestre... Aliena. Cable Evans. 2022. (ITA.). 241p. (YA). pap. ***(978-1-4709-2381-5(5))*** Lulu Pr., Inc.

Natale Libro Da Colorare per Bambini: Per Bambini Di 4-8 Anni. Young Dreamers Press. 2020. (Album Da Colorare per Bambini Ser.: Vol. 11). (ITA., Illus.). 66p. (J). pap. *(978-1-7773753-4-8(7))* EnemyOne.

Natalia Magical Bubble Wish. Patricia E. Sandoval. 2022. (ENG.). 54p. (J). pap. 14.95 *(978-1-0879-2386-4(7))* Indy Pub.

Natalia Magical Bubble Wish: Natalia Magical Bubble Wish. Patricia E. Sandoval. I.t. ed. 2021. (ENG.). 54p. (J). 12.99 *(978-1-0879-5965-8(9))* Indy Pub.

Natalia Takes the Lead, 2. Clare Hutton. ed. 2018. (American Girl Contemporary Ser.). (ENG.). 173p. (J). (gr. 4-5). 16.96 *(978-1-64310-230-6(3))* Penworthy Co., LLC, The.

Natalia the Unicorn Queen: A Balloon Fairytale. Jacob Cortes. 2020. (Illus.). 88p. (J). pap. 24.99 *(978-1-0983-1692-1(4))* BookBaby.

Natalia's Closet. Yanet Pájaro. 2023. (ENG.). 26p. (J). pap. 13.95 ***(978-1-63765-352-4(2))*** Halo Publishing International.

Natalie. James F. Park. 2019. (ENG.). 216p. (J). pap. ***(978-0-244-76853-9(6))*** Lulu Pr., Inc.

Natalie: And Other Stories (Classic Reprint) Frances Burnett. 2018. (ENG., Illus.). 196p. (J). 27.94 *(978-0-365-20529-6(X))* Forgotten Bks.

Natalie: Or, a Gem among the Sea-Weeds (Classic Reprint) Ferna Vale. (ENG., Illus.). (J). 2017. 30.66 *(978-0-266-18944-2(X))*; 2016. pap. 13.57 *(978-1-334-15731-8(6))* Forgotten Bks.

Natalie on the North Pole Express. J. D. Green. 2019. (North Pole Express Ser.). (ENG.). 32p. (J). (gr. -1-3). 7.99 ***(978-1-7282-0377-5(5))*** Sourcebooks, Inc.

Natalie Portman's Fables. Natalie Portman. Illus. by Janna Mattia. 2020. (ENG.). 64p. (J). 19.99 *(978-1-250-24686-8(5)*, 900214498) Feiwel & Friends.

Natalie Santa's Secret Elf. Put Me In The Story & Katherine Sully. Illus. by Julia Seal. 2018. (Santa's Secret Elf Ser.). (ENG.). 32p. (J). (gr. k-3). 5.99 *(978-1-4926-8167-0(9))* Sourcebooks, Inc.

Natalie the Narwhal. Kelsey Sweetland. 2022. (ENG.). 36p. (J). 16.99 ***(978-1-0879-3784-7(1))*** Indy Pub.

Natalie 'Twas the Night Before Christmas. Illus. by Lisa Alderson. 2019. (Night Before Christmas Ser.). (ENG.). 32p. (J). (gr. -1-3). 7.99 ***(978-1-7282-0270-9(1))*** Sourcebooks, Inc.

Natalie's Christmas Wish. Put Me In The Story & J. D. Green. Illus. by Julia Seal. 2018. (Christmas Wish Ser.). (ENG.). 32p. (J). (gr. k-3). 6.99 ***(978-1-4926-8352-0(3))*** Sourcebooks, Inc.

Natalie's Hair Was Wild! Laura Freeman. Illus. by Laura Freeman. 2018. (ENG., Illus.). 32p. (J). (gr. -1-3). 19.99

N

(978-1-328-66195-1(4), 1667517, Clarion Bks.) HarperCollins Pubs.

Natalie's World: Natalie Goes to Theater Camp - Book 1. Darlene Y. Middlebrooks. 2018. (ENG., Illus.). 66p. (YA). pap. 9.95 *(978-1-948282-88-8(7))* Yorkshire Publishing Group.

Natan Sharansky: Freedom Fighter for Soviet Jews. Blake Hoena. Illus. by Daniele Dickmann. 2021. (ENG.). 64p. (J). (gr. 3-5). 18.99 *(978-1-5415-8899-8(1),* 763a0eb1-c621-4400-a204-2b70fc341762); pap. 8.99 *(978-1-7284-0468-4(1),* 66d9a090-92a7-4369-9334-0762acc49ac8) Lerner Publishing Group. (Kar-Ben Publishing).

Natasha Prepares for Ramadan: Book Front Cover. Tasneem Sana Khan. Ed. by Natasha Wasim. 2021. (ENG.). 32p. (J). 15.99 *(978-0-578-87695-5(7))* Tasneem Sana Khan.

Natasha's Choice. Sharon Armell. 2019. (ENG.). 114p. (YA). pap. 12.95 *(978-1-64492-517-1(6))* Christian Faith Publishing.

Nate & His Magic Lion. Latonya Pinkard. Ed. by Stacy Padula. 2022. (ENG.). 38p. (J). 19.99 *(978-1-954819-31-3(5))*; pap. 12.99 *(978-1-954819-32-0(3))* Briley & Baxter Publications.

Nate & Jane Bake a Cake. Heather Ma. 2023. (Decodables - Activities with Friends Ser.). (ENG.). 16p. (J). (gr. k-1). 27.93 ***(978-1-68450-697-2(2))***; pap. 11.93 ***(978-1-68404-892-2(3))*** Norwood Hse. Pr.

Nate el Grande: Hola! Lincoln Peirce. 2016. (Big Nate Ser.: Vol. 10). (SPA., Illus.). (J). (gr. 3-6). 37.99 *(978-1-4494-7402-7(0))* Andrews McMeel Publishing.

Nate el Grande Ataca de Nuevo / Big Nate Strikes Again. Lincoln Peirce. 2022. (Nate el Grande / Big Nate Ser.: 2). (SPA.). 224p. (J). (gr. 3-7). pap. 13.95 *(978-1-64473-621-0(7))* Penguin Random House Grupo Editorial ESP. Dist: Penguin Random Hse. LLC.

Nate el Grande Infalible. Lincoln Peirce. 6th ed. 2017. (SPA.). 218p. (J). (gr. 3-5). 17.99 *(978-1-63245-656-4(7))* Lectorum Pubns., Inc.

Nate Expectations. Tim Federle. (Nate Ser.). (ENG.). (J). (gr. 5). 2019. 272p. pap. 8.99 *(978-1-4814-0413-6(X))*; 2018. (Illus.). 256p. 17.99 *(978-1-4814-0412-9(1))* Simon & Schuster Bks. For Young Readers. (Simon & Schuster Bks. For Young Readers).

Nate Likes to Skate. Bruce Degen. 2016. (I Like to Read Ser.). (ENG., Illus.). 24p. (J). (gr. -1-3). 7.99 *(978-0-8234-3543-2(1))* Holiday Hse., Inc.

Nate Likes to Skate. Bruce Degen. ed. 2018. (I Like to Read Ser.). (ENG.). 27p. (J). (gr. -1-1). 17.36 *(978-1-64310-437-9(3))* Penworthy Co., LLC, The.

Nate Plus One. Kevin van Whye. 2022. (ENG.). 256p. (YA). (gr. 9). 17.99 *(978-0-593-37642-3(0)*, Random Hse. Bks. for Young Readers) Random Hse. Children's Bks.

Nate the Gnat: Book 1. Kaye Wright. Illus. by Zane Bridges. 2023. (Nate the Gnat Ser.). 26p. (J). (-7). pap. 14.99 BookBaby.

Nate the Great see Yo, el Gran Fercho

Nate the Great & the Earth Day Robot. Andrew Sharmat. Illus. by Olga Ivanov & Aleksey Ivanov. (Nate the Great Ser.). (J). (gr. 1-4). 2022. 80p. 5.99 *(978-0-593-18086-0(0)*, Yearling); 2021. 64p. 12.99 *(978-0-593-18083-9(6)*, Delacorte Bks. for Young Readers); 2021. (ENG.). 64p. lib. bdg. 15.99 *(978-0-593-18084-6(4)*, Delacorte Bks. for Young Readers) Random Hse. Children's Bks.

Nate the Great & the Missing Birthday Snake. Andrew Sharmat & Marjorie Weinman Sharmat. Illus. by Jody Wheeler. 2018. (Nate the Great Ser.). 80p. (J). (gr. 1-4). 5.99 *(978-1-101-93470-8(0)*, Yearling) Random Hse. Children's Bks.

Nate the Great & the Missing Tomatoes. Andrew Sharmat. Illus. by Olga Ivanov & Aleksey Ivanov. (Nate the Great Ser.). (J). (gr. 1-4). 2023. 80p. 6.99 ***(978-0-593-18090-7(9)***, Yearling); 2022. 64p. 12.99 *(978-0-593-18087-7(9)*, Delacorte Pr.); 2022. (ENG.). 64p. lib. bdg. 15.99 *(978-0-593-18088-4(7)*, Delacorte Pr.) Random Hse. Children's Bks.

Nate the Great & the Sticky Case Novel Units Teacher Guide. Novel Units. 2019. (Nate the Great Ser.). (ENG.). (J). (gr. 1-4). pap. 12.99 *(978-1-56137-263-8(3)*, Novel Units, Inc.) Classroom Library Co.

Nate the Great & the Wandering Word. Marjorie Weinman Sharmat & Andrew Sharmat. Illus. by Jody Wheeler. 2019. (Nate the Great Ser.: Bk. 27). 80p. (J). (gr. 1-4). 6.99 *(978-1-5247-6547-7(3)*, Yearling) Random Hse. Children's Bks.

Nate the Great Goes Undercover see Yo, el Gran Fercho y el Ladron

Nate the Knight Uses His Skills: Knowing Your Strengths, 1 vol. Corina Jeffries. 2019. (Social & Emotional Learning for the Real World Ser.). (ENG.). 12p. (gr. 1-2). pap. *(978-1-7253-5518-7(3),* 0c4920bd-18e4-4336-89f2-afcf8f069396, Rosen Classroom) Rosen Publishing Group, Inc., The.

Nathalia Buttface & the Embarrassing Camp Catastrophe (Nathalia Buttface) Nigel Smith. 2018. (Nathalia Buttface Ser.). (ENG.). 352p. (J). 6.99 *(978-0-00-826917-3(3)*, HarperCollins Children's Bks.) HarperCollins Pubs. Ltd. GBR. Dist: HarperCollins Pubs.

Nathalia Buttface & the Most Embarrassing Dad in the World (Nathalia Buttface) Nigel Smith. 2017. (Nathalia Buttface Ser.). (ENG.). 336p. (J). 6.99 *(978-0-00-819283-9(9)*, HarperCollins Children's Bks.) HarperCollins Pubs. Ltd. GBR. Dist: HarperCollins Pubs.

Nathalia Buttface & the Most Embarrassing Five Minutes of Fame Ever (Nathalia Buttface) Nigel Smith. 2018. (Nathalia Buttface Ser.). (ENG.). 256p. (J). 6.99 *(978-0-00-825113-0(4)*, HarperCollins Children's Bks.) HarperCollins Pubs. Ltd. GBR. Dist: HarperCollins Pubs.

Nathalia Buttface & the Most Epically Embarrassing Trip Ever (Nathalia Buttface) Nigel Smith. 2017. (Nathalia Buttface Ser.). (ENG.). 256p. (J). 6.99 *(978-0-00-820422-8(5)*, HarperCollins Children's Bks.) HarperCollins Pubs. Ltd. GBR. Dist: HarperCollins Pubs.

Nathalia Buttface & the Totally Embarrassing Bridesmaid Disaster (Nathalia Buttface) Nigel Smith. 2018. (Nathalia Buttface Ser.). (ENG.). 256p. (J). 6.99 *(978-0-00-825112-3(6)*, HarperCollins Children's Bks.) HarperCollins Pubs. Ltd. GBR. Dist: HarperCollins Pubs.

Nathalie's Sister: The Last of the Mcalister Records (Classic Reprint) Anna Chapin Ray. 2018. (ENG., Illus.). 318p. (J). 30.48 *(978-0-483-97392-3(0))* Forgotten Bks.

Nathan & Father: A Walk of Wonder. Kim G. Overton. 2017. (Illus.). 32p. (J). 17.95 *(978-0-9980141-0-4(9))* Flying Wren Studio.

Nathan & the Ninja Chicken. Janny. 2022. (ENG.). 42p. (J). pap. ***(978-0-6397-2504-8(X))*** National Library of South Africa, Pretoria Division.

Nathan Bailey's Dictionary, English-German & German-English, Vol. 1: Englisch-Deutsches und Deutsch-Englisches Worterbuch (Classic Reprint) Nathan Bailey. 2018. (ENG., Illus.). (J). 1010p. 44.73 *(978-1-391-22823-5(5))*; 1012p. pap. 27.07 *(978-1-390-96245-1(8))* Forgotten Bks.

Nathan Bailey's Dictionary, English-German & German-English, Vol. 1: English-Deutsch (Classic Reprint) Nathan Bailey. 2017. (GER., Illus.). (J). 44.60 *(978-0-331-10875-0(5))* Forgotten Bks.

Nathan Bailey's Dictionary, English-German & German-English, Vol. 2: Englisch-Deutsches und Deutsch-Englisch Worterbuch; Deutsch-Englisch (Classic Reprint) Nathan Bailey. 2017. (ENG., Illus.). (J). pap. 23.57 *(978-0-282-56739-2(9))* Forgotten Bks.

Nathan Bailey's Dictionary, English-German & German-English, Vol. 2: Englisch-Deutsches und Deutsch-Englisches Wörterbuch; Deutsch-Englisch (Classic Reprint) Nathan Bailey. 2018. (ENG., Illus.). 786p. (J). 40.13 *(978-0-364-42374-5(9))* Forgotten Bks.

Nathan Bailey's Dictionary; English-German & German-English, Vol. 2: English-Deutsches und Deutsch-Englisches Worterbuch; Deutsch Englisch (Classic Reprint) Nathan Bailey. 2017. (ENG., Illus.). (J). 38.02 *(978-0-266-39086-2(2))* Forgotten Bks.

Nathan Barlow: Sketches in the Retired Life of a Lancashire Butcher. in Verse. Austin Doherty. 2017. (ENG., Illus.). (J). pap. *(978-0-649-43540-1(0))* Trieste Publishing Pty Ltd.

Nathan Barlow: Sketches in the Retired Life of a Lancashire Butcher: in Verse (Classic Reprint) Austin Doherty. (ENG., Illus.). (J). 2018. 104p. 26.06 *(978-0-666-01695-9(X))*; 2017. pap. 9.57 *(978-0-259-44199-1(6))* Forgotten Bks.

Nathan Bates Hates His Skates. Brandy Brave. 2023. (ENG.). 32p. (J). ***(978-1-0391-0979-7(9))***; pap. ***(978-1-0391-0978-0(0))*** FriesenPress.

Nathan Burke (Classic Reprint) Mary S. Watts. 2017. (ENG., Illus.). (J). 37.36 *(978-1-5281-8010-8(0))* Forgotten Bks.

Nathan Chase in Thunder Chase. Robin Twiddy. Illus. by Kris Jones. 2023. (Level 11 - Lime Set Ser.). (ENG.). 48p. (J). (gr. 2-4). lib. bdg. 19.95 Bearport Publishing Co., Inc.

Nathan, de Kleine Herder see Shepherd Boy & the Christmas Gifts

Nathan Drake: Uncharted Hero. Kenny Abdo. 2020. (Video Game Heroes Ser.). (ENG., Illus.). 24p. (J). (gr. 2-2). pap. 8.95 *(978-1-64494-421-9(9))*; lib. bdg. 31.36 *(978-1-0982-2147-8(8)*, 34541) ABDO Publishing Co. (Abdo Zoom-Fly).

Nathan Goes to the Zoo: An Activity Book. Speedy Kids. 2017. (ENG., Illus.). (J). pap. 8.33 *(978-1-5419-3355-2(9))* Speedy Publishing LLC.

Nathan Hale: America's First Spy. Aaron Derr. Illus. by Tami Wicinas. 2018. (Hidden History — Spies Ser.). (ENG.). 32p. (J). (gr. 2-5). pap. 8.99 *(978-1-63440-296-5(0),* 8a2a9e91-5332-4f0e-8e8a-8e1d098cc8a6) Red Chair Pr.

Nathan Hale: Revolutionary War Hero, 1 vol. Alicia Z. Klepeis. Illus. by Lorna William. 2018. (American Legends & Folktales Ser.). (ENG.). 32p. (gr. 3-3). 30.21 *(978-1-5026-3689-8(1),* dda8da1d-d3e0-4133-a44f-cbe0b3153926) Cavendish Square Publishing LLC.

Nathan Hale's Hazardous Tales Third 3-Book Box Set. Nathan Hale. 2020. (Nathan Hale's Hazardous Tales Ser.). (ENG.). 384p. (J). (gr. 3-7). 40.00 *(978-1-4197-5067-0(4)*, Amulet Bks.) Abrams, Inc.

Nathan MacKinnon: Hockey Superstar. Karen Price. 2019. (PrimeTime: Hockey Superstars Ser.). (ENG.). 32p. (J). (gr. 3-4). pap. 9.95 *(978-1-63494-110-5(1)*, 1634941101); (Illus.). lib. bdg. 31.35 *(978-1-63494-101-3(2)*, 1634941012) Pr. Room Editions LLC.

Nathan on the North Pole Express. J. D. Green. 2019. (North Pole Express Ser.). (ENG.). 32p. (J). (gr. -1-3). 7.99 ***(978-1-7282-0378-2(3))*** Sourcebooks, Inc.

Nathan 'Twas the Night Before Christmas. Illus. by Lisa Alderson. 2019. (Night Before Christmas Ser.). (ENG.). 32p. (J). (gr. -1-3). 7.99 ***(978-1-7282-0271-6(X))*** Sourcebooks, Inc.

Nathaniel & the Magic Apple. Donn Poll. Ed. by Eric Nelson. 2020. (ENG., Illus.). 42p. (J). 12.95 *(978-1-7327285-9-2(3))* A3D Impressions.

Nathaniel English in Leaders of the Revolution. Michelle Person. 2020. (Nathaniel English Ser.: Vol. 3). (ENG., Illus.). 52p. (J). (gr. k-6). pap. 10.00 *(978-1-7947-7800-9(4))* Lulu Pr., Inc.

Nathaniel English in the Life of a Panther. Michelle Person. 2018. (ENG., Illus.). 34p. (J). (gr. 2-5). pap. 12.99 *(978-1-387-74145-8(4))* Lulu Pr., Inc.

Nathan's Christmas Wish. Put Me In The Story & J. D. Green. Illus. by Julia Seal. 2018. (Christmas Wish Ser.). (ENG.). 32p. (J). (gr. k-3). 6.99 ***(978-1-4926-8539-5(9))*** Sourcebooks, Inc.

Nathan's Hair Goes Everywhere. Alisha Ober. 2017. (ENG., Illus.). 32p. (J). pap. *(978-1-387-43292-9(3))* Lulu Pr., Inc.

Nathan's Song. Leda Schubert. Illus. by Maya Ish-Shalom. 2021. 32p. (J). (gr. -1-3). 17.99 *(978-1-9848-1578-1(4)*, Dial Bks) Penguin Young Readers Group.

Natinal Film Library Catalogue (Classic Reprint) National Film Library. (ENG., Illus.). (J). 2017. 27.98 *(978-0-260-64891-4(4))*; 2016. pap. 10.57 *(978-1-334-12251-4(2))* Forgotten Bks.

Nation. Elisha Mulford. 2017. (ENG.). (J). 440p. pap. *(978-3-337-13482-2(3))*; 438p. pap. *(978-3-337-07128-8(7))*; 438p. pap. *(978-3-337-07888-1(5))* Creation Pubs.

Nation at Bay: What an American Woman Saw & Did in Suffering Serbia. Ruth S. Farnam. 2017. (ENG., Illus.). (J). pap. *(978-0-649-05278-3(1))* Trieste Publishing Pty Ltd.

Nation under Our Feet: Part 1. Ta-Nehisi Coates. Illus. by Brian Stelfreeze & Laura Martin. 2019. (Black Panther Ser.). (ENG.). 28p. (J). (gr. 6-12). lib. bdg. 31.36 *(978-1-5321-4351-9(6)*, 31871, Marvel Age) Spotlight.

Nation under Our Feet: Part 10. Ta-Nehisi Coates. Illus. by Chris Sprouse et al. 2020. (Black Panther Ser.). (ENG.). 24p. (J). (gr. 6-12). lib. bdg. 31.36 *(978-1-5321-4781-4(3),* 36771, Marvel Age) Spotlight.

Nation under Our Feet: Part 11. Ta-Nehisi Coates. Illus. by Chris Sprouse et al. 2020. (Black Panther Ser.). (ENG.). 28p. (J). (gr. 6-12). lib. bdg. 31.36 *(978-1-5321-4782-1(1),* 36772, Marvel Age) Spotlight.

Nation under Our Feet: Part 12. Ta-Nehisi Coates. Illus. by Brian Stelfreeze et al. 2020. (Black Panther Ser.). (ENG.). 24p. (J). (gr. 6-12). lib. bdg. 31.36 *(978-1-5321-4783-8(X),* 36773, Marvel Age) Spotlight.

Nation under Our Feet: Part 2. Ta-Nehisi Coates. Illus. by Brian Stelfreeze & Laura Martin. 2019. (Black Panther Ser.). (ENG.). 28p. (J). (gr. 6-12). lib. bdg. 31.36 *(978-1-5321-4352-6(4)*, 31872, Marvel Age) Spotlight.

Nation under Our Feet: Part 3. Ta-Nehisi Coates. Illus. by Brian Stelfreeze & Laura Martin. 2019. (Black Panther Ser.). (ENG.). 24p. (J). (gr. 6-12). lib. bdg. 31.36 *(978-1-5321-4353-3(2)*, 31873, Marvel Age) Spotlight.

Nation under Our Feet: Part 4. Ta-Nehisi Coates. Illus. by Brian Stelfreeze & Laura Martin. 2019. (Black Panther Ser.). (ENG.). 24p. (J). (gr. 6-12). lib. bdg. 31.36 *(978-1-5321-4354-0(0)*, 31874, Marvel Age) Spotlight.

Nation under Our Feet: Part 5. Ta-Nehisi Coates. Illus. by Chris Sprouse et al. 2019. (Black Panther Ser.). (ENG.). 24p. (J). (gr. 6-12). lib. bdg. 31.36 *(978-1-5321-4355-7(9),* 31875, Marvel Age) Spotlight.

Nation under Our Feet: Part 6. Ta-Nehisi Coates. Illus. by Chris Sprouse et al. 2019. (Black Panther Ser.). (ENG.). 24p. (J). (gr. 6-12). lib. bdg. 31.36 *(978-1-5321-4356-4(7),* 31876, Marvel Age) Spotlight.

Nation under Our Feet: Part 7. Ta-Nehisi Coates. Illus. by Chris Sprouse et al. 2020. (Black Panther Ser.). (ENG.). 24p. (J). (gr. 6-12). lib. bdg. 31.36 *(978-1-5321-4778-4(3),* 36768, Marvel Age) Spotlight.

Nation under Our Feet: Part 8. Ta-Nehisi Coates. Illus. by Chris Sprouse et al. 2020. (Black Panther Ser.). (ENG.). 24p. (J). (gr. 6-12). lib. bdg. 31.36 *(978-1-5321-4779-1(1),* 36769, Marvel Age) Spotlight.

Nation under Our Feet: Part 9. Ta-Nehisi Coates. Illus. by Karl Martin et al. 2020. (Black Panther Ser.). (ENG.). 28p. (J). (gr. 6-12). lib. bdg. 31.36 *(978-1-5321-4780-7(5),* 36770, Marvel Age) Spotlight.

National, 1926, Vol. 11 (Classic Reprint) Kindergarten and Elementary College. 2017. (ENG., Illus.). (J). pap. 9.57 *(978-0-259-95688-4(0))* Forgotten Bks.

National 3/4 Applications of Maths: Comprehensive Textbook for the CfE. Craig Lowther et al. 2018. (ENG., Illus.). 320p. (YA). (gr. 9-11). pap., stu. ed. 26.95 *(978-0-00-824238-1(0))* HarperCollins Pubs. Ltd. GBR. Dist: Independent Pubs. Group.

National 5 Biology Practice Papers: Revise for SQA Exams. Graham Moffat et al. 2nd rev. ed. 2018. (Practice Papers for SQA Exams Ser.). (ENG., Illus.). 120p. (YA). (gr. 10). pap. 15.99 *(978-0-00-828167-0(X))* HarperCollins Pubs. Ltd. GBR. Dist: Independent Pubs. Group.

National Aeronautics & Space Administration. Maria Koran. 2019. (Power, Authority, & Governance Ser.). (ENG.). 32p. (J). lib. bdg. 29.99 *(978-1-5105-4673-8(1))* SmartBook Media, Inc.

National Air & Space Museum. Megan Cooley Peterson. 2017. (Smithsonian Field Trips Ser.). (ENG., Illus.). 32p. (J). (gr. 2-5). lib. bdg. 28.65 *(978-1-5157-7974-2(2),* 136046, Capstone Pr.) Capstone.

National & State Landmarks Characteristics of Your State America Geography Social Studies 6th Grade Children's Geography & Cultures Books. Baby Professor. 2022. (ENG.). 74p. (J). 31.99 ***(978-1-5419-8649-7(0))***; pap. 20.99 ***(978-1-5419-5008-5(9))*** Speedy Publishing LLC. (Baby Professor (Education Kids)).

National Animals: Touring Parts of the World Volume 1. Elizabeth A. Jackson. Illus. by Angel Neha. 2023. (ENG.). 46p. (J). pap. ***(978-0-2288-9160-4(4))*** Tellwell Talent.

National Anthem. Christina Earley. 2022. (Symbols of America Ser.). (ENG.). 24p. (J). (gr. k-2). pap. *(978-1-0396-6180-6(7)*, 21839); lib. bdg. *(978-1-0396-5985-8(3)*, 21838) Crabtree Publishing Co.

National Anthem. Julie Murray. 2019. (US Symbols (AK) Ser.). (ENG., Illus.). 24p. (J). (gr. -1-2). lib. bdg. 31.36 *(978-1-5321-8538-0(3)*, 31414, Abdo Kids) ABDO Publishing Co.

National Anthem. Nancy Harris. rev. ed. 2016. (Patriotic Symbols Ser.). (ENG.). 24p. (J). (gr. -1-1). pap. 6.29 *(978-1-4846-3811-8(5)*, 134589, Heinemann) Capstone.

National Anthem: A Drama (Classic Reprint) J. Hartley Manners. 2017. (ENG., Illus.). (J). 28.27 *(978-0-331-26961-1(9))* Forgotten Bks.

National Cherry Blossom Festival Coloring & Activity Book. Carole Marsh. 2017. (Non-State Ser.). (ENG.). 24p. (J). (gr. -1-3). pap. 5.99 *(978-0-635-13152-2(8))* Gallopade International.

National Cinema Service Presents the 1942-1943 Film Rental Library Catalog (Classic Reprint) United States National Cinema Service. 2017. (ENG., Illus.). (J). 24.41 *(978-0-331-50127-8(9))*; pap. 7.97 *(978-0-331-27419-6(1))* Forgotten Bks.

National Counterterrorism Center. Kelly Kagamas Tomkies. 2017. (Illus.). 80p. (J). *(978-1-4222-3766-3(4))* Mason Crest.

National Day Traditions Around the World. Susan Kesselring. Illus. by Elisa Chavarri. 2021. (Traditions Around the World Ser.). (ENG.). 32p. (J). (gr. k-3). lib. bdg. 35.64 *(978-1-5038-5017-0(X)*, 214865) Child's World, Inc, The.

National Dream Book (Classic Reprint) Claire Rougemont. (ENG., Illus.). (J). 2017. 27.90 *(978-0-331-49814-1(6))*; 2016. pap. 10.57 *(978-1-334-14615-2(2))* Forgotten Bks.

National Eleu Parks. Dada. 2021. (ENG.). 68p. (J). 38.34 *(978-1-7948-1088-4(9))* Lulu Pr., Inc.

National First Reader, or Word-Builder (Classic Reprint) Richard Green Parker. 2017. (ENG., Illus.). (J). 26.37 *(978-0-331-17353-6(0))*; pap. 9.57 *(978-0-259-87578-9(3))* Forgotten Bks.

National Flags Throughout the Ages Coloring Book. Activity Book Zone for Kids. 2016. (ENG., Illus.). (J). pap. 9.20 *(978-1-68376-365-9(3))* Sabeels Publishing.

National Football League. Robert Cooper. 2019. (Football in America Ser.). (ENG., Illus.). 32p. (J). (gr. 3-3). pap. 9.95 *(978-1-64494-050-1(7)*, 1644940507) North Star Editions.

National Football League. Robert Cooper. 2019. (Football in America Ser.). (ENG., Illus.). 32p. (J). (gr. 2-5). lib. bdg. 32.79 *(978-1-5321-6377-7(0)*, 32069, DiscoverRoo) Pop!.

National Forensic League Library of Public Speaking & Debate, 10 vols., Set. Incl. Lincoln-Douglas Debate. Cynthia Woodhouse. (YA). lib. bdg. 34.47 *(978-1-4042-1025-7(3),* e6056f8f-4a10-49d9-a031-46bb02edd5cd); Parliamentary Debate. Keith West. (YA). lib. bdg. 34.47 *(978-1-4042-1029-5(6),* 208330e9-cb83-4cf9-93f3-daa88863505d); Policy Debate. Cindy Burgett. (J). lib. bdg. 34.47 *(978-1-4042-1024-0(5),* b5065cf0-fd73-4603-bd5c-a7e82421d9a2); Public Forum Debate. Jason Kline. (J). lib. bdg. 34.47 *(978-1-4042-1027-1(X),* ea511997-738c-4da7-9b3b-71cfc8cdeb82); Student Congress Debate. Adam J. Jacobi. (J). lib. bdg. 34.47 *(978-1-4042-1026-4(1),* b6f76ccd-85b4-464f-b17f-55e0eadf2c12); (Illus.). 48p. (gr. 5-5). 2007. (National Forensic League Library of Public Speaking & Debate Ser.). (ENG.). 2006. Set lib. bdg. 172.35 *(978-1-4042-0937-4(9),* 63693eb4-4dae-4985-ad40-8b4e85480305) Rosen Publishing Group, Inc., The.

National Geographic: Readers: Sonia Sotomayor. Barbara Kramer. 2016. (Readers Bios Ser.). (Illus.). 48p. (J). (gr. 1-3). pap. 5.99 *(978-1-4263-2289-1(5)*, National Geographic Kids) Disney Publishing Worldwide.

National Geographic Backyard Guide to the Birds of North America, 2nd Edition. Jonathan Alderfer. 2nd ed. 2019. (Illus.). 256p. pap. 21.99 *(978-1-4262-2062-3(6)*, National Geographic Books) Disney Publishing Worldwide.

National Geographic Explore: Endangered Species. ed. 2016. (Illus.). 56p. (J). pap. 16.95 *(978-1-305-10677-2(6))* National Geographic School Publishing, Inc.

National Geographic Kids: 5,000 Awesome Facts: (About Everything!) National Geographic Kids. 2016. (5,000 Awesome Facts Ser.). (Illus.). 224p. (J). (gr. 3-7). 19.99 *(978-1-4263-2452-9(9)*, National Geographic Kids) Disney Publishing Worldwide.

National Geographic Kids Almanac 2019. National Geographic Kids. 2018. (National Geographic Almanacs Ser.). (ENG.). 352p. (J). (gr. 3-7). pap. 14.99 *(978-1-4263-3016-2(2))*; (Illus.). 24.99 *(978-1-4263-3014-8(6)*, National Geographic Children's Bks.) National Geographic Society.

National Geographic Kids Almanac 2020. National Geographic Kids. 2019. (National Geographic Almanacs Ser.). (ENG.). 352p. (J). (gr. 3-7). lib. bdg. 24.90 *(978-1-4263-3282-1(3)*, National Geographic Children's Bks.) National Geographic Society.

National Geographic Kids Almanac 2020, International Edition. National Geographic Kids. 2019. (National Geographic Almanacs Ser.). (ENG.). 352p. (J). (gr. 3-7). pap. 14.99 *(978-1-4263-3284-5(X))* National Geographic Society.

National Geographic Kids Almanac 2021 International Edition. National Geographic Kids. 2020. (National Geographic Almanacs Ser.). (ENG.). 352p. (J). (gr. 3-7). pap. 14.99 *(978-1-4263-3761-1(2))* National Geographic Society.

National Geographic Kids Almanac 2023 (US Edition) National Geographic. 2022. (ENG.). 368p. (J). (gr. 3-7). 25.90 *(978-1-4263-7336-7(8))*; pap. 15.99 *(978-1-4263-7283-4(3))* Disney Publishing Worldwide. (National Geographic Kids).

National Geographic Kids Almanac 2024 (US Edition) National Geographic Kids. 2023. (ENG.). 368p. (J). (gr. 3-7). 25.90 *(978-1-4263-7531-6(X))*; pap. 15.99 *(978-1-4263-7387-9(2))* Disney Publishing Worldwide. (National Geographic Kids).

National Geographic Kids Animal Encyclopedia 2nd Edition: 2,500 Animals with Photos, Maps, & More! National Geographic. 2nd ed. 2021. (ENG., Illus.). 304p. (J). (gr. 3-7). lib. bdg. 34.90 *(978-1-4263-7231-5(0))*; 24.99 *(978-1-4263-7230-8(2))* Disney Publishing Worldwide. (National Geographic Kids).

National Geographic Kids Baby Animals Sticker Activity Book. National Geographic Kids. 2018. (NG Sticker Activity Bks.). 56p. (J). (gr. -1-k). pap. 6.99 *(978-1-4263-3020-9(0)*, National Geographic Kids) Disney Publishing Worldwide.

National Geographic Kids Beach Day: Sticker Activity Book. National Geographic Kids. 2017. (NG Sticker Activity Bks.). 56p. (J). (gr. -1-k). pap. 6.99 *(978-1-4263-2776-6(5)*, National Geographic Kids) Disney Publishing Worldwide.

National Geographic Kids Beginner's United States Atlas 4th Edition. National Geographic. 2023. (ENG., Illus.). 128p. (J). (gr. 2-5). pap. 13.99 ***(978-1-4263-7522-4(0)***, National Geographic Kids) Disney Publishing Worldwide.

National Geographic Kids Beginner's United States Atlas 4th Edition. National Geographic Kids. 2023. (ENG., Illus.). 128p. (J). (gr. 2-5). 19.99 ***(978-1-4263-7420-3(8)***, National Geographic Kids) Disney Publishing Worldwide.

National Geographic Kids Bible Companion Collection. National Geographic Kids. 2019. (Illus.). 320p. (J). (gr. 3-7). 45.00 *(978-1-4263-3662-1(4)*, National Geographic Kids) Disney Publishing Worldwide.

National Geographic Kids Bird Guide of North America, Second Edition. Jonathan Alderfer. 2nd ed. 2018. (Illus.). 208p. (J). (gr. 3-7). (ENG.). lib. bdg. 26.90 *(978-1-4263-3074-2(X))*; pap. 16.99 *(978-1-4263-3073-5(1))* Disney Publishing Worldwide. (National Geographic Kids).

National Geographic Kids: Birds. Julie Beer & Jonathan Alderfer. 2016. (Illus.). 160p. (J). (gr. 3-7). pap. 12.99

(978-1-4263-2299-0(2), National Geographic Kids) Disney Publishing Worldwide.

National Geographic Kids Cats & Dogs Super Sticker Activity Book. National Geographic Kids. 2020. 112p. (J). (gr. -1-k). pap. 12.99 *(978-1-4263-3811-3(2)*, National Geographic Kids) Disney Publishing Worldwide.

National Geographic Kids Cats Sticker Activity Book. National Geographic Kids. 2017. (NG Sticker Activity Bks.). 56p. (J). (gr. -1-k). pap. 6.99 *(978-1-4263-2800-8(1)*, National Geographic Kids) Disney Publishing Worldwide.

National Geographic Kids Chapters - Hero Dogs. Mary Quattlebaum. 2017. (NGK Chapters Ser.). (Illus.). 112p. (J). (gr. 3-7). pap. 5.99 *(978-1-4263-2819-0(2)*, National Geographic Kids) Disney Publishing Worldwide.

National Geographic Kids Chapters: Adventure Cat! Kathleen Zoehfeld. 2018. (NGK Chapters Ser.). (Illus.). 112p. (J). (gr. 3-7). pap. 5.99 *(978-1-4263-3052-0(9)*, National Geographic Kids) Disney Publishing Worldwide.

National Geographic Kids Chapters: Danger on the Mountain: True Stories of Extreme Adventures! Kitson Jazynka. 2016. (NGK Chapters Ser.). (Illus.). 112p. (J). (gr. 3-7). pap. 5.99 *(978-1-4263-2565-6(7)*, National Geographic Kids) Disney Publishing Worldwide.

National Geographic Kids Chapters: Diving with Sharks! And More True Stories of Extreme Adventures! Margaret Gurevich. 2016. (NGK Chapters Ser.). (Illus.). 112p. (J). (gr. 3-7). pap. 5.99 *(978-1-4263-2461-1(8))*; (ENG., lib. bdg. 15.90 *(978-1-4263-2462-8(6))* Disney Publishing Worldwide. (National Geographic Kids).

National Geographic Kids Chapters: Dog on a Bike: And More True Stories of Amazing Animal Talents! Moira Rose Donohue. 2017. (NGK Chapters Ser.). (Illus.). 112p. (J). (gr. 3-7). pap. 5.99 *(978-1-4263-2705-6(6)*, National Geographic Kids) Disney Publishing Worldwide.

National Geographic Kids Chapters: Living with Wolves! True Stories of Adventures with Animals. Jim Dutcher. 2016. (NGK Chapters Ser.). (Illus.). 112p. (J). (gr. 3-7). pap. 5.99 *(978-1-4263-2563-2(0)*, National Geographic Kids) Disney Publishing Worldwide.

National Geographic Kids Chapters: Monster Fish! True Stories of Adventures with Animals. Zeb Hogan. 2017. (NGK Chapters Ser.). (Illus.). 112p. (J). (gr. 3-7). pap. 6.99 *(978-1-4263-2703-2(X)*, National Geographic Kids) Disney Publishing Worldwide.

National Geographic Kids Chapters: Rascally Rabbits! And More True Stories of Animals Behaving Badly. Aline Alexander Newman. 2016. (NGK Chapters Ser.). (Illus.). 112p. (J). (gr. 3-7). pap. 5.99 *(978-1-4263-2308-9(5)*, National Geographic Kids) Disney Publishing Worldwide.

National Geographic Kids Chapters: Rhino Rescue! And More True Stories of Saving Animals. Clare Hodgson Meeker. 2016. (NGK Chapters Ser.). (Illus.). 112p. (J). (gr. 3-7). pap. 5.99 *(978-1-4263-2311-9(5)*, National Geographic Kids) Disney Publishing Worldwide.

National Geographic Kids Chapters: Rock Stars! Steve Bramucci. 2018. (NGK Chapters Ser.). (Illus.). 112p. (J). (gr. 3-7). pap. 5.99 *(978-1-4263-3049-0(9))*; (ENG., lib. bdg. 14.90 *(978-1-4263-3050-6(2))* Disney Publishing Worldwide. (National Geographic Kids).

National Geographic Kids Chapters: Together Forever: True Stories of Amazing Animal Friendships! Mary Quattlebaum. 2016. (NGK Chapters Ser.). (Illus.). 112p. (J). (gr. 3-7). pap. 5.99 *(978-1-4263-2464-2(2)*, National Geographic Kids) Disney Publishing Worldwide.

National Geographic Kids Creepy Crawly: Sticker Activity Book. National Geographic Kids. 2016. (NG Sticker Activity Bks.). 56p. (J). (gr. -1-k). pap., act. bk. ed. 6.99 *(978-1-4263-2425-3(1)*, National Geographic Kids) Disney Publishing Worldwide.

National Geographic Kids Dogs Sticker Activity Book. National Geographic Kids. 2017. (NG Sticker Activity Bks.). 56p. (J). (gr. -1-k). pap. 6.99 *(978-1-4263-2801-5(X)*, National Geographic Kids) Disney Publishing Worldwide.

National Geographic Kids Dream Journal. Allan D. Peterkin. 2019. 144p. (J). (gr. 3-7). 12.99 *(978-1-4263-3326-2(9)*, National Geographic Kids) Disney Publishing Worldwide.

National Geographic Kids Encyclopedia of American Indian History & Culture: Stories, Timelines, Maps, & More. Cynthia O'Brien. 2019. (Illus.). 304p. (J). (gr. 3-7). 24.99 *(978-1-4263-3453-5(2))*; (ENG., lib. bdg. 34.90 *(978-1-4263-3454-2(0))* Disney Publishing Worldwide. (National Geographic Kids).

National Geographic Kids Everything Predators: All the Photos, Facts, & Fun You Can Sink Your Teeth Into. Blake Hoena. 2016. (National Geographic Kids Everything Ser.). (Illus.). 64p. (J). (gr. 3-7). pap. 12.99 *(978-1-4263-2534-2(7)*, National Geographic Kids) Disney Publishing Worldwide.

National Geographic Kids Everything Reptiles: Snap up All the Photos, Facts, & Fun. Blake Hoena. 2016. (National Geographic Kids Everything Ser.). (Illus.). 64p. (J). (gr. 3-7). pap. 12.99 *(978-1-4263-2526-7(6)*, National Geographic Kids) Disney Publishing Worldwide.

National Geographic Kids Everything Robotics: All the Photos, Facts, & Fun! Jennifer Swanson. 2016. (National Geographic Kids Everything Ser.). (Illus.). 64p. (J). (gr. 3-7). pap. 12.99 *(978-1-4263-2331-7(X)*, National Geographic Kids) Disney Publishing Worldwide.

National Geographic Kids Everything Sports: All the Photos, Facts, & Fun to Make You Jump! Eric Zweig. 2016. (National Geographic Kids Everything Ser.). (Illus.). 64p. (J). (gr. 3-7). pap. 12.99 *(978-1-4263-2333-1(6)*, National Geographic Kids) Disney Publishing Worldwide.

National Geographic Kids Extreme Records. Michelle Harris. 2018. (Illus.). 208p. (J). (gr. 3-7). pap. 14.99 *(978-1-4263-3021-6(9))*; (ENG., lib. bdg. 23.90 *(978-1-4263-3022-3(7))* Disney Publishing Worldwide. (National Geographic Kids).

National Geographic Kids Funny Animals: CRITTER COMEDIANS, PUNNY PETS, & HILARIOUS HIJINKS. National Geographic Kids. 2019. (Funny Animals Ser.). (Illus.). 208p. (J). (gr. 3-7). pap. 8.99 *(978-1-4263-3308-8(0))*; (ENG., lib. bdg. 18.90 *(978-1-4263-3309-5(9))* Disney Publishing Worldwide. (National Geographic Kids).

National Geographic Kids Guide to Genealogy. T. J. Resler. 2018. (Illus.). 160p. (J). (gr. 3-7). pap. 14.99 *(978-1-4263-2983-8(0))*; (ENG., lib. bdg. 24.90 *(978-1-4263-2984-5(9))* Disney Publishing Worldwide. (National Geographic Kids).

National Geographic Kids In My Backyard: Sticker Activity Book. National Geographic Kids. 2016. (NG Sticker Activity Bks.). 56p. (J). (gr. -1-k). pap., act. bk. ed. 6.99 *(978-1-4263-2403-1(0)*, National Geographic Kids) Disney Publishing Worldwide.

National Geographic Kids Infopedia 2022. National Geographic Kids. 2021. (ENG., Illus.). 352p. (J). (gr. 3-7). 12.99 *(978-1-4263-7206-3(X))* National Geographic Society.

National Geographic Kids Just Joking Cats. National Geographic Kids. 2016. (Just Joking Ser.). (Illus.). 208p. (J). (gr. 3-7). pap. 7.99 *(978-1-4263-2327-0(1)*, National Geographic Kids) Disney Publishing Worldwide.

National Geographic Kids Just Joking Gross. National Geographic Kids. 2017. (Illus.). 208p. (J). (gr. 3-7). pap. 7.99 *(978-1-4263-2717-9(X)*, National Geographic Kids) Disney Publishing Worldwide.

National Geographic Kids Little Kids First Board Book: Space. Ruth A. Musgrave. 2019. (First Board Bks.). (Illus.). 26p. (J). (gr. -1 — 1). bds. 7.99 *(978-1-4263-3314-9(5)*, National Geographic Kids) Disney Publishing Worldwide.

National Geographic Kids Little Kids First Board Book: Animals on the Go. Ruth A. Musgrave. 2019. (First Board Bks.). (Illus.). 26p. (J). (gr. -1 — 1). bds. 7.99 *(978-1-4263-3312-5(9)*, National Geographic Kids) Disney Publishing Worldwide.

National Geographic Kids Little Kids First Board Book: Dinosaurs. Ruth A. Musgrave. 2020. (First Board Bks.). (Illus.). 26p. (J). (gr. -1 — 1). bds. 7.99 *(978-1-4263-3696-6(9)*, National Geographic Kids) Disney Publishing Worldwide.

National Geographic Kids Little Kids First Board Book: Ocean. National Geographic Kids. 2019. (First Board Bks.). (Illus.). 26p. (J). (gr. -1 — 1). bds. 7.99 *(978-1-4263-3468-9(0)*, National Geographic Kids) Disney Publishing Worldwide.

National Geographic Kids Little Kids First Board Book: Wild Animal Sounds. National Geographic Kids. 2019. (First Board Bks.). (Illus.). 26p. (J). (gr. -1 — 1). bds. 7.99 *(978-1-4263-3466-5(4)*, National Geographic Kids) Disney Publishing Worldwide.

National Geographic Kids Look & Learn: Before & After. Ruth A. Musgrave. 2018. (Illus.). 24p. (J). (gr. -1-k). bds. 6.99 *(978-1-4263-3170-1(3)*, National Geographic Kids) Disney Publishing Worldwide.

National Geographic Kids Look & Learn: Big Cats. National Geographic Kids. 2017. (Look & Learn Ser.). (Illus.). 24p. (J). (gr. -1-k). bds. 6.99 *(978-1-4263-2701-8(3)*, National Geographic Kids) Disney Publishing Worldwide.

National Geographic Kids Look & Learn: Birds. National Geographic Kids. 2017. (Look & Learn Ser.). (Illus.). 24p. (J). (gr. -1-k). bds. 7.99 *(978-1-4263-2843-5(5)*, National Geographic Kids) Disney Publishing Worldwide.

National Geographic Kids Look & Learn: Caterpillar to Butterfly. National Geographic Kids. 2016. (Look & Learn Ser.). (Illus.). 24p. (J). (gr. -1-k). bds. 6.99 *(978-1-4263-2306-5(9)*, National Geographic Kids) Disney Publishing Worldwide.

National Geographic Kids Look & Learn: Farm Animals. National Geographic Kids. 2016. (Look & Learn Ser.). (Illus.). 24p. (J). (gr. -1-k). bds. 7.99 *(978-1-4263-2307-2(7)*, National Geographic Kids) Disney Publishing Worldwide.

National Geographic Kids Look & Learn: Look Outside! National Geographic Kids. 2017. (Look & Learn Ser.). (Illus.). 24p. (J). (gr. -1-k). bds. 6.99 *(978-1-4263-2702-5(1)*, National Geographic Kids) Disney Publishing Worldwide.

National Geographic Kids Look & Learn: Look Up. National Geographic Kids. 2016. (Look & Learn Ser.). (Illus.). 24p. (J). (gr. -1-k). bds. 6.99 *(978-1-4263-2454-3(5)*, National Geographic Kids) Disney Publishing Worldwide.

National Geographic Kids Look & Learn: Peek-a-boo. National Geographic Kids. 2016. (Look & Learn Ser.). (Illus.). 24p. (J). (gr. -1-k). bds. 6.99 *(978-1-4263-2455-0(3)*, National Geographic Kids) Disney Publishing Worldwide.

National Geographic Kids: Mars: The Red Planet. Elizabeth Carney. 2016. (Illus.). 32p. (J). (gr. 1-3). pap. 7.99 *(978-1-4263-2754-4(4)*, National Geographic Kids) Disney Publishing Worldwide.

National Geographic Kids Mission: Panda Rescue: All about Pandas & How to Save Them. Kitson Jazynka. 2016. (NG Kids Mission: Animal Rescue Ser.). (Illus.). 112p. (J). (gr. 5-9). pap. 12.99 *(978-1-4263-2088-0(4)*, National Geographic Kids) Disney Publishing Worldwide.

National Geographic Kids Mission: Shark Rescue: All about Sharks & How to Save Them. Ruth A. Musgrave. 2016. (NG Kids Mission: Animal Rescue Ser.). (Illus.). 112p. (J). (gr. 5-9). pap. 12.99 *(978-1-4263-2090-3(6)*, National Geographic Kids) Disney Publishing Worldwide.

National Geographic Kids My Favorite Animals Super Sticker Activity Book. National Geographic Kids. 2018. (NG Sticker Activity Bks.). 112p. (J). (gr. -1-k). pap. 12.99 *(978-1-4263-3059-9(6)*, National Geographic Kids) Disney Publishing Worldwide.

National Geographic Kids My First Atlas of the World: A Child's First Picture Atlas. National Geographic Kids. 2018. (Illus.). 32p. (J). (gr. -1-k). 18.99 *(978-1-4263-3174-9(6))*; (ENG., lib. bdg. 28.90 *(978-1-4263-3175-6(4))* Disney Publishing Worldwide. (National Geographic Kids).

National Geographic Kids National Parks Guide USA Centennial Edition: The Most Amazing Sights, Scenes, & Cool Activities from Coast to Coast! National Geographic Kids. 2016. (Illus.). 176p. (J). (gr. 3-7). pap. 14.99 *(978-1-4263-2314-0(X))*; (ENG., lib. bdg. 24.90 *(978-1-4263-2315-7(8))* Disney Publishing Worldwide. (National Geographic Kids).

National Geographic Kids Ocean Animals Sticker Activity Book: Over 1,000 Stickers! National Geographic Kids. 2016. (NG Sticker Activity Bks.). 56p. (J). (gr. -1-k). pap., act. bk. ed. 6.99 *(978-1-4263-2424-6(3)*, National Geographic Kids) Disney Publishing Worldwide.

National Geographic Kids On Safari: Sticker Activity Book. National Geographic Kids. 2016. (NG Sticker Activity Bks.). 56p. (J). (gr. -1-k). pap. 6.99 *(978-1-4263-2402-4(2)*, National Geographic Kids) Disney Publishing Worldwide.

National Geographic Kids Personality Quizzes. Tracey West. 2023. (ENG., Illus.). 112p. (J). (gr. 3-7). lib. bdg. 19.90 *(978-1-4263-7594-1(8)*, National Geographic Kids) Disney Publishing Worldwide.

National Geographic Kids Personality Quizzes. Tracey West. 2023. (Illus.). 112p. (J). (gr. 3-7). pap. 9.99 *(978-1-4263-7317-6(1)*, National Geographic Kids) Disney Publishing Worldwide.

National Geographic Kids Photo Ark (Limited Earth Day Edition) Celebrating Our Wild World in Poetry & Pictures. Kwame Alexander et al. Photos by Joel Sartore. 2020. (Photo Ark Ser.). (ENG.). 48p. (J). (gr. -1-k). 16.99 *(978-1-4263-7207-0(8)*, National Geographic Kids) Disney Publishing Worldwide.

National Geographic Kids Puzzle Book: Animals. National Geographic Kids. 2019. (NGK Puzzle Bks.). 96p. (J). (gr. 3-7). pap. 6.99 *(978-1-4263-3550-1(4)*, National Geographic Kids) Disney Publishing Worldwide.

National Geographic Kids Puzzle Book of the Ocean. Contrib. by National Geographic Kids. 2023. 96p. (J). (gr. 3-7). pap. 6.99 *(978-1-4263-7320-6(1)*, National Geographic Kids) Disney Publishing Worldwide.

National Geographic Kids Puzzle Book of the World. National Geographic Kids. 2020. 96p. (J). (gr. 3-7). pap. 6.99 *(978-1-4263-3700-0(0)*, National Geographic Kids) Disney Publishing Worldwide.

National Geographic Kids Puzzle Book: on the Go. National Geographic Kids. 2021. (ENG.). 96p. (J). (gr. 3-7). pap. 6.99 *(978-1-4263-3920-2(8)*, National Geographic Kids) Disney Publishing Worldwide.

National Geographic Kids Puzzle Book: Space. National Geographic Kids. 2019. (NGK Puzzle Bks.). 96p. (J). (gr. 3-7). pap. 6.99 *(978-1-4263-3551-8(2)*, National Geographic Kids) Disney Publishing Worldwide.

National Geographic Kids Readers: Alexander Hamilton (L3) Libby Romero. 2018. (Readers Ser.). (Illus.). 48p. (J). (gr. 3-7). pap. 4.99 *(978-1-4263-3038-4(3))*; (ENG., lib. bdg. 14.90 *(978-1-4263-3039-1(1))* Disney Publishing Worldwide. (National Geographic Kids).

National Geographic Kids Readers: Ancient Egypt (L3) Stephanie Warren Drimmer. 2018. (Readers Ser.). (Illus.). 48p. (J). (gr. 3-7). pap. 5.99 *(978-1-4263-3042-1(1)*, National Geographic Kids) Disney Publishing Worldwide.

National Geographic Kids Readers: Ancient Egypt (L3. Stephanie Warren Drimmer. 2018. (Readers Ser.). (ENG., Illus.). 48p. (J). (gr. 3-7). lib. bdg. 14.90 *(978-1-4263-3043-8(X)*, National Geographic Kids) Disney Publishing Worldwide.

National Geographic Kids Readers: Animal Armor (L1) Laura Marsh. 2018. (Readers Ser.). (Illus.). 32p. (J). (gr. -1-k). pap. 4.99 *(978-1-4263-3034-6(0))*; (ENG., lib. bdg. 14.90 *(978-1-4263-3035-3(9))* Disney Publishing Worldwide. (National Geographic Kids).

National Geographic Kids Readers: Animal Homes (Prereader) Shira Evans. 2018. (Readers Ser.). (Illus.). 24p. (J). (gr. -1-k). pap. 5.99 *(978-1-4263-3026-1(X))*; (ENG., lib. bdg. 14.90 *(978-1-4263-3027-8(8))* Disney Publishing Worldwide. (National Geographic Kids).

National Geographic Kids Readers: Bugs (Prereader) Shira Evans. 2018. (Readers Ser.). (Illus.). 24p. (J). (gr. -1-k). pap. 4.99 *(978-1-4263-3030-8(8))*; (ENG., lib. bdg. 14.90 *(978-1-4263-3031-5(6))* Disney Publishing Worldwide. (National Geographic Kids).

National Geographic Kids Readers: Real Dragons (L1/Co-Reader) Jennifer Szymanski. 2018. (Readers Ser.). (ENG., Illus.). 48p. (J). (gr. -1-k). lib. bdg. 14.90 *(978-1-4263-3047-6(2)*, National Geographic Kids) Disney Publishing Worldwide.

National Geographic Kids Readers: Real Dragons (L1/Coreader) Jennifer Szymanski. 2018. (Readers Ser.). (Illus.). 48p. (J). (gr. -1-k). pap. 4.99 *(978-1-4263-3046-9(4)*, National Geographic Kids) Disney Publishing Worldwide.

National Geographic Kids: Reptiles & Amphibians: Find Adventure! Go Outside! Have Fun! Be a Backyard Ranger & Amphibian Adventurer! Catherine H. Howell. 2016. (Illus.). 160p. (J). (gr. 3-7). pap. 12.99 *(978-1-4263-2544-1(4)*, National Geographic Kids) Disney Publishing Worldwide.

National Geographic Kids Reptiles & Amphibians: Sticker Activity Book. National Geographic Kids. 2017. (NG Sticker Activity Bks.). 56p. (J). (gr. -1-k). pap. 6.99 *(978-1-4263-2777-3(3)*, National Geographic Kids) Disney Publishing Worldwide.

National Geographic Kids Robots Sticker Activity Book. National Geographic Kids. 2018. 56p. (J). (gr. -1-k). pap. 6.99 *(978-1-4263-3180-0(0)*, National Geographic Kids) Disney Publishing Worldwide.

National Geographic Kids U. S. Atlas 2020, 6th Edition. National Geographic Kids. 6th ed. 2020. (Illus.). 176p. (J). (gr. 5-9). pap. 12.99 *(978-1-4263-3821-2(X))*; (ENG., lib. bdg. 22.90 *(978-1-4263-3823-6(6))* Disney Publishing Worldwide. (National Geographic Kids).

National Geographic Kids Ultimate Dinopedia, Second Edition. Don Lessem. 2nd ed. 2017. (Illus.). 296p. (J). (gr. 3-7). (ENG.). lib. bdg. 34.90 *(978-1-4263-2906-7(7))*; 24.99 *(978-1-4263-2905-0(9))* Disney Publishing Worldwide. (National Geographic Kids).

National Geographic Kids Ultimate Space Atlas. Carolyn DeCristofano. 2017. 160p. (J). (gr. 3-7). (ENG.). lib. bdg. 22.90 *(978-1-4263-2803-9(6))*; (Illus.). pap. 12.99 *(978-1-4263-2802-2(8))* Disney Publishing Worldwide. (National Geographic Kids).

National Geographic Kids Ultimate U. S. Road Trip Atlas, 2nd Edition. Crispin Boyer. 2nd ed. 2020. 144p. (J). (gr. 3-7). (ENG.). lib. bdg. 19.90 *(978-1-4263-3704-8(3))*; (Illus.). pap. 9.99 *(978-1-4263-3703-1(5))* Disney Publishing Worldwide. (National Geographic Kids).

National Geographic Kids Ultimate Weatherpedia: The Most Complete Weather Reference Ever. Stephanie Warren Drimmer. 2019. (Illus.). 272p. (J). (gr. 3-7). 24.99 *(978-1-4263-3543-3(1))*; (ENG., lib. bdg. 34.90 *(978-1-4263-3544-0(X))* Disney Publishing Worldwide. (National Geographic Kids).

National Geographic Kids Undersea Adventure 3-D Puzzle & Book, 66 vols. Sequoia Children's Publishing. 2019. (ENG.). 32p. (J). 19.99 *(978-1-64269-031-6(7)*, 4730, Sequoia Publishing & Media LLC) Phoenix International Publications, Inc.

National Geographic Kids United States Atlas 7th Edition. National Geographic. 2023. (Illus.). 176p. (J). (gr. 5-9). 19.99 ***(978-1-4263-7421-0(6))***; pap. 12.99 ***(978-1-4263-7524-8(7))*** Disney Publishing Worldwide. (National Geographic Kids).

National Geographic Kids: Volcano! Ellen J. Prager. 2016. (Jump into Science Ser.). (Illus.). 32p. (J). (gr. -1-k). pap. 7.99 *(978-1-4263-2366-9(2)*, National Geographic Kids) Disney Publishing Worldwide.

National Geographic Kids Who's Who in the Bible. Jill Rubalcaba. 2018. (Illus.). 96p. (J). (gr. 3-7). 14.99 *(978-1-4263-3002-5(2)*, National Geographic Kids) Disney Publishing Worldwide.

National Geographic Kids Why Not? Over 1,111 Answers to Everything. Crispin Boyer. 2018. (Why? Ser.). (Illus.). 224p. (J). (gr. 3-7). 19.99 *(978-1-4263-3191-6(6))*; (ENG., lib. bdg. 29.90 *(978-1-4263-3192-3(4))* Disney Publishing Worldwide. (National Geographic Kids).

National Geographic Kids Wild Adventures Super Sticker Activity Book. National Geographic Kids. 2017. (NG Sticker Activity Bks.). 112p. (J). (gr. -1-k). pap. 12.99 *(978-1-4263-2851-0(6)*, National Geographic Kids) Disney Publishing Worldwide.

N

National Geographic Little Kids First Big Book of Birds. Catherine D. Hughes. 2016. (National Geographic Little Kids First Big Bks.). (Illus.). 128p. (J). (gr. -1-k). 14.99 *(978-1-4263-2432-1(4))*; (ENG., lib. bdg. 24.90 *(978-1-4263-2433-8(2))* Disney Publishing Worldwide. (National Geographic Kids).

National Geographic Little Kids First Big Book of How. Jill Esbaum. 2016. (National Geographic Little Kids First Big Bks.). (Illus.). 128p. (J). (gr. -1-k). 14.99 *(978-1-4263-2329-4(8)*, National Geographic Kids) Disney Publishing Worldwide.

National Geographic Little Kids First Big Book of Science. Kathleen Zoehfeld. 2019. (Illus.). 128p. (J). (gr. -1-k). 14.99 *(978-1-4263-3318-7(8))*; (ENG., lib. bdg. 24.90 *(978-1-4263-3319-4(6))* Disney Publishing Worldwide. (National Geographic Kids).

National Geographic Little Kids First Big Book of the Rain Forest. Moira Rose Donohue. 2018. (Illus.). 128p. (J). (gr. -1-k). 14.99 *(978-1-4263-3171-8(1))*; (ENG., lib. bdg. 24.90 *(978-1-4263-3172-5(X))* Disney Publishing Worldwide. (National Geographic Kids).

National Geographic Little Kids First Big Book of Things That Go. Karen de Seve. 2017. (National Geographic Little Kids First Big Bks.). (Illus.). 128p. (J). (gr. -1-k). 14.99 *(978-1-4263-2804-6(4))*; (ENG., lib. bdg. 24.90 *(978-1-4263-2805-3(2))* Disney Publishing Worldwide. (National Geographic Kids).

National Geographic Little Kids First Big Book of Weather. Karen de Seve. 2017. (Illus.). 128p. (J). (gr. -1-k). 14.99 *(978-1-4263-2719-3(6)*, National Geographic Kids) Disney Publishing Worldwide.

National Geographic Little Kids First Big Book of Where. Jill Esbaum. 2020. (National Geographic Little Kids First Big Bks.). (Illus.). 128p. (J). (gr. -1-k). 14.99 *(978-1-4263-3693-5(4))*; (ENG., lib. bdg. 24.90 *(978-1-4263-3694-2(2))* Disney Publishing Worldwide. (National Geographic Kids).

National Geographic Little Kids First Big Book of Why 2. Jill Esbaum. 2018. (National Geographic Little Kids First Big Bks.: 2). (Illus.). 128p. (J). (gr. -1-k). 14.99 *(978-1-4263-2999-9(7)*, National Geographic Kids) Disney Publishing Worldwide.

National Geographic Readers - Erupt! 100 Fun Facts about Volcanoes (L3) 100 Fun Facts about Volcanoes. Joan Marie Galat. 2017. (Readers Ser.). (Illus.). 48p. (J). (gr. 2-4). pap. 5.99 *(978-1-4263-2910-4(5)*, National Geographic Kids) Disney Publishing Worldwide.

National Geographic Readers: a Zebra's Day (Prereader) Aubre Andrus. 2020. (Readers Ser.). (Illus.). 24p. (J). (gr. -1-k). pap. 4.99 *(978-1-4263-3717-8(5))*; (ENG., lib. bdg. 14.90 *(978-1-4263-3718-5(3))* Disney Publishing Worldwide. (National Geographic Kids).

National Geographic Readers: African-American History Makers. Barbara Kramer. 2018. (Readers Bios Ser.). (ENG., Illus.). 144p. (J). (gr. 1-3). lib. bdg. 17.90 *(978-1-4263-3202-9(5)*, National Geographic Kids) Disney Publishing Worldwide.

National Geographic Readers: AfricanAmerican History Makers. Kitson Jazynka. 2018. (Readers Bios Ser.). (Illus.). 144p. (J). (gr. 1-3). pap. 7.99 *(978-1-4263-3201-2(7)*, National Geographic Kids) Disney Publishing Worldwide.

National Geographic Readers: ¡Agárrate, Mono! (Pre-Reader)-Spanish Edition. Susan B. Neuman. 2018. (Readers Ser.). 24p. (J). (gr. -1-k). (SPA.). lib. bdg. 14.90 *(978-1-4263-3233-3(5)*, National Geographic Children's Bks.); (Illus.). pap. 4.99 *(978-1-4263-3232-6(7)*, National Geographic Kids) Disney Publishing Worldwide.

National Geographic Readers: Albert Einstein. Libby Romero. 2016. (Readers Bios Ser.). (Illus.). 48p. (J). (gr. 1-3). pap. 4.99 *(978-1-4263-2536-6(3)*, National Geographic Kids) Disney Publishing Worldwide.

National Geographic Readers: Alien Ocean Animals (L3) Rosie Colosi. 2020. (Readers Ser.). (Illus.). 48p. (J). (gr. 3-7). (ENG.). 14.90 *(978-1-4263-3706-2(X))*; pap. 4.99 *(978-1-4263-3705-5(1))* Disney Publishing Worldwide. (National Geographic Kids).

National Geographic Readers: All about Bears (Prereader) National Geographic Kids. 2019. (Readers Ser.). (Illus.). 24p. (J). (gr. -1-k). 4.99 *(978-1-4263-3484-9(2))*; (ENG., lib. bdg. 15.99 *(978-1-4263-3485-6(0))* Disney Publishing Worldwide. (National Geographic Kids).

National Geographic Readers: Animal Architects (L3) Libby Romero. 2019. (Readers Ser.). (Illus.). 48p. (J). (gr. 3-7). pap. 4.99 *(978-1-4263-3327-9(7))*; (ENG., lib. bdg. 14.90 *(978-1-4263-3328-6(5))* Disney Publishing Worldwide. (National Geographic Kids).

National Geographic Readers: Animal Superpowers (L2) Andrea Silen. 2023. (National Geographic Readers Ser.). (ENG., Illus.). 32p. (J). (gr. 1-3). pap. 5.99

(978-1-4263-3977-6(1)); lib. bdg. 15.99 *(978-1-4263-3978-3(X))* Disney Publishing Worldwide. (National Geographic Kids).

National Geographic Readers: Animals in the City (L2) Elizabeth Carney. 2019. (Readers Ser.). (Illus.). 32p. (J). (gr. 1-3). pap. 4.99 *(978-1-4263-3331-6(5));* (ENG., lib. bdg. 14.90 *(978-1-4263-3332-3(3))* Disney Publishing Worldwide. (National Geographic Kids).

National Geographic Readers: Animals That Change Color (L2) Libby Romero. 2020. (Readers Ser.). 32p. (J). (gr. 1-3). (ENG.). lib. bdg. 14.90 *(978-1-4263-3710-9(8));* (Illus.). pap. 5.99 *(978-1-4263-3709-3(4))* Disney Publishing Worldwide. (National Geographic Kids).

National Geographic Readers: Arctic Animals (L2) Jennifer Szymanski. 2023. (Readers Ser.). (ENG., Illus.). 32p. (J). (gr. 1-3). pap. 4.99 *(978-1-4263-3993-6(3));* lib. bdg. 14.90 *(978-1-4263-3994-3(1))* Disney Publishing Worldwide. (National Geographic Kids).

National Geographic Readers: at the Beach. Shira Evans. 2017. (Readers Ser.). (Illus.). 24p. (J). (gr. -1-k). pap. 4.99 *(978-1-4263-2807-7(9));* (ENG., lib. bdg. 13.90 *(978-1-4263-2808-4(7))* Disney Publishing Worldwide. (National Geographic Kids).

National Geographic Readers: Balanceate, Perezoso! (Swing, Sloth!) Susan B. Neuman. 2017. (Readers Ser.). 24p. (J). (gr. -1-k). (ENG.). lib. bdg. 14.90 *(978-1-4263-2938-8(5),* National Geographic Children's Bks.); pap. 5.99 *(978-1-4263-2937-1(7),* National Geographic Kids) Disney Publishing Worldwide.

National Geographic Readers: Bears. National Geographic Kids. 2016. (Readers Ser.). (Illus.). 48p. (J). (gr. 1-3). pap. 5.99 *(978-1-4263-2444-4(8));* (ENG., lib. bdg. 13.90 *(978-1-4263-2445-1(6))* Disney Publishing Worldwide. (National Geographic Kids).

National Geographic Readers: Bling! (L3) 100 Fun Facts about Rocks & Gems. Emma Carlson Berne. 2022. (Readers Ser.). (Illus.). 48p. (J). (gr. 2-4). 4.99 *(978-1-4263-3890-8(2));* (ENG., lib. bdg. 14.90 *(978-1-4263-3891-5(0))* Disney Publishing Worldwide. (National Geographic Kids).

National Geographic Readers: Buzz Aldrin (L3) Kitson Jazynka. 2018. (Readers Ser.). (Illus.). 48p. (J). (gr. 3-7). 4.99 *(978-1-4263-3206-7(8));* (ENG., lib. bdg. 14.90 *(978-1-4263-3207-4(6))* Disney Publishing Worldwide. (National Geographic Kids).

National Geographic Readers: Buzz, Bee! Jennifer Szymanski. 2017. (Readers Ser.). (Illus.). 24p. (J). (gr. -1-k). pap. 4.99 *(978-1-4263-2780-3(3),* National Geographic Kids) Disney Publishing Worldwide.

National Geographic Readers: Cats (Level 1 Coreader) Joan Marie Galat. 2017. (Readers Ser.). (Illus.). 48p. (J). (gr. -1-k). pap. 4.99 *(978-1-4263-2883-1(4));* (ENG., lib. bdg. 14.90 *(978-1-4263-2884-8(2))* Disney Publishing Worldwide. (National Geographic Kids).

National Geographic Readers: City/Country (Level 1 Co-Reader) Jody Jensen Shaffer. 2017. (Readers Ser.). (ENG.). 48p. (J). (gr. -1-k). lib. bdg. 14.90 *(978-1-4263-2887-9(7),* National Geographic Kids) Disney Publishing Worldwide.

National Geographic Readers: City/Country (Level 1 Coreader) Jody Jensen Shaffer. 2017. (Readers Ser.). (Illus.). 48p. (J). (gr. -1-k). pap. 4.99 *(978-1-4263-2886-2(9),* National Geographic Kids) Disney Publishing Worldwide.

National Geographic Readers: Climb, Koala! Jennifer Szymanski. 2017. (Readers Ser.). (Illus.). 24p. (J). (gr. -1-k). pap. 4.99 *(978-1-4263-2784-1(6));* (ENG., lib. bdg. 14.90 *(978-1-4263-2785-8(4))* Disney Publishing Worldwide. (National Geographic Kids).

National Geographic Readers: Day & Night. Shira Evans. 2016. (Readers Ser.). (Illus.). 48p. (J). (gr. -1-k). pap. 4.99 *(978-1-4263-2470-3(7),* National Geographic Kids) Disney Publishing Worldwide.

National Geographic Readers: de Semilla a Planta (L1) Kristin Baird Rattini. 2020. (Readers Ser.). 32p. (J). (gr. -1-k). pap. 4.99 *(978-1-4263-3729-1(9));* (SPA.). lib. bdg. 14.90 *(978-1-4263-3730-7(2))* Disney Publishing Worldwide. (National Geographic Kids).

National Geographic Readers: Deadly Animals Collection. Laura Marsh. 2019. (Illus.). 144p. (J). (gr. -1-k). pap. 7.99 *(978-1-4263-3515-0(6));* (ENG., (gr. 1-3). lib. bdg. 17.90 *(978-1-4263-3516-7(4))* Disney Publishing Worldwide. (National Geographic Kids).

National Geographic Readers: ¡Deslizate, Serpiente! (Pre-Reader)-Spanish Edition. Shelby Alinsky. 2019. (Readers Ser.). 24p. (J). (gr. -1-k). (SPA.). lib. bdg. 14.90 *(978-1-4263-3374-3(9));* (Illus.). pap. 4.99 *(978-1-4263-3373-6(0))* Disney Publishing Worldwide. (National Geographic Kids).

National Geographic Readers: Dive, Dolphin. Shira Evans. 2016. (Readers Ser.). (Illus.). 24p. (J). (gr. -1-k). pap. 4.99 *(978-1-4263-2440-6(5));* (ENG., lib. bdg. 14.90 *(978-1-4263-2441-3(3))* Disney Publishing Worldwide. (National Geographic Kids).

National Geographic Readers: Ducks (Prereader) Jennifer Szymanski. 2018. (Readers Ser.). (Illus.). 24p. (J). (gr. -1-k). pap. 4.99 *(978-1-4263-3210-4(6));* (ENG., lib. bdg. 14.90 *(978-1-4263-3211-1(4))* Disney Publishing Worldwide. (National Geographic Kids).

National Geographic Readers: Egypt Collection. National Geographic Kids. 2020. (Illus.). 144p. (J). (gr. 1-3). pap. 7.99 *(978-1-4263-3844-1(9));* (ENG., lib. bdg. 17.90 *(978-1-4263-3845-8(7))* Disney Publishing Worldwide. (National Geographic Kids).

National Geographic Readers: el Tiempo (L1) Kristin Baird Rattini. 2019. (Readers Ser.). 32p. (J). (gr. -1-k). (SPA.). lib. bdg. 14.90 *(978-1-4263-3352-1(8));* (Illus.). pap. 5.99 *(978-1-4263-3351-4(X))* Disney Publishing Worldwide. (National Geographic Kids).

National Geographic Readers: Elephants. Avery Hurt. 2016. (Readers Ser.). (Illus.). 48p. (J). (gr. 1-3). pap. 4.99 *(978-1-4263-2618-9(1),* National Geographic Kids) Disney Publishing Worldwide.

National Geographic Readers: Erupt! 100 Fun Facts about Volcanoes (L3) Joan Marie Galat. 2017. (Readers Ser.). (ENG., Illus.). 48p. (J). (gr. 3-7). lib. bdg. 14.90 *(978-1-4263-2911-1(3),* National Geographic Kids) Disney Publishing Worldwide.

National Geographic Readers: Farm Animals (Level 1 Coreader) Joanne Mattern. 2017. (Readers Ser.). (Illus.). 48p. (J). (gr. -1-k). pap. 4.99 *(978-1-4263-2687-5(4),* National Geographic Kids) Disney Publishing Worldwide.

National Geographic Readers: Follow Me: Animal Parents & Babies. Shira Evans. 2016. (Readers Ser.). (Illus.). 48p. (J). (gr. -1-k). pap. 4.99 *(978-1-4263-2347-8(6),* National Geographic Kids) Disney Publishing Worldwide.

National Geographic Readers: Foxes (L2) Laura Marsh. 2019. (Readers Ser.). (Illus.). 32p. (J). (gr. 1-3). pap. 4.99 *(978-1-4263-3491-7(5));* (ENG., lib. bdg. 14.90 *(978-1-4263-3492-4(3))* Disney Publishing Worldwide. (National Geographic Kids).

National Geographic Readers: Frederick Douglass (Level 2) Barbara Kramer. 2017. (Readers Bios Ser.). (Illus.). 32p. (J). (gr. 1-3). pap. 4.99 *(978-1-4263-2756-8(0),* National Geographic Kids) Disney Publishing Worldwide.

National Geographic Readers: Gallop! 100 Fun Facts about Horses (L3) Kitson Jazynka. 2018. (Readers Ser.). (Illus.). 48p. (J). (gr. 3-7). pap. 4.99 *(978-1-4263-3238-8(6));* (ENG., lib. bdg. 14.90 *(978-1-4263-3239-5(4))* Disney Publishing Worldwide. (National Geographic Kids).

National Geographic Readers: George Washington Carver. Kitson Jazynka. 2016. (Readers Bios Ser.). 32p. (J). (gr. -1-k). (ENG.). lib. bdg. 14.90 *(978-1-4263-2286-0(0));* (Illus.). pap. 4.99 *(978-1-4263-2285-3(2))* Disney Publishing Worldwide. (National Geographic Kids).

National Geographic Readers: Giraffes. Laura Marsh. 2016. (Readers Ser.). (ENG., Illus.). 32p. (J). (gr. -1-k). lib. bdg. 14.90 *(978-1-4263-2449-9(9),* National Geographic Kids) Disney Publishing Worldwide.

National Geographic Readers: Glowing Animals (L1/CoReader) Rose Davidson. 2019. (Readers Ser.). 48p. (J). (gr. -1-k). (ENG.). lib. bdg. 14.90 *(978-1-4263-3499-3(0));* (Illus.). pap. 4.99 *(978-1-4263-3498-6(2))* Disney Publishing Worldwide. (National Geographic Kids).

National Geographic Readers: Goats (Level 1) Rose Davidson. 2023. (National Geographic Readers Ser.). (ENG., Illus.). 32p. (J). (gr. -1-1). lib. bdg. 14.90 *(978-1-4263-7552-1(2),* National Geographic Kids) Disney Publishing Worldwide.

National Geographic Readers: Goats (Level 1) Contrib. by Rose Davidson. 2023. (National Geographic Readers Ser.). (Illus.). 32p. (J). (gr. -1-1). pap. 4.99 *(978-1-4263-7537-8(9),* National Geographic Kids) Disney Publishing Worldwide.

National Geographic Readers: Gymnastics (Level 2) Sarah Flynn. 2021. (Readers Ser.). (ENG., Illus.). 32p. (J). (gr. 1-3). pap. 4.99 *(978-1-4263-3812-0(0),* National Geographic Kids) Disney Publishing Worldwide.

National Geographic Readers: Gymnastics (Level 2) Sarah Wassner Flynn. 2021. (Readers Ser.). (ENG., Illus.). 32p. (J). (gr. 1-3). lib. bdg. 14.90 *(978-1-4263-3813-7(9),* National Geographic Children's Bks.) Disney Publishing Worldwide.

National Geographic Readers: Harriet Tubman (L2) Barbara Kramer. 2019. (Readers Ser.). (Illus.). 32p. (J). (gr. 1-3). pap. 4.99 *(978-1-4263-3721-5(3),* National Geographic Kids) Disney Publishing Worldwide.

National Geographic Readers: Hedgehogs (Level 1) Mary Quattlebaum. 2022. (Readers Ser.). (Illus.). 32p. (J). (gr. -1-1). pap. 5.99 *(978-1-4263-3830-4(9),* National Geographic Kids); (ENG., lib. bdg. 15.90 *(978-1-4263-3831-1(7),* National Geographic Children's Bks.) Disney Publishing Worldwide.

National Geographic Readers: Helen Keller (Level 2) Kitson Jazynka. 2017. (Readers Bios Ser.). (Illus.). 32p. (J). (gr. 1-3). pap. 4.99 *(978-1-4263-2669-1(6),* National Geographic Kids) Disney Publishing Worldwide.

National Geographic Readers: Hello, Penguin! (Pre-Reader) Kathryn Williams. 2017. (Readers Ser.). (ENG., Illus.). 24p. (J). (gr. -1-k). lib. bdg. 13.90 *(978-1-4263-2896-1(6),* National Geographic Kids) Disney Publishing Worldwide.

National Geographic Readers: Hello, Penguin! (Prereader) Kathryn Williams. 2017. (Readers Ser.). (Illus.). 24p. (J). (gr. -1-k). pap. 4.99 *(978-1-4263-2895-4(8),* National Geographic Kids) Disney Publishing Worldwide.

National Geographic Readers: Helpers in Your Neighborhood (Prereader) Shira Evans. 2018. (Readers Ser.). (Illus.). 24p. (J). (gr. -1-k). 4.99 *(978-1-4263-3214-2(9));* (ENG., lib. bdg. 14.90 *(978-1-4263-3215-9(7))* Disney Publishing Worldwide. (National Geographic Kids).

National Geographic Readers: Here to There (L1/Coreader) Jennifer Szymanski. 2019. (Readers Ser.). (Illus.). 48p. (J). (gr. -1-k). pap. 4.99 *(978-1-4263-3495-5(8));* (ENG., lib. bdg. 14.90 *(978-1-4263-3496-2(6))* Disney Publishing Worldwide. (National Geographic Kids).

National Geographic Readers: Ibn AlHaytham: The Man Who Discovered How We See. Libby Romero. 2016. (Readers Bios Ser.). (Illus.). 48p. (J). (gr. 1-3). pap. 4.99 *(978-1-4263-2500-7(2),* National Geographic Kids) Disney Publishing Worldwide.

National Geographic Readers: in the Desert (Pre-Reader) Michaela Weglinski. 2021. (ENG., Illus.). 24p. (J). (gr. -1-k). pap. 4.99 *(978-1-4263-3834-2(1),* National Geographic Kids) Disney Publishing Worldwide.

National Geographic Readers: in the Desert (PreReader) Michaela Weglinski. 2021. (ENG., Illus.). 24p. (J). (gr. -1-k). lib. bdg. 14.90 *(978-1-4263-3835-9(X),* National Geographic Kids) Disney Publishing Worldwide.

National Geographic Readers: in the Forest. Shira Evans. 2016. (Readers Ser.). (Illus.). 48p. (J). (gr. -1-k). pap. 4.99 *(978-1-4263-2621-9(1),* National Geographic Kids) Disney Publishing Worldwide.

National Geographic Readers: in the Ocean (L1/Co-Reader) Jennifer Szymanski. 2018. (Readers Ser.). (ENG., Illus.). 48p. (J). (gr. -1-k). lib. bdg. 14.90 *(978-1-4263-3236-4(X),* National Geographic Kids) Disney Publishing Worldwide.

National Geographic Readers: in the Ocean (L1/Coreader) Jennifer Szymanski. 2018. (Readers Ser.). (Illus.). 48p. (J). (gr. -1-k). pap. 4.99 *(978-1-4263-3235-7(1),* National Geographic Kids) Disney Publishing Worldwide.

National Geographic Readers: in the Pond (Pre-Reader) Aubre Andrus. 2022. (National Geographic Readers Ser.). (ENG., Illus.). 24p. (J). (gr. -1-k). 4.99 *(978-1-4263-3925-7(9),* National Geographic Kids) Disney Publishing Worldwide.

National Geographic Readers: in the Pond (Prereader) Aubre Andrus. 2022. (National Geographic Readers Ser.). (ENG., Illus.). 24p. (J). (gr. -1-k). lib. bdg. 14.90 *(978-1-4263-3926-4(7),* National Geographic Kids) Disney Publishing Worldwide.

National Geographic Readers: Ink! (L3) 100 Fun Facts about Octopuses, Squid, & More. Stephanie Warren Drimmer. 2019. (Readers Ser.). (Illus.). 48p. (J). (gr. 3-7). pap. 4.99 *(978-1-4263-3501-3(6));* (ENG., lib. bdg. 14.90 *(978-1-4263-3502-0(4))* Disney Publishing Worldwide. (National Geographic Kids).

National Geographic Readers: Kamala Harris (Level 2) Tonya K. Grant. 2022. (National Geographic Readers Ser.). (Illus.). 32p. (J). (gr. k-3). (ENG.). 14.90 *(978-1-4263-7357-2(0));* pap. 4.99 *(978-1-4263-7325-1(2))* Disney Publishing Worldwide. (National Geographic Kids).

National Geographic Readers: Las Abejas (L2) Laura Marsh. 2020. (Readers Ser.). (Illus.). 32p. (J). (gr. 1-3). pap. 5.99 *(978-1-4263-3732-1(9));* (SPA., lib. bdg. 14.90 *(978-1-4263-3733-8(7))* Disney Publishing Worldwide. (National Geographic Kids).

National Geographic Readers: Las Hormigas (L1) Melissa Stewart. 2018. (Readers Ser.). 32p. (J). (gr. -1-k). (ENG.). lib. bdg. 14.90 *(978-1-4263-3227-2(0),* National Geographic Children's Bks.); (Illus.). pap. 4.99 *(978-1-4263-3226-5(2),* National Geographic Kids) Disney Publishing Worldwide.

National Geographic Readers: Las Tormentas (Storms) Miriam Busch Goin. 2017. (Readers Ser.). 32p. (J). (gr. -1-k). pap. 4.99 *(978-1-4263-2935-7(0),* National Geographic Kids); (SPA.). lib. bdg. 14.90 *(978-1-4263-2936-4(9),* National Geographic Children's Bks.) Disney Publishing Worldwide.

National Geographic Readers: Let's Go! (Prereader) Aubre Andrus. 2019. (Readers Ser.). (Illus.). 24p. (J). (gr. -1-k). pap. 4.99 *(978-1-4263-3335-4(8));* (ENG., lib. bdg. 14.90 *(978-1-4263-3336-1(6))* Disney Publishing Worldwide. (National Geographic Kids).

National Geographic Readers: Let's Play. National Geographic Kids. 2017. (Readers Ser.). (Illus.). 96p. (J). (gr. -1-k). pap. 7.99 *(978-1-4263-2791-9(9),* National Geographic Kids) Disney Publishing Worldwide.

National Geographic Readers: Llamas (L1) Maya Myers. 2020. (Readers Ser.). (Illus.). 32p. (J). (gr. -1-k). pap. 4.99 *(978-1-4263-3725-3(6),* National Geographic Kids) Disney Publishing Worldwide.

National Geographic Readers: Los Delfines (Dolphins) Melissa Stewart. 2017. (Readers Ser.). 32p. (J). (gr. 1-3). pap. 5.99 *(978-1-4263-2933-3(4));* (SPA.). lib. bdg. 14.90 *(978-1-4263-2934-0(2))* Disney Publishing Worldwide. (National Geographic Children's Bks.).

National Geographic Readers: Los Volcanes (L2) Anne Schreiber. 2018. (Readers Ser.). 32p. (J). (gr. 1-3). (ENG.). lib. bdg. 14.90 *(978-1-4263-3230-2(0),* National Geographic Children's Bks.); (Illus.). pap. 4.99 *(978-1-4263-3229-6(7),* National Geographic Kids) Disney Publishing Worldwide.

National Geographic Readers: Mother Teresa (L1) Barbara Kramer. 2019. (Readers Bios Ser.). (Illus.). 32p. (J). (gr. -1-k). pap. 4.99 *(978-1-4263-3347-7(1));* (ENG., lib. bdg. 14.90 *(978-1-4263-3348-4(X))* Disney Publishing Worldwide. (National Geographic Kids).

National Geographic Readers: Mythical Beasts (L3) 100 Fun Facts about Real Animals & the Myths They Inspire. Stephanie Warren Drimmer. 2022. (National Geographic Readers Ser.). (Illus.). 48p. (J). (gr. 2-4). 4.99 *(978-1-4263-3893-9(7));* (ENG., lib. bdg. 14.90 *(978-1-4263-3894-6(5))* Disney Publishing Worldwide. (National Geographic Kids).

National Geographic Readers: Night Sky. Stephanie Warren Drimmer. 2017. (Readers Ser.). (Illus.). 32p. (J). (gr. 1-3). pap. 4.99 *(978-1-4263-2815-2(X),* National Geographic Kids) Disney Publishing Worldwide.

National Geographic Readers: Odd Animals (PreReader) Rose Davidson. 2019. (Readers Ser.). (Illus.). 24p. (J). (gr. -1-k). pap. 4.99 *(978-1-4263-3339-2(0));* (ENG., lib. bdg. 14.90 *(978-1-4263-3340-8(4))* Disney Publishing Worldwide. (National Geographic Kids).

National Geographic Readers: Peek, Otter. Shira Evans. 2016. (Readers Ser.). 24p. (J). (gr. -1-k). pap. 4.99 *(978-1-4263-2436-9(7));* (ENG.). lib. bdg. 13.90 *(978-1-4263-2437-6(5))* Disney Publishing Worldwide. (National Geographic Kids).

National Geographic Readers: Plants (Level 1 Coreader) Kathryn Williams. 2017. (Readers Ser.). (Illus.). 48p. (J). (gr. -1-k). pap. 4.99 *(978-1-4263-2694-3(7),* National Geographic Kids) Disney Publishing Worldwide.

National Geographic Readers: Play, Kitty! Shira Evans. 2016. (Readers Ser.). 24p. (J). (gr. -1-k). pap. 4.99 *(978-1-4263-2409-3(X),* National Geographic Kids) Disney Publishing Worldwide.

National Geographic Readers: Predator FaceOff. Melissa Stewart. 2017. (Readers Ser.). (Illus.). 32p. (J). (gr. -1-k). pap. 4.99 *(978-1-4263-2811-4(7));* (ENG., lib. bdg. 14.90 *(978-1-4263-2812-1(5))* Disney Publishing Worldwide. (National Geographic Kids).

National Geographic Readers: Puffins (PreReader) Maya Myers. 2019. (Readers Ser.). 24p. (J). (gr. -1-k). pap. 4.99 *(978-1-4263-3504-4(0));* (ENG., lib. bdg. 14.90 *(978-1-4263-3505-1(9))* Disney Publishing Worldwide. (National Geographic Kids).

National Geographic Readers: Pyramids (Level 1) Laura Marsh. 2017. (Readers Ser.). (Illus.). 32p. (J). (gr. -1-k). pap. 4.99 *(978-1-4263-2690-5(4),* National Geographic Kids) Disney Publishing Worldwide.

National Geographic Readers: Rainforests (Level 2) Andrea Silen. 2021. (Readers Ser.). 32p. (J). (gr. 1-3). (ENG.). lib. bdg. 14.90 *(978-1-4263-3839-7(2));* (Illus.). pap. 5.99 *(978-1-4263-3838-0(4))* Disney Publishing Worldwide. (National Geographic Kids).

National Geographic Readers: Reptiles (L1/Co-Reader) Jennifer Szymanski. 2022. (Readers Ser.). (ENG., Illus.). 48p. (J). (gr. -1-1). pap. 4.99 *(978-1-4263-3883-0(X),* National Geographic Children's Bks.) Disney Publishing Worldwide.

National Geographic Readers: Reptiles (L1/Coreader) Jennifer Szymanski. 2022. (Readers Ser.). (ENG., Illus.). 48p. (J). (gr. -1-1). lib. bdg. 14.90 *(978-1-4263-3884-7(8),* National Geographic Children's Bks.) Disney Publishing Worldwide.

National Geographic Readers: Roar! 100 Facts about African Animals (L3) Stephanie Warren Drimmer. 2018. (Readers Ser.). (Illus.). 48p. (J). (gr. 3-7). pap. 4.99 *(978-1-4263-3241-8(6));* (ENG., lib. bdg. 14.90 *(978-1-4263-3242-5(4))* Disney Publishing Worldwide. (National Geographic Kids).

National Geographic Readers: Rocas y Minerales (L2) Kathleen Zoehfeld. 2019. (Readers Ser.). 32p. (J). (gr. 1-3). pap. 4.99 *(978-1-4263-3520-4(2));* (SPA.). lib. bdg. 14.90 *(978-1-4263-3521-1(0))* Disney Publishing Worldwide. (National Geographic Kids).

National Geographic Readers: Ruth Bader Ginsburg (L3) Rose Davidson. 2020. (Readers Bios Ser.). (ENG., Illus.). 48p. (J). (gr. 1-3). lib. bdg. 14.90 *(978-1-4263-3998-1(4));* pap. 4.99 *(978-1-4263-3997-4(6))* Disney Publishing Worldwide. (National Geographic Kids).

National Geographic Readers: September 11 (Level 3) Libby Romero. 2021. (National Geographic Readers Ser.). (ENG., Illus.). 48p. (J). (gr. 2-4). pap. 4.99 *(978-1-4263-7218-6(3),* National Geographic Kids) Disney Publishing Worldwide.

National Geographic Readers: September 11 (Level 3)-Library Edition. Libby Romero. 2021. (National Geographic Readers Ser.). (ENG., Illus.). 48p. (J). (gr. 2-4). lib. bdg. 14.90 *(978-1-4263-7219-3(1),* National Geographic Kids) Disney Publishing Worldwide.

National Geographic Readers: Skyscrapers (Level 3) Libby Romero. 2017. (Readers Ser.). (Illus.). 48p. (J). (gr. 3-7). pap. 4.99 *(978-1-4263-2681-3(5),* National Geographic Kids) Disney Publishing Worldwide.

National Geographic Readers: Sonia Sotomayor (L3, Spanish) Barbara Kramer. 2019. (Readers Bios Ser.). 48p. (J). (gr. 3-7). pap. 4.99 *(978-1-4263-3517-4(2));* (SPA.). lib. bdg. 14.90 *(978-1-4263-3518-1(0))* Disney Publishing Worldwide. (National Geographic Kids).

National Geographic Readers: Squeak! (L3) 100 Fun Facts about Hamsters, Mice, Guinea Pigs, & More. Rose Davidson. 2019. (Readers Ser.). (Illus.). 48p. (J). (gr. 3-7). pap. 5.99 *(978-1-4263-3488-7(5));* (ENG., lib. bdg. 14.90 *(978-1-4263-3489-4(3))* Disney Publishing Worldwide. (National Geographic Kids).

National Geographic Readers: Stacey Abrams (Level 2) Melissa H. Mwai. 2022. (National Geographic Readers Ser.). (Illus.). 32p. (J). (gr. k-3). (ENG.). 14.90 *(978-1-4263-7356-5(2));* pap. 4.99 *(978-1-4263-7326-8(0))* Disney Publishing Worldwide. (National Geographic Kids).

National Geographic Readers: Susan B. Anthony (L1/CoReader) Kitson Jazynka. 2019. (Readers Ser.). (Illus.). 48p. (J). (gr. -1-k). 4.99 *(978-1-4263-3508-2(3));* (ENG., lib. bdg. 14.90 *(978-1-4263-3509-9(1))* Disney Publishing Worldwide. (National Geographic Kids).

National Geographic Readers: Tadpole to Frog (L1/Co-Reader) Shira Evans. 2018. (Readers Ser.). (ENG., Illus.). 48p. (J). (gr. -1-k). lib. bdg. 14.90 *(978-1-4263-3204-3(1),* National Geographic Kids) Disney Publishing Worldwide.

National Geographic Readers: Tadpole to Frog (L1/Coreader) Shira Evans. 2018. (Readers Ser.). (Illus.). 48p. (J). (gr. -1-k). pap. 4.99 *(978-1-4263-3203-6(3),* National Geographic Kids) Disney Publishing Worldwide.

National Geographic Readers: Tide Pools (L1) Laura Marsh. 2019. (Readers Ser.). (Illus.). 32p. (J). (gr. -1-k). pap. 4.99 *(978-1-4263-3343-9(9));* (ENG., lib. bdg. 14.90 *(978-1-4263-3344-6(7))* Disney Publishing Worldwide. (National Geographic Kids).

National Geographic Readers: Trot, Pony! Shira Evans. 2016. (Readers Ser.). (Illus.). 24p. (J). (gr. -1-k). pap. 4.99 *(978-1-4263-2413-0(8),* National Geographic Kids) Disney Publishing Worldwide.

National Geographic Readers: Turtles. Laura Marsh. 2016. (Readers Ser.). (Illus.). 32p. (J). (gr. -1-k). pap. 4.99 *(978-1-4263-2293-8(3),* National Geographic Kids) Disney Publishing Worldwide.

National Geographic Readers: Vikings (L2) Libby Romero. 2018. (Readers Ser.). (Illus.). 32p. (J). (gr. 1-3). pap. 4.99 *(978-1-4263-3218-0(1));* (ENG., lib. bdg. 14.90 *(978-1-4263-3219-7(X))* Disney Publishing Worldwide. (National Geographic Kids).

National Geographic Readers: Walt Disney (L3) Barbara Kramer. 2017. (Readers Bios Ser.). (Illus.). 48p. (J). (gr. 3-7). pap. 4.99 *(978-1-4263-2673-8(4));* (ENG.). lib. bdg. 13.90 *(978-1-4263-2674-5(2))* Disney Publishing Worldwide. (National Geographic Kids).

National Geographic Readers: Whales (PreReader) Jennifer Szymanski. 2020. (Readers Ser.). (Illus.). 24p. (J). (gr. -1-k). pap. 4.99 *(978-1-4263-3713-0(2));* (ENG., lib. bdg. 14.90 *(978-1-4263-3714-7(0))* Disney Publishing Worldwide. (National Geographic Kids).

National Geographic Readers: What Is an Archaeologist? (L3) Libby Romero. 2019. (Readers Ser.). (Illus.). 48p. (J). (gr. 3-7). pap. 4.99 *(978-1-4263-3511-2(3));* (ENG., lib. bdg. 14.90 *(978-1-4263-3512-9(1))* Disney Publishing Worldwide. (National Geographic Kids).

National Geographic Readers: Wild Cats (Level 1) Elizabeth Carney. 2017. (Readers Ser.). (Illus.). 32p. (J). (gr. -1-k). pap. 4.99 *(978-1-4263-2677-6(7),* National Geographic Kids) Disney Publishing Worldwide.

National Geographic Readers: Wolverines (L3) Melissa Stewart. 2018. (Readers Ser.). (Illus.). 48p. (J). (gr. 3-7). pap. 4.99 *(978-1-4263-3222-7(X));* (ENG., lib. bdg. 14.90 *(978-1-4263-3223-4(8))* Disney Publishing Worldwide. (National Geographic Kids).

National Geographic Readers: Woof! 100 Fun Facts about Dogs (L3) Elizabeth Carney. 2017. (Readers Ser.). (ENG.). 48p. (J). (gr. 3-7). lib. bdg. 15.99 *(978-1-4263-2908-1(3),* National Geographic Kids) Disney Publishing Worldwide.

National Geographic Space Exploration 3-D Puzzle & Book, 67 vols. Sequoia Children's Publishing. 2019. (ENG.). 32p. (J). 19.99 *(978-1-64269-029-3(5),* 4728,

1438

The check digit for ISBN-10 appears in parentheses after the full ISBN-13

Sequoia Publishing & Media LLC) Phoenix International Publications, Inc.

National Geographic Student World Atlas, 6th Edition. National Geographic. 2022. 144p. (J). (ENG.). (gr. 9-12). 29.90 *(978-1-4263-7245-2(0))*; (Illus.). (gr. 7-12). pap. 12.99 *(978-1-4263-7343-5(0))*; 6th ed. (Illus.). (gr. 7-12). 19.99 *(978-1-4263-7244-5(2))* Disney Publishing Worldwide. (National Geographic Kids).

National Geographic the Greeks: An Illustrated History. Diane Harris Cline. 2016. (Illus.). 224p. 30.00 *(978-1-4262-1670-1(X)*, National Geographic) Disney Publishing Worldwide.

National Government. Ernestine Giesecke. rev. ed. 2016. (Kids' Guide to Government Ser.). (ENG.). 32p. (J). (gr. 3-5). pap. 7.99 *(978-1-4846-3812-5(3)*, 134591, Heinemann) Capstone.

National Holidays, 6 vols. Meredith Dash. 2016. (National Holidays Ser.). (ENG.). 24p. (J). (gr. -1-2). pap., pap., pap. 39.75 *(978-1-4966-1146-8(2)*, 26275, Capstone Classroom) Capstone.

National Holidays. Michelle Jovin. rev. ed. 2018. (Social Studies: Informational Text Ser.). (ENG., Illus.). 20p. (gr. k-1). 9.99 *(978-1-4258-2510-2(9))* Teacher Created Materials, Inc.

National Humour: Scottish, English, Irish, Welsh, Cockney, American (Classic Reprint) David MacRae. (ENG., Illus.). (J). 2018. 32.52 *(978-0-332-01292-6(1))*; 2017. pap. 16.57 *(978-0-243-30258-1(4))* Forgotten Bks.

National Identity, 1 vol. Ed. by Martin Gitlin. 2019. (Global Viewpoints Ser.). (ENG.). 176p. (gr. 10-12). pap. 32.70 *(978-1-5345-0655-8(1)*, e1c9680f-d5bd-4eb3-8533-196aa93e1e71, Greenhaven Publishing) Greenhaven Publishing LLC.

National Kindergarten Manual: Containing Practical Model Lessons, Rules & Lectures for the Kinderarten & the Nursery, Stories, etc (Classic Reprint) Louise Pollock. 2017. (ENG., Illus.). 180p. (J). 27.63 *(978-0-332-80491-0(7))* Forgotten Bks.

National Landmarks. Erin Edison. 2018. (National Landmarks Ser.). (ENG.). 24p. (J). (gr. 1-3). 111.96 *(978-1-5435-3142-8(3)*, 28584, Capstone Pr.) Capstone.

National Magazine, Vol. 10: Devoted to Literature, Art, & Religion; January to June, 1857 (Classic Reprint) James Floy. (ENG., Illus.). (J). 2018. 592p. 36.13 *(978-0-428-97627-9(1))*; 2017. pap. 19.57 *(978-1-334-92372-2(8))* Forgotten Bks.

National Magazine, Vol. 21: An Illustrated American Monthly; October, 1904-March, 1905 (Classic Reprint) Arthur Wellington Brayley. (ENG., Illus.). (J). 2018. 868p. 41.80 *(978-0-483-79578-5(X))*; 2017. pap. 24.14 *(978-0-243-01269-5(1))* Forgotten Bks.

National Magazine, Vol. 22: An Illustrated American Monthly; April-September, 1905 (Classic Reprint) Arthur Wellington Brayley. 2017. (ENG., Illus.). (J). pap. 24.55 *(978-1-334-89993-5(2))* Forgotten Bks.

National Magazine, Vol. 23: October, 1905-March, 1906 (Classic Reprint) Arthur Wellington Brayley. (ENG., Illus.). (J). 2018. 888p. 42.21 *(978-0-428-82633-8(4))*; 2017. pap. 24.59 *(978-1-334-89941-6(X))* Forgotten Bks.

National Magazine, Vol. 25: An Illustrated American Monthly; October, 1906-March, 1907 (Classic Reprint) Arthur Wellington Brayley. (ENG., Illus.). (J). 2018. 884p. 42.13 *(978-0-484-22664-6(9))*; 2017. pap. 24.47 *(978-1-334-91725-7(6))* Forgotten Bks.

National Magazine, Vol. 26: An Illustrated American Monthly; April to September, 1907 (Classic Reprint) Arthur Wellington Brayley. 2017. (ENG., Illus.). (J). 956p. 43.61 *(978-0-484-65532-3(9))*; pap. 25.96 *(978-0-259-59287-7(0))* Forgotten Bks.

National Magazine, Vol. 35: An Illustrated American Monthly; October, 1911, to March, 1912 (Classic Reprint) Arthur Wellington Brayley. (ENG., Illus.). (J). 2018. 1150p. 47.62 *(978-0-483-53401-8(3))*; 2017. pap. 29.96 *(978-1-334-91657-1(8))* Forgotten Bks.

National Mall. Jamie Kallio. 2019. (Iconic America Ser.). (ENG., Illus.). 48p. (J). (gr. 4-8). lib. bdg. 35.64 *(978-1-5321-9091-9(3)*, 33692) ABDO Publishing Co.

National Memorial for Peace & Justice. Susan Glick. 2023. (Visit & Learn Ser.). (ENG., Illus.). 32p. (J). lib. bdg. 31.35 ***(978-1-63739-619-3(8)***, Focus Readers) North Star Editions.

National Memorial for Peace & Justice. Contrib. by Susan Glick. 2023. (Visit & Learn Ser.). (ENG., Illus.). 32p. (J). pap. 9.95 ***(978-1-63739-676-6(7)***, Focus Readers) North Star Editions.

National Menagerie of Art: Masterpieces from Vincent Van Goat to Lionhardo Da Stinki. Thaïs Vanderheyden. 2022. (ENG., Illus.). 56p. (J). (gr. k-4). 12.95 *(978-3-7913-7509-0(1))* Prestel Verlag GmbH & Co KG. DEU. Dist: Penguin Random Hse. LLC.

National Missions: A Series of Lectures (Classic Reprint) William Maccall. 2017. (ENG., Illus.). (J). pap. 16.57 *(978-0-243-58753-7(8))* Forgotten Bks.

National Monthly & Canadian Home, Vol. 3: October, 1905 (Classic Reprint) Unknown Author. (ENG., Illus.). (J). 2018. 214p. 28.31 *(978-0-484-67150-7(2))*; 2016. pap. 10.97 *(978-1-334-13887-4(7))* Forgotten Bks.

National Monthly of Canada, Vol. 1: June 1902 (Classic Reprint) Unknown Author. 2018. (ENG., Illus.). (J). 454p. 33.26 *(978-0-366-55540-6(5))*; 456p. pap. 16.57 *(978-0-365-96701-9(7))* Forgotten Bks.

National Monthly of Canada, Vol. 2: January-June, 1903 (Classic Reprint) Unknown Author. 2018. (ENG., Illus.). 460p. (J). 33.38 *(978-0-483-25748-1(6))* Forgotten Bks.

National Monthly of Canada, Vol. 3: July, 1903 (Classic Reprint) Unknown Author. (ENG., Illus.). (J). 2018. 462p. 33.43 *(978-0-332-98834-4(1))*; 2016. pap. 16.57 *(978-1-334-07103-4(9))* Forgotten Bks.

National Monthly of Canada, Vol. 4: January, 1904 (Classic Reprint) Unknown Author. 2016. (ENG., Illus.). (J). pap. 16.57 *(978-1-334-09070-7(X))* Forgotten Bks.

National Monthly of Canada, Vol. 5: July, 1904 (Classic Reprint) Unknown Author. (ENG., Illus.). (J). 2018. 458p. 33.38 *(978-0-332-09872-2(9))*; 2016. pap. 16.57 *(978-1-334-09567-2(1))* Forgotten Bks.

National Monthly of Canada, Vol. 6: January, 1905 (Classic Reprint) Unknown Author. (ENG., Illus.). (J). 2018. 372p. 31.57 *(978-0-483-10022-0(6))*; 2016. pap. 13.97 *(978-1-334-14578-0(4))* Forgotten Bks.

National Monthly of Canada, Vol. 7: Toronto, July, 1905 (Classic Reprint) Unknown Author. 2018. (ENG., Illus.). 180p. (J). 27.61 *(978-0-483-00451-1(0))* Forgotten Bks.

National Monuments of the USA. Cameron Walker. Illus. by Chris Turnham. 2023. (National Parks of the USA Ser.: 4). (ENG.). 112p. (J). (gr. 2-5). 30.00 ***(978-0-7112-6549-3(6)***, 344431, Wide Eyed Editions) Quarto Publishing Group UK GBR. Dist: Hachette UK Distribution.

National Museum of American History. Megan Cooley Peterson. 2017. (Smithsonian Field Trips Ser.). (ENG., Illus.). 32p. (J). (gr. 2-5). lib. bdg. 28.65 *(978-1-5157-7976-6(9)*, 136047, Capstone Pr.) Capstone.

National Museum of Natural History. Sally Lee. 2017. (Smithsonian Field Trips Ser.). (ENG., Illus.). 32p. (J). (gr. 2-5). lib. bdg. 28.65 *(978-1-5157-7978-0(5)*, 136048, Capstone Pr.) Capstone.

National Nursery Book: Comprising; with One Hundred & Twenty Illustrations (Classic Reprint) Unknown Author. 2018. (ENG., Illus.). 492p. (J). 34.06 *(978-0-332-57068-6(1))* Forgotten Bks.

National Parks! Stacy Tornio & Ken Keffer. 2016. (Ranger Rick's Travels Ser.). (Illus.). 144p. (J). (gr. 2-6). pap. 16.95 *(978-1-63076-230-8(X))* Muddy Boots Pr.

National Parks: A Kid's Guide to America's Parks, Monuments, & Landmarks, Revised & Updated. Erin McHugh. Illus. by Neal Aspinall. 2019. (ENG.). 128p. (J). (gr. 3-7). 19.99 *(978-0-7624-9470-5(0)*, Black Dog & Leventhal Pubs. Inc.) Running Pr.

National Parks: Discover All 62 National Parks of the United States! DK. 2020. (ENG., Illus.). 128p. (J). (gr. 2-4). 19.99 *(978-0-7440-2429-6(3)*, DK Children) Dorling Kindersley Publishing, Inc.

National Parks Encyclopedia. Allison Lassieur. 2022. (United States Encyclopedias Ser.). (ENG., Illus.). 192p. (J). (gr. 3-9). lib. bdg. 49.93 ***(978-1-0982-9047-4(X)***, 40901, Early Encyclopedias) ABDO Publishing Co.

National Parks of the USA. Kate Siber. Illus. by Chris Turnham. 2018. (National Parks of the USA Ser.: 1). (ENG.). 112p. (J). (gr. 1-4). 30.00 *(978-1-84780-976-6(6)*, 302819, Wide Eyed Editions) Quarto Publishing Group UK GBR. Dist: Hachette UK Distribution.

National Parks of the USA: Activity Book: With More Than 15 Activities, a Fold-Out Poster, & 50 Stickers! Kate Siber & Claire Grace. Illus. by Chris Turnham. 2020. (National Parks of the USA Ser.: 2). (ENG.). 32p. (J). (gr. 2-5). pap. 10.99 *(978-0-7112-5329-2(3)*, 335540, Wide Eyed Editions) Quarto Publishing Group UK GBR. Dist: Hachette UK Distribution.

National Parks (Set), 6 vols. 2016. (National Parks (Core Library) Ser.). (ENG.). 48p. (J). (gr. 4-8). lib. bdg. 213.84 *(978-1-68078-470-1(6)*, 23877) ABDO Publishing Co.

National Parks (Set), 12 vols. 2018. (National Parks Ser.). (ENG.). (J). (gr. 2-5). lib. bdg. 427.68 *(978-1-5038-2695-3(3)*, 212359) Child's World, Inc, The.

National Parks Set 2 (Set), 6 vols. Grace Hansen. 2018. (National Parks (Abdo Kids Jumbo) Ser.). (ENG.). 24p. (J). (gr. -1-2). lib. bdg. 196.74 *(978-1-5321-8204-4(X)*, 29867, Abdo Kids) ABDO Publishing Co.

National Parks Volunteer. Amie Jane Leavitt. 2016. (Illus.). 32p. (J). *(978-1-4896-5854-8(8))* Weigl Pubs., Inc.

National Pictorial, Vol. 2: February, 1922 (Classic Reprint) W. T. Allison. (ENG., Illus.). (J). 2018. 136p. 26.72 *(978-0-484-35758-6(1))*; 2017. pap. 9.57 *(978-1-334-94045-3(2))* Forgotten Bks.

National Proverbs Serbia (Classic Reprint) K. Amy Turner. 2017. (ENG., Illus.). (J). 25.88 *(978-0-260-65116-7(8))* Forgotten Bks.

National Regular Average Ordinary Day. Lisa Katzenberger. Illus. by Barbara Bakos. 2021. 32p. (J). (gr. -1-2). pap. 4.99 *(978-1-5247-9241-1(1)*, Penguin Workshop) Penguin Young Readers Group.

National Rhymes of the Nursery (Classic Reprint) Gordon Browne. 2018. (ENG., Illus.). 380p. (J). 31.73 *(978-0-267-15013-7(X))* Forgotten Bks.

National School Magazine, Vol. 3: From July to December, 1825 (Classic Reprint) Unknown Author. 2017. (ENG., Illus.). (J). 31.07 *(978-0-265-73586-2(6))*; pap. 13.57 *(978-1-5276-9955-7(2))* Forgotten Bks.

National Second Reader: Containing Lessons in Punctuation; & Progressive & Pleasing Exercises in Reading, Accompanied with Simple & Comprehensive Definitions & the Pronunciation of All Doubtful Words (Classic Reprint) Richard Green Parker. 2017. (ENG., Illus.). (J). 28.54 *(978-0-331-16246-2(6))* Forgotten Bks.

National September 11 Memorial. Ellis M. Reed. 2018. (US Symbols Ser.). (ENG., Illus.). 24p. (J). (gr. 1-1). pap. 8.95 *(978-1-63517-835-7(5)*, 1635178355) North Star Editions.

National September 11 Memorial. Ellis M. Reed. 2018. (US Symbols Ser.). (ENG., Illus.). 24p. (J). (gr. k-3). lib. bdg. 31.36 *(978-1-5321-6047-9(X)*, 28726, Pop! Cody Koala) Pop!.

National Tales (Classic Reprint) George Houston. (ENG., Illus.). (J). 2018. 262p. 29.30 *(978-0-484-62939-3(5))*; 2017. pap. 11.97 *(978-0-259-23632-0(2))* Forgotten Bks.

National Tales, Vol. 1 of 2 (Classic Reprint) Thomas Hood. 2018. (ENG., Illus.). 262p. (J). 29.30 *(978-0-484-83651-7(X))* Forgotten Bks.

National Tales, Vol. 2 (Classic Reprint) George Houston. (ENG., Illus.). (J). 2018. 264p. 29.34 *(978-0-666-71530-2(0))*; 2017. pap. 11.97 *(978-0-243-10157-3(0))* Forgotten Bks.

National Tales, Vol. 2 of 2 (Classic Reprint) Thomas Hood. 2018. (ENG., Illus.). 252p. (J). 29.09 *(978-0-484-36724-0(2))* Forgotten Bks.

National Theatre Connections 2017: Three; #YOLO; Fomo; Status Update; Musical Differences; Extremism; the School Film; Zero for the Young Dudes!; the Snow Dragons; the Monstrum. Suhayla El-Bushra et al. 2017. (Plays for Young People Ser.). (ENG.). 680p. (C). pap. *(978-1-350-03359-7(6)*, 354788, Methuen Drama) Bloomsbury Publishing Plc.

National Third Reader: Containing Exercises in Articulation, Accent, Emphasis, Pronunciation, & Punctuation (Classic Reprint) Richard Green Parker. 2017. (ENG., Illus.). (J). 29.98 *(978-0-265-93198-1(3))* Forgotten Bks.

National Third Reader: Containing Exercises in Articulation, Accent, Emphasis, Pronunciation, & Punctuation; Numerous & Progressive Exercises in Reading (Classic Reprint) Richard G. Parker. 2017. (ENG., Illus.). (J). 28.93 *(978-0-266-36354-5(7))* Forgotten Bks.

National Transportation Safety Board. Valerie Bodden. 2016. (Agents of Government Ser.). (ENG.). 48p. (J). (gr. 4-7). pap. 12.00 *(978-1-62832-149-4(0)*, 20847, Creative Paperbacks) Creative Co., The.

National Women's Party Fight for Suffrage. Emily Sohn. Illus. by Eduardo Garcia. 2020. (Movements & Resistance Ser.). (ENG.). 32p. (J). (gr. 3-5). pap. 7.95 *(978-1-4966-8686-2(1)*, 201195); lib. bdg. 36.65 *(978-1-4966-8114-0(2)*, 199241) Capstone. (Capstone Pr.).

National Zoo. Tamra Orr. 2017. (Smithsonian Field Trips Ser.). (ENG., Illus.). 32p. (J). (gr. 2-5). pap. 7.95 *(978-1-5157-7990-2(4)*, 136053); lib. bdg. 28.65 *(978-1-5157-7980-3(7)*, 136049) Capstone. (Capstone Pr.).

Nationalism. Rabindranath Tagore. 2017. (ENG., Illus.). (YA). pap. *(978-93-86686-27-5(9))* Alpha Editions.

Nationalism. Rabindranath Tagore. 2018. (ENG., Illus.). 62p. (YA). *(978-3-7326-2557-4(5))* Klassik Literatur. ein Imprint der Salzwasser Verlag GmbH.

Nations & Nationality, 1 vol. Tim Cooke. 2017. (What's the Big Idea? a History of the Ideas That Shape Our World Ser.). (ENG.). 48p. (gr. 6-6). lib. bdg. 33.07 *(978-1-5026-2820-6(1)*, 28eac889-e2b4-47ac-9397-2479f090bd24) Cavendish Square Publishing LLC.

Nation's Heritage (Classic Reprint) H. D. Rawnsley. (ENG., Illus.). (J). 2018. 180p. 27.61 *(978-0-267-95035-5(7))*; 2016. pap. 9.97 *(978-1-334-12440-2(X))* Forgotten Bks.

Native: Buffalo. David Heumann. 2023. (ENG.). 26p. (J). ***(978-1-68562-147-6(3))***; pap. ***(978-1-68562-146-9(5))*** Austin Macauley Pubs. Ltd.

Native Actors & Filmmakers: Visual Storytellers. Gary Robinson. 2021. (Native Trailblazers Ser.: 8). (ENG., Illus.). 136p. (YA). (gr. 8-12). pap. 9.95 *(978-1-939053-31-2(5)*, 7th Generation) BPC.

Native Adrenaline. Naela Hurst. 2019. (ENG.). 30p. (J). (gr. k-5). 19.00 *(978-1-64610-350-8(5)*, RoseDog Bks.) Dorrance Publishing Co., Inc.

Native American America: North America Before 1492, 1 vol. Tim McNeese. 2020. (Movements & Moments That Changed America Ser.). (ENG.). 128p. (gr. 7-7). lib. bdg. 38.80 *(978-1-7253-4206-4(5)*, 2190329b-a364-4eb6-bcba-368943c73420) Rosen Publishing Group, Inc., The.

Native American Art. Jr Ketchum. 2017. (Art Collections: Vol. 7). (ENG., Illus.). 128p. (YA). (gr. 9-12). 26.95 *(978-1-4222-3937-7(3))* Mason Crest.

Native American Art - Art History Books for Kids Children's Art Books. Baby Professor. 2017. (ENG., Illus.). (J). pap. 8.79 *(978-1-5419-3861-8(5)*, Baby Professor (Education Kids)) Speedy Publishing LLC.

Native American Art Book Art Inspired by Native American Myths & Legends. C. L. Hause. 2017. (ENG., Illus.). (J). 27.99 *(978-1-64008-086-7(4))* Primedia eLaunch LLC.

Native American Art: from Totems to Textiles, 1 vol. Joan Stoltman. 2017. (Native American Cultures Ser.). (ENG.). 32p. (J). (gr. 2-3). pap. 11.50 *(978-1-5382-0872-4(5)*, 0ac6399b-5147-4d92-8c01-5d631fc8b120) Stevens, Gareth Publishing LLLP.

Native American Biographies, 12 vols. 2016. (Native American Biographies Ser.). 32p. (ENG.). (gr. 4-5). 167.58 *(978-1-4994-1868-2(X)*, 294019e1-b84b-46ba-a3da-c282c33d8aba); (gr. 5-4). pap. 70.50 *(978-1-4994-1889-7(2))* Rosen Publishing Group, Inc., The. (PowerKids Pr.).

Native American Ceremonies & Celebrations: from Potlatches to Powwows, 1 vol. Kate Mikoley. 2017. (Native American Cultures Ser.). (ENG.). 32p. (J). (gr. 2-3). pap. 11.50 *(978-1-5382-0888-5(1)*, 10f8716f-a0fb-4425-9a30-1ff6f7459241); lib. bdg. 26.93 *(978-1-5382-0890-8(3)*, 04199037-70bd-4478-b3a5-b3ac11b95dcb) Stevens, Gareth Publishing LLLP.

Native American Clothing: from Moccasins to Mukluks, 1 vol. Arthur K. Britton. 2017. (Native American Cultures Ser.). (ENG.). 32p. (J). (gr. 2-3). pap. 11.50 *(978-1-5382-0880-9(6)*, 4c5e986c-a21f-4fe4-bd96-98626d49839a) Stevens, Gareth Publishing LLLP.

Native American Confederacies. Anna Miller. 2018. (Native American Life Ser.). (ENG.). 48p. (J). lib. bdg. 29.99 *(978-1-5105-3936-5(0))* SmartBook Media, Inc.

Native American Cultures. Rebecca Stark. 2016. (ENG., Illus.). 90p. (J). (gr. 4-8). pap. 13.95 *(978-1-56644-571-9(X))* Educational Impressions.

Native American Cultures: Set 2, 12 vols. 2017. (Native American Cultures Ser.). (ENG.). 32p. (J). (gr. 2-3). lib. bdg. 161.58 *(978-1-5382-1289-9(7)*, 204694ca-6df5-445f-a729-e734d9529ef5) Stevens, Gareth Publishing LLLP.

Native American Cultures of Georgia, 1 vol. Samuel Crompton. 2017. (Spotlight on Georgia Ser.). (ENG.). 32p. (gr. 4-5). 27.93 *(978-1-5081-6029-8(5)*, f3d85c5b-cc4c-4b43-92c0-3fa107af389f, PowerKids Pr.) Rosen Publishing Group, Inc., The.

Native American Cultures: Sets 1 - 2. 2017. (Native American Cultures Ser.). (ENG.). (J). pap. 138.00 *(978-1-5382-1665-1(5))*; (gr. 2-3). lib. bdg. 323.16 *(978-1-5382-1296-7(X)*, ccf64a9a-af05-4c6e-ba81-9b01557f34a7) Stevens, Gareth Publishing LLLP.

Native American Family Table, Vol. 11. Diane Bailey. 2018. (Connecting Cultures Through Family & Food Ser.). (Illus.). 64p. (J). (gr. 7). lib. bdg. 31.93 *(978-1-4222-4050-2(9))* Mason Crest.

Native American Festivals. Jenna Glatzer. 2018. (Native American Life Ser.). (ENG.). 48p. (J). lib. bdg. 29.99 *(978-1-5105-3937-2(9))* SmartBook Media, Inc.

Native American Food: from Salmon to Succotash, 1 vol. Melissa Raé Shofner. 2017. (Native American Cultures Ser.). (ENG.). 32p. (J). (gr. 2-3). pap. 11.50 *(978-1-5382-0876-2(8)*, f6ac1a29-bf5e-402d-91fe-144a79bfa3f7) Stevens, Gareth Publishing LLLP.

Native American History for Kids: Explore Timeless Tales, Myths, Legends, Bedtime Stories & Much More from the Native Indigenous Americans. History Brought Alive. 2023. (ENG.). 194p. (J). pap. ***(978-1-0881-5280-5(5))*** Thomas W Swain.

Native American Homes: from Longhouses to Wigwams, 1 vol. P. V. Knight. 2017. (Native American Cultures Ser.). (ENG.). 32p. (J). (gr. 2-3). pap. 11.50 *(978-1-5382-0892-2(X)*, c0441d34-dd27-491c-8ec5-a067ece3ba94); lib. bdg. 26.93 *(978-1-5382-0894-6(6)*, 6c738794-8d73-45ff-8026-712b121e4ff1) Stevens, Gareth Publishing LLLP.

Native American Indian Approved Means to Gather Food - Us History 6th Grade Children's American History. Baby Professor. 2017. (ENG., Illus.). (J). pap. 9.55 *(978-1-5419-1175-8(X)*, Baby Professor (Education Kids)) Speedy Publishing LLC.

Native American Languages. Bethanne Patrick. 2018. (Native American Life Ser.). (ENG.). 48p. (J). lib. bdg. 29.99 *(978-1-5105-3939-6(5))* SmartBook Media, Inc.

Native American Leaders from Then until Today - Us History Kids Book Children's American History. Baby Professor. 2017. (ENG., Illus.). (J). pap. 9.55 *(978-1-5419-1185-7(7)*, Baby Professor (Education Kids)) Speedy Publishing LLC.

Native American Nations (Set), 10 vols. F. A. Bird. 2021. (Native American Nations Ser.). (ENG.). 32p. (J). (gr. 3-6). lib. bdg. 327.90 *(978-1-5321-9713-0(6)*, 38438, Checkerboard Library) ABDO Publishing Co.

Native American Oral Histories (Set), 8 vols. 2017. (Native American Oral Histories Ser.). (ENG.). 48p. (J). (gr. 4-8). lib. bdg. 285.12 *(978-1-5321-1169-3(X)*, 25914) ABDO Publishing Co.

Native American Patterns to Color IR. Emily Bone. 2018. (Art Patterns to Color Ser.). (ENG.). 32p. pap. 5.99 *(978-0-7945-4044-9(9)*, Usborne) EDC Publishing.

Native American Recipes. Leslie Beckett. (Cooking Your Way Through American History Ser.). (J). (gr. 3-3). 2017. pap. 63.60 *(978-1-5345-2093-6(7))*; 2016. (ENG.). 24p. 28.88 *(978-1-5345-2094-3(5)*, f19528fb-bd6f-4b80-9f9b-5d20b9768a68); 2016. (ENG.). 24p. pap. 11.60 *(978-1-5345-2092-9(9)*, 252c20cc-adf7-401c-91d7-3566b24d75d2) Greenhaven Publishing LLC. (KidHaven Publishing).

Native American Resistance, 1 vol. Zachary Deibel. 2017. (Primary Sources of Westward Expansion Ser.). (ENG.). 64p. (gr. 6-6). 35.93 *(978-1-5026-2644-8(6)*, 62d493ea-ce19-4add-8527-f48beddb405e) Cavendish Square Publishing LLC.

Native American Rights: The Decades Old Fight - Civil Rights Books for Children Children's History Books. Baby Professor. 2017. (ENG., Illus.). (J). pap. 8.79 *(978-1-5419-1038-6(9)*, Baby Professor (Education Kids)) Speedy Publishing LLC.

Native American Rivalries. Susan Keating. 2018. (Native American Life Ser.). (ENG.). 48p. (J). lib. bdg. 29.99 *(978-1-5105-3941-9(7))* SmartBook Media, Inc.

Native American Story Book Volume Five Stories of the American Indians for Children. G. W. Mullins. Illus. by C. L. Hause. (Native American Story Book Ser.: Vol. 5). (ENG.). (J). 2016. (gr. 1-6). 25.99 *(978-1-68418-527-6(0))*; 2nd ed. 2019. 198p. (gr. 3-6). pap. 14.99 *(978-1-64713-307-8(6))* Primedia eLaunch LLC.

Native American Story Book Volume Four Stories of the American Indians for Children. G. W. Mullins. Illus. by C. L. Hause. (Native American Story Book Ser.: Vol. 4). (ENG.). (J). 2016. (gr. 1-6). 25.99 *(978-1-68418-531-3(9))*; 2nd ed. 2019. 196p. (gr. 3-6). pap. 14.99 *(978-1-64713-331-3(9))* Primedia eLaunch LLC.

Native American Story Book Volume Three Stories of the American Indians for Children. G. W. Mullins. Illus. by C. L. Hause. 2nd ed. 2019. (Native American Story Ser.: Vol. 3). (ENG.). 178p. (J). (gr. 2-6). pap. 13.99 *(978-1-64713-305-4(X))* Primedia eLaunch LLC.

Native American Tools & Weapons. Rob Staeger. 2018. (Native American Life Ser.). (ENG.). 48p. (J). lib. bdg. 29.99 *(978-1-5105-3943-3(3))* SmartBook Media, Inc.

Native American Totem Poles Coloring Book. Bobo's Adult Activity Books. 2016. (ENG., Illus.). (J). pap. 9.33 *(978-1-68327-676-0(0))* Sunshine In My Soul Publishing.

Native American Treatment & Resistance. Philip Wolny. 2017. (Westward Expansion: America's Push to the Pacific Ser.). (Illus.). 48p. (J). (gr. 10-14). 84.30 *(978-1-5383-0015-2(X)*, Britannica Educational Publishing) Rosen Publishing Group, Inc., The.

Native American Twelve Days of Christmas. Gary Robinson. Illus. by Jesse T. Hummingbird. 2022. (ENG.). 40p. (J). (gr. -1-k). 14.95 *(978-1-939053-45-9(5)*, 7th Generation) BPC.

Native American Warfare, 10 vols. 2017. (Native American Warfare Ser.). (ENG., Illus.). (J). (gr. 7-8). lib. bdg. 165.35 *(978-1-5026-3330-9(2)*, 6d4b477a-f439-4442-a426-26ca2e7976da) Cavendish Square Publishing LLC.

Native American Wars 1622 - 1890 - History for Kids Native American Timelines for Kids 6th Grade Social Studies. Baby Professor. 2017. (ENG., Illus.). 64p. (J). pap. 9.55 *(978-1-5419-1786-6(3)*, Baby Professor (Education Kids)) Speedy Publishing LLC.

Native Americans: Children's American Local History Book. Bold Kids. 2022. (ENG.). 40p. (J). pap. 14.99 *(978-1-0717-1079-1(6))* FASTLANE LLC.

Native Americans & European Settlers, 1 vol. David Levering Louis & Charles Hofer. 2019. (Opponents in American History Ser.). (ENG.). 32p. (gr. 4-5). 27.93 *(978-1-5383-4368-5(1)*, 85f24345-9cfe-4b5f-ba71-71148d445b8c, PowerKids Pr.) Rosen Publishing Group, Inc., The.

Native Americans & the British Fight the Colonists the Frontier Battles of Kaskaskia, Cahokia & Vincennes

Fourth Grade History Children's American Revolution History. Baby Professor. 2020. (ENG.). 72p. (J). 24.99 *(978-1-5419-7938-3(9))*; pap. 14.99 *(978-1-5419-7770-9(X))* Speedy Publishing LLC. (Baby Professor (Education Kids)).

Native Americans in Early North America, 1 vol. Barbara M. Linde & Don Nardo. 2016. (American History Ser.). (ENG.). 104p. (YA). (gr. 7-7). lib. bdg. 41.03 *(978-1-5345-6037-6(8)*, 0313844c-071e-42f4-a2fe-a1f7af47ec7c, Lucent Pr.) Greenhaven Publishing LLC.

Native Americans Make History, 12 vols. 2022. (Native Americans Make History Ser.). (ENG.). 32p. (J). (gr. 2-3). lib. bdg. 161.58 *(978-1-9785-3201-4(6)*, 40d227fc-4b18-45c3-8db0-9a8f9c14ed5e) Enslow Publishing, LLC.

Native Americans Set 3, 8 vols. Katie Lajiness. 2016. (Native Americans Ser.). (ENG.). 32p. (J). (gr. 2-5). lib. bdg. 273.76 *(978-1-68078-196-0(0)*, 21759, Big Buddy Bks.) ABDO Publishing Co.

Native Americans Set 4 (Set), 8 vols. 2018. (Native Americans Ser.). (ENG.). 32p. (J). (gr. 2-5). lib. bdg. 273.76 *(978-1-5321-1504-2(0)*, 28880, Big Buddy Bks.) ABDO Publishing Co.

Native Americans: The Native People of North America see Nativos Americanos: El Pueblo Indigena de Norteamerica

Native Americans Who Changed the World - Biography Kids Children's United States Biographies. Baby Professor. 2017. (ENG., Illus.). (J). pap. 8.79 *(978-1-5419-4003-1(2)*, Baby Professor (Education Kids)) Speedy Publishing LLC.

Native Athletes in Action! Vincent Schilling. rev. ed. 2016. (Native Trailblazers Ser.: 6). (ENG., Illus.). 128p. (YA). (gr. 8-12). pap. 12.95 *(978-1-939053-14-5(5)*, 7th Generation) BPC.

Native Girl. Maria Porfiri. 2019. (ENG.). 76p. (YA). (gr. 7-12). pap. *(978-1-78465-619-5(4)*, Vanguard Press) Pegasus Elliot Mackenzie Pubs.

Native Men of Courage. Vincent Schilling. rev. ed. 2016. (Native Trailblazers Ser.: 7). (ENG., Illus.). 118p. (YA). (gr. 8-12). pap. 9.95 *(978-1-939053-16-9(1)*, 7th Generation) BPC.

Native of Winby, & Other Tales (Classic Reprint) Sarah Orne Jewett. 2017. (ENG., Illus.). (J). 30.58 *(978-0-260-35540-9(2))* Forgotten Bks.

Native People of North America for Kids - Through the Lives of Their Chiefs & Heroes. Catherine Fet. Ed. by Shuster. 2022. (ENG.). 82p. (J). pap. 18.99 ***(978-1-0880-6814-4(6))*** Stratostream LLC.

Native People of Wisconsin, Rev. TG & Student Materials. Patty Loew et al. 2016. (New Badger History Ser.). (ENG.). (J). (gr. 4-6). cd-rom 49.95 *(978-0-87020-749-5(0))* Wisconsin Historical Society.

Native Peoples! from Native Indians to Early European Explorers - History for Kids - Children's Exploration & Discovery History Books. Left Brain Kids. 2016. (ENG., Illus.). (J). pap. 7.51 *(978-1-68376-630-8(X))* Sabeels Publishing.

Native Peoples of North America, 16 vols. 2016. (Native Peoples of North America Ser.). 32p. (ENG.). (gr. 2-3). lib. bdg. 215.44 *(978-1-4824-4590-9(5)*, a2eb48fc-aa89-4b58-a8e3-7e8a19873341); (gr. 3-2). pap. 84.00 *(978-1-4824-5294-5(4))* Stevens, Gareth Publishing LLLP.

Native Peoples of the Arctic, 1 vol. Lynda Arnéz. 2016. (Native Peoples of North America Ser.). (ENG., Illus.). 32p. (J). (gr. 2-3). 26.93 *(978-1-4824-4807-8(6)*, ba808875-bc57-41c9-9065-3730d3fcc34c) Stevens, Gareth Publishing LLLP.

Native Peoples of the Great Basin. Krystyna Poray Goddu. 2016. (North American Indian Nations Ser.). (ENG., Illus.). 48p. (J). (gr. 3-5). 33.32 *(978-1-4677-8310-1(2)*, fbb208f2-2dbc-4a85-af66-28d7f68af205, Lerner Pubns.) Lerner Publishing Group.

Native Peoples of the Northeast. Liz Sonneborn. 2016. (North American Indian Nations Ser.). (ENG., Illus.). 48p. (J). (gr. 3-5). 33.32 *(978-1-4677-7933-3(4)*, 840814ba-2eda-4bac-812a-db14976debfc, Lerner Pubns.) Lerner Publishing Group.

Native Peoples of the Northwest. Krystyna Poray Goddu. 2016. (North American Indian Nations Ser.). (ENG., Illus.). 48p. (J). (gr. 3-5). 33.32 *(978-1-4677-7939-5(3)*, a2d93c0d-94f5-4f6f-b041-3ec2dadac0ee, Lerner Pubns.) Lerner Publishing Group.

Native Peoples of the Plains. Linda Lowery. 2016. (North American Indian Nations Ser.). (ENG., Illus.). 48p. (J). (gr. 3-5). 33.32 *(978-1-4677-7934-0(2)*, 1a3e08e4-e43c-46c1-9270-491b17680235, Lerner Pubns.) Lerner Publishing Group.

Native Peoples of the Southeast, 1 vol. Barbara M. Linde. 2016. (Native Peoples of North America Ser.). (ENG., Illus.). 32p. (J). (gr. 2-3). 26.93 *(978-1-4824-4818-4(1)*, 1e5cdf5a-20a4-4469-a7e8-2a5bbe2b9541) Stevens, Gareth Publishing LLLP.

Native Peoples of the Southeast. Linda Lowery. ed. 2016. (North American Indian Nations Ser.). (ENG., Illus.). 48p. (J). (gr. 3-5). E-Book 50.65 *(978-1-4677-8328-6(5)*, Lerner Pubns.) Lerner Publishing Group.

Native Peoples of the Southwest, 1 vol. Amy Hayes. 2016. (Native Peoples of North America Ser.). (ENG., Illus.). 32p. (J). (gr. 2-3). 26.93 *(978-1-4824-4820-7(3)*, ac78435d-24f1-42b1-9f6b-48dec8d68337) Stevens, Gareth Publishing LLLP.

Native Peoples of the Subarctic, 1 vol. Amy Hayes. 2016. (Native Peoples of North America Ser.). (ENG., Illus.). 32p. (J). (gr. 2-3). 26.93 *(978-1-4824-4821-4(1)*, f6ba4213-20f5-405e-bace-c15fd7522f) Stevens, Gareth Publishing LLLP.

Native Son (Classic Reprint) Inez Haynes Irwin. 2017. (ENG., Illus.). (J). 25.48 *(978-0-265-26169-9(4))* Forgotten Bks.

Native Son Novel Units Student Packet. Novel Units. 2019. (ENG.). (YA). pap. 13.99 *(978-1-56137-624-7(8)*, Novel Units, Inc.) Classroom Library Co.

Native Son Novel Units Teacher Guide. Novel Units. 2019. (ENG.). (YA). pap. 12.99 *(978-1-56137-623-0(X)*, Novel Units, Inc.) Classroom Library Co.

Native Tribes of North America, 6 bks. Marlys Johnson. Incl. Native Tribes of California & the Southwest. Bill Yenne. lib. bdg. 36.67 *(978-0-8368-5609-5(0)*, 76967bf3-24af-4d3b-9202-fe6f0230d5a7); Native Tribes of the Great Basin & Plateau. Duncan Clarke. lib. bdg. 36.67 *(978-0-8368-5610-1(4)*, 3e81fe87-615f-4224-aa78-8b2b6fc38e48); Native Tribes of the North & Northwest Coast. J. Burkinshaw. lib. bdg. 36.67 *(978-0-8368-5611-8(2)*, 8c3377b1-90f9-4710-b19c-82f21621729d); Native Tribes of the Plains & Prairie. lib. bdg. 36.67 *(978-0-8368-5613-2(9)*, 64993ebc-acde-4e1c-b093-7303e5310e6c); Native Tribes of the Southeast. Duncan Clarke. lib. bdg. 36.67 *(978-0-8368-5614-9(7)*, c2a7cbe4-4300-474a-a6d8-4ec06cacf3bd); (J). (gr. 5-8)., Gareth Stevens Secondary Library (Native Tribes of North America Ser.). (Illus.). 64p. 2004. 199.62 *(978-0-8368-5608-8(2)*, World Almanac Library) Stevens, Gareth Publishing LLLP.

Native Women Changing Their Worlds. Patricia Cutright. 2021. (Native Trailblazers Ser.: 9). (ENG., Illus.). 128p. (YA). (gr. 8-12). pap. 12.95 *(978-1-939053-32-9(3)*, 7th Generation) BPC.

Natives of Milton (Classic Reprint) Robert Murray Gilchrist. 2018. (ENG., Illus.). (J). 184p. 27.69 *(978-0-483-86226-5(6))*; 186p. pap. 10.57 *(978-0-483-86092-6(1))* Forgotten Bks.

Nativism, Nationalism, & Patriotism, 1 vol. Compiled by Eamon Doyle. 2020. (Current Controversies Ser.). (ENG.). 176p. (YA). (gr. 10-12). lib. bdg. 48.03 *(978-1-5345-0700-5(0)*, 3ed3b044-f8d2-499b-97e4-386ee51cd458) Greenhaven Publishing LLC.

Nativity. Cynthia Rylant. Illus. by Cynthia Rylant. 2017. (ENG., Illus.). 40p. (J). (gr. -1-3). 18.99 *(978-1-4814-7041-4(8)*, Beach Lane Bks.) Beach Lane Bks.

Nativity. Marion Thomas. Illus. by Martina Peluso. 2021. (ENG.). 32p. (J). 11.95 ***(978-1-954881-08-2(8))*** Ascension Pr.

Nativity. Katherine Wilding. Illus. by Dawn Machell. 2020. (ENG.). 12p. (J). (— 1). bds. 6.99 *(978-1-78947-878-5(2))* Make Believe Ideas GBR. Dist: Scholastic, Inc.

Nativity: A Children's Book. Douglas Schnurr. 2019. (ENG.). 64p. (J). *(978-1-922309-19-8(2))*; pap. *(978-1-922309-18-1(4))* Tablo Publishing.

Nativity: My Beautiful Advent Calendar. Gaelle Tertrais & Gemma Roman. 2019. (ENG.). 24p. (J). (gr. -1). 11.99 *(978-1-62164-313-5(1))* Ignatius Pr.

Nativity Color & Cut Out: Coloring Activity Books] Christmas — 5-7. Warner Press. l.t. ed. 2019. (ENG., Illus.). 16p. (J). pap. 2.39 *(978-1-68434-161-0(2))* Warner Pr., Inc.

Nativity Coloring Book: Holiday Coloring Book Edition. Jupiter Kids. 2016. (ENG., Illus.). 106p. (J). pap. 12.55 *(978-1-68305-665-2(5)*, Jupiter Kids (Childrens & Kids Fiction)) Speedy Publishing LLC.

Nativity Coloring Book - Coloring Books Religious Edition. Creative Playbooks. 2016. (ENG., Illus.). (J). pap. 7.74 *(978-1-68323-176-9(7))*; pap. 7.74 *(978-1-68323-420-3(0))* Twin Flame Productions.

Nativity of Our Lord Jesus Christ: From the Meditations of Anne Catherine Emmerich (Classic Reprint) George Richardson. 2018. (ENG., Illus.). 114p. (J). 26.25 *(978-0-267-46872-0(5))* Forgotten Bks.

Nativity Poem. Merry Gieseke. 2017. (ENG., Illus.). (J). pap. 13.95 *(978-1-5127-9963-7(7)*, WestBow Pr.) Author Solutions, LLC.

Nativity Stories. Alan Howard. 2021. (ENG., Illus.). 80p. (J). pap. *(978-0-946206-89-6(9))* Wynestones Pr.

NATO. Tyler Gieseke. 2022. (Crisis in Ukraine Ser.). (ENG., Illus.). 64p. (J). (gr. 5-9). lib. bdg. 35.64 *(978-1-5321-9912-7(0)*, 40541, Abdo & Daughters) ABDO Publishing Co.

NATO, the Warsaw Pact, & the Iron Curtain, 1 vol. Erik Richardson. 2017. (Cold War Chronicles Ser.). (ENG., Illus.). 112p. (YA). (gr. 9-9). 44.50 *(978-1-5026-2727-8(2)*, 37fd8157-5916-41d7-9852-9f26364cd4c6) Cavendish Square Publishing LLC.

Nat's Naughty Nits. Giles Andreae. Illus. by Jess Mikhails. 2018. (ENG.). 32p. (J). (gr. -1-k). 9.99 ***(978-1-4083-3024-1(5)***, Orchard Bks.) Hachette Children's Group GBR. Dist: Hachette Bk. Group.

Natsumi! Susan Lendroth. Illus. by Priscilla Burris. 2018. (ENG.). 32p. (J). (gr. -1-3). 18.99 *(978-0-399-17090-4(1)*, G.P. Putnam's Sons Books for Young Readers) Penguin Young Readers Group.

Natsumi's Song of Summer. Robert Paul Weston. Illus. by Misa Saburi. 2020. (ENG.). 40p. (J). (gr. -1-2). 17.99 *(978-0-7352-6541-7(0)*, Tundra Bks.) Tundra Bks. CAN. Dist: Penguin Random Hse. LLC.

Natt Bakka: Guardian of the Caves. Nancy Lou Deane. 2018. (ENG., Illus.). 176p. (gr. 4-5). pap. 12.99 *(978-1-78955-316-1(4))* New Generation Publishing GBR. Dist: Independent Pubs. Group.

Nattergalen see Nightingale

Nattiq & the Land of Statues, 1 vol. Barbara Landry. Illus. by Martha Kyak. 2020. (ENG.). 24p. (J). (gr. -1-2). 18.95 *(978-1-55498-891-4(8))* Groundwood Bks. CAN. Dist: Publishers Group West (PGW).

Natty, a Spirit: His Portrait & His Life (Classic Reprint) Allen Putnam. 2016. (ENG., Illus.). (J). pap. 10.57 *(978-1-333-32108-6(2))* Forgotten Bks.

Natural. Chris Kreie. 2018. (Kick! Ser.). (ENG.). 104p. (YA). (gr. 6-12). pap. 7.99 *(978-1-5415-0025-9(3)*, 5c37029c-2df8-4087-a189-198db8ede35b); lib. bdg. 25.32 *(978-1-5415-0019-8(9)*, 291afa5b-95d7-4b8b-ba09-32948c4c1298) Lerner Publishing Group. (Darby Creek).

Natural Born Leaders. Walter Jackson. Illus. by Christina McNeil. 2022. (ENG.). 24p. (J). pap. 17.99 *(978-1-716-00879-5(4))* Lulu Pr., Inc.

Natural Brilliance: Nature's Majesty Coloring Book. Bobo's Adult Activity Books. 2016. (ENG., Illus.). (J). pap. 9.33 *(978-1-68327-677-7(9))* Sunshine In My Soul Publishing.

Natural Butterfly Habitats Coloring Book. Bobo's Children Activity Books. 2016. (ENG., Illus.). (J). pap. 9.33 *(978-1-68327-733-0(3))* Sunshine In My Soul Publishing.

Natural Cathedral of Animals Coloring Book. Activity Book Zone for Kids. 2016. (ENG., Illus.). (J). pap. 9.20 *(978-1-68376-366-6(1))* Sabeels Publishing.

Natural Causes. Gary Neil Gupton. 2020. (ENG.). 294p. (YA). 28.00 *(978-1-0878-8656-5(2))*; pap. 16.00 *(978-1-0878-8655-8(4))* Indy Pub.

Natural Disaster Zone: Wildfires & Freak Weather. Ben Hubbard. 2022. (Natural Disaster Zone Ser.). (ENG., Illus.). 32p. (J). (gr. 4-6). pap. 13.99 *(978-1-4451-6593-6(7)*, Franklin Watts) Hachette Children's Group GBR. Dist: Hachette Bk. Group.

Natural Disasters. Allison Lassieur. 2021. (Fascinating Facts Ser.). (ENG.). 24p. (J). (gr. 2-5). lib. bdg. 32.79 *(978-1-5038-4468-1(4)*, 214235) Child's World, Inc, The.

Natural Disasters. Mary Meinking. 2018. (Weather Watch Ser.). (ENG., Illus.). 24p. (J). (gr. 1-1). pap. 8.95 *(978-1-63517-842-5(8)*, 1635178428) North Star Editions.

Natural Disasters. Mary Meinking. 2018. (Weather Watch Ser.). (ENG., Illus.). 24p. (J). (gr. k-3). lib. bdg. 31.36 *(978-1-5321-6054-7(2)*, 28740, Pop! Cody Koala) Pop!.

Natural Disasters. Jim Westcott. 2017. (Rank It! Ser.). (ENG.). 32p. (J). (gr. 4-6). pap. 9.99 *(978-1-64466-209-0(4)*, 11472); (Illus.). lib. bdg. *(978-1-68072-175-1(5)*, 10534) Black Rabbit Bks. (Bolt).

Natural Disasters. J. K. Wise. 2018. (ENG., Illus.). 192p. (YA). (gr. 7-12). pap. 16.95 *(978-1-68433-050-8(5))* Black Rose Writing.

Natural Disasters. Claire Watts. ed. 2022. (DK Eyewitness Ser.). (ENG.). 72p. (J). (gr. 4-8). 22.96 ***(978-1-68505-648-3(2))*** Penworthy Co., LLC, The.

Natural Disasters, 11 bks., Set. Incl. Ancient Mystery of Easter Island. John A. Torres. (gr. 1-4). 2006. lib. bdg. 25.70 *(978-1-58415-495-2(0))*; Bermuda Triangle. Jim Whiting. (gr. 1-4). 2006. lib. bdg. 25.70 *(978-1-58415-497-6(7))*; Bubonic Plague. Jim Whiting. (gr. 1-4). 2006. lib. bdg. 25.70 *(978-1-58415-494-5(2))*; Earthquake in Loma Prieta, California 1989. William Harkins & Susan Harkins. (gr. 1-4). 2005. lib. bdg. 25.70 *(978-1-58415-417-4(9))*; Fury of Hurricane Andrew 1992. Karen Bush Gibson. (gr. 1-4). 2005. lib. bdg. 25.70 *(978-1-58415-416-7(0))*; Hurricane Katrina 2005. John Torres. (gr. 1-4). 2006. lib. bdg. 25.70 *(978-1-58415-498-3(5))*; Lost Continent of Atlantis. Russell Roberts. (gr. 3-7). 2006. lib. bdg. 25.70 *(978-1-58415-496-9(9))*; Mt. Vesuvius & the Destruction of Pompei, A. D. 79. Russell Roberts. (gr. 1-4). 2005. lib. bdg. 25.70 *(978-1-58415-419-8(5))*; Mudslide in la Conchita, California 2005. Karen Bush Gibson. (gr. 1-4). 2005. lib. bdg. 25.70 *(978-1-58415-418-1(7))*; Tsunami Disaster in Indonesia 2004. John Albert Torres. (gr. 1-4). 2005. lib. bdg. 25.70 *(978-1-58415-415-0(2))*; Where Did All the Dinosaurs Go? Russell Roberts. (gr. 1-4). 2005. lib. bdg. 25.70 *(978-1-58415-420-4(9))*; (Illus.). 32p. (J). 2007. 186.45 *(978-1-58415-499-0(3))* Mitchell Lane Pubs.

Natural Disasters: Children's Earth Science Fact Book. Bold Kids. 2022. (ENG.). 42p. (J). pap. 14.99 *(978-1-0717-1080-7(X))* FASTLANE LLC.

Natural Disasters: How People Survive (Set), 12 vols. 2017. (Natural Disasters: How People Survive Ser.). (ENG.). (J). (gr. 4-5). lib. bdg. 167.58 *(978-1-5081-6284-1(0)*, 1f1899e5-b391-48bb-9774-62f84418ecf7, PowerKids Pr.) Rosen Publishing Group, Inc., The.

Natural Disasters! With 25 Science Projects for Kids. Johannah Haney. Illus. by Tom Casteel. 2020. (Explore Your World Ser.). (ENG.). 96p. (J). (gr. 3-4). 19.95 *(978-1-61930-859-6(2)*, 030df496-67a1-4803-b624-70940fa3be86); pap. 14.95 *(978-1-61930-862-6(2)*, c8eacfbe-7245-4b59-9f9e-7cc28d95f81c) Nomad Pr.

Natural Disasters in Infographics. Alexander Lowe. 2020. (21st Century Skills Library: Enviro-Graphics Ser.). (ENG., Illus.). 32p. (J). (gr. 4-8). lib. bdg. 32.07 *(978-1-5341-6949-4(0)*, 215683) Cherry Lake Publishing.

Natural Disasters That Shook the World World Disasters Book Grade 6 Children's Science & Nature Books. Baby Professor. 2021. (ENG.). 72p. (J). 27.99 *(978-1-5419-8411-0(0))*; pap. 16.99 *(978-1-5419-5461-8(0))* Speedy Publishing LLC. (Baby Professor (Education Kids)).

Natural Gas. Jason McClure. 2016. (Natural Resources Ser.). (ENG., Illus.). 24p. (J). lib. bdg. 22.99 *(978-1-5105-1403-4(1))* SmartBook Media, Inc.

Natural Gas Energy. Elsie Olson. 2018. (Earth's Energy Resources Ser.). (ENG., Illus.). 24p. (J). (gr. -1-3). lib. bdg. 29.93 *(978-1-5321-1554-7(7)*, 28962, SandCastle) ABDO Publishing Co.

Natural Gas Energy: Putting Gas to Work. Jessie Alkire. 2018. (Earth's Energy Innovations Ser.). (ENG., Illus.). 24p. (J). (gr. k-4). lib. bdg. 32.79 *(978-1-5321-1572-1(5)*, 28998, Super SandCastle) ABDO Publishing Co.

Natural Gas Energy Projects: Easy Energy Activities for Future Engineers! Jessie Alkire. 2018. (Earth's Energy Experiments Ser.). (ENG., Illus.). 32p. (J). (gr. k-4). lib. bdg. 34.21 *(978-1-5321-1563-9(6)*, 28980, Super SandCastle) ABDO Publishing Co.

Natural Gas Power. Contrib. by Amy C. Rea. 2023. (Power of Energy Ser.). (ENG.). 32p. (J). (gr. 2-5). lib. bdg. 35.64 *(978-1-5038-6500-6(2)*, 216397, Stride) Child's World, Inc, The.

Natural Genius of Ants. Betty Culley. 2022. 240p. (J). (gr. 3-7). 16.99 *(978-0-593-17577-4(8)*, Crown Books For Young Readers) Random Hse. Children's Bks.

Natural History. Henry Alleyne Nicholson. 2017. (ENG.). 332p. (J). pap. *(978-3-337-02556-4(0))* Creation Pubs.

Natural History: A Manual of Zoölogy for Schools, Colleges & the General Reader (Classic Reprint) Sanborn Tenney. 2019. (ENG., Illus.). 594p. (J). 36.15 *(978-0-365-20267-7(3))* Forgotten Bks.

Natural History: Create Your World. New Holland Publishers. 2023. (Create Your World Ser.). (ENG.). 104p. (J). (gr. k-2). pap. 12.99 ***(978-1-76079-428-6(7))*** New Holland Pubs. Pty. Ltd. AUS. Dist: Independent Pubs. Group.

Natural History: Or, Uncle Philip's Conversations with the Children about Tools & Trades among Inferior Animals (Classic Reprint) Unknown Author. 2018. (ENG., Illus.). 222p. (J). 28.48 *(978-0-484-67962-6(7))* Forgotten Bks.

Natural History & Antiquities of Selborne. Gilbert White. 2017. (ENG.). (J). 320p. pap. *(978-3-7447-9096-3(7))*; 376p. pap. *(978-3-7447-9388-9(5))* Creation Pubs.

Natural History & Antiquities of Selborne, in the County of Southhampton (Volume I) Gilbert White. 2019. (ENG.). 580p. (J). pap. *(978-93-5370-992-1(X))* Alpha Editions.

Natural History & Antiquities of Selborne, in the County of Southhampton (Volume II) Gilbert White & Thomas Bell. 2019. (ENG.). 430p. (J). pap. *(978-93-5380-462-6(0))* Alpha Editions.

Natural History & Antiquities of Selborne, Vol. 2: In the County of Southampton (Classic Reprint) Gilbert White. 2017. (ENG., Illus.). (J). 32.93 *(978-0-266-23936-9(6))* Forgotten Bks.

Natural History (Classic Reprint) Edward Jesse. 2018. (ENG., Illus.). 304p. (J). 30.21 *(978-0-332-95364-9(5))* Forgotten Bks.

Natural History Collector: Hunt, Discover, Learn! Expert Tips on How to Care for & Display Your Collections & Turn Your Room into a Cabinet of Curiosities. Michael Sanchez. 2017. (ENG.). 128p. (J). (gr. 3-6). pap. 24.99 *(978-1-63159-367-3(6)*, 225166, Quarry Bks.) Quarto Publishing Group USA.

Natural History, for Infant Schools (Classic Reprint) American Sunday Union. 2018. (ENG., Illus.). 102p. (J). 26.00 *(978-0-267-50341-4(5))* Forgotten Bks.

Natural History Museum Dinosaurs Annual 2022. 2021. (ENG.). 72p. (J). 17.99 *(978-0-7555-0352-0(X))* Farshore GBR. Dist: HarperCollins Pubs.

Natural History Museum Dinosaurs Annual 2023. History museum Natural. 2022. (ENG.). 72p. (J). 17.99 *(978-0-00-850769-5(4))* Farshore GBR. Dist: HarperCollins Pubs.

Natural History Museum Dinosaurs Annual 2024. Natural History Museum & Farshore. 2023. (ENG.). 72p. (J). 14.99 ***(978-0-00-859114-4(8))*** Farshore GBR. Dist: HarperCollins Pubs.

Natural History of All the Most Remarkable Quadrupeds, Birds, Fishes, Serpents, Reptiles, & Insects, in the Known World: Illustrative of Their Natures, Dispositions, Manners, Habits, &C (Classic Reprint) J. Macloc. (ENG., Illus.). (J). 2018. 336p. 30.83 *(978-0-483-02072-6(9))*; 2017. pap. 13.57 *(978-0-282-23847-6(6))* Forgotten Bks.

Natural History of Bees: Containing an Account of Their Production, Their Oeconomy, the Manner of Their Making Wax & Honey, & the Best Methods for the Improvement & Preservation of Them (Classic Reprint) Gilles Augustin Bazin. (ENG., Illus.). (J). 2018. 514p. 34.52 *(978-0-483-16315-7(5))*; 2016. pap. 16.97 *(978-1-334-13181-3(3))* Forgotten Bks.

Natural History of Birds: A Popular Introduction to Ornithology (Classic Reprint) Thomas Rymer Jones. 2018. (ENG., Illus.). 480p. (J). 33.80 *(978-0-332-87992-5(5))* Forgotten Bks.

Natural History of Birds, Fish, Insects & Reptiles, Embellished with Upwards of Two Hundred Engravings, Vol. 6 Of 6: Or Supplementary Volume (Classic Reprint) Georges-Louis Leclerc Buffon. (ENG., Illus.). (J). 2018. 350p. 31.12 *(978-0-484-59020-4(0))*; 2016. pap. 13.57 *(978-1-334-67389-4(6))* Forgotten Bks.

Natural History of English Song-Birds. Eleazar Albin. 2017. (ENG.). 168p. (J). pap. *(978-3-337-18132-1(5))* Creation Pubs.

Natural History of Fairies. Emily Hawkins. Illus. by Jessica Roux. ed. 2020. (Folklore Field Guides). (ENG.). 64p. (J). (gr. 1-5). 30.00 ***(978-1-78603-763-3(7)***, Frances Lincoln Children's Bks.) Quarto Publishing Group UK GBR. Dist: Hachette Bk. Group.

Natural History of Magical Beasts. Emily Hawkins. Illus. by Jessica Roux. 2023. (Folklore Field Guides). (ENG.). 64p. (J). (gr. 1-5). 30.00 ***(978-0-7112-7882-0(2)***, Frances Lincoln Children's Bks.) Quarto Publishing Group UK GBR. Dist: Hachette Bk. Group.

Natural History of Magick. Poppy David. Illus. by Jessica Roux. ed. 2021. (Folklore Field Guides). (ENG.). 64p. (J). (gr. 2-4). 30.00 ***(978-0-7112-6027-6(3)***, Frances Lincoln Children's Bks.) Quarto Publishing Group UK GBR. Dist: Hachette Bk. Group.

Natural History of Mermaids. Emily Hawkins. Illus. by Jessica Roux. 2022. (Folklore Field Guides: Vol. 2). (ENG.). 64p. (J). (gr. 2-6). ***(978-0-7112-6651-3(4))*** Frances Lincoln Childrens Bks.

Natural History of Nevis, & the Rest of the English Leeward Charibee Islands in America: With Many Other Observations on Nature & Art; Particularly, an Introduction to the Art of Decyphering (Classic Reprint) William Smith. 2018. (ENG., Illus.). 338p. (J). 30.87 *(978-0-428-98024-5(4))* Forgotten Bks.

Natural History of Selborne. Gilbert White. 2017. (ENG.). 398p. (J). pap. *(978-3-337-02654-7(0))* Creation Pubs.

Natural History of Selborne: And Observations on Nature (Classic Reprint) Gilbert White. 2018. (ENG., Illus.). 262p. (J). 29.32 *(978-0-666-44124-9(3))* Forgotten Bks.

Natural History of Selborne: And the Naturalist's Calendar. Gilbert White. 2019. (ENG.). 496p. (J). pap. *(978-93-89247-83-1(7))* Alpha Editions.

Natural History of Selborne, & Observations on Nature. Gilbert White. 2017. (ENG., Illus.). (J). pap. *(978-0-649-20756-5(4))* Trieste Publishing Pty Ltd.

Natural History of Selborne & Observations on Nature (Classic Reprint) Gilbert White. 2018. (ENG., Illus.). 260p. (J). 29.26 *(978-0-331-60263-0(6))* Forgotten Bks.

Natural History of Selborne (Classic Reprint) Gilbert White. 2018. (ENG., Illus.). 284p. (J). 29.75 *(978-0-364-05948-7(6))* Forgotten Bks.

Natural History of Selborne, Vol. 2 (Classic Reprint) Gilbert White. 2017. (ENG., Illus.). (J). 27.98 *(978-0-331-78628-6(1))*; pap. 10.57 *(978-0-282-20480-8(6))* Forgotten Bks.

Natural History of the American Lobster (Classic Reprint) Francis Hobart Herrick. 2017. (ENG., Illus.). (J). 304p. 30.19 *(978-0-332-68761-2(9))*; pap. 13.57 *(978-0-282-64811-4(9))* Forgotten Bks.

Natural History of the Gent (Classic Reprint) Albert Smith. (ENG., Illus.). (J). 2018. 130p. 26.58

(978-0-365-33153-7(8)); 2017. pap. 9.57 *(978-0-259-53508-9(7))* Forgotten Bks.

Natural History of the Mammalia of India & Ceylon. Robert A. Sterndale. 2018. (ENG., Illus.). 664p. (YA). (gr. 7-12). pap. *(978-93-5297-855-7(2))* Alpha Editions.

Natural History Reader for School & Home. James Johonnot. 2017. (ENG.). 446p. (J). pap. *(978-3-337-02503-8(X))* Creation Pubs.

Natural History, Vol. 47: The Magazine of the American Museum of Natural History; January-May, 1941 (Classic Reprint) American Museum Of Natural History. 2017. (ENG., Illus.). (J). 322p. 30.54 *(978-0-332-17715-1(7))*; pap. 13.57 *(978-0-282-47587-1(7))* Forgotten Bks.

Natural Law: Based on the Drama of Howard Hall & Charles Summer (Classic Reprint) Charles Collins. 2018. (ENG., Illus.). 264p. (J). 29.36 *(978-0-483-71869-2(6))* Forgotten Bks.

Natural Law in Terrestrial Phenomena: A Study in the Causation of Earthquakes, Volcanic Eruptions, Wind-Storms, Temperature, Rainfall, with a Record of Evidence (Classic Reprint) William Digby. (ENG., Illus.). (J). 2018. 438p. 32.93 *(978-0-656-43588-3(7))*; 2017. pap. 16.57 *(978-0-282-66892-1(6))* Forgotten Bks.

Natural Magick: In Twenty Books (Classic Reprint) Giambattista della Porta. 2017. (ENG., Illus.). (J). 32.68 *(978-0-331-42166-8(6))*; pap. 16.57 *(978-0-243-22735-8(3))* Forgotten Bks.

Natural Magick, by John Baptista Porta, a Neapolitane, in Twenty Books: Of the Causes of Wonderful Things, of the Generation of Animals, of the Production of New Plants, of Increasing Household-Stuff, of Changing Metals, of Counterfeiting Gold, of the Won. Giambattista della Porta. 2018. (ENG., Illus.). (J). 428p. 32.72 *(978-1-396-38183-6(X))*; 430p. pap. 16.57 *(978-1-390-98919-9(4))* Forgotten Bks.

Natural Method Readers: A First Reader. Hannah T. McManus. 2017. (ENG., Illus.). (J). pap. *(978-0-649-53010-6(1))* Trieste Publishing Pty Ltd.

Natural Method Readers: A First Reader (Classic Reprint) Hannah Theresa McManus. (ENG., Illus.). (J). 2018. 148p. 26.95 *(978-0-365-06930-0(2))*; 2016. pap. 9.57 *(978-1-334-14457-8(5))* Forgotten Bks.

Natural Method Readers: A Primer (Classic Reprint) Hannah Theresa McManus. (ENG., Illus.). (J). 2018. 128p. 26.56 *(978-0-365-43577-8(5))*; 2017. pap. 9.57 *(978-0-282-59442-8(6))* Forgotten Bks.

Natural Method Readers: A Second Reader. Hannah T. McManus et al. 2017. (ENG., Illus.). (J). pap. *(978-0-649-65536-6(2))* Trieste Publishing Pty Ltd.

Natural Method Readers: A Second Reader (Classic Reprint) Hannah T. McManus. 2018. (ENG., Illus.). 274p. (J). 29.55 *(978-0-483-32299-8(7))* Forgotten Bks.

Natural Method Readers. a Teachers' Manual. Hannah T. McManus. 2017. (ENG., Illus.). (J). pap. *(978-0-649-39966-6(8))* Trieste Publishing Pty Ltd.

Natural Method Readers; a Teachers' Manual. Hannah T. McManus. 2017. (ENG., Illus.). (J). pap. *(978-0-649-47892-7(4))* Trieste Publishing Pty Ltd.

¡Natural o Hecho Por el Hombre? un Libro de Comparaciones y Contrastes: Natural or Man-Made? a Compare & Contrast Book in Spanish, 1 vol. Editorial. Tr. by Alejandra de la Torre from ENG. 2021. (SPA., Illus.). 32p. (J). *(978-1-63817-079-2(7))* Arbordale Publishing.

Natural or Man-Made. Aaron Carr. 2017. (World Languages Ser.). (ENG.). 24p. (J). (gr. 3-7). lib. bdg. 35.70 *(978-1-4896-6600-0(1)*, AV2 by Weigl) Weigl Pubs., Inc.

Natural Parks of Texas, 1 vol. Sandra Colmenares. 2018. (Explore Texas Ser.). (ENG.). 24p. (gr. 9-12). 26.27 *(978-1-5081-8663-2(4)*, 2382daef-d401-44c3-8500-c4e195c2052a, Rosen Young Adult) Rosen Publishing Group, Inc., The.

Natural Phenomena, 8 vols. 2018. (Natural Phenomena Ser.). (ENG.). 192p. (J). (gr. 3-5). pap. 59.70 *(978-1-64185-009-4(4)*, 1641850094); (Illus.). lib. bdg. 188.10 *(978-1-63517-907-1(6)*, 1635179076) North Star Editions. (Focus Readers).

Natural Philosophy. George Payn Quackenbos. 2017. (ENG.). 456p. (J). pap. *(978-3-337-02537-3(4))* Creation Pubs.

Natural Philosophy: Embracing the Most Recent Discoveries in the Various Branches of Physics (Classic Reprint) George Payn Quackenbos. 2018. (ENG., Illus.). 462p. (J). 33.43 *(978-0-267-98039-0(6))* Forgotten Bks.

Natural Reading Primer (Classic Reprint) Lew Anna Ball. (ENG., Illus.). (J). 2018. 114p. 26.25 *(978-0-484-74470-6(4))*; 2017. pap. 9.57 *(978-0-259-94892-6(6))* Forgotten Bks.

Natural Resource Depletion. Micah Sanchez. 2018. (Earth's Environment in Danger Ser.). (ENG.). 24p. (J). (gr. 2-5). 19.05 *(978-1-5311-8668-5(8))* Perfection Learning Corp.

Natural Resource Depletion, 1 vol. Micah Sanchez. 2017. (Earth's Environment in Danger Ser.). (ENG.). 24p. (J). (gr. 3-3). 25.27 *(978-1-5383-2541-4(1)*, db316b00-8349-4ea0-9a3b-ac48fb859b10); pap. 9.25 *(978-1-5383-2611-4(6)*, 4490c9c3-d1ee-4612-9e03-8566cd88d76c) Rosen Publishing Group, Inc., The. (PowerKids Pr.).

Natural Resources. Nancy Dickmann. 2023. (Science Starters Ser.). (ENG., Illus.). 24p. (J). (gr. 5-7). pap. 10.99 *(978-1-78121-822-8(6)*, 23960) Black Rabbit Bks.

Natural Resources. Annabel Griffin. 2021. (One Planet Ser.). (ENG., Illus.). 32p. (J). (gr. 4-6). lib. bdg. 29.32 *(978-1-914087-02-8(X)*, 248f28ad-da08-4495-b02c-e80ef93ba5e4, Hungry Tomato (r)) Lerner Publishing Group.

Natural Resources, 1 vol. Richard Spilsbury & Louise Spilsbury. 2018. (Flowchart Smart Ser.). (ENG.). 48p. (gr. 4-5). pap. 15.05 *(978-1-5382-3488-4(2)*, be156216-0d44-46a5-93a7-9833da920256) Stevens, Gareth Publishing LLLP.

Natural Resources. John Willis. 2018. (J). *(978-1-5105-2181-0(X))* SmartBook Media, Inc.

Natural Resources 6th Grade Children's Book Children's Earth Sciences Book. Bold Kids. 2023. (ENG.). 42p. (J). pap. 14.99 ***(978-1-0717-1810-0(X))*** FASTLANE LLC.

Natural Resources Eco Facts. Izzi Howell. 2019. (Eco Facts Ser.). (ENG., Illus.). 32p. (J). (gr. 5-5). pap. *(978-0-7787-6363-5(3)*, 9dc87f35-1df2-417c-b19c-d6f7e5d71941); lib. bdg. *(978-0-7787-6347-5(1)*, b98309aa-4ab7-476f-aab4-f5e2f67278fb) Crabtree Publishing Co.

Natural Resources of My Community, 1 vol. Elliot Paderewski. 2016. (Rosen REAL Readers: Social Studies Nonfiction / Fiction: Myself, My Community, My World Ser.). (ENG.). 12p. (gr. k-1). pap. 6.33 *(978-1-5081-2362-0(4)*, 78f620bf-3c49-4827-901a-b6550a44e5de, Rosen Classroom) Rosen Publishing Group, Inc., The.

Natural Resources (Set), 8 vols. 2019. (Natural Resources Ser.). (ENG.). 32p. (J). (gr. 2-5). lib. bdg. 262.32 *(978-1-5321-6582-5(X)*, 33266, DiscoverRoo) Pop!.

Natural Satellites: The Book of Moons. Ron Miller. Illus. by Ron Miller. 2021. (ENG., Illus.). 104p. (YA). (gr. 6-12). lib. bdg. 37.32 *(978-1-7284-1943-5(3)*, 7c809312-57df-4998-853b-fe8f7cee591a, Twenty-First Century Bks.) Lerner Publishing Group.

Natural Selection. Peter Damsberg. 2021. (ENG.). 325p. (J). *(978-1-291-95932-1(7))* Lulu Pr., Inc.

Natural Selection, 1 vol. Joyce McCormick. 2016. (Spotlight on Ecology & Life Science Ser.). (ENG.). 24p. (J). (gr. 4-6). pap. 11.00 *(978-1-4994-2583-3(X)*, 22a1d518-4813-45d2-aa6d-6a02767766a8, PowerKids Pr.) Rosen Publishing Group, Inc., The.

Natural Sequence. Janie Chase Michaels. 2017. (ENG.). 152p. (J). pap. *(978-3-7447-4873-5(1))* Creation Pubs.

Natural Sequence: A Story of Phoenix, Arizona (Classic Reprint) Janie Chase Michaels. 2018. (ENG., Illus.). 150p. (J). 27.01 *(978-0-483-89323-8(4))* Forgotten Bks.

Natural Thrills. Elliott Smith & Drew Lyon. 2020. (Natural Thrills Ser.). (ENG.). 32p. (J). (gr. 3-9). 245.20 *(978-1-5435-9010-4(1)*, 29762); pap., pap., pap. 31.80 *(978-1-4966-6676-5(3)*, 30099) Capstone.

Natural Underground Structures of the Dwarves Coloring Book. Bobo's Adult Activity Books. 2016. (ENG., Illus.). (J). pap. 9.33 *(978-1-68327-678-4(7))* Sunshine In My Soul Publishing.

Natural vs. Human Causes of Air Pollution: Environment Textbooks Children's Environment Books. Baby Professor. 2017. (ENG., Illus.). (J). pap. 8.79 *(978-1-5419-3849-6(6)*, Baby Professor (Education Kids)) Speedy Publishing LLC.

Natural Wonder Bucket List. Martha London. (Travel Bucket Lists Ser.). (ENG., Illus.). 48p. (J). (gr. 4-5). 2022. pap. 11.95 *(978-1-64494-733-3(1)*, Core Library); 2021. lib. bdg. 35.64 *(978-1-5321-9525-9(7)*, 38568) ABDO Publishing Co.

Natural Wonders. Lucille Giffone. 2018. (ENG., Illus.). 32p. (J). pap. 15.95 *(978-1-64300-399-3(2))* Covenant Bks.

Natural Wonders of the World, 8 vols. 2018. (Natural Wonders of the World Ser.). (ENG., Illus.). 256p. (J). (gr. 3-5). pap. 79.60 *(978-1-63517-591-2(7)*, 1635175917); lib. bdg. 250.80 *(978-1-63517-519-6(4)*, 1635175194) North Star Editions. (Focus Readers).

Natural World. Jon Richards & Ed Simkins. 2016. (Mapographica Ser.). 32p. (J). (gr. 3-6). *(978-0-7787-2658-6(4))* Crabtree Publishing Co.

Natural World. Penelope York et al. 2017. (Illus.). (J). *(978-1-4654-7288-5(6))* Dorling Kindersley Publishing, Inc.

Natural World of the Turks & Caicos Islands. Katherine Orr. Illus. by Katherine Orr. 2021. (ENG.). 68p. (J). pap. 12.95 *(978-1-7354042-3-3(3))* Dragongate Publishing.

Naturaleza, 6 bks., Set. Dana Meachen Rau. Incl. Ballena en el Océano (the Whale in the Water) lib. bdg. 25.50 *(978-0-7614-2412-3(1)*, 30e98702-8486-46eb-90bd-fb5a8a0df021); Conejo en el Huerto (the Rabbit in the Garden) lib. bdg. 25.50 *(978-0-7614-2413-0(X)*, fe1580f4-51d1-4d8b-9492-e835a77efe8c); león en la Hierba (the Lion in the Grass) lib. bdg. 25.50 *(978-0-7614-2411-6(3)*, b79d62c2-de66-4e40-b6cc-ecbc40eb10c1); Mariposa en el Aire (the Butterfly in the Sky) lib. bdg. 25.50 *(978-0-7614-2416-1(4)*, cddd414d-09e8-4d43-8014-a453caa31679); Rana en el Estanque (the Frog in the Pond) lib. bdg. 25.50 *(978-0-7614-2415-4(6)*, 0ed14e93-f484-4fba-9df4-8272154f3cd4); Robin en el Árbol (the Robin in the Tree) lib. bdg. 25.50 *(978-0-7614-2410-9(5)*, 813a8e2f-ae9f-4c4e-80f5-ab3cc4a7aed2); (Illus.). 24p. (gr. k-1). 2008. (Benchmark Rebus: la Naturaleza Ser.). (SPA.). 2006. Set lib. bdg. 95.70 *(978-0-7614-2409-3(1)*, Cavendish Square) Cavendish Square Publishing LLC.

Naturaleza de la Energía. Ted Kestral. 2017. (Vitales Ser.). (SPA.). (YA). (gr. 6-8). pap. *(978-1-5021-6907-5(X))* Benchmark Education Co.

Naturaleza de la Energía - 6 Pack: Set of 6 Common Core Edition. Ted Kestral. 2017. (Vitales Ser.). (SPA.). (YA). (gr. 6-8). 75.00 *(978-1-5021-7129-0(5))* Benchmark Education Co.

Naturaleza de la Vida. Kathleen Simpson. 2017. (Vitales Ser.). (SPA.). (YA). (gr. 6-8). pap. *(978-1-5021-6896-2(0))* Benchmark Education Co.

Naturaleza de la Vida - 6 Pack: Set of 6 Common Core Edition. Kathleen Simpson. 2017. (Vitales Ser.). (SPA.). (YA). (gr. 6-8). 75.00 *(978-1-5021-7118-4(X))* Benchmark Education Co.

Naturaleza Del Movimiento. Andrea Pelleschi. 2017. (Vitales Ser.). (SPA.). (YA). (gr. 6-8). pap. *(978-1-5021-6878-8(2))* Benchmark Education Co.

Naturaleza Del Movimiento - 6 Pack: Set of 6 Common Core Edition. Andrea Pelleschi. 2017. (Vitales Ser.). (SPA.). (YA). (gr. 6-8). 75.00 *(978-1-5021-7100-9(7))* Benchmark Education Co.

Naturaleza y Ecología. Eleonora Barsotti. 2019. (SPA.). 40p. (J). pap. 9.99 *(978-84-9786-848-8(X))* Edimat Libros, S. A. ESP. Dist: Lectorum Pubns., Inc.

Naturalist at Large (Classic Reprint) Thomas Barbour. 2017. (ENG., Illus.). (J). 31.61 *(978-0-331-81033-2(6))*; pap. 13.97 *(978-0-259-54423-4(X))* Forgotten Bks.

Naturalist of Cumbrae. Thomas Rosco Rede Stebbing. 2017. (ENG.). 412p. (J). pap. *(978-3-337-02553-3(6))* Creation Pubs.

Naturalist of Cumbrae: A True Story, Being the Life of David Robertson (Classic Reprint) Thomas Rosco Rede Stebbing. 2017. (ENG., Illus.). 410p. (J). 32.37 *(978-0-484-06851-2(2))* Forgotten Bks.

Naturalistas en la Cocina: Una Guía para Pequeños Científicos y Grandes Gourmets. Federica Buglioni. 2020. (Actividades Ser.). (SPA.). 48p. (J). (gr. 2-4). pap. 9.95 *(978-607-557-145-4(0))* Editorial Oceano de Mexico MEX. Dist: Independent Pubs. Group.

Naturalist's Library: Ornithology (Classic Reprint) William Jardine. 2017. (ENG., Illus.). (J). 528p. 34.81 *(978-0-484-26889-9(9))*; pap. 19.57 *(978-0-282-00698-3(2))* Forgotten Bks.

Naturalist's Ramble to the Orcades (Classic Reprint) A. W. Crichton. 2017. (ENG., Illus.). (J). 27.01 *(978-0-266-27645-6(8))* Forgotten Bks.

Naturally Made Resources & Their Importance Environmental Management Grade 3 Children's Science & Nature Books. Baby Professor. 2021. (ENG.). 72p. (J). 27.99 *(978-1-5419-8330-4(0))*; pap. 16.99 *(978-1-5419-5903-3(5))* Speedy Publishing LLC. (Baby Professor (Education Kids)).

Naturals. Jennifer Lynn Barnes. ed. 2023. (Naturals Ser.: 1). (ENG.). 352p. (YA). (gr. 9-17). pap. 10.99 ***(978-0-316-54062-9(5))*** Little, Brown Bks. for Young Readers.

Naturama: Open Your Eyes to the Wonders of Irish Nature. Michael Fewer. Illus. by Melissa Doran. 2017. (ENG.). 96p. (J). 42.00 *(978-0-7171-6980-1(4))* Gill Bks. IRL. Dist: Casemate Pubs. & Bk. Distributors, LLC.

Nature. Pamela McDowell. 2018. (Science Opposites Ser.). (ENG.). 24p. (J). pap. 13.95 *(978-1-4896-8476-9(X))*; lib. bdg. 31.41 *(978-1-4896-8475-2(1))* Weigl Pubs., Inc.

Nature, 6 bks., Set. Dana Meachen Rau. Incl. Butterfly in the Sky. lib. bdg. 25.50 *(978-0-7614-2311-9(7)*, 6de2b34b-7e0c-4a64-ac82-3754e85a1940); Frog in the Pond. lib. bdg. 25.50 *(978-0-7614-2310-2(9)*, 09d1fa5d-7755-448f-bd83-028e992d65e1); Lion in the Grass. lib. bdg. 25.50 *(978-0-7614-2305-8(2)*, 3c5c407e-f318-4ed2-adf0-b6453fdf0922); Rabbit in the Garden. lib. bdg. 25.50 *(978-0-7614-2308-9(7)*, 26ed28e5-fa10-416a-bf00-d0a51ac21099); Robin in the Tree. lib. bdg. 25.50 *(978-0-7614-2304-1(4)*, a3cb6bc7-f261-4b17-b73d-bc6facab0875); Whale in the Water. lib. bdg. 25.50 *(978-0-7614-2307-2(9)*, dfc0c4d8-4bd6-4289-bbd2-4592fb5ffdb1, Cavendish Square); (Illus.). 24p. (gr. k-1). 2007. (Benchmark Rebus). 2006. lib. bdg. *(978-0-7614-2303-4(6)*, Cavendish Square) Cavendish Square Publishing LLC.

Nature: 5-Step Handicrafts for Kids, 8 vols. Anna Llimós. 2021. (5-Step Handicrafts for Kids Ser.: 7). (ENG., Illus.). 32p. (J). (gr. -1-3). 9.99 *(978-0-7643-6216-3(X)*, 17493) Schiffer Publishing, Ltd.

Nature: Create Your World. New Holland Publishers. 2023. (Create Your World Ser.). (ENG.). 104p. (J). (gr. k-2). pap. 12.99 ***(978-1-76079-425-5(2))*** New Holland Pubs. Pty, Ltd. AUS. Dist: Independent Pubs. Group.

Nature: Early Learning at the Museum. Illus. by The Trustees of the British Museum. 2020. (Early Learning at the Museum Ser.). (ENG.). 22p. (J). (— 1). bds. 7.99 *(978-1-5362-1212-9(1))* Candlewick Pr.

Nature: More Than 800 Things to Find! Clever Publishing. Illus. by Anastasia Druzhininskaya. 2022. (Look & Find Ser.). (ENG.). 24p. (J). (gr. -1-3). 10.99 *(978-1-954738-11-9(0)*, 355917) Clever Media Group.

Nature about Boston: 1-11 (Classic Reprint) Ralph Hoffmann. 2018. (ENG., Illus.). (J). 26p. 24.45 *(978-1-397-18213-5(X))*; 28p. pap. 7.97 *(978-1-397-18186-2(9))* Forgotten Bks.

Nature Activity Book. Emily Bone. 2019. (Outdoor Bks.). (ENG.). 80ppp. (J). pap. 12.99 *(978-0-7945-4682-3(X)*, Usborne) EDC Publishing.

Nature Adventure Book. DK. 2021. (ENG.). 48p. (J). (gr. k-2). 14.99 *(978-0-7440-2666-5(0)*, DK Children) Dorling Kindersley Publishing, Inc.

Nature Adventures: A Guidebook of Nature Facts, Songs, & Hikes in San Diego County. Linda Gallo Hawley. 2017. (ENG., Illus.). viii, 56p. (J). (gr. 3-7). pap. 12.95 *(978-1-941384-28-2(5))* Sunbelt Pubns., Inc.

Nature All Around: Birds. Pamela Hickman. Illus. by Carolyn Gavin. 2020. (Nature All Around Ser.). (ENG.). 32p. (J). (gr. 2-5). 18.99 *(978-1-77138-818-4(8))* Kids Can Pr., Ltd. CAN. Dist: Hachette Bk. Group.

Nature All Around: Bugs. Pamela Hickman. Illus. by Carolyn Gavin. 2019. (ENG.). 32p. (J). (gr. 2-5). 18.99 *(978-1-77138-820-7(X))* Kids Can Pr., Ltd. CAN. Dist: Hachette Bk. Group.

Nature All Around: Plants. Pamela Hickman. Illus. by Carolyn Gavin. 2020. (Nature All Around Ser.). (ENG.). 32p. (J). (gr. 2-5). 19.99 *(978-1-77138-819-1(6))* Kids Can Pr., Ltd. CAN. Dist: Hachette Bk. Group.

Nature All Around: Trees. Pamela Hickman. Illus. by Carolyn Gavin. 2019. (ENG.). 32p. (J). (gr. 2-5). 18.99 *(978-1-77138-804-7(8))* Kids Can Pr., Ltd. CAN. Dist: Hachette Bk. Group.

Nature All Around Us. Kimberly Engwicht. 2023. (All Around Us Ser.). (ENG.). 24p. (J). (— 1). bds. 9.99 ***(978-1-76121-081-5(5))*** Little Hare Bks. AUS. Dist: Independent Pubs. Group.

Nature & Art (Classic Reprint) Inchbald. 2018. (ENG., Illus.). 198p. (J). 27.98 *(978-0-332-93180-7(3))* Forgotten Bks.

Nature & Character at Granite Bay. Daniel A. Goodsell. 2017. (ENG., Illus.). (J). pap. *(978-0-649-23120-1(1))*; pap. *(978-0-649-02047-8(2))* Trieste Publishing Pty Ltd.

Nature & Character at Granite Bay (Classic Reprint) Daniel A. Goodsell. 2018. (ENG., Illus.). 282p. (J). 29.73 *(978-0-267-49343-2(6))* Forgotten Bks.

Nature & Elements of Poetry. Edmund Clarence Stedman. 2017. (ENG.). 368p. (J). pap. *(978-3-337-27762-8(4))* Creation Pubs.

Nature & Human Nature (Classic Reprint) Thomas Haliburton. 2017. (ENG., Illus.). (J). 30.91 *(978-1-5280-7769-9(5))* Forgotten Bks.

Nature & Human Nature, Vol. 1 of 2 (Classic Reprint) Thomas Haliburton. (ENG., Illus.). (J). 2018. 392p. 32.52 *(978-0-332-60901-0(4))*; 2017. pap. 16.57 *(978-0-243-33005-8(7))* Forgotten Bks.

Nature & Human Nature, Vol. 2 of 2 (Classic Reprint) Thomas Haliburton. 2017. (ENG., Illus.). (J). pap. 16.57 *(978-0-243-38104-3(2))* Forgotten Bks.

Nature Around Me: Plants. Yelena Nedlina. Illus. by Danielle Prilepskiy. 2022. (ENG.). 30p. (J). pap. *(978-1-387-85597-1(2))* Lulu Pr., Inc.

Nature at Night. Lisa Regan. 2020. (ENG., Illus.). 48p. (J). (gr. 2-8). 19.95 *(978-0-2281-0255-7(3)*, 6b9e2ac4-9411-45d6-a64a-40b4a7b96341); pap. 12.95 *(978-0-2281-0254-0(5)*, c658819a-cd53-462b-8aae-e3f383e2fbbe) Firefly Bks., Ltd.

Nature Baby: Backyard Birds. Adventure Publications. 2022. (Nature Baby Ser.). (ENG., Illus.). 22p. (J). (-k). bds. 9.95 *(978-1-64755-257-2(5)*, Adventure Pubns.) AdventureKEEN.

Nature Baby: Bugs. Adventure Publications. 2022. (Nature Baby Ser.). (ENG., Illus.). 22p. (J). (-k). bds. 9.95 *(978-1-64755-259-6(1)*, Adventure Pubns.) AdventureKEEN.

Nature Baby Crinkle Fabric Stroller Book. Mudpuppy. Illus. by Mochi Kids. 2023. (ENG.). 8p. (J). (gr. -1 — 1). 12.99 *(978-0-7353-7740-0(5))* Mudpuppy Pr.

Nature Baby: Rocks & Minerals. Adventure Publications. 2022. (Nature Baby Ser.). (Illus.). 22p. (J). (-k). bds. 9.95 *(978-1-64755-263-3(X)*, Adventure Pubns.) AdventureKEEN.

Nature Baby Solar System. Adventure Publications. 2022. (Nature Baby Ser.). (ENG., Illus.). 22p. (J). (-k). bds. 9.95 *(978-1-64755-261-9(3)*, Adventure Pubns.) AdventureKEEN.

Nature Based Journal. Samantha Fowler. 2021. (ENG.). 49p. (J). pap. *(978-1-7948-4561-9(5))* Lulu Pr., Inc.

Nature Cat: a Nature Carol. Spiffy Entertainment. 2020. (Nature Cat Ser.). (ENG.). 32p. (J). (gr. -1-3). 9.99 *(978-1-4998-1139-1(X)*, BuzzPop) Little Bee Books Inc.

Nature Cat: Backyard Explorer's Guide. Spiffy Entertainment & Jesse McMahon. 2021. (Nature Cat Ser.). (ENG.). 80p. (J). (gr. k-4). pap. 9.99 *(978-1-4998-1141-4(1)*, BuzzPop) Little Bee Books Inc.

Nature Cat: Breezy Rider. Spiffy Entertainment. 2021. (Nature Cat Ser.). (ENG.). 24p. (J). (gr. -1-3). 5.99 *(978-1-4998-1094-3(6)*, BuzzPop) Little Bee Books Inc.

Nature Cat: Can You Dig It? Soil, Compost, & Community Service Storybook for Kids Ages 4 to 8 Years. Spiffy Entertainment. 2022. (Nature Cat Ser.). (ENG.). 24p. (J). (gr. -1-3). pap. 5.99 *(978-1-4998-1322-7(8)*, BuzzPop) Little Bee Books Inc.

Nature Cat: Runaway Hamster (Level up! Readers) A Beginning Reader Science & Animal Book for Kids Ages 5 To 7. Spiffy Entertainment. 2021. (Nature Cat Ser.). (ENG.). 32p. (J). (gr. -1-2). 16.99 *(978-1-4998-1164-3(0)*, BuzzPop) Little Bee Books Inc.

Nature Cat: the Ocean Commotion. Spiffy Entertainment. 2021. (Nature Cat Ser.). (ENG.). 32p. (J). (gr. -1-3). 9.99 *(978-1-4998-1221-3(3)*, BuzzPop) Little Bee Books Inc.

Nature Cat: What Does a Crow Know? (Level up! Readers) A Beginning Reader Science & Animal Book for Kids Ages 5 To 7. Spiffy Entertainment. 2021. (Nature Cat Ser.). (ENG.). 32p. (J). (gr. -1-2). 16.99 *(978-1-4998-1246-6(9))*; pap. 4.99 *(978-1-4998-1245-9(0))* Little Bee Books Inc. (BuzzPop).

Nature Center. Julie Murray. 2019. (Field Trips Ser.). (ENG., Illus.). 24p. (J). (gr. -1-2). lib. bdg. 31.36 *(978-1-5321-8874-9(9)*, 32916, Abdo Kids) ABDO Publishing Co.

Nature (Classic Reprint) William Henry Davies. (ENG., Illus.). (J). 2018. 60p. 25.13 *(978-0-483-42041-0(7))*; 2016. pap. 9.57 *(978-1-334-20246-9(X))* Forgotten Bks.

Nature Club: a Branches Book (Owl Diaries #18) Rebecca Elliott. Illus. by Rebecca Elliott. 2023. (Owl Diaries). (ENG.). 80p. (J). (gr. k-2). 24.99 *(978-1-338-74547-4(6))*; pap. 5.99 *(978-1-338-74546-7(8))* Scholastic, Inc.

Nature Color by Numbers. Felicity James. 2019. (Arcturus Color by Numbers Collection: 3). (ENG.). 128p. (J). pap. 12.99 *(978-1-78950-053-0(2)*, 6c26930c-21ef-4835-ba4c-ea8fd168aa50) Arcturus Publishing GBR. Dist: Baker & Taylor Publisher Services (BTPS).

Nature Coloring Book Bundle: Includes a into the W, 2 vols. Speedy Publishing LLC Staff. 2016. (ENG., Illus.). 100p. (J). pap. 15.99 *(978-1-68326-027-1(9))* Speedy Publishing LLC.

Nature Connections: Fall into Autumn. Elle Travis. Illus. by Jenny Camp. 2021. (ENG.). 142p. (J). pap. *(978-1-989134-23-8(8))* Allison, Lindsay Rose.

Nature Connections: Winter Tales. Elle Travis. Illus. by Jenny Camp. 2022. (Nature Connections Ser.: Vol. 4). (ENG.). 152p. (J). pap. *(978-1-989134-25-2(4))* Allison, Lindsay Rose.

Nature Conservancy. Katie Marsico. 2016. (Community Connections: How Do They Help? Ser.). (ENG., Illus.). 24p. (J). (gr. 2-5). 29.21 *(978-1-63471-051-0(7)*, 208284) Cherry Lake Publishing.

Nature Crafts for Children: 35 Step-By-step Projects Using Found & Natural Materials. Clare Youngs. 2023. (ENG., Illus.). 128p. (J). pap. 16.99 *(978-1-80065-195-1(3)*, 1800651953, Cico Kidz) Ryland Peters & Small GBR. Dist: WIPRO.

Nature Cycles (Set), 8 vols. 2019. (Nature Cycles Ser.). (ENG.). (J). (gr. 2-5). lib. bdg. 262.32 *(978-1-5038-3435-4(2)*, 213326); lib. bdg. 196.74 *(978-1-5038-6826-7(5)*, 216471) Child's World, Inc, The.

Nature Detective: British Insects. Victoria Munson. 2016. (Nature Detective Ser.). (ENG., Illus.). 64p. (J). (gr. 2-4). pap. 9.99 *(978-0-7502-9321-1(7)*, Wayland) Hachette Children's Group GBR. Dist: Hachette Bk. Group.

Nature Detective: British Trees. Victoria Munson. 2016. (Nature Detective Ser.). (ENG., Illus.). 64p. (J). (gr. 2-4). pap. 9.99 *(978-0-7502-9325-9(X)*, Wayland) Hachette Children's Group GBR. Dist: Hachette Bk. Group.

Nature Detective: Urban Wildlife. Victoria Munson. 2022. (Nature Detective Ser.). (ENG.). 64p. (J). (gr. 2-4). pap. 10.99 *(978-1-5263-1213-6(1)*, Wayland) Hachette Children's Group GBR. Dist: Hachette Bk. Group.

Nature Did It First: Engineering Through Biomimicry, 1 vol. Karen Ansberry. Illus. by Jennifer DiRubbio. 2020. (ENG.).

N

32p. (J). (gr. k-5). 16.95 *(978-1-58469-657-5(5))*; pap. 8.95 *(978-1-58469-658-2(3))* Sourcebooks, Inc. (Dawn Pubns.).

Nature Dot-To-Dot. David Woodroffe & Chris Bell. 2021. 22. (ENG.). 128p. pap. 12.99 *(978-1-3988-1022-8(3),* 3646fd1f-0f9e-4e20-8ff0-e10fa5010243) Arcturus Publishing GBR. Dist: Baker & Taylor Publisher Services (BTPS).

Nature Explorer: Get Outside, Observe, & Discover the Natural World. Jenny deFouw Geuder. 2023. (Jenny Geuder Art Ser.). (Illus.). 136p. (J). (gr. 2-7). 15.95 *(978-1-64755-347-0(4),* Adventure Pubns.) AdventureKEEN.

Nature Explorer Sketchbook. Jenny deFouw Geuder. 2023. (Jenny Geuder Art Ser.). (Illus.). 128p. (J). (gr. 2-7). pap. 9.95 *(978-1-64755-376-0(8),* Adventure Pubns.) AdventureKEEN.

Nature Explorer's Activity Book: Over 50 Activities! Illus. by Martha Day Zschock. 2021. (ENG.). 64p. (J). pap. 5.99 *(978-1-4413-3716-0(4),* a886ca59-ba2f-487f-9d32-8a6985055f86) Peter Pauper Pr. Inc.

Nature Explorer's Sketchbook. Jean Mackay. 2020. (Illus.). 80p. (J). (gr. 4-7). pap. 16.95 *(978-1-943431-59-5(0))* Tumblehome Learning.

Nature Fairies: Summer. Desiree LeMieux. 2020. (Nature Fairies Ser.: Vol. 1). (ENG.). 28p. (J). *(978-0-2288-3956-9(4))*; pap. *(978-0-2288-3955-2(6))* Tellwell Talent.

Nature for Kids Plants, Animals & Nature Quiz Book for Kids Children's Questions & Answer Game Books. Dot Edu. 2017. (ENG., Illus.). 64p. (J). pap. 9.52 *(978-1-5419-1684-5(0),* Dot EDU (Educational & Textbooks)) Speedy Publishing LLC.

Nature Friends. Ginger Swift. Illus. by David Pavon & Zoe Persico. 2018. (ENG.). 48p. (J). (gr. -1-k). bds. 24.99 *(978-1-68052-340-9(6),* 9001200) Cottage Door Pr.

Nature Girl. Cyril y Macdonaly. Illus. by Hailey McCarthy. 2018. (ENG.). 92p. (J). (gr. k-5). pap. *(978-1-987852-13-4(3))* Wood Islands Prints.

Nature Girls. Aki. Illus. by Aki. 2019. (ENG., Illus.). 32p. (J). 16.99 *(978-1-62779-621-7(5),* 900156982, Holt, Henry & Co. Bks. For Young Readers) Holt, Henry & Co.

Nature Has Spots. Katie Peters. 2019. (Science All Around Me (Pull Ahead Readers — Nonfiction) Ser.). (ENG., Illus.). 16p. (J). (gr. -1-1). pap. 8.99 *(978-1-5415-7330-7(7),* 67fb937c-8c01-440e-b6b7-fd62ce663991); lib. bdg. 27.99 *(978-1-5415-5848-9(0),* f8504fde-c2ae-4b1b-ab92-751b980352e7) Lerner Publishing Group. (Lerner Pubns.).

Nature Hide-And-Seek Find the Difference Puzzles. Educando Kids. 2019. (ENG.). 42p. (J). pap. 8.55 *(978-1-64521-649-0(7),* Educando Kids) Editorial Imagen.

Nature in a City Yard: Some Rambling Dissertations Thereupon (Classic Reprint) Charles M. Skinner. 2018. (ENG., Illus.). 180p. (J). 27.63 *(978-0-666-90391-4(3))* Forgotten Bks.

Nature in Action: Exciting Bird Coloring Book. Activity Book Zone for Kids. 2016. (ENG., Illus.). (J). pap. 9.20 *(978-1-68376-311-6(4))* Sabeels Publishing.

Nature in Downland (Classic Reprint) W. H. Hudson. 2017. (ENG., Illus.). 384p. (J). 31.82 *(978-0-484-44096-7(9))* Forgotten Bks.

Nature in Downland (Classic Reprint) William Henry Hudson. 2016. (ENG., Illus.). (J). pap. 16.57 *(978-1-334-16289-3(1))* Forgotten Bks.

Nature in Focus, 10 vols., Set. Incl. Life in a Backyard. Jen Green. lib. bdg. 28.67 *(978-1-4339-3414-8(0),* ef5a3ae1-2788-4916-8fea-43355068fdaf); Life in a Coral Reef. Jen Green. lib. bdg. 28.67 *(978-1-4339-3423-0(X),* 780d3128-bd53-47bc-8e3e-c0cbf7135050); Life in a Pond. Adam Hibbert. lib. bdg. 28.67 *(978-1-4339-3411-7(6),* ec8318cf-d92b-4a90-9337-e14c2778c78a); Life in a Rain Forest. Lorien Kite. lib. bdg. 28.67 *(978-1-4339-3410-0(8),* b2ac692e-f5b0-4eeb-a840-b8d449db10c9); Life in the Desert. Jen Green. lib. bdg. 28.67 *(978-1-4339-3420-9(5),* e96502d2-4cdb-423b-bcc4-8d0e5deafcd8); Life on the Tundra. Jen Green. lib. bdg. 28.67 *(978-1-4339-3417-9(5),* 1df7e4ca-d7b7-434d-b63e-9e15834d579f); (Illus.). (YA). (gr. 3-4). (Nature in Focus Ser.). (ENG.). 32p. 2010. Set lib. bdg. 143.35 *(978-1-4339-3583-1(X),* 9823c116-0769-4282-a0a2-2ae3aec90ac9, Gareth Stevens Learning Library) Stevens, Gareth Publishing LLLP.

Nature in Story & Verse: For the Kindergarten, School, & Home (Classic Reprint) Kittie Baldwin Jaques. 2018. (ENG., Illus.). 252p. (J). 29.11 *(978-0-332-49516-3(7))* Forgotten Bks.

Nature in the Old English & Scottish Ballads (Classic Reprint) Alice Adele Todd. 2017. (ENG., Illus.). (J). 28.41 *(978-0-260-26567-8(5))*; pap. 10.97 *(978-1-5285-0891-9(2))* Forgotten Bks.

Nature in Your Neighbourhood: British Birds. Clare Collinson. 2019. (Nature in Your Neighbourhood Ser.). (ENG., Illus.). 32p. (J). (gr. 2-4). pap. 9.99 *(978-1-4451-3636-3(8),* Franklin Watts) Hachette Children's Group GBR. Dist: Hachette Bk. Group.

Nature in Your Neighbourhood: British Insects & Other Minibeasts. Clare Collinson. 2018. (Nature in Your Neighbourhood Ser.). (ENG., Illus.). 32p. (J). (gr. 2-4). pap. 9.99 *(978-1-4451-3633-2(3),* Franklin Watts) Hachette Children's Group GBR. Dist: Hachette Bk. Group.

Nature in Your Neighbourhood: British Mammals. Clare Collinson. 2018. (Nature in Your Neighbourhood Ser.). (ENG., Illus.). 32p. (J). (gr. 2-4). pap. 9.99 *(978-1-4451-3639-4(2),* Franklin Watts) Hachette Children's Group GBR. Dist: Hachette Bk. Group.

Nature in Your Neighbourhood: British Trees & Flowers. Clare Collinson. 2018. (Nature in Your Neighbourhood Ser.). (ENG., Illus.). 32p. (J). (gr. 2-4). pap. 9.99 *(978-1-4451-3642-4(2),* Franklin Watts) Hachette Children's Group GBR. Dist: Hachette Bk. Group.

Nature Inspired Contraptions. Robin Koontz. 2018. (Nature-Inspired Innovations Ser.). (ENG., Illus.). 48p. (gr. 4-8). lib. bdg. 35.64 *(978-1-64156-455-7(5),* 9781641564557) Rourke Educational Media.

Nature Is a Powerhouse of Electricity! Physics Books for Kids Children's Physics Books. Baby Professor. 2017. (ENG., Illus.). (J). pap. 9.55 *(978-1-5419-1199-4(7),* Baby Professor (Education Kids)) Speedy Publishing LLC.

Nature Is a Sculptor: Weathering & Erosion. Heather Ferranti Kinser. 2023. (ENG., Illus.). 32p. (J). (gr. k-3). lib. bdg. 29.32 ***(978-1-7284-7719-0(0),*** dee956e1-2e9b-41ba-b16a-b2a94669e90a, Millbrook Pr.) Lerner Publishing Group.

Nature Is Fun! All about Nature for Kids - the Four Elements. Baby Professor. 2017. (ENG., Illus.). (J). pap. 9.25 *(978-1-5419-0156-8(8),* Baby Professor (Education Kids)) Speedy Publishing LLC.

Nature Is Pretty How to Draw 6 Year Old. Educando Kids. 2019. (ENG.). 42p. (J). pap. 8.55 *(978-1-64521-625-4(X),* Educando Kids) Editorial Imagen.

Nature Journal: A Backyard Adventure. Savannah Allen. Illus. by Savannah Allen. 2023. (Illus.). 40p. (J). (gr. -1-3). 18.99 *(978-0-593-52493-0(4),* Viking Books for Young Readers) Penguin Young Readers Group.

Nature Journal IR. Sara Hull & Rose Hall. 2019. (Journals* Ser.). (ENG.). 96ppp. (J). 12.99 *(978-0-7945-4334-1(0),* Usborne) EDC Publishing.

Nature Lives Within Me. Tarina Anne Parisian. Illus. by Carl Fontaine. 2021. (ENG.). 24p. (J). *(978-0-2288-6546-9(8))*; pap. *(978-0-2288-6545-2(X))* Tellwell Talent.

Nature Lover #6. Kelly Starling Lyons. Illus. by Nneka Myers. 2022. (Jada Jones Ser.). 96p. (J). (gr. 1-3). (ENG.). 6.99 *(978-0-593-22649-0(6))*; lib. bdg. 15.99 *(978-0-593-22650-6(X))* Penguin Young Readers Group. (Penguin Workshop).

Nature Mandalas for Stress Relief Adult Coloring Books Mandala Edition. Activity Attic Books. 2016. (ENG., Illus.). (J). pap. 7.74 *(978-1-68323-009-0(4))* Twin Flame Productions.

Nature Myths & Stories for Little Children (Classic Reprint) Flora J. Cooke. (ENG., Illus.). (J). 2018. 118p. 26.33 *(978-0-365-28801-5(2))*; 2016. pap. 9.57 *(978-1-333-54083-8(3))* Forgotten Bks.

Nature Myths of Many Lands (Classic Reprint) Florence Virginia Farmer. 2017. (ENG., Illus.). (J). 28.52 *(978-0-266-67046-9(6))*; pap. 10.97 *(978-1-5276-4175-4(9))* Forgotten Bks.

Nature near Home: And Other Papers (Classic Reprint) John Burroughs. 2016. (ENG., Illus.). (J). pap. 9.57 *(978-1-334-59257-7(8))* Forgotten Bks.

Nature near Home: And Other Papers (Classic Reprint) John Burroughs. 2018. (ENG., Illus.). 102p. (J). 26.00 *(978-0-267-96410-9(2))* Forgotten Bks.

Nature near London (Classic Reprint) Richard Jefferies. 2018. (ENG., Illus.). 288p. (J). 29.84 *(978-0-267-50165-6(X))* Forgotten Bks.

Nature Ninjas. Kayla Klassen. 2021. (ENG.). 44p. (J). pap. *(978-1-7777094-0-2(7))* Gauvin, Jacques.

Nature of Matter - 6 Pack: Set of 6 Bridges Edition with Common Core Teacher Materials. Christine Caputo. 2016. (Prime Ser.). (YA). (gr. 6-8). 69.00 *(978-1-5125-8847-7(4))* Benchmark Education Co.

Nature of Matter - 6 Pack: Set of 6 with Common Core Teacher Materials. Christine Caputo. 2016. (Prime Ser.). (YA). (gr. 6-8). 69.00 *(978-1-5125-8829-3(6))* Benchmark Education Co.

Nature of Witches. Rachel Griffin. (ENG.). 384p. (YA). (gr. 8-12). 2022. pap. 10.99 *(978-1-7282-5140-0(0))*; 2021. 17.99 *(978-1-7282-2942-3(1))* Sourcebooks, Inc.

Nature One Evening: A Light-Hearted Poem about Walking Home. Ingrid Wright. 2018. (ENG., Illus.). 50p. (J). pap. 10.99 *(978-0-9992143-2-9(2))* Dr. Ingrid Wright.

Nature Out of Balance: How Invasive Species Are Changing the Planet. Merrie-Ellen Wilcox. 2021. (Orca Footprints Ser.: 19). (ENG., Illus.). 48p. (J). (gr. 4-7). 19.95 *(978-1-4598-2395-2(8))* Orca Bk. Pubs. USA.

Nature Projects. Dana Meachen Rau. Illus. by Ashley Dugan. 2023. (Getting Crafty Ser.). (ENG.). 32p. (J). (gr. 4-8). pap. 14.21 *(978-1-6689-2061-9(1),* 222039); lib. bdg. 32.07 *(978-1-6689-1959-0(1),* 221937) Cherry Lake Publishing. (45th Parallel Press).

Nature Reader, Vol. 1: Autumn (Classic Reprint) Frances L. Strong. 2018. (ENG., Illus.). 146p. (J). 26.91 *(978-0-267-52537-9(0))* Forgotten Bks.

Nature Readers: Sea-Side & Way-Side. No. 1. Julia McNair Wright. 2017. (ENG., Illus.). (J). pap. *(978-0-649-02602-9(0))* Trieste Publishing Pty Ltd.

Nature Readers: Sea-Side & Way-Side, No. 2; Pp. 1-167. Julia McNair Wright. 2017. (ENG., Illus.). (J). pap. *(978-0-649-69980-3(7))* Trieste Publishing Pty Ltd.

Nature Readers: Sea-Side & Way-Side; No; 3 (Classic Reprint) Julia McNair Wright. 2017. (ENG., Illus.). (J). 30.50 *(978-0-260-49403-0(8))* Forgotten Bks.

Nature Records Earth's History - Ice Cores, Tree Rings & Fossils Grade 5 - Children's Earth Sciences Books. Baby Professor. 2019. (ENG.). 78p. (J). pap. 15.23 *(978-1-5419-5395-6(9))*; 25.22 *(978-1-5419-7331-2(3))* Speedy Publishing LLC. (Baby Professor (Education Kids)).

Nature Round the House (Classic Reprint) Patten Wilson. 2018. (ENG., Illus.). 254p. (J). 29.16 *(978-0-428-18892-4(3))* Forgotten Bks.

Nature Saviours: Ghost of the Mountains. Tracey Jane Hall. 2020. (ENG.). 124p. (J). pap. *(978-1-5289-8111-8(1))* Austin Macauley Pubs. Ltd.

Nature Scenes, Plants, Flowers & Forest Animals Adult Coloring Books Landscapes Edition. Creative Playbooks. 2016. (ENG., Illus.). (J). pap. 7.74 *(978-1-68323-008-3(6))* Twin Flame Productions.

Nature School: Lessons & Activities to Inspire Children's Love for Everything Wild. Lauren Giordano et al. 2023. (Nature School Ser.). (ENG., Illus.). 144p. (J). (gr. 1-6). pap. 24.99 *(978-0-7603-7835-9(5),* 355309, Quarry Bks.) Quarto Publishing Group USA.

Nature Sketches in Temperate America: A Series of Sketches & a Popular Account of Insects, Birds, & Plants, Treated from Some Aspects of Their Evolution & Ecological Relations (Classic Reprint) Joseph Lane Hancock. 2018. (ENG., Illus.). 498p. (J). 34.19 *(978-0-364-95092-0(7))* Forgotten Bks.

Nature Smarts 10-Copy Counter Display. The Environmental Educators of Mass Audubon. 2022. (ENG.). pap., pap. 99.50 *(978-1-63586-568-4(9))* Storey Publishing, LLC.

Nature Smarts Workbook, Ages 4-6: Learn about Animals, Soil, Insects, Birds, Plants & More with Nature-Themed Puzzles, Games, Quizzes & Outdoor Science Experiments. The Environmental Educators of Mass Audubon. 2022. (ENG., Illus.). 96p. (J). (gr. -1-1). pap. 9.95 *(978-1-63586-396-3(1),* 626396) Storey Publishing, LLC.

Nature Smarts Workbook, Ages 7-9: Learn about Wildlife, Geology, Earth Science, Habitats & More with Nature-Themed Puzzles, Games, Quizzes & Outdoor Science Experiments. The Environmental Educators of Mass Audubon. 2022. (ENG.). 96p. (J). (gr. 2-4). pap. 9.95 *(978-1-63586-397-0(X),* 626397) Storey Publishing, LLC.

Nature Stories: Our Stories with Grandma. Renice Townsend. 2018. (ENG., Illus.). 36p. (J). *(978-1-77370-797-6(3))*; pap. *(978-1-77370-796-9(5))* Tellwell Talent.

Nature Stories (Classic Reprint) Mary Gardner. (ENG., Illus.). (J). 2018. 268p. 29.42 *(978-0-483-51780-6(1))*; 2016. pap. 11.97 *(978-1-334-15802-5(9))* Forgotten Bks.

Nature Stories for Little Folk: The Crooked Oak Tree, the Life of a Dragon Fly (Classic Reprint) Emily Carter. (ENG., Illus.). (J). 2018. 64p. 25.22 *(978-0-267-13921-7(7))*; 2017. pap. 9.57 *(978-0-259-83918-7(3))* Forgotten Bks.

Nature Stories for Young Readers: Animal Life. Florence Bass. 2017. (ENG., Illus.). (J). pap. *(978-0-649-65555-7(9))* Trieste Publishing Pty Ltd.

Nature Stories for Young Readers: Animal Life (Classic Reprint) Florence Bass. 2017. (ENG., Illus.). (J). 28.06 *(978-0-331-49639-0(9))*; pap. 10.57 *(978-0-259-43033-9(1))* Forgotten Bks.

Nature Stories for Young Readers: Plant Life. M. Florence Bass. 2017. (ENG., Illus.). (J). pap. *(978-0-649-03081-1(8))* Trieste Publishing Pty Ltd.

Nature Stories for Young Readers: Plant Life (Classic Reprint) M. Florence Bass. 2017. (ENG., Illus.). (J). 26.62 *(978-0-331-77233-3(7))* Forgotten Bks.

Nature Stories for Youngest Readers: Animals Tame & Wild (Classic Reprint) Anna Chase Davis. 2017. (ENG., Illus.). (J). 27.61 *(978-0-265-68817-5(5))* Forgotten Bks.

Nature Stories: Little Acorn: Padded Board Book. IglooBooks. 2020. (ENG.). 24p. (J). (-k). bds. 8.99 *(978-1-80022-882-5(1))* Igloo Bks. GBR. Dist: Simon & Schuster, Inc.

Nature Stories: Little Acorn-Discover an Amazing Story from the Natural World: Padded Board Book. IglooBooks. 2023. (ENG.). 24p. (J). (-k). bds., bds. 9.99 ***(978-1-80368-439-0(9))*** Igloo Bks. GBR. Dist: Simon & Schuster, Inc.

Nature Stories: Little Bear: Padded Board Book. IgooBooks. Illus. by Gina Maldonado. 2021. (ENG.). 24p. (J). (-k). bds. 8.99 *(978-1-80022-883-2(X))* Igloo Bks. GBR. Dist: Simon & Schuster, Inc.

Nature Stories: Little Bear-Discover an Amazing Story from the Natural World: Padded Board Book. IglooBooks. Illus. by Gina Maldonado. 2023. (ENG.). 24p. (J). (-k). bds. 9.99 ***(978-1-83771-675-3(7))*** Igloo Bks. GBR. Dist: Simon & Schuster, Inc.

Nature Stories: Little Bee-Discover an Amazing Story from the Natural World: Padded Board Book. IglooBooks. Illus. by Gisela Bohórquez. 2023. (ENG.). 24p. (J). (-k). bds., bds. 9.99 ***(978-1-80368-412-3(7))*** Igloo Bks. GBR. Dist: Simon & Schuster, Inc.

Nature Stories: Little Caterpillar: Discover Amazing Story from the Natural World! Padded Board Book. IglooBooks. Illus. by Gisela Bohórquez. 2023. (ENG.). 24p. (J). (-k). bds., bds. 9.99 *(978-1-83771-669-2(2))* Igloo Bks. GBR. Dist: Simon & Schuster, Inc.

Nature Stories: Little Caterpillar: Padded Board Book. IglooBooks. Illus. by Gisela Bohórquez. 2021. (ENG.). 24p. (J). (-k). bds. 8.99 *(978-1-80022-893-1(7))* Igloo Bks. GBR. Dist: Simon & Schuster, Inc.

Nature Stories: Little Chick: Padded Board Book. IglooBooks. Illus. by Gina Maldonado. 2020. (ENG.). 24p. (J). (-k). bds. 8.99 *(978-1-78905-212-1(2))* Igloo Bks. GBR. Dist: Simon & Schuster, Inc.

Nature Stories: Little Chick-Discover an Amazing Story from the Natural World: Padded Board Book. IglooBooks. 2021. (ENG.). 24p. (J). bds., bds. 8.99 *(978-1-80108-717-9(2))* Igloo Bks. GBR. Dist: Simon & Schuster, Inc.

Nature Stories: Little Christmas Tree: Discover an Amazing Story from the Natural World! Padded Board Book. IglooBooks. Illus. by Gisela Bohorquez. 2023. (ENG.). 24p. (J). (-k). bds., bds. 9.99 ***(978-1-83771-681-4(1))*** Igloo Bks. GBR. Dist: Simon & Schuster, Inc.

Nature Stories: Little Comet-Discover an Amazing Story from the Natural World: Padded Board Book. IglooBooks. Illus. by Gisela Bohórquez. (ENG.). 24p. (J). 2023. (-k). bds. 9.99 ***(978-1-83771-671-5(4))***; 2022. (gr. -1). bds., bds. 8.99 *(978-1-80108-722-3(9))* Igloo Bks. GBR. Dist: Simon & Schuster, Inc.

Nature Stories: Little Frog-Discover an Amazing Story from the Natural World: Padded Board Book. IglooBooks. Illus. by Gisela Bohórquez. (ENG.). 24p. (J). 2023. (-k). bds. 9.99 ***(978-1-83771-670-8(6))***; 2022. (gr. -1-k). bds., bds. 8.99 *(978-1-80108-723-0(7))* Igloo Bks. GBR. Dist: Simon & Schuster, Inc.

Nature Stories: Little Pumpkin-Discover an Amazing Story from the Natural World: Padded Board Book. IglooBooks. Illus. by Gisela Bohórquez. (ENG.). 24p. (J). (-k). 2023. bds. 9.99 ***(978-1-80368-440-6(2))***; 2021. bds. 8.99 *(978-1-80022-891-7(0))* Igloo Bks. GBR. Dist: Simon & Schuster, Inc.

Nature Stories: Little Raindrop: Padded Board Book. IglooBooks. 2021. (ENG.). 24p. (J). bds., bds. 8.99 *(978-1-80108-716-2(4))* Igloo Bks. GBR. Dist: Simon & Schuster, Inc.

Nature Stories: Little Raindrop-Discover an Amazing Story from the Natural World: Padded Board Book. IglooBooks. 2022. (ENG.). 24p. (J). (-k). bds., bds. 9.99 *(978-1-80368-434-5(8))* Igloo Bks. GBR. Dist: Simon & Schuster, Inc.

Nature Stories: Little Snowflake: Discover an Amazing Story from the Natural World-Padded Board Book. IglooBooks. (ENG.). 24p. (J). (-k). 2022. bds. 9.99 *(978-1-80368-443-7(7))*; 2020. bds. 8.99 *(978-1-80022-884-9(8))* Igloo Bks. GBR. Dist: Simon & Schuster, Inc.

Nature Stories: Little Sunflower: Discover an Amazing Story from the Natural World-Padded Board Book. IglooBooks. Illus. by Gina Maldonado. (ENG.). 24p. (J). (-k). 2023. bds. 9.99 ***(978-1-83771-672-2(2))***; 2022. bds. 8.99 *(978-1-80108-718-6(0))*; 2020. bds. 8.99 *(978-1-78905-211-4(4))* Igloo Bks. GBR. Dist: Simon & Schuster, Inc.

Nature Stories: Little Turtle-Discover an Amazing Story from the Natural World: Padded Board Book. IglooBooks. Illus. by Gisela Bohórquez. 2023. (ENG.). 24p. (J). (-k). bds., bds. 9.99 ***(978-1-80368-413-0(5))*** Igloo Bks. GBR. Dist: Simon & Schuster, Inc.

Nature Stories of the Northwest (Classic Reprint) Herbert Bashford. (ENG., Illus.). (J). 2018. 150p. 27.01 *(978-0-656-06374-1(2))*; 2017. pap. 9.57 *(978-0-259-40449-1(7))* Forgotten Bks.

Nature Study, Birds (Classic Reprint) Chester A. Reed. 2018. (ENG., Illus.). 116p. (J). 26.29 *(978-0-666-26279-0(9))* Forgotten Bks.

Nature Study Buddies. Charlene McIver. Illus. by Claudia Gadotti. 2022. (Leigh's Wheelie Adventures Ser.: Vol. 3). (ENG.). 36p. (J). ***(978-0-6454831-0-9(9))*** McIver, Charlene.

Nature Study (Classic Reprint) George Christie Creelman. (ENG., Illus.). (J). 2018. 78p. 25.51 *(978-0-666-17953-1(0))*; 2017. pap. 9.57 *(978-0-259-50603-4(6))* Forgotten Bks.

Nature Study for the Elementary Schools (Classic Reprint) Persis K. Miller. (ENG., Illus.). (J). 2018. 52p. 25.01 *(978-0-484-17654-5(4))*; 2016. pap. 9.57 *(978-1-333-40631-8(2))* Forgotten Bks.

Nature Study in Elementary Schools. Lucy Langdon Williams Wilson. 2017. (ENG.). 204p. (J). pap. *(978-3-7447-7083-5(4))* Creation Pubs.

Nature Study in Elementary Schools: First Reader (Classic Reprint) Lucy Langdon Williams Wilson. 2017. (ENG., Illus.). 282p. (J). 29.71 *(978-0-332-70138-7(7))* Forgotten Bks.

Nature Study in Elementary Schools: Second Reader; Myths, Stories, Poems (Classic Reprint) Lucy Langdon Williams Wilson. 2017. (ENG., Illus.). (J). 30.17 *(978-0-266-37817-4(X))* Forgotten Bks.

Nature Study in Elementary Schools Second: Reader, Myths, Stories, Poems (Classic Reprint) Lucy Langdon Williams Wilson. 2018. (ENG., Illus.). 212p. (J). 28.29 *(978-0-267-16074-7(7))* Forgotten Bks.

Nature Study Leaflet: Our Common Birds, Suggestions for the Study of Their Life & Work, Biology Series, No; 2 (Classic Reprint) Clifton Fremont Hodge. 2018. (ENG., Illus.). 40p. (J). 24.72 *(978-0-267-50343-8(1))* Forgotten Bks.

Nature Study Reader for the Philippine Islands (Classic Reprint) John Gaylord Coulter. 2018. (ENG., Illus.). 154p. (J). 27.09 *(978-0-656-15366-4(0))* Forgotten Bks.

Nature-Study Readers: III Harold's Quests (Classic Reprint) John W. Troeger. 2018. (ENG., Illus.). 224p. (J). 28.54 *(978-0-267-27630-1(3))* Forgotten Bks.

Nature-Study Review, 1919, Vol. 15 (Classic Reprint) Anna Botsford Comstock. (ENG., Illus.). (J). 2018. 388p. 31.90 *(978-0-332-69377-4(5))*; 2016. pap. 16.57 *(978-1-334-15232-0(2))* Forgotten Bks.

Nature-Study Review, Vol. 1: Devoted to All Phases of Nature-Study in Elementary Schools; January, 1905 (Classic Reprint) American Nature Study Society. 2018. (ENG., Illus.). 286p. (J). 29.80 *(978-0-484-88781-6(5))* Forgotten Bks.

Nature-Study Review, Vol. 13: January, 1917 (Classic Reprint) American Nature Study Society. 2018. (ENG., Illus.). 448p. (J). 33.16 *(978-0-484-44203-9(1))* Forgotten Bks.

Nature-Study Review, Vol. 14: Devoted Primarily to All Scientific Studies of Nature in Elementary Schools; January, 1918 (Classic Reprint) Unknown Author. 2018. (ENG., Illus.). 436p. (J). 32.89 *(978-0-267-23215-4(2))* Forgotten Bks.

Nature-Study Review, Vol. 16 (Classic Reprint) American Nature Society. 2018. (ENG., Illus.). 452p. (J). 33.24 *(978-0-484-46417-8(5))* Forgotten Bks.

Nature-Study Review, Vol. 17: Devoted to Elementary Science in the Schools (Classic Reprint) Unknown Author. 2018. (ENG., Illus.). 440p. (J). 32.99 *(978-0-483-78342-3(0))* Forgotten Bks.

Nature-Study Review, Vol. 18: Devoted to Elementary Science in the Official Organ of the American Nature-Study Society, January-February, 1922 (Classic Reprint) American Nature Study Society. 2018. (ENG., Illus.). 434p. (J). 32.87 *(978-0-483-32538-8(4))* Forgotten Bks.

Nature-Study Review, Vol. 7: Devoted Primarily to All Scientific Studies of Nature in Elementary Schools; Official Organ of American Nature-Study Society; January, 1911 (Classic Reprint) Unknown Author. 2018. (ENG., Illus.). 304p. (J). 30.19 *(978-0-483-75238-2(X))* Forgotten Bks.

Nature Study, Vol. 3: Published under the Auspices of the Manchester Institute of Arts & Sciences (Classic Reprint) Edward J. Burnham. 2018. (ENG., Illus.). 326p. (J). 30.62 *(978-0-483-49032-1(6))* Forgotten Bks.

Nature Study, Vol. 4: 1903 1904 (Classic Reprint) Manchester Institute of Arts an Science. (ENG., Illus.). (J). 2018. 370p. 31.53 *(978-0-267-36426-8(1))*; 2016. pap. 13.97 *(978-1-334-16628-0(5))* Forgotten Bks.

Nature Tails Stories from Backyard Wildlife: Cory the Cottontail's Fuzzy Tails. Laura Miranda. l.t. ed. 2022. (ENG.). 26p. (J). pap. 5.99 ***(978-1-0879-5874-3(1))*** Indy Pub.

Nature-Themed Grid Copy Exercises: Drawing Book for Children. Speedy Kids. 2017. (ENG., Illus.). (J). pap. 9.05 *(978-1-5419-3263-0(3))* Speedy Publishing LLC.

Nature-Themed Stained Glass Coloring Book for Relaxation. Speedy Publishing. 2018. (ENG., Illus.). 106p. (J). pap. 12.55 *(978-1-5419-3549-5(7))* Speedy Publishing LLC.

Nature Timeline Posterbook: Unfold the Story of Nature — From the Dawn of Life to the Present Day! Christopher Lloyd. Illus. by Andy Forshaw. 2017. (Timeline Posterbook

Ser.). (ENG.). 10p. (J). pap. 49.95 *(978-0-9954820-4-3(7))* What on Earth Bks GBR. Dist: Ingram Publisher Services.

Nature Timeline Stickerbook: From Bacteria to Humanity: the Story of Life on Earth in One Epic Timeline! Christopher Lloyd. Illus. by Andy Forshaw. 2017. (Timeline Stickerbook Ser.). (ENG.). 18p. (J). pap. 9.95 *(978-0-9955766-6-7(1))* What on Earth Bks GBR. Dist: Ingram Publisher Services.

Nature Timeline Wallbook: Unfold the Story of Nature — From the Dawn of Life to the Present Day! Christopher Lloyd. Illus. by Andy Forshaw. 2017. (Timeline Wallbook Ser.). (ENG.). 24p. (J). 19.95 *(978-0-9932847-3-1(6))* What on Earth Bks GBR. Dist: Ingram Publisher Services.

Nature-Tones & Undertones: Being Sketches of Life in the Open Illustrated by Photographs from Nature (Classic Reprint) John MacLair Boraston. (ENG., Illus.). (J). 2017. 29.96 *(978-0-260-54936-5(3))*; 2016. pap. 13.57 *(978-1-334-11761-9(6))* Forgotten Bks.

Nature Trails: An Experiment in Out-Door Education (Classic Reprint) Frank Eugene Lutz. 2017. (ENG., Illus.). (J). 24.80 *(978-0-265-58235-0(0))*; pap. 7.97 *(978-0-282-86632-7(9))* Forgotten Bks.

Nature Tripping: Adventure Time Coloring Book. Jupiter Kids. 2016. (ENG., Illus.). 106p. (J). pap. 12.55 *(978-1-68305-297-5(8)*, Jupiter Kids (Childrens & Kids Fiction)) Speedy Publishing LLC.

Nature up Close. Alice Boynton. 2019. (Look Closely (LOOK! Books (tm)) Ser.). (ENG., Illus.). 24p. (J). (gr. k-2). pap. 8.99 *(978-1-63440-670-3(2)*, d0b9150f-d10e-4678-a9c6-c33581c0ea5d); lib. bdg. 25.32 *(978-1-63440-666-6(4)*, 0ccf0228-e8a7-43e1-9137-e7d937bca763) Red Chair Pr.

Nature up Close. Kari Cornell. 2016. (Illus.). 24p. (J). pap. *(978-0-87659-703-3(7))* Gryphon Hse., Inc.

Nature Walk. Mama B. 2018. (ENG., Illus.). 24p. (J). pap. 11.95 *(978-1-64003-899-8(X))* Covenant Bks.

Nature Walk. Megan Borgert-Spaniol. Illus. by Jeff Crowther. 2022. (I Care (Pull Ahead Readers People Smarts — Fiction) Ser.). (ENG.). 16p. (J). (gr. -1-1). pap. 8.99 *(978-1-7284-6300-1(9)*, 04132f6f-8aad-4216-bb65-fad569bca133, Lerner Pubns.) Lerner Publishing Group.

Nature Walk. Katie Peters. 2019. (Science All Around Me (Pull Ahead Readers — Nonfiction) Ser.). (ENG., Illus.). 16p. (J). (gr. -1-1). pap. 8.99 *(978-1-5415-7333-8(1)*, 5adc289f-d86a-444b-a8c9-19066d04d792); lib. bdg. 27.99 *(978-1-5415-5845-8(6)*, f13c0d01-5d4c-4f4e-944f-cae97a65d1bd) Lerner Publishing Group. (Lerner Pubns.).

Nature Wins: A Comedy in Four Acts (Classic Reprint) Susa S. Vance. 2018. (ENG., Illus.). 42p. (J). 24.76 *(978-0-483-88319-2(0))* Forgotten Bks.

Nature's Beauty: Art of Nature Coloring Book. Jupiter Kids. 2016. (ENG., Illus.). 106p. (J). pap. 12.55 *(978-1-68305-114-5(9)*, Jupiter Kids (Childrens & Kids Fiction)) Speedy Publishing LLC.

Nature's Best: Display & Camouflage. Tom Jackson. 2019. (Nature's Best Ser.). (ENG., Illus.). 32p. (J). (gr. 4-6). pap. 11.99 *(978-1-5263-0762-0(6)*, Wayland) Hachette Children's Group GBR. Dist: Hachette Bk. Group.

Nature's Best: Homes. Tom Jackson. 2019. (Nature's Best Ser.). (ENG., Illus.). 32p. (J). (gr. 4-6). pap. 11.99 *(978-1-5263-0763-7(4)*, Wayland) Hachette Children's Group GBR. Dist: Hachette Bk. Group.

Nature's Best Hope (Young Readers' Edition) How You Can Save the World in Your Own Yard. Douglas W. Tallamy. 2023. (ENG., Illus.). 256p. (J). (gr. 3-7). 19.00 *(978-1-64326-165-2(7)*, 686165); pap. 8.99 *(978-1-64326-214-7(9)*, 686214) Timber Pr., Inc.

Nature's Best: Parents. Tom Jackson. 2019. (Nature's Best Ser.). (ENG., Illus.). 32p. (J). (gr. 4-6). pap. 11.99 *(978-1-5263-0765-1(0)*, Wayland) Hachette Children's Group GBR. Dist: Hachette Bk. Group.

Nature's Blooms & Blossoms Flower Fairy Coloring Book. Kreativ Entspannen. 2016. (ENG., Illus.). (J). pap. 9.20 *(978-1-68377-343-6(8))* Whike, Traudl.

Nature's Building Blocks - Biology for Kids (Plant & Animal Cells) - Children's Biology Books. Left Brain Kids. 2016. (ENG., Illus.). (J). pap. 7.51 *(978-1-68376-606-3(7))* Sabeels Publishing.

Nature's Children: Little Stories of Wild Life (Classic Reprint) Clarence Hawkes. (ENG., Illus.). (J). 2018. 192p. 27.86 *(978-0-267-39935-2(9))*; 2016. pap. 10.57 *(978-1-334-12439-6(6))* Forgotten Bks.

Nature's Comedian (Classic Reprint) W. E. Norris. (ENG., Illus.). (J). 2018. 338p. 30.87 *(978-0-364-58845-1(4))*; 2017. pap. 13.57 *(978-1-5276-9226-8(4))* Forgotten Bks.

Nature's Day. Kay Maguire. 2016. (CHI.). 90p. (J). (gr. k-3). *(978-7-5560-3757-5(6))* Hubei Children's Publishing Hse.

Nature's Deadliest Creatures Visual Encyclopedia. DK. 2018. (DK Children's Visual Encyclopedias Ser.). (ENG.). 208p. (J). (gr. 3-7). 17.99 *(978-1-4654-5897-1(2)*, DK Children) Dorling Kindersley Publishing, Inc.

Nature's Energy. Robin Koontz. 2018. (Nature-Inspired Innovations Ser.). (ENG., Illus.). 48p. (gr. 4-8). lib. bdg. 35.64 *(978-1-64156-456-4(3)*, 9781641564564) Rourke Educational Media.

Nature's Formations, 12 vols. 2017. (Nature's Formations Ser.). (ENG.). 24p. (gr. 1-1). lib. bdg. 155.58 *(978-1-5026-2885-5(6)*, 4b02ae0a-7599-488b-932b-01cba7dd65fb) Cavendish Square Publishing LLC.

Nature's Freak Show: Ugly Beasts, 12 vols. 2019. (Nature's Freak Show: Ugly Beasts Ser.). (ENG.). 24p. (J). (gr. 2-3). lib. bdg. 145.62 *(978-1-5382-4898-0(0)*, 2a2e5bc3-db6e-4090-8f9b-f2cb068aae4e) Stevens, Gareth Publishing LLLP.

Nature's Friend: The Gwen Frostic Story. Lindsey McDivitt. Illus. by Eileen Ryan Ewen. 2018. (ENG.). 32p. (J). (gr. 1-4). 17.99 *(978-1-58536-405-3(3)*, 204585) Sleeping Bear Pr.

Nature's Grossest: Set 2, 12 vols. 2017. (Nature's Grossest Ser.). (ENG.). 24p. (J). (gr. 1-2). lib. bdg. 145.62 *(978-1-5382-1284-4(6)*, 82beb972-3919-4914-ba9c-95969e714a93) Stevens, Gareth Publishing LLLP.

Nature's Grossest: Sets 1 - 2. 2017. (Nature's Grossest Ser.). (ENG.). (J). pap. 109.80 *(978-1-5382-1667-5(1))*; (gr. 1-2). lib. bdg. 291.24 *(978-1-5382-1295-0(1)*, 540a41ca-57e9-4511-b8d0-60faae60149e) Stevens, Gareth Publishing LLLP.

Nature's Invitation: Notes of a Bird-Gazer North & South (Classic Reprint) Bradford Torrey. 2018. (ENG., Illus.). 310p. (J). 30.29 *(978-0-483-46653-1(0))* Forgotten Bks.

Nature's Life Cycles, 12 vols., Set. Incl. Life Cycle of a Crocodile. Barbara M. Linde. lib. bdg. 25.27 *(978-1-4339-4671-4(8)*, e7ce7526-fa81-4a6d-94e8-6819a9dd129f); Life Cycle of a Honeybee. Barbara M. Linde. lib. bdg. 25.27 *(978-1-4339-4675-2(0)*, 97fa52f1-08e8-4761-9e34-bc78ae09a1f6); Life Cycle of a Pelican. Anna Kingston. lib. bdg. 25.27 *(978-1-4339-4683-7(1)*, 20f1c8ee-aa1c-407a-b7e1-d2c0162cdc30); Life Cycle of a Poison Dart Frog. Anna Kingston. lib. bdg. 25.27 *(978-1-4339-4691-2(2)*, f0d531b2-8362-4377-ac23-83abd7158a40); Life Cycle of a Sea Turtle. Anna Kingston. lib. bdg. 25.27 *(978-1-4339-4687-5(4)*, 7ef93d2c-41a0-4898-9259-6b84f38a9caf); Life Cycle of an Opossum. Barbara M. Linde. lib. bdg. 25.27 *(978-1-4339-4679-0(3)*, 26024a52-f9de-49f3-a3b0-360f2a047696); (J). (gr. 2-3). (Nature's Life Cycles Ser.). (ENG., Illus.). 24p. 2011. Set lib. bdg. 151.62 *(978-1-4339-4955-5(5)*, 587f35de-fe87-4fbf-ba26-89b5a0ad4326, Gareth Stevens Learning Library) Stevens, Gareth Publishing LLLP.

Nature's Makers (Set), 6 vols. 2019. (21st Century Skills Library: Nature's Makers Ser.). (ENG., Illus.). 32p. (J). (gr. 4-7). 192.42 *(978-1-5341-4257-2(6)*, 212441); pap., pap., pap. 85.29 *(978-1-5341-3900-8(1)*, 212442) Cherry Lake Publishing.

Nature's Mysteries, 16 vols. 2016. (Nature's Mysteries Ser.). 32p. (ENG.). (gr. 2-3). 208.48 *(978-1-5081-0218-2(X)*, 8648caf4-a919-49d9-bf23-7d9acdc06f6b); (gr. 3-2). pap. 103.20 *(978-1-68048-600-1(4))* Rosen Publishing Group, Inc., The. (Britannica Educational Publishing).

Nature's Mysteries (Set), 8 vols. 2020. (Nature's Mysteries Ser.). (ENG.). 32p. (J). (gr. 2-5). lib. bdg. 262.32 *(978-1-5321-6915-1(9)*, 36451, DiscoverRoo) Pop!.

Nature's Mysteries: Sets 1 - 2. 2018. (Nature's Mysteries Ser.). (ENG.). (J). pap. 194.60 *(978-1-5383-0421-1(X))*; (gr. 2-3). lib. bdg. 364.84 *(978-1-5081-0692-0(4)*, 739b1668-265e-46af-b5dd-bc5da3e183d0) Rosen Publishing Group, Inc., The.

Nature's Ninja: Animals with Spectacular Skills. Rebecca L. Johnson. (ENG., Illus.). 48p. (J). (gr. 4-8). 2023. pap. 10.99 ***(978-1-7284-7785-5(9)***, 9d9110ed-2dfc-446a-8790-d399ea96c411); 2019. 31.99 *(978-1-5415-4241-9(X)*, 12bf2b95-b72f-425c-ae75-7bf1003498b4) Lerner Publishing Group. (Millbrook Pr.).

Nature's Nobility, Vol. 1 Of 3: A Novel (Classic Reprint) John Newall. (ENG., Illus.). (J). 2018. 294p. 29.96 *(978-0-483-38725-6(8))*; 2016. pap. 13.57 *(978-1-333-28076-5(9))* Forgotten Bks.

Nature's Nobility, Vol. 2 Of 3: A Novel (Classic Reprint) John Newall. (ENG., Illus.). (J). 2018. 282p. 29.71 *(978-0-428-97596-8(8))*; 2016. pap. 13.57 *(978-1-333-64185-6(0))* Forgotten Bks.

Nature's Nobility, Vol. 3 Of 3: A Novel (Classic Reprint) John Newall. (ENG., Illus.). (J). 2018. 322p. 30.54 *(978-0-484-65691-7(0))*; 2016. pap. 13.57 *(978-1-334-31870-2(0))* Forgotten Bks.

Nature's Nurseries (Yesterday's Classics) R. Cadwallader Smith. 2020. (Eyes & No Eyes Ser.: Vol. 11). (ENG., Illus.). 90p. (J). pap. 13.95 *(978-1-63334-119-7(4))* Yesterday's Classics.

Nature's Patterns. Ed. by World Book, Inc. Staff. 2016. (Learning Ladders 2/Hardcover Ser.: Vol. 5). (ENG., Illus.). 34p. (J). *(978-0-7166-7927-1(2))* World Bk.-Childcraft International.

Nature's Places. Ed. by World Book, Inc. Staff. 2016. (Learning Ladders 2/Hardcover Ser.: Vol. 6). (ENG., Illus.). 34p. (J). *(978-0-7166-7928-8(0))* World Bk.-Childcraft International.

Nature's Realm, Vol. 2: January, 1891 (Classic Reprint) Unknown Author. (ENG., Illus.). (J). 2018. 226p. 28.58 *(978-0-483-63538-8(3))*; 2017. pap. 10.97 *(978-0-243-31513-0(9))* Forgotten Bks.

Nature's Revenge, 12 vols. 2022. (Nature's Revenge Ser.). (ENG.). 32p. (J). (gr. 3-4). lib. bdg. 169.62 *(978-1-5382-8157-4(0)*, 2d151f13-33d2-41a7-8d96-79a17455d2cd) Stevens, Gareth Publishing LLLP.

Nature's Rhyme. Anna May. 2021. (Rhyme Time Book Ser.: Vol. 3). (ENG.). 26p. (J). pap. 12.99 *(978-1-952894-52-7(2))* Pen It Pubns.

Nature's Serial Story, Vol. 1 (Classic Reprint) Edward Payson Roe. 2017. (ENG., Illus.). 504p. (J). 34.29 *(978-0-484-75626-6(5))* Forgotten Bks.

Nature's Skyscrapers. Contrib. by World Book, Inc. Staff. 2017. (Illus.). 40p. (J). *(978-0-7166-3368-6(X))* World Bk., Inc.

Nature's Story of the Year (Classic Reprint) Charles A. Witchell. (ENG., Illus.). (J). 2018. 294p. 29.96 *(978-0-267-30473-8(0))*; 2016. pap. 13.57 *(978-1-333-28869-3(7))* Forgotten Bks.

Nature's Treasures: Tales of More Than 100 Extraordinary Objects from Nature. Ben Hoare. 2021. (DK Treasures Ser.). (ENG., Illus.). 192p. (J). (gr. 2-4). 24.99 *(978-0-7440-3495-0(7)*, DK Children) Dorling Kindersley Publishing, Inc.

Nature's Treasures of North America. Alison Limentani. Illus. by Katie Putt. 2023. (ENG.). 48p. (J). (gr. -1-2). 17.99 *(978-1-912757-97-8(4))* Boxer Bks., Ltd. GBR. Dist: Sterling Publishing Co., Inc.

Nature's Ultimate Disasters. 2016. (Nature's Ultimate Disasters Ser.). 00032p. (J). (gr. 3-4). pap. 60.00 *(978-1-4994-3161-2(9)*, PowerKids Pr.) Rosen Publishing Group, Inc., The.

Nature's Undead: Snapping Rattlesnakes, Frozen Frogs, & Other Animals That Seem to Rise from the Grave. Alicia Z. Klepeis. 2016. (Real-Life Zombies Ser.). (ENG., Illus.). 32p. (J). (gr. 3-9). lib. bdg. 28.65 *(978-1-5157-2481-0(6)*, 132853, Capstone Pr.) Capstone.

Nature's Vast, Majestic Beauty Coloring Book. Bobo's Adult Activity Books. 2016. (ENG., Illus.). (J). pap. 9.33 *(978-1-68327-679-1(5))* Sunshine In My Soul Publishing.

Nature's Wonderland: Animals & Plants from the US & Canada. DK. 2022. (ENG., Illus.). 128p. (J). (gr. 2-4). 19.99 *(978-0-7440-5951-9(8)*, DK Children) Dorling Kindersley Publishing, Inc.

Nature's Wonders. Alejandro Algarra & Gustavo Mazali. 2018. (ENG., Illus.). 96p. (J). (gr. 1-6). pap. 9.99 *(978-1-4380-1096-0(6))* Sourcebooks, Inc.

Nature's Wonders, 10 vols., Set. Incl. Galapagos Islands. Sara Louise Kras. 2009. lib. bdg. 38.36 *(978-0-7614-2856-5(9)*, 83b48911-cf09-4e16-89d9-3f2d485691de); Great Barrier Reef. Patricia K. Kummer. 2009. lib. bdg. 38.36 *(978-0-7614-2852-7(6)*, 13ac5250-935b-4cad-ad63-74b792d5e9a8); Great Lakes. Patricia K. Kummer. 2009. lib. bdg. 38.36 *(978-0-7614-2853-4(4)*, 0140d51f-e6ca-40fc-8646-f34a315a75a9); Nile. Ann Heinrichs. 2008. lib. bdg. 38.36 *(978-0-7614-2854-1(2)*, 034df8ba-08c1-4a12-8c3e-7e454fa8dbf0); Sahara. Ann Heinrichs. 2008. lib. bdg. 38.36 *(978-0-7614-2855-8(0)*, c67647b4-e723-4c6a-bec5-65e5ead444f1); 96p. (gr. 6-6). (Nature's Wonders Ser.). (ENG.). 2009. Set lib. bdg. 191.80 *(978-0-7614-2851-0(8)*, 0a2f02c7-0083-4fb7-ad9b-5973b6dc2544, Cavendish Square) Cavendish Square Publishing LLC.

Naturetopolis. Robert Reed. 2019. (ENG.). 20p. (J). pap. 12.95 *(978-1-64298-651-8(8))* Page Publishing Inc.

Naturi's Tresses Adventure in Egypt. Dawn Sorden. Illus. by Benedicta Buatsie. 2021. (ENG.). 42p. (J). pap. 15.00 *(978-1-7374869-0-9(3))* Madison Ave. & Co.

Natvral Man: A Romance of the Golden Age (Classic Reprint) J. Wm Lloyd. 2018. (ENG., Illus.). 148p. (J). 26.95 *(978-0-484-74386-0(4))* Forgotten Bks.

¡Naufragio! Las Aventuras de Pablo el Apóstol. Created by Bible Pathway Adventures. 2020. (Defensores de la Fe Ser.: Vol. 4). (SPA.). 38p. (J). pap. *(978-1-989961-07-0(X))* Bible Pathway Adventures.

Naufragio: Leveled Reader Book 89 Level T 6 Pack. Hmh Hmh. 2021. (SPA.). 48p. (J). pap. 74.40 *(978-0-358-08567-6(5))* Houghton Mifflin Harcourt Publishing Co.

Naughtiest Girl Again: Book 2. Enid Blyton. 2022. (Naughtiest Girl Ser.). (ENG.). 256p. (J). (gr. 2-4). 10.99 *(978-1-4449-5861-4(5))* Hachette Children's Group GBR. Dist: Hachette Bk. Group.

Naughtiest Girl Helps a Friend: Book 6. Enid Blyton & Anne Digby. 2022. (Naughtiest Girl Ser.). (ENG.). 144p. (J). (gr. 2-4). pap. 10.99 *(978-1-4449-5865-2(8))* Hachette Children's Group GBR. Dist: Hachette Bk. Group.

Naughtiest Girl Is a Monitor: Book 3. Enid Blyton. 2022. (Naughtiest Girl Ser.). (ENG.). 256p. (J). (gr. 2-4). 10.99 *(978-1-4449-5862-1(3))* Hachette Children's Group GBR. Dist: Hachette Bk. Group.

Naughtiest Girl Keeps a Secret: Book 5. Enid Blyton & Anne Digby. 2022. (Naughtiest Girl Ser.). (ENG.). 160p. (J). (gr. 2-4). pap. 10.99 *(978-1-4449-5864-5(X))* Hachette Children's Group GBR. Dist: Hachette Bk. Group.

Naughtiest Girl Marches On: Book 10. Enid Blyton & Anne Digby. 2022. (Naughtiest Girl Ser.). (ENG.). 144p. (J). (gr. 2-4). pap. 10.99 *(978-1-4449-5869-0(0))* Hachette Children's Group GBR. Dist: Hachette Bk. Group.

Naughtiest Girl: Naughtiest Girl in the School: Book 1. Enid Blyton. 2022. (Naughtiest Girl Ser.). (ENG., Illus.). 240p. (J). (gr. 2-4). 10.99 *(978-1-4449-5860-7(7))* Hachette Children's Group GBR. Dist: Hachette Bk. Group.

Naughtiest Girl Saves the Day: Book 7. Enid Blyton & Anne Digby. 2022. (Naughtiest Girl Ser.). (ENG.). 144p. (J). (gr. 2-4). pap. 10.99 *(978-1-4449-5866-9(6))* Hachette Children's Group GBR. Dist: Hachette Bk. Group.

Naughtiest Girl Wants to Win: Book 9. Enid Blyton & Anne Digby. 2022. (Naughtiest Girl Ser.). (ENG.). 160p. (J). (gr. 2-4). pap. 10.99 *(978-1-4449-5868-3(2))* Hachette Children's Group GBR. Dist: Hachette Bk. Group.

Naughtiest Pixie & the Bad Pixie-Trick, Volume 2. Ailsa Wild. Illus. by Saoirse Lou. 2019. (Naughtiest Pixie Ser.). (ENG.). 144p. (J). pap. 13.99 *(978-1-76050-272-0(3))* Hardie Grant Children?s Publishing AUS. Dist: Independent Pubs. Group.

Naughtiest Pixie in Disguise, Volume 1. Ailsa Wild. Illus. by Saoirse Lou. 2019. (Naughtiest Pixie Ser.). (ENG.). 144p. pap. 13.99 *(978-1-76050-271-3(5))* Hardie Grant Children?s Publishing AUS. Dist: Independent Pubs. Group.

Naughtiest Reindeer Takes a Bow. Nicki Greenberg. 2018. (Naughtiest Reindeer Ser.: 4). (ENG., Illus.). 32p. (J). (gr. -1-1). 15.99 *(978-1-76029-565-3(5))* Allen & Unwin AUS. Dist: Independent Pubs. Group.

Naughtiest Unicorn & the Birthday Party, Book 12. Pip Bird. 2023. (Naughtiest Unicorn Ser.: 12). (ENG., Illus.). 208p. (J). 6.99 *(978-0-00-850213-3(7))* Farshore GBR. Dist: HarperCollins Pubs.

Naughtiest Unicorn & the Firework Festival (the Naughtiest Unicorn Series), Book 11. Pip Bird. Illus. by David O'Connell. 2022. (Naughtiest Unicorn Ser.: 11). (ENG.). 160p. (J). 6.99 *(978-0-00-850290-4(0))* Farshore GBR. Dist: HarperCollins Pubs.

Naughtiest Unicorn & the Ice Dragon: The Naughtiest Unicorn #13, Bk. 13. Pip Bird. Illus. by David O'Connell. 2023. (Naughtiest Unicorn Ser.). (ENG.). 208p. (J). pap. 6.99 ***(978-0-00-850215-7(3))*** Farshore GBR. Dist: HarperCollins Pubs.

Naughtiest Unicorn & the Spooky Surprise, Book 7. Pip Bird. Illus. by David O'Connell. 2020. (Naughtiest Unicorn Ser.: 7). (ENG.). 160p. (J). pap. 6.99 *(978-1-4052-9720-2(4))* Farshore GBR. Dist: HarperCollins Pubs.

Naughtiest Unicorn at Christmas, Book 4. Pip Bird. Illus. by David O'Connell. 2019. (Naughtiest Unicorn Ser.). (ENG.). 160p. (J). pap. 6.99 ***(978-1-4052-9594-9(5))*** Farshore GBR. Dist: HarperCollins Pubs.

Naughtiest Unicorn in a Winter Wonderland, Book 9. Pip Bird. 2021. (Naughtiest Unicorn Ser.: 9). (ENG., Illus.). 160p. (J). 6.99 *(978-0-7555-0190-8(X))* Farshore GBR. Dist: HarperCollins Pubs.

Naughtiest Unicorn on a School Trip, Book 5. Pip Bird. Illus. by David O'Connell. 2020. (Naughtiest Unicorn Ser.: 5). (ENG.). 160p. (J). pap. 5.99 *(978-1-4052-9716-5(6))* Farshore GBR. Dist: HarperCollins Pubs.

Naughtiest Unicorn on a Treasure Hunt, Book 10. Pip Bird. Illus. by David O'Connell. 2022. (Naughtiest Unicorn Ser.: 10). (ENG.). 160p. (J). 6.99 *(978-0-00-850292-8(7))* Farshore GBR. Dist: HarperCollins Pubs.

Naughtiest Unicorn on Holiday (the Naughtiest Unicorn Series), Book 8. Pip Bird. Illus. by David O'Connell. 2021. (Naughtiest Unicorn Ser.: 8). (ENG.). 160p. (J). 5.99 *(978-0-7555-0191-5(8))* Farshore GBR. Dist: HarperCollins Pubs.

Naughtiest Unicorn on the Beach (the Naughtiest Unicorn Series), Book 6. Pip Bird. Illus. by David O'Connell. 2020. (Naughtiest Unicorn Ser.: 6). (ENG.). 160p. (J). pap. 5.99 *(978-1-4052-9718-9(2))* Farshore GBR. Dist: HarperCollins Pubs.

Naughty Bailey, Naughty. Paula Loizzo. Illus. by Kate Miller. 2017. (ENG.). (J). (gr. -1-2). 9.99 *(978-1-943331-83-3(9))* Orange Hat Publishing.

Naughty Bart & His GIANT FART. Joe Novella. Illus. by Jack Laurence. 2020. (ENG.). 30p. (J). pap. *(978-0-9871844-2-9(3))* Words and Webs.

Naughty Boys Camp. Charline M. Miller. 2021. (ENG.). 56p. (J). *(978-1-5255-9296-6(3))*; pap. *(978-1-5255-9295-9(5))* FriesenPress.

Naughty Dog. Maverick Ashbrooke. 2019. (ENG.). 80p. (J). pap. *(978-1-5289-1100-9(8))* Austin Macauley Pubs. Ltd.

Naughty Dogs Stole the Turkey Coloring Book. Bobo's Adult Activity Books. 2016. (ENG., Illus.). (J). pap. 9.33 *(978-1-68327-561-9(6))* Sunshine In My Soul Publishing.

Naughty Elf. Hanna Grace Lee. 2018. (ENG., Illus.). 42p. (J). 22.95 *(978-1-64300-141-8(8))*; pap. 12.95 *(978-1-64300-140-1(X))* Covenant Bks.

Naughty Girl: A Story of 1893 (Classic Reprint) J. Ashby Sterry. 2018. (ENG., Illus.). 184p. (J). 27.69 *(978-0-483-00361-3(1))* Forgotten Bks.

Naughty List. Holly Lansley. Illus. by Lara Ede. 2019. (ENG.). 26p. (J). (gr. -1-7). bds. 6.99 *(978-1-78843-927-5(9))* Make Believe Ideas GBR. Dist: Scholastic, Inc.

Naughty Little Angel. BiVi Ariel. Illus. by Nicola Spencer. 2016. (ENG.). (J). pap. *(978-0-9956006-2-1(7))* Blossom Spring Publishing.

Naughty Little Fairies Who Stole the Moon. Luna Slater. Illus. by Shari Ubechel. 2022. (ENG.). 32p. (J). 24.00 ***(978-1-0880-0073-1(8))*** Indy Pub.

Naughty Mabel Sees It All. Nathan Lane & Devlin Elliott. Illus. by Dan Krall. 2016. (Naughty Mabel Ser.). (ENG.). 48p. (J). (gr. -1-3). 17.99 *(978-1-4814-3024-1(6)*, Simon & Schuster Bks. For Young Readers) Simon & Schuster Bks. For Young Readers.

Naughty Nan (Classic Reprint) John Luther Long. 2018. (ENG., Illus.). 348p. (J). 31.09 *(978-0-267-52762-5(4))* Forgotten Bks.

Naughty Naughty Baddies. Mark Sperring. Illus. by David Tazzyman. 2017. (ENG.). 32p. (J). *(978-1-4088-4973-6(9)*, 246729, Bloomsbury Children's Bks.) Bloomsbury Publishing Plc.

Naughty Naughty Chair. Connie Jessop. Illus. by Margaret Anne Suggs. 2019. (ENG.). 30p. (J). pap. *(978-1-78324-112-5(8))* Wordzworth Publishing.

Naughty Nicole & the Abominable Snowman. Muhammad Saad Elahi. 2016. (ENG., Illus.). (J). pap. 16.95 *(978-1-68394-401-0(1))* America Star Bks.

Naughty Nicole & the Seaweed Monster. Muhammad Saad Elahi. 2016. (ENG., Illus.). (J). pap. 16.95 *(978-1-4560-3826-7(5))* America Star Bks.

Naughty Nicole's Christmas Special. Muhammad Saad Elahi. 2017. (ENG., Illus.). (J). pap. 16.95 *(978-1-68394-372-3(4))* America Star Bks.

Naughty Ninja Takes a Bath. Todd Tarpley. Illus. by Vin Vogel. 2020. (ENG.). 32p. (J). (gr. -1-2). 17.99 *(978-1-5420-9433-7(X)*, 9781542094337, Two Lions) Amazon Publishing.

Naughty NU, Where Are You? Terri-Lee Sharma & Kayleigh Allworth. 2016. (ENG., Illus.). (J). pap. 22.99 *(978-1-5043-0381-1(4)*, Balboa Pr.) Author Solutions, LLC.

Naughty or Nice. Erin Rose Wage. Illus. by Alex Willmore. 2021. (Seasonal Concepts Ser.). (ENG.). 24p. (J). (gr. k-2). lib. bdg. 24.69 *(978-1-64996-031-3(X)*, 4905, Sequoia Kids Media) Phoenix International Publications, Inc.

Naughty or Nice? Erin Rose Wage. Illus. by Alex Willmore. 2019. (ENG.). 20p. (J). bds. 10.99 *(978-1-5037-4671-8(2)*, 3309, PI Kids) Phoenix International Publications, Inc.

Naughty or Nice Journal: 90-Day. Ozo Press. 2017. (ENG., Illus.). 98p. (J). pap. 5.49 *(978-1-946618-03-0(9))* Ozo Pr.

Naughty Pony: The Tales of Pete & Podge. Jackie Hart & Jodie Hart. 2018. (ENG., Illus.). 78p. (J). pap. *(978-0-473-46199-7(4))* Hart, Jodie.

Naughty Princesses. Claire-Ly Lee. 2021. (ENG.). 102p. (J). *(978-1-5255-8269-1(0))*; pap. *(978-1-5255-8268-4(2))* FriesenPress.

Naughty Shadow. P. M. Walker. 2021. (ENG.). 150p. (J). pap. *(978-1-6780-7110-3(2))* Lulu Pr., Inc.

Naughty Sheep. Diana Aleksandrova. Illus. by Anna Burak. 2022. (Hey, Sheep! Ser.). (ENG.). 30p. (J). 18.99 ***(978-1-953118-24-0(0))***; pap. 12.99 ***(978-1-953118-25-7(9))*** Dedoni.

Naughty Truck. Logan J. Furnell. 2020. (ENG.). 30p. (J). *(978-0-6482916-3-3(4))* Furnell, Megan.

Naughty Truck. Logan J. Furnell. Ed. by Megan N. Furnell. Illus. by Megan N. Illustrator. I.t. ed. 2020. (ENG.). 30p. (J). pap. *(978-0-6482916-2-6(6))* Furnell, Megan.

Naulahka: A Story of West & East (Classic Reprint) Rudyard Kipling. 2018. (ENG., Illus.). 400p. (J). 32.15 *(978-0-666-48586-1(0))* Forgotten Bks.

Naulahka a Story of West & East, Vol. 2 of 2 (Classic Reprint) Rudyard Kipling. 2017. (ENG., Illus.). (J). 27.98 *(978-0-260-52228-3(7))* Forgotten Bks.

Nautical Knot, or the Belle of Barnstapoole: Operetta in Two Acts, for Chorus of Mixed Voices; with Piano or Orchestra (Classic Reprint) Maude Elizabeth Inch. (ENG., Illus.). (J). 2018. 30p. 24.54 *(978-0-484-42905-4(1))*; 2017. pap. 7.97 *(978-0-243-43848-8(6))* Forgotten Bks.

N

Nautilus (Classic Reprint) Laura E. Richards. 2018. (ENG., Illus.). 126p. (J). 26.52 *(978-0-365-50572-3(2))* Forgotten Bks.

Nautilus, or Cruising under Canvas (Classic Reprint) John Newland Maffitt. 2017. (ENG., Illus.). (J). 31.24 *(978-0-260-29574-3(4))* Forgotten Bks.

Nava Durga: The Nine Forms of the Goddess. Nalini Ramachandran. 2021. (ENG., Illus.). 96p. (J). (gr. k-3). pap. 12.99 *(978-0-14-344948-5(6),* Puffin) Penguin Bks. India PVT, Ltd IND. Dist: Independent Pubs. Group.

Navaho Myths, Prayers, & Songs. Washington Matthews. 2018. (ENG., Illus.). 48p. (J). 12.99 *(978-1-5154-3815-1(5))* Wilder Pubns., Corp.

Navaho Myths, Prayers & Songs: With Texts & Translations (Classic Reprint) Washington Matthews. (ENG., Illus.). (J). 2017. 24.97 *(978-0-331-71422-7(1));* 2016. pap. 9.57 *(978-1-333-56812-2(6))* Forgotten Bks.

Navajo. F. A. Bird. 2021. (Native American Nations Ser.). (ENG., Illus.). 32p. (J). (gr. 3-6). lib. bdg. 32.79 *(978-1-5321-9720-8(9),* 38452, Checkerboard Library) ABDO Publishing Co.

Navajo. Rennay Craats. 2017. (Native American Art & Culture Ser.). (ENG.). 32p. (J). lib. bdg. 22.99 *(978-1-5105-2344-9(8))* SmartBook Media, Inc.

Navajo. Thomas Kingsley Troupe. 2023. (Nations of North America Ser.). (ENG.). (J). (gr. 3-5). 32p. lib. bdg. 30.60 ***(978-1-63897-991-3(X),*** 33369); (Illus.). pap. 9.95 Seahorse Publishing.

Navajo Children's a to Z Coloring Book. Candice Tallsalt. 2021. (ENG.). 54p. (J). pap. 11.99 *(978-1-0879-8520-6(X))* Indy Pub.

Navajo Children's Coloring & Activity Book. Candice Tallsalt. 2021. (ENG.). 40p. (J). pap. 12.99 *(978-1-0879-4915-4(7))* Indy Pub.

Navajo Code Talkers. Stuart A. Kallen. (Heroes of World War II (Alternator Books (r)) Ser.). (ENG., Illus.). 32p. (J). (gr. 3-6). 2023. pap. 9.99 *(978-1-7284-7698-8(4),* 1a540066-9c49-4ea5-8a5d-d8a37413f48b); 2018. 30.65 *(978-1-5124-8644-5(2),* b22bb522-0710-477b-9a82-187c62ea0db1) Lerner Publishing Group. (Lerner Pubns.).

Navajo Code Talkers. Emily Schlesinger. 2020. (White Lightning Nonfiction Ser.). (ENG., Illus.). 64p. (J). (gr. 6-8). pap. 11.95 *(978-1-68021-884-8(0))* Saddleback Educational Publishing, Inc.

Navajo Code Talkers: Top Secret Messengers of World War II. Blake Hoena. Illus. by Marcel P. Massegu. 2019. (Amazing World War II Stories Ser.). (ENG.). 32p. (J). (gr. 3-9). pap. 7.95 *(978-1-5435-7549-1(8),* 141081); lib. bdg. 34.65 *(978-1-5435-7314-5(2),* 140619) Capstone.

Navajos. Ona Knoxsah. 2023. (Native American Nations Ser.). (ENG., Illus.). (J). (gr. 3-8). lib. bdg. 27.95 Bellwether Media.

Naval Construction: Prepared for the Use of the Midshipmen of the United States Naval Academy (Classic Reprint) Richard Hallett Meredith Robinson. (ENG., Illus.). (J). 2018. 476p. 33.73 *(978-0-365-28429-1(7));* 2017. pap. 13.57 *(978-1-5278-7829-7(5))* Forgotten Bks.

Naval Electricians' Text Book (Classic Reprint) William Hannum Grubb Bullard. 2017. (ENG., Illus.). (J). 980p. 44.11 *(978-0-484-25007-8(8));* pap. 26.45 *(978-0-282-38130-1(9))* Forgotten Bks.

Naval Electricians' Text Book, Vol. 1: Theoretical (Classic Reprint) William Hannum Grubb Bullard. (ENG., Illus.). (J). 2018. 882p. 42.09 *(978-0-666-65298-0(8));* 2017. pap. 24.43 *(978-0-282-02611-0(8))* Forgotten Bks.

Naval Engagement: A Marine Narrative of Love & War. Elbridge Gerry Roberts. 2017. (ENG., Illus.). (J). pap. *(978-0-649-05295-0(1))* Trieste Publishing Pty Ltd.

Naval Engagement: A Marine Narrative of Love & War (Classic Reprint) Elbridge Gerry Roberts. 2018. (ENG., Illus.). 250p. (J). 29.05 *(978-0-267-23315-1(9))* Forgotten Bks.

Naval Intelligence (Classic Reprint) Montague Thomas Hainsselin. 2018. (ENG., Illus.). 252p. (J). 29.09 *(978-0-484-37129-2(0))* Forgotten Bks.

Naval Officer, Vol. 3 Of 3: Or Scenes & Adventures in the Life of Frank Mildmay (Classic Reprint) Frederick Marryat. 2018. (ENG., Illus.). 274p. (J). 29.55 *(978-0-483-40067-2(X))* Forgotten Bks.

Navidad. Lori Dittmer. 2021. (Semillas Del Saber Ser.). (SPA.). 24p. (J). (gr. -1-k). *(978-1-64026-439-7(6),* 17906, Creative Education); pap. 8.99 *(978-1-62832-974-2(2),* 17907, Creative Paperbacks) Creative Co., The.

Navidad. Katie Gillespie. 2016. (Celebremos Las Fechas Patrias Ser.). (SPA.). 24p. (J). pap. 31.41 *(978-1-4896-4369-8(9))* Weigl Pubs., Inc.

Navidad: Jesús Ha Nacido. Marlyn Monge & Lisa M. Griffin. Illus. by Lisa M. Griffin. 2018. (SPA., Illus.). (J). *(978-0-8198-5192-5(2))* Pauline Bks. & Media.

Navidad! La Historia Entera Del Dios Quien AMA. Metzler Natasha. 2016. (SPA., Illus.). (J). 25.95 *(978-1-941173-25-1(X))* Olive Pr. Pub.

Navidad 1: Libro para Colorear Ninos. Bold Illustrations. 2017. (SPA., Illus.). (J). pap. 8.35 *(978-1-64193-084-0(5),* Bold Illustrations) FASTLANE LLC.

Navidad 2: Libro para Colorear Ninos. Bold Illustrations. 2017. (SPA., Illus.). (J). pap. 8.35 *(978-1-64193-085-7(3),* Bold Illustrations) FASTLANE LLC.

Navidad (Christmas) Julie Murray. 2019. (Fiestas (Holidays) Ser.). (SPA.). 24p. (J). (gr. -1-2). lib. bdg. 31.36 *(978-1-5321-8725-4(4),* 31298, Abdo Kids) ABDO Publishing Co.

Navidad Es un Regalo de Dios / God Gave Us Christmas: Libros para Niños. Lisa Tawn Bergren. Illus. by David Hohn. 2018. (SPA.). 40p. (J). (gr. -1-2). 9.95 *(978-1-947783-05-8(X))* Penguin Random House Grupo Editorial ESP. Dist: Penguin Random Hse. LLC.

Navidad Libro de Colorear para Niños: Para niños de 4 a 8 Años. Young Dreamers Press. 2020. (Cuadernos para Colorear Niños Ser.: Vol. 11). (SPA., Illus.). 66p. (J). pap. *(978-1-7773753-5-5(5))* EnemyOne.

Navidad Libro de Colorear para niños de Joquena Press. Joquena Press. 2020. (SPA.). 120p. (J). pap. 11.75 *(978-1-716-33597-6(3))* Lulu Pr., Inc.

Navidad Means Christmas. Katie Trujillo-Acosta. 2021. (ENG.). 32p. (J). 20.00 *(978-1-7377291-2-9(1))* Trujillo-Acosta, Katie.

Navid's Story: A Real-Life Account of His Journey from Iran. Andy Glynne. 2017. (Seeking Refuge Ser.). (ENG., Illus.). 32p. (J). (gr. k-5). 27.99 *(978-1-5158-1415-3(7),* 135357, Picture Window Bks.) Capstone.

Navigate to Greatness: Getting What You Need to Get to Go Where You Need to Go. Ty Foster. Ed. by Sharilyn Grayson & Robbie Grayson. 2017. (ENG., Illus.). (YA). (gr. 7-12). 24.99 *(978-1-64008-231-1(X))* Primedia eLaunch LLC.

Navigate to Greatness: Getting What You Need to Get to Go Where You Need to Go. Ty Foster. Ed. by Sharilyn Grayson. 2016. (ENG., Illus.). (YA). (gr. 7-12). pap. 24.99 *(978-1-945173-65-3(3))* Primedia eLaunch LLC.

Navigating Anxiety & Depression, 1 vol. Ed. by Scientific American Editors. 2023. (Scientific American Explores Big Ideas Ser.). (ENG.). 160p. (YA). (gr. 9-10). pap. 25.75 ***(978-1-68416-933-7(X),*** 5542f70d-2400-4d10-9ae7-de30b44e81d5); lib. bdg. 43.95 ***(978-1-68416-934-4(8),*** 5432ba63-fc64-45b0-953f-779fb323a953) Rosen Publishing Group, Inc., The.

Navigating at Sea (Grade 3) Dona Herweck Rice. rev. ed. 2018. (Smithsonian: Informational Text Ser.). (ENG., Illus.). 32p. (J). (gr. 3-4). pap. 11.99 *(978-1-4938-6680-9(X))* Teacher Created Materials, Inc.

Navigating Chapter 9 of the Bankruptcy Code. Ed. by Federal Judicial Center. 2017. (ENG.). 105p. (gr. 13). pap. 14.00 *(978-0-16-094211-2(X))* United States Government Printing Office.

Navigating Filter Bubbles, 1 vol. Jacqueline Conciatore Senter. 2018. (News Literacy Ser.). (ENG.). 64p. (gr. 5-5). pap. 16.28 *(978-1-5026-4131-1(3),* bbb6ee85-d90c-44c5-b6fa-1da3da63d5ac) Cavendish Square Publishing LLC.

Navigating Spirituality until I Reached God Through Jesus. Marqeeta Mitchell. 2021. (ENG.). 114p. (YA). pap. 13.13 *(978-1-6780-5012-2(1))* Lulu Pr., Inc.

Navigating the Stars. Maria V. Snyder. 2018. (ENG.). 444p. (YA). (gr. 18-18). pap. 17.95 *(978-1-946381-01-9(2))* Snyder, Maria V.

Navigating the World! Advantages & Disadvantages of Globes, Maps & Geographic Tools Grade 6 Social Studies Children's Geography Books. Baby Professor. 2022. (ENG.). 72p. (J). 31.99 ***(978-1-5419-9452-2(3));*** pap. 19.99 ***(978-1-5419-8307-6(6))*** Speedy Publishing LLC. (Baby Professor (Education Kids)).

Navigation (a True Book: Survival Skills) Jenny Mason. 2023. (True Book (Relaunch) Ser.). (ENG.). 48p. (J). (gr. 3-5). 31.00 *(978-1-338-85373-5(2));* pap. 7.99 *(978-1-338-85374-2(0))* Scholastic Library Publishing. (Children's Pr.).

Navigation Atmospherique: Explications Complementaires Sur le Systeme, Physique, Mecanique, Pterophore, Dynamique et Trigonometrique de Sanson Pere et Fils, Precedees de l'Aeronautique des Dames, Lettre en Prose et en Verse Libres, Suivis de L' A. J. Sanson. 2017. (FRE., Illus.). (J). pap. 7.97 *(978-0-265-82382-8(X))* Forgotten Bks.

Navigation from Then to Now. Rachel Grack. 2019. (Sequence Developments in Technology Ser.). (ENG.). 32p. (J). (gr. 2-5). *(978-1-68151-683-7(7),* 10815); pap. 9.99 *(978-1-68152-469-6(4),* 11055) Amicus.

Navigation Tools to Thrive in the Human Experience: A Blueprint for Youth. Contrib. by Kady Romagnuolo et al. 2023. 220p. (YA). (gr. 7). pap. 19.95 ***(978-1-989819-41-8(9))*** Floating Castles Media Inc. CAN. Dist: Independent Pubs. Group.

Navires et les Phares Hantés (Haunted Ships & Lighthouses) Thomas Kingsley Troupe. Tr. by Annie Evearts. 2021. (Lieux Hantés! (the Haunted!) Ser.). (FRE.). (J). (gr. 3-9). pap. ***(978-1-0396-0374-5(2),*** 13077, Crabtree Branches) Crabtree Publishing Co.

Navistar. Janie Anderson-Temperley. Illus. by Hannah Pascoe. 2020. (ENG.). 66p. (J). pap. ***(978-1-913579-20-3(4))*** Pink Parties Pr.

Navistar- Discover Your Inner Star. Janie L. Anderson-Temperley. Illus. by Hannah Pascoe. 2021. (ENG.). 66p. (J). pap. ***(978-1-913579-10-4(7))*** Pink Parties Pr.

Navvies & Their Needs (Classic Reprint) L. M. Evans. (ENG., Illus.). (J). 2018. 38p. 24.68 *(978-0-484-42455-4(6));* 2017. pap. 7.97 *(978-0-243-08031-1(X))* Forgotten Bks.

Navy. Bernard Conaghan. 2022. (Serving with Honor Ser.). (ENG.). 32p. (J). (gr. 3-9). pap. *(978-1-0396-6228-5(5),* 21619); lib. bdg. *(978-1-0396-6033-5(9),* 21618) Crabtree Publishing Co. (Crabtree Branches).

Navy. John Townsend. 2016. (Action Force: World War II Ser.). 32p. (gr. 3-7). 31.35 *(978-1-59920-984-5(5),* Smart Apple Media) Black Rabbit Bks.

Navy & Bora. All Children Reading Cambodia. Illus. by Sain Thuokna. 2022. (ENG.). 18p. (J). pap. ***(978-1-922932-40-2(X))*** Library For All Limited.

Navy at Home, Vol. 1 of 3 (Classic Reprint) Unknown Author. 2018. (ENG., Illus.). 302p. (J). 30.13 *(978-0-267-28815-1(8))* Forgotten Bks.

Navy at Home, Vol. 3 (Classic Reprint) Unknown Author. 2018. (ENG., Illus.). 370p. (J). 31.53 *(978-0-483-28335-0(5))* Forgotten Bks.

Navy Blue: A Story of Cadet Life in the United States Naval Academy at Annapolis (Classic Reprint) Willis Boyd Allen. (ENG., Illus.). (J). 2018. 372p. 31.59 *(978-0-332-81081-2(X));* 2017. pap. 13.97 *(978-0-282-11346-9(0))* Forgotten Bks.

Navy Boys Behind the Big Guns: Or, Sinking the German U-Boats. Halsey Davidson. 2017. (ENG., Illus.). (J). pap. 13.95 *(978-1-374-82701-1(0))* Capital Communications, Inc.

Navy Boys Behind the Big Guns: Sinking the German U-Boats. Halsey Davidson. 2019. (ENG., Illus.). 154p. (YA). pap. *(978-93-5329-516-5(5))* Alpha Editions.

Navy Boys on Lake Ontario: The Story of Two Boys & Their Adventures in the War Of 1812. James Otis. 2019. (ENG.). 356p. (J). pap. 14.95 *(978-1-63391-653-1(7))* Westphalia Press.

Navy SEALs. Kenny Abdo. 2018. (US Armed Forces Ser.). (ENG.). 24p. (J). (gr. 2-8). lib. bdg. 31.36 *(978-1-5321-2549-2(6),* 30107, Abdo Zoom-Fly) ABDO Publishing Co.

Navy SEALs. Melissa Gish. 2022. (X-Books: Special Forces Ser.). (ENG., Illus.). 32p. (J). (gr. 3-5). pap. 9.99 *(978-1-62832-905-6(X),* 18577, Creative Paperbacks) Creative Co., The.

Navy Seals. Melissa Gish. 2022. (X-Books: Special Forces Ser.). (ENG., Illus.). 32p. (J). (gr. 3-6). *(978-1-64026-374-1(8),* 18576, Creative Education) Creative Co., The.

Navy SEALs. John Hamilton. 2020. (Xtreme Armed Forces Ser.). (ENG., Illus.). 48p. (J). (gr. 3-9). lib. bdg. 34.21 *(978-1-5321-9456-6(0),* 36561, Abdo & Daughters) ABDO Publishing Co.

Navy SEALs. Susan B. Katz. 2022. (US Military Ser.). (ENG., Illus.). 32p. (J). (gr. 2-3). pap. 9.95 *(978-1-63738-345-2(2));* lib. bdg. 31.35 *(978-1-63738-309-4(6))* North Star Editions. (Apex).

Navy SEALs: Mission at the Caves. Brandon Webb & Thea Feldman. 2018. (Special Operations Files Ser.: 1). (ENG., Illus.). 128p. (J). pap. 12.99 *(978-1-250-19427-5(X),* 900171489, Holt, Henry & Co. Bks. For Young Readers) Holt, Henry & Co.

Nawi: Una Perrita Diferente. Rossy E. Lima. Tr. by Carlos Diego Arenas. Illus. by Angelica Frausto. 2020. (SPA.). 58p. (J). 19.99 *(978-1-949299-17-5(1))* Jade Publishing.

Nawi: Una Perrita Diferente. Rossy E. Lima. Tr. by Carlos Diego Arenas. Illus. by Angelica Fraustos. 2020. (SPA.). 58p. (J). pap. 14.99 *(978-1-949299-16-8(3))* Jade Publishing.

Naya: A Story of the Bighorn Country (Classic Reprint) Elizabeth Egleston -Hinman. 2017. (ENG., Illus.). (J). 31.07 *(978-1-5281-7429-9(1))* Forgotten Bks.

Naya & the Black Crayon. Madeline Ceballos Wilkinson. 2022. (ENG.). 38p. (J). 18.95 *(978-1-63755-132-5(0),* Mascot Kids) Amplify Publishing Group.

Nayan's Family Fruit Salad. Navjit Sandhu. Illus. by Anthony Erazo Santos. 2020. (Nayan's Bks.). (ENG.). 32p. (J). *(978-1-5255-2975-7(7));* pap. *(978-1-5255-2976-4(5))* FriesenPress.

Naya's Tutoring Tool, 1 vol. C. R. McKay. 2020. (Power Coders Ser.). (ENG.). 32p. (J). (gr. 5-5). 27.93 *(978-1-7253-0762-9(6),* 69bbb019-7379-427c-9ad1-25a171f19a06); pap. 11.60 *(978-1-7253-0760-5(X),* 7566328c-66c3-4fc1-a2d4-cc2b773b8601) Rosen Publishing Group, Inc., The. (PowerKids Pr.).

Naynuk Jinxx's Revenge. Darrell A. McKinnon. Ed. by Luttery Kimberly. 2018. (Naynuk Jinxx's Revenge Ser.: Vol. 2). (ENG., Illus.). 54p. (YA). (gr. 8-12). pap. 9.99 *(978-0-9989938-3-6(2))* Ravishing Gecko Publishing.

Naynuk Reborn. Darrell Anthony McKinnon. Ed. by Kim Luttery. 3rd ed. 2019. (Naynuk Reborn Ser.: Vol. 3). (ENG., Illus.). 38p. (YA). (gr. 7-12). pap. 6.99 *(978-0-9989938-4-3(0))* Ravishing Gecko Publishing.

Naynuk the Rising of Team Faith & the Seven Wrist Bands. Darrell A. McKinnon. Ed. by Cait Patterson. 2020. (ENG.). 56p. (J). pap. 10.00 *(978-0-9989938-8-1(3))* Ravishing Gecko Publishing.

Naynuk the Special Gecko. Darrell A. McKinnon. Ed. by Joan Thomas. Illus. by Darrell A. McKinnon. 2017. (Naynuk the Special Gecko Ser.: Vol. 1). (ENG., Illus.). 46p. (YA). (gr. 7-12). pap. 8.99 *(978-0-9989938-0-5(8))* Ravishing Gecko Publishing.

Naynuk Tiffany's Experience. Darrell Anthony McKinnon. Ed. by Cait Patterson. 4th ed. 2019. (Naynuk Tiffany's Experience Ser.: Vol. 4). (ENG., Illus.). 52p. (YA). (gr. 7-12). pap. 9.99 *(978-0-9989938-6-7(7))* Ravishing Gecko Publishing.

Nayra & the Djinn. Iasmin Omar Ata. Illus. by Iasmin Omar Ata. 2023. (Illus.). 256p. (J). (gr. 5). 22.99 *(978-0-593-11711-8(5));* pap. 13.99 *(978-0-593-11712-5(3))* Penguin Young Readers Group. (Viking Books for Young Readers).

Naysayers. Roan Black. Illus. by Glass House Glass House Graphics. 2023. (Guardians of Horsa Ser.: 2). (ENG.). 144p. (J). (gr. k-4). 19.99 *(978-1-6659-3160-1(4));* pap. 9.99 *(978-1-6659-3159-5(0))* Little Simon. (Little Simon).

Nazboo's Kazoo! Delphine Finnegan. ed. 2019. (Step into Reading Ser.). (ENG.). 24p. (J). (gr. k-1). 14.96 *(978-1-64310-866-7(2))* Penworthy Co., LLC, The.

Nazi Loot. Philip Monnin. 2016. (ENG., Illus.). 254p. (J). (gr. 4-8). pap. 11.99 *(978-0-9982907-1-3(8))* Luminosity Media Group LLC.

Nazi Propaganda: Jews in Hitler's Germany, 1 vol. Kate Shoup. 2016. (Public Persecutions Ser.). (ENG., Illus.). 128p. (J). (gr. 9-9). 47.36 *(978-1-5026-2321-8(8),* a16e22a3-9ffb-4141-bf8d-6feb6fd658b2) Cavendish Square Publishing LLC.

Nazi Regime & the Holocaust, 1 vol. Zoe Lowery & James R. Norton. 2016. (Bearing Witness: Genocide & Ethnic Cleansing Ser.). (ENG.). 64p. (J). (gr. 6-6). 36.13 *(978-1-5081-7163-8(7),* 132e8b78-c8df-4b5e-a24e-c8f857163833) Rosen Publishing Group, Inc., The.

Nazi Saboteurs: Hitler's Secret Attack on America. Samantha Seiple. 2019. (Illus.). 206p. (J). pap. *(978-1-338-25919-3(9))* Scholastic, Inc.

Nazi Saboteurs: Hitler's Secret Attack on America (Scholastic Focus) Samantha Seiple. 2019. (ENG., Illus.). 224p. (YA). (gr. 7-7). 17.99 *(978-1-338-25914-8(8),* Scholastic Nonfiction) Scholastic, Inc.

Nazis on the Run: Featuring David Hale: Junior Spy. Tom Gilligan. Illus. by Everett Walker. 2022. (Vienna Trilogy Ser.: Vol. 2). (ENG.). 150p. (YA). pap. 14.99 ***(978-0-9729659-4-1(7))*** IEP - Intelligence Bk. Div.

NBA. Will Graves. 2020. (Professional Sports Leagues Ser.). (ENG., Illus.). 112p. (J). (gr. 6-12). lib. bdg. 41.36 *(978-1-5321-9208-1(8),* 34969, Essential Library) ABDO Publishing Co.

NBA 2k. Kenny Abdo. 2022. (Esports Ser.). (ENG., Illus.). 24p. (J). (gr. 2-2). pap. 8.95 *(978-1-64494-785-2(4));* lib. bdg. 31.36 *(978-1-0982-2849-1(9),* 39977) ABDO Publishing Co. (Abdo Zoom-Fly).

NBA: a History of Hoops: Atlanta Hawks. Jim Whiting. 2nd ed. 2017. (NBA: a History of Hoops Ser.). (ENG., Illus.). 48p. (J). (gr. 5-7). pap. 12.00 *(978-1-62832-438-9(4),* 20211, Creative Paperbacks) Creative Co., The.

NBA: a History of Hoops: Brooklyn Nets. Jim Whiting. 2nd ed. 2017. (NBA: a History of Hoops Ser.). (ENG., Illus.). 48p. (J). (gr. 5-7). pap. 12.00 *(978-1-62832-440-2(6),* 20217, Creative Paperbacks) Creative Co., The.

NBA: a History of Hoops: Chicago Bulls. Jim Whiting. 2nd ed. 2017. (NBA: a History of Hoops Ser.). (ENG., Illus.). 48p. (J). (gr. 5-7). pap. 12.00 *(978-1-62832-442-6(2),* 20223, Creative Paperbacks) Creative Co., The.

NBA: a History of Hoops: Cleveland Cavaliers. Jim Whiting. 2nd ed. 2017. (NBA: a History of Hoops Ser.). (ENG.). 48p. (J). (gr. 5-7). pap. 12.00 *(978-1-62832-443-3(0),* 20226, Creative Paperbacks) Creative Co., The.

NBA: a History of Hoops: Dallas Mavericks. Jim Whiting. 2nd ed. 2017. (NBA: a History of Hoops Ser.). (ENG., Illus.). 48p. (J). (gr. 5-7). pap. 12.00 *(978-1-62832-444-0(9),* 20229, Creative Paperbacks) Creative Co., The.

NBA: a History of Hoops: Denver Nuggets. Jim Whiting. 2nd ed. 2017. (NBA: a History of Hoops Ser.). (ENG., Illus.). 48p. (J). (gr. 5-7). pap. 12.00 *(978-1-62832-445-7(7),* 20232, Creative Paperbacks) Creative Co., The.

NBA: a History of Hoops: Detroit Pistons. Jim Whiting. 2nd ed. 2017. (NBA: a History of Hoops Ser.). (ENG., Illus.). 48p. (J). (gr. 5-7). pap. 12.00 *(978-1-62832-446-4(5),* 20235, Creative Paperbacks) Creative Co., The.

NBA: a History of Hoops: Los Angeles Clippers. Jim Whiting. 2nd ed. 2017. (NBA: a History of Hoops Ser.). (ENG., Illus.). 48p. (J). (gr. 5-7). pap. 12.00 *(978-1-62832-450-1(3),* 20247, Creative Paperbacks) Creative Co., The.

NBA: a History of Hoops: Minnesota Timberwolves. Jim Whiting. 2nd ed. 2017. (NBA: a History of Hoops Ser.). (ENG., Illus.). 48p. (J). (gr. 5-7). pap. 12.00 *(978-1-62832-455-6(4),* 20262, Creative Paperbacks) Creative Co., The.

NBA: a History of Hoops: New Orleans Pelicans. Jim Whiting. 2nd ed. 2017. (NBA: a History of Hoops Ser.). (ENG., Illus.). 48p. (J). (gr. 5-7). pap. 12.00 *(978-1-62832-456-3(2),* 20265, Creative Paperbacks) Creative Co., The.

NBA: a History of Hoops: Oklahoma City Thunder. Jim Whiting. 2nd ed. 2017. (NBA: a History of Hoops Ser.). (ENG., Illus.). 48p. (J). (gr. 5-7). pap. 12.00 *(978-1-62832-458-7(9),* 20271, Creative Paperbacks) Creative Co., The.

NBA: a History of Hoops: Orlando Magic. Jim Whiting. 2nd ed. 2017. (NBA: a History of Hoops Ser.). (ENG., Illus.). 48p. (J). (gr. 5-7). pap. 12.00 *(978-1-62832-459-4(7),* 20274, Creative Paperbacks) Creative Co., The.

NBA: a History of Hoops: Philadelphia 76ers. Jim Whiting. 2nd ed. 2017. (NBA: a History of Hoops Ser.). (ENG., Illus.). 48p. (J). (gr. 5-7). pap. 12.00 *(978-1-62832-460-0(0),* 20277, Creative Paperbacks) Creative Co., The.

NBA: a History of Hoops: Phoenix Suns. Jim Whiting. 2nd ed. 2017. (NBA: a History of Hoops Ser.). (ENG., Illus.). 48p. (J). (gr. 5-7). pap. 12.00 *(978-1-62832-461-7(9),* 20280, Creative Paperbacks) Creative Co., The.

NBA: a History of Hoops: Portland Trail Blazers. Jim Whiting. 2nd ed. 2017. (NBA: a History of Hoops Ser.). (ENG., Illus.). 48p. (J). (gr. 5-7). pap. 12.00 *(978-1-62832-462-4(7),* 20283, Creative Paperbacks) Creative Co., The.

NBA: a History of Hoops: Sacramento Kings. Jim Whiting. 2nd ed. 2017. (NBA: a History of Hoops Ser.). (ENG., Illus.). 48p. (J). (gr. 5-7). pap. 12.00 *(978-1-62832-463-1(5),* 20286, Creative Paperbacks) Creative Co., The.

NBA: a History of Hoops: Toronto Raptors. Jim Whiting. 2nd ed. 2017. (NBA: a History of Hoops Ser.). (ENG., Illus.). 48p. (J). (gr. 5-7). pap. 12.00 *(978-1-62832-465-5(1),* 20292, Creative Paperbacks) Creative Co., The.

NBA: a History of Hoops: Utah Jazz. Jim Whiting. 2nd ed. 2017. (NBA: a History of Hoops Ser.). (ENG., Illus.). 48p. (J). (gr. 5-7). pap. 12.00 *(978-1-62832-466-2(X),* 20295, Creative Paperbacks) Creative Co., The.

NBA: a History of Hoops: Washington Wizards. Jim Whiting. 2nd ed. 2017. (NBA: a History of Hoops Ser.). (ENG., Illus.). 48p. (J). (gr. 5-7). pap. 12.00 *(978-1-62832-467-9(8),* 20298, Creative Paperbacks) Creative Co., The.

NBA All-Time Greats Set 2 (Set Of 8) Ted Coleman. 2023. (NBA All-Time Greats Set 2 Ser.). (ENG.). 8p. (J). (gr. 3-3). pap. 71.60 *(978-1-63494-616-2(2));* lib. bdg. 228.00 *(978-1-63494-598-1(0))* Pr. Room Editions LLC.

NBA All-Time Greats Set 3 (Set Of 10) 2023. (NBA All-Time Greats Set 3 Ser.). (ENG., Illus.). 10p. (J). pap. 89.50 ***(978-1-63494-683-4(9));*** lib. bdg. 285.00 ***(978-1-63494-659-9(6))*** Pr. Room Editions LLC.

NBA All-Time Greats (Set Of 12) Brendan Flynn. 2020. (NBA All-Time Greats Ser.). (ENG.). 288p. (J). (gr. 3-3). pap. 107.40 *(978-1-63494-162-4(4),* 1634941624); lib. bdg. 342.00 *(978-1-63494-149-5(7),* 1634941497) Pr. Room Editions LLC.

NBA & WNBA Finals: Basketball's Biggest Playoffs. Matt Scheff. 2020. (Big Game (Lerner (tm) Sports) Ser.). (ENG., Illus.). 32p. (J). (gr. 2-5). 30.65 *(978-1-5415-9759-4(1),* c719fbcd-5061-47a9-82df-f5bb99b22ce9); pap. 8.99 *(978-1-7284-1419-5(9),* b17e078a-77e5-4207-b204-2ece9e5c733a) Lerner Publishing Group. (Lerner Pubns.).

NBA Encyclopedia Brendan Flynn. 2021. (Sports Encyclopedias Ser.). (ENG., Illus.). 192p. (J). (gr. 4-8). lib. bdg. 49.93 *(978-1-5321-9691-1(1),* 38476, Early Encyclopedias) ABDO Publishing Co.

NBA Finals. Michael De Medeiros. 2017. (J). *(978-1-5105-0846-0(5))* SmartBook Media, Inc.

NBA Finals. Michael de Medeiros. 2019. (We Are the Champions Ser.). (ENG.). 32p. (J). (gr. 4-7). pap. 13.95 *(978-1-7911-0579-2(3));* lib. bdg. 29.99 *(978-1-7911-0044-5(9))* Weigl Pubs., Inc.

NBA Finals. Adam Hellebuyck & Laura Deimel. 2019. (21st Century Skills Library: Global Citizens: Sports Ser.). (ENG.). 32p. (J). (gr. 4-7). pap. 14.21 *(978-1-5341-5034-8(X),*

1444 The check digit for ISBN-10 appears in parentheses after the full ISBN-13

213443); (Illus.). lib. bdg. 32.07 *(978-1-5341-4748-5(9),* 213442) Cherry Lake Publishing.

NBA Finals. Matt Lilley. 2023. (Major Sports Events Ser.). (ENG., Illus.). 32p. (J). (gr. 2-3). pap. 9.95 *(978-1-63738-329-2(0),* Apex) North Star Editions.

NBA Finals. Contrib. by Matt Lilley. 2023. (Major Sports Events Ser.). (ENG., Illus.). 32p. (J). (gr. 2-3). lib. bdg. 31.35 *(978-1-63738-293-6(6),* Apex) North Star Editions.

NBA Finals. Allan Morey & Blake Hoena. 2018. (Sports Championships Ser.). (ENG., Illus.). 24p. (J). (gr. 3-7). pap. 7.99 *(978-1-61891-484-2(7),* 12137, Torque Bks.) Bellwether Media.

NBA Finals. Tyler Dean Omoth. 2020. (Sports Championships Ser.). (ENG., Illus.). 32p. (J). (gr. 3-5). pap. 7.95 *(978-1-4966-5784-8(5),* 142192); lib. bdg. 29.32 *(978-1-5435-9195-8(7),* 141568) Capstone.

NBA Hot Streaks. Emma Huddleston. 2019. (Hot Streaks Ser.). (ENG.). 32p. (J). (gr. 3-6). lib. bdg. 35.64 *(978-1-5038-3227-5(9),* 213309, MOMENTUM) Child's World, Inc, The.

NBA (nba) B. Keith Davidson. Tr. by Jean Pierre Gaston. 2021. (Lig Espò Pi Gwo a (Major League Sports) Ser.). (CRP.). (J). (gr. 3-9). pap. ***(978-1-0396-2205-0(4),*** 10149, Crabtree Branches) Crabtree Publishing Co.

NBA Playoffs: In Pursuit of Basketball Glory. Matt Doeden. 2019. (Spectacular Sports Ser.). (ENG., Illus.). 64p. (J). (gr. 5-8). lib. bdg. 34.65 *(978-1-5415-4153-5(7),* 1001c391-09ab-4e1b-9abd-f09771a439ca, Millbrook Pr.) Lerner Publishing Group.

NBA Underdog Stories. Marty Gitlin. 2018. (Underdog Sports Stories Ser.). (ENG., Illus.). 48p. (J). (gr. 5-8). lib. bdg. 34.21 *(978-1-5321-1762-6(0),* 30812, SportsZone) ABDO Publishing Co.

NBA's Top 10 Coaches. Will Graves. 2018. (NBA's Top 10 Ser.). (ENG., Illus.). 32p. (J). (gr. 3-6). lib. bdg. 32.79 *(978-1-5321-1448-9(6),* 29056, SportsZone) ABDO Publishing Co.

NBA's Top 10 Comebacks. Brian Howell. 2018. (NBA's Top 10 Ser.). (ENG., Illus.). 32p. (J). (gr. 3-6). lib. bdg. 32.79 *(978-1-5321-1449-6(4),* 29058, SportsZone) ABDO Publishing Co.

NBA's Top 10 Duos. Will Graves. 2018. (NBA's Top 10 Ser.). (ENG., Illus.). 32p. (J). (gr. 3-6). lib. bdg. 32.79 *(978-1-5321-1450-2(8),* 29060, SportsZone) ABDO Publishing Co.

NBA's Top 10 Games. Matt Tustison. 2018. (NBA's Top 10 Ser.). (ENG., Illus.). 32p. (J). (gr. 3-6). lib. bdg. 32.79 *(978-1-5321-1451-9(6),* 29062, SportsZone) ABDO Publishing Co.

NBA's Top 10 Playoff Upsets. Marty Gitlin. 2018. (NBA's Top 10 Ser.). (ENG., Illus.). 32p. (J). (gr. 3-6). lib. bdg. 32.79 *(978-1-5321-1452-6(4),* 29064, SportsZone) ABDO Publishing Co.

NBA's Top 10 Rivalries. Brian Hall. 2018. (NBA's Top 10 Ser.). (ENG., Illus.). 32p. (J). (gr. 3-6). lib. bdg. 32.79 *(978-1-5321-1453-3(2),* 29066, SportsZone) ABDO Publishing Co.

NBA's Top 10 Rookies. Will Graves. 2018. (NBA's Top 10 Ser.). (ENG., Illus.). 32p. (J). (gr. 3-6). lib. bdg. 32.79 *(978-1-5321-1454-0(0),* 29068, SportsZone) ABDO Publishing Co.

NBA's Top 10 (Set), 8 vols. 2018. (NBA's Top 10 Ser.). (ENG.). 32p. (J). (gr. 3-6). lib. bdg. 262.32 *(978-1-5321-1447-2(8),* 29054, SportsZone) ABDO Publishing Co.

NBA's Top 10 Teams. Will Graves. 2018. (NBA's Top 10 Ser.). (ENG., Illus.). 32p. (J). (gr. 3-6). lib. bdg. 32.79 *(978-1-5321-1455-7(9),* 29070, SportsZone) ABDO Publishing Co.

NBLA Biblia Aventura, Leathersoft, Azul, Interior a Color, con Cierre. NBLA-Nueva Biblia NBLA-Nueva Biblia de Las Américas & Vida. 2023. (SPA.). 1504p. (J). lthr. 44.99 *(978-0-8297-7155-8(7))* Vida Pubs.

NBLA Biblia Aventura, Leathersoft, Coral, Interior a Color, con Cierre. NBLA-Nueva Biblia NBLA-Nueva Biblia de Las Américas & Vida. 2023. (SPA.). 1504p. (J). lthr. 44.99 *(978-0-8297-7157-2(3))* Vida Pubs.

NBLA Biblia Aventura, Tapa Dura, Interior a Color, Cierre Magnético. NBLA-Nueva Biblia NBLA-Nueva Biblia de Las Américas & Vida. 2023. (SPA.). 1504p. (J). 39.99 *(978-0-8297-7231-9(6))* Vida Pubs.

NCAA Basketball Championship. Annalise Bekkering. 2018. 32p. (J). *(978-1-7911-0038-4(4),* AV2 by Weigl) Weigl Pubs., Inc.

NCAA Basketball Championship. Annelise Bekkering. 2019. (We Are the Champions Ser.). (ENG.). 32p. (J). (gr. 4-7). pap. 13.95 *(978-1-7911-0580-8(7))* Weigl Pubs., Inc.

Ndalo & Pendo - the Best of Friends. Ruth Odondi. Illus. by Rob Owen. 2022. (ENG.). 32p. (J). pap. ***(978-1-922910-92-9(9))*** Library For All Limited.

Ndalo & Pendo - the Best of Friends - Ng'ombe Wetu Pendo. Ruth Odondi. Illus. by Rob Owen. 2023. (SWA.). 32p. (J). pap. ***(978-1-922910-35-6(X))*** Library For All Limited.

Ndotto: An Elephant Rescue Story. Gail Clarke. 2017. (ENG., Illus.). (J). (gr. 1-4). pap. *(978-1-912406-20-3(9)); (978-1-912406-27-2(6))* Gupole Pubns.

Ndoye et L'ane. Abdou Karim Diop. Ed. by Adiprol. 2019. (FRE.). 30p. (J). pap. *(978-2-9536861-1-1(8))* Agence de distribution et de promotion du livre.

Ne Mange Jamais un Sandwich Au Cactus (Never Eat a Cactus Sandwich) Alexander Prezioso. Tr. by Joseph Palamara. Illus. by James Petropoulos. 2022. (FRE.). 45p. (J). pap. ***(978-1-387-58761-2(7))*** Lulu Pr., Inc.

Ne Sdavajsja: Tvoj Den' Pridet. Milla Henrich. 2021. (RUS.). 236p. (YA). pap. 14.64 *(978-1-4717-7847-6(9))* Lulu Pr., Inc.

Neaera a Tale of Ancient Rome, Vol. 2 (Classic Reprint) John W. Graham. 2018. (ENG., Illus.). 272p. (J). 29.51 *(978-0-483-19494-6(8))* Forgotten Bks.

Neal Malone, Vol. 2 Of 2: And Other Tales of Ireland (Classic Reprint) William H. Carleton. 2017. (ENG., Illus.). (J). 28.31 *(978-0-266-65516-9(5));* pap. 10.97 *(978-1-5276-1027-9(6))* Forgotten Bks.

Neandergirl. John Himmelman. 2023. (ENG.). 230p. (YA). pap. ***(978-1-910903-79-7(5))*** Vanguard Pr.

Neanderthal Opens the Door to the Universe. Preston Norton. 2018. (ENG.). 416p. (YA). (gr. 9-12). E-Book 45.00 *(978-1-4847-9839-3(2))* Little, Brown Bks. for Young Readers.

Neapolitan Lovers (Classic Reprint) Alexandre Dumas. 2017. (ENG., Illus.). (J). 30.93 *(978-0-265-54831-8(4))* Forgotten Bks.

Near: Psalm 139, 1 vol. Illus. by Sally Lloyd-Jones. 2021. (ENG.). 20p. (J). bds. 10.99 *(978-0-310-76826-5(8))* Zonderkidz.

Near a Whole City Full. Edward W. Townsend. 2017. (ENG., Illus.). (J). pap. *(978-0-649-65570-0(2))* Trieste Publishing Pty Ltd.

Near a Whole City Full (Classic Reprint) Edward W. Townsend. 2017. (ENG., Illus.). (J). 29.38 *(978-0-265-20265-4(5))* Forgotten Bks.

Near & Far, 1 vol. Amy Culliford. 2022. (Directions in My World Ser.). (ENG., Illus.). 16p. (J). (gr. -1-1). pap. *(978-1-0396-4625-4(5),* 17197); lib. bdg. *(978-1-0396-4434-2(1),* 16255) Crabtree Publishing Co. (Crabtree Roots).

Near & Far. Kelsey Jopp. 2019. (Opposites Ser.). (ENG., Illus.). 16p. (J). (gr. k-1). 25.64 *(978-1-64185-350-7(6),* 1641853506, Focus Readers) North Star Editions.

Near & Far. Ming Tan. Illus. by Ali Shandi Ramadan. 2021. (ENG.). 36p. (J). (gr. -1-1). 15.99 *(978-981-4893-91-6(9))* Marshall Cavendish International (Asia) Private Ltd. SGP. Dist: Independent Pubs. Group.

Near & Far: A Sesame Street (r) Guessing Game. Marie-Therese Miller. 2023. (Sesame Street (r) Directional Words Ser.). (ENG., Illus.). 24p. (J). (gr. -1-2). pap. 8.99 Lerner Publishing Group.

Near & Far - 6 Pack: Set of 6 Common Core Edition. Katherine Scraper. 2016. (Early Explorers Ser.). (J). (gr. k-1). 39.00 net. *(978-1-5125-8634-3(X))* Benchmark Education Co.

Near By: Fresh & Salt Water Fishing, or Angling Within a Radius of One Thousand Miles of Philadelphia; Where to Go, When to Go, How to Go (Classic Reprint) Andrew M. Spangler. 2017. (ENG., Illus.). (J). pap. 9.57 *(978-0-282-73633-0(6))* Forgotten Bks.

Near-Death Experiences. Meghan Gottschall. 2019. (Death Uncovered Ser.). (ENG., Illus.). 48p. (J). (gr. 5-8). lib. bdg. 27.99 *(978-1-62920-810-7(8),* b7bf3757-dc85-4997-bccc-8b784e898178) Full Tilt Pr. NZL. Dist: Lerner Publishing Group.

Near-Death Experiences. Ken Karst. 2018. (Enduring Mysteries Ser.). (ENG.). 48p. (J). (gr. 4-7). pap. 12.00 *(978-1-62832-558-4(5),* 19755, Creative Paperbacks) Creative Co., The.

Near-Death Experiences & Reincarnation in History, 1 vol. Enzo George. 2019. (Paranormal Throughout History Ser.). (ENG.). 48p. (J). (gr. 5-5). 33.47 *(978-1-7253-4659-8(1),* 80024813-47f2-451e-9bf2-1de5d61bce5e); pap. 12.75 *(978-1-7253-4665-9(6),* 5fbd2f7c-8cd9-442d-bd7d-7a5bd89683cc) Rosen Publishing Group, Inc., The. (Rosen Central).

Near East, Vol. 10. Don Rauf. 2016. (Social Progress & Sustainability Ser.). (Illus.). 80p. (J). (gr. 7). 24.95 *(978-1-4222-3497-6(5))* Mason Crest.

Near, Far: A Minibombo Book. Silvia Borando. Illus. by Silvia Borando. 2016. (Minibombo Ser.). (ENG., Illus.). 48p. (J). (-k). 14.00 *(978-0-7636-8783-0(9))* Candlewick Pr.

Near Home, or Europe Described: With Anecdotes & Numerous Illustrations (Classic Reprint) Unknown Author. (ENG., Illus.). (J). 2018. 766p. 39.70 *(978-0-365-47686-3(2));* 2017. pap. 23.57 *(978-0-259-56319-8(6))* Forgotten Bks.

Near Home; or the Countries of Europe Described: With Anecdotes (Classic Reprint) Author of the Peep of Day. 2017. (ENG., Illus.). (J). 430p. 32.77 *(978-0-332-04292-3(8));* pap. 16.57 *(978-0-259-48840-8(2))* Forgotten Bks.

Near or Far. Wiley Blevins. 2019. (Location Words Ser.). (ENG., Illus.). 24p. (J). (gr. -1-2). pap. 6.95 *(978-1-9771-0540-0(8),* 139943, Pebble) Capstone.

Near or Far? Rory McDonnell. 2019. (All about Opposites Ser.). (ENG.). 24p. (J). (gr. k-k). 48.90 *(978-1-5382-3731-1(8))* Stevens, Gareth Publishing LLLP.

Near Planets, Vol. 7. Mason Crest. 2016. (Solar System Ser.: Vol. 7). (ENG.). 48p. (J). (gr. 5-8). 20.95 *(978-1-4222-3552-2(1))* Mason Crest.

near Relation, Vol. 1 Of 3: A Novel (Classic Reprint) Christabel Rose Coleridge. 2018. (ENG., Illus.). 272p. (J). 29.53 *(978-0-483-62631-7(7))* Forgotten Bks.

near Relation, Vol. 2 Of 3: A Novel (Classic Reprint) Christabel Rose Coleridge. 2018. (ENG., Illus.). 272p. (J). 29.53 *(978-0-483-78096-5(0))* Forgotten Bks.

Near the Lagunas, or Scenes in the States of la Plata, Vol. 2 Of 2: A Novel (Classic Reprint) Clemens Brentano. 2017. (ENG., Illus.). (J). 30.29 *(978-0-265-70979-5(2));* pap. 13.57 *(978-1-5276-6099-1(0))* Forgotten Bks.

Near the Lagunas, Vol. 1 Of 2: Or Scenes in the States of la Plata; a Novel (Classic Reprint) Author Of Ponce De Leon. (ENG., Illus.). (J). 2018. 334p. 30.79 *(978-0-483-20197-2(9));* 2017. pap. 13.57 *(978-0-243-95296-0(1))* Forgotten Bks.

Near to Nature's Heart (Classic Reprint) Edward Payson Roe. 2018. (ENG., Illus.). 478p. (J). 33.78 *(978-0-483-60450-6(X))* Forgotten Bks.

near Witch. V. E. Schwab. 2020. 320p. pap. 16.99 *(978-1-78909-114-4(4));* 2019. 360p. 19.99 *(978-1-78909-112-0(8))* Titan Bks. Ltd. GBR. (Titan Bks.). Dist: Penguin Random Hse. LLC.

Nearer & Dearer: A Tale Out of School (Classic Reprint) Cuthbert Bede. 2017. (ENG., Illus.). 216p. (J). 28.37 *(978-1-5283-6506-2(2))* Forgotten Bks.

Nearer Moon. Melanie Crowder. ed. 2019. (Penworthy Picks Middle School Ser.). (ENG.). 160p. (J). (gr. 4-5). 18.96 *(978-1-64310-941-1(3))* Penworthy Co., LLC, The.

Nearer Moon. Melanie Crowder. ed. 2016. (ENG.). 176p. (J). (gr. 3-7). 18.40 *(978-0-606-39238-9(6))* Turtleback.

Nearer My Freedom: The Interesting Life of Olaudah Equiano by Himself. Monica Edinger & Lesley Younge. 2023. (ENG., Illus.). 216p. (YA). (gr. 5-12). pap. 17.99 *(978-1-7284-6407-7(2),* a5d79b8d-5cec-4bfc-a00d-faa1ec6eca29); lib. bdg. 38.65 *(978-1-7284-5098-8(5),* f84c1b97-0a9e-43a3-9c8e-391b1b4d06b4) Lerner Publishing Group. (Zest Bks.).

Nearer to Jesus: Memorials of Robert Walter Fergus (Classic Reprint) M. Fergus. (ENG., Illus.). (J). 2018. 154p. 27.09 *(978-0-267-00496-6(6));* 2017. pap. 9.57 *(978-0-243-99115-0(0))* Forgotten Bks.

Nearly. (a Book for Best Friends) Michelle Musson. 2018. (ENG., Illus.). 36p. (J). pap. 16.99 *(978-0-9997646-0-2(8))* MeetMinnie.

Nearly Fearless Monkey Pirates. Michael Anthony Steele. Illus. by Pauline Reeves. 2018. (Nearly Fearless Monkey Pirates Ser.). (ENG.). 48p. (J). (gr. k-2). 95.96 *(978-1-5158-2697-2(X),* 27999, Picture Window Bks.) Capstone.

Nearly Fractured Tale. Richard Belair. 2017. (ENG., Illus.). (J). pap. 20.45 *(978-1-5043-8267-0(6),* Balboa Pr.) Author Solutions, LLC.

(Nearly) Teenager's Guide to Changing the World: How to Get Out & Really Make a Difference. IglooBooks. Illus. by Andy Passchier. 2021. (ENG.). 72p. (YA). (gr. 4-8). pap. 7.99 *(978-1-80022-868-9(6))* Igloo Bks. GBR. Dist: Simon & Schuster, Inc.

(Nearly) Teenager's Guide to Essential Life Hacks: How to Stay Stress-Free & Be More Independent. IglooBooks. Illus. by Andy Passchier. 2023. (ENG.). 72p. (J). (-8). pap. 7.99 ***(978-1-80108-785-8(7))*** Igloo Bks. GBR. Dist: Simon & Schuster, Inc.

Neat Fun with Kids Activity Book. Kreative Kids. 2016. (ENG., Illus.). (J). pap. 10.81 *(978-1-68377-219-4(9))* Whike, Traudl.

Neat Number Puzzles, 1 vol. Kate Overy. Illus. by Ed Myer. 2017. (Brain Blasters Ser.). (ENG.). 32p. (J). (gr. 1-2). 30.27 *(978-1-5081-9327-2(4),* 5d28dfc3-1aab-4382-9588-d7d51409456a); pap. 12.75 *(978-1-5081-9331-9(2),* 28ea7bba-db3e-4b80-b86f-5c8a75a67f10) Rosen Publishing Group, Inc., The. (Windmill Bks.).

Neat Sweet Treats Dream. Joslin Fitzgerald. 2016. (ENG., Illus.). (J). pap. 10.99 *(978-0-692-96184-1(4))* Circles Legacy Publishing, LLC.

'neath Silver Mask, or the Cloudland of Life (Classic Reprint) William O'Brien. 2018. (ENG., Illus.). (J). 256p. 29.20 *(978-1-391-23869-2(9));* 258p. pap. 11.57 *(978-1-390-96597-1(X))* Forgotten Bks.

Neath Verdun, August-October, 1914 (Classic Reprint) Maurice Genevoix. 2017. (ENG., Illus.). (J). 30.81 *(978-0-260-56588-4(1))* Forgotten Bks.

Nebbutt the Nasty. A. J. Murphy. 2019. (ENG.). 56p. (J). pap. *(978-1-78823-038-4(8))* Austin Macauley Pubs. Ltd.

Nebraska, 1 vol. John Hamilton. 2016. (United States of America Ser.). (ENG., Illus.). 48p. (J). (gr. 5-9). 34.21 *(978-1-68078-329-2(7),* 21643, Abdo & Daughters) ABDO Publishing Co.

Nebraska. Ann Heinrichs. Illus. by Matt Kania. 2017. (U. S. A. Travel Guides). (ENG.). 40p. (J). (gr. 2-5). lib. bdg. 38.50 *(978-1-5038-1967-2(1),* 211604) Child's World, Inc, The.

Nebraska. Jordan Mills & Bridget Parker. 2016. (States Ser.). (ENG., Illus.). 32p. (J). (gr. 3-6). lib. bdg. 27.99 *(978-1-5157-0414-0(9),* 132025, Capstone Pr.) Capstone.

Nebraska, 2 vols. Bridget Parker. 2016. (States Ser.). (ENG.). (J). 53.32 *(978-1-5157-5632-3(7))* Capstone.

Nebraska. Lynn Ternus. 2022. (Core Library of US States Ser.). (ENG., Illus.). 48p. (J). (gr. 4-8). lib. bdg. 35.64 *(978-1-5321-9768-0(3),* 39627) ABDO Publishing Co.

Nebraska: Facts & Picture Book for Children. Bold Kids. 2022. (ENG.). 42p. (J). pap. 14.99 *(978-1-0717-1082-1(6))* FASTLANE LLC.

Nebraska: The Cornhusker State. Jill Foran. 2016. (J). *(978-1-4896-4896-9(8))* Weigl Pubs., Inc.

Nebraska: The Cornhusker State, 1 vol. Doug Sanders & Pete Schauer. 3rd rev. ed. 2016. (It's My State! (Third Edition)(r) Ser.). (ENG., Illus.). 80p. (gr. 4-4). 35.93 *(978-1-62713-247-3(3),* 739f9d37-3795-4025-999e-24bd79a7f10b) Cavendish Square Publishing LLC.

Nebraska (a True Book: My United States) Jennifer Zeiger. 2018. (True Book (Relaunch) Ser.). (ENG., Illus.). 48p. (J). (gr. 3-5). pap. 7.95 *(978-0-531-25083-9(0),* Children's Pr.) Scholastic Library Publishing.

Nebraska (a True Book: My United States) (Library Edition) Jennifer Zeiger. 2018. (True Book (Relaunch) Ser.). (ENG., Illus.). 48p. (J). (gr. 3-5). 31.00 *(978-0-531-23564-5(5),* Children's Pr.) Scholastic Library Publishing.

Nebraska Cornhuskers. Robert Cooper. 2020. (Inside College Football Ser.). (ENG., Illus.). 48p. (J). (gr. 4-6). lib. bdg. 34.21 *(978-1-5321-9245-6(2),* 35101, SportsZone) ABDO Publishing Co.

Nebraska Cornhuskers. Jim Gigliotti. 2021. (College Football Teams Ser.). (ENG.). 24p. (J). (gr. 3-6). lib. bdg. 32.79 *(978-1-5038-5042-2(0),* 214890) Child's World, Inc, The.

Nebula. Czeena Devera. Illus. by Jeff Bane. 2022. (My Early Library: My Guide to the Solar System Ser.). (ENG.). 24p. (J). (gr. k-1). pap. 12.79 *(978-1-6689-0020-8(3),* 220111); lib. bdg. 30.64 *(978-1-5341-9906-4(3),* 219967) Cherry Lake Publishing.

Nebuly Coat (Classic Reprint) John Meade Falkner. 2017. (ENG., Illus.). (J). 31.57 *(978-0-265-74546-5(2));* pap. 13.97 *(978-1-5277-1362-8(8))* Forgotten Bks.

Necesidades o Deseos: Leveled Reader Card Book 5 Level R 6 Pack. Hmh Hmh. 2021. (SPA.). (J). pap. 74.40 *(978-0-358-08573-7(X))* Houghton Mifflin Harcourt Publishing Co.

Necessary Evil (Classic Reprint) Charles Rann Kennedy. 2018. (ENG., Illus.). 118p. (J). 26.33 *(978-0-484-74219-1(1))* Forgotten Bks.

Necessary Madness. Jennifer Jenkins. 2022. (ENG.). 374p. (YA). pap. 14.95 *(978-1-945654-96-1(1))* Owl Hollow Pr.

Necessary Nutrients (Set), 6 vols. 2022. (Necessary Nutrients Ser.). (ENG.). 32p. (J). (gr. 2-5). lib. bdg. 205.32 *(978-1-0982-9000-9(3),* 40869, Kids Core) ABDO Publishing Co.

Necessity of Life, & Other Stories (Classic Reprint) Betty Van Der Goes. (ENG., Illus.). (J). 2018. 210p. 28.23 *(978-0-483-75768-4(3));* 2016. pap. 10.97 *(978-1-333-35345-2(6))* Forgotten Bks.

Necessity, the Mother of Invention! Shang Dynasty Inventions Grade 5 Social Studies Children's Books on Ancient History. Baby Professor. 2022. (ENG.). 72p. (J). 31.99 ***(978-1-5419-8907-8(4));*** pap. 19.99 ***(978-1-5419-8152-2(9))*** Speedy Publishing LLC. (Baby Professor (Education Kids)).

Neck & Neck. Elise Parsley. 2018. (ENG., Illus.). 40p. (J). (gr. -1-3). 17.99 *(978-0-316-46674-5(3))* Little, Brown Bks. for Young Readers.

Necklace. Oliver James Nolan. 2018. (ENG., Illus.). 48p. (J). pap. *(978-1-78623-135-2(2))* Grosvenor Hse. Publishing Ltd.

Necklace of Pandura (Classic Reprint) Reginald Gourlay. (ENG., Illus.). (J). 2018. 150p. 26.99 *(978-0-483-62432-0(2));* 2017. pap. 9.57 *(978-0-243-27708-7(3))* Forgotten Bks.

Necklace of Princess Fiorimonde: And Other Stories (Classic Reprint) Mary De Morgan. 2017. (ENG., Illus.). (J). 28.43 *(978-0-266-77642-0(6))* Forgotten Bks.

Necklace of Raindrops see Gato Mog

Necklace of Stories (Classic Reprint) Moncure D. Conway. (ENG., Illus.). (J). 2018. 256p. 29.18 *(978-0-365-33093-6(0));* 2017. pap. 11.57 *(978-0-259-47062-5(7))* Forgotten Bks.

Necromancer. Marc Van Pelt. 2020. (ENG.). 94p. (J). pap. 8.99 *(978-1-716-78190-2(6))* Lulu Pr., Inc.

Necromancers (Classic Reprint) Robert Hugh Benson. 2018. (ENG., Illus.). 366p. (J). 31.47 *(978-0-332-90928-8(X))* Forgotten Bks.

Ned & Nan in Holland (Classic Reprint) Emma Gertrude Olmstead. 2017. (ENG., Illus.). (J). 26.62 *(978-0-331-21554-0(3));* pap. 9.57 *(978-0-265-02630-4(X))* Forgotten Bks.

Ned Clinton; or the Commissary, Vol. 2 Of 3: Comprising Adventures, & Events During the Peninsular War with Curious & Original Anecdotes of Military, & Other Remarkable Characters (Classic Reprint) Francis Glasse. 2018. (ENG., Illus.). 284p. (J). 29.77 *(978-0-484-25192-1(9))* Forgotten Bks.

Ned Clinton, or the Commissary, Vol. 3 Of 3: Comprising Adventures, & Events During the Peninsular War, with Curious & Original Anecdotes of Military, & Other Remarkable Characters (Classic Reprint) Francis Glasse. (ENG., Illus.). (J). 2018. 284p. 29.75 *(978-0-267-96750-6(0));* 2017. pap. 13.57 *(978-0-243-08281-0(9))* Forgotten Bks.

Ned Clinton, Vol. 1 Of 3: Or the Commissary (Classic Reprint) Joe Oxford. 2017. (ENG., Illus.). 308p. (J). 30.27 *(978-0-332-58940-4(4))* Forgotten Bks.

Ned Dawson in Wilful Land (Classic Reprint) James Lee Orr. (ENG., Illus.). (J). 2018. 144p. 26.87 *(978-0-365-52448-9(4));* 2017. pap. 9.57 *(978-0-259-53978-0(3))* Forgotten Bks.

Ned Fortescue. Edmund William Forrest. 2017. (ENG.). (J). 272p. pap. *(978-3-337-21238-4(7));* 240p. pap. *(978-3-7447-4641-0(0))* Creation Pubs.

Ned Fortesque. Edmund William Forrest. 2017. (ENG.). 244p. (J). pap. *(978-3-7447-4440-9(X))* Creation Pubs.

Ned Franks: Or, the Christian's Panoply (Classic Reprint) A. L. O. E. (ENG., Illus.). (J). 2018. 202p. 28.06 *(978-0-331-82932-7(0));* 2017. pap. 10.57 *(978-0-259-37284-4(6))* Forgotten Bks.

Ned Graham: And Other Stories (Classic Reprint) Henry Hoyt. 2018. (ENG., Illus.). 68p. (J). 25.32 *(978-0-267-24835-3(0))* Forgotten Bks.

Ned in Bed & Fun at the Park. Jill Atkins. Illus. by Jordan Wray. 2019. (Early Bird Readers — Pink (Early Bird Stories (tm)) Ser.). (ENG.). 32p. (J). (gr. -1-2). 30.65 *(978-1-5415-4160-3(X),* a5dc0e4e-497c-49a5-b9e5-493d626ea377, Lerner Pubns.) Lerner Publishing Group.

Ned in the Block-House: A Tale of Early Days in the West (Classic Reprint) Edward Sylvester Ellis. 2018. (ENG., Illus.). 346p. (J). 31.03 *(978-0-656-30038-9(8))* Forgotten Bks.

Ned Nevins, the News Boy: Or, Street Life in Boston (Classic Reprint) Henry Morgan. (ENG., Illus.). (J). 2018. 458p. 33.34 *(978-0-267-31406-5(X));* 2016. pap. 16.57 *(978-1-333-43648-3(3))* Forgotten Bks.

Ned, Ted, & the Red Shed. Marv Alinas. Illus. by Kathleen Petelinsek. 2018. (Rhyming Word Families Ser.). (ENG.). 24p. (J). (gr. -1-2). lib. bdg. 32.79 *(978-1-5038-2351-8(2),* 212189) Child's World, Inc, The.

Ned the Gnat. David Baer. 2018. (ENG., Illus.). 30p. (J). 23.95 *(978-1-64424-056-4(4));* pap. 13.95 *(978-1-64214-715-5(X))* Page Publishing Inc.

Ned the Nuclear Submarine. Demetri Capetanopoulos. 2018. (ENG., Illus.). 36p. (J). 14.99 *(978-1-63337-239-9(1));* pap. 12.99 *(978-1-63337-238-2(3))* Roland Golf Services.

Ned, the Son of Webb: What He Did (Classic Reprint) William Osborn Stoddard. 2018. (ENG., Illus.). (J). 350p. 31.14 *(978-0-366-65700-1(3));* 352p. pap. 13.57 *(978-0-366-65678-3(3))* Forgotten Bks.

Ned Visits Food Land. R. D. Debora a Robinett. 2018. (ENG., Illus.). 42p. (J). pap. 16.99 *(978-1-4834-8058-9(5))* Lulu Pr., Inc.

Ned Wilding's Disappearance; or, the Darewell Chums in the City. Allen Chapman. 2017. (ENG., Illus.). (J). pap. *(978-0-649-15775-4(3))* Trieste Publishing Pty Ltd.

Ned Wilding's Disappearance or the Darewell Chums, in the City (Classic Reprint) Allen Chapman. 2018. (ENG., Illus.). 248p. (J). 29.01 *(978-0-484-59252-9(1))* Forgotten Bks.

Neddy's Box of Noodles. Bianca B. Illus. by Bianca B. 2022. (ENG.). 32p. (J). pap. ***(978-1-4717-5811-9(7))*** Lulu Pr., Inc.

Nedra (Classic Reprint) George Barr McCutcheon. 2018. (ENG., Illus.). 364p. (J). 31.40 *(978-0-428-78526-0(3))* Forgotten Bks.

Ned's Circus of Marvels (Ned's Circus of Marvels, Book 1) Justin Fisher. 2017. (Ned's Circus of Marvels Ser.: 1). (ENG.). 448p. (J). 6.99 *(978-0-00-821239-1(2),* HarperCollins Children's Bks.) HarperCollins Pubs. Ltd. GBR. Dist: HarperCollins Pubs.

Need. Joelle Charbonneau. 2017. (ENG.). 352p. (YA). (gr. 7). pap. 9.99 *(978-0-544-93883-0(6),* 1658459, Clarion Bks.) HarperCollins Pubs.

Need a House? Call Ms. Mouse! George Mendoza. Illus. by Doris Susan Smith. 2023. (ENG.). 48p. (J). (gr. -1-3). 18.95 (978-1-68137-736-0(5), NYR Children's Collection) New York Review of Bks., Inc., The.

Need for Speed Caper. Clarion Clarion Books. 2021. (Carmen Sandiego Graphic Novels Ser.). (ENG., Illus.). 144p. (J). (gr. 3-7). 21.99 (978-0-358-45216-4(3), 1795641); pap. 10.99 (978-0-358-45215-7(5), 1795640) HarperCollins Pubs. (Clarion Bks.).

Need for Speed! Top Motorcycle Events Coloring Book. Creative Playbooks. 2016. (ENG., Illus.). (J). pap. 7.74 (978-1-68323-821-8(4)) Twin Flame Productions.

Need It or Want It? Tammy Brown. 2018. (I Wonder Ser.). (ENG., Illus.). 16p. (gr. -1-2). lib. bdg. 28.50 (978-1-64156-160-0(2), 9781641561600) Rourke Educational Media.

Need of Change (Classic Reprint) Julian Street. 2018. (ENG., Illus.). 84p. (J). 25.65 (978-0-483-68558-1(5)) Forgotten Bks.

Need of Insect Pollinators for Our Lives: A Coloring Book. Michael Reed. 2022. (ENG.). 49p. (J). pap. (978-1-6780-3921-9(7)) Lulu Pr., Inc.

Need to Know Library. 2017. (Need to Know Library). 64p. (gr. 12-11). pap. 77.70 (978-1-4994-6642-3(0), Rosen Young Adult) Rosen Publishing Group, Inc., The.

Need to Know Library: Guidance for Today's Problems, 8 bks. Incl. Everything You Need to Know about Bipolar Disorder & Manic Depressive Illness. Michael A. Sommers. (J). (gr. 4-6). 2000. lib. bdg. 25.25 (978-0-8239-3106-4(4), NTBIDI); Everything You Need to Know about Diabetes. Melanie Ann Apel. (YA). (gr. 5-5). 1999. lib. bdg. 37.13 (978-0-8239-3090-6(4), 1eb24220-8fee-4e52-a7cd-fd7616bee7d1); Everything You Need to Know about Family Court. Anne Bianchi. (YA). (gr. 5-5). 1999. lib. bdg. 37.13 (978-0-8239-3163-7(3), 3c810f7b-10f0-44b3-9532-bf3b3ee168c6); Everything You Need to Know about Hepatitis. Virginia Aronson. (YA). (gr. 5-5). 1999. lib. bdg. 37.13 (978-0-8239-3100-2(5), cbcc0226-a2d1-4f26-afc0-035aecb6c0f4); 64p. (Illus.). Set lib. bdg. 202.00 (978-0-8239-9282-9(9)) Rosen Publishing Group, Inc., The.

Need to Know Library: Learning to Deal with Problems Facing Every Teen, 9 bks. Incl. Everything You Need to Know about Cancer. Francesca Massari. lib. bdg. 37.13 (978-0-8239-3164-4(1), 75344c2a-67d1-4bc9-bc49-b136e2b93fbe); Everything You Need to Know about Drug Abuse. 5th rev. ed. Arthur Herscovitch. lib. bdg. 37.13 (978-0-8239-3036-4(X), 5cb1a7af-33aa-42d7-92c3-ba6430a0d1ff); Everything You Need to Know about Looking & Feeling Your Best: A Guide for Girls. Annie Leah Sommers. lib. bdg. 37.13 (978-0-8239-3079-1(3), fb4cccb5-b69b-4ed6-a162-086f24870d38); Everything You Need to Know about Looking & Feeling Your Best: A Guide for Guys. Michael A. Sommers. lib. bdg. 37.13 (978-0-8239-3080-7(7), fa9dcede-4a7e-46d4-a2a0-2b1f26f55b10); Everything You Need to Know about Public Speaking. rev. ed. Rachel Blumstein. lib. bdg. 37.13 (978-0-8239-3087-6(4), 115011c5-ec15-43d3-84cc-3acfff4fea8c); Everything You Need to Know about Weapons in School & at Home. 2nd rev. ed. Jay Schleifer. lib. bdg. 37.13 (978-0-8239-3315-0(6), 0eb89e44-160e-4985-afcc-59f884c66dfa); 64p. (YA). (gr. 5-5). 1999. (Illus.). Set lib. bdg. 227.25 (978-0-8239-9283-6(7)) Rosen Publishing Group, Inc., The.

Need to Know Library: Overcoming Life's Obstacles, 8 bks. Incl. Everything You Need to Know about Bias Incidents. 2nd rev. ed. Kevin Osborn. (gr. 7-12). 1997. lib. bdg. 31.95 (978-0-8239-2600-8(1), NTBIIN); Everything You Need to Know about Incest. rev. ed. Karen Bornemann Spies. (gr. 4-6). 1997. lib. bdg. 27.95 (978-0-8239-2607-7(9), NTINCE); Everything You Need to Know about Your Parent's Divorce. rev. ed. Linda Carlson Johnson. (gr. 7-12). 1998. lib. bdg. 35.45 (978-0-8239-2876-7(4), NTPDIV); Everything You Need to Know When a Parent Is Out of Work. rev. ed. Stephanie St. Pierre. (gr. 7-12). 1997. lib. bdg. 31.95 (978-0-8239-2608-4(7), NTPAOU); 64p. (YA). (Illus.). Set lib. bdg. 202.00 (978-0-8239-9441-0(4)) Rosen Publishing Group, Inc., The.

Need to Know Library: Set 5, 12 vols. 2019. (Need to Know Library). (ENG.). 64p. (YA). (gr. 6-6). lib. bdg. 216.78 (978-1-4994-6771-0(0), 9177c699-0d38-436a-abeb-a8676d710277) Rosen Publishing Group, Inc., The.

Need to Know Library: Unique Topics Covering Unique Issues, 8 bks. Incl. Everything You Need to Know about Down Syndrome. Ed. by Mary Bowman-Kruhm. (gr. 4-6). 1999. lib. bdg. 25.25 (978-0-8239-2949-8(3), NTDOSY); Everything You Need to Know about Migraines & Other Headaches. Barbara Moe. (gr. 5-5). 1999. lib. bdg. 37.13 (978-0-8239-3291-7(5), 40a9d18d-8d40-475e-ab72-b919fae85d30); Everything You Need to Know about Sports Gambling. Joshua D. G. Willker. (gr. 5-5). 1999. lib. bdg. 37.13 (978-0-8239-3229-0(X), b2033af5-bfa4-474b-91b1-7d646f588ca0); Everything You Need to Know about the Dangers of Computer Hacking. John Knittel & Michael Soto. (gr. 4-6). 2000. lib. bdg. 25.25 (978-0-8239-3034-0(3), NTHACK); Everything You Need to Know about the Goth Scene. Kerry Acker. (gr. 5-5). 1999. lib. bdg. 37.13 (978-0-8239-3223-8(0), 5edba6b0-9747-4530-aa7b-feff860ed8ba); 64p. (YA). (Illus.). Set lib. bdg. 202.00 (978-0-8239-9280-5(2)) Rosen Publishing Group, Inc., The.

Need to Know Library: Set 3, 14 vols. 2018. (Need to Know Library). (ENG.). 64p. (gr. 6-6). lib. bdg. 252.91 (978-1-5081-7922-1(0), e55bd094-c66c-49de-a0ff-676288ceedbb) Rosen Publishing Group, Inc., The.

Need to Know Library: Sets 1 - 5. 2019. (Need to Know Library). (ENG.). (YA). pap. 460.35 (978-1-7253-4014-5(3)); (gr. 6-6). lib. bdg. 1192.29 (978-1-4994-6772-7(9), e6e2e7f7-44a4-4a3c-95f5-b916a81ce72b) Rosen Publishing Group, Inc., The.

Needed: Best Friend. Jessica Nelson. 2017. (ENG., Illus.). (YA). (gr. 8-12). pap. 15.00 (978-0-692-95403-4(1)) Jessica Nelson.

Needing Attention. Joy Berry. 2019. (ENG., Illus.). 34p. (J). (gr. -1-3). pap. 8.99 (978-0-7396-0463-2(5)) Inspired Studios Inc.

Needle & the Too Big World. Elim Lee. 2023. (Illus.). 28p. (J). 24.99 (978-1-6678-7895-9(0)) BookBaby.

Needle & Thread. David Pinckney. Illus. by Ennun Ana Iurov. 2021. (ENG.). 208p. (YA). pap. 17.99 (978-1-952303-23-4(0), Mad Cave Studios) Mad Cave Studios.

Needle & Thread. Jan Thompson. Illus. by Chad Thompson. 2021. (ENG.). 32p. (J). (978-1-0391-2568-1(9)); pap. (978-1-0391-2567-4(0)) FriesenPress.

Needle Nose! Advanced-Level Paper Airplanes: 4D an Augmented Reading Paper-Folding Experience. Marie Buckingham. 2018. (Paper Airplanes with a Side of Science 4D Ser.). (ENG., Illus.). 32p. (J). (gr. 3-6). lib. bdg. 33.99 (978-1-5435-0795-9(6), 137532, Capstone Classroom) Capstone.

Needles & Pins: A Novel (Classic Reprint) Justin Huntly McCarthy. 2018. (ENG., Illus.). 382p. (J). 31.80 (978-0-483-15043-0(6)) Forgotten Bks.

Needle's Eye (Classic Reprint) Florence Morse Kingsley. 2018. (ENG., Illus.). 400p. (J). 32.23 (978-0-484-03502-6(9)) Forgotten Bks.

Needle's Eye (Classic Reprint) Arthur Train. (ENG., Illus.). (J). 2018. 430p. 32.77 (978-0-428-86160-5(1)); 2017. pap. 16.57 (978-0-243-02306-6(5)) Forgotten Bks.

Needles, the Forgotten Christmas Tree. Richard Wagner. 2023. (ENG.). 38p. (J). 19.95 (978-1-64543-708-6(6), Mascot Kids) Amplify Publishing Group.

Needlework: A Novel. Julia Watts. 2021. 288p. (YA). pap. 15.00 (978-1-953103-07-9(3)) Three Rooms Pr.

Needmore's Rag-Time Poems (Classic Reprint) Martin Puckett. (ENG., Illus.). (J). 2018. 34p. 24.62 (978-0-484-55908-9(7)); 2016. pap. 7.97 (978-1-334-15702-8(2)) Forgotten Bks.

Needs & Wants. Mary Lindeen. 2019. (Beginning-To-Read Ser.). (ENG., Illus.). 32p. (J). (gr. k-2). pap. 13.26 (978-1-68404-433-7(2)) Norwood Hse. Pr.

Needs & Wants. Connor Stratton. 2022. (Exploring Money Ser.). (ENG., Illus.). 24p. (J). (gr. 1-2). pap. 8.95 (978-1-63739-291-1(5)); lib. bdg. 28.50 (978-1-63739-239-3(7)) North Star Editions. (Focus Readers).

Needs & Wants. Mame Ventura. 2018. (Community Economics Ser.). (ENG., Illus.). 24p. (J). (gr. 1-1). pap. 8.95 (978-1-63517-799-2(5), 1635177995) North Star Editions.

Needs & Wants. Mame Ventura. 2018. (Community Economics Ser.). (ENG., Illus.). 24p. (J). (gr. k-3). lib. bdg. 31.36 (978-1-5321-6004-2(6), 28640, Pop! Cody Koala) Pop!.

Neeka & the Squirrel Highway. Charlie Wes Harris. 2017. (ENG.). 54p. 14.99 (978-1-4808-4561-9(2)) Archway Publishing.

Neeka & the Squirrel Highway. Charlie Wes Harris. 2017. (ENG., Illus.). 54p. pap. 23.99 (978-1-4808-4560-2(4)) Archway Publishing.

Neekah's Knitting Needles. Sylvia Olsen. Illus. by Sheena Lott. 2020. (ENG.). 40p. (J). (gr. 1-3). 21.95 (978-1-55039-255-5(7)) Sono Nis Pr. CAN. Dist: Orca Bk. Pubs. USA.

Neekna & Chemai, 1 vol. Jeannette Armstrong. Illus. by Barbara Marchand. 3rd ed. 2019. (Schchechmala Children's Ser.). (ENG.). 52p. (J). (gr. 4-7). pap. 16.95 (978-1-926886-43-5(7)) Theytus Bks., Ltd. CAN. Dist: Orca Bk. Pubs. USA.

Neem the Half-Boy: Bilingual English-Polish Edition. Idries. Shah. Illus. by Midori Mori & Robert Revels. 2022. (Teaching Stories Ser.). (ENG.). 38p. (J). pap. 11.90 (978-1-958289-11-2(6), Hoopoe Bks.) I S H K.

Neem the Half-Boy: Bilingual English-Turkish Edition. Idries. Shah. Illus. by Midori Mori & Robert Revels. 2022. (Teaching Stories Ser.). (ENG.). 38p. (J). pap. 11.90 (978-1-953292-96-4(8), Hoopoe Bks.) I S H K.

Neem the Half-Boy: English-Dari Edition. Idries Shah. Illus. by Midori Mori & Robert Revels. 2017. (Hoopoe Teaching-Stories Ser.). (ENG.). (J). (gr. k-6). pap. 9.99 (978-1-946270-15-3(6), Hoopoe Bks.) I S H K.

Neem the Half-Boy: English-Pashto Edition. Idries Shah. Illus. by Midori Mori & Robert Revels. 2017. (Hoopoe Teaching-Stories Ser.). (ENG & PUS.). (J). (gr. 2-6). pap. 9.99 (978-1-944493-60-8(3), Hoopoe Bks.) I S H K.

Neem the Half-Boy: English-Ukrainian Edition. Idries. Shah. Illus. by Midori Mori & Robert Revels. 2022. (Teaching Stories Ser.). (ENG & UKR.). 38p. (J). pap. 11.90 (978-1-953292-64-3(X), Hoopoe Bks.) I S H K.

Neem the Half-Boy: English-Urdu Bilingual Edition. Idries Shah. Illus. by Midori Mori & Robert Revels. 2016. (URD & ENG.). (J). (gr. k-6). pap. 9.99 (978-1-942698-77-7(1), Hoopoe Bks.) I S H K.

Neem the Half-Boy / Neem de Halve Jongen: Bilingual English-Dutch Edition / Tweetalige Engels-Nederlands Editie. Idries. Shah. Illus. by Midori Mori & Robert Revels. 2022. (Teaching Stories Ser.). (ENG.). 38p. (J). pap. 11.90 (978-1-958289-19-8(1), Hoopoe Bks.) I S H K.

Neeon: The Duck Who Enlightened Others. Patrick Miller. 2022. (ENG., Illus.). 20p. (J). pap. 12.95 (978-1-63710-716-4(1)) Fulton Bks.

Ne'er-Do-Weel (Classic Reprint) Annie S. Swan. 2018. (ENG., Illus.). 374p. (J). 31.63 (978-0-267-24745-5(1)) Forgotten Bks.

Ne'er-Do-Well: Illustrated by Howard Chandler Christy (Classic Reprint) Rex Beach. 2017. (ENG., Illus.). (J). 32.93 (978-1-5284-7646-1(8)) Forgotten Bks.

Ne'faro: The Invasion. Jeffrey Ogbonnaya. 2020. (ENG., Illus.). 176p. (YA). 26.95 (978-1-64801-484-0(4)); pap. 16.95 (978-1-64531-850-7(8)) Newman Springs Publishing, Inc.

Negative Cat. Sophie Blackall. Illus. by Sophie Blackall. 2021. (Illus.). 32p. (J). (gr. -1-3). 18.99 (978-0-399-25719-3(5), Nancy Paulsen Books) Penguin Young Readers Group.

Negative Ed. Jan Giel. 2022. (ENG., Illus.). 30p. (J). pap. 14.95 (978-1-63985-599-5(8)) Fulton Bks.

Negative Ninja: A Children's Book about Emotional Bank Accounts. Mary Nhin. 2023. (Ninja Life Hacks Ser.: Vol. 90). (ENG.). 38p. (J). 22.99 (978-1-63731-680-1(1)) Grow Grit Pr.

Neghborly Poems & Dialect Sketches. James Whitcomb Riley. 2017. (ENG., Illus.). (J). pap. (978-0-649-65577-9(X)) Trieste Publishing Pty Ltd.

Neghborly Poems & Dialect Sketches (Classic Reprint) James Whitcomb Riley. 2018. (ENG., Illus.). 250p. (J). 29.05 (978-0-364-74765-0(X)) Forgotten Bks.

Negocio de Calcetines Chistosos de Sasha: Trabajar Al Mismo Tiempo, 1 vol. Leona Fowler. 2017. (Computación Científica en el Mundo Real (Computer Science for the Real World) Ser.). (SPA.). 16p. (J). (gr. 2-3). pap. (978-1-5383-5644-9(9), d5b0d65a-ba92-467e-a986-ec1ee42270d0, Rosen Classroom) Rosen Publishing Group, Inc., The.

Negocio de Nuestra Clase: Trabajar Al Mismo Tiempo, 1 vol. Vanessa Flores. 2017. (Computación Científica en el Mundo Real (Computer Science for the Real World) Ser.). (SPA.). 16p. (J). (gr. 2-3). pap. (978-1-5383-5645-6(7), 63297cc8-ea82-4b4c-9d3c-88da386abdb9, Rosen Classroom) Rosen Publishing Group, Inc., The.

Negocios 1: Libro para Colorear Ninos. Bold Illustrations. 2017. (SPA., Illus.). (J). pap. 8.35 (978-1-64193-105-2(1), Bold Illustrations) FASTLANE LLC.

Negocios 2: Libro para Colorear Ninos. Bold Illustrations. 2017. (SPA., Illus.). 82p. (J). pap. 8.35 (978-1-64193-106-9(X), Bold Illustrations) FASTLANE LLC.

Negrinha: Contos (Classic Reprint) Monteiro Lobato. 2018. (POR., Illus.). (J). 130p. 26.60 (978-1-396-16832-1(X)); 132p. pap. 9.57 (978-1-390-37855-9(1)) Forgotten Bks.

Negro Equalled by Few Europeans, Vol. 1 Of 2: Translated from the French; to Which Are Added, Poems on Various Subjects, Moral & Entertaining (Classic Reprint) Joseph Lavallee. (ENG., Illus.). (J). 2018. 268p. 29.44 (978-0-666-97666-6(X)); 2017. pap. 11.97 (978-0-243-45588-1(7)) Forgotten Bks.

Negro Equalled by Few Europeans, Vol. 2 Of 2: Translated from the French; to Which Are Added, Poems on Various Subjects, Moral & Entertaining (Classic Reprint) Joseph Lavallee. 2018. (ENG., Illus.). 240p. (J). 28.85 (978-0-484-91595-3(9)) Forgotten Bks.

Negro Folk Rhymes: Wise & Otherwise, with a Study (Classic Reprint) Thomas W. Talley. 2018. (ENG., Illus.). 362p. (J). 31.38 (978-0-656-83122-7(7)) Forgotten Bks.

Negro Folk Singing Games & Folk Games of the Habitants (Classic Reprint) Grace Cleveland Porter. (ENG., Illus.). (J). 2017. 64p. 25.22 (978-0-484-73864-4(X)); 2016. pap. 9.57 (978-1-333-93200-8(6)) Forgotten Bks.

Negro Leagues. Duchess Harris & Alex Kies. 2019. (Freedom's Promise Set 3 Ser.). (ENG., Illus.). 48p. (J). (gr. 4-8). lib. bdg. 35.64 (978-1-5321-9087-2(5), 33684) ABDO Publishing Co.

Negro Leagues: Celebrating Baseball's Unsung Heroes. Matt Doeden. 2017. (Spectacular Sports Ser.). (ENG., Illus.). 64p. (J). (gr. 5-8). 34.65 (978-1-5124-2753-0(5), 338a3f40-e861-4a7f-87a3-fc7a21823aa2); E-Book 6.99 (978-1-5124-3881-9(2), 9781512438819); E-Book 51.99 (978-1-5124-3882-6(0), 9781512438826); E-Book 51.99 (978-1-5124-2845-2(0)) Lerner Publishing Group. (Millbrook Pr.).

Negro Minstrels: A Complete Guide to Negro Minstrelsy, Containing Recitations, Jokes, Crossfires, Conundrums, Riddles, Stump Speeches, Ragtime & Sentimental Songs, etc., Including Hints on Organizing & Successfully Presenting a Performance. Jack Haverly. 2017. (ENG., Illus.). (J). 26.68 (978-0-331-67165-0(4)); pap. 9.57 (978-0-259-40751-5(8)) Forgotten Bks.

Negro Mystic Lore (Classic Reprint) Mamie Hunt Sims. (ENG., Illus.). (J). 2018. 142p. 26.85 (978-0-484-34680-1(6)); 2017. pap. 9.57 (978-0-259-37554-8(3)) Forgotten Bks.

Negro Myths from the Georgia Coast: Told in the Vernacular (Classic Reprint) Charles C. Jones Jr. 2017. (ENG., Illus.). (J). 28.15 (978-0-331-83246-4(1)); pap. 10.57 (978-0-282-38044-1(2)) Forgotten Bks.

Negro Nobodies. Noël De Montagnac. 2016. (ENG.). 226p. (J). pap. (978-3-7434-0808-1(2)) Creation Pubs.

Negro Nobodies: Being a Series of Sketches of Peasant Life in Jamaica (Classic Reprint) Noël De Montagnac. 2017. (ENG., Illus.). (J). 28.56 (978-0-265-21559-3(5)) Forgotten Bks.

Negro Poems, Melodies, Plantation Pieces, Camp Meeting Songs, etc (Classic Reprint) William C. Blades. 2017. (ENG., Illus.). (J). 27.40 (978-0-331-79220-1(6)) Forgotten Bks.

Negro Spirituals (Classic Reprint) Unknown Author. 2018. (ENG., Illus.). (J). 28p. 24.49 (978-1-396-35041-2(1)); 30p. pap. 7.97 (978-1-390-92740-5(7)) Forgotten Bks.

Negro Tales (Classic Reprint) Joseph S. Cotter. 2018. (ENG., Illus.). 150p. (J). 26.99 (978-0-364-22190-7(9)) Forgotten Bks.

Negro Wit & Humor: Also Containing Folk Lore, Folk Songs, Race Peculiarities, Race History (Classic Reprint) Marion F. Harmon. (ENG., Illus.). (J). 2018. 140p. 26.78 (978-0-364-53086-3(3)); 2017. pap. 9.57 (978-0-259-45863-0(5)) Forgotten Bks.

Negro Workaday Songs (Classic Reprint) Howard Washington Odum. (ENG., Illus.). (J). 2018. 300p. 30.10 (978-0-483-50997-9(3)); 2017. pap. 13.57 (978-0-282-33717-9(2)) Forgotten Bks.

Neguinho e Juracy: Cenas Domesticas de Um Casal Incompreensivel (Classic Reprint) Helio Do Soveral. 2017. (POR., Illus.). (J). 138p. 26.76 (978-0-332-65885-8(6)); 140p. pap. 9.57 (978-0-332-39746-7(7)) Forgotten Bks.

Neige. Douglas Bender. Tr. by Annie Evearts. 2021. (Prévisions Météo (the Weather Forecast) Ser.). (FRE., Illus.). 16p. (J). (gr. -1-1). pap. (978-1-0396-0676-0(8), 13155) Crabtree Publishing Co.

Neige. Institut Somna. 2016. (FRE., Illus.). (J). pap. 14.42 (978-1-365-08663-2(1)) Lulu Pr., Inc.

Neighbor Jackwood: A Romantic Drama, in Five Acts (Classic Reprint) John Townsend Trowbridge. (ENG., Illus.). (J). 2017. 25.55 (978-0-331-47101-4(9)); 2016. pap. 9.57 (978-1-334-13491-3(X)) Forgotten Bks.

Neighbor Jackwood (Classic Reprint) J. T. Trowbridge. 2017. (ENG., Illus.). (J). 33.80 (978-0-265-47983-4(5)) Forgotten Bks.

Neighbor Nelly Socks: Being the Sixth & Last Book of the Series. Sarah L. Barrow. 2018. (ENG., Illus.). 52p. (YA). (gr. 7-12). pap. (978-93-5329-383-3(9)) Alpha Editions.

Neighborhood Cleanup. Virginia Loh-Hagan. 2017. (D. I. Y. Make It Happen Ser.). (ENG., Illus.). 32p. (J). (gr. 4-8). lib. bdg. 32.07 (978-1-63472-880-5(7), 209946, 45th Parallel Press) Cherry Lake Publishing.

Neighborhood Girls. Jessie Ann Foley. 2019. (ENG.). 384p. (YA). (gr. 9). pap. 9.99 (978-0-06-257186-1(9), Quill Tree Bks.) HarperCollins Pubs.

Neighborhood Helpers. Katy Duffield. 2018. (My World Ser.). (ENG., Illus.). 16p. (gr. -1-2). lib. bdg. 28.50 (978-1-64156-199-0(8), 9781641561990) Rourke Educational Media.

Neighborhood Letters (Classic Reprint) George Forrest Richardson. (ENG., Illus.). (J). 2018. 46p. 24.87 (978-0-267-59269-2(8)); 2016. pap. 9.57 (978-1-334-15399-0(X)) Forgotten Bks.

Neighborhood Party. Rozanne Williams. 2017. (Learn-To-Read Ser.). (ENG., Illus.). (J). pap. 3.49 (978-1-68310-295-3(9)) Pacific Learning, Inc.

Neighborhood Safari (Set Of 8) Martha London. 2020. (Neighborhood Safari Ser.). (ENG., Illus.). 192p. (J). (gr. 1-2). pap. 71.60 (978-1-64493-425-8(6), 1644934256); lib. bdg. 228.00 (978-1-64493-349-7(7), 1644933497) North Star Editions. (Focus Readers).

Neighborhood Safety. Susan Kesselring. 2019. (Safety First Ser.). (ENG.). 24p. (J). (gr. -1-2). pap. 12.95 (978-1-4896-9968-8(6)); lib. bdg. 28.55 (978-1-4896-9967-1(8)) Weigl Pubs., Inc. (AV2 by Weigl).

Neighborhood Sports (Set), 8 vols. 2018. (Neighborhood Sports Ser.). (ENG.). (J). (gr. k-3). lib. bdg. 262.32 (978-1-5038-2693-9(7), 212360) Child's World, Inc, The.

Neighborhood Stories (Classic Reprint) Zona Gale. 2018. (ENG., Illus.). 340p. (J). 30.93 (978-0-483-23350-8(1)) Forgotten Bks.

Neighborhood Walk, a Musical Journey. Pilar Winter Hill. Illus. by Olivia Duchess. 2021. (ENG.). 32p. (J). (gr. -1-3). 16.99 (978-0-8075-3670-4(9), 807536709) Whitman, Albert & Co.

Neighborly Acts of Kindness: Visit with Miss Del. Elizabeth Harr Pineda. Illus. by Kaeden Stewart. 2020. (ENG.). 42p. (J). 16.95 (978-1-7362082-1-2(7)) Daisy Patch Pr.

Neighborly Acts of Kindness: Visits with Miss Del. Elizabeth Harr Pineda. Illus. by Kaeden Stewart. 2022. (ENG.). 42p. (J). 18.95 (978-1-7362082-3-6(3)) Daisy Patch Pr.

Neighbors. Einat Tsarfati. Tr. by Annette Appel. 2019. (ENG., Illus.). 40p. (J). (gr. -1-3). 16.99 (978-1-4197-3168-6(8), 1243101, Abrams Bks. for Young Readers) Abrams, Inc.

Neighbors: Life Stories of the Other Half (Classic Reprint) Jacob A. Riis. 2018. (ENG., Illus.). 242p. (J). 28.89 (978-0-483-51561-1(2)) Forgotten Bks.

Neighbors: Stories of Neighborhood House Work in a Great City (Classic Reprint) Florence Hayden Towne. (ENG., Illus.). (J). 2018. 106p. 26.08 (978-0-267-82004-7(6)); 2017. pap. 9.57 (978-0-259-41913-6(3)) Forgotten Bks.

Neighbors All: A Settlement Notebook (Classic Reprint) Esther G. Barrows. (ENG., Illus.). (J). 2018. 232p. 28.68 (978-0-483-61344-7(4)); 2017. pap. 11.57 (978-0-243-28368-2(7)) Forgotten Bks.

Neighbors (Classic Reprint) Florence Morse Kingsley. 2018. (ENG., Illus.). 384p. (J). 31.82 (978-0-483-89580-5(6)) Forgotten Bks.

Neighbors Henceforth (Classic Reprint) Owen Wister. 2018. (ENG., Illus.). 458p. (J). 33.34 (978-0-483-51259-7(1)) Forgotten Bks.

Neighbors in Barton Square (Classic Reprint) Alice Eddy Curtis. 2018. (ENG., Illus.). 358p. (J). 31.28 (978-0-332-86685-7(8)) Forgotten Bks.

Neighbors Next Door. Nancy Gore. 2018. (ENG., Illus.). 24p. (J). (gr. k-5). pap. 14.00 (978-1-946171-29-0(8)) Kids At Heart Publishing, LLC.

Neighbor's Notebook: the Official Game Guide (Hello Neighbor) Kiel Phegley. 2019. (ENG., Illus.). 160p. (J). (gr. 5-5). pap. 9.99 (978-1-338-53762-8(8)) Scholastic, Inc.

Neighbors of Ours: Slum Stories of London (Classic Reprint) Henry W. Nevinson. 2017. (ENG., Illus.). (J). 29.22 (978-0-266-32728-8(1)) Forgotten Bks.

Neighbors of Yesterday (Classic Reprint) Jeanne Robert Foster. (ENG., Illus.). (J). 2017. 27.18 (978-0-265-48443-2(X)); 2016. pap. 9.57 (978-1-333-51594-2(4)) Forgotten Bks.

Neighbors on the Hill (Classic Reprint) Marjorie Flack. 2017. (ENG., Illus.). (J). 28.00 (978-0-331-63184-5(9)); pap. 10.57 (978-0-259-50667-6(2)) Forgotten Bks.

Neighbors to Family. S. June E. Kennedy. 2021. (ENG.). 112p. (J). pap. 22.95 (978-1-4796-1429-5(7)) TEACH Services, Inc.

Neighbors Unknown (Classic Reprint) Charles G. D. Roberts. 2018. (ENG., Illus.). 282p. (J). 29.71 (978-0-666-62706-3(1)) Forgotten Bks.

Neighbors with Wings & Fins, & Some Others: For Young People (Classic Reprint) James Johonnot. 2018. (ENG., Illus.). 234p. (J). 28.72 (978-0-332-63013-7(7)) Forgotten Bks.

Neighbors Wives (Classic Reprint) J. T. Trowbridge. 2017. (ENG., Illus.). (J). 30.64 (978-1-5280-8019-4(X)) Forgotten Bks.

Neighbour Club. Michelle Wanasundera. Illus. by Michael Magpantay. 2023. (ENG.). 32p. (J). pap. (978-1-922991-31-7(7)) Library For All Limited.

Neighbour Club. Michelle Wanasundera. Illus. by Irina Katsimon. 2022. (ENG.). 32p. (J). pap. (978-1-922895-02-8(4)) Library For All Limited.

Neighbourhood: A Year's Life in & about an English Village (Classic Reprint) Tickner Edwardes. 2017. (ENG., Illus.). (J). 31.53 (978-0-265-74435-2(0)) Forgotten Bks.

Neighbourhood, or, Evenings Abroad, Vol. 1 Of 2: Being Original Tales, Narratives,& Fables, Founded on Facts & Observations Drawn from Life & Intended for the Use

1446 The check digit for ISBN-10 appears in parentheses after the full ISBN-13

TITLE INDEX NELSON'S GARDEN

& Information of the Rising Generation (Classic Reprint) Frances Fairthought. 2018. (ENG., Illus.). 180p. (J). 27.61 *(978-0-267-49217-6(0))* Forgotten Bks.
Neighbours. Richard James. 2020. (ENG.). 224p. (J). 22.31 *(978-0-244-86089-9(0))* Lulu Pr., Inc.
Neighbours: A Story of Every-Day Life (Classic Reprint) Frederika Bremer. 2017. (ENG., Illus.). (J). 266p. 29.38 *(978-0-484-84742-1(2))*; 34.21 *(978-0-265-46979-8(1))*; 45.59 *(978-0-266-74969-1(0))*; pap. 27.94 *(978-1-5277-1795-4(X))*; pap. 11.97 *(978-0-259-18328-0(8))* Forgotten Bks.
Neighbours (Classic Reprint) Julia M. Crottie. 2017. (ENG., Illus.). (J). 322p. 30.54 *(978-0-484-01638-4(5))*; pap. 13.57 *(978-0-259-17535-3(8))* Forgotten Bks.
Neighbours (Classic Reprint) Zona Gale. 2018. (ENG., Illus.). 74p. (J). 25.44 *(978-0-267-67993-5(9))* Forgotten Bks.
Neighbours (Classic Reprint) Herbert Kaufman. (ENG., Illus.). (J). 2018. 148p. 26.95 *(978-0-483-90536-8(4))*; 2016. pap. 9.57 *(978-1-333-38573-6(0))* Forgotten Bks.
Neighbours (Classic Reprint) Robert Stead. 2018. (ENG., Illus.). 322p. (J). 30.56 *(978-0-483-34855-4(4))* Forgotten Bks.
Neighbours of Field, Wood & Stream: Or Through the Year with Nature's Children (Classic Reprint) Morton Grinnell. 2018. (ENG., Illus.). 392p. (J). 32.00 *(978-0-483-36473-8(8))* Forgotten Bks.
Neighbours on the Green (Classic Reprint) Oliphant. 2017. (ENG., Illus.). (J). pap. 13.57 *(978-0-259-17203-1(0))* Forgotten Bks.
Neighbours on the Green (Classic Reprint) Margaret O. W. Oliphant. 2018. (ENG., Illus.). 334p. (J). 30.81 *(978-0-267-09898-9(7))* Forgotten Bks.
Neighbours on the Green, Vol. 1 of 3 (Classic Reprint) Margaret O. W. Oliphant. 2018. (ENG., Illus.). 322p. (J). 30.58 *(978-0-332-92646-9(X))* Forgotten Bks.
Neighbours on the Green, Vol. 2 of 3 (Classic Reprint) Margaret O. W. Oliphant. 2017. (ENG., Illus.). 348p. (J). 31.07 *(978-0-484-41360-2(0))* Forgotten Bks.
Neighbours on the Green, Vol. 3 of 3 (Classic Reprint) Margaret O. W. Oliphant. 2018. (ENG., Illus.). 388p. (J). 31.90 *(978-0-483-97145-5(6))* Forgotten Bks.
Neil Armstrong. Maria Isabel Sanchez Vegara. Illus. by Christophe Jacques. 2022. (Little People, Big Dreams Ser.: Vol. 82). (ENG.). 32p. (J). (gr. -1 -2). ***(978-0-7112-7103-6(8))*** Frances Lincoln Childrens Bks.
Neil Armstrong. Jennifer Strand. 2016. (Pioneering Explorers Ser.). (ENG.). 24p. (J). (gr. -1 -2). 49.94 *(978-1-68079-414-4(0)*, 23035, Abdo Zoom-Launch) ABDO Publishing Co.
Neil Armstrong: Astronaut & First Human to Walk on the Moon. Grace Hansen. 2017. (History Maker Biographies (Abdo Kids Jumbo) Ser.). (ENG., Illus.). 24p. (J). (gr. -1 -2). lib. bdg. 32.79 *(978-1-5321-0428-2(6)*, 26554, Abdo Kids) ABDO Publishing Co.
Neil Armstrong: Astronauta y Primer Humano en Caminar Sobre la Luna (Neil Armstrong: Astronaut & First Human to Walk on the Moon) Grace Hansen. 2018. (Biografías: Personas Que Han Hecho Historia (History Maker Biographies Set 3) Ser.). (SPA.). 24p. (J). (gr. -1 -2). lib. bdg. 32.79 *(978-1-5321-8039-2(X)*, 28293, Abdo Kids) ABDO Publishing Co.
Neil Armstrong: The First Man to Walk on the Moon - Biography for Kids 9-12 Children's Biography Books. Baby Professor. 2017. (ENG., Illus.). (J). pap. 9.55 *(978-1-5419-1193-2(8)*, Baby Professor (Education Kids)) Speedy Publishing LLC.
Neil Armstrong & Nat Love, Space Cowboys. Steve Sheinkin. ed. 2020. (Time Twisters Ser.). (ENG., Illus.). 156p. (J). (gr. 2-3). 16.69 *(978-1-64697-148-0(5))* Penworthy Co., LLC, The.
Neil Armstrong & Nat Love, Space Cowboys. Steve Sheinkin. Illus. by Neil Swaab. 2019. (Time Twisters Ser.). (ENG.). 176p. (J). pap. 8.99 *(978-1-250-15258-9(5)*, 900182123) Roaring Brook Pr.
Neil DeGrasse Tyson. Rachel Castro. (STEM Superstars Ser.). (J). (gr. k-2). 2020. (ENG., Illus.). 24p. 22.60 *(978-1-68450-834-1(7))*; 2020. (ENG., Illus.). 24p. pap. 11.94 *(978-1-68404-634-8(3))*; 2019. *(978-1-68450-923-2(8))* Norwood Hse. Pr.
Neil DeGrasse Tyson: Star Astrophysicist. Jill Sherman. 2018. (Gateway Biographies Ser.). (ENG., Illus.). 48p. (J). (gr. 4-8). lib. bdg. 31.99 *(978-1-5415-2445-3(4)*, e19d6109-e890-4436-b65c-70138f6d93a4, Lerner Pubns.) Lerner Publishing Group.
Neil Flambé & the Duel in the Desert. Kevin Sylvester. Illus. by Kevin Sylvester. (Neil Flambe Capers Ser.: 6). (ENG., Illus.). 304p. (J). (gr. 3-7). 2017. pap. 8.99 *(978-1-4814-1042-7(3))*; 2016. 13.99 *(978-1-4814-1041-0(5))* Simon & Schuster Bks. For Young Readers. (Simon & Schuster Bks. For Young Readers).
Neil Gaiman Coloring Book: Coloring Book for Adults & Kids to Share. Neil Gaiman. Illus. by Jill Thompson. 2017. (ENG.). 96p. (J). (gr. 3-7). pap. 15.99 *(978-0-06-265297-3(4)*, HarperCollins) HarperCollins Pubs.
Neither. Airlie Anderson. 2018. (ENG., Illus.). 40p. (J). (gr. -1-3). 17.99 *(978-0-316-54769-7(7))* Little, Brown Bks. for Young Readers.
Neither: A Story about Being Who You Are. Airlie Anderson. 2022. (ENG., Illus.). 26p. (J). (gr. -1 — 1). bds. 7.99 *(978-0-316-54771-0(9))* Little, Brown Bks. for Young Readers.
Neither Bond nor Free: A Plea (Classic Reprint) George Langhorne Pryor. (ENG., Illus.). (J). 2017. 28.95 *(978-0-266-75267-7(5))*; 2016. pap. 11.57 *(978-1-334-33308-8(4))* Forgotten Bks.
Neither Dorking nor the Abbey (Classic Reprint) James Matthew Barrie. 2018. (ENG., Illus.). 20p. (J). 24.33 *(978-0-267-28193-0(5))* Forgotten Bks.
Neither Here: Nor There (Classic Reprint) Oliver Herford. 2017. (ENG., Illus.). (J). 27.42 *(978-1-5283-8600-5(0))* Forgotten Bks.
Neither Storehouse nor Barn (Classic Reprint) Allen Raine. (ENG., Illus.). (J). 2018. 354p. 31.20 *(978-0-483-20249-8(5))*; 2017. pap. 13.57 *(978-0-259-17592-6(7))* Forgotten Bks.
Nel Paese Di Pitagoria. Stefania Contardi. 2017. (ITA., Illus.). 26p. (J). *(978-0-244-00740-9(3))* Lulu Pr., Inc.
Nele y el Príncipe de la India. Usch Luhn. 2016. (SPA.). 128p. (J). (gr. 4-6). 12.99 *(978-84-683-2488-3(4))* Edebé ESP. Dist: Lectorum Pubns., Inc.
Nelima Will Get Rich - Nelima Atajirika. Salaama Wanale. Illus. by Mango Tree. 2023. (SWA.). 32p. (J). pap. ***(978-1-922910-34-9(1))*** Library For All Limited.
Nell & the Netherbeast. Adi Rule. 2023. (ENG.). 288p. (J). 21.99 ***(978-1-5248-8472-7(3))***; pap. 12.99 ***(978-1-5248-8244-0(5))*** Andrews McMeel Publishing.
Nell Beverly, Farmer: A Story of Farm Life (Classic Reprint) Elizabeth Jewett Brown. 2017. (ENG., Illus.). 194p. (J). 27.90 *(978-0-484-41674-0(X))* Forgotten Bks.
Nell Haffenden a Strictly Conventional Story (Classic Reprint) Tighe Hopkins. (ENG., Illus.). (J). 2018. 410p. 32.35 *(978-0-666-55727-8(6))*; 2017. pap. 16.57 *(978-0-259-18855-1(7))* Forgotten Bks.
Nell of Gumbling 9-Copy Solid Floor Display. Emma Steinkellner. 2023. (J). (gr. 3-7). pap. 125.91 ***(978-0-593-78102-9(3)***, Laybrinth Road) Random Hse. Children's Bks.
Nell of Gumbling: My Extremely Normal Fairy-Tale Life. Emma Steinkellner. 2023. (Nell of Gumbling Ser.: 1). (ENG.). 224p. (J). (gr. 3-7). 21.99 ***(978-0-593-57066-1(9))***; pap. 13.99 ***(978-0-593-57069-2(3))***; lib. bdg. 24.99 ***(978-0-593-57067-8(7))*** Random Hse. Children's Bks. (Laybrinth Road).
Nella Braddy Henney Collection, Box 10: Series 1; Original Correspondence, Box 10; Folder 1-4; Correspondence from Others to Keller, Sullivan Macy, Thomson Forwarded to Nbh, 1903-1957; Correspondence with & about Helen Keller & Anne Sullivan. Nella Braddy Henney. 2017. (ENG., Illus.). (J). pap. 20.57 *(978-0-259-92845-4(3))* Forgotten Bks.
Nella Braddy Henney Collection, Box 11, Vol. 1: Original Correspondence; Box 11, Folder 1-5, Nbh Journal, 1938-1962 (Classic Reprint) Nella Braddy Henney. (ENG., Illus.). (J). 2018. 646p. 37.22 *(978-0-365-10968-6(1))*; 2017. pap. 19.57 *(978-0-259-51009-3(2))* Forgotten Bks.
Nella Braddy Henney Collection, Box 12: Series 1: Original Correspondence; Box 12: Folder 1-14: Nbh Miscellaneous Correspondence & Clippings; Correspondence with & about Helen Keller & Anne Sullivan (Classic Reprint) Nella Braddy Henney. 2017. (ENG., Illus.). (J). pap. 16.57 *(978-0-259-38804-3(1))* Forgotten Bks.
Nella Braddy Henney Collection, Box 13: Series 1: Original Correspondence; Box 13: Folder 1-25: Correspondence from Keller, Articles, Notes, 1914-1960; Correspondence with & about Helen Keller & Anne Sullivan (Classic Reprint) Nella Braddy Henney. (ENG., Illus.). (J). 2018. 442p. 33.03 *(978-0-428-76995-6(0))*; 2017. pap. 16.57 *(978-1-334-93910-5(1))* Forgotten Bks.
Nella Braddy Henney Collection, Box 15: Series 1: Original Correspondence; Box 15: Folders 1-21, Miscellaneous Writings, Prints, Negatives, Clippings, & Additional Materials (Classic Reprint) Nella Braddy Henney. 2017. (ENG., Illus.). (J). 408p. 32.31 *(978-0-332-70682-5(6))*; pap. 16.57 *(978-0-259-83258-4(8))* Forgotten Bks.
Nella Braddy Henney Collection, Vol. 6: Original Correspondence; Box 6, Folder 1-7, Correspondence from Nbh, 1927-1954 (Classic Reprint) Nella Braddy Henney. (ENG., Illus.). (J). 2018. 1126p. 47.14 *(978-0-656-93016-6(0))*; 2017. pap. 29.48 *(978-0-259-46429-7(5))* Forgotten Bks.
Nella-Mae to Mummy's Aid. Carrisa Lewis. 2018. (ENG., Illus.). 36p. (J). (gr. k-3). pap. 11.99 *(978-1-78955-330-7(X))* New Generation Publishing GBR. Dist: Independent Pubs. Group.
Nella, the Heart of the Army (Classic Reprint) Philip Verrill Mighels. (ENG., Illus.). (J). 2018. 402p. 32.21 *(978-0-267-00680-9(2))*; 2017. pap. 16.57 *(978-0-259-06224-0(3))* Forgotten Bks.
Nella the Princess Knight: Nella Saves the Day! PI Kids. 2017. (ENG.). 12p. (J). bds. 21.99 *(978-1-5037-3598-9(2)*, 2882, PI Kids) Phoenix International Publications, Inc.
Nella's Sticker Adventure! (Nella the Princess Knight) Golden Books. Illus. by Golden Books. 2018. (ENG., Illus.). 64p. (J). (gr. -1 -2). pap. 5.99 *(978-1-5247-6886-7(3)*, Golden Bks.) Random Hse. Children's Bks.
Nelli the Rainbow Unicorn. Heather Alkire. 2019. (ENG.). 30p. (J). pap. 14.95 *(978-1-64569-651-3(0))* Christian Faith Publishing.
Nellie & the First Lady. A. D. Ariel. 2016. (Spring Forward Ser.). (J). (gr. 2). *(978-1-4900-9428-1(8))* Benchmark Education Co.
Nellie & the Magical Time Machine: And Other Children's Plays. Christina Hamid. 2019. (ENG., Illus.). 114p. (J). pap. *(978-0-2288-2109-0(6))* Tellwell Talent.
Nellie Bly. Stephen Krensky. Illus. by Bobbie Houser. 2022. (Before They Were Famous Ser.). (ENG.). 32p. (J). (gr. 3-5). pap. *(978-1-0396-6255-1(2)*, 19314); lib. bdg. *(978-1-0396-6060-1(6)*, 19313) Crabtree Publishing Co.
Nellie Bly. Sara Spiller. Illus. by Jeff Bane. 2019. (My Early Library: My Itty-Bitty Bio Ser.). (ENG.). 24p. (J). (gr. k-1). pap. 12.79 *(978-1-5341-3929-9(X)*, 212545); lib. bdg. 30.64 *(978-1-5341-4273-2(8)*, 212544) Cherry Lake Publishing.
Nellie Bly's Daring Trip Around the World. Agnieszka Biskup. Illus. by Natalia Galindo. 2023. (Great Moments in History Ser.). (ENG.). 32p. (J). pap. 7.99 ***(978-1-6690-1700-4(1)***, 248562, Capstone Pr.) Capstone.
Nellie Brown, or, the Jealous Wife. Thomas Detter. 2017. (ENG.). 168p. (J). pap. *(978-3-337-01039-3(3))* Creation Pubs.
Nellie Brown, or the Jealous Wife: With Other Sketches (Classic Reprint) Thomas Detter. 2017. (ENG., Illus.). (J). 27.32 *(978-0-265-88974-9(X))* Forgotten Bks.
Nellie Learns Patience. Jessica Almeida. Illus. by Justine Tobin. 2020. (ENG.). 18p. (J). *(978-0-2288-3572-1(0))*; pap. *(978-0-2288-3571-4(2))* Tellwell Talent.
Nellie Maturin's Victory (Classic Reprint) Adeline Sergeant. 2018. (ENG., Illus.). 320p. (J). 30.52 *(978-0-484-79523-4(6))* Forgotten Bks.
Nellie Mcclung - the Witty Human Rights Activist, Author & Legislator of Canada Canadian History for Kids True Canadian Heroes. Professor Beaver. 2021. (ENG.). 76p. (J). 24.99 *(978-0-2282-3597-2(9))*; pap. 14.99 *(978-0-2282-3548-4(0))* Speedy Publishing LLC. (Professor Beaver).
Nellie Newton: Or, Patience & Perseverance (Classic Reprint) Unknown Author. 2018. (ENG., Illus.). 156p. (J). 27.11 *(978-0-483-79043-8(5))* Forgotten Bks.
Nellie of Truro (Classic Reprint) Jane Elizabeth Roscoe Hornblower. (ENG., Illus.). (J). 2018. 440p. 32.97 *(978-0-483-91537-4(8))*; 2016. pap. 16.57 *(978-1-333-40473-4(5))* Forgotten Bks.
Nellie Stories: 4 Books in One. Penny Matthews. 2016. (Our Australian Girl Ser.). (Illus.). 480p. (J). (gr. 3-7). 24.99 *(978-0-670-07915-5(4))* Penguin Random Hse. AUS. Dist: Independent Pubs. Group.
Nellie Sue, Happy Camper. Rebecca Janni. ed. 2018. (Penguin Young Readers Ser.). (ENG.). 32p. (J). (gr. -1-1). 7.00 *(978-1-64310-314-3(8))* Penworthy Co., LLC, The.
Nellie vs. Elizabeth: Two Daredevil Journalists' Breakneck Race Around the World. Kate Hannigan. Illus. by Rebecca Gibbon. 2022. 40p. (J). (gr. 2-5). 18.99 *(978-1-68437-377-2(8)*, Calkins Creek) Highlights Pr., c/o Highlights for Children, Inc.
Nellie's Housekeeping: Little Sunbeams Series. Joanna Hooe Mathews. 2018. (ENG., Illus.). 132p. (YA). (gr. 7-12). pap. *(978-93-5329-296-6(4))* Alpha Editions.
Nellie's Housekeeping (Classic Reprint) Joanna Hooe Mathews. 2018. (ENG., Illus.). (J). 276p. 29.59 *(978-1-396-69293-2(2))*; 278p. pap. 11.97 *(978-1-391-59400-2(2))* Forgotten Bks.
Nellie's Memories a Domestic Story (Classic Reprint) Rosa Nouchette Carey. 2018. (ENG., Illus.). 452p. (J). 33.24 *(978-0-364-77990-3(X))* Forgotten Bks.
Nellie's ROARSOME Adventure. Zoe Gentleman. 2020. (ENG.). 28p. (J). *(978-1-5289-2714-7(1))*; pap. *(978-1-5289-2713-0(3))* Austin Macauley Pubs. Ltd.
Nellie's Walk. Charlotte L. Stiverson. Illus. by Kati Aitken. 2016. (J). *(978-1-935864-62-2(9))* Oncology Nursing Society.
Nell's Festival of Crisp Winter Glories. Glenda Millard. Illus. by Stephen Michael King. 2021. (Kingdom of Silk Ser.: 07). 144p. 4.99 *(978-0-7333-2984-5(5))* ABC Bks. AUS. Dist: HarperCollins Pubs.
Nell's Spells & Zip! Zap! Katie Dale. Illus. by Lindsay Dale-Scott. 2022. (Early Bird Readers — Red (Early Bird Stories (tm)) Ser.). (ENG.). 32p. (J). (gr. -1 -2). pap. 9.99 *(978-1-7284-6314-8(9)*, 2d5eea48-0f4a-4cd8-9edb-98587e63dd59); lib. bdg. 30.65 *(978-1-7284-5879-3(X)*, 1c7c7b5f-0f99-4e21-b55e-16147b55bfa2) Lerner Publishing Group. (Lerner Pubns.).
Nelly: The Turtle That Went to School & Found a Home. Martha Stoddard. 2019. (ENG.). 40p. (J). pap. 7.99 *(978-0-9997622-6-4(5))* Memories Publishing.
Nelly & the Magic Stone. Kim Hofman. 2023. (ENG.). 34p. (J). ***(978-1-3984-8531-0(4))***; pap. ***(978-1-3984-8530-3(6))*** Austin Macauley Pubs. Ltd.
Nelly Armstrong, Vol. 1 Of 2: A Story of the Day (Classic Reprint) Unknown Author. 2018. (ENG., Illus.). 298p. (J). 30.06 *(978-0-483-84589-3(2))* Forgotten Bks.
Nelly Armstrong, Vol. 2 Of 2: A Story of the Day (Classic Reprint) S. R. Whitehead. 2018. (ENG., Illus.). 280p. (J). 29.69 *(978-0-483-82111-8(X))* Forgotten Bks.
Nelly Brooke a Homely Story, Vol. 2 of 3 (Classic Reprint) Florence Marryat. 2018. (ENG., Illus.). 326p. (J). 30.64 *(978-0-483-78784-1(1))* Forgotten Bks.
Nelly Brooke, Vol. 1 Of 3: A Homely Story (Classic Reprint) Florence Marryat. (ENG., Illus.). (J). 2018. 344p. 31.01 *(978-0-483-83980-9(9))*; 2017. pap. 13.57 *(978-0-243-45849-3(5))* Forgotten Bks.
Nelly Brooke, Vol. 3 Of 3: A Homely Story (Classic Reprint) Florence Marryat. (ENG., Illus.). (J). 2018. 314p. 30.39 *(978-0-267-30934-4(1))*; 2016. pap. 13.57 *(978-1-333-37512-6(3))* Forgotten Bks.
Nelly Carew, Vol. 1 of 2 (Classic Reprint) Marguerite A. Power. (ENG., Illus.). (J). 2018. 282p. 29.77 *(978-0-483-15989-1(1))*; 2016. pap. 13.57 *(978-1-334-25737-7(X))* Forgotten Bks.
Nelly Carew, Vol. 2 of 2 (Classic Reprint) Marguerite A. Power. 2018. (ENG., Illus.). 248p. (J). 29.01 *(978-0-483-85332-4(1))* Forgotten Bks.
Nelly Channell (Classic Reprint) Sarah Doudney. (ENG., Illus.). (J). 2018. 236p. 28.78 *(978-0-483-33228-7(3))*; 2016. pap. 11.57 *(978-1-333-26268-6(X))* Forgotten Bks.
Nelly Kinnard's Kingdom (Classic Reprint) Amanda M. Douglas. 2018. (ENG., Illus.). 358p. (J). 31.28 *(978-0-483-26228-7(5))* Forgotten Bks.
Nelly Learns Gymnastics. Aatmika Kaddevarmuth. 2022. (ENG.). 42p. (J). 24.00 ***(978-1-6629-2339-5(2))***; pap. 18.00 ***(978-1-6629-2340-1(6))*** Gatekeeper Pr.
Nelly Marlow in Washington (Classic Reprint) Laura D. Nichols. (ENG., Illus.). (J). 2018. 312p. 30.39 *(978-0-484-09545-7(5))*; 2017. pap. 13.57 *(978-0-259-02844-4(4))* Forgotten Bks.
Nelly Takes New York: A Little Girl's Adventures in the Big Apple. Allison Pataki & Marya Myers. Illus. by Kristi Valiant. 2019. (Big City Adventures Ser.). (ENG.). 48p. (J). (gr. -1-3). 18.99 *(978-1-5344-2504-0(7)*, Simon & Schuster Bks. For Young Readers) Simon & Schuster Bks. For Young Readers.
Nelly, the Gipsy Girl (Classic Reprint) Grace Greenwood. (ENG., Illus.). (J). 2018. 146p. 26.91 *(978-0-332-69757-4(6))*; 2016. pap. 9.57 *(978-1-334-16568-9(8))* Forgotten Bks.
Nelly the Jelly & Camille the Eel Find the Lost City of Atlantis. John DeGuire. 2022. (Nelly the Jelly & Camille the Eel Ser.: 3). 64p. (YA). pap. 14.99 *(978-1-6678-4416-9(4))* BookBaby.
Nelly the Jelly & Camille the Eel Visit the Bermuda Triangle. John DeGuire. 2023. (Nelly the Jelly & Camille the Eel Ser.: 5). 74p. (J). pap. 16.99 ***(978-1-6678-7357-2(1))*** BookBaby.
Nelly the Jelly & Camille the Eel's Outer Space Adventure. John DeGuire. 2022. (Nelly the Jelly & Camille the Eel Ser.: 4). 50p. (J). (gr. 4-7). pap. 14.99 *(978-1-6678-4905-8(0))* BookBaby.
Nelly the Jellyfish & Camille the Eel Save a Manatee. John DeGuire. 2022. (Nelly the Jellyfish & Camille the Eel Ser.: 2). 50p. (J). pap. 14.99 *(978-1-6678-3087-2(2))* BookBaby.
Nelly the Wizardess. James F. Park. 2018. (ENG.). 70p. (J). pap. ***(978-0-244-11993-5(7))*** Lulu Pr., Inc.
Nelly's First Schooldays (Classic Reprint) Josephine Franklin. 2018. (ENG., Illus.). 182p. (J). 27.67 *(978-0-483-51678-6(3))* Forgotten Bks.
Nelly's Silver Mine: A Story of Colorado Life (Classic Reprint) Helen Hunt Jackson. 2017. (ENG., Illus.). (J). 32.11 *(978-0-265-54407-5(6))* Forgotten Bks.
Nelly's Teachers & What They Learned (Classic Reprint) Louisa M. Gray. 2018. (ENG., Illus.). 452p. (J). 33.22 *(978-0-267-22173-8(8))* Forgotten Bks.
Nelson. Fred Wolferman. 2019. (ENG., Illus.). 38p. (J). pap. 15.99 *(978-1-64096-665-9(X))* Newman Springs Publishing, Inc.
Nelson 1: Pumpkins & Aliens. Andrew Levins. Illus. by Katie Kear. 2021. (Nelson Ser.: 1). 176p. (J). (gr. k-2). 9.99 *(978-1-76089-334-7(X)*, Puffin) Penguin Random Hse. AUS. Dist: Independent Pubs. Group.
Nelson 3: Eggplants & Dinosaurs. Andrew Levins. Illus. by Katie Kear. 2022. (Nelson Ser.: 3). 176p. (J). (gr. 1). 9.99 *(978-1-76104-229-4(7)*, Puffin) Penguin Random Hse. AUS. Dist: Independent Pubs. Group.
Nelson Cruz. Josh Leventhal. (Illus.). (J). 2017. 31p. pap. *(978-1-62072-304-3(2))*; 2016. (ENG., 32p. (gr. 4-6). 31.35 *(978-1-68072-046-4(5)*, 10379, Bolt) Black Rabbit Bks.
Nelson Fairchild: This the People Saw, & Understood It Not, to What End the Lord Hath Set Him in Safety Wisdom IV, 15, 17 (Classic Reprint) Nelson Fairchild. 2018. (ENG., Illus.). 218p. (J). 28.41 *(978-0-666-72694-0(9))* Forgotten Bks.
Nelson Mandela. Valerie Bodden. 2019. (Odysseys in Peace Ser.). (ENG.). 80p. (gr. 7-12). (YA). pap. 14.99 *(978-1-62832-730-4(8)*, 19120, Creative Paperbacks); (J). *(978-1-64026-167-9(2)*, 19123, Creative Education) Creative Co., The.
Nelson Mandela. Izzi Howell. 2021. (Black History Biographies Ser.). (ENG., Illus.). 24p. (J). (gr. 2-5). pap. *(978-1-4271-2798-3(0)*, 10337); lib. bdg. *(978-1-4271-2792-1(1)*, 10330) Crabtree Publishing Co. (Crabtree Classics).
Nelson Mandela. Manuel Morini & Ignacio Segesso. 2017. (Graphic Lives Ser.). (ENG., Illus.). 80p. (J). (gr. 3-9). lib. bdg. 32.65 *(978-1-5157-9164-5(5)*, 136606, Capstone Pr.) Capstone.
Nelson Mandela. Meeg Pincus. Illus. by Jeff Bane. 2021. (My Early Library: My Itty-Bitty Bio Ser.). (ENG.). 24p. (J). (gr. k-1). lib. bdg. 30.64 *(978-1-5341-7993-6(3)*, 218252) Cherry Lake Publishing.
Nelson Mandela. Maria Isabel Sanchez Vegara. Illus. by Alison Hawkins. 2022. (Little People, BIG DREAMS Ser.: Vol. 73). (ENG.). 32p. (J). (gr. -1 -2). 15.99 ***(978-0-7112-5791-7(4)***, Frances Lincoln Children's Bks.) Quarto Publishing Group UK GBR. Dist: Hachette Bk. Group.
Nelson Mandela. Jennifer Strand. 2016. (Legendary Leaders Ser.). (ENG.). 24p. (J). (gr. -1 -2). 49.94 *(978-1-68079-407-6(8)*, 23028, Abdo Zoom-Launch) ABDO Publishing Co.
Nelson Mandela. Suzy Capozzi. ed. 2018. (Step into Reading Ser.). (ENG.). 48p. (J). (gr. 1-3). 13.89 *(978-1-64310-641-0(4))* Penworthy Co., LLC, The.
Nelson Mandela: A Reference Guide to His Life & Works. Aran S. MacKinnon. 2020. (Significant Figures in World History Ser.). (Illus.). 142p. (YA). (gr. 8-17). 56.00 *(978-1-5381-2281-5(2))* Rowman & Littlefield Publishers, Inc.
Nelson Mandela: Fighting to Dismantle Apartheid, 1 vol. Ann Malaspina. 2017. (Rebels with a Cause Ser.). (ENG.). 128p. (YA). (gr. 8-8). lib. bdg. 38.93 *(978-0-7660-8517-6(1)*, 0b4489f0-6cb5-4f8d-9265-b48760337c0e) Enslow Publishing, LLC.
Nelson Mandela: South African President & Anti-Apartheid Activist. Susan Meyer. 2017. (Spotlight on Civic Courage: Heroes of Conscience Ser.). 48p. (J). (gr. 10-15). 70.50 *(978-1-5383-8089-5(7))*; (ENG.). (gr. 6-6). pap. 12.75 *(978-1-5383-8088-8(9)*, d7b4d779-7010-4b28-9fdf-11e0b9b95b88) Rosen Publishing Group, Inc., The. (Rosen Young Adult).
Nelson Mandela: The President Who Spent 27 Years in Prison - Biography for Kids Children's Biography Books. Dissected Lives. 2017. (ENG., Illus.). (YA). pap. 8.79 *(978-1-5419-1042-3(7)*, Dissected Lives (Auto Biographies)) Speedy Publishing LLC.
Nelson Mandela (the First Names Series) Nansubuga Nagadya Isdahl. Illus. by Nicole Miles. 2022. (First Names Ser.). (ENG.). 176p. (J). (gr. 3-7). pap. 6.99 *(978-1-4197-4962-9(5)*, 1280003, Abrams Bks. for Young Readers) Abrams, Inc.
Nelson Mandela (the First Names Series) Nansubuga Nagadya Isdahl. 2021. (First Names Ser.). (ENG., Illus.). 160p. (J). (gr. 3-7). 12.99 *(978-1-4197-5608-5(7)*, 1280001, Abrams Bks. for Young Readers) Abrams, Inc.
Nelson, or How a Country Boy Made His Way in the City (Classic Reprint) William Makepeace Thayer. (ENG., Illus.). (J). 2018. 330p. 30.72 *(978-0-656-78824-8(0))*; 2017. pap. 13.57 *(978-0-259-25412-6(6))* Forgotten Bks.
Nelson the Newsboy: Or, Afloat in New York (Classic Reprint) Horatio Alger. 2018. (ENG., Illus.). (J). 29.90 *(978-0-260-31067-5(0))* Forgotten Bks.
Nelson the Noun. Coert Voorhees & Grammaropolis. 2019. (Meet the Parts of Speech Ser.: 1). (ENG., Illus.). 32p. (J). (gr. 1-6). 6.99 *(978-1-64442-015-7(5))* Six Foot Pr., LLC.
Nelson's Festival Holiday. Claire Carey. 2022. (ENG.). 58p. (J). pap. ***(978-1-913460-37-2(1))*** Cloister Hse. Pr., The.
Nelson's Funfair Holiday. Claire Carey. Illus. by India Danter. 2020. (ENG.). 46p. (J). pap. *(978-1-913460-26-6(6))* Cloister Hse. Pr., The.
Nelson's Garden. Colleen Esposito & Candy O'Terry. Illus. by Olivia Bosson. 2023. (Nelson's Garden Ser.: Vol. 1). (ENG.). 32p. (J). 19.99 ***(978-1-954819-96-2(X))***; pap. 16.95 ***(978-1-954819-99-3(4))*** Briley & Baxter Publications.

N

Nelson's Highroads English Dictionary: Pronouncing & Etymological; with Appendix Containing Words & Phrases from the Latin, Greek, & Modern Foreign Languages; (Revised, Enlarged, & Improved) (Classic Reprint) Unknown Author. (ENG., Illus.). (J). 2018. 636p. 37.01 *(978-0-483-62338-5(5))*; 2017. pap. 19.57 *(978-0-243-29269-1(4))* Forgotten Bks.

Nemesis. Anna Banks. 2016. (Nemesis Ser.: 1). (ENG.). 368p. (YA). 27.99 *(978-1-250-07017-3(1)*, 900148339) Feiwel & Friends.

Nemesis. Brendan Reichs. 2018. (Project Nemesis Ser.: 1). (ENG.). 480p. (YA). (gr. 7). pap. 12.99 *(978-0-399-54494-1(1)*, Penguin Books) Penguin Young Readers Group.

Nemesis: Alexei, Accidental Angel - Book 3. Morgan Bruce. 2017. (ENG., Illus.). (YA). (gr. 7-12). 32.50 *(978-1-68181-940-2(6))*; pap. 20.95 *(978-1-68181-939-6(2))* Strategic Book Publishing & Rights Agency (SBPRA).

Nemesis (Classic Reprint) Marion Harland. (ENG., Illus.). (J). 2018. 508p. 34.37 *(978-0-666-93782-7(6))*; 2016. pap. 16.97 *(978-1-332-71230-4(4))* Forgotten Bks.

Nemesis of Chautauqua Lake: Or Circumstantial Evidence (Classic Reprint) A. B. Richmond. 2018. (ENG., Illus.). 164p. (J). 27.28 *(978-0-483-27368-9(6))* Forgotten Bks.

Nemesis of the Valkari. David Mason. 2019. (ENG.). 622p. (J). pap. *(978-0-9567353-5-5(5))* Blackwing Publishing.

Nemorama the Nautchnee. Edwin Macminn. 2017. (ENG.). 312p. (J). pap. *(978-3-337-06106-7(0))* Creation Pubs.

Nemorama the Nautchnee: A Story of India (Classic Reprint) Edwin Macminn. 2018. (ENG., Illus.). 308p. (J). 30.27 *(978-0-483-25598-2(X))* Forgotten Bks.

Nena Tales. Kathi Whitman. 2021. (ENG.). 70p. (J). pap. 33.99 *(978-1-6628-2995-6(7))* Salem Author Services.

Nene el Ganso Hawaiano. Nancy Hahn. 2017. (SPA., Illus.). (J). pap. 14.99 *(978-1-61813-266-6(0))* eBooks2go Inc.

Nene, Vol. 1 (Classic Reprint) Ernest Perochon. 2017. (ENG., Illus.). (J). 29.92 *(978-0-265-20823-6(8))* Forgotten Bks.

Neoabsolutismo Vol. 1: El Arte de Hacer Visible lo Invisible para Que Parezca Imposible. Alex Kamuz. 2020. (SPA.). 357p. (J). *(978-1-716-45266-6(X))* Lulu Pr., Inc.

Neolithic Revolution, 1 vol. Susan Meyer. 2016. (First Humans & Early Civilizations Ser.). (ENG., Illus.). 64p. (J). (gr. 6-6). pap. 13.95 *(978-1-4994-6322-4(7)*, 42f32161-ba61-4f24-9b96-7eee8eed313f) Rosen Publishing Group, Inc., The.

Neon Baby: Numbers. Electric Confetti. 2017. (Neon Baby Ser.). (ENG., Illus.). 20p. (J). (— 1). bds. 12.99 *(978-1-76012-931-6(3))* Little Hare Bks. AUS. Dist: Independent Pubs. Group.

Neon Beach Party. Victoria Saxon. 2020. (Care Bears: Unlock the Magic Ser.). (ENG.). 24p. (J). (-k). pap. 5.99 *(978-0-593-09707-6(6)*, Penguin Young Readers Licenses) Penguin Young Readers Group.

Neon Books: My First Book of the Alphabet. Editors of Silver Dolphin Books. 2021. (Neon Bks.). (ENG.). 10p. (J). (— 1). bds. 8.99 *(978-1-64517-589-6(8)*, Silver Dolphin Bks.) Printers Row Publishing Group.

Neon Chalk Lettering. Editors of Klutz. 2016. (ENG.). 76p. (J). (gr. 3-7). 18.99 *(978-1-338-03754-8(4))* Scholastic, Inc.

Neon Darkness. Lauren Shippen. 2021. (Bright Sessions Ser.: 2). (ENG.). 272p. (YA). pap. 11.99 *(978-1-250-29756-3(7)*, 900195957, Tor Teen) Doherty, Tom Assocs., LLC.

Neon Educational Facts Children's Science Book. Bold Kids. 2022. (ENG.). 42p. (J). pap. 14.99 *(978-1-0717-2101-8(1))* FASTLANE LLC.

Neon Epitomon Aggao-Ellhnikos Lesikon (Classic Reprint) Atlantis Atlantis. (ENG., Illus.). (J). 2018. 576p. 35.78 *(978-0-484-68561-0(9))*; 2017. pap. 19.57 *(978-0-282-35566-1(9))* Forgotten Bks.

Neon Scratch Art. Editors of Silver Dolphin Books. Illus. by Matthew Tyler Wilson. 2021. (Creativity Corner Ser.). (ENG.). 64p. (J). (gr. 3-7). spiral bd. 12.99 *(978-1-64517-453-0(0)*, Silver Dolphin Bks.) Printers Row Publishing Group.

Neon the Ninja Activity Book for Children Who Struggle with Sleep & Nightmares: A Therapeutic Story with Creative Activities for Children Aged 5-10. Karen Treisman. 2018. (Therapeutic Treasures Collection). 128p. (C). pap. 29.95 *(978-1-78592-550-4(4)*, 696881) Kingsley, Jessica Pubs. GBR. Dist: Hachette UK Distribution.

Neon the Ninja Meets the Nightmares: A Story to Help Kids to Sleep. Karen Treisman. Illus. by Sarah Peacock. ed. 2021. (Dr. Treisman's Big Feelings Stories Ser.). 32p. (J). 14.95 *(978-1-83997-019-1(7)*, 827349) Kingsley, Jessica Pubs. GBR. Dist: Hachette UK Distribution.

Neon Words: 10 Brilliant Ways to Light up Your Writing. Marge Pellegrino & Kay Sather. 2019. (Illus.). vii, 104p. (J). pap. *(978-1-4338-3121-8(X)*, Magination Pr.) American Psychological Assn.

Neo's Monster Door: The Adventure after a Trillion Years. Prank. 2022. (ENG.). 28p. (J). pap. ***(978-1-83934-393-3(1))*** Olympia Publishers.

Nepal. Chaya Glaser. 2019. (Countries We Come From Ser.). (ENG., Illus.). 32p. (J). (gr. k-3). 19.95 *(978-1-64280-197-2(6))* Bearport Publishing Co., Inc.

Nepal. Alicia Z. Klepeis. 2021. (Country Profiles Ser.). (ENG., Illus.). 32p. (J). (gr. 3-8). lib. bdg. 27.95 *(978-1-64487-450-9(4)*, Blastoff! Readers) Bellwether Media.

Nepal, 1 vol. Joanne Mattern. 2017. (Exploring World Cultures (First Edition) Ser.). (ENG., Illus.). 32p. (gr. 3-3). pap. 12.16 *(978-1-5026-2500-7(8)*, eba9e581-3214-4f0b-8bba-32bf0ab6cbb5) Cavendish Square Publishing LLC.

Nepal (Enchantment of the World) (Library Edition) Nel Yomtov. 2018. (Enchantment of the World. Second Ser.). (ENG., Illus.). 144p. (J). (gr. 5-9). lib. bdg. 40.00 *(978-0-531-13049-0(5)*, Children's Pr.) Scholastic Library Publishing.

Nepali Heritage. Tamra Orr. 2018. (21st Century Junior Library: Celebrating Diversity in My Classroom Ser.). (ENG., Illus.). 24p. (J). (gr. 2-4). lib. bdg. 30.64 *(978-1-5341-2904-7(9)*, 211660) Cherry Lake Publishing.

Nepali Tales. Anita B. Adhikary. 2019. (ENG.). (J). 12.95 *(978-1-64543-055-1(3))* Amplify Publishing Group.

Nepenthe: A Novel (Classic Reprint) Unknown Author. 2017. (ENG., Illus.). (J). 30.52 *(978-1-5282-6068-8(6))* Forgotten Bks.

Nepenthes (Classic Reprint) Florence Hayllar. 2017. (ENG., Illus.). (J). 31.98 *(978-1-5281-8865-4(9))*; pap. 16.57 *(978-1-5278-8534-9(8))* Forgotten Bks.

Nephilim. John Barrowman & Carole Barrowman. 2018. (Orion Chronicles Ser.). (ENG.). 320p. (YA). (gr. 7). 10.99 *(978-1-78185-643-7(5))* Head of Zeus GBR. Dist: Independent Pubs. Group.

Nephrite Jade of Washington & Associated Gem Rocks: Their Origin, Occurrence & Identification. Lanny Ream. 2022. (ENG.). 128p. (J). pap. ***(978-1-387-79127-9(3))*** Lulu Pr., Inc.

Neptune. Emma Bassier. 2020. (Planets Ser.). (ENG., Illus.). 24p. (J). (gr. k-3). lib. bdg. 31.36 *(978-1-5321-6911-3(6)*, 36443, Pop! Cody Koala) Pop!.

Neptune. J. P. Bloom. 2017. (Planets Ser.). (ENG.). 24p. (J). (gr. -1-2). pap. 7.95 *(978-1-4966-1284-7(1)*, 135016, Capstone Classroom) Capstone.

Neptune. Czeena Devera. Illus. by Jeff Bane. 2020. (My Early Library: My Guide to the Planets Ser.). (ENG.). 24p. (J). (gr. k-1). pap. 12.79 *(978-1-5341-6113-9(9)*, 214452); lib. bdg. 30.64 *(978-1-5341-5883-2(9)*, 214451) Cherry Lake Publishing.

Neptune. Steve Foxe. 2020. (Planets in Our Solar System Ser.). (ENG., Illus.). 32p. (J). (gr. 1-3). pap. 7.95 *(978-1-9771-2698-6(7)*, 201732); lib. bdg. 29.32 *(978-1-9771-2398-5(8)*, 200408) Capstone. (Pebble).

Neptune. Ellen Lawrence. 2022. (Zoom into Space Ser.). (ENG.). 24p. (J). (gr. 3-6). pap. 9.50 ***(978-1-64996-770-1(5)***, 17155, Sequoia Kids Media) Sequoia Children's Bks.

Neptune. Kerri Mazzarella. 2023. (Our Amazing Solar System Ser.). (ENG.). (J). (gr. 3-6). 24p. lib. bdg. 27.93 ***(978-1-63897-975-3(8)***, 33397); (Illus.). pap. 8.95 Seahorse Publishing.

Neptune. Julie Murray. 2018. (Planets (Dash!) Ser.). (ENG., Illus.). 24p. (J). (gr. k-4). lib. bdg. 31.36 *(978-1-5321-2530-0(5)*, 30069, Abdo Zoom-Dash) ABDO Publishing Co.

Neptune. Kate Riggs. 2018. (Seedlings Ser.). (Illus.). 24p. (J). (ENG.). (gr. -1-1). pap. 7.99 *(978-1-62832-533-1(X)*, 19620, Creative Paperbacks); (FRE., *(978-1-77092-409-3(4)*, 19698); (ENG., (gr. -1-k). *(978-1-60818-917-5(1)*, 19622, Creative Education) Creative Co., The.

Neptune. Susan Ring & Alexis Roumanis. 2016. (Illus.). 24p. (J). *(978-1-5105-0986-3(0))* SmartBook Media, Inc.

Neptune. Alexis Roumanis. 2016. (J). *(978-1-5105-2053-0(8))* SmartBook Media, Inc.

Neptune. Nathan Sommer. 2019. (Space Science Ser.). (ENG., Illus.). 24p. (J). (gr. 3-7). lib. bdg. 26.95 *(978-1-62617-976-9(X)*, Torque Bks.) Bellwether Media.

Neptune. Alissa Thielges. 2023. (ENG.). 16p. (J). (gr. 1-3). pap. 9.99 ***(978-1-68152-793-2(6))*** Amicus.

Neptune: Children's Science & Space Book. Bold Kids. 2022. (ENG.). 46p. (J). pap. 14.99 *(978-1-0717-1083-8(4))* FASTLANE LLC.

Neptune: Discover These Pictures As Well As Facts for Kids to Learn about the Neptune. Bold Kids. 2021. (ENG.). 28p. (J). pap. 11.99 *(978-1-0717-0828-6(7))* FASTLANE LLC.

Neptune at the Golden Horn (Classic Reprint) Winnie Rover. 2017. (ENG., Illus.). (J). 210p. 28.23 *(978-0-484-09905-9(1))*; pap. 10.57 *(978-0-259-31129-4(4))* Forgotten Bks.

Neptune Challenge. Polly Holyoke. 2016. (ENG.). 352p. (J). (gr. 5-9). pap. 18.99 *(978-1-4847-1571-0(3))* Hyperion Bks. for Children.

Neptune God of the Sea & Earthquakes. Teri Temple. 2019. (Gods & Goddesses of Ancient Rome Ser.). (ENG., Illus.). 32p. (J). (gr. 3-6). pap. 13.95 *(978-1-4896-9508-6(7))*; lib. bdg. 29.99 *(978-1-4896-9507-9(9))* Weigl Pubs., Inc.

Neptune Is Too Far Away - Space for Kids Grade 4 - Children's Astronomy & Space Books. Baby Professor. 2019. (ENG.). 72p. (J). pap. 14.72 *(978-1-5419-5337-6(1))*; 24.71 *(978-1-5419-7562-0(6))* Speedy Publishing LLC. (Baby Professor (Education Kids)).

Neptune's Defeat (Classic Reprint) John Brougham. 2018. (ENG., Illus.). 32p. (J). 24.56 *(978-0-267-44897-5(X))* Forgotten Bks.

Neptune's Trident: A Mermaid's Journey. Julie Gilbert. Illus. by Kirbi Fagan. 2017. (Dark Waters Ser.). (ENG.). 160p. (J). (gr. 5-9). lib. bdg. 26.65 *(978-1-4965-4169-7(3)*, 133767, Stone Arch Bks.) Capstone.

Neptune's Underwater Empire- Children's Greek & Roman Myths. Baby Professor. 2017. (ENG., Illus.). (J). pap. 7.89 *(978-1-5419-0388-3(9)*, Baby Professor (Education Kids)) Speedy Publishing LLC.

Neptuno. J. P. Bloom. 2017. (Planetas Ser.). (SPA.). 24p. (J). (gr. -1-2). pap. 7.95 *(978-1-4966-1302-8(3)*, 135024, Capstone Classroom) Capstone.

Neptuno. Kate Riggs. 2018. (Semillas Del Saber Ser.). (SPA.). 24p. (J). (gr. -1-k). *(978-1-60818-951-9(1)*, 19624, Creative Education) Creative Co., The.

Neptuno. Alexis Roumanis. 2018. (Descubre Los Planetas Ser.). (SPA.). 24p. (J). lib. bdg. 22.99 *(978-1-5105-3392-9(3))* SmartBook Media, Inc.

Neptuno. Alexis Roumanis. 2016. (Los Planetas Ser.). (SPA.). 24p. (J). pap. 31.41 *(978-1-4896-4450-3(4))* Weigl Pubs., Inc.

Neptuno. Alissa Thielges. 2023. (SPA.). 16p. (J). (gr. 1-3). pap. 9.99 ***(978-1-68152-911-0(4))*** Amicus.

Neptuno (Neptune), 1 vol. J. P. Bloom. 2016. (Planetas (Planets) Ser.). (SPA., Illus.). 24p. (J). (gr. -1-2). lib. bdg. 32.79 *(978-1-68080-756-1(0)*, 22674, Abdo Kids) ABDO Publishing Co.

Neæra: A Tale of Ancient Rome (Classic Reprint) John W. Graham. 2018. (ENG., Illus.). 430p. (J). 32.77 *(978-0-364-90323-0(6))* Forgotten Bks.

Nerd a to Z: Your Reference to Literally Figuratively Everything You've Always Wanted to Know. T. J. Resler. 2019. (Illus.). 176p. (J). (gr. 3-7). 14.99 *(978-1-4263-3474-0(5)*, National Geographic Kids) Disney Publishing Worldwide.

Nerd Who Became Famous. Bethany Felix. 2021. (ENG.). 36p. (J). 22.99 *(978-1-63837-053-6(2))* Palmetto Publishing.

NerdCrush. Alisha Emrich. 2023. (ENG., Illus.). 272p. (YA). (gr. 8-17). 18.99 *(978-0-7624-8068-5(8)*, Running Pr. Kids) Running Pr.

Nerdi Bunny & the Forever Family Safari. Aisha Toombs. 2020. (ENG.). 62p. (J). pap. 9.99 *(978-1-7337947-5-6(1))* InkDrops Publishing.

Nerdi Bunny's BIG Busy Brainy Activity Book. Aisha Toombs. 2019. (ENG.). 40p. (J). pap. 8.99 *(978-1-7337947-2-5(7))* InkDrops Publishing.

Nerdiest, Wimpiest, Dorkiest I Funny Ever. James Patterson. 2018. (I Funny Ser.: 6). (ENG., Illus.). 336p. (J). (gr. 3-7). 13.99 *(978-0-316-34961-1(5)*, Jimmy Patterson) Little Brown & Co.

Nerdlet: Animals. T. J. Resler. 2020. (Illus.). 216p. (J). (gr. 3-7). pap. 9.99 *(978-1-4263-3872-4(4)*, National Geographic Kids) Disney Publishing Worldwide.

Nerdy Babies: Dinosaurs. Emmy Kastner. Illus. by Emmy Kastner. 2021. (Nerdy Babies Ser.: 5). (ENG., Illus.). 22p. (J). bds. 8.99 *(978-1-250-75607-7(3)*, 900225957) Roaring Brook Pr.

Nerdy Babies: Insects. Emmy Kastner. Illus. by Emmy Kastner. 2022. (Nerdy Babies Ser.: 7). (ENG., Illus.). (J). 32p. 19.99 *(978-1-250-81710-5(2)*, 900249238); 22p. bds. 8.99 *(978-1-250-81711-2(0)*, 900249237) Roaring Brook Pr.

Nerdy Babies: Ocean. Emmy Kastner. Illus. by Emmy Kastner. 2019. (Nerdy Babies Ser.: 1). (ENG., Illus.). 22p. (J). bds. 7.99 *(978-1-250-31216-7(7)*, 900199118) Roaring Brook Pr.

Nerdy Babies: Rain Forests. Emmy Kastner. Illus. by Emmy Kastner. 2022. (Nerdy Babies Ser.: 8). (ENG., Illus.). (J). 32p. 19.99 *(978-1-250-81708-2(0)*, 900249240); 22p. bds. 8.99 *(978-1-250-81709-9(9)*, 900249239) Roaring Brook Pr.

Nerdy Babies: Rocks. Emmy Kastner. Illus. by Emmy Kastner. 2020. (Nerdy Babies Ser.: 3). (ENG., Illus.). 22p. (J). bds. 7.99 *(978-1-250-31224-2(8)*, 900199123) Roaring Brook Pr.

Nerdy Babies: Space. Emmy Kastner. Illus. by Emmy Kastner. 2019. (Nerdy Babies Ser.: 2). (ENG., Illus.). 24p. (J). bds. 7.99 *(978-1-250-31205-1(1)*, 900199105) Roaring Brook Pr.

Nerdy Babies: Transportation. Emmy Kastner. Illus. by Emmy Kastner. 2021. (Nerdy Babies Ser.: 6). (ENG., Illus.). 22p. (J). bds. 7.99 *(978-1-250-75609-1(X)*, 900225959) Roaring Brook Pr.

Nerdy Babies: Weather. Emmy Kastner. Illus. by Emmy Kastner. 2020. (Nerdy Babies Ser.: 4). (ENG., Illus.). 22p. (J). bds. 8.99 *(978-1-250-31232-7(9)*, 900199125) Roaring Brook Pr.

Nerdy Birdy Tweets. Aaron Reynolds. 2017. (Nerdy Birdy Ser.). (ENG., Illus.). 40p. (J). 18.99 *(978-1-62672-128-9(9)*, 900138462) Roaring Brook Pr.

Nerdy Journals: From Idaho to Massachusetts. Bernice E Martin. 2017. (ENG., Illus.). (J). pap. 9.99 *(978-1-946556-76-9(9))* Notion Pr., Inc.

Nerdycorn. Andrew Root. Illus. by Erin Kraan. 2021. (ENG.). 40p. (J). (gr. -1-3). 18.99 *(978-1-5344-6005-8(5)*, Beach Lane Bks.) Beach Lane Bks.

Nerf. Sara Green. 2016. (Brands We Know Ser.). (ENG., Illus.). 24p. (J). (gr. 3-8). lib. bdg. 27.95 *(978-1-62617-349-1(4)*, Pilot Bks.) Bellwether Media.

Nerf & Faith: A 30 - Day Journey Through Modding, Tips, Skills & More. Dan Haas. 2021. (ENG.). 114p. (YA). pap. 13.49 *(978-1-6628-2812-6(8))* Salem Author Services.

Nerf Blaster Modification Guide: The Unofficial Handbook for Making Your Foam Arsenal Even More Awesome. Luke Goodman. ed. 2018. (ENG., Illus.). 128p. (gr. 3-8). pap. 20.99 *(978-0-7603-5782-8(X)*, 225696, Voyageur Pr.) Quarto Publishing Group USA.

Nerf Genius. Rachael L. Thomas. 2018. (Toy Trailblazers Ser.). (ENG., Illus.). 32p. (J). (gr. 3-6). lib. bdg. 32.79 *(978-1-5321-1711-4(6)*, 30710, Checkerboard Library) ABDO Publishing Co.

Nemest & His Toolbox: Self-Awareness. E. B. Robinson Jr. Ed. by Iris M. Williams. 2016. (ENG., Illus.). (J). pap. 10.95 *(978-1-942022-50-3(6))* Butterfly Typeface, The.

Nero, 1 vol. Zoe Lowery & Julian Morgan. 2016. (Leaders of the Ancient World Ser.). (ENG.). 112p. (J). (gr. 6-6). 38.80 *(978-1-5081-7256-7(0)*, 167c953e-c1d8-49b3-986f-90c2c3e781f3) Rosen Publishing Group, Inc., The.

Nero: Ruthless Roman Emperor, 1 vol. Shalini Saxena. 2016. (History's Most Murderous Villains Ser.). (ENG., Illus.). 32p. (J). (gr. 4-5). pap. 11.50 *(978-1-4824-4799-6(1)*, b3b131ea-2cca-45bf-ad07-d0fb72992d7d) Stevens, Gareth Publishing LLLP.

Nerp! Sarah Lynne Reul. 2020. (Illus.). 32p. (J). (gr. -1-2). 16.95 *(978-1-4549-3402-8(6))* Sterling Publishing Co., Inc.

Nerve. Jeanne Ryan. movie tie-in ed. 2016. (ENG.). 320p. (YA). (gr. 9). pap. 10.99 *(978-0-14-242283-0(5)*, Speak) Penguin Young Readers Group.

Nerve of Foley, & Other Railroad Stories (Classic Reprint) Frank Hamilton Spearman. (ENG., Illus.). (J). 2018. 256p. 29.20 *(978-0-332-20182-5(1))*; 2017. pap. 11.57 *(978-0-282-64710-0(4))* Forgotten Bks.

Nerves of Steel: The Incredible True Story of How One Woman Followed Her Dreams, Stayed True to Herself, & Saved 148 Lives. Tammie Jo Shults. 2019. (Illus.). xiii, 207p. (J). *(978-1-4002-1530-0(7))* Nelson, Thomas Inc.

Nerves of Steel (Young Readers Edition) The Incredible True Story of How One Woman Followed Her Dreams, Stayed True to Herself, & Saved 148 Lives, 1 vol. Tammie Jo Shults. 2019. (ENG., Illus.). 224p. (J). 16.99 *(978-1-4002-1531-7(5)*, Tommy Nelson) Nelson, Thomas Inc.

Nerviest Girl in the World. Melissa Wiley. (Illus.). 208p. (J). (gr. 3-7). 2021. 7.99 *(978-0-307-93043-9(2)*, Yearling); 2020. 16.99 *(978-0-375-87038-5(5)*, Knopf Bks. for Young Readers); 2020. (ENG.). lib. bdg. 19.99 *(978-0-375-97037-5(1)*, Knopf Bks. for Young Readers) Random Hse. Children's Bks.

Nervous. Meg E. Kimball. 2018. (ENG.). 286p. (YA). (gr. 7-12). pap. 12.99 ***(978-1-64255-481-6(2))*** Primedia eLaunch LLC.

Nervous Knight: A Story about Overcoming Worries & Anxiety. Anthony Lloyd Jones. ed. 2021. (Illus.). 48p. (J). 15.95 *(978-1-78775-416-4(2)*, 739867) Kingsley, Jessica Pubs. GBR. Dist: Hachette UK Distribution.

Nervous Nellie Fights First-Day Frenzy. Marne Ventura. Illus. by Leo Trinidad. 2016. (Worry Warriors Ser.). (ENG.). 96p. (J). (gr. 2-4). lib. bdg. 25.99 *(978-1-4965-3613-6(4)*, 132819, Stone Arch Bks.) Capstone.

Nervous Nellie Is Courageous! An Interactive Book for Children with Anxiety. Kathy Rackley. 2023. (Illus.). 36p. (J). pap. 11.99 ***(978-1-6678-8406-6(9))*** BookBaby.

Nervous Nelly. Colleen Aynn. 2017. (ENG., Illus.). (J). pap. *(978-1-988071-62-6(3))* Hasmark Services Publishing.

Nervous Newt. Sandra Wilson. 2019. (Emotional Animal Alphabet Ser.: Vol. 14). (ENG.). 44p. (J). pap. *(978-1-988215-46-4(3))* words ... along the path.

Nervous Nigel. Bethany Christou. Illus. by Bethany Christou. 2022. (ENG., Illus.). 40p. (J). (gr. -1-2). 18.99 *(978-1-5362-2386-6(7)*, Templar) Candlewick Pr.

Nervous Ninja: A Social Emotional Book for Kids about Calming Worry & Anxiety. Mary Nhin. Illus. by Jelena Stupar. 2021. (Ninja Life Hacks Ser.: Vol. 51). (ENG.). 38p. (J). 19.99 *(978-1-63731-180-6(X))* Grow Grit Pr.

Nervous System. Grace Hansen. 2018. (Beginning Science: Body Systems Ser.). (ENG., Illus.). 24p. (J). (gr. -1-2). lib. bdg. 32.79 *(978-1-5321-8187-0(6)*, 29847, Abdo Kids) ABDO Publishing Co.

Nervous System. Joseph Midthun. Illus. by Samuel Hiti. 2022. (Building Blocks of the Human Body Ser.). (ENG.). 42p. (J). pap. ***(978-0-7166-5069-0(X))*** World Bk.-Childcraft International.

Nervous System. Rebecca Pettiford. 2019. (Your Body Systems Ser.). (ENG., Illus.). 24p. (J). (gr. k-3). pap. 7.99 *(978-1-61891-754-6(4)*, 12311, Blastoff! Readers) Bellwether Media.

Nervous System. Marne Ventura. 2022. (Body Systems Ser.). (ENG.). 32p. (J). (gr. 2-5). lib. bdg. 34.21 *(978-1-5321-9861-8(2)*, 40845, Kids Core) ABDO Publishing Co.

Nervous System: A Book Filled with Facts for Children. Bold Kids. 2022. (ENG.). 40p. (J). pap. 14.99 *(978-1-0717-1084-5(2))* FASTLANE LLC.

Nervous System Is the Body's Central Control Unit Body Organs Book Grade 4 Children's Anatomy Books. Baby Professor. 2020. (ENG.). 80p. (J). 25.99 *(978-1-5419-8027-3(1))*; pap. 14.99 *(978-1-5419-5345-1(2))* Speedy Publishing LLC. (Baby Professor (Education Kids)).

N'Eshtey Gu'aln Seleste a'Nabsn - the Little Girl & the Three Lions - Tigrinya Children Book. Kiazpora. 2017. (TIR., Illus.). (J). 14.99 *(978-1-946057-14-3(2))* Kiazpora LLC.

N'Eshtey Gu'aln Seleste a'Nabsn - the Little Girl & the Three Lions - Tigrinya Children's Book. Kiazpora. 2017. (TIR., Illus.). (J). pap. 8.99 *(978-1-946057-11-2(8))* Kiazpora LLC.

Ness Monsters Learn First Aid: Guess Who Ends up Looking Like a Mummy! Marcus Adrian Tarrant. Illus. by Watson Nick. 2019. (ENG.). 28p. (J). pap. *(978-0-6484718-4-4(5))* M A Tarrant Nominees Pty Ltd.

Nessie & His Six Most Exciting Adventures: The Funniest Monster You're Not Ever Likely to Meet! Tony Cross. Illus. by Kodie Smith. 2021. (ENG.). 56p. (J). *(978-1-78222-879-0(9))* Paragon Publishing, Rothersthorpe.

Nessie & the Bagpipes. Maria Dahlen & Sage Stanley. 2016. (ENG., Illus.). (J). pap. 19.99 *(978-1-4834-5474-0(6))* Lulu Pr., Inc.

Nessie Quest. Melissa Savage. 2021. 352p. (J). (gr. 3-7). 7.99 *(978-0-525-64570-2(5)*, Yearling) Random Hse. Children's Bks.

Nessie Series. Katie Wood. 2018. (ENG.). 70p. (J). pap. *(978-0-244-08952-8(3))* Lulu Pr., Inc.

Nest. Esther Ehrlich. 2016. (ENG.). 336p. (J). (gr. 5). pap. 9.99 *(978-0-385-38610-4(9)*, Yearling) Random Hse. Children's Bks.

Nest. Lucasfilm Book Group. ed. 2017. (Star Wars Adventures in Wild Space Ser.: 2). (J). lib. bdg. 16.00 *(978-0-606-39562-5(8))* Turtleback.

Nest. Kenneth Oppel & Jon Klassen. Illus. by Jon Klassen. ed. 2016. (ENG., Illus.). 272p. (J). (gr. 5). 18.40 *(978-0-606-39233-4(5))* Turtleback.

Nest #2. Tom Huddleston. Illus. by Lucy Ruth Cummins & David Buisán. 2019. (Star Wars: Adventures in Wild Space Ser.). (ENG.). 144p. (J). (gr. 3-7). lib. bdg. 31.36 *(978-1-5321-4319-9(2)*, 31849, Chapter Bks.) Spotlight.

Nest-Builder: A Novel (Classic Reprint) Beatrice Forbes-Robertson Hale. (ENG., Illus.). (J). 2019. 406p. 32.27 *(978-0-365-17877-4(2))*; 2017. pap. 16.57 *(978-0-243-17565-9(5))* Forgotten Bks.

Nest Friends. Ximena Hastings. ed. 2022. (Ready-To-Read Ser.). (ENG., Illus.). 32p. (J). (gr. 2-3). 15.46 *(978-1-68505-160-0(X))* Penworthy Co., LLC, The.

Nest Friends: Ready-To-Read Level 2. Charles M. Schulz. 2021. (Peanuts Ser.). (ENG.). 32p. (J). (gr. k-2). 17.99 *(978-1-5344-9439-8(1))*; pap. 4.99 *(978-1-5344-9438-1(3))* Simon Spotlight. (Simon Spotlight).

Nest in the Evergreen Tree. Jiji Talmas. 2020. (ENG., Illus.). 38p. (J). pap. 18.06 *(978-1-7771579-0-6(0))* CanamBks. Pubs.

Nest Is Noisy. Dianna Hutts Aston. Illus. by Sylvia Long. 2017. (Family Treasure Nature Encylopedias Ser.). (ENG.). 40p. (J). pap. 7.99 *(978-1-4521-6135-8(6))* Chronicle Bks. LLC.

Nest of Intrigue. S. J. Saunders. 2018. (Future's Birth Ser.: Vol. 1). (ENG.). 264p. (YA). pap. 10.99 *(978-1-0879-3400-6(1))* Indy Pub.

Nest of Linnets (Classic Reprint) Frank Frankfort Moore. 2017. (ENG., Illus.). 418p. (J). 32.52 *(978-0-484-54329-3(6))* Forgotten Bks.

Nest of the Sparrowhawk: A Romance of the 17th Century (Classic Reprint) Emmuska Orczy. 2017. (ENG., Illus.). (J). 32.85 *(978-1-5280-7199-4(9))* Forgotten Bks.

TITLE INDEX NEVER

Nest of Vipers. Catherine Johnson. 2021. 256p. (J). 15.99 *(978-0-241-51487-0(8),* Puffin) Penguin Bks., Ltd. GBR. Dist: Independent Pubs. Group.

Nest Quest. Rhonda McDonald. Illus. by Rowen Miller. 2nd ed. 2019. (ENG.). 42p. (J). (gr. k-5). pap. 13.00 *(978-1-0878-0110-0(9))* SDC Publishing, LLC.

Nest That Wren Built. Randi Sonenshine. Illus. by Anne Hunter. 2020. (ENG.). 32p. (J). (gr. -1-3). 18.99 *(978-1-5362-0153-6(7))* Candlewick Pr.

Nest, the White Pagoda, the Suicide: A Forsaken Temple, Miss. Jones & the Masterpiece (Classic Reprint) Anne Douglas Sedgwick. 2018. (ENG., Illus.). 316p. (J). 30.41 *(978-0-267-16961-0(2))* Forgotten Bks.

Nest You Rolled Out Of! Carol Baker. 2018. (ENG., Illus.). 34p. (J). pap. 11.99 *(978-1-948390-94-1(9))* Pen It Pubns.

Nesting. Henry Cole. Illus. by Henry Cole. 2020. (ENG., Illus.). 40p. (J). (gr. -1-3). 17.99 *(978-0-06-288592-0(8),* Tegen, Katherine Bks) HarperCollins Pubs.

Nesting. Henry Cole. 2021. (ENG., Illus.). 40p. (J). (gr. -1-3). pap. 9.99 *(978-0-06-302170-9(6),* Tegen, Katherine Bks) HarperCollins Pubs.

Nesting. Henry Cole. ed. 2022. (ENG.). 34p. (J). (gr. k-1). 22.46 ***(978-1-68505-294-2(0))*** Penworthy Co., LLC, The.

Nesting Sisters. Wen Fang Cao. 2020. (ENG.). 40p. (J). pap. 8.99 *(978-1-7360285-1-3(0))* eBooks2go Inc.

Nesting Tree. Virginnia Swenson. 2018. (ENG., Illus.). 26p. (J). 22.95 *(978-1-64299-243-4(7));* pap. 12.95 *(978-1-64140-552-2(X))* Christian Faith Publishing.

NestleBurrow Chronicles: Welcome to the Burrow. Nan Conta & Max Steencken. 2021. (ENG.). 116p. (J). *(978-1-0391-1707-5(4));* pap. *(978-1-0391-1706-8(6))* FriesenPress.

Nestleton Magna: A Story of Yorkshire Methodism (Classic Reprint) J. Jackson Wray. 2018. (ENG., Illus.). 324p. (J). 30.60 *(978-0-484-66583-4(9))* Forgotten Bks.

Nestlings of Forest & Marsh (Classic Reprint) Irene Grosvenor Wheelock. (ENG., Illus.). (J). 2018. 306p. 30.23 *(978-0-666-90215-3(1));* 2016. pap. 13.57 *(978-1-333-23211-5(X))* Forgotten Bks.

Nestor's Adventures: From Garbage to Garden. Kathy Hopper & Shawn Bruckman. 2018. (ENG.). (J). 14.95 *(978-1-68401-418-7(2))* Amplify Publishing Group.

Nests. Julie Murray. 2019. (Animal Homes (AK) Ser.). (ENG., Illus.). 24p. (J). (gr. -1-2). lib. bdg. 31.36 *(978-1-5321-8524-3(3),* 31386, Abdo Kids) ABDO Publishing Co.

Nests. Penelope Dyan. Illus. by Penelope Dyan. l.t. ed. 2022. (ENG.). 34p. (J). pap. 12.60 ***(978-1-61477-612-3(1))*** Bellissima Publishing, LLC.

Nests & Eggs of Familiar British Birds, Described & Illustrated: With an Account of the Haunts & Habits of the Feathered Architects, & Their Times & Modes of Building (Classic Reprint) Henry Gardiner Adams. 2017. (ENG., Illus.). (J). 25.98 *(978-0-266-56996-1(X));* pap. 9.57 *(978-0-282-83798-3(1))* Forgotten Bks.

Net: A Novel (Classic Reprint) Rex Beach. 2017. (ENG., Illus.). (J). 31.22 *(978-1-5282-8849-1(1))* Forgotten Bks.

Net Neutrality, 1 vol. Melissa Higgins & Michael Regan. 2016. (Essential Library of the Information Age Ser.). (ENG., Illus.). 112p. (J). (gr. 8-12). lib. bdg. 41.36 *(978-1-68078-286-8(X),* 21727, Essential Library) ABDO Publishing Co.

Net Neutrality. Natalie Hyde. 2018. (Get Informed — Stay Informed Ser.). (Illus.). 48p. (J). (gr. 5-6). *(978-0-7787-4968-4(1))* Crabtree Publishing Co.

Net Neutrality, 1 vol. Ed. by Kathryn Roberts. 2018. (Opposing Viewpoints Ser.). (ENG.). 200p. (gr. 10-12). 50.43 *(978-1-5345-0297-0(1),* a3f564a6-939a-44fd-b2a4-0e041ef3b115) Greenhaven Publishing LLC.

Net Neutrality: Seeking a Free & Fair Internet, 1 vol. Ed. by he New York Times. 2018. (Looking Forward Ser.). (ENG.). 224p. (YA). (gr. 9-9). lib. bdg. 54.93 *(978-1-64282-090-4(3),* 26978f0e-1004-4d3c-804b-72efe5ef0667, New York Times Educational Publishing) Rosen Publishing Group, Inc., The.

Net Neutrality: Seeking a Free & Fair Internet, 1 vol. Ed. by The New York Times Editorial. 2018. (Looking Forward Ser.). (ENG.). 224p. (YA). (gr. 9-9). pap. 24.47 *(978-1-64282-089-8(X),* a2d30a9a-aa57-428b-b9aa-954dbeff8720, New York Times Educational Publishing) Rosen Publishing Group, Inc., The.

Net Neutrality & What It Means to You, 1 vol. Jeff Mapua. 2016. (Digital & Information Literacy Ser.). (ENG.). 48p. (J). (gr. 6-6). pap. 12.75 *(978-1-4994-6511-2(4),* 0a8d6b73-ee0b-41f6-a0a2-53ccc1beb27b, Rosen Reference) Rosen Publishing Group, Inc., The.

NET, the TEXT Bible, Hardcover, Comfort Print: Uncover the Message Between God, Humanity, & You. Michael DiMarco & Hayley DiMarco. 2022. (ENG.). 1760p. (YA). 39.99 *(978-0-7852-4770-8(X))* Nelson, Thomas Inc.

NET, the TEXT Bible, Leathersoft, Brown, Comfort Print: Uncover the Message Between God, Humanity, & You. Michael DiMarco & Hayley DiMarco. 2022. (ENG.). 1760p. (YA). im. lthr. 49.99 *(978-0-7852-4817-0(X))* Nelson, Thomas Inc.

NET, the TEXT Bible, Leathersoft, Stone, Comfort Print: Uncover the Message Between God, Humanity, & You. Michael DiMarco & Hayley DiMarco. 2022. (ENG.). 1760p. (YA). im. lthr. 49.99 *(978-0-7852-4834-7(X))* Nelson, Thomas Inc.

NET, the TEXT Bible, Paperback, Comfort Print: Uncover the Message Between God, Humanity, & You. Michael DiMarco & Hayley DiMarco. 2022. (ENG.). 1760p. (YA). pap. 29.99 *(978-0-7852-9348-4(5))* Nelson, Thomas Inc.

NET Young Women Love God Greatly Comfort Print [Blue]. Thomas Nelson. Ed. by Love God Greatly. 2022. (ENG.). 2240p. (J). 49.99 *(978-0-7852-3885-0(9))* Nelson, Thomas Inc.

NET Young Women Love God Greatly Comfort Print [Brown]. Thomas Nelson. Ed. by Love God Greatly. 2022. (ENG.). 2240p. (J). im. lthr. 59.99 *(978-0-7852-3886-7(7))* Nelson, Thomas Inc.

Netahs: Into the Wilderness. Lisa Kaniut Cobb. 2021. (ENG.). 252p. (YA). *(978-1-5255-9545-5(8));* pap. *(978-1-5255-9544-8(X))* FriesenPress.

Netball. Felice Arena. Illus. by Tom Jellett. 2017. (Sporty Kids Ser.). 80p. (J). (gr. 1-3). 12.99 *(978-0-14-330908-6(0))* Random Hse. Australia AUS. Dist: Independent Pubs. Group.

Netball Gems Bindup 1. B. Hellard & Lisa Gibbs. 2017. (Netball Gems Ser.). 304p. (J). (gr. 2-4). 19.99 *(978-0-14-378088-5(3))* Random Hse. Australia AUS. Dist: Independent Pubs. Group.

Netflix. Alexis Burling. 2018. (Tech Titans Ser.). (ENG., Illus.). 112p. (J). (gr. 6-12). lib. bdg. 41.36 *(978-1-5321-1690-2(X),* 30632, Essential Library) ABDO Publishing Co.

Netflix. Sara Green. 2017. (Brands We Know Ser.). (ENG., Illus.). 24p. (J). (gr. 3-8). 27.95 *(978-1-62617-653-9(1),* Pilot Bks.) Bellwether Media.

Netflix, Amazon, Hulu, & Streaming Video, Vol. 6. Michael Burgan. 2018. (Tech 2. 0: World-Changing Entertainment Companies Ser.). (Illus.). 64p. (J). (gr. 7). 31.93 *(978-1-4222-4056-4(8))* Mason Crest.

Netflix, No Chill: Waiting until Marriage for Sex. Ashley Anderson. 2019. (Uncommon Man Ser.: Vol. 1). (ENG.). 68p. (J). pap. 10.99 *(978-0-578-48775-5(6))* Horn, Jonathan.

Nether After. Jodi Cox. 2017. (ENG., Illus.). 220p. (J). *(978-1-365-78490-3(8))* Lulu Pr., Inc.

Nether Lochaber. Alexander Stewart. 2017. (ENG.). 430p. (J). pap. *(978-3-7447-7290-7(X))* Creation Pubs.

Nether Lochaber: The Natural History, Legends, & Folk-Lore of the West Highland. Alexander Stewart. 2019. (ENG.). 424p. (J). pap. *(978-93-5380-734-4(4))* Alpha Editions.

Nether Lochaber: The Natural History, Legends, & Folk-Lore of the West Highlands (Classic Reprint) Alexander Stewart. (ENG., Illus.). (J). 2018. 402p. 32.21 *(978-0-484-17316-2(2));* 2017. 32.74 *(978-0-331-81058-5(1));* 2017. pap. 16.57 *(978-0-259-46201-9(2))* Forgotten Bks.

Nether Millstone (Classic Reprint) Fred Merrick White. (ENG., Illus.). (J). 2018. 428p. 32.72 *(978-0-484-45307-3(6));* 2017. pap. 16.57 *(978-0-259-06180-9(8))* Forgotten Bks.

Nether World. George Gissing. 2017. (ENG., Illus.). (J). 29.95 *(978-1-374-92406-2(7));* pap. 19.95 *(978-1-374-92405-5(9))* Capital Communications, Inc.

Nether World: A Novel (Classic Reprint) George Gissing. 2017. (ENG., Illus.). (J). 31.86 *(978-0-331-95861-4(9));* pap. 16.57 *(978-0-243-95226-7(0))* Forgotten Bks.

Nether World, Vol. 1 Of 3: A Novel (Classic Reprint) George Gissing. (ENG., Illus.). (J). 2017. 30.19 *(978-0-331-65976-4(X));* 2016. pap. 13.57 *(978-1-334-29744-1(4))* Forgotten Bks.

Nether World, Vol. 2 Of 3: A Novel (Classic Reprint) George Gissing. (ENG., Illus.). (J). 2018. 316p. 30.48 *(978-0-483-52790-4(4));* 2016. pap. 13.57 *(978-1-334-15826-1(6))* Forgotten Bks.

Nether World, Vol. 3 Of 3: A Novel (Classic Reprint) George Gissing. (ENG., Illus.). (J). 2019. 334p. 30.79 *(978-0-365-29062-9(9));* 2016. pap. 13.57 *(978-1-333-23318-1(3))* Forgotten Bks.

Netherdyke: A Tale of the 'Forty-Five' (Classic Reprint) R. J. Charleton. (ENG., Illus.). (J). 2018. 314p. 30.37 *(978-0-484-13754-6(9));* 2017. pap. 13.57 *(978-1-334-92298-5(5))* Forgotten Bks.

Netherlands. Julie Murray. 2017. (Explore the Countries Set 4 Ser.). (ENG., Illus.). 40p. (J). (gr. 2-5). lib. bdg. 35.64 *(978-1-5321-1050-4(2),* 25676, Big Buddy Bks.) ABDO Publishing Co.

Netherlands, 1 vol. Pat Seward et al. 3rd rev. ed. 2016. (Cultures of the World (Third Edition)(r) Ser.). (ENG., Illus.). 144p. (gr. 5-5). 48.79 *(978-1-5026-1695-1(5),* 10fc9ac4-8598-43cd-ba56-a1ee8befaef9) Cavendish Square Publishing LLC.

Netherlands, Vol. 16. Dominic J. Ainsley. 2018. (European Countries Today Ser.). (Illus.). 96p. (J). (gr. 7). 34.60 *(978-1-4222-3988-9(8))* Mason Crest.

Netherleigh (Classic Reprint) W. Riley. 2017. (ENG., Illus.). (J). 30.64 *(978-0-331-56868-4(3))* Forgotten Bks.

Netherton-On-Sea: A Story (Classic Reprint) Elizabeth M. Alford. 2018. (ENG., Illus.). 226p. (J). 28.58 *(978-0-332-99191-7(1))* Forgotten Bks.

Netherton-On-Sea: A Story; In Three Volumes, Vol. II. Elizabeth M. Alford. 2017. (ENG., Illus.). (J). pap. *(978-0-649-40073-7(9))* Trieste Publishing Pty Ltd.

Netherton-On-Sea, Vol. 1 Of 3: A Story (Classic Reprint) Elizabeth M. Alford. 2018. (ENG., Illus.). 226p. (J). 28.58 *(978-0-484-39314-0(6))* Forgotten Bks.

Netherton-On-Sea, Vol. 2 Of 3: A Story (Classic Reprint) Elizabeth M. Alford. (ENG., Illus.). (J). 2018. 210p. 28.23 *(978-0-483-71807-4(6));* 2016. pap. 10.97 *(978-1-333-32889-4(3))* Forgotten Bks.

Netherwind & Laurelstone (Clock Winders Book Three) J. H. Sweet. 2016. (ENG., Illus.). (YA). 23.85 *(978-1-936660-18-6(0))* Sweet, Joanne.

Netiqueta: Guía de la Etiqueta Digital para el Estudiante (Netiquette: a Student's Guide to Digital Etiquette), 1 vol. Kathy Furgang. Tr. by Alberto Jiménez. 2017. (Cultura Digital y de la Información (Digital & Information Literacy) Ser.). (SPA.). 48p. (J). (gr. 6-6). pap. 12.75 *(978-1-4994-3979-3(2),* 65bd1d3b-7e09-47b5-8931-c3e3d373c780); lib. bdg. 33.47 *(978-1-4994-3964-9(4),* fc138f3f-96c9-4f0b-a552-c8485fcff826) Rosen Publishing Group, Inc., The. (Rosen Reference).

Netiquette: A Student's Guide to Digital Etiquette, 1 vol. Margaux Baum & Kathy Furgang. 2nd ed. 2017. (Digital & Information Literacy Ser.). (ENG.). 48p. (J). (gr. 6-6). pap. 12.75 *(978-1-4994-3911-3(3),* a58cb0e5-da86-4d98-b21d-241745c81c69, Rosen Reference) Rosen Publishing Group, Inc., The.

Netop, Vol. 1: February, 1920 (Classic Reprint) Turners Falls High School. (ENG., Illus.). (J). 2018. 46p. 24.85 *(978-0-656-54134-8(2));* 2017. pap. 7.97 *(978-0-259-39818-9(7))* Forgotten Bks.

Netop, Vol. 10: May, 1930 (Classic Reprint) Bernard Relihan. (ENG., Illus.). (J). 2018. 42p. 24.76 *(978-0-484-06725-6(7));* 2017. pap. 7.97 *(978-0-259-82523-4(9))* Forgotten Bks.

Netop, Vol. 10: November, 1929 (Classic Reprint) Bernard Relihan. (ENG., Illus.). (J). 2018. 38p. 24.70 *(978-0-666-84539-9(5));* 2017. pap. 7.97 *(978-0-259-82571-5(9))* Forgotten Bks.

Netop, Vol. 11: March, 1931 (Classic Reprint) Turners Falls High School. 2017. (ENG., Illus.). (J). 32p. 24.56 *(978-0-484-87214-0(1));* pap. 7.97 *(978-0-259-39735-9(0))* Forgotten Bks.

Netop, Vol. 12: May, 1931 (Classic Reprint) Elsie Oakes. (ENG., Illus.). (J). 2018. 40p. 24.72 *(978-0-484-58718-1(8));* 2017. pap. 7.97 *(978-0-259-39934-6(5))* Forgotten Bks.

Netop, Vol. 16: June 1933 (Classic Reprint) Turners Falls High School. (ENG., Illus.). (J). 2018. 78p. 25.53 *(978-0-365-23380-0(3));* 2017. pap. 9.57 *(978-0-259-97510-6(9))* Forgotten Bks.

Netop, Vol. 2: June, 1922 (Classic Reprint) Turners Falls High School. 2017. (ENG., Illus.). (J). 24.76 *(978-0-266-66190-0(4));* pap. 7.97 *(978-1-5276-3452-7(3))* Forgotten Bks.

Netop, Vol. 3: November, 1922 (Classic Reprint) Harold Clark. (ENG., Illus.). (J). 2018. 38p. 24.68 *(978-0-666-43075-5(6));* 2017. pap. 7.97 *(978-0-259-82728-3(2))* Forgotten Bks.

Netop, Vol. 4: February, 1924 (Classic Reprint) Turners Falls High School. 2017. (ENG., Illus.). (J). 36p. 24.64 *(978-0-332-70594-1(3));* pap. 7.97 *(978-0-259-82660-6(X))* Forgotten Bks.

Netop, Vol. 4: May, 1924 (Classic Reprint) Turners Falls High School. (ENG., Illus.). (J). 2018. 36p. 24.64 *(978-0-332-64017-4(5));* 2017. pap. 7.97 *(978-0-259-82656-9(1))* Forgotten Bks.

Netop, Vol. 5: February, 1925 (Classic Reprint) Turners Falls High School. (ENG., Illus.). (J). 2018. 36p. 24.64 *(978-0-267-61837-8(9));* 2017. pap. 7.97 *(978-0-259-39781-6(4))* Forgotten Bks.

Netop, Vol. 5: June 1925 (Classic Reprint) George Pierce. 2017. (ENG., Illus.). (J). 25.32 *(978-0-265-84503-5(3));* pap. 9.57 *(978-1-5277-9462-7(8))* Forgotten Bks.

Netop, Vol. 5: November, 1924 (Classic Reprint) George Pierce. (ENG., Illus.). (J). 2018. 36p. 24.64 *(978-0-666-99906-1(6));* 2017. pap. 7.97 *(978-0-259-82575-3(1))* Forgotten Bks.

Netop, Vol. 6: June, 1926 (Classic Reprint) Turners Falls High School. 2017. (ENG., Illus.). (J). 25.42 *(978-0-265-84433-5(9));* pap. 9.57 *(978-1-5277-9390-3(7))* Forgotten Bks.

Netop, Vol. 6: March, 1926 (Classic Reprint) Malcolm Alber. 2017. (ENG., Illus.). (J). 36p. 24.66 *(978-0-332-09516-5(9));* pap. 7.97 *(978-0-259-48152-2(1))* Forgotten Bks.

Netop, Vol. 6: November 1925 (Classic Reprint) Turners Falls High School. 2017. (ENG., Illus.). (J). 24.64 *(978-0-266-77242-2(0));* pap. 7.97 *(978-1-5277-5170-5(8))* Forgotten Bks.

Netop, Vol. 7: December, 1926 (Classic Reprint) Leslie Reed. 2017. (ENG., Illus.). (J). 24.64 *(978-0-265-84181-5(X));* pap. 7.97 *(978-1-5277-9220-3(X))* Forgotten Bks.

Netop, Vol. 7: March 1927 (Classic Reprint) Turners Falls High School. 2017. (ENG., Illus.). (J). 24.66 *(978-0-266-77199-9(8));* pap. 7.97 *(978-1-5277-5352-5(2))* Forgotten Bks.

Netop, Vol. 7: November 1926 (Classic Reprint) Turners Falls High School. 2017. (ENG., Illus.). (J). 24.64 *(978-0-266-77209-5(9));* pap. 7.97 *(978-1-5277-5118-7(X))* Forgotten Bks.

Netta & the Stone Heart of Hahberoo. L. M. Holgate. 2017. (ENG., Illus.). 164p. (J). pap. 11.99 *(978-0-692-94611-4(X))* Lisa Bushong-Holgate.

Netta Poo's Adventure with Insects. Mary Foreman Goodson. 2022. (ENG., Illus.). 34p. (J). 25.95 *(978-1-68517-102-5(8));* pap. 14.95 *(978-1-0980-9776-9(9))* Christian Faith Publishing.

Netti-Spaghetti's Dream Factory. Annie S. Kerr. Illus. by Annie S. Kerr. 2018. (Netti-Spaghetti Ser.: Vol. 2). (ENG., Illus.). 36p. (J). *(978-0-6484092-1-2(X))* AskArt.

Nettie & Webby - Take Care How You Share. Wendy Goucher. Illus. by Steve James. 2023. (ENG.). 34p. (J). pap. ***(978-1-80369-496-2(3))*** Authors OnLine, Ltd.

Nettie Gay (Classic Reprint) H. L. C. (ENG., Illus.). (J). 2018. 208p. 28.21 *(978-0-267-38500-3(5));* 2017. pap. 10.57 *(978-0-259-19797-3(1))* Forgotten Bks.

Nettlie. Avalynn Toill & George Mylonas. 2023. (ENG.). 242p. (J). pap. 16.00 ***(978-1-0881-5092-4(6))*** Indy Pub.

Network: Large Print Edition. E. G Bateman. l.t. ed. 2019. (Faders Series - Large Print Ser.: Vol. 2). (ENG.). 386p. (J). pap. *(978-1-9998714-7-5(2))* Cornerdown Publishing.

Network of Noodle Workouts! Adult Maze Activity Book. Kreativ Entspannen. 2016. (ENG., Illus.). (J). pap. 10.81 *(978-1-68377-006-0(4))* Whike, Traudl.

Networking for Teens with Disabilities & Their Allies, 10 vols. 2019. (Equal Access: Fighting for Disability Protections Ser.). (ENG.). 64p. (J). (gr. 5-5). lib. bdg. 180.65 *(978-1-4994-6753-6(2),* bf7ff867-bf71-4565-bf6b-5db92b80f0ae) Rosen Publishing Group, Inc., The.

Networking Women: Building Social & Professional Connections, 1 vol. Lena Koya & Heather Moore Niver. 2017. (Women in the World Ser.). (ENG., Illus.). 112p. (J). (gr. 6-6). 38.80 *(978-1-5081-7724-1(4),* ec9f5f99-a0a7-448a-a8ed-8ee8b6dd32f9); pap. 18.65 *(978-1-5081-7857-6(7),* a9ea4710-aab2-4bec-bbac-dfd70355ded7) Rosen Publishing Group, Inc., The.

Networks, 1 vol. Jeff Mapua. 2018. (Let's Learn about Computer Science Ser.). (ENG.). 24p. (gr. 1-2). 24.27 *(978-1-9785-0183-6(8),* c3478ee1-c7b6-45c1-9954-db535b353f94) Enslow Publishing, LLC.

Neue Buch der Erfindungen, Gewerbe und Industrien, Vol. 4: Rundschau Auf Allen Gebieten der Gewerblichen Arbeit; Die Chemische Behandlung der Rohstosse, eine Chemische Technologie (Classic Reprint) Eduard Bobrik. 2018. (GER., Illus.). (J). 574p. 35.74 *(978-0-364-38611-8(8));* 576p. pap. 19.57 *(978-0-656-29583-8(X))* Forgotten Bks.

Neue Darstellung des Sensualismus: Ein Entwurf (Classic Reprint) Heinrich Czolbe. (GER., Illus.). (J). 2018. 310p. 30.31 *(978-0-666-13864-4(8));* 2017. pap. 13.57 *(978-0-282-57711-7(4))* Forgotten Bks.

Neue Geschichten Von der Feldmaus und der Stadtmaus. Anette Setzler-Bändel. 2019. (GER.). 178p. (J). *(978-3-7497-2026-2(6));* pap. *(978-3-7497-2025-5(8))* tredition Verlag.

Neue Lied: Zur Ästhetik der Modernen Musikalischen Lyrik (Classic Reprint) Wilhelm Mauke. 2017. (GER., Illus.). (J). pap. 9.57 *(978-0-282-50951-4(8))* Forgotten Bks.

Neue Lied: Zur Ästhetik der Modernen Musikalischen Lyrik (Classic Reprint) Wilhelm Mauke. 2018. (GER., Illus.). 50p. (J). 24.93 *(978-0-656-96245-7(3))* Forgotten Bks.

Neuer: From the Playground to the Pitch. Matt Oldfield. 2018. (Ultimate Football Heroes Ser.). (ENG.). 176p. (J). (gr. 4-7). pap. 9.99 *(978-1-78606-915-3(6))* Blake, John Publishing, Ltd. GBR. Dist: Independent Pubs. Group.

Neues Allgemeines Journal der Chemie, 1805, Vol. 4 (Classic Reprint) Adolph Ferdinand Gehlen. 2018. (GER., Illus.). 700p. (J). 38.33 *(978-0-364-28855-9(8))* Forgotten Bks.

Neues Allgemeines Journal der Chemie, 1806, Vol. 6 (Classic Reprint) Adolph Ferdinand Gehlen. 2018. (GER., Illus.). (J). 740p. 39.16 *(978-1-396-73868-5(1));* 742p. pap. 23.57 *(978-1-391-95983-2(3))* Forgotten Bks.

Neuf et Vieux. Amy Culliford. Tr. by Annie Evearts. 2021. (Contraires Autour de Moi! (Opposites All Around Me!) Ser.). (FRE., Illus.). 16p. (J). (gr. -1-1). pap. *(978-1-0396-0586-2(9),* 12911) Crabtree Publishing Co.

Neural Networks for Babies. Chris Ferrie & Sarah Kaiser. 2019. (Baby University Ser.: 0). (Illus.). 24p. (J). (gr. -1-k). bds. 9.99 *(978-1-4926-7120-6(7))* Sourcebooks, Inc.

Neural Networks for Kids (Tinker Toddlers) Dhoot. 2019. (Tinker Toddlers Ser.: Vol. 4). (ENG., Illus.). 28p. (J). 13.99 *(978-1-7325080-9-5(7),* Tinker Toddlers) GenBeam LLC.

Neuralnet's Children. Andrew Davis. 2022. (ENG.). 288p. (YA). pap. *(978-1-8384845-6-9(6))* Burton Mayers Bks.

Neurología en Pocas Palabras. Ali Zaman. Illus. by Tanya Zaman. 2022. (SPA.). 38p. (J). 19.99 ***(978-1-0880-5391-1(2))*** Indy Pub.

Neurological Structures of the Brain Coloring Book. Bobo's Adult Activity Books. 2016. (ENG., Illus.). (J). pap. 9.33 *(978-1-68327-343-1(5))* Sunshine In My Soul Publishing.

Neurology in a Nutshell. Ali Zaman. Illus. by Tanya Zaman. 2021. (ENG.). 40p. (J). 19.99 ***(978-1-0879-8936-5(1))*** Indy Pub.

Neurophilosophy. Frank Burak. 2020. (ENG.). 373p. *(978-1-716-84897-1(0))* Lulu Pr., Inc.

Neuschwanstein Castle. Grace Hansen. 2021. (Famous Castles Ser.). (ENG., Illus.). 24p. (J). (gr. -1-2). lib. bdg. 32.79 *(978-1-0982-0731-1(9),* 37867, Abdo Kids) ABDO Publishing Co.

Neutral Ground (Classic Reprint) Belle Willey Gue. 2018. (ENG., Illus.). 310p. (J). 30.31 *(978-0-483-31264-7(9))* Forgotten Bks.

Nevada, 1 vol. John Hamilton. 2016. (United States of America Ser.). (ENG., Illus.). 48p. (J). (gr. 5-9). 34.21 *(978-1-68078-330-8(0),* 21645, Abdo & Daughters) ABDO Publishing Co.

Nevada. Ann Heinrichs. Illus. by Matt Kania. 2017. (U. S. A. Travel Guides). (ENG.). 40p. (J). (gr. 2-5). lib. bdg. 38.50 *(978-1-5038-1968-9(X),* 211605) Child's World, Inc, The.

Nevada. Jordan Mills & Bridget Parker. 2016. (States Ser.). (ENG., Illus.). 32p. (J). (gr. 3-6). lib. bdg. 27.99 *(978-1-5157-0415-7(7),* 132026, Capstone Pr.) Capstone.

Nevada. Richard Sebra. 2022. (Core Library of US States Ser.). (ENG., Illus.). 48p. (J). (gr. 4-8). lib. bdg. 35.64 *(978-1-5321-9769-7(1),* 39629) ABDO Publishing Co.

Nevada: Children's American Local History Book. Bold Kids. 2022. (ENG.). 42p. (J). pap. 14.99 *(978-1-0717-1085-2(0))* FASTLANE LLC.

Nevada: The Silver State. Krista McLuskey. 2016. (J). *(978-1-4896-4899-0(2))* Weigl Pubs., Inc.

Nevada (a True Book: My United States) (Library Edition) Josh Gregory. 2018. (True Book (Relaunch) Ser.). (ENG., Illus.). 48p. (J). (gr. 3-5). 31.00 *(978-0-531-23168-5(2),* Children's Pr.) Scholastic Library Publishing.

Nevada, or the Lost Mine: A Drama in Three Acts (Classic Reprint) George Melville Baker. 2018. (ENG., Illus.). 64p. (J). 25.18 *(978-0-484-33882-0(X))* Forgotten Bks.

Nevaeh's Book Of 2022. Nevaeh Joseph. Illus. by Nevaeh Joseph. 2022. (ENG.). 18p. (J). pap. 6.99 ***(978-1-0879-3431-0(1))*** Indy Pub.

Neva's Story: A Coming-Of-Age Romance Set in 1940s America. Clara Mae Smith & Austin McConnell. 2021. (ENG.). 182p. (J). pap. 12.99 *(978-1-7331602-1-6(3))* McConnell, Gregory Austin.

Neve. Merlin Davies. (ENG., Illus.). (J). 2018. 28p. pap. 9.87 *(978-0-244-70447-6(3));* 2018. 28p. pap. 9.94 *(978-0-244-37547-8(X));* 2017. 28p. pap. 9.90 *(978-0-244-05268-3(9));* 2017. 28p. pap. 9.88 *(978-0-244-34596-9(1));* 2017. 28p. pap. 9.91 *(978-0-244-91632-9(2));* 2017. 28p. pap. 9.79 *(978-1-326-99790-8(4));* 2017. 28p. pap. 9.73 *(978-1-326-99787-8(4));* 2016. pap. 9.78 *(978-1-326-88727-8(0));* 2016. pap. 9.85 *(978-1-326-79458-3(2))* Lulu Pr., Inc.

Neve - a Day Out to Edinburgh. Merlin Davies. 2019. (ENG.). 24p. (J). *(978-0-244-79866-6(4))* Lulu Pr., Inc.

Neve - a Day Out to the Park. Merlin Davies. 2019. (ENG.). 24p. (J). *(978-0-244-49394-3(4))* Lulu Pr., Inc.

Neve - a Trip to Butterfly World. Merlin Davies. 2019. (ENG.). 24p. (J). *(978-0-244-53396-0(2))* Lulu Pr., Inc.

Neve - Christmas at Granny & Pop's. Merlin Davies. 2020. (ENG.). 28p. (J). pap. 9.25 *(978-0-244-56338-7(1))* Wright Bks.

Neve - Neve Is Born. Merlin Davies. 2019. (ENG.). 28p. (J). pap. 9.83 *(978-0-244-49015-7(5))* Lulu Pr., Inc.

Neve - the Soft Play at Ratho. Merlin Davies. 2018. (ENG., Illus.). 28p. (J). pap. 9.85 *(978-0-244-72148-0(3))* Lulu Pr., Inc.

Never. Nathan D. Urner. 2017. (ENG., Illus.). 104p. (J). pap. *(978-3-337-39054-9(4))* Creation Pubs.

Never: A Hand-Book for the Uninitiated & Inexperienced Aspirants to Refined Society's Giddy Heights & Glittering (Classic Reprint) Nathan D. Urner. 2017.

N

(ENG., Illus.). (J). 26.00 (978-0-265-73083-6(X)); pap. 9.57 (978-1-5276-9193-3(4)) Forgotten Bks.

Never! Life Lessons for Children. Timothy Felton M a. 2020. (ENG., Illus.). 30p. (J). 23.95 (978-1-64952-757-8(8)); pap. 13.95 (978-1-64654-474-5(9)) Fulton Bks.

Never a Doll Moment. Andres Miedoso. Illus. by Victor Rivas. 2023. (Desmond Cole Ghost Patrol Ser.: 19). (ENG.). 128p. (J). (gr. k-4). 17.99 (978-1-6659-3383-4(6)); pap. 6.99 (978-1-6659-3382-7(8)) Little Simon. (Little Simon).

Never a Hero. Vanessa Len. 2023. (Only a Monster Ser.: 2). (ENG.). 528p. (YA). (gr. 8). 19.99 (978-0-06-302469-4(1), HarperTeen) HarperCollins Pubs.

Never after: the Broken Mirror. Melissa de la Cruz. 2022. (Chronicles of Never After Ser.: 3). (ENG., Illus.). 336p. (J). 16.99 (978-1-250-82725-8(6), 900252059) Roaring Brook Pr.

Never after: the Stolen Slippers. Melissa de la Cruz. 2022. (Chronicles of Never After Ser.: 2). (ENG., Illus.). 336p. (J). 16.99 (978-1-250-31123-8(3), 900198843) Roaring Brook Pr.

Never after: the Thirteenth Fairy. Melissa de la Cruz. 2020. (Chronicles of Never After Ser.: 1). (ENG., Illus.). 336p. (J). 16.99 (978-1-250-31121-4(7), 900198840) Roaring Brook Pr.

Never after: the Thirteenth Fairy. Melissa de la Cruz. 2021. (Chronicles of Never After Ser.: 1). (ENG., Illus.). 336p. (J). pap. 7.99 (978-1-250-80830-1(8), 900198841) Square Fish.

Never Again: The Parkland Shooting & the Teen Activists Leading a Movement. Eric Braun. 2019. (Gateway Biographies Ser.). (ENG., Illus.). 48p. (J). (gr. 4-8). lib. bdg. 31.99 (978-1-5415-5270-8(9), 1d67ab4e-63d9-4275-93c9-da0dd22e15c6, Lerner Pubns.) Lerner Publishing Group.

Never Again (Classic Reprint) William Starbuck Mayo. 2018. (ENG., Illus.). 740p. (J). 39.16 (978-0-267-20384-0(5)) Forgotten Bks.

Never Alone. Ted Manzer. 2017. (ENG., Illus.). (YA). pap. 17.95 (978-1-63575-806-1(8)) Christian Faith Publishing.

Never Alone #1. J. Manoa. 2017. (Werewolf Council Ser.). (ENG.). 208p. (YA). (gr. 5-12). 51.42 (978-1-68076-554-0(X), 26509); lib. bdg. 32.84 (978-1-68076-498-7(5), 25406) EPIC Pr. (Epic Escape).

Never Apart. Romily Bernard. 2017. (ENG.). 400p. (J). 17.99 (978-1-63375-822-3(2), 9781633758223) Entangled Publishing, LLC.

Never Apart. Lori-Ann Russett. 2022. (ENG.). 28p. (J). pap. (978-1-83875-489-1(X), Nightingale Books) Pegasus Elliot Mackenzie Pubs.

Never Be Mean or a Bully. Susan M. Jones. 2020. (ENG., Illus.). 26p. (J). 22.95 (978-1-64952-568-0(0)) Fulton Bks.

Never Beaten! The Story of a Boy's Adventures in Canada (Classic Reprint) Edwin Harcourt Burrage. 2018. (ENG., Illus.). (J). 178p. 27.59 (978-0-366-56748-5(9)); 180p. pap. 9.97 (978-0-366-41016-3(4)) Forgotten Bks.

Never Before Found Chronicles of Santa. Gail L. Frailey. 2018. (ENG., Illus.). 248p. (J). 29.95 (978-1-64300-959-9(1)); pap. 17.95 (978-1-64300-958-2(3)) Covenant Bks.

Never Bored Activity Book 1st Grade. Educando Kids. 2019. (ENG.). 42p. (J). pap. 8.55 (978-1-64521-713-8(2), Educando Kids) Editorial Imagen.

Never Bored Maze Explorer Activity Book. Activibooks. 2016. (ENG., Illus.). (J). pap. 7.55 (978-1-68321-432-8(3)) Mimaxion.

Never Box with a Kangaroo. Nancy Krulik. 2016. (Magic Bone Ser.: 11). lib. bdg. 14.75 (978-0-606-38842-9(7)) Turtleback.

Never Box with a Kangaroo #11. Nancy Krulik. Illus. by Sebastien Braun. 2016. (Magic Bone Ser.: 11). 128p. (J). (gr. 1-3). 5.99 (978-0-448-48876-9(0), Grosset & Dunlap) Penguin Young Readers Group.

Never Brush a Bear. Sam Hearn. Illus. by Sam Hearn. 2022. (ENG., Illus.). 32p. (J). (gr. -1-1). (978-0-7112-6554-7(2), Happy Yak) Quarto Publishing Group UK.

Never Buy a Raccoon at a Gas Station: Life Lessons for Children of All Ages. Beth Detjens. Ed. by William Quirk. 2019. (ENG., Illus.). 106p. (YA). pap. 9.99 (978-0-578-44327-0(9)) Beth Detjens, Author.

Never Caught, the Story of Ona Judge: George & Martha Washington's Courageous Slave Who Dared to Run Away; Young Readers Edition. Erica Armstrong Dunbar & Kathleen Van Cleve. (ENG.). 272p. (J). (gr. 4-8). 2020. pap. 8.99 (978-1-5344-1618-5(8)); 2019. (Illus.). 19.99 (978-1-5344-1617-8(X)) Simon & Schuster Children's Publishing. (Aladdin).

Never Coming Home. Kate M. Williams. 2022. (ENG.). 320p. (YA). (gr. 9). 18.99 (978-0-593-30486-0(1), Delacorte Pr.) Random Hse. Children's Bks.

Never-Contented Things. Sarah Porter. 2019. (ENG.). 368p. (YA). pap. 18.99 (978-0-7653-9674-7(2), 900180636, Tor Teen) Doherty, Tom Assocs., LLC.

Never Cried Wolf. Brianna Rae Quinn. 2023. (ENG.). 534p. (YA). pap. 14.95 (978-1-7356362-8-3(2)) Brianna Rae Quinn.

Never Dawn. R. E. Palmer. 2017. (ENG., Illus.). (J). pap. (978-0-9562593-6-3(7)) FrontRunner Pubns.

Never Ending Forever Sticky Booger. Jennifer Walde. 2017. (ENG.). 34p. (J). pap. (978-1-387-01086-8(7)) Lulu Pr., Inc.

Never-Ending Game. Mo Dirani & Hwee Goh. Illus. by Liew. 2019. (Plano Adventures Ser.). 1351p. (J). pap. 12.99 (978-981-4828-96-3(3)) Marshall Cavendish International (Asia) Private Ltd. SGP. Dist: Independent Pubs. Group.

Never-Ending Sticker Fun: Bible Animals. Harvest House Publishers. 2017. (ENG.). 10p. (J). (gr. -1-3). spiral bd. 12.99 (978-0-7369-7257-4(9), 6972574) Harvest Hse. Pubs.

Never Ending Story Time: 18 Years of African Folktales. Franziska Mbonglou & Elisabeth Juechser. 2019. (ENG.). pap. 9.90 (978-0-578-58549-9(9)) Mbonglou, Franziska.

Never-Ending Sweater. Erin Welch. Illus. by Dorothy Leung. 2023. (ENG.). 32p. (J). (gr. -1-k). 21.95 (978-1-4598-3473-6(9)) Orca Bk. Pubs. USA.

Never EVER Dance with a Dracula: A Funny Rhyming, Read Aloud Picture Book. Adam Wallace & Mary Nhin. 2021. (ENG.). 36p. (J). 19.99 (978-1-63731-268-1(7)) Grow Grit Pr.

Never Ever Getting Back Together. Sophie Gonzales. 2022. (ENG., Illus.). 384p. (YA). 18.99 (978-1-250-81916-1(4), 900250035, Wednesday Bks.) St. Martin's Pr.

Never EVER Race a Reindeer: A Funny Rhyming, Read Aloud Picture Book. Adam Wallace & Mary Nhin. 2021. (ENG.). 36p. (J). 19.99 (978-1-63731-287-2(3)) Grow Grit Pr.

Never EVER Tickle a Turkey: A Funny Rhyming, Read Aloud Picture Book. Adam Wallace & Mary Nhin. 2021. (ENG.). 34p. (J). 19.99 (978-1-63731-285-8(7)) Grow Grit Pr.

Never EVER Upset a Unicorn: A Funny, Rhyming Read Aloud Story Kid's Picture Book. Adam Wallace & Mary Nhin. 2021. (ENG.). 34p. (J). 19.99 (978-1-63731-248-3(2)) Grow Grit Pr.

Never Fade (Bonus Content)-The Darkest Minds, Book 2. Alexandra Bracken. 2018. (Darkest Minds Novel Ser.: 2). (ENG.). 576p. (YA). (gr. 7-12). pap. 10.99 (978-1-368-02246-0(4), Disney-Hyperion) Disney Publishing Worldwide.

Never Fear, God Is Near. Mikal Keefer. Illus. by Nomar Perez. 2018. (Best of Li'l Buddies Ser.). (ENG.). 16p. bds. 6.99 (978-1-4707-5036-7(8)) Group Publishing, Inc.

Never Feed a Bear! Rosie Greening. Illus. by Shannon Hays. 2020. (ENG.). 12p. (J). (— 1). bds. 9.99 (978-1-78947-574-6(0)) Make Believe Ideas GBR. Dist: Scholastic, Inc.

Never Feed a Grumpy Reindeer. Rosie Greening. Illus. by Stuart Lynch. 2020. (ENG.). 12p. (J). (— 1). bds. 9.99 (978-1-78947-717-7(4)) Make Believe Ideas GBR. Dist: Scholastic, Inc.

Never Feed a Lion! Rosie Greening. Illus. by Stuart Lynch. 2021. (ENG.). 12p. (J). (— 1). bds. 9.99 (978-1-80058-131-9(9)) Make Believe Ideas GBR. Dist: Scholastic, Inc.

Never Feed a Queen a Jellybean. Rosie Greening. Illus. by Kali Stileman. 2019. (ENG.). 12p. (J). (— 1). bds. 9.99 (978-1-78947-049-9(8)) Make Believe Ideas GBR. Dist: Scholastic, Inc.

Never Feed a Troll a Casserole. Kali Stileman. 2020. (ENG.). 12p. (J). (— 1). bds. 9.99 (978-1-78947-375-9(6)) Make Believe Ideas GBR. Dist: Scholastic, Inc.

Never Fight a Viking in Your Underwear. Richard Loper. 2019. (ENG.). 34p. (J). pap. 23.96 (978-0-359-63529-0(6)) Lulu Pr., Inc.

Never Fight Alone: 51 Inspiring Interviews to Help Teens Overcome Their Struggles & Improve Their Mental Health. Shelomo Solson. 2020. (ENG.). 306p. (YA). pap. (978-0-578-76299-9(4)) WORDIT CONTENT DESIGN AND EDITING SERVICES PVT LTD.

Never Follow a Dinosaur, 1 vol. Alex Latimer. 2016. (ENG., Illus.). 32p. (J). (gr. -1-3). 16.95 (978-1-56145-704-5(3)) Peachtree Publishing Co. Inc.

Never Follow a Spider! Rosie Greening. Illus. by Stuart Lynch. 2021. (ENG.). 12p. (J). (— 1). 9.99 (978-1-80058-130-2(0)) Make Believe Ideas GBR. Dist: Scholastic, Inc.

Never for Ever, Vol. 1 of 3 (Classic Reprint) Russell Gray. 2018. (ENG., Illus.). 318p. (J). 30.48 (978-0-484-07951-8(4)) Forgotten Bks.

Never for Ever, Vol. 2 of 3 (Classic Reprint) Russell Gray. 2018. (ENG., Illus.). 322p. (J). 30.56 (978-0-332-15149-6(2)) Forgotten Bks.

Never for Ever, Vol. 3 of 3 (Classic Reprint) Russell Gray. 2018. (ENG., Illus.). 328p. (J). 30.68 (978-0-483-78638-7(1)) Forgotten Bks.

Never Forget: September 11 & Terrorism in America. Virginia Loh-Hagan. 2022. (Behind the Curtain Ser.). (ENG., Illus.). 32p. (J). (gr. 4-8). pap. 14.21 (978-1-6689-0061-1(0), 220152); lib. bdg. 32.07 (978-1-5341-9947-7(0), 220008) Cherry Lake Publishing. (45th Parallel Press).

Never Forget Eleanor. Jason June. Illus. by Loren Long. 2023. (ENG.). 40p. (J). (gr. -1-3). 18.99 (978-0-06-303962-9(1), HarperCollins) HarperCollins Pubs.

Never Forget to Follow Your Heart! Penelope Dyan. Illus. by Penelope Dyan. l.t. ed. 2022. (ENG.). 34p. (J). pap. 12.60 (978-1-61477-569-0(9)) Bellissima Publishing, LLC.

Never Forgotten: A Story (Classic Reprint) Percy Fitzgerald. (ENG., Illus.). (J). 2018. 452p. 33.24 (978-0-483-41726-7(2)); 2016. pap. 16.57 (978-1-334-11639-1(3)) Forgotten Bks.

Never Forgotten, Vol. 1 of 3 (Classic Reprint) Percy Fitzgerald. (ENG., Illus.). (J). 2018. 336p. 30.85 (978-0-484-67022-7(0)); 2017. pap. 13.57 (978-0-243-53403-6(5)) Forgotten Bks.

Never Forgotten, Vol. 2 of 3 (Classic Reprint) Percy Fitzgerald. 2018. (ENG., Illus.). 338p. (J). 30.87 (978-0-484-07210-6(2)) Forgotten Bks.

Never Forgotten, Vol. 3 of 3 (Classic Reprint) Percy Hetherington Fitzgerald. 2018. (ENG., Illus.). 352p. (J). 31.18 (978-0-483-26077-1(0)) Forgotten Bks.

Never Get Bored Book IR. James & Hull Maclaine & Lara Bryan. 2019. (ENG.). 128ppp. (J). 14.99 (978-0-7945-4292-4(1), Usborne) EDC Publishing.

Never Girls #11: into the Waves (Disney: the Never Girls) Kiki Thorpe. Illus. by Jana Christy. 2016. (Never Girls Ser.: 11). (ENG.). 128p. (J). (gr. 1-4). 6.99 (978-0-7364-3525-3(5), RH/Disney) Random Hse. Children's Bks.

Never Girls #12: in the Game (Disney: the Never Girls) Kiki Thorpe. Illus. by Jana Christy. 2016. (Never Girls Ser.: 12). (ENG.). 128p. (J). (gr. 1-4). 6.99 (978-0-7364-3527-7(1), RH/Disney) Random Hse. Children's Bks.

Never Girls #13: under the Lagoon (Disney: the Never Girls) Kiki Thorpe. Illus. by Jana Christy. 2016. (Never Girls Ser.: 13). (ENG.). 128p. (J). (gr. 1-4). 6.99 (978-0-7364-3529-1(8), RH/Disney) Random Hse. Children's Bks.

Never Girls Collection #3 (Disney: the Never Girls) Books 9-12, 4 vols. Kiki Thorpe. Illus. by Jana Christy. 2016. (Never Girls Ser.). (ENG.). 512p. (J). (gr. 1-4). 27.96 (978-0-7364-3521-5(2), RH/Disney) Random Hse. Children's Bks.

Never Girls Volume 2: Books 4-6 (Disney: the Never Girls) Kiki Thorpe. Illus. by Jana Christy. 2016. (Never Girls Ser.). (ENG.). 384p. (J). (gr. 1-4). 15.99 (978-0-7364-3581-9(6), RH/Disney) Random Hse. Children's Bks.

Never Give Nana's Bunny a Bath. Debbe Hughes Nelson. 2023. (Nana Debbe's Bunny Ser.: Vol. 1). (ENG.). 32p. (J). pap. 15.99 (978-1-6629-1360-0(5)); 28.99 (978-1-6629-1359-4(1)) Gatekeeper Pr.

Never Give Up! Ronni Cain. Illus. by Reginald Byers. 2021. (ENG.). 32p. (J). pap. 12.00 (978-1-0983-5568-5(7)) BookBaby.

Never Give Up. Jessica Hannon. 2022. (ENG.). 114p. (J). (978-1-0391-3474-4(2)); pap. (978-1-0391-3473-7(4)) FriesenPress.

Never Give Up. Terri Dunn Stamper. 2020. (ENG.). 20p. (J). 22.95 (978-1-64701-772-9(6)); pap. 12.95 (978-1-64628-963-9(3)) Page Publishing Inc.

Never Give Up. Antrice Wright. 2018. (ENG., Illus.). 26p. (J). pap. 12.95 (978-1-64214-613-4(7)) Page Publishing Inc.

Never Give Up: A Journey from Class Clown to School Principal. Noteh Glogauer. 2016. (ENG.). 370p. (J). 28.95 (978-1-78629-634-4(9), 0f9700bb-d78c-4cb9-9bfc-3fc052cfd525) Austin Macauley Pubs. Ltd. GBR. Dist: Baker & Taylor Publisher Services (BTPS).

Never Give Up: Dr. Kati Karikó & the Race for the Future of Vaccines. Debbie Dadey. Illus. by Juliana Oakley. 2023. (ENG.). 40p. (J). (gr. k-4). 21.99 (978-1-7284-5633-1(9), 6952544e-ab1a-4fa2-8604-a29796bc7288, Millbrook Pr.) Lerner Publishing Group.

Never Give Up: Or How Children May Be Happy (Classic Reprint) Mary Hall Adams. (ENG., Illus.). (J). 2018. 170p. 27.40 (978-0-332-19275-8(X)); 2016. pap. 9.97 (978-1-334-12922-3(3)) Forgotten Bks.

Never Give Up: Or, the News-Boys (Classic Reprint) Madeline Leslie. 2018. (ENG., Illus.). 270p. (J). 29.47 (978-0-267-22073-1(1)) Forgotten Bks.

Never Give up on Yourself. Jennifer Arzu. 2022. (ENG.). 26p. (J). pap. 9.99 (978-1-0880-7437-4(5)) Indy Pub.

Never Grow Up. Roald Dahl. Illus. by Quentin Blake. 2021. (ENG.). 32p. (J). (gr. -1-3). 17.99 (978-0-593-35305-9(6), Viking Books for Young Readers) Penguin Young Readers Group.

Never Grow Up. Karen Kingsbury & Tyler Russell. Illus. by Olivia Chin Mueller. (Baxter Family Children Story Ser.). (ENG.). 304p. (J). (gr. 3-7). 2022. pap. 8.99 (978-1-5344-1222-4(0)); 2021. 17.99 (978-1-5344-1221-7(2)) Simon & Schuster/Paula Wiseman Bks. (Simon & Schuster/Paula Wiseman Bks.).

Never Insult a Killer Zucchini. Elana Azose & Brandon Amancio. Illus. by David Clark. 2016. 32p. (J). (gr. 2-5). lib. bdg. 16.95 (978-1-58089-618-4(9)) Charlesbridge Publishing, Inc.

Never Kiss & Tell. Megan Gaudino. 2016. (ENG., Illus.). (J). pap. 18.99 (978-1-77233-964-2(4)) Evernight Publishing.

Never Kiss Your Roommate. Philline Harms. 2021. (ENG.). 384p. (YA). pap. 10.99 (978-1-989365-81-6(7), 900240320) Wattpad Bks. CAN. Dist: Macmillan.

Never Let You Go. Patricia Storms. 2018. (ENG., Illus.). 32p. (J). (gr. -1-1). 14.99 (978-1-5107-3871-3(1), Sky Pony Pr.) Skyhorse Publishing Co., Inc.

Never Look Back. Lilliam Rivera. (ENG.). 320p. (YA). 2021. pap. 10.99 (978-1-5476-0742-6(4), 900240862); 2020. 18.99 (978-1-5476-0373-2(9), 900215098) Bloomsbury Publishing USA. (Bloomsbury Young Adult).

Never Look for a Chameleon! Rosie Greening. Illus. by Stuart Lynch. 2021. (ENG.). 12p. (J). (— 1). bds. 8.99 (978-1-80058-129-6(7)) Make Believe Ideas GBR. Dist: Scholastic, Inc.

Never Married Dating: Null. Never Married Dating. 2023. (ENG.). 86p. (YA). pap. 19.98 (978-1-329-05557-5(8)) Lulu Pr., Inc.

Never Mess with a Pirate Princess! Holly Ryan. Illus. by Sian Roberts. 2022. (ENG.). 32p. (J). (gr. -1-2). 17.99 (978-1-68010-275-8(3)) Tiger Tales.

Never Mind the Monkey Mind. Denise McCormick. Illus. by Chloe Helms. 2021. (ENG.). 32p. (J). pap. 10.99 (978-1-957124-02-5(4)) Butler, Kate Bks.

Never, Never: A Young Adult Romance. Michelle Areaux. 2020. (Shady Oak Ser.: Vol. 10). (ENG.). 102p. (YA). (gr. 7-12). pap. 7.99 (978-1-64533-239-8(X)) Kingston Publishing Co.

Never Never-Villains, Book 9. Serena Valentino. 2022. (Villains Ser.). (ENG.). 256p. (YA). (gr. 7-12). 17.99 (978-1-368-02529-4(3), Disney-Hyperion) Disney Publishing Worldwide.

Never, Not Ever! Beatrice Alemagna. Illus. by Beatrice Alemagna. 2021. (ENG., Illus.). 48p. (J). (gr. -1-3). 17.99 (978-0-06-307649-5(7), HarperCollins) HarperCollins Pubs.

Never Odd or Even: US Edition. John Townsend. ed. 2018. (ENG.). 100p. (J). (gr. 4-13). pap. 8.99 (978-1-944589-31-8(7), Incorgnito Publishing Pr.) Incorgnito Publishing Pr. LLC.

Never Open It: the Taboo Trilogy. Ken Niimura & Ken Niimura. 2021. (ENG., Illus.). 416p. (J). (gr. 11-17). pap. 20.00 (978-1-9753-2583-1(4), Yen Pr.) Yen Pr. LLC.

Never Pat a Bear: A Book about Signs. Mabel Watts. Illus. by Art Seiden. 2021. (Little Golden Book Ser.). 24p. (J). (-k). 5.99 (978-0-593-30657-4(0), Golden Bks.) Random Hse. Children's Bks.

Never Play Checkers with a Leapfrog. Todd Day. 2019. (ENG.). 114p. (J). pap. (978-1-7947-6076-9(8)) Lulu Pr., Inc.

Never Pop a Unicorn! Rosie Greening. Illus. by Stuart Lynch. 2022. (ENG.). 12p. (J). (— 1). bds. 9.99 (978-1-80337-505-2(1)) Make Believe Ideas GBR. Dist: Scholastic, Inc.

Never Put an Alligator in Your Car: Life Lessons for Children of All Ages. Beth Detjens. 2019. (Never Ser.: Vol. 2). (ENG.). 112p. (YA). (gr. 7-12). pap. 9.99 (978-0-578-49724-2(7)) Beth Detjens, Author.

Never Quit: How I Became a Special Ops Pararescue Jumper. Jimmy Settle & Don Rearden. 2018. (Illus.). (ENG.). 304p. (YA). 18.99 (978-1-250-13961-0(9), 900179410, St. Martin's Griffin); viii, 293p. (J). pap. (978-1-250-31752-0(5)) St. Martin's Pr.

Never Rest. Marshall Thornton. 2022. (ENG.). 280p. (YA). pap. 12.99 (978-1-0880-6170-1(2)) Indy Pub.

Never Rub Noses with a Narwhal: An Alliterative Arctic ABC Book. Ruth Wellborn. Illus. by Morgan Wellborn. 2018. (ENG.). 64p. (J). pap. (978-1-5255-2593-3(X)) FriesenPress.

Never Satisfied Vol. 1. Taylor Robin. 2023. (Never Satisfied Ser.: 1). (Illus.). 264p. (gr. 8-12). pap. 17.99 (978-1-63858-397-4(8)) Seven Seas Entertainment, LLC.

Never Saw You Coming: A Novel. Erin Hahn. 2021. (ENG., Illus.). 320p. (YA). 19.99 (978-1-250-76124-8(7), 900228719, Wednesday Bks.) St. Martin's Pr.

Never Say Die. Anthony Horowitz. (Alex Rider Ser.: 11). (ENG.). 368p. (J). (gr. 5). 2018. 9.99 (978-1-5247-3932-4(4), Puffin Books); 2017. 17.99 (978-1-5247-3930-0(8), Philomel Bks.) Penguin Young Readers Group.

Never Say Die (Classic Reprint) Grand Duke. (ENG., Illus.). (J). 2018. 210p. 28.25 (978-0-365-06321-6(5)); 2017. pap. 10.97 (978-0-259-40534-4(5)) Forgotten Bks.

Never Say Goodbye. Lea Gillespie Gant. 2023. (ENG.). 34p. (J). pap. 12.99 (978-1-4002-4801-8(9), Tommy Nelson) Nelson, Thomas Inc.

Never Seen a Star. Ben Konrad. 2017. (ENG., Illus.). 40p. (J). pap. (978-1-365-14783-8(5)) Lulu Pr., Inc.

Never Squish a Unicorn! Rosie Greening. Illus. by Make Believe Ideas. 2021. (ENG.). 16p. (J). bds. 9.99 (978-1-80058-132-6(7)) Make Believe Ideas GBR. Dist: Scholastic, Inc.

Never Stop Believing: Padded Board Book. IglooBooks. Illus. by Kim Barnes. 2021. (ENG.). 24p. (J). (-k). bds. 8.99 (978-1-80022-823-8(6)) Igloo Bks. GBR. Dist: Simon & Schuster, Inc.

Never Stop Wondering. Emily Morgan. 2019. (ENG., Illus.). 32p. (J). (gr. 2-4). pap. 13.99 (978-1-68140-008-2(1)) National Science Teachers Assn.

Never Swim in Applesauce. Katherine Applegate. ed. 2016. (Roscoe Riley Rules Ser.: 4). (J). lib. bdg. 14.75 (978-0-606-38737-8(4)) Turtleback.

Never Take a Monkey to a Christmas Market. Ciara Lynch. 2023. (ENG.). 28p. (J). pap. (978-1-0358-0662-1(2)) Austin Macauley Pubs. Ltd.

Never Take a Pirate's Pearls. Ann P. Borrmann. Illus. by Tracee Guzman. 2023. (ENG.). 32p. (J). pap. 11.99 (978-1-960137-09-8(3)); 17.99 (978-1-960137-07-4(7)) Lawley Enterprises.

Never Taking My Crown off Again. Elsie Guerrero. 2021. (ENG.). 20p. (J). 19.99 (978-1-0880-1853-8(X)) Elsie Publishing Co.

Never Talk to Ravens: Illustrated Edition. M. L. Flurry. 2019. (Xavion & Jamieson Time-Out Adventure Ser.: Vol. 1). (ENG., Illus.). 130p. (J). pap. 8.99 (978-1-7333843-0-8(8)) Flurry Group.

Never Tell an Angel. Ashleigh Hartley. 2017. (ENG., Illus.). (YA). pap. 14.95 (978-1-63568-454-4(4)) Page Publishing Inc.

Never That Far. Carol Lynch Williams. 2018. (ENG.). 176p. (J). (gr. 3-7). 16.99 (978-1-62972-409-6(2), 5194456, Shadow Mountain) Shadow Mountain Publishing.

Never the Same. Julia Taves. 2019. (ENG., Illus.). 28p. (J). pap. 12.95 (978-1-64559-102-3(6)) Covenant Bks.

Never the Same: Encounters with Jesus. Jacquelin McCall Brown. 2017. (ENG., Illus.). (YA). pap. 13.49 (978-1-5456-1689-5(2)) Salem Author Services.

Never Tilting World. Rin Chupeco. (Never Tilting World Ser.: 1). (ENG.). (YA). (gr. 9). 2020. 512p. pap. 11.99 (978-0-06-282188-1(1)); 2019. (Illus.). 496p. 17.99 (978-0-06-282179-9(2)) HarperCollins Pubs. (HarperTeen).

Never-Told Tales (Classic Reprint) William J. Robinson. 2018. (ENG., Illus.). 214p. (J). 28.31 (978-0-364-38052-9(7)) Forgotten Bks.

Never Too Bored to Have Fun Activity Book 6-8. Educando Kids. 2019. (ENG.). 42p. (J). pap. 8.55 (978-1-64521-746-6(9), Educando Kids) Editorial Imagen.

Never Too Young! 50 Unstoppable Kids Who Made a Difference. Aileen Weintraub. Illus. by Laura Horton. 2018. 112p. (J). (gr. 3-7). 14.95 (978-1-4549-2917-8(0)) Sterling Publishing Co., Inc.

Never Touch a Crocodile! Rosie Greening. Illus. by Shannon Hays. 2020. (ENG.). 10p. (J). (— 1). bds. 10.99 (978-1-78947-956-0(8)) Make Believe Ideas GBR. Dist: Scholastic, Inc.

Never Touch a Dinosaur! Rosie Greening. Illus. by Stuart Lynch. (ENG.). (J). 2020. 10p. (— 1). bds. 10.99 (978-1-78947-883-9(9)); 2019. 12p. (gr. -1-7). 12.99 (978-1-78843-660-1(1)) Make Believe Ideas GBR. Dist: Scholastic, Inc.

Never Touch a Dinosaur Jigsaw. Rosie Greening. Illus. by Stuart Lynch. 2020. (ENG.). (J). 12.99 (978-1-78947-431-2(0)) Make Believe Ideas GBR. Dist: Scholastic, Inc.

Never Touch a Dinosaur Sticker Activity Book. Elanor Best. Illus. by Stuart Lynch. 2019. (ENG.). 72p. (J). (gr. -1-7). pap. 9.99 (978-1-78947-026-0(9)) Make Believe Ideas GBR. Dist: Scholastic, Inc.

Never Touch a Dragon! Rosie Greening. Illus. by Stuart Lynch. 2020. (ENG.). 10p. (J). (— 1). bds. 10.99 (978-1-78947-884-6(7)) Make Believe Ideas GBR. Dist: Scholastic, Inc.

Never Touch a Grumpy Bat! Illus. by Make Believe Ideas. 2021. (ENG.). 16p. (J). (— 1). bds. 10.99 (978-1-80058-280-4(3)) Make Believe Ideas GBR. Dist: Scholastic, Inc.

Never Touch a Grumpy Bunny! Rosie Greening. Illus. by Stuart Lynch. 2021. (ENG.). 12p. (J). (— 1). bds. 10.99 (978-1-80058-268-2(4)) Make Believe Ideas GBR. Dist: Scholastic, Inc.

Never Touch a Grumpy Elf! Rosie Greening. Illus. by Stuart Lynch. 2020. (ENG.). 10p. (J). (gr. -1 — 1). bds. 10.99 (978-1-78843-925-1(2)) Make Believe Ideas GBR. Dist: Scholastic, Inc.

Never Touch a Grumpy Reindeer! Rosie Greening. Illus. by Stuart Lynch. 2022. (ENG.). 10p. (J). (— 1). 10.99 (978-1-80337-287-7(7)) Make Believe Ideas GBR. Dist: Scholastic, Inc.

Never Touch a Kangaroo! Make Believe Ideas. Illus. by Stuart Lynch. 2021. (ENG.). 12p. (J). bds. 10.99 (978-1-80058-696-3(5)) Make Believe Ideas GBR. Dist: Scholastic, Inc.

1450

The check digit for ISBN-10 appears in parentheses after the full ISBN-13

TITLE INDEX NEW BAEDEKER

Never Touch a Koala! Make Believe Ideas. Illus. by Stuart Lynch. 2021. (ENG.). 12p. (J). bds. 10.99 *(978-1-80058-205-7(6))* Make Believe Ideas GBR. Dist: Scholastic, Inc.

Never Touch a Monster! Rosie Greening. Illus. by Stuart Lynch. 2020. (ENG.). 10p. (J). (— 1). bds. 10.99 *(978-1-78947-882-2(0))* Make Believe Ideas GBR. Dist: Scholastic, Inc.

Never Touch a Panda! Rosie Greening. Illus. by Stuart Lynch. 2020. (ENG.). 10p. (J). (— 1). bds. 10.99 *(978-1-78947-745-0(X))* Make Believe Ideas GBR. Dist: Scholastic, Inc.

Never Touch a Piranha! Illus. by Make Believe Ideas. 2021. (ENG.). 10p. (J). (— 1). bds. 10.99 *(978-1-80058-260-6(9))* Make Believe Ideas GBR. Dist: Scholastic, Inc.

Never Touch a Polar Bear! Rosie Greening. Illus. by Stuart Lynch. 2020. (ENG.). 10p. (J). (— 1). bds. 10.99 *(978-1-78947-888-4(X))* Make Believe Ideas GBR. Dist: Scholastic, Inc.

Never Touch a Porcupine! Rosie Greening. Illus. by Stuart Lynch. 2020. (ENG.). 10p. (J). (— 1). bds. 10.99 *(978-1-78947-887-7(1))* Make Believe Ideas GBR. Dist: Scholastic, Inc.

Never Touch a Porcupine Sticker Activity Book. Amy Boxshall. Illus. by Stuart Lynch. 2020. (ENG.). 32p. (J). (gr. -1-7). pap. 9.99 *(978-1-78947-791-7(3))* Make Believe Ideas GBR. Dist: Scholastic, Inc.

Never Touch a Shark! Rosie Greening. Illus. by Stuart Lynch. (ENG.). (J). (— 1). 2021. 12p. 19.99 *(978-1-80058-127-2(0))*; 2020. 10p. bds. 10.99 *(978-1-78947-886-0(3))* Make Believe Ideas GBR. Dist: Scholastic, Inc.

Never Touch a Shark Jigsaw. Rosie Greening. Illus. by Stuart Lynch. 2021. (ENG.). (J). (— 1). 14.99 *(978-1-80337-234-1(6))* Make Believe Ideas GBR. Dist: Scholastic, Inc.

Never Touch a Shark Jigsaw. Make Believe Ideas. Illus. by Stuart Lynch. 2021. (ENG.). (J). 12.99 *(978-1-80058-328-3(1))* Make Believe Ideas GBR. Dist: Scholastic, Inc.

Never Touch a Shark! Sticker Activity Book. Amy Boxshall. Illus. by Stuart Lynch. 2020. (ENG.). 72p. (J). (gr. -1-7). pap. 9.99 *(978-1-78947-390-2(X))* Make Believe Ideas GBR. Dist: Scholastic, Inc.

Never Touch a Snake! Rosie Greening. Illus. by Make Believe Ideas. 2021. (ENG.). 12p. (J). (— 1). bds. 10.99 *(978-1-78947-977-5(0))* Make Believe Ideas GBR. Dist: Scholastic, Inc.

Never Touch a Spider! Rosie Greening. Illus. by Stuart Lynch. 2018. (ENG.). 12p. (J). 9.99 ***(978-1-78843-358-7(0))*** Make Believe Ideas GBR. Dist: Scholastic, Inc.

Never Touch a T. Rex! Rosie Greening. Illus. by Stuart Lynch. 2020. (ENG.). 32p. (J). (gr. -1 — 1). 16.99 *(978-1-78947-381-0(0))*; pap. 8.99 *(978-1-78947-380-3(2))* Make Believe Ideas GBR. Dist: Scholastic, Inc.

Never Touch a Tiger! Rosie Greening. Illus. by Stuart Lynch. 2020. (ENG.). 10p. (J). (— 1). bds. 10.99 *(978-1-78947-889-1(8))* Make Believe Ideas GBR. Dist: Scholastic, Inc.

Never Touch a Tiger! Jigsaw. Rosie Greening. Illus. by Stuart Lynch. 2021. (ENG.). (J). (— 1). 14.99 *(978-1-80337-235-8(4))*; 12.99 *(978-1-80058-311-5(7))* Make Believe Ideas GBR. Dist: Scholastic, Inc.

Never Touch a Zebra! Rosie Greening. Illus. by Stuart Lynch. 2022. (ENG.). 10p. (J). (— 1). 10.99 *(978-1-80337-452-9(7))* Make Believe Ideas GBR. Dist: Scholastic, Inc.

Never Touch the Bugs! Rosie Greening. Illus. by Stuart Lynch. 2021. (ENG.). 14p. (J). (— 1). bds. 9.99 *(978-1-80058-152-4(1))* Make Believe Ideas GBR. Dist: Scholastic, Inc.

Never Touch the Dinosaurs. Rosie Greening. Illus. by Stuart Lynch. 2019. (ENG.). 14p. (J). (gr. -1 — 1). 9.99 *(978-1-78843-983-1(X))* Make Believe Ideas GBR. Dist: Scholastic, Inc.

Never Touch the Grumpy Chicks. Rosie Greening. Illus. by Stuart Lynch. 2022. (ENG.). 14p. (J). (— 1). bds. 9.99 *(978-1-80058-388-7(5))* Make Believe Ideas GBR. Dist: Scholastic, Inc.

Never Touch the Monsters! Rosie Greening. 2020. (ENG., Illus.). 14p. (J). (— 1). bds. 9.99 *(978-1-78947-706-1(9))* Make Believe Ideas GBR. Dist: Scholastic, Inc.

Never Touch the Sharks! Rosie Greening. Illus. by Make Believe Ideas. 2020. (ENG.). 16p. (J). (— 1). bds. 9.99 *(978-1-78947-373-5(X))* Make Believe Ideas GBR. Dist: Scholastic, Inc.

Never Touch the Wild Animals. Make Believe Ideas. Illus. by Stuart Lynch. 2021. (ENG.). 14p. (J). bds. 9.99 *(978-1-80058-262-0(5))* Make Believe Ideas GBR. Dist: Scholastic, Inc.

Never Trumpet with a Crumpet. Amy Gibson. Illus. by Jenn Harney. 2019. 32p. (J). (gr. -1-2). 17.95 *(978-1-62979-304-7(3)*, Astra Young Readers) Astra Publishing Hse.

Never Trust a Gemini. Freja Nicole Woolf. 2023. (ENG.). 320p. (YA). (gr. 7). 19.99 *(978-1-5362-3054-3(5))* Candlewick Pr.

Never Trust a Tiger: A Tale from Korea. Lari Don. Illus. by Melanie Williamson. 2019. (Stories from Around the World Ser.). (ENG.). 48p. (J). (gr. 1-5). pap. 6.99 ***(978-1-78285-838-6(5))*** Barefoot Bks., Inc.

Never Trust Strangers. Jerry Tiner & Sheila Tiner. 2019. (ENG.). 32p. (J). pap. 17.95 ***(978-1-4834-9613-9(9))*** Wright Bks.

Never Trust the Man Below. Jay Pagan. 2018. (ENG., Illus.). 26p. (J). 22.95 *(978-1-64191-769-8(5))*; pap. 12.95 *(978-1-64140-479-2(5))* Christian Faith Publishing.

Never Vacation with Your Ex. Emily Wibberley & Austin Siegemund-Broka. 2023. 336p. (YA). (gr. 7). 18.99 *(978-0-593-32690-9(3)*, Viking Books for Young Readers) Penguin Young Readers Group.

Never Veil Complete Series. Amy McNulty. 2018. (ENG., Illus.). 732p. (YA). (gr. 7-12). pap. *(978-1-988902-28-9(2))* Patchwork Pr.

Never Veil Series. Amy McNulty. 2021. (ENG.). 744p. (YA). pap. 24.99 *(978-1-952667-47-3(X))* Snowy Wings Publishing.

Never Wake a Sleeping Nanny. J. Robinson. 2023. (ENG.). 36p. (J). ***(978-1-0391-6164-1(2))***; pap. ***(978-1-0391-6163-4(4))*** FriesenPress.

Never Walk Alone. Trevor Szafranski. 2018. (ENG., Illus.). 30p. (J). 22.95 *(978-1-64258-088-4(0))* Christian Faith Publishing.

Never Wanted. Russ Thompson. 2021. (Finding Forward Ser.). (ENG.). 114p. (YA). pap. 6.99 *(978-1-7373157-1-1(8))* Finding Forward Bks.

Never Was a Grump Grumpier. T. C. Bartlett. Illus. by T. C. Bartlett. 2022. (ENG.). 50p. (J). 19.99 ***(978-1-7339086-3-4(3))*** Over The Edge Studios.

Nevera de Maddi. Lois Brandt. Illus. by Vin Vogel. 2018. (SPA.). 32p. (J). (gr. k-2). 16.95 *(978-1-936261-97-0(9))* Flashlight Pr.

#NeverAgain: Preventing Gun Violence. Rachael L. Thomas. 2019. (#Movements Ser.). (ENG.). 32p. (J). (gr. 5-9). lib. bdg. 32.79 *(978-1-5321-1932-3(1)*, 32263, Abdo & Daughters) ABDO Publishing Co.

Neverdying. Shanti Hershenson. 2022. (ENG.). 436p. (YA). 25.99 *(978-1-0878-7990-1(6))* Indy Pub.

Neverforgotten. Alejandra Algorta. Tr. by Aida Salazar. Illus. by Ivan Rickenmann. 2023. (ENG.). 144p. (J). (gr. 3-7). pap. 9.99 *(978-1-64614-204-0(7))* Levine Querido.

Neverland Coloring Book for Children (6x9 Coloring Book / Activity Book) Sheba Blake. 2021. (ENG.). 26p. (J). pap. 9.99 *(978-1-222-29288-6(2))* Indy Pub.

Neverland Coloring Book for Children (8. 5x8. 5 Coloring Book / Activity Book) Sheba Blake. 2021. (ENG.). 26p. (J). pap. 12.99 *(978-1-222-29306-7(4))* Indy Pub.

Neverland Coloring Book for Children (8x10 Coloring Book / Activity Book) Sheba Blake. 2021. (ENG.). 26p. (J). pap. 14.99 *(978-1-222-29289-3(0))* Indy Pub.

Neverlanders. Tom Taylor. Illus. by Jon Sommariva. 2022. (ENG.). 192p. (YA). (gr. 7). 22.99 *(978-0-593-35171-0(1))*; pap. 16.99 *(978-0-593-35175-8(4))* Penguin Young Readers Group. (Razorbill).

Neverland's Key: A Pirate Princess's Last Chance. R. V. Bowman. 2020. (Pirate Princess Chronicles Ser.: Vol. 3). (ENG.). 222p. (J). pap. 12.99 *(978-1-0879-1750-4(6))* Indy Pub.

Nevermoor: the Trials of Morrigan Crow. Jessica Townsend. (Nevermoor Ser.: 1). (ENG.). (J). (gr. 3-7). 2018. 512p. pap. 8.99 *(978-0-316-50889-6(6))*; 2017. 480p. 17.99 *(978-0-316-50888-9(8))*; 2017. 640p. 45.99 *(978-0-316-43995-4(9))* Little, Brown Bks. for Young Readers.

Nevermore Books: Two Tales of Terror. Reyna Young. 2017. (ENG., Illus.). (J). pap. 9.98 *(978-1-946874-08-5(6))* Black Bed Sheet Bks.

Nevermore (Classic Reprint) Rolf Boldrewood. 2018. (ENG., Illus.). 382p. (J). 31.78 *(978-0-365-32430-0(2))* Forgotten Bks.

Nevermore, Vol. 1 of 3 (Classic Reprint) Rolf Boldrewood. 2018. (ENG., Illus.). 254p. (J). 29.14 *(978-0-483-22471-1(5))* Forgotten Bks.

Nevermore, Vol. 2 of 3 (Classic Reprint) Rolf Boldrewood. (ENG., Illus.). (J). 2018. 264p. 29.34 *(978-0-483-58171-5(2))*; 2016. pap. 11.97 *(978-1-333-44400-6(1))* Forgotten Bks.

Nevers, 1 vol. Sara Cassidy. 2019. (ENG., Illus.). 240p. (J). (gr. 4-7). pap. 10.95 *(978-1-4598-2163-7(7))* Orca Bk. Pubs. USA.

Neverstop: 12 Principles of Success. Cameron Colvin. 2016. (ENG., Illus.). (YA). pap. 24.95 *(978-0-9903262-5-0(X))* Next Stop Publishing.

Nevertaken. Hershenson. 2023. (ENG.). 288p. (YA). 25.99 ***(978-1-0880-7213-4(5))*** Indy Pub.

Nevertell. Katharine Orton. 2020. (ENG., Illus.). 336p. (J). (gr. 4-7). 18.99 *(978-1-5362-0712-5(8))* Candlewick Pr.

Nevertheless, We Persisted: 48 Voices of Defiance, Strength, & Courage. Ed. by In This Together Media. (ENG.). 320p. (YA). (gr. 7). 2019. pap. 12.99 *(978-1-5247-7199-7(6)*, Ember); 2018. (Illus.). 18.99 *(978-1-5247-7196-6(1)*, Knopf Bks. for Young Readers) Random Hse. Children's Bks.

Neverwake. Amy Plum. (Dreamfall Ser.: 2). (ENG.). (YA). (gr. 9). 2019. 320p. pap. 9.99 *(978-0-06-242991-9(4))*; 2018. 304p. 17.99 *(978-0-06-242990-2(6))* HarperCollins Pubs. (HarperTeen).

Neverworld: The Great Dragon. M. Drakiore. 2017. (ENG., Illus.). (YA). (gr. 7-12). pap. 13.50 *(978-1-68181-968-6(6))* Strategic Book Publishing & Rights Agency (SBPRA).

Neverworld Wake. Marisha Pessl. 2020. (ENG.). 336p. (YA). (gr. 7). pap. 10.99 *(978-0-399-55394-3(0)*, Ember) Random Hse. Children's Bks.

Neverwraith. Shakir Rashaan. 2023. (ENG.). 400p. (YA). pap. 12.99 *(978-1-64937-334-2(1)*, 900281309) Entangled Publishing, LLC.

Neville. Giles Clement. 2017. (ENG., Illus.). (J). pap. 19.78 *(978-1-4828-6428-1(2))* Partridge Pub.

Neville the Imagination Wizard. Tanya Latter. 2019. (ENG.). 30p. (J). *(978-1-5289-3059-8(2))*; pap. *(978-1-5289-3058-1(4))* Austin Macauley Pubs. Ltd.

Nevvie's World Upside Down. Megan C. M. Nelson. 2022. (ENG.). 36p. (J). ***(978-0-2288-5272-8(2))***; pap. ***(978-0-2288-5271-1(4))*** Tellwell Talent.

New Abelard a Romance, Vol. 2 (Classic Reprint) Robert Buchanan. 2018. (ENG., Illus.). 270p. (J). 29.47 *(978-0-484-22821-3(8))* Forgotten Bks.

New Adam & Eve. Nathanial Hawthorne. 2017. (ENG., Illus.). (J). pap. *(978-0-649-11464-1(7))* Trieste Publishing Pty Ltd.

New Adventure. Steve Foxe. ed. 2018. (Passport to Reading Ser.). (ENG.). 30p. (J). (gr. -1-1). 13.89 *(978-1-64310-596-3(5))* Penworthy Co., LLC, The.

New Adventures in the Garden of Secrets. Dorothy Fallows-Thompson. 2017. (ENG., Illus.). 66p. (J). pap. 15.91 *(978-0-244-64819-0(0))* Lulu Pr., Inc.

New Adventures in the Garden of Secrets Book 2. Dorothy Fallows-Thompson. 2019. (ENG.). 60p. (J). pap. *(978-0-244-12403-8(5))* Lulu Pr., Inc.

New Adventures in the Garden of Secrets 'Herb Feels Deflated' Dorothy Fallows-Thompson. 2019. (ENG.). 68p. (J). pap. *(978-0-244-73161-8(6))* Lulu Pr., Inc.

New Adventures: My New Friend. Tom Easton. Illus. by Charlie Alder. 2022. (New Adventures Ser.). (ENG.). 32p. (J). (gr. k-2). pap. 12.99 *(978-1-4451-5903-4(1)*, Franklin Watts) Hachette Children's Group GBR. Dist: Hachette Bk. Group.

New Adventures: My New House. Tom Easton. Illus. by Charlie Alder. 2022. (New Adventures Ser.). (ENG.). 32p. (J). (gr. k-2). pap. 12.99 *(978-1-4451-5883-9(3)*, Franklin Watts) Hachette Children's Group GBR. Dist: Hachette Bk. Group.

New Adventures: My New School. Tom Easton. Illus. by Charlie Alder. 2022. (New Adventures Ser.). (ENG.). 32p. (J). (gr. k-2). pap. 12.99 *(978-1-4451-5901-0(5)*, Franklin Watts) Hachette Children's Group GBR. Dist: Hachette Bk. Group.

New Adventures: My New Sibling. Tom Easton. Illus. by Charlie Alder. 2022. (New Adventures Ser.). (ENG.). 32p. (J). (gr. k-2). pap. 12.99 *(978-1-4451-5905-8(8)*, Franklin Watts) Hachette Children's Group GBR. Dist: Hachette Bk. Group.

New Adventures of A. R. Achnid (Revised Edition) Sandi Smith. Illus. by Kathy Lee. 2017. (ENG.). (J). 19.99 *(978-0-9983183-7-0(X))* Mindstir Media.

New Adventures of Alice: Written & Pictured (Classic Reprint) John Rea. (ENG., Illus.). (J). 2018. 194p. 27.90 *(978-0-332-92882-1(9))*; 2016. pap. 10.57 *(978-1-334-13919-2(9))* Forgotten Bks.

New Adventures of Jake Jetpulse Reading & Math Skills Activity Book. Led Bradshaw. 2018. (ENG.). 56p. (J). pap. ***(978-0-359-09267-3(5))*** Lulu Pr., Inc.

New Adventures Story Box (Peppa Pig), 1 vol. Scholastic. Illus. by Scholastic. 2019. (ENG.). 144p. (J). (gr. -1-k). pap., pap., pap. 10.99 *(978-1-338-33923-9(0))* Scholastic, Inc.

New Aesop Fables for Children Volumes 1-5: (Bilingual Version) Tr. by Rong Zhang. 2022. (ENG.). 218p. (J). pap. ***(978-1-387-68020-7(X))*** Lulu Pr., Inc.

New Age of Gold: Or the Life & Adventures of Robert Dexter Romaine (Classic Reprint) Robert Dexter Romaine. 2018. (ENG., Illus.). 414p. (J). 32.44 *(978-0-483-26284-3(6))* Forgotten Bks.

New Age (the Erth Dragons #3) Chris d'Lacey. 2019. (Erth Dragons Ser.: 3). (ENG.). 368p. (J). (gr. 3-7). 16.99 *(978-1-338-29192-6(0)*, Scholastic Pr.) Scholastic, Inc.

New Alice in the Old Wonderland (Classic Reprint) Anna M. Richards. 2018. (ENG., Illus.). 310p. (J). 30.31 *(978-0-666-04610-9(7))* Forgotten Bks.

New America Awakenings. Tyler Davis. 2020. (ENG.). (YA). 386p. 31.95 *(978-1-64654-875-0(2))*; 388p. pap. 19.95 *(978-1-64654-873-6(6))* Fulton Bks.

New American Botanist & Florist: Including Lessons in the Structure, Life, & Growth of Plants, Together with a Simple Analytical Flora Descriptive of the Native & Cultivated Plants Growing in the Atlantic Division of the American Union. Alphonso Wood. 2018. (ENG., Illus.). (J). 662p. 37.57 *(978-0-366-31882-7(9))*; 664p. pap. 19.97 *(978-0-365-88209-1(7))* Forgotten Bks.

New American Primary Speller (Classic Reprint) Samuel Mecutchen. (ENG., Illus.). (J). 2017. 25.61 *(978-0-266-44376-6(1))*; 2016. pap. 9.57 *(978-1-333-90688-7(9))* Forgotten Bks.

New American Third Reader. Epes Sargent. 2017. (ENG., Illus.). (J). pap. *(978-0-649-48602-1(1))* Trieste Publishing Pty Ltd.

New American Third Reader (Classic Reprint) Epes Sargent. (ENG., Illus.). (J). 2018. 138p. 26.74 *(978-0-483-43582-7(1))*; 2016. pap. 9.57 *(978-1-334-14019-8(7))* Forgotten Bks.

New & Complete Dictionary of the English & German Languages, Vol. 2: With Two Sketches of Grammar, English & German; German-English (Classic Reprint) J. h. Kaltschmidt. 2018. (ENG., Illus.). 536p. (J). 34.93 *(978-0-428-83090-8(0))* Forgotten Bks.

New & Complete Fortune Teller: A Being a Treatise on the Art of Foretelling Future Events (Classic Reprint) Ibraham Ali Mahomed Hafez. 2018. (ENG., Illus.). 114p. (J). 26.25 *(978-0-332-04601-3(X))* Forgotten Bks.

New & Complete Newgate Calendar, or Villany Displayed in All Its Branches, Vol. 2 Of 6: Containing New & Authentic Accounts of All the Lives, Adventures, Exploits, Trials, Executions & Last Dying Speeches, Confessions (as Well As Letters to Thei. William Jackson. (ENG., Illus.). (J). 2018. 410p. 32.39 *(978-0-484-65680-1(5))*; 2016. pap. 16.57 *(978-1-333-40616-5(9))* Forgotten Bks.

New & Complete System of Universal Geography, Vol. 4 Of 4: Describing Asia, Africa, Europe & America; with Their Subdivisions of Republics, States, Empires, & Kingdoms; Extent, Boundaries, & Remarkable Appearances of Each Country, Cities, Towns, John Payne. 2017. (ENG., Illus.). (J). 650p. 37.30 *(978-0-484-33417-4(4))*; pap. 19.97 *(978-0-282-04359-9(4))* Forgotten Bks.

New & Literal Translation of Juvenal & Persius, Vol. 1 Of 2: With Copious Explanatory Notes, by Which These Difficult Satirists Are Rendered Easy & Familiar to the Reader (Classic Reprint) Juvenal Juvenal. (ENG., Illus.). (J). 2018. 312p. 30.35 *(978-0-365-30590-3(1))*; 2017. pap. 13.57 *(978-0-259-41067-6(5))* Forgotten Bks.

New & Literal Translation of Juvenal & Persius, Vol. 2 Of 2: With Copious Explanatory Notes, by Which These Difficult Satirists Are Rendered Easy & Familiar to the Reader (Classic Reprint) Juvenal Juvenal. (ENG., Illus.). (J). 2018. 350p. 31.12 *(978-0-484-38733-0(2))*; 2017. 34.35 *(978-0-266-72186-4(9))*; 2017. pap. 16.97 *(978-1-5276-7883-5(0))*; 2017. pap. 13.57 *(978-0-243-94063-9(7))* Forgotten Bks.

New & Old Friends Coloring Book. Kreative Kids. 2016. (ENG., Illus.). (J). pap. 9.20 *(978-1-68377-428-0(0))* Whike, Traudl.

New & Original, Plan for Reading Applied to the Applied Best Literature for Children, Vol. 10 (Classic Reprint) Charles H. Sylvester. 2018. (ENG., Illus.). 532p. (J). 34.87 *(978-0-267-67365-0(5))* Forgotten Bks.

New & Practical Pocket Dictionary, English-German & German-English, on a New System, Vol. 1: The Pronunciation Phonetically Indicated by Means of German Letters, with Copious Lists of Abbreviations, Baptismal & Geographical Names. J. S. S. Rothwell. 2017. (ENG., Illus.). (J). 808p. 40.58 *(978-0-332-70128-8(X))*; 810p. pap. 23.57 *(978-0-332-35204-6(8))* Forgotten Bks.

New & Selected Poems (Classic Reprint) Thomas Hornsby Ferril. 2017. (ENG., Illus.). (J). 27.79 *(978-0-331-56697-0(4))*; pap. 10.57 *(978-0-243-28431-3(4))* Forgotten Bks.

New & the Old, or California & India in Romantic Aspects (Classic Reprint) John Williamson Palmer. 2018. (ENG., Illus.). 444p. (J). 33.05 *(978-0-483-81234-5(X))* Forgotten Bks.

New Antigone (Classic Reprint) William Francis Barry. 2018. (ENG., Illus.). 602p. (J). 36.31 *(978-0-267-17182-8(X))* Forgotten Bks.

New Antigone, Vol. 1 Of 3: A Romance in Three Volumes (Classic Reprint) William Francis Barry. 2018. (ENG., Illus.). 290p. (J). 29.88 *(978-0-484-91195-5(3))* Forgotten Bks.

New Apprentice. Vincent Morrone & Danielle Morrone. 2020. (Krane Chronicles Ser.: Vol. 1). (ENG.). 398p. (YA). pap. 18.99 *(978-1-5092-3096-9(3))* Wild Rose Pr., Inc., The.

New Apprentice. Michael Weber. 2023. (ENG.). 378p. (YA). 27.99 ***(978-1-64538-717-6(8))***; pap. 19.99 ***(978-1-64538-719-0(4))*** Orange Hat Publishing. (TEN16 Pr.).

New Arabian Nights. Robert Louis Stevenson. 2017. (ENG.). (J). 344p. pap. *(978-3-7447-5600-6(9))*; 340p. pap. *(978-3-7447-5998-4(9))* Creation Pubs.

New Arabian Nights: Select Tales, Not Included by Galland or Lane (Classic Reprint) Unknown Author. 2018. (ENG., Illus.). 408p. (J). 32.31 *(978-0-428-25421-6(7))* Forgotten Bks.

New Arabian Nights: The Dynamiter (Classic Reprint) Robert Louis Stevenson. (ENG., Illus.). (J). 2018. 558p. 35.41 *(978-0-483-36834-7(2))*; 2016. pap. 19.57 *(978-1-333-66548-7(2))* Forgotten Bks.

New Arabian Nights: The Novels & Tales of Robert Louis Stevenson (Classic Reprint) Robert Louis Stevenson. 2017. (ENG., Illus.). (J). 36.58 *(978-0-265-29156-6(9))* Forgotten Bks.

New Arabian Nights, and, the Dynamiter (Classic Reprint) Robert Louis Stevenson. 2017. (ENG., Illus.). (J). 35.96 *(978-1-5284-8965-2(9))* Forgotten Bks.

New Arcadia: An Australian Story (Classic Reprint) Horace Tucker. 2018. (ENG., Illus.). 322p. (J). 30.54 *(978-0-483-73882-9(4))* Forgotten Bks.

New Archies. Archie Superstars. 2020. (Archie Comics Presents Ser.). (ENG., Illus.). 224p. (J). (gr. 4-7). pap. 10.99 *(978-1-68255-809-6(6))* Archie Comic Pubns., Inc.

New Aristocracy (Classic Reprint) Birch Arnold. 2018. (ENG., Illus.). 320p. (J). 30.50 *(978-0-483-75243-6(6))* Forgotten Bks.

New Army in Training (Classic Reprint) Rudyard Kipling. 2018. (ENG., Illus.). 68p. (J). 25.30 *(978-0-364-42017-1(0))* Forgotten Bks.

New Arrival. Vanya Nastanlieva. 2017. (ENG., Illus.). 1p. (J). (gr. -1-3). 8.99 *(978-1-77229-009-7(2))* Simply Read Bks. CAN. Dist: Ingram Publisher Services.

New Arrival. Claire Williams. Illus. by Israt Liza. 2022. (ENG.). 26p. (J). ***(978-0-2288-7970-1(1))***; pap. ***(978-0-2288-7969-5(8))*** Tellwell Talent.

New Astronomy. Samuel Pierpont Langley. 2017. (ENG.). 276p. (J). pap. *(978-3-337-39619-0(4))* Creation Pubs.

New at School. Nancy O'Leary. Illus. by Kate Flanagan. 2022. (ENG.). 20p. (J). pap. ***(978-1-922835-03-1(X))*** Library For All Limited.

New at the Zoo. Carmen Crowe. Ed. by Cottage Door Press. Illus. by Mitchell Miller. 2021. (ENG.). 10p. (J). (gr. -1-k). bds. 16.99 *(978-1-64638-045-9(2)*, 1006190) Cottage Door Pr.

New Baby. Christine Platt. 2020. (Ana & Andrew Set 2 Ser.). (ENG., Illus.). 32p. (J). (gr. 2-2). pap. 9.95 *(978-1-64494-262-8(3)*, 1644942623, Calico Kid) ABDO Publishing Co.

New Baby. Christine Platt. Illus. by Junissa Bianda. 2019. (Ana & Andrew Ser.). (ENG.). 32p. (J). (gr. -1-3). lib. bdg. 32.79 *(978-1-5321-3638-2(2)*, 33722, Calico Chapter Bks) Magic Wagon.

New Baby! Carol Zeavin & Rhona Silverbush. Illus. by Jon Davis. 2020. 16p. (J). *(978-1-4338-3250-5(X)*, Magination Pr.) American Psychological Assn.

New Baby: Leveled Reader Yellow Fiction Level 7 Grade 1. Hmh Hmh. 2019. (Rigby PM Ser.). (ENG.). 16p. (J). (gr. 1). pap. 11.00 *(978-0-358-12168-8(X))* Houghton Mifflin Harcourt Publishing Co.

New Baby Brother for Tiddles. Alicia Taylor. 2021. (ENG.). 32p. (J). pap. *(978-0-6450924-4-8(4))* Taylor, Alicia.

New Baby for Birdie. Katja Reider & Clever Publishing. Illus. by Sebastien Braun. 2020. (Clever Family Stories Ser.). (ENG.). 18p. (J). (gr. -1 — 1). bds. 5.99 *(978-1-949998-94-8(0))* Clever Media Group.

New Baby, Here I Come! D. J. Steinberg. Illus. by John Joven. 2023. (Here I Come! Ser.). 32p. (J). (gr. -1-1). pap. 6.99 ***(978-0-593-38723-8(6)***, Grosset & Dunlap) Penguin Young Readers Group.

New Baby, How Can This Be? Dawn Kasperski. Illus. by Nora Racz. 2021. (ENG.). 38p. (J). pap. 10.99 *(978-1-64949-204-3(9))* Elk Lake Publishing, Inc.

New Baby, How Can This Be? Dawn Kasperski. Illus. by Nora Racz. 2021. (ENG.). 38p. (J). pap. 12.99 *(978-1-64949-206-7(5))* Elk Lake Publishing, Inc.

New Baby, How Can This Be? Dawn Kasperski & Nora Racz. 2021. (ENG.). 38p. (J). 18.99 *(978-1-64949-205-0(7))* Elk Lake Publishing, Inc.

New Baby (revised Edition) Lie Dirkx. 2021. (ENG., Illus.). 32p. (J). 10.95 *(978-1-908714-90-9(5))* Cicada Bks. GBR. Dist: Consortium Bk. Sales & Distribution.

New Baby World. Mary Mapes Dodge. 2017. (ENG.). 222p. (J). pap. *(978-3-7447-2432-6(8))* Creation Pubs.

New Baby World: Stories, Rhymes, & Pictures for Little Folks (Classic Reprint) Mary Mapes Dodge. 2018. (ENG., Illus.). 220p. (J). 28.45 *(978-0-484-54500-6(0))* Forgotten Bks.

New Back to School. Sandra Wilson. 2020. (ENG.). 30p. (J). pap. *(978-0-9919177-6-1(6))* Wilson, Sandra.

New Baedeker: Being Casual Notes of an Irresponsible Traveller (Classic Reprint) Harry Thurston Peck. 2017.

N

(ENG., Illus.). (J). 32.39 *(978-0-331-92450-3(1))* Forgotten Bks.

New Bandmate, 5. Melody Reed. ed. 2019. (Major Eights Ser.). (ENG.). 96p. (J). (gr. 2-3). 14.96 *(978-0-87617-324-4(5))* Penworthy Co., LLC, The.

New Barnes Readers: Book One: First Year-Second Half. Herman Dressel. 2017. (ENG., Illus.). (J). pap. *(978-0-649-41935-7(9))* Trieste Publishing Pty Ltd.

New Barnes Readers: First Year First Half; Primer (Classic Reprint) May Robbins. 2018. (ENG., Illus.). 104p. (J). 26.04 *(978-0-332-92799-2(7))* Forgotten Bks.

New Barnes Readers Book One, Vol. 2: First Year-Second Half (Classic Reprint) Herman Dressel. (ENG., Illus.). (J). 2018. 102p. 26.02 *(978-0-364-31084-7(7))*; 2017. pap. 9.57 *(978-0-282-66020-8(8))* Forgotten Bks.

New Barnes Readers. Book Three. Herman Dressel et al. 2017. (ENG., Illus.). (J). pap. *(978-0-649-65618-9(0))* Trieste Publishing Pty Ltd.

New Barnes Readers (Classic Reprint) Herman Dressel. 2018. (ENG., Illus.). 256p. (J). 29.18 *(978-0-483-36279-6(4))* Forgotten Bks.

New Barnes Readers, Vol. 4 (Classic Reprint) Herman Dressel. (ENG., Illus.). (J). 2018. 324p. 30.60 *(978-0-267-00236-8(X))*; 2017. pap. 13.57 *(978-0-243-93544-4(7))* Forgotten Bks.

New Basket. Elizabeth; Peattie Massie. Ed. by Cindy Peattie. 2016. (Spring Forward Ser.). (ENG.). (J). (gr. 1). 7.20 net. *(978-1-4900-6029-3(4))* Benchmark Education Co.

New Beacon Primer (Classic Reprint) James Hiram Fassett. (ENG., Illus.). (J). 2018. 160p. 27.22 *(978-0-364-11190-1(9))*; 2017. pap. 9.57 *(978-0-259-60049-7(0))* Forgotten Bks.

New Bed-Time Stories (Classic Reprint) Louise Chandler Moulton. 2018. (ENG., Illus.). (J). 254p. 29.14 *(978-0-365-05963-9(3))*; 256p. pap. 11.57 *(978-0-656-60355-8(0))* Forgotten Bks.

New Bedford Fifty Years Ago (Classic Reprint) Maud Mendall Nelson. 2018. (ENG., Illus.). 38p. (J). 24.85 *(978-0-332-89224-5(7))* Forgotten Bks.

New Beginning. Robin Worden. 2020. (Changes Trilogy Ser.: Vol. 3). (ENG.). 226p. (J). pap. 15.00 *(978-1-7338803-5-0(6))* Worden, Robin.

New Beginning. Gema Zepeda. Illus. by Oscar Moran. 2021. (ENG.). 27p. (J). *(978-1-6671-9975-7(7))* Lulu Pr., Inc.

New Beginning (Pokémon: Galar Chapter Book #1) (Media Tie-In) Rebecca Shapiro. ed. 2020. (Pokémon Chapter Bks.). (ENG.). 128p. (J). (gr. 2-5). pap. 5.99 *(978-1-338-67084-4(0))* Scholastic, Inc.

New Big Book of U. S. Presidents 2020 Edition: Fascinating Facts about Each & Every President, Including an American History Timeline. Running Press. 2021. (ENG., Illus.). 56p. (J). (gr. 3-7). 13.99 *(978-0-7624-7144-7(1))*, Running Pr. Kids) Running Pr.

New Bilingual Visual Dictionary (English-Arabic), 1 vol. Sedat Turhan. 2nd ed. 2017. (New Bilingual Visual Dictionary Ser.). (ENG., Illus.). 148p. (J). (gr. k-2). 19.95 *(978-1-78508-881-0(5))* Milet Publishing.

New Bilingual Visual Dictionary (English-Bengali), 1 vol. Sedat Turhan. 2nd ed. 2017. (New Bilingual Visual Dictionary Ser.). (ENG., Illus.). 148p. (J). (gr. k-2). 19.95 *(978-1-78508-882-7(3))* Milet Publishing.

New Bilingual Visual Dictionary (English-Chinese), 1 vol. Sedat Turhan. 2nd ed. 2017. (New Bilingual Visual Dictionary Ser.). (ENG., Illus.). 148p. (J). (— 1). 19.95 *(978-1-78508-883-4(1))* Milet Publishing.

New Bilingual Visual Dictionary (English-Farsi), 16 vols. Sedat Turhan. 2nd ed. 2017. (New Bilingual Visual Dictionary Ser.). (ENG., Illus.). 148p. (J). (gr. k-2). 24.95 *(978-1-78508-884-1(X))* Milet Publishing.

New Bilingual Visual Dictionary (English-French), 1 vol. Sedat Turhan. 2nd ed. 2017. (New Bilingual Visual Dictionary Ser.). (ENG., Illus.). 148p. (J). (gr. k-2). 19.95 *(978-1-78508-885-8(8))* Milet Publishing.

New Bilingual Visual Dictionary (English-German), 16 vols. Sedat Turhan. 2nd ed. 2017. (New Bilingual Visual Dictionary Ser.). (ENG., Illus.). 148p. (J). (gr. k-2). 24.95 *(978-1-78508-886-5(6))* Milet Publishing.

New Bilingual Visual Dictionary (English-Korean), 1 vol. Sedat Turhan. 2017. (New Bilingual Visual Dictionary Ser.). (ENG., Illus.). 148p. (J). (gr. k-2). 19.95 *(978-1-78508-888-9(2))* Milet Publishing.

New Bilingual Visual Dictionary (English-Polish), 1 vol. Sedat Turhan. 2nd ed. 2017. (New Bilingual Visual Dictionary Ser.). (ENG., Illus.). 148p. (J). (gr. k-2). 19.95 *(978-1-78508-889-6(0))* Milet Publishing.

New Bilingual Visual Dictionary (English-Russian), 1 vol. Sedat Turhan. 2nd ed. 2017. (New Bilingual Visual Dictionary Ser.). (ENG., Illus.). 148p. (J). (gr. k-2). 19.95 *(978-1-78508-891-9(2))* Milet Publishing.

New Bilingual Visual Dictionary (English-Somali), 1 vol. Sedat Turhan. 2nd ed. 2017. (New Bilingual Visual Dictionary Ser.). (ENG., Illus.). 148p. (J). (gr. k-2). 19.95 *(978-1-78508-892-6(0))* Milet Publishing.

New Bilingual Visual Dictionary (English-Turkish), 16 vols. Sedat Turhan. 2nd ed. 2017. (New Bilingual Visual Dictionary Ser.). (ENG., Illus.). 148p. (J). (gr. k-2). 24.95 *(978-1-78508-894-0(7))* Milet Publishing.

New Bilingual Visual Dictionary (English-Urdu), 16 vols. Sedat Turhan. 2nd ed. 2017. (New Bilingual Visual Dictionary Ser.). (ENG., Illus.). 148p. (J). (gr. k-2). 24.95 *(978-1-78508-895-7(5))* Milet Publishing.

New Bilingual Visual Dictionary (English-Vietnamese), 1 vol. Sedat Turhan. 2nd ed. 2017. (New Bilingual Visual Dictionary Ser.). (ENG., Illus.). 148p. (J). (gr. k-2). 19.95 *(978-1-78508-896-4(3))* Milet Publishing.

New Blockey World. Manish Arun Kumar et al. 2023. (Da Llamas' in Mindcraft Ser.). (ENG.). 30p. (J). ***(978-1-0391-7901-1(0))***; pap. ***(978-1-0391-7900-4(2))*** FriesenPress.

New Blood: A Story of the Folks That Make America (Classic Reprint) Louise Rice. (ENG., Illus.). (J). 2018. 116p. 26.25 *(978-0-484-56167-9(7))*; 2017. pap. 9.57 *(978-0-243-89245-7(4))* Forgotten Bks.

New Blue Fairy Book. Laird Stevens. 2019. (ENG.). 318p. (J). pap. 16.95 *(978-0-9939590-4-2(0))* Paris Pr.

New Blue Fairy Book: Part 1: Fairy Tales 1 To 6. Laird Stevens. 2019. (New Blue Fairy Book Ser.: Vol. 1). (ENG.). 110p. (J). pap. 6.95 *(978-0-9939590-5-9(9))* Paris Pr.

New Blue Fairy Book: Part 2: Fairy Tales 7 To 12. Laird Stevens. 2019. (New Blue Fairy Book Ser.: Vol. 2). (ENG.). 110p. (J). pap. 6.95 *(978-0-9939590-6-6(7))* Paris Pr.

New Blue Fairy Book: Part 3: Fairy Tales 13 To 18. Laird Stevens. 2019. (New Blue Fairy Book Ser.: Vol. 3). (ENG.). 106p. (J). pap. 6.95 *(978-0-9939590-7-3(5))* Paris Pr.

New Bodies for Old (Classic Reprint) Maurice Renard. (ENG., Illus.). (J). 2018. 312p. 30.33 *(978-0-483-39860-3(8))*; 2016. pap. 13.57 *(978-1-334-12329-0(2))* Forgotten Bks.

New Book for Jack. Lois Lunsford. 2017. (ENG., Illus.). (J). (gr. k-6). 17.99 *(978-1-365-86120-8(1))*; pap. 13.99 *(978-1-365-86122-2(8))* Lulu Pr., Inc.

New Book for Jack Dyslexic Font. Lois Lunsford. 2017. (ENG., Illus.). (J). (gr. k-6). 17.99 *(978-1-365-86121-5(X))*; pap. 13.99 *(978-1-365-86123-9(6))* Lulu Pr., Inc.

New Book of Birds: An Album of Natural History (Classic Reprint) Horace George Groser. (ENG., Illus.). (J). 2018. 324p. 30.58 *(978-0-267-36352-0(4))*; 2016. pap. 13.57 *(978-1-334-16702-7(8))* Forgotten Bks.

New Book of Martyrs: From the French of Georges Duhamel (Classic Reprint) Florence Simmonds. 2018. (ENG., Illus.). 222p. (J). 28.50 *(978-0-483-13533-8(X))* Forgotten Bks.

New Book of Two Hundred Pictures (Classic Reprint) Unknown Author. (ENG., Illus.). (J). 2018. 208p. 28.19 *(978-0-483-67715-9(9))*; 2016. pap. 10.57 *(978-1-334-13535-4(5))* Forgotten Bks.

New Books for Newborns Collection (Boxed Set) Good Night, My Darling Baby; Mama Loves You So; Blanket of Love; Welcome Home, Baby! ed. 2017. (New Books for Newborns Ser.). (ENG., Illus.). 64p. (J). (— 1). bds. 31.99 *(978-1-5344-1015-2(5))*, Little Simon) Little Simon.

New Border Tales (Classic Reprint) George Brisbane Douglas. 2017. (ENG., Illus.). (J). 29.96 *(978-1-5284-7092-6(3))* Forgotten Bks.

New Boy at the Academy. Sam Hawk. 2019. (ENG.). 332p. (YA). pap. 16.99 *(978-1-950412-38-9(5))* NineStar Pr.

New Brighton Guide. Anthony Pasquin. 2017. (ENG., Illus.). 74p. (J). pap. *(978-3-337-15238-3(4))* Creation Pubs.

New Brighton Guide: Involving a Complete, Authentic, & Honorable Solution of the Recent Mysteries of Carlton House (Classic Reprint) Anthony Pasquin. 2018. (ENG., Illus.). 76p. (J). 25.48 *(978-0-428-72500-6(7))* Forgotten Bks.

New Britain Phrase Book (Classic Reprint) J. H. L. Waterhouse. (ENG., Illus.). (J). 2018. 60p. 25.13 *(978-0-267-51861-6(7))*; 2016. pap. 9.57 *(978-1-333-71021-7(6))* Forgotten Bks.

New British Novelist, Vol. 28 Of 50: Comprising Works by the Most Popular & Fashionable Writers of the Present Day (Classic Reprint) Unknown Author. (ENG., Illus.). (J). 2018. 310p. 30.31 *(978-0-666-78498-8(1))*; 2017. pap. 13.57 *(978-0-259-20664-4(4))* Forgotten Bks.

New British Novelist, Vol. 40 Of 50: Comprising Works by the Most Popular & Fashionable Writer of the Present Day (Classic Reprint) Unknown Author. (ENG., Illus.). (J). 2018. 342p. 30.95 *(978-0-483-07133-9(1))*; 2016. pap. 13.57 *(978-1-334-76502-5(2))* Forgotten Bks.

New Brother Trouble: A Fostering Love Series. Carmen Pates Wilson. 2019. (ENG., Illus.). 32p. (J). pap. 12.99 *(978-1-7335752-0-1(0))* GIWU Publishing.

New Brunswick. Leah Sarich. 2018. (O Canada Ser.). (ENG.). 32p. (J). lib. bdg. 22.99 *(978-1-5105-3644-9(2))* SmartBook Media, Inc.

New Canadian Kid / Invisible Kids: Second Edition. Dennis Foon. 2nd ed. 2019. (ENG.). 112p. pap. 18.95 *(978-1-77091-954-9(6))* Playwrights Canada Pr. CAN. Dist: Consortium Bk. Sales & Distribution.

New Canadian Readers: First Primer; Prescribed for Use in the Schools of British Columbia; Prescribed for Use in the Schools of Prince Edward Island (Classic Reprint) W. J. Cage and Company Limited. (ENG., Illus.). (J). 2018. 58p. 25.09 *(978-0-267-48858-2(0))*; 2017. pap. 9.57 *(978-0-259-86779-1(9))* Forgotten Bks.

New Canterbury Tales (Classic Reprint) Maurice Hewlett. 2017. (ENG., Illus.). 294p. (J). 29.96 *(978-1-5284-6589-2(X))* Forgotten Bks.

New Car for Charlie. Trey King. ed. 2019. (Passport to Reading Ser.). (ENG.). 32p. (J). (gr. k-2). 13.89 *(978-1-64310-796-7(8))* Penworthy Co., LLC, The.

New Careers for the 21st Century: Finding Your Role in the Global Renewal, 15 vols., Set. Incl. Environmental Science & Protection: Keeping Our Planet Green. Cordelia Strange. pap. 9.95 *(978-1-4222-2034-4(6))*; Freelance & Technical Writers: Words for Sale. Camden Flath. pap. 9.95 *(978-1-4222-2035-1(4))*; Green Construction: Creating Energy-Efficient, Low-Impact Buildings. Malinda Miller. pap. 9.95 *(978-1-4222-2036-8(2))*; Medical Technicians: Health-Care Support for the 21st Century. Cordelia Strange. pap. 9.95 *(978-1-4222-2038-2(9))*; Modern Mechanics: Maintaining Tomorrow's Green Vehicles. Malinda Miller. pap. 9.95 *(978-1-4222-2039-9(7))*; Pharmaceutical Industry: Better Medicine for the 21st Century. Malinda Miller. pap. 9.95 *(978-1-4222-2040-5(0))*; Physicians Assistants & Nurses: New Opportunities in the 21st-Century Health System. Cordelia Strange. pap. 9.95 *(978-1-4222-2041-2(9))*; Social Workers: Finding Solutions for Tomorrow's Society. Camden Flath. (Illus.). pap. 9.95 *(978-1-4222-2042-9(7))*; Therapy Jobs in Educational Settings: Speech, Physical, Occupational & Audiology. Camden Flath. (Illus.). pap. 9.95 *(978-1-4222-2047-4(8))*; Tomorrow's Enterprising Scientists: Computer Software Designers & Specialists. Camden Flath. pap. 9.95 *(978-1-4222-2043-6(5))*; Tomorrow's Teachers: Urban Leadership, Empowering Students & Improving Lives. Malinda Miller. pap. 9.95 *(978-1-4222-2044-3(3))*; Tomorrow's Transportation: Green Solutions for Air, Land, & Sea. Malinda Miller. pap. 9.95 *(978-1-4222-2045-0(1))*; 21st-Century Counselors: New Approaches to Mental Health & Substance Abuse. Camden Flath. pap. 9.95 *(978-1-4222-2046-7(X))*; 64p. (YA). (gr. 7-18). 2010. 2011. Set pap. 149.25 *(978-1-4222-2032-0(X))*; 344.25 *(978-1-4222-1811-2(2)*, 1318079) Mason Crest.

New Carthage: La Nouvelle Carthage (Classic Reprint) Georges Eekhoud. 2018. (ENG., Illus.). 396p. (J). 32.06 *(978-0-483-44704-2(8))* Forgotten Bks.

New Catalogue of Vulgar Errors (Classic Reprint) Stephen Fovargue. 2016. (ENG., Illus.). (J). pap. 10.57 *(978-1-333-28559-3(0))* Forgotten Bks.

New Century: First Reader (Classic Reprint) H. Avis Perdue. 2017. (ENG., Illus.). (J). 26.29 *(978-0-260-16449-0(6))* Forgotten Bks.

New Century First Reader (Classic Reprint) Hannah Avis Perdue. (ENG., Illus.). (J). 2018. 104p. 26.06 *(978-0-666-52094-4(1))*; 2017. pap. 9.57 *(978-0-259-30154-7(X))* Forgotten Bks.

New Century Fourth Reader: Selected & Adapted from the World's Standard Literature (Classic Reprint) Unknown Author. (ENG., Illus.). (J). 2018. 314p. 30.37 *(978-0-484-81580-2(6))*; 2016. pap. 13.57 *(978-1-334-12570-6(8))* Forgotten Bks.

New Century Readers for Childhood Days: First Year (Classic Reprint) John Gilbert Thompson. (ENG., Illus.). (J). 2018. 140p. 26.78 *(978-0-365-14607-0(2))*; 2017. pap. 9.57 *(978-0-259-17297-0(9))* Forgotten Bks.

New Century Readers; Nature, Myth & Story: Third Year (Classic Reprint) John G. Thompson. 2017. (ENG., Illus.). (J). 28.29 *(978-0-331-98094-3(0))*; pap. 10.97 *(978-0-243-93909-1(4))* Forgotten Bks.

New Century Second Reader (Classic Reprint) F. E. Lavictoire. (ENG., Illus.). (J). 2018. 170p. 27.40 *(978-0-656-93473-7(5))*; 2016. pap. 9.97 *(978-1-334-38675-6(7))* Forgotten Bks.

New Century Third Reader (Classic Reprint) H. S. Tibbits. 2017. (ENG., Illus.). (J). 29.01 *(978-0-265-17688-7(3))* Forgotten Bks.

New Cheats of London Exposed, or the Frauds & Tricks of the Town Laid Open to Both Sexes: Being a Guard Against the Iniquitous Practices of That Metropolis (Classic Reprint) Unknown Author. (ENG., Illus.). (J). 2018. 98p. 25.94 *(978-0-656-42084-1(7))*; 2017. pap. 9.57 *(978-0-282-04237-0(7))* Forgotten Bks.

New Children's Encyclopedia: Packed with Thousands of Facts, Stats, & Illustrations. DK. 2022. (DK Children's Visual Encyclopedias Ser.). (ENG., Illus.). 304p. (J). (gr. 4-7). 29.99 *(978-0-7440-5622-8(5))*; pap. 19.99 *(978-0-7440-5621-1(7))* Dorling Kindersley Publishing, Inc. (DK Children).

New Children's Encyclopedia: Science, Animals, Human Body, Space, & More! Claire Hibbert et al. 2021. (ENG.). 256p. (J). 24.99 *(978-1-3988-0944-4(6)*, f2825059-ec1c-40f5-88fe-4db38733df50) Arcturus Publishing GBR. Dist: Baker & Taylor Publisher Services (BTPS).

New Children's Songs see Nuevas Canciones Infantiles

New Christians (Classic Reprint) Percy White. 2018. (ENG., Illus.). 470p. (J). 33.59 *(978-0-483-41097-8(7))* Forgotten Bks.

New Chronicles of Rebecca (Classic Reprint) Kate Douglas Wiggin. 2017. (ENG., Illus.). (J). 33.94 *(978-0-265-60198-3(3))* Forgotten Bks.

New City. Deborah Abela. 2020. (Grimsdon Ser.: 2). 320p. (J). (gr. 4-6). 16.99 *(978-1-76089-255-5(6))*, Puffin) Penguin Random Hse. AUS. Dist: Independent Pubs. Group.

New City Catechism for Kids. Gospel Coalition. 2018. (New City Catechism Curriculum Ser.). (ENG.). 64p. pap. 1.99 *(978-1-4335-6129-0(8))* Crossway.

New Clan. David Weber & Jane Lindskold. (Star Kingdom (Weber) Ser.: 4). (ENG.). (YA). 2023. 464p. mass mkt. 9.99 *(978-1-9821-9275-4(5))*; 2022. 432p. 18.99 *(978-1-9821-9189-4(9))* Baen Bks.

New Clarion (Classic Reprint) Will N. Harben. 2018. (ENG., Illus.). 390p. (J). 31.94 *(978-0-332-94459-3(X))* Forgotten Bks.

New Classmate: All Kinds of Languages. Lisa Bullard. Illus. by Paula J. Becker. 2021. (All Kinds of People (Early Bird Stories (tm)) Ser.). (ENG.). 24p. (J). (gr. k-2). pap. 9.99 *(978-1-7284-3861-0(6)*, 06d2294d-f613-40d0-9978-b897fcf47651); lib. bdg. 29.32 *(978-1-7284-3692-0(3)*, 51c0a330-6300-46f5-8bad-bcd3b66e3ab9) Lerner Publishing Group. (Lerner Pubns.).

New Co-Ed: An Original Comedy in Four Acts (Classic Reprint) Marie Doran. 2018. (ENG., Illus.). 100p. (J). 25.96 *(978-0-483-75053-1(0))* Forgotten Bks.

New Collected Rhymes. Andrew Lang. 2017. (ENG., Illus.). (J). pap. *(978-0-649-51776-3(8))* Trieste Publishing Pty Ltd.

New Coloring Books for Adults (Absolute Nonsense) This Book Has 36 Coloring Sheets That Can Be Used to Color in, Frame, and/or Meditate over: This Book Can Be Photocopied, Printed & Downloaded As a PDF. James Manning. 2019. (New Coloring Books for Adults Ser.: Vol. 30). (ENG., Illus.). 74p. (YA). pap. *(978-1-83884-155-3(5))* Coloring Pages.

New Coloring Books for Adults (All You Need Is Love) This Book Has 40 Coloring Sheets That Can Be Used to Color in, Frame, and/or Meditate over: This Book Can Be Photocopied, Printed & Downloaded As a PDF. James Manning & Christabelle Manning. 2019. (New Coloring Books for Adults Ser.: Vol. 27). (ENG., Illus.). 82p. (YA). pap. *(978-1-83884-014-3(1))* Coloring Pages.

New Coloring Books for Adults (Anti Stress) This Book Has 36 Coloring Sheets That Can Be Used to Color in, Frame, and/or Meditate over: This Book Can Be Photocopied, Printed & Downloaded As a PDF. James Manning. 2019. (New Coloring Books for Adults Ser.: Vol. 32). (ENG., Illus.). 74p. (YA). pap. *(978-1-83884-273-4(X))* Coloring Pages.

New Coloring Books for Adults (Art Therapy) This Book Has 40 Art Therapy Coloring Sheets That Can Be Used to Color in, Frame, and/or Meditate over: This Book Can Be Photocopied, Printed & Downloaded As a PDF. James Manning. 2019. (New Coloring Books for Adults Ser.: Vol. 26). (ENG., Illus.). 82p. (YA). pap. *(978-1-83856-127-7(7))* Coloring Pages.

New Coloring Books for Adults (Fashion) James Manning & Christabelle Manning. 2019. (New Coloring Books for Adults Ser.: Vol. 30). (ENG., Illus.). 74p. (YA). pap. *(978-1-83884-221-5(7))* Coloring Pages.

New Coloring Books for Adults (Nonsense Alphabet) This Book Has 36 Coloring Sheets That Can Be Used to Color in, Frame, and/or Meditate over: This Book Can Be Photocopied, Printed & Downloaded As a PDF. James Manning & Christabelle Manning. 2019. (New Coloring Books for Adults Ser.: Vol. 29). (ENG., Illus.). 74p. (YA). pap. *(978-1-83884-097-6(4))* Coloring Pages.

New Comedies (Classic Reprint) Augusta Gregory. 2018. (ENG., Illus.). 180p. (J). 27.63 *(978-0-365-26467-5(9))* Forgotten Bks.

New Comic Annual, for 1831 (Classic Reprint) Thomas Hood. (ENG., Illus.). (J). 2018. 308p. 30.25 *(978-0-484-47235-7(6))*; 2017. pap. 13.57 *(978-0-243-42541-9(4))* Forgotten Bks.

New Connecticut. an Autobiographical Poem. A. Bronson Alcott. 2017. (ENG., Illus.). (J). pap. *(978-0-649-20342-0(9))* Trieste Publishing Pty Ltd.

New Continent, a New World: Discovery & Conquest During the Age of Exploration. Baby Professor. 2017. (ENG., Illus.). (J). pap. 7.89 *(978-1-5419-0240-4(8))*, Baby Professor (Education Kids)) Speedy Publishing LLC.

New Convert: A Drama in Four Acts (Classic Reprint) Sergei Stepniak. 2018. (ENG., Illus.). 122p. (J). 26.43 *(978-0-484-49305-5(1))* Forgotten Bks.

New Cosmopolis; a Book of Images, Intimate New York, Certain European Cities, Before the War: Vienna, Prague, Little, Holland, Belgian Etchings, Madrid, Dublin, Marienbad, Atlantic City & Newport (Classic Reprint) James Huneker. 2018. (ENG., Illus.). 360p. (J). 31.40 *(978-0-484-30458-0(5))* Forgotten Bks.

New Covenant: New Testament Volume 37: Hebrews, Part 4. R. Iona Lyster et al. 2019. (Visualized Bible Ser.: Vol. 1037). (ENG.). 30p. (J). pap. 15.00 *(978-1-64104-065-5(3))* Bible Visuals International, Inc.

New Creature, 1 vol. Cheyenne L. Nixon. 2019. (ENG.). 36p. (J). pap. 19.99 *(978-1-4003-2524-5(2))* Elm Hill.

New Cries of London (Classic Reprint) James Bishop. (ENG., Illus.). (J). 2018. 34p. 24.62 *(978-0-267-62175-0(2))*; 2016. pap. 7.97 *(978-1-333-87318-9(2))* Forgotten Bks.

New Curiosities of Literature, & Book of the Months, Vol. 2 of 2 (Classic Reprint) George Soane. (ENG., Illus.). (J). 2018. 352p. 31.16 *(978-0-267-34962-3(9))*; 2016. pap. 13.57 *(978-1-333-72974-5(X))* Forgotten Bks.

New Dark Ages: The X Gang. Warren Kinsella. 2018. (X Gang Ser.: 2). (ENG.). 320p. (YA). pap. 14.99 *(978-1-4597-4215-4(X))* Dundurn Pr. CAN. Dist: Publishers Group West (PGW).

New David Espinoza. Fred Aceves. (ENG.). (YA). (gr. 9). 2021. 352p. pap. 10.99 *(978-0-06-248990-6(9))*, Quill Tree Bks.); 2020. 336p. 17.99 *(978-0-06-248988-3(7)*, HarperTeen) HarperCollins Pubs.

New Dawn (Classic Reprint) Agnes C. Laut. (ENG., Illus.). (J). 2018. 566p. 35.59 *(978-0-483-53273-1(8))*; 2017. pap. 19.57 *(978-0-243-29732-0(7))* Forgotten Bks.

New Day. Brad Meltzer. Illus. by Dan Santat. 2021. 48p. (J). (-k). 17.99 *(978-0-525-55424-0(6)*, Dial Bks) Penguin Young Readers Group.

New Day, 30 vols. Ronald Heuninck. 3rd rev. ed. 2019. Orig. Title: Een Nieuwe Dag. (Illus.). 14p. (J). bds. 9.95 *(978-1-78250-587-7(3))* Floris Bks. GBR. Dist: Consortium Bk. Sales & Distribution.

New Day: The Power of Positivity. Teddy Borth. 2017. (Wrestling Biographies Ser.). (ENG., Illus.). 24p. (J). (gr. 2-8). lib. bdg. 31.36 *(978-1-5321-2110-4(5)*, 26793, Abdo Zoom-Fly) ABDO Publishing Co.

New Day Dawning. F. D. White. 2017. (ENG., Illus.). (YA). pap. 12.95 *(978-1-63575-116-1(0))* Christian Faith Publishing.

New Day for Cray. G. Pa Rhymes. Illus. by Erica Leigh. 2020. (Adventures of Cray on the Bay Ser.: Vol. 1). (ENG.). 38p. (J). 19.99 *(978-1-7348031-9-8(3))* G Pa Rhymes.

New Day for Thank You. Stephanie Bryan. 2022. (ENG., Illus.). 34p. (J). pap. 13.95 *(978-1-63985-085-3(6))* Fulton Bks.

New Day for Umwell the Gray. Nathaniel Jenks. Illus. by Rebecca Evans. 2023. (ENG.). 32p. (J). (gr. 1-3). 18.95 ***(978-0-88448-944-3(2)***, 884944) Tilbury Hse. Pubs.

New Decameron, Vol. 2: Containing the Second Day (Classic Reprint) Unknown Author. 2017. (ENG., Illus.). (J). 27.86 *(978-1-5281-8799-2(7))*; pap. 10.57 *(978-1-5281-5641-7(2))* Forgotten Bks.

New Decameron, Vol. 3 (Classic Reprint) David Herbert Lawrence. (ENG., Illus.). (J). 2018. 116p. 26.29 *(978-0-483-37800-1(3))*; 2016. pap. 9.57 *(978-1-334-13284-1(4))* Forgotten Bks.

New Decameron, Vol. 3 (Classic Reprint) Compton Mackenzie. 2018. (ENG., Illus.). (J). 132p. 26.62 *(978-0-365-46939-1(4))*; 244p. 28.95 *(978-0-483-53574-9(5))* Forgotten Bks.

New Delilah (Classic Reprint) Eleanore S. Terry. 2018. (ENG., Illus.). 354p. (J). 31.20 *(978-0-483-52309-8(7))* Forgotten Bks.

New Dialogues & Plays for Little Children, Ages Five to Ten: Adapted from the Popular Works of Well-Known Authors (Classic Reprint) Binney Gunnison. 2018. (ENG., Illus.). 164p. (J). 27.30 *(978-0-483-70234-9(X))* Forgotten Bks.

New Dictionary Armenian-English. Matthias Bedrossian. 2019. (ENG.). 820p. (J). pap. *(978-93-5386-088-2(1))* Alpha Editions.

New Dictionary Armenian-English (Classic Reprint) Matthias Bedrossian. 2017. (ENG., Illus.). (J). 40.77 *(978-0-265-25799-9(9))* Forgotten Bks.

New Dictionary of the English & Italian Languages: Containing the Whole Vocabulary in General Use with Copious Selections of Scientific, Technical & Commercial Terms, & Others Lately Brought into Use with Their Pronunciation Figured; English & I. Arthur Enenkel. 2017. (ENG., Illus.). (J). 46.60 *(978-0-266-65078-2(3))*; pap. 28.95 *(978-0-282-99511-9(0))* Forgotten Bks.

New Dictionary of the English & Italian Languages: Containing the Whole Vocabulary in General Use with Copious Selections of Scientific, Technical & Commercial Terms & Others Lately Brought into Use with Their Pronunciation Figured; English & It. Arthur Enenkel. 2017. (ENG., Illus.). (J). 46.65

1452

The check digit for ISBN-10 appears in parentheses after the full ISBN-13

(978-0-266-75795-5(2)); pap. 28.99 *(978-1-5277-3145-5(6))* Forgotten Bks.

New Dictionary of the English Language, Vol. 2: L to Z (Classic Reprint) Charles Richardson. (ENG., Illus.). (J). 2018. 1046p. 45.49 *(978-0-666-43094-6(2))*; 2017. pap. 27.83 *(978-0-259-83405-2(X))* Forgotten Bks.

New Dictionary of the Terms Ancient & Modern of the Canting Crew: In Its Several Tribes, of Gypsies, Beggers, Thieves, Cheats, &C.; with an Addition of Some Proverbs, Phrases, Figurative Speeches, &C (Classic Reprint) B. E. Gent. 2017. (ENG., Illus.). (J). 27.82 *(978-0-331-58286-4(4))* Forgotten Bks.

New Dictionary of the Terms Ancient & Modern of the Canting Crew, in Its Several Tribes of Gypsies, Beggers, Thieves, Cheats, &C: With an Addition of Some Proverbs, Phrases, Figurative Speeches, &C (Classic Reprint) Unknown Author. 2017. (ENG., Illus.). (J). 27.82 *(978-0-331-92673-6(3))* Forgotten Bks.

New Dictionary of the Terms Ancient & Modern of the Canting Crew, in Its Several Tribes of Gypsies, Beggers, Thieves, Cheats, &C: With an Addition of Some Proverbs, Phrases, Figurative Speeches, &C (Classic Reprint) B. E. 2018. (ENG., Illus.). 188p. (J). 27.77 *(978-0-332-98351-6(X))* Forgotten Bks.

New Dictionary of the Terms Ancient & Modern of the Canting Crew, in Its Several Tribes, of Gypsies, Beggers, Thieves, Cheats, &C: With an Addition of Some Proverbs, Phrases, Figurative Speeches, &C (Classic Reprint) B. E. (ENG., Illus.). (J). 2017. 27.84 *(978-0-331-30443-5(0))*; 2016. pap. 10.57 *(978-1-334-12164-7(8))* Forgotten Bks.

New Dictionary of the Terms Ancient & Modern of the Canting Crew, in Its Several Tribes, of Gypsies, Beggers, Thieves, Cheats, &C., with an Addition of Some Proverbs, Phrases, Figurative Speeches, &C. B. E. Gent. 2017. (ENG., Illus.). (J). pap. *(978-1-76057-583-0(6))* Trieste Publishing Pty Ltd.

New Dido (Classic Reprint) Unknown Author. 2018. (ENG., Illus.). 100p. (J). 25.96 *(978-0-267-25253-4(6))* Forgotten Bks.

New Disciple: A Story of Big Business & a High Ideal (Classic Reprint) John Arthur Nelson. 2018. (ENG., Illus.). 376p. (J). 31.65 *(978-0-484-88379-5(8))* Forgotten Bks.

New Dog in Town (Bobs & Tweets #5) Pepper Springfield. Illus. by Kristy Caldwell. 2020. (Bobs & Tweets Ser.: 5). (ENG.). 64p. (J). (gr. 1-3). 5.99 *(978-1-338-64530-9(7))* Scholastic, Inc.

New Dominion Monthly: April, 1874 (Classic Reprint) Unknown Author. (ENG., Illus.). (J). 2018. 76p. 25.46 *(978-0-332-79382-5(6))*; 2017. pap. 9.57 *(978-0-243-28075-9(0))* Forgotten Bks.

New Dominion Monthly: August, 1874 (Classic Reprint) Unknown Author. (ENG., Illus.). (J). 2018. 76p. 25.46 *(978-0-332-04067-7(4))*; 2017. pap. 9.57 *(978-1-334-91246-7(7))* Forgotten Bks.

New Dominion Monthly: December, 1874 (Classic Reprint) Unknown Author. (ENG., Illus.). (J). 2018. 72p. 25.38 *(978-0-483-95545-5(0))*; 2017. pap. 9.57 *(978-0-243-27934-0(5))* Forgotten Bks.

New Dominion Monthly: February, 1874 (Classic Reprint) Unknown Author. (ENG., Illus.). (J). 2018. 76p. 25.46 *(978-0-484-81975-6(5))*; 2017. pap. 9.57 *(978-0-243-28137-4(4))* Forgotten Bks.

New Dominion Monthly: January, 1878 (Classic Reprint) Unknown Author. (ENG., Illus.). (J). 2018. 138p. 26.74 *(978-0-483-96198-2(1))*; 2017. pap. 9.57 *(978-0-243-28006-3(8))* Forgotten Bks.

New Dominion Monthly: January, 1879 (Classic Reprint) Unknown Author. (ENG., Illus.). (J). 2018. 108p. 26.12 *(978-0-483-97974-1(0))*; 2017. pap. 9.57 *(978-0-243-28229-6(X))* Forgotten Bks.

New Dominion Monthly: June, 1874 (Classic Reprint) Unknown Author. (ENG., Illus.). (J). 2018. 72p. 25.38 *(978-0-332-28554-2(5))*; 2017. pap. 9.57 *(978-0-243-28063-6(7))* Forgotten Bks.

New Dominion Monthly: March, 1870 (Classic Reprint) Unknown Author. (ENG., Illus.). (J). 2018. 76p. 25.46 *(978-0-483-97334-3(3))*; 2017. pap. 9.57 *(978-0-243-28163-3(3))* Forgotten Bks.

New Dominion Monthly: March, 1874 (Classic Reprint) Unknown Author. (ENG., Illus.). (J). 2018. 76p. 25.46 *(978-0-484-47019-3(1))*; 2017. pap. 9.57 *(978-0-243-28198-5(6))* Forgotten Bks.

New Dominion Monthly: May, 1874 (Classic Reprint) Unknown Author. (ENG., Illus.). (J). 2018. 76p. 25.46 *(978-0-332-15270-7(7))*; 2017. pap. 9.57 *(978-1-334-91249-8(1))* Forgotten Bks.

New Dominion Monthly: November, 1874 (Classic Reprint) Unknown Author. (ENG., Illus.). (J). 2018. 76p. 25.46 *(978-0-483-95715-2(1))*; 2017. pap. 9.57 *(978-0-243-28038-4(6))* Forgotten Bks.

New Dominion Monthly: October, 1874 (Classic Reprint) Unknown Author. (ENG., Illus.). (J). 2018. 76p. 25.46 *(978-0-332-11285-5(3))*; 2017. pap. 9.57 *(978-0-243-28061-2(0))* Forgotten Bks.

New Dominion Monthly for 1874, Vol. 1: January to June, Inclusive (Classic Reprint) Unknown Author. (ENG., Illus.). (J). 2018. 78p. 25.51 *(978-0-483-52190-2(6))*; 2017. pap. 9.57 *(978-0-243-28158-9(7))* Forgotten Bks.

New Dominion Monthly for 1874, Vol. 2: July to December, Inclusive (Classic Reprint) Unknown Author. (ENG., Illus.). (J). 2018. 80p. 25.55 *(978-0-332-33565-0(8))*; 2017. pap. 9.57 *(978-1-334-91175-0(4))* Forgotten Bks.

New Dominion Monthly, Vol. 2: A Magazine of Original & Selected Literature; May 1868 (Classic Reprint) Unknown Author. (ENG., Illus.). (J). 2018. 72p. 25.38 *(978-0-483-97649-8(0))*; 2017. pap. 9.57 *(978-0-243-28166-4(8))* Forgotten Bks.

New Dragon City. Mari Mancusi. 2022. (ENG.). 352p. (J). (gr. 3-7). 16.99 *(978-0-316-37668-6(X))* Little, Brown Bks. for Young Readers.

New East Lynne: An Entirely New & Original Novel (Classic Reprint) Clara Morris. (ENG., Illus.). (J). 2018. 330p. 30.70 *(978-0-666-45700-4(X))*; 2017. pap. 13.57 *(978-0-259-21311-6(X))* Forgotten Bks.

New Eclectic Magazine, 1870 (Classic Reprint) Unknown Author. 2018. (ENG., Illus.). 776p. (J). 39.90 *(978-0-483-92427-7(X))* Forgotten Bks.

New Eclectic Magazine, 1870, Vol. 6 (Classic Reprint) Unknown Author. 2018. (ENG., Illus.). 784p. (J). 40.07 *(978-0-483-20752-3(7))* Forgotten Bks.

New Eclectic Magazine, Vol. 4: January-June, 1869 (Classic Reprint) Unknown Author. (ENG., Illus.). (J). 2018. 798p. 40.36 *(978-0-332-91481-7(X))*; 2016. pap. 23.57 *(978-1-334-31129-1(3))* Forgotten Bks.

New Eclectic Magazine, Vol. 5: July December, 1869 (Classic Reprint) Unknown Author. 2018. (ENG., Illus.). 790p. (J). 40.19 *(978-0-483-00322-4(0))* Forgotten Bks.

New Education: School Management, a Practical Guide for the Teacher in the School-Room. Amos M. Kellogg. 2017. (ENG., Illus.). (J). pap. *(978-0-649-52038-1(6))* Trieste Publishing Pty Ltd.

New Education: School Management, a Practical Guide for the Teacher in the School Room. Amos M. Kellogg. 2017. (ENG., Illus.). (J). pap. *(978-0-649-54350-2(5))* Trieste Publishing Pty Ltd.

New Education Readers, Vol. 2: A Synthetic & Phonic Word Method; Development of the Vowels (Classic Reprint) Abraham Jay Demarest. (ENG., Illus.). (J). 2018. 146p. 26.91 *(978-0-656-69534-8(X))*; 2017. pap. 9.57 *(978-0-259-19233-6(3))* Forgotten Bks.

New Education Readers, Vol. 3: A Synthetic & Phonic Word Method; Development of Obscure Vowels, Initials, & Terminals (Classic Reprint) A. J. Demarest. (ENG., Illus.). (J). 2017. 27.28 *(978-0-266-45791-6(6))*; 2016. pap. 9.97 *(978-1-334-14602-2(0))* Forgotten Bks.

New Education Readers, Vol. 4: A Synthetic & Phonic Word Method; Reading for the Third Year (Classic Reprint) A. J. Demarest. 2017. (ENG., Illus.). (J). 27.59 *(978-0-266-51878-5(8))*; pap. 10.57 *(978-0-243-12841-9(X))* Forgotten Bks.

New Education. School Management: A Practical Guide for the Teacher in the School-Room. Amos M. Kellogg. 2017. (ENG., Illus.). (J). pap. *(978-0-649-49076-9(2))* Trieste Publishing Pty Ltd.

New Elegant Extracts, Vol. 1 Of 6: An Unique Selection, Moral, Instructive, & Entertaining, from the Most Eminent Prose & Epistolary Writers; Religious, Moral, & Preceptive; Tales, Allegories, etc (Classic Reprint) Richard Alfred Davenport. 2018. (ENG., Illus.). 398p. (J). 32.11 *(978-0-483-47856-5(3))* Forgotten Bks.

New Elegant Extracts, Vol. 2 Of 6: An Unique Selection, Moral, Instructive & Entertaining, from the Most Eminent Prose & Epistolary Writers (Classic Reprint) R. A. Davenport. 2017. (ENG., Illus.). 396p. (J). 32.06 *(978-0-332-15964-5(7))* Forgotten Bks.

New Elegant Extracts, Vol. 3 Of 6: An Unique Selection, Moral, Instructive, & Entertaining, from the Most Eminent British Poets, & Poetical Translators; Odes, Ballads, Songs, & Sonnets (Classic Reprint) Richard Alfred Davenport. (ENG., Illus.). (J). 2018. 428p. 32.72 *(978-0-365-42180-1(4))*; 2017. pap. 16.57 *(978-0-259-29387-3(3))* Forgotten Bks.

New Elegant Extracts, Vol. 3 Of 6: An Unique Selection, Moral, Instructive, & Entertaining, from the Most Eminent Prose & Epistolary Writers (Classic Reprint) R. A. Davenport. 2018. (ENG., Illus.). 396p. (J). 32.06 *(978-0-484-18940-8(9))* Forgotten Bks.

New Elegant Extracts, Vol. 4 Of 6: An Unique Selection, Moral Instructive, & Entertaining, from the Most Eminent Prose & Epistolary Writers; Romantic, Miscellaneous, Tragic & Pathetic (Classic Reprint) Richard Alfred Davenport. (ENG., Illus.). (J). 2018. 396p. 32.06 *(978-0-483-58475-4(4))*; 2016. pap. 16.57 *(978-1-334-15766-0(9))* Forgotten Bks.

New Elegant Extracts, Vol. 5 Of 6: An Unique Selection, Moral, Instructive, & Entertaining, from the Most Eminent British Poets, & Poetical Translators (Classic Reprint) R. A. Davenport. 2017. (ENG., Illus.). (J). pap. 16.57 *(978-0-259-41001-0(2))* Forgotten Bks.

New Elegant Extracts, Vol. 6 Of 6: An Unique Selection, Moral, Instructive, & Entertaining, from the Most Eminent British Poets, & Poetical Translators (Classic Reprint) R. A. Davenport. 2017. (ENG., Illus.). (J). pap. 16.57 *(978-0-259-46156-2(3))* Forgotten Bks.

New Elements of Conversation, in English & French: A Work Composed upon the Plan of That of Dr. Wanostrocht & John Perrin (Classic Reprint) G. Poppleton. 2017. (ENG., Illus.). (J). 314p. 30.37 *(978-0-332-72433-1(6))*; 316p. pap. 13.57 *(978-0-332-45802-1(4))* Forgotten Bks.

New England & Its Neighbors (Classic Reprint) Clifton Johnson. 2018. (ENG., Illus.). 420p. (J). 32.56 *(978-0-364-29142-9(7))* Forgotten Bks.

New England Books for Kids Gift Set. J. D. Green. Illus. by Nadja Sarell & Srimalie Bassani. 2020. (ENG.). (J). 29.99 *(978-1-7282-4192-0(8))* Sourcebooks, Inc.

New England Bygones (Classic Reprint) E. H. Arr. 2018. (ENG., Illus.). 270p. (J). 29.49 *(978-0-666-25473-3(7))* Forgotten Bks.

New England Cactus: And Other Tales (Classic Reprint) Unknown Author. 2018. (ENG., Illus.). 244p. (J). 28.93 *(978-0-364-71158-3(2))* Forgotten Bks.

New England Childhood (Classic Reprint) Margaret Fuller. 2017. (ENG., Illus.). (J). 30.33 *(978-0-266-18034-0(5))* Forgotten Bks.

New England Colonies: A Place for Puritans. Kelly Rodgers. rev. ed. 2016. (Social Studies: Informational Text Ser.). (ENG., Illus.). 32p. (gr. 4-8). pap. 11.99 *(978-1-4938-3075-6(9))* Teacher Created Materials, Inc.

New England Country. Clifton Johnson. 2017. (ENG., Illus.). 136p. (J). pap. *(978-3-337-23637-3(5))* Creation Pubs.

New England Country: Text & Illustrations (Classic Reprint) Clifton Johnson. 2018. (ENG., Illus.). 132p. (J). 26.64 *(978-0-428-93773-7(X))* Forgotten Bks.

New England Folks: A Love Story (Classic Reprint) Eugene Wiley Presbrey. 2018. (ENG., Illus.). 250p. (J). 29.05 *(978-0-267-18850-5(1))* Forgotten Bks.

New England Girlhood (Classic Reprint) Lucy Larcom. 2017. (ENG., Illus.). (J). 29.75 *(978-0-260-75059-4(X))* Forgotten Bks.

New England Joke Lore: The Tonic of Yankee Humor (Classic Reprint) Arthur G. Crandall. 2017. (ENG., Illus.). (J). 30.19 *(978-0-331-19967-3(X))* Forgotten Bks.

New England Magazine, an Illustrated Monthly, Vol. 29: September, 1903 February, 1904 (Classic Reprint) Unknown Author. (ENG., Illus.). (J). 2017. 40.48 *(978-0-265-41929-8(8))*; 2016. pap. 23.57 *(978-1-333-68471-6(1))* Forgotten Bks.

New England Magazine, Vol. 29: An Illustrated Monthly; September, 1903-February, 1904 (Classic Reprint) Unknown Author. (ENG., Illus.). (J). 2018. 798p. 40.36 *(978-0-483-44303-7(4))*; 2017. pap. 23.57 *(978-1-334-91893-3(7))* Forgotten Bks.

New England Magazine, Vol. 41: An Illustrated Monthly; September, 1909-February, 1910 (Classic Reprint) Frederick W. Burrows. (ENG., Illus.). (J). 2018. 806p. 40.52 *(978-0-365-18882-7(4))*; 2017. pap. 23.57 *(978-0-259-38845-6(9))* Forgotten Bks.

New England Magazine, Vol. 42: March, 1910-August, 1910 (Classic Reprint) Frederick W. Burrows. 2018. (ENG., Illus.). 794p. (J). 40.27 *(978-0-332-38185-5(4))* Forgotten Bks.

New England Miracle, or Seekers after Truth: A Tale of the Days of King Philip (Classic Reprint) Hezekiah Butterworth. (ENG., Illus.). (J). 2018. 348p. 31.09 *(978-0-483-33347-5(6))*; 2016. pap. 13.57 *(978-1-333-47784-4(8))* Forgotten Bks.

New-England Novels: Three Stories of Colonial Days (Classic Reprint) Jane G. Austin. 2017. (ENG., Illus.). (J). 26.74 *(978-0-331-63114-2(8))* Forgotten Bks.

New England Nun, & Other Stories (Classic Reprint) Mary Wilkins Freeman. 2018. (ENG., Illus.). 486p. (J). 33.88 *(978-0-365-40331-9(8))* Forgotten Bks.

New England Offering, Vol. 1: Written by Females Who Are or Have Been Factory Operatives (Classic Reprint) Harriet Farley. 2018. (ENG., Illus.). 522p. (J). 34.66 *(978-0-428-77466-0(0))* Forgotten Bks.

New England Patriots. Kenny Abdo. 2021. (NFL Teams Ser.). (ENG., Illus.). 32p. (J). (gr. 2-8). lib. bdg. 32.79 *(978-1-0982-2472-1(8)*, 37178, Abdo Zoom-Fly) ABDO Publishing Co.

New England Patriots. Josh Anderson. 2022. (Professional Football Teams Ser.). (ENG.). 32p. (J). (gr. 2-5). lib. bdg. 35.64 *(978-1-5038-5765-0(4)*, 215739, Stride) Child's World, Inc, The.

New England Patriots. Robert Cooper. 2019. (Inside the NFL Ser.). (ENG., Illus.). 48p. (J). (gr. 3-6). lib. bdg. 34.21 *(978-1-5321-1857-9(0)*, 32583, SportsZone) ABDO Publishing Co.

New England Patriots, 1 vol. Phil Ervin & Matt Scheff. 2016. (NFL up Close Ser.). (ENG., Illus.). 32p. (J). (gr. 3-9). lib. bdg. 32.79 *(978-1-68078-224-0(X)*, 22051, SportsZone) ABDO Publishing Co.

New England Patriots. Contrib. by Alicia Z. Klepeis. 2023. (NFL Team Profiles Ser.). (ENG., Illus.). (J). (gr. 3-7). lib. bdg. 26.95 Bellwether Media.

New England Patriots. Jim Whiting. rev. ed. 2019. (NFL Today Ser.). (ENG.). 48p. (J). (gr. 4-7). pap. 12.00 *(978-1-62832-713-7(8)*, 19058, Creative Paperbacks) Creative Co., The.

New England Patriots All-Time Greats. Ted Coleman. 2021. (NFL All-Time Greats Ser.). (ENG., Illus.). 24p. (J). (gr. 3-3). pap. 8.95 *(978-1-63494-377-2(5))*; lib. bdg. 28.50 *(978-1-63494-360-4(0))* Pr. Room Editions LLC.

New England Patriots Story. Thomas K. Adamson. 2016. (NFL Teams Ser.). (ENG., Illus.). 32p. (J). (gr. 3-7). lib. bdg. 26.95 *(978-1-62617-373-6(7)*, Torque Bks.) Bellwether Media.

New England Peabody Home, for Crippled Children (Classic Reprint) Pauline Carrington Bouve. 2018. (ENG., Illus.). (J). 20p. 24.33 *(978-1-397-17681-3(4))*; 22p. pap. 7.97 *(978-1-397-17527-4(3))* Forgotten Bks.

New England Revolution. Anthony K. Hewson. 2021. (Inside MLS Ser.). (ENG., Illus.). 48p. (J). (gr. 3-6). lib. bdg. 34.21 *(978-1-5321-9478-8(1)*, 37466, SportsZone) ABDO Publishing Co.

New England Tale: And Miscellanies (Classic Reprint) Catherine M. Sedgwick. (ENG., Illus.). (J). 2018. 390p. 31.94 *(978-0-483-76486-6(8))*; 2017. pap. 16.57 *(978-0-243-07593-5(6))* Forgotten Bks.

New-England Tale, or Sketches of New England Character & Manners (Classic Reprint) Catharine Maria Sedgwick. 2018. (ENG., Illus.). 284p. (J). 29.77 *(978-0-365-32489-8(2))* Forgotten Bks.

New England's Chattels: Or Life in the Northern Poor-House (Classic Reprint) Samuel H. Elliot. 2017. (ENG., Illus.). (J). 34.39 *(978-0-266-55553-7(5))* Forgotten Bks.

New Englands Prospect: A True, Lively, & Experimental Description of That Part of America, Commonly Called New England (Classic Reprint) William Wood. 2017. (ENG., Illus.). (J). 26.78 *(978-0-331-89402-8(5))* Forgotten Bks.

New Englands Prospect: A True, Lively, & Experimentall Description of That Part of America, Commonly Called New England; Discovering the State of That Countrie, Both As It Stands to Our New-Come English Planters, & to the Old Native Inhabitants. William Wood. (ENG., Illus.). (J). 2018. 116p. 26.31 *(978-0-331-69843-5(9))*; 2017. pap. 9.57 *(978-0-282-54853-7(X))* Forgotten Bks.

New-England's Prospect: Being a True, Lively, & Experimental Description of That Part of America, Commonly Called New-England; Discovering the State of That Country, Both As It Stands to Our New-Come English Planters, & to the Old Native Inhabitants. William Wood. 2018. (ENG., Illus.). 152p. (J). 27.03 *(978-0-365-45258-4(0))* Forgotten Bks.

New English & Italian Pronouncing & Explanatory Dictionary, Vol. 1 (Classic Reprint) John Millhouse. 2017. (ENG., Illus.). (J). 37.92 *(978-0-331-69701-8(7))* Forgotten Bks.

New English & Italian Pronouncing & Explanatory Dictionary, Vol. 2 (Classic Reprint) John Millhouse. (ENG., Illus.). (J). 2018. 868p. 41.82 *(978-0-365-46994-0(7))*; 2017. pap. 24.16 *(978-0-282-42514-2(4))* Forgotten Bks.

New English Book, Vol. 1 Of 5: A Graduated Course of English Composition in Five Books; for Primary & Secondary Schools (Classic Reprint) W. J. Glover. (ENG., Illus.). (J). 2018. 84p. 25.63 *(978-0-267-99041-2(3))*; 2017. pap. 9.57 *(978-0-282-61099-9(5))* Forgotten Bks.

New English Books, Vol. 2 Of 5: A Graduated Course of English Composition for Primary & Secondary Schools (Classic Reprint) W. J. Glover. (ENG., Illus.). (J). 2018. 102p. 26.00 *(978-0-666-14024-1(3))*; 2017. pap. 9.57 *(978-0-259-59828-2(3))* Forgotten Bks.

New English Books, Vol. 3 Of 5: A Graduated Course of English Composition; for Primary & Secondary Schools (Classic Reprint) W. J. Glover. (ENG., Illus.). (J). 2018. 116p. 26.31 *(978-0-364-26813-1(1))*; 2017. pap. 9.57 *(978-0-259-60059-6(8))* Forgotten Bks.

New English Books, Vol. 4 Of 5: A Graduated Course of English Composition; for Primary & Secondary Schools (Classic Reprint) W. J. Glover. 2017. (ENG., Illus.). (J). pap. 9.57 *(978-0-282-57378-2(X))* Forgotten Bks.

New English-German & German-English Dictionary, Vol. 2 Of 2: Containing All the Words in General Use, Designating the Various Parts of Speech in Both Languages, with the Genders & Plurals of the German Nouns; Compiled from the Dictionaries of Lloyd, George W. Mentz. 2017. (ENG., Illus.). (J). 37.86 *(978-0-266-59481-9(6))*; pap. 20.57 *(978-1-5276-3221-9(0))* Forgotten Bks.

New English Grammar: Containing the Nine Parts of Speech with a Compleat Vocabulary, Dialogues, Anecdotes, Letters Moral & Mercantile (Classic Reprint) John Brown. 2018. (ENG., Illus.). 242p. (J). 28.89 *(978-0-483-26924-8(7))* Forgotten Bks.

New Era (Paperback) Ari Ruvalcaba. 2022. (ENG.). 56p. (J). pap. 15.00 ***(978-1-365-95228-9(2))*** Lulu Pr., Inc.

New Era in American Poetry (Classic Reprint) Louis Untermeyer. 2017. (ENG., Illus.). (J). 31.90 *(978-0-331-92183-0(9))* Forgotten Bks.

New Every Morning: A Year Book for Girls (Classic Reprint) Annie H. Ryder. (ENG., Illus.). (J). 2018. 198p. 27.98 *(978-0-267-38882-0(9))*; 2016. pap. 10.57 *(978-1-333-67389-5(2))* Forgotten Bks.

New Evil: The Demon Souls Series. Josh Brookes. 2018. (Demon Souls Ser.: Vol. 3). (ENG., Illus.). 418p. (YA). pap. *(978-1-912663-04-0(X))* Evil Bunny, The.

New Extinction: The Island. Helindu Gammanpila. 2021. (ENG.). 276p. (YA). *(978-1-0391-1132-5(7))*; pap. *(978-1-0391-1131-8(9))* FriesenPress.

New Face at the Door, Vol. 1 of 2 (Classic Reprint) Jane Stanley. (ENG., Illus.). (J). 2018. 336p. 30.85 *(978-0-483-88940-8(7))*; 2016. pap. 13.57 *(978-1-333-38999-4(X))* Forgotten Bks.

New Face at the Door, Vol. 2 of 2 (Classic Reprint) Jane Stanley. (ENG., Illus.). (J). 2018. 362p. 31.36 *(978-0-267-55553-6(9))*; 2016. pap. 13.97 *(978-1-333-64475-8(2))* Forgotten Bks.

New Fairy Stories for My Grandchildren (Classic Reprint) Johann Georg Keil. 2018. (ENG., Illus.). (J). 98p. 25.92 *(978-1-396-59120-4(6))*; 100p. pap. 9.57 *(978-1-391-59353-1(7))* Forgotten Bks.

New Familiar & Progressive Dialogues in English & Italian (Classic Reprint) J. Wahl. 2017. (ENG., Illus.). (J). 31.34 *(978-0-260-84297-8(4))*; pap. 13.97 *(978-1-5283-9317-1(1))* Forgotten Bks.

New Family #6. Brian Crawford. 2018. (Vertical World Ser.). (ENG.). 191p. (YA). (gr. 5-12). 32.84 *(978-1-68076-916-6(2)*, 28630, Epic Escape) EPIC Pr.

New Family for Dominick. Shirley Alarie. Illus. by Ileana Nadel. 2016. (ENG.). (J). pap. 11.00 *(978-0-9968087-4-3(4))* Alarie, Shirley.

New Favorites for New Cooks: 50 Delicious Recipes for Kids to Make [a Cookbook]. Carolyn Federman. 2018. (Illus.). 176p. 19.99 *(978-0-399-57945-5(1)*, Ten Speed Pr.) Potter/Ten Speed/Harmony/Rodale.

New Fifth Reader (Classic Reprint) Unknown Author. (ENG., Illus.). (J). 2018. 414p. 32.44 *(978-0-483-39897-9(7))*; 2016. pap. 16.57 *(978-1-334-12214-9(8))* Forgotten Bks.

New First Day. Elena Grant. Illus. by Tianjian QU. 2021. (New First Day Ser.: 1). (ENG.). 48p. (J). 25.48 *(978-1-63684-152-6(X))* BookBaby.

New Five-And-a-Half Club (Classic Reprint) Margery Williams. (ENG., Illus.). (J). 2018. 262p. 29.32 *(978-0-484-90907-5(X))*; 2017. pap. 11.97 *(978-0-243-38041-1(0))* Forgotten Bks.

New Football Coach. Dominique Demers. Tr. by Sander Berg. Illus. by Tony Ross. 2019. (ENG.). 96p. (J). pap. 9.99 *(978-1-84688-435-1(7)*, 900214300) Alma Bks. GBR. Dist: Macmillan.

New Footprints in Old Places (Classic Reprint) Pauline Stiles. 2017. (ENG., Illus.). (J). 29.03 *(978-1-5280-9007-0(1))* Forgotten Bks.

New Forest (Classic Reprint) Elizabeth Godfrey. 2018. (ENG., Illus.). 92p. (J). 25.79 *(978-0-267-51175-4(2))* Forgotten Bks.

New Forest, Vol. 1 Of 2: A Novel (Classic Reprint) Horace Smith. (ENG., Illus.). (J). 2018. 228p. 28.62 *(978-0-483-34784-7(1))*; 2017. pap. 10.97 *(978-0-259-37804-4(6))* Forgotten Bks.

New Forest, Vol. 1 Of 3: A Novel (Classic Reprint) Horace Smith. 2017. (ENG., Illus.). (J). 30.37 *(978-0-260-58842-5(3))* Forgotten Bks.

New Forest, Vol. 2 Of 3: A Novel (Classic Reprint) Horace Smith. 2017. (ENG., Illus.). (J). 30.43 *(978-0-260-39981-6(7))* Forgotten Bks.

New Forest, Vol. 3 Of 3: A Novel (Classic Reprint) Horace Smith. (ENG., Illus.). (J). 2018. 218p. 28.39 *(978-0-332-88001-3(X))*; 2017. 30.91 *(978-0-266-67535-8(2))*; 2017. pap. 13.57 *(978-1-5276-4525-7(8))* Forgotten Bks.

New Franklin Primer & First Reader (Classic Reprint) Loomis J. Campbell. 2018. (ENG., Illus.). 118p. (J). 26.33 *(978-0-656-98464-0(3))* Forgotten Bks.

New Franklin Third Reader. Loomis J. Campbell. 2017. (ENG., Illus.). (J). pap. *(978-0-649-65674-5(1))* Trieste Publishing Pty Ltd.

New Franklin Third Reader (Classic Reprint) Loomis J. Campbell. (ENG., Illus.). (J). 2018. 244p. 28.95

(978-0-483-37333-4(8)); 2016. pap. 11.57 (978-1-334-14458-5(3)) Forgotten Bks.

New Fraternity: A Novel of University Life (Classic Reprint) George Frederick Gundelfinger. 2018. (ENG., Illus.). 314p. (J). 30.39 (978-0-483-55009-4(4)) Forgotten Bks.

New French & English Dictionary: Containing the French Before the English (Classic Reprint) Thomas Nugent. (ENG., Illus.). (J). 2018. 742p. 39.20 (978-0-267-94985-4(5)); 2016. pap. 23.57 (978-1-334-12580-5(5)) Forgotten Bks.

New French Reader: Which Will Enable Any Student to Read French Correctly & with a Pure Accent, in Twenty Lessons, at Most (Classic Reprint) J. P. Peters. 2018. (FRE., Illus.). (J). 58p. 25.11 (978-0-364-94552-0(4)); 60p. pap. 9.57 (978-0-364-01313-7(3)) Forgotten Bks.

New Friend. Rose Marie Colucci. 2019. (ENG.). 38p. (J). pap. (978-1-7947-6936-6(6)) Lulu Pr., Inc.

New Friend. Kim Kane. 2018. (Ginger Green, Playdate Queen Ser.). (ENG., Illus.). 64p. (J). (gr. 1-3). pap. 5.95 (978-1-5158-1952-3(3), 136635, Picture Window Bks.) Capstone.

New Friend. Kim Kane. Illus. by Jon Davis. 2017. (Ginger Green, Playdate Queen Ser.). (ENG.). 64p. (J). (gr. 1-3). lib. bdg. 23.32 (978-1-5158-1946-2(9), 136629, Picture Window Bks.) Capstone.

New Friend. Vivian Nantel. 2020. (ENG.). 26p. (J). pap. (978-1-7770659-0-4(9)) Nantel, Vivian.

New Friend. Charlotte Zolotow. Illus. by Benjamin Chaud. 2021. (ENG.). 44p. (J). (gr. -1-2). 17.99 (978-1-990252-01-3(X)) Milky Way Picture Bks. CAN. Dist: Abrams, Inc.

New Friend. Maggie Testa. ed. 2019. (Ready-To-Read Ser.). (ENG.). 32p. (J). (gr. k-1). 13.96 (978-0-87617-996-3(0)) Penworthy Co., LLC, The.

New Friend: Leveled Reader Purple Level 19. Rg Rg. 2016. (PM Ser.). (ENG.). 16p. (J). (gr. 2). pap. 11.00 (978-0-544-89187-6(2)) Rigby Education.

New Friend: an Acorn Book (Mermaid Days #3) Kyle Lukoff. Illus. by Kat Uno. 2023. (Mermaid Days Ser.). (ENG.). 64p. (J). (gr. -1-1). 23.99 (978-1-338-79498-4(1)); Vol. 3. pap. 4.99 (978-1-338-79497-7(3)) Scholastic, Inc.

New Friend Fix. Jennifer Torres. Illus. by Gladys Jose. 2022. (Catalina Incognito Ser.: 2). (ENG.). 128p. (J). (gr. 1-4). 17.99 (978-1-5344-8307-1(1)); pap. 5.99 (978-1-5344-8306-4(3)) Simon & Schuster Children's Publishing. (Aladdin).

New Friend for Mouse. Fynisa Engler. Illus. by Ryan Law. 2023. (Foster Mouse Ser.: Vol. 3). (ENG.). 28p. (J). 17.99 **(978-1-958302-94-1(5))** Lawley Enterprises.

New Friend for Sparkle. Amy Young. 2017. (Unicorn Named Sparkle Ser.). (ENG., Illus.). 40p. (J). 18.99 (978-0-374-30553-6(6), 900163984, Farrar, Straus & Giroux (BYR)) Farrar, Straus & Giroux.

New Friends. Michelle Misra. Illus. by Samantha Chaffey. 2016. (Angel Wings Ser.: 1). (ENG.). 128p. (J). (gr. 1-4). pap. 5.99 (978-1-4814-5797-2(7), Aladdin) Simon & Schuster Children's Publishing.

New Friends. Colin Hosten. ed. 2020. (I Can Read Ser.). (ENG., Illus.). 32p. (J). (gr. k-1). 14.96 (978-1-64697-340-8(2)) Penworthy Co., LLC, The.

New Friends Are Fun Coloring Book. Creative Playbooks. 2016. (ENG., Illus.). (J). pap. 7.74 (978-1-68323-778-5(1)) Twin Flame Productions.

New Friends for Zaza. Mylo Freeman. 2019. (Zaza Ser.: 3). (ENG., Illus.). 24p. (J). 14.95 (978-1-60537-489-5(X)) Clavis Publishing.

New Friends, New Languages. Karen Nemeth. Illus. by Diego Jiménez Manzano. 2022. (ENG.). 30p. (J). pap. 14.99 **(978-0-9899899-4-7(1))** Nemeth, Karen.

New from Here. Kelly Yang. (ENG.). (J). (gr. 3-7). 2023. 384p. pap. 8.99 (978-1-5344-8831-1(6)); 2022. (Illus.). 368p. 18.99 (978-1-5344-8830-4(8)) Simon & Schuster Bks. For Young Readers. (Simon & Schuster Bks. For Young Readers).

New Frontiers in Astronomy, 1 vol. Elizabeth Schmermund. 2016. (Great Discoveries in Science Ser.). (ENG., Illus.). 128p. (J). (gr. 9-9). 47.36 (978-1-5026-1959-4(8), eb6c16d1-0d7f-4978-ac03-12cc72472779) Cavendish Square Publishing LLC.

New Galatea (Classic Reprint) Samuel Gordon. 2018. (ENG., Illus.). 326p. (J). 30.62 (978-0-483-31555-6(9)) Forgotten Bks.

New Games for Parlor & Lawn: With a Few Old Friends in a New Dress (Classic Reprint) George B. Bartlett. (ENG., Illus.). (J). 2017. 28.60 (978-0-265-74015-6(0)); 2016. pap. 10.97 (978-1-333-18428-5(X)) Forgotten Bks.

New Generation Vehicles: Drones, Mine Clearance, & Bomb Disposal. Craig Boutland. 2019. (Military Machines in the War on Terrorism Ser.). (ENG., Illus.). 32p. (J). (gr. 3-9). lib. bdg. 28.65 (978-1-5435-7385-5(1), 140673) Capstone.

New Gentleman of the Road (Classic Reprint) Herbert Welsh. 2018. (ENG., Illus.). 208p. (J). 28.19 (978-0-267-47770-8(8)) Forgotten Bks.

New Ghostbusters. Erik Burnham. ed. 2016. lib. bdg. 30.60 (978-0-606-38722-4(6)) Turtleback.

New Girl. Perdita Cargill & Honor Cargill. Illus. by Katie Saunders. 2023. (Diary of an Accidental Witch Ser.: 1). (ENG.). 128p. (J). (gr. 1-4). pap. 6.99 **(978-1-6643-4057-2(2))** Tiger Tales.

New Girl. Jesse Q. Sutanto. 2022. 368p. (YA). (gr. 8-12). pap. 10.99 (978-1-7282-1519-8(6)) Sourcebooks, Inc.

New Girl at St. Chad's. Angela Brazil. 2022. (ENG.). 212p. (J). pap. **(978-1-387-69412-9(X))** Lulu Pr., Inc.

New Glasses (Peppa Pig: Level 1 Reader) Illus. by EOne. 2022. (ENG.). 32p. (J). (gr. -1-k). pap. 5.99 (978-1-338-81925-0(9)) Scholastic, Inc.

New Godiva (Classic Reprint) Stanley Hope. 2017. (ENG., Illus.). (J). 31.14 (978-0-266-71411-8(0)); pap. 13.57 (978-1-5276-6901-7(7)) Forgotten Bks.

New Graded Lessons in Arithmetic, Vol. 2 (Classic Reprint) Wilbur Fisk Nichols. 2017. (ENG., Illus.). (J). pap. 11.97 (978-1-5277-8818-3(0)) Forgotten Bks.

New Graded Spelling-Book: A Complete Course in Spelling for Schools & Academies (Classic Reprint) Joseph A. Graves. 2018. (ENG., Illus.). 164p. (J). 27.28 (978-0-484-66399-1(2)) Forgotten Bks.

New Graded Spelling-Book, Vol. 1: A Complete Course in Spelling for Schools & Academies (Classic Reprint) Joseph A. Graves. 2017. (ENG., Illus.). (J). 25.55 (978-0-260-49338-5(4)) Forgotten Bks.

New Grammar School Arithmetic, Vol. 1 (Classic Reprint) John Henry Walsh. 2018. (ENG., Illus.). (J). 250p. 29.07 (978-1-396-83114-0(2)); 252p. pap. 11.57 (978-1-396-83087-7(1)) Forgotten Bks.

New Grammar School Arithmetic, Vol. 2 (Classic Reprint) John Henry Walsh. 2018. (ENG., Illus.). (J). 292p. 29.94 (978-1-396-81467-9(1)); 294p. pap. 13.57 (978-1-396-81459-4(0)) Forgotten Bks.

New Granada: Twenty Months in the Andes (Classic Reprint) Isaac F. Holton. 2016. (ENG., Illus.). (J). pap. 19.57 (978-1-334-15659-5(X)) Forgotten Bks.

New Granada: Twenty Months in the Andes (Classic Reprint) Isaac Farwell Holton. (ENG., Illus.). (J). 2018. 600p. 36.27 (978-0-483-52065-3(9)); 2017. 602p. 36.33 (978-0-265-71148-4(7)) Forgotten Bks.

New Green Day. Antoinette Portis. (ENG.). 40p. (J). 2023. (— 1). bds. 8.99 (978-0-8234-5182-1(8)); 2020. (Illus.). (gr. -1-2). 18.99 (978-0-8234-4488-5(0)) Holiday Hse., Inc. (Neal Porter Bks).

New Grub Street a Novel, Vol. 1 of 3 (Classic Reprint) George Gissing. 2018. (ENG., Illus.). 316p. (J). 30.41 (978-0-483-20218-4(5)) Forgotten Bks.

New Guide to Modern Conversations in French & English, or Dialogues on Ordinary & Familiar Subjects (Classic Reprint) William A. Bellenger. 2018. (ENG., Illus.). 208p. (J). 28.21 (978-0-267-52554-6(0)) Forgotten Bks.

New Gulliver & Other Stories (Classic Reprint) Barry Pain. (ENG., Illus.). (J). 2018. 276p. 29.59 (978-0-483-74500-1(6)); 2016. pap. 13.57 (978-1-334-12242-2(3)) Forgotten Bks.

New Hampshire. Kate Conley. 2022. (Core Library of US States Ser.). (ENG., Illus.). 48p. (J). (gr. 4-8). lib. bdg. 35.64 (978-1-5321-9770-3(5), 39631) ABDO Publishing Co.

New Hampshire. Ann Heinrichs. Illus. by Matt Kania. 2017. (U. S. A. Travel Guides). (ENG.). 40p. (J). (gr. 2-5). lib. bdg. 38.50 (978-1-5038-1969-6(8), 211606) Child's World, Inc, The.

New Hampshire. Jordan Mills & Bridget Parker. 2016. (States Ser.). (ENG., Illus.). 32p. (J). (gr. 3-6). lib. bdg. 27.99 (978-1-5157-0416-4(5), 132027, Capstone Pr.) Capstone.

New Hampshire: Children's American Local History Book. Bold Kids. 2022. (ENG.). 46p. (J). pap. 14.99 (978-1-0717-1086-9(9)) FASTLANE LLC.

New Hampshire: The Granite State. Rennay Craats. 2016. (J). (978-1-4896-4902-7(6)) Weigl Pubs., Inc.

New Hampshire (a True Book: My United States) (Library Edition) Nel Yomtov. 2018. (True Book (Relaunch) Ser.). (ENG., Illus.). 48p. (J). (gr. 3-5). 31.00 (978-0-531-23565-2(3), Children's Pr.) Scholastic Library Publishing.

New Hand-Dictionary of the German Language for Englishmen & of the English Language for the Germans, Vol. 2: Every Word of Either Language Being Accurately Accented & the Pronunciation of Every German Word Added; Containing the German Before the Eng. John Ebers. 2017. (ENG., Illus.). (J). 39.51 (978-0-265-75763-5(0)); pap. 23.57 (978-1-5277-3049-6(2)) Forgotten Bks.

New Hands, New Life: Robots, Prostheses & Innovation. Jan Andrysek & Alex Mihailidis. 2017. (ENG., Illus.). 64p. (J). (gr. 4-7). 19.95 (978-1-77085-969-2(1), 088fb460-e1de-4a59-be35-3beb1e456576); pap. 9.95 (978-1-77085-991-3(8), 88034609-fa56-46cb-818b-9241f613a4a8) Firefly Bks., Ltd.

New Harry & Lucy: A Story of Boston in the Summer of 1891 (Classic Reprint) Edward Everett Hale. 2018. (ENG., Illus.). 354p. (J). 31.20 (978-0-483-66051-9(5)) Forgotten Bks.

New Harvest. Cristina Exposito Escalona. Illus. by Miguel Angel Diez. 2021. (ENG.). 28p. (J). (gr. k-3). 16.95 (978-84-18302-32-9(1)) Cuento de Luz SL ESP. Dist: Publishers Group West (PGW).

New Hawaiian Girl: A Play (Classic Reprint) Ella Wheeler Wilcox. 2018. (ENG., Illus.). 28p. (J). 24.47 (978-0-267-28195-4(1)) Forgotten Bks.

New Higher Algebra: An Analytical Course Designed for High Schools, Academies, & Colleges (Classic Reprint) Benjamin Greenleaf. 2017. (ENG., Illus.). (J). 32.35 (978-1-5282-5127-3(X)) Forgotten Bks.

New History of Blue Beard: For the Amusement of Little Lack Beard, & His Pretty Sisters (Classic Reprint) Gaffer Black Beard. 2018. (ENG., Illus.). 32p. (J). 24.56 (978-0-332-85091-7(9)) Forgotten Bks.

New History of Blue Beard (Classic Reprint) Gaffer Black Beard. (ENG., Illus.). (J). 2018. 28p. 24.49 (978-0-267-60909-3(4)); 2016. pap. 7.97 (978-1-334-12478-5(7)) Forgotten Bks.

New History of Immigration. Jaclyn Backhaus. 2022. (True History Ser.). (Illus.). 160p. (J). (gr. 5). pap. 8.99 (978-0-593-38612-5(4), Penguin Workshop) Penguin Young Readers Group.

New History of Old Salem & the Towns Adjacent: Viz; Danvers, Beverly, Marblehead & Lynn (Classic Reprint) Ralph Noter. 2018. (ENG., Illus.). 22p. (J). 24.35 (978-0-267-28196-1(X)) Forgotten Bks.

New History of Sandford & Merton: Being a True Account of the Adventures of Masters Tommy & Harry with Their Beloved Tutor, Mr. Barlow (Classic Reprint) F. C. Burn. 2017. (ENG., Illus.). (J). 29.88 (978-0-266-20137-3(7)) Forgotten Bks.

New Home. Tania de Regil. Illus. by Tania de Regil. 2019. (ENG., Illus.). 32p. (J). (gr. -1-3). 16.99 (978-1-5362-0193-2(6)) Candlewick Pr.

New Home: Book 77. William Ricketts. Illus. by Dean Maynard. 2023. (Tas & Friends Ser.). (ENG.). 20p. (J). (gr. -1-k). pap. 7.99 **(978-1-76127-077-2(X)**, 61b2ef3f-eaef-49e5-976d-4dbd4629a0f1) Knowledge Bks. & Software AUS. Dist: Lerner Publishing Group.

New Home - a New Family. Bonnie L. Johnson. 2021. (ENG.). 34p. (J). 19.99 (978-1-64990-216-0(6)) Palmetto Publishing.

New Home for Allie. Carrie Daws. Illus. by Joanie Bruce. 2018. (ENG.). 34p. (J). (gr. -1-3). pap. 14.99 **(978-1-64960-597-9(8))** Emerald Hse. Group, Inc.

New Home for Amy. Mabrey. Illus. by Majumder. 2022. (ENG.). 28p. (J). 25.99 **(978-1-0880-5898-5(1))** Mabrey, Chris.

New Home for Bubbles. Jo B. Jakar. Illus. by Mary J. Vyne. 2023. 38p. (J). pap. 10.95 **(978-1-6678-9444-7(7))** BookBaby.

New Home for Donald: A Story Inspired by True Events That Teaches Character Building Values. Connie Olson. Illus. by Amy Hornsby. 2021. (ENG.). 58p. (J). 31.99 (978-1-0983-5890-7(2)) BookBaby.

New Home for Floppy Bunny. Joanne Elaine. Illus. by Cameron Leost. 2022. (ENG.). 26p. (J). pap. 9.99 **(978-1-0880-7938-6(5))** Indy Pub.

New Home for Fox. Ellen DeLange. Illus. by Agi Ofner. 2021. (ENG.). 32p. (J). 17.95 (978-1-60537-645-5(0)) Clavis Publishing.

New Home for Lolo: Moving into the Omaha Zoo's African Grasslands. Chris Peters. 2016. (ENG., Illus.). 32p. (J). 14.95 (978-0-692-74658-5(7)) Omaha World-Herald.

New Home for Mopgolly Mole. Jack Tobias. 2018. (ENG., Illus.). 26p. (J). (gr. -1-3). pap. 12.95 (978-1-64258-042-6(2)) Christian Faith Publishing.

New Home for Roly Poly. Sarah Baxter & Daniel Marhuenda. 2023. (ENG.). 32p. (J). pap. 14.99 **(978-1-0880-7397-1(2))** Indy Pub.

New Home on Crotty Island. Kevin D. Roberts. 2018. (ENG., Illus.). 34p. (J). (gr. -1-3). (978-1-5289-2493-1(2)); pap. (978-1-5289-2494-8(0)) Austin Macauley Pubs. Ltd.

New Home, Who'll Follow? or Glimpses of Western Life (Classic Reprint) Mary Clavers. 2017. (ENG., Illus.). (J). 30.58 (978-0-266-25129-3(3)) Forgotten Bks.

New Hoofprints in the Snow. A. M. Burns & K. T. Spence. 2017. (ENG., Illus.). (YA). (gr. 8-12). 25.99 (978-1-64080-330-5(0), Harmony Ink Pr.) Dreamspinner Pr.

New Hope. Emma Grange. ed. 2018. (DK Readers Ser.). (ENG.). 32p. (J). (gr. -1-1). 13.89 (978-1-64310-727-1(5)) Penworthy Co., LLC, The.

New Hope, or the Rescue: A Tale of the Great Kanawha (Classic Reprint) John Lewis. 2016. (ENG., Illus.). (J). pap. 16.57 (978-1-333-35123-6(2)) Forgotten Bks.

New Hope, or the Rescue: A Tale of the Great Kanawha (Classic Reprint) John Lewis. 2018. (ENG., Illus.). 388p. (J). 31.92 (978-0-483-40520-2(5)) Forgotten Bks.

New Horizons. Kate Riggs. 2018. (Now That's Fast! Ser.). (ENG.). 24p. (J). (gr. 1-4). pap. 8.99 (978-1-62832-588-1(7), 19857, Creative Paperbacks); lib. bdg. (978-1-64026-033-7(1), 19853, Creative Education) Creative Co., The.

New Horizons: Exploring Jupiter, Pluto, & Beyond. John Hamilton. 2017. (Xtreme Spacecraft Ser.). (ENG., Illus.). 32p. (J). (gr. 3-9). lib. bdg. 32.79 (978-1-5321-1010-8(3), 25596, Abdo & Daughters) ABDO Publishing Co.

New House. Dave Wheeler. Illus. by Dave Wheeler. 2021. (Illus.). 34p. (J). (— 1). bds. 9.99 (978-0-593-22492-2(2)) Penguin Young Readers Group.

New House for Mouse. Fynisa Engler. Illus. by Ryan Law. (ENG.). 28p. (J). 2023. pap. 10.99 **(978-1-956357-85-1(8))**; 2022. 17.99 **(978-1-956357-83-7(1))** Lawley Enterprises.

New House, Same Underwear. Brenda Li. 2021. (ENG.). 38p. (J). pap. (978-1-77447-010-7(1)) Summer and Muu.

New Humanity or the Easter Island (Classic Reprint) Adolf Wilbrandt. (ENG., Illus.). (J). 2018. 372p. 31.57 (978-0-483-78464-2(8)); 2017. pap. 13.97 (978-0-243-91421-0(0)) Forgotten Bks.

New Hunting Novel: Miss. Badsworth, M. F. H (Classic Reprint) Eyre Hussey. (ENG., Illus.). (J). 2018. 610p. 36.48 (978-0-483-05554-4(9)); 2017. pap. 19.57 (978-0-243-92174-4(8)) Forgotten Bks.

New Hyperion: From Paris to Marly by Way of the Rhine (Classic Reprint) Edward Strahan. 2018. (ENG., Illus.). 274p. (J). 29.57 (978-0-483-34175-3(4)) Forgotten Bks.

New in the City. Pamela Dell. 2016. (Spring Forward Ser.). (J). (gr. 2). (978-1-4900-9443-4(1)) Benchmark Education Co.

New Is Fun, Too. Ariel Leshchinsky. Illus. by Jeremy Wells. 2020. (ENG.). 34p. (J). 19.99 (978-1-0879-1656-9(9)) Indy Pub.

New Jersey. Brooke Cutler & Amanda Duffy. 2016. (ENG., Illus.). (J). pap. 18.50 (978-1-329-87955-3(4)) Lulu Pr., Inc.

New Jersey, 1 vol. John Hamilton. 2016. (United States of America Ser.). (ENG., Illus.). 48p. (J). (gr. 5-9). 34.21 (978-1-68078-332-2(7), 21649, Abdo & Daughters) ABDO Publishing Co.

New Jersey. Ann Heinrichs. Illus. by Matt Kania. 2017. (U. S. A. Travel Guides). (ENG.). 40p. (J). (gr. 2-5). lib. bdg. 38.50 (978-1-5038-1970-2(1), 211607) Child's World, Inc, The.

New Jersey. Megan Kopp & Jennifer Nault. 2018. (Illus.). 24p. (J). (978-1-4896-7461-6(6), AV2 by Weigl) Weigl Pubs., Inc.

New Jersey. Jennifer Nault. 2018. (Our American States Ser.). (ENG.). 48p. (J). lib. bdg. 22.99 (978-1-5105-3473-5(3)) SmartBook Media, Inc.

New Jersey. Helen Evans Walsh. 2022. (Core Library of US States Ser.). (ENG., Illus.). 48p. (J). (gr. 4-8). lib. bdg. 35.64 (978-1-5321-9771-0(3), 39633) ABDO Publishing Co.

New Jersey: The Garden State, 1 vol. Derek Miller et al. 2019. (It's My State! (Fourth Edition)(r) Ser.). (ENG.). 80p. (gr. 4-4). 35.93 (978-1-5026-4236-3(0), c5799676-4b95-49de-b1e0-6fb398222770) Cavendish Square Publishing LLC.

New Jersey: The Garden State. Jennifer Nault. 2016. (J). (978-1-4896-4905-8(0)) Weigl Pubs., Inc.

New Jersey Books for Kids Gift Set. Rachel Ashford & Katherine Sully. Illus. by Robert Dunn. 2020. (ENG.). (J). bds. 20.00 (978-1-7282-4198-2(7)) Sourcebooks, Inc.

New Jersey Devils. Luke Hanlon. 2023. (NHL Teams Set 3 Ser.). (ENG., Illus.). 32p. (J). lib. bdg. 31.35 **(978-1-63494-677-3(4))** Pr. Room Editions LLC.

New Jersey Devils. Contrib. by Luke Hanlon. 2023. (NHL Teams Set 3 Ser.). (ENG., Illus.). 32p. (J). pap. 9.95 **(978-1-63494-701-5(0))** Pr. Room Editions LLC.

New Jersey Scrap Book of Women Writers. Margaret Tufts Yardley. 2017. (ENG.). (J). 452p. pap. (978-3-337-38630-6(X)); 470p. pap. (978-3-337-38631-3(8)) Creation Pubs.

New Jersey Scrap Book of Women Writers, Vol. 1 (Classic Reprint) Margaret Tufts Yardley. 2017. (ENG., Illus.). (J). 33.28 (978-1-5279-8325-0(0)) Forgotten Bks.

New Jersey Scrap Book of Women Writers, Vol. 2 (Classic Reprint) Margaret Tufts Yardley. 2018. (ENG., Illus.). 468p. (J). 33.55 (978-0-332-88705-0(7)) Forgotten Bks.

New Jerusalem. G. K. Chesterton. 2017. (ENG., Illus.). (J). 24.95 (978-1-374-83690-7(7)); pap. 14.95 (978-1-374-83689-1(3)) Capital Communications, Inc.

New Jerusalem. G. K. Chesterton. 2020. (ENG.). 210p. (J). (978-1-77441-528-3(3)) Westland, Brian.

New Joe Miller: A Selection of Modern Jests, Witticisms, Droll Tales, & Eccentric Effusions (Classic Reprint) John Mottley. (ENG., Illus.). (J). 2018. 446p. 33.10 (978-0-483-40564-6(7)); 2016. pap. 16.57 (978-1-333-64478-9(7)) Forgotten Bks.

New Journal of Marie Bashkirtseff: From Childhood to Girlhood (Classic Reprint) Mary J. Safford. 2018. (ENG., Illus.). 156p. (J). 27.13 (978-0-267-46706-8(0)) Forgotten Bks.

New Journey into the Wild & Free. Inés Leila Heras. 2020. (ENG.). 40p. (J). pap. 15.00 (978-1-953507-05-1(0)) Brightlings.

New Juvenile Scrap Book: A Collection of Most Interesting Tales & Narratives, for the Entertainment & Instruction of Young People (Classic Reprint) Charles Cecil. 2018. (ENG., Illus.). 164p. (J). 27.28 (978-0-267-21649-9(1)) Forgotten Bks.

New Kid. Grace Gilmore. Illus. by Petra Brown. 2016. (Tales from Maple Ridge Ser.: 6). (ENG.). 128p. (J). (gr. k-4). pap. 6.99 (978-1-4814-4746-1(7), Little Simon) Little Simon.

New Kid. Evan Jacobs. 2018. (Walden Lane Ser.). (ENG.). 64p. (J). (gr. 4-7). pap. 9.75 (978-1-68021-376-8(8)) Saddleback Educational Publishing, Inc.

New Kid. Jerry Craft. ed. 2020. (ENG., Illus.). 249p. (J). (gr. 4-5). 24.19 (978-1-64697-343-9(7)) Penworthy Co., LLC, The.

New Kid, 1. A. I. Newton. 2019. (Alien Next Door Ch Bks). (ENG.). 95p. (J). (gr. 2-3). 15.59 (978-0-87617-273-5(7)) Penworthy Co., LLC, The.

New Kid: A Newbery Award Winner. Jerry Craft. Illus. by Jerry Craft. 2019. (ENG., Illus.). 256p. (J). (gr. 3-7). 22.99 (978-0-06-269120-0(1)); pap. 12.99 (978-0-06-269119-4(8)) HarperCollins Pubs. (Quill Tree Bks.).

New Kid: The Carver Chronicles, Book Five. Karen English. Illus. by Laura Freeman. 2018. (Carver Chronicles Ser.: 5). (ENG.). 128p. (J). (gr. 1-4). pap. 6.99 (978-1-328-49797-0(6), 1717851, Clarion Bks.) HarperCollins Pubs.

New Kid & Class Act: the Box Set. Jerry Craft. Illus. by Jerry Craft. 2021. (ENG., Illus.). 512p. (J). (gr. 3-7). pap. 25.98 (978-0-06-311757-0(6), Quill Tree Bks.) HarperCollins Pubs.

New Kid at School. Miriam Falk. 2020. (ENG.). 30p. (J). (gr. 1-4). pap. 9.99 (978-1-64552-152-5(4)) Lettra Pr. LLC.

New Kid Has Fleas. Ame Dyckman. Illus. by Eda Kaban. 2021. (ENG.). 40p. (J). 18.99 (978-1-250-24524-3(9), 900212523) Roaring Brook Pr.

New Kid on Jupiter (Book 8) Jeff Dinardo. Illus. by Dave Clegg. 2019. (Funny Bone Books (tm) First Chapters — the Jupiter Twins Ser.). (ENG.). 32p. (J). (gr. k-2). pap. 4.99 (978-1-63440-757-1(1), 50e0f69a-a886-4c14-bc99-23e6ac7c9d4c) Red Chair Pr.

New Kid: Very Popular Me. James O'Loghlin. Illus. by Matthew Martin. 2019. (ENG.). 224p. (J). (gr. 3-5). 11.99 (978-1-76055-483-5(9), Pan) Pan Macmillan Australia Pty, Ltd. AUS. Dist: Independent Pubs. Group.

New Kids & Underdogs. Margaret Finnegan. 2022. (ENG.). 288p. (J). (gr. 3-7). 17.99 (978-1-5344-9640-8(8), Atheneum Bks. for Young Readers) Simon & Schuster Children's Publishing.

New Kind of Being: A Leafy Tom Adventure. Robin Buckallew. 2022. (ENG.). 216p. (YA). pap. (978-1-4583-7112-6(3)) Lulu Pr., Inc.

New Kind of Government Articles of Confederation to Constitution Social Studies Fourth Grade Non Fiction Books Children's Government Books. Baby Professor. 2020. (ENG.). 72p. (J). 24.99 (978-1-5419-7979-6(6)); pap. 14.99 (978-1-5419-4990-4(0)) Speedy Publishing LLC. (Baby Professor (Education Kids)).

New Kind of Wild. Zara Gonzalez Hoang. Illus. by Zara Gonzalez Hoang. 2020. (Illus.). 32p. (J). (gr. -1-3). 18.99 (978-0-525-55389-2(4), Dial Bks) Penguin Young Readers Group.

New Kitten. Joyce Carol Oates. Illus. by Dave Mottram. 2019. (ENG.). 32p. (J). (gr. -1-3). 17.99 (978-0-06-256392-7(0), HarperCollins) HarperCollins Pubs.

New Land: What Kind of Government Should We Have? Adapted by Joni Doherty. 2017. (Nifi in the Classroom Ser.: 1). (ENG.). 42p. (YA). 79.95 (978-1-946206-19-0(9), 909f740c-1030-40f7-a80f-a00caeb78433) National Issues Forums Institute.

New Land, Stories of Jews Who Had a Part in the Making of Our Country (Classic Reprint) Elma Ehrlich Levinger. 2017. (ENG., Illus.). (J). 27.67 (978-1-5284-8583-8(1)) Forgotten Bks.

New Landlord, Vol. 1 of 2 (Classic Reprint) Maurice Jokai. 2018. (ENG., Illus.). 302p. (J). 30.13 (978-0-483-59304-6(4)) Forgotten Bks.

New Language Exercises for Primary Schools, Vol. 1 (Classic Reprint) C. C. Long. (ENG., Illus.). (J). 2018. 74p. 25.44 (978-0-365-18966-4(9)); 2017. pap. 9.57 (978-0-259-54015-1(3)) Forgotten Bks.

New Language Exercises, Vol. 2: For Primary Schools (Classic Reprint) C. C. Long. 2017. (ENG., Illus.). 100p. (J). 25.96 (978-0-332-84292-9(4)) Forgotten Bks.

New Law of Fluids, or a Discourse Concerning the Ascent of Liquors, in Exact Geometrical Figures, Between Two Nearly Contiguous Surfaces: To Which Is Added, the True State of the Case about Matter's Thinking; Where It Is Shewn, How Very near That Cont. Humphry Ditton. (ENG., Illus.). (J). 2018. 166p. 27.32 (978-0-666-89775-6(1)); 2017. pap. 9.97 (978-0-259-60028-2(8)) Forgotten Bks.

New Lays of Ind: Personal Reminiscences of an Indian Civilian (Classic Reprint) Aleph Re. 2018. (ENG., Illus.). 106p. (J). 26.08 (978-0-332-79496-9(2)) Forgotten Bks.

1454

The check digit for ISBN-10 appears in parentheses after the full ISBN-13

New Leaf Mills: A Chronicle (Classic Reprint) William Dean Howells. 2018. (ENG., Illus.). 166p. (J). 27.34 *(978-0-483-81788-3(0))* Forgotten Bks.
New Leash on Life. Daphne Maple. 2017. (Illus.). 200p. (J). *(978-1-5182-3558-0(1))* HarperCollins Pubs.
New Librarian. Alison Donald. Illus. by Alex Willmore. 2018. (ENG.). 32p. (J). (gr. -1-3). 16.99 *(978-0-544-97365-7(8),* 1663219, Clarion Bks.) HarperCollins Pubs.
New Lieutenants of Metal Volume 1. Joe Casey. 2019. (ENG., Illus.). 104p. (YA). pap. 12.99 *(978-1-5343-0699-8(4),* 3cd7c5d5-0ba2-4bb2-a7fd-d3032c7c23c5) Image Comics.
New Life for Katie? Dale Reich. 2019. (ENG.). 40p. (J). pap. 9.95 *(978-1-55571-950-0(3),* Grid Pr.) L & R Publishing, LLC.
New Life for Mario. Debbie Burt. 2022. (Daisytime Ser.: Vol. 5). (ENG.). 34p. (J). pap. ***(978-1-78222-960-5(4))*** Paragon Publishing, Rothersthorpe.
New Life in America. Elsie Guerrero. Illus. by Nitya Ramlogan. 2018. (ENG.). 48p. (J). (gr. k-5). 19.99 *(978-1-7327573-2-5(1))* Elsie Publishing Co.
New Life in New Lands: Notes of Travel (Classic Reprint) Grace Greenwood. 2017. (ENG., Illus.). (J). 32.81 *(978-1-5282-7086-1(X))* Forgotten Bks.
New Life Trilogy: The Blue Moon. Christle Fotsing. 2019. (ENG.). 64p. (J). pap. 8.99 *(978-1-4834-9534-7(5))* Lulu Pr., Inc.
New Light Through Old Windows: A Series of Stories Illustrating Fables of Aesop. Gregson Gow. 2017. (ENG., Illus.). (J). pap. *(978-0-649-65702-5(0))* Trieste Publishing Pty Ltd.
New Lights: A Drama in Four Acts (Classic Reprint) Hugh Mann. 2018. (ENG., Illus.). 54p. (J). 25.03 *(978-0-365-52824-1(2))* Forgotten Bks.
New Lights from the World of Darkness, or the Midnight Messenger: With Solemn Signals from the World of Spirits; Containing Wonderful Evidences of the Visits of Ghosts, Apparitions, &C. to Many Persons Now Living, & Notices of Death in Several Creditable. Unknown Author. (ENG., Illus.). (J). 2018. 52p. 24.97 *(978-0-483-54494-9(X));* 2017. pap. 9.57 *(978-0-243-17113-2(7))* Forgotten Bks.
New Lights on Old Paths. Charles Foster. 2019. (ENG., Illus.). 352p. (YA). (gr. 7-12). pap. *(978-93-5329-417-5(7))* Alpha Editions.
New Lights; or Life in Galway: A Tale (Classic Reprint) J. Sadlier. (ENG., Illus.). (J). 2018. 424p. 32.66 *(978-0-364-88470-6(3));* 2017. pap. 16.57 *(978-0-259-35962-3(9))* Forgotten Bks.
New Little Puppy. Robin Rose. Ed. by Cottage Door Press. Illus. by Sydney Hanson. 2017. (ENG.). 10p. (J). (gr. -1-k). bds. 10.99 *(978-1-68052-159-7(4),* 1001570) Cottage Door Pr.
New Lives for Old (Classic Reprint) Frederick Orin Bartlett. 2018. (ENG., Illus.). 238p. (J). 28.81 *(978-0-428-99717-5(1))* Forgotten Bks.
New London Jest Book (Classic Reprint) William Carew Hazlitt. 2018. (ENG., Illus.). 390p. (J). 31.94 *(978-0-483-82655-7(3))* Forgotten Bks.
New Look, Same Me. S. L. Bartholomew. 2017. (ENG., Illus.). 58p. (J). pap. 12.99 *(978-0-9907554-4-9(4))* Stylist B. & Creative Endeavors.
New Love, Spilt Milk, & Potbellied Pigs. Thomas Fish & Jillian Ober. 2019. (ENG., Illus.). 328p. (YA). pap. 14.99 *(978-1-63337-234-4(0))* Roland Golf Services.
New Machiavelli (Classic Reprint) Unknown Author. 2018. (ENG., Illus.). 502p. (J). 34.25 *(978-0-483-93428-3(3))* Forgotten Bks.
New Mahican: The Misadventures of Gerardo Pérez Chan. Gerardo Antonio Pérez Chan. 2022. (ENG.). 256p. (YA). pap. 21.95 ***(978-1-6624-7421-7(0))*** Page Publishing Inc.
New Man at Rossmere (Classic Reprint) J. H. Walworth. 2018. (ENG., Illus.). 374p. (J). 31.61 *(978-0-483-67341-0(2))* Forgotten Bks.
New Market: Or, the Boy Heroes of 1864; a Drama in Four Acts (Classic Reprint) John W. Sherman. 2018. (ENG., Illus.). 40p. (J). 24.72 *(978-0-267-28198-5(6))* Forgotten Bks.
New Mcguffey: Fourth Reader (Classic Reprint) Unknown Author. 2017. (ENG., Illus.). (J). 29.59 *(978-0-266-17687-9(9));* pap. 13.57 *(978-0-243-33061-4(8))* Forgotten Bks.
New Mcguffey First Reader (Classic Reprint) William Holmes McGuffey. 2017. (ENG., Illus.). (J). 126p. 26.52 *(978-0-484-61142-8(9));* pap. 9.57 *(978-0-259-54038-0(2))* Forgotten Bks.
New Mcguffey Fourth Reader. William Holmes McGuffey. 2017. (ENG., Illus.). (J). pap. *(978-0-649-65704-9(7))* Trieste Publishing Pty Ltd.
New Mcguffey Second Reader. William Holmes McGuffey. 2017. (ENG., Illus.). (J). pap. *(978-0-649-53031-1(4))* Trieste Publishing Pty Ltd.
New Mcguffey Second Reader (Classic Reprint) William Holmes McGuffey. 2018. (ENG., Illus.). 166p. (J). 27.34 *(978-0-364-51168-8(0))* Forgotten Bks.
New Mcguffey Third Reader (Classic Reprint) William Holmes McGuffey. 2017. (ENG., Illus.). (J). 28.60 *(978-0-266-18055-5(8));* pap. 10.97 *(978-0-243-04417-7(8))* Forgotten Bks.
New Me New ID. E. Bennette Franklin. 2021. (ENG.). 86p. (J). pap. 12.49 *(978-1-6628-2654-2(0))* Salem Author Services.
New Men for Old (Classic Reprint) Howard Vincent O'Brien. 2017. (ENG., Illus.). (J). 30.46 *(978-0-266-20901-0(7))* Forgotten Bks.
New Methods in the Junior Sunday School: Based on Froebelian Principles (Classic Reprint) Hetty Lee. 2018. (ENG., Illus.). 278p. (J). 29.63 *(978-0-483-10567-6(8))* Forgotten Bks.
New Mexico. K. A. Hale. 2022. (Core Library of US States Ser.). (ENG., Illus.). 48p. (J). (gr. 4-8). lib. bdg. 35.64 *(978-1-5321-9772-7(1),* 39635) ABDO Publishing Co.
New Mexico, 1 vol. John Hamilton. 2016. (United States of America Ser.). (ENG., Illus.). 48p. (J). (gr. 5-9). 34.21 *(978-1-68078-333-9(5),* 21651, Abdo & Daughters) ABDO Publishing Co.
New Mexico. Ann Heinrichs. Illus. by Matt Kania. 2017. (U. S. A. Travel Guides). (ENG.). 40p. (J). (gr. 2-5). lib. bdg. 38.50 *(978-1-5038-1971-9(X),* 211608) Child's World, Inc, The.
New Mexico. Tyler Maine & Bridget Parker. 2016. (States Ser.). (ENG., Illus.). 32p. (J). (gr. 3-6). lib. bdg. 27.99 *(978-1-5157-0418-8(1),* 132029, Capstone Pr.) Capstone.
New Mexico: Children's American Local History Book. Bold Kids. 2022. (ENG.). 42p. (J). pap. 14.99 *(978-1-0717-1088-3(5))* FASTLANE LLC.
New Mexico: The Land of Enchantment. Rennay Craats. 2016. (J). *(978-1-4896-4908-9(5))* Weigl Pubs., Inc.
New Mexico (a True Book: My United States) (Library Edition) Michael Burgan. 2018. (True Book (Relaunch) Ser.). (ENG., Illus.). 48p. (J). (gr. 3-5). 31.00 *(978-0-531-23566-9(1),* Children's Pr.) Scholastic Library Publishing.
New Mexico Christmas Story: Owl in a Straw Hat 3. Rudolfo Anaya. Illus. by El Moises. 2021. (ENG & SPA.). 40p. (J). 16.95 *(978-0-89013-660-7(2))* Museum of New Mexico Pr.
New Mexico David: And Other Stories & Sketches of the Southwest. Charles F. Lummis. 2017. (ENG., Illus.). (J). pap. *(978-0-649-65710-0(1))* Trieste Publishing Pty Ltd.
New Mexico David: And Other Stories & Sketches of the Southwest (Classic Reprint) Charles F. Lummis. 2017. (ENG., Illus.). (J). 28.91 *(978-0-265-19617-5(5))* Forgotten Bks.
New Minister (Classic Reprint) Orme Agnus. (ENG., Illus.). (J). 2018. 304p. 30.19 *(978-0-483-52162-9(0));* 2017. pap. 13.57 *(978-0-243-09996-2(7))* Forgotten Bks.
New Mirror, 1843-1844, Vol. 2: A Saturday Paper of Literature & the Fine Arts (Classic Reprint) G. P. Morris. 2017. (ENG., Illus.). (J). 35.84 *(978-0-265-73965-5(9));* pap. 19.57 *(978-1-5277-0307-0(X))* Forgotten Bks.
New Missioner (Classic Reprint) Wilson Waddell Woodrow. 2018. (ENG., Illus.). 332p. (J). 30.76 *(978-0-483-36022-8(8))* Forgotten Bks.
New Mistress: A Tale (Classic Reprint) George Manville Fenn. 2018. (ENG., Illus.). 306p. (J). 30.23 *(978-0-483-60160-4(8))* Forgotten Bks.
New Monologues & Dialect Stories. Mary Moncure Parker. 2017. (ENG., Illus.). (J). pap. *(978-0-649-09246-8(5))* Trieste Publishing Pty Ltd.
New Monologues & Dialect Stories: A Collection of New Stories, Monologues, Poems & Acting Plays, Published for the first Time (Classic Reprint) Mary Moncure Parker. 2018. (ENG., Illus.). 200p. (J). 28.02 *(978-0-364-23662-8(0))* Forgotten Bks.
New Monologues & Dialect Stories: A Collection of New Stories, Monologues, Poems & Acting Plays, Published for the Rst Time (Classic Reprint) Mary Moncure Parker. 2016. (ENG., Illus.). (J). pap. 10.57 *(978-1-333-23658-8(1))* Forgotten Bks.
New Monthly Magazine, 1850, Vol. 89: And Rumorist (Classic Reprint) W. Harrison Ainsworth. (ENG., Illus.). (J). 2018. 522p. 34.66 *(978-0-483-37889-6(5));* 2016. pap. 19.57 *(978-1-334-12962-9(2))* Forgotten Bks.
New Monthly Magazine, 1853, Vol. 97 (Classic Reprint) William Harrison Ainsworth. 2017. (ENG., Illus.). (J). 34.75 *(978-0-266-73562-5(2));* pap. 19.57 *(978-1-5276-9922-9(6))* Forgotten Bks.
New Monthly Magazine, 1853, Vol. 99 (Classic Reprint) William Harrison Ainsworth. (ENG., Illus.). (J). 2018. 508p. 34.37 *(978-0-483-88582-0(7));* 2017. pap. 16.97 *(978-0-243-90654-3(4))* Forgotten Bks.
New Monthly Magazine, 1854, Vol. 101 (Classic Reprint) William Harrison Ainsworth. 2017. (ENG., Illus.). (J). 34.77 *(978-0-266-73288-4(7));* 34.37 *(978-0-266-73319-5(0));* pap. 19.57 *(978-1-5276-9522-1(0));* pap. 16.97 *(978-1-5276-9570-2(0))* Forgotten Bks.
New Monthly Magazine, 1855, Vol. 103 (Classic Reprint) William Harrison Ainsworth. (ENG., Illus.). (J). 2018. 508p. 34.37 *(978-0-483-13875-9(4));* 2017. pap. 16.97 *(978-0-243-88190-1(8))* Forgotten Bks.
New Monthly Magazine, 1856, Vol. 106 (Classic Reprint) William Harrison Ainsworth. 2018. (ENG., Illus.). 516p. (J). 34.54 *(978-0-332-89271-9(9))* Forgotten Bks.
New Monthly Magazine, 1860, Vol. 119 (Classic Reprint) William Harrison Ainsworth. (ENG., Illus.). (J). 2018. 760p. 39.57 *(978-0-365-52278-2(3));* 2017. pap. 23.57 *(978-0-259-27671-5(5))* Forgotten Bks.
New Monthly Magazine, 1861, Vol. 123 (Classic Reprint) William Harrison Ainsworth. (ENG., Illus.). (J). 2018. 508p. 34.37 *(978-0-484-77665-3(7));* 2017. pap. 16.97 *(978-0-243-31328-0(4))* Forgotten Bks.
New Monthly Magazine, 1864, Vol. 130 (Classic Reprint) William Harrison Ainsworth. 2018. (ENG., Illus.). 508p. (J). 34.37 *(978-0-364-24730-3(4))* Forgotten Bks.
New Monthly Magazine, 1864, Vol. 132 (Classic Reprint) William Harrison Ainsworth. (ENG., Illus.). (J). 2018. 506p. 34.33 *(978-0-483-57288-1(8));* 2017. pap. 16.97 *(978-0-243-21223-1(2))* Forgotten Bks.
New Monthly Magazine, 1866, Vol. 138 (Classic Reprint) William Harrison Ainsworth. (ENG., Illus.). (J). 2018. 508p. 34.37 *(978-0-483-01884-6(8));* 2017. pap. 16.97 *(978-1-334-92567-2(4))* Forgotten Bks.
New Monthly Magazine, 1875, Vol. 7 (Classic Reprint) William Francis Ainsworth. 2017. (ENG., Illus.). (J). 38.87 *(978-0-260-84119-3(6));* pap. 23.57 *(978-1-5279-3588-4(4))* Forgotten Bks.
New Monthly Magazine & Humorist, 1842, Vol. 3 (Classic Reprint) Thomas Hood. (ENG., Illus.). (J). 2018. 554p. 35.34 *(978-0-656-00033-3(3));* 2017. pap. 19.57 *(978-0-243-88152-9(5))* Forgotten Bks.
New Monthly Magazine & Humorist, 1844, Vol. 2 (Classic Reprint) Unknown Author. (ENG., Illus.). (J). 2018. 576p. 35.80 *(978-0-483-44863-6(X));* 2017. pap. 19.57 *(978-1-334-91227-6(0))* Forgotten Bks.
New Monthly Magazine & Humorist, 1845, Vol. 1 (Classic Reprint) Samuel Carter Hall. 2018. (ENG., Illus.). (J). 594p. 36.17 *(978-0-366-55867-4(6));* 596p. pap. 19.57 *(978-0-366-06092-4(9))* Forgotten Bks.
New Monthly Magazine & Humorist, 1845, Vol. 2 (Classic Reprint) William Harrison Ainsworth. (ENG., Illus.). (J). 2018. 718p. 38.71 *(978-0-364-76907-2(6));* 2017. pap. 23.57 *(978-0-243-93606-9(0))* Forgotten Bks.
New Monthly Magazine & Humorist, 1851, Vol. 93 (Classic Reprint) William Harrison Ainsworth. (ENG., Illus.). (J). 2018. 504p. 34.29 *(978-0-483-76927-4(4));* 2016. pap. 16.97 *(978-1-334-12862-2(6))* Forgotten Bks.
New Monthly Magazine & Humorist, Vol. 2: 1837 (Classic Reprint) Theodore Hook. 2018. (ENG., Illus.). 598p. (J). 36.25 *(978-0-332-39441-1(7))* Forgotten Bks.
New Monthly Magazine & Literary Journal, 1833, Vol. 3 (Classic Reprint) Edward Bulwer Lytton. (ENG., Illus.). (J). 2018. 548p. 35.20 *(978-0-428-78060-9(1));* 2016. pap. 19.57 *(978-1-334-14342-7(0))* Forgotten Bks.
New Monthly Magazine (Classic Reprint) Thomas Campbell. 2018. (ENG., Illus.). (J). 520p. 34.62 *(978-0-483-71236-2(1));* 522p. pap. 16.97 *(978-0-483-71091-7(1))* Forgotten Bks.
New Monthly Magazine, Vol. 104 (Classic Reprint) William Harrison Ainsworth. 2017. (ENG., Illus.). (J). pap. 16.97 *(978-1-334-92376-0(0))* Forgotten Bks.
New Monthly Magazine, Vol. 105 (Classic Reprint) William Harrison Ainsworth. 2017. (ENG., Illus.). 518p. (J). 34.60 *(978-0-484-60704-9(9))* Forgotten Bks.
New Monthly Magazine, Vol. 115 (Classic Reprint) William Harrison Ainsworth. (ENG., Illus.). (J). 2018. 508p. 34.37 *(978-0-484-78193-0(6));* 2017. pap. 16.97 *(978-1-5276-6148-6(2))* Forgotten Bks.
New Monthly Magazine, Vol. 133 (Classic Reprint) William Harrison Ainsworth. 2018. (ENG., Illus.). 508p. (J). 34.37 *(978-0-483-19773-2(4))* Forgotten Bks.
New Monthly Magazine, Vol. 143 (Classic Reprint) William Harrison Ainsworth. 2018. (ENG., Illus.). 736p. (J). 39.08 *(978-0-483-61486-4(6))* Forgotten Bks.
New Monthly Magazine, Vol. 147 (Classic Reprint) William Harrison Ainsworth. 2018. (ENG., Illus.). 772p. (J). 39.84 *(978-0-365-31252-9(5))* Forgotten Bks.
New Monthly Magazine, Vol. 91: And Rumorist (Classic Reprint) W. Harrison Ainsworth. 2018. (ENG., Illus.). 548p. (J). 35.20 *(978-0-483-44372-3(7))* Forgotten Bks.
New Monthly Magazine, Vol. 94: And Rumorist (Classic Reprint) W. Harrison Ainsworth. (ENG., Illus.). (J). 2018. 508p. 34.37 *(978-0-656-62624-3(0));* 2017. pap. 16.97 *(978-0-259-41443-8(3))* Forgotten Bks.
New Monthly Magazine, Vol. 98 (Classic Reprint) William Harrison Ainsworth. 2017. (ENG., Illus.). 508p. (J). 34.37 *(978-0-484-54704-8(6))* Forgotten Bks.
New Moon. Stephenie Meyer. ed. 2022. (Twilight Saga Ser.). (ENG.). 464p. (YA). (gr. 7-17). pap., pap. 16.99 *(978-0-316-32778-7(6))* Little, Brown Bks. for Young Readers.
New Mosaic, 1904 (Classic Reprint) R. Marjorie Bourne. (ENG., Illus.). (J). 2018. 84p. 25.63 *(978-0-484-64767-0(9));* 2017. pap. 9.57 *(978-0-243-46193-6(3))* Forgotten Bks.
New Mosaic, 1905 (Classic Reprint) Salem Normal School. (ENG., Illus.). (J). 2018. 46p. 24.87 *(978-0-483-01128-1(2));* 2017. pap. 9.57 *(978-0-243-02969-3(1))* Forgotten Bks.
New Movie Magazine: Dec, 1929-May, 1930 (Classic Reprint) Frederick James Smith. (ENG., Illus.). (J). 2018. 792p. 40.23 *(978-0-364-81287-7(7));* 2017. pap. 23.57 *(978-0-243-85727-2(6))* Forgotten Bks.
New Movie Magazine, Vol. 10: July, 1934 (Classic Reprint) Frank J. McNelis. 2017. (ENG., Illus.). (J). 668p. 37.67 *(978-0-332-97544-3(4));* pap. 20.57 *(978-0-259-40321-0(0))* Forgotten Bks.
New Movie Magazine, Vol. 3: January, 1931 (Classic Reprint) Hugh Weir. (ENG., Illus.). (J). 2018. 850p. 41.43 *(978-0-364-02109-5(8));* 2017. pap. 23.97 *(978-0-243-51962-0(1))* Forgotten Bks.
New Movie Magazine, Vol. 4: January, 1932 (Classic Reprint) Hugh Weir. 2018. (ENG., Illus.). (J). 738p. 39.14 *(978-1-396-40922-6(X));* 740p. pap. 23.57 *(978-1-390-90124-5(6))* Forgotten Bks.
New Movie Magazine, Vol. 4: July, 1931 (Classic Reprint) Hugh Weir. (ENG., Illus.). (J). 2018. 760p. 39.57 *(978-0-364-78023-7(1));* 2017. pap. 23.57 *(978-0-243-97353-8(5))* Forgotten Bks.
New Movie Magazine, Vol. 7: The National Digest of the Best Talking Pictures; January, 1933 (Classic Reprint) Hugh Weir. (ENG., Illus.). (J). 2018. 718p. 38.71 *(978-0-364-81341-6(5));* 2017. pap. 23.57 *(978-0-259-00284-0(4))* Forgotten Bks.
New Movie Magazine, Vol. 8: July, 1933 (Classic Reprint) Hugh Weir. (ENG., Illus.). (J). 2018. 684p. 38.00 *(978-0-666-69724-0(8));* 2017. pap. 20.57 *(978-0-243-52152-4(9))* Forgotten Bks.
New Movie Magazine, Vol. 9: January, 1934 (Classic Reprint) Hugh Weir. (ENG., Illus.). (J). 2018. 682p. 37.98 *(978-0-365-16066-3(0));* 2017. pap. 20.57 *(978-0-243-91522-4(5))* Forgotten Bks.
New Movie, Vol. 6: A Tower Magazine; July, 1932 (Classic Reprint) Hugh C. Weir. (ENG., Illus.). (J). 2018. 730p. 38.95 *(978-0-666-99056-3(5));* 2017. pap. 23.57 *(978-0-243-48187-3(X))* Forgotten Bks.
New Mr. Howerson (Classic Reprint) Opie Read. 2018. (ENG., Illus.). 462p. (J). 33.43 *(978-0-483-34906-3(2))* Forgotten Bks.
New Music Album for the Piano (Classic Reprint) Jules Berr. 2018. (ENG., Illus.). (J). 228p. 28.62 *(978-0-656-31812-4(0));* 230p. pap. 10.97 *(978-0-656-25448-4(3))* Forgotten Bks.
New National Fifth Reader (Classic Reprint) Charles J. Barnes. 2017. (ENG., Illus.). (J). 34.33 *(978-0-266-17580-3(5))* Forgotten Bks.
New National First Reader (Classic Reprint) Charles J. Barnes. 2018. (ENG., Illus.). 102p. (J). 26.00 *(978-0-365-18682-3(1))* Forgotten Bks.
New National Fourth Reader (Classic Reprint) Charles Joseph Barnes. 2017. (ENG., Illus.). (J). 388p. 31.90 *(978-0-332-43051-5(0));* pap. 16.57 *(978-0-243-97812-0(X))* Forgotten Bks.
New National Second Reader. Charles J. Barnes. 2017. (ENG., Illus.). (J). pap. *(978-0-649-47833-0(9))* Trieste Publishing Pty Ltd.
New National Second Reader (Classic Reprint) Harlan H. Ballard. 2018. (ENG., Illus.). 180p. (J). 27.61 *(978-0-484-15059-0(6))* Forgotten Bks.
New Neighbors. Bernard F. Gero. 2021. (ENG.). 188p. (YA). pap. 15.95 *(978-1-0980-9875-9(7))* Christian Faith Publishing.
New Neighbors. Sarah McIntyre. 2019. (ENG., Illus.). 32p. (J). (gr. -1-2). 17.99 *(978-1-5247-8996-1(8),* Penguin Workshop) Penguin Young Readers Group.
New Ninja. Meredith Rusu. 2016. (Illus.). 78p. (J). *(978-1-5182-0305-3(1))* Scholastic, Inc.
New Nobility. John W. Forney. 2017. (ENG.). 414p. (J). pap. *(978-3-7446-4938-4(5))* Creation Pubs.
New Nobility: A Story of Europe & America (Classic Reprint) John W. Forney. 2018. (ENG., Illus.). 412p. (J). 32.39 *(978-0-484-45029-4(8))* Forgotten Bks.
New Normal Fourth Reader (Classic Reprint) Albert Newton Raub. 2017. (ENG., Illus.). (J). 31.20 *(978-0-266-71072-1(7));* pap. 13.57 *(978-1-5276-6251-3(9))* Forgotten Bks.
New Normal: Life after COVID-19. Rachael L. Thomas. 2020. (Battling COVID-19 Ser.). (ENG., Illus.). 32p. (J). (gr. 3-6). lib. bdg. 32.79 *(978-1-5321-9432-0(3),* 36619, Checkerboard Library) ABDO Publishing Co.
New Normal Second Reader (Classic Reprint) Albert N. Raub. 2018. (ENG., Illus.). 178p. (J). 27.57 *(978-0-267-50351-3(2))* Forgotten Bks.
New North: Being Some Account of a Woman's Journey Through Canada to the Arctic (Classic Reprint) Agnes Deans Cameron. 2017. (ENG., Illus.). (J). 32.72 *(978-0-265-18978-8(0))* Forgotten Bks.
New Novelist's Magazine, 1787, Vol. 1: Or Entertaining Library of Pleasing & Instructive Histories, Adventures, Tales, Romances, & Other Agreeable & Exemplary Little Novels (Classic Reprint) Unknown Author. 2017. (ENG., Illus.). (J). 33.30 *(978-0-265-73793-4(1));* pap. 16.57 *(978-1-5277-0176-2(X))* Forgotten Bks.
New Novelist's Magazine, or Entertaining Library of Pleasing & Instructive Histories, Adventures, Tales, Romances & Other Agreeable & Exemplary Little Novels, Vol. 2 (Classic Reprint) Unknown Author. (ENG., Illus.). (J). 2018. 408p. 32.31 *(978-0-656-40373-8(X));* 2017. pap. 16.57 *(978-0-259-38862-3(9))* Forgotten Bks.
New Nursery Rhymes on Old Lines. Sara Norton. 2017. (ENG., Illus.). (J). pap. *(978-0-649-31844-5(7))* Trieste Publishing Pty Ltd.
New Nursery Rhymes on Old Lines (Classic Reprint) Sara Norton. 2017. (ENG., Illus.). (J). 62p. 25.18 *(978-0-484-80765-4(X));* pap. 9.57 *(978-0-259-52273-7(2))* Forgotten Bks.
New Observations, Natural, Moral, Civil, Political & Medical on City, Town, & Country Bills of Mortality: To Which Are Added, Large & Clear Abstracts of the Best Authors Who Have Wrote on That Subject; with an Appendix on the Weather & Meteors. Thomas Short. 2016. (ENG., Illus.). (J). pap. 16.97 *(978-1-334-22531-4(1))* Forgotten Bks.
New Oddest of All Oddities, For 1813: Being an Odd Book of All the Odd Sermons, Odd Tales, Odd Sayings, & Odd Scraps of Poetry, That Have Been Recited & Sung in All Odd Companies, by All the Odd Wits & Broad Grinners of the Present Odd Age, Compiled. Geoffry Gambado. 2018. (ENG., Illus.). 64p. (J). 25.22 *(978-0-483-45247-3(5))* Forgotten Bks.
New Original Fairy Extravaganza: In Two Acts, Entitled Noureddin, & the Fair Persian, As Performed at the Princess's Theatre, Easter Monday, April 9th, 1849 (Classic Reprint) Henry Sutherland Edwards. 2018. (ENG., Illus.). 34p. (J). 24.60 *(978-0-483-58646-8(3))* Forgotten Bks.
New Orleans. Michael Decker. 2019. (Iconic America Ser.). (ENG., Illus.). 48p. (J). (gr. 4-8). lib. bdg. 35.64 *(978-1-5321-9092-6(1),* 33694) ABDO Publishing Co.
New Orleans. Helen Lepp Friesen. 2020. (J). *(978-1-7911-1590-6(X),* AV2 by Weigl) Weigl Pubs., Inc.
New Orleans: As I Found It (Classic Reprint) H. Didimus. 2018. (ENG., Illus.). 132p. (J). 26.62 *(978-0-483-36394-6(4))* Forgotten Bks.
New Orleans Levee Failure. Emma Huddleston. 2019. (Engineering Disasters Ser.). (ENG., Illus.). 48p. (J). (gr. 4-8). lib. bdg. 35.64 *(978-1-5321-9074-2(3),* 33658) ABDO Publishing Co.
New Orleans Pelicans. Steph Giedd. 2023. (NBA All-Time Greats Set 3 Ser.). (ENG., Illus.). 24p. (J). pap. 8.95 ***(978-1-63494-689-6(8));*** lib. bdg. 28.50 ***(978-1-63494-665-0(0))*** Pr. Room Editions LLC.
New Orleans Pelicans. Tom Glave. 2022. (Inside the NBA (2023) Ser.). (ENG., Illus.). 48p. (J). (gr. 3-6). lib. bdg. 34.22 *(978-1-5321-9836-6(1),* 39777, SportsZone) ABDO Publishing Co.
New Orleans Pelicans. K. C. Kelley. 2019. (Insider's Guide to Pro Basketball Ser.). (ENG.). 32p. (J). (gr. 1-4). lib. bdg. 35.64 *(978-1-5038-2468-3(3),* 212280) Child's World, Inc, The.
New Orleans Pelicans. Jim Whiting. 2017. (NBA: a History of Hoops Ser.). (ENG., Illus.). 48p. (J). (gr. 4-7). *(978-1-60818-853-6(1),* 20264, Creative Education) Creative Co., The.
New Orleans Saints. Kenny Abdo. 2021. (NFL Teams Ser.). (ENG.). 32p. (J). (gr. 2-8). lib. bdg. 32.79 *(978-1-0982-2473-8(6),* 37180, Abdo Zoom-Fly) ABDO Publishing Co.
New Orleans Saints. Josh Anderson. 2022. (Professional Football Teams Ser.). (ENG.). 32p. (J). (gr. 2-5). lib. bdg. 35.64 *(978-1-5038-5769-8(7),* 215743, Stride) Child's World, Inc, The.
New Orleans Saints, 1 vol. Saulie Blumberg & Phil Ervin. 2016. (NFL up Close Ser.). (ENG., Illus.). 32p. (J). (gr. 3-9). lib. bdg. 32.79 *(978-1-68078-225-7(8),* 22053, SportsZone) ABDO Publishing Co.
New Orleans Saints. Contrib. by Joanne Mattern. 2023. (NFL Team Profiles Ser.). (ENG., Illus.). (J). (gr. 3-7). lib. bdg. 26.95 Bellwether Media.
New Orleans Saints. William Meier. 2019. (Inside the NFL Ser.). (ENG.). 48p. (J). (gr. 3-6). lib. bdg. 34.21 *(978-1-5321-1858-6(9),* 32585, SportsZone) ABDO Publishing Co.
New Orleans Saints. Jim Whiting. rev. ed. 2019. (NFL Today Ser.). (ENG.). 48p. (J). (gr. 4-7). pap. 12.00 *(978-1-62832-714-4(6),* 19061, Creative Paperbacks) Creative Co., The.
New Orleans Saints All-Time Greats. Ted Coleman. 2021. (NFL All-Time Greats Ser.). (ENG., Illus.). 24p. (J). (gr. 3-3).

N

pap. 8.95 *(978-1-63494-378-9(3))*; lib. bdg. 28.50 *(978-1-63494-361-1(9))* Pr. Room Editions LLC.

New Orleans Saints Story. Larry Mack. 2016. (NFL Teams Ser.). (ENG., Illus.). 32p. (J). (gr. 3-7). lib. bdg. 26.95 *(978-1-62617-374-3(5)*, Torque Bks.) Bellwether Media.

New Orleans Sketch Book (Classic Reprint) George M. Wharton. (ENG., Illus.). (J). 2017. 28.52 *(978-0-266-77403-7(2))*; 2016. pap. 10.97 *(978-1-333-77508-7(3))* Forgotten Bks.

New Orleans Twelve Days of Christmas, 1 vol. Lisa Marie Brown. Illus. by Sarah Cotton. 2020. (Twelve Days of Christmas Ser.). (ENG.). 32p. (J). (gr. -1-3). 17.99 *(978-1-4556-2453-9(5)*, Pelican Publishing) Arcadia Publishing.

New Painting. Evan Jacobs. 2020. (Vintage Rose Mysteries Ser.). (ENG.). 96p. (J). (gr. 6-8). pap. 10.95 *(978-1-68021-761-2(5))* Saddleback Educational Publishing, Inc.

New Pantheon, or an Introduction to the Mythology of the Ancients, in Question & Answer: Compiled for the Use of Young Persons; to Which Are Added, an Accentuated Index, Questions for Exercise, & Poetical Illustrations of Grecian Mythology, from H. William Jillard Hort. 2018. (ENG., Illus.). 306p. (J). 30.21 *(978-0-332-92239-3(1))* Forgotten Bks.

New Pantheon, or Fabulous History of the Heathen Gods, Goddesses, Heroes, &C: Explained in a Manner Entirely New; & Rendered Much More Useful Than Any Hitherto Published; Adorned with Figures from Antient Paintings, Medals, & Gems, for the Use Of. Samuel Boyse. 2017. (ENG., Illus.). (J). pap. 13.57 *(978-0-282-35583-8(9))* Forgotten Bks.

New Paths Through Old Palestine (Classic Reprint) Margaret Slattery. 2018. (ENG., Illus.). 156p. (J). 27.11 *(978-0-332-46467-1(9))* Forgotten Bks.

New Peep of Day: A Volume of Religious Instruction for Little Children (Classic Reprint) Favell Lee Mortimer. 2018. (ENG., Illus.). 238p. (J). 28.81 *(978-0-484-80683-1(1))* Forgotten Bks.

New Penelope, & Other Stories & Poems (Classic Reprint) Frances Fuller Victor. 2017. (ENG., Illus.). (J). 31.24 *(978-1-5283-8496-4(2))* Forgotten Bks.

New Pets on the Block! (Minecraft Stonesword Saga #3) Nick Eliopulos. 2022. (Minecraft Stonesword Saga Ser.). (ENG., Illus.). 144p. (J). (gr. 1-4). 9.99 *(978-1-9848-5094-2(6))*; lib. bdg. 12.99 *(978-1-9848-5095-9(4))* Random Hse. Children's Bks. (Random Hse. Bks. for Young Readers).

New Philosophy of Matter: Showing the Identity of the Imponderables, & the Influence Which These Agents Exert over Matter in Producing All Chemical Changes & All Motion (Classic Reprint) George Brewster. (ENG., Illus.). (J). 2018. 358p. 31.30 *(978-0-365-27833-7(5))*; 2016. pap. 16.57 *(978-1-334-25838-1(4))* Forgotten Bks.

New Physics & Its Evolution. Lucien Poincare. 2017. (ENG., Illus.). (J). 24.95 *(978-1-374-96189-0(2))*; pap. 14.95 *(978-1-374-96188-3(4))* Capital Communications, Inc.

New Pieces That Will Take Prizes in Speaking Contests (Classic Reprint) Harriet Blackstone. 2017. (ENG., Illus.). (J). 32.15 *(978-1-5285-7886-8(4))* Forgotten Bks.

New Place - Fatin Foun. Mayra Walsh. Illus. by Valeria Korshunova. 2021. (TET.). 32p. (J). pap. *(978-1-922621-06-1(4))* Library For All Limited.

New Plan for Speedily Increasing the Number of Bee-Hives in Scotland: And Which May Be Extended, with Equal Success, to England, Ireland, America, or to Any Other Part of the World Capable of Producing Flowers (Classic Reprint) James Bonner. 2018. (ENG., Illus.). 294p. (J). 29.96 *(978-0-364-97307-3(2))* Forgotten Bks.

New Plan for Speedily Increasing the Number of Beehives in Scotland. James Bonner. 2017. (ENG.). 288p. (J). pap. *(978-3-337-32764-4(8))* Creation Pubs.

New Plane & Solid Geometry (Classic Reprint) Webster Wells. 2017. (ENG., Illus.). (J). 30.64 *(978-0-331-52966-1(1))* Forgotten Bks.

New Plane & Spherical Trigonometry, Surveying, & Navigation (Classic Reprint) George Albert Wentworth. (ENG., Illus.). (J). 2017. 32.02 *(978-0-331-85074-1(5))*; 2017. 32.15 *(978-0-265-87236-9(7))*; 2017. pap. 16.57 *(978-1-5278-0215-5(9))*; 2016. pap. 16.57 *(978-1-334-01421-5(3))* Forgotten Bks.

New Plane & Spherical Trigonometry, Surveying & Navigation (Classic Reprint) George Albert Wentworth. (ENG., Illus.). (J). 2018. 386p. 31.86 *(978-1-396-66136-5(0))*; 2018. 388p. pap. 16.57 *(978-1-391-63544-6(2))*; 2017. pap. 16.57 *(978-0-243-08183-7(9))* Forgotten Bks.

New Plants. Emily Sohn. 2019. (iScience Ser.). (ENG., Illus.). 24p. (J). (gr. k-2). pap. 13.26 *(978-1-68404-361-3(1))* Norwood Hse. Pr.

New Playground. Alexander A. Knox. 2017. (ENG.). 496p. (J). pap. *(978-3-337-19063-7(4))* Creation Pubs.

New Playground: Or Wanderings in Algeria (Classic Reprint) Alexander A. Knox. 2017. (ENG., Illus.). 494p. (J). 34.09 *(978-0-484-21998-3(7))* Forgotten Bks.

New Plays from Old Tales Arranged for Boys & Girls (Classic Reprint) Harriet Sabra Wright. 2018. (ENG., Illus.). 194p. (J). 27.90 *(978-0-483-08554-1(5))* Forgotten Bks.

New Pocket Dictionary of the English & French Languages: Nouveau Dictionnaire de Poche Anglais-Français et Français-Anglais (Classic Reprint) J. E. Wessely. 2018. (ENG., Illus.). (J). 484p. 33.88 *(978-0-366-72274-7(3))*; 486p. pap. 16.57 *(978-0-366-72273-0(5))* Forgotten Bks.

New Pocket Dictionary of the English & German Languages: Neues Englisch-Deutsches und Deutsch-Englisches Taschenworterbuch (Classic Reprint) J. E. Wessely. 2017. (ENG., Illus.). (J). 32.74 *(978-0-266-79788-3(1))*; pap. 16.57 *(978-1-5277-7251-9(9))* Forgotten Bks.

New Pocket-Dictionary of the English & Swedish Languages (Classic Reprint) Unknown Author. 2017. (ENG., Illus.). (J). 39.43 *(978-0-331-85734-4(0))*; 40.23 *(978-0-266-58936-5(7))*; pap. 23.57 *(978-0-282-88805-3(5))* Forgotten Bks.

New Pocket-Dictionary of the English & Swedish Languages (Classic Reprint) Otto Holtze. 2017. (ENG., Illus.). (J). 40.38 *(978-0-260-16426-1(7))*; pap. 23.57 *(978-1-5279-0429-3(6))* Forgotten Bks.

New Pocket Dictionary of the French & English Language: In Two Parts; 1. French & English; 2. English & French; Containing All the Words in General Use, & Authorized by the Best Writers; the Several Parts of Speech, the Genders of the French Nou. Thomas Nugent. 2017. (ENG., Illus.). (J). pap. 19.57 *(978-0-282-29466-3(X))* Forgotten Bks.

New Pocket Dictionary of the French & English Languages: Containing All the Words in General Use, & Authorized by the Best Writers; the Several Parts of Speech, the Genders of the French Nouns; the Accents of the English Words, for the Use of Fore. Thomas Nugent. 2017. (ENG., Illus.). (J). pap. 19.57 *(978-0-282-65518-1(2))* Forgotten Bks.

New Pocket Dictionary of the French & English Languages: In Two Parts, 1. French & English, 2. English & French (Classic Reprint) Thomas Nugent. 2017. (ENG., Illus.). (J). 33.59 *(978-0-265-57164-4(2))*; pap. 16.57 *(978-0-282-84080-8(X))* Forgotten Bks.

New Pocket Dictionary of the French & English Languages: In Two Parts, 1. French & English, 2. English & French; Containing All the Words in General Use, & Authorized by the Best Writers (Classic Reprint) Thomas Nugent. 2017. (ENG., Illus.). (J). pap. 19.57 *(978-0-282-31978-6(6))* Forgotten Bks.

New Pocket Dictionary of the French & English Languages: In Two Parts; 1. French & English, 2. English & French; Containing All the Words in General Use, & Authorized by the Best Writers (Classic Reprint) Thomas Nugent. 2017. (ENG., Illus.). (J). 458p. 33.34 *(978-0-332-41606-9(2))*; pap. 16.57 *(978-0-282-45853-9(0))* Forgotten Bks.

New Pocket Dictionary of the French & English Languages, in Two Parts: 1. French & English; 2. English & French; Containing All the Words in General Use, & Authorized by the Best Writers (Classic Reprint) Thomas Nugent. 2018. (ENG., Illus.). 512p. (J). 34.48 *(978-0-267-87081-3(7))* Forgotten Bks.

New Pocket Dictionary of the French & English Languages, Vol. 1: Containing All Words of General Use & Authorized by the Best Writers; Carefully Compiled from the Most Approved Dictionaries French & English, Particularly from That of the Royal A. Thomas Nugent. (ENG., Illus.). (J). 2018. 650p. 37.32 *(978-0-656-98280-6(2))*; 2017. pap. 19.97 *(978-0-259-89313-4(7))* Forgotten Bks.

New Pocket-Dictionary of the German & English Languages: In Two Parts; I. English & German, II. German & English (Classic Reprint) C. t. Rabenhorst. (ENG., Illus.). (J). 2018. 184p. 27.69 *(978-0-666-86926-5(X))*; 2017. pap. 10.57 *(978-0-259-40870-3(0))* Forgotten Bks.

New Practical Anglo-Chinese Conversation (Classic Reprint) Lee Teng Hwee. (ENG., Illus.). (J). 2019. 386p. 31.86 *(978-0-365-21839-5(1))*; 2017. pap. 16.57 *(978-0-259-17707-4(5))* Forgotten Bks.

New Preceptor, or Young Lady's & Gentleman's True Instructor in the Rudiments of the English Tongue: Containing Rules for Pronunciation, with Lessons from One to Two & More Syllables to Elucidate Them (Classic Reprint) R. Kay. 2017. (ENG., Illus.). (J). 26.17 *(978-0-266-67186-2(1))*; pap. 9.57 *(978-1-5276-4243-0(7))* Forgotten Bks.

New Price List: January 25, 1929 (Classic Reprint) Champlain View Gardens. 2018. (ENG., Illus.). 20p. (J). 24.31 *(978-0-428-88854-1(2))*; pap. 7.97 *(978-0-428-44657-4(4))* Forgotten Bks.

New Priest in Conception Bay (Classic Reprint) Robert Lowell. (ENG., Illus.). (J). 2018. 580p. 35.86 *(978-0-483-53051-5(4))*; 2017. pap. 19.57 *(978-0-243-14683-3(3))* Forgotten Bks.

New Priest in Conception Bay, Vol. 1 (Classic Reprint) Robert Lowell. 2018. (ENG., Illus.). 312p. (J). 30.35 *(978-0-483-26273-7(0))* Forgotten Bks.

New Priest in Conception Bay, Vol. 2 (Classic Reprint) Robert Lowell. 2018. (ENG., Illus.). 342p. (J). 30.97 *(978-0-365-20090-1(5))* Forgotten Bks.

New Primary Arithmetic. John H. Walsh. 2017. (ENG., Illus.). (J). pap. *(978-0-649-65723-0(3))* Trieste Publishing Pty Ltd.

New Primer (Classic Reprint) Walter L. Hervey. 2018. (ENG., Illus.). 132p. (J). 26.62 *(978-0-364-09735-9(3))* Forgotten Bks.

New Prince Fortunatus (Classic Reprint) William Black. 2018. (ENG., Illus.). 492p. (J). 34.04 *(978-0-483-12673-2(X))* Forgotten Bks.

New Prince Fortunatus, Vol. 1 of 3 (Classic Reprint) William Black. 2018. (ENG., Illus.). 314p. (J). 30.37 *(978-0-483-78947-0(X))* Forgotten Bks.

New Prince Fortunatus, Vol. 2 of 3 (Classic Reprint) William Black. 2018. (ENG., Illus.). 276p. (J). 29.59 *(978-0-267-67815-0(0))* Forgotten Bks.

New Prince Fortunatus, Vol. 3 (Classic Reprint) William Black. 2018. (ENG., Illus.). 280p. (J). 29.69 *(978-0-483-26534-9(9))* Forgotten Bks.

New Prince Fortunatus, Vol. III. William Black. 2017. (ENG., Illus.). (J). pap. *(978-0-649-65724-7(1))* Trieste Publishing Pty Ltd.

New Prodigal: A Novel (Classic Reprint) Stephen Paul Sheffield. 2017. (ENG., Illus.). (J). 28.97 *(978-0-266-71571-9(0))*; pap. 11.57 *(978-1-5276-7130-0(5))* Forgotten Bks.

New Public School Music Course: Third Reader (Classic Reprint) Charles Edward Whiting. 2016. (ENG., Illus.). (J). pap. 9.57 *(978-1-334-37579-8(8))* Forgotten Bks.

New Public School Music Course (Classic Reprint) Charles Edward Whiting. 2017. (ENG., Illus.). (J). pap. 9.57 *(978-0-259-95750-8(X))* Forgotten Bks.

New Pun Book (Classic Reprint) Thomas A. Brown. 2017. (ENG., Illus.). (J). 27.28 *(978-0-266-45517-2(4))* Forgotten Bks.

New Pup on the Block, 2. Sherri Winston. ed. 2022. (Wednesday & Woof Ser.). (ENG.). 86p. (J). (gr. 2-3). 18.46 ***(978-1-68505-520-2(6))*** Penworthy Co., LLC, The.

New Puppy. Kristen Bell et al. ed. 2022. (Step into Reading Ser.). (ENG.). 32p. (J). (gr. 2-3). 16.96 ***(978-1-68505-314-7(9))*** Penworthy Co., LLC, The.

New Puppy. Kristen Bell & Benjamin Hart. Illus. by Daniel Wiseman. ed. 2021. (Step into Reading Ser.). 32p. (J). (gr. -1-1). pap. 4.99 *(978-0-593-43441-3(2))*; (ENG.). lib. bdg. 14.99 *(978-0-593-43442-0(0))* Random Hse. Children's Bks. (Random Hse. Bks. for Young Readers).

New Puppy (Bob Books Stories: Scholastic Reader, Level 1) Lynn Maslen Kertell. Illus. by Sue Hendra. 2022. (Scholastic Reader, Level 1 Ser.). (ENG.). 32p. (J). (gr. -1-1). 22.99 *(978-1-338-80514-7(2))*; pap. 4.99 *(978-1-338-80512-3(6))* Scholastic, Inc.

New Puppy from the Black Lagoon. Mike Thaler. Illus. by Jared D. Lee. 2017. 64p. (J). *(978-1-338-24461-8(2))* Scholastic, Inc.

New Puppy from the Black Lagoon. Mike Thaler. Illus. by Jared Lee. 2019. (Black Lagoon Adventures Ser.). (ENG.). 64p. (J). (gr. 2-6). lib. bdg. 31.36 *(978-1-5321-4420-2(2)*, 33825, Chapter Bks.) Spotlight.

New Puppy Journal: Gifts for Dog Owner, Puppy Welcome, Pet Information & Care, Puppy Vaccine Record, Dog Mom Planner, Puppies Dog Log Book. Illus. by Paperland Online Store. 2021. (ENG.). 102p. (J). pap. *(978-1-300-06959-1(7))* Lulu Pr., Inc.

New Purchase: Or Seven & a Half Years in the Far West (Classic Reprint) Robert Carlton. 2017. (ENG., Illus.). 570p. (J). 35.65 *(978-1-5284-8317-9(0))* Forgotten Bks.

New Purchase, or Seven & a Half Years in the Far West, Vol. 2 (Classic Reprint) Baynard Rush Hall. 2017. (ENG., Illus.). (J). 30.91 *(978-0-266-75484-8(8))*; pap. 13.57 *(978-1-5277-2757-1(2))* Forgotten Bks.

New Purchase, Vol. 1: Or Seven & a Half Years in the Far West (Classic Reprint) Robert Carlton. (ENG., Illus.). (J). 2018. 316p. 30.41 *(978-0-267-12292-9(6))*; 2016. pap. 13.57 *(978-1-334-13046-5(9))* Forgotten Bks.

New Quarterly Magazine, Vol. 5: October to January, 1876 (Classic Reprint) Oswald Crawfurd. 2017. (ENG., Illus.). (J). 34.21 *(978-0-265-68280-7(0))*; pap. 16.57 *(978-1-5276-5538-6(5))* Forgotten Bks.

New Quarterly Magazine, Vol. 6: April to July, 1876 (Classic Reprint) Oswald Crawfurd. 2017. (ENG., Illus.). (J). pap. 19.57 *(978-1-5276-7662-6(5))* Forgotten Bks.

New Queer Conscience. Adam Eli. Illus. by Ashley Lukashevsky. 2020. (Pocket Change Collective Ser.). (ENG.). 64p. (YA). (gr. 7). pap. 8.99 *(978-0-593-09368-9(2)*, Penguin Workshop) Penguin Young Readers Group.

New Race of Devils (Classic Reprint) John Bernard. (ENG., Illus.). (J). 2018. 198p. 28.00 *(978-0-483-91108-6(9))*; 2017. pap. 10.57 *(978-0-243-38518-8(8))* Forgotten Bks.

New Red Bike! James E. Ransome. 2017. (I Like to Read Ser.). (ENG.). 32p. (J). (gr. -1-3). 7.99 *(978-0-8234-3852-5(X))* Holiday Hse., Inc.

New Red Bike! James E. Ransome. ed. 2019. (I Like to Read Ser.). (ENG.). 26p. (J). (gr. k-1). 17.96 *(978-0-87617-957-4(X))* Penworthy Co., LLC, The.

New Religion: A Modern Novel (Classic Reprint) Maarten Maartens. (ENG., Illus.). (J). 2018. 390p. 31.94 *(978-0-364-94629-9(6))*; 2017. pap. 16.57 *(978-0-259-27577-0(8))* Forgotten Bks.

New Ride to Khiva (Classic Reprint) Robert L. Jefferson. 2017. (ENG., Illus.). (J). 31.98 *(978-0-260-48123-8(8))* Forgotten Bks.

New Robinson Crusoe: An Instructive & Entertaining History (Classic Reprint) Joachim Heinrich Campe. 2017. (ENG., Illus.). (J). 188p. 27.77 *(978-0-332-12107-9(0))*; pap. 10.57 *(978-0-259-43324-8(1))* Forgotten Bks.

New Robinson Crusoe: An Instructive & Entertaining History, for the Use of Children of Both Sexes (Classic Reprint) Joachim Heinrich Campe. 2018. (ENG., Illus.). 294p. (J). 29.96 *(978-0-484-57817-2(0))* Forgotten Bks.

New Robinson Crusoe, Vol. 1: An Instructive & Entertaining History, for the Use of Children of Both Sexes, Translated from the French (Classic Reprint) Joachim Heinrich Campe. (ENG., Illus.). (J). 2018. 358p. 31.28 *(978-0-332-43757-6(4))*; 2016. pap. 13.97 *(978-1-334-11599-8(0))* Forgotten Bks.

New Robinson Crusoe, Vol. 1 (Classic Reprint) Joachim Heinrich Campe. 2018. (ENG., Illus.). 360p. (J). 31.34 *(978-0-483-87882-2(0))* Forgotten Bks.

New Robinson Crusoe, Vol. 2 Of 2: An Instructive & Entertaining History, for the Use of Children of Both Sexes; Translated from the French (Classic Reprint) Joachim Heinrich Campe. 2016. (ENG., Illus.). (J). pap. 13.57 *(978-1-333-85990-9(2))* Forgotten Bks.

New Robinson Crusoe, Vol. 3: An Instructive & Entertaining History, for the Use of Children of Both Sexes (Classic Reprint) Joachim Heinrich Campe. (ENG., Illus.). (J). 2018. 362p. 31.36 *(978-0-483-58270-5(0))*; 2016. pap. 13.97 *(978-1-333-18616-6(9))* Forgotten Bks.

New Salmagundi Papers: Series of 1922 (Classic Reprint) Salmagundi Club. 2017. (ENG., Illus.). (J). 27.79 *(978-0-266-32930-5(6))* Forgotten Bks.

New Salmagundi Papers: Series of 1922; Text & Pictures by Members of the Salmagundi Club (Classic Reprint) Salmagundi Club. 2016. (ENG., Illus.). (J). pap. 10.57 *(978-1-333-21814-0(1))* Forgotten Bks.

New Samaria: And the Summer of St. Martin (Classic Reprint) S. Weir Mitchell. 2018. (ENG., Illus.). 184p. (J). 27.69 *(978-0-332-01338-1(3))* Forgotten Bks.

New School for Charlie. Courtney Dicmas. Illus. by Courtney Dicmas. 2020. (Child's Play Library). (Illus.). 32p. (J). (gr. -1-1). *(978-1-78628-342-9(5))* Child's Play International Ltd.

New School for Mouse. Fynisa Engler. Illus. by Ryan Law. 2023. (ENG.). 28p. (J). pap. 10.99 ***(978-1-958302-41-5(4))***; (Foster Mouse Ser.: Vol. 2). 17.99 ***(978-1-958302-39-2(2))*** Lawley Enterprises.

New School Nerves. Lukas Cody. 2017. (ENG., Illus.). 96p. (J). pap. *(978-1-326-95248-9(X))* Lulu Pr., Inc.

New School, New Me!, 1 vol. J. M. Klein. 2018. (Totally Secret Diary of Dani D. Ser.). (ENG.). 64p. (YA). (gr. 2-3). 23.25 *(978-1-5383-8196-0(6)*, 765fbfc3-1486-4ed4-94b5-27d0895051d1); pap. 13.35 *(978-1-5383-8195-3(8)*, ca0db874-610c-4d21-a737-ad4327ae802c) Enslow Publishing, LLC.

New School Year: Stories in Six Voices. Sally Derby. Illus. by Mika Song. 2017. 48p. (J). (gr. k-4). lib. bdg. 16.99 *(978-1-58089-730-3(4))* Charlesbridge Publishing, Inc.

New Script Primer (Classic Reprint) Caroline A. Faber. 2017. (ENG., Illus.). (J). 25.42 *(978-0-265-60451-9(6))*; pap. 9.57 *(978-0-282-99636-9(2))* Forgotten Bks.

New Senior at Andover (Classic Reprint) Herbert D. Ward. 2018. (ENG., Illus.). 338p. (J). 30.89 *(978-0-483-72838-7(1))* Forgotten Bks.

New Series of Blackfoot Texts: From the Southern Peigans Blackfoot Reservation, Teton County, Montana, with the Help of Joseph Tatsey, Collected & Pubwith an English Translation (Classic Reprint) C. C. Uhlenbeck. 2018. (ENG., Illus.). 280p. (J). 29.67 *(978-0-267-26516-9(6))* Forgotten Bks.

New Shark in Town: A QUIX Book. Davy Ocean. Illus. by Aaron Blecha. 2022. (Harvey Hammer Ser.: 1). (ENG.). 80p. (J). (gr. k-3). 17.99 *(978-1-5344-5512-2(4))*; pap. 5.99 *(978-1-5344-5511-5(6))* Simon & Schuster Children's Publishing. (Aladdin).

New Shed. Daniel Fisher. 2022. (ENG.). 24p. (J). pap. *(978-0-473-64513-7(0))* Kingfisher Publishing.

New Sheriff in Town #3: A Graphic Novel. Brett Bean. Illus. by Brett Bean. (Zoo Patrol Squad Ser.: 3). 80p. (J). (gr. 1-4). 2023. pap. 8.99 ***(978-0-593-38337-7(0))***; 2021. (Illus.). 12.99 *(978-0-593-22660-5(7))* Penguin Young Readers Group. (Penguin Workshop).

New Shoes. Chris Raschka. 2018. (ENG., Illus.). 32p. (J). (gr. -1-3). 17.99 *(978-0-06-265752-7(6)*, Greenwillow Bks.) HarperCollins Pubs.

New Shoes. Sara Varon. 2018. (ENG., Illus.). 208p. (J). 19.99 *(978-1-59643-920-7(3)*, 900121340, First Second Bks.) Roaring Brook Pr.

New Shoes, Red Shoes. Susan Rollings. Illus. by Becky Baur. 2020. (Child's Play Library). 32p. (J). pap. *(978-1-78628-468-6(5))*; pap. *(978-1-78628-467-9(7))* Child's Play International Ltd.

New Shoes, Red Shoes (Mini-Library Edition) Susan Rollings. Illus. by Becky Baur. 2023. (Child's Play Mini-Library). (ENG.). 32p. (J). pap. ***(978-1-78628-731-1(5))*** Child's Play International Ltd.

New Six Shilling Novels (Classic Reprint) Unknown Author. 2018. (ENG., Illus.). 384p. (J). 31.82 *(978-0-483-83579-5(X))* Forgotten Bks.

New Sketches of Every-Day Life: A Diary; Together with Strife & Peace (Classic Reprint) Fredrika. Bremer. (ENG., Illus.). (J). 2017. 37.18 *(978-0-331-65569-8(1))*; 2016. pap. 19.57 *(978-1-334-14979-5(8))* Forgotten Bks.

New Sloan Readers: Containing a Complete Course in Phonics. First Reader. Katharine E. Sloan. 2017. (ENG., Illus.). (J). pap. *(978-0-649-47601-5(8))* Trieste Publishing Pty Ltd.

New Sloan Readers: Containing a Complete Course in Phonics; First Reader (Classic Reprint) Katharine Emily Sloan. (ENG., Illus.). (J). 2018. 150p. 27.01 *(978-0-365-15528-7(4))*; 2017. pap. 9.57 *(978-0-259-54801-0(4))* Forgotten Bks.

New Sloan Readers: Containing a Complete Course in Phonics; Primer (Classic Reprint) Katharine E. Sloan. (ENG., Illus.). (J). 2018. 134p. 26.68 *(978-0-332-85064-1(1))*; 2017. pap. 9.57 *(978-0-259-93825-5(4))* Forgotten Bks.

New Sloan Readers: Containing a Complete Course in Phonics; Second Reader. Katharine E. Sloan. 2017. (ENG., Illus.). (J). pap. *(978-0-649-51733-6(4))* Trieste Publishing Pty Ltd.

New Sloan Readers: Containing a Complete Course in Phonics Second Reader (Classic Reprint) Katharine E. Sloan. 2018. (ENG., Illus.). 166p. (J). 27.34 *(978-0-483-00332-3(8))* Forgotten Bks.

New Small Person. Lauren Child. Illus. by Lauren Child. 2018. (ENG., Illus.). 32p. (J). (gr. -1-3). 8.99 *(978-0-7636-9974-1(8))* Candlewick Pr.

New Soccer Coach. Anne Paradis. ed. 2018. (Caillou 8x8 Bks). (ENG.). 24p. (J). (gr. -1-1). 13.89 *(978-1-64310-495-9(0))* Penworthy Co., LLC, The.

New Soldier, or Nature & Life (Classic Reprint) Henryk Sienkiewicz. (ENG., Illus.). (J). 2018. 240p. 28.87 *(978-0-483-26253-9(6))*; 2016. pap. 11.57 *(978-1-334-16321-0(9))* Forgotten Bks.

New Song. Lisa Bynoe-Stevens. Illus. by Adoria Stevens. 2021. (ENG.). 40p. (J). pap. *(978-1-0391-0468-6(1))*; *(978-1-0391-0469-3(X))* FriesenPress.

New Song for Herman. Paul McAllister. Illus. by Emily Brown. 2017. (ENG.). 38p. (J). ***(978-1-9990427-3-8(5))*** Herman's Monster Hse. Publishing.

New Songs & Ballads. Nora Perry. 2017. (ENG.). 200p. (J). pap. *(978-3-7447-8412-2(6))* Creation Pubs.

New Sophomore (Classic Reprint) James Shelley Hamilton. 2018. (ENG., Illus.). 326p. (J). 30.62 *(978-0-483-08257-1(0))* Forgotten Bks.

New Special Friend. Tamar Burris. Illus. by Mousam Banerjee. 2021. (ENG.). 30p. (J). pap. 15.00 *(978-0-578-75990-6(X))* Burris, Tamar.

New Speller for Foreigners: A Sounding & Pronouncing System (Classic Reprint) Charlotte Wheeler. (ENG., Illus.). (J). 2018. 62p. 25.18 *(978-0-267-89319-5(1))*; 2016. pap. 9.57 *(978-1-333-56064-5(8))* Forgotten Bks.

New Spelling Book: Compiled with a View to Render the Arts of Spelling & Reading Easy & Pleasant to Children (Classic Reprint) John Comly. (ENG., Illus.). (J). 2018. 166p. 27.34 *(978-0-656-31680-9(2))*; 2016. pap. 9.97 *(978-1-334-22931-2(7))* Forgotten Bks.

New Spelling Book (Classic Reprint) Georgia Alexander. (ENG., Illus.). (J). 2018. 52p. 24.97 *(978-0-483-85070-5(5))*; 2017. 26.21 *(978-0-266-53151-7(2))*; 2017. pap. 9.57 *(978-0-282-69056-4(5))*; 2016. pap. 9.57 *(978-1-334-13880-5(X))* Forgotten Bks.

New Stories, Community Life: The Child's Own Way Series (Classic Reprint) Marjorie Hardy. 2017. (ENG., Illus.). (J). 230p. 28.64 *(978-0-484-54448-1(9))*; pap. 11.57 *(978-0-259-47539-2(4))* Forgotten Bks.

New Swiss Family Robinson: A Tale for Children of All Ages (Classic Reprint) Owen Wister. 2017. (ENG., Illus.). (J). 24.54 *(978-0-260-09678-4(4))* Forgotten Bks.

New Swiss Family Robinson: Or Our Unknown Inheritance (Classic Reprint) Helen Pomeroy. (ENG.,

1456

The check digit for ISBN-10 appears in parentheses after the full ISBN-13

TITLE INDEX NEW YORK GIANTS

Illus.). (J). 2018. 314p. 30.37 *(978-0-656-84495-1(7))*; 2017. pap. 13.57 *(978-0-259-46128-9(8))* Forgotten Bks.

New Switcheroo (Rube Goldberg & His Amazing Machines #2) Brandon T. Snider. Illus. by Ed Steckley. 2022. (Rube Goldberg & His Amazing Machines Ser.). (ENG.). 272p. (J). (gr. 3-7). 14.99 *(978-1-4197-5006-9(2)*, 1711701, Amulet Bks.) Abrams, Inc.

New System of Geography: Ancient & Modern, for the Use of Schools, Accompanied with an Atlas, Adapted to the Work (Classic Reprint) Jedidiah Morse. 2018. (ENG., Illus.). 380p. (J). 31.73 *(978-0-267-87004-2(3))* Forgotten Bks.

New System of Geography, Ancient & Modern: For the Use of Schools, Accompanied with an Atlas, Adapted to the Work (Classic Reprint) Jedidiah Morse. 2017. (ENG., Illus.). (J). 30.91 *(978-0-266-87600-7(5))* Forgotten Bks.

New System of Geography, Ancient & Modern, for the Use of Schools: Accompanied with an Atlas, Adapted to the Work (Classic Reprint) Jedidiah Morse. 2016. (ENG., Illus.). (J). pap. 13.57 *(978-1-333-75447-1(7))* Forgotten Bks.

New Tale of a Tub: An Adventure in Verse (Classic Reprint) F. W. N. Bayley. 2017. (ENG., Illus.). (J). 25.26 *(978-0-265-35984-6(8))*; pap. 9.57 *(978-1-5277-5978-7(4))* Forgotten Bks.

New Tale of a Tub: An Adventure in Verse (Classic Reprint) Frederic William Naylor Bayley. (ENG., Illus.). (J). 2018. 52p. 24.99 *(978-0-656-07217-0(2))*; 2016. pap. 9.57 *(978-1-333-59592-0(1))* Forgotten Bks.

New Tales, Vol. 1 of 4 (Classic Reprint) Opie. 2018. (ENG., Illus.). 364p. (J). 31.42 *(978-0-666-78661-6(5))* Forgotten Bks.

New Tales, Vol. 2 of 4 (Classic Reprint) Opie. 2017. (ENG., Illus.). (J). 32.44 *(978-0-266-18301-3(8))* Forgotten Bks.

New Tales, Vol. 3 of 4 (Classic Reprint) Opie. (ENG., Illus.). (J). 2018. 322p. 30.54 *(978-0-484-83402-5(9))*; 2016. pap. 13.57 *(978-1-333-15971-9(4))* Forgotten Bks.

New Tales, Vol. 4 of 4 (Classic Reprint) Opie. 2018. (ENG., Illus.). 370p. (J). 31.55 *(978-0-428-21386-2(3))* Forgotten Bks.

New Teacher at Mud Hollow School: A Burlesque (Classic Reprint) Elizabeth F. Guptill. 2018. (ENG., Illus.). 28p. (J). 24.47 *(978-0-484-10709-9(7))* Forgotten Bks.

New Team Player. Archer Phyllis. 2017. (Can Jesus Come Out to Play? Ser.: Vol. 2). (ENG., Illus.). (J). (gr. k-6). pap. 11.99 *(978-1-365-78983-0(7))* Worldwide Publishing Group.

New Testament: Best-Loved Bible Stories for the Younger Reader, Including the First Christmas, Feeding the Five Thousand, Walking on Water, the Last Supper, & More. Armadillo. 2018. (Illus.). 24p. (J). (gr. -1-12). pap. 7.99 *(978-1-86147-847-4(X)*, Armadillo) Anness Publishing GBR. Dist: National Bk. Network.

New Testament Come, Follow Me Activity Book. Arie Van de Graaff. 2023. (ENG.). 64p. (J). pap. 12.99 ***(978-1-4621-4450-1(0))*** Cedar Fort, Inc./CFI Distribution.

New Testament Family Reader. Ed. by Tyler McKellar. Illus. by Dan Burr. 2019. 210p. 24.99 *(978-1-62972-571-0(4))* Deseret Bk. Co.

New Testament Heroes. Bradley Booth. 2019. (Illus.). 31p. (J). *(978-0-8163-6544-9(X))* Pacific Pr. Publishing Assn.

New Testament Parables for Children. E. C. Wilson. 2017. (ENG., Illus.). (J). pap. *(978-0-649-41041-5(6))* Trieste Publishing Pty Ltd.

New Testament Parables for Children: Illustrated by Pictures (Classic Reprint) E. C. Wilson. 2017. (ENG., Illus.). (J). 92p. 25.81 *(978-0-484-28034-1(1))*; pap. 9.57 *(978-1-5276-9424-8(0))* Forgotten Bks.

New Testament Parables for Children: Illustrated by Pictures from the Masters & Original Stories (Classic Reprint) E. C. Wilson. (ENG., Illus.). (J). 2018. 80p. 25.55 *(978-0-483-50771-5(7))*; 2017. pap. 9.57 *(978-0-243-05072-7(0))* Forgotten Bks.

New Text-Book of Geology: Designed for Schools & Academies (Classic Reprint) James Dwight Dana. 2018. (ENG., Illus.). 428p. (J). 32.72 *(978-0-365-40061-5(0))* Forgotten Bks.

New Theory of Galvanism: The Electrothermology of Chemistry; Electricity & Heat Phases of the Same Principle (Classic Reprint) Thomas Wright Hall. 2018. (ENG., Illus.). (J). 206p. 28.17 *(978-1-396-33177-0(8))*; 208p. pap. 10.57 *(978-1-390-91432-0(1))* Forgotten Bks.

New Third Reader (Classic Reprint) Richard Gilmour. 2017. (ENG., Illus.). (J). 29.26 *(978-0-266-66008-8(8))*; pap. 11.97 *(978-1-5276-3340-7(3))* Forgotten Bks.

New Tom Thumb: With an Account of His Wonderful Exploits; As Related by Margery Meanwell (Classic Reprint) William MacKenzie. 2017. (ENG., Illus.). 56p. (J). 25.07 *(978-0-484-17778-8(8))* Forgotten Bks.

New Tramp Joke Book: Containing the Latest Tramp Monologues, Jokes & Gags Used by the Leading Footlight Favorites of the Vaudeville Stage (Classic Reprint) Paul Emilius Lowe. 2017. (ENG., Illus.). (J). 25.92 *(978-0-331-93956-9(8))*; pap. 9.57 *(978-0-243-32449-1(9))* Forgotten Bks.

New Treasure Seekers. E. Nesbit. 2018. (Bastable Series,Virago Modern Classics Ser.). (ENG., Illus.). 304p. (J). (gr. 2-4). 11.99 *(978-0-349-00957-5(0)*, Virago Press) Little, Brown Book Group Ltd. GBR. Dist: Hachette Bk. Group.

New Treasure Seekers: The Bastable Children in Search of a Fortune. Edith. Nesbit. 2018. (ENG., Illus.). 214p. (YA). (gr. 7-12). pap. *(978-93-5329-310-9(3))* Alpha Editions.

New Treatise on the Use of the Globes: With Notes & Observations; Containing an Extensive Collection of the Most Useful Problems (Classic Reprint) James M'Intire. 2018. (ENG., Illus.). 224p. (J). 28.54 *(978-0-332-55363-4(9))* Forgotten Bks.

New Tricks for the Old Dog. Jane Yolen. ed. 2022. (Ready-To-Read Ser.). (ENG.). 30p. (J). (gr. 2-3). 16.46 ***(978-1-68505-214-0(2))*** Penworthy Co., LLC, The.

New Tricks for the Old Dog: Ready-To-Read Level 2. Jane Yolen. Illus. by Joëlle Dreidemy & Joëlle Dreidemy. 2021. (Interrupting Cow Ser.). 32p. (J). (gr. k-2). 17.99 *(978-1-5344-9950-8(4))*; pap. 4.99 *(978-1-5344-9949-2(0))* Simon Spotlight. (Simon Spotlight).

New Verses of Human Folks (Classic Reprint) James William Foley. (ENG., Illus.). (J). 2018. 82p. 25.61 *(978-0-483-59054-0(1))*; 2016. pap. 9.57 *(978-1-333-42626-2(7))* Forgotten Bks.

New Version of an Old Story (Classic Reprint) Elizabeth Milroy. 2018. (ENG., Illus.). 38p. (J). 24.70 *(978-0-428-99108-1(4))* Forgotten Bks.

New Vertical Script Primer (Classic Reprint) Unknown Author. (ENG., Illus.). (J). 2018. 62p. 25.18 *(978-0-332-89322-8(7))*; 2017. pap. 9.57 *(978-0-259-94701-1(6))* Forgotten Bks.

New Vicar of Wakefield (Classic Reprint) Sydney Glanville Fielding. 2017. (ENG., Illus.). (J). 30.00 *(978-0-265-59088-1(4))* Forgotten Bks.

New Vocabulary Containing All Ordinary Words with Their Figured Pronunciation: English-Italian (Classic Reprint) Ulysse Cardin. 2017. (ENG., Illus.). (J). 39.53 *(978-0-266-94114-9(1))*; pap. 23.57 *(978-1-5278-3076-9(4))* Forgotten Bks.

New Voices of Fantasy. Eugene Fisher & Brooke Bolander. Ed. by Peter S. Beagle. 2017. (ENG.). 336p. (gr. 9-5). pap. 16.95 *(978-1-61696-257-9(7)*, e2698a8c-9002-456a-85dc-89b09147acf8) Tachyon Pubns.

New Voters from the South: The Scalawags & Carpetbaggers Reconstruction 1865-1877 Grade 5 Children's American History. Baby Professor. 2022. (ENG.). 72p. (J). 31.99 ***(978-1-5419-8488-2(9))***; pap. 19.99 ***(978-1-5419-6073-2(4))*** Speedy Publishing LLC. (Baby Professor (Education Kids)).

New Voyage & Description of the Isthmus of America. Lionel Wafer. 2017. (ENG.). 262p. (J). pap. *(978-3-337-30888-9(0))* Creation Pubs.

New Voyage & Description of the Isthmus of America: Giving an Account of the Author's Abode There, the Form & Make of the Country, the Coasts, Hills, Rivers, &C., Woods, Soil, Weather, &C., Trees, Fruit, Beasts, Birds, Fish, &C., the Indian Inhabita. Lionel Wafer. (ENG., Illus.). (J). 2018. 264p. 29.34 *(978-0-365-32768-4(9))*; 2017. 312p. 30.33 *(978-0-332-28280-0(5))*; 2017. pap. 11.97 *(978-0-282-55057-8(7))*; 2017. pap. 13.57 *(978-0-282-58048-3(4))* Forgotten Bks.

New Voyage & Description of the Isthmus of America (Classic Reprint) Lionel Wafer. 2017. (ENG., Illus.). (J). 28.48 *(978-1-5280-8806-0(9))* Forgotten Bks.

New Waggings of Old Tales. John Kendrick Bangs. 2017. (ENG., Illus.). (J). pap. *(978-0-649-51506-6(4))*; pap. *(978-0-649-24146-0(0))* Trieste Publishing Pty Ltd.

New Waggings of Old Tales by Two Wags. John Kendrick Bangs. 2017. (ENG., Illus.). (J). pap. *(978-0-649-21827-1(2))* Trieste Publishing Pty Ltd.

New Waggings of Old Tales (Classic Reprint) John Kendrick Bangs. (ENG., Illus.). (J). 2018. 202p. 28.06 *(978-0-484-37671-6(3))*; 2018. 168p. 27.38 *(978-0-484-42465-3(3))*; 2017. pap. 9.97 *(978-0-243-09246-8(6))* Forgotten Bks.

New Walks in Old Ways (Classic Reprint) Alvin Howard Sanders. 2018. (ENG., Illus.). 244p. (J). 28.93 *(978-0-483-51274-0(5))* Forgotten Bks.

New Wave, 27 vols. Mark Stewart. Incl. Allen Iverson: Motion & Emotion. 2001. lib. bdg. 22.90 *(978-0-7613-1958-0(1))*; Andruw Jones: Love That Glove. 2001. lib. bdg. 22.90 *(978-0-7613-1967-2(0))*; Daunte Culpepper: Command & Control. 2002. lib. bdg. 22.90 *(978-0-7613-2613-7(8))*; Ichiro Suzuki: The Best in the West. 2002. lib. bdg. 22.90 *(978-0-7613-2616-8(2))*; Jackie Stiles: Gym Dandy. 2002. lib. bdg. 22.90 *(978-0-7613-2614-4(6))*; Jevon Kearse: Force of One. 2001. lib. bdg. 22.90 *(978-0-7613-2269-6(8))*; Kevin Garnett/Shake up the Game. 2002. lib. bdg. 22.90 *(978-0-7613-2615-1(4))*; Kurt Warner: Can't Keep Him Down. 2001. lib. bdg. 22.90 *(978-0-7613-1953-5(0))*; Scott Gomez: Open up the Ice. 2001. lib. bdg. 22.90 *(978-0-7613-2268-9(X))*; Todd Helton: The Hits Keep Coming. 2001. lib. bdg. 22.90 *(978-0-7613-2271-9(X))*; Vince Carter: The Fire Burns Bright. 2001. lib. bdg. 22.90 *(978-0-7613-2270-2(1))*; 48p. (gr. 4-18)., Millbrook Pr. (Illus.). 2004. 595.40 *(978-0-7613-3080-6(1)*, Twenty-First Century Bks.) Lerner Publishing Group.

New Way to Play. Candice O'Sullivan. 2020. (ENG.). 32p. (J). *(978-1-5255-5342-4(9))*; pap. *(978-1-5255-5343-1(7))* FriesenPress.

New Week. Vicki Weber. Illus. by Shirley Ng-Benitez. 2022. (ENG.). 12p. (J). bds. 7.95 *(978-1-68115-580-7(X)*, 363d2ce2-0d0a-4f6a-a8bd-1b3387990edd, Apples & Honey Pr.) Behrman Hse., Inc.

New West Era, Vol. 1: May 1904 (Classic Reprint) Unknown Author. 2018. (ENG., Illus.). 106p. (J). 26.04 *(978-0-484-04450-9(8))* Forgotten Bks.

New Wheels in Old Ruts: A Pilgrimage to Canterbury Via the Ancient Pilgrim's Way (Classic Reprint) Henry Parr. 2018. (ENG., Illus.). 228p. (J). 28.60 *(978-0-332-63537-8(6))* Forgotten Bks.

New Wine (Classic Reprint) Agnes Castle. 2018. (ENG., Illus.). 356p. (J). 31.24 *(978-0-428-97312-4(4))* Forgotten Bks.

New Wings. Laura Benefield. 2021. (ENG.). 40p. (J). pap. 24.99 *(978-1-63221-586-4(1))* Salem Author Services.

New Wings. Margaux Savary. 2023. (ENG.). 218p. (J). pap. 11.99 ***(978-1-63988-771-2(7))*** Primedia eLaunch LLC.

New Wizard of Oz (Classic Reprint) L. Frank Baum. 2018. (ENG., Illus.). 248p. (J). 29.01 *(978-0-365-34947-1(X))* Forgotten Bks.

New Woman in Mother Goose Land: A Play for Children (Classic Reprint) Edyth M. Wormwood. (ENG., Illus.). (J). 2018. 30p. 24.52 *(978-0-483-80113-4(5))*; 2016. pap. 7.97 *(978-1-334-15747-9(2))* Forgotten Bks.

New Word-Analysis, or School Etymology of English Derivative Words: With Practical Exercises in Spelling, Analyzing, Defining, Synonyms & the Use of Words (Classic Reprint) William Swinton. 2017. (ENG., Illus.). (J). 27.36 *(978-0-266-61566-8(X))* Forgotten Bks.

New Word-Analysis, or School Etymology of English Derivative Words: With Practical Exercises in Spelling, Analyzing, Defining, Synonyms, & the Use of Words (Classic Reprint) William Swinton. (ENG., Illus.). (J). 2018. 166p. 27.32 *(978-1-396-80857-9(4))*; 2018. 168p. pap. 9.97 *(978-1-396-80746-6(2))*; 2017. 164p. 27.28 *(978-0-484-09433-7(5))*; 2017. pap. 9.97 *(978-0-282-14539-2(7))* Forgotten Bks.

New Work of Animals: Principally Designed from the Fables of ÆSop, Gay, & PHæDrus; Containing One Hundred Plates (Classic Reprint) Samuel Howitt. 2018. (ENG., Illus.). 316p. (J). 30.46 *(978-0-484-25930-9(X))* Forgotten Bks.

New! Work-Readiness Tools to Get & Stay Hired. Gwendolyn Butts. 2018. (ENG., Illus.). 54p. (YA). pap. 15.95 *(978-1-64298-308-1(X))* Page Publishing Inc.

New World. Barry Leonard. 2020. (ENG.). 400p. (YA). (gr. 9-11). pap. *(978-1-78830-492-4(6))* Olympia Publishers.

New World. Matt Myklusch. (Order of the Majestic Ser.: 3). (ENG.). 432p. (J). (gr. 3-7). 2022. pap. 8.99 *(978-1-5344-7941-8(4))*; 2021. 18.99 *(978-1-5344-7940-1(6))* Simon & Schuster Children's Publishing. (Aladdin).

New World. I. Tascon. 2021. (ENG.). 64p. (J). pap. 15.00 *(978-1-953507-45-7(X))* Brightlings.

New World Ashes. Jennifer Wilson. 4th ed. 2017. (New World Ser.: Vol. 2). (ENG., Illus.). (YA). (gr. 7-12). pap. *(978-0-9956792-3-8(1))* Oftomes Publishing.

New World Continents & Land Bridges: North & South America. Bruce McClish. rev. ed. 2016. (Continents Ser.). (ENG.). 32p. (J). (gr. 4-6). pap. 8.99 *(978-1-4846-3639-8(2)*, 134035, Heinemann) Capstone.

New World Fairy Book (Classic Reprint) Howard Angus Kennedy. 2017. (ENG., Illus.). (J). 31.53 *(978-0-266-46935-3(3))* Forgotten Bks.

New World Inferno. Jennifer Wilson. 2017. (New World Ser.: Vol. 3). (ENG., Illus.). (YA). (gr. 7-12). pap. *(978-1-9997068-9-0(7))* Oftomes Publishing.

New World Order: Book 6. J. D. Martens. 2017. (Meteor Ser.). (ENG.). 184p. (YA). (gr. 5-12). 31.42 *(978-1-68076-832-9(8)*, 27435, Epic Escape) EPIC Pr.

New-World Speller: Grades One & Two (Classic Reprint) Julia Helen Wohlfarth. 2017. (ENG., Illus.). (J). 26.06 *(978-0-260-86905-0(8))* Forgotten Bks.

New-World Speller: Grades Six, Seven, & Eight (Classic Reprint) Julia Helen Wohlfarth. abr. ed. 2017. (ENG., Illus.). (J). 26.08 *(978-0-266-28212-9(1))*; pap. 9.57 *(978-1-5278-4347-9(5))* Forgotten Bks.

New-World Speller: Second Book for Grades Four, Five, & Six, Pp. 137-280. Julia Helen Wohlfarth. 2017. (ENG., Illus.). (J). pap. *(978-0-649-54125-6(1))* Trieste Publishing Pty Ltd.

New Yarns & Funny Jokes: Comprising Original & Selected American Humor with Many Laughable Illustrations (Classic Reprint) Unknown Author. 2018. (ENG., Illus.). 116p. (J). 26.29 *(978-0-332-04774-4(1))* Forgotten Bks.

New Year. Charles C. Hofer. 2023. (Traditions & Celebrations Ser.). (ENG.). 32p. (J). pap. 7.99 ***(978-0-7565-7576-2(1)***, 255037, Pebble) Capstone.

New Year. Rich Lo. 2016. (ENG., Illus.). 40p. (J). (gr. -1-k). 16.99 *(978-1-5107-0723-8(9)*, Sky Pony Pr.) Skyhorse Publishing Co., Inc.

New Year. Mei Zihan. Illus. by Qin Leng. 2021. (Aldana Libros Ser.). 56p. (gr. 4-12). 18.95 *(978-1-77164-731-1(0)*, Greystone Kids) Greystone Books Ltd. CAN. Dist: Publishers Group West (PGW).

New Year Celebrations in Different Places. Robin Johnson. (Illus.). 24p. (J). 2018. *(978-1-4271-1966-7(X))*; 2017. (gr. 2-2). *(978-0-7787-3655-4(5))*; 2017. (gr. 2-2). pap. *(978-0-7787-3664-6(4))* Crabtree Publishing Co.

New Year, New Puzzle, New Day: Activity Book 8 Year Old. Speedy Kids. 2018. (ENG., Illus.). 106p. (J). pap. 12.55 *(978-1-5419-3714-7(7))* Speedy Publishing LLC.

New Year, New You: 365 Bible Readings & Prayers for Teens. Lauren Groves. 2022. (ENG.). 384p. (J). (gr. 7-12). 15.99 *(978-1-0877-6850-2(0)*, 005838304, B&H Kids) B&H Publishing Group.

New Year Traditions Around the World. Ann Malaspina. Illus. by Elisa Chavarri. 2021. (Traditions Around the World Ser.). (ENG.). 32p. (J). (gr. k-3). lib. bdg. 35.64 *(978-1-5038-5018-7(8)*, 214866) Child's World, Inc, The.

New-Year's Bargain (Classic Reprint) Susan Coolidge. 2018. (ENG., Illus.). 242p. (J). 28.89 *(978-0-483-49299-8(X))* Forgotten Bks.

New Year's Eve. Carole Crimeen & Suzanne Fletcher. 2023. (Celebrations & Events Ser.). (ENG., Illus.). 16p. (J). (gr. -1-2). pap. 7.99 ***(978-1-922370-22-8(3)***, fa525fef-09fb-4ebd-aec9-71b4cac2bbcb) Knowledge Bks. & Software AUS. Dist: Lerner Publishing Group.

New Year's Gift & Juvenile Souvenir (Classic Reprint) William E. Burton. (ENG., Illus.). (J). 2018. 298p. 30.04 *(978-0-483-53579-4(6))*; 2016. pap. 13.57 *(978-1-334-15566-6(6))* Forgotten Bks.

New Year's Gift, & Juvenile Souvenir (Classic Reprint) Priscilla Maden Watts. 2017. (ENG., Illus.). (J). 27.84 *(978-0-266-66054-5(1))*; pap. 10.57 *(978-1-5276-3378-0(0))* Forgotten Bks.

New Year's Kiss. Lee Matthews. 2020. (Underlined Paperbacks Ser.). 256p. (YA). (gr. 7). pap. 9.99 *(978-0-593-17985-7(4)*, Underlined) Random Hse. Children's Bks.

New Year's Tangles: And Other Stories (Classic Reprint) Pansy Pansy. 2017. (ENG., Illus.). (J). 29.18 *(978-0-266-54023-6(6))* Forgotten Bks.

New York. Christina Earley. 2023. (My State Ser.). (ENG.). 24p. (J). (gr. k-2). pap. ***(978-1-0396-9765-2(8)***, 33338); lib. bdg. ***(978-1-0396-9658-7(9)***, 33337) Crabtree Publishing Co.

New York, 1 vol. John Hamilton. 2016. (United States of America Ser.). (ENG., Illus.). 48p. (J). (gr. 5-9). 34.21 *(978-1-68078-334-6(3)*, 21653, Abdo & Daughters) ABDO Publishing Co.

New York. Ann Heinrichs. Illus. by Matt Kania. 2017. (U. S. A. Travel Guides). (ENG.). 40p. (J). (gr. 2-5). lib. bdg. 38.50 *(978-1-5038-1972-6(8)*, 211577) Child's World, Inc, The.

New York. Val Lawton & Cindy Rodriguez. 2018. (Illus.). 24p. (J). *(978-1-4896-7465-4(9)*, AV2 by Weigl) Weigl Pubs., Inc.

New York. Tyler Maine & Bridget Parker. 2016. (States Ser.). (ENG., Illus.). 32p. (J). (gr. 3-6). lib. bdg. 27.99 *(978-1-5157-0419-5(X)*, 132030, Capstone Pr.) Capstone.

New York. Laura K. Murray. 2022. (Core Library of US States Ser.). (ENG., Illus.). 48p. (J). (gr. 4-8). lib. bdg. 35.64 *(978-1-5321-9773-4(X)*, 39637) ABDO Publishing Co.

New York. Faith Woodland. 2017. (Illus.). 24p. (J). *(978-1-4896-7305-3(9)*, AV2 by Weigl) Weigl Pubs., Inc.

New York, Vol. 8. Mason Crest. 2016. (Major World Cities Ser.: Vol. 8). (ENG., Illus.). 48p. (J). (gr. 5-8). 20.95 *(978-1-4222-3543-0(2))* Mason Crest.

New York: A Novel (Classic Reprint) Edgar Fawcett. 2018. (ENG., Illus.). 358p. (J). 31.36 *(978-0-332-49190-5(0))* Forgotten Bks.

New York: Its Upper Ten & Lower Million (Classic Reprint) George Lippard. 2017. (ENG., Illus.). (J). 30.04 *(978-0-265-20187-9(X))* Forgotten Bks.

New York: The Empire State, 1 vol. Rachel Keranen et al. 2018. (It's My State! (Fourth Edition)(r) Ser.). (ENG.). 80p. (gr. 4-4). 35.93 *(978-1-5026-2624-0(1)*, 786605b1-95b3-41b0-bc26-f15ddb8b98f3); pap. 18.64 *(978-1-5026-4439-8(8)*, d287d336-0e63-4442-9f5a-4f464377b8df) Cavendish Square Publishing LLC.

New York: The Empire State. Val Lawton. 2016. (Illus.). 48p. (J). *(978-1-5105-2089-9(9))* SmartBook Media, Inc.

New York: The Empire State. Val Lawton. 2016. (J). *(978-1-4896-4911-9(5))* Weigl Pubs., Inc.

New York: The Metropolis of the Western World (Classic Reprint) Unknown Author. 2018. (ENG., Illus.). 142p. (J). 26.89 *(978-0-484-63138-9(1))* Forgotten Bks.

New York: Written & Illustrated (Classic Reprint) Marie Louise. Hankins. 2018. (ENG., Illus.). 360p. (J). 31.30 *(978-0-483-46026-3(5))* Forgotten Bks.

New York Apple Orchard ABC Book. Susanne Agnello. 2021. (ENG.). 36p. (J). 18.99 *(978-1-7361592-1-7(6))*; pap. 8.99 *(978-1-7361592-0-0(8))* Agnello-Sylvester, Susanne.

New York (ARC Edition) The Empire State, 1 vol. Rachel Keranen et al. 2020. (It's My State! (Fourth Edition)(r) Ser.). (ENG.). 80p. (J). (gr. 4-4). pap. 18.64 *(978-1-5026-6212-5(4)*, d91e3f4e-ca60-449d-a326-701a989e66d2) Cavendish Square Publishing LLC.

New York Christmas List. Catie Verwoert & Nathan Verwoert. 2022. (ENG.). 30p. (J). ***(978-0-6456061-0-2(3))***; pap. ***(978-0-6456061-1-9(1))*** Cana Ink.

New York City. Christina Leaf. Illus. by Diego Vaisberg. 2023. (Cities Through Time Ser.). (ENG.). (J). (gr. k-3). pap. 7.99 Bellwether Media.

New York City. Contrib. by Christina Leaf. 2023. (Cities Through Time Ser.). (ENG., Illus.). (J). (gr. k-3). lib. bdg. 26.95 Bellwether Media.

New York City. Joyce L. Markovics. 2017. (Citified! Ser.). (ENG., Illus.). 24p. (J). (gr. k-3). 17.95 *(978-1-68402-230-4(4))* Bearport Publishing Co., Inc.

New York City. Marne Ventura. 2019. (Iconic America Ser.). (ENG., Illus.). 48p. (J). (gr. 4-8). lib. bdg. 35.64 *(978-1-5321-9093-3(X)*, 33696) ABDO Publishing Co.

New York City: Children's American Local History Book. Bold Kids. 2022. (ENG.). 42p. (J). pap. 14.99 *(978-1-0717-1089-0(3))* FASTLANE LLC.

New York City ABC: a Larry Gets Lost Book. John Skewes. 2018. (Larry Gets Lost Ser.). (Illus.). 32p. (J). (-k). 14.99 *(978-1-63217-167-2(8)*, Little Bigfoot) Sasquatch Bks.

New York City Ballet Presents a Classic Picture Book Collection (Boxed Set) The Nutcracker; the Sleeping Beauty; Swan Lake. New York City Ballet. Illus. by Valeria Docampo. ed. 2019. (ENG.). 120p. (J). (gr. -1-3). 53.99 *(978-1-5344-6242-7(2)*, Little Simon) Little Simon.

New York City FC. Anthony K. Hewson. 2021. (Inside MLS Ser.). (ENG., Illus.). 48p. (J). (gr. 3-6). lib. bdg. 34.21 *(978-1-5321-9479-5(X)*, 37468, SportsZone) ABDO Publishing Co.

New York City Scratch & Sketch (Trace Along) Illus. by Day Zschock Martha. 2019. (Scratch & Sketch Trace-Along Ser.). (ENG.). 64p. (J). spiral bd. 14.99 *(978-1-4413-3081-9(X)*, 0b427791-e30b-47d4-a394-9da090f55023) Peter Pauper Pr. Inc.

New York City SHSAT Prep 2022 And 2023: 3 Practice Tests + Proven Strategies + Review. Kaplan Test Prep. 2022. (Kaplan Test Prep NY Ser.). (ENG.). 540p. (YA). (gr. 8-9). pap. 19.99 *(978-1-5062-7736-3(5)*, Kaplan Test Prep) Kaplan Publishing.

New York City Subway. Julie Murray. (Trains Ser.). (ENG., Illus.). 24p. (J). 2022. (gr. 2-2). pap. 8.95 *(978-1-64494-726-5(9))*; 2021. (gr. k-4). lib. bdg. 31.36 *(978-1-0982-2674-9(7)*, 38666) ABDO Publishing Co. (Abdo Zoom-Dash).

New York Colony. Martin Hintz. rev. ed. 2016. (American Colonies Ser.). (ENG.). 32p. (J). (gr. 3-6). pap. 8.10 *(978-1-5157-4220-3(2)*, 133983, Capstone Pr.) Capstone.

New-York Cries in Rhyme (Classic Reprint) Unknown Author. 2018. (ENG., Illus.). 20p. (J). 24.31 *(978-1-396-60024-1(8))*; pap. 7.97 *(978-1-391-65426-3(9))* Forgotten Bks.

New York Day & Night. Aurelie Pollet. Illus. by Vincent Bergier. 2019. (ENG.). 30p. (J). (-k). 16.95 *(978-3-7913-7378-2(1))* Prestel Verlag GmbH & Co KG. DEU. Dist: Penguin Random Hse. LLC.

New York Delta of Phi Beta Kappa. Annual Oration. Charles Sprague Smith. 2017. (ENG., Illus.). (J). pap. *(978-0-649-25050-9(8))* Trieste Publishing Pty Ltd.

New York Evening Tales, or Uncle John's True Stories about Natural History, Vol. 3 (Classic Reprint) Unknown Author. 2018. (ENG., Illus.). (J). 30p. 24.52 *(978-1-396-39467-6(2))*; 32p. pap. 7.97 *(978-1-390-93621-6(X))* Forgotten Bks.

New York Giants. Kenny Abdo. 2021. (NFL Teams Ser.). (ENG., Illus.). 32p. (J). (gr. 2-8). lib. bdg. 32.79 *(978-1-0982-2474-5(4)*, 37182, Abdo Zoom-Fly) ABDO Publishing Co.

New York Giants. Josh Anderson. 2022. (Professional Football Teams Ser.). (ENG.). 32p. (J). (gr. 2-5). lib. bdg. 35.64 *(978-1-5038-5766-7(2)*, 215740, Stride) Child's World, Inc, The.

New York Giants, 1 vol. Saulie Blumberg. 2016. (NFL up Close Ser.). (ENG.). 32p. (J). (gr. 3-9). lib. bdg. 32.79 *(978-1-68078-226-4(6)*, 22055, SportsZone) ABDO Publishing Co.

N

New York Giants. Tony Hunter. 2019. (Inside the NFL Ser.). (ENG., Illus.). 48p. (J). (gr. 3-6). lib. bdg. 34.21 *(978-1-5321-1859-3(7)*, 32587, SportsZone) ABDO Publishing Co.

New York Giants. Contrib. by Joanne Mattern. 2023. (NFL Team Profiles Ser.). (ENG., Illus.). (J). (gr. 3-7). lib. bdg. 26.95 Bellwether Media.

New York Giants. Jim Whiting. rev. ed. 2019. (NFL Today Ser.). (ENG.). 48p. (J). (gr. 4-7). pap. 12.00 *(978-1-62832-715-1(4)*, 19064, Creative Paperbacks) Creative Co., The.

New York Giants All-Time Greats. Ted Coleman. 2021. (NFL All-Time Greats Ser.). (ENG., Illus.). 24p. (J). (gr. 3-3). pap. 8.95 *(978-1-63494-379-6(1))*; lib. bdg. 28.50 *(978-1-63494-362-8(7))* Pr. Room Editions LLC.

New York Giants Story. Larry Mack. 2016. (NFL Teams Ser.). (ENG., Illus.). 32p. (J). (gr. 3-7). lib. bdg. 26.95 *(978-1-62617-375-0(3)*, Torque Bks.) Bellwether Media.

New York Hooroarer: A Story of Newspaper Enterprise, Containing a Visit to the Infernal Regions & Return (Classic Reprint) Charles Edwards. (ENG., Illus.). (J). 2018. 74p. 25.42 *(978-0-483-97547-7(8))*; 2016. pap. 9.57 *(978-1-333-18995-2(8))* Forgotten Bks.

New York Illustrated Magazine Annual, 1847 (Classic Reprint) Lawrence Labree. (ENG., Illus.). (J). 2018. 574p. 35.74 *(978-0-428-87235-9(2))*; 2016. pap. 19.57 *(978-1-334-12098-5(6))* Forgotten Bks.

New York Interactive Notebook: A Hands-On Approach to Learning about Our State! Carole Marsh. 2017. (New York Experience Ser.). (ENG.). (J). pap. 9.99 *(978-0-635-12681-8(8))* Gallopade International.

New York Is English, Chattanooga Is Creek. Chris Raschka. Illus. by Chris Raschka. 2018. (ENG., Illus.). 40p. (J). (gr. -1-2). 11.99 *(978-1-5344-3371-7(6)*, Atheneum Bks. for Young Readers) Simon & Schuster Children's Publishing.

New York Islanders. Luke Hanlon. 2023. (NHL Teams Set 3 Ser.). (ENG., Illus.). 32p. (J). pap. 9.95 ***(978-1-63494-702-2(9))*** Pr. Room Editions LLC.

New York Islanders. Contrib. by Luke Hanlon. 2023. (NHL Teams Set 3 Ser.). (ENG., Illus.). 32p. (J). lib. bdg. 31.35 ***(978-1-63494-678-0(2))*** Pr. Room Editions LLC.

New York Jets. Kenny Abdo. 2021. (NFL Teams Ser.). (ENG., Illus.). 32p. (J). (gr. 2-8). lib. bdg. 32.79 *(978-1-0982-2475-2(2)*, 37184, Abdo Zoom-Fly) ABDO Publishing Co.

New York Jets. Josh Anderson. 2022. (Professional Football Teams Ser.). (ENG.). 32p. (J). (gr. 2-5). lib. bdg. 35.64 *(978-1-5038-5773-5(5)*, 215747, Stride) Child's World, Inc, The.

New York Jets, 1 vol. Patrick Kelley & Saulie Blumberg. 2016. (NFL up Close Ser.). (ENG., Illus.). 32p. (J). (gr. 3-9). lib. bdg. 32.79 *(978-1-68078-227-1(4)*, 22057, SportsZone) ABDO Publishing Co.

New York Jets. Todd Ryan. 2019. (Inside the NFL Ser.). (ENG.). 48p. (J). (gr. 3-6). lib. bdg. 34.21 *(978-1-5321-1860-9(0)*, 32589, SportsZone) ABDO Publishing Co.

New York Jets. Contrib. by Janie Scheffer. 2023. (NFL Team Profiles Ser.). (ENG., Illus.). (J). (gr. 3-7). lib. bdg. 26.95 Bellwether Media.

New York Jets. Jim Whiting. rev. ed. 2019. (NFL Today Ser.). (ENG.). 48p. (J). (gr. 4-7). pap. 12.00 *(978-1-62832-716-8(2)*, 19067, Creative Paperbacks) Creative Co., The.

New York Jets All-Time Greats. Ted Coleman. 2022. (NFL All-Time Greats Set 2 Ser.). (ENG., Illus.). 24p. (J). (gr. 3-3). pap. 8.95 *(978-1-63494-449-6(6))*; lib. bdg. 28.50 *(978-1-63494-432-8(1))* Pr. Room Editions LLC.

New York Jets Story. Thomas K. Adamson. 2016. (NFL Teams Ser.). (ENG., Illus.). 32p. (J). (gr. 3-7). lib. bdg. 26.95 *(978-1-62617-376-7(1)*, Torque Bks.) Bellwether Media.

New York Journal, Vol. 1: An Illustrated Literary Periodical; August, 1853 January, 1854 (Classic Reprint) Unknown Author. (ENG., Illus.). (J). 2018. 372p. 31.63 *(978-0-267-99523-3(7))*; 2016. pap. 13.97 *(978-1-334-15674-8(3))* Forgotten Bks.

New York Journal, Vol. 3: An Illustrated Literary Periodical; July-December, 1854 (Classic Reprint) Unknown Author. 2017. (ENG., Illus.). (J). 31.57 *(978-0-265-70978-8(4))*; pap. 13.97 *(978-1-5276-6098-4(2))* Forgotten Bks.

New York Knicks. Jim Gigliotti. 2019. (Insider's Guide to Pro Basketball Ser.). (ENG.). 32p. (J). (gr. 1-4). lib. bdg. 35.64 *(978-1-5038-2447-8(0)*, 212254) Child's World, Inc, The.

New York Knicks. Michael E. Goodman. 2018. (NBA Champions Ser.). (ENG.). 24p. (J). (gr. 1-4). pap. 8.99 *(978-1-62832-579-9(8)*, 19826, Creative Paperbacks); (Illus.). lib. bdg. *(978-1-64026-024-5(2)*, 19808, Creative Education) Creative Co., The.

New York Knicks. Anthony K. Hewson. 2022. (Inside the NBA (2023) Ser.). (ENG., Illus.). 48p. (J). (gr. 3-6). lib. bdg. 34.22 *(978-1-5321-9837-3(X)*, 39779, SportsZone) ABDO Publishing Co.

New York Knicks. Jim Whiting. 2017. (NBA: a History of Hoops Ser.). (ENG., Illus.). 48p. (J). (gr. 4-7). *(978-1-60818-854-3(X)*, 20267, Creative Education) Creative Co., The.

New York Knicks. Jim Whiting. 2nd ed. 2017. (NBA: a History of Hoops Ser.). (ENG., Illus.). 48p. (J). (gr. 4-7). pap. 12.00 *(978-1-62832-457-0(0)*, 20268, Creative Paperbacks) Creative Co., The.

New York Knicks All-Time Greats. Ted Coleman. 2023. (NBA All-Time Greats Set 2 Ser.). (ENG., Illus.). 24p. (J). (gr. 3-3). pap. 8.95 *(978-1-63494-622-3(7))* Pr. Room Editions LLC.

New York Knicks All-Time Greats. Contrib. by Ted Coleman. 2023. (NBA All-Time Greats Set 2 Ser.). (ENG., Illus.). 24p. (J). (gr. 3-3). lib. bdg. 28.50 *(978-1-63494-604-9(9))* Pr. Room Editions LLC.

New York Melody. Hélène Druvert & Hélène Druvert. 2018. (ENG., Illus.). 36p. (J). (gr. k-3). 24.95 *(978-0-500-65173-5(6)*, 565173) Thames & Hudson.

New York Mets. Contrib. by David J. Clarke. 2022. (Inside MLB Ser.). (ENG., Illus.). 48p. (J). (gr. 3-6). lib. bdg. 34.21 *(978-1-0982-9025-2(9)*, 40807, SportsZone) ABDO Publishing Co.

New York Mets. Michael E. Goodman. (Creative Sports: Major League Baseball Ser.). (ENG.). 32p. (J). 2021. (gr. 4-7). *(978-1-64026-311-6(X)*, 17802, Creative Education); 2020. (gr. 3-5). pap. 9.99 *(978-1-62832-843-1(6)*, 17803, Creative Paperbacks) Creative Co., The.

New York Mets. Dennis St. Sauver. 2018. (MLB's Greatest Teams Ser.). (ENG., Illus.). 32p. (J). (gr. 2-5). lib. bdg. 34.21 *(978-1-5321-1811-1(2)*, 30668, Big Buddy Bks.) ABDO Publishing Co.

New York Mets All-Time Greats. Ted Coleman. 2022. (MLB All-Time Greats Set 2 Ser.). (ENG., Illus.). 24p. (J). (gr. 3-3). pap. 8.95 *(978-1-63494-531-8(X))*; lib. bdg. 28.50 *(978-1-63494-505-9(0))* Pr. Room Editions LLC.

New York Monsters: A Search-And-Find Book. Anne Paradis. Illus. by Lucile Danis Drouot. 2017. (ENG.). 22p. (J). bds. 9.99 *(978-2-924734-02-5(9))* City Monsters Bks. CAN. Dist: Publishers Group West (PGW).

New York (My Globetrotter Book) Travel Activity Book for Children 6-12 Years Old. Marisha Wojciechowska. 2019. (My Globetrotter Book Ser.). (ENG., Illus.). 28p. (J). pap. *(978-1-9992159-0-3(7))* Wojciechowska, Maria.

New York Public Library: Astor, Lenox & Tilden Foundations (Classic Reprint) Unknown Author. 2018. (ENG., Illus.). 184p. (J). 27.71 *(978-0-365-31992-4(9))* Forgotten Bks.

New York Public Library (Classic Reprint) Zoe Anderson Norris. 2018. (ENG., Illus.). 230p. (J). 28.64 *(978-0-483-14494-1(0))* Forgotten Bks.

New York Rangers. William Arthur. 2022. (NHL Teams Ser.). (ENG.). 32p. (J). (gr. 3-4). pap. 9.95 *(978-1-63494-520-2(4))*; lib. bdg. 31.35 *(978-1-63494-494-6(1))* Pr. Room Editions LLC.

New York Rangers. Eric Zweig. 2017. (Original Six: Celebrating Hockey's History Ser.). (Illus.). 32p. (J). (gr. 5-5). *(978-0-7787-3440-6(4))* Crabtree Publishing Co.

New York Red Bulls. Kristian R. Dyer. 2021. (Inside MLS Ser.). (ENG., Illus.). 48p. (J). (gr. 3-6). lib. bdg. 34.21 *(978-1-5321-9259-3(2)*, 35127); (gr. 4-4). pap. 11.95 *(978-1-64494-567-4(3))* ABDO Publishing Co. (SportsZone).

New York Red Bulls. Mark Stewart. 2017. (First Touch Soccer Ser.). (ENG., Illus.). 24p. (J). (gr. k-3). 23.93 *(978-1-59953-865-5(2))* Norwood Hse. Pr.

New-York Scenes: Designed for the Entertainment & Instruction of City & Country Children (Classic Reprint) William S. Cardell. (ENG., Illus.). (J). 2018. 30p. 24.54 *(978-0-364-18704-3(2))*; 2017. pap. 7.97 *(978-0-259-47741-9(9))* Forgotten Bks.

New York State Tests Grade 3 English Language Arts Success Strategies Workbook: Comprehensive Skill Building Practice for the New York State Tests. Ed. by New York State Exam Secrets Test Prep. 2016. (ENG.). (J). pap. 40.99 *(978-1-5167-0123-0(2))* Mometrix Media LLC.

New York State Tests Grade 3 Mathematics Success Strategies Workbook: Comprehensive Skill Building Practice for the New York State Tests. Ed. by New York State Exam Secrets Test Prep. 2016. (ENG.). (J). pap. 40.99 *(978-1-5167-0124-7(0))* Mometrix Media LLC.

New York State Tests Grade 4 English Language Arts Success Strategies Workbook: Comprehensive Skill Building Practice for the New York State Tests. Ed. by New York State Exam Secrets Test Prep. 2016. (ENG.). (J). pap. 40.99 *(978-1-5167-0125-4(9))* Mometrix Media LLC.

New York State Tests Grade 4 Mathematics Success Strategies Workbook: Comprehensive Skill Building Practice for the New York State Tests. Ed. by New York State Exam Secrets Test Prep. 2016. (ENG.). (J). pap. 40.99 *(978-1-5167-0126-1(7))* Mometrix Media LLC.

New York State Tests Grade 4 Science Success Strategies Study Guide: New York State Test Review for the New York State Tests. Ed. by New York State Exam Secrets Test Prep. 2016. (ENG.). (J). pap. 40.99 *(978-1-5167-0127-8(5))* Mometrix Media LLC.

New York State Tests Grade 5 English Language Arts Success Strategies Workbook: Comprehensive Skill Building Practice for the New York State Tests. Ed. by New York State Exam Secrets Test Prep. 2016. (ENG.). (J). pap. 40.99 *(978-1-5167-0128-5(3))* Mometrix Media LLC.

New York State Tests Grade 5 Mathematics Success Strategies Workbook: Comprehensive Skill Building Practice for the New York State Tests. Ed. by New York State Exam Secrets Test Prep. 2016. (ENG.). (J). pap. 40.99 *(978-1-5167-0129-2(1))* Mometrix Media LLC.

New York State Tests Grade 6 English Language Arts Success Strategies Study Guide: New York State Test Review for the New York State Tests. Ed. by New York State Exam Secrets Test Prep. 2016. (ENG.). (J). pap. 40.99 *(978-1-5167-0130-8(5))* Mometrix Media LLC.

New York State Tests Grade 6 Mathematics Success Strategies Study Guide: New York State Test Review for the New York State Tests. Ed. by New York State Exam Secrets Test Prep. 2016. (ENG.). (J). pap. 40.99 *(978-1-5167-0131-5(3))* Mometrix Media LLC.

New York State Tests Grade 7 English Language Arts Success Strategies Study Guide: New York State Test Review for the New York State Tests. Ed. by New York State Exam Secrets Test Prep. 2016. (ENG.). (J). pap. 40.99 *(978-1-5167-0132-2(1))* Mometrix Media LLC.

New York State Tests Grade 7 Mathematics Success Strategies Study Guide: New York State Test Review for the New York State Tests. Ed. by New York State Exam Secrets Test Prep. 2016. (ENG.). (J). pap. 40.99 *(978-1-5167-0133-9(X))* Mometrix Media LLC.

New York State Tests Grade 8 English Language Arts Success Strategies Study Guide: New York State Test Review for the New York State Tests. Ed. by New York State Exam Secrets Test Prep. 2016. (ENG.). (J). pap. 40.99 *(978-1-5167-0134-6(8))* Mometrix Media LLC.

New York State Tests Grade 8 Mathematics Success Strategies Study Guide: New York State Test Review for the New York State Tests. Ed. by New York State Exam Secrets Test Prep. 2016. (ENG.). (J). pap. 40.99 *(978-1-5167-0135-3(6))* Mometrix Media LLC.

New York State Tests Grade 8 Science Success Strategies Study Guide: New York State Test Review for the New York State Tests. Ed. by New York State Exam Secrets Test Prep. 2016. (ENG.). (J). pap. 40.99 *(978-1-5167-0136-0(4))* Mometrix Media LLC.

New York Teachers Monographs, Vol. 10: June, 1908 (Classic Reprint) Sidney Marsden Fuerst. 2017. (ENG., Illus.). (J). 26.99 *(978-0-266-59703-2(3))* Forgotten Bks.

New York Teachers Monographs, Vol. 11: March, 1909 (Classic Reprint) Marie L. Bayer. 2018. (ENG., Illus.). 512p. (J). 34.46 *(978-0-267-46538-5(6))* Forgotten Bks.

New York Teachers Monographs, Vol. 12: Read & Kept by 50, 000 Teachers; March, 1910 (Classic Reprint) Marie L. Bayer. (ENG., Illus.). (J). 2018. 522p. 34.66 *(978-0-267-59525-9(5))*; 2016. pap. 19.57 *(978-1-334-14971-9(2))* Forgotten Bks.

New York Teachers' Monographs, Vol. 2: June, 1900 (Classic Reprint) Sidney Marsden Fuerst. 2017. (ENG., Illus.). (J). pap. 9.57 *(978-0-282-77877-4(2))* Forgotten Bks.

New York Teachers' Monographs, Vol. 4: Nature Study & Elementary Science; March, 1902 (Classic Reprint) Sidney Marsden Fuerst. 2018. (ENG., Illus.). 150p. (J). 26.99 *(978-0-483-96509-6(X))* Forgotten Bks.

New York Teachers Monographs, Vol. 6 (Classic Reprint) Sidney Marsden Fuerst. 2017. (ENG., Illus.). (J). 578p. 35.84 *(978-0-484-30319-4(8))*; pap. 19.57 *(978-0-259-40249-7(4))* Forgotten Bks.

New York Teachers' Monographs, Vol. 7: March, 1905 (Classic Reprint) Sidney Marsden Fuerst. 2017. (ENG., Illus.). (J). 580p. 35.88 *(978-0-332-86495-2(2))*; pap. 19.57 *(978-0-259-21500-4(7))* Forgotten Bks.

New York to Paris? Charles Lindbergh Did It First! Biography of Famous People Children's Biography Books. Baby Professor. 2017. (ENG., Illus.). (J). pap. 9.55 *(978-1-5419-1552-7(6)*, Baby Professor (Education Kids)) Speedy Publishing LLC.

New York to Peking (Classic Reprint) Blanche Sellers Ortman. 2018. (ENG., Illus.). 158p. (J). 27.18 *(978-0-267-23812-5(6))* Forgotten Bks.

New York Visitor & Lady's Album (Classic Reprint) Unknown Author. 2018. (ENG., Illus.). 388p. (J). 31.90 *(978-0-484-03885-0(0))* Forgotten Bks.

New-York Visitor, & Lady's Magazine, Vol. 1: July, 1840 (Classic Reprint) Joseph W. Harrison. (ENG., Illus.). (J). 2018. 38p. 24.68 *(978-0-483-69143-8(7))*; 2017. pap. 7.97 *(978-0-243-28923-3(5))* Forgotten Bks.

New York Yankees. Michael E. Goodman. (Creative Sports: Major League Baseball Ser.). (ENG.). 32p. (J). 2021. (gr. 4-7). *(978-1-64026-312-3(8)*, 17806, Creative Education); 2020. (gr. 3-5). pap. 9.99 *(978-1-62832-844-8(4)*, 17807, Creative Paperbacks) Creative Co., The.

New York Yankees. Contrib. by Anthony K. Hewson. 2022. (Inside MLB Ser.). (ENG., Illus.). 48p. (J). (gr. 3-6). lib. bdg. 34.21 *(978-1-0982-9026-9(7)*, 40809, SportsZone) ABDO Publishing Co.

New York Yankees. K. C. Kelley. 2016. (Illus.). 32p. (J). *(978-1-4896-5941-5(2)*, AV2 by Weigl) Weigl Pubs., Inc.

New York Yankees. Katie Lajiness. 2018. (MLB's Greatest Teams Ser.). (ENG., Illus.). 32p. (J). (gr. 2-5). lib. bdg. 34.21 *(978-1-5321-1518-9(0)*, 28872, Big Buddy Bks.) ABDO Publishing Co.

New York Yankees All-Time Greats. Brendan Flynn. 2021. (MLB All-Time Greats Ser.). (ENG., Illus.). 24p. (J). (gr. 3-3). pap. 8.95 *(978-1-63494-312-3(0))*; lib. bdg. 28.50 *(978-1-63494-294-2(9))* Pr. Room Editions LLC.

New Yorker: 1950 1955 Album (Classic Reprint) Unknown Author. (ENG., Illus.). (J). 2018. 246p. 29.03 *(978-0-332-22458-9(9))*; 2016. pap. 11.57 *(978-1-334-16624-2(2))* Forgotten Bks.

New Yorkers & Other People (Classic Reprint) Frances Aymar Mathews. (ENG., Illus.). (J). 2018. 450p. 33.20 *(978-0-666-98635-1(5))*; 2017. pap. 16.57 *(978-0-243-47162-1(9))* Forgotten Bks.

New York's Inferno Explored: Scenes Full of Pathos Powerfully Portrayed Siberian Desolation Caused by Vice & Drink Tenements Packed with Misery & Crime (Classic Reprint) Ballington Booth. 2018. (ENG., Illus.). 106p. (J). 26.10 *(978-0-483-96839-4(0))* Forgotten Bks.

New York's Inferno Explored: Scenes Full of Pathos Powerfully Portrayed; Siberian Desolation Caused by Vice & Drink; Tenements Packed with Misery & Crime (Classic Reprint) Ballington Booth. (ENG., Illus.). (J). 2018. 110p. 26.17 *(978-0-267-39794-5(1))*; 2016. pap. 9.57 *(978-1-334-13977-2(6))* Forgotten Bks.

New Zambesi Trail (Classic Reprint) Unknown Author. 2017. (ENG., Illus.). (J). 32.23 *(978-0-266-49880-3(9))* Forgotten Bks.

New Zealand. Alicia Z. Klepeis. 2021. (Country Profiles Ser.). (ENG., Illus.). 32p. (J). (gr. 3-8). lib. bdg. 27.95 *(978-1-64487-451-6(2)*, Blastoff! Readers) Bellwether Media.

New Zealand. Megan Kopp. 2016. (Illus.). 32p. (J). *(978-1-4896-5421-2(6))* Weigl Pubs., Inc.

New Zealand, 1 vol. Roselynn Smelt et al. 2018. (Cultures of the World (Third Edition)(r) Ser.). (ENG.). 144p. (gr. 5-5). lib. bdg. 48.79 *(978-1-5026-3628-7(X)*, 92606fc8-0e9c-423e-8c2e-7b9d926af45c) Cavendish Square Publishing LLC.

New Zealand. R. L. Van. 2022. (Countries (BBB) Ser.). (ENG., Illus.). 32p. (J). (gr. 2-5). lib. bdg. 34.21 *(978-1-5321-9969-1(4)*, 40727, Big Buddy Bks.) ABDO Publishing Co.

New Zealand Art Activity Book. Helen Lloyd. Illus. by Kieran Rynhart. 2nd ed. 2018. (ENG.). 160p. (J). (gr. 4-7). pap. 29.99 *(978-0-9941362-3-7(4))* Te Papa Pr. NZL. Dist: Independent Pubs. Group.

New Zealand at the Front (Classic Reprint) Unknown Author. 2018. (ENG., Illus.). (J). 28.02 *(978-0-266-96196-3(7))* Forgotten Bks.

Newaera a Socialist Romance: With a Chapter on Vaccination (Classic Reprint) Edward Geisler Herbert. 2018. (ENG., Illus.). 214p. (J). 28.31 *(978-0-267-20508-0(2))* Forgotten Bks.

Newbern Library. Julie Knutson. 2020. (21st Century Skills Library: Changing Spaces Ser.). (ENG., Illus.). 32p. (J). (gr. 4-7). lib. bdg. 32.07 *(978-1-5341-6902-9(4)*, 215495) Cherry Lake Publishing.

Newborn Baby Robot. Erica Danley. 2016. (ENG., Illus.). (J). pap. 14.99 *(978-1-365-26953-0(1))* Lulu Pr., Inc.

Newborn King. Sarah J. Dodd. Illus. by Raffaella Ligi. ed. 2019. (ENG.). 24p. (J). pap. 9.99 *(978-0-7459-7863-5(0)*, c724fe8b-d255-4bfb-8bab-ededf9136d0d, Lion Children's) Lion Hudson PLC GBR. Dist: Baker & Taylor Publisher Services (BTPS).

Newcomers (Classic Reprint) Elia Wilkinson Peattie. (ENG., Illus.). (J). 2018. 208p. 28.21 *(978-0-483-89488-4(5))*; 2016. pap. 10.57 *(978-1-333-29743-5(2))* Forgotten Bks.

Newcomers to Canada. Darlene Welton. Illus. by Maria Gibson. 2020. (ENG.). 48p. (J). *(978-1-7753263-0-4(6))* Credit River Critters.

Newcomes, Vol. 1: Memoirs of a Most Respectable Family (Classic Reprint) William Makepeace Thackeray. (ENG., Illus.). (J). 2018. 468p. 33.57 *(978-0-666-20518-6(3))*; 2016. pap. 16.57 *(978-1-334-15459-1(7))* Forgotten Bks.

Newcomes, Vol. 2: Memoirs of a Most Respectable Family (Classic Reprint) William Makepeace Thackeray. 2018. (ENG., Illus.). 474p. (J). 33.69 *(978-0-365-22963-6(6))* Forgotten Bks.

Newcomes, Vol. 2 Of 2: Memoirs of a Most Respectable Family (Classic Reprint) William Makepeace Thackeray. 2018. (ENG., Illus.). 490p. (J). 34.00 *(978-0-483-05757-9(6))* Forgotten Bks.

Newcomes, Vol. 2 Of 4: Memoirs of a Most Respectable Family (Classic Reprint) W. M. Thackery. 2018. (ENG., Illus.). 336p. (J). 30.83 *(978-0-267-22072-4(3))* Forgotten Bks.

Newcomes, Vol. 3 Of 3: Memoirs of a Most Respectable Family (Classic Reprint) William Makepeace Thackeray. (ENG., Illus.). (J). 2018. 464p. 33.47 *(978-0-364-81699-8(6))*; 2017. pap. 16.57 *(978-0-259-30509-5(X))* Forgotten Bks.

Newcomes, Vol. 3 Of 4: Memoirs of a Most Respectable Family (Classic Reprint) William Makepeace Thackeray. 2018. (ENG., Illus.). 336p. (J). 30.85 *(978-0-267-22629-0(2))* Forgotten Bks.

Newest Flower. Juliese y Padgett. 2017. (ENG., Illus.). (J). 22.95 *(978-1-63575-857-3(2))*; pap. 12.95 *(978-1-63575-855-9(6))* Christian Faith Publishing.

Newest Princess, 1. Melody Mews. ed. 2021. (Itty Bitty Princess Kitty Ser.). (ENG., Illus.). 117p. (J). (gr. 2-3). 16.46 *(978-1-64697-846-5(3))* Penworthy Co., LLC, The.

Newest Trick in the Book. Trish Granted. Illus. by Manuela Lopez. 2022. (Jeanie & Genie Ser.: 7). (ENG.). 128p. (J). (gr. k-4). 17.99 *(978-1-6659-1376-8(2))*; pap. 6.99 *(978-1-6659-1375-1(4))* Little Simon. (Little Simon).

Newfound Friends: A Button & Squeaky Adventure. Jan and Jim Shore. Illus. by Jim Shore. 2021. (ENG.). 48p. (J). 14.99 *(978-1-64124-136-6(5)*, 1366) Fox Chapel Publishing Co., Inc.

Newfoundland & Labrador. Harry Beckett. 2018. (O Canada Ser.). (ENG.). 32p. (J). lib. bdg. 22.99 *(978-1-5105-3646-3(9))* SmartBook Media, Inc.

Newfoundland & Labrador Educational Facts. Bold Kids. 2023. (ENG.). 42p. (J). pap. 14.99 ***(978-1-0717-2085-1(6))*** FASTLANE LLC.

Newfoundland Months, a Poem: Newfoundland's National Anthem, Seal Fishery (Classic Reprint) W. Swansborough. (ENG., Illus.). (J). 2018. 52p. 24.97 *(978-0-364-43988-3(2))*; 2017. pap. 9.57 *(978-0-259-86391-5(2))* Forgotten Bks.

Newfoundlands. Blake Hoena. 2016. (Big Dogs Ser.). (ENG., Illus.). 24p. (J). (gr. -1-2). lib. bdg. 27.32 *(978-1-4914-7980-3(9)*, 130477, Capstone Pr.) Capstone.

Newfoundlands. Nathan Sommer. 2017. (Awesome Dogs Ser.). (ENG., Illus.). 24p. (J). (gr. k-3). lib. bdg. 26.95 *(978-1-62617-614-0(0)*, Blastoff! Readers) Bellwether Media.

Newgate: A Romance (Classic Reprint) Thomas Peckett Prest. (ENG., Illus.). (J). 2018. 768p. 39.74 *(978-0-484-44887-1(0))*; 2017. pap. 23.57 *(978-0-243-32554-2(1))* Forgotten Bks.

Newgrange Burial Chamber. Enzo George. 2017. (Crypts, Tombs, & Secret Rooms Ser.). 48p. (gr. 4-5). pap. 84.30 *(978-1-5382-0641-6(2))* Stevens, Gareth Publishing LLLP.

Neworld Papers. Kb Shaw. 2018. (ENG., Illus.). (YA). 19.99 *(978-0-692-96162-9(3))*; (Neworld Paper Ser.: Vol. 2). pap. 12.99 *(978-0-692-96166-7(6))* iPulpFiction.com.

Newport & Its Cottages (Classic Reprint) George Champlin Mason. 2018. (ENG., Illus.). (J). 410p. 32.37 *(978-1-396-78456-9(X))*; 412p. pap. 16.57 *(978-1-396-17309-7(9))* Forgotten Bks.

Newport Aquarelle (Classic Reprint) Howe Howe. 2018. (ENG., Illus.). 258p. (J). 29.22 *(978-0-267-20752-7(2))* Forgotten Bks.

Newport (Classic Reprint) William Crary Brownell. 2017. (ENG., Illus.). (J). 25.86 *(978-0-266-94578-9(3))* Forgotten Bks.

Newport (Classic Reprint) George Parsons Lathrop. 2017. (ENG., Illus.). (J). 30.25 *(978-0-331-72532-2(0))* Forgotten Bks.

News According to Mr. Freels. Sheri Lynn Buckner. 2021. (ENG.). 48p. (J). pap. 15.95 *(978-1-64670-146-9(1))* Covenant Bks.

News from Me, Lucy Mcgee. Mary Amato. Illus. by Jessica Meserve. (Lucy Mcgee Ser.). 144p. (J). (gr. 2-5). 2020. pap. 7.99 *(978-0-8234-4439-7(2))*; 2018. 15.99 *(978-0-8234-3871-6(6))* Holiday Hse., Inc.

News from Notown (Classic Reprint) Eleanor Ellis Perkins. (ENG., Illus.). (J). 2018. 120p. 26.37 *(978-0-483-84608-1(2))*; 2016. pap. 9.57 *(978-1-334-12026-8(9))* Forgotten Bks.

News from Nowhere. William Morris. 2017. (ENG.). (J). 246p. pap. *(978-3-337-34762-8(2))*; 292p. pap. *(978-3-337-34822-9(X))*; 282p. pap. *(978-3-7447-7283-9(7))* Creation Pubs.

News from Nowhere: Or an Epoch of Rest, Being Some Chapters from an Utopian Romance (Classic Reprint) William Morris. 2017. (ENG., Illus.). (J). 30.08 *(978-0-265-46143-3(X))* Forgotten Bks.

News from Somewhere (Classic Reprint) James Milne. (ENG., Illus.). (J). 2018. 242p. 28.89 *(978-0-483-72388-7(6))*; 2016. pap. 11.57 *(978-1-334-12092-3(7))* Forgotten Bks.

News from the Birds (Classic Reprint) Leander S. Keyser. 2017. (ENG., Illus.). (J). 29.18 *(978-0-331-87889-9(5))* Forgotten Bks.

1458
The check digit for ISBN-10 appears in parentheses after the full ISBN-13

News from the Duchy (Classic Reprint) Arthur Quiller-Couch. 2018. (ENG., Illus.). 388p. (J). 31.92 *(978-0-483-12167-6(3))* Forgotten Bks.

News from the Invisible World: The Wonderful Account of the Extraordinary Experiences at the House of Mr. Samuel Wesley, Sen. , During, 1716 & 1717; Being a Reprint of the Celebrated Letters of the Wesley Family (Classic Reprint) John Wesley. (ENG., Illus.). (J). 2017. 24.52 *(978-0-331-66446-1(1))*; 2016. pap. 7.97 *(978-1-334-14551-3(2))* Forgotten Bks.

News from the Invisible World 1853: A Collection of Remarkable Narratives on the Certainty of Supernatural Visitations from the Dead to the Living; Impartially Compiled from the Works of Baxter, Wesley, Simpson, & Other Writers of Indisputable Veracity. T. Ottway. 2017. (ENG., Illus.). (J). 32.77 *(978-0-331-13774-3(7))*; pap. 16.57 *(978-0-260-17382-9(7))* Forgotten Bks.

News from the Invisible World, or Interesting Anecdotes of the Dead: Containing a Particular Survey of the Most Remarkable & Well Authenticated Accounts of Apparitions, Ghosts, Spectres, Dreams & Visions (Classic Reprint) Unknown Author. 2017. (ENG., Illus.). (J). 37.49 *(978-0-331-90322-5(9))*; pap. 19.97 *(978-1-334-90363-2(8))* Forgotten Bks.

News Literacy (Set), 6 vols. 2017. (News Literacy Ser.). (ENG.). 48p. (J). (gr. 4-8). lib. bdg. 213.84 *(978-1-5321-1386-4(2)*, 27684) ABDO Publishing Co.

News Literacy (Set Of 4) Duchess Harris. 2018. (News Literacy Ser.). (ENG.). 192p. (J). (gr. 4-4). pap. 47.80 *(978-1-64185-268-5(2)*, 1641852682, Core Library) ABDO Publishing Co.

News Media Relations for Law Enforcement Leaders. Gerald W. Garner. 2nd ed. 2018. 230p. pap. 34.95 *(978-0-398-09243-6(5))* Thomas, Charles C. Pub., Ltd.

Newsboy (Classic Reprint) Elizabeth Oakes Smith. (ENG., Illus.). (J). 2018. 524p. 34.72 *(978-0-666-71335-3(9))*; 2016. pap. 19.57 *(978-1-333-55680-8(2))* Forgotten Bks.

Newsmakers Set 2 (Set), 8 vols. 2017. (Newsmakers Set 2 Ser.). (ENG.). 48p. (J). (gr. 4-8). lib. bdg. 285.12 *(978-1-5321-1178-5(9)*, 25932) ABDO Publishing Co.

Newsmakers Set 3 (Set), 2 vols. 2022. (Newsmakers Set 3 Ser.). (ENG.). 48p. (J). (gr. 4-8). lib. bdg. 71.28 *(978-1-5321-9916-5(3)*, 40554) ABDO Publishing Co.

Newspaper Club. Beth Vrabel. Illus. by Paula Franco. 2020. (Newspaper Club Ser.: 1). (ENG.). 208p. (J). (gr. 3-5). pap. 7.99 *(978-0-7624-9686-0(X)*, Running Pr. Kids) Running Pr.

Newspaper Club: the Cubs Get the Scoop. Beth Vrabel. 2021. (Newspaper Club Ser.: 2). (ENG., Illus.). 192p. (J). (gr. 3-7). 7.99 *(978-0-7624-9690-7(8)*, Running Pr. Kids) Running Pr.

Newspapers Throughout American History. Jill Keppeler. 2019. (Journey to the Past: Investigating Primary Sources Ser.). (ENG.). 32p. (gr. 4-5). 63.00 *(978-1-5382-4047-2(5))* Stevens, Gareth Publishing LLLP.

NewsPrints: a Graphic Novel (NewsPrints #1) Ru Xu. Illus. by Ru Xu. 2017. (ENG., Illus.). 208p. (J). (gr. 3-7). 24.99 *(978-0-545-80311-3(X)*, Graphix) Scholastic, Inc.

Newstead Project. Melanie Schulz. 2nd ed. 2020. (Newstead Saga Ser.: Vol. 1). (ENG.). 310p. (YA). (gr. 9-12). 26.95 *(978-1-0878-6759-5(2))* Indy Pub.

Newton & Curie Take Flight! Daniel Kirk. 2023. (Newton & Curie Ser.). (ENG., Illus.). 40p. (J). (gr. -1-3). 18.99 ***(978-1-4197-4963-6(3)***, 1281101, Abrams Bks. for Young Readers) Abrams, Inc.

Newton & Curie: the Science Squirrels. Daniel Kirk. 2020. (ENG., Illus.). 40p. (J). (gr. k-4). 17.99 *(978-1-4197-3748-0(1)*, 1280901, Abrams Bks. for Young Readers) Abrams, Inc.

Newton & the Antigravity Formula. Luca Novelli. 2017. (Flashes of Genius Ser.). (ENG., Illus.). 112p. (J). (gr. 2). pap. 9.99 *(978-1-61373-861-0(7))* Chicago Review Pr., Inc.

Newton Dogvane: A Story of English Country Life (Classic Reprint) Francis Francis. 2018. (ENG., Illus.). 374p. (J). 31.61 *(978-0-332-57400-4(8))* Forgotten Bks.

Newton Dogvane, Vol. 1 Of 3: A Story of English Country Life (Classic Reprint) Francis Francis. 2018. (ENG., Illus.). 338p. (J). 30.87 *(978-0-267-18178-0(7))* Forgotten Bks.

Newton Dogvane, Vol. 2 Of 3: A Story of English Country Life (Classic Reprint) Francis Francis. 2017. (ENG., Illus.). (J). 31.07 *(978-1-5281-7211-0(6))* Forgotten Bks.

Newton Dogvane, Vol. 3 Of 3: A Story of English Country Life (Classic Reprint) Francis Francis. 2017. (ENG., Illus.). (J). 30.64 *(978-1-5283-4875-1(3))* Forgotten Bks.

Newton et Moi. Lynne Mayer. Tr. by Sophie Troff. Illus. by Sherry Rogers. 2019. (FRE.). 32p. (J). 11.95 *(978-1-64351-605-9(1))* Arbordale Publishing.

Newton y la Manzana: Leveled Reader Card Book 24 Level S 6 Pack. Hmh Hmh. 2021. (SPA.). (J). pap. 74.40 *(978-0-358-08593-5(4))* Houghton Mifflin Harcourt Publishing Co.

Newtonian Physics for Babies. Chris Ferrie. 2017. (Baby University Ser.: 0). (Illus.). 24p. (J). (gr. -1-k). bds. 9.99 *(978-1-4926-5620-3(8))* Sourcebooks, Inc.

Newton's London Journal of Arts & Sciences, 1860, Vol. 12: Being a Record of the Progress of Invention As Applied to the Arts (Classic Reprint) William Newton. (ENG., Illus.). (J). 2018. 408p. 32.31 *(978-0-267-09486-8(8))*; 2017. pap. 16.57 *(978-0-282-60470-7(7))* Forgotten Bks.

Newton's Rainbow: The Revolutionary Discoveries of a Young Scientist. Kathryn Lasky. Illus. by Kevin Hawkes. 2017. (ENG.). 48p. (J). 17.99 *(978-0-374-35513-5(4)*, 900074251, Farrar, Straus & Giroux (BYR)) Farrar, Straus & Giroux.

Newts. Leo Statts. 2016. (Swamp Animals Ser.). (ENG.). 24p. (J). (gr. -1-2). 49.94 *(978-1-68079-378-9(0)*, 22999, Abdo Zoom-Launch) ABDO Publishing Co.

Newyork Jets. Nate Cohn. 2018. (Illus.). 24p. (J). *(978-1-4896-5537-0(9)*, AV2 by Weigl) Weigl Pubs., Inc.

Nexie: an AFK Book (Five Nights at Freddy's: Tales from the Pizzaplex #6), 1 vol. Scott Cawthon et al. 2023. (Five Nights at Freddy's Ser.). (ENG., Illus.). 256p. (YA). (gr. 7). pap. 10.99 *(978-1-338-87133-3(1))* Scholastic, Inc.

Nexo Knights Handbook. Tracey West. ed. 2018. (Scholastic Readers Ser.). (ENG.). 62p. (J). (gr. 1-3). 14.96 *(978-1-64310-306-8(7))* Penworthy Co., LLC, The.

Next-Besters (Classic Reprint) Lulah Ragsdale. 2018. (ENG., Illus.). 284p. (J). 29.77 *(978-0-483-61195-5(6))* Forgotten Bks.

Next Chapter Crafts 4D, 4 vols. Marne Ventura & Jen Donatelli. 2018. (Next Chapter Crafts 4D Ser.). (ENG.). 32p. (J). (gr. 1-5). 135.96 *(978-1-5435-0698-3(4)*, 27712, Capstone Classroom) Capstone.

Next Corner (Classic Reprint) Kate Jordan. 2018. (ENG., Illus.). 366p. (J). 31.47 *(978-0-484-76484-1(5))* Forgotten Bks.

Next Door (Classic Reprint) Clara Louise Burnham. (ENG., Illus.). (J). 2018. 378p. 31.71 *(978-0-666-55787-2(X))*; 2016. pap. 16.57 *(978-1-334-13292-6(5))* Forgotten Bks.

Next Door Friend. Kim Kane. 2018. (Ginger Green, Playdate Queen Ser.). (ENG., Illus.). 64p. (J). (gr. 1-3). pap. 5.95 *(978-1-5158-2011-6(4)*, 136658, Picture Window Bks.) Capstone.

Next Door Friend. Kim Kane. Illus. by Jon Davis. 2017. (Ginger Green, Playdate Queen Ser.). (ENG.). 64p. (J). (gr. 1-3). lib. bdg. 23.32 *(978-1-5158-1949-3(3)*, 136632, Picture Window Bks.) Capstone.

Next-Door Neighbors: Thumbnail Sketches from Home Missions (Classic Reprint) Margaret Tyson Applegarth. (ENG., Illus.). (J). 2018. 164p. 27.28 *(978-0-484-72210-0(7))*; 2016. pap. 9.97 *(978-1-333-39804-0(2))* Forgotten Bks.

Next Door Neighbours (Classic Reprint) William Pett Ridge. (ENG., Illus.). (J). 2018. 278p. 29.63 *(978-0-428-77215-4(3))*; 2017. pap. 13.57 *(978-0-243-89867-1(3))* Forgotten Bks.

Next Door to Happy. Allison Weiser Strout. 2023. (ENG.). 192p. (J). (gr. 4-7). pap. 9.99 ***(978-0-8234-5603-1(X)***, Margaret Ferguson Books) Holiday Hse., Inc.

Next Door's Dog Goes to School. Gina Dawson. Illus. by Vivenne Da Silva. 2022. (Next Door's Dog Ser.). (ENG.). 32p. (J). (gr. k-2). pap. 12.99 *(978-1-76079-420-0(1))* New Holland Pubs. Pty, Ltd. AUS. Dist: Independent Pubs. Group.

Next Door's Dog Goes to School. Gina Dawson. 2019. (ENG.). 32p. (J). 12.99 *(978-1-76079-052-3(4))* New Holland Pubs. Pty, Ltd. AUS. Dist: Independent Pubs. Group.

Next Door's Dog Has a Job. Gina Dawson. 2018. (ENG.). 32p. (J). 12.99 *(978-1-921024-87-0(9))* New Holland Pubs. Pty, Ltd. AUS. Dist: Independent Pubs. Group.

Next Door's Dog Is a Veteran's Dog. Gina Dawson. Illus. by Vivienne Da Silva. 2022. (Next Door's Dog Ser.). (ENG.). 32p. (J). (gr. k-2). 12.99 *(978-1-76079-342-5(6))* New Holland Pubs. Pty, Ltd. AUS. Dist: Independent Pubs. Group.

Next-Generation ACCUPLACER Secrets Study Guide: ACCUPLACER Practice Test Questions & Exam Review for the Next-Generation ACCUPLACER Placement Tests. Mometrix Media LLC. 2018. (ENG.). 264p. (J). 63.99 *(978-1-5167-1146-8(7))* Mometrix Media LLC.

Next Good Samaritan-It Could Be You! Kids Helping Others. Amy Johnson. Ed. by Lynn Berner Coble. Illus. by Jennifer Tipton Cappoen. 2017. (ENG.). (J). (gr. 1-3). pap. 12.99 *(978-1-946198-07-5(2))* Paws and Claws Publishing, LLC.

Next Great Jane. K. L. Going. (ENG.). 240p. (J). (gr. 5-9). 2021. 7.99 *(978-0-14-751776-0(1)*, Puffin Books); 2020. 16.99 *(978-0-8037-3475-3(1)*, Dial Bks) Penguin Young Readers Group.

Next Great Paulie Fink. Ali Benjamin. (ENG.). 368p. (J). (gr. 3-7). 2020. pap. 7.99 *(978-0-316-38087-4(3))*; 2019. (Illus.). 16.99 *(978-0-316-38088-1(1))* Little, Brown Bks. for Young Readers.

Next in Line. Vanessa Acton. 2018. (Suddenly Royal Ser.). (ENG.). 112p. (YA). (gr. 6-12). 26.65 *(978-1-5415-2571-9(X)*, 2d11ff65-650a-44e8-88d7-645ec2e008b7, Darby Creek) Lerner Publishing Group.

Next Level Hot. T. K. Riggins. 2019. (How to Set the World on Fire Ser.: Vol. 3). (ENG.). 270p. (YA). (gr. 7-10). pap. *(978-0-9959002-4-0(8))* Franchise Publishing.

Next Mass Extinction, 1 vol. Ed. by M. M. Eboch. 2017. (Introducing Issues with Opposing Viewpoints Ser.). (ENG.). 120p. (YA). (gr. 7-10). 43.63 *(978-1-5345-0194-2(0)*, 20a5dc01-e6b0-4ad8-9454-4bcff459e075); pap. 29.30 *(978-1-5345-0278-9(5)*, 7dca3067-6837-4131-8b13-a19b7092adea) Greenhaven Publishing LLC.

Next New Syrian Girl. Ream Shukairy. 2023. (ENG.). 416p. (YA). (gr. 7-17). 18.99 *(978-0-316-43263-4(6))* Little, Brown Bks. for Young Readers.

Next of Kin: Those Who Wait & Wonder (Classic Reprint) Nellie Ls McClung. 2017. (ENG., Illus.). (J). 29.42 *(978-0-260-62357-7(1))* Forgotten Bks.

Next of Kin, Vol. 1 Of 3: A Novel in Three Volumes (Classic Reprint) Frederick J. Hall. 2018. (ENG., Illus.). 332p. (J). 30.74 *(978-0-483-20096-8(4))* Forgotten Bks.

Next of Kin, Vol. 2: A Novel in Three Volumes (Classic Reprint) Frederick J. Hall. 2018. (ENG., Illus.). 382p. (J). 31.80 *(978-0-428-77462-2(8))* Forgotten Bks.

Next of Kin, Vol. 3 Of 3: A Novel (Classic Reprint) F. j. Hall. 2018. (ENG., Illus.). 322p. (J). 30.54 *(978-0-483-28585-9(4))* Forgotten Bks.

Next of Kin Wanted, Vol. 1 Of 2: A Novel (Classic Reprint) Matilda Betham-Edwards. 2018. (ENG., Illus.). 304p. (J). 30.17 *(978-0-483-77418-6(9))* Forgotten Bks.

Next of Kin Wanted, Vol. 2 Of 2: A Novel (Classic Reprint) Matilda Betham-Edwards. 2018. (ENG., Illus.). 282p. (J). 29.73 *(978-0-484-52711-8(8))* Forgotten Bks.

Next Pandemic: What's to Come? John Allen. 2021. (ENG.). 64p. (YA). (gr. 6-12). 43.93 *(978-1-6782-0172-2(3))* ReferencePoint Pr., Inc.

Next Phase Outcasts 2. J. S. Frankel. 2019. (Outcasts Ser.: Vol. 2). (ENG.). 246p. (J). pap. *(978-1-4874-2377-3(2)*, Devine Destinies) eXtasy Bks.

Next President: The Unexpected Beginnings & Unwritten Future of America's Presidents (Presidents Book for Kids; History of United States Presidents When They Were Young) Kate Messner & Adam Rex. 2020. (ENG., Illus.). 48p. (J). (gr. 3-7). 18.99 *(978-1-4521-7488-4(1))* Chronicle Bks. LLC.

Next Round: A Young Athlete's Journey to Gold. John Spray. 2016. (ENG., Illus.). 112p. (J). (gr. 5-9). pap. 9.95 *(978-1-77278-001-7(4))* Pajama Pr. CAN. Dist: Publishers Group West (PGW).

Next Sorcerer. Joy Brighton. 2022. (ENG.). 190p. (YA). pap. 13.99 *(978-1-5092-3732-6(1))* Wild Rose Pr., Inc., The.

Next Step: Book Two of the Last Stop Series. Michael H. Burnam. 2017. (ENG., Illus.). 312p. (YA). (gr. 8-17). pap. 12.95 *(978-1-78535-575-2(9)*, Lodestone Bks.) Hunt, John Publishing Ltd. GBR. Dist: National Bk. Network.

Next Step Forward in Guided Reading. Jan Richardson. 2016. (ENG., Illus.). 336p. (J). (gr. k-8). pap. 51.99 *(978-1-338-16111-3(3)*, 816111, Teaching Resources) Scholastic, Inc.

Next Step Forward in Word Study & Phonics. Jan Richardson & Michele Dufresne. 2019. (ENG.). 288p. (J). (gr. k-8). pap. 38.99 *(978-1-338-56259-0(2)*, Scholastic Professional) Scholastic, Inc.

Next Step Guided Reading in Action Grades 3 & up Revised Edition. Jan Richardson. rev. ed. 2017. (ENG.). 64p. (J). (gr. 3-12). pap. 59.99 *(978-1-338-21735-3(6))* Scholastic, Inc.

Next Step Guided Reading in Action Grades K-2 Revised Edition. Jan Richardson. rev. ed. 2017. (ENG.). 64p. (J). (gr. k-2). pap. 59.99 *(978-1-338-21734-6(8))* Scholastic, Inc.

Next Steps to Following Jesus: Helping You & Your Family Discover More about Jesus. Shell Perris & Joanne Gilchrist. Illus. by Gail Hanks. 2022. (ENG.). 72p. (J). pap. 8.99 *(978-1-912863-94-5(4)*, 2ff113ea-9a59-438a-9c97-f56f1f3b42ee, Sarah Grace Publishing) Malcolm Down Publishing Ltd. GBR. Dist: Baker & Taylor Publisher Services (BTPS).

Next Steps to Following Jesus Pack Of 10: Helping You & Your Family Discover More about Jesus. Shell Perris & Joanne Gilchrist. Illus. by Gail Hanks. 2022. (ENG.). (J). pap. 79.99 *(978-1-915046-27-7(0)*, e3df180e-98fa-4e0a-a8f1-18abd49f4ba6, Sarah Grace Publishing) Malcolm Down Publishing Ltd. GBR. Dist: Baker & Taylor Publisher Services (BTPS).

Next Stop Neptune. Aisha Doris. 2022. (ENG.). 42p. (J). pap. 10.50 ***(978-1-63616-099-3(9))*** Opportune Independent Publishing Co.

Next Stop Sausalito. Jane Holton Kriss. 2016. (ENG., Illus.). (J). 23.95 *(978-1-68418-526-9(2))* Primedia eLaunch LLC.

Next Street but One (Classic Reprint) M. Loane. 2018. (ENG., Illus.). 340p. (J). 30.91 *(978-0-365-32610-6(0))* Forgotten Bks.

Next Time You See a Bee. Emily R. Morgan. 2020. (Next Time You See Ser.). (ENG., Illus.). 32p. (J). (gr. -1-k). lib. bdg. 19.99 *(978-1-68140-652-7(7))* National Science Teachers Assn.

Next Time You See a Cloud. Emily Morgan. 2017. (Next Time You See Ser.). (ENG., Illus.). 32p. (J). (gr. -1-k). pap. 13.99 *(978-1-938946-36-3(7)*, P531928) National Science Teachers Assn.

Next Time You See a Spiderweb. Emily Morgan. 2016. (Next Time You See Ser.). (ENG., Illus.). 32p. (J). (gr. k-2). pap. 13.99 *(978-1-938946-34-9(0)*, 9781938946349) National Science Teachers Assn.

Next to the Ground: Chronicles of a Countryside (Classic Reprint) Martha McCulloch-Williams. 2018. (ENG., Illus.). 392p. (J). 31.98 *(978-0-484-91161-0(9))* Forgotten Bks.

Next to You: A Book of Adorableness. Lori Haskins Houran. Illus. by Sydney Hanson. (ENG.). (J). (gr. -1 — 1). 2019. 28p. bds. 7.99 *(978-0-8075-5599-6(1)*, 0807555991); 2016. 32p. 16.99 *(978-0-8075-5600-9(9)*, 807556009) Whitman, Albert & Co.

Next Together. Lauren James. 2017. (ENG., Illus.). 368p. (J). (gr. 8-8). 17.99 *(978-1-5107-1021-4(3)*, Sky Pony Pr.) Skyhorse Publishing Co., Inc.

Next Year. Ruth Vander Zee. Illus. by Gary Kelley. 2017. (ENG.). 32p. (J). (gr. 4-8). 18.99 *(978-1-56846-282-0(4)*, 20174, Creative Editions) Creative Co., The.

Next Year: A Musical Nightmare in Three Acts (Classic Reprint) H. P. Bigelow. (ENG., Illus.). (J). 2018. 42p. 24.78 *(978-0-267-34197-9(0))*; 2016. pap. 7.97 *(978-1-333-65646-1(7))* Forgotten Bks.

Nexus. Sasha Alsberg & Lindsay Cummings. 2021. (SPA.). 476p. (YA). (gr. 7). pap. 22.00 *(978-607-557-064-8(0))* Editorial Oceano de Mexico MEX. Dist: Independent Pubs. Group.

Nexus. Sasha Alsberg & Lindsay Cummings. 2019. (Androma Saga Ser.: 2). (ENG.). 400p. (YA). 19.99 *(978-1-335-90329-7(1))* Harlequin Enterprises ULC CAN. Dist: HarperCollins Pubs.

Nexus. Scott Westerfeld et al. (Zeroes Ser.: 3). (ENG.). (YA). (gr. 9). 2019. 512p. pap. 12.99 *(978-1-4814-4343-2(7))*; 2018. 496p. 19.99 *(978-1-4814-4342-5(9))* Simon Pulse. (Simon Pulse).

Nexus of Illusions: A Journey Through the Mind's Eye. Phoenix Rivers. 2023. (ENG.). 86p. (J). pap. ***(978-1-0881-7468-5(X))*** Lulu.com.

Neymar. Kenny Abdo. 2018. (Sports Biographies Ser.). (ENG., Illus.). 24p. (J). (gr. 2-8). lib. bdg. 31.36 *(978-1-5321-2480-8(5)*, 28433, Abdo Zoom-Fly) ABDO Publishing Co.

Neymar. Jon M. Fishman. 2018. (Sports All-Stars (Lerner (tm) Sports) Ser.). (ENG., Illus.). 32p. (J). (gr. 2-5). pap. 9.99 *(978-1-5415-2805-5(0)*, 491fb12b-6dc8-4769-bfb6-78f123fb4054); lib. bdg. 29.32 *(978-1-5415-2459-0(4)*, e780c0f5-5713-458d-881d-7303d0705c36, Lerner Pubns.) Lerner Publishing Group.

Neymar, 1 vol. Sarah Machajewski. 2018. (Soccer Stars Ser.). (ENG.). 24p. (J). (gr. 3-3). 25.27 *(978-1-5383-4353-1(3)*, bcccd662-4cbb-4821-93a1-c634df1ef998, PowerKids Pr.) Rosen Publishing Group, Inc., The.

Neymar. Erin Nicks. (World's Greatest Soccer Players Ser.). (ENG., Illus.). 32p. (J). 2020. (gr. 4-4). pap. 9.95 *(978-1-64494-344-1(1)*, 1644943441); 2019. (gr. 3-9). lib. bdg. 32.79 *(978-1-5321-9065-0(4)*, 33640) ABDO Publishing Co. (SportsZone).

Neymar. Matt Oldfield & Tom Oldfield. 2018. (ENG., Illus.). 176p. (J). (gr. 4-7). pap. 9.99 *(978-1-78606-939-9(3))* Blake, John Publishing, Ltd. GBR. Dist: Independent Pubs. Group.

Neymar: 2021 Updated Edition. Luca Caioli. 2023. (ENG., Illus.). 240p. 12.95 *(978-1-78578-673-0(3))* Icon Bks., Ltd. GBR. Dist: Publishers Group West (PGW).

Neymar: Champion Soccer Star, 1 vol. John A. Torres. 2017. (Sports Star Champions Ser.). (ENG.). 48p. (gr. 5-6). pap. 12.70 *(978-0-7660-8757-6(3)*, 39854981-c891-4f43-ace0-b96269ad1bbc); lib. bdg. 29.60 *(978-0-7660-8694-4(1)*, d3203d5f-9c69-421a-b6a5-4d0d9c785a00) Enslow Publishing, LLC.

Neymar: From the Playground to the Pitch. Matt Oldfield. 2018. (Heroes Ser.). (ENG., Illus.). 176p. (J). (gr. 4-8). pap. 10.99 *(978-1-78606-404-2(9))* Blake, John Publishing, Ltd. GBR. Dist: Independent Pubs. Group.

Neymar: Soccer Superstar, 1 vol. Marty Gitlin. 2018. (Living Legends of Sports Ser.). (ENG.). 48p. (gr. 5-6). 28.41 *(978-1-5383-0214-9(4)*, 95ed20c4-cae3-4052-a867-72014ab4dcb6, Britannica Educational Publishing) Rosen Publishing Group, Inc., The.

Neymar: Soccer Superstar. Brian Trusdell. 2017. (Playmakers Set 6 Ser.). (ENG., Illus.). 32p. (J). (gr. 2-6). lib. bdg. 32.79 *(978-1-5321-1150-1(9)*, 25876, SportsZone) ABDO Publishing Co.

Neymar: Superstar Striker, 1 vol. Ruth Bjorklund. 2019. (At the Top of Their Game Ser.). (ENG.). 112p. (gr. 9-9). pap. 20.99 *(978-1-5026-5100-6(9)*, 070640b0-d2ce-4760-bc64-3b9374a65362) Cavendish Square Publishing LLC.

Neymar the Wizard. Michael Part. 2017. (ENG., Illus.). (J). pap. 7.75 *(978-1-938591-57-0(7))* Sole Bks.

Nez see Nez (Nose)

Nez (Nose) Amy Culliford. 2022. (Quel Animal a Ceci? (What Animal Has These Parts?) Ser.).Tr. of Nez. (FRE.). 16p. (J). (gr. -1-1). pap. *(978-1-0396-8814-8(4)*, 22090) Crabtree Publishing Co.

Nez Perce. F. A. Bird. 2021. (Native American Nations Ser.). (ENG., Illus.). 32p. (J). (gr. 3-6). lib. bdg. 32.79 *(978-1-5321-9721-5(7)*, 38454, Checkerboard Library) ABDO Publishing Co.

Nezha's Battle with the Dragon King. Shanghai Animation Film Studio. 2021. (Chinese Animation Classical Collection). (ENG.). 76p. (J). (gr. k-2). 19.95 *(978-1-4878-0849-5(6))* Royal Collins Publishing Group Inc. CAN. Dist: Independent Pubs. Group.

Nezha's Battle with the Dragon King (Tamil Edition) Shanghai Animation Film Studio. 2021. (Chinese Animation Classical Collection). (ENG.). 76p. (J). 19.95 *(978-1-4878-0401-5(6))* Royal Collins Publishing Group Inc. CAN. Dist: Independent Pubs. Group.

NFC East (Set), 4 vols. 2022. (Professional Football Teams Ser.). (ENG.). (J). (gr. 2-5). lib. bdg. 142.56 *(978-1-5038-6475-7(8)*, 216344, Stride) Child's World, Inc, The.

NFC North (Set), 4 vols. 2022. (Professional Football Teams Ser.). (ENG.). (J). (gr. 2-5). lib. bdg. 142.56 *(978-1-5038-6476-4(6)*, 216345, Stride) Child's World, Inc, The.

NFC South (Set), 4 vols. 2022. (Professional Football Teams Ser.). (ENG.). (J). (gr. 2-5). lib. bdg. 142.56 *(978-1-5038-6477-1(4)*, 216346, Stride) Child's World, Inc, The.

NFC West (Set), 4 vols. 2022. (Professional Football Teams Ser.). (ENG.). (J). (gr. 2-5). lib. bdg. 142.56 *(978-1-5038-6478-8(2)*, 216347, Stride) Child's World, Inc, The.

NFL. Tom Glave. 2020. (Professional Sports Leagues Ser.). (ENG., Illus.). 112p. (J). (gr. 6-12). lib. bdg. 41.36 *(978-1-5321-9209-8(6)*, 34971, Essential Library) ABDO Publishing Co.

NFL 100: The Greatest Moments of the NFL's Century. Craig Ellenport. 2019. (Illus.). 240p. 29.95 *(978-1-62937-745-2(7))* Triumph Bks.

NFL All-Time Greats Set 2 (Set Of 16) Ted Coleman. 2022. (NFL All-Time Greats Set 2 Ser.). (ENG., Illus.). 384p. (J). (gr. 3-3). pap. 143.20 *(978-1-63494-435-9(6))*; lib. bdg. 456.00 *(978-1-63494-418-2(6))* Pr. Room Editions LLC.

NFL All-Time Greats (Set Of 16) Ted Coleman. 2021. (NFL All-Time Greats Ser.). (ENG., Illus.). 384p. (J). (gr. 3-3). pap. 143.20 *(978-1-63494-368-0(6))*; lib. bdg. 456.00 *(978-1-63494-351-2(1))* Pr. Room Editions LLC.

NFL All-Time Greats (Set Of 32) Ted Coleman. 2022. (ENG., Illus.). 768p. (J). (gr. 3-3). pap. 286.40 *(978-1-63494-486-1(0))*; lib. bdg. 912.00 *(978-1-63494-485-4(2))* Pr. Room Editions LLC.

NFL Draft. Robert Cooper. 2019. (Football in America Ser.). (ENG., Illus.). 32p. (J). (gr. 3-3). pap. 9.95 *(978-1-64494-051-8(5)*, 1644940515) North Star Editions.

NFL Draft. Robert Cooper. 2019. (Football in America Ser.). (ENG., Illus.). 32p. (J). (gr. 2-5). lib. bdg. 32.79 *(978-1-5321-6378-4(9)*, 32071, DiscoverRoo) Pop!.

NFL Encyclopedia Brendan Flynn. 2021. (Sports Encyclopedias Ser.). (ENG., Illus.). 192p. (J). (gr. 4-8). lib. bdg. 49.93 *(978-1-5321-9692-8(X)*, 38478, Early Encyclopedias) ABDO Publishing Co.

NFL Hot Streaks. Ryan Williamson. 2019. (Hot Streaks Ser.). (ENG.). 32p. (J). (gr. 3-6). lib. bdg. 35.64 *(978-1-5038-3228-2(7)*, 213310, MOMENTUM) Child's World, Inc, The.

NFL (nfl) B. Keith Davidson. Tr. by Jean Pierre Gaston. 2021. (Lig Espò Pi Gwo a (Major League Sports) Ser.). (CRP.). (J). (gr. 3-9). pap. ***(978-1-0396-2206-7(2)***, 10150, Crabtree Branches) Crabtree Publishing Co.

NFL Superstars (Set), 8 vols. 2019. (NFL Superstars Ser.). (ENG.). 32p. (J). (gr. 2-5). lib. bdg. 273.76 *(978-1-5321-1977-4(1)*, 32433, Big Buddy Bks.) ABDO Publishing Co.

NFL Teams (Set), 32 vols. Kenny Abdo. 2021. (NFL Teams Ser.). (ENG.). 32p. (J). (gr. 2-8). lib. bdg. 1049.28 *(978-1-0982-2450-9(7)*, 37134, Abdo Zoom-Fly) ABDO Publishing Co.

NFL Underdog Stories. John Tuvey. 2018. (Underdog Sports Stories Ser.). (ENG.). 48p. (J). (gr. 5-8). lib. bdg. 34.21 *(978-1-5321-1763-3(9)*, 30814, SportsZone) ABDO Publishing Co.

NFL up Close: Set, 32 vols. 2016. (NFL up Close Ser.). (ENG.). 32p. (J). (gr. 3-9). lib. bdg. 1049.28

(978-1-68078-205-9(3), 22011, SportsZone) ABDO Publishing Co.

NFL's Greatest Teams Set 3 (Set), 16 vols. Katie Lajiness. 2016. (NFL's Greatest Teams Set 3 Ser.). (ENG.). 32p. (J). (gr. 2-5). lib. bdg. 547.52 *(978-1-68078-525-8(7)*, 23613, Big Buddy Bks.) ABDO Publishing Co.

NFL's Top 10 Coaches. Jess Myers. 2017. (NFL's Top Ten Ser.). (ENG.). 32p. (J). (gr. 3-6). lib. bdg. 32.79 *(978-1-5321-1138-9(X)*, 25852, SportsZone) ABDO Publishing Co.

NFL's Top 10 Comebacks. Brian Hall. 2017. (NFL's Top Ten Ser.). (ENG., Illus.). 32p. (J). (gr. 3-6). lib. bdg. 32.79 *(978-1-5321-1139-6(8)*, 25854, SportsZone) ABDO Publishing Co.

NFL's Top 10 Games. Brian Howell. 2017. (NFL's Top Ten Ser.). (ENG., Illus.). 32p. (J). (gr. 3-6). lib. bdg. 32.79 *(978-1-5321-1140-2(1)*, 25856, SportsZone) ABDO Publishing Co.

NFL's Top 10 Plays. Dan Myers. 2017. (NFL's Top Ten Ser.). (ENG., Illus.). 32p. (J). (gr. 3-6). lib. bdg. 32.79 *(978-1-5321-1141-9(X)*, 25858, SportsZone) ABDO Publishing Co.

NFL's Top 10 Rivalries. Barry Wilner. 2017. (NFL's Top Ten Ser.). (ENG., Illus.). 32p. (J). (gr. 3-6). lib. bdg. 32.79 *(978-1-5321-1142-6(8)*, 25860, SportsZone) ABDO Publishing Co.

NFL's Top 10 Rookies. Tom Glave. 2017. (NFL's Top Ten Ser.). (ENG., Illus.). 32p. (J). (gr. 3-6). lib. bdg. 32.79 *(978-1-5321-1143-3(6)*, 25862, SportsZone) ABDO Publishing Co.

NFL's Top 10 Teams. Will Graves. 2017. (NFL's Top Ten Ser.). (ENG., Illus.). 32p. (J). (gr. 3-6). lib. bdg. 32.79 *(978-1-5321-1144-0(4)*, 25864, SportsZone) ABDO Publishing Co.

NFL's Top 10 Upsets. Will Graves. 2017. (NFL's Top Ten Ser.). (ENG.). 32p. (J). (gr. 3-6). lib. bdg. 32.79 *(978-1-5321-1145-7(2)*, 25866, SportsZone) ABDO Publishing Co.

NFL's Top Ten (Set), 8 vols. 2017. (NFL's Top Ten Ser.). (ENG.). 32p. (J). (gr. 3-6). lib. bdg. 262.32 *(978-1-5321-1137-2(1)*, 25850, SportsZone) ABDO Publishing Co.

Nga Wira o Te Pahi (the Wheels on the Bus Maori Edition) Donovan Bixley. 2022. (ENG., Illus.). 24p. (J). (gr. -1-k). pap. 17.99 *(978-1-86971-359-1(1))* Hachette Australia AUS. Dist: Hachette Bk. Group.

Ngari Pirnipurlka - Big Mob Honey Ants. Margaret James. Illus. by Wendy Paterson. 2021. (AUS.). 56p. (J). pap. *(978-1-922647-07-8(1))* Library For All Limited.

Ngati Fruit Salad. Siu Williams-Lemi. Illus. by Rosina Cater. 2020. (Loopy Tunes Rainbow Collection: Vol. 3). (ENG & MAO.). 28p. (J). pap. *(978-0-473-52218-6(7))* Kingfisher Publishing.

Ngjyrat e Papagajve: Prezantimi I Një Fëmije Me Ngjyrat Në Botën Natyrore. David E. McAdams. 2nd ed. 2023. (Ngjyrat Në Botën Natyrore Ser.). (ALB.). 38p. (J). pap. 19.95 ***(978-1-63270-416-0(1))*** Life is a Story Problem LLC.

NGK Safari Sticker Activity Book (Special Sales UK Edition) Over 1,000 Stickers! National Geographic Kids. 2016. (NG Sticker Activity Bks.). (ENG.). 56p. (J). (gr. -1-3). pap. 6.99 *(978-1-4263-3424-5(9))* National Geographic Society.

Nguni Stands up to Gure the Bully: Finding Strength in One Voice. Marianne G. Bema. 2017. (ENG., Illus.). (J). pap. 19.99 *(978-1-4834-7166-2(7))* Lulu Pr., Inc.

NHL. Erin Nicks. 2020. (Professional Sports Leagues Ser.). (ENG.). 112p. (J). (gr. 6-12). lib. bdg. 41.36 *(978-1-5321-9210-4(X)*, 34973, Essential Library) ABDO Publishing Co.

NHL Hot Streaks. Ryan Williamson. 2019. (Hot Streaks Ser.). (ENG.). 32p. (J). (gr. 3-6). lib. bdg. 35.64 *(978-1-5038-3230-5(9)*, 213311, MOMENTUM) Child's World, Inc, The.

NHL (nhl) B. Keith Davidson. Tr. by Jean Pierre Gaston. 2021. (Lig Espò Pi Gwo a (Major League Sports) Ser.). (CRP.). (J). (gr. 3-9). pap. ***(978-1-0396-2207-4(0)***, 10151, Crabtree Branches) Crabtree Publishing Co.

NHL Teams Set 2 (Set Of 8) 2023. (NHL Teams Set 2 Ser.). (ENG.). 8p. (J). (gr. 3-4). pap. 79.60 *(978-1-63494-607-0(3))*; lib. bdg. 250.80 *(978-1-63494-589-9(1))* Pr. Room Editions LLC.

NHL Teams Set 3 (Set Of 12) 2023. (NHL Teams Set 3 Ser.). (ENG.). (J). pap. 119.40 ***(978-1-63494-694-0(4))***; lib. bdg. 376.20 ***(978-1-63494-670-4(7))*** Pr. Room Editions LLC.

NHL Teams (Set Of 12) 2022. (NHL Teams Ser.). (ENG., Illus.). 384p. (J). (gr. 3-4). pap. 119.40 *(978-1-63494-513-4(1))*; lib. bdg. 376.20 *(978-1-63494-487-8(9))* Pr. Room Editions LLC.

Ni Hao! Meet Me in China Coloring for Kids 8 & Up. Educando Kids. 2019. (ENG.). 42p. (J). pap. 6.99 *(978-1-64521-137-2(1)*, Educando Kids) Editorial Imagen.

Ni Monde Ni étoiles. Emmanuel Desurvire. 2021. (FRE.). 437p. (J). *(978-1-387-92379-3(X))* Lulu Pr., Inc.

Nia. Sra Cristina Calahorro Zafra. 2017. (SPA., Illus.). (J). pap. *(978-84-944449-3-7(X))* La Fabrica De Suenos S.C.

Nia & the Kingdoms of Celebration. Philip Robinson. Illus. by Cherise Harris. 2017. (ENG.). (J). pap. *(978-1-9998923-0-2(5))*; 2nd ed. 50p. (gr. 2-4). pap. *(978-1-9998923-1-9(3))* Kingdoms of Celebration Publishing.

Nia & the Numbers Game: A Teenager's Guide to Education, Relationships & Sex. Kela Henry. 2018. (ENG., Illus.). 204p. (J). 26.99 *(978-0-9995736-3-1(2))*; pap. 13.99 *(978-0-9995736-0-0(8))* BTH CREATIONS, LLC.

Niagara Falls. Lisa M. Bolt Simons. 2018. (Natural Wonders of the World Ser.). (ENG., Illus.). 32p. (J). (gr. 3-5). pap. 9.95 *(978-1-63517-588-2(7)*, 1635175887); lib. bdg. 31.35 *(978-1-63517-516-5(X)*, 163517516X) North Star Editions. (Focus Readers).

Niagara Power Flip. Sean Petrie. Illus. by Carl Pearce. 2021. (Jett Ryder Ser.). (ENG.). 72p. (J). (gr. 3-4). pap. 5.99 *(978-1-63163-551-9(4))*; lib. bdg. 22.84 *(978-1-63163-550-2(6))* North Star Editions. (Jolly Fish Pr.).

Niagara Tunnels Secrets Revealed. Margarete Ledwez. 2019. (Josh & Mac Mystery Adventure in Niagara Falls Ser.). (ENG.). 252p. (YA). (gr. 7-12). 28.99 *(978-1-943492-47-3(6))*; pap. 17.99 *(978-1-943492-48-0(4))* Elm Grove Publishing.

Niall & the Stone of Destiny: Book I. Lance Joseph MacNeill. Illus. by Ismael Gil & Vytenis Tolutis. 2016. (ENG.). (J). (gr. 5-6). 29.99 *(978-0-692-75992-9(1))* McNeill, Lance.

Niall of the Nine Hostages. Ann Carroll. Illus. by Derry Dillon. 2017. (ENG.). 50p. (J). pap. *(978-1-78199-901-1(5))* Poolbeg - In A Nutshell.

Niall the High King of Erin: Book II. Lance J. MacNeill. Ed. by Christie McNeill. Illus. by Pantelis Politakos. 2018. (Niall Ser.: Vol. 2). (ENG.). 58p. (J). (gr. 3-6). 20.00 *(978-0-692-16251-4(8))* McNeill, Lance.

Niam! Cooking with Kids: Inspired by the Mamaqtuq Nanook Cooking Club. Kerry McCluskey. 2020. (Illus.). 60p. (J). 22.95 *(978-1-77227-255-0(8))* Inhabit Media Inc. CAN. Dist: Consortium Bk. Sales & Distribution.

Nian Monster. Andrea Wang. Illus. by Alina Chau. 2016. (ENG.). 32p. (J). (gr. -1-3). 17.99 *(978-0-8075-5642-9(4)*, 807556424) Whitman, Albert & Co.

Nian, the Chinese New Year Dragon. Timothy Banks & Virginia Loh-Hagan. 2019. (ENG., Illus.). 32p. (J). (gr. 1-3). 16.99 *(978-1-58536-413-8(4)*, 204755) Sleeping Bear Pr.

Nia's Family Trip down the Oregon Trail. Sontia Levy-Mason. 2019. (ENG.). 54p. (J). pap. *(978-0-359-93503-1(6))* Lulu Pr., Inc.

Nia's Name. Brenda Ewers. 2017. (Nia Ser.: Vol. 1). (ENG., Illus.). (J). 12.99 *(978-0-9987475-0-7(5))* Ewers Family Partnership.

Nibble & Buzz: An Edible Alphabet. Judith Vartan. 2019. (ENG., Illus.). 38p. (J). (gr. k-1). 21.00 *(978-0-578-60674-3(7))* Vartan, Judith A.

Nibbles: The Book Monster. Illus. by Emma Yarlett. 2016. (J). *(978-1-61067-467-6(7))* Kane Miller.

Nibbles Goes Camping. P. D. Appleton. 2020. (Nibbles, Guinea Pig Detective Ser.: Vol. 1). (ENG., Illus.). 92p. (J). (gr. 3-6). pap. 10.95 *(978-0-578-65673-1(6))* Appleton, Patricia.

Nibbles Goes to Grandma's. P. D. Appleton. 2022. (Nibbles, Guinea Pig Detective Ser.: Vol. 2). (ENG.). 114p. (J). pap. 10.95 *(978-0-578-29103-1(7))* Appleton, Patricia.

Nibi Emosaawdang / the Water Walker, 1 vol. Joanne Robertson. Tr. by Shirley Williams & Isadore Toulouse. ed. 2019. (ENG & OJI., Illus.). 40p. (J). (gr. 1-3). pap. 14.95 *(978-1-77260-100-8(4))* Second Story Pr. CAN. Dist: Orca Bk. Pubs. USA.

Nibi Is Water. Joanne Robertson. 2020. (ENG., Illus.). 28p. (J). (gr. -1 — 1). bds. 12.95 *(978-1-77260-132-9(2))* Second Story Pr. CAN. Dist: Orca Bk. Pubs. USA.

Nibi's Water Song, 1 vol. Sunshine Tenasco. Illus. by Chief Lady Bird. 2021. (ENG.). 32p. (J). (gr. -1-2). 19.95 *(978-1-64379-482-2(5)*, leelowbooks) Lee & Low Bks., Inc.

Niblet & Ralph. Zachariah OHora. 2018. (Illus.). 40p. (J). (-k). 17.99 *(978-0-7352-2791-0(8)*, Dial Bks) Penguin Young Readers Group.

Niblet the Number Muncher. S. J. Goodin. 2019. (ENG.). 32p. (J). *(978-1-78848-741-2(9))*; pap. *(978-1-78848-740-5(0))* Austin Macauley Pubs. Ltd.

Nibsy's Christmas. Jacob August Riis. 2019. (ENG.). 62p. (J). (gr. k-5). pap. *(978-625-7959-20-9(9))* Uhrayoglu, Murat E Kitap Projesi.

Nibsy's Christmas (Classic Reprint) Jacob A. Riis. 2017. (ENG., Illus.). (J). 25.26 *(978-0-266-57109-4(3))*; pap. 9.57 *(978-0-282-83965-9(8))* Forgotten Bks.

Nic Bishop Big Cats. Nic Bishop. Illus. by Nic Bishop. 2019. (ENG., Illus.). 48p. (J). (gr. -1-3). 17.99 *(978-0-545-60577-9(6)*, Scholastic Pr.) Scholastic, Inc.

Nic Bishop Elephants. Nic Bishop. Illus. by Nic Bishop. 2022. (ENG., Illus.). 48p. (J). (gr. -1-3). 19.99 *(978-0-545-60580-9(6)*, Scholastic Pr.) Scholastic, Inc.

Nic Blake & the Remarkables: the Manifestor Prophecy. Angie Thomas. 2023. (ENG., Illus.). 368p. (J). (gr. 3-7). 19.99 *(978-0-06-322513-8(1)*, Balzer & Bray) HarperCollins Pubs.

Nic-Nac, or Literary Cabinet, 1823, Vol. 1: Containing an Amusing Assemblage of Tales, Anecdotes, Poetry, Biography, Epigrams, Enigmas, Oddities, Receipts, Wonders of Nature & Art, the Spirit of the Periodical Press, & Gleanings from Foreign Journ. Unknown Author. (ENG., Illus.). (J). 2018. 416p. 32.48 *(978-0-365-11647-9(5))*; 2017. 418p. 32.52 *(978-0-484-87039-9(4))*; 2017. pap. 16.57 *(978-0-259-22627-7(0))*; 2017. pap. 16.57 *(978-0-259-35024-8(9))* Forgotten Bks.

Nicanor's Gate. Eric A. Kimmel. Illus. by Alida Massari. 2020. (ENG.). 24p. (J). (gr. -1-2). 17.99 *(978-1-5415-7452-6(4)*, 60c73a83-3fd3-4596-9e96-c021bece5d99, Kar-Ben Publishing) Lerner Publishing Group.

Nicaragua, 1 vol. Alicia Z. Klepeis. 2020. (Exploring World Cultures (First Edition) Ser.). (ENG.). 32p. (J). (gr. 3-3). pap. 12.16 *(978-1-5026-5685-8(X)*, 845768c5-333f-41c0-b6d8-adbb6b340d02) Cavendish Square Publishing LLC.

Nicaragua. Sweetie Peason. 2018. (Countries We Come From Ser.). (ENG., Illus.). 32p. (J). (gr. k-3). 19.95 *(978-1-68402-686-9(5))* Bearport Publishing Co., Inc.

Niccolo Dei Lapi, or the Last Days of the Florentine Republic (Classic Reprint) Massimo d'. Azeglio. (ENG., Illus.). (J). 2018. 554p. 35.34 *(978-0-484-06808-6(3))*; 2016. pap. 19.57 *(978-1-334-13066-3(3))* Forgotten Bks.

Nice Dream Truck. Beth Ferry. Illus. by Brigette Barrager. 2021. (ENG.). 32p. (J). (gr. -1-3). 19.99 *(978-0-06-290783-7(2)*, HarperCollins) HarperCollins Pubs.

Nice Girls Endure. Chris Struyk-Bonn. 2016. (ENG.). 256p. (YA). (gr. 9-12). 16.95 *(978-1-63079-047-9(8)*, 131502, Switch Pr.) Capstone.

Nice Girls Like It from Behind Coloring Book. Bobo's Adult Activity Books. 2016. (ENG., Illus.). (J). pap. 9.33 *(978-1-68327-562-6(4))* Sunshine In My Soul Publishing.

Nice Going, Red: The Story of a Boy Who Couldn't Take It. Msgr Raymond J. O'Brien. Illus. by Erin Bartholomew. 2016. (ENG.). (YA). (gr. 7-12). pap. 14.95 *(978-1-936639-71-7(8))* St. Augustine Academy Pr.

Nice Little Sweethearts Girls Coloring Book. Bobo's Children Activity Books. 2016. (ENG., Illus.). (J). pap. 9.33 *(978-1-68327-680-7(9))* Sunshine In My Soul Publishing.

Nice Monsters. Rosie Amazing. Illus. by Andreea Togoe. 2021. (ENG.). 28p. (J). pap. *(978-1-7772203-7-2(8))* Annelid Pr.

Nice to Meet You ... Let's Be Friends. Peggy Ferguson. 2020. (ENG.). 38p. (J). pap. 14.99 *(978-1-63649-644-3(X))* Primedia eLaunch LLC.

Nice to Meet You, Franklin! Charles M. Schulz. Illus. by Robert Pope. 2018. (Peanuts Ser.). (ENG.). 24p. (J). (gr. -1-2). pap. 4.99 *(978-1-5344-1702-1(8)*, Simon Spotlight) Simon Spotlight.

Nice Try, Jane Sinner. Lianne Oelke. (ENG.). 432p. (YA). (gr. 9). 2019. pap. 9.99 *(978-0-358-09756-3(8)*, 1747620); 2018. 17.99 *(978-0-544-86785-7(8)*, 1648799) HarperCollins Pubs. (Clarion Bks.).

Nice Vampires Celebrating Halloween Coloring Book. Creative Playbooks. 2016. (ENG., Illus.). (J). pap. 7.74 *(978-1-68323-779-2(X))* Twin Flame Productions.

Nicest Girl in the School. Angela Brazil. 2022. (ENG.). 160p. (J). pap. ***(978-1-387-69310-8(7))*** Lulu Pr., Inc.

Nicest Nile Crocodile. Michael a Woodward. 2022. (ENG.). 38p. (J). 24.99 ***(978-1-0880-2751-6(2))***; pap. 15.99 ***(978-1-0880-4877-1(3))*** Indy Pub.

Nichelodeon: Sunny Day. Kathy Broderick. 2018. (First Look & Find Ser.). (ENG.). 16p. (J). bds. *(978-1-5037-3469-2(2)*, 18e2454f-6319-4ff0-9ab4-b0b65cfc271f, PI Kids) Phoenix International Publications, Inc.

Nicholas. K B Sykes. 2018. (ENG., Illus.). 34p. (J). pap. *(978-0-9556761-8-5(5))* KBSykes.

Nicholas Blood Candidate (Classic Reprint) Arthur Henry. 2017. (ENG., Illus.). (J). 28.17 *(978-0-266-51481-7(2))* Forgotten Bks.

Nicholas Comenius: Or Ye Pennsylvania Schoolmaster of Ye Olden Time (Classic Reprint) William Riddle. 2019. (ENG., Illus.). 508p. (J). 34.39 *(978-0-365-11956-2(3))* Forgotten Bks.

Nicholas Flies. Nick Porter. 2018. (ENG., Illus.). 30p. (J). pap. 12.95 *(978-1-63525-041-1(2))* Christian Faith Publishing.

Nicholas: God's Courageous Gift-Giver. Voice of Voice of the Martyr. 2020. (ENG.). 48p. (J). (gr. -1). 11.99 *(978-0-88264-204-8(9)*, 149888) VOM Bks.

Nicholas Is Nice. Lin Stocksdale. Illus. by Joshua Wichterich. 2023. (ENG.). 32p. (J). pap. 20.99 ***(978-1-6628-7734-6(X))*** Salem Author Services.

Nicholas' Lullaby. Zac Handler. 2019. (ENG., Illus.). 24p. (J). 18.00 *(978-0-578-62393-1(5))* ZH.

Nicholas Mosley, Loyalist; or What's in a Name: Being Extracts from the Family History of the Mosleys of Manchester, During the Civil War, 1640 1662 (Classic Reprint) E. F. Letts. 2018. (ENG., Illus.). 346p. (J). 31.03 *(978-0-483-78958-6(5))* Forgotten Bks.

Nicholas Nickleby. Charles Dickens. 2020. (ENG.). 640p. (YA). 29.95 *(978-1-64594-061-6(6))* Athanatos Publishing Group.

Nicholas Nickleby. Charles Dickens. 2018. (ENG., Illus.). 508p. (J). 24.99 *(978-1-5154-2461-1(8))* Wilder Pubns., Corp.

Nicholas Nickleby: Illustrated Edition. Charles Dickens. 2019. (ENG.). 556p. (YA). pap. *(978-80-268-9216-8(X))* E-Artnow.

Nicholas Nickleby, Vol. 1 (Classic Reprint) Charles Dickens. 2017. (ENG., Illus.). (J). 30.37 *(978-0-265-20859-5(9))* Forgotten Bks.

Nicholas Nickleby, Vol. 2 (Classic Reprint) Charles Dickens. 2017. (ENG., Illus.). (J). 30.41 *(978-0-265-37263-0(1))* Forgotten Bks.

Nicholas Nickleby, Vol. 3 (Classic Reprint) Charles Dickens. 2017. (ENG., Illus.). (J). 30.29 *(978-0-266-37170-0(1))* Forgotten Bks.

Nicholas on the North Pole Express. J. D. Green. 2019. (North Pole Express Ser.). (ENG.). 32p. (J). (gr. -1-3). 7.99 ***(978-1-7282-0379-9(1))*** Sourcebooks, Inc.

Nicholas St. North & the Battle of the Nightmare King. William Joyce & Laura Geringer. Illus. by William Joyce. 2018. (Guardians Ser.: 1). (ENG., Illus.). 256p. (J). (gr. 2-6). pap. 8.99 *(978-1-4424-3049-5(4)*, Atheneum Bks. for Young Readers) Simon & Schuster Children's Publishing.

Nicholas the Weaver & Other Quaker Stories (Classic Reprint) Maude Robinson. 2018. (ENG., Illus.). 228p. (J). 28.60 *(978-0-483-50893-4(4))* Forgotten Bks.

Nicholas 'Twas the Night Before Christmas. Illus. by Lisa Alderson. 2019. (Night Before Christmas Ser.). (ENG.). 32p. (J). (gr. -1-3). 7.99 ***(978-1-7282-0272-3(8))*** Sourcebooks, Inc.

Nicholas's Christmas Wish. Put Me In The Story & J. D. Green. Illus. by Julia Seal. 2018. (Christmas Wish Ser.). (ENG.). 32p. (J). (gr. k-3). 6.99 ***(978-1-4926-8540-1(2))*** Sourcebooks, Inc.

Nicht Schon Wieder Abenteuer. Nicole Hamann. 2019. (GER.). 74p. (J). *(978-3-7469-0376-7(9))*; pap. *(978-3-7469-0375-0(0))* tredition Verlag.

Nick. Sherman Lau. Illus. by Aleksandra Bobrek. 2018. (ENG.). 40p. (J). (gr. k-4). *(978-1-7329410-0-7(9))* Alpine Studios.

Nick & Charlie. Alice Oseman. 2023. (ENG.). 176p. (YA). (gr. 9). 16.99 *(978-1-338-88510-1(3)*, Scholastic Pr.) Scholastic, Inc.

Nick & Nack Blow Bubbles. Brandon Budzi. Illus. by Charles Lehman. 2021. (Highlights Puzzle Readers Ser.). 32p. (J). (gr. -1-2). 16.99 *(978-1-64472-195-7(3)*, Highlights) Highlights Pr., c/o Highlights for Children, Inc.

Nick & Nack Blow Bubbles. Brandon Budzi. Illus. by Adam Record. 2021. (Highlights Puzzle Readers Ser.). 32p. (J). (gr. -1-2). pap. 4.99 *(978-1-64472-194-0(5)*, Highlights) Highlights Pr., c/o Highlights for Children, Inc.

Nick & Nack Build a Birdhouse. Brandon Budzi. Illus. by Adam Record. 2020. (Highlights Puzzle Readers Ser.). 32p. (J). (gr. -1-2). 16.99 *(978-1-68437-984-2(9))*; pap. 4.99 *(978-1-68437-932-3(6))* Highlights Pr., c/o Highlights for Children, Inc. (Highlights).

Nick & Nack Float a Boat. Brandon Budzi. Illus. by Charles Lehman. 2021. (Highlights Puzzle Readers Ser.). 32p. (J). (gr. -1-2). 16.99 *(978-1-64472-130-8(9))*; pap. 4.99 *(978-1-64472-129-2(5))* Highlights Pr., c/o Highlights for Children, Inc. (Highlights).

Nick & Nack Float a Boat. Brandon Budzi. ed. 2022. (Highlights Puzzle Readers Ser.). (ENG.). 32p. (J). (gr. k-1). 16.46 ***(978-1-68505-388-8(2))*** Penworthy Co., LLC, The.

Nick & Nack Fly a Kite. Brandon Budzi. Illus. by Adam Record. 2020. (Highlights Puzzle Readers Ser.). 32p. (J). (gr. -1-2). 16.99 *(978-1-64472-111-7(2))*; pap. 4.99 *(978-1-64472-112-4(0))* Highlights Pr., c/o Highlights for Children, Inc. (Highlights).

Nick & Nack Make Music. Brandon Budzi. Illus. by Jeff Harvey. 2021. (Highlights Puzzle Readers Ser.). 32p. (J). (gr. -1-2). 16.99 *(978-1-64472-469-9(3))*; pap. 4.99 *(978-1-64472-468-2(5))* Highlights Pr., c/o Highlights for Children, Inc. (Highlights).

Nick & Nack Make Music. Brandon Budzi. ed. 2022. (Highlights Puzzle Readers Ser.). (ENG.). 32p. (J). (gr. k-1). 16.46 ***(978-1-68505-389-5(0))*** Penworthy Co., LLC, The.

Nick & Nack Put on a Puppet Show. Brandon Budzi. Illus. by Adam Record. 2020. (Highlights Puzzle Readers Ser.). 32p. (J). (gr. -1-2). 16.99 *(978-1-68437-985-9(7))*; pap. 4.99 *(978-1-68437-933-0(4))* Highlights Pr., c/o Highlights for Children, Inc. (Highlights).

Nick & Nack See the Stars. Brandon Budzi. Illus. by Adam Record. 2020. (Highlights Puzzle Readers Ser.). 32p. (J). (gr. -1-2). 16.99 *(978-1-64472-193-3(7))*; pap. 4.99 *(978-1-64472-192-6(9))* Highlights Pr., c/o Highlights for Children, Inc. (Highlights).

Nick & Tesla & the High-Voltage Danger Lab: A Mystery with Gadgets You Can Build Yourself. Bob Pflugfelder & Steve Hockensmith. 2023. (Nick & Tesla Ser.: 1). (ENG.). 256p. (J). (gr. 3-7). pap. 8.99 ***(978-1-68369-379-6(5))*** Quirk Bks.

Nick & Tesla & the Robot Army Rampage: A Mystery with Gadgets You Can Build Yourself. Bob Pflugfelder & Steve Hockensmith. 2023. (Nick & Tesla Ser.: 2). (ENG.). 224p. (J). (gr. 3-7). pap. 8.99 ***(978-1-68369-390-1(6))*** Quirk Bks.

Nick & Tesla's Solar-Powered Showdown: A Mystery with Sun-Powered Gadgets You Can Build Yourself. Bob Pflugfelder & Steve Hockensmith. 2016. (Nick & Tesla Ser.: 6). (Illus.). 264p. (J). (gr. 4-7). 12.95 *(978-1-59474-866-0(7))* Quirk Bks.

Nick & the Brick Builder Challenge. Jen Malia. Illus. by Peter Francis. 2023. (Infinity Rainbow Club Ser.). (ENG.). 128p. (J). 15.99 ***(978-1-5064-8595-9(2))***; pap. 8.99 ***(978-1-5064-9341-1(6))*** 1517 Media. (Beaming Books).

Nick & Tom. Cecilia Minden. Illus. by Laura Gomez. 2023. (In Bloom Ser.). (ENG.). (J). (gr. 2-4). 24p. pap. 12.79 *(978-1-6689-1900-2(1)*, 221878); 23p. lib. bdg. 30.64 ***(978-1-6689-2647-5(4)***, 222624) Cherry Lake Publishing. (Cherry Blossom Press).

Nick Builds. Tracilyn George. 2023. (ENG.). 22p. (J). pap. 12.99 ***(978-1-77475-474-0(6))*** Draft2Digital.

Nick Frank Turns Carpentry into Cash. Mara Williams. Illus. by Fiona Reed. 2022. (Little Books of Big Business Ser.: Vol. 4). (ENG.). 46p. (J). pap. 7.99 ***(978-1-7356784-6-7(5))*** Success Hse. Publishing.

Nick Hardy: Or Once in Fun, Twice in Earnest (Classic Reprint) Park Ludlow. (ENG., Illus.). (J). 2018. 384p. 31.82 *(978-0-483-62820-5(4))*; 2016. pap. 16.57 *(978-1-334-13696-2(3))* Forgotten Bks.

Nick Hardy at College: Or, the Wooden Spoon (Classic Reprint) Park Ludlow. 2018. (ENG., Illus.). 436p. (J). 32.89 *(978-0-483-40366-6(0))* Forgotten Bks.

Nick Has Epilepsy. Karen Gamble. 2019. (ENG., Illus.). 26p. (J). pap. 12.95 *(978-1-64300-465-5(4))* Covenant Bks.

Nick Hawthorne: The Banefires of Autumn. Craig Booker. 2017. (Albion Chronicles Ser.: Vol. 1). (ENG., Illus.). (YA). (gr. 7-12). pap. *(978-1-911261-38-4(X))* Knox Robinson Pubs.

Nick Jr Imagine Ink Color! Book with Mini Markers (Value) Des. by Bendon. 2020. (ENG.). (J). 5.00 ***(978-1-6902-1069-6(9))*** Bendon, Inc.

Nick, Mike & Ziva the Zebra. Lindsay Wozniak. Illus. by Lindsay Wozniak. 2020. (ENG.). 28p. (J). 18.99 ***(978-1-64663-298-5(2))*** Koehler Bks.

Nick Newton: The Highest Bidder. S. E. M. Ishida. Illus. by Dana Thompson. 2018. 128p. (J). *(978-1-62856-511-9(X))* BJU Pr.

Nick Newton Is Not a Genius. S. E. M. Ishida. 2016. (Illus.). 151p. (J). *(978-1-62856-235-4(8))* BJU Pr.

Nick of the Woods (Classic Reprint) Alaska Blacklock. (ENG., Illus.). (J). 2018. 222p. 28.48 *(978-0-484-74320-4(1))*; 2016. pap. 10.97 *(978-1-334-24841-2(9))* Forgotten Bks.

Nick of Time. Mike DiCerto. 2021. (ENG.). 306p. (J). pap. 17.99 *(978-1-61271-099-0(9))* Zumaya Pubns. LLC.

Nick Putzel, or Authur Gurney's Ruin: A Narrative Showing the Ins & Outs, the Tricks & Devices, the Frauds & Falsehoods, Practiced by Adepts in the Art of Political Wire Pulling, & Especially Exposing the Resistless Power of the Bar-Room & Beer- George Koehler. 2018. (ENG., Illus.). 310p. (J). 30.29 *(978-0-483-78811-4(2))* Forgotten Bks.

Nick Saban, 1 vol. John Fredric Evans. 2019. (Championship Coaches Ser.). (ENG.). 112p. (gr. 7-7). 40.27 *(978-0-7660-9803-9(6)*, 0807d257-71c8-45c2-b72d-50d22df063fe) Enslow Publishing, LLC.

Nick Saban & the Alabama Crimson Tide. Tom Glave. 2018. (Sports Dynasties Ser.). (ENG., Illus.). 48p. (J). (gr. 4-4). pap. 11.95 *(978-1-64185-285-2(2)*, 1641852852); (gr. 3-6). lib. bdg. 34.21 *(978-1-5321-1436-6(2)*, 29082) ABDO Publishing Co. (SportsZone).

Nick, the Christmas Coyote. Tami Johnson. 2019. (ENG., Illus.). 30p. (J). 23.95 *(978-1-64471-985-5(1))*; pap. 13.95 *(978-1-64471-984-8(3))* Covenant Bks.

Nick the Knight, Dragon Slayer. Aron Dijkstra. 2017. (ENG., Illus.). 32p. (J). (gr. -1 — 1). 18.95 *(978-1-60537-274-7(9))* Clavis Publishing.

Nick the Knight, Dragon Slayer. Aron Dijkstra. 2017. (ENG., Illus.). 32p. (J). (gr. -1-2). pap. 9.95 *(978-1-60537-391-1(5))* Clavis ROM. Dist: Publishers Group West (PGW).

Nick the Sidekick. Dave Whamond. Illus. by Dave Whamond. 2018. (ENG., Illus.). 48p. (J). (gr. 1-4). 14.99 *(978-1-77138-355-4(0))* Kids Can Pr., Ltd. CAN. Dist: Hachette Bk. Group.

Nick y Charlie. Alice Oseman. 2022. (SPA.). 160p. (YA). (gr. 9-12). pap. 15.99 ***(978-607-8828-12-8(6))*** V&R Editoras.

Nickel, 1 vol. Anita Louise McCormick. 2018. (Exploring the Elements Ser.). (ENG.). 48p. (gr. 6-6). 29.60

1460

The check digit for ISBN-10 appears in parentheses after the full ISBN-13

TITLE INDEX NICKI MINAJ

(978-0-7660-9917-3(2), 8d104f7c-55cb-468f-a4de-9e800ebbc6ea) Enslow Publishing, LLC.

Nickel. Allan Morey. Illus. by Jennifer Bower. 2018. (Money Values Ser.). (ENG.). 24p. (J). (gr. 1-3). 33.99 *(978-1-68410-133-7(6),* 31846) Cantata Learning.

Nickel Educational Facts for the 2nd Grade Children's Science Book. Bold Kids. 2022. (ENG.). 42p. (J). pap. 14.99 ***(978-1-0717-2113-1(5))*** FASTLANE LLC.

Nickel Plate Nick Saves Christmas. David Hoffman. Ed. by Anita Hoffman. Illus. by Sara Hoffman Moss. 2020. (ENG.). 28p. (J). pap. 18.00 *(978-1-0879-1687-3(9))* Indy Pub.

Nickeldeon Look & Find Fun! Kids Pl. 2017. (ENG.). 100p. (J). 17.99 *(978-1-5037-0772-6(5),* 13902, PI Kids) Phoenix International Publications, Inc.

Nickelodeon. Sara Green. 2016. (Brands We Know Ser.). (ENG., Illus.). 24p. (J). (gr. 3-8). 27.95 *(978-1-62617-411-5(3),* Pilot Bks.) Bellwether Media.

Nickelodeon. Derek Harmening. 2018. (Me Reader Ser.). (ENG.). 192p. (J). *(978-1-5037-4021-1(8),* 10b1f21f-4ac0-48d6-b9bb-b406d34863b8, PI Kids) Phoenix International Publications, Inc.

Nickelodeon 5-Minute Christmas Stories (Nickelodeon) Random House. Illus. by Random House. 2017. (ENG., Illus.). 160p. (J). (gr. -1-2). 12.99 *(978-1-5247-6398-5(5),* Random Hse. Bks. for Young Readers) Random Hse. Children's Bks.

Nickelodeon 5-Minute Girl-Power Stories (Nickelodeon) Random House. Illus. by Random House. 2020. (ENG., Illus.). 160p. (J). (gr. -1-2). 14.99 *(978-1-9848-9490-8(0),* Random Hse. Bks. for Young Readers) Random Hse. Children's Bks.

Nickelodeon 5-Minute Stories Collection (Nickelodeon) Hollis James. Illus. by Random House. 2021. (ENG.). 160p. (J). (gr. -1-2). 14.99 *(978-0-593-30491-4(8),* Random Hse. Bks. for Young Readers) Random Hse. Children's Bks.

Nickelodeon Blaze & the Monster Machine Look & Find. Jennifer H. Keast. ed. 2018. (Look & Find Ser.). (ENG.). 19p. (J). (gr. -1-1). 22.36 *(978-1-64310-549-9(3))* Penworthy Co., LLC, The.

Nickelodeon Blaze & the Monster Machines Monster Machine Music Sound Book. PI Kids. 2017. (ENG., Illus.). 12p. bds. 15.99 ***(978-1-5037-0997-3(3),*** 2145, PI Kids) Phoenix International Publications, Inc.

Nickelodeon Blue's Clues & You!: 12 Board Books, 13 vols. PI Kids. Illus. by Jason Fruchter. 2021. (ENG.). 120p. (J). bds., bds., bds. 16.99 *(978-1-5037-5669-4(6),* 4576, PI Kids) Phoenix International Publications, Inc.

Nickelodeon Blue's Clues & You!: Bath Time with Blue Bath Book. PI Kids. Illus. by Jason Fruchter. 2021. (ENG.). 6p. (J). 6.99 *(978-1-5037-5789-9(7),* 3797, PI Kids) Phoenix International Publications, Inc.

Nickelodeon Blue's Clues & You!: Blue's Sweet-Smelling Christmas. Adapted by Maggie Fischer. 2021. (Scratch & Sniff Ser.). (ENG.). 10p. (J). (gr. -1-k). bds., bds. 9.99 *(978-0-7944-4813-4(5),* Studio Fun International) Printers Row Publishing Group.

Nickelodeon Blue's Clues & You!: Colors with Blue. Maggie Fischer. 2020. (Cloth Flaps Ser.). (ENG.). 10p. (J). (— 1). bds. 10.99 *(978-0-7944-4622-2(1),* Studio Fun International) Printers Row Publishing Group.

Nickelodeon Blue's Clues & You!: First Look & Find. PI Kids. Illus. by Jason Fruchter. 2021. (ENG.). 16p. (J). bds. 12.99 *(978-1-5037-5667-0(X),* 3756); bds. 10.99 *(978-1-5037-5668-7(8),* 3757) Phoenix International Publications, Inc. (PI Kids).

Nickelodeon Blue's Clues & You: Guess Who, Blue! Maggie Fischer. 2022. (Deluxe Guess Who? Ser.). (ENG.). 12p. (J). (gr. -1-k). 10.99 *(978-0-7944-4624-6(8),* Studio Fun International) Printers Row Publishing Group.

Nickelodeon Blue's Clues & You!: Handy Dandy Notebook. Maggie Fischer. 2021. (Write & Wipe Ser.). (ENG.). 30p. (J). (gr. -1-k). spiral bd. 9.99 *(978-0-7944-4784-7(8),* Studio Fun International) Printers Row Publishing Group.

Nickelodeon Blue's Clues & You!: Hot & Cold Take-A-Look Book. PI Kids. 2021. (ENG.). 20p. (J). bds. 10.99 *(978-1-5037-6043-1(X),* 3898, PI Kids) Phoenix International Publications, Inc.

Nickelodeon Blue's Clues & You: Let's Go, Blue! Grace Baranowski. 2020. (Multi-Novelty Ser.). (ENG.). 14p. (J). (gr. -1-k). bds. 14.99 *(978-0-7944-4623-9(X),* Studio Fun International) Printers Row Publishing Group.

Nickelodeon Blue's Clues & You!: Little First Look & Find. PI Kids. Illus. by Jason Fruchter. 2021. (ENG.). 24p. (J). bds. 5.99 *(978-1-5037-5990-9(3),* 3880, PI Kids) Phoenix International Publications, Inc.

Nickelodeon Blue's Clues & You!: Peek-A-Boo, Blue! Lift-a-Flap Look & Find. PI Kids. Illus. by Jason Fruchter & Eren Unten. 2021. (ENG.). 14p. (J). bds. 10.99 *(978-1-5037-5790-5(0),* 3798, PI Kids) Phoenix International Publications, Inc.

Nickelodeon Blue's Clues & You!: Play & Sing with Blue! Sound Book. PI Kids. 2021. (ENG.). 14p. (J). bds. 19.99 *(978-1-5037-5887-2(7),* 4587, PI Kids) Phoenix International Publications, Inc.

Nickelodeon Blue's Clues & You!: Play Day with Blue! Sound Book. PI Kids. 2020. (ENG., Illus.). 12p. (J). bds. 14.99 *(978-1-5037-5601-4(7),* 3733, PI Kids) Phoenix International Publications, Inc.

Nickelodeon Blue's Clues & You!: Whose Clues? Blue's Clues! Maggie Fischer. 2020. (Lift-The-Flap Ser.). (ENG.). 12p. (J). (gr. -1-k). bds. 10.99 *(978-0-7944-4625-3(6),* Studio Fun International) Printers Row Publishing Group.

Nickelodeon Bubble Guppies: Bubble Bath Time! Bath Book. PI Kids. 2021. (ENG.). 6p. (J). 6.99 *(978-1-5037-6044-8(8),* 3899, PI Kids) Phoenix International Publications, Inc.

Nickelodeon Butterbean's Café: First Look & Find. PI Kids. Illus. by Marcela Cespedes. 2020. (ENG.). 16p. (J). bds. 12.99 *(978-1-5037-5291-7(7),* 3577, PI Kids) Phoenix International Publications, Inc.

Nickelodeon Christmas Treasury (Nickelodeon) Random House. Illus. by Random House. 2021. (ENG., Illus.). 30p. (J). (— 1). bds. 11.99 *(978-0-593-37897-7(0),* Random Hse. Bks. for Young Readers) Random Hse. Children's Bks.

Nickelodeon: Count & Play! PI Kids. Illus. by Fabrizio Petrossi et al. 2020. (ENG.). 12p. (J). bds. 24.99 *(978-1-5037-5241-2(0),* 3550, PI Kids) Phoenix International Publications, Inc.

Nickelodeon: Fun with Friends First Look & Find. PI Kids. Illus. by Rick Courtney et al. 2017. (ENG.). 16p. (J). bds. 12.99 *(978-1-5037-1263-8(X),* 2231, PI Kids) Phoenix International Publications, Inc.

Nickelodeon Jojo Siwa: Out of This World! Claire Winslow. 2019. (Look & Find Ser.). (ENG.). 26p. (J). pap. *(978-1-5037-4927-6(4),* da741774-48e1-4f58-a09e-150079785963, PI Kids) Phoenix International Publications, Inc.

Nickelodeon: Let's Play Piano! Sound Book. PI Kids. 2018. (ENG.). 12p. (J). bds. 14.99 *(978-1-5037-1896-8(4),* 2415, PI Kids) Phoenix International Publications, Inc.

Nickelodeon: Little First Look & Find 4 Book Set. PI Kids. Illus. by Fabrizio Petrossi et al. 2016. (ENG.). 72p. (J). bds., bds., bds. 21.99 *(978-1-5037-0948-5(5),* 4328, PI Kids) Phoenix International Publications, Inc.

Nickelodeon: Little First Look & Find 4 Books. PI Kids & Emily Skwish. Illus. by Fabrizio Petrossi et al. 2020. (ENG.). 72p. (J). bds., bds., bds. 21.99 *(978-1-5037-5318-1(2),* 4559, PI Kids) Phoenix International Publications, Inc.

Nickelodeon: Me Reader Electronic Reader & 8-Book Library, 8 vols. PI Kids. 2016. (ENG.). (J). 34.99 *(978-1-5037-1171-6(4),* 2211, PI Kids) Phoenix International Publications, Inc.

Nickelodeon: Me Reader Electronic Reader & 8-Book Library Sound Book Set. Derek Harmening. 2018. (ENG.). 192p. (J). 34.99 *(978-1-5037-3707-5(1),* 2924, PI Kids) Phoenix International Publications, Inc.

Nickelodeon: My First Coloring Book (Nickelodeon) Golden Books. Illus. by Golden Books. 2021. (ENG., Illus.). 192p. (J). (-k). pap. 9.99 *(978-0-593-30850-9(6),* Golden Bks.) Random Hse. Children's Bks.

Nickelodeon: My First Smart Pad Library 8-Book Set & Interactive Activity Pad Sound Book Set. PI Kids. Illus. by Tino Santanach et al. 2020. (ENG.). 192p. (J). 39.99 *(978-1-5037-5268-9(2),* 3568, PI Kids) Phoenix International Publications, Inc.

Nickelodeon: My First Smart Pad Library Electronic Activity Pad & 8-Book Library Sound Book Set. Kathy Broderick. 2017. (ENG.). 192p. (J). 39.99 *(978-1-5037-1175-4(7),* 2212, PI Kids) Phoenix International Publications, Inc.

Nickelodeon: Nick 90s Mad Libs: World's Greatest Word Game. Gabriella DeGennaro. 2020. (Mad Libs Ser.). (ENG.). 48p. (J). (gr. 3-7). pap. 5.99 *(978-0-593-09628-4(2),* Mad Libs) Penguin Young Readers Group.

Nickelodeon: PAW Patrol. P. i p i kids. 2018. (Quiz It Pen Ser.). (ENG.). 256p. (J). *(978-1-5037-3501-9(X),* 7eb5b209-a911-4efe-aa49-cacf977899a1, PI Kids) Phoenix International Publications, Inc.

Nickelodeon PAW Patrol. Erin Rose Wage. Illus. by Fabrizio Petrossi. 2019. (Me Reader Jr Ser.). (ENG.). 80p. (J). *(978-1-5037-5000-5(0),* 13a3ae73-4e32-47b3-84d4-62f30416d1a5, PI Kids) Phoenix International Publications, Inc.

Nickelodeon PAW Patrol. Veronica Wagner. Illus. by Harry Moore & Fabrizio Petrossi. 2018. (Me Reader Ser.). (ENG.). 192p. (J). *(978-1-5037-4019-8(6),* c73eeddc-db3a-4e86-9c60-7463f31a4d86, PI Kids) Phoenix International Publications, Inc.

Nickelodeon PAW Patrol: Electronic Me Reader & 8-Book Library. Veronica Wagner. Illus. by Harry Moore & Fabrizio Petrossi. 2017. (ENG.). 192p. (J). 34.99 *(978-1-5037-1693-3(7),* 2384, PI Kids) Phoenix International Publications, Inc.

Nickelodeon PAW Patrol: Play-A-Sound Phone & Storybook Set. PI Kids. 2019. (ENG.). 16p. (J). 16.99 *(978-1-5037-4530-8(9),* 3228, PI Kids) Phoenix International Publications, Inc.

Nickelodeon PAW Patrol: Read & Play with the PAW Patrol. p i kids. Illus. by Fabrizio Petrossi & Harry Moore. 2018. (ENG.). 104p. (J). bds. 59.99 *(978-1-5037-3981-9(3),* 13930, PI Kids) Phoenix International Publications, Inc.

Nickelodeon PAW Patrol: 8-Book Library & Electronic Reader Sound Book Set. PI Kids. Illus. by Harry Moore & Fabrizio Petrossi. 2017. (ENG.). 192p. (J). 34.99 *(978-1-5037-1692-6(9),* 9629, PI Kids) Phoenix International Publications, Inc.

Nickelodeon PAW Patrol: a PAWsome Pair Sound Book. Emily Skwish. 2016. (ENG.). 8p. (J). bds. 9.99 *(978-1-5037-1766-4(6),* 2393, PI Kids) Phoenix International Publications, Inc.

Nickelodeon PAW Patrol: ABCs. PI Kids. 2017. (ENG., Illus.). 16p. (J). bds. 21.99 *(978-1-5037-1691-9(0),* 2382, PI Kids) Phoenix International Publications, Inc.

Nickelodeon PAW Patrol: Calling All Pups Book & Phone Sound Book Set. PI Kids. Illus. by Fabrizio Petrossi. 2017. (ENG.). 16p. (J). bds. 16.99 *(978-1-5037-1116-7(1),* 2195, PI Kids) Phoenix International Publications, Inc.

Nickelodeon PAW Patrol: Chase I'm Ready to Read Sound Book: I'm Ready to Read. Kathy Broderick. Illus. by Fabrizio Petrossi. 2019. (ENG.). 24p. (J). 11.99 *(978-1-5037-4699-2(2),* 3329, PI Kids) Phoenix International Publications, Inc.

Nickelodeon PAW Patrol: Countdown to Christmas! Emily Skwish. Illus. by Fabrizio Petrossi. 2016. (ENG.). 12p. (J). bds. 14.99 *(978-1-5037-1425-0(X),* 2291, PI Kids) Phoenix International Publications, Inc.

Nickelodeon PAW Patrol: Deluxe Gift Set. PI Kids. Illus. by Fabrizio Petrossi & Harry Moore. 2021. (ENG.). 150p. (J). pap., pap., pap. 47.99 *(978-1-5037-6039-4(1),* 4637, PIL Kids) Phoenix International Publications, Inc.

Nickelodeon PAW Patrol: First Look & Find. PI Kids. Illus. by Fabrizio Petrossi. 2020. (ENG.). 16p. (J). bds. 10.99 *(978-1-5037-5467-6(7),* 3658, PI Kids) Phoenix International Publications, Inc.

Nickelodeon PAW Patrol First Look & Find Giant Write-And-Erase Activity Card Set. PI Kids. Illus. by Harry Moore & Fabrizio Petrossi. 2017. (ENG.). 126p. (J). 28.99 *(978-1-5037-2295-8(3),* 2528, PI Kids) Phoenix International Publications, Inc.

Nickelodeon PAW Patrol: First Words Sound Book. PI Kids. Illus. by Jason Fruchter. 2021. (ENG.). 24p. (J). 19.99 *(978-1-5037-5932-9(6),* 3857, PI Kids) Phoenix International Publications, Inc.

Nickelodeon PAW Patrol: Flash Cards Alphabet. Editors of Dreamtivity. 2022. (ENG.). 48p. (J). (gr. -1 — 1). 3.99 *(978-1-64588-558-0(5))* Printers Row Publishing Group.

Nickelodeon PAW Patrol: Happy Valentine's Day, Adventure Bay! Maggie Fischer. 2020. (Scratch & Sniff Ser.). (ENG.). 10p. (J). (gr. -1-k). bds. 9.99 *(978-0-7944-4644-4(2),* Studio Fun International) Printers Row Publishing Group.

Nickelodeon PAW Patrol: I'm Ready to Read with Skye Sound Book. PI Kids. 2018. (ENG., Illus.). 24p. (J). 11.99 *(978-1-5037-3317-6(3),* 2797, PI Kids) Phoenix International Publications, Inc.

Nickelodeon PAW Patrol: Land, Sea, & Sky! Sound Book. PI Kids. Illus. by Jason Fruchter et al. 2022. (ENG.). 20p. (J). bds. 18.99 *(978-1-5037-6290-9(4),* 4682, PIL Kids) Phoenix International Publications, Inc.

Nickelodeon PAW Patrol: Learn with Me 123! Counting, Colors, Shapes, & More! Sound Book. Erin Rose Wage. 2017. (ENG.). 20p. (J). bds. 23.99 *(978-1-5037-2297-2(X),* 2530, PI Kids) Phoenix International Publications, Inc.

Nickelodeon PAW Patrol: Let's Play in Adventure Bay. Maggie Fischer. 2022. (Marker Pouch Ser.). (ENG.). 64p. (J). (gr. -1-k). pap. 10.99 *(978-0-7944-4675-8(2),* Studio Fun International) Printers Row Publishing Group.

Nickelodeon PAW Patrol: Lights Out! Book & 5-Sound Flashlight Set. PI Kids. Illus. by Harry Moore & Fabrizio Petrossi. 2016. (ENG.). 10p. (J). bds. 16.99 *(978-1-5037-0747-4(4),* 2057, PI Kids) Phoenix International Publications, Inc.

Nickelodeon PAW Patrol: Little First Look & Find. PI Kids. Illus. by Fabrizio Petrossi. 2016. (ENG.). 24p. (J). bds. 5.99 *(978-1-5037-0905-8(1),* 2112, PI Kids) Phoenix International Publications, Inc.

Nickelodeon PAW Patrol: Little First Look & Find Book & Puzzle. PI Kids. Illus. by Fabrizio Petrossi. 2020. (ENG.). 16p. (J). 16.99 *(978-1-5037-5589-5(4),* 3722, PI Kids) Phoenix International Publications, Inc.

Nickelodeon PAW Patrol: Look & Find My Little Bucket of Books. Veronica Wagner. 2017. (ENG.). 70p. (J). 19.99 *(978-1-5037-3364-0(5),* 2821, PI Kids) Phoenix International Publications, Inc.

Nickelodeon PAW Patrol: Me Reader Jr Electronic Reader & 8-Book Library Sound Book Set. Erin Rose Wage. Illus. by Fabrizio Petrossi & Harry Moore. (ENG.). 80p. (J). 2019. bds., bds., bds. 34.99 *(978-1-5037-4630-5(5),* 3289); 2016. bds., bds., bds. 34.99 *(978-1-5037-1016-0(5),* 2156) Phoenix International Publications, Inc. (PI Kids).

Nickelodeon PAW Patrol: Mission: Crown. Illus. by Mike Jackson. 2018. (ENG.). 10p. (J). (gr. -1-k). bds. 11.99 *(978-0-7944-4213-2(7),* Studio Fun International) Printers Row Publishing Group.

Nickelodeon PAW Patrol: Movie Theater Storybook & Movie Projector. Buckley MacKenzie. 2nd ed. 2018. (Movie Theater Storybook Ser.: 1). (ENG.). 32p. (J). (gr. -1-1). 19.99 *(978-0-7944-4269-9(2),* Studio Fun International) Printers Row Publishing Group.

Nickelodeon PAW Patrol: My Big Learning Box Sound Book Set. Kathy Broderick. 2019. (ENG.). 78p. (J). 69.99 *(978-1-5037-4677-0(1),* 3315, PI Kids) Phoenix International Publications, Inc.

Nickelodeon PAW Patrol: My First Smart Pad Library 8-Book Set & Interactive Activity Pad Sound Book Set. Illus. by Nate Lovett et al. 2020. (ENG.). 192p. (J). 39.99 *(978-1-5037-5224-5(0),* 3536, PI Kids) Phoenix International Publications, Inc.

Nickelodeon PAW Patrol: P Is for Paw! Trace & Say Sound Book. PI Kids. 2021. (ENG.). 28p. (J). bds. 23.99 *(978-1-5037-5986-2(5),* 4622, PI Kids) Phoenix International Publications, Inc.

Nickelodeon PAW Patrol: PAWsome Adventures Look, Find & Listen Sound Book. PI Kids. Illus. by Fabrizio Petrossi. 2019. (ENG.). 16p. (J). bds. 21.99 *(978-1-5037-4763-0(8),* 3360, PI Kids) Phoenix International Publications, Inc.

Nickelodeon PAW Patrol: PAWsome Search First Look & Find. PI Kids. Illus. by Fabrizio Petrossi & Harry Moore. 2021. (ENG.). 16p. (J). bds. 10.99 *(978-1-5037-6025-7(1),* 3895, PI Kids) Phoenix International Publications, Inc.

Nickelodeon PAW Patrol: PAWsome Search First Look & Find. PI Kids. Illus. by Fabrizio Petrossi. 2021. (ENG.). 16p. (J). bds. 12.99 *(978-1-5037-6024-0(3),* 3894, PI Kids) Phoenix International Publications, Inc.

Nickelodeon PAW Patrol: Playful Pups!: Book & Magnetic Play Set. Nickelodeon. 2017. (Magnetic Play Set Ser.). (ENG.). 32p. (J). (gr. -1-k). pap. 15.99 *(978-0-7944-4000-8(2),* Studio Fun International) Printers Row Publishing Group.

Nickelodeon PAW Patrol: Potty Time Sound Book. PI Kids. Illus. by Harry Moore. 2020. (ENG.). 12p. (J). bds. 14.99 *(978-1-5037-5236-8(4),* 3547, PI Kids) Phoenix International Publications, Inc.

Nickelodeon PAW Patrol: Puppy Power! Maggie Fischer. 2019. (Pencil Toppers Ser.). (ENG.). 64p. (J). (gr. -1-k). pap. 9.99 *(978-0-7944-4240-8(4),* Studio Fun International) Printers Row Publishing Group.

Nickelodeon PAW Patrol: Pups on a Roll Stories, Activities, & PAWsome Adventures! PI Kids. Illus. by Harry Moore & Fabrizio Petrossi. 2020. (ENG.). 80p. (J). 5.99 *(978-1-5037-5458-4(8),* 3653, PI Kids) Phoenix International Publications, Inc.

Nickelodeon PAW Patrol: Pups on Patrol. Maggie Fischer. Illus. by Mike Jackson. 2018. (Deluxe Guess Who? Ser.). (ENG.). 12p. (J). (gr. -1-k). bds. 10.99 *(978-0-7944-4241-5(2),* Studio Fun International) Printers Row Publishing Group.

Nickelodeon PAW Patrol: Puptastic Halloween Maze Sound Book. Emily Skwish. Illus. by Fabrizio Petrossi. 2016. (ENG.). 12p. (J). bds. 14.99 *(978-1-5037-1110-5(2),* 2193, PI Kids) Phoenix International Publications, Inc.

Nickelodeon PAW Patrol: Racing to the Rescue! Book & Magnetic Play Set. Lori C. Froeb. 2022. (Magnetic Play Set Ser.). (ENG.). 32p. (J). (gr. -1-k). pap. 16.99 *(978-0-7944-4955-1(7),* Studio Fun International) Printers Row Publishing Group.

Nickelodeon PAW Patrol: Ready for School Pre-K Workbook. Editors of Dreamtivity. 2022. (ENG.). 192p. (J). (gr. -1 — 1). pap. 12.99 *(978-1-64588-556-6(9))* Printers Row Publishing Group.

Nickelodeon PAW Patrol: Ready, Set, Rescue! Sound Book. PI Kids. 2018. (ENG., Illus.). 12p. (J). bds. 14.99 *(978-1-5037-3118-9(9),* 2739, PI Kids) Phoenix International Publications, Inc.

Nickelodeon PAW Patrol: Ready, Set, Roll! 12 Board Books. PI Kids. 2021. (ENG.). 10p. (J). bds., bds., bds. 16.99 *(978-1-5037-6026-4(X),* 4632, PI Kids) Phoenix International Publications, Inc.

Nickelodeon PAW Patrol: Ready to Go! Sound Book. PI Kids. Illus. by M. J. Illustrations. 2021. (ENG.). 10p. (J). bds. 6.99 *(978-1-5037-5670-0(X),* 3758, PI Kids) Phoenix International Publications, Inc.

Nickelodeon PAW Patrol: Rev & Roll! a STEM Gear Sound Book. PI Kids. Illus. by Fabrizio Petrossi & Harry Moore. 2021. (ENG.). 14p. (J). bds. 15.99 *(978-1-5037-5665-6(3),* 3754, PI Kids) Phoenix International Publications, Inc.

Nickelodeon PAW Patrol: Rev & Roll! Super Sound Keychain & Storybook Set: Super Sound Keychain & Storybook Set. Emily Skwish. Illus. by Fabrizio Petrossi. 2018. (ENG.). 32p. (J). 21.99 *(978-1-5037-3527-9(3),* 2862, PI Kids) Phoenix International Publications, Inc.

Nickelodeon PAW Patrol: Ruff-Ruff Rescue Vehicles Sound Book. PI Kids. Illus. by Harry Moore & M. J. Illustrations. 2020. (ENG.). 12p. (J). bds. 23.99 *(978-1-5037-5225-2(9),* 3537, PI Kids) Phoenix International Publications, Inc.

Nickelodeon PAW Patrol: School Time Adventure. Steve Behling. Illus. by Fabrizio Petrossi. 2018. (ENG.). 10p. (J). (gr. -1-k). bds. 9.99 *(978-0-7944-4020-6(7),* Studio Fun International) Printers Row Publishing Group.

Nickelodeon PAW Patrol: Search with Skye! First Look & Find. Emily Skwish. Illus. by Harry Moore. 2018. (ENG.). 16p. (J). bds. 12.99 *(978-1-5037-3278-0(9),* 2771, PI Kids) Phoenix International Publications, Inc.

Nickelodeon PAW Patrol: Search with Skye! Little Look & Find. PI Kids. Illus. by Harry Moore. 2018. (ENG.). 24p. (J). 2.99 *(978-1-5037-4046-4(3),* 3057, PI Kids) Phoenix International Publications, Inc.

Nickelodeon PAW Patrol: Sound Storybook Treasury. PI Kids. 2019. (ENG.). 34p. (J). 29.99 *(978-1-5037-5307-5(7),* 3585, PI Kids) Phoenix International Publications, Inc.

Nickelodeon PAW Patrol: Story Reader Go! Electronic Reader & 8-Book Library Sound Book Set. PI Kids. 2017. (ENG.). 96p. (J). bds., bds., bds. 47.99 *(978-1-5037-2564-5(2),* 2604, PI Kids) Phoenix International Publications, Inc.

Nickelodeon PAW Patrol: Super Star Pups. Illus. by Mike Jackson. 2018. (Magnetic Hardcover Ser.). (ENG.). 10p. (J). (gr. -1-k). 12.99 *(978-0-7944-4045-9(2),* Studio Fun International) Printers Row Publishing Group.

Nickelodeon PAW Patrol: Sweet Dreams, Pups! Good Night Starlight Projector Sound Book. PI Kids. 2020. (ENG., Illus.). 12p. (J). bds. 21.99 *(978-1-5037-5242-9(9),* 3551, PI Kids) Phoenix International Publications, Inc.

Nickelodeon Paw Patrol: the Movie: to Adventure City! Maggie Fischer. 2021. (Magnetic Hardcover Ser.). (ENG.). 10p. (J). (gr. -1-k). bds., bds. 12.99 *(978-0-7944-4773-1(2),* Studio Fun International) Printers Row Publishing Group.

Nickelodeon PAW Patrol: to the Lookout! Lift-A-Flap Look & Find. PI Kids. Illus. by Fabrizio Petrossi & Harry Moore. 2020. (ENG.). 14p. (J). bds. 10.99 *(978-1-5037-5264-1(X),* 3565, PI Kids) Phoenix International Publications, Inc.

Nickelodeon PAW Patrol WLG: 12 Board Books. Emily Skwish. 2020. (ENG.). 120p. (J). 16.99 *(978-1-5037-5612-0(2),* 4316, PI Kids) Phoenix International Publications, Inc.

Nickelodeon PAW Patrol: Write-And-Erase Look & Find. PI Kids. 2018. (ENG.). 20p. (J). bds. 11.99 *(978-1-5037-3145-5(6),* 2742, PI Kids) Phoenix International Publications, Inc.

Nickelodeon: Ready for School. Editors of Dreamtivity. 2022. (ENG.). 192p. (J). (gr. -1 — 1). pap. 12.99 *(978-1-64588-557-3(7))* Printers Row Publishing Group.

Nickelodeon Shimmer & Shine: Sparkle Pets Sing-Along. Adapted by Emily Skwish. 2018. (Play-A-Song Ser.). (ENG.). 12p. (J). bds. *(978-1-5037-3403-6(X),* 84ef2692-2472-4dad-8cc3-32289b83602c, PI Kids) Phoenix International Publications, Inc.

Nickelodeon Shimmer & Shine: Ballet Magic! Sound Book. Emily Skwish. Illus. by Dave Aikins. 2016. (ENG.). 12p. (J). bds. 14.99 *(978-1-5037-0873-0(X),* 2104, PI Kids) Phoenix International Publications, Inc.

Nickelodeon SpongeBob SquarePants: Secrets of the Sea Look & Find. PI Kids. 2020. (ENG.). 24p. (J). pap. 5.99 *(978-1-5037-5325-9(5),* 3590, PI Kids) Phoenix International Publications, Inc.

Nickelodeon: Storybook Collection Advent Calendar: A Festive Countdown with 24 Books. Editors of Studio Fun International. 2020. (Advent Calendar Ser.). (ENG.). 16p. (J). (gr. -1-k). 24.99 *(978-0-7944-4666-6(3),* Studio Fun International) Printers Row Publishing Group.

Nickelodeon: Sunny Day. P. i p i kids. 2018. (Play-A-Sound Ser.). (ENG.). 12p. (J). bds. *(978-1-5037-3468-5(4),* 9a8eb93f-70b2-48c0-a91c-d64a84ea1f5e, PI Kids) Phoenix International Publications, Inc.

Nickelodeon, Vol. 4: July 1, to December 31, 1910 (Classic Reprint) Ed J. Mock. (ENG., Illus.). (J). 2018. 398p. 32.11 *(978-0-365-38873-9(4));* 2017. pap. 16.57 *(978-0-259-44133-5(3))* Forgotten Bks.

Nickelodeon: Write & Wipe: Learn with Us! Editors of Studio Fun International. 2021. (Write & Wipe Ser.). (ENG.). 60p. (J). (gr. -1-k). spiral bd. 12.99 *(978-0-7944-4771-7(6),* Studio Fun International) Printers Row Publishing Group.

Nicki. James F. Park. 2018. (ENG.). 90p. (J). pap. *(978-0-244-42737-5(2))* Lulu Pr., Inc.

Nicki Minaj. C. F. Earl. 2016. (ENG., Illus.). (J). (gr. 3-7). pap. 15.99 *(978-1-62524-386-7(3),* Village Earth Pr.) Harding Hse. Publishing Sebice Inc.

Nicki Minaj. Stuart A. Kallen. 2020. (ENG.). 64p. (J). (gr. 6-12). 41.27 *(978-1-68282-781-9(X))* ReferencePoint Pr., Inc.

N

For book reviews, descriptive annotations, tables of contents, cover images, author biographies & additional information, updated daily, subscribe to www.booksinprint.com 1461

Nicki Minaj. Carlie Lawson. 2019. (Hip-Hop & R&B: Culture, Music & Storytelling Ser.). (Illus.). 80p. (J). (gr. 12). lib. bdg. 34.60 *(978-1-4222-4366-4(4))* Mason Crest.

Nicki Minaj: Musician & Fashion Superstar, 1 vol. Lisa Idzikowski. 2019. (Stars of Hip-Hop Ser.). (ENG.). 32p. (gr. 2-2). pap. 11.53 *(978-1-9785-1040-1(3),* 1cc2d483-9391-4240-8356-93d070551731) Enslow Publishing, LLC.

Nicki Minaj: Shaking up Fashion & Music, 1 vol. Lisa Idzikowski. 2019. (Hip-Hop Revolution Ser.). (ENG.). 32p. (gr. 5-5). pap. 11.53 *(978-1-9785-1041-8(1),* c7f9a22c-e272-4ef9-9b33-5b2127460818) Enslow Publishing, LLC.

Nicki Minaj: Pop Rap Icon: Pop Rap Icon. Laura K. Murray. 2021. (Hip-Hop Artists Ser.). (ENG.). 112p. (YA). (gr. 6-12). lib. bdg. 41.36 *(978-1-5321-9618-8(0),* 38420, Essential Library) ABDO Publishing Co.

Nicknames. Phil Scott. 2018. (ENG.). 32p. (J). pap. 12.60 *(978-1-948738-18-7(X))* Legaia Bks. USA.

Nick's Joke Book. Sarah Keyes & Hannah Keyes. 2017. (ENG., Illus.). 54p. (J). pap. *(978-1-387-33169-7(8))* Lulu Pr., Inc.

Nick's Santa Sleigh. Cynthia Noles & Jr John E. Hume. 2019. (ENG., Illus.). 36p. (J). 24.95 *(978-1-950434-20-6(6))* Janneck Bks.

Nick's Wish: Children's Book. Selena Millman. Photos by Selena Millman. 2022. (ENG.). 48p. (J). pap. *(978-1-716-03456-5(6))* Lulu Pr., Inc.

Nicky & Vera. Peter Sís. 2021. (ENG., Illus.). 64p. (J). (gr. 1-4). 19.95 *(978-1-324-01574-1(8),* 341574, Norton Young Readers) Norton, W. W. & Co., Inc.

Nicky Bun's Prayer, Faith, Forgiveness, & Friends. Rosiland Lauchman. 2017. (ENG., Illus.). (J). (gr. -1-3). 12.95 *(978-1-63575-923-5(4))* Christian Faith Publishing.

Nicky-Nan, Reservist (Classic Reprint) Arthur Thomas Quiller-Couch. 2018. (ENG., Illus.). 324p. (J). 30.60 *(978-0-666-72576-9(4))* Forgotten Bks.

Nicky Wonders Why: The Beginning. Ashley C. Joy. Illus. by Daniel Majan. 2021. (ENG.). 26p. (J). 22.95 *(978-1-6642-2289-2(8))*; pap. 13.95 *(978-1-6642-2287-8(1))* Author Solutions, LLC. (WestBow Pr.).

Nicky's Fire. Richard Trotta Sr. 2020. (ENG., Illus.). 192p. (YA). (gr. 7-12). pap. 17.95 *(978-1-68433-456-8(X))* Black Rose Writing.

Nico & the Baby. Susan Tuttle. 2021. (ENG., Illus.). 30p. (J). pap. 13.95 *(978-1-6624-4480-7(X))* Page Publishing Inc.

Nico Bravo & the Cellar Dwellers. Mike Cavallaro. 2020. (Nico Bravo Ser.: 2). (ENG., Illus.). 192p. (J). 22.99 *(978-1-250-22037-0(8),* 900207624); pap. 14.99 *(978-1-250-21886-5(1),* 900207266) Roaring Brook Pr. (First Second Bks.).

Nico Bravo & the Hound of Hades. Mike Cavallaro. 2019. (Nico Bravo Ser.: 1). (ENG., Illus.). 192p. (J). 19.99 *(978-1-250-19698-9(1),* 900194277); pap. 13.99 *(978-1-62672-751-9(1),* 900172676) Roaring Brook Pr. (First Second Bks.).

Nico Bravo & the Trial of Vulcan. Mike Cavallaro. 2022. (Nico Bravo Ser.: 3). (ENG., Illus.). 192p. (J). 24.99 *(978-1-250-22045-5(9),* 900207625); pap. 16.99 *(978-1-250-21887-2(X),* 900207267) Roaring Brook Pr. (First Second Bks.).

Nico, el Pequeño Detective. Virgilio Postigo Cubo. 2019. (SPA.). 196p. (J). pap. *(978-84-09-12356-8(8))* Agencia del ISBN de España.

Nico: Nutria Por un Dia - Oliver's Otter Phase: Spanish, 1 vol. Lisa Connors. Illus. by Karen Jones. 2018. (SPA.). 32p. (J). (gr. k-1). pap. 11.95 *(978-1-60718-467-6(2),* 8067796d-08c0-437d-97c0-95e59745d2d6) Arbordale Publishing.

Nico, the Little Detective. Virgilio Postigo Cubo. 2019. (ENG.). 198p. (J). pap. *(978-84-09-16371-7(3))* Agencia del ISBN de España.

Nicola Berry y el Petrificante Problema con la Princesa Petronella. Liane Moriarty. 2019. (SPA.). 352p. (J). pap. 14.99 *(978-607-8614-73-8(8))* V&R Editoras.

Nicola Yoon Boxed Set, 2 vols. Nicola Yoon. 2018. (ENG.). 704p. (YA). (gr. 7). 37.98 *(978-1-9848-4911-3(5),* Delacorte Pr.) Random Hse. Children's Bks.

Nicole & Try-Outs. Andrea Nicole Hoes. 2022. (Diaries of Nicole Ser.: Vol. 1). (ENG.). 58p. (J). pap. 13.99 *(978-0-578-38384-2(5))* Southampton Publishing.

Nicole's New Book. Laron. 2022. (ENG., Illus.). 34p. (J). pap. 14.95 *(978-1-6624-6421-8(5))* Page Publishing Inc.

Nicolette: A Tale of Old Provence (Classic Reprint) Emmuska Orczy. 2017. (ENG., Illus.). (J). 30.43 *(978-0-265-33056-2(4))* Forgotten Bks.

Nico's Alphabet Book. Laura Lander. 2022. (ENG.). 64p. (J). 34.95 *(978-1-958877-84-5(0))* Booklocker.com, Inc.

Nico's Journey. Brenden Evans. 2017. (ENG., Illus.). 50p. (J). pap. *(978-1-387-15742-6(6))* Lulu Pr., Inc.

Nico's New Net: Practicing the N Sound, 1 vol. Lee Young. 2016. (Rosen Phonics Readers Ser.). (ENG.). 8p. (J). (gr. -1-2). pap. *(978-1-5081-3274-5(7),* 3fe00bb8-c9fd-40cf-bb73-1bfe0918908b, Rosen Classroom) Rosen Publishing Group, Inc., The.

Nicotine: Negative Effects on the Adolescent Brain. Eric Benac. 2021. (Smoking & Vaping Addiction Ser.). (ENG.). (YA). (gr. 7-12). 34.60 *(978-1-4222-4631-3(0))* Mason Crest.

Nicotine Advertising & Sales: Big Business for Young Clientele. Eric Benac. 2021. (Smoking & Vaping Addiction Ser.). (ENG.). (YA). (gr. 7-12). 34.60 *(978-1-4222-4583-5(7))* Mason Crest.

Nicotine & Genetics: The Hereditary Predisposition. Eric Benac. 2021. (Smoking & Vaping Addiction Ser.). (ENG.). (YA). (gr. 7-12). 34.60 *(978-1-4222-4584-2(5))* Mason Crest.

Nicotine Treatments: Fighting to Breathe Again. Eric Benac. 2021. (Smoking & Vaping Addiction Ser.). (ENG.). (YA). (gr. 7-12). 34.60 *(978-1-4222-4582-8(9))* Mason Crest.

Nic's Adventure in China. Verdelle Jones. 2017. (ENG., Illus.). (YA). (gr. 7-12). 14.95 *(978-0-578-18924-6(0))* Ormond, Jennifer.

NICU - the Littlest Vampire. Elias Zapple. Illus. by Reimarie Cabalu. 2018. (ENG.). 234p. (J). (gr. 4-6). pap. *(978-1-912704-29-3(3))* Heads or Tales Pr.

NICU - the Littlest Vampire: American-English Edition. Elias Zapple. Illus. by Reimarie Cabalu. 2018. (ENG.). 234p. (J). (gr. 4-6). pap. *(978-1-912704-28-6(5))* Heads or Tales Pr.

Nido. Kenneth Oppel & Jon Klassen. 2020. (SPA.). 200p. (J). (gr. 4-7). pap. 9.95 *(978-607-527-929-9(6))* Editorial Océano de Mexico MEX. Dist: Independent Pubs. Group.

Nido: Leveled Reader Card Book 8 Level I 6 Pack. Hmh Hmh. 2021. (SPA.). (J). pap. 74.40 *(978-0-358-08406-8(7))* Houghton Mifflin Harcourt Publishing Co.

Nido Atortolado. Luisa Noguera Arrieta. 2017. (SPA.). 36p. (J). (gr. k-2). 13.99 *(978-958-30-5136-4(5))* Panamericana Editorial COL. Dist: Lectorum Pubns., Inc.

Nido de Mia. Mina Witteman. 2017. (SPA.). 32p. (J). (gr. k-2). 14.99 *(978-958-30-5168-5(3))* Panamericana Editorial COL. Dist: Lectorum Pubns., Inc.

Nido de Serpientes. El Dee El Dee. 2023. (SPA.). 152p. (YA). pap. 14.95 *(978-607-07-7433-1(7))* Editorial Planeta, S. A. ESP. Dist: Two Rivers Distribution.

Nidos (Nests) Julie Murray. (Casas de Animales Ser.). (SPA., Illus.). 24p. (J). 2020. (gr. k-k). pap. 8.95 *(978-1-64494-371-7(9),* 1644943719, Abdo Kids-Junior); 2019. (gr. -1-2). lib. bdg. 31.36 *(978-1-0982-0063-3(2),* 33000, Abdo Kids) ABDO Publishing Co.

Nie Sonder Beertjie Nie. Print on Demand. 2021. (AFR.). 22p. (J). pap. *(978-0-6398323-6-4(9))* Pro Christo Publications.

Niece of Esther Lynne (Classic Reprint) Evelyn Everett-Green. 2017. (ENG., Illus.). (J). 31.16 *(978-0-331-83907-4(5))* Forgotten Bks.

Niece of Snapshot Harry's & Other Tales (Classic Reprint) Bret Harte. 2018. (ENG., Illus.). 370p. (J). 31.53 *(978-0-364-27989-2(3))* Forgotten Bks.

Niece of Snapshot Harry's, and, Trent's Trust: And Other Stories; Glossary & Index to Characters (Classic Reprint) Bret Harte. (ENG., Illus.). (J). 2018. 814p. 40.71 *(978-0-267-39575-0(2))*; 2016. pap. 23.57 *(978-1-334-13180-6(5))* Forgotten Bks.

Niedliche Katze Färbung Buch Für Kinder: Lustige und Einfache Bilder Für Vorschulkinder und Kleinkinder, das Große Katzenmalbuch Für Mädchen, Jungen und Alle Kinder Von 4-8 Jahren Mit 80 Illustrationen, Einfaches Malbuch Für Vorschul- und Grundschulkinder. Happy Coloring. 2021. (GER.). 80p. (J). pap. 10.99 *(978-0-204-35335-5(1))* McGraw-Hill Education.

Niedliche Meerjungfrau Färbung Buch: Malbuch Für Mädchen - Malbücher Für Kinder - Malbuch Für Kinder - Meerjungfrauen-Malbuch - Niedliche Mädchen-Malbücher. Danny Lewis. l.t. ed. 2021. (GER.). 80p. (J). pap. *(978-1-008-92342-3(7))* Lulu.com.

Niedliche Tiere Malbuch Für Kinder Alter 4-8: Lustiges Ausmalbuch Zum Ausmalen Von Bauernhof- und Wildtieren, 72 Seiten, Paperback 8,5*8,5 Zoll. Carol Childson. 2021. (GER.). 72p. (J). pap. *(978-1-008-95309-3(1))* Lulu.com.

Niello Necklace Mystery. Robyn Collins. 2019. (Niello Mysteries Ser.: Vol. 1). (ENG.). 170p. (J). pap. *(978-0-6482457-2-8(1),* Spikeback Bks.) WJR Consultancy.

Niels Lyhne (Classic Reprint) J. P. Jacobsen. 2017. (ENG., Illus.). (J). 30.15 *(978-0-266-29421-4(9))* Forgotten Bks.

Niemans (Classic Reprint) Milton H. Stine. 2018. (ENG., Illus.). 400p. (J). 32.15 *(978-0-483-22350-9(6))* Forgotten Bks.

Nieto Del Cóndor: De Los Andes a Barcelona. Jesús Ballaz. Illus. by Kim Amate. 2022. (SPA.). 184p. (J). (gr. 2-4). pap. 18.95 *(978-84-17440-90-9(9))* Akiara Bks. ESP. Dist: Independent Pubs. Group.

Nieve. Carol Thompson. Tr. by Teresa Mlawer from ENG. Illus. by Carol Thompson. 2017. (¡Haga el Tiempo Que Haga! - Whatever the Weather (Spanish) Ser.). Orig. Title: Snow. (SPA., Illus.). 12p. (J). (gr. k-k). bds. *(978-1-84643-978-0(7))* Child's Play International Ltd.

Nieve en la Jungla/Snow in the Jungle. Ariane Hofmann-Maniyar. Tr. by Yanitzia Canetti. Illus. by Ariane Hofmann-Maniyar. (Child's Play Library). (ENG., Illus.). 32p. (J). 2021. *(978-1-78628-594-2(0))*; 2020. pap. *(978-1-78628-515-7(0))* Child's Play International Ltd.

Nifflenoo Called Nevermind: A Story for Children Who Bottle up Their Feelings. Margot Sunderland. ed. 2017. (Helping Children with Feelings Ser.). (ENG., Illus.). 32p. (C). pap. 17.95 *(978-0-86388-496-2(2),* Y329763) Routledge.

Nifty Noses: Elephant. Felicia Macheske. 2017. (Guess What Ser.). (ENG., Illus.). 24p. (J). (gr. k-2). lib. bdg. 30.64 *(978-1-63472-176-9(4),* 209276) Cherry Lake Publishing.

Nifty Thrifty. Sandy Ferguson Fuller. Illus. by Jan Dolby. 2017. (ENG.). (J). (gr. k-6). 17.99 *(978-1-365-86165-9(1))*; pap. 13.99 *(978-1-365-86166-6(X))* Lulu Pr., Inc.

Nifty Thrifty Dyslexic Font. Sandy Ferguson Fuller. Illus. by Jan Dolby. 2017. (ENG.). 34p. (J). (gr. k-6). 21.99 *(978-1-365-86167-3(8))*; pap. 15.99 *(978-1-365-86168-0(6))* Lulu Pr., Inc.

Nigel & the Moon. Antwan Eady. Illus. by Gracey Zhang. 2022. (ENG.). 40p. (J). (gr. -1-3). 18.99 *(978-0-06-305628-2(3),* Tegen, Katherine Bks) HarperCollins Pubs.

Nigel Sat in a Box. Chuck Petrizzi. 2023. (ENG.). 38p. (J). 18.95 *(978-1-63755-522-4(9),* Mascot Kids) Amplify Publishing Group.

Nigel the Nit. David Blackwell. 2019. (ENG.). 32p. (J). pap. *(978-0-244-80463-3(X))* Lulu Pr., Inc.

Nigel y la Luna: Nigel & the Moon (Spanish Edition) Antwan Eady. Tr. by Erika Meza. Illus. by Gracey Zhang. 2023. (SPA.). 40p. (J). (gr. -1-3). pap. 9.99 *(978-0-06-331830-4(X),* Tegen, Katherine Bks) HarperCollins Pubs.

Nigel's Vocation (Classic Reprint) William Edward Norris. (ENG., Illus.). (J). 2018. 362p. 31.38 *(978-0-483-62588-4(4))*; 2017. pap. 13.97 *(978-0-243-33034-8(0))* Forgotten Bks.

Niger, 1 vol. Debbie Nevins et al. 2019. (Cultures of the World (Third Edition)(r) Ser.). (ENG.). 144p. (gr. 5-5). lib. bdg. 48.79 *(978-1-5026-4752-8(4),* a9612607-280f-4346-8dca-5d56496cfb3f) Cavendish Square Publishing LLC.

Nigeria. Rachel Anne Cantor. 2018. (Countries We Come From Ser.). (ENG.). 32p. (J). (gr. k-3). 19.95 *(978-1-68402-469-8(2))* Bearport Publishing Co., Inc.

Nigeria. Golriz Golkar. 2020. (Country Profiles Ser.). (ENG., Illus.). 32p. (J). (gr. 3-8). lib. bdg. 27.95 *(978-1-64487-254-3(4),* Blastoff! Readers) Bellwether Media.

Nigeria Jones: A Novel. Ibi Zoboi. 2023. (ENG.). 384p. (YA). (gr. 8). 19.99 *(978-0-06-288884-6(6),* Balzer & Bray) HarperCollins Pubs.

Niggle. Peta Rainford. 2017. (ENG., Illus.). (J). (gr. 1-2). pap. *(978-0-9956465-1-3(1))* Dogpigeon Bks.

Nigh onto Thirteen. Gus Hunt. 2017. (ENG., Illus.). (J). pap. 11.99 *(978-0-9986851-0-6(0))* IAHunt.

Night see Noche

Night. Patricia Carter-Hayes. 2020. (ENG.). 26p. (J). pap. 12.99 *(978-1-7332820-1-7(7))* Middleton, Patricia Miniseries.

Night: A Poem. in Two Parts. Ralph Hoyt. 2017. (ENG., Illus.). (J). pap. *(978-0-649-01802-4(8))* Trieste Publishing Pty Ltd.

Night: A Poem, in Two Parts (Classic Reprint) Ralph Hoyt. 2017. (ENG., Illus.). (J). pap. 9.57 *(978-0-259-06264-6(2))* Forgotten Bks.

Night & a Day: Also Apple-Tree Court, & the Worth of a Baby (Classic Reprint) Hesba Stretton. (ENG., Illus.). (J). 2018. 148p. 26.95 *(978-0-484-80040-2(X))*; 2016. pap. 9.57 *(978-1-334-15646-5(8))* Forgotten Bks.

Night & Day. Teresa Porcella. Illus. by Sophie Fatus. 2020. (ENG.). 16p. (J). (gr. -1-2). bds. 8.99 *(978-1-78285-974-1(8))* Barefoot Bks., Inc.

Night & Day (Classic Reprint) Virginia Woolf. (ENG., Illus.). (J). 2018. 560p. 35.45 *(978-0-483-38952-6(8))*; 2016. pap. 19.57 *(978-1-334-13846-1(X))* Forgotten Bks.

Night & Morning (Classic Reprint) Edward Bulwer Lytton. 2018. (ENG., Illus.). (J). 448p. 33.16 *(978-0-365-31770-8(5))*; 718p. 38.71 *(978-0-267-45847-9(9))* Forgotten Bks.

Night & Morning; Leila, or the Siege of Granada; Pausanias the Spartan (Classic Reprint) Edward Bulwer Lytton. (ENG., Illus.). (J). 2018. 936p. 43.22 *(978-0-364-55938-3(1))*; 2017. pap. 25.56 *(978-0-259-44227-1(5))* Forgotten Bks.

Night & Morning, Vol. 1 of 2 (Classic Reprint) Edward Bulwer Lytton. 2018. (ENG., Illus.). 400p. (J). 32.17 *(978-0-483-30653-0(3))* Forgotten Bks.

Night & Morning, Vol. 1 of 3 (Classic Reprint) Edward Bulwer Lytton. 2018. (ENG., Illus.). 346p. (J). 31.03 *(978-0-267-21288-0(7))* Forgotten Bks.

Night & Morning, Vol. 2 of 3 (Classic Reprint) Edward Bulwer Lytton. 2018. (ENG., Illus.). 360p. (J). 31.34 *(978-0-332-90625-6(6))* Forgotten Bks.

Night & Morning, Vol. 3 of 3 (Classic Reprint) Edward Bulwer Lytton. 2018. (ENG., Illus.). 280p. (J). 29.67 *(978-0-656-75138-9(X))* Forgotten Bks.

Night & the Stars: A Tale of the Western Reserve (Classic Reprint) Clarence Augustus Vincent. (ENG., Illus.). (J). 2018. 364p. 31.40 *(978-0-428-74969-9(0))*; 2016. pap. 13.97 *(978-1-333-30982-4(1))* Forgotten Bks.

Night Animals. Illus. by Jenny Wren. 2017. (First Explorers Ser.). (ENG.). 10p. (J). (— 1). bds. 8.95 *(978-1-4549-2657-3(0))* Sterling Publishing Co., Inc.

Night Animals Need Sleep Too. Gianna Marino. 2020. (Illus.). 40p. (J). (-k). 17.99 *(978-0-425-29065-1(4),* Viking Books for Young Readers) Penguin Young Readers Group.

Night As a Witch. Gunesh Dervish. 2017. (ENG., Illus.). 32p. (J). pap. *(978-0-244-30887-2(X))* Lulu Pr., Inc.

Night at an Inn: A Play in One Act (Classic Reprint) Edward John Dunsany. 2018. (ENG., Illus.). 42p. (J). 24.76 *(978-0-656-80409-2(2))* Forgotten Bks.

Night at Dinner: A Skit Travesty on Fillers in at Dinner (Classic Reprint) Lynne Fox Clinton. 2017. (ENG., Illus.). (J). 24.56 *(978-0-260-66071-8(X))* Forgotten Bks.

Night at the Cinema. Andrew Zellgert. Ed. by Eric Muhr. 2022. (ENG.). 180p. (YA). pap. 14.99 *(978-1-0880-1654-1(5))* Indy Pub.

Night at the Farm: A Bedtime Party. Chelsea Cates & Quinn Metal Corbin. 2021. (ENG., Illus.). 32p. (J). (gr. -1-3). 17.99 *(978-0-7624-6841-6(6),* Running Pr. Kids) Running Pr.

Night at the Park with Jesus. Laura Silva. Illus. by Alana Wilson. 2023. (ENG.). 34p. (J). pap. 14.99 *(978-1-6642-9924-5(6),* WestBow Pr.) Author Solutions, LLC.

Night at the Zoo. Kathy Caple. ed. 2018. (I Like to Read Ser.). (ENG.). 29p. (J). (gr. -1-1). 10.00 *(978-1-64310-411-9(X))* Penworthy Co., LLC, The.

Night Baafore Christmas. Dawn Young. Illus. by Pablo Pino. 2019. (ENG.). 32p. (J). (gr. -1-3). 17.99 *(978-1-5460-1458-4(6),* Worthy Kids/Ideals) Worthy Publishing.

Night Baafore Easter. Dawn Young. Illus. by Pablo Pino. 2021. (ENG.). 32p. (J). (gr. -1-3). 17.99 *(978-1-5460-3423-0(4))* Worthy Publishing.

Night Balloon. Tamera Riedle. 2019. (ENG., Illus.). 108p. (J). pap. *(978-0-359-47440-0(3))* Lulu Pr., Inc.

Night Becomes Day: Changes in Nature. Cynthia Argentine. 2021. (ENG., Illus.). 32p. (J). (gr. -1-3). lib. bdg. 29.32 *(978-1-5415-8124-1(5),* 40a5a639-bae1-4aab-981b-746d3c243b81, Millbrook Pr.) Lerner Publishing Group.

Night Before - Easter. Eleanor Rowe. 2019. (ENG., Illus.). 24p. (J). pap. 12.95 *(978-1-64531-190-4(2))* Newman Springs Publishing, Inc.

Night Before Catmus. James Morris. 2023. 24p. (J). 25.95 *(978-1-6678-8300-7(3))* BookBaby.

Night Before Christmas. Jan Brett. Illus. by Jan Brett. 2020. (Illus.). 30p. (J). (— 1). bds. 8.99 *(978-1-9848-1682-5(9),* G.P. Putnam's Sons Books for Young Readers) Penguin Young Readers Group.

Night Before Christmas, 1 vol. Illus. by Rosie Butcher. 2020. (Stories of Christmas Ser.). (ENG.). 24p. (J). (gr. 1-2). pap. 9.25 *(978-1-4994-8589-9(1),* ed705f2c-9815-4815-84e0-4d71c052543e); lib. bdg. 26.27 *(978-1-4994-8591-2(3),* 39b98246-ee68-4722-bb9c-8591b9580168) Rosen Publishing Group, Inc., The. (Windmill Bks.).

Night Before Christmas. Clement Moore Clarke. 2018. (ENG., Illus.). 24p. (J). (gr. k-2). pap. 8.99 *(978-0-7396-0250-8(0))* Inspired Studios Inc.

Night Before Christmas. Moore Clement C. Ed. by Cottage Door Press. Illus. by Henry Fisher. 2018. (ENG.). 32p. (J). (gr. -1-3). 9.99 *(978-1-68052-456-7(9),* 2000550) Cottage Door Pr.

Night Before Christmas. Illus. by Chris Dunn. 2021. 32p. (J). 17.95 *(978-1-7364565-0-7(4),* 8bb24d67-2641-41d8-ba0f-e315966e6a2b) Impossible Dreams Publishing Co.

Night Before Christmas. A. E. Kennedy & Clement Clarke Moore. 2017. (ENG., Illus.). 32p. (J). (gr. -1-5). bds. 9.99 *(978-1-63158-152-6(X),* Racehorse Publishing) Skyhorse Publishing Co., Inc.

Night Before Christmas. Ben Kirchner. 2023. (ENG.). 32p. (J). (gr. -1-1). 18.99 *(978-1-914912-88-7(8))* Boxer Bks., Ltd. GBR. Dist: Sterling Publishing Co., Inc.

Night Before Christmas. Clement Moore. Ed. by Cottage Door Press. Illus. by Sara Gianassi. 2019. (ENG.). 26p. (J). (gr. -1-3). 16.99 *(978-1-68052-703-2(7),* 1004360) Cottage Door Pr.

Night Before Christmas. Clement C. Moore. Illus. by Loren Long. 2020. (ENG.). 40p. (J). (gr. -1-3). 18.99 *(978-0-06-286946-3(9),* HarperCollins) HarperCollins Pubs.

Night Before Christmas. Clement C. Moore. Illus. by Tomie dePaola. 2019. 22p. (J). (— 1). bds. 8.99 *(978-0-8234-4351-2(5))* Holiday Hse., Inc.

Night Before Christmas. Clement C. Moore. Illus. by Margaret Evans Price. 2020. (J). 11.88 *(978-1-64032-233-2(7))*; pap. 3.48 *(978-1-64032-234-9(5))* Innovative Eggz LLC. (Puppet Theater Bks.).

Night Before Christmas. Clement C. Moore. Illus. by Antonio Javier Caparo. (ENG.). 40p. (J). (gr. -1-2). 2021. 9.99 *(978-1-5344-8445-0(0))*; 2017. 17.99 *(978-1-5344-0085-6(0))* Little Simon. (Little Simon).

Night Before Christmas. Clement C. Moore. 2020. (ENG., Illus.). 48p. (J). 17.95 *(978-1-64690-005-3(7))* North-South Bks., Inc.

Night Before Christmas. Clement C. Moore. 2019. (ENG.). 16p. (J). 2.99 *(978-1-64269-138-2(0),* 4012, Sequoia Publishing & Media LLC) Phoenix International Publications, Inc.

Night Before Christmas. Clement C. Moore. Illus. by Steph Lew. 2021. (ENG.). 48p. (J). (gr. -1-k). 17.99 *(978-1-64517-755-5(6),* Silver Dolphin Bks.) Printers Row Publishing Group.

Night Before Christmas. Clement C. Moore. Illus. by Anita Lobel. 2020. (ENG.). 32p. (J). (gr. -1-3). 17.99 *(978-1-5344-6967-9(2),* Simon & Schuster/Paula Wiseman Bks.) Simon & Schuster/Paula Wiseman Bks.

Night Before Christmas. Clement C. Moore. Illus. by Marcin Nowakowski. 2019. (J). bds. 9.99 *(978-1-950416-16-5(X))* Little Hippo Bks.

Night Before Christmas. Clement C. Moore. Illus. by Barbara Reid. adapted ed. 2016. (ENG.). 36p. pap. 6.95 *(978-1-945546-47-1(6))* Frederic Thomas USA, Inc.

Night Before Christmas: A Christmas Holiday Book for Kids. Clement C. Moore. Illus. by Mary Engelbreit. 2020. (ENG.). 40p. (J). (gr. -1-3). 12.99 *(978-0-06-208944-1(7),* HarperCollins) HarperCollins Pubs.

Night Before Christmas: A Light-Up Book. Clement Clarke Moore. Illus. by Lindsay Dale-Scott. 2018. (ENG.). 24p. (J). (gr. -1 — 1). bds. 11.99 *(978-0-7624-9332-6(1),* Running Pr. Kids) Running Pr.

Night Before Christmas: [illustrated]. Clement C. Moore. Illus. by Arthur Rackham. (ENG.). (J). (gr. k-7). 2019. 32p. *(978-605-7861-57-3(4))*; 2018. 34p. pap. *(978-605-7566-30-0(0))* Uhrayoglu, Murat E Kitap Projesi.

Night Before Christmas: Padded Board Book. IglooBooks. Illus. by Ned Taylor. 2020. (ENG.). 24p. (J). (-k). bds. 8.99 *(978-1-80022-793-4(0))* Igloo Bks. GBR. Dist: Simon & Schuster, Inc.

Night Before Christmas: Picture Story Book. Igloo Igloo Books. Illus. by Ned Taylor. 2019. (ENG.). 24p. (J). (gr. -1-1). 12.99 *(978-1-78905-536-8(9))* Igloo Bks. GBR. Dist: Simon & Schuster, Inc.

Night Before Christmas: With Glitter Pouch. IglooBooks. Illus. by Ned Taylor. 2019. (ENG.). 24p. (J). (gr. -1-k). 9.99 *(978-1-83852-534-7(3))* Igloo Bks. GBR. Dist: Simon & Schuster, Inc.

Night Before Christmas 10-Button Sound Book. Clement C. Moore. Illus. by Steph Lew. 2023. (10-Button Sound Bks.). (ENG.). 10p. (J). (gr. 1-3). bds. 15.99 *(978-1-6672-0461-1(0),* Silver Dolphin Bks.) Printers Row Publishing Group.

Night Before Christmas: 550-Piece Jigsaw Puzzle & Book: A 550-Piece Family Jigsaw Puzzle Featuring the Night Before Christmas Booklet. Clement Moore & Applesauce Press Staff. Illus. by Charles Santore. 2020. (Classic Edition Ser.). (ENG.). 48p. (J). (gr. -1). 19.95 *(978-1-64643-111-3(1),* Applesauce Pr.) Cider Mill Pr. Bk. Pubs., LLC.

Night Before Christmas-A Magical Retelling of the Classic Story: Padded Board Book. IglooBooks. Illus. by Ned Taylor. 2022. (ENG.). 24p. (J). (-k). bds. 9.99 *(978-1-80368-362-1(7))* Igloo Bks. GBR. Dist: Simon & Schuster, Inc.

Night Before Christmas: a Robert Ingpen Picture Book. Clement C. Moore. Illus. by Robert Ingpen. (ENG.). 32p. (J). (gr. -1-3). 2023. 9.95 *(978-1-80338-090-2(X))*; 2022. pap. 9.95 *(978-1-80338-052-0(7))* Welbeck Publishing Group Ltd. GBR. Dist: Two Rivers Distribution.

Night Before Christmas Coloring Book: An Adult Coloring Book Featuring over 30 Pages Giant Super Jumbo Designs of Beautiful Christmas Scenes & Christmas Towns for Stress Relief. Beatrice Harrison. 2020. (ENG.). 34p. (YA). pap. 7.86 *(978-1-716-55846-7(8))* Lulu Pr., Inc.

Night Before Christmas Coloring Book: An Adult Coloring Book Featuring over 30 Pages of Giant Super Jumbo Large Designs of Beautiful Christmas Scenes, Santa Claus, & Christmas Towns for Stress Relief (Book Edition:2) Beatrice Harrison. 2020. (ENG.). 34p. (YA). pap. 7.86 *(978-1-716-54904-5(3))* Lulu Pr., Inc.

1462
The check digit for ISBN-10 appears in parentheses after the full ISBN-13

Night Before Christmas (Deluxe Edition) Tom Browning & Clement C. Moore. 2023. 48p. (J). (gr. k). 22.99 ***(978-1-4549-5279-4(2)***, Union Square Pr.) Sterling Publishing Co., Inc.

Night Before Christmas Heirloom Edition: The Classic Edition Hardcover with Audio CD Narrated by Jeff Bridges. Clement Moore. 2016. (Classic Edition Ser.). (ENG., Illus.). 48p. (J). (gr. -1). 24.95 *(978-1-60433-677-1(3)*, Applesauce Pr.) Cider Mill Pr. Bk. Pubs., LLC.

Night Before Christmas in the Hood. Debra H. Harris. 2022. (ENG.). 22p. (J). 26.99 ***(978-1-6628-6761-3(1))*** Salem Author Services.

Night Before Christmas or a Visit from St. Nicholas: A Charming Reproduction of an Antique Christmas Classic. Clement Clarke Moore. Illus. by William Roger Snow. 2021. (ENG.). 24p. (J). 12.99 *(978-1-3988-0870-6(9)*, 602e8280-9184-4f17-a464-603c844de7c6) Arcturus Publishing GBR. Dist: Baker & Taylor Publisher Services (BTPS).

Night Before Christmas Oversized Padded Board Book: The Classic Edition (the New York Times Bestseller), Vol. 1. Charles Santore. 2017. (Oversized Padded Board Bks.: 13). (ENG., Illus.). 24p. (J). (gr. -1). bds. 13.99 *(978-1-60433-749-5(4)*, Applesauce Pr.) Cider Mill Pr. Bk. Pubs., LLC.

Night Before Christmas Press & Play Storybook: The Classic Edition Hardcover Book Narrated by Jeff Bridges. Clement Moore. 2020. (Classic Edition Ser.). (ENG., Illus.). 28p. (J). (gr. -1). 19.95 *(978-1-60433-989-5(6)*, Applesauce Pr.) Cider Mill Pr. Bk. Pubs., LLC.

Night Before Christmas Recordable Edition: A Recordable Storybook (the New York Times Bestseller) Clement Moore. Illus. by Charles Santore. 2022. (ENG.). 28p. (J). (gr. -1). 29.95 *(978-1-64643-199-1(5)*, Applesauce Pr.) Cider Mill Pr. Bk. Pubs., LLC.

Night Before Christmas Sleigh Bell Gift Set: The Classic Edition Board Book with a Keepsake Sleigh Bell. Charles Santore. 2019. (Classic Edition Ser.). (ENG., Illus.). 26p. (J). (gr. -1). 16.95 *(978-1-60433-878-2(4)*, Applesauce Pr.) Cider Mill Pr. Bk. Pubs., LLC.

Night Before Christmas... the Rest of the Story: A True Story Based on New Testament Scripture. Adeline Owen. 2017. (ENG., Illus.). (J). (gr. -1-3). 20.95 *(978-1-63575-022-5(9))* Christian Faith Publishing.

Night Before Class Picture Day. Natasha Wing. Illus. by Amy Wummer. 2016. (Night Before Ser.). 32p. (J). (-k). bds. 4.99 *(978-0-448-48902-5(3)*, Grosset & Dunlap) Penguin Young Readers Group.

Night Before Class Picture Day. Natasha Wing. 2016. (Night Before Ser.). lib. bdg. 14.75 *(978-0-606-38834-4(6))* Turtleback.

Night Before Eid / Malam Aidilfitri: Cooking & Cleaning / Masak Dan Mengemas. Irawan Gani. 2017. (ENG., Illus.). (J). pap. 27.48 *(978-1-5437-4162-9(2))* Partridge Pub.

Night Before Eid / Malam Aidilfitri: The Bazaar / Pasar Malam. Irawan Gani. 2017. (ENG., Illus.). (J). pap. 32.98 *(978-1-5437-4164-3(9))* Partridge Pub.

Night Before Election Day. Natasha Wing. Illus. by Amy Wummer. 2020. (Night Before Ser.). 32p. (J). (-k). pap. 5.99 *(978-0-593-09567-6(7)*, Grosset & Dunlap) Penguin Young Readers Group.

Night Before Election Day. Natasha Wing. ed. 2020. (Night Before Ser.). (ENG., Illus.). 30p. (J). (gr. k-1). 14.96 *(978-1-64697-448-1(4))* Penworthy Co., LLC, The.

Night Before Freedom: A Juneteenth Story. Glenda Armand. Illus. by Corey Barksdale. 2023. (ENG.). 40p. (J). (gr. -1-3). lib. bdg. 21.99 *(978-0-593-64533-8(2)*, Crown Books For Young Readers) Random Hse. Children's Bks.

Night Before Groundhog Day. Natasha Wing. Illus. by Amy Wummer. 2019. (Night Before Ser.). (ENG.). 32p. (J). (gr. -1-3). pap. 5.99 *(978-1-5247-9325-8(6)*, Grosset & Dunlap) Penguin Young Readers Group.

Night Before Groundhog Day. Natasha Wing. ed. 2019. (Night Before Ser.). (ENG.). 30p. (J). (gr. k-1). 14.96 *(978-1-64697-077-3(2))* Penworthy Co., LLC, The.

Night Before Halloween Activity Book. Natasha Wing. Illus. by Cynthia Fisher. 2020. (Night Before Ser.). 24p. (J). (gr. -1-2). pap. 5.99 *(978-0-593-09558-4(8)*, Grosset & Dunlap) Penguin Young Readers Group.

Night Before Jesus. Herbert Brokering. 2018. (ENG., Illus.). 40p. (J). (gr. 1-4). pap. 12.99 *(978-0-7586-6029-9(4))* Concordia Publishing Hse.

Night Before Jesus. Maurio Medley. 2021. (ENG., Illus.). 34p. (J). 24.95 *(978-1-0980-6336-8(8))* Christian Faith Publishing.

Night Before Kindergarten Graduation. Natasha Wing. Illus. by Amy Wummer. 2019. (Night Before Ser.). 32p. (J). (gr. -1-1). pap. 5.99 *(978-1-5247-9001-1(X)*, Grosset & Dunlap) Penguin Young Readers Group.

Night Before Kindergarten Graduation. Natasha Wing. ed. 2019. (Night Before Ser.). (ENG.). 30p. (J). (gr. k-1). 14.96 *(978-0-87617-558-3(2))* Penworthy Co., LLC, The.

Night Before Lunar New Year. Natasha Wing & Lingfeng Ho. Illus. by Amy Wummer. 2022. (Night Before Ser.). (ENG.). 32p. (J). (gr. -1-1). pap. 5.99 *(978-0-593-38421-3(0)*, Grosset & Dunlap) Penguin Young Readers Group.

Night Before Moving Day. Natasha Wing. Illus. by Nathalie Beauvois. 2023. (Night Before Ser.). 32p. (J). (gr. -1-1). pap. 5.99 *(978-0-593-51977-6(9)*, Grosset & Dunlap) Penguin Young Readers Group.

Night Before My First Communion. Natasha Wing. Illus. by Amy Wummer. 2018. (Night Before Ser.). 32p. (J). (-k). pap. 5.99 *(978-1-5247-8619-9(5)*, Grosset & Dunlap) Penguin Young Readers Group.

Night Before Second Grade. Natasha Wing. Illus. by Amy Wummer. 2022. (Night Before Ser.). 32p. (J). (gr. 2-3). pap. 4.99 *(978-0-593-38274-5(9)*, Grosset & Dunlap) Penguin Young Readers Group.

Night Before Second Grade. Natasha Wing. ed. 2022. (Night Before Ser.). (ENG.). 30p. (J). (gr. 1-4). 16.46 ***(978-1-68505-537-0(0))*** Penworthy Co., LLC, The.

Night Before Summer Vacation Activity Book. Natasha Wing. Illus. by Amy Wummer. 2021. (Night Before Ser.). 24p. (J). (gr. -1-3). pap. 5.99 *(978-0-593-22489-2(2)*, Grosset & Dunlap) Penguin Young Readers Group.

Night Before Thanksgiving, a White Heron: And Selected Stories (Classic Reprint) Sarah Orne Jewett. 2018. (ENG., Illus.). 148p. (J). 26.95 *(978-0-483-66361-9(1))* Forgotten Bks.

Night Before the Dentist. Natasha Wing. Illus. by Amy Wummer. 2021. (Night Before Ser.). 32p. (J). (gr. -1-1). pap. 5.99 *(978-0-593-09569-0(3)*, Grosset & Dunlap) Penguin Young Readers Group.

Night Before the Dentist. Natasha Wing. ed. 2022. (Night Before Ser.). (ENG.). 30p. (J). (gr. k-1). 16.46 ***(978-1-68505-179-2(0))*** Penworthy Co., LLC, The.

Night Before the New Pet. Natasha Wing. Illus. by Amy Wummer. 2016. (Night Before Ser.). (ENG.). 32p. (J). (-k). pap. 5.99 *(978-0-448-48903-2(1)*, Grosset & Dunlap) Penguin Young Readers Group.

Night Before the New Pet. Natasha Wing. 2016. (Night Before Ser.). lib. bdg. 14.75 *(978-0-606-38418-6(9))* Turtleback.

Night Before the Snow Day. Natasha Wing. Illus. by Amy Wummer. 2016. (Night Before Ser.). 32p. (J). (-k). pap. 4.99 *(978-0-399-53942-8(5)*, Grosset & Dunlap) Penguin Young Readers Group.

Night Before the Snow Day. Natasha Wing. Illus. by Amy Wummer. ed. 2016. (Night Before Ser.). (ENG.). 32p. (J). (gr. -1-1). 14.75 *(978-0-606-39315-7(3))* Turtleback.

Night Before the Wedding. Natasha Wing. Illus. by Amy Wummer. 2021. (Night Before Ser.). 32p. (J). (gr. -1-2). pap. 4.99 *(978-1-5247-9327-2(2)*, Grosset & Dunlap) Penguin Young Readers Group.

Night Book. Richard Madeley. 2017. (ENG.). 464p. pap. 16.00 *(978-1-4711-4058-7(X))* Simon & Schuster, Ltd. GBR. Dist: Simon & Schuster, Inc.

Night-Born. Jack. London. 2020. (ENG.). (J). 150p. 19.95 *(978-1-64799-449-5(7))*; 148p. pap. 9.95 *(978-1-64799-448-8(9))* Bibliotech Pr.

Night-Born: And Also the Madness of John Harned; When the World Was Young; the Benefit of the Doubt; Winged Blackmail; Bunches of Knuckles; War; under the Deck Awnings; to Kill a Man; the Mexican (Classic Reprint) Jack. London. 2017. (ENG., Illus.). (J). 30.46 *(978-0-266-52267-6(X))* Forgotten Bks.

Night-Born (Classic Reprint) Unknown Author. 2018. (ENG., Illus.). 294p. (J). 29.96 *(978-0-483-00210-4(0))* Forgotten Bks.

Night-Born; the Madness of John Harned; When the World Was Young; the Benefit of the Doubt; Winged Blackmail; Bunches of Knuckles; War; under the Deck Awnings; to Kill a Man; the Mexican (Classic Reprint) Jack. London. 2017. (ENG., Illus.). (J). pap. 13.57 *(978-0-259-45079-5(0))* Forgotten Bks.

Night Box. Louise Greig. Illus. by Ashling Lindsay. 2018. (ENG.). 32p. (J). (gr. -1-3). 20.99 *(978-1-328-85093-5(5)*, 1693450, Clarion Bks.) HarperCollins Pubs.

Night Bus Hero. Onjali Q. Raúf. (ENG., Illus.). 256p. (J). (gr. 5). 2023. 8.99 *(978-0-593-38206-6(4)*, Yearling); 2022. 16.99 *(978-0-593-38202-8(1)*, Delacorte Pr.); 2022. lib. bdg. 19.99 *(978-0-593-38204-2(8)*, Delacorte Pr.) Random Hse. Children's Bks.

Night Child. T. M. Palecki. 2021. (ENG.). 260p. (YA). 35.95 *(978-1-6657-1164-7(7))*; pap. 17.99 *(978-1-6657-1165-4(5))* Archway Publishing.

Night Church. Ed Russo. 2020. (ENG.). 437p. (J). pap. *(978-1-716-63037-8(1))* Lulu Pr., Inc.

Night City. Monica Wellington & Andrew Kupfer. Illus. by Monica Wellington. 2021. (ENG.). 32p. (J). pap. 7.99 *(978-1-0879-5945-0(4))* Wellington, Monica.

Night Country: A Hazel Wood Novel. Melissa Albert. (Hazel Wood Ser.: 2). (ENG., Illus.). (YA). 2021. 400p. pap. 12.99 *(978-1-250-24609-7(1)*, 900214263); 2020. 352p. 18.99 *(978-1-250-24607-3(5)*, 900214262) Flatiron Bks.

Night Country: A Hazel Wood Novel. Melissa Albert. Illus. by Jim Tierney. 2020. 330p. *(978-1-250-25813-7(8))* St. Martin's Pr.

Night Court, & Other Verse (Classic Reprint) Ruth Comfort Mitchell. 2018. (ENG., Illus.). 108p. (J). 26.14 *(978-0-332-04792-8(X))* Forgotten Bks.

Night Creatures: A Lift-the-Flap Book. Scholastic, Inc. Staff. Illus. by EOne. 2018. (ENG.). 14p. (J). (gr. -1-k). bds. 10.99 *(978-1-338-22879-3(X))* Scholastic, Inc.

Night Creatures: Animals That Swoop, Crawl, & Creep While You Sleep. Rebecca E. Hirsch. Illus. by Sonia Possentini. 2021. (ENG.). 32p. (J). (gr. k-4). 19.99 *(978-1-5415-8129-6(6)*, d67c8e8a-0aff-4674-a8e9-0c39ac4ab58b, Millbrook Pr.) Lerner Publishing Group.

Night Creatures! Ready-To-Read Level 2. Maria Le. Illus. by Alison Hawkins. 2023. (Super Gross Ser.). (ENG.). 32p. (J). (gr. k-2). 17.99 ***(978-1-6659-4095-5(6))***; pap. 4.99 ***(978-1-6659-4094-8(8))*** Simon Spotlight. (Simon Spotlight).

Night Cries. Mikki Sadil. 2019. (Beneath the Possum Belly Ser.: Vol. 1). (ENG.). 280p. (YA). (gr. 7-12). pap. *(978-0-2286-1084-7(2))* Books We Love Publishing Partners.

Night Dad Went to Jail: What to Expect When Someone You Love Goes to Jail. Melissa Higgins. Illus. by Wednesday Kirwan. 2023. (Life's Challenges Ser.). (ENG.). 24p. (J). pap. 8.99 *(978-1-4846-8342-2(0)*, 255083, Picture Window Bks.) Capstone.

Night Diary. Veera Hiranandani. (J). (gr. 3-7). 2019. (Illus.). 288p. 8.99 *(978-0-7352-2852-8(3)*, Puffin Books); 2018. 272p. 17.99 *(978-0-7352-2851-1(5)*, Kokila) Penguin Young Readers Group.

Night Divided. Thea Stilton & Jennifer A. Nielsen. 2017. (ENG.). 176p. (J). (gr. 3-7). 79.99 *(978-1-338-25263-7(1))* Scholastic, Inc.

Night Divided. Jennifer A. Nielsen. ed. 2018. lib. bdg. 18.40 *(978-0-606-41134-9(8))* Turtleback.

Night Door. Frank Cammuso. 2018. (Edison Beaker, Creature Seeker Ser.). (Illus.). 160p. (J). (gr. 3-7). pap. 10.99 *(978-0-425-29193-1(6)*, Viking Books for Young Readers) Penguin Young Readers Group.

Night Eyes Nocturnal Animals Coloring Books Young Children. Educando Kids. 2019. (ENG.). 42p. (J). pap. 6.99 *(978-1-64521-074-0(X)*, Educando Kids) Editorial Imagen.

Night Fall, 6 vols., Set. Incl. Club. Stephanie Watson. 27.99 *(978-0-7613-6147-3(2)*, 4a2ce63e-8e80-40e1-8dfb-aa94401136d2); Unthinkable. Shirley Duke. 27.99 *(978-0-7613-6142-8(1)*, a003da69-ce04-4765-8750-c7c6732cceaa); 112p. (YA). (gr. 6-12). 2010., Darby Creek 2010. Set lib. bdg. 167.58 *(978-0-7613-6141-1(3))* Lerner Publishing Group.

Night Flights: a Mortal Engines Collection. Philip Reeve. Illus. by Ian McQue. 2018. (Mortal Engines Ser.). (ENG.). 208p. (YA). (gr. 7-7). pap. 12.99 *(978-1-338-28970-1(5)*, Scholastic Pr.) Scholastic, Inc.

Night Fright. Tedd Arnold. ed. 2021. (Scholastic Readers Ser.). (SPA., Illus.). 30p. (J). (gr. k-1). 15.46 *(978-1-68505-102-0(2))* Penworthy Co., LLC, The.

Night Fright: Billie B Brown. Sally Rippin. Illus. by Aki Fukuoka. 2016. (ENG.). 48p. (J). pap. 4.99 *(978-1-61067-391-4(3))* Kane Miller.

Night Frights Fraidy-Cat Collection (Boxed Set) The Haunted Mustache; the Lurking Lima Bean; the Not-So-Itsy-Bitsy Spider; the Squirrels Have Gone Nuts. Joe McGee. Illus. by Teo Skaffa. ed. 2023. (Night Frights Ser.). (ENG.). 592p. (J). (gr. 2-5). pap. 27.99 ***(978-1-6659-4002-3(6))***, Aladdin) Simon & Schuster Children's Publishing.

Night Frights Issue #1. Ed. by Lori Michelle & Max Booth. 2020. (ENG.). 96p. (YA). pap. 7.95 *(978-1-943720-51-4(7))* Perpetual Motion Machine Publishing.

Night Frights Issue #2. Ed. by Lori Michelle & Max Booth, III. 2021. (ENG.). 100p. (YA). pap. 7.95 *(978-1-943720-66-8(5))* Perpetual Motion Machine Publishing.

Night Fury & the Light Fury. Tina Gallo. ed. 2019. (Ready-To-Read Ser.). (ENG.). 32p. (J). (gr. k-1). 13.96 *(978-0-87617-997-0(9))* Penworthy Co., LLC, The.

Night Games. R. L. Stine. 2022. (Fear Street Ser.). (ENG.). 176p. (YA). (gr. 9). pap. 11.99 *(978-1-6659-2102-2(1)*, Simon Pulse) Simon Pulse.

Night Garden. Polly Horvath. 2019. (ENG.). 304p. (J). pap. 12.99 *(978-1-250-29414-2(2)*, 900159362) Square Fish.

Night Gardener. Terry Fan & Eric Fan. Illus. by Terry Fan & Eric Fan. 2021. (ENG., Illus.). 48p. (J). (gr. -1-3). 9.99 *(978-1-6659-0497-1(6)*, Simon & Schuster Bks. For Young Readers) Simon & Schuster Bks. For Young Readers.

Night Gardener. Terry Fan & Eric Fan. Illus. by Terry Fan & Eric Fan. 2016. (ENG., Illus.). 48p. (J). (gr. -1-3). 18.99 *(978-1-4814-3978-7(2))* Simon & Schuster, Inc.

Night Ghost. Nick C. Brady. 2016. (ENG., Illus.). (J). pap. 10.95 *(978-0-9965595-4-6(X))* Neverland Publishing Co., LLC.

Night Guard. Synne Lea. Illus. by Stian Hole. 2016. (ENG.). 82p. (J). (-13). 17.00 *(978-0-8028-5458-2(3)*, Eerdmans Bks For Young Readers) Eerdmans, William B. Publishing Co.

Night Has Claws. Kat Kruger. 2016. (ENG., Illus.). (J). pap. *(978-0-9958153-1-5(3))* Steampunk Unicorn Studio.

Night Has Teeth. Kat Kruger. 2016. (ENG., Illus.). (J). pap. *(978-0-9958153-0-8(5))* Steampunk Unicorn Studio.

Night-Hawk: A Romance of the '60s (Classic Reprint) Alix John. (ENG., Illus.). (J). 2018. 386p. 31.90 *(978-0-483-18767-2(4))*; 2017. pap. 16.57 *(978-0-243-06962-0(6))* Forgotten Bks.

Night Hawks of a Great City, As Seen by the Reporters of the Toronto News (Classic Reprint) Unknown Author. (ENG., Illus.). (J). 2018. 72p. 25.40 *(978-0-483-03287-3(5))*; 2017. pap. 9.57 *(978-0-243-38295-8(2))* Forgotten Bks.

Night Horseman. Max Brand. 2017. (ENG., Illus.). (J). 25.95 *(978-1-374-94285-1(5))* Capital Communications, Inc.

Night I Followed the Dog. Nina Laden. 2017. (ENG., Illus.). 40p. (J). 7.99 *(978-1-4521-6134-1(8))* Chronicle Bks. LLC.

Night I Freed John Brown. John Michael Cummings. 2016. (ENG.). 256p. pap. 16.99 *(978-1-940425-96-2(4)*, P501745, Vandalia Pr.) West Virginia Univ. Pr.

Night I Rode on Santa's Sleigh. Cynthia MacGregor. Illus. by Karda Zenko. 2017. (ENG.). 30p. (J). (gr. 1-6). pap. 9.99 *(978-1-68160-498-5(1))* Crimson Cloak Publishing.

Night I Rode with Santa. Lowell Briscoe. 2020. (ENG., Illus.). 30p. (J). pap. 13.95 *(978-1-64628-703-1(7))* Page Publishing Inc.

Night I Spent in a People House. Douglas Berry. 2020. (ENG.). 30p. (J). 23.95 *(978-1-64654-432-5(3))*; pap. 13.95 *(978-1-64952-385-3(8))* Fulton Bks.

Night I Wrestled God. Jodi Lynn. Illus. by Sheng-Mei Li. 2021. (ENG.). 30p. (YA). *(978-0-2288-3682-7(4))*; pap. *(978-0-2288-3680-3(8))* Tellwell Talent.

Night in Acadie (Classic Reprint) Kate Chopin. 2018. (ENG., Illus.). 426p. (J). 32.68 *(978-0-484-72430-2(4))* Forgotten Bks.

Night in Question. Kathleen Glasgow & Liz Lawson. 2023. (Agathas Mystery Ser.: 2). (ENG., Illus.). 416p. (YA). (gr. 9). 19.99 *(978-0-593-64583-3(9)*, Delacorte Pr.) Random Hse. Children's Bks.

Night in the City. Julie Downing. 2023. (Illus.). 40p. (J). (gr. -1-3). 18.99 *(978-0-8234-5206-4(9)*, Neal Porter Bks) Holiday Hse., Inc.

Night in the Gardens. J. H. Low. 2017. (ENG.). 40p. (J). 14.99 *(978-981-4751-42-1(1))* Marshall Cavendish International (Asia) Private Ltd. SGP. Dist: Independent Pubs. Group.

Night Is Deep & Wide. Gillian Sze. Illus. by Sue Todd. 2021. (ENG.). 20p. (J). (gr. -1 — 1). bds. 10.95 *(978-1-4598-2481-2(4))* Orca Bk. Pubs. USA.

Night Is for Darkness. Jonathan Stutzman. Illus. by Joseph Kuefler. 2020. (ENG.). 40p. (J). (gr. -1-3). 17.99 *(978-0-06-291253-4(4)*, Balzer & Bray) HarperCollins Pubs.

Night Is Found. Kat Kruger. 2016. (ENG., Illus.). (J). pap. *(978-0-9958153-2-2(1))* Steampunk Unicorn Studio.

Night Is Yours. Abdul-Razak Zachariah. Illus. by Keturah A. Bobo. 2019. 32p. (J). (gr. -1-2). 17.99 *(978-0-525-55271-0(5)*, Dial Bks) Penguin Young Readers Group.

Night Job. Karen Hesse. Illus. by G. Brian Karas. 2018. (ENG.). 32p. (J). (gr. -1-2). 17.99 *(978-0-7636-6238-7(0))* Candlewick Pr.

Night Knights. Gideon Sterer. Illus. by Cory Godbey. 2018. (ENG.). 40p. (J). (gr. -1-3). 17.99 *(978-1-4197-2846-4(6)*, 1117801, Abrams Bks. for Young Readers) Abrams, Inc.

Night Laundresses: An Original Fairy Tale (Classic Reprint) Clara de Chatelain. 2018. (ENG., Illus.). 40p. (J). 24.74 *(978-0-484-17932-4(2))* Forgotten Bks.

Night Library. David Zeltser. Illus. by Raul ón. 2019. 40p. (J). (gr. -1-2). 17.99 *(978-1-5247-1798-8(3))*; (ENG.). 20.99 *(978-1-5247-1799-5(1))* Random Hse. Children's Bks. (Random Hse. Bks. for Young Readers).

Night Light. Roslyn McMurray. 2017. (ENG., Illus.). (J). (gr. k-3). pap. 16.95 *(978-0-9985434-0-6(3))* Wander Twins, The.

Night Light Full Moon. Jo Ann Kain. 2017. (ENG., Illus.). 30p. (J). pap. 12.95 *(978-1-64082-756-1(0))* Page Publishing Inc.

Night Light Full Moon. Joann Kain. 2019. (ENG.). 30p. (J). 23.95 *(978-1-64628-079-7(2))* Page Publishing Inc.

Night Lights. Jeannie K. Johnson. 2023. (ENG.). 94p. (J). pap. 20.00 ***(978-1-0880-7550-0(9))*** Indy Pub.

Night Lights. Jeannie K. Johnson. Illus. by Yoko Matsuoka. 2023. (ENG.). 94p. (J). 19.99 ***(978-1-0880-9326-9(4))*** Indy Pub.

Night Lion. Sanne Dufft. Illus. by Sanne Dufft. 2018. Orig. Title: Magnus und der Nachtlöwe. (ENG., Illus.). 32p. (J). (gr. -1-k). 15.95 *(978-1-77278-041-3(3))* Pajama Pr. CAN. Dist: Publishers Group West (PGW).

Night Lunch. Eric Fan. Illus. by Dena Seiferling. 2022. (ENG.). 1p. (J). (gr. -1-3). 18.99 *(978-0-7352-7057-2(0)*, Tundra Bks.) Tundra Bks. CAN. Dist: Penguin Random Hse. LLC.

N

Night Marchers & Other Oceanian Tales. Ed. by Kate Ashwin et al. 2021. (Cautionary Fables & Fairytales Ser.: 4). (Illus.). 272p. (J). pap. 15.00 *(978-1-945820-79-3(9))* Iron Circus Comics.

Night Market Rescue. Charlotte Cheng. Illus. by Amber Ren. 2023. 32p. (J). (gr. -1-2). 18.99 *(978-0-593-53172-3(8)*, Rocky Pond Bks.) Penguin Young Readers Group.

Night Monkey, Day Monkey. Julia Donaldson. Illus. by Lucy Richards. 2021. (ENG.). 32p. (J). bds. 8.99 *(978-0-7555-0367-4(8))*; pap. 7.99 *(978-0-7555-0140-3(3))* Farshore GBR. Dist: HarperCollins Pubs.

Night Music. Jenn Marie Thorne. 2019. 400p. (YA). (gr. 9). 17.99 *(978-0-7352-2877-1(9)*, Dial Bks) Penguin Young Readers Group.

Night-Night: a Touch-And-Feel Playbook. Ladybird. Illus. by Lemon Ribbon Studio. 2021. (Baby Touch Ser.). (ENG.). 10p. (J). (— 1). bds. 12.99 *(978-0-241-50232-7(2)*, Ladybird) Penguin Bks., Ltd. GBR. Dist: Penguin Random Hse. LLC.

Night Night Abigail. J. D. Green. Illus. by Joanne Partis. 2019. (Night Night Ser.). (ENG.). 32p. (J). (gr. -1-3). 7.99 ***(978-1-7282-0808-4(4))*** Sourcebooks, Inc.

Night Night Addison. J. D. Green. Illus. by Joanne Partis. 2019. (Night Night Ser.). (ENG.). 32p. (J). (gr. -1-3). 7.99 ***(978-1-7282-0809-1(2))*** Sourcebooks, Inc.

Night Night Aiden. J. D. Green. Illus. by Joanne Partis. 2019. (Night Night Ser.). (ENG.). 32p. (J). (gr. -1-3). 7.99 ***(978-1-7282-0810-7(6))*** Sourcebooks, Inc.

Night-Night Alabama. Katherine Sully. Illus. by Helen Poole. 2017. (Night-Night Ser.). (ENG.). 20p. (J). (gr. -1-1). bds. 9.99 *(978-1-4926-5474-2(4)*, Hometown World) Sourcebooks, Inc.

Night Night Alexander. J. D. Green. Illus. by Joanne Partis. 2019. (Night Night Ser.). (ENG.). 32p. (J). (gr. -1-3). 7.99 ***(978-1-7282-0811-4(4))*** Sourcebooks, Inc.

Night Night Amelia. J. D. Green. Illus. by Joanne Partis. 2019. (Night Night Ser.). (ENG.). 32p. (J). (gr. -1-3). 7.99 ***(978-1-7282-0812-1(2))*** Sourcebooks, Inc.

Night-Night America. Katherine Sully. Illus. by Helen Poole. 2017. (Night-Night Ser.). (ENG.). 20p. (J). (gr. -1-1). bds. 9.99 *(978-1-4926-5019-5(6)*, 9781492650195, Hometown World) Sourcebooks, Inc.

Night Night Andrew. J. D. Green. Illus. by Joanne Partis. 2019. (Night Night Ser.). (ENG.). 32p. (J). (gr. -1-3). 7.99 ***(978-1-7282-0813-8(0))*** Sourcebooks, Inc.

Night Night, Angel: A Sleepy Christmas Celebration, 1 vol. Amy Allyn. Illus. by Virginia Allyn. 2021. (Night Night Ser.). (ENG.). 20p. (J). bds. 9.99 *(978-1-4002-1283-5(9)*, Tommy Nelson) Nelson, Thomas Inc.

Night Night Anna. J. D. Green. Illus. by Joanne Partis. 2019. (Night Night Ser.). (ENG.). 32p. (J). (gr. -1-3). 7.99 ***(978-1-7282-0814-5(9))*** Sourcebooks, Inc.

Night Night Anthony. J. D. Green. Illus. by Joanne Partis. 2019. (Night Night Ser.). (ENG.). 32p. (J). (gr. -1-3). 7.99 ***(978-1-7282-0815-2(7))*** Sourcebooks, Inc.

Night Night Aria. J. D. Green. Illus. by Joanne Partis. 2019. (Night Night Ser.). (ENG.). 32p. (J). (gr. -1-3). 7.99 ***(978-1-7282-0816-9(5))*** Sourcebooks, Inc.

Night-Night Arizona. Katherine Sully. Illus. by Helen Poole. 2017. (Night-Night Ser.). (ENG.). 20p. (J). (gr. -1-1). bds. 9.99 *(978-1-4926-4771-3(3)*, 9781492647713, Hometown World) Sourcebooks, Inc.

Night-Night Arkansas. Katherine Sully. Illus. by Helen Poole. 2017. (Night-Night Ser.). (ENG.). 20p. (J). (gr. -1-1). bds. 9.99 *(978-1-4926-5483-4(3)*, Hometown World) Sourcebooks, Inc.

Night Night Aubrey. J. D. Green. Illus. by Joanne Partis. 2019. (Night Night Ser.). (ENG.). 32p. (J). (gr. -1-3). 7.99 ***(978-1-7282-0817-6(3))*** Sourcebooks, Inc.

Night Night Audrey. J. D. Green. Illus. by Joanne Partis. 2019. (Night Night Ser.). (ENG.). 32p. (J). (gr. -1-3). 7.99 ***(978-1-7282-0818-3(1))*** Sourcebooks, Inc.

Night Night Ava. J. D. Green. Illus. by Joanne Partis. 2019. (Night Night Ser.). (ENG.). 32p. (J). (gr. -1-3). 7.99 ***(978-1-7282-0819-0(X))*** Sourcebooks, Inc.

Night Night Avery. J. D. Green. Illus. by Joanne Partis. 2019. (Night Night Ser.). (ENG.). 32p. (J). (gr. -1-3). 7.99 ***(978-1-7282-0820-6(3))*** Sourcebooks, Inc.

Night Night Benjamin. J. D. Green. Illus. by Joanne Partis. 2019. (Night Night Ser.). (ENG.). 32p. (J). (gr. -1-3). 7.99 ***(978-1-7282-0821-3(1))*** Sourcebooks, Inc.

Night Night Bible Stories: 30 Stories for Bedtime, 1 vol. Amy Parker. Illus. by Virginia Allyn. 2019. (Night Night Ser.). (ENG.). 208p. (J). 16.99 *(978-1-4002-0891-3(2)*, Tommy Nelson) Nelson, Thomas Inc.

Night Night, Blue (Blue's Clues & You) Random House. Illus. by Dave Aikins. 2021. (ENG.). 22p. (J). (— 1). bds. 6.99 *(978-0-593-30427-3(6)*, Random Hse. Bks. for Young Readers) Random Hse. Children's Bks.

Night Night Books: Night Night Dinosaur. Roger Priddy. 2023. (Night Night Bks.). (ENG., Illus.). 20p. (J). bds. 9.99 *(978-1-68449-271-8(8)*, 900265905) St. Martin's Pr.

Night Night Books: Night Night Truck. Roger Priddy. 2022. (Night Night Bks.). (ENG., Illus.). 20p. (J). bds. 9.99 *(978-1-68449-190-2(8)*, 900250913) St. Martin's Pr.

Night-Night Boston. Katherine Sully. Illus. by Helen Poole. 2016. (Night-Night Ser.). (ENG.). 20p. (J). (gr. -1-1). bds. 9.99 *(978-1-4926-3937-4(0)*, 9781492639374, Hometown World) Sourcebooks, Inc.

Night Night Brayden. J. D. Green. Illus. by Joanne Partis. 2019. (Night Night Ser.). (ENG.). 32p. (J). (gr. -1-3). 7.99 ***(978-1-7282-0822-0(X))*** Sourcebooks, Inc.

Night Night Brooklyn. J. D. Green. Illus. by Joanne Partis. 2019. (Night Night Ser.). (ENG.). 32p. (J). (gr. -1-3). 7.99 ***(978-1-7282-0823-7(8))*** Sourcebooks, Inc.

Night-Night Buffalo. Katherine Sully. Illus. by Helen Poole. 2017. (Night-Night Ser.). (ENG.). 20p. (J). (gr. -1-1). bds. 9.99 *(978-1-4926-5492-6(2)*, Hometown World) Sourcebooks, Inc.

Night-Night, Bunny. Pamela Kennedy. Illus. by Claire Keay. 2017. (ENG.). 16p. (J). (gr. -1-k). bds. 7.99 *(978-0-8249-1660-2(3))* Worthy Publishing.

Night Night, Bunny, 1 vol. Amy Parker. Illus. by Virginia Allyn. 2020. (Night Night Ser.). (ENG.). 20p. (J). bds. 9.99 *(978-1-4002-1273-6(1)*, Tommy Nelson) Nelson, Thomas Inc.

Night Night Caleb. J. D. Green. Illus. by Joanne Partis. 2019. (Night Night Ser.). (ENG.). 32p. (J). (gr. -1-3). 7.99 ***(978-1-7282-0824-4(6))*** Sourcebooks, Inc.

Night-Night Calgary. Katherine Sully. Illus. by Helen Poole. 2018. (Night-Night Ser.). (ENG.). 20p. (J). (gr. -1-1). bds. 9.99 *(978-1-4926-5509-1(0)*, Hometown World) Sourcebooks, Inc.

Night-Night California. Katherine Sully. Illus. by Helen Poole. 2016. (Night-Night Ser.). (ENG.). 20p. (J). (gr. -1-1). bds. 9.99 *(978-1-4926-3939-8(7)*, 9781492639398, Hometown World) Sourcebooks, Inc.

Night Night Cameron. J. D. Green. Illus. by Joanne Partis. 2019. (Night Night Ser.). (ENG.). 32p. (J). (gr. -1-3). 7.99 ***(978-1-7282-0825-1(4))*** Sourcebooks, Inc.

Night-Night Canada. Katherine Sully. Illus. by Helen Poole. 2017. (Night-Night Ser.). (ENG.). 20p. (J). (gr. -1-1). bds. 9.99 *(978-1-4926-4769-0(1)*, 9781492647690, Hometown World) Sourcebooks, Inc.

Night Night Caroline. J. D. Green. Illus. by Joanne Partis. 2019. (Night Night Ser.). (ENG.). 32p. (J). (gr. -1-3). 7.99 ***(978-1-7282-0826-8(2))*** Sourcebooks, Inc.

Night Night Carter. J. D. Green. Illus. by Joanne Partis. 2019. (Night Night Ser.). (ENG.). 32p. (J). (gr. -1-3). 7.99 ***(978-1-7282-0827-5(0))*** Sourcebooks, Inc.

Night Night Charlotte. J. D. Green. Illus. by Joanne Partis. 2019. (Night Night Ser.). (ENG.). 32p. (J). (gr. -1-3). 7.99 ***(978-1-7282-0828-2(9))*** Sourcebooks, Inc.

Night-Night Chicago. Katherine Sully. Illus. by Helen Poole. 2016. (Night-Night Ser.). (ENG.). 20p. (J). (gr. -1-1). bds. 9.99 *(978-1-4926-3935-0(4)*, 9781492639350, Hometown World) Sourcebooks, Inc.

Night Night Chloe. J. D. Green. Illus. by Joanne Partis. 2019. (Night Night Ser.). (ENG.). 32p. (J). (gr. -1-3). 7.99 ***(978-1-7282-0829-9(7))*** Sourcebooks, Inc.

Night Night Christopher. J. D. Green. Illus. by Joanne Partis. 2019. (Night Night Ser.). (ENG.). 32p. (J). (gr. -1-3). 7.99 ***(978-1-7282-0830-5(0))*** Sourcebooks, Inc.

Night Night Claire. J. D. Green. Illus. by Joanne Partis. 2019. (Night Night Ser.). (ENG.). 32p. (J). (gr. -1-3). 7.99 ***(978-1-7282-0831-2(9))*** Sourcebooks, Inc.

Night-Night Colorado. Katherine Sully. Illus. by Helen Poole. 2016. (Night-Night Ser.). (ENG.). 20p. (J). (gr. -1-1). bds. 9.99 *(978-1-4926-3938-1(9)*, 9781492639381, Hometown World) Sourcebooks, Inc.

Night Night Connor. J. D. Green. Illus. by Joanne Partis. 2019. (Night Night Ser.). (ENG.). 32p. (J). (gr. -1-3). 7.99 ***(978-1-7282-0832-9(7))*** Sourcebooks, Inc.

Night Night, Curiosity. Brianna Caplan Sayres. Illus. by Ryan O'Rourke. 2020. 32p. (J). (gr. -1-2). lib. bdg. 16.99 *(978-1-58089-893-5(9))* Charlesbridge Publishing, Inc.

Night Night, Daddy, 1 vol. Amy Parker. 2016. (Night Night Ser.). (ENG., Illus.). 20p. (J). bds. 9.99 *(978-0-7180-4230-1(1)*, Tommy Nelson) Nelson, Thomas Inc.

Night Night Dance: A Classic Lullaby. James Stone. 2019. (ENG.). 38p. (J). 16.95 *(978-1-4808-6661-4(X))* Archway Publishing.

Night Night Daniel. J. D. Green. Illus. by Joanne Partis. 2019. (Night Night Ser.). (ENG.). 32p. (J). (gr. -1-3). 7.99 ***(978-1-7282-0833-6(5))*** Sourcebooks, Inc.

Night Night David. J. D. Green. Illus. by Joanne Partis. 2019. (Night Night Ser.). (ENG.). 32p. (J). (gr. -1-3). 7.99 ***(978-1-7282-0834-3(3))*** Sourcebooks, Inc.

Night-Night Delaware. Katherine Sully. Illus. by Helen Poole. 2017. (Night-Night Ser.). (ENG.). 20p. (J). (gr. -1-1). bds. 9.99 *(978-1-4926-5488-9(4)*, Hometown World) Sourcebooks, Inc.

Night Night Devotions: 90 Devotions for Bedtime, 1 vol. Amy Parker. Illus. by Virginia Allyn. 2019. (Night Night Ser.). (ENG.). 208p. (J). 16.99 *(978-1-4002-0890-6(4)*, Tommy Nelson) Nelson, Thomas Inc.

Night Night, Dino-Snores. Nicola Edwards. Illus. by Thomas Elliott. 2018. (ENG.). 22p. (J). (gr. -1-k). bds. 12.99 *(978-1-68010-548-3(5))* Tiger Tales.

Night Night Dylan. J. D. Green. Illus. by Joanne Partis. 2019. (Night Night Ser.). (ENG.). 32p. (J). (gr. -1-3). 7.99 ***(978-1-7282-0835-0(1))*** Sourcebooks, Inc.

Night Night Elijah. J. D. Green. Illus. by Joanne Partis. 2019. (Night Night Ser.). (ENG.). 32p. (J). (gr. -1-3). 7.99 ***(978-1-7282-0836-7(X))*** Sourcebooks, Inc.

Night Night Elizabeth. J. D. Green. Illus. by Joanne Partis. 2019. (Night Night Ser.). (ENG.). 32p. (J). (gr. -1-3). 7.99 ***(978-1-7282-0837-4(8))*** Sourcebooks, Inc.

Night Night Ella. J. D. Green. Illus. by Joanne Partis. 2019. (Night Night Ser.). (ENG.). 32p. (J). (gr. -1-3). 7.99 ***(978-1-7282-0838-1(6))*** Sourcebooks, Inc.

Night Night Ellie. J. D. Green. Illus. by Joanne Partis. 2019. (Night Night Ser.). (ENG.). 32p. (J). (gr. -1-3). 7.99 ***(978-1-7282-0839-8(4))*** Sourcebooks, Inc.

Night Night Emily. J. D. Green. Illus. by Joanne Partis. 2019. (Night Night Ser.). (ENG.). 32p. (J). (gr. -1-3). 7.99 ***(978-1-7282-0840-4(8))*** Sourcebooks, Inc.

Night Night Emma. J. D. Green. Illus. by Joanne Partis. 2019. (Night Night Ser.). (ENG.). 32p. (J). (gr. -1-3). 7.99 ***(978-1-7282-0841-1(6))*** Sourcebooks, Inc.

Night Night Ethan. J. D. Green. Illus. by Joanne Partis. 2019. (Night Night Ser.). (ENG.). 32p. (J). (gr. -1-3). 7.99 ***(978-1-7282-0842-8(4))*** Sourcebooks, Inc.

Night Night Evelyn. J. D. Green. Illus. by Joanne Partis. 2019. (Night Night Ser.). (ENG.). 32p. (J). (gr. -1-3). 7.99 ***(978-1-7282-0843-5(2))*** Sourcebooks, Inc.

Night Night, Farm, 1 vol. Amy Parker. Illus. by Virginia Allyn. 2016. (Night Night Ser.). (ENG.). 20p. (J). bds. 8.99 *(978-0-7180-8831-6(X)*, Tommy Nelson) Nelson, Thomas Inc.

Night Night Farm. Roger Priddy. 2017. (Night Night Bks.). (ENG., Illus.). 20p. (J). bds. 9.99 *(978-0-312-52163-9(4)*, 900170061) St. Martin's Pr.

Night Night, Farm Touch & Feel, 1 vol. Amy Parker. Illus. by Virginia Allyn. 2018. (Night Night Ser.). (ENG.). 18p. (J). bds. 12.99 *(978-1-4003-1059-3(8)*, Tommy Nelson) Nelson, Thomas Inc.

Night-Night Florida. Katherine Sully. Illus. by Helen Poole. 2016. (Night-Night Ser.). (ENG.). 20p. (J). (gr. -1-1). bds. 9.99 *(978-1-4926-4218-3(5)*, 9781492642183, Hometown World) Sourcebooks, Inc.

Night-Night, Forest Friends. Annie Bach. 2018. (Illus.). 24p. (J). (-k). bds. 8.99 *(978-1-5247-8792-9(2)*, Grosset & Dunlap) Penguin Young Readers Group.

Night Night Gabriel. J. D. Green. Illus. by Joanne Partis. 2019. (Night Night Ser.). (ENG.). 32p. (J). (gr. -1-3). 7.99 ***(978-1-7282-0844-2(0))*** Sourcebooks, Inc.

Night Night Gabriella. J. D. Green. Illus. by Joanne Partis. 2019. (Night Night Ser.). (ENG.). 32p. (J). (gr. -1-3). 7.99 ***(978-1-7282-0845-9(9))*** Sourcebooks, Inc.

Night-Night Georgia. Katherine Sully. Illus. by Helen Poole. 2016. (Night-Night Ser.). (ENG.). 20p. (J). (gr. -1-1). bds. 9.99 *(978-1-4926-4216-9(9)*, 9781492642169, Hometown World) Sourcebooks, Inc.

Night Night Grace. J. D. Green. Illus. by Joanne Partis. 2019. (Night Night Ser.). (ENG.). 32p. (J). (gr. -1-3). 7.99 ***(978-1-7282-0846-6(7))*** Sourcebooks, Inc.

Night Night Grayson. J. D. Green. Illus. by Joanne Partis. 2019. (Night Night Ser.). (ENG.). 32p. (J). (gr. -1-3). 7.99 ***(978-1-7282-0849-7(1))*** Sourcebooks, Inc.

Night Night, Groot. Brendan Deneen. ed. 2018. (ENG., Illus.). 30p. (J). (gr. -1-k). bds. 8.99 *(978-1-4847-8765-6(X))* Marvel Worldwide, Inc.

Night Night Hailey. J. D. Green. Illus. by Joanne Partis. 2019. (Night Night Ser.). (ENG.). 32p. (J). (gr. -1-3). 7.99 ***(978-1-7282-0850-3(5))*** Sourcebooks, Inc.

Night Night Hamlet. Clint D. Plyler. Illus. by Tami Boyce. 2018. (Bear Ridge Ser.: Vol. 1). (ENG.). 24p. (J). (gr. k-4). pap. 7.50 *(978-0-692-18569-8(0))* Plyler, Clint.

Night Night Hannah. J. D. Green. Illus. by Joanne Partis. 2019. (Night Night Ser.). (ENG.). 32p. (J). (gr. -1-3). 7.99 ***(978-1-7282-0851-0(3))*** Sourcebooks, Inc.

Night Night Harper. J. D. Green. Illus. by Joanne Partis. 2019. (Night Night Ser.). (ENG.). 32p. (J). (gr. -1-3). 7.99 ***(978-1-7282-0852-7(1))*** Sourcebooks, Inc.

Night Night Henry. J. D. Green. Illus. by Joanne Partis. 2019. (Night Night Ser.). (ENG.). 32p. (J). (gr. -1-3). 7.99 ***(978-1-7282-0853-4(X))*** Sourcebooks, Inc.

Night Night Hunter. J. D. Green. Illus. by Joanne Partis. 2019. (Night Night Ser.). (ENG.). 32p. (J). (gr. -1-3). 7.99 ***(978-1-7282-0854-1(8))*** Sourcebooks, Inc.

Night-Night Idaho. Katherine Sully. Illus. by Helen Poole. 2017. (Night-Night Ser.). (ENG.). 20p. (J). (gr. -1-1). bds. 9.99 *(978-1-4926-5487-2(6)*, Hometown World) Sourcebooks, Inc.

Night-Night Illinois. Katherine Sully. Illus. by Helen Poole. 2017. (Night-Night Ser.). (ENG.). 20p. (J). (gr. -1-1). bds. 9.99 *(978-1-4926-5472-8(8)*, Hometown World) Sourcebooks, Inc.

Night-Night Indiana. Katherine Sully. Illus. by Helen Poole. 2017. (Night-Night Ser.). (ENG.). 20p. (J). (gr. -1-1). bds. 9.99 *(978-1-4926-4781-2(0)*, 9781492647812, Hometown World) Sourcebooks, Inc.

Night-Night Iowa. Katherine Sully. Illus. by Helen Poole. 2017. (Night-Night Ser.). (ENG.). 20p. (J). (gr. -1-1). bds. 9.99 *(978-1-4926-4770-6(5)*, 9781492647706, Hometown World) Sourcebooks, Inc.

Night Night Isaac. J. D. Green. Illus. by Joanne Partis. 2019. (Night Night Ser.). (ENG.). 32p. (J). (gr. -1-3). 7.99 ***(978-1-7282-0855-8(6))*** Sourcebooks, Inc.

Night Night Isabella. J. D. Green. Illus. by Joanne Partis. 2019. (Night Night Ser.). (ENG.). 32p. (J). (gr. -1-3). 7.99 ***(978-1-7282-0856-5(4))*** Sourcebooks, Inc.

Night Night Jack. J. D. Green. Illus. by Joanne Partis. 2019. (Night Night Ser.). (ENG.). 32p. (J). (gr. -1-3). 7.99 ***(978-1-7282-0857-2(2))*** Sourcebooks, Inc.

Night Night Jackson. J. D. Green. Illus. by Joanne Partis. 2019. (Night Night Ser.). (ENG.). 32p. (J). (gr. -1-3). 7.99 ***(978-1-7282-0858-9(0))*** Sourcebooks, Inc.

Night Night Jacob. J. D. Green. Illus. by Joanne Partis. 2019. (Night Night Ser.). (ENG.). 32p. (J). (gr. -1-3). 7.99 ***(978-1-7282-0859-6(9))*** Sourcebooks, Inc.

Night Night James. J. D. Green. Illus. by Joanne Partis. 2019. (Night Night Ser.). (ENG.). 32p. (J). (gr. -1-3). 7.99 ***(978-1-7282-0860-2(2))*** Sourcebooks, Inc.

Night Night Jaxon. J. D. Green. Illus. by Joanne Partis. 2019. (Night Night Ser.). (ENG.). 32p. (J). (gr. -1-3). 7.99 ***(978-1-7282-0861-9(0))*** Sourcebooks, Inc.

Night Night Jayden. J. D. Green. Illus. by Joanne Partis. 2019. (Night Night Ser.). (ENG.). 32p. (J). (gr. -1-3). 7.99 ***(978-1-7282-0862-6(9))*** Sourcebooks, Inc.

Night Night Jesus. Jose Alfredo Rodriguez. 2022. (ENG.). 40p. (J). 23.95 *(978-1-68570-209-0(0))* Christian Faith Publishing.

Night Night Jesus. Jose Alfredo Rodriquez. 2022. (ENG.). 40p. (J). pap. 13.95 *(978-1-63961-527-8(X))* Christian Faith Publishing.

Night Night John. J. D. Green. Illus. by Joanne Partis. 2019. (Night Night Ser.). (ENG.). 32p. (J). (gr. -1-3). 7.99 ***(978-1-7282-0863-3(7))*** Sourcebooks, Inc.

Night Night Jonathan. J. D. Green. Illus. by Joanne Partis. 2019. (Night Night Ser.). (ENG.). 32p. (J). (gr. -1-3). 7.99 ***(978-1-7282-1543-3(9))*** Sourcebooks, Inc.

Night Night Joseph. J. D. Green. Illus. by Joanne Partis. 2019. (Night Night Ser.). (ENG.). 32p. (J). (gr. -1-3). 7.99 ***(978-1-7282-0864-0(5))*** Sourcebooks, Inc.

Night Night Joshua. J. D. Green. Illus. by Joanne Partis. 2019. (Night Night Ser.). (ENG.). 32p. (J). (gr. -1-3). 7.99 ***(978-1-7282-0865-7(3))*** Sourcebooks, Inc.

Night Night, Jungle, 1 vol. Amy Parker. Illus. by Virginia Allyn. 2018. (Night Night Ser.). (ENG.). 20p. (J). bds. 9.99 *(978-0-7180-9086-9(1)*, Tommy Nelson) Nelson, Thomas Inc.

Night-Night Kansas. Katherine Sully. Illus. by Helen Poole. 2016. (Night-Night Ser.). (ENG.). 20p. (J). (gr. -1-1). bds. 9.99 *(978-1-4926-3941-1(9)*, 9781492639411, Hometown World) Sourcebooks, Inc.

Night-Night Kansas City. Katherine Sully. Illus. by Helen Poole. 2017. (Night-Night Ser.). (ENG.). 20p. (J). (gr. -1-1). bds. 9.99 *(978-1-4926-5490-2(6)*, Hometown World) Sourcebooks, Inc.

Night Night Kennedy. J. D. Green. Illus. by Joanne Partis. 2019. (Night Night Ser.). (ENG.). 32p. (J). (gr. -1-3). 7.99 ***(978-1-7282-0867-1(X))*** Sourcebooks, Inc.

Night-Night Kentucky. Katherine Sully. Illus. by Helen Poole. 2017. (Night-Night Ser.). (ENG.). 20p. (J). (gr. -1-1). bds. 9.99 *(978-1-4926-4776-8(4)*, 9781492647768, Hometown World) Sourcebooks, Inc.

Night Night Landon. J. D. Green. Illus. by Joanne Partis. 2019. (Night Night Ser.). (ENG.). 32p. (J). (gr. -1-3). 7.99 ***(978-1-7282-0868-8(8))*** Sourcebooks, Inc.

Night Night Layla. J. D. Green. Illus. by Joanne Partis. 2019. (Night Night Ser.). (ENG.). 32p. (J). (gr. -1-3). 7.99 ***(978-1-7282-0869-5(6))*** Sourcebooks, Inc.

Night Night Leah. J. D. Green. Illus. by Joanne Partis. 2019. (Night Night Ser.). (ENG.). 32p. (J). (gr. -1-3). 7.99 ***(978-1-7282-0870-1(X))*** Sourcebooks, Inc.

Night Night Levi. J. D. Green. Illus. by Joanne Partis. 2019. (Night Night Ser.). (ENG.). 32p. (J). (gr. -1-3). 7.99 ***(978-1-7282-0871-8(8))*** Sourcebooks, Inc.

Night Night Liam. J. D. Green. Illus. by Joanne Partis. 2019. (Night Night Ser.). (ENG.). 32p. (J). (gr. -1-3). 7.99 ***(978-1-7282-0872-5(6))*** Sourcebooks, Inc.

Night Night Lillian. J. D. Green. Illus. by Joanne Partis. 2019. (Night Night Ser.). (ENG.). 32p. (J). (gr. -1-3). 7.99 ***(978-1-7282-0873-2(4))*** Sourcebooks, Inc.

Night Night, Little Digger: A Touch-And-feel Storybook. Nicola Edwards. Illus. by Mateja Lukezic. 2022. (ENG.). 22p. (J). (-k). bds. 12.99 *(978-1-6643-5028-1(4))* Tiger Tales.

Night Night Little Liam. Colton Franks. Illus. by Randi Dolan. 2022. 30p. (J). 25.49 *(978-1-6678-4405-3(9))* BookBaby.

Night Night, Little Ones: Pull the Sliders to Change the Picture! Patricia Hegarty. Illus. by Thomas Elliott. 2022. (ENG.). 10p. (J). (-k). bds. 8.99 *(978-1-6643-5032-8(2))* Tiger Tales.

Night-Night, Little Pookie. Sandra Boynton. Illus. by Sandra Boynton. 2017. (Little Pookie Ser.). (ENG., Illus.). 18p. (J). (gr. -1-k). bds. 6.99 *(978-1-4814-9771-8(5))* Simon & Schuster, Inc.

Night Night Logan. J. D. Green. Illus. by Joanne Partis. 2019. (Night Night Ser.). (ENG.). 32p. (J). (gr. -1-3). 7.99 ***(978-1-7282-0874-9(2))*** Sourcebooks, Inc.

Night-Night Los Angeles. Katherine Sully. Illus. by Helen Poole. 2017. (Night-Night Ser.). (ENG.). 20p. (J). (gr. -1-1). bds. 9.99 *(978-1-4926-5491-9(4)*, Hometown World) Sourcebooks, Inc.

Night-Night Louisiana. Katherine Sully. Illus. by Helen Poole. 2017. (Night-Night Ser.). (ENG.). 20p. (J). (gr. -1-1). bds. 9.99 *(978-1-4926-5471-1(X)*, Hometown World) Sourcebooks, Inc.

Night Night Lucas. J. D. Green. Illus. by Joanne Partis. 2019. (Night Night Ser.). (ENG.). 32p. (J). (gr. -1-3). 7.99 ***(978-1-7282-0875-6(0))*** Sourcebooks, Inc.

Night Night Lucy. J. D. Green. Illus. by Joanne Partis. 2019. (Night Night Ser.). (ENG.). 32p. (J). (gr. -1-3). 7.99 ***(978-1-7282-0876-3(9))*** Sourcebooks, Inc.

Night Night Luke. J. D. Green. Illus. by Joanne Partis. 2019. (Night Night Ser.). (ENG.). 32p. (J). (gr. -1-3). 7.99 ***(978-1-7282-0877-0(7))*** Sourcebooks, Inc.

Night, Night Luna. P. L. Stone. 2021. (ENG.). 34p. (J). 21.99 *(978-1-954868-88-5(X))*; pap. 13.99 *(978-1-954004-61-0(3))* Pen It Pubns.

Night Night Madelyn. J. D. Green. Illus. by Joanne Partis. 2019. (Night Night Ser.). (ENG.). 32p. (J). (gr. -1-3). 7.99 ***(978-1-7282-0878-7(5))*** Sourcebooks, Inc.

Night Night Madison. J. D. Green. Illus. by Joanne Partis. 2019. (Night Night Ser.). (ENG.). 32p. (J). (gr. -1-3). 7.99 ***(978-1-7282-0879-4(3))*** Sourcebooks, Inc.

Night-Night Maryland. Katherine Sully. Illus. by Helen Poole. 2017. (Night-Night Ser.). (ENG.). 20p. (J). (gr. -1-1). bds. 9.99 *(978-1-4926-4768-3(3)*, 9781492647683, Hometown World) Sourcebooks, Inc.

Night Night Mason. J. D. Green. Illus. by Joanne Partis. 2019. (Night Night Ser.). (ENG.). 32p. (J). (gr. -1-3). 7.99 ***(978-1-7282-0880-0(7))*** Sourcebooks, Inc.

Night-Night Massachusetts. Katherine Sully. Illus. by Helen Poole. 2017. (Night-Night Ser.). (ENG.). 20p. (J). (gr. -1-1). bds. 9.99 *(978-1-4926-5485-8(X)*, Hometown World) Sourcebooks, Inc.

Night Night Matthew. J. D. Green. Illus. by Joanne Partis. 2019. (Night Night Ser.). (ENG.). 32p. (J). (gr. -1-3). 7.99 ***(978-1-7282-0881-7(5))*** Sourcebooks, Inc.

Night Night Mia. J. D. Green. Illus. by Joanne Partis. 2019. (Night Night Ser.). (ENG.). 32p. (J). (gr. -1-3). 7.99 ***(978-1-7282-0882-4(3))*** Sourcebooks, Inc.

Night Night Michael. J. D. Green. Illus. by Joanne Partis. 2019. (Night Night Ser.). (ENG.). 32p. (J). (gr. -1-3). 7.99 ***(978-1-7282-0883-1(1))*** Sourcebooks, Inc.

Night-Night Michigan. Katherine Sully. Illus. by Helen Poole. 2016. (Night-Night Ser.). (ENG.). 20p. (J). (gr. -1-1). bds. 9.99 *(978-1-4926-3934-3(6)*, 9781492639343, Hometown World) Sourcebooks, Inc.

Night Night Mila. J. D. Green. Illus. by Joanne Partis. 2019. (Night Night Ser.). (ENG.). 32p. (J). (gr. -1-3). 7.99 ***(978-1-7282-0884-8(X))*** Sourcebooks, Inc.

Night-Night Minnesota. Katherine Sully. Illus. by Helen Poole. 2016. (Night-Night Ser.). (ENG.). 20p. (J). (gr. -1-1). bds. 9.99 *(978-1-4926-3940-4(0)*, 9781492639404, Hometown World) Sourcebooks, Inc.

Night-Night Mississippi. Katherine Sully. Illus. by Helen Poole. 2017. (Night-Night Ser.). (ENG.). 20p. (J). (gr. -1-1). bds. 9.99 *(978-1-4926-5477-3(9)*, Hometown World) Sourcebooks, Inc.

Night-Night Missouri. Katherine Sully. Illus. by Helen Poole. 2017. (Night-Night Ser.). (ENG.). 20p. (J). (gr. -1-1). bds. 9.99 *(978-1-4926-4780-5(2)*, 9781492647805, Hometown World) Sourcebooks, Inc.

Night Night, Mommy, 1 vol. Amy Parker. 2016. (Night Night Ser.). (ENG., Illus.). 20p. (J). bds. 9.99 *(978-0-7180-4246-2(8)*, Tommy Nelson) Nelson, Thomas Inc.

Night-Night Montana. Katherine Sully. Illus. by Helen Poole. 2017. (Night-Night Ser.). (ENG.). 20p. (J). (gr. -1-1). bds. 9.99 *(978-1-4926-5486-5(8)*, Hometown World) Sourcebooks, Inc.

Night Night My Granddaughter. J. D. Green. Illus. by Joanne Partis. 2019. (Night Night Ser.). (ENG.). 32p. (J). (gr. -1-3). 7.99 ***(978-1-7282-0847-3(5))*** Sourcebooks, Inc.

Night Night My Grandson. J. D. Green. Illus. by Joanne Partis. 2019. (Night Night Ser.). (ENG.). 32p. (J). (gr. -1-3). 7.99 ***(978-1-7282-0848-0(3))*** Sourcebooks, Inc.

Night Night, My Little Cuddle Bug. Nicola Edwards. Illus. by Natalie Marshall. 2023. (You're My Little Ser.). (ENG.). 18p. (J). (— 1). bds. 9.99 ***(978-1-6672-0468-0(8)***, Silver Dolphin Bks.) Printers Row Publishing Group.

Night Night My Love. J. D. Green. Illus. by Joanne Partis. 2019. (Night Night Ser.). (ENG.). 32p. (J). (gr. -1-3). 7.99 ***(978-1-7282-0885-5(8))*** Sourcebooks, Inc.

Night Night My Nephew. J. D. Green. Illus. by Joanne Partis. 2019. (Night Night Ser.). (ENG.). 32p. (J). (gr. -1-3). 7.99 ***(978-1-7282-0887-9(4))*** Sourcebooks, Inc.

Night Night My Niece. J. D. Green. Illus. by Joanne Partis. 2019. (Night Night Ser.). (ENG.). 32p. (J). (gr. -1-3). 7.99 ***(978-1-7282-0888-6(2))*** Sourcebooks, Inc.

Night Night Natalie. J. D. Green. Illus. by Joanne Partis. 2019. (Night Night Ser.). (ENG.). 32p. (J). (gr. -1-3). 7.99 ***(978-1-7282-0889-3(0))*** Sourcebooks, Inc.

Night Night Nathan. J. D. Green. Illus. by Joanne Partis. 2019. (Night Night Ser.). (ENG.). 32p. (J). (gr. -1-3). 7.99 ***(978-1-7282-0890-9(4))*** Sourcebooks, Inc.

Night-Night Nebraska. Katherine Sully. Illus. by Helen Poole. 2017. (Night-Night Ser.). (ENG.). 20p. (J). (gr. -1-1). bds. 9.99 *(978-1-4926-5482-7(5)*, Hometown World) Sourcebooks, Inc.

Night Night Ned. Winfield Thomas. Illus. by Olivia R. Higgins. 2021. (ENG.). 32p. (J). pap. 14.99 ***(978-1-0880-1038-9(5))*** Indy Pub.

Night-Night New England. Katherine Sully. Illus. by Helen Poole. 2017. (Night-Night Ser.). (ENG.). 20p. (J). (gr. -1-1). bds. 9.99 *(978-1-4926-4772-0(1)*, 9781492647720, Hometown World) Sourcebooks, Inc.

Night-Night New Jersey. Katherine Sully. Illus. by Helen Poole. 2016. (Night-Night Ser.). (ENG.). 20p. (J). (gr. -1-1). bds. 9.99 *(978-1-4926-3933-6(8)*, 9781492639336, Hometown World) Sourcebooks, Inc.

Night-Night New York. Katherine Sully. Illus. by Helen Poole. 2017. (Night-Night Ser.). (ENG.). 20p. (J). (gr. -1-1). bds. 9.99 *(978-1-4926-5318-9(7)*, Hometown World) Sourcebooks, Inc.

Night-Night New York City. Katherine Sully. Illus. by Helen Poole. 2016. (Night-Night Ser.). (ENG.). 20p. (J). (gr. -1-1). bds. 9.99 *(978-1-4926-3932-9(X)*, 9781492639329, Hometown World) Sourcebooks, Inc.

Night Night Nicholas. J. D. Green. Illus. by Joanne Partis. 2019. (Night Night Ser.). (ENG.). 32p. (J). (gr. -1-3). 7.99 ***(978-1-7282-0891-6(2))*** Sourcebooks, Inc.

Night Night Noah. J. D. Green. Illus. by Joanne Partis. 2019. (Night Night Ser.). (ENG.). 32p. (J). (gr. -1-3). 7.99 ***(978-1-7282-0892-3(0))*** Sourcebooks, Inc.

Night Night Nora. J. D. Green. Illus. by Joanne Partis. 2019. (Night Night Ser.). (ENG.). 32p. (J). (gr. -1-3). 7.99 ***(978-1-7282-0893-0(9))*** Sourcebooks, Inc.

Night-Night North Carolina. Katherine Sully. Illus. by Helen Poole. 2017. (Night-Night Ser.). (ENG.). 20p. (J). (gr. -1-1). bds. 9.99 *(978-1-4926-4778-2(0)*, 9781492647782, Hometown World) Sourcebooks, Inc.

Night-Night North Dakota. Katherine Sully. Illus. by Helen Poole. 2017. (Night-Night Ser.). (ENG.). 20p. (J). (gr. -1-1). bds. 9.99 *(978-1-4926-5478-0(7)*, Hometown World) Sourcebooks, Inc.

Night Night, Ocean. Amy Parker. Illus. by Virginia Allyn. 2023. (Night Night Ser.). (ENG.). 20p. (J). bds. 10.99 *(978-1-4003-0900-9(X)*, Tommy Nelson) Nelson, Thomas Inc.

Night-Night Ohio. Katherine Sully. Illus. by Helen Poole. 2016. (Night-Night Ser.). (ENG.). 20p. (J). (gr. -1-1). bds. 9.99 *(978-1-4926-4220-6(7)*, 9781492642206, Hometown World) Sourcebooks, Inc.

Night-Night Oklahoma. Katherine Sully. Illus. by Helen Poole. 2017. (Night-Night Ser.). (ENG.). 20p. (J). (gr. -1-1). bds. 9.99 *(978-1-4926-5473-5(6)*, Hometown World) Sourcebooks, Inc.

Night Night Oliver. J. D. Green. Illus. by Joanne Partis. 2019. (Night Night Ser.). (ENG.). 32p. (J). (gr. -1-3). 7.99 ***(978-1-7282-0894-7(7))*** Sourcebooks, Inc.

Night Night Olivia. J. D. Green. Illus. by Joanne Partis. 2019. (Night Night Ser.). (ENG.). 32p. (J). (gr. -1-3). 7.99 ***(978-1-7282-0895-4(5))*** Sourcebooks, Inc.

Night-Night Oregon. Katherine Sully. Illus. by Helen Poole. 2017. (Night-Night Ser.). (ENG.). 20p. (J). (gr. -1-1). bds. 9.99 *(978-1-4926-5484-1(1)*, Hometown World) Sourcebooks, Inc.

Night Night Owen. J. D. Green. Illus. by Joanne Partis. 2019. (Night Night Ser.). (ENG.). 32p. (J). (gr. -1-3). 7.99 ***(978-1-7282-0896-1(3))*** Sourcebooks, Inc.

Night Night Penelope. J. D. Green. Illus. by Joanne Partis. 2019. (Night Night Ser.). (ENG.). 32p. (J). (gr. -1-3). 7.99 ***(978-1-7282-0898-5(X))*** Sourcebooks, Inc.

Night-Night Pennsylvania. Katherine Sully. Illus. by Helen Poole. 2016. (Night-Night Ser.). (ENG.). 20p. (J). (gr. -1-1). bds. 9.99 *(978-1-4926-4219-0(3)*, 9781492642190, Hometown World) Sourcebooks, Inc.

1464

The check digit for ISBN-10 appears in parentheses after the full ISBN-13

Night-Night Philadelphia. Katherine Sully. Illus. by Helen Poole. 2017. (Night-Night Ser.). (ENG.). 20p. (J). (gr. -1-1). bds. 9.99 *(978-1-4926-4774-4(8)*, 9781492647744, Hometown World) Sourcebooks, Inc.

Night-Night Pittsburgh. Katherine Sully. Illus. by Helen Poole. 2017. (Night-Night Ser.). (ENG.). 20p. (J). (gr. -1-1). bds. 9.99 *(978-1-4926-5479-7(5)*, Hometown World) Sourcebooks, Inc.

Night Night, Pumpkin, 1 vol. Amy Parker. Illus. by Virginia Allyn. 2020. (Night Night Ser.). (ENG.). 20p. (J). bds. 9.99 *(978-1-4002-1281-1(2)*, Tommy Nelson) Nelson, Thomas Inc.

Night Night Riley. J. D. Green. Illus. by Joanne Partis. 2019. (Night Night Ser.). (ENG.). 32p. (J). (gr. -1-3). 7.99 ***(978-1-7282-0899-2(8))*** Sourcebooks, Inc.

Night Night Ryan. J. D. Green. Illus. by Joanne Partis. 2019. (Night Night Ser.). (ENG.). 32p. (J). (gr. -1-3). 7.99 ***(978-1-7282-0900-5(5))*** Sourcebooks, Inc.

Night Night Sadie. J. D. Green. Illus. by Joanne Partis. 2019. (Night Night Ser.). (ENG.). 32p. (J). (gr. -1-3). 7.99 ***(978-1-7282-0901-2(3))*** Sourcebooks, Inc.

Night, Night Safari: Farewell Fun with Furry Friends. Shakeema Funchess. 2023. (ENG.). 44p. (J). pap. 20.00 ***(978-1-0881-6598-0(2))*** Indy Pub.

Night Night Samantha. J. D. Green. Illus. by Joanne Partis. 2019. (Night Night Ser.). (ENG.). 32p. (J). (gr. -1-3). 7.99 ***(978-1-7282-0902-9(1))*** Sourcebooks, Inc.

Night Night Samuel. J. D. Green. Illus. by Joanne Partis. 2019. (Night Night Ser.). (ENG.). 32p. (J). (gr. -1-3). 7.99 ***(978-1-7282-0903-6(X))*** Sourcebooks, Inc.

Night-Night San Francisco. Katherine Sully. Illus. by Helen Poole. 2017. (Night-Night Ser.). (ENG.). 20p. (J). (gr. -1-1). bds. 9.99 *(978-1-4926-4765-2(9)*, 9781492647652, Hometown World) Sourcebooks, Inc.

Night Night Savannah. J. D. Green. Illus. by Joanne Partis. 2019. (Night Night Ser.). (ENG.). 32p. (J). (gr. -1-3). 7.99 ***(978-1-7282-0904-3(8))*** Sourcebooks, Inc.

Night Night Scarlett. J. D. Green. Illus. by Joanne Partis. 2019. (Night Night Ser.). (ENG.). 32p. (J). (gr. -1-3). 7.99 ***(978-1-7282-0905-0(6))*** Sourcebooks, Inc.

Night Night Sebastian. J. D. Green. Illus. by Joanne Partis. 2019. (Night Night Ser.). (ENG.). 32p. (J). (gr. -1-3). 7.99 ***(978-1-7282-0906-7(4))*** Sourcebooks, Inc.

Night Night, Sleepy Farm: Lift the Flaps to Get Ready for Bed! Danielle McLean. Illus. by Gareth Williams. 2022. (ENG.). 12p. (J). (-k). bds. 9.99 ***(978-1-6643-5020-5(9))*** Tiger Tales.

Night Night, Sleepytown, 1 vol. Amy Parker. Illus. by Virginia Allyn. 2018. (Night Night Ser.). (ENG.). 20p. (J). bds. 9.99 *(978-1-4003-1003-6(2)*, Tommy Nelson) Nelson, Thomas Inc.

Night Night Sofia. J. D. Green. Illus. by Joanne Partis. 2019. (Night Night Ser.). (ENG.). 32p. (J). (gr. -1-3). 7.99 ***(978-1-7282-1542-6(0))*** Sourcebooks, Inc.

Night Night Sophia. J. D. Green. Illus. by Joanne Partis. 2019. (Night Night Ser.). (ENG.). 32p. (J). (gr. -1-3). 7.99 ***(978-1-7282-0907-4(2))*** Sourcebooks, Inc.

Night-Night South Carolina. Katherine Sully. Illus. by Helen Poole. 2017. (Night-Night Ser.). (ENG.). 20p. (J). (gr. -1-1). bds. 9.99 *(978-1-4926-4779-9(9)*, 9781492647799, Hometown World) Sourcebooks, Inc.

Night-Night South Dakota. Katherine Sully. Illus. by Helen Poole. 2017. (Night-Night Ser.). (ENG.). 20p. (J). (gr. -1-1). bds. 9.99 *(978-1-4926-4775-1(6)*, 9781492647751, Hometown World) Sourcebooks, Inc.

Night-Night St. Louis. Katherine Sully. Illus. by Helen Poole. 2017. (Night-Night Ser.). (ENG.). 20p. (J). (gr. -1-1). bds. 9.99 *(978-1-4926-5480-3(9)*, Hometown World) Sourcebooks, Inc.

Night Night Stella. J. D. Green. Illus. by Joanne Partis. 2019. (Night Night Ser.). (ENG.). 32p. (J). (gr. -1-3). 7.99 ***(978-1-7282-0908-1(0))*** Sourcebooks, Inc.

Night-Night Tennessee. Katherine Sully. Illus. by Helen Poole. 2017. (Night-Night Ser.). (ENG.). 20p. (J). (gr. -1-1). bds. 9.99 *(978-1-4926-4777-5(2)*, 9781492647775, Hometown World) Sourcebooks, Inc.

Night-Night Texas. Katherine Sully. Illus. by Helen Poole. 2016. (Night-Night Ser.). (ENG.). 20p. (J). (gr. -1-1). bds. 9.99 *(978-1-4926-3936-7(2)*, 9781492639367, Hometown World) Sourcebooks, Inc.

Night Night Thomas. J. D. Green. Illus. by Joanne Partis. 2019. (Night Night Ser.). (ENG.). 32p. (J). (gr. -1-3). 7.99 ***(978-1-7282-0909-8(9))*** Sourcebooks, Inc.

Night-Night Toronto. Katherine Sully. Illus. by Helen Poole. 2017. (Night-Night Ser.). (ENG.). 20p. (J). (gr. -1-1). bds. 9.99 *(978-1-4926-5493-3(0)*, Hometown World) Sourcebooks, Inc.

Night Night, Train, 1 vol. Amy Parker. Illus. by Virginia Allyn. 2017. (Night Night Ser.). (ENG.). 20p. (J). bds. 9.99 *(978-0-7180-8932-0(4)*, Tommy Nelson) Nelson, Thomas Inc.

Night-Night Utah. Katherine Sully. Illus. by Helen Poole. 2017. (Night-Night Ser.). (ENG.). 20p. (J). (gr. -1-1). bds. 9.99 *(978-1-4926-5476-6(0)*, Hometown World) Sourcebooks, Inc.

Night Night, Valentine, 1 vol. Amy Parker. Illus. by Virginia Allyn. 2020. (Night Night Ser.). (ENG.). 20p. (J). bds. 9.99 *(978-1-4002-1282-8(0)*, Tommy Nelson) Nelson, Thomas Inc.

Night-Night Vancouver. Katherine Sully. Illus. by Helen Poole. 2017. (Night-Night Ser.). (ENG.). 20p. (J). (gr. -1-1). bds. 9.99 *(978-1-4926-5494-0(9)*, Hometown World) Sourcebooks, Inc.

Night Night Victoria. J. D. Green. Illus. by Joanne Partis. 2019. (Night Night Ser.). (ENG.). 32p. (J). (gr. -1-3). 7.99 ***(978-1-7282-0910-4(2))*** Sourcebooks, Inc.

Night Night Violet. J. D. Green. Illus. by Joanne Partis. 2019. (Night Night Ser.). (ENG.). 32p. (J). (gr. -1-3). 7.99 ***(978-1-7282-0911-1(0))*** Sourcebooks, Inc.

Night-Night Virginia. Katherine Sully. Illus. by Helen Poole. 2017. (Night-Night Ser.). (ENG.). 20p. (J). (gr. -1-1). bds. 9.99 *(978-1-4926-4767-6(5)*, 9781492647676, Hometown World) Sourcebooks, Inc.

Night-Night Washington. Katherine Sully. Illus. by Helen Poole. 2017. (Night-Night Ser.). (ENG.). 20p. (J). (gr. -1-1). bds. 9.99 *(978-1-4926-4766-9(7)*, 9781492647669, Hometown World) Sourcebooks, Inc.

Night-Night Washington, D. C. Katherine Sully. Illus. by Helen Poole. 2017. (Night-Night Ser.). (ENG.). 20p. (J). (gr. -1-1). bds. 9.99 *(978-1-4926-4773-7(X)*, 9781492647737, Hometown World) Sourcebooks, Inc.

Night-Night West Virginia. Katherine Sully. Illus. by Helen Poole. 2017. (Night-Night Ser.). (ENG.). 20p. (J). (gr. -1-1). bds. 9.99 *(978-1-4926-5475-9(2)*, Hometown World) Sourcebooks, Inc.

Night Night William. J. D. Green. Illus. by Joanne Partis. 2019. (Night Night Ser.). (ENG.). 32p. (J). (gr. -1-3). 7.99 ***(978-1-7282-0912-8(9))*** Sourcebooks, Inc.

Night-Night Wisconsin. Katherine Sully. Illus. by Helen Poole. 2016. (Night-Night Ser.). (ENG.). 20p. (J). (gr. -1-1). bds. 9.99 *(978-1-4926-4217-6(7)*, 9781492642176, Hometown World) Sourcebooks, Inc.

Night Night Wyatt. J. D. Green. Illus. by Joanne Partis. 2019. (Night Night Ser.). (ENG.). 32p. (J). (gr. -1-3). 7.99 ***(978-1-7282-0913-5(7))*** Sourcebooks, Inc.

Night-Night Wyoming. Katherine Sully. Illus. by Helen Poole. 2017. (Night-Night Ser.). (ENG.). 20p. (J). (gr. -1-1). bds. 9.99 *(978-1-4926-5489-6(2)*, Hometown World) Sourcebooks, Inc.

Night Night Zoey. J. D. Green. Illus. by Joanne Partis. 2019. (Night Night Ser.). (ENG.). 32p. (J). (gr. -1-3). 7.99 ***(978-1-7282-0914-2(5))*** Sourcebooks, Inc.

Night Night, Zoo, 1 vol. Amy Parker. Illus. by Virginia Allyn. 2019. (Night Night Ser.). (ENG.). 20p. (J). bds. 9.99 *(978-1-4003-1014-2(8)*, Tommy Nelson) Nelson, Thomas Inc.

Night Noises. Lisa Beere. Illus. by Lynn Costelloe. 2016. (ENG.). (J). pap. 9.59 *(978-1-68160-200-4(8))* Crimson Cloak Publishing.

Night Notes / Dream Journal. Agnieszka Swiatkowska-Sulecka. 2022. (ENG.). 120p. (J). pap. ***(978-1-4710-9802-4(8))*** Lulu Pr., Inc.

Night Novel Units Student Packet. Novel Units. 2019. (ENG.). (YA). pap. 13.99 *(978-1-56137-805-0(4)*, NU8054SP, Novel Units, Inc.) Classroom Library Co.

Night Novel Units Teacher Guide. Novel Units. 2019. (ENG.). (YA). pap. 12.99 *(978-1-56137-804-3(6)*, NU8046, Novel Units, Inc.) Classroom Library Co.

Night Octopus: And Other Scary Tales. Michael Dahl. Illus. by Xavier Bonet. 2017. (Michael Dahl's Really Scary Stories Ser.). (ENG.). 72p. (J). (gr. 1-3). lib. bdg. 25.32 *(978-1-4965-4899-3(X)*, 135651, Stone Arch Bks.) Capstone.

Night of Cake & Puppets. Laini Taylor. Illus. by Jim Di Bartolo. 2017. (Daughter of Smoke & Bone Ser.). (ENG.). 256p. (YA). (gr. 10-17). 16.99 *(978-0-316-43919-0(3))* Little, Brown Bks. for Young Readers.

Night of Devoured Souls. R. M. Schultz. 2018. (Era of Shadows Ser.: Vol. 2). (ENG.). 404p. (YA). pap. 15.99 *(978-0-9988918-3-5(5))* Schultz, Ryan.

Night of Fires: And Other Breton Studies (Classic Reprint) Anatole Le Braz. 2018. (ENG., Illus.). 316p. (J). 30.43 *(978-0-656-78923-8(9))* Forgotten Bks.

Night of Flame. Jordan Rivet. 2021. (ENG.). 444p. (YA). 24.99 *(978-1-0879-8991-4(4))* Indy Pub.

Night of Fright: Tickle Bone Tales. Cheryl Anderson. 2019. (ENG.). 62p. (J). pap. 17.95 *(978-1-64515-279-8(0))* Christian Faith Publishing.

Night of Great Joy, 1 vol. Mary Engelbreit. (ENG., Illus.). (J). 2020. 28p. bds. 9.99 *(978-0-310-76606-3(0))*; 2016. 32p. 17.99 *(978-0-310-74354-5(0))* Zonderkidz.

Night of His Birth. Katherine Paterson. Illus. by Lisa Aisato. 2019. (ENG.). 32p. (J). (gr. k-4). 18.00 *(978-1-947888-12-8(9)*, Flyaway Bks.) Westminster John Knox Pr.

Night of Light: A Hanukah Play (Classic Reprint) Louis Kaplan. (ENG., Illus.). (J). 2017. 24.31 *(978-0-265-46279-9(7))*; 2016. pap. 7.97 *(978-1-333-34114-5(8))* Forgotten Bks.

Night of Mysterious Blessings. Sally Metzger. Illus. by Courtney Smith. 2021. (ENG.). 40p. (J). 19.99 *(978-1-64949-442-9(4))*; pap. 11.99 *(978-1-64949-443-6(2))* Elk Lake Publishing, Inc.

Night of Scares! A Terribly Creepy Tale, 1 vol. Sebastian Smith. 2021. (I Read-N-Rhyme Ser.). (ENG., Illus.). 24p. (J). (gr. -1-3). pap. *(978-1-4271-2940-6(1)*, 11027) Crabtree Publishing Co.

Night of Scares!: a Terribly Creepy Tale. Sebastian Smith. 2021. (I Read-N-Rhyme Ser.). (ENG., Illus.). 24p. (J). (gr. -1-3). lib. bdg. *(978-1-4271-2929-1(0)*, 11015) Crabtree Publishing Co.

Night of Scares Coloring Book. Creative Playbooks. 2016. (ENG., Illus.). (J). pap. 7.74 *(978-1-68323-733-4(1))* Twin Flame Productions.

Night of Soldiers & Spies (Ranger in Time #10) (Library Edition) Kate Messner. Illus. by Kelley McMorris. 2019. (Ranger in Time Ser.: 10). (ENG.). 160p. (J). (gr. 2-5). lib. bdg. 17.99 *(978-1-338-13402-5(7)*, Scholastic Pr.) Scholastic, Inc.

Night of Temptation (Classic Reprint) Victoria Cross. (ENG., Illus.). (J). 2017. 30.31 *(978-0-266-50694-2(1))*; 2016. pap. 13.57 *(978-1-334-14798-2(1))* Forgotten Bks.

Night of the Amber Moon. Helen Dunlap Newton. 2021. (ENG.). 224p. (J). 22.99 *(978-1-954095-87-8(2))*; pap. 17.99 *(978-1-954095-52-6(X))* Yorkshire Publishing Group.

Night of the Bats! (Minecraft Woodsword Chronicles #2) Nick Eliopulos. Illus. by Luke Flowers. 2019. (Minecraft Woodsword Chronicles Ser.). (ENG.). 144p. (J). (gr. 1-4). 9.99 *(978-1-9848-5048-5(2)*, Random Hse. Bks. for Young Readers) Random Hse. Children's Bks.

Night of the Bold (Kings & Sorcerers — Book 6) Morgan Rice. 2016. (ENG., Illus.). 162p. (J). pap. 12.99 *(978-1-63291-497-2(2)*, Morgan Rice) Morgan Rice Bks.

Night of the Crown. Hunter Thompson. 2018. (ENG., Illus.). 54p. (YA). (gr. 7-12). pap. 8.99 *(978-0-9987157-8-0(6))* RMA Publicity LLC dba Sigma's Bookshelf.

Night of the Digging Dog. John Sazaklis. Illus. by Giada Gatti. 2019. (Boo Bks.). (ENG.). 32p. (J). (gr. k-2). lib. bdg. 22.65 *(978-1-5158-4484-6(6)*, 140580, Picture Window Bks.) Capstone.

Night of the Dragon. Julie Kagawa. (Shadow of the Fox Ser.: 3). (ENG.). (YA). 2021. 432p. pap. 11.99 *(978-1-335-09140-6(8))*; 2020. (Illus.). 368p. 19.99 *(978-1-335-14678-6(4))* Harlequin Enterprises ULC CAN. Dist: HarperCollins Pubs.

Night of the Drawing Undead: How to Draw Zombies Activity Book. Kreativ Entspannen. 2016. (ENG., Illus.). (J). pap. 9.20 *(978-1-68377-082-4(X))* Whlke, Traudl.

Night of the Elephants. Emilie Dufresne. Illus. by Silvia Nencini. 2023. (Level 5 - Green Set Ser.). (ENG.). 32p. (J). (gr. 1-3). lib. bdg. 19.95 Bearport Publishing Co., Inc.

Night of the Hidden Fang. T. James Logan. 2018. (Lycanthrope Trilogy Ser.: Vol. 1). (ENG., Illus.). 322p. (YA). (gr. 8-12). pap. 15.99 *(978-1-62225-418-7(X))* Publishing Consortium, LLC, The.

Night of the Living Bread: from the Doodle Boy Joe Whale (Bad Food #5) Eric Luper. Illus. by Joe Whale. 2023. (Bad Food Ser.). (ENG.). 160p. (J). (gr. 1-3). pap. 6.99 ***(978-1-338-85917-1(X))*** Scholastic, Inc.

Night of the Living Cuddle Bunnies: Devin Dexter #1. Jonathan Rosen. (Devin & Dexter Ser.: 1). (ENG.). (J). (gr. 2-7). 2018. 304p. pap. 9.99 *(978-1-5107-3487-6(2))*; 2017. 256p. 15.99 *(978-1-5107-1523-3(1))* Skyhorse Publishing Co., Inc. (Sky Pony Pr.).

Night of the Living Dolls. Joel Sutherland. 2020. (Haunted Ser.: 3). (ENG.). 176p. (J). (gr. 3-7). pap. 7.99 *(978-1-7282-2591-3(4))* Sourcebooks, Inc.

Night of the Living Pasta. Arthur McBain. Illus. by Chrissie Krebs. 2022. (ENG.). 32p. (J). (gr. -1-k). 17.99 ***(978-1-76050-855-5(1))*** Little Hare Bks. AUS. Dist: Independent Pubs. Group.

Night of the Living Queers: 13 Tales of Terror & Delight. Shelly Page et al. Ed. by Shelly Page & Alex Brown. 2023. (ENG.). 304p. (YA). 24.00 ***(978-1-250-89298-0(8)***, 900288368); pap. 12.00 ***(978-1-250-89296-6(1)***, 900288369) St. Martin's Pr. (Wednesday Bks.).

Night of the Living Rat! Melvinge of the Magaverse #2. Doyle & MacDonald. 2019. (Daniel M. Pinkwater's Melvinge of the Magaverse Ser.: Vol. 2). (ENG.). 150p. (YA). (gr. 7-12). pap. 12.95 *(978-1-59687-563-0(1)*, ipicturebooks) ibooks, Inc.

Night of the Living Shadows. Dave Coverly. 2017. (Speed Bump & Slingshot Misadventure Ser.: 2). (ENG., Illus.). 144p. (J). pap. 16.99 *(978-1-250-12942-0(7)*, 900176077) Square Fish.

Night of the Living Shadows. Dave Coverly. ed. 2017. (Speed Bump & Slingshot Misadventure Ser.: 2). (J). lib. bdg. 16.00 *(978-0-606-40583-6(6))* Turtleback.

Night of the Living Shark! David Bischoff & Daniel M. Pinkwater. 2018. (Melvinge of the Universe Ser.: Vol. 1). (ENG.). 132p. (YA). (gr. 7-12). pap. 12.95 *(978-1-59687-559-3(3)*, ipicturebooks) ibooks, Inc.

Night of the Living Straws. Idella Pearl Edwards. 2020. (ENG., Illus.). 44p. (J). pap. 10.00 *(978-1-7327963-6-2(X))* Edwards, Idella.

Night of the Living Ted. Barry Hutchison. Illus. by Lee Cosgrove. 2020. (Living Ted Ser.: 1). (ENG.). 192p. (J). (gr. 3-7). 9.99 *(978-0-593-17428-9(3)*, Delacorte Bks. for Young Readers) Random Hse. Children's Bks.

Night of the Living Things (Victor Shmud, Total Expert #2) Jim Benton. Illus. by Jim Benton. 2017. (Victor Shmud, Total Expert Ser.: 2). (ENG., Illus.). 112p. (J). (gr. 2-5). pap. 5.99 *(978-0-545-93234-9(3)*, Scholastic Paperbacks) Scholastic, Inc.

Night of the Living Things (Victor Shmud, Total Expert #2) (Library Edition) Jim Benton. Illus. by Jim Benton. 2017. (Victor Shmud, Total Expert Ser.: 2). (ENG., Illus.). 112p. (J). (gr. 2-5). lib. bdg. 16.99 *(978-0-545-93235-6(1)*, Scholastic Paperbacks) Scholastic, Inc.

Night of the Living Worms: A Speed Bump & Slingshot Misadventure. Dave Coverly. Illus. by Dave Coverly. ed. 2016. (Speed Bump & Slingshot Misadventure Ser.: 1). (ENG., Illus.). 121p. (J). (gr. 2-5). 16.00 *(978-0-606-39299-0(8))* Turtleback.

Night of the Living Zombie Bugs. Dave Coverly. Illus. by Dave Coverly. 2018. (Speed Bump & Slingshot Misadventure Ser.: 3). (ENG., Illus.). 144p. (J). pap. 6.99 *(978-1-250-17721-6(9)*, 900171360) Square Fish.

Night of the Mask (Frightville #4) Mike Ford. 2020. (Frightville Ser.: 4). (ENG.). 128p. (J). (gr. 2-5). pap. 5.99 *(978-1-338-36015-8(9)*, Scholastic Paperbacks) Scholastic, Inc.

Night of the Moon: A Muslim Holiday Story. Hena Khan. Illus. by Julie Paschkis. 2018. (ENG.). 36p. (J). (gr. -1-k). pap. 7.99 *(978-1-4521-6896-8(2))* Chronicle Bks. LLC.

Night of the Moonjellies: 25th Anniversary Edition. Mark Shasha. 25th ed. 2017. (ENG., Illus.). (J). 18.95 *(978-1-930900-97-4(X))* Purple Hse. Pr.

Night of the Ninjas, 5. Mary Pope Osborne. 2019. (Magic Tree House Ser.). (ENG.). 68p. (J). (gr. 2-3). 16.96 *(978-0-87617-694-8(5))* Penworthy Co., LLC, The.

Night of the Ninjas Graphic Novel. Mary Pope Osborne. Illus. by Kelly Matthews & Nichole Matthews. 2023. (Magic Tree House (R) Ser.: 5). 176p. (J). (gr. 1-4). 16.99 ***(978-0-593-48879-9(2))***; pap. 9.99 ***(978-0-593-48878-2(4))***; (ENG.). lib. bdg. 19.99 ***(978-0-593-48880-5(6))*** Random Hse. Children's Bks. (Random Hse. Bks. for Young Readers).

Night of the Ninth Dragon. Mary Pope Osborne. Illus. by Sal Murdocca. (Magic Tree House (R) Merlin Mission Ser.: 27). 144p. (J). (gr. 2-5). 2018. 6.99 *(978-0-553-51092-8(4))*; 2016. 13.99 *(978-0-553-51089-8(4))* Random Hse. Children's Bks. (Random Hse. Bks. for Young Readers).

Night of the Plunger Knight. Marsi L Gorman. 2018. (ENG., Illus.). 24p. (J). 24.95 *(978-1-64214-164-1(X))*; pap. 15.95 *(978-1-64214-163-4(1))* Page Publishing Inc.

Night of the Raven, Dawn of the Dove. Rati Mehrotra. 2022. (ENG., Illus.). 352p. (YA). 18.99 *(978-1-250-82368-7(4)*, 900251034, Wednesday Bks.) St. Martin's Pr.

Night of the Reading Dead. Bryce Craps. 2021. (ENG.). 46p. (J). 19.99 *(978-1-6629-1241-2(2))*; pap. 12.99 *(978-1-6629-1242-9(0))* Gatekeeper Pr.

Night of the Scrawler. Michael Dahl. 2016. (ENG., Illus.). 40p. (J). pap. *(978-1-4747-1056-5(5)*, Stone Arch Bks.) Capstone.

Night of the Space Spud. Kayley Williams. 2019. (ENG., Illus.). 58p. (J). pap. *(978-1-78830-414-6(4))* Olympia Publishers.

Night of the Squawker (Goosebumps SlappyWorld #18) R. L. Stine. 2023. (Goosebumps SlappyWorld Ser.). (ENG.). 160p. (J). (gr. 3-7). pap. 6.99 *(978-1-338-75220-5(0)*, Scholastic Paperbacks) Scholastic, Inc.

Night of the Sun. Edwin Gilven. 2017. (ENG., Illus.). 32p. (J). pap. *(978-1-387-14640-6(8))* Lulu Pr., Inc.

Night of the Vampire Geese. Louis Hansell & Kelly Marie Bradley. 2022. (ENG.). 52p. (J). pap. 13.99 ***(978-1-7347046-8-6(3))*** New Montgomery Pr.

Night of the Vulture! (Marvel: Spider-Man) Frank Berrios. Illus. by Francesco Legramandi & Silvano Scolari. 2017. (Little Golden Book Ser.). (ENG.). 24p. (J). (-k). 5.99 *(978-1-5247-1728-5(2)*, Golden Bks.) Random Hse. Children's Bks.

Night of the Witch. Sara Raasch & Beth Revis. 2023. (Witch & Hunter Ser.: 1). (ENG.). 416p. (YA). (gr. 8-12). 18.99 ***(978-1-7282-7216-0(5))*** Sourcebooks, Inc.

Night of the Wolf. Sean Kikkert. 2020. (ENG.). 204p. (YA). pap. 15.95 *(978-1-947966-33-8(2))* WiDo Publishing.

Night of the Zombie Zookeeper. Andres Miedoso. Illus. by Victor Rivas. 2018. (Desmond Cole Ghost Patrol Ser.: 4). (ENG.). 128p. (J). (gr. k-4). 16.99 *(978-1-5344-1805-9(9))*; pap. 6.99 *(978-1-5344-1804-2(0))* Little Simon. (Little Simon).

Night of the Zombie Zookeeper: #4. Andres Miedoso. Illus. by Victor Rivas. 2021. (Desmond Cole Ghost Patrol Ser.). (ENG.). 128p. (J). (gr. 1-3). lib. bdg. 31.36 *(978-1-5321-4982-5(4)*, 36971, Chapter Bks.) Spotlight.

Night of Wishes: Or the Satanarchaeolidealcohellish Notion Potion. Michael Ende. Tr. by Heike Schwarzbauer & Rick Takvorian. Illus. by Regina Kehn. 2017. 216p. (J). (gr. 3-7). 16.95 *(978-1-68137-188-7(X)*, NYR Children's Collection) New York Review of Bks., Inc., The.

Night of Wolves 3. Lena Dietrich. 2018. (GER., Illus.). 356p. (J). *(978-3-7469-0851-9(5))*; pap. *(978-3-7469-0850-2(7))* tredition Verlag.

Night of Your Life. Lydia Sharp. 2020. (ENG.). 272p. (J). (gr. 7-7). pap. 9.99 *(978-1-338-31727-5(X))* Scholastic, Inc.

Night on the Sand. Monica Mayper. Illus. by Jamie Kim. 2022. (ENG.). 32p. (J). (gr. -1-3). 17.99 *(978-1-328-88418-3(X)*, 1698166, Clarion Bks.) HarperCollins Pubs.

Night Operator (Classic Reprint) Frank Lucius Packard. (ENG., Illus.). (J). 2018. 336p. 30.83 *(978-0-332-09480-9(4))*; 2016. pap. 13.57 *(978-1-334-14976-4(3))* Forgotten Bks.

Night Orchid: Book Two. L. Lombard. 2017. (Ebo Ser.: Vol. 2). (ENG., Illus.). (YA). (gr. 7-12). pap. *(978-1-928133-81-0(9))* Morning Rain Publishing.

Night Out. Daniel Miyares. 2018. (Illus.). 40p. (J). (gr. -1-3). 17.99 *(978-1-5247-6572-9(4))*; (ENG., lib. bdg. 20.99 *(978-1-5247-6573-6(2))* Random Hse. Children's Bks. (Schwartz & Wade Bks.).

Night Out (Classic Reprint) Edward Peple. 2017. (ENG., Illus.). (J). 25.01 *(978-0-260-60323-4(6))* Forgotten Bks.

Night Out with Mama. Quvenzhané Wallis. Illus. by Vanessa Brantley-Newton. 2017. (ENG.). 40p. (J). (gr. -1-3). 17.99 *(978-1-4814-5880-1(9)*, Simon & Schuster Bks. For Young Readers) Simon & Schuster Bks. For Young Readers.

Night Owl (Upside-Down Magic #8), 1 vol. Emily Jenkins et al. 2021. (Upside-Down Magic Ser.: 8). (ENG.). 176p. (J). (gr. 3-7). 16.99 *(978-1-338-66216-0(3)*, Scholastic Pr.) Scholastic, Inc.

Night Owls & Summer Skies. Rebecca Sullivan. 2020. (ENG.). 288p. (YA). pap. 10.99 *(978-1-989365-25-0(6)*, 900222489) Wattpad Bks. CAN. Dist: Macmillan.

Night Play: (Kids Books for Nighttime, Kids Imagination Books) Lizi Boyd. 2018. (ENG., Illus.). 44p. (J). (gr. -1-k). 17.99 *(978-1-4521-5529-6(1))* Chronicle Bks. LLC.

Night Quest: A Boy's Mysterious Dreams. Marion Dees & Hagen Fletcher. 2023. (ENG.). 52p. (J). pap. 12.50 ***(978-1-916707-29-0(7))*** Indy Pub.

Night Ride. J. Anderson Coats. 2022. (ENG.). 224p. (J). (gr. 3-7). pap. 7.99 *(978-1-5344-8078-0(1)*, Atheneum Bks. for Young Readers) Simon & Schuster Children's Publishing.

Night-Riders: A Romance of Early Montana (Classic Reprint) Ridgwell Cullum. 2018. (ENG., Illus.). 434p. (J). 32.85 *(978-0-483-19967-5(2))* Forgotten Bks.

Night-Rider's Daughter (Classic Reprint) Annie Somers Gilchrist. (ENG., Illus.). (J). 2018. 250p. 29.05 *(978-0-483-52411-8(5))*; 2017. pap. 11.57 *(978-0-243-08958-1(9))* Forgotten Bks.

Night Rise. Scott Taylor. 2016. (ENG.). 268p. (J). pap. ***(978-1-326-90098-4(6))*** Lulu Pr., Inc.

Night Runners. Geraldo Valério. 2022. (ENG., Illus.). 52p. (J). (gr. -1-1). 19.99 *(978-1-77306-569-4(6))* Groundwood Bks. CAN. Dist: Publishers Group West (PGW).

Night Santa Forgot. Fabian Grant. 2020. (ENG.). 136p. (J). *(978-1-913438-40-1(6))*; pap. *(978-1-913438-39-5(2))* ASys Publishing.

Night School. Laurie Friedman. Illus. by Marta Dorado. 2022. (Sunshine Picture Bks.). (ENG.). 32p. (J). (gr. k-3). pap. *(978-1-0396-6312-1(5)*, 21770); lib. bdg. *(978-1-0396-6117-2(3)*, 21769) Crabtree Publishing Co. (Sunshine Picture Books).

Night Screams. Devon McCormack. (ENG., Illus.). (YA). 2017. 25.99 *(978-1-64080-354-1(8))*; 2016. 24.99 *(978-1-63477-971-5(1))* Dreamspinner Pr. (Harmony Ink Pr.).

Night Shade Academy. Kelly Carrero. 2019. (ENG.). 326p. (YA). pap. 14.99 *(978-1-393-79125-6(5))* Draft2Digital.

Night Shadows. Linda Chapman. Illus. by Lucy Fleming. 2021. (Star Friends Ser.: 5). (ENG.). 160p. (J). (gr. 1-4). pap. 6.99 *(978-1-68010-481-3(0))* Tiger Tales.

Night Shine. Tessa Gratton. 2020. (ENG.). 400p. (YA). (gr. 9). 19.99 *(978-1-5344-6077-5(2)*, McElderry, Margaret K. Bks.) McElderry, Margaret K. Bks.

Night Side of London (Classic Reprint) Robert Machray. 2017. (ENG., Illus.). 322p. (J). 30.54 *(978-0-484-84020-0(7))* Forgotten Bks.

Night Side of London (Classic Reprint) J. Ewing Ritchie. 2018. (ENG., Illus.). 270p. (J). 29.49 *(978-0-365-26760-7(0))* Forgotten Bks.

Night Side of Nature, or Ghosts & Ghost Seers (Classic Reprint) Catherine Crowe. 2018. (ENG., Illus.). 454p. (J). 33.28 *(978-0-364-94531-5(1))* Forgotten Bks.

Night Side of Nature, or Ghosts & Ghost Seers, Vol. 2 of 2 (Classic Reprint) Catherine Crowe. 2017. (ENG., Illus.). (J). 31.98 *(978-0-266-59705-6(X))* Forgotten Bks.

Night Side of New York: A Picture of the Great Metropolis after Nightfall (Classic Reprint) Frank Beard. (ENG., Illus.). (J). 2018. 126p. 26.50 *(978-0-267-78537-7(2))*; 2016. pap. 9.57 *(978-1-334-31887-0(5))* Forgotten Bks.

Night Skies of Canada, 1 vol. Tamara Hartson. 2018. (Super Explorers Ser.). (ENG., Illus.). 64p. (J). pap. 6.99 *(978-1-926700-86-1(4),* 32209b59-500b-4d48-9fde-52b3e05be1b4) Blue Bike Bks. CAN. Dist: Lone Pine Publishing USA.

Night Sky. Kathryn Hulick. 2021. (Field Guides). (ENG., Illus.). 112p. (J). (gr. 4-8). lib. bdg. 44.21 *(978-1-5321-9698-0(9),* 38362) ABDO Publishing Co.

Night Sky. Rola Shaw. Illus. by Lara Hawthorne. 2021. (ENG.). 32p. 17.99 *(978-1-4052-9778-3(6),* Red Shed) Farshore GBR. Dist: HarperCollins Pubs.

Night Sky, 1 vol. Giles Sparrow. 2017. (Space Explorers Ser.). (ENG.). 32p. (gr. 2-2). 26.93 *(978-0-7660-9266-2(6),* 60631486-a512-4aad-8395-5f4db56ccb4a) Enslow Publishing, LLC.

Night Sky. Stephanie Warren Drimmer. ed. 2018. (National Geographic Readers Ser.). (ENG.). 32p. (J). (gr. -1-1). 13.89 *(978-1-64310-464-5(0))* Penworthy Co., LLC, The.

Night Sky: A Frozen Discovery Book. Paul Dichter. Illus. by Disney Storybook Artists. 2018. (Disney Learning Discovery Bks.). (ENG.). 48p. (J). (gr. 2-5). pap. 8.99 *(978-1-5415-3268-7(6),* Lerner Pubns.) Lerner Publishing Group.

Night Sky: A Frozen Discovery Book. Paul Dichter. Illus. by Disney Storybook Disney Storybook Artists. 2018. (Disney Learning Discovery Bks.). (ENG.). 48p. (J). (gr. 2-5). lib. bdg. 31.99 *(978-1-5415-3260-1(0),* Lerner Pubns.) Lerner Publishing Group.

Night Sky: Ready-To-Read Level 1. Marion Dane Bauer. Illus. by John Wallace. 2023. (Our Universe Ser.). (ENG.). 32p. (J). (gr. -1-1). 17.99 ***(978-1-6659-3149-6(3))***; pap. 4.99 ***(978-1-6659-3148-9(5))*** Simon Spotlight. (Simon Spotlight).

Night Sky Lined with Silver. Yvonne David. 2023. (ENG.). 80p. (J). 22.95 ***(978-1-63755-487-6(7),*** Mascot Kids) Amplify Publishing Group.

Night Sounds. Sam Taplin. 2018. (Press-A-Sound Bks.). (ENG.). 10p. (J). 19.99 *(978-0-7945-4142-2(9),* Usborne) EDC Publishing.

Night Sounds. Sam Taplin. Illus. by Federica Iossa. 2023. (Sound Bks.). (ENG.). 10p. (J). bds. 19.99 ***(978-1-80531-817-0(9))*** Usborne Publishing, Ltd. GBR. Dist: HarperCollins Pubs.

Night Speed. Chris Howard. 2016. (ENG.). 416p. (YA). (gr. 8). 17.99 *(978-0-06-241534-9(4),* Tegen, Katherine Bks) HarperCollins Pubs.

Night Stalkers. Jim Whiting. 2018. (U. S. Special Forces Ser.). (ENG.). 48p. (J). (gr. 3-6). *(978-1-60818-985-4(6),* 19985, Creative Education); pap. 12.00 *(978-1-62832-612-3(3),* 19989, Creative Paperbacks) Creative Co., The.

Night Stallion. Martha White. 2021. (ENG.). 38p. (J). 18.99 *(978-1-63988-094-2(1))* Primedia eLaunch LLC.

Night Strolling. Barbara Turner. 2017. (ENG., Illus.). (J). pap. 19.95 *(978-1-63249-426-9(4))* America Star Bks.

Night Tent. Landis Blair. 2023. (Illus.). 40p. (J). (gr. -1-3). 18.99 *(978-0-8234-5098-5(8),* Margaret Ferguson Books) Holiday Hse., Inc.

Night the Bullies Were Bullied! Charles Ricciardi. Illus. by Charles Ricciardi. 2018.Tr. of Night the Bullies Were Bullied!. (ENG., Illus.). 46p. (J). pap. 10.99 *(978-0-9996986-1-7(3))* Ricciardi, Charles.

Night the Cops Tried to Kill Me: A Whodunnit. John Atkins. 2023. (ENG.). 186p. (YA). pap. ***(978-1-365-13520-0(9))*** Lulu Pr., Inc.

Night the Dogs Took Over. Noreen Anne. 2020. (ENG.). 40p. (J). *(978-1-64575-696-5(3))*; pap. *(978-1-64575-695-8(5))* Austin Macauley Pubs. Ltd.

Night the Moon Went Dark. Gordon Kibbee. Illus. by Gordon Kibbee. 2020. (ENG., Illus.). 56p. (J). (gr. k-6). 29.99 ***(978-1-64871-342-2(4))***; pap. 23.99 ***(978-1-64316-509-7(7))*** Primedia eLaunch LLC.

Night the Moon Went Missing. Brendan Kearney. 2021. (ENG.). 32p. (J). (-k). 16.99 *(978-0-7440-3953-5(3),* DK Children) Dorling Kindersley Publishing, Inc.

Night the Penguins Came. Henry Gray & Charlotte Gray. 2017. (ENG., Illus.). (J). pap. *(978-0-646-96721-9(5))* Gray, Lynda.

Night the Reindeer Came to Play. Maria Votto. Illus. by Karen Tanch. 2021. (ENG.). 24p. (J). 14.95 *(978-1-7357554-2-7(7))* Votto, Maria.

Night the Stars Fell: The Astounding 1833 Leonid Meteor Shower. Sally Crum. Illus. by Eric Carlson. 2018. (ENG.). 48p. (J). (gr. 1-6). pap. 14.95 *(978-1-5154-1716-3(6))* Wilder Pubns., Corp.

Night Tide: A Story of Old Chinatown (Classic Reprint) Grant Carpenter. 2017. (ENG., Illus.). (J). 30.93 *(978-0-266-61040-3(4))* Forgotten Bks.

Night-Time Cat & the Plump, Grey Mouse: A Trinity College Tale. Erika McGann & Lauren O'Neill. Illus. by Lauren O'Neill. 2019. (ENG., Illus.). 32p. 19.99 *(978-1-84717-945-6(2))* O'Brien Pr., Ltd., The. IRL. Dist: Casemate Pubs. & Bk. Distributors, LLC.

Night Time Problem for Growing Kids. Ming Fang Xie. 2019. (CHI.). (J). *(978-957-751-829-3(X))* Mandarin Daily News.

Night to Die For. Lisa Schroeder. 2022. 288p. (YA). (gr. 7). pap. 10.99 *(978-0-593-48153-0(4),* Underlined) Random Hse. Children's Bks.

Night Tom Turkey Came Home. Alex Hyden. 2021. (ENG., Illus.). 38p. (J). pap. 15.95 *(978-1-0980-9800-1(5))* Christian Faith Publishing.

Night Train, Night Train. Robert Burleigh. Illus. by Wendell Minor. 2018. 32p. (J). (-k). lib. bdg. 16.99 *(978-1-58089-717-4(7))* Charlesbridge Publishing, Inc.

Night Train, Night Train. Robert Burleigh. Illus. by Wendell Minor. 2022. 26p. (J). (— 1). bds. 7.99 *(978-1-62354-332-7(0))* Charlesbridge Publishing, Inc.

Night under the Circus Tent. Jen Poteet. 2017. (ENG., Illus.). (J). (gr. -1-3). 24.00 *(978-0-692-83678-1(0))* Higgins, Christine.

Night Visitor. Susan Martin. 2021. (ENG., Illus.). 26p. (J). 23.95 *(978-1-64952-886-5(8))*; pap. 13.95 *(978-1-64952-884-1(1))* Fulton Bks.

Night Vj Got Saved. Vincent Green. 2016. (ENG., Illus.). (J). pap. 12.95 *(978-1-68197-195-7(X))* Christian Faith Publishing.

Night Walk, 25 vols. Marie Dorléans. 2021. (Illus.). 32p. (J). 17.95 *(978-1-78250-639-3(X))* Floris Bks. GBR. Dist: Consortium Bk. Sales & Distribution.

Night Walk, 1 vol. Sara O'Leary. Illus. by Ellie Arscott. 2020. (ENG.). 32p. (J). (gr. -1-2). 19.99 *(978-1-55498-796-2(2))* Groundwood Bks. CAN. Dist: Publishers Group West (PGW).

Night Watch: Or, Social Life in the South (Classic Reprint) Unknown Author. 2017. (ENG., Illus.). (J). 34.81 *(978-0-266-17543-8(0))* Forgotten Bks.

Night Watch, or Tales of the Sea, Vol. 1 of 2 (Classic Reprint) Unknown Author. (ENG., Illus.). (J). 2018. 340p. 30.91 *(978-0-484-13714-0(X))*; 2017. pap. 13.57 *(978-0-243-07376-4(3))* Forgotten Bks.

Night Watch, or Tales of the Sea, Vol. 2 of 2 (Classic Reprint) Unknown Author. 2018. (ENG., Illus.). 358p. (J). 31.28 *(978-0-428-47997-8(9))* Forgotten Bks.

Night Watches (Classic Reprint) W. W. Jacobs. 2018. (ENG., Illus.). 280p. (J). 29.69 *(978-0-365-53402-0(1))* Forgotten Bks.

Night When No One Had Sex. Kalena Miller. 2021. (ENG.). 336p. (YA). (gr. 8-12). 17.99 *(978-0-8075-5627-6(0),* 807556270, AW Teen) Whitman, Albert & Co.

Night Wild. Zoë Tilley Poster. Illus. by Zoë Tilley Poster. 2022. (Illus.). 40p. (J). (-k). 17.99 *(978-0-525-55378-6(9),* Dial Bks) Penguin Young Readers Group.

Night Will Hold Us Down. Emily Searle. 2021. (ENG.). 278p. (YA). pap. 15.99 *(978-1-300-03006-5(2))* Lulu Pr., Inc.

Night Wind's Promise (Classic Reprint) Varrick Vanardy. 2018. (ENG., Illus.). (J). 324p. 30.58 *(978-0-365-34495-7(8))*; 326p. pap. 13.57 *(978-0-365-34494-0(X))* Forgotten Bks.

Night Wings. Joseph Bruchac. Illus. by Sally Wern Comport. 2018. (ENG.). 224p. (J). (gr. 3-7). pap. 7.99 *(978-0-06-112321-4(8),* HarperCollins) HarperCollins Pubs.

Night Wishes. Ed. by Lee Bennett Hopkins. Illus. by Jen Corace. 2020. (ENG.). 40p. (J). *(978-0-8028-5496-4(6),* Eerdmans Bks For Young Readers) Eerdmans, William B. Publishing Co.

Night Witches: A Novel of World War II. Kathryn Lasky. 2017. 211p. (J). *(978-1-338-15866-3(X),* Scholastic Pr.) Scholastic, Inc.

Night Witches at War: The Soviet Women Pilots of World War II. Bruce Berglund. Illus. by Trevor Goring. 2019. (Amazing World War II Stories Ser.). (ENG.). 32p. (J). (gr. 3-9). pap. 7.95 *(978-1-5435-7550-7(1),* 141082); lib. bdg. 34.65 *(978-1-5435-7315-2(0),* 140620) Capstone.

Night Wolf & I. Eirlys Woods Hayden. 2019. (ENG.). 84p. (J). pap. *(978-0-244-51489-1(5))* Lulu Pr., Inc.

Night Work: Leveled Reader Purple Level 19. Rg Rg. 2016. (PM Ser.). (ENG.). 16p. (J). (gr. 2). pap. 11.00 *(978-0-544-89194-4(5))* Rigby Education.

Night World. L. J. Smith. 2016. (Night World Ser.: 1). (ENG., Illus.). 256p. (YA). (gr. 9). 13.99 *(978-1-4814-7962-2(8),* Simon Pulse) Simon Pulse.

Nightbird. Alice Hoffmann. 2016. (ENG., Illus.). 208p. (J). (gr. 5). pap. 7.99 *(978-0-385-38961-7(2),* Yearling) Random Hse. Children's Bks.

Nightbird. Alice Hoffmann. 2016. lib. bdg. 18.40 *(978-0-606-38451-3(0))* Turtleback.

Nightbirds. Kate J. Armstrong. 2023. (ENG., Illus.). 480p. (YA). (gr. 7-12). 19.99 *(978-0-593-46327-7(7),* Nancy Paulsen Books) Penguin Young Readers Group.

Nightblood. Elly Blake. 2019. (Frostblood Saga Ser.: 3). (ENG.). 448p. (YA). (gr. 7-17). pap. 11.99 *(978-0-316-27336-7(8))* Little, Brown Bks. for Young Readers.

Nightbooks. J. A. White. (ENG.). (J). (gr. 3-7). 2019. 320p. pap. 9.99 *(978-0-06-256009-4(3))*; 2018. 304p. 17.99 *(978-0-06-256008-7(5))* HarperCollins Pubs. (Tegen, Katherine Bks).

Nightbreaker. Coco Ma. 2023. (Nightbreaker Ser.: 1). 448p. (YA). (gr. 9). 19.99 ***(978-0-593-62146-2(8),*** Viking Books for Young Readers) Penguin Young Readers Group.

Nightengale Adventures Book 1: Small but Mighty. Mary Ritter. 2021. (ENG.). 34p. (J). pap. 11.95 *(978-1-64952-302-0(5))* Fulton Bks.

Nightfall. Meri Elena. 2016. (Brunswick Prophecies Ser.: Vol. 1). (ENG., Illus.). (YA). (gr. 7-12). pap. 14.95 *(978-1-943419-33-3(7))* Prospective Pr.

Nightfall. Shannon Messenger. (Keeper of the Lost Cities Ser.: 6). (ENG.). (J). (gr. 3-7). 2018. 832p. pap. 9.99 *(978-1-4814-9741-1(3))*; 2017. (Illus.). 800p. 21.99 *(978-1-4814-9740-4(5))* Simon & Schuster Children's Publishing. (Aladdin).

Nightfall in New York (Taylor & Rose Secret Agents) Katherine Woodfine. Illus. by Karl James Mountford. 2021. (Taylor & Rose Secret Agents Ser.). (ENG.). 368p. (J). 7.99 *(978-1-4052-9327-3(6))* Farshore GBR. Dist: HarperCollins Pubs.

Nightingale. Deva Fagan. (ENG.). (J). (gr. 3-7). 2022. 320p. pap. 8.99 *(978-1-5344-6576-3(6))*; 2021. 304p. 17.99 *(978-1-5344-6578-7(2))* Simon & Schuster Children's Publishing. (Atheneum Bks. for Young Readers).

Nightingale. Lynnie Purcell. 2020. (ENG.). 464p. (YA). pap. 14.95 *(978-1-386-94331-0(2))* Draft2Digital.

Nightingale: And Other Stories from Hans Andersen (Classic Reprint) Edmund Dulac. 2018. (ENG., Illus.). 134p. (J). 26.68 *(978-0-267-49618-1(4))* Forgotten Bks.

Nightingale (Classic Reprint) Hans Christian Anderson. 2017. (ENG., Illus.). (J). 24.43 *(978-0-266-22472-3(5))*; 25.11 *(978-0-266-91730-4(5))* Forgotten Bks.

Nightingale Coloring Book for Children (6x9 Coloring Book / Activity Book) Sheba Blake. 2021. (ENG.). 28p. (J). pap. 9.99 *(978-1-222-29280-0(7))* Indy Pub.

Nightingale Coloring Book for Children (8. 5x8. 5 Coloring Book / Activity Book) Sheba Blake. 2021. (ENG.). 28p. (J). pap. 12.99 *(978-1-222-29302-9(1))* Indy Pub.

Nightingale Coloring Book for Children (8x10 Coloring Book / Activity Book) Sheba Blake. 2021. (ENG.). 28p. (J). pap. 14.99 *(978-1-222-29281-7(5))* Indy Pub.

Nightingale's Song. Andrea Torrey Balsara. 2019. (ENG.). 32p. (J). *(978-1-5255-5829-0(3))*; pap. *(978-1-5255-5830-6(7))* FriesenPress.

Nightless North: A Walk Across Lapland (Classic Reprint) F. L. H. Morrice. 2017. (ENG., Illus.). (J). 27.96 *(978-0-260-55354-6(9))* Forgotten Bks.

Nightlife of Jacuzzi Gaskett. Brontez Purnell. Illus. by Elise R. Peterson. 2019. (ENG.). 48p. (J). 18.95 *(978-1-948340-02-1(X))* Dottir Pr.

Nightlights. Lorena Alvarez. 2019. (Nightlights Ser.: 1). (ENG., Illus.). 56p. (J). (gr. 3-7). pap. 10.99 *(978-1-910620-57-1(2))* Nobrow Ltd. GBR. Dist: Penguin Random Hse. LLC.

Nightlights. Heather Gould. 2021. (ENG.). 28p. (J). *(978-1-5255-9725-1(6))*; pap. *(978-1-5255-9724-4(8))* FriesenPress.

Nightlights. Paul Paolilli & Dan Brewer. Illus. by Alice Brereton. 2017. (ENG.). 32p. (J). (gr. -1-3). 16.99 *(978-0-8075-5622-1(X),* 080755622X) Whitman, Albert & Co.

Nightmare. H. Newby. 2020. (ENG.). 52p. (YA). pap. 12.95 *(978-1-6624-2081-8(1))* Page Publishing Inc.

Nightmare at the Museum: Princess Incognito. N. J Humphreys. 2020. (Princess Incognito Ser.). (ENG., Illus.). 196p. (J). (gr. 2-4). pap. 16.95 *(978-981-4868-76-1(0))* Marshall Cavendish International (Asia) Private Ltd. SGP. Dist: Independent Pubs. Group.

Nightmare Before Christmas 13 Days of Christmas. Steven Davison. 2021. (ENG., Illus.). 40p. (J). (gr. 1-3). 12.99 *(978-1-368-06457-6(4),* Disney Press Books) Disney Publishing Worldwide.

Nightmare Before Christmas Coloring Book: An Adult Coloring Book Featuring over 30 Pages of Giant Super Jumbo Designs of Creepy Christmas Scenes to Color for Relaxation. Beatrice Harrison. 2020. (ENG.). 34p. (YA). pap. 7.86 *(978-1-716-55622-7(8))* Lulu Pr., Inc.

Nightmare Before Christmas Coloring Book: An Adult Coloring Book Featuring over 30 Pages of Giant Super Jumbo Large Designs of Creepy & Scary Christmas Scenes to Color for Fun & Relaxation. Beatrice Harrison. 2020. (ENG.). 34p. (YA). pap. 7.86 *(978-1-716-64835-9(1))* Lulu Pr., Inc.

Nightmare Before Christmas Coloring Book: An Adult Horror Coloring Book Featuring over 30 Pages of Giant Super Jumbo Mega Designs of Creepy Christmas Scenes of Horror Creatures to Color for Relaxation & Fun. Beatrice Harrison. 2020. (ENG.). 34p. (YA). pap. 7.86 *(978-1-716-53106-4(3))*; pap. 7.86 *(978-1-716-53204-7(3))* Lulu Pr., Inc.

Nightmare Before Christmas (Disney Classic) Illus. by Jeannette Arroyo. 2021. (Little Golden Book Ser.). (ENG.). 24p. (J). (-k). 5.99 *(978-0-7364-4169-8(7),* Golden/Disney) Random Hse. Children's Bks.

Nightmare Before Dawn Coloring Book: An Adult Horror Coloring Book Featuring over 30 Pages of Giant Super Jumbo Large Designs of Evil Creatures & Horror Scenes to Color for Fun & Boredom. Beatrice Harrison. 2020. (ENG.). 34p. (YA). pap. 7.86 *(978-1-716-54794-2(6))* Lulu Pr., Inc.

Nightmare Brigade #1: The Case of the Girl from Deja Vu, Vol. 1. Franck Thillez. Illus. by Yomgui Dumont. 2022. (Nightmare Brigade Ser.: 1). (ENG.). 112p. (J). 14.99 *(978-1-5458-0876-4(7),* 900251807); pap. 9.99 *(978-1-5458-0877-1(5),* 900251808) Mad Cave Studios. (Papercutz).

Nightmare Brigade #2: Into the Woods, Vol. 2. Franck Thillez. Illus. by Yomgui Dumont. 2022. (Nightmare Brigade Ser.: 2). (ENG.). 112p. (J). 14.99 *(978-1-5458-0896-2(1),* 900254581); pap. 9.99 *(978-1-5458-0895-5(3),* 900254582) Mad Cave Studios. (Papercutz).

Nightmare Brigade Vol. 3: Finding Alice, Vol. 3. Franck Thillez. Illus. by Yomgui Dumont. 2023. (Nightmare Brigade Ser.: 3). (ENG.). 112p. (J). 14.99 *(978-1-5458-1050-7(8),* 900281975); pap. 9.99 *(978-1-5458-1051-4(6),* 900281976) Mad Cave Studios. (Papercutz).

Nightmare Bug. Hillary Daecher. Illus. by Angie Hohenadel. 2022. (ENG.). 32p. (J). 16.99 *(978-0-7643-6431-0(6),* 29060) Schiffer Publishing, Ltd.

Nightmare Gift. Graham Howells. 2019. (ENG., Illus.). 64p. (J). pap. 8.95 *(978-1-78562-309-7(5))* Gomer Pr. GBR. Dist: Casemate Pubs. & Bk. Distributors, LLC.

Nightmare Gnomes of Neary Heights. Megan Atwood. Illus. by Neil Evans. 2020. (Michael Dahl Presents: Scary Stories Ser.). (ENG.). 72p. (J). (gr. 3-5). pap. 5.95 *(978-1-4965-9892-9(X),* 201255); lib. bdg. 25.32 *(978-1-4965-9716-8(8),* 199344) Capstone. (Stone Arch Bks.).

Nightmare Horror Coloring Book: An Adult Horror Coloring Book Featuring over 30 Pages of Giant Super Jumbo Large Designs of Evil Fantasy Creatures, Horrifying Monsters, & Terrifying Demons Scenes for Stress Relief. Beatrice Harrison. 2020. (ENG.). 34p. (YA). pap. 7.86 *(978-1-716-78200-8(7))* Lulu Pr., Inc.

Nightmare House. Sarah Allen. 2023. (ENG.). 272p. (J). 17.99 *(978-0-374-39095-2(9),* 900279241, Farrar, Straus & Giroux (BYR)) Farrar, Straus & Giroux.

Nightmare in Oz: Founded on & Continuing the Famous Oz Stories by L. Frank Baum. David Keyes. Illus. by Jackson Smith. 2020. (ENG.). 274p. (YA). *(978-1-716-14186-7(9))* Lulu Pr., Inc.

Nightmare in Savannah. Lela Gwenn. Illus. by Rowan MacColl. 2021. (ENG.). 192p. (YA). pap. 17.99 *(978-1-952303-26-5(5),* Mad Cave Studios) Mad Cave Studios.

Nightmare in the Hidden Morgue. Dee Phillips. 2016. (Cold Whispers II Ser.). (ENG.). 32p. (J). (gr. 2-7). 7.99 *(978-1-68402-000-3(X))*; (Illus.). 28.50 *(978-1-944102-34-0(5))* Bearport Publishing Co., Inc.

Nightmare in the Infirmary. Laurie Friedman. Illus. by Jake Hill. 2022. (Camp Creepy Lake Ser.). (ENG.). 48p. (J). (gr. 2-4). pap. *(978-1-0396-6290-2(0),* 19464); lib. bdg. *(978-1-0396-6095-3(9),* 19463) Crabtree Publishing Co. (Leaves Chapter Books).

Nightmare Island. Shakirah Bourne. 2023. (ENG.). 304p. (J). (gr. 3-7). 17.99 *(978-1-338-78357-5(2),* Scholastic Pr.) Scholastic, Inc.

Nightmare King. Daka Hermon. 2023. (ENG.). 320p. (J). (gr. 3-7). 18.99 ***(978-1-338-77581-5(2),*** Scholastic Pr.) Scholastic, Inc.

Nightmare Nature Tour, 1 vol. John Wood. 2020. (Museum of Phobias Ser.). (ENG.). 32p. (J). (gr. 3-4). pap. 11.50 *(978-1-5382-6006-7(9),* 5117bb3a-199e-457b-9b79-20457f412806); lib. bdg. 28.27 *(978-1-5382-6008-1(5),* 9e7d2f6f-a682-4b91-bc0b-d35c71a795cf) Stevens, Gareth Publishing LLLP.

Nightmare on Vanilla Street. Guillaume Dufrénoy. 2020. (FRE.). 177p. (J). pap. ***(978-1-716-62230-4(1))*** Lulu Pr., Inc.

Nightmare Reality. Ginna Moran. 2018. (Destined for Dreams Ser.: Vol. 2). (ENG., Illus.). 340p. (YA). pap. 9.99 *(978-1-942073-46-8(1))* Sunny Palms Pr.

Nightmare Thief. Nicole Lesperance. Illus. by Federica Fenna. 2021. (Nightmare Thief Ser.: 1). (ENG.). 288p. (J). (gr. 3-8). 18.99 *(978-1-7282-1534-1(X))* Sourcebooks, Inc.

Nightmares. J. F. Horton. 2023. (ENG.). 110p. (YA). pap. ***(978-1-68474-137-3(8))*** Lulu Pr., Inc.

Nightmares. Donna Jean McDunn. 2016. (ENG., Illus.). (J). pap. *(978-1-77127-841-6(2))* MuseItUp Publishing.

Nightmares. Lynnie Purcell. 2020. (ENG.). 368p. (YA). pap. 14.95 *(978-1-393-49430-0(7))* Draft2Digital.

Nightmares in My Closet. Natalie Honi. 2021. (ENG.). 80p. (YA). pap. *(978-1-6780-4997-2(3))* Lulu Pr., Inc.

Nightmares of Nightmute (Set), 6 vols. Jason M. Burns. Illus. by Dustin Evans. 2023. (Nightmares of Nightmute Ser.). (ENG.). 32p. (J). (gr. 4-8). 192.42 ***(978-1-6689-1883-8(8),*** 221861); pap., pap., pap. 85.26 *(978-1-6689-2013-8(1),* 221991) Cherry Lake Publishing. (Torch Graphic Press).

Nightmares of Weirdwood: A William Shivering Tale. William Shivering & Christian McKay Heidicker. Illus. by Anna Earley. 2022. (Thieves of Weirdwood Ser.: 3). (ENG.). 336p. (J). 17.99 *(978-1-250-30292-2(7),* 900197006, Holt, Henry & Co. Bks. For Young Readers) Holt, Henry & Co.

Nightmares of Weirdwood: A William Shivering Tale. William Shivering & Christian McKay Heidicker. Illus. by Anna Earley. 2023. (Thieves of Weirdwood Ser.: 3). (ENG.). 336p. (J). pap. 8.99 *(978-1-250-87886-1(1),* 900197007) Square Fish.

Nightmares! the Lost Lullaby. Jason Segel & Kirsten Miller. Illus. by Karl Kwasny. 2017. (Nightmares! Ser.: 3). (ENG.). 352p. (J). (gr. 3-7). pap. 8.99 *(978-0-385-74430-0(7),* Yearling) Random Hse. Children's Bks.

Nightmares Unfold. Jayden Bullock. 2022. (ENG.). 138p. (YA). pap. ***(978-1-387-85399-1(6))*** Lulu Pr., Inc.

Nightmares You've Had & the Things You Fear. -Paperback: By: Brooklynn England. Brooklynn England. 2022. (ENG.). 46p. (YA). 34.00 *(978-1-6781-1337-7(9))* Lulu Pr., Inc.

Nightrender. Jodi Meadows. 2022. (Salvation Cycle Ser.: 1). 368p. (YA). (gr. 9). 19.99 *(978-0-8234-4868-5(1))* Holiday Hse., Inc.

Nights & Days on the Gypsy Trail: Through Andalusia & on Other Mediterranean Shores (Classic Reprint) Irving Brown. (ENG., Illus.). (J). 2017. 30.48 *(978-0-331-18859-2(7))*; 2016. pap. 13.57 *(978-1-333-13855-4(5))* Forgotten Bks.

Nights Before Christmas. Illus. by Tony Ross. 2018. (ENG.). 228p. (J). (gr. 4-8). pap. 23.95 *(978-1-78344-772-5(9))* Penguin Random Hse. AUS. Dist: Independent Pubs. Group.

Nights Before Christmas: 24 Classic Christmas Stories to Read Aloud. Tony Ross. 2017. (ENG., Illus.). 240p. (J). (gr. 4-6). 26.99 *(978-1-84939-580-9(2))* Andersen Pr. GBR. Dist: Independent Pubs. Group.

Night's Gift. Sarah Hersman. 2018. (ENG., Illus.). 238p. (YA). (gr. 8-12). pap. 15.95 *(978-1-938208-26-3(9))* World Nouveau.

Nights in Town: A London Autobiography (Classic Reprint) Thomas Burke. 2017. (ENG., Illus.). (J). 32.39 *(978-0-266-75635-4(2))* Forgotten Bks.

Nights of Straparola, Vol. 1 (Classic Reprint) Giovanni Francesco Straparola. 2018. (ENG., Illus.). 340p. (J). 30.91 *(978-0-365-44397-1(2))* Forgotten Bks.

Nights of Straparola, Vol. 2 (Classic Reprint) Giovanni Francesco Straparola. 2018. (ENG., Illus.). 372p. (J). 31.59 *(978-0-267-25817-8(8))* Forgotten Bks.

Nights of the Dark Moon: Gothic Folktales from Asia & Africa. Tutu Dutta. 2017. (ENG., Illus.). 192p. pap. 16.95 *(978-981-4771-99-3(6))* Marshall Cavendish International (Asia) Private Ltd. SGP. Dist: Independent Pubs. Group.

Nights of the Round Table: Or, Stories of Aunt Jane & Her Friends (Classic Reprint) C. I. Johnstone. 2018. (ENG., Illus.). 352p. (J). 31.18 *(978-0-428-37101-2(9))* Forgotten Bks.

Nights Reveries: Or in the Dreamer's Land (Classic Reprint) Katherine Munro. 2018. (ENG., Illus.). 50p. (J). 24.93 *(978-0-484-84225-9(0))* Forgotten Bks.

Nightshade. Anthony Horowitz. (Alex Rider Ser.: 13). (ENG.). 432p. (J). (gr. 5). 2021. 9.99 *(978-0-593-11532-9(5))*; 2020. 17.99 *(978-0-593-11531-2(7))* Penguin Young Readers Group. (Philomel Bks.).

Nightshade: The Ember Stone. Sylvie Merryman-Lotze & Rachel Feldman. 2023. (ENG.). 432p. (J). pap. 16.99 ***(978-1-956380-27-9(2))*** Society of Young Inklings.

Nightside of Japan (Classic Reprint) T. Fujimoto. 2018. (ENG., Illus.). 322p. (J). 30.54 *(978-0-484-31253-0(7))* Forgotten Bks.

Nightsilver Promise (Celestial Mechanism Cycle #1) Annaliese Avery. (ENG.). (J). (gr. 3-7). 2023. 320p. pap. 9.99 *(978-1-338-75447-6(5))*; 2022. 304p. 17.99 *(978-1-338-75446-9(7),* Scholastic Pr.) Scholastic, Inc.

Nightstorm & the Grand Slam (Pony Club Secrets, Book 12), Book 12. Stacy Gregg. 2020. (Pony Club Secrets Ser.: 12). (ENG., Illus.). 176p. (J). (gr. 4-7). 6.99 *(978-0-00-729932-4(X),* HarperCollins Children's Bks.) HarperCollins Pubs. Ltd. GBR. Dist: HarperCollins Pubs.

Nighttime. Kirsteen Robson. ed. 2022. (Look & Find Puzzles Ser.). (ENG.). 32p. (J). (gr. k-1). 20.46 ***(978-1-68505-285-0(1))*** Penworthy Co., LLC, The.

Nighttime Bunny: Padded Board Book. Melanie Joyce. 2018. (ENG.). 26p. (J). (-k). bds. 8.99 *(978-1-4998-8081-6(2))* Igloo Bks. GBR. Dist: Simon & Schuster, Inc.

Nighttime Fairy Coloring Book: A Giant Super Jumbo Children's Coloring Book Features 80 Pages of Beautiful Nighttime Magical Fairies for Girls Ages 4 Years & up (Book Edition:1) Beatrice Harrison. 2022.

1466

The check digit for ISBN-10 appears in parentheses after the full ISBN-13

(ENG.). 82p. (J). pap. 13.94 ***(978-1-387-45438-9(2))*** Lulu Pr., Inc.

Nighttime Fears. Hilary W. Poole. 2017. (Illus.). 48p. (J). *(978-1-4222-3727-4(3))* Mason Crest.

Nighttime Symphony. Timbaland & Christopher Myers. Illus. by Christopher Myers & Kaa Illustration. 2019. (ENG.). 32p. (J). (gr. -1-3). 17.99 *(978-1-4424-1208-8(9)*, Atheneum Bks. for Young Readers) Simon & Schuster Children's Publishing.

Nighttime's Oblivion. Rochelle Dandridge. 2016. (ENG.). 52p. (J). pap. *(978-1-365-14563-6(8))* Lulu Pr., Inc.

Nightwaster. Michael Roberts. 2017. (ENG., Illus.). (YA). (gr. 7-12). pap. *(978-1-911240-73-0(0))* Rowanvale Bks.

Nightwing Rising. ed. 2022. (Batman Adventures Ser.). (ENG.). 164p. (J). (gr. 2-3). 22.99 ***(978-1-68505-181-5(2))*** Penworthy Co., LLC, The.

Nighty-Night. Leslie Patricelli. Illus. by Leslie Patricelli. 2017. (Leslie Patricelli Board Bks.). (ENG., Illus.). 26p. (J). (— 1). bds. 8.99 *(978-0-7636-7932-3(1))* Candlewick Pr.

Nighty Night & Good Night, 1 vol. Michael W. Smith. 2018. (Nurturing Steps Ser.). (ENG., Illus.). 22p. (J). bds. 9.99 *(978-0-310-76941-5(8))* Zonderkidz.

Nighty Night & Good Night, 1 vol. Michael W. Smith & Mike Nawrocki. 2018. (Nurturing Steps Ser.). (ENG., Illus.). 24p. (J). 12.99 *(978-0-310-76701-5(6))* Zonderkidz.

Nighty Night & Good Night Gift Set, 1 vol. Michael W. Smith. Illus. by Mike Nawrocki. 2018. (Nurturing Steps Ser.). (ENG.). (J). 29.99 *(978-0-310-76793-0(8))* Zonderkidz.

Nighty Night Narwhal, 1 vol. Illus. by Irene Montano. 2020. (ENG.). 18p. (J). bds. 9.99 *(978-0-310-76934-7(5))* Zonderkidz.

Nihilist Princess (Classic Reprint) M. L. Gagneur. 2017. (ENG., Illus.). (J). 31.57 *(978-1-5283-8541-1(1))* Forgotten Bks.

Niitu & Chips. Created by Babah Kalluk. 2023. (Illus.). 28p. (J). (gr. -1-k). bds. 13.95 *(978-1-77227-446-2(1))* Inhabit Media Inc. CAN. Dist: Consortium Bk. Sales & Distribution.

Niitu & Chips: Childhood Moments. Babah Kalluk. Illus. by Babah Kalluk. 2023. (Illus.). 36p. (J). (gr. 4-6). pap. 17.95 ***(978-1-77227-474-5(7))*** Inhabit Media Inc. CAN. Dist: Consortium Bk. Sales & Distribution.

Nika Loves Playing Outside. Veronika Lily. Ed. by Geno Delpreore. 2022. (ENG.). 40p. (J). ***(978-1-387-98122-9(6))*** Lulu Pr., Inc.

Nike. Kenny Abdo. 2022. (Hype Brands Ser.). (ENG., Illus.). 24p. (J). (gr. 2-8). lib. bdg. 31.36 *(978-1-0982-2854-5(5)*, 39987, Abdo Zoom-Fly) ABDO Publishing Co.

Nike. Martha London. 2019. (Our Favorite Brands Ser.). (ENG., Illus.). 32p. (J). (gr. 3-3). pap. 9.95 *(978-1-64494-182-9(1)*, 1644941821) Bigfoot Bks. GBR. Dist: North Star Editions.

Nike. Carla Mooney. 2022. (Sports Brands Ser.). (ENG.). 112p. (YA). (gr. 6-12). lib. bdg. 41.36 *(978-1-5321-9813-7(2)*, 39699, Essential Library) ABDO Publishing Co.

Nike: Sportswear & Brand-Building Powerhouse: Sportswear & Brand-Building Powerhouse. Contrib. by Rebecca Rowell. 2023. (Big Sports Brands Ser.). (ENG.). 48p. (J). (gr. 3-9). lib. bdg. 34.21 ***(978-1-0982-9069-6(0)***, 41903, SportsZone) ABDO Publishing Co.

Nikhil Out Loud. Maulik Pancholy. 2022. (ENG.). 320p. (J). (gr. 3-7). 17.99 *(978-0-06-309192-4(5)*, Balzer & Bray) HarperCollins Pubs.

Niki Nakayama: a Chef's Tale in 13 Bites. Debbi Michiko Florence & Jamie Michalak. Illus. by Yuko Jones. 2021. (ENG.). 40p. (J). 18.99 *(978-0-374-31387-6(3)*, 900222026, Farrar, Straus & Giroux (BYR)) Farrar, Straus & Giroux.

Niki's Adventure in the Mysterious Forest. Sara Rezaei. 2019. (ENG.). 40p. (J). 19.99 *(978-1-7329482-6-6(7))* Mindstir Media.

Nikita Kucherov: Hockey Superstar. Ryan Williamson. 2019. (PrimeTime: Hockey Superstars Ser.). (ENG.). 32p. (J). (gr. 3-4). pap. 9.95 *(978-1-63494-109-9(8)*, 1634941098); lib. bdg. 31.35 *(978-1-63494-100-6(4)*, 1634941004) Pr. Room Editions LLC.

Nikki Bullies. Tracilyn George. 2023. (ENG.). 26p. (J). pap. 13.99 ***(978-1-77475-472-6(X))*** Draft2Digital.

Nikki Grimes. Chris Bowman. 2017. (Children's Storytellers Ser.). (ENG., Illus.). 24p. (J). (gr. 2-5). lib. bdg. 26.95 *(978-1-62617-650-8(7)*, Blastoff! Readers) Bellwether Media.

Nikki Grimes. Lisa M. Bolt Simons. Illus. by Michael Byers. 2017. (Your Favorite Authors Ser.). (ENG.). 24p. (J). (gr. 1-3). lib. bdg. 27.99 *(978-1-5157-3559-5(1)*, 133572, Capstone Pr.) Capstone.

Nikki Loves Her Hair. Nailah Jones. 2018. (ENG., Illus.). 36p. (J). 19.99 *(978-0-9600237-2-1(0))* Mindstir Media.

Nikki Nikki Timbo. Marsha McKenzie. Illus. by Jasmine Smith. 2022. (ENG.). 34p. (J). 17.99 *(978-1-946702-57-9(9))* Freeze Time Media.

Nikki Nisse & the Christmas Star: A Nordic Tale of Santa. Dierdra Doan. 2019. (ENG., Illus.). 36p. (J). pap. 19.99 *(978-0-692-99114-5(X))* Tapestry Productions.

Nikki on the Line. Barbara Carroll Roberts. (ENG.). 336p. (J). (gr. 3-7). 2020. pap. 8.99 *(978-0-316-52189-5(2))*; 2019. 16.99 *(978-0-316-52190-1(6))* Little, Brown Bks. for Young Readers.

Nikki Tesla & the Fellowship of the Bling (Elements of Genius #2) Jess Keating. Illus. by Lissy Marlin. 2020. (Elements of Genius Ser.: 2). (ENG.). 288p. (J). (gr. 3-7). 16.99 *(978-1-338-29525-2(X)*, Scholastic Pr.) Scholastic, Inc.

Nikki Tesla & the Ferret-Proof Death Ray (Elements of Genius #1) Jess Keating. Illus. by Lissy Marlin. 2020. (Elements of Genius Ser.: 1). (ENG.). 288p. (J). (gr. 3-7). pap. 8.99 *(978-1-338-29520-7(9)*, Scholastic Pr.) Scholastic, Inc.

Nikki Tesla & the Traitors of the Lost Spark (Elements of Genius #3) Jess Keating. Illus. by Lissy Marlin. 2020. (Elements of Genius Ser.: 3). (ENG.). 288p. (J). (gr. 3-7). 16.99 *(978-1-338-61476-3(2)*, Scholastic Pr.) Scholastic, Inc.

Niko Draws a Feeling. Robert Raczka. Illus. by Simone Shin. 2017. (ENG.). 32p. (J). (gr. k-3). 18.99 *(978-1-4677-9843-3(6)*, b9dc5508-a712-4b66-baee-86d8b84f934c); E-Book 27.99 *(978-1-5124-3275-6(X)*, 9781512432756); E-Book 27.99 *(978-1-5124-2688-5(1))*; E-Book 9.99 *(978-1-5124-3276-3(8)*, 9781512432763) Lerner Publishing Group. (Carolrhoda Bks.).

Nikola Tesla. Maria Isabel Sanchez Vegara. Illus. by Alexander Mostov. 2022. (Little People, BIG DREAMS Ser.: 83). (ENG.). 32p. (J). (gr. -1-2). 15.99 ***(978-0-7112-7083-1(X)***, Frances Lincoln Children's Bks.) Quarto Publishing Group UK GBR. Dist: Hachette Bk. Group.

Nikola Tesla. Wonder House Books. 2023. (Illustrated Biography for Kids Ser.). (ENG.). 32p. (J). (gr. 3-7). 9.99 ***(978-93-5856-198-2(X))*** Prakash Bk. Depot IND. Dist: Independent Pubs. Group.

Nikola Tesla: Biografías para Montar. Daniel Balmaceda. Illus. by Pablo Bernasconi. 2023. (Puzzle Bks.). (SPA.). 68p. (J). (gr. 4-7). pap. 14.95 ***(978-987-637-782-9(5))*** Catapulta Pr.

Nikola Tesla: Engineer with Electric Ideas. Emily Hudd. 2020. (Movers, Shakers, & History Makers Ser.). (ENG.). 48p. (J). (gr. 3-5). pap. 8.95 *(978-1-4966-8821-7(X)*, 201754); (Illus.). lib. bdg. 31.99 *(978-1-4966-8479-0(6)*, 200355) Capstone. (Capstone Pr.).

Nikola Tesla for Kids: His Life, Ideas, & Inventions, with 21 Activities. Amy M. O'Quinn. 2019. (For Kids Ser.: 72). (Illus.). 144p. (J). (gr. 4). pap. 18.99 *(978-0-912777-21-4(4))* Chicago Review Pr., Inc.

Nil Darpan, or the Indigo Planting Mirror: A Drama (Classic Reprint) Dinabandhu Mitra. 2017. (ENG., Illus.). (J). 26.21 *(978-0-331-92526-5(5))* Forgotten Bks.

Nilam the Little Healer. Rizky Ramda. Illus. by Ella Elviana. 2022. (ENG.). 48p. (J). pap. ***(978-1-922918-91-8(1))*** Library For All Limited.

Nila's Perfect Coat. Norene Paulson. Illus. by Maria Mola. 2023. 32p. (J). 18.99 *(978-1-5064-8581-2(2)*, Beaming Books) 1517 Media.

Nile Chaos: A 4D Book. Michael P. Spradlin. Illus. by Spiros Karkavelas. 2018. (Pararescue Corps Ser.). (ENG.). 128p. (J). (gr. 4-8). lib. bdg. 27.32 *(978-1-4965-5201-3(6)*, 136212, Stone Arch Bks.) Capstone.

Nile Crocodiles. Trace Taylor. Illus. by Trace Taylor. 2016. (1-3Y Reptiles Ser.). (ENG., Illus.). 24p. (J). (gr. k-2). pap. 8.00 *(978-1-59301-655-5(7))* American Reading Co.

Nile Crocodiles & Egyptian Plovers. Kari Schuetz. 2019. (Animal Tag Teams Ser.). (ENG., Illus.). 24p. (J). (gr. k-3). lib. bdg. 26.95 *(978-1-62617-956-1(5)*, Blastoff! Readers) Bellwether Media.

Nile Journal, 1876 (Classic Reprint) T. G. Appleton. 2018. (ENG., Illus.). 376p. (J). 31.67 *(978-0-365-18334-1(2))* Forgotten Bks.

Nile Journal (Classic Reprint) E. H. 2018. (ENG., Illus.). 220p. (J). 28.45 *(978-0-267-48057-9(1))* Forgotten Bks.

Nile River - Major Rivers of the World Series Grade 4 - Children's Geography & Cultures Books. Baby Professor. 2019. (ENG.). 84p. (J). pap. 15.75 *(978-1-5419-5365-9(7))*; 25.74 *(978-1-5419-7720-4(3))* Speedy Publishing LLC. (Baby Professor (Education Kids)).

Nile to Aleppo (Classic Reprint) Hector Dinning. 2017. (ENG., Illus.). (J). 30.37 *(978-0-265-74697-4(3))* Forgotten Bks.

Nilly's Real-Ize. Angie Shaw. 2021. (ENG.). 28p. (J). *(978-0-2288-4734-2(6))*; pap. *(978-0-2288-4733-5(8))* Tellwell Talent.

Nils. Ingri d'Aulaire & Edgar Parin d'Aulaire. 2020. (ENG.). 40p. (J). (gr. -1-4). 17.95 *(978-1-5179-1014-3(5))* Univ. of Minnesota Pr.

Nim the Spiderninja: Nim, Roux, & Getting Glasses. Nikki Merrill. Illus. by Felipe Calv. 2021. (ENG.). 52p. (J). pap. 14.95 *(978-1-7372288-0-6(7))* NLM ENTERPRISES LLC.

Nimai & Syama a Black & White Tale. Vicky Alhadeff. Illus. by Anja Kolenko. 2019. (ENG.). 22p. (J). pap. *(978-1-9164114-2-5(8))* City Collie Pr.

Nimble Dollar: With Other Stories (Classic Reprint) Charles Miner Thompson. 2017. (ENG., Illus.). (J). 28.83 *(978-0-266-21987-3(X))*; pap. 11.57 *(978-0-259-10240-3(7))* Forgotten Bks.

Nimbus. Jan Eldredge. 2023. (ENG.). 336p. (J). (gr. 3-7). 19.99 ***(978-0-06-268037-2(4)***, Balzer & Bray) HarperCollins Pubs.

Nimbus: The Story of a Young Wandering Albatross. David Harding. 2019. (ENG.). 58p. (J). (gr. 4-6). pap. *(978-0-6484592-3-1(3))* Australian Self Publishing Group/ Inspiring Pubs.

Nimbus, the Rain Cloud. Sandra Barnes. Illus. by Courtney Smith. 2021. (ENG.). 48p. (J). pap. 11.99 *(978-1-64949-354-5(1))* Elk Lake Publishing, Inc.

Nimbus, the Rain Cloud. Sandra Barnes. 2021. (ENG.). 48p. (J). pap. 12.99 *(978-1-64949-356-9(8))* Elk Lake Publishing, Inc.

Nimbus, the Rain Cloud. Sandra Barnes. Illus. by Courtney Smith. 2021. (ENG.). 48p. (J). 19.99 *(978-1-64949-355-2(X))* Elk Lake Publishing, Inc.

Nimitz Aircraft Carrier. Quinn M. Arnold. 2016. (Now That's Big! Ser.). (ENG., Illus.). 24p. (J). (gr. 1-3). *(978-1-60818-712-6(8)*, 20644, Creative Education) Creative Co., The.

Nimmi's Dreadtastic Detective Days. Shabnam Minwalla. 2019. (ENG.). 168p. (J). (gr. 1-6). pap. *(978-93-88326-96-4(2))* Speaking Tiger Publishing.

Nimmi's Spectabulous Schooldays. Shabnam Minwalla. 2018. (ENG., Illus.). 162p. (J). (gr. 2-6). pap. *(978-93-87693-79-1(1))* Speaking Tiger Publishing.

Nimona. ND Stevenson. 2016. (SPA.). 272p. (YA). (gr. 7-8). pap. 21.00 *(978-607-735-776-6(6))* Editorial Oceano de Mexico MEX. Dist: Independent Pubs. Group.

Nimport (Classic Reprint) Edwin Lassetter Bynner. 2018. (ENG., Illus.). 498p. (J). 34.17 *(978-0-484-80548-3(7))* Forgotten Bks.

Nimrod's Wife (Classic Reprint) Grace Gallatin Seton. (ENG., Illus.). (J). 2018. 406p. 32.27 *(978-0-428-39464-6(7))*; 2016. pap. 16.57 *(978-1-333-33156-6(8))* Forgotten Bks.

Nina. Beate Behnke. 2017. (GER., Illus.). (J). *(978-3-7439-4346-9(8))*; pap. *(978-3-7439-5146-4(0))* tredition Verlag.

Nina. Alice Briere-Haquet. 2017. 40p. (J). (-2). 13.99 *(978-958-30-5461-7(5))* Panamericana Editorial COL. Dist: Lectorum Pubns., Inc.

Niña. Juan Moises de la Serna. 2019. (SPA.). 436p. (J). pap. *(978-88-9398-224-5(2))* Tektime.

Nina: A Story of Nina Simone. Traci N. Todd. Illus. by Christian Robinson. 2021. (ENG.). 56p. (J). (gr. -1-3). 18.99 *(978-1-5247-3728-3(3)*, G.P. Putnam's Sons Books for Young Readers) Penguin Young Readers Group.

Nina: An Icelandic Tale (Classic Reprint) Maria Elizabeth Budden. (ENG., Illus.). (J). 2018. 112p. 26.23 *(978-0-483-60983-9(8))*; 2017. pap. 9.57 *(978-0-243-31188-0(5))* Forgotten Bks.

Nina: Jazz Legend & Civil-Rights Activist Nina Simone. Alice Brière-Haquet. Illus. by Bruno Liance. 2017. (ENG.). 40p. (J). (gr. -1-3). lib. bdg. 16.99 *(978-1-58089-827-0(0))* Charlesbridge Publishing, Inc.

Nina Allender, Suffrage Cartoonist. Ronny Frishman. 2020. (ENG., Illus.). 28p. (J). pap. 7.95 *(978-1-949290-47-9(6))* Bedazzled Ink Publishing Co.

Nina & Anna: A Friend to Call My Own. Natoya Perkins. 2022. (ENG., Illus.). 36p. (J). pap. 15.95 ***(978-1-63985-437-0(1))*** Fulton Bks.

Nina & the Space Circus: A Universal Adventure! Megha Chandrasekhar. 2018. (ENG., Illus.). 158p. (J). pap. 9.99 *(978-1-948473-79-8(8))* Notion Pr., Inc.

Niña Arcoiris. Marina Colasanti. 2018. (SPA.). 30p. (J). 13.99 *(978-958-30-5521-8(2))* Panamericana Editorial COL. Dist: Lectorum Pubns., Inc.

niña de Las Sombras. Moka. 2017. (SPA.). 104p. (YA). (gr. 7). pap. 12.50 *(978-84-494-3969-8(8))* Editorial Oceano de Mexico MEX. Dist: Independent Pubs. Group.

niña Encerrada. Julieta Montelongo. 2022. (SPA.). 120p. (J). pap. 12.95 ***(978-607-07-7518-5(X))*** Editorial Planeta, S. A. ESP. Dist: Two Rivers Distribution.

Niña Gato Agua Pato. Daniela Martagón & Duthie Ellen. 2022. (SPA.). 24p. (J). (gr. -1-k). pap. 12.50 *(978-607-557-375-5(5))* Editorial Oceano de Mexico MEX. Dist: Independent Pubs. Group.

niña Halcón. Josep Elliott. 2021. (SPA.). 352p. (YA). (gr. 7). pap. 18.50 *(978-607-557-218-5(X))* Editorial Oceano de Mexico MEX. Dist: Independent Pubs. Group.

Nina Hecha de Libros. Sam Winston. Illus. by Oliver Jeffers. 2017. (Especiales de a la Orilla Del Viento Ser.). (SPA.). 40p. (J). 17.99 *(978-607-16-4746-7(0))* Fondo de Cultura Economica USA.

niña Huracán y el niño Esponja. Ilan Brenman. 2019. (SPA.). 36p. (J). (gr. k-2). 26.99 *(978-84-9142-226-6(9))* Algar Editorial, Feditres, S.L. ESP. Dist: Lectorum Pubns., Inc.

Nina in That Makes Me Mad! TOON Level 2. Steven Kroll. Illus. by Hilary Knight. 2018. 36p. (J). (gr. -1-3). pap. 6.99 *(978-1-943145-32-4(6)*, Toon Books) Astra Publishing Hse.

Nina la Ninja Del Vecindario. Sonia Panigrahy. 2017. (SPA., Illus.). (J). (gr. k-2). 19.99 *(978-0-9975956-2-8(0))*; pap. 11.99 *(978-0-9975956-4-2(7))* Panigrahy, Sonia.

Nina, Leo et Jean de la Fontaine: Nina et Leo À la Rencontre des Auteurs. Laura Marine. Illus. by Marly. 2018. (Nina et léo À la Rencontre des Auteurs Ser.: Vol. 1). (FRE.). 60p. (J). pap. *(978-2-9602250-0-6(7))* Laure éditions.

niña Llamada Rosita: La Historia de Rita Moreno: ¡Actriz, Cantante, Bailarina, Pionera! a Girl Named Rosita: the Story of Rita Moreno: Actor, Singer, Dancer, Trailblazer! (Spanish Edition) Anika Aldamuy Denise. Illus. by Leo Espinosa. 2020. (SPA.). 40p. (J). (gr. -1-3). 17.99 *(978-1-4002-1222-4(7))* HarperCollins Español.

Niña Morena Sueña / Brown Girl Dreaming. Jacqueline Woodson. 2021. (SPA.). 368p. (J). (gr. 5). pap. 15.95 *(978-1-64473-329-5(3))* Penguin Random House Grupo Editorial ESP. Dist: Penguin Random Hse. LLC.

niña Perdida. Ramon Somoza. 2018. (En Órbitas Extrañas Ser.: Vol. 1). (SPA., Illus.). 40p. (J). pap. *(978-84-15981-57-2(0))* Editorial Dragón.

Nina Piñata: English Version. Evelina Preciado. Illus. by Beatriz Mello. 2020. (ENG.). 38p. (J). pap. 14.99 *(978-1-7357306-1-5(0))* Preciado, Evelina.

Nina Piñata: Spanish Version. Evelina Preciado. Illus. by Beatriz Mello. 2020. (SPA.). 38p. (J). pap. 14.99 *(978-1-7357306-4-6(5))* Preciado, Evelina.

Niña Que Bebió la Luna. Kelly Barnhill. Illus. by Yuta Onoda. 2018.Tr. of Girl Who Drank the Moon. (SPA.). 424p. pap. 17.95 *(978-1-64101-210-2(2)*, Loqueleo) Santillana USA Publishing Co., Inc.

niña Que Dijo Que Ella Podía. Chantal Contreras. Illus. by Anne Potter. 2020. (SPA.). 44p. (J). (gr. k-6). pap. 12.99 *(978-1-7343441-2-7(1))* Contreras, Chantal.

niña Que Dijo Que Ella Podía. Chantal Triay. Illus. by Anne Potter. 2nd ed. 2021. (SPA.). 44p. (J). pap. 12.99 *(978-1-7343441-5-8(6))* Contreras, Chantal.

niña Que Quería Ser Princesa. Francisco Manuel Luque Martinez. 2017. (SPA.). 226p. (J). pap. ***(978-0-244-34872-4(3))*** Lulu Pr., Inc.

Nina Simone. Chyina Powell. 2022. (Black Voices on Race Ser.). (ENG.). 32p. (J). (gr. 3-5). pap. 9.95 *(978-1-63739-321-5(0))*; lib. bdg. 31.35 *(978-1-63739-269-0(9))* North Star Editions. (Focus Readers).

Nina Soni, Former Best Friend. Kashmira Sheth. Illus. by Jenn Kocsmiersky. (Nina Soni Ser.: 1). 160p. (J). (gr. 2-5). 2020. pap. 7.99 *(978-1-68263-205-5(9))*; 2019. 15.99 *(978-1-68263-057-0(9))* Peachtree Publishing Co. Inc.

Nina Soni, Halloween Queen. Kashmira Sheth. Illus. by Jenn Kocsmiersky. 2021. (Nina Soni Ser.: 4). 168p. (J). (gr. 2-5). 15.99 *(978-1-68263-227-7(X))*; pap. 7.99 *(978-1-68263-228-4(8))* Peachtree Publishing Co. Inc.

Nina Soni, Master of the Garden. Kashmira Sheth. Illus. by Jenn Kocsmiersky. 2021. (Nina Soni Ser.: 3). 192p. (J). (gr. 2-5). 15.99 *(978-1-68263-225-3(3))*; pap. 7.99 *(978-1-68263-226-0(1))* Peachtree Publishing Co. Inc.

Nina Soni, Perfect Hostess. Kashmira Sheth. Illus. by Jenn Kocsmiersky. 2023. 192p. (J). (gr. 2-5). 15.99 *(978-1-68263-501-8(5))*; pap. 7.99 *(978-1-68263-502-5(3))* Peachtree Publishing Co. Inc.

Nina Soni, Sister Fixer. Kashmira Sheth. Illus. by Jenn Kocsmiersky. (Nina Soni Ser.: 2). 176p. (J). (gr. 2-5). 2021. pap. 7.99 *(978-1-68263-209-3(1))*; 2020. 15.99 *(978-1-68263-054-9(4))* Peachtree Publishing Co. Inc.

Nina Soni, Snow Spy. Kashmira Sheth. Illus. by Jenn Kocsmiersky. 2022. 192p. (J). (gr. 2-5). 15.99 *(978-1-68263-498-1(1))*; pap. 7.99 *(978-1-68263-499-8(X))* Peachtree Publishing Co. Inc.

Nina the Neighborhood Ninja. Sonia Panigrahy. Illus. by Hazel Quintanilla. 2016. (ENG.). (J). (gr. k-2). 19.99 *(978-0-9975956-1-1(2))*; pap. 11.99 *(978-0-9975956-0-4(4))* Panigrahy, Sonia.

Nina Tiene un Hermanito. Azucena Ordonez Rodas. 2018. (SPA., Illus.). 36p. (J). pap. *(978-0-359-07710-6(2))* Lulu Pr., Inc.

Nina und Die Schimmerfeen. Susanne Hendler. 2018. (GER., Illus.). 94p. (J). pap. *(978-3-99064-001-2(1))* novum pocket Verlag in der novum publishing GmbH.

Niña Vaquera (Cow Girl) Amy Cobb. Illus. by Alexandria Neonakis. 2021. (Libby Wimbley Ser.).Tr. of Cow Girl. (SPA.). 32p. (J). (gr. -1-3). lib. bdg. 32.79 *(978-1-0982-3276-4(3)*, 38726, Calico Chapter Bks) Magic Wagon.

Nina y el Rey Dragon. Iliana Prieto. 2018. (SPA.). 172p. (J). (gr. 4-6). pap. 12.99 *(978-958-30-5568-3(9))* Panamericana Editorial COL. Dist: Lectorum Pubns., Inc.

Nina's Atonement: A Novel (Classic Reprint) Christian Reid. 2018. (ENG., Illus.). 180p. (J). 27.61 *(978-0-267-46490-6(8))* Forgotten Bks.

Nina's Best New Christmas Tradition. Patricia Karwatowicz. Illus. by Kathleen Bullock. l.t. ed. 2018. (ENG.). 20p. (J). (gr. k-5). pap. 10.95 *(978-1-61633-953-1(5))* Guardian Angel Publishing, Inc.

Niñas de la Tierra, vols. 2, vol. 1. Mario Hernandez. 2023.Tr. of Children of the Earth. (SPA., Illus.). 80p. (YA). (gr. 7). per. 14.95 *(978-0-9740212-0-1(2))* Cedar Grove Publishing.

Niñas en el Equipo. Sophie Dieuaide. 2016. (SPA.). 52p. (J). (gr. 1-3). pap. 8.99 *(978-958-30-4996-5(4))* Panamericana Editorial COL. Dist: Lectorum Pubns., Inc.

Nina's Nature Walk: Gathering Data, 1 vol. Simone Braxton. 2017. (Computer Science for the Real World Ser.). (ENG.). 12p. (gr. 1-2). pap. *(978-1-5383-5116-1(1)*, f7196882-593f-4bbf-8a9f-c6ddfd2e4358, Rosen Classroom) Rosen Publishing Group, Inc., The.

Nina's Necklace. Nina Leipold. Ed. by Nina Leipold. 2023. (ENG.). 40p. (J). 17.99 ***(978-1-0881-2863-3(7))***; pap. 12.99 ***(978-1-0881-2866-4(1))*** Indy Pub.

Nina's Noisy: Practicing the N Sound, 1 vol. Rafael Moya. 2016. (Rosen Phonics Readers Ser.). (ENG., Illus.). 8p. (J). (gr. -1-2). pap. *(978-1-5081-3093-2(0)*, df801bf8-0171-44dc-bf45-b9853403e391, Rosen Classroom) Rosen Publishing Group, Inc., The.

Nina's NOT Boy Crazy! (She Just Likes Boys) Wendy L. Brandes. Illus. by Eleonora Lorenzet. 2016. (Summer Camp Ser.). (ENG.). 96p. (J). (gr. 4-6). lib. bdg. 25.32 *(978-1-4965-2601-4(5)*, 130730, Stone Arch Bks.) Capstone.

Niñas Que Imaginaron lo Imposible y (lo Consiguieron) Tony Amago. 2019. (SPA.). 44p. (J). (gr. 2-4). 26.99 *(978-84-9142-356-0(7))* Algar Editorial, Feditres, S.L. ESP. Dist: Lectorum Pubns., Inc.

Nine. Zach Hines. 2020. (ENG.). 368p. (YA). (gr. 9). pap. 10.99 *(978-0-06-256723-9(3)*, HarperTeen) HarperCollins Pubs.

Nine. Xist Publishing. 2019. (Discover Numbers Ser.). (ENG.). 8p. (J). (gr. -1-2). pap. 5.99 *(978-1-5324-0984-4(2))* Xist Publishing.

Nine: Origins. Kes Trester. 2022. (ENG.). 288p. (YA). pap. 14.95 ***(978-1-958109-06-9(1))*** Owl Hollow Pr.

Nine Candles of Deepest Black. Matthew S. Cox. 2016. (ENG., Illus.). (YA). pap. 19.99 *(978-1-62007-677-4(2))* Curiosity Quills Pr.

Nine Colonies (Classic Reprint) Fritz Geroldt. 2018. (ENG., Illus.). 150p. (J). 26.99 *(978-0-267-47860-6(7))* Forgotten Bks.

Nine Days to Christmas: A Story of Mexico. Marie Hall Ets & Aurora Labastida. 2017. (ENG., Illus.). 48p. 15.95 *(978-0-486-81532-9(3)*, 815323) Dover Pubns., Inc.

Nine-Days' Wonder: A Novelette (Classic Reprint) Hamilton Aide. (ENG., Illus.). (J). 2018. 102p. 26.00 *(978-0-332-20041-5(8))*; 2017. pap. 9.57 *(978-0-243-25111-7(4))* Forgotten Bks.

Nine Days' Wonder (Classic Reprint) B. M. Croker. 2018. (ENG., Illus.). 356p. (J). 31.24 *(978-0-483-96240-8(6))* Forgotten Bks.

Nine Disney Classics (Disney Classic) Golden Books. Illus. by Golden Books. 2018. (Little Golden Book Ser.). (ENG., Illus.). 224p. (J). (-k). 12.99 *(978-0-7364-3788-2(6)*, Golden/Disney) Random Hse. Children's Bks.

Nine Disney Princess Tales (Disney Princess) RH Disney. Illus. by RH Disney. 2016. (ENG., Illus.). 224p. (J). (-k). 12.99 *(978-0-7364-3617-5(0)*, Golden/Disney) Random Hse. Children's Bks.

Nine Doors. Vicki Grant. 2nd ed. 2020. (Orca Currents Ser.). (ENG.). 112p. (J). (gr. 4-7). pap. 10.95 *(978-1-4598-2742-4(2))* Orca Bk. Pubs. USA.

Nine Humorous Tales (Classic Reprint) Anton Chekov. 2017. (ENG., Illus.). (J). 25.20 *(978-0-331-61781-8(1))* Forgotten Bks.

Nine Ideal Indian Women (Classic Reprint) Maharanee Sunity Devee. 2018. (ENG., Illus.). 250p. (J). 29.07 *(978-0-484-15565-6(2))* Forgotten Bks.

Nine Liars. Maureen Johnson. 2022. (ENG., Illus.). 464p. (YA). (gr. 9). 19.99 *(978-0-06-303265-1(1)*, Tegen, Katherine Bks) HarperCollins Pubs.

Nine Little Goslings. Susan Coolidge. 2018. (ENG.). 136p. (J). pap. *(978-93-5329-242-3(5))* Alpha Editions.

Nine Little Goslings (Classic Reprint) Susan Coolidge. 2018. (ENG., Illus.). 308p. (J). 30.25 *(978-0-365-51798-6(4))* Forgotten Bks.

Nine Lives & Times of Mr. Hyde: Those Who Do Bad Deeds Always Get Their Comeuppance. Jonty Olivier. 2018. (Mr. Hyde's Magical Adventures Ser.: Vol. 1). (ENG., Illus.). 104p. (J). (gr. 3-5). pap. 9.95 *(978-0-9996283-0-0(5))* Eagle Eye Consultancy (UK) Ltd.

Nine Lives of a Cat: A Tale of Wonder (Classic Reprint) Charles Bennett. (ENG., Illus.). (J). 2018. 66p. 25.26 *(978-0-656-22221-6(2))*; 2016. pap. 9.57 *(978-1-334-16529-0(7))* Forgotten Bks.

Nine Lives of Jacob Tibbs. Cylin Busby. ed. 2017. lib. bdg. 17.20 *(978-0-606-39874-9(0))* Turtleback.

Nine Lives of Kaz: An Extraordinary Survival Story of Two Polish Families' Deadly Journey from Siberia to

Freedom, During World War II. Victoria Kiellerman. Tr. by Maria Kiellerman. Illus. by Michael Zukowsky. 2021. (ENG.). 324p. (YA). *(978-1-5255-9350-5(1))*; pap. *(978-1-5255-9349-9(8))* FriesenPress.

Nine Lives of Michael Todd (Classic Reprint) Art Cohn. 2017. (ENG., Illus.). (J). 32.77 *(978-0-265-57421-8(8))*; pap. 16.57 *(978-0-243-28477-1(2))* Forgotten Bks.

Nine Lives of the Good Kitty. Peirce Nice. 2021. (ENG.). 52p. (J). pap. ***(978-1-83934-061-1(4))*** Olympia Publishers.

Nine Marvel Super Hero Tales (Marvel) Illus. by Golden Books. 2017. (ENG.). 224p. (J). (-k). 12.99 *(978-1-5247-1783-4(5)*, Golden Bks.) Random Hse. Children's Bks.

Nine Men Chase a Hen, Level 1. Barbara Gregorich. Ed. by Joan Hoffman. Illus. by John Sandford. 2019. (ENG.). 16p. (J). (gr. -1-2). pap. 3.49 *(978-0-88743-009-1(0)*, c5044e85-0991-4e16-99cb-59e2b3e56251) School Zone Publishing Co.

Nine Men's Morrice: Stories Collected & Re-Collected (Classic Reprint) Walter Herries Pollock. (ENG., Illus.). (J). 2018. 372p. 31.57 *(978-0-484-18693-3(0))*; 2017. pap. 13.97 *(978-0-243-91436-4(9))* Forgotten Bks.

Nine Minutes: Protecting Marine Life - Greenland. Hye-eun Shin. Illus. by Irene Klar. 2022. (Green Earth Tales 2 Ser.). (ENG.). 36p. (J). (gr. k-4). lib. bdg. 27.99 *(978-1-925235-07-4(6)*, cef7750f-235c-4dc6-b939-d686fc246700, Big and SMALL) ChoiceMaker Pty. Ltd., The AUS. Dist: Lerner Publishing Group.

Nine Months: Before a Baby Is Born. Miranda Paul. Illus. by Jason Chin. 32p. (J). (gr. -1-3). 2021. pap. 8.99 *(978-0-8234-4938-5(6))*; 2019. 18.99 *(978-0-8234-4161-7(X))* Holiday Hse., Inc. (Neal Porter Bks).

Nine Planets of the Solar System Guide to Astronomy Grade 4 Children's Astronomy & Space Books. Baby Professor. 2020. (ENG.). 72p. (J). 24.99 *(978-1-5419-8073-0(5))*; pap. 14.99 *(978-1-5419-5952-1(3))* Speedy Publishing LLC. (Baby Professor (Education Kids)).

Nine Points of the Law (Classic Reprint) Wilfrid S. Jackson. 2018. (ENG., Illus.). 302p. (J). 30.13 *(978-0-483-48806-9(2))* Forgotten Bks.

Nine Realms: For Goblins' Sake. A. K. Baxter. 2017. (ENG., Illus.). 172p. (J). pap. *(978-1-7752053-0-2(4))* Willow, Mount Bks.

Nine Specimens of English Dialects: Edited from Various Sources (Classic Reprint) Walter Skeat. (ENG., Illus.). (J). 2018. 222p. 28.50 *(978-0-364-65868-0(1))*; 2017. pap. 10.97 *(978-0-282-65173-2(X))* Forgotten Bks.

Nine Specimens of English Dialects, & Two Collections of Derbicisms (Classic Reprint) Walter W. Skeat. 2017. (ENG., Illus.). (J). 33.47 *(978-0-331-87091-6(6))* Forgotten Bks.

Nine Tales (Classic Reprint) Hugh De Selincourt. 2018. (ENG., Illus.). 318p. (J). 30.48 *(978-0-483-40001-6(7))* Forgotten Bks.

Nine, Ten: a September 11 Story. Nora Raleigh Baskin. 2016. (ENG., Illus.). 208p. (J). (gr. 3-7). 17.99 *(978-1-4424-8506-8(X))* Simon & Schuster Children's Publishing.

Nine-Tenths. James Oppenheim. 2017. (ENG., Illus.). (J). 24.95 *(978-1-374-89928-5(3))*; pap. 14.95 *(978-1-374-89927-8(5))* Capital Communications, Inc.

Nine-Tenths: A Novel (Classic Reprint) James Oppenheim. 2018. (ENG., Illus.). 334p. (J). 30.74 *(978-0-332-78620-9(X))* Forgotten Bks.

Nine Thousand Miles on a Pullman Train: An Account of a Tour of Railroad Conductors from Philadelphia to the Pacific Coast & Return (Classic Reprint) Unknown Author. 2018. (ENG., Illus.). 226p. (J). 28.56 *(978-0-267-68378-9(2))* Forgotten Bks.

Nine Thousand Miles on a Pullman Train: An Account of a Tour of Railroad Conductors from Philadelphia to the Pacific Coast & Return (Classic Reprint) M. M. Shaw. 2018. (ENG., Illus.). 334p. (J). 30.79 *(978-0-483-35165-3(2))* Forgotten Bks.

Nine Thousand Miles to Adventure: The Story of an American Boy in the Philippines. John P. Santacroce. 2018. (ENG., Illus.). 168p. (J). pap. 14.99 *(978-0-9899916-0-5(1)*, Four Oaks Publishing) Santacroce, John.

Nine Unlikely Tales. E. Nesbit. 2018. (ENG., Illus.). 154p. (YA). (gr. 7-12). pap. *(978-93-5329-311-6(1))* Alpha Editions.

Nine Ways to Empower Tweens #LifeSkills. Kathleen Boucher. Illus. by Sara Chadwick-Holmes. 2019. (ENG.). 132p. (J). *(978-0-2288-1881-6(8))*; pap. *(978-0-2288-1882-3(6))* Tellwell Talent.

Nine Ways to Win: Fruit of the Spirit Activity Book. Ramona Wood. 2023. (Fruit of the Spirit Books for Kids Ser.). (ENG.). 106p. (J). pap. 15.95 ***(978-0-9758622-8-5(6))*** ABC Pr.

Ninemden Tekerlemeler. Illus. by Evin Gultepe. 2020. (TUR.). 28p. (J). pap. 11.99 *(978-1-7345359-0-7(3))* Gultepe, Evin.

Ninepenny-Piece, and, the Little Basket-Maker: Embellished with Cuts (Classic Reprint) Unknown Author. 2018. (ENG., Illus.). 26p. (J). 24.45 *(978-0-484-33079-4(9))* Forgotten Bks.

Nineteen Beautiful Years: Or Sketches of a Girl's Life (Classic Reprint) Frances E. Willard. 2018. (ENG., Illus.). 214p. (J). 28.31 *(978-0-364-58637-2(0))* Forgotten Bks.

Nineteen Cuts. Ringo Gene Hayden. 2017. (ENG., Illus.). (YA). (gr. 9-12). pap. 16.95 *(978-1-937303-81-5(0))* Luminare Pr., LLC.

Nineteen Eighty-Four. Blaine Wiseman. 2016. (Lightbox Literature Studies). (ENG., Illus.). 32p. (J). lib. bdg. 34.99 *(978-1-5105-1168-2(7))* SmartBook Media, Inc.

Nineteen Hundred? A Forecast & a Story (Classic Reprint) Marianne Farningham. 2018. (ENG., Illus.). 338p. (J). 30.87 *(978-0-267-15899-7(8))* Forgotten Bks.

Nineteen Impressions (Classic Reprint) J. D. Beresford. 2018. (ENG., Illus.). 244p. (J). 28.93 *(978-0-483-25906-5(3))* Forgotten Bks.

Nineteenth-Century Miracle (Classic Reprint) E. Somerville. (ENG., Illus.). (J). 2018. 20p. 24.33 *(978-0-267-61318-2(0))*; 2016. pap. 7.97 *(978-1-334-11997-2(X))* Forgotten Bks.

Ninette, an Idyll of Provence: In One Volume (Classic Reprint) Charlotte Louisa Hawkins Dempster. (ENG., Illus.). (J). 2018. 370p. 31.53 *(978-0-483-37867-4(4))*; 2016. pap. 13.97 *(978-1-334-12992-6(4))* Forgotten Bks.

Ninette (Classic Reprint) E. de Pressens'. 2018. (FRE., Illus.). 68p. (J). 25.32 *(978-0-666-19205-9(7))* Forgotten Bks.

Ninette (Classic Reprint) E. De Pressense. 2017. (FRE., Illus.). (J). pap. 9.57 *(978-0-282-84558-2(5))* Forgotten Bks.

Ninety-Eight (Classic Reprint) Cormac Cahir O. Faly. 2018. (ENG., Illus.). 368p. (J). 31.49 *(978-0-267-59573-0(5))* Forgotten Bks.

Ninety-Eight (Classic Reprint) Cormac Cahir O'Connor Faly. 2016. (ENG., Illus.). (J). pap. 13.97 *(978-1-334-14941-2(0))* Forgotten Bks.

Ninety-Six Hours' Leave (Classic Reprint) Stephen McKenna. (ENG., Illus.). (J). 2018. 320p. 30.50 *(978-0-483-12549-0(0))*; 2018. 408p. 32.33 *(978-0-483-74721-0(1))*; 2017. pap. 13.57 *(978-1-334-94095-8(9))* Forgotten Bks.

Ninety-Three, Vol. 1 (Classic Reprint) Victor Hugo. 2017. (ENG., Illus.). (J). 31.98 *(978-0-331-45897-8(7))* Forgotten Bks.

Ninety-Three, Vol. 2 of 2 (Classic Reprint) Victor Hugo. 2017. (ENG., Illus.). (J). 33.20 *(978-0-266-56984-8(6))* Forgotten Bks.

Ning & the Night Spirits. Adriena Fong. 2023. (ENG., Illus.). 40p. (J). (gr. -1-2). 17.99 *(978-1-913123-16-1(2))* Flying Eye Bks. GBR. Dist: Penguin Random Hse. LLC.

Ninian Jamieson: And a Practical Novelist (Classic Reprint) John Davidson. 2018. (ENG., Illus.). 322p. (J). 30.54 *(978-0-483-22077-5(9))* Forgotten Bks.

Ninita's Big World: The True Story of a Deaf Pygmy Marmoset. Sarah Glenn Marsh. Illus. by Stephanie Fizer Coleman. 2019. (ENG.). 32p. (J). (gr. -1-3). 17.99 *(978-1-328-77001-1(X)*, 1680998, Clarion Bks.) HarperCollins Pubs.

Ninja. Jessica Rusick. (YouTubers Ser.). (ENG., Illus.). 32p. (J). 2020. (gr. 4-4). pap. 9.95 *(978-1-64494-360-1(3)*, 1644943603); 2019. (gr. 3-6). lib. bdg. 32.79 *(978-1-5321-9182-4(0)*, 33538) ABDO Publishing Co. (Checkerboard Library).

Ninja. Gail Terp. 2019. (History's Warriors Ser.). (ENG., Illus.). 32p. (J). (gr. 4-6). pap. 9.99 *(978-1-64466-042-3(3)*, 12757); lib. bdg. *(978-1-68072-851-4(2)*, 12756) Black Rabbit Bks. (Bolt).

Ninja Agradecido: Un Libro para niños Sobre Cómo Cultivar una Actitud de Gratitud y Buenos Modales. Mary Nhin. 2022. (Ninja Life Hacks Spanish Ser.: Vol. 18). (SPA.). 36p. (J). 19.99 *(978-1-63731-389-3(6))* Grow Grit Pr.

Ninja Amable: Un Libro para niños Sobre la Bondad. Mary Nhin. 2022. (Ninja Life Hacks Spanish Ser.: Vol. 42). (SPA.). 34p. (J). 19.99 ***(978-1-63731-485-2(X))*** Grow Grit Pr.

Ninja Animosa: Un Libro para niños Sobre Cómo Lidiar con la Frustración y Desarrollar la Perseverancia. Mary Nhin. 2022. (Ninja Life Hacks Spanish Ser.: Vol. 43). (SPA.). 32p. (J). 19.99 ***(978-1-63731-554-5(6))*** Grow Grit Pr.

Ninja Animoso: Un Libro para niños Sobre Cómo Lidiar con la Frustración y Desarrollar la Perseverancia. Mary Nhin. 2022. (Ninja Life Hacks Spanish Ser.: Vol. 21). (SPA.). 32p. (J). 19.99 *(978-1-63731-399-2(3))* Grow Grit Pr.

Ninja Asombroso / Amazing Ninja! Anh Do. 2022. (Ninja Kid Ser.: 4). (SPA.). 192p. (J). (gr. 2-5). pap. 12.95 *(978-607-38-0867-5(4))* Penguin Random House Grupo Editorial ESP. Dist: Penguin Random Hse. LLC.

Ninja at the Firehouse (Moby Shinobi: Scholastic Reader, Level 1) Luke Flowers. Illus. by Luke Flowers. 2018. (Scholastic Reader, Level 1 Ser.). (ENG., Illus.). 32p. (J). (gr. -1-3). pap. 4.99 *(978-1-338-25611-6(4))* Scholastic, Inc.

Ninja at the Pet Shop. Luke Flowers. ed. 2018. (Scholastic Reader Level 1 Ser.). lib. bdg. 13.55 *(978-0-606-41141-7(0))* Turtleback.

Ninja Audaz: Un Libro para niños Sobre el Establecimiento de Metas. Mary Nhin. 2022. (Ninja Life Hacks Spanish Ser.: Vol. 6). (SPA.). 36p. (J). 19.99 *(978-1-63731-341-1(1))* Grow Grit Pr.

Ninja Autodisciplinada: Un Libro para niños Sobre Cómo Mejorar la Fuerza de Voluntad. Mary Nhin. 2023. (Ninja Life Hacks Spanish Ser.: Vol. 47). (SPA.). 36p. (J). 19.99 ***(978-1-63731-505-7(8))*** Grow Grit Pr.

Ninja Birds! Sheree McFadden. Illus. by Jonathan Herzog. 2019. (ENG.). 26p. (J). (gr. 1-6). pap. 9.99 *(978-0-578-57784-5(4))* McFadden, Sheree.

Ninja Blaze! C. Ines Mangual. ed. 2019. (Step into Reading Ser.). (ENG.). 22p. (J). (gr. k-1). 14.96 *(978-1-64310-867-4(0))* Penworthy Co., LLC, The.

Ninja Blaze! (Blaze & the Monster Machines) Cynthia Ines Mangual. Illus. by Dave Aikins. 2019. (Step into Reading Ser.). (ENG.). 24p. (J). (gr. -1-1). pap. 5.99 *(978-0-525-64865-9(8)*, Random Hse. Bks. for Young Readers) Random Hse. Children's Bks.

Ninja Boy's Secret. Tina Schneider. (Illus.). 32p. (J). (gr. -1-3). 2021. 6.99 *(978-0-8048-5504-4(8))*; 2019. 14.99 *(978-4-8053-1526-2(1))* Tuttle Publishing.

Ninja Calmado: Un Libro para niños Sobre Cómo Calmar la Ansiedad con el Flujo de Yoga el Ninja Calmado. Mary Nhin. 2022. (Ninja Life Hacks Spanish Ser.: Vol. 2). (SPA.). 40p. (J). 19.99 *(978-1-63731-345-9(4))* Grow Grit Pr.

Ninja Camp. Sue Fliess. Illus. by Jen Taylor. 2019. (ENG.). 32p. (J). (gr. -1-3). 17.99 *(978-0-7624-6331-2(7)*, Running Pr. Kids) Running Pr.

Ninja Cariñoso: Un Libro de Aprendizaje Socioemocional para niños Sobre Cómo Desarrollar el Cuidado y el Respeto Por Los Demás. Mary Nhin. 2022. (Ninja Life Hacks Spanish Ser.: Vol. 5). (SPA.). 36p. (J). 19.99 *(978-1-63731-347-3(0))* Grow Grit Pr.

Ninja Celosa: Un Libro Infantil Social y Emocional Sobre Cómo Ayudar a Los niños a Lidiar con el Monstruo de Ojos Verdes: Los Celos y la Envidia. Mary Nhin. 2023. (Ninja Life Hacks Spanish Ser.: Vol. 47). (SPA.). 34p. (J). 19.99 ***(978-1-63731-497-5(3))*** Grow Grit Pr.

Ninja Compasivo: Un Libro para niños Sobre el Desarrollo de la Empatía y la Autocompasión. Mary Nhin. 2022. (Ninja Life Hacks Spanish Ser.: Vol. 9). (SPA.). 36p. (J). 19.99 *(978-1-63731-359-6(4))* Grow Grit Pr.

Ninja Competitions. Laura Hamilton Waxman. 2020. (Lightning Bolt Books (r) — Ninja Mania Ser.). (ENG., Illus.). 24p. (J). (gr. 1-3). pap. 9.99 *(978-1-5415-8916-2(5)*, 0ad7bc1d-8113-4512-ba60-ff93601bb746); lib. bdg. 29.32 *(978-1-5415-7705-3(1)*, 599eb8cc-4258-4a9b-8059-f648655ed580) Lerner Publishing Group. (Lerner Pubns.).

Ninja Comprensiva: Un Libro Infantil de Aprendizaje Socioemocional Sobre el Cuidado de Los Demás. Mary Nhin. 2023. (Ninja Life Hacks Spanish Ser.: Vol. 61). (SPA.). 34p. (J). 19.99 ***(978-1-63731-511-8(2))*** Grow Grit Pr.

Ninja Costumes & Other Ninja Kids Fashions Coloring Book. Bobo's Children Activity Books. 2016. (ENG., Illus.). (J). pap. 9.33 *(978-1-68327-681-4(7))* Sunshine In My Soul Publishing.

Ninja Creativo: Un Libro STEAM para niños Sobre el Desarrollo de la Creatividad. Mary Nhin. 2022. (Ninja Life Hacks Spanish Ser.: Vol. 10). (SPA.). 34p. (J). 19.99 *(978-1-63731-361-9(6))* Grow Grit Pr.

Ninja Curioso: Un Libro de Aprendizaje Socioemocional para niños Sobre Cómo Combatir el Aburrimiento y Aprender Cosas Nuevas. Mary Nhin. 2022. (Ninja Life Hacks Spanish Ser.: Vol. 11). (SPA.). 36p. (J). 19.99 *(978-1-63731-363-3(2))* Grow Grit Pr.

Ninja Dad! Random House Editors. ed. 2016. (Step into Reading - Level 1 Ser.). lib. bdg. 14.75 *(978-0-606-38484-1(7))* Turtleback.

Ninja Day! Andrew Critelli. 2020. (Club Jeffery Book Ser.: Vol. 3). (ENG.). 28p. (J). pap. *(978-1-989822-01-2(0))* Infinite Abundance.

Ninja de Compartir: Un Libro para niños Sobre Cómo Aprender a Compartir. Mary Nhin. 2022. (Ninja Life Hacks Spanish Ser.: Vol. 36). (SPA.). 40p. (J). 19.99 ***(978-1-63731-459-3(0))*** Grow Grit Pr.

Ninja de la Comunicación: Un Libro para niños Sobre Escuchar y Comunicarse de Manera Efectiva. Mary Nhin. 2022. (Ninja Life Hacks Spanish Ser.: Vol. 4). (SPA.). 36p. (J). 19.99 *(978-1-63731-349-7(7))* Grow Grit Pr.

Ninja de la Comunicación: Un Libro para niños Sobre Escuchar y Comunicarse de Manera Efectiva. Mary Nhin. 2022. (Ninja Life Hacks Spanish Ser.: Vol. 37). (SPA.). 36p. (J). 19.99 ***(978-1-63731-556-9(2))*** Grow Grit Pr.

Ninja de la Diversidad: Un Libro Infantil Diverso y Antirracista Sobre el Racismo, Los Prejuicios, la Igualdad y la Inclusión. Mary Nhin. 2022. (Ninja Life Hacks Spanish Ser.: Vol. 12). (SPA.). 36p. (J). 19.99 *(978-1-63731-371-8(3))* Grow Grit Pr.

Ninja de la Memoria: Un Libro para niños Sobre el Aprendizaje y la Mejora de la Memoria. Mary Nhin. 2023. (Ninja Life Hacks Spanish Ser.: Vol. 48). (SPA.). 34p. (J). 19.99 ***(978-1-63731-499-9(X))*** Grow Grit Pr.

Ninja de la Tierra: Un Libro para niños Sobre Reciclar, Reducir y Reutilizar. Mary Nhin. 2022. (Ninja Life Hacks Spanish Ser.: Vol. 15). (SPA.). 34p. (J). 19.99 *(978-1-63731-377-0(2))* Grow Grit Pr.

Ninja de Los Sentimientos: Un Libro Infantil Social y Emocional Sobre Emociones y Sentimientos: Tristeza, Ira, Ansiedad. Mary Nhin. 2022. (Ninja Life Hacks Spanish Ser.: Vol. 19). (SPA.). 36p. (J). 19.99 *(978-1-63731-373-2(X))* Grow Grit Pr.

Ninja Decepcionado: Un Libro Infantil Social y Emocional Sobre el Buen Espíritu Deportivo y Cómo Lidiar con la Decepción. Mary Nhin. 2022. (Ninja Life Hacks Spanish Ser.: Vol. 13). (SPA.). 36p. (J). 19.99 *(978-1-63731-367-1(5))* Grow Grit Pr.

Ninja Del Amor: Un Libro para niños Sobre el Amor. Mary Nhin. 2023. (Ninja Life Hacks Spanish Ser.: Vol. 52). (SPA.). 34p. (J). 19.99 ***(978-1-63731-513-2(9))*** Grow Grit Pr.

Ninja Del Dinero: Un Libro para niños Sobre el Ahorro, la Inversión y la Donación. Mary Nhin. 2022. (Ninja Life Hacks Spanish Ser.: Vol. 28). (SPA.). 28p. (J). 19.99 ***(978-1-63731-440-1(X))*** Grow Grit Pr.

Ninja Del Dinero: Un Libro para niños Sobre el Ahorro, la Inversión y la Donación. Mary Nhin. 2023. (Ninja Life Hacks Spanish Ser.: Vol. 65). (SPA.). 28p. (J). 22.99 ***(978-1-63731-552-1(X))*** Grow Grit Pr.

Ninja Del Internet: Un Libro para niños Sobre Prácticas de Aprendizaje Virtual para el éxito de Los Estudiantes en Línea. Mary Nhin. 2023. (Ninja Life Hacks Spanish Ser.: Vol. 60). (SPA.). 38p. (J). 22.99 ***(978-1-63731-523-1(6))*** Grow Grit Pr.

Ninja Desconectada: Un Libro para niños Sobre el Tiempo Frente a la Pantalla. Mary Nhin. 2022. (Ninja Life Hacks Spanish Ser.: Vol. 39). (SPA.). 38p. (J). 19.99 ***(978-1-63731-479-1(5))*** Grow Grit Pr.

Ninja Deshonesto: Un Libro para niños Sobre Mentir y Decir la Verdad. Mary Nhin. 2022. (Ninja Life Hacks Spanish Ser.: Vol. 14). (SPA.). 30p. (J). 19.99 *(978-1-63731-365-7(9))* Grow Grit Pr.

Ninja Emocionalmente Inteligente: Un Libro para niños Sobre el Desarrollo de la Inteligencia Emocional (EQ) Mary Nhin. 2022. (Ninja Life Hacks Spanish Ser.: Vol. 17). (SPA.). 38p. (J). 19.99 *(978-1-63731-379-4(9))* Grow Grit Pr.

Ninja Enfocada: Un Libro para niños Sobre Cómo Aumentar el Enfoque y la Concentración en el Hogar y la Escuela. Mary Nhin. 2022. (Ninja Life Hacks Spanish Ser.: Vol. 38). (SPA.). 38p. (J). 19.99 ***(978-1-63731-548-4(1))*** Grow Grit Pr.

Ninja Enfocado: Un Libro para niños Sobre Cómo Aumentar el Enfoque y la Concentración en el Hogar y la Escuela. Mary Nhin. 2022. (Ninja Life Hacks Spanish Ser.: Vol. 16). (SPA.). 38p. (J). 19.99 *(978-1-63731-369-5(1))* Grow Grit Pr.

Ninja Enojado: Un Libro para niños Sobre la Lucha y el Manejo de Las Emociones de la Ira. Mary Nhin. 2022. (Ninja Life Hacks Spanish Ser.: Vol. 1). (ENG.). 30p. (J). 19.99 *(978-1-63731-339-8(X))* Grow Grit Pr.

Ninja Esperanzada: Un Libro para niños Sobre Cómo Cultivar la Esperanza en Nuestra Vida Cotidiana. Mary Nhin. 2023. (Ninja Life Hacks Spanish Ser.: Vol. 42). (SPA.). 40p. (J). 22.99 ***(978-1-63731-493-7(0))*** Grow Grit Pr.

Ninja Estresado: Un Libro para niños Sobre Cómo Lidiar con el Estrés y la Ansiedad. Mary Nhin. 2022. (Ninja Life Hacks Spanish Ser.: Vol. 37). (SPA.). 40p. (J). 19.99 ***(978-1-63731-455-5(8))*** Grow Grit Pr.

Ninja Farts: The Disgusting Adventures of Milo Snotrocket. J. B. O'Neil. 2017. (ENG.). 96p. (J). (gr. 2-4). pap. 7.99 *(978-1-5107-2435-8(4)*, Sky Pony Pr.) Skyhorse Publishing Co., Inc.

Ninja Foods: Recipes Included. Christina Glowac. 2022. (ENG.). 40p. (J). 25.95 *(978-1-6624-4382-4(X))*; pap. 15.95 *(978-1-6624-4380-0(3))* Page Publishing Inc.

Ninja Frustrado: Un Libro Infantil Social y Emocional Sobre el Manejo de Las Emociones Fuertes. Mary Nhin. 2022. (Ninja Life Hacks Spanish Ser.: Vol. 23). (SPA.). 38p. (J). 19.99 *(978-1-63731-395-4(0))* Grow Grit Pr.

Ninja Gracioso: Un Libro Infantil de Adivinanzas y Chistes Toc Toc. Mary Nhin. 2022. (Ninja Life Hacks Spanish Ser.: Vol. 22). (SPA.). 38p. (J). 19.99 *(978-1-63731-387-9(X))* Grow Grit Pr.

Ninja Growth Mindset: Un Libro para niños Sobre el Poder Del Todavía. Mary Nhin. 2022. (Ninja Life Hacks Spanish Ser.: Vol. 24). (SPA.). 34p. (J). 19.99 *(978-1-63731-415-9(9))* Grow Grit Pr.

Ninja Gruñón: Un Libro para niños Sobre la Gratitud y la Perspectiva. Mary Nhin. 2022. (Ninja Life Hacks Spanish Ser.: Vol. 25). (SPA.). 36p. (J). 19.99 *(978-1-63731-391-6(8))* Grow Grit Pr.

Ninja Gruñona: Un Libro para niños Sobre la Gratitud y la Perspectiva. Mary Nhin. 2022. (Ninja Life Hacks Spanish Ser.: Vol. 44). (SPA.). 36p. (J). 19.99 ***(978-1-63731-546-0(5))*** Grow Grit Pr.

Ninja Hambrienta: Un Libro para niños Sobre la Prevención de la Suspensión y el Manejo de Crisis y Arrebatos. Mary Nhin. 2023. (Ninja Life Hacks Spanish Ser.: Vol. 60). (SPA.). 32p. (J). 22.99 ***(978-1-63731-393-0(4))*** Grow Grit Pr.

Ninja Humilde: Un Libro para niños Sobre el Desarrollo de la Humildad. Mary Nhin. 2023. (Ninja Life Hacks Spanish Ser.: Vol. 58). (SPA.). 34p. (J). 22.99 ***(978-1-63731-515-6(5))*** Grow Grit Pr.

Ninja Impulsivo: Un Libro Social y Emocional para niños y Adolescentes Sobre el Control de Los Impulsos en la Escuela y el Hogar. Mary Nhin. 2023. (Ninja Life Hacks Spanish Ser.: Vol. 57). (SPA.). 36p. (J). 22.99 ***(978-1-63731-507-1(4))*** Grow Grit Pr.

Ninja in Action! Beth Davies. ed. 2018. (DK Readers Ser.). (ENG.). 23p. (J). (gr. -1-1). 13.89 *(978-1-64310-615-1(5))* Penworthy Co., LLC, The.

Ninja in the Kitchen (Moby Shinobi: Scholastic Reader, Level 1) Luke Flowers. Illus. by Luke Flowers. 2017. (Scholastic Reader, Level 1 Ser.). (ENG., Illus.). 32p. (J). (gr. -1-1). pap. 3.99 *(978-0-545-93534-0(2))* Scholastic, Inc.

Ninja Inclusiva: Un Libro Infantil Contra el Acoso Escolar Sobre Inclusión, Compasión y Diversidad. Mary Nhin. 2023. (Ninja Life Hacks Spanish Ser.: Vol. 44). (SPA.). 34p. (J). 19.99 ***(978-1-63731-564-4(3))*** Grow Grit Pr.

Ninja Innovador: Un Libro STEAM para niños Sobre Ideas e Imaginación. Mary Nhin. 2022. (Ninja Life Hacks Spanish Ser.: Vol. 29). (SPA.). 36p. (J). 19.99 ***(978-1-63731-421-0(3))*** Grow Grit Pr.

Ninja Integridad: Un Libro Infantil Social y Emocional Sobre la Honestidad y el Cumplimiento de Las Promesas. Mary Nhin. 2023. (Ninja Life Hacks Spanish Ser.: Vol. 62). (SPA.). 36p. (J). 22.99 ***(978-1-63731-525-5(2))*** Grow Grit Pr.

Ninja Inteligente: Un Libro para niños Sobre Cómo Cambiar una Mentalidad Fija a una Mentalidad de Crecimiento. Mary Nhin. 2022. (Ninja Life Hacks Spanish Ser.: Vol. 35). (SPA.). 32p. (J). 19.99 ***(978-1-63731-457-9(4))*** Grow Grit Pr.

Ninja Inteligente: Un Libro para niños Sobre Cómo Cambiar una Mentalidad Fija a una Mentalidad de Crecimiento. Mary Nhin. 2022. (Ninja Life Hacks Spanish Ser.: Vol. 36). (SPA.). 32p. (J). 19.99 ***(978-1-63731-558-3(9))*** Grow Grit Pr.

Ninja Inventor: Un Libro para niños Sobre la Creatividad y de dónde Vienen Las Ideas. Mary Nhin. 2022. (Ninja Life Hacks Spanish Ser.: Vol. 26). (SPA.). 34p. (J). 19.99 *(978-1-63731-417-3(5))* Grow Grit Pr.

Ninja Inventor: Un Libro para niños Sobre la Creatividad y de dónde Vienen Las Ideas. Mary Nhin. 2022. (Ninja Life Hacks Spanish Ser.: Vol. 39). (SPA.). 34p. (J). 19.99 ***(978-1-63731-542-2(2))*** Grow Grit Pr.

Ninja Inversionista: Un Libro para niños Sobre Inversiones. Mary Nhin. 2022. (Ninja Life Hacks Spanish Ser.: Vol. 27). (SPA.). 40p. (J). 19.99 *(978-1-63731-419-7(1))* Grow Grit Pr.

Ninja Kid Warriors: Ninja Coloring Books. Jupiter Kids. 2016. (ENG., Illus.). 106p. (YA). pap. 12.55 *(978-1-68305-300-2(1)*, Jupiter Kids (Childrens & Kids Fiction)) Speedy Publishing LLC.

Ninja Kitties Fried Eggs & the Red Gem Activity Storybook: Drago Discovers the Importance of Teamwork. Rob Hudnut. 2022. (Ninja Kitties Ser.). (ENG.). 52p. (J). pap. 7.99 *(978-1-64124-167-0(5)*, 1670N) Fox Chapel Publishing Co., Inc.

Ninja Kitties Great Adventures Coloring Book. Kayomi Harai. 2020. (ENG.). 76p. (J). pap. 7.99 *(978-1-64124-068-0(7)*, 0680) Fox Chapel Publishing Co., Inc.

Ninja Kitties Kitlandia Is in Danger! Activity Storybook: Bee-Bee Believes in His Inner Strength. Rob Hudnut. 2022. (Ninja Kitties Ser.). (ENG.). 52p. (J). pap. 7.99 *(978-1-64124-123-6(3)*, 1236N) Fox Chapel Publishing Co., Inc.

Ninja Kitties Save the Castle Activity Storybook: Mia Never Gives Up. Rob Hudnut. 2022. (Ninja Kitties Ser.). (ENG.). 52p. (J). pap. 7.99 *(978-1-64124-169-4(1)*, 1694N) Fox Chapel Publishing Co., Inc.

Ninja Kitties Trouble at the Bridge Activity Storybook: Zumi Understands the Power of Listening. Rob Hudnut. 2022. (Ninja Kitties Ser.). (ENG.). 52p. (J). pap. 7.99 *(978-1-64124-122-9(5)*, 1229) Fox Chapel Publishing Co., Inc.

Ninja Life Hacks ABCs of Feelings: Perfect Children's Book for Babies, Toddlers, Preschool about the Alphabet. Mary Nhin. 2023. (Little Ninja Life Hacks Ser.:

Vol. 3). (ENG.). 36p. (J). 22.99 *(978-1-63731-723-5(9))* Grow Grit Pr.

Ninja Life Hacks: Calm Ninja Activity Book: (Mindful Activity Books for Kids, Emotions & Feelings Activity Books, Social Skills Activities for Kids, Social Emotional Learning) Mary Nhin. 2022. (ENG.). 80p. (J). pap. 10.99 *(978-1-64722-802-6(6))* Insight Editions.

Ninja Life Hacks Christmas: A Rhyming Children's Book about Christmas. Mary Nhin. 2022. (Ninja Life Hacks Ser.: Vol. 83). (ENG.). 36p. (J). 19.99 ***(978-1-63731-620-7(8))*** Grow Grit Pr.

Ninja Life Hacks COLORS: Perfect Children's Book for Babies, Toddlers, Preschool about Colors. Mary Nhin. 2023. (Little Ninja Life Hacks Ser.: Vol. 1). (ENG.). 32p. (J). 22.99 ***(978-1-63731-717-4(4))*** Grow Grit Pr.

Ninja Life Hacks: Growth Mindset Ninja Activity Book: (Mindful Activity Books for Kids, Emotions & Feelings Activity Books, Social Skills Activities for Kids, Social Emotional Learning) Mary Nhin. 2022. (ENG.). 80p. (J). pap. 10.99 *(978-1-64722-810-1(7))* Insight Editions.

Ninja Life Hacks Journal for Kids: A Keepsake Companion Journal to Develop a Growth Mindset, Positive Self Talk, & Goal-Setting Skills. Mary Nhin & Grow Grit Press. Illus. by Jelena Stupar. 2020. (Ninja Life Hacks Activity Bks.: Vol. 3). (ENG.). 184p. (J). 19.99 *(978-1-953399-44-1(4))* Grow Grit Pr.

Ninja Life Hacks: Little Ninjas, BIG Emotions. Mary Nhin. 2023. (ENG.). 24p. (J). bds. 8.99 Insight Editions.

Ninja Life Hacks: Meet the Ninjas: The Ultimate Ninja Guide to Life. Mary Nhin. 2022. (ENG., Illus.). 96p. (J). 14.99 *(978-1-64722-646-6(5))* Insight Editions.

Ninja Life Hacks: Night Night Ninja: (Bedtime Book for Kids, Picture Book for Kids, Mindful Book for Kids, Social-Emotional Intelligence) Mary Nhin. Illus. by Giuseppe DiMaio. 2022. (ENG.). 32p. (J). 17.99 *(978-1-64722-715-9(1))* Insight Editions.

Ninja Life Hacks NUMBERS: Perfect Children's Book for Babies, Toddlers, Preschool about Counting & Numbers. Mary Nhin. 2023. (Little Ninja Life Hacks Ser.: Vol. 4). (ENG.). 34p. (J). 22.99 ***(978-1-63731-726-6(3))*** Grow Grit Pr.

Ninja Life Hacks SHAPES: Perfect Children's Book for Babies, Toddlers, Preschool about Shapes. Mary Nhin. 2023. (Little Ninja Life Hacks Ser.: Vol. 2). (ENG.). 36p. (J). 22.99 ***(978-1-63731-720-4(4))*** Grow Grit Pr.

Ninja Life Hacks St. Patrick's Day Race: A Rhyming Children's Book about a St. Patty's Day Race, Leprechuan & a Lucky Four-Leaf Clover. Mary Nhin. 2022. (Ninja Life Hacks Ser.: Vol. 69). (ENG.). 36p. (J). 19.99 *(978-1-63731-325-1(X))* Grow Grit Pr.

Ninja Manual. Adam Quattlebaum. 2022. (ENG.). 52p. (J). pap. 15.00 *(978-1-4357-6993-9(7))* Lulu Pr., Inc.

Ninja Motivado: Un Libro de Aprendizaje Social y Emocional para niños Sobre la Motivación. Mary Nhin. 2022. (Ninja Life Hacks Spanish Ser.: Vol. 30). (SPA.). 36p. (J). 19.99 ***(978-1-63731-442-5(6))*** Grow Grit Pr.

Ninja Motivado: Un Libro de Aprendizaje Social y Emocional para niños Sobre la Motivación. Mary Nhin. 2023. (Ninja Life Hacks Spanish Ser.: Vol. 46). (SPA.). 36p. (J). 19.99 ***(978-1-63731-562-0(7))*** Grow Grit Pr.

Ninja Nate. Markette Sheppard. Illus. by Robert Paul, Jr. 2023. (ENG.). 32p. (J). (gr. -1-3). 18.99 ***(978-1-5344-7692-9(X))*** Simon & Schuster, Inc.

Ninja Nerviosa: Un Libro de Aprendizaje Socioemocional para niños Sobre Cómo Calmar la Preocupación y la Ansiedad. Mary Nhin. 2023. (Ninja Life Hacks Spanish Ser.: Vol. 45). (SPA.). 38p. (J). 19.99 ***(978-1-63731-495-1(7))*** Grow Grit Pr.

Ninja Olvidadizo: Un Libro para niños Sobre Cómo Mejorar Las Habilidades de Memoria. Mary Nhin. 2022. (Ninja Life Hacks Spanish Ser.: Vol. 20). (SPA.). 32p. (J). 19.99 *(978-1-63731-375-6(6))* Grow Grit Pr.

Ninja on the Farm. Luke Flowers. ed. 2018. (Scholastic Readers Ser.). (ENG.). 30p. (J). (gr. -1-1). 13.89 *(978-1-64310-429-4(2))* Penworthy Co., LLC, The.

Ninja on the Farm. Luke Flowers. Illus. by Luke Flowers. 2016. (Scholastic Reader, Level 1 Ser.). (ENG.). 32p. (J). (gr. -1-3). pap. 3.99 *(978-0-545-93537-1(7))* Scholastic, Inc.

Ninja on the Job. Luke Flowers. ed. 2019. (Scholastic Readers Ser.). (ENG.). 32p. (J). (gr. 2-3). 13.89 *(978-0-87617-313-8(X))* Penworthy Co., LLC, The.

Ninja on the Job. Luke Flowers. Illus. by Luke Flowers. 2018. (Scholastic Reader, Level 1 Ser.). (ENG., Illus.). 32p. (J). (gr. -1-3). pap. 3.99 *(978-1-338-25614-7(9))* Scholastic, Inc.

Ninja on the Job (Moby Shinobi: Scholastic Reader, Level 1) (Library Edition) Luke Flowers. Illus. by Luke Flowers. 2018. (Scholastic Reader, Level 1 Ser.). (ENG., Illus.). 32p. (J). (gr. -1-1). lib. bdg. 16.99 *(978-1-338-25615-4(7))* Scholastic, Inc.

Ninja Organizado: Un Libro para niños Sobre la Organización y la Superación de Hábitos Desordenados. Mary Nhin. 2022. (Ninja Life Hacks Spanish Ser.: Vol. 31). (SPA.). 32p. (J). 19.99 ***(978-1-63731-447-0(7))*** Grow Grit Pr.

Ninja Oyente: Un Libro para niños Sobre el Desarrollo de la Humildad. Mary Nhin. 2023. (Ninja Life Hacks Spanish Ser.: Vol. 58). (SPA.). 34p. (J). 22.99 ***(978-1-63731-509-5(0))*** Grow Grit Pr.

Ninja Paciente: Un Libro para niños Sobre el Desarrollo de la Paciencia y la Gratificación Retrasada. Mary Nhin. 2022. (Ninja Life Hacks Spanish Ser.: Vol. 32). (SPA.). 40p. (J). 19.99 ***(978-1-63731-453-1(1))*** Grow Grit Pr.

Ninja Perezoso: Un Libro para niños Sobre Cómo Establecer Metas y Encontrar la Motivación. Mary Nhin. 2023. (Ninja Life Hacks Spanish Ser.: Vol. 53). (SPA.). 34p. (J). 19.99 ***(978-1-63731-481-4(7))*** Grow Grit Pr.

Ninja Perfecta: Un Libro para niños Sobre Cómo Desarrollar una Mentalidad de Crecimiento. Mary Nhin. 2022. (Ninja Life Hacks Spanish Ser.: Vol. 39). (SPA.). 36p. (J). 19.99 ***(978-1-63731-550-7(3))*** Grow Grit Pr.

Ninja Perfecto: Un Libro para niños Sobre Cómo Desarrollar una Mentalidad de Crecimiento. Mary Nhin. 2022. (Ninja Life Hacks Spanish Ser.: Vol. 33). (SPA.). 36p. (J). 19.99 ***(978-1-63731-449-4(3))*** Grow Grit Pr.

Ninja Plants: Survival & Adaptation in the Plant World. Wiley Blevins. 2017. (ENG., Illus.). 96p. (YA). (gr. 6-12). 35.99 *(978-1-5124-1013-6(6),* 36cd1eb2-1a97-4d06-914e-902f1763a9b1); E-Book 9.99 *(978-1-5124-3914-4(2),* 9781512439144); E-Book 54.65 *(978-1-5124-2853-7(1));* E-Book 54.65 *(978-1-5124-3915-1(0),* 9781512439151) Lerner Publishing Group. (Twenty-First Century Bks.).

Ninja Positiva: Un Libro para niños Sobre la Atención Plena y el Manejo de Emociones y Sentimientos Negativos. Mary Nhin. 2022. (Ninja Life Hacks Spanish Ser.: Vol. 35). (SPA.). 36p. (J). 19.99 ***(978-1-63731-544-6(9))*** Grow Grit Pr.

Ninja Positivo: Un Libro para niños Sobre la Atención Plena y el Manejo de Emociones y Sentimientos Negativos. Mary Nhin. 2022. (Ninja Life Hacks Spanish Ser.: Vol. 34). (SPA.). 36p. (J). 19.99 ***(978-1-63731-451-7(5))*** Grow Grit Pr.

Ninja Power (Rise of the Teenage Mutant Ninja Turtles #1) David Lewman. Illus. by Random House. 2018. (ENG.). 128p. (J). (gr. 3-7). 6.99 *(978-0-525-64503-0(9),* Random Hse. Bks. for Young Readers) Random Hse. Children's Bks.

Ninja Preocupada: Un Libro para niños Sobre Cómo Manejar Sus Preocupaciones y Ansiedad. Mary Nhin. 2022. (Ninja Life Hacks Spanish Ser.: Vol. 41). (SPA.). 36p. (J). 19.99 ***(978-1-63731-475-3(2))*** Grow Grit Pr.

Ninja Science: Camouflage, Weapons, & Stealthy Attacks. Marcia Amidon Lusted. 2016. (Warrior Science Ser.). (ENG., Illus.). 32p. (J). (gr. 3-9). lib. bdg. 28.65 *(978-1-4914-8115-8(3),* 130606, Capstone Pr.) Capstone.

Ninja Segura: Un Libro para niños Sobre el Desarrollo de la Confianza en uno Mismo y la Autoestima. Mary Nhin. 2022. (Ninja Life Hacks Spanish Ser.: Vol. 41). (SPA.). 38p. (J). 19.99 ***(978-1-63731-357-2(8))*** Grow Grit Pr.

Ninja Servicial: Un Libro para niños Sobre Ser un Ayudante. Mary Nhin. 2023. (Ninja Life Hacks Spanish Ser.: Vol. 54). (SPA.). 34p. (J). 19.99 ***(978-1-63731-397-8(7))*** Grow Grit Pr.

Ninja Silencioso: Un Libro para niños Sobre Cómo Aprender a Permanecer en Silencio y en Calma en Lugares Tranquilos. Mary Nhin. 2023. (Ninja Life Hacks Spanish Ser.: Vol. 63). (SPA.). 34p. (J). 22.99 ***(978-1-63731-517-0(1))*** Grow Grit Pr.

Ninja Solitario: Un Libro Infantil Sobre Los Sentimientos de Soledad. Mary Nhin. 2023. (Ninja Life Hacks Spanish Ser.: Vol. 55). (SPA.). 32p. (J). 19.99 ***(978-1-63731-503-3(1))*** Grow Grit Pr.

Ninja Tímido: Un Libro para niños Sobre el Aprendizaje Socioemocional y la Superación de la Ansiedad Social. Mary Nhin. 2022. (Ninja Life Hacks Spanish Ser.: Vol. 38). (SPA.). 38p. (J). 19.99 ***(978-1-63731-461-6(2))*** Grow Grit Pr.

Ninja Tooth Battles. Sheila Dobee. 2018. (ENG.). 38p. (J). 14.95 *(978-1-63177-547-5(2))* Amplify Publishing Group.

Ninja Trabajadora: Un Libro para niños Sobre Cómo Valorar una ética de Trabajo Duro. Mary Nhin. 2023. (Ninja Life Hacks Spanish Ser.: Vol. 56). (SPA.). 34p. (J). 19.99 ***(978-1-63731-519-4(8))*** Grow Grit Pr.

Ninja Triste: Un Libro para niños Sobre Cómo Lidiar con la Pérdida y el Duelo. Mary Nhin. 2022. (Ninja Life Hacks Spanish Ser.: Vol. 40). (SPA.). 36p. (J). 19.99 ***(978-1-63731-477-7(9))*** Grow Grit Pr.

Ninja Valiente: Un Libro para niños Sobre el Coraje. Mary Nhin. 2022. (Ninja Life Hacks Spanish Ser.: Vol. 3). (SPA.). 38p. (J). 19.99 *(978-1-63731-343-5(8))* Grow Grit Pr.

Ninja Volador / Flying Ninja! Anh Do. 2022. (Ninja Kid Ser.: 2). (SPA.). 192p. (J). (gr. 2-5). pap. 12.95 *(978-607-38-0834-7(8))* Penguin Random House Grupo Editorial ESP. Dist: Penguin Random Hse. LLC.

Ninja Warriors. Advay Yallakara. l.t. ed. 2021. (ENG.). 106p. (J). pap. 8.00 *(978-1-63684-826-6(5))* Primedia eLaunch LLC.

Ninja Warriors 2 the Attack of Robo Beast. Advay Yallakara. 2021. (ENG.). 104p. (J). pap. 8.99 *(978-1-0880-1680-0(4))* Primedia eLaunch LLC.

Ninja Weapons. Jon M. Fishman. 2020. (Lightning Bolt Books (r) — Ninja Mania Ser.). (ENG., Illus.). 24p. (J). (gr. 1-3). pap. 9.99 *(978-1-5415-8917-9(3),* 899f3989-2a75-4596-a16d-e9da79f73a36); lib. bdg. 29.32 *(978-1-5415-7708-4(6),* 7fe4e6e9-d672-47e5-802a-7d1ca9cbdbac) Lerner Publishing Group. (Lerner Pubns.).

Ninja Zen: Un Libro para niños Sobre la Respiración Consciente de Las Estrellas. Mary Nhin. 2022. (Ninja Life Hacks Spanish Ser.: Vol. 43). (SPA.). 32p. (J). 19.99 ***(978-1-63731-501-9(5))*** Grow Grit Pr.

Ninjabread Man. Katrina Charman. 2016. (ENG., Illus.). 32p. (J). *(978-0-7787-2472-8(7))* Crabtree Publishing Co.

Ninjabread Man. C. J. Leigh. Illus. by Chris Gall. 2016. (ENG.). 40p. (J). (gr. -1-k). 18.99 *(978-0-545-81430-0(8))* Scholastic, Inc.

Ninja cienta: Una Novela Gráfica. Joey Comeau. Illus. by Omar Lozano. 2020. (Cuentos de Hadas Futuristas Ser.).Tr. of Ninja-Rella: a Graphic Novel. (SPA.). 40p. (J). (gr. 3-6). pap. 5.95 *(978-1-4965-9958-2(6),* 201604); lib. bdg. 25.32 *(978-1-4965-9812-7(1),* 200700) Capstone. (Stone Arch Bks.).

Ninjana: Det Store Skredet. Ed. by Thea Marie Sanne. Tr. by Hildegunn Bjelland. Illus. by Heidi Kahrs Damm. 2019. (Ninjana Ser.: Vol. 1). (NNO.). 102p. (J). pap. *(978-82-8391-054-4(X))* Tegn Forlag.

Ninjas: Japan's Stealthy Secret Agents. Matt Chandler. Illus. by Silvio dB. 2019. (Graphic History: Warriors Ser.). (ENG.). 32p. (J). (gr. 3-9). pap. 7.95 *(978-1-5435-5929-3(8),* 139907); lib. bdg. 31.32 *(978-1-5435-5503-5(9),* 139375) Capstone.

Ninjas Go Camping: A Rhyming Children's Book about Camping. Mary Nhin. 2022. (Ninja Life Hacks Ser.: Vol. 76). (ENG.). 36p. (J). 19.99 *(978-1-63731-409-8(4))* Grow Grit Pr.

Ninjas Go Through a Ninja Warrior Obstacle Course: A Rhyming Children's Book about Not Giving Up. Mary Nhin. 2022. (Ninja Life Hacks Ser.: Vol. 82). (ENG.). 36p. (J). 19.99 ***(978-1-63731-583-5(X))*** Grow Grit Pr.

Ninjas Go to a Party: A Rhyming Children's Book about Parties & Practicing Inclusion. Mary Nhin. 2022. (Ninja Life Hacks Ser.: Vol. 77). (ENG.). 36p. (J). 19.99 *(978-1-63731-413-5(2))* Grow Grit Pr.

Ninjas Go to Europe: An Adventurous Rhyming Story about Easing Worries, Bonus: Geography Lesson. Mary Nhin. 2022. (Ninja Life Hacks Ser.: Vol. 68). (ENG.). 36p. (J). 19.99 *(978-1-63731-316-9(0))* Grow Grit Pr.

Ninjas Go to School: A Rhyming Children's Book about School. Mary Nhin. 2022. (Ninja Life Hacks Ser.: Vol. 74). (ENG.). 36p. (J). 19.99 *(978-1-63731-382-4(9))* Grow Grit Pr.

Ninjas Go to Space: A Rhyming Children's Book about Space Exploration. Mary Nhin. 2022. (Ninja Life Hacks Ser.: Vol. 81). (ENG.). 36p. (J). 19.99 ***(978-1-63731-567-5(8))*** Grow Grit Pr.

Ninjas Go to the Dentist: A Rhyming Children's Book about Overcoming Common Dental Fears. Mary Nhin. 2023. (Ninja Life Hacks Ser.: Vol. 93). (ENG.). 34p. (J). 22.99 ***(978-1-63731-696-2(8))*** Grow Grit Pr.

Ninjas Go to the Library: A Rhyming Children's Book about Exploring Books & the Library. Mary Nhin. 2022. (Ninja Life Hacks Ser.: Vol. 85). (ENG.). 36p. (J). 19.99 ***(978-1-63731-633-7(X))*** Grow Grit Pr.

Ninjas Go to Work: A Rhyming Children's Book for Career Day. Mary Nhin. 2023. (Ninja Life Hacks Ser.: Vol. 86). (ENG.). 36p. (J). 19.99 ***(978-1-63731-637-5(2))*** Grow Grit Pr.

Ninjas Know the CBT Triangle: A Children's Book about How Thoughts, Emotions, & Behaviors Affect One Another; Cognitive Behavioral Therapy. Mary Nhin. 2022. (Ninja Life Hacks Ser.: Vol. 75). (ENG.). 36p. (J). 19.99 *(978-1-63731-403-6(5))* Grow Grit Pr.

Ninjas! Skilled & Stealthy Secret Agents. Kelly Doudna. 2017. (History's Hotshots Ser.). (ENG., Illus.). 32p. (J). (gr. 3-6). lib. bdg. 32.79 *(978-1-5321-1272-0(6),* 27596, Checkerboard Library) ABDO Publishing Co.

Ninjas United! David Lewman. ed. 2019. (TMNT 8x8 Bks). (ENG.). 24p. (J). (gr. k-1). 15.96 *(978-0-87617-573-6(6))* Penworthy Co., LLC, The.

Ninka, Wiilka Iyo Dameerka - Somali Children's Book. Publication Kiazpora. 2020. (SOM.). 48p. (J). pap. 9.99 *(978-1-946057-66-2(5))* Kiazpora LLC.

Ninny Henny Nite Nite. Granjan. Ed. by Mathew Tuttle. 2021. (ENG.). 22p. (J). 18.99 *(978-1-6628-2167-7(0));* pap. 10.99 *(978-1-6628-2166-0(2))* Salem Author Services.

Niño Brillante Cambia el Mundo de la Niña. Andrea Armijos Martinez. 2021. (SPA.). 36p. (J). 19.95 ***(978-0-578-98246-5(3))*** Indy Pub.

Nino de Cabeza see Upside down Boy/el Nino de Cabeza

niño Del Bote Fluvial: Leveled Reader Book 67 Level V 6 Pack. Hmh Hmh. 2021. (SPA.). 64p. (J). pap. 74.40 *(978-0-358-08632-1(9))* Houghton Mifflin Harcourt Publishing Co.

niño Dorado y Kilin. Ricardo A. Domínguez. 2021. (SPA.). 120p. (J). pap. 10.00 *(978-1-64086-884-7(4))* ibukku, LLC.

Niño Huevo Perro Hueso. Ellen Duthie. Illus. by Daniela Martagón. 2021. (Primeras Travesías Ser.). (SPA.). 24p. (J). (— 1). bds. 12.50 *(978-607-557-153-9(1))* Editorial Océano de Mexico MEX. Dist: Independent Pubs. Group.

niño Invisible. Trudy Ludwig. Illus. by Patrice Barton. 2021. (SPA.). 40p. (J). (gr. k-2). 19.99 *(978-84-16470-12-9(X))* Fineo Editorial, S.L. ESP. Dist: Independent Pubs. Group.

niño Invisible (the Invisible Boy Spanish Edition) Trudy Ludwig. Illus. by Patrice Barton. 2022. (SPA.). 40p. (J). (gr. 1-4). lib. bdg. 12.99 *(978-0-593-56889-7(3),* Dragonfly Bks.) Random Hse. Children's Bks.

niño Llamado Bat: A Boy Called Bat (Spanish Edition) Elana K. Arnold. Tr. by María Dominguez. Illus. by Charles Santoso. 2023. (SPA.). 208p. (J). (gr. 1-5). pap. 9.99 *(978-0-06-325582-1(0),* Waldon Pond Pr.) HarperCollins Pubs.

niño muy raro. Ricardo Alcántara. 2021. (SPA.). 32p. (J). (gr. k-2). 23.99 *(978-84-261-4749-3(6))* Juventud, Editorial ESP. Dist: Lectorum Pubns., Inc.

niño Nuevo: The New Kid (Spanish Edition) Karen English. Tr. by Aurora Humaran & Leticia Monge. Illus. by Laura Freeman. 2020. (Carver Chronicles Ser.: 5). (SPA.). 144p. (J). (gr. 1-4). pap. 7.99 *(978-0-358-25199-6(0),* 1770096, Clarion Bks.) HarperCollins Pubs.

niño Que Domó el Viento / the Boy Who Harnessed the Wind. William Kamkwamba. 2020. (SPA.). 320p. (J). (gr. 5-12). pap. 14.95 *(978-1-64473-264-9(5),* B De Blook) Penguin Random House Grupo Editorial ESP. Dist: Penguin Random Hse. LLC.

Nino Que Pagaba el Pato (the Whipping Boy) Novel Units Teacher Guide. Novel Units. 2019.Tr. of Whipping Boy. (ENG.). (J). (gr. 5-8). pap. 12.99 *(978-1-56137-552-3(7),* Novel Units, Inc.) Classroom Library Co.

Nino Que Sabia Demasiado. Cathy Byrd. 2018. (ENG & SPA.). 313p. (YA). pap. *(978-607-415-824-3(X))* Grupo Editorial Tomo, S.A. de C.V.

niño Que Vive Junto Al Mar. Angeles Tome. Illus. by Virginia Mena. 2017. (SPA.). 32p. (J). (gr. k-3). *(978-1-910650-09-7(9))* Liberum Vox Bks. Ltd.

Niño y la Ballena. Katherine Scholes. Illus. by Daniela Violi. 2019. (SPA.). 78p. (J). (gr. 2-4). pap. 11.99 *(978-958-04-6020-6(5),* Norma) Norma S.A. COL. Dist: Lectorum Pubns., Inc.

Niño y los Chivos. Margaret Hillert. Illus. by Jack Pullan & Sarolta Szulyovszky. 2017. (BeginningtoRead Ser.).Tr. of Boy & the Goats. (ENG & SPA.). 32p. (J). (-2). 22.60 *(978-1-59953-840-2(7));* pap. 11.94 *(978-1-68404-039-1(6))* Norwood Hse. Pr.

niño y Los Chivos. Margaret Hillert. Illus. by Sarolta Szulyovszky. 2018. (Beginning-To-Read Ser.). (SPA.). 32p. (J). (gr. k-2). pap. 13.26 *(978-1-68404-236-4(4))* Norwood Hse. Pr.

Nino y Los Chivos. Margaret Hillert et al. Illus. by Sarolta Szulyovszky. 2018. (BeginningtoRead Ser.). (SPA.). 32p. (J). (gr. -1-2). lib. bdg. 22.60 *(978-1-59953-952-2(7))* Norwood Hse. Pr.

nino y su Burro: Individual Title Six-Packs. (Literatura 2000 Ser.). (SPA.). (gr. 2-3). 33.00 *(978-0-7635-1097-8(1))* Rigby Education.

niño y una Tortuga see Boy & a Turtle: A Relaxation Story Teaching Young Children Visualization Techniques to Increase Creativity While Lowering Stress & Anxiety Lev

Niños: Poems for the Lost Children of Chile. María José Ferrada. Illus. by María Elena Valdez. 2021. (ENG.). 76p. (J). *(978-0-8028-5567-1(9),* Eerdmans Bks For Young Readers) Eerdmans, William B. Publishing Co.

Niños Astronautas. Jo Ann Jeffries & Lukas Kaiolohia Bob. Ed. by Sierra Tabor. 2021. (SPA.). 128p. (J). pap. 14.95 *(978-1-949711-92-9(7))* Bluewater Pubns.

Niños del Tren: La Bestia y el Sueño Imposible. Dirk Reinhardt. 2017. (SPA & ENG.). 322p. (YA). (gr. 8-12). pap. 22.95 *(978-607-529-060-7(5))* Ediciones B ESP. Dist: Penguin Random Hse. LLC.

Niños Digitales: Superdotados con Pensamiento Computacional (Computer Kids: Powered by Computational Thinking): Grades 3-4, Fiction Science, 16 vols. 2017. (Niños Digitales: Superdotados con Pensamiento Computacional (Computer Kids: Powered by Computational Thinking) Ser.). (SPA.). 24p. (J). (gr. 3-4). lib. bdg. 202.16 *(978-1-5081-6577-4(7),* d726c669-62a1-4982-864e-88ca3668bd91, PowerKids Pr.) Rosen Publishing Group, Inc., The.

Niños Digitales: Superdotados con Pensamiento Computacional (Computer Kids: Powered by Computational Thinking): Grades 3-4, Fiction Social Studies, 16 vols. 2017. (Niños Digitales: Superdotados con Pensamiento Computacional (Computer Kids: Powered by Computational Thinking) Ser.). (SPA.). 24p. (J). (gr. 3-4). lib. bdg. 202.16 *(978-1-5081-6579-8(3),* 3926c5ab-f581-4318-b076-88d5ed731e7d, PowerKids Pr.) Rosen Publishing Group, Inc., The.

Niños Digitales: Superdotados con Pensamiento Computacional (Computer Kids: Powered by Computational Thinking): Grades 3-4, Nonfiction Science, 16 vols. 2017. (Niños Digitales: Superdotados con Pensamiento Computacional (Computer Kids: Powered by Computational Thinking) Ser.). (SPA.). 24p. (J). (gr. 3-4). lib. bdg. 202.16 *(978-1-5081-6578-1(5),* 5e5803c9-f03e-4924-97c9-427c1e3ed1f6, PowerKids Pr.) Rosen Publishing Group, Inc., The.

Niños Digitales: Superdotados con Pensamiento Computacional (Computer Kids: Powered by Computational Thinking): Grades 3-4, Nonfiction Social Studies, 16 vols. 2017. (Niños Digitales: Superdotados con Pensamiento Computacional (Computer Kids: Powered by Computational Thinking) Ser.). (SPA.). 24p. (J). (gr. 3-4). lib. bdg. 202.16 *(978-1-5081-6580-4(7),* 319f8903-0c10-4ea9-adbd-32bd70782a98, PowerKids Pr.) Rosen Publishing Group, Inc., The.

Niños Digitales: Superdotados con Pensamiento Computacional (Computer Kids: Powered by Computational Thinking): Grades 4-5, Fiction Science, 16 vols. 2017. (Niños Digitales: Superdotados con Pensamiento Computacional (Computer Kids: Powered by Computational Thinking) Ser.). (SPA.). 24p. (J). (gr. 4-5). lib. bdg. 202.16 *(978-1-5081-6581-1(5),* 25bed714-ff74-4f37-bf91-5bc975e8929f, PowerKids Pr.) Rosen Publishing Group, Inc., The.

Niños Digitales: Superdotados con Pensamiento Computacional (Computer Kids: Powered by Computational Thinking): Grades 4-5, Fiction Social Studies, 16 vols. 2017. (Niños Digitales: Superdotados con Pensamiento Computacional (Computer Kids: Powered by Computational Thinking) Ser.). (SPA.). 24p. (J). (gr. 4-5). lib. bdg. 202.16 *(978-1-5081-6582-8(3),* 7c5e22f9-f5c3-48e7-a6c3-a1213fd4eddf, PowerKids Pr.) Rosen Publishing Group, Inc., The.

Niños Digitales: Superdotados con Pensamiento Computacional (Computer Kids: Powered by Computational Thinking): Grades 4-5, Nonfiction Science, 16 vols. 2017. (Niños Digitales: Superdotados con Pensamiento Computacional (Computer Kids: Powered by Computational Thinking) Ser.). (SPA.). 24p. (J). (gr. 4-5). lib. bdg. 202.16 *(978-1-5081-6583-5(1),* 1448c14e-9ae8-40b7-a08e-681de656510c, PowerKids Pr.) Rosen Publishing Group, Inc., The.

Niños Digitales: Superdotados con Pensamiento Computacional (Computer Kids: Powered by Computational Thinking): Grades 4-5, Nonfiction Social Studies, 16 vols. 2017. (Niños Digitales: Superdotados con Pensamiento Computacional (Computer Kids: Powered by Computational Thinking) Ser.). (SPA.). 24p. (J). (gr. 4-5). lib. bdg. 202.16 *(978-1-5081-6584-2(X),* efb6c65d-5912-41d9-8455-83f5863e38fb, PowerKids Pr.) Rosen Publishing Group, Inc., The.

Niños Fantásticos: Cuidar a Los Animales. Kristy Stark. rev. ed. 2019. (TIME for KIDS(r): Informational Text Ser.). (SPA., Illus.). 12p. (gr. k-1). 7.99 *(978-1-4258-2689-5(X))* Teacher Created Materials, Inc.

Niños Fantásticos: Jóvenes Artistas. David Paris. 2019. (SPA.). (J). pap. *(978-1-4938-9051-4(4))* Teacher Created Materials, Inc.

Nintendo. Sara Green. 2016. (Brands We Know Ser.). (ENG., Illus.). 24p. (J). (gr. 3-8). lib. bdg. 27.95 *(978-1-62617-350-7(8),* Pilot Bks.) Bellwether Media.

Nintendo. Rachel Hamby. 2023. (Top Brands Ser.). (ENG., Illus.). 32p. (J). lib. bdg. 31.35 ***(978-1-63738-568-5(4),*** Apex) North Star Editions.

Nintendo. Contrib. by Rachel Hamby. 2023. (Top Brands Ser.). (ENG., Illus.). 32p. (J). pap. 9.95 ***(978-1-63738-622-4(2),*** Apex) North Star Editions.

Nintendo. Martha London. 2019. (Our Favorite Brands Ser.). (ENG., Illus.). 32p. (J). (gr. 3-3). pap. 9.95 *(978-1-64494-183-6(X),* 164494183X) Bigfoot Bks. GBR. Dist: North Star Editions.

Nintendo. Contrib. by Paige . Polinsky. 2023. (Behind the Brand Ser.). (ENG., Illus.). (J). (gr. 3-8). pap. 8.99 Bellwether Media.

Nintendo(r) & Illumination Present the Super Mario Bros. Movie Official Activity Book. Michael Moccio. 2023. (ENG.). 48p. (J). (gr. -1-2). pap. 7.99 ***(978-0-593-64603-8(7),*** Random Hse. Bks. for Young Readers) Random Hse. Children's Bks.

Nintendo(r) & Illumination Present the Super Mario Bros. Movie Official Storybook. Michael Moccio. Illus. by Random House. 2023. 32p. (J). (gr. -1-2). 16.99 ***(978-0-593-64600-7(2),*** Random Hse. Bks. for Young Readers) Random Hse. Children's Bks.

Nintendo(r) Collection: Super Sticker Book: Volume 1 (Nintendo(r)), Vol. 1. Random House. 2018. (ENG.). 48p. (J). (gr. 2-4). pap. 9.99 *(978-0-525-58157-4(X),* Random

N

Hse. Bks. for Young Readers) Random Hse. Children's Bks.

Nintendo Innovator. Rachael L. Thomas. 2018. (Toy Trailblazers Ser.). (ENG., Illus.). 32p. (J). (gr. 3-6). lib. bdg. 32.79 *(978-1-5321-1712-1(4)*, 30712, Checkerboard Library) ABDO Publishing Co.

Nintendo: Makers of Mario & Zelda: Makers of Mario & Zelda. Contrib. by Walt K. Moon. 2023. (Video Game Companies Ser.). (ENG.). 112p. (YA). (gr. 6-12). lib. bdg. 41.36 ***(978-1-0982-9062-7(3)***, 41840, Essential Library) ABDO Publishing Co.

Nintendo Video Game Designer Shigeru Miyamoto. Kari Cornell. 2016. (STEM Trailblazer Bios Ser.). (ENG., Illus.). 32p. (J). (gr. 2-5). 26.65 *(978-1-4677-9531-9(3)*, abd1fcb9-a262-4bab-823a-aa911674c4fa, Lerner Pubns.) Lerner Publishing Group.

Ninth Annual Old Glory Horse Auction of America's Greatest Light Horses at Madison Square Garden, New York: November 23, 24, 25, 26, 27, 28, Nov; 30, Dec 1, 2, 3, 4, 1903 (Classic Reprint) Fasig-Tipton Co. 2016. (ENG., Illus.). (J). pap. 23.57 *(978-1-333-20024-4(2))* Forgotten Bks.

Ninth Faction. Leslie Rosoff & Zoë Gilbertson. 2021. (ENG.). 206p. (YA). pap. 16.99 *(978-1-956380-06-4(X))* Society of Young Inklings.

Ninth Inning. Jerry (Zaza) Bader. Illus. by Dream Computers. 2017. (ENG.). (J). *(978-1-988647-24-1(X))*; pap. *(978-1-988647-23-4(1))* MRPwebmedia.

Ninth Mail Auction Sale of Coins, Tokens, Etc: Various Properties to Be Distributed April 16, 1904 (Classic Reprint) Ben G. Green. 2018. (ENG., Illus.). (J). 38p. 24.70 *(978-0-364-86348-0(X))*; 40p. pap. 7.97 *(978-0-364-26468-3(3))* Forgotten Bks.

Ninth Man: A Story. Mary Heaton Vorse. 2017. (ENG., Illus.). (J). pap. *(978-0-649-43171-7(5))* Trieste Publishing Pty Ltd.

Ninth Man: A Story (Classic Reprint) Mary Heaton Vorse. 2018. (ENG., Illus.). 100p. (J). 25.98 *(978-0-332-81536-7(6))* Forgotten Bks.

Ninth Night of Hanukkah. Erica S. Perl. Illus. by Shahar Kober. 2020. (ENG.). 40p. (J). (gr. -1). 17.99 *(978-1-4549-4088-3(3))* Sterling Publishing Co., Inc.

Ninth Report of the Secretary of the Class of 1873, Harvard College, Commencement 1913. 2017. (ENG., Illus.). (J). pap. *(978-0-649-33639-5(9))* Trieste Publishing Pty Ltd.

Niobe (Classic Reprint) Jonas Lie. 2018. (ENG., Illus.). 306p. (J). 30.23 *(978-0-483-36244-4(1))* Forgotten Bks.

Niobrara's Thorn. Patrick E. Douglas. 2019. (ENG., Illus.). 188p. (J). (gr. 4-6). pap. 10.99 *(978-1-7337019-2-1(3))* Get It Factory, The.

Nipa's Cardboard Costume - Onean Nipa Te Kaatibooti (Te Kiribati) Caroline Evari. Illus. by Robert John Azuelo. 2023. (ENG.). 22p. (J). pap. ***(978-1-922844-55-2(1))*** Library For All Limited.

Nipêhon / I Wait, 1 vol. Caitlin Dale Nicholson. Tr. by Leona Morin-Neilson. 2017. (Nôhkom Ser.: 1). (ENG., Illus.). 24p. (J). (gr. k-2). 18.95 *(978-1-55498-914-0(0))* Groundwood Bks. CAN. Dist: Publishers Group West (PGW).

Nipmuk: A Tale of the North Woods (Classic Reprint) Fred Williams Smith. (ENG., Illus.). (J). 2018. 300p. 30.08 *(978-0-666-48339-3(6))*; 2017. pap. 13.57 *(978-0-259-25999-2(3))* Forgotten Bks.

Nipper. Peter Massam. 2022. (ENG.). 108p. (YA). 27.45 *(978-1-9822-8609-5(1))*; pap. 15.18 *(978-1-9822-8607-1(5))* Author Solutions, LLC. (Balboa Pr.).

Nipper & the Lunchbox. Lucy Dillamore. Illus. by Lucy Dillamore. 2018. (Child's Play Library). (Illus.). 32p. (J). *(978-1-78628-180-7(5))* Child's Play International Ltd.

Nippers Beach Fun: Leveled Reader Orange Level 16. Rg Rg. 2016. (PM Ser.). (ENG.). 16p. (J). (gr. 1-2). pap. 11.00 *(978-0-544-89157-9(0))* Rigby Education.

Nippon: A Story of Japan (Classic Reprint) Henry Coleman May. 2018. (ENG., Illus.). (J). 92p. 25.81 *(978-1-396-36825-7(6))*; 94p. pap. 9.57 *(978-1-390-90012-5(6))*; 94p. 25.86 *(978-0-332-93904-9(9))* Forgotten Bks.

NIrV Adventure Bible Book of Devotions for Early Readers: Polar Exploration Edition, 1 vol. Zondervan Staff. 2019. (Adventure Bible Ser.). (ENG., Illus.). 384p. (J). 15.99 *(978-0-310-76509-7(9))* Zonderkidz.

NIRV Adventure Bible for Early Readers, 1 vol. Lawrence O. Richards. 2021. (Adventure Bible Ser.). (ENG.). 1584p. (J). im. lthr. 44.99 *(978-0-310-45878-4(1))* Zonderkidz.

NIrV Adventure Bible for Early Readers, Full Color, Case Of 12. Lawrence O. Richards. 2022. (Adventure Bible Ser.). (ENG.). 1584p. (J). 419.88 *(978-0-310-46051-0(4))* Zonderkidz.

NIrV Adventure Bible for Early Readers Full Color, Case Of 12. Zonderkidz. Ed. by Lawrence O. Richards. 2022. (Adventure Bible Ser.). (ENG.). 1584p. (J). 335.88 *(978-0-310-46052-7(2))* Zonderkidz.

NIrV Adventure Bible for Early Readers, Full Color, Thumb Indexed Tabs [Blue]. Lawrence O. Richards. 2022. (Adventure Bible Ser.). (ENG., Illus.). 1584p. (J). im. lthr. 54.99 *(978-0-310-46187-6(1))* Zonderkidz.

NIrV Adventure Bible for Early Readers, Full Color, Thumb Indexed Tabs [Coral]. Lawrence O. Richards. 2022. (Adventure Bible Ser.). (ENG., Illus.). 1584p. (J). im. lthr. 54.99 *(978-0-310-46186-9(3))* Zonderkidz.

NIRV Adventure Bible for Early Readers, Full-Colour Edition, 1 vol. Lawrence O. Richards. 2021. (Adventure Bible Ser.). (ENG.). 1584p. (J). im. lthr. 44.99 *(978-0-310-45879-1(X))* Zonderkidz.

NIRV Adventure Bible for Early Readers [Lion], 1 vol. Zonderkidz. 2018. (Adventure Bible Ser.). (ENG.). 1584p. (J). 39.99 *(978-0-310-76139-6(5))* Zonderkidz.

NIrV Bible for Kids Thinline Edition [Large Print, Blue], 1 vol. Zondervan Staff. l.t. ed. 2019. (ENG.). 1280p. (J). lthr. 29.99 *(978-0-310-76750-3(4))* Zonderkidz.

NIrV Bible for Kids Thinline Edition [Large Print, Pink], 1 vol. Zondervan Staff. l.t. ed. 2019. (ENG.). 1280p. (J). lthr. 29.99 *(978-0-310-76754-1(7))* Zonderkidz.

NIrV Children's Holy Bible, 1 vol. Zonderkidz. 2018. (ENG., Illus.). 1344p. (J). pap. 9.99 *(978-0-310-76321-5(5))* Zonderkidz.

NIrV Giant Print Compact Bible for Boys Comfort Print [Blue]. Zondervan. 2022. (ENG.). 2400p. (J). im. lthr. 39.99 *(978-0-310-46026-8(3))* Zonderkidz.

NIrV Giant Print Compact Bible for Girls Comfort Print [Peach]. Zondervan. 2022. (ENG.). 2400p. (J). im. lthr. 39.99 *(978-0-310-46025-1(5))* Zonderkidz.

NIrV Journal the Word Bible for Girls, Double Column, Comfort Print: My First Bible for Tracing Verses, Journaling, & Creating Art. Zondervan. 2022. (ENG.). 1280p. (J). 34.99 *(978-0-310-46039-8(5))* Zonderkidz.

NIrV Outreach Bible for Kids [Large Print], 1 vol. Zonderkidz. l.t. ed. 2018. (ENG.). 2048p. (J). pap. 7.99 *(978-0-310-76327-7(4))* Zonderkidz.

NIrV, Radiant Virtues Bible for Girls: a Beautiful Word Collection, Hardcover, Magnetic Closure, Comfort Print: Explore the Virtues of Faith, Hope, & Love. Zondervan. 2023. (Beautiful Word Ser.). (ENG.). 1472p. (J). 44.99 *(978-0-310-46037-4(9))* Zonderkidz.

NIrV Seek & Explore Holy Bible: Hunting for God's Treasure, 1 vol. Zonderkidz. 2018. (ENG.). 1824p. (J). 29.99 *(978-0-310-76353-6(3))* Zonderkidz.

NIRV Super Heroes Holy Bible, 1 vol. Jean E. Syswerda. rev. ed. 2018. (ENG.). 1504p. (J). 29.99 *(978-0-310-74437-5(7))* Zonderkidz.

NIRV the Books of the Bible for Kids: Covenant History, 1 vol. Zonderkidz. 2017. (Books of the Bible Ser.). (ENG., Illus.). 288p. (J). pap. 12.99 *(978-0-310-76130-3(1))* Zonderkidz.

NIRV the Books of the Bible for Kids: New Testament, 1 vol. Zonderkidz. 2017. (Books of the Bible Ser.). (ENG.). 296p. (J). pap. 12.99 *(978-0-310-76131-0(X))* Zonderkidz.

NIRV the Books of the Bible for Kids: The Prophets, 1 vol. Zonderkidz. 2017. (Books of the Bible Ser.). (ENG.). 336p. (J). pap. 12.99 *(978-0-310-76135-8(2))* Zonderkidz.

NIRV the Books of the Bible for Kids: The Writings, 1 vol. Zonderkidz. 2017. (Books of the Bible Ser.). (ENG.). 312p. (J). pap. 12.99 *(978-0-310-76133-4(6))* Zonderkidz.

NIRV the Illustrated Holy Bible for Kids, 1 vol. Zonderkidz. 2019. (ENG., Illus.). 1552p. (J). 34.99 *(978-0-310-76579-0(X))* Zonderkidz.

Nisa Qamar & the Circle of the Astrolabe. Shafinaaz Hassim. 2021. (ENG.). 114p. (J). pap. *(978-0-620-92406-1(3))* African Public Policy & Research Institute, The.

Nisha Small: the Knot of Gold (hOle Book) C. Salamander. Illus. by Rajiv Eipe. 2023. (ENG.). 80p. (J). (-3). pap. 7.99 ***(978-0-14-345845-6(0))*** Penguin Bks. India PVT, Ltd IND. Dist: Independent Pubs. Group.

Nisi Prius (Classic Reprint) J. C. Browder. 2017. (ENG., Illus.). 280p. (J). 29.67 *(978-0-332-42157-5(0))* Forgotten Bks.

Nisqnanamuksit Sqolj. Angela Jeffreys. Tr. by Bernie Francis. 2018. (MIC., Illus.). 34p. (J). (gr. k-3). *(978-1-7752756-7-1(1))*; pap. *(978-1-7752756-6-4(3))* OC Publishing.

Nissan Frontier. Larry Mack. 2018. (Tough Trucks Ser.). (ENG., Illus.). 24p. (J). (gr. 3-7). lib. bdg. 26.95 *(978-1-62617-894-6(1)*, Torque Bks.) Bellwether Media.

Nissan GT-R. Nathan Sommer. 2019. (Car Crazy Ser.). (ENG., Illus.). 24p. (J). (gr. 3-7). lib. bdg. 26.95 *(978-1-64487-011-2(8)*, Torque Bks.) Bellwether Media.

Nit Boy. Tristan Bancks. Illus. by Heath McKenzie. 2020. 288p. (J). (gr. 2-4). 14.99 *(978-1-76089-630-0(6)*, Puffin) Penguin Random Hse. AUS. Dist: Independent Pubs. Group.

Nitam: The First. John C. Payette. 2018. (ENG., Illus.). 198p. (YA). *(978-1-5255-2910-8(2))*; pap. *(978-1-5255-2911-5(0))* FriesenPress.

Nita's First Signs, Volume 1. Kathy MacMillan. Illus. by Sara Brezzi. 2018. (Little Hands Signing Ser.: 1). (ENG.). 12p. (J). (gr. -1 — 1). bds. 14.99 *(978-1-945547-67-6(7)*, 554767) Familius LLC.

Nite, Nite Nana. Valerie Michele Brown. Illus. by Alena Karabach. 2022. 24p. (J). pap. 15.99 *(978-1-6678-4891-4(7))* BookBaby.

Nite-Nite Tales: The Adventures of Bubbles & the Seeds of Joy. Ed. by Iris M. Williams. Illus. by Cameron Jones. 2019. (Nite-Nite Tales Ser.: Vol. 1). (ENG.). 36p. (J). pap. 15.95 *(978-1-947656-28-4(7))* Butterfly Typeface, The.

Nito & the Witch. Jennie Gannon Wittenbach. 2019. (ENG., Illus.). 38p. (J). (gr. 3-6). pap. 12.95 *(978-1-64370-797-6(3))* Waldorf Publishing.

Nitro Circus Best of BMX. Compiled by Ripleys Believe It Or Not!. 2019. (Nitro Circus Ser.: 1). (ENG.). 64p. (J). pap. 9.99 *(978-1-60991-278-9(0))* Ripley Entertainment, Inc.

Nitro Circus Best of FMX. Compiled by Ripleys Believe It Or Not!. 2020. (Nitro Circus Ser.). (ENG.). 64p. (J). pap. 9.99 *(978-1-60991-387-8(6))* Ripley Entertainment, Inc.

Nitro Circus Best of Rallycross. Compiled by Ripleys Believe It Or Not!. 2020. (Nitro Circus Ser.). (ENG.). 64p. (J). pap. 9.99 *(978-1-60991-388-5(4))* Ripley Entertainment, Inc.

Nitro Circus Best of Scooter. Compiled by Ripleys Believe It Or Not!. 2019. (Nitro Circus Ser.: 2). (ENG.). 64p. (J). pap. 9.99 *(978-1-60991-279-6(9))* Ripley Entertainment, Inc.

Nitro Circus LEVEL 2: BMX. Compiled by Ripleys Believe It Or Not!. 2019. (Nitro Circus Ser.). (ENG.). 32p. (J). (gr. -1-1). pap. 4.99 *(978-1-60991-350-2(7))* Ripley Entertainment, Inc.

Nitro Circus LEVEL 2: Go Big! Compiled by Ripleys Believe It Or Not!. 2020. (Nitro Circus Ser.). (ENG.). 32p. (J). (gr. 1-3). pap. 4.99 *(978-1-60991-400-4(7))* Ripley Entertainment, Inc.

Nitro Circus LEVEL 2 LIB EDN: BMX! Compiled by Ripleys Believe It Or Not!. 2020. (Nitro Circus Ser.). (ENG.). 32p. (J). lib. bdg. 16.95 *(978-1-60991-462-2(7))* Ripley Entertainment, Inc.

Nitro Circus LEVEL 2 LIB EDN: Go Big! Compiled by Ripleys Believe It Or Not!. 2020. (Nitro Circus Ser.). (ENG.). 32p. (J). (gr. 1-3). 16.95 *(978-1-60991-467-7(8))* Ripley Entertainment, Inc.

Nitro Circus LEVEL 2 LIB EDN: Scooter! Compiled by Ripleys Believe It Or Not!. 2020. (Nitro Circus Ser.). (ENG., Illus.). 32p. (J). lib. bdg. 16.95 *(978-1-60991-463-9(5))* Ripley Entertainment, Inc.

Nitro Circus LEVEL 2 LIB EDN: Skateboarding! Compiled by Ripleys Believe It Or Not!. 2020. (Nitro Circus Ser.). (ENG., Illus.). 32p. (J). (gr. 1-3). 16.95 *(978-1-60991-466-0(X))* Ripley Entertainment, Inc.

Nitro Circus LEVEL 2: Scooter! Compiled by Ripleys Believe It Or Not!. 2019. (Nitro Circus Ser.). (ENG.). 32p. (J). (gr. 2-4). pap. 4.99 *(978-1-60991-351-9(5))* Ripley Entertainment, Inc.

Nitro Circus LEVEL 2: Skateboarding! Compiled by Ripleys Believe It Or Not!. 2020. (Nitro Circus Ser.). (ENG., Illus.). 32p. (J). (gr. 1-3). pap. 4.99 *(978-1-60991-399-1(X))* Ripley Entertainment, Inc.

Nitro Circus LEVEL 3 LIB EDN: Never Defeated Ft. Ryan Williams. Compiled by Ripleys Believe It Or Not!. 2020. (Nitro Circus Ser.). (ENG.). 32p. (J). lib. bdg. 16.95 *(978-1-60991-464-6(3))* Ripley Entertainment, Inc.

Nitro Circus LEVEL 3 LIB EDN: Never Say Can't Ft. Bruce Cook. Compiled by Ripleys Believe It Or Not!. 2020. (Nitro Circus Ser.). (ENG.). 32p. (J). lib. bdg. 16.95 *(978-1-60991-461-5(9))* Ripley Entertainment, Inc.

Nitro Circus LEVEL 3 LIB EDN: Stay Golden. Compiled by Ripleys Believe It Or Not!. 2020. (Nitro Circus Ser.). (ENG., Illus.). 32p. (J). lib. bdg. 16.95 *(978-1-60991-465-3(1))* Ripley Entertainment, Inc.

Nitro Circus LEVEL 3 LIB EDN: You Got This Ft. Travis Pastrana. Compiled by Ripleys Believe It Or Not!. 2020. (Nitro Circus Ser.). (ENG.). 32p. (J). lib. bdg. 16.95 *(978-1-60991-460-8(0))* Ripley Entertainment, Inc.

Nitro Circus LEVEL 3: Never Defeated Ft. Ryan Williams. Compiled by Ripleys Believe It Or Not!. 2020. (Curio Ser.). (ENG.). 32p. (J). pap. 4.99 *(978-1-60991-380-9(9))* Ripley Entertainment, Inc.

Nitro Circus LEVEL 3: Never Say Can't Ft. Bruce Cook. Compiled by Ripleys Believe It Or Not!. 2019. (Nitro Circus Ser.). (ENG., Illus.). 32p. (J). (gr. 2-4). pap. 4.99 *(978-1-60991-281-9(0))* Ripley Entertainment, Inc.

Nitro Circus LEVEL 3: Stay Golden Ft Vicki Golden. Compiled by Ripleys Believe It Or Not!. 2020. (Nitro Circus Ser.). (ENG., Illus.). 32p. (J). pap. 4.99 *(978-1-60991-381-6(7))* Ripley Entertainment, Inc.

Nitro Circus LEVEL 3: You Got This Ft. Travis Pastrana. Compiled by Ripleys Believe It Or Not!. 2019. (Nitro Circus Ser.). (ENG., Illus.). 32p. (J). (gr. 2-4). pap. 4.99 *(978-1-60991-280-2(2))* Ripley Entertainment, Inc.

Nitro Circus: lo Mejor de BMX. Compiled by Ripleys Believe It Or Not!. 2019. (Nitro Circus Ser.: 1). (ENG.). 64p. (J). pap. 9.99 *(978-1-60991-365-6(5))* Ripley Entertainment, Inc.

Nitro Circus: lo Mejor de Scooter. Compiled by Ripleys Believe It Or Not!. 2019. (Nitro Circus Ser.: 2). (ENG.). 64p. (J). pap. 9.99 *(978-1-60991-366-3(3))* Ripley Entertainment, Inc.

Nitro Weepot: A Cat's Tail. Roxanne Henderson. 2021. (ENG.). 150p. (J). pap. 28.95 *(978-1-64801-805-3(X))* Newman Springs Publishing, Inc.

Nitrogen, 1 vol. Clara MacCarald. 2018. (Exploring the Elements Ser.). (ENG.). 48p. (gr. 6-6). 29.60 *(978-0-7660-9920-3(2)*, 854c2438-e363-48fb-8bb7-64f680080d21) Enslow Publishing, LLC.

Nitrogen: Children's Book with Intriguing Informative Facts. Bold Kids. 2022. (ENG.). 42p. (J). pap. 14.99 *(978-1-0717-1090-6(7))* FASTLANE LLC.

Nitrogen Contents of Commercial Distilled Water (Classic Reprint) William Cullen Uhlig. 2016. (ENG., Illus.). (J). pap. 7.97 *(978-1-334-33161-9(8))* Forgotten Bks.

Nitrogen Cycle. Santana Hunt. 2019. (Look at Nature's Cycles Ser.). (ENG.). 32p. (gr. 2-2). 63.00 *(978-1-5382-4115-8(3))* Stevens, Gareth Publishing LLLP.

Nitrogen Cycle, 1 vol. Bobi Martin. 2017. (Let's Find Out! Our Dynamic Earth Ser.). (Illus.). 32p. (J). (ENG.). (gr. 2-3). pap. 13.90 *(978-1-68048-826-5(0)*, fb2a4ef0-c613-429d-bba2-26502e1bf4f3); (gr. 6-10). 77.40 *(978-1-5383-0027-5(3))* Rosen Publishing Group, Inc., The.

Nitrogen Cycle: Discover Pictures & Facts about the Nitrogen Cycle for Kids! a Children's Science Book. Bold Kids. 2021. (ENG.). 32p. (J). pap. 11.99 *(978-1-0717-0804-0(X))* FASTLANE LLC.

Nitrogen Educational Facts Children's Science Book. Bold Kids. 2022. (ENG.). 42p. (J). pap. 14.99 ***(978-1-0717-2098-1(8))*** FASTLANE LLC.

Nittany & Me. Lori Bowers Uhazie. Illus. by Amelina Jones. 2023. (ENG.). 38p. (J). 19.95 ***(978-1-64543-999-8(2)***, Mascot Kids) Amplify Publishing Group.

Nittany Lion & Earth Day. Denise Kaminsky. 2017. (ENG.). (J). 14.95 *(978-1-68401-412-5(3))* Amplify Publishing Group.

Nittany Lion Celebrates the 4th of July. Denise Kaminsky. 2022. (ENG.). 38p. (J). 14.95 *(978-1-64307-351-4(6))* Amplify Publishing Group.

Nittany Lion Everyday Superhero. Denise Kaminsky. 2018. (ENG.). 38p. (J). 14.95 *(978-1-68401-914-4(1))* Amplify Publishing Group.

Nitty & Gritty, Child Detectives: The Bewildering Burnt Baked Biscuits. Will Wall. Illus. by Emily Grace Freeman. 2020. (Nitty & Gritty Ser.). (ENG.). 104p. (J). pap. *(978-0-6486995-5-2(2))* Nitty Gritty Publishing.

Nitty & Gritty, Child Detectives: The Case of the Cracked Cameras. Will Wall. Illus. by Emily Grace. 2021. (ENG.). 104p. (J). pap. *(978-0-6452409-0-0(7))* Nitty Gritty Publishing.

NIV Action Study Bible. Illus. by Sergio Cariello. 2018. (Action Bible Ser.). (ENG.). 1248p. (J). (gr. 3-7). 34.99 *(978-0-8307-7254-4(5)*, 144641) Cook, David C.

NIV Action Study Bible-Premium Edition. Illus. by Sergio Cariello. rev. ed. 2022. (Action Bible Ser.). (ENG.). 1248p. (J). im. lthr. 44.99 *(978-0-8307-8529-2(9)*, 154311) Cook, David C.

NIV Adventure Bible Field Notes, Acts, Paperback, Comfort Print: My First Bible Journal, 1 vol. Zondervan. 2020. (Adventure Bible Ser.). (ENG.). 112p. (J). pap. 6.99 *(978-0-310-45537-0(5))* Zonderkidz.

NIV Adventure Bible Field Notes, John, Paperback, Comfort Print: My First Bible Journal, 1 vol. Zonderkidz. 2021. (Adventure Bible Ser.). (ENG.). 96p. (J). pap. 6.99 *(978-0-310-45536-3(7))* Zonderkidz.

NIV Adventure Bible Field Notes, Luke, Paperback, Comfort Print: My First Bible Journal, 1 vol. Zondervan. 2020. (Adventure Bible Ser.). (ENG.). 112p. (J). pap. 6.99 *(978-0-310-45533-2(2))* Zonderkidz.

NIV Adventure Bible Field Notes, Mark, Comfort Print: My First Bible Journal, 1 vol. Zondervan. 2021. (Adventure Bible Ser.). (ENG.). 80p. (J). pap. 6.99 *(978-0-310-45603-2(7))* Zonderkidz.

NIV Adventure Bible Field Notes, Matthew, Comfort Print: My First Bible Journal, 1 vol. Zondervan. 2021. (Adventure Bible Ser.). (ENG.). 112p. (J). pap. 6.99 *(978-0-310-45610-0(X))* Zonderkidz.

NIV Adventure Bible Field Notes, Psalms, Comfort Print: My First Bible Journal, 1 vol. Zondervan. 2021. (Adventure Bible Ser.). (ENG.). 320p. (J). pap. 12.99 *(978-0-310-45602-5(9))* Zonderkidz.

NIV Adventure Bible Field Notes, Romans, Comfort Print: My First Bible Journal, 1 vol. Zondervan. 2021. (Adventure Bible Ser.). (ENG.). 64p. (J). pap. 6.99 *(978-0-310-45604-9(5))* Zonderkidz.

NIV Adventure Bible, Full Color [Blue], 1 vol. Zondervan. Ed. by Lawrence O. Richards. 2021. (Adventure Bible Ser.). (ENG.). 1472p. (J). im. lthr. 44.99 *(978-0-310-45822-7(6))* Zonderkidz.

NIV Adventure Bible Full Color, Case Of 12. Zondervan. 2022. (Adventure Bible Ser.). (ENG.). 1472p. (J). 335.88 *(978-0-310-46049-7(2))*; 419.88 *(978-0-310-46048-0(4))* Zonderkidz.

NIV Adventure Bible, Full Color [Coral], 1 vol. Zondervan. Ed. by Lawrence O. Richards. 2021. (Adventure Bible Ser.). (ENG.). 1472p. (J). im. lthr. 44.99 *(978-0-310-45820-3(X))* Zonderkidz.

NIV Adventure Bible, Full Color, Magnetic Closure, 1 vol. Zondervan. Ed. by Lawrence O. Richards. 2020. (Adventure Bible Ser.). (ENG.). 1472p. (J). 39.99 *(978-0-310-10944-0(2))* Zonderkidz.

NIV Adventure Bible, Full Color, Thumb Indexed Tabs [Blue]. Zondervan. 2022. (Adventure Bible Ser.). (ENG.). 1472p. (J). im. lthr. 54.99 *(978-0-310-46188-3(X))* Zonderkidz.

NIV Adventure Bible, Full Color, Thumb Indexed Tabs [Coral]. Zondervan. 2022. (Adventure Bible Ser.). (ENG.). 1472p. (J). im. lthr. 54.99 *(978-0-310-46189-0(8))* Zonderkidz.

NIV Adventure Bible, Leather Soft, Zebra Print, Full Color Interior, 1 vol. Lawrence O. Richards. 2017. (Adventure Bible Ser.). (ENG.). 1472p. (J). im. lthr. 39.99 *(978-0-310-75915-7(3))* Zonderkidz.

NIV Adventure Bible, Leathersoft, Gray, Full Color Interior, 1 vol. Lawrence O. Richards. 2017. (Adventure Bible Ser.). (ENG.). 1472p. (J). im. lthr. 44.99 *(978-0-310-75916-4(1))* Zonderkidz.

NIV Artisan Collection Bible for Girls, 1 vol. Zondervan Staff. 2020. (ENG.). 1600p. (J). 39.99 *(978-0-310-45425-0(5))* Zonderkidz.

NIV Beautiful Word Bible for Girls, Updated Edition, Leathersoft, Zippered, Red Letter, Comfort Print: 600+ Full-Color Illustrated Verses, 1 vol. Zonderkidz. 2021. (Beautiful Word Ser.). (ENG., Illus.). 1184p. (J). im. lthr. 44.99 *(978-0-310-45528-8(6))* Zonderkidz.

NIV Beautiful Word Coloring Bible for Girls Pencil/Sticker Gift Set, Updated, Leathersoft over Board, Comfort Print: 600+ Verses to Color, 1 vol. Zondervan. 2020. (Beautiful Word Ser.). (ENG.). 1184p. (J). 44.99 *(978-0-310-45538-7(3))* Zonderkidz.

NIV Beautiful Word Coloring Bible for Girls [Teal], 1 vol. Zondervan. 2017. (Beautiful Word Ser.). (ENG.). 1472p. (J). 39.99 *(978-0-310-76354-3(1))* Zondervan.

NIV, Beautiful Word Coloring Bible for Teen Girls: Hundreds of Verses to Color, 1 vol. Zondervan. ed. 2017. (Beautiful Word Ser.). (ENG.). 1472p. (YA). 39.99 *(978-0-310-44722-1(4))* Zondervan.

NIV, Beautiful Word Coloring Bible for Teen Girls: Hundreds of Verses to Color [Cranberry/Blue], 1 vol. Zondervan. ed. 2017. (Beautiful Word Ser.). (ENG.). 1472p. (YA). im. lthr. 44.99 *(978-0-310-44723-8(2))* Zondervan.

NIV Bible for Kids, 1 vol. Zondervan Staff. 2018. (ENG.). 1088p. (J). 27.99 *(978-0-310-76407-6(6))* Zonderkidz.

NIV Bible for Kids, Flexcover, Pink/Gold, Red Letter Edition, Comfort Print: Thinline Edition, 1 vol. Zondervan Staff. 2019. (ENG.). 1088p. (J). pap. 27.99 *(978-0-310-76429-8(7))* Zonderkidz.

NIV Bible for Kids Red Letter Thinline Edition [Grey], 1 vol. Zonderkidz. 2018. (ENG.). 1088p. (J). lthr. 27.99 *(978-0-310-76425-0(4))* Zonderkidz.

NIV Bible for Kids Red Letter Thinline Edition [Pink], 1 vol. Zonderkidz. 2018. (ENG.). 1088p. (J). lthr. 27.99 *(978-0-310-76422-9(X))* Zonderkidz.

NIV Bible for Teen Girls Thumb Indexed Tabs [Blue]: Growing in Faith, Hope, & Love. Zondervan. 2022. (ENG.). 1728p. (YA). im. lthr. 74.99 *(978-0-310-46192-0(8))* Zondervan.

NIV Bible for Teens Thinline Red Letter Edition [Blue], 1 vol. Zondervan. 2020. (ENG.). 1088p. (YA). im. lthr. 24.99 *(978-0-310-45495-3(6))* Zondervan.

NIV Bible for Teens Thinline Red Letter Edition [Floral], 1 vol. Zondervan. 2020. (ENG.). 1088p. (YA). 24.99 *(978-0-310-45511-0(1))* Zondervan.

NIV Bible for Teens Thinline Red Letter Edition [Pink], 1 vol. Zondervan. 2020. (ENG.). 1088p. (YA). im. lthr. 24.99 *(978-0-310-45506-6(5))* Zondervan.

NIV Boys' Backpack Bible Compact Red Letter Edition, 1 vol. Zonderkidz. 2020. (ENG.). 1088p. (J). im. lthr. 24.99 *(978-0-310-45500-4(6))* Zonderkidz.

NIV Boys' Bible, 1 vol. Zonderkidz. 2020. (ENG.). 1472p. (J). 32.99 *(978-0-310-45504-2(9))* Zonderkidz.

NIV Boys' Bible [Brown Camo], 1 vol. Zonderkidz. 2020. (ENG.). 1472p. (J). im. lthr. 39.99 *(978-0-310-45509-7(X))* Zonderkidz.

NIV Boys Bible [Grey/Blue], 1 vol. Zonderkidz. 2020. (ENG.). 1472p. (J). im. lthr. 39.99 *(978-0-310-76884-5(5))* Zonderkidz.

NIV Children's Bible, 1 vol. Zondervan. 2017. (ENG.). 1024p. (J). 24.99 *(978-0-310-76342-0(8))* Zonderkidz.

NIV Children's Holy Bible, 1 vol. Zonderkidz. 2018. (ENG.). 1024p. (J). pap. 9.99 *(978-0-310-76323-9(1))* Zonderkidz.

NIV Discoverer's Bible [Large Print], 1 vol. Zonderkidz. l.t. ed. 2018. (ENG.). 1792p. (J). 27.99 *(978-0-310-76492-2(0))* Zonderkidz.

1470

The check digit for ISBN-10 appears in parentheses after the full ISBN-13

NIV Gift & Award Bible for Kids [Pink], 1 vol. Zonderkidz. 2019. (ENG.). 704p. (J). im. lthr. 7.99 *(978-0-310-76584-4(6))* Zonderkidz.

NIV Girls' Ultimate Backpack Bible Faithgirlz Compact Red Letter Edition [Coral], 1 vol. Zonderkidz. 2020. (Faithgirlz Ser.). (ENG.). 1088p. (J). pap. 24.99 *(978-0-310-45507-3(3))* Zonderkidz.

NIV God's Gift for Kids New Testament with Psalms & Proverbs [Pocket-Sized], 1 vol. Zonderkidz. 2020. (ENG.). 512p. (J). pap. 3.99 *(978-0-310-45489-2(1))* Zonderkidz.

NIV God's Rainbow Holy Bible, 1 vol. Zonderkidz. 2018. (ENG., Illus.). 1088p. (J). 24.99 *(978-0-310-76583-7(8))* Zonderkidz.

NIV God's Sweet Love Holy Bible, 1 vol. Zonderkidz. 2019. (ENG.). 1088p. (J). pap. 19.99 *(978-0-310-76580-6(3))* Zonderkidz.

NIV Heart of Gold Holy Bible Red Letter Edition, 1 vol. Zonderkidz. 2019. (ENG.). 1088p. (J). 19.99 *(978-0-310-76852-4(7))* Zonderkidz.

NIV Holy Bible for Boys, Soft Touch Edition, Comfort Print [Grey], 1 vol. Zondervan. 2020. (ENG.). 704p. (J). im. lthr. 12.99 *(978-0-310-45503-5(0))* Zonderkidz.

NIV Holy Bible for Girls, 1 vol. Zondervan. 2020. (ENG.). 704p. (J). im. lthr. 12.99 *(978-0-310-45498-4(0))* Zonderkidz.

NIV Holy Bible for Kids [Economy Edition], 1 vol. Zondervan Staff. 2020. (ENG.). 608p. (J). pap. 3.99 *(978-0-310-45505-9(7))* Zonderkidz.

NIV, Holy Bible for Kids, Economy Edition, Paperback, Case of 40, Comfort Print, 1 vol. Zondervan Staff. 2021. (ENG.). 608p. (J). 159.60 *(978-0-310-46031-2(X))* Zonderkidz.

NIV Journal the Word Bible for Girls [Double-Column Magnetic Closure, Red Letter], 1 vol. Zondervan. 2020. (NIV Journal the Word Bible Ser.). (ENG.). 1088p. (J). 34.99 *(978-0-310-45529-5(4))* Zonderkidz.

NIV, Journal the Word Bible for Teen Girls, Red Letter Edition: Includes over 450 Journaling Prompts! [Gold/Floral], 1 vol. Zondervan. ed. 2017. (NIV Journal the Word Bible Ser.). (ENG.). 1408p. (YA). im. lthr. 49.99 *(978-0-310-44793-1(3))* Zondervan.

NIV, Journal the Word Bible for Teen Girls, Red Letter Edition: Includes over 450 Journaling Prompts! [Pink Floral], 1 vol. Zondervan. ed. 2017. (NIV Journal the Word Bible Ser.). (ENG.). 1408p. (YA). 39.99 *(978-0-310-44727-6(5))* Zondervan.

NIV Kids' Quiz New Testament, 1 vol. Zonderkidz. 2020. (ENG.). 464p. (J). pap. 9.99 *(978-0-310-76837-1(3))* Zonderkidz.

NIV Kids' Visual Study Bible, 1 vol. Zondervan. 2017. (ENG., Illus.). 1952p. (J). 34.99 *(978-0-310-75860-0(2))* Zonderkidz.

NIV Kids' Visual Study Bible, Full Color Interior: Explore the Story of the Bible - People, Places, & History [Teal], 1 vol. Zondervan. 2017. (ENG.). 1952p. (J). im. lthr. 44.99 *(978-0-310-75842-6(4))* Zonderkidz.

NIV Kids' Visual Study Bible, Imitation Leather, Bronze, Full Color Interior: Explore the Story of the Bible-People, Places, & History, 1 vol. Zondervan Staff. 2017. (ENG.). 1952p. (J). im. lthr. 44.99 *(978-0-310-75846-4(7))* Zonderkidz.

NIV Outreach Bible for Kids, 1 vol. Zondervan. 2018. (ENG.). 1024p. (J). pap. 6.99 *(978-0-310-76325-3(8))* Zondervan.

NIV Outreach Bible for Kids [Large Print], 1 vol. Zonderkidz. l.t. ed. 2018. (ENG.). 1184p. (J). pap. 8.99 *(978-0-310-76324-6(X))* Zondervan.

NIV, Outreach Bible, Student Edition, Paperback, Case Of 32. Zondervan. 2023. (ENG.). 864p. (YA). 159.68 ***(978-0-310-46405-1(6))*** Zondervan.

NIV Outreach New Testament for Kids, 1 vol. Zonderkidz. 2018. (ENG.). 224p. (J). pap. 2.99 *(978-0-310-76315-4(0))* Zondervan.

NIV Premium Gift Bible Red Letter Edition [Blue], 1 vol. Zondervan. 2020. (ENG.). 704p. (J). im. lthr. 19.99 *(978-0-310-45479-3(4))* Zonderkidz.

NIV Premium Gift Bible Red Letter Edition [Coral], 1 vol. Zondervan. 2020. (ENG.). 704p. (J). im. lthr. 19.99 *(978-0-310-45465-6(4))* Zonderkidz.

NIV Psalms & Proverbs [Pink], 1 vol. Zondervan Staff. 2018. (ENG.). 448p. (J). 19.99 *(978-0-310-76577-6(3))* Zondervan.

NIV, Revolution Bible, Hardcover: The Bible for Teen Guys, 1 vol. Livingstone Corporation Staff & Christopher D. Hudson. ed. 2017. (ENG.). 1728p. (YA). 39.99 *(978-0-310-07998-9(5))* Zondervan.

NIV Teen Study Bible. Zondervan. 2022. (ENG.). 1600p. (YA). 39.99 *(978-0-310-45584-4(7))* Zondervan.

NIV Teen Study Bible Comfort Print. Zondervan. 2022. (ENG.). 1600p. (YA). pap. 29.99 *(978-0-310-45588-2(X))* Zondervan.

NIV Teen Study Bible Comfort Print [Blue]. Zondervan. 2022. (ENG.). 1600p. (YA). im. lthr. 59.99 *(978-0-310-45583-7(9))* Zondervan.

NIV Teen Study Bible Comfort Print [Brown]. Zondervan. 2022. (ENG.). 1600p. (YA). im. lthr. 44.99 *(978-0-310-45585-1(5))* Zondervan.

NIV Teen Study Bible Comfort Print [Peach]. Zondervan. 2022. (ENG.). 1600p. (YA). im. lthr. 44.99 *(978-0-310-45590-5(1))* Zondervan.

NIV Teen Study Bible Comfort Print [Teal]. Zondervan. 2022. (ENG.). 1600p. (YA). im. lthr. 59.99 *(978-0-310-45600-1(2))* Zondervan.

NIV, the Story, Student Edition, Comfort Print: The Bible As One Continuing Story of God & His People, 1 vol. Zondervan. 2021. (Story Ser.). (ENG.). 512p. (YA). pap. 17.99 *(978-0-310-45846-3(3))* Zondervan.

NIV the Telos Bible Comfort Print: A Student's Guide Through Scripture. Zondervan. Ed. by OneHope. 2022. (ENG., Illus.). 1344p. (YA). 39.99 *(978-0-310-45868-5(4))* Zondervan.

NIV, the Telos Bible, Leathersoft, Charcoal, Comfort Print: A Student's Guide Through Scripture. Zondervan. 2022. (ENG.). 1344p. (YA). im. lthr. 59.99 *(978-0-310-45869-2(2))* Zondervan.

NIV Thinline Bible for Kids Red Letter Edition [Large Print, Blue], 1 vol. Zonderkidz. l.t. ed. 2018. (ENG.). 1120p. (J). lthr. 29.99 *(978-0-310-76421-2(1))* Zonderkidz.

NIV Thinline Bible for Kids Red Letter Edition [Large Print, Pink], 1 vol. Zonderkidz. l.t. ed. 2018. (ENG.). 1120p. (J). lthr. 29.99 *(978-0-310-76413-7(0))* Zonderkidz.

NIV Thinline Bible For Kids Red Letter Edition [Purple], 1 vol. Zondervan Staff. 2018. (ENG.). 1088p. (J). lthr. 27.99 *(978-0-310-76418-2(1))* Zonderkidz.

NIV Thinline Bible for Kids Red Letter Edition [Tan], 1 vol. Zonderkidz. 2018. (ENG.). 1088p. (J). lthr. 24.99 *(978-0-310-76420-5(3))* Zonderkidz.

NIV Tiny Testament Bible, New Testament, Comfort Print [Blue]. Zondervan. 2022. (ENG.). 288p. (J). im. lthr. 8.99 *(978-0-310-45876-0(5))* Zonderkidz.

NIV, Tiny Testament Bible, New Testament, Comfort Print (Pink) Zondervan. 2022. (ENG.). 288p. (J). im. lthr. 8.99 *(978-0-310-45875-3(7))* Zonderkidz.

NIV, Tiny Testament Bible, New Testament, Comfort Print (White) Zondervan. 2022. (ENG.). 288p. (J). im. lthr. 8.99 *(978-0-310-45874-6(9))* Zonderkidz.

NIV, True Images Bible, Hardcover: The Bible for Teen Girls, 1 vol. Livingstone Corporation Staff & Christopher D. Hudson. ed. 2017. (ENG., Illus.). 1760p. (YA). 39.99 *(978-0-310-08003-9(7))* Zondervan.

NIV Ultimate Bible for Girls, 1 vol. Zonderkidz. 2019. (Faithgirlz Ser.). (ENG., Illus.). 1504p. (J). 34.99 *(978-0-310-76525-7(0))* Zonderkidz.

NIV Ultimate Bible for Girls Faithgirlz Edition [Purple]. Nancy N. Rue. 2022. (Faithgirlz Ser.). (ENG.). 1504p. (J). im. lthr. 44.99 *(978-0-310-46116-6(2))* Zonderkidz.

NIV Ultimate Bible for Girls Faithgirlz Edition Thumb Indexed Tabs [Teal]. Nancy N. Rue. 2022. (Faithgirlz Ser.). (ENG.). 1504p. (J). im. lthr. 54.99 *(978-0-310-46191-3(X))* Zonderkidz.

NIV Ultimate Bible for Girls [Teal], 1 vol. Nancy N. Rue. 2019. (Faithgirlz Ser.). (ENG.). 1504p. (J). im. lthr. 39.99 *(978-0-310-76849-4(7))* Zonderkidz.

NIV Verse Mapping Bible for Girls, Leathersoft, Comfort Print: Gathering the Goodness of God's Word [Teal], 1 vol. Zonderkidz. Ed. by Kristy Cambron. 2021. (Verse Mapping Ser.). (ENG.). 1568p. (J). im. lthr. 39.99 *(978-0-310-45471-7(9))* Zonderkidz.

Niwîcihâw / I Help, 1 vol. Caitlin Dale Nicholson. Tr. by Leona Morin-Neilson. ed. 2018. (Nôhkom Ser.: 2). (CRE., Illus.). 24p. (J). (gr. k-2). 12.99 *(978-1-77306-116-0(X))* Groundwood Bks. CAN. Dist: Publishers Group West (PGW).

Nixie Makes Waves (Mermaids to the Rescue #1) Lisa Ann Scott. 2019. (Mermaids to the Rescue Ser.: 1). (ENG., Illus.). 128p. (J). (gr. 2-5). pap. 5.99 *(978-1-338-26697-9(7))*, Scholastic Paperbacks) Scholastic, Inc.

Nixie Ness: Cooking Star. Claudia Mills. Illus. by Grace Zong. (After-School Superstars Ser.: 1). 144p. (J). (gr. 2-5). 2020. pap. 7.99 *(978-0-8234-4603-2(4))*; 2019. 15.99 *(978-0-8234-4093-1(1))* Holiday Hse., Inc. (Margaret Ferguson Books).

Nixie of the Mill-Pond & Other European Stories. Ed. by Kel McDonald & Kate Ashwin. 2020. (Cautionary Fables & Fairytales Ser.: 3). (ENG., Illus.). 200p. (J). pap. 15.00 *(978-1-945820-54-0(3))* Iron Circus Comics.

Nixie's Song. Tony DiTerlizzi & Holly Black. Illus. by Tony DiTerlizzi. 2023. (Spiderwick Chronicles Ser.: 6). (ENG., Illus.). (J). (gr. 1-6). 192p. 13.99 *(978-1-6659-2999-8(5))*; 192p. 17.99 *(978-1-6659-3025-3(X))*; 208p. pap. 8.99 *(978-1-6659-3026-0(8))* Simon & Schuster Bks. For Young Readers. (Simon & Schuster Bks. For Young Readers).

Nixola of Wall Street (Classic Reprint) Unknown Author. (ENG., Illus.). (J). 2018. 394p. 32.02 *(978-0-483-27387-0(2))*; 2016. pap. 16.57 *(978-1-334-71823-6(7))* Forgotten Bks.

Niyac: Prima Ballerina. Tia Crosley & Ambadi Kumar. 2022. (ENG.). 26p. (J). pap. 17.95 ***(978-1-958877-15-9(8))*** Booklocker.com, Inc.

Njabala - the Beautiful African Girl. Joanita Mirembe Lwanga. 2017. (ENG., Illus.). 32p. (J). pap. *(978-0-244-35522-7(3))* Lulu Pr., Inc.

Njsls Premium Student Resource Package Advanced Math 1 with 1 Year Digital 2018. Hmh Hmh. 2018. (Go Math! Ser.). (ENG.). (J). (gr. 6). pap. 71.60 *(978-1-328-45711-0(7))* Houghton Mifflin Harcourt Publishing Co.

Njsls Premium Student Resource Package Advanced Math 2 with 1 Year Digital 2018. Hmh Hmh. 2018. (Go Math! Ser.). (ENG.). (YA). (gr. 7). pap. 71.60 *(978-1-328-45712-7(5))* Houghton Mifflin Harcourt Publishing Co.

Njsls Premium Student Resource Package Grade 1 with 1 Year Digital 2018. Hmh Hmh. (Go Math! Ser.). (J). (gr. 1). 2018. (ENG.). pap. 58.80 *(978-1-328-45330-3(8))*; 2017. (SPA.). pap. 59.33 *(978-1-328-45456-0(8))* Houghton Mifflin Harcourt Publishing Co.

Njsls Premium Student Resource Package Grade 2 with 1 Year Digital 2018. Hmh Hmh. (Go Math! Ser.). (J). (gr. 2). 2018. (ENG.). pap. 58.80 *(978-1-328-45332-7(4))*; 2017. (SPA.). pap. 59.33 *(978-1-328-45457-7(6))* Houghton Mifflin Harcourt Publishing Co.

Njsls Premium Student Resource Package Grade 3 with 1 Year Digital 2018. Hmh Hmh. (Go Math! Ser.). (J). (gr. 3). 2018. (ENG.). pap. 58.80 *(978-1-328-45334-1(0))*; 2017. (SPA.). pap. 59.33 *(978-1-328-45458-4(4))* Houghton Mifflin Harcourt Publishing Co.

Njsls Premium Student Resource Package Grade 4 with 1 Year Digital 2018. Hmh Hmh. (Go Math! Ser.). (J). (gr. 4). 2018. (ENG.). pap. 58.80 *(978-1-328-45335-8(9))*; 2017. (SPA.). pap. 59.33 *(978-1-328-45459-1(2))* Houghton Mifflin Harcourt Publishing Co.

Njsls Premium Student Resource Package Grade 5 with 1 Year Digital 2018. Hmh Hmh. (Go Math! Ser.). (J). (gr. 5). 2018. (ENG.). pap. 58.80 *(978-1-328-45336-5(7))*; 2017. (SPA.). pap. 59.33 *(978-1-328-45460-7(6))* Houghton Mifflin Harcourt Publishing Co.

Njsls Premium Student Resource Package Grade 6 with 1 Year Digital 2018. Hmh Hmh. 2017. (Go Math! Ser.). (ENG.). (J). (gr. 6). pap. 67.07 *(978-1-328-45708-0(7))* Houghton Mifflin Harcourt Publishing Co.

Njsls Premium Student Resource Package Grade 7 with 1 Year Digital 2018. Hmh Hmh. 2017. (Go Math! Ser.). (ENG.). (YA). (gr. 7). pap. 67.07 *(978-1-328-45709-7(5))* Houghton Mifflin Harcourt Publishing Co.

Njsls Premium Student Resource Package Grade 8 with 1 Year Digital 2018. Hmh Hmh. 2017. (Go Math! Ser.). (ENG.). (YA). (gr. 8). pap. 67.07 *(978-1-328-45710-3(9))* Houghton Mifflin Harcourt Publishing Co.

Njsls Premium Student Resource Package Grade K with 1 Year Digital 2018. Hmh Hmh. (Go Math! Ser.). (J). (gr. k). 2018. (ENG.). pap. 58.80 *(978-1-328-45329-7(4))*; 2017. (SPA.). pap. 59.33 *(978-1-328-45455-3(X))* Houghton Mifflin Harcourt Publishing Co.

NKJV Adventure Bible, Full Color, Magnetic Closure, 1 vol. Lawrence O. Richards. 2020. (Adventure Bible Ser.). (ENG., Illus.). 1568p. (J). 39.99 *(978-0-310-10945-7(0))* Zonderkidz.

NKJV Children's Outreach Bible, 1 vol. Thomas Nelson. 2018. (ENG.). 1120p. (J). pap. 10.99 *(978-1-4002-0895-1(5))* Nelson, Thomas Inc.

NKJV Early Readers Bible, 1 vol. Thomas Nelson. 2018. (ENG., Illus.). 1184p. (J). 22.99 *(978-1-4003-0911-5(5))* Nelson, Thomas Inc.

NKJV Holy Bible for Kids, Comfort Print: Holy Bible [Blue], 1 vol. Thomas Nelson. 2020. (ENG.). 1392p. (J). im. lthr. 29.99 *(978-0-7852-3640-5(6))* Nelson, Thomas Inc.

NKJV Holy Bible for Kids, Comfort Print: Holy Bible [Brown], 1 vol. Thomas Nelson. 2020. (ENG.). 1392p. (J). im. lthr. 29.99 *(978-0-7852-3571-2(X))* Nelson, Thomas Inc.

NKJV Holy Bible for Kids, Comfort Print: Holy Bible [Pink], 1 vol. Thomas Nelson. 2020. (ENG.). 1392p. (J). im. lthr. 29.99 *(978-0-7852-3639-9(2))* Nelson, Thomas Inc.

NKJV Holy Bible for Kids, Verse Art Cover Collection, Comfort Print [Gray]. Thomas Nelson. 2022. (ENG., Illus.). 1392p. (J). im. lthr. 34.99 *(978-0-7852-9144-2(X))* Nelson, Thomas Inc.

NKJV Holy Bible for Kids, Verse Art Cover Collection, Comfort Print [Purple]. Thomas Nelson. 2022. (ENG., Illus.). 1392p. (J). im. lthr. 34.99 *(978-0-7852-9148-0(2))* Nelson, Thomas Inc.

NKJV Precious Moments Small Hands Bible, Comfort Print: Holy Bible, New King James Version [Blue], 1 vol. Thomas Nelson. 2021. (ENG.). 1312p. (J). 17.99 *(978-0-7852-3863-8(8))* Nelson, Thomas Inc.

NKJV Precious Moments Small Hands Bible, Comfort Print: Holy Bible, New King James Version [Pink], 1 vol. Thomas Nelson. 2021. (ENG.). 1312p. (J). 17.99 *(978-0-7852-3862-1(X))* Nelson, Thomas Inc.

NKJV Precious Moments Small Hands Bible, Comfort Print: Holy Bible, New King James Version [Teal], 1 vol. Thomas Nelson. 2021. (ENG.). 1312p. (J). 17.99 *(978-0-7852-3864-5(6))* Nelson, Thomas Inc.

NKJV Sequin Sparkle & Change Bible, 1 vol. Thomas Nelson. 2019. (ENG.). 1120p. (J). 24.99 *(978-1-4002-1187-6(5))* Nelson, Thomas Inc.

NKJV Study Bible for Kids, 1 vol. Thomas Nelson. 2017. (ENG., Illus.). 1536p. (J). pap. 34.99 *(978-0-7180-7537-8(4))* Nelson, Thomas Inc.

NKJV Thinline Bible Youth Red Letter Edition [Blue], 1 vol. Thomas Nelson. 2019. (ENG.). 1120p. (YA). im. lthr. 24.99 *(978-0-7852-2580-5(3))* Nelson, Thomas Inc.

NKJV Thinline Bible Youth Red Letter Edition [Brown], 1 vol. Thomas Nelson. 2019. (ENG.). 1120p. (YA). im. lthr. 24.99 *(978-0-7852-2577-5(3))* Nelson, Thomas Inc.

NKJV Thinline Bible Youth Red Letter Edition [Burgundy], 1 vol. Thomas Nelson. 2019. (ENG.). 1120p. (YA). im. lthr. 24.99 *(978-0-7852-2570-6(6))* Nelson, Thomas Inc.

NKJV Thinline Bible Youth Red Letter Edition [Grey], 1 vol. Thomas Nelson. 2019. (ENG.). 1120p. (YA). im. lthr. 24.99 *(978-0-7852-2578-2(1))* Nelson, Thomas Inc.

Nko Way! We Love Our School. Nko Grade Three Students. 2017. (ENG., Illus.). 32p. (J). pap. *(978-1-387-02862-7(6))* Lulu Pr., Inc.

NLT Boys Life Application Study Bible, Tutone (LeatherLike, Blue/Neon/Glow) Created by Tyndale. 2021. (ENG., Illus.). 1568p. (J). im. lthr. 49.99 *(978-1-4964-6142-1(8)*, 20_36872) Tyndale Hse. Pubs.

NLT Boys Life Application Study Bible, Tutone (LeatherLike, Blue/Neon/Glow, Indexed) Created by Tyndale. 2021. (ENG., Illus.). 1568p. (J). im. lthr. 59.99 *(978-1-4964-6145-2(2)*, 20_36875) Tyndale Hse. Pubs.

NLT Boys Life Application Study Bible, Tutone (LeatherLike, Midnight Blue, Indexed) Created by Tyndale. 2021. (ENG., Illus.). 1568p. (J). im. lthr. 59.99 *(978-1-4964-6143-8(6)*, 20_36873) Tyndale Hse. Pubs.

NLT Boys Life Application Study Bible, Tutone (LeatherLike, Neon/Black, Indexed) Created by Tyndale. 2021. (ENG., Illus.). 1568p. (J). im. lthr. 59.99 *(978-1-4964-6144-5(4)*, 20_36874) Tyndale Hse. Pubs.

NLT Girls Life Application Study Bible (LeatherLike, Teal/Pink Flowers) Created by Tyndale & Livingstone. 2020. (ENG.). 1568p. (J). im. lthr. 49.99 *(978-1-4964-4538-4(4)*, 20_34202) Tyndale Hse. Pubs.

Nn. Bela Davis. 2016. (Alphabet Ser.). (ENG., Illus.). 24p. (J). (gr. -1-2). lib. bdg. 31.36 *(978-1-68080-890-2(7)*, 23255, Abdo Kids) ABDO Publishing Co.

Ññ (Spanish Language) Maria Puchol. 2017. (Abecedario (the Alphabet) Ser.). (SPA.). 24p. (J). (gr. -1-2). lib. bdg. 31.36 *(978-1-5321-0314-8(X)*, 27189, Abdo Kids) ABDO Publishing Co.

Nn (Spanish Language) Maria Puchol. 2017. (Abecedario (the Alphabet) Ser.). (SPA.). 24p. (J). (gr. -1-2). lib. bdg. 31.36 *(978-1-5321-0313-1(1)*, 27188, Abdo Kids) ABDO Publishing Co.

NNIV Beautiful Word Coloring Bible for Girls, Imitation Leather, Pink: Hundreds of Verses to Color, 1 vol. Zondervan Staff. 2017. (Beautiful Word Ser.). (ENG.). 1472p. (J). 34.99 *(978-0-310-76355-0(X))* Zondervan.

No! Tracey Corderoy. Illus. by Tim Warnes. 2021. (Let's Read Together Ser.). (ENG.). 32p. (J). (gr. -1-2). pap. 8.99 *(978-1-68010-374-8(1))* Tiger Tales.

No! April C. Hughes. 2020. (ENG., Illus.). 30p. (J). *(978-1-64378-974-3(0))*; pap. *(978-1-64378-973-6(2))* Austin Macauley Pubs. Ltd.

No: A Few Pages from the Diary of an Ambulance Driver, 1918 (Classic Reprint) C. de Florez. 2018. (ENG., Illus.). 172p. (J). 27.44 *(978-0-267-28923-3(5))* Forgotten Bks.

No! ... & I Mean No, Let's Say No to Drugs! Kandra C. Albury. 2017. (ENG., Illus.). (J). (gr. k-3). 21.99 *(978-0-9994400-1-8(2))*; pap. 14.99 *(978-0-692-92876-9(6))* MTE Publishing.

No. 1 with a Bullet. Jacob Semahn. 2018. (ENG., Illus.). 184p. (YA). pap. 17.99 *(978-1-5343-0671-4(4)*, 15632aec-e85c-422e-840e-d4ee78e3f77b) Image Comics.

No. 101 (Classic Reprint) Wymond Carey. (ENG., Illus.). (J). 2018. 424p. 32.64 *(978-0-483-75812-4(4))*; 2016. pap. 16.57 *(978-1-334-12774-8(3))* Forgotten Bks.

No. 13 Washington Square. Leroy Scott. 2017. (ENG., Illus.). (J). 24.95 *(978-1-374-95331-4(8))*; pap. 14.95 *(978-1-374-95330-7(X))* Capital Communications, Inc.

No; 13 Washington Square (Classic Reprint) Leroy Scott. 2018. (ENG., Illus.). 302p. (J). 30.13 *(978-0-332-87504-0(0))* Forgotten Bks.

No. 4 Knightsbridge. D. L. Bridgen. 2019. (ENG., Illus.). 90p. (J). *(978-1-78848-234-9(4))*; pap. *(978-1-78848-233-2(6))* Austin Macauley Pubs. Ltd.

No. 40: A Romance of Fortress Monroe & the Hygeia (Classic Reprint) Nannie Whitmell Tunstall. 2017. (ENG., Illus.). (J). 26.35 *(978-0-266-54419-7(3))*; pap. 9.57 *(978-0-282-76662-7(6))* Forgotten Bks.

No; 5 John Street (Classic Reprint) Richard Whiteing. 2018. (ENG., Illus.). 360p. (J). 31.34 *(978-0-332-09380-2(8))* Forgotten Bks.

No! 8x8 Edition. Marta Altes. 2021. (Child's Play Mini-Library). (ENG., Illus.). 32p. (J). *(978-1-84643-908-7(6))* Child's Play International Ltd.

N

No a Norman: La Historia de un Pececito Dorado. Kelly Bennett. Illus. by Noah Z. Jones. 2016. (SPA.). 32p. (J). (gr. -1-3). 6.99 *(978-0-7636-8906-3(8))* Candlewick Pr.

¡No Abras la Puerta! Michael Dahl. Illus. by Bradford Kendall. 2023. (Biblioteca Maldita: Los Capítulos Finales Ser.). (SPA.). 40p. (J). 24.65 *(978-1-6690-1432-4(0)*, 248290); pap. 6.99 *(978-1-6690-1554-3(8)*, 249081) Capstone. (Stone Arch Bks.).

No Aburrirse Nunca Más: Leveled Reader Card Book 32 Level N 6 Pack. Hmh Hmh. 2021. (SPA.). (J). pap. 74.40 *(978-0-358-08429-7(6))* Houghton Mifflin Harcourt Publishing Co.

No Accident. Laura Bates. 2022. (ENG.). 288p. (YA). (gr. 8-12). pap. 10.99 *(978-1-7282-0676-9(6))* Sourcebooks, Inc.

¡no Alimentes a Los Gecos! Don't Feed the Geckos! (Spanish Edition) Karen English. Tr. by Aurora Humaran & Leticia Monge. Illus. by Laura Freeman. 2020. (Carver Chronicles Ser.: 3). (SPA.). 160p. (J). (gr. 1-4). pap. 5.99 *(978-0-358-21486-1(6)*, 1765787, Clarion Bks.) HarperCollins Pubs.

No Animal Is Perfect. Helen M. Todd. 2022. (ENG.). 38p. (J). pap. *(978-1-3984-3173-7(7))* Austin Macauley Pubs. Ltd.

No Baby in the House: And Other Stories, for Children (Classic Reprint) Unknown Author. 2018. (ENG., Illus.). 248p. (J). 29.01 *(978-0-267-22811-9(2))* Forgotten Bks.

No Bad Ghosts. Daniel Meyer. Illus. by Amanda Riff. 2022. (ENG.). 80p. (J). 24.99 *(978-1-63988-267-0(7))* Primedia eLaunch LLC.

No Bailes con la Muerte: En Ocasiones Todo Depende Del Compañero de Baile. José Luis Navajo. 2021. (SPA.). 288p. (YA). (gr. 7-12). pap. 16.99 *(978-1-64123-630-0(2)*, 771242) Whitaker Hse.

No, Bandit! Brenda Ponnay. Illus. by Brenda Ponnay. 2022. (We Can Readers Ser.). (ENG.). (J). 20p. pap. 12.99 ***(978-1-5324-4120-2(7))***; 16p. (gr. -1-1). 24.99 ***(978-1-5324-3547-8(9))***; 16p. (gr. -1-1). pap. 12.99 ***(978-1-5324-2999-6(1))*** Xist Publishing.

No Barriers (the Young Adult Adaptation) A Blind Man's Journey to Kayak the Grand Canyon. Erik Weihenmayer & Buddy Levy. 2019. (ENG., Illus.). 224p. (YA). pap. 14.00 *(978-1-250-20677-0(4)*, 900201539, St. Martin's Griffin) St. Martin's Pr.

No Beach Nine Cousin's Fun Day. Loree Boelter. 2020. (ENG., Illus.). 32p. (J). pap. 13.95 *(978-1-64559-934-0(5))* Covenant Bks.

No Bees, Please! Nicole S. Dennis. Illus. by Timothy Brooks. 2018. (Little Scary Mouse Ser.: Vol. 1). (ENG.). 28p. (J). (gr. k-2). 14.88 *(978-1-7326042-0-9(7))* Little Scary Mouse.

No Better Friend: Young Readers Edition: A Man, a Dog, & Their Incredible True Story of Friendship & Survival in World War II. Robert Weintraub. 2018. (ENG., Illus.). 304p. (J). (gr. 5-17). pap. 9.99 *(978-0-316-34465-4(6))* Little, Brown Bks. for Young Readers.

No Big Deal. Danni Keane. 2016. (ENG., Illus.). (J). 24.99 *(978-1-63533-051-9(3)*, Harmony Ink Pr.) Dreamspinner Pr.

No Biggy! A Story about Overcoming Everyday Obstacles. Elycia Rubin. Illus. by Josh Talbot. 2019. (ENG.). 40p. (J). (— 1). pap. 7.99 *(978-1-9848-9249-2(5)*, Dragonfly Bks.) Random Hse. Children's Bks.

No Bones about It: Discovering Dinosaurs. Anna Prokos. Illus. by Gideon Kendall. ed. 2017. (Imagine That! Ser.). (ENG.). 32p. (J). (gr. 2-4). E-Book 39.99 *(978-1-63440-162-3(X))* Red Chair Pr.

No Bones about It - Archaeology for Kids! Science for Children Edition - Children's Archaeology Books. Pfiffikus. 2016. (ENG., Illus.). (J). pap. 10.81 *(978-1-68377-588-1(0))* Whlke, Traudl.

No Boring Stories! Julie Falatko. Illus. by Charles Santoso. 2018. 48p. (J). (gr. -1-3). 17.99 *(978-0-451-47682-1(4)*, Viking Books for Young Readers) Penguin Young Readers Group.

No Boy. Ellia Ana Hill. Illus. by Ellia Ana Hill. 2022. (Illus.). 22p. (J). (-k). bds. 13.99 *(978-1-948066-39-6(4))* Little Libros, LLC.

No Boy Summer. Amy Spalding. 2023. (ENG.). 304p. (YA). (gr. 7-17). 18.99 *(978-1-4197-5752-5(0)*, 1753801, Amulet Bks.) Abrams, Inc.

No Boys! JF Garrard. 2021. (Marble Crew Ser.: Vol. 2). (ENG.). 30p. (J). pap. ***(978-1-988416-38-0(8))*** Dark Helix P.

No Bridge, No Way! A Glencairn Island Mystery. Jan Murray. 2019. (ENG.). 284p. (J). *(978-1-922309-04-4(4))*; pap. *(978-1-922309-03-7(6))* Tablo Publishing.

No British Tea in Our Colony! Causes of the American Revolution: Boston Tea Party & the Intolerable Acts History Grade 4 Children's American History. Baby Professor. 2020. (ENG.). 72p. (J). 24.99 *(978-1-5419-7990-1(7))*; pap. 14.99

(978-1-5419-7766-2(1)) Speedy Publishing LLC. (Baby Professor (Education Kids)).

No Buddy Like a Book. Allan Wolf. Illus. by Brianne Farley. 2021. (ENG.). 32p. (J). (gr. -1-3). 16.99 *(978-1-5362-0307-3(6))* Candlewick Pr.

No Bugs Here. Margo Gates. Illus. by Jeff Crowther. 2019. (Let's Look at Animal Habitats (Pull Ahead Readers — Fiction) Ser.). (ENG.). 16p. (J). (gr. -1-1). pap. 8.99 *(978-1-5415-7307-9(2),* 40e28938-5b6a-4ebe-841c-3bf223c53ba9, Lerner Pubns.) Lerner Publishing Group.

No Bullies Allowed. Silkk The Shocker Miller. 2017. (ENG., Illus.). (J). 16.95 *(978-1-5375-9865-9(1))* Rocket Press Publishing, LLC.

No Bullying. Shanylah Bembry. Illus. by Shanylah Bembry & Ashley Renee. 2016. (ENG.). (J). pap. 10.95 *(978-1-942022-75-6(1))* Butterfly Typeface, The.

#No Bullying. Beth Eisenbeis & Tracy Decamp. 2019. (ENG.). 64p. (J). pap. 21.60 *(978-0-359-92224-6(4))* Lulu Pr., Inc.

No Cat & That's That. Bruce Dawe & Andrew McLean. 2020. (Puffin Nibbles Ser.). (Illus.). 80p. (J). (gr. k-2). pap. 9.99 *(978-0-14-330009-0(1),* Puffin) Penguin Random Hse. AUS. Dist: Independent Pubs. Group.

No Chainz Hip-Hop Heroz: Kids Learn about Money & Wealth Development Skills. Tredel Lambert & Jessica Lambert. Illus. by Tredel Lambert. 2020. (Hip Hop Heroz Ser.: Vol. 2). (ENG., Illus.). 56p. (J). pap. *(978-0-9808886-3-8(8))* Platinum Rouge.

No Chicken, No Trees. Donald Brown. 2018. (ENG., Illus.). 24p. (J). (gr. k-3). pap. 14.99 *(978-1-7326542-0-4(4))* Brown, Donald R.

No Chippies in the House. Maris Trzeciak. Illus. by Caithlin Kane. l.t. ed. 2021. (ENG.). 28p. (J). pap. 9.99 *(978-1-0880-1355-7(4))* Uncle Dave's Bks.

No Clean Clothes. Robert Munsch. Illus. by Michael Martchenko. rev. ed. 2020. (ENG.). 32p. (J). pap. 7.99 *(978-0-439-93790-0(6))* Scholastic Canada, Ltd. CAN. Dist: Publishers Group West (PGW).

No Clue! a Mystery Story (Classic Reprint) James Hay. 2018. (ENG., Illus.). 298p. (J). 30.04 *(978-0-267-52116-6(2))* Forgotten Bks.

No Compromise, Vol. 1 of 3 (Classic Reprint) Helen F. Hetherington. 2018. (ENG., Illus.). 298p. (J). 30.06 *(978-0-267-23348-9(5))* Forgotten Bks.

No Compromise, Vol. 2 of 3 (Classic Reprint) Helen F. Hetherington. (ENG., Illus.). (J). 2018. 298p. 30.04 *(978-0-483-42160-8(X));* 2016. pap. 13.57 *(978-1-334-23750-8(6))* Forgotten Bks.

No Compromise, Vol. 3 of 3 (Classic Reprint) Helen F. Hetherington. 2018. (ENG., Illus.). 296p. (J). 30.00 *(978-0-484-65869-0(7))* Forgotten Bks.

No-Cook Cookbook. DK. 2021. (ENG., Illus.). 128p. (J). (gr. 2-4). 16.99 *(978-0-7440-2646-7(6),* DK Children) Dorling Kindersley Publishing, Inc.

No Country for Young Fools: Book One - NCFYF Series. Sidonie Walsh. 2019. (ENG.). 270p. (YA). pap. 16.49 *(978-1-5456-7793-3(X))* Salem Author Services.

No Cruel or Unusual Punishment: A Look at the Eighth Amendment, 1 vol. David Machajewski. 2018. (Our Bill of Rights Ser.). (ENG.). 32p. (gr. 5-5). pap. 11.00 *(978-1-5383-4308-1(8),* 901b8aec-1e33-45ba-89b6-2117a05cfe58, PowerKids Pr.) Rosen Publishing Group, Inc., The.

No Darkness at All. Rose-Mae Carvin & Bible Visuals International. 2020. (Flash Card Format 5340-Acs Ser.: Vol. 5340). (ENG.). 62p. (J). pap. 19.95 *(978-1-64104-115-7(3))* Bible Visuals International, Inc.

No, David! David Shannon. Illus. by David Shannon. 2018. (ENG., Illus.). 32p. (J). (gr. -1 — 1). bds. 6.99 *(978-1-338-29958-8(1),* Cartwheel Bks.) Scholastic, Inc.

¡No, David! David Shannon. Illus. by David Shannon. 2018. (SPA., Illus.). 32p. (J). (gr. -1-k). pap. 6.99 *(978-1-338-26904-8(6),* Scholastic en Espanol) Scholastic, Inc.

No Debo Usar Drogas. Juana Jaén J. 2020. (SPA.). 140p. (J). pap. 10.95 *(978-1-64334-489-8(7))* Page Publishing Inc.

No Defence (Classic Reprint) Gilbert Parker. 2017. (ENG., Illus.). (J). 31.55 *(978-0-265-51986-8(1));* pap. 13.97 *(978-0-243-28724-6(0))* Forgotten Bks.

No Dejes de Soñar, Abby. Milena A. Nemecio. 2022. (SPA.). 24p. (J). pap. 13.94 *(978-1-63765-240-4(2))* Halo Publishing International.

No Dejes Que Desaparezcan. Chelsea Clinton. Illus. by Gianna Marino. 2019. 40p. (J). (gr. -1-3). 17.99 *(978-0-593-11329-5(2),* Philomel Bks.) Penguin Young Readers Group.

No Desconectes el Internet / Dont Turn off the Wifi. Kat Quezada. 2021. (Wattpad. Clover Ser.). (SPA.). 352p. (YA). (gr. 9). pap. 16.95 *(978-607-38-0299-4(4),* Montena) Penguin Random House Grupo Editorial ESP. Dist: Penguin Random Hse. LLC.

No Difference Between Us: Teach Children about Gender Equality, Respectful Relationships, Feelings, Choice, Self-Esteem, Empathy, Tolerance. Jayneen Sanders. Illus. by Amanda Gulliver. 2017. (ENG.). 32p. (J). (gr. k-3). *(978-1-925089-17-2(7),* Educate2Empower Publishing) UpLoad Publishing Pty, Ltd.

No-Dig Children's Gardening Book: Easy & Fun Family Gardening. Charles Dowding. 2023. (ENG.). 64p. (J). (gr. 2-5). 16.95 *(978-1-78312-919-5(0))* Welbeck Publishing Group Ltd. GBR. Dist: Two Rivers Distribution.

No Dinosaurs Allowed. Deborah Hunt. Illus. by Ashleigh Heyns. 2nd ed. 2022. (ENG.). 38p. (J). 22.99 ***(978-1-956851-51-9(8))***; pap. 9.99 ***(978-1-956851-50-2(X))*** TouchPoint Pr.

No Dogs Allowed... a Day at the Beach. Tales Teeley. 2022. (ENG.). 40p. (J). ***(978-1-0391-5286-1(4))***; pap. ***(978-1-0391-5285-4(6))*** FriesenPress.

No Easy Catch. Jaqueline Snowe. (ENG.). (YA). 2022. 316p. pap. *(978-1-83943-764-9(2));* 2020. (Cleat Chasers Ser.: Vol. 4). 324p. pap. *(978-1-83943-844-8(4))* Totally Entwinded Group.

No Egg on Your Face! Easy & Delecious Egg-Free Recipes for Kids with Allergies. Chef Luca Della Casa. 2016. (Allergy Aware Cookbooks Ser.). (ENG., Illus.). 32p. (J). (gr. 3-9). lib. bdg. 28.65 *(978-1-4914-8055-7(6),* 130554, Capstone Pr.) Capstone.

No Eggs for Easter. Roy Green. 2016. (ENG., Illus.). (J). pap. 13.95 *(978-1-4808-4112-3(9))* Archway Publishing.

No Era Cuento. Maira Delgado Leal. 2020. (SPA.). 148p. (YA). pap. *(978-1-716-86767-5(3))* Lulu Pr., Inc.

¡No Es Justo! Rosario Reyes. Illus. by Marc Monés. 2023. (SPA.). 16p. (J). (gr. -1-1). pap. 5.75 *(978-1-4788-1968-4(5),* a7001850-3e17-424f-aa86-8ef12a4b637f); pap. 36.00 *(978-1-4788-2313-1(5),* 3cd47667-99af-4b61-a44b-893af76099d2) Newmark Learning LLC.

¡No Es una Caja, Mamá! Sol De Angelis. 2023. (SPA.). 48p. (J). (gr. -1-k). 11.95 ***(978-987-815-046-8(1))*** Catapulta Pr.

No Escape: A Tale of Terror. Brandon Terrell. Illus. by Mariano Epelbaum. 2019. (Michael Dahl Presents: Phobia Ser.). (ENG.). 72p. (J). (gr. 4-6). lib. bdg. 25.32 *(978-1-4965-7911-9(9),* 139616, Stone Arch Bks.) Capstone.

No Escape from the Alhambra. Kirsten Boie. Tr. by David Henry Wilson from GER. 2022. (ENG.). 400p. (YA). 16.00 *(978-1-64690-019-0(7))* North-South Bks., Inc.

No-Fail Favorite Eats. Katrina Jorgensen. 2020. (Easy Eats Ser.). (ENG., Illus.). 32p. (J). (gr. 3-5). lib. bdg. 33.99 *(978-1-4966-8097-6(9),* 199224, Capstone Pr.) Capstone.

No Fair! C. C. Carson. 2020. (ENG., Illus.). 32p. (J). 23.95 *(978-1-64670-944-1(6));* pap. 13.95 *(978-1-64670-943-4(8))* Covenant Bks.

No Fair! Jacob Grant. Illus. by Jacob Grant. 2023. (Illus.). 40p. (J). (gr. -1-2). 18.99 *(978-0-593-11769-9(7),* Viking Books for Young Readers) Penguin Young Readers Group.

No Faith, No Trust, Just Pixie Dust: The Grey Secret Series Book 1. Amelia Bronson. 2019. (ENG.). 278p. (YA). pap. 13.99 *(978-1-949609-01-1(4))* Pen It Pubns.

NO FEAR Children's Activity Book. Lynda Author Rees. Illus. by Aria Jones. 2021. (ENG.). 32p. (J). pap. 8.99 *(978-1-7323116-9-5(2))* Sweetwater Distributing.

No Fiction, Vol. 2: A Narrative, Founded on Recent & Interesting Facts (Classic Reprint) Andrew Reed. 2017. (ENG., Illus.). (J). 30.99 *(978-0-266-71718-8(7));* pap. 13.57 *(978-1-5276-7305-2(7))* Forgotten Bks.

No Filter. Orlagh Collins. 2018. (ENG.). 368p. (YA). 17.99 *(978-1-68119-724-1(3),* 900182394, Bloomsbury USA Childrens) Bloomsbury Publishing USA.

No Filter & Other Lies. Crystal Maldonado. 336p. (YA). (gr. 9). 2023. pap. 12.99 *(978-0-8234-5332-0(4));* 2022. 18.99 *(978-0-8234-4718-3(9))* Holiday Hse., Inc.

No Fish for Charles. Tracy Detz. 2018. (ENG., Illus.). 32p. (J). pap. 12.95 *(978-1-64003-829-5(9))* Covenant Bks.

No Fish for Charles. Tracy Detz. 2019. (ENG., Illus.). 32p. (J). (gr. k-3). 17.95 *(978-1-7338973-1-0(3));* 9.95 *(978-1-7338973-2-7(1))* Warren Publishing, Inc.

No Fixed Address. Susin Nielsen. 2020. (ENG., Illus.). 288p. (J). (gr. 5). pap. 8.99 *(978-1-5247-6837-9(5),* Yearling) Random Hse. Children's Bks.

No Flying in the House. Betty Brock. Illus. by Wallace Tripp. 2020. (ENG.). 144p. (J). (gr. 3-7). pap. 6.99 *(978-0-06-440130-2(8),* HarperCollins) HarperCollins Pubs.

No Fourth River. a Novel. Based on a True Story. a Profoundly Moving Read about a Woman's Fight for Survival. Christine Clayfield. 2017. (ENG., Illus.). 304p. (YA). (gr. 8-10). pap. *(978-1-9998409-1-4(7))* RASC Publishing.

No Fourth River. a Novel Based on a True Story. a Profoundly Moving Read about a Woman's Fight for Survival. Christine Clayfield. 2018. (ENG., Illus.). 310p. (YA). (gr. 8-10). *(978-1-9998409-6-9(8))* RASC Publishing.

No Frogs in School. A. LaFaye. Illus. by Eglantine Ceulemans. 2018. 32p. (J). (gr. -1-2). 16.95 *(978-1-4549-2698-6(8))* Sterling Publishing Co., Inc.

No Funciona la Tele! Glenn McCoy. Illus. by Glenn McCoy. 2016. (Serie Amarilla Ser.). (SPA., Illus.). 40p. (J). pap. 10.99 *(978-607-01-3355-8(2))* Santillana USA Publishing Co., Inc.

No Fuzzball! Isabella Kung. Illus. by Isabella Kung. 2020. (ENG., Illus.). 40p. (J). (gr. -1-3). 14.99 *(978-1-338-56542-3(7),* Orchard Bks.) Scholastic, Inc.

No Gentlemen (Classic Reprint) Clara Louise Burnham. 2018. (ENG., Illus.). 350p. (J). 31.12 *(978-0-364-74127-6(9))* Forgotten Bks.

No Girls Allowed: Inspired by the True Story of a Girl Who Fought for Her Right to Play, 1 vol. Natalie Corbett Sampson. 2019. (ENG., Illus.). 228p. (J). pap. 9.95 *(978-1-77108-777-3(3),* fe2c7d56-182a-4388-b6e7-40aca549353a) Nimbus Publishing, Ltd. CAN. Dist: Baker & Taylor Publisher Services (BTPS).

No, Go, & Tell! Ms. Clementine's Personal Safety Lesson. Marilyn a Pittelli. 2019. (ENG.). 36p. (J). 27.95 *(978-1-64584-670-3(9));* pap. 17.95 *(978-1-64544-572-2(0))* Page Publishing Inc.

No God but God. Reza Aslan. 2018. (CHI.). (YA). (gr. 7). pap. *(978-986-96435-6-6(6))* Acropolis.

No Good Deed. Goldy Moldavsky. (ENG.). 352p. (YA). (gr. 9-9). 2018. pap. 9.99 *(978-0-545-86754-2(1));* 2017. 17.99 *(978-0-545-86751-1(7))* Scholastic, Inc.

No Hands Allowed: Stories for Kids Who Love Soccer, 7 bks., Set. Incl. Brandi Chastain. Michelle Medlock Adams. (gr. 1-4). lib. bdg. 25.70 *(978-1-58415-390-0(3));* Brian Mcbride. Joanne Mattern. (gr. 2-4). lib. bdg. 25.70 *(978-1-58415-389-4(X));* DaMarcus Beasley: Soccer Star Sensation. Carol Parenzan Smalley. (gr. 1-4). lib. bdg. 25.70 *(978-1-58415-387-0(3));* David Beckham. Rebecca Thatcher Murcia. (gr. 1-4). lib. bdg. 25.70 *(978-1-58415-384-9(9));* Freddy Adu. Rebecca Thatcher Murcia. (gr. 1-4). lib. bdg. 25.70 *(978-1-58415-385-6(7));* Josh Wolff: Three-Team Player. Marylou Morano Kjelle. (gr. 2-4). lib. bdg. 25.70 *(978-1-58415-388-7(1));* Landon Donovan. Rebecca Thatcher Murcia. (gr. 1-4). lib. bdg. 25.70 *(978-1-58415-386-3(5));* 32p. (J). 2005. (Robbie Reader Ser.). (Illus.). 2005. Set lib. bdg. 118.65 *(978-1-58415-391-7(1))* Mitchell Lane Pubs.

No Hay Errores Aqui... Sapphire Dragonfly & S. Nikki McAllister-Creque. 2023. (ENG.). 36p. (J). 18.99 ***(978-1-0880-1181-2(0))*** Indy Pub.

No Hay Nada Más Chistoso Que Leer con un Oso. Carmen Oliver. Tr. by Aparicio Publishing Aparicio Publishing LLC. Illus. by Jean Claude. (Cuentos Ilustrados de Ficción Ser.).Tr. of Bears Make the Best Reading Buddies. (SPA.). 32p. (J). (gr. -1-1). 2020. pap. 7.95 *(978-1-5158-6081-5(7),* 142360); 2019. lib. bdg. 21.27 *(978-1-5158-4665-9(2),* 141302) Capstone. (Picture Window Bks.).

No Hay Verano Sin Ti. Jenny Han. 2022. (Trilogía Verano Ser.: 2). (SPA.). 272p. (YA). pap. 12.95 *(978-607-07-9229-8(7))* Editorial Planeta, S. A. ESP. Dist: Two Rivers Distribution.

NO HAZING! NO BULLYING! the BEN McNAMEE STORY. Ben McNamee. 2018. (ENG.). 110p. (YA). (gr. 7-12). pap. 15.00 *(978-1-68418-928-1(4))* Primedia eLaunch LLC.

No Head Fred Said: Help Others. Stephanie Keegan. 2018. (ENG., Illus.). 28p. (J). (gr. -1-3). pap. 12.95 *(978-1-64214-370-6(7))* Page Publishing Inc.

No Head Fred Said: Send Thanks. Stephanie Keegan. 2018. (ENG., Illus.). 28p. (J). (gr. -1-3). pap. 12.95 *(978-1-64350-756-9(7))* Page Publishing Inc.

No Hero, but a Man a Novel, Vol. 2 of 3 (Classic Reprint) Annie Thomas. 2018. (ENG., Illus.). 238p. (J). 28.81 *(978-0-483-46283-0(7))* Forgotten Bks.

No Hero (Classic Reprint) E. W. Hornung. 2018. (ENG., Illus.). 222p. (J). 28.50 *(978-0-483-20364-8(5))* Forgotten Bks.

No Hitting, Henry: Don't Hurt, 1 vol. Lisa Regan. 2017. (You Choose Ser.). (ENG., Illus.). 32p. (gr. 2-2). lib. bdg. 26.93 *(978-0-7660-8702-6(6),* bb18dc0c-9497-4799-a89f-9dfb1b3c9d19) Enslow Publishing, LLC.

No Horses in the House! The Audacious Life of Artist Rosa Bonheur. Mireille Messier. Illus. by Anna Bron. 2023. (ENG.). 32p. (J). (gr. 1-3). 21.95 *(978-1-4598-3352-4(X))* Orca Bk. Pubs. USA.

No Hugs! Deirdre Prischmann. Illus. by Sarah Jennings. 2019. 32p. (J). (gr. k-3). 16.99 *(978-1-68152-415-3(5),* 10865) Amicus.

No Hugs for Porcupine. Zoe Waring. 2017. (ENG., Illus.). 32p. (J). (gr. -1-1). 16.99 *(978-0-7624-6225-4(6),* Running Pr. Kids) Running Pr.

No! I Don't Want To! Clever Publishing & Tammi Salzano. Illus. by Maria Bazykina. 2023. (Clever Storytime Ser.). (ENG.). 32p. (J). (gr. -1-2). 13.99 ***(978-1-956560-52-7(1))*** Clever Media Group.

No, I Won't, 1 vol. Manica K. Musil. Illus. by Manica K. Musil. 2020. (ENG.). 32p. (J). (gr. 1-2). pap. 11.00 *(978-1-4994-8661-2(8),* a395c2c5-9285-4974-9423-7f37d7704cc7); lib. bdg. 28.93 *(978-1-4994-8662-9(6),* ba057167-86b4-4113-9c7e-1e61ad5614cb) Rosen Publishing Group, Inc., The. (Windmill Bks.).

No! I Won't Go to School, 1 vol. Alonso Nunez & Bruna Assis Brasil. Illus. by Dave Morrison. 2018. (ENG.). 32p. (J). (gr. -1-1). 16.95 *(978-0-88448-646-6(X),* 884646) Tilbury Hse. Pubs.

No Idle Minds Kids Activity Book. Kreative Kids. 2016. (ENG., Illus.). (J). pap. 10.81 *(978-1-68377-220-0(2))* Whlke, Traudl.

No Ivy League. Hazel Newlevant. 2019. (ENG., Illus.). 216p. (YA). pap. 14.99 *(978-1-5493-0305-0(8),* a6f23acc-26b9-4752-b9f0-ff438f7f68b4, Lion Forge) Oni Pr., Inc.

No Jack Don't Play with the Wall Socket. Anya George. Illus. by Doriano Strologo. 2017. (ENG.). 34p. (J). pap. *(978-0-9957094-1-6(6))* Silver Bk. Publishing.

No Jest Like a True Jest: Being a Compendious Record of the Merry Life, & Mad Exploits of Capt. James Hind, the Great Rober of England; Together with the Close of All at Worcester, Where He Was Drawn, Hanged & Quartered, for High Treason Against the C. George Smeeton. 2017. (ENG., Illus.). (J). 24.52 *(978-0-331-47105-2(1));* pap. 7.97 *(978-0-260-35799-1(5))* Forgotten Bks.

No Kidding! Interesting Facts about April Fool's Day - Holiday Book for Kids Children's Holiday Books. Baby Professor. 2017. (ENG., Illus.). (J). pap. 8.79 *(978-1-5419-1054-6(0),* Baby Professor (Education Kids)) Speedy Publishing LLC.

No-Kids Club. William Anthony. Illus. by Rosie Groom. 2023. (Level 4/5 - Blue/Green Set Ser.). (ENG.). 32p. (J). (gr. 1-3). lib. bdg. 19.95 Bearport Publishing Co., Inc.

No Kimchi for Me! Aram Kim. (Yoomi, Friends, & Family Ser.). 40p. (J). (gr. -1-2). 2020. pap. 8.99 *(978-0-8234-4436-6(8));* 2017. (ENG., Illus.). 18.99 *(978-0-8234-3762-7(0))* Holiday Hse., Inc.

No Known Address. Steven Barwin. 2021. (Lorimer SideStreets Ser.). (ENG.). 192p. (YA). (gr. 8-12). pap. 8.99 *(978-1-4594-1554-6(X),* 03a262f1-a531-42ed-844b-c3487993fea3) James Lorimer & Co. Ltd., Pubs. CAN. Dist: Lerner Publishing Group.

No Laughter Here. Rita Williams-Garcia. 2021. (ENG.). 144p. (YA). (gr. 8). pap. 10.99 *(978-0-06-307929-8(1),* Quill Tree Bks.) HarperCollins Pubs.

No Lemon in My Lemon Tart & Other Poy Stories. Anwesha Mittra. 2019. (ENG.). 94p. (J). pap. *(978-1-78830-326-2(1))* Olympia Publishers.

No Lie, Pigs (and Their Houses) Can Fly! The Story of the Three Little Pigs As Told by the Wolf. Jessica Gunderson. Illus. by Cristian Bernardini. 2016. (Other Side of the Story Ser.). (ENG.). 24p. (J). (gr. -1-3). lib. bdg. 27.99 *(978-1-4795-8621-9(8),* 130443, Picture Window Bks.) Capstone.

No Limit on Love. Allison Lister. 2023. (Lorimer Real Love Ser.). (ENG.). 184p. (YA). (gr. 8-12). 27.99 ***(978-1-4594-1724-3(0),*** 58ecad1e-3b2e-4358-95df-63744bea19ba); pap. 14.99 ***(978-1-4594-1717-5(8),*** 6530ee43-35e1-4b52-b48b-46a513c0a2d1) James Lorimer & Co. Ltd., Pubs. CAN. Dist: Lerner Publishing Group.

No Lleves Tu Dragón a la Biblioteca. Julie Gassman. Tr. by Aparicio Publishing Aparicio Publishing LLC. Illus. by Andy Elkerton. (Cuentos Ilustrados de Ficción Ser.).Tr. of Do Not Bring Your Dragon to the Library. (SPA.). 32p. (J). (gr. -1-2). 2020. pap. 7.95 *(978-1-5158-6086-0(8),* 142362); 2019. lib. bdg. 21.32 *(978-1-5158-4667-3(9),* 141304) Capstone. (Picture Window Bks.).

No Lleves Tu Dragón Al Recreo. Julie Gassman. Tr. by Aparicio Publishing Aparicio Publishing LLC. Illus. by Andy Elkerton. 2019. (Cuentos Ilustrados de Ficción Ser.). (SPA.). 32p. (J). (gr. -1-2). lib. bdg. 21.32 *(978-1-5158-4666-6(0),* 141303, Picture Window Bks.) Capstone.

No Longer in Existence: Extinct Animals Coloring Book. Kreative Kids. 2016. (ENG., Illus.). (J). pap. 9.20 *(978-1-68377-429-7(9))* Whlke, Traudl.

No Love Allowed. Kate Evangelista. 2016. (Dodge Cove Trilogy Ser.: 1). (ENG.). 256p. (YA). pap. 15.99 *(978-1-250-07390-7(1),* 900150895) Feiwel & Friends.

No Man's Friend, Vol. 1 of 3 (Classic Reprint) Frederick William Robinson. (ENG., Illus.). (J). 2018. 336p. 30.85 *(978-0-267-31755-4(7));* 2016. pap. 13.57 *(978-1-333-47117-0(3))* Forgotten Bks.

No Man's Friend, Vol. 2 of 3 (Classic Reprint) Frederick William Robinson. (ENG., Illus.). (J). 2018. 328p. 30.68 *(978-0-483-27396-2(1));* 2016. pap. 13.57 *(978-1-334-62262-5(0))* Forgotten Bks.

No Man's Friend, Vol. 3 of 3 (Classic Reprint) Frederick William Robinson. 2018. (ENG., Illus.). 308p. (J). 30.27 *(978-0-483-64502-8(8))* Forgotten Bks.

No Man's Land: No Man's Land: a Harrowing Tale of Abuse & Rebellion As a Teenage Boy Searches for the True Meaning of Manhood. A. W. Hudson. 2018. (ENG., Illus.). 176p. (J). pap. *(978-0-9943690-2-4(6))* Haines Street Publishing.

No Man's Land (Classic Reprint) Sapper Sapper. 2018. (ENG., Illus.). 334p. (J). 30.79 *(978-0-364-42371-4(4))* Forgotten Bks.

No Map, Great Trip: A Young Writer's Road to Page One. Paul Fleischman. 2020. (ENG.). 160p. (J). (gr. 3-7). pap. 7.99 *(978-0-06-285746-0(0),* Greenwillow Bks.) HarperCollins Pubs.

No Map, Great Trip: a Young Writer's Road to Page One. Paul Fleischman. 2019. (ENG., Illus.). 160p. (J). (gr. 3-7). 16.99 *(978-0-06-285745-3(2),* Greenwillow Bks.) HarperCollins Pubs.

No Mas Bullying para Mi. Various Authors. 2019. (SPA.). 48p. (J). (gr. -1-3). pap. 6.95 *(978-93-86412-49-2(7),* Uranito) Ediciones Urano de México MEX. Dist: Spanish Pubs., LLC.

No Mask, No Home! The Sisters Spurlock. 2017. (ENG., Illus.). (J). 28.95 *(978-1-4808-4357-8(1));* pap. 23.95 *(978-1-4808-4356-1(3))* Archway Publishing.

No Matter How Far. Debbie Lipsitz. 2023. (ENG., Illus.). 40p. (J). 23.95 ***(978-1-6624-8036-2(9))*** Page Publishing.

No Matter How I Look at It, It's You Guys' Fault I'm Not Popular!, Vol. 11, Volume 11. Tr. by Krista Shipley & Karie Shipley. 2017. (No Matter How I Look at It, It's You Guys' Fault I'm Not Popular! Ser.: 11). (ENG., Illus.). 144p. (gr. 11-17). pap. 13.00 *(978-0-316-41412-8(3),* Yen Pr.) Yen Pr. LLC.

No Matter My Shade. Lennora Sellers. 2022. (ENG.). 32p. (J). pap. ***(978-1-387-61163-8(1))*** Lulu Pr., Inc.

No Matter the Distance. Cindy Baldwin. 2023. (ENG.). 368p. (J). (gr. 3-7). 19.99 *(978-0-06-300644-7(8),* Quill Tree Bks.) HarperCollins Pubs.

No Matter What... *see* **Nesmotrya Mina Chto**

No Matter What - Teen Girls' Devotional, Volume 2: 30 Devotions on Declaring Joy in All Circumstances. Lifeway Students. 2020. (Lifeway Students Devotions Ser.). (ENG.). 80p. (YA). pap. 8.99 *(978-1-0877-4088-1(6))* Lifeway Christian Resources.

No Matter What ... We All Belong. Becky Davies. Illus. by Fernando Martin. 2023. (ENG.). 10p. (J). (-k). bds. 9.99 *(978-1-6643-5063-2(2))* Tiger Tales.

No Matter What Padded Board Book. Debi Gliori. Illus. by Debi Gliori. 2017. (ENG., Illus.). 24p. (J). (— 1). bds. 8.99 *(978-0-544-91584-8(4),* 1655572, Clarion Bks.) HarperCollins Pubs.

No Matter What... You Are Loved. Becky Davies. Illus. by Fernando Martin. 2023. (ENG.). 10p. (J). (-k). bds. 9.99 ***(978-1-6643-5087-8(X))*** Tiger Tales.

No Matter Where. Jillian Harper & Colordephia Collective. 2022. (ENG.). 52p. (J). pap. 6.80 *(978-1-4357-7696-8(8))* Lulu Pr., Inc.

No Means No. Jasmine Turner. 2017. (ENG., Illus.). 8p. (J). *(978-1-365-96147-2(8))* Lulu Pr., Inc.

No Means No! Teaching Personal Boundaries, Consent; Empowering Children by Respecting Their Choices & Right to Say 'no!' Jayneen Sanders. Illus. by Cherie Zamazing. 2017. (ENG.). 32p. (J). (gr. k-3). *(978-1-925089-14-1(2),* Educate2Empower Publishing) UpLoad Publishing Pty, Ltd.

No Meat for Supper. Anna Shamburger & T. D. Wallace. 2020. (ENG., Illus.). 28p. (J). pap. 14.95 *(978-1-64801-004-0(0))* Newman Springs Publishing, Inc.

No Mistakes over Here. Sapphire Dragonfly & S. Nikki McAllister-Creque. 2023. (ENG.). 36p. (J). 18.99 ***(978-1-0880-0900-0(X))*** Indy Pub.

No! Mommy Said. Kristy Ann Council. 2019. (ENG.). 26p. (J). *(978-1-5255-4474-3(8));* pap. *(978-1-5255-4475-0(6))* FriesenPress.

No, Monkey! & Rock Croc. Katie Dale. Illus. by Gisela Bohórquez. 2022. (Early Bird Readers — Red (Early Bird Stories (tm)) Ser.). (ENG.). 32p. (J). (gr. -1-2). pap. 9.99 *(978-1-7284-6315-5(7),* dc2edb54-3a62-4a8c-b59b-075eb3e41c01); lib. bdg. 30.65 *(978-1-7284-5883-0(8),* 48dddf02-6090-47fd-b2c8-dc7a1ef98304) Lerner Publishing Group. (Lerner Pubns.).

No More Bad Secrets: A Kid-To-kid Guide on Safe Body Touch. Daisy Copelin. 2019. (ENG., Illus.). 38p. (J). pap. 10.99 *(978-1-64516-755-6(0))* Primedia eLaunch LLC.

No More Bedtime! Chuck Richards. 2019. (ENG., Illus.). 40p. (J). (gr. -1-2). 20.99 *(978-0-553-53562-4(5),* Crown Books For Young Readers) Random Hse. Children's Bks.

No More Beige Food. Leanne Shirtliffe. Illus. by Tina Kugler. 2016. (ENG.). 32p. (J). (gr. -1-k). 16.99 *(978-1-63450-180-4(2),* Sky Pony Pr.) Skyhorse Publishing Co., Inc.

No More Boogie Monsters! Julia G. Chavez. Illus. by Jasmine Forest. 2022. (ENG.). 28p. (J). pap. 14.99 *(978-1-951300-43-2(2))* Liberation's Publishing.

1472

The check digit for ISBN-10 appears in parentheses after the full ISBN-13

No More Bows. Samantha Cotterill. Illus. by Samantha Cotterill. 2017. (ENG., Illus.). 40p. (J). (gr. -1-3). 17.99 *(978-0-06-240870-9(4)*, HarperCollins) HarperCollins Pubs.

No More Bullies!/¡No Más Bullies: Owl in a Straw Hat 2: Owl in a Straw Hat 2. Rudolfo Anaya. 2019. (ENG & SPA., Illus.). 36p. (J). 16.95 *(978-0-89013-642-3(4))* Museum of New Mexico Pr.

No More Cheese. Colette Ivanov. 2018. (ENG., Illus.). 34p. (J). pap. 13.95 *(978-1-64003-540-9(0))* Covenant Bks.

No More Crying: An Address to Children (Classic Reprint) John Charles Ryle. 2018. (ENG., Illus.). (J). 24.41 *(978-0-260-63612-6(6))* Forgotten Bks.

No More Cuddles! Jane Chapman. Illus. by Jane Chapman. 2021. (Let's Read Together Ser.). (ENG., Illus.). 32p. (J). (gr. -1-2). pap. 8.99 *(978-1-68010-360-1(1))* Tiger Tales.

No More Dead Dogs. Gordon Korman. rev. ed. 2017. Orig. Title: Touchdown Stage Left. (ENG.). 240p. (J). (gr. 5-9). pap. 8.99 *(978-1-4847-9844-7(9))* Little, Brown Bks. for Young Readers.

No More Dead Dogs. Gordon Korman. ed. 2017. Orig. Title: Touchdown Stage Left. (J). lib. bdg. 17.20 *(978-0-606-40570-6(4))* Turtleback.

No More Dead Kids. Thomas Marshall. 2019. (ENG., Illus.). 292p. (YA). (gr. 7-12). pap. 19.95 *(978-1-68433-206-9(0))* Black Rose Writing.

No More Diapers. Esther Burgueño. 2022. (Bit by Bit I Learn More & I Grow Big Ser.). (ENG.). 10p. (J). (— 1). bds. 7.99 *(978-84-17210-61-8(X))* Editorial el Pirata ESP. Dist: Independent Pubs. Group.

No More Diapers. Illus. by Marion Cocklico. 2018. (Big Steps Ser.). (ENG.). 12p. (J). (— 1). bds. 8.95 *(978-1-4549-2951-2(0))* Sterling Publishing Co., Inc.

No More Ear Buns! Agnès Mathieu-Daudé. Tr. by Nanette McGuinness. Illus. by Olivier Tallec. 2023. (Dagfrid, Viking Girl! Ser.). (ENG.). 48p. (J). (gr. k-2). pap. 7.00 *(978-1-64690-804-2(X))* North-South Bks., Inc.

No More Excuses: Dismantling Rape Culture. Amber J. Keyser. 2019. (ENG., Illus.). 144p. (YA). (gr. 8-12). 37.32 *(978-1-5415-4020-0(4)*, 0f66f534-2e67-4337-b1be-8f33c7f62b6a, Twenty-First Century Bks.) Lerner Publishing Group.

No More Fears. Mill Faye. 2017. (ENG., Illus.). 12p. (J). *(978-1-365-73478-6(1))* Lulu Pr., Inc.

No More Games. Dave Barrett. 2019. (Fun & Games Ser.: Vol. 3). (ENG., Illus.). 230p. (YA). (gr. 7-12). pap. 10.99 *(978-0-578-60756-6(5))* Barrett, Dave.

No More Germs Please: A Book on Handwishing. Ann Sequeira. 2nd ed. 2021. (ENG.). 24p. (J). pap. 12.00 *(978-1-0879-5948-1(9))* Indy Pub.

No More Ho-Hum Kids Activity Book. Kreative Kids. 2016. (ENG., Illus.). (J). pap. 10.81 *(978-1-68377-221-7(0))* Whlke, Traudl.

No More Kissing! Emma Chichester Clark. 2018. (Mimi & Momo Ser.). (ENG., Illus.). 32p. (J). (-k). pap. 10.99 *(978-1-78344-585-1(8))* Andersen Pr. GBR. Dist: Independent Pubs. Group.

No More Lazy Days: Kids Book of Mazes & Hidden Object Activity Bundle for Age 8-10, 2 vols. Speedy Publishing Books. 2019. (ENG.). 170p. (J). pap. 19.99 *(978-1-5419-7222-3(8))* Speedy Publishing LLC.

No More Miss Little Mama Drama. Dana Zacharko. 2017. (ENG., Illus.). (J). (gr. k-4). pap. 16.95 *(978-1-5043-8155-0(6)*, Balboa Pr.) Author Solutions, LLC.

No More Monsters under Your Bed! Jordan Chouteau. Illus. by Anat Even Or. 2019. (ENG.). 32p. (J). (gr. -1-1). 16.99 *(978-0-316-45388-2(9)*, Jimmy Patterson) Little Brown & Co.

No More Naps! A Story for When You're Wide-Awake & Definitely NOT Tired. Chris Grabenstein. Illus. by Leo Espinosa. (J). (gr. -1-2). 2023. 30p. bds. 8.99 *(978-0-593-70378-6(2))*; 2020. 40p. 17.99 *(978-1-5247-7128-7(7))*; 2020. (ENG.). 40p. lib. bdg. 20.99 *(978-1-5247-7129-4(5))* Random Hse. Children's Bks. (Random Hse. Bks. for Young Readers).

No More Nightmares. Biljana Trakilovic. 2021. (ENG.). 20p. (J). *(978-0-2288-5377-0(X))*; pap. *(978-0-2288-4385-6(5))* Tellwell Talent.

No More No Name. Tim Tingle. 2017. (PathFinders Ser.: 2). (ENG.). 120p. (YA). (gr. 8-12). pap. 9.95 *(978-1-939053-17-6(X)*, 7th Generation) BPC.

No More Noisy Nights. Holly L. Niner. 2017. (ENG., Illus.). (J). (gr. k-2). 7.99 *(978-1-936261-96-3(0))* Flashlight Pr.

No More Noisy Nights. Holly L. Niner. Illus. by Guy Wolek. 2017. (ENG.). 32p. (J). (gr. k-2). 17.95 *(978-1-936261-93-2(6))* Flashlight Pr.

No More Parades. Ford Madox Ford. 2021. (ENG.). 208p. (J). 19.99 *(978-1-5154-4797-9(9))*; pap. 9.99 *(978-1-5154-4798-6(7))* Wilder Pubns., Corp.

No More Pets. Linda Sachs. Illus. by Katrina Sachs. 2018. (ENG.). 40p. (J). *(978-1-5255-2889-7(0))*; pap. *(978-1-5255-2890-3(4))* FriesenPress.

No More Picky Eaters. Esther Smith. 2016. (ENG.). 56p. (J). pap. 12.95 *(978-1-59433-622-5(9))* Publication Consultants.

No More Pigs in the House! Kenneth Allen Coleman. 2022. (ENG., Illus.). 56p. (J). pap. 17.95 *(978-1-6624-6534-5(3))* Page Publishing Inc.

No More Plastic. Alma Fullerton. 2021. (Illus.). 32p. (J). (gr. k-3). 17.95 *(978-1-77278-113-7(4))* Pajama Pr. CAN. Dist: Publishers Group West (PGW).

No More Poems! A Book in Verse That Just Gets Worse. Rhett Miller. 2019. (ENG., Illus.). 48p. (J). (gr. -1-3). 17.99 *(978-0-316-41652-8(5))* Little, Brown Bks. for Young Readers.

No More Poopy on Me! Beverly J. Otis. 2017. (ENG., Illus.). 30p. (J). pap. 9.95 *(978-0-615-27994-7(5))* Otis, Beverly J.

No More Pranks. Monique Polak. 2nd ed. 2021. (Orca Soundings Ser.). (ENG.). 128p. (YA). (gr. 8-12). pap. 10.95 *(978-1-4598-3086-8(5))* Orca Bk. Pubs. USA.

No-More-Scared Children Story. Michelle Edwards. 2022. (ENG.). 20p. (J). 24.95 ***(978-1-68570-462-9(X))***; pap. 13.95 ***(978-1-63961-871-2(6))*** Christian Faith Publishing.

No More Scaredy Cats. Susan Williams. 2022. (Dora's Closet of Many Dreams Ser.). (ENG.). 28p. (J). ***(978-1-0391-0121-0(6))***; pap. ***(978-1-0391-0120-3(8))*** FriesenPress.

No More Treats. Kimi Mukushina. 2017. (ENG., Illus.). (J). pap. 9.95 *(978-1-947491-72-4(5))* Yorkshire Publishing Group.

No More Twist! The Twists & Turns of Mazes - Mazes Activity Book. Speedy Kids. 2017. (ENG., Illus.). (J). pap. 9.20 *(978-1-5419-3328-6(1))* Speedy Publishing LLC.

No Mother Like Mine (Classic Reprint) Mary Denison. (ENG., Illus.). (J). 2018. 306p. 30.21 *(978-0-483-80090-8(2))*; 2016. pap. 13.57 *(978-1-333-30167-5(7))* Forgotten Bks.

No Name. Wilkie Collins. 2017. (ENG.). (J). 284p. pap. *(978-3-337-04287-5(2))*; (Illus.). 384p. pap. *(978-3-7428-0785-4(4))* Creation Pubs.

No Name: A Novel (Classic Reprint) Wilkie Collins. (ENG., Illus.). (J). 2017. 36.58 *(978-0-260-01462-7(1))*; 2016. pap. 19.57 *(978-1-334-16508-5(4))* Forgotten Bks.

No Name I Have. Chris Perkins. 2017. (Short Tales Ser.: Vol. 1). (ENG.). 32p. (J). pap. 9.99 *(978-1-387-39081-6(3))* CP Production Studios Publishing Co.

No Name, Vol. 1 of 3 (Classic Reprint) Wilkie Collins. 2018. (ENG., Illus.). 350p. (J). 31.14 *(978-0-267-22169-1(X))* Forgotten Bks.

No Nap for Pluto. Nancy Parent. ed. 2021. (Disney 8x8 Ser.). (ENG., Illus.). 24p. (J). (gr. k-1). 14.96 *(978-1-64697-582-2(0))* Penworthy Co., LLC, The.

No Nap for Zack & Zack Gets Zapped. Georgie Tennant. Illus. by Lily Fossett. 2023. (Level 3 - Yellow Set Ser.). (ENG.). 32p. (J). (gr. k-2). lib. bdg. 19.95 Bearport Publishing Co., Inc.

No Nap Noah. Bobbi Maleszewski. 2022. (ENG., Illus.). 32p. (J). 27.95 *(978-1-68517-331-9(4))*; pap. 17.95 *(978-1-68517-329-6(2))* Christian Faith Publishing.

No Naps for Pals. Kim Thompson. Illus. by Brett Curzon. 2023. (My Decodable Readers Ser.). (ENG.). 24p. (J). (gr. -1-2). pap. ***(978-1-0398-0059-5(9)***, 33211); lib. bdg. ***(978-1-0398-0000-7(9)***, 33210) Crabtree Publishing Co.

No New Thing (Classic Reprint) William Edward Norris. (ENG., Illus.). (J). 2018. 484p. 33.88 *(978-0-364-81784-1(4))*; 2017. pap. 16.57 *(978-0-259-39985-8(X))* Forgotten Bks.

No New Thing, Vol. 1 of 3 (Classic Reprint) W. E. Norris. 2018. (ENG., Illus.). 318p. (J). 30.48 *(978-0-483-97096-0(4))* Forgotten Bks.

No Nibbling! Beth Ferry. Illus. by A. N. Kang. 2022. (ENG.). 40p. (J). 18.99 *(978-1-250-76241-2(3)*, 900231811) Roaring Brook Pr.

No Night Is Dark. Jasmeen Waraich. 2020. (ENG.). 120p. (YA). *(978-1-5255-8004-8(3))*; pap. *(978-1-5255-8005-5(1))* FriesenPress.

No No, Baby! Anne Hunter. 2023. (Baby Animals Ser.). (Illus.). 40p. (J). (gr. -1-2). 17.99 *(978-0-7352-6911-8(4)*, Tundra Bks.) Tundra Bks. CAN. Dist: Penguin Random Hse. LLC.

No, No, Bunny. Pamela Kennedy. Illus. by Claire Keay. 2017. (ENG.). 16p. (J). (gr. -1-k). bds. 7.99 *(978-0-8249-1651-0(4))* Worthy Publishing.

No No Cocoa! Cheryl A. Kobran Ma. 2020. (ENG.). 24p. (J). pap. 10.95 *(978-1-4808-9940-7(2))* Archway Publishing.

No, No Elizabeth. Carmen Jimenez. 2018. (SPA., Illus.). 20p. (J). pap. 7.99 *(978-1-943258-82-6(1))* Warren Publishing, Inc.

No, No Elizabeth. Carmen K. Jimenez. (Illus.). (J). (gr. k-4). 2018. (SPA.). 20p. 16.95 *(978-1-943258-81-9(3))*; 2018. (ENG., 20p. pap. 7.99 *(978-1-943258-74-1(0))*; 2017. (ENG., 16.95 *(978-1-943258-44-4(9))* Warren Publishing, Inc.

No, No, Gnome! Ashlyn Anstee. Illus. by Ashlyn Anstee. 2016. (ENG., Illus.). 40p. (J). (gr. -1-3). 19.99 *(978-1-4814-3091-3(2)*, Simon & Schuster Bks. For Young Readers) Simon & Schuster Bks. For Young Readers.

No-No, NO! Alica Martwick & Claire Hardy. 2019. (ENG.). 34p. (J). pap. 14.95 *(978-0-359-52691-8(8))* Lulu Pr., Inc.

No, No, No Nuts for Me. Carol Florio. 2017. (ENG.). (J). 14.95 *(978-1-63177-977-0(X))* Amplify Publishing Group.

No No Square. JaiColbyE Kirvin & Jai'Colby'E Kirvin. Illus. by Stallion Studios88. 2021. (No No Square Ser.: 1). 28p. (J). pap. 14.99 *(978-1-6678-0363-0(8))* BookBaby.

No, No, Thank You! Jim Miller. 2019. (ENG.). 40p. (J). pap. 18.95 *(978-1-64544-276-9(4))* Page Publishing Inc.

No No Yes Yes/No No Sí Sí. Leslie Patricelli. Illus. by Leslie Patricelli. ed. 2018. (Leslie Patricelli Board Bks.). (Illus.). 24p. (J). (— 1). bds. 8.99 *(978-1-5362-0349-3(1))* Candlewick Pr.

No Nonsense Mr. Booboo & Boo Meets Sam. David Velde. 2019. (ENG.). 68p. (J). pap. 18.95 *(978-1-64350-770-5(2))* Page Publishing Inc.

No, Not Chinatown! the Real China! Explorer Kids Geography Book 1st Grade Children's Explore the World Books. Baby Professor. 2017. (ENG., Illus.). 64p. (J). pap. 9.52 *(978-1-5419-1582-4(8)*, Baby Professor (Education Kids)) Speedy Publishing LLC.

No Oficial Eurovisión Libro para Colorear de Estrellas Del Pop: Edición en Español: Todos Los Países, Todos Los Ganadores. Kev F. Sutherland. 2023. (SPA.). 70p. (J). pap. ***(978-1-4477-8771-6(4))*** Lulu Pr., Inc.

No One Believes Me. Curtis Jordan. 2022. 52p. (J). pap. 18.99 *(978-1-6678-4238-7(2))* BookBaby.

No One Can Touch Me Where My Bathing Suit Covers Me! Lisa Cotton. 2020. (ENG.). 38p. (J). pap. 14.95 *(978-1-64462-486-9(9))* Page Publishing Inc.

No One Closes My Park & Gets Away with It, 1 vol. Wil Mara. 2021. (Izzy Jeen the Big-Mouth Queen Ser.). (ENG.). 64p. (J). (gr. 2-3). 23.25 *(978-1-5383-8425-1(6)*, 501ec97d-44d1-4cc6-9dd6-f402365b0b18); pap. 13.35 *(978-1-5383-8426-8(4)*, ee4e5ce0-f817-49e2-8c3f-f7f6623500ce) Enslow Publishing, LLC. (West 44 Bks.).

No One Dies in the Garden of Syn. Michael Seidelman. 2016. (Garden of Syn Ser.: Vol. 1). (ENG., Illus.). (YA). (gr. 7-12). pap. *(978-0-9949695-0-7(3))* Chewed Pencil Pr.

No One Here Is Lonely. Sarah Everett. 2020. 352p. (YA). (gr. 7). pap. 9.99 *(978-0-553-53871-7(3)*, Ember) Random Hse. Children's Bks.

No One Is Alone. Rachel Vincent. 2022. (ENG.). 432p. (YA). 17.99 *(978-1-5476-0919-2(2)*, 900253294, Bloomsbury Young Adult) Bloomsbury Publishing USA.

No One Is Angry Today. Toon Tellegen. Illus. by Marc Boutavant. 2021. (ENG.). 82p. (J). (gr. 3-5). 20.99 *(978-1-77657-345-5(5)*, 9e49abbb-684d-4e20-9656-f872954f2499) Gecko Pr. NZL. Dist: Lerner Publishing Group.

No One Is Me, & That Is My Superpower! Kids Coloring Book: An Inspirational Coloring Book for Girls & Boys with Positive Affirmations/Ages 4-8 & up/ Hundreds of Unique Text Related Illustrations/Perfect Fit 6x 9 Size/Glossy Durable Hardcover. Triss Everhart. 2021. (ENG.). 48p. (J). *(978-1-4478-0718-6(9))* Lulu.com.

No One Is Quite Like You. Kathleen Gwilliam. 2021. (ENG., Illus.). 32p. (J). pap. 12.99 *(978-1-4621-3921-7(3)*, Sweetwater Bks.) Cedar Fort, Inc./CFI Distribution.

No One Is the Same: Appreciating Differences. Alyssa Krekelberg. 2020. (Social & Emotional Learning Ser.). (ENG.). 24p. (J). (gr. -1-2). lib. bdg. 32.79 *(978-1-5038-4456-8(0)*, 214223) Child's World, Inc, The.

No One Leaves the Castle. Christopher Healy. 2023. (ENG.). 384p. (J). (gr. 3-7). 19.99 ***(978-0-06-234194-5(4)***, Waldon Pond Pr.) HarperCollins Pubs.

No One Likes a Fart. Zoë Foster Blake. Illus. by Adam Nickel. 2020. (ENG.). 32p. (J). (gr. -1-2). 9.99 *(978-1-5247-9189-6(X)*, Penguin Workshop) Penguin Young Readers Group.

No One Owns a Tree. Arlene Evelyn Melanson. Illus. by Kaitlyn Webster. 2016. (ENG.). (J). pap. *(978-1-4602-9186-3(7))* FriesenPress.

No One Owns the Colors. Gianna Davy. Illus. by Brenda Rodriguez. 2023. (ENG.). 32p. 18.95 *(978-1-951412-96-8(6))* Collective Bk. Studio, The.

No One Pays Attention to Max. Claudine Louis. 2020. (ENG., Illus.). 24p. (J). pap. *(978-0-2288-1006-3(X))* Tellwell Talent.

No One to Hug. Kate Woodard. 2018. (ENG.). 36p. (J). pap. 9.99 *(978-0-9979221-3-4(3))* Woodard, Kate.

No One Would Ever Believe Me: A Story of Hope, Courage & Triumph in the Face of Adversity. Madeline Martin. 2022. (ENG.). 88p. (YA). pap. 13.95 ***(978-1-68570-539-8(1))*** Christian Faith Publishing.

No One's Baby. Wanda Lauren Taylor. 2021. (Lorimer SideStreets Ser.). (ENG.). 192p. (YA). (gr. 8-12). pap. 8.99 *(978-1-4594-1496-9(9)*, 517a03ad-e917-4e0f-aec9-5a37acb8407c); lib. bdg. 27.99 *(978-1-4594-1498-3(5)*, 369c1336-4b6f-464d-933c-b0af2a7db63e) James Lorimer & Co. Ltd., Pubs. CAN. Dist: Lerner Publishing Group.

No Ordinary Gift. Evon Smith. 2019. (ENG., Illus.). 42p. (J). *(978-0-2288-1331-6(X))*; pap. *(978-0-2288-1330-9(1))* Tellwell Talent.

No Ordinary Jacket. Sue-Ellen Pashley. Illus. by Thea Baker. 2020. (ENG.). 32p. (J). (gr. -1-2). 17.99 *(978-1-5362-0966-2(X))* Candlewick Pr.

No Ordinary Pig. Elle Brooker. 2022. (ENG.). 24p. (J). pap. *(978-1-68583-397-8(7))* Tablo Publishing.

No Ordinary Pizza: A Story about Interconnection. Sara Marlowe. Illus. by Philip Pascuzzo. 2022. (ENG.). 32p. (J). 17.95 *(978-1-61429-706-2(1))* Wisdom Pubns.

No Ordinary Summer. Tiffany Lonetto. 2018. (ENG., Illus.). 62p. (YA). (gr. 7-12). pap. 8.99 *(978-0-9996577-1-3(2))* RMA Publicity LLC dba Sigma's Bookshelf.

No Ordinary Thing. G. Z. Schmidt. 240p. (J). (gr. 3-7). 2022. pap. 9.99 *(978-0-8234-5105-0(4))*; 2020. 17.99 *(978-0-8234-4422-9(8))* Holiday Hse., Inc.

No Other Way (Classic Reprint) Walter Besant. 2017. (ENG., Illus.). (J). 33.47 *(978-0-265-38212-7(2))* Forgotten Bks.

No Pants! Jacob Grant. 2021. (Illus.). 40p. (J). (-k). 17.99 *(978-0-593-11766-8(2)*, Viking Books for Young Readers) Penguin Young Readers Group.

No, Pat, No! Book 4. Carole Crimeen & Suzanne Fletcher. 2023. (Comic Decoders Ser.). (ENG., Illus.). 16p. (J). (gr. -1-k). pap. 7.99 ***(978-1-76127-084-0(2)***, c7861482-4d4b-474f-9428-58457051a0b4) Knowledge Bks. & Software AUS. Dist: Lerner Publishing Group.

No, Pat, No, No, No! Book 5. Carole Crimeen & Suzanne Fletcher. 2023. (Comic Decoders Ser.). (ENG., Illus.). 16p. (J). (gr. -1-k). pap. 7.99 ***(978-1-76127-085-7(0)***, 32b40828-727e-4d6f-883f-027db3e4e1c6) Knowledge Bks. & Software AUS. Dist: Lerner Publishing Group.

No Peacocks! A Feathered Tale of Three Mischievous Foodies. Robin Newman. Illus. by Chris Ewald. 2018. (ENG.). 32p. (J). (gr. -1-3). 16.99 *(978-1-5107-1480-9(4)*, Sky Pony Pr.) Skyhorse Publishing Co., Inc.

No Peanuts for Pete. Christina Roderick. 2016. (ENG., Illus.). (J). 20.95 *(978-1-4808-3653-2(2))*; pap. 14.95 *(978-1-4808-3651-8(6))* Archway Publishing.

No Peanuts, No Problem! Easy & Delecious Nut-Free Recipes for Kids with Allergies. Contrib. by Chef Luca Della Casa. 2016. (Allergy Aware Cookbooks Ser.). (ENG., Illus.). 32p. (J). (gr. 3-9). lib. bdg. 28.65 *(978-1-4914-8054-0(8)*, 130553, Capstone Pr.) Capstone.

No Peeking at Presents: A Christmas Holiday Book for Kids. Alastair Heim. Illus. by Sara Not. 2022. (ENG.). 40p. (J). (gr. -1-3). 18.99 *(978-1-328-80959-9(5)*, Clarion Bks.) HarperCollins Pubs.

No Perfect Places. Steven Salvatore. 2023. (ENG., Illus.). 384p. (YA). 19.99 *(978-1-5476-1107-2(3)*, 900289170, Bloomsbury Young Adult) Bloomsbury Publishing USA.

No Pigs Allowed - Nguruwe Hawaruhusiwi. Basilio Gimo. 2023. (SWA.). 24p. (J). pap. ***(978-1-922910-36-3(8))*** Library For All Limited.

¡No Pises Ese Insecto! Leveled Reader Book 77 Level J 6 Pack. Hmh Hmh. 2021. (SPA.). 16p. (J). pap. 74.40 *(978-0-358-08293-4(5))* Houghton Mifflin Harcourt Publishing Co.

No Pizza for Dogs. M. Annette Mehringer. 2020. (ENG., Illus.). 30p. (J). pap. 16.00 *(978-1-64530-022-9(6))* Dorrance Publishing Co., Inc.

No Place for a Toddler: A Leafy Tom Adventure. Robin Buckallew. 2021. (ENG.). 218p. (YA). pap. 12.95 *(978-1-7947-8917-3(0))* Lulu Pr., Inc.

No Place for Monsters. Kory Merritt. Illus. by Kory Merritt. 2020. (No Place for Monsters Ser.). (ENG., Illus.). 384p. (J). (gr. 3-7). 14.99 *(978-0-358-12853-3(6)*, 1752984, Clarion Bks.) HarperCollins Pubs.

No Place Like Here, 1 vol. Christina June. 2019. (ENG.). 288p. (YA). pap. 12.99 *(978-0-310-76692-6(3))* Blink.

No Place Like Home. James Bird. 2023. (ENG.). 320p. (J). 17.99 *(978-1-250-87762-8(8)*, 900281419) Feiwel & Friends.

No Place Like Home. Dee Romito. 2017. (Mix Ser.). (ENG.). 256p. (J). (gr. 4-8). 17.99 *(978-1-4814-9109-9(1))*; (Illus.). pap. 7.99 *(978-1-4814-9108-2(3))* Simon & Schuster Children's Publishing. (Aladdin).

No Place Like Home. Dee Romito. 2017. 234p. (J). *(978-965-278-469-8(9)*, Simon & Schuster/Paula Wiseman Bks.) Simon & Schuster/Paula Wiseman Bks.

No Place Like Home. Jai Schelbach. 2021. (ENG.). 40p. (J). pap. *(978-0-6488904-3-0(0))* Schelbach, Jai.

No Place Like Home, 4. Yamile Saied Mendez. ed. 2023. (Horse Country Ser.). (ENG.). 224p. (J). (gr. 3-7). 18.96 ***(978-1-68505-869-2(8))*** Penworthy Co., LLC, The.

No Place Like Home: Fishing & Hunting Stories from the Field, 1 vol. Ken Bailey. 2019. (ENG.). 256p. (J). pap. 18.95 *(978-1-897277-94-2(6)*, 1135aba2-58a0-4d1d-ae88-d0b7327eec35, OverTime Bks.) Editions de la Montagne Verte, Inc. CAN. Dist: Lone Pine Publishing USA.

No Place Like Home (Horse Country #4) Yamile Saied Méndez. 2023. (Horse Country Ser.). (ENG.). 224p. (J). (gr. 3-7). pap. 7.99 *(978-1-338-74952-6(8))* Scholastic, Inc.

No Place Like Space (Book 5) Kindness. Lisa Harkrader. Illus. by Jessica Warrick. ed. 2017. (How to Be an Earthling (r) Ser.: 5). (ENG.). 64p. (J). (gr. 1-3). E-Book 34.65 *(978-1-57565-851-3(8))* Astra Publishing Hse.

No Place to Fall. Jaye Robin Brown. 2016. (ENG.). 384p. (YA). (gr. 9). pap. 9.99 *(978-0-06-227096-2(6)*, HarperTeen) HarperCollins Pubs.

No Place to Hide. Russ Thompson. 2021. (Finding Forward Ser.). (ENG.). 120p. (YA). pap. 6.99 *(978-0-578-92372-7(6))* Finding Forward Bks.

No Place to Sleep. Maxine Kuepfer & Delicia Miller. 2022. (Mozart the Clinic Cat Ser.). (ENG.). 36p. (J). pap. ***(978-1-990336-38-6(8))*** Rusnak, Alanna.

No Plants, No Life - Akea Te Aroka, Akea Te Maiu. Tekaribwa Boota. Illus. by John Maynard Balinggao. 2023. (ENG.). 34p. (J). pap. ***(978-1-922895-83-7(0))*** Library For All Limited.

No Playing Frisbee Today. Tanja Huston. 2016. (ENG., Illus.). (J). 19.99 *(978-0-9973575-1-6(7))* Mindstir Media.

No Prayer Is Ever Wasted. Lori Miller. 2021. (ENG.). 84p. (J). pap. 11.99 *(978-1-7371569-0-1(3))* Wyatt-MacKenzie Publishing.

No Puedes !usar Bragas! ¡un Libro para Cantar Junto y Gritar en Voz Alta! Justine Avery. Illus. by Kate Zhoidik. 2022. (SPA.). 26p. (J). 16.95 *(978-1-63882-247-9(6))*; pap. 9.95 *(978-1-63882-163-2(1))* Suteki Creative.

No Puedo Dormir. Gracia Iglesias. 2018. (SPA.). 28p. (J). (gr. k). 22.99 *(978-84-946815-9-2(1))* Editorial Flamboyant ESP. Dist: Lectorum Pubns., Inc.

No Quarter (Classic Reprint) Mayne Reid. 2018. (ENG., Illus.). 480p. (J). 33.82 *(978-0-365-15664-2(7))* Forgotten Bks.

No Quarter!, Vol. 1 (Classic Reprint) Mayne Reid. (ENG., Illus.). (J). 2018. 280p. 29.69 *(978-0-483-37942-8(5))*; 2016. pap. 13.57 *(978-1-334-12716-8(6))* Forgotten Bks.

No Quarter!, Vol. 2 (Classic Reprint) Mayne Reid. (ENG., Illus.). (J). 2018. 286p. 29.80 *(978-0-483-12276-5(9))*; 2016. pap. 13.57 *(978-1-333-52088-5(3))* Forgotten Bks.

No Quarter!, Vol. 3 (Classic Reprint) Mayne Reid. (ENG., Illus.). (J). 2018. 276p. 29.59 *(978-0-267-60570-5(6))*; 2016. pap. 11.97 *(978-1-334-13216-2(X))* Forgotten Bks.

No Quiero Crecer. Cómo Superar el Miedo a Ser Grande. Pilar Sordo. 2017. (SPA.). 152p. (J). (gr. 4-7). pap. 13.50 *(978-607-527-151-4(1))* Editorial Oceano de Mexico MEX. Dist: Independent Pubs. Group.

No Rain. Kate Woodard. Illus. by Sara Sanchez. 2018. (ENG.). 40p. (J). 16.50 ***(978-0-9979221-4-1(1))*** Woodard, Kate.

No Reading Allowed: The WORST Read-Aloud Book Ever. Raj Haldar & Chris Carpenter. Illus. by Bryce Gladfelter. 2020. (ENG.). 48p. (J). (gr. -1-3). 17.99 *(978-1-7282-0659-2(6))* Sourcebooks, Inc.

No Red Sweater for Daniel. Illus. by Jason Fruchter. 2016. (Daniel Tiger's Neighborhood Ser.). (ENG.). 24p. (J). (gr. -1-k). pap. 3.99 *(978-1-4814-6768-1(9)*, Simon Spotlight) Simon Spotlight.

No Red Sweater for Daniel. Becky Friedman. Illus. by Jason Fruchter. ed. 2016. (Daniel Tiger's Neighborhood 8X8 Ser.). (ENG.). 24p. (gr. -1-k). 13.55 *(978-0-606-39246-4(7))* Turtleback.

No Responsibility. Joan Butler-Joyce. 2020. (Leah Weinberg Ser.: Vol. 3). (ENG.). 252p. (J). pap. *(978-1-909423-37-4(8))* Bks. to Treasure.

No Rest for the Easter Beagle. Tina Gallo. ed. 2021. (Ready-To-Read Ser.). (ENG., Illus.). 32p. (J). (gr. 2-3). 15.96 *(978-1-64697-855-7(2))* Penworthy Co., LLC, The.

No Rest for the Easter Beagle: Ready-To-Read Level 2. Charles M. Schulz. Illus. by Scott Jeralds. 2020. (Peanuts Ser.). (ENG.). 32p. (J). (gr. k-2). 17.99 *(978-1-5344-5480-4(2))*; pap. 4.99 *(978-1-5344-5479-8(9))* Simon Spotlight. (Simon Spotlight).

No, Rin! & Bedtime. Madeline Tyler. Illus. by Danielle Webster-Jones. 2023. (Level 2 - Red Set Ser.). (ENG.). 32p. (J). (gr. k-2). lib. bdg. 19.95 Bearport Publishing Co., Inc.

No Roar Day. Abyan Junus-Nishizawa & Farah Landemaine. 2023. (Anak Rimba Ser.: Vol. 4). (ENG.). 50p. (J). pap. ***(978-0-6456278-7-9(9))*** KMD Bks.

No Room in the Inn (Classic Reprint) William Allen Knight. (ENG., Illus.). (J). 2019. 58p. 25.09 *(978-1-397-27637-7(1))*; 2019. 60p. pap. 9.57 *(978-1-397-27624-7(X))*; 2018. 80p. 25.55 *(978-0-267-47979-5(4))* Forgotten Bks.

No Rose Without a Thorn & Other Tales (Classic Reprint) F. C. Burn. 2018. (ENG., Illus.). 370p. (J). 31.55 *(978-0-267-19954-9(6))* Forgotten Bks.

No Roses for Harry! Board Book. Gene Zion. Illus. by Margaret Bloy Graham. 2020. (ENG.). 34p. (J). (gr. -1 — 1). bds. 7.99 *(978-0-06-297276-7(6)*, HarperFestival) HarperCollins Pubs.

No Rules: a Friday Barnes Mystery. R. A. Spratt. Illus. by Phil Gosier. 2018. (Friday Barnes Mysteries Ser.). (ENG.).

272p. (J). pap. 12.99 *(978-1-250-15899-4(0)*, 900163944) Square Fish.

No Sabes Mi Nombre. Kristen Orlando. 2018. (SPA.). 326p. (YA). (gr. 9-12). pap. 15.99 *(978-987-747-367-4(4))* V&R Editoras.

No Sad Songs for Me. Ed. by Daniel Fleischhacker. 2019. (ENG.). 294p. (YA). (gr. 7-12). pap. 12.99 *(978-0-578-51290-7(4))* Fleischhacker, Daniel.

NO! Said Custard the Squirrel. Sergio Ruzzier. 2022. (ENG., Illus.). 40p. (J). (gr. -1-1). 15.99 *(978-1-4197-5524-8(2)*, 1737701, Abrams Appleseed) Abrams, Inc.

No! Said Rabbit. Marjoke Henrichs. 2021. (ENG.). 32p. (J). (-k). 17.99 *(978-1-68263-294-9(6))* Peachtree Publishing Co. Inc.

No Saints in Kansas. Amy Brashear. 2018. 336p. (YA). (gr. 9). pap. 10.99 *(978-1-61695-934-0(7)*, Soho Teen) Soho Pr., Inc.

No Sanctuary. M. E. Duran & K. M. Delay. 2019. (ENG.). 204p. (YA). (gr. 10-12). pap. 12.00 *(978-0-578-51965-4(8))* Venti Ventures.

No School, No Way. Donald R. Brown. 2019. (ENG.). 26p. (J). pap. 14.99 *(978-1-7326542-3-5(9))* Brown, Donald R.

No School Today! Lameka Barganier Gregory. Illus. by Brittany Deanes. 2022. (ENG.). 26p. (J). pap. 12.99 *(978-1-951300-80-7(7))* Liberation's Publishing.

No School Today: A Book about Nouns. Cari Meister. Illus. by Holli Conger. 2016. (Say What?: Parts of Speech Ser.). (ENG.). 16p. (J). (gr. k-2). lib. bdg. 17.95 *(978-1-60753-934-6(9)*, 15559) Amicus.

No Screams! Cute Monsters Coloring Book. Creative Playbooks. 2016. (ENG., Illus.). (J). pap. 7.74 *(978-1-68323-780-8(3))* Twin Flame Productions.

No Se Permiten Elefantes (Strictly No Elephants) Lisa Mantchev. Tr. by Alexis Romay. Illus. by Taeeun Yoo. 2021. (SPA.). 32p. (J). (gr. -1-3). 8.99 *(978-1-5344-8821-2(9))*; 18.99 *(978-1-5344-8822-9(7))* Simon & Schuster/Paula Wiseman Bks. (Simon & Schuster/Paula Wiseman Bks.).

¡No Se Trata de Ti, Buhito! (It's Not about You, Little Hoo!) Brenda Ponnay. Illus. by Brenda Ponnay. 2021. (Little Hoo Ser.). (ENG.). 32p. (J). (gr. -1-2). 24.99 *(978-1-5324-3103-6(1))*; pap. 12.99 *(978-1-5324-3102-9(3))* Xist Publishing.

No Second Chances. Kate Evangelista. 2017. (Dodge Cove Trilogy Ser.: 3). (ENG.). 224p. (YA). pap. 18.99 *(978-1-250-10067-2(4)*, 900162482) Feiwel & Friends.

No Sect in Heaven (Classic Reprint) Elizabeth H. Jocelyn Cleaveland. 2017. (ENG., Illus.). (J). 20p. 24.31 *(978-0-266-84136-4(8))*; 22p. pap. 7.97 *(978-1-5278-8493-9(7))* Forgotten Bks.

No Seder Without You: Passover Past & Future. Joan Goldstein Parker. Illus. by Michael S. Sayre. 2018. (ENG.). 70p. (J). (gr. 3-6). pap. 9.95 *(978-0-9984429-6-9(8))* Golden Alley Pr.

No Sense Nonsense Book of Rhymes. Iris (Marci) Jemison. Illus. by Stacy Hummel. 2022. (ENG.). 38p. (J). 21.95 *(978-1-946683-41-0(8))* Rapier Publishing Co., LLC.

No-Sew Dresses, Skirts, & Other Clothing. Karen Latchana Kenney. 2018. (No Sew, No Problem Ser.). (ENG., Illus.). 32p. (J). (gr. 3-9). lib. bdg. 28.65 *(978-1-5435-2551-9(2)*, 138040, Capstone Pr.) Capstone.

No-Sew Headbands, Belts, & Other Accessories. Carly J. Bacon. 2018. (No Sew, No Problem Ser.). (ENG., Illus.). 32p. (J). (gr. 3-9). lib. bdg. 28.65 *(978-1-5435-2552-6(0)*, 138039, Capstone Pr.) Capstone.

No Sew, No Problem. Karen Latchana Kenney & Samantha Chagollan. 2018. (No Sew, No Problem Ser.). (ENG.). 32p. (J). (gr. 3-9). 122.60 *(978-1-5435-2566-3(0)*, 28128, Capstone Pr.) Capstone.

No-Sew Pillows, Blankets, Fabric Crafts, & Other Bedroom Makeover Projects. Karen Latchana Kenney. 2018. (No Sew, No Problem Ser.). (ENG., Illus.). 32p. (J). (gr. 3-9). lib. bdg. 28.65 *(978-1-5435-2550-2(4)*, 138037, Capstone Pr.) Capstone.

No-Sew Pouches, Tote Bags, & Other on-The-Go Projects. Samantha Chagollan. 2018. (No Sew, No Problem Ser.). (ENG., Illus.). 32p. (J). (gr. 3-9). lib. bdg. 28.65 *(978-1-5435-2553-3(9)*, 138041, Capstone Pr.) Capstone.

No Shoes. Mildred Rodriguez. 2020. (ENG.). 30p. (J). pap. 13.95 *(978-1-64801-073-6(3))* Newman Springs Publishing, Inc.

No Shrinking, Violet: A Teaching Resource about Exclusion. Vivian Pinner. Illus. by Barbara Stroer. 2019. (ENG.). (J). 38p. 24.95 *(978-1-7340908-1-9(2))*; 48p. pap. 14.95 *(978-1-7340908-0-2(4))* McNeil Publishing.

No, Silly-Willy. Caroline J. Clarke Connelly. 2018. (ENG., Illus.). 34p. (J). pap. 18.99 *(978-1-4834-8373-3(8))* Lulu Pr., Inc.

No Skin Slim. Nessa Deen. Illus. by Angela Wang. 2022. 44p. (J). 26.50 ***(978-1-6678-6945-2(0))*** BookBaby.

No Skool Today: The Adventures of George Ewaganu. Andrew Cornibert. Ed. by Paul Auber. Illus. by Andrew Cornibert. 2020. (Adventures of George Ewaganu Ser.: Vol. 1). (ENG.). 78p. (J). pap. *(978-1-874555-40-7(0))* Gbakhanda.

No Skool Today: The Adventures of George Ewagunu. Andrew Cornibert. Illus. by Andrew Cornibert. 2021. (ENG.). 98p. (J). pap. *(978-1-874555-58-2(3))* Gbakhanda.

No Slam Dunk. Mike Lupica. (ENG.). (J). (gr. 5-9). 2019. 256p. 8.99 *(978-0-525-51487-9(2)*, Puffin Books); 2018. 240p. 17.99 *(978-0-525-51485-5(6)*, Philomel Bks.) Penguin Young Readers Group.

No Sleep for the Queen: Practicing the EE Sound, 1 vol. Dylan Karsten. 2016. (Rosen Phonics Readers Ser.). (ENG., Illus.). 8p. (J). (gr. -1-2). pap. *(978-1-5081-3147-2(3)*, 654cb723-91ab-483b-a023-fa4eae7207a1, Rosen Classroom) Rosen Publishing Group, Inc., The.

No Small Parts - a Novel in Three Acts. Marilyn Ludwig. 2020. (ENG.). 306p. (YA). pap. 12.99 *(978-0-9967422-8-3(X))* Zafa Publishing.

No Small Potatoes: Junius G. Groves & His Kingdom in Kansas. Tonya Bolden. Illus. by Don Tate. 2018. 40p. (J). (gr. -1-3). 18.99 *(978-0-385-75276-3(8)*, Knopf Bks. for Young Readers) Random Hse. Children's Bks.

No Smoking. Jeff Gill. 2017. (ENG.). 32p. (J). pap. *(978-0-9934865-3-1(3))* Vellerosus Pr.

No Snowball! Isabella Kung. Illus. by Isabella Kung. 2022. (ENG.). 40p. (J). (gr. -1-3). 14.99 *(978-1-338-56546-1(X)*, Orchard Bks.) Scholastic, Inc.

No Socks in the Doghouse. Jean Cormier & Shannon Bateman. 2022. (ENG.). 44p. (J). ***(978-0-2288-6888-0(2))***; pap. ***(978-0-2288-6889-7(0))*** Tellwell Talent.

No Socks No Shoes. Linda Dean Hobley. Illus. by Eric N. Bellows. 2018. (ENG.). 38p. (J). pap. 15.00 ***(978-0-692-17201-8(7))*** Hobley, Linda Dean.

No Soy Perezosa, Es Solo Que No Entiendo. Gina Paul. Illus. by Dg. 2022. (SPA.). 38p. (J). pap. 13.95 *(978-1-7344789-3-8(4))* Gina.

No Soy Robot / I Am Not a Robot. Laetitia Thollot. 2023. (SPA.). 168p. (J). (gr. 3-7). pap. 12.95 ***(978-607-38-3108-6(0)***, Montena) Penguin Random House Grupo Editorial ESP. Dist: Penguin Random Hse. LLC.

No Space for Junk: Inspired by a True Life Journey to Finding Happiness, 1 vol. Nike Okeke. 2019. (ENG.). 112p. (YA). pap. 8.99 *(978-0-310-10748-4(2))* Elm Hill.

No Steps Behind: Beate Sirota Gordon's Battle for Women's Rights in Japan. Jeff Gottesfeld. Illus. by Shiella Witanto. 2020. (ENG.). 44p. (J). (gr. 3-6). 18.99 *(978-1-939547-55-2(5)*, 5357f810-90f0-4121-9d40-eb5fa01c8b11) Creston Bks.

No Stopping Us Now. Lucy Jane Bledsoe. 2022. 272p. (J). (gr. 9). 15.00 *(978-1-953103-20-8(0))* Three Rooms Pr.

No Such Person. Caroline B. Cooney. 2016. (ENG.). 256p. (YA). (gr. 7). pap. 9.99 *(978-0-385-74292-4(4)*, Ember) Random Hse. Children's Bks.

No Such Thing. Ella Bailey. 2022. (ENG.). 32p. (J). (gr. -1-2). 17.99 *(978-1-83874-107-5(0))* Flying Eye Bks. GBR. Dist: Penguin Random Hse. LLC.

No Such Thing As Normal. Nicole Robertson. 2018. (ENG., Illus.). 156p. (YA). *(978-1-5255-1139-4(4))*; pap. *(978-1-5255-1140-0(8))* FriesenPress.

No Such Word As Fail or (Classic Reprint) Alice B. Haven. 2018. (ENG., Illus.). 198p. (J). 27.98 *(978-0-267-52057-2(3))* Forgotten Bks.

No Surrender! - a Tale of the Rising in la Vendee: Books for Boys #3. G. A. Henty. Ed. by William Von Peters. 2021. (ENG.). 260p. (J). pap. *(978-1-716-06159-2(8))* Lulu Pr., Inc.

No Surrender (Classic Reprint) Constance Elizabeth Maud. 2017. (ENG., Illus.). (J). 30.87 *(978-1-5283-8421-6(0))* Forgotten Bks.

No Surrender Young Readers' Edition: A Father, a Son, & an Extraordinary Act of Heroism. Chris Edmonds. 2019. (ENG., Illus.). 256p. (J). (gr. 3-7). 16.99 *(978-0-06-296617-9(0)*, HarperCollins) HarperCollins Pubs.

No Survivors: A Novel (Classic Reprint) Will Henry. 2017. (ENG., Illus.). (J). 352p. 31.16 *(978-0-484-06486-6(X))*; pap. 13.57 *(978-0-259-51772-6(0))* Forgotten Bks.

No Swank (Classic Reprint) Sherwood Anderson. (ENG., Illus.). (J). 2018. 142p. 26.83 *(978-0-483-62919-6(7))*; 2017. pap. 9.57 *(978-0-243-30243-7(6))* Forgotten Bks.

No Swimming for Nelly. Valeri Gorbachev. 2021. (Illus.). 40p. (J). (gr. -1-3). pap. 8.99 *(978-0-8234-4974-3(2))* Holiday Hse., Inc.

No Swimming Today: The Adventures of George Ewaganu. Andrew Cornibert. Illus. by Andrew Cornibert. 2020. (Adventures of George Ewaganu Ser.: Vol. 3). (ENG.). 172p. (J). pap. *(978-1-874555-56-8(7))* Gbakhanda.

No Taxation, No Revolution! Effects of the Townshend Acts & the Boston Massacre History Grade 4 Children's American History. Baby Professor. 2020. (ENG.). 72p. (J). 24.99 *(978-1-5419-7939-0(7))*; pap. 14.99 *(978-1-5419-7765-5(3))* Speedy Publishing LLC. (Baby Professor (Education Kids)).

No Te Aburras Nunca Más(Never Get Bored Book) 2019. (Activity Journals). (SPA.). 128p. (J). 14.99 *(978-0-7945-4574-1(2)*, Usborne) EDC Publishing.

¡No Te Comas la Basura! (Don't Eat the Trash!) Margaret Salter. Tr. by Pablo de la Vega from ENG. Illus. by Margaret Salter. 2021. (Abrazos de Oso (Bear with Me) Ser.). (SPA., Illus.). 32p. (J). (gr. k-3). pap. *(978-1-4271-3070-9(1)*, 13849); lib. bdg. *(978-1-4271-3066-2(3)*, 13844) Crabtree Publishing Co. (Crabtree Classics).

¡No Te des Por Vencida! Rosario Reyes. Illus. by Juan Bautista Juan. 2023. (SPA.). 16p. (J). (gr. -1-1). pap. 36.00 *(978-1-4788-2324-7(0)*, 97e33836-809c-4ea4-9c15-a49b7f128d9e); pap. 5.75 *(978-1-4788-1979-0(0)*, 4ddf992d-43b3-42d2-87d0-348b4f357bfc) Newmark Learning LLC.

No Te Enamores de Nika / Don't Fall in Love with Nika. Meera Kean. 2023. (No Te Enamores Ser.: 1). (SPA.). 336p. (YA). (gr. 9). pap. 18.95 ***(978-607-38-3243-4(5)***, Montena) Penguin Random House Grupo Editorial ESP. Dist: Penguin Random Hse. LLC.

No Te Enamores de Rosa Santos. Nina Moreno. 2019. (SPA.). 328p. (YA). (gr. 9-12). pap. 18.99 *(978-987-747-574-6(X))* V&R Editoras.

¡No Te Gustaría Vivir Sin Celulares! Jim Pipe. 2017. (SPA.). 36p. (J). (gr. 2-4). 15.99 *(978-958-30-5192-0(6))* Panamericana Editorial COL. Dist: Lectorum Pubns., Inc.

¡No Te Gustaría Vivir Sin Fuego! Alex Woolf. 2017. (SPA.). 36p. (J). (gr. 2-4). 15.99 *(978-958-30-5193-7(4))* Panamericana Editorial COL. Dist: Lectorum Pubns., Inc.

¡No Te Gustaría Vivir Sin Odontólogos! Fiona MacDonald. 2017. (SPA.). 36p. (J). (gr. 2-4). 15.99 *(978-958-30-5124-1(1))* Panamericana Editorial COL. Dist: Lectorum Pubns., Inc.

¡No Te Limites! Como una Familia. Karin Anderson. rev. ed. 2018. (TIME for KIDS(r): Informational Text Ser.). (SPA., Illus.). 16p. (gr. k-2). 8.99 *(978-1-4258-2690-1(3))* Teacher Created Materials, Inc.

¡No te limites! Los equipos (Outside the Box: Teams) (Spanish Version) (Level K) Kristy Stark. rev. ed. 2019. (TIME for KIDS(r): Informational Text Ser.). (SPA., Illus.). 12p. (J). (gr. k-1). 7.99 *(978-1-4258-2683-3(0))* Teacher Created Materials, Inc.

No Te Preocupes, Mateo. Paul Leveno. Illus. by Helen Poole. 2023. (SPA.). 16p. (J). (gr. -1-1). pap. 36.00 *(978-1-4788-2307-0(0)*, ab426325-c6da-4441-862a-ae8856978d99); pap. 5.75 *(978-1-4788-1962-2(6)*, 220a3d33-d337-4536-890d-52fd52c47762) Newmark Learning LLC.

No Tengas Miedo Cangrejito. Chris Haughton. Illus. by Chris Haughton. 2019. (SPA., Illus.). 52p. (J). 16.95 *(978-84-17673-19-2(9))* NubeOcho Ediciones ESP. Dist: Consortium Bk. Sales & Distribution.

No Thanks, Simon! Donald W. Kruse. 2018. (ENG., Illus.). 56p. (J). (gr. k-5). pap. 14.99 *(978-0-9994571-3-9(6))* Zaccheus Entertainment Co.

No They Are My Dinosaurs. Ruth Turano. 2019. (ENG.). 20p. (J). *(978-0-359-68096-2(8))* Lulu Pr., Inc.

No Thoroughfare: Christmas, 1867 (Classic Reprint) Charles Dickens. (ENG., Illus.). (J). 2018. 52p. 24.99 *(978-0-483-00473-3(1))*; 2016. pap. 9.57 *(978-1-333-24565-8(3))* Forgotten Bks.

No Thoroughfare (Classic Reprint) Charles Dickens. 2017. (ENG., Illus.). (J). 318p. 30.48 *(978-0-484-16617-1(4))*; pap. 13.57 *(978-0-259-31047-1(6))* Forgotten Bks.

No Tigers on the Table! & the Dance of Persephone. Chip Colquhoun & Janina Vigurs. Illus. by Mario Coelho. 2022. (Chip Colquhoun & Korky Paul's Fables & Fairy Tales Ser.: Vol. 6). (ENG.). 76p. (J). pap. ***(978-1-915703-06-4(9))*** Snail Tales.

No Time for Bed. John Wood. Illus. by Eren Arpaci. 2023. (Level 4/5 - Blue/Green Set Ser.). (ENG.). 32p. (J). (gr. 1-3). lib. bdg. 19.95 Bearport Publishing Co., Inc.

No Time for Fishing. Gail Heath. 2021. (ENG.). 34p. (J). 18.95 *(978-1-931079-49-5(8))* Condor Publishing, Inc.

No Time for Play. Jackie Smith Ph D. 2021. (ENG.). 24p. (J). pap. 8.99 *(978-1-956998-10-8(1))* Bookwhip.

No Time to Say Goodbye: Who Was to Blame for the Deadliest Disaster in Aviation History. Irwin Tyler. 2021. (ENG.). 34p. (YA). pap. *(978-1-312-73508-8(2))* Lulu Pr., Inc.

No Title (Classic Reprint) Stewart Edward White. 2018. (ENG., Illus.). 156p. (J). 27.13 *(978-0-484-44605-1(3))* Forgotten Bks.

No Title yet & Other Poems. Jonathan Perlman. Illus. by Jonathan Perlman. 2022. (ENG.). 116p. (J). pap. ***(978-1-387-60079-3(6))*** Lulu Pr., Inc.

No to Anger - Games & Activities: Games & Activities to Help Build Moral Character. Agnes De Bezenac & Salem De Bezenac. Illus. by Agnes De Bezenac. 2017. (Cut Out & Play Ser.: Vol. 2). (ENG., Illus.). (J). (gr. k-2). pap. 6.45 *(978-1-62387-620-3(6)*, Kidible) iCharacter.org.

No Tooting at Tea. Alastair Heim. Illus. by Sara Not. 2017. (ENG.). 40p. (J). (gr. -1-3). 17.99 *(978-0-544-77474-2(4)*, 1637141, Clarion Bks.) HarperCollins Pubs.

No Toques Este Libro! Bilingual (Spanish & English Edition) Barbe Awalt. Tr. by Nasario Garcia. 2018. (SPA., Illus.). 30p. (J). (gr. 1-3). pap. 17.95 *(978-1-943681-92-1(9))* Nuevo Bks.

No Toques Mi Libro de Hechizos. Carmen Fernandez Valls. 2022. (SPA.). 238p. (J). (gr. 6-8). pap. 18.99 ***(978-84-125013-2-2(2))*** Ediciones DiQueSi ESP. Dist: Lectorum Pubns., Inc.

No Treats for Bullies! Patricia Ann Brill. Illus. by Curt Walstead. 2018. (Dog Tales Collection: Vol. 5). (ENG.). 36p. (J). (gr. k-3). pap. 9.95 *(978-0-9995034-0-9(5))* Functional Fitness, LLC.

No Tree! No Toys! No Toot Toot! A Heartwarming Story of a Nineteen-Month-Old. Christmas Disappeared While He Was Napping. Brian W. Kelly. 2018. (ENG.). 148p. (J). pap. 9.95 *(978-1-947402-66-9(8))* Lets Go Publish.

No Trespassing: Echidna's Darlings Book One. Marianna Palmer. 2021. (ENG.). 164p. (J). 24.00 *(978-1-0878-8697-8(X))* Indy Pub.

No Trolls Allowed Guidebook. Kerry Orchard. Illus. by Roberto Gonzalez. 2017. (ENG.). 34p. (J). (gr. k-3). *(978-1-7750357-4-9(3))*; pap. *(978-1-7750357-5-6(1))* Burroughs Manor Pr.

No Truth Without Ruth: The Life of Ruth Bader Ginsburg. Kathleen Krull. Illus. by Nancy Zhang. 2018. (ENG.). 48p. (J). (gr. -1-3). 17.99 *(978-0-06-256011-7(5)*, Quill Tree Bks.) HarperCollins Pubs.

No Truth Without Ruth: the Life of Ruth Bader Ginsburg. Kathleen Krull. Illus. by Nancy Zhang. 2021. (ENG.). 48p. (J). (gr. -1-3). pap. 8.99 *(978-0-06-266279-8(1)*, Quill Tree Bks.) HarperCollins Pubs.

No Turning Back. Beverley Naidoo. 2017. 208p. (YA). (gr. 9). pap. 13.95 *(978-0-14-136890-0(X))* Penguin Bks., Ltd. GBR. Dist: Independent Pubs. Group.

No Turning Back, Vol. 25. Robert Kirkman. 2016. (Walking Dead Ser.: 25). lib. bdg. 26.95 *(978-0-606-38027-0(2))* Turtleback.

No Unreasonable Searches & Seizures: A Look at the Third & Fourth Amendments, 1 vol. Rachael Morlock. 2018. (Our Bill of Rights Ser.). (ENG.). 32p. (gr. 5-5). pap. 11.00 *(978-1-5383-4296-1(0)*, 84015ef1-3be9-42cf-9487-da495595301b, PowerKids Pr.) Rosen Publishing Group, Inc., The.

No Vacancy. Tziporah Cohen. (ENG.). 224p. (J). (gr. 4-7). 2021. pap. 12.99 *(978-1-77306-849-7(0))*; 2020. 16.95 *(978-1-77306-410-9(X))* Groundwood Bks. CAN. Dist: Publishers Group West (PGW).

No, Virginia! (Classic Reprint) Helen Sherman Griffith. (ENG., Illus.). (J). 2018. 328p. 30.74 *(978-0-484-73299-4(4))*; 2017. pap. 13.57 *(978-0-243-31811-7(1))* Forgotten Bks.

No Waste Lunch: Book 1. Carole Crimeen & Suzanne Fletcher. 2023. (Sustainability Ser.). (ENG.). 16p. (J). (gr. -1-2). pap. 7.99 ***(978-1-922370-10-5(X)***, e84070d7-fd6b-4f39-ab7d-2558aeb774e5) Knowledge Bks. & Software AUS. Dist: Lerner Publishing Group.

No Water No Bread. Luis Amavisca. Illus. by RaAl Nieto Guridi. 2017. (ENG.). 40p. (J). (gr. -1-3). 15.95 *(978-84-945971-3-8(2))* NubeOcho Ediciones ESP. Dist: Consortium Bk. Sales & Distribution.

No Way! Denise Harris. 2018. (ENG.). 38p. (J). pap. 13.80 *(978-1-4834-8888-2(8))* Lulu Pr., Inc.

No Way! Amazing Acrobatics. Wendy Conklin. 2nd rev. ed. 2017. (TIME(r): Informational Text Ser.). (ENG., Illus.). 48p. (gr. 6-8). pap. 13.99 *(978-1-4938-3611-6(0))* Teacher Created Materials, Inc.

No Way! Amazing Acrobatics. Wendy Conklin. ed. 2017. (Time for Kids Nonfiction Readers Ser.). lib. bdg. 20.85 *(978-0-606-40290-3(X))* Turtleback.

No Way Home. Jody Feldman. 2022. (ENG.). 352p. (YA). (gr. 8-12). pap. 10.99 *(978-1-7282-5426-5(4))* Sourcebooks, Inc.

No Way! Jolting Jumps. Wendy Conklin. 2nd rev. ed. 2017. (TIME(r): Informational Text Ser.). (ENG., Illus.). 48p. (gr. 6-8). pap. 13.99 *(978-1-4938-3610-9(2))* Teacher Created Materials, Inc.

No Way! Jolting Jumps. Wendy Conklin. ed. 2017. (Time for Kids Nonfiction Readers Ser.). lib. bdg. 20.85 *(978-0-606-40292-7(6))* Turtleback.

No Way Jose. Bill Pendziwiatr. 2022. (ENG., Illus.). 44p. (J). pap. 16.95 ***(978-1-68570-423-0(9))*** Christian Faith Publishing.

No Way Out. Jeremiah Lai. 2020. (ENG.). 64p. (YA). pap. 10.14 *(978-1-5437-6105-4(4))* Partridge Pub.

No Way Out (Shadow House, Book 3) Dan Poblocki. 2017. (Shadow House Ser.: 3). (ENG., Illus.). 224p. (J). (gr. 3-7). 12.99 *(978-0-545-92552-5(5))* Scholastic, Inc.

No Way! Spectacular Sports Stories. Monika Davies. ed. 2017. (Time for Kids Nonfiction Readers Ser.). lib. bdg. 20.85 *(978-0-606-40272-9(1))* Turtleback.

No Way! Spectacular Sports Stories (Grade 7) Monika Davies. 2nd rev. ed. 2017. (TIME(r): Informational Text Ser.). (ENG., Illus.). 48p. (J). (gr. 5-8). pap. 13.99 *(978-1-4938-3609-3(9))* Teacher Created Materials, Inc.

No Way, They Were Gay? Hidden Lives & Secret Loves. Lee Wind. 2021. (Queer History Project Ser.). (ENG., Illus.). 296p. (YA). (gr. 6-12). pap. 18.99 *(978-1-5415-8162-3(8)*, d7e0275e-e1f6-42d7-b709-dc9c81ee0cdd, Zest Bks.) Lerner Publishing Group.

No Weapon Formed Against Me: A Time to Rise. Stephanie Fernald. 2021. (ENG.). 253p. (YA). pap. *(978-1-716-31538-1(7))* Lulu Pr., Inc.

No Weigh! A Teen's Guide to Positive Body Image, Food, & Emotional Wisdom. Shelley Aggarwal et al. 2018. 192p. pap. 20.95 *(978-1-78592-825-3(2)*, 696872) Kingsley, Jessica Pubs. GBR. Dist: Hachette UK Distribution.

No Word for Goodbye. Mignon F. Ballard. 2021. (ENG.). 174p. (YA). pap. 11.95 *(978-1-62268-165-5(7))* Bella Rosa Bks.

No Worries Whale: A Book of Ocean Poems. Amanda Gehrke. Illus. by Allison Sojka. 2021. (ENG.). 102p. (J). 23.99 *(978-1-7361403-3-8(7))* Sojka, Allison.

Noah. Ed. by Dee Farrell. 2020. (Old Testament Ser.: Vol. 1). (ENG., Illus.). 136p. (YA). pap. 12.99 *(978-1-7327688-0-2(3))* Flying Eagle Pubns.

Noah. Sharon J. Miller. Illus. by Nomer Adona. 2016. (ENG.). 26p. (J). pap. 9.97 *(978-0-9774756-4-3(6))* Miller, Sharon.

Noah, vols. 2, vol. 2. Katheryn Maddox Haddad. l.t. ed. 2017. (Child's Bible Heroes Ser.: 2). (ENG., Illus.). 98p. (J). (gr. k-6). pap. 9.00 *(978-1-948462-50-1(8)*, Katheryn Maddox Haddad) Northern Lights Publishing Hse.

Noah: Commander of the Sea. Cj Austin. 2018. (ENG.). 88p. (J). pap. ***(978-1-387-99795-4(5))*** Lulu Pr., Inc.

Noah: My First Storybook. Illus. by Maggie Downer. 2016. 48p. (J). (gr. -1-12). bds. 9.99 *(978-1-86147-776-7(7)*, Armadillo) Anness Publishing GBR. Dist: National Bk. Network.

Noah - Bible People: The Story of Noah. Agnes De Bezenac & Salem De Bezenac. Illus. by Agnes De Bezenac. 2018. (Bible People Ser.: Vol. 1). (ENG., Illus.). 26p. (J). (gr. k-2). 11.50 *(978-1-63474-186-6(2))*; pap. 5.00 *(978-1-63474-226-9(5))* iCharacter.org.

Noah & Emma Learn How to Keep Calm. Maxine Haller Otr/L & Marina Pacheco. 2020. (Noah Learns Life Lessons Ser.). (ENG.). 54p. (J). pap. ***(978-1-913672-00-3(X))*** Marina Pacheco.

Noah & His Ark. E. Alan Roberts. 2020. (ENG., Illus.). 28p. (J). (gr. k-2). pap. *(978-1-4866-1884-2(7))* Word Alive Pr.

Noah & His Friends. Patricia A. Pingry. Illus. by Joseph Cowman. 2017. (ENG.). 24p. (J). (gr. -1-k). bds. 9.99 *(978-1-945470-25-7(9))* Worthy Publishing.

Noah & His Times: Embracing the Consideration of Various Inquiries Relative to the Antediluvian & Earlier Postdiluvian Periods, with Discussions of Several of the Leading Questions of the Present Day (Classic Reprint) James Munson Olmstead. 2018. (ENG., Illus.). 422p. (J). 32.60 *(978-0-656-89633-2(7))* Forgotten Bks.

Noah & Logan Children's Book Series: Volume One - Stories One to Five. Benjamin K. M. Kellogg. 2018. (ENG., Illus.). 64p. (J). pap. *(978-1-909133-99-0(X))* Ex-L-Ence Publishing.

Noah & Me. Martha Yamnitz. 2018. (ENG., Illus.). 38p. (J). pap. 15.95 *(978-1-64299-914-3(8))* Christian Faith Publishing.

Noah & the Animals: Step by Step with Steve Smallman. Steve Smallman. ed. 2020. (How to Draw Ser.). (ENG., Illus.). 32p. (J). (gr. 2-4). pap. 14.99 *(978-1-78128-344-8(3)*, c2117ac5-e0e7-4eea-9489-bd688accdea3, Candle Bks.) Lion Hudson PLC GBR. Dist: Baker & Taylor Publisher Services (BTPS).

Noah & the Ark. Tomie dePaola. 2020. (ENG.). 32p. (J). (gr. -1-1). 12.99 *(978-1-62164-431-6(6))* Ignatius Pr.

Noah & the Ark. Allia Zobel-Nolan & Lois Rock. Illus. by Alex Ayliffe & Moira Maclean. ed. 2021. (ENG.). 16p. (J). (gr. -1). pap. 21.99 *(978-0-7459-7882-6(7)*, bd884ad9-b269-4d54-ab0f-40d991b490f8, Lion Children's) Lion Hudson PLC GBR. Dist: Baker & Taylor Publisher Services (BTPS).

Noah & the Baby Who Won't Stop Crying. Maxine Haller Otr/L & Emily Echo. 2019. (ENG.). 42p. (J). pap. *(978-1-9996094-5-0(X))* Marina Pacheco.

Noah & the Eight Trucks of Hanukkah, 1 vol. Nancy Rips. Illus. by Thomas Kerr & Judith Hierstein. 2019. (ENG.). 32p. (J). 16.99 *(978-1-4556-2203-0(6)*, Pelican Publishing) Arcadia Publishing.

Noah & the Flood: Level 3. Barbara Brenner. Illus. by Annie Mitra. 2020. (Bank Street Ready-To-Read Ser.). (ENG.). 50p. (J). (gr. k-3). 17.95 *(978-1-876967-18-5(8))* ibooks, Inc.

Noah & the Great Big Ark, 1 vol. Zonderkidz. 2017. (I Can Read! / the Beginner's Bible Ser.). (ENG., Illus.). 32p. (J). pap. 5.99 *(978-0-310-76029-0(1))* Zonderkidz.

Noah & the Great Big Boat. Antonia Woodward. Illus. by Antonia Woodward. ed. 2019. (ENG., Illus.). 32p. (J). (gr. -1-k). pap. 11.99 *(978-0-7459-7681-5(6)*, 860e91a5-a22d-4f52-ad77-5e22365fe13e, Lion Children's)

Lion Hudson PLC GBR. Dist: Baker & Taylor Publisher Services (BTPS).

Noah & the Piratouks. David Descoteaux. 2018. (Economics & Finance for Kids Ser.: Vol. 4). (ENG., Illus.). 30p. (J). pap. *(978-2-9817684-7-6(6))* Descôteaux, David.

Noah & the Rainbow. Karin Gallagher. 2021. (ENG., Illus.). 20p. (J). 19.95 *(978-1-63844-199-1(5))* Christian Faith Publishing.

Noah & the Very Big Boat. Tim Thornborough. Illus. by Jennifer Davison. 2019. (Very Best Bible Stories Ser.). (ENG.). 24p. (J). *(978-1-78498-380-2(2))* Good Bk. Co., The.

Noah Builds an Ark. Kate Banks. Illus. by John Rocco. 2019. (ENG.). 40p. (J). (gr. -1-2). 16.99 *(978-0-7636-7484-7(2))* Candlewick Pr.

Noah! Can I Have a Kiss? Phillippa Bailey. 2017. (ENG., Illus.). 42p. (J). pap. *(978-1-911090-75-5(5))* ShieldCrest.

Noah Coloring Book: A Story Coloring Book. Agnes De Bezenac & Salem De Bezenac. Illus. by Agnes De Bezenac. 2017. (ENG., Illus.). (J). (gr. k-1). pap. 5.25 *(978-1-62387-588-6(9))* iCharacter.org.

Noah Depends on God. Lori. Long. 2019. (ENG.). 38p. (J). 14.95 *(978-1-64307-060-5(6))* Amplify Publishing Group.

Noah et les Piratouks. Desc. 2018. (FRE., Illus.). 30p. (J). pap. *(978-2-9817684-8-3(4))* Descôteaux, David.

Noah Green Saves the World. Laura Toffler-Corrie. Illus. by Macky Pamintuan. 2020. (ENG.). 280p. (J). (gr. 4-7). 17.99 *(978-1-5415-6036-9(1),* 4e539792-d4b9-48b5-a143-9e038eaf9c09, Kar-Ben Publishing) Lerner Publishing Group.

Noah I Love You All Ways. Marianne Richmond. Illus. by Dubravka Kolanovic. 2023. (I Love You All Ways Ser.). (ENG.). 32p. (J). (gr. -1-3). 8.99 ***(978-1-7282-7404-1(4))*** Sourcebooks, Inc.

Noah in a Boat. Cecilia Minden. Illus. by Anna Jones. 2022. (Little Blossom Stories Ser.). (ENG.). 16p. (J). (gr. -1-2). pap. 11.36 *(978-1-5341-9878-4(4),* 220083, Cherry Blossom Press) Cherry Lake Publishing.

Noah (Little Sunbeams) Jaye Garnett. Illus. by Ariel Silverstein. 2018. (Little Sunbeams Ser.). (ENG.). 12p. (J). (gr. -1-1). bds. 9.99 *(978-1-68052-370-6(8),* 1003350) Cottage Door Pr.

Noah Mcnichol & the Backstage Ghost. Martha Freeman. (ENG.). 272p. (J). (gr. 3-7). 2022. pap. 7.99 *(978-1-5344-6294-6(5));* 2021. 17.99 *(978-1-5344-6290-8(2))* Simon & Schuster/Paula Wiseman Bks. (Simon & Schuster/Paula Wiseman Bks.).

Noah, Noah, What Do You See?, 1 vol. Bill Martin, Jr. & Michael Sampson. 2017. (ENG., Illus.). 30p. (J). bds. 7.99 *(978-0-7180-8949-8(9),* Tommy Nelson) Nelson, Thomas Inc.

Noah Noasaurus. Elaine Kiely Kearns. Illus. by Colin Jack. 2019. (ENG.). 32p. (J). (gr. -1-3). 16.99 *(978-0-8075-5703-7(X),* 080755703X) Whitman, Albert & Co.

Noah on the North Pole Express. J. D. Green. Illus. by Joanne Partis. 2022. (North Pole Express Bears Ser.). (ENG.). 32p. (J). (gr. -1-3). 7.99 ***(978-1-7282-6966-5(0))*** Sourcebooks, Inc.

Noah on the North Pole Express. J. D. Green. 2019. (North Pole Express Ser.). (ENG.). 32p. (J). (gr. -1-3). 7.99 ***(978-1-7282-0380-5(5))*** Sourcebooks, Inc.

Noah Santa's Secret Elf. Put Me In The Story & Katherine Sully. Illus. by Julia Seal. 2018. (Santa's Secret Elf Ser.). (ENG.). 32p. (J). (gr. k-3). 5.99 *(978-1-4926-8168-7(7))* Sourcebooks, Inc.

Noah, the Ark & Celia. Debbie York. 2020. (ENG., Illus.). 30p. (J). pap. 13.95 *(978-1-64559-859-6(4))* Covenant Bks.

Noah the con Artist, 1 vol. Elizabeth Gordon. 2021. (Club Ser.). (ENG.). 88p. (J). (gr. 2-3). 24.55 *(978-1-5383-8240-0(7),* a185a896-f2c0-4b4b-998a-98858e372654); pap. 14.85 *(978-1-5383-8239-4(3),* c8dd7728-db0e-4cac-a4f0-78543fbc3808) Enslow Publishing, LLC. (West 44 Bks.).

Noah the Curious Boy. Steve Gyarmati. 2020. (ENG., Illus.). 60p. (J). pap. 17.95 *(978-1-6624-0425-2(5))* Page Publishing Inc.

Noah the Hedgehog's First Day of School. Tonya MERRIWEATHER GIPSON. 2021. (ENG.). 34p. (J). pap. ***(978-1-716-21258-1(8))*** Lulu Pr., Inc.

Noah the Patient Polar Bear Cub. Elizabeth Peña. 2021. (Arctic Babies Bks.: 2). (ENG.). 26p. (J). pap. 11.36 *(978-1-6678-0793-5(5))* BookBaby.

Noah Thorne. Mark Gengler. 2016. (ENG.). 256p. (J). pap. 16.95 *(978-1-944072-72-8(1))* First Steps Publishing.

Noah 'Twas the Night Before Christmas. Illus. by Lisa Alderson. 2019. (Night Before Christmas Ser.). (ENG.). 32p. (J). (gr. -1-3). 7.99 ***(978-1-7282-0273-0(6))*** Sourcebooks, Inc.

Noah Visits Budapest. Tracilyn George. 2020. (ENG.). 30p. (J). pap. 11.00 *(978-1-990153-25-9(9))* Lulu Pr., Inc.

Noah Webster's Fighting Words. Tracy Nelson Maurer. Illus. by Mircea Catusanu. ed. 2017. (ENG.). 40p. (J). (gr. 2-5). E-Book 30.65 *(978-1-5124-2839-1(6),* Millbrook Pr.) Lerner Publishing Group.

Noah Zarc: Cataclysm. D. Robert Pease. Ed. by Lane Diamond. 3rd ed. 2017. (Noah Zarc Ser.: Vol. 2). (ENG., Illus.). (YA). (gr. 7-12). pap. 16.95 *(978-1-62253-419-7(0))* Evolved Publishing.

Noah Zarc: Declaration. D. Robert Pease. Ed. by Lane Diamond. 3rd ed. 2017. (Noah Zarc Ser.: Vol. 3). (ENG., Illus.). (YA). (gr. 7-12). pap. 15.95 *(978-1-62253-420-3(4))* Evolved Publishing.

Noah Zarc: Mammoth Trouble. D. Robert Pease. Ed. by Lane Diamond. 3rd ed. 2017. (Noah Zarc Ser.: Vol. 1). (ENG., Illus.). (YA). (gr. 7-12). pap. 14.95 *(978-1-62253-418-0(2))* Evolved Publishing.

Noah Zarc: Omnibus. D. Robert Pease. Ed. by Lane Diamond. 2nd ed. 2017. (Noah Zarc Ser.: Vol. 4). (ENG., Illus.). (YA). (gr. 7-12). 39.95 *(978-1-62253-421-0(2))* Evolved Publishing.

Noah's Adventure. Leslie Lindecker. 2019. (ENG.). 10p. (J). bds. 7.99 *(978-1-64269-171-9(2),* 4026, Sequoia Publishing & Media LLC) Phoenix International Publications, Inc.

Noah's Amazing Ark: A Lift-The-Flap Adventure, 1 vol. Chris Embleton-Hall. ed. 2017. (ENG., Illus.). 12p. (J). (gr. -1-k). 10.99 *(978-0-7459-7812-6),* 42def216-dbb4-4fac-bddb-9605966ab6b3, Candle Bks.) Lion Hudson PLC GBR. Dist: Baker & Taylor Publisher Services (BTPS).

Noah's Animals: Wipe-Clean Activity Book. Whitaker Playhouse. 2020. (Inspired to Learn Ser.). (ENG.). 12p. (J). (gr. -1-2). bds. 12.99 *(978-1-64123-429-0(6),* 771174) Whitaker Hse.

Noah's Animals / Los Animales de Noe. Grace M. Swift. Illus. by Jose Trinidad. 2017. (Sonship Ser.: Vol. 3). (ENG.). (J). 18.00 *(978-0-9703270-7-9(2))* Dimensions.

Noah's Ark. DK. Illus. by Giuseppe Di Lernia. 2018. (Bible Bedtime Stories Ser.). (ENG.). 30p. (J). (-k). bds. 12.99 *(978-1-4654-6999-1(0),* DK Children) Dorling Kindersley Publishing, Inc.

Noah's Ark. Linda Hayward. 2018. (Step into Reading Ser.). (ENG., Illus.). 32p. (J). (gr. -1-1). pap. 4.99 *(978-0-394-88716-6(6),* Random Hse. Bks. for Young Readers) Random Hse. Children's Bks.

Noah's Ark. IglooBooks. Illus. by Gabriela Guerrero. 2020. (ENG.). 10p. (J). (-k). bds. 8.99 *(978-1-83903-237-0(5))* Igloo Bks. GBR. Dist: Simon & Schuster, Inc.

Noah's Ark. Heinz Janisch. Illus. by Lisbeth Zwerger. 2018. 96p. (J). (gr. k-2). 17.99 *(978-988-8341-70-2(7),* Minedition) Penguin Young Readers Group.

Noah's Ark. Michelle Knudsen. Illus. by Christopher Santoro. 2016. (Lift-The-Flap Ser.). 14p. (J). (gr. -1 — 1). bds. 6.99 *(978-0-553-53537-2(4),* Random Hse. Bks. for Young Readers) Random Hse. Children's Bks.

Noah's Ark. Make Believe Ideas. Illus. by Dawn Machell. 2017. (ENG.). 12p. (J). (gr. -1 — 1). bds. 8.99 *(978-1-78692-402-5(1))* Make Believe Ideas GBR. Dist: Scholastic, Inc.

Noah's Ark. Józef Wilkon & Piotr Wilkon. 2022. (ENG., Illus.). 32p. (J). (gr. k-3). 17.95 *(978-0-7358-4472-8(0))* North-South Bks., Inc.

Noah's Ark: A Hidden Pictures Storybook. Teresa Bateman. Illus. by Laura Huliska-Beith. 2021. (Highlights Hidden Pictures Storybooks Ser.). 32p. (J). (gr. -1-3). 12.99 *(978-1-64472-118-6(X),* Highlights) Highlights Pr., c/o Highlights for Children, Inc.

Noah's Ark: A Novel (Classic Reprint) Sydney Walter Powell. 2018. (ENG., Illus.). 286p. (J). 29.80 *(978-0-483-56898-3(8))* Forgotten Bks.

Noah's Ark: Picture Story Book. IglooBooks. 2019. (ENG.). 24p. (J). (gr. -1-1). 12.99 *(978-1-83852-553-8(X))* Igloo Bks. GBR. Dist: Simon & Schuster, Inc.

Noah's Ark Activity Book. Pip Reid. 2020. (ENG.). (J). (gr. 3-6). 96p. pap. *(978-1-7771601-1-1(1));* (Beginners Ser.: Vol. 9). 94p. pap. *(978-1-7771601-2-8(X))* Bible Pathway Adventures.

Noah's Ark Adventure. Eunice Wilkie. 2020. (ENG., Illus.). 48p. (J). (gr. 1-6). 10.99 *(978-1-912522-75-0(6),* 9fb7d0ab-f837-4bbc-ae54-9d8d533aef21) Ritchie, John Ltd. GBR. Dist: Baker & Taylor Publisher Services (BTPS).

Noah's Ark & Other Bible Poems. Virginia Hoppes. Illus. by Hall Duncan Ph D & Margaret Gaeddert. 2016. (ENG.). (J). pap. 9.89 *(978-0-9820466-7-8(7))* Humor & Communication.

Noah's Ark & Other Bible Stories: 100 Puffy Stickers, 1 vol. Ltd. Make Believe Ideas, Ltd. & Zondervan Staff. Illus. by Dawn Machell. 2019. (ENG.). 54p. (J). pap. 9.99 *(978-1-4002-1590-4(0),* Tommy Nelson) Nelson, Thomas Inc.

Noah's Ark Animal ABCs, 1 vol. Angelika Scudamore. 2018. (ENG., Illus.). 28p. (J). bds. 9.99 *(978-0-310-76700-8(8))* Zonderkidz.

Noah's Ark Bath Book, 1 vol. Katherine Sully. Illus. by Kate McLelland. 2020. 8p. (J). 7.99 *(978-0-8254-2763-3(0))* Kregel Pubns.

Noah's Ark Book & Jigsaw Puzzle. Rob Lloyd Jones. 2019. (Book & Jigsaw Box Sets Ser.). (ENG.). 24 page book anp. (J). 14.99 *(978-0-7945-4285-6(9),* Usborne) EDC Publishing.

Noah's Ark (Classic Reprint) Josh Hart. 2018. (ENG., Illus.). 72p. (J). 25.40 *(978-0-267-19914-3(7))* Forgotten Bks.

Noah's Birds. Kimberley Massop. Illus. by Kristin L. Pereira. 2017. (ENG.). 36p. (J). pap. 8.95 *(978-1-68350-025-4(3))* Morgan James Publishing.

Noah's Car Park Ark. Paul Kerensa & Liz and Kate Pope. 2018. (ENG., Illus.). 32p. (J). pap. 12.99 *(978-0-281-07755-7(X),* a8c7ffea-cce1-437e-8170-b3fcb187bbb4) SPCK Publishing GBR. Dist: Baker & Taylor Publisher Services (BTPS).

Noah's Christmas Wish. Put Me In The Story & J. D. Green. Illus. by Julia Seal. 2018. (Christmas Wish Ser.). (ENG.). 32p. (J). (gr. k-3). 6.99 ***(978-1-4926-8353-7(1))*** Sourcebooks, Inc.

Noah's Defiance. Empress Bee. 2022. (ENG.). 30p. (J). pap. 15.00 ***(978-1-0880-7743-6(9))*** Indy Pub.

Noah's Fight. Lisa Carson. 2017. (ENG.). (J). 14.95 *(978-1-68401-208-4(2))* Amplify Publishing Group.

Noah's Grandchildren (Classic Reprint) Julier C. Chevalier. (ENG., Illus.). (J). 2018. 312p. 30.35 *(978-0-483-07779-9(8));* 2017. pap. 13.57 *(978-1-334-96189-2(1))* Forgotten Bks.

Noah's Kite. Bonnie Kliewer-Spang. 2022. (ENG., Illus.). 32p. (J). 26.95 ***(978-1-68570-994-5(X));*** pap. 15.95 ***(978-1-68517-016-5(1))*** Christian Faith Publishing.

Noah's Moon. Mary Bale. 2017. (ENG., Illus.). 32p. (J). pap. *(978-1-365-69847-7(5))* Lulu Pr., Inc.

Noah's Noisy Animals, 1 vol. Rebecca Elliott. ed. 2016. (ENG., Illus.). 5p. (J). (— 1). bds. 7.99 *(978-0-7459-6561-1(X),* 88bbce0e-3f1c-4a69-90bd-47734452d124, Lion Children's) Lion Hudson PLC GBR. Dist: Baker & Taylor Publisher Services (BTPS).

Noah's Noisy Night. Maria Correa. ed. 2019. (ENG.). 20p. (J). (gr. k-1). 21.96 *(978-1-64310-955-8(3))* Penworthy Co., LLC, The.

Noah's Seal. Layn Marlow. Illus. by Layn Marlow. 2021. (ENG., Illus.). 32p. (J). (gr. -1-2). 17.99 *(978-1-5362-1851-0(0))* Candlewick Pr.

Noah's Story. Grace Kim. Illus. by Noah Hylkema. 2018. (ENG.). 34p. (J). *(978-0-6484525-5-3(7))* Karen Mc Dermott.

Noah's Story: Soft Cover. Grace Kim. 2019. (ENG., Illus.). 34p. (J). pap. *(978-0-6484525-4-6(9))* Karen Mc Dermott.

Noah's Story: The Prophecy. Tyler Baz. 2022. (ENG.). 234p. (YA). *(978-1-0391-3042-5(9));* pap. *(978-1-0391-3041-8(0))* FriesenPress.

Noah's Swim-A-Thon. Ann Koffsky. 2016. (ENG.). 32p. (J). pap. 9.95 *(978-1-68115-519-7(2),* 52caebb3-d65b-4e90-b35e-d0a856084982, Apples & Honey Pr.) Behrman Hse., Inc.

Noah's Universe. Alison Monk. 2023. (ENG.). 184p. (J). pap. 17.95 ***(978-1-63755-440-1(0))*** Amplify Publishing Group.

Noah's Yacht. Julie Murat & Emma Raine Walker. 2019. (ENG., Illus.). 26p. (J). (gr. 3-6). pap. 13.95 *(978-1-61244-783-4(X))* Halo Publishing International.

Noal & the Book Sack. Ruby Allen. Illus. by Myunique C. Green. 2020. (ENG.). 32p. (J). pap. 13.99 *(978-1-716-52168-3(8))* Lulu Pr., Inc.

Noal & the Book Sack. Ruby Allen. 2022. (ENG.). 30p. (J). 32.99 *(978-1-4357-9379-8(X))* Lulu Pr., Inc.

Noam Fall Garden. Emile B. Lacerte, Jr. 2021. (ENG., Illus.). 38p. (J). 26.95 *(978-1-63844-315-5(7));* pap. 14.95 *(978-1-63844-313-1(0))* Christian Faith Publishing.

Noam Winter Garden. Emile B. Lacerte, Jr. 2021. (ENG., Illus.). 20p. (J). 26.95 *(978-1-63844-169-4(3));* pap. 13.95 *(978-1-63844-168-7(5))* Christian Faith Publishing.

Noaptea Magica: Povesti Pentru Copii. Gabriela Georgeta Termure. Illus. by Catalin Bogdan Termure. 2017. (RUM.). 82p. (J). pap. *(978-606-94356-2-5(1))* Letras.

Nobby Brasso & the Big Bash Birthday. Joe Wells. 2018. (Nobby Brasso Ser.: Vol. 2). (ENG., Illus.). 34p. (J). pap. *(978-0-9935230-9-0(9))* Lane, Betty.

Nobby Stiles: The Toothless Tiger. G. Banks. 2022. (ENG.). 66p. (J). pap. 14.56 *(978-1-716-03572-2(4))* Lulu Pr., Inc.

Nobilitate Nobis #3. J. Manoa. 2017. (Werewolf Council Ser.). (ENG.). 208p. (YA). (gr. 5-12). lib. bdg. 32.84 *(978-1-68076-500-7(0),* 25410, Epic Escape) EPIC Pr.

Nobility - Kings, Lords, Ladies & Nights Ancient History of Europe Children's Medieval Books. Baby Professor. 2017. (ENG., Illus.). (J). pap. 9.25 *(978-1-5419-0529-0(6),* Baby Professor (Education Kids)) Speedy Publishing LLC.

Noble. Stephanie Parwulski. 2022. (ENG.). 112p. (J). (gr. 4-7). pap. 14.95 *(978-1-953021-75-5(1),* Belle Isle Bks.) Brandylane Pubs., Inc.

Noble Blood: A Prussian Cadet Story (Classic Reprint) Ernst von Wildenbruch. 2017. (ENG., Illus.). 218p. (J). 28.39 *(978-0-484-84823-7(2))* Forgotten Bks.

Noble Cause. Kristen SaBerre. 2018. (Suddenly Royal Ser.). (ENG.). 112p. (YA). (gr. 6-12). pap. 7.99 *(978-1-5415-2639-6(2),* 38f3af7a-8598-4396-82c0-6ccb288be95c); lib. bdg. 26.65 *(978-1-5415-2569-6(8),* eef4bf2d-fdad-48be-b43c-f1e8c406a1fb) Lerner Publishing Group. (Darby Creek).

Noble Falling. Sara Gaines. 2016. (ENG., Illus.). (J). 24.99 *(978-1-63533-052-6(1),* Harmony Ink Pr.) Dreamspinner Pr.

Noble Imposter. Amanda L. Davis. 2020. (Cantral Chronicles Ser.: Vol. 2). (ENG.). 340p. (J). pap. 14.99 *(978-1-946253-08-8(1))* Scrub Jay Journeys.

Noble Life (Classic Reprint) Craik. 2018. (ENG., Illus.). 320p. (J). 30.50 *(978-0-483-41921-6(4))* Forgotten Bks.

Noble Life, Vol. 1 of 2 (Classic Reprint) Unknown Author. 2018. (ENG., Illus.). 334p. (J). 30.79 *(978-0-332-92866-1(7))* Forgotten Bks.

Noble Lord: The Sequel to the Lost Heir of Linlithgow (Classic Reprint) E. D. E. N. Southworth. (ENG., Illus.). (J). 2017. 32.56 *(978-0-331-03148-5(5));* 2016. pap. 16.57 *(978-1-333-54365-5(4))* Forgotten Bks.

Noble Name: Or dönninghausen (Classic Reprint) Claire Von Glumer. 2018. (ENG., Illus.). 368p. (J). 31.51 *(978-0-484-10565-1(5))* Forgotten Bks.

Noble Name, Vol. 1 Of 3: A Novel (Classic Reprint) B. H. Buxton. 2016. (ENG., Illus.). (J). pap. 13.57 *(978-1-333-38951-2(5))* Forgotten Bks.

Noble Name, Vol. 1 Of 3: A Novel; with Other Stories (Classic Reprint) B. H. Buxton. 2018. (ENG., Illus.). 302p. (J). 30.13 *(978-0-428-80738-2(0))* Forgotten Bks.

Noble Name, Vol. 2 Of 3: A Novel (Classic Reprint) Bertha H. Buxton. 2018. (ENG., Illus.). 268p. (J). 29.44 *(978-0-267-34301-0(9))* Forgotten Bks.

Noble Name, Vol. 3 Of 3: A Novel (Classic Reprint) B. H. Buxton. (ENG., Illus.). (J). 2018. 288p. 29.84 *(978-0-484-53013-2(5));* 2017. pap. 13.57 *(978-0-243-08392-3(0))* Forgotten Bks.

Noble Persuasion. Sara Gaines. 2016. (ENG., Illus.). (J). 24.99 *(978-1-63533-053-3(X),* Harmony Ink Pr.) Dreamspinner Pr.

Noble Pocket. Gigi Thoms. 2016. (YA). pap. 18.99 *(978-1-4621-1773-4(2),* Horizon Pubs.) Cedar Fort, Inc./CFI Distribution.

Noble, Prancing, Cantering Horse: A New Game of Questions & Commands; Embellished with Fourteen Coloured Engravings (Classic Reprint) Unknown Author. (ENG., Illus.). (J). 2018. 34p. 24.62 *(978-0-656-32340-1(X));* 2016. pap. 7.97 *(978-1-334-31885-6(9))* Forgotten Bks.

Noble Purpose Nobly Won, Vol. 1 Of 2: An Old, Old Story (Classic Reprint) Anne Manning. 2017. (ENG., Illus.). (J). 31.51 *(978-1-5280-7640-1(0));* pap. 13.97 *(978-1-5279-0407-1(5))* Forgotten Bks.

Noble Purpose Nobly Won, Vol. 2 Of 2: An Old, Old Story (Classic Reprint) Unknown Author. 2018. (ENG., Illus.). 448p. (J). 33.14 *(978-0-483-57515-8(1))* Forgotten Bks.

Noble Queen. Meadows Taylor. 2017. (ENG.). (J). 298p. pap. *(978-3-337-34722-2(3));* 290p. pap. *(978-3-337-34723-9(1));* 306p. pap. *(978-3-337-34724-6(X));* 502p. pap. *(978-3-337-00792-8(9))* Creation Pubs.

Noble Queen: A Romance of Indian History (Classic Reprint) Meadows Taylor. (ENG., Illus.). (J). 2017. 34.29 *(978-0-260-72380-2(0));* 2016. pap. 16.97 *(978-1-333-33538-0(5))* Forgotten Bks.

Noble Queen, Vol. 1 Of 3: A Romance of Indian History (Classic Reprint) Meadows Taylor. 2018. (ENG., Illus.). 304p. (J). 30.17 *(978-0-484-69242-7(9))* Forgotten Bks.

Noble Queen, Vol. 2 Of 3: A Romance of Indian History (Classic Reprint) Meadows Taylor. (ENG., Illus.). (J). 2018. 288p. 29.84 *(978-0-484-41564-4(6));* 2016. pap. 13.57 *(978-1-333-38309-1(6))* Forgotten Bks.

Noble Servant, 1 vol. Melanie Dickerson. 2017. (Medieval Fairy Tale Ser.: 3). (ENG.). 336p. (YA). 14.99 *(978-0-7180-2660-8(8))* Nelson, Thomas Inc.

Noble Thief. M. Lynn. 2021. (ENG.). 288p. (YA). 24.99 *(978-1-970052-80-0(5))* United Bks. Publishing.

Noble Vol. 2: Never Events. Brandon Thomas. Illus. by Roger Robinson & Jamal Igle. 2018. (ENG.). 144p. pap. 14.99 *(978-1-941302-74-3(2),* 71336b96-3086-496d-9174-b72cb211959a, Lion Forge) Oni Pr., Inc.

Noble Vol. 3: No One Man. Brandon Thomas. Illus. by Manuel Garcia. 2019. (ENG.). 144p. pap. 14.99 *(978-1-941302-84-2(X),* 94dc6b33-4661-45b8-9a8c-73f05118f665, Lion Forge) Oni Pr., Inc.

Noble Woman (Classic Reprint) Ann Sophia Stephens. (ENG., Illus.). (J). 2018. 470p. 33.61 *(978-0-332-37285-3(5));* 2016. pap. 16.57 *(978-1-333-55175-9(4))* Forgotten Bks.

Noble Woman, Vol. 1 of 3 (Classic Reprint) John Cordy Jeaffreson. 2018. (ENG., Illus.). 334p. (J). 30.79 *(978-0-483-76585-6(6))* Forgotten Bks.

Noble Woman, Vol. 2 of 3 (Classic Reprint) John Cordy Jeaffreson. 2018. (ENG., Illus.). 320p. (J). 30.52 *(978-0-483-80523-1(8))* Forgotten Bks.

Nobleman's Guide to Scandal & Shipwrecks. Mackenzi Lee. (Montague Siblings Ser.: 3). (ENG.). (YA). (gr. 8). 2022. 624p. pap. 12.99 *(978-0-06-291602-0(5));* 2021. (Illus.). 592p. 18.99 *(978-0-06-291601-3(7))* HarperCollins Pubs. (Tegen, Katherine Bks).

Nobleman's Nest (Classic Reprint) Ivan Sergeevich Turgenev. 2018. (ENG., Illus.). 322p. (J). 30.56 *(978-0-332-93658-1(9))* Forgotten Bks.

Nobleman's Son: An Allegory (Classic Reprint) Unknown Author. (ENG., Illus.). (J). 2018. 42p. 24.78 *(978-0-267-09615-2(1));* 2017. pap. 7.97 *(978-0-243-42655-3(0))* Forgotten Bks.

Nobler Sex (Classic Reprint) Florence Marryat. (ENG., Illus.). (J). 2018. 320p. 30.50 *(978-0-428-98307-9(3));* 2016. pap. 13.57 *(978-1-333-15403-5(8))* Forgotten Bks.

Nobles. Marcela Olivares. 2022. (ENG.). 48p. (J). 36.95 ***(978-1-62787-982-8(X))*** Wheatmark, Inc.

Nobles & Knights of the Middle Ages-Children's Medieval History Books. Baby Professor. 2017. (ENG., Illus.). (J). pap. 7.89 *(978-1-5419-0467-5(2),* Baby Professor (Education Kids)) Speedy Publishing LLC.

Nobles, Knights, Maidens & Manors: The Medieval Feudal System. Baby Professor. 2017. (ENG., Illus.). (J). pap. 7.89 *(978-1-5419-0384-5(6),* Baby Professor (Education Kids)) Speedy Publishing LLC.

Noblesse Oblige: An English Story of to-Day (Classic Reprint) Sarah Tytler. (ENG., Illus.). (J). 2018. 604p. 36.35 *(978-0-483-33866-1(4));* 2016. pap. 19.57 *(978-1-334-13881-2(8))* Forgotten Bks.

Nobody (Classic Reprint) Louis Joseph Vance. (ENG., Illus.). (J). 2018. 360p. 31.34 *(978-0-483-83577-1(3));* 2017. pap. 13.97 *(978-0-243-87778-2(1))* Forgotten Bks.

Nobody (Classic Reprint) Susan Warner. 2017. (ENG., Illus.). (J). 38.29 *(978-1-5283-8550-3(0))* Forgotten Bks.

Nobody Did It. Angela Accomando. 2023. (ENG., Illus.). 38p. (J). pap. 15.95 ***(978-1-63710-916-8(4))*** Fulton Bks.

Nobody Hugs a Cactus. Carter Goodrich. Illus. by Carter Goodrich. 2019. (ENG., Illus.). 48p. (J). (gr. -1-3). 18.99 *(978-1-5344-0090-0(7),* Simon & Schuster Bks. For Young Readers) Simon & Schuster Bks. For Young Readers.

Nobody Important. Lee J. Mavin. Illus. by Karolina Piotrowska. l.t. ed. 2023. (ENG.). 48p. (J). ***(978-0-2288-9315-8(1))*** Tellwell Talent.

Nobody Important. Lee J. Mavin & Karolina Piotrowska. l.t. ed. 2023. (ENG.). 48p. (J). pap. ***(978-0-2288-9314-1(3))*** Tellwell Talent.

Nobody in Mashonaland: Or the Trials & Adventures of a Tenderfoot (Classic Reprint) C. E. Finlason. 2018. (ENG., Illus.). 330p. (J). 30.70 *(978-0-267-82865-4(9))* Forgotten Bks.

Nobody Knew What to Do. Becky Ray McCain. 2018. (2019 Av2 Fiction Ser.). (ENG.). 24p. (J). (gr. -1-3). lib. bdg. 34.28 *(978-1-4896-8239-0(2),* AV2 by Weigl) Weigl Pubs., Inc.

Nobody Knew What to Do: A Story about Bullying. Becky Ray McCain. Illus. by Todd Leonardo. 2017. (ENG.). 24p. (J). (gr. -1-3). pap. 8.99 *(978-0-8075-5713-6(7),* 807557137) Whitman, Albert & Co.

Nobody Knows: Or, Facts That Are Not Fictions, in the Life of an Unknown (Classic Reprint) William Eddy Barns Nobody. (ENG., Illus.). (J). 2018. 294p. 29.96 *(978-0-483-23364-5(1));* 2017. pap. 13.57 *(978-0-243-92598-8(0))* Forgotten Bks.

Nobody Knows but You. Anica Mrose Rissi. (ENG.). (YA). (gr. 8). 2022. 240p. pap. 11.99 *(978-0-06-268532-2(5));* 2020. 224p. 17.99 *(978-0-06-268531-5(7))* HarperCollins Pubs. (Quill Tree Bks.).

Nobody Knows How to Make a Pizza. Julie Borowski. Illus. by Tetiana Kopytova. 2019. (ENG.). 34p. (J). (gr. k-2). pap. 12.95 *(978-0-578-55856-1(4))* Liberty Junkies.

Nobody Like You. Jan Paez. 2022. (ENG.). 30p. (J). pap. 12.99 ***(978-1-0879-9110-8(2))*** Indy Pub.

Nobody Likes a Booger. Angela Halgrimson. 2017. (ENG., Illus.). (J). (gr. -1-3). 16.95 *(978-1-59298-824-2(5))* Beaver's Pond Pr., Inc.

Nobody Likes a Goblin. Ben Hatke. 2016. (ENG., Illus.). 40p. (J). 18.99 *(978-1-62672-081-7(9),* 900134885, First Second Bks.) Roaring Brook Pr.

Nobody Likes Frogs: A Book of Toadally Fun Facts. Barbara Davis-Pyles. Illus. by Liz Wong. 2023. 32p. (J). (gr. -1-3). 17.99 *(978-1-63217-335-5(2));* (ENG.). pap. 12.99 ***(978-1-63217-504-5(5))*** Sasquatch Bks. (Little Bigfoot).

NoBody Likes You, Greta Grump. Cathy Malkasian. 2021. (ENG., Illus.). 204p. (J). (gr. 4-7). pap. 16.99 *(978-1-68396-405-6(5),* 683405) Fantagraphics Bks.

Nobody Loves Me Because I Stink. Serena L Cohen. 2018. (ENG., Illus.). 32p. (J). 22.95 *(978-1-64214-702-5(8));* pap. 12.95 *(978-1-64214-700-1(1))* Page Publishing Inc.

Nobody Meets Jesus. Doretha Johnson. 2020. (ENG.). 290p. (YA). pap. 17.95 (978-1-64424-890-4(5)) Page Publishing Inc.
Nobody Real. Steven Camden. 2018. (ENG.). 432p. (YA). 9.99 (978-0-00-820679-6(1), HarperCollins Children's Bks.) HarperCollins Pubs. Ltd. GBR. Dist: HarperCollins Pubs.
Nobody's: A Novel (Classic Reprint) Virginia Demarest. 2018. (ENG., Illus.). 342p. (J). 30.97 (978-0-267-15336-7(8)) Forgotten Bks.
Nobody's Boy: Sans Famille (Classic Reprint) Hector Malot. (ENG., Illus.). (J). 2017. 31.94 (978-0-266-34548-0(4)); 2016. pap. 16.57 (978-1-334-13201-8(1)) Forgotten Bks.
Nobody's Business (Classic Reprint) Edith Carrington. (ENG., Illus.). (J). 2018. 192p. 27.86 (978-0-483-69860-4(1)); 2017. pap. 10.57 (978-0-243-23494-3(5)) Forgotten Bks.
Nobody's Child (Classic Reprint) Elizabeth Dejeans. 2017. (ENG., Illus.). (J). 31.12 (978-0-331-86959-0(4)) Forgotten Bks.
Nobody's Family Is Going to Change. Louise Fitzhugh. 2016. (ENG.). 232p. (J). (-9). pap. 12.95 (978-1-939601-49-0(5)) Ig Publishing, Inc.
Nobody's Friend: (but That's Not Where It Ends!) Lani Grace. 2019. (ENG., Illus.). (J). 34p. (978-0-6485137-3-5(4)); 36p. pap. (978-0-6485137-0-4(X)) Grace, Lani.
Nobody's Girl (en Famille) Hector Malot & Florence Crewe-Jones. 2018. (ENG., Illus.). 134p. (J). pap. (978-1-387-89476-5(5)) Lulu Pr., Inc.
Nobody's Girl (en Famille) (Classic Reprint) Hector Malot. 2017. (ENG., Illus.). (J). 30.74 (978-0-331-53033-9(3)); pap. 13.57 (978-0-243-07253-8(8)) Forgotten Bks.
Nobody's Girl (en Famille) (Hardcover) Hector Malot & Florence Crewe-Jones. 2018. (ENG., Illus.). 134p. (J). (978-1-387-89475-8(7)) Lulu Pr., Inc.
Nobody's Goddess. Amy McNulty. 2016. (ENG., Illus.). (YA). (gr. 7). pap. (978-1-927940-68-6(0)) Patchwork Pr.
Nobody's Goddess. Amy McNulty. 2021. (Never Veil Ser.: Vol. 1). (ENG.). 302p. (YA). (gr. 8-12). pap. 13.99 (978-1-952667-40-4(2)) Snowy Wings Publishing.
Nobody's Lady. Amy McNulty. 2016. (ENG., Illus.). (YA). (gr. 7). pap. (978-1-927940-69-3(9)) Patchwork Pr.
Nobody's Lady. Amy McNulty. 2021. (Never Veil Ser.: Vol. 2). (ENG.). 254p. (YA). (gr. 8-12). pap. 12.99 (978-1-952667-41-1(0)) Snowy Wings Publishing.
Nobody's Man. E. Phillips Oppenheim. 2017. (ENG., Illus.). (J). 25.95 (978-1-374-82206-1(X)); pap. 15.95 (978-1-374-82205-4(1)) Capital Communications, Inc.
Nobody's Man (Classic Reprint) E. Phillips Oppenheim. 2017. (ENG., Illus.). (J). 30.62 (978-1-5284-8799-3(0)) Forgotten Bks.
Nobody's Pawn. Amy McNulty. 2016. (ENG., Illus.). (J). pap. (978-1-927940-70-9(2)) Patchwork Pr.
Nobody's Pawn. Amy McNulty. 2021. (Never Veil Ser.: Vol. 3). (ENG.). 314p. (YA). (gr. 8-12). pap. 13.99 (978-1-952667-42-8(9)) Snowy Wings Publishing.
Nobody's Perfect see Nadie Es Perfecto
Nobody's Purr-Fect: (Especially Not Georgie) Angela Lacarrubba. 2019. (ENG., Illus.). 38p. (J). (gr. k-4). 13.95 (978-1-64416-522-5(8)); 23.95 (978-1-64416-524-9(4)) Christian Faith Publishing.
Nocatula, 1930 (Classic Reprint) John Earl Sims. 2017. (ENG., Illus.). (J). 28p. 24.47 (978-0-484-59381-6(1)); pap. 7.97 (978-0-259-98461-0(2)) Forgotten Bks.
Noce et Dépendances: Le Vestibule / Collection Empreintes. Sandrine Joly. 2020. (FRE.). 33p. (YA). pap. (978-1-716-60545-1(8)) Lulu Pr., Inc.
Noche Antigua. David Daniel Alvarez Hernandez. 2017. (Especiales de a la Orilla Del Viento Ser.). (SPA., Illus.). 40p. (J). 10.99 (978-607-16-5314-7(2)) Fondo de Cultura Economica USA.
Noche Antigua: (Ancient Night Spanish Edition) David Bowles. Illus. by David Alvarez. 2023. (SPA.). 40p. (J). (gr. -1-3). 18.99 (978-1-64614-254-5(3)) Levine Querido.
Noche Before Three Kings Day. Sheila ón-Bagley. Illus. by Alejandro Mesa. 2023. (ENG.). 32p. (J). (gr. -1-3). 19.99 (978-0-06-323432-1(7), HarperCollins) HarperCollins Pubs.
Noche Centelleante (the Sparkly Night) Kirsten McDonald. Illus. by Erika Meza. 2018. (Carlos & Carmen (Spanish Version) (Calico Kid) Ser.). (SPA.). 32p. (J). (gr. -1-3). lib. bdg. 32.79 (978-1-5321-3359-6(6), 31191, Calico Chapter Bks) Magic Wagon.
Noche de Brujas. Lori Dittmer. 2021. (Semillas Del Saber Ser.). (SPA.). 24p. (J). (gr. -1-k). (978-1-64026-443-4(4), 17922, Creative Education); pap. 8.99 (978-1-62832-978-0(5), 17923, Creative Paperbacks) Creative Co., The.
Noche de Brujas. Katie Gillespie. 2016. (Celebremos Las Fechas Patrias Ser.). (SPA.). 24p. (J). pap. 31.41 (978-1-4896-4372-8(9)) Weigl Pubs., Inc.
Noche de Catarro y Pesadillas. Armando Vega-Gil. Illus. by Trino. 2022. (SPA.). 64p. (J). (gr. -1-k). pap. 6.95 (978-607-8237-22-7(5)) Nostra Ediciones MEX. Dist: Independent Pubs. Group.
Noche de Los Nuevos Magos. Mary Pope Osborne et al. Illus. by Sal Murdocca. 2016. (SPA.). 111p. (J). (gr. 2-4). pap. 6.99 (978-1-63245-645-8(1)) Lectorum Pubns., Inc.
Noche de Nandi. Eileen Browne. 2019. (SPA.). 28p. (J). (gr. k-1). 16.99 (978-84-948900-8-6(5)) Ekare, Ediciones VEN. Dist: Lectorum Pubns., Inc.
Noche Del Borrador. Michael Dahl. Illus. by Bradford Kendall. 2023. (Biblioteca Maldita: Los Capítulos Finales Ser.). (SPA.). 40p. (J). 24.65 (978-1-6690-1143-9(1), 248278); pap. 6.99 (978-1-6690-1546-8(7), 248283) Capstone. (Stone Arch Bks.).
Noche Del Dragón. Julie Kagawa. 2021. (SPA.). 484p. (YA). (gr. 7). pap. 21.00 (978-607-557-236-9(8)) Editorial Oceano de Mexico MEX. Dist: Independent Pubs. Group.
Noche en el Bosque Embrujado. Laurie Friedman. Illus. by Jake Hill. 2022. (Campamento de Terror (Camp Creepy Lake) Ser.). (SPA.). 48p. (J). (gr. 2-4). pap. (978-1-0396-5005-3(8), 19500); lib. bdg. (978-1-0396-4878-4(9), 19499) Crabtree Publishing Co. (Leaves Chapter Books).
Noche en la Playa: Leveled Reader Book 20 Level S 6 Pack. Hmh Hmh. 2021. (SPA.). 40p. (J). pap. 74.40 (978-0-358-08589-8(6)) Houghton Mifflin Harcourt Publishing Co.
Noche Más para la Pascua (One Good Night 'til Easter) Frank J. Berrios, III. Illus. by Ramon Olivera. 2023. (One Good Night Ser.). (SPA.). 24p. (J). (gr. -1 — 1). pap. 7.99 (978-0-316-46812-1(6)) Little, Brown Bks. for Young Readers.
Noches de Papel. Gilles Tibo. (Barril Sin Fondo Ser.). (SPA.). (J). (gr. 3-5). pap. (978-968-6465-32-7(4)) Casa de Estudios de Literatura y Talleres Artisticos Amaquemecan A.C. MEX. Dist: Lectorum Pubns., Inc.
Nochevieja see On New Year's Eve/la Nochevieja
Nocterra, Volume 1: Full Throttle. Scott Snyder. 2021. (ENG., Illus.). 168p. (YA). pap., pap. 9.99 (978-1-5343-1994-3(8)) Image Comics.
Noctilucents Volume One: Martian Blood. John Pahl. 2020. (ENG., Illus.). 304p. (YA). pap. (978-1-912655-62-5(4)) Rowanvale Bks.
Nocturna. Maya Motayne. (Nocturna Ser.: 1). (ENG.). (YA). (gr. 8). 2020. 496p. pap. 11.99 (978-0-06-284274-9(9)); 2019. (Illus.). 480p. 18.99 (978-0-06-284273-2(0)) HarperCollins Pubs. (Balzer & Bray).
Nocturnal & Diurnal Animals Explained, 1 vol. Alicia Z. Klepeis. 2016. (Distinctions in Nature Ser.). (ENG., Illus.). 32p. (gr. 3-3). pap. 11.58 (978-1-5026-2173-3(8), ea61367a-e56c-46d5-85c4-0c243bada899) Cavendish Square Publishing LLC.
Nocturnal Animals. Abbie Dunne. 2016. (Life Science Ser.). (ENG., Illus.). 24p. (J). (gr. -1-2). lib. bdg. 27.32 (978-1-5157-0946-6(9), 132260, Capstone Pr.) Capstone.
Nocturnal Animals, 8 vols., Set. Mary R. Dunn. Incl. Owls. (ENG.). 24p. (J). (gr. -1-2). 2011. lib. bdg. 27.32 (978-1-4296-5997-0(1), 114928, Capstone Pr.); (Nocturnal Animals Ser.). (ENG.). 24p. 2011. 81.96 (978-1-4296-6651-0(X), 16373, Capstone Pr.) Capstone.
Nocturnal Animals: Children's Animal Fact Book. Bold Kids. 2022. (ENG.). 46p. (J). pap. 14.99 (978-1-0717-1091-3(5)) FASTLANE LLC.
Nocturnal Symphony: A Bat Detector's Journal. J. A. Watson. Illus. by Arpad Olbey. 2019. (Science Squad Set 2 Ser.). (ENG.). 192p. (J). (gr. 3-4). 28.50 (978-1-63163-299-0(X), 163163299X, Jolly Fish Pr.) North Star Editions.
Nocturnal Visit, Vol. 3: A Tale (Classic Reprint) Maria Regina Roche. 2018. (ENG., Illus.). 328p. (J). 30.68 (978-0-484-22265-5(1)) Forgotten Bks.
Nocturnals: The Mysterious Abductions. Tracey Hecht. Illus. by Kate Liebman. 2016. (Nocturnals Ser.: 1). (ENG.). 232p. (J). (gr. 3-5). 15.99 (978-1-944020-00-2(4), Fabled Films Pr. LLC) Fabled Films LLC.
Nocturne (Classic Reprint) Frank Swinnerton. 2017. (ENG., Illus.). (J). 29.26 (978-1-5285-8776-1(6)) Forgotten Bks.
Nods & Becks, 1917 (Classic Reprint) Chicora College for Women. 2018. (ENG., Illus.). (J). 152p. 27.05 (978-1-397-22931-1(4)); 154p. pap. 9.57 (978-1-397-22912-0(8)) Forgotten Bks.
Noel: An Unforgettable Night! Claire Dumont. Illus. by Mehrafarin Keshavarz. 2017. (ENG.). 32p. (J). 14.95 (978-0-8091-6780-7(8)) Paulist Pr.
Noel 1: Livre Coloriage Pour Enfants. Bold Illustrations. 2017. (FRE., Illus.). 82p. (J). pap. 8.35 (978-1-64193-047-5(0), Bold Illustrations) FASTLANE LLC.
Noel 2: Livre Coloriage Pour Enfants. Bold Illustrations. 2017. (FRE., Illus.). (J). pap. 8.35 (978-1-64193-048-2(9), Bold Illustrations) FASTLANE LLC.
Noël de Sam. Souhila. Ed. by Editions La Liseuse Junior. 2017. (FRE., Illus.). 42p. (J). pap. (978-2-37108-057-7(8)) L@ Liseuse.
Noel des Marmottes. Pierre Fiset Damiano Ferraro. 2017. (FRE., Illus.). (J). pap. (978-1-927914-75-5(2)) Flower Pr.
Noel Féérique de Will. Vaniliane Vaniliane. 2021. (FRE.). 40p. (J). pap. (978-1-7948-7375-9(9)) Lulu Pr., Inc.
Noelle at Sea: A Titanic Survival Story. Nikki Shannon Smith. Illus. by Matt Forsyth. 2019. (Girls Survive Ser.). (ENG.). 112p. (J). (gr. 3-7). lib. bdg. 25.99 (978-1-4965-7850-1(3), 139368, Stone Arch Bks.) Capstone.
Noelle: the Mean Girl #3. Ashley Woodfolk. 2021. (Flyy Girls Ser.: 3). 144p. (YA). (gr. 7). 15.99 (978-0-593-09608-6(8)); mass mkt. 6.99 (978-0-593-09607-9(X)) Penguin Young Readers Group. (Penguin Workshop).
Noel's Whispering Waters, 1 vol. Denise Caldwell. 2020. (ENG.). 20p. (J). 25.99 (978-1-4003-3159-8(5)); pap. 14.99 (978-1-4003-3158-1(7)) Elm Hill.
Noemi the Inventor! A Stories about Girls Adventure... Reena Hunjan. 2016. (ENG., Illus.). (J). pap. (978-1-77302-275-8(X)) Tellwell Talent.
#NoEscape. Gretchen McNeil. 2021. (#MurderTrending Ser.: 3). 48p. (YA). (gr. 9-12). pap. 9.99 (978-1-368-04402-8(6), Disney-Hyperion) Disney Publishing Worldwide.
Nog the Christmas Manatee. Allison McWood. Illus. by Nadine McCaughey. 2018. (ENG.). 28p. (J). pap. (978-0-9782729-9-9(4)) Annelid Pr.
Noggins of Kendrick. Julien Wells. 2022. (ENG.). 196p. (YA). (978-1-3984-1037-4(3)); pap. (978-1-3984-1036-7(5)) Austin Macauley Pubs. Ltd.
Noh Family. Grace K. Shim. 2022. 384p. (YA). (gr. 7). 18.99 (978-0-593-46273-7(4)); (978-0-593-53232-4(5)) Penguin Young Readers Group. (Kokila).
Noi, in Pandemia. Loredana Bianchi & Arduino Balzano. 2020. (ITA.). 135p. (YA). pap. (978-1-716-98657-4(5)) Lulu Pr., Inc.
NOI, Quelli Del Bar Dello Zozzo. Daniele Zamperini. 2020. (ITA.). 145p. (YA). pap. (978-1-716-86464-3(X)) Lulu Pr., Inc.
Noir. Amy Culliford. Tr. by Claire Savard. 2021. (Ma Couleur Préférée (My Favorite Color) Ser.). (FRE., Illus.). 16p. (J). (gr. -1-1). pap. (978-1-0396-0124-6(3), 13248) Crabtree Publishing Co.
Noir: Ou le Sentier de Mon être. Jean-matthieu Tamoko. 2020. (FRE.). 80p. (YA). pap. (978-1-716-95943-1(8)) Lulu Pr., Inc.
Noise. Penelope Dyan. Illus. by Penelope Dyan. l.t. ed. 2023. (ENG.). 34p. (J). pap. 12.60 (978-1-61477-663-5(6)) Bellissima Publishing, LLC.
Noise down the Trail. Taylyn Senec. 2018. (Miller Kids Ser.: Vol. 1). (ENG., Illus.). 88p. (J). (gr. 3-6). pap. 8.99 (978-0-578-41461-4(9)) Berube, Stacey.
Noise Inside Boys: A Story about Big Feelings. Pete Oswald. 2023. 40p. (J). (gr. -1-2). (ENG.). lib. bdg. 21.99 (978-0-593-48323-7(5)); (Illus.). 18.99 (978-0-593-48322-0(7)) Random Hse. Children's Bks.
Noisemakers: 25 Women Who Raised Their Voices & Changed the World - a Graphic Collection from Kazoo. Kazoo Magazine. Ed. by Erin Bried. 2020. (Illus.). 224p. (J). (gr. 3-7). (ENG.). 25.99 (978-0-525-58017-1(4)); pap. 17.99 (978-0-525-58018-8(2)) Random Hse. Children's Bks. (Knopf Bks. for Young Readers).
Noises in Space. Virginia Loh-Hagan. 2020. (Out of This World Ser.). (ENG., Illus.). 32p. (J). (gr. 4-8). lib. bdg. 32.07 (978-1-5341-6924-1(5), 215583, 45th Parallel Press) Cherry Lake Publishing.
Noises of the Night: A Canadian Lullaby. Alana Pidwerbeski. 2020. (ENG.). 28p. (J). (978-1-5255-9016-0(2)); pap. (978-1-5255-9015-3(4)) FriesenPress.
Noisy ABC: My First Alphabet Sound Book. Beth Hamilton. 2022. (My First Ser.). (ENG., Illus.). 16p. (J). (-k). bds. 14.99 (978-1-6643-5030-4(6)) Tiger Tales.
Noisy Animal Search & Find. Lauren Crisp. Illus. by Thomas Elliott. 2021. (I Can Learn Ser.). (ENG.). 10p. (J). (-k). bds. 14.99 (978-1-68010-685-5(6)) Tiger Tales.
Noisy Animals: My First Touch & Feel Sound Book. Libby Walden. 2020. (My First Ser.). (ENG.). 12p. (J). (-k). bds. 14.99 (978-1-68010-667-1(8)) Tiger Tales.
Noisy Babies: My First Touch & Feel Sound Book. Lauren Crisp. 2023. (My First Ser.). (ENG.). 12p. (J). (— 1). bds. 14.99 (978-1-6643-5070-0(5)) Tiger Tales.
Noisy Baby Animals: My First Touch & Feel Sound Book. Patricia Hegarty. 2020. (My First Ser.). (ENG., Illus.). 12p. (J). (-k). bds. 14.99 (978-1-68010-665-7(1)) Tiger Tales.
Noisy Bathtime. Jamie French. Illus. by Aleksandra Szmidt. 2021. (Padded Board Bks.). (ENG.). 24p. (J). bds. 9.99 (978-1-80105-114-9(3)) Top That! Publishing PLC GBR. Dist: Independent Pubs. Group.
Noisy Book Board Book. Margaret Wise Brown. Illus. by Leonard Weisgard. 2017. (ENG.). 36p. (J). (gr. -1 — 1). bds. 7.99 (978-0-06-248465-9(6), HarperFestival) HarperCollins Pubs.
Noisy Christmas Mouse. Michael Verrett. Illus. by Michael Verrett. 2022. (ENG.). 32p. (J). (978-1-6781-7468-2(8)) Lulu Pr., Inc.
Noisy Classroom. Angela Shanté. Illus. by Alison Hawkins. 2020. (Noisy Classroom Ser.: 1). (ENG.). 32p. (J). (gr. 1-3). 16.99 (978-1-5132-6292-5(0), West Margin Pr.) West Margin Pr.
Noisy Day for Meow Meow. Felix Cheong. Illus. by Devitha Fauzie & Yunita Elvira Anisa. 2022. (ENG.). 32p. (J). 13.99 (978-981-4974-91-2(9)) Marshall Cavendish International (Asia) Private Ltd. SGP. Dist: Independent Pubs. Group.
Noisy Digger: I Can Learn My First Sounds. Lauren Crisp. Illus. by Thomas Elliott. 2021. (I Can Learn Ser.). (ENG.). 12p. (J). (— 1). bds. 14.99 (978-1-68010-684-8(8)) Tiger Tales.
Noisy Dinosaur: I Can Learn My First Sounds. Lauren Crisp. Illus. by Thomas Elliott. 2023. (I Can Learn Ser.). (ENG.). 12p. (J). (— 1). bds. 14.99 (978-1-6643-5069-4(1)) Tiger Tales.
Noisy Dinosaurs: My First Touch & Feel Sound Book. Jonathan Litton. 2020. (My First Ser.). (ENG., Illus.). 12p. (J). (-k). bds. 14.99 (978-1-68010-664-0(3)) Tiger Tales.
Noisy Dinosaurs (NEW) Sam Taplin. 2019. (Noisy Bks.). (ENG.). 10ppp. (J). 19.99 (978-0-7945-4531-4(9), Usborne) EDC Publishing.
Noisy Experiments, 1 vol. Anna Claybourne. 2018. (Ultimate Science Lab Ser.). (ENG.). 32p. (gr. 4-5). pap. 11.50 (978-1-5382-3530-0(7), dcdccc86-76f0-4d85-ba5c-1b0be066f4c7) Stevens, Gareth Publishing LLLP.
Noisy Farm: My First Touch & Feel Sound Book. Tiger Tales. 2020. (My First Ser.). (ENG., Illus.). 12p. (J). (-k). bds. 14.99 (978-1-68010-663-3(5)) Tiger Tales.
Noisy Farm: My First Sound Book. Illus. by Marion Billet. 2017. (ENG.). 16p. (J). (gr. -1 — 1). 9.99 (978-1-338-13220-5(2), Cartwheel Bks.) Scholastic, Inc.
Noisy Farm (Sound Book) 18 Farm Sounds. IglooBooks. 2017. (Mega Sounds Ser.: 1). (ENG.). 10p. (J). bds. 15.99 (978-1-78670-983-7(X)) Igloo Bks. GBR. Dist: Simon & Schuster, Inc.
Noisy First Words: My First Touch & Feel Sound Book. Libby Walden. 2020. (My First Ser.). (ENG., Illus.). 12p. (J). (-k). bds. 14.99 (978-1-68010-666-4(X)) Tiger Tales.
Noisy Frog & Friends: Roller Rattle Book. IglooBooks. Illus. by Belinda Strong. 2020. (ENG.). 12p. (J). (-k). 7.99 (978-1-83903-726-9(1)) Igloo Bks. GBR. Dist: Simon & Schuster, Inc.
Noisy Garage. Dennis R. Shealy. 2016. (Little Golden Book Ser.). (Illus.). 24p. (J). (-k). 5.99 (978-1-101-93439-5(5), Golden Bks.) Random Hse. Children's Bks.
Noisy Neighbour: Luke 11 - God Is Good. Catherine MacKenzie. rev. ed. 2017. (Stories from Jesus Ser.). (ENG., Illus.). 24p. (J). pap. 4.99 (978-1-5271-0097-8(9), eae6b49d-7117-42ce-a3d6-c3344271a348, CF4Kids) Christian Focus Pubns. GBR. Dist: Baker & Taylor Publisher Services (BTPS).
Noisy Nibblers: Guinea Pig. Felicia Macheske. 2017. (Guess What Ser.). (ENG., Illus.). 24p. (J). (gr. k-2). lib. bdg. 30.64 (978-1-63472-854-6(8), 209842) Cherry Lake Publishing.
Noisy Night. Mac Barnett; pictures by Brian Biggs. 2017. (ENG., Illus.). 32p. (J). 18.99 (978-1-59643-967-2(X), 900126272) Roaring Brook Pr.
Noisy Ninja. Gordon Nicoll. Illus. by Lyn Stone. 2020. (ENG.). 30p. (J). pap. (978-1-83975-374-9(9)) Grosvenor Hse. Publishing Ltd.
Noisy Robots. Hunter Reid. Illus. by Alex Chiu. 2017. (Fluorescent Pop! Ser.). (ENG.). 14p. (J). (gr. -1-k). bds. 5.99 (978-1-4998-0523-9(3)) Little Bee Books Inc.
Noisy Silent Night. Jill Roman Lord. 2018. (J). (978-0-8198-5188-8(X)) Pauline Bks. & Media.
Noisy Things That Go: My First Touch & Feel Sound Book. Libby Walden. 2020. (My First Ser.). (ENG., Illus.). 12p. (J). (-k). bds. 14.99 (978-1-68010-668-8(6)) Tiger Tales.
Noisy Tom: A Book about Communicating. Jane Martino. 2022. (Smiling Mind Ser.: 3). (Illus.). 32p. (J). (gr. -1-k). 17.99 (978-1-76104-007-8(3), Puffin) Penguin Random Hse. AUS. Dist: Independent Pubs. Group.
Noisy Touch & Feel: Cow Says Moo. Libby Walden. Illus. by Amanda Enright. 2016. (Noisy Touch & Feel Ser.). (ENG.). 12p. (J). bds. 14.99 (978-1-62686-575-4(2), Silver Dolphin Bks.) Readerlink Distribution Services, LLC.
Noisy Touch & Feel: Owl Says Hoot. Libby Walden. Illus. by Amanda Enright. 2016. (Noisy Touch & Feel Ser.). (ENG.). 12p. (J). bds. 14.99 (978-1-62686-576-1(0), Silver Dolphin Bks.) Readerlink Distribution Services, LLC.
Noisy Touch & Lift Farm. Scholastic, Inc. Staff. 2018. (Scholastic Early Learners Ser.). (ENG.). 14p. (J). (gr. -1-k). 12.99 (978-1-338-28397-6(9), Cartwheel Bks.) Scholastic, Inc.
Noisy Touch & Lift Truck. Scholastic Early Learners Staff. 2018. (Scholastic Early Learners Ser.). (ENG.). 14p. (J). (gr. -1-k). 12.99 (978-1-338-28398-3(7), Cartwheel Bks.) Scholastic, Inc.
Noisy Touch & Lift Trucks: Scholastic Early Learners (Sound Book) Scholastic. 2022. (Scholastic Early Learners Ser.). (ENG.). 14p. (J). (gr. -1-k). 14.99 (978-1-338-80442-3(1), Cartwheel Bks.) Scholastic, Inc.
Noisy Touchy-Feely Santa. Felicity Brooks & Sam Taplin. 2019. (Noisy Bks.). (ENG.). 10ppp. (J). 19.99 (978-0-7945-4785-1(0), Usborne) EDC Publishing.
Noisy Tractor: I Can Learn My First Sounds. Lauren Crisp. Illus. by Thomas Elliott. 2021. (I Can Learn Ser.). (ENG.). 12p. (J). (— 1). bds. 14.99 (978-1-68010-669-5(4)) Tiger Tales.
Noisy Trucks: My First Touch & Feel Sound Book. Tiger Tales. 2020. (My First Ser.). (ENG., Illus.). 12p. (J). (-k). bds. 14.99 (978-1-68010-662-6(7)) Tiger Tales.
Noite Negra - Livro 1. Helena C. Jordao. 2018. (POR., Illus.). 294p. (J). pap. (978-85-9596-046-6(1)) Drago Editorial.
Noiva Escolhida: As Aventuras de Ester. Pip Reid. 2020. (Defensores Da Fé Ser.: Vol. 15). (POR.). 40p. (J). pap. (978-1-989961-24-7(X)) Bible Pathway Adventures.
NOK Rockers: Trouble in Slowville. L. L. C. Nourish Our Kids. Illus. by Mark Biddison. 2022. (ENG.). 48p. (J). 19.50 (978-1-6629-2425-5(9)); pap. 9.50 (978-1-6629-2426-2(7)) Gatekeeper Pr.
Nokota(R) Voices. Julie Christen. 2023. (Forever Fields Ser.: Vol. 1). (ENG.). 302p. (YA). pap. (978-0-2286-2559-9(9)) Books We Love Publishing Partners.
Nokum Is My Teacher, 1 vol. David Bouchard & David Bouchard. Illus. by Allen Sapp. 2019. (ENG.). 32p. (J). (gr. k-4). pap. 16.95 (978-0-88995-571-4(9), ab7bcd18-4a24-46da-a65b-26ec5943a0a9) Red Deer Pr. CAN. Dist: Firefly Bks., Ltd.
Nolan Arenado. Greg Bach. 2020. (J). (978-1-4222-4442-5(3)) Mason Crest.
Nolan (the College Collection Set 1 - for Reluctant Readers), 6, 5. Georgina Jonas. 2016. (College Collection). (ENG., Illus.). 48p. (YA). pap. 4.95 (978-1-78583-104-1(6)) Crown Hse. Publishing LLC.
Nolan's Dream. Janice Ramos Tingley. Illus. by Janice Ramos Tingley. 2018. (ENG., Illus.). 32p. (J). (gr. -1-3). (978-1-5255-0645-1(5)); pap. (978-1-5255-0646-8(3)) FriesenPress.
Noll & the Fairies (Classic Reprint) Hervey White. 2018. (ENG., Illus.). 232p. (J). 28.70 (978-0-484-16974-5(2)) Forgotten Bks.
Nollekens & His Times, Vol. 1 Of 2: Comprehending a Life of That Celebrated Sculptor; & Memoirs of Several Contemporary Artists, from the Time of Roubiliac, Hogarth, & Reynolds, to That of Fuseli, Flaxman, & Blake (Classic Reprint) John Thomas Smith. (ENG., Illus.). (J). 2018. 438p. 32.93 (978-0-666-55298-3(3)); 2017. pap. 16.57 (978-0-259-37382-7(6)) Forgotten Bks.
Nom Nom Nom: A Yummy Book with Flaps. Jeffrey Burton. Illus. by Sarah Hwang. 2021. (ENG.). 18p. (J). (gr. -1-k). bds. 7.99 (978-1-6659-0010-2(5), Little Simon) Little Simon.
Nomad Club: Never Wander Alone Again. Ray Fauteux. 2023. (ENG.). 168p. (J). pap. (978-1-9995759-1-5(1)) LoGreco, Bruno.
Nomad Novella (w/ Simon Rose) Ryden Nading. 2021. (ENG.). 144p. (YA). pap. 12.00 (978-1-257-46377-0(2)) Lulu Pr., Inc.
Nomads of the North. James Oliver Curwood. 2020. (ENG.). 182p. (J). (978-1-77441-384-5(1)) Westland, Brian.
Nomads of the North: A Story of Romance & Adventure under the Open Stars. James Oliver Curwood. 2017. (ENG., Illus.). (J). pap. 13.95 (978-1-374-81679-4(5)) Capital Communications, Inc.
Nomads of the North: A Story of Romance & Adventure under the Open Stars (Classic Reprint) James Oliver Curwood. 2017. (ENG., Illus.). (J). 30.81 (978-0-331-85468-8(6)) Forgotten Bks.
Nomas Tantito. Kall Garcia Jurado & Arturo Hernandez Ortega. 2018. (SPA.). 144p. (YA). (gr. 10-12). pap. 9.95 (978-607-453-428-3(4)) Selector, S.A. de C.V. MEX. Dist: Spanish Pubs., LLC.
Nomas Tantito: Van Por Las Calles Dando Lecciones de Urbanidad a Los Ciudadanos. Los Supercivicos. 2017.Tr. of Just a Little Bit. (SPA.). 128p. (J). pap. 12.95 (978-1-68165-498-0(9)) Trialtea USA, LLC.
NoMax! Shannon Horsfall. 2019. 32p. pap. 6.99 (978-1-4607-5393-4(3), HarperCollins) HarperCollins Pubs.
Nomax the Sloppy Dog. Trinidez McColen. 2021. (ENG.). 32p. (J). pap. 10.99 (978-1-63767-198-6(9)) Bk.Trail Agency.
Nombres: Nombres Nous Aident à Comprendre le Monde. David E. McAdams. 2023. (Livres de Mathématiques Pour Enfants Ser.). (FRE.). 42p. (J). pap. 19.95 (978-1-63270-407-8(2)) Life is a Story Problem LLC.
Nomen Nescio - Tome 1 - Sixième As. Vincent Raveleau. 2020. (FRE.). 179p. (YA). pap. (978-0-244-56335-6(7)) Lulu Pr., Inc.
Nomenclator Botanicus: Enumerans Ordine Alphabetico Nomina Atque Synonyma Tum Generica Tum Specifica et a Linnaeo et Recentioribus de Re Botanica Scriptoribus Plantis Phanerogamis Imposita (Classic Reprint) Ernst Gottlieb Steudel. 2017. (LAT., Illus.). (J).

1476

The check digit for ISBN-10 appears in parentheses after the full ISBN-13

TITLE INDEX

NORDIC SKIING

928p. 43.06 *(978-0-332-21963-9(1))*; 930p. pap. 25.40 *(978-0-332-21319-4(6))* Forgotten Bks.

Nomenclatural Cross-Reference List (Classic Reprint) American Camellia Society. 2017. (ENG., Illus.). (J). 24.33 *(978-0-266-58467-4(5))*; pap. 7.97 *(978-0-282-98791-6(6))* Forgotten Bks.

Nomigranates, Tropical Fruit People: Guardians of Children's Sleep. C. E. Dawson. 2016. (ENG., Illus.). (J). pap. 13.95 *(978-1-5043-4340-4(9)*, Balboa Pr.) Author Solutions, LLC.

Nomit & Pickle Go Festive. C. E. Cameron. 2021. (ENG.). 34p. (J). pap. *(978-1-914498-86-2(0))* Clink Street Publishing.

Nomit & Pickle Go Shopping. C. E. Cameron. 2020. (ENG., Illus.). 20p. (J). pap. *(978-1-913568-32-0(6))* Clink Street Publishing.

Nomit & Pickle Pickle Go Camping. C. E. Cameron. 2021. (ENG.). 24p. (J). pap. *(978-1-913962-47-0(4))* Clink Street Publishing.

Nomophobia. Jd Wise. 2023. (ENG.). 36p. (J). pap. ***(978-1-329-31337-8(2))*** Lulu Pr., Inc.

Non Adventure Adventures of Nothing Special: The Secret of the Seed. Candis Marshall & Stevie Burrows. 2019. (ENG.). 54p. (J). pap. *(978-0-359-60367-1(X))* Lulu Pr., Inc.

Non-Combatants & Others (Classic Reprint) Rose Macaulay. (ENG., Illus.). (J). 2017. 30.48 *(978-0-331-69967-8(2))*; 2016. pap. 13.57 *(978-1-334-16120-9(8))* Forgotten Bks.

Non Dimenticate Steven. P. D. Workman. Tr. by Roberta Giuffrida. 2022. (ITA.). 212p. (J). pap. ***(978-1-77468-284-5(2))*** PD Workman.

Non-Entity Book Series Book 1: Non. Julie Hagaman. 2020. (ENG.). 362p. (YA). pap. 19.98 *(978-1-716-91225-2(3))* Lulu Pr., Inc.

Non Mangiare Mai un Tramezzino Al Cactus (Never Eat a Cactus Sandwich) Alexander Prezioso. Illus. by James G. Petropoulos. 2022. (ITA.). 45p. (J). pap. ***(978-1-387-55769-1(6))*** Lulu Pr., Inc.

Non-Mythical Animals. Kristin Carter. 2022. (ENG.). 109p. pap. ***(978-1-387-69061-9(2))*** Lulu Pr., Inc.

Non-Prophet's Guide to Prophecy for Young People: What Every Kid Needs to Know about the End Times. Todd Hampson. 2022. (Non-Prophet's Guide Ser.). (ENG.). 80p. (J). (gr. 2-7). pap. 14.99 *(978-0-7369-8280-1(9)*, 6982801, Harvest Kids) Harvest Hse. Pubs.

Non-Salty Sea - Taari Ae Aki Taoro (Te Kiribati) Ruiti Tumoa. Illus. by John Maynard Balinggao. 2023. (ENG.). 38p. (J). pap. ***(978-1-922876-04-1(6))*** Library For All Limited.

Non-Scheduled Flight: A Novel (Classic Reprint) R. L. Duffus. 2017. (ENG., Illus.). (J). 28.95 *(978-0-260-82080-8(6))*; pap. 11.57 *(978-1-5284-3468-3(4))* Forgotten Bks.

Non Sequitur (Classic Reprint) Mary Elizabeth Coleridge. (ENG., Illus.). (J). 2018. 224p. 28.52 *(978-0-332-78915-6(2))*; 2016. pap. 10.97 *(978-1-334-65310-0(0))* Forgotten Bks.

Non-Sporting Dogs. Elizabeth Noll. 2021. (Dog Groups Ser.). (ENG., Illus.). 32p. (J). (gr. 3-8). lib. bdg. 27.95 *(978-1-64487-443-1(1)*, Blastoff! Readers) Bellwether Media.

Non-Stop Action! a Super Fun Activity Book for Kids. Kreative Kids. 2016. (ENG., Illus.). (J). pap. 10.81 *(978-1-68377-222-4(9))* Whlke, Traudl.

Non-Verbal Reasoning, Age 8-10. Denis Vincent & Peter Francis. 2016. (ENG.). 56p. pap., wbk. ed. 14.95 *(978-1-4718-4934-3(1))* Hodder Education Group GBR. Dist: Trans-Atlantic Pubns., Inc.

Non-Verbal Reasoning, Age 9-11. Alison Primrose. 2016. (ENG.). 64p. pap., wbk. ed. 14.95 *(978-1-4718-4935-0(X))* Hodder Education Group GBR. Dist: Trans-Atlantic Pubns., Inc.

Non Voglio, Voglio, Io Faccio! Un Po' Autobiografico, Moderatamente Erotico, con Molta Fantasia. Fabrizio Fiorita. 2022. (ITA.). 92p. (YA). pap. ***(978-1-4710-1188-7(7))*** Lulu Pr., Inc.

Nona Zuppa & the Pasta Parade. Gera Disanto. 2017. (ENG., Illus.). (J). pap. 14.99 *(978-1-4834-6912-6(3))* Lulu Pr., Inc.

Nona's Whistle. Patricia Baker. 2021. (ENG., Illus.). 44p. (J). 21.95 *(978-1-64952-163-7(4))* Fulton Bks.

None but the Brave (Classic Reprint) Joseph Hamblen Sears. 2018. (ENG., Illus.). 332p. (J). 30.76 *(978-0-332-13748-3(1))* Forgotten Bks.

None Like You. Holly Jenkins. 2017. (ENG., Illus.). 26p. (J). pap. 12.95 *(978-1-64003-309-2(2))* Covenant Bks.

None of Self & All of Thee: A Tale of Indian Life (Classic Reprint) S. S. Hewlett. (ENG., Illus.). (J). 2018. 280p. 29.67 *(978-0-483-34178-4(9))*; 2017. pap. 13.57 *(978-0-243-85774-6(8))* Forgotten Bks.

None Other Gods (Classic Reprint) Robert Hugh Benson. (ENG., Illus.). (J). 2018. 33.98 *(978-0-260-86811-4(6))*; 2018. 380p. 31.75 *(978-0-483-60907-5(2))*; 2017. pap. 13.97 *(978-0-243-27785-8(7))* Forgotten Bks.

None Shall Sleep. Ellie Marney. 2021. (None Shall Sleep Sequence Ser.: 1). (ENG.). 400p. (YA). (gr. 9-17). pap. 11.99 *(978-0-316-49784-8(3))* Little, Brown Bks. for Young Readers.

None So Blind (Classic Reprint) Albert Parker Fitch. 2018. (ENG., Illus.). 376p. (J). 31.65 *(978-0-267-20944-6(4))* Forgotten Bks.

None Such? There Will yet Be Thousands (Classic Reprint) Emory J. Haynes. 2018. (ENG., Illus.). 334p. (J). 30.81 *(978-0-483-96671-0(1))* Forgotten Bks.

Nonfiction. Alexis Burling. 2016. (Essential Literary Genres Ser.). (ENG., Illus.). 112p. (J). (gr. 6-12). lib. bdg. 41.36 *(978-1-68078-381-0(5)*, 23527, Essential Library) ABDO Publishing Co.

Nonfiction, 1 vol. Heather Moore Niver. 2018. (Let's Learn about Literature Ser.). (ENG.). 24p. (gr. 1-2). 24.27 *(978-0-7660-9602-8(5)*, a32bce08-a107-46ef-829f-10197eab355c) Enslow Publishing, LLC.

Noni & the Great Chaaawklit Mystery. Dermot Whelan. 2022. (ENG., Illus.). 272p. (J). 16.95 *(978-0-7171-9185-7(0))* Gill Bks. IRL. Dist: Casemate Pubs. & Bk. Distributors, LLC.

Noni the Pony. Alison Lester. Illus. by Alison Lester. 2019. (Noni the Pony Ser.). (ENG., Illus.). 28p. (J). (gr. -1-k). bds. 7.99 *(978-1-5344-5355-5(5)*, Little Simon) Little Simon.

Noni the Pony Rescues a Joey. Alison Lester. Illus. by Alison Lester. 2019. (Noni the Pony Ser.). (ENG., Illus.). 32p. (J). (-3). 17.99 *(978-1-5344-4370-9(3)*, Beach Lane Bks.) Beach Lane Bks.

Nonna & the Girls Next Door. Gianna Patriarca. Illus. by Ellie Arscott. 2022. (ENG.). 24p. (J). (gr. 1-3). 21.95 *(978-1-77260-249-4(3))* Second Story Pr. CAN. Dist: Orca Bk. Pubs. USA.

Nonnie & I/ Nonnie y Yo. Savannah Hendricks. Illus. by Lisa Griffin. 2017. (Xist Kids Bilingual Spanish English Ser.). (ENG & SPA.). 32p. (J). (gr. -1-3). pap. 9.99 *(978-1-5324-0103-9(5))* Xist Publishing.

Nonnie y Yo. Savannah Hendricks. 2017. (Xist Kids Spanish Bks.). (SPA., Illus.). 32p. (J). (gr. k-3). pap. 9.99 *(978-1-5324-0125-1(6))* Xist Publishing.

Nonno Is My Grandfather. Bruna Di-Giuseppe-Bertoni. Illus. by Aurora Pagano. 2023. (ENG.). 34p. (J). pap. ***(978-0-9920605-1-0(6))*** Bruna Di Giuseppe-Bertoni.

Nono, Love & the Soil (Classic Reprint) Gaston Roupnel. 2017. (ENG., Illus.). (J). 29.75 *(978-0-266-20432-9(5))* Forgotten Bks.

Nonrenewable & Renewable Energy Resources. Elizabeth Massie. 2016. (Spring Forward Ser.). (J). (gr. 2). *(978-1-4900-9468-7(7))* Benchmark Education Co.

Nonrenewable Resources & You, 1 vol. Nicholas Faulkner & Paula Johanson. 2018. (How Our Choices Impact Earth Ser.). (ENG.). 64p. (gr. 6-6). 36.13 *(978-1-5081-8150-7(0)*, f428a863-b2c1-4734-b905-b4459b1453a2, Rosen Reference) Rosen Publishing Group, Inc., The.

Nonsense: Or Hits & Criticisms on the Follies of the Day (Classic Reprint) Brick Pomeroy. 2017. (ENG., Illus.). (J). 29.63 *(978-0-265-21984-3(1))* Forgotten Bks.

Nonsense Anthology (Classic Reprint) Carolyn Wells. 2018. (ENG., Illus.). (J). 30.70 *(978-0-260-27776-3(2))* Forgotten Bks.

Nonsense Books (Classic Reprint) Edward Lear. 2018. (ENG., Illus.). 440p. (J). 32.99 *(978-0-331-84014-8(6))* Forgotten Bks.

Nonsense Dialogues for the Youngest Readers (Classic Reprint) Ellen E. Kenyon-Warner. (ENG., Illus.). (J). 2017. 186p. 27.73 *(978-0-484-08448-2(8))*; 2016. pap. 10.57 *(978-1-333-31097-4(8))* Forgotten Bks.

Nonsense for Old Young (Classic Reprint) Eugene Field. 2018. (ENG., Illus.). 34p. (J). 24.62 *(978-0-267-49687-7(7))* Forgotten Bks.

Nonsense Monster. Monique Morton. 2019. (ENG.). 28p. (J). pap. 19.99 *(978-1-5456-8142-8(2))* Salem Author Services.

Nonsense Novels: Illustrated by John Kettelwell (Classic Reprint) Stephen Leacock. 2017. (ENG., Illus.). (J). 28.99 *(978-0-265-37758-1(7))* Forgotten Bks.

Nonsense Rhymes (Classic Reprint) Cosmo Monkhouse. 2018. (ENG., Illus.). (J). 100p. 25.98 *(978-1-391-14099-5(0))*; 102p. pap. 9.57 *(978-1-390-93337-6(7))* Forgotten Bks.

Nonsense Songs (Classic Reprint) Edward Lear. 2018. (ENG., Illus.). 146p. (J). 26.93 *(978-0-267-23446-2(5))* Forgotten Bks.

Nonsense! the Curious Story of Edward Gorey. Lori Mortensen. Illus. by Chloe Bristol. 2020. (ENG.). 40p. (J). (gr. -1-3). 17.99 *(978-0-358-03368-4(3)*, 1740073, Versify) HarperCollins Pubs.

Nonsense, Vol. 4: Being Certain Foolish Tales Told by a Father to His Children in 'the Children's Hour' (Classic Reprint) Frederick Rogers Barrister. 2018. (ENG., Illus.). 240p. (J). 28.87 *(978-0-267-65846-6(X))* Forgotten Bks.

Nonstop. Tomi Ungerer. 2020. (ENG., Illus.). 48p. (gr. k-3). 16.95 *(978-1-83866-159-5(X))* Phaidon Pr., Inc.

Noob's Diary of an 8-Bit Warrior, Volume 1. Cube Cube Kid. Tr. by Tanya Gold. Illus. by Jez & Odone. 2023. (ENG.). 96p. (J). 13.99 ***(978-1-5248-8414-7(6))***; pap. 11.99 ***(978-1-5248-8240-2(2))*** Andrews McMeel Publishing.

Noodin's Perfect Day. Ansley Simpson. Illus. by Rhael McGregor. 2022. (ENG.). 28p. (J). (gr. -1-k). 15.95 *(978-1-9991562-5-1(0))* Flamingo Rampant! CAN. Dist: Orca Bk. Pubs. USA.

Noodle & the No Bones Day. Jonathan Graziano. Illus. by Dan Tavis. 2022. (Noodle & Jonathan Ser.). (ENG.). 32p. (J). (gr. -1-3). 18.99 *(978-1-6659-2710-9(0)*, McElderry, Margaret K. Bks.) McElderry, Margaret K. Bks.

Noodle Bear. Mark Gravas. Illus. by Mark Gravas. 2020. (ENG., Illus.). 32p. (J). (gr. -1-2). 16.99 *(978-1-5362-1107-8(9))* Candlewick Pr.

Noodle Helps Gabriel Say Goodbye. Caryn Rivadeneira. Illus. by Priscilla Alpaugh. 2020. (Helper Hounds Ser.). (ENG.). 72p. (J). (gr. 1-3). pap. 6.99 *(978-1-63440-918-6(3)*, a37b45ae-961a-42fa-b494-17ae2113268b); lib. bdg. 12.99 *(978-1-63440-915-5(9)*, 9c104d46-5bf8-419b-a821-69cb48dbb406) Red Chair Pr.

Noodle Lui Finds a Family. Ronnie Beaty. 2020. (ENG., Illus.). 30p. (J). 20.95 *(978-1-64654-913-9(9))* Fulton Bks.

Noodle the Poodle. Mary Burke. 2019. (ENG.). 46p. (J). 16.99 *(978-1-7339571-1-3(1))*; pap. 9.99 *(978-0-9600881-2-6(1))* Mindstir Media.

Noodlehead Nightmares. Tedd Arnold et al. (Noodleheads Ser.: 1). (ENG., Illus.). 48p. (J). (gr. 1-4). 2017. pap. 6.99 *(978-0-8234-3768-9(X))*; 2016. 15.99 *(978-0-8234-3566-1(0))* Holiday Hse., Inc.

Noodlehead Nightmares. Tedd Arnold et al. ed. 2018. (Noodlehead Readers Ser.). (ENG.). 48p. (J). (gr. 3-5). 17.96 *(978-1-64310-684-7(8))* Penworthy Co., LLC, The.

Noodleheads Do the Impossible. Tedd Arnold et al. (Noodleheads Ser.: 6). (Illus.). 48p. (J). (gr. 1-4). 2023. pap. 6.99 *(978-0-8234-5319-1(7))*; 2021. 15.99 *(978-0-8234-4003-0(6))* Holiday Hse., Inc.

Noodleheads Find Something Fishy. Tedd Arnold et al. Illus. by Tedd Arnold. (Noodleheads Ser.: 3). (Illus.). 48p. (J). (gr. 1-4). 2020. pap. 6.99 *(978-0-8234-4437-3(6))*; 2018. 15.99 *(978-0-8234-3937-9(2))* Holiday Hse., Inc.

Noodleheads Find Something Fishy. Tedd Arnold et al. ed. 2020. (Noodlehead Readers Ser.). (ENG., Illus.). 48p. (J). (gr. k-1). 16.96 *(978-1-64697-346-0(1))* Penworthy Co., LLC, The.

Noodleheads Fortress of Doom. Tedd Arnold et al. (Noodleheads Ser.: 4). (Illus.). 48p. (J). (gr. 1-4). 2021. pap. 6.99 *(978-0-8234-4837-1(1))*; 2019. 15.99 *(978-0-8234-4001-6(X))* Holiday Hse., Inc.

Noodleheads Fortress of Doom. Tedd Arnold et al. ed. 2021. (Noodlehead Readers Ser.). (ENG., Illus.). 48p. (J). (gr. k-1). 18.46 *(978-1-64697-948-6(6))* Penworthy Co., LLC, The.

Noodleheads Lucky Day. Tedd Arnold et al. (Noodleheads Ser.: 5). (Illus.). 48p. (J). (gr. 1-4). 2022. pap. 6.99 *(978-0-8234-5107-4(0))*; 2020. 15.99 *(978-0-8234-4002-3(8))* Holiday Hse., Inc.

Noodleheads See the Future. Tedd Arnold et al. Illus. by Tedd Arnold. 2018. (Noodleheads Ser.: 2). (ENG., Illus.). 48p. (J). (gr. 1-4). pap. 6.99 *(978-0-8234-4014-6(1))* Holiday Hse., Inc.

Noodleheads See the Future. Tedd Arnold et al. 2017. (Noodleheads Ser.: 2). (ENG., Illus.). 48p. (J). (gr. 1-4). 15.95 *(978-0-8234-3673-6(X))* Holiday Hse., Inc.

Noodleheads See the Future. Tedd Arnold & Martha Hamilton. ed. 2018. (Noodleheads Ser.). lib. bdg. 17.20 *(978-0-606-41342-8(1))* Turtleback.

Noodleheads Take It Easy. Tedd Arnold et al. (Noodleheads Ser.). 48p. (J). (gr. 1-4). 2023. pap. 6.99 *(978-0-8234-5427-3(4))*; 2022. (Illus.). 15.99 *(978-0-8234-4758-9(8))* Holiday Hse., Inc.

Noodlephant. Jacob Kramer. Illus. by K-Fai Steele. 2019. (Noodlephant Ser.: 1). 80p. (J). 18.95 *(978-1-59270-266-4(X))* Enchanted Lion Bks., LLC.

Noodles, Please! Cheryl Yau Chepusova. Illus. by Rebecca Hollingsworth. 2022. (to Z Foods of the World Ser.). (ENG.). 28p. (J). (— 1). bds. 12.95 *(978-1-951412-36-4(2))* Collective Bk. Studio, The.

Noodles the Schnoodle — the Puppy Who Broke His Tablet. Brad Kleinman & Michael Schwartz. 2018. (ENG.). 40p. (J). pap. ***(978-1-387-61249-9(2))*** Lulu Pr., Inc.

Noodles up My Nose. Linda Heiser Baenziger. 2017. (ENG., Illus.). (J). pap. 13.95 *(978-1-63525-953-7(3))* Christian Faith Publishing.

Nook. Jeremy Carty & Brooklyn Carty. 2021. (ENG., Illus.). 32p. (J). 24.95 *(978-1-68570-749-1(1))*; pap. 14.95 *(978-1-63903-963-0(5))* Christian Faith Publishing.

Nook. Sally Anne Garland. Illus. by Sally Anne Garland. 2021. (ENG., Illus.). 40p. (J). 12.99 *(978-1-5037-5848-3(6)*, 3817, Sunbird Books) Phoenix International Publications, Inc.

Nook. Sally Anne Garland. Illus. by Sally Anne Garland. 2022. (Sunbird Picture Bks.). (ENG.). 34p. (J). (gr. -1-3). pap. 9.75 ***(978-1-64996-748-0(9)***, 17134, Sequoia Kids Media) Sequoia Children's Bks.

Nook in the Apennines, or a Summer Beneath the Chestnuts (Classic Reprint) Leader Scott. 2017. (ENG., Illus.). (J). 30.74 *(978-0-265-99030-8(0))* Forgotten Bks.

Nookie's Daring Rescue! Supersmart Dog. Sarah Eason. Illus. by Ludovic Salle. 2023. (Animal Masterminds Ser.). (ENG.). 24p. (J). (gr. 3-6). lib. bdg. 28.50 Bearport Publishing Co., Inc.

Noom: Beloved Human. Yvonne Mead. 2018. (ENG., Illus.). 150p. (YA). pap. 14.95 *(978-1-64350-862-7(8))* Page Publishing Inc.

Noon-Day Fancies for Our Little Pets: Fully Illustrated (Classic Reprint) Unknown Author. (ENG., Illus.). (J). 2018. 162p. 27.24 *(978-0-483-77241-0(0))*; 2017. pap. 9.57 *(978-0-243-38897-4(7))* Forgotten Bks.

Noon-Mark (Classic Reprint) Mary S. Watts. 2018. (ENG., Illus.). 344p. (J). 30.99 *(978-0-483-73049-6(1))* Forgotten Bks.

Noonday: A Life Sketch (Classic Reprint) Unknown Author. (ENG., Illus.). (J). 2018. 240p. 28.85 *(978-0-332-81861-0(6))*; 2017. pap. 11.57 *(978-0-259-00500-1(2))* Forgotten Bks.

Noonimals: First Day of School. Dalandra Young. Illus. by Dalandra Young. 2019. (ENG., Illus.). 42p. (J). pap. *(978-1-989161-97-5(9))* Hasmark Services Publishing.

Noonistan. Jennie Rose. 2018. (ENG., Illus.). 106p. (J). *(978-1-78848-276-9(X))*; pap. *(978-1-78848-275-2(1))* Austin Macauley Pubs. Ltd.

Noontide Leisure, or Sketches in Summer, Vol. 1 Of 2: Outlines from Nature & Imagination, & Including a Tale of the Days of Shakspeare (Classic Reprint) Nathan Drake. (ENG., Illus.). (J). 2018. 340p. 30.93 *(978-0-267-30081-5(6))*; 2016. pap. 13.57 *(978-1-334-13750-1(1))* Forgotten Bks.

Noontime in the Peacock Garden (Clock Winders) J. H. Sweet. 2019. (Clock Winders Ser.: Vol. 12). (ENG.). 198p. (YA). (gr. 7-12). 17.94 *(978-1-936660-32-2(6))* Sweet, Joanne.

Noor. Courtney Huynh. 2021. (ENG.). 44p. (J). pap. 5.99 *(978-1-68223-228-6(X))* Around the World Publishing LLC.

Noori & Friends: On Being Welcoming. Naseeha Sabree. Illus. by Naseeha Sabree. 2021. (ENG.). 26p. (J). pap. 9.99 *(978-1-0879-7805-5(X))* Indy Pub.

Noory Tree: We Are Friends. Ana Vukov. 2019. (ENG., Illus.). 36p. (J). (gr. k-4). 17.99 *(978-0-9996836-6-8(7))* SKALIUM Pr.

Noory Tree: We Are Thankful. Ana Vukov. 2020. (ENG., Illus.). 34p. (J). (gr. k-4). 17.99 *(978-0-9996836-8-2(3))* SKALIUM Pr.

Noot the Root Goot. Paul Ecke. Illus. by Norma Samuelson. 2019. (ENG.). 34p. (J). (gr. k-1). 16.99 *(978-1-7329192-0-4(8))* Samuelson, Norma.

Noot's in Charge! Frances Warner. 2018. (ENG.). (J). 14.95 *(978-1-68401-301-2(1))* Amplify Publishing Group.

Nopalitos para la Comida. Maria Luisa Barrera. 2019. (SPA.). 32p. (J). pap. ***(978-0-359-36892-1(1))*** Lulu Pr., Inc.

Nope. Drew Sheneman. 2017. (ENG., Illus.). 40p. (J). (-k). 17.99 *(978-1-101-99731-4(1)*, Viking Books for Young Readers) Penguin Young Readers Group.

Nope. Never. Not for Me! Samantha Cotterill. Illus. by Samantha Cotterill. 2019. (Little Senses Ser.). (ENG., Illus.). 32p. (J). (gr. -1-2). 18.99 *(978-0-525-55344-1(4)*, Dial Bks) Penguin Young Readers Group.

Nope, No Lemons! Rafee Jajou. Illus. by Elizabeth Van Campen. 2018. (ENG.). 28p. (J). (gr. 2-4). pap. 13.45 *(978-0-692-19219-1(0))* Jajou, Rafee.

Nope, Not Yet! Christmas Through the Eyes of a Child. Daryl Sutter. 2023. (ENG.). 36p. (J). pap. ***(978-0-2288-8264-0(8))*** Tellwell Talent.

Nor Wife nor Maid: A Novel (Classic Reprint) Hungerford. (ENG., Illus.). (J). 2018. 402p. 32.19 *(978-0-267-00385-3(4))*; 2017. pap. 16.57 *(978-0-243-96924-1(4))* Forgotten Bks.

Nor Wife nor Maid, Vol. 1 Of 3: A Novel (Classic Reprint) Hungerford. (ENG., Illus.). (J). 2018. 300p. 30.08 *(978-0-483-04154-7(8))*; 2016. pap. 13.57 *(978-1-334-15301-3(9))* Forgotten Bks.

Nor Wife nor Maid, Vol. 2 Of 3: A Novel (Classic Reprint) Hungerford. 2018. (ENG., Illus.). 274p. (J). 29.55 *(978-0-483-73844-7(1))* Forgotten Bks.

Nor Wife nor Maid, Vol. 3 Of 3: A Novel (Classic Reprint) Hungerford. 2018. (ENG., Illus.). 282p. (J). 29.71 *(978-0-483-83225-1(1))* Forgotten Bks.

Nora. Léa Mazé. 2019. (SPA.). 70p. (J). 22.99 *(978-958-30-5534-8(4))* Panamericana Editorial COL. Dist: Lectorum Pubns., Inc.

Nora & Kettle. Lauren Nicolle Taylor. 2022. (Paper Stars Novel Ser.: Vol. 1). (ENG.). 324p. (YA). pap. 14.95 ***(978-1-958109-10-6(X))*** Owl Hollow Pr.

Nora & the Black Dog of Bungay. Terry Reeve. 2018. (ENG., Illus.). 68p. (YA). pap. *(978-1-78623-280-9(4))* Grosvenor Hse. Publishing Ltd.

Nora & the Growing Tree: An Owlegories Tale. Illus. by Andrea Wentz. 2018. (Owlegories Ser.). 32p. (J). (gr. -1-3). 12.99 *(978-1-5064-3309-7(X)*, Sparkhouse Family) 1517 Media.

Nora & the Lake Monster. D. M. Darroch. Illus. by Sara Cravens. 2022. (ENG.). 32p. (J). 17.00 *(978-1-890797-23-2(5))*; pap. 9.00 *(978-1-890797-22-5(7))* Sleepy Cat Pr.

Nora & the Little Blue Rabbit. Martin Berdahl Aamundsen & Crew Tsm. 2017. (ENG., Illus.). 40p. (J). (gr. -1-3). 16.95 *(978-1-58423-639-9(6)*, f4b06765-45c3-4601-a41a-ef3ee5798114) Gingko Pr., Inc.

Nora & the Powerful Light: An Owlegories Tale. Julie Boto & Thomas Boto. 2018. (Owlegories Ser.). (ENG., Illus.). 32p. (J). 12.99 *(978-1-5064-3312-7(X)*, Sparkhouse Family) 1517 Media.

Nora & the Worry Zoot. Gordon. Illus. by Rob Bryson. 2019. (ENG.). 26p. (J). (gr. -1-3). *(978-0-2288-1838-0(9))*; *(978-0-2288-1839-7(7))* Tellwell Talent.

Nora I Love You All Ways. Marianne Richmond. Illus. by Dubravka Kolanovic. 2023. (I Love You All Ways Ser.). (ENG.). 32p. (J). (gr. -1-3). 8.99 ***(978-1-7282-7405-8(2))*** Sourcebooks, Inc.

Nora Notebooks, Book 1: the Trouble with Ants. Claudia Mills. Illus. by Katie Kath. 2016. (Nora Notebooks Ser.: 1). 176p. (J). (gr. 2-5). 7.99 *(978-0-385-39163-4(3)*, Yearling) Random Hse. Children's Bks.

Nora Notebooks, Book 2: the Trouble with Babies. Claudia Mills. Illus. by Katie Kath. 2016. (Nora Notebooks Ser.: 2). 192p. (J). (gr. 2-5). 12.99 *(978-0-385-39165-8(X)*, Knopf Bks. for Young Readers) Random Hse. Children's Bks.

Nora on the North Pole Express. J. D. Green. Illus. by Joanne Partis. 2022. (North Pole Express Bears Ser.). (ENG.). 32p. (J). (gr. -1-3). 7.99 ***(978-1-7282-6967-2(9))*** Sourcebooks, Inc.

Nora on the North Pole Express. J. D. Green. 2019. (North Pole Express Ser.). (ENG.). 32p. (J). (gr. -1-3). 7.99 ***(978-1-7282-0381-2(3))*** Sourcebooks, Inc.

Nora Ray, the Child-Medium: A Spiritualistic Story (Classic Reprint) Unknown Author. 2017. (ENG., Illus.). (J). 27.42 *(978-0-265-65586-3(2))*; pap. 9.97 *(978-1-5276-1042-2(X))* Forgotten Bks.

Nora-Square-Accounts (Classic Reprint) Fanny Lee McKinney. 2017. (ENG., Illus.). (J). 360p. 31.32 *(978-0-332-87730-3(2))*; pap. 13.97 *(978-1-5276-0877-1(8))* Forgotten Bks.

Nora 'Twas the Night Before Christmas. Illus. by Lisa Alderson. 2019. (Night Before Christmas Ser.). (ENG.). 32p. (J). (gr. -1-3). 7.99 ***(978-1-7282-0274-7(4))*** Sourcebooks, Inc.

Norah Conough (Classic Reprint) Walter George Henderson. 2018. (ENG., Illus.). 260p. (J). 29.26 *(978-0-483-38340-1(6))* Forgotten Bks.

Norah Moriarty, Vol. 1 Of 2: Or Revelations of Modern Irish Life (Classic Reprint) Amos Reade. 2018. (ENG., Illus.). 294p. (J). 29.98 *(978-0-267-24453-9(3))* Forgotten Bks.

Norah Moriarty, Vol. 2 Of 2: Or Revelations of Modern Irish Life (Classic Reprint) Amos Reade. 2018. (ENG., Illus.). 306p. (J). 30.21 *(978-0-267-19454-4(4))* Forgotten Bks.

Nora's Ark, 1 vol. Eileen Spinelli. Illus. by Nora Hilb. 2018. (ENG.). 24p. (J). bds. 8.99 *(978-0-310-76144-0(1))* Zonderkidz.

Nora's Busy Year: A Book about the Four Seasons. Kerry Dinmont. 2017. (My Day Readers Ser.). (ENG.). 24p. (J). (gr. -1-2). lib. bdg. 32.79 *(978-1-5038-2018-0(1)*, 211865) Child's World, Inc, The.

Nora's Christmas Wish. Put Me In The Story & J. D. Green. Illus. by Julia Seal. 2018. (Christmas Wish Ser.). (ENG.). 32p. (J). (gr. k-3). 6.99 ***(978-1-4926-8541-8(0))*** Sourcebooks, Inc.

Nora's Favorite Thing. Author Jeffrey Anderson & Illustrator Onalee Anderson. 2018. (ENG., Illus.). 40p. (J). pap. *(978-1-387-39862-1(8))* Lulu Pr., Inc.

Nora's Hockey Dream. Ryan Minkoff. 2022. (ENG.). 38p. (J). 16.95 *(978-1-68401-764-5(5))* Amplify Publishing Group.

Nora's Twin Sister (Classic Reprint) Nina Rhoades. 2017. (ENG., Illus.). (J). 29.34 *(978-0-331-94306-1(9))*; pap. 11.97 *(978-0-243-50415-2(2))* Forgotten Bks.

Nora's Wish. Norine Khalil. 2020. (ENG.). 20p. (J). *(978-0-2288-1871-7(0))*; pap. *(978-0-2288-1870-0(2))* Tellwell Talent.

Norbert the Winter Gnome, 30 vols. Daniela Drescher. 2020. (Illus.). 10p. (J). (gr. -1). spiral bd. 9.95 *(978-1-78250-678-2(0))* Floris Bks. GBR. Dist: Consortium Bk. Sales & Distribution.

Norbert's Big Dream. Lori Degman. Illus. by Marco Bucci. 2016. (ENG.). 32p. (J). (gr. k-3). 16.99 *(978-1-58536-959-1(4)*, 204108) Sleeping Bear Pr.

Nordic Fairy Tales: An Adventure Game. Illus. by Tora Marie Norberg. 2019. (ENG.). 20p. 24.95 *(978-1-58423-708-2(2)*, f71db45d-3985-411c-b3af-9bda2ad0df6c) Gingko Pr., Inc.

Nordic Skiing. Ellen Labrecque. 2018. (21st Century Skills Library: Global Citizens: Olympic Sports Ser.). (ENG.). 32p.

N

(J). (gr. 4-7). pap. 14.21 *(978-1-5341-0850-9(5)*, 210764); (Illus.). lib. bdg. 32.07 *(978-1-5341-0751-9(7)*, 210763) Cherry Lake Publishing.

Nordische Mythologie in Gemeinverständlicher Darstellung (Classic Reprint) Paul Herrmann. 2018. (GER., Illus.). 1106p. (J). pap. 29.01 *(978-1-391-12069-0(8))* Forgotten Bks.

Noreste: Set of 6 Common Core Edition. Stephanie Cohen & Benchmark Education Company, LLC Staff. 2016. (Navigators Ser.). (SPA.). (J). (gr. 4). 58.00 net. *(978-1-5125-0790-4(3))* Benchmark Education Co.

Norfleet: The Actual Experiences of a Texas Rancher's 30, 000 Mile Transcontinental Chase after Five Confidence Men (Classic Reprint) J. Frank Norfleet. 2017. (ENG., Illus.). (J). 31.53 *(978-0-260-93493-2(3))*; pap. 13.97 *(978-1-5282-5899-9(1))* Forgotten Bks.

Norfleet: The Actual Experiences of a Texas Rancher's 30,000-Mile Transcontinental Chase after Five Confidence Men. J. Frank Norfleet & William Franklin White. 2020. (ENG.). 228p. (J). pap. *(978-1-78987-289-7(8))* Pantianos Classics.

Norfolk Boy Scouts (Classic Reprint) Marshall Jenkins. 2018. (ENG., Illus.). (J). 330p. 30.72 *(978-1-396-68871-3(4))*; 332p. pap. 13.57 *(978-1-391-59524-5(6))* Forgotten Bks.

Norias (Ferris Wheels) Grace Hansen. 2018. (En el Parque de Atracciones (Amusement Park Rides) Ser.). (SPA.). 24p. (J). (gr. -1-2). lib. bdg. 32.79 *(978-1-5321-8381-2(X)*, 29955, Abdo Kids) ABDO Publishing Co.

Norica, or Tales of Nurnberg from the Olden Time: After a Ms. of the Sixteenth Century; Translated from the German (Classic Reprint) August Hagen. (ENG., Illus.). (J). 2018. 394p. 32.02 *(978-0-483-84188-8(9))*; 2017. pap. 16.57 *(978-0-243-38713-7(X))* Forgotten Bks.

Norine's Revenge, and, Sir Noel's Heir. May Agnes Fleming. 2018. (ENG.). 412p. (J). pap. *(978-3-337-41838-0(4))* Creation Pubs.

Norine's Revenge, and, Sir Noel's Heir (Classic Reprint) May Agnes Fleming. (ENG., Illus.). (J). 2018. 414p. 32.44 *(978-0-483-89952-0(6))*; 2016. pap. 16.57 *(978-1-334-23904-5(5))* Forgotten Bks.

Norm. Sylvia Laing. 2019. (Illus.). 32p. (J). (gr. k-2). 13.95 *(978-0-500-65161-2(2)*, 565161) Thames & Hudson.

Norm, 1932 (Classic Reprint) New Jersey State Normal School a Newark. (ENG., Illus.). (J). 2018. 126p. 26.52 *(978-0-428-69826-3(3))*; 2017. pap. 9.57 *(978-0-259-96843-6(9))* Forgotten Bks.

Norm & Dig's Epic Adventure. John Goodwin. Illus. by Adrian Waygood. 2018. (ENG.). 244p. (YA). (gr. 10-12). pap. *(978-1-9997204-7-6(4))* Anixe Publishing Ltd.

Norm & Ginger Enter the Hidden. Betty Fudge. 2021. (ENG.). 178p. (J). 28.95 *(978-1-64663-401-9(2))*; pap. 16.95 *(978-1-64663-399-9(7))* Koehler Bks.

Normal: One Kid's Extraordinary Journey. Magdalena Newman & Nathaniel Newman. Illus. by Neil Swaab. 2021. (ENG.). 336p. (J). (gr. 5). pap. 9.99 *(978-0-358-56979-4(6)*, 1809537, Clarion Bks.) HarperCollins Pubs.

Normal & Pathological Histology of the Mouth, Being the 2D Ed of the Histology & Patho-Histology of the Teeth & Associated Parts, Vol. 1 (Classic Reprint) Arthur Hopewell-Smith. 2017. (ENG., Illus.). (J). 31.67 *(978-1-5281-5010-1(4))* Forgotten Bks.

Normal & Pathological Histology of the Mouth, Vol. 2: Being the Second Edition of the Histology & Patho-Histology of the Teeth & Associated Parts; Pathological Histology (Classic Reprint) Arthur Hopewell-Smith. (ENG., Illus.). (J). 2017. 34.11 *(978-0-265-42493-3(3))*; 2016. pap. 16.57 *(978-1-333-93999-1(X))* Forgotten Bks.

Normal College Echo 1896: First Annual (Classic Reprint) Hunter College. (ENG., Illus.). (J). 2018. 66p. 25.26 *(978-0-483-95786-2(0))*; 2017. pap. 9.57 *(978-0-243-45547-8(X))* Forgotten Bks.

Normal Course in Number. First Steps in Arithmetic. Ella M. Pierce. 2017. (ENG., Illus.). (J). pap. *(978-0-649-53045-8(4))* Trieste Publishing Pty Ltd.

Normal Course in Reading: Alternate Second Reader; Progressive Readings in Nature (Classic Reprint) Emma J. Todd. (ENG., Illus.). (J). 2018. 166p. 27.34 *(978-0-364-21644-6(1))*; 2017. pap. 9.97 *(978-0-259-50008-7(9))* Forgotten Bks.

Normal Course in Reading: Alternate Third Reader; How to Read with Open Eyes (Classic Reprint) Emma J. Todd. (ENG., Illus.). (J). 2018. 234p. 28.72 *(978-0-484-69684-5(X))*; 2016. pap. 11.57 *(978-1-334-13723-5(4))* Forgotten Bks.

Normal Course in Reading: Fifth Reader; Advanced Readings in Literature; Scientific, Geographical, Historical, Patriotic & Miscellaneous, with Analyses of Authors (Classic Reprint) Emma J. Todd. (ENG., Illus.). (J). 2018. 514p. 34.52 *(978-0-365-47616-0(1))*; 2017. pap. 16.97 *(978-1-334-92730-0(8))* Forgotten Bks.

Normal Course in Reading: First Reader; First Step in Reading (Classic Reprint) Emma J. Todd. 2017. (ENG., Illus.). (J). 26.29 *(978-0-266-52283-6(1))*; pap. 9.57 *(978-0-259-52857-9(9))* Forgotten Bks.

Normal Course in Reading: First Reader, Word Pictures & Language Lessons (Classic Reprint) Emma J. Todd. 2017. (ENG., Illus.). (J). pap. 9.57 *(978-0-259-50774-1(1))* Forgotten Bks.

Normal Course in Reading: Fourth Reader; the Wonderful Things Around Us (Classic Reprint) Emma J. Todd. (ENG., Illus.). (J). 2017. 31.73 *(978-0-265-43839-8(X))*; 2016. pap. 16.57 *(978-1-334-15839-1(8))* Forgotten Bks.

Normal Course in Reading (Classic Reprint) Emma J. Todd. (ENG., Illus.). (J). 2018. 168p. 27.36 *(978-0-364-40964-0(9))*; 2018. 74p. 25.42 *(978-0-666-45994-7(0))*; 2018. 234p. 28.72 *(978-0-483-91708-8(7))*; 2017. pap. 9.57 *(978-0-259-51215-8(X))* Forgotten Bks.

Normal Course in Reading, Primer: First Steps in Reading (Classic Reprint) Emma J. Todd. 2017. (ENG., Illus.). (J). 26.02 *(978-0-331-15442-9(0))* Forgotten Bks.

Normal Emergency: Returning to Normal Is As Easy As Losing Weight However You Have to Be Willing to Lose the Weight! Ed. by God The. 2020. (ENG.). 82p. (J). pap. 19.95 *(978-1-716-58181-6(8))* Lulu Pr., Inc.

Normal Exponent: January, 1903 (Classic Reprint) Los Angeles State Normal School. (ENG., Illus.). (J). 2018. 100p. 25.96 *(978-0-267-53308-4(X))*; 2016. pap. 9.57 *(978-1-333-12636-0(0))* Forgotten Bks.

Normal Exponent: Winter, '01 (Classic Reprint) Los Angeles State Normal School. (ENG., Illus.). (J). 2018. 80p. 25.55 *(978-0-428-95502-1(9))*; 2016. pap. 9.57 *(978-1-334-19052-0(6))* Forgotten Bks.

Normal Exponent, 1900 (Classic Reprint) Los Angeles State Normal School. (ENG., Illus.). (J). 2018. 74p. 25.44 *(978-0-483-58943-8(8))*; 2016. pap. 9.57 *(978-1-334-16270-1(0))* Forgotten Bks.

Normal Exponent, 1901, Vol. 13 (Classic Reprint) Los Angeles State Normal School. (ENG., Illus.). (J). 2018. 116p. 26.31 *(978-0-483-30386-7(0))*; 2016. pap. 9.57 *(978-1-334-16575-7(0))* Forgotten Bks.

Normal Exponent, 1902 (Classic Reprint) Los Angeles State Normal School. 2018. (ENG., Illus.). 64p. (J). 25.24 *(978-0-483-87887-7(1))* Forgotten Bks.

Normal Exponent, 1905 (Classic Reprint) Los Angeles State Normal School. (ENG., Illus.). (J). 2018. 102p. 26.00 *(978-0-428-89054-4(7))*; 2016. pap. 9.57 *(978-1-334-16919-9(5))* Forgotten Bks.

Normal Exponent (Classic Reprint) Los Angeles State Normal School. 2018. (ENG., Illus.). 90p. (J). 25.77 *(978-0-656-94446-0(3))* Forgotten Bks.

Normal Exponent, Vol. 14: Summer, 1902 (Classic Reprint) Los Angeles State Normal School. (ENG., Illus.). (J). 2018. 116p. 26.33 *(978-0-332-91791-7(6))*; 2016. pap. 9.57 *(978-1-334-16257-2(3))* Forgotten Bks.

Normal Light, 1899 (Classic Reprint) State Female Normal School. (ENG., Illus.). (J). 2018. 138p. 26.76 *(978-0-267-54019-8(1))*; 2016. pap. 9.57 *(978-1-333-37895-0(5))* Forgotten Bks.

Normal Offering, 1915, Vol. 17 (Classic Reprint) Bridgewater State Normal School. 2017. (ENG., Illus.). (J). 26.52 *(978-0-260-68809-5(6))*; pap. 9.57 *(978-0-266-00248-2(X))* Forgotten Bks.

Normal Offering, 1919, Vol. 21 (Classic Reprint) Bridgewater Normal School. 2018. (ENG., Illus.). (J). 138p. 26.74 *(978-1-396-23044-8(0))*; 140p. pap. 9.57 *(978-1-390-31300-0(X))* Forgotten Bks.

Normal Offering, 1920, Vol. 22 (Classic Reprint) State Normal School. 2018. (ENG., Illus.). (J). 122p. 26.41 *(978-0-260-62484-0(5))*; 124p. pap. 9.57 *(978-0-265-02072-2(7))* Forgotten Bks.

Normal Offering, 1921, Vol. 23 (Classic Reprint) Massachusetts State Normal School. 2017. (ENG., Illus.). (J). 26.74 *(978-0-260-77944-1(X))*; pap. 9.57 *(978-1-5283-9544-1(1))* Forgotten Bks.

Normal Offering, 1922, Vol. 24 (Classic Reprint) Helen E. Morrison. 2017. (ENG., Illus.). (J). 27.49 *(978-0-260-65529-5(5))*; pap. 9.97 *(978-0-265-01099-0(3))* Forgotten Bks.

Normal Offering, 1924-1925, Vol. 27 (Classic Reprint) Bridgewater Normal School. 2017. (ENG., Illus.). (J). 27.46 *(978-0-260-47369-1(3))*; pap. 9.97 *(978-0-266-06918-8(5))* Forgotten Bks.

Normal Offering, 1924, Vol. 26 (Classic Reprint) Bridgewater Normal School. 2017. (ENG., Illus.). (J). 27.18 *(978-0-260-88004-8(3))*; pap. 9.57 *(978-1-5279-4082-6(9))* Forgotten Bks.

Normal Offering, 1926, Vol. 28: A Year Book Published by the Students of the State Normal School at Bridgewater under the Direction of an Editorial Board Chosen by the Student Body (Classic Reprint) State Normal School. 2017. (ENG., Illus.). (J). 27.57 *(978-0-266-93867-5(1))*; pap. 9.97 *(978-1-5278-2932-9(4))* Forgotten Bks.

Normal Offering, 1928, Vol. 30 (Classic Reprint) Massachusetts State Normal School. 2017. (ENG., Illus.). (J). 27.40 *(978-0-260-78560-2(1))*; pap. 9.97 *(978-1-5284-9518-9(7))* Forgotten Bks.

Normal Pig. K-Fai Steele. Illus. by K-Fai Steele. 2019. (ENG., Illus.). 40p. (J). (gr. -1-3). 17.99 *(978-0-06-274857-7(2)*, Balzer & Bray) HarperCollins Pubs.

Normal Record, Vol. 1: June, 1897 (Classic Reprint) M. M. Kennerly. (ENG., Illus.). (J). 2018. 40p. 24.72 *(978-0-484-60488-8(0))*; 2016. pap. 7.97 *(978-1-334-06819-5(4))* Forgotten Bks.

Normal Record, Vol. 1: March, 1897 (Classic Reprint) M. M. Kennerly. (ENG., Illus.). (J). 2018. 38p. 24.70 *(978-0-483-49445-9(3))*; 2016. pap. 7.97 *(978-1-333-44788-5(4))* Forgotten Bks.

Normal School Annual, 1924 (Classic Reprint) Victoria Provincial Normal School. (ENG., Illus.). (J). 2018. 84p. 25.63 *(978-0-332-04999-1(X))*; 2017. pap. 9.57 *(978-0-243-49350-0(9))* Forgotten Bks.

Normal School Annual, 1925 (Classic Reprint) Provincial Normal School. (ENG., Illus.). (J). 2018. 74p. 25.42 *(978-0-656-70241-1(9))*; 2017. pap. 9.57 *(978-0-259-46084-8(2))* Forgotten Bks.

Normal Turtle: An LGBTQ Kid's Book. Doug Reynolds. 2017. (ENG.). 38p. (J). 18.95 *(978-1-68401-289-3(9))* Amplify Publishing Group.

Normalites, 1914 (Classic Reprint) Salem Normal School. 2017. (ENG., Illus.). (J). 25.11 *(978-0-265-67662-2(2))*; pap. 9.57 *(978-1-5276-4912-5(1))* Forgotten Bks.

Normalize Awkward Journal. Travis Whatley. 2021. (ENG.). 198p. (YA). pap. ***(978-1-4834-7125-9(X))*** Lulu Pr., Inc.

Normalogue: Class of 1926 (Classic Reprint) North Adams Normal School. (ENG., Illus.). (J). 2018. 70p. 25.34 *(978-0-365-53171-5(5))*; 2017. pap. 9.57 *(978-0-259-45230-0(0))* Forgotten Bks.

Normalogue: Class of 1930 (Classic Reprint) North Adams Normal School. 2017. (ENG., Illus.). (J). 25.55 *(978-0-260-04351-1(6))*; pap. 9.57 *(978-1-5280-5515-4(2))* Forgotten Bks.

Normalogue 1912: A Record of the Class of 1912 (Classic Reprint) North Adams Normal School. (ENG., Illus.). (J). 2018. 104p. 26.06 *(978-0-484-62529-6(2))*; 2017. pap. 9.57 *(978-0-243-42547-1(3))* Forgotten Bks.

Normalogue 1913: A Record of the Class of 1913, North Adams, Massachusetts (Classic Reprint) North Adams Normal School. (ENG., Illus.). (J). 2018. 90p. 25.77 *(978-0-428-25107-9(2))*; 2017. pap. 9.57 *(978-0-243-39967-3(7))* Forgotten Bks.

Normalogue, 1914 (Classic Reprint) Irene Arnold. (ENG., Illus.). (J). 2018. 86p. 25.67 *(978-0-483-04761-7(9))*; 2017. pap. 9.57 *(978-0-259-29355-2(5))* Forgotten Bks.

Normalogue, 1915 (Classic Reprint) North Adams Normal School. (ENG., Illus.). (J). 2018. 96p. 25.88 *(978-0-656-34400-0(8))*; 2017. pap. 9.57 *(978-0-243-41366-9(1))* Forgotten Bks.

Normalogue, 1916 (Classic Reprint) North Adams Normal School. (ENG., Illus.). (J). 2018. 134p. 26.66 *(978-0-483-94399-5(1))*; 2016. pap. 9.57 *(978-1-333-13966-7(7))* Forgotten Bks.

Normalogue, 1917 (Classic Reprint) North Adams Normal School. (ENG., Illus.). (J). 2018. 146p. 26.93 *(978-0-656-74344-5(1))*; 2017. pap. 9.57 *(978-0-259-27950-1(1))* Forgotten Bks.

Normalogue, 1918 (Classic Reprint) North Adams Normal School. (ENG., Illus.). (J). 2018. 90p. 25.81 *(978-0-484-34035-9(2))*; 2017. pap. 9.57 *(978-0-243-41300-3(9))* Forgotten Bks.

Normalogue, 1919 (Classic Reprint) North Adams Normal School. (ENG., Illus.). (J). 2018. 96p. 25.88 *(978-0-483-93633-1(2))*; 2017. pap. 9.57 *(978-0-243-43119-9(8))* Forgotten Bks.

Normalogue, 1920 (Classic Reprint) North Adams Normal School. (ENG., Illus.). (J). 2018. 124p. 26.47 *(978-0-483-83147-6(6))*; 2017. pap. 9.57 *(978-0-243-41399-7(8))* Forgotten Bks.

Normalogue, 1921 (Classic Reprint) A. Millicent Galusha. (ENG., Illus.). (J). 2018. 76p. 25.48 *(978-0-364-67237-2(4))*; 2017. pap. 9.57 *(978-0-259-50995-0(7))* Forgotten Bks.

Normalogue, 1925 (Classic Reprint) North Adams Normal School. (ENG., Illus.). (J). 2018. 78p. 25.51 *(978-0-332-79603-1(5))*; 2017. pap. 9.57 *(978-0-243-42460-3(4))* Forgotten Bks.

Normalogue, 1927 (Classic Reprint) North Adams Normal School. (ENG., Illus.). (J). 2018. 100p. 25.96 *(978-0-364-19461-4(8))*; 2017. pap. 9.57 *(978-0-259-95578-8(7))* Forgotten Bks.

Normalogue, 1928 (Classic Reprint) North Adams Normal School. (ENG., Illus.). (J). 2018. 82p. 25.59 *(978-0-365-39019-0(4))*; 2017. pap. 9.57 *(978-0-259-97435-2(8))* Forgotten Bks.

Normalogue, 1929 (Classic Reprint) North Adams Normal School. 2017. (ENG., Illus.). (J). 25.51 *(978-0-260-48142-9(4))*; pap. 9.57 *(978-0-265-06732-1(4))* Forgotten Bks.

Normals Vol. 1: Same As It Ever Was. Adam Glass. Ed. by Mike Marts. 2018. (ENG., Illus.). 120p. (YA). pap. 17.99 *(978-1-935002-38-3(4)*, 8cbfc2a0-e1de-4727-8f9c-ee83e3ae3b1a) AfterShock Comics.

Norman: The Great Escape. Lynda Corrado. Illus. by Lynda Corrado. 2020. (Norman Ser.: Vol. 1). (ENG., Illus.). 106p. (J). (gr. 3-5). pap. 6.99 *(978-0-9835647-7-5(9))* White Horse Flying Pubns.

Norman Abbey, Vol. 1 Of 3: A Tale of Sherwood Forest (Classic Reprint) Mary Anne Cursham. (ENG., Illus.). (J). 2018. 318p. 30.46 *(978-0-332-82001-9(7))*; 2016. pap. 13.57 *(978-1-334-11963-7(5))* Forgotten Bks.

Norman & the Fight. Compiled by Ripleys Believe It Or Not!. 2019. (Story Book Ser.: 4). (ENG., Illus.). 40p. (J). 16.99 *(978-1-60991-257-4(8))* Ripley Entertainment, Inc.

Norman & the Nom Nom Factory. Bridgette Zou. Illus. by Bridgette Zou. 2018. (ENG., Illus.). 32p. (J). (gr. -1-3). 18.99 *(978-1-63592-032-1(9)*, 00d60042-dd2f-441d-be65-12b6d9ed49dc, Astra Young Readers) Astra Publishing Hse.

Norman Baxter. Matt Pelicano. Illus. by Anggi Rois. 2021. (ENG.). 86p. (J). pap. 16.95 ***(978-0-578-97357-9(X))*** April Fool Publishing.

Norman Blue: I'm a Cocky, Too. Laura Albulario. Illus. by Abi Fraser. 2023. 44p. (J). (gr. 1-3). 17.95 *(978-1-76036-175-4(5)*, bae5a623-62a2-412b-96c1-db0d971dddc5) Starfish Bay Publishing Pty Ltd. AUS. Dist: Baker & Taylor Publisher Services (BTPS).

Norman Holt: A Story of the Army of the Cumberland (Classic Reprint) Charles King. 2018. (ENG., Illus.). 370p. (J). 31.53 *(978-0-267-43990-4(3))* Forgotten Bks.

Norman Normal: Day of the Gnomes. Robin Twiddy. Illus. by Kris Jones. 2023. (Level 11 - Lime Set Ser.). (ENG.). 48p. (J). (gr. 2-4). lib. bdg. 19.95 Bearport Publishing Co., Inc.

Norman: One Amazing Goldfish! Kelly Bennett. Illus. by Noah Z. Jones. 2020. (ENG.). 32p. (J). (gr. -1-3). 17.99 *(978-1-5362-0671-5(7))* Candlewick Pr.

Norman Rockwell's a Day in the Life of a Boy. Will Lach. Illus. by Norman Rockwell. 2017. (ENG.). 60p. (J). (gr. -1-3). 16.95 *(978-0-7892-1289-4(7)*, 791289, Abbeville Kids) Abbeville Pr., Inc.

Norman Rockwell's a Day in the Life of a Girl. Will Lach. Illus. by Norman Rockwell. 2017. (ENG.). 60p. (J). (gr. -1-3). 16.95 *(978-0-7892-1290-0(0)*, 791290, Abbeville Kids) Abbeville Pr., Inc.

Norman the Kindergarten Cow. Susan Benjamin. 2023. (ENG.). 30p. (J). pap. 18.00 ***(978-1-64913-348-9(0))*** Dorrance Publishing Co., Inc.

Norman the Naughty Knight & the Flying Horse (Reading Ladder Level 2) Smriti Halls. Illus. by Ian Smith. 2017. (Reading Ladder Level 2 Ser.). (ENG.). 48p. (gr. k-2). pap. 4.99 *(978-1-4052-8453-0(6)*, Reading Ladder) Farshore GBR. Dist: HarperCollins Pubs.

Norman the Naughty Knight (Reading Ladder Level 2) Smriti Halls. Illus. by Ian Smith. 2016. (Reading Ladder Level 2 Ser.). (ENG.). 48p. (gr. k-2). pap. 4.99 *(978-1-4052-8214-7(2)*, Reading Ladder) Farshore GBR. Dist: HarperCollins Pubs.

Norman the Pirate. Joe Wells. 2019. (ENG., Illus.). 28p. (J). pap. *(978-1-9160291-0-1(8))* Lane, Betty.

Norman the Slug with the Silly Shell. Sue Hendra & Paul Linnet. Illus. by Sue Hendra. 2017. (ENG., Illus.). 32p. (J). (gr. -1-3). 15.99 *(978-1-4814-9032-0(X)*, Aladdin) Simon & Schuster Children's Publishing.

Norman the Squirrel: Adventures in Happiness. Amanda A. Maynard. 2022. (ENG., Illus.). 58p. (J). pap. 17.95 *(978-1-63985-078-5(3))* Fulton Bks.

Norman's First Day at Dino Day Care. Sean Julian. 2021. (ENG.). 32p. (J). (gr. -1-2). 17.95 *(978-0-7358-4414-8(3))* North-South Bks., Inc.

Norman's Nugget (Classic Reprint) J. Macdonald Oxley. (ENG., Illus.). (J). 2018. 304p. 30.19 *(978-0-267-37290-4(6))*; 2016. pap. 13.57 *(978-1-334-15925-1(4))* Forgotten Bks.

Norris & Duggar: Best Friends. Linda Riggs & Nikki Fritts. 2021. (ENG.). 26p. (J). pap. 13.95 *(978-1-64801-743-8(6))* Newman Springs Publishing, Inc.

Norris Knows Nairobi. Tracilyn George. 2023. (ENG.). 24p. (J). pap. 12.99 ***(978-1-77475-527-3(0))*** Draft2Digital.

Norris Snoot. Paul Delaney. 2017. (ENG., Illus.). (J). pap. *(978-1-78697-871-4(7))* FeedARead.com.

Norroway Book 2: the Queen of the High Mountain. Cat Seaton. 2021. (ENG., Illus.). 232p. (YA). pap. 14.99 *(978-1-5343-1607-2(8)*, 8b1b3c1d-90f8-4602-872a-3527cac8cfe5) Image Comics.

Norse Gods, Heroes, & Mythology. A. W. Buckey. 2018. (Gods, Heroes, & Mythology Ser.). (ENG., Illus.). 48p. (J). (gr. 4-8). lib. bdg. 35.64 *(978-1-5321-1785-5(X)*, 30858) ABDO Publishing Co.

Norse Mythology (Set), 8 vols. 2023. (Norse Mythology Ser.). (ENG.). 32p. (J). (gr. 2-5). lib. bdg. 273.76 ***(978-1-0982-9115-0(8)***, 42041, Kids Core) ABDO Publishing Co.

Norse Myths. Eric Braun. 2018. (Mythology Around the World Ser.). (ENG., Illus.). 32p. (J). (gr. 3-6). lib. bdg. 27.99 *(978-1-5157-9604-6(3)*, 136777, Capstone Pr.) Capstone.

Norse Myths. Matt Ralphs. Illus. by Katie Ponder. 2021. (Ancient Myths Ser.). (ENG.). 144p. (J). (gr. 2-4). 21.99 *(978-0-7440-3335-9(7)*, DK Children) Dorling Kindersley Publishing, Inc.

Norse Myths: Tales of Odin, Thor & Loki. Kevin Crossley-Holland. Illus. by Jeffrey Alan Love. 2017. (ENG.). 240p. (J). (gr. 5). 29.99 *(978-0-7636-9500-2(9))* Candlewick Pr.

Norse Myths: a Viking Graphic Novel, 4 vols. Carl Bowen et al. Illus. by Tod Smith & Eduardo Garcia. 2016. (Norse Myths: a Viking Graphic Novel Ser.). (ENG.). 56p. (J). (gr. 4-8). 114.60 *(978-1-4965-3519-1(7)*, 25015, Stone Arch Bks.) Capstone.

Norse Myths & Legends, 1 vol. Ed. by Joanne Randolph. 2017. (Mythology & Legends Around the World Ser.). (ENG.). 64p. (gr. 4-4). lib. bdg. 35.93 *(978-1-5026-3278-4(0)*, 691bd07c-62fc-4bd9-a772-f4b83a3a1458) Cavendish Square Publishing LLC.

Norse Myths & Viking Legends, 16 vols. Isabel Wyatt. 2020. (Illus.). 288p. (J). pap. 22.95 *(978-1-78250-662-1(4))* Floris Bks. GBR. Dist: Consortium Bk. Sales & Distribution.

Norse Tales. Edward Thomas. 2020. (ENG.). 182p. (YA). pap. 14.33 *(978-1-716-59079-5(5))* Lulu Pr., Inc.

Norse Tales & Sketches (Classic Reprint) Alexander L. Kiell. (ENG., Illus.). (J). 2019. 164p. 27.28 *(978-0-365-22198-2(8))*; 2017. pap. 9.97 *(978-1-5276-7372-4(3))* Forgotten Bks.

Norseland Series: Norseland Tales (Classic Reprint) Hjalmar Hjorth Boyesen. 2017. (ENG., Illus.). (J). 29.49 *(978-0-265-18000-6(7))* Forgotten Bks.

Norseman's Pilgrimage (Classic Reprint) Hjalmar Hjorth Boyesen. 2018. (ENG., Illus.). 302p. (J). 30.15 *(978-0-332-87719-8(1))* Forgotten Bks.

Norsemen in the West. Robert Michael Ballantyne. 2019. (ENG.). 258p. (J). pap. *(978-93-5329-720-6(6))* Alpha Editions.

Norsemen in the West: Or America Before Columbus, a Tale (Classic Reprint) R. M. Ballantyne. 2018. (ENG., Illus.). 444p. (J). 33.12 *(978-0-484-47407-8(3))* Forgotten Bks.

Norsk Nightingale: Being the Lyrics of a Lumberyack. William F. Kirk. 2017. (ENG., Illus.). (J). pap. *(978-0-649-02231-1(9))*; pap. *(978-0-649-34795-7(1))* Trieste Publishing Pty Ltd.

Norsk Nightingale: Being the Lyrics of a Lyrics (Classic Reprint) William F. Kirk. 2017. (ENG., Illus.). (J). 25.71 *(978-0-265-35945-7(7))* Forgotten Bks.

Norston's Rest (Classic Reprint) Ann S Stephens. (ENG., Illus.). (J). 2018. 454p. 33.26 *(978-0-267-32587-0(8))*; 2016. pap. 16.57 *(978-1-333-52761-7(6))* Forgotten Bks.

North: A Tale of Yore per the Burden of the Dwarves. Lucas Ehrenhaus. 2019. (ENG., Illus.). 134p. (J). pap. *(978-1-913136-22-2(1))* Clink Street Publishing.

North America. Roumanis Alexis. 2019. (World Languages Ser.). (ENG.). 24p. (J). (gr. 3-7). lib. bdg. 35.70 *(978-1-4896-7252-0(4)*, AV2 by Weigl) Weigl Pubs., Inc.

North America. Claire Vanden Branden. 2018. (Continents (Cody Koala) Ser.). (ENG., Illus.). 24p. (J). (gr. k-3). lib. bdg. 31.36 *(978-1-5321-6174-2(3)*, 30131, Pop! Cody Koala) Pop!.

North America. Tracy Vonder Brink. 2022. (Seven Continents of the World Ser.). (ENG.). 32p. (J). (gr. 3-5). lib. bdg. *(978-1-0396-6055-7(X)*, 21660); (Illus.). pap. *(978-1-0396-6250-6(1)*, 21661) Crabtree Publishing Co.

North America. Mary Lindeen. 2018. (Continents of the World Ser.). (ENG.). 24p. (J). (gr. -1-2). lib. bdg. 32.79 *(978-1-5038-2498-0(5)*, 212322) Child's World, Inc, The.

North America. Martha London. 2021. (World Studies). (ENG., Illus.). 48p. (J). (gr. 5-6). pap. 11.95 *(978-1-64493-477-7(9)*, 1644934779); lib. bdg. 34.21 *(978-1-64493-401-2(9)*, 1644934019) North Star Editions. (Focus Readers).

North America. Contrib. by Mason Crest Publishers Staff. 2016. (Illus.). 48p. (J). *(978-1-4222-3529-4(7))* Mason Crest.

North America. Emily Rose Oachs. 2016. (Discover the Continents Ser.). (ENG., Illus.). 24p. (J). (gr. k-3). pap. 7.99 *(978-1-61891-259-6(3)*, 12043); lib. bdg. 26.95 *(978-1-62617-328-6(1))* Bellwether Media. (Blastoff! Readers).

North America. Alexis Roumanis. 2018. (Continents Ser.). (ENG.). 24p. (J). lib. bdg. 22.99 *(978-1-5105-3905-1(0))* SmartBook Media, Inc.

North America. Claire Vanden Branden. 2019. (Continents Ser.). (ENG., Illus.). 24p. (J). (gr. 1-1). pap. 8.95 *(978-1-64185-545-7(2)*, 1641855452) North Star Editions.

North America. Heather DiLorenzo Williams & Warren Rylands. 2019. (Illus.). 24p. (J). *(978-1-4896-8325-0(9),* AV2 by Weigl) Weigl Pubs., Inc.

North America. Mary Virginia Fox. 2nd rev. ed. 2016. (Continents Ser.). (ENG.). 32p. (J). (gr. 1-3). pap. 8.29 *(978-1-4846-3821-7(2),* 134720, Heinemann) Capstone.

North America, Vol. 10. Judy Boyd. 2016. (Social Progress & Sustainability Ser.). (Illus.). 80p. (J). (gr. 7). 24.95 *(978-1-4222-3498-3(3))* Mason Crest.

North America: A 4D Book. Christine Juarez. 2018. (Investigating Continents Ser.). (ENG., Illus.). 24p. (J). (gr. 1-3). lib. bdg. 27.99 *(978-1-5435-2799-5(X),* 138242, Capstone Pr.) Capstone.

North America: A Fold-Out Graphic History. Sarah Albee. Illus. by William Exley. 2019. (Fold-Out Graphic History Ser.). (ENG.). 22p. (J). (gr. 3-8). 19.99 *(978-1-9999679-2-5(5))* What on Earth Books.

North America: The Third Largest Continent - Geography Facts Book Children's Geography & Culture Books. Baby Professor. 2017. (ENG., Illus.). (J). pap. 8.79 *(978-1-5419-1128-4(8),* Baby Professor (Education Kids)) Speedy Publishing LLC.

North America (a True Book: the Seven Continents) (Library Edition) Karen Kellaher. 2019. (True Book (Relaunch) Ser.). (ENG., Illus.). 48p. (J). (gr. 3-5). lib. bdg. 31.00 *(978-0-531-12809-1(1),* Children's Pr.) Scholastic Library Publishing.

North America for Kids: A Book Filled with Facts for Children. Bold Kids. 2022. (ENG.). 42p. (J). pap. 14.99 *(978-1-0717-1092-0(3))* FASTLANE LLC.

North America (Yesterday's Classics) Nellie B. Allen. 2021. (ENG.). 470p. (J). pap. 16.95 *(978-1-63334-137-1(2))* Yesterday's Classics.

North American Animal ABC Book. Mark Ludy. 2017. (ENG.). 55p. (J). (-k). 16.95 *(978-0-9916352-6-9(4))* Scribble & Sons.

North American Animals Set. Various Authors. 2022. (ENG.). 24p. (J). (gr. k-3). 1563.10 *(978-1-64487-808-8(9),* Blastoff! Readers) Bellwether Media.

North American Anura: Life-Histories of the Anura of Ithaca, New York (Classic Reprint) Albert Hazen Wright. 2017. (ENG., Illus.). (J). 26.95 *(978-0-266-39098-5(6))* Forgotten Bks.

North American Black Bears. G. G. Lake. 2016. (Woodland Wildlife Ser.). (ENG., Illus.). 24p. (J). (gr. -1-2). lib. bdg. 27.32 *(978-1-5157-0814-8(4),* 132150, Capstone Pr.) Capstone.

North American Butterflies Coloring Book. Bobo's Children Activity Books. 2016. (ENG., Illus.). (J). pap. 9.33 *(978-1-68327-709-5(0))* Sunshine In My Soul Publishing.

North American Miscellany, 1851, Vol. 2: A Weekly Magazine of Choice Selections from the Current Literature of This Country & Europe (Classic Reprint) Unknown Author. (ENG., Illus.). (J). 2018. 624p. 36.77 *(978-0-364-04480-3(2));* 2016. pap. 19.57 *(978-1-333-29934-7(6))* Forgotten Bks.

North American Miscellany & Dollar Magazine, 1852, Vol. 4 (Classic Reprint) Unknown Author. 2017. (ENG., Illus.). (J). 30.74 *(978-0-260-95886-0(7));* pap. 13.57 *(978-1-5280-6234-3(5))* Forgotten Bks.

North American Second Class Reader: The Fourth Book of Tower's Series for Common Schools; Developing Principles of Elocution, Practically Illustrated by Elementary Exercises, with Reading Lessons (Classic Reprint) David Bates Tower. (ENG., Illus.). (J). 2018. 292p. 29.92 *(978-0-428-51727-4(7));* 2016. pap. 13.57 *(978-1-334-37306-0(X))* Forgotten Bks.

North American Spelling Book, Conformed to Worcester's Dictionary: With a Progressive Series of Easy Reading Lessons (Classic Reprint) L. W. Leonard. 2018. (ENG., Illus.). 182p. (J). 27.67 *(978-0-484-45994-5(5))* Forgotten Bks.

North American Spelling Book, Conformed to Worcester's Dictionary: With a Progressive Series of Easy Reading Lessons (Classic Reprint) Levi Washburn Leonard. 2017. (ENG., Illus.). (J). 27.69 *(978-0-266-60942-1(2));* pap. 10.57 *(978-0-282-97586-9(1))* Forgotten Bks.

North America's First People, 1 vol. Janey Levy. 2016. (Hidden History Ser.). (ENG., Illus.). 32p. (J). (gr. 4-5). pap. 11.50 *(978-1-4824-5790-2(3),* 927c655b-e020-4360-9633-5eebfc37754a) Stevens, Gareth Publishing LLLP.

North & South: a Tale of Two Hemispheres. Sandra Morris. Illus. by Sandra Morris. 2021. (ENG., Illus.). 40p. (J). (gr. k-3). 18.99 *(978-1-5362-0459-9(5))* Candlewick Pr.

North & South American Flags Coloring Book. Kreative Kids. 2016. (ENG., Illus.). (J). pap. 9.20 *(978-1-68377-430-3(2))* Whlke, Traudl.

North & South (Classic Reprint) Gaskell. 2017. (ENG., Illus.). (J). 31.57 *(978-0-265-19697-7(3))* Forgotten Bks.

North & South of Tweed: Stories & Legends of the Borders (Classic Reprint) Jean Lang. 2018. (ENG., Illus.). 376p. (J). 31.65 *(978-0-483-40237-9(0))* Forgotten Bks.

North & South, or Slavery & Its Contrasts: A Tale of Real Life (Classic Reprint) Caroline E. 2018. (ENG., Illus.). 366p. (J). 31.45 *(978-0-483-90262-6(4))* Forgotten Bks.

North & South, Vol. 1 of 2 (Classic Reprint) Cleghorn of Maey Barton. 2018. (ENG., Illus.). 332p. (J). 30.74 *(978-0-484-60866-4(5))* Forgotten Bks.

North & South, Vol. 2 of 2 (Classic Reprint) Unknown Author. 2018. (ENG., Illus.). 366p. (J). 31.47 *(978-0-267-21358-0(1))* Forgotten Bks.

North Atlantic Right Whale: Past, Present, & Future, 1 vol. Joann Hamilton-Barry. 2019. (ENG., Illus.). 104p. (J). pap. 17.95 *(978-1-77108-748-3(X),* 7c0fc206-9f61-4940-825f-7ef020026f93) Nimbus Publishing, Ltd. CAN. Dist: Baker & Taylor Publisher Services (BTPS).

North Carolina. Doris Edwards. 2022. (Core Library of US States Ser.). (ENG., Illus.). 48p. (J). (gr. 4-8). lib. bdg. 35.64 *(978-1-5321-9774-1(8),* 39639) ABDO Publishing Co.

North Carolina. Jill Foran. 2018. (Our American States Ser.). (ENG.). 48p. (J). lib. bdg. 22.99 *(978-1-5105-3466-7(0))* SmartBook Media, Inc.

North Carolina, 1 vol. John Hamilton. 2016. (United States of America Ser.). (ENG., Illus.). 48p. (J). (gr. 5-9). 34.21 *(978-1-68078-335-3(1),* 21655, Abdo & Daughters) ABDO Publishing Co.

North Carolina. Ann Heinrichs. Illus. by Matt Kania. 2017. (U. S. A. Travel Guides). (ENG.). 40p. (J). (gr. 2-5). lib. bdg. 38.50 *(978-1-5038-1973-3(6),* 211609) Child's World, Inc, The.

North Carolina: Children's American Local History Book. Bold Kids. 2022. (ENG.). 38p. (J). pap. 14.99 *(978-1-0717-1093-7(1))* FASTLANE LLC.

North Carolina: The Tar Heel State. Jill Foran. 2016. (J). *(978-1-4896-4914-0(X))* Weigl Pubs., Inc.

North Carolina: The Tarheel State, 1 vol. Anna Maria Johnson et al. 2018. (It's My State! (Fourth Edition)(r) Ser.). (ENG.). 80p. (gr. 4-4). 35.93 *(978-1-5026-2632-5(2),* ecaeb295-5353-4f58-bba2-10ff3895ead9); pap. 18.64 *(978-1-5026-4441-1(X),* 0ad4bdf1-f570-42bb-a045-469de337bf2e) Cavendish Square Publishing LLC.

North Carolina (a True Book: My United States) (Library Edition) Ann O. Squire. 2018. (True Book (Relaunch) Ser.). (ENG., Illus.). 48p. (J). (gr. 3-5). 31.00 *(978-0-531-23169-2(0),* Children's Pr.) Scholastic Library Publishing.

North Carolina (ARC Edition) The Tarheel State, 1 vol. Anna Maria Johnson et al. 2020. (It's My State! (Fourth Edition)(r) Ser.). (ENG.). 80p. (J). (gr. 4-4). pap. 18.64 *(978-1-5026-6204-0(3),* 714bbd0c-f1df-4f8a-a32b-fd1d9c88ebaa) Cavendish Square Publishing LLC.

North Carolina Birds: An Introduction to Familiar Species. James Kavanagh & Waterford Press Staff. Illus. by Raymond Leung. rev. ed. 2017. (Wildlife & Nature Identification Ser.). (ENG.). 12p. (gr. 8). 7.95 *(978-1-58355-068-7(2))* Waterford Pr., Inc.

North Carolina Grade 3 English Language Arts/Reading Success Strategies Workbook: Comprehensive Skill Building Practice for the North Carolina End-Of-Grade Tests. Ed. by North Carolina Eog Exam Secrets Test Prep. 2016. (ENG.). (J). pap. 40.99 *(978-1-5167-0109-4(7))* Mometrix Media LLC.

North Carolina Grade 3 Mathematics Success Strategies Workbook: Comprehensive Skill Building Practice for the North Carolina End-Of-Grade Tests. Ed. by North Carolina Eog Exam Secrets Test Prep. 2016. (ENG.). (J). pap. 40.99 *(978-1-5167-0110-0(0))* Mometrix Media LLC.

North Carolina Grade 4 English Language Arts/Reading Success Strategies Workbook: Comprehensive Skill Building Practice for the North Carolina End-Of-Grade Tests. Ed. by North Carolina Eog Exam Secrets Test Prep. 2016. (ENG.). (J). pap. 40.99 *(978-1-5167-0111-7(9))* Mometrix Media LLC.

North Carolina Grade 4 Mathematics Success Strategies Workbook: Comprehensive Skill Building Practice for the North Carolina End-Of-Grade Tests. Ed. by North Carolina Eog Exam Secrets Test Prep. 2016. (ENG.). (J). pap. 40.99 *(978-1-5167-0112-4(7))* Mometrix Media LLC.

North Carolina Grade 5 English Language Arts/Reading Success Strategies Workbook: Comprehensive Skill Building Practice for the North Carolina End-Of-Grade Tests. Ed. by North Carolina Eog Exam Secrets Test Prep. 2016. (ENG.). (J). pap. 40.99 *(978-1-5167-0113-1(5))* Mometrix Media LLC.

North Carolina Grade 5 Mathematics Success Strategies Workbook: Comprehensive Skill Building Practice for the North Carolina End-Of-Grade Tests. Ed. by North Carolina Eog Exam Secrets Test Prep. 2016. (ENG.). (J). pap. 40.99 *(978-1-5167-0114-8(3))* Mometrix Media LLC.

North Carolina Grade 5 Science Success Strategies Study Guide: North Carolina Eog Test Review for the North Carolina End-Of-Grade Tests. Ed. by North Carolina Eog Exam Secrets Test Prep. 2016. (ENG.). (J). pap. 40.99 *(978-1-5167-0115-5(1))* Mometrix Media LLC.

North Carolina Grade 6 English Language Arts/Reading Success Strategies Study Guide: North Carolina Eog Test Review for the North Carolina End-Of-Grade Tests. Ed. by North Carolina Eog Exam Secrets Test Prep. 2016. (ENG.). (J). pap. 40.99 *(978-1-5167-0116-2(X))* Mometrix Media LLC.

North Carolina Grade 6 Mathematics Success Strategies Study Guide: North Carolina Eog Test Review for the North Carolina End-Of-Grade Tests. Ed. by North Carolina Eog Exam Secrets Test Prep. 2016. (ENG.). (J). pap. 40.99 *(978-1-5167-0117-9(8))* Mometrix Media LLC.

North Carolina Grade 7 English Language Arts/Reading Success Strategies Study Guide: North Carolina Eog Test Review for the North Carolina End-Of-Grade Tests. Ed. by North Carolina Eog Exam Secrets Test Prep. 2016. (ENG.). (J). pap. 40.99 *(978-1-5167-0118-6(6))* Mometrix Media LLC.

North Carolina Grade 7 Mathematics Success Strategies Study Guide: North Carolina Eog Test Review for the North Carolina End-Of-Grade Tests. Ed. by North Carolina Eog Exam Secrets Test Prep. 2016. (ENG.). (J). pap. 40.99 *(978-1-5167-0119-3(4))* Mometrix Media LLC.

North Carolina Grade 8 English Language Arts/Reading Success Strategies Study Guide: North Carolina Eog Test Review for the North Carolina End-Of-Grade Tests. Ed. by North Carolina Eog Exam Secrets Test Prep. 2016. (ENG.). (J). pap. 40.99 *(978-1-5167-0120-9(8))* Mometrix Media LLC.

North Carolina Grade 8 Mathematics Success Strategies Study Guide: North Carolina Eog Test Review for the North Carolina End-Of-Grade Tests. Ed. by North Carolina Eog Exam Secrets Test Prep. 2016. (ENG.). (J). pap. 40.99 *(978-1-5167-0121-6(6))* Mometrix Media LLC.

North Carolina Grade 8 Science Success Strategies Study Guide: North Carolina Eog Test Review for the North Carolina End-Of-Grade Tests. Ed. by North Carolina Eog Exam Secrets Test Prep. 2016. (ENG.). (J). pap. 40.99 *(978-1-5167-0122-3(4))* Mometrix Media LLC.

North Carolina Literary Hall of Fame 2002 Induction Ceremony: October 20, 2002 (Classic Reprint) North Carolina Literary Hall of Fame. 2018. (ENG., Illus.). 58p. (J). 25.09 *(978-0-484-83863-4(6))* Forgotten Bks.

North Carolina Literary Hall of Fame, Established 1996 As a Program of the North Carolina Writer's Network: 2000 Induction Ceremony, October 15, 2000 (Classic Reprint) Unknown Author. 2018. (ENG., Illus.). 50p. (J). 24.93 *(978-0-483-97736-5(5))* Forgotten Bks.

North-Carolina Reader, Vol. 1: Prepared, with Special Reference to the Wants & Interests of North Carolina, under the Auspices of the Superintendent of Common Schools (Classic Reprint) Fordyce Mitchell Hubbard. 2018. (ENG., Illus.). (J). 114p. 26.25 *(978-0-365-41206-9(6));* 116p. pap. 9.57 *(978-0-365-41202-1(3))* Forgotten Bks.

North Carolina Sketches: Phases of Life Where the Galax Grows (Classic Reprint) Mary Nelson Carter. 2018. (ENG., Illus.). 318p. (J). 30.48 *(978-0-483-13453-9(8))* Forgotten Bks.

North Carolina, the First Golden State, 1 vol. Tricia Wagner & Tricia Martineau Wagner. Illus. by Candace Camling. 2017. (ENG.). 32p. (J). (gr. -1-3). 16.99 *(978-1-4556-2273-3(7),* Pelican Publishing) Arcadia Publishing.

North Cornwall Fairies & Legends (Classic Reprint) Enys Tregarthen. 2017. (ENG., Illus.). (J). 28.23 *(978-1-5282-7541-5(1))* Forgotten Bks.

North Country Comedy (Classic Reprint) Matilda Betham-Edwards. (ENG., Illus.). (J). 2018. 364p. 31.40 *(978-0-483-41275-0(9));* 2016. pap. 13.97 *(978-1-334-12775-5(1))* Forgotten Bks.

North Dakota, 1 vol. John Hamilton. 2016. (United States of America Ser.). (ENG., Illus.). 48p. (J). (gr. 5-9). 34.21 *(978-1-68078-336-0(X),* 21657, Abdo & Daughters) ABDO Publishing Co.

North Dakota. Ann Heinrichs. Illus. by Matt Kania. 2017. (U. S. A. Travel Guides). (ENG.). 40p. (J). (gr. 2-5). lib. bdg. 38.50 *(978-1-5038-1974-0(4),* 211610) Child's World, Inc, The.

North Dakota. Tyler Maine & Bridget Parker. 2016. (States Ser.). (ENG., Illus.). 32p. (J). (gr. 3-6). lib. bdg. 27.99 *(978-1-5157-0421-8(1),* 132032, Capstone Pr.) Capstone.

North Dakota. Lynn Ternus. 2022. (Core Library of US States Ser.). (ENG., Illus.). 48p. (J). (gr. 4-8). lib. bdg. 35.64 *(978-1-5321-9775-8(6),* 39641) ABDO Publishing Co.

North Dakota: Children's Book with Intriguing Informative Facts. Bold Kids. 2022. (ENG.). 40p. (J). pap. 14.99 *(978-1-0717-1094-4(X))* FASTLANE LLC.

North Dakota: The Peace Garden State. Galadriel Findlay Watson. 2016. (J). *(978-1-4896-4917-1(4))* Weigl Pubs., Inc.

North Dakota: The Peace Garden State, 1 vol. Doug Sanders & Ruth Bjorklund. 3rd rev. ed. 2016. (It's My State! (Third Edition)(r) Ser.). (ENG.). 80p. (gr. 4-4). 35.93 *(978-1-62713-250-3(3),* f7de9795-8584-4393-8270-30bccc300869) Cavendish Square Publishing LLC.

North Dakota (a True Book: My United States) (Library Edition) Ann O. Squire. 2018. (True Book (Relaunch) Ser.). (ENG., Illus.). 48p. (J). (gr. 3-5). 31.00 *(978-0-531-23567-6(X),* Children's Pr.) Scholastic Library Publishing.

North End: The Black Forest. Amanda Turner. 2020. (ENG.). 278p. (YA). 25.00 *(978-0-9982190-7-3(X))* Cherrymoon Media.

North Fork. Wayne M. Johnston. 2016. (ENG.). 210p. (YA). (gr. 7-12). pap. 14.95 *(978-1-936364-20-6(4))* Black Heron Pr.

North Italian Folk: Sketches of Town & Country Life (Classic Reprint) Comyns Carr. 2017. (ENG., Illus.). (J). 31.28 *(978-0-265-66468-1(3))* Forgotten Bks.

North Korea Today. Kathryn Hulick. 2017. (Special Reports Set 3 Ser.). (ENG., Illus.). 112p. (J). (gr. 6-12). lib. bdg. 41.36 *(978-1-5321-1334-5(X),* 27542, Essential Library) ABDO Publishing Co.

North Land School (Classic Reprint) Geo M. Weardale. 2018. (ENG., Illus.). 122p. (J). 26.41 *(978-0-267-16411-0(4))* Forgotten Bks.

North Land School (Classic Reprint) George M. Weardale. (ENG., Illus.). (J). 2018. 128p. 26.54 *(978-0-484-05861-2(4));* 2017. pap. 9.57 *(978-0-243-50947-8(2))* Forgotten Bks.

North Macedonia, 1 vol. MaryLee Knowlton & Debbie Nevins. 3rd ed. 2020. (Cultures of the World (Third Edition)(r) Ser.). (ENG.). 144p. (J). (gr. 5-5). 48.79 *(978-1-5026-5589-9(6),* 451d5998-7f63-43b7-af20-c6918dcf18a3) Cavendish Square Publishing LLC.

North Mountain Mementos: Legends & Traditions Gathered in Northern Pennsylvania (Classic Reprint) Henry W. Shoemaker. (ENG., Illus.). (J). 2018. 400p. 32.15 *(978-0-267-55545-1(8));* 2016. pap. 16.57 *(978-1-333-64443-7(4))* Forgotten Bks.

North of Boston (Classic Reprint) Robert Frost. 2017. (ENG., Illus.). (J). 27.07 *(978-0-266-72822-1(7))* Forgotten Bks.

North of Fifty-Three (Classic Reprint) Bertrand W. Sinclair. 2017. (ENG., Illus.). (J). 31.40 *(978-0-265-19181-1(5))* Forgotten Bks.

North of Happy. Adi Alsaid. 2019. (ENG.). 320p. (YA). pap. 10.99 *(978-1-335-65999-6(4))* Harlequin Enterprises ULC CAN. Dist: HarperCollins Pubs.

North of Ireland Folk Tales for Children. Doreen McBride. 2019. (ENG., Illus.). 176p. (J). pap. 23.95 *(978-0-7509-8800-1(2))* History Pr. Ltd.,The GBR. Dist: Independent Pubs. Group.

North of Market Street: Being the Adventures of a New York Woman in Philadelphia (Classic Reprint) Unknown Author. 2018. (ENG., Illus.). 96p. (J). 25.88 *(978-0-656-45743-4(0))* Forgotten Bks.

North of Supernova. Lindsey Leavitt. 2023. (ENG.). 288p. (J). 18.99 *(978-1-250-85849-8(6),* 900260129, Holt, Henry & Co. Bks. For Young Readers) Holt, Henry & Co.

North of the Dead. Vince Salvatore. Ed. by Allister Thompson & Jennifer Dinsmore. 2020. (ENG.). 192p. (YA). *(978-1-5255-6784-1(5))* FriesenPress.

North of the Tweed, or Lorance Langton, Vol. 1: His Life, Incidents, & Adventures in Scotland (Classic Reprint) Daniel Crowberry. (ENG., Illus.). (J). 2018. 310p. 30.29 *(978-0-484-72047-2(3));* 2016. pap. 13.57 *(978-1-334-21719-7(X))* Forgotten Bks.

North of the Tweed, or Lorance Langton, Vol. 2 Of 2: His Life, Incidents, & Adventures in Scotland (Classic Reprint) Daniel Crowberry. 2018. (ENG., Illus.). 316p. (J). 30.41 *(978-0-332-86571-3(1))* Forgotten Bks.

North of the Tweed, or Lorance Langton, Vol. 3: His Life, Incidents, & Adventures in Scotland (Classic Reprint) Daniel Crowberry. (ENG., Illus.). (J). 2018. 308p. 30.25 *(978-0-484-57114-2(1));* 2016. pap. 13.57 *(978-1-333-43857-9(5))* Forgotten Bks.

North! or Be Eaten: The Wingfeather Saga Book 2. Andrew Peterson. Illus. by Joe Sutphin. 2020. (Wingfeather Saga Ser.: 2). (ENG.). 352p. (J). (gr. 3-7). 14.99 *(978-0-525-65357-8(0),* WaterBrook Pr.) Crown Publishing Group, The.

North Pole, 1 vol. Todd Bluthenthal. 2017. (Where on Earth? Mapping Parts of the World Ser.). (ENG.). 24p. (gr. 1-2). pap. 9.15 *(978-1-4824-6429-0(2),* 6231b5db-707c-4654-a710-2c5a57ec785b) Stevens, Gareth Publishing LLLP.

North Pole Chronicles, 4 bks., Set. Illus. by Roderick K. Keitz. Incl. Christmas Eve Tradition. R. W. Thompson, Jr. (gr. -1-3). 1993. 8.95 *(978-0-9636442-1-3(1));* Shopping Trip. R. W. Thompson, Jr. (gr. -1-3). 1995. 8.95 *(978-0-9636442-2-0(X));* Star on the Pole. R. W. Thompson. 1996. 8.95 *(978-0-9636442-3-7(8));* Wow! I Got to Go to the North Pole. R. W. Thompson, Jr. (gr. -1-3). 1994. 8.95 *(978-0-9636442-0-6(3));* 16p. (J). (Illus.). 29.95 *(978-0-9636442-8-2(9))* North Pole Chronicles.

North Pole East: Santa's New Town. Paula Stoneback. 2018. (ENG., Illus.). 50p. (J). pap. 13.99 *(978-1-7325072-0-3(1))* Stoneback, Paula.

North Pole Friends Santa Claus Coloring Book. Bobo's Children Activity Books. 2016. (ENG., Illus.). (J). pap. 9.33 *(978-1-68327-682-1(5))* Sunshine In My Soul Publishing.

North Pole Ninjas: MISSION: Christmas! Tyler Knott Gregson & Sarah Linden. Illus. by Piper Thibodeau. 2018. 32p. (J). (gr. -1-2). 10.99 *(978-1-5247-9079-0(6),* Penguin Workshop) Penguin Young Readers Group.

North Pole on Christmas Eve. Dennis L. Carver. Illus. by Blueberry Illustrations. 2020. (ENG.). 54p. (J). 17.99 *(978-0-578-69367-5(4))* Carver, Dennis.

North Pole Village. Sabrina Makhsimova. 2023. (ENG.). 8p. (J). (gr. -1 — 1). 14.99 ***(978-1-4521-7773-1(2))*** Chronicle Bks. LLC.

North Pole, We Have a Problem. Nita Marie Clark. Illus. by Kathy N. Doherty. 2022. (ENG.). 60p. (J). 16.00 *(978-1-956576-06-1(1))* A Neat Read Publishing LLC.

North Shore #3. Jennifer Camiccia. 2021. (American Horse Tales Ser.: 3). 160p. (J). (gr. 3-7). 7.99 *(978-0-593-22531-8(7),* Penguin Workshop) Penguin Young Readers Group.

North, South, East, West. Margaret Wise Brown. Illus. by Greg Pizzoli. 2017. (ENG.). 40p. (J). (gr. -1-3). 17.99 *(978-0-06-026278-5(8),* HarperCollins) HarperCollins Pubs.

North Star & the Southern Cross, Vol. 1 Of 2: Being the Personal Experiences, Impressions & Observations of Margaretha Weppner, in a Two Years' Journey Around the World (Classic Reprint) Margaretha Weppner. 2018. (ENG., Illus.). 490p. (J). 34.00 *(978-0-365-52679-7(7))* Forgotten Bks.

North Star & the Southern Cross, Vol. 2 (Classic Reprint) Margaretha Weppner. 2017. (ENG., Illus.). (J). 34.64 *(978-0-265-21844-0(6))* Forgotten Bks.

North Star Rising. Danielle Mac. 2022. (ENG., Illus.). 182p. (YA). pap. 24.95 ***(978-1-6624-3828-8(1))*** Page Publishing Inc.

North to Benjamin. Alan Cumyn. 2018. (ENG., Illus.). 304p. (J). (gr. 5-9). 17.99 *(978-1-4814-9752-7(9))* Simon & Schuster Children's Publishing.

North Wales Folk Tales for Children. Fiona Collins. 2016. (Folk Tales for Children Ser.). (ENG., Illus.). 160p. (J). (gr. 3-7). pap. 16.99 *(978-0-7509-6427-2(8))* History Pr. Ltd.,The GBR. Dist: Independent Pubs. Group.

North Wall (Classic Reprint) John Davidson. (ENG., Illus.). (J). 2018. 166p. 27.44 *(978-0-484-15142-9(8));* 2016. pap. 9.97 *(978-1-334-13547-7(9))* Forgotten Bks.

North-West & by North, Irish Hills & English Dales (Classic Reprint) Stanley. Lane-Poole. (ENG., Illus.). (J). 2018. 184p. 27.71 *(978-0-364-27503-0(0));* 2017. pap. 10.57 *(978-0-282-02542-7(1))* Forgotten Bks.

North West Slav Legends & Fairy Stories: A Sequel to Segnius Irritant (Classic Reprint) W. W. Strickland. 2018. (ENG., Illus.). 122p. (J). 26.43 *(978-0-267-48568-0(9))* Forgotten Bks.

North Wind Acres #6. Shaquilla Blake. 2022. (American Horse Tales Ser.: 6). 160p. (J). (gr. 3-7). 7.99 *(978-0-593-51935-6(3),* Penguin Workshop) Penguin Young Readers Group.

North Wind & the Sun. Margaret Williamson. 2023. (Decodables - Fables & Folktales Ser.). (ENG.). 24p. (J). (gr. 2-3). 27.93 ***(978-1-68450-678-1(6));*** pap. 11.93 ***(978-1-68404-913-4(X))*** Norwood Hse. Pr.

North Wind & the Sun: a Lesson in Respect: A Lesson in Respect. Grace Hansen. 2021. (Lessons with Aesop's Fables Ser.). (ENG.). 32p. (J). (gr. 2-5). lib. bdg. 32.79 *(978-1-0982-4132-2(0),* 38800, DiscoverRoo) Pop!.

Northam Cloisters, Vol. 1 of 2 (Classic Reprint) William Hamilton Maxwell. 2018. (ENG., Illus.). 382p. (J). 31.80 *(978-0-483-20633-5(4))* Forgotten Bks.

Northam Cloisters, Vol. 2 of 2 (Classic Reprint) William Hamilton Maxwell. (ENG., Illus.). (J). 2018. 406p. 32.27 *(978-0-483-41547-8(2));* 2017. pap. 16.57 *(978-0-243-97006-3(4))* Forgotten Bks.

Northanger Abbey. Jane. Austen. 2020. (ENG.). (J). (gr. 4-6). 186p. 19.95 *(978-1-64799-217-0(6));* 184p. pap. 9.95 *(978-1-64799-216-3(8))* Bibliotech Pr.

Northanger Abbey. Jane. Austen. 2021. (ENG.). 156p. (J). (gr. 2-3). pap. 7.99 *(978-1-4209-7476-8(9))* Digireads.com Publishing.

Northanger Abbey. Jane. Austen. 2020. (ENG.). 158p. (J). (gr. 2-3). pap. 19.99 *(978-1-6780-0416-3(2))* Lulu Pr., Inc.

Northanger Abbey. Jane. Austen. 2020. (ENG.). 186p. (J). (gr. 2-3). pap. 5.95 *(978-1-68422-462-3(4))* Martino Fine Bks.

Northanger Abbey: A Novel (Classic Reprint) Jane. Austen. 2017. (ENG., Illus.). (J). pap. 16.57 *(978-0-259-37587-6(X))* Forgotten Bks.

Northanger Abbey, and, Persuasion (Classic Reprint) Jane. Austen. 2017. (ENG., Illus.). (J). 602p. 36.31

N

(978-1-5283-4772-3(2)); 33.34 *(978-0-266-52250-8(5))* Forgotten Bks.

Northanger Abbey, and, Persuasion, Vol. 1 of 4 (Classic Reprint) Jane. Austen. 2018. (ENG., Illus.). 330p. (J). 30.70 *(978-0-483-98650-3(X))* Forgotten Bks.

Northanger Abbey, and, Persuasion, Vol. 2 Of 4: With a Biographical Notice of the Author (Classic Reprint) Jane. Austen. 2017. (ENG., Illus.). (J). 30.85 *(978-0-266-20431-2(7))* Forgotten Bks.

Northanger Abbey (Classic Reprint) Jane. Austen. 2017. (ENG., Illus.). (J). 31.45 *(978-1-5281-7734-4(7))* Forgotten Bks.

Northanger Abbey, Vol. 3 Of 4: And Persuasion (Classic Reprint) Unknown Author. 2018. (ENG., Illus.). 286p. (J). 29.80 *(978-0-428-29346-8(8))* Forgotten Bks.

Northbound: a Train Ride Out of Segregation. Michael S. Bandy & Eric Stein. Illus. by James E. Ransome. (ENG.). 40p. (J). (gr. 1-4). 2023. 8.99 *(978-1-5362-3065-9(0))*; 2020. 17.99 *(978-0-7636-9650-4(1))* Candlewick Pr.

Northeast. Helen Foster James. 2017. (21st Century Basic Skills Library: Outdoor Explorers Ser.). (ENG., Illus.). 24p. (J). (gr. k-3). lib. bdg. 30.64 *(978-1-63472-874-4(2)*, 209922) Cherry Lake Publishing.

Northeast. Blaine Wiseman. 2016. (Illus.). 48p. (J). *(978-1-5105-1138-5(5))* SmartBook Media, Inc.

Norther: A Story of the Castle on the Hill (Classic Reprint) Northern Illinois University. (ENG., Illus.). (J). 2018. 230p. 28.64 *(978-0-666-01677-5(1))*; 2017. pap. 11.57 *(978-0-259-78479-1(6))* Forgotten Bks.

Northern Cardinals. Megan Borgert-Spaniol. 2017. (North American Animals Ser.). (ENG., Illus.). 24p. (J). (gr. k-3). lib. bdg. 26.95 *(978-1-62617-640-9(X)*, Blastoff! Readers) Bellwether Media.

Northern Cardinals. Julie Murray. 2021. (State Birds Ser.). (ENG., Illus.). 24p. (J). (gr. -1-2). lib. bdg. 31.36 *(978-1-0982-0716-8(5)*, 37837, Abdo Kids) ABDO Publishing Co.

Northern Colonies: Freedom to Worship (1600-1770) Teresa LaClair. 2018. (J). *(978-1-5105-3588-6(8))* SmartBook Media, Inc.

Northern Countryside (Classic Reprint) Rosalind Richards. 2018. (ENG., Illus.). 252p. (J). 29.09 *(978-0-365-18974-9(X))* Forgotten Bks.

Northern Europe: Norway, Russia, the Netherlands, France, Germany, & Switzerland (Classic Reprint) Unknown Author. 2018. (ENG., Illus.). 132p. (J). 26.62 *(978-0-332-82717-9(8))* Forgotten Bks.

Northern Georgia Sketches (Classic Reprint) Will N. Harben. 2018. (ENG., Illus.). 312p. (J). 30.33 *(978-0-656-17082-1(4))* Forgotten Bks.

Northern Highway of the Tsar (Classic Reprint) Aubyn Trevor-Battye. 2017. (ENG., Illus.). (J). 314p. 30.37 *(978-0-484-62577-7(2))*; pap. 13.57 *(978-0-282-08217-8(4))* Forgotten Bks.

Northern Iron (Classic Reprint) George A. Birmingham. 2017. (ENG., Illus.). (J). 30.83 *(978-1-5283-7749-2(4))* Forgotten Bks.

Northern Leopard Frogs. Rebecca Sabelko. 2019. (North American Animals Ser.). (ENG., Illus.). 24p. (J). (gr. k-3). lib. bdg. 26.95 *(978-1-62617-913-4(1)*, Blastoff! Readers) Bellwether Media.

Northern Light: A Printz Honor Winner. Jennifer Donnelly. 2019. (ENG.). 416p. (YA). (gr. 9). pap. 9.99 *(978-0-358-06368-1(X)*, 1743697, Clarion Bks.) HarperCollins Pubs.

Northern Light, 1940 (Classic Reprint) North Attleboro High School. 2017. (ENG., Illus.). (J). 25.36 *(978-0-260-73162-3(5))*; pap. 9.57 *(978-1-5281-9769-4(0))* Forgotten Bks.

Northern Light, 1941 (Classic Reprint) North Attleborough High School. 2017. (ENG., Illus.). (J). 25.38 *(978-0-260-72949-1(3))*; pap. 9.57 *(978-1-5281-9793-9(3))* Forgotten Bks.

Northern Light, 1944 (Classic Reprint) North Attleborough High School. 2017. (ENG., Illus.). (J). 25.34 *(978-0-260-72717-6(2))*; pap. 9.57 *(978-1-5281-9796-0(8))* Forgotten Bks.

Northern Light (Classic Reprint) A. J. Cronin. (ENG., Illus.). (J). 2018. 258p. 29.22 *(978-0-483-42923-9(6))*; 2016. pap. 11.57 *(978-1-334-35835-7(4))* Forgotten Bks.

Northern Light (Classic Reprint) North Attleborough High School. 2017. (ENG., Illus.). (J). 25.51 *(978-0-260-73022-0(X))*; pap. 9.57 *(978-1-5283-9774-2(6))* Forgotten Bks.

Northern Lights. Renae Gilles & Warren Rylands. 2019. (Illus.). 24p. (J). *(978-1-4896-8011-2(X)*, AV2 by Weigl) Weigl Pubs., Inc.

Northern Lights. Grace Hansen. 2019. (Sky Lights Ser.). (ENG., illus.). 24p. (J). (gr. -1-2). lib. bdg. 32.79 *(978-1-5321-8909-8(5)*, 32986, Abdo Kids) ABDO Publishing Co.

Northern Lights. Ben McClanahan. 2018. (Natural Phenomena Ser.). (ENG., Illus.). 32p. (J). (gr. 3-5). pap. 9.95 *(978-1-64185-012-4(4)*, 1641850124); lib. bdg. 31.35 *(978-1-63517-910-1(6)*, 1635179106) North Star Editions. (Focus Readers).

Northern Lights. Martha E. H. Rustad. 2017. (Amazing Sights of the Sky Ser.). (ENG., Illus.). 24p. (J). (gr. -1-2). lib. bdg. 27.32 *(978-1-5157-6751-0(5)*, 135289, Capstone Pr.) Capstone.

Northern Lights: A Book Filled with Facts for Children. Bold Kids. 2022. (ENG.). 42p. (J). pap. 14.99 *(978-1-0717-1095-1(8))* FASTLANE LLC.

Northern Lights: And Other Psychic Stories (Classic Reprint) E. D'Esperance. 2017. (ENG., Illus.). (J). 29.88 *(978-0-331-81176-6(6))* Forgotten Bks.

Northern Lights (Classic Reprint) Gilbert Parker. 2018. (ENG., Illus.). 404p. (J). 32.25 *(978-0-483-66754-9(4))* Forgotten Bks.

Northern Lights Sighting!, 1 vol. Ed. by Joanne Randolph. 2017. (Weather Report). (ENG.). 32p. (gr. 3-3). pap. 11.52 *(978-0-7660-9021-7(3)*, 5645c0d3-8637-4709-9f75-f9cf894a4557) Enslow Publishing, LLC.

Northern Lily: Five Years of an Uneventful Life (Classic Reprint) Joanna Harrison. 2018. (ENG., Illus.). 414p. (J). 32.44 *(978-0-483-64033-7(6))* Forgotten Bks.

Northern Lily, Vol. 1: Five Years of an Uneventful Life (Classic Reprint) Joanna Harrison. 2018. (ENG., Illus.). 306p. (J). 30.23 *(978-0-267-25613-6(2))* Forgotten Bks.

Northern Mockingbirds. Julie Murray. 2021. (State Birds Ser.). (ENG., Illus.). 24p. (J). (gr. -1-2). lib. bdg. 31.36 *(978-1-0982-0717-5(3)*, 37839, Abdo Kids) ABDO Publishing Co.

Northern Pines. Sasha Hibbs. 2018. (ENG., Illus.). 180p. (J). pap. *(978-1-77339-573-9(4))* Evernight Publishing.

Northern Princess. Amber Henry. Illus. by Heather Duinker. 2021. (ENG.). 34p. (J). *(978-0-2288-5801-0(1))*; pap. *(978-0-2288-5800-3(3))* Tellwell Talent.

Northern Roses, Vol. 1 Of 3: A Yorkshire Story (Classic Reprint) Ellis. 2018. (ENG., Illus.). 326p. (J). 30.62 *(978-0-483-97060-1(3))* Forgotten Bks.

Northern Roses, Vol. 2 Of 3: A Yorkshire Story (Classic Reprint) Stickney Ellis. 2018. (ENG., Illus.). 312p. (J). 30.35 *(978-0-483-73401-2(2))* Forgotten Bks.

Northern Roses, Vol. 3 Of 3: A Yorkshire Story (Classic Reprint) Sarah Stickney Ellis. 2018. (ENG., Illus.). 338p. (J). 30.87 *(978-0-483-75194-1(4))* Forgotten Bks.

Northern Snakeheads. Barbara Ciletti. 2016. (Invasive Species Takeover Ser.). (ENG.). 32p. (J). (gr. 4-6). pap. 9.99 *(978-1-64466-147-5(0)*, 10290); (Illus.). 31.35 *(978-1-68072-016-7(3)*, 10289) Black Rabbit Bks. (Bolt).

Northern Snakeheads Invade Ponds & Watersheds. Susan H. Gray. 2021. (21st Century Junior Library: Invasive Species Science: Tracking & Controlling Ser.). (ENG., Illus.). 24p. (J). (gr. 2-5). pap. 12.79 *(978-1-5341-8843-3(6)*, 219107); lib. bdg. 30.64 *(978-1-5341-8703-0(0)*, 219106) Cherry Lake Publishing.

Northern Trails: Some Studies of Animal Life in the Far North (Classic Reprint) Wiliam Joseph Long. (ENG., Illus.). (J). 2018. 242p. 28.91 *(978-0-267-75189-1(3))*; 2016. pap. 16.57 *(978-1-334-15185-9(7))* Forgotten Bks.

Northern Travel. Bayard Taylor. 2018. (ENG., Illus.). 354p. (J). pap. *(978-3-7326-2665-6(2))* Klassik Literatur. ein Imprint der Salzwasser Verlag GmbH.

Northern Travel: Summer & Winter Pictures of Sweden, Lapland & Norway (Classic Reprint) Bayard Taylor. 2017. (ENG., Illus.). 450p. (J). 33.18 *(978-0-484-73952-8(2))* Forgotten Bks.

Northern White Rhino. Joyce Markovics. 2022. (Endlings: the Last Species Ser.). (ENG., Illus.). 24p. (J). (gr. 4-6). pap. 12.79 *(978-1-6689-1126-6(4)*, 221071); lib. bdg. 30.64 *(978-1-6689-0966-9(9)*, 220933) Cherry Lake Publishing.

Northerner (Classic Reprint) Norah Davis. 2018. (ENG., Illus.). 338p. (J). 30.87 *(978-0-666-09042-3(4))* Forgotten Bks.

Northfighters - the View from the Christallis. Dowd Colm. Illus. by Davis Dave. 2018. (Northfighters Ser.: Vol. 1). (ENG.). 356p. (YA). (gr. 7-12). pap. *(978-1-9994666-1-9(6))* Northfighters.

Northguard - Season 2 - Enemy of the States. Anthony Falcone & Aaron Feldman. 2020. (ENG.). 112p. (YA). pap. 12.99 *(978-1-988247-33-5(0))* Chapterhouse Comics CAN. Dist: Diamond Comic Distributors, Inc.

Northguard Volume 01 Aurora Dawn. Anthony Falcone. 2019. (ENG.). 112p. (YA). pap. 14.99 *(978-0-9950098-0-6(5)*, 3c54af3d-c376-4549-9b33-831208c802a4) Chapterhouse Comics CAN. Dist: Diamond Comic Distributors, Inc.

Northranger. Rey Terciero. Illus. by Bre Indigo. 2023. (ENG.). 240p. (J). (gr. 8). 26.99 *(978-0-06-300739-0(8))*; pap. 18.99 *(978-0-06-300738-3(X))* HarperCollins Pubs. (HarperAlley).

North's Pole. Lindsay Yacovino & Courtney D'Annunizo. Illus. by Kaitlyn Terrey. 2021. (ENG.). 36p. (J). 17.99 *(978-1-7378820-1-5(9))* One Little Spark Publishing.

North's Pole. Lindsay Yacovino & Courtney D'Annunzio. Illus. by Kaitlyn Terrey. 2021. (ENG.). 36p. (J). pap. 12.99 *(978-1-7378820-0-8(0))* One Little Spark Publishing.

Northumberland, & the Border (Classic Reprint) Walter White. (ENG., Illus.). (J). 2017. 34.04 *(978-0-266-82835-8(3))*; 2016. pap. 16.57 *(978-1-333-65494-8(4))* Forgotten Bks.

Northwest (Classic Reprint) Harold Bindloss. 2018. (ENG., Illus.). 320p. (J). 30.52 *(978-0-666-95696-5(0))* Forgotten Bks.

Northwest Division (Set), 5 vols. 2019. (Insider's Guide to Pro Basketball Ser.). (ENG.). (J). (gr. 1-4). lib. bdg. 178.20 *(978-1-5038-4029-4(8)*, 213619) Child's World, Inc, The.

Northwest Passage, 1 vol. Rachel Keranen. 2017. (Routes of Cross-Cultural Exchange Ser.). (ENG.). 96p. (YA). (gr. 8-8). 44.50 *(978-1-5026-2695-0(0)*, af06c108-6b9b-46b8-a7b4-b40a85c938fd) Cavendish Square Publishing LLC.

Northwest Resistance. Katherena Vermette. Illus. by Scott B. Henderson & Donovan Yaciuk. 2020. (Girl Called Echo Ser.: 3). (ENG.). 48p. (YA). (gr. 8-12). pap. 21.95 *(978-1-55379-831-6(7)*, HighWater Pr.) Portage & Main Pr. CAN. Dist: Orca Bk. Pubs. USA.

Northwest Territories. Diana Marshall. 2018. (O Canada Ser.). (ENG.). 32p. (J). lib. bdg. 22.99 *(978-1-5105-3648-7(5))* SmartBook Media, Inc.

Northwest Territories Educational Facts Children's People & Places Book. Bold Kids. 2022. (ENG.). 42p. (J). pap. 14.99 ***(978-1-0717-2091-2(0))*** FASTLANE LLC.

Northwest, Vol. 1: May, 1907 (Classic Reprint) Unknown Author. (ENG., Illus.). (J). 2018. 74p. 25.42 *(978-0-483-61305-8(3))*; 2016. pap. 9.57 *(978-1-334-12690-1(9))* Forgotten Bks.

Northwestern Purple Parrot, Vol. 2: March, 1922 (Classic Reprint) Northwestern University. (ENG., Illus.). (J). 2018. 32p. 24.56 *(978-0-483-03207-1(7))*; 2016. pap. 7.97 *(978-1-334-17641-8(8))* Forgotten Bks.

Northwind. Gary Paulsen. 2022. (ENG.). 256p. (J). 18.99 *(978-0-374-31420-0(9)*, 900225846, Farrar, Straus & Giroux (BYR)) Farrar, Straus & Giroux.

Northwode Priory, Vol. 1 (Classic Reprint) Miss Cornish. 2018. (ENG., Illus.). 358p. (J). 31.28 *(978-0-483-70274-5(9))* Forgotten Bks.

Northwode Priory, Vol. 2 (Classic Reprint) Miss Cornish. 2018. (ENG., Illus.). 424p. (J). 32.64 *(978-0-484-49904-0(1))* Forgotten Bks.

Northwood, Vol. 1: A Tale of New England (Classic Reprint) Sarah Josepha Hale. 2018. (ENG., Illus.). 250p. (J). pap. 11.57 *(978-1-391-59499-6(1))* Forgotten Bks.

Norton & Marvin & Dad & Me. J. F. Ciofalo. Illus. by Nataly Simmons. 2019. (ENG.). 24p. (J). 22.95 *(978-1-4808-7955-3(X))*; pap. 12.45 *(978-1-4808-7953-9(3))* Archway Publishing.

Norton & the Borrowing Bear. Gabriel Evans. 2023. (ENG., Illus.). 32p. (J). 18.99 *(978-1-922610-55-3(0))* Berbay Publishing AUS. Dist: Consortium Bk. Sales & Distribution.

Norton High Star, 1943, Vol. 5 (Classic Reprint) Norton High School. 2017. (ENG., Illus.). (J). 25.07 *(978-0-260-29042-7(4))*; pap. 9.57 *(978-0-265-11809-2(3))* Forgotten Bks.

Nort's Stories: God's Glory. David Cook. 2017. (ENG., Illus.). (J). (gr. k-6). pap. 20.00 *(978-1-63213-412-7(8))* eLectio Publishing.

Norway. Chris Bowman. 2020. (Country Profiles Ser.). (ENG., Illus.). 32p. (J). (gr. 3-8). lib. bdg. 27.95 *(978-1-64487-171-3(8)*, Blastoff! Discovery) Bellwether Media.

Norway, 1 vol. Carol Hand. 2020. (Exploring World Cultures (First Edition) Ser.). (ENG.). 32p. (gr. 3-3). pap. 12.16 *(978-1-5026-5689-6(2)*, ae7068b8-3038-4590-9844-f2836cd0cab6) Cavendish Square Publishing LLC.

Norway. R. L. Van. 2022. (Countries (BBB) Ser.). (ENG., Illus.). 32p. (J). (gr. 2-5). lib. bdg. 34.21 *(978-1-5321-9970-7(8)*, 40729, Big Buddy Bks.) ABDO Publishing Co.

Norway, 1 vol. Sakina Kagda et al. 3rd rev. ed. 2016. (Cultures of the World (Third Edition)(r) Ser.). (ENG.). 144p. (gr. 5-5). lib. bdg. 48.79 *(978-1-5026-1848-1(6)*, 0bf37022-9043-4f2c-9c25-8c2b72e5ac86) Cavendish Square Publishing LLC.

Norway: The Road & the Fell (Classic Reprint) Charles Elton. 2017. (ENG., Illus.). (J). 296p. 30.02 *(978-0-332-83883-0(8))*; pap. 13.57 *(978-0-282-44341-2(X))* Forgotten Bks.

Norway & Its Fjords (Classic Reprint) M. A. Wylie. 2018. (ENG., Illus.). 392p. (J). 31.96 *(978-0-267-12687-3(5))* Forgotten Bks.

Norway (Classic Reprint) John L. Stoddard. 2018. (ENG., Illus.). 128p. (J). 26.54 *(978-0-484-40018-3(5))* Forgotten Bks.

Norway Summer (Classic Reprint) Laura D. Nichols. 2017. (ENG., Illus.). (J). 28.39 *(978-0-265-45339-1(9))* Forgotten Bks.

Norway, the Northern Playground: Sketches of Climbing & Mountain Exploration in Norway Between 1872 & 1903 (Classic Reprint) Cecil Slingsby. 2017. (ENG., Illus.). (J). 35.98 *(978-0-331-48347-5(5))*; pap. 19.57 *(978-1-5276-5947-6(X))* Forgotten Bks.

Norwegian Fairy Book (Classic Reprint) Clara Stroebe. 2017. (ENG., Illus.). (J). 30.66 *(978-0-260-88085-7(X))* Forgotten Bks.

Norwegian Forest Cats. Domini Brown. 2016. (Cool Cats Ser.). (ENG., Illus.). 24p. (J). (gr. k-3). 26.95 *(978-1-62617-397-2(4)*, Blastoff! Readers) Bellwether Media.

Norwood: Or, Village Life in New England Life (Classic Reprint) Henry Ward Beecher. 2017. (ENG., Illus.). (J). 35.61 *(978-0-265-95642-7(0))* Forgotten Bks.

Norwood's Political Poems, for the Poor Man's Rights (Classic Reprint) Elias Norwood. 2018. (ENG., Illus.). 32p. (J). 24.56 *(978-0-332-95009-9(3))* Forgotten Bks.

Nos Cinq Sens. Christian Lopetz. Tr. by Annie Evearts. 2021. (Science Dans Mon Monde: Niveau 1 (Science in My World: Level 1) Ser.). (FRE., Illus.). 24p. (J). (gr. k-2). pap. *(978-1-0396-0924-2(4)*, 12785) Crabtree Publishing Co.

Nos Divertimos en Cada Estación: Leveled Reader Book14 Level a 6 Pack. Hmh Hmh. 2020. (SPA.). 16p. (J). pap. 74.40 *(978-0-358-08143-2(2))* Houghton Mifflin Harcourt Publishing Co.

Nos Divertimos en el Invierno. Jenna Lee Gleisner. 2017. (Estaciones Ser.). (SPA.). 16p. (J). (gr. -1-2). pap. 7.95 *(978-1-68320-107-6(8)*, 16911) RiverStream Publishing.

Nos Divertimos en el Otoño. Jenna Lee Gleisner. 2017. (Estaciones Ser.). (SPA.). 16p. (J). (gr. -1-2). pap. 7.95 *(978-1-68320-104-5(3)*, 16908) RiverStream Publishing.

Nos Divertimos en el Verano. Jenna Lee Gleisner. 2017. (Estaciones Ser.). (SPA.). 16p. (J). (gr. -1-2). pap. 7.95 *(978-1-68320-106-9(X)*, 16910) RiverStream Publishing.

Nos Divertimos en la Primavera. Jenna Lee Gleisner. 2017. (Estaciones Ser.). (SPA.). 16p. (J). (gr. -1-2). pap. 7.95 *(978-1-68320-105-2(1)*, 16909) RiverStream Publishing.

Nos Encanta el día de Acción de Gracias (We Love Thanksgiving!), 1 vol. Adrienne Wheeler. 2021. (Nos Encantan Los días Festivos / We Love Holidays! Ser.). (SPA & ENG.). 24p. (J). (gr. 1-1). lib. bdg. 25.27 *(978-1-7253-1209-8(3)*, a2c1005c-bcd7-4322-ab4d-8b9286c1d66f); lib. bdg. 25.27 *(978-1-7253-1219-7(0)*, f5186d60-73ee-4c2a-a5d8-1a79c5eaa5dc); (Illus.). pap. 9.25 *(978-1-7253-1217-3(4)*, 2b34dd32-09aa-464b-ba39-925facf08f66) Rosen Publishing Group, Inc., The. (PowerKids Pr.).

Nos Encanta el día de la Independencia (We Love the Fourth of July!), 1 vol. Adrienne Wheeler. 2021. (Nos Encantan Los días Festivos (We Love Holidays!) Ser.). (SPA.). 24p. (J). (gr. 1-1). pap. 9.25 *(978-1-7253-1229-6(8)*, 8d5b1d0c-5033-4aa5-902d-d02de68674d9, PowerKids Pr.) Rosen Publishing Group, Inc., The.

Nos Encanta el día de la Independencia (We Love the Fourth of July!), 1 vol. Adrienne Wheeler. 2021. (Nos Encantan Los días Festivos (We Love Holidays!) Ser.). (SPA.). 24p. (J). (gr. 1-1). lib. bdg. 25.27 *(978-1-7253-1231-9(X)*, 873e6350-140e-4dbd-a542-3b43b63d85eb); lib. bdg. 25.27 *(978-1-7253-1215-9(8)*, 749af1eb-b384-4607-98bc-b0b8d60ca324) Rosen Publishing Group, Inc., The. (PowerKids Pr.).

Nos Encanta el Zoológico. Katrina Streza & Ariana Vargas. Illus. by Brenda Ponnay. 2023. (Little Lectores Ser.: Vol. 25). (SPA.). 20p. (J). 24.99 ***(978-1-5324-4393-0(5))***; pap. 12.99 ***(978-1-5324-4392-3(7))*** Xist Publishing.

Nos Encanta la Navidad (We Love Christmas!), 1 vol. Adrienne Wheeler. 2021. (Nos Encantan Los días Festivos (We Love Holidays!) Ser.). (SPA.). 24p. (J). (gr. 1-1). lib. bdg. 25.27 *(978-1-7253-1223-4(9)*, dab25db0-da68-4116-bd78-a61f194f4f35); (Illus.). pap. 9.25 *(978-1-7253-1221-0(2)*, c7cb5367-728d-4adb-9fd4-af38714c00a2); (Illus.). lib. bdg. 25.27 *(978-1-7253-1211-1(5)*, 2d8819b4-21b4-47a6-9718-02ec94916691) Rosen Publishing Group, Inc., The. (PowerKids Pr.).

Nos Encanta la Noche de Brujas (We Love Halloween!), 1 vol. Adrienne Wheeler. 2021. (Nos Encantan Los días Festivos (We Love Holidays!) Ser.). (SPA.). 24p. (J). (gr. 1-1). pap. 9.25 *(978-1-7253-1225-8(5)*, 7a8401cf-d22d-43ce-a1a3-91b031658cb7); (Illus.). lib. bdg. 25.27 *(978-1-7253-1227-2(1)*, 9c5fc702-800d-42b1-96ac-f1dd9fd0d6eb); (Illus.). lib. bdg. 25.27 *(978-1-7253-1213-5(1)*, 41548d27-c8de-43b3-8239-1bc614b3d1d3) Rosen Publishing Group, Inc., The. (PowerKids Pr.).

Nos Encantan Los días Festivos (We Love Holidays!), 8 vols. 2021. (Nos Encantan Los días Festivos (We Love Holidays!) Ser.). (SPA.). 24p. (J). (gr. 1-1). lib. bdg. 101.08 *(978-1-7253-1378-1(2)*, fbe1a415-7a7a-4fcd-8c54-b57ea1773b60);set. (Illus.). lib. bdg. 101.08 *(978-1-7253-1380-4(4)*, ff0de34f-0747-4bb0-a353-f5b4fd0f8140) Rosen Publishing Group, Inc., The. (PowerKids Pr.).

Nos Enfants et Leurs Amis (Classic Reprint) Suzanne Cornaz. (FRE., Illus.). (J). 2018. 112p. 26.23 *(978-0-666-36464-7(8))*; 2017. pap. 9.57 *(978-0-282-95981-4(5))* Forgotten Bks.

Nos Gusta Amamantar / We Like to Nurse. Chia Martin. Illus. by Shukyu Linn Mithuna. 2nd alt. ed. 2016. (Family & World Health Ser.). (ENG.). 28p. (J). pap. 12.95 *(978-1-942493-12-9(6))* Hohm Pr.

Nos Gusta Salir. Linda Koons. 2016. (Early Rising Readers Ser.). (SPA.). (J). (gr. -1). 6.67 *(978-1-4788-3699-5(7))* Newmark Learning LLC.

Nos Gusta Salir - 6 Pack. Linda Koons. 2016. (Early Rising Readers Ser.). (SPA.). (J). (gr. 1). 40.00 net. *(978-1-4788-4642-0(9))* Newmark Learning LLC.

Nos Importa un Comino el Rey Pepino. Christine Nostlinger. Illus. by Franscisco Villa. 2019. (Torre Azul Ser.). (SPA.). 176p. (J). pap. *(978-958-45-2904-6(8))* Norma Ediciones, S.A.

Nos Llevamos Bien: Ciencia Theme. 2016. (Early Rising Readers Ser.). (SPA.). (J). (gr. 1-2). 109.00 *(978-1-4788-5167-7(8))* Newmark Learning LLC.

Nos Llevamos Bien: Desarrollo Físico Theme. 2016. (Early Rising Readers Ser.). (SPA.). (J). (gr. 1-2). 109.00 *(978-1-4788-5137-0(6))* Newmark Learning LLC.

Nos Llevamos Bien: Desarrollo Social y Emocional Theme. 2016. (Early Rising Readers Ser.). (SPA.). (J). (gr. 1-2). 109.00 *(978-1-4788-5127-1(9))* Newmark Learning LLC.

Nos Llevamos Bien: Estudios Sociales Theme. 2016. (Early Rising Readers Ser.). (SPA.). (J). (gr. 1-2). 109.00 *(978-1-4788-5157-8(0))* Newmark Learning LLC.

Nos Llevamos Bien: Expresión Creativa Theme. 2016. (Early Rising Readers Ser.). (SPA.). (J). (gr. 1-2). 109.00 *(978-1-4788-5177-6(5))* Newmark Learning LLC.

Nos Llevamos Bien: Matemática Theme. 2016. (Early Rising Readers Ser.). (SPA.). (J). (gr. 1-2). 109.00 *(978-1-4788-5147-9(3))* Newmark Learning LLC.

Nos Protegemos! 2016. (Early Rising Readers Ser.). (SPA.). 16p. (J). (gr. 1). 6.67 *(978-1-4788-4165-4(6))* Newmark Learning LLC.

¡Nos Protegemos! - 6 Pack. 2016. (Early Rising Readers Ser.). (SPA.). (J). (gr. 1). 40.00 net. *(978-1-4788-4744-1(1))* Newmark Learning LLC.

Nos Vamos a la Granja. Nancy Streza. Illus. by Adam Pryce. 2017. (Xist Kids Spanish Bks.). (SPA.). 28p. (J). (gr. -1-3). pap. 9.99 *(978-1-5324-0415-3(8))* Xist Publishing.

Nos Vamos a la Playa. Nancy Streza. Tr. by Lenny Sandoval. Illus. by Adam Pryce. 2017. (Xist Kids Spanish Bks.). (SPA.). 28p. (J). (gr. -1-3). pap. 9.99 *(978-1-5324-0417-7(4))* Xist Publishing.

Nos Vemos a la Salida. Maira Yazmin Colin. 2018. (SPA.). 160p. (YA). pap. 9.95 *(978-607-453-101-5(3))* Selector, S.A. de C.V. MEX. Dist: Spanish Pubs., LLC.

Nose, 1 vol. Amy Culliford. 2022. (What Animal Has These Parts? Ser.). (ENG., Illus.). 16p. (J). (gr. -1-1). pap. *(978-1-0396-4633-9(6)*, 17351); lib. bdg. *(978-1-0396-4442-7(2)*, 16345) Crabtree Publishing Co. (Crabtree Roots).

Nose & Some Clothes. Nick Watson. 2020. (ENG.). 30p. (J). 16.99 *(978-1-0879-0666-9(0))* Indy Pub.

Nose-Blowing 101 for Super Kids: When Little Noses Need Help Learning How. Suzy Vreeland. 2019. (ENG., Illus.). 36p. (J). pap. 17.95 *(978-1-7324559-2-4(9))* This Little Light Productions.

Nose-Ear War. Serge Lecomte. Illus. by Aimee Eggink. 2019. (ENG.). 42p. (J). pap. 10.99 *(978-1-68160-322-3(5))* Crimson Cloak Publishing.

Nose for a Nose. E. Dell Foor. 2021. (ENG., Illus.). 30p. (J). 24.95 *(978-1-6624-5518-6(6))* Page Publishing Inc.

Nose from Jupiter (20th Anniversary Edition) Richard Scrimger. 20th ed. 2018. (ENG.). 160p. (J). (gr. 3-7). pap. 9.99 *(978-0-7352-6558-5(5)*, Tundra Bks.) Tundra Bks. CAN. Dist: Penguin Random Hse. LLC.

Nose Nibbling Monster. Peter Skivington. Illus. by Zara Hussain. 2016. (ENG.). (J). pap. *(978-1-910406-24-3(4))* Fisher King Publishing.

Nose That's Always in a Book. Penelope Dyan. Illus. by Penelope Dyan. l.t. ed. 2021. (ENG.). 34p. (J). pap. 12.60 *(978-1-61477-561-4(3))* Bellissima Publishing, LLC.

Nose, Toes, & Tummy Book. Sally Nicholls. Illus. by Gosia Herba. 2023. (ENG.). 26p. (J). (— 1). bds. 14.99 ***(978-1-4998-1541-2(7))*** Little Bee Books Inc.

Noses. Katrine Crow. (Whose Is It? Ser.). (ENG.). (J). (gr. -1-1). 2019. 32p. 6.99 *(978-1-4867-1573-2(7)*, df1f0f98-11cd-424f-91c2-7755f654216c); 2018. (Illus.). 20p. bds. 7.99 *(978-1-4867-1383-7(1)*, 9c04af27-9c2a-4ac4-8e2e-d517db7ab86b) Flowerpot Pr.

Noses Are Not for Picking / la Nariz No Es para Hurgar. Elizabeth Verdick. Illus. by Marieka Heinlen. 2023. (Best Behavior(r) Board Book Ser.). (ENG.). 26p. (J). (— 1). bds. 9.99 ***(978-1-63198-809-7(3)***, 88097) Free Spirit Publishing Inc.

1480

The check digit for ISBN-10 appears in parentheses after the full ISBN-13

Nosey the Elephant & His Very Best Friend Elsa. Debbie Cardell. 2018. (ENG., Illus.). 32p. (J). pap. 14.99 *(978-0-9998275-2-9(9))* Mindstir Media.

Nosferatutu the Dancyr. Martin Holmes. 2022. (ENG.). 48p. (YA). pap. ***(978-1-4709-9887-5(4))*** Lulu Pr., Inc.

Nosferatutu the Dancyr. Martin Holmes. Illus. by Martin Holmes. 2022. (ENG.). 48p. (J). pap. *(978-1-6780-3662-1(5))* Lulu Pr., Inc.

Nosik-Kurnosik & the Flower People: Guardians of the Rainforest. Micheal P. Mulcahy. 2022. (ENG.). 76p. (YA). 22.95 *(978-1-63692-988-0(5))*; pap. 12.95 *(978-1-63692-987-3(7))* Newman Springs Publishing, Inc.

Nosotras Podemos Jugar. Petra Craddock. Illus. by Mike Litwin. 2016. (Early Rising Readers Ser.). (SPA.). 16p. (J). (gr. 1-1). 6.67 *(978-1-4788-3766-4(7))* Newmark Learning LLC.

Nosotras Podemos Jugar - 6 Pack. Petra Craddock. 2016. (Early Rising Readers Ser.). (SPA.). (J). (gr. 1). 40.00 net. *(978-1-4788-4709-0(3))* Newmark Learning LLC.

Nosotros Means Us: Un Cuento Bilingüe. Paloma Valdivia. 2021. 40p. (J). (-k). (ENG.). lib. bdg. 20.99 *(978-0-593-30515-7(9))*; 18.99 *(978-0-593-30514-0(0))* Random Hse. Children's Bks. (Knopf Bks. for Young Readers).

Nosotros Podemos Comer. Judy Kentor Schmauss. 2016. (Early Rising Readers Ser.). (SPA.). 16p. (J). (gr. 1). 6.67 *(978-1-4788-3767-1(5))* Newmark Learning LLC.

Nosotros Podemos Comer - 6 Pack. Judy Kentor Schmauss. 2016. (Early Rising Readers Ser.). (SPA.). (J). (gr. 1). 40.00 net. *(978-1-4788-4710-6(7))* Newmark Learning LLC.

Nosotros Tenemos una Bebita. Jaclyn Nunez. Illus. by Helen Poole. 2016. (Early Rising Readers Ser.). (SPA.). 16p. (J). (gr. 1-1). 6.67 *(978-1-4788-3768-8(3))* Newmark Learning LLC.

Nosotros Tenemos una Bebita - 6 Pack. Jaclyn Nunez. 2016. (Early Rising Readers Ser.). (SPA.). (J). (gr. 1). 40.00 net. *(978-1-4788-4711-3(5))* Newmark Learning LLC.

Nostalgia (Classic Reprint) Grazia Deledda. 2018. (ENG., Illus.). 320p. (J). 30.50 *(978-0-365-46789-2(8))* Forgotten Bks.

Nosy Bear. Make Believe Ideas. Illus. by Hayley Kershaw. 2019. (ENG.). 12p. (J). (— 1). bds. 8.99 *(978-1-78843-658-8(X))* Make Believe Ideas GBR. Dist: Scholastic, Inc.

Nosy Mr. Borris. Contributing Authors. 2020. (ENG.). 30p. (J). 19.99 *(978-1-952330-33-9(5))* Csb Innovations.

Nosy the Passover Lamb. Karen Pettingell. Illus. by Hoskins Debra. 2017. (ENG.). (J). pap. 13.99 *(978-0-9987731-0-0(7))* Frankie Dove Publishing.

Nosyhood. Tim Lahan. 2016. (ENG., Illus.). 60p. (J). (gr. -1). 16.95 *(978-1-938073-93-9(2),* dd483dac-25f1-4cac-881a-2cc37d3ee21d) McSweeney's Publishing.

Not a Bean. Claudia Guadalupe Martinez. Illus. by Laura Gonzalez. 2019. 32p. (J). (gr. -1-2). lib. bdg. 16.99 *(978-1-58089-815-7(7))* Charlesbridge Publishing, Inc.

Not a Butterfly Alphabet Book. Pallotta Jerry. ed. 2020. (ENG.). 32p. (J). (gr. k-1). 20.49 *(978-0-87617-461-6(6))* Penworthy Co., LLC, The.

Not a Butterfly Alphabet Book: It's about Time Moths Had Their Own Book! Jerry Pallotta. Illus. by Shennen Bersani. 2019. 32p. (J). (gr. -1-2). lib. bdg. 17.99 *(978-1-58089-689-4(8))* Charlesbridge Publishing, Inc.

Not a Pumpkin! (a Lift-The-Flap Book) Susie Lee Jin. Illus. by Susie Lee Jin. 2023. (ENG.). 14p. (J). (— 1). bds. 9.99 *(978-1-338-81253-4(X),* Cartwheel Bks.) Scholastic, Inc.

Not Again. Catina Noble. 2019. (ENG.). 140p. (J). pap. *(978-1-927058-47-3(3))* LoGreco, Bruno.

Not All Angels Have Wings. Craig Georgeff. 2018. (ENG., Illus.). 236p. (YA). pap. 16.95 *(978-1-64258-476-9(2))* Christian Faith Publishing.

Not All Babies Are Breastfed. Anthea Japal. 2016. (ENG., Illus.). 26p. (J). pap. *(978-1-77302-021-1(8))* Tellwell Talent.

Not All Frogs Are Green. Mia Dawson. 2017. (Adventures of Neo Ser.: Vol. 2). (ENG., Illus.). 48p. (J). 23.95 *(978-1-64140-286-6(5))*; pap. 12.95 *(978-1-64028-908-6(9))* Christian Faith Publishing.

Not All Heroes. Josephine Cameron. 2021. (ENG.). 336p. (J). 16.99 *(978-0-374-31443-9(8),* 900232934, Farrar, Straus & Giroux (BYR)) Farrar, Straus & Giroux.

Not All Heroes. Josephine Cameron. 2023. (ENG.). 336p. (J). pap. 8.99 *(978-1-250-83273-3(X),* 900232935) Square Fish.

Not All in Vain (Classic Reprint) Cross. 2018. (ENG., Illus.). 350p. (J). 31.12 *(978-0-483-26523-3(3))* Forgotten Bks.

Not All in Vain, Vol. 2 Of 3: A Novel (Classic Reprint) Ada Cambridge. 2018. (ENG., Illus.). 318p. (J). 30.46 *(978-0-484-56475-5(7))* Forgotten Bks.

Not All in Vain, Vol. 3 Of 3: A Novel (Classic Reprint) Ada Cambridge. 2018. (ENG., Illus.). 282p. (J). 29.73 *(978-0-483-28711-2(3))* Forgotten Bks.

Not All the King's Horses: A Novel (Classic Reprint) George Agnew Chamberlain. 2017. (ENG., Illus.). (J). 30.33 *(978-0-265-18026-6(0))* Forgotten Bks.

Not All the King's Horses a Novel of Washington Society (Classic Reprint) Katherine Elwes Thomas. 2018. (ENG., Illus.). 228p. (J). 28.60 *(978-0-267-20493-9(0))* Forgotten Bks.

Not Always Lost. Tegan Morris. 2016. (ENG., Illus.). 118p. (YA). pap. *(978-0-473-35667-5(8))* Rare Design Ltd.

Not an Alphabet Book: the Case of the Missing Cake. Eoin McLaughlin. Illus. by Marc Boutavant. 2020. (ENG.). 40p. (J). (-k). 17.99 *(978-1-5362-1267-9(9))* Candlewick Pr.

Not an Egg! (a Lift-The-Flap Book) Susie Lee Jin. Illus. by Susie Lee Jin. 2022. (ENG.). 14p. (J). (— 1). bds. 9.99 *(978-1-338-81252-7(1),* Cartwheel Bks.) Scholastic, Inc.

Not Another Teen Workbook: Anger Edition- Transformative Guide to Managing Anger & Unlocking Your Full Potential. Iasha King & Stacey Berriman. l.t. ed. 2021. (ENG.). 112p. (YA). pap. 9.99 *(978-1-0879-7040-0(7))* Indy Pub.

Not Anything for Peace, & Other Stories (Classic Reprint) T. S. Arthur. 2018. (ENG., Illus.). 254p. (J). 29.16 *(978-0-267-17603-8(1))* Forgotten Bks.

Not at Home (Classic Reprint) Hattie Horner. (ENG., Illus.). (J). 2018. 308p. 30.27 *(978-0-484-45007-2(7))*; 2016. pap. 13.57 *(978-1-333-68404-4(5))* Forgotten Bks.

Not BAD Animals. Sophie Corrigan. ed. 2020. (ENG., Illus.). 160p. (J). (gr. k-5). 24.99 ***(978-0-7112-4748-2(X))****,* Frances Lincoln Children's Bks.) Quarto Publishing Group UK GBR. Dist: Hachette Bk. Group.

Not Bad for a Bad Lad. Michael Morpurgo. Illus. by Michael Foreman. 2016. (ENG.). 128p. (J). (gr. 2-4). pap. 9.99 *(978-1-84812-471-4(6))* Bonnier Publishing GBR. Dist: Independent Pubs. Group.

Not Broken, Just Bent. Mia Kerick. 2016. (ENG., Illus.). (J). 24.99 *(978-1-63533-054-0(8))*, Harmony Ink Pr.) Dreamspinner Pr.

Not Counting the Cost (Classic Reprint) Jessie Catherine Huybers Couvreur. 2018. (ENG., Illus.). 488p. (J). 33.96 *(978-0-483-01675-0(6))* Forgotten Bks.

Not Counting the Cost, Vol. 1 of 3 (Classic Reprint) Jessie Catherine Couvreur. (ENG., Illus.). (J). 2018. 320p. 30.50 *(978-0-332-83785-7(8))*; 2016. pap. 13.57 *(978-1-334-14506-3(7))* Forgotten Bks.

Not Counting the Cost, Vol. 2 of 3 (Classic Reprint) Tasma Tasma. 2018. (ENG., Illus.). 326p. (J). 30.64 *(978-0-332-94663-4(0))* Forgotten Bks.

Not Counting the Cost, Vol. 3 of 3 (Classic Reprint) Tasma Tasma. 2018. (ENG., Illus.). (J). 30.74 *(978-0-331-98167-4(X))* Forgotten Bks.

Not Dead, but Dying. Paris Wyatt. 2021. (ENG.). 109p. (J). pap. *(978-1-7947-1436-6(7))* Lulu Pr., Inc.

Not Dead Yet: A Novel (Classic Reprint) J. C. Jeaffreson. 2017. (ENG., Illus.). (J). 29.55 *(978-0-331-80476-8(X))*; pap. 11.97 *(978-1-334-95821-2(1))* Forgotten Bks.

Not Easily Jealous: A Novel (Classic Reprint) Iza Duffus Hardy. 2018. (ENG., Illus.). 166p. (J). 27.32 *(978-0-484-28996-2(9))* Forgotten Bks.

Not Evalyn. Kendra Jade Anderson. 2019. (ENG.). 48p. (J). *(978-0-2288-0951-7(7))*; pap. *(978-0-2288-0950-0(9))* Tellwell Talent.

Not Even Bones. Rebecca Schaeffer. (Market of Monsters Ser.: 1). (ENG.). (YA). (gr. 9). 2019. 384p. pap. 9.99 *(978-0-358-10825-2(X),* 1748891); 2018. 368p. 17.99 *(978-1-328-86354-6(9),* 1694449) HarperCollins Pubs. (Clarion Bks.).

Not Every Family Looks the Same- Children's Family Life Books. Baby Professor. 2017. (ENG., Illus.). (J). pap. 7.89 *(978-1-5419-0373-9(0),* Baby Professor (Education Kids)) Speedy Publishing LLC.

Not Everyone Is Going to Like You: Thoughts from a Former People Pleaser. Rinny Perkins. 2023. 176p. (YA). pap. 17.99 *(978-0-593-32552-0(4),* Kokila) Penguin Young Readers Group.

Not Far from You. Barbara Beck Daniel. Illus. by Jerry J. Bergeron & Jerry L. Bergeron. 2019. (ENG.). 50p. (J). (gr. k-3). pap. 12.99 *(978-1-7336241-3-8(9))* Yellow City Publishing.

Not Far to Go Now. Jet Jones. Illus. by Katie Jones. 2018. (ENG.). 28p. (J). pap. *(978-0-6482549-0-4(9))* KB7 Publishing.

Not Fit to Teach. J. Van. 2019. (ENG.). 64p. (J). pap. 12.95 *(978-1-64701-180-2(9))* Page Publishing Inc.

Not Funny, Said the Bunny. Judith Lightheart. Illus. by Judith Lightheart. 2018. (ENG., Illus.). (J). (gr. k-2). 36p. 18.99 *(978-0-9995526-2-9(7))*; 38p. pap. 8.99 *(978-0-9995526-1-2(9),* Park Avenue Pr.) Park Ave Pr.

Not Gonna Write Poems: A Poetry Book for All the Non-Poets. Michael A Lee. Illus. by Michael A Lee & Jessica Lee. 2019. (ENG.). 168p. (J). (gr. k-6). pap. *(978-1-927538-44-9(0),* Agora Cosmopolitan, The) Agora Publishing Consortium.

Not Gonna Write Poems: A Poetry Book for All the Non Poets. Michael A. Lee & Jessica Lee. 2019. (ENG.). 124p. (J). 27.98 *(978-1-4834-9712-9(7))*; pap. 12.97 *(978-1-4834-9565-1(5))* Lulu Pr., Inc.

Not Guilty. C. Lee McKenzie. 2019. (ENG.). 306p. (J). pap. *(978-0-3695-0087-8(3))* Evernight Publishing.

Not Her Baby. Cassandra Jamison. 2016. (ENG., Illus.). (J). pap. *(978-1-77339-111-3(9))* Evernight Publishing.

Not Here to Be Liked. Michelle Quach. (ENG.). 384p. (YA). (gr. 8). 2022. pap. 11.99 *(978-0-06-303838-7(2))*; 2021. 18.99 *(978-0-06-303836-3(6))* HarperCollins Pubs. (Tegen, Katherine Bks).

Not Here to Stay Friends. Kaitlyn Hill. 2023. 352p. (YA). (gr. 7). pap. 12.99 *(978-0-593-48370-1(7),* Delacorte Pr.) Random Hse. Children's Bks.

Not Hungry, 1 vol. Kate Karyus Quinn. 2019. (YA Verse Ser.). (ENG.). 200p. (J). (gr. 3-4). 25.80 *(978-1-5383-8270-7(9),* d5ca0f83-4c7e-4ec0-8dfc-6a47cb8985a6); pap. 16.35 *(978-1-5383-8269-1(5),* d6662930-889e-47dd-886c-85828381af22) Enslow Publishing, LLC. (West 44 Bks.).

Not I, Not I see Yo No, Yo No

Not I, Not I. Margaret Hillert. Illus. by Bert Dodson. 21st ed. 2016. (BeginningtoRead Ser.). (ENG.). 32p. (J). (-2). lib. bdg. 22.60 *(978-1-59953-785-6(0))* Norwood Hse. Pr.

Not If I Can Help It (Scholastic Gold) Carolyn Mackler. (ENG.). (J). (gr. 3-7). 2021. 256p. pap. 8.99 *(978-0-545-70951-4(2))*; 2019. 240p. 16.99 *(978-0-545-70948-4(2),* Scholastic Pr.) Scholastic, Inc.

Not If I Save You First. Ally Carter. (ENG.). 304p. (gr. 7). 2019. (J). pap. 10.99 *(978-1-338-13415-5(9))*; 2018. (YA). 18.99 *(978-1-338-13414-8(0))* Scholastic, Inc. (Scholastic Pr.).

Not in Room 204: Breaking the Silence of Abuse. Shannon Riggs. Illus. by Jaime Zollars. 2017. (ENG.). 32p. (J). (gr. -1-3). pap. 7.99 *(978-0-8075-5766-2(8),* 807557668) Whitman, Albert & Co.

Not in the Bin. Felicity Mayfield. 2022. (ENG.). 18p. (J). ***(978-0-2288-5112-7(2))***; pap. ***(978-0-2288-5111-0(4))*** Tellwell Talent.

Not in the Prospectus (Classic Reprint) Hannah Lincoln Talbot. (ENG., Illus.). (J). 2017. 30.29 *(978-0-266-47132-5(3))*; 2016. pap. 13.57 *(978-1-334-14135-5(5))* Forgotten Bks.

Not Included in a Sheepskin: Stanford Stories (Classic Reprint) Davida Catherine French. 2018. (ENG., Illus.). 254p. (J). 29.14 *(978-0-483-78459-8(1))* Forgotten Bks.

Not Just a Book. Jeanne Willis. Illus. by Tony Ross. 2018. (ENG.). 32p. (J). (gr. -1-1). 17.99 *(978-1-5415-3569-5(3),* c9aec5ae-67e5-4131-b776-42d35de242a5) Lerner Publishing Group.

Not Just a Fairy Tale Children's European History. Baby Professor. 2017. (ENG., Illus.). (J). pap. 7.89 *(978-1-5419-0356-2(0),* Baby Professor (Education Kids)) Speedy Publishing LLC.

Not Just a Princess. Ginger Ebbett. 2017. (ENG., Illus.). 28p. (J). pap. *(978-1-5255-1126-4(2))* FriesenPress.

Not Just a Toot. K J Bullock. Illus. by Freesia Waxman & Jamie Smith. 2017. (ENG.). (J). *(978-1-5255-1752-5(X))*; pap. *(978-1-5255-1753-2(8))* FriesenPress.

Not Like Other Girls. Rosa Nouchette Carey. 2017. (ENG.). (J). 328p. pap. *(978-3-337-04077-2(2))*; 360p. pap. *(978-3-337-04078-9(0))*; 320p. pap. *(978-3-337-04079-6(9))* Creation Pubs.

Not Like Other Girls (Classic Reprint) Rosa Nouchette Carey. 2017. (ENG., Illus.). 536p. (J). 34.95 *(978-0-332-49095-3(5))* Forgotten Bks.

Not Like Other Girls, Vol. 1 Of 3: A Novel (Classic Reprint) Rosa Nouchette Carey. 2018. (ENG., Illus.). 326p. (J). 30.62 *(978-0-267-16130-0(1))* Forgotten Bks.

Not Like Other Girls, Vol. 2 Of 3: A Novel (Classic Reprint) Rosa Nouchette Carey. 2018. (ENG., Illus.). 316p. (J). 30.43 *(978-0-267-16892-7(6))* Forgotten Bks.

Not Like Other Girls, Vol. 3 Of 3: A Novel (Classic Reprint) Rosa Nouchette Carey. 2018. (ENG., Illus.). 362p. (J). 31.36 *(978-0-483-86722-2(5))* Forgotten Bks.

Not Me! Valeri Gorbachev. 2016. (I Like to Read Ser.). (ENG., Illus.). 24p. (J). (gr. -1-3). pap. 7.99 *(978-0-8234-3547-0(4))* Holiday Hse., Inc.

Not Me! Valeri Gorbachev. ed. 2018. (I Like to Read Ser.). (ENG.). 25p. (J). (gr. -1-1). 17.36 *(978-1-64310-407-2(1))* Penworthy Co., LLC, The.

NOT-MUCH Sleepover Starring Ginger Green, Volume 2. Kim Kane. Illus. by Jon Davis. 2019. (Ginger Green Ser.: 2). (ENG.). 144p. (J). (gr. k-2). pap. 8.99 *(978-1-76050-106-8(9))* Hardie Grant Children?s Publishing AUS. Dist: Independent Pubs. Group.

Not My Hats. Tracy Gunaratnam. Illus. by Alea Marley. 2021. (ENG.). 32p. (J). (gr. -1-3). 17.99 *(978-1-84886-707-9(7),* 91530299-26d9-418c-bc68-a710b9244011) Maverick Arts Publishing GBR. Dist: Lerner Publishing Group.

Not My Idea: A Book about Whiteness. Anastasia Higginbotham. 2018. (Ordinary Terrible Things Ser.). (Illus.). (J). (gr. k-7). 18.95 *(978-1-948340-00-7(3))* Dottir Pr.

Not My Imagination: What's the Meaning of It All? Natalliah Bowdoin. 2019. (ENG.). 202p. (YA). (gr. 7-12). pap. 12.95 *(978-0-578-49099-1(4))* Brooklyn Publishing.

Not My Lisa. Kinyel Friday. Illus. by Robert Roberson. 2022. (ENG.). 26p. (J). pap. 11.99 ***(978-1-7340945-6-5(7))*** KinYori Bks. LLC.

Not My Problem. Ciara Smyth. (ENG.). (YA). (gr. 8). 2022. 384p. pap. 10.99 *(978-0-06-295715-3(5))*; 2021. 368p. 17.99 *(978-0-06-295714-6(7))* HarperCollins Pubs. (HarperTeen).

Not My Universe. Zahra M. Visram. 2016. (ENG., Illus.). 32p. (J). pap. *(978-0-9953314-0-2(5))* Murji, Zahra.

Not Myself Today: A Paranormal Thriller. Muriel Ellis Pritchett. 2020. (ENG., Illus.). 230p. (YA). pap. 18.95 *(978-1-68433-547-3(7))* Black Rose Writing.

Not Nap Time. Kelly Grettler & Arianne Peters. l.t. ed. 2023. (ENG.). 38p. (J). 16.01 ***(978-1-0881-3810-6(1))*** Indy Pub.

Not Normal. Ron Mueller. 2021. (ENG.). 34p. (J). pap. 4.99 *(978-1-68223-234-7(4))* Around the World Publishing LLC.

Not Now, Cow. Tammi Sauer. Illus. by Troy Cummings. (ENG.). (J). (gr. -1-k). 2023. 24p. bds., bds. 7.99 ***(978-1-4197-4632-1(4),*** 1288510); 2021. 32p. 14.99 *(978-1-4197-4629-1(4),* 1288501) Abrams, Inc. (Abrams Appleseed).

Not Now, Maybe Later. Peter Blackerby. Illus. by Amber Rae Malott. 2023. (ENG.). 22p. (J). 19.99 ***(978-1-0881-6417-4(X))*** Lulu Pr., Inc.

Not Now, Not Ever: A Novel. Lily Anderson. 2017. (ENG.). 320p. (YA). pap. 23.99 *(978-1-250-85113-0(0),* 900258302, Wednesday Bks.) St. Martin's Pr.

Not Now! Said the Cow. Joanne Oppenheim. Illus. by William Demarest. 2018. (Bank Street Ready-To-Read Ser.). (ENG.). 36p. (J). (gr. 1-3). pap. 11.95 *(978-1-876965-56-3(8),* ipicturebooks) ibooks, Inc.

Not of Her Race (Classic Reprint) Nancy Kier Foster. 2018. (ENG., Illus.). 280p. (J). 29.69 *(978-0-332-86307-8(7))* Forgotten Bks.

Not of This World (Classic Reprint) Lambert Huffman. 2018. (ENG., Illus.). 162p. (J). 27.26 *(978-0-267-25213-8(7))* Forgotten Bks.

Not on Fifth Street. Kathy Cannon Wiechman. 2017. (ENG.). 240p. (J). (gr. 4-7). 17.95 *(978-1-62979-804-2(5),* Calkins Creek) Highlights Pr., c/o Highlights for Children, Inc.

Not on the Chart: A Novel of to-Day (Classic Reprint) Algeron Sydney Logan. (ENG., Illus.). (J). 2018. 288p. 29.84 *(978-0-666-71036-9(8))*; 2017. pap. 13.57 *(978-0-259-17155-3(7))* Forgotten Bks.

Not Opposites. Linda Ragsdale. Illus. by Imodraj Mohanamani. 2017. (ENG.). 24p. (J). (gr. -1-3). *(978-1-4867-1255-7(X))* Flowerpot Children's Pr. Inc.

Not Our Summer. Casie Bazay. 2021. (ENG.). 288p. (YA). (gr. 8-17). 17.99 *(978-0-7624-7229-1(4),* Running Pr. Kids) Running Pr.

Not Pink Not Blue. Martyn S. Pentecost. Illus. by Alex Casey. 2022. (ENG.). 94p. (J). pap. *(978-1-907282-75-1(0))* mPowr (Publishing), Ltd.

Not Playing by the Rules: 21 Female Athletes Who Changed Sports. Lesa Cline-Ransome. 2020. (Illus.). 48p. (J). (gr. 3-7). 18.99 *(978-1-5247-6453-1(1))*; (ENG.). lib. bdg. 21.99 *(978-1-5247-6454-8(X))* Random Hse. Children's Bks. (Knopf Bks. for Young Readers).

Not Quite Black & White Board Book. Jonathan Ying. Illus. by Victoria Ying. 2017. (ENG.). 28p. (J). (gr. -1 — 1). bds. 7.99 *(978-0-06-238067-8(2),* HarperFestival) HarperCollins Pubs.

Not Quite Eighteen (Classic Reprint) Susan Coolidge. 2018. (ENG., Illus.). 300p. (J). 30.08 *(978-0-484-37504-7(0))* Forgotten Bks.

Not Quite Narwhal. Jessie Sima. Illus. by Jessie Sima. 2017. (Not Quite Narwhal & Friends Ser.). (ENG., Illus.). 40p. (J). (gr. -1-3). 17.99 *(978-1-4814-6909-8(6)),* Simon & Schuster Bks. For Young Readers) Simon & Schuster Bks. For Young Readers.

Not Quite Out. Louise Willingham. 2021. (ENG.). 336p. (YA). pap. *(978-1-9163373-6-7(8))* SRL Publishing Ltd.

Not-Quite-Perfect Passover. Laura Gehl. Illus. by Olga Ivanov & Aleksey Ivanov. 2023. (Ruby Celebrates! Ser.). (ENG.). 32p. (J). (gr. -1-3). 17.99 *(978-0-8075-7169-9(5),* 0807571695) Whitman, Albert & Co.

Not Quite Right Cake. Shereen Quraeshi. Illus. by Madeleine Sibthorpe. 2022. (ENG.). 48p. (J). pap. *(978-1-0391-2708-1(8))*; *(978-1-0391-2709-8(6))* FriesenPress.

Not Quite Snow White. Ashley Franklin. Illus. by Ebony Glenn. (ENG.). 32p. (J). (gr. -1-3). 2023. pap. 9.99 *(978-0-06-323740-7(7))*; 2019. 17.99 *(978-0-06-279860-2(X))* HarperCollins Pubs. (HarperCollins).

Not Quite So Small Purple Star. Bill George. 2021. (ENG.). 32p. (J). 14.95 *(978-1-63777-197-6(5))*; pap. 9.95 *(978-1-63777-199-0(1))* Red Penguin Bks.

(Not Quite) the Same Old Song. Lindsey Ouimet. 2019. (ENG.). 256p. (J). pap. *(978-1-77339-947-8(0))* Evernight Publishing.

Not Ready for Bed. Justin McIntyre & Saad Ejaz. 2020. (ENG.). 16p. (J). pap. 10.00 *(978-1-716-86758-3(4))* Lulu Pr., Inc.

Not Really Buddies. Jan Carr. Illus. by Kris Mukai. 2023. (Buddy & Bea Ser.: 1). 80p. (J). (gr. k-3). 14.99 ***(978-1-68263-534-6(1))*** Peachtree Publishing Co. Inc.

(Not) Sleepy Shark / el Tiburón Que (No) Tenía Sueño. Tamia Sheldon. Illus. by Tamia Sheldon. 2018. (Xist Kids Bilingual Spanish English Ser.). (ENG & SPA., Illus.). 40p. (J). (gr. -1-3). pap. 9.99 *(978-1-5324-0681-2(9))* Xist Publishing.

Not So Bad after All: An Original Comedy in Three Acts (Classic Reprint) Wybert Reeve. 2018. (ENG., Illus.). 48p. (J). 24.89 *(978-0-428-25451-3(9))* Forgotten Bks.

Not So Bad Piranha: (Preschool, Ages 6-8, Early Reader, Bullying, Emotions) Carole St-Laurent. l.t. ed. 2019. (ENG.). 50p. (J). pap. *(978-1-9994769-8-4(0))* LoGreco, Bruno.

Not So Boring Letters of Private Nobody. Matthew Landis. 2019. (ENG.). 320p. (J). (gr. 5-9). 8.99 *(978-0-7352-2799-6(3),* Puffin Books) Penguin Young Readers Group.

Not-So-Brave Little Lion. David Walker. Illus. by David Walker. 2023. (ENG., Illus.). 32p. (J). (gr. -1-3). 18.99 *(978-1-4814-4347-0(X),* Atheneum Bks. for Young Readers) Simon & Schuster Children's Publishing.

Not So Chosen One: When the Chosen Ones Are Gone, Someone's Got to Pretend. Tamara Grantham. 2021. (ENG.). 208p. (J). pap. 15.99 *(978-1-4621-4059-6(9),* Sweetwater Bks.) Cedar Fort, Inc./CFI Distribution.

Not-So-Deadly Dragon. Sean Tulien. Illus. by Pol Cunyat. 2016. (Thud & Blunder Ser.). (ENG.). (J). 56p. (gr. 1-3). lib. bdg. 23.99 *(978-1-4965-3220-6(1),* 132415); (gr. 2-4). 53.32 *(978-1-4965-4558-9(3))* Capstone. (Stone Arch Bks.).

Not So Different: What You Really Want to Ask about Having a Disability. Shane Burcaw. Illus. by Matt Carr. 2017. (ENG.). 40p. (J). 19.99 *(978-1-62672-771-7(6),* 900172893) Roaring Brook Pr.

Not So Easy Road: The Story of a Little Boy Who Kept His Promise. April L. Jones. Ed. by Coretta Gholston. 2017. (ENG., Illus.). (J). (gr. k-4). 30.99 *(978-0-692-84351-2(5))* Visionary Consulting Services, LLC.

Not-So-Evil Wizard. Sean Tulien. Illus. by Pol Cunyat. 2016. (Thud & Blunder Ser.). (ENG.). 56p. (J). (gr. 1-3). lib. bdg. 23.99 *(978-1-4965-3221-3(X),* 132416, Stone Arch Bks.) Capstone.

Not-So-Fun Fair. Sophie Hibberd. Illus. by Marcus Gray. 2023. (Level 4 - Blue Set Ser.). (ENG.). 32p. (J). (gr. 1-3). lib. bdg. 19.95 Bearport Publishing Co., Inc.

Not-So-Great Presidents: Commanders in Chief (Epic Fails #3) Ben Thompson & Erik Slader. Illus. by Tim Foley. 2019. (Epic Fails Ser.: 3). (ENG.). 160p. (J). pap. 6.99 *(978-1-250-15059-2(0),* 900182548) Roaring Brook Pr.

Not So Green. P. Monae Hughley. 2020. (ENG.). 47p. (J). pap. *(978-1-6781-7203-9(0))* Lulu Pr., Inc.

Not So Grim(m) Fairy Tales: A Collection of Ridiculously un-Scary Fairy Tale Spoofs. Allison McWood. Illus. by Terry Castellani. 2022. (ENG.). 134p. (J). pap. *(978-1-990292-11-8(9))* Annelid Pr.

Not-So-Happy Camper. Trish Granted. Illus. by Manuela Lopez. 2021. (Jeanie & Genie Ser.: 4). (ENG.). 128p. (J). (gr. k-4). 17.99 *(978-1-5344-8697-3(6))*; pap. 5.99 *(978-1-5344-8696-6(8))* Little Simon. (Little Simon).

Not-So-Helpless Princess. Blake Hoena. Illus. by Pol Cunyat. 2016. (Thud & Blunder Ser.). (ENG.). 56p. (J). (gr. 1-3). lib. bdg. 23.99 *(978-1-4965-3218-3(X),* 132413, Stone Arch Bks.) Capstone.

Not-So-Heroic Knight, 2 vols. Blake Hoena. Illus. by Pol Cunyat. 2016. (Thud & Blunder Ser.). (ENG.). (J). 53.32 *(978-1-4965-4561-9(3),* Stone Arch Bks.) Capstone.

Not So Independent Kitten. Kristie A. Zweig. Illus. by Kristie A. Zweig. 2022. (ENG.). 30p. (J). 17.99 *(978-0-578-38191-6(5))* Notto, Kristie.

Not-So-Itsy-Bitsy Spider, 3. Joe McGee. ed. 2022. (Night Frights Ser.). (ENG., Illus.). 128p. (J). (gr. 2-5). 19.96 ***(978-1-68505-571-4(0))*** Penworthy Co., LLC, The.

Not-So-Itsy-Bitsy Spider. Joe McGee. Illus. by Teo Skaffa. 2022. (Night Frights Ser.: 3). (ENG.). 144p. (J). (gr. 2-5). pap. 6.99 *(978-1-5344-8094-0(3))*; 17.99 *(978-1-5344-8095-7(1))* Simon & Schuster Children's Publishing. (Aladdin).

Not So Lonely Day. Deborah November. Illus. by Weaverbird Interactive. 2022. 1. (ENG.). 32p. (J). 19.99 *(978-1-223-18322-0(X),* eefb47bc-f552-4572-aa47-6ad0249556c3); pap. 10.99 *(978-1-223-18323-7(8),* bccd5424-18b4-4b88-a365-1571e3dbf9b9) Baker & Taylor, CATS. (Paw Prints).

Not So Lonely Day (Library Edition) Deborah November. Illus. by Weaverbird Interactive. 2022. 1. (ENG.). 32p. (J). lib. bdg. 21.99 *(978-1-5182-6288-3(0),* 1d4f57fd-584c-4205-ad3a-077e263e090d, Paw Prints) Baker & Taylor, CATS.

(Not So) Lost & Found. Punky Kaye. 2021. (ENG., Illus.). 32p. (J). pap. 14.95 *(978-1-6624-1711-5(X))* Page Publishing Inc.

Not So Lucky Brother: The Not So Lucky Brother. Avanti Pradhan Vadivelu. 2017. (ENG., Illus.). (J). pap. 9.99 *(978-0-9992262-0-9(7))* Kind Eye Publishing.

Not-So-Lucky Lefty. 10. Megan Mcdonald. 2019. (Judy Moody & Friends Ser.). (ENG.). 60p. (J). (gr. 2-3). 15.96 *(978-0-87617-434-0(9))* Penworthy Co., LLC, The.

Not-So-Lucky Lefty. Megan Mcdonald. ed. 2018. (Judy Moody & Friends Ser.: 10). lib. bdg. 14.75 *(978-0-606-40899-8(1))* Turtleback.

Not-So-New Mathew. Robin Twiddy. Illus. by Rosie Groom. 2023. (Level 4/5 - Blue/Green Set Ser.). (ENG.). 32p. (J). (gr. 1-3). lib. bdg. 19.95 Bearport Publishing Co., Inc.

Not So Normal Norbert. James Patterson. Illus. by Hatem Aly. 2018. (ENG.). 368p. (J). (gr. 3-9). 13.99 *(978-0-316-46541-0(0)*, Jimmy Patterson) Little Brown & Co.

Not So Ordinary: Devotional Picture Book. Des. by Jacob Dunaway. 2022. (ENG.). 30p. (J). pap. 12.00 ***(978-1-952955-35-8(1))*** Kaio Pubns., Inc.

Not-So-Ordinary Science: 49 Projects That Ooze, Pop, Zoom, & More! Elsie Olson. ed. 2023. (Not-So-Ordinary Science Ser.). (ENG.). 112p. (J). pap., pap., pap. 12.99 *(978-1-6690-1098-2(8)*, 248349, Capstone Pr.) Capstone.

Not So Perfect Game. Mark Miller. 2016. (ENG., Illus.). (J). pap. 7.89 *(978-0-9982986-3-4(8))* MillerWords.

Not-So-Perfect Plan. Christina Matula. 2023. (Holly-Mei Book Ser.: 2). (ENG.). 240p. (J). 18.99 *(978-1-335-42917-9(4))* Harlequin Enterprises ULC CAN. Dist: HarperCollins Pubs.

Not-So-Pretty Pixies. Holly Anna. Illus. by Genevieve Santos. 2017. (Daisy Dreamer Ser.: 4). (ENG.). 128p. (J). (gr. k-4). 16.99 *(978-1-4814-9888-3(6))*; pap. 6.99 *(978-1-4814-9887-6(8))* Little Simon. (Little Simon).

Not So Pure & Simple. Lamar Giles. 2020. (ENG.). (YA). (gr. 8). 416p. pap. 10.99 *(978-0-06-234920-0(1))*; 400p. 17.99 *(978-0-06-234919-4(8))* HarperCollins Pubs. (Quill Tree Bks.).

Not So Quiet Library. Zachariah OHora. 2016. (Illus.). 40p. (J). (-k). 17.99 *(978-0-8037-4140-9(5)*, Dial Bks) Penguin Young Readers Group.

Not-So-Red Ripe Round Tomato. Brian R. Wilson. 2019. (ENG.). 38p. (J). 14.95 *(978-1-64307-231-9(5))* Amplify Publishing Group.

Not-So-Right Day. Wiley Blevins. Illus. by Elliot Kreloff. (Basic Concepts Ser.). (ENG.). 24p. (J). (gr. -1 — 1). 2018. pap. 6.99 *(978-1-63440-418-1(1)*, 8453da2e-8fc6-4e7b-b073-fc950f93c2c8); 2016. lib. bdg. 14.99 *(978-1-63440-083-1(6)*, 5550f1e4-ab94-4bff-a266-6f2209a71aaf) Red Chair Pr. (Rocking Chair Kids).

Not-So-Scary Hairy Spider. Rosie Greening. 2019. (ENG.). 12p. (J). (— 1). 9.99 *(978-1-78843-608-3(3))* Make Believe Ideas GBR. Dist: Scholastic, Inc.

Not So Scary Monsters Coloring Book. Smarter Activity Books for Kids. 2016. (ENG., Illus.). (J). pap. 9.22 *(978-1-68374-376-7(8))* Examined Solutions PTE. Ltd.

Not-So-Scary Scarecrow. Mamie Tauk. Illus. by Arielle Shira. 2020. (ENG.). 36p. (J). *(978-1-5255-6394-2(7))*; pap. *(978-1-5255-6395-9(5))* FriesenPress.

Not-So-Secret Society: Tale of the Gummy. Matthew Daley & Arlene Daley. Illus. by Wook-Jin Clark. 2017. (ENG.). 128p. (J). (gr. 3). pap. 9.99 *(978-1-60886-997-8(0))* BOOM! Studios.

Not So Shy. Noa Nimrodi. 2023. (ENG.). 256p. (J). (gr. 4-8). 18.99 *(978-1-7284-2791-1(6)*, a2ec42f4-8af7-432a-8035-938caaf117ab); pap. 9.99 *(978-1-7284-2792-8(4)*, 9a2c39f6-6433-418c-866d-28584964b961) Lerner Publishing Group. (Kar-Ben Publishing).

Not So Silent Night, 1 vol. Rebecca Elliott. ed. 2016. (ENG., Illus.). 5p. (J). (— 1). bds. 7.99 *(978-0-7459-6560-4(1)*, 8b565f41-af2c-41ef-9334-eb623bb83f92, Lion Children's) Lion Hudson PLC GBR. Dist: Baker & Taylor Publisher Services (BTPS).

Not-So-Sleeping Beauty: An Untraditional Graphic Novel. Katie Schenkel. Illus. by Vincent Batignole. 2023. (I Fell into a Fairy Tale Ser.). (ENG.). 32p. (J). 25.32 *(978-1-6690-1503-1(3)*, 245429); pap. 6.99 *(978-1-6690-1500-0(9)*, 245414) Capstone. (Stone Arch Bks.).

Not So Small. Pat Zietlow Miller & Paola Escobar. 2022. (ENG., Illus.). 32p. (J). (gr. -1-3). 19.99 *(978-0-06-284744-7(9)*, Quill Tree Bks.) HarperCollins Pubs.

Not So Small at All. Sandra Magsamen. 2021. (All about YOU Encouragement Bks.). (ENG., Illus.). 36p. (J). (gr. -1-5). 7.99 *(978-1-7282-5012-0(9))* Sourcebooks, Inc.

Not So Small at All: Little Ways YOU Can Make a Big Difference for Our Planet! Sandra Magsamen. 2022. (All about YOU Encouragement Bks.). 32p. (J). (gr. k-3). 7.99 *(978-1-7282-5183-7(4))* Sourcebooks, Inc.

Not So Special Bug. Hannah Fulks. 2023. (ENG.). 28p. (J). ***(978-0-2288-8891-8(3))*** Tellwell Talent.

Not So Special Bug. Hannah Fulks. Illus. by Marianne Abenoja. 2023. (ENG.). 28p. (J). pap. ***(978-0-2288-8890-1(5))*** Tellwell Talent.

Not-So-Stinky Skunk. W. Bruce Cameron. ed. 2021. (Lily to the Rescue Ser.). (ENG., Illus.). 135p. (J). (gr. 2-3). 15.49 *(978-1-64697-553-2(7))* Penworthy Co., LLC, The.

Not-So-Tiny Tales of Simon Seahorse Collection (Boxed Set) Simon Says; I Spy ... a Shark!; Don't Pop the Bubble Ball!; Summer School of Fish. Cora Reef. Illus. by Liam Darcy & Jake McDonald. ed. 2022. (Not-So-Tiny Tales of Simon Seahorse Ser.). (ENG.). 512p. (J). (gr. k-4). pap. 23.99 *(978-1-6659-1629-5(X)*, Little Simon) Little Simon.

Not So True Adventures of Brandon, Josh, & Adam. Barry M. Fellinger. Illus. by Gb Faelnar & Charles K. Hopkins. 2023. (ENG.). 296p. (J). ***(978-0-2288-7924-4(8))***; pap. ***(978-0-2288-7923-7(X))*** Tellwell Talent.

Not-So-Uniform Life of Holly-Mei. Christina Matula. (Holly-Mei Book Ser.: 1). (ENG.). (J). 2023. 304p. pap. 8.99 *(978-1-335-42865-3(8))*; 2022. (Illus.). 288p. 16.99 *(978-1-335-42488-4(1))* Harlequin Enterprises ULC CAN. Dist: HarperCollins Pubs.

Not-So-Very Lost Lamb. Antonia Woodward. Illus. by Antonia Woodward. ed. 2019. (ENG., Illus.). 32p. (J). (gr. -1-k). pap. 11.99 *(978-0-7459-7680-8(8)*, 82addd7d-ba33-4b4d-8d48-75c2ffc60244, Lion Children's) Lion Hudson PLC GBR. Dist: Baker & Taylor Publisher Services (BTPS).

Not So Wicked: An Underlayes YA. T. A. Moorman. 2018. (ENG.). 144p. (J). pap. 12.99 *(978-1-386-05915-8(3))* Draft2Digital.

Not Sorry! Penelope Dyan. Illus. by Penelope Dyan. l.t. ed. 2022. (ENG.). 34p. (J). pap. 12.60 ***(978-1-61477-613-0(X))*** Bellissima Publishing, LLC.

Not Starring Zadie Louise. Joy McCullough. (ENG.). 256p. (J). (gr. 3). 2023. pap. 7.99 ***(978-1-5344-9624-8(6))***; 2022. 17.99 *(978-1-5344-9623-1(8))* Simon & Schuster Children's Publishing. (Atheneum Bks. for Young Readers).

Not Sufficient Funds (Classic Reprint) Howard D. King. 2018. (ENG., Illus.). 54p. (J). 25.03 *(978-0-332-79439-6(3))* Forgotten Bks.

Not Talking about You. Kevin heronJones. 2023. (ENG.). 128p. (YA). (gr. 9-12). pap. 9.99 *(978-1-4594-1707-6(0)*, 798b45df-0e3e-4532-96fb-6ffdfdbeff3a) James Lorimer & Co. Ltd., Pubs. CAN. Dist: Lerner Publishing Group.

Not That It Matters. Alan Alexander Milne. 2017. (ENG., Illus.). (J). 22.95 *(978-1-374-93314-9(7))*; pap. 12.95 *(978-1-374-93313-2(9))* Capital Communications, Inc.

Not That It Matters. Alan Alexander Milne. 2016. (ENG., Illus.). (J). pap. 14.97 *(978-1-365-59511-0(0))* Lulu Pr., Inc.

Not That It Matters. Alan Alexander Milne. 2017. (ENG., Illus.). (J). pap. *(978-0-649-10184-9(7))* Trieste Publishing Pty Ltd.

Not That It Matters (Classic Reprint) Alan Alexander Milne. 2017. (ENG., Illus.). (J). 29.22 *(978-1-5285-6975-0(X))* Forgotten Bks.

Not That Pet! Smriti Prasadam-Halls. Illus. by Rosalind Beardshaw. 2022. (ENG.). 32p. (J). (-k). 17.99 *(978-1-5362-1776-6(X))* Candlewick Pr.

Not That Witch. Amy Leach. Ed. by Jo Farey. 2022. (ENG.). 70p. (YA). pap. ***(978-1-78324-267-2(1))*** Wordzworth Publishing.

Not the End, but the Beginning: A Parable on Destiny. Nancy M. Garver. 2021. (ENG.). 134p. (YA). pap. 14.49 *(978-1-6628-1429-7(1))* Salem Author Services.

Not the Girls You're Looking For. Aminah Mae Safi. 2019. (ENG.). 352p. (YA). pap. 14.99 *(978-1-250-30886-3(0)*, 900183488) Square Fish.

Not the Heir. Hudson Warm. 2020. (Silverkeep Ser.: Vol. 1). (ENG.). 266p. (YA). pap. 12.99 *(978-1-7354098-0-1(4))* Warm, Hudson.

Not This Turkey! Jessica Steinberg. 2018. (2019 Av2 Fiction Ser.). (ENG.). 32p. (J). (gr. k-3). lib. bdg. 34.28 *(978-1-4896-8273-4(2)*, AV2 by Weigl) Weigl Pubs., Inc.

Not This Turkey! Jessica Steinberg. Illus. by Amanda Pike. 2016. (ENG.). 32p. (J). (gr. -1-3). 16.99 *(978-0-8075-7908-4(4)*, 807579084) Whitman, Albert & Co.

Not Tired at All! Heather Croghan Moreland. 2019. (ENG., Illus.). 32p. (J). (gr. -1-3). *(978-0-2288-0817-6(0))*; *(978-0-2288-0818-3(9))* Tellwell Talent.

Not to Worry, Lucille & Wilson: (the Sequel to Not to Worry, Lucille) Linda Gordon. 2022. (ENG.). 24p. (J). pap. 14.95 ***(978-1-63961-586-5(5))*** Christian Faith Publishing.

Not Today. M. C. Lee. 2018. (ENG., Illus.). 220p. (YA). pap. 14.99 *(978-1-64080-183-7(9)*, Harmony Ink Pr.) Dreamspinner Pr.

Not Today, Aliens! J. B. Blankenship. Illus. by Cassandre Bolan. 2018. (ENG.). 38p. (J). (gr. 1-3). pap. 9.95 *(978-0-9970312-1-8(2))* SitStayRead.

Not Today, Celeste! A Dog's Tale about Her Human's Depression. Liza Stevens. 2016. (Illus.). 36p. (J). 17.95 *(978-1-78592-008-0(1)*, 693958) Kingsley, Jessica Pubs. GBR. Dist: Hachette UK Distribution.

Not Today Frank. Maddie-Louise Smith. 2021. (ENG.). 26p. (J). *(978-0-6451801-0-7(6))* Smith, Maddie-Louise.

Not Today, Maybe Tomorrow. Mark Will. Illus. by Catherine Pieroni. 2022. (ENG.). 44p. (J). ***(978-1-0391-6323-2(8))***; pap. ***(978-1-0391-6322-5(X))*** FriesenPress.

Not What It Seems, & Other Stories. Tessa Harmon & Alisabeth Delgado. 2023. (ENG.). 162p. (J). pap. 10.20 ***(978-1-954989-28-3(8))*** Deep Read Pr.

Not Wisely but Too Well. Rhoda Broughton. 2017. (ENG.). 396p. (J). pap. *(978-3-337-02914-2(0))* Creation Pubs.

Not Wisely but Too Well: A Novel (Classic Reprint) Rhoda Broughton. 2017. (ENG., Illus.). (J). 32.15 *(978-0-331-06396-7(4))* Forgotten Bks.

Not Wisely, but Too Well; a Novel, Vol. 1 Of 2: By the Author of Cometh up As a Flower (Classic Reprint) Rhoda Broughton. 2018. (ENG., Illus.). 292p. (J). 29.92 *(978-0-364-21467-1(8))* Forgotten Bks.

Not Wisely, but Too Well; a Novel, Vol. 2 Of 2: By the Author of Cometh up As a Flower (Classic Reprint) Rhoda Broughton. 2018. (ENG., Illus.). 308p. (J). 30.25 *(978-0-364-24066-3(0))* Forgotten Bks.

Not Without Him! Black Inventors. C. Chérie Hardy. Illus. by Takarais Billups & Suzanne Horwitz. 2020. (ENG.). 34p. (J). pap. 12.95 *(978-1-946753-46-5(7))* Avant-garde Bks.

Not Without Honor the Story of an Odd Boy (Classic Reprint) William D. Moffat. 2018. (ENG., Illus.). 262p. (J). 29.32 *(978-0-483-88304-8(2))* Forgotten Bks.

Not Without My Whale. Billy Coughlan. Illus. by Villie Karabatzia. 2019. (Early Bird Readers — Green (Early Bird Stories (tm)) Ser.). (ENG.). 32p. (J). (gr. k-3). 30.65 *(978-1-5415-4204-4(5)*, 8f981220-0b58-4e5f-9c0b-823a7ebf46de); pap. 9.99 *(978-1-5415-7409-0(5)*, 31c2d9b7-aeb3-47e4-8c7a-058f9da6326c) Lerner Publishing Group. (Lerner Pubns.).

Not Worth a a Comedy of the Revolution, in Two Acts (Classic Reprint) Alice Wight Alden. 2018. (ENG., Illus.). 24p. (J). 24.39 *(978-0-267-28816-8(6))* Forgotten Bks.

Not Yet! Megan Borgert-Spaniol. Illus. by Jeff Crowther. 2022. (Be a Good Sport (Pull Ahead Readers People Smarts — Fiction) Ser.). (ENG.). 16p. (J). (gr. -1-1). pap. 8.99 *(978-1-7284-4802-2(6)*, 6991929e-5594-4086-b517-c78b9e7ca65e, Lerner Pubns.) Lerner Publishing Group.

Not Yet! Robert Rosen. Illus. by Isabella Grott. 2017. (Play Time Ser.). (ENG.). 24p. (gr. -1-2). pap. 9.95 *(978-1-68342-766-7(1)*, 9781683427667) Rourke Educational Media.

Not yet a Yeti. Lou Treleaven. Illus. by Tony Neal. 2019. (ENG.). 32p. (J). (gr. -1-3). 17.99 *(978-1-84886-414-6(0)*, b50f6736-2dc8-4299-83be-90ced7f3e0db) Maverick Arts Publishing GBR. Dist: Lerner Publishing Group.

Not yet, Yeti. Bethany V. Freitas. Illus. by Maddie Frost. 2022. (ENG.). 40p. (J). (gr. -1-3). 17.99 *(978-0-358-45025-2(X)*, 1795955, Clarion Bks.) HarperCollins Pubs.

Not yet Zebra. Lou Kuenzler. Illus. by Julia Woolf. 2018. (ENG.). 32p. (J). (gr. -1-1). 16.95 *(978-0-571-34288-4(4)*, Faber & Faber Children's Bks.) Faber & Faber, Inc.

Not Yeti. Kelly DiPucchio. Illus. by Claire Keane. 2021. 40p. (J). (gr. -1-3). 17.99 *(978-0-593-11407-0(8)*, Viking Books for Young Readers) Penguin Young Readers Group.

Not You Mildew. Julie A. 2017. (ENG., Illus.). 32p. (J). *(978-0-244-61364-8(8))* Lulu Pr., Inc.

Not Your All-American Girl. Wendy Wan-Long Shang & Madelyn Rosenberg. (ENG.). 256p. (J). (gr. 3-7). 2022. pap. 8.99 *(978-1-338-03777-7(3))*; 2020. 17.99 *(978-1-338-03776-0(5)*, Scholastic Pr.) Scholastic, Inc.

Not Your Average Rooster. Liz Daniels. Illus. by Allyson Sawyer. 2020. (ENG.). 24p. (J). 19.95 *(978-1-0878-8810-1(7))* Indy Pub.

Not Your Birthday Birthday. Mark Andrew Poe. 2017. (ENG., Illus.). 216p. (J). 14.99 *(978-1-943785-48-3(1)*, 1ad8b9c0-86ac-4302-9729-953c7127ae4c) Rabbit Pubs.

Not Your Nest! Gideon Sterer. Illus. by Andrea Tsurumi. 2019. 40p. (J). (gr. -1-2). 17.99 *(978-0-7352-2827-6(2)*, Dial Bks) Penguin Young Readers Group.

Not Your Ordinary Trivia. Alicia Z. Klepeis et al. 2018. (Not Your Ordinary Trivia Ser.). (ENG.). 32p. (J). (gr. 3-9). 122.60 *(978-1-5435-2543-4(1)*, 28120, Capstone Pr.) Capstone.

Not Your Valentine, no. 2. Sofi Benitez & Regina Jennings. 2017. (ENG., Illus.). 192p. (J). 14.99 *(978-1-943785-08-7(2)*, 2b32ba54-a517-4bdd-84a5-1d74f9f0d56f) Rabbit Pubs.

Not Your Villain. C. B. Lee. 2017. (Sidekick Squad Ser.: 2). (ENG.). 320p. (YA). pap. 16.99 *(978-1-945053-25-2(9)*, Interlude Pr.) Chicago Review Pr.

Notable History of Abraham Lincoln, Sixteenth President of the United States (Classic Reprint) Thomas Sheppard Meek. (ENG., Illus.). (J). 2018. 24p. 24.41 *(978-0-484-18810-4(0))*; 2016. pap. 7.97 *(978-1-333-67989-7(0))* Forgotten Bks.

Notable Notebooks: Scientists & Their Writings. Jessica Fries-Gaither. 2017. (ENG., Illus.). 32p. (J). (gr. 2-4). 18.95 *(978-1-68140-379-3(X))*; pap. 38.99 *(978-1-68140-307-6(2)*, P527774) National Science Teachers Assn.

Notable Women Leaders Throughout History: Biography Book for Kids Children's Historical Biographies. Dissected Lives. 2019. (ENG.). 104p. (J). 23.95 *(978-1-5419-6880-6(8))*; pap. 13.99 *(978-1-5419-6876-9(X))* Speedy Publishing LLC. (Dissected Lives (Auto Biographies)).

Notas Suicidas de Chicas Hermosas. Lynn Weingarten. 2019. (SPA.). 340p. (YA). (gr. 7). pap. 11.50 *(978-607-527-625-0(4))* Editorial Oceano de Mexico MEX. Dist: Independent Pubs. Group.

Notations of Cooper Cameron. Jane O'Reilly. 2019. (ENG.). 320p. (J). (gr. 3-5). pap. 9.99 *(978-1-5415-7759-6(0)*, e174f65c-5fb0-4ec2-a9cd-9c3eac4a066c, Carolrhoda Bks.) Lerner Publishing Group.

Note Book. Ay Wh. 2022. (ENG.). 178p. (C). pap. *(978-1-6781-1140-3(6))* Lulu Pr., Inc.

Note Book: The Simplest Way to Increase Productivity: Get a Notebook. James Martey. 2022. (ENG.). 150p. (J). pap. *(978-1-387-86841-4(1))* Lulu Pr., Inc.

Note-Book in Northern Spain (Classic Reprint) Archer M. Huntington. 2018. (ENG., Illus.). 292p. (J). 29.98 *(978-0-484-67677-9(6))* Forgotten Bks.

Note Book of a Country Clergyman, Vol. 1 of 2 (Classic Reprint) Samuel Wilberforce. 2017. (ENG., Illus.). (J). 28.72 *(978-0-260-33673-6(4))* Forgotten Bks.

Note-Book of an Adopted Mother: Experience in the Home Training of a Boy (Classic Reprint) Eleanor Davids. 2018. (ENG., Illus.). 268p. (J). 29.44 *(978-0-483-08396-7(8))* Forgotten Bks.

Note-Book of Anton Chekhov (Classic Reprint) Anton Chekov. 2018. (ENG., Illus.). 156p. (J). 27.11 *(978-0-331-78957-7(4))* Forgotten Bks.

Note Di un Poliglotta: Consigli Pratici per Studiare una Lingua Straniera. Yuriy Ivantsiv. 2023. (ITA.). 322p. (YA). pap. ***(978-1-4717-9793-4(7))*** Lulu Pr., Inc.

Note to Self- Journal for Teens. Michelle C. Harrison. 2022. (ENG.). 106p. (J). pap. 10.99 *(978-1-7361861-5-2(9))* Honey Ink Publishing LLC.

Notebook. Alina Cooper. 2021. (ENG.). 100p. (YA). pap. 7.50 *(978-1-716-22126-2(9))*; pap. 7.50 *(978-1-716-22131-6(5))*; pap. 7.50 *(978-1-716-22829-2(8))*; pap. 7.50 *(978-1-716-26490-0(1))* Lulu Pr., Inc.

Notebook. Alketbi Design. 2023. (ENG.). 102p. (J). pap. 10.72 ***(978-1-4477-4004-9(1))*** Lulu Pr., Inc.

Notebook. Cleo Koumianaki. 2023. (ENG.). 108p. (YA). pap. 29.61 ***(978-1-4476-4254-1(6))*** Lulu Pr., Inc.

Notebook. Tamara Kudelic. 2023. (ENG.). 200p. (J). pap. 19.36 ***(978-1-4477-4190-9(0))*** Lulu Pr., Inc.

Notebook. Peace Of Mind Press. 2022. (ENG.). 102p. (YA). pap. 12.50 *(978-1-4357-9443-6(5))*; pap. 12.50 *(978-1-4357-9445-0(1))* Lulu Pr., Inc.

Notebook. L. L. C. Silsnorra. 2019. (ENG., Illus.). 72p. (J). (gr. k-4). pap. 9.99 *(978-1-951792-44-2(0))*; pap. 9.99 *(978-1-951792-45-9(9))* SILSNORRA LLC.

Notebook. Edward Tappin. (ENG.). 100p. 2023. ***(978-1-4478-1393-4(6))***; 2023. (YA). pap. ***(978-1-4478-5467-8(5))***; 2022. (J). pap. ***(978-1-4709-4874-0(5))***; 2022. (YA). ***(978-1-4709-3901-4(0))*** Lulu Pr., Inc.

Notebook. William Tatters. 2023. (ENG.). 102p. (YA). pap. 16.50 ***(978-1-4477-1518-4(7))*** Lulu Pr., Inc.

Notebook. Christopher White. 2021. (ENG.). 186p. (YA). pap. 19.95 *(978-1-6780-5944-6(7))* Lulu Pr., Inc.

Notebook: (Anubis) Kimberley Crawford & Morningstar Press. 2019. (ENG., Illus.). 108p. (J). pap. *(978-1-9990387-3-1(8))* Morningstar Pr.

Notebook: Lineless Journal, Blank Unlined Notebook 8. 5 X 11 Pink for Girls, Unicorn Format. Perfect Designer. 2022. (ENG.). 100p. (C). pap. *(978-1-6781-4371-8(5))* Lulu Pr., Inc.

Notebook: Pink Green Ivy Designer College Ruled Lined Blank Notebook Journal Notepad, Sisterhood Paraphernalia; Alpha Kappa Alpha Themed; AKA Themed. Lena Payton Webb & Blu Impressions Designs. 2022. (ENG.). 123p. (J). pap. *(978-1-6780-3041-4(4))* Lulu Pr., Inc.

Notebook: The Perfect Journal Tree of Life Notebook for Yoga Lovers 6x9in 110p for CLASICAL MIND, Vintage Notebook ,the Perfect Gift. Gabriel Book. 2022. (ENG.). 110p. (YA). pap. ***(978-1-4717-5676-4(9))*** Lulu Pr., Inc.

Notebook: This Is a Paperback Leopard Notebook 6x9 120 Pages College Ruled. Doreen Wiggins. 2022. (ENG.). 120p. (J). pap. ***(978-1-716-35812-8(4))*** Lulu Pr., Inc.

Notebook- Aquarius Sign: Composition Notebook - a Mix of College Ruled Pages with Dotted Pages. 2020. (Horoscope Ser.: Vol. 2). (ENG.). 124p. (YA). pap. 10.00 *(978-1-716-37916-1(4))* Lulu Pr., Inc.

Notebook College Ruled 8X10 Inches Trendy Graffiti Street Art: Composition Notebook, Large Basket-Ball College Notebook for Students, Teachers, Kids & Teens, Simplified Lined Journal. Simplify Smart. 2020. (ENG.). 122p. (YA). pap. 11.25 *(978-1-716-32570-0(6))* Lulu Pr., Inc.

Notebook Doodles Amazing Me: Coloring & Activity Book. Jess Volinski. 2018. (Notebook Doodles Ser.). (ENG., Illus.). 80p. pap. 7.99 *(978-1-4972-0339-6(2)*, DO5874) Fox Chapel Publishing Co., Inc.

Notebook Doodles Fabulous Fashion Guided Journal. Jess Volinski. 2019. (Notebook Doodles Ser.). (ENG., Illus.). 128p. 12.99 *(978-1-64178-071-1(1)*, 0711N, Quiet Fox Designs) Fox Chapel Publishing Co., Inc.

Notebook Doodles Peace Love & Music Guided Journal. Jess Volinski. 2019. (Notebook Doodles Ser.). (ENG., Illus.). 128p. 9.99 *(978-1-64178-072-8(X)*, 0728N, Quiet Fox Designs) Fox Chapel Publishing Co., Inc.

Notebook for Girls. Cristie Publishing. 2021. (ENG.). 100p. (J). pap. 17.99 *(978-1-716-22240-5(0))* Lulu Pr., Inc.

Notebook It's Ok to Feel Your Feelings: It's Ok to Feel Your Feelings / Let Your Light Shine, Do Your Best - Happy Notebook. Ally ForYou. 2021. (ENG.). 90p. (YA). pap. ***(978-1-008-96812-7(9))*** Lulu Pr., Inc.

Notebook Keeper: A Story of Kindness from the Border. Stephen Briseño. Illus. by Magdalena Mora. 2022. 40p. (J). (gr. -1-3). 17.99 *(978-0-593-30705-2(4))* Random Hse. Children's Bks.

Notebook Lined. MaGumbo Publishers. 2023. (ENG.). 200p. (YA). pap. ***(978-1-4478-2753-5(8))*** Lulu Pr., Inc.

Notebook of Doom (Books 1-3): a Branches Box Set, 1 vol. Troy Cummings. Illus. by Troy Cummings. 2016. (Notebook of Doom Ser.). (ENG., Illus.). 288p. (J). (gr. 1-3). pap., pap., pap. 9.99 *(978-1-338-10199-7(4))* Scholastic, Inc.

Notebook of Doom (Set), 12 vols. 2018. (Notebook of Doom Ser.). (ENG.). 96p. (J). (gr. 2-5). lib. bdg. 376.32 *(978-1-5321-4271-0(4)*, 31088, Chapter Bks.) Spotlight.

Notebook Winter Snowflake Cover: Winter Snowflake Cover. Andrea Warzlow. 2021. (ENG.). 120p. (YA). pap. ***(978-1-7947-8887-9(5))*** Lulu Pr., Inc.

Notebook/Journal. Upward Books. 2019. (ENG.). 200p. (J). pap. *(978-0-359-47618-3(X))* Lulu Pr., Inc.

Noted. Elise Dufour. (ENG.). 2019. 144p. (J). *(978-0-359-36951-5(0))*; 2018. 260p. (YA). pap. *(978-1-387-98145-8(5))* Lulu Pr., Inc.

Noted Desperado Pancho Dumez. John Lemay. Illus. by Logan Pack. 2021. (21 Guns Ser.: Vol. 1). (ENG.). 252p. (YA). pap. 14.99 *(978-1-953221-42-1(4))* Bicep Bks.

Noted Desperado Pancho Dumez. John Lemay. 2020. (ENG.). 302p. (YA). pap. 14.99 *(978-1-953221-89-6(0))* Bicep Bks.

Noted Men & Women: A Profusely Illustrated Book; Containing the Humor, Wit, Sentiment & Diplomacy in the Social, Artistic & Business Lives of the People Herein Set Forth (Classic Reprint) James W. Morrissey. 2018. (ENG., Illus.). 288p. (J). 29.84 *(978-0-267-21764-9(1))* Forgotten Bks.

Notes & Jottings from Animal Life (Classic Reprint) Francis T. Buckland. 2018. (ENG., Illus.). 434p. (J). 32.85 *(978-0-267-83270-5(2))* Forgotten Bks.

Notes & Reflections: During a Ramble in Germany (Classic Reprint) Unknown Author. 2018. (ENG., Illus.). 410p. (J). 32.35 *(978-0-428-97253-0(5))* Forgotten Bks.

Notes & Reviews. Henry James. 2017. (ENG., Illus.). (J). pap. *(978-0-649-25767-6(7))* Trieste Publishing Pty Ltd.

Notes by an Oxford Chiel (Classic Reprint) Lewis Carroll, pseud. 2017. (ENG., Illus.). (J). 27.11 *(978-0-331-25608-6(8))* Forgotten Bks.

Notes for a Memoir on the Pathology of the Teeth (Classic Reprint) A. C. Castle. 2016. (ENG., Illus.). (J). pap. 9.57 *(978-1-333-93830-7(6))* Forgotten Bks.

Notes from a Former Virgin: Junior Year. Emma Chastain. (ENG.). 448p. (YA). (gr. 9). 2020. pap. 13.99 *(978-1-5344-2111-0(4))*; 2019. (Illus.). 18.99 *(978-1-5344-2110-3(6))* Simon Pulse. (Simon Pulse).

Notes from a Young Black Chef (Adapted for Young Adults) Kwame Onwuachi & Joshua David Stein. (ENG.). 272p. (YA). (gr. 7). 2022. pap. 11.99 *(978-0-593-17603-0(0)*, Ember); 2021. 17.99 *(978-0-593-17600-9(6)*, Delacorte Pr.); 2021. lib. bdg. 20.99 *(978-0-593-17601-6(4)*, Delacorte Pr.) Random Hse. Children's Bks.

Notes from Jesus: What Your New Best Friend Wants You to Know. Mikal Keefer. 2018. (ENG.). 64p. 7.99 *(978-1-4707-5029-9(5))* Group Publishing, Inc.

Notes from My Captivity. Kathy Parks. (ENG.). (YA). (gr. 8). 2019. 368p. pap. 10.99 *(978-0-06-239401-9(0))*; 2018. 352p. 17.99 *(978-0-06-239400-2(2))* HarperCollins Pubs. (Tegen, Katherine Bks).

Notes from Vienna & Paris Music Studio (Classic Reprint) Nelly Gore. 2018. (ENG., Illus.). 240p. (J). 28.87 *(978-0-483-69284-8(0))* Forgotten Bks.

Notes in England & Italy (Classic Reprint) Sophia Peabody Hawthorne. (ENG., Illus.). (J). 2018. 554p. 35.34 *(978-0-483-30458-1(1))*; 2016. pap. 19.57 *(978-1-334-16077-6(5))* Forgotten Bks.

1482

The check digit for ISBN-10 appears in parentheses after the full ISBN-13

TITLE INDEX NOTO

Notes in Japan (Classic Reprint) Alfred Parsons. (ENG., Illus.). (J). 2018. 242p. 28.91 (978-0-364-45932-4(8)); 2018. 158p. 27.18 (978-0-656-67142-7(4)); 2017. pap. 9.57 (978-0-282-13850-9(1)) Forgotten Bks.

Notes Made During a Journey in 1821 in the United States of America, from Philadelphia to the Neighbourhood of Lake Erie: Through Lancaster, Harrisburgh, Carlisle Pittsburgh, & Back to Philadelphia; Through Louis Town, Huntingdon,& New Holland; in Searc. John Pearson. 2017. (ENG., Illus.). (J). 25.48 (978-0-331-76282-2(X)) Forgotten Bks.

Notes of a Camp-Follower on the Western Front. E. W. Hornung. 2017. (ENG., Illus.). (J). pap. (978-0-649-10797-1(7)); pap. (978-0-649-22169-1(9)) Trieste Publishing Pty Ltd.

Notes of a Camp-Follower, on the Western Front (Classic Reprint) E. W. Hornung. 2017. (ENG., Illus.). (J). 29.30 (978-1-5285-6877-7(X)) Forgotten Bks.

Notes of a Course of Nine Lectures on Light. John Tyndall. 2017. (ENG., Illus.). 88p. (J). pap. (978-3-337-15596-4(0)) Creation Pubs.

Notes of a Course of Nine Lectures on Light: Delivered at the Royal Institution of Great Britain, April 8 June 3, 1869 (Classic Reprint) John Tyndall. 2018. (ENG., Illus.). 86p. (J). 25.67 (978-0-364-83682-8(2)) Forgotten Bks.

Notes of a Journey from Cornhill to Grand Cairo (Classic Reprint) M. A. Titmarsh. 2018. (ENG., Illus.). 338p. (J). 30.87 (978-0-483-80032-8(5)) Forgotten Bks.

Notes of a Nomad (Classic Reprint) Harriet Julia Jephson. (ENG., Illus.). (J). 2017. 416p. 32.48 (978-0-332-94431-9(X)); 2016. pap. 16.57 (978-1-333-59830-3(0)) Forgotten Bks.

Notes of Hospital Life, from November, 1861 to August, 1863, Vol. 2 (Classic Reprint) Unknown Author. 2018. (ENG., Illus.). 214p. (J). 28.31 (978-0-483-26854-8(2)) Forgotten Bks.

Notes of My Fourth Voyage to the Australian Colonies, Including Australia, Tasmania, & New Zealand (Classic Reprint) Richard Tangye. 2018. (ENG., Illus.). 176p. (J). 27.53 (978-0-267-80393-4(1)) Forgotten Bks.

Notes of Some Wanderings with the Swami Vivekananda (Classic Reprint) Swami Vivekānanda. (ENG., Illus.). (J). 2018. 188p. 27.79 (978-0-267-75917-0(7)); 2016. pap. 10.57 (978-1-334-14592-6(X)) Forgotten Bks.

Notes of the Christian Life: A Selection of Sermons Preached (Classic Reprint) Henry Robert Reynolds. 2018. (ENG., Illus.). 450p. (J). 33.18 (978-0-483-26391-8(5)) Forgotten Bks.

Notes of the Night: And Other Outdoor Sketches. Charles Conrad Abbott. 2017. (ENG., Illus.). (J). pap. (978-0-649-65882-4(5)) Trieste Publishing Pty Ltd.

Notes of the Night: And Other Outdoor Sketches (Classic Reprint) Charles Conrad Abbott. (ENG., Illus.). (J). 2018. 242p. 28.91 (978-0-483-48186-2(6)); 2016. pap. 11.57 (978-1-334-33761-1(6)) Forgotten Bks.

Notes of the Phull, Phamous, & Phantastical Phantasmagorium: Compiled from Despatches Received by Holly Day & Ju. B. Lee, Proprietors of the Terrible, Tremendous, & Terrestrial Telegraph Terminus, in Six Cantoes, (No Heels) (Classic Reprint) Unknown Author. 2018. (ENG., Illus.). (J). 24p. 24.41 (978-1-396-57632-4(0)); 26p. pap. 7.97 (978-1-391-60481-7(4)) Forgotten Bks.

Notes of the Visits to India: Of Their Royal Highnesses the Prince of Wales & Duke of Edinburgh 1870 1875-6 (Classic Reprint) J. Fayrer. 2017. (ENG., Illus.). (J). 28.23 (978-0-265-25172-0(9)) Forgotten Bks.

Notes of Travel & Life: By Two Ladies Misses Mendell & Hosmer (Classic Reprint) Sarah Mendell. 2018. (ENG., Illus.). 294p. (J). 29.96 (978-0-364-16143-2(4)) Forgotten Bks.

Notes of Travel in Northern Europe (Classic Reprint) Charles A. Sumner. 2019. (ENG., Illus.). 398p. (J). 32.11 (978-0-267-81333-9(3)) Forgotten Bks.

Notes of Travel in South-Western Africa (Classic Reprint) C. J. Anderson. 2017. (ENG., Illus.). (J). 30.76 (978-0-265-18586-5(6)) Forgotten Bks.

Notes on Being Teenage. Rosalind Jana. 2018. (ENG.). 272p. (J). (gr. 7-12). pap. 9.99 (978-0-7502-8732-6(2), Wayland) Hachette Children's Group GBR. Dist: Hachette Bk. Group.

Notes on New England Birds (Classic Reprint) Henry D. Thoreau. (ENG., Illus.). (J). 2017. 34.04 (978-0-265-25173-0(5)); 2016. pap. 16.57 (978-1-333-71675-2(3)) Forgotten Bks.

Notes on New York, San Francisco & Old Mexico (Classic Reprint) Frank W. Green. 2018. (ENG., Illus.). 182p. (J). 27.67 (978-0-267-64011-9(0)) Forgotten Bks.

Notes on Norway, or a Brief Journal of a Tour Made to the Northern Parts of Norway, in the Summer of 1836 (Classic Reprint) William Dawson Hooker. (ENG., Illus.). (J). 2018. 136p. 26.72 (978-0-267-74218-9(5)); 2016. pap. 9.57 (978-1-332-71346-2(7)) Forgotten Bks.

Notes on Rhode Island Ornithology, 1902, Vol. 3 (Classic Reprint) Reginald Heber Howe. 2017. (ENG., Illus.). (J). pap. 9.57 (978-1-5280-2353-5(6)) Forgotten Bks.

Notes on Rhode Island Ornithology, Vol. 2: January 1901 (Classic Reprint) Reginald Heber Howe. 2018. (ENG., Illus.). (J). 48p. 24.89 (978-1-391-66978-6(9)); 50p. pap. 9.57 (978-1-391-65548-2(6)) Forgotten Bks.

Notes on South America with Variations! From San Francisco to New York on Board the Cyprus, from March 11th to June 1st, 1916 (Classic Reprint) Marjorie Josselyn. (ENG., Illus.). (J). 2018. 156p. 27.09 (978-0-332-31483-9(9)); 2016. pap. 9.57 (978-1-334-11688-9(1)) Forgotten Bks.

Notes on Sport & Travel (Classic Reprint) George Henry Kingsley. 2017. (ENG., Illus.). (J). 35.30 (978-0-331-82657-9(7)); pap. 19.57 (978-0-259-09514-9(1)) Forgotten Bks.

Notes on the Bird Life of Formby (Classic Reprint) John Wrigley. (ENG., Illus.). (J). 2017. 25.65 (978-0-265-41170-4(X)); 2016. pap. 9.57 (978-1-333-54692-2(0)) Forgotten Bks.

Notes on the Birds of Hull, Massachusetts. Everett W. Ricker. 2017. (ENG., Illus.). (J). pap. (978-0-649-29698-9(2)) Trieste Publishing Pty Ltd.

Notes on the Birds of Hull, Massachusetts (Classic Reprint) Everett W. Ricker. 2018. (ENG., Illus.). 40p. (J). 24.72 (978-0-484-25397-0(2)) Forgotten Bks.

Notes on the Cretaceous Fossils Collected by Mr. James Richardson, at Vancouver & the Adjacent Islands (Classic Reprint) Joseph Frederick Whiteaves. 2017. (ENG., Illus.). (J). pap. 7.97 (978-0-243-14569-0(1)) Forgotten Bks.

Notes on the Development of a Child (Classic Reprint) Milicent Washburn Shinn. 2018. (ENG., Illus.). 428p. (J). 32.72 (978-0-483-39212-0(X)) Forgotten Bks.

Notes on the Fox Wapanowiweni (Classic Reprint) Truman Michelson. 2018. (ENG., Illus.). 216p. (J). 28.37 (978-0-656-18977-9(0)) Forgotten Bks.

Notes on the History of Trinity College, Cambridge. W. W. Rouse Ball. 2017. (ENG., Illus.). (J). pap. (978-0-649-65895-4(7)) Trieste Publishing Pty Ltd.

Notes on the Parables, of the New Testament: Scripturally Illustrated & Argumentatively Defended (Classic Reprint) Hosea Ballou. 2017. (ENG., Illus.). (J). 30.10 (978-1-5279-8929-0(1)) Forgotten Bks.

Notes on the Parables of the New Testament (Classic Reprint) Hosea Ballou. 2018. (ENG., Illus.). 290p. (J). pap. 13.57 (978-0-483-60661-6(8)) Forgotten Bks.

Notes on the Sun. Nir Kedmi. Illus. by Remon Atli. 2021. (ENG.). 24p. (J). 18.95 (978-1-59687-998-0(X), ipicturebooks) ibooks, Inc.

Noteworthy. Riley Redgate. 2017. (ENG.). 400p. (YA). (gr. 8-17). 17.95 (978-1-4197-2373-5(1), 1164601, Amulet Bks.) Abrams, Inc.

Nothin' but Gutters & Pocket Change. D. A. Reed. 2020. (ENG.). 338p. (J). pap. (978-1-6781-8169-7(2)) Lulu Pr., Inc.

Nothing. Annie Barrows. 2018. (ENG.). 240p. (YA). (gr. 9). pap. 9.99 (978-0-06-266824-0(2), Greenwillow Bks.) HarperCollins Pubs.

Nothing. Layne Holt. 2022. (ENG.). 116p. (YA). 25.95 (978-1-68526-128-3(0)); pap. 15.95 (978-1-68526-126-9(4)) Covenant Bks.

Nothing. K. A. Last. 2018. (All the Things Ser.: Vol. 2). (ENG., Illus.). 178p. (YA). pap. (978-0-6480257-4-0(8)) Last, K. A.

Nothing. Michael Molinet. 2021. (ENG.). 48p. (J). (gr. k-2). 17.95 (978-1-7333548-4-4(0)) Notable Kids Publishing.

Nothing: Nothing Can Separate You from God's Love! Natalee Creech. Illus. by Joseph Cowman. 2019. (ENG.). 32p. (J). (gr. -1-3). 18.99 (978-0-8249-5703-2(2), Worthy Kids/Ideals) Worthy Publishing.

Nothing Bad Is Going to Happen. Kathleen Hale. 2017. (Kippy Bushman Ser.). (ENG.). 272p. (YA). (gr. 9). pap. 9.99 (978-0-06-221123-1(4), HarperTeen) HarperCollins Pubs.

Nothing Burns As Bright As You. Ashley Woodfolk. (ENG.). 288p. (YA). 2023. (gr. 9). pap. 12.99 (978-0-358-65536-7(6)); 2022. (gr. 6). 18.99 (978-0-358-65535-0(8), 1821307) HarperCollins Pubs. (Versify).

Nothing but Fun Dot to Dot Kid's Activity Book. Kreative Kids. 2016. (ENG., Illus.). (J). pap. 9.20 (978-1-68377-008-4(0)) Whike, Traudl.

Nothing but Gray. E. Casson. 2022. (ENG.). 126p. (YA). pap. 14.95 (978-1-6624-7277-0(3)) Page Publishing Inc.

Nothing but Leaves (Classic Reprint) Harriet B. McKeever. 2018. (ENG., Illus.). 298p. (J). 30.04 (978-0-483-63701-6(7)) Forgotten Bks.

Nothing but Life. Brent van Staalduinen. 2021. (ENG.). 304p. (YA). pap. 12.99 (978-1-4597-4618-3(X)) Dundurn Pr. CAN. Dist: Publishers Group West (PGW).

Nothing but Net, 1 vol. David Aro. 2019. (Alton Heights All-Stars Ser.). (ENG.). 64p. (J). (gr. 2-3). 23.25 (978-1-5383-8214-1(8), 740fa695-1751-4eff-9335-34500f65496c); pap. 13.35 (978-1-5383-8213-4(X), 86c2b173-28d5-4753-b0aa-be38af295389) Enslow Publishing, LLC. (West 44 Bks.).

Nothing but Net. Jake Maddox. Illus. by Katie Wood. 2020. (Jake Maddox Girl Sports Stories Ser.). (ENG.). 72p. (J). (gr. 3-6). pap. 5.95 (978-1-4965-9913-1(6), 201324); lib. bdg. 25.32 (978-1-4965-9706-9(0), 199328) Capstone. (Stone Arch Bks.).

Nothing but Net! a Basketball Coloring Book. Creative Playbooks. 2016. (ENG., Illus.). (J). pap. 7.74 (978-1-68323-781-5(1)) Twin Flame Productions.

Nothing but Net Mad Libs: World's Greatest Word Game. Mickie Matheis. 2022. (Mad Libs Ser.). 48p. (J). (gr. 3-7). pap. 5.99 (978-0-593-52104-5(8), Mad Libs) Penguin Young Readers Group.

Nothing but Sky. Amy Trueblood. 2018. (ENG.). 288p. (YA). (gr. 9-12). pap. 11.99 (978-1-63583-016-3(8), 1635830168, Flux) North Star Editions.

Nothing but Sky. Amy Trueblood. ed. 2018. lib. bdg. 23.30 (978-0-606-41246-9(8)) Turtleback.

Nothing but the Blood of Jesus. Harvest House Publishers. 2022. (Hymns for Little Ones Ser.). (ENG., Illus.). 20p. (J). (-k). bds. 9.99 (978-0-7369-8502-4(6), 6985024, Harvest Kids) Harvest Hse. Pubs.

Nothing but the Truth. David Rutkin. 2018. (ENG., Illus.). 236p. (YA). pap. 15.99 (978-1-5456-2852-2(1)) Salem Author Services.

Nothing but the Truth (Classic Reprint) Frederic Stewart Isham. (ENG., Illus.). (J). 2018. 310p. 30.31 (978-0-364-74093-4(0)); 2017. pap. 13.57 (978-0-259-42127-6(8)) Forgotten Bks.

Nothing but Trouble. Justin M. Anderson. 2017. (ENG., Illus.). (YA). (gr. 7-12). 24.95 (978-0-9987157-2-8(7)); pap. 14.95 (978-0-9987157-1-1(9)) RMA Publicity LLC dba Sigma's Bookshelf.

Nothing but Trouble. Jacqueline Davies. (ENG.). 320p. (J). (gr. 3-7). 2018. pap. 6.99 (978-0-06-236989-5(X)); 2016. 16.99 (978-0-06-236988-8(1)) HarperCollins Pubs. (Tegen, Katherine Bks).

Nothing but Trouble. Jacqueline Davies. ed. 2018. (J). lib. bdg. 17.20 (978-0-606-41032-8(5)) Turtleback.

Nothing Can Possibly Go Wrong. Prudence Shen. Illus. by Faith Erin Hicks. 2021. (Nothing Can Possibly Go Wrong Ser.: 1). (ENG.). 288p. (YA). pap. 17.99 (978-1-250-77961-8(8), 900235846, First Second Bks.) Roaring Brook Pr.

Nothing Could Stop Her: The Courageous Life of Ruth Gruber. Rona Arato. Illus. by Isabel Muñoz. 2023. (ENG.). 120p. (J). (gr. 3-6). 18.99 (978-1-7284-4561-8(2), b59396b7-33ed-4754-b9e3-7b8fffde3229); pap. 8.99 (978-1-7284-4562-5(0), e7b98c42-4ba8-4e88-b589-b2d78695e2f9) Lerner Publishing Group. (Kar-Ben Publishing).

Nothing Else Matters: A Novel (Classic Reprint) William Samuel Johnson. 2017. (ENG., Illus.). (J). 30.33 (978-0-331-87390-0(7)); pap. 13.57 (978-0-243-46081-6(3)) Forgotten Bks.

Nothing Ever Happens Here. Sarah Hagger-Holt. 2021. (ENG.). 272p. (J). (gr. 4-9). 17.99 (978-1-4998-1181-0(0), Yellow Jacket) Bonnier Publishing USA.

Nothing Everything Nothing. Casia Schreyer. Illus. by Theodore Ashford. 2019. (ENG.). 250p. (J). pap. (978-1-988853-43-7(5)) Schreyer Ink Publishing.

Nothing Fits a Dinosaur. Jonathan Fenske. ed. 2021. (Ready-To-Read Ser.). (ENG., Illus.). 30p. (J). (gr. k-1). 15.46 (978-1-68505-062-7(X)) Penworthy Co., LLC, The.

Nothing Fits a Dinosaur: Ready-To-Read Level 1. Jonathan Fenske. Illus. by Jonathan Fenske. 2021. (Ready-To-Read Ser.). (ENG., Illus.). 32p. (J). (gr. -1-1). 17.99 (978-1-6659-0065-2(2)); pap. 4.99 (978-1-6659-0064-5(4)) Simon Spotlight. (Simon Spotlight).

Nothing Happened. Molly Booth. 2019. (ENG.). 320p. (YA). (gr. 7-17). pap. 9.99 (978-1-4847-5842-7(0)) Hyperion Bks. for Children.

Nothing Happened. Molly Booth. 2018. (ENG.). 336p. (YA). (gr. 7-12). E-Book 45.00 (978-1-4847-5853-3(6)) Little, Brown Bks. for Young Readers.

Nothing Happens by Chance. Vanessa Lafleur. 2023. (Hope for the Best Ser.: 4). (ENG.). 310p. (YA). (gr. 7). pap. 17.95 Boutique of Quality Books Publishing Co., Inc.

Nothing Happens in This Book. Judy Ann Sadler. Illus. by Vigg. 2018. (ENG.). 40p. (J). (gr. -1-2). 16.99 (978-1-77138-737-8(8)) Kids Can Pr., Ltd. CAN. Dist: Hachette Bk. Group.

Nothing Interesting Ever Happens to Ethan Fairmont. Nick Brooks. 2022. (Ethan Fairmont Ser.). 240p. (J). (gr. 3-7). 16.99 (978-1-4549-4557-4(5), Union Square Pr.) Sterling Publishing Co., Inc.

Nothing Is Certain, & Everything Is Possible! Penelope Dyan. Illus. by Penelope Dyan. l.t. ed. 2022. (ENG.). 34p. (J). pap. 12.60 (978-1-61477-582-9(6)) Bellissima Publishing, LLC.

Nothing Is Little. Carmella Van Vleet. 2022. 224p. (J). (gr. 3-7). 18.99 (978-0-8234-5011-4(2)) Holiday Hse., Inc.

Nothing Is Scary with Harry. Katie McElligott. Illus. by Jennifer A. Bell. 2019. (ENG.). 24p. (J). (gr. -1-3). 16.99 (978-1-68052-386-7(4), 1003510) Cottage Door Pr.

Nothing Is Useless. Alexander Jin. 2019. (ENG., Illus.). 24p. (J). pap. (978-0-2288-1410-8(3)) Tellwell Talent.

Nothing Lasts Forever: Effects of Change to Ecosystems Biology Diversity of Life Grade 4 Children's Biology Books. Baby Professor. 2020. (ENG.). 72p. (J). 24.99 (978-1-5419-8003-7(4)); pap. 14.99 (978-1-5419-7819-5(6)) Speedy Publishing LLC. (Baby Professor (Education Kids)).

Nothing Like a Puffin. Sue Soltis. Illus. by Bob Kolar. 2021. (ENG.). 40p. (J). (gr. -1-1). 7.99 (978-1-5362-1808-4(1)) Candlewick Pr.

Nothing Loopy about This: What Are Loops & Conditionals? Brian P. Cleary. Illus. by Martin Goneau. 2019. (Coding Is CATegorical (tm) Ser.). (ENG.). 24p. (J). (gr. k-3). pap. 8.99 (978-1-5415-4558-8(3), 5624df3f-1cdd-4283-b48e-edd29abf36e0); 27.99 (978-1-5415-3307-3(0), 31c12528-e20c-4bed-893e-37f543a9bf2c) Lerner Publishing Group. (Millbrook Pr.).

Nothing Lost. Gemma Lauren Krebs. 2018. (Locked Ser.: Vol. 1). (ENG.). 352p. (YA). 28.00 (978-1-64370-312-1(9)) Primedia eLaunch LLC.

Nothing More to Tell. Karen M. McManus. 2022. 358p. (YA). (978-0-593-17593-4(X), Delacorte Pr) Random House Publishing Group.

Nothing More to Tell. Karen M. McManus. 2022. (ENG.). 368p. (YA). (gr. 9). 19.99 (978-0-593-17590-3(5), Delacorte Pr) Random Hse. Children's Bks.

Nothing New. Dinah Maria Mulock Craik. 2017. (ENG., Illus.). (J). pap. (978-3-337-07913-0(X)) Creation Pubs.

Nothing New: Tales (Classic Reprint) Dinah Maria Mulock Craik. (ENG., Illus.). (J). 2018. 132p. 26.62 (978-0-364-49051-8(9)); 2016. pap. 9.57 (978-1-334-12879-0(0)) Forgotten Bks.

Nothing New Tales (Classic Reprint) Dinah Maria Mulock Craik. 2018. (ENG., Illus.). 418p. (J). 32.54 (978-0-483-10587-4(2)) Forgotten Bks.

Nothing New, Vol. 2 Of 2: Tales (Classic Reprint) Unknown Author. 2018. (ENG., Illus.). 346p. (J). 31.03 (978-0-267-21357-3(3)) Forgotten Bks.

Nothing: Nothing Can Separate You from God's Love! Natalee Creech. Illus. by Joseph Cowman. 2022. (ENG.). 24p. (J). (gr. -1 — 1). bds. 7.99 (978-1-5460-0093-8(3), Worthy Kids/Ideals) Worthy Publishing.

Nothing of Importance: A Record of Eight Months at the Front with a Welsh Battalion, October, 1915, to June, 1916 (Classic Reprint) Bernard Adams. 2017. (ENG., Illus.). (J). 31.53 (978-1-5281-6221-0(8)) Forgotten Bks.

Nothing Rhymes with Orange. Veronica M. Lloyd. 2022. (ENG.). 38p. (J). (978-1-989058-30-5(2)); pap. (978-1-989058-29-9(9)) V Lloyd.

Nothing Rhymes with Orange: (Cute Children's Books, Preschool Rhyming Books, Children's Humor Books, Books about Friendship) Adam Rex. 2017. (ENG., Illus.). 48p. (J). (gr. k-3). 16.99 (978-1-4521-5443-5(0)) Chronicle Bks. LLC.

Nothing Scares Spider! S. Marendaz. Illus. by Carly Gledhill. 2021. (ENG.). 32p. (J). (gr. -1-2). 17.99 (978-1-68010-211-6(7)) Tiger Tales.

Nothing Shakes the Smiling Heart. Santosh Kalwar. 2023. (ENG.). 106p. (YA). pap. (978-1-4477-8033-5(7)) Lulu Pr., Inc.

Nothing Stopped Sophie: The Story of Unshakable Mathematician Sophie Germain. Cheryl Bardoe. Illus. by Barbara McClintock. 2018. (ENG.). 40p. (J). (gr. -1-3). 18.99 (978-0-316-27820-1(3)) Little, Brown Bks. for Young Readers.

Nothing Sung & Nothing Spoken. Nita Tyndall. 2022. (ENG.). 320p. (YA). (gr. 9). 17.99 (978-0-06-308744-6(8), HarperTeen) HarperCollins Pubs.

Nothing That Matters. Sophie Hosler. 2022. (ENG.). 286p. (YA). pap. 22.00 (978-1-6780-1541-1(5)) Lulu Pr., Inc.

Nothing to Be Ashamed Of. Jessica Yu. 2020. (ENG.). 70p. (J). pap. 8.25 (978-1-63625-465-4(9)) Primedia eLaunch LLC.

Nothing To Do see Nada Que Hacer

Nothing to Drink (Classic Reprint) Unknown Author. (ENG., Illus.). (J). 2018. 58p. 25.09 (978-0-267-30665-7(2)); 2016. pap. 9.57 (978-1-333-32990-7(3)) Forgotten Bks.

Nothing to Eat: Illustrated (Classic Reprint) Unknown Author. 2018. (ENG., Illus.). 128p. (J). 26.54 (978-0-483-88836-4(2)) Forgotten Bks.

Nothing to Nurse: An Original Farce, in One Act (Classic Reprint) Charles M. Walcot. 2018. (ENG., Illus.). 24p. (J). 24.39 (978-0-267-28202-9(8)) Forgotten Bks.

Nothing to Say: A Slight Slap at Mobocratic Snobbery, Which Has Nothing to Do with Nothing to Wear. Q. K. Philander Doesticks. 2017. (ENG., Illus.). (J). pap. (978-0-649-32301-2(7)) Trieste Publishing Pty Ltd.

Nothing to Say: A Slight Slap at Mobocratic Snobbery, Which Has Nothing to Do with Nothing to Wear (Classic Reprint) Q. K. Philander Doesticks. 2017. (ENG., Illus.). (J). 25.22 (978-0-265-35946-4(5)) Forgotten Bks.

Nothing to Wear (Classic Reprint) William Allen Butler. 2018. (ENG., Illus.). 38p. (J). 24.68 (978-0-365-50872-4(1)) Forgotten Bks.

Nothing up My Sleeve. Diana Lopez. 2016. (ENG.). 400p. (J). (gr. 3-7). 17.99 (978-0-316-34087-8(1)) Little, Brown Bks. for Young Readers.

Nothing Venture, Nothing Have. Anne Beale. 2017. (ENG.). (J). 320p. pap. (978-3-337-04029-1(2)); 320p. pap. (978-3-337-04030-7(6)); 310p. pap. (978-3-337-04031-4(4)) Creation Pubs.

Nothing Venture, Nothing Have (Classic Reprint) Alice B. Haven. 2018. (ENG., Illus.). 176p. (J). 27.53 (978-0-267-94533-7(7)) Forgotten Bks.

Nothing Venture, Nothing Have, Vol. 1 Of 3: A Novel (Classic Reprint) Anne Beale. 2018. (ENG., Illus.). 318p. (J). 30.48 (978-0-267-16476-9(9)) Forgotten Bks.

Nothing Venture, Nothing Have, Vol. 2 Of 3: A Novel (Classic Reprint) Anne Beale. (ENG., Illus.). (J). 2018. 322p. 30.54 (978-0-483-72528-7(5)); 2016. pap. 13.57 (978-1-333-18794-1(7)) Forgotten Bks.

Nothing Venture, Nothing Have, Vol. 3 Of 3: A Novel (Classic Reprint) Anne Beale. 2018. (ENG., Illus.). 310p. (J). 30.29 (978-0-483-80811-9(3)) Forgotten Bks.

Nothing's Wrong! A Hare, a Bear, & Some Pie to Share. Jory John. Illus. by Erin Kraan. 2023. (ENG.). 40p. (J). 18.99 (978-0-374-31217-6(6), 900199577, Farrar, Straus & Giroux (BYR)) Farrar, Straus & Giroux.

Notice Historique et Critique Sur les Fables Latines de Phedre et de Ses Anciens Imitateurs Directs et Indirects: Lue a l'Academie des Inscriptions et Belles-Lettres Dans les Seances des 8 et 22 Fevrier 1884 (Classic Reprint) Léopold Hervieux. 2018. (FRE., Illus.). (J). 74p. 25.42 (978-0-483-27615-4(4)); 76p. pap. 9.57 (978-0-483-26506-6(3)) Forgotten Bks.

Notice Name Navigate. Linda Grubic. Illus. by Nina Podlesnyak. 2023. (Blooming Petals Ser.). (ENG.). 36p. (J). (978-1-0391-6865-7(5)); pap. (978-1-0391-6864-0(7)) FriesenPress.

Notice Sur les Bibliotheques Publiques du Departement du Tarn, Par Emile Jolibois, Jolibois-E. 2016. (Generalites Ser.). (FRE., Illus.). (J). pap. (978-2-01-957799-5(2)) Hachette Groupe Livre.

Notice Sur les Fables Latines d'Origine Indienne (Classic Reprint) Léopold Hervieux. 2018. (FRE., Illus.). (J). 86p. 25.67 (978-1-391-31019-0(5)); 88p. pap. 9.57 (978-1-390-13879-5(8)) Forgotten Bks.

Notice Sur les Planimetres, Ou Observations Theoriques et Pratiques Sur L'Origine. Laur-J-A. 2016. (Sciences Ser.). (FRE., Illus.). (J). pap. (978-2-01-957713-1(5)) Hachette Groupe Livre.

Notice Sur les Poids, Mesures et Monnaies de Tunis, et Sur Leurs Rapports: Avec Ceux de France et d'Angleterre (Classic Reprint) R. Dusgate. 2018. (FRE., Illus.). (J). 66p. 25.26 (978-1-391-08278-3(8)); 68p. pap. 9.57 (978-1-391-02531-7(7)) Forgotten Bks.

Notice to Quit, Vol. 1 of 3 (Classic Reprint) William Gorman Wills. (ENG., Illus.). (J). 2018. 344p. 30.99 (978-0-483-99617-5(3)); 2016. pap. 13.57 (978-1-333-31183-4(4)) Forgotten Bks.

Notice to Quit, Vol. 2 of 3 (Classic Reprint) W. G. Wills. (ENG., Illus.). (J). 2017. 362p. 31.36 (978-0-332-49240-7(0)); 2016. pap. 13.97 (978-1-334-13477-7(4)) Forgotten Bks.

Notice to Quit, Vol. 3 of 3 (Classic Reprint) William Gorman Wills. (ENG., Illus.). (J). 2018. 340p. 30.91 (978-0-483-04087-8(8)); 2016. pap. 13.57 (978-1-333-51542-3(1)) Forgotten Bks.

Notices of Fugitive Tracts, & Chap-Books: Printed at Aldermary Churchyard, Bow Churchyard, etc (Classic Reprint) James Orchard Halliwell. 2018. (ENG., Illus.). 110p. (J). 26.17 (978-0-267-29709-2(2)) Forgotten Bks.

Notion-Counter: A Farrago of Foibles (Classic Reprint) Nobody Nobody. 2018. (ENG., Illus.). 116p. (J). 26.29 (978-0-483-47414-7(2)) Forgotten Bks.

Notion de Temps d'Après les Principes de Saint Thomas d'Aquin (Classic Reprint) Désiré Nys. 2018. (FRE., Illus.). 234p. (J). 28.72 (978-0-266-43055-1(4)) Forgotten Bks.

Notions de Sciences Physiques et Naturelles, Redigees d'Apres les Programmes Officiels. E Vitte. 2016. (Sciences Ser.). (FRE., Illus.). (J). pap. (978-2-01-957852-7(2)) Hachette Groupe Livre.

Noto: An Unexplained Corner of Japan. Percival Lowell. 2017. (ENG., Illus.). (J). 22.95 (978-1-374-93040-7(7)) Capital Communications, Inc.

Noto: An Unexplored Corner of Japan (Classic Reprint) Percival Lowell. (ENG., Illus.). (J). 2018. 280p. 29.69 (978-1-396-81438-9(8)); 2018. 282p. pap. 13.57 (978-1-396-81428-0(0)); 2018. 270p. 29.49

N

(978-0-656-06061-0(1)); 2017. pap. 13.57 (978-0-259-29053-7(X)) Forgotten Bks.

Notorious. Gordon Korman. (ENG.). (J). (gr. 3-7). 2021. 336p. pap. 7.99 (978-0-06-279887-9(1)); 2020. 320p. 16.99 (978-0-06-279886-2(3)) HarperCollins Pubs. (Balzer & Bray).

Notorious Miss. Lisle (Classic Reprint) Baillie-Reynolds. (ENG., Illus.). (J). 2018. 304p. 30.19 (978-0-332-08781-8(6)); 2017. pap. 13.57 (978-0-243-93910-7(8)) Forgotten Bks.

Notorious New Jersey Hair Styles Coloring Book. Kreativ Entspannen. 2016. (ENG., Illus.). (J). pap. 9.20 (978-1-68377-431-0(0)) Whlke, Traudl.

Notorious Outlaws, 1 vol. Anita Yasuda. 2016. (Wild West Ser.). (ENG., Illus.). 48p. (J). (gr. 4-8). lib. bdg. 35.64 (978-1-68078-257-8(6), 22115) ABDO Publishing Co.

Notorious RGB Young Readers' Edition: The Life & Times of Ruth Bader Ginsburg. Irin Carmon. 2017. (ENG., Illus.). 208p. (J). (gr. 3-7). 17.99 (978-0-06-274853-9(X), HarperCollins) HarperCollins Pubs.

Notorious Scarlett & Browne. Jonathan Stroud. 2023. (Scarlett & Browne Ser.: 2). (ENG.). 432p. (J). (gr. 5). 17.99 (978-0-593-43040-8(9)); lib. bdg. 20.99 (978-0-593-43041-5(7)) Random Hse. Children's Bks. (Knopf Bks. for Young Readers).

Notre Dame, and, the Last Day of a Condemned (Classic Reprint) Victor Hugo. (ENG., Illus.). (J). 2017. 37.98 (978-0-331-55510-3(7)); 2016. pap. 20.57 (978-1-334-12196-8(6)) Forgotten Bks.

Notre-Dame (Classic Reprint) Victor Hugo. (ENG., Illus.). (J). 2018. 404p. 32.25 (978-0-267-26567-1(0)); 2017. pap. 16.57 (978-0-243-23897-2(5)) Forgotten Bks.

Notre Dame de Paris (Classic Reprint) Victor Hugo. 2017. (ENG., Illus.). (J). 35.47 (978-0-266-18737-0(4)) Forgotten Bks.

Notre-Dame de Paris, Vol. 1 (Classic Reprint) Victor Hugo. (ENG., Illus.). (J). 2018. 274p. 29.57 (978-0-483-76816-1(2)); 2017. pap. 11.97 (978-0-243-24108-8(9)) Forgotten Bks.

Notre-Dame de Paris, Vol. 3 (Classic Reprint) Victor Hugo. 2017. (FRE., Illus.). (J). pap. 13.57 (978-0-259-34908-2(9)) Forgotten Bks.

Notre Dame Fighting Irish. Cameron Clendening. 2021. (College Football Teams Ser.). (ENG.). 24p. (J). (gr. 3-6). lib. bdg. 32.79 (978-1-5038-5036-1(6), 214884) Child's World, Inc, The.

Notre Dame Fighting Irish. William Meier. 2020. (Inside College Football Ser.). (ENG.). 48p. (J). (gr. 4-4). pap. 11.95 (978-1-64494-468-4(5)); lib. bdg. 34.21 (978-1-5321-9246-3(0), 35103) ABDO Publishing Co. (SportsZone).

Notre-Dame of Paris, Vol. 3 (Classic Reprint) Victor Hugo. 2017. (ENG., Illus.). (J). 348p. 31.09 (978-0-332-99939-5(4)); pap. 13.57 (978-0-259-53040-4(9)) Forgotten Bks.

Notre Dame, or the Bellringer of Paris (Classic Reprint) Victor Hugo. (ENG., Illus.). (J). 2018. 564p. 35.55 (978-0-484-66004-4(7)); 2016. pap. 19.57 (978-1-334-14612-1(8)) Forgotten Bks.

Notre Diversité Nous Rend Plus Fort: Le Livre Pour Enfant Sur les Émotions Sociales, Sur la Diversité et la Gentillesse (Livre Illustré Pour Garçons et Pour Filles) Elizabeth Cole. Tr. by Romain Pillard. 2022. (World of Kids Emotions Ser.). (FRE.). 32p. (J). 17.99 (978-1-957457-06-2(6)) Bohutskyy, Andriy.

Notre Environnement see Our Environment: Everything You Need to Know

Notre Fabuleuse Terre. Patricia Armentrout. Tr. by Annie Evearts. 2021. (Science Dans Mon Monde: Niveau 1 (Science in My World: Level 1) Ser.). (FRE.). 24p. (J). (gr. k-2). pap. (978-1-0396-0923-5(6), 12786) Crabtree Publishing Co.

Notre Nouvelle Famille (English Language) Philomena Dashjr & Tasmyn Hutchinson. 2020. (ENG.). 134p. (YA). pap. 14.99 (978-1-716-40503-7(3)) Lulu Pr., Inc.

#NotReadyToDie. Cate Carlyle. 2019. (ENG., Illus.). 128p. (YA). (gr. 7-17). pap. 11.95 (978-1-988761-39-8(5)) Common Deer Pr. CAN. Dist: National Bk. Network.

Notty Nectar. Ron Koivisto. Illus. by Monica Minto. 2018. (ENG.). 138p. (J). pap. 13.49 (978-1-5456-4481-2(0)) Salem Author Services.

Notworterbuch der Englischen und Deutschen Sprache Fur Reise, Lekture und Konversation, Vol. 2 Of 4: Deutch-Englisch (Classic Reprint) Eduard Muret. (ENG., Illus.). (J). 2018. 438p. 32.95 (978-0-484-43338-9(5)); 2016. pap. 16.57 (978-1-334-13749-5(8)) Forgotten Bks.

Notwörterbuch der Englischen und Deutschen Sprache Für Reise, Lektüre und Konversation, Vol. 3: Sachwörterbach (Classic Reprint) Eduard Muret. 2018. (ENG., Illus.). 754p. (J). 39.47 (978-0-484-44572-6(3)) Forgotten Bks.

#NotYourPrincess: Voices of Native American Women. Ed. by Lisa Charleyboy & Mary Beth Leatherdale. 2017. (ENG., Illus.). 116p. (J). (gr. 7). 19.95 (978-1-55451-958-3(6)) Annick Pr., Ltd. CAN. Dist: Publishers Group West (PGW).

#NotYourprincess: Voices of Native American Women. Ed. by Lisa Charleyboy & Mary Beth Leatherdale. 2017. (Illus.). 112p. (J). (gr. 7). pap. 12.95 (978-1-55451-957-6(8)) Annick Pr., Ltd. CAN. Dist: Publishers Group West (PGW).

Nou Poemes d' Amada I la Resta, Joventut. Enrique Hernandis Martinez. 2019. (CAT.). 34p. (J). pap. (978-1-7947-2493-8(1)) Lulu Pr., Inc.

N'oublie Pas Que Tu M'aimes - Tome 2: Love & Kiss. Elisa Avrain. 2017. (FRE.). 386p. (YA). pap. (978-0-244-01327-1(6)) Lulu Pr., Inc.

N'oublie Pas Que Tu M'aimes - Tome 4: Love & Chance. Elisa Avrain. 2021. (FRE.). 176p. (YA). pap. (978-1-716-38914-6(3)) Lulu Pr., Inc.

Noughts & Crosses. Malorie Blackman. ed. 2020. (ENG.). 496p. (YA). (gr. 9). pap. 12.99 (978-1-5344-9742-9(0), Simon & Schuster Bks. For Young Readers) Simon & Schuster Bks. For Young Readers.

Noughts & Crosses: Stories Studies & Sketches (Classic Reprint) Arthur Thomas. 2018. (ENG., Illus.). 292p. (J). 29.94 (978-0-483-97585-9(0)) Forgotten Bks.

Noun Neighborhood. Linda Lee Ward. Illus. by Patrick Siwik. 2016. (ENG.). (J). (gr. k-3). pap. 9.95 (978-0-9974036-6-4(7)) Adventures in Print.

Nouns. Contrib. by Kelly Doudna. 2023. (Sentences Ser.). (ENG.). 24p. (J). (gr. -1-2). lib. bdg. 31.36 (978-1-0982-8277-6(9), 42281, Abdo Zoom-Launch) ABDO Publishing Co.

Nouns, 1 vol. Samantha Green. 2019. (Fun with Grammar Ser.). (ENG.). 24p. (gr. 1-2). pap. 10.35 (978-1-9785-1261-0(9), 83206466-f332-4466-bf25-ec3803dd944b) Enslow Publishing, LLC.

Nouns. Ann Heinrichs. 2019. (English Grammar Ser.). (ENG.). 32p. (J). (gr. 2-5). lib. bdg. 35.64 (978-1-5038-3243-5(0), 213002) Child's World, Inc, The.

Nouns. Ann Heinrichs. 2016. (J). (978-1-4896-5992-7(7), AV2 by Weigl) Weigl Pubs., Inc.

Nouns. Deborah G. Lambert. 2016. (J). (978-1-5105-2283-1(2)) SmartBook Media, Inc.

Nouns: Dudley & Friends. Lori Brown. Ed. by Sierra Tabor. Illus. by Julianna Harvey. 2020. (Dudley & Friends Ser.: Vol. 2). (ENG.). 28p. (J). pap. 16.95 (978-1-949711-28-8(5)) Bluewater Pubns.

Nouns Say What's That? Michael Dahl. Illus. by Lauren Lowen. 2019. (Word Adventures: Parts of Speech Ser.). (ENG.). 32p. (J). (gr. k-3). pap. 7.95 (978-1-5158-4058-9(1), 140052); lib. bdg. 27.99 (978-1-5158-3869-2(2), 139588) Capstone. (Picture Window Bks.).

Nour & Fatima's Enlightening 30 Days of Ramadan. Zeinab Zaiter Hachem. 2021. (ENG.). 64p. (J). 17.99 (978-1-63848-833-0(9)); pap. 12.99 (978-1-63821-825-8(0)) Primedia eLaunch LLC.

Nourmahal, an Oriental Romance, Vol. 1 of 3 (Classic Reprint) Michael J. Quin. 2017. (ENG., Illus.). (J). 30.25 (978-1-5285-8301-5(9)) Forgotten Bks.

Nourmahal, an Oriental Romance, Vol. 2 of 3 (Classic Reprint) Michael J. Quin. 2018. (ENG., Illus.). 342p. (J). 30.95 (978-0-267-45685-7(9)) Forgotten Bks.

Nour's Secret Library. Wafa' Tarnowska. Illus. by Vali Mintzi. 2022. (ENG.). 32p. (J). (gr. 1-5). 17.99 (978-1-64686-291-7(0)); pap. 9.99 (978-1-64686-292-4(9)) Barefoot Bks., Inc.

Nous Sommes Faits l'un Pour L'autre. Jiu Er. 2019. (ENG.). 112p. (J). (gr. k-1). 17.95 (978-2-924774-21-2(7)) La Montagne Secrete CAN. Dist: Independent Pubs. Group.

Nous Sommes Gentils. Monique Gray Smith. Tr. by Rachel Martinez from ENG. Illus. by Nicole Neidhardt. 2020. Orig. Title: When We Are Kind. (FRE.). 32p. (J). (gr. -1-k). 19.95 (978-1-4598-2650-2(7)) Orca Bk. Pubs. USA.

Nous Voilà Tout Oreilles ! Niccolo Paganini. Ana Gerhard. Illus. by Marie Lafrance. 2022. (Petites Histoires de Grands Compositeurs Ser.). (ENG.). 32p. (J). (gr. 2-4). 16.95 (978-2-925108-76-4(8)) Secret Mountain CAN. Dist: Independent Pubs. Group.

Nouveau Cours Demonstratif et Elementaire D'Astronomie: A la Portee des Gens du Monde (Classic Reprint) René François Jambon. (FRE., Illus.). (J). 2018. 458p. 33.34 (978-0-428-75286-6(1)); 2017. pap. 16.57 (978-0-243-35110-7(0)) Forgotten Bks.

Nouveau Dictionnaire Francois, Vol. 1: Contenant Generalement Tous les Mots, les Matieres, et Plusieurs Nouvelles Remarques Sur la Langue Francoise (Classic Reprint) Pierre Richelet. 2017. (FRE., Illus.). (J). pap. 23.57 (978-0-282-01382-0(2)) Forgotten Bks.

Nouveau Dictionnaire François, Vol. 1: Contenant Généralement Tous les Mots, les Matières, et Plusieurs Nouvelles Remarques Sur la Langue Françoise (Classic Reprint) Pierre Richelet. 2018. (FRE., Illus.). 732p. (J). 38.99 (978-0-484-60938-8(6)) Forgotten Bks.

Nouveau Dictionnaire Proverbial, Satirique et Burlesque: Plus Complet Que Ceux Qui Ont Paru Jusqu'a Ce Jour, a Lusage de Tout le Monde (Classic Reprint) Antoine Caillot. (FRE., Illus.). (J). 2018. 552p. 35.28 (978-0-364-14815-0(2)); 2017. pap. 19.57 (978-0-259-39404-4(1)) Forgotten Bks.

Nouveau Dictionnaire Proverbial, Satirique et Burlesque: Plus Complet Que Ceux Qui Ont Paru Jusqu'à Ce Jour, À l'Usage de Tout le Monde (Classic Reprint) Antoine Caillot. 2018. (FRE., Illus.). (J). 544p. 35.12 (978-0-366-05899-0(1)); 546p. pap. 19.57 (978-0-366-01062-2(X)) Forgotten Bks.

Nouveau Manuel Complet de l'Education et du Dressage du Cheval Attele Ou Monte: Son Elevage, Son Hygiene et les Formules Curatives Qui S'y Rattachent (Classic Reprint) Louis Montigny. 2017. (FRE., Illus.). (J). 31.36 (978-0-331-83880-0(X)); pap. 13.97 (978-1-334-32152-8(3)) Forgotten Bks.

Nouveau Manuel Complet de l'Observateur Au Microscope (Classic Reprint) Félix Dujardin. 2018. (FRE., Illus.). (J). 118p. 26.33 (978-1-391-80383-8(3)); 120p. pap. 9.57 (978-1-390-73054-8(9)) Forgotten Bks.

Nouveau Recueil de Fabliaux et Contes inédits des Poètes Français des Xiie, Xiiie, Xive et Xve Siècles, Vol. 1 (Classic Reprint) Dominique Martin Meon. 2018. (FRE., Illus.). (J). 482p. 33.86 (978-0-428-58080-3(7)); 484p. pap. 16.57 (978-0-428-10584-6(X)) Forgotten Bks.

Nouveau Recueil de Fabliaux et Contes Inédits, Vol. 2: Des Poètes Français des Xiie, Xiiie, Xive et Xve Siècles (Classic Reprint) Dominique Martin Meon. 2018. (FRE., Illus.). (J). 458p. 33.36 (978-1-396-65063-5(6)); 460p. pap. 16.57 (978-1-391-72284-9(1)) Forgotten Bks.

Nouveau Traité de la Sphere, Ou l'on Explique Ds'une Maniere Claire et Simple Tout Ce Qui a Rapport À Cette Science: Avec un Discours Sur les Eclipses, Tant du Soleil et de la Lune Que des Autres Astres (Classic Reprint) Daniel Jousse. 2018. (FRE., Illus.). (J). 278p. 29.63 (978-0-364-45473-2(3)); 280p. pap. 13.57 (978-0-656-57375-2(9)) Forgotten Bks.

Nouveaux Dialogues Familiers et Progressifs Francais-Anglais (Classic Reprint) Jean Marie Vincent Audin. 2018. (ENG., Illus.). 324p. (J). 30.58 (978-0-484-54862-5(X)) Forgotten Bks.

Nouveaux Elements de Geometrie: Rediges Conformement Aux Programmes du 27 Juillet 1905 des Lycees et Colleges (Classic Reprint) Paul Porchon. 2017. (FRE., Illus.). (J). pap. 13.57 (978-0-259-11941-8(5)) Forgotten Bks.

Nouveaux el'ments de G'Om'trie: R'Dig's Conform'ment Aux Programmes du 27 Juillet 1905 des Lyc'es et Colleges (Classic Reprint) Paul Porchon. 2018. (FRE., Illus.). 286p. (J). 29.82 (978-0-484-26097-8(9)) Forgotten Bks.

Nouvelettes of the Musicians (Classic Reprint) Elizabeth Fries Ellet. (ENG., Illus.). (J). 2018. 376p. 31.67 (978-0-484-50211-5(5)); 2016. pap. 16.57 (978-1-333-36186-0(6)) Forgotten Bks.

Nouvelle Etude Sur les Tempetes, Cyclones, Trombes Ou Tornados (Classic Reprint) Hervé Faye. 2018. (FRE., Illus.). (J). pap. 9.97 (978-0-265-91580-6(5)) Forgotten Bks.

Nouvelle Fabrique des Excellens Traits de Verite: Livre Pour Inciter les Resveurs Tristes et Merancoliques a Vivre de Plaisir (Classic Reprint) Philippe Le Picard. 2017. (FRE., Illus.). (J). pap. 11.57 (978-0-282-01119-2(6)) Forgotten Bks.

Nouvelle Fabrique des Excellens Traits de Vérité: Livre Pour Inciter les Resveurs Tristes et Merancoliques à Vivre de Plaisir (Classic Reprint) Philippe Le Picard. 2018. (FRE., Illus.). 246p. (J). 28.99 (978-0-666-37142-3(3)) Forgotten Bks.

Nouvelle Methode Pour Apprendre l'Anglais, Ou Nouveau Cours de Langue Anglaise: Contenant une Serie de Lecons Graduees et de Nombreux Exercices Progressifs Ecrits Dans le Style Familier de la Conversation (Classic Reprint) J. Laye. 2017. (ENG., Illus.). (J). 30.70 (978-0-266-71388-3(2)); pap. 13.57 (978-1-5276-6915-4(7)) Forgotten Bks.

Nouvelles Contre le Harcèlement Scolaire. Bérengère Berte. 2021. (FRE.). 66p. (YA). pap. (978-1-4717-6611-4(X)) Lulu Pr., Inc.

Nouvelles Manipulations Chimiques Simplifiees, Ou Laboratoire Economique de L'Etudiant: Ouvrage Contenant la Description d'Appareils Simples et Nouveaux, Suivi d'un Cours de Chimie Pratique a l'Aide des Instruments (Classic Reprint) Henry Violette. 2017. (FRE., Illus.). (J). pap. 16.57 (978-0-259-24186-7(5)) Forgotten Bks.

Nouvelles Oeuvres de Feu Mr. Theophile: Composées d'Excellentes Lettres Françoises et Latines (Classic Reprint) Théophile de Viau. 2018. (FRE., Illus.). 462p. (J). 33.43 (978-0-666-63561-7(7)) Forgotten Bks.

Nouvelles Recherches Sur l'Endosmose et l'Exosmose, Suivies de l'Application Experimentale. Dutrochet-H. 2016. (Sciences Ser.). (FRE., Illus.). (J). pap. (978-2-01-956842-9(X)) Hachette Groupe Livre.

Nouvo Ak Ansyen (New & Old) Amy Culliford. Tr. by Jean Pierre Gaston. 2021. (Bagay Ki Opoze Youn Ak lòt Ki Tout Otou Mwen! (Opposites All Around Me!) Ser.). (CRP., Illus.). (J). (gr. -1-1). pap. (978-1-0396-2255-5(0), 10005, Crabtree Roots) Crabtree Publishing Co.

Nova Amiga per el Tom. Joan Pont. 2021. (ENG.). 122p. (YA). pap. 6.10 (978-1-393-27316-5(5)) Draft2Digital.

Nova I Love You All Ways. Marianne Richmond. Illus. by Dubravka Kolanovic. 2023. (I Love You All Ways Ser.). (ENG.). 32p. (J). (gr. -1-3). 8.99 (978-1-7282-7406-5(0)) Sourcebooks, Inc.

Nova in New York, 1 vol. Katherine Richards. 2019. (Orca Limelights Ser.). (ENG.). 112p. (J). (gr. 4-7). pap. 9.95 (978-1-4598-2029-6(0)) Orca Bk. Pubs. USA.

Nova Scotia. Harry Beckett. 2018. (O Canada Ser.). (ENG.). 32p. (J). lib. bdg. 22.99 (978-1-5105-3650-0(7)) SmartBook Media, Inc.

Nova Scotia Educational Facts 3rd Grade. Bold Kids. 2023. (ENG.). 42p. (J). pap. 14.99 (978-1-0717-2086-8(4)) FASTLANE LLC.

Nova Scotia Public School Speller (Classic Reprint) Unknown Author. 2017. (ENG., Illus.). (J). 28.54 (978-0-331-99683-8(9)); pap. 10.97 (978-0-259-85952-9(4)) Forgotten Bks.

Nova Solbakken, Arne, & Early Tales & Sketches (Classic Reprint) Bjornstjerne Bjornson. 2018. (ENG., Illus.). 498p. (J). 34.17 (978-0-483-40192-1(7)) Forgotten Bks.

NOVA the Bright Little Star: The Bright Little Star. Mary Alice Muñoz. 2021. (ENG.). 40p. (J). 22.99 (978-1-6628-0523-3(3)); pap. 12.49 (978-1-6628-0522-6(5)) Salem Author Services.

Nova the Star Eater. Lindsay Leslie. Illus. by John Taesoo Kim. 2019. (ENG.). 32p. (J). 17.99 (978-1-62414-693-0(7), 900197961) Page Street Publishing Co.

Novalee & the Spider Secret. Lori Ann Stephens. 2018. (ENG., Illus.). 152p. (J). (gr. 4-6). pap. 11.95 (978-1-949290-16-5(6)) Bedazzled Ink Publishing Co.

Nova's Blade: A Young Adult Dystopian. Will Scifi. 2022. (ENG.). 356p. (J). pap. 21.99 (978-1-4583-8880-3(8)) Lulu Pr., Inc.

Novel. Francisco Guizar. 2023. (ENG.). 34p. (J). pap. 5.50 (978-1-312-70929-4(4)) Lulu Pr., Inc.

Novel, a Novella, & Four Stories (Classic Reprint) Andrew Lytle. (ENG., Illus.). (J). 2018. 352p. 31.18 (978-0-483-75177-4(4)); 2017. pap. 13.57 (978-0-243-30071-6(9)) Forgotten Bks.

Novel Assistant for Kids: Write Your Own Story. A. J. Mathews. 2018. (ENG., Illus.). 268p. (J). pap. (978-1-9998817-2-6(9)) Novel Assistant Publshing.

Novel (Classic Reprint) Julian Hawthorne. 2017. (ENG., Illus.). (J). 31.84 (978-1-5283-4356-5(5)) Forgotten Bks.

Novel (Classic Reprint) Edna Lyall. 2017. (ENG., Illus.). (J). 32.15 (978-1-5281-5401-7(0)) Forgotten Bks.

Novel (Classic Reprint) William Farquhar Payson. 2017. (ENG., Illus.). (J). 32.95 (978-1-5281-4800-9(2)) Forgotten Bks.

Novel (Classic Reprint) Odd Trump. 2017. (ENG., Illus.). (J). 29.84 (978-0-260-81121-9(1)) Forgotten Bks.

Novel Idea. Bonita Christensen. 2020. (ENG.). 118p. (YA). pap. (978-1-716-83435-6(X)) Lulu Pr., Inc.

Novel Notes (Classic Reprint) Jerome Jerome. 2019. (ENG., Illus.). 302p. (J). 30.15 (978-0-365-31138-6(3)) Forgotten Bks.

Novel of Alexander Dumas (Classic Reprint) Alexandre Dumas. 2017. (ENG., Illus.). (J). 27.32 (978-0-331-57754-9(2)) Forgotten Bks.

Novel, Vol. 2 of 3 (Classic Reprint) Edna Lyall. 2018. (ENG., Illus.). 338p. (J). 30.87 (978-0-484-05509-3(7)) Forgotten Bks.

Novelist's Magazine, 1780, Vol. 1: Containing Almoran & Hamet, Joseph Andrews, & Amelia (Classic Reprint) Unknown Author. 2018. (ENG., Illus.). (J). 534p. 34.93 (978-1-396-34742-9(9)); 536p. pap. 19.57 (978-1-390-89796-8(6)) Forgotten Bks.

Novelist's Magazine, 1780, Vol. 2: Containing Solyman & Almena; the Vicar of Wakefield; Roderick Random; Zadig; the Devil upon Two Sticks (Classic Reprint) Unknown Author. (ENG., Illus.). (J). 2018. 600p. 36.29 (978-0-484-51198-8(X)); 2017. pap. 19.57 (978-0-243-10677-6(7)) Forgotten Bks.

Novelist's Magazine, 1781, Vol. 3: Containing, the Tales of the Genii, and, Tom Jones (Classic Reprint) Unknown Author. 2017. (ENG., Illus.). (J). 766p. 39.72 (978-0-332-09485-4(5)); pap. 23.57 (978-0-259-47749-5(4)) Forgotten Bks.

Novelist's Magazine, 1782, Vol. 5: Containing, Tristram Shandy, the Chinese Tales, & the Sisters (Classic Reprint) Unknown Author. (ENG., Illus.). (J). 2018. 624p. 36.79 (978-0-365-08144-9(2)); 2017. pap. 19.57 (978-0-259-18977-0(4)) Forgotten Bks.

Novelists Magazine, 1782, Vol. 7: Containing the Fortunate Country Maid, Louisa Mildmay, Theodosius & Constantia, & Count Fathom (Classic Reprint) Unknown Author. 2017. (ENG., Illus.). (J). 37.92 (978-0-266-67777-2(0)); pap. 20.57 (978-1-5276-4763-3(3)) Forgotten Bks.

Novelist's Magazine, 1783, Vol. 12: Containing the Female Quixote; Journey from This World to the Next; Joe Thompson; & Peter Wilkins (Classic Reprint) Unknown Author. (ENG., Illus.). (J). 2018. 770p. 39.80 (978-0-267-37205-8(1)); 2016. pap. 23.57 (978-1-334-15901-5(7)) Forgotten Bks.

Novelist's Magazine, 1783, Vol. 6: Contaning Peregrine Pickle, and, Marmontel's Tales (Classic Reprint) Unknown Author. (ENG., Illus.). (J). 2018. 722p. 38.85 (978-0-483-32306-3(3)); 2016. pap. 23.57 (978-1-334-14045-7(6)) Forgotten Bks.

Novelist's Magazine, 1784, Vol. 14: Containing the First, Second, Third, & Fourth Volumes, of Clarissa (Classic Reprint) Harrison and Company. (ENG., Illus.). (J). 2018. 644p. 37.18 (978-0-365-19692-1(4)); 2017. pap. 19.57 (978-0-259-40023-3(8)) Forgotten Bks.

Novelist's Magazine, 1784, Vol. 15: Containing the Fifth, Sixth, Seventh, & Eighth Volumes of Clarissa (Classic Reprint) Unknown Author. 2017. (ENG., Illus.). (J). 39.86 (978-0-266-68439-8(4)); pap. 23.57 (978-1-5276-6007-6(9)) Forgotten Bks.

Novelist's Magazine, 1784, Vol. 15: Containing the Fifth, Sixth, Seventh, Eighth Volumes of Clarissa (Classic Reprint) Unknown Author. (ENG., Illus.). (J). 2017. 732p. 38.99 (978-0-484-21515-2(9)); 2016. pap. 23.57 (978-1-334-15172-9(5)) Forgotten Bks.

Novelist's Magazine, 1785, Vol. 17: Containing Telemachus, Henrietta, Countess Osenvor, Jemmy & Jenny Jessamy (Classic Reprint) Unknown Author. (ENG., Illus.). (J). 2018. 582p. 35.90 (978-0-428-85773-8(6)); 2016. pap. 19.57 (978-1-334-16376-0(6)) Forgotten Bks.

Novelist's Magazine, 1785, Vol. 19: Containing Humphry Clinker; Pompey the Little; Ophelia; & Tartarian Tales (Classic Reprint) Unknown Author. 2017. (ENG., Illus.). (J). 35.92 (978-0-260-19274-5(0)); pap. 19.57 (978-1-5285-0533-8(6)) Forgotten Bks.

Novelist's Magazine, 1786, Vol. 21: Containing Peruvian Tales, Gaudentio Di Lucca, Adventures of an Atom, the Sincere Huron, & the English Hermit (Classic Reprint) Unknown Author. 2017. (ENG., Illus.). (J). 36.95 (978-0-266-66208-2(0)); pap. 19.57 (978-1-5276-4392-5(1)) Forgotten Bks.

Novelist's Magazine, 1788, Vol. 23: Containing, Resselas, Prince of Abissinia; Henrietta; Nourjahad; Felicia to Charlotte; the Creole; the Invisible Spy (Classic Reprint) Unknown Author. (ENG., Illus.). (J). 2018. 776p. 39.96 (978-0-484-22545-8(6)); 2016. pap. 23.57 (978-1-334-20881-2(6)) Forgotten Bks.

Novelist's Magazine 1833: A Semi-Monthly Publication, Embracing the Newest & Most Popular Works of Fiction Issued from the British & American Press (Classic Reprint) Michael Banim. 2017. (ENG., Illus.). (J). 35.78 (978-0-266-72415-5(9)); pap. 19.57 (978-1-5276-8296-2(X)) Forgotten Bks.

Novelist's Magazine, Vol. 1: Containing Almoran & Hamet; Joseph Andrews, Amelia (Classic Reprint) Unknown Author. (ENG., Illus.). (J). 2018. 558p. 35.43 (978-0-483-09408-6(0)); 2018. 564p. 35.55 (978-0-483-28653-5(2)); 2017. pap. 19.57 (978-1-334-94680-6(9)) Forgotten Bks.

Novelist's Magazine, Vol. 12: Containing, the Female Quixote; Journey from This World to the Next; Joe Thompson; & Peter Wilkins (Classic Reprint) Unknown Author. 2017. (ENG., Illus.). (J). 38.85 (978-0-265-68301-9(7)); pap. 23.57 (978-1-5276-5594-2(6)) Forgotten Bks.

Novelist's Magazine, Vol. 13: Containing Betsy Thoughtless & Persian Tales (Classic Reprint) Unknown Author. (ENG., Illus.). (J). 2018. 642p. 37.14 (978-0-483-33740-4(4)); 2016. pap. 19.57 (978-1-334-14164-5(9)) Forgotten Bks.

Novelist's Magazine, Vol. 14: Containing the First, Second, Third, & Fourth Volumes, of Clarissa (Classic Reprint) Samuel Richardson. (ENG., Illus.). (J). 2018. 678p. 37.88 (978-0-428-86563-4(1)); 2016. pap. 20.57 (978-1-334-15015-9(X)) Forgotten Bks.

Novelist's Magazine, Vol. 16: Containing Avellaneda's Quixote, and, Virtuous Orphan (Classic Reprint) Unknown Author. (ENG., Illus.). (J). 2018. 600p. 36.29 (978-0-483-97625-2(3)); 2016. pap. 19.57 (978-1-334-12899-8(5)) Forgotten Bks.

Novelist's Magazine, Vol. 16: Containing Avellaneda's Quixote, and, Virtuous Orphan (Classic Reprint) Harrison and Co. 2018. (ENG., Illus.). 640p. (J). 37.12 (978-0-428-67289-8(2)) Forgotten Bks.

Novelist's Magazine, Vol. 18: Containing the Arabian Nights Entertainments (Classic Reprint) Unknown Author. (ENG., Illus.). (J). 2018. 706p. 38.48

1484 The check digit for ISBN-10 appears in parentheses after the full ISBN-13

(978-0-483-30724-7(6)); 2016. pap. 20.97 *(978-1-334-15169-9(5))* Forgotten Bks.

Novelist's Magazine, Vol. 19: Humphry Clinker; Pompey the Little; Ophelia; Tartarian Tales (Classic Reprint) Unknown Author. (ENG., Illus.). (J). 2018. 604p. 36.37 *(978-0-483-37907-7(7))*; 2016. pap. 19.57 *(978-1-334-12906-3(1))* Forgotten Bks.

Novelist's Magazine, Vol. 21: Containing Peruvian Tales; Gaudentio Di Lucca; Adventures of an Atom; the Sincere Huron; the English Hermit (Classic Reprint) Unknown Author. (ENG., Illus.). (J). 2018. 666p. 37.63 *(978-0-483-78862-6(7))*; 2016. pap. 19.97 *(978-1-334-16016-5(3))* Forgotten Bks.

Novelist's Magazine, Vol. 22: Containing Lydia, and, Sidney Bidulph (Classic Reprint) Unknown Author. (ENG., Illus.). (J). 2018. 744p. 39.26 *(978-0-267-76634-5(3))*; 2016. pap. 23.57 *(978-1-334-14015-0(4))* Forgotten Bks.

Novelist's Magazine, Vol. 3: Containing, the Tales of the Genii, and, Tom Jones (Classic Reprint) Charles Morell. (ENG., Illus.). (J). 2018. 774p. 39.88 *(978-0-267-96277-8(0))*; 2016. pap. 23.57 *(978-1-334-55288-5(6))* Forgotten Bks.

Novelist's Magazine, Vol. 4: Containing Gil Blas & Robinson Crusoe (Classic Reprint) Unknown Author. 2018. (ENG., Illus.). 732p. (J). 39.01 *(978-0-483-59045-8(2))* Forgotten Bks.

Novelists Magazine, Vol. 7: Containing the Fortunate Country Maid, Louisa Mildmay, Theodosius & Constantia, & Count Fathom (Classic Reprint) Unknown Author. (ENG., Illus.). (J). 2018. 714p. 38.62 *(978-0-484-40628-4(0))*; 2016. pap. 20.97 *(978-1-334-14100-3(2))* Forgotten Bks.

Novelist's Magazine, Vol. 9: Containing Sentimental Journey, Gulliver's Travels, David Simple, Sir Launcelot Greaves, the Peruvian Princess, & Jonathan Wild (Classic Reprint) Unknown Author. (ENG., Illus.). (J). 2018. 700p. 38.35 *(978-0-365-12981-3(X))*; 2018. 720p. 38.77 *(978-0-483-90774-4(X))*; 2017. pap. 20.97 *(978-0-259-21360-4(8))*; 2016. pap. 23.57 *(978-1-334-14883-5(X))* Forgotten Bks.

Novellette Ed Esempi Morali Di S. Bernardino Da Siena (Classic Reprint) Bernardino Da Siena. (ITA., Illus.). (J). 2018. 184p. 27.71 *(978-0-656-95632-6(1))*; 2016. pap. 10.57 *(978-1-334-22433-1(1))* Forgotten Bks.

Novellette, Esempi Morali e Apologhi (Classic Reprint) San Bernardino Da Siena. (ITA., Illus.). (J). 2017. 148p. 26.50 *(978-0-332-58623-6(5))*; 2016. pap. 9.57 *(978-1-334-32507-6(3))* Forgotten Bks.

Novellettes, Vol. 1 of 3 (Classic Reprint) Augustus Von Kotzebue. 2018. (ENG., Illus.). 272p. (J). 29.51 *(978-0-484-87728-2(3))* Forgotten Bks.

Novels & Fairy Tales of Oscar Wilde (Classic Reprint) Oscar. Wilde. 2017. (ENG., Illus.). (J). 39.28 *(978-0-331-45658-5(3))*; pap. 23.57 *(978-0-243-06995-8(2))* Forgotten Bks.

Novels & Miscellaneous Works of Daniel de Foe: With Prefaces & Notes, Including Those Attributed to Sir Walter Scott (Classic Reprint) Daniel Dafoe. 2018. (ENG., Illus.). 518p. (J). 34.60 *(978-0-656-77499-9(1))* Forgotten Bks.

Novels & Miscellaneous Works of Daniel de Foe, Vol. 14 (Classic Reprint) Daniel Dafoe. 2018. (ENG., Illus.). 358p. (J). 31.30 *(978-0-332-62143-2(X))* Forgotten Bks.

Novels & Miscellaneous Works of Daniel de Foe, Vol. 15: With a Biographical Memoir of the Author, Literary Prefaces to the Various Pieces, Illustrative Notes, etc (Classic Reprint) Daniel Dafoe. (ENG., Illus.). (J). 2018. 412p. 32.39 *(978-0-267-40129-1(9))*; 2016. pap. 16.97 *(978-1-334-12176-0(1))* Forgotten Bks.

Novels & Miscellaneous Works of Daniel de Foe, Vol. 5: History of the Plague in London, 1665; to Which Is Added the Great Fire of London, 1666, by an Anonymous Writer; the Storm, 1703; to Which Is Added the Essay, in Verse; the True-Born Englishman, Daniel Dafoe. (ENG., Illus.). (J). 2018. 474p. 33.69 *(978-0-483-95162-4(5))*; 2016. pap. 16.57 *(978-1-333-11344-5(7))* Forgotten Bks.

Novels & Miscellaneous Works, Vol. 16 (Classic Reprint) Daniel Dafoe. 2018. (ENG., Illus.). 418p. (J). 32.54 *(978-0-267-21296-5(8))* Forgotten Bks.

Novels & Miscellaneous Works, Vol. 8 (Classic Reprint) Daniel Dafoe. 2018. (ENG., Illus.). 442p. (J). 33.01 *(978-0-484-35861-3(8))* Forgotten Bks.

Novels & Miscellaneous Works, Vol. 9 (Classic Reprint) Daniel Dafoe. 2018. (ENG., Illus.). 424p. (J). 32.66 *(978-0-267-18583-2(9))* Forgotten Bks.

Novels & Other Works of Lyof N. Tolstoï: The Long Exile, & Other Stories (Classic Reprint) Leo Tolstoi. 2018. (ENG., Illus.). 406p. (J). 32.27 *(978-0-365-32364-8(0))* Forgotten Bks.

Novels & Other Works of Lyof N. Tolstoi. Resurrection, Volume II. Leo Tolstoi. 2017. (ENG., Illus.). (J). pap. *(978-0-649-20578-3(2))* Trieste Publishing Pty Ltd.

Novels & Other Works of Lyof N. Tolstoi. the Death of Ivan Ilyitch & Other Stories. Lyof N. Tolstoi. 2017. (ENG., Illus.). (J). pap. *(978-0-649-15532-3(7))* Trieste Publishing Pty Ltd.

Novels & Other Works of Lyof N. Tolstoi, Vol. 11: The Cossacks, and, Sevastopol (Classic Reprint) Lyof N. Tolstoi. 2017. (ENG., Illus.). (J). 31.14 *(978-0-331-74564-1(X))* Forgotten Bks.

Novels & Other Works of Lyof N. Tolstoi, Vol. 2: Resurrection (Classic Reprint) Lyof N. Tolstoi. 2018. (ENG., Illus.). 286p. (J). 29.80 *(978-0-483-72215-6(4))* Forgotten Bks.

Novels & Other Works of Lyof N. Tolstoi, Vol. 3: Anna Karenina (Classic Reprint) Leo Tolstoi. 2017. (ENG., Illus.). (J). 32.21 *(978-0-265-19011-1(8))* Forgotten Bks.

Novels & Other Works of Lyof N. Tolstoi, Vol. 3: War & Peace (Classic Reprint) Lyof N. Tolstoi. 2018. (ENG., Illus.). 320p. (J). 30.50 *(978-0-332-43729-3(9))* Forgotten Bks.

Novels & Poems of Charles Kingsley, Vol. 7 of 1 (Classic Reprint) Unknown Author. 2018. (ENG., Illus.). 392p. (J). 31.98 *(978-0-428-43131-0(3))* Forgotten Bks.

Novels & Poems of Victor Marie Hugo, Vol. 2 (Classic Reprint) Victor Hugo. 2018. (ENG., Illus.). 274p. (J). 29.57 *(978-0-365-32400-3(0))* Forgotten Bks.

Novels & Poems of Victor Marie Hugo, Vol. 7: Notre-Dame de Paris, Volume II (Classic Reprint) Victor Hugo. (ENG., Illus.). (J). 2018. 348p. 31.09 *(978-0-365-49121-7(7))*; 2017. pap. 13.57 *(978-0-259-30593-4(6))* Forgotten Bks.

Novels & Romances of Alphonse Daudet: Memories of a Man of Letters, Thirty Years in Paris, etc (Classic Reprint) Alphonse Daudet. (ENG., Illus.). (J). 2018. 634p. 36.99 *(978-0-267-31369-3(1))*; 2016. pap. 19.57 *(978-1-333-43141-9(4))* Forgotten Bks.

Novels & Romances of Alphonse Daudet: Monday Tales; Letters from My Mill; Letters to an Absent One (Classic Reprint) Alphonse Daudet. 2018. (ENG., Illus.). 606p. (J). 36.40 *(978-0-666-15803-1(7))* Forgotten Bks.

Novels & Romances of Alphonse Daudet, Vol. 6 (Classic Reprint) Alphonse Daudet. (ENG., Illus.). (J). 2018. 652p. 37.34 *(978-0-483-41646-8(0))*; 2016. pap. 19.97 *(978-1-333-30699-1(7))* Forgotten Bks.

Novels & Romances of Edward Bulwer Lytton, Vol. 1 of 2 (Classic Reprint) Edward Bulwer Lytton. 2018. (ENG., Illus.). 408p. (J). 32.33 *(978-0-656-79351-8(1))* Forgotten Bks.

Novels & Romances of Edward Bulwer Lytton, Vol. 14: Novels of Life & Manners (Classic Reprint) Edward Bulwer Lytton. 2017. (ENG., Illus.). (J). 33.59 *(978-0-266-19351-7(X))* Forgotten Bks.

Novels & Romances of Edward Bulwer Lytton, Vol. 2 of 2 (Classic Reprint) Edward Bulwer Lytton. 2018. (ENG., Illus.). 410p. (J). 32.37 *(978-0-483-61952-4(3))* Forgotten Bks.

Novels & Romances, Vol. 6 of 8 (Classic Reprint) William Harrison Ainsworth. 2018. (ENG., Illus.). 740p. (J). 39.18 *(978-0-483-40394-9(6))* Forgotten Bks.

Novels & Romances, Vol. 7 of 8 (Classic Reprint) William Harrison Ainsworth. 2018. (ENG., Illus.). 718p. (J). 38.73 *(978-0-483-77377-6(8))* Forgotten Bks.

Novels & Stories of Bret Hart: Susy, a Story of the Plains; Clarence (Classic Reprint) Bret Harte. 2017. (ENG., Illus.). (J). pap. 19.57 *(978-1-5276-4854-8(0))* Forgotten Bks.

Novels & Stories of Bret Harte: Cressy, and, a First Family of Tasajara (Classic Reprint) Bret Harte. 2018. (ENG., Illus.). 604p. (J). 36.37 *(978-0-365-15894-3(1))* Forgotten Bks.

Novels & Stories of Bret Harte: Stories in Light & Shadow from Sand Hill to Pine (Classic Reprint) Bret Harte. 2017. (ENG., Illus.). 644p. (J). 37.20 *(978-0-332-46792-4(9))* Forgotten Bks.

Novels & Stories of Bret Harte: Tales of the Argonauts; a Sappho of Green Springs; & Other Stories (Classic Reprint) Bret Harte. (ENG., Illus.). (J). 2017. 590p. 36.07 *(978-0-332-47502-8(6))*; 2016. pap. 19.57 *(978-1-333-27341-5(X))* Forgotten Bks.

Novels & Stories of Bret Harte: Three Partners, or the Big Strike on Heavy Tree Hill; under the Redwoods (Classic Reprint) Bret Harte. 2017. (ENG., Illus.). (J). 38.05 *(978-0-265-39149-5(0))* Forgotten Bks.

Novels & Stories of Bret Harte (Classic Reprint) Bret Harte. (ENG., Illus.). (J). 2018. 520p. 34.64 *(978-0-483-82177-4(2))*; 2017. 598p. 36.25 *(978-0-484-02358-0(6))* Forgotten Bks.

Novels & Stories of Bret Harte, Vol. 5: Barker's Luck, the Bell-Ringer of Angel's & Other Stories (Classic Reprint) Bret Harte. (ENG., Illus.). (J). 2018. 606p. 36.40 *(978-0-483-95972-9(3))*; 2016. pap. 19.57 *(978-1-333-71206-8(5))* Forgotten Bks.

Novels & Stories of Frank R. Stockton. a Bicycle of Cathay. Vol. XXIII. Frank R. Stockton. 2017. (ENG., Illus.). (J). pap. *(978-0-649-35965-3(8))* Trieste Publishing Pty Ltd.

Novels & Stories of Frank R. Stockton, Vol. 13: The Casting Away of Mrs. Lecks & Mrs. Aleshine, and, the Vizier of the Two-Horned Alexander (Classic Reprint) Frank Richard Stockton. 2017. (ENG., Illus.). (J). 31.09 *(978-0-265-37533-4(9))*; pap. 13.57 *(978-1-333-02252-5(2))* Forgotten Bks.

Novels & Stories of Frank R. Stockton, Vol. 21: John Gayther's Garden (Classic Reprint) Frank Richard Stockton. 2017. (ENG., Illus.). (J). 31.71 *(978-0-265-37930-1(X))* Forgotten Bks.

Novels & Stories of Frank R. Stockton, Vol. 3: Stories (Classic Reprint) Frank R. Stockton. 2017. (ENG., Illus.). (J). 30.81 *(978-1-5284-8534-0(3))* Forgotten Bks.

Novels & Stories of Ivan Turgenieff: Spring Freshets & Others Stories (Classic Reprint) Ivan Sergeevich Turgenev. 2017. (ENG., Illus.). (J). 31.86 *(978-0-331-65602-2(7))* Forgotten Bks.

Novels & Stories of Ivan Turgenieff, Vol. 1: Virgin Oil (Classic Reprint) Isabel F. Hapgood. 2017. (ENG., Illus.). (J). 30.00 *(978-0-266-18469-0(3))* Forgotten Bks.

Novels & Tales (Classic Reprint) Johann Wolfgang Von Goethe. 2017. (ENG., Illus.). (J). 34.97 *(978-0-265-18615-2(3))* Forgotten Bks.

Novels & Tales of Charles Dickens, (Boz.), Vol. 1 Of 3: Containing the Pickwick Papers, and, the Old Curiosity Shop (Classic Reprint) Charles Dickens. (ENG., Illus.). (J). 2018. 738p. 39.12 *(978-0-365-35505-2(4))*; 2016. pap. 23.57 *(978-1-334-12267-5(9))* Forgotten Bks.

Novels & Tales of Charles Dickens, (Boz.), Vol. 2 Of 3: Containig Sketches of Every-Day Life, etc.; Oliver Twist, and, Barnaby Budge (Classic Reprint) Charles Dickens. 2017. (ENG., Illus.). (J). pap. 23.57 *(978-0-259-39631-4(1))* Forgotten Bks.

Novels & Tales of Charles Dickens (Boz.), Vol. 2 Of 3: Containing Sketches of Every-Day Life, etc.; Oliver Twist, & Barnaby Budge (Classic Reprint) Charles Dickens. 2017. (ENG., Illus.). (J). 40.25 *(978-0-266-52262-1(9))* Forgotten Bks.

Novels & Tales of Charles Dickens, (Boz.), Vol. 3 Of 3: Containing Nicholas Nickleby, & Martin Chuzzlewit (Classic Reprint) Charles Dickens. 2017. (ENG., Illus.). (J). pap. 23.57 *(978-0-243-03006-4(1))* Forgotten Bks.

Novels & Tales of the Right Hon. B. Disraeli, M. P: Coningsby; Henrietta Temple (Classic Reprint) Benjamin Disraeli. 2017. (ENG., Illus.). (J). pap. 20.57 *(978-0-259-19831-4(5))* Forgotten Bks.

Novels & Tales of the Right Hon. B. Disraeli, M. P: Venetia, and, Tancred (Classic Reprint) Benjamin Disraeli. (ENG., Illus.). (J). 2018. 678p. 37.90 *(978-0-267-00576-5(8))*; 2017. pap. 20.57 *(978-0-259-00624-4(6))* Forgotten Bks.

Novels & Tales Reprinted from Household Words, Vol. 7 (Classic Reprint) Charles Dickens. (ENG., Illus.). (J). 2018. 672p. 37.78 *(978-0-666-75585-8(X))*; 2017. pap. 20.57 *(978-0-259-18824-7(7))* Forgotten Bks.

Novels & Tales, Vol. 1: Reprinted from Household Words (Classic Reprint) Charles Dickens. (ENG., Illus.). (J). 2018. 552p. 35.28 *(978-0-483-38945-8(5))*; 2016. pap. 19.57 *(978-1-334-14167-6(3))* Forgotten Bks.

Novels & Tales, Vol. 2: Reprinted from Household Words (Classic Reprint) Charles Dickens. (ENG., Illus.). (J). 2018. 378p. 31.69 *(978-0-483-60294-6(9))*; 2016. pap. 16.57 *(978-1-334-13939-0(3))* Forgotten Bks.

Novels & Tales, Vol. 24: Scenes & Characters (Classic Reprint) Charlotte M. Yonge. (ENG., Illus.). (J). 2018. 314p. 30.37 *(978-0-267-23879-8(7))*; 2016. pap. 13.57 *(978-1-334-25111-5(8))* Forgotten Bks.

Novels & Tales, Vol. 5 Of 7: Mary Barton & Other Tales (Classic Reprint) Gaskell. 2018. (ENG., Illus.). 400p. (J). 32.17 *(978-0-365-19506-1(5))* Forgotten Bks.

Novels & Tales, Vol. 5 Of 7: Mary Barton & Other Tales (Classic Reprint) Elizabeth Cleghorn Gaskell. (ENG., Illus.). (J). 2018. 482p. 33.84 *(978-0-666-83974-9(3))*; 2017. pap. 16.57 *(978-0-259-40268-8(0))* Forgotten Bks.

Novels & Tales, Vol. 6: Reprinted from Household Words (Classic Reprint) Charles Dickens. 2017. (ENG., Illus.). (J). 30.83 *(978-1-5284-8352-0(9))*; pap. 13.57 *(978-0-282-99594-2(3))* Forgotten Bks.

Novels by Eminent Hands (Classic Reprint) William Makepeace Thackeray. (ENG., Illus.). (J). 2018. 170p. 27.40 *(978-0-365-38980-4(3))*; 2017. pap. 9.97 *(978-0-282-98896-8(3))* Forgotten Bks.

Novels by Eric Leadbitter: Rain Before Seven; the Road to Nowhere; Shepherd's Warning (Classic Reprint) Eric Leadbitter. 2018. (ENG., Illus.). 308p. (J). 30.27 *(978-0-483-83593-1(5))* Forgotten Bks.

Novels by William Makepeace Thackeray, Vol. 12 Of 12: Denis Duval, Lovel the Widower, etc (Classic Reprint) William Makepeace Thackeray. 2018. (ENG., Illus.). 422p. (J). 32.62 *(978-0-666-73043-5(1))* Forgotten Bks.

Novels, Narrative Sketches & Short Stories of 1930-1940 Concerning the Poorer Americans (Classic Reprint) Doris Hays Fenton. 2017. (ENG., Illus.). (J). 26.50 *(978-0-266-56574-1(3))*; pap. 9.57 *(978-0-282-91879-8(5))* Forgotten Bks.

Novels of Bjornstjerne Bjornson (Classic Reprint) Bjornstjerne Bjornson. (ENG., Illus.). (J). 2018. 230p. 28.66 *(978-0-332-11895-6(9))*; 2017. 27.84 *(978-0-260-68572-8(0))* Forgotten Bks.

Novels of Bjornstjerne Bjornson (Classic Reprint) Edmund Gosse. (ENG., Illus.). (J). 2018. 220p. 28.45 *(978-0-483-77739-2(0))*; 2017. 30.83 *(978-0-260-51511-7(6))*; 2017. 28.17 *(978-0-266-21123-5(2))* Forgotten Bks.

Novels of Charles Lever, Vol. 1: The Martins of Cro' Martin (Classic Reprint) Charles James Lever. 2017. (ENG., Illus.). (J). 32.62 *(978-1-5282-7840-9(2))* Forgotten Bks.

Novels of Charles Lever, Vol. 1 Of 2: One of Them; to Which Is Added, a Day's Ride: a Life's Romance (Classic Reprint) Charles Lever. 2018. (ENG., Illus.). (J). 516p. 34.54 *(978-1-396-37839-3(1))*; 518p. pap. 16.97 *(978-1-390-90052-1(5))* Forgotten Bks.

Novels of Charles Lever, Vol. 2 (Classic Reprint) Charles Lever. 2018. (ENG., Illus.). 346p. (J). 31.03 *(978-0-483-32249-3(0))* Forgotten Bks.

Novels of Charles Lever, Vol. 25 (Classic Reprint) Charles James Lever. 2018. (ENG., Illus.). 426p. (J). 32.68 *(978-0-365-02665-5(4))* Forgotten Bks.

Novels of Honore de Balzac: Now for the First Time Completely Translated into English; the Unknown Masterpiece; the Maranas; a Seashore Drama; the Red Inn; Master Cornelius (Classic Reprint) Honore de Balzac. (ENG., Illus.). (J). 2018. 362p. 31.38 *(978-0-483-44590-1(8))*; 2016. pap. 13.97 *(978-1-333-33196-2(7))* Forgotten Bks.

Novels of Jane Austen. Jane. Austen. 2017. (ENG.). (J). 384p. pap. *(978-3-337-33532-8(2))*; 358p. pap. *(978-3-337-33531-1(4))*; 370p. pap. *(978-3-337-20857-8(6))*; 370p. pap. *(978-3-337-20856-1(8))*; 370p. pap. *(978-3-337-20855-4(X))*; 302p. pap. *(978-3-337-20854-7(1))* Creation Pubs.

Novels of Jane Austen: Persuasion (Classic Reprint) Jane. Austen. 2017. (ENG., Illus.). 386p. (J). 31.88 *(978-0-332-63838-6(3))* Forgotten Bks.

Novels of Mrs. Aphra Behn (Classic Reprint) Aphra. Behn. 2018. (ENG., Illus.). 406p. (J). 32.29 *(978-0-364-18422-6(1))* Forgotten Bks.

Novels of Mystery: The Lodger; the Story of Ivy; What Really Happened (Classic Reprint) Marie Belloc Lowndes. (ENG., Illus.). (J). 2018. 950p. 43.51 *(978-0-483-77989-1(X))*; 2017. pap. 25.79 *(978-0-243-30914-6(7))* Forgotten Bks.

Novels of Rosa Nouchette Carey: Popular Edition (Classic Reprint) Rosa Nouchette Carey. 2018. (ENG., Illus.). 374p. (J). 31.61 *(978-0-666-59084-8(2))* Forgotten Bks.

Novels of Rosa Nouchette Carey (Classic Reprint) Rosa Nouchette Carey. (ENG., Illus.). (J). 2018. 486p. 33.94 *(978-0-666-30906-8(X))*; 2017. 444p. 33.05 *(978-0-484-56783-1(7))* Forgotten Bks.

Novels of Sterne, Goldsmith, Dr. Johnson, MacKenzie, Horace Walpole, & Clara Reeve: Viz. Tristram Shandy; Sentimental Journey; the Vicar of Wakefield; Rasselas; the Man of Feeling, the Man of the World, Julia de Roubigne; the Castle of Otranto; The. Oliver Goldsmith. 2017. (ENG., Illus.). (J). pap. 23.57 *(978-0-243-96300-3(9))* Forgotten Bks.

Novels of Sterne, Goldsmith, Dr. Johnson, Mackenzie, Horace Walpole, & Clara Reeve; Viz. Tristram Shandy; Sentimental Journey; the Vicar of Wakefield; Rasselas; the Man of Feeling, the Man of the World, Julia de Roubigne; the Castle of Otranto; The. Oliver Goldsmith. 2018. (ENG., Illus.). 758p. (J). 39.53 *(978-0-484-25729-9(3))* Forgotten Bks.

Novels of the Sisters Bronte (Classic Reprint) Charlotte Brontë et al. 2017. (ENG., Illus.). (J). 33.10 *(978-0-265-39040-5(0))* Forgotten Bks.

Novels of the Sisters Bronte (Classic Reprint) Temple Scott. 2018. (ENG., Illus.). 424p. (J). 32.64 *(978-0-267-16196-6(4))* Forgotten Bks.

Novels of Victor Hugo, Vol. 2: Notre Dame (Classic Reprint) Unknown Author. 2018. (ENG., Illus.). 422p. (J). 32.60 *(978-0-484-78966-0(X))* Forgotten Bks.

Novels of William Harrison Ainsworth (Classic Reprint) Saint James's. 2017. (ENG., Illus.). 436p. (J). 32.91 *(978-0-332-54589-9(X))* Forgotten Bks.

Novels of William Harrison Ainsworth, Vol. 1: Old Saint Paul's (Classic Reprint) William Harrison Ainsworth. 2017. (ENG., Illus.). (J). 30.81 *(978-0-265-67611-0(8))*; pap. 13.57 *(978-1-5276-4742-8(0))* Forgotten Bks.

Novels of William Harrison Ainsworth, Vol. 14 (Classic Reprint) William Harrison Ainsworth. 2018. (ENG., Illus.). 302p. (J). 30.13 *(978-0-267-18915-1(X))* Forgotten Bks.

Novels of William Harrison Ainsworth, Vol. 19: The Miser's Daughter, Volume II (Classic Reprint) William Harrison Ainsworth. 2018. (ENG., Illus.). 294p. (J). 29.96 *(978-0-483-28761-7(X))* Forgotten Bks.

Novel's Pride. Mika Sastrokarijo. 2022. (ENG.). 513p. (YA). pap. ***(978-1-387-58145-0(7))*** Lulu Pr., Inc.

Novels, Romances, & Memoirs of Alphonse Daudet. Alphonse Daudet. 2017. (ENG.). (J). 338p. pap. *(978-3-337-03712-3(7))*; 448p. pap. *(978-3-337-03710-9(0))*; 344p. pap. *(978-3-337-03709-3(7))*; 316p. pap. *(978-3-337-03708-6(9))*; 500p. pap. *(978-3-337-03707-9(0))*; 360p. pap. *(978-3-337-03706-2(2))*; 428p. pap. *(978-3-337-03705-5(4))*; 494p. pap. *(978-3-337-03704-8(6))*; 384p. pap. *(978-3-337-03698-0(8))*; 324p. pap. *(978-3-337-03696-6(1))*; 392p. pap. *(978-3-337-03694-2(5))*; 330p. pap. *(978-3-337-03319-4(9))*; 440p. pap. *(978-3-337-03320-0(2))*; 468p. pap. *(978-3-337-03693-5(7))* Creation Pubs.

Novels, Romances, & Memoirs of Alphonse Daudet: Kings in Exile (Classic Reprint) Alphonse Daudet. 2018. (ENG., Illus.). 438p. (J). 32.93 *(978-0-656-90967-4(6))* Forgotten Bks.

Novels, Romances, & Memoirs of Alphonse Daudet, Vol. 4: Numa Roumestan, and, Rose & Ninette (Classic Reprint) Alphonse Daudet. (ENG., Illus.). (J). 2018. 566p. 35.78 *(978-0-484-43786-8(0))*; 2016. pap. 19.57 *(978-1-333-39086-0(6))* Forgotten Bks.

Novels, Romances & Writings of Alphonse Daudet. Alphonse Daudet et al. 2017. (ENG.). 482p. (J). pap. *(978-3-337-03711-6(9))* Creation Pubs.

Novels, Romances & Writings of Alphonse Daudet: The Little Parish Church (Classic Reprint) Alphonse Daudet. 2018. (ENG., Illus.). 380p. (J). 31.73 *(978-0-483-81104-1(1))* Forgotten Bks.

Novels, Romances & Writings of Alphonse Daudet (Classic Reprint) Alphonse Daudet. 2018. (ENG., Illus.). 484p. (J). 33.90 *(978-0-428-57784-1(9))* Forgotten Bks.

Novels, Romances & Writings of Alphonse Daudet, Vol. 1 (Classic Reprint) Alphonse Daudet. 2017. (ENG., Illus.). (J). 31.09 *(978-1-5283-8519-0(5))* Forgotten Bks.

Novels, Stories & Sketches (Classic Reprint) F Hopkinson Smith. 2018. (ENG., Illus.). 306p. (J). 30.21 *(978-0-267-53130-1(3))* Forgotten Bks.

Novels, Stories & Sketches of F. Hopkinson Smith: Colonel Carter & Other Tales of the South (Classic Reprint) Francis Hopkinson Smith. (ENG., Illus.). (J). 2018. 290p. 29.88 *(978-0-666-17390-4(7))*; 2017. pap. 13.57 *(978-0-259-25996-1(9))* Forgotten Bks.

Novels, Stories, & Sketches of F. Hopkinson Smith: Forty Minutes Late, & Other Stories (Classic Reprint) Francis Hopkinson Smith. 2017. (ENG., Illus.). (J). 28.72 *(978-0-266-74178-7(9))*; pap. 11.57 *(978-1-5277-0799-3(7))* Forgotten Bks.

Novels, Stories & Sketches of F. Hopkinson Smith: The Fortunes of Oliver Horn; Vol. II (Classic Reprint) Francis Hopkinson Smith. (ENG., Illus.). (J). 2018. 350p. 31.12 *(978-0-332-41548-2(1))*; 2017. pap. 13.57 *(978-0-243-09224-6(5))* Forgotten Bks.

Novels, Stories & Sketches of F. Hopkinson Smith (Classic Reprint) Francis Hopkinson Smith. 2018. (ENG., Illus.). 326p. (J). 30.62 *(978-0-483-81602-2(7))* Forgotten Bks.

Novels, Stories, Sketches & Poems of Thomas Nelson Page: Two Little Confederates; among the Camps; Two Prisoners (Classic Reprint) Thomas Nelson Page. 2018. (ENG., Illus.). 434p. (J). 32.87 *(978-0-267-70762-1(2))* Forgotten Bks.

Novels, Stories, Sketches & Poems of Thomas Nelson Page (Classic Reprint) Thomas Nelson Page. (ENG., Illus.). (J). 2018. 372p. 31.59 *(978-0-483-05950-4(1))*; 2016. pap. 13.97 *(978-1-333-63301-1(7))* Forgotten Bks.

Novels, Tales & Letters of Prosper Merimee: A Chronicle of the Reign of Charles IX (Classic Reprint) George Saintsbury. 2017. (ENG., Illus.). (J). 30.76 *(978-0-260-51735-7(6))* Forgotten Bks.

Novels, Tales & Letters of Prosper Merimee: Colomba (Classic Reprint) Prosper Merimee. 2018. (ENG., Illus.). 260p. (J). 29.26 *(978-0-483-69117-9(8))* Forgotten Bks.

Novels, Tales & Letters of Prosper Merimee, Vol. 1 Of 8: Last Stories & Translations (Classic Reprint) George Saintsbury. 2017. (ENG., Illus.). 312p. (J). 30.35 *(978-1-5280-7160-4(3))* Forgotten Bks.

Novels, Tales & Sketches of J. M. Barrie (Classic Reprint) James Matthew Barrie. (ENG., Illus.). (J). 2018. 288p. 29.84 *(978-0-364-38782-5(3))*; 2017. 29.65 *(978-0-331-87110-4(6))* Forgotten Bks.

Novels, Tales, & Sketches of J. M. Barrie, Vol. 2: Tommy & Grizel (Classic Reprint) James Matthew Barrie. 2018. (ENG., Illus.). 306p. (J). 30.23 *(978-0-483-41317-7(8))* Forgotten Bks.

Novels, Tales & Sketches of J. M. Barrie, Vol. 7: Sentimental Tommy; Part II (Classic Reprint) James Matthew Barrie. (ENG., Illus.). (J). 2018. 260p. 29.26

N

(978-0-483-07934-2(0)); 2016. pap. 11.97 (978-1-333-40696-7(7)) Forgotten Bks.

Novels, Tales & Sketches of J. M. Barrie, Vol. 8: My Lady Nicotine, and, Margaret Ogilvy (Classic Reprint) James Matthew Barrie. 2017. (ENG., Illus.). (J). 31.65 (978-0-260-09074-4(3)) Forgotten Bks.

Novels, Vol. 1 (Classic Reprint) Bjornstjerne Bjornson Edmund Gosse. 2017. (ENG., Illus.). (J). 28.60 (978-0-265-21058-1(5)) Forgotten Bks.

Novels, Vol. 10: Les Beaux, and, Messieurs de Bois-Dore, Vol. II (Classic Reprint) George Sand. (ENG., Illus.). (J). 2018. 304p. 30.19 (978-0-483-37846-9(1)); 2016. pap. 13.57 (978-1-334-13096-0(5)) Forgotten Bks.

Novels, Vol. 3 of 3 (Classic Reprint) George Sand. 2017. (ENG., Illus.). (J). 424p. 32.66 (978-0-484-16687-4(5)); pap. 16.57 (978-1-5276-6072-4(9)) Forgotten Bks.

Novels, Vol. 7: The Bath Keepers, or Paris in Those Days; Vol; I (Classic Reprint) Paul de Kock. 2016. (ENG., Illus.). (J). pap. 16.57 (978-1-333-57928-9(4)) Forgotten Bks.

Novelty Heroes. Tyler H. Jolley & T. J. White. 2022. (ENG.). 268p. (J). pap. 9.99 (978-1-7373296-2-6(X)) Jolley Chronicles.

November see Noviembre

November. Julie Murray. 2017. (Months Ser.). (ENG., Illus.). 24p. (J). (gr. -1-2). lib. bdg. 31.36 (978-1-5321-0025-3(6), 25132, Abdo Kids) ABDO Publishing Co.

November. Birk Wind. 2018. (GER.). 216p. (J). (978-3-7469-8069-0(0)); pap. (978-3-7469-8068-3(2)) tredition Verlag.

November Girl. Lydia Kang. 2017. (ENG.). 340p. (J). pap. 9.99 (978-1-63375-826-1(5), 9781633758261) Entangled Publishing, LLC.

November Joe: Detective of the Woods. Hesketh Prichard. 2018. (ENG., Illus.). 188p. (J). pap. (978-1-988304-45-8(8)) Frizzle, Douglas R.

November Joe: Detective of the Woods (Classic Reprint) Hesketh Prichard. (ENG., Illus.). (J). 2018. 356p. 31.26 (978-0-332-17904-9(4)); 2017. pap. 13.97 (978-0-243-30262-8(2)) Forgotten Bks.

Novia Elegida: Las Aventuras de Ester. Pip Reid. 2020. (Defensores de la Fe Ser.: Vol. 15). (SPA.). 40p. (J). pap. (978-1-989961-21-6(5)) Bible Pathway Adventures.

Novice. Priya Sridhar. Illus. by Meg Owenson. 2019. (Powered Ser.). (ENG.). 112p. (J). (gr. 3-6). lib. bdg. 26.65 (978-1-4965-7886-0(4), 139562, Stone Arch Bks.) Capstone.

Novice. Taran Matharu. ed. 2016. (Summoner Trilogy: Bk. 1). (ENG.). (YA). (gr. 7-12). lib. bdg. 22.10 (978-0-606-39884-8(8)) Turtleback.

Novice: Summoner: Book One. Taran Matharu. 2016. (Summoner Trilogy Ser.: 1). (ENG.). 384p. (YA). pap. 11.99 (978-1-250-08005-9(3), 900154654) Square Fish.

Novice's Gleanings in Bee Culture, Vol. 1 (Classic Reprint) Unknown Author. 2018. (ENG., Illus.). 288p. (J). 29.84 (978-0-267-52138-8(3)) Forgotten Bks.

Noviembre. Julie Murray. 2017. (Los Meses (Months) Ser.).Tr. of November. (SPA.). 24p. (J). (gr. -1-2). lib. bdg. 31.36 (978-1-5321-0638-5(6), 27229, Abdo Kids) ABDO Publishing Co.

Now. Alexander McKenzie. 2017. (ENG., Illus.). (J). pap. (978-0-649-23332-8(8)) Trieste Publishing Pty Ltd.

Now. Antoinette Portis. 2017. (ENG., Illus.). 32p. (J). 18.99 (978-1-62672-137-1(8), 900140156) Roaring Brook Pr.

Now-A-Days (Classic Reprint) Laura Curtis Bullard. 2018. (ENG., Illus.). 320p. (J). 30.50 (978-0-267-21092-3(2)) Forgotten Bks.

Now & at the Hour. Bess Kercher. 2020. (ENG.). 210p. (J). pap. 15.95 (978-1-7355601-6-8(2)) Warren Publishing, Inc.

Now & Forevermore Arabella. Carolyn Summer Quinn. 2021. (ENG.). 164p. (J). pap. 9.99 (978-1-0879-7965-6(X)) Indy Pub.

Now & Then at Grampy's Sugar House. Ashley Sevigny. 2021. (ENG., Illus.). 26p. (J). 22.95 (978-1-6624-3261-3(5)) Page Publishing Inc.

Now Appearing... the Ants. Danie Connolly. 2018. (ENG.). 50p. (J). pap. 14.95 (978-0-9970546-3-7(8)) Absolutely Perfect!.

Now (Classic Reprint) Charles Marriott. 2018. (ENG., Illus.). 334p. (J). 30.79 (978-0-483-99219-1(4)) Forgotten Bks.

Now Entering Addamsville. Francesca Zappia. Illus. by Francesca Zappia. (ENG., Illus.). 368p. (YA). (gr. 9). 2021. pap. 10.99 (978-0-06-293528-1(3)); 2019. 17.99 (978-0-06-293527-4(5)) HarperCollins Pubs. (Greenwillow Bks.).

Now First Collected; to Which Are Prefixed Two Dissertations: 1. Two on Pygmies, 2. Fairies (Classic Reprint) Joseph Ritson. 2018. (ENG., Illus.). 220p. (J). 28.45 (978-0-483-60320-2(1)) Forgotten Bks.

Now I Can Color Workbook Toddler - Ages 1 To 3. Pfiffikus. 2016. (ENG., Illus.). (J). pap. 10.81 (978-1-68377-638-3(0)) Whlke, Traudl.

Now I Can Cut! Workbook Toddler-Grade K - Ages 1 To 6. Pfiffikus. 2016. (ENG., Illus.). (J). pap. 10.81 (978-1-68377-641-3(0)) Whlke, Traudl.

Now I Can Master Addition Workbook Grades K-2 - Ages 5 To 8. Baby Iq Builder Books. 2016. (ENG., Illus.). (J). pap. 8.99 (978-1-68374-729-1(1)) Examined Solutions PTE. Ltd.

Now I Can Master Subtraction Workbook Grades K-2 - Ages 5 To 8. Baby Iq Builder Books. 2016. (ENG., Illus.). (J). pap. 8.99 (978-1-68374-728-4(3)) Examined Solutions PTE. Ltd.

Now I Can Trace Workbook Toddler - Ages 1 To 3. Pfiffikus. 2016. (ENG., Illus.). (J). pap. 10.81 (978-1-68377-642-0(9)) Whlke, Traudl.

Now I Can Trace! Workbook Toddler-Grade K - Ages 1 To 6. Left Brain Kids. 2016. (ENG., Illus.). (J). pap. 7.51 (978-1-68376-646-9(6)) Sabeels Publishing.

Now I Know My Abc's: Musical Sing-Along Book. Loise Angelicas. 2018. (ENG.). (J). bds. 12.99 (978-1-4380-8965-2(1)) Sourcebooks, Inc.

Now I Know My ABC's: Musical Sing-Along Book. Illus. by Loise Anglicas. 2018. (ENG.). 14p. (J). (gr. -1 — 1). bds. 10.99 (978-1-4380-5055-3(0)) Sourcebooks, Inc.

Now I Know My ABC's! a Connect the Dots Activity Book. Creative. 2016. (ENG., Illus.). (J). pap. 10.81 (978-1-68323-467-8(7)) Twin Flame Productions.

Now I Know My ABCs And 123s: 128 Page Coloring & Activity Book with Writing & Spelling Exercises (Age 2-6) Crawford House Learning Books. 2020. (ENG.). 130p. (J). pap. (978-1-989828-70-0(1)) Crawford Hse.

Now I Know My ABCs Dot to Dot Activity Book. Activity Book Zone for Kids. 2016. (ENG., Illus.). (J). pap. 7.55 (978-1-68376-676-6(8)) Sabeels Publishing.

Now I Know My Alphabet! Workbook Toddler-Grade K - Ages 1 To 6. Pfiffikus. 2016. (ENG., Illus.). (J). pap. 10.81 (978-1-68377-643-7(7)) Whlke, Traudl.

Now I Know My Colors & Shapes! Workbook Toddler-Grade K - Ages 1 To 6. Professor Gusto. 2016. (ENG., Illus.). (J). pap. 10.81 (978-1-68321-906-4(6)) Mimaxion.

Now I Know My Numbers! Workbook Toddler-Grade K - Ages 1 To 6. Professor Gusto. 2016. (ENG., Illus.). (J). pap. 10.81 (978-1-68321-568-4(0)) Mimaxion.

Now I Know What Love Is. Megan McGarrigle. 2017. (ENG.). (J). 24.95 (978-1-63177-920-6(6)) Amplify Publishing Group.

Now I Lay Me down to Sleep. Michael D Gatson. 2018. (ENG., Illus.). 44p. (J). (gr. -1-3). pap. 14.95 (978-1-64350-087-4(2)) Page Publishing Inc.

Now I Lay Me down to Sleep. Flowerpot Press. Illus. by Lisa M. Gardiner. 2016. (ENG.). 32p. (J). (gr. k-2). bds. 10.99 (978-1-4867-0847-5(1), 5f2b4d05-4086-43dc-8b0c-8f6ab8785915) Flowerpot Pr.

Now I Lay Me down to Sleep. Michael D. Gatson. 2020. (ENG.). 46p. (J). (gr. -1-3). 25.95 (978-1-64701-649-4(5)) Page Publishing Inc.

Now I Lay Me down to Sleep Bedtime Shadow Book: Use a Flashlight to Shine the Images on Your Bedroom Wall! Henry Johnstone. Illus. by Martha Day Zschock. 2021. (Bedtime Shadow Bks.). (ENG.). 7p. (J). spiral bd. 12.99 (978-1-4413-3711-5(3), f8990bbe-dd06-4a31-a90b-8b1a6293c9ee) Peter Pauper Pr. Inc.

Now I Rise. Kiersten White. (And I Darken Ser.: 2). (ENG.). (YA). (gr. 7). 2018. 512p. pap. 10.99 (978-0-553-52238-9(8), Ember); 2017. 480p. 18.99 (978-0-553-52235-8(3), Delacorte Pr.) Random Hse. Children's Bks.

Now I'm a Bird. Sue Ganz-Schmitt. Illus. by Renia Metallinou. 2020. (ENG.). 32p. (J). (gr. -1-3). 16.99 (978-0-8075-2329-2(1), 807523291) Whitman, Albert & Co.

Now I'm Big! Karen Katz. Illus. by Karen Katz. 2019. (Classic Board Bks.). (ENG., Illus.). 32p. (J). (gr. -1 — 1). bds. 8.99 (978-1-5344-4306-8(1), Little Simon) Little Simon.

Now I'm Really Mad. J. J. Shegog. 2021. (ENG.). 26p. (J). pap. 12.99 (978-1-7367664-0-8(6)) Jair Collections LLC.

Now I'm Really Mad. J. J. Shegog & Muhammad Tahir. 2021. (ENG.). 26p. (J). 18.99 (978-1-7367664-2-2(2)) Jair Collections LLC.

Now Is Everything. Amy Giles. 2018. (ENG.). 384p. (YA). (gr. 9). pap. 9.99 (978-0-06-249576-1(3), HarperTeen) HarperCollins Pubs.

Now Look What You've Done. Stephan Pastis. 2016. (Timmy Failure Ser.: 2). lib. bdg. 18.40 (978-0-606-37947-2(9)) Turtleback.

Now Make This. Thomas Bärnthaler. 2018. (ENG., Illus.). 120p. 19.95 (978-0-7148-7529-3(5)) Phaidon Pr., Inc.

Now Make This: 24 DIY Projects by Designers for Kids. Thomas Bärnthaler. 2018. (ENG., Illus.). 120p. (gr. 3-6). pap. 19.95 (978-0-7148-7530-9(9)) Phaidon Pr., Inc.

Now Museum, Now You Don't. Andres Miedoso. Illus. by Victor Rivas. 2019. (Desmond Cole Ghost Patrol Ser.: 9). (ENG.). 128p. (J). (gr. k-4). 17.99 (978-1-5344-4952-7(3)); pap. 6.99 (978-1-5344-4951-0(5)) Little Simon. (Little Simon).

Now Museum, Now You Don't, 9. Andres Miedoso. ed. 2021. (Desmond Cole Ghost Patrol Ser.). (ENG., Illus.). 122p. (J). (gr. 2-3). 16.96 (978-1-68505-023-8(9)) Penworthy Co., LLC, The.

Now Museum, Now You Don't: #9. Andres Miedoso. Illus. by Victor Rivas. 2021. (Desmond Cole Ghost Patrol Ser.). (ENG.). 128p. (J). (gr. 1-3). lib. bdg. 31.36 (978-1-5321-4987-0(5), 36976, Chapter Bks.) Spotlight.

Now or Never. Oliver Optic, pseud. 2017. (ENG.). 278p. (J). pap. (978-3-7447-4861-2(8)) Creation Pubs.

Now or Never. Oliver Optic, pseud & Shepard Lee and. 2017. (ENG.). 278p. (J). pap. (978-3-337-15589-6(8)) Creation Pubs.

Now or Never! Fifty-Fourth Massachusetts Infantry's War to End Slavery. Ray Anthony Shepard. 2017. (ENG., Illus.). 144p. (J). (gr. 5-12). 17.95 (978-1-62979-340-5(X), Calkins Creek) Highlights Pr., c/o Highlights for Children, Inc.

Now That I've Found You. Kristina Forest. 2021. (ENG.). 336p. (YA). pap. 10.99 (978-1-250-79204-4(5), 900195140) Square Fish.

Now That Night Is Near, 30 vols. Astrid Lindgren. Tr. by Polly Lawson. Illus. by Marit Tornqvist. 2021. Orig. Title: Alla Ska Sova. 24p. (J). 17.95 (978-1-78250-675-1(6)) Floris Bks. GBR. Dist: Consortium Bk. Sales & Distribution.

Now That We're Men: A Play & True Life Accounts of Boys, Sex & Power (UPDATED EDITION) Ed. by Katie Cappiello. 2020. 312p. (YA). (gr. 6-16). pap. 19.95 (978-1-948340-18-2(6)) Dottir Pr.

Now That You're Here. Loryn Brantz. 2023. (Love Poem Your Baby Can See Ser.). (ENG., Illus.). 22p. (J). (gr. -1 — 1). bds. 8.99 (978-0-06-308635-7(2), HarperFestival) HarperCollins Pubs.

Now Thing. Jocelyn a Drozda. 2021. (ENG.). 58p. (J). pap. (978-1-988001-54-8(4)) Ahelia Publishing, Inc.

Now This ... A Conting & Colors Book for Beginners. Iris M. Williams. Illus. by Ashley Renee. 2016. (ENG.). (J). pap. 10.95 (978-1-942022-44-2(1)) Butterfly Typeface, The.

Now Wash Your Hands! Matt Carr. 2020. (ENG., Illus.). 24p. (J). (gr. -1-1). 7.99 (978-1-338-73426-3(1), Cartwheel Bks.) Scholastic, Inc.

Now We Are Six: Classic Gift Edition. A. A. Milne. Illus. by Ernest H. Shepard. 2020. (Winnie-The-Pooh Ser.). (ENG.). 112p. (J). (gr. 3-7). 16.00 (978-0-593-11233-5(4), Dutton Books for Young Readers) Penguin Young Readers Group.

Now What? Brenda Faatz. Illus. by Peter Trimarco. 2021. (ENG.). 46p. (J). (gr. k-2). 17.95 (978-1-7333548-2-0(4)) Notable Kids Publishing.

Now What? Sylvia Villasenor. 2021. (ENG.). 32p. (J). 22.99 (978-1-6628-1277-4(9)); pap. 12.49 (978-1-6628-1276-7(0)) Salem Author Services.

Now What? a Math Tale. Robie H. Harris. Illus. by Chris Chatterton. 2019. (ENG.). 32p. (J). (-k). 15.99 (978-0-7636-7828-9(7)) Candlewick Pr.

Now What Do I Do? A Mother's Journey Through the Juvenile & Criminal Justice System in America. Lisa Blumenberg. 2019. (ENG.). 230p. (J). pap. 20.00 (978-0-9997925-1-3(2)) Blumenberg Bks. Publishing Co.

Now You Are One. Minnie Birdsong. Ed. by Cottage Door Press. Illus. by Jenny Wren. ed. 2017. (Little Bird Greetings Ser.). (ENG.). 8p. (J). (gr. -1 — 1). bds. 7.99 (978-1-68052-206-8(X), 1000471) Cottage Door Pr.

Now You Are Two. Minnie Birdsong. Illus. by Hilli Kushnir. 2019. (Little Bird Greetings Ser.). (ENG.). 8p. (J). (gr. -1 — 1). bds. 7.99 (978-1-68052-382-9(1), 1003470) Cottage Door Pr.

Now You Know What You Eat. Valorie Fisher. Illus. by Valorie Fisher. 2019. (ENG., Illus.). 40p. (J). (gr. -1-2). 17.99 (978-1-338-21546-5(9), Orchard Bks.) Scholastic, Inc.

Now You Say Yes. Bill Harley. 384p. (J). (gr. 5-9). 2022. pap. 8.99 (978-1-68263-386-1(1)); 2021. 17.99 (978-1-68263-247-5(4)) Peachtree Publishing Co. Inc.

Now You See Her. Lisa Leighton. 2018. (ENG.). 320p. (YA). (gr. 8). 17.99 (978-0-06-242863-9(2), Tegen, Katherine Bks) HarperCollins Pubs.

Now You See It! Meadow. Sarah Dellow. 2022. (Now You See It! Ser.: 4). (Illus.). 16p. (J). bds. (978-1-78628-587-4(8)) Child's Play International Ltd.

Now You See It, Now You Don't! Exciting Hidden Picture Activity Book. Kreative Kids. 2016. (ENG., Illus.). (J). pap. 10.81 (978-1-68377-009-1(9)) Whlke, Traudl.

Now You See It! Ocean. Sarah Dellow. 2022. (Now You See It! Ser.: 4). (Illus.). 16p. (J). bds. (978-1-78628-586-7(X)) Child's Play International Ltd.

Now You See It! Rainforest. Sarah Dellow. 2022. (Now You See It! Ser.: 4). (Illus.). 16p. (J). bds. (978-1-78628-584-3(3)) Child's Play International Ltd.

Now You See It! River. Sarah Dellow. 2022. (Now You See It! Ser.: 4). (Illus.). 16p. (J). bds. (978-1-78628-585-0(1)) Child's Play International Ltd.

Now You See Me. Vanessa Acton. 2018. (Superhuman Ser.). (ENG.). 104p. (YA). (gr. 6-12). pap. 7.99 (978-1-5415-1049-4(6), fddc9a09-8208-4475-8b21-c7774b643232); 25.32 (978-1-5124-9829-5(7), 3c274272-00b5-4f8c-aa2f-e0b03328c3a3) Lerner Publishing Group. (Darby Creek).

Now You See Me, Now You Don't. Patricia Hegarty. Illus. by Jonny Lambert. 2020. (ENG.). 32p. (J). (gr. -1-2). 17.99 (978-1-68010-210-9(9)) Tiger Tales.

Now You See Me, Now You Don't: A Minibombo Book. Silvia Borando. Illus. by Silvia Borando. 2016. (Minibombo Ser.). (ENG., Illus.). 28p. (J). (-k). 14.00 (978-0-7636-8782-3(0)) Candlewick Pr.

Now You See the Teacher, Now You Don't: Max the Magician. Nita Abbott. 2021. (Max the Magician Ser.: Vol. 1). (ENG.). 98p. (J). pap. 5.99 **(978-1-0879-9457-4(8))** Indy Pub.

Now You See Them, Now You Don't: Poems about Creatures That Hide. David L. Harrison. Illus. by Giles Laroche. 2016. 32p. (J). (gr. k-4). lib. bdg. 17.95 (978-1-58089-610-8(3)) Charlesbridge Publishing, Inc.

Now You're a Big Boy. Olivia Blunnie. 2020. (ENG.). 46p. (J). pap. (978-1-5289-9079-0(X)) Austin Macauley Pubs. Ltd.

Nowadays & Other Stories (Classic Reprint) George A. Hibbard. 2018. (ENG., Illus.). 290p. (J). 29.88 (978-0-332-15501-2(3)) Forgotten Bks.

Nowadays Girls in the Adirondacks, or the Deserted Bungalow on Saranac Lake (Classic Reprint) Gertrude Calvert Hall. 2018. (ENG., Illus.). 324p. (J). 30.60 (978-0-483-86782-6(9)) Forgotten Bks.

Nowhere Better Than Here. Sarah Guillory. 2022. (ENG., Illus.). 256p. (J). 16.99 (978-1-250-82426-4(5), 900251250) Roaring Brook Pr.

Nowhere Boy. Katherine Marsh. 2020. (ENG.). 384p. (J). pap. 8.99 (978-1-250-21145-3(X), 900198061) Square Fish.

Nowhere Boy. Kevyn Smith. 2019. (ENG.). 220p. (J). pap. **(978-0-244-83580-4(2))** Lulu Pr., Inc.

Nowhere Else but Here. Rachel Cotton. 2018. (ENG.). 256p. (YA). (gr. 7). pap. 14.99 (978-1-78530-163-6(2)) Black and White Publishing Ltd. GBR. Dist: Independent Pubs. Group.

Nowhere Gate. K. T. Munson. 2018. (Gate Trilogy Ser.: Vol. 2). (ENG., Illus.). 206p. (YA). (gr. 9-12). pap. 14.99 (978-1-7320589-4-1(6)) Creating Worlds with Words, LLC.

Nowhere Girls. Amy Reed. 2017. (ENG.). (YA). (gr. 9). pap. 12.99 (978-1-5344-1555-3(6)) Simon & Schuster.

Nowhere Girls. Amy Reed. (ENG., Illus.). (YA). (gr. 9). 2019. 432p. pap. 12.99 (978-1-4814-8174-8(6)); 2017. 416p. 19.99 (978-1-4814-8173-1(8)) Simon Pulse. (Simon Pulse).

Nowhere near You. Leah Thomas. 2018. (ENG.). 416p. (YA). pap. 11.99 (978-1-68119-180-5(6), 900162076, Bloomsbury USA Childrens) Bloomsbury Publishing USA.

Nowhere on Earth. Nick Lake. 2020. (ENG.). 304p. (YA). (gr. 7). 17.99 (978-1-9848-9644-5(X)); lib. bdg. 20.99 (978-1-9848-9645-2(8)) Random Hse. Children's Bks. (Knopf Bks. for Young Readers).

Nowhere to Hide. Kim Sigafus. 2019. (Autumn's Dawn Trilogy Ser.: 1). (ENG.). 112p. (YA). (gr. 8-12). pap. 9.95 (978-1-939053-21-3(8), 7th Generation) BPC.

Nowhere Wild. Joe Beernink. 2016. (ENG.). 304p. (J). pap. 10.50 (978-1-4434-2244-4(4), Harper Trophy) HarperCollins Pubs.

Nowheresville #5. Catherine Hapka, pseud. 2022. (American Horse Tales Ser.). 160p. (J). (gr. 3-7). 7.99 (978-0-593-22529-5(5), Penguin Workshop) Penguin Young Readers Group.

Nowherians. Krishna a Samaroo. 2016. (ENG., Illus.). (J). pap. (978-976-95610-4-5(5)) Bamboo Talk Pr.

Nozibele & the Three Hairs - Nozibele et les Trois Poils. Tessa Welch. Illus. by Wiehan de Jager. 2022. (FRE.). 34p. (J). pap. **(978-1-922849-87-8(1))** Library For All Limited.

Nozibele & the Three Hairs - Nozibele Na Nywele Tatu. Tessa Welch & Wiehan de Jager. 2023. (SWA.). 34p. (J). pap. **(978-1-922876-47-8(X))** Library For All Limited.

NP Book & Game - Mamas & Babies. Created by Melissa & Doug. 2019. (ENG.). (J). bds. 9.99 (978-1-950013-61-6(8)) Melissa & Doug, LLC.

NP Book & Puzzle - Deep Blue Sea. Created by Melissa & Doug. 2019. (ENG.). (J). bds. 9.99 (978-1-950013-60-9(X)) Melissa & Doug, LLC.

NRSV Adventure Bible, 1 vol. Lawrence O. Richards. 2020. (Adventure Bible Ser.). (ENG., Illus.). 1504p. (J). 32.99 (978-0-310-76848-7(9)) Zonderkidz.

NRSV Updated Edition Children's Bible. Created by National Council of Churches. 2022. (ENG.). 912p. (J). 21.95 (978-1-4964-7201-4(2), 20_43617) Tyndale Hse. Pubs.

NRSVCE Precious Moments Bible, Comfort Print: Holy Bible [White], 1 vol. Catholic Bible Press. 2021. (ENG.). 1344p. (J). im. lthr. 29.99 (978-0-7852-3931-4(6)) Nelson, Thomas Inc.

NRSVCE Precious Moments Bible, Leathersoft, Comfort Print: Holy Bible [Pink], 1 vol. Catholic Bible Press. 2021. (ENG.). 1344p. (J). im. lthr. 29.99 (978-0-7852-3933-8(2)) Nelson, Thomas Inc.

NSI: Nature Science Investigator: Nature Science Investigator Is a Natural Inquirer Publication. Ed. by Forest Service (U.S.). Illus. by Stephanie Pfeiffer. 2017. (ENG.). 24p. (J). pap. 4.00 (978-0-16-093869-6(4), Forest Service) United States Government Printing Office.

N'Th Foot in War (Classic Reprint) M. B. Stewart. 2018. (ENG., Illus.). 174p. (J). 27.51 (978-0-267-98830-3(3)) Forgotten Bks.

Ntombi's Beach Adventure. Nia Young. 2022. (ENG.). 26p. (J). pap. 7.95 **(978-0-578-35604-4(X))** Nia & Ntombi Adventures.

Ntombi's Happy Holiday Adventure. Nia Young. 2022. (ENG.). 44p. (J). 19.99 (978-0-578-38780-2(8)) Nia & Ntombi Adventures.

NTV Children's Bible (Hardcover) see Biblia para niños NTV (Tapa Dura)

NTV Children's Bible (Softcover) see Biblia para niños NTV (Tapa Rústica)

Nu Dang & His Kite. Created by Jacqueline Ayer. 2017. (Illus.). 40p. (J). (gr. -1-3). 16.95 (978-1-59270-231-2(7)) Enchanted Lion Bks., LLC.

Nuada's Sword: The Battle of Badb. Sabrina Geist. 2017. (ENG., Illus.). (J). pap. 15.00 (978-0-692-93941-3(5)) Geist, Sabrina.

Nuage de Maman. Jessica Williams. Tr. by Renee-Alexandra Marion. Illus. by Mateya Ark. 2019. (FRE.). 26p. (J). (gr. k-2). (978-1-7753456-6-4(1)); pap. (978-1-7753456-8-8(8)) All Write Here Publishing.

Nubby's Story (the Dodo) Aubre Andrus. 2020. (ENG., Illus.). 224p. (J). (gr. 3-7). pap. 6.99 (978-1-338-64510-1(2)) Scholastic, Inc.

Nubes en la Cabeza. Elena Val. 2021. (SPA.). 48p. (J). (gr. 2-4). pap. 18.00 (978-84-17440-58-9(5)) Akiara Bks. ESP. Dist: Independent Pubs. Group.

Nubia: Real One. L. L. McKinney. Illus. by Robyn Smith. 2021. 208p. (J). (gr. 9). pap. 16.99 (978-1-4012-9640-7(8)) DC Comics.

Nubia: the Awakening. Omar Epps & Clarence A. Haynes. 2022. (Nubia Ser.: 1). (Illus.). 368p. (YA). (gr. 9). 19.99 (978-0-593-42864-1(1)); (ENG., lib. bdg. 22.99 (978-0-593-42865-8(X)) Random Hse. Children's Bks. (Delacorte Pr.).

Nubia: the Reckoning. Omar Epps & Clarence A. Haynes. 2023. (Nubia Ser.: 2). (ENG.). 352p. (YA). (gr. 9). 19.99 **(978-0-593-42868-9(4)**, Delacorte Pr.) Random Hse. Children's Bks.

Nubian Kingdom - Kushite Empire (Egyptian History) Ancient History for Kids 5th Grade Social Studies. Baby Professor. 2017. (ENG., Illus.). 64p. (J). pap. 9.52 (978-1-5419-1654-8(9), Baby Professor (Education Kids)) Speedy Publishing LLC.

Nubian Kingdom (1000 BC) Culture, Conflicts & Its Glittering Treasures - Ancient History Book 5th Grade - Children's Ancient History. Baby Professor. 2019. (ENG.). 72p. (J). pap. 14.72 (978-1-5419-5039-9(9)); 24.71 (978-1-5419-7527-9(8)) Speedy Publishing LLC. (Baby Professor (Education Kids)).

Nub's Adventures: The Race Against Hackers - an Unofficial Roblox Book. Nub Neb. 2019. (Nub's Adventures Ser.: Vol. 2). (ENG.). 148p. (J). pap. 9.99 (978-1-947997-04-2(1)) Creative Chapps.

Nucksvil Children. Sandra M. Dodd. 2018. (ENG., Illus.). 90p. (J). (978-1-78710-145-6(2)); pap. (978-1-78710-144-9(4)) Austin Macauley Pubs. Ltd.

Nuclear! Alan French. 2018. (Rosemary Kids Ser.: Vol. 1). (ENG., Illus.). 146p. (J). (gr. 1-5). pap. (978-988-78725-1-1(2)) Joyously Aware Media.

Nuclear Arms Race. Jennifer Mason. 2017. (Great Race: Fight to the Finish Ser.). 48p. (gr. 4-5). pap. 84.30 (978-1-5382-0806-9(7)) Stevens, Gareth Publishing LLLP.

Nuclear Confrontation, 1 vol. Erin L. McCoy. 2018. (Top Six Threats to Civilization Ser.). (ENG.). 64p. (J). (gr. 5-5). pap. 16.28 (978-1-5026-4134-2(8), 340b1cb1-b023-4572-ba8f-1b3cae9e9b5d) Cavendish Square Publishing LLC.

Nuclear Energy, 1 vol. Colin Grady. 2016. (Saving the Planet Through Green Energy Ser.). (ENG.). 24p. (gr. 3-3). pap. 10.35 (978-0-7660-8288-5(1), 6644e703-140c-48d5-9acc-1e7209c77c69) Enslow Publishing, LLC.

Nuclear Energy. Robyn Hardyman. 2022. (Energy Evolutions Ser.). (ENG., Illus.). 48p. (J). (gr. 5-9). pap. 10.99 (978-1-915153-03-6(4), 4d781514-50bc-4224-aa9d-69ebe5727f98); lib. bdg. 31.99 (978-1-914383-03-8(6), 308d13f9-0932-4212-9b0a-e1c03ae8e8e3) Cheriton Children's Bks. GBR. Dist: Lerner Publishing Group.

Nuclear Energy. Rachel Kehoe. 2022. (Energy for the Future Ser.). (ENG., Illus.). 32p. (J). (gr. 3-5). pap. 9.95 (978-1-63739-116-7(1)); lib. bdg. 31.35 (978-1-63739-062-7(9)) North Star Editions. (Focus Readers).

Nuclear Energy. Meg Marquardt. 2016. (Alternative Energy Ser.). (ENG., Illus.). 48p. (J). (gr. 4-8). lib. bdg. 35.64 (978-1-68078-457-2(9), 23851) ABDO Publishing Co.

The check digit for ISBN-10 appears in parentheses after the full ISBN-13

TITLE INDEX NUMBER JUNGLE

Nuclear Explosion Hacks. Virginia Loh-Hagan. 2019. (Could You Survive? Ser.). (ENG.). 32p. (J). (gr. 4-8). pap. 14.21 *(978-1-5341-5071-3(4),* 213591); (Illus.). lib. bdg. 32.07 *(978-1-5341-4785-0(3),* 213590) Cherry Lake Publishing. (45th Parallel Press).

Nuclear Fusion & Fission, 1 vol. Fiona Young-Brown. 2016. (Great Discoveries in Science Ser.). (ENG., Illus.). 128p. (J). (gr. 9-9). 47.36 *(978-1-5026-1949-5(0),* 408b7774-5ea4-4236-b498-05d142996130) Cavendish Square Publishing LLC.

Nuclear Physicist Chien-Shiung Wu. Valerie Bodden. 2016. (STEM Trailblazer Bios Ser.). (ENG., Illus.). 32p. (J). (gr. 2-5). 26.65 *(978-1-5124-0786-0(0),* bc397cd0-0220-433e-8b54-50739c954f80, Lerner Pubns.) Lerner Publishing Group.

Nuclear Physics for Babies. Chris Ferrie & Cara Florance. 2018. (Baby University Ser.: 0). (Illus.). 24p. (J). (gr. -1-k). bds. 9.99 *(978-1-4926-7117-6(7))* Sourcebooks, Inc.

Nuclear Power. Tracy Vonder Brink. 2022. (Energy Sources Ser.). (ENG.). 32p. (J). (gr. 3-5). pap. *(978-1-0396-6260-5(9),* 19826) Crabtree Publishing Co.

Nuclear Power. Contrib. by Tracy Vonder Brink. 2022. (Energy Sources Ser.). (ENG.). 32p. (J). (gr. 3-5). lib. bdg. *(978-1-0396-6065-6(7),* 19625) Crabtree Publishing Co.

Nuclear Power. Shirley Duke. 2018. (Energy Explorer Ser.). (ENG.). 32p. (J). (gr. 4-8). lib. bdg. 28.50 *(978-1-5105-3913-6(1))* SmartBook Media, Inc.

Nuclear Power. Lisa Harkrader. 2023. (Power of Energy Ser.). (ENG.). 32p. (J). (gr. 2-5). lib. bdg. 35.64 *(978-1-5038-6498-6(7),* 216395, Stride) Child's World, Inc, The.

Nuclear Power Plants: Harnessing the Power of Nuclear Energy, 1 vol. Christine Honders. 2017. (Powered up! a STEM Approach to Energy Sources Ser.). (ENG.). 24p. (J). (gr. 3-3). 25.27 *(978-1-5081-6426-5(6),* 86dcb20d-7fb5-4d2f-a9ae-7abe90b025e3, PowerKids Pr.) Rosen Publishing Group, Inc., The.

Nuclear Proliferation, the Military-Industrial Complex, & the Arms Race, 1 vol. Kaitlyn Duling. 2017. (Cold War Chronicles Ser.). (ENG.). 112p. (YA). (gr. 9-9). 44.50 *(978-1-5026-2730-8(2),* 63bb416f-313e-4f0c-82a7-dcb9de3df1a7) Cavendish Square Publishing LLC.

Nuclear Raccoon's. Charles Gilbert. 2022. (ENG.). 92p. (YA). pap. 14.60 *(978-1-6780-3442-9(8))* Lulu Pr., Inc.

Nuclear Raccoons Pictures Book. Charles Gilbert. 2017. (ENG.). 91p. (YA). pap. *(978-1-6780-4000-0(2))* Lulu Pr., Inc.

Nuclear War. Allan Morey. 2019. (It's the End of the World! Ser.). (ENG., Illus.). 24p. (J). (gr. 3-7). lib. bdg. 26.95 *(978-1-64487-082-2(7),* Torque Bks.) Bellwether Media.

Nuclear Weapon Bunkers: Protecting Stockpiles of Deadly Weapons. Emily Hudd. 2020. (High Security Ser.). (ENG., Illus.). 32p. (J). (gr. 4-6). lib. bdg. 30.65 *(978-1-5435-9060-9(8),* 141391) Capstone.

Nuclear Weapons & the Arms Race. Heather C. Hudak. 2018. (Uncovering the Past: Analyzing Primary Sources Ser.). (Illus.). 48p. (J). (gr. 5-6). *(978-0-7787-4801-4(4))* Crabtree Publishing Co.

Nuclear Winter Vol. 3. Cab. 2019. (Nuclear Winter Ser.: 3). (ENG., Illus.). 96p. (YA). pap. 9.99 *(978-1-68415-454-8(5))* BOOM! Studios.

Nucleus & More: Cell Structure Coloring Book. Bobo's Children Activity Books. 2016. (ENG., Illus.). (J). pap. 9.33 *(978-1-68327-588-6(8))* Sunshine In My Soul Publishing.

Nucleus Sports Wellness & Fitness. Nucleus Smith. 2021. (ENG., Illus.). 136p. (J). pap. 14.95 *(978-1-6624-3557-7(6))* Page Publishing Inc.

Nude Souls: A Novel (Classic Reprint) Benjamin Swift. (ENG., Illus.). (J). 2018. 416p. 32.50 *(978-0-483-91982-2(9));* 2016. pap. 16.57 *(978-1-334-13058-8(2))* Forgotten Bks.

Nuestra América: 30 Inspiring Latinas/Latinos Who Have Shaped the United States. Sabrina Vourvoulias. Illus. by Gloria Félix. 2020. (ENG.). 128p. (J). (gr. 3-7). 17.99 *(978-0-7624-9747-8(5),* Running Pr. Kids) Running Pr.

Nuestra América: 30 Latinas/latinos Inspiradores Que Han Forjado la Historia de Los Estados Unidos. Sabrina Vourvoulias. Illus. by Gloria Félix. 2020. (SPA.). 128p. (J). 17.99 *(978-0-7624-7175-1(1),* Running Pr. Kids) Running Pr.

Nuestra Bandera: Leveled Reader Book 13 Level d 6 Pack. Hmh Hmh. 2021. (SPA.). 16p. (J). pap. 74.40 *(978-0-358-08228-6(5))* Houghton Mifflin Harcourt Publishing Co.

Nuestra Caza de Rocas: Si... Entonces, 1 vol. Amanda Vink. 2017. (Computación Científica en el Mundo Real (Computer Science for the Real World) Ser.). (SPA.). 24p. (J). (gr. 4-5). pap. *(978-1-5383-5860-3(3),* 0b2c515e-7055-41b5-a662-ccf14a8dbe74, Rosen Classroom) Rosen Publishing Group, Inc., The.

Nuestra Caza de Rocas: Si... Entonces (Our Rock Hunt: If... Then), 1 vol. Amanda Vink. 2017. (Niños Digitales: Superdotados con Pensamiento Computacional (Computer Kids: Powered by Computational Thinking) Ser.). (SPA.). 24p. (J). (gr. 4-5). 25.27 *(978-1-5383-2918-4(2),* 41c417c3-2c0b-4b58-8a39-ce069ff517b9, PowerKids Pr.) Rosen Publishing Group, Inc., The.

Nuestra Ciudad: Leveled Reader Book 69 Level I 6 Pack. Hmh Hmh. 2021. (SPA.). 16p. (J). pap. 74.40 *(978-0-358-08286-6(2))* Houghton Mifflin Harcourt Publishing Co.

Nuestra Declaración de Derechos: Compartir y Reutilizar, 1 vol. Mitchell Allen. 2017. (Computación Científica en el Mundo Real (Computer Science for the Real World) Ser.). (SPA.). 24p. (J). (gr. 3-4). pap. *(978-1-5383-5926-6(X),* 73e63a30-5226-4164-95db-478d55abb7e5, Rosen Classroom) Rosen Publishing Group, Inc., The.

Nuestra Declaración de Derechos: Compartir y Reutilizar (Our Bill of Rights: Sharing & Reusing), 1 vol. Mitchell Allen. 2017. (Niños Digitales: Superdotados con Pensamiento Computacional (Computer Kids: Powered by Computational Thinking) Ser.). (SPA.). 24p. (J). (gr. 3-4). 25.27 *(978-1-5383-2888-0(7),* fb333049-9363-47e1-86d5-801d516cf71b, PowerKids Pr.) Rosen Publishing Group, Inc., The.

Nuestra Galaxia (Our Galaxy), 6 vols., Set. 2017. (Nuestra Galaxia (Our Galaxy) Ser.). (SPA.). 24p. (J). (gr. -1-2). lib. bdg. 196.74 *(978-1-5321-0661-3(0),* 27252, Abdo Kids) ABDO Publishing Co.

Nuestra línea de Montaje: Trabajar Al Mismo Tiempo, 1 vol. Theresa Morlock. 2017. (Computación Científica en el Mundo Real (Computer Science for the Real World) Ser.). (SPA.). 24p. (J). (gr. 4-5). pap. *(978-1-5383-5863-4(8),* 279cfb48-4edc-45ad-b0f6-47525938e1bf, Rosen Classroom) Rosen Publishing Group, Inc., The.

Nuestra línea de Montaje: Trabajar Al Mismo Tiempo (Our Assembly Line: Working at the Same Time), 1 vol. Theresa Morlock. 2017. (Niños Digitales: Superdotados con Pensamiento Computacional (Computer Kids: Powered by Computational Thinking) Ser.). (SPA.). 24p. (J). (gr. 4-5). 25.27 *(978-1-5383-2919-1(0),* 7931c2e1-2b8f-42b5-818c-bd70fe030b28, PowerKids Pr.) Rosen Publishing Group, Inc., The.

Nuestra Luna: Leveled Reader Card Book 7 Level I 6 Pack. Hmh Hmh. 2021. (SPA.). (J). pap. 74.40 *(978-0-358-08405-1(9))* Houghton Mifflin Harcourt Publishing Co.

¡Nuestra Maravillosa Tierra! / Our Exciting Earth!, 12 vols. 2017. (¡Nuestra Maravillosa Tierra! / Our Exciting Earth! Ser.). (ENG & SPA.). 24p. (J). (gr. k-k). lib. bdg. 145.62 *(978-1-5382-1541-8(1),* deeb5b3a-60f5-4a2a-8cf0-f1079a3ba0e5) Stevens, Gareth Publishing LLLP.

¡Nuestra Maravillosa Tierra! / Our Exciting Earth!: Set 2, 12 vols. 2022. (¡Nuestra Maravillosa Tierra! / Our Exciting Earth! Ser.). (SPA & ENG.). 24p. (J). (gr. k-k). lib. bdg. 145.62 *(978-1-5382-8169-7(4),* ee85e989-14fb-434d-9f90-5907b470b112) Stevens, Gareth Publishing LLLP.

¡Nuestra Maravillosa Tierra! / Our Exciting Earth!: Sets 1 - 2, 24 vols. 2022. (¡Nuestra Maravillosa Tierra! / Our Exciting Earth! Ser.). (SPA & ENG.). (J). (gr. k-k). lib. bdg. 291.24 *(978-1-5382-8233-5(X),* 3e284747-1065-4a15-a01c-d277fdfeebdc) Stevens, Gareth Publishing LLLP.

¡Nuestra Maravillosa Tierra! (Our Exciting Earth!), 12 vols. 2022. (¡Nuestra Maravillosa Tierra! (Our Exciting Earth!) Ser.). (SPA.). 24p. (J). (gr. k-k). lib. bdg. 145.62 *(978-1-5382-8168-0(6),* fde6b43f-8f90-4e88-8c57-ec6817fd9b2b) Stevens, Gareth Publishing LLLP.

Nuestra Obra Escolar: Mostrar Eventos y Procesos, 1 vol. Dale Dixon. 2017. (Computación Científica en el Mundo Real (Computer Science for the Real World) Ser.). (SPA.). 24p. (J). (gr. 4-5). pap. *(978-1-5383-5866-5(2),* 9b8aad21-f3f4-4168-a146-f24c26713052, Rosen Classroom) Rosen Publishing Group, Inc., The.

Nuestra Obra Escolar: Mostrar Eventos y Procesos (Our School Play: Showing Events & Processes), 1 vol. Dale Dixon. 2017. (Niños Digitales: Superdotados con Pensamiento Computacional (Computer Kids: Powered by Computational Thinking) Ser.). (SPA.). 24p. (J). (gr. 4-5). 25.27 *(978-1-5383-2920-7(4),* a79a06a5-5d75-4b5c-9eba-7170efbd69a7, PowerKids Pr.) Rosen Publishing Group, Inc., The.

Nuestra Personalidad 2 (Character Education Set 2) (Set), 6 vols. Julie Murray. 2020. (Nuestra Personalidad (Character Education) Ser.). (SPA.). 24p. (J). (gr. -1-2). lib. bdg. 188.16 *(978-1-0982-0402-0(6),* 35294, Abdo Kids) ABDO Publishing Co.

Nuestra Personalidad (Character Education), 6 vols., Set. 2017. (Nuestra Personalidad (Character Education) Ser.). (SPA.). 24p. (J). (gr. -1-2). lib. bdg. 188.16 *(978-1-5321-0620-0(3),* 27211, Abdo Kids) ABDO Publishing Co.

Nuestra Piel Arcoíris / Our Rainbow-Colored Skin. Manuela Molina. Illus. by Natalia Agudelo. 2023. (SPA.). 32p. (J). (gr. -1-3). 16.95 *(978-1-64473-876-4(7),* Beascoa) Penguin Random House Grupo Editorial ESP. Dist: Penguin Random Hse. LLC.

Nuestra Piel: una Primera Conversación Sobre la Raza. Megan Madison & Jessica Ralli. Tr. by Isabel Mendoza. Illus. by Isabel Roxas. 2023. (First Conversations Ser.). 40p. (J). (-k). 15.99 *(978-0-593-52312-4(1))* Penguin Young Readers Group.

Nuestra Tierra Cambia: Leveled Reader Book 87 Level N 6 Pack. Hmh Hmh. 2020. (SPA.). 24p. (J). pap. 74.40 *(978-0-358-08395-5(8))* Houghton Mifflin Harcourt Publishing Co.

Nuestras Comunidades (All Our Communities), 12 vols. 2019. (Nuestras Comunidades (All Our Communities) Ser.). (SPA.). 24p. (J). (gr. 1-2). lib. bdg. 145.62 *(978-1-5382-5214-7(7),* b02c2ee8-cc61-4721-a062-87f12e78756b) Stevens, Gareth Publishing LLLP.

Nuestras Voces. Adriana Erin Rivera & Claudia Oviedo. Illus. by Juan M. Moreno. 2023. (Nuestras Voces Ser.). (ENG.). 112p. (J). pap., pap. 17.98 *(978-1-6690-1378-5(2),* 248600, Stone Arch Bks.) Capstone.

Nuestras Voices: Personajes hispanos y latinos de la historia estadounidense/ Spanish & Latino Figures of American History (Nuestras ... of American History), 12 vols. 2019. (Nuestras Voces: Personajes Hispanos y Latinos de la Historia Estadounidense (Our Voices: Spanish & Latino Figures of American History) Ser.). (SPA.). 48p. (J). (gr. 6-6). lib. bdg. 200.82 *(978-1-4994-6755-0(9),* 0c27afcc-1679-4988-b76c-5b272aef4057, Rosen Reference) Rosen Publishing Group, Inc., The.

Nuestro Gobierno: Set of 6 Common Core Edition. Ellen Bari & Benchmark Education Company, LLC Staff. 2016. (Navigators Ser.). (SPA.). (J). (gr. 3). 54.00 net. *(978-1-5125-0825-3(X))* Benchmark Education Co.

Nuestro Gobierno Local: Fragmentar el Problema (Our Local Government: Breaking down the Problem), 1 vol. Leona Fowler. 2017. (Niños Digitales: Superdotados con Pensamiento Computacional (Computer Kids: Powered by Computational Thinking) Ser.). (SPA.). 24p. (J). (gr. 3-4). 25.27 *(978-1-5383-2889-7(5),* 0b32c9a9-b802-4e91-9960-97f57a5d02ab, PowerKids Pr.); pap. *(978-1-5383-5774-3(7),* 35e80191-582d-4af1-88bc-7020cc220c36, Rosen Classroom) Rosen Publishing Group, Inc., The.

Nuestro Huerto: De la Semilla a la Cosecha en el Huerto Del Colegio. George Ancona. Illus. by George Ancona. 2016. (SPA., Illus.). 48p. (J). (gr. k-3). 7.99 *(978-0-7636-8771-7(5))* Candlewick Pr.

Nuestro Huerto: Leveled Reader Book 28 Level e 6 Pack. Hmh Hmh. 2021. (SPA.). 16p. (J). pap. 74.40 *(978-0-358-08248-4(X))* Houghton Mifflin Harcourt Publishing Co.

Nuestro Mejor Regalo. Jose Carlos Romen. Illus. by Elena Ferrendiz. 2023. 32p. (J). (gr. k-3). 18.95 *(978-84-19464-12-5(0))* Cuento de Luz SL ESP. Dist: Publishers Group West (PGW).

Nuestro Obsequio para la Playa: Leveled Reader Book 14 Level d 6 Pack. Hmh Hmh. 2021. (SPA.). 16p. (J). pap. 74.40 *(978-0-358-08229-3(3))* Houghton Mifflin Harcourt Publishing Co.

Nuestro Pacto. Ryan Andrews. 2021. (SPA.). 332p. (YA). (gr. 7). pap. 17.95 *(978-607-527-933-6(4))* Editorial Oceano de Mexico MEX. Dist: Independent Pubs. Group.

Nuestro Presupuesto de Clase: Comprobar Tu Trabajo, 1 vol. Simone Braxton. 2017. (Computación Científica en el Mundo Real (Computer Science for the Real World) Ser.). (SPA.). 16p. (J). (gr. 2-3). pap. *(978-1-5383-5630-2(9),* a83766e0-1827-440f-885d-1437ae20ce86, Rosen Classroom) Rosen Publishing Group, Inc., The.

Nuestro Techo Es Azul. Sara E. Echenique. Illus. by Ashley Vargas. 2023. 32p. (J). (gr. k-3). 17.99 *(978-1-62354-422-5(X))* Charlesbridge Publishing, Inc.

Nuestros Cinco Sentidos: Leveled Reader Book 11 Level I 6 Pack. Hmh Hmh. 2021. (SPA.). 16p. (J). pap. 74.40 *(978-0-358-08316-0(8))* Houghton Mifflin Harcourt Publishing Co.

Nueva Casa para Ratón. Fynisa Engler. Illus. by Ryan Law. 2023. (SPA.). 28p. (J). pap. 10.99 *(978-1-956357-49-3(1))* Lawley Enterprises.

Nueva Cosecha (a New Harvest) Cristina Exposito Escalona. Illus. by Miguel Angel Diez. 2021. (SPA.). 28p. (J). (gr. k-3). 16.95 *(978-84-18302-30-5(5))* Cuento de Luz SL ESP. Dist: Publishers Group West (PGW).

Nueva Escuela para Ratón. Fynisa Engler & Jaden Turley. Illus. by Ryan Law. 2023. (SPA.). 28p. (J). pap. 10.99 *(978-1-958302-42-2(2))* Lawley Enterprises.

Nueva España. Carmen Saucedo Zarco. 2nd ed. 2022. (Historias de Verdad Historia de México Ser.). (SPA.). 112p. (J). (gr. 4-7). pap. 21.99 *(978-607-8469-94-9(0))* Nostra Ediciones MEX. Dist: Independent Pubs. Group.

Nueva Matemática, Triunfa con la Matemática: Matemáticas de Letras, Divertida, con Nuevas Tablas Matemáticas y Nuevos Descubrimientos Matemáticos. Salvador Sánchez Melgar. 2022. (SPA.). 92p. (J). pap. *(978-1-4709-8107-5(6))* Lulu Pr., Inc.

Nuevas Aventuras de Naye. Gioconda Carralero Dominicis. 2019. (SPA.). 44p. (J). pap. *(978-0-359-81010-9(1))* Lulu Pr., Inc.

Nuevas Aventuras en el Jargin de Los Secretos. Dorothy Fallows-Thompson. 2019. (SPA.). 68p. (J). pap. *(978-0-244-12396-3(9))* Lulu Pr., Inc.

Nuevas Canciones Infantiles. Salgado. 2018.Tr. of New Children's Songs. (SPA.). 152p. (YA). pap. 6.95 *(978-968-403-664-2(7))* Selector, S.A. de C.V. MEX. Dist: Spanish Pubs., LLC.

Nueve Formas de No Pisar un Charco. Susanna Isern. 2018. (SPA.). 32p. (J). *(978-84-16003-81-5(5))* Takatuka.

Nuevo Amigo: Leveled Reader Book 81 Level K 6 Pack. Hmh Hmh. 2021. (SPA.). 16p. (J). pap. 74.40 *(978-0-358-08297-2(8))* Houghton Mifflin Harcourt Publishing Co.

Nuevo Bebé (the New Baby) Christine Platt. Illus. by Anuki López. 2021. (Ana & Andrew Set 2 (Spanish) Ser.). (ENG.). 32p. (J). (gr. 2-2). pap. 9.95 *(978-1-64494-528-5(2),* Calico Kid) ABDO Publishing Co.

Nuevo Bebé (the New Baby) Christine Platt. Illus. by Junissa Bianda. 2021. (Ana & Andrew (Spanish Version) Ser.). (SPA.). 32p. (J). (gr. -1-3). lib. bdg. 32.79 *(978-1-0982-3136-1(8),* 37721, Calico Chapter Bks) Magic Wagon.

Nuevo Curso Practico, Analitico, Teorico y Sintetico de Idioma Ingles: Escrito para Los Franceses (Classic Reprint) Theodore Robertson. 2018. (SPA., Illus.). (J). 560p. 35.47 *(978-1-391-82253-2(6));* 562p. pap. 19.57 *(978-1-390-71885-0(9))* Forgotten Bks.

Nuevo Hogar. Tania de Regil. Illus. by Tania de Regil. 2019. (SPA., Illus.). 32p. (J). (gr. -1-3). 16.99 *(978-1-5362-0675-3(X))* Candlewick Pr.

Nuevo Hogar de Tía Fortuna: Una Historia Judía-Cubana. Ruth Behar. Illus. by Devon Holzwarth. 2022. 32p. (J). (gr. -1-3). 17.99 *(978-0-593-38106-9(8));* (SPA.). lib. bdg. 20.99 *(978-0-593-38107-6(6))* Random Hse. Children's Bks. (Knopf Bks. for Young Readers).

Nuevo Prisma A1 Students Book with Audio CD. Mariano del Mazo et al. 2017. (Nuevo Prisma Ser.). (ENG.). (J). *(978-84-9848-604-9(1))* Edinumen, Editorial.

Nuevo Prisma A2 Students Book with Audio CD. Mariano del Mazo et al. 2017. (Nuevo Prisma Ser.). (ENG.). (J). *(978-84-9848-370-3(0))* Edinumen, Editorial.

Nuevo Prisma B1 Students Book with Audio CD. Mariano del Mazo et al. 2017. (Nuevo Prisma Ser.). (ENG.). (J). *(978-84-9848-637-7(8))* Edinumen, Editorial.

Nuevo Prisma B2 Students Book with Audio CD. Mariano del Mazo et al. 2017. (Nuevo Prisma Ser.). (ENG.). (J). *(978-84-9848-641-4(6))* Edinumen, Editorial.

Nuevo Prisma C1 Students Book with Audio CD. Mariano del Mazo et al. 2017. (Nuevo Prisma Ser.). (ENG.). (J). *(978-84-9848-253-9(4))* Edinumen, Editorial.

Nuevo Prisma C2 Students Book with Audio CD. Mariano del Mazo et al. 2017. (Nuevo Prisma Ser.). (ENG.). (J). *(978-84-9848-258-4(5))* Edinumen, Editorial.

Nuevos Horizontes. Kate Riggs. 2018. (¡Ahora Es Rápido! Ser.). (SPA.). 24p. (J). (gr. 1-4). lib. bdg. *(978-1-64026-087-0(0),* 22324, Creative Education) Creative Co., The.

'Nuff Said. Amy Reeder & Brandon Montclare. Illus. by Natacha Bustos & Tamra Bonvillain. 2017. (Moon Girl & Devil Dinosaur Ser.). (ENG.). 24p. (J). (gr. 2-8). lib. bdg. 31.36 *(978-1-5321-4011-2(8),* 25499, Marvel Age) Spotlight.

Nug Poetic: Select Pieces of Old English Popular, Poetry, Illustrating the Manners & Arts of the Fifteenth Century (Classic Reprint) James Orchard Halliwell. 2018. (ENG., Illus.). 90p. (J). 25.75 *(978-0-656-89358-4(3))* Forgotten Bks.

Nugae Canorae Medicae: Lays (Classic Reprint) Douglas Maclagan. 2018. (ENG., Illus.). 152p. (J). 27.05 *(978-0-483-57184-6(9))* Forgotten Bks.

Nugents of Carriconna: An Irish Story (Classic Reprint) Tighe Hopkins. 2017. (ENG., Illus.). (J). 30.31 *(978-0-260-99780-7(3));* pap. 13.57 *(978-1-5279-8114-0(2))* Forgotten Bks.

Nugget, 1914 (Classic Reprint) Weymouth High School. 2018. (ENG., Illus.). (J). 38p. 24.70 *(978-1-391-66893-2(6));* 40p. pap. 7.97 *(978-1-391-65503-1(6))* Forgotten Bks.

Nugget & Dog Collection (Boxed Set) All Ketchup, No Mustard!; Yum Fest Is the Best!; S'more Than Meets the Eye! Jason Tharp. Illus. by Jason Tharp. ed. 2022. (Nugget & Dog Ser.). (ENG.). 192p. (J). (gr. k-2). pap. 20.99 *(978-1-6659-1897-8(7),* Simon Spotlight) Simon Spotlight.

Nugget & Fang Go to School. Tammi Sauer. Illus. by Michael Slack. 2019. (Nugget & Fang Ser.). (ENG.). 32p. (J). (gr. -1-3). 17.99 *(978-1-328-54826-9(0),* 1724057, Clarion Bks.) HarperCollins Pubs.

Nugget & Fang Lap Board Book: Friends Forever — Or Snack Time? Tammi Sauer. Illus. by Michael Slack. 2018. (Nugget & Fang Ser.). (ENG.). 38p. (J). (— 1). bds. 12.99 *(978-1-328-76839-1(2),* 1681072, Clarion Bks.) HarperCollins Pubs.

Nugget & Fang: Race Around the Reef Pull & Peek Board Book. Tammi Sauer. Illus. by Michael Slack. 2019. (Nugget & Fang Ser.). (ENG.). 10p. (J). (— 1). bds. 8.99 *(978-0-358-04053-8(1),* 1740901, Clarion Bks.) HarperCollins Pubs.

Nugget's Haircut. Cathy Meo Bonnstetter. 2020. (ENG.). 66p. (J). pap. *(978-1-78830-533-4(7))* Olympia Publishers.

Nuggets in the Devil's Punch Bowl: Lanky Tim, Lost in the Bush, Thunder-And-Lightning (Classic Reprint) Andrew Robertson. 2018. (ENG., Illus.). 232p. (J). 28.68 *(978-0-483-80773-0(7))* Forgotten Bks.

Nuggleton by the Sea. John Leneghan. 2016. (ENG.). 76p. (J). pap. *(978-1-78610-673-5(6))* FeedARead.com.

Nugly. M. C. Ross. 2023. (ENG.). 256p. (J). (gr. 3-7). pap. 7.99 *(978-1-338-82718-7(9))* Scholastic, Inc.

Nuisance, Vol. 8: Annual Number; May, 1916 (Classic Reprint) James Reid. (ENG., Illus.). (J). 2018. 104p. 26.04 *(978-0-483-91127-7(5));* 2017. pap. 9.57 *(978-0-243-39872-0(7))* Forgotten Bks.

Nu'k: the People: Mi'kmaw History, Culture & Heritage, 1 vol. Theresa Meuse. 2016. (Compass Ser.). (ENG., Illus.). 128p. (J). (gr. 4-7). pap. 17.95 *(978-1-77108-452-9(9),* f7422ded-3120-40aa-ac02-70a79cbd57e7) Nimbus Publishing, Ltd. CAN. Dist: Baker & Taylor Publisher Services (BTPS).

Nuke 'Em! Classic Cold War Comics Celebrating the End of the World. Aaron Wyn. Ed. by Daniel Herman. 2020. (ENG., Illus.). 192p. (YA). 54.99 *(978-1-61345-163-2(6),* b38f65ae-73a6-4ef0-8670-a54e9d5553fd) Hermes Pr.

Nußknacker und Mausekönig (Weihnachts-Klassiker) E. T. A. Hoffmann. 2017. (GER., Illus.). 48p. (J). pap. *(978-80-268-6150-8(7))* E-Artnow.

Nukrat I Raby: La Via per I Figli Di Sem Fra IX e XIII Sec. CE. Aldo C. Marturano. 2022. (ITA.). 174p. (J). pap. *(978-1-4716-9636-7(7))* Lulu Pr., Inc.

Nuliajuk: English Edition, 1 vol. Knud Rasmussen. Illus. by Lenny Lishchenko. 2017. (Nunavummi Reading Ser.). (ENG.). 28p. (J). (gr. 3-3). 7.95 *(978-1-77266-578-9(9))* Inhabit Education Bks. Inc. CAN. Dist: Consortium Bk. Sales & Distribution.

Nulma (Classic Reprint) Campbell Praed. 2018. (ENG., Illus.). 374p. (J). 31.63 *(978-0-483-82110-1(1))* Forgotten Bks.

Numa Roumestan, Vol. 1 Of 2: To Which Is Added Rose & Ninette (Classic Reprint) Alphonse Daudet. 2017. (ENG., Illus.). (J). 288p. 29.84 *(978-0-266-67685-0(5));* 290p. pap. 13.57 *(978-1-5276-4589-9(4))* Forgotten Bks.

Numa Roumestan, Vol. 2 Of 2: To Which Is Added Rose & Ninette (Classic Reprint) Alphonse Daudet. (ENG., Illus.). (J). 2018. 304p. 30.17 *(978-0-267-00286-3(6));* 2017. pap. 13.57 *(978-0-243-94530-6(2))* Forgotten Bks.

Numan's Fables: Tales & Lessons for Children Volume 1. Hadi Numan Alhity. 2022. (ENG., Illus.). 28p. (J). pap. 14.95 *(978-1-63985-987-0(X))* Fulton Bks.

Numb. John Held. 2017. (ENG.). 80p. (J). pap. *(978-1-387-45157-9(X))* Lulu Pr., Inc.

Number 49 Tinkham Street (Classic Reprint) Clara Emma Cheney. (ENG., Illus.). (J). 2018. 276p. 29.59 *(978-0-484-01277-5(0));* 2017. pap. 11.97 *(978-0-243-40417-9(4))* Forgotten Bks.

Number 70, Berlin: A Story of Britain's Peril (Classic Reprint) William Le Queux. 2018. (ENG., Illus.). 258p. (J). 29.22 *(978-0-656-67318-6(4))* Forgotten Bks.

Number Activities Practice Book Toddler-Grade K - Ages 1 To 6. Bobo's Little Brainiac Books. 2016. (ENG., Illus.). (J). pap. 7.99 *(978-1-68327-823-8(2))* Sunshine In My Soul Publishing.

Number Addiction - Sudoku Puzzle Books for Kids. Senor Sudoku. 2019. (ENG.). 78p. (J). pap. 10.99 *(978-1-64521-533-2(4))* Editorial Imagen.

Number & Letter Coloring Book for Kids. Deeasy Books. 2021. (ENG.). 96p. (J). pap. 9.00 *(978-1-716-20538-5(7))* Indy Pub.

Number Circus. Sylvie Misslin. Illus. by Steffie Brocoli. 2019. (ENG.). 22p. (J). (gr. -1-2). 19.99 *(978-1-78285-765-5(6))* Barefoot Bks., Inc.

Number Concept. Levi Leonard Conant. 2017. (ENG., Illus.). (J). 24.95 *(978-1-375-01355-0(6))* Capital Communications, Inc.

Number Counting Contest Coloring Book. Activibooks For Kids. 2016. (ENG., Illus.). (J). pap. 9.20 *(978-1-68321-831-9(0))* Mimaxion.

Number Jungle. Urbano Salvati. Illus. by Galina Evangelista. 2018. (ENG.). 26p. (J). (gr. 3-6). pap. 12.95

(978-1-946540-68-3(4)) Strategic Book Publishing & Rights Agency (SBPRA).

Number Machine: Math Reader 3 Grade 2. Hmh Hmh. 2018. (SPA.). 8p. (J). pap. 9.00 *(978-1-328-57691-0(4))* Houghton Mifflin Harcourt Publishing Co.

Number Machine: Math Reader Grade 2. Hmh Hmh. 2017. (Math Expressions Ser.). (ENG.). 8p. (J). (gr. 2). pap. 3.53 *(978-1-328-77231-2(4))* Houghton Mifflin Harcourt Publishing Co.

Number of Monsters. Travis Talburt. 2022. (Learn with Monsters Ser.). (ENG.). 36p. (J). 24.99 *(978-1-0879-1603-3(8))* Indy Pub.

Number of Numbers (Search & Find) A. J. Wood. Illus. by Allan Sanders. 2020. (ENG.). 48p. (J). (gr. -1-2). 17.99 *(978-1-78603-536-3(7)*, 307578, Wide Eyed Editions) Quarto Publishing Group UK GBR. Dist: Hachette UK Distribution.

Number of the Best-A Novel of Ourselves. G. V. Loewen. 2021. (ENG.). 708p. (YA). pap. 31.95 *(978-1-68235-581-7(0))* Strategic Book Publishing & Rights Agency (SBPRA).

Number Primer. Middlesex a Bailey. 2017. (ENG., Illus.). (J). pap. *(978-0-649-65960-9(0))* Trieste Publishing Pty Ltd.

Number Primer; Pp. 1-174. Middlesex a Bailey. 2017. (ENG., Illus.). (J). pap. *(978-0-649-48578-9(5))* Trieste Publishing Pty Ltd.

Number Puzzles & Games Workbook Grades K-1 - Ages 5 To 7. Baby Iq Builder Books. 2016. (ENG., Illus.). (J). pap. 8.99 *(978-1-68374-731-4(3))* Examined Solutions PTE. Ltd.

Number Puzzles for the Little One. Jupiter Kids. 2017. (ENG., Illus.). (J). pap. 9.20 *(978-1-5419-3361-3(3)*, Jupiter Kids (Childrens & Kids Fiction)) Speedy Publishing LLC.

Number Puzzles for Young Geniuses: Math Activity Books for Kids. Jupiter Kids. 2017. (ENG., Illus.). (J). pap. 9.20 *(978-1-5419-3411-5(3)*, Jupiter Kids (Childrens & Kids Fiction)) Speedy Publishing LLC.

Number Riddles for Bright Sparks. Gareth Moore. Illus. by Jess Bradley. 2022. (Buster Bright Sparks Ser.: 8). (ENG.). 160p. (J). pap. 8.99 *(978-1-78055-783-0(3)*, Buster Bks.) O'Mara, Michael Bks., Ltd. GBR. Dist: Independent Pubs. Group.

Number Search: Adding & Subtracting: Over 80 Fun Number Grid Puzzles! Annabel Savery. Illus. by Jess Bradley. 2022. (ENG.). 96p. (J). pap. 9.99 *(978-1-3988-0945-1(4)*, 94a17395-0d07-4908-9036-15128710bce2) Arcturus Publishing GBR. Dist: Baker & Taylor Publisher Services (BTPS).

Number Search: Times Tables: Over 80 Fun Multiplication & Division Puzzles! Annabel Savery. Illus. by Jess Bradley. 2022. (ENG.). 96p. (J). pap. 9.99 *(978-1-3988-0946-8(2)*, 08e3e643-b0e0-44e0-91bb-3e2e6aeb4a4c) Arcturus Publishing GBR. Dist: Baker & Taylor Publisher Services (BTPS).

Number Sense & Nonsense: Games, Puzzles, & Problems for Building Creative Math Confidence. Claudia Zaslavsky. 2019. (ENG., Illus.). 144p. (J). (gr. 4-7). pap. 14.99 *(978-1-64160-245-7(7))* Chicago Review Pr., Inc.

Number Seven Brick Row (Classic Reprint) Unknown Author. 2018. (ENG., Illus.). 316p. (J). 30.41 *(978-0-267-48749-3(5))* Forgotten Bks.

Number Shocker. Clive Gifford. 2022. (ENG., Illus.). 32p. (J). pap. 6.99 *(978-1-4052-9972-5(X)*, Red Shed) Farshore GBR. Dist: HarperCollins Pubs.

Number Slumber. Suzanne Bloom. 2016. (ENG., Illus.). 40p. (J). (gr. -1-k). 16.95 *(978-1-62979-557-7(7)*, Astra Young Readers) Astra Publishing Hse.

Number Slumber. Tia Palmer. Illus. by Darice Pollard. 2021. (ENG.). 46p. (J). 20.00 *(978-0-578-97641-9(2))*; pap. 12.00 *(978-0-578-97622-8(6))* Dr Palmer Writes.

Number Smarts Seek-And-Find Exercises: Made Especially for Kids! Jupiter Kids. 2017. (ENG., Illus.). (J). pap. 8.33 *(978-1-5419-3315-6(X)*, Jupiter Kids (Childrens & Kids Fiction)) Speedy Publishing LLC.

Number Stories: Book 2 (Classic Reprint) J. W. Studebaker. 2018. (ENG., Illus.). (J). 260p. 29.26 *(978-1-396-68027-4(6))*; 262p. pap. 11.97 *(978-1-396-04369-7(1))* Forgotten Bks.

Number Stories (Classic Reprint) Alhambra G. Deming. (ENG., Illus.). (J). 2018. 212p. 28.27 *(978-0-364-30059-6(0))*; 2017. pap. 10.97 *(978-0-259-10269-4(5))* Forgotten Bks.

Number Stories of Long Ago (Color Edition) (Yesterday's Classics) David Eugene Smith. 2022. (ENG.). 156p. (YA). pap. 16.95 *(978-1-63334-168-5(2))* Yesterday's Classics.

Number Stories, Vol. 1 (Classic Reprint) John Ward Studebaker. 2018. (ENG., Illus.). (J). 160p. 27.20 *(978-0-365-06490-9(4))*; 162p. pap. 9.57 *(978-0-656-85691-6(2))* Forgotten Bks.

Number the Stars. Lois Lowry. l.t. ed. 2019. (ENG.). 282p. (J). (gr. 5-7). pap. 12.99 *(978-1-4328-6393-7(2)*, Large Print Pr.) Thorndike Pr.

Number the Stars Novel Units Student Packet. Novel Units. 2019. (ENG.). (J). pap., stu. ed. 13.99 *(978-1-56137-605-6(1)*, NU6051SP, Novel Units, Inc.) Classroom Library Co.

Number Thirty: Being Some Relation of What Happened to Chivvy (Classic Reprint) Edward Asher Jonas. 2018. (ENG., Illus.). (J). 352p. 31.16 *(978-0-483-89849-3(X))*; 354p. pap. 13.57 *(978-0-483-89834-9(1))* Forgotten Bks.

Number Tracing Activity Book for PreSchoolers: Traceable Number Workbook with Practice Pages: Counting 1 to 10 for Pre-K, Kindergarten & Kids Age 3-5. Briar Kids. 2019. (ENG.). 88p. (J). pap. ***(978-1-908567-66-6(X))*** Hope Bks., Ltd.

Number Tracing Book. Marissa O'Starrie. 2021. (ENG.). 58p. (J). pap. 5.99 *(978-1-716-20885-0(8))* Lulu Pr., Inc.

Number Tracing Book for Kids & Preschoolers for Ages 3-5: Trace Numbers Practice Workbook for Pre K, Kindergarten & Kids Ages 3-5. Elena Sharp. 2021. (ENG.). 64p. (J). pap. 8.34 *(978-1-716-18024-8(4))* Lulu Pr., Inc.

Number Tracing Book for Preschoolers: Preschool Numbers Tracing Math Practice Workbook: Math Activity Book for Pre K, Kindergarten & Kids Ages 3-5 (Pre K Workbooks) Beth Costanzo. 2022. (ENG.). 30p. (J). pap. 8.99 *(978-1-0880-1696-1(0))* Adventures of Scuba Jack Pubs., The.

Number Tracing Book for Preschoolers: Trace Numbers Practice Workbook & Math Activity Book (Pre K, Kindergarten & Kids Aged 3-5) Brighter Child Company. 2019. (ENG.). 110p. (J). (gr. k-5). pap. *(978-1-913357-11-5(2))* Devela Publishing.

Number Tracing Book for Preschoolers: Trace Numbers Practice Workbook for Pre K, Kindergarten & Kids Ages 3-5 (Math Activity Book) Lpv Booklab. 2020. (ENG.). 124p. (J). pap. 9.99 *(978-1-716-29231-6(X))* Lulu Pr., Inc.

Number Tracing Book for Preschoolers 1-20: Learn to Trace Numbers 1 - 20 - Preschool & Kindergarten Workbook - Tracing Book for Kids. Esel Press. 2021. (ENG.). 98p. (J). pap. 8.95 *(978-1-716-25851-0(0))* Lulu Pr., Inc.

Number Tracing Book for Preschoolers 1-20: Learn to Trace Numbers 1 - 20 Preschool & Kindergarten Workbook Tracing Book for Kids Hardcover. Esel Press. 2021. (ENG.). 98p. (J). 19.95 *(978-1-716-20305-3(8))* Lulu Pr., Inc.

Number Tracing Book for Preschoolers & Kids Ages 3-5: Colored Number Tracing Books for Kids Ages 3-5 Number Tracing Workbook Number Writing Practice Book Number Tracing Book with Colorful Illustrations. Penciol Press. 2021. (ENG.). 58p. (J). pap. 13.00 *(978-1-716-17225-0(X))* Lulu Pr., Inc.

Number Tracing in Jungle: Activity Book for Kids: Tracing Numbers for Kindergarten & Other Activities: Number Practice Workbook to Learn the Numbers from 1 to 10, Drawing & More. Irina Lungeanu. 2021. (ENG.). 62p. (J). pap. 15.00 *(978-1-6780-8127-0(2))* Lulu Pr., Inc.

Number Tracing Kids Workbook: Learning Numbers Practice, Kindergarten, Homeschool, Learn to Count, Writing Practice, Kids Ages 3-5. Dare4 Care. 2020. (ENG.). 72p. (J). pap. 8.99 *(978-1-716-29253-8(0))* Lulu Pr., Inc.

Number Tracing Pre-K Workbook: Fun & Educational Number Writing Practice & Coloring Book for Kids Ages 3-5. Editors of Little, Brown Lab. 2018. (Books for Kids Ages 3-5 Ser.). (ENG.). 64p. (J). (gr. -1-1). pap. 7.99 *(978-0-316-45588-6(1))* Little Brown & Co.

Number Tracing Workbook for Preschoolers: Number Tracing Book for Kids Ages 3-5: Number Writing Practice Book for Pre K & Kindergarten (Math Activity Books) P. Artitude. 2020. (ENG.). 46p. (J). pap. 10.99 *(978-1-716-30444-6(X))* Lulu Pr., Inc.

Number Twenty-Four. Oliver Eade. 2019. (ENG., Illus.). 214p. (YA). (gr. 7-12). pap. *(978-1-912513-53-6(6))* Silver Quill Publishing.

Number Word Wizardry. Amy Culliford. Illus. by Shane Crampton. 2022. (Math Wiz Ser.). (ENG.). 16p. (J). (gr. -1-3). pap. *(978-1-0396-6270-4(6)*, 20657); lib. bdg. *(978-1-0396-6075-5(4)*, 20656) Crabtree Publishing Co. (Crabtree Blossoms).

Numbered Dot to Dot Picture Mania for Kids Activity Book. Creative Playbooks. 2016. (ENG., Illus.). (J). pap. 10.81 *(978-1-68323-535-4(5))* Twin Flame Productions.

Numbered Fragments. Caroline E. Davis. 2019. (ENG.). 68p. (J). pap. *(978-0-359-74525-8(3))* Lulu Pr., Inc.

Numberific Adventures - Sudoku Book for Kids. Senor Sudoku. 2019. (ENG.). 78p. (J). pap. 10.99 *(978-1-64521-509-7(1))* Editorial Imagen.

Numbernomicon. Daryl Black. 2020. (ENG.). 27p. *(978-1-716-48299-1(2))* Lulu Pr., Inc.

Numbers see Numeros

Numbers. Airlie Anderson. Illus. by Airlie Anderson. 2023. (Curious Cats Ser.: 4). (ENG., Illus.). 14p. (J). bds. ***(978-1-78628-837-0(0))*** Child's Play International Ltd.

Numbers. Jane Cabrera. 2019. (ENG.). 18p. (J). (gr. -1 — 1). bds. 9.99 *(978-1-4998-0900-8(X))* Little Bee Books Inc.

Numbers. Aaron Carr. 2017. (World Languages Ser.). (ENG.). 24p. (J). (gr. -1-1). lib. bdg. 35.70 *(978-1-4896-6606-2(0)*, AV2 by Weigl) Weigl Pubs., Inc.

Numbers. Clever Publishing. Illus. by Ekaterina Guscha & Lena Zolotareva. 2022. (My First Search & Find Ser.). (ENG.). 20p. (J). (gr. -1 — 1). bds. 9.99 *(978-1-954738-83-6(8))* Clever Media Group.

Numbers. Courtney Dicmas. Illus. by Courtney Dicmas. 2017. (Wild! Concepts Ser.: 4). (Illus.). 14p. (J). spiral bd. *(978-1-84643-993-3(0))* Child's Play International Ltd.

Numbers. Flowerpot Press. Illus. by Katie Wilson. 2017. (ENG.). 20p. (J). bds. *(978-1-4867-1304-2(1))* Flowerpot Children's Pr. Inc.

Numbers. Little Bee Books. 2017. (ENG., Illus.). 24p. (J). (gr. -1 — 1). bds. 7.99 *(978-1-4998-0642-7(6))* Little Bee Books Inc.

Numbers. Dayna Martin. 2018. (J). pap. *(978-1-4896-9646-5(6)*, AV2 by Weigl) Weigl Pubs., Inc.

Numbers, 1 vol. Susan Purcell. 2018. (My Book Of Ser.). (ENG.). 24p. (gr. k-1). 26.27 *(978-1-5081-9651-8(6)*, e9159c14-4d07-49f6-a320-d21b52e88472, Windmill Bks.) Rosen Publishing Group, Inc., The.

Numbers. Ed. by Rainstorm Publishing. Illus. by Lizzy Doyle. 2019. (Look & Learn Ser.). (ENG.). 20p. (J). bds. 7.99 *(978-1-926444-54-3(X))* Rainstorm Pr.

Numbers. Ed. by Rainstorm Publishing. Illus. by Simon Abbott. 2019. (Let's Get Talking Ser.). (ENG.). 20p. (J). bds. 7.99 *(978-1-77402-000-5(9))* Rainstorm Pr.

Numbers. Ed. by Rainstorm Publishing. Illus. by Laila Hills. 2019. (Love to Learn Ser.). (ENG.). 20p. (J). bds. 8.99 *(978-1-926444-65-9(5))* Rainstorm Pr.

Numbers. Ed. by Rainstorm Publishing. Illus. by Jennie Bradley. 2019. (Handle Board Ser.). (ENG.). 20p. (J). bds. 7.99 *(978-1-926444-49-9(3))* Rainstorm Pr.

Numbers. John J. Reiss. Illus. by John J. Reiss. 2016. (ENG., Illus.). 34p. (J). (gr. -1 — 1). bds. 8.99 *(978-1-4814-7647-8(5)*, Little Simon) Little Simon.

Numbers: And Other One Act Plays (Classic Reprint) Grover Theis. 2018. (ENG., Illus.). 122p. (J). 26.41 *(978-0-267-10601-1(7))* Forgotten Bks.

Numbers: Fine Motor Skills & Number Recognition. Des. by Flowerpot Press. 2020. (ENG.). 24p. (J). (gr. -1-1). bds. 9.99 *(978-1-4867-1804-7(3)*, d612b15b-aaab-4cce-9623-84414f75f6da) Flowerpot Pr.

Numbers: Numbers Help Us Understand Our World. David E. McAdams. 2nd ed. 2023. (Math Books for Children Ser.). (ENG.). 42p. (J). 29.95 ***(978-1-63270-360-6(2))***; pap. 16.96 ***(978-1-63270-359-0(9))*** Life is a Story Problem LLC.

Numbers - Números: More Than 80 Words to Learn in Spanish! Clever Publishing. 2021. (My First Spanish Ser.). (ENG.). 20p. (J). (gr. -1-2). bds. 8.99 *(978-1-951100-58-2(1))* Clever Media Group.

Numbers / Números (English-Spanish) (Disney Princess) BuzzPop. 2018. (Disney Bilingual Ser.: 2). (ENG., Illus.). 16p. (J). (gr. -1-k). bds. 6.99 *(978-1-4998-0780-6(5))* Little Bee Books Inc.

Numbers 0-25, 56 vols. School Zone Staff. rev. ed. 2019. (ENG.). (J). (gr. -1-k). 3.49 *(978-1-58947-478-9(3)*, 7da579c2-506b-4ebd-b03d-65687002aa3f) School Zone Publishing Co.

Numbers 1 - 100 (Collins Children's Poster) Collins Kids. Illus. by Steve Evans. 2018. (ENG.). 1p. (J). (-4). 9.99 *(978-0-00-830474-4(2))* HarperCollins Pubs. Ltd. GBR. Dist: Independent Pubs. Group.

Numbers 1 - 20 (Collins Children's Poster) Collins Kids. Illus. by Steve Evans. 2018. (ENG.). 1p. (J). (-4). 9.99 *(978-0-00-830473-7(4))* HarperCollins Pubs. Ltd. GBR. Dist: Independent Pubs. Group.

Numbers 1-10 Go to the Zoo. Educate. Illus. by Dino Erwansyah. 2021. (ENG.). 58p. (J). pap. 14.95 *(978-1-941345-86-3(7))* Erin Go Bragh Publishing.

Numbers 1-100, 56 vols. School Zone Publishing Company Staff. rev. ed. 2019. (ENG.). 56p. (J). (gr. -1-k). 3.49 *(978-0-938256-90-8(4)*, dc74b15d-fbc5-49ef-b710-9fa6fa41e0e2) School Zone Publishing Co.

Numbers 1-15: Hockey Shaped Write & Erase Board. Sequoia Children's Publishing. 2019. (ENG.). (J). bds. 4.99 *(978-1-64269-046-0(5)*, 3984, Sequoia Publishing & Media LLC) Phoenix International Publications, Inc.

Numbers 1-15: Shaped Write & Erase Board. Sequoia Children's Publishing. 2019. (ENG.). (J). bds. 4.99 *(978-1-64269-062-0(7)*, 3987, Sequoia Publishing & Media LLC) Phoenix International Publications, Inc.

Numbers 1 to 10 Workbook Toddler - Ages 1 To 3. Professor Gusto. 2016. (ENG., Illus.). (J). pap. 10.81 *(978-1-68321-910-1(4))* Mimaxion.

Numbers 11-20: Write & Practice Numbers 11 To 19. Wonder House Books. 2018. (ENG.). 16p. (J). (gr. -1-k). pap. 1.99 ***(978-93-86538-65-9(2))*** Prakash Bk. Depot IND. Dist: Independent Pubs. Group.

Numbers All Around Me. Trisha Callella-Jones. 2017. (Learn-To-Read Ser.). (ENG., Illus.). (J). pap. 3.49 *(978-1-68310-290-8(8))* Pacific Learning, Inc.

Numbers All Around Us. Rachael Sarra. 2022. (All Around Us Ser.). (ENG.). 24p. (J). bds. 14.99 *(978-1-76121-017-4(3))* Little Hare Bks. AUS. Dist: Independent Pubs. Group.

Numbers & Counting Workbook Toddler-Grade K - Ages 1 To 6. Professor Gusto. 2016. (ENG., Illus.). (J). pap. 10.81 *(978-1-68321-929-3(5))* Mimaxion.

Numbers & Emotions. Sandra Alonso. Illus. by Alicia Teba. 2023. (ENG.). 22p. (J). bds. 14.99 *(978-84-18664-11-3(8))* Editorial el Pirata ESP. Dist: Independent Pubs. Group.

Numbers & Mathematics: Geometry & Trigonometry. Florine Wilson. 2023. (ENG.). 390p. (YA). pap. 61.48 ***(978-1-312-51723-3(9))*** Lulu Pr., Inc.

Numbers & Measurements, 1 vol. Ed. by Nicholas Faulkner & William L. Hosch. 2017. (Foundations of Math Ser.). (ENG., Illus.). 344p. (J). (gr. 10-10). lib. bdg. 55.59 *(978-1-68048-778-7(7)*, ece40e52-ceb4-4c2e-8148-9f355a3a74ed, Britannica Educational Publishing) Rosen Publishing Group, Inc., The.

Numbers & Shapes Ukrainian Coloring Book for Kids. Smallest Scholars. Illus. by Zapadinska Maria. 2020. (UKR.). 84p. (J). pap. 6.99 *(978-1-0878-7738-9(5))* Indy Pub.

Numbers Bumper Book Ages 3-5: Ideal for Home Learning (Collins Easy Learning Preschool) Collins Easy Learning. 2018. (Collins Easy Learning Preschool Ser.). (ENG.). 48p. (gr. -1-k). pap. 7.95 *(978-0-00-827542-6(4))* HarperCollins Pubs. Ltd. GBR. Dist: Independent Pubs. Group.

Numbers Coloring Book for Children (6x9 Coloring Book / Activity Book) Sheba Blake. 2021. (ENG.). 26p. (J). pap. 9.99 *(978-1-222-29006-6(5))* Indy Pub.

Numbers Coloring Book for Children (8. 5x8. 5 Coloring Book / Activity Book) Sheba Blake. 2021. (ENG.). 26p. (J). pap. 12.99 *(978-1-222-29176-6(2))* Indy Pub.

Numbers Coloring Book for Children (8x10 Coloring Book / Activity Book) Sheba Blake. 2021. (ENG.). 26p. (J). pap. 14.99 *(978-1-222-29007-3(3))* Indy Pub.

Numbers Coloring Book for Teens & Kids: Thousands of Numbers to Color. bright days. 2023. (ENG.). 200p. (YA). pap. ***(978-1-312-69267-1(7))*** Lulu Pr., Inc.

Numbers, Colors & Shapes, 56 vols. School Zone Publishing Company Staff. rev. ed. 2018. (ENG.). 52p. (J). (gr. -1-1). 3.49 *(978-0-88743-278-1(6)*, 19cfd959-5f2b-4d30-bdb9-aaa0a295495b) School Zone Publishing Co.

Numbers Don't Lie. Jordan Sullen. 2020. (ENG., Illus.). 24p. (J). pap. 14.95 *(978-1-61244-876-3(3))* Halo Publishing International.

Numbers Dot to Dot Workbook Prek-Grade 1 - Ages 4 To 7. Baby Professor. 2017. (ENG., Illus.). (J). pap. 7.89 *(978-1-68368-055-0(3)*, Baby Professor (Education Kids)) Speedy Publishing LLC.

Numbers Everywhere! Let's Do Math Coloring Book. Kreative Kids. 2016. (ENG., Illus.). (J). pap. 9.20 *(978-1-68377-344-3(6))* Whlke, Traudl.

Numbers Flashcards: Ideal for Home Learning. Collins Easy Learning. 2017. (Collins Easy Learning Preschool Ser.). (ENG.). 52p. (J). (gr. -1). 8.99 *(978-0-00-820106-7(4))* HarperCollins Pubs. Ltd. GBR. Dist: Independent Pubs. Group.

Numbers Hidden Pictures Workbook Prek-Grade 1 - Ages 4 To 7. Prodigy. 2016. (ENG., Illus.). (J). pap. 9.25 *(978-1-68323-906-2(7))* Twin Flame Productions.

Numbers in Motion: Sophie Kowalevski, Queen of Mathematics. Laurie Wallmark. Illus. by Yevgenia Nayberg. 2020. (ENG.). 32p. (J). (gr. 3-6). 18.99 *(978-1-939547-63-7(6)*, 5e16545d-d3d3-4fa8-97f1-0281a52dd7d2) Creston Bks.

Numbers in Nature. Jennifer Marino Walters. 2018. (Nature Is All Around Me (LOOK! Books (tm)) Ser.). (ENG., Illus.). 24p. (J). (gr. -1-3). pap. 8.99 *(978-1-63440-354-2(1)*, 605cd85b-c8c3-4b38-9b34-65341b671e0e) Red Chair Pr.

Numbers in Nature: Playing with the Fibonacci Sequence. Be Naturally Curious. 2018. (ENG., Illus.). 40p. (J). pap. 14.99 *(978-1-942403-14-2(3))* Be Naturally Curious.

Numbers in the Classroom. Constance Newman. Illus. by Marcin Piwowarski. 2017. (School Days Ser.). (ENG.). 24p. (gr. -1-2). 28.50 *(978-1-68342-697-4(5)*, 9781683426974) Rourke Educational Media.

Numbers in the Classroom. Constance Newman. Illus. by Marcin Piworski. 2017. (School Days Ser.). (ENG.). 24p. (gr. -1-2). pap. 9.95 *(978-1-68342-749-0(1)*, 9781683427490) Rourke Educational Media.

Numbers, Letters, & More! (PAW Patrol) Golden Books. Illus. by Golden Books. 2017. (ENG., Illus.). 64p. (J). (gr. -1-2). pap. 6.99 *(978-1-5247-6930-7(4)*, Golden Bks.) Random Hse. Children's Bks.

Numbers, Letters & Shapes Connect the Dots for Toddlers. Educando Kids. 2019. (ENG.). 42p. (J). pap. 8.55 *(978-1-64521-698-8(5)*, Educando Kids) Editorial Imagen.

Numbers Parade, 1 vol. Nathalie Butler. 2017. (Learning with Stories Ser.). (ENG.). 24p. (gr. 1-1). pap. 9.25 *(978-1-5081-6233-9(6)*, c09ee474-9dee-4e62-8298-25128bb346b8, PowerKids Pr.) Rosen Publishing Group, Inc., The.

Numbers, Shapes, & Colors. Jennifer Lynch. 2019. (ENG., Illus.). 20p. (J). pap. 11.95 *(978-1-64096-992-6(6))* Newman Springs Publishing, Inc.

Numbers Spanish/English. Editor. 2017. (English/Spa Cloth Bks.). (ENG.). 8p. (J). *(978-1-60745-978-1(7))* Lake Press.

Numbers Store: Sunday Adventures Series, Volume 2. Harold Green III. Illus. by DeAnn Wiley. 2023. (ENG.). 24p. (J). (gr. -1 — 1). bds. 8.99 *(978-0-7624-8157-6(9)*, Running Pr. Kids) Running Pr.

Numbers to Learn: Lift-The-Flap Book. Lidiya Larina & Clever Publishing. 2018. (Clever Flaps Ser.). (ENG., Illus.). 16p. (J). (gr. -1 — 1). bds. 12.99 *(978-1-948418-46-1(0))* Clever Media Group.

Numbers Workbook Prek-Grade 1 - Ages 4 To 7. Professor Gusto. 2016. (ENG., Illus.). (J). pap. 10.81 *(978-1-68321-571-4(0))* Mimaxion.

Numbers Writing & Drawing Tablet Ages 3-7. Ed. by Zone Staff School. 2019. (ENG.). 96p. (J). pap. 6.99 *(978-1-68147-243-0(0)*, 36a32f2c-0695-4e7e-8ca0-00d28d6426b3) School Zone Publishing Co.

Numbers/Numeros. Courtney Dicmas. Tr. by Teresa Mlawer. Illus. by Courtney Dicmas. 2019. (Spanish/English Bilingual Editions Ser.). (ENG., Illus.). 14p. (J). bds. *(978-1-78628-395-5(6))* Child's Play International Ltd.

Numbricks for Kids - Sudoku for Kids Age 10. Senor Sudoku. 2019. (ENG.). 78p. (J). pap. 10.99 *(978-1-64521-594-3(6))* Editorial Imagen.

Numeracy with Colour: Art of Math Education (Grade 2 Holiday Edition) Created by Laura Briscoe & Jeni Van Kesteren. 2019. (Art of Math Education Ser.: Vol. 3). (ENG., Illus.). 28p. (J). (gr. 2). pap. ***(978-1-9995276-7-9(4))*** Briscoe, Laura.

Numerada. Joan Scott Curtis. 2018. (ENG., Illus.). 34p. (J). pap. 20.00 *(978-1-387-38070-1(2))* Lulu Pr., Inc.

Numerical Street. Hilary Bell & Antonia Pesenti. 2016. (Illus.). 32p. (J). (gr. -1-3). 24.99 *(978-1-74223-228-7(0)*, NewSouth) NewSouth Publishing AUS. Dist: Independent Pubs. Group.

Número 1 / Big Shot. Jeff Kinney. 2022. (Diario Del Wimpy Kid Ser.: 16). (SPA.). 224p. (J). (gr. 3-7). 15.95 *(978-1-64473-519-0(9))* Penguin Random House Grupo Editorial ESP. Dist: Penguin Random Hse. LLC.

Número 1 Qué crece en el Sol? see Number 1 What Grows in the Sun?/Número 1 Qué crece en el Sol?

Número 10 en dónde está la Gallina? see Number 10 Where Is the Hen?/Número 10 en dónde está la Gallina?

Número 2 Vamos al Zoologico! see Number 2 Let's Go to the Zoo!/Número 2 Vamos al Zoologico!

Número 3 Qué hay en el Mar? see Number 3 What's in the Sea?/Número 3 Qué hay en el Mar?

Número 4 Vamos de compras a la Tienda! see Number 4 Shop at the Store!/Número 4 Vamos de compras a la Tienda!

Número 5 Vamos a viajar en Coche! see Number 5 Let's Go for a Drive!/Número 5 Vamos a viajar en Coche!

Número 6 Qué podemos Mezclar? see Number 6 What Can We Mix?/Número 6 Qué podemos Mezclar?

Número 7 Estrellas en el Cielo see Number 7 Stars in the Heaven/Número 7 Estrellas en el Cielo

Número 8 Vamos a quedarnos en vela hasta muy Noche! see Number 8 Let's Stay up Late!/Número 8 Vamos a quedarnos en vela hasta muy Noche!

Número 9 Vestirse con elegancia para Cenar! see Number 9 Dress up to Dine!/Número 9 Vestirse con elegancia para Cenar!

Numero uno -Sustantivos Imaginados y Verbos see Speech Illustrated Numero Uno: Pictured Nouns & Verbs

Numerology. Megan Atwood. 2019. (Psychic Arts Ser.). (ENG., Illus.). 48p. (J). (gr. 4-8). lib. bdg. 31.99 *(978-0-7565-6103-1(5)*, 139301, Compass Point Bks.) Capstone.

Numerology. Virginia Loh-Hagan. 2020. (Who Are You? Ser.). (ENG., Illus.). 32p. (J). (gr. 4-8). lib. bdg. 32.07 *(978-1-5341-6919-7(9)*, 215563, 45th Parallel Press) Cherry Lake Publishing.

Números: Los Números Nos Ayudan a Entender Nuestro Mundo. David E. McAdams. 2nd ed. 2023. (Libros de Matemáticas para Niños Ser.: Vol. 1). (SPA.). 44p. (J). 33.95 ***(978-1-63270-374-3(2))***; pap. 17.95 ***(978-1-63270-367-5(X))*** Life is a Story Problem LLC.

Números: Números Ajudam-Nos a Compreender o Mundo. David E. McAdams. 2023. (Livros de Matemática para Crianças Ser.). (POR.). 42p. (J). pap. 19.95 ***(978-1-63270-406-1(4))*** Life is a Story Problem LLC.

1488

The check digit for ISBN-10 appears in parentheses after the full ISBN-13

TITLE INDEX NURSERY RHYMES

Números / Numbers: Children's Counting Books in Spanish. Varios Varios autores. 2019. (Mis Primeras Palabras Ser.). (SPA.). 10p. (J). (— 1). bds. 5.95 *(978-987-751-812-2(0))* El Gato de Hojalata ARG. Dist: Penguin Random Hse. LLC.

Números Secretos Espías de la Agente Secreta Josephine. Brenda Ponnay. Illus. by Brenda Ponnay. 2017. (Xist Kids Spanish Bks.). (SPA., Illus.). 32p. (J). (gr. -1-3). pap. 9.99 *(978-1-5324-0419-1(0))* Xist Publishing.

Nummits & Crummits Devonshire Customs, Characteristics, & Folk-Lore (Classic Reprint) Sarah Hewett. 2018. (ENG., Illus.). 238p. (J). 28.83 *(978-0-483-94570-8(6))* Forgotten Bks.

Nums of Shoreview: AC Epic Fantasy Adventures. Anthony Glenn Wedgeworth. Illus. by Frederick Wedgeworth & Steve Ott. 2018. (ENG.). 294p. (J). pap. 19.98 *(978-0-9989650-3-1(0))* Wedgeworth, Anthony G.

Nun of St. Ursula, or the Burning of the Convent: A Romance of Mount Benedict (Classic Reprint) Harry Hazel. (ENG., Illus.). (J). 2018. 66p. 25.26 *(978-0-365-13432-9(5))*; 2017. pap. 9.57 *(978-0-282-36833-3(7))* Forgotten Bks.

Nunavut. Harry Beckett. 2018. (O Canada Ser.). (ENG.). 32p. (J). lib. bdg. 22.99 *(978-1-5105-3652-4(3))* SmartBook Media, Inc.

Nunavut Educational Facts Children's People & Places Book. Bold Kids. 2022. (ENG.). 42p. (J). pap. 14.99 ***(978-1-0717-2092-9(9))*** FASTLANE LLC.

Nunavut Then & Now: English Edition, 1 vol. Kim Hedges. 2017. (Nunavummi Reading Ser.). (ENG., Illus.). 24p. (J). (gr. 2-2). pap. 7.95 *(978-1-77266-569-7(X))* Inhabit Education Bks. Inc. CAN. Dist: Consortium Bk. Sales & Distribution.

Nunca Conocí a un Dragón Que No Me Gustara. Sebastian Smith. Tr. by Santiago Ochoa. 2021. (Leo y Rimo (I Read-N-Rhyme) Ser.). (SPA.). 24p. (J). (gr. -1-3). pap. *(978-1-4271-3111-9(2),* 14627); lib. bdg. *(978-1-4271-3100-3(7),* 14615) Crabtree Publishing Co.

Nunca Conocí a un Extraterrestre Que No Fuera Encantador. Craig Lopetz. Tr. by Santiago Ochoa. 2021. (Leo y Rimo (I Read-N-Rhyme) Ser.). (SPA., Illus.). 24p. (J). (gr. -1-3). pap. *(978-1-4271-3113-3(9),* 14628); lib. bdg. *(978-1-4271-3102-7(3,* 14616) Crabtree Publishing Co.

Nunca Conocí a un Monstruo Que No Me Gustara. Sebastian Smith. Tr. by Santiago Ochoa. 2021. (Leo y Rimo (I Read-N-Rhyme) Ser.). (SPA.). 24p. (J). (gr. -1-3). pap. *(978-1-4271-3112-6(0),* 14629); lib. bdg. *(978-1-4271-3101-0(5),* 14617) Crabtree Publishing Co.

Nunca Conocí a un Robot Que No Fuera Mi Amigo. Craig Lopetz. Tr. by Santiago Ochoa. 2021. (Leo y Rimo (I Read-N-Rhyme) Ser.). (SPA.). 24p. (J). (gr. -1-3). pap. *(978-1-4271-3114-0(7),* 14630); lib. bdg. *(978-1-4271-3103-4(1),* 14618) Crabtree Publishing Co.

Nunca Dejes de Creer en el Amor / Never Stop Believing in Love. Alejandro Ordóñez. 2021. (SPA.). 192p. (YA). (gr. 9). pap. 12.95 *(978-607-38-0265-9(X),* Nube De Tinta) Penguin Random House Grupo Editorial ESP. Dist: Penguin Random Hse. LLC.

Nunca, Nunca 1 / Never Never: Part One (Spanish Edition) Colleen Colleen & Tarryn Fisher. 2023. (SPA.). 224p. (YA). pap. 14.95 ***(978-607-07-9677-7(2))*** Editorial Planeta, S. A. ESP. Dist: Two Rivers Distribution.

Nunca, Nunca 2. Colleen Hoover & Tarryn Fisher. 2017. (Nunca, Nunca Ser.: 2). (SPA.). 188p. (J). pap. 13.95 *(978-607-07-3996-5(5),* Planeta Publishing) Planeta Publishing Corp.

Nunca, Nunca 2 / Never Never: Part Two (Spanish Edition) Colleen Colleen & Tarryn Fisher. 2023. (SPA.). 152p. (YA). pap. 12.95 ***(978-607-07-9678-4(0))*** Editorial Planeta, S. A. ESP. Dist: Two Rivers Distribution.

Nunca, Nunca 3 / Never Never: Part Three (Spanish Edition) Hoover Colleen & Tarryn Fisher. 2023. (Nunca, Nunca Ser.). (SPA.). 136p. pap. 12.95 ***(978-607-07-9679-1(9))*** Editorial Planeta, S. A. ESP. Dist: Two Rivers Distribution.

¡Nunca Toques a un Dinosaurio! / Never Touch a Dinosaur! Rosie Greening. Illus. by Stuart Lynch. 2022. (ENG.). 10p. (J). (— 1). 10.99 *(978-1-80337-536-6(1))* Make Believe Ideas GBR. Dist: Scholastic, Inc.

Nuncaseolvida: (Neverforgotten Spanish Edition) Alejandra Algorta. Illus. by Ivan Rickenmann. 2023. (ENG.). 144p. (J). (gr. 3-7). pap. 9.99 *(978-1-64614-250-7(0))* Levine Querido.

Nuns of the Desert, or the Woodland Witches, Vol. 1 of 2 (Classic Reprint) Eugenia De Acton. (ENG., Illus.). (J). 2018. 346p. 30.99 *(978-0-332-37712-4(1))*; 2016. pap. 13.57 *(978-1-333-63517-6(6))* Forgotten Bks.

Nuns of the Desert, or the Woodland Witches, Vol. 2 of 2 (Classic Reprint) Eugenia De Acton. (ENG., Illus.). (J). 2018. 310p. 30.29 *(978-0-267-30720-3(9))*; 2016. pap. 13.57 *(978-1-333-33860-2(0))* Forgotten Bks.

Nun's Priest's Tale (Classic Reprint) Geoffrey Chaucer. 2017. (ENG., Illus.). (J). 25.94 *(978-0-331-53671-3(4))* Forgotten Bks.

Nuova Difesa Dell'antica Misura Delle Forze Motrici: S'Aggiungono in Fine Alcuni Problemi Matematici Proposti Alla Studiosa Gioventù d'Italia (Classic Reprint) Gaetano Marzagalia. 2018. (ITA., Illus.). (J). 118p. 26.33 *(978-1-396-09451-4(2))*; 120p. pap. 9.57 *(978-1-390-87348-1(X))* Forgotten Bks.

Nuova, or the New Bee: A Story for Children of Five to Fifty (Classic Reprint) Vernon Kellogg. 2017. (ENG., Illus.). (J). 27.98 *(978-0-331-63207-1(1))* Forgotten Bks.

Nuove Favole Di Giovanni Gay: Tradotte Dall'originale Inglese (Classic Reprint) John Gay. 2018. (ITA., Illus.). 290p. (J). 29.88 *(978-0-656-67211-0(0))* Forgotten Bks.

Nuovo Dizionario Italiano Ed Inglese, con la Pronuncia Figurata, Vol. 2 (Classic Reprint) John Millhouse. (ENG., Illus.). (J). 2018. 844p. 41.32 *(978-0-365-16589-7(1))*; 2017. pap. 23.97 *(978-0-282-37999-5(1))* Forgotten Bks.

Nuovo Dizionario Italiano Ed Inglese, Vol. 2: Con la Pronuncia Figurata (Classic Reprint) John Millhouse. 2017. (ENG., Illus.). (J). 41.70 *(978-0-331-82984-6(3))*; 41.70 *(978-0-266-67070-4(9))*; pap. 24.04 *(978-1-5276-4176-1(7))*; pap. 24.04 *(978-0-282-52944-4(6))* Forgotten Bks.

Nuovo Dizionario Portatile Italiano-Inglese e Inglese-Italiano: Compilato Sui Migliori e Piu Recenti Vocabolari Italianni Ed Inglesi e Sui Vocabolari (Classic Reprint) Friedrich Ernst Feller. (ENG., Illus.). (J). 2017. 35.63 *(978-0-331-84876-2(7))*; 2016. pap. 19.57 *(978-1-334-13861-4(3))* Forgotten Bks.

Nuovo Sistema Di Vetture Atto Ad Ogni Genere Di Trasporti Sulle Strade Ordinaire: Un Nuovo Apparecchio Di Sala per Facilitare il Moto Dei Waggons Sulle Curve Delle Strade Ferrate (Classic Reprint) Pietro Taverna. 2017. (ITA., Illus.). (J). 25.71 *(978-0-265-51641-6(2))*; pap. 9.57 *(978-0-243-53724-2(7))* Forgotten Bks.

Nuptse & Lhotse Go to the Prairies. Jocey Asnong. 2021. (Illus.). 40p. (J). (gr. -1-5). 12.00 *(978-1-77160-529-8(4))*; 18.00 *(978-1-77160-528-1(6))* RMB Rocky Mountain Bks. CAN. Dist: Publishers Group West (PGW).

Nuptse & Lhotse Go to the West Coast, 1 vol. Jocey Asnong. 2017. (ENG., Illus.). 32p. (J). 18.00 *(978-1-77160-232-7(5))*; pap. 12.00 *(978-1-77160-233-4(3))* RMB Rocky Mountain Bks. CAN. Dist: Publishers Group West (PGW).

Nuptse & Lhotse in the Land of the Midnight Sun, 1 vol. Illus. by Jocey Asnong. 2019. (ENG.). (J). 32p. 18.00 *(978-1-77160-309-6(7))*; 40p. pap. 12.00 *(978-1-77160-310-2(0))* RMB Rocky Mountain Bks. CAN. Dist: Publishers Group West (PGW).

Nur So Geschichten - das Tierische Märchenbuch (Vollständige Deutsche Ausgabe Mit Originalillustrationen) Rudyard Kipling. 2017. (GER., Illus.). 104p. (J). pap. *(978-80-268-5603-0(1))* E-Artnow.

Nura & the Immortal Palace. M.T. Khan. 2022. (ENG.). 272p. (J). (gr. 3-7). 16.99 *(978-0-7595-5795-6(0),* Jimmy Patterson) Little Brown & Co.

Nuri & the Whale. Ronit Chacham. Illus. by Moran Yogev. 2023. (ENG.). 32p. (J). pap. 12.95 *(978-1-78438-806-5(8))* Greenhill Bks. GBR. Dist: Casemate Pubs. & Bk. Distributors, LLC.

Nurikabe Puzzles: The Hard Versions. Steve Lewis. 2022. (ENG.). 161p. (YA). pap. *(978-1-4717-0132-0(8))* Lulu Pr., Inc.

Nurl of Nain. Sandy A. Whitely. 2023. (ENG.). 612p. (YA). 61.99 ***(978-1-6657-3823-1(5))***; pap. 39.99 ***(978-1-6657-3825-5(1))*** Archway Publishing.

Nurnberg Stove (Classic Reprint) Louisa De La Rame. 2018. (ENG., Illus.). 100p. (J). 25.96 *(978-0-483-74538-4(3))* Forgotten Bks.

Nurse. Samantha Bell. Illus. by Jeff Bane. 2017. (My Early Library: My Friendly Neighborhood Ser.). (ENG.). 24p. (J). (gr. k-1). lib. bdg. 30.64 *(978-1-63472-831-7(9),* 209750) Cherry Lake Publishing.

Nurse, 1 vol. Joanna Brundle. 2020. (I Want to Be Ser.). (ENG., Illus.). 24p. (J). (gr. k-2). 22.99 *(978-1-78637-945-0(7))* BookLife Publishing Ltd. GBR. Dist: Independent Pubs. Group.

Nurse at the War: Nursing Adventures in Belgium & France (Classic Reprint) Grace McDougall. 2018. (ENG., Illus.). 232p. (J). 28.68 *(978-0-428-37685-7(1))* Forgotten Bks.

Nurse Dandlem's Little Repository of Great Instruction: Containing the Surprising Adventures of Little Wake Wilful, & His Deliverance from the Giant Grumbolumbo (Classic Reprint) Nurse Dandlem. 2018. (ENG., Illus.). (J). 32p. 24.58 *(978-0-365-01645-8(4))*; 50p. 24.95 *(978-0-267-52649-9(0))* Forgotten Bks.

Nurse Florence(r) Coloring Book: How Do We Speak? Michael Dow. 2023. (ENG.). 49p. (J). pap. ***(978-1-312-65797-7(9))*** Lulu Pr., Inc.

Nurse Florence(r) Coloring Book: What Is Heat Exhaustion? Michael Dow. 2023. (ENG.). 107p. (J). pap. ***(978-1-387-16767-8(7))*** Lulu Pr., Inc.

Nurse Florence(r) Coloring Book: Why & How Do We Sneeze? Michael Dow. 2023. (ENG.). 55p. (J). pap. ***(978-1-387-17125-5(9))*** Lulu Pr., Inc.

Nurse Florence, Help I'm Bleeding. Michael Dow. 2021. (ENG.). 38p. (J). pap. *(978-1-6780-9020-3(4))* Lulu Pr., Inc.

Nurse Florence, How Do We Move Our Bodies? Michael Dow. 2021. (ENG.). 64p. (J). 27.49 *(978-1-7947-2799-1(X))*; pap. 12.99 *(978-1-7947-2800-4(7))* Lulu Pr., Inc.

Nurse Florence, Tell Me Things about the Heart. Michael Dow. 2021. (ENG.). (J). 64p. 27.49 *(978-1-7947-2762-5(0))*; 62p. pap. 12.99 *(978-1-7947-2763-2(9))* Lulu Pr., Inc.

Nurse Florence(R), Can I Get Lyme Disease from a Tick Bite? Michael Dow. 2022. (ENG.). 86p. ***(978-1-387-92757-9(4))***; pap. ***(978-1-387-95190-1(4))*** Lulu Pr., Inc.

Nurse Florence(R) Coloring Book: How Do We Feel Touch? Michael Dow. 2023. (ENG.). 50p. (J). pap. 11.99 ***(978-1-312-55923-3(3))*** Lulu Pr., Inc.

Nurse Florence(R) Coloring Book: How Do We Grow? Michael Dow. 2023. (ENG.). 49p. pap. ***(978-1-387-31455-3(6))*** Lulu Pr., Inc.

Nurse Florence(R) Coloring Book: How Do We Keep Our Balance? Michael Dow. 2023. (ENG.). 52p. (J). pap. ***(978-1-312-78690-5(6))*** Lulu Pr., Inc.

Nurse Florence(R) Coloring Book: How Does Our Brain Work? Michael Dow. 2023. (ENG.). 66p. (J). pap. 13.49 ***(978-1-312-56869-3(0))*** Lulu Pr., Inc.

Nurse Florence(R) Coloring Book: Tell Me about Shingles? Michael Dow. 2023. (ENG.). 73p. pap. ***(978-1-329-70045-1(7))*** Lulu Pr., Inc.

Nurse Florence(R) Coloring Book: Tell Me about the Systems of the Human Body. Michael Dow. 2023. (ENG.). 58p. (J). pap. ***(978-1-312-71603-2(7))*** Lulu Pr., Inc.

Nurse Florence(R) Coloring Book: What Does Our Thyroid Do? Michael Dow. 2023. (ENG.). 65p. pap. ***(978-1-312-81031-0(9))*** Lulu Pr., Inc.

Nurse Florence(R) Coloring Book: What Is a Heatstroke? Michael Dow. 2023. (ENG.). 110p. pap. ***(978-1-329-36619-0(0))*** Lulu Pr., Inc.

Nurse Florence(R) Coloring Book: What Is Alcoholic Hepatitis? Michael Dow. 2023. (ENG.). 96p. (J). pap. ***(978-1-312-73605-4(4))*** Lulu Pr., Inc.

Nurse Florence(R) Coloring Book: What Is Atrial Fibrillation? Michael Dow. 2023. (ENG.). 116p. (J). pap. 16.98 ***(978-1-312-50587-2(7))*** Lulu Pr., Inc.

Nurse Florence(R) Coloring Book: What Is Bacterial Meningitis? Michael Dow. 2023. (ENG.). 98p. (J). pap. 14.99 ***(978-1-312-61625-7(3))*** Lulu Pr., Inc.

Nurse Florence(R) Coloring Book: Why & How Do We Breathe? Michael Dow. 2023. (ENG.). 50p. (J). pap. ***(978-1-312-78955-5(7))*** Lulu Pr., Inc.

Nurse Florence(R) Coloring Book: Why Do We Have a Belly Button? Michael Dow. 2023. (ENG.). 60p. (J). pap. 12.99 ***(978-1-312-47888-6(8))*** Lulu Pr., Inc.

Nurse Florence(R) Coloring Book: Why Do We Lose Our Teeth? Michael Dow. 2023. (ENG.). 50p. pap. ***(978-1-329-36436-3(8))*** Lulu Pr., Inc.

Nurse Florence(R) for the Visually Impaired with Illustrator Lindsay Roberts: Volume 1. Michael Dow. 2023. (ENG.). 326p. (J). pap. 49.99 ***(978-1-312-60992-1(3))*** Lulu Pr., Inc.

Nurse Florence(R), How Do We Feel Dizzy? Michael Dow. (ENG.). 2022. 42p. *(978-1-4583-5402-0(4))*; 2022. 42p. pap. ***(978-1-4583-5404-4(0))***; 2022. 44p. (J). pap. 17.98 *(978-1-6780-4197-7(1))*; 2021. 44p. (J). 25.99 *(978-1-716-14618-3(6))*; 2021. 44p. (J). pap. 11.49 *(978-1-716-14304-5(7))* Lulu Pr., Inc.

Nurse Florence(R), How Do We Feel Hot & Cold Things? Michael Dow. 2022. (ENG.). 44p. *(978-1-4583-7417-2(3))* Lulu Pr., Inc.

Nurse Florence(R), How Do We Feel Touch? Michael Dow. 2022. (ENG.). 42p. *(978-1-4583-6825-6(4))*; pap. *(978-1-4583-8787-5(9))* Lulu Pr., Inc.

Nurse Florence(R), How Do We Hear Things? Michael Dow. 2022. (ENG.). 42p. *(978-1-387-82301-7(9))*; 44p. (J). 25.99 *(978-1-716-01084-2(5))*; 42p. pap. *(978-1-716-01096-5(9))* Lulu Pr., Inc.

Nurse Florence(R), How Do We See Things? Michael Dow. 2022. (ENG.). 44p. *(978-1-4583-7152-2(2))*; pap. *(978-1-4583-8960-2(X))* Lulu Pr., Inc.

Nurse Florence(R), How Do We Smell Things? Michael Dow. 2021. (ENG.). 44p. pap. *(978-1-716-13730-3(6))* Lulu Pr., Inc.

Nurse Florence(R), How Does Our Hair Grow? Michael Dow. 2021. (ENG.). 48p. (J). 26.49 *(978-1-7947-7465-0(3))*; pap. 11.99 *(978-1-716-14269-7(5))* Lulu Pr., Inc.

Nurse Florence(R), How Does the Brain Work? Michael Dow. 2023. (ENG.). 70p. (J). 29.99 ***(978-1-312-68954-1(4))***; pap. 13.99 ***(978-1-312-68955-8(2))*** Lulu Pr., Inc.

Nurse Florence(R), Tell Me about Shingles? Michael Dow. 2023. (ENG.). 74p. ***(978-1-365-75818-8(4))***; pap. ***(978-1-365-75823-2(0))*** Lulu Pr., Inc.

Nurse Florence(R), Tell Me about the Systems of the Human Body. Michael Dow. 2023. (ENG.). 60p. (J). pap. ***(978-1-312-77527-5(0))*** Lulu Pr., Inc.

Nurse Florence(R), What Does Our Body Do with Food? Michael Dow. 2022. (ENG.). 46p. (J). 26.49 *(978-1-4583-3187-8(3))*; pap. 11.99 *(978-1-4583-8382-2(2))* Lulu Pr., Inc.

Nurse Florence(R), What Is a Heart Attack? Michael Dow. 2022. (ENG.). 62p. (J). 27.49 ***(978-1-4357-8078-1(7))***; pap. 12.99 *(978-1-4583-0966-2(5))* Lulu Pr., Inc.

Nurse Florence(R), What Is a Kidney Infection? Michael Dow. 2022. (ENG.). 82p. (J). 28.99 *(978-1-4357-6548-1(6))*; pap. 14.49 *(978-1-4357-9234-0(3))* Lulu Pr., Inc.

Nurse Florence(R), What Is Alcoholic Hepatitis? Michael Dow. 2023. (ENG.). 98p. (J). pap. ***(978-1-329-37722-6(2))***; (YA). ***(978-1-329-37718-9(4))*** Lulu Pr., Inc.

Nurse Florence(R), What Is Asthma? Michael Dow. 2022. (ENG.). 80p. (J). 28.99 ***(978-1-4357-7813-9(8))*** Lulu Pr., Inc.

Nurse Florence(R), What Is Atrial Fibrillation? Michael Dow. 2023. (ENG.). 120p. (J). ***(978-1-329-37625-0(0))***; pap. ***(978-1-329-37668-7(4))*** Lulu Pr., Inc.

Nurse Florence(R), What Is Chronic Kidney Disease? Michael Dow. 2022. (ENG.). 74p. pap. *(978-1-6780-1591-6(1))* Lulu Pr., Inc.

Nurse Florence(R), What Is Clubfoot? Michael Dow. 2023. (ENG.). 100p. (YA). 31.99 ***(978-1-329-37523-9(8))***; pap. 15.99 ***(978-1-329-37549-9(1))*** Lulu Pr., Inc.

Nurse Florence(R), What Is Cystic Fibrosis? Michael Dow. 2022. (ENG.). 82p. (YA). 28.99 *(978-1-4583-0213-7(X))* Lulu Pr., Inc.

Nurse Florence(R), What Is Obesity? Michael Dow. 2022. (ENG.). 116p. ***(978-1-387-91303-9(4))***; pap. ***(978-1-387-93856-8(8))*** Lulu Pr., Inc.

Nurse Florence(R), What Is Polymicrogyria? Michael Dow. 2022. (ENG.). 56p. ***(978-1-387-52475-4(5))*** Lulu Pr., Inc.

Nurse Florence(R), Why & How Do We Breathe? Michael Dow. 2022. (ENG.). 44p. pap. *(978-1-4583-6224-7(8))* Lulu Pr., Inc.

Nurse Florence(R), Why Do We Have to Drink Water? Michael Dow. 2023. (ENG.). 70p. (J). 29.99 ***(978-1-312-79250-0(7))***; pap. ***(978-1-312-79254-8(X))*** Lulu Pr., Inc.

Nurse Florence(R), Why Do We Lose Our Teeth? Michael Dow. 2022. (ENG.). 50p. ***(978-1-387-50050-5(3))***; pap. ***(978-1-387-50053-6(8))*** Lulu Pr., Inc.

Nurse Heatherdales Story & Little: Miss. Peggy (Classic Reprint) Molesworth. 2018. (ENG., Illus.). 408p. (J). 32.31 *(978-0-267-17098-2(X))* Forgotten Bks.

Nurse Heatherdale's Story & Little Miss Peggy. Molesworth. 2016. (ENG.). 398p. (J). pap. *(978-3-7433-8997-7(5))* Creation Pubs.

Nurse Lovechild's Legacy: Being a Mighty Fine Collection of the Most Noble, Memorable & Veracious Nursery Rhymes (Classic Reprint) Claud Lovat Fraser. (ENG., Illus.). (J). 2018. 70p. 25.34 *(978-0-332-15802-0(0))*; 2016. pap. 9.57 *(978-1-333-66967-6(4))* Forgotten Bks.

Nurse Norah's up-To-Date Fairy Tales (Classic Reprint) Elliott Flower. 2018. (ENG., Illus.). 172p. (J). 27.46 *(978-0-364-32753-1(7))* Forgotten Bks.

Nurse Nutmeg: Celebration of the Acorn Cap. Shannon Hudson. Illus. by Dan Carsten. 2020. (Nurse Nutmeg Ser.). (ENG.). 36p. (J). pap. 14.95 *(978-1-64003-856-1(6))* Covenant Bks.

Nurse Rania: Vaccines with Jasmine & Aniya. Rania Al-Najjar. 2020. (ENG.). 20p. (J). (gr. 2-6). 15.00 *(978-0-578-72978-7(4))* Missick Publishing Co.

Nurse Rania & Friends: Fight COVID-19. Rania Al-Najjar. Illus. by Kasey Iris. 2021. (ENG.). 24p. (J). 20.00 *(978-0-578-88784-5(3))* Missick Publishing Co.

Nurse Sharks. Julie Murray. 2019. (Sharks Ser.). (ENG., Illus.). 24p. (J). (gr. k-4). lib. bdg. 31.36 *(978-1-5321-2922-3(X),* 33126, Abdo Zoom-Dash) ABDO Publishing Co.

Nurse Sharks. Rebecca Pettiford. 2021. (Shark Frenzy Ser.). (ENG., Illus.). 24p. (J). (gr. k-3). lib. bdg. 26.95 *(978-1-64487-440-0(7),* Blastoff! Readers) Bellwether Media.

Nurse, Soldier, Spy: The Story of Sarah Edmonds, a Civil War Hero. Marissa Moss. 2016. (ENG., Illus.). 48p. (J). (gr. 1-4). pap. 9.95 *(978-1-4197-2065-9(1),* 658703, Abrams Bks. for Young Readers) Abrams, Inc.

Nurse Tools. Laura Hamilton Waxman. 2019. (Bumba Books (r) — Community Helpers Tools of the Trade Ser.). (ENG., Illus.). 24p. (J). (gr. -1-1). 26.65 *(978-1-5415-5732-1(8),* a84260dc-221a-48c5-af55-32eb5a1c23e6); pap. 8.99 *(978-1-5415-7353-6(6),* c96f1f53-d31c-446f-9c11-944e15aaceb3) Lerner Publishing Group. (Lerner Pubns.).

Nursery: Banks of Colne (Classic Reprint) Eden Phillpotts. 2017. (ENG., Illus.). 356p. (J). 31.26 *(978-0-265-88066-1(1))* Forgotten Bks.

Nursery? Not Today! Rebecca Patterson. Illus. by Nikki Dyson. 2021. (ENG.). 32p. (J). pap. 6.99 *(978-1-4052-9529-1(5))* Farshore GBR. Dist: HarperCollins Pubs.

Nursery, 1869, Vol. 5: A Monthly Magazine for Youngest Readers (Classic Reprint) Fanny P. Seaverns. (ENG., Illus.). (J). 2018. 198p. 27.98 *(978-0-666-70226-5(8))*; 2017. pap. 10.57 *(978-0-259-38913-2(7))* Forgotten Bks.

Nursery, 1870, Vol. 7: A Monthly Magazine for Youngest Readers (Classic Reprint) Unknown Author. (ENG., Illus.). (J). 2018. 198p. 27.98 *(978-0-483-67694-7(2))*; 2016. pap. 10.57 *(978-1-334-58105-2(3))* Forgotten Bks.

Nursery, 1870, Vol. 8: A Monthly Magazine for Youngest Readers (Classic Reprint) Unknown Author. (ENG., Illus.). (J). 2018. 198p. 27.98 *(978-0-428-49540-4(0))*; 2017. pap. 10.57 *(978-0-259-01884-1(8))* Forgotten Bks.

Nursery, 1871, Vol. 10: A Monthly Magazine for Youngest Readers (Classic Reprint) Unknown Author. (ENG., Illus.). (J). 2018. 198p. 27.98 *(978-0-483-53049-2(2))*; 2017. pap. 10.57 *(978-0-243-16537-7(4))* Forgotten Bks.

Nursery, 1874, Vol. 15: A Monthly Magazine for Youngest Readers (Classic Reprint) John L. Shorey. 2017. (ENG., Illus.). (J). 28.19 *(978-0-265-71351-8(X))*; pap. 10.57 *(978-1-5276-6770-9(7))* Forgotten Bks.

Nursery, 1874, Vol. 16: A Monthly Magazine for Youngest Readers (Classic Reprint) John L. Shorey. 2017. (ENG., Illus.). (J). 27.98 *(978-0-266-71393-7(9))*; pap. 10.57 *(978-1-5276-6823-2(1))* Forgotten Bks.

Nursery, 1875, Vol. 17: A Monthly Magazine for Youngest Readers (Classic Reprint) Unknown Author. 2018. (ENG., Illus.). (J). 388p. 31.90 *(978-0-332-63035-9(8))*; 390p. pap. 16.57 *(978-0-243-96129-0(4))* Forgotten Bks.

Nursery, 1877, Vol. 21: A Monthly Magazine for Youngest Readers (Classic Reprint) Fanny P. Seavems. (ENG., Illus.). (J). 2018. 372p. 31.86 *(978-0-484-73214-7(5))*; 2017. pap. 13.97 *(978-0-243-26309-7(0))* Forgotten Bks.

Nursery Book of Bible Stories: 35 Illustrated Biblical Tales for Christian Children Aged Three to Seven. Amy Steedman. 2020. (ENG., Illus.). 114p. (J). pap. *(978-1-78987-226-2(X))* Pantianos Classics.

Nursery Comedies: Twelve Tiny Plays for Children (Classic Reprint) Lady Bell. 2018. (ENG., Illus.). 134p. (J). 26.66 *(978-0-267-40643-2(6))* Forgotten Bks.

Nursery Conversations: With Children of Three & Four Years of Age (Classic Reprint) Unknown Author. 2018. (ENG., Illus.). 50p. (J). 24.95 *(978-0-332-81884-9(5))* Forgotten Bks.

Nursery Dialogues, or Conversations Between Nurse Dorothy & Little Emma: Interspersed with Delightful Songs, Written & Sung by That Good Old Lady (Classic Reprint) Unknown Author. 2018. (ENG., Illus.). 78p. (J). 25.51 *(978-0-267-41555-7(9))* Forgotten Bks.

Nursery Lesson Book: A Guide for Mothers in Teaching Young Children (Classic Reprint) Philip Gengembre Hubert. 2017. (ENG., Illus.). (J). 78p. 25.51 *(978-0-484-86836-5(5))*; pap. 9.57 *(978-1-332-82109-9(X))* Forgotten Bks.

Nursery Lessons: In Words of One Syllable (Classic Reprint) Unknown Author. 2017. (ENG., Illus.). 24p. (J). 24.39 *(978-0-484-08146-7(2))* Forgotten Bks.

Nursery Lyrics: And Other Verses for Children (Classic Reprint) Strachey Strachey. 2018. (ENG., Illus.). 110p. (J). 26.17 *(978-0-267-15494-4(1))* Forgotten Bks.

Nursery Morals: Chiefly in Monosyllables (Classic Reprint) Maria Elizabeth Budden. 2018. (ENG., Illus.). 180p. (J). 27.65 *(978-0-484-66868-2(4))* Forgotten Bks.

Nursery Nonsense (Classic Reprint) Unknown Author. 2018. (ENG., Illus.). 20p. (J). 24.33 *(978-0-484-46911-1(8))* Forgotten Bks.

Nursery Rhyme & Shine. Sally Garland. 2019. (ENG., Illus.). 20p. (J). (gr. k-1). bds. 7.99 *(978-1-4867-1561-9(3),* 785f5ef2-f8bf-46ec-9b12-c68d0a88d7f9) Flowerpot Pr.

Nursery Rhyme Book. Unknown. 2018. (ENG., Illus.). 194p. (YA). (gr. 7-12). pap. *(978-93-5329-284-3(0))* Alpha Editions.

Nursery Rhyme Book (Classic Reprint) Andrew Lang. 2017. (ENG., Illus.). (J). 29.90 *(978-0-260-28092-3(5))* Forgotten Bks.

Nursery Rhyme Picture Book: With Drawings in Colour & Black & White (Classic Reprint) Leonard Leslie Brooke. (ENG., Illus.). (J). 2018. 68p. 25.32 *(978-0-656-05087-1(X))*; 2016. pap. 9.57 *(978-1-333-69248-3(X))* Forgotten Bks.

Nursery Rhyme Poems. Melvinnie Lockhart-Johnson. 2021. (ENG.). 26p. (J). pap. 12.95 *(978-1-64801-664-6(2))* Newman Springs Publishing, Inc.

Nursery Rhymes. Joan Hoffman. 2019. (ENG.). 32p. (J). (gr. -1-k). pap. 4.49 *(978-1-60159-115-9(2),* bc300fd1-1047-40c3-92d7-ba873f82a7f0) School Zone Publishing Co.

Nursery Rhymes: Illustrated (Classic Reprint) Unknown Author. 2018. (ENG., Illus.). 22p. (J). 24.35 *(978-0-656-66228-9(X))* Forgotten Bks.

N

Nursery Rhymes: With Drawings (Classic Reprint) Leonard Leslie Brooke. 2018. (ENG., Illus.). 66p. (J). 25.26 *(978-0-484-14217-5(8))* Forgotten Bks.

Nursery Rhymes: With Pictures (Classic Reprint) Claud Lovat Fraser. (ENG., Illus.). (J). 2017. 24.97 *(978-0-331-90742-1(9))*; 2016. pap. 9.57 *(978-1-333-88239-6(4))* Forgotten Bks.

Nursery Rhymes Board Book: Illustrated Classic Nursery Rhymes. Wonder House Books. 2018. (My First Book Ser.). (ENG.). 24p. (J). (— 1). bds. 6.99 ***(978-93-88144-20-9(1))*** Prakash Bk. Depot IND. Dist: Independent Pubs. Group.

Nursery Rhymes (Classic Reprint) L. Leslie Brooke. 2018. (ENG., Illus.). 66p. (J). 25.26 *(978-0-267-41122-1(7))* Forgotten Bks.

Nursery Rhymes (Classic Reprint) Kriss Kringle's Library. (ENG., Illus.). (J). 2018. 60p. 25.13 *(978-0-656-41069-9(8))*; 2017. pap. 9.57 *(978-0-259-80619-6(6))* Forgotten Bks.

Nursery Rhymes Coloring Book. Jasmine Taylor. 2019. (ENG., Illus.). 56p. (J). pap. *(978-0-359-87162-9(3))* Lulu Pr., Inc.

Nursery Rhymes Coloring Book Vol I - Preschool Reading & Writing Books Children's Reading & Writing Books. Baby Professor. 2017. (ENG., Illus.). (J). pap. 9.55 *(978-1-5419-2566-3(1)*, Baby Professor (Education Kids)) Speedy Publishing LLC.

Nursery Rhymes Coloring Book Vol II - Preschool Reading & Writing Books Children's Reading & Writing Books. Baby Professor. 2017. (ENG., Illus.). (J). pap. 9.55 *(978-1-5419-2567-0(X)*, Baby Professor (Education Kids)) Speedy Publishing LLC.

Nursery Rhymes for Kinder Times - Volume 1. Pam Gittleman. 2023. (ENG.). 46p. (J). 18.95 ***(978-1-63755-801-0(5)***, Mascot Kids) Amplify Publishing Group.

Nursery Rhymes for Modern Times. Anjo Gamiarha. 2021. (ENG.). 58p. (J). pap. 15.99 *(978-1-6628-1258-3(2))* Salem Author Services.

Nursery Rhymes Musical Songbook. Wendy Straw. 2019. (Wendy Straw's Songbooks Ser.). (ENG.). 16p. (J). (— 1). 14.99 *(978-1-925386-91-2(0)*, Brolly Bks.) Borghesi & Adam Pubs. Pty Ltd AUS. Dist: Independent Pubs. Group.

Nursery Rhymes of England: Obtained Principally from Oral Tradition (Classic Reprint) James Orchard Halliwell. 2017. (ENG., Illus.). (J). 29.61 *(978-0-265-30322-1(2))* Forgotten Bks.

Nursery Rhymes of England (Classic Reprint) James Orchard Halliwell. 2017. (ENG., Illus.). (J). 30.93 *(978-0-260-67843-0(0))* Forgotten Bks.

Nursery Rhymes on Stage. Julie Meighan. 2023. (On Stage Bks.: Vol. 21). (ENG.). 54p. (J). pap. ***(978-1-9163196-0-8(2))*** JemBks.

Nursery Rhymes, Vol. 2: Rhymes & Lullabies (Classic Reprint) Leonard Leslie Brooke. (ENG., Illus.). (J). 2018. 68p. 25.30 *(978-0-267-31885-8(5))*; 2016. pap. 9.57 *(978-1-333-47777-6(5))* Forgotten Bks.

Nursery School Experiment: Descriptive Report; with a Section on Music (Classic Reprint) Harriet Merrill Johnson. (ENG., Illus.). (J). 2018. 86p. 25.69 *(978-0-656-23191-1(2))*; 2017. pap. 9.57 *(978-0-259-87584-0(8))* Forgotten Bks.

Nursery Songs & Rhymes of England (Classic Reprint) Winifred Smith. 2018. (ENG., Illus.). (J). 36p. 24.66 *(978-1-396-74366-5(9))*; 38p. pap. 7.97 *(978-1-391-97621-1(5))* Forgotten Bks.

Nursery Stories: Gramma's Version. Lillian Rozanski. 2022. (ENG., Illus.). 30p. (J). pap. 12.95 *(978-1-6624-4285-8(8))* Page Publishing Inc.

Nursery Story of the Bible (Classic Reprint) Louise M. Pleasanton. (ENG., Illus.). (J). 2018. 194p. 27.90 *(978-0-267-31461-4(2))*; 2016. pap. 10.57 *(978-1-333-44218-7(1))* Forgotten Bks.

Nursery Stud Thoroughbreds: Property of August Belmont, Lexington, Kentucky (Classic Reprint) August Belmont. (ENG., Illus.). (J). 2017. pap. 9.97 *(978-1-5278-9015-2(5))*; 2016. pap. 10.97 *(978-1-334-49535-9(1))* Forgotten Bks.

Nursery Tales from Many Lands (Classic Reprint) Eleanor Louise Skinner. 2017. (ENG., Illus.). (J). 26.91 *(978-0-331-17336-9(0))*; pap. 9.57 *(978-0-265-00665-8(1))* Forgotten Bks.

Nursery, Vol. 1: A Magazine for Youngest Readers (Classic Reprint) Fanny P. Sea. 2018. (ENG., Illus.). 198p. (J). 27.98 *(978-0-483-74181-2(7))* Forgotten Bks.

Nursery, Vol. 11: A Monthly Magazine for Youngest Readers (Classic Reprint) Fanny P. Seaverns. 2018. (ENG., Illus.). 196p. (J). 27.94 *(978-0-483-51237-5(0))* Forgotten Bks.

Nursery, Vol. 13: A Monthly Magazine for Youngest Readers (Classic Reprint) Fanny P. Seaverns. 2018. (ENG., Illus.). 198p. (J). 27.98 *(978-0-483-95129-7(3))* Forgotten Bks.

Nursery, Vol. 14: A Monthly Magazine for Youngest Readers (Classic Reprint) Fanny P. Seaverns. 2018. (ENG., Illus.). 198p. (J). 27.98 *(978-0-267-15040-3(7))* Forgotten Bks.

Nursery, Vol. 19: A Monthly Magazine for Youngest Readers (Classic Reprint) John L. Shorey. (ENG., Illus.). (J). 2018. 31.82 *(978-0-332-01353-4(7))*; 2017. pap. 16.57 *(978-0-243-26574-9(3))* Forgotten Bks.

Nursery, Vol. 29: A Monthly Magazine for Youngest Readers (Classic Reprint) Unknown Author. (ENG., Illus.). (J). 2018. 388p. 31.90 *(978-0-483-99566-6(5))*; 2016. pap. 16.57 *(978-1-333-77780-7(9))* Forgotten Bks.

Nursery, Vol. 3: A Magazine for Youngest Readers (Classic Reprint) Fanny P. Seaverns. 2018. (ENG., Illus.). 196p. (J). 27.94 *(978-0-483-30920-3(6))* Forgotten Bks.

Nursery, Vol. 6: A Monthly Magazine for Youngest Readers (Classic Reprint) Unknown Author. 2018. (ENG., Illus.). 198p. (J). 27.98 *(978-0-483-55572-3(X))* Forgotten Bks.

Nurserymatograph by a Lawyer: With Interludicrousness by a Parson, & Sillystrations by a Serjeant-Major (Classic Reprint) John Lane. 2018. (ENG., Illus.). 84p. (J). 25.63 *(978-0-267-28205-0(2))* Forgotten Bks.

Nurses. Quinn M. Arnold. 2017. (Seedlings Ser.). (ENG., Illus.). 24p. (J). (gr. -1-k). *(978-1-60818-874-1(4)*, 20357, Creative Education) Creative Co., The.

Nurses. Meg Gaertner. 2018. (Community Workers Ser.). (ENG., Illus.). 24p. (J). (gr. 1-1). pap. 8.95 *(978-1-63517-808-1(8)*, 1635178088) North Star Editions.

Nurses. Meg Gaertner. 2018. (Community Workers Ser.). (ENG., Illus.). 24p. (J). (gr. k-3). lib. bdg. 31.36 *(978-1-5321-6013-4(5)*, 28658, Pop! Cody Koala) Pop!.

Nurses. Christina Leaf. 2018. (Community Helpers Ser.). (ENG., Illus.). 24p. (J). (gr. k-3). lib. bdg. 26.95 *(978-1-62617-748-2(1)*, Blastoff! Readers) Bellwether Media.

Nurses. Emma Less. 2018. (Real-Life Superheroes Ser.). (ENG.). 16p. (J). (gr. k-2). pap. 7.99 *(978-1-68152-279-1(9)*, 14919) Amicus.

Nurses. Cecilia Minden & Linda M. Armantrout. 2022. (Community Helpers Ser.). (ENG.). 24p. (J). (gr. k-3). lib. bdg. 32.79 *(978-1-5038-5831-2(6)*, 215697, Wonder Books(r)) Child's World, Inc, The.

Nurses. Julie Murray. 2020. (My Community: Jobs Ser.). (ENG., Illus.). 24p. (J). (gr. -1-2). lib. bdg. 31.36 *(978-1-0982-0583-6(9)*, 36353, Abdo Kids) ABDO Publishing Co.

Nurses. Samantha Simon. 2017. (Careers in Healthcare Ser.: Vol. 13). (ENG., Illus.). 64p. (YA). (gr. 7-12). 23.95 *(978-1-4222-3800-4(8))* Mason Crest.

Nurses & What They Do. Liesbet Slegers. 2021. (Profession Ser.: 14). (ENG., Illus.). 32p. (J). 16.95 *(978-1-60537-713-1(9))* Clavis Publishing.

Nurse's Life in War & Peace (Classic Reprint) E. C. Laurence. 2018. (ENG., Illus.). 336p. (J). 30.85 *(978-0-483-32137-3(0))* Forgotten Bks.

Nurse's Story in Which Reality Meets Romance (Classic Reprint) Adele Bleneau. 2018. (ENG., Illus.). 278p. (J). 29.80 *(978-0-428-36715-2(1))* Forgotten Bks.

Nursing Professionals: A Practical Career Guide. Kezia Endsley. 2020. (Practical Career Guides). (Illus.). 120p. (YA). (gr. 8-17). pap. 39.00 *(978-1-5381-3311-8(3))* Rowman & Littlefield Publishers, Inc.

Nut Case. Laura Catherine. 2020. (ENG., Illus.). 34p. (J). 23.95 *(978-1-6624-0669-0(X))* Page Publishing Inc.

Nut Cracker (Classic Reprint) Frederic S. Isham. 2018. (ENG., Illus.). 260p. (J). 29.26 *(978-0-332-83212-8(0))* Forgotten Bks.

Nut Free & Happy: A Guidebook for Children & Families Living Nut Free. Michelle Diana Lowe. Illus. by Noora Murad & Reem Alomari. 2020. (ENG.). 70p. (J). pap. *(978-1-9998297-5-9(1))* Lowe, Michelle Diana Pr.

Nut That Fell from the Tree. Sangeeta Bhadra. Illus. by France Cormier. 2020. (ENG.). 32p. (J). (gr. -1-2). 17.99 *(978-1-5253-0119-3(5))* Kids Can Pr., Ltd. CAN. Dist: Hachette Bk. Group.

Nutaui's Cap, 1 vol. Bob Bartel. Illus. by Mary Ann Penashue. 2019. (ENG.). 68p. (J). (gr. 4-7). 19.95 *(978-1-927917-24-4(7))* Running the Goat, Bks. & Broadsides CAN. Dist: Orca Bk. Pubs. USA.

Nutcracked. Susan Adrian. 2019. 256p. (J). (gr. 3-7). pap. 7.99 *(978-0-399-55671-5(0)*, Yearling) Random Hse. Children's Bks.

Nutcracker. Giovanni Caviezel & Andrea Lorini. Illus. by Roberta Pagnoni & Laura Rigo. 2018. 10p. (J). (gr. -1-k). bds. 4.99 *(978-1-4380-5057-7(7))* Sourcebooks, Inc.

Nutcracker. Ed. by Cottage Door Press. 2022. (ENG.). 32p. (J). 9.99 ***(978-1-64638-495-2(4)***, 2004320, Parragon Books) Cottage Door Pr.

Nutcracker, 1 vol. Illus. by Luciana Feito. 2020. (Stories of Christmas Ser.). (ENG.). 24p. (J). (gr. 1-2). lib. bdg. 26.27 *(978-1-4994-8595-0(6)*, cf1c7bc5-d4d4-4c4f-9e87-8b0405800573); pap. 9.25 *(978-1-4994-8593-6(X)*, 7d29a487-5d6b-4dbd-aeea-288ff66c7600) Rosen Publishing Group, Inc., The. (Windmill Bks.).

Nutcracker. David L. Groover & Peter Ilich. Tchaikovsky. Illus. by Terrell Eastman Sprague. 2018. (J). *(978-1-942945-63-5(9))* Night Heron Media.

Nutcracker. E. T. A. Hoffman. Illus. by Lisbeth Zwerger. 2016. (ENG.). 40p. (J). (gr. k-2). 19.95 *(978-0-7358-4270-0(1))* North-South Bks., Inc.

Nutcracker. E. T. A. Hoffmann. Illus. by Carly Gledhill. 2019. (Penguin Bedtime Classics Ser.). (ENG.). 18p. (J). (— 1). bds. 7.99 *(978-0-593-11324-0(1)*, Viking Books for Young Readers) Penguin Young Readers Group.

Nutcracker. E. T. A. Hoffmann. Illus. by Don Daily. 2019. (ENG.). 26p. (J). (gr. -1 — 1). bds. 12.99 *(978-0-7624-9571-9(5)*, Running Pr. Kids) Running Pr.

Nutcracker. E. T. A. Hoffmann. Illus. by Roberto Innocenti. 2017. 136p. (J). (gr. 3-5). 29.99 *(978-1-56846-313-1(8)*, 20176, Creative Editions) Creative Co., The.

Nutcracker. New York City Ballet. Illus. by Valeria Docampo. (Classic Board Bks.). (ENG.). (J). (gr. -1-3). 2018. 38p. bds. 8.99 *(978-1-5344-2843-0(7))*; 2016. 40p. 18.99 *(978-1-4814-5829-0(9))* Little Simon. (Little Simon).

Nutcracker. Niroot Puttapipat. Illus. by Niroot Puttapipat. 2016. (ENG., Illus.). 12p. (J). (gr. -1-2). 19.99 *(978-0-7636-8125-8(3))* Candlewick Pr.

Nutcracker. Illus. by Eric Puybaret. 2022. 44p. (J). (gr. -1-3). 8.99 *(978-1-4549-4660-1(1)*, Union Square Pr.) Sterling Publishing Co., Inc.

Nutcracker. Patrick Regan. Illus. by Natasha Kuricheva. 2016. (ENG.). 26p. (J). bds. 9.99 *(978-1-4494-5586-6(7))* Andrews McMeel Publishing.

Nutcracker. Illus. by Ritva Voutila. 2016. (ENG.). 32p. (J). (gr. k-3). 18.99 *(978-1-74297-778-2(2))* Little Hare Bks. AUS. Dist: Independent Pubs. Group.

Nutcracker: A Papercut Pop-Up Book. Shobhna Patel. 2017. (ENG., Illus.). 32p. (J). (gr. -1-7). 19.95 *(978-0-500-65124-7(8)*, 565124) Thames & Hudson.

Nutcracker: And Mouse King. E. T. A. Hoffmann. Tr. by Ascott Robert Hope. Illus. by Charles Albert D'Arnoux. 2019. (ENG.). 152p. (J). (gr. k-6). pap. *(978-625-7959-22-3(5))* Uhrayoglu, Murat E Kitap Projesi.

Nutcracker: The Original 1853 Edition with Illustrations. E. T. A. Hoffmann. Tr. by St Simon. 2016. (ENG., Illus.). (J). (gr. 5-6). 13.95 *(978-1-936830-92-3(2)*, Suzeteo Enterprises); pap. 9.00 *(978-1-936830-90-9(6))* Athanatos Publishing Group.

Nutcracker - Ladybird Readers Level 2. Ladybird. 2020. (Ladybird Readers Ser.). (Illus.). 48p. (J). (gr. 1-2). pap. 9.99 *(978-0-241-40177-4(1)*, Ladybird) Penguin Bks., Ltd. GBR. Dist: Independent Pubs. Group.

Nutcracker Activity Book - Ladybird Readers Level 2. Ladybird & Ladybird Books Staff. 2020. (Ladybird Readers Ser.). (Illus.). 16p. (J). (gr. 1-2). pap. 5.99 *(978-0-241-40178-1(X)*, Ladybird) Penguin Bks., Ltd. GBR. Dist: Independent Pubs. Group.

Nutcracker & Mouse-King. E. T. A. Hoffmann. Tr. by Alexander S. Templeton. Illus. by Sydni Kruger. 2017. (ENG.). (J). (gr. 3-7). pap. 7.99 *(978-0-9982464-1-3(7))* Alexander Stoll Templeton.

Nutcracker & Mouse-King: Translated from the German (Classic Reprint) Ernst Theodor Amadeus Hoffmann. 2017. (ENG., Illus.). (J). 27.07 *(978-0-331-62251-5(3))*; pap. 9.57 *(978-0-243-26445-2(3))* Forgotten Bks.

Nutcracker & the King of the Mice see Nutcracker & the Mouse King

Nutcracker & the Mouse King: A Play: a Christmas Play in Two Acts for Young Actors. Millie Hardy-Sims. 2021. (ENG.). 95p. pap. *(978-1-326-97926-3(4))* Lulu Pr., Inc.

Nutcracker & the Mouse King (Christmas Classics Series) Fantasy Classic. E. T. A. Hoffmann. 2019. (ENG.). 48p. (J). pap. *(978-80-273-3163-5(3))* E-Artnow.

Nutcracker & the Mouse King: the Graphic Novel. E. T. A. Hoffmann. Illus. by Natalie Andrewson. 2020. (ENG.). 144p. (J). 18.99 *(978-1-59643-681-7(6)*, 900071149, First Second Bks.) Roaring Brook Pr.

Nutcracker Crunch. Little Bee Books. Illus. by Allison Black. 2021. (Crunchy Board Bks.). (ENG.). 12p. (J). (gr. -1-1). bds., bds. 9.99 *(978-1-4998-1209-1(4))* Little Bee Books Inc.

Nutcracker Dancing Shapes: Shapes & Stories from Konora's Twenty-Five Nutcracker Roles. Once Upon A Dance. 2021. (Dancing Shapes Ser.: Vol. 3). (ENG.). 46p. (J). 24.99 *(978-1-7363536-3-9(2))* Once Upon a Dance.

Nutcracker in Harlem. T. E. McMorrow. Illus. by James Ransome. 2017. (ENG.). 32p. (J). (gr. -1-3). lib. bdg. 18.89 *(978-0-06-117599-2(4)*, HarperCollins) HarperCollins Pubs.

Nutcracker in Harlem: A Christmas Holiday Book for Kids. T. E. McMorrow. Illus. by James Ransome. 2017. (ENG.). 32p. (J). (gr. -1-3). 17.99 *(978-0-06-117598-5(6)*, HarperCollins) HarperCollins Pubs.

Nutcracker Mice. Kristin Kladstrup. Illus. by Brett Helquist. 2020. (ENG.). 336p. (J). (gr. 2-5). pap. 8.99 *(978-1-5362-1576-2(7))* Candlewick Pr.

Nutcracker of Crystalfall: A Fae Nutcracker Retelling. Kay L. Moody. 2022. (Fae & Crystal Thorns Ser.). (ENG.). 220p. (YA). pap. 9.99 ***(978-1-954335-12-7(1))*** Marten Pr.

Nutcracker Sound Book. Fiona Watt. 2019. (Press-A-Sound Bks.). (ENG.). 10ppp. (J). 19.99 *(978-0-7945-4741-7(9)*, Usborne) EDC Publishing.

Nutcracker Versus Nutcracker. Elizabeth Lee Sorrell. Illus. by Sandra Js Coleman. 2017. (ENG.). (J). (gr. k-5). 19.99 *(978-0-9995800-0-4(0))* Yarbrough Hse. Publishing.

Nutley. Deborah Smith. 2022. (ENG.). 36p. (J). pap. *(978-1-3984-3630-5(5))* Austin Macauley Pubs. Ltd.

Nutmeg the Chipmunk: Colouring Book with Fun Facts for Kids. Renata Quattro. Illus. by Christopher Tari. 2021. (ENG.). 28p. (J). pap. *(978-0-2288-6777-7(0))* Tellwell Talent.

Nutmeg the Chipmunk: Fun Facts for Kids. Renata Quattro. Illus. by Christopher Tari. 2021. (ENG.). 70p. (J). pap. *(978-0-2288-6775-3(4))* Tellwell Talent.

Nutmeg the Guinea Pig (Dr. KittyCat #5) Jane Clarke. 2017. (Dr. KittyCat Ser.: 5). (ENG.). 96p. (J). (gr. 2-5). pap. 5.99 *(978-0-545-94189-1(X)*, Scholastic Paperbacks) Scholastic, Inc.

Nutrias Bebés. Kate Riggs. 2021. (Principio de Los Ser.). (SPA.). 16p. (J). (gr. -1-k). pap. 7.99 *(978-1-62832-991-9(2)*, 18023, Creative Paperbacks) Creative Co., The.

Nutrias: ¿de Río o de Mar? un Libro de Comparaciones y Contrastes: Otters: River or Sea? a Compare & Contrast Book in Spanish, 1 vol. Cathleen McConnell. Tr. by Alejandra de la Torre from ENG. 2021. (SPA., Illus.). 32p. (J). *(978-1-63817-082-2(7))* Arbordale Publishing.

Nutrias Invade Marshes & Waterways. Susan H. Gray. 2021. (21st Century Junior Library: Invasive Species Science: Tracking & Controlling Ser.). (ENG., Illus.). 24p. (J). (gr. 2-5). pap. 12.79 *(978-1-5341-8841-9(X)*, 219099); lib. bdg. 30.64 *(978-1-5341-8701-6(4)*, 219098) Cherry Lake Publishing.

Nutrient Cycles: Discover Pictures & Facts about Nutrient Cycles for Kids! a Children's Food Book. Bold Kids. 2021. (ENG.). 30p. (J). pap. 11.99 *(978-1-0717-0800-2(7))* FASTLANE LLC.

Nutrition 101 with Baby Tooth (Hardcover) Lauren Kelley. 2018. (Baby Tooth Dental Bks.: Vol. 2). (ENG., Illus.). 32p. (J). 15.99 *(978-1-7326422-2-5(2))* Bks. With Purpose LLC.

Nutrition 101 with Baby Tooth (Softcover) Lauren Kelley. 2018. (Baby Tooth Dental Bks.: Vol. 2). (ENG., Illus.). 32p. (J). pap. 8.99 *(978-1-7326422-3-2(0))* Bks. With Purpose LLC.

Nutrition & Exercise. Emma Huddleston. 2020. (Strong, Healthy Girls Ser.). (ENG., Illus.). 112p. (J). (gr. 6-12). lib. bdg. 41.36 *(978-1-5321-9221-0(5)*, 34995, Essential Library) ABDO Publishing Co.

Nutrition & Health, 10 vols. annot. ed. 2019. (Nutrition & Health Ser.). (ENG.). 104p. (YA). (gr. 7-7). lib. bdg. 205.15 *(978-1-5345-6888-4(3)*, fdcd98d3-942a-4e4b-8c46-bde9e3c9f3e1, Lucent Pr.) Greenhaven Publishing LLC.

Nutrition & Poverty. Rae Simons. 2016. (ENG., Illus.). (J). pap. 24.99 *(978-1-62524-392-8(8)*, Village Earth Pr.) Harding Hse. Publishing Sebice Inc.

Nutrition & Your Body (Set), 6 vols. 2019. (Nutrition & Your Body Ser.). (ENG.). 48p. (J). (gr. 4-8). lib. bdg. 213.84 *(978-1-5321-1881-4(3)*, 32631) ABDO Publishing Co.

Nutrition Myths, Busted! Marne Ventura. 2017. (Science Myths, Busted! Ser.). (ENG., Illus.). 32p. (J). (gr. 3-6). 32.80 *(978-1-63235-304-7(0)*, 11809, 12-Story Library) Bookstaves, LLC.

Nutritious & Delicious: A Fruitful Conversation for Kids. Leanne de Souza-Kenney. 2017. (ENG., Illus.). (J). 38p. ***(978-1-77302-593-3(7))***; 40p. pap. ***(978-1-77302-594-0(5))*** Tellwell Talent.

Nuts! Lou Peacock. Illus. by Yasmeen Ismail. 2019. (ENG.). 32p. (J). (-k). 15.99 *(978-1-5362-0824-5(8))* Candlewick Pr.

Nuts about Science: Lucy's Lab #1. Michelle Houts. Illus. by Elizabeth Zechel. 2017. (Lucy's Lab Ser.: 1). (ENG.). 112p. (J). (gr. 1-4). 13.99 *(978-1-5107-1064-1(7)*, Sky Pony Pr.) Skyhorse Publishing Co., Inc.

Nuts! & Is That My Ball? Jenny Jinks. Illus. by Chiara Fiorentino. 2022. (Early Bird Readers — Red (Early Bird Stories (tm)) Ser.). (ENG.). 32p. (J). (gr. -1-2). pap. 9.99 *(978-1-7284-6316-2(5)*, fbcf92fa-8489-4830-b14c-c008441d9e1d); lib. bdg. 30.65 *(978-1-7284-5878-6(1)*, 4d84a6d7-a7ef-440d-9c81-9ceb9253c168) Lerner Publishing Group. (Lerner Pubns.).

Nuts: Keep Rolling! Eric Litwin. Illus. by Scott Magoon. 2017. (ENG.). 32p. (J). (gr. -1-3). 18.99 *(978-0-316-32251-5(2))* Little, Brown Bks. for Young Readers.

Nutsi Veut Attraper la Lune. Emma Paidge. Illus. by Emma Paidge. 2017. (FRE., Illus.). (J). pap. *(978-2-9559553-0-7(2))* Paidge, Emma.

Nuttall Encyclopaedia: Being a Concise & Comprehensive Dictionary of General Knowledge; Volume 1. Rev James Wood. 2017. (ENG., Illus.). (J). 33.95 *(978-1-374-94209-7(X))*; pap. 24.95 *(978-1-374-94208-0(1))* Capital Communications, Inc.

Nuttall Encyclopaedia: Being a Concise & Comprehensive Dictionary of General Knowledge; Volume 2. Rev James Wood. 2017. (ENG., Illus.). (J). 32.95 *(978-1-374-87810-5(3))*; pap. 23.95 *(978-1-374-87809-9(X))* Capital Communications, Inc.

Nuttall Encyclopaedia: Being a Concise & Comprehensive Dictionary of General Knowledge; Volume 3. Rev James Wood. 2017. (ENG., Illus.). (J). 29.95 *(978-1-374-87812-9(X))*; pap. 20.95 *(978-1-374-87811-2(1))* Capital Communications, Inc.

Nuttall Encyclopaedia: Being a Concise & Comprehensive Dictionary of General Knowledge; Volume 4. Rev James Wood. 2017. (ENG., Illus.). (J). 29.95 *(978-1-374-87786-3(7))*; pap. 19.95 *(978-1-374-87785-6(9))* Capital Communications, Inc.

Nuttie's Father (Classic Reprint) Charlotte M. Yonge. 2017. (ENG., Illus.). 468p. (J). 33.57 *(978-0-484-06906-9(3))* Forgotten Bks.

Nuttie's Father, Vol. 1 (Classic Reprint) Charlotte M. Yonge. 2018. (ENG., Illus.). 264p. (J). 29.36 *(978-0-332-95948-1(1))* Forgotten Bks.

Nuttie's Father, Vol. 2 (Classic Reprint) Charlotte Mary Yonge. 2018. (ENG., Illus.). 270p. (J). 29.47 *(978-0-332-81994-5(9))* Forgotten Bks.

Nuttin but Seeds. E. a Fancher. 2019. (ENG.). 30p. (J). pap. 12.95 *(978-1-64416-806-6(5))* Christian Faith Publishing.

Nutty Little Vulture. Marta Magellan. Illus. by Mauro Magellan. 2021. (ENG.). 34p. (J). pap. 9.99 *(978-1-63233-079-6(2))* Eifrig Publishing.

Nutty Nature, 1 vol. Chuck Whelon. 2018. (Joking Around Ser.). (ENG.). 32p. (J). (gr. 2-3). 28.93 *(978-1-5081-9571-9(4)*, b6a96487-ff24-4d47-ab9a-48c057e13fb1, Windmill Bks.) Rosen Publishing Group, Inc., The.

Nutty Study Buddies. Mike Nawrocki. Illus. by Luke Séguin-Magee. 2019. (Dead Sea Squirrels Ser.: 3). (ENG.). 128p. (J). pap. 6.99 *(978-1-4964-3506-4(0)*, 20_32045, Tyndale Kids) Tyndale Hse. Pubs.

Nutty to Meet You, Dr. Peanut. Alan Venable. Illus. by Natalie Lewellyn. 2020. (ENG.). 38p. (J). pap. 10.95 *(978-1-940722-05-4(5))* One Monkey Bks.

Nutz. Jamie B. Brown. 2021. (ENG.). 34p. (J). 19.99 *(978-1-7366421-0-8(3))* J. B. Bks., LLC.

Nutzliche Anweisung Oder Beyhulfe VOR Die Teutschen Um Englisch Zu Lernen: Wie Es VOR Neu-Ankommende und Andere Im Land Gebohrne Land-Und Handwercks-Leute, Welche der Englischen Sprache Erfahrne und Geubte Schulmeister und Preceptores Ermangelen, Christopher Sower. 2017. (ENG., Illus.). (J). 29.92 *(978-0-260-56246-3(7))*; pap. 13.57 *(978-0-266-04541-0(3))* Forgotten Bks.

Nuut la Raiz Azut. Paul Ecke et al. 2019. (SPA., Illus.). 34p. (J). (gr. k-1). 16.99 *(978-1-7329192-1-1(6))* Morrison Meyer Pr.

Nüwa & Fuxi: Marriage & Creation Deities. Heather C. Hudak. 2022. (Chinese Mythology Ser.). (ENG., Illus.). 32p. (J). (gr. 2-5). lib. bdg. 34.21 *(978-1-5321-9997-4(X)*, 40863, Kids Core) ABDO Publishing Co.

Nwa (Black) Amy Culliford. Tr. by Jean Pierre Gaston. 2021. (Koulè Mwen Pi Renmen Yo (My Favorite Color) Ser.). (CRP., Illus.). (J). (gr. -1-1). pap. ***(978-1-0396-0137-6(5)***, 10106, Crabtree Roots) Crabtree Publishing Co.

Nwa Mba Ogworia: Igbo Edition of the Healer Cat. Tuula Pere. Tr. by Ikechukwu John Nwakpu. Illus. by Klaudia Bezak. 2019. (IBO.). 40p. (J). (gr. k-4). *(978-952-357-211-9(3))*; pap. *(978-952-357-212-6(1))* Wickwick oy.

Nya Wants a Pet. Analysia George. 2019. (ENG.). 28p. (J). *(978-1-5255-5541-1(3))*; pap. *(978-1-5255-5542-8(1))* FriesenPress.

Nyango: The Girl with Healing Powers. Duone Ekane. 2022. (ENG.). 58p. (YA). pap. *(978-1-5289-8006-7(9))* Austin Macauley Pubs. Ltd.

Nya's Adventures: Passport Jornal. Qiana Gray. 2022. (ENG.). 100p. (J). pap. ***(978-1-4710-0185-7(7))*** Lulu Pr., Inc.

Nya's Long Walk: A Step at a Time. Linda Sue Park. Illus. by Brian Pinkney. 2019. (ENG.). 32p. (J). (gr. -1-3). 17.99 *(978-1-328-78133-8(X)*, 1685062, Clarion Bks.) HarperCollins Pubs.

Nye & Riley's Railway Guide (Classic Reprint) Bill Nye. 2018. (ENG., Illus.). 218p. (J). 28.39 *(978-0-365-20705-4(5))* Forgotten Bks.

Nye de l'île de Sable. Bree Galbraith. Tr. by Rachel Martinez from ENG. Illus. by Marion Arbona. 2021. Orig. Title: Nye, Sand & Stones. (FRE.). 32p. (J). (gr. -1-k). 19.95 *(978-1-4598-2472-0(5))* Orca Bk. Pubs. USA.

Nye, Sand & Stones see Nye de l'île de Sable

Nye, Sand & Stones. Bree Galbraith. Illus. by Marion Arbona. 2021. (ENG.). 32p. (J). (gr. -1-k). 19.95 *(978-1-4598-2032-6(0))* Orca Bk. Pubs. USA.

1490

The check digit for ISBN-10 appears in parentheses after the full ISBN-13

Nyella Is a Real Princess. Angela Duncan. 2020. (ENG.). 26p. (J). pap. 10.00 *(978-0-578-80058-5(6))* Southampton Publishing.

Nyght Lyght Presents: Tales So Scary, You Will Sleep with a Light On. Sam Shelton. 2019. (ENG.). 202p. (YA). (gr. 7-12). pap. 9.99 *(978-0-578-62786-1(8))* Nyght Lyght Publishing LLC.

Nyiraneza the Albino Child. Mary G. Mbabazi. Illus. by Peter Gitego. 2017. (ENG.). 26p. (J). pap. *(978-99977-771-4-0(X))* FURAHA Pubs. Ltd.

Nyitso a Novel of West Africa (Classic Reprint) M. F. C. Roebuck. 2018. (ENG., Illus.). 274p. (J). 29.55 *(978-0-483-51047-0(5))* Forgotten Bks.

Nykara. Katie Holland. 2018. (Nykara Ser.: Vol. 1). (ENG.). 300p. (J). pap. 9.99 *(978-1-949050-78-3(5))*; (Illus.). pap. 12.99 *(978-1-949050-34-9(3))* Kingston Publishing Co.

Nykeerian: His Continuing Education. Charles Toye. 2020. (ENG.). 32p. (J). pap. 16.95 *(978-1-64654-643-5(1))* Fulton Bks.

Nyla Goes to Aunties House. Briane McKeithen. 2021. (ENG.). 48p. (J). pap. 14.99 *(978-1-0983-6629-2(8))* BookBaby.

Nymph of the West. Howard Seely. 2017. (ENG.). (J). 244p. pap. *(978-3-337-02736-0(9))*; 236p. pap. *(978-3-337-03122-0(6))* Creation Pubs.

Nymph of the West: A Novel (Classic Reprint) Howard Seely. 2018. (ENG., Illus.). 244p. (J). 28.93 *(978-0-267-43676-7(9))* Forgotten Bks.

Nympho. Yoki. 2021. (ENG.). 51p. (YA). *(978-1-6780-7265-0(6))* Lulu Pr., Inc.

Nyra & the Lemonade Stand. LaToya Foster. 2021. (ENG.). 22p. (J). *(978-0-2288-5207-0(2))*; pap. *(978-0-2288-5208-7(0))* Tellwell Talent.

Nyx the Mysterious. Joan Holub & Suzanne Williams. 2017. (Goddess Girls Ser.: 22). (ENG., Illus.). 288p. (J). (gr. 3-7). pap. 8.99 *(978-1-4814-7014-8(0)*, Simon & Schuster/Paula Wiseman Bks.) Simon & Schuster/Paula Wiseman Bks.

Nyx the Mysterious. Joan Holub & Suzanne Williams. ed. 2017. (Goddess Girls Ser.: 22). lib. bdg. 18.40 *(978-0-606-39742-1(6))* Turtleback.

Nyxia. Scott Reintgen. 2018. (Triada de Nyxia Ser.). (SPA.). 152p. (YA). (gr. 7). pap. 21.00 *(978-607-527-282-5(8))* Editorial Oceano de Mexico MEX. Dist: Independent Pubs. Group.

Nyxia. Scott Reintgen. 2018. (Nyxia Triad Ser.: 1). (ENG.). 400p. (YA). (gr. 7). pap. 12.99 *(978-0-399-55682-1(6)*, Ember) Random Hse. Children's Bks.

Nyxia Liberada. Scott Reintgen. 2019. (SPA.). 428p. (YA). (gr. 7). pap. 21.00 *(978-607-527-697-7(1))* Editorial Oceano de Mexico MEX. Dist: Independent Pubs. Group.

Nyxia Sublevada. Scott Reintgen. 2020. (SPA.). 400p. (YA). (gr. 7). pap. 21.00 *(978-607-527-943-5(1))* Editorial Oceano de Mexico MEX. Dist: Independent Pubs. Group.

Nyxia Unleashed. Scott Reintgen. (Nyxia Triad Ser.: 2). (ENG.). (YA). (gr. 7). 2019. 416p. pap. 10.99 *(978-0-399-55686-9(9)*, Ember); 2018. 400p. 17.99 *(978-0-399-55683-8(4)*, Crown Books For Young Readers) Random Hse. Children's Bks.

Nyxia Uprising. Scott Reintgen. (Nyxia Triad Ser.: 3). (ENG.). (YA). (gr. 7). 2020. 384p. pap. 9.99 *(978-0-399-55690-6(7)*, Ember); 2019. 368p. 17.99 *(978-0-399-55687-6(7)*, Crown Books For Young Readers) Random Hse. Children's Bks.

Nzingha & Being Kind. Enomwoyi Damali. Illus. by George Kelvin Ezechuwkwu. 2020. (ENG.). 26p. (J). pap. *(978-1-913674-12-0(6))* Conscious Dreams Publishing.

Nzingha & Identity. Enomwoyi Damali. 2022. (Nzhinga & Amber Class Children's Ser.: Vol. 3). (ENG.). 36p. (J). pap. *(978-1-913674-94-6(0))* Conscious Dreams Publishing.

Nzingha & Saying Goodbye. Enomwoyi Damali. 2020. (ENG.). 26p. (J). pap. *(978-1-913674-28-1(2))* Conscious Dreams Publishing.

O

O? Contrib. by Mary Elizabeth Salzmann. 2023. (Long Vowels Ser.). (ENG.). 24p. (J). (gr. -1-2). lib. bdg. 31.36 ***(978-1-0982-8264-6(7)***, 42242, Abdo Zoom-Launch) ABDO Publishing Co.

O. Xist Publishing. 2019. (Discover the Alphabet Ser.). (ENG.). 20p. (J). (gr. -1-1). pap. 24.99 *(978-1-5324-1367-4(X))* Xist Publishing.

O. Xist Publishing & Xist Publishing. 2019. (Discover the Alphabet Ser.). (ENG.). 22p. (J). (gr. -1-1). 22.99 *(978-1-5324-1313-1(0))* Xist Publishing.

O. A. C. Review, Vol. 24: July 1912 (Classic Reprint) Ontario Agricultural College. 2017. (ENG., Illus.). (J). 25.88 *(978-0-331-25539-3(1))*; pap. 9.57 *(978-0-266-11426-0(1))* Forgotten Bks.

O. A. C. Review, Vol. 26: December 1913 (Classic Reprint) Ontario Agricultural College. 2017. (ENG., Illus.). (J). 26.50 *(978-0-331-25779-3(3))*; pap. 9.57 *(978-0-265-12380-5(1))* Forgotten Bks.

O. A. C. Review, Vol. 29: December 1916 (Classic Reprint) Ontario Agricultural College. 2017. (ENG., Illus.). (J). 25.40 *(978-0-331-25749-6(1))*; pap. 9.57 *(978-0-265-12218-1(X))* Forgotten Bks.

O. A. C. Review, Vol. 29: July, 1917 (Classic Reprint) D. Johnson. 2017. (ENG., Illus.). (J). 24.62 *(978-0-331-25667-3(3))*; pap. 7.97 *(978-0-266-12171-8(3))* Forgotten Bks.

O. A. C. Review, Vol. 39: August, 1927 (Classic Reprint) Ontario Agricultural College. 2018. (ENG., Illus.). (J). 54p. 25.03 *(978-1-396-70792-6(1))*; 56p. pap. 9.57 *(978-1-396-12813-4(1))* Forgotten Bks.

O. A. C. Review, Vol. 39: November, 1926 (Classic Reprint) Ontario Agricultural College. 2018. (ENG., Illus.). (J). 100p. 25.96 *(978-1-396-13590-3(1))*; 102p. pap. 9.57 *(978-1-396-12831-8(X))* Forgotten Bks.

O. A. C. Review, Vol. 47: December, 1934 (Classic Reprint) Ontario Agricultural College. 2018. (ENG., Illus.). 74p. (J). pap. 9.57 *(978-1-396-12754-0(2))* Forgotten Bks.

O. A. C. Review, Vol. 47: February, 1935 (Classic Reprint) Ontario Agricultural College. 2018. (ENG., Illus.). (J). 70p. 25.34 *(978-1-396-70706-3(9))*; 72p. pap. 9.57 *(978-1-396-12750-2(X))* Forgotten Bks.

O. A. C. Review, Vol. 47: November, 1934 (Classic Reprint) Ontario Agricultural College. 2018. (ENG., Illus.). (J). 72p. 25.38 *(978-1-396-70715-5(8))*; 74p. pap. 9.57 *(978-1-396-12755-7(0))* Forgotten Bks.

O. A. C. Review, Vol. 47: October, 1934 (Classic Reprint) Ontario Agricultural College. 2018. (ENG., Illus.). (J). 72p. 25.38 *(978-1-396-70718-6(2))*; 74p. pap. 9.57 *(978-1-396-12756-4(9))* Forgotten Bks.

O Balão Bobão. Zito Camillo. 2022. (POR.). 26p. (J). pap. 9.99 ***(978-1-0879-2282-9(8))*** Indy Pub.

O. C. d Elf. Jo Seysener. Illus. by Min Roze. 2021. (ENG.). 56p. (J). ***(978-1-922448-25-5(7))*** Little Quail Pr.

O Canada Crosswords Book 22. Gwen Sjogren. 2021. (O Canada Crosswords Ser.: 22). (ENG., Illus.). 176p. pap. 16.95 *(978-0-88971-357-4(X)*, 3e6159f3-5166-4ad1-b47d-79f875d10dd8) Nightwood Editions CAN. Dist: Harbour Publishing Co., Ltd.

O Canto Do Rio. Maria Olinda Marques. 2023. (POR.). 56p. (J). pap. 19.52 ***(978-1-4709-0958-1(8))*** Lulu Pr., Inc.

O Captain, My Captain: Walt Whitman, Abraham Lincoln, & the Civil War. Robert Burleigh. Illus. by Sterling Hundley. 2019. (ENG.). 64p. (J). (gr. 5-17). 19.99 *(978-1-4197-3358-1(3)*, 1120101, Abrams Bks. for Young Readers) Abrams, Inc.

O Carte Foarte Mica Despre o Pisica. Papandopol Bogdan. 2020. (RUM.). 12p. (J). pap. 8.97 *(978-1-716-76996-2(5))* Lulu Pr., Inc.

O Chapéu Mágico: As Aventuras Da Bruxinha Hippie, Volume 1. Ueli Sonderegger. Tr. by Leo Bryan Lisboa. Illus. by Don Emidio Navarro. 2016. (As Aventuras Da Bruxinha Hippie Ser.: Vol. 1). (POR.). 24p. (J). (gr. k-4). *(978-85-92973-08-7(2))*; pap. *(978-85-92973-07-0(4))* Pitanga.

O, Christmas Treats! Comment by BuzzPop. 2019. (Shopkins 8x8 Bks). (ENG.). 24p. (J). (gr. k-1). 14.89 *(978-0-87617-785-3(2))* Penworthy Co., LLC, The.

O Come, o Come, Emmanuel. Tr. by John Mason Neale from LAT. Illus. by Edward Riojas. 2021. (ENG.). 24p. (J). 11.99 *(978-1-933737-20-1(4))* Kloria Publishing LLC.

O Dilúvio: Arca de Noé. Pip Reid. 2020. (Defensores Da Fé Ser.: Vol. 5). (POR.). 42p. (J). pap. *(978-1-989961-31-5(2))* Bible Pathway Adventures.

O du Frohliche. Hildegard Lehnert. 2017. (GER., Illus.). (J). *(978-3-7345-8658-3(5))*; pap. *(978-3-7345-8657-6(7))* tredition Verlag.

O êxodo. Pip Reid. 2021. (Defensores Da Fé Ser.: Vol. 7). (POR.). 46p. (J). pap. *(978-1-989961-49-0(5))* Bible Pathway Adventures.

O-Heart-San: The Story of a Japanese Girl (Classic Reprint) Helen Eggleston Haskell. 2018. (ENG., Illus.). 154p. (J). 27.07 *(978-0-267-19294-6(0))* Forgotten Bks.

O. Henry: A Biography (Classic Reprint) Charles Alphonso Smith. 2018. (ENG., Illus.). 302p. (J). 30.13 *(978-0-267-59476-4(3))* Forgotten Bks.

O. Henry: William Sidney Porter (Classic Reprint) Charles Alphonso Smith. 2017. (ENG., Illus.). (J). 24.87 *(978-0-265-48012-0(4))* Forgotten Bks.

O. Henry Memorial Award, Prize Stories Of 1919: Chosen by the Society of Arts & Sciences (Classic Reprint) Blanche Colton Williams. (ENG., Illus.). (J). 2018. 334p. 30.79 *(978-0-483-75197-2(9))*; 2017. pap. 13.57 *(978-0-243-38156-2(5))* Forgotten Bks.

O. Henry Memorial Award Prize Stories Of 1920: Chosen by the Society of Arts & Sciences (Classic Reprint) Blanche Colton Williams. 2017. (ENG., Illus.). (J). 31.82 *(978-0-331-58407-3(7))*; pap. 16.57 *(978-0-243-38973-5(6))* Forgotten Bks.

O. Henry Memorial Award Prize Stories Of 1921: Chosen by the Society of Arts & Sciences (Classic Reprint) Society of Arts and Sciences. (ENG., Illus.). (J). 2018. 354p. 31.20 *(978-0-483-53400-1(5))*; 2016. pap. 13.57 *(978-1-334-59753-4(7))* Forgotten Bks.

O. Henry Memorial Award Prize Stories Of 1923: Chosen by the Society of Arts & Sciences (Classic Reprint) Society of Arts and Sciences. (ENG., Illus.). (J). 2018. 308p. 30.27 *(978-0-483-55692-8(0))*; 2017. pap. 13.57 *(978-0-243-18859-8(5))* Forgotten Bks.

O. Henryana: Seven Odds & Ends, Poetry & Short Stories. O. Henry. 2017. (ENG., Illus.). (YA). (gr. 7-12). 108p. pap. *(978-0-649-75683-4(5))*; pap. *(978-0-649-43569-2(9))* Trieste Publishing Pty Ltd.

O. Henryana: Seven Odds & Ends, Poetry & Short Stories (Classic Reprint) O. Henry. 2017. (ENG., Illus.). (YA). (gr. 7-12). 25.96 *(978-0-265-20978-3(1))* Forgotten Bks.

o in Hope. Luci Shaw. Illus. by Ned Bustard. 2021. (ENG.). 32p. (J). 18.00 *(978-1-5140-0265-0(5)*, IVP Kids) InterVarsity Pr.

o in the Snow. Judith Barker. Illus. by Janie Frith. 2022. (ENG.). 36p. (J). pap. *(978-1-925868-98-2(2))* Woodslane Pty Ltd.

O Is for Oklahoma: Written by Kids for Kids. Boys and Girls Club of Oklahoma County. 2018. (See-My-State Alphabet Book Ser.). (ENG., Illus.). 32p. (J). (gr. -1-3). 9.99 *(978-1-5132-6227-7(0)*, West Winds Pr.) West Margin Pr.

O Is for Oliver: Now I Know My ABCs & 123s Coloring & Activity Book with Writing & Spelling Exercises (Age 2-6) 128 Pages. Crawford House Learning Books. 2020. (ENG.). 130p. (J). pap. *(978-1-989828-31-1(0))* Crawford Hse.

O Is for Olivia: Now I Know My ABCs & 123s Coloring & Activity Book with Writing & Spelling Exercises (Age 2-6) 128 Pages. Crawford House Learning Books. 2020. (ENG.). 130p. (J). pap. *(978-1-989828-30-4(2))* Crawford Hse.

O Is for Orchard. Jennifer K. Wesler. Photos by Richard Rodgers. 2018. (Illus.). 26p. (J). *(978-1-946171-15-3(8))* Kids At Heart Publishing, LLC.

O Is for Oregon: A Beaver State ABC Primer. Trish Madson. Illus. by David W. Miles. 2017. (ENG.). 20p. (J). (gr. -1 — 1). bds. 12.99 *(978-1-944822-72-9(0)*, 552272) Familius LLC.

O Is for Oregon: Written by Kids for Kids. Created by Winterhaven Winterhaven School. 2018. (See-My-State Alphabet Book Ser.). (ENG., Illus.). 32p. (J). (gr. -1-3). 9.99 *(978-1-5132-6224-6(6)*, West Winds Pr.) West Margin Pr.

O Is for Orisha. Christopher Swain. Illus. by Victor Francisco Hernandez Mora. l.t. ed. 2022. (ENG.). 46p. (J). 19.99 ***(978-1-64538-399-4(7))***; pap. 14.99 ***(978-1-64538-398-7(9))*** Orange Hat Publishing.

O Is for Orkney: A-Z of the Orkney Islands. Britt Harcus. Illus. by Britt Harcus. 2020. (ENG.). 34p. (J). *(978-0-9954748-3-3(4))* Harcus, Britt.

O Is for Ossicone: A Surprising Animal Alphabet. Hannah Eliot. Illus. by Sarah Papworth. 2023. (ENG.). 28p. (J). (gr. -1). bds., bds. 12.99 ***(978-1-6659-3750-4(5)***, Little Simon) Little Simon.

O Is for Owen: Now I Know My ABCs & 123s Coloring & Activity Book with Writing & Spelling Exercises (Age 2-6) 128 Pages. Crawford House Learning Books. 2020. (ENG.). 130p. (J). pap. *(978-1-989828-91-5(4))* Crawford Hse.

O Is for Owl. Meg Gaertner. 2021. (Alphabet Fun Ser.). (ENG., Illus.). 24p. (J). (gr. k-1). pap. 8.95 *(978-1-64619-406-3(3))*; lib. bdg. 28.50 *(978-1-64619-379-0(2))* Little Blue Hse. (Little Blue Readers).

O. J. Simpson Murder Case. Todd Kortemeier. 2019. (American Crime Stories Ser.). (ENG., Illus.). 112p. (J). (gr. 6-12). lib. bdg. 41.36 *(978-1-5321-9013-1(1)*, 33346, Essential Library) ABDO Publishing Co.

O Little Christmas Tree. Mike Qualls. 2017. (ENG., Illus.). 40p. (J). 23.95 *(978-1-68197-723-2(0))* Christian Faith Publishing.

O Little Town of Bethlehem. Ron Berry. Ed. by Smart Kidz. Illus. by Chris Sharp. 2019. (Christmas Carol Book Ser.). (ENG.). 12p. (J). (gr. -1-2). bds. 14.99 *(978-1-64123-242-5(0))*; bds. 9.99 *(978-1-64123-285-2(4)*, 771053) Smart Kidz Media, Inc.

O Livro de Esopo: Fabulario Portuguès Medieval, Publicado Conforme a Um Manuscripto de Seculo XV (Classic Reprint) Esopo Esopo. 2018. (POR., Illus.). (J). 174p. 27.51 *(978-1-391-28142-1(X))*; 176p. pap. 9.97 *(978-1-390-72017-4(9))* Forgotten Bks.

O. M. G. Glamour Squad: Volume 1. Books Plus. 2nd l.t. ed. 2019. (ENG., Illus.). 64p. (J). pap. 6.99 *(978-1-953922-87-8(2))* Bks. Plus LLC.

O Menino Da Matta e Seu Cao Piloto (Classic Reprint) Unknown Author. 2017. (POR., Illus.). (J). 38p. 24.70 *(978-0-332-65966-4(6))*; 40p. pap. 7.97 *(978-0-332-39164-9(7))* Forgotten Bks.

O Menino Do Pentagrama. Vanessa Faj. 2017. (POR., Illus.). (J). pap. *(978-85-69030-80-5(0))* Drago Editorial.

O Mura San, with a Glimpse of the Country in Which She Lived (Classic Reprint) Anna Margaret Schneder. (ENG., Illus.). (J). 2017. 112p. 26.23 *(978-0-266-44084-0(3))*; 2016. pap. 9.57 *(978-1-334-15629-8(8))* Forgotten Bks.

O Nascimento Do Rei: O Messias Nasceu! Pip Reid. 2020. (Defensores Da Fé Ser.: Vol. 8). (POR.). 42p. (J). pap. *(978-1-989961-35-3(5))* Bible Pathway Adventures.

O-Neh-Da Te-Car-Ne-O-Di; or up & down the Hemlock: Including History, Commerce, Accidents, Incidents, Guide, etc (Classic Reprint) D. Byron Waite. 2018. (ENG., Illus.). 118p. (J). 26.33 *(978-0-666-47361-5(7))* Forgotten Bks.

O Novo Guia Da Conversacao, Em Portuguez e Inglez, Ou Escolha de Dialogos Familiares Sobre Varios Assumptos: Precedido d'Um Copioso Vocabulario de Nomes Proprios, Com a Pronuncia Figurada das Palavras Inglezas, e o Accento Prosodico NAS Portuguezas, Pa. José da Fonseca. 2017. (ENG., Illus.). (J). 27.86 *(978-0-266-82211-0(8))*; pap. 10.57 *(978-1-5278-9030-5(9))* Forgotten Bks.

O Novo Guia Da Conversacao, Em Portuguez e Inglez, Ou Escolha de Dialogos Familiares Sobre Varios Assumptos: Precedido d'Um Copioso Vocabulario de Nomes Proprios, Com a Pronuncia Figurada das Palavras Inglezas, e o Accento Prosodico NAS Portuguezas, Par. José da Fonseca. 2018. (ENG., Illus.). (J). 27.84 *(978-0-331-88729-7(0))* Forgotten Bks.

O Novo Guia Da Conversacao. Em Portuguez e Inglez, Ou Escolha de Dialogos Familiares Sobre Varios Assumptos: Precedulo d'Um Copioso Vocabulario de Nomes Proprios, Com a Pronuncia Figurada das Palavras Inglezas, e o Accento Procodico NAS Portuguezas, Pa. Jose Da Fonesca. 2017. (ENG., Illus.). (J). 27.88 *(978-0-265-89161-2(2))*; pap. 10.57 *(978-1-5278-8104-4(0))* Forgotten Bks.

O Pioneers! Willa Cather. 2020. (ENG.). (J). 108p. 16.95 *(978-1-64799-928-5(6))*; 106p. pap. 8.95 *(978-1-64799-927-8(8))* Bibliotech Pr.

O Pioneers! (Classic Reprint) Willa Cather. 2017. (ENG., Illus.). (J). 30.58 *(978-0-266-20315-5(9))* Forgotten Bks.

O Planeta Verde. Cambraia F. Fernandes. 2020. (POR.). 24p. (J). 22.00 *(978-1-0983-4058-2(2))* BookBaby.

O Rei Ressuscitado: Morte e Ressurreição Do Messias. Pip Reid. 2020. (Defensores Da Fé Ser.: Vol. 13). (POR.). 40p. (J). pap. *(978-1-989961-39-1(8))* Bible Pathway Adventures.

O Splendid Sorcery (Classic Reprint) James Francis Dwyer. (ENG., Illus.). (J). 2018. 256p. 29.20 *(978-0-483-54602-8(X))*; 2017. pap. 11.57 *(978-0-243-17234-4(6))* Forgotten Bks.

O Talento Da Minhoquinha. Sophie Sowberry. Illus. by Andrea Skromovas. 2021. (POR.). 28p. (J). pap. 9.97 *(978-1-7322796-8-1(3))* Skromovas, Andrea.

O Thou, My Austria! (Classic Reprint) Ossip Schubin. (ENG., Illus.). (J). 2017. 32.85 *(978-0-331-81086-8(7))*; 2016. pap. 16.57 *(978-1-333-55601-3(2))* Forgotten Bks.

O. V. H. , or How Mr. Blake Became an M. F. H, Vol. 2 of 3 (Classic Reprint) Wat Bradwood. 2018. (ENG., Illus.). 252p. (J). 29.09 *(978-0-484-21733-0(X))* Forgotten Bks.

O. V. H. or How Mr. Blake Became an M. F. H, Vol. 3 of 3 (Classic Reprint) Wat Bradwood. 2018. (ENG., Illus.). 280p. (J). 29.67 *(978-0-483-23133-7(9))* Forgotten Bks.

O. V. H, Vol. 1 Of 3: Or How Mr. Blake Became an M. F. H (Classic Reprint) Wat Bradwood. 2018. (ENG., Illus.). 272p. (J). 29.51 *(978-0-484-19521-8(2))* Forgotten Bks.

Oa. Contrib. by Mary Elizabeth Salzmann. 2023. (Vowel Teams Ser.). (ENG.). 24p. (J). (gr. -1-2). lib. bdg. 31.36 ***(978-1-0982-8285-1(X)***, 42305, Abdo Zoom-Launch) ABDO Publishing Co.

Oak & the Wind. Matthew Sorenson. 2021. (ENG.). 50p. (J). pap. 16.95 *(978-1-63630-312-3(9))* Covenant Bks.

Oak Leaves, 1904, Vol. 1 (Classic Reprint) North Carolina Baptist Femal University. (ENG., Illus.). (J). 2018. 208p. 28.19 *(978-0-267-59346-0(5))*; 2016. pap. 10.57 *(978-1-334-15260-3(8))* Forgotten Bks.

Oak Leaves, 1906, Vol. 3 (Classic Reprint) Meredith College. (ENG., Illus.). (J). 2018. 200p. 28.02 *(978-0-267-57623-4(4))*; 2016. pap. 10.57 *(978-1-333-13140-1(2))* Forgotten Bks.

Oak Leaves, 1908, Vol. 5 (Classic Reprint) Baptist University for Women. (ENG., Illus.). (J). 2018. 182p. 27.77 *(978-0-332-85123-5(0))*; 2016. pap. 10.57 *(978-1-334-16370-8(7))* Forgotten Bks.

Oak Leaves, 1909, Vol. 6 (Classic Reprint) Baptist University for Women N. C. (ENG., Illus.). (J). 2018. 192p. 27.88 *(978-0-484-76496-4(9))*; 2016. pap. 10.57 *(978-1-334-16553-5(X))* Forgotten Bks.

Oak Leaves, 1910, Vol. 7 (Classic Reprint) Meredith College. (ENG., Illus.). (J). 2018. 182p. 27.65 *(978-0-267-30216-1(9))*; 2016. pap. 10.57 *(978-1-333-21123-3(6))* Forgotten Bks.

Oak Leaves, 1911, Vol. 8 (Classic Reprint) Baptist Female University Raleigh C. (ENG., Illus.). (J). 2018. 166p. 27.32 *(978-0-483-94889-1(6))*; 2016. pap. 9.97 *(978-1-334-15269-6(1))* Forgotten Bks.

Oak Leaves, 1912, Vol. 9 (Classic Reprint) Meredith College Raleigh C. 2016. (ENG., Illus.). (J). pap. 9.97 *(978-1-334-16798-0(2))* Forgotten Bks.

Oak Leaves, 1912, Vol. 9 (Classic Reprint) Meredith College Raleigh N. C. 2018. (ENG., Illus.). 178p. (J). 27.59 *(978-0-267-36273-8(0))* Forgotten Bks.

Oak Leaves, 1913, Vol. 10 (Classic Reprint) Meredith College. (ENG., Illus.). (J). 2017. 27.16 *(978-0-331-64625-2(0))*; 2016. pap. 9.57 *(978-1-334-16910-6(1))* Forgotten Bks.

Oak Leaves, 1914, Vol. 11: MCMXIV (Classic Reprint) Baptist Female University. (ENG., Illus.). (J). 2018. 170p. 27.40 *(978-0-656-22680-1(3))*; 2016. pap. 9.97 *(978-1-334-16252-7(2))* Forgotten Bks.

Oak Leaves, 1915 (Classic Reprint) Meredith College. 2018. (ENG., Illus.). 174p. (J). 27.49 *(978-0-656-45925-4(5))* Forgotten Bks.

Oak Leaves, 1916, Vol. 13 (Classic Reprint) Meredith College. (ENG., Illus.). (J). 2018. 162p. 27.26 *(978-0-484-56601-8(6))*; 2016. pap. 9.97 *(978-1-334-16849-9(0))* Forgotten Bks.

Oak Leaves, 1917, Vol. 14 (Classic Reprint) Meredith College Raleigh C. (ENG., Illus.). (J). 2018. 186p. 27.73 *(978-0-656-46242-1(6))*; 2016. pap. 10.57 *(978-1-334-16544-3(0))* Forgotten Bks.

Oak Leaves, 1920, Vol. 17: Edited & Published by the Astrotekton & Philaretian Societies, Meredith College, Raleigh, North Carolina (Classic Reprint) Astrotekton and Philaretian Societies. 2018. (ENG., Illus.). 226p. (J). 28.58 *(978-0-656-21590-4(9))* Forgotten Bks.

Oak Leaves, 1925, Vol. 22 (Classic Reprint) Meredith College. (ENG., Illus.). (J). 2018. 244p. 28.95 *(978-0-666-13665-7(3))*; 2016. pap. 11.57 *(978-1-334-13034-2(5))* Forgotten Bks.

Oak Leaves, 1926, Vol. 23 (Classic Reprint) Meredith College. (ENG., Illus.). (J). 2018. 258p. 29.24 *(978-0-483-33922-4(9))*; 2016. pap. 11.97 *(978-1-334-13803-4(6))* Forgotten Bks.

Oak Leaves, 1927, Vol. 24 (Classic Reprint) Unknown Author. 2018. (ENG., Illus.). 258p. (J). 29.22 *(978-0-656-40173-4(7))* Forgotten Bks.

Oak Leaves, Vol. 4 (Classic Reprint) Unknown Author. 2018. (ENG., Illus.). 164p. (J). 27.36 *(978-0-484-00154-0(X))* Forgotten Bks.

Oak Mot (Classic Reprint) William M. Baker. 2018. (ENG., Illus.). 236p. (J). 28.76 *(978-0-267-48776-9(2))* Forgotten Bks.

Oak Staircase: Or, the Stories of Lord & Lady Desmond; a Narrative of the Times of James II (Classic Reprint) Catherine Lee. 2017. (ENG., Illus.). (J). 302p. 30.15 *(978-0-484-60144-3(X))*; pap. 13.57 *(978-0-259-17232-1(4))* Forgotten Bks.

Oak Street Tree House: The Day They Messaged God. Dick Daniels. Illus. by Mollie Bozarth. 2019. (Oak Street Tree House Ser.: Vol. 1). (ENG.). 36p. (J). (gr. k-3). 17.95 *(978-0-578-44950-0(1))* Leadership Development Group, The.

Oak Tree Chronicles. Oak Tree Arts Writing Clubs. 2016. (ENG., Illus.). 86p. (J). pap. *(978-1-326-87962-4(6))* Lulu Pr., Inc.

Oak-Tree Fairy Book: Favorite Fairy Tales (Classic Reprint) Clifton Johnson. (ENG., Illus.). (J). 2018. 386p. 31.86 *(978-0-656-75828-9(7))*; 2016. pap. 16.57 *(978-1-334-33217-3(7))* Forgotten Bks.

Oak Tree Grows. Lauren T. Wilke. 2020. (ENG.). 30p. (J). pap. 9.99 ***(978-1-7353309-0-7(6))*** Southampton Publishing.

Oak Tree That Was Afraid of Heights. Miles Bonneywell. 2020. (ENG., Illus.). 28p. (J). pap. *(978-1-5289-4122-8(5))* Austin Macauley Pubs. Ltd.

Oakdale. Jeannie Edwards. 2019. (ENG.). 138p. (YA). (gr. 7-12). pap. 13.95 *(978-1-64515-512-6(9))* Christian Faith Publishing.

Oaken's Invention. Andrea Posner-Sanchez. Illus. by Random House Disney. ed. 2016. (Frozen 8X8 Ser.). (ENG.). 24p. (J). (gr. -1-2). 14.75 *(978-0-606-39347-8(1))* Turtleback.

Oakfield, Vol. 2 Of 2: Or Fellowship in the East (Classic Reprint) William Delafield Arnold. 2018. (ENG., Illus.). 306p. (J). 30.21 *(978-0-483-27302-3(3))* Forgotten Bks.

Oakland Athletics. Conor Buckley. 2019. (Major League Baseball Teams Ser.). (ENG.). 32p. (J). (gr. 2-5). lib. bdg. 35.64 *(978-1-5038-2833-9(6)*, 212640) Child's World, Inc, The.

O

Oakland Athletics. Anthony K. Hewson. 2022. (Inside MLB Ser.). (ENG., Illus.). 48p. (J). (gr. 3-6). lib. bdg. 34.21 *(978-1-0982-9027-6(5)*, 40811, SportsZone) ABDO Publishing Co.

Oakland Athletics. Dennis St. Sauver. 2018. (MLB's Greatest Teams Ser.). (ENG., Illus.). 32p. (J). (gr. 2-5). lib. bdg. 34.21 *(978-1-5321-1812-8(0)*, 30670, Big Buddy Bks.) ABDO Publishing Co.

Oakland Athletics. Jim Whiting. (Creative Sports: Major League Baseball Ser.). (ENG.). 32p. (J). 2021. (gr. 4-7). *(978-1-64026-313-0(6)*, 17810, Creative Education); 2020. (gr. 3-5). pap. 9.99 *(978-1-62832-845-5(2)*, 17811, Creative Paperbacks) Creative Co., The.

Oakland Athletics: All-Time Greats. Ted Coleman. 2022. (MLB All-Time Greats Set 2 Ser.). (ENG., Illus.). 24p. (J). (gr. 3-3). pap. 8.95 *(978-1-63494-532-5(8))*; lib. bdg. 28.50 *(978-1-63494-506-6(9))* Pr. Room Editions LLC.

Oakland Ghost & Ancient Phenomena, with a Review of the Oakland Committee (Classic Reprint) Thomas Brownell Clarke. (ENG., Illus.). (J). 2018. 42p. 24.76 *(978-0-428-51384-9(0))*; 2017. pap. 7.97 *(978-0-259-41967-9(2))* Forgotten Bks.

Oakland Raiders, 1 vol. Will Graves & Patrick Kelley. 2016. (NFL up Close Ser.). (ENG., Illus.). 32p. (J). (gr. 3-9). lib. bdg. 32.79 *(978-1-68078-228-8(2)*, 22059, SportsZone) ABDO Publishing Co.

Oakland Raiders. Jim Whiting. rev. ed. 2019. (NFL Today Ser.). (ENG.). 48p. (J). (gr. 4-7). pap. 12.00 *(978-1-62832-717-5(0)*, 19073, Creative Paperbacks) Creative Co., The.

Oakland Raiders Story. Allan Morey. 2016. (NFL Teams Ser.). (ENG., Illus.). 32p. (J). (gr. 3-7). lib. bdg. 26.95 *(978-1-62617-377-4(X)*, Torque Bks.) Bellwether Media.

Oakland Stories: Kenny (Classic Reprint) Geo B. Taylor. 2017. (ENG., Illus.). (J). 27.79 *(978-0-266-22039-8(8))* Forgotten Bks.

Oakleaf Academy: a Mystery at Fairy School. Melody Lockhart. Illus. by Roberta Tedeschi. 2023. 2. (ENG.). 128p. (J). pap. 6.99 *(978-1-3988-1912-2(3)*, 4d72a8a5-9fbc-4bea-a1fe-44d028d3827e) Arcturus Publishing GBR. Dist: Baker & Taylor Publisher Services (BTPS).

Oakleaf Academy: First Day at Fairy School. Melody Lockhart. Illus. by Roberta Tedeschi. 2023. 1. (ENG.). 128p. (J). pap. 6.99 *(978-1-3988-1915-3(8)*, d859daa1-027e-4799-b62a-6d48df48612f) Arcturus Publishing GBR. Dist: Baker & Taylor Publisher Services (BTPS).

Oakleigh (Classic Reprint) Ellen Douglas Deland. 2018. (ENG., Illus.). 276p. (J). 29.61 *(978-0-484-15470-3(2))* Forgotten Bks.

Oakleigh, or the Minor of Great Expectations, Vol. 3 of 3 (Classic Reprint) W. H. M. Holmes. 2018. (ENG., Illus.). 306p. (J). 30.08 *(978-0-483-02258-4(6))* Forgotten Bks.

Oakley: Spies an Elf. Sandra Cook. 2022. (ENG.). 28p. (J). pap. 9.80 ***(978-1-959071-74-7(2))*** New Age Literary Agency.

Oakley: Spies an Elf Coloring Book. Sandra Cook. 2022. (ENG.). 24p. (J). pap. 8.99 ***(978-1-959071-73-0(4))*** New Age Literary Agency.

Oakley Farmer, Extraordinary Hero. Barbara Tiffany Ratliff. 2017. (Extraordinary Hero Ser.: Vol. 3). (ENG., Illus.). (J). (gr. k-6). pap. 17.98 *(978-1-943523-31-3(2))* Laurus Co., Inc., The.

Oakley Has Autism. Kelly Riemenschneider. 2021. (ENG.). 21p. (J). ***(978-1-716-07906-1(3))*** Lulu Pr., Inc.

Oakley the Lonely Oak Tree. M. S. Valerie Maurer. Illus. by Ronnette Benoit Manz. 2018. (ENG.). 38p. (J). pap. *(978-1-7752825-0-1(3))* Maurer, Valerie.

Oakley the Oyster: A Chesapeake Bay Adventure. Cindy Freland. l.t. ed. 2021. (ENG.). 50p. (J). (gr. 2-4). pap. 12.00 *(978-1-948747-95-0(2))* Maryland Secretarial Services, Inc.

Oakley the Sock Stealing Beagle! Sandra Cook. 2022. (ENG.). 28p. (J). 18.00 ***(978-1-959071-47-1(5))***; pap. 6.75 ***(978-1-955531-72-6(2))*** New Age Literary Agency.

Oakley the Squirrel: Camping 1, 2, 3! A Nutty Numbers Book. Nancy Rose. 2023. (ENG., Illus.). 30p. (J). (gr. -1 — 1). bds. 8.99 ***(978-1-5235-1831-9(6))*** Workman Publishing Co., Inc.

Oakley the Squirrel: the Search for Z: A Nutty Alphabet Book. Nancy Rose. 2021. (ENG., Illus.). 30p. (J). (gr. -1 — 1). bds. 7.95 *(978-1-5235-1041-2(2)*, 101041) Workman Publishing Co., Inc.

Oakleyites (Classic Reprint) Edward Frédéric Benson. annot. ed. (ENG., Illus.). (J). 2018. 31.01 *(978-0-331-66588-8(3))*; 2017. pap. 13.57 *(978-0-259-06183-0(2))* Forgotten Bks.

Oakshaw, or the Victims of Avarice: A Tale of Intrigue (Classic Reprint) William Turner Coggeshall. (ENG., Illus.). (J). 2018. 128p. 26.54 *(978-0-483-62801-4(8))*; 2017. pap. 9.57 *(978-0-243-30089-1(1))* Forgotten Bks.

Oakshott Castle. Henry Kingsley. 2019. (ENG.). 348p. (J). pap. *(978-3-337-77891-0(7))* Creation Pubs.

Oakshott Castle: Being the Memoir of an Eccentric Nobleman (Classic Reprint) Henry Kingsley. 2018. (ENG., Illus.). 360p. (J). 31.32 *(978-0-483-49996-6(X))* Forgotten Bks.

Oakshott Castle, and, the Grange Garden (Classic Reprint) Henry Kingsley. 2017. (ENG., Illus.). (J). 33.86 *(978-0-260-23088-1(X))*; pap. 16.57 *(978-1-5285-0725-7(8))* Forgotten Bks.

Oakum Pickings: A Collection of Stories, Sketches, & Paragraphs Contributed from Time to Time to the Telegraphic & General Press (Classic Reprint) Walter Polk Phillips. 2017. (ENG., Illus.). (J). 27.73 *(978-0-266-68394-0(0))*; pap. 10.57 *(978-1-5276-7206-2(9))* Forgotten Bks.

Oakwing: A Fairy's Tale. E. J. Clarke. 2017. (Oakwing Ser.: 1). (ENG., Illus.). 192p. (J). (gr. 2-6). 16.99 *(978-1-4814-8191-5(6)*, Aladdin) Simon & Schuster Children's Publishing.

Oakwing: A Fairy's Tale. E. J. Clarke. 2018. (Oakwing Ser.: 1). (ENG.). 208p. (J). (gr. 2-6). pap. 6.99 *(978-1-4814-8190-8(8)*, Simon & Schuster/Paula Wiseman Bks.) Simon & Schuster/Paula Wiseman Bks.

Oakwood Hall, a Novel, Vol. 1 Of 3: Including a Description of the Lakes of Cumberland & Westmoreland, & a Part of South Wales (Classic Reprint) Catherine Hutton. 2018. (ENG., Illus.). 282p. (J). 29.71 *(978-0-483-25923-2(3))* Forgotten Bks.

Oakwood Orphanage: The Past Is Out to Get You. Emily Marie. 2022. (ENG.). 348p. (YA). ***(978-1-0391-6640-0(7))***; pap. ***(978-1-0391-6639-4(3))*** FriesenPress.

Oaky & the Virus. Athol Williams. 2021. (ENG.). 38p. (J). pap. *(978-1-990957-15-4(3))* Theart Pr.

Oaky & Themba. Athol Williams. 2019. (ENG.). 40p. (J). pap. *(978-0-6399373-8-0(1))* Theart Pr.

Oaky in the Playground. Athol Williams. 2021. (Oaky Ser.). (ENG.). 38p. (J). pap. *(978-1-77634-897-8(4))* Theart Pr.

Oaky Runs a Race. Athol Williams. 2018. (ENG.). 40p. (J). pap. *(978-0-6399373-0-4(6))* Theart Pr.

Oaky the Brave Acorn. Athol Williams. 2017. (ENG.). 38p. (J). pap. *(978-0-620-73945-0(2))* Theart Pr.

Oaky the Oak Leaf. Marian Hawkins. 2021. (Treeture Creatures & Flowerbuds Ser.: Vol. 1). (ENG.). 32p. (J). *(978-1-912765-32-4(2))* Blue Falcon Publishing.

O What a World! Elias Johnson. Illus. by Darling Johnson. 2021. (ENG.). 28p. (J). 24.99 *(978-1-6678-1137-6(1))* BookBaby.

Oändlig Kärlek. Jm Mercedes. 2021. (SWE.). 132p. (YA). pap. 15.99 *(978-1-393-65561-9(0))* Draft2Digital.

OAR Secrets Study Guide: OAR Exam Review for the Officer Aptitude Rating Test. Ed. by Oar Exam Secrets Test Prep. 2016. (ENG.). (J). pap. 40.99 *(978-1-5167-0046-2(5))* Mometrix Media LLC.

Oasis Burning. Devin Baker. 2020. (ENG.). 94p. (YA). 65.00 *(978-1-716-83482-0(1))* Lulu Pr., Inc.

Oasis of the Seas. Quinn M. Arnold. 2016. (Now That's Big! Ser.). (ENG., Illus.). 24p. (J). (gr. 1-3). *(978-1-60818-715-7(2)*, 20647, Creative Education) Creative Co., The.

Oasis Pages: Teen Writing Quest: Find Your Daily Writing Habit. Grace Welker. 2023. (Oasis Pages Ser.). (ENG.). 160p. (J). (gr. 7). pap. 18.95 *(978-1-68555-017-2(7))* Collective Bk. Studio, The.

Oaten Cakes: An Historical Play for Little Folks, in Three Scenes (Classic Reprint) Hannah Rea Woodman. 2018. (ENG., Illus.). 22p. (J). 24.37 *(978-0-267-51189-1(2))* Forgotten Bks.

Oates & the Elphyne. Michael Walsh. 2022. (ENG., Illus.). 128p. (J). 14.99 *(978-1-64337-679-0(9)*, BiG) Humanoids, Inc.

Oath. Chuck Black. Ed. by Brittney Roemmich & Tess Black. Illus. by Elena Karoumpali. 2022. (Starlore Legacy Ser.: 4). (ENG.). 246p. 24.99 *(978-1-7359061-7-1(4))* Perfect Praise Publishing.

Oath. Chuck Black. Ed. by Tess Black & Brittney Roemmich. Illus. by Elena Karoumpali. 2022. (Starlore Legacy Ser.: 4). (ENG.). 246p. pap. 11.99 *(978-1-7359061-6-4(6))* Perfect Praise Publishing.

Oath in Heaven: An Early Victorian Romance (Classic Reprint) John Ryce. (ENG., Illus.). (J). 2018. 384p. 31.84 *(978-0-483-93891-5(2))*; 2016. pap. 16.57 *(978-1-334-12113-5(3))* Forgotten Bks.

Oath of Allegiance: And Other Stories (Classic Reprint) Elizabeth Stuart Phelps. 2017. (ENG., Illus.). (J). 32.19 *(978-0-265-88645-8(7))* Forgotten Bks.

Oathbreaker. D. M. Rudderham. 2019. (Oathbreaker Chronicles Ser.: Vol. 1). (ENG., Illus.). 276p. (YA). (gr. 10-12). pap. *(978-1-9995517-0-4(2))* Rudderham, Darian MacCuish.

Oathsworn. R. L. Snyder. 2020. (ENG.). 304p. (YA). pap. 11.99 *(978-0-9995179-7-0(X))* MECROSS Pubns.

Obadiah & the Edomites: The Minor Prophets, Book 3. Brian J. Wright & John Robert Brown. 2021. (Minor Prophets Ser.). (ENG.). 40p. (J). 10.99 *(978-1-5271-0701-4(9)*, 5bc9baef-1048-4ef7-92ce-408febf28757, CF4Kids) Christian Focus Pubns. GBR. Dist: Baker & Taylor Publisher Services (BTPS).

Obadiah the Bold. Illus. Brinton Turkle. Text by Brinton Turkle. 2018. (J). pap. *(978-1-893103-73-3(0))* Beautiful Feet Bks.

Obama vs. Mccain & the Historic Election. Tamra B. Orr. 2017. (Perspectives Library: Modern Perspectives Ser.). (ENG., Illus.). 32p. (J). (gr. 4-7). lib. bdg. 32.07 *(978-1-63472-860-7(2)*, 209866) Cherry Lake Publishing.

Obamabear: Hail to the Chief. Tiger Powell. 2019. (ENG.). 66p. (J). 26.95 *(978-1-64458-167-4(1))*; pap. 16.95 *(978-1-64458-165-0(5))* Christian Faith Publishing.

Obamas: A Lift-The-Flap Book. Illus. by Violet Lemay. 2019. 22p. (J). (gr. -1-k). bds. 9.95 *(978-1-947458-82-6(5)*, 805882) Duo Pr. LLC.

Obamas: First Family of Hope, 6 vols., Set. Incl. Barack. Hal Marcovitz. (Illus.). pap. 9.95 *(978-1-4222-1484-8(2))*; Malia. Gail Snyder. pap. 9.95 *(978-1-4222-1486-2(9))*; Michelle. Hal Marcovitz. pap. 9.95 *(978-1-4222-1485-5(0))*; Obama Family Tree. Hal Marcovitz. (Illus.). pap. 9.95 *(978-1-4222-1488-6(5))*; Obama Mania. Hal Marcovitz. (Illus.). pap. 9.95 *(978-1-4222-1489-3(3))*; Sasha. Gail Snyder. (Illus.). pap. 9.95 *(978-1-4222-1487-9(7))*; 64p. (YA). (gr. 3-6). 2007. 2010. Set pap. 59.70 *(978-1-4222-1483-1(4))*; Set lib. bdg. 119.70 *(978-1-4222-1476-3(1))* Mason Crest.

Obby Challenge (Diary of a Roblox Pro #3: an AFK Book), Vol. 3. Ari Avatar. 2023. (Diary of a Roblox Pro Ser.). (ENG.). 128p. (J). (gr. 2-5). pap. 6.99 *(978-1-338-86348-2(7))* Scholastic, Inc.

Obby the Obot. Brock Eastman & Luke Lauber. Illus. by Ben Abusaada. 2022. (Obby the Obot Ser.: Vol. 1). (ENG.). 68p. (J). pap. 14.99 *(978-1-946692-38-2(7))*; 17.99 *(978-1-946692-39-9(5))* Crimson Pulse Media.

Obed Owler & the Prize Writers (Classic Reprint) Mary H. Gray Clarke. 2018. (ENG., Illus.). 28p. (J). 24.47 *(978-0-483-88015-3(9))* Forgotten Bks.

Obedience - Games & Activities: Games & Activities to Help Build Moral Character. Agnes De Bezenac & Salem De Bezenac. Illus. by Agnes De Bezenac. 2017. (Cut Out & Play Ser.: Vol. 1). (ENG., Illus.). (J). (gr. k-2). pap. 6.45 *(978-1-62387-619-7(2)*, Kidible) iCharacter.org.

Obelisk, 1920, Vol. 6: Annual of the Southern Illinois Normal University (Classic Reprint) Southern Illinois Normal University. (ENG., Illus.). (J). 2018. 162p. 27.24 *(978-0-656-32898-7(3))*; 2016. pap. 9.97 *(978-1-334-36710-6(8))* Forgotten Bks.

Oberland Châlet (Classic Reprint) Edith Wood. 2018. (ENG., Illus.). 326p. (J). 30.62 *(978-0-484-84436-9(9))* Forgotten Bks.

Oberon Spell, a Novel, Vol. 1 of 3 (Classic Reprint) Eden St. Leonards. 2018. (ENG., Illus.). 314p. (J). 30.37 *(978-0-332-44282-2(9))* Forgotten Bks.

Oberon Spell, Vol. 2 Of 3: A Novel (Classic Reprint) Eden St. Leonards. 2018. (ENG., Illus.). 320p. (J). 30.50 *(978-0-483-39109-3(3))* Forgotten Bks.

Obesity. Nancy Dickmann. 2023. (Fast Track: Living With Ser.). (ENG., Illus.). 24p. (J). (gr. 1-3). pap. 10.99 *(978-1-78121-812-9(9)*, 23956) Black Rabbit Bks.

Obesity. Stuart Kallen. 2016. (Matters of Opinion Ser.). (ENG., Illus.). 64p. (J). (gr. 4-6). pap. 14.60 *(978-1-60357-859-2(5))* Norwood Hse. Pr.

Obesity. Stuart A. Kallen. 2016. (Matters of Opinion Ser.). (ENG., Illus.). 64p. (J). (gr. 4-6). lib. bdg. 27.93 *(978-1-59953-756-6(7))* Norwood Hse. Pr.

Obesity: An American Epidemic, 1 vol. Emily Mahoney. 2017. (Hot Topics Ser.). (ENG.). 104p. (gr. 7-7). lib. bdg. 41.03 *(978-1-5345-6147-2(1)*, d1d997c1-551e-4a25-952f-1bf8dfbf980e, Lucent Pr.) Greenhaven Publishing LLC.

Obesity: Modern-Day Epidemic, 10 vols., Set. Incl. Diet & Your Emotions: The Comfort Food Falsehood. Joan Esherick. (J). 2004. lib. bdg. 23.95 *(978-1-59084-950-7(7))*; Fats, Sugars, & Empty Calories: The Fast Food Habit. Autumn Libal. (YA). 2007. lib. bdg. 23.95 *(978-1-59084-943-9(4))*; Medications & Surgeries for Weight Loss: When Dieting Isn't Enough. William Hunter. (YA). 2007. lib. bdg. 23.95 *(978-1-59084-947-7(7))*; (gr. 4-7). (Illus.). 104p. 2005. Set lib. bdg. 239.50 *(978-1-59084-941-5(8))* Mason Crest.

Obesity: Understand Your Mind & Body (Engaging Readers, Level 3) Kit Caudron-Robinson. Ed. by Sarah Harvey. 2023. (Understand Your Mind & Body Ser.: Vol. 8). (ENG., Illus.). 32p. (J). pap. ***(978-1-77476-975-1(1))***; ***(978-1-77476-974-4(3))*** AD Classic.

Obi-Wan & Anakin Adventure. Comment by Cavan Scott. 2019. (Star Wars Choose Your Destiny Ser.). (ENG.). 138p. (J). (gr. 2-3). 15.59 *(978-0-87617-790-7(9))* Penworthy Co., LLC, The.

Obi-Wan & Anakin Adventure. Cavan Scott. Illus. by Elsa Charretier. 2020. (Star Wars: Choose Your Destiny Ser.). (ENG.). 144p. (J). (gr. 2-6). lib. bdg. 32.79 *(978-1-5321-4573-5(X)*, 36069, Chapter Bks.) Spotlight.

Obie Is Man Enough. Schuyler Bailar. 2021. (ENG., Illus.). 352p. (J). (gr. 5). lib. bdg. 19.99 *(978-0-593-37947-9(0))*; 17.99 *(978-0-593-37946-2(2))* Random Hse. Children's Bks. (Crown Books For Young Readers).

Obiter, 1917, Vol. 2 (Classic Reprint) Bloomsburg State Normal School. (ENG., Illus.). (J). 2018. 238p. 28.81 *(978-0-267-54286-4(0))*; 2016. pap. 11.57 *(978-1-333-42471-8(X))* Forgotten Bks.

Obiter, 1918, Vol. 3 (Classic Reprint) Bloomsburg State Normal School. (ENG., Illus.). (J). 2018. 224p. 28.54 *(978-0-267-54022-8(1))*; 2016. pap. 10.97 *(978-1-333-37919-3(6))* Forgotten Bks.

Obiter, 1922, Vol. 7 (Classic Reprint) Bloomsburg State Normal School. (ENG., Illus.). (J). 2017. 180p. 27.61 *(978-0-484-03520-0(7))*; 2016. pap. 9.97 *(978-1-334-15677-9(8))* Forgotten Bks.

Obiter, 1923, Vol. 8: The Annual Publication of the Senior Class of Bloomsburg State Normal School (Classic Reprint) Bloomsburg State Normal School. (ENG., Illus.). (J). 2018. 270p. 29.49 *(978-0-365-16148-6(9))*; 2017. pap. 11.97 *(978-0-259-29703-1(8))* Forgotten Bks.

Obiter, 1924, Vol. 9: The Annual Publication of the Senior Class of Bloomsburg State Normal School (Classic Reprint) Bloomsburg State Normal School. (ENG., Illus.). (J). 2018. 276p. 29.61 *(978-0-656-35027-8(X))*; 2017. pap. 11.97 *(978-0-243-44564-6(4))* Forgotten Bks.

Obiter, 1925, Vol. 10: The Annual Publication of the Senior Class of Bloomsburg State Normal School (Classic Reprint) Bloomsburg State Normal School. (ENG., Illus.). (J). 2018. 284p. 29.75 *(978-0-656-66745-1(1))*; 2017. pap. 13.57 *(978-0-259-95506-1(X))* Forgotten Bks.

Obiter, 1926, Vol. 11 (Classic Reprint) Bloomsburg State Normal School. (ENG., Illus.). (J). 2018. 288p. 29.84 *(978-0-656-34045-3(2))*; 2017. pap. 13.57 *(978-0-243-40481-0(6))* Forgotten Bks.

Obiter, 1927, Vol. 12: The Annual Publication of the Senior Class of Bloomsburg State Normal School, Bloomsburg, Pa (Classic Reprint) Bloomsburg State Normal School. (ENG., Illus.). (J). 2018. 336p. 30.83 *(978-0-365-34590-9(3))*; 2017. pap. 13.57 *(978-0-259-91030-5(9))* Forgotten Bks.

Obiter, 1928, Vol. 13 (Classic Reprint) Bloomsburg State Teachers College. (ENG., Illus.). (J). 2018. 310p. 30.29 *(978-0-656-49422-4(0))*; 2017. pap. 13.57 *(978-0-259-27491-9(7))* Forgotten Bks.

Obiter, 1929, Vol. 14 (Classic Reprint) Bloomsburg State Teachers College. (ENG., Illus.). (J). 2018. 334p. 30.79 *(978-0-365-44669-9(6))*; 2017. pap. 13.57 *(978-0-282-54413-3(5))* Forgotten Bks.

Object-Lessons for Children: Or Hooks & Eyes, Truth Linked to Sight (Classic Reprint) Charles Herbert Tyndall. 2017. (ENG., Illus.). (J). pap. 11.57 *(978-1-5276-1761-2(0))* Forgotten Bks.

Object-Lessons for Children: Or, Hooks & Eyes, Truth Linked to Sight, Pp. 8-242. C. H. Tyndall. 2017. (ENG., Illus.). (J). pap. *(978-0-649-65985-2(6))* Trieste Publishing Pty Ltd.

Object Lessons for the Cradle Roll (Classic Reprint) Frances Weld Danielson. 2018. (ENG., Illus.). 124p. (J). 26.47 *(978-0-267-49384-5(3))* Forgotten Bks.

Objectification of Women in the Media. Christine Evans. 2019. (Women & Society Ser.). (ENG.). 80p. (J). (gr. 6-12). *(978-1-68282-543-3(4))* ReferencePoint Pr., Inc.

Objects in Mirror. Tudor Robins. 2018. (Stonegate Ser.: Vol. 1). (ENG., Illus.). 270p. (YA). (gr. 7-12). pap. *(978-0-9958887-7-7(9))* Robins, Tudor.

Objects in the Sky, 12 vols., Set. Incl. Exploring Comets. Jennifer Way. lib. bdg. 26.27 *(978-1-4042-3469-7(1)*, ffbeff81-f650-4e68-b14a-1fc7e391ef90, PowerKids Pr.); Exploring Earth. Rebecca Olien. lib. bdg. 26.27 *(978-1-4042-3465-9(9)*, 52a1b5a5-51c2-479a-b460-4096dcb62c56); Exploring Meteors. Rebecca Olien. lib. bdg. 26.27 *(978-1-4042-3468-0(3)*, 8e585b55-a39f-4814-93fa-3ccf4f62d96d, PowerKids Pr.); Exploring the Moon. Rebecca Olien. lib. bdg. 26.27 *(978-1-4042-3466-6(7)*, 003b77c6-da98-40f1-897b-ea98f1c4d440, PowerKids Pr.); Exploring the Planets in Our Solar System. Rebecca Olien. lib. bdg. 26.27 *(978-1-4042-3467-3(5)*, a3e1acfe-1a80-4987-9269-aac56a1fa428, PowerKids Pr.); Exploring the Sun. Rebecca Olien. lib. bdg. 26.27 *(978-1-4042-3464-2(0)*, b8eed2ba-a2e8-4d34-9503-ec495cb7fd65, PowerKids Pr.); (Illus.). 24p. (J). (gr. 3-3). 2007. (Objects in the Sky Ser.). (ENG.). 2006. Set lib. bdg. 157.62 *(978-1-4042-3502-1(7)*, 12b56598-5968-41e9-855a-4aceb10261a5, PowerKids Pr.) Rosen Publishing Group, Inc., The.

Objects in the Sky Educational Facts Children's Science Book. Bold Kids. 2022. (ENG.). 42p. (J). pap. 14.99 ***(978-1-0717-1698-4(0))*** FASTLANE LLC.

Oblici: Vizuelni Uvod U Geometrijske Oblike. David E. McAdams. 2023. (Njige Iz Matematike Za Djecu Ser.: Vol. 20). (BOS.). 38p. (J). pap. 16.96 ***(978-1-63270-357-6(2))*** Life is a Story Problem LLC.

Obliging Fairy: A Book of Colors. Shirley N. Reyes. l.t. ed. 2022. (ENG.). 26p. (J). 22.95 ***(978-1-0880-1987-0(0))*** Indy Pub.

Obliterated: Everything Is about to Change. Chris Mentillo. 2018. (ENG.). 102p. (YA). pap. 9.99 *(978-0-692-75328-6(1))* Twilight Zones Pr.

Oblivion. Sara Podgoreanu. 2023. (ENG.). 234p. (YA). ***(978-1-0391-7863-2(4))***; pap. ***(978-1-0391-7862-5(6))*** FriesenPress.

Oblivion. Eden Skye. 2020. (ENG., Illus.). 178p. (YA). pap. *(978-0-2288-2160-1(6))* Tellwell Talent.

Oblivion Song by Kirkman & de Felici Book 1. Robert Kirkman. 2020. (ENG., Illus.). 280p. (YA). 39.99 *(978-1-5343-1688-1(4)*, d8021b5b-63d6-4a86-adca-8918467051fd) Image Comics.

Oblivion Song by Kirkman & de Felici, Book 2. Robert Kirkman. 2021. (ENG., Illus.). 272p. (YA). 39.99 *(978-1-5343-1950-9(6))* Image Comics.

Oblivion Song by Kirkman & de Felici Volume 3. Robert Kirkman. 2019. (ENG., Illus.). 128p. (YA). pap. 16.99 *(978-1-5343-1326-2(5)*, 96155dda-2849-405b-b465-cc62b863ed0e) Image Comics.

Oblivion Song by Kirkman & de Felici, Volume 6. Robert Kirkman. 2022. (ENG., Illus.). 128p. (YA). pap., pap. 16.99 *(978-1-5343-2007-9(5))* Image Comics.

Oblomov (Classic Reprint) Ivan Goncharov. (ENG., Illus.). (J). 2018. 326p. 30.64 *(978-0-267-38682-6(6))*; 2016. pap. 13.57 *(978-1-334-14499-8(0))* Forgotten Bks.

Obras Completas de Filinto Elysio, Vol. 6 (Classic Reprint) Filinto Elysio. 2018. (POR., Illus.). (J). 574p. 35.76 *(978-0-366-61476-9(2))*; 576p. pap. 19.57 *(978-0-366-61456-1(8))* Forgotten Bks.

o'Briens & the o'Flahertys, Vol. 2 Of 4: A National Tale (Classic Reprint) Sydney Morgan. (ENG., Illus.). (J). 2018. 348p. 31.09 *(978-0-656-02340-0(6))*; 2016. pap. 13.57 *(978-1-333-43898-2(2))* Forgotten Bks.

o'Briens & the o'Flahertys, Vol. 4 Of 4: A National Tale (Classic Reprint) Lady Morgan. 2017. (ENG., Illus.). (J). 31.57 *(978-0-265-15454-0(5))* Forgotten Bks.

Obscura Book 1: The Boy, the Girl & the Wooden Box. Shane Emmett. Ed. by Josephine Emmett. 2020. (Obscura Ser.: Vol. 1). (ENG., Illus.). 228p. (YA). (gr. 7-12). pap. 12.99 *(978-1-68411-981-3(2))* BN Publishing.

Obscura Burning. Suzanne Van Rooyen. 2nd ed. 2017. (ENG., Illus.). (YA). 25.99 *(978-1-64080-367-1(X)*, Harmony Ink Pr.) Dreamspinner Pr.

Obscure Characters & Minor Lights of Scripture. Frederick Hastings. 2017. (ENG.). 294p. (J). pap. *(978-3-337-27056-8(5))* Creation Pubs.

Obscure Characters & Minor Lights of Scripture (Classic Reprint) Frederick Hastings. 2017. (ENG., Illus.). (J). 29.96 *(978-0-266-22292-7(7))* Forgotten Bks.

Obscurity. Yolande N. Morrison. 2021. (ENG.). 90p. (YA). *(978-1-64536-290-6(6))*; pap. *(978-1-64536-289-0(2))* Austin Macauley Pubs. Ltd.

Observant Pedestrian Mounted, or a Donkey Tour to Brighton, Vol. 1 Of 3: A Comic Sentimental Novel (Classic Reprint) Unknown Author. (ENG., Illus.). (J). 2018. 338p. 30.89 *(978-0-364-63088-4(4))*; 2017. pap. 13.57 *(978-0-259-36026-1(0))* Forgotten Bks.

Observant Pedestrian Mounted, or a Donkey Tour to Brighton, Vol. 2 Of 3: A Comic Sentimental Novel (Classic Reprint) Unknown Author. (ENG., Illus.). (J). 2018. 292p. 29.94 *(978-0-267-55969-5(0))*; 2016. pap. 13.57 *(978-1-333-72081-0(5))* Forgotten Bks.

Observant Pedestrian Mounted, Vol. 3: Or a Donkey Tour to Brighton, a Comic Sentimental Novel (Classic Reprint) Mystic Cottager. 2018. (ENG., Illus.). 312p. (J). 30.33 *(978-0-365-17552-0(8))* Forgotten Bks.

Observar la Luz: Set of 6 Common Core Edition. Karen A. Frenkel & Benchmark Education Company, LLC Staff. 2016. (Navigators Ser.). (SPA.). (J). (gr. 4). 58.00 net. *(978-1-5125-0826-0(8))* Benchmark Education Co.

Observations & Reflections Made in the Course of a Journey Through. Hester Lynch Piozzi. 2017. (ENG.). (J). 450p. pap. *(978-3-7447-2041-0(1))*; 404p. pap. *(978-3-7447-2045-8(4))* Creation Pubs.

Observations & Reflections Made in the Course of a Journey Through France, Italy, & Germany, Vol. 1 of 2 (Classic Reprint) Hester Lynch Piozzi. 2018. (ENG., Illus.). 452p. (J). 33.30 *(978-0-484-03063-2(9))* Forgotten Bks.

Observations & Reflections Made in the Course of a Journey Through France, Italy, & Germany, Vol. 2 of 2 (Classic Reprint) Hester Lynch Piozzi. 2018. (ENG., Illus.). 406p. (J). 32.27 *(978-0-332-85670-4(4))* Forgotten Bks.

Observations & Reflections Made in the Course of a Journey Through France, Italy, & Germany, Vol. I. Hester Lynch Piozzi. 2018. (ENG., Illus.). 224p. (J). pap. *(978-93-5297-805-2(6))* Alpha Editions.

Observations & Reflections Made in the Course of a Journey Through France Italy & Germany; Volume 1.

Hester Lynch Piozzi. 2017. (ENG., Illus.). (J). pap. 14.95 *(978-1-374-84063-8(7))* Capital Communications, Inc.

Observations by Mr. Dooley (Classic Reprint) Finley Peter Dunne. 2017. (ENG., Illus.). (J). 29.40 *(978-1-5285-8523-1(2))* Forgotten Bks.

Observations of a Retired Veteran (Classic Reprint) Henry C. Tinsley. 2018. (ENG., Illus.). 104p. (J). 26.06 *(978-0-483-26947-7(6))* Forgotten Bks.

Observations of an Orderly: Some Glimpses of Life & Work in an English War Hospital (Classic Reprint) Ward Muir. 2017. (ENG., Illus.). (J). 29.05 *(978-0-260-83940-4(X))* Forgotten Bks.

Observations of Henry (Classic Reprint) Jerome Jerome. 2018. (ENG., Illus.). 208p. (J). 28.19 *(978-0-484-15256-3(4))* Forgotten Bks.

Observations of Jay (a Dog) And Other Stories (Classic Reprint) Morgan Shepard. 2018. (ENG., Illus.). 146p. (J). 26.91 *(978-0-483-39071-3(2))* Forgotten Bks.

Observations on Budding in Paludicella & Some Other Bryozoa (Classic Reprint) Charles Benedict Davenport. 2017. (ENG., Illus.). (J). pap. 9.97 *(978-1-5279-0667-9(1))* Forgotten Bks.

Observations on Live Stock: Containing Hints for Choosing & Improving the Best Breeds of the the Most Useful Kinds of Domestic Animals (Classic Reprint) George Culley. (ENG., Illus.). (J). 2018. 110p. 26.19 *(978-0-656-29222-6(9))*; 2017. pap. 9.57 *(978-0-259-55002-0(7))* Forgotten Bks.

Observations on the Glacial Phenomena of Labrador & Maine: With a View of the Recent Invertebrate Fauna of Labrador (Classic Reprint) Alpheus Spring Packard. 2017. (ENG., Illus.). (J). 25.94 *(978-0-266-75534-0(8))*; pap. 9.57 *(978-1-5277-2859-2(5))* Forgotten Bks.

Observations on the History & Evidences of the Resurrection of Jesus Christ (Classic Reprint) Gilbert West. 2017. (ENG., Illus.). (J). 29.18 *(978-0-331-19031-1(1))*; 33.51 *(978-0-331-70675-8(X))* Forgotten Bks.

Observations on the Schools of Great Britain, Belgium, & Germany. 2017. (ENG., Illus.). (J). pap. *(978-0-649-33687-6(9))* Trieste Publishing Pty Ltd.

Observations on the Schools of Great Britain, Belgium, & Germany. Committee of Pittsburgh Teachers. 2017. (ENG., Illus.). (J). pap. *(978-0-649-32240-4(1))* Trieste Publishing Pty Ltd.

Observations Simultanées de la Surface de Jupiter (Classic Reprint) Jean Mascart. 2018. (FRE., Illus.). (J). 78p. 25.51 *(978-0-428-44128-9(9))*; 80p. pap. 9.57 *(978-0-428-01738-5(X))* Forgotten Bks.

Observer, Vol. 4 Of 6: Being a Collection of Moral, Literary & Familiar Essays (Classic Reprint) Richard Cumberland. (ENG., Illus.). (J). 2018. 328p. 30.66 *(978-0-483-00019-3(1))*; 2016. pap. 13.57 *(978-1-334-18219-8(1))* Forgotten Bks.

Observer, Vol. 5: Being a Collection of Moral, Literary & Familiar Essays (Classic Reprint) Richard Cumberland. 2017. (ENG., Illus.). (J). 29.73 *(978-0-265-65510-8(2))*; pap. 13.57 *(978-1-5276-0963-1(4))* Forgotten Bks.

Observing the Animals of the Forest with Little Red Riding Hood. Stepanka Sekaninova. Illus. by Linh Dao & Alzbeta Bozekova. 2021. (Fairytale Encyclopedia Ser.). (ENG.). 14p. (J). 15.95 *(978-80-00-05941-9(X))* Albatros, Nakladatelstvi pro deti mladez, a.s. CZE. Dist: Consortium Bk. Sales & Distribution.

Observing the Plants of the Forest with Hansel & Gretel. Sabina Konecna. Illus. by Jakub Cenkl & Tomas Kopecky. 2021. (Fairytale Encyclopedia Ser.). 14p. (J). 15.95 *(978-80-00-05937-2(1))* Albatros, Nakladatelstvi pro deti mladez, a.s. CZE. Dist: Consortium Bk. Sales & Distribution.

Obsessed: A Memoir of My Life with OCD. Allison Britz. 2017. (ENG., Illus.). 368p. (YA). (gr. 9). 19.99 *(978-1-4814-8918-8(6))*, Simon Pulse) Simon Pulse.

Obsessed with Bugs: A Guide to the Preservation & Curation of Insects. Andrew Markey. 2022. (ENG.). 40p. (J). 24.99 ***(978-1-0880-3893-2(X))*** Indy Pub.

Obsession. Jesse Q. Sutanto. 2021. 320p. (YA). (gr. 8-12). pap. 10.99 *(978-1-7282-1516-7(1))* Sourcebooks, Inc.

Obsession of Victoria Gracen (Classic Reprint) Grace Livingston Hill. 2017. (ENG., Illus.). (J). 30.62 *(978-0-331-54611-8(6))*; pap. 13.57 *(978-0-259-27666-1(9))* Forgotten Bks.

Obsessive about Octopuses. Owen Davey. 2020. (About Animals Ser.: 6). (ENG., Illus.). 40p. (J). (gr. 2-5). 19.99 *(978-1-912497-78-2(6))* Flying Eye Bks. GBR. Dist: Penguin Random Hse. LLC.

Obsidian: The Armorian Chronicles. Courtney Beals. 2022. (ENG.). 508p. (YA). pap. 25.95 *(978-1-6624-7199-5(8))* Page Publishing Inc.

Obsidian & Stars. Julie Eshbaugh. 2018. (ENG.). 368p. (YA). (gr. 9). pap. 9.99 *(978-0-06-239929-8(2)*, HarperTeen) HarperCollins Pubs.

Obsidian Crown: Frozen Flowers. Louisa Gene Moriyama. 2019. (Obsidian Crown Ser.: Vol. 2). (ENG.). 332p. (YA). pap. 14.99 *(978-0-9996709-2-7(1))* Stray Letter Pr. LLC, The.

Obsidian Eyes: Queen's Blade Origins Part 1. A. W. Exley. 2020. (Queen's Blade Ser.: Vol. 1). (ENG.). 400p. (YA). (gr. 9-12). pap. 14.99 *(978-0-473-51014-5(6))* Ribbonwood Pr.

Obsidian Mirror: 04: the Speed of Darkness. Catherine Fisher. 2016. (Obsidian Mirror Ser.). (ENG.). 400p. (YA). pap. 10.99 *(978-1-4449-2632-3(2))* Hachette Children's Group GBR. Dist: Hachette Bk. Group.

Obsidian Sky: A Dark Sky Novel. Amy Braun. (ENG., Illus.). (J). 2017. pap. *(978-1-77340-002-0(9))*; 2016. pap. *(978-1-77340-003-7(7))* Braun, Amy.

Obsidian's Legacy. Kate Kennelly. 2019. (Isles of Stone Ser.: Vol. 3). (ENG.). 208p. (J). pap. 11.99 *(978-0-9990977-5-5(X))* Emerald Light Pr.

Obsidians (Oliver Blue & the School for Seers-Book Three) Morgan Rice. 2019. (Oliver Blue & the School for Seers Ser.: Vol. 3). (ENG.). 184p. (J). (gr. 4-6). pap. 10.99 *(978-1-64029-807-1(X))*; pap. 10.99 *(978-1-64029-808-8(8))* Morgan Rice Bks.

Obsidio. Amie Kaufman & Jay Kristoff. (Illuminae Files Ser.: 3). (ENG., Illus.). (YA). (gr. 9). 2019. 640p. pap. 12.99 *(978-0-553-49922-3(X)*, Ember); 2018. 624p. 21.99 *(978-0-553-49919-3(X)*, Knopf Bks. for Young Readers) Random Hse. Children's Bks.

Obst-Malbuch Für Kinder: Obst-Malbuch Mit Professionellen Grafiken Für Mädchen, Jungen und Anfänger Jeden Alters. Lora Loson. 2021. (GER.). 102p. (J). pap. *(978-1-80383-020-9(4))* Carswell.

Obstacle Challenge. Jake Maddox. Illus. by Giuliano Aloisi. 2020. (Jake Maddox Adventure Ser.). (ENG.). 72p. (J). (gr. 3-6). pap. 5.95 *(978-1-4965-9204-0(2)*, 142232); lib. bdg. 25.32 *(978-1-4965-8696-4(4)*, 141434) Capstone. (Stone Arch Bks.).

Obstacle Race (Classic Reprint) Ethel M. Dell. 2018. (ENG., Illus.). 388p. (J). 31.90 *(978-0-332-87284-1(X))* Forgotten Bks.

Obstacles. Odelia Chan. 2021. (ENG.). 240p. (YA). 26.99 *(978-1-64960-235-0(9))* Emerald Hse. Group, Inc.

Obstinate Family: A Farce in One Act, Sometimes Called Obstinacy, a Woman's Won't, & Thank Goodness! the Table Is Spread (Classic Reprint) Edna May Spooner. 2018. (ENG., Illus.). 22p. (J). 24.35 *(978-0-267-28817-5(4))* Forgotten Bks.

Obum Is Tempted. Uzoma Rita Ezekwudo. Illus. by Zulfikar Rachman. 2023. (ENG.). 36p. (J). 24.99 ***(978-1-957416-05-2(X))***; pap. 12.99 ***(978-1-957416-06-9(8))*** Naturenurturemade.

Oc: Cat in the Classroom. Martha Reeder. 2020. (ENG., Illus.). 62p. (J). pap. 12.95 *(978-1-64492-891-2(4))* Christian Faith Publishing.

Ocala Boy: A Story of Florida Town & Forest (Classic Reprint) Maurice Thompson. 2018. (ENG., Illus.). 228p. (J). 28.62 *(978-0-267-17338-9(5))* Forgotten Bks.

Ocaso de Ernest. Maurice Farias. 2020. (SPA.). 214p. (J). pap. *(978-1-716-91232-0(6))* Lulu Pr., Inc.

OCCAM's Razor. John Denison. 2016. (OCCAM's Razor Ser.: Vol. 1). (ENG., Illus.). (J). pap. *(978-0-9877788-8-8(9))* Yellow Toadstool Pr.

Occasional Olla Podrida: Written Against Idleness, & Between Times (Classic Reprint) Unknown Author. (ENG., Illus.). (J). 2018. 42p. 24.76 *(978-0-484-89664-1(4))*; 2016. pap. 7.97 *(978-1-333-15019-8(9))* Forgotten Bks.

Occasional Writer, &C: Containing -'s Letter & a Reply to It, Paragraph by Paragraph (Classic Reprint) Unknown Author. 2018. (ENG., Illus.). 32p. (J). 24.56 *(978-0-484-79257-8(1))* Forgotten Bks.

Occasional Writings of Isaac Moorhead: With a Sketch of His Life (Classic Reprint) A. H. C. 2018. (ENG., Illus.). 266p. (J). 29.38 *(978-0-666-49626-3(9))* Forgotten Bks.

Occasionally Happy Family. Cliff Burke. (ENG.). 224p. (J). (gr. 3-7). 2023. pap. 7.99 *(978-0-06-328667-2(X))*; 2021. 16.99 *(978-0-358-32567-3(6)*, 1779390) HarperCollins Pubs. (Clarion Bks.).

Occasions for the Gospel Volume 1: Filling a Little Space, Neither Death nor Life, Our Father's House. Chrystal Stauffer et al. 2020. (Flash Card Format 57001-Acs Ser.: Vol. 57001). (ENG.). 54p. (J). pap. 30.00 *(978-1-64104-123-2(4))* Bible Visuals International, Inc.

Occasions for the Gospel Volume 2: The Refuge, Victory!, When I Am Weak. Hannah Pedrick et al. 2020. (Flash Card Format 57002-Acs Ser.: Vol. 57002). (ENG.). 48p. (J). pap. 30.00 *(978-1-64104-124-9(2))* Bible Visuals International, Inc.

Occident, Vol. 13: June 1923 (Classic Reprint) West High School. (ENG., Illus.). (J). 2018. 104p. 26.04 *(978-0-656-66334-7(0))*; 2017. pap. 9.57 *(978-0-259-98814-4(6))* Forgotten Bks.

Occult. Laura Croft. 2019. (ENG.). 128p. (YA). *(978-1-78823-747-5(1))*; pap. *(978-1-78823-746-8(3))* Austin Macauley Pubs. Ltd.

Occulted. Amy Rose & Ryan Estrada. Illus. by Jeongmin Lee. 2023. 176p. (YA). (gr. 4-9). pap. 15.00 *(978-1-63899-109-0(X))* Iron Circus Comics.

Occupational Therapists. Jennifer Hunsaker. 2017. (Careers in Healthcare Ser.: Vol. 13). (ENG., Illus.). 64p. (YA). (gr. 7-12). 23.95 *(978-1-4222-3801-1(6))* Mason Crest.

Occupations of a Retired Lfe (Classic Reprint) Edward Garrett. 2018. (ENG., Illus.). 482p. (J). 33.84 *(978-0-364-68614-0(6))* Forgotten Bks.

Occupations of a Retired Life, Vol. 1 Of 3: A Novel (Classic Reprint) Edward Garrett. (ENG., Illus.). (J). 2018. 290p. 29.88 *(978-0-483-89896-7(1))*; 2016. pap. 13.57 *(978-1-334-15321-1(3))* Forgotten Bks.

Occupations of a Retired Life, Vol. 2 Of 3: A Novel (Classic Reprint) Isabella (Fyvie) Mayo. (ENG., Illus.). (J). 2018. 292p. 29.92 *(978-0-483-95425-0(X))*; 2016. pap. 13.57 *(978-1-333-71221-1(9))* Forgotten Bks.

Occupations of a Retired Life, Vol. 3 Of 3: A Novel (Classic Reprint) Edward Garrett. (ENG., Illus.). (J). 2018. 280p. 29.67 *(978-0-428-76080-9(5))*; 2016. pap. 13.57 *(978-1-334-12131-9(1))* Forgotten Bks.

Occupied. Sophia Elbouhnini. 2021. (ENG., Illus.). 36p. (J). pap. 14.95 *(978-1-63710-729-4(3))* Fulton Bks.

Occupied Territory: Policing Black Chicago from Red Summer to Black Power. Simon Balto. 2020. (Justice, Power, & Politics Ser.). (ENG., Illus.). 360p. pap. 39.95 *(978-1-4696-5917-6(4)*, 01PODPB) Univ. of North Carolina Pr.

Occupying Alcatraz: Native American Activists Demand Change. Alexis Burling. 2017. (Hidden Heroes Ser.). (ENG., Illus.). 112p. (J). (gr. 6-12). lib. bdg. 41.36 *(978-1-68078-389-6(0)*, 23543, Essential Library) ABDO Publishing Co.

Occupying Alcatraz: Native American Activists Demand Change. Alexis Burling. 2017. (Hidden Heroes Ser.). (ENG., Illus.). 112p. (J). (gr. 6-12). 59.93 *(978-1-68079-742-8(5)*, 23927, Essential Library) ABDO Publishing Co.

Occurrence at Owl Creek Bridge. Ambrose Bierce. 2020. (ENG.). 35p. (YA). *(978-1-716-66381-9(4))*; pap. *(978-1-716-66417-5(9))* Lulu Pr., Inc.

Occurrence at Owl Creek Bridge. Ambrose Bierce. 2018. (ENG., Illus.). 20p. (YA). (gr. 9-12). pap. 9.99 *(978-1-5287-0569-1(6)*, Classic Bks. Library) The Editorium, LLC.

Ocd to Me: An Anthology of Anxieties. Ryan Bernstein. 2018. (ENG., Illus.). 142p. (YA). (gr. 7-12). 18.95 *(978-1-64467-679-0(6))* Waldorf Publishing.

OCD Workbook for Kids: Skills to Help Children Manage Obsessive Thoughts & Compulsive Behaviors. Anthony C. Puliafico & Joanna A. Robin. 2017. (ENG., Illus.). 144p. (J). (gr. k-5). pap. 25.95 *(978-1-62625-978-2(X)*, 39782) New Harbinger Pubns.

OCD Workbook for Teens: Mindfulness & CBT Skills to Help You Overcome Unwanted Thoughts & Compulsions. Jon Hershfield. Illus. by Sean Shinnock. 2021. (ENG.). 136p. (YA). (gr. 6-12). pap. 17.95 *(978-1-68403-636-3(4)*, 46363, Instant Help Books) New Harbinger Pubns.

OCDaniel. Wesley King. (ENG., Illus.). 304p. (J). (gr. 3-7). 2017. pap. 8.99 *(978-1-4814-5532-9(X))*; 2016. 18.99 *(978-1-4814-5531-2(1))* Simon & Schuster/Paula Wiseman Bks. (Simon & Schuster/Paula Wiseman Bks.).

OCDaniel. Wesley King. ed. 2017. lib. bdg. 18.40 *(978-0-606-39743-8(4))* Turtleback.

Ocean see Océano

Ocean. Jaye Garnett. Ed. by Cottage Door Press. Illus. by Jenny Palmer. 2022. (Peek-A-Flap Ser.). (ENG.). 12p. (J). (gr. -1-1). bds. 9.99 *(978-1-64638-668-0(X)*, 1008590) Cottage Door Pr.

Ocean. Susan Gray. Illus. by Jeff Bane. 2022. (My Early Library: My Guide to Earth's Habitats Ser.). (ENG.). 24p. (J). (gr. k-1). pap. 12.79 *(978-1-6689-1059-7(4)*, 221004); lib. bdg. 30.64 *(978-1-6689-0899-0(9)*, 220866) Cherry Lake Publishing.

Ocean. Zeina Caroline Henry. Ed. by Danielle Marie Chammas. 2022. (ENG.). 32p. (J). pap. 9.99 *(978-0-9990120-4-8(5))* Little Feet Pr.

Ocean. Ed. by Rainstorm Publishing. Illus. by Gabriel Antonini. 2018. (First Animal Facts Ser.). (ENG.). 20p. (J). bds. 7.99 *(978-1-989219-78-2(0))* Rainstorm Pr.

Ocean. DK. rev. ed. 2021. (DK Eyewitness Ser.). (ENG., Illus.). 72p. (J). (gr. 3-7). pap. 9.99 *(978-0-7440-4202-3(X)*, DK Children) Dorling Kindersley Publishing, Inc.

Ocean: A Treatise on Ocean Currents & Tides & Their Causes, Demonstrating the System of the World (Classic Reprint) William Leighton Jordan. 2016. (ENG., Illus.). (J). pap. 13.97 *(978-1-333-75834-9(0))* Forgotten Bks.

Ocean: A Visual Miscellany. Ricardo Henriques. Illus. by Andre Letria. 2018. (ENG.). 48p. (J). (gr. 3-7). 18.99 *(978-1-4521-5526-5(7))* Chronicle Bks. LLC.

Ocean: Exploring Our Blue Planet. Miranda Krestovnikoff. 2020. (ENG., Illus.). 64p. (J). 23.99 *(978-1-5476-0335-0(6)*, 900211325, Bloomsbury Children's Bks.) Bloomsbury Publishing USA.

Ocean: Secrets of the Deep. Sabrina Weiss. Illus. by Giulia De Amicis. 2019. (ENG.). 72p. (J). (gr. 2-6). 19.99 *(978-1-9999680-7-6(7))* What on Earth Bks GBR. Dist: Ingram Publisher Services.

Ocean: a Peek-Through Picture Book. Britta Teckentrup. 2019. (ENG., Illus.). 32p. (J). (gr. -1-2). 17.99 *(978-0-525-64720-1(1)*, Doubleday Bks. for Young Readers) Random Hse. Children's Bks.

Ocean Activity Workbook 2023. Beth Costanzo. 2023. (ENG.). 28p. (J). pap. 7.99 ***(978-1-0881-1151-2(3))*** Adventures of Scuba Jack Pubs., The.

Ocean Adventures: Fascinating Fish! Cuttle Fish to Sea Horses - Children's Biological Science of Fish & Sharks Books. Bobo's Little Brainiac Books. 2016. (ENG., Illus.). (J). pap. 7.99 *(978-1-68327-777-4(5))* Sunshine In My Soul Publishing.

Ocean Alphabet of Fish & Marine Mammals Children's Fish & Marine Life. Baby Professor. 2017. (ENG., Illus.). (J). pap. 7.89 *(978-1-5419-0172-8(X)*, Baby Professor (Education Kids)) Speedy Publishing LLC.

Ocean & Its Wonders. Robert Michael Ballantyne. 2019. (ENG.). 122p. (J). pap. *(978-93-5329-721-3(4))* Alpha Editions.

Ocean Animal Friends. Robyn Gale. Illus. by Bethany Carr. 2022. (First Touch & Feel Facts Ser.). (ENG.). 10p. (J). bds. 9.99 *(978-1-80105-242-9(5))* Top That! Publishing PLC GBR. Dist: Independent Pubs. Group.

Ocean Animals, 12 vols. 2019. (Ocean Animals Ser.). (ENG.). 24p. (J). (gr. k-k). lib. bdg. 145.62 *(978-1-5382-4527-9(2)*, 6132346b-052a-4e31-9570-4ad435a95073) Stevens, Gareth Publishing LLLP.

Ocean Animals. Erin Ranson & Imagine That. Illus. by Barry Green. 2017. (Soft Felt Play Bks.). (ENG.). 10p. (J). (gr. -1-k). 12.99 *(978-1-78700-084-1(2))* Top That! Publishing PLC GBR. Dist: Independent Pubs. Group.

Ocean Animals. Xist Publishing. 2023. (Discover Ser.). (ENG.). 28p. (J). 29.99 ***(978-1-5324-3812-7(5))*** Xist Publishing.

Ocean Animals: Amazing Activity Book for Kids Ocean Animals, Sea Creatures: Coloring Book for Toddlers, Boys & Girls the Magical Underwater Coloring Book. Smudge Jessa. 2021. (ENG.). 78p. (J). pap. 11.99 ***(978-0-384-38333-3(5))*** Piper Publishing, Inc.

Ocean Animals: Who's Who in the Deep Blue. Johnna Rizzo. 2016. (Illus.). 112p. (J). (gr. 3-7). pap. 12.99 *(978-1-4263-2506-9(1)*, National Geographic Kids) Disney Publishing Worldwide.

Ocean Animals / Animales de Océano. Xist Publishing. 2018. (Xist Kids Bilingual Spanish English Ser.). (ENG & SPA., Illus.). 28p. (J). (gr. -1-3). pap. 9.99 *(978-1-5324-0677-5(0))* Xist Publishing.

Ocean Animals (Be an Expert!) (Library Edition) Amy Edgar. 2021. (Be an Expert! Ser.). (ENG., Illus.). 24p. (J). (gr. -1-k). lib. bdg. 25.00 *(978-0-531-13677-5(9)*, Children's Pr.) Scholastic Library Publishing.

Ocean Animals (Be an Expert!) (paperback) Amy Edgar. 2021. (Be an Expert! Ser.). (ENG., Illus.). 24p. (J). (gr. -1-k). pap. 5.99 *(978-0-531-13678-2(7)*, Children's Pr.) Scholastic Library Publishing.

Ocean Animals Coloring & Activity Book: Cute Sea Creatures Coloring Book for Kids Ages 2-4, 4-8: Coloring, Dot to Dot, How to Draw. Pa Publishing. 2021. (ENG.). 36p. (J). pap. 11.99 *(978-1-915100-24-5(0))* Brumby Kids.

Ocean Animals from Head to Tail. Stacey Roderick. Illus. by Kwanchai Moriya. 2016. (Head to Tail Ser.). (ENG.). 36p. (J). (gr. -1-2). 16.95 *(978-1-77138-345-5(3))* Kids Can Pr., Ltd. CAN. Dist: Hachette Bk. Group.

Ocean Animals (Multilingual Board Book) Motomitsu Maehara. ed. 2021. (Words of the World Ser.). (Illus.). 20p. (J). bds. 10.95 *(978-1-7350005-5-8(8))* Blue Dot Pubns. LLC.

Ocean Animals (Set), 8 vols. 2019. (Ocean Animals (POP) Ser.). (ENG.). 24p. (J). (gr. k-3). lib. bdg. 250.88 *(978-1-5321-6336-4(3)*, 31987, Pop! Cody Koala) Pop!.

Ocean Animals Set. Various Authors. 2022. (ENG.). 24p. (J). (gr. -1-2). 363.30 *(978-1-64487-809-5(7)*, Blastoff! Readers) Bellwether Media.

Ocean Animals (Set Of 8) Emma Bassier. 2019. (Ocean Animals Ser.). (ENG.). 192p. (J). (gr. 1-1). pap. 71.60 *(978-1-64494-009-9(4)*, 1644940094) North Star Editions.

Ocean Animals to Color Coloring Book. Bobo's Children Activity Books. 2016. (ENG., Illus.). (J). pap. 9.33 *(978-1-68327-563-3(2))* Sunshine In My Soul Publishing.

Ocean Atlas: A Journey Across the Waves & into the Deep. Tom Jackson. Illus. by Ana Djordjevic. 2020. (Amazing Adventures Ser.). (ENG.). 64p. (J). (gr. 2-6). 16.95 ***(978-0-7112-5186-1(X))*** QEB Publishing Inc.

Ocean Babies. Mary Elizabeth Salzmann. 2019. (Animal Babies Ser.). (ENG., Illus.). 24p. (J). (gr. -1-3). lib. bdg. 29.93 *(978-1-5321-1960-6(7)*, 32505, SandCastle) ABDO Publishing Co.

Ocean Biome, 1 vol. Colin Grady. 2016. (Zoom in on Biomes Ser.). (ENG.). 24p. (J). (gr. 2-2). pap. 10.95 *(978-0-7660-7785-0(3)*, df432bb7-472b-42b5-b97a-6f824d6f0f37) Enslow Publishing, LLC.

Ocean Calls: A Haenyeo Mermaid Story. Tina Cho. Illus. by Jess X. Snow. 2020. (ENG.). 48p. (J). (gr. k-3). 19.99 *(978-1-9848-1486-9(9)*, Kokila) Penguin Young Readers Group.

Ocean Coloring: Big Eyed Sea Creatures Coloring Book. Creative Playbooks. 2016. (ENG., Illus.). (J). pap. 7.74 *(978-1-68323-783-9(8))* Twin Flame Productions.

Ocean Coloring Book: Cute Ocean Animals. Penelope Moore. 2021. (ENG.). 64p. (J). pap. 9.79 *(978-1-80353-693-4(4))* Baker & Taylor Bks.

Ocean Coloring Book for Kids: 50 Fun Coloring Pages with Amazing Sea Creatures for Toddlers - Ocean Animals Coloring Book for Boys & Girls. Margaret Cashien Bary. 2021. (ENG.). 102p. (J). pap. 11.99 *(978-1-63998-000-0(8))* Brumby Kids.

Ocean Coloring Book for Kids: The Magical Underwater Colouring Book for Boys & Girls Filled with Cute Ocean Animals & Fantastic Sea Creatures. Happy Harper. 2019. (ENG., Illus.). 102p. (J). pap. *(978-1-9990944-2-3(5)*, Happy Harper) Gill, Karanvir.

Ocean Creatures Coloring Book for Kids: A Coloring Book for Kids Ages 4-8 Features Amazing Ocean Animals to Color in & Draw, Activity Book for Young Boys & Girls, Sea Life Coloring Book, for Kids Ages 4-8, Ocean Animals, Sea Creatures & Underwater Marine Life, Life under the Sea, Ocean Activity. Happy Coloring. 2021. (ENG.). 80p. (J). pap. 10.99 *(978-1-008-94452-7(1))* McGraw-Hill Education.

Ocean Discoveries. Tamra B. Orr. 2018. (Marvelous Discoveries Ser.). (ENG., Illus.). 32p. (J). (gr. 2-5). lib. bdg. 28.65 *(978-1-5435-2617-2(9)*, 138088, Capstone Pr.) Capstone.

Ocean Dreams Coloring Book: An Adult Coloring Book Features over 30 Pages of Giant Super Jumbo Large Designs of Relaxing Ocean Scenes, Beautiful Sea Creatures, & Tropical Fish for Stress Relief. Beatrice Harrison. 2020. (ENG.). 34p. (YA). pap. 7.86 *(978-1-716-81113-5(9))* Lulu Pr., Inc.

Ocean Echoes: An Autobiography (Classic Reprint) Arthur Mason. 2018. (ENG., Illus.). 252p. (J). 29.09 *(978-0-365-00418-9(9))* Forgotten Bks.

Ocean Emporium: A Compilation of Creatures. Susie Brooks. Illus. by Dawn COOPER. 2019. (ENG.). 64p. (J). (gr. k-4). lib. bdg. 18.99 *(978-1-58089-828-7(9))* Charlesbridge Publishing, Inc.

Ocean Energy. Laura K. Murray. 2016. (Alternative Energy Ser.). (ENG., Illus.). 48p. (J). (gr. 4-8). lib. bdg. 35.64 *(978-1-68078-458-9(7)*, 23853) ABDO Publishing Co.

Ocean Engineering & Designing for the Deep Sea. Rebecca Sjonger. 2016. (Engineering in Action Ser.). (ENG., Illus.). 32p. (J). (gr. 5-9). *(978-0-7787-7536-2(4))* Crabtree Publishing Co.

Ocean Fantasy Primary Journal Composition Book. Journals and Notebooks. 2019. (ENG.). 120p. (J). pap. 12.99 *(978-1-5419-6633-8(3)*, @ Journals & NoteBks.) Speedy Publishing LLC.

Ocean Food Chains. Rebecca Pettiford. 2016. (Who Eats What?). (Illus.). 24p. (J). (gr. 2-5). lib. bdg. 25.65 *(978-1-62031-302-2(2)*, Pogo) Jump! Inc.

Ocean for Revenge. P. B. King, Sr. 2021. (ENG., Illus.). 362p. (YA). 29.95 *(978-1-64952-853-7(1))*; pap. 19.95 *(978-1-63860-808-0(3))* Fulton Bks.

Ocean Friends: A Journey Beneath the Sea. KUBU. 2016. (Kubu Ser.: 1). (Illus.). 32p. (J). (gr. -1-2). pap. 5.99 *(978-1-57826-468-1(5)*, Hatherleigh Pr.) Hatherleigh Co., Ltd., The.

Ocean Friends: A Step-By-step Drawing & Story Book. Samantha Chagollan. Illus. by Jannie Ho. 2019. (Watch Me Read & Draw Ser.). (ENG.). 32p. (J). (gr. -1-2). lib. bdg. 26.65 *(978-1-60058-799-3(2)*, 170b111b-c345-4066-a803-a512a65a453e, Walter Foster Jr) Quarto Publishing Group USA.

Ocean Fun. Make Believe Ideas. Illus. by Dawn Machell. 2019. (ENG.). 8p. (J). (— 1). 12.99 *(978-1-78947-079-6(X))* Make Believe Ideas GBR. Dist: Scholastic, Inc.

Ocean in My Ears. Meagan Macvie. 2017. (ENG.). 300p. (YA). pap. 16.00 *(978-1-932010-94-7(7))* Ooligan Pr.

Ocean in Your Bathtub. Seth Fishman. Illus. by Isabel Greenberg. (ENG.). 40p. (J). (gr. -1-3). 2022. pap. 8.99 *(978-0-06-295337-7(0))*; 2020. 17.99 *(978-0-06-295336-0(2))* HarperCollins Pubs. (Greenwillow Bks.).

Ocean Is Kind of a Big Deal. Nick Seluk. Illus. by Nick Seluk. 2022. (ENG., Illus.). 40p. (J). (gr. 1-3). 18.99 *(978-1-338-31465-6(3)*, Orchard Bks.) Scholastic, Inc.

Ocean Is More Than a Home for Fish. Robert E. Wells. Illus. by Patrick Corrigan. 2023. (Tell Me Why Ser.). (ENG.). 32p.

O

OCEAN JACK & OTHER STORIES OF AUSTRAL

(J). (gr. -1-3). 18.99 **(978-0-8075-7782-0(0)**, 080757820) Whitman, Albert & Co.

Ocean Jack & Other Stories of Austral Bush & Plain (Classic Reprint) Christopher Mudd. 2018. (ENG., Illus.). 178p. (J). 27.57 (978-0-267-48775-2(4)) Forgotten Bks.

Ocean Life Connections. Raymond Bergin. 2023. (Life on Earth! Biodiversity Explained Ser.). (ENG.). 32p. (J). (gr. 3-7). lib. bdg. 28.50 Bearport Publishing Co., Inc.

Ocean Life for Kids (Tinker Toddlers) Dhoot. 2021. (Tinker Toddlers Ser.: Vol. 9). (ENG.). 36p. (J). pap. 10.99 (978-1-950491-06-3(4), Tinker Toddlers) GenBeam LLC.

Ocean Life Fun Box: Includes a Storybook & a 2-In-1 Puzzle. Nathalie Vallière. Illus. by Jonathan Miller. 2018. 24p. (J). (gr. -1). 7.99 (978-2-924786-23-9(1), CrackBoom! Bks.) Chouette Publishing CAN. Dist: Publishers Group West (PGW).

Ocean Life up Close Set. Various Authors. 2022. (ENG.). 24p. (J). (gr. k-3). 754.60 (978-1-64487-810-1(0), Blastoff! Readers) Bellwether Media.

Ocean Meets Sky. Terry Fan & Eric Fan. Illus. by Terry Fan & Eric Fan. 2018. (ENG., Illus.). 48p. (J). (gr. -1-3). 17.99 (978-1-4814-7037-7(X), Simon & Schuster Bks. For Young Readers) Simon & Schuster Bks. For Young Readers.

Ocean Motions. Caspar Babypants. Illus. by Kate Endle. 2018. 20p. (J). (— 1). bds. 10.99 (978-1-63217-131-3(7), Little Bigfoot) Sasquatch Bks.

Ocean Mysteries! Weird Marine Life Coloring Book. Smarter Activity Books for Kids. 2016. (ENG., Illus.). (J). pap. 9.22 (978-1-68374-377-4(6)) Examined Solutions PTE. Ltd.

Ocean of Color. Disney Editors. 2016. (Step into Reading - Level 1 Ser.). lib. bdg. 14.75 (978-0-606-38890-0(7)) Turtleback.

Ocean of Color (Disney/Pixar Finding Dory) Bill Scollon. Illus. by The Disney Storybook Art Team. 2016. (Step into Reading Ser.). (ENG.). 24p. (J). (gr. -1-1). 4.99 (978-0-7364-3519-2(0), RH/Disney) Random Hse. Children's Bks.

Ocean of Emotions: A Fun & Interactive Path to Mindfulness. Patricia a Leitch. Illus. by Soledad Cook. 2019. (Kindfulkids Adventure Ser.: Vol. 2). (ENG.). 64p. (J). pap. 13.99 (978-0-9980349-1-1(6)) Hom, Jonathan.

Ocean of Fire. Katrina R W. 2019. (ENG.). 156p. (YA). (978-1-5255-0673-4(0)); pap. (978-1-5255-0674-1(9)) FriesenPress.

Ocean of Secrets, Volume 1, Vol. 1. Illus. by Sophie-chan. 2017. (Ocean of Secrets Manga Ser.: 1). (ENG.). 176p. (gr. 7-1). pap. 10.99 (978-1-4278-5714-9(8), eced54e7-ee9c-4982-ada2-57a07142b6b7) TOKYOPOP, Inc.

Ocean of Secrets, Volume 2, Vol. 2. Illus. by Sophie-chan. 2018. (Ocean of Secrets Manga Ser.: 2). (ENG.). 176p. (gr. 7-1). pap. 10.99 (978-1-4278-5722-4(9), 2f5d66d4-f802-4552-9e42-8e4dad44dea5) TOKYOPOP, Inc.

Ocean of Secrets, Volume 3. Illus. by Sophie-chan. 2021. (Ocean of Secrets Manga Ser.). (ENG.). 180p. (gr. 7-1). pap. 10.99 (978-1-4278-6178-8(1), 79018bfc-aa51-46ec-8f5b-491880d2a302, TOKYOPOP Manga) TOKYOPOP, Inc.

Ocean Opposites. Kathy Broderick. Illus. by Dean Gray. 2022. (Bilingual Bks.). (ENG.). 24p. (J). (gr. -1-3). pap. 9.50 **(978-1-64996-733-6(0)**, 17099, Sequoia Kids Media) Sequoia Children's Bks.

Ocean Origami, 1 vol. Joe Fullman. 2016. (Amazing Origami Ser.). (ENG.). 32p. (J). (gr. 2-3). pap. 11.50 (978-1-4824-5932-6(9), b574acee-e4d0-4930-8029-56da4ba19c68) Stevens, Gareth Publishing LLLP.

Ocean Our Home - Marawa Bon Mweengara (Te Kiribati) MacLean Biliki. Illus. by Ma. Criselda Federis. 2023. (ENG.). 26p. (J). pap. **(978-1-922918-82-6(2))** Library For All Limited.

Ocean Planet: Animals of the Sea & Shore. Ben Rothery. 2021. (Rothery's Animal Planet Ser.: 0). (ENG.). 80p. (J). (gr. 4-7). 29.95 (978-0-88448-916-0(7), 884916) Tilbury Hse. Pubs.

Ocean Pollution: Our Changing Planet (Engaging Readers, Level 3) Lucy Bashford. l.t. ed. 2023. (Our Changing Planet Ser.: Vol. 5). (ENG., Illus.). 32p. (J). **(978-1-77476-994-2(8)**; pap. **(978-1-77476-995-9(6))** AD Classic.

Ocean Puzzles. Created by Highlights. 2020. (Highlights Hidden Pictures Ser.). (ENG.). 144p. (J). (gr. 1-4). pap. 9.95 (978-1-64472-124-7(4), Highlights) Highlights Pr., c/o Highlights for Children, Inc.

Ocean Quest Puzzles & More Activity Book Kids 9-12. Educando Kids. 2019. (ENG.). 42p. (J). pap. 8.55 (978-1-64521-757-2(4), Educando Kids) Editorial Imagen.

Ocean Renegades! (Earth Before Us #2) Journey Through the Paleozoic Era. Abby Howard. (Earth Before Us Ser.). (ENG.). (J). (gr. 3-7). 2020. 144p. pap. 9.99 (978-1-4197-3623-0(X), 1145003); 2018. (Illus.). 128p. 15.99 (978-1-4197-3136-5(X), 1145001) Abrams, Inc. (Amulet Bks.).

Ocean Rules: The Bikini Collective. Kate McMahon. 2018. (Bikini Collective Ser.: Vol. 1). (ENG.). 228p. (YA). pap. (978-1-925579-89-5(1)) McMahon, Kate My Word.

Ocean, Sea & Me. Cara Whyte. Illus. by Ann Nguyen. 2019. (ENG.). 34p. (J). (978-0-6485891-2-9(9)) Karen Mc Dermott.

Ocean Sleuth (Classic Reprint) Maurice Drake. 2018. (ENG., Illus.). 326p. (J). 30.62 (978-0-483-38257-2(4)) Forgotten Bks.

Ocean Soup: A Recipe for You, Me, & a Cleaner Sea. Meeg Pincus. Illus. by Lucy Semple. 2021. (ENG.). 32p. (J). (gr. 1-4). 16.99 (978-1-5341-1118-9(2), 205018) Sleeping Bear Pr.

Ocean Speaks: How Marie Tharp Revealed the Ocean's Biggest Secret. Jess Keating. Illus. by Katie Hickey. 2020. (ENG.). 40p. (J). (gr. -1-3). 17.99 (978-0-7352-6508-0(9), Tundra Bks.) Tundra Bks. CAN. Dist: Penguin Random Hse. LLC.

Ocean Tails: Scholastic Early Learners (Touch & Explore) Scholastic. 2020. (Scholastic Early Learners Ser.). (ENG.). 12p. (J). (gr. -1 — 1). bds. 8.99 (978-1-338-67766-9(7), Cartwheel Bks.) Scholastic, Inc.

Ocean Tides: Children's Earth Science Fact Book. Bold Kids. 2022. (ENG.). 46p. (J). pap. 15.99 **(978-1-0717-1098-2(2))** FASTLANE LLC.

Ocean Tides & Tsunamis - Nature Book for Kids Children's Nature Books. Baby Professor. 2017. (ENG., Illus.). (J). pap. 8.79 (978-1-5419-3829-8(1), Baby Professor (Education Kids)) Speedy Publishing LLC.

Ocean Tramp (Classic Reprint) William McFee. 2017. (ENG., Illus.). (J). 29.11 (978-0-331-66784-4(3)) Forgotten Bks.

Ocean Waves: Travels by Land & Sea (Classic Reprint) Charles Chapman. 2017. (ENG., Illus.). (J). 344p. 31.01 (978-0-484-01486-1(2)); pap. 13.57 (978-1-5276-5284-2(X)) Forgotten Bks.

Ocean! Waves for All. Stacy McAnulty. Illus. by David Litchfield. 2020. (Our Universe Ser.: 4). (ENG.). 40p. (J). 18.99 (978-1-250-10809-8(8), 900165032, Holt, Henry & Co. Bks. For Young Readers) Holt, Henry & Co.

Ocean Wireless Boys on the Atlantic (Classic Reprint) Wilbur Lawton. 2018. (ENG., Illus.). 324p. (J). 30.58 (978-0-267-22474-6(5)) Forgotten Bks.

Ocean Witch: A Children's Story. Angel Butler Diamant. 2023. 40p. (J). (gr. -1-k). 29.99 **(978-1-6678-9337-2(8))** BookBaby.

Ocean-Work: Ancient & Modern; or, Evenings on Sea & Land (Classic Reprint) J. Hall Wright. 2018. (ENG., Illus.). 206p. (J). 28.19 (978-0-483-70836-5(4)) Forgotten Bks.

Ocean World: A Finding Dory Discovery Book. Paul Dichter. Illus. by Disney Storybook Artists. 2018. (Disney Learning Discovery Bks.). (ENG.). 48p. (J). (gr. 2-5). pap. 8.99 (978-1-5415-3272-4(4), Lerner Pubns.) Lerner Publishing Group.

Ocean World: A Finding Dory Discovery Book. Paul Dichter. Illus. by Disney Storybook Disney Storybook Artists. 2018. (Disney Learning Discovery Bks.). (ENG.). 48p. (J). (gr. 2-5). lib. bdg. 31.99 (978-1-5415-3259-5(1), Lerner Pubns.) Lerner Publishing Group.

Ocean World: Being a Description of the Sea & Some of Its Inhabitants (Classic Reprint) Louis Figuier. 2018. (ENG., Illus.). 672p. (J). 37.76 (978-0-484-07584-8(5)) Forgotten Bks.

Oceanarium: Welcome to the Museum. Loveday Trinick. Illus. by Teagan White. 2022. (Welcome to the Museum Ser.). (ENG.). 112p. (J). (gr. 3-7). 37.99 (978-1-5362-2381-1(6), Big Picture Press) Candlewick Pr.

Oceania. Martha London. 2021. (World Studies). (ENG., Illus.). 48p. (J). (gr. 5-6). pap. 11.95 (978-1-64493-478-7(7), 1644934787); lib. bdg. 34.21 (978-1-64493-402-9(7), 1644934027) North Star Editions. (Focus Readers).

Oceanic Whitetip Sharks. Thomas K. Adamson. 2020. (Shark Frenzy Ser.). (ENG.). 24p. (J). (gr. k-3). lib. bdg. 26.95 (978-1-64487-248-2(X), Blastoff! Readers) Bellwether Media.

Oceanic Whitetip Sharks: A 4D Book. Jody S. Rake. 2. (All about Sharks Ser.). (ENG., Illus.). 24p. (J). (gr. -1-2). bdg. 29.32 (978-1-9771-0155-6(0), 138320, Capstone) Capstone.

Oceanic Whitetip Sharks & Pilot Fish. Kari Schuetz. 20. (Animal Tag Teams Ser.). (ENG., Illus.). 24p. (J). (gr. k-3). lib. bdg. 26.95 (978-1-62617-957-8(3), Blastoff! Readers) Bellwether Media.

Océano. 2016. Tr. of Ocean. (SPA., Illus.). 64p. (J). (978-0-545-93223-3(8)) Scholastic, Inc.

Oceano Creature Libro Da Colorare per I Bambini: Un Libro Da Colorare per Bambini Dai 4 Agli 8 Anni Presenta Incredibili Animali Dell'oceano Da Colorare Disegnare, Libro Di Attività per Ragazzi e Ragazze Libro Da Colorare Di Vita Marina, per Bambini Dai 4 Agli 8 Anni, Animali Dell'oceano, Creature Del. Happy Coloring. 2021. (ITA.). 80p. (J). pap. 10.99 (978-1-008-94395-7(9)) McGraw-Hill Education.

Océano Interior: (Torre Amarilla) Juan Jose Cavero. Illus. by Christian Ayuni. 2019. (Torre Amarilla Ser.). (SPA.). 160p. (J). pap. (978-958-00-0271-0(1)) Norma Ediciones, S.A.

Oceanography & Hydrology, 4 vols. Ed. by Nicholas Croce. 2016. (Study of Science Ser.). (ENG.). 128p. (gr. 8-8). 75.64 (978-1-68048-234-8(3), 96d12eab-a568-4566-9eb3-2548ddcc99d2); 1. (Illus.). 37.82 (978-1-68048-235-5(1), 25fc15e1-5523-4168-b9fe-063e7abb(388) Rosen Publishing Group, Inc., The. (Britannica Educational Publishing).

Océanos. Nick Rebman. 2017. (Ciencia de la Tierra Ser.). (SPA.). 16p. (J). (gr. -1-2). pap. 7.95 (978-1-68320-114-4(5), 16930) RiverStream Publishing.

Océanos / Oceans, 1 vol. Claire Romaine. Tr. by Eida de la Vega. 2017. ((Nuestra Maravillosa Tierra! / Our Exciting Earth! Ser.). (ENG & SPA.). 24p. (J). (gr. k-k). lib. bdg. 24.27 (978-1-5382-1534-0(9), c390a972-o424-4c24-afe8-ea0bc7997df2) Stevens, Gareth Publishing LLLP.

Océanos (Knowledge Encyclopedia Ocean!) El Planeta Bajo el Agua Como Nunca Antes lo Habias Visto. DK. 2021. (DK Knowledge Encyclopedias Ser.). (SPA., Illus.). 208p. (J). (gr. 4-7). 24.99 (978-0-7440-4030-2(2), DK Children) Dorling Kindersley Publishing, Inc.

Oceans see Oceanos

Océans. Douglas Bender. Tr. by Annie Evearts. 2021. (Plans d'eau (Bodies of Water) Ser.). (FRE., Illus.). 16p. (J). (gr. -1-1). pap. (978-1-0396-0389-9(0), 13126) Crabtree Publishing Co.

Oceans, 1 vol. Arthur Best. 2017. (Our World of Water Ser.). (ENG.). 24p. (gr. 1-1). pap. 9.22 (978-1-5026-3094-0(0), 65cac6a8-c2e7-4674-9e3d-dcbo4be39956) Cavendish Square Publishing LLC.

Oceans. Heather C. Hudak. (Illus.). 32p. (J). 2017. (978-1-5105-0878-1(3)); 2016. (978-1-5105-0876-7(7)) SmartBook Media, Inc.

Oceans. K. C. Kelley. 2018. (Spot Awesome Nature Ser.). (ENG.). 16p. (J). (gr. -1-2). pap. 7.99 (978-1-68152-248-7(9), 14823) Amicus.

Oceans. Emily Kington. 2021. (Extreme Habitats Ser.). (ENG., Illus.). 32p. (J). (gr. 2-5). lib. bdg. 29.32 (978-1-914087-09-7(7), b540af55-c986-44a8-a048-80fa50ac54ac, Hungry Tomato (r)) Lerner Publishing Group.

Oceans, 1 vol. Claire Romaine. 2017. (Our Exciting Earth! Ser.). (ENG.). 24p. (J). (gr. k-k). pap. 9.15 (978-1-5382-0969-1(1), 9bdb52c8-e293-4795-8870-4630feaa8ea) Stevens, Gareth Publishing LLLP.

Oceans. Alexis Roumanis. 2017. (Habitats Ser.). (ENG.). 24p. (J). lib. bdg. 22.99 (978-1-5105-1971-8(8)) SmartBook Media, Inc.

Oceans, Vol. 5. Kimberly Sidabras. 2018. (World's Biomes Ser.). (Illus.). 80p. (J). (gr. 7). 33.27 (978-1-4222-4038-0(X)) Mason Crest.

Oceans: Discover Pictures & Facts about Oceans for Kids! a Children's Ocean Book. Bold Kids. 2022. (ENG.). 32p. (J). pap. 14.99 (978-1-0717-0848-4(1)) FASTLANE LLC.

Oceans: How Do We Explain Them? Bold Kids. 2022. (ENG.). 42p. (J). pap. 14.99 **(978-1-0717-1100-2(8))** FASTLANE LLC.

Oceans - Animal Habitats for Kids! Environment Where Wildlife Lives - Children's Environment Books. Baby Iq Builder Books. 2016. (ENG., Illus.). (J). pap. 8.99 (978-1-68374-726-0(7)) Examined Solutions PTE. Ltd.

Oceans & Seas! With 25 Science Projects for Kids. Anita Yasuda. Illus. by Tom Casteel. 2018. (Explore Your World Ser.). (ENG.). 96p. (J). (gr. 3-4). 19.95 (978-1-61930-656-7(4), b4b88235-a5a5-43cc-bf0-576376e10876) Nomad Pr.

Oceans Atlas: A Pictorial Guide to the World's Waters. DK. Illus. by Luciano Corbella. 2023. (ENG.). 64p. (J). (gr. 4-7). 20.00 **(978-0-7440-6969-3(8)**, DK Children) Dorling Kindersley Publishing, Inc.

Oceans Between Stars. Kevin Emerson. (Chronicle of the Dark Star Ser.: 2). (ENG.). (J). (gr. 3-7). 2019. 432p. pap. 7.99 (978-0-06-230675-3(8)); 2018. (Illus.). 416p. 16.99 (978-0-06-230674-6(X)) HarperCollins Pubs. (Waldon Pond Pr.).

Oceans (Collins Fascinating Facts) Collins Kids. 2016. (Collins Fascinating Facts Ser.). (ENG.). 72p. (J). (gr. 1-3). pap. 10.99 (978-0-00-816924-1(1)) HarperCollins Pubs. Ltd. GBR. Dist: Independent Pubs. Group.

Ocean's Daughter. Madison Wade. 2020. (ENG.). 226p. (YA). 24.95 (978-1-64462-076-2(6)); pap. 15.95 (978-1-64628-186-2(1)) Page Publishing Inc.

Oceans for Kids: People, Places & Cultures - Children Explore the World Books. Baby Professor. 2016. (ENG., Illus.). 42p. (J). pap. 11.65 (978-1-68305-648-5(5), Baby Professor (Education Kids)) Speedy Publishing LLC.

Ocean's Hope. Zoe Rose Maddalena. 2016. (ENG., Illus.). 70p. (J). (978-1-365-61121-6(3)); pap. (978-1-365-61088-2(8)) Lulu Pr., Inc.

Oceans: Mysteries of the Deep. Timothy Polnaszek. 2021. (Foundations of Science Ser.). (ENG.). (J). (gr. 1-5). pap. 29.95 (978-1-5051-1909-1(X), 2935) TAN Bks.

Oceans: Mysteries of the Deep Workbook. Timothy Polnaszek. 2021. (Foundations of Science Ser.). (ENG.). (J). (gr. 1-5). pap. 24.95 (978-1-5051-1910-7(3), 2936) TAN Bks.

Oceans of Love. Janet Lawler. Illus. by Holly Clifton-Brown. 2022. 32p. (J). (gr. -1-3). 17.99 (978-0-593-32675-6(X), Philomel Bks.) Penguin Young Readers Group.

Oceans of the World (Set), 5 vols. 2018. (Oceans of the World Ser.). (ENG.). (J). (gr. -1-2). lib. bdg. 163.95 (978-1-5038-3092-9(6), 212675) Child's World, Inc, The.

Ocean's Pearl. Rowan Todd. 2021. (ENG.). 216p. (YA). pap. (978-1-68583-102-8(8)) Tablo Publishing.

Ocean's Revenge, 2. Gavin Aung Than. ed. 2022. (Super Sidekicks Ser.). (ENG.). 149p. (J). (gr. 4-5). 26.46 **(978-1-68505-186-0(3))** Penworthy Co., LLC, The.

Oceans under Threat. Paul Mason. rev. ed. 2016. (World in Peril Ser.). (ENG.). 32p. (J). (gr. 3-5). pap. 7.99 (978-1-4846-4023-4(3), 135094, Heinemann) Capstone.

Ocean's World: An Island Tale of Discovery & Adventure. Alexa PenaVega & Carlos PenaVega. Illus. by Kiersten Eagan. 2022. (Ocean's World Ser.). (ENG.). 32p. (J). 18.99 (978-1-4002-3498-1(0), Tommy Nelson) Nelson, Thomas, Inc.

Ocellus & Chitkin. Michael E. Jones. Ed. by Arden Lee. 2021. (ENG.). 96p. (J). (978-1-0391-0016-9(3)); pap. (978-1-0391-0015-2(5)) FriesenPress.

Ocelot. Grace Hansen. 2022. (South American Animals Ser.). (ENG., Illus.). 24p. (J). (gr. -1-2). lib. bdg. 32.79 (978-1-0982-6183-2(6), 39419, Abdo Kids) ABDO Publishing Co.

Ocelote. Grace Hansen. 2023. (Animales Sudamericanos Ser.). (SPA.). 24p. (J). (gr. -1-2). lib. bdg. 32.79 **(978-1-0982-6760-5(5)**, 42750, Abdo Kids) ABDO Publishing Co.

Ocho Lugares Que Me Recuerdan a Ti. Alberto Villarreal. 2019. (SPA.). 208p. (YA). pap. 14.95 (978-607-07-6017-4(4)) Editorial Planeta, S. A. ESP. Dist: Two Rivers Distribution.

Ocho the Octopus & the First Day of School. Nicole Decesare. 2019. (ENG.). 38p. (J). 14.95 (978-1-68401-893-2(5)) Amplify Publishing Group.

Ochtwan Sporting Club: Autumn, 1882 (Classic Reprint) Unknown Author. (ENG., Illus.). (J). 2018. 36p. 24.66 (978-0-364-97073-7(1)); 2017. pap. 7.97 (978-0-282-65206-7(X)) Forgotten Bks.

Ocicats. Betsy Rathburn. 2017. (Cool Cats Ser.). (ENG., Illus.). 24p. (J). (gr. k-3). lib. bdg. 26.95 (978-1-62617-563-1(2), Blastoff! Readers) Bellwether Media.

Ocke Nutta Och Pillerill see Woody, Hazel & Little Pip o'Connors of Ballinahinch (Classic Reprint) Hungerford. (ENG., Illus.). (J). 2018. 262p. 29.32 (978-0-364-55262-9(X)); 2017. pap. 11.97 (978-0-259-10162-8(1)) Forgotten Bks.

OCR GCSE 9-1 Computer Science All-In-One Complete Revision & Practice: Ideal for Home Learning, 2022 & 2023 Exams. Collins Collins GCSE. 2017. (ENG.). 232p. (YA). (gr. 9-11). pap. 16.99 (978-0-00-822747-0(0)) HarperCollins Pubs. Ltd. GBR. Dist: Independent Pubs. Group.

Octagon Magic. Andre Norton. 2023. (Magic Sequence Ser.). (ENG.). 192p. (J). (gr. 4-6). pap. 9.99 (978-1-5040-7970-9(1)) Open Road Integrated Media, Inc.

Octave of Claudius (Classic Reprint) Barry Pain. (ENG., Illus.). (J). 2018. 342p. 30.95 (978-0-483-57643-8(3)); 2016. pap. 13.57 (978-1-333-77449-3(4)) Forgotten Bks.

Octave of Friends: With Other Silhouettes & Stories (Classic Reprint) E. Lynn Linton. 2017. (ENG., Illus.). (J). 30.31 (978-0-260-58462-5(2)); pap. 13.57 (978-0-260-58461-8(4)) Forgotten Bks.

Octavia & the Bug Problem. Jeri Fay Maynard. Illus. by Woods Korey. 2020. (ENG.). 70p. (J). 25.99 (978-1-952011-71-9(X)) Pen It Pubns.

Octavia Elphinstone, Vol. 1 Of 2: A Manx Story, & Lois, a Drama (Classic Reprint) Miss Anne Tallant. 2018. (ENG., Illus.). 310p. (J). 30.29 (978-0-483-26276-8(5)) Forgotten Bks.

Octavius Brooks Frothingham & the New Faith. Edmund C. Stedman. 2017. (ENG., Illus.). (J). pap. (978-0-649-30459-2(4)) Trieste Publishing Pty Ltd.

Octavius o'Malley & the Mystery of the Criminal Cats. Alan Sunderland. 2018. (Octavius o'Malley Investigates Ser.: 03). (Illus.). 240p. 6.99 (978-0-207-20050-2(5), HarperCollins) HarperCollins Pubs.

Octavius o'Malley & the Mystery of the Exploding Cheese. Alan Sunderland. 2017. (Octavius o'Malley Investigates Ser.: 01). (Illus.). 224p. 6.99 (978-0-207-20048-9(3), HarperCollins) HarperCollins Pubs.

Octavius o'Malley & the Mystery of the Missing Mouse. Alan Sunderland. 2018. (Octavius o'Malley Investigates Ser.: 02). (ENG., Illus.). 254p. (J). 6.99 (978-0-207-20049-6(1), HarperCollins) HarperCollins Pubs.

Octicorn Party! Kevin Diller & Justin Lowe. Illus. by Tian Mulholland. 2020. (ENG.). 48p. (J). (gr. -1-3). 17.99 (978-0-06-238794-3(4), Balzer & Bray) HarperCollins Pubs.

Octo-Man & the Headless Monster. Jane Kelley. ed. 2017. (Escapades of Clint Mccool Ser.: 1). lib. bdg. 16.00 (978-0-606-40109-8(1)) Turtleback.

October see Octubre

October. Julie Murray. 2017. (Months Ser.). (ENG., Illus.). 24p. (J). (gr. -1-2). lib. bdg. 31.36 (978-1-5321-0024-6(8), 25130, Abdo Kids) ABDO Publishing Co.

October Jones - the Lightning Pines Mystery. J. D. McFarren. 2017. (ENG., Illus.). 116p. (J). pap. 13.99 (978-1-387-38273-6(X)) Lulu Pr., Inc.

October Mornings in Salem, Massachusetts. Amy Anderson Grover. 2019. (ENG., Illus.). 28p. (J). (gr. -1-3). 24.95 (978-1-64628-946-2(3)); pap. 13.95 (978-1-64584-027-5(1)) Page Publishing Inc.

October Mourning: A Song for Matthew Shepard. Leslea Newman. 2020. (ENG.). 144p. (YA). (gr. 9). pap. 9.99 (978-1-5362-1577-9(5)) Candlewick Pr.

October Sky Novel Units Teacher Guide. Novel Units. 2019. (ENG.). (YA). pap. 12.99 (978-1-58130-816-7(7), Novel Units, Inc.) Classroom Library Co.

October Vagabonds (Classic Reprint) Richard Le Gallienne. 2018. (ENG., Illus.). 218p. (J). 28.39 (978-0-483-36453-0(3)) Forgotten Bks.

October Witches. Jennifer Claessen. 2023. (ENG.). 336p. (J). (gr. 3-7). 17.99 **(978-1-6659-4052-8(2)**, Simon & Schuster Bks. For Young Readers) Simon & Schuster Bks. For Young Readers.

Octonauts: Underwater Adventures Box Set. Meomi. 2017. (Octonauts Ser.). (Illus.). 160p. (J). (gr. -1-3). 59.95 (978-1-59702-135-7(0)) Immedium.

Octonauts & the Growing Goldfish. Meomi. 2018. (ENG.). 40p. (J). pap. 7.99 (978-0-00-828329-2(X), HarperCollins Children's Bks.) HarperCollins Pubs. Ltd. GBR. Dist: HarperCollins Pubs.

Octonauts & the Scary Spookfish. ed. 2018. (Penguin Young Readers Ser.). (ENG.). 32p. (J). (gr. -1-1). 7.00 (978-1-64310-295-5(8)) Penworthy Co., LLC, The.

Octonauts Explore the Great Big Ocean. Meomi. 2018. (ENG.). 40p. (J). pap. 8.99 (978-0-00-828330-8(3), HarperCollins Children's Bks.) HarperCollins Pubs. Ltd. GBR. Dist: HarperCollins Pubs.

Octopants. Suzy Senior. Illus. by Claire Powell. 2021. (ENG.). 24p. (J). (-k). bds. 9.99 (978-1-68010-661-9(9)) Tiger Tales.

Octopants & the Missing Pirate Underpants. Suzy Senior. Illus. by Claire Powell. 2022. (ENG.). 32p. (J). (gr. -1-2). 17.99 (978-1-68010-276-5(1)) Tiger Tales.

Octopus. August Hoeft. (I See Animals Ser.). (ENG.). (J). 2022. 20p. pap. 12.99 **(978-1-5324-4235-3(1)**; 2021. 12p. pap. 5.99 (978-1-5324-1513-5(3)) Xist Publishing.

Octopus. Jared Siemens. 2017. (Illus.). 24p. (J). (978-1-5105-0590-2(3)) SmartBook Media, Inc.

Octopus: Children's Animal Fact Book. Bold Kids. 2022. (ENG.). 42p. (J). pap. 14.99 **(978-1-0717-1099-9(0))** FASTLANE LLC.

Octopus: Or the Devil-Fish of Fiction & of Fact (Classic Reprint) Henry Lee. 2018. (ENG., Illus.). 148p. (J). 26.95 (978-0-267-70012-7(1)) Forgotten Bks.

Octopus! Things You Don't Know. J. T. Hobbs. Illus. by Santhya S. Radhakrishnan. 2019. (ENG.). 40p. (J). pap. 18.99 (978-1-5456-7044-6(7), Mill City Press, Inc) Salem Author Services.

Octopus Book. Beth Costanzo. 2020. (ENG.). 28p. (J). pap. 11.20 (978-1-6781-0478-8(7)) Lulu Pr., Inc.

Octopus Coloring Book for Kids: Amazing Octopus Coloring Pages for Kids, Boys, Girls Activity Book with Unique Collection of Octopus, Ocean, Fish & More Fun Elements. Jessa Ivy. 2021. (ENG.). 70p. (J). pap. **(978-0-477-97054-9(0))** New Zealand Government - Department of Justice - Policy & Research Division.

Octopus Coloring Book for Kids! Discover & Enjoy a Variety of Octopus Coloring Pages. Bold Illustrations. 2022. (ENG.). 82p. (J). pap. 15.99 **(978-1-0717-0699-2(3)**, Bold Illustrations) FASTLANE LLC.

Octopus Egg. Alethea Rudolph. Illus. by Luqman Khan. 2021. (ENG.). 40p. (J). pap. 14.99 (978-1-6628-2641-2(9)) Salem Author Services.

Octopus Escapes! Nathaniel Lachenmeyer. Illus. by Frank W. Dormer. 2018. 32p. (J). (-k). lib. bdg. 16.99 (978-1-58089-795-2(9)) Charlesbridge Publishing, Inc.

Octopus Escapes. Maile Meloy. Illus. by Felicita Sala. 40p. (J). 2023. (— 1). bds. 9.99 (978-0-593-53397-0(6)); 2021. (gr. -1-2). 18.99 (978-1-9848-1269-8(6)) Penguin Young Readers Group. (G.P. Putnam's Sons Books for Young Readers).

The check digit for ISBN-10 appears in parentheses after the full ISBN-13

TITLE INDEX

ODDS: RUN, ODDS, RUN

Octopus Express. Tallulah May. 2022. (Mighty Express Ser.). (ENG.). 24p. (J). (-k). pap. 5.99 *(978-0-593-38562-3(4))*, Penguin Young Readers Licenses) Penguin Young Readers Group.

Octopus Hide-And-Seek. Kathy Broderick. Illus. by Dean Gray. 2022. (Bilingual Bks.). (ENG.). 24p. (J). (gr. -1-3). pap. 9.50 ***(978-1-64996-731-2(4)***, 17100, Sequoia Kids Media) Sequoia Children's Bks.

Octopus or Squid? Christina Leaf. 2020. (Spotting Differences Ser.). (ENG., Illus.). 24p. (J). (gr. k-3). pap. 7.99 *(978-1-68103-824-7(2)*, 12913); lib. bdg. 26.95 *(978-1-64487-200-0(5))* Bellwether Media. (Blastoff! Readers).

Octopus or Squid? a Compare & Contrast Book see ¿Pulpo o Calamar? un Libro de Comparaciones y Contrastes

Octopus Shocktopus! Peter Bently. Illus. by Steven Lenton. 2022. (ENG.). 32p. (J). (-k). 17.99 *(978-1-5362-2396-5(4))* Candlewick Pr.

Octopus Stew. Eric Velasquez. (Illus.). 40p. (J). (gr. -1-3). 2021. pap. 8.99 *(978-0-8234-4848-7(7))*; 2019. 17.99 *(978-0-8234-3754-2(X))* Holiday Hse., Inc.

Octopus Who Wore Shoes. Andrew Frodahl. Illus. by Teresa Amehana Garcia. 2020. (ENG.). 56p. (J). pap. 16.99 *(978-1-952011-81-8(7))* Pen It Pubns.

Octopuses. Emma Bassier. 2019. (Ocean Animals Ser.). (ENG.). 24p. (J). (gr. 1-1). pap. 8.95 *(978-1-64494-013-6(2)*, 1644940132) North Star Editions.

Octopuses. Emma Bassier. 2019. (Ocean Animals (POP) Ser.). (ENG., Illus.). 24p. (J). (gr. k-3). lib. bdg. 31.36 *(978-1-5321-6340-1(1)*, 31995, Pop! Cody Koala) Pop!.

Octopuses. Darla Duhaime. 2017. (Ocean Animals Ser.). (ENG.). 24p. (gr. k-2). pap. 9.95 *(978-1-68342-423-9(9)*, 9781683424239) Rourke Educational Media.

Octopuses. Grace Hansen. 2017. (Ocean Life Ser.). (ENG.). 24p. (J). (gr. -1-2). pap. 7.95 *(978-1-4966-1254-0(X)*, 135002, Capstone Classroom) Capstone.

Octopuses, 1 vol. Walter LaPlante. 2019. (Ocean Animals Ser.). (ENG.). 24p. (gr. k-k). pap. 9.15 *(978-1-5382-4461-6(6)*, cf6cadad-304f-46f3-94d0-a6936c56f016) Stevens, Gareth Publishing LLLP.

Octopuses. Kara L. Laughlin. 2017. (In the Deep Blue Sea Ser.). (ENG.). 24p. (J). (gr. k-3). lib. bdg. 32.79 *(978-1-5038-1687-9(7)*, 211521) Child's World, Inc, The.

Octopuses. Christina Leaf. 2016. (Ocean Life up Close Ser.). (ENG., Illus.). 24p. (J). (gr. k-3). 26.95 *(978-1-62617-419-1(9)*, Blastoff! Readers) Bellwether Media.

Octopuses. Joanne Mattern. 2020. (World's Smartest Animals Ser.). (ENG., Illus.). 24p. (J). (gr. k-3). lib. bdg. 26.95 *(978-1-64487-241-3(2)*, Blastoff! Readers) Bellwether Media.

Octopuses. Julie Murray. 2021. (Animals with Camo Ser.). (ENG., Illus.). 24p. (J). (gr. k-4). lib. bdg. 31.36 *(978-1-0982-2441-7(8)*, 37088, Abdo Zoom-Dash) ABDO Publishing Co.

Octopuses. Kate Riggs. (Seedlings Ser.). (ENG., Illus.). 24p. (J). 2017. (gr. -1-k). *(978-1-60818-779-9(9)*, 20149, Creative Education); 2016. (gr. 1-3). pap. 10.99 *(978-1-62832-219-4(5)*, 20438, Creative Paperbacks); 2016. (gr. 1-4). 28.95 *(978-1-60818-613-6(X)*, 20440, Creative Education) Creative Co., The.

Octopuses. Mari Schuh. 2018. (Spot Ocean Animals Ser.). (ENG.). 16p. (J). (gr. -1-2). pap. 7.99 *(978-1-68152-301-9(9)*, 15003); lib. bdg. *(978-1-68151-381-2(1)*, 14997) Amicus.

Octopuses. Lindsay Shaffer. 2020. (Animals of the Coral Reef Ser.). (ENG.). 24p. (J). (gr. k-3). lib. bdg. 26.95 *(978-1-64487-133-1(5)*, Blastoff! Readers) Bellwether Media.

Octopuses. Leo Statts. 2016. (Ocean Animals Ser.). (ENG., Illus.). 24p. (J). (gr. -1-2). lib. bdg. 31.36 *(978-1-68079-913-2(4)*, 24130, Abdo Zoom-Launch) ABDO Publishing Co.

Octopuses. Gail Terp. 2022. (Super Sea Creatures Ser.). (ENG.). 32p. (J). (gr. 4-6). *(978-1-62310-283-8(9)*, 13460, Bolt) Black Rabbit Bks.

Octopuses. Rebecca Woodbury. 2022. (Real Science-4-Kids Ser.). (ENG.). 26p. (J). pap. 12.68 ***(978-1-950415-60-1(0)***, Real Science-4-Kids) Gravitas Pubns., Inc.

Octopuses. Derek Zobel. 2020. (Ocean Animals Ser.). (ENG., Illus.). 24p. (J). (gr. -1-2). pap. 7.99 *(978-1-68103-813-1(7)*, 12902); lib. bdg. 25.95 *(978-1-64487-326-7(5))* Bellwether Media. (Blastoff! Readers).

Octopuses: Animals That Change the World! (Engaging Readers, Level 2) Ashley Lee. Ed. by Alexis Roumanis. l.t. ed. 2021. (Animals That Change the World! Ser.: Vol. 17). (ENG., Illus.). 32p. (J). pap. *(978-1-77437-759-8(4))* AD Classic.

Octopuses: Animals That Make a Difference! (Engaging Readers, Level 2) Ashley Lee. Ed. by Alexis Roumanis. l.t. ed. 2020. (Animals That Make a Difference! Ser.: Vol. 17). (ENG., Illus.). 32p. (J). *(978-1-77437-631-7(8))*; pap. *(978-1-77437-632-4(6))* AD Classic.

Octopuses & Squid. Joyce Markovics. 2022. (Lights on! Animals That Glow Ser.). (ENG., Illus.). 24p. (J). (gr. 4-6). pap. 12.79 *(978-1-6689-0076-5(9)*, 220167); lib. bdg. 30.64 *(978-1-5341-9962-0(4)*, 220023) Cherry Lake Publishing.

Octopuses: Clever Ocean Creatures (Nature's Children) (Library Edition) Mara Grunbaum. 2019. (Nature's Children, Fourth Ser.). (ENG., Illus.). 48p. (J). (gr. 3-5). lib. bdg. 30.00 *(978-0-531-22992-7(0)*, Children's Pr.) Scholastic Library Publishing.

Octopuses One to Ten. Ellen Jackson. Illus. by Robin Page. 2016. (ENG.). 32p. (J). (gr. -1-3). 18.99 *(978-1-4814-3182-8(X)*, Beach Lane Bks.) Beach Lane Bks.

Octopus's Great Escape Coloring Book. Activibooks For Kids. 2016. (ENG., Illus.). (J). pap. 9.20 *(978-1-68321-832-6(9))* Mimaxion.

Octovilian: Book Three of the Viridian Chronicles. A. E. Outerbridge. 2020. (Viridian Chronicles Ser.: Vol. 3). (ENG.). 288p. (YA). *(978-0-2288-2960-7(7))*; pap. *(978-0-2288-2958-4(5))* Tellwell Talent.

Octubre. Julie Murray. 2017. (Los Meses (Months) Ser.).Tr. of October. (SPA.). 24p. (J). (gr. -1-2). lib. bdg. 31.36 *(978-1-5321-0637-8(8)*, 27228, Abdo Kids) ABDO Publishing Co.

Oculta. Maya Motayne. (Nocturna Ser.: 2). (ENG.). 544p. (YA). (gr. 8). 2022. pap. 11.99 *(978-0-06-284278-7(1))*; 2021. (Illus.). 18.99 *(978-0-06-284276-3(5))* HarperCollins Pubs. (Balzer & Bray).

Oculum Echo. Philippa Dowding. 2022. (Children of Oculum Ser.: 2). (ENG.). 232p. (J). (gr. 4-7). pap. 13.95 *(978-1-77086-665-2(5)*, Dancing Cat Bks.) Cormorant Bks. Inc. CAN. Dist: Orca Bk. Pubs. USA.

Oda a una Cebolla. Alexandria Giardino. 2020. (SPA.). 36p. (J). (gr. 1-3). 16.99 *(978-958-30-6002-1(X))* Panamericana Editorial COL. Dist: Lectorum Pubns., Inc.

Odd Adaptations. 2017. (Odd Adaptations Ser.). 32p. (gr. 3-4). pap. 63.00 *(978-1-5382-0488-7(6))*; (ENG.). lib. bdg. 169.62 *(978-1-5382-0474-0(6)*, 9c848d40-0e9a-4a0c-a836-104eea4c2216) Stevens, Gareth Publishing LLLP.

Odd Adaptations: Set 2, 12 vols. 2018. (Odd Adaptations Ser.). (ENG.). 32p. (gr. 3-4). lib. bdg. 169.62 *(978-1-5382-2188-4(8)*, e80ec777-0ad7-4d3b-b528-f2194b6e894d) Stevens, Gareth Publishing LLLP.

Odd Adaptations: Sets 1 - 2. 2018. (Odd Adaptations Ser.). (ENG.). (J). pap. 138.00 *(978-1-5382-2831-9(9))*; (gr. 3-4). lib. bdg. 339.24 *(978-1-5382-2189-1(6)*, 392a3331-0ab9-47e2-b7d6-dcb70feaba5d) Stevens, Gareth Publishing LLLP.

Odd Alphabet. Dandi Palmer. 2017. (ENG., Illus.). (J). pap. *(978-1-906442-60-6(6))* Dodo Bks.

Odd & Even, Prime & Natural Numbers - Math Workbooks Children's Math Books. Baby Professor. 2017. (ENG., Illus.). (J). pap. 8.79 *(978-1-5419-4054-3(7)*, Baby Professor (Education Kids)) Speedy Publishing LLC.

Odd & Even Stepping Stones - Math Activity Book Christmas Edition. Jupiter Kids. 2017. (ENG., Illus.). (J). pap. 8.33 *(978-1-5419-3454-2(7)*, Jupiter Kids (Childrens & Kids Fiction)) Speedy Publishing LLC.

Odd & Even with Otters, 1 vol. Rory McDonnell. 2017. (Animal Math Ser.). (ENG.). 24p. (J). (gr. 1-2). pap. 9.15 *(978-1-5382-0852-6(0)*, d3db3c5f-a581-4da2-937b-b2a516f99b12) Stevens, Gareth Publishing LLLP.

Odd & the Frost Giants. Neil Gaiman. Illus. by Chris Riddell. 2016. (ENG.). 128p. (J). (gr. 3-7). 19.99 *(978-0-06-256795-6(0)*, HarperCollins) HarperCollins Pubs.

Odd & True. Cat Winters. 2019. (ENG.). 368p. (gr. 7-17). pap. 9.99 *(978-1-4197-3508-0(X)*, 1153003) Abrams, Inc.

Odd Animals. Rose Davidson. 2019. (National Geographic Readers Ser.). (ENG.). 23p. (J). (gr. k-1). 14.96 *(978-0-87617-655-9(4))* Penworthy Co., LLC, The.

Odd Beasts: Meet Nature's Weirdest Animals. Laura Gehl. Illus. by Gareth Lucas. 2021. (ENG.). 22p. (J). (gr. -1 — 1). bds., bds. 8.99 *(978-1-4197-4222-4(1)*, 1679810, Abrams Appleseed) Abrams, Inc.

Odd Birds: Meet Nature's Weirdest Flock. Laura Gehl. Illus. by Gareth Lucas. 2022. (ENG.). 22p. (J). (gr. -1 — 1). bds. 8.99 *(978-1-4197-4223-1(X)*, 1679910, Abrams Appleseed) Abrams, Inc.

Odd Bods: The World's Unusual Animals. Julie Murphy. 2021. (ENG., Illus.). 32p. (J). (gr. -1-3). lib. bdg. 27.99 *(978-1-5415-8502-7(X)*, 5a135c72-7c59-418b-bebb-c3c1d76607f2, Millbrook Pr.) Lerner Publishing Group.

Odd Confidant: Or, Handsome Is That Handsome Does (Classic Reprint) Dot Dot. 2018. (ENG., Illus.). 324p. (J). 30.58 *(978-0-483-95191-4(9))* Forgotten Bks.

Odd Couples: A Guide to Unlikely Animal Pairs. Maria Birmingham. Illus. by Raz Latif. 2023. (ENG.). 40p. (J). (gr. 3). 18.95 ***(978-1-77147-528-0(5))*** Owlkids Bks. Inc. CAN. Dist: Publishers Group West (PGW).

Odd Craft (Classic Reprint) W. W. Jacobs. 2017. (ENG., Illus.). 304p. (J). 30.17 *(978-0-332-71729-6(1))* Forgotten Bks.

Odd Creatures. Elise Gravel. ed. 2019. (Balloon Toons Ser.). (ENG.). 40p. (J). (gr. k-1). 22.96 *(978-1-64310-900-8(6))* Penworthy Co., LLC, The.

Odd Day (Classic Reprint) DeWitt Copp. 2017. (ENG., Illus.). (J). 28.85 *(978-0-331-62232-4(7))*; pap. 11.57 *(978-0-243-21604-8(1))* Forgotten Bks.

Odd Dog. Fabien Ockto Lambert. ed. 2017. (ENG., Illus.). 40p. (J). (-k). 16.95 *(978-1-912006-81-6(2)*, Scribblers) Book Hse. GBR. Dist: Sterling Publishing Co., Inc.

Odd Dog Out. Rob Biddulph. Illus. by Rob Biddulph. 2019. (ENG., Illus.). 32p. (J). (gr. -1-3). 17.99 *(978-0-06-236726-6(9)*, HarperCollins) HarperCollins Pubs.

Odd Echoes from Oxford: And Other Humorous Poems (Classic Reprint) A. Merion. 2018. (ENG., Illus.). 84p. (J). 25.65 *(978-0-656-64449-0(4))* Forgotten Bks.

Odd Farmhouse (Classic Reprint) Odd Farmwife. 2018. (ENG., Illus.). 282p. (J). 29.71 *(978-0-483-27277-4(9))* Forgotten Bks.

Odd Fellow: A Tale of to-Day (Classic Reprint) Carlisle B. Holding. (ENG., Illus.). (J). 2018. 408p. 32.31 *(978-0-484-11172-0(8))*; 2016. pap. 16.57 *(978-1-333-43038-2(8))* Forgotten Bks.

Odd Folks (Classic Reprint) Opie Read. 2018. (ENG., Illus.). 210p. (J). 28.25 *(978-0-365-02088-2(5))* Forgotten Bks.

Odd Fox Out. Jo Barnes. 2023. (ENG.). 192p. (J). pap. ***(978-1-80042-247-6(4))*** SilverWood Bks.

Odd Gardeners. John Wood. Illus. by Kris Jones. 2023. (Level 4/5 - Blue/Green Set Ser.). (ENG.). 32p. (J). (gr. 1-3). lib. bdg. 19.95 Bearport Publishing Co., Inc.

Odd Girl Out. Melody Carlson. 2019. (Being Zoey Ser.: Vol. 2). (ENG.). 152p. (J). (gr. 3-6). 17.99 *(978-1-946531-68-1(5))*; pap. 11.99 *(978-1-946531-39-1(1))* WhiteFire Publishing. (WhiteSpark Publishing).

Odd Gods. David Slavin & Daniel Weitzman. Illus. by Adam J. B. Lane. 2019. (Odd Gods Ser.: 1). (ENG.). 224p. (J). (gr. 3-7). 13.99 *(978-0-06-283953-4(5)*, HarperCollins) HarperCollins Pubs.

Odd Gods: the Oddlympics. David Slavin. Illus. by Adam J. B. Lane. 2020. (Odd Gods Ser.: 3). (ENG.). 240p. (J). (gr. 3-7). 13.99 *(978-0-06-283957-2(8)*, HarperCollins) HarperCollins Pubs.

Odd Gods: the Oddyssey. David Slavin. Illus. by Adam J. B. Lane. 2020. (Odd Gods Ser.: 2). (ENG.). 224p. (J). (gr. 3-7). 13.99 *(978-0-06-283955-8(1)*, HarperCollins) HarperCollins Pubs.

Odd Inventions. Virginia Loh-Hagan. 2017. (Stranger Than Fiction Ser.). (ENG., Illus.). 32p. (J). (gr. 4-8). lib. bdg. 32.07 *(978-1-63472-891-1(2)*, 209990, 45th Parallel Press) Cherry Lake Publishing.

Odd Issues (Classic Reprint) S. Squire Sprigge. 2018. (ENG., Illus.). 232p. (J). 28.68 *(978-0-483-89354-2(4))* Forgotten Bks.

Odd Jobs. Virginia Loh-Hagan. 2018. (Stranger Than Fiction Ser.). (ENG.). 32p. (J). (gr. 4-8). pap. 14.21 *(978-1-5341-0858-5(0)*, 210796); (Illus.). lib. bdg. 32.07 *(978-1-5341-0759-5(2)*, 210795) Cherry Lake Publishing. (45th Parallel Press).

Odd Jobs (Set), 4 vols. 2018. (Odd Jobs Ser.). (ENG., Illus.). 48p. (J). (gr. 3-7). lib. bdg. 136.88 *(978-1-5321-3187-5(9)*, 28479, Spellbound) Magic Wagon.

Odd Leaves from the Life of a Louisiana Swamp Doctor (Classic Reprint) Madison Tensas. (ENG., Illus.). (J). 2017. 28.48 *(978-0-260-93710-0(X))*; 2016. pap. 10.97 *(978-1-333-55413-2(3))* Forgotten Bks.

Odd Lengths (Classic Reprint) William Babington Maxwell. (ENG., Illus.). (J). 2018. 368p. 31.49 *(978-0-364-88037-1(6))*; 2017. pap. 13.97 *(978-0-259-37357-5(5))* Forgotten Bks.

Odd Moments of the Willoughby Boys (Classic Reprint) Emily Hartley. 2018. (ENG., Illus.). 234p. (J). 28.72 *(978-0-267-47638-1(8))* Forgotten Bks.

Odd Number, Vol. 13: Thirteen Tales (Classic Reprint) Guy De Maupassant. 2017. (ENG., Illus.). (J). 28.93 *(978-1-5281-5284-6(0))* Forgotten Bks.

Odd Numbers. Charles Ghigna. Illus. by Misa Saburi. 2017. (Winter Math Ser.). (ENG.). 24p. (J). (gr. -1-3). 33.99 *(978-1-68410-043-9(7)*, 31595) Cantata Learning.

Odd Numbers Being Further Chronicles, of Shorty Mccabe (Classic Reprint) Sewell Ford. 2018. (ENG., Illus.). 330p. (J). 30.70 *(978-0-428-95970-8(9))* Forgotten Bks.

Odd Occurrences: Chilling Stories of Horror. Andrew Nance. Illus. by Jana Heidersdorf. 2022. (ENG.). 336p. (J). (gr. 3-7). 16.99 *(978-0-316-33433-4(2))* Little, Brown Bks. for Young Readers.

Odd One: A Story for Girls (Classic Reprint) Fannie E. Newberry. 2018. (ENG., Illus.). 294p. (J). 29.96 *(978-0-267-18793-5(9))* Forgotten Bks.

Odd One (Classic Reprint) Amy Le Feuvre. 2017. (ENG., Illus.). (J). 27.40 *(978-0-266-51767-2(6))*; pap. 9.97 *(978-1-334-93244-1(1))* Forgotten Bks.

Odd One Out. Buster Books. 2018. (ENG., Illus.). 96p. (J). (gr. 5). pap. 9.99 *(978-1-5247-9088-2(5)*, Penguin Workshop) Penguin Young Readers Group.

Odd One Out. Nic Stone. 2018. (ENG.). 320p. (YA). (gr. 9). 17.99 *(978-1-101-93953-6(2)*, Crown Books For Young Readers) Random Hse. Children's Bks.

Odd One Out. Alix Wood. 2022. (Odd One Out Ser.). (ENG.). 24p. (J). pap. 55.50 ***(978-1-5383-9311-6(5))*** Windmill Bks.

Odd One Out: A Lovely Activity Book for Spring. Jupiter Kids. 2017. (ENG., Illus.). (J). pap. 9.05 *(978-1-5419-3299-9(4)*, Jupiter Kids (Childrens & Kids Fiction)) Speedy Publishing LLC.

Odd One Out: Over 80 Timed Puzzles to Test Your Skill! Illus. by Andrea Ebert & Marc Parchow. 2017. (Challenging... Bks.). (ENG.). 96p. (J). (gr. 3-7). pap. 7.99 *(978-1-4380-1084-7(2))* Sourcebooks, Inc.

Odd, or Even? (Classic Reprint) A. D. T. Whitney. 2018. (ENG., Illus.). 510p. (J). 34.44 *(978-0-484-84579-3(9))* Forgotten Bks.

Odd Shots (Classic Reprint) One Of The Jocks. 2018. (ENG., Illus.). 160p. (J). 27.20 *(978-0-332-98595-4(4))* Forgotten Bks.

Odd Sisters-Villains, Book 6. Serena Valentino. 2019. (Villains Ser.: 6). (ENG., Illus.). 288p. (YA). (gr. 7-12). 17.99 *(978-1-368-01318-5(X)*, Disney-Hyperion) Disney Publishing Worldwide.

Odd Situation (Classic Reprint) Stanley Waterloo. 2018. (ENG., Illus.). 314p. (J). 30.39 *(978-0-483-23454-3(0))* Forgotten Bks.

Odd Socks. Karen Parker. 2018. (ENG., Illus.). 20p. (J). (gr. -1-3). 18.99 *(978-1-5289-2410-8(X))*; pap. *(978-1-5289-2411-5(8))* Austin Macauley Pubs. Ltd.

Odd Socks. Karen Parker. 2018. (ENG., Illus.). 19p. (J). 17.95 *(978-1-78629-970-3(4)*, da6f1304-1d8b-4855-98d9-1a97a30b3d6d); pap. 14.95 *(978-1-78629-969-7(0)*, 39db62c4-55e2-4d68-96a5-fd80ba604055) Austin Macauley Pubs. Ltd. GBR. Dist: Baker & Taylor Publisher Services (BTPS).

Odd Socks. R. A. Powell. 2018. (ENG., Illus.). 238p. (J). pap. *(978-1-9996490-5-0(2))* Blossom Spring Publishing.

Odd Stories (Classic Reprint) Frances Forbes-Robertson. 2018. (ENG., Illus.). 330p. (J). 30.72 *(978-0-484-63838-8(6))* Forgotten Bks.

Odd Tales: 13 Short Stories (Classic Reprint) Walter Beverley Crane. 2018. (ENG., Illus.). 122p. (J). 26.41 *(978-0-483-80307-7(3))* Forgotten Bks.

Odd Voices: An Anthology of Not So Normal Narrators. K. C. Finn & Kell Cowley. 2020. (ENG.). 270p. (J). pap. 15.19 *(978-0-244-26281-5(0))* Lulu Pr., Inc.

Odd Volume (Classic Reprint) M. Corbett. 2018. (ENG., Illus.). 278p. (J). 29.65 *(978-0-483-70621-7(3))* Forgotten Bks.

Odd Volume of Facts & Fictions: In Prose & Verse (Classic Reprint) Julia (Mayo) Cabell. 2018. (ENG., Illus.). 280p. (J). 29.67 *(978-0-267-25251-0(X))* Forgotten Bks.

Odd Women, Vol. 1 of 3 (Classic Reprint) George Gissing. 2018. (ENG., Illus.). 308p. (J). 30.27 *(978-0-267-23949-8(1))* Forgotten Bks.

Odd World of Krisenger Storm. Garland E. Stafford III. 2018. (Krisenger Storm Ser.: Vol. 1). (ENG., Illus.). 330p. (YA). pap. 14.99 *(978-0-578-41744-8(8))* Garland E. Stafford III.

Oddball Indiana: A Guide to 350 Really Strange Places. Jerome Pohlen. 2nd ed. 2017. (Oddball Ser.). (ENG., Illus.). 288p. pap. 16.99 *(978-1-61373-849-8(3))* Chicago Review Pr., Inc.

Oddball Opposites, 1 vol. Nathalie Butler. 2017. (Learning with Stories Ser.). (ENG.). 24p. (J). (gr. 1-1). pap. 9.25 *(978-1-5081-6237-7(9)*, c31105f0-010f-40db-a109-feb802fc72b9, PowerKids Pr.) Rosen Publishing Group, Inc., The.

Oddball Ornaments: The Story of Christmas. Terry Overton. 2021. (ENG.). 116p. (J). pap. 13.99 *(978-1-64960-143-8(3))* Emerald Hse. Group, Inc.

Oddball Ornaments: The Story of Forgiveness. Terry Overton. 2022. (ENG.). 100p. (J). pap. 12.99 *(978-1-64960-144-5(1))*; 22.99 ***(978-1-64960-421-7(1))*** Emerald Hse. Group, Inc.

Oddbird. Derek Desierto. (ENG., Illus.). 32p. (J). 2023. bds. 8.99 *(978-1-250-88281-3(8)*, 900282796); 2021. 18.99 *(978-1-250-76531-4(5)*, 900232234) Feiwel & Friends.

Odder. Katherine Applegate. 2023. (SPA.). 296p. (J). (gr. 4-7). pap. 15.95 ***(978-607-557-713-5(0))*** Editorial Oceano de Mexico MEX. Dist: Independent Pubs. Group.

Odder. Katherine Applegate. Illus. by Charles Santoso. 2022. (ENG.). 288p. (J). 16.99 *(978-1-250-14742-4(5)*, 900181554) Feiwel & Friends.

Oddgodfrey: The Mostly True Story of a Unicorn That Goes to Sea. Leslie Godfrey. Illus. by Becky Graff. 2019. (Oddgodfrey Early Readers' Adventures Ser.: Vol. 1). (ENG.). 36p. (J). (gr. k-3). pap. 15.00 ***(978-1-0878-1243-4(7))*** Indy Pub.

Oddgodfrey: The Mostly True Story of a Unicorn That Goes to Sea. Leslie Godfrey & Becky Graff. 2019. (Oddgodfrey Early Readers' Adventures Ser.: Vol. 1). (ENG., Illus.). 36p. (J). (gr. k-3). 25.00 ***(978-1-0878-1161-1(9))*** Indy Pub.

Oddities. Sawyer Cornelius. 2016. (ENG.). 21p. (J). *(978-1-365-28087-0(X))* Lulu Pr., Inc.

Oddities. J. S. Frankel. 2021. (ENG.). 246p. (J). pap. *(978-1-4874-3322-2(0))* eXtasy Bks.

Oddities. Virginia Loh-Hagan. 2016. (Wild Wicked Wonderful Ser.). (ENG., Illus.). 32p. (J). (gr. 4-8). 32.07 *(978-1-63470-504-2(1)*, 207747) Cherry Lake Publishing.

Oddities in Southern Life & Character (Classic Reprint) W. L. Sheppard. 2018. (ENG., Illus.). 520p. (J). 34.64 *(978-0-483-27083-1(0))* Forgotten Bks.

Oddity. Eli Brown. Illus. by Karin Rytter. 2021. (ENG.). 368p. (J). (gr. 5-9). 18.99 *(978-1-5362-0851-1(5))* Candlewick Pr.

Oddity. Sarah Cannon. 2019. (ENG.). 320p. (J). pap. 7.99 *(978-1-250-17906-7(8)*, 900174055) Square Fish.

Oddling Prince. Nancy Springer. 2018. (ENG.). 288p. pap. 15.95 *(978-1-61696-289-0(5)*, 1f718c3b-b6fe-4af0-bf7d-93daec670fa0) Tachyon Pubns.

Oddly Amazing Animals. Juliette Melton. 2019. (ENG.). 38p. (J). pap. 18.00 ***(978-0-578-50664-7(5))*** Stiles, Ari.

Oddly Enough (Classic Reprint) John Ressich. 2018. (ENG., Illus.). 248p. (J). 29.01 *(978-0-267-45484-6(8))* Forgotten Bks.

Oddly Normal, Book 3. Otis Frampton. 2016. (Oddly Normal Ser.: 3). lib. bdg. 20.85 *(978-0-606-38577-0(0))* Turtleback.

Oddly Normal Volume 4. Otis Frampton. 2021. (ENG., Illus.). 136p. (J). pap. 12.99 *(978-1-5343-1065-0(7)*, 8d49e6db-3517-4a55-b821-e58c3bf33f55) Image Comics.

Oddmire, Book 3: Deepest, Darkest. William Ritter. 2022. (Oddmire Ser.). (ENG., Illus.). 320p. (J). (gr. 3-7). pap. 7.95 *(978-1-64375-262-4(6)*, 74262) Algonquin Young Readers.

Oddrey. Dave Whamond. 2017. (Oddrey Ser.: 1). (ENG., Illus.). 32p. (J). (gr. k-3). pap. 7.95 *(978-1-77147-303-3(7))* Owlkids Bks. Inc. CAN. Dist: Publishers Group West (PGW).

Oddrey & the New Kid. Dave Whamond. 2018. (Oddrey Ser.: 2). (ENG., Illus.). 32p. (J). (gr. -1-3). pap. 8.95 *(978-1-77147-246-3(4))* Owlkids Bks. Inc. CAN. Dist: Publishers Group West (PGW).

Oddrey & the New Kid. Dave Whamond. ed. 2018. lib. bdg. 19.60 *(978-0-606-41226-1(3))* Turtleback.

Oddrey Joins the Team. Dave Whamond. 2019. (Oddrey Pic Bks). (ENG.). 30p. (J). (gr. k-1). 18.96 *(978-1-64310-984-8(7))* Penworthy Co., LLC, The.

Odds. Lindsay Puckett. 2023. (ENG.). 272p. (J). (gr. 3-7). 17.99 ***(978-1-338-80381-5(6)***, Scholastic Pr.) Scholastic, Inc.

Odds #1. Matt Stanton. Illus. by Matt Stanton. 2022. (Odds Ser.: 1). (ENG., Illus.). 208p. (J). (gr. 3-7). 19.99 *(978-0-06-306895-7(8))*; pap. 10.99 *(978-0-06-306894-0(X))* HarperCollins Pubs. (HarperAlley).

Odds & Ends. Henry Howe. 2017. (ENG.). 232p. (J). pap. *(978-3-337-32558-9(0))* Creation Pubs.

Odds & Ends: Containing Queer Happenings to Men & Things of Our Time, after Noah Came Out of the Ark (Classic Reprint) Henry Howe. 2018. (ENG., Illus.). (J). 226p. 28.58 *(978-0-365-56619-9(5))*; 228p. pap. 10.97 *(978-0-365-56616-8(0))* Forgotten Bks.

Odds & Ends (Classic Reprint) B. M. Croker. 2018. (ENG., Illus.). 254p. (J). 29.14 *(978-0-483-57321-5(3))* Forgotten Bks.

Odds & Ends of a Learned Clerk: Being a Collection of Sketches & Plays (Classic Reprint) Arthur Eckersley. (ENG., Illus.). (J). 2018. 382p. 31.78 *(978-0-483-81182-9(3))*; 2016. pap. 16.57 *(978-1-334-15831-5(2))* Forgotten Bks.

Odds & Ends, Pictures of Town, & Mirth & Metre (Classic Reprint) Werdna Retnyw. (ENG., Illus.). (J). 2018. 406p. 32.27 *(978-0-364-09717-5(5))*; 2017. pap. 16.57 *(978-0-243-99036-8(7))* Forgotten Bks.

Odds & Ends Scrapbook Activity Book. Creative Playbooks. 2016. (ENG., Illus.). (J). pap. 10.81 *(978-1-68323-536-1(3))* Twin Flame Productions.

Odds & Ends (the Odds Series #3) Amy Ignatow. 2020. (Odds Ser.). (ENG., Illus.). 256p. (J). (gr. 5-9). pap. 8.99 *(978-1-4197-3699-5(X)*, 1219503, Amulet Bks.) Abrams, Inc.

Odds Are Yes [2]. P. J. Gray. 2016. (Boosters Ser.). (ENG.). 48p. (YA). (gr. 9-12). 9.75 *(978-1-68021-129-0(3))* Saddleback Educational Publishing, Inc.

Odds of Getting Even. Sheila Turnage. ed. 2017. (Mo & Dale Mystery Ser.: 3). lib. bdg. 19.65 *(978-0-606-39791-9(4))* Turtleback.

Odds of Lightning. Jocelyn Davies. (ENG.). 384p. (YA). (gr. 9). 2017. pap. 10.99 *(978-1-4814-4054-7(3))*; 2016. (Illus.). 17.99 *(978-1-4814-4053-0(5))* Simon Pulse. (Simon Pulse).

Odds on Us. Timothy Craig. 2017. (ENG., Illus.). 252p. (J). pap. *(978-1-387-27023-1(0))* Lulu Pr., Inc.

Odds: Run, Odds, Run. Matt Stanton. Illus. by Matt Stanton. 2023. (Odds Ser.: 2). (ENG., Illus.). 208p. (J). (gr. 3-7).

O

21.99 *(978-0-06-306898-8(2))*; pap. 13.99 *(978-0-06-306897-1(4))* HarperCollins Pubs. (HarperAlley).

Oddsfish! Robert Hugh Benson. 2017. (ENG., Illus.). (J). 29.95 *(978-1-374-81334-2(6))*; pap. 19.95 *(978-1-374-81333-5(8))* Capital Communications, Inc.

Oddsfish! (Classic Reprint) Robert Hugh Benson. (ENG., Illus.). (J). 2018. 444p. 33.05 *(978-0-483-64228-7(2))*; 2017. 33.69 *(978-1-5284-5250-2(X))*; 2017. pap. 16.57 *(978-0-243-28280-7(X))* Forgotten Bks.

Oddvark Finds His Hummm. Lindy a Tucker. 2019. (Seriously/Silly Ser.: Vol. 1). (ENG., Illus.). 96p. (J). (gr. 4-6). pap. 15.95 *(978-1-7330514-0-8(6))* Oddvark & Co.

Ode, Appropriate to the Meeting at Oxford, June 27th, 1860 (Classic Reprint) British Association. 2018. (ENG., Illus.). 26p. (J). 24.45 *(978-0-484-55292-9(9))* Forgotten Bks.

Ode to a Little Plant. Tamera Riedle. 2016. (ENG., Illus.). (J). pap. 24.00 *(978-1-365-24669-2(8))* Lulu Pr., Inc.

Ode to a Nobody. Caroline Brooks DuBois. 304p. (J). (gr. 3-7). 2023. pap. 9.99 ***(978-0-8234-5604-8(8))***; 2022. 18.99 *(978-0-8234-5156-2(9))* Holiday Hse., Inc.

Ode to a Toad. Rhian Waller. 2020. (ENG.). 58p. (J). pap. 3.77 *(978-0-244-86160-5(9))* Lulu Pr., Inc.

Ode to an Onion: Pablo Neruda & His Muse. Alexandria Giardino. Illus. by Felicita Sala. 2018. (ENG.). 40p. (J). (gr. -1-3). 19.99 *(978-1-944903-34-3(8)*, 1320401, Cameron Kids) Cameron + Co.

Ode to My Cat Spot. Ysabella Noahdean Monderin. 2021. (ENG.). 22p. (J). pap. 14.95 *(978-1-0879-7281-7(7))* Honeydrop Kids Club.

Ode to My First Car. Robin Gow. 2023. (ENG.). 352p. (YA). 20.99 *(978-0-374-38843-0(1)*, 900238702, Farrar, Straus & Giroux (BYR)) Farrar, Straus & Giroux.

Ode to the Goddess of the Luo River. Ye Luying. Illus. by Yu Zhiying. 2020. 78p. (J). (gr. 4-7). 35.00 *(978-988-8341-94-8(4)*, Minedition) Penguin Young Readers Group.

Odell Beckham Jr. Jon M. Fishman. 2016. (Amazing Athletes Ser.). (ENG., Illus.). 32p. (J). (gr. 2-5). 26.65 *(978-1-5124-1335-9(6)*, 90c1db51-8ae4-4dce-97c6-9560fe496296, Lerner Pubns.) Lerner Publishing Group.

Odell Beckham Jr. Jim Gigliotti. 2018. (Amazing Americans: Football Stars Ser.). (ENG.). 24p. (J). (gr. -1-3). lib. bdg. 17.95 *(978-1-68402-451-3(X))* Bearport Publishing Co., Inc.

Odell Beckham Jr. Anthony K. Hewson. 2019. (Sports All-Stars (Lerner (tm) Sports) Ser.). (ENG., Illus.). 32p. (J). (gr. 2-5). pap. 9.99 *(978-1-5415-7451-9(6)*, 4294e1c5-5bff-4739-ac40-a9cfd2868f87); lib. bdg. 29.32 *(978-1-5415-5615-7(1)*, d2f077bb-9f2f-4f34-8930-3f976684c852) Lerner Publishing Group. (Lerner Pubns.).

Odell Beckham Jr. K. C. Kelley. 2016. (Football Stars up Close Ser.). (ENG., Illus.). 24p. (J). (gr. k-5). 26.99 *(978-1-943553-38-9(6))* Bearport Publishing Co., Inc.

Odell Beckham Jr. T.C. Thomas. 2019. (Gridiron Greats: Pro Football's Best Players Ser.). 80p. (J). (gr. 12). lib. bdg. 34.60 *(978-1-4222-4073-1(8))* Mason Crest.

Odell Beckham Jr.: Football Star. Marty Gitlin. 2017. (Biggest Names in Sports Ser.). (ENG., Illus.). 32p. (J). (gr. 3-5). lib. bdg. 31.35 *(978-1-63517-038-2(9)*, 1635170389, Focus Readers) North Star Editions.

Odell Beckham Jr. High-Flying Receiver. Paul D. Bowker. 2017. (Playmakers Set 6 Ser.). (ENG., Illus.). 32p. (J). (gr. 2-6). lib. bdg. 32.79 *(978-1-5321-1147-1(9)*, 25870, SportsZone) ABDO Publishing Co.

Odell Beckham Jr: Pro Bowl Wide Receiver, 1 vol. Ryan Nagelhout. 2018. (Living Legends of Sports Ser.). (ENG.). 48p. (gr. 5-6). pap. 15.05 *(978-1-5383-0209-5(8)*, 9d26d803-9636-4b77-8c92-980fe7d90303, Britannica Educational Publishing) Rosen Publishing Group, Inc., The.

Odes to Trifles & Other Rhymes (Classic Reprint) R. M. Eassie. 2018. (ENG., Illus.). 128p. (J). 26.56 *(978-0-332-34204-7(2))* Forgotten Bks.

Odessa. Sam Moussavi. 2016. (Texas Fridays Ser.). (ENG.). 208p. (YA). (gr. 6-12). 32.84 *(978-1-68076-495-6(0)*, 24679, Epic Escape) EPIC Pr.

Odessa Chronicles: A Collection of Stories for Children of All Ages. Carolyn Shelton & Colin Chappell. 2018. (ENG., Illus.). 294p. (J). *(978-1-5255-2039-6(3))*; pap. *(978-1-5255-2040-2(7))* FriesenPress.

Odessa Knows Trivia. Tracilyn George. 2023. (ENG.). 22p. (J). pap. 12.99 ***(978-1-77475-689-8(7))*** Draft2Digital.

Odette. Christine L. Mammadov. 2021. (ENG.). 32p. (J). 19.99 *(978-1-956876-48-2(0))*; pap. 14.99 *(978-1-956876-38-3(3))* WorkBk. Pr.

Odette: A Fairy Tale for Weary People (Classic Reprint) Ronald Firbank. 2017. (ENG., Illus.). (J). 24.72 *(978-0-266-20202-8(0))* Forgotten Bks.

Odette's Alphabet. Sandrine Marlier. Illus. by Leonardo Schiavina. 2023. (ENG.). 64p. (J). (gr. k-3). pap. 18.95 ***(978-1-953021-51-9(4)***, Belle Isle Bks.) Brandylane Pubs., Inc.

Odeurs Repoussantes et dégoûtantes (Gross & Disgusting Smells) Julie K. Lundgren. Tr. by Annie Evearts. 2021. (Choses Repoussantes et dégoûtantes (Gross & Disgusting Things) Ser.). (FRE.). (J). (gr. 3-9). pap. ***(978-1-0396-0319-6(X)***, 12891, Crabtree Branches) Crabtree Publishing Co.

Odhin's Trost - ein Nordischer Roman Aus Dem Elften Jahrhundert (Vollständige Ausgabe) Felix Dahn. 2017. (GER., Illus.). 144p. (YA). (gr. 7 — 1). pap. *(978-80-268-5851-5(4))* E-Artnow.

Odin. Eric Braun. 2017. (Gods of Legend Ser.). (ENG.). 32p. (J). (gr. 4-6). pap. 9.99 *(978-1-64466-179-6(9)*, 11406); (Illus.). lib. bdg. *(978-1-68072-139-3(9)*, 10462) Black Rabbit Bks. (Bolt).

Odin. Contrib. by Kate Conley. 2023. (Norse Mythology Ser.). (ENG.). 32p. (J). (gr. 2-5). lib. bdg. 31.36 ***(978-1-0982-9121-1(2)***, 42059, Kids Core) ABDO Publishing Co.

Odin. Virginia Loh-Hagan. 2018. (Gods & Goddesses of the Ancient World Ser.). (ENG., Illus.). 32p. (J). (gr. 4-8). lib. bdg. 32.07 *(978-1-5341-2941-2(3)*, 211808, 45th Parallel Press) Cherry Lake Publishing.

Odin & Freya's Big Surprise: A de Good Life Farm Book. Diane Orr. 2022. (De Good Life Farm Ser.: Vol. 8). (ENG.). 50p. (J). 21.99 ***(978-1-63984-342-8(6))***; pap. 14.99 ***(978-1-63984-341-1(8))*** Pen It Pubns.

Odin & Merlin: The Amazing Team at 'de Good Life Farm: a 'de Good Life Farm Book. Diane Orr. 2021. (ENG.). 28p. (J). 20.99 *(978-1-63984-074-8(5))* Pen It Pubns.

Odin, Dog Hero of the Fires. Emma Bland Smith. Illus. by Carrie Salazar. 2022. (ENG.). 38p. (J). (gr. k-3). 13.99 *(978-1-5131-3810-7(3)*, West Margin Pr.) West Margin Pr.

Odin, Loki, Thor, & More Children's Norse Folktales. Baby Professor. 2017. (ENG., Illus.). (J). pap. 7.89 *(978-1-5419-0369-2(2)*, Baby Professor (Education Kids)) Speedy Publishing LLC.

Odin vs. Ares: The Legendary Face-Off. Lydia Lukidis. 2023. (Mythology Matchups Ser.). (ENG.). 32p. (J). pap. 7.99 ***(978-1-6690-1645-8(5)***, 248960, Capstone Pr.) Capstone.

Odin's Child. Siri Pettersen. Tr. by Siân Mackie & Paul Russell Garrett. (Raven Rings Ser.). (ENG.). (YA). 2022. 600p. pap. 15.00 *(978-1-64690-801-1(5))*; 2021. 519p. (gr. 9-12). 19.95 *(978-1-64690-000-8(6))* North-South Bks., Inc.

Odin's Loyal Viking Army Coloring Book. Jupiter Kids. 2017. (ENG., Illus.). (J). pap. 9.20 *(978-1-68326-849-9(0)*, Jupiter Kids (Childrens & Kids Fiction)) Speedy Publishing LLC.

Odins Memoiren. J. R. Forbus. 2019. (GER., Illus.). 68p. (J). pap. *(978-88-3346-487-9(3))* Ali Ribelli Edizioni.

Odisea. Jesus Homer; Cortes. 2018. (SPA.). 24p. (J). pap. 10.99 *(978-84-9845-903-6(6))* Algar Editorial, Feditres, S.L. ESP. Dist: Lectorum Pubns., Inc.

Odisea. Homero. (SPA.). 2019. 88p. (J). pap. 7.95 *(978-607-453-594-5(9))*; 2018. 96p. (YA). (gr. 8-12). pap. 6.95 *(978-607-453-232-6(X))* Selector, S.A. de C.V. MEX. Dist: Spanish Pubs., LLC.

Odisea Contada para Niños. Victoria Rigiroli. 2018. (Brújula y la Veleta Ser.). (SPA.). 64p. (J). (gr. 4-7). pap. 9.95 *(978-987-718-117-3(7))* Ediciones Lea S.A. ARG. Dist: Independent Pubs. Group.

Odo & the Stranger. Mark Johnson. Illus. by Sarah Gledhill. 2020. (ENG.). 36p. (J). (gr. k-5). pap. 12.99 *(978-1-64826-123-7(X))* Primedia eLaunch LLC.

Odoherty Papers, Vol. 2 of 2 (Classic Reprint) William Maginn. 2017. (ENG., Illus.). (J). 32.15 *(978-0-266-18605-2(X))* Forgotten Bks.

Odonata: The Flying Jewel of Maiden Grass Pond. Barbara Gervais Ciancimino. 2017. (ENG.). (J). 14.95 *(978-1-68401-349-4(6))* Amplify Publishing Group.

O'Donnel, Vol. 1 Of 3: A National Tale (Classic Reprint) Sidney Morgan. (ENG., Illus.). (J). 2018. 312p. 30.35 *(978-0-428-80679-8(1))*; 2017. pap. 13.57 *(978-0-243-25748-5(1))* Forgotten Bks.

O'Donnel, Vol. 2 Of 3: A National Tale (Classic Reprint) Sydney Morgan. (ENG., Illus.). (J). 2018. 338p. 30.89 *(978-0-267-54578-0(9))*; 2016. pap. 13.57 *(978-1-333-47520-8(9))* Forgotten Bks.

O'Donoghue: A Tale of Ireland Fifty Years Ago (Classic Reprint) Charles Lever. 2017. (ENG., Illus.). (J). 34.56 *(978-1-5282-6712-0(5))* Forgotten Bks.

o'Donoghue, Vol. 1 Of 2: A Tale of Ireland Fifty Years Ago; to Which Is Added a Rent in a Cloud (Classic Reprint) Charles Lever. (ENG., Illus.). (J). 2018. 392p. 32.00 *(978-0-364-08840-1(0))*; 2017. pap. 16.57 *(978-0-259-26117-3(3))* Forgotten Bks.

o'Donoghue, Vol. 2 Of 2: A Tale of Ireland Fifty Years Ago, to Which Is Added a Rent in a Cloud (Classic Reprint) Charles Lever. 2017. (ENG., Illus.). (J). 31.57 *(978-0-266-71669-3(5))*; pap. 13.97 *(978-1-5276-7233-8(6))* Forgotten Bks.

Odorat. Christina Earley. Tr. by Annie Evearts. 2021. (Mes Sens (My Senses) Ser.). (FRE.). 16p. (J). (gr. -1-1). pap. *(978-1-0396-0559-6(1)*, 13449) Crabtree Publishing Co.

odore Dell'anima: Di Morte, d'amore e Di Vendetta. Alessio Boni. 2020. (ITA.). 452p. (YA). pap. *(978-1-716-68445-6(5))* Lulu Pr., Inc.

Odoru: Rebellion. J. S. Frankel. 2023. (ENG.). 230p. (YA). pap. ***(978-1-4874-3812-8(5))*** eXtasy Bks.

Odoru: The Dance of Death. J. S. Frankel. 2023. (ENG.). 230p. (J). pap. ***(978-1-4874-3788-6(9))*** eXtasy Bks.

Od's Way, Vol. 1: A Novel (Classic Reprint) Bjornstjerne Bjornson. 2018. (ENG., Illus.). 212p. (J). 28.29 *(978-0-483-76459-0(0))* Forgotten Bks.

Odwin Chronicles: Guardians of the Veil. M. S. C. M. Ghilchrist. 2016. (ENG., Illus.). (J). pap. *(978-0-9956289-1-5(2))* Ghilchrist, C.M.

Ody Trilogy. Jorri Duursma. 2023. (ENG.). 572p. (YA). pap. 36.00 ***(978-1-63988-744-6(X))*** Primedia eLaunch LLC.

Odyss'e d'Hom're, Vol. 3: Traduite en Franois, Avec des Remarques (Classic Reprint) Homer Homer. 2018. (FRE., Illus.). 496p. (J). 34.15 *(978-0-666-04608-6(5))* Forgotten Bks.

Odyssea: Cum Prolegomenis et Annotatione Critica (Classic Reprint) Homer. 2017. (LAT., Illus.). (J). 28.99 *(978-0-331-74369-2(8))* Forgotten Bks.

Odyssee d'Homere, Vol. 1: Traduite en Francois, Avec des Remarques (Classic Reprint) Homer. 2017. (FRE., Illus.). (J). pap. 23.57 *(978-0-243-99295-9(5))* Forgotten Bks.

Odyssée d'Homere, Vol. 1: Traduite en François, Avec des Remarques (Classic Reprint) Homere Homere. 2019. (FRE., Illus.). 720p. (J). 38.75 *(978-0-666-68545-2(2))* Forgotten Bks.

Odyssee d'Homere, Vol. 3: Traduite en Francois, Avec des Remarques (Classic Reprint) Homer. 2017. (FRE., Illus.). (J). pap. 16.57 *(978-0-282-70631-9(3))*; pap. 19.57 *(978-0-259-89592-3(X))* Forgotten Bks.

Odyssée d'Homere, Vol. 3: Traduite en François, Avec des Remarques (Classic Reprint) Homer Homer. 2018. (FRE., Illus.). (J). 350p. 31.14 *(978-1-391-36869-6(X))*; 352p. pap. 13.57 *(978-1-390-21183-2(5))* Forgotten Bks.

Odyssée d'Homere, Vol. 3: Traduite en François, Avec des Remarques (Classic Reprint) Homere Homere. 2018. (FRE., Illus.). 644p. (J). 37.18 *(978-0-666-69792-9(2))* Forgotten Bks.

Odyssey. Russell Punter. 2019. (Graphic Stories Ser.). (ENG.). 104ppp. (J). pap. 9.99 *(978-0-7945-4416-4(9)*, Usborne) EDC Publishing.

Odyssey: Books I-VIII (Classic Reprint) Homer. 2017. (ENG., Illus.). (J). 28.85 *(978-0-331-55007-8(5))* Forgotten Bks.

Odyssey: Books I-XII (Classic Reprint) Homer. 2017. (ENG., Illus.). (J). pap. 16.57 *(978-0-282-53210-9(2))* Forgotten Bks.

Odyssey: Books I-XII, with Introduction, Notes, etc (Classic Reprint) Homer. 2017. (ENG., Illus.). (J). pap. 16.57 *(978-0-282-65140-4(3))* Forgotten Bks.

Odyssey: Rendered into English Prose for the Use of Those Who Cannot Read the Original (Classic Reprint) Homer. 2017. (ENG., Illus.). (J). 31.40 *(978-0-331-86397-0(9))*; pap. 13.97 *(978-0-282-44231-6(6))* Forgotten Bks.

Odyssey: Stories of Journeys from Around Europe by the Aarhus 39. Ed. by Daniel Hahn. 2017. (ENG., Illus.). 288p. (J). pap. 11.00 *(978-1-84688-429-0(2)*, 362832) Alma Bks. GBR. Dist: Bloomsbury Publishing Plc.

Odyssey: Translated into English, in the Original Metre (Classic Reprint) Francis Caulfeild. 2018. (ENG., Illus.). 430p. (J). 32.79 *(978-0-484-13707-2(7))* Forgotten Bks.

Odyssey Adventure: With Fun Questions for Your Everyday Aliens. Al Ramirez. 2021. (ENG., Illus.). 46p. (J). 24.95 *(978-1-64096-607-9(2))*; pap. 14.95 *(978-1-64096-606-2(4))* Newman Springs Publishing, Inc.

Odyssey for Boys & Girls. Alfred J. Church. 2018. (ENG., Illus.). 98p. (J). (gr. -1-12). 12.99 *(978-1-5154-2988-3(1))* Wilder Pubns., Corp.

Odyssey for Boys & Girls: Told from Homer (Classic Reprint) Alfred J. Church. 2017. (ENG., Illus.). (J). 30.33 *(978-0-331-90693-6(7))* Forgotten Bks.

Odyssey Novel Units Student Packet. Novel Units. 2019. (ENG.). (YA). pap. 13.99 *(978-1-56137-761-9(9)*, NU7619SP, Novel Units, Inc.) Classroom Library Co.

Odyssey Novel Units Teacher Guide. Novel Units. 2019. (ENG.). (YA). pap. 12.99 *(978-1-56137-760-2(0)*, NU7600, Novel Units, Inc.) Classroom Library Co.

Odyssey of Homer: According to the Text of Wolf; with Notes, for the Use of Schools & Colleges (Classic Reprint) Homer Homer. 2018. (ENG., Illus.). (J). 546p. 35.16 *(978-1-396-05362-7(X))*; 548p. pap. 19.57 *(978-1-396-05270-5(4))* Forgotten Bks.

Odyssey of Homer: Books I. -XII; the Text, & an English Version in Rhythmic Prose (Classic Reprint) Homer. 2017. (ENG., Illus.). (J). pap. 16.57 *(978-0-243-93511-6(0))* Forgotten Bks.

Odyssey of Homer: Translated (Classic Reprint) Homer. 2017. (ENG., Illus.). (J). pap. 16.57 *(978-0-243-17238-2(9))* Forgotten Bks.

Odyssey of Homer: Translated (Classic Reprint) Homer Homer. 2018. (ENG., Illus.). 400p. (J). 32.17 *(978-0-483-83134-6(4))* Forgotten Bks.

Odyssey of Homer: Vols. 1-2 (Classic Reprint) Homer. 2017. (ENG., Illus.). (J). pap. 11.57 *(978-0-259-46447-1(3))* Forgotten Bks.

Odyssey of Homer: Vols. 1-2 (Classic Reprint) Homer Homer. 2019. (ENG., Illus.). 242p. (J). 28.89 *(978-0-365-19719-5(X))* Forgotten Bks.

Odyssey of Homer (Classic Reprint) Homer. 2017. (ENG., Illus.). (J). pap. 16.57 *(978-0-260-35685-7(9))*; pap. 13.57 *(978-0-259-26247-3(1))* Forgotten Bks.

Odyssey of Homer (Classic Reprint) Homer Homer. 2018. (ENG., Illus.). 400p. (J). 32.17 *(978-0-484-85765-9(7))* Forgotten Bks.

Odyssey, the (Worldview Edition) Homer. 2019. (ENG.). (YA). pap. 17.95 *(978-1-944503-64-2(1))* Canon Pr.

Odyssey Through Morgatonia. Khavin Ramanathan. 2019. (ENG.). 34p. (J). pap. 9.99 *(978-0-359-49644-0(X))* Lulu Pr., Inc.

Odysseys in Crime Scene Science: at the Scene. Valerie Bodden. 2017. (Odysseys in Crime Scene Science Ser.). (ENG., Illus.). 80p. (J). (gr. 7-11). pap. 14.99 *(978-1-62832-468-6(6)*, 20301, Creative Paperbacks) Creative Co., The.

Odysseys in Crime Scene Science: Digital Forensics. Valerie Bodden. 2017. (Odysseys in Crime Scene Science Ser.). (ENG., Illus.). 80p. (J). (gr. 7-11). pap. 14.99 *(978-1-62832-469-3(4)*, 20304, Creative Paperbacks) Creative Co., The.

Odysseys in Crime Scene Science: Identification. Valerie Bodden. 2017. (Odysseys in Crime Scene Science Ser.). (ENG., Illus.). 80p. (J). (gr. 7-11). pap. 14.99 *(978-1-62832-470-9(8)*, 20307, Creative Paperbacks) Creative Co., The.

Odysseys in Crime Scene Science: Lab Analysis. Valerie Bodden. 2017. (Odysseys in Crime Scene Science Ser.). (ENG., Illus.). 80p. (J). (gr. 7-11). pap. 14.99 *(978-1-62832-471-6(6)*, 20310, Creative Paperbacks) Creative Co., The.

Odysseys in Crime Scene Science: Medical Examination. Valerie Bodden. 2017. (Odysseys in Crime Scene Science Ser.). (ENG., Illus.). 80p. (J). (gr. 7-11). pap. 14.99 *(978-1-62832-472-3(4)*, 20313, Creative Paperbacks) Creative Co., The.

Odysseys in Crime Scene Science: Mind of a Criminal. Valerie Bodden. 2017. (Odysseys in Crime Scene Science Ser.). (ENG.). 80p. (J). (gr. 7-11). pap. 14.99 *(978-1-62832-473-0(2)*, 20316, Creative Paperbacks) Creative Co., The.

Oeconomie Rurale, Vol. 1: Traduction du Poeme (Classic Reprint) Jacques Vaniere. (FRE., Illus.). (J). 2018. 442p. 33.01 *(978-0-364-04260-1(5))*; 2017. pap. 16.57 *(978-0-243-97471-9(X))* Forgotten Bks.

Oeconomie Rurale, Vol. 2: Traduction du Poeme (Classic Reprint) Jacques Vaniere. 2017. (FRE., Illus.). (J). pap. 16.97 *(978-0-243-97420-7(5))* Forgotten Bks.

Oeconomie Rurale, Vol. 2: Traduction du Poème (Classic Reprint) Jacques Vaniere. 2018. (FRE., Illus.). 514p. (J). 34.50 *(978-0-332-28177-3(9))* Forgotten Bks.

Oedipus: Trapped by Destiny. Yvan Pommaux. 2016. (TOON Graphic Mythology Ser.). (Illus.). 48p. (J). (gr. 3-7). 16.95 *(978-1-935179-95-5(0)*, TOON Books) Astra Publishing Hse.

Oedipus the King Novel Units Student Packet. Novel Units. 2019. (ENG.). (YA). pap. 13.99 *(978-1-56137-763-3(5)*, Novel Units, Inc.) Classroom Library Co.

Oedipus the King Novel Units Teacher Guide. Novel Units. 2019. (ENG.). (YA). pap. 12.99 *(978-1-56137-762-6(7)*, NU7627, Novel Units, Inc.) Classroom Library Co.

Oedipus the Wreck, or to Trace the Knave (Classic Reprint) Owen Seaman. (ENG., Illus.). (J). 2018. 130p. 26.58 *(978-0-365-23397-8(8))*; 2016. pap. 9.57 *(978-1-334-14555-1(5))* Forgotten Bks.

Oeil Magique III see Magic Eye III

O'er Tartar Deserts or English & Russian in Central Asia. David Ker. 2017. (ENG.). 368p. (J). pap. *(978-3-7447-5024-0(8))* Creation Pubs.

O'Er Tartar Deserts, or English & Russian in Central Asia (Classic Reprint) David Ker. 2018. (ENG., Illus.). 372p. (J). 31.57 *(978-0-483-53819-1(1))* Forgotten Bks.

Oeste: Set of 6 Common Core Edition. Sarah Glasscock & Benchmark Education Company. 2016. (Navigators Ser.). (SPA.). (J). (gr. 4). 59.00 net. *(978-1-5125-0816-1(0))* Benchmark Education Co.

Oeuvre de Claude Bernard (Classic Reprint) Claude Bernard. 2017. (FRE., Illus.). (J). 32.56 *(978-0-265-45703-0(3))*; pap. 16.57 *(978-0-243-34648-6(4))* Forgotten Bks.

Oeuvres Badines, Complettes du Comte de Caylus, Avec Figures, Vol. 11: Cette Partie Contient Plusieurs Historiettes et Ouvrages Critiques et Facetieux Qui Ont Ete Attribues Au Comte de Caylus (Classic Reprint) Anne Claude Philippe Caylus. (FRE., Illus.). (J). 2018. 484p. 33.90 *(978-0-483-87282-0(2))*; 2017. pap. 16.57 *(978-0-259-48698-5(1))* Forgotten Bks.

Oeuvres Badines, Complettes du Comte de Caylus, Avec Figures, Vol. 11: Cette Partie Contient Plusieurs Historiettes et Ouvrages Critiques et Fac'tieux Qui Ont T' Attribu's Au Comte de Caylus (Classic Reprint) Anne Claude Philippe Caylus. 2018. (FRE., Illus.). 408p. (J). 32.33 *(978-0-656-79767-7(3))* Forgotten Bks.

Oeuvres Badines Complettes, du Comte de Caylus, Vol. 5: Avec Figures, Seconde Partie (Classic Reprint) Anne Claude Philippe Caylus. 2017. (FRE., Illus.). (J). 32.41 *(978-0-260-34066-5(9))* Forgotten Bks.

Oeuvres Badines, Complettes, du Comte de Caylus, Vol. 7: Premiere Partie (Classic Reprint) Anne Claude Philippe Caylus. 2017. (FRE., Illus.). (J). pap. 16.57 *(978-0-282-50094-8(4))* Forgotten Bks.

Oeuvres Badines et Morales de Mr. Cazotte, Vol. 4 (Classic Reprint) Jacques Cazotte. 2018. (FRE., Illus.). 298p. (J). 30.06 *(978-0-364-48254-4(0))* Forgotten Bks.

Oeuvres Badines et Morales de Mr. Cazotte, Vol. 5 (Classic Reprint) Jacques Cazotte. 2018. (FRE., Illus.). (J). 200p. 28.02 *(978-0-364-40619-9(4))*; 202p. pap. 10.57 *(978-0-656-54450-9(3))* Forgotten Bks.

Oeuvres Choisies: Avec Introduction, Bibliographie, Notes, Grammaire, Lexique et Illustrations Documentaires (Classic Reprint) Jean de la Fontaine. (FRE., Illus.). (J). 2018. 572p. 35.69 *(978-0-666-95484-8(4))*; 2017. pap. 19.57 *(978-0-259-59226-6(9))* Forgotten Bks.

Oeuvres Completes d'Apulee Traduites en Francais, Vol. 1: Les Metamorphoses Ou l'Ane d'or (Classic Reprint) Apulee Apulee. 2017. (FRE., Illus.). (J). 35.22 *(978-0-331-58080-8(2))*; pap. 19.57 *(978-0-259-34795-8(7))* Forgotten Bks.

Oeuvres Complètes d'Augustin Fresnel, Vol. 2 (Classic Reprint) Augustin Jean Fresnel. 2018. (FRE., Illus.). (J). 876p. 41.96 *(978-1-390-05336-4(9))*; 878p. pap. 24.31 *(978-1-390-05323-4(7))* Forgotten Bks.

Oeuvres Complètes d'Augustin Fresnel, Vol. 3 (Classic Reprint) Augustin Jean Fresnel. 2018. (FRE., Illus.). (J). 832p. 41.08 *(978-0-366-17792-9(3))*; 834p. pap. 23.57 *(978-0-366-17780-6(X))* Forgotten Bks.

Oeuvres Completes de la Fontaine: Ornees de Trente Vignettes (Classic Reprint) Jean de la Fontaine. 2017. (FRE., Illus.). (J). 34.52 *(978-0-331-96861-3(4))*; 34.54 *(978-0-260-16957-0(9))*; pap. 16.97 *(978-0-266-10554-1(8))* Forgotten Bks.

Oeuvres Completes de la Fontaine, Vol. 1: Nouvelle Edition, Tres Soigneusement Revue Sur les Textes Originaux; Avec un Travail de Critique et d'Erudition Apercus d'Histoire Litteraire, Vie de l'Auteur, Notes et Commentaires, Bibliographie, Etc. Jean de la Fontaine. 2017. (FRE., Illus.). (J). pap. 19.57 *(978-0-259-75835-8(3))* Forgotten Bks.

Oeuvres Complètes de la Fontaine, Vol. 1: Nouvelle Édition, Très Soigneusement Revue Sur les Textes Originaux; Avec un Travail de Critique et d'Érudition Aperçus d'Histoire Littéraire, Vie de l'Auteur, Notes et Commentaires, Bibliographie, Etc. Jean de la Fontaine. 2018. (FRE., Illus.). 548p. (J). 35.20 *(978-0-666-72000-9(2))* Forgotten Bks.

Oeuvres Completes de la Fontaine, Vol. 1: Publiees d'Apres les Textes Originaux, Accompagnees de Notes et Suivies d'un Lexique; Fables (Classic Reprint) Jean La Fontaine. 2017. (FRE., Illus.). (J). pap. 16.57 *(978-0-259-28263-1(4))* Forgotten Bks.

Oeuvres Complètes de la Fontaine, Vol. 1: Publiées d'Après les Textes Originaux, Accompagnées de Notes et Suivies d'un Lexique; Fables (Classic Reprint) Jean La Fontaine. 2018. (FRE., Illus.). 410p. (J). 32.35 *(978-0-332-34960-2(8))* Forgotten Bks.

Oeuvres Completes de la Fontaine, Vol. 2: Avec un Travail de Critique et d'Erudition, Apercus d'Histoire Litteraire, Vie de l'Auteur, Notes et Commentaires, Bibliographie, etc (Classic Reprint) Jean de la Fontaine. 2017. (FRE., Illus.). (J). pap. 19.57 *(978-0-259-22309-2(3))* Forgotten Bks.

Oeuvres Complètes de la Fontaine, Vol. 2: Avec un Travail de Critique et d'Érudition, Aperçus d'Histoire Littéraire, Vie de l'Auteur, Notes et Commentaires, Bibliographie, etc (Classic Reprint) Jean de la Fontaine. 2018. (FRE., Illus.). 546p. (J). 35.18 *(978-0-484-52050-8(4))* Forgotten Bks.

Oeuvres Completes de la Fontaine, Vol. 3: Nouvelle Edition, Tres-Soigneusement Revue Sur les Textes Originaux, Avec un Travail de Critique et d'Erudition Apercus d'Histoire Litteraire, Vie de l'Auteur, Notes et Commentaires, Bibliographie, Etc. Jean de la Fontaine. 2017. (FRE., Illus.). (J). 33.96 *(978-0-265-45110-6(8))* Forgotten Bks.

Oeuvres Complètes de la Fontaine, Vol. 3: Psyché; le Songe de Vaux; Lettres (Classic Reprint) Jean de la

1496 The check digit for ISBN-10 appears in parentheses after the full ISBN-13

TITLE INDEX OF SONGS & MEN

Fontaine. 2018. (FRE., Illus.). 452p. (J). 33.22 *(978-0-666-76277-1(5))* Forgotten Bks.

Oeuvres Complètes de la Fontaine, Vol. 4 (Classic Reprint) Jean de la Fontaine. 2018. (FRE., Illus.). 468p. (J). 33.57 *(978-0-666-54256-4(2))* Forgotten Bks.

Oeuvres Completes de la Fontaine, Vol. 5: Nouvelle Edition, Tres-Soigneusement Revue Sur les Textes Originaux, Avec un Travail de Critique et d'Erudition, Apercus d'Histoire Litteraire, Vie de l'Auteur, Notes et Commentaires, Bibliographie, Et. Jean de la Fontaine. 2017. (FRE., Illus.). (J). 35.74 *(978-0-266-43306-4(5))* Forgotten Bks.

Oeuvres Completes de la Fontaine, Vol. 7 (Classic Reprint) Jean de la Fontaine. 2018. (FRE., Illus.). 616p. (J). 36.60 *(978-0-428-35337-7(1))* Forgotten Bks.

Oeuvres Complètes de P. L. Courier, Vol. 2 (Classic Reprint) Paul-Louis Courier. 2018. (FRE., Illus.). (J). 430p. 32.79 *(978-1-396-43366-5(X))*; 432p. pap. 16.57 *(978-1-391-07068-1(2))* Forgotten Bks.

Oeuvres Complètes d'Horace, de Juvénal, de Perse, de Sulpicia, de Turnus, de Catulle, de Properce, de Gallus et Maximien, de Tibulle, de Phèdre et de Syrus: Avec la Traduction en Français (Classic Reprint) Horace Horace. 2018. (FRE., Illus.). 846p. (J). (gr. 3-7). pap. 23.97 *(978-1-390-74330-2(6))* Forgotten Bks.

Oeuvres Completes d'Ovide, Vol. 1: Traduction Nouvelle (Classic Reprint) Ovid Ovid. 2017. (FRE., Illus.). (J). 33.53 *(978-0-331-92508-1(7))* Forgotten Bks.

Oeuvres Complètes d'Ovide, Vol. 3 (Classic Reprint) Ovid Ovid. 2018. (FRE., Illus.). (J). 444p. 33.07 *(978-1-391-53716-0(5))*; 446p. pap. 16.57 *(978-1-390-65387-8(0))* Forgotten Bks.

Oeuvres Completes d'Ovide, Vol. 6: Traduction Nouvelle (Classic Reprint) Ovid Ovid. 2017. (FRE., Illus.). (J). 34.09 *(978-0-260-76042-5(0))*; pap. 16.57 *(978-0-265-92605-5(X))* Forgotten Bks.

Oeuvres Complettes de J. la Fontaine, Vol. 1: PRécédés d'une Nouvelle Notice Sur Sa Vie; Fables (Classic Reprint) Jean de la Fontaine. 2018. (FRE., Illus.). (J). 324p. 30.58 *(978-0-364-28307-3(6))*; 326p. pap. 13.57 *(978-0-267-73451-1(4))* Forgotten Bks.

Oeuvres Complettes d'Ovide, Vol. 7: Traduites en Français; Auxquelles on a Ajouté la Vie de Ce Poëte; les Hymnes de Callimaque; le Pervigilium Veneris; l'Épître de Lingendes Sur l'Exil d'Ovide (Classic Reprint) Ovid Ovid. 2018. (FRE., Illus.). (J). 454p. 33.26 *(978-0-366-78854-5(X))*; 456p. pap. 16.57 *(978-0-366-78834-7(5))* Forgotten Bks.

Oeuvres de A. V. Arnault de l'Ancien Institut de France, Etc: Fables et Poesies Diverses (Classic Reprint) Antoine Vincent Arnault. 2017. (FRE., Illus.). (J). 36.13 *(978-0-266-46620-8(6))*; pap. 19.57 *(978-0-259-42118-4(9))* Forgotten Bks.

Oeuvres de A. V. Arnault, de l'Ancien Institut de France, etc, Vol. 1: Theatre (Classic Reprint) Antoine Vincent Arnault. 2017. (FRE., Illus.). (J). 33.12 *(978-0-265-47032-9(3))*; pap. 16.57 *(978-0-259-35285-3(3))* Forgotten Bks.

Oeuvres de A. V. Arnault, de l'Ancien Institut de France, etc, Vol. 3: Critiques Philosophiques et Litteraires (Classic Reprint) Antoine Vincent Arnault. 2017. (FRE., Illus.). (J). pap. 16.57 *(978-0-265-12351-5(8))* Forgotten Bks.

Oeuvres de Henri d'Andeli, Trouvere Normand du Xiiie Siecle (Classic Reprint) Henri D'Andeli. 2017. (FRE., Illus.). (J). 30.74 *(978-0-266-32142-2(9))*; pap. 13.57 *(978-1-332-67117-5(9))* Forgotten Bks.

Oeuvres de Horace, Vol. 2: Traduction Nouvelle Par Leconte de Lisle, Avec le Texte Latin (Classic Reprint) Horace Horace. (FRE., Illus.). (J). 2018. 270p. 29.47 *(978-0-666-66101-2(4))*; 2017. pap. 11.97 *(978-0-282-93872-7(9))* Forgotten Bks.

Oeuvres de J. de la Fontaine: D'Après les Textes Originaux Suivies d'une Notice Sur Sa Vie Ses Ouvrages, d'une Étude Bibliographique, de Notes, de Variantes d'un Glossaire (Classic Reprint) Alphonse Pauly. 2018. (FRE., Illus.). 426p. (J). 32.74 *(978-0-428-80652-1(X))* Forgotten Bks.

Oeuvres de J. de la Fontaine, d'Apres les Textes Originaux, Vol. 1: Suivies d'une Notice Sur Sa Vie et Ses Ouvrages, d'une Etude Bibliographique, de Notes, de Variantes et d'un Glossaire; Fables (Classic Reprint) Jean de la Fontaine. 2017. (FRE., Illus.). (J). pap. 16.57 *(978-0-282-05127-3(9))* Forgotten Bks.

Oeuvres de J. de la Fontaine, d'Après les Textes Originaux, Vol. 1: Suivies d'une Notice Sur Sa Vie et Ses Ouvrages, d'une Étude Bibliographique, de Notes, de Variantes et d'un Glossaire; Fables (Classic Reprint) Jean de la Fontaine. 2018. (FRE., Illus.). 476p. (J). 33.78 *(978-0-267-39988-8(X))* Forgotten Bks.

Oeuvres de J. de la Fontaine, Vol. 1 (Classic Reprint) Jean de la Fontaine. (FRE., Illus.). (J). 2018. 698p. 38.31 *(978-1-391-38287-6(0))*; 2018. 700p. pap. 20.97 *(978-1-390-20107-9(4))*; 2018. 706p. 38.46 *(978-0-666-70460-3(0))*; 2017. 38.60 *(978-0-331-97431-7(2))*; 2017. pap. 20.97 *(978-0-331-97427-0(4))*; 2017. pap. 20.97 *(978-0-259-98598-3(8))* Forgotten Bks.

Oeuvres de J. de la Fontaine, Vol. 10 (Classic Reprint) Jean de la Fontaine. (FRE., Illus.). (J). 2018. 666p. 37.65 *(978-0-365-23751-8(5))*; 2017. pap. 20.57 *(978-0-259-23884-3(8))* Forgotten Bks.

Oeuvres de J. de la Fontaine, Vol. 2: D'Apres les Textes Originaux Suivies d'une Notice Sur Sa Vie et Ses Ouvrages, d'une Etude Bibliographique, de Notes, de Variantes et d'un Glossaire; Contes, Psyche, Lettres (Classic Reprint) Jean de la Fontaine. 2018. (FRE., Illus.). 504p. (J). pap. 16.97 *(978-1-334-88825-0(6))* Forgotten Bks.

Oeuvres de J. de la Fontaine, Vol. 2: D'Apr's les Textes Originaux Suivies d'une Notice Sur Sa Vie et Ses Ouvrages, d'une Tude Bibliographique, de Notes, de Variantes et d'un Glossaire; Contes, Psych', Lettres (Classic Reprint) Jean de la Fontaine. 2018. (FRE., Illus.). 502p. (J). 34.25 *(978-0-332-55722-9(7))* Forgotten Bks.

Oeuvres de J. de la Fontaine, Vol. 2 (Classic Reprint) Jean de la Fontaine. 2017. (FRE., Illus.). (J). 35.01 *(978-0-266-45626-1(X))*; pap. 19.57 *(978-0-259-75220-2(7))* Forgotten Bks.

Oeuvres de J. de la Fontaine, Vol. 4 (Classic Reprint) Jean de la Fontaine. 2017. (FRE., Illus.). (J). 36.19 *(978-0-266-45722-0(3))*; pap. 19.57 *(978-0-259-60186-9(1))* Forgotten Bks.

Oeuvres de J. de la Fontaine, Vol. 5 (Classic Reprint) Jean de la Fontaine. 2017. (FRE., Illus.). (J). 38.79 *(978-0-265-45524-1(3))*; pap. 23.57 *(978-0-259-81042-1(8))* Forgotten Bks.

Oeuvres de J. de la Fontaine, Vol. 6 (Classic Reprint) Jean de la Fontaine. 2018. (FRE., Illus.). 380p. (J). 31.75 *(978-0-428-35876-1(4))* Forgotten Bks.

Oeuvres de J. de la Fontaine, Vol. 8: Revue Sur les Plus Anciennes Impression et les Autographes, et Augmentee de Variantes, de Notices, de Notes, d'un Lexique des Mots et Locutions Remarquables, de Portraits, de Fac-Simile, etc (Classic Reprint) Jean de la Fontaine. (FRE., Illus.). (J). 2018. 506p. 34.97 *(978-0-428-29712-1(9))*; 2017. pap. 19.57 *(978-0-282-95892-3(4))* Forgotten Bks.

Oeuvres de J. de la Fontaine, Vol. 8 (Classic Reprint) Jean de la Fontaine. 2018. (FRE., Illus.). (J). 514p. 34.50 *(978-0-365-68556-2(9))*; 516p. pap. 16.97 *(978-0-365-68546-3(1))* Forgotten Bks.

Oeuvres de la Fontaine, Vol. 1: Fables (Classic Reprint) Charavay Freres. 2017. (FRE., Illus.). 248p. (J). 29.98 *(978-0-332-06633-2(9))* Forgotten Bks.

Oeuvres de Maitre François Rabelais, Vol. 2: Publiées Sous le Titre de Faits et Dits du Géant Gargantua et de Son Fils Pantagruel, Avec la Prognostication Pantagrueline, l'Épître du Limosin, la Crème Philosophale, Deux Épîtres À Deux Vieilles De. Francois Rabelais. 2018. (FRE., Illus.). (J). 360p. 31.34 *(978-1-391-35991-5(7))*; 362p. pap. 13.97 *(978-1-390-19307-7(1))* Forgotten Bks.

Oeuvres de Marguerite d'Oyngt, Prieure de Poleteins: Publiees d'Apres le Manuscrit Unique de la Bibliotheque de Grenoble (Classic Reprint) Marguerite D'Oyngt. 2017. (FRE., Illus.). (J). pap. 9.57 *(978-0-243-88047-8(2))* Forgotten Bks.

Oeuvres de Marguerite d'Oyngt, Prieure de Poleteins: Publiées d'Après le Manuscrit Unique de la Bibliothèque de Grenoble (Classic Reprint) Marguerite D'Oyngt. 2018. (FRE., Illus.). 130p. (J). 26.60 *(978-0-484-85001-8(6))* Forgotten Bks.

Oeuvres de Monsieur de la Fontaine, Vol. 1 (Classic Reprint) Jean de la Fontaine. 2018. (FRE., Illus.). (J). 534p. 34.93 *(978-0-365-61301-5(0))*; 536p. pap. 19.57 *(978-0-365-61300-8(2))* Forgotten Bks.

Oeuvres de Monsieur de la Fontaine, Vol. 2 (Classic Reprint) Jean de la Fontaine. 2017. (FRE., Illus.). (J). 656p. 37.43 *(978-0-332-74641-8(0))*; 658p. pap. 19.97 *(978-0-332-52662-1(3))* Forgotten Bks.

Oeuvres de Monsieur de la Fontaine, Vol. 3 (Classic Reprint) Jean de la Fontaine. 2018. (FRE., Illus.). (J). 606p. 36.42 *(978-0-365-75718-4(7))*; 608p. pap. 19.57 *(978-0-365-72566-4(8))* Forgotten Bks.

Oeuvres de Monsieur Houdar de la Motte, l'un des Quarante de l' Académie Françoise, Vol. 2 (Classic Reprint) Antoine Houdar La Motte. 2018. (FRE., Illus.). 366p. (J). 31.47 *(978-0-666-94734-5(1))* Forgotten Bks.

Oeuvres de Monsieur Houdar de la Motte, l'un des Quarante de l'Académie Françoise, Vol. 1: Premiere Partie (Classic Reprint) Antoine Houdar De La Motte. 2018. (FRE., Illus.). (J). 324p. 30.58 *(978-0-366-43172-4(2))*; 326p. pap. 13.57 *(978-0-366-43086-4(6))* Forgotten Bks.

Oeuvres de Monsieur Houdar de la Motte, l'un des Quarante de l'Académie Françoise, Vol. 1: Seconde Partie (Classic Reprint) Antoine Houdar De La Motte. 2018. (FRE., Illus.). 370p. (J). 31.53 *(978-0-483-71065-8(2))* Forgotten Bks.

Oeuvres de Monsieur Houdar de la Motte, l'un des Quarante de l'Academie Francoise, Vol. 1 (Classic Reprint) Antoine Houdar De La Motte. 2017. (FRE., Illus.). (J). pap. 13.57 *(978-0-259-93809-5(2))* Forgotten Bks.

Oeuvres de Monsieur Houdar de la Motte, l'un des Quarante de l'Académie Françoise, Vol. 1 (Classic Reprint) Antoine Houdar De La Motte. 2018. (FRE., Illus.). 324p. (J). 30.58 *(978-0-666-81628-3(X))*; 30.58 *(978-0-666-45496-6(5))* Forgotten Bks.

Oeuvres de Monsieur Houdar-De la Motte, l'un des Quarante de l'Académie Françoise, Vol. 3 (Classic Reprint) Antoine Houdar La Motte. 2018. (FRE., Illus.). 450p. (J). pap. 16.57 *(978-1-391-17129-6(2))* Forgotten Bks.

Oeuvres de Monsieur Houdar de la Motte, l'un des Quarante de l'Academie Francoise, Vol. 7 (Classic Reprint) Antoine Houdar La Motte. 2017. (FRE., Illus.). (J). pap. 13.57 *(978-0-282-23248-1(6))* Forgotten Bks.

Oeuvres de Monsieur Houdar de la Motte, l'un des Quarante de l'Académie Françoise, Vol. 7 (Classic Reprint) Antoine Houdar La Motte. 2018. (FRE., Illus.). (J). 330p. 30.70 *(978-1-390-14327-0(9))*; 332p. pap. 13.57 *(978-1-390-14299-0(X))*; 338p. 30.87 *(978-0-666-70456-6(2))* Forgotten Bks.

Oeuvres de Monsieur Houdar de la Motte, l'un des Quarante de l'Academie Francoise, Vol. 8 (Classic Reprint) Antoine Houdar La Motte. (FRE., Illus.). (J). 2018. 368p. pap. 13.97 *(978-0-428-12909-5(9))*; 2017. pap. 16.57 *(978-0-282-07900-0(9))* Forgotten Bks.

Oeuvres de Monsieur Houdar de la Motte, l'un des Quarante de l'Académie Françoise, Vol. 8 (Classic Reprint) Antoine Houdar La Motte. 2018. (FRE., Illus.). 422p. (J). 32.62 *(978-0-332-05057-7(2))* Forgotten Bks.

Oeuvres de Monsieur Houdar de la Motte, Vol. 1: Seconde Partie (Classic Reprint) Antoine Houdar La Motte. 2018. (FRE., Illus.). (J). 368p. 31.51 *(978-1-391-32806-5(X))*; 370p. pap. 13.97 *(978-1-390-16064-2(5))* Forgotten Bks.

Oeuvres de Monsieur Houdar de la Motte, Vol. 3: L'un des Quarantee de l'Academie Francoise (Classic Reprint) Antoine Houdar De La Motte. 2017. (FRE., Illus.). (J). pap. 16.57 *(978-0-259-49229-0(9))* Forgotten Bks.

Oeuvres de Monsieur Houdar de la Motte, Vol. 3: L'un des Quarantee de l'Académie Françoise (Classic Reprint) Antoine Houdar De La Motte. 2018. (FRE., Illus.). 448p. (J). 33.14 *(978-0-666-31884-8(0))* Forgotten Bks.

Oeuvres de Monsieur Houdar de la Motte, Vol. 9: L'un des Quarante de l'Academie Francoise (Classic Reprint) Antoine Houdar La Motte. 2017. (FRE., Illus.). (J). pap. 16.57 *(978-0-282-13469-3(7))* Forgotten Bks.

Oeuvres de Monsieur Houdar de la Motte, Vol. 9: L'un des Quarante de l'Académie Françoise (Classic Reprint) Antoine Houdar La Motte. 2018. (FRE., Illus.). 404p. (J). 32.25 *(978-0-267-20517-2(1))* Forgotten Bks.

Oeuvres de Monsieur Houdar de la Motte, Vol. 9 (Classic Reprint) Antoine Houdar De La Motte. (FRE., Illus.). (J). 2018. 402p. 32.21 *(978-0-332-45991-2(8))*; 2017. pap. 16.57 *(978-0-259-04084-2(3))* Forgotten Bks.

Oeuvres de Théophile, Divisées en Trois Parties: La Premiere, Contenant l'Immortalité de l'Ame, Avec Plusieurs Autres Pieces; la Seconde, les Tragedies; et la Troisiesme, les Pieces Qu'il a Faites Pendant Sa Prison, Iusques À Present. Théophile de Viau. 2018. (FRE., Illus.). (J). 820p. 40.83 *(978-0-365-01793-6(0))*; 822p. pap. 23.57 *(978-0-365-01780-6(9))* Forgotten Bks.

Oeuvres d'Horace, Vol. 5: En Latin et en Francois, Avec des Remarques Critiques et Historiques (Classic Reprint) Horace Horace. 2017. (FRE., Illus.). (J). pap. 13.57 *(978-1-332-70860-4(9))* Forgotten Bks.

Oeuvres d'Horace, Vol. 5: En Latin et en François, Avec des Remarques Critiques et Historiques (Classic Reprint) Horace Horace. 2018. (FRE., Illus.). 326p. (J). 30.62 *(978-0-656-87106-3(7))* Forgotten Bks.

Oeuvres d'Horace, Vol. 5 (Classic Reprint) Horace Horace. (FRE., Illus.). (J). 2018. 558p. 35.41 *(978-0-267-10344-7(1))*; 2017. pap. 19.57 *(978-0-282-30818-6(0))* Forgotten Bks.

Oeuvres d'Horace, Vol. 7: En Latin et en François, Avec des Remarques Critiques et Historiques (Classic Reprint) Horace Horace. 2018. (FRE., Illus.). (J). 378p. 31.71 *(978-1-390-06856-6(0))*; 380p. pap. 16.57 *(978-1-390-06442-1(5))* Forgotten Bks.

Oeuvres d'Horace, Vol. 7: En Latin, Traduites en Francois (Classic Reprint) Horace Horace. 2017. (FRE., Illus.). (J). pap. 16.97 *(978-0-259-10624-1(0))* Forgotten Bks.

Oeuvres d'Horace, Vol. 7: En Latin, Traduites en Franois (Classic Reprint) Horace Horace. 2018. (FRE., Illus.). 506p. (J). 34.35 *(978-0-484-19977-3(3))* Forgotten Bks.

Oeuvres d'Ovide, Vol. 7: Traduction Nouvelle; Contenant les Six Livres des Fastes (Classic Reprint) Ovide Ovide. (FRE., Illus.). (J). 2018. 702p. 38.40 *(978-0-332-33275-8(6))*; 2017. pap. 20.97 *(978-0-282-22024-2(0))* Forgotten Bks.

Oeuvres d'Ovide, Vol. 8: Traduction Nouvelle; Contenant les Cinq Livres des Tristes (Classic Reprint) Ovide Ovide. 2018. (FRE., Illus.). 478p. (J). 33.78 *(978-0-483-75746-2(2))* Forgotten Bks.

Oeuvres du Lucien, Vol. 1: De la Traduction de N. Perrot, Sr. d'Ablancourt, Avec des Remarques Sur la Traduction (Classic Reprint) Lucian Lucian. (FRE., Illus.). (J). 2018. 524p. 34.70 *(978-0-666-13343-4(3))*; 2017. pap. 19.57 *(978-0-282-52391-6(X))* Forgotten Bks.

Oeuvres Posthumes de Monsieur de la Fontaine (Classic Reprint) Jean de la Fontaine. (FRE., Illus.). (J). 2018. 306p. 30.21 *(978-0-666-47393-6(5))*; 2017. pap. 13.57 *(978-0-282-06823-3(6))* Forgotten Bks.

Oeuvres, Vol. 3 (Classic Reprint) Jean de la Fontaine. (FRE., Illus.). (J). 2018. 470p. 32.62 *(978-0-484-06162-9(3))*; 2017. pap. 16.57 *(978-0-282-02253-2(8))* Forgotten Bks.

Of a Church & a Warming-Pan: Written for the Benefit of the Associators Reformers of the Age, & Dedicated, Without Permission, to Their Tri-Fold Majesties, the People, the Law, & the King (Classic Reprint) James Montgomery. 2018. (ENG., Illus.). 30p. (J). 24.52 *(978-0-332-63958-1(4))* Forgotten Bks.

Of a Feather. Dayna Lorentz. 2021. (ENG.). 352p. (J). (gr. 5-7). pap. 7.99 *(978-0-358-54769-3(5)*, 1807387, Clarion Bks.) HarperCollins Pubs.

Of All the Groovy Fish in the Sea. Lisa Gonzalez. 2022. (ENG.). 62p. (J). pap. 16.95 ***(978-1-63903-757-5(8))*** Christian Faith Publishing.

Of All the Nerve! Nervous System Coloring Book. Creative Playbooks. 2016. (ENG., Illus.). (J). pap. 7.74 *(978-1-68323-701-3(3))* Twin Flame Productions.

Of All Things (Classic Reprint) Robert C. Benchley. 2017. (ENG., Illus.). (J). 29.26 *(978-0-266-17778-4(6))* Forgotten Bks.

Of All Tribes: American Indians & Alcatraz. Joseph Bruchac. 2023. (ENG.). 256p. (J). (gr. 5-9). 19.99 ***(978-1-4197-5719-8(9)***, 1749501, Abrams Bks. for Young Readers) Abrams, Inc.

Of Apes & Men — the Evolution Coloring Book. Activity Book Zone for Kids. 2016. (ENG., Illus.). (J). pap. 9.20 *(978-1-68376-367-3(X))* Sabeels Publishing.

Of Better Blood. Susan Moger. 2016. (ENG.). 304p. (YA). (gr. 8-12). 16.99 *(978-0-8075-4774-8(3)*, 807547743) Whitman, Albert & Co.

Of Blood & Magic. Shayne Leighton. 2023. (ENG.). 454p. (YA). pap. 19.78 ***(978-1-0881-5975-0(3))*** Indy Pub.

Of Cages & Crowns. Brianna Joy Crump. 2022. (ENG.). 432p. (YA). 18.99 *(978-1-990259-02-9(2)*, 900258257) Wattpad Bks. CAN. Dist: Macmillan.

Of Clear Intent: A Novel (Classic Reprint) Henry Cottrell Rowland. 2019. (ENG., Illus.). (J). 290p. 29.88 *(978-1-397-29103-5(6))*; 292p. pap. 13.57 *(978-1-397-29087-8(0))* Forgotten Bks.

Of Course It's a Big Deal, Volume 3. Bryan Smith. Illus. by Lisa M. Griffin. ed. 2017. (Executive FUNction Ser.: 3). (ENG.). 31p. (J). (gr. k-6). pap. 10.95 *(978-1-944882-11-2(1))* Boys Town Pr.

Of Course It's a Horse! Picture Matching Game Activity Book. Creative Playbooks. 2016. (ENG., Illus.). (J). pap. 9.43 *(978-1-68323-537-8(1))* Twin Flame Productions.

Of Curses & Kisses. Sandhya Menon. 2021. (Rosetta Academy Ser.). (ENG.). 400p. (YA). (gr. 7). pap. 12.99 *(978-1-5344-1755-7(9)*, Simon & Schuster Bks. For Young Readers) Simon & Schuster Bks. For Young Readers.

Of Dreams & Destiny. Sandhya Menon. 2023. (Rosetta Academy Ser.). (ENG.). 272p. (YA). (gr. 7). 19.99 ***(978-1-5344-1760-1(5)***, Simon & Schuster Bks. For Young Readers) Simon & Schuster Bks. For Young Readers.

Of Dreams & Rust. Sarah Fine. 2016. (ENG.). 304p. (YA). (gr. 9). pap. 11.99 *(978-1-4424-8362-0(8)*, McElderry, Margaret K. Bks.) McElderry, Margaret K. Bks.

Of Dreams & Thorns. J. C. Salazar. 2018. (ENG.). 308p. (YA). (gr. 7-12). pap. 14.99 *(978-0-9991496-2-1(8))* Salazar, JC.

Of Ephraim (Classic Reprint) James E. McGirt. 2017. (ENG., Illus.). (J). 26.85 *(978-0-265-21837-2(3))*; pap. 9.57 *(978-0-243-30487-5(0))* Forgotten Bks.

Of European Descent (Classic Reprint) Mary Frances Whalley. (ENG., Illus.). (J). 2018. 134p. 26.66 *(978-0-484-61231-9(X))*; 2016. pap. 9.57 *(978-1-333-38261-2(8))* Forgotten Bks.

Of Fire & Stars. Audrey Coulthurst. Illus. by Jordan Saia. (Of Fire & Stars Ser.: 1). (ENG.). (YA). (gr. 8). 2018. 416p. pap. 10.99 *(978-0-06-243326-8(1))*; 2016. 400p. 17.99 *(978-0-06-243325-1(3))* HarperCollins Pubs. (Balzer & Bray).

Of Fire & Stone. Nina Oram. 2020. (Carrowkeel Ser.: Vol. 3). (ENG., Illus.). 226p. (YA). (gr. 8-12). pap. *(978-1-911143-88-8(3))* Luna Pr. Publishing.

Of Goblins, Magic Eggs, Pirates, the Mystic Rose & the Hairy Ball. Students Sis Swiss International School. 2017. (ENG., Illus.). (J). *(978-3-7439-4441-1(3))* tredition Verlag.

Of Gods & Kings Part 1: The Wolf & the Valkyrie. Logan Shelby. 2021. (ENG.). 258p. (YA). 27.95 *(978-1-6624-2443-4(4))*; pap. 18.95 *(978-1-6624-2424-3(8))* Page Publishing Inc.

Of Gods, Goddesses, Temples & Priests - Ancient Egypt History Facts Books Children's Ancient History. Baby Professor. 2017. (ENG., Illus.). (J). pap. 8.79 *(978-1-5419-1155-0(5)*, Baby Professor (Education Kids)) Speedy Publishing LLC.

Of High Degree a Story, Vol. 3 of 3 (Classic Reprint) Charles Gibbon. 2018. (ENG., Illus.). 288p. (J). 29.84 *(978-0-267-17548-2(5))* Forgotten Bks.

Of High Degree, Vol. 1 Of 3: A Story (Classic Reprint) Charles Gibbon. (ENG., Illus.). (J). 2018. 346p. 31.03 *(978-0-483-75809-4(4))*; 2016. pap. 13.57 *(978-1-334-13177-6(5))* Forgotten Bks.

Of High Degree, Vol. 2 Of 3: A Story (Classic Reprint) Charles Gibbon. 2018. (ENG., Illus.). 286p. (J). 29.82 *(978-0-267-15140-0(3))* Forgotten Bks.

Of High Descent, Vol. 1: A Novel (Classic Reprint) George Manville Fenn. 2018. (ENG., Illus.). 280p. (J). 29.67 *(978-0-484-12684-7(9))* Forgotten Bks.

Of High Descent, Vol. 2 Of 3: A Novel (Classic Reprint) George Manville Fenn. (ENG., Illus.). (J). 2018. 274p. 29.55 *(978-0-483-83117-9(4))*; 2016. pap. 11.97 *(978-1-334-15718-9(9))* Forgotten Bks.

Of High Descent, Vol. 3: A Novel (Classic Reprint) George Manville Fenn. 2018. (ENG., Illus.). 272p. (J). 29.51 *(978-0-483-04416-6(4))* Forgotten Bks.

Of Human Bondage a Novel (Classic Reprint) Somerset Maugham. 2017. (ENG., Illus.). (J). 39.86 *(978-1-5280-6153-7(5))* Forgotten Bks.

Of Ice & Shadows. Audrey Coulthurst. (Of Fire & Stars Ser.: 2). (ENG.). 464p. (YA). (gr. 8). 2020. pap. 15.99 *(978-0-06-284123-0(8))*; 2019. (Illus.). 17.99 *(978-0-06-284122-3(X))* HarperCollins Pubs. (Balzer & Bray).

Of Jenny & the Aliens. Ryan Gebhart. 2017. 368p. (J). (gr. 11). 17.99 *(978-0-7636-8845-5(2))* Candlewick Pr.

Of Jenny & the Aliens. Ryan Gebhart. l.t. ed. 2019. (ENG.). 380p. pap. 15.99 *(978-1-4328-6442-2(4))* Cengage Gale.

Of Kisses & Quests: A Collection of Creepy Hollow Stories. Rachel Morgan. 2021. (ENG.). (YA). 262p. *(978-1-928510-46-8(9))*; 272p. pap. *(978-1-928510-45-1(0))* Morgan, Rachel.

Of Life: the Rollercoaster. Emmy Woosley & Jody Hulsey. Illus. by Sarah Truman. 2023. 24p. (J). (gr. 1-3). pap. 11.99 BookBaby.

Of Light & Shadow: A Fantasy Romance Novel Inspired by Indian Mythology. Tanaz Bhathena. 2023. (ENG.). 448p. (YA). 21.99 *(978-0-374-38911-6(X)*, 900249771, Farrar, Straus & Giroux (BYR)) Farrar, Straus & Giroux.

Of Love & Loss: A Collection of Short Stories. R. P. D. Sanders. 2022. (ENG.). 82p. (YA). pap. *(978-1-387-98974-4(X))* Lulu Pr., Inc.

Of Men & Mazes: Kids Maze Activity Book. Creative Playbooks. 2016. (ENG., Illus.). (J). pap. 10.81 *(978-1-68323-538-5(X))* Twin Flame Productions.

Of Mice & Men Novel Units Student Packet. Novel Units. 2019. (ENG.). (YA). pap. 13.99 *(978-1-56137-310-9(9)*, Novel Units, Inc.) Classroom Library Co.

Of Mice & Men Novel Units Teacher Guide. Novel Units. 2019. (ENG.). (YA). (gr. 7-12). pap. 12.99 *(978-1-56137-187-7(4)*, BK8452, Novel Units, Inc.) Classroom Library Co.

Of Myths & Men. Catherine Dellosa. 2022. 224p. (YA). (gr. 7). 15.99 *(978-981-4954-29-7(2))* Penguin Random House SEA Pte. Ltd. SGP. Dist: Independent Pubs. Group.

Of Nature & Kings. Rivers Houseal. 2020. (ENG.). 252p. (J). pap. 15.00 *(978-1-0878-8751-7(8))* Indy Pub.

Of Paradise Valley: His Humorous, Pathetic & Tragic Adventures (Classic Reprint) C. M. Stevens. 2018. (ENG., Illus.). 568p. (J). 35.61 *(978-0-484-68223-7(7))* Forgotten Bks.

Of Princes & Promises. Sandhya Menon. 2021. (Rosetta Academy Ser.). (ENG., Illus.). 320p. (YA). (gr. 7). 19.99 *(978-1-5344-1757-1(5)*, Simon & Schuster Bks. For Young Readers) Simon & Schuster Bks. For Young Readers.

Of Salt & Shore. Annet Schaap. Tr. by Laura Watkinson from DUT. (ENG., Illus.). 352p. (J). (gr. 5). 2022. pap. 10.99 *(978-1-62354-344-0(4))*; 2020. 16.99 *(978-1-62354-230-6(8))* Charlesbridge Publishing, Inc.

Of Short Hand: Or the Coroner & His Friends (Classic Reprint) John B. Carey. 2018. (ENG., Illus.). 304p. (J). 30.17 *(978-0-483-31149-7(9))* Forgotten Bks.

Of Silver & Shadow. Jennifer Gruenke. 2021. (ENG., Illus.). 480p. (YA). (gr. 9-12). pap. 14.99 *(978-1-63583-054-5(0)*, 1635830540, Flux) North Star Editions.

Of Songs & Men: Stories Behind the Music, Vol. 4. Dany Mercury. 2021. (ENG.). 313p. (J). pap. *(978-1-716-06202-5(0))* Lulu Pr., Inc.

O

Of Spiders, Monsters & Fireflies: The Adventures of Piyu & Friends. Roberto Carmona. 2nd ed. 2019. (ENG., Illus.). 84p. (J). pap. *(978-1-78132-909-2(5))* SilverWood Bks.
Of Starlight & Bone. Emily Layne. 2023. (ENG.). 304p. (YA). pap. 14.95 ***(978-1-958109-12-0(6))*** Owl Hollow Pr.
Of Sticks & Stones: Book 1. Duane Byerley. 2022. (Of Sticks & Stones Ser.). (ENG.). 240p. (YA). *(978-1-0391-3234-4(0))*; pap. *(978-1-0391-3233-7(2))* FriesenPress.
Of Sticks & Stones: Book 2. Duane Byerley. 2022. (Of Sticks & Stones Ser.). (ENG.). 240p. (YA). *(978-1-0391-3237-5(5))*; pap. *(978-1-0391-3236-8(7))* FriesenPress.
Of the Author of Waverley, Vol. 6 Of 7: Peveril of the Peak, & Quentin Durward (Classic Reprint) Unknown Author. (ENG., Illus.). (J). 2018. 388p. 31.90 *(978-0-483-19226-3(0))*; 2017. pap. 16.57 *(978-0-259-10098-0(6))* Forgotten Bks.
Of the Bauble. Debbie McGowan. (ENG., Illus.). 2018. 168p. (J). pap. *(978-1-78645-267-2(7))*; 2016. (YA). pap. *(978-1-78645-110-1(7))* Beaten Track Publishing.
Of the Beginning: Marked: Book Two. Nicole Green. 2021. (ENG.). 308p. (YA). 18.99 *(978-0-578-99066-8(0))* Nicole Green.
Of the Blood. Cameo Renae. 2020. (ENG.). 430p. (YA). 29.00 *(978-1-7350467-1-6(X))* Cameo Renae Bks.
Of the Origin & Progress of Language, Vol. 1 (Classic Reprint) James Burnett Monboddo. 2016. (ENG., Illus.). (J). pap. 20.97 *(978-1-334-43210-1(4))* Forgotten Bks.
Of the Origin & Progress of Language, Vol. 2: To Which Are Annexed, Three Dissertation, Viz, 1. of the Formation of the Greek Language, 2. of the Sound of the Greek Language, 3. of the Composition of the Antients; & Particularly of That of Demosthenes. James Burnett Monboddo. 2016. (ENG., Illus.). (J). pap. 19.57 *(978-1-334-21692-3(4))* Forgotten Bks.
Of the Origin & Progress of Language, Vol. 3 (Classic Reprint) James Burnett Monboddo. 2017. (ENG., Illus.). (J). pap. 16.57 *(978-0-259-51342-1(3))*; pap. 16.57 *(978-0-243-98869-3(9))* Forgotten Bks.
Of the Origin & Progress of Language, Vol. 6 (Classic Reprint) James Burnett Monboddo. 2017. (ENG., Illus.). (J). pap. 19.57 *(978-1-5277-0792-4(X))*; pap. 19.57 *(978-0-282-15838-5(3))* Forgotten Bks.
Of the Sky. Lauren Hansen. 2016. (ENG., Illus.). (YA). pap. 14.95 *(978-1-63525-229-3(6))* Christian Faith Publishing.
Of Thunderstorms. Cosette Carter. Illus. by Nicoleta Dabija. 2021. (ENG.). 30p. (J). 21.95 *(978-1-68517-064-6(1))*; pap. 12.95 *(978-1-63961-659-6(4))* Christian Faith Publishing.
Of Tubes & Tides. Anne Stryker & T. R. Prouty. 2021. (ENG.). 430p. (YA). 24.00 *(978-1-0878-5482-3(2))* Indy Pub.
Of Two Minds: The Minds Series, Book One. Carol Matas. 2017. (ENG., Illus.). (YA). (gr. 8-12). pap. *(978-0-9919012-4-1(X))* Matas, Carol & Perry Nodelman.
Of Vengeance & Ashes. Gauri Sharma. 2023. (ENG.). 328p. (YA). 24.00 ***(978-1-63640-854-5(0)***, White Falcon Publishing) White Falcon Publishing.
Of Virginia (Classic Reprint) A. D. Knoppe. (ENG., Illus.). (J). 2017. 28.23 *(978-0-265-65050-9(X))*; 2016. pap. 10.57 *(978-1-334-50542-3(X))* Forgotten Bks.
Of Vultures & Kings. William Joseph. 2018. (ENG., Illus.). 290p. (YA). (gr. 7-12). pap. *(978-1-78520-115-8(8))* Titan InKorp Ltd.
Of Wish & Fury. S. Young. 2021. (Seven Kings of Jinn Ser.: Vol. 2). (ENG.). 310p. (J). pap. *(978-1-915243-02-7(5))* Young, Samantha.
Of Witches & Spells: Coloring Book of Magic. Jupiter Kids. 2016. (ENG., Illus.). 106p. (J). pap. 12.55 *(978-1-68305-301-9(X)*, Jupiter Kids (Childrens & Kids Fiction)) Speedy Publishing LLC.
Ofelia: (the Book of Davoth 1) Martyn Stanley. 2021. (ENG.). 442p. (YA). pap. *(978-0-9929860-9-4(5))* Stanley, Marty.
Ofelia, la Oveja. Marina Colasanti. 2018. (SPA.). 34p. (J). (gr. 2-4). 12.99 *(978-958-30-5751-9(7))* Panamericana Editorial COL. Dist: Lectorum Pubns., Inc.
Off Base. Jake Maddox. 2022. (Jake Maddox JV Mysteries Ser.). (ENG.). 96p. (J). 25.99 *(978-1-6639-7497-6(7)*, 226299); pap. 5.95 *(978-1-6663-2938-4(X)*, 226293) Capstone. (Stone Arch Bks.).
Off Course. K. R. Coleman. 2020. (Road Trip Ser.). (ENG.). 112p. (YA). (gr. 6-12). 26.65 *(978-1-5415-5688-1(7)*, 9357fa30-bd0d-473d-a077-2f69a92d5727, Darby Creek) Lerner Publishing Group.
Off Duty: A Dozen Yarns for Soldiers & Sailors (Classic Reprint) Wilhelmina Harper. 2018. (ENG., Illus.). 348p. (J). 31.09 *(978-0-483-15013-3(4))* Forgotten Bks.
Off I Go! Kelly Greenawalt. ed. 2019. (Acorn Early Readers Ser.). (ENG.). 44p. (J). (gr. k-1). 14.96 *(978-1-64697-092-6(6))* Penworthy Co., LLC, The.
Off I Go!: an Acorn Book (Princess Truly #2) (Library Edition) Kelly Greenawalt. Illus. by Amariah Rauscher. 2019. (Princess Truly Ser.: 2). (ENG.). 48p. (J). (gr. -1-1). 23.99 *(978-1-338-34006-8(9))* Scholastic, Inc.
Off-Key. Jennifer Torres. Illus. by Gladys Jose. 2022. (Catalina Incognito Ser.: 3). (ENG.). 112p. (J). (gr. 1-4). 17.99 *(978-1-5344-8310-1(1))*; pap. 6.99 *(978-1-5344-8309-5(8))* Simon & Schuster Children's Publishing. (Aladdin).
Off-Limits. Helen Yoon. Illus. by Helen Yoon. 2021. (ENG.). 32p. (J). (gr. -1-2). 17.99 *(978-1-5362-0731-6(4))* Candlewick Pr.
Off Limits: The Best Friend. Kat Bellemore. 2020. (ENG.). 214p. (YA). pap. 13.99 *(978-1-393-71384-5(X))* Draft2Digital.
Off Limits: The Principal's Son. Kat Bellemore. 2020. (ENG.). 184p. (YA). pap. 13.99 *(978-1-393-30092-2(8))* Draft2Digital.
Off Limits: The Scrooge. Kat Bellemore. 2020. (ENG.). 180p. (YA). pap. 13.99 *(978-1-393-16997-0(X))* Draft2Digital.
Off Limits: The Smarty-Pants. Kat Bellemore. 2020. (ENG.). 168p. (YA). pap. 13.99 *(978-1-393-02694-5(X))* Draft2Digital.
Off Lynnport Light. Augusta Campbell Watson. 2017. (ENG.). 354p. (J). pap. *(978-3-337-00110-0(6))* Creation Pubs.
Off Lynnport Light: A Novel (Classic Reprint) Augusta Campbell Watson. 2018. (ENG., Illus.). 352p. (J). 31.16 *(978-0-483-92969-2(7))* Forgotten Bks.
Off on an Adventure: The Story of a Girl. D. M. Rose. 2020. (ENG.). 88p. (YA). 26.95 *(978-1-64670-344-9(8))*; pap. 12.95 *(978-1-64670-343-2(X))* Covenant Bks.
Off Planet. Aileen Erin. 2019. (Off Planet Ser.). 350p. (YA). pap. 16.99 *(978-1-943858-21-7(7))* Ink Monster.
Off Road. Raelyn Drake. 2019. (To the Limit Ser.). (ENG.). 96p. (YA). (gr. 6-12). 26.65 *(978-1-5415-4035-4(2)*, 5ffab555-1567-4bbb-bce2-8c0095679256, Darby Creek) Lerner Publishing Group.
Off-Road Cars. Ashley Gish. 2022. (Amazing Racing Cars Ser.). (ENG., Illus.). 24p. (J). (gr. 1-4). *(978-1-64026-289-8(X)*, 18472, Creative Education) Creative Co., The.
Off-Road Cars Ashley Gish. 2020. (Amazing Machines: Racing Cars Ser.). (ENG., Illus.). 24p. (J). (gr. 1-3). pap. 9.99 *(978-1-62832-821-9(5)*, 18473, Creative Paperbacks) Creative Co., The.
Off-Road Racing, 1 vol. Kate Mikoley. 2019. (Motorsports Maniacs Ser.). (ENG.). 32p. (gr. 1-2). 28.27 *(978-1-5382-4096-0(3)*, 9c54b36c-a36c-4bc6-b505-eddb34d9d31b) Stevens, Gareth Publishing LLLP.
Off-Road Rallies. Kenny Abdo. 2023. (Motor Mayhem Ser.). (ENG.). 24p. (J). (gr. 2-8). lib. bdg. 31.36 ***(978-1-0982-8147-2(0)***, 42416, Abdo Zoom-Fly) ABDO Publishing Co.
Off-Road Vehicles. Penny Worms. 2016. (Motormania Ser.). 32p. (gr. 2-7). 31.35 *(978-1-59920-995-1(0)*, Smart Apple Media) Black Rabbit Bks.
Off Road Vehicles, 6 vols., Set. 2017. (Off Road Vehicles Ser.). (ENG., Illus.). 24p. (J). (gr. 2-8). lib. bdg. 188.16 *(978-1-5321-2098-5(2)*, 26781, Abdo Zoom-Fly) ABDO Publishing Co.
Off Sandy Hook, & Other Stories (Classic Reprint) Richard Dehan. 2017. (ENG., Illus.). (J). 30.85 *(978-1-5281-7334-6(1))* Forgotten Bks.
Off Script. Kate Watson. 2020. (Seeking Mansfield Ser.). (ENG.). 344p. (YA). (gr. 9-12). pap. 14.99 *(978-1-63583-048-4(6)*, 1635830486, Flux) North Star Editions.
Off the Beaten Path. Mike Fedorowich. Illus. by Kelly Ulrich. 2019. (ENG.). 60p. (J). *(978-1-5255-4793-5(3))*; pap. *(978-1-5255-4794-2(1))* FriesenPress.
Off the Beaten Track. S. B. Stonerook. 2017. (ENG., Illus.). 68p. (J). pap. *(978-3-337-14883-6(2))* Creation Pubs.
Off the Beaten Track: Through the Big Bald, Big Horn, Shoshone, & the Rocky Mountains, to Yellowstone National Park; an Accurate & Concise Description of the Entire Trip from Ottumwa, Iowa, to Yellowstone National Park & Return (Classic Reprint) S. B. Stonerook. 2017. (ENG., Illus.). (J). 25.24 *(978-0-266-56326-6(0))*; pap. 9.57 *(978-0-282-82238-5(0))* Forgotten Bks.
Off the Beaten Track (Classic Reprint) F. St. Mars. 2017. (ENG., Illus.). (J). 29.51 *(978-0-266-74764-2(7))*; pap. 11.97 *(978-1-5277-1592-9(2))* Forgotten Bks.
Off the Bench. Fred Bowen. 2023. (Fred Bowen Sports Story Ser.: 25). 144p. (J). (gr. 2-6). 16.99 *(978-1-68263-410-3(8))* Peachtree Publishing Co. Inc.
Off the Grid. Rita Karnopp. 2017. (ENG., Illus.). (YA). (gr. 7-12). pap. *(978-1-77362-659-8(0))* Books We Love Publishing Partners.
Off the Grid. Steven W. Smidesang. 2019. (ENG.). 266p. (YA). pap. 18.95 *(978-1-64544-854-9(1))* Page Publishing Inc.
Off the Grid. Rita Karnopp. l.t. ed. 2017. (ENG., Illus.). 296p. (YA). (gr. 7-12). pap. *(978-0-2286-0001-5(4))* Books We Love Publishing Partners.
Off-The-Grid Kid. Bronwyn Preece. Illus. by Lironi Karla. 2021. (ENG.). 36p. (J). pap. 16.99 *(978-1-63233-309-4(0))*; pap. 9.99 *(978-1-63233-285-1(X))* Elfrig Publishing.
Off the Highway (Classic Reprint) Alice Prescott Smith. 2017. (ENG., Illus.). (J). pap. 13.57 *(978-1-332-72607-3(0))* Forgotten Bks.
Off the Ice. Julie Cross. 2017. (Juniper Falls Ser.). (ENG.). 370p. (YA). pap. 9.99 *(978-1-63375-655-7(6)*, 9781633756557) Entangled Publishing, LLC.
Off the Line (Classic Reprint) Charles Thynne. 2018. (ENG., Illus.). 320p. (J). 30.56 *(978-0-332-89444-7(4))* Forgotten Bks.
Off the Main Track (Classic Reprint) Stanley Portal Hyatt. (ENG., Illus.). (J). 2018. 342p. 30.95 *(978-0-484-35144-7(3))*; 2016. pap. 13.57 *(978-1-334-13222-3(4))* Forgotten Bks.
Off the Mill: Some Occasional Papers (Classic Reprint) Gr F. Browne. 2018. (ENG., Illus.). 282p. (J). 29.73 *(978-0-267-62454-6(9))* Forgotten Bks.
Off the Page. Jodi Picoult & Samantha van Leer. Illus. by Yvonne Gilbert. 2016. (ENG.). 368p. (YA). (gr. 7). pap. 10.99 *(978-0-553-53559-4(5)*, Ember) Random Hse. Children's Bks.
Off the Record. Camryn Garrett. (ENG.). (YA). (gr. 9). 2022. 336p. pap. 10.99 *(978-1-9848-3002-9(3)*, Ember); 2021. 320p. lib. bdg. 20.99 *(978-1-9848-3000-5(7)*, Knopf Bks. for Young Readers) Random Hse. Children's Bks.
Off the Reservation: Or Caught in an Apache Raid (Classic Reprint) Edward Sylvester Ellis. 2017. (ENG., Illus.). (J). 31.12 *(978-1-5279-4381-0(X))* Forgotten Bks.
Off the Rocks: Stories of the Deep-Sea Fisherfolk of Labrador (Classic Reprint) Wilfred T. Grenfell. 2017. (ENG., Illus.). (J). 29.63 *(978-0-331-85672-9(7))*; pap. 11.57 *(978-1-331-82767-2(1))* Forgotten Bks.
Off the Skelligs: A Novel (Classic Reprint) Jean Ingelow. 2018. (ENG., Illus.). 674p. (J). 37.80 *(978-0-483-33929-3(6))* Forgotten Bks.
Off the Stage, Vol. 1 Of 3: A Story (Classic Reprint) Unknown Author. 2018. (ENG., Illus.). (J). 2018. 900p. 42.46 *(978-0-364-88004-3(X))*; 2017. pap. 24.80 *(978-0-259-30944-4(3))* Forgotten Bks.
Off the Track. Cristy Burne. 2018. (Illus.). 120p. (J). (gr. 2-4). 9.95 *(978-1-925591-74-3(3))* Fremantle Pr. AUS. Dist: Independent Pubs. Group.
Off the Wall. Theodore Taylor III. 2022. (ENG., Illus.). 48p. (J). 19.99 *(978-1-62672-294-1(3)*, 900150270) Roaring Brook Pr.
Off the Wallabies & Other Creature Habits. John Secor. Illus. by James Secor. 2022. (ENG.). 28p. (J). 22.95 *(978-1-61493-814-9(8))*; pap. 15.95 *(978-1-61493-813-2(X))* Peppertree Pr., The.
Off to Andhra Pradesh (Discover India) Sonia Mehta. 2018. (Discover India Ser.). (ENG.). 64p. (J). (gr. 3-5). pap. 8.99 *(978-0-14-344084-0(5)*, Puffin) Penguin Bks. India PVT, Ltd IND. Dist: Independent Pubs. Group.
Off to Arunachal Pradesh (Discover India) Sonia Mehta. 2018. (Discover India Ser.). (ENG.). 64p. (J). (gr. 3-5). pap. 8.99 *(978-0-14-344085-7(3)*, Puffin) Penguin Bks. India PVT, Ltd IND. Dist: Independent Pubs. Group.
Off to Assam (Discover India) Sonia Mehta. 2018. (Discover India Ser.). (ENG.). 64p. (J). (gr. 3-5). pap. 8.99 *(978-0-14-344086-4(1)*, Puffin) Penguin Bks. India PVT, Ltd IND. Dist: Independent Pubs. Group.
Off to Bihar (Discover India) Sonia Mehta. 2018. (Discover India Ser.). (ENG.). 64p. (J). (gr. 3-5). pap. 8.99 *(978-0-14-344087-1(X)*, Puffin) Penguin Bks. India PVT, Ltd IND. Dist: Independent Pubs. Group.
Off to California: A Tale of the Gold Country (Classic Reprint) James F. Cobb. 2017. (ENG., Illus.). (J). 30.10 *(978-1-5285-7945-2(3))* Forgotten Bks.
Off to Camp & Discovering Art. Ann T. Bugg. 2016. (ENG., Illus.). (J). pap. 8.99 *(978-1-365-26508-2(0))* Lulu Pr., Inc.
Off to Chhattisgarh (Discover India) Sonia Mehta. 2018. (Discover India Ser.). (ENG.). 64p. (J). (gr. 3-5). pap. 8.99 *(978-0-14-344088-8(8)*, Puffin) Penguin Bks. India PVT, Ltd IND. Dist: Independent Pubs. Group.
Off to Class (updated Edition) Incredible & Unusual Schools Around the World. Susan Hughes. 2022. (ENG., Illus.). 64p. (J). (gr. 4-6). pap. 15.95 *(978-1-77147-579-2(X))* Owlkids Bks. Inc. CAN. Dist: Publishers Group West (PGW).
Off to College. Mary Ellen Smith. 2022. (ENG., Illus.). 28p. (YA). 24.95 *(978-1-63985-262-8(X))* Fulton Bks.
Off to Goa (Discover India) Sonia Mehta. 2017. (Discover India Ser.). (ENG.). 64p. (J). (gr. 3-5). pap. 8.99 *(978-0-14-344074-1(8)*, Puffin) Penguin Bks. India PVT, Ltd IND. Dist: Independent Pubs. Group.
Off to Gujarat (Discover India) Sonia Mehta. 2017. (Discover India Ser.). (ENG.). 64p. (J). (gr. 3-5). pap. 8.99 *(978-0-14-344077-2(2)*, Puffin) Penguin Bks. India PVT, Ltd IND. Dist: Independent Pubs. Group.
Off to Haryana (Discover India) Sonia Mehta. 2018. (Discover India Ser.). (ENG.). 64p. (J). (gr. 3-5). pap. 8.99 *(978-0-14-344089-5(6)*, Puffin) Penguin Bks. India PVT, Ltd IND. Dist: Independent Pubs. Group.
Off to Jammu & Kashmir (Discover India) Sonia Mehta. 2018. (Discover India Ser.). (ENG.). 64p. (J). (gr. 3-5). pap. 8.99 *(978-0-14-344091-8(8)*, Puffin) Penguin Bks. India PVT, Ltd IND. Dist: Independent Pubs. Group.
Off to Jharkhand (Discover India) Sonia Mehta. 2018. (Discover India Ser.). (ENG.). 64p. (J). (gr. 3-5). pap. 8.99 *(978-0-14-344090-1(X)*, Puffin) Penguin Bks. India PVT, Ltd IND. Dist: Independent Pubs. Group.
Off to Karnataka (Discover India) Sonia Mehta. 2017. (Discover India Ser.). (ENG.). 64p. (J). (gr. 3-5). pap. 8.99 *(978-0-14-344079-6(9)*, Puffin) Penguin Bks. India PVT, Ltd IND. Dist: Independent Pubs. Group.
Off to Kerala (Discover India) Sonia Mehta. 2017. (Discover India Ser.). (ENG.). 64p. (J). (gr. 3-5). pap. 8.99 *(978-0-14-344092-5(6)*, Puffin) Penguin Bks. India PVT, Ltd IND. Dist: Independent Pubs. Group.
Off to Klondyke: Or a Cowboy's Rush to the Gold Fields (Classic Reprint) Gordon Stables. 2018. (ENG., Illus.). 352p. (J). 31.18 *(978-0-484-24046-8(3))* Forgotten Bks.
Off to Madhya Pradesh (Discover India) Sonia Mehta. 2017. (Discover India Ser.). (ENG.). 64p. (J). (gr. 3-5). pap. 8.99 *(978-0-14-344081-9(0)*, Puffin) Penguin Bks. India PVT, Ltd IND. Dist: Independent Pubs. Group.
Off to Maharashtra (Discover India) Sonia Mehta. 2017. (Discover India Ser.). (ENG.). 64p. (J). (gr. 3-5). pap. 8.99 *(978-0-14-344078-9(0)*, Puffin) Penguin Bks. India PVT, Ltd IND. Dist: Independent Pubs. Group.
Off to Manipur (Discover India) Sonia Mehta. 2018. (Discover India Ser.). (ENG.). 64p. (J). (gr. 3-5). pap. 8.99 *(978-0-14-344095-6(0)*, Puffin) Penguin Bks. India PVT, Ltd IND. Dist: Independent Pubs. Group.
Off to Meghalaya (Discover India) Sonia Mehta. 2018. (Discover India Ser.). (ENG.). 64p. (J). (gr. 3-5). pap. 8.99 *(978-0-14-344093-2(4)*, Puffin) Penguin Bks. India PVT, Ltd IND. Dist: Independent Pubs. Group.
Off to Mizoram (Discover India) Sonia Mehta. 2018. (Discover India Ser.). (ENG.). 64p. (J). (gr. 3-5). pap. 8.99 *(978-0-14-344094-9(2)*, Puffin) Penguin Bks. India PVT, Ltd IND. Dist: Independent Pubs. Group.
Off to Nagaland (Discover India) Sonia Mehta. 2018. (Discover India Ser.). (ENG.). 64p. (J). (gr. 3-5). pap. 8.99 *(978-0-14-344096-3(9)*, Puffin) Penguin Bks. India PVT, Ltd IND. Dist: Independent Pubs. Group.
Off to Odisha (Discover India) Sonia Mehta. 2018. (Discover India Ser.). (ENG.). 64p. (J). (gr. 3-5). pap. 8.99 *(978-0-14-344098-7(5)*, Puffin) Penguin Bks. India PVT, Ltd IND. Dist: Independent Pubs. Group.
Off to Punjab (Discover India) Sonia Mehta. 2017. (Discover India Ser.). (ENG.). 64p. (J). (gr. 3-5). pap. 8.99 *(978-0-14-344083-3(7)*, Puffin) Penguin Bks. India PVT, Ltd IND. Dist: Independent Pubs. Group.
Off to Rajasthan (Discover India) Sonia Mehta. 2017. (Discover India Ser.). (ENG.). 64p. (J). (gr. 3-5). pap. 8.99 *(978-0-14-344080-2(2)*, Puffin) Penguin Bks. India PVT, Ltd IND. Dist: Independent Pubs. Group.
Off to School. Ellen Lawrence. 2018. (About Our World Ser.). (ENG.). 24p. (J). lib. bdg. 22.99 *(978-1-5105-3544-2(6))* SmartBook Media, Inc.
Off to School: The Princess Farewell. Christina Agzigian. 2023. (ENG.). 36p. (J). ***(978-0-2288-9157-4(4))***; pap. ***(978-0-2288-9156-7(6))*** Tellwell Talent.
Off to See the Sea. Nikki Grimes. Illus. by Elizabeth Zunon. 2021. (ENG.). 32p. (J). (gr. -1-3). 17.99 *(978-1-4926-3829-2(3)*, Sourcebooks Jabberwocky) Sourcebooks, Inc.
Off to Sikkim (Discover India) Sonia Mehta. 2018. (Discover India Ser.). (ENG.). 64p. (J). (gr. 3-5). pap. 8.99 *(978-0-14-344097-0(7)*, Puffin) Penguin Bks. India PVT, Ltd IND. Dist: Independent Pubs. Group.
Off to Tamil Nadu (Discover India) Sonia Mehta. 2017. (Discover India Ser.). (ENG.). 64p. (J). (gr. 3-5). pap. 8.99 *(978-0-14-344075-8(6)*, Puffin) Penguin Bks. India PVT, Ltd IND. Dist: Independent Pubs. Group.
Off to Telangana (Discover India) Sonia Mehta. 2018. (Discover India Ser.). (ENG.). 64p. (J). (gr. 3-5). pap. 8.99 *(978-0-14-344099-4(3)*, Puffin) Penguin Bks. India PVT, Ltd IND. Dist: Independent Pubs. Group.
Off to the Antipodes (Classic Reprint) Kate Crane-Gartz. 2018. (ENG., Illus.). 80p. (J). 25.55 *(978-0-484-81937-4(2))* Forgotten Bks.
Off to the Beach! Child's Play. Illus. by Cocoretto. 2017. (Tactile Bks.). 12p. (J). spiral bd. *(978-1-84643-923-0(X))* Child's Play International Ltd.
Off to the Cellar We Go! a Guide to Extreme Weather - Nature Books for Beginners Children's Nature Books. Baby Professor. 2017. (ENG., Illus.). (J). pap. 8.79 *(978-1-5419-4031-4(8)*, Baby Professor (Education Kids)) Speedy Publishing LLC.
Off to the Geysers: Or the Young Yachters in Iceland, As Recorded by Wade (Classic Reprint) C. A. Stephens. 2017. (ENG., Illus.). (J). 29.55 *(978-0-266-19461-3(3))* Forgotten Bks.
Off to the Market: A Celebration of Markets, Cooking, & Fresh Food. Alice Oehr. 2022. (ENG., Illus.). 30p. (J). (gr. k-2). 17.95 *(978-1-957363-17-2(7))* Scribe Pubns. AUS. Dist: Consortium Bk. Sales & Distribution.
Off to the Races! (Nintendo(r) Mario Kart) Random House. Illus. by Random House. 2023. (Step into Reading Ser.). (ENG., Illus.). 32p. (J). (gr. -1-1). pap. 5.99 ***(978-0-593-64822-3(6))***; lib. bdg. 14.99 ***(978-0-593-64823-0(4))*** Random Hse. Children's Bks. (Random Hse. Bks. for Young Readers).
Off to the Races!: Secretariat & the Triple Crown. Chris Bowman. Illus. by Eugene Smith. 2023. (Greatest Moments in Sports Ser.). (ENG.). (J). (gr. 3-8). pap. 8.99. lib. bdg. 29.95 Bellwether Media.
Off to the Races with Mukha the Dingo. Ray Chung. Illus. by Emily Hurst Pritchett. 2022. (ENG.). 40p. (J). (gr. k-6). 24.95 *(978-1-953021-29-8(8))*; pap. 13.95 *(978-1-953021-30-4(1))* Brandylane Pubs., Inc. (Belle Isle Bks.).
Off to Tripura (Discover India) Sonia Mehta. 2018. (Discover India Ser.). (ENG.). 64p. (J). (gr. 3-5). pap. 8.99 *(978-0-14-344101-4(9)*, Puffin) Penguin Bks. India PVT, Ltd IND. Dist: Independent Pubs. Group.
Off to Uttar Pradesh (Discover India) Sonia Mehta. 2017. (Discover India Ser.). (ENG.). 64p. (J). (gr. 3-5). pap. 8.99 *(978-0-14-344073-4(X)*, Puffin) Penguin Bks. India PVT, Ltd IND. Dist: Independent Pubs. Group.
Off to Uttarakhand (Discover India) Sonia Mehta. 2018. (Discover India Ser.). (ENG.). 64p. (J). (gr. 3-5). pap. 8.99 *(978-0-14-344100-7(0)*, Puffin) Penguin Bks. India PVT, Ltd IND. Dist: Independent Pubs. Group.
Off to West Bengal (Discover India) Sonia Mehta. 2017. (Discover India Ser.). (ENG.). 64p. (J). (gr. 3-5). pap. 8.99 *(978-0-14-344076-5(4)*, Puffin) Penguin Bks. India PVT, Ltd IND. Dist: Independent Pubs. Group.
Off to Your Next Adventure! a Travel Coloring Book. Bobo's Children Activity Books. 2016. (ENG., Illus.). (J). pap. 9.33 *(978-1-68327-712-5(0))* Sunshine In My Soul Publishing.
Off We Go to Mexico! Laurie Krebs. Illus. by Christopher Corr. ed. 2019. (SPA.). 32p. (J). (gr. -1-5). pap. 7.99 ***(978-1-64686-119-4(1))*** Barefoot Bks., Inc.
Off-White. Kenny Abdo. 2022. (Hype Brands Ser.). (ENG., Illus.). 24p. (J). (gr. 2-8). lib. bdg. 31.36 *(978-1-0982-2855-2(3)*, 39989, Abdo Zoom-Fly) ABDO Publishing Co.
Off with Their Heads! Martin Oliver. Illus. by Andrew Pinder. 2017. (Buster Reference Ser.). (ENG.). 128p. (J). (gr. 3-7). pap. 8.99 *(978-1-78055-465-5(6))* O'Mara, Michael Bks., Ltd. GBR. Dist: Independent Pubs. Group.
Offbeat, 1 vol. Megan Clendenan. 2018. (Orca Limelights Ser.). (ENG.). 144p. (J). (gr. 4-7). pap. 9.95 *(978-1-4598-1792-0(3))* Orca Bk. Pubs. USA.
Offbeat Sports. Jon Marthaler. 2017. (Wild World of Sports Ser.). (ENG., Illus.). 48p. (J). (gr. 3-6). lib. bdg. 34.21 *(978-1-5321-1366-6(8)*, 27664, SportsZone) ABDO Publishing Co.
Offenbarungsbüchlein: Gedanken Über Die Heilige Offenbarung Aus Schriften Verschiedener Männer Gottes Zum Gebrauch Derer, Die Jesu Erscheinung Lieb Haben (Classic Reprint) Unknown Author. 2018. (GER., Illus.). (J). 340p. 30.91 *(978-0-364-32604-6(2))*; 342p. pap. 13.57 *(978-0-267-91832-4(1))* Forgotten Bks.
Offensive Foul. David H. Hendrickson. 2018. (Rabbit Labelle Ser.: Vol. 2). (ENG., Illus.). 246p. (YA). 24.99 *(978-1-948134-04-0(7))* Pentucket Publishing.
Offering: A Christmas & New Year's Present (Classic Reprint) Unknown Author. (ENG., Illus.). (J). 2018. 316p. 30.41 *(978-0-484-57641-3(0))*; 2016. pap. 13.57 *(978-1-333-57022-4(8))* Forgotten Bks.
Offering to Beauty: A Present for All Seasons (Classic Reprint) Amelia W. Lawrence. 2018. (ENG., Illus.). 368p. (J). 31.45 *(978-0-484-01871-5(0))* Forgotten Bks.
Office: a Day at Dunder Mifflin Elementary. Robb Pearlman. Illus. by Melanie Demmer. 2020. (ENG.). 40p. (J). (gr. -1-3). 17.99 *(978-0-316-42838-5(8))* Little, Brown Bks. for Young Readers.
Office: Counting with Office Supplies! (Funko Pop!) Malcolm Shealy. Illus. by Meg Dunn. 2022. (Little Golden Book Ser.). 24p. (J). (-k). 5.99 *(978-0-593-48295-7(6)*, Golden Bks.) Random Hse. Children's Bks.
Office Mad Libs: World's Greatest Word Game. Brian Elling & Alexandra L. Wolfe. 2021. (Mad Libs Ser.). (ENG.). 48p. (J). (gr. 3-7). pap. 5.99 *(978-0-593-22675-9(5)*, Mad Libs) Penguin Young Readers Group.
Office of the President. Karen Latchana Kenney. 2022. (U. S. Government: Need to Know Ser.). (ENG., Illus.). 32p. (J). (gr. 5-7). lib. bdg. 28.50 *(978-1-63691-600-2(7)*, 18667, SilverTip Books) Bearport Publishing Co., Inc.
Office of the President. Simon Rose. 2016. (J). *(978-1-5105-2247-3(6))* SmartBook Media, Inc.
Officer 666 (Classic Reprint) Barton Wood Currie. 2017. (ENG., Illus.). (J). 324p. 30.58 *(978-0-484-60259-4(4))*; pap. 13.57 *(978-0-243-40570-1(7))* Forgotten Bks.

1498 The check digit for ISBN-10 appears in parentheses after the full ISBN-13

Officer, Artist, & Miner (Classic Reprint) Unknown Author. 2018. (ENG., Illus.). 76p. (J). 25.46 *(978-0-483-19669-8(X))* Forgotten Bks.

Officer Clawsome: Lobster Cop. Brian "Smitty" Smith. Illus. by Chris Giarrusso. 2023. (Officer Clawsome Ser.: 1). (ENG.). 240p. (J). (gr. 3-7). 12.99 *(978-0-06-313636-6(8)*, HarperAlley) HarperCollins Pubs.

Officer Jack - Book 1 - Lost Lady. James Burd Brewster. Illus. by Mary Barrows. 2016. (ENG.). (J). (gr. k-3). 14.99 *(978-1-941927-42-7(4))* J2B Publishing LLC.

Officer Jack - Book 2 - Underwater. James Burd Brewster. Illus. by Mary Barrows. 2016. (Officer Jack Ser.: Vol. 2). (ENG.). (J). (gr. k-3). 19.99 *(978-1-941927-40-3(8))* J2B Publishing LLC.

Officer Jack - Book 2 - Underwater. James Burd Brewster & Mary Barrows. 2016. (ENG., Illus.). (J). pap. 11.49 *(978-1-941927-39-7(4))* J2B Publishing LLC.

Officer Jack - Book 3 - Rapid Response. James Burd Brewster. Illus. by Mary Barrows. 2016. (ENG.). (J). pap. 11.49 *(978-1-941927-43-4(2))*; (Officer Jack Ser.: Vol. 3). 19.99 *(978-1-941927-44-1(0))* J2B Publishing LLC.

Officer Jack - Book 4 - Stolen Puppy. James Burd Brewster. Illus. by Mary Barrows. 2016. (ENG.). (J). pap. 9.99 *(978-1-941927-46-5(7))*; (Officer Jack Ser.: Vol. 4). (gr. 3-6). 18.99 *(978-1-941927-47-2(5))* J2B Publishing LLC.

Officer Jack - Book 5 - Baby's Breath. James Burd Brewster. Illus. by Mary Barrows. 2022. (Officer Jack Ser.). (ENG.). 38p. (J). pap. 10.00 *(978-1-954682-14-6(X))* J2B Publishing LLC.

Officer Katz & Houndini: A Tale of Two Tails. Maria Gianferrari. Illus. by Danny Chatzikonstantinou. 2016. (ENG.). 32p. (J). (gr. -1-2). 17.99 *(978-1-4814-2265-9(0)*, Aladdin) Simon & Schuster Children's Publishing.

Officer M. N. O. P. & Me: How Police Officers Serve the Community on & off Duty. Mony Nop. Ed. by Tammy Barley. Illus. by Christina Sanchez. 2018. (ENG.). 104p. (J). pap. 23.95 *(978-0-9997918-0-6(X))* Nop, Mony Publishing.

Officer Woof! Woof! Police Dogs Book for Kids Children's Dog Books. Pets Unchained. 2017. (ENG., Illus.). 64p. (J). pap. 9.52 *(978-1-5419-1621-0(2))* Speedy Publishing LLC.

Officer's Daughter, or a Visit to Ireland in 1790, Vol. 1 Of 4: By the Daughter of a Captain in the Navy, Deceased (Classic Reprint) Miss Walsh. (ENG., Illus.). (J). 2018. 246p. 28.99 *(978-0-267-37730-5(4))*; 2016. pap. 11.57 *(978-1-334-09172-8(2))* Forgotten Bks.

Officer's Daughter, or a Visit to Ireland in 1790, Vol. 2 of 4 (Classic Reprint) Walsh Walsh. (ENG., Illus.). (J). 2018. 258p. 29.22 *(978-0-483-92041-5(X))*; 2016. pap. 11.57 *(978-1-334-18391-1(0))* Forgotten Bks.

Officer's Daughter, or a Visit to Ireland in 1790, Vol. 3 Of 4: By the Daughter of a Captain in the Navy, Deceased (Classic Reprint) Unknown Author. (ENG., Illus.). (J). 2018. 216p. 28.35 *(978-0-267-38161-6(1))*; 2016. pap. 10.97 *(978-1-334-15413-3(9))* Forgotten Bks.

Officer's Daughter, or a Visit to Ireland in 1790, Vol. 4 of 4 (Classic Reprint) Unknown Author. (ENG., Illus.). (J). 2018. 260p. 29.28 *(978-0-267-39209-4(5))*; 2016. pap. 11.97 *(978-1-334-13698-6(X))* Forgotten Bks.

Official Chaperon (Classic Reprint) Natalie Sumner Lincoln. 2018. (ENG., Illus.). 348p. (J). 31.09 *(978-0-332-95463-9(3))* Forgotten Bks.

Official Chase 'N Yur Face Cookbook: Tasty Recipes & Fun Facts to Start Your Food Adventure. Chase Bailey. 2016. (ENG., Illus.). 188p. (gr. 8-17). pap. 24.95 *(978-0-692-75585-3(3)*, Greenleaf Book Group Pr.) Greenleaf Book Group.

Official Daniel Tiger Cookbook: 45 Grr-Ific Recipes. Rebecca Woods & Amazing15. 2022. (ENG., Illus.). 128p. (J). 21.99 *(978-1-5248-7611-1(9))* Andrews McMeel Publishing.

Official Doodle Boy Coloring Book. Joe Whale. 2021. (Dover Design Coloring Bks.). (ENG.). 96p. (J). (gr. -1-4). pap. 9.99 *(978-0-486-84900-3(7)*, 849007) Dover Pubns., Inc.

Official First Contact - Coloring Book of the P'nti & the Blended. Jeff Demmers. 2020. (ENG.). 30p. (YA). pap. 7.45 *(978-1-0879-0986-8(4))* Indy Pub.

Official First Contact Coloring Book of the P'nti & Star Nation Beings. Jeff Demmers. 2020. (ENG.). 36p. (YA). pap. 9.98 *(978-1-0879-0387-3(4))* Indy Pub.

Official Five Nights at Freddy's Cookbook: an AFK Book. Scott Cawthon & Rob Morris. 2023. (Five Nights at Freddy's Ser.). (ENG., Illus.). 128p. (YA). (gr. 7). 19.99 ***(978-1-338-85129-8(2))*** Scholastic, Inc.

Official Friends Coloring Book (Media Tie-In) The One with 100 Images to Color! Illus. by Keiron Ward. ed. 2021.Tr. of (Media Tie-In). (ENG.). 96p. (J). (gr. k-2). pap. 15.99 *(978-1-338-79090-0(0))* Scholastic, Inc.

Official Friends Quiz & Fill-In Book! (Media Tie-in) Sam Levitz. ed. 2022. (ENG.). 112p. (J). (gr. 3-3). pap. 12.99 *(978-1-338-79999-6(1))* Scholastic, Inc.

Official Guide to Legendary & Mythical Pokemon. Simcha Whitehill. ed. 2016. lib. bdg. 18.40 *(978-0-606-39551-9(2))* Turtleback.

Official Handbook (Feisty Pets), 1 vol. Text by Howie Dewin. 2019. (Feisty Pets Ser.). (ENG., Illus.). 96p. (J). (gr. 2-5). pap. 7.99 *(978-1-338-35860-5(X))* Scholastic, Inc.

Official Handbook of the Marvel Universe: Deluxe Edition Omnibus. Mark Gruenwald & Marvel Various. Illus. by Marvel Various & Todd McFarlane. 2021. 1392p. (gr. 4-17). 150.00 *(978-1-302-92364-8(1)*, Marvel Universe) Marvel Worldwide, Inc.

Official Harry Potter Baking Book: 40+ Recipes Inspired by the Films. Joanna Farrow. 2021. (ENG., Illus.). 128p. (J). (gr. 5-5). 19.99 *(978-1-338-28526-0(2))* Scholastic, Inc.

Official Harry Potter Cookbook: 40+ Recipes Inspired by the Films. Joanna Farrow. 2023. (ENG.). 128p. (J). (gr. 3). 19.99 ***(978-1-338-89307-6(6))*** Scholastic, Inc.

Official Heartstopper Coloring Book. Alice Oseman. 2022. (Heartstopper Ser.). (ENG.). 96p. (YA). (gr. 9). pap. 15.99 *(978-1-338-85390-2(2)*, Graphix) Scholastic, Inc.

Official Pokémon Sticker Book of the Galar Region. Created by Pikachu Pikachu Press. 2020. (ENG.). 148p. (J). 12.99 *(978-1-60438-208-2(2))* Pokemon, USA, Inc.

Official Report of the Nature-Study Exhibition & Conferences: Held in the Royal Botanic Society's Gardens, Regent's Park, London, July 23rd to August 5th, 1902 (Classic Reprint) Nature-Study Exhibition. 2017. (ENG., Illus.). (J). pap. 13.57 *(978-0-243-16496-7(3))* Forgotten Bks.

Official Report of the Trial of John o'Neil for the Murder of Hattie Evelyn Mccloud, in the Superior Court of Massachusetts: From Notes of the Official Stenographers (Classic Reprint) Massachusetts. Attorney Office. 2018. (ENG., Illus.). 750p. (J). 39.37 *(978-0-267-73595-2(2))* Forgotten Bks.

Official Report of the Trial of John o'Neil for the Murder of Hattie Evelyn Mccloud, in the Superior Court of Massachusetts: From Notes of the Official Stenographers (Classic Reprint) Massachusetts Attorney 'S Office. 2017. (ENG., Illus.). (J). pap. 23.57 *(978-0-259-19631-0(2))* Forgotten Bks.

Official Report of the Trial of Sarah Jane Robinson: For the Murder of Prince Arthur Freeman, in the Supreme Judicial Court of Massachusetts (Classic Reprint) James Manning Winchell Yerrinton. 2017. (ENG., Illus.). (J). 33.65 *(978-0-331-07311-9(0))*; pap. 16.57 *(978-0-260-25627-0(7))* Forgotten Bks.

Official Sassafras SCIDAT Logbook: Geology Edition. Paige Hudson. 2017. (J). pap. 15.99 *(978-1-935614-56-2(8))* Elemental Science Inc.

Official Tickler: A Just Imagine Children's Story. Mary M. Cushnie-Mansour. 2017. (ENG., Illus.). 26p. (J). pap. *(978-1-927899-84-7(2))* Cavern of Dreams Publishing Hse.

Officially Deniable. Peter Mason & Zoë. 2020. (ENG.). 262p. (YA). 32.28 *(978-1-716-70272-3(0))* Lulu Pr., Inc.

officina Del Basso Elettrico - Impara a Fare Setup, Modifiche e Riparazioni Al Tuo Strumento. Igor Sardi. 2022. (ITA.). 35p. pap. *(978-1-387-93122-4(9))* Lulu Pr., Inc.

Officios en Mi Vecindario see Jobs Around My Neighborhood

Offside. David H. Hendrickson. 2018. (ENG., Illus.). 240p. (YA). 24.99 *(978-1-948134-03-3(9))*; pap. 12.99 *(978-1-948134-05-7(5))* Pentucket Publishing.

Oficial Jack - Libro 2 - Bajo el Agua. James Burd Brewster. Tr. by Rachel Brewster. Illus. by Mary Barrows. 2023. (Oficial Jack Ser.: Vol. 2). (SPA.). 34p. (J). pap. 12.00 ***(978-1-954682-44-3(1))*** J2B Publishing LLC.

Oficial Jack - Libro #2 - Dama Perdida. James Burd Brewster. Tr. by Rachel Brewster. Illus. by Mary Barrows. 2023. (Oficial Jack Ser.: Vol. 1). (ENG.). 36p. (J). pap. 12.00 ***(978-1-954682-48-1(4))*** J2B Publishing LLC.

Oficina de Objetos Perdidos. James R. Hannibal. 2018. (Sección 13 Ser.). (SPA.). 350p. (J). (gr. 4-7). pap. 19.95 *(978-987-4163-10-3(0))* Lectura Colaborativa ARG. Dist: Independent Pubs. Group.

Ofiucus Asciende. Romina Russell. 2019. (Zodíaco Ser.). (SPA.). 368p. (YA). (gr. 7). pap. 19.99 *(978-987-609-698-0(2))* Editorial de Nuevo Extremo S.A. ARG. Dist: Independent Pubs. Group.

O'Flynn: A Novel (Classic Reprint) Justin H. McCarthy. 2018. (ENG., Illus.). 324p. (J). 30.58 *(978-0-656-95072-0(2))* Forgotten Bks.

Ofrenda for Perro. Judith Valdés B. Illus. by Carlos Vélez Aguilera. 2023. (ENG.). 32p. (J). (gr. -1-3). 18.99 ***(978-1-4998-1387-6(2))*** Little Bee Books Inc.

Ofrio, the Sea Otter (Environmental Series) Estrella C. Baldonado & Orlino C. Baldonado. Illus. by Bill Q. Alisdan. 2020. (Ofrio, the Sea Otter Ser.: Vol. 3). (ENG.). 30p. (J). pap. 9.99 *(978-1-948623-56-8(0))* ecEmedia, a Div. of The EC Corp.

Oft-Told Tales of Lincoln (Classic Reprint) Mollie C. Winchester. 2017. (ENG., Illus.). (J). 27.90 *(978-0-331-34008-2(9))*; pap. 10.57 *(978-0-259-53825-7(6))* Forgotten Bks.

Oft Told Tales Retold (Classic Reprint) Martha Young Salyer. 2018. (ENG., Illus.). 48p. (J). 24.89 *(978-0-364-67347-8(8))* Forgotten Bks.

Often Wrong Volume 1. Farel Dalrymple. 2019. (ENG., Illus.). 360p. (YA). pap. 29.99 *(978-1-5343-1352-1(4)*, d7c13ab2-a21d-4615-8713-4af1277a934c) Image Comics.

Og Son of Fire (Classic Reprint) Irving Crump. 2017. (ENG., Illus.). (J). 28.64 *(978-0-266-38527-1(3))* Forgotten Bks.

Ogd: A Mostly Random & Profoundly Nonsensical Enquiry into the Nature of Apocalypse, Cartography, Education, Hairstyling, Interdimensional Travel, Intertemporal Travel, Mathematics, Monarchy, Philosophy, Physics, Poetry, Publishing, Religion & Toenails. Anushka Ravishankar. 2020. (ENG., Illus.). 104p. (J). (gr. 4-7). 12.99 *(978-0-14-345090-0(5))* Penguin Bks. India PVT, Ltd IND. Dist: Independent Pubs. Group.

Oggie Doggie Tails of Saving the World. Janna Lea Wuest. Illus. by Amber Parker. 2019. (ENG.). 36p. (J). pap. 12.75 *(978-1-7923-1617-3(8))* Independent Pub.

Oggie's Adventure to the Sea. Kimberly K. Horg. 2018. (ENG., Illus.). 20p. (J). pap. 12.99 *(978-1-4834-8356-6(8))* Lulu Pr., Inc.

Ogilvy. Deborah Underwood. Illus. by T. L. McBeth. 2019. (ENG.). 40p. (J). 18.99 *(978-1-250-15176-6(7)*, 900183400, Holt, Henry & Co. Bks. For Young Readers) Holt, Henry & Co.

Ognib's Quest for Acceptance. Crisanna Lin. 2019. (ENG., Illus.). 32p. (J). 22.95 *(978-1-64471-498-0(1))*; pap. 13.95 *(978-1-64471-497-3(3))* Covenant Bks.

Ogopogo - the Great Beast of Okanagan Lake in British Columbia Mythology for Kids True Canadian Mythology, Legends & Folklore. Professor Beaver. 2021. (ENG.). 74p. (J). 24.99 *(978-0-2282-3611-5(8))*; pap. 14.99 *(978-0-2282-3576-7(6))* Speedy Publishing LLC. (Professor Beaver).

Ogowe Band. Joseph H. (Joseph Hankinson) Reading. 2017. (ENG.). 432p. (J). pap. *(978-3-7447-5107-0(4))* Creation Pubs.

Ogowe Band: A Narrative of African Travel (Classic Reprint) Joseph H. Reading. 2018. (ENG., Illus.). 430p. (J). 32.77 *(978-0-484-56359-8(9))* Forgotten Bks.

Ogre Enchanted. Gail Carson Levine. 2018. (ENG., Illus.). 352p. (J). (gr. 3-7). 17.99 *(978-0-06-256121-3(9)*, HarperCollins) HarperCollins Pubs.

Ogre Who Ate Round Things. Elia Dennis. 2020. (ENG.). 30p. (J). pap. *(978-1-5289-2340-8(5))* Austin Macauley Pubs. Ltd.

Ogres: Fairy Tale Creatures. Emma Huddleston. 2021. (Fairy Tale Creatures Ser.). (ENG., Illus.). 32p. (J). (gr. 2-3). pap. 9.95 *(978-1-63739-013-9(0))*; lib. bdg. 31.35 *(978-1-63739-006-1(8))* North Star Editions. (Focus Readers).

Ogres & Giants: With Augmented Reality. Illus. by Glenda Sburelin. 2017. (ENG.). 48p. (J). 8.99 *(978-1-910596-98-2(1)*, 07196970-18d2-4398-9e3b-7f994304106e) Design Media Publishing Ltd. HKG. Dist: Baker & Taylor Publisher Services (BTPS).

Ogre's Arm: Told in English (Classic Reprint) T. H. James. 2017. (ENG., Illus.). (J). 24.37 *(978-0-266-98168-8(2))* Forgotten Bks.

Ogre's Arm (Classic Reprint) T. H. James. 2016. (ENG., Illus.). (J). pap. 7.97 *(978-1-333-64106-1(0))* Forgotten Bks.

Ogres Do Disco. Kirsty McKay. Illus. by Chris Judge. 2016. (ENG.). 160p. (J). (gr. 2-4). 9.99 *(978-1-78344-296-6(4))* Andersen Pr. GBR. Dist: Independent Pubs. Group.

Ogress & the Orphans. Kelly Barnhill. (ENG.). 2023. 416p. (gr. 6-8). 28.69 ***(978-1-5364-8190-7(4))***; 2022. 400p. (J). (gr. 5-13). 19.95 *(978-1-64375-074-3(7)*, 74074) Algonquin Young Readers.

Ogress & the Orphans. Kelly Barnhill. l.t. ed. 2022. (ENG.). lib. bdg. 22.99 Cengage Gale.

Og's Ark. Allison Marks & Wayne Marks. Illus. by Martina Peluso. 2016. (ENG.). 32p. (J). (gr. -1-3). 17.99 *(978-1-4677-6149-9(4)*, 2b0d9617-d05e-45c2-82e3-1faaa703679e, Kar-Ben Publishing) Lerner Publishing Group.

Og's Great Adventure. Judy Garland Burst. Ed. by Richard Otto Burst, Jr. Illus. by Ruston Oscar Burst. 2021. (ENG.). 58p. (J). 22.99 *(978-1-716-23126-1(4))* Lulu Pr., Inc.

Og's Great Adventure. Judy Garland Burst. Illus. by Ruston Oscar Burst. 2021. (ENG.). 57p. (J). pap. *(978-1-716-84357-0(X))* Lulu Pr., Inc.

Ogurt Shop... a Tale of Two Villages. Kristin Greene. 2018. (ENG.). 38p. (J). 14.95 *(978-1-68401-609-9(6))* Amplify Publishing Group.

Ogzilla. Greg. 2016. (ENG., Illus.). (J). pap. 10.95 *(978-1-5127-5238-0(X)*, WestBow Pr.) Author Solutions, LLC.

Oh Allie Mcnally, What Do You Dream of at Night. Jeff Whitener. 2021. (ENG.). 24p. (J). pap. 10.86 *(978-1-6678-0230-5(5))* BookBaby.

Oh, Allie Mcnally, What Do You Dream of at Night? Jeff Whitener. 2022. (ENG.). 24p. (J). 24.00 *(978-1-6678-1928-0(3))* BookBaby.

Oh! Animals. Kathleen Corrigan. 2023. (Decoables - Search for Sounds Ser.). (ENG.). 16p. (J). (gr. k-k). 27.93 ***(978-1-68450-720-7(0))***; pap. 11.93 ***(978-1-68404-866-3(4))*** Norwood Hse. Pr.

Oh, Armadillo! This Party's All Wrong! Ellie Irving. Illus. by Robert Starling. 2023. (ENG.). 32p. (J). (gr. -1-1). ***(978-0-7112-7696-3(X))*** White Lion Publishing.

Oh, Beautiful Camping Site: Camping Book for Kids with Beautiful Illustrations. Stunning Nature Featuring RVs, Lakes, Waterfalls, Fishing, Hiking, Swimming, & All Other Fun Camping Activities. Steve Herman. 2017. (ENG., Illus.). (J). pap. 14.95 *(978-1-948040-03-7(4)*, DG Bks. Publishing) Digital Golden Solutions LLC.

Oh Bella! Yellow Band. Lauri Kubuitsile. Illus. by Steve Brown. ed. 2016. (Cambridge Reading Adventures Ser.). (ENG.). 15p. pap. 7.95 *(978-1-107-55070-4(X))* Cambridge Univ. Pr.

Oh Boy. Chiquanda Tillie. 2018. (ENG., Illus.). 64p. (J). pap. 7.00 *(978-0-9990536-3-8(9))* Tickle Me Purple, LLC.

Oh Brother! Sharon Villapiano. Illus. by John Gowdy & Laura Cimador Gowdy. 2021. (ENG.). 30p. (J). 26.95 *(978-1-6657-0739-8(9))*; pap. 13.95 *(978-1-6657-0737-4(2))* Archway Publishing.

Oh, Brother! Natasha Bouchard. ed. 2020. (Step into Reading Ser.). (ENG.). 24p. (J). (gr. 2-3). 14.96 *(978-1-64697-179-4(5))* Penworthy Co., LLC, The.

Oh Brother. Sonya Spreen Bates. 2nd ed. 2023. (Orca Currents Ser.). (ENG.). 144p. (J). (gr. 4-7). pap. 10.95 *(978-1-4598-3705-8(3))* Orca Bk. Pubs. USA.

Oh, Brother! (Disney/Pixar Onward) RH Disney. Illus. by RH Disney. 2020. (Step into Reading Ser.). (ENG., Illus.). 24p. (J). (gr. -1-1). 5.99 *(978-0-7364-3949-7(8)*, RH/Disney) Random Hse. Children's Bks.

Oh, Brother! (Emily's Adventure) Rosanna Gartley. 2017. (ENG., Illus.). 70p. (J). (gr. 3-6). pap. 11.95 *(978-1-59095-399-0(1)*, ExamWise) Total Recall Learning, Inc.

Oh, Canada! A Medley of Stories, Verse, Pictures, & Music Contributed by Members of the Canadian Expeditionary Force (Classic Reprint) Canadian Army. (ENG., Illus.). (J). 2017. 26.87 *(978-0-331-43393-7(1))*; 2016. pap. 9.57 *(978-1-333-42245-5(8))* Forgotten Bks.

Oh! Christina (Classic Reprint) J. J. Bell. 2018. (ENG., Illus.). 170p. (J). 27.42 *(978-0-666-01249-4(0))* Forgotten Bks.

Oh, Christmas. Sam Beeson. Illus. by Emily Pritchett. 2019. (ENG.). 32p. (J). bds. 15.99 *(978-1-4621-2261-5(2))* Cedar Fort, Inc./CFI Distribution.

¡Oh, Cúan Lejos Llegarás! (Oh, the Places You'll Go! Spanish Edition) Seuss. 2019. (Classic Seuss Ser.). (SPA., Illus.). 56p. (J). (gr. 2-12). 18.99 *(978-0-525-70733-2(6)*, Random Hse. Bks. for Young Readers) Random Hse. Children's Bks.

Oh Dear! A Farm Lift-The-Flap Book. Rod Campbell. Illus. by Rod Campbell. 2019. (Dear Zoo & Friends Ser.). (ENG., Illus.). 18p. (J). (— 1). bds. 7.99 *(978-1-5344-4319-8(3)*, Little Simon) Little Simon.

Oh Dear Child. Disha Bonner. Illus. by Naya Kirichenko. 2022. (ENG.). 54p. (J). pap. 11.99 *(978-0-578-26570-4(2))* Amazon Kindle Direct Publishing.

Oh Deer! a Fruitineys Winter Adventure. Martin Dear. 2018. (ENG., Illus.). 34p. (J). pap. *(978-0-244-71776-6(1))* Lulu Pr., Inc.

Oh Deer! & Other Surprising Animal Poses Coloring Book. Bobo's Children Activity Books. 2016. (ENG., Illus.). (J). pap. 9.33 *(978-1-68327-683-8(3))* Sunshine In My Soul Publishing.

Oh Deer! Yes Dear. Allen Banasiak. 2021. 30p. (J). 27.99 *(978-1-6678-0330-2(1))* BookBaby.

Oh, Doctor: Characters (Classic Reprint) Harry L. Newton. 2017. (ENG., Illus.). 26p. (J). 24.45 *(978-0-332-34185-9(2))* Forgotten Bks.

Oh, Fae. John Westbrook. 2022. (Crossover Ser.: Vol. 2). (ENG.). 326p. (YA). pap. *(978-1-914965-43-2(4))* Mirador Publishing.

Oh Fiona! Rebecca Reich. Illus. by Floyd Ryan Yamyamin. 2022. (ENG.). 56p. (J). *(978-0-2288-5614-6(0))*; pap. *(978-0-2288-5613-9(2))* Tellwell Talent.

Oh God, Please Fix This Mess! Tammy Eastman. 2018. (ENG., Illus.). 30p. (J). 22.95 *(978-1-64300-380-1(1))*; pap. 12.95 *(978-1-64300-378-8(X))* Covenant Bks.

Oh God, Where Are You? Michael Resman. Illus. by Emer Fahy. 2018. (Whispers of the Holy Spirit Ser.: Vol. 4). (ENG.). 40p. (J). pap. *(978-976-8273-04-8(6))* Producciones de la Hamaca.

Oh Golly, Miss Trolley! Hailie Johnson. Illus. by Pawel Gierlinski. 2023. (ENG.). 24p. (J). 19.99 ***(978-1-64538-485-4(3))***; pap. 14.99 ***(978-1-64538-486-1(1))*** Orange Hat Publishing.

Oh Grandma Where Did You Go? Stuart James McKee. 2022. (ENG.). 30p. (J). pap. *(978-0-2288-7679-3(6))* Tellwell Talent.

Oh Havana! Hamidah S. Sharif-Harris. 2017. (ENG., Illus.). (J). (gr. k-5). pap. 15.95 *(978-1-64136-134-7(4))* Little Buzz Bk. Club.

Oh Holy Night - Santa la Noche - Cantique de Noel: English, Spanish & French Christmas Children's Book. Ekaette Shammah. 2016. (ENG., Illus.). (J). pap. 9.99 *(978-0-9971485-2-7(7))* Set on a Hill.

Oh, How I Hate Snakes! Henrietta M. Gilreath-Miller. 2020. (ENG., Illus.). 20p. (J). 22.95 *(978-1-64531-917-7(2))* Newman Springs Publishing, Inc.

Oh! How I Love Rainbows Coloring Book. Smarter Activity Books for Kids. 2016. (ENG., Illus.). (J). pap. 9.22 *(978-1-68374-378-1(4))* Examined Solutions PTE. Ltd.

Oh How I Wonder. Marquise Elder. 2018. (ENG., Illus.). 32p. (J). pap. *(978-1-387-66747-5(5))* Lulu Pr., Inc.

Oh! How We Love You Coloring Book. Activity Attic Books. 2016. (ENG., Illus.). (J). pap. 7.74 *(978-1-68323-784-6(6))* Twin Flame Productions.

Oh! I Forgot to Tell You. Mary Moss. 2018. (ENG., Illus.). 24p. (J). pap. 12.99 *(978-1-948738-42-2(2))* Legaia Bks. USA.

Oh, I Wish I Were a Turtle. Sally Kolumbus. Illus. by Chad Thompson. 2023. (ENG.). 20p. (J). ***(978-1-0391-2178-2(0))***; pap. ***(978-1-0391-2177-5(2))*** FriesenPress.

Oh, Ick! 117 Science Experiments Guaranteed to Gross Out! Joy Masoff. 2016. lib. bdg. 26.90 *(978-0-606-38003-4(5))* Turtleback.

Oh Kate ! Ruth H. Finnegan. 2022. (Picture Bks.: Vol. 3). (ENG.). 30p. (J). pap. 9.99 *(978-1-7398937-3-6(5))* Lulu Pr., Inc.

Oh Lilly, Lilly! You Are So Silly! Rose Hostetler. 2018. (ENG.). 38p. (J). 16.95 *(978-1-68401-824-6(2))* Amplify Publishing Group.

Oh Little Garden Girl. Jaliea Thomas. 2019. (ENG.). 40p. (J). pap. 14.95 *(978-1-64424-101-1(3))* Page Publishing Inc.

Oh, Little Ham of Buffalo: A Korean Adoption Memoir. Joanna H. Kraus. 2019. (ENG., Illus.). 70p. (YA). pap. 10.99 *(978-1-61225-429-6(2))* Mirror Publishing.

Oh, lo Que Puedo Ser Cuando Me Veo. Valerie J. Lewis Coleman. Tr. by Natalia Sepúlveda. Illus. by Natasza Remesz. 2020. (SPA.). 34p. (J). pap. 14.95 *(978-0-9786066-9-5(8))* Pen of the Writer, LLC.

Oh Look, a Cake! J. C. McKee. Illus. by J. C. McKee. 2021. (ENG., Illus.). 40p. (J). (gr. -1-3). 18.99 *(978-0-358-38030-6(8)*, 1786436, Clarion Bks.) HarperCollins Pubs.

Oh, Maccabees! a Hanukkah Coloring Book. Activity Book Zone for Kids. 2016. (ENG., Illus.). (J). pap. 9.20 *(978-1-68376-369-7(6))* Sabeels Publishing.

Oh, Man! A Bully Collection of Those Inimitable Human Cartoons (Classic Reprint) Clare A. Briggs. (ENG., Illus.). (J). 2018. 126p. pap. 9.57 *(978-1-391-60282-0(X))*; 2017. 26.50 *(978-0-266-54920-8(9))*; 2017. pap. 9.57 *(978-0-282-77909-2(4))* Forgotten Bks.

Oh, Mari! Cynthia Cordero. Illus. by Anna Ilina. 2018. (ENG.). 32p. (J). pap. 12.00 *(978-0-9998853-0-7(8))* CC Conglomerate LLC.

Oh, Mary, Be Careful! (Classic Reprint) George Weston. (ENG., Illus.). (J). 2017. 27.94 *(978-0-260-68097-6(4))*; 2016. pap. 10.57 *(978-1-334-14091-4(X))* Forgotten Bks.

Oh, Milly! Roberto Rabaiotti. 2018. (ENG., Illus.). 98p. (J). pap. *(978-1-78623-342-4(8))* Grosvenor Hse. Publishing Ltd.

Oh, Money! Money: A Novel (Classic Reprint) Eleanor H. Porter. 2018. (ENG., Illus.). 348p. (J). 31.07 *(978-0-666-54160-4(4))* Forgotten Bks.

Oh, Money! Money! A Novel (Classic Reprint) Eleanor Hodgman Porter. (ENG., Illus.). (J). 2018. 356p. 31.24 *(978-0-364-01407-3(5))*; 2017. pap. 13.57 *(978-0-243-51381-9(X))* Forgotten Bks.

Oh, Monkey. Mary ANn Burrows. 2019. (ENG.). 46p. (YA). *(978-1-5255-5901-3(X))*; pap. *(978-1-5255-5902-0(8))* FriesenPress.

Oh, Mr. Bidgood! A Nautical Comedy (Classic Reprint) Peter Blundell. (ENG., Illus.). (J). 2018. 364p. 31.40 *(978-0-483-61353-9(3))*; 2017. pap. 13.97 *(978-0-243-28811-3(5))* Forgotten Bks.

Oh Mummy, Why Can't We Go Out & Play? Tony McGeever. l.t. ed. 2021. (ENG., Illus.). 30p. (J). pap. *(978-1-914195-10-5(8))* UK Bk. Publishing.

Oh My God, Stacy! a Totally 80's High School Party Game - for 3-12 Players, Ages 14+ - Find Your Clique & Race to Be the Coolest in School - Rad Card Game with Retro 80's Vibe. Greg Schram. 2019. (ENG., Illus.). 160p. 19.95 *(978-1-4521-7104-3(1))* Chronicle Bks. LLC.

Oh My Gods! 2: The Forgotten Maze Graphic Novel. Stephanie Cooke. Illus. by Juliana Moon. 2022. (OMGs Ser.). (ENG.). 208p. (J). (gr. 3-7). 24.99 *(978-0-358-29953-0(5)*, 1776008); pap. 12.99 *(978-0-358-29954-7(3)*, 1776009) HarperCollins Pubs. (Clarion Bks.).

Oh My Gods! Graphic Novel. Stephanie Cooke. Illus. by Juliana Moon. 2021. (OMGs Ser.). (ENG.). 208p. (J). (gr. 3-7). 24.99 *(978-0-358-29951-6(9)*, 1776006); pap. 12.99

For book reviews, descriptive annotations, tables of contents, cover images, author biographies & additional information, updated daily, subscribe to **www.booksinprint.com**

(978-0-358-29952-3(7), 1776007) HarperCollins Pubs. (Clarion Bks.).

Oh My! Lions, Tigers, & Bears at the Zoo Coloring Book. Activity Book Zone for Kids. 2016. (ENG., Illus.). (J). pap. 9.20 (978-1-68376-368-0(8)) Sabeels Publishing.

Oh, My Little Squirrel. Julie Bill. 2021. (ENG.). 74p. (J). 26.95 (978-1-63814-201-0(7)); pap. 16.95 (978-1-63814-200-3(9)) Covenant Bks.

Oh My, Oh Me! Where Is My Buzz, Buzz, Bee? Paula Panagouleas Miller. 2020. (ENG.). 26p. (J). 22.95. pap. 13.95 (978-1-9822-4127-8(6)) Author Solutions, LLC. (Balboa Pr.).

Oh My Oh My Oh Dinosaurs! A Book of Opposites. Sandra Boynton. Illus. by Sandra Boynton. 2023. (Boynton on Board Ser.). (ENG., Illus.). 24p. (J). (gr. -1-k). bds., bds. 7.99 (978-1-6659-2504-4(3)) Simon & Schuster Children's Publishing.

Oh My Stars! Lewisteen Andrews. 2019. (ENG.). 42p. (J). pap. 9.95 (978-0-9988045-8-3(4)) Badgley Publishing Co.

Oh, My What a Dream. Aleta Snowden. 2021. (ENG., Illus.). 30p. (J). 24.00 (978-1-63661-008-5(0), RoseDog Bks.) Dorrance Publishing Co., Inc.

Oh Mylanta! They Said, There's No Santa! Ryan D. Gaudreau. Illus. by Eileen Mailhot. 2018. (ENG.). 28p. (J). pap. 13.99 (978-1-7329482-9-7(1)) Mindstir Media.

Oh, No! Candace Fleming. Illus. by Eric Rohmann. 2018. (ENG.). 40p. (J). (gr. -1-2). 8.99 (978-1-9848-5204-5(3), Dragonfly Bks.) Random Hse. Children's Bks.

Oh No, Astro! Matt Roeser. Illus. by Brad Woodard. 2016. (ENG.). 40p. (J). (gr. -1-3). 18.99 (978-1-4814-3976-3(6), Simon & Schuster Bks. For Young Readers) Simon & Schuster Bks. For Young Readers.

Oh, No, Bear! Joanne Partis. ed. 2020. (ENG.). 25p. (J). (gr. k-1). 21.96 (978-0-87617-260-5(5)) Penworthy Co., LLC, The.

Oh, No! Bruno. Sandra Harmon. 2022. (ENG.). 32p. (J). 19.95 (978-1-7360742-6-8(1)); pap. 10.95 (978-1-7360742-7-5(X)) Sandy's Shelf Bks.

Oh No! Don't Snow on Easter! Maryann McMahon. Illus. by Agata Olszewska. 2022. (ENG.). 48p. (J). pap. 11.99 (978-1-7320725-6-5(6)) Maryann.

Oh, No, Hippo! Heather Pindar. Illus. by Angelika Scudamore. 2022. (Early Bird Readers — Blue (Early Bird Stories (tm)) Ser.). (ENG.). 32p. (J). (gr. -1-2). pap. 9.99 (978-1-7284-4830-5(1), 84bc43e0-743e-4bc0-a453-2c36ccc6081b); lib. bdg. 30.65 (978-1-7284-3842-9(X), b40a000b-e4fb-4c10-ba99-a161fadca246) Lerner Publishing Group. (Lerner Pubns.).

Oh No! I Gotta Go to the Dentist! Dianne Peterson. 2018. (ENG.). (J). 14.95 (978-1-68401-513-9(8)) Amplify Publishing Group.

Oh No It's Rairb! Susan Blitz & Lee Walsh. 2020. (ENG.). 24p. (J). (978-1-78848-915-7(2)); pap. (978-1-78848-914-0(4)) Austin Macauley Pubs. Ltd.

Oh No! It's Those Emails Again. Maddie Conway. 2019. (ENG.). 214p. (J). pap. (978-1-9993234-2-4(4)) Carrowmore.

Oh No, Joe! L. L. Wolfe. 2023. (ENG.). 32p. (J). pap. (978-1-68562-028-8(0)) Austin Macauley Pubs. Ltd.

Oh No! Look What the Cat Dragged In. Joy H. Davidson. Illus. by Jenny Cooper. ed. 2019. (ENG.). 40p. (J). (gr. -1-1). 16.95 (978-1-912904-60-0(8), Scribblers) Book Hse. GBR. Dist: Sterling Publishing Co., Inc.

Oh No, Narwhal! Rosie Greening. 2019. (ENG., Illus.). 12p. (J). (— 1). 10.99 (978-1-78843-649-6(0)) Make Believe Ideas GBR. Dist: Scholastic, Inc.

Oh No! Not a Black Eye! Kathleen Dautel. 2019. (ENG.). 32p. (J). 29.99 (978-1-5456-7182-5(6)); pap. 19.99 (978-1-5456-7181-8(8)) Salem Author Services.

Oh No, Not Another Fart. April del Toro. 2020. (ENG.). 28p. (J). pap. 12.95 (978-1-64801-293-8(0)) Newman Springs Publishing, Inc.

Oh No! Not Chlo-Nado! Richard Galichon. 2018. (ENG., Illus.). 38p. (J). (gr. 1-2). 11.99 (978-1-68401-771-3(8)) Amplify Publishing Group.

Oh, No, Pluto! Mary Bale. 2017. (ENG., Illus.). 36p. (J). pap. (978-1-365-69849-1(1)) Lulu Pr., Inc.

Oh No, Raleigh Scott. Susan Carter. 2020. (ENG.). 32p. (J). (978-1-64575-666-8(1)); pap. (978-1-64575-665-1(3)) Austin Macauley Pubs. Ltd.

Oh No! Santa Lost His Way in the Snow Xmas Coloring Books Children. Educando Kids. 2019. (ENG.). 42p. (J). pap. 6.99 (978-1-64521-039-9(1), Educando Kids) Editorial Imagen.

Oh No! We Have a Substitute Teacher! Stephen Breen. Illus. by Alina Kralia. 2021. (ENG.). 48p. (J). 16.99 (978-1-0879-6107-1(6)) Indy Pub.

Oh No! What Am I Going to Wear Today? Shawn Carter. 2022. (ENG., Illus.). 46p. (J). 26.95 (978-1-6624-7004-2(5)); pap. 16.95 (978-1-6624-7002-8(9)) Page Publishing Inc.

Oh No! When a Parent Goes Away. Dakota King-White. 2018. (ENG., Illus.). 30p. (J). (gr. k-6). pap. 19.95 (978-1-61244-628-6(0)) Halo Publishing International.

Oh No... Where's Darrell? Seth Rich. 2021. (Oh No Ser.). (ENG.). 42p. (J). pap. 15.00 (978-1-0879-6406-5(7)) Indy Pub.

Oh No! Zeus Ate His Wife! Mythology & Folklore Children's Greek & Roman Books. Baby Professor. 2017. (ENG., Illus.). 64p. (J). pap. 9.52 (978-1-5419-1619-7(0), Baby Professor (Education Kids)) Speedy Publishing LLC.

Oh! Not That: Use Your Imagination! Flora E Martinez. 2020. (ENG.). 22p. (J). (978-1-716-97047-4(4)) Lulu Pr., Inc.

Oh Ocean, Our Ocean. Jim Gaven. 2016. (ENG., Illus.). 32p. (J). pap. (978-1-365-09804-8(4)) Lulu Pr., Inc.

Oh, Olive! Lian Cho. Illus. by Lian Cho. 2023. (ENG., Illus.). 40p. (J). (gr. -1-3). 19.99 (978-0-06-323749-0(0), Tegen, Katherine Bks) HarperCollins Pubs.

Oh, Panda. Cindy Derby. 2023. 40p. (J). (-k). 18.99 (978-0-593-56472-1(3)); (ENG.). lib. bdg. 21.99 (978-0-593-56473-8(1)) Random Hse. Children's Bks. (Knopf Bks. for Young Readers).

¡Oh, Piensa en Todo lo Que Puedes Pensar! (Oh, the Thinks You Can Think! Spanish Edition) Seuss. 2019. (Beginner Books(R) Ser.). (SPA.). 48p. (J). (gr. -1-2). 9.99 (978-1-9848-3112-5(7)); lib. bdg. 12.99 (978-0-593-12147-4(3)) Random Hse. Children's Bks. (Random Hse. Bks. for Young Readers).

Oh Places He Went: A Story about Dr. Seuss Novel Units Teacher Guide. Novel Units. 2019. (ENG.). (J). pap. 12.99 (978-1-56137-653-7(1), Novel Units, Inc.) Classroom Library Co.

Oh, Rats! Tor Seidler. Illus. by Gabriel Evans. 2020. (ENG.). 336p. (J). (gr. 3-7). pap. 8.99 (978-1-5344-2685-6(X), Atheneum Bks. for Young Readers) Simon & Schuster Children's Publishing.

Oh, Sal. Kevin Henkes. (ENG.). 144p. (J). (gr. 3-7). 2023. pap. 9.99 (978-0-06-324493-1(4)); 2022. (Illus.). 16.99 (978-0-06-324492-4(6)) HarperCollins Pubs. (Greenwillow Bks.).

Oh, Sir Bragalot! Sharon Davey. Illus. by Sharon Davey. 2022. (ENG., Illus.). 32p. (J). (gr. -1-1). 18.99 (978-1-913639-97-6(5), 9089398e-7ca6-4363-85cc-abb28a03fbff) New Frontier Publishing AUS. Dist: Lerner Publishing Group.

Oh Skin-Nay! The Days of Real Sport (Classic Reprint) Clare A. Briggs. 2017. (ENG., Illus.). (J). pap. 9.57 (978-0-259-86059-4(X)) Forgotten Bks.

Oh So Cute Animals - Coloring Books 7 Year Old Girl Edition. Creative Playbooks. 2016. (ENG., Illus.). (J). pap. 7.74 (978-1-68323-025-0(6)); pap. 7.74 (978-1-68323-679-5(3)) Twin Flame Productions.

Oh So Kind! (an Oh Joy! Book) Joy Cho. Illus. by Angie Stalker. 2020. (ENG.). 16p. (J). (gr. -1 — 1). 9.99 (978-1-338-35635-9(6), Cartwheel Bks.) Scholastic, Inc.

Oh, So Many Kisses Padded Board Book. Maura Finn. Illus. by Jenny Cooper. 2019. (ENG.). 24p. (J). (— 1). bds. 8.99 (978-0-358-07427-4(4), 1745372, Clarion Bks.) HarperCollins Pubs.

Oh So Small or Big & Tall. Emilie Godin. Illus. by Natalia Peña. 2022. (ENG.). 34p. (J). (978-0-2288-8664-8(3)); pap. (978-0-2288-8665-5(1)) Tellwell Talent.

Oh Stella. Mary Ann Katterjohn. Illus. by Annie Roth. 2022. (ENG.). 28p. (J). (978-1-922670-79-3(0)); pap. (978-1-922670-78-6(2)) Leschenault Pr.

Oh, Susanna: A Romance of the Old American Merchant Marine (Classic Reprint) Meade Minnigerode. 2018. (ENG., Illus.). 410p. (J). 32.37 (978-0-365-12673-7(X)) Forgotten Bks.

Oh, the #Adulting You'll Do. Alissa Buoni. 2016. (ENG., Illus.). (J). 19.99 (978-1-945355-43-1(3)) Rocket Science Productions, LLC.

Oh! the Beautiful Things He Makes! Ellie McLaughlin. 2020. (ENG., Illus.). 64p. (J). (gr. k-2). 29.00 (978-1-7348078-0-6(9)); pap. 16.99 (978-1-7348078-2-0(2)) Finch & Pine Design.

Oh! the Beautiful Things You'll Make! Origami for Cubs. Ellie McLaughlin. 2020. (ENG., Illus.). 48p. (J). pap. 13.99 (978-1-7348078-3-7(0)) Finch & Pine Design.

Oh, the Lavas That Flow! All about Volcanoes. Todd Tarpley. Illus. by Aristides Ruiz & Joe Mathieu. 2021. (Cat in the Hat's Learning Library). (ENG.). 48p. (J). (gr. k-3). 9.99 (978-1-9848-2971-9(8)); lib. bdg. 13.99 (978-1-9848-2972-6(6)) Random Hse. Children's Bks. (Random Hse. Bks. for Young Readers).

Oh, the Places 18-Copy Mixed Floor Display, 18 vols. Seuss. 2021. (J). (gr. 2-12). 347.82 (978-0-593-22201-0(6), Random Hse. Bks. for Young Readers) Random Hse. Children's Bks.

Oh, the Places 18-Copy Solid Floor Display, 18 vols. Seuss. 2021. (J). (gr. 2). 341.82 (978-0-593-22200-3(8), Random Hse. Bks. for Young Readers) Random Hse. Children's Bks.

Oh, the Places I'll Go! by ME, Myself. Seuss. 2016. (ENG., Illus.). 64p. (J). (gr. -1-3). 16.99 (978-0-553-52058-3(X), Random Hse. Bks. for Young Readers) Random Hse. Children's Bks.

Oh, the Places Spring 23 18-Copy Mixed Floor Display. Seuss. 2023. (J). (gr. 2). 347.82 (978-0-593-57542-0(3), Random Hse. Bks. for Young Readers) Random Hse. Children's Bks.

Oh, the Places Spring 23 18-Copy Solid Floor Display. Seuss. 2023. (J). (gr. 2). 341.82 (978-0-593-57541-3(5), Random Hse. Bks. for Young Readers) Random Hse. Children's Bks.

Oh, the Places You'll Go! & It's Raining Easter Eggs. Seuss. 2023. (ENG.). 74p. (J). pap. (978-1-312-67228-4(5)) Lulu Pr., Inc.

Oh, the Places You'll Go! Lenticular Edition. Seuss. 2020. (Classic Seuss Ser.). (ENG.). 56p. (J). (gr. 2-12). 19.99 (978-0-593-11915-0(0), Random Hse. Bks. for Young Readers) Random Hse. Children's Bks.

Oh, the Places You'll Go! the Read It! Write It! 2-Book Boxed Set Collection: Dr. Seuss's Oh, the Places You'll Go!; Oh, the Places I'll Go! by ME, Myself, 2 vols. Seuss. 2016. (ENG., Illus.). 120p. (J). (gr. -1-3). 35.98 (978-0-553-53872-4(1), Random Hse. Bks. for Young Readers) Random Hse. Children's Bks.

Oh the Things Fiona Can Do. Renee Bade. 2021. (ENG., Illus.). 24p. (J). 22.95 (978-1-6624-2915-6(0)); pap. 13.95 (978-1-6624-6037-1(6)) Page Publishing Inc.

Oh, the Things I Can Be When I See Me. Valerie Coleman. Ed. by Tenita C. Johnson. Illus. by Natasza Remesz. 2019. (ENG.). 34p. (J). (gr. 3-5). pap. 14.95 (978-0-9786066-8-8(X)) Pen of the Writer, LLC.

Oh the Way I Love You. Hillary J. Lee. 2020. (ENG., Illus.). 22p. (J). 22.95 (978-1-64654-297-0(5)); pap. 12.95 (978-1-64952-521-5(4)) Fulton Bks.

Oh, to Be a Bulldog. Sonia Leverette. 2018. (ENG.). 38p. (J). 14.95 (978-1-68401-896-3(X)) Amplify Publishing Group.

Oh, to Be a Knight. Liisa Schell & Spencer Schell. 2019. (ENG.). 32p. (J). (978-1-5255-4318-0(0)); pap. (978-1-5255-4319-7(9)) FriesenPress.

Oh! to Be in England: A Book of the Open Air (Classic Reprint) S. P. B. Mais. (ENG., Illus.). (J). 2018. 320p. 30.50 (978-0-484-05696-0(4)); 2016. pap. 13.57 (978-1-333-67732-9(4)) Forgotten Bks.

Oh, Virginia (Classic Reprint) Helen Sherman Griffith. 2017. (ENG., Illus.). 328p. (J). 30.66 (978-0-484-48011-6(1)) Forgotten Bks.

Oh! What a Pickle! Martin L. Cohen. Illus. by Danny Cohen. 2021. (ENG.). 28p. (J). (978-0-2288-7089-0(5)); pap. (978-0-2288-6585-8(9)) Tellwell Talent.

Oh, What a Plague Is Love (Classic Reprint) Katharine Tynan. 2018. (ENG., Illus.). 160p. (J). 27.20 (978-0-483-98185-0(0)) Forgotten Bks.

Oh What Fun It Is to Share. Flora Agbaje. 2017. (ENG., Illus.). (J). pap. 12.95 (978-1-63525-269-9(5)) Christian Faith Publishing.

Oh! What to Do, Use Your Imagination! Flora E. Martinez. 2019. (ENG.). 20p. (J). pap. 10.00 (978-1-7947-4708-1(7)) Lulu Pr., Inc.

Oh... What Will I Be? C. J. Althammer. 2020. (ENG.). 40p. (J). (978-1-5255-5231-1(7)); pap. (978-1-5255-5232-8(5)) FriesenPress.

Oh Where Oh Where Can Harawene Be? Julie Bella Taua. 2019. (ENG., Illus.). 38p. (J). (gr. 1-4). pap. (978-0-473-49018-8(8)) Atlantis Group Ltd.

Oh Where, Oh Where, Can the Letter Z Be? Allison C. Hefner. 2019. (ENG., Illus.). 24p. (J). (gr. k-4). 19.95 (978-1-61244-728-5(7)) Halo Publishing International.

Oh Where Oh Where Can You Be? Kelly Schoon. 2019. (ENG., Illus.). 32p. (J). pap. 10.00 (978-1-64538-066-5(1)) Orange Hat Publishing.

Oh Where, Oh Where Could That Silly Dog Be? Noah Wirth et al. 2021. (ENG.). 32p. (J). pap. 9.99 (978-1-6629-1230-6(7)); 19.99 (978-1-6629-1229-0(3)) Gatekeeper Pr.

Oh Why, Oh Why Can I Not Fly? Lucy Whelan. 2017. (ENG., Illus.). 36p. (J). (gr. k-1). pap. (978-1-911569-48-0(1)) Rowanvale Bks.

Oh Yeah! Sure! 5 Slightly Scary Stories. Philip A. Brown. 2022. (ENG.). 104p. (J). pap. (978-0-646-85960-6(9)) P.A. Brown.

Oh Yes, Grammie Loves You. Mitzie Brimmer. 2019. (ENG.). 38p. (J). 14.95 (978-1-64307-207-4(2)) Amplify Publishing Group.

Oh Yes I Can, Just Watch Me! Julie Smith & Jamie Smith. Illus. by Craig Kirkland. 2021. (ENG.). 34p. (J). pap. (978-0-2288-5510-1(1)) Tellwell Talent.

Oh, You Tex (Classic Reprint) William MacLeod Raine. 2017. (ENG., Illus.). (J). 31.24 (978-0-331-89400-4(9)) Forgotten Bks.

Oh Yuck! I Sat on a Duck! David Sasano. Illus. by Eugene Ruble. l.t. ed. 2016. (ENG.). (J). pap. 9.95 (978-1-61633-825-1(3)) Guardian Angel Publishing, Inc.

O'Halloran, or the Insurgent Chief, Vol. 1 Of 2: An Irish Historical Tale of 1798 (Classic Reprint) James M'Henry. 2017. (ENG., Illus.). (J). 29.38 (978-0-331-10186-7(6)); pap. 11.97 (978-1-5283-9778-0(9)) Forgotten Bks.

Ohana Means Family. Ilima Loomis. Illus. by Kenard Pak. 40p. (J). 2022. (-k). pap. 8.99 (978-0-8234-5118-0(6)); 2020. (gr. -1-3). 18.99 (978-0-8234-4326-0(4)) Holiday Hse., Inc. (Neal Porter Bks).

O'Hara, or 1798, Vol. 2 of 2 (Classic Reprint) William Hamilton Maxwell. 2017. (ENG., Illus.). (J). 30.10 (978-0-265-21318-6(5)) Forgotten Bks.

O'Hara, Vol. 1 Of 2: Or, 1798 (Classic Reprint) William Hamilton Maxwell. 2018. (ENG., Illus.). 316p. (J). 30.43 (978-0-483-80972-7(1)) Forgotten Bks.

Ohh Ohhh, I Knew That! More Stories of Old Man Joe. Miss Lisa Pizza. 2018. (ENG., Illus.). 32p. (J). pap. 12.95 (978-1-64140-603-1(8)) Christian Faith Publishing.

Ohio, 1 vol. John Hamilton. 2016. (United States of America Ser.). (ENG., Illus.). 48p. (J). (gr. 5-9). 34.21 (978-1-68078-337-7(8), 21659, Abdo & Daughters) ABDO Publishing Co.

Ohio. Anna Saxton. 2022. (Core Library of US States Ser.). (ENG., Illus.). 48p. (J). (gr. 4-8). lib. bdg. 35.64 (978-1-5321-9776-5(4), 39643) ABDO Publishing Co.

Ohio: Children's American Local History Book. Bold Kids. 2022. (ENG.). 40p. (J). pap. 14.99 (978-1-0717-1101-9(6)) FASTLANE LLC.

Ohio: The Buckeye State. Val Lawton. 2016. (Illus.). 48p. (J). (978-1-5105-2091-2(0)) SmartBook Media, Inc.

Ohio: The Buckeye State. Val Lawton. 2016. (J). (978-1-4896-4920-1(4)) Weigl Pubs., Inc.

Ohio: The Buckeye State, 1 vol. Joyce Hart et al. 3rd rev. ed. 2016. (It's My State! (Third Edition)(r) Ser.). (ENG., Illus.). 80p. (gr. 4-4). 35.93 (978-1-62713-169-8(8), a5ce7fcd-f5ce-4d73-a0bf-894b848e9d6a) Cavendish Square Publishing LLC.

Ohio (a True Book: My United States) (Library Edition) Martin Gitlin. 2018. (True Book (Relaunch) Ser.). (ENG., Illus.). 48p. (J). (gr. 3-5). 31.00 (978-0-531-23568-3(8), Children's Pr.) Scholastic Library Publishing.

Ohio American Government Success Strategies Study Guide: Ocba Test Review for the Ohio Computer Based Assessments. Ed. by Ocba Exam Secrets Test Prep. 2016. (ENG.). (J). pap. 40.99 (978-1-5167-0137-7(2)) Mometrix Media LLC.

Ohio American History Success Strategies Study Guide: Ocba Test Review for the Ohio Computer Based Assessments. Ed. by Ocba Exam Secrets Test Prep. 2016. (ENG.). (J). pap. 40.99 (978-1-5167-0138-4(0)) Mometrix Media LLC.

Ohio (ARC Edition) The Buckeye State, 1 vol. Joyce Hart et al. 2020. (It's My State! (Third Edition)(r) Ser.). (ENG.). 80p. (J). (gr. 4-4). pap. 18.64 (978-1-5026-6213-2(2), aafecf97-677f-4a15-b533-825ee4bce2d4) Cavendish Square Publishing LLC.

Ohio Books for Kids Gift Set. Rachel Ashford & Katherine Sully. Illus. by Robert Dunn. 2020. (ENG.). (J). bds. 20.00 (978-1-7282-4196-8(0)) Sourcebooks, Inc.

Ohio Books for Kids Gift Set. Eric James & Steve Smallman. Illus. by Mari Lobo. 2020. (ENG.). (J). 29.99 (978-1-7282-4188-3(X)) Sourcebooks, Inc.

Ohio Grade 5 Science Success Strategies Study Guide: Ocba Test Review for the Ohio Computer Based Assessments. Ed. by Ocba Exam Secrets Test Prep. 2016. (ENG.). (J). pap. 40.99 (978-1-5167-0139-1(9)) Mometrix Media LLC.

Ohio Grade 8 Science Success Strategies Study Guide: Ocba Test Review for the Ohio Computer Based Assessments. Ed. by Ocba Exam Secrets Test Prep. 2016. (ENG.). (J). pap. 40.99 (978-1-5167-0140-7(2)) Mometrix Media LLC.

Ohio Physical Science Success Strategies Study Guide: Ocba Test Review for the Ohio Computer Based Assessments. Ed. by Ocba Exam Secrets Test Prep. 2016. (ENG.). (J). pap. 40.99 (978-1-5167-0141-4(0)) Mometrix Media LLC.

Ohio State Buckeyes. Craig Ellenport. 2021. (College Football Teams Ser.). (ENG.). 24p. (J). (gr. 3-6). lib. bdg. 32.79 (978-1-5038-5037-8(4), 214885) Child's World, Inc, The.

Ohio State Buckeyes. Tony Hunter. 2020. (Inside College Football Ser.). (ENG., Illus.). 48p. (J). (gr. 4-4). pap. 11.95 (978-1-64494-469-1(3)); lib. bdg. 34.21 (978-1-5321-9247-0(9), 35105) ABDO Publishing Co. (SportsZone).

Ohio State University Quarterly (Classic Reprint) Unknown Author. 2018. (ENG., Illus.). (J). 78p. 25.51 (978-0-484-81253-5(X)); 66p. 25.28 (978-0-484-81042-5(1)) Forgotten Bks.

Ohio Wildlife: A Coloring Field Guide. Amalia Celeste Fernand. Illus. by Anna Bazyl. 2019. (ENG.). 120p. (J). pap. 14.99 (978-1-7339923-0-5(8)) Horn, Jonathan.

Ohio Woman in the Philippines: Giving Personal Experiences & Descriptions Including Incidents of Honolulu, Ports in Japan & China (Classic Reprint) Emily Bronson Conger. 2018. (ENG., Illus.). 218p. (J). 28.39 (978-0-484-51033-2(9)) Forgotten Bks.

Ohlone, 1 vol. Charlie Mendoza. 2017. (Spotlight on the American Indians of California Ser.). (ENG.). 32p. (J). (gr. 4-5). 27.93 (978-1-5383-2483-7(0), 1b9cd1a5-1214-4fa0-bc38-7f4611c94462, PowerKids Pr.) Rosen Publishing Group, Inc., The.

Ohmmmmmm: Orchestral Harmonic Mystical Mystery Mandala Medicine Music Movement Magick. Kevin Kraft. Illus. by Crystal McIntyre. 2023. 32p. (J). 24.95 (978-1-6678-9700-4(4)) BookBaby.

Ohne Den Vater. Agnes Sapper. 2017. (GER.). 114p. (J). pap. (978-3-337-35414-5(9)) Creation Pubs.

Oi Cat! Kes Gray. Illus. by Jim Field. 2019. (Oi Frog & Friends Ser.). (ENG.). 32p. (J). (gr. -1-k). 16.99 (978-1-4449-3251-5(9)); pap. 9.99 (978-1-4449-3252-2(7)) Hachette Children's Group GBR. Dist: Hachette Bk. Group.

Oi Colour Oi Learn. Bscn Miranda Harrington. Ed. by Argerie Tsimicalis. Illus. by Bscn Miranda Harrington. 2023. (ENG.). 42p. (J). pap. (978-0-2288-4654-3(4)) Tellwell Talent.

Oi, der Auerirdische. Hartmut B Rucker. 2017. (GER., Illus.). (J). (978-3-99048-987-1(9)) novum pocket Verlag in der novum publishing GmbH.

Oi Duck-Billed Platypus! Kes Gray. Illus. by Jim Field. (Oi Frog & Friends Ser.). (ENG.). 32p. (J). (gr. -1-k). 2021. pap. 10.99 (978-1-4449-3733-6(2)); 2019. 16.99 (978-1-4449-3732-9(4)) Hachette Children's Group GBR. Dist: Hachette Bk. Group.

Oído. Aaron Carr. 2017. (MIS Cinco Sentidos Ser.). (SPA.). 24p. (J). lib. bdg. 22.99 (978-1-5105-2380-7(4)) SmartBook Media, Inc.

Oil. Jason McClure & John Willis. 2017. (Illus.). 24p. (J). (978-1-5105-1401-0(5)) SmartBook Media, Inc.

Oil. Jonah Winter. Illus. by Jeanette Winter. 2020. (ENG.). 40p. (J). (gr. -1-3). 17.99 (978-1-5344-3077-8(6), Beach Lane Bks.) Beach Lane Bks.

Oil! A Novel (Classic Reprint) Upton Sinclair. 2017. (ENG., Illus.). (J). 35.05 (978-0-331-16887-7(1)); pap. 19.57 (978-0-260-07267-2(2)) Forgotten Bks.

Oil & Gas in the Arctic. Michael Centore. 2017. (Exploring the Polar Regions Today Ser.: Vol. 8). (ENG., Illus.). 64p. (J). (gr. 7-12). 23.95 (978-1-4222-3869-1(5)) Mason Crest.

Oil & Pipelines. Natalie Hyde. 2019. (Get Informed — Stay Informed Ser.). (Illus.). 48p. (J). (gr. 5-6). (978-0-7787-5334-6(4)); pap. (978-0-7787-5348-3(4)) Crabtree Publishing Co.

Oil & Water Won't Mix & Other Mixture Separation Techniques - Chemistry Book for Kids 8-10 Children's Chemistry Books. Baby Professor. 2017. (ENG., Illus.). (J). pap. 8.79 (978-1-5419-1082-9(6), Baby Professor (Education Kids)) Speedy Publishing LLC.

Oil Drilling & Fracking, 1 vol. Kenneth Adams. 2017. (Earth's Environment in Danger Ser.). (ENG.). 24p. (J). (gr. 3-3). 25.27 (978-1-5383-2543-8(8), bc341ff5-0d52-4ae7-b83f-a51866a83ccc); pap. 9.25 (978-1-5383-2613-8(2), 364a11bf-7be9-4933-8ca9-df809146ff17) Rosen Publishing Group, Inc., The. (PowerKids Pr.).

Oil Energy. Elsie Olson. 2018. (Earth's Energy Resources Ser.). (ENG., Illus.). 24p. (J). (gr. -1-3). lib. bdg. 29.93 (978-1-5321-1555-4(5), 28964, SandCastle) ABDO Publishing Co.

Oil Energy: Putting Oil to Work. Jessie Alkire. 2018. (Earth's Energy Innovations Ser.). (ENG., Illus.). 24p. (J). (gr. k-4). lib. bdg. 32.79 (978-1-5321-1573-8(3), 29000, Super SandCastle) ABDO Publishing Co.

Oil Energy Projects: Easy Energy Activities for Future Engineers! Megan Borgert-Spaniol. 2018. (Earth's Energy Experiments Ser.). (ENG., Illus.). 32p. (J). (gr. k-4). lib. bdg. 34.21 (978-1-5321-1564-6(4), 28982, Super SandCastle) ABDO Publishing Co.

Oil-Paper Umbrella. Lu Xu. 2022. (ENG.). 32p. (J). pap. 9.95 (978-1-4788-7373-0(6)) Newmark Learning LLC.

Oil Power. Contrib. by Patti Richards. 2023. (Power of Energy Ser.). (ENG.). 32p. (J). (gr. 2-5). lib. bdg. 35.64 (978-1-5038-6502-0(9), 216399, Stride) Child's World, Inc, The.

Oil Rig Workers in Action. Tyler Omoth. 2017. (Dangerous Jobs in Action Ser.). (ENG.). 32p. (J). (gr. 3-6). lib. bdg. 35.64 (978-1-5038-1631-2(1), 211147) Child's World, Inc, The.

Oil Security. Aaron Carr. 2018. (J). (978-1-5105-2229-9(8)) SmartBook Media, Inc.

Oil-Soaked Wings. Emma Bernay & Emma Carlson Berne. Illus. by Erwin Madrid. 2019. (Seaside Sanctuary Ser.). (ENG.). 112p. (J). (gr. 3-7). lib. bdg. 25.99 (978-1-4965-7861-7(9), 139400, Stone Arch Bks.) Capstone.

Oil Spill: Deepwater Horizon. Meish Goldish. 2017. (Eco-Disasters Ser.). (ENG.). 32p. (J). (gr. 2-7). 19.95 (978-1-68402-226-7(6)) Bearport Publishing Co., Inc.

Oil to Plastic. Robin Johnson. 2023. (Where Materials Come From Ser.). (ENG.). 24p. (J). (gr. k-2). pap. *(978-1-0398-0686-3(4)*, 33566) Crabtree Publishing Co.

Oil to Plastic. Contrib. by Robin Johnson. 2023. (Where Materials Come From Ser.). (ENG.). 24p. (J). (gr. k-2). lib. bdg. *(978-1-0398-0660-3(0)*, 33565) Crabtree Publishing Co.

Oil Wells in the Woods (Classic Reprint) John Christopher O'Day. (ENG., Illus.). (J). 2018. 406p. 32.29 *(978-0-483-73529-3(9))*; 2016. pap. 16.57 *(978-1-334-18210-5(8))* Forgotten Bks.

Oiled Feather (Classic Reprint) Philip Bennett Power. (ENG., Illus.). (J). 2018. 66p. 25.26 *(978-0-484-10767-9(4))*; 2017. pap. 9.57 *(978-0-259-47831-7(8))* Forgotten Bks.

Oil's Deep State: How the Petroleum Industry Undermines Democracy & Stops Action on Global Warming - in Alberta, & in Ottawa. Kevin Taft. 2nd ed. 2020. (ENG.). 256p. pap. 22.95 *(978-1-4594-1307-8(5)*, 1307) James Lorimer & Co. Ltd., Pubs. CAN. Dist: Casemate Pubs. & Bk. Distributors, LLC.

Oil's Quest. Cody Nemberg. Illus. by David Bou. 2021. (ENG.). 40p. (J). *(978-1-5255-8500-5(2))*; pap. *(978-1-5255-8499-2(5))* FriesenPress.

Oinc. David Elliot. 2020. (SPA.). 32p. (J). (gr. k-2). 11.50 *(978-607-557-156-0(6))* Editorial Oceano de Mexico MEX. Dist: Independent Pubs. Group.

Oink. David Elliot. Illus. by David Elliot. 2019. (ENG., Illus.). 32p. (J). (gr. -1-k). 16.99 *(978-1-77657-214-4(9)*, 796c305c-57d0-4b54-bc60-7ef027c12b6e) Gecko Pr. NZL. Dist: Lerner Publishing Group.

Oink & Gobble & the Men in Black. Norman Whaler. Ed. by Ellie Firestone. Illus. by Mohammad Shayan. 2019. (Oink & Gobble Series Book Ser.: Vol. 2). (ENG.). 30p. (J). (gr. k-2). 19.99 *(978-1-948131-38-4(2))* Whaler, Norman / Beneath Another Sky Bks.

Oink & Gobble & the Missing Cupcakes. Norman Whaler. Ed. by Esther Randell. Illus. by Mohammad Shayan. 2019. (Oink & Gobble Ser.: Vol. 3). (ENG.). 32p. (J). (gr. k-2). 19.99 *(978-1-948131-47-6(1))* Whaler, Norman / Beneath Another Sky Bks.

Oink & Gobble & the 'no One Can Ever Know Secret' Norman Whaler. Ed. by Ellie Firestone. Illus. by Mohammad Shayan. 2018. (Oink & Gobble Ser.: Vol. 1). (ENG.). 32p. (J). (gr. k-2). 19.99 *(978-1-948131-20-9(X))* Whaler, Norman / Beneath Another Sky Bks.

Oink! I'm a Pig: An Interactive Mask Board Book with Eyeholes. Merrill Rainey. Illus. by Merrill Rainey. 2022. (Peek-And-Play Ser.: 2). (ENG., Illus.). 16p. (J). (gr. -1 — 1). bds. 8.99 *(978-0-06-309208-2(5)*, HarperFestival) HarperCollins Pubs.

Oink-Oink! Moo! Cock-A-Doodle-Doo! Jennifer Sattler. Illus. by Jennifer Sattler. 2019. (ENG., Illus.). 22p. (J). (gr. -1-k). bds. 8.99 *(978-1-58536-391-9(X)*, 204654) Sleeping Bear Pr.

Oink! Oink! Oink! Piggy Coloring Book. Kreative Kids. 2016. (ENG., Illus.). (J). pap. 9.20 *(978-1-68377-432-7(9))* Whlke, Traudl.

Oink y Gobble y el 'secreto Que Nadie Debe Saber' Norman Whaler. Illus. by Mohammad Shayan. 2018. (Oink & Gobble Ser.: Vol. 1). (SPA.). 32p. (J). (gr. k-2). 19.99 *(978-1-948131-23-0(4))* Whaler, Norman / Beneath Another Sky Bks.

Oink y Gobble y Los Cupcakes Desaparecidos. Norman Whaler. Ed. by Esther Randell. Illus. by Mohammad Shayan. 2019. (Oink & Gobble Ser.: Vol. 3). (SPA.). 32p. (J). (gr. k-2). 19.99 *(978-1-948131-50-6(1))* Whaler, Norman / Beneath Another Sky Bks.

Oinkink: English-Spanish Edition. Idries. Shah. Illus. by Laetitia Bermejo. 2022. (Teaching Stories Ser.). (ENG.). 42p. (J). pap. 11.90 *(978-1-953292-51-3(8)*, Hoopoe Bks.) I S H K.

Oinkink: English-Ukrainian Edition. Idries. Shah. Illus. by Laetitia Bermejo. 2022. (Teaching Stories Ser.). (ENG & UKR.). 42p. (J). pap. 11.90 *(978-1-953292-70-4(4)*, Hoopoe Bks.) I S H K.

Oinkree & the Dancing Ant. Diane Kwon. 2021. (ENG., Illus.). 40p. (J). 18.95 *(978-1-944194-76-5(2))* Brisance Bks. Group.

Oipi, 1912, Vol. 4 (Classic Reprint) Macon High School. (ENG., Illus.). (J). 2018. 106p. 26.08 *(978-0-365-03997-6(7))*; 2017. pap. 9.57 *(978-0-259-95629-7(5))* Forgotten Bks.

Oiseau de Bois. Inês Santos. 2018. (FRE., Illus.). 44p. (J). pap. *(978-0-244-09634-2(1))* Lulu Pr., Inc.

Oiseau de Nuit et le Petit Wapiti. Ed. by Marine Rocamora. Tr. by Morgane Pocard. Illus. by Eelonqa K. Harris. 2020. (FRE.). 40p. (J). pap. *(978-1-989388-13-6(2))* TaleFeather Publishing.

oiseau et Son Nid. Elizabeth Raum. Illus. by Romina Martí. 2017. (Animaux Architectes Ser.). (FRE.). 24p. (J). (gr. 1-4). *(978-1-77092-381-2(0)*, 17612) Amicus.

Oiseaux de Proie. Alan Walker. Tr. by Annie Evearts. 2021. (Faits Pour Survivre (Built to Survive) Ser.). (FRE.). 24p. (J). (gr. k-2). pap. *(978-1-0396-0815-3(9)*, 12612) Crabtree Publishing Co.

Oisin & the Magic Pearl. Sean Fitzgerald. 2018. (ENG.). 34p. (J). pap. 16.00 *(978-1-78605-052-6(8))* Orpen Pr. IRL. Dist: Dufour Editions, Inc.

Ojala Supieras / I Wish You Knew (Spanish Edition) Jackie Azua Kramer. Illus. by Magdalena Mora. 2021. (SPA.). 32p. (J). 18.99 *(978-1-250-81478-4(2)*, 900248659) Roaring Brook Pr.

Ojibwa. Michelle Lomberg. 2017. (Native American Art & Culture Ser.). (ENG.). 32p. (J). lib. bdg. 22.99 *(978-1-5105-2346-3(4))* SmartBook Media, Inc.

Ojibwa Myths & Tales (Classic Reprint) G. E. Laidlaw. 2017. (ENG., Illus.). (J). 22p. 24.35 *(978-0-484-09786-4(5))*; pap. 7.97 *(978-0-282-51719-9(7))* Forgotten Bks.

Ojibwa Myths & Tales (Classic Reprint) Geo E. Laidlaw. 2017. (ENG., Illus.). (J). 24.47 *(978-0-265-76281-3(2))* Forgotten Bks.

Ojibwa Texts, Vol. 7 (Classic Reprint) William Jones. 2017. (ENG., Illus.). (J). 34.77 *(978-0-331-57494-4(2))* Forgotten Bks.

Ojibway: A Novel of Indian Life, of the Period of the Early Advance of Civilization in the Great Northwest (Classic Reprint) Joseph A. Gilfillan. 2017. (ENG., Illus.). (J). 33.36 *(978-0-265-21028-4(3))* Forgotten Bks.

Ojibwe. Katie Lajiness. 2018. (Native Americans Ser.). (ENG., Illus.). 32p. (J). (gr. 2-5). lib. bdg. 34.21 *(978-1-5321-1510-3(5)*, 28892, Big Buddy Bks.) ABDO Publishing Co.

Ojibwe: The Past & Present of the Anishinaabe. Alesha Halvorson. 2016. (American Indian Life Ser.). (ENG., Illus.). 32p. (J). (gr. 3-6). lib. bdg. 27.99 *(978-1-5157-0240-5(5)*, 131897, Capstone Pr.) Capstone.

Ojiichan's Gift. Chieri Uegaki. Illus. by Genevieve Simms. 2019. (ENG.). 32p. (J). (gr. -1-2). 19.99 *(978-1-77138-963-1(X))* Kids Can Pr., Ltd. CAN. Dist: Hachette Bk. Group.

Ojja-Wojja. Magdalene Visaggio. Illus. by Jenn St-Onge. 2023. (ENG.). 192p. (J). (gr. 5-7). 22.99 *(978-0-06-285239-7(6))*; pap. 13.99 *(978-0-06-285242-7(6))* HarperCollins Pubs. (Balzer & Bray).

Ojo de Vidrio. Antonio Ortuno. 2018. (Traves Del Espejo Ser.). (SPA.). 200p. (J). pap. 7.99 *(978-607-16-5852-4(7))* Fondo de Cultura Economica USA.

Ojo Del Cementerio. Michael Dahl. Tr. by Aparicio Publishing Aparicio Publishing LLC. Illus. by Fernando Molinari. 2019. (Biblioteca Maldita Ser.). (SPA.). 40p. (J). (gr. 4-8). lib. bdg. 24.65 *(978-1-4965-8535-6(6)*, 141284, Stone Arch Bks.) Capstone.

Ojo Del Mundo. Johnn a. Escobar. 2019. (SPA.). 260p. (J). pap. 20.99 *(978-1-393-67120-6(9))* Draft2Digital.

Ojos. Amy Culliford. 2022. (¿Qué Animal Tiene Estas Partes? (What Animal Has These Parts?) Ser.).Tr. of Eyes. (SPA.). 16p. (J). (gr. -1-1). pap. *(978-1-0396-4917-0(3)*, 19212); lib. bdg. *(978-1-0396-4790-9(1)*, 19211) Crabtree Publishing Co.

Ojos de Lagarto. Bernardo (Bef) Fernandez. 2020. (SPA.). 296p. (J). (gr. 2-4). pap. 17.50 *(978-607-527-874-2(5))* Editorial Oceano de Mexico MEX. Dist: Independent Pubs. Group.

Ojos de Lobo. Javier Sobrino. Illus. by Lucie Müllerová. 2018. (Baby Thule Ser.). (SPA.). 30p. (J). (— 1). 12.00 *(978-84-16817-03-0(0))* Thule Ediciones, S. L. ESP. Dist: Independent Pubs. Group.

Ojos y Oidos. Carmen Corriols. 2016. (Early Rising Readers Ser.). (SPA.). 16p. (J). (gr. 1). 6.67 *(978-1-4788-3720-6(9))* Newmark Learning LLC.

Ojos y oídos - 6 Pack. Carmen Corriols. 2016. (Early Rising Readers Ser.). (SPA.). (J). (gr. 1). 40.00 net. *(978-1-4788-4663-5(1))* Newmark Learning LLC.

Okanagan Alphabet. Florence Dyck. Ed. by Jadon Dick. Illus. by Rachelle Oliveira. 2022. (ENG.). 32p. (J). pap. *(978-1-990389-04-7(X))* Okanagan Publishing Hse.

Okapi Jack & Me. Alia Paetkau. Illus. by Alex Friesen. 2017. (ENG.). (J). (gr. k-3). pap. *(978-1-4866-1529-2(5))* Word Alive Pr.

Okapi Tale. Jacob Kramer. Illus. by K-Fai Steele. 2020. (Noodlephant Ser.: 2). 56p. (J). 18.95 *(978-1-59270-304-3(6))* Enchanted Lion Bks., LLC.

Okapis. Joyce Markovics. 2021. (On the Trail: Study of Secretive Animals Ser.). (ENG., Illus.). 32p. (J). (gr. 4-6). lib. bdg. 32.07 *(978-1-5341-8048-2(6)*, 218472) Cherry Lake Publishing.

Okay God, Let's Talk: A Daily Devotional for Early Readers & Their Parents. Tim Osterlund. 2020. (ENG., Illus.). 404p. (J). pap. 18.95 *(978-1-0980-5923-1(9))* Christian Faith Publishing.

Okay, Joey. Megan Borgert-Spaniol. Illus. by Jeff Crowther. 2022. (I Care (Pull Ahead Readers People Smarts — Fiction) Ser.). (ENG.). 16p. (J). (gr. -1-1). pap. 8.99 *(978-1-7284-6301-8(7)*, ba7a86f8-cccf-400b-9845-be4e31161514, Lerner Pubns.) Lerner Publishing Group.

Okay Kevin: A Story to Help Children Discover How Everyone Learns Differently. James Dillon. 2017. (Illus.). 36p. (J). 19.95 *(978-1-78592-732-4(9)*, 696347) Kingsley, Jessica Pubs. GBR. Dist: Hachette UK Distribution.

Okay Witch. Emma Steinkellner. Illus. by Emma Steinkellner. 2019. (Okay Witch Ser.: 1). (ENG., Illus.). 272p. (J). (gr. 3-7). 20.99 *(978-1-5344-3146-1(2))*; pap. 12.99 *(978-1-5344-3145-4(4))* Simon & Schuster Children's Publishing. (Aladdin).

Okay Witch & the Hungry Shadow, 2. Emma Steinkellner. ed. 2022. (Okay Witch Ser.). (ENG., Illus.). 255p. (J). (gr. 4-5). 23.46 ***(978-1-68505-207-2(X))*** Penworthy Co., LLC, The.

Okay Witch & the Hungry Shadow. Emma Steinkellner. Illus. by Emma Steinkellner. 2021. (Okay Witch Ser.: 2). (ENG., Illus.). 256p. (J). (gr. 3-7). 20.99 *(978-1-5344-3149-2(7))*; pap. 12.99 *(978-1-5344-3148-5(9))* Simon & Schuster Children's Publishing. (Aladdin).

Okeechobee Toby. Andy Hart. 2021. (ENG.). 20p. (J). pap. 15.00 *(978-1-0880-0397-8(4))* Andrew James Hart.

Okelanis Enchanted Wheelchair Space Bound! Alexandra Sanchez. Illus. by Sheila Fein. 2021. (Okelani's Enchanted Wheelchair Ser.: 1). (ENG.). 38p. (J). pap. 15.00 *(978-1-0983-5513-5(X))* BookBaby.

Okelanis Enchanted Wheelchair Space Bound! Alexandra Sanchez. 2021. (Okelani's Enchanted Wheelchair Ser.: 1). (ENG.). 38p. (J). 25.00 *(978-1-0983-5064-2(2))* BookBaby.

Oki: Tripulante de Terremotos. Juan Carlos Quezadas. 2019. (Zona Libre Ser.). (SPA.). 222p. (J). pap. *(978-958-45-4854-2(9))* Norma Ediciones, S.A.

Okie Dokie, Maddox Oakley! Erica Landeros. 2022. (ENG., Illus.). 24p. (J). pap. 14.95 ***(978-1-63844-485-5(4))*** Christian Faith Publishing.

Okie the Wonder Dog. Anna L. Schwartz. Illus. by Brian Caleb Dumm. 2016. 62p. (J). pap. *(978-1-63293-111-5(7))* Sunstone Pr.

O'Kissme San: A Doll from Japan (Classic Reprint) Harvey Gaskell. 2017. (ENG., Illus.). (J). 24.91 *(978-0-331-62379-6(X))* Forgotten Bks.

Oklahoma, 1 vol. John Hamilton. 2016. (United States of America Ser.). (ENG., Illus.). 48p. (J). (gr. 5-9). 34.21 *(978-1-68078-338-4(6)*, 21661, Abdo & Daughters) ABDO Publishing Co.

Oklahoma. Ann Heinrichs. Illus. by Matt Kania. 2017. (U. S. A. Travel Guides). (ENG.). 40p. (J). (gr. 2-5). lib. bdg. 38.50 *(978-1-5038-1976-4(0)*, 211612) Child's World, Inc, The.

Oklahoma. Tyler Maine & Bridget Parker. 2016. (States Ser.). (ENG., Illus.). 32p. (J). (gr. 3-6). lib. bdg. 27.99 *(978-1-5157-0423-2(8)*, 132034, Capstone Pr.) Capstone.

Oklahoma. Lynn Ternus. 2022. (Core Library of US States Ser.). (ENG., Illus.). 48p. (J). (gr. 4-8). lib. bdg. 35.64 *(978-1-5321-9777-2(2)*, 39645) ABDO Publishing Co.

Oklahoma: The Sooner State. Leslie Strudwick. 2016. (J). *(978-1-4896-4923-2(9))* Weigl Pubs., Inc.

Oklahoma (a True Book: My United States) (Library Edition) Tamra B. Orr. 4th ed. 2018. (True Book (Relaunch) Ser.). (ENG., Illus.). 48p. (J). (gr. 3-5). 31.00 *(978-0-531-23170-8(4)*, Children's Pr.) Scholastic Library Publishing.

Oklahoma Birds: A Folding Pocket Guide to Familiar Species. James Kavanagh & Waterford Press Staff. Illus. by Raymond Leung. 2017. (Wildlife & Nature Identification Ser.). (ENG.). 12p. (gr. 9). 7.95 *(978-1-58355-008-3(9))* Waterford Pr., Inc.

Oklahoma City Thunder. Steph Giedd. 2023. (NBA All-Time Greats Set 3 Ser.). (ENG., Illus.). 24p. (J). lib. bdg. 28.50 ***(978-1-63494-666-7(9))*** Pr. Room Editions LLC.

Oklahoma City Thunder. Contrib. by Steph Giedd. 2023. (NBA All-Time Greats Set 3 Ser.). (ENG., Illus.). 24p. (J). pap. 8.95 ***(978-1-63494-690-2(1))*** Pr. Room Editions LLC.

Oklahoma City Thunder. Michael E. Goodman. 2018. (NBA Champions Ser.). (ENG.). 24p. (J). (gr. 1-4). pap. 8.99 *(978-1-62832-580-5(1)*, 19827, Creative Paperbacks); (Illus.). lib. bdg. *(978-1-64026-025-2(0)*, 19809, Creative Education) Creative Co., The.

Oklahoma City Thunder. K. C. Kelley. 2019. (Insider's Guide to Pro Basketball Ser.). (ENG.). 32p. (J). (gr. 1-4). lib. bdg. 35.64 *(978-1-5038-2472-0(1)*, 212264) Child's World, Inc, The.

Oklahoma City Thunder. Brian Mahoney. 2022. (Inside the NBA (2023) Ser.). (ENG., Illus.). 48p. (J). (gr. 3-6). lib. bdg. 34.21 *(978-1-5321-9838-0(8)*, 39781, SportsZone) ABDO Publishing Co.

Oklahoma City Thunder. Jim Whiting. 2017. (NBA: a History of Hoops Ser.). (ENG., Illus.). 48p. (J). (gr. 4-7). *(978-1-60818-855-0(8)*, 20270, Creative Education) Creative Co., The.

Oklahoma Fame! Jim Thorpe, Will Rogers, Maria Tallchief. Kathryn L. O'Dell. 2017. (Text Connections Guided Close Reading Ser.). (J). (gr. 2). *(978-1-4900-1855-3(7))* Benchmark Education Co.

Oklahoma Night Before Christmas. Carolyn Macy. 2017. (ENG., Illus.). (J). pap. 11.99 *(978-0-9989127-2-1(7))*; (gr. -1-3). 29.99 *(978-0-9989127-3-8(5))* Macy, Carolyn.

Oklahoma Night Before Christmas Coloring Book. Carolyn Macy. 2017. (ENG., Illus.). (J). pap. 9.99 *(978-0-9989127-7-6(8))* Macy, Carolyn.

Oklahoma Sooners. Jim Gigliotti. 2021. (College Football Teams Ser.). (ENG.). 24p. (J). (gr. 3-6). lib. bdg. 32.79 *(978-1-5038-5038-5(2)*, 214886) Child's World, Inc, The.

Oklahoma Sooners. Todd Ryan. 2020. (Inside College Football Ser.). (ENG., Illus.). 48p. (J). (gr. 4-4). pap. 11.95 *(978-1-64494-470-7(7))*; lib. bdg. 34.21 *(978-1-5321-9248-7(7)*, 35107) ABDO Publishing Co. (SportsZone).

Oklahoma State Cowboys. Thomas Carothers. 2018. (Inside College Football Ser.). (ENG., Illus.). 48p. (J). (gr. 3-6). lib. bdg. 34.21 *(978-1-5321-1459-5(1)*, 29042, SportsZone) ABDO Publishing Co.

Oklahoma Way. Jay Kennedy. 2017. (ENG., Illus.). 252p. (YA). pap. 16.95 *(978-1-64082-649-6(1))* Page Publishing Inc.

Oko Loves Singing. Catherine Kereku. Illus. by Stefan Bogdasarov. 2021. (ENG.). 26p. (J). pap. *(978-1-922621-48-1(X))* Library For All Limited.

Okoye to the People: A Black Panther Novel. Ibi Zoboi. ed. 2022. (ENG.). 288p. (YA). (gr. 7-12). 17.99 *(978-1-368-04697-8(5))* Marvel Worldwide, Inc.

Okuvvuunula Qur'an Entukuvu: Lulimi Oluganda. Tr. by Abtahiyyu Ibrahim Kinobe Gunnadda et al. 2018. (LUG., Illus.). 500p. (gr. 2-18). pap. 20.00 *(978-1-879402-37-9(8))* Tahrike Tarsile Quran, Inc.

Ol' Jimmy Dollar. Slim Randles. Illus. by Jerry Montoya. 2018. (ENG.). 52p. (J). (gr. 1-3). pap. 17.95 *(978-1-943681-24-2(4))* Nuevo Bks.

Ol' Stampin' Grounds: And Other Poems (Classic Reprint) Howard Dwight Smiley. 2018. (ENG., Illus.). 134p. (J). 26.66 *(978-0-267-23076-1(1))* Forgotten Bks.

Ola, Brazil. Corey Anderson. 2019. (Countries of the World Ser.). (ENG., Illus.). 48p. (J). (gr. 4-8). pap. 17.07 *(978-1-5341-5089-8(7)*, 213663); lib. bdg. 39.21 *(978-1-5341-4803-1(5)*, 213662) Cherry Lake Publishing.

Ola de Alegria para Jose Maria. Kochka. Illus. by Sophie Bouxom. 2020. (SPA.). 32p. (J). (gr. -1-2). 12.95 *(978-84-9145-333-8(4)*, Picarona Editorial) Ediciones Obelisco ESP. Dist: Spanish Pubs., LLC.

Ola de Estrellas. Dolores Brown. Illus. by Sonja Wimmer. 2020. (SPA.). 44p. (J). 15.95 *(978-84-17673-40-6(7))* NubeOcho Ediciones ESP. Dist: Consortium Bk. Sales & Distribution.

Olaf Hajek's Fantastic Fruits. Olaf Hajek. 2022. (ENG., Illus.). 40p. (J). (gr. 1-4). 19.95 *(978-3-7913-7506-9(7))* Prestel Verlag GmbH & Co KG. DEU. Dist: Penguin Random Hse. LLC.

Olaf Loves... Everything! Disney Editors. ed. 2016. (Frozen 8X8 Ser.). lib. bdg. 14.75 *(978-0-606-39858-9(9))* Turtleback.

Olaf Loves to Read! John Edwards. ed. 2020. (Step into Reading Ser.). (ENG., Illus.). 23p. (J). (gr. 2-3). 14.96 *(978-1-64697-360-6(7))* Penworthy Co., LLC, The.

Olaf Loves to Read! (Disney Frozen 2) RH Disney. Illus. by RH Disney. 2020. (Step into Reading Ser.). (ENG., Illus.). 24p. (J). (gr. -1-1). 5.99 *(978-0-7364-4082-0(8)*, RH/Disney) Random Hse. Children's Bks.

Olaf Mimics Monkeys. Tracilyn George. 2020. (ENG.). 22p. (J). pap. 11.00 *(978-1-990153-70-9(4))* Lulu Pr., Inc.

Olaf the Norwegian Fjord Horse. Kristi Argyle. 2021. (ENG.). 20p. (J). pap. 19.99 *(978-1-6628-0692-6(2))* Salem Author Services.

Olaf Waits for Spring. Victoria Saxon. 2018. (Illus.). (J). *(978-1-5444-0196-6(5)*, Golden Bks.) Random Hse. Children's Bks.

Olaf Waits for Spring (Disney Frozen) Victoria Saxon. Illus. by RH Disney. 2018. (Little Golden Book Ser.). (ENG.). 24p. (J). (-k). 4.99 *(978-0-7364-3765-3(7)*, Golden/Disney) Random Hse. Children's Bks.

Olaf's Frozen Adventure. Illus. by Joey Chou. 2017. (J). *(978-1-5379-5893-4(3)*, Golden Bks.) Random Hse. Children's Bks.

Olaf's Frozen Adventure Little Golden Book (Disney Frozen) Andrea Posner-Sanchez. Illus. by Joey Chou. 2017. (Little Golden Book Ser.). (ENG.). 24p. (J). (-k). 4.99 *(978-0-7364-3835-3(1)*, Golden/Disney) Random Hse. Children's Bks.

Olaf's Frozen Adventure Mad Libs: World's Greatest Word Game. Mickie Matheis. 2017. (Mad Libs Ser.). (ENG.). 48p. (J). (gr. 3-7). pap. 4.99 *(978-0-515-15960-8(3)*, Mad Libs) Penguin Young Readers Group.

Olaf's Frozen Adventure: Olaf's Journey: A Light-Up Board Book. Disney Books. 2017. (Light-Up Board Book Ser.). (ENG., Illus.). 10p. (J). (gr. -1-k). bds. 12.99 *(978-1-368-00674-3(4)*, Disney Press Books) Disney Publishing Worldwide.

Olaf's Frozen Adventure Read-Along Storybook & CD. Disney Books. Illus. by Disney Storybook Disney Storybook Art Team. 2017. (Read-Along Storybook & CD Ser.). (ENG.). 32p. (J). (gr. 1-3). pap. 6.99 *(978-1-4847-8491-4(X)*, Disney Press Books) Disney Publishing Worldwide.

Olaf's Little Library (Disney Frozen) 4 Board Books, 4 vols. RH Disney. Illus. by Disney Storybook Disney Storybook Art Team. 2020. (ENG.). 96p. (J). (— 1). bds. 15.99 *(978-0-7364-4097-4(6)*, RH/Disney) Random Hse. Children's Bks.

Olaf's Night Before Christmas Book & CD. Disney Books. 2019. (ENG., Illus.). 32p. (J). (gr. 1-3). 6.99 *(978-1-368-05174-3(X)*, Disney Press Books) Disney Publishing Worldwide.

Olaudah Equiano: A Man of Many Names. Emily J. Maurits. 2022. (ENG.). 144p. (J). pap. 9.99 *(978-1-5271-0876-9(7)*, d24353b7-193f-4d7c-85a4-91b3bce4b4a7, CF4Kids) Christian Focus Pubns. GBR. Dist: Baker & Taylor Publisher Services (BTPS).

Olcie & Tobascus. Donna Forrest Gorsick. 2021. (ENG., Illus.). 30p. (J). pap. 12.95 *(978-1-63710-592-4(4))* Fulton Bks.

Old Academy (Classic Reprint) Charles McMorris Purdy. 2018. (ENG., Illus.). 98p. (J). 25.94 *(978-0-483-79002-5(8))* Forgotten Bks.

Old Adam: A Story of Adventure (Classic Reprint) Arnold Bennett. 2018. (ENG., Illus.). 366p. (J). 31.47 *(978-0-267-60109-7(3))* Forgotten Bks.

Old Adam, Vol. 1 Of 3: A Tale of an Army Crammer (Classic Reprint) Hugh Coleman Davidson. (ENG., Illus.). (J). 2018. 282p. 29.73 *(978-0-428-73875-4(3))*; 2016. pap. 13.57 *(978-1-333-71946-3(9))* Forgotten Bks.

Old Adam, Vol. 2 Of 3: A Tale of an Army Crammer (Classic Reprint) Hugh Coleman Davidson. 2018. (ENG., Illus.). 260p. (J). 29.26 *(978-0-428-37417-4(4))* Forgotten Bks.

Old Adam, Vol. 3 Of 3: A Tale of an Army Crammer (Classic Reprint) Hugh Coleman Davidson. 2018. (ENG., Illus.). 288p. (J). 29.84 *(978-0-267-17258-0(3))* Forgotten Bks.

Old & New Clapham (Classic Reprint) Alexander Millar. (ENG., Illus.). (J). 2018. 40p. 24.72 *(978-0-267-74598-2(2))*; 2016. pap. 7.97 *(978-1-334-15678-6(6))* Forgotten Bks.

Old & New, Vol. 9: January 1874, to July 1874 (Classic Reprint) Edward Everett Hale. (ENG., Illus.). (J). 2018. 796p. 40.31 *(978-0-666-77034-9(4))*; 2017. pap. 23.57 *(978-1-334-92517-7(8))* Forgotten Bks.

Old Andover Days (Classic Reprint) Unknown Author. 2017. (ENG., Illus.). (J). 28.29 *(978-0-266-19588-7(1))* Forgotten Bks.

Old Andy (Classic Reprint) Dorothea Conyers. (ENG., Illus.). (J). 2018. 328p. 30.66 *(978-0-483-67792-0(2))*; 2017. pap. 13.57 *(978-0-243-28814-4(X))* Forgotten Bks.

Old Apple Tree & Friends. Jack Parnell. Illus. by Bonnie Shields & Lon Parnell. 2020. (ENG.). 120p. (J). 29.95 *(978-1-879628-55-7(4))*; pap. 19.95 *(978-1-879628-56-4(2))* Keokee Co. Publishing, Inc. (Keokee Bks.).

Old Apple Tree Talks Happiness. Jack Parnell. 2022. (ENG.). 34p. (J). pap. 14.95 ***(978-1-879628-84-7(8)***, Keokee Bks.) Keokee Co. Publishing, Inc.

Old Army Sketches (Classic Reprint) W. H. Carter. 2018. (ENG., Illus.). 212p. (J). 28.29 *(978-0-364-08106-8(6))* Forgotten Bks.

Old Babylonia Children's Middle Eastern History Books. Baby Professor. 2017. (ENG., Illus.). (J). pap. 7.89 *(978-1-5419-0389-0(7)*, Baby Professor (Education Kids)) Speedy Publishing LLC.

Old Back Room (Classic Reprint) Jennie Harrison. (ENG., Illus.). (J). 2018. 404p. 32.23 *(978-0-483-59614-6(0))*; 2016. pap. 16.57 *(978-1-333-23117-0(2))* Forgotten Bks.

Old Ballads, Historical & Narrative, Vol. 2 Of 4: With Some of Modern Date, Collected from Rare Copies & REV. & Considerably Enlarged from Public & Private Collections (Classic Reprint) Thomas Evans. 2018. (ENG., Illus.). 330p. (J). 30.72 *(978-0-656-97339-2(0))* Forgotten Bks.

Old Ballads, Historical & Narrative, Vol. 3 Of 4: With Some of Modern Date (Classic Reprint) Thomas Evans. 2018. (ENG., Illus.). 374p. (J). 31.61 *(978-0-365-27903-7(X))* Forgotten Bks.

Old Ballads, Historical & Narrative, Vol. 4 Of 4: With Some of Modern Date, Collected from Rare Copies & Mss (Classic Reprint) Thomas Evans. 2018. (ENG., Illus.). 360p. (J). 31.34 *(978-0-365-37123-6(8))* Forgotten Bks.

Old Ballads, Historical & Narrative, with Some of Modern Date, Vol. 2 Of 4: Collected from Rare Copies & Mss (Classic Reprint) Thomas Evans. (ENG., Illus.). (J). 2018. 378p. 31.69 *(978-0-483-35007-6(9))*; 2017. pap. 16.57 *(978-0-259-41397-4(6))* Forgotten Bks.

Old Ballads Illustrating the Great Frost of 1683-4 & the Fair on the River Thames (Classic Reprint) Edward F. Rimbault. 2017. (ENG., Illus.). (J). 25.30 *(978-0-265-53517-2(4))*; pap. 9.57 *(978-0-282-72781-9(7))* Forgotten Bks.

Old Ballads in Prose (Classic Reprint) Eva March Tappan. (ENG., Illus.). (J). 2018. 176p. 27.53 *(978-0-666-89797-8(2))*; 2017. pap. 9.97 *(978-0-259-77309-2(3))* Forgotten Bks.

Old Bear. Jane Hissey. 2020. (Old Bear & Friends Ser.). (ENG.). 32p. (J). (gr. -1-1). 14.99 *(978-1-912904-84-6(5))*, Scribblers) Book Hse. GBR. Dist: Sterling Publishing Co., Inc.

Old Beggar, Vol. 12 (Classic Reprint) Unknown Author. 2018. (ENG., Illus.). 98p. (J). 25.94 *(978-0-483-41102-9(7))* Forgotten Bks.

Old Belief Children's Norse Folktales. Baby Professor. 2017. (ENG., Illus.). (J). pap. 7.89 *(978-1-5419-0451-4(6))*, Baby Professor (Education Kids)) Speedy Publishing LLC.

Old Benches with New Props (Classic Reprint) Mary Dwinell Chellis. 2018. (ENG., Illus.). 328p. (J). 30.68 *(978-0-483-27261-3(2))* Forgotten Bks.

Old Black Witch! Wende And Harry Devlin. 2022. (ENG.). 34p. (J). pap. 14.99 *(978-1-948959-80-3(1))* Purple Hse. Pr.

Old Blackfriars: A Story of the Days of Sir Anthony Van Dyck (Classic Reprint) Beatrice Marshall. 2017. (ENG., Illus.). (J). 356p. 31.26 *(978-0-484-58239-1(9))*; pap. 13.97 *(978-0-259-24403-5(1))* Forgotten Bks.

Old Block's Sketch-Book: Or, Tales of California Life (Classic Reprint) Alonza Delano. 2017. (ENG., Illus.). (J). 25.77 *(978-0-265-85968-1(9))* Forgotten Bks.

Old Blood (Classic Reprint) Frederick Palmer. 2018. (ENG., Illus.). 406p. (J). 32.27 *(978-0-364-19814-8(1))* Forgotten Bks.

Old Boniface: A Novel (Classic Reprint) George H. Picard. 2018. (ENG., Illus.). 288p. (J). 29.86 *(978-0-483-56502-9(4))* Forgotten Bks.

Old Book Collector's Miscellany: Or, a Collection of Readable Reprints of Literary Rarities, Illustrative of the History, Literature, Manners, & Biography of the English Nation During the Sixteenth & Seventeenth Centuries (Classic Reprint) Charles Hindley. 2018. (ENG., Illus.). 352p. (J). 31.16 *(978-0-483-65506-5(6))* Forgotten Bks.

Old Book Collector's Miscellany, or a Collection of Readable Reprints of Literary Rarities, Illustrative of the History, Literature, Manners & Biography of the English Nation During the Sixteenth & Seventeenth Centuries, Vol. 3 (Classic Reprint) Charles Hindley. (ENG., Illus.). (J). 2018. 680p. 37.94 *(978-0-483-88588-2(6))*; 2017. pap. 20.57 *(978-0-243-90598-0(X))* Forgotten Bks.

Old Book Collector's Miscellany, or a Collection of Readable Reprints of Literary Rarities, Vol. 1: Illustrative of the History, Literature, Manners & Biography of the English Nation During the Sixteenth & Seventeenth Centuries. Charles Hindley. 2018. (ENG., Illus.). 650p. (J). 37.30 *(978-0-267-37165-5(9))* Forgotten Bks.

Old Book Collector's Miscellany, or a Collection of Readable Reprints of Literary Rarities, Vol. 1: Illustrative of the History, Literature, Manners, & Biography of the English Nation During the Sixteenth & Seventeenth Centuries (Classic Reprint) Charles Hindley. 2018. (ENG., Illus.). 360p. (J). 31.32 *(978-0-332-20015-6(9))* Forgotten Bks.

Old Book Collector's Miscellany, or a Collection of Readable Reprints of Literary Rarities, Vol. 4: Illustrative of the History, Literature, Manners, & Biography of the English Nation During the Sixteenth & Seventeenth Centuries (Classic Reprint) Charles Hindley. 2018. (ENG., Illus.). 400p. (J). 32.17 *(978-0-484-39544-1(0))* Forgotten Bks.

Old Book Collector's Miscellany, Vol. 3: Or, a Collection of Readable Reprints of Literary Rarities, Illustrative of the History, Literature, Manners, & Biography of the English Nation During the Sixteenth & Seventeenth Centuries. Charles Hindley. (ENG., Illus.). (J). 2018. 386p. 31.88 *(978-0-483-68988-6(2))*; 2016. pap. 16.57 *(978-1-333-52803-4(5))* Forgotten Bks.

Old Book Collector's Miscellany, Vol. 3: Or a Collection of Readable Reprints of Literary Rarities, Illustrative of the History, Literature, Manners, & Biography of the English Nation During the Sixteenth & Seventeenth Centuries (Classic Reprint) Charles Hindley. 2018. (ENG., Illus.). 730p. (J). 38.97 *(978-0-365-52204-1(X))* Forgotten Bks.

Old Boston for Young Eyes (Classic Reprint) Unknown Author. (ENG., Illus.). (J). 2018. 34p. 24.62 *(978-0-365-31832-3(9))*; 2016. pap. 7.97 *(978-1-334-63310-2(X))* Forgotten Bks.

Old Bowen's Legacy: A Novel (Classic Reprint) Edwin Asa Dix. 2018. (ENG., Illus.). 298p. (J). 30.06 *(978-0-483-76942-7(8))* Forgotten Bks.

Old Brick House: And Other Stories (Classic Reprint) Charlotte Beath Brown. (ENG., Illus.). (J). 2018. 184p. 27.69 *(978-0-483-80428-9(2))*; 2017. pap. 10.57 *(978-0-243-28802-1(6))* Forgotten Bks.

Old Bureau: And Other Tales (Classic Reprint) D. C. Colesworthy. 2017. (ENG., Illus.). (J). 32.39 *(978-0-331-83956-2(3))* Forgotten Bks.

Old Bush Songs: Composed & Sung in the Bushranging, Digging, & Overlanding Days (Classic Reprint) A. B. Paterson. 2018. (ENG., Illus.). 190p. (J). 27.82 *(978-0-267-17549-9(3))* Forgotten Bks.

Old Capitol & Its Inmates (Classic Reprint) Virginia Lomax. 2017. (ENG., Illus.). (J). 28.66 *(978-0-331-90220-4(6))*; pap. 10.97 *(978-0-243-46633-7(1))* Forgotten Bks.

Old Caravan Days (Classic Reprint) Mary Hartwell Catherwood. 2018. (ENG., Illus.). 324p. (J). 30.62 *(978-0-484-82838-3(X))* Forgotten Bks.

Old Card (Classic Reprint) Roland Pertwee. 2018. (ENG., Illus.). 286p. (J). 29.80 *(978-0-365-50484-9(X))* Forgotten Bks.

Old Ceylon. John Capper. 2017. (ENG.). 220p. (J). pap. *(978-3-337-23009-8(1))* Creation Pubs.

Old Ceylon: Sketches of Ceylon Life in the Olden Time (Classic Reprint) John Capper. 2018. (ENG., Illus.). 222p. (J). 28.50 *(978-0-332-49708-2(9))* Forgotten Bks.

Old Charlie, the Fire Horse. D. L. Yamada. 2018. (ENG., Illus.). 30p. (J). pap. 15.95 *(978-1-64140-522-5(8))* Christian Faith Publishing.

Old Chelsea Bun-House: A Tale of the Last Century (Classic Reprint) Unknown Author. 2018. (ENG., Illus.). 346p. (J). 31.03 *(978-0-267-16731-9(8))* Forgotten Bks.

Old Chester Secret (Classic Reprint) Margaret Deland. 2018. (ENG., Illus.). 150p. (J). 27.01 *(978-0-656-74199-1(6))* Forgotten Bks.

Old Chester Tales (Classic Reprint) Margaret Wade Campbell Deland. 2018. (ENG., Illus.). 406p. (J). 32.27 *(978-0-332-90993-6(X))* Forgotten Bks.

Old China & Other Essays of Elia (Classic Reprint) Charles Lamb. 2017. (ENG., Illus.). (J). 26.08 *(978-0-331-46714-7(3))*; pap. 9.57 *(978-0-260-29000-7(9))* Forgotten Bks.

Old China (Classic Reprint) Charles Lamb. 2017. (ENG., Illus.). (J). 24.47 *(978-0-331-57136-3(6))*; pap. 7.97 *(978-0-243-47088-4(6))* Forgotten Bks.

Old Chinatown: A Book of Pictures (Classic Reprint) Arnold Genthe. (ENG., Illus.). (J). 2018. 218p. 28.39 *(978-0-365-50497-9(1))*; 2016. pap. 10.97 *(978-1-334-11799-2(3))* Forgotten Bks.

Old Christie's Cabin (Classic Reprint) Emily Brodie. 2018. (ENG., Illus.). 230p. (J). 28.64 *(978-0-267-21664-2(5))* Forgotten Bks.

Old Christmas & Bracebridge Hall. Washington. Irving. 2017. (ENG.). 362p. (J). pap. *(978-3-337-16451-5(X))* Creation Pubs.

Old Christmas & Bracebridge Hall (Classic Reprint) Washington. Irving. 2018. (ENG., Illus.). 360p. (J). 31.32 *(978-0-483-70406-0(7))* Forgotten Bks.

Old Christmas & Other Kentucky Tales in Verse (Classic Reprint) William Aspenwall Bradley. 2017. (ENG., Illus.). (J). 26.60 *(978-0-332-01223-0(9))* Forgotten Bks.

Old Christmas Carols of the Southern Counties (Classic Reprint) Alice E. Gillington. 2017. (ENG., Illus.). (J). 24.64 *(978-0-266-75642-2(5))*; pap. 7.97 *(978-1-5277-3550-7(8))* Forgotten Bks.

Old Christmas (Classic Reprint) Washington. Irving. (ENG., Illus.). (J). 2018. 70p. 25.34 *(978-0-364-14810-5(1))*; 2017. 28.10 *(978-0-266-36571-6(X))* Forgotten Bks.

Old Christmas Tales: 45 Classic Stories & Poems from the Victorian Era & Beyond. Charles Dickens et al. 2019. (ENG., Illus.). 208p. (J). pap. *(978-4-909069-18-4(6))* Hart Warming Classics.

Old Church vs. the New Church. Justin Williams & Cynthia Bowie. 2021. (ENG.). 98p. (C). *(978-1-7948-2660-1(2))* Lulu Pr., Inc.

Old Class Reunion (Classic Reprint) Willis N. Bugbee. (ENG., Illus.). (J). 2018. 20p. 24.33 *(978-0-365-51521-0(3))*; 2017. pap. 7.97 *(978-0-259-97541-0(9))* Forgotten Bks.

Old Cobblestone House: A Ghost Story (Classic Reprint) Charlotte Curtis Smith. 2017. (ENG., Illus.). (J). 26.56 *(978-0-266-47413-5(6))* Forgotten Bks.

Old Colony Days: Stories of the First Settlers & How Our Country Grew (Classic Reprint) Mary Hazelton Wade. 2018. (ENG., Illus.). 198p. (J). 27.98 *(978-0-666-18810-6(6))* Forgotten Bks.

Old Colony Days (Classic Reprint) Lucile Blackburn Berry. (ENG., Illus.). (J). 2018. 40p. 24.72 *(978-0-428-76940-6(3))*; 2016. pap. 7.97 *(978-1-334-11849-4(3))* Forgotten Bks.

Old Colony Town & Other Sketches (Classic Reprint) William Root Bliss. 2018. (ENG., Illus.). 240p. (J). 28.87 *(978-0-666-51120-1(9))* Forgotten Bks.

Old Commodore (Classic Reprint) Frederick Marryat. (ENG., Illus.). (J). 2018. 316p. 30.41 *(978-0-332-16128-0(5))*; 2017. pap. 13.57 *(978-0-259-09382-4(3))* Forgotten Bks.

Old Concord: Her Highways & Byways (Classic Reprint) Margaret Sidney. (ENG., Illus.). (J). 2018. 114p. 26.25 *(978-0-483-25407-7(X))*; 2017. 27.69 *(978-0-331-58943-6(5))* Forgotten Bks.

Old Continental, Vol. 1 Of 2: Or the Price of Liberty (Classic Reprint) Unknown Author. (ENG., Illus.). (J). 2018. 388p. 31.90 *(978-0-483-55039-1(6))*; 2016. pap. 16.57 *(978-1-334-52597-1(8))* Forgotten Bks.

Old Convict Days (Classic Reprint) Louis Becke. 2017. (ENG., Illus.). (J). 356p. 31.24 *(978-0-484-25617-9(3))*; pap. 13.97 *(978-0-259-48799-9(6))* Forgotten Bks.

Old Countess, or the Two Proposals (Classic Reprint) Ann S Stephens. (ENG., Illus.). (J). 2018. 286p. 29.82 *(978-0-483-81912-2(3))*; 2016. pap. 13.57 *(978-1-334-19402-3(5))* Forgotten Bks.

Old Country: A Book of Love Praise of England (Classic Reprint) Jean Rhys. 2018. (ENG., Illus.). 356p. (J). 31.26 *(978-0-484-46283-9(0))* Forgotten Bks.

Old Country House (Classic Reprint) Le Gallienne. 2018. (ENG., Illus.). 150p. (J). 26.99 *(978-0-331-87554-6(3))* Forgotten Bks.

Old Country House, Vol. 1: A Novel (Classic Reprint) Grey. 2018. (ENG., Illus.). 306p. (J). 30.21 *(978-0-267-18898-7(6))* Forgotten Bks.

Old Country House, Vol. 2 Of 3: A Novel (Classic Reprint) Elizabeth Caroline Grey. (ENG., Illus.). (J). 2018. 322p. 30.54 *(978-0-484-63313-0(9))*; 2016. pap. 13.57 *(978-1-334-21712-8(2))* Forgotten Bks.

Old Country House, Vol. 3 Of 3: A Novel (Classic Reprint) Grey. 2018. (ENG., Illus.). 354p. (J). 31.20 *(978-0-428-28151-9(6))* Forgotten Bks.

Old Country Life (Classic Reprint) S. Baring Gould. 2018. (ENG., Illus.). 380p. (J). 31.75 *(978-0-365-45894-4(5))* Forgotten Bks.

Old Court a Novel (Classic Reprint) William Harrison Ainsworth. 2018. (ENG., Illus.). 418p. (J). 32.52 *(978-0-267-15223-0(X))* Forgotten Bks.

Old Courtyard (Classic Reprint) Katherine Macquoid. (ENG., Illus.). (J). 2018. 140p. 26.78 *(978-0-483-63973-7(7))*; 2017. pap. 9.57 *(978-0-259-09529-3(X))* Forgotten Bks.

Old Creole Days: A Story of Creole Life (Classic Reprint) George W. Cable. (ENG., Illus.). (J). 2018. 302p. 30.15 *(978-0-484-02745-8(X))*; 2017. 338p. 30.87 *(978-0-332-06395-9(X))* Forgotten Bks.

Old Creole Days (Classic Reprint) George Washington Cable. 2018. (ENG., Illus.). 242p. (J). 28.89 *(978-0-483-87624-8(0))* Forgotten Bks.

Old Cronies: A Comedietta in One Act, for Two Male Characters (Classic Reprint) S. Theyre Smith. (ENG., Illus.). (J). 2018. 24p. 24.39 *(978-0-483-96177-7(9))*; 2016. pap. 7.97 *(978-1-333-26552-6(2))* Forgotten Bks.

Old Crow & His Friends: Animal Adventures Based upon Indian Myths (Classic Reprint) Katharine B. Judson. (ENG., Illus.). (J). 2018. 228p. 28.60 *(978-0-484-32658-2(9))*; 2016. pap. 10.97 *(978-1-333-32865-8(6))* Forgotten Bks.

Old Crow (Classic Reprint) Alice Brown. 2017. (ENG., Illus.). (J). 35.05 *(978-0-266-21193-8(3))* Forgotten Bks.

Old Curiosity Shop: Illustrated Edition. Charles Dickens. 2019. (ENG.). 388p. (J). (gr. 4-7). pap. *(978-80-268-9217-5(8))* E-Artnow.

Old Curiosity Shop (Classic Reprint) Charles Dickens. (ENG., Illus.). (J). 2018. 696p. 38.25 *(978-1-397-19750-4(1))*; 2018. 698p. pap. 20.97 *(978-1-397-19736-8(6))*; 2017. 38.27 *(978-0-266-53786-1(3))* Forgotten Bks.

Old Curiosity Shop (Classic Reprint) Charles Dickens. 2017. (ENG., Illus.). (J). 43.55 *(978-0-266-52028-3(6))*; pap. 23.97 *(978-0-243-38239-2(1))* Forgotten Bks.

Old Curiosity Shop, Vol. 1 (Classic Reprint) Charles Dickens. 2019. (ENG., Illus.). (J). 568p. 35.63 *(978-1-396-81941-4(X))*; 570p. pap. 19.57 *(978-1-396-81929-2(0))* Forgotten Bks.

Old Curiosity Shop, Vol. 1 Of 2: With the Original Illustrations (Classic Reprint) Charles Dickens. 2017. (ENG., Illus.). (J). 40.77 *(978-0-260-69456-0(8))* Forgotten Bks.

Old Curiosity Shop, Vol. 2 (Classic Reprint) Charles Dickens. 2017. (ENG., Illus.). (J). 30.19 *(978-0-265-39194-5(6))* Forgotten Bks.

Old Curiosity Shop, Vol. 3: And Reprinted Pieces (Classic Reprint) Charles Dickens. 2017. (ENG., Illus.). (J). 30.17 *(978-0-265-37117-6(1))* Forgotten Bks.

Old-Dad (Classic Reprint) Eleanor Hallowell Abbott. 2018. (ENG., Illus.). 252p. (J). 29.11 *(978-0-484-17388-9(X))* Forgotten Bks.

Old Dame & Her Silver Sixpence (Classic Reprint) McLoughlin Bros. 2018. (ENG., Illus.). 22p. (J). 24.35 *(978-0-267-86166-8(4))* Forgotten Bks.

Old Dan (Classic Reprint) Phil Edwards. (ENG., Illus.). (J). 2017. 25.26 *(978-0-260-41120-4(5))*; 2016. pap. 9.57 *(978-1-334-12099-2(4))* Forgotten Bks.

Old Dance Master (Classic Reprint) William Romaine Paterson. (ENG., Illus.). (J). 2018. 380p. 31.75 *(978-0-365-27237-3(X))*; 2016. pap. 16.57 *(978-1-334-12448-8(5))* Forgotten Bks.

Old Days at Beverly Farms (Classic Reprint) Mary Larcom Dow. 2017. (ENG., Illus.). (J). 90p. 25.77 *(978-0-332-45030-8(9))*; pap. 9.57 *(978-1-331-83055-9(9))* Forgotten Bks.

Old Days in Bohemian London (Recollections of Clement Scott) (Classic Reprint) Clement Scott. 2018. (ENG., Illus.). 308p. (J). 30.27 *(978-0-364-37163-3(3))* Forgotten Bks.

Old Days on the Farm (Classic Reprint) A. C. Wood. 2018. (ENG., Illus.). 274p. (J). 29.57 *(978-0-364-79343-5(0))* Forgotten Bks.

Old Days Recalled (Classic Reprint) John Clay. (ENG., Illus.). (J). 2018. 68p. 25.30 *(978-0-267-54874-3(5))*; 2016. pap. 9.57 *(978-1-333-52408-1(0))* Forgotten Bks.

Old Deccan Days. Mary Frere. 2017. (ENG.). 388p. (J). pap. *(978-3-337-24425-5(4))* Creation Pubs.

Old Deccan Days: Or Hindoo Fairy Legends Current in Southern India (Classic Reprint) Mary Frere. 2017. (ENG., Illus.). 268p. (J). 29.44 *(978-0-484-44936-6(2))* Forgotten Bks.

Old Delabole (Classic Reprint) Eden Phillpotts. 2017. (ENG., Illus.). (J). 30.91 *(978-0-265-20574-7(3))* Forgotten Bks.

Old Desires (Classic Reprint) Norman Brookes. 2018. (ENG., Illus.). 296p. (J). 30.00 *(978-0-483-99147-7(3))* Forgotten Bks.

Old Doctor: A Romance of Queer Village (Classic Reprint) John Vance Cheney. 2018. (ENG., Illus.). 206p. (J). 28.15 *(978-0-483-90556-6(9))* Forgotten Bks.

Old Doctor, or Stray Leaves from My Journal: Being Sketches of the Most Interesting Reminiscences of a Retired Physician (Classic Reprint) James A. Maitland. (ENG., Illus.). (J). 2017. 32.06 *(978-0-331-66221-4(3))*; 2016. pap. 16.57 *(978-1-334-67026-8(9))* Forgotten Bks.

Old Dogs & New Tricks. Amy Reeder & Brandon Montclare. Illus. by Natacha Bustos & Tamra Bonvillain. 2017. (Moon Girl & Devil Dinosaur Ser.). (ENG.). 24p. (J). (gr. 2-8). lib. bdg. 31.36 *(978-1-5321-4009-9(6))*, 25497, Marvel Age) Spotlight.

Old Dominion, Vol. 2: A Novel (Classic Reprint) George Payne Rainsford James. 2018. (ENG., Illus.). 326p. (J). 30.64 *(978-0-484-80293-2(3))* Forgotten Bks.

Old Dominion, Vol. 3 Of 3: A Novel (Classic Reprint) George Payne Rainsford James. 2017. (ENG., Illus.). (J). 31.20 *(978-0-260-23256-4(4))* Forgotten Bks.

Old Dorset: Chronicles of a New York Country-Side. Robert Cameron Rogers. 2017. (ENG., Illus.). (J). pap. *(978-0-649-66100-8(1))* Trieste Publishing Pty Ltd.

Old Dorset: Chronicles of a New York Country-Side (Classic Reprint) Robert Cameron Rogers. 2018. (ENG., Illus.). 222p. (J). 28.48 *(978-0-666-50775-4(9))* Forgotten Bks.

Old Dusty's Story (Classic Reprint) W. O. Williams. 2017. (ENG., Illus.). (J). 29.59 *(978-0-260-25411-5(8))* Forgotten Bks.

Old Ebenezer (Classic Reprint) Opie Read. 2018. (ENG., Illus.). 346p. (J). 31.05 *(978-0-364-45703-0(1))* Forgotten Bks.

Old Economy: The Harmony Society (Classic Reprint) Agnes M. Hays Gormly. 2017. (ENG., Illus.). (J). 24.72 *(978-0-331-63324-5(8))* Forgotten Bks.

Old Engagement: A Spinster's Story (Classic Reprint) Julia Day. (ENG., Illus.). (J). 2018. 218p. 28.41 *(978-0-332-87753-2(1))*; 2017. pap. 10.97 *(978-0-243-27769-8(5))* Forgotten Bks.

Old England: A God's-Eye View of a Village (Classic Reprint) Bernard Gilbert. 2017. (ENG., Illus.). (J). 30.62 *(978-0-331-72246-8(1))* Forgotten Bks.

Old English Ballads: Selected & Arranged for Use in Elementary Schools (Classic Reprint) John A. Long. (ENG., Illus.). (J). 2018. 164p. 27.28 *(978-0-267-55535-2(0))*; 2016. pap. 9.97 *(978-1-333-64122-1(2))* Forgotten Bks.

Old English Baron: A Gothic Story (Classic Reprint) Clara Reeve. 2018. (ENG., Illus.). 280p. (J). 29.69 *(978-0-483-79036-0(2))* Forgotten Bks.

Old English Fairy Tales. Sabine Baring-Gould. 2017. (ENG.). 404p. (J). pap. *(978-3-337-24431-6(9))* Creation Pubs.

Old English Fairy Tales (Classic Reprint) Sabine Baring-Gould. (ENG., Illus.). (J). 2017. 434p. 32.85 *(978-0-332-25495-1(X))*; 2016. pap. 16.57 *(978-1-334-16389-0(8))* Forgotten Bks.

Old English Gentleman, Vol. 1 Of 3: Or the Fields & the Woods (Classic Reprint) John Mills. 2018. (ENG., Illus.). 306p. (J). 30.21 *(978-0-483-94712-2(1))* Forgotten Bks.

Old English Gentleman, Vol. 2 Of 3: Or the Fields & the Woods (Classic Reprint) John Mills. 2018. (ENG., Illus.). 286p. (J). 29.80 *(978-0-267-18914-4(1))* Forgotten Bks.

Old English Gentleman, Vol. 3 Of 3: Or, the Fields & the Woods (Classic Reprint) John Mills. 2017. (ENG., Illus.). 282p. (J). 29.71 *(978-0-484-54395-8(4))* Forgotten Bks.

Old English Nursery Songs (Classic Reprint) Horace Mansion. 2018. (ENG., Illus.). 104p. (J). 26.04 *(978-0-332-80787-4(8))* Forgotten Bks.

Old English Songs from Various Sources. Austin Dobson & Hugh Thomson. 2017. (ENG.). (J). 200p. pap. *(978-3-7447-7155-9(5))*; 196p. pap. *(978-3-7447-7187-0(3))* Creation Pubs.

Old Enough, 1 vol. Peter Eyvindson. 2016. (ENG., Illus.). 32p. (J). pap. 5.95 *(978-0-919143-41-8(5))*, db03ac07-9ded-441a-9881-5012c98eb870) Pemmican Pubns., Inc. CAN. Dist: Firefly Bks., Ltd.

Old Enough to Make a Difference: Be Inspired by Real-Life Children Building a More Sustainable Future. Rebecca Hui. Illus. by Anneli Bray. 2023. (Changemakers Ser.). (ENG.). 32p. (J). (gr. 3-7). 18.99 *(978-1-4197-6599-5(X))*, 1796601) Magic Cat GBR. Dist: Abrams, Inc.

Old Enough to Save the Planet. Loll Kirby. Illus. by Adelina Lirius. 2021. (Changemakers Ser.). (ENG.). 32p. (J). (gr. 3-7). 16.99 *(978-1-4197-4914-8(5))*, 1710301) Abrams, Inc.

Old Factory: A Lancashire Story (Classic Reprint) William Westall. (ENG., Illus.). (J). 2018. 382p. 31.78 *(978-0-483-43846-0(4))*; 2017. pap. 16.57 *(978-0-243-92482-0(8))* Forgotten Bks.

Old Factory, Vol. 3 Of 3: A Lancashire Story (Classic Reprint) William Westall. (ENG., Illus.). (J). 2018. 268p. 29.42 *(978-0-666-75782-1(8))*; 2017. pap. 11.97 *(978-0-259-52553-0(7))* Forgotten Bks.

Old Fairy Tales (Classic Reprint) Valentine. 2018. (ENG., Illus.). 404p. (J). 32.25 *(978-0-483-30963-0(X))* Forgotten Bks.

Old Farm Fairies: A Summer Campaign in Brownieland Against King Cobweaver's Pixies; a Story for Young People (Classic Reprint) Henry C. McCook. 2018. (ENG., Illus.). 436p. (J). 32.89 *(978-0-267-19284-7(3))* Forgotten Bks.

Old Farm Gate: Containing Stories & Poems for Children & Youth (Classic Reprint) Richard Coe. 2018. (ENG., Illus.). 168p. (J). 27.38 *(978-0-666-68008-2(6))* Forgotten Bks.

Old Farm House (Classic Reprint) Dawson A. Blanchard. 2018. (ENG., Illus.). 52p. (J). 24.99 *(978-0-484-51588-7(8))* Forgotten Bks.

Old Farm House (Classic Reprint) Caroline Hyde Butler Laing. (ENG., Illus.). (J). 2018. 456p. 33.32 *(978-0-666-20147-8(1))*; 2017. pap. 16.57 *(978-0-243-41772-8(1))* Forgotten Bks.

Old Farmer's Almanac for Kids, Volume 10. Old Farmer's Almanac. ed. 2023. (ENG.). 192p. (J). (gr. 2-6). pap. 11.95 ***(978-1-57198-959-8(5)***, Old Farmer's Almanac) Yankee Publishing, Inc.

Old Farmer's Almanac for Kids, Volume 7, Vol. 7. Old Farmer's Old Farmer's Almanac. ed. 2017. (ENG., Illus.). 192p. (J). pap. 9.95 *(978-1-57198-743-3(6))*, 1662808, Old Farmer's Almanac) Yankee Publishing, Inc.

Old-Fashioned Fairy Book (Classic Reprint) Burton Harrison. 2018. (ENG., Illus.). 370p. (J). 31.55 *(978-0-483-72041-1(0))* Forgotten Bks.

Old-Fashioned Fairy Tales. Juliana Horatia Ewing. 2017. (ENG., Illus.). (J). pap. *(978-0-649-12377-3(8))* Trieste Publishing Pty Ltd.

Old-Fashioned Fairy Tales: Brothers of Pity & Other Tales of Beasts & Men (Classic Reprint) Juliana Horatia Ewing. 2018. (ENG., Illus.). 306p. (J). 30.23 *(978-0-332-43377-6(3))* Forgotten Bks.

Old-Fashioned Fairy Tales (Classic Reprint) Juliana Horatia Ewing. 2018. (ENG., Illus.). 196p. (J). 27.94 *(978-0-267-16172-0(7))* Forgotten Bks.

Old-Fashioned Farm Life Coloring Book: An Adult Coloring Book Features over 30 Pages of Giant Super Jumbo Large Designs of Old Country Scenes, Farm Life, Nature Scenes, Peaceful Landscapes for Meditation & Relaxation. Beatrice Harrison. 2020. (ENG.). 34p. (YA). pap. 7.86 *(978-1-716-73783-1(4))* Lulu Pr., Inc.

Old Fashioned Folk, Vol. 1 (Classic Reprint) F Hopkinson Smith. 2018. (ENG., Illus.). 60p. (J). 25.15 *(978-0-483-46068-3(0))* Forgotten Bks.

Old-Fashioned Garden, & Walks & Musings Therein (Classic Reprint) Lydia Louisa Anna Very. 2017. (ENG., Illus.). (J). pap. 9.97 *(978-0-243-95706-4(8))* Forgotten Bks.

Old-Fashioned Garden, & Walks & Musings Therein (Classic Reprint) Lydia Louise Anna Very. 2018. (ENG., Illus.). 166p. (J). 27.34 *(978-0-267-00349-5(8))* Forgotten Bks.

Old-Fashioned Garden Pickin's Coloring Book. Bobo's Adult Activity Books. 2016. (ENG., Illus.). (J). pap. 9.33 *(978-1-68327-684-5(1))* Sunshine In My Soul Publishing.

Old-Fashioned Girl. Louisa May Alcott. 2023. (Louisa May Alcott Hidden Gems Collection). (ENG.). 384p. (J). (gr. 3). 17.99 ***(978-1-6659-2619-5(8))***; pap. 7.99 ***(978-1-6659-2618-8(X))*** Simon & Schuster Children's Publishing. (Aladdin).

Old-Fashioned Girl (Classic Reprint) Louisa Alcott. 2017. (ENG., Illus.). (J). 32.15 *(978-0-266-90726-8(1))* Forgotten Bks.

Old-Fashioned Journey Through England & Wales (Classic Reprint) James John Hissey. (ENG., Illus.). (J).

1502

The check digit for ISBN-10 appears in parentheses after the full ISBN-13

2018. 384p. 31.84 *(978-0-484-06924-3(1))*; 2016. pap. 16.57 *(978-1-334-12908-7(8))* Forgotten Bks.

Old Fashioned Mother: To the Memory of My Mother, Marion Benjamin Hare (Classic Reprint) Unknown Author. 2018. (ENG., Illus.). 78p. (J). 25.51 *(978-0-483-97680-1(6))* Forgotten Bks.

Old Fashioned Stories & Poems (Classic Reprint) Eva March Tappan. (ENG., Illus.). (J). 2018. 534p. 34.91 *(978-0-483-99897-1(4))*; 2016. pap. 19.57 *(978-1-333-37324-5(4))* Forgotten Bks.

Old Fashioned Tales (Classic Reprint) E. V. Lucas. 2018. (ENG., Illus.). 420p. (J). 32.62 *(978-0-428-62322-7(0))* Forgotten Bks.

Old-Fashioned Wit & Humour: In Verse (Classic Reprint) William Jackson. (ENG., Illus.). (J). 2018. 116p. 26.29 *(978-0-267-00065-4(0))*; 2017. pap. 9.57 *(978-0-243-41375-1(0))* Forgotten Bks.

Old Father Mackintosh. Olusegun Adebayo. 2017. (ENG., Illus.). (J). pap. *(978-0-9957951-1-2(8))* Canaan Bks. Publishing.

Old-Field School-Girl (Classic Reprint) Marion Harland. 2017. (ENG., Illus.). (J). pap. 11.57 *(978-0-259-17200-0(6))* Forgotten Bks.

Old Fire Eyes. Kathleen Valle. 2021. (ENG.). 274p. (YA). pap. 15.99 *(978-1-0983-8942-0(5))* BookBaby.

Old Fireside, and, Little Ernie (Classic Reprint) W. A. Stigler. 2018. (ENG., Illus.). (J). 42p. 24.76 *(978-0-366-56635-8(0))*; 44p. pap. 7.97 *(978-0-366-28294-4(8))* Forgotten Bks.

Old Flag (Classic Reprint) Richard Hooker Wilmer. (ENG., Illus.). (J). 2018. 390p. 31.94 *(978-0-267-00040-1(5))*; 2016. pap. 16.57 *(978-1-334-11684-1(9))* Forgotten Bks.

Old Flute-Player: A Romance of to-Day (Classic Reprint) Edward Marshall. (ENG., Illus.). (J). 2018. 280p. 29.67 *(978-0-483-60402-5(X))*; 2017. pap. 13.57 *(978-0-243-27560-1(9))* Forgotten Bks.

Old Forest Ranger: Or, Wild Sports of India on the Neilgherry Hills, in the Jungles, & on the Plains (Classic Reprint) Walter Campbell. 2017. (ENG., Illus.). (J). 33.96 *(978-0-331-51588-6(1))* Forgotten Bks.

Old Forge, New York (Classic Reprint) Adirondack Development Corporation. 2017. (ENG., Illus.). (J). 24.43 *(978-0-265-60032-0(4))*; pap. 7.97 *(978-0-282-93264-0(X))* Forgotten Bks.

Old Foye Days, Vol. 2: An Authentic Account of the Exploits of the Smugglers in & Around the Port of Fowey (Classic Reprint) Henry N. Shore. 2017. (ENG., Illus.). (J). 26.04 *(978-0-266-55641-1(8))* Forgotten Bks.

Old French Fairy Tales (Classic Reprint) Sophie Segur. 2018. (ENG., Illus.). (J). 29.90 *(978-0-260-00525-0(8))* Forgotten Bks.

Old Friends. Margaret Aitken. Illus. by Lenny Wen. 2022. (ENG.). 32p. (J). 18.99 *(978-1-250-80138-8(9)*, 900243020) Feiwel & Friends.

Old Friends. Andrew Lang. 2017. (ENG.). 194p. (J). pap. *(978-3-337-39723-4(9))* Creation Pubs.

Old Friends: Essays in Epistolary Parody (Classic Reprint) Andrew Lang. 2017. (ENG., Illus.). (J). 27.94 *(978-1-5285-7637-6(3))* Forgotten Bks.

Old Friends: Essays in Epistolary Parody, Pp. 1-177. Andrew Lang. 2017. (ENG., Illus.). (J). pap. *(978-0-649-47069-3(9))* Trieste Publishing Pty Ltd.

Old Friends & New Acquaintances (Classic Reprint) Agnes Strickland. 2017. (ENG., Illus.). 382p. (J). 31.80 *(978-0-332-21035-3(9))* Forgotten Bks.

Old Friends & New (Classic Reprint) Sarah Orne Jewett. 2017. (ENG., Illus.). (J). 29.57 *(978-0-265-17360-2(4))* Forgotten Bks.

Old Friends & New Fables (Classic Reprint) Alice Talwin Morris. 2017. (ENG., Illus.). (J). 100p. 25.98 *(978-0-484-81537-6(7))*; pap. 9.57 *(978-0-282-14468-5(4))* Forgotten Bks.

Old Friends in a New Dress: Or, Familiar Fables in Verse, with Several Copper Plates (Classic Reprint) Richard Scrafton Sharpe. 2018. (ENG., Illus.). 52p. (J). 24.97 *(978-0-267-51705-3(X))* Forgotten Bks.

Old Friends, New Friends (Disney/Pixar Toy Story 4) Natasha Bouchard. Illus. by Disney Storybook Disney Storybook Art Team. 2019. (Step into Reading Ser.). (ENG.). 24p. (J). (gr. -1-1). 5.99 *(978-0-7364-4011-0(9)*, RH/Disney) Random Hse. Children's Bks.

Old Fussee, Vol. 1: Or the Cannoneer's Last Shot; a Tale of Bloody Antietam (Classic Reprint) Anthony P. Morris. 2018. (ENG., Illus.). 102p. (J). 26.00 *(978-0-267-64707-1(7))* Forgotten Bks.

Old Garret, Vol. 1 (Classic Reprint) Eliza Lee Cabot Follen. 2018. (ENG., Illus.). 292p. (J). 29.92 *(978-0-483-61854-1(3))* Forgotten Bks.

Old Garret, Vol. 2 (Classic Reprint) Follen. (ENG., Illus.). (J). 2018. 100p. 25.96 *(978-0-483-59063-2(0))*; 2016. pap. 9.57 *(978-1-334-14118-8(5))* Forgotten Bks.

Old Gentleman of the Black Stock, and, Santa Claus's Partner (Classic Reprint) Thomas Nelson Page. (ENG., Illus.). (J). 2017. 30.13 *(978-0-265-39932-3(7))*; 2016. pap. 13.57 *(978-1-333-31656-3(9))* Forgotten Bks.

Old Gentleman of the Black Stock (Classic Reprint) Thomas Nelson Page. 2017. (ENG., Illus.). (J). 28.02 *(978-1-5284-6590-8(3))* Forgotten Bks.

Old Glory & Verdun: And Other Stories (Classic Reprint) Elizabeth Frazer. 2018. (ENG., Illus.). 318p. (J). 30.48 *(978-0-483-48588-4(8))* Forgotten Bks.

Old Glory (Classic Reprint) Mary Raymond Shipman Andrews. (ENG., Illus.). (J). 2018. 142p. 26.83 *(978-0-483-97480-7(3))*; 2016. pap. 9.57 *(978-1-334-24839-9(7))* Forgotten Bks.

Old Gold (Classic Reprint) Granville Davisson Hall. 2017. (ENG., Illus.). (J). 28.33 *(978-0-331-74010-3(9))* Forgotten Bks.

Old Gooseberry! A Farce (Classic Reprint) Thos J. Williams. 2018. (ENG., Illus.). 30p. (J). 24.58 *(978-0-483-13152-1(0))* Forgotten Bks.

Old Gorgon Graham: More Letters from a Self-Made Merchant to His Son. George Horace Lorimer. 2017. (ENG., Illus.). (J). 22.95 *(978-1-374-94437-4(8))* Capital Communications, Inc.

Old Gorgon Graham: More Letters from a Self-Made Merchant to His Son (Classic Reprint) George Horace Lorimer. 2018. (ENG., Illus.). (J). 364p. 31.42 *(978-0-366-16294-9(2))*; 366p. pap. 13.97 *(978-0-366-16275-8(6))*; 336p. 30.83 *(978-0-267-22776-1(0))* Forgotten Bks.

Old Grand-Papa: And Other Poems, for the Amusement of Children (Classic Reprint) Unknown Author. 2018. (ENG., Illus.). 56p. (J). 25.05 *(978-0-484-45825-2(6))* Forgotten Bks.

Old Granny Fox. Thornton W. Burgess. 2021. (ENG.). 74p. (YA). *(978-1-7947-4923-8(3))*; pap. *(978-1-7947-4942-9(X))* Lulu Pr., Inc.

Old Granny Fox (Classic Reprint) Thornton W. Burgess. 2017. (ENG., Illus.). (J). 28.48 *(978-0-266-57668-6(0))* Forgotten Bks.

Old Gray Homestead, and, the Career of David Noble: Two Full-Length Novels (Classic Reprint) Frances Parkinson Keyes. 2017. (ENG., Illus.). (J). 34.46 *(978-0-331-62016-0(2))*; pap. 16.97 *(978-0-243-32516-0(9))* Forgotten Bks.

Old Gray Homestead (Classic Reprint) Frances Parkinson Keyes. 2017. (ENG., Illus.). (J). 30.48 *(978-0-331-59954-1(6))* Forgotten Bks.

Old Greek Stories: Third Reader Grade (Classic Reprint) James Baldwin. 2018. (ENG., Illus.). 214p. (J). 28.33 *(978-0-483-32175-5(3))* Forgotten Bks.

Old Groman. Tracy Konkler. 2019. (ENG., Illus.). 52p. (J). pap. 13.95 *(978-1-64531-586-5(X))* Newman Springs Publishing, Inc.

Old Hall, or Our Hearth & Homestead, Vol. 1 (Classic Reprint) John Mills. 2018. (ENG., Illus.). 328p. (J). 30.68 *(978-0-483-83861-1(6))* Forgotten Bks.

Old Hall, or Our Hearth & Homestead, Vol. 2 of 3 (Classic Reprint) John Mills. (ENG., Illus.). (J). 2018. 320p. 30.50 *(978-0-267-78222-2(5))*; 2016. pap. 13.57 *(978-1-334-22306-8(8))* Forgotten Bks.

Old Hall, Vol. 3 Of 3: Or, Our Hearth & Homestead (Classic Reprint) John Mills. 2018. (ENG., Illus.). 270p. (J). 29.47 *(978-0-267-49383-8(5))* Forgotten Bks.

Old Hampshire Vignettes (Classic Reprint) Lanoe Falconer. 2018. (ENG., Illus.). 130p. (J). 26.58 *(978-0-267-84436-4(0))* Forgotten Bks.

Old Harbor (Classic Reprint) William John Hopkins. 2017. (ENG., Illus.). (J). 32.08 *(978-0-266-20921-8(1))* Forgotten Bks.

Old Harbor Town: A Novel (Classic Reprint) Augusta Campbell Watson. (ENG., Illus.). (J). 2018. 276p. 29.61 *(978-0-364-08221-8(6))*; 2016. pap. 13.57 *(978-1-333-99412-9(5))* Forgotten Bks.

Old Hat. Emily Gravett. Illus. by Emily Gravett. 2018. (ENG., Illus.). 32p. (J). (gr. -1-3). 17.99 *(978-1-5344-0917-0(3)*, Simon & Schuster Bks. For Young Readers) Simon & Schuster Bks. For Young Readers.

Old Hat Creek. Sheryl Lorenz. 2018. (ENG., Illus.). 28p. (J). pap. *(978-1-78823-480-1(4))* Austin Macauley Pubs. Ltd.

Old Haun, the Pawnbroker, or the Orphan's Legacy: A Tale of New York, Founded on Facts (Classic Reprint) Unknown Author. (ENG., Illus.). (J). 2018. 482p. 33.84 *(978-0-365-40528-3(0))*; 2016. pap. 16.57 *(978-1-333-71220-4(0))* Forgotten Bks.

Old Heidelberg (Classic Reprint) Meyer-Forster Meyer-Forster. 2018. (ENG., Illus.). 180p. (J). 27.63 *(978-0-484-62802-0(X))* Forgotten Bks.

Old Helmet (Classic Reprint) Susan Warner. 2018. (ENG., Illus.). 484p. (J). 33.90 *(978-0-483-23197-9(5))* Forgotten Bks.

Old Helmet, Vol. 1 of 2 (Classic Reprint) Susan Warner of Wide. 2018. (ENG., Illus.). 332p. (J). 30.74 *(978-0-483-13384-6(1))* Forgotten Bks.

Old Helmet, Vol. 2 of 2 (Classic Reprint) Susan Warner. 2018. (ENG., Illus.). 364p. (J). 31.42 *(978-0-483-49236-3(1))* Forgotten Bks.

Old Herbaceous (Classic Reprint) Reginald Arkell. 2017. (ENG., Illus.). (J). 27.24 *(978-1-5279-7005-2(1))*; pap. 9.97 *(978-0-243-38624-6(9))* Forgotten Bks.

Old Home (Classic Reprint) Susan Whitcomb Hassell. (ENG., Illus.). (J). 2018. 94p. 25.86 *(978-0-483-47712-4(5))*; 2016. pap. 9.57 *(978-1-333-39793-7(3))* Forgotten Bks.

Old Home Day in Plunket: A Humorous Entertainment in One Scene (Classic Reprint) Ward MacAuley. 2018. (ENG., Illus.). 40p. (J). 24.72 *(978-0-267-51192-1(2))* Forgotten Bks.

Old Homestead: Novelized from Denman Thompson's Great Play (Classic Reprint) Denman Thompson. 2018. (ENG., Illus.). 244p. (J). 28.95 *(978-0-364-90939-3(0))* Forgotten Bks.

Old Homestead (Classic Reprint) Ann S Stephens. 2017. (ENG., Illus.). (J). 33.32 *(978-1-5279-8583-4(0))* Forgotten Bks.

Old House. Willo Davis Roberts. 2016. (ENG., Illus.). 272p. (J). (gr. 3-7). pap. 6.99 *(978-1-4814-5785-9(3)*, Aladdin) Simon & Schuster Children's Publishing.

Old House: A Novel (Classic Reprint) Cecile Tormay. 2018. (ENG., Illus.). 292p. (J). 29.94 *(978-0-483-73086-1(6))* Forgotten Bks.

Old House: And Other Tales (Classic Reprint) Feodor Sologub. 2017. (ENG., Illus.). (J). 30.37 *(978-1-5285-7633-8(0))* Forgotten Bks.

Old House, & Other Stories (Classic Reprint) Blanche Sellers Ortman. 2017. (ENG., Illus.). (J). 25.09 *(978-0-331-61778-8(1))*; pap. 9.57 *(978-0-259-53977-3(5))* Forgotten Bks.

Old House at Sandwich: A Novel (Classic Reprint) Joseph Hatton. 2017. (ENG., Illus.). (J). 29.32 *(978-0-331-79199-0(4))*; pap. 11.97 *(978-0-259-22213-2(5))* Forgotten Bks.

Old House at Sandwich, Vol. 1 Of 2: The Story of a Ruined Home, As Developed in the Strange Revelations of Hickory Maynard (Classic Reprint) Joseph Hatton. 2018. (ENG., Illus.). (J). 29.26 *(978-0-260-04443-3(1))* Forgotten Bks.

Old House at Sandwich, Vol. 2 Of 2: The Story of a Ruined Home, As Developed in the Strange Revelations of Hickory Maynard (Classic Reprint) Joseph Hatton. 2018. (ENG., Illus.). 288p. (J). 29.84 *(978-0-484-09904-2(3))* Forgotten Bks.

Old House by the Boyne, or Recollections of an Irish Borough (Classic Reprint) J. Sadlier. 2017. (ENG., Illus.). (J). 31.80 *(978-0-260-94937-0(X))* Forgotten Bks.

Old House by the River (Classic Reprint) Unknown Author. 2017. (ENG., Illus.). (J). 30.50 *(978-0-265-18053-2(8))* Forgotten Bks.

Old House in Crosby Square (Classic Reprint) Henry Holl. (ENG., Illus.). (J). 2018. 306p. 30.21 *(978-0-483-59257-5(9))*; 2017. pap. 13.57 *(978-0-243-25484-2(9))* Forgotten Bks.

Old House in Crosby Square, Vol. 2 Of 2: A Story in Two Parts (Classic Reprint) Henry Holl. (ENG., Illus.). (J). 2018. 296p. 30.00 *(978-0-656-39995-6(3))*; 2017. pap. 13.57 *(978-1-5276-2960-8(0))* Forgotten Bks.

Old House on Briar Hill (Classic Reprint) Isabella Grant Meredith. 2018. (ENG., Illus.). (J). 360p. 31.32 *(978-1-391-86795-3(5))*; 362p. pap. 13.97 *(978-1-390-90085-9(1))* Forgotten Bks.

Old Hungarian Fairy Tales: (Illustrated & Unabridged Classic Edition) Baroness Orczy. Illus. by Montagu Barstow. 2019. (ENG.). 158p. (J). (gr. k-5). *(978-625-7959-43-8(8))* Uhrayoglu, Murat E Kitap Projesi.

Old Indian Days (Classic Reprint) C. A. Eastman. 2018. (ENG., Illus.). 304p. (J). 30.19 *(978-0-428-45008-3(3))* Forgotten Bks.

Old Indian Legends (Classic Reprint) Zitkala-Sa Zitkala-Sa. 2017. (ENG., Illus.). (J). 28.23 *(978-0-331-10630-5(2))* Forgotten Bks.

Old Indian Trails: Incidents of Camp & Trail Life, Covering Two Years' Exploration Through the Rocky Mountains of Canada (Classic Reprint) Mary Towsend Sharples Schaffer. (ENG., Illus.). (J). 2017. 32.08 *(978-0-331-75312-7(X))*; 2016. pap. 16.57 *(978-1-333-64855-8(3))* Forgotten Bks.

Old Infant: And Similar Stories (Classic Reprint) Will Carleton. 2017. (ENG., Illus.). (J). 28.76 *(978-0-266-19371-5(4))* Forgotten Bks.

Old Inns (Classic Reprint) Cecil Aldin. 2018. (ENG., Illus.). 158p. (J). 27.20 *(978-0-332-91780-1(0))* Forgotten Bks.

Old Inns of Old England, Vol. 1: A Picturesque Account of the Ancient & Storied Hostelries of Our Own Country (Classic Reprint) Charles G. Harper. 2017. (ENG., Illus.). 376p. (J). 31.67 *(978-0-484-70207-2(6))* Forgotten Bks.

Old Inns of Old England, Vol. 2: A Picturesque Account of the Ancient & Storied Hostelries of Our Own Country (Classic Reprint) Charles G. Harper. 2017. (ENG., Illus.). (J). 31.45 *(978-0-266-20495-4(3))* Forgotten Bks.

Old Ireland Hearts & Hands: A Romance of Real Life (Classic Reprint) J. J. Cogan. 2018. (ENG., Illus.). 282p. (J). 29.71 *(978-0-332-43249-6(1))* Forgotten Bks.

Old Irish Baronet, or Manners of My Country, Vol. 1 Of 3: A Novel (Classic Reprint) Henrietta Rouviere. (ENG., Illus.). (J). 2018. 252p. 29.09 *(978-0-483-74276-5(7))*; 2016. pap. 11.57 *(978-1-334-12136-4(2))* Forgotten Bks.

Old Irish Baronet, or Manners of My Country, Vol. 2 Of 3: A Novel (Classic Reprint) Henrietta Rouviere. (ENG., Illus.). (J). 2018. 224p. 28.52 *(978-0-484-82292-3(6))*; 2016. pap. 10.97 *(978-1-332-71655-5(5))* Forgotten Bks.

Old Ironsides, the Hero of Tripoli & 1812, & Other Tales & Adventures on Sea & Land. Edward S. Ellis. 2017. (ENG., Illus.). (J). pap. *(978-0-649-08834-8(4))* Trieste Publishing Pty Ltd.

Old Ironsides the Hero of Tripoli & & Other Tales & Adventures on Sea & Land (Classic Reprint) Edward S. Ellis. 2018. (ENG., Illus.). 292p. (J). 29.92 *(978-0-332-73952-6(X))* Forgotten Bks.

Old Jails. Valerie Bodden. 2017. (Creep Out Ser.). (ENG., Illus.). 24p. (J). (gr. 1-4). *(978-1-60818-809-3(4)*, 20188, Creative Education) Creative Co., The.

Old James, the Irish Pedlar: Written for the American Sunday-School Union (Classic Reprint) Mary B. Tuckey. (ENG., Illus.). (J). 2018. 72p. 25.40 *(978-0-483-78859-6(7))*; 2016. pap. 9.57 *(978-1-333-33763-6(9))* Forgotten Bks.

Old Joe. Stephanie Hoskin. Illus. by Shane Johns. 2022. (AUS.). 22p. (J). pap. ***(978-0-6488039-6-6(1))*** Making Marmalade.

Old Joe: And Other Vesper Stories (Classic Reprint) Shepherd Knapp. (ENG., Illus.). (J). 2018. 300p. 30.10 *(978-0-267-00627-4(6))*; 2017. pap. 13.57 *(978-0-259-02602-0(6))* Forgotten Bks.

Old Joe Clark. John Feierabend. Illus. by Garant Cosey. 2023. (First Steps in Music Ser.). (ENG.). 32p. (J). (gr. -1-k). 18.95 ***(978-1-62277-632-0(1))*** G I A Pubns., Inc.

Old John see Viejo John

Old John Burroughs (Classic Reprint) Elbert Hubbard. (ENG., Illus.). (J). 2018. 32p. 24.58 *(978-0-483-93861-8(0))*; 2016. pap. 7.97 *(978-1-333-42655-2(0))* Forgotten Bks.

Old Johnny Appleseed (Classic Reprint) Olive Beaupre Miller. 2018. (ENG., Illus.). 28p. (J). 24.47 *(978-0-267-51194-5(9))* Forgotten Bks.

Old Jolliffe: Not a Goblin Story; by the Spirit of a Little Bell, Awakened by the Chimes (Classic Reprint) Henry S. Mackarness. (ENG., Illus.). (J). 2018. 80p. 25.55 *(978-0-483-58630-7(7))*; 2017. pap. 9.57 *(978-0-243-09481-3(7))* Forgotten Bks.

Old Journey Reminiscences of Pioneer Days (Classic Reprint) Alfred Lambourne. 2018. (ENG., Illus.). 90p. (J). 25.77 *(978-0-267-51195-2(7))* Forgotten Bks.

Old Judge, or Life in a Colony, Vol. 1 of 2 (Classic Reprint) Thomas Haliburton. 2018. (ENG., Illus.). 340p. (J). 30.91 *(978-0-483-36158-4(5))* Forgotten Bks.

Old Judge Priest (Classic Reprint) Irvin S. Cobb. 2017. (ENG., Illus.). (J). 32.04 *(978-1-5282-8550-6(6))* Forgotten Bks.

Old Judge, Vol. 2 Of 2: Or, Life in a Colony (Classic Reprint) Thomas Haliburton. 2017. (ENG., Illus.). (J). 31.16 *(978-0-331-84270-8(X))* Forgotten Bks.

Old Junk (Classic Reprint) H. M. Tomlinson. 2018. (ENG., Illus.). 244p. (J). 28.95 *(978-0-483-39177-2(8))* Forgotten Bks.

Old Kaskaskia (Classic Reprint) Mary Hartwell Catherwood. 2018. (ENG., Illus.). 208p. (J). 28.19 *(978-0-656-71701-9(7))* Forgotten Bks.

Old Kensington (Classic Reprint) Miss Thackeray. 2018. (ENG., Illus.). 516p. (J). 34.54 *(978-0-483-56746-7(9))* Forgotten Bks.

Old King Cole. Winifred Barnum-Newman. Illus. by Winifred Barnum-Newman. 2022. (Classic Mother Goose Rhymes Ser.). (ENG.). 16p. (J). (gr. -1-2). 29.93 *(978-1-5038-5723-0(9)*, 215621) Child's World, Inc, The.

Old King Cole: John Martin (Morgan Shepard) (Classic Reprint) John Tailor. 2018. (ENG., Illus.). 180p. (J). 27.61 *(978-0-484-83304-2(9))* Forgotten Bks.

Old King Cole & Friends. Wendy Straw. 2020. (Wendy Straw's Nursery Rhyme Collection). (ENG.). 12p. (J). (— 1). pap. 4.99 *(978-0-9925668-4-5(3)*, Brolly Bks.) Borghesi & Adam Pubs. Pty Ltd AUS. Dist: Independent Pubs. Group.

Old Kingdom Three-Book Box Set: Sabriel, Lirael, Abhorsen. Garth Nix. 2021. (Old Kingdom Ser.). (ENG.). 1280p. (YA). (gr. 8). pap. 38.97 *(978-0-06-305825-5(1)*, HarperCollins) HarperCollins Pubs.

Old Knowledge (Classic Reprint) Stephen Lucius Gwynn. (ENG., Illus.). (J). 2017. 30.13 *(978-1-5285-8111-0(3))*; 2016. pap. 13.57 *(978-1-334-65053-6(5))* Forgotten Bks.

Old Ladies (Classic Reprint) Hugh Walpole. 2017. (ENG., Illus.). (J). 30.23 *(978-0-331-81713-3(6))*; pap. 13.57 *(978-0-243-51160-0(4))* Forgotten Bks.

Old Lady: A Comedy in One Act (Classic Reprint) Bernard Duffy. 2018. (ENG., Illus.). 26p. (J). 24.45 *(978-0-483-87792-4(1))* Forgotten Bks.

Old Lady: Number-31 (Classic Reprint) Louise Forsslund. 2018. (ENG., Illus.). 288p. (J). 29.84 *(978-0-365-27933-4(1))* Forgotten Bks.

Old Lady in Our Shed. Jess Graham. Illus. by Jess Graham. 2023. (ENG.). 28p. (J). ***(978-0-2288-9010-2(1))***; pap. ***(978-0-2288-9009-6(8))*** Tellwell Talent.

Old Lamps for New (Classic Reprint) E. V. Lucas. 2019. (ENG., Illus.). 274p. (J). 29.55 *(978-0-365-25424-9(X))* Forgotten Bks.

Old Leaves, Gathered from Household Words (Classic Reprint) William Henry Wills. 2018. (ENG., Illus.). 482p. (J). 33.84 *(978-0-484-91239-6(9))* Forgotten Bks.

Old Ledger, Vol. 1 of 3 (Classic Reprint) G. L. M. Strauss. 2018. (ENG., Illus.). 330p. (J). 30.70 *(978-0-483-85682-0(7))* Forgotten Bks.

Old Ledger, Vol. 2 of 3 (Classic Reprint) Gustave Louis Maurice Strauss. (ENG., Illus.). (J). 2018. 340p. 30.91 *(978-0-483-81791-3(0))*; 2016. pap. 13.57 *(978-1-333-32931-0(8))* Forgotten Bks.

Old Ledger, Vol. 3 of 3 (Classic Reprint) Gustave Louis Maurice Strauss. (ENG., Illus.). (J). 2018. 354p. 31.20 *(978-0-484-29293-1(5))*; 2016. pap. 13.57 *(978-1-333-56196-3(2))* Forgotten Bks.

Old Lieutenant, & His Son (Classic Reprint) Norman MacLeod. 2018. (ENG., Illus.). 420p. (J). 32.58 *(978-0-483-99672-4(6))* Forgotten Bks.

Old Lieutenant & His Son, Vol. 1 (Classic Reprint) Norman MacLeod. (ENG., Illus.). (J). 2018. 250p. 29.05 *(978-0-332-81441-4(6))*; 2016. pap. 11.57 *(978-1-333-61067-8(X))* Forgotten Bks.

Old Lieutenant & His Son, Vol. 2 (Classic Reprint) Norman MacLeod. (ENG., Illus.). (J). 2018. 202p. 28.08 *(978-0-267-35777-2(X))*; 2016. pap. 10.57 *(978-1-333-80627-9(2))* Forgotten Bks.

Old Lim Jucklin: The Opinions of an Open-Air Philosopher (Classic Reprint) Opie Read. 2018. (ENG., Illus.). 272p. (J). 29.51 *(978-0-484-90488-9(4))* Forgotten Bks.

Old Line, 1930, Vol. 1 (Classic Reprint) James E. Andrews Jr. (ENG., Illus.). (J). 2018. 128p. 26.54 *(978-0-666-75999-3(5))*; 2017. pap. 9.57 *(978-0-259-48108-9(4))* Forgotten Bks.

Old Line, Vol. 10: October, 1940 (Classic Reprint) Charles F. Ksanda. (ENG., Illus.). (J). 2018. 38p. 24.68 *(978-0-483-72502-7(1))*; 2017. pap. 7.97 *(978-0-243-31772-1(7))* Forgotten Bks.

Old Line, Vol. 2: November, 1931 (Classic Reprint) W. R. McCallister. (ENG., Illus.). (J). 2018. 108p. 26.12 *(978-0-428-73075-8(2))*; 2017. pap. 9.57 *(978-1-334-93440-7(1))* Forgotten Bks.

Old Line, Vol. 3: November 12, 1932 (Classic Reprint) Clark W. M. Heironimus. (ENG., Illus.). (J). 2018. 130p. 26.58 *(978-0-666-17821-3(6))*; 2017. pap. 9.57 *(978-0-259-48094-5(0))* Forgotten Bks.

Old Line, Vol. 4: October 23, 1933 (Classic Reprint) Herbert M. Allison. (ENG., Illus.). (J). 2018. 136p. 26.72 *(978-0-484-33616-1(9))*; 2017. pap. 9.57 *(978-1-334-93385-1(5))* Forgotten Bks.

Old Line, Vol. 5: October, 1934 (Classic Reprint) Herbert M. All'son. (ENG., Illus.). (J). 2018. 190p. 27.82 *(978-0-365-00790-6(0))*; 2017. pap. 10.57 *(978-0-259-48125-6(4))* Forgotten Bks.

Old Line, Vol. 6: October, 1935 (Classic Reprint) J. Gardner Brooks. (ENG., Illus.). (J). 2018. 230p. 28.66 *(978-0-364-98150-4(4))*; 2017. pap. 11.57 *(978-0-259-48124-9(6))* Forgotten Bks.

Old Line, Vol. 7: October, 1936 (Classic Reprint) Pyke Johnson. (ENG., Illus.). (J). 2018. 222p. 28.50 *(978-0-483-76889-5(8))*; 2017. pap. 10.97 *(978-0-259-47923-9(3))* Forgotten Bks.

Old Line, Vol. 8: November, 1938 (Classic Reprint) Jerry Hardy. (ENG., Illus.). (J). 2018. 30p. 24.52 *(978-0-365-42970-8(8))*; 2017. pap. 7.97 *(978-0-259-47207-0(7))* Forgotten Bks.

Old Line, Vol. 8: October, 1937 (Classic Reprint) Christine Kempton. (ENG., Illus.). (J). 2018. 234p. 28.72 *(978-0-267-13646-9(3))*; 2017. pap. 11.57 *(978-0-259-47926-0(8))* Forgotten Bks.

Old Line, Vol. 9: October, 1939 (Classic Reprint) University Of Maryland. (ENG., Illus.). (J). 2018. 190p. 27.84 *(978-0-365-23215-5(7))*; 2017. pap. 10.57 *(978-0-259-47703-7(6))* Forgotten Bks.

Old Line, Vol. 9: September, 1938 (Classic Reprint) Jerry Hardy. (ENG., Illus.). (J). 2018. 234p. 28.74 *(978-0-483-05215-4(9))*; 2017. pap. 11.57 *(978-0-259-47924-6(1))* Forgotten Bks.

Old Lion & the Little Rabbit. Keiko Kaichi. Illus. by Keiko Kaichi. 2017. (Illus.). 32p. (J). (gr. -1-k). 17.99 *(978-988-8341-24-5(3)*, Minedition) Penguin Young Readers Group.

Old Lobster Claws. Ian T. Rowan. 2021. (ENG.). 30p. (J). *(978-0-2288-5641-2(8))*; pap. *(978-0-2288-5642-9(6))* Tellwell Talent.

Old Log School House. Alexander Clark. 2017. (ENG.). (J). 304p. pap. *(978-3-337-01131-4(4))*; 320p. pap. *(978-3-337-01133-8(0))* Creation Pubs.

Old Log School House: Furnitured with Incidents of School Life, Notes of Travel, Poetry, Bints to Teachers & Pupils & Miscellaneous Sketches (Classic Reprint) Alexander Clark. 2018. (ENG., Illus.). 306p. (J). 30.17 *(978-0-332-69503-7(4))* Forgotten Bks.

Old London Bridge: A Romance of the Sixteenth Century (Classic Reprint) G. Herbert Rodwell. (ENG., Illus.). (J). 2018. 374p. 31.61 *(978-0-483-40902-6(2))*; 2016. pap. 13.97 *(978-1-333-57920-3(9))* Forgotten Bks.

Old London Nosegay: Gathered from the Daybook of Mistress Lovejoy Young, Kinswoman by Marriage of the Lady Fanshawe (Classic Reprint) Beatrice Marshall. 2018. (ENG., Illus.). 364p. (J). 31.40 *(978-0-267-47256-7(0))* Forgotten Bks.

Old London Street Cries & the Cries of To-Day: With Heaps of Quaint Cuts Including Hand-Coloured Frontispiece (Classic Reprint) Andrew W. Tuer. 2018. (ENG., Illus.). 154p. (J). 27.07 *(978-0-365-10776-7(X))* Forgotten Bks.

Old Love Is the New, Vol. 1 Of 3: A Novel (Classic Reprint) Maurice Wilton. 2018. (ENG., Illus.). 248p. (J). 29.03 *(978-0-267-15670-2(7))* Forgotten Bks.

Old Love Is the New, Vol. 2 Of 3: A Novel (Classic Reprint) Maurice Wilton. (ENG., Illus.). (J). 2018. 216p. 28.37 *(978-0-483-88728-2(5))*; 2016. pap. 10.97 *(978-1-334-32907-4(9))* Forgotten Bks.

Old Love Is the New, Vol. 3 Of 3: A Novel (Classic Reprint) Maurice Wilton. 2016. (ENG., Illus.). (J). pap. 10.97 *(978-1-334-66928-6(7))* Forgotten Bks.

Old Loves (Classic Reprint) Weymer Mills. 2018. (ENG., Illus.). 230p. (J). 28.66 *(978-0-484-02648-2(8))* Forgotten Bks.

Old Loyalist: A Story of United Empire Loyalist Descendants in Canada (Classic Reprint) A. R. Davis. 2017. (ENG., Illus.). (J). 31.75 *(978-0-265-44653-9(8))* Forgotten Bks.

Old MacDonald. Kidsbooks. 2020. (Heads, Tails & Noses Ser.). (ENG.). (J). bds. 8.99 *(978-1-62885-793-1(5))* Kidsbooks, LLC.

Old MacDonald. Ed. by Rainstorm Publishing. Illus. by Gabriel Antonini. 2019. (Nursery Rhyme Time Ser.). (ENG.). 20p. (J). bds. 7.99 *(978-1-989219-69-0(1))* Rainstorm Pr.

Old MacDonald Had a ... Zoo? Iza Trapani. Illus. by Iza Trapani. 2017. (Iza Trapani's Extended Nursery Rhymes Ser.). (Illus.). 32p. (J). (-k). lib. bdg. 16.99 *(978-1-58089-729-7(0))* Charlesbridge Publishing, Inc.

Old MacDonald Had a Boat. Steve Goetz. Illus. by Eda Kaban. 2018. (ENG.). 44p. (J). (gr. -1-k). 16.99 *(978-1-4521-6505-9(X))* Chronicle Bks. LLC.

Old MacDonald Had a Farm. Illus. by Constanza Basaluzzo. 2019. (Nursery Rhyme Board Bks.). (ENG.). 10p. bds. 5.99 *(978-1-68446-114-1(6)*, 141956, Capstone Editions) Capstone.

Old Macdonald Had a Farm. Jane Cabrera. 2020. (Jane Cabrera's Story Time Ser.). (ENG.). (J). (— 1). 24p. bds. 7.99 *(978-0-8234-4477-9(5))*; 32p. 18.99 *(978-0-8234-4478-6(3))* Holiday Hse., Inc.

Old MacDonald Had a Farm. Jenny Copper. Illus. by Carrie Hennon. 2019. (Finger Puppet Bks.). (ENG.). 14p. (J). (— 1). 8.99 *(978-1-78958-046-4(3))* Top That! Publishing PLC GBR. Dist: Independent Pubs. Group.

Old MacDonald Had a Farm. Ed. by Cottage Door Press. 2018. (ENG.). 12p. (J). (gr. -1 — 1). bds. 7.99 *(978-1-68052-435-2(6)*, 2000340) Cottage Door Pr.

Old MacDonald Had a Farm. Editors of Silver Dolphin Books. 2020. (Padded Board Bks.). (ENG., Illus.). 20p. (J). (— 1). bds. 6.99 *(978-1-68412-764-1(5)*, Silver Dolphin Bks.) Printers Row Publishing Group.

Old MacDonald Had a Farm. Gris Grimly. Illus. by Gris Grimly. 2017. (ENG., Illus.). 40p. (J). (gr. -1-k). 18.99 *(978-1-338-11243-6(0)*, Orchard Bks.) Scholastic, Inc.

Old MacDonald Had a Farm. Susie Linn. Illus. by Dan Crisp. 2019. (Counting to Ten Bks.). (ENG.). 22p. (J). 9.99 *(978-1-78700-978-3(5))* Top That! Publishing PLC GBR. Dist: Independent Pubs. Group.

Old Macdonald Had a Farm, 1 vol. Make Believe Ideas. Illus. by Lara Ede. 2018. (ENG.). 12p. (J). (gr. -1 — 1). 8.99 *(978-1-78692-904-4(X))* Make Believe Ideas GBR. Dist: Scholastic, Inc.

Old MacDonald Had a Farm. Erin Rose Grobarek. Illus. by Angie Hodges. 2022. (Bilingual Bks.). (ENG.). 24p. (J). (gr. -1-3). pap. 9.50 ***(978-1-64996-727-5(6)***, 17101, Sequoia Kids Media) Sequoia Children's Bks.

Old MacDonald Had a Farm. Wendy Straw. 2020. (Wendy Straw's Nursery Rhyme Collection). (ENG.). 12p. (J). (— 1). pap. 4.99 *(978-1-921756-72-6(1)*, Brolly Bks.) Borghesi & Adam Pubs. Pty Ltd AUS. Dist: Independent Pubs. Group.

Old MacDonald Had a Farm. Illus. by Yi-Hsuan Wu. 2021. (Push-Pull-Spin Stories Ser.). (ENG.). 12p. (J). (— 1). bds. 7.99 *(978-1-64517-591-9(X)*, Silver Dolphin Bks.) Printers Row Publishing Group.

Old MacDonald Had a Farm: A Light-Up Sound Book. IglooBooks. 2021. (ENG.). 8p. (J). (-k). 14.99 *(978-1-83852-598-9(X))* Igloo Bks. GBR. Dist: Simon & Schuster, Inc.

Old MacDonald Had a Farm: Read along. Sing the Song! Illus. by Jo Moon. 2016. (Carousel Bks.). (ENG.). 10p. (J). (gr. -1-k). bds. 8.99 *(978-0-7641-6859-8(2))* Sourcebooks, Inc.

Old MacDonald Had a Farm: Sing along with Me! Illus. by Yu-Hsuan Huang. 2020. (Sing along with Me! Ser.). (ENG.). 8p. (J). (— 1). bds. 8.99 *(978-1-5362-1218-1(0))* Candlewick Pr.

Old MacDonald Had a Farm Book N' Puzzle Pack. Illus. by Wendy Straw. 2021. (KiddieJigs Ser.). (ENG.). 12p. (J). (— 1). bds. 17.99 *(978-1-922418-12-8(9)*, Brolly Bks.) Borghesi & Adam Pubs. Pty Ltd AUS. Dist: Independent Pubs. Group.

Old MacDonald Had a Farm in Michigan. Christopher Robbins. Illus. by Mary Sergeeva. 2022. (ENG.). 16p. (J). (gr. -1 — 1). bds. 12.99 *(978-1-64170-651-3(1)*, 550651) Familius LLC.

Old MacDonald Had a Farm in Oregon. Forrest Everett. Illus. by Mary Sergeeva. 2018. (Old MacDonald Had a Farm Regional Board Ser.). (ENG.). 16p. (J). (gr. k-3). bds. 12.99 *(978-1-64170-014-6(9)*, 550014) Familius LLC.

Old Macdonald Had a Phone. Jeanne Willis. Illus. by Tony Ross. 2021. (ENG.). 32p. (J). (gr. -1-3). 17.99 *(978-1-7284-2412-5(7)*, ba68e6b2-c2b8-4da3-93d3-df77d2f8d745) Lerner Publishing Group.

Old MacDonald Had a Truck. Steve Goetz. Illus. by Eda Kaban. 2019. (ENG.). 30p. (J). (gr. -1-k). bds. 8.99 *(978-1-4521-8176-9(4))* Chronicle Bks. LLC.

Old MacDonald Had a Truck: (Preschool Read Aloud Books, Books for Kids, Kids Construction Books) Steve Goetz. Illus. by Eda Kaban. 2016. (ENG.). 40p. (J). (gr. -1-k). 16.99 *(978-1-4521-3260-0(7))* Chronicle Bks. LLC.

Old MacDonald Heard a Fart. Olaf Falafel. 2017. (ENG.). 32p. (J). 17.99 *(978-0-00-824279-4(8)*, HarperCollins Children's Bks.) HarperCollins Pubs. Ltd. GBR. Dist: HarperCollins Pubs.

Old MacDonald Heard a Fart from the Past. Olaf Falafel. 2018. (ENG., Illus.). 32p. (J). 17.99 *(978-0-00-824432-3(4)*, HarperCollins Children's Bks.) HarperCollins Pubs. Ltd. GBR. Dist: HarperCollins Pubs.

Old MacDonald's Farm. Donovan Bixley. 2022. (ENG., Illus.). 13p. (J). (gr. -1-k). bds. 13.99 *(978-1-86971-315-7(X))* Hachette Australia AUS. Dist: Hachette Bk. Group.

Old MacDonald's Farm: Seek & Find. Sequoia Children's Publishing. 2019. (ENG.). 10p. (J). bds. *(978-1-64269-079-8(1)*, 3998, Sequoia Publishing & Media LLC) Phoenix International Publications, Inc.

Old Madame Other Tragedies (Classic Reprint) Harriet Prescott Spofford. 2018. (ENG., Illus.). 308p. (J). 30.25 *(978-0-332-16408-3(X))* Forgotten Bks.

Old Madhouse (Classic Reprint) William De Morgan. 2017. (ENG., Illus.). (J). 35.71 *(978-1-5285-8946-8(7))* Forgotten Bks.

Old Magic. Marianne Curley. 2022. (ENG.). 384p. (YA). (gr. 7). pap. 12.99 *(978-1-6659-0564-0(6)*, McElderry, Margaret K. Bks.) McElderry, Margaret K. Bks.

Old Magic Gum Tree. Sarah Tydd. Ed. by Shannon Jade. Illus. by Pixie Nut. l.t. ed. 2020. (ENG.). 50p. (J). (gr. 3-6). pap. ***(978-0-646-81740-8(X))*** Tydd, Sarah M.

Old Maid Numbers, 56 vols. School Zone Publishing Company Staff. rev. ed. 2018. (ENG.). 56p. (J). (gr. -1-2). 3.49 *(978-0-88743-272-9(7)*, 81f17b7b-1ef3-4ba2-b3de-d6ed0c40c6b4) School Zone Publishing Co.

Old Maid, Vol. 4: And Other Stories (Classic Reprint) Guy De Maupassant. (ENG., Illus.). (J). 2018. 414p. 32.44 *(978-0-483-74611-4(8))*; 2017. pap. 16.57 *(978-0-243-32526-9(6))* Forgotten Bks.

Old Maiden's Talisman, Vol. 3 Of 3: And Other Strange Tales (Classic Reprint) Unknown Author. (ENG., Illus.). (J). 2018. 330p. 30.70 *(978-0-267-10536-6(3))*; 2016. pap. 13.57 *(978-1-333-75864-6(2))* Forgotten Bks.

Old Maids: A Comedy in Three Acts (Classic Reprint) Fanny Cannon. 2018. (ENG., Illus.). 116p. (J). 26.29 *(978-0-267-52430-3(7))* Forgotten Bks.

Old Maids, & Burglars in Paradise (Classic Reprint) Elizabeth Stuart Phelps. 2018. (ENG., Illus.). 440p. (J). 32.97 *(978-0-483-47485-7(1))* Forgotten Bks.

Old Maids Club: A Comic Entertainment (Classic Reprint) Marie Butterfield. 2018. (ENG., Illus.). 40p. (J). 24.72 *(978-0-267-46142-4(9))* Forgotten Bks.

Old Maid's Club (Classic Reprint) I. Zangwill. 2018. (ENG., Illus.). 334p. (J). 30.81 *(978-0-428-82271-2(1))* Forgotten Bks.

Old Maid's Love, Vol. 1 Of 3: A Dutch Tale Told in English (Classic Reprint) Maarten Maartens. 2018. (ENG., Illus.). 282p. (J). 29.73 *(978-0-484-88035-0(7))* Forgotten Bks.

Old Maid's Love, Vol. 2 Of 3: A Dutch Tale Told in English (Classic Reprint) Maarten Maartens. 2018. (ENG., Illus.). 270p. (J). 29.47 *(978-0-332-07330-9(0))* Forgotten Bks.

Old Maid's Love, Vol. 3 Of 3: A Dutch Tale Told in English (Classic Reprint) Maarten Maartens. (ENG., Illus.). (J). 2019. 288p. 29.84 *(978-0-483-97966-6(X))*; 2016. pap. 13.57 *(978-1-334-17157-4(2))* Forgotten Bks.

Old Maid's Paradise (Classic Reprint) Elizabeth Stuart Phelps. 2017. (ENG., Illus.). (J). 28.29 *(978-0-266-71021-9(2))*; pap. 10.97 *(978-1-5276-6126-4(1))* Forgotten Bks.

Old Maid's Vengeance (Classic Reprint) Frances Powell. (ENG., Illus.). (J). 2018. 344p. 30.99 *(978-0-428-77696-1(5))*; 2016. pap. 13.57 *(978-1-333-38715-0(6))* Forgotten Bks.

Old Mainer & the Sea. Jean Flahive. Illus. by Mari Dieumegard. 2017. (ENG.). 32p. (J). 17.95 *(978-1-944762-27-8(2)*, 042e941e-dcd1-4698-ad4b-e36abe7edda1) Islandport Pr., Inc.

Old Mam'selle's Secret (Classic Reprint) A. L. Wister. 2018. (ENG., Illus.). 320p. (J). 30.50 *(978-0-656-06663-6(6))* Forgotten Bks.

Old Man & the Devils (Classic Reprint) Unknown Author. (ENG., Illus.). (J). 2018. 24p. 24.39 *(978-0-656-28772-7(1))*; 2017. pap. 7.97 *(978-0-282-59138-0(9))* Forgotten Bks.

Old Man & the Dragon. Terence Fitzsimons. 2021. (ENG.). 122p. (J). pap. *(978-1-914965-04-3(3))* Mirador Publishing.

Old Man & the Fat Ginger Cat. John Wijnberg. Ed. by Lizette Balsdon. Illus. by Veerle Vermillion. 2018. (ENG.). 64p. (J). pap. *(978-0-620-80896-5(9))* Wijnberg, John.

Old Man & the Fat Ginger Cat. John Paul Wijnberg. Ed. by Lizette Balsdon. Illus. by Veerle Vermillion. 2019. (978-0-620-82533-7 Ser.). (ENG.). 64p. (J). *(978-0-620-82533-7(2))* Wijnberg, John.

Old Man & the Lonely Puppy. Cynthia L Roshon. 2018. (ENG., Illus.). 26p. (J). pap. 12.95 *(978-1-64350-277-9(8))* Page Publishing Inc.

Old Man & the Penguin: A True Story of True Friendship. Julie Abery. Illus. by Pierre Pratt. 2020. (ENG.). 32p. (J). (gr. -1-2). 18.99 *(978-1-5253-0208-4(6))* Kids Can Pr., Ltd. CAN. Dist: Hachette Bk. Group.

Old Man & the Pirate Princess. Jessica Mathews. 2019. (Old Man & the Pirate Princess Ser.: Vol. 1). (ENG., Illus.). 26p. (J). (gr. k-3). pap. 10.00 *(978-1-0878-4853-2(9))* Indy Pub.

Old Man & the Pirate Princess. Jessica Mathews. 2019. (Old Man & the Pirate Princess Ser.: Vol. 1). (ENG., Illus.). 26p. (J). (gr. k-3). 20.00 *(978-1-0878-3724-6(3))* Jessica Mathews, LLC.

Old Man & the Sea Novel Units Student Packet. Novel Units. 2019. (ENG.). (YA). pap. 13.99 *(978-1-56137-404-5(0)*, NU4040SP, Novel Units, Inc.) Classroom Library Co.

Old Man & the Tower. Gerard Ronan. Illus. by Derry Dillon. 2021. (ENG.). 282p. (J). pap. *(978-1-914348-02-0(8))* Fingal County Libraries.

Old Man Curry: Race Track Stories (Classic Reprint) Charles Emmett Van Loan. (ENG., Illus.). (J). 2018. 292p. 29.92 *(978-0-365-11803-9(6))*; 2017. pap. 13.57 *(978-0-259-87635-9(6))* Forgotten Bks.

Old Man Curry: Stories of the Race Track (Classic Reprint) Charles E. van Loan. 2018. (ENG., Illus.). 282p. (J). 29.71 *(978-0-267-50356-8(3))* Forgotten Bks.

Old Man Emu. John Williamson. Illus. by Simon McLean. 2021. 32p. (J). (gr. 2-4). 19.99 *(978-1-76089-879-3(1)*, Puffin) Penguin Random Hse. AUS. Dist: Independent Pubs. Group.

Old Man, His Son & the Ass: A Fabulous Tale; Embellish'd with Engravings (Classic Reprint) Unknown Author. 2018. (ENG., Illus.). 32p. (J). 24.58 *(978-0-484-26542-3(3))* Forgotten Bks.

Old Man of Dolby Forest. Paul Weightman. 2019. (ENG.). 290p. (J). 28.89 *(978-0-244-77294-9(0))* Lulu Pr., Inc.

Old Man of the Sea, 1 vol. Stella Elia. Illus. by Weberson Santiago. 2019. (ENG.). 40p. (J). (gr. k-2). 17.99 *(978-1-911373-54-4(4)*, 3e22c65f-bbe2-4554-9109-030d432c1920) Lantana Publishing GBR. Dist: Lerner Publishing Group.

Old Man Savarin Stories: Tales of Canada & Canadians (Classic Reprint) Edward William Thomson. 2018. (ENG., Illus.). 366p. (J). 31.45 *(978-0-666-47110-9(X))* Forgotten Bks.

Old Man Thompson (Classic Reprint) Daniel P. Connor. (ENG., Illus.). (J). 2018. 26p. 24.45 *(978-0-364-23136-4(X))*; 2016. pap. 7.97 *(978-1-334-11815-9(9))* Forgotten Bks.

Old Man Who Lived in a Wood. T. Butler-Stoney. Illus. by T. Butler-Stoney. 2018. (ENG., Illus.). 30p. (J). (gr. 1-6). pap. 14.99 *(978-1-944322-20-5(5)*, Woks Print) Writers of the Apocalypse, The.

Old Man Who Loved Halloween. Andy Hart. 2019. (ENG., Illus.). 30p. (J). (gr. k-3). pap. 10.00 *(978-0-578-46268-4(0))* Andrew James Hart.

Old Man's Bag (Classic Reprint) T. W. H. Crosland. (ENG., Illus.). (J). 2018. 92p. 25.79 *(978-0-267-56707-2(3))*; 2016. pap. 9.57 *(978-1-333-86232-9(6))* Forgotten Bks.

Old Man's Holidays. The Amateur Angler. 2017. (ENG., Illus.). (J). pap. *(978-0-649-05850-1(X))* Trieste Publishing Pty Ltd.

Old Man's Idyl (Classic Reprint) Wolcott Johnson. 2018. (ENG., Illus.). 266p. (J). 29.38 *(978-0-484-62832-7(1))* Forgotten Bks.

Old Man's Romance: A Tale (Classic Reprint) Christopher Craigie. 2018. (ENG., Illus.). 222p. (J). 28.50 *(978-0-428-73413-8(8))* Forgotten Bks.

Old Man's Winter Night: Ghostly Tales, 1 vol. Tom Dawe. Illus. by Veselina Tomova. 2019. (ENG.). 60p. (J). (gr. 4-7). pap. 13.95 *(978-1-927917-23-7(9))* Running the Goat, Bks. & Broadsides CAN. Dist: Orca Bk. Pubs. USA.

Old Man's Youth & the Young Man's Old Age (Classic Reprint) William De Morgan. 2017. (ENG., Illus.). 536p. (J). 34.95 *(978-0-484-47698-0(X))* Forgotten Bks.

Old Margaret: And Other Stories (Classic Reprint) Henry Kingsley. 2017. (ENG., Illus.). (J). 32.64 *(978-0-265-18999-3(3))* Forgotten Bks.

Old Mark Langston: A Tale of Duke's Creek (Classic Reprint) Richard Malcolm Johnston. 2018. (ENG., Illus.). 376p. (J). 31.65 *(978-0-365-20721-4(7))* Forgotten Bks.

Old Market-Cart (Classic Reprint) F. B. Smith. 2018. (ENG., Illus.). 174p. (J). 27.53 *(978-0-484-43647-2(3))* Forgotten Bks.

Old Mask Donald's Farm. Amy Nystrom. 2020. (ENG.). 28p. (J). pap. 13.50 *(978-1-61244-894-7(1))* Halo Publishing International.

Old Mask' Donald's Farm: UNMASKED the End of a Pandemic. Amy Nystrom. 2021. (ENG.). 28p. (J). pap. 13.50 *(978-1-61244-957-9(3))* Halo Publishing International.

Old Mcmickey Had a Farm. Joanna Green. ed. 2021. (World of Reading Ser.). (ENG., Illus.). 32p. (J). (gr. k-1). 15.46 *(978-1-68505-076-4(X))* Penworthy Co., LLC, The.

Old Memories, Vol. 1: A Novel (Classic Reprint) Julia Melville. 2018. (ENG., Illus.). 308p. (J). 30.25 *(978-0-483-93090-2(3))* Forgotten Bks.

Old Memories, Vol. 2 Of 3: A Novel (Classic Reprint) Julia Melville. 2018. (ENG., Illus.). 314p. (J). 30.37 *(978-0-332-69255-5(8))* Forgotten Bks.

Old Memories, Vol. 3: A Novel (Classic Reprint) Julia Melville. 2018. (ENG., Illus.). 320p. (J). 30.50 *(978-0-267-16474-5(2))* Forgotten Bks.

Old Men Don't Walk to Egypt. Corinna Turner. 2021. (Friends in High Places Ser.: Vol. 2). (ENG.). 152p. (YA). pap. *(978-1-910806-22-7(6))* Zephyr Publishing.

Old Merritt (Classic Reprint) Grace Murray. (ENG., Illus.). (J). 2018. 56p. 25.05 *(978-0-267-56739-3(1))*; 2016. pap. 9.57 *(978-1-334-17165-9(3))* Forgotten Bks.

Old, Middle & New Kingdoms of Ancient Egypt - Ancient History 4th Grade Children's Ancient History. Baby Professor. 2017. (ENG., Illus.). 64p. (J). pap. 9.52 *(978-1-5419-1608-1(5)*, Baby Professor (Education Kids)) Speedy Publishing LLC.

Old Mill on the Withrose. Rev Henry S. Spalding S J. 2019. (ENG., Illus.). 200p. (J). (gr. 4-6). pap. 12.95 *(978-1-936639-50-2(5))* St. Augustine Academy Pr.

Old Mine's Secret: Anne Lewis & Her Village in War-Time (Classic Reprint) Edna Henry Lee Turpin. 2017. (ENG., Illus.). (J). 30.04 *(978-0-331-16474-9(4))* Forgotten Bks.

Old Miracle Plays of England (Classic Reprint) Netta Syrett. 2018. (ENG., Illus.). 134p. (J). 26.68 *(978-0-267-46959-8(4))* Forgotten Bks.

Old Miscellany' Days: A Selection of Stories from Bentley's Miscellany (Classic Reprint) George Cruikshank. (ENG., Illus.). (J). 2018. 498p. 34.17 *(978-0-484-44057-8(8))*; 2016. pap. 16.57 *(978-1-333-46571-1(8))* Forgotten Bks.

Old Misery. James Sage. Illus. by Russell Ayto. 2018. (ENG.). 40p. (J). (gr. k-4). 16.99 *(978-1-77138-823-8(4))* Kids Can Pr., Ltd. CAN. Dist: Hachette Bk. Group.

Old Mole: Being the Surprising Adventures in England of Herbert Jocelyn Beenham, M. A. , Sometime Sixth-Form Master at Thrigsby Grammar School in the County of Lancaster (Classic Reprint) Gilbert Cannan. 2018. (ENG., Illus.). 474p. (J). 33.67 *(978-0-364-82514-3(6))* Forgotten Bks.

Old Morocco (Classic Reprint) E. Andrews. 2017. (ENG., Illus.). (J). 30.06 *(978-0-265-92406-8(5))* Forgotten Bks.

Old Mother Earth: Her Highways & by-Ways (Classic Reprint) Josephine Simpson. 2018. (ENG., Illus.). 110p. (J). 26.17 *(978-0-365-07657-5(0))* Forgotten Bks.

Old Mother Hubbard see Viera Madre Hubbard

Old Mother Hubbard. Jane Cabrera. 2020. (Jane Cabrera's Story Time Ser.). (J). (— 1). 24p. bds. 7.99 *(978-0-8234-4483-0(X))*; 32p. 18.99 *(978-0-8234-4484-7(8))* Holiday Hse., Inc.

Old Mother Hubbard. Carol Schwartz. Illus. by Carol Schwartz. 2022. (Classic Mother Goose Rhymes Ser.). (ENG.). 16p. (J). (gr. -1-2). 29.93 *(978-1-5038-5720-9(4)*, 215618) Child's World, Inc, The.

Old Mother West Wind. Thornton W. Burgess. 2018. (ENG., Illus.). 60p. (YA). (gr. 7-12). pap. *(978-93-5297-464-1(6))* Alpha Editions.

Old Mother West Wind (Illustrated) Children's Bedtime Story Book. Thornton Burgess & George Kerr. 2019. (ENG.). 48p. (J). pap. *(978-80-273-3017-1(3))* E-Artnow.

Old Mr. Davenant's Money (Classic Reprint) Frances Powell. (ENG., Illus.). (J). 2018. 336p. 30.85 *(978-0-267-58597-7(7))*; 2017. pap. 13.57 *(978-1-5276-6087-8(7))* Forgotten Bks.

Old Mr. Tredgold, Vol. 1 of 2 (Classic Reprint) Margaret Oliphant. 2018. (ENG., Illus.). (J). 584p. 35.94 *(978-1-396-65394-0(5))*; 586p. pap. 19.57 *(978-1-391-59463-7(0))* Forgotten Bks.

Old Mummy Card Game: (Spooky Mummy & Monster Playing Cards, Halloween Old Maid Card Game) Abigail Samoun. Illus. by Archana Sreenivasan. 2019. (ENG.). 51p. (J). (gr. -1-5). 12.99 *(978-1-4521-7486-0(5))* Chronicle Bks. LLC.

Old Myddelton's Money: A Novel (Classic Reprint) Mary Cecil Hay. (ENG., Illus.). (J). 2018. 382p. 31.80 *(978-0-484-91886-2(9))*; 2016. pap. 16.57 *(978-1-334-24901-3(6))* Forgotten Bks.

Old Nest (Classic Reprint) Rupert Hughes. 2018. (ENG., Illus.). 192p. (J). 27.86 *(978-0-365-19469-9(7))* Forgotten Bks.

Old New Thing. Kenzie Parker. 2021. (ENG.). 204p. (YA). pap. 12.99 ***(978-1-0879-8209-0(X))*** Indy Pub.

Old Nick, Vol. 1: A Satirical Story (Classic Reprint) Du Bois. 2018. (ENG., Illus.). 236p. (J). 28.76 *(978-0-483-44026-5(4))* Forgotten Bks.

Old Nick, Vol. 2 Of 3: A Satirical Story (Classic Reprint) Du Bois. 2018. (ENG., Illus.). 284p. (J). 29.75 *(978-0-267-18626-6(6))* Forgotten Bks.

Old Nick, Vol. 3 Of 3: A Satirical Story (Classic Reprint) Du Bois. 2018. (ENG., Illus.). 292p. (J). 29.92 *(978-0-483-82838-4(6))* Forgotten Bks.

Old Ninety-Nine's Cave (Classic Reprint) Elizabeth H. Gray. 2017. (ENG., Illus.). (J). 342p. 30.95 *(978-0-266-51854-9(0))*; pap. 13.57 *(978-0-243-07831-8(5))* Forgotten Bks.

Old Oak & Little Acorn. Elena Mannion. Illus. by Erin Brown. 2022. (ENG.). 32p. (J). 19.95 *(978-1-8383651-5-8(X))* Pikku Publishing GBR. Dist: Casemate Pubs. & Bk. Distributors, LLC.

Old Oak Chest, Vol. 1 Of 3: A Tale of Domestic Life (Classic Reprint) George Payne Rainsford James. 2017. (ENG., Illus.). (J). 30.99 *(978-1-5285-7866-0(X))* Forgotten Bks.

Old Oak Chest, Vol. 2 Of 3: A Tale of Domestic Life (Classic Reprint) G. P. R. James. 2017. (ENG., Illus.). (J). pap. 13.57 *(978-0-243-09561-2(9))* Forgotten Bks.

Old Oak Chest, Vol. 2 Of 3: A Tale of Domestic Life (Classic Reprint) George Payne Rainsford James. 2017. (ENG., Illus.). (J). 30.37 *(978-0-265-51505-1(X))* Forgotten Bks.

Old Oak Chest, Vol. 3 Of 3: A Tale of Domestic Life (Classic Reprint) George Payne Rainsford James. 2017. (ENG., Illus.). (J). 32.39 *(978-1-5279-7807-2(9))* Forgotten Bks.

Old Oak Tree (Classic Reprint) Moncrieff Moncrieff. (ENG., Illus.). (J). 2018. 22p. 24.35 *(978-0-666-35901-8(6))*; 2017. pap. 7.97 *(978-0-259-75585-2(0))* Forgotten Bks.

Old Oaken Bucket: A Rural Drama in Four Acts (Classic Reprint) Mary Moncure Parker. 2018. (ENG., Illus.). 64p. (J). 25.22 *(978-0-267-46149-3(6))* Forgotten Bks.

Old Octopus. John Thom. 2021. (ENG.). 22p. (J). pap. 10.99 *(978-1-954004-60-3(5))* Pen It Pubns.

Old, Old Story. Rosa Nouchette Carey. 2017. (ENG.). (J). 326p. pap. *(978-3-337-04478-7(6))*; 336p. pap. *(978-3-337-04477-0(8))* Creation Pubs.

Old, Old Story: A Novel (Classic Reprint) Rosa Nouchette Carey. 2018. (ENG., Illus.). 508p. (J). 34.39 *(978-0-365-53002-2(6))* Forgotten Bks.

Old, Old Story of the Holy Child, Told Again for the Children (Classic Reprint) Abbie Clemens Morrow. (ENG., Illus.). (J). 2018. 232p. 28.68 *(978-0-484-90738-5(7))*; 2017. pap. 11.57 *(978-0-243-22479-1(6))* Forgotten Bks.

Old, Old Story, Vol. 2 Of 3: A Novel (Classic Reprint) Rosa Nouchette Carey. 2018. (ENG., Illus.). 336p. (J). 30.85 *(978-0-484-00947-8(8))* Forgotten Bks.

Old, Old Story, Vol. 3 Of 3: A Novel (Classic Reprint) Rosa Nouchette Carey. (ENG., Illus.). (J). 2018. 328p. 30.66 *(978-0-483-99249-8(6))*; 2016. pap. 13.57 *(978-1-333-46707-4(9))* Forgotten Bks.

Old One. Rebecca Roberts. Illus. by Ana Hollan. 2016. (ENG.). (J). pap. 11.99 *(978-0-9862331-7-3(X))* Hear My Heart Publishing.

1504

The check digit for ISBN-10 appears in parentheses after the full ISBN-13

Old One & the Sea. Lex H. Jones. 2019. (ENG., Illus.). 108p. (J). (gr. 4-6). pap. *(978-1-912578-15-3(8))* Sinister Horror Co., The.

Old One & the Sea (Hardback) Lex H. Jones. 2019. (ENG., Illus.). 108p. (J). (gr. 4-6). *(978-1-912578-16-0(6))* Sinister Horror Co., The.

Old Orchard (Classic Reprint) Mack Cloie. 2018. (ENG., Illus.). 326p. (J). 30.64 *(978-0-483-96321-4(6))* Forgotten Bks.

Old Order Changes. W. H. (William Hurrell) Mallock. 2017. (ENG.). 356p. (J). pap. *(978-3-337-05113-6(8))* Creation Pubs.

Old Order Changes: A Novel (Classic Reprint) W. H. Mallock. 2018. (ENG., Illus.). 434p. (J). 32.85 *(978-0-656-95311-0(X))* Forgotten Bks.

Old Order Changes, Vol. 1 Of 3: A Novel (Classic Reprint) W. H. Mallock. 2018. (ENG., Illus.). 312p. (J). 30.35 *(978-0-484-72558-3(0))* Forgotten Bks.

Old Order Changes, Vol. 2 Of 3: A Novel (Classic Reprint) W. H. Mallock. 2018. (ENG., Illus.). 344p. (J). 31.03 *(978-0-484-11370-0(4))* Forgotten Bks.

Old Peabody Pew: A Christmas Romance of a Country Church. K. D. Wiggin. 2022. (ENG.). 37p. (J). pap. *(978-1-387-69241-5(0))* Lulu Pr., Inc.

Old Peabody Pew: A Christmas Romance of a Country Church (Classic Reprint) Kate Douglas Smith Wiggin. 2018. (ENG., Illus.). 164p. (J). 27.30 *(978-0-365-16564-4(6))* Forgotten Bks.

Old Peabody Pew: Dramatized by Kate Douglas Wiggin; from Her Book of the Same Title (Classic Reprint) Kate Douglas Smith Wiggin. 2017. (ENG., Illus.). (J). 25.01 *(978-1-5279-8392-2(7))* Forgotten Bks.

Old Pearl. Wendy Wahman. Illus. by Wendy Wahman. 2021. (ENG., Illus.). 40p. (J). (gr. -1-3). 17.99 *(978-1-5344-6269-4(4),* Atheneum/Caitlyn Dlouhy Books) Simon & Schuster Children's Publishing.

Old Penn Street: The Old Fourth Ward (Classic Reprint) Agnes M. Hays Gormly. 2017. (ENG., Illus.). (J). 24.58 *(978-0-331-82901-3(0))* Forgotten Bks.

Old People & the Things That Pass (Classic Reprint) Louis Couperus. 2018. (ENG., Illus.). 398p. (J). 32.11 *(978-0-364-80309-7(6))* Forgotten Bks.

Old Peter's Russian Tales (Classic Reprint) Arthur Ransome. 2017. (ENG., Illus.). (J). 30.60 *(978-0-265-28068-3(0))* Forgotten Bks.

Old Piano (Classic Reprint) Philip William Gould. 2018. (ENG., Illus.). 26p. (J). 24.45 *(978-0-267-42363-7(2))* Forgotten Bks.

Old Pig. Margaret Wild & Ron Brooks. 2017. (ENG., Illus.). 32p. (J). (gr. -1-1). 17.99 *(978-1-76029-389-5(X))* Allen & Unwin AUS. Dist: Independent Pubs. Group.

Old Pincushion: Or Aunt Clotilda's Guests (Classic Reprint) Molesworth. 2018. (ENG., Illus.). 198p. (J). 27.98 *(978-0-484-78480-1(3))* Forgotten Bks.

Old Pine Farm, Vol. 1: Or, the Southern Side (Classic Reprint) Unknown Author. 2018. (ENG., Illus.). 210p. (J). 28.23 *(978-0-483-52062-2(4))* Forgotten Bks.

Old Plantation: How We Lived in Great House & Cabin Before the War. James Battle Avirett. 2017. (ENG., Illus.). (J). pap. *(978-0-649-10941-8(4))* Trieste Publishing Pty Ltd.

Old Plantation: How We Lived in Great House, & Cabin Before the War (Classic Reprint) James Battle Avirett. 2018. (ENG., Illus.). 216p. (J). 28.35 *(978-0-484-81113-2(4))* Forgotten Bks.

Old Plantation: How We Lived in Great House & Cabin Before the War (Classic Reprint) James Battle Avirett. 2018. (ENG., Illus.). (J). 216p. 28.35 *(978-0-483-63089-5(6))*; 218p. pap. 10.97 *(978-0-243-31271-9(7))* Forgotten Bks.

Old Plantation, & What I Gathered There in an Autumn Month (Classic Reprint) James Hungerford. 2017. (ENG., Illus.). (J). 31.65 *(978-0-266-73792-6(7))*; pap. 16.57 *(978-1-5277-0143-4(3))* Forgotten Bks.

Old Plantation Days (Classic Reprint) Archibald Rutledge. 2016. (ENG., Illus.). (J). 19.97 *(978-1-334-99805-8(1))* Forgotten Bks.

Old Poz, the Mimic, Mademoiselle Panache: Being the Fourth Volume of the Parent's Assistant, or Stories for Children (Classic Reprint) Maria Edgeworth. 2016. (ENG., Illus.). (J). pap. 10.57 *(978-1-334-15818-6(5))* Forgotten Bks.

Old Poz, the Mimic, Mademoiselle Panache: Being the Fourth Volume of the Parent's Assistant, or Stories for Children (Classic Reprint) Maria Edgeworth. 2018. (ENG., Illus.). 186p. (J). 27.75 *(978-0-267-37562-2(X))* Forgotten Bks.

Old Probability: Perhaps Rain Perhaps Not (Classic Reprint) Josh Billings, pseud. 2018. (ENG., Illus.). 328p. (J). 30.66 *(978-0-267-50332-2(6))* Forgotten Bks.

Old Proverbs with New Pictures (Classic Reprint) Lizzie Lawson. (ENG., Illus.). (J). 2018. 60p. 25.15 *(978-0-364-07294-3(6))*; 2017. pap. 9.57 *(978-0-259-81357-6(5))* Forgotten Bks.

Old Racers, New Racers. Mary Tillworth. ed. 2018. (Step into Reading Ser.). (ENG.). 24p. (J). (gr. -1-1). 13.89 *(978-1-64310-758-5(5))* Penworthy Co., LLC, The.

Old Racers, New Racers. Mary Tillworth. 2017. (Illus.). 24p. (J). *(978-1-5182-5219-8(2))* Random Hse., Inc.

Old Racers, New Racers (Disney/Pixar Cars 3) Mary Tillworth. Illus. by RH Disney. 2017. (Step into Reading Ser.). (ENG.). 24p. (J). (gr. -1-1). pap. 4.99 *(978-0-7364-3804-9(1),* RH/Disney) Random Hse. Children's Bks.

Old Rag Doll. Michelle Lynn Vanmeter. 2019. (ENG.). 36p. (J). pap. 14.95 *(978-1-64416-980-3(0))* Christian Faith Publishing.

Old Rail Fence Corners: The A. B. C's; of Minnesota History (Classic Reprint) D. a R. 2018. (ENG., Illus.). 338p. (J). 30.89 *(978-0-666-61782-8(1))* Forgotten Bks.

Old Ramon. Jack Schaefer. Illus. by Harold E. West. 2016. (ENG.). 112p. (J). pap. 19.95 *(978-0-8263-5764-9(4),* P509800) Univ. of New Mexico Pr.

Old Reliable in Africa (Classic Reprint) Harris Dickson. 2018. (ENG., Illus.). 358p. (J). 31.28 *(978-0-267-42544-0(9))* Forgotten Bks.

Old Revolutionary Soldier (Classic Reprint) Joseph Alden. 2018. (ENG., Illus.). 168p. (J). 27.36 *(978-0-364-37381-1(4))* Forgotten Bks.

Old Robin & His Proverb. Henry F. Brock. 2017. (ENG., Illus.). (J). pap. *(978-0-649-44146-4(X))* Trieste Publishing Pty Ltd.

Old Robin & His Proverb (Classic Reprint) Henry F. Brock. 2018. (ENG., Illus.). 110p. (J). 26.19 *(978-0-483-62606-5(6))* Forgotten Bks.

Old Rock (Is Not Boring) Deb Pilutti. Illus. by Deb Pilutti. 2020. (Illus.). 40p. (J). (gr. -1-3). 18.99 *(978-0-525-51818-1(5),* G.P. Putnam's Sons Books for Young Readers) Penguin Young Readers Group.

Old Roger Bond (Classic Reprint) Religious Tract Society. 2018. (ENG., Illus.). 20p. (J). 24.31 *(978-0-267-51704-6(1))* Forgotten Bks.

Old Room (Classic Reprint) Carl Ewald. 2017. (ENG., Illus.). (J). 30.72 *(978-0-265-51941-7(1))*; pap. 13.57 *(978-0-243-22566-8(0))* Forgotten Bks.

Old Rose & Silver (Classic Reprint) Myrtle Reed. 2018. (ENG., Illus.). 320p. (J). 30.50 *(978-0-483-96897-4(8))* Forgotten Bks.

Old Rough the Miser. Lily F. Wesselhoeft & J. F. Goodridge. 2017. (ENG.). 324p. (J). pap. *(978-3-7447-6756-9(6))* Creation Pubs.

Old Rough the Miser: A Fable for Children (Classic Reprint) Lily F. Wesselhoeft. 2018. (ENG., Illus.). 322p. (J). 30.54 *(978-0-267-49658-7(3))* Forgotten Bks.

Old Russian Tales: Retold for Children (Classic Reprint) Georgene Faulkner. (ENG., Illus.). (J). 2018. 124p. 26.45 *(978-0-267-31196-5(6))*; 2017. pap. 9.57 *(978-0-259-54959-8(2))* Forgotten Bks.

Old Saint Paul's: A Tale of the Plague & the Fire (Classic Reprint) William Harrison Ainsworth. 2017. (ENG., Illus.). (J). 34.19 *(978-0-260-15402-6(4))* Forgotten Bks.

Old Saint Paul's, Vol. 1 Of 3: A Tale of the Plague & the Fire (Classic Reprint) William Harrison Ainsworth. 2018. (ENG., Illus.). 382p. (J). 31.78 *(978-0-484-38180-2(6))* Forgotten Bks.

Old Saint Paul's, Vol. 2 Of 3: A Tale of the Plague & the Fire (Classic Reprint) William Harrison Ainsworth. 2018. (ENG., Illus.). 360p. (J). 31.32 *(978-0-365-49790-5(8))* Forgotten Bks.

Old Saint Paul's, Vol. 3 Of 3: A Tale of the Plague & the Fire (Classic Reprint) William Harrison Ainsworth. 2017. (ENG., Illus.). (J). 30.99 *(978-0-332-00917-9(3))* Forgotten Bks.

Old Salem (Classic Reprint) Eleanor Putnam. 2017. (ENG., Illus.). (J). 26.45 *(978-0-331-74038-7(9))* Forgotten Bks.

Old Salem Scrap Book: Stories of Salem Elders (Classic Reprint) Fred A. Gannon. 2017. (ENG., Illus.). (J). 26.95 *(978-0-260-25440-5(1))* Forgotten Bks.

Old Salem Scrap Book (Classic Reprint) Fred A. Gannon. 2018. (ENG., Illus.). 116p. (J). 26.29 *(978-0-267-53134-9(6))* Forgotten Bks.

Old Salem Scrap Book, Vol. 5: The Town Cryer; the Wizard of Electricity of 1771; Prices of the Gay Nineties & Miscellany (Classic Reprint) Fred A. Gannon. 2018. (ENG., Illus.). 92p. (J). 25.79 *(978-0-267-51198-3(1))* Forgotten Bks.

Old Sanatorium. Heidi Williams. 2021. (ENG.). 128p. (YA). pap. 11.99 *(978-1-914996-06-1(2))* Primedia eLaunch LLC.

Old Sanctuary: A Romance of the Ashley (Classic Reprint) Augustus Julian Requier. 2017. (ENG., Illus.). (J). 28.00 *(978-0-266-72956-3(8))*; pap. 10.57 *(978-1-5276-9007-3(5))* Forgotten Bks.

Old School at Hick'ry Holler: A Comic Entertainment in Three Scenes (Classic Reprint) Lutie Fitzgerald. 2018. (ENG., Illus.). 38p. (J). 24.70 *(978-0-267-23270-3(5))* Forgotten Bks.

Old School Days: A Memoir of Boyhood, from Earliest Youth to Manhood, Including the Era of the Rebellion (Classic Reprint) Andrew James Miller. (ENG., Illus.). (J). 2018. 260p. 29.26 *(978-0-483-05653-4(7))*; 2016. pap. 11.57 *(978-1-333-29500-4(6))* Forgotten Bks.

Old School-Days (Classic Reprint) Amanda Bartlett Harris. 2018. (ENG., Illus.). 110p. (J). 26.19 *(978-0-483-58139-5(9))* Forgotten Bks.

Old School for a New Generation, 1 vol. S. Loth. 2019. (ENG.). 84p. (YA). pap. 7.99 *(978-1-4003-2601-3(X))* Elm Hill.

Old School Hoops. Jim Sweeney. 2020. (ENG.). 305p. (YA). pap. *(978-1-716-65589-9(2))* Lulu Pr., Inc.

Old School, Vol. 1 of 2 (Classic Reprint) Unknown Author. 2018. (ENG., Illus.). 308p. (J). 30.25 *(978-0-483-67656-5(X))* Forgotten Bks.

Old School, Vol. 2 of 2 (Classic Reprint) Julia Bernard Smith. 2018. (ENG., Illus.). 282p. (J). 29.71 *(978-0-332-92425-0(4))* Forgotten Bks.

Old Scrap Book (Classic Reprint) Susan Matilda Swales. (ENG., Illus.). (J). 2018. 486p. 33.94 *(978-0-428-89060-5(1))*; 2017. pap. 16.57 *(978-1-334-93906-8(3))* Forgotten Bks.

Old Scrooge: A Christmas Carol in Five Staves, Dramatized from Charles Dickens' Celebrated Christmas Story (Classic Reprint) Charles Augustus Scott. (ENG., Illus.). (J). 2018. 50p. 24.97 *(978-0-332-18470-8(6))*; 2016. pap. 9.57 *(978-1-334-11724-4(1))* Forgotten Bks.

Old Seaport Towns of New England (Classic Reprint) Hildegarde Hawthorne. 2017. (ENG., Illus.). (J). 31.28 *(978-0-265-17714-3(6))* Forgotten Bks.

Old Seaport Towns of the South (Classic Reprint) Mildred Cram. 2018. (ENG., Illus.). 432p. (J). 32.81 *(978-0-267-65868-8(0))* Forgotten Bks.

Old Seed on New Ground (Classic Reprint) James Adderley. 2018. (ENG., Illus.). (J). 120p. 27.94 *(978-0-483-38357-3(6))*; 122p. pap. 10.57 *(978-1-333-34710-9(3))* Forgotten Bks.

Old Settler Stories (Classic Reprint) Mabel Elizabeth Fletcher. 2018. (ENG., Illus.). 210p. (J). 28.23 *(978-0-332-86333-7(6))* Forgotten Bks.

Old Settler, the Squire, & Little Peleg (Classic Reprint) Edward Mott. (ENG., Illus.). (J). 2018. 326p. 30.62 *(978-0-267-54610-7(6))*; 2016. pap. 13.57 *(978-1-333-48075-2(X))* Forgotten Bks.

Old Shropshire Life (Classic Reprint) Catherine Milnes Gaskell. 2018. (ENG., Illus.). 348p. (J). 31.07 *(978-0-483-41040-4(3))* Forgotten Bks.

Old Sir Douglas, Vol. 1 of 3 (Classic Reprint) Hon Norton. 2018. (ENG., Illus.). 320p. (J). 30.50 *(978-0-267-21724-3(2))* Forgotten Bks.

Old Sir Douglas, Vol. 2 of 3 (Classic Reprint) Norton. 2018. (ENG., Illus.). 316p. (J). 30.41 *(978-0-267-22166-0(5))* Forgotten Bks.

Old Sir Douglas, Vol. 3 of 3 (Classic Reprint) Hon Norton. 2018. (ENG., Illus.). 330p. (J). 30.70 *(978-0-428-96618-8(7))* Forgotten Bks.

Old Soak: And Hail & Farewell (Classic Reprint) Don Marquis. 2017. (ENG., Illus.). (J). 27.16 *(978-0-266-19598-6(9))* Forgotten Bks.

Old Soho Days: And Other Memories (Classic Reprint) Mother Kate. 2017. (ENG., Illus.). (J). 28.64 *(978-0-260-70488-7(1))* Forgotten Bks.

Old Sorrel: Straight from the Horse's Mouth. Jeanne M. Yawman. Ed. by Terry L. Irvine. 2021. (ENG.). 57p. pap. *(978-1-6671-1622-8(3))* Lulu Pr., Inc.

Old Stone Chimney (Classic Reprint) Sarah J. Prichard. 2018. (ENG., Illus.). 266p. (J). 29.40 *(978-0-483-44058-6(2))* Forgotten Bks.

Old Stone House (Classic Reprint) Anne March. (ENG., Illus.). (J). 2018. 438p. 32.93 *(978-0-364-51197-8(4))*; 2016. pap. 16.57 *(978-1-333-57771-5(9))* Forgotten Bks.

Old Stories from British History (Classic Reprint) F. York Powell. 2017. (ENG., Illus.). (J). 27.98 *(978-1-5279-6746-5(8))* Forgotten Bks.

Old Stories of the East (Classic Reprint) James Baldwin. 2017. (ENG., Illus.). (J). 28.41 *(978-0-331-91348-4(8))* Forgotten Bks.

Old Story Books of England: Illustrated with Twelve Pictures by Eminent Artists (Classic Reprint) William John Thoms. 2018. (ENG., Illus.). 238p. (J). 28.81 *(978-0-483-58137-1(2))* Forgotten Bks.

Old Story of My Farming Days (UT Mine Stromtid); in Three Volumes, Vol. I. Fritz Reuter. 2017. (ENG., Illus.). (J). pap. *(978-0-649-36383-4(3))* Trieste Publishing Pty Ltd.

Old Story of My Farming Days, Vol. 1 Of 3: UT Mine Stromtid (Classic Reprint) Fritz Reuter. (ENG., Illus.). (J). 2018. 282p. 29.71 *(978-0-365-31595-7(8))*; 2018. 566p. 35.57 *(978-0-332-85384-0(5))*; 2017. pap. 19.57 *(978-0-243-08930-7(9))* Forgotten Bks.

Old Story of My Farming Days, Vol. 2 Of 3: UT Mine Stromtid (Classic Reprint) Fritz Reuter. 2018. (ENG., Illus.). 280p. (J). 29.67 *(978-0-483-92802-2(X))* Forgotten Bks.

Old Story of My Farming Days, Vol. 3 Of 3: UT Mine Stromtid (Classic Reprint) Fritz Reuter. (ENG., Illus.). (J). 2018. 322p. 30.54 *(978-0-332-02984-9(0))*; 2016. pap. 13.57 *(978-1-334-13324-4(7))* Forgotten Bks.

Old T-Rex. Geoff Gudsell. Illus. by Ned Barraud. 2023. (ENG.). 36p. (J). pap. *(978-0-473-68281-1(8),* CP Bks.) Copy Pr.

Old Testament: Best-Loved Bible Stories for the Younger Reader, Including Adam & Eve, Noah's Ark, the Ten Commandments, Samson & Delilah, & More. Armadillo. 2018. (Illus.). 24p. (J). (gr. -1-12). pap. 7.99 *(978-1-86147-846-7(1),* Armadillo) Anness Publishing GBR. Dist: National Bk. Network.

Old Testament Adventures: A Play & Learn Book. Ed. by Jill C. Lafferty. Illus. by Peter Grosshauser & Ed Temple. 2016. 80p. (J). (gr. -1-3). 9.99 *(978-1-5064-1765-3(5),* Sparkhouse Family) 1517 Media.

Old Testament Bible Stories: As a Basis for the Ethical Instruction of the Young (Classic Reprint) Walter L. Sheldon. (ENG., Illus.). (J). 2018. 340p. 30.91 *(978-0-666-27643-8(9))*; 2016. pap. 13.57 *(978-1-334-21622-0(3))* Forgotten Bks.

Old Testament Heroes (Classic Reprint) Abram Lipsky. 2018. (ENG., Illus.). 202p. (J). 28.06 *(978-0-332-97357-9(3))* Forgotten Bks.

Old Time & Young Tom (Classic Reprint) Robert Jones Burdette. (ENG., Illus.). (J). 2018. 336p. 30.85 *(978-0-332-18124-0(3))*; 2016. pap. 13.57 *(978-1-334-14033-4(2))* Forgotten Bks.

Old Time Australian Life (Classic Reprint) Isabella Watson. 2018. (ENG., Illus.). 226p. (J). 28.56 *(978-0-332-99878-7(9))* Forgotten Bks.

Old-Time Child-Life (Classic Reprint) E. H. Arr. 2018. (ENG., Illus.). 194p. (J). 27.90 *(978-0-484-67397-6(1))* Forgotten Bks.

Old Time Ladies' Aid: Business Meeting at Mohawk Crossroads (Classic Reprint) Clara E. Anderson. (ENG., Illus.). (J). 2018. 40p. 24.72 *(978-0-364-35333-2(3))*; 2017. pap. 7.97 *(978-0-259-90109-9(1))* Forgotten Bks.

Old-Time Schools & School-Books (Classic Reprint) Clifton Johnson. (ENG., Illus.). (J). 2018. 432p. 32.83 *(978-0-332-13331-7(1))*; 2017. 432p. 32.81 *(978-0-484-19307-8(4))*; 2017. pap. 16.57 *(978-0-259-26236-7(6))* Forgotten Bks.

Old-Time Stories. Charles Perrault. 2018. (ENG., Illus.). 146p. (YA). (gr. 7-12). pap. *(978-93-5297-191-6(4))* Alpha Editions.

Old-Time Stories (Classic Reprint) Charles Perrault. 2017. (ENG., Illus.). (J). 28.60 *(978-0-265-24642-9(3))* Forgotten Bks.

Old Time Tales (Classic Reprint) Lawton Bryan Evans. 2017. (ENG., Illus.). (J). 31.16 *(978-0-331-74440-8(6))*; pap. 13.57 *(978-0-259-42204-4(5))* Forgotten Bks.

Old-Time Travel: Personal Reminiscences of the Continent Forty Years Ago Compared with Experiences of the Present Day (Classic Reprint) Alexander Innes Shand. 2018. (ENG., Illus.). 586p. (J). 36.00 *(978-0-484-53776-6(8))* Forgotten Bks.

Old Timer, Vol. 1: The Magazine of Other Days; May, 1939 (Classic Reprint) Guy W. Bilsland. (ENG., Illus.). (J). 2018. 72p. 25.40 *(978-0-267-11128-2(2))*; 2017. pap. 9.57 *(978-0-282-46673-2(8))* Forgotten Bks.

Old Timers: Sketches & Word Pictures of the Old Pioneers (Classic Reprint) Tilly Aston. 2017. (ENG., Illus.). (J). 26.95 *(978-0-331-78681-1(8))*; pap. 9.57 *(978-0-259-44577-7(0))* Forgotten Bks.

Old Times in Assam (Classic Reprint) T. Kinney. 2017. (ENG., Illus.). (J). 28.12 *(978-0-331-73591-8(1))*; pap. 10.57 *(978-0-282-10406-1(2))* Forgotten Bks.

Old Times in Middle Georgia (Classic Reprint) Richard Malcolm Johnston. 2018. (ENG., Illus.). 262p. (J). 29.30 *(978-0-267-39532-3(9))* Forgotten Bks.

Old Times in West Tennessee: Reminiscences Semi-Historic of Pioneer Life & the Early Emigrant Settlers in the Big Hatchie Country (Classic Reprint) A. Descendent of One of the Fir Setlers. 2017. (ENG., Illus.). (J). 30.15 *(978-0-265-67453-6(0))* Forgotten Bks.

Old Times Revived, Vol. 1 Of 2: A Novel Two Volumes (Classic Reprint) Frank Trollope. 2018. (ENG., Illus.). 304p. (J). 30.17 *(978-0-483-25650-7(1))* Forgotten Bks.

Old Times Revived, Vol. 2 Of 2: A Novel (Classic Reprint) Frank Trollope. 2018. (ENG., Illus.). 280p. (J). 29.67 *(978-0-483-83258-9(8))* Forgotten Bks.

Old Tobacco Shop: A True Account of What Befell a Little Boy in Search of Adventure (Classic Reprint) William Bowen. 2018. (ENG., Illus.). 252p. (J). 29.09 *(978-0-483-85664-6(9))* Forgotten Bks.

Old Tom Man of Mystery. Leigh Hobbs. 2017. (Old Tom Ser.). (ENG., Illus.). 32p. (J). (gr. -1-k). 10.99 *(978-1-877003-53-0(0))* Little Hare Bks. AUS. Dist: Independent Pubs. Group.

Old Toney & His Master, or the Abolitionist & the Land-Pirate: Founded on Facts; a Tale of 1824-1827 (Classic Reprint) Desmos Desmos. 2018. (ENG., Illus.). 412p. (J). 32.41 *(978-0-484-68764-5(6))* Forgotten Bks.

Old Town (Classic Reprint) Jacob A. Riis. 2017. (ENG., Illus.). (J). 30.91 *(978-1-5285-8516-3(X))* Forgotten Bks.

Old Town Pump: A Story of East & West (Classic Reprint) Margaret Sidney. 2019. (ENG., Illus.). 388p. (J). 31.90 *(978-0-365-19972-4(9))* Forgotten Bks.

Old Transport Road (Classic Reprint) Stanley Portal Hyatt. 2018. (ENG., Illus.). 324p. (J). 30.60 *(978-0-267-85558-2(3))* Forgotten Bks.

Old Truck. Jarrett Pumphrey & Jerome Pumphrey. 2020. (ENG., Illus.). 48p. (J). (gr. -1-3). 17.95 *(978-1-324-00519-3(X),* 340519, Norton Young Readers) Norton, W. W. & Co., Inc.

Old Turtle: Questions of the Heart: From the Lessons of Old Turtle #2. Douglas Wood. Illus. by Greg Ruth. 2017. (ENG.). 56p. (J). (gr. -1-3). 19.99 *(978-0-439-32111-2(5),* Scholastic Pr.) Scholastic, Inc.

Old Valentines: A Love Story (Classic Reprint) Munson Havens. 2018. (ENG., Illus.). 252p. (J). 29.09 *(978-0-484-63551-6(4))* Forgotten Bks.

Old Vicarage, Vol. 1 Of 3: A Novel (Classic Reprint) Hubback. (ENG., Illus.). (J). 2018. 320p. 30.52 *(978-0-483-78552-6(0))*; 2017. pap. 13.57 *(978-0-243-39549-1(3))* Forgotten Bks.

Old Vicarage, Vol. 2 Of 3: A Novel (Classic Reprint) Hubback. 2018. (ENG., Illus.). 322p. (J). 30.54 *(978-0-483-75528-4(1))* Forgotten Bks.

Old Vicarage, Vol. 3 Of 3: A Novel (Classic Reprint) Hubback. 2018. (ENG., Illus.). 300p. (J). 30.08 *(978-0-484-06123-0(2))* Forgotten Bks.

Old Vine & Little Branch. Pamella Bowen. Illus. by Nicole Schiffers. 2019. (ENG.). 34p. (J). pap. 9.99 *(978-1-7321212-8-7(1))* Green & Purple Publishing.

Old Virginia (Classic Reprint) A. G. Bradley. 2018. (ENG., Illus.). 302p. (J). 30.13 *(978-0-267-70912-0(9))* Forgotten Bks.

Old Virginia Days & Ways: Reminiscences of Mrs. Sally Mccarty Pleasants (Classic Reprint) Sally McCarty Pleasants. 2018. (ENG., Illus.). 166p. (J). 27.34 *(978-0-267-24451-5(7))* Forgotten Bks.

Old Virginia Gentleman, & Other Sketches (Classic Reprint) George William Bagby. 2018. (ENG., Illus.). 386p. (J). 31.86 *(978-0-666-64626-2(0))* Forgotten Bks.

Old Washington (Classic Reprint) Harriet Prescott Spofford. (ENG., Illus.). (J). 2017. 30.04 *(978-0-331-14134-4(5))*; 2016. pap. 13.57 *(978-1-333-14707-5(4))* Forgotten Bks.

Old Ways & New Stories (Classic Reprint) Viola Roseboro'. 2018. (ENG., Illus.). 222p. (J). 28.48 *(978-0-428-97947-8(5))* Forgotten Bks.

Old West History for Kids - Settlement of the American West (Wild West) Us Western History 6th Grade Social Studies. Baby Professor. 2017. (ENG., Illus.). 64p. (J). pap. 9.55 *(978-1-5419-1785-9(5),* Baby Professor (Education Kids)) Speedy Publishing LLC.

Old Westtown: A Collection (Classic Reprint) Frances C. Tatum. (ENG., Illus.). (J). 2018. 184p. 27.71 *(978-0-666-72121-1(1))*; 2017. pap. 10.57 *(978-1-5276-1404-8(2))* Forgotten Bks.

Old Willow-Tree, & Other Stories (Classic Reprint) Carl Ewald. 2018. (ENG., Illus.). (J). 166p. 27.32 *(978-0-483-86234-0(7))*; 168p. pap. 9.97 *(978-0-483-86164-0(2))* Forgotten Bks.

Old Wind. Tahir Shah. 2022. (ENG.). 108p. (J). *(978-1-914960-79-6(3))* Secretum Mundi Publishing.

Old Wine in New Bottles: For Old & New Friends (Classic Reprint) Brinton W. Woodward. 2018. (ENG., Illus.). 326p. (J). 30.62 *(978-0-267-16917-7(5))* Forgotten Bks.

Old Wives for New: A Novel (Classic Reprint) David Graham Phillips. 2017. (ENG., Illus.). (J). 34.42 *(978-1-5282-7901-7(8))* Forgotten Bks.

Old Wives' Tale: A Novel (Classic Reprint) Arnold Bennett. 2018. (ENG., Illus.). (J). 604p. 36.35 *(978-0-366-56190-2(1))*; 606p. pap. 19.57 *(978-0-366-08198-1(5))* Forgotten Bks.

Old Wives Tale (Classic Reprint) Arnold Bennett. 2017. (ENG., Illus.). (J). 35.78 *(978-0-266-32479-9(7))* Forgotten Bks.

Old Wolf's Favorites: Animals I Have Known (Classic Reprint) Robert Baden-Powell. 2018. (ENG., Illus.). 126p. (J). 26.50 *(978-0-365-48268-0(4))* Forgotten Bks.

Old Woman, 1 vol. Joanne Schwartz. Illus. by Nahid Kazemi. 2020. (ENG.). 36p. (J). (gr. k-3). 18.95 *(978-1-77306-211-2(5))* Groundwood Bks. CAN. Dist: Publishers Group West (PGW).

Old Woman & Her Silver Penny, and, Dame Trot (Classic Reprint) Unknown Author. 2018. (ENG., Illus.). (J). 20p. 24.31 *(978-0-366-53115-8(8))*; 22p. pap. 7.97 *(978-0-365-86260-4(6))* Forgotten Bks.

O

Old Woman & Her Three Sons (Classic Reprint) Unknown Author. 2018. (ENG., Illus.). 28p. (J). 24.49 *(978-0-484-81400-3(1))* Forgotten Bks.

Old Woman & the Eagle: English-Dari Edition. Idries Shah. Illus. by Natasha Delmar. 2017. (Hoopoe Teaching-Stories Ser.). (ENG.). (J). (gr. k-6). pap. 9.99 *(978-1-946270-16-0(4),* Hoopoe Bks.) I S H K.

Old Woman & the Eagle: English-Pashto Edition. Idries Shah. Illus. by Natasha Delmar. 2017. (Hoopoe Teaching-Stories Ser.). (ENG & PUS.). (J). (gr. 1-6). pap. 9.99 *(978-1-944493-61-5(1),* Hoopoe Bks.) I S H K.

Old Woman & the Eagle: English-Urdu Bilingual Edition. Idries Shah. Illus. by Natasha Delmar. 2016. (URD & ENG.). (J). (gr. k-6). pap. 9.99 *(978-1-942698-78-4(X),* Hoopoe Bks.) I S H K.

Old Woman & the Eagle / de Oude Vrouw en de Adelaar: Bilingual English-Dutch Edition / Tweetalige Engels-Nederlands Editie. Idries. Shah. Illus. by Natasha Delmar. 2022. (Teaching Stories Ser.). (ENG.). 36p. (J). pap. 11.90 ***(978-1-958289-30-3(2),*** Hoopoe Bks.) I S H K.

Old Woman Who Lived in a Shoe (Classic Reprint) Amanda Minnie Douglas. (ENG., Illus.). (J). 2018. 396p. 31.98 *(978-0-267-10783-4(8));* 2016. pap. 16.57 *(978-1-334-12734-2(4))* Forgotten Bks.

Old Woman Who Lived in a Vinegar Bottle, 40 vols. Rumer Godden. Illus. by Mairi Hedderwick. 2018. (Traditional Scottish Tales Ser.). 32p. (J). pap. 11.95 *(978-1-78250-510-5(5),* Kelpies) Floris Bks. GBR. Dist: Consortium Bk. Sales & Distribution.

Old Woman's Outlook in a Hampshire Village. Charlotte M. Yonge. 2017. (ENG., Illus.). (J). pap. *(978-0-649-05855-6(0))* Trieste Publishing Pty Ltd.

Old Woman's Outlook in a Hampshire Village (Classic Reprint) Charlotte M. Yonge. (ENG., Illus.). (J). 2018. 298p. 30.04 *(978-0-484-85964-6(1));* 2018. 346p. 31.05 *(978-0-484-70934-7(8));* 2016. pap. 13.57 *(978-1-334-14229-1(7))* Forgotten Bks.

Old Wonder-Eyes: And Other Stories for Children (Classic Reprint) L. K. Lippincott. 2018. (ENG., Illus.). 156p. (J). 27.13 *(978-0-483-47161-0(5))* Forgotten Bks.

Old Wood Boat. Nikki McClure. Illus. by Nikki McClure. 2022. (ENG.). 48p. (J). (gr. -1-3). 18.99 *(978-1-5362-1658-5(5))* Candlewick Pr.

Old World: As Seen Through Young Eyes, or, Travels Around the World (Classic Reprint) Ellen H. Walworth. 2017. (ENG., Illus.). (J). 384p. 31.82 *(978-0-332-15448-0(3));* pap. 16.57 *(978-0-282-42585-2(3))* Forgotten Bks.

Old World Children's European History. Baby Professor. 2017. (ENG., Illus.). (J). pap. 7.89 *(978-1-5419-0498-9(2),* Baby Professor (Education Kids)) Speedy Publishing LLC.

Old World, Through Old Eyes, Three Years in Oriental Lands (Classic Reprint) Mary S. Ware. 2017. (ENG., Illus.). (J). 36.42 *(978-0-331-40709-9(4))* Forgotten Bks.

Old Year & the New: Exercises for Christmas & New Years', Lawn Parties, Mission Bands, & Sunday School Entertainments (Classic Reprint) Ada C. Chaplin. (ENG., Illus.). (J). 2018. 84p. 25.77 *(978-0-484-45162-8(6));* 2016. pap. 9.57 *(978-1-333-72901-1(4))* Forgotten Bks.

Old Yeller Novel Units Teacher Guide. Novel Units. 2019. (ENG.). (J). pap. 12.99 *(978-1-56137-081-8(9),* Novel Units, Inc.) Classroom Library Co.

Old Yellow Top / Sasquatch - Yellow-Haired Giant Ape That Can Move Between Worlds Mythology for Kids True Canadian Mythology, Legends & Folklore. Professor Beaver. 2021. (ENG.). 76p. (J). 24.99 *(978-0-2282-3608-5(8));* pap. 14.99 *(978-0-2282-3570-5(7))* Speedy Publishing LLC. (Professor Beaver).

Old Yellowhead. Pamela Dell. 2016. (Spring Forward Ser.). (J). (gr. 1). *(978-1-4900-9394-9(X))* Benchmark Education Co.

Oldbury, Vol. 1 of 2 (Classic Reprint) Annie Keary. 2018. (ENG., Illus.). 312p. (J). 30.33 *(978-0-484-60584-7(4))* Forgotten Bks.

Oldcourt, Vol. 2 Of 3: A Novel (Classic Reprint) Martin Archer Shee. 2018. (ENG., Illus.). 398p. (J). 32.11 *(978-0-483-52261-9(9))* Forgotten Bks.

Olde Tayles Newlye Relayted: Enryched with All Ye Ancyente Embellyshmentes (Classic Reprint) Joseph Crawhall. 2018. (ENG., Illus.). 448p. (J). 33.14 *(978-0-483-58547-8(5))* Forgotten Bks.

Older Not Wiser (Bad Nana, Book 1) Sophy Henn. 2021. (Bad Nana Ser.: 1). (ENG.). 152p. (J). pap. 5.99 *(978-0-00-839850-7(X),* HarperCollins Children's Bks.) HarperCollins Pubs. Ltd. GBR. Dist: HarperCollins Pubs.

Older Than Dirt. Don Brown & Michael Perfit. 2017. (ENG.). 112p. (J). (gr. 5-7). lib. bdg. 20.80 *(978-1-6636-3077-3(1))* Perfection Learning Corp.

Older Than Dirt: A Wild but True History of Earth. Don Brown & Michael Perfit. (ENG., Illus.). 112p. (J). (gr. 3-7). 2021. pap. 9.99 *(978-0-358-45212-6(0),* 1795637); 2017. 18.99 *(978-0-544-80503-3(8),* 1640943) HarperCollins Pubs. (Clarion Bks.).

Oldest House on Nantucket Island: In Two Parts (Classic Reprint) Ida Gardner Coffin. (ENG., Illus.). (J). 2018. 150p. 26.99 *(978-0-267-30679-4(2));* 2016. pap. 9.57 *(978-1-333-33151-1(7))* Forgotten Bks.

Oldest Student: How Mary Walker Learned to Read. Rita Lorraine Hubbard. Illus. by Oge Mora. 2020. 40p. (J). (gr. -1-3). 18.99 *(978-1-5247-6828-7(6));* (ENG.). lib. bdg. 20.99 *(978-1-5247-6829-4(4))* Random Hse. Children's Bks. (Schwartz & Wade Bks.).

Oldest Trick. Steve Brezenoff. Illus. by Patricio Clarey. 2022. (Library of Doom Graphic Novels Ser.). (ENG.). 32p. (J). 25.32 *(978-1-6663-4615-2(2),* 235502); pap. 5.95 *(978-1-6663-4617-6(9),* 235496) Capstone. (Stone Arch Bks.).

Oldfield: A Kentucky Tale of the Last Century (Classic Reprint) Nancy Huston Banks. (ENG., Illus.). (J). 2018. 454p. 33.28 *(978-0-483-02890-6(8));* 2016. pap. 16.57 *(978-1-333-62747-8(5))* Forgotten Bks.

Oldham, or Beside All Waters (Classic Reprint) Lucy Ellen Guernsey. 2018. (ENG., Illus.). 386p. (J). 31.86 *(978-0-267-23345-8(0))* Forgotten Bks.

Oldham's Amusing & Instructive Reader: A Course of Reading, Original & Selected, in Prose & Poetry, Wherein Wit, Humor, & Mirth Are Made the Means of Awakening Interest, & Imparting Instruction; for the Use of Schools & Academies. Oliver Oldham. (ENG., Illus.). (J). 2018. 386p. 31.86 *(978-0-483-65252-1(0));* 2017. pap. 16.57 *(978-1-334-92661-7(1))* Forgotten Bks.

Oldport Days (Classic Reprint) Thomas Wentworth Higginson. 2017. (ENG., Illus.). (J). 30.21 *(978-1-5281-8435-9(1))* Forgotten Bks.

Oldtown Fireside Stories (Classic Reprint) Harriet Stowe. 2018. (ENG., Illus.). 320p. (J). 30.52 *(978-0-365-33116-2(3))* Forgotten Bks.

Oldtown Folks (Classic Reprint) Harriet Stowe. 2018. (ENG., Illus.). (J). 622p. 36.73 *(978-0-666-36033-5(2));* 626p. 36.81 *(978-0-267-29038-3(1))* Forgotten Bks.

Oldtown Folks, Vol. 1 Of 2: And Sam Lawson's Oldtown Fireside Stories (Classic Reprint) Harriet Stowe. 2017. (ENG., Illus.). (J). 33.45 *(978-0-266-73041-5(8));* pap. 16.57 *(978-1-5276-9128-5(4))* Forgotten Bks.

OLE Ann: And Other Stories (Classic Reprint) Jeannette Grace Watson. 2018. (ENG., Illus.). 128p. (J). 26.54 *(978-0-365-37166-3(1))* Forgotten Bks.

OLE Blue Smith. Susie Rae Smith. 2017. (OLE Blue Smith Ser.: Vol. 1). (ENG., Illus.). (J). pap. 7.99 *(978-0-9990937-0-2(3))* RHS Consulting.

OLE Blue Smith & Friends: What an Adventure! Susie Rae Smith. 2017. (OLE Blue Smith Ser.: Vol. 2). (ENG., Illus.). (J). pap. 7.99 *(978-0-9990937-1-9(1))* RHS Consulting.

OLE Mammy's Torment (Classic Reprint) Annie Fellows Johnston. 2018. (ENG., Illus.). 132p. (J). 26.62 *(978-0-484-21622-7(8))* Forgotten Bks.

Ole Miss Alphabet. Sarah McGee. 2016. (ENG., Illus.). (J). (gr. -1-1). 14.95 *(978-1-62086-735-8(4))* Amplify Publishing Group.

Olé Molé: A Molly & Grainne Story (Book 4) Gail Notestine. 2021. (Molly & Grainne Ser.: Vol. 4). (ENG.). 214p. (J). 18.99 *(978-1-0879-6735-6(X));* pap. 9.99 *(978-1-0879-6736-3(8))* Primedia eLaunch LLC.

Olea: A Story of the Norsemen in Pennsylvania (Classic Reprint) Samuel Haven Glassmire. (ENG., Illus.). (J). 2018. 124p. 26.45 *(978-0-332-87487-6(7));* 2017. pap. 9.57 *(978-0-282-02931-9(1))* Forgotten Bks.

Olea the Magical Sleep Fairy. Amy Wiebe. 2020. (ENG., Illus.). 40p. (J). *(978-0-2288-2018-5(9));* pap. *(978-0-2288-2017-8(0))* Tellwell Talent.

Oleepeeka's First Hunt: Bilingual Inuktitut & English Edition. Elizabeth Ryan. Illus. by Marcus Cutler. 2020. (ENG.). 40p. (J). 20.95 *(978-1-77450-043-9(4))* Inhabit Education Bks. Inc. CAN. Dist: Consortium Bk. Sales & Distribution.

Oleg the Giant. Graham Fletcher. Illus. by Eva Sanchez-Gomez. 2018. (ENG.). 36p. (J). pap. *(978-1-78830-136-7(6))* Olympia Publishers.

Olfato. Aaron Carr. 2017. (MIS Cinco Sentidos Ser.). (SPA.). 24p. (J). lib. bdg. 22.99 *(978-1-5105-2381-4(2))* SmartBook Media, Inc.

Olga & the Smelly Thing from Nowhere. Elise Gravel. 2017. (Illus.). 176p. (J). *(978-0-06-267180-6(4))* Harper & Row Ltd.

Olga & the Smelly Thing from Nowhere. Elise Gravel. Illus. by Elise Gravel. (Olga Ser.: 1). (ENG., Illus.). 176p. (J). (gr. 3-7). 2023. pap. 9.99 *(978-0-06-235127-2(3));* 2017. 13.99 *(978-0-06-235126-5(5))* HarperCollins Pubs. (HarperCollins).

Olga Bardel (Classic Reprint) Stacy Aumonier. 2018. (ENG., Illus.). 380p. (J). 31.73 *(978-0-484-54331-6(8))* Forgotten Bks.

Olga Nazimov, & Other Stories (Classic Reprint) W. L. George. 2018. (ENG., Illus.). 324p. (J). 30.58 *(978-0-483-21882-6(0))* Forgotten Bks.

Olga: Out of Control! Elise Gravel. Illus. by Elise Gravel. 2019. (Olga Ser.: 3). (ENG., Illus.). 192p. (J). (gr. 3-7). 12.99 *(978-0-06-235132-6(X),* HarperCollins) HarperCollins Pubs.

Olga the Brolga. Rod Clement. 2019. (Illus.). 32p. pap. 7.99 *(978-0-207-19758-1(X),* HarperCollins) HarperCollins Pubs.

Olga the Snowplow & the Disappearance. Anette Moe. Illus. by LIV-Sissel Kvarstein Asen. 2019. (ENG.). 42p. (J). (gr. k-4). *(978-82-690877-1-0(8))* Drøm forlag.

Olga: We're Out of Here! Elise Gravel. Illus. by Elise Gravel. 2018. (Olga Ser.: 2). (ENG., Illus.). 192p. (J). (gr. 3-7). 12.99 *(978-0-06-235129-6(X),* HarperCollins) HarperCollins Pubs.

Olga Zanelli, Vol. 2: A Tale of an Imperial City (Classic Reprint) Fairfax L. Cartwright. 2018. (ENG., Illus.). 216p. (J). 28.37 *(978-0-483-99287-0(9))* Forgotten Bks.

Olga Zanelli, Vol. 3: A Tale of an Imperial City (Classic Reprint) Fairfax L. Cartwright. (ENG., Illus.). (J). 2018. 206p. 28.15 *(978-0-483-98923-8(1));* 2016. pap. 10.57 *(978-1-333-44393-1(5))* Forgotten Bks.

Olga's Crime (Classic Reprint) Frank Barrett. (ENG., Illus.). (J). 2018. 322p. 30.54 *(978-0-365-18021-0(1));* 2017. pap. 13.57 *(978-0-259-39196-8(4))* Forgotten Bks.

Oli & Basil: the Dashing Frogs of Travel: World of Claris, Volume 1. Megan Hess. 2021. (ENG., Illus.). 48p. (J). (gr. -1-5). 17.99 *(978-1-76050-767-1(9))* Hardie Grant Bks. AUS. Dist: Hachette Bk. Group.

Oli & Toa ALOFA. Emily Afo & Paulena Afo. 2023. (ENG.). 28p. (J). 22.00 ***(978-1-0878-9663-2(0))*** Indy Pub.

Oligarchy. LeeAnne Gelletly. 2018. (Major Forms of World Government Ser.). (ENG.). 48p. (J). lib. bdg. 29.99 *(978-1-5105-3957-0(3))* SmartBook Media, Inc.

Oligarchy: Power of the Wealthy Elite, Vol. 8. Larry Gillespie. 2018. (Systems of Government Ser.). (Illus.). 96p. (J). (gr. 7). 34.60 *(978-1-4222-4021-2(5))* Mason Crest.

Olinghouse Gold. Ace Remas. 2022. (ENG.). 314p. (YA). pap. 18.95 *(978-1-6624-7782-9(1))* Page Publishing Inc.

Olio: Being a Collection of Essays, Dialogues, Letters, Biographical Sketches, Anecdotes, Pieces of Poetry, Parodies, Bon Mots, Epigrams, Epitaphs, &C., Chiefly Original (Classic Reprint) Francis Grose. (ENG., Illus.). (J). 2017. 31.12 *(978-0-266-43447-4(9));* 2016. pap. 13.57 *(978-1-334-16015-8(5))* Forgotten Bks.

Olio: Collected by a Literary Traveller (Classic Reprint) Unknown Author. (ENG., Illus.). (J). 2018. 318p. 30.46 *(978-0-656-33694-3(3));* 2017. pap. 13.57 *(978-0-243-26492-6(5))* Forgotten Bks.

Olio, or Museum of Entertainment, 1833, Vol. 11 (Classic Reprint) Unknown Author. 2017. (ENG., Illus.). (J). 33.18 *(978-0-331-22114-5(4));* pap. 16.57 *(978-0-266-99513-5(6))* Forgotten Bks.

Olio, or Museum of Entertainment, Vol. 10: August to February, 1828 (Classic Reprint) Unknown Author. 2017. (ENG., Illus.). (J). 452p. 33.22 *(978-0-332-70129-5(8));* 454p. pap. 16.57 *(978-0-332-35169-8(6))* Forgotten Bks.

Olio, or Museum of Entertainment, Vol. 2: July to January (Classic Reprint) Unknown Author. (ENG., Illus.). (J). 2018. 436p. 32.89 *(978-0-428-94680-7(1));* 2016. pap. 16.57 *(978-1-333-16708-0(3))* Forgotten Bks.

Olio, or Museum of Entertainment, Vol. 2 (Classic Reprint) Unknown Author. (ENG., Illus.). (J). 2018. 438p. 32.93 *(978-0-666-99017-4(4));* 2017. pap. 16.57 *(978-0-243-25536-8(5))* Forgotten Bks.

Olio, or Museum of Entertainment, Vol. 3: January to July, 1829 (Classic Reprint) Unknown Author. (ENG., Illus.). (J). 2018. 470p. 33.59 *(978-0-483-96363-4(1));* 2016. pap. 16.57 *(978-1-334-48007-2(9))* Forgotten Bks.

Olio, or Museum of Entertainment, Vol. 4: July to January, 1829 (Classic Reprint) Unknown Author. (ENG., Illus.). (J). 2018. 424p. 32.64 *(978-0-484-87712-1(7));* 2016. pap. 16.57 *(978-1-334-14753-1(1))* Forgotten Bks.

Olio, or Museum of Entertainment, Vol. 7: January to July, 1828 (Classic Reprint) Unknown Author. 2018. (ENG., Illus.). (J). 456p. 33.30 *(978-1-396-42058-0(4));* 458p. pap. 16.57 *(978-1-391-00677-2(1))* Forgotten Bks.

Olio, or Museum of Entertainment, Vol. 8: July to January, 1832 (Classic Reprint) Unknown Author. 2018. (ENG., Illus.). (J). 394p. 32.02 *(978-1-391-20518-2(9));* 396p. pap. 16.57 *(978-1-390-96104-1(4))* Forgotten Bks.

Olio, or Museum of Entertainment, Vol. 9: January to August, 1832 (Classic Reprint) Unknown Author. (ENG., Illus.). (J). 2018. 516p. 34.54 *(978-0-332-18294-0(0));* 2017. pap. 16.97 *(978-0-243-90204-0(2))* Forgotten Bks.

Olive. Edwina Wyatt. Illus. by Lucia Masciullo. 2022. (ENG.). 32p. (J). (gr. -1-k). 17.99 *(978-1-76050-408-3(4))* Little Hare Bks. AUS. Dist: Independent Pubs. Group.

Olive & Babyland. Marchie Bracken. 2016. (ENG., Illus.). (J). 25.95 *(978-1-4808-3890-1(X));* pap. 16.95 *(978-1-4808-3889-5(6))* Archway Publishing.

Olive & Beatrix: The Super-Smelly Moldy Blob, Vol. 2. Amy Marie Stadelmann. Illus. by Amy Marie Stadelmann. 2016. (Olive & Beatrix Ser.: 2). (ENG., Illus.). 80p. (J). (gr. k-2). 15.99 *(978-0-545-81485-0(5))* Scholastic, Inc.

Olive & Charlotte, 1 vol. Laurie Friedman. Illus. by Asma Enayeh. 2022. (Sunshine Picture Bks.). (ENG.). 32p. (J). (gr. k-3). lib. bdg. *(978-1-0396-4619-3(0),* 16313); pap. *(978-1-0396-4746-6(4),* 17319) Crabtree Publishing Co. (Sunshine Picture Books).

Olive & Gold: April 1913 (Classic Reprint) Farmington High School. 2017. (ENG., Illus.). (J). 25.42 *(978-0-260-46638-9(7));* pap. 9.57 *(978-0-266-07205-8(4))* Forgotten Bks.

Olive & Pekoe: In Four Short Walks. Jacky Davis. Illus. by Giselle Potter. 2019. (ENG.). 40p. (J). (gr. -1-3). 17.99 *(978-0-06-257310-0(1),* Greenwillow Bks.) HarperCollins Pubs.

Olive & Sugar. Vicky Rosario. 2021. (ENG., Illus.). 18p. (J). 22.95 *(978-1-63903-611-0(3));* pap. 12.95 *(978-1-0980-8344-1(X))* Christian Faith Publishing.

Olive & the Valentine's Spell. Helen Millman. 2022. (ENG.). 38p. (J). 17.95 *(978-1-63755-077-9(4))* Amplify Publishing Group.

Olive Ann. Sharon P. Stanley. Illus. by Barbara Dragony. l.t. ed. 2019. (ENG.). 24p. (J). (gr. k-1). pap. 10.95 *(978-1-61633-999-9(3))* Guardian Angel Publishing, Inc.

Olive Becomes Famous (and Hopes She Can Become Un-Famous) Megan Atwood. Illus. by Gareth Llewhellin. 2018. (Dear Molly, Dear Olive Ser.). (ENG.). 96p. (J). (gr. 1-3). lib. bdg. 21.99 *(978-1-5158-2922-5(7),* 138458, Picture Window Bks.) Capstone.

Olive Blake's Good Work. John Cordy Jeaffreson. 2017. (ENG.). 182p. (J). pap. *(978-3-337-03317-0(2))* Creation Pubs.

Olive Blake's Good Work: A Novel (Classic Reprint) John Cordy Jeaffreson. 2018. (ENG., Illus.). 180p. (J). 27.61 *(978-0-666-77758-4(6))* Forgotten Bks.

Olive Fairy Book. Andrew Lang. (Mint Editions — The Children's Library). (ENG.). 220p. (J). (gr. 7-12). 2022. 16.99 *(978-1-5131-3261-7(X));* 2021. pap. 11.99 *(978-1-5132-8170-4(4))* West Margin Pr. (West Margin Pr.).

Olive Finds Treasure (of the Most Precious Kind) Megan Atwood. Illus. by Lucy Fleming. (Dear Molly, Dear Olive Ser.). (ENG.). 96p. (J). (gr. 1-3). 2017. pap. 5.95 *(978-1-62370-615-9(7),* 130932, Capstone Young Readers); 2016. lib. bdg. 21.99 *(978-1-4795-8693-6(5),* 130929, Picture Window Bks.) Capstone.

Olive Goes to the Hardware Store. Donna J. Silva. 2022. (ENG.). 34p. (J). 21.99 *(978-1-6628-4239-9(2));* pap. 14.99 *(978-1-6628-4238-2(4))* Salem Author Services.

Olive Juice. Cathleen Flynn. 2019. (ENG.). 32p. (J). pap. *(978-0-359-55983-1(2))* Lulu Pr., Inc.

Olive Latham (Classic Reprint) E. L. Voynich. 2017. (ENG., Illus.). (J). 30.95 *(978-1-5285-8520-0(8))* Forgotten Bks.

Olive Logan's Christmas Story: Somebody's Stocking (Classic Reprint) Olive Logan. 2018. (ENG., Illus.). 22p. (J). 24.35 *(978-0-484-05319-8(1))* Forgotten Bks.

Olive Makes a Choice: A Decision-Making Story. Rosario Martinez. Illus. by Gal Weizman. 2023. (My Spectacular Self Ser.). (ENG.). 32p. (J). 24.65 *(978-1-4846-7179-5(1),* 245892); pap. 8.95 *(978-1-4846-7376-8(X),* 245887) Capstone. (Picture Window Bks.).

Olive, Meet the Press. Carmen Malouf Florek. 2022. (ENG.). 32p. (J). 24.00 *(978-1-6678-2546-5(1))* BookBaby.

Olive Morris. Maria Isabel Sanchez Vegara. Illus. by Aurelia Durand. 2023. (Little People, Big Dreams Ser.: Vol. 102). (ENG.). 32p. (J). (gr. -1-2). ***(978-0-7112-8567-5(5))*** Frances Lincoln Childrens Bks.

Olive Oh Gets Creative. Tina Kim. Illus. by Tiff Bartel. 2021. (Olive Oh Ser.). (ENG.). 112p. (J). (gr. 2-3). pap. 8.99 *(978-1-63163-567-0(0));* lib. bdg. 24.27 *(978-1-63163-566-3(2))* North Star Editions. (Jolly Fish Pr.).

Olive Oh Saves Saturday. Tina Kim. Illus. by Tiff Bartel. 2021. (Olive Oh Ser.). (ENG.). 112p. (J). (gr. 2-3). pap. 8.99 *(978-1-63163-571-7(9));* lib. bdg. 24.27 *(978-1-63163-570-0(0))* North Star Editions. (Jolly Fish Pr.).

Olive Oh (Set Of 2) Tina Kim. Illus. by Tiff Bartel. 2021. (Olive Oh Ser.). (ENG.). 224p. (J). (gr. 2-3). pap. 17.98 *(978-1-63163-563-2(8));* lib. bdg. 48.54 *(978-1-63163-562-5(X))* North Star Editions. (Jolly Fish Pr.).

Olive Spins a Tale (and It's a Doozy!) Megan Atwood. Illus. by Lucy Fleming. 2016. (Dear Molly, Dear Olive Ser.). (ENG.). 96p. (J). (gr. 1-3). lib. bdg. 21.99 *(978-1-4795-8695-0(1),* 130931, Picture Window Bks.) Capstone.

Olive the Other Reindeer. Bruce Kilby. 2018. (ENG., Illus.). 266p. (J). pap. *(978-0-9920742-6-5(6))* Fireside Stories Publishing.

Olive the Sheep Can't Sleep. Clementina Almeida. Illus. by Ana Camila Silva. 2018. (ENG.). 32p. (J). (gr. -1-2). 12.99 *(978-1-58089-838-6(6))* Charlesbridge Publishing, Inc.

Olive Tracy (Classic Reprint) Amy Le Feuvre. 2018. (ENG., Illus.). 350p. (J). 31.14 *(978-0-428-92759-2(9))* Forgotten Bks.

Olive y Charlotte. Laurie Friedman. Illus. by Asma Enayeh. 2022. (Sunshine Picture Bks.). (SPA.). 32p. (J). (gr. 2-4). pap. *(978-1-0396-5032-9(5),* 21776); lib. bdg. *(978-1-0396-4905-7(X),* 21775) Crabtree Publishing Co. (Sunshine Picture Books).

Olive y Charlotte (Olive & Charlotte) Bilingual. Laurie Friedman. Illus. by Asma Enayeh. 2022. (Sunshine Picture Books - Bilingual Ser.).Tr. of Olive y Charlotte. (SPA.). 32p. (J). (gr. k-3). pap. *(978-1-0396-2483-2(9),* 21820, Sunshine Picture Books) Crabtree Publishing Co.

Olive You!: & Other Valentine Knock-Knock Jokes You'll Adore. Katy Hall, pseud & Lisa Eisenberg. Illus. by Steve Bjorkman. 2022. (ENG.). 16p. (J). (gr. -1-3). 7.99 *(978-0-06-321620-4(5),* HarperFestival) HarperCollins Pubs.

Oliver: The Second-Largest Living Thing on Earth. Josh Crute. Illus. by John Taesoo Kim. 2018. (ENG.). 32p. (J). 17.99 *(978-1-62414-577-3(9),* 900192298) Page Street Publishing Co.

Oliver: The True Story of a Pup with Three Legs & a Heart of Gold. Chelsea Pinkham. Illus. by Harriet Rodis. 2019. (ENG.). 34p. (J). pap. 24.00 *(978-0-578-57883-5(2))* Lucky Lamb Bks.

Oliver Ames, Jr., 1895-1918 (Classic Reprint) M. A. De Wolfe Howe. (ENG., Illus.). (J). 2018. 108p. 26.17 *(978-0-332-37384-3(3));* 2016. pap. 9.57 *(978-1-333-57147-4(X))* Forgotten Bks.

Oliver & Charley - Supersenders. Richard Brookton. 2020. (ENG.). 182p. (J). pap. *(978-1-925786-87-3(0))* Critical Mass.

Oliver & His Bff. C. A. MacKenzie. Illus. by Angel Sharum. 2018. (ENG.). 64p. (J). pap. *(978-1-927529-52-2(2))* MacKenzie, Catherine A.

Oliver & the Eucalyptus Tree. Leanne Murner. 2021. (ENG.). 38p. (J). ***(978-0-6453559-0-1(9))*** Karen Mc Dermott.

Oliver & the Sea Monkeys. Philip Reeve. Illus. by Sarah McIntyre. 2016. (Not-So-Impossible Tale Ser.). (ENG.). 224p. (J). (gr. 2-5). pap. 7.99 *(978-0-385-38789-7(X),* Yearling) Random Hse. Children's Bks.

Oliver Brightside: You Don't Want That Penny. Christopher Manzo. Illus. by Lisa Adams. 2016. (ENG.). 36p. (J). 16.95 *(978-0-9963756-4-1(3))* All About Kids Publishing.

Oliver Button Is a Sissy. Tomie dePaola. Illus. by Tomie dePaola. (ENG., Illus.). 48p. (J). (gr. -1-3). 2019. 8.99 *(978-1-5344-3016-7(4));* 2017. 17.99 *(978-1-4814-7757-4(9))* Simon & Schuster Bks. For Young Readers. (Simon & Schuster Bks. For Young Readers).

Oliver Doliver's Dinosaur Comes to Stay. Papa Perkins. 2020. (ENG., Illus.). 20p. (J). pap. *(978-1-913136-13-0(2))* Clink Street Publishing.

OLIVER el VALIENTE. Lynn Faherty. 2021. (SPA.). 32p. (J). pap. 12.99 *(978-0-578-81802-3(7))* Oliver the Brave.

Oliver Elephant. Lou Peacock. Illus. by Helen Stephens. 2018. (ENG.). 32p. (J). (-k). 16.99 *(978-1-5362-0266-3(5))* Candlewick Pr.

Oliver for Young Readers: The True Story of a Stolen Dog & the Humans He Brought Together, 1 vol. Alex Tresniowski & Steven J. Carino. 2021. (ENG., Illus.). 224p. (J). 16.99 *(978-1-4002-2354-1(7),* Tommy Nelson) Nelson, Thomas Inc.

Oliver Get Me an Owl. Chandra B. Devance. 2021. (ENG.). 38p. (J). 24.99 *(978-1-0878-9755-4(6))* Indy Pub.

Oliver Goldsmith, Vol. 1 of 4 (Classic Reprint) Peter Cunningham. 2017. (ENG., Illus.). (J). 34.79 *(978-1-5281-5446-8(0))* Forgotten Bks.

Oliver I Love You All Ways. Marianne Richmond. Illus. by Dubravka Kolanovic. 2023. (I Love You All Ways Ser.). (ENG.). 32p. (J). (gr. -1-3). 8.99 ***(978-1-7282-7407-2(9))*** Sourcebooks, Inc.

Oliver Logan & the Witness Tree. R. D. Slover. 2019. (ENG.). 142p. (YA). (gr. 7-12). pap. 19.95 *(978-1-64349-006-9(0))* Christian Faith Publishing.

Oliver Madox Brown: A Biographical Sketch, 1855-1874 (Classic Reprint) John Henry Ingram. (ENG., Illus.). (J). 2017. 29.42 *(978-0-265-45612-5(6));* 2016. pap. 11.97 *(978-1-334-14702-9(7))* Forgotten Bks.

Oliver October (Classic Reprint) George Barr McCutcheon. 2018. (ENG., Illus.). (J). 346p. 31.05 *(978-1-397-20003-7(0));* 348p. pap. 13.57 *(978-1-397-19988-1(1))* Forgotten Bks.

Oliver of the Mill a Tale (Classic Reprint) Maria Louisa Charlesworth. 2018. (ENG., Illus.). 394p. (J). 32.02 *(978-0-364-21295-0(0))* Forgotten Bks.

Oliver on the North Pole Express. J. D. Green. Illus. by Joanne Partis. 2022. (North Pole Express Bears Ser.). (ENG.). 32p. (J). (gr. -1-3). 7.99 ***(978-1-7282-6968-9(7))*** Sourcebooks, Inc.

Oliver on the North Pole Express. J. D. Green. 2019. (North Pole Express Ser.). (ENG.). 32p. (J). (gr. -1-3). 7.99 ***(978-1-7282-0382-9(1))*** Sourcebooks, Inc.

Oliver Optic's Annual: Stories, Poems, & Pictures for Little Men & Women (Classic Reprint) Unknown Author. 2018. (ENG., Illus.). 142p. (J). 26.87 *(978-0-332-26036-5(4))* Forgotten Bks.

Oliver Optic's Magazine, 1875, Vol. 17: Our Boys & Girls (Classic Reprint) Oliver Optic, pseud. 2017. (ENG., Illus.). (J). 43.74 *(978-0-265-75086-5(5));* pap. 26.08 *(978-1-5277-2128-9(0))* Forgotten Bks.

1506

The check digit for ISBN-10 appears in parentheses after the full ISBN-13

Oliver Santa's Secret Elf. Put Me In The Story & Katherine Sully. Illus. by Julia Seal. 2018. (Santa's Secret Elf Ser.). (ENG.). 32p. (J). (gr. k-3). 5.99 (978-1-4926-8169-4(5)) Sourcebooks, Inc.

Oliver Tells a Tale. K P Barnes. 2021. (ENG.). 54p. (J). 20.99 (978-1-955156-52-3(2)); pap. 13.99 (978-1-955156-51-6(4)) Rushmore Pr. LLC.

Oliver the Brave: Good Night, Brave Knight. Lynn Faherty. 2022. (Bring Out Your Brave Ser.: Vol. 1). (ENG.). 32p. (J). pap. 19.99 (978-1-0880-5546-5(X)) Oliver the Brave.

Oliver the Cat Who Went to the Top of the World. Joe Wells. 2018. (ENG., Illus.). 34p. (J). pap. (978-0-9935230-5-2(6)) Lane, Betty.

Oliver the Cat's Many Hats. Dawn Woods. Illus. by Cecuk Gocotano. 2020. (ENG.). 34p. (J). 24.99 (978-1-716-61659-4(X)) Lulu Pr., Inc.

Oliver the Curious Owl. Chad Otis. 2020. (ENG., Illus.). 40p. (J). (gr. -1-3). 17.99 (978-0-316-52987-7(7)) Little, Brown Bks. for Young Readers.

Oliver the Dragonfly. Gary Rodgers. 2020. (ENG.). 20p. (J). pap. 12.95 (978-1-64654-424-0(2)) Fulton Bks.

Oliver the Toaster. E. M. Olson. 2016. (ENG., Illus.). (J). 22.95 (978-1-4808-3921-2(3)) Archway Publishing.

Oliver Thyme: Flying High. Corey Eid. 2023. (ENG.). 36p. (J). (978-1-68583-671-9(2)); pap. (978-1-68583-672-6(0)) Tablo Publishing.

Oliver 'Twas the Night Before Christmas. Illus. by Lisa Alderson. 2019. (Night Before Christmas Ser.). (ENG.). 32p. (J). (gr. -1-3). 7.99 (978-1-7282-0275-4(2)) Sourcebooks, Inc.

Oliver Twist. Charles Dickens. 2019. (ENG.). 386p. (J). 17.95 (978-1-64594-005-0(5)) Athanatos Publishing Group.

Oliver Twist. Charles Dickens. 2021. (ENG.). 338p. (J). (gr. 3-7). pap. 11.99 (978-1-4209-7500-0(5)) Digireads.com Publishing.

Oliver Twist. Charles Dickens. 2018. (ENG.). 316p. (J). pap. (978-1-989201-35-0(0)) East India Publishing Co.

Oliver Twist. Charles Dickens. 2021. (ENG.). 310p. (J). (gr. 3-7). pap. (978-1-80302-134-8(9)) FeedARead.com.

Oliver Twist. Charles Dickens. 2018. (Illus.). 416p. (J). (gr. 5). 16.99 (978-0-241-33126-2(9)) Penguin Bks., Ltd. GBR. Dist: Independent Pubs. Group.

Oliver Twist. Charles Dickens. Illus. by Jim Tierney. 2023. (Children's Signature Classics Ser.). 576p. (J). (gr. 9). 18.99 (978-1-4549-4826-1(4), Union Square Pr.) Sterling Publishing Co., Inc.

Oliver Twist - Vollständige Deutsche Ausgabe. Charles Dickens. Tr. by Carl Kolb. 2017. (GER., Illus.). 204p. (YA). pap. (978-80-268-5990-1(1)) E-Artnow.

Oliver Twist, and, Hard Times (Classic Reprint) Charles Dickens. 2017. (ENG., Illus.). (J). 46.15 (978-0-265-51944-8(6)) Forgotten Bks.

Oliver Twist, and, Sketches by Boz (Classic Reprint) Charles Dickens. 2017. (ENG., Illus.). (J). 43.55 (978-0-265-52029-1(0)); pap. 25.89 (978-0-243-38247-7(2)) Forgotten Bks.

Oliver Twist (Annotated) Charles Dickens. l.t. ed. 2020. (ENG.). 448p. (J). 24.95 (978-1-64922-053-0(7)); pap. 16.95 (978-1-64922-054-7(5)) Sastrugi Pr.

Oliver Twist (Classic Reprint) Charles Dickens. 2017. (ENG., Illus.). (J). 29.14 (978-0-331-21653-0(1)); 41.47 (978-1-5279-7709-9(9)) Forgotten Bks.

Oliver Twist Novel Units Student Packet. Novel Units. 2019. (ENG.). (YA). pap. 13.99 (978-1-58130-907-2(4), Novel Units, Inc.) Classroom Library Co.

Oliver Twist Novel Units Teacher Guide. Novel Units. 2019. (ENG.). (YA). pap. 12.99 (978-1-58130-906-5(6), Novel Units, Inc.) Classroom Library Co.

Oliver Twist+CD-ROM. Collective. 2017. (Green Apple Ser.). (ENG.). 64p. (YA). pap. 25.95 (978-88-530-1325-5(7), Black Cat) Grove/Atlantic, Inc.

Olivers Adventure: Skiing at Mount Snow. Michelle Puzzo. Illus. by Christen Pratt. 2018. (ENG.). 36p. (J). (gr. k-3). 17.95 (978-0-9994995-0-4(5)) Green Writers Pr.

Oliver's Adventure. Marjorie E. Masek. Illus. by Parks Duffey. 2021. (ENG.). 40p. (J). (gr. k-3). 23.95 (978-1-951565-51-0(7)); pap. 13.95 (978-1-951565-52-7(5)) Brandylane Pubs., Inc. (Belle Isle Bks.).

Oliver's Adventure, a First Visit to the Eye Doctor. Karen Marie Nicksich. Illus. by Mike Bishop. 2019. (ENG.). 60p. (J). (gr. k-4). pap. 18.00 (978-1-7337159-2-8(4)) Nicksich, Karen M.

Oliver's Christmas Wish. Put Me In The Story & J. D. Green. Illus. by Julia Seal. 2018. (Christmas Wish Ser.). (ENG.). 32p. (J). (gr. k-3). 6.99 (978-1-4926-8354-4(X)) Sourcebooks, Inc.

Oliver's Duck Tale. Teri Peacock. 2023. (Oliver's Adventure Ser.). 36p. (J). (gr. 1-3). 25.00. pap. 15.00 BookBaby.

Oliver's Great Big Universe. Jorge Cham. 2023. (Oliver's Great Big Universe Ser.). (ENG.). 256p. (J). (gr. 3-7). 15.99 (978-1-4197-6408-0(X), 1786501, Amulet Bks.) Abrams, Inc.

Oliver's Imaginative Adventure: A Magical Way to Deal with Feelings! Sarah Stewart & Oliver Damen. 2023. (AUS.). 26p. (J). (978-1-4477-6100-6(6)) Lulu Pr., Inc.

Oliver's Kind Women (Classic Reprint) Philip Gibbs. 2018. (ENG., Illus.). 436p. (J). 32.89 (978-0-483-50821-7(7)) Forgotten Bks.

Oliver's Lollipop. Allison Wortche. Illus. by Andrés Landazabal. 2021. (ENG.). 32p. (J). (gr. -1-2). 17.99 (978-0-593-20300-2(3), Philomel Bks.) Penguin Young Readers Group.

Oliver's Moving Day. Vicky Sluiter. 2019. (ENG., Illus.). 30p. (J). pap. 13.95 (978-1-64559-442-0(4)) Covenant Bks.

Oliver's Otter Phase, 1 vol. Lisa Connors. Illus. by Karen Jones. 2018. (ENG.). 32p. (J). (gr. k-3). 17.95 (978-1-60718-451-5(6), 9781607184515); pap. 11.95 (978-1-60718-462-1(1), 9781607184621) Arbordale Publishing.

Oliver's Rainy Day. Melinda Marie Moore-Johnson. Illus. by Brittany Nicole Deanes. l.t. ed. 2020. (ENG.). 20p. (J). pap. 9.99 (978-1-951300-02-9(5)) Liberation's Publishing.

Oliver's Swimming Lesson. Teri Peacock-Runte. 2022. (ENG.). 34p. (J). 26.99 (978-1-6628-3863-7(8)); pap. 14.99 (978-1-6628-3200-0(1)) Salem Author Services.

Oliver's Travels. Carolyn Seabolt. 2017. (ENG., Illus.). (J). 15.95 (978-1-60414-981-4(7)) Fideli Publishing, Inc.

Oliver's Travels in Space. Kristie Zweig. Illus. by Kristie Zweig. 2021. (ENG.). 30p. (J). 16.99 (978-0-578-96025-8(7)) Notto, Kristie.

Olive's Birthday. Elizabeth Milbourn. 2022. (ENG.). 30p. (J). pap. (978-1-914498-21-3(6)) Clink Street Publishing.

Olive's Forest Adventure. Iryanti Juri. 2016. (ENG., Illus.). (J). pap. 21.18 (978-1-4828-8066-3(0)) Partridge Pub.

Olive's Ocean Novel Units Student Packet. Novel Units. 2019. (ENG.). (J). pap., stu. ed. 13.99 (978-1-58130-909-6(0), Novel Units, Inc.) Classroom Library Co.

Olive's Ocean Novel Units Teacher Guide. Novel Units. 2019. (ENG.). (J). pap. 12.99 (978-1-58130-908-9(2), Novel Units, Inc.) Classroom Library Co.

Olive's Treasure. Maggie Alexander. 2021. (ENG.). 28p. (J). pap. (978-1-80227-228-4(3)) Publishing Push Ltd.

Olivia. Giselle Schwarzkopf. 2017. (SPA., Illus.). 356p. (J). pap. (978-84-16942-59-6(5)) Nova Casa Editorial.

Olivia & Amber's Unexpected Adventures. B. A. Price. 2022. (ENG.). 100p. (J). pap. (978-0-7223-5162-8(3)) Stockwell, Arthur H. Ltd.

Olivia & Her Magical Jacket. Laura Petrilli. Illus. by Jeevaraja Ramdas. 2018. (ENG.). 32p. (J). pap. (978-1-9999606-0-5(2)) Lapet Publishing.

Olivia & Snowflake, 6. Julie Sykes. ed. 2019. (Unicorn Academy Ser.). (ENG.). 104p. (J). (gr. 2-3). 16.36 (978-1-64697-081-0(0)) Penworthy Co., LLC, The.

Olivia & William's Very Special Day. Sheila Abell Shontz. 2020. (ENG., Illus.). 32p. (J). pap. 13.99 (978-1-952011-21-4(3)) Pen It Pubns.

Olivia Bitter, Spooked-Out Sitter! Jessica Gunderson. 2016. (Babysitter Chronicles Ser.). (ENG.). 160p. (J). (gr. 4-7). pap. 6.95 (978-1-4914-8862-1(X), 131487, Stone Arch Bks.) Capstone.

Olivia Connects: A Guide to Modes of Communication. Melissa-Sue John. 2017. (ENG., Illus.). (J). pap. 9.99 (978-0-9979520-5-6(9)) Lauren Simone Publishing Hse.

Olivia Counts see Olivia Cuenta

Olivia Decoded. Vivi Barnes. 2016. (Olivia Twisted Ser.: 2). (ENG.). 320p. (YA). pap. 9.99 (978-1-63375-490-4(1), 900163511) Entangled Publishing, LLC.

Olivia I Love You All Ways. Marianne Richmond. Illus. by Dubravka Kolanovic. 2023. (I Love You All Ways Ser.). (ENG.). 32p. (J). (gr. -1-3). 8.99 (978-1-7282-7408-9(7)) Sourcebooks, Inc.

Olivia in India (Classic Reprint) O. Douglas. 2018. (ENG., Illus.). 254p. (J). 29.14 (978-0-483-94558-6(7)) Forgotten Bks.

Olivia la Espia. Ian Falconer. 2017. 40p. (J). 17.99 (978-1-63245-649-6(4)) Lectorum Pubns., Inc.

Olivia Lauren's a Guide to Things We Wear. Melissa-Sue John. 2017. (ENG., Illus.). (J). pap. 9.99 (978-0-9979520-1-8(6)) Lauren Simone Publishing Hse.

Olivia Lauren's Guide to Becoming an Actor. Olivia Lauren & Melissa-Sue John Ph D. 2017. (ENG., Illus.). (J). pap. 14.99 (978-0-9979520-3-2(2)) Lauren Simone Publishing Hse.

Olivia Lauren's Occupations a to Z: A Children's Guide to Jobs & Careers. Melissa-Sue John Ph D. Illus. by Simonne-Anais Clarke & Zachary-michael Clarke. 2017. (ENG.). (J). pap. 9.99 (978-0-9979520-2-5(4)) Lauren Simone Publishing Hse.

Olivia Lauren's Olivia Travels: A Guide to Modes of Transportation. Melissa-Sue John. 2017. (ENG., Illus.). (J). pap. 9.99 (978-0-9979520-0-1(8)) Lauren Simone Publishing Hse.

Olivia Loves Owl. David McPhail. 2016. (ENG., Illus.). 20p. (J). (gr. -1 — 1). bds. 8.95 (978-1-4197-2127-4(5), 1128510, Abrams Appleseed) Abrams, Inc.

Olivia Nibblesqueak's Messy Mischief. Daisy Meadows. 2016. (Magic Animal Friends Ser.: 9). lib. bdg. 14.75 (978-0-606-38804-7(4)) Turtleback.

Olivia Oak Tree & Friends. Vanessa Jane Bedford. 2018. (ENG., Illus.). 40p. (J). (gr. 1-2). (978-1-5289-2472-6(X)); pap. (978-1-5289-2473-3(8)) Austin Macauley Pubs. Ltd.

Olivia on the North Pole Express. J. D. Green. Illus. by Joanne Partis. 2022. (North Pole Express Bears Ser.). (ENG.). 32p. (J). (gr. -1-3). 7.99 (978-1-7282-6969-6(5)) Sourcebooks, Inc.

Olivia on the North Pole Express. J. D. Green. 2019. (North Pole Express Ser.). (ENG.). 32p. (J). (gr. -1-3). 7.99 (978-1-7282-0383-6(X)) Sourcebooks, Inc.

Olivia Orders. Tracilyn George. 2020. (ENG.). 20p. (J). pap. 11.00 (978-1-990153-26-6(7)) Lulu Pr., Inc.

Olivia Orders. Tracilyn George. Illus. by Aria Jones. 2020. (ENG.). 20p. (J). pap. 16.46 (978-1-716-62020-1(1)) Lulu Pr., Inc.

Olivia Rodrigo: Actor & Singer. Rachel Rose. 2023. (Bearport Biographies (set 2) Ser.). (ENG.). 24p. (J). (gr. 2-5). lib. bdg. 19.95 Bearport Publishing Co., Inc.

Olivia Rodrigo: Best-Selling Songwriter: Best-Selling Songwriter. Contrib. by Elizabeth Andrews. 2023. (Pop Biographies Ser.). (ENG.). 32p. (J). (gr. 2-5). lib. bdg. 32.79 (978-1-0982-4438-5(9), 42491, DiscoverRoo) Pop!.

Olivia Santa's Secret Elf. Put Me In The Story & Katherine Sully. Illus. by Julia Seal. 2018. (Santa's Secret Elf Ser.). (ENG.). 32p. (J). (gr. k-3). 5.99 (978-1-4926-8170-0(9)) Sourcebooks, Inc.

Olivia Says Good Night. Farrah Mcdoogle. ed. 2016. (Olivia 8x8 Ser.). lib. bdg. 13.55 (978-0-606-39244-0(0)) Turtleback.

Olivia Says Good Night. Gabe Pulliam et al. ed. 2018. (Olivia 8x8 Bks). (ENG.). 24p. (J). (gr. -1-1). 11.00 (978-1-64310-303-7(2)) Penworthy Co., LLC, The.

Olivia Surfea Por Primera Vez: Leveled Reader Book 64 Level M 6 Pack. Hmh Hmh. 2021. (SPA.). 24p. (J). pap. 74.40 (978-0-358-08372-6(9)) Houghton Mifflin Harcourt Publishing Co.

Olivia the Angel. Casey Gillespie. 2020. (ENG.). 26p. (J). 15.00 (978-0-6450118-4-5(3)); pap. 15.00 (978-0-6450118-3-8(5)) Primedia eLaunch LLC.

Olivia, the Beautiful Oyster Princess. Jeanne Hayes. 2022. (ENG.). 56p. (J). pap. 29.99 (978-1-6628-2988-8(4)) Salem Author Services.

Olivia the Cat. Et Al Soho Yun. Illus. by Et Al Soho Yun. 2022. (ENG.). 22p. (J). pap. (978-1-922827-77-7(0)) Library For All Limited.

Olivia the Osprey: A Chesapeake Bay Adventure: a Chesapeake Bay Adventure. Cindy Freland. l.t. ed. 2021. (ENG.). 46p. (J). pap. 15.00 (978-1-954682-01-6(8)) Maryland Secretarial Services, Inc.

Olivia the Ostrich Takes a Leap of Faith. Kimberly Reich. 2018. (ENG.). 36p. (J). pap. (978-0-359-08453-1(2)) Lulu Pr., Inc.

Olivia the Spy. Ian Falconer. Illus. by Ian Falconer. 2017. (ENG., Illus.). 40p. (J). (gr. -1-3). 17.99 (978-1-4814-5795-8(0), Atheneum/Caitlyn Dlouhy Books) Simon & Schuster Children's Publishing.

Olivia 'Twas the Night Before Christmas. Illus. by Lisa Alderson. 2019. (Night Before Christmas Ser.). (ENG.). 32p. (J). (gr. -1-3). 7.99 (978-1-7282-0276-1(0)) Sourcebooks, Inc.

Olivia Uproots the Arrogant Weed: Feeling Arrogant & Learning Humility. Sophia Day & Megan Johnson. Illus. by Stephanie Strouse. (Help Me Understand Ser.: 5). (ENG.). (J). 2021. 72p. 9.99 (978-1-64999-977-1(1), afbccb7a-dda2-4381-b277-8253fb411e8a); 2019. 68p. 14.99 (978-1-64255-190-7(2), f5d8c417-2150-48ca-9c6b-740846eecd9e) MVP Kids Media.

Olivia Wrapped in Vines. Maude Nepveu-Villeneuve. Tr. by Charles Simard from FRE. Illus. by Sandra Dumais. 2022. Orig. Title: Simone Sous les Ronces. (ENG.). 32p. (J). (gr. -1-k). 21.95 (978-1-4598-3103-2(9)) Orca Bk. Pubs. USA.

Olivias Perception: A Day at the Park. Shilette Lucas. Illus. by Mario Bell Davis. 2022. (ENG.). 24p. (J). 24.99 (978-1-6678-1555-8(5)) BookBaby.

Olivias Potty Adventures! Terreece M. Clarke. Illus. by Seitu Hayden. 2018. (ENG.). 26p. (J). (gr. -1-k). 14.95 (978-1-941958-40-7(0)) Cedar Grove Publishing.

Olivia's Adventures: Olivia Goes Hiking. Cheryl L. Combs. 2021. (ENG.). 32p. (J). 19.99 (978-1-6628-1336-8(8)); pap. 11.99 (978-1-6628-1335-1(X)) Salem Author Services.

Olivia's Christmas Wish. Put Me In The Story & J. D. Green. Illus. by Julia Seal. 2018. (Christmas Wish Ser.). (ENG.). 32p. (J). (gr. k-3). 6.99 (978-1-4926-8355-1(8)) Sourcebooks, Inc.

Olivia's Day at the Beach. Deborah Anderson. 2021. (ENG.). 28p. (J). 24.95 (978-1-0980-9771-4(8)); pap. 13.95 (978-1-0980-3811-3(8)) Christian Faith Publishing.

Olivia's Decision. Adrian J. Matthews & Cindy A. Matthews. 2019. (Blooddark Ser.: Vol. 3). (ENG.). 170p. (J). pap. (978-1-4874-2306-3(3), Devine Destinies) eXtasy Bks.

Olivia's First Surf: Leveled Reader Silver Level 23. Rg Rg. 2016. (PM Ser.). (ENG.). 24p. (J). (gr. 3). pap. 11.00 (978-0-544-89259-0(3)) Rigby Education.

Olivia's North Pole Adventure. Hannah Jardine & Clever Publishing. Illus. by Zoe Waring. 2019. (Animal Adventures Ser.). (ENG.). 10p. (J). (gr. -1 — 1). bds. 7.99 (978-1-949998-07-8(X)) Clever Media Group.

Olivia's Prince among the Stars: A Supernatural Adventure. Annie Starling. 2019. (ENG.). 174p. (YA). pap. 16.95 (978-1-64531-760-9(9)) Newman Springs Publishing, Inc.

Olivia's Thankful Day. Bonnie Best. 2019. (ENG.). 36p. (J). 24.95 (978-1-64515-648-2(6)) Christian Faith Publishing.

Olivia's Wonderful Day. Bonnie Best. Illus. by Joy Page. 2017. (ENG.). 38p. (J). 23.95 (978-1-64114-398-1(3)) Christian Faith Publishing.

Olla Pirata / Pirate Stew. Neil Gaiman. Illus. by Chris Riddell. 2022. (SPA.). 48p. (J). (gr. -1-3). pap. 15.95 (978-607-38-1072-2(5)) Penguin Random House Grupo Editorial ESP. Dist: Penguin Random Hse. LLC.

Olla Podrida. Frederick Marryat. 2017. (ENG., Illus.). (J). 27.95 (978-1-374-97865-2(5)); pap. 17.95 (978-1-374-97864-5(7)) Capital Communications, Inc.

Olla Podrida (Classic Reprint) Frederick Marryat. (ENG., Illus.). (J). 2018. 382p. 31.78 (978-0-332-54711-4(6)); 2018. 366p. 31.47 (978-0-483-86957-8(0)); 2017. pap. 13.97 (978-0-243-38248-4(0)); 2016. pap. 16.57 (978-1-333-39300-7(8)) Forgotten Bks.

Olla Podrida (Classic Reprint) Charles Rawlings. (ENG., Illus.). (J). 2018. 220p. 28.45 (978-0-656-34330-0(3)); 2017. pap. 10.97 (978-0-243-39905-5(7)) Forgotten Bks.

Ollie & Augustus. Gabriel Evans. Illus. by Gabriel Evans. 2020. (ENG., Illus.). 40p. (J). (gr. -1-2). 16.99 (978-1-5362-0967-9(8)) Candlewick Pr.

Ollie & Harry's Marvelous Adventures. Ollie Ferguson & Harry Ferguson. 2019. (ENG., Illus.). 160p. (J). (gr. 3-10). 19.95 (978-1-324-00395-3(2), 340395, Norton Young Readers) Norton, W. W. & Co., Inc.

Ollie & His Friends. Joe Morris. 2019. (ENG.). 52p. (J). pap. (978-0-244-45452-4(3)) Lulu Pr., Inc.

Ollie & His Superpowers. Alison Knowles. Illus. by Sophie Wiltshire. 2020. (Ollie & His Superpowers Ser.). 40p. (J). 15.95 (978-1-78775-712-7(9), 793402) Kingsley, Jessica Pubs. GBR. Dist: Hachette UK Distribution.

Ollie & Lola's Woodland Adventure. Maria Sanchez. Illus. by Michelle Sobihy. 2021. (ENG.). 30p. (J). (978-1-3984-7608-0(0)) Austin Macauley Pubs. Ltd.

Ollie & Mollie Meet New Friends. Betty Oliver. 2022. (ENG., Illus.). 38p. (J). 20.95 (978-1-63860-317-7(0)); pap. 12.95 (978-1-63860-315-3(4)) Fulton Bks.

Ollie & Morus Kickback with MAC, in Moose Jaw! Cold-A-da Is Loony for MAC & Morus Moose! Rayla Hen. Ed. by Jayla Chicken. 2022. (ENG.). 72p. (J). (978-1-0391-1773-0(2)); pap. (978-1-0391-1772-3(4)) FriesenPress.

Ollie & Ted - the Doctor Visit: First Time Experiences for Kids Doctor Visit Book for Toddlers. Mark Dalton. 2021. (ENG.). 44p. (J). pap. (978-1-922664-42-6(1)) Life Graduate, The.

Ollie & Ted - the Doctor Visit: First Time Experiences for Kids Doctor Visit Book for Toddlers (Ollie & Ted First Time Experiences) Mark Dalton. 2021. (ENG.). 44p. (J). (978-1-922664-43-3(X)) Life Graduate, The.

Ollie & the Golden Stripe. Alison Knowles. Illus. by Sophie Wiltshire. 2020. (Ollie & His Superpowers Ser.). (ENG.). 40p. (J). 15.95 (978-1-78775-622-9(X), 776702) Kingsley, Jessica Pubs. GBR. Dist: Hachette UK Distribution.

Ollie & the Mouse. Katherine Ranga. Illus. by Audeva Joseph. 2020. (Ollie Book Ser.: Vol. 1). (ENG.). 36p. (J). pap. 10.00 (978-1-64871-938-7(4)) Primedia eLaunch LLC.

Ollie & the Otter: A Scottish Osprey Story, 30 vols. Emily Dodd. Illus. by Kirsteen Harris-Jones. 2023. (Picture Kelpies Ser.). 24p. 11.95 (978-1-78250-369-9(2), Kelpies) Floris Bks. GBR. Dist: Consortium Bk. Sales & Distribution.

Ollie & the Race. Benjamin D. Levin. 2019. (ENG.). 46p. (J). pap. 9.95 (978-0-9997310-3-1(3)) Shrimlife Pr.

Ollie & the Silver Stripe. Alison Knowles. Illus. by Sophie Wiltshire. 2017. 64p. (J). 17.95 (978-1-78592-241-1(6), 696459) Kingsley, Jessica Pubs. GBR. Dist: Hachette UK Distribution.

Ollie & the Starchaser. Tanya Southey. 2020. (ENG., Illus.). 106p. (J). pap. (978-0-6487624-0-9(8)) Karen Mc Dermott.

Ollie & the Wind. Ronojoy Ghosh. 2017. (Illus.). 32p. (J). (gr. k-2). 14.99 (978-0-14-378506-4(0)) Random Hse. Australia AUS. Dist: Independent Pubs. Group.

Ollie Escapes the Great Chicago Fire. Salima Alikhan. Illus. by Jacqui Davis. 2022. (Smithsonian Historical Fiction Ser.). (ENG.). 72p. (J). 25.32 (978-1-6639-1188-9(6), 219062); pap. 5.95 (978-1-6639-2137-6(7), 219068) Capstone. (Stone Arch Bks.).

Ollie Feels Fine. Toni Yuly. 2021. (Illus.). 22p. (J). (— 1). bds. 10.99 (978-1-63217-301-0(8), Little Bigfoot) Sasquatch Bks.

Ollie Goes the Distance / All about Electric Cars. Claire Winslow. 2022. (2-In-1 Book Ser.). (ENG.). (J). (gr. 2-5). pap. 8.95 (978-1-64996-987-3(2), 32712, Sequoia Kids Media) Sequoia Children's Bks.

Ollie Octopus: A Tickly, Wiggly, Giggly Story! AHand Puppet Book. IglooBooks. Illus. by Beatrice Costamagna. 2018. (ENG.). 12p. (J). (gr. -1-k). 12.99 (978-1-4998-8050-2(2)) Igloo Bks. GBR. Dist: Simon & Schuster, Inc.

Ollie on Stage. Keith Brockett. Illus. by Ashley King. 2019. (ENG.). 32p. (J). (gr. k-3). 16.99 (978-1-58536-401-5(0), 204657) Sleeping Bear Pr.

Ollie Outside: Screen-Free Fun. Michael Oberschneider. Illus. by Guy Wolek. 2016. (ENG.). 32p. (J). (gr. -1-2). pap. 11.99 (978-1-63198-068-8(8)) Free Spirit Publishing Inc.

Ollie Oxley & the Ghost: The Search for Lost Gold. Lisa Schmid. 2019. (ENG.). 220p. (J). (gr. 3-7). pap. 11.99 (978-1-63163-289-1(2), 1631632892, Jolly Fish Pr.) North Star Editions.

Ollie Possum. Illus. by Ethan Nicolle. 2018. (J). pap. (978-1-947644-48-9(3)) Canon Pr.

Ollie the Biomed. Chace Torres. 2023. (ENG.). 24p. (J). 21.99 (978-1-0881-0508-5(4)) Indy Pub.

Ollie the Octopus & the Memory Treasures: A Story to Help Kids after Loss or Bereavement. Karen Treisman. Illus. by Sarah Peacock. ed. 2021. (Dr. Treisman's Big Feelings Stories Ser.). 60p. (J). 14.95 (978-1-83997-023-8(5), 828442) Kingsley, Jessica Pubs. GBR. Dist: Hachette UK Distribution.

Ollie the Orca Learns about Order: Putting Things in Order, 1 vol. Dalton Blaine. 2019. (Social & Emotional Learning for the Real World Ser.). (ENG.). 8p. (gr. k-1). pap. (978-1-7253-5357-2(1), 47b42fb7-1b88-4ced-ac86-b5a49b0dfd96, Rosen Classroom) Rosen Publishing Group, Inc., The.

Ollie the Otter: A Day at Monterey Bay. Tom Stern. Illus. by Theresa Behrens. 2021. (ENG.). 24p. (J). 14.99 (978-1-6629-0811-8(3)); pap. 9.99 (978-1-6629-0812-5(1)) Gatekeeper Pr.

Ollie the Owl: Inspiring Safety for Children If Ever Lost. Christina Mack. 2019. (ENG.). 20p. (J). (gr. -1). pap. 9.99 (978-1-949106-24-4(1), 149702) Word & Spirit Publishing, LLC.

Ollie the Ox. Jan M. Norton. 2021. (ENG.). 60p. (J). 20.00 (978-0-578-32679-5(5)) Indy Pub.

Ollie's Easter Eggs. Olivier Dunrea. ed. 2018. (Green Light Readers Ser.). (ENG.). 32p. (J). (gr. -1-1). 13.89 (978-1-64310-616-8(3)) Penworthy Co., LLC, The.

Ollie's Hug. Olivier Dunrea. Illus. by Olivier Dunrea. 2022. (Gossie & Friends Ser.). (ENG., Illus.). 28p. (J). (gr. -1 — 1). bds. 7.99 (978-0-358-66393-5(8), 1822219, Clarion Bks.) HarperCollins Pubs.

Ollie's Odyssey. William Joyce. Illus. by William Joyce. 2017. (ENG., Illus.). 304p. (J). (gr. 2-6). pap. 14.99 (978-1-4424-7356-0(8)) Simon & Schuster, Inc.

Ollie's Outie. Shimah Easter. Ed. by Amy Ashby. 2017. (Embrace U Ser.: Vol. 1). (ENG., Illus.). 20p. (J). (gr. k-3). 16.95 (978-1-943258-58-1(9)) Warren Publishing, Inc.

Ollie's School Day. Stephanie Calmenson. ed. 2019. (ENG.). 24p. (J). (gr. k-1). 19.96 (978-0-87617-559-0(0)) Penworthy Co., LLC, The.

Ollie's School Day: A Yes-And-No Story. Stephanie Calmenson. Illus. by Abby Carter. 2019. 24p. (J). (-k). pap. 8.99 (978-0-8234-4521-9(6)) Holiday Hse., Inc.

Ollie's Ski Trip, 20 vols. Elsa Beskow. 3rd rev. ed. 2023. (Illus.). 30p. (J). 19.95 (978-1-78250-805-2(8)) Floris Bks. GBR. Dist: Consortium Bk. Sales & Distribution.

Ollivant Orphans (Classic Reprint) Inez Haynes Gillmore. 2018. (ENG., Illus.). 360p. (J). 31.32 (978-0-666-26876-1(2)) Forgotten Bks.

Olly the Terrified Toad: Book Two; Bugged by a Bully. Kristine Iskierka. 2018. (Olly the Terrified Toad Ser.: Vol. 2). (ENG., Illus.). 22p. (J). (gr. 1-4). pap. 9.95 (978-0-692-13533-4(2)) Iskierka, Kristine.

Olly the Terrified Toad; Special Edition. Kristine Iskierka. 2018. (Olly the Terrified Toad Ser.: Vol. 1). (ENG., Illus.). 22p. (J). (gr. 2-4). pap. 14.99 (978-0-692-15852-4(9)) Iskierka, Kristine.

Olmec Civilization at a Glance: Art & Religion Mexico in World History Grade 5 Children's Books on Ancient History. Baby Professor. 2022. (ENG.). 72p. (J). 31.99 (978-1-5419-8682-4(2)); pap. 19.99 (978-1-5419-8147-8(2)) Speedy Publishing LLC. (Baby Professor (Education Kids)).

Olmec Civilization for Kids - History & Mythology America's First Civilization 5th Grade Social Studies. Baby Professor. 2017. (ENG., Illus.). 64p. (J). pap. 9.52 (978-1-5419-1651-7(4), Baby Professor (Education Kids)) Speedy Publishing LLC.

Olmecas, Zapotecos y Mixtecos. José Mariano Leyva. 2019. (Historias de Verdad Ser.). (SPA.). 80p. (J). (gr. 4-7).

pap. 12.00 (978-607-8469-57-4(6)) Nostra Ediciones MEX. Dist: Independent Pubs. Group.

Olokun of the Galaxy. Esther Iverem. 2017. (ENG., Illus.). 32p. (YA). (gr. 7-12). 24.95 (978-0-692-96820-8(2)) SB Home & World Inc.

Olor a Perfume de Abuela, 1 vol. Claudia Guadalupe Martinez. Tr. by Luis Humberto Crosthwaite. 2018. (SPA., Illus.). 320p. (J). (gr. 3-8). pap. 9.95 (978-1-941026-96-0(6), 23353382, Cinco Puntos Press) Lee & Low Bks., Inc.

Olphabet: o No! an Alphabet Revolt. Jess M. Brallier. Illus. by Nichola Cowdery. 2021. (ENG.). 32p. (J). (gr. -1-3). 17.99 (978-0-7624-9820-8(X), Running Pr. Kids) Running Pr.

Olu & Greta. Diana Ejaita. Illus. by Diana Ejaita. 2022. (Illus.). 32p. (J). (-k). 17.99 (978-0-593-38490-9(3)) Penguin Young Readers Group.

Oluby-Loon Travels in Her Balloon: Oluby Visits Kenya. Suzanne Tanner. Illus. by Holly Bushnell. 2017. (ENG.). (J). pap. (978-1-9998036-0-5(4)) Tanner, Suzanne.

Olufemi Faces His Fears. Hurbert Davis. 2021. (ENG.). 22p. (J). (978-0-2288-6431-8(3)); pap. (978-0-2288-5563-7(2)) Tellwell Talent.

Olvidadizo Señor Dragón: Vol 1, Ed 3 (Español), También Traducido en Inglés y Francés (the Dragon Series) (Spanish Edition) Linda J. Keep. 2017. (SPA.). 28p. (J). pap. (978-0-9952922-6-0(4)) Psychology Center Inc.

Olympian: A Story of the City (Classic Reprint) James Oppenheim. 2017. (ENG., Illus.). (J). 32.81 (978-1-5285-4725-3(X)) Forgotten Bks.

Olympian Echoes (Classic Reprint) C. D. Locock. 2018. (ENG., Illus.). 148p. (J). 26.95 (978-0-332-93365-8(2)) Forgotten Bks.

Olympian Leaves (Classic Reprint) Unknown Author. 2018. (ENG., Illus.). 52p. (J). 24.97 (978-0-483-79955-4(6)) Forgotten Bks.

Olympian Magazine, Vol. 1: January to June, 1903 (Classic Reprint) Unknown Author. (ENG., Illus.). (J). 2018. 646p. 37.22 (978-0-666-38854-4(7)); 2017. pap. 19.57 (978-0-243-58307-2(9)) Forgotten Bks.

Olympian Nights (Classic Reprint) John Kendrick Bangs. 2017. (ENG., Illus.). (J). 29.53 (978-0-265-19299-3(4)) Forgotten Bks.

Olympians & Their Loves- Children's Greek & Roman Myths. Baby Professor. 2017. (ENG., Illus.). (J). pap. 7.89 (978-1-5419-0485-9(0), Baby Professor (Education Kids)) Speedy Publishing LLC.

Olympians Boxed Set Books 7-12: Ares, Apollo, Artemis, Hermes, Hephaistos, & Dionysos. George O'Connor. 2022. (Olympians Ser.). (ENG., Illus.). (J). 77.94 (978-1-250-84181-0(X), 900255871, First Second Bks.) Roaring Brook Pr.

Olympians: Dionysos: The New God. George O'Connor. 2022. (Olympians Ser.: 12). (ENG., Illus.). 80p. (J). 21.99 (978-1-62672-530-0(6), 900160425); pap. 12.99 (978-1-62672-531-7(4), 900160426) Roaring Brook Pr. (First Second Bks.).

Olympians: Hephaistos: God of Fire. George O'Connor. 2019. (Olympians Ser.: 11). (ENG., Illus.). 80p. (J). 18.99 (978-1-62672-527-0(6), 900160422); pap. 12.99 (978-1-62672-528-7(4), 900160423) Roaring Brook Pr. (First Second Bks.).

Olympians vs. Titans: An Interactive Mythological Adventure. Jessica Gunderson. Illus. by Carolyn Arcabascio. 2017. (ENG.). 112p. (J). pap. (978-1-4747-3767-8(6)); (gr. 3-7). pap. 6.95 (978-1-5157-4825-0(1), 134440, Capstone Pr.); (gr. 3-7). lib. bdg. 32.65 (978-1-5157-4820-5(0), 134436, Capstone Pr.) Capstone.

Olympia's Journal, 1895 (Classic Reprint) W. S. Holnut. 2018. (ENG., Illus.). 230p. (J). 28.64 (978-0-428-90528-6(5)) Forgotten Bks.

Olympic (a True Book: National Parks) (Library Edition) Audra Wallace. 2018. (True Book (Relaunch) Ser.). (ENG., Illus.). 48p. (J). (gr. 3-5). lib. bdg. 31.00 (978-0-531-23508-9(4), Children's Pr.) Scholastic Library Publishing.

Olympic Biographies Set 2 (Set), 4 vols. 2018. (Olympic Biographies Ser.). (ENG.). 24p. (J). (gr. -1-2). lib. bdg. 131.16 (978-1-5321-8142-9(6), 29770, Abdo Kids) ABDO Publishing Co.

Olympic Biographies Set 3 (Set), 2 vols. Grace Hansen. 2021. (Olympic Biographies Set 3 Ser.). (ENG.). 24p. (J). (gr. -1-2). lib. bdg. 65.58 (978-1-0982-6140-5(2), 38270, Abdo Kids) ABDO Publishing Co.

Olympic Fever - Fièvre Olympique. David Gordon Stanley. 2022. (ENG.). 52p. (J). pap. 13.99 (978-1-956876-79-6(0)) WorkBk. Pr.

Olympic Games. M. G. Higgins. 2019. (White Lightning Nonfiction Ser.). (ENG.). 64p. (J). (gr. 6-8). pap. 11.95 (978-1-68021-738-4(0)) Saddleback Educational Publishing, Inc.

Olympic Games Upsets. Heather Rule. 2020. (Sports' Wildest Upsets (Lerner (tm) Sports) Ser.). (ENG., Illus.). 32p. (J). (gr. 2-5). pap. 8.99 (978-1-5415-8964-3(5), 5cd33e05-cb31-4b33-ae08-22a96f70c143); lib. bdg. 29.32 (978-1-5415-7712-1(4), 31fd8eeb-6733-4b91-a5df-4d2dc752a910) Lerner Publishing Group. (Lerner Pubns.).

Olympic GOATs: The Greatest Athletes of All Time. Bruce Berglund. 2022. (Sports Illustrated Kids: GOATs Ser.). (ENG.). 32p. (J). 31.32 (978-1-6639-7637-6(6), 228910); pap. 7.95 (978-1-6663-2169-2(9), 228892) Capstone. (Capstone Pr.).

Olympic Gold 1936: How the Image of Jesse Owens Crushed Hitler's Evil Myth. Michael Burgan. 2017. (Captured History Sports Ser.). (ENG., Illus.). 64p. (J). (gr. 5-9). lib. bdg. 35.32 (978-0-7565-5528-3(0), 134413, Compass Point Bks.) Capstone.

Olympic Greats. Jim Westcott. 2017. (Rank It! Ser.). (ENG.). 32p. (J). (gr. 4-6). pap. 9.99 (978-1-64466-210-6(8), 11474); (Illus.). lib. bdg. (978-1-68072-176-8(3), 10536) Black Rabbit Bks. (Bolt).

Olympic Hot Streaks. Ryan Williamson. 2019. (Hot Streaks Ser.). (ENG.). 32p. (J). (gr. 3-6). lib. bdg. 35.64 (978-1-5038-3233-6(3), 213312, MOMENTUM) Child's World, Inc, The.

Olympic Peninsula - for Kids Only. Melanie Richardson Dundy. 2021. (ENG.). 36p. (J). pap. 10.00 (978-1-0879-1548-7(1)) M D C T Publishing.

Olympic Records. Thomas K. Adamson. 2018. (Incredible Sports Records Ser.). (ENG., Illus.). 32p. (J). (gr. 3-8). pap. 8.99 (978-1-61891-315-9(8), 12110, Blastoff! Discovery) Bellwether Media.

Olympic Records. Karen Price. 2020. (Sports Records Ser.). (ENG., Illus.). 32p. (J). (gr. 2-3). pap. 9.95 (978-1-64493-439-5(6), 1644934396); lib. bdg. 31.35 (978-1-64493-363-3(2), 1644933632) North Star Editions. (Focus Readers).

Olympic Stars, 2 vols. 2022. (Olympic Stars Set 3 Ser.). (ENG., Illus.). 64p. (J). (gr. 4-4). pap. 19.90 (978-1-64494-755-5(2), SportsZone) ABDO Publishing Co.

Olympic Stars (Set), 5 vols. Matt Scheff. 2016. (Olympic Stars Ser.). (ENG.). 32p. (J). (gr. 3-9). lib. bdg. 196.74 (978-1-68078-556-2(7), 23795, SportsZone) ABDO Publishing Co.

Olympic Stars Set 2 (Set), 4 vols. 2018. (Olympic Stars Ser.). (ENG.). 32p. (J). (gr. 3-9). lib. bdg. 131.16 (978-1-5321-1605-6(5), 29794, SportsZone) ABDO Publishing Co.

Olympic Stars Set 3 (Set), 2 vols. 2021. (Olympic Stars Ser.). (ENG.). 32p. (J). (gr. 3-9). lib. bdg. 65.58 (978-1-5321-9738-3(1), 38460, SportsZone) ABDO Publishing Co.

Olympic Victor: A Story of the Modern Games (Classic Reprint) James Brendan Connolly. 2017. (ENG., Illus.). (J). 28.23 (978-1-5282-7099-1(1)); pap. 10.57 (978-1-5276-1661-5(4)) Forgotten Bks.

Olympic Victor: A Story of the Modern Games, Pp. 1-184. James Brendan Connolly. 2017. (ENG., Illus.). (J). pap. (978-0-649-05856-3(9)) Trieste Publishing Pty Ltd.

Olympic Water Sports Events Coloring Book. Bobo's Children Activity Books. 2016. (ENG., Illus.). (J). pap. 9.33 (978-1-68327-685-2(X)) Sunshine In My Soul Publishing.

Olympics. Adam Hellebuyck & Laura Deimel. 2019. (21st Century Skills Library: Global Citizens: Sports Ser.). (ENG.). 32p. (J). (gr. 4-7). pap. 14.21 (978-1-5341-5039-3(0), 213463); (Illus.). lib. bdg. 32.07 (978-1-5341-4753-9(5), 213462) Cherry Lake Publishing.

Olympics Encyclopedia Chrös McDougall. 2021. (Sports Encyclopedias Ser.). (ENG., Illus.). 192p. (J). (gr. 4-8). lib. bdg. 49.93 (978-1-5321-9693-5(8), 38480, Early Encyclopedias) ABDO Publishing Co.

Olympig! Victoria Jamieson. 2016. lib. bdg. 19.65 (978-0-606-38844-3(3)) Turtleback.

Olympus Academy: The Demon Demigod. Eliza Raine. 2019. (Olympus Academy Ser.: Vol. 2). (ENG.). 226p. (YA). pap. (978-1-9161046-4-8(9)) Logic In Creativity.

Olympus Academy: The Jinxed Journey. Eliza Raine. 2020. (Olympus Academy Ser.: Vol. 3). (ENG.). 230p. (YA). pap. (978-1-9161046-6-2(5)) Logic In Creativity.

Olympus Academy: The Titan's Treasure. Eliza Raine. 2019. (Olympus Academy Ser.: Vol. 1). (ENG.). 214p. (YA). pap. (978-1-9161046-3-1(0)) Logic In Creativity.

Olympus lioacaught: Alphabet. Eithan McBride. 2022. (ENG.). 26p. (978-1-387-76097-8(1)) Lulu Pr., Inc.

Om Child: I Am Calm: Yin & Yang, Opposites, & Balance. Lisa Edwards. Illus. by Sandhya Prabhat. 2021. (Om Child Ser.: 3). (ENG.). 18p. (J). (gr. -1 — 1). bds. 8.99 (978-0-06-306841-4(9), HarperFestival) HarperCollins Pubs.

Om Child: I Am Happy: Chakras, Colors, & Feelings. Lisa Edwards. Illus. by Sandhya Prabhat. 2021. (Om Child Ser.: 1). (ENG.). 18p. (J). (gr. -1 — 1). bds. 8.99 (978-0-06-306839-1(7), HarperFestival) HarperCollins Pubs.

Om Child: I Am Kind: Ahimsa, Compassion, & Community. Lisa Edwards. Illus. by Sandhya Prabhat. 2021. (Om Child Ser.: 2). (ENG.). 18p. (J). (gr. -1 — 1). bds. 8.99 (978-0-06-306840-7(0), HarperFestival) HarperCollins Pubs.

Om Child: I Am Well: Mind, Body, & Healthy Habits. Lisa Edwards. Illus. by Sandhya Prabhat. 2022. (Om Child Ser.: 4). (ENG.). 18p. (J). (gr. -1 — 1). bds. 8.99 (978-0-06-306842-1(7), HarperFestival) HarperCollins Pubs.

Om Om. Stefan Stenudd. 2018. (SWE., Illus.). 154p. (J). pap. (978-91-7894-069-1(9)) Arriba förlag.

Om the Enchanted. Mera Malik. 2018. (Big World, Little Om Ser.: Vol. 1). (ENG., Illus.). 82p. (J). (gr. 2-4). pap. 9.99 (978-1-7327620-9-1(0)) Sahtva.

Oma & Me: A Trip to the Fire Station. Cherry Charleston Harris. Illus. by Jason Velazquez. 2022. (Oma & Me Ser.: Vol. 2). (ENG.). 20p. (J). pap. 14.99 (978-1-7379864-0-9(X)) ChurchToast.

Oma & Me: When Oma Comes to Visit. Cherry Charleston Harris. 2021. (ENG.). 30p. (J). pap. 12.49 (978-1-6628-1166-1(7)) Salem Author Services.

Oma & Me (Best in State) Barbara Buracker. 2016. (ENG., Illus.). (J). pap. 19.95 (978-1-63508-387-3(7)) America Star Bks.

Oma Come Home for Christmas. Cherry Harris. Illus. by Jason Velazquez. 2022. (ENG.). 22p. (J). pap. 14.99 (978-1-7379864-6-1(9)) ChurchToast.

Oma Eule Hat eine Tolle Idee. Nasia Usikova. 2016. (GER.). 34p. (J). pap. (978-1-365-48216-8(2)) Lulu Pr., Inc.

Oma Frost. Sandy Kien. 2018. (GER.). 224p. (J). (978-3-7469-8203-8(0)); pap. (978-3-7469-8202-1(2)) tredition Verlag.

Oma Pukkel en Opa Houtebeen. Sophie Rijpkema. 2018. (DUT., Illus.). 96p. (J). pap. (978-3-7103-3762-8(3)) united p.c. Verlag.

Omar & Hana Ramadan Activity Book: Exciting Activities to Complete Throughout Ramadan. Astro & Digital Durian. Illus. by Astro & Digital Durian. 2022. (ENG.). 40p. (J). 8.00 (978-1-914364-02-0(3)) SALAM Bk.

Omar & Hana Say Assalaamu Alaikum: The Song Book. Astro & Digital Durian. 2022. (ENG., Illus.). 28p. (J). bds. 11.95 (978-1-914364-01-3(5)) SALAM Bk.

Omar Can Help Red Band. Lynne Rickards. Illus. by Moni Pérez. ed. 2016. (Cambridge Reading Adventures Ser.). (ENG.). 16p. pap. 7.95 (978-1-107-57572-1(9)) Cambridge Univ. Pr.

Omar in Trouble Orange Band. Gabby Pritchard. Illus. by Moni Pérez. ed. 2016. (Cambridge Reading Adventures Ser.). (ENG.). 16p. pap. 7.95 (978-1-316-50329-4(1)) Cambridge Univ. Pr.

Omar Rising. Aisha Saeed. (ENG.). 224p. (J). (gr. 5-9). 2023. 8.99 (978-0-593-10860-4(4)); 2022. 17.99 (978-0-593-10858-1(2)) Penguin Young Readers Group. (Nancy Paulsen Books).

Omar, the Tentmaker: A Romance of Old Persia (Classic Reprint) Nathan Haskell Dole. 2017. (ENG., Illus.). (J). 31.84 (978-1-5279-7511-8(8)) Forgotten Bks.

Omari Mcqueen's Best Bites Cookbook. Omari McQueen. 2022. (ENG.). 112p. (J). (gr. 2-9). 16.99 (978-1-4998-1261-9(2), BuzzPop) Little Bee Books Inc.

Omar's First Day at School Pink B Band. Shoua Fakhouri. Illus. by Moni Pérez. ed. 2016. (Cambridge Reading Adventures Ser.). (ENG.). 16p. pap. 7.95 (978-1-316-60811-1(5)) Cambridge Univ. Pr.

Ombra (Classic Reprint) Margaret O. W. Oliphant. 2018. (ENG., Illus.). 380p. (J). 31.75 (978-0-364-05664-6(9)) Forgotten Bks.

Ombra, Vol. 1 of 3 (Classic Reprint) Margaret Oliphant. 2017. (ENG., Illus.). (J). 30.33 (978-0-265-40686-1(2)) Forgotten Bks.

Ombra, Vol. 1 of 3 (Classic Reprint) Margaret O. W. Oliphant. 2016. (ENG., Illus.). (J). pap. 13.57 (978-1-333-45968-0(8)) Forgotten Bks.

Ombra, Vol. 2 of 3 (Classic Reprint) Margaret O. W. Oliphant. 2018. (ENG., Illus.). 320p. (J). 30.52 (978-0-267-22810-2(4)) Forgotten Bks.

Ombra, Vol. 3 of 3 (Classic Reprint) Margaret O. W. Oliphant. 2018. (ENG., Illus.). 324p. (J). 30.58 (978-0-484-84180-1(7)) Forgotten Bks.

Ombre de Monsieur le Connestable, Apparue a Messieurs Ses Freres (Classic Reprint) François Dorval-Langlois Fancan. 2017. (FRE., Illus.). (J). pap. 7.97 (978-0-243-90474-7(6)) Forgotten Bks.

Ombre de Monsieur le Connestable, Apparue à Messieurs Ses Frères (Classic Reprint) François Dorval-Langlois Fancan. 2018. (FRE., Illus.). 30p. (J). 24.52 (978-0-666-60316-6(2)) Forgotten Bks.

Omega. Jus Accardo. 2017. (Infinity Division Novel Ser.: 2). (ENG.). 320p. (YA). pap. 9.99 (978-1-63375-825-4(7), 900180795) Entangled Publishing, LLC.

Omega: An Icon Story. Riley Tune. 2019. (Icons Ser.: Vol. 2). (ENG.). 362p. (YA). 21.99 (978-1-64570-345-7(2)) Tune, Riley.

Omega Awakens. C. J. Hansen. 2019. (ENG.). 340p. (YA). (gr. 8-12). pap. (978-1-910406-74-8(0)) Fisher King Publishing.

Omega City: Infinity Base. Diana Peterfreund. 2018. (Omega City Ser.: 3). (ENG.). 304p. (J). (gr. 3-7). 16.99 (978-0-06-231091-0(7), Balzer & Bray) HarperCollins Pubs.

Omega City: the Forbidden Fortress. Diana Peterfreund. 2017. (Omega City Ser.: 2). (ENG.). 304p. (J). (gr. 3-7). 16.99 (978-0-06-231088-0(7), Balzer & Bray) HarperCollins Pubs.

Omega Morales & the Legend of la Lechuza. Laekan Zea Kemp. (Omega Morales Ser.: 1). (ENG.). (J). (gr. 3-7). 2023. 352p. pap. 8.99 (978-0-316-30431-3(X)); 2022. (Illus.). 336p. 16.99 (978-0-316-30416-0(6)) Little, Brown Bks. for Young Readers.

Omega Operation: Axel & Beast. Adrian C. Bott. Illus. by Andy Isaac. 2019. (ENG.). 144p. (J). pap. (978-1-61067-850-6(8)) Kane Miller.

Omega Project. Allison Whenman. 2018. (ENG., Illus.). 206p. (J). pap. (978-1-387-70494-1(X)) Lulu Pr., Inc.

Omega Team: Willow's Wrath. Ava Florian Johns. 2017. (Book One Ser.). (ENG., Illus.). (YA). pap. 12.95 (978-1-946195-05-0(7)) FuzionPrint.

Omen of Ice. Jus Accardo. 2023. (Omen of Ice Ser.: 1). (ENG.). 400p. (YA). 18.99 (978-1-64937-402-8(X), 900288564) Entangled Publishing, LLC.

Omen of Stones. Casey L. Bond. 2020. (When Wishes Bleed Ser.: Vol. 2). (ENG., Illus.). 356p. (YA). (gr. 7-12). 24.99 (978-0-578-65076-0(2)) Casey L. Bond.

Omens Bite: Sisters of Salem. P.c. Cast & Kristin Cast. 2022. (Sisters of Salem Ser.: 2). (ENG., Illus.). 320p. (YA). 18.99 (978-1-250-76566-6(8), 900232262, Wednesday Bks.) St. Martin's Pr.

Omg. Evan Jacobs. 2022. (Red Rhino Ser.). (ENG.). 76p. (J). (gr. 4-7). pap. 9.95 (978-1-63889-046-1(3)) Saddleback Educational Publishing, Inc.

Omg! Joe King. 2019. (ENG.). 74p. (YA). pap. 4.99 (978-1-393-03992-1(8)) Draft2Digital.

OMG... I Did It Again?! Talia Aikens-Nuñez. 2016. (OMG Ser.: 2). (Illus.). 96p. (J). (gr. 4-1). 12.99 (978-1-77168-034-9(2)) Central Avenue Publishing CAN. Dist: Independent Pubs. Group.

OMG... Is He Also a Witch?! Talia Aikens-Nuñez. 2017. (OMG Ser.: 3). (ENG., Illus.). 96p. (J). (gr. 4-1). pap. 8.95 (978-1-77168-114-8(4)) Central Avenue Publishing CAN. Dist: Independent Pubs. Group.

OMG Moments: I'm an Adult Already. Serina Mitchner. 2020. (ENG.). 106p. (J). pap. 14.95 (978-1-945145-98-8(6)) APS Publishing.

OMG Where Are You? Samantha X. Arellano. Illus. by Greg Clecak. 2019. (ENG.). 36p. (J). (gr. k-4). 19.99 (978-0-578-54366-6(4)) Samantha Xiong Arellano.

OMG! Your Best Mind Ever: How to Make Your Brain Work for You, Change Your Mind & Habits & Live the Life of Your Dream. Book Tigers. 2022. (ENG.). 138p. (J). pap. 12.99 (978-1-387-51204-1(8)) Lulu Pr., Inc.

OMG, Zombie! Emma T. Graves. Illus. by Binny Boo. 2018. (My Undead Life Ser.). (ENG.). 112p. (J). (gr. 3-6). pap. 7.95 (978-1-4965-6448-1(0), 138360); lib. bdg. 25.99 (978-1-4965-6444-3(8), 138356) Capstone. (Stone Arch Bks.).

Omicron Six. Endy Wright. 2020. (ENG.). 342p. (YA). 29.95 (978-1-64663-204-6(4)); pap. 19.95 (978-1-64663-202-2(8)) Koehler Bks.

Ominous Eye: The Nocturnals Book 2. Tracey Hecht. Illus. by Kate Liebman. 2016. (Nocturnals Ser.: 2). (ENG.). 208p. (J). (gr. 3-5). 15.99 (978-1-944020-03-3(9), Fabled Films Pr. LLC) Fabled Films LLC.

Omjg. Marco J. Gochez. 2020. (ENG.). 170p. (J). pap. (978-1-716-75536-1(0)) Lulu Pr., Inc.

Omnibus: A Farce in One Act; Also the Stage Business, Casts of Characters, Costumes, Relative Positions, etc (Classic Reprint) Unknown Author. 2018. (ENG., Illus.). 26p. (J). 24.45 (978-0-484-25351-2(4)) Forgotten Bks.

Omnibus of Modern Romance: Six Inside (Classic Reprint) Unknown Author. 2018. (ENG., Illus.). 268p. (J). 29.42 (978-0-484-29618-2(3)) Forgotten Bks.

Omnibus of Short Stories (Classic Reprint) James T. Farrell. 2017. (ENG., Illus.). (J). 790p. 40.21 (978-0-484-69771-2(4)); pap. 23.57 (978-0-259-48336-6(2)) Forgotten Bks.

Omnidisk: The Mission. A. R. Bingham. 2020. (ENG.). 412p. (YA). pap. 19.95 (978-0-578-70489-0(7)) A. R. Bingham.

Omnificland. Jennifer J. Phillips. 2022. (ENG.). 140p. (J). pap. 25.99 (978-1-0880-5156-6(1)) Indy Pub.

OMNIFICLAND - Work Book. Jennifer J. Phillips. l.t. ed. 2022. (ENG.). 46p. (J). pap. 13.99 (978-1-0880-5176-4(6)) Indy Pub.

Omnipotent. Mariah McIntyre Sharkey-Brumund. 2020. (ENG.). 212p. (J). 33.95 (978-1-4808-8863-0(X)); pap. 15.99 (978-1-4808-8861-6(3)) Archway Publishing.

Omo & Ivie. Eva Amiolemeh. Illus. by Achmad Arsad & Sameer Kassar. 2023. (ENG.). 28p. (J). pap. 13.99 (978-1-0881-1231-1(5)) Indy Pub.

Omorfia. Josée Lefebvre. Ed. by Matthew Twomey. 2020. (Omorfia Ser.). (ENG.). 348p. (YA). (978-1-5255-8610-1(6)); pap. (978-1-5255-8611-8(4)) FriesenPress.

Omorfia - the Bion. Josée Lefebvre. 2022. (Omorfia Ser.). (ENG.). 360p. (YA). (978-1-0391-4943-4(X)); pap. (978-1-0391-4942-7(1)) FriesenPress.

Omorphi. C. Kennedy. Tr. by Bénédicte Girault. 2016. (ENG., Illus.). (J). 34.99 (978-1-63533-055-7(6), Harmony Ink Pr.) Dreamspinner Pr.

Omyo a Brave Dinosaur. Joan Stern Narad. 2017. (ENG., Illus.). 30p. (J). 14.95 (978-0-578-18862-1(7)) North Cover Prs.

On A (?) see En Un (?)

On a Bat's Back: A Poetry Anthology for Children. Ed. by Mirabel Jane Guinness. Illus. by Roland Pym. 2021. (ENG.). 288p. (J). (gr. k-4). 27.95 (978-1-912945-02-3(9)) Mount Orleans Pr. GBR. Dist: Independent Pubs. Group.

On a Beam of Light: A Story of Albert Einstein (Albert Einstein Book for Kids, Books about Scientists for Kids, Biographies for Kids, Kids Science Books) Jennifer Berne. Illus. by Vladimir Radunsky. 2016. (Illustrated Biographies by Chronicle Bks.). (ENG.). 56p. (J). (gr. k-3). pap. 7.99 (978-1-4521-5211-0(X)) Chronicle Bks. LLC.

On a Candlestick (Classic Reprint) Frances Lee. 2018. (ENG., Illus.). 198p. (J). 27.98 (978-0-267-24360-0(X)) Forgotten Bks.

On a Chinese Screen (Classic Reprint) Somerset Maugham. 2017. (ENG., Illus.). (J). 28.87 (978-0-331-80164-4(7)) Forgotten Bks.

On a Donkey's Hurricane Deck: A Tempestuous Voyage of Four Thousand & Ninety-Six Miles Across the American Continent on a Burro, in 340 Days & 2 Hours, Starting Without a Dollar & Earning My Way (Classic Reprint) R. Pitcher Woodward. 2018. (ENG., Illus.). 472p. (J). 33.63 (978-0-267-47781-4(3)) Forgotten Bks.

On a Gold-Blooming Day: Finding Fall Treasures. Buffy Silverman. 2022. (ENG., Illus.). 32p. (J). (gr. -1-3). lib. bdg. 30.65 (978-1-7284-4298-3(2), 81d661b3-7da1-4263-9224-06ff752dce2d, Millbrook Pr.) Lerner Publishing Group.

On a High. Attoor Sreekanthanezhuthachan. (ENG., Illus.). (J). 2018. 78p. pap. 12.39 (978-1-387-74448-0(8)); 2017. 50p. pap. 9.39 (978-1-387-45045-9(X)) Lulu Pr., Inc.

On a Higher Hill: A Christmas Journey. Sheila Tucker. 2021. (ENG.). 34p. (J). pap. (978-1-989242-07-0(3)) Tamarind Tree Bks., Inc.

On a Higher Plane (Classic Reprint) Moritz Loth. (ENG., Illus.). (J). 2018. 182p. 27.65 (978-0-267-29720-7(3)); 2017. pap. 10.57 (978-0-259-20125-0(1)) Forgotten Bks.

On a Journey with Bobby. Ruth Wielockx. 2019. (Clavis Music Ser.). (ENG., Illus.). 16p. (J). 17.95 (978-1-60537-483-3(0)) Clavis Publishing.

On a Lark to the Planets: A Sequel to the Wonderful Electric Elephant (Classic Reprint) Frances Trego Montgomery. 2017. (ENG., Illus.). (J). 27.86 (978-0-265-56591-9(X)); pap. 10.57 (978-0-282-83214-8(9)) Forgotten Bks.

On a Magical Do-Nothing Day. Beatrice Alemagna. Illus. by Beatrice Alemagna. 2017. (ENG., Illus.). 48p. (J). (gr. -1-3). 18.99 (978-0-06-265760-2(7), HarperCollins) HarperCollins Pubs.

On a Mexican Mustang, Through Texas, from the Gulf to the Rio Grande (Classic Reprint) Alex Edwin Sweet. 2017. (ENG., Illus.). (J). 38.42 (978-0-265-56573-1(9)) Forgotten Bks.

On a Night Like No Other. David Roberts. 2019. (ENG.). 32p. (J). pap. 15.95 (978-1-64258-762-3(1)) Christian Faith Publishing.

On a Passing Frontier: Sketches from the Northwest (Classic Reprint) Frank B. Linderman. 2018. (ENG., Illus.). 224p. (J). 28.52 (978-0-267-66427-6(3)) Forgotten Bks.

On a Rainy Day. Czeena Devera. 2020. (Playing Outside Ser.). (ENG., Illus.). 16p. (J). (gr. -1-2). pap. 11.36 (978-1-5341-6102-3(3), 214408, Cherry Blossom Press) Cherry Lake Publishing.

On a Rainy Day. Sarah LuAnn Perkins. Illus. by Sarah LuAnn Perkins. 2022. (Illus.). 32p. (J). (gr. -1-2). 17.99 (978-0-593-40508-6(0), Viking Books for Young Readers) Penguin Young Readers Group.

On a Safari 5, 10, 15: A Counting by Fives Book. Martha E. H. Rustad. 2016. (1, 2, 3 Count with Me Ser.). (ENG., Illus.). 24p. (J). (gr. k-2). pap. 8.99 (978-1-68152-113-8(X), 15524); lib. bdg. 20.95 (978-1-60753-922-3(5), 15518) Amicus.

On a Scale of One to Ten. Ceylan Scott. (ENG.). 288p. (YA). (gr. 9-9). 2020. pap. 10.99 (978-1-338-32377-1(6)); 2019. 17.99 (978-1-338-32376-4(8)) Scholastic, Inc. (Chicken Hse., The).

On a Slippery Slope: Hannah Smart. Melody Fitzpatrick. 2016. (Hannah Smart Ser.: 2). (ENG., Illus.). 216p. (J). pap. 12.99 (978-1-4597-3157-8(3)) Dundurn Pr. CAN. Dist: Publishers Group West (PGW).

On a Slow Train Through Arkansaw (Classic Reprint) Thomas William Jackson. 2017. (ENG., Illus.). (J). 26.00 *(978-1-5284-6336-2(6))* Forgotten Bks.

On a Snow-Bound Train: A Winter's Tale (Classic Reprint) Julia MacNair Wright. 2018. (ENG., Illus.). 286p. (J). 29.80 *(978-0-483-80813-3(X))* Forgotten Bks.

On a Snow-Melting Day: Seeking Signs of Spring. Buffy Silverman. 2020. (ENG., Illus.). 32p. (J). (gr. -1-3). 30.65 *(978-1-5415-7813-5(9),* 604d785a-5855-422f-8473-522051cd64bf, Millbrook Pr.) Lerner Publishing Group.

On a Snowy Day. Czeena Devera. 2020. (Playing Outside Ser.). (ENG., Illus.). 16p. (J). (gr. -1-2). pap. 11.36 *(978-1-5341-6099-6(X),* 214399, Cherry Blossom Press) Cherry Lake Publishing.

On a Summer Night. Gabriel D. Vidrine. 2018. (ENG., Illus.). 200p. (YA). pap. 12.99 *(978-1-948608-40-4(5))* NineStar Pr.

On a Sunbeam. Tillie Walden. 2018. (ENG., Illus.). 544p. (YA). 34.99 *(978-1-250-17814-5(2),* 900189821); pap. 22.99 *(978-1-250-17813-8(4),* 900189822) Roaring Brook Pr. (First Second Bks.).

On a Sunny Day. Czeena Devera. 2020. (Playing Outside Ser.). (ENG., Illus.). 16p. (J). (gr. -1-2). pap. 11.36 *(978-1-5341-6100-9(7),* 214402, Cherry Blossom Press) Cherry Lake Publishing.

On a Western Campus: Stories & Sketches of Undergraduate Life (Classic Reprint) Unknown Author. 2018. (ENG., Illus.). 258p. (J). 29.24 *(978-0-267-19951-8(1))* Forgotten Bks.

On a Windy Day. Czeena Devera. 2020. (Playing Outside Ser.). (ENG., Illus.). 16p. (J). (gr. -1-2). pap. 11.36 *(978-1-5341-6101-6(5),* 214405, Cherry Blossom Press) Cherry Lake Publishing.

On Account of the Gum. Adam Rex. 2020. (ENG., Illus.). 56p. (J). (gr. k-3). 17.99 *(978-1-4521-8154-7(3))* Chronicle Bks. LLC.

On Account of the Lobster: A Farce in One Act (Classic Reprint) Robert C. V. Meyers. 2017. (ENG., Illus.). 24p. (J). 24.39 *(978-0-332-63199-8(0))* Forgotten Bks.

On Air. Henry Fennell. 2020. 232p. (YA). (gr. 7). pap. 14.95 *(978-1-0983-1311-1(9))* BookBaby.

On Air with Zoe Washington. Janae Marks. 2023. (Zoe Washington Ser.). (ENG.). 304p. (J). (gr. 3-7). 19.99 *(978-0-06-321231-2(5),* Tegen, Katherine Bks) HarperCollins Pubs.

On Alcohol. Benjamin Ward Richardson. 2017. (ENG.). 202p. (J). pap. *(978-3-7446-6996-2(3))* Creation Pubs.

On Alcohol. Benjamin Ward Richardson & Royal Scottish Society of Arts. 2017. (ENG.). 202p. (J). pap. *(978-3-7446-7026-5(0))* Creation Pubs.

On Alcohol: A Course of Six Cantor Lectures Delivered Before the Society of Arts (Classic Reprint) Benjamin Ward Richardson. 2017. (ENG., Illus.). (J). 126p. 26.50 *(978-0-332-90274-6(9));* pap. 9.57 *(978-0-282-58433-7(1))* Forgotten Bks.

On an Australian Farm (Classic Reprint) Steele Rudd. (ENG., Illus.). (J). 2018. 174p. 27.51 *(978-0-332-14859-5(9));* 2016. pap. 9.97 *(978-1-333-44489-1(3))* Forgotten Bks.

On an Inversion of Ideas As to the Structure of the Universe. Osborne Reynolds. 2017. (ENG., Illus.). (J). pap. *(978-0-649-30103-4(X))* Trieste Publishing Pty Ltd.

On & Off: Book 3. Carole Crimeen & Suzanne Fletcher. 2023. (Sustainability Ser.). (ENG.). 16p. (J). (gr. -1-2). pap. 7.99 ***(978-1-922370-02-0(9),*** 17a9775b-5546-49e5-bf5d-174a663876c5) Knowledge Bks. & Software AUS. Dist: Lerner Publishing Group.

On & off in Computer Lab, 1 vol. Mia Bennett. 2017. (Opposites at School Ser.). (ENG.). 24p. (J). (gr. 1-1). 25.27 *(978-1-5081-6352-7(9),* a7ec0c67-691e-4427-adac-1bca7b831320, PowerKids Pr.) Rosen Publishing Group, Inc., The.

On & off the Saddle: Characteristic Sights & Scenes from the Great Northwest to the Antilles (Classic Reprint) Lispenard Rutgers. 2018. (ENG., Illus.). 230p. (J). 28.66 *(978-0-332-79869-1(0))* Forgotten Bks.

On Baile's Strand (Classic Reprint) W. B. Yeats. (ENG., Illus.). (J). 2018. 38p. 24.70 *(978-0-267-61603-9(1));* 2016. pap. 7.97 *(978-1-334-11689-6(X))* Forgotten Bks.

On Bird Hill, 1 vol. Jane Yolen. Illus. by Bob Marstall. 2017. (On Bird Hill & Beyond Ser.: 1). (ENG.). 32p. (J). (gr. -1-2). 8.95 *(978-1-943645-30-5(2),* 722e21b8-9d9d-4cf1-9988-c7883bad81f0) WunderMill, Inc.

On Blood Road (a Vietnam War Novel) Steve Watkins. 2018. (ENG.). 288p. (YA). (gr. 7-7). 18.99 *(978-1-338-19701-3(0),* Scholastic Pr.) Scholastic, Inc.

On Blue Water (Classic Reprint) Edmondo De Amicis. 2017. (ENG., Illus.). (J). 32.17 *(978-0-266-91025-1(4))* Forgotten Bks.

On Board the Beatic (Classic Reprint) Anna Chapin Ray. (ENG., Illus.). (J). 2018. 386p. 31.88 *(978-0-483-47211-2(5));* 2017. pap. 16.57 *(978-0-243-25675-4(2))* Forgotten Bks.

On Both Sides. Frances Courtenay Baylor. 2017. (ENG.). 486p. (J). pap. *(978-3-337-00074-5(6))* Creation Pubs.

On Both Sides: A Novel (Classic Reprint) Frances Courtenay Baylor. 2017. (ENG., Illus.). (J). 33.92 *(978-1-5280-3437-1(6))* Forgotten Bks.

On Brighton Streets. Nisse Visser & Cair Emma Going. 2018. (ENG., Illus.). 232p. (YA). pap. *(978-90-827836-4-3(9))* Cider Brandy Scribblers.

On Christmas Day. Margaret Wise Brown. Illus. by Phyllis Harris. 2019. (ENG.). 20p. (J). (gr. -1 — 1). bds. 7.99 *(978-1-5460-1456-0(X),* Worthy Kids/Ideals) Worthy Publishing.

On Christmas Day in the Evening (Classic Reprint) Grace Smith Richmond. (ENG., Illus.). (J). 2018. 88p. 25.73 *(978-0-365-53078-7(6));* 2016. pap. 9.57 *(978-1-334-11742-8(X))* Forgotten Bks.

On Christmas Day in the Morning (Classic Reprint) Grace S. Richmond. 2018. (ENG., Illus.). (J). 60p. 25.13 *(978-0-364-98117-7(2))* Forgotten Bks.

On Christmas Eve: A Coco Mouse Tale. Anne L. Watson. Illus. by Anne L. Watson. 2023. (Coco Mouse Ser.: Vol. 2). (ENG.). 18p. (J). pap. 12.50 ***(978-1-62035-599-2(X),*** Skyhook Pr.) Shepard Pubns.

On Cloud Mountain: A Novel (Classic Reprint) Frederick Thickstun Clark. 2018. (ENG., Illus.). 242p. (J). 28.89 *(978-0-666-72355-0(9))* Forgotten Bks.

On Common Ground (Classic Reprint) Sydney H. Preston. 2017. (ENG., Illus.). (J). 30.62 *(978-1-5281-8862-3(4));* pap. 13.57 *(978-0-243-32454-5(5))* Forgotten Bks.

On Cue. Cristy Watson. 2nd ed. 2022. (Orca Currents Ser.). (ENG.). 128p. (J). (gr. 4-7). pap. 10.95 *(978-1-4598-3459-0(3))* Orca Bk. Pubs. USA.

On Cue. Cristy Watson. ed. 2016. (Orca Currents Ser.). lib. bdg. 20.80 *(978-0-606-38695-1(5))* Turtleback.

On Dangerous Ground, Vol. 1 Of 3: A Novel (Classic Reprint) Edith Stewart Drewry. 2018. (ENG., Illus.). 250p. (J). 29.07 *(978-0-483-98782-1(4))* Forgotten Bks.

On Dangerous Ground, Vol. 2: A Novel (Classic Reprint) Edith Stewart Drewry. 2018. (ENG., Illus.). 242p. (J). 28.91 *(978-0-428-20408-2(2))* Forgotten Bks.

On Dangerous Ground, Vol. 3 Of 3: A Novel (Classic Reprint) Edith Stewart Drewry. (ENG., Illus.). (J). 2018. 250p. 29.07 *(978-0-484-39243-3(3));* 2016. pap. 11.57 *(978-1-334-18775-9(4))* Forgotten Bks.

On Days That I Am Anxious. Kendall Crosby. Illus. by Amilia Pond. 2021. (ENG.). 26p. (J). pap. 10.99 *(978-0-578-90270-8(2))* Independent Pub.

On Deafness & Noises in the Ear, Arising from Rheumatism, Gout, & Neuralgic Headache. William Harvey. 2017. (ENG., Illus.). (J). pap. *(978-0-649-50255-4(8))* Trieste Publishing Pty Ltd.

On Different Levels. Franklin Bass. 2018. (ENG., Illus.). 84p. (YA). pap. 11.95 *(978-1-64350-225-0(5))* Page Publishing Inc.

On Duck Pond. Jane Yolen. Illus. by Bob Marstall. 2019. (On Bird Hill & Beyond Ser.: 2). (ENG.). 32p. (J). 8.95 *(978-1-943645-36-7(1),* 330cbd0a-dcf3-4647-9c79-00d91b9370d8, Cornell Lab Publishing Group, The) WunderMill, Inc.

On Duty & Off: Letters of Elizabeth Cabot Putnam (Classic Reprint) Elizabeth Cabot Putnam. 2018. (ENG., Illus.). 238p. (J). 28.81 *(978-0-267-79777-6(X))* Forgotten Bks.

On Eagle Cove, 1 vol. Jane Yolen. Illus. by Elizabeth Dulemba. 2020. (On Bird Hill & Beyond Ser.: 4). (ENG.). 36p. (J). 16.95 *(978-1-943645-48-0(5),* 70f9afd9-aebe-46c0-a4fd-5f89c9c9f340, Cornell Lab Publishing Group, The) WunderMill, Inc.

On Eagles' Wings. Katelyn Layne. 2022. (ENG.). 120p. (YA). 28.95 *(978-1-6642-5250-9(9));* pap. 11.95 *(978-1-6642-5249-3(5))* Author Solutions, LLC. (WestBow Pr.).

On Edge. Raelyn Drake. 2019. (To the Limit Ser.). (ENG.). 104p. (YA). (gr. 6-12). 26.65 *(978-1-5415-4038-5(7),* f4eab6d3-de77-4267-8203-8d9d4bd9d376, Darby Creek) Lerner Publishing Group.

On Edge: A Freerunner Mystery. Gin Price. 2016. (ENG.). 272p. (gr. 9-13). pap. 18.99 *(978-1-929345-20-5(8),* Poisoned Pen Press) Sourcebooks, Inc.

On Etna (Classic Reprint) Norma Lorimer. 2018. (ENG., Illus.). 346p. (J). 31.03 *(978-0-267-17067-8(X))* Forgotten Bks.

On Falcon's Wings. Deborah J. Dybowski. Illus. by Andrew Sheble. 2020. (ENG.). 28p. (J). *(978-1-5255-7453-5(1));* pap. *(978-1-5255-7454-2(X))* FriesenPress.

on-Fire Alarm. Peter Frederick. Illus. by Sherard School. 2023. (ENG.). 34p. (J). pap. ***(978-1-4478-2837-2(2))*** Lulu Pr., Inc.

On Fish Two Fish Red Fish Blue Fish. Seuss. ed. 2019. (Dr. Seuss Beginner Bks.). (ENG.). 62p. (J). (gr. k-1). 17.49 *(978-0-87617-610-8(4))* Penworthy Co., LLC, The.

On Foot in Spain. J. S. Campion. 2017. (ENG.). 424p. (J). pap. *(978-3-337-23795-0(9))* Creation Pubs.

On Foot in Spain: A Walk from the Bay of Biscay to the Mediterranean (Classic Reprint) J. S. Campion. 2018. (ENG., Illus.). 426p. (J). 32.70 *(978-0-364-62464-7(7))* Forgotten Bks.

On Foot Through Tyrol, in the Summer of 1855 (Classic Reprint) Walter White. (ENG., Illus.). (J). 2018. 328p. 30.66 *(978-0-666-48767-4(7));* 2017. pap. 13.57 *(978-0-259-50555-6(2))* Forgotten Bks.

On Fortune's Road, Stories of Business (Classic Reprint) Will Payne. 2019. (ENG., Illus.). 304p. (J). 30.19 *(978-0-365-27910-5(2))* Forgotten Bks.

On Four Wheels. John Allan. 2021. (Mighty Mechanics' Guide to Speed Ser.). (ENG., Illus.). 24p. (J). (gr. 1-3). lib. bdg. 26.65 *(978-1-913440-61-9(3),* a2c8243d-792b-4b3a-bc91-10823945814b, Hungry Tomato (r)) Lerner Publishing Group.

On General Thomas's Staff (Classic Reprint) Byron A. Dunn. 2017. (ENG., Illus.). (J). 32.44 *(978-0-260-82010-5(5))* Forgotten Bks.

On Grandpop's Lap. Cathy Helowicz. 2017. (ENG., Illus.). (J). pap. 12.99 *(978-0-9981322-1-7(7))* Ocean Crest Publishing, LLC.

On Greenhow Hill (Classic Reprint) Rudyard Kipling. 2017. (ENG., Illus.). 82p. (J). 25.61 *(978-0-331-96357-1(4))* Forgotten Bks.

On Guard. Patrick Jones. 2016. (Bounce Ser.). (ENG.). 104p. (YA). (gr. 6-12). lib. bdg. 26.65 *(978-1-5124-1123-2(X),* f83faaa-d129-49fb-825f-23e38ebf8ec2, Darby Creek) Lerner Publishing Group.

On Guard. Annie Thomas. 2017. (ENG.). 168p. (J). pap. *(978-3-337-02843-5(8))* Creation Pubs.

On Guard: A Novel (Classic Reprint) Annie Thomas. 2018. (ENG., Illus.). 166p. (J). 27.32 *(978-0-484-70766-4(3))* Forgotten Bks.

On Gull Beach. Jane Yolen. Illus. by Bob Marstall. (On Bird Hill & Beyond Ser.: 3). (ENG.). 36p. (J). 2019. 8.95 *(978-1-943645-35-0(3),* 1857636c-1055-43f5-9781-338e2d6ef468); 2018. (gr. -1-2). 16.95 *(978-1-943645-18-3(3),* a9e32f7b-de2c-407a-b6a4-58c9fca48836) WunderMill, Inc. (Cornell Lab Publishing Group, The).

On Halloween Night. Lori Schue. Illus. by Lori Vankirk Schue. 2018. (ENG.). 36p. (J). (gr. k-6). 24.99 *(978-0-578-40063-1(4))* Schue, Lori.

On His Toes (Classic Reprint) Irving Thomas McDonald. (ENG., Illus.). (J). 2018. 338p. 30.89 *(978-0-428-94519-0(8));* 2017. pap. 13.57 *(978-1-5276-0889-4(1))* Forgotten Bks.

On Horseback: A Tour in Virginia, North Carolina & Tennessee, with Notes of Travel in Mexico & California (Classic Reprint) Charles Dudley Warner. 2019. (ENG., Illus.). 424p. (J). 32.64 *(978-0-365-11024-8(8))* Forgotten Bks.

On Horseback Through Asia Minor. Fred Burnaby. 2017. (ENG.). (J). 426p. pap. *(978-3-7446-6291-8(8));* 412p. pap. *(978-3-7446-6948-1(3))* Creation Pubs.

On Horseback Through Asia Minor (Classic Reprint) Fred Burnaby. 2017. (ENG., Illus.). (J). 310p. 30.31 *(978-0-332-81415-5(7));* pap. 13.57 *(978-0-282-47645-8(8))* Forgotten Bks.

On Horseback Through Asia Minor, Vol. 1 of 2 (Classic Reprint) Fred Burnaby. 2017. (ENG., Illus.). (J). 32.39 *(978-0-331-86480-9(0))* Forgotten Bks.

On Horseback Through Asia Minor, Vol. 2 of 2 (Classic Reprint) Fred Burnaby. 2017. (ENG., Illus.). (J). 32.74 *(978-0-265-59836-8(2))* Forgotten Bks.

On Invertebrate Fossils from the Pacific Coast (Classic Reprint) Charles Abiathar White. 2017. (ENG., Illus.). (J). pap. 13.57 *(978-0-243-27364-5(9))* Forgotten Bks.

On Kona's Pond. Michelle LeFevre. Illus. by Susan Cousineau McGough. 2023. (ENG.). 28p. (J). 19.99 ***(978-1-6628-7162-7(7))*** Salem Author Services.

On Love & Other Fables. Tea. 2017. (ENG., Illus.). (YA). (gr. 7-12). pap. *(978-965-572-188-1(4))* Tea & Books.

On Market Street. Arnold Lobel. Illus. by Anita Lobel. 2020. (ENG.). 40p. (J). (gr. -1-3). 18.99 *(978-1-5344-6815-3(3),* Simon & Schuster/Paula Wiseman Bks.) Simon & Schuster/Paula Wiseman Bks.

On Me Todd. Jay Haughton. 2016. (ENG., Illus.). 208p. (J). pap. *(978-1-326-81794-5(0))* Lulu Pr., Inc.

On Molecular & Microscopic Science. Mary Somerville. 2017. (ENG.). (J). 382p. pap. *(978-3-7446-9673-9(1));* 452p. pap. *(978-3-7446-9672-2(3))* Creation Pubs.

On Molecular & Microscopic Science, Vol. 1 of 2 (Classic Reprint) Mary Somerville. (ENG., Illus.). (J). 2017. 33.18 *(978-0-265-51219-7(0));* 2016. pap. 16.57 *(978-1-333-41887-8(6))* Forgotten Bks.

On Molecular & Microscopic Science, Vol. 2 of 2 (Classic Reprint) Mary Somerville. 2017. (ENG., Illus.). (J). 31.86 *(978-0-266-78124-0(1))* Forgotten Bks.

On Mondays You Feed the Dragon. Judy E. Hans. Ed. by Jonathan Jordan. Illus. by Thalia McWatt. 2020. (ENG.). 32p. (J). pap. 17.00 *(978-0-578-24006-0(8))* Hans, Judy E.

On Mr. Spencer's Data of Ethics. Malcolm Guthrie. 2017. (ENG., Illus.). (J). pap. *(978-0-649-50090-1(3));* pap. *(978-0-649-52035-0(1));* pap. *(978-0-649-66257-9(1));* pap. *(978-0-649-66258-6(X))* Trieste Publishing Pty Ltd.

On Mr. Spencer's Data of Ethics (Classic Reprint) Malcolm Guthrie. 2018. (ENG., Illus.). 144p. (J). 26.87 *(978-0-267-13187-7(9))* Forgotten Bks.

On My Back Paws: A Lonely Dog, a Magic Spell & a Friendship to Be Saved! Anna Skoyles. 2017. (ENG., Illus.). 211p. (J). pap. *(978-0-9954878-0-2(4))* Glitterball Bks.

On My Bike, 1 vol. Kari-Lynn Winters. Illus. by Christina Leist. 2017. (On My ... Ser.: 2). (ENG.). 24p. (J). (gr. -1-k). bds. 12.95 *(978-1-926890-13-5(2))* Tradewind Bks. CAN. Dist: Orca Bk. Pubs. USA.

On My Country - Our Yarning. Lorna Meehan. Illus. by Mila Aydingoz. 2023. (ENG.). 26p. (J). pap. ***(978-1-923063-11-2(1))*** Library For All Limited.

On My Keeping, & in Theirs: A Record of Experiences on the Run, in Derry Gaol, & in Ballykinlar Internment Camp (Classic Reprint) Louis J. Walsh. 2017. (ENG., Illus.). (J). 26.64 *(978-0-265-28201-4(2))* Forgotten Bks.

On My Mountain. François Aubineau. Tr. by Orca Book Publishers from FRE. Illus. by Jérôme Peyrat. 2020. (ENG.). 32p. (J). (gr. -1-k). 19.95 *(978-1-4598-2232-0(3))* Orca Bk. Pubs. USA.

On My Own Folklore, 15 vols., Set. Incl. Anansi & the Box of Stories: A West African Folktale. Illus. by Jeni Reeves. (J). (gr. 2-5). 2007. lib. bdg. 25.26 *(978-0-8225-6741-7(5));* Bokuden & the Bully. Stephen Krensky. Illus. by Cheryl Kirk Noll. (gr. 2-4). 2008. lib. bdg. 25.26 *(978-0-8225-7547-4(7));* Calamity Jane. Stephen Krensky. Illus. by Lisa Carlson. (gr. 2-4). 2006. lib. bdg. 25.26 *(978-1-57505-886-3(3));* Casey Jones. Stephen Krensky. Illus. by Mark Schroder. (J). (gr. 2-4). 2006. lib. bdg. 25.26 *(978-1-57505-890-0(1));* Chocolate Tree: A Mayan Folktale. Illus. by Janice Lee Porter. (J). (gr. 2-4). 2008. lib. bdg. 25.26 *(978-0-8225-7545-0(0));* John Henry. Stephen Krensky. Illus. by Mark Oldroyd. (J). (gr. 2-4). 2006. lib. bdg. 25.26 *(978-1-57505-887-0(1));* Little Sima & the Giant Bowl. Zhi Qu. Illus. by Lin. Wang. (gr. 2-4). 2008. lib. bdg. 25.26 *(978-0-8225-7620-4(1));* Paul Bunyan. Illus. by Craig Orback. (J). (gr. -1-3). 2006. lib. bdg. 25.26 *(978-1-57505-888-7(X));* Pecos Bill. Illus. by Paul Tong. (J). (gr. -1-3). 2006. lib. bdg. 25.26 *(978-1-57505-889-4(8));* 48p. 2007. Set lib. bdg. 378.90 *(978-0-8225-8487-2(5),* Millbrook Pr.) Lerner Publishing Group.

On My Own Science, 13 vols., Set. Incl. Ben Franklin's Big Shock. Judith Jango-Cohen. Illus. by Kevin Lepp. (J). (gr. k-3). 2006. lib. bdg. 25.26 *(978-1-57505-873-3(1),* Millbrook Pr.); Flyer Flew! The Invention of the Airplane. Lee Sullivan Hill. Illus. by Craig Orback. (J). (gr. k-3). 2006. lib. bdg. 25.26 *(978-1-57505-758-3(1),* Millbrook Pr.); Mystery Fish: Secrets of the Coelacanth. Sally M. Walker. (J). (gr. 3-7). 2005. lib. bdg. 25.26 *(978-1-57505-638-8(0));* Packed with Poison! Deadly Animal Defenses. D. M. Souza. Illus. by Jack Harris. (gr. 2-4). 2006. lib. bdg. 25.26 *(978-1-57505-877-1(4),* Millbrook Pr.); Real-Life Sea Monsters. Judith Jango-Cohen. Illus. by Ryan Burney. (J). (gr. 3-7). 2007. lib. bdg. 25.26 *(978-0-8225-6747-9(4),* Millbrook Pr.); Saber-Toothed Cats. Susan E. Goodman. Illus. by Kerry Maguire. (J). (gr. 3-7). 2005. lib. bdg. 25.26 *(978-1-57505-759-0(X));* Shipwreck Search: Discovery of the H. L. Hunley. Sally M. Walker. Illus. by Elaine Verstraete. (gr. 2-4). 2006. lib. bdg. 25.26 *(978-1-57505-878-8(2),* Millbrook Pr.); Supercroc Found. Sally M. Walker. Illus. by Philip Hood. (J). (gr. 3-7). 2005. lib. bdg. 25.26 *(978-1-57505-760-6(3));* Volcanoes Inside & Out. Dorothy M. Souza. Illus. by Allan Cormack & Deborah Drew Brook Cormack. (J). (gr. 3-7). 2005. lib. bdg. 25.26 *(978-1-57505-761-3(1));* Why Does It Rain? Judith Jango-Cohen. Illus. by Tess Feltes. (gr. 2-4). 2005. lib. bdg. 25.26 *(978-1-57505-762-0(X),* Millbrook Pr.); Woolly Mammoths. Ginger Wadsworth. Illus. by Todd Zalewski. (gr. 2-4). 2006. lib. bdg. 25.26 *(978-1-57505-879-5(0),* Millbrook Pr.); 48p. 2007. Set lib. bdg. 328.38 *(978-0-8225-8423-0(9),* Millbrook Pr.) Lerner Publishing Group.

On My Skis, 1 vol. Kari-Lynn Winters. Illus. by Christina Leist. 2017. (On My ... Ser.: 3). (ENG.). 24p. (J). (gr. -1-k). bds. 12.95 *(978-1-926890-03-6(5))* Tradewind Bks. CAN. Dist: Orca Bk. Pubs. USA.

On My Swim, 1 vol. Kari-Lynn Winters. Illus. by Christina Leist. 2018. (On My ... Ser.: 4). (ENG.). 24p. (J). (gr. -1-k). 12.95 *(978-1-926890-16-6(7))* Tradewind Bks. CAN. Dist: Orca Bk. Pubs. USA.

On My Way to Bed. Sarah Maizes. Illus. by Michael Paraskevas. 2021. (ENG.). 40p. (J). pap. 12.99 ***(978-1-951744-66-3(7))*** Telemachus Pr., LLC.

On My Way to School. Sarah Maizes. Illus. by Michael Paraskevas. 2021. (ENG.). 40p. (J). pap. 12.99 ***(978-1-951744-68-7(3))*** Telemachus Pr., LLC.

On My Way to School. Johan Reis. 2021. (ENG.). 60p. (J). *(978-1-5255-6646-2(6));* pap. *(978-1-5255-6647-9(4))* FriesenPress.

On My Way to School. Mark Weakland. Illus. by Rea Zhai. 2019. (School Rules Ser.). (ENG.). 24p. (J). (gr. k-2). pap. 8.95 *(978-1-5158-4063-3(8),* 140057, Picture Window Bks.) Capstone.

On My Way to the Bath. Sarah Maizes. Illus. by Michael Paraskevas. 2021. (ENG.). 38p. (J). pap. 12.99 ***(978-1-951744-64-9(0))*** Telemachus Pr., LLC.

On My Way to the Lilikoi Tree. Jonna Ocampo. 2017. (ENG., Illus.). 30p. (J). 14.95 *(978-1-945176-64-7(4),* 9781945176647) Waldorf Publishing.

On Newfound River (Classic Reprint) Thomas Nelson Page. 2017. (ENG., Illus.). (J). 30.27 *(978-0-266-21199-0(2))* Forgotten Bks.

On Nothing Kindred Subjects (Classic Reprint) H. Belloc. 2018. (ENG., Illus.). 286p. (J). 29.80 *(978-0-267-12737-5(5))* Forgotten Bks.

On off Duty in Annam (Classic Reprint) Gabrielle M. Vassal. 2017. (ENG., Illus.). (J). 31.75 *(978-0-260-45136-1(3))* Forgotten Bks.

On Our Hill (Classic Reprint) Josephine Daskam Bacon. 2018. (ENG., Illus.). 356p. (J). 31.51 *(978-0-332-16092-4(0))* Forgotten Bks.

On Our Nature Walk: Our First Talk about Our Impact on the Environment. Jillian Roberts. Illus. by Jane Heinrichs. (World Around Us Ser.: 6). (ENG.). 32p. (J). (gr. 1-3). 2022. 14.95 *(978-1-4598-3368-5(6));* 2020. 19.95 *(978-1-4598-2100-2(9))* Orca Bk. Pubs. USA.

On Our Selection (Classic Reprint) Arthur H. Davis. 2018. (ENG., Illus.). 260p. (J). 29.26 *(978-0-332-54620-9(9))* Forgotten Bks.

On Our Street see **Et Si on Parlait de la Pauvreté ?**

On Our Street: Our First Talk about Poverty. Jillian Roberts & Jaime Casap. Illus. by Jane Heinrichs. 2021. (World Around Us Ser.: 1). (ENG.). 32p. (J). (gr. 1-3). 14.95 *(978-1-4598-3340-1(6))* Orca Bk. Pubs. USA.

On Peter's Island (Classic Reprint) Arthur R. Ropes. (ENG., Illus.). (J). 2018. 490p. 34.00 *(978-0-332-85774-9(3));* 2016. pap. 16.57 *(978-1-334-15914-5(9))* Forgotten Bks.

On Picket Duty: And Other Tales (Classic Reprint) Louisa Alcott. (ENG., Illus.). (J). 2018. 102p. 26.00 *(978-0-483-09745-2(4));* 2017. pap. 9.57 *(978-1-334-94971-5(9))* Forgotten Bks.

On Pockwockamus Pond. Andrew Topham. 2020. (ENG., Illus.). 34p. (J). 24.95 *(978-1-64559-748-3(2));* pap. 14.95 *(978-1-64559-747-6(4))* Covenant Bks.

On Point. Hena Khan. Illus. by Sally Wern Comport. 2018. (Zayd Saleem, Chasing the Dream Ser.: 2). (ENG.). 144p. (J). (gr. 2-5). 17.99 *(978-1-5344-1202-6(6));* pap. 6.99 *(978-1-5344-1201-9(8))* Simon & Schuster Bks. For Young Readers. (Salaam Reads).

On Point. Hena Khan. ed. 2018. (Zayd Saleem, Chasing the Dream Ser.: 2). lib. bdg. 17.20 *(978-0-606-41417-3(7))* Turtleback.

On Rabbit Ridge. Patrick A. Larock. 2023. (ENG., Illus.). 46p. (J). 24.95 ***(978-1-6624-5510-0(0))*** Page Publishing Inc.

On Radiation: The Rede Lecture Delivered in the Senate-House Before the University of Cambridge on Tuesday, May 16, 1865 (Classic Reprint) John Tyndall. 2018. (ENG., Illus.). 80p. (J). 25.55 *(978-0-365-25015-9(5))* Forgotten Bks.

On Randolph Hills: Personal Memories; Anecdotes; Reminiscences; & Characters (Classic Reprint) Clark Emerson Stewart. 2017. (ENG., Illus.). (J). 25.51 *(978-0-331-70086-2(7));* pap. 9.57 *(978-0-259-51337-7(7))* Forgotten Bks.

On Safari with Bobby. Ruth Wielockx. 2020. (Bobby Ser.). (ENG., Illus.). 16p. (J). (gr. -1). 17.95 *(978-1-60537-481-9(4))* Clavis Publishing.

On Satan's Mount (Classic Reprint) Dwight Tilton. 2018. (ENG., Illus.). 478p. (J). 33.84 *(978-0-267-12618-7(2))* Forgotten Bks.

On-Screen Vehicles. Sara Green. 2019. (Movie Magic Ser.). (ENG., Illus.). 32p. (J). (gr. 3-8). lib. bdg. 27.95 *(978-1-64487-044-0(4),* Blastoff! Discovery) Bellwether Media.

On Seats & Saddles. Francis Dwyer. 2017. (ENG.). 300p. (J). pap. *(978-3-7446-4833-2(8))* Creation Pubs.

On Sensations from Pressure & Impact. Harold Griffing. 2017. (ENG.). 100p. (J). pap. *(978-3-337-40524-3(X))* Creation Pubs.

On Sensations from Pressure & Impact: With Special Reference to the Intensity, Area & Time of Stimulation (Classic Reprint) Harold Griffing. (ENG., Illus.). (J). 2017. 25.94 *(978-0-265-42281-6(7));* 2016. pap. 9.57 *(978-1-333-77356-4(0))* Forgotten Bks.

On Shiloh's Field, or Fighting Kit of Kentucky: A Story of Battlefield & Bivouac (Classic Reprint) Ward Edwards. (ENG., Illus.). (J). 2018. 28p. 24.47 *(978-0-483-59699-3(X));* 2016. pap. 7.97 *(978-1-334-11775-6(6))* Forgotten Bks.

On Sledge & Horseback: To the Outcast Siberian Lepers (Classic Reprint) Kate Marsden. 2017. (ENG., Illus.). (J). 29.22 *(978-1-5281-7573-9(5))* Forgotten Bks.

O

For book reviews, descriptive annotations, tables of contents, cover images, author biographies & additional information, updated daily, subscribe to **www.booksinprint.com**

1509

On Snake-Poison. Its Action & Its Antidote. A. Mueller. 2017. (ENG., Illus.). (J). pap. *(978-0-649-43233-2(9))* Trieste Publishing Pty Ltd.

On Snowden Mountain. Jeri Watts. 2019. (ENG.). 208p. (J). (gr. 3-7). 16.99 *(978-0-7636-9744-0(3))* Candlewick Pr.

On Snowy Days. Stanley Zheng. 2016. (ENG.). (J). 122p. pap. ***(978-1-329-88848-7(0))***; 76p. pap. ***(978-1-329-83122-3(5))*** Lulu Pr., Inc.

On Some Deficiencies in Our English Dictionaries: Being the Substance of Two Papers, Read Before the Philological Society, Nov; 5, & Nov; 19, 1857 (Classic Reprint) Richard Chenevix Trench. 2018. (ENG., Illus.). 66p. (J). 25.26 *(978-0-365-17514-8(5))* Forgotten Bks.

On Some Deficiencies in Our English Dictionaries: Being the Substance of Two Papers Read Before the Philological Society, Nov. 5, & Nov. 19, 1857. Pp. 1-77. Richard Chenevix Trench. 2017. (ENG., Illus.). (J). pap. *(978-0-649-35780-2(9))* Trieste Publishing Pty Ltd.

On Some Principles of Seismic Geology, and, the Geotectonic & Geodynamic Aspects of Calabria & Northeastern Sicily (Classic Reprint) William Herbert Hobbs. 2017. (ENG., Illus.). (J). 27.53 *(978-0-266-61100-4(1))*; pap. 9.97 *(978-0-282-98444-1(5))* Forgotten Bks.

On Something. Hilaire Belloc. 2017. (ENG., Illus.). (J). 23.95 *(978-1-374-96989-6(3))*; pap. 13.95 *(978-1-374-96988-9(5))* Capital Communications, Inc.

On Something (Classic Reprint) Hilaire Belloc. 2018. (ENG., Illus.). 280p. (J). 29.67 *(978-0-483-81647-3(7))* Forgotten Bks.

On Southern English Roads. James John Hissey. 2018. (ENG.). 476p. (J). pap. *(978-3-337-42026-0(5))* Creation Pubs.

On Southern English Roads (Classic Reprint) James John Hissey. (ENG., Illus.). (J). 2018. 504p. 34.35 *(978-0-267-10473-4(1))*; 2016. pap. 16.97 *(978-1-334-33906-6(6))* Forgotten Bks.

On Surrey Hills (Classic Reprint) Unknown Author. 2018. (ENG., Illus.). 340p. (J). 30.91 *(978-0-267-80600-3(0))* Forgotten Bks.

On Teaching Geometry. Florence Milner. 2017. (ENG., Illus.). (J). pap. *(978-0-649-16869-9(0))* Trieste Publishing Pty Ltd.

On That Christmas Night. Lois Rock. Illus. by Alison Jay. ed. 2018. (ENG.). 32p. (J). (gr. k-3). pap. 10.99 *(978-0-7459-6509-3(1),* 045238c6-a54f-43ec-b882-cbec4e3cfb71, Lion Children's) Lion Hudson PLC GBR. Dist: Baker & Taylor Publisher Services (BTPS).

On That Day. V. M. Jenkins. 2017. (ENG., Illus.). 310p. (YA). pap. 18.95 *(978-1-64114-379-0(7))* Christian Faith Publishing.

On the Anzac Trail: Being Extracts from the Diary, of a New Zealand Sapper (Classic Reprint) Anzac Anzac. 2018. (ENG., Illus.). 226p. (J). 28.58 *(978-0-656-00333-4(2))* Forgotten Bks.

On the Ball: EJ12 Girl Hero. Susannah McFarlane. 2017. (Illus.). 128p. (J). pap. 5.99 *(978-1-61067-507-9(X))* Kane Miller.

On the Banks of the Amazon. William Henry Giles Kingston. 2017. (ENG., Illus.). (J). 27.95 *(978-1-374-86266-1(5))*; pap. 17.95 *(978-1-374-86265-4(7))* Capital Communications, Inc.

On the Banks of the Amazon: Or a Boy's Journal of His Adventures in the Tropical Wilds of South America (Classic Reprint) William Henry Giles Kingston. (ENG., Illus.). (J). 2018. 514p. 34.50 *(978-0-666-13957-3(1))*; 2017. pap. 16.97 *(978-0-259-54349-7(7))* Forgotten Bks.

On the Banks of the Boneyard: Illinois Tales of Events from the Early Days of the Illinois Industrial University to the Advent of Dr. Thomas Jonathan Burrill As Acting President (Classic Reprint) Charles Albert Kiler. (ENG., Illus.). (J). 2017. 26.10 *(978-0-331-82673-9(9))*; 2016. pap. 9.57 *(978-1-334-12332-0(2))* Forgotten Bks.

On the Banks of the Ouse: Or Life in Olney a Hundred Years Ago (Classic Reprint) Emma Marshall. 2017. (ENG., Illus.). (J). 31.98 *(978-0-331-85573-9(9))* Forgotten Bks.

On the Banks of the Seine (Classic Reprint) A. M. F. (ENG., Illus.). (J). 2018. 340p. 30.91 *(978-0-365-35225-9(X))*; 2017. pap. 13.57 *(978-0-259-56023-4(5))* Forgotten Bks.

On the Battle Front of Engineering (Classic Reprint) Alexander Russell Bond. 2018. (ENG., Illus.). 348p. (J). 31.09 *(978-0-484-22271-6(6))* Forgotten Bks.

On the Bay & a Wild Child Found. Michael A. Susko. 2019. (ENG.). 74p. (J). pap. 5.99 *(978-1-393-90391-8(6))* Draft2Digital.

On the Beach: a Push-And-Pull Adventure. Allison Black. Illus. by Samantha Meredith. 2021. (Little World Ser.). (ENG.). 8p. (J). (— 1). bds. 8.99 *(978-0-241-50095-8(8),* Ladybird) Penguin Bks., Ltd. GBR. Dist: Penguin Random Hse. LLC.

On the Beauties, Harmonies, & Sublimities of Nature: With Notes, Commentaries, & Illustrations (Classic Reprint) Charles Bucke. 2017. (ENG., Illus.). (J). pap. 13.57 *(978-1-5276-9053-0(9))* Forgotten Bks.

On the Beauties, Harmonies, & Sublimities of Nature, Vol. 1 Of 4: With Occasional Remarks on the Laws, Customs, Manners, & Opinions of Various Nations (Classic Reprint) Charles Bucke. 2019. (ENG., Illus.). 400p. (J). 32.15 *(978-0-365-27731-6(2))* Forgotten Bks.

On the Beauties, Harmonies, & Sublimities of Nature, Vol. 3 Of 4: With Occasional Remarks on the Laws, Customs, Manners, & Opinions of Various Nations (Classic Reprint) Charles Bucke. 2018. (ENG., Illus.). 396p. (J). 32.06 *(978-0-267-14516-4(0))* Forgotten Bks.

On the Beauties, Harmonies, & Sublimities of Nature, Vol. 4 Of 4: With Occasional Remarks on the Laws, Customs, Manners, & Opinions of Various Nations (Classic Reprint) Charles Bucke. 2018. (ENG., Illus.). 352p. (J). 31.16 *(978-0-267-45383-2(3))* Forgotten Bks.

On the Birds Highway. Reginald Heber Howe. 2017. (ENG.). 194p. (J). pap. *(978-3-7446-6663-3(8))* Creation Pubs.

On the Birds' Highway: With Photographic Illustrations by the Author & a Frontispiece in Color from a Painting by Louis Agassiz Fuertes (Classic Reprint) Reginald Heber Howe Jr. 2018. (ENG., Illus.). 194p. (J). 27.92 *(978-0-267-85931-3(7))* Forgotten Bks.

On the Blockade. Oliver Optic, pseud & Richard Hooker Wilmer. 2017. (ENG.). 384p. (J). pap. *(978-3-337-37171-5(X))* Creation Pubs.

On the Border (Classic Reprint) Edmund Kirke. 2018. (ENG., Illus.). 364p. (J). 31.42 *(978-0-365-15472-3(5))* Forgotten Bks.

On the Borderland (Classic Reprint) Frederick Boyle. 2017. (ENG., Illus.). (J). 32.68 *(978-1-5283-7650-1(1))* Forgotten Bks.

On the Box Seat from London to Land's End (Classic Reprint) James John Hissey. (ENG., Illus.). (J). 2018. 464p. 33.47 *(978-0-365-50344-6(4))*; 2016. pap. 16.57 *(978-1-333-64317-1(9))* Forgotten Bks.

On the Branch (Classic Reprint) Pierre de Coulevain. 2017. (ENG., Illus.). (J). 32.52 *(978-0-266-18987-9(3))* Forgotten Bks.

On the Bright Shore (Classic Reprint) Henryk Sienkiewicz. 2017. (ENG., Illus.). (J). 27.07 *(978-0-265-22187-7(0))* Forgotten Bks.

On the Brink of Extinction. W. M. Wiltshire. 2020. (ENG.). 286p. (J). pap. *(978-1-9991134-7-6(0))* Wiltshire, W.M.

On the Broads (Classic Reprint) Anna Bowman Dodd. 2018. (ENG., Illus.). 342p. (J). 30.97 *(978-0-332-85266-9(0))* Forgotten Bks.

On the Choice of a Profession (Classic Reprint) Robert Louis Stevenson. (ENG., Illus.). (J). 2018. 36p. 24.62 *(978-0-483-25171-7(2))*; 2017. 24.52 *(978-0-265-22999-6(5))*; 2016. pap. 7.97 *(978-1-333-39536-0(1))* Forgotten Bks.

On the Coast. Claudia Martin. 2020. (In Focus: Oceans Ser.). (ENG., Illus.). 32p. (J). (gr. 2-5). lib. bdg. 29.32 *(978-0-7112-4801-4(X),* 45e2b455-5547-4c09-b3d8-bee2cfc88a93) QEB Publishing Inc.

On the Colorado (Classic Reprint) Harry Gordon. 2018. (ENG., Illus.). 260p. (J). 29.26 *(978-0-267-47179-9(3))* Forgotten Bks.

On the Come Up. Angie Thomas. 2019. 447p. (YA). *(978-0-06-284437-8(7))* Addison Wesley.

On the Come Up. Angie Thomas. (ENG.). 464p. (YA). (gr. 8). 2020. pap. 15.99 *(978-0-06-249858-8(4))*; 2019. 18.99 *(978-0-06-249856-4(8))* HarperCollins Pubs. (Balzer & Bray).

On the Come Up. Angie Thomas. ed. 2019. (YA). lib. bdg. 31.80 *(978-0-606-41391-6(X))* Turtleback.

On the Come up 9c Mix Flr. Angie Thomas. 2019. (ENG.). (J). 170.91 *(978-0-06-285708-8(8),* Balzer & Bray) HarperCollins Pubs.

On the Come up Collector's Edition. Angie Thomas. 2020. (ENG.). 512p. (YA). (gr. 8). 20.99 *(978-0-06-299934-4(6),* Balzer & Bray) HarperCollins Pubs.

On the Completion of the Railway System of the Valley of the Indus. a Letter to His Grace the Duke of Argyll, K. T.; India & Russia. the Scinde Railway Company: Its Origin & Policy. W. P. Andrew. 2017. (ENG., Illus.). (J). pap. *(978-0-649-61229-1(9))* Trieste Publishing Pty Ltd.

On the Conservation of Solar Energy: A Collection of Papers & Discussions (Classic Reprint) Charles William Siemens. (ENG., Illus.). (J). 2018. 136p. 26.72 *(978-0-428-50268-3(7))*; 2016. pap. 9.57 *(978-1-333-79009-7(0))* Forgotten Bks.

On the Corner of Chocolate Avenue: How Milton Hershey Brought Milk Chocolate to America. Tziporah Cohen & Steven Salerno. 2022. (ENG., Illus.). 40p. (J). (gr. -1-3). 18.99 *(978-0-358-57875-8(2),* Clarion Bks.) HarperCollins Pubs.

On the Court with... Kevin Durant. Matt Christopher. 2018. (ENG., Illus.). 144p. (J). (gr. 3-7). pap. 6.99 *(978-0-316-48671-2(X))* Little, Brown Bks. for Young Readers.

On the Court with... Stephen Curry. Matt Christopher. 2017. (ENG., Illus.). 128p. (J). (gr. 3-7). pap. 6.99 *(978-0-316-50958-9(2))* Little, Brown Bks. for Young Readers.

On the Day You Were Baptized. Andrew DeYoung. Illus. by Anita Schmidt. 2019. 32p. (J). (gr. -1 — 1). 17.99 *(978-1-5064-5552-5(2),* Beaming Books) 1517 Media.

On the des Moines (Classic Reprint) James Cloyd Bowman. 2018. (ENG., Illus.). 130p. (J). 26.58 *(978-0-666-44178-2(2))* Forgotten Bks.

On the Destruction of Fish & Other Aquatic Animals by Internal Parasites (Classic Reprint) Thomas Spencer Cobbold. (ENG., Illus.). (J). 2018. 24p. 24.41 *(978-0-483-13184-2(9))*; 2017. pap. 7.97 *(978-0-282-58876-2(0))* Forgotten Bks.

On the Discovery of the Periodic Law, & on Relations among the Atomic Weights (Classic Reprint) John A. R. Newlands. 2017. (ENG., Illus.). (J). pap. 9.57 *(978-1-5285-0320-4(1))* Forgotten Bks.

On the Domesticated Animals of the British Islands: Comprehending the Natural & Economical History of Species & Varieties, the Description of the Properties of External Form, & Observations on the Principles & Practice of Breeding. David Low. (ENG., Illus.). (J). 2018. 890p. 42.25 *(978-0-365-46883-7(5))*; 2017. pap. 24.59 *(978-0-282-03168-8(5))* Forgotten Bks.

On the Dot! Connect the Dots Adventures for Children. Jupiter Kids. 2017. (ENG., Illus.). (J). pap. 9.20 *(978-1-5419-3403-0(2),* Jupiter Kids (Childrens & Kids Fiction)) Speedy Publishing LLC.

On the Dotted Line! Connect the Dots Activity Book. Creative. 2016. (ENG., Illus.). (J). pap. 10.81 *(978-1-68323-482-1(0))* Twin Flame Productions.

On the Drumhead: A Selection from the Writing of Mike Quin; a Memorial Volume; Edited, with a Biographical Sketch (Classic Reprint) Mike Quin. 2017. (ENG., Illus.). (J). 288p. 29.84 *(978-0-332-77870-9(3))*; pap. 13.57 *(978-0-259-26118-6(1))* Forgotten Bks.

On the Edge. Alex Murphy. 2021. (ENG.). 114p. (YA). pap. *(978-1-80074-011-2(5))* Olympia Publishers.

On the Edge. Alex Murphy & Lee Gilbert. 2020. (ENG.). 156p. (YA). pap. *(978-1-716-75080-9(6))* Lulu Pr., Inc.

On the Edge. Lesley Strutt. 2019. (ENG.). 252p. pap. 19.95 *(978-1-77133-597-3(1))* Inanna Pubns. & Education, Inc. CAN. Dist: SPD-Small Pr. Distribution.

On the Edge of Destiny. Allan Zarbock. 2020. (ENG.). 304p. (YA). pap. 21.00 *(978-1-716-47815-4(4))* Lulu Pr., Inc.

On the Edge of Gone. Corinne Duyvis. (ENG.). (gr. 8-17). 2020. 480p. (YA). pap. 11.99 *(978-1-4197-3926-2(3),* 1104703); 2016. 464p. (J). 17.95 *(978-1-4197-1903-5(3),* 1104701) Abrams, Inc. (Amulet Bks.).

On the Edge of Greatness: Removing Mental Blocks That Kill Creativity. Heidi Korte. 2023. (ENG.). 252p. (YA). ***(978-1-0391-6454-3(4))***; pap. ***(978-1-0391-6453-6(6))*** FriesenPress.

On the Edge of My World. Kelly R. Backus. 2017. (ENG., Illus.). (YA). (gr. 7-12). pap. 19.95 *(978-1-61296-904-6(6))* Black Rose Writing.

On the Edge of the Dark Sea of Darkness: The Wingfeather Saga Book 1. Andrew Peterson. Illus. by Joe Sutphin. (Wingfeather Saga Ser.: 1). (ENG.). 304p. (J). (gr. 3-7). 2023. pap. 9.99 ***(978-0-593-58247-3(0))***; 2020. 14.99 *(978-0-525-65356-1(2))* Crown Publishing Group, The. (WaterBrook Pr.).

On the Edge of the Storm: The Story of a Year in France. Shepherd Knapp. 2017. (ENG., Illus.). (J). pap. *(978-0-649-40337-0(1))* Trieste Publishing Pty Ltd.

On the Edge of the Storm: The Story of a Year in France (Classic Reprint) Shepherd Knapp. 2017. (ENG., Illus.). (J). 25.77 *(978-0-260-01202-9(5))* Forgotten Bks.

On the Edge of the Storm (Classic Reprint) Margaret Roberts. (ENG., Illus.). (J). 2018. 416p. 32.48 *(978-0-483-12248-2(3))*; 2016. pap. 16.57 *(978-1-334-14385-4(4))* Forgotten Bks.

On the Edge of the War Zone, from the Battle of the Marne, to the Entrance of the Stars & Stripes (Classic Reprint) Mildred Aldrich. 2018. (ENG., Illus.). 344p. (J). 31.01 *(978-0-483-69914-4(4))* Forgotten Bks.

On the Edge of the Wilderness: Tales of Our Wild Animal Neighbors (Classic Reprint) Walter Prichard Eaton. 2017. (ENG., Illus.). (J). 30.64 *(978-0-331-83376-8(X))* Forgotten Bks.

On the Edge of the World. Anna Desnitskaya. Tr. by Lena Traer. 2023. (Stories from Latin America Ser.). 48p. (J). 18.99 ***(978-0-8028-5612-8(8),*** Eerdmans Bks For Young Readers) Eerdmans, William B. Publishing Co.

On the Edge of the World (Classic Reprint) Edmund Candler. 2018. (ENG., Illus.). 354p. (J). 31.20 *(978-0-365-12738-3(8))* Forgotten Bks.

On the Edge of Winter: Wherein May Be Read How Five Boys & Five Girls Ate Their Thanksgiving Dinner at an Old Farm House in the Hudson Highlands (Classic Reprint) Richard Markham. (ENG., Illus.). (J). 2018. 236p. 28.76 *(978-0-483-51189-7(7))*; 2017. pap. 11.57 *(978-0-243-07185-2(X))* Forgotten Bks.

On the Employment of Time: Three Essays (Classic Reprint) Robert Bolton. (ENG., Illus.). (J). 2018. 176p. 27.55 *(978-0-364-27620-4(7))*; 2017. 27.55 *(978-0-265-66791-0(7))*; 2017. pap. 9.97 *(978-1-334-91899-5(6))* Forgotten Bks.

On the Eve: A Tale (Classic Reprint) Ivan S. Turgenieff. 2018. (ENG., Illus.). 282p. (J). 29.73 *(978-0-666-29899-7(8))* Forgotten Bks.

On the Eve: Translated from the Russian (Classic Reprint) Constance Garnett. 2017. (ENG., Illus.). (J). 30.66 *(978-1-5284-4624-2(0))* Forgotten Bks.

On the Eve (Classic Reprint) Ivan Sergeevich Turgenev. 2017. (ENG., Illus.). (J). 29.98 *(978-0-260-58244-7(1))* Forgotten Bks.

On the Eve of My Birthday. Maggie Ogeerally. 2020. (ENG.). 38p. (J). pap. 10.99 *(978-0-9968782-7-2(0))* Sealofters Pr., Inc.

On the Face of the Waters: A Tale of the Mutiny (Classic Reprint) Flora Annie Steel. 2017. (ENG., Illus.). (J). 34.09 *(978-0-260-13960-3(2))*; pap. 16.57 *(978-1-5285-0268-9(X))* Forgotten Bks.

On the Farm see En la Granja

On the Farm, 6 vols. Teddy Borth. 2016. (On the Farm Ser.). (ENG.). 24p. (J). (gr. -1-2). pap., pap., pap. 47.70 *(978-1-4966-1148-2(9),* 26277, Capstone Classroom) Capstone.

On the Farm. Finn Coyle. 2023. (ENG.). 20p. (J). (gr. -1-1). bds. 8.99 *(978-1-4867-2633-2(X),* 7e5af925-d267-4e0d-9251-f062ea9968a6) Flowerpot Pr.

On the Farm. Emma Dodd. 2017. (Illus.). 12p. (J). (gr. -1-12). bds. 9.99 *(978-1-86147-838-2(0),* Armadillo) Anness Publishing GBR. Dist: National Bk. Network.

On the Farm. David Elliott. Illus. by Holly Meade. 2021. (ENG.). 34p. (J). (gr. -1-2). bds. 7.99 *(978-1-5362-1815-2(4))* Candlewick Pr.

On the Farm. Oakley Graham. 2016. (My First Sticker Book Ser.). (ENG.). (J). pap. *(978-1-78445-663-4(2))* Top That! Publishing PLC.

On the Farm. Rosie Greening. Illus. by Scott Barker. 2020. (ENG.). 10p. (J). (— 1). bds. 7.99 *(978-1-78947-859-4(6))* Make Believe Ideas GBR. Dist: Scholastic, Inc.

On the Farm. New Holland Publishers. 2023. (Cloth Ser.). (ENG.). 8p. (J). (— 1). 9.99 ***(978-1-76079-529-0(1))*** New Holland Pubs. Pty, Ltd. AUS. Dist: Independent Pubs. Group.

On the Farm. Rose Partridge. Ed. by Cottage Door Press. 2020. (ENG.). 10p. (J). (gr. -1-2). bds. 10.99 *(978-1-68052-820-6(3),* 1005330) Cottage Door Pr.

On the Farm, 1 vol. William Potter. Illus. by Ed Myer. 2017. (Spot & Discover Ser.). (ENG.). 24p. (J). (gr. 1-2). 26.27 *(978-1-5081-9342-5(8),* df4f7f90-8d68-4947-9a67-83c734f2b76a); pap. 9.25 *(978-1-5081-9346-3(0),* 05f5483b-be20-461c-b7cf-a36fb0e63fe1) Rosen Publishing Group, Inc., The. (Windmill Bks.).

On the Farm. Lesley Samson. 2016. (ENG., Illus.). (J). pap. *(978-1-911070-34-4(7))* TSL Pubns.

On the Farm. Mandy Stanley. 2018. (Kingfisher Board Bks.). (ENG.). 10p. (J). bds. 4.99 *(978-0-7534-7447-1(6),* 900192010, Kingfisher) Roaring Brook Pr.

On the Farm: 4 Large Flaps! Clever Publishing. Illus. by Ekaterina Guscha. 2023. (Clever Baby Animals Ser.). (ENG.). 10p. (J). (gr. -1 — 1). bds. 8.99 ***(978-1-954738-93-5(5))*** Clever Media Group.

On the Farm: A Friendly Story with Flaps to Lift. Illus. by Jan Lewis. 2016. (ENG.). 10p. (J). (gr. -1-12). bds. 7.99 *(978-1-86147-779-8(1),* Armadillo) Anness Publishing GBR. Dist: National Bk. Network.

On the Farm: A Touch & Feel Story. IglooBooks. Illus. by Eva Maria Gey. 2023. (ENG.). 8p. (J). (— 1). 9.99 ***(978-1-83771-618-0(8))*** Igloo Bks. GBR. Dist: Simon & Schuster, Inc.

On the Farm: My First Little Seek & Find. J. L. Rothberg. Illus. by David Wojtowycz. 2022. (My First Little Seek & Find Ser.). (ENG.). 24p. (J). (gr. k-2). lib. bdg. 24.69 *(978-1-64996-191-4(X),* 4939, Sequoia Kids Media) Phoenix International Publications, Inc.

On the Farm: Pull the Tab to Make the Words Appear! Illus. by Jan Lewis. 2017. 14p. (J). (gr. -1-12). 11.99 *(978-1-86147-722-4(8))* Anness Publishing, Inc.

On the Farm: Shaped Board Book. IglooBooks. Illus. by Giusi Capizzi. 2021. (ENG.). 8p. (J). (-k). bds. 7.99 *(978-1-80022-827-6(9))* Igloo Bks. GBR. Dist: Simon & Schuster, Inc.

On the Farm - Read It Yourself with Ladybird Level 2. Ladybird. 2016. (Read It Yourself with Ladybird Ser.). (Illus.). 32p. (J). pap. 9.99 *(978-0-241-23730-4(0))*; (ENG., (gr. 2-4). 5.99 *(978-0-241-23731-1(9))* Penguin Bks., Ltd. GBR. Dist: Independent Pubs. Group.

On the Farm: a Book of Sounds: Lift the Flaps to Learn the Sounds! Jean Bello & Clever Publishing. Illus. by Eva Maria Gey. 2022. (Clever Early Concepts Ser.). (ENG.). 10p. (J). (gr. -1 — 1). bds. 10.99 *(978-1-954738-21-8(8))* Clever Media Group.

On the Farm: a Push-And-Pull Adventure. Ladybird. Illus. by Samantha Meredith. 2021. (Little World Ser.). (ENG.). 8p. (J). (— 1). bds. 8.99 *(978-0-241-50098-9(2),* Ladybird) Penguin Bks., Ltd. GBR. Dist: Penguin Random Hse. LLC.

On the Farm, at the Market. G. Brian Karas. Illus. by G. Brian Karas. 2016. (ENG., Illus.). 40p. (J). 19.99 *(978-0-8050-9372-8(9),* 900073701, Holt, Henry & Co. Bks. For Young Readers) Holt, Henry & Co.

On the Farm (Classic Reprint) Francis W. Parker. (ENG., Illus.). (J). 2018. 178p. 27.57 *(978-0-267-17209-2(5))*; 2017. pap. 9.97 *(978-0-259-50590-7(0))* Forgotten Bks.

On the Farm Coloring Book for Kids Ages 3-6! Engage Books. 2020. (ENG.). 80p. (J). pap. *(978-1-77437-838-0(8))* AD Classic.

On the Farm My First Little Seek & Find. J. L. Rothberg. 2019. (ENG.). 18p. (J). bds. 5.99 *(978-1-64269-069-9(4),* 3994, Sequoia Publishing & Media LLC) Phoenix International Publications, Inc.

On the Farm with Mama: Harvest Edition. Andrea LeFevre. 2023. (On the Farm with Mama Ser.: 1). 38p. (J). (gr. -1-2). pap. 25.00 ***(978-1-6678-9067-8(0))*** BookBaby.

On the Field of Glory an Historical Novel, of the Time of King John Sobieski (Classic Reprint) Henryk Sienkiewicz. 2017. (ENG., Illus.). (J). 31.16 *(978-0-265-56622-0(3))* Forgotten Bks.

On the Field of Honor: A Collection of War Letters & Reminiscences of Three Harvard Undergraduates Who Gave Their Lives in the Great Cause (Classic Reprint) Paul Blodgett Elliott. (ENG., Illus.). (J). 2017. 27.13 *(978-0-260-25581-5(5))*; 2016. pap. 9.57 *(978-1-334-15251-1(9))* Forgotten Bks.

On the Field of Honor: Au Champ d'Honneur (Classic Reprint) Hugues Le Roux. 2018. (ENG., Illus.). 290p. (J). 29.88 *(978-0-483-40168-6(4))* Forgotten Bks.

On the Field with... Derek Jeter see En el Campo de Juego con... Derek Jeter (on the Field with... Derek Jeter)

On the Field with... Megan Rapinoe, Alex Morgan, Carli Lloyd, & Mallory Pugh. Matt Christopher. 2020. (ENG.). 176p. (J). pap. 6.99 *(978-0-316-49787-9(8))* Little, Brown Bks. for Young Readers.

On the Field with... Tom Brady. Matt Christopher. 2018. (ENG., Illus.). 160p. (J). (gr. 3-7). pap. 7.99 *(978-0-316-48606-4(X))* Little, Brown Bks. for Young Readers.

On the Firing Line a Romance of South Africa (Classic Reprint) Anna Chapin Ray. (ENG., Illus.). (J). 2017. 30.13 *(978-1-5280-8163-4(3))*; 2016. pap. 13.57 *(978-1-334-21637-4(1))* Forgotten Bks.

On the First Day of First Grade. Tish Rabe. Illus. by Sarah Jennings. 2018. (ENG.). 32p. (J). (gr. -1-3). 10.99 *(978-0-06-266851-6(X),* HarperCollins) HarperCollins Pubs.

On the First Day of Kindergarten. Tish Rabe. Illus. by Laura Hughes. 2016. (ENG.). 32p. (J). (gr. -1-3). 10.99 *(978-0-06-234834-0(5),* HarperCollins) HarperCollins Pubs.

On the First Day of School. Maggie Fischer. Illus. by Kevin Payne. 2022. (ENG.). 10p. (J). (gr. -1-k). bds. 8.99 *(978-1-6672-0055-2(0),* Silver Dolphin Bks.) Printers Row Publishing Group.

On the First Day of Summer Vacation. Tish Rabe. Illus. by Sarah Jennings. 2019. (ENG.). 32p. (J). (gr. -1-3). 9.99 *(978-0-06-266852-3(8),* HarperCollins) HarperCollins Pubs.

On the Fourth of July: A Sparkly Picture Book about Independence Day. Maggie C. Rudd. Illus. by Elisa Chavarri. 2023. (ENG.). 40p. (J). 18.99 *(978-0-374-39014-3(2),* 900257272, Farrar, Straus & Giroux (BYR)) Farrar, Straus & Giroux.

On the Freedom Trail #4. Samuel P. Fortsch. Illus. by Manuel Gutierrez. 2020. (Pawtriot Dogs Ser.: 4). 96p. (J). (gr. 2-4). 5.99 *(978-0-593-22236-2(9),* Grosset & Dunlap) Penguin Young Readers Group.

On the Frontier (Classic Reprint) Bret Harte. 2018. (ENG., Illus.). 292p. (J). 29.92 *(978-0-267-43484-8(7))* Forgotten Bks.

On the Go. Margot Channing. Illus. by Jean Claude. 2017. (First Words & Pictures Ser.). (ENG.). 14p. (J). (gr. -1 — 1). bds. 9.99 *(978-1-68152-201-2(2),* 14731) Amicus.

On the Go. Hector Dexet. 2020. (Read & Play Ser.). (ENG., Illus.). 34p. (J). (gr. -1-k). bds. 12.99 *(978-1-78627-612-4(7),* King, Laurence Publishing) Orion Publishing Group, Ltd. GBR. Dist: Hachette Bk. Group.

On the Go! Claire Philip. 2022. (On the Go! Ser.). (ENG.). 24p. (J). pap. 37.00 ***(978-1-5383-9312-3(3))*** Windmill Bks.

On the Go Awesome. Lisl H. Detlefsen. Illus. by Robert Neubecker. 2020. 40p. (J). (gr. -1-3). 17.99 *(978-1-9848-5234-2(5),* Knopf Bks. for Young Readers) Random Hse. Children's Bks.

On-The-Go Devotional. B&H Kids Editorial Staff. 2019. (ENG.). 208p. (J). (gr. 7-12). pap. 9.99 *(978-1-5359-7255-0(6),* 005818046, B&H Kids) B&H Publishing Group.

1510

The check digit for ISBN-10 appears in parentheses after the full ISBN-13

On the Go First Grade Reader Set: Scholastic Early Learners (Readers) Scholastic. 2021. (Scholastic Early Learners Ser.). (ENG.). 116p. (J). (gr. k-2). 12.99 (978-1-338-75780-4(6), Cartwheel Bks.) Scholastic, Inc.

On the Go! Jokes for Kids: Over 250 Jokes, 1 vol. Zonderkidz. 2019. (ENG., Illus.). 112p. (J). pap. 4.99 (978-0-310-76950-7(7)) Zonderkidz.

On the Go Kindergarten Reader Set: Scholastic Early Learners (Readers) Scholastic. 2021. (Scholastic Early Learners Ser.). (ENG.). 116p. (J). (gr. -1-1). 12.99 (978-1-338-75779-8(2), Cartwheel Bks.) Scholastic, Inc.

On-The-Go Puzzles Big Fun Activity Pad. Created by Highlights. 2022. (Highlights Big Fun Activity Pads Ser.). 192p. (J). (gr. 1-4). pap. 9.99 (978-1-64472-679-2(3), Highlights) Highlights Pr., c/o Highlights for Children, Inc.

On the Go with Eloise! (Boxed Set) Eloise Throws a Party!; Eloise Skates!; Eloise Visits the Zoo; Eloise & the Dinosaurs; Eloise's Pirate Adventure; Eloise at the Ball Game. Kay Thompson. Illus. by Hilary Knight. ed. 2019. (Eloise Ser.). (ENG.). 192p. (J). (gr. -1-1). pap. 17.99 (978-1-5344-5054-7(8), Simon Spotlight) Simon Spotlight.

On the Go with the PJ Masks! (Boxed Set) Into the Night to Save the Day!; Owlette Gets a Pet; PJ Masks Make Friends!; Super Team; PJ Masks & the Dinosaur!; Super Moon Adventure (with More Than 20 Stickers Inside!) ed. 2018. (PJ Masks Ser.). (ENG.). 128p. (J). (gr. -1-2). pap. 15.99 (978-1-5344-1132-6(1), Simon Spotlight) Simon Spotlight.

On the Go!/¡a Moverse! Tr. by Teresa Mlawer. Illus. by Ailie Busby. 2020. (Just Like Me/¡Igual Que Yo! (English/Spanish Bilingual) Ser.: 4). (ENG.). 12p. (J). bds. (978-1-78628-449-5(9)) Child's Play International Ltd.

On the Gorilla Trail (Classic Reprint) Mary Hastings Bradley. 2017. (ENG., Illus.). (J). 30.72 (978-0-266-86162-1(8)) Forgotten Bks.

On the Great Highway: The Wanderings of a Special Correspondent (Classic Reprint) James Creelman. 2018. (ENG., Illus.). 446p. (J). 33.10 (978-0-656-70826-0(3)) Forgotten Bks.

On the Heights a Novel (Classic Reprint) Berthold Auerbach. 2018. (ENG., Illus.). 634p. (J). 36.97 (978-0-483-17965-3(5)) Forgotten Bks.

On the Heights, Vol. 1: A Novel (Classic Reprint) Berthold Auerbach. 2017. (ENG., Illus.). (J). 31.05 (978-0-266-71913-7(9)); pap. 13.57 (978-1-5276-7553-7(X)) Forgotten Bks.

On the Heights, Vol. 1 of 3 (Classic Reprint) Berthold Auerbach. (ENG., Illus.). (J). 2018. 642p. 37.14 (978-0-365-45162-4(2)); 2018. 310p. 30.29 (978-0-267-22933-8(X)); 2017. pap. 19.57 (978-0-259-18576-5(0)) Forgotten Bks.

On the Heights, Vol. 2: A Novel (Classic Reprint) Berthold Auerbach. 2017. (ENG., Illus.). (J). 30.08 (978-0-266-73499-4(5)); pap. 13.57 (978-1-5276-9837-6(8)) Forgotten Bks.

On the Heights, Vol. 2 of 3 (Classic Reprint) Berthold Auerbach. 2018. (ENG., Illus.). 330p. (J). 30.70 (978-0-483-84908-2(1)) Forgotten Bks.

On the Heights, Vol. 3 of 3 (Classic Reprint) Berthold Auerbach. 2018. (ENG., Illus.). 456p. (J). 33.30 (978-0-483-36296-3(4)) Forgotten Bks.

On the Home Front with Valentina: a Diary from 1940 To 1943. Claudia Oviedo. Illus. by Juan M. Moreno. 2023. (Nuestras Voces Ser.). (ENG.). 112p. (J). pap. 8.99 (978-1-6690-1268-9(9), 248130, Stone Arch Bks.) Capstone.

On the Hook. Francisco X. Stork. 2021. (ENG.). 304p. (YA). (gr. 7-7). 17.99 (978-1-338-69215-0(1), Scholastic Pr.) Scholastic, Inc.

On the Horizon. Lois Lowry. Illus. by Kenard Pak. (ENG.). 80p. (J). (gr. 5-7). 2022. pap. 8.99 (978-0-358-66807-7(7), 1822892); 2020. 16.99 (978-0-358-12940-0(0), 1752988) HarperCollins Pubs. (Clarion Bks.).

On the Hunt! Hidden Picture Activity Book for Kids. Baby Professor. 2017. (ENG., Illus.). (J). pap. 9.20 (978-1-5419-0958-8(5), Baby Professor (Education Kids)) Speedy Publishing LLC.

On the Hunt with Lions. Sandra Markle. 2022. (Ultimate Predators Ser.). (ENG., Illus.). 32p. (J). (gr. 3-6). pap. 9.99 (978-1-7284-6441-1(2), ff94f79a-93b4-47d2-9933-88c402090797); lib. bdg. 30.65 (978-1-7284-5629-4(0), d7b355d3-394b-433c-908d-43646539abd2) Lerner Publishing Group. (Lerner Pubns.).

On the Hunt with Wolves. Sandra Markle. 2022. (Ultimate Predators Ser.). (ENG., Illus.). 32p. (J). (gr. 3-6). pap. 9.99 (978-1-7284-6444-2(7), 5f03791f-f426-43f4-ab3c-3880fd1bef16); lib. bdg. 30.65 (978-1-7284-5626-3(6), 6c63ff59-f19e-4e84-b518-d105aeb7dbd5) Lerner Publishing Group. (Lerner Pubns.).

On the Importance of Educating the Infant Poor, from the Age of Eighteen Months to Seven Years: Containing an Account of the Spitalfields Infant School, & the New System of Instruction There Adopted; to Which Is Added, a Reply to the Strictures of Dr. P. Samuel Wilderspin. (ENG., Illus.). (J). 2018. 272p. 29.53 (978-0-364-85790-8(0)); 2017. pap. 11.97 (978-0-259-27627-2(8)) Forgotten Bks.

On the Indian Hills: Or, Coffee-Planting in Southern India (Classic Reprint) Edwin Lester Arnold. 2018. (ENG., Illus.). 360p. (J). 31.34 (978-0-332-95449-3(8)) Forgotten Bks.

On the Indian Hills, Vol. 2 Of 2: Or Coffee-Planting in Southern India (Classic Reprint) Edwin Lester Arnold. 2018. (ENG., Illus.). 418p. (J). 32.52 (978-0-484-22301-0(1)) Forgotten Bks.

On the Indian Trail: And Other Stories of Missionary Work among the Cree & Salteaux Indians (Classic Reprint) Egerton R. Young. 2017. (ENG., Illus.). 252p. (J). 29.11 (978-0-484-14870-2(2)) Forgotten Bks.

On the Indian Trail (Classic Reprint) A. Lyle Van Dyne. 2018. (ENG., Illus.). 124p. (J). 26.45 (978-0-483-40364-2(4)) Forgotten Bks.

On the Internet: Our First Talk about Online Safety. Jillian Roberts. Illus. by Jane Heinrichs. 2022. (World Around Us Ser.: 3). (ENG.). 32p. (J). (gr. 1-3). 14.95 (978-1-4598-3366-1(X)) Orca Bk. Pubs. USA.

On the Iron at Big Cloud (Classic Reprint) Frank L. Packard. 2018. (ENG., Illus.). 354p. (J). 31.22 (978-0-483-63128-1(0)) Forgotten Bks.

On the Irrawaddy. George Henty & William Heysham Overend. 2017. (ENG.). 408p. (J). pap. (978-3-7447-4968-8(1)) Creation Pubs.

On the Irrawaddy: A Story of the First Burmese War. George Henty. 2017. (ENG., Illus.). (J). 26.95 (978-1-374-91474-2(6)); pap. 16.95 (978-1-374-91473-5(8)) Capital Communications, Inc.

On the Irrawaddy: A Story of the First Burmese War (Classic Reprint) George Henty. 2017. (ENG., Illus.). 406p. (J). 32.29 (978-0-332-79945-2(X)) Forgotten Bks.

On the Job: Contractors: Perimeter & Area (Grade 3) Rane Anderson. 2017. (Mathematics in the Real World Ser.). (ENG., Illus.). 32p. (J). (gr. 3-4). pap. 11.99 (978-1-4807-5811-7(6)) Teacher Created Materials, Inc.

On the Job: Dog Walkers: Data (Grade 1) Joseph Otterman. 2018. (Mathematics in the Real World Ser.). (ENG., Illus.). 24p. (J). (gr. 1-2). pap. 9.99 (978-1-4258-5687-8(X)) Teacher Created Materials, Inc.

On the Job: Filmmakers: Adding & Subtracting Mixed Numbers (Grade 5) Monika Davies. 2018. (Mathematics in the Real World Ser.). (ENG., Illus.). 32p. (J). (gr. 4-8). pap. 11.99 (978-1-4258-5814-8(7)) Teacher Created Materials, Inc.

On the Job: Landscape Architects: Perimeter (Grade 3) Wendy Conklin. 2017. (Mathematics in the Real World Ser.). (ENG., Illus.). 32p. (J). (gr. 3-4). pap. 11.99 (978-1-4807-5809-4(4)) Teacher Created Materials, Inc.

On the Job: Photographer: Place Value (Grade 2) Kristy Stark. 2018. (Mathematics in the Real World Ser.). (ENG., Illus.). 32p. (J). (gr. 2-3). pap. 10.99 (978-1-4258-5741-7(8)) Teacher Created Materials, Inc.

On the Job: Podcast Producer: Multiplication (Grade 4) Georgia Beth. rev. ed. 2017. (Mathematics in the Real World Ser.). (ENG., Illus.). 32p. (J). (gr. 4-5). pap. 11.99 (978-1-4258-5549-9(0)) Teacher Created Materials, Inc.

On the Job: Teachers: Time (Grade 1) Seth Rogers. rev. ed. 2018. (Mathematics in the Real World Ser.). (ENG., Illus.). 24p. (J). (gr. 1-2). pap. 9.99 (978-1-4258-5691-5(8)) Teacher Created Materials, Inc.

On the Job: Underwater Investigators: Plotting Rational Numbers (Grade 6) Michelle Prather. 2019. (Mathematics in the Real World Ser.). (ENG., Illus.). 32p. (gr. 5-8). pap. 11.99 (978-1-4258-5884-1(8)) Teacher Created Materials, Inc.

On the Job: Vet. Linda Claire. 2018. (Mathematics in the Real World Ser.). (ENG., Illus.). 20p. (J). (gr. k-1). 8.99 (978-1-4258-5615-1(2)) Teacher Created Materials, Inc.

On the Job at a Farm. Jessica Cohn. Illus. by Lauren Scheuer. 2016. (Core Content Social Studies — on the Job Ser.). (ENG.). 32p. (J). (gr. 2-5). lib. bdg. 26.65 (978-1-63440-112-8(3), f9c4c369-0645-465d-9663-39a7c4fc2ad2) Red Chair Pr.

On the Job in a Restaurant. Jessica Cohn. Illus. by Lauren Scheuer. 2016. (Core Content Social Studies — on the Job Ser.). (ENG.). 32p. (J). (gr. 2-5). lib. bdg. 26.65 (978-1-63440-110-4(7), 72869dd4-337d-403f-a47c-aacc4e474aa5) Red Chair Pr.

On the Job in the Game. Jessica Cohn. Illus. by Lauren Scheuer. 2016. (Core Content Social Studies — on the Job Ser.). (ENG.). 32p. (J). (gr. 2-5). lib. bdg. 26.65 (978-1-63440-111-1(5), 0d4c6a11-e3a4-43f6-bc45-697dfe49f39f) Red Chair Pr.

On the Job in the Theatre. Jessica Cohn. Illus. by Lauren Scheuer. 2016. (Core Content Social Studies — on the Job Ser.). (ENG.). 32p. (J). (gr. 2-5). lib. bdg. 26.65 (978-1-63440-113-5(1), b0afd95a-d25a-421b-9e7a-867039762333) Red Chair Pr.

On the Knees of the Gods (Classic Reprint) Anna Bowman Dodd. 2017. (ENG., Illus.). 440p. (J). 32.99 (978-0-484-43332-7(6)) Forgotten Bks.

On the Lake of Lucerne: And Other Stories (Classic Reprint) Beatrice Whitby. 2017. (ENG., Illus.). (J). 28.27 (978-0-265-54394-8(0)); pap. 10.97 (978-0-282-76188-2(8)) Forgotten Bks.

On the Lightship (Classic Reprint) Herman Knickerbocker Viele. 2018. (ENG., Illus.). (J). 30.66 (978-0-265-99724-6(0)) Forgotten Bks.

On the Line. Paul Coccia & Eric Walters. 2022. (ENG.). 312p. (J). (gr. 4-8). pap. 12.95 (978-1-4598-2713-4(9)) Orca Bk. Pubs. USA.

On the Line. Kari-Lynn Winters. Illus. by Scot Ritchie. 2021. (ENG.). 36p. (J). (gr. k-3). 17.95 (978-1-77278-218-9(1)) Pajama Pr. CAN. Dist: Publishers Group West (PGW).

On the Loose. Theresa Brown. 2021. (ENG.). 34p. (J). (978-1-716-44687-0(2)) Lulu Pr., Inc.

On the Loose in New York City. Sage Stossel. 2018. (Find the Animals Ser.). (ENG., Illus.). 28p. (J). 14.95 (978-1-938700-16-3(3), Commonwealth Editions) Applewood Bks.

On the Lost Coast, 3. Kiki Thorpe. ed. 2020. (Never Girls Ser.). (ENG.). 119p. (J). (gr. 2-3). 17.49 (978-1-64697-040-7(3)) Penworthy Co., LLC, The.

On the Makaloa Mat (Classic Reprint) Jack. London. 2019. (ENG., Illus.). 238p. (J). 28.83 (978-0-365-26288-6(9)) Forgotten Bks.

On the March. Leonard S. Baker & Jason M. Burns. Illus. by Dustin Evans. 2022. (Time for Change Ser.). (ENG.). 32p. (J). (gr. 3-5). lib. bdg. 27.99 (978-1-62920-952-4(X), fb9dc922-5955-4fe5-a124-0bf1a0f0c678) Full Tilt Pr. NZL. Dist: Lerner Publishing Group.

On the Meldon Plain, 0 vols. Pam Brondos. 2016. (Fourline Trilogy Ser.: 2). (ENG.). 364p. (YA). (gr. 9-13). pap. 9.99 (978-1-5039-5320-8(3), 9781503953208, Skyscape) Amazon Publishing.

On the Mountain. George Tugwell. 2017. (ENG.). 278p. (J). pap. (978-3-337-28879-2(0)) Creation Pubs.

On the Mountain: Being the Welsh Experiences of Abraham Black & Jonas White, Esquires, Moralists, Photographers, Fishermen, & Botanists (Classic Reprint) George Tugwell. (ENG., Illus.). (J). 2018. 280p. 29.67 (978-0-483-70722-1(8)); 2016. pap. 13.57 (978-1-334-15309-9(4)) Forgotten Bks.

On the Mountain & Two Are Missing. Michael A. Susko. 2019. (ENG.). 88p. (J). pap. 5.99 (978-1-393-96548-0(2)) Draft2Digital.

On the Mountain Division (Classic Reprint) Kirk Parson. 2018. (ENG., Illus.). 272p. (J). 29.51 (978-0-483-34992-6(5)) Forgotten Bks.

On the Mountain Top (Classic Reprint) Belle Kellogg Towne. 2018. (ENG., Illus.). 100p. (J). 25.98 (978-0-483-27412-9(7)) Forgotten Bks.

On the Move. John Allan. 2022. (What Machines Do Ser.). (ENG., Illus.). 24p. (J). (gr. k-2). lib. bdg. 27.99 (978-1-914087-53-0(4), f9f0ef05-f86c-417d-a39b-8449c9706110, Hungry Tomato (r)) Lerner Publishing Group.

On the Move. Bath Book & New Holland Publishers. 2019. (ENG.). 6p. (J). (— 1). 7.99 (978-1-76079-104-9(0)) New Holland Pubs. Pty, Ltd. AUS. Dist: Independent Pubs. Group.

On the Move. Bethany Downing. Illus. by Scott Barker. 2022. (ENG.). 12p. (J). (— 1). 7.99 (978-1-80337-379-9(2)) Make Believe Ideas GBR. Dist: Scholastic, Inc.

On the Move. Ed. by World Book, Inc. Staff. 2016. (Learning Ladders 1/Hardcover Ser.: Vol. 3). (ENG., Illus.). 34p. (J). (978-0-7166-7905-9(1)) World Bk.-Childcraft International.

On the Move, 6 bks., Set. Dana Meachen Rau. Incl. Climbing. lib. bdg. 25.50 (978-0-7614-2318-8(4), a94a0757-5102-43c1-aa5b-f381cb8c39f6); Driving. lib. bdg. 25.50 (978-0-7614-2316-4(8), 8129174d-da44-47b7-8f19-776f6f39a9cd); Floating. lib. bdg. 25.50 (978-0-7614-2315-7(X), a4076c80-2d16-49ca-ae51-436497538529); Flying. lib. bdg. 25.50 (978-0-7614-2319-5(2), aaa0cfda-52e3-4bba-97fc-79772464d4fb, Cavendish Square); Riding. lib. bdg. 25.50 (978-0-7614-2317-1(6), fe9446d0-0ac9-46da-8382-235cc6d7db07); (Illus.). 24p. (gr. k-1). 2007. (Benchmark Rebus: on the Move Ser.). 2006. lib. bdg. (978-0-7614-2313-3(3), Cavendish Square) Cavendish Square Publishing LLC.

On the Move: Animal Migration, 8 vols., Set. Incl. How Animals Migrate. Susan Labella. lib. bdg. 24.67 (978-0-8368-8416-6(7), 0f23ba3f-331f-4c4e-ac93-d7b6fe3edf83); Migrating Animals of the Air. Jacqueline A. Ball. lib. bdg. 24.67 (978-0-8368-8417-3(5), 3de4d713-6971-4740-8a22-deeedf2ae1dd); Migrating Animals of the Land. Thea Feldman. lib. bdg. 24.67 (978-0-8368-8418-0(3), a00a8909-329f-4cbf-8c60-7609868f6f83); Migrating Animals of the Water. Susan Labella. lib. bdg. 24.67 (978-0-8368-8419-7(1), 057bfc81-588d-43e5-9b9a-2460e4b351d4); (Illus.). (gr. 2-4). (On the Move: Animal Migration Ser.). (ENG.). 24p. 2007. Set lib. bdg. 98.68 (978-0-8368-8415-9(9), d583bd68-0932-4de5-88a8-e90bacf95e51, Weekly Reader Leveled Readers) Stevens, Gareth Publishing LLLP.

On the Move: The Fold-Out Book That Takes You on a Journey. Mia Cassany. Illus. by Susie Hammer. 2022. (ENG.). 12p. (J). (gr. -1-k). 9.95 (978-1-914519-42-0(6)) Welbeck Publishing Group Ltd. GBR. Dist: Two Rivers Distribution.

On the Move: Ghost Train. Roger Priddy. 2022. (On the Move Ser.). (ENG., Illus.). 10p. (J). bds. 12.99 (978-1-68449-235-0(1), 900255110) St. Martin's Pr.

On the Move: Home Is Where You Find It. Michael Rosen. Illus. by Quentin Blake. 2022. (ENG.). 144p. (J). (gr. 5-9). 18.99 (978-1-5362-1810-7(3)) Candlewick Pr.

On the Move: on the Farm: An Interactive Sound Book! Roger Priddy. 2021. (On the Move Ser.). (ENG., Illus.). 10p. (J). bds. 14.99 (978-1-68449-142-1(8), 900237946) St. Martin's Pr.

On the Move: up in the Air: An Interactive Sound Book! Roger Priddy. 2021. (On the Move Ser.). (ENG., Illus.). 10p. (J). bds. 14.99 (978-1-68449-143-8(6), 900237947) St. Martin's Pr.

On the New Santa Fe Trail: The Record of a Journey to the Land of Sunshine (Classic Reprint) Six And A. Half Tenderfeet. 2017. (ENG., Illus.). (J). 25.13 (978-0-265-27154-4(1)) Forgotten Bks.

On the News see Et Si on Parlait des Tragédies ?

On the News: Our First Talk about Tragedy. Jillian Roberts. Illus. by Jane Heinrichs. (World Around Us Ser.: 2). (ENG.). 32p. (J). (gr. 1-3). 2023. 14.95 (978-1-4598-3369-2(4)); 2018. 19.95 (978-1-4598-1784-5(2)) Orca Bk. Pubs. USA.

On the Night Before Kindergarten. Rosemary Wells. Illus. by Rosemary Wells. 2023. (ENG., Illus.). 32p. (J). (gr. -1-3). 18.99 (978-1-6659-2489-4(6), Simon & Schuster/Paula Wiseman Bks.) Simon & Schuster/Paula Wiseman Bks.

On the Night of the Shooting Star. Amy Hest. Illus. by Jenni Desmond. 2017. (ENG.). 32p. (J). (-k). 16.99 (978-0-7636-9154-7(2)) Candlewick Pr.

On the Nile: A Story of Family Travel & Adventure in the Land of Egypt (Classic Reprint) Sara Keables Hunt. (ENG., Illus.). (J). 2018. 250p. 29.07 (978-0-656-35530-3(1)); 2017. pap. 11.57 (978-0-259-41474-2(3)) Forgotten Bks.

On the Offensive: An Army Story (Classic Reprint) George I. Putnam. 2018. (ENG., Illus.). 304p. (J). 30.31 (978-0-484-76539-8(6)) Forgotten Bks.

On the Ohio (Classic Reprint) H. Bennett Abdy. 2018. (ENG., Illus.). 350p. (J). 31.12 (978-0-332-94494-4(8)) Forgotten Bks.

On the Old Frontier, or the Last Raid of the Iroquois (Classic Reprint) William Osborn Stoddard. (ENG., Illus.). (J). 2018. 350p. 31.12 (978-0-656-34742-1(2)); 2017. pap. 13.57 (978-0-243-43610-1(6)) Forgotten Bks.

On the Old Plantation: Reminiscences of His Childhood (Classic Reprint) J. G. Clinkscales. 2017. (ENG., Illus.). (J). 26.91 (978-0-331-85569-2(0)) Forgotten Bks.

On the Origin & Metamorphoses of Insects (Classic Reprint) John Lubbock. (ENG., Illus.). (J). 2018. 128p. 26.54 (978-0-484-00064-2(0)); 2016. pap. 9.57 (978-1-334-72249-3(8)) Forgotten Bks.

On the Origin of Species: Young Readers Edition. Adapted by Rebecca Stefoff. 2018. (ENG., Illus.). 176p. (J). (gr. 5). 25.99 (978-1-4814-6249-5(0), Atheneum Bks. for Young Readers) Simon & Schuster Children's Publishing.

On the Origin of Species (Worldview Edition) Charles Darwin. 2019. (ENG.). (J). pap. 15.95 (978-1-944503-23-9(4)) Canon Pr.

On the Other Side of the Forest. Nadine Robert. Illus. by Gerard Duboi. 2021. 72p. (J). (gr. -1-3). 18.95 (978-1-77164-796-0(5), Greystone Kids) Greystone Books Ltd. CAN. Dist: Publishers Group West (PGW).

On the Other Side of the Garden. Jairo. Buitrago & Elisa Amado. Illus. by Rafael Yockteng. 2018. (ENG.). 56p. E-Book (978-1-55498-984-3(1)) Groundwood Bks.

On the Outside - BIG BOOK, 1 vol. Pam Holden. 2016. (ENG.). 16p. (-1). pap. (978-1-77654-163-8(4), Red Rocket Readers) Flying Start Bks.

On the Overland Stage: Or Terry As a King Whip Cub (Classic Reprint) Edwin L. Sabin. 2018. (ENG., Illus.). 318p. (J). 30.46 (978-0-364-07669-9(0)) Forgotten Bks.

On the Pampas: Or the Young Settlers (Classic Reprint) G. A. Henty. 2018. (ENG., Illus.). 440p. (J). 32.97 (978-0-364-11308-0(1)) Forgotten Bks.

On the Path of Adventure (Classic Reprint) Julius M. Price. 2018. (ENG., Illus.). 334p. (J). 30.81 (978-0-364-29677-6(1)) Forgotten Bks.

On the Path of the Child: A Morality Play in One Act (Classic Reprint) Anna Wynne. 2018. (ENG., Illus.). 32p. (J). 24.56 (978-0-267-19579-4(6)) Forgotten Bks.

On the Pecos Trail: The Old West Adventures of Fish Rawlings, Book 2. Patrick Dearen. 2023. (Illus.). 112p. (J). (gr. 4-12). pap. 14.95 (978-1-4930-6953-8(5), TwoDot) Globe Pequot Pr., The.

On the Performance of Beethoven's Symphonies (Classic Reprint) Felix Weingartner. 2017. (ENG., Illus.). (J). 28.50 (978-0-260-74652-8(5)) Forgotten Bks.

On the Philosophy of Ethics: An Analytical Essay. Simon S. Laurie. 2017. (ENG., Illus.). (J). pap. (978-0-649-49415-6(6)) Trieste Publishing Pty Ltd.

On the Plains with Custer (Classic Reprint) Edwin L. Sabin. 2018. (ENG., Illus.). 324p. (J). 30.58 (978-0-666-70139-8(3)) Forgotten Bks.

On the Plane Activity Book: Includes Puzzles, Mazes, Dot-To-dots & Drawing Activities. Heather Alexander. Illus. by Putri Febirana. 2019. (ENG.). 64p. (J). (gr. -1-1). pap. 12.99 (978-1-78240-740-9(5), Ivy Kids) Ivy Group, The GBR. Dist: Hachette Bk. Group.

On the Playground: Our First Talk about Prejudice. Jillian Roberts. Illus. by Jane Heinrichs. 2021. (World Around Us Ser.: 4). (ENG.). 32p. (J). (gr. 1-3). 14.95 (978-1-4598-3341-8(4)) Orca Bk. Pubs. USA.

On the Point: A Summer Idyl (Classic Reprint) Nathan Haskelldole. 2018. (ENG., Illus.). 260p. (J). 29.26 (978-0-483-40341-3(5)) Forgotten Bks.

On the Progress of Science As Exemplified in the Art of Weighing & Measuring: Being the Presidential Address Delivered Before the Washington Philosophical Society, December 10, 1887 (Classic Reprint) William Harkness. 2018. (ENG., Illus.). (J). 54p. 25.01 (978-0-366-29322-3(2)); 56p. pap. 9.57 (978-0-366-29316-2(8)) Forgotten Bks.

On the Prowl! R. R. Busse. ed. 2018. (Marvel 8x8 Bks). (ENG.). 30p. (J). (gr. -1-1). 14.36 (978-1-64310-629-8(5)) Penworthy Co., LLC, The.

On the Red Bus. Cecilia Minden. Illus. by Laura Gomez. 2023. (In Bloom Ser.). (ENG.). (J). (gr. 2-4). 24p. pap. 12.79 (978-1-6689-1901-9(X), 221879); 23p. lib. bdg. 30.64 (978-1-6689-2648-2(2), 222625) Cherry Lake Publishing. (Cherry Blossom Press).

On the Reef. Judith McMurray & Shandley McMurray. 2016. (ENG., Illus.). 32p. (J). (gr. k-3). 19.95 (978-1-77085-857-2(1), 754d1986-81c8-42c1-a12b-4f8f132a36bd) Firefly Bks., Ltd.

On the Remainder of Our Front: By Private No; 940 (Classic Reprint) Unknown Author. (ENG., Illus.). (J). 2018. 176p. 27.53 (978-0-484-46276-1(8)); 2016. pap. 9.97 (978-1-333-45711-2(1)) Forgotten Bks.

On the Right of the British Line (Classic Reprint) Gilbert Nobbs. 2017. (ENG., Illus.). (J). 29.30 (978-0-265-16045-9(6)) Forgotten Bks.

On the Right Path: Book Four. Brett Gunning & Stacy Padula. Illus. by Maddy Moore. 2023. (On the Right Path Ser.: Vol. 4). (ENG.). 24p. (J). pap. 16.95 (978-1-954819-89-4(7)); 24.95 (978-1-954819-88-7(9)) Briley & Baxter Publications.

On the Right Path: Book One. Brett Gunning & Stacy Padula. Illus. by Maddy Moore. 2021. (ENG.). 24p. (J). 18.99 (978-1-954819-03-0(X)) Briley & Baxter Publications.

On the Right Path: Book One. Brett Gunning & Stacy A. Padula. Illus. by Maddy Moore. 2021. (ENG.). 24p. (J). pap. 12.99 (978-1-954819-07-8(2)) Briley & Baxter Publications.

On the Right Path: Book Three. Brett Gunning & Stacy Padula. Illus. by Maddy Moore. 2022. (On the Right Path Ser.: Vol. 3). (ENG.). 24p. (J). 19.99 (978-1-954819-41-2(2)); pap. 12.99 (978-1-954819-40-5(4)) Briley & Baxter Publications.

On the Right Path: Book Two. Brett Gunning & Stacy Padula. Illus. by Maddy Moore. 2021. (ENG.). 24p. (J). 19.99 (978-1-954819-26-9(9)) Briley & Baxter Publications.

On the Right Path: Book Two. Brett Gunning & Stacy A. Padula. Illus. by Maddy Moore. 2021. (ENG.). 24p. (J). pap. 12.99 (978-1-954819-27-6(7)) Briley & Baxter Publications.

On the Right Track. Ariana Burgan. 2016. (ENG., Illus.). (J). pap. 22.98 (978-1-365-33679-9(4)) Lulu Pr., Inc.

On the River. Roland Harvey. 2016. (ENG.). 32p. (J). (gr. k-3). 17.99 (978-1-76011-245-5(3)) Allen & Unwin AUS. Dist: Independent Pubs. Group.

On the Road. Vanessa Moody. ed. 2022. (Peppa Pig Adventures Pic Bks). (ENG.). 48p. (J). (gr. k-1). 19.46 (978-1-68505-363-5(7)) Penworthy Co., LLC, The.

On the Road: Or a Familiar Talk with My Brothers & Friends (Classic Reprint) Cyrus Hamlin Kilby. 2018. (ENG., Illus.). 240p. (J). 28.85 (978-0-484-67495-9(1)) Forgotten Bks.

On the Road (Peppa Pig) (Media Tie-In) Illus. by EOne. ed. 2021. (ENG.). 48p. (J). (gr. -1-k). pap. 8.99 (978-1-338-74098-1(9)) Scholastic, Inc.

On the Road to Arden (Classic Reprint) Margaret Morse. (ENG., Illus.). (J). 2018. 270p. 29.47 (978-0-267-37830-2(0)); 2016. pap. 11.97 (978-1-334-15628-1(X)) Forgotten Bks.

On the Road to Valhalla Coloring Book. Activibooks For Kids. 2016. (ENG., Illus.). (J). pap. 9.20 *(978-1-68321-189-1(8))* Mimaxion.
On the Road with Mallory. Laurie Friedman. Illus. by Jennifer Kalis. ed. 2016. (Mallory Ser.: 25). (ENG.). 160p. (J). (gr. 2-5). E-Book 23.99 *(978-1-4677-9567-8(4))*;No. 25. 15.95 *(978-1-4677-5029-5(8),* 3568085b-b219-42eb-aee1-ce6e279e2361) Lerner Publishing Group. (Darby Creek).
On the Rocks. Eric Walters. 2020. (Orca Currents Ser.). (ENG., Illus.). 128p. (J). (gr. 4-7). pap. 9.95 *(978-1-4598-2364-8(8))* Orca Bk. Pubs. USA.
On the Run. Marilyn Anne Holman. 2019. (Lorimer SideStreets Ser.). (ENG.). 192p. (YA). (gr. 9-12). lib. bdg. 27.99 *(978-1-4594-1401-3(2),* 6020e84d-d0db-4038-b683-4bf4822af892); pap. 8.99 *(978-1-4594-1399-3(7),* 46cb326b-c02a-44c8-b625-c89471b88c48) James Lorimer & Co. Ltd., Pubs. CAN. Dist: Lerner Publishing Group.
On the Run (Classic Reprint) Francis James Finn. (ENG., Illus.). (J). 2017. 244p. 28.93 *(978-0-266-44041-3(X))*; 2016. pap. 11.57 *(978-1-333-63081-2(6))* Forgotten Bks.
On the Run in Ancient China. Linda Bailey. Illus. by Bill Slavin. 2019. (Time Travel Guides: 3). (ENG.). 56p. (J). (gr. 3-7). pap. 11.99 *(978-1-5253-0112-4(8))* Kids Can Pr., Ltd. CAN. Dist: Hachette Bk. Group.
On the Russian Front (Classic Reprint) R. Scotland Liddell. (ENG., Illus.). (J). 2018. 336p. 30.85 *(978-0-267-54571-1(1))*; 2016. pap. 13.57 *(978-1-333-47413-3(X))* Forgotten Bks.
On the School Team (Classic Reprint) John Prescott Earl. 2018. (ENG., Illus.). 372p. (J). 31.57 *(978-0-483-93572-3(7))* Forgotten Bks.
On the Seaboard: A Novel of the Baltic Islands (Classic Reprint) August Strindberg. 2018. (ENG., Illus.). 318p. (J). 30.46 *(978-0-483-50719-7(9))* Forgotten Bks.
On the Senses, Instincts, & Intelligence of Animals. John Lubbock. 2017. (ENG.). 328p. (J). pap. *(978-3-337-24066-0(6))* Creation Pubs.
On the Senses, Instincts & Intelligence of Animals. John Lubbock. 2017. (ENG.). 376p. (J). pap. *(978-3-337-36684-1(8))* Creation Pubs.
On the Seventh Day He Rested. 12 Tribes Publishi 12 Tribes Publishing. 2016. (ENG., Illus.). 100p. (J). pap. *(978-1-365-19999-8(1))* Lulu Pr., Inc.
On the Shelf. Gillian Spiller. Illus. by John Lim. 2022. (ENG.). 36p. (J). (gr. -1-k). 16.99 *(978-981-4974-17-2(X))* Marshall Cavendish International (Asia) Private Ltd. SGP. Dist: Independent Pubs. Group.
On the Shoulders of Heretics. Joseph Leonard Fone. 2017. (ENG., Illus.). 436p. (J). 29.95 *(978-1-84963-568-4(4),* 64ac8238-ced0-49ae-8af0-fd5a4fd45fe7) Austin Macauley Pubs. Ltd. GBR. Dist: Baker & Taylor Publisher Services (BTPS).
On the Shoulders of Warriors Coloring Book. Activity Book Zone for Kids. 2016. (ENG., Illus.). (J). pap. 9.20 *(978-1-68376-370-3(X))* Sabeels Publishing.
On the Side of the Angels: English Edition. Jose Amaujaq Kusugak. Illus. by Hwei Lim. 2020. (Qinuisaarniq Ser.). (ENG.). 56p. (J). pap. 12.95 *(978-1-77450-203-7(8))* Inhabit Education Bks. Inc. CAN. Dist: Consortium Bk. Sales & Distribution.
On the Sidewalk (Classic Reprint) Roland Corthell. 2018. (ENG., Illus.). 72p. (J). 25.40 *(978-0-484-07211-3(0))* Forgotten Bks.
On the Spectrum, 1 vol. Jennifer Gold. 2017. (ENG.). 336p. (YA). (gr. 8-12). pap. 13.95 *(978-1-77260-042-1(3))* Second Story Pr. CAN. Dist: Orca Bk. Pubs. USA.
On the Spur of the Moment, Vol. 1 of 3 (Classic Reprint) John Mills. 2018. (ENG., Illus.). 302p. (J). 30.10 *(978-0-484-73812-5(7))* Forgotten Bks.
On the Spur of the Moment, Vol. 2 of 3 (Classic Reprint) John Mills. 2018. (ENG., Illus.). 300p. (J). 30.10 *(978-0-267-27818-3(7))* Forgotten Bks.
On the Spur of the Moment, Vol. 3 of 3 (Classic Reprint) John Mills. 2018. (ENG., Illus.). 298p. (J). 30.04 *(978-0-267-29941-6(9))* Forgotten Bks.
On the Stage & off (Classic Reprint) Jerome Jerome. 2017. (ENG., Illus.). (J). 27.90 *(978-0-331-00101-3(2))* Forgotten Bks.
On the Staircase (Classic Reprint) Frank Swinnerton. 2018. (ENG., Illus.). 346p. (J). 31.03 *(978-0-267-46266-7(2))* Forgotten Bks.
On the Stairs (Classic Reprint) Henry B. Fuller. 2017. (ENG., Illus.). (J). 29.63 *(978-0-265-19010-4(X))* Forgotten Bks.
On the Stairway of Life in Seven Ages: A Play in One Act (Classic Reprint) Harry Alston Williams. 2018. (ENG., Illus.). (J). 50p. 24.93 *(978-1-396-68787-7(4))*; 52p. pap. 9.57 *(978-1-391-59511-5(4))* Forgotten Bks.
On the Structure & Affinities of the Tabulate Corals of the Palaeozoic Period: With Critical Descriptions (Classic Reprint) Henry Alleyne Nicholson. 2017. (ENG., Illus.). (J). 32.60 *(978-0-265-36149-8(4))* Forgotten Bks.
On the Study of Literature. John Morley. 2017. (ENG., Illus.). (J). pap. *(978-0-649-30581-0(7))* Trieste Publishing Pty Ltd.
On the Subject of Unmentionable Things. Julia Walton. (YA). (gr. 9). 2023. 336p. pap. 11.99 ***(978-0-593-31060-1(8),*** Ember); 2022. 320p. 18.99 *(978-0-593-31057-1(8),* Random Hse. Bks. for Young Readers) Random Hse. Children's Bks.
On the Sunny Shore (Classic Reprint) Henry Sienkiewicz. 2018. (ENG., Illus.). 162p. (J). 27.24 *(978-0-365-40468-2(3))* Forgotten Bks.
On the Susquehanna: A Novel (Classic Reprint) William A. Hammond. 2018. (ENG., Illus.). 422p. (J). 32.60 *(978-0-428-80688-0(0))* Forgotten Bks.
On the Suwanee River. Opie Percival Read. 2017. (ENG.). 260p. (J). pap. *(978-3-337-24966-3(3))* Creation Pubs.
On the Suwanee River: A Romance (Classic Reprint) Opie Percival Read. (ENG., Illus.). (J). 2018. 260p. 29.26 *(978-0-484-63395-6(3))*; 2016. pap. 11.97 *(978-1-333-37862-2(9))* Forgotten Bks.
On the Systematic Position of the Brachiopoda (Classic Reprint) Edward Sylvester Morse. (ENG., Illus.). (J). 2018. 66p. 25.26 *(978-0-428-77079-2(7))*; 2016. pap. 9.57 *(978-1-334-66189-1(8))* Forgotten Bks.
On the Temperature of Fresh-Water Lakes & Ponds (Classic Reprint) William Ripley Nichols. 2017. (ENG., Illus.). (J). pap. 7.97 *(978-1-5277-5657-1(2))* Forgotten Bks.
On the Threshold of Home. Sarah Larson & Sabina Elitok. 2020. (ENG.). 146p. (J). pap. *(978-1-716-85887-1(9))* Lulu Pr., Inc.
On the Tip of a Wave: How Ai Weiwei's Art Is Changing the Tide. Joanna Ho. Illus. by Catia Chien. 2023. (ENG.). 48p. (J). (gr. -1-3). 18.99 ***(978-1-338-71594-1(1),*** Orchard Bks.) Scholastic, Inc.
On the Track. Henry Lawson. 2017. (ENG., Illus.). (J). 22.95 *(978-1-374-82826-1(2))*; pap. 12.95 *(978-1-374-82825-4(4))* Capital Communications, Inc.
On the Track: Band 12/Copper. Andy Seed. 2017. (Collins Big Cat Ser.). (ENG., Illus.). 32p. (J). pap. 9.99 *(978-0-00-820875-2(1))* HarperCollins Pubs. Ltd. GBR. Dist: Independent Pubs. Group.
On the Track & off the Train: A Revision of the Sketches Recently Published As a Serial (Classic Reprint) Lura E. Brown. 2017. (ENG., Illus.). (J). 29.73 *(978-0-265-99242-5(7))* Forgotten Bks.
On the Track Blue Band. Claire Llewellyn. Illus. by Mark Ruffle. ed. 2016. (Cambridge Reading Adventures Ser.). (ENG.). 16p. pap. 7.95 *(978-1-316-50322-5(4))* Cambridge Univ. Pr.
On the Track (Classic Reprint) Henry Lawson. 2017. (ENG., Illus.). (J). 31.40 *(978-0-331-10290-1(0))* Forgotten Bks.
On the Tracks. John Allan. 2021. (Mighty Mechanics' Guide to Speed Ser.). (ENG., Illus.). 24p. (J). (gr. 1-3). lib. bdg. 26.65 *(978-1-913440-67-1(2),* 5f710cc7-2eae-46f6-b064-65be238e1d61, Hungry Tomato (r)) Lerner Publishing Group.
On the Trail. Paige Braddock. 2022. (Peanut, Butter, & Crackers Ser.: 3). (ENG., Illus.). 96p. (J). (gr. 1-4). 12.99 *(978-0-593-11749-1(2),* Viking Books for Young Readers) Penguin Young Readers Group.
On the Trail in Yellowstone (Classic Reprint) Wallace Smith. (ENG., Illus.). (J). 2018. 118p. 26.35 *(978-0-267-92707-4(X))*; 2017. pap. 9.57 *(978-0-282-60473-8(1))* Forgotten Bks.
On the Trail of Don Quixote: Being a Record of Rambles in the Ancient Province of la Mancha (Classic Reprint) August F. Jaccaci. 2017. (ENG., Illus.). (J). 29.28 *(978-0-260-59404-4(0))* Forgotten Bks.
On the Trail of Don Quixote; Being a Record of Rambles in the Ancient Province of la Mancha. August F. Jaccaci. 2017. (ENG., Illus.). (J). pap. *(978-0-649-36354-4(X))* Trieste Publishing Pty Ltd.
On the Trail of Negro Folk-Songs (Classic Reprint) Dorothy Scarborough. 2017. (ENG., Illus.). (J). 30.19 *(978-0-331-34678-7(8))*; pap. 13.57 *(978-0-259-93327-4(9))* Forgotten Bks.
On the Trail of Pontiac: Or, the Pioneer Boys of the Ohio. Edward Stratemeyer. 2017. (ENG., Illus.). (J). 24.95 *(978-1-374-85742-1(4))*; pap. 14.95 *(978-1-374-85741-4(6))* Capital Communications, Inc.
On the Trail of the Whale. Camilla De la Bédoyère. Ed. by Richard Kelly. Illus. by Richard Watson. 2017. (ENG.). 24p. (J). pap. 9.95 *(978-1-78209-983-2(3))* Miles Kelly Publishing, Ltd. GBR. Dist: Parkwest Pubns., Inc.
On the Trail: Study of Secretive Animals (Set), 6 vols. Joyce Markovics. 2021. (On the Trail: Study of Secretive Animals Ser.). (ENG., Illus.). 32p. (J). (gr. 4-6). 192.42 *(978-1-5341-8324-7(8),* 218148); pap., pap., pap. 85.29 *(978-1-5341-8328-5(0),* 218149) Cherry Lake Publishing.
On the Trail to Sunset (Classic Reprint) Thomas W. Wilby. (ENG., Illus.). (J). 2017. 35.90 *(978-0-331-83133-7(3))*; 2016. pap. 19.57 *(978-1-334-13952-9(0))* Forgotten Bks.
On the Trapline. David A. Robertson. Illus. by Julie Flett. 2021. 48p. (J). (gr. -1-3). 18.99 *(978-0-7352-6668-1(9),* Tundra Bks.) Tundra Bks. CAN. Dist: Penguin Random Hse. LLC.
On the Use & Abuse of Alcoholic Liquors. William Benjamin Carpenter & David Francis Condie. 2016. (ENG., Illus.). (J). pap. *(978-3-7433-1359-0(6))* Creation Pubs.
On the Use & Abuse of Alcoholic Liquors: In Health & Disease (Classic Reprint) William Benjamin Carpenter. 2018. (ENG., Illus.). 296p. (J). 30.06 *(978-0-332-81376-9(2))* Forgotten Bks.
On the Verge of Extinction: Crisis in the Environment, 12 vols., Set. Incl. Frogs in Danger. Jim Whiting. (YA). (gr. 2-5). 2007. lib. bdg. 25.70 *(978-1-58415-585-0(X))*; Polar Bears on the Hudson Bay. Dan Leathers. (YA). (gr. 2-5). 2007. lib. bdg. 25.70 *(978-1-58415-586-7(8))*; Snows of Kilimanjaro. Dan Leathers. (YA). (gr. 2-5). 2007. lib. bdg. 25.70 *(978-1-58415-584-3(1))*; Threat to Haiti. John Albert Torres. (YA). (gr. 2-5). 2008. lib. bdg. 25.70 *(978-1-58415-686-4(4))*; Threat to the Bengal Tiger. Claire O'Neal. (J). (gr. 1-5). 2008. lib. bdg. 25.70 *(978-1-58415-688-8(0))*; Threat to the Giant Panda. John Torres. (J). (gr. 2-5). 2008. lib. bdg. 25.70 *(978-1-58415-689-5(9))*; Threat to the Leatherback Turtle. Bonnie Hinman. (YA). (gr. 2-5). 2008. lib. bdg. 25.70 *(978-1-58415-690-1(2))*; Threat to the Monarch Butterfly. Rebecca Thatcher Murcia. (YA). (gr. 2-5). 2007. lib. bdg. 25.70 *(978-1-58415-587-4(6))*; Threat to the Spotted Owl. Carol Parenzan Smalley. (YA). (gr. 2-5). 2008. lib. bdg. 25.70 *(978-1-58415-687-1(2))*; Threat to the Whooping Crane. Susan Sales Harkins & William H. Harkins. (J). (gr. 2-5). 2008. lib. bdg. 25.70 *(978-1-58415-685-7(6))*; Threat to the Yangtze River Dolphin. Amie Leavitt. (J). (gr. 2-5). 2008. lib. bdg. 25.70 *(978-1-58415-684-0(8))*; 32p. (Illus.). 2008. Set lib. bdg. 308.40 *(978-1-58415-691-8(0))* Mitchell Lane Pubs.
On the Wabash: A Comedy in Three Acts (Classic Reprint) Robin Dunbar. (ENG., Illus.). (J). 2018. 108p. 26.12 *(978-0-484-48071-0(5))*; 2016. pap. 9.57 *(978-1-333-37218-7(3))* Forgotten Bks.
On the Walk Trail: Japan. Jon C. Carlson. Illus. by Susan Szecsi. 2017. (On the Walk Trail Ser.). (ENG.). 34p. (J). (gr. k-2). 17.95 *(978-1-63132-045-3(9))* Advanced Publishing LLC.
On the Wall. Rozanne Williams. 2017. (Learn-To-Read Ser.). (ENG., Illus.). (J). pap. 3.49 *(978-1-68310-327-1(0))* Pacific Learning, Inc.
On the Wallaby: Through Victoria (Classic Reprint) E. M. Clowes. 2018. (ENG., Illus.). 356p. (J). 31.26 *(978-0-484-34152-3(9))* Forgotten Bks.
On the War Path: A Lady's Letters from the Front. J. D. Leather-Culley. 2017. (ENG., Illus.). (J). pap. *(978-0-649-52746-5(1))* Trieste Publishing Pty Ltd.
On the War Path: A Lady's Letters from the Front (Classic Reprint) J. D. Leather-Culley. (ENG., Illus.). (J). 2018. 168p. 27.36 *(978-0-656-31838-4(4))*; 2017. pap. 9.97 *(978-0-282-03384-2(X))* Forgotten Bks.
On the Warpath (Classic Reprint) G. L. Morrill. 2017. (ENG., Illus.). (J). 31.65 *(978-1-5284-7678-2(6))* Forgotten Bks.
On the Warpath (Classic Reprint) James Willard Schultz. 2018. (ENG., Illus.). 264p. (J). 29.34 *(978-0-364-49978-8(8))* Forgotten Bks.
On the Water see Sur l'Eau
On the Way Home. Ediz. A Colori. A. H. Benjamin. Illus. by Anne Vasko. 2021. (ENG.). 40p. (J). 15.95 *(978-84-18133-22-0(8))* NubeOcho Ediciones ESP. Dist: Consortium Bk. Sales & Distribution.
On the Way There: A Wonder Tale for Boys & Girls, Both Little & Grown Tall (Classic Reprint) Katherine Merritte Yates. 2016. (ENG., Illus.). (J). pap. 7.97 *(978-1-333-46335-9(9))* Forgotten Bks.
On the Way There: A Wonder Tale for Boys & Girls Both Little & Grown Tall (Classic Reprint) Katherine Merritte Yates. 2017. (ENG., Illus.). (J). 24.68 *(978-1-5279-7582-8(7))* Forgotten Bks.
On the Way to School. Vikki Conley. Illus. by Lucia Masciullo. 2023. (ENG.). 32p. (J). (gr. -1-2). 18.99 ***(978-1-915167-38-5(8),*** ff986b29-7735-4986-a9dc-8ec87c82904a) New Frontier Publishing AUS. Dist: Lerner Publishing Group.
On the Way to School (Set), 8 vols. 2018. (On the Way to School Ser.). (ENG., Illus.). 32p. (gr. 3-3). lib. bdg. 115.72 *(978-1-5081-9633-4(8),* 8310f140-e88f-48cf-b8ba-104c449bb2c7, Windmill Bks.) Rosen Publishing Group, Inc., The.
On the Wing: Rambling Notes of a Trip to the Pacific. Mary E. Blake. 2017. (ENG., Illus.). (J). pap. *(978-0-649-25638-9(7))* Trieste Publishing Pty Ltd.
On the Wing: Rambling Notes; Trip to the Pacific (Classic Reprint) Mary E. Blake. 2017. (ENG., Illus.). (J). 29.14 *(978-0-265-17773-0(1))* Forgotten Bks.
On the Wing (Classic Reprint) Nellie Eyster. 2018. (ENG., Illus.). 256p. (J). 29.18 *(978-0-484-16363-7(9))* Forgotten Bks.
On the Wing of Occasions: Being the Authorized Version of Certain Curious Episodes of the Late Civil War, Including the Hitherto Suppressed Narrative of the Kidnapping of President Lincoln (Classic Reprint) Joel Chandler Harris. 2016. (ENG., Illus.). (J). pap. 13.57 *(978-1-333-40555-7(3))* Forgotten Bks.
On the Wing of Occasions: Being the Authorized Version of Certain Curious Episodes of the Late Civil War, Including the Hitherto Suppressed Narrative of the Kidnapping of President Lincoln (Classic Reprint) Joel Chandler Harris. 2018. (ENG., Illus.). 318p. (J). 30.46 *(978-0-267-31190-3(7))* Forgotten Bks.
On the Wings of the Swan. Rosemarie Gulla. Illus. by Gary Undercuffler. 2022. (Treasury of the Lost Scrolls Ser.). (ENG.). 32p. (J). (gr. 2-4). pap. 10.99 *(978-1-7336865-4-9(1),* Alazar Pr.) Royal Swan Enterprises, Inc.
On the Wings of the Wind (Classic Reprint) Allen Raine. 2017. (ENG., Illus.). (J). 32.64 *(978-0-260-15242-8(0))*; pap. 16.57 *(978-0-243-09577-3(5))* Forgotten Bks.
On the Wool Track (Classic Reprint) C. E. W. Bean. 2017. (ENG., Illus.). (J). 30.83 *(978-1-5283-8734-7(1))* Forgotten Bks.
On the Wrong Side of the Tracks. Nakia Holden. 2016. (ENG., Illus.). 44p. (J). *(978-1-365-87978-4(X))* Lulu Pr., Inc.
On Thin Ice. Michael Northrop. 2019. (ENG.). 240p. (YA). (gr. 4-7). 17.99 *(978-0-545-49590-5(3),* Scholastic Pr.) Scholastic, Inc.
On Thin Ice (Diary of an Ice Princess #3) Christina Soontornvat. 2019. (Diary of an Ice Princess Ser.: 3). (ENG.). 128p. (J). (gr. 2-5). pap. 5.99 *(978-1-338-35399-0(3),* Scholastic Paperbacks) Scholastic, Inc.
On This Airplane. Lourdes Heuer. Illus. by Sara Palacios. 2022. 32p. (J). (gr. -1-2). 17.99 *(978-0-7352-6860-9(6),* Tundra Bks.) Tundra Bks. CAN. Dist: Penguin Random Hse. LLC.
On This Day: A History of the World in 366 Days. DK. 2021. (ENG., Illus.). 376p. (J). (gr. 4-7). 24.99 *(978-0-7440-2917-8(1),* DK Children) Dorling Kindersley Publishing, Inc.
On This Grind. Duane D. O. Gibson. 2021. (ENG.). 252p. (YA). pap. *(978-1-365-82150-9(1))* Lulu Pr., Inc.
On This Journey: Prayer Journal for Young People: Volume 2. Onedia Nicole Gage. 2017. (ENG., Illus.). (YA). (gr. 7-12). pap. 15.00 *(978-1-939119-56-8(1))* Purple Ink, Inc.
On This Journey: Prayer Journal for Young People Volume 2. Onedia Nicole Gage. 2022. (ENG.). 414p. (YA). pap. 25.00 ***(978-1-939119-97-1(9))*** Purple Ink, Inc.
On This Unworthy Scaffold. Heidi Heilig. (ENG.). 368p. (YA). (gr. 8). 2022. pap. 10.99 *(978-0-06-265201-0(X))*; 2021. 17.99 *(978-0-06-265200-3(1))* HarperCollins Pubs. (Greenwillow Bks.).
On Through the Never. Melissa E. Hurst. 2017. (ENG.). 272p. (J). (gr. 6-6). pap. 14.99 *(978-1-5107-0761-0(1),* Sky Pony Pr.) Skyhorse Publishing Co., Inc.
On Time. Oliver Optic, pseud. 2017. (ENG.). 304p. (J). pap. *(978-3-337-18446-9(4))* Creation Pubs.
On Time: Or, the Young Captain of the Ucayga Steamer (Classic Reprint) Oliver Optic, pseud. 2018. (ENG., Illus.). 318p. (J). 30.27 *(978-0-484-42308-3(8))* Forgotten Bks.
On Tiptoe: A Romance of the Redwoods (Classic Reprint) Stewart Edward White. 2017. (ENG., Illus.). (J). 29.44 *(978-1-5279-8068-6(5))* Forgotten Bks.
On to the Rescue: A Tale of the Indian Mutiny (Classic Reprint) Gordon Stables. 2018. (ENG., Illus.). 398p. (J). 32.11 *(978-0-267-44194-5(0))* Forgotten Bks.
On to the White House (Classic Reprint) Ben J. Abson. (ENG., Illus.). (J). 2018. 188p. 27.79 *(978-0-483-99448-5(0))*; 2017. pap. 10.57 *(978-0-243-47695-4(7))* Forgotten Bks.
On Top: Your Personal Study Guide to Holistic Sexuality. Cheryl Fagan. 2018. (ENG., Illus.). 158p. (YA). pap. *(978-0-646-98140-6(4))* On Top.
On Top of a Mountain Coloring Book. Creative Playbooks. 2016. (ENG., Illus.). (J). pap. 7.74 *(978-1-68323-785-3(4))* Twin Flame Productions.
On Top of Glass: My Stories As a Queer Girl in Figure Skating. Karina Manta. 2021. (ENG.). 336p. (J). (gr. 7). 18.99 *(978-0-593-30846-2(8),* Knopf Bks. for Young Readers) Random Hse. Children's Bks.
On Top of the World. Fran Manushkin. Illus. by Tammie Lyon. 2018. (Pedro Ser.). (ENG.). 32p. (J). (gr. k-2). lib. bdg. 21.32 *(978-1-5158-2823-5(9),* 137988, Picture Window Bks.) Capstone.
On Top of the World. Lorie Stevenson. Illus. by Jp Roberts. 2018. (ENG.). 32p. (J). *(978-1-5255-0051-0(1))*; pap. *(978-1-5255-0052-7(X))* FriesenPress.
On Top of the World: Alaska in Spatial Terms World Geography Book Grade 3 Children's Geography & Cultures Books. Baby Professor. 2021. (ENG.). 72p. (J). 27.99 *(978-1-5419-8357-1(2))*; pap. 16.99 *(978-1-5419-7849-2(8))* Speedy Publishing LLC. (Baby Professor (Education Kids)).
On Top of the World with Minecraft(r), 1 vol. Joey Davey et al. 2017. (Unofficial Minecraft(r) Tool Kit Ser.). (ENG.). 24p. (J). (gr. 3-4). pap. 9.15 *(978-1-5382-1713-9(9),* 1aac22d6-4ef3-441a-8fdc-59b3c3d9873c); lib. bdg. 24.27 *(978-1-5382-1708-5(2),* 77a1e839-c22c-4053-b8b6-1102f8f9d53c) Stevens, Gareth Publishing LLLP.
On Trek in the Transvaal: Or over Berg & Veldt in South Africa (Classic Reprint) Harriet A. Roche. (ENG., Illus.). (J). 2018. 424p. 32.66 *(978-0-365-15700-7(7))*; 2017. pap. 16.57 *(978-0-259-47812-6(1))* Forgotten Bks.
On Trial: The Story of a Woman at Bay (Classic Reprint) Elmer L. Reizenstein. 2018. (ENG., Illus.). 360p. (J). 31.34 *(978-0-483-83189-6(1))* Forgotten Bks.
On Trial (Classic Reprint) Zack Zack. (ENG., Illus.). (J). 2018. 242p. 28.97 *(978-0-484-59847-7(3))*; 2017. pap. 11.57 *(978-0-243-43722-1(6))* Forgotten Bks.
On Tuscan Hills Venetian Waters (Classic Reprint) Linda Villari. 2017. (ENG., Illus.). (J). 29.92 *(978-0-331-68874-0(3))* Forgotten Bks.
On Two Continents: A Long Life's Experience. Hezekiah Brake. 2017. (ENG., Illus.). (J). pap. *(978-0-649-21144-9(8))* Trieste Publishing Pty Ltd.
On Two Continents: A Long Life's Experience (Classic Reprint) Hezekiah Brake. 2018. (ENG., Illus.). 246p. (J). 28.97 *(978-0-483-00228-9(3))* Forgotten Bks.
On Two Frontiers (Classic Reprint) George Tower Buffum. (ENG., Illus.). (J). 2018. 386p. 31.86 *(978-0-332-18657-3(1))*; 2016. pap. 16.57 *(978-1-333-31218-3(0))* Forgotten Bks.
On Two Wheels. John Allan. 2021. (Mighty Mechanics' Guide to Speed Ser.). (ENG., Illus.). 24p. (J). (gr. 1-3). lib. bdg. 26.65 *(978-1-913440-63-3(X),* e61b7884-a9e3-433c-b112-8570a21975ff, Hungry Tomato (r)) Lerner Publishing Group.
On Western Trails in the Early Seventies: Frontier Pioneer Life in the Canadian North-West (Classic Reprint) John McDougall. (ENG., Illus.). (J). 2018. 284p. 29.77 *(978-0-267-94082-0(3))*; 2016. pap. 13.57 *(978-1-334-14177-5(0))* Forgotten Bks.
On Wheels. Susan Kesselring. 2018. (J). pap. *(978-1-4896-9972-5(4),* AV2 by Weigl) Weigl Pubs., Inc.
On Wheels & How I Came There. William B. Smith & Joseph Gatch Bonnell. 2017. (ENG.). 346p. (J). pap. *(978-3-337-11599-9(3))* Creation Pubs.
On Wheels & How I Came There (Classic Reprint) W. B. Smith. 2017. (ENG., Illus.). 344p. (J). 30.99 *(978-0-332-56410-4(X))* Forgotten Bks.
On Whirlwind Storms: With Replies to the Objections & Strictures of Dr. Hare (Classic Reprint) William C. Redfield. 2017. (ENG., Illus.). (J). pap. 9.57 *(978-0-243-08111-0(1))* Forgotten Bks.
On Wings of Wonder. Doug Cosper. Illus. by Anna Cosper. 2021. (ENG.). 282p. (J). pap. 15.99 *(978-1-955043-00-7(0))* Illumify Media Group.
On Wings of Words: The Extraordinary Life of Emily Dickinson (Emily Dickinson for Kids, Biography of Female Poet for Kids) Jennifer Berne. Illus. by Becca Stadtlander. 2020. (ENG.). 52p. (J). (gr. k-3). 18.99 *(978-1-4521-4297-5(1))* Chronicle Bks. LLC.
On with Torchy (Classic Reprint) Sewell Ford. 2018. (ENG., Illus.). 344p. (J). 30.99 *(978-0-483-86230-2(4))* Forgotten Bks.
On y Danse les Saisons. Stella Blackstone. Illus. by Maria Carluccio. 2016. (FRE.). (J). pap. *(978-1-78285-298-8(0))* Barefoot Bks., Inc.
On Your Mark! a Story of College, Life & Athletics (Classic Reprint) Ralph Henry Barbour. 2018. (ENG., Illus.). 298p. (J). 30.04 *(978-0-267-09751-7(4))* Forgotten Bks.
On Your Mark, Get Set, Gold! An Irreverent Guide to the Sports of the Summer Games. Scott Allen. Illus. by Antoine Corbineau. 2020. (ENG.). 96p. (J). (gr. 5). 19.99 *(978-1-5362-1398-0(5))* Candlewick Pr.
On Your Marks: The Book of Crazy Exam Stories. Intro. by Roopa Pai. 2018. (ENG., Illus.). 168p. (YA). (gr. 7-12). pap. *(978-93-87693-31-9(7))* Speaking Tiger Publishing.
On Your Marks, Get Set, Go! Ladi, Liz & CAM. Julia Lassa. Illus. by Merve Terzi. 2017. (Ladi, Liz & CAM Ser.: Vol. 1). (ENG.). (J). *(978-0-9956683-0-0(2))* Bower Maze.
On Your Street. Tora Stephenchel. 2021. (Learning Sight Words Ser.). (ENG.). 24p. (J). (gr. -1-2). lib. bdg. 32.79 *(978-1-5038-4511-4(7),* 214278) Child's World, Inc, The.
On Your Way. John Coy. Illus. by Talitha Shipman. 2019. 32p. (J). (gr. -1-k). 17.99 *(978-1-5064-5258-6(2),* Beaming Books) 1517 Media.
on Your Wedding Day Coloring. Bobo's Adult Activity Books. 2016. (ENG., Illus.). (J). pap. 9.33 *(978-1-68327-707-1(4))* Sunshine In My Soul Publishing.
Ona Judge Outwits the Washingtons: An Enslaved Woman Fights for Freedom. Gwendolyn Hooks. Illus. by Simone Agoussoye. 2019. (ENG.). 40p. (J). (gr. 3-6). 18.95

1512 The check digit for ISBN-10 appears in parentheses after the full ISBN-13

(978-1-5435-1280-9(1), 137745, Capstone Editions) Capstone.

Once: A Novel (Classic Reprint) S. Miller Hageman. 2018. (ENG., Illus.). 228p. (J). 28.60 (978-0-483-25651-4(X)) Forgotten Bks.

Once: Peck's Tale. Peach Smith. 2021. (ENG.). 42p. (YA). 19.00 (978-1-0879-8071-3(2)) Indy Pub.

Once a Bear: A Counting Book. Ron Atlas. Illus. by Zach Horvath. 2021. (ENG.). 24p. (J). (— 1). bds. 9.95 (978-1-951412-19-7(2)) Collective Bk. Studio, The.

Once, a Bird. Rina Singh. Illus. by Nathalie Dion. 2023. (ENG.). 32p. (J). (gr. -1-k). 21.95 (978-1-4598-3143-8(8), 1459831438) Orca Bk. Pubs. USA.

Once a King. Erin Summerill. 2018. (Clash of Kingdoms Novel Ser.). (ENG., Illus.). 464p. (YA). (gr. 7). 17.99 (978-1-328-94997-4(4), 1705582, Clarion Bks.) HarperCollins Pubs.

Once a Month, 1885, Vol. 3: An Illustrated Australasian Magazine (Classic Reprint) Unknown Author. 2018. (ENG., Illus.). 662p. (J). 37.55 (978-0-428-99530-0(6)) Forgotten Bks.

Once a Month, Vol. 2: An Illustrated Australian Magazine; January to June, 1885 (Classic Reprint) Peter Mercer. (ENG., Illus.). (J). 2018. 542p. 35.10 (978-0-666-56731-4(X)); 2017. pap. 19.57 (978-1-334-92292-3(6)) Forgotten Bks.

Once a Month, Vol. 4: An Illustrated Australasian Magazine; January to June, 1886 (Classic Reprint) Peter Mercer. (ENG., Illus.). (J). 2018. 688p. 38.11 (978-0-484-12453-9(6)); 2017. pap. 20.57 (978-0-243-59920-2(X)) Forgotten Bks.

Once a Week: December 29, 1860 (Classic Reprint) Unknown Author. (ENG., Illus.). (J). 2018. 32p. 24.56 (978-0-484-36018-0(3)); 2017. pap. 7.97 (978-0-243-20864-7(2)) Forgotten Bks.

Once a Week (Classic Reprint) Alan Alexander Milne. 2018. (ENG., Illus.). 340p. (J). 30.93 (978-0-428-94800-9(6)) Forgotten Bks.

Once a Week, Vol. 1: An Illustrated Miscellany of Literature, Art, Science, & Popular Information; July to December, 1859 (Classic Reprint) Unknown Author. (ENG., Illus.). (J). 2018. 554p. 35.34 (978-0-656-98063-5(X)); 2016. pap. 19.57 (978-1-334-13817-1(6)) Forgotten Bks.

Once a Week, Vol. 1: An Illustrated Miscellany of Literature, Popular Science, & Art; Jan. -June, 1866 (Classic Reprint) Eneas Sweetland Dallas. (ENG., Illus.). (J). 2018. 748p. 39.32 (978-0-483-84693-7(7)); 2018. 732p. 38.99 (978-0-483-13951-0(3)); 2017. pap. 23.57 (978-0-243-96625-7(3)); 2017. pap. 23.57 (978-1-334-93919-8(5)) Forgotten Bks.

Once a Week, Vol. 10 (Classic Reprint) Unknown Author. (ENG., Illus.). (J). 2017. 39.06 (978-0-265-50286-0(1)); 2016. pap. 23.57 (978-1-334-51114-1(4)) Forgotten Bks.

Once a Week, Vol. 11: And Illustrated Miscellany of Literature, Art, Science & Popular Information; June to December, 1864 (Classic Reprint) Unknown Author. (ENG., Illus.). (J). 2018. 730p. 38.95 (978-0-267-38489-1(0)); 2016. pap. 23.57 (978-1-334-14933-7(X)) Forgotten Bks.

Once a Week, Vol. 12: An Illustrated Miscellany of Literature, Art, Science, & Popular Information; December, 1864, to June, 1865 (Classic Reprint) Unknown Author. (ENG., Illus.). (J). 2018. 734p. 39.06 (978-0-483-33529-5(0)); 2016. pap. 23.57 (978-1-334-14988-7(7)) Forgotten Bks.

Once a Week, Vol. 13: An Illustrated Miscellany of Literature, Art, Science, & Popular Information; June to December, 1865 (Classic Reprint) Unknown Author. (ENG., Illus.). (J). 2018. 796p. 40.31 (978-0-483-98304-5(7)); 2016. pap. 23.57 (978-1-334-14462-2(1)) Forgotten Bks.

Once a Week, Vol. 2: An Illustrated Miscellany of Literature, Art, Science, & Popular Information; December to June, 1860 (Classic Reprint) Unknown Author. (ENG., Illus.). (J). 2018. 628p. 36.87 (978-0-332-20945-6(8)); 2016. pap. 19.57 (978-1-334-15110-1(5)) Forgotten Bks.

Once a Week, Vol. 2: An Illustrated Miscellany of Literature, Popular Science, & Art, June-Dec. , 1866 (Classic Reprint) Eneas Sweetland Dallas. (ENG., Illus.). (J). 2018. 740p. 39.16 (978-0-428-82614-7(8)); 2016. pap. 23.57 (978-1-334-14667-1(5)) Forgotten Bks.

Once a Week, Vol. 3: An Illustrated Miscellany of Literature, Art, Science, & Popular Information; July to December, 1860 (Classic Reprint) Unknown Author. (ENG., Illus.). (J). 2018. 734p. 39.06 (978-0-428-86190-2(3)); 2016. pap. 23.57 (978-1-334-15942-8(4)) Forgotten Bks.

Once a Week, Vol. 3: An Illustrated Miscellany of Literature, Popular Science, & Art; Jan. -June, 1867 (Classic Reprint) Unknown Author. (ENG., Illus.). (J). 2018. 780p. 40.13 (978-0-332-52830-4(8)); 2017. pap. 23.57 (978-0-243-92310-6(4)) Forgotten Bks.

Once a Week, Vol. 5: An Illustrated Miscellany of Literature, Art, Science, & Popular Information; June to December, 1861 (Classic Reprint) Unknown Author. (ENG., Illus.). (J). 2018. 732p. 38.99 (978-0-428-80591-3(4)); 2016. pap. 23.57 (978-1-334-16135-3(6)) Forgotten Bks.

Once a Week, Vol. 5 (Classic Reprint) Unknown Author. 2018. (ENG., Illus.). 584p. (J). 35.90 (978-0-332-82348-5(2)) Forgotten Bks.

Once a Week, Vol. 6: An Illustrated Miscellany of Literature, Art, Science, & Popular Information; December, 1861, to June, 1862 (Classic Reprint) Unknown Author. (ENG., Illus.). (J). 2018. 732p. 38.99 (978-0-483-45418-7(4)); 2016. pap. 23.57 (978-1-334-15919-0(X)) Forgotten Bks.

Once a Week, Vol. 6: August to December, 1870 (Classic Reprint) Unknown Author. (ENG., Illus.). (J). 2018. 530p. 34.83 (978-0-483-38927-4(7)); 2016. pap. 19.57 (978-1-334-14738-8(8)) Forgotten Bks.

Once a Week, Vol. 7: An Illustrated Miscellany of Literature, Art, Science & Popular Information; June to December, 1862 (Classic Reprint) Unknown Author. (ENG., Illus.). (J). 2018. 734p. 39.04 (978-0-428-94593-0(7)); 2016. pap. 23.57 (978-1-334-15891-9(6)) Forgotten Bks.

Once a Week, Vol. 7: New Series; January to June, 1871 (Classic Reprint) Unknown Author. (ENG., Illus.). (J). 2018. 616p. 36.60 (978-0-483-02972-9(6)); 2016. pap. 19.57 (978-1-334-15018-0(4)) Forgotten Bks.

Once a Week, Vol. 8: An Illustrated Miscellany of Literature, Art, Science, & Popular Information; December, 1862, to June, 1863 (Classic Reprint) Unknown Author. (ENG., Illus.). (J). 2018. 732p. 38.97 (978-0-332-96862-9(6)); 2016. pap. 23.57 (978-1-334-14115-7(0)) Forgotten Bks.

Once a Week, Vol. 8: July to December, 1871 (Classic Reprint) Unknown Author. (ENG., Illus.). (J). 2018. 706p. 38.46 (978-0-483-95439-7(X)); 2016. pap. 20.97 (978-1-334-14452-3(4)) Forgotten Bks.

Once a Week, Vol. 9 (Classic Reprint) Unknown Author. 2018. (ENG., Illus.). (J). 734p. 39.06 (978-0-483-40324-6(5)); 566p. 35.57 (978-0-483-69729-4(X)) Forgotten Bks.

Once Aboard the Lugger-The: History of George & His Mary (Classic Reprint) A. S. M. Hutchinson. 2017. (ENG., Illus.). (J). 30.89 (978-1-5285-7475-4(3)) Forgotten Bks.

Once & Again, Vol. 1 Of 2: A Novel (Classic Reprint) Camilla Jenkin. (ENG., Illus.). (J). 2018. 618p. 36.64 (978-0-365-00595-7(9)); 2017. pap. 19.57 (978-0-259-26637-2(X)) Forgotten Bks.

Once & Again, Vol. 1 Of 3: A Novel (Classic Reprint) C. Jenkin. 2018. (ENG., Illus.). 312p. (J). 30.33 (978-0-267-15412-8(7)) Forgotten Bks.

Once & Again, Vol. 2 Of 3: A Novel (Classic Reprint) C. Jenkin. 2018. (ENG., Illus.). 322p. (J). 30.54 (978-0-332-57884-2(4)) Forgotten Bks.

Once & Again, Vol. 3 Of 3: A Novel (Classic Reprint) C. Jenkin. 2018. (ENG., Illus.). 296p. (J). 30.00 (978-0-483-83180-3(8)) Forgotten Bks.

Once & for All. Sarah Dessen. (ENG.). (YA). (gr. 7). 2018. 384p. pap. 11.99 (978-0-425-29035-4(2), Speak); 2017. 368p. 19.99 (978-0-425-29033-0(6), Viking Books for Young Readers) Penguin Young Readers Group.

Once & Forever Mountain (Clock Winders Book Five) J. H. Sweet. 2017. (Clock Winders Ser.: Vol. 5). (ENG., Illus.). (YA). (gr. 7-12). 23.94 (978-1-936660-20-9(2)) Sweet, Joanne.

Once & Future. Cory McCarthy & A. R. Capetta. (ENG.). (YA). (gr. 9-17). 2020. 384p. pap. 10.99 (978-0-316-44926-7(1)); 2019. 368p. 18.99 (978-0-316-44927-4(X)) Little Brown & Co. (Jimmy Patterson).

Once & Future Queen. P. Adam. 2017. (Illus.). 120p. (YA). (gr. 7). pap. 14.99 (978-1-5067-0250-6(3), Dark Horse Books) Dark Horse Comics.

Once Around the Block / una Vuelta a la Manzana, 1 vol. José Lozano. Illus. by José Lozano. 2023. (ENG.). 32p. (J). (gr. -1-4). 10.95 (978-1-941026-08-3(7), 23353382, Cinco Puntos Press) Lee & Low Bks., Inc.

Once Around the Sun: Stories, Crafts, & Recipes to Celebrate the Sacred Earth Year. Ellen Evert Hopman. Illus. by Lauren Mills. 2022. (ENG.). 160p. (J). (gr. 4-6). pap. 16.99 (978-1-64411-414-8(3), Destiny Bks.) Inner Traditions International, Ltd.

Once Brave Boy. Briana Gervat. 2017. (ENG., Illus.). (J). pap. 8.95 (978-1-365-44294-0(2)) Lulu Pr., Inc.

Once for All, Vol. 1 Of 3: A Novel (Classic Reprint) Max Hillary. 2018. (ENG., Illus.). 282p. (J). 29.71 (978-0-332-34878-0(4)) Forgotten Bks.

Once for All, Vol. 2 Of 3: A Novel (Classic Reprint) Max Hillary. 2018. (ENG., Illus.). 258p. (J). 29.22 (978-0-484-27294-0(2)) Forgotten Bks.

Once for All, Vol. 3 Of 3: A Novel (Classic Reprint) Max Hillary. 2018. (ENG., Illus.). 298p. (J). 30.04 (978-0-364-17840-9(X)) Forgotten Bks.

Once I Dreamed... Loraine Drawe. 2021. (ENG., Illus.). 22p. (J). pap. 13.95 (978-1-64701-443-8(3)) Page Publishing Inc.

Once I Heard a Little Wombat. Renee Treml. 2020. 24p. (J). (-k). bds. 11.99 (978-1-76089-054-4(5), Picture Puffin) Penguin Random Hse. AUS. Dist: Independent Pubs. Group.

Once I Was You — Adapted for Young Readers: Finding My Voice & Passing the Mic. Maria Hinojosa. 2022. (ENG.). 272p. (J). (gr. 3-7). 18.99 (978-1-6659-0280-9(9), Simon & Schuster Bks. For Young Readers) Simon & Schuster Bks. For Young Readers.

Once in a Blue Moon, 1 vol. Danielle Daniel. 2021. (Illus.). 32p. (J). (gr. k-2). 12.99 (978-1-77306-600-4(5)) Groundwood Bks. CAN. Dist: Publishers Group West (PGW).

Once in a Blue Moon. Sharon G. Flake. 2023. (ENG.). 336p. (J). (gr. 3-7). 17.99 (978-0-593-48098-4(8)); lib. bdg. 20.99 (978-0-593-48099-1(6)) Random Hse. Children's Bks. (Knopf Bks. for Young Readers).

Once in a Blue Moon. January May. 2017. (ENG., Illus.). (J). pap. 8.34 (978-1-326-89244-9(4)) Lulu Pr., Inc.

Once in a Forest. Adriana Pernetz. 2018. (ENG., Illus.). 26p. (J). pap. 12.95 (978-1-64258-091-4(0)) Christian Faith Publishing.

Once in a Life (Classic Reprint) Charles Garvice. (ENG., Illus.). (J). 2018. 346p. 31.03 (978-0-656-39748-8(9)); 2017. pap. 13.57 (978-0-259-17425-7(4)) Forgotten Bks.

Once In Blue Moon. Danielle Pettibone. 2019. (ENG.). 234p. (YA). 21.95 (978-1-5069-0304-0(5)); pap. 14.95 (978-1-5069-0842-7(X)) First Edition Design Publishing.

Once More with Chutzpah. Haley Neil. 2022. (ENG.). 352p. (YA). 17.99 (978-1-5476-0709-9(2), 900239130, Bloomsbury Young Adult) Bloomsbury Publishing USA.

Once on a Time (Classic Reprint) Alan Alexander Milne. 2017. (ENG., Illus.). (J). 32.52 (978-1-5281-7442-8(9)) Forgotten Bks.

Once on the Summer Range (Classic Reprint) Francis Hill. 2017. (ENG., Illus.). (J). 31.09 (978-0-265-68412-2(9)); pap. 13.57 (978-1-5276-5912-4(7)) Forgotten Bks.

Once There Was. Kiyash Monsef. 2023. (Once There Was Ser.). (ENG., Illus.). 416p. (J). (gr. 5). 18.99 (978-1-6659-2850-2(6), Simon & Schuster Bks. For Young Readers) Simon & Schuster Bks. For Young Readers.

Once There Was a Dot. Jack Stewart. 2018. (ENG., Illus.). 60p. (J). pap. (978-0-2288-0180-1(X)) Tellwell Talent.

Once There Was a Story: Tales from Around the World, Perfect for Sharing. Jane Yolen. Illus. by Jane Dyer. 2017. (ENG.). 160p. (J). (gr. -1-3). 19.99 (978-1-4169-7172-6(6), Simon & Schuster/Paula Wiseman Bks.) Simon & Schuster/Paula Wiseman Bks.

Once Twice Thrice. Kim Chatel. Illus. by Kathleen Bullock. l.t. ed. 2016. (ENG.). (J). (gr. k-2). pap. 9.95 (978-1-61633-802-2(4)) Guardian Angel Publishing, Inc.

Once upon a Bedtime. David Melling. (ENG., 32p. (J). (gr. -1-k). 2020. Illus.). pap. 9.99 (978-0-340-98971-5(8)); 2019. 16.99 (978-0-340-98970-8(X), Hodder Children's Books) Hachette Children's Group GBR. Dist: Hachette Bk. Group.

Once upon a Blue Moon. Monique Constant. 2017. (ENG., Illus.). (J). pap. (978-1-5255-0200-2(X)) FriesenPress.

Once upon a Broken Heart. Stephanie Garber. (Once upon a Broken Heart Ser.). (ENG.). 2023. 432p. (gr. 7-12). 31.19 (978-1-5364-8031-3(2)); 2023. (Illus.). 432p. (YA). pap. 12.99 (978-1-250-26840-2(0), 900222633); 2021. (Illus.). 416p. (YA). 19.99 (978-1-250-26839-6(7), 900222632) Flatiron Bks.

Once upon a Broken Heart. Stephanie Garber. 2021. (Illus.). 408p. (YA). (978-1-250-84133-9(X)) St. Martin's Pr.

Once upon a Chicken. Deborah W. Corrao. Illus. by Corrin Lussier. 2020. (ENG.). 32p. (J). 24.99 (978-1-947773-95-0(X)); pap. 12.99 (978-1-947773-94-3(1)) Yawn's Bks. & More, Inc. (Yawn Publishing LLC).

Once upon a Christmas. Dawn Young. Illus. by Kenneth Anderson. 2021. (ENG.). 32p. (J). (gr. -1-2). 14.99 (978-1-5460-1391-4(1), Worthy Kids/Ideals) Worthy Publishing.

Once upon a Clock Tower: Huntsville's Dark Society. M. E. Champey. 2023. (ENG.). 142p. (YA). pap. 6.99 (978-1-0882-0279-1(9)) Indy Pub.

Once upon a Clock Tower: The Order of the Sphinx. M. E. Champey. 2022. (ENG.). 142p. (YA). pap. 7.99 (978-1-0878-7357-2(6)) Indy Pub.

Once upon a Crime (Mystery), 1 vol. Anne Schraff. 2017. (Pageturners Ser.). (ENG.). 76p. (YA). (gr. 9-12). 10.75 (978-1-68021-388-1(1)) Saddleback Educational Publishing, Inc.

Once upon a Crime (the Sisters Grimm #4) 10th Anniversary Edition. Michael Buckley. Illus. by Peter Ferguson. 10th anniv. ed. 2017. (Sisters Grimm Ser.). (ENG.). 272p. (J). (gr. 3-7). pap. 9.99 (978-1-4197-2007-9(4), 608706, Amulet Bks.) Abrams, Inc.

Once upon a Cruise: a Wish Novel. Anna Staniszewski. 2016. (Wish Ser.). (ENG.). 256p. (J). (gr. 3-7). pap. 6.99 (978-0-545-87986-6(8), Scholastic Paperbacks) Scholastic, Inc.

Once upon a Dinosaur Craft. Annalees Lim. Illus. by Supriya Sahai. 2019. (Happily Ever Crafter Ser.). (ENG.). 32p. (J). (gr. 2-5). lib. bdg. 27.99 (978-1-5415-5881-6(2), 9705217b-dc85-4ab3-8d39-7b0447c2ae81, Lerner Pubns.) Lerner Publishing Group.

Once upon a Dog. Marc Rivera. 2022. (ENG.). 30p. (J). pap. 10.95 (978-1-63868-062-8(0)) Virtualbookworm.com Publishing, Inc.

Once upon a Dragon's Fire. Beatrice Blue. 2021. (ENG., Illus.). 40p. (J). (gr. -1-3). 17.99 (978-0-358-27242-7(4), 1773748, Clarion Bks.) HarperCollins Pubs.

Once upon a Dragon's Fire. Beatrice Blue. 2020. (ENG., Illus.). 40p. (J). (gr. -1-2). 17.99 (978-1-78603-553-0(7), 305882, Frances Lincoln Children's Bks.) Quarto Publishing Group UK GBR. Dist: Hachette UK Distribution.

Once upon a Dragons Fire F&g. Blue. 2021. (ENG.). (J). 17.99 (978-0-358-44711-5(9), HarperCollins) HarperCollins Pubs.

Once upon a Dragon's Fire Hc. Blue. 2021. (ENG.). (J). 17.99 (978-0-358-20620-0(0), HarperCollins) HarperCollins Pubs.

Once upon a Dream: A Twisted Tale. Liz Braswell. ed. 2017. (Twisted Tale Ser.). (YA). lib. bdg. 20.85 (978-0-606-39935-7(6)) Turtleback.

Once upon a Dream-A Twisted Tale. Liz Braswell. 2017. (Twisted Tale Ser.). (ENG.). 464p. (YA). (gr. 7-12). pap. 10.99 (978-1-4847-0730-2(3), Disney Press Books) Disney Publishing Worldwide.

Once upon a Fairy Tale. Illus. by Maude Guesné & Maude Guesné. 2016. (Coloring Studio Ser.: 1). (ENG.). 32p. (J). (gr. 1-17). pap. 7.99 (978-0-316-39292-1(8)) Little, Brown Bks. for Young Readers.

Once upon a Fairy Tale Craft. Annalees Lim. Illus. by Supriya Sahai. 2019. (Happily Ever Crafter Ser.). (ENG.). 32p. (J). (gr. 2-5). lib. bdg. 27.99 (978-1-5415-5877-9(4), 6a06805c-cc05-4b56-8d8b-12be5aa7fd33, Lerner Pubns.) Lerner Publishing Group.

Once upon a Flower. Merrilee Tingle. 2nd ed. 2020. (Once Upon Ser.: Vol. 1). (ENG.). 22p. (J). 19.99 (978-1-952894-59-6(X)) Pen It Pubns.

Once upon a Forest. Pam Fong. 2022. (Illus.). 40p. (J). (gr. -1-3). 17.99 (978-0-593-38014-7(2)); (ENG.). lib. bdg. 20.99 (978-0-593-38015-4(0)) Random Hse. Children's Bks.

Once upon a Frog (Whatever After #8) Sarah Mlynowski. 2017. (Whatever After Ser.: 8). (ENG.). 176p. (J). (gr. 3-7). pap. 6.99 (978-0-545-74663-2(9), Scholastic Pr.) Scholastic, Inc.

Once upon a Goat. Dan Richards. Illus. by Eric Barclay. 2019. 40p. (J). (gr. -1-2). 17.99 (978-1-5247-7374-8(3), Knopf Bks. for Young Readers) Random Hse. Children's Bks.

Once upon a Golden Apple: 25th Anniversary Edition. Jean Little & Maggie de Vries. Illus. by Phoebe Gilman. 25th ed. 2016. (ENG.). 26p. (J). (— 1). bds. 7.99 (978-0-670-07007-7(6), Puffin Canada) PRH Canada Young Readers CAN. Dist: Penguin Random Hse. LLC.

Once upon a Goldendoodle... Sadie Takes a Walk. Terri Willard. Illus. by Lauren Barger. 2021. (Once upon a Goldendoodle... Ser.: Vol. 2). (ENG.). 32p. (J). 26.99 (978-1-6629-0527-8(0)); pap. 14.99 (978-1-6629-0528-5(9)) Gatekeeper Pr.

Once upon a Goldendoodle... Sadie's First Year. Terri Willard. Illus. by Lauren Barger. 2020. (Once upon a Goldendoodle... Ser.: Vol. 1). (ENG.). 32p. (J). 26.99 (978-1-6629-0699-2(4)); pap. 14.99 (978-1-6629-0700-5(1)) Gatekeeper Pr.

Once upon a Horror. Reyna Young. 2017. (ENG., Illus.). (J). pap. 9.98 (978-1-946874-02-3(7)) Black Bed Sheet Bks.

Once upon a Jungle. Laura Knowles. Illus. by James Boast. 2017. (ENG.). 32p. (J). (gr. k-3). 18.95 (978-1-77085-971-5(3), cb80911e-fe12-4619-85d9-da6370478d6f) Firefly Bks., Ltd.

Once upon a K-Prom. Kat Cho. (YA). (gr. 7-12). 2023. 336p. pap. 10.99 (978-1-368-06698-3(4)); 2022. 12p. 18.99 (978-1-368-06464-4(7)) Disney Publishing Worldwide. (Disney-Hyperion).

Once upon a Leaf. Merrilee Hill Tingle. 2021. (ENG.). 30p. (J). 19.99 (978-1-954868-18-2(9)) Pen It Pubns.

Once upon a Line. Elliot Kreloff. 2022. (ENG., Illus.). 32p. (J). (gr. k-2). 17.95 (978-1-68555-004-2(5)) Collective Bk. Studio, The.

Once upon a Medieval Craft. Annalees Lim. Illus. by Supriya Sahai. 2019. (Happily Ever Crafter Ser.). (ENG.). 32p. (J). (gr. 2-5). lib. bdg. 27.99 (978-1-5415-5879-3(0), 67ad1ee8-a2e8-494d-9fa0-943547aaf00c, Lerner Pubns.) Lerner Publishing Group.

Once upon a Messy Whisker, 1. Jennifer L. Holm et al. ed. 2022. (Big Adv of BabyMouse Ser.). (ENG.). 206p. (J). (gr. 2-5). 26.46 (978-1-68505-695-7(4)) Penworthy Co., LLC, The.

Once upon a Mouse. J. A. Zarifian. 2018. (ENG., Illus.). 238p. pap. 17.95 (978-1-78710-509-6(1), 1c044cbc-91c7-4c3b-bbc2-4cfdb4814c2c) Austin Macauley Pubs. Ltd. GBR. Dist: Baker & Taylor Publisher Services (BTPS).

Once upon a Paper Doll: Color Your Own Fairy Tale Paper Dolls. Hannah A. Stevenson. 2019. (ENG., Illus.). 56p. (J). pap. 14.99 (978-1-64124-004-8(0), 0048) Fox Chapel Publishing Co., Inc.

Once upon a PICKLE: World's Greatest Word Game. Brian Elling. 2020. (Tales from Mad Libs Ser.). 48p. (J). (gr. 3-7). pap. 5.99 (978-0-593-09300-9(3), Mad Libs) Penguin Young Readers Group.

Once upon a Pirate Craft. Annalees Lim. Illus. by Supriya Sahai. 2019. (Happily Ever Crafter Ser.). (ENG.). 32p. (J). (gr. 2-5). lib. bdg. 27.99 (978-1-5415-5878-6(2), 5f055934-3b88-4d85-bc4a-23408233ba24, Lerner Pubns.) Lerner Publishing Group.

Once upon a Pizzeria. Charly Chiarelli. Illus. by Alma Roussy. 2022. (ENG.). 36p. (J). (978-1-0391-4855-0(7)); pap. (978-1-0391-4854-3(9)) FriesenPress.

Once upon a Place. Ed. by Eoin Colfer. Illus. by P. J. Lynch. 2017. (ENG.). 256p. (J). (gr. 4-7). 16.99 (978-1-910411-37-7(X)) Little Island IRL. Dist: Consortium Bk. Sales & Distribution.

Once upon a Potty — Boy — Sound Book. Alona Frankel. Illus. by Alona Frankel. 2021. (Once upon a Potty Ser.). (ENG., Illus.). 8p. (J). (gr. -1 — 1). bds. 16.95 (978-0-2281-0237-3(5), f94c8421-a78c-460f-8ea6-d7a256dec65a) Firefly Bks., Ltd.

Once upon a Potty — Girl — Sound Book. Alona Frankel. Illus. by Alona Frankel. 2021. (Once upon a Potty Ser.). (ENG., Illus.). 8p. (J). (gr. -1 — 1). bds. 16.95 (978-0-2281-0238-0(3), 0b1dfbe6-309d-466d-ba43-e2a8bd5e3ca8) Firefly Bks., Ltd.

Once upon a Prank. Roy L. Hinuss. Illus. by Matt Hunt. 2018. 120p. (J). (978-1-5490-5506-5(2)) ETT Imprint.

Once upon a Prank, 1. Roy L. Hinuss. ed. 2020. (Prince Not-So Charming Ser.). (ENG.). 120p. (J). (gr. 2-3). 15.96 (978-1-64697-021-6(7)) Penworthy Co., LLC, The.

Once upon a Prank. Roy L. Hinuss. ed. 2018. (Prince Not-So Charming Ser.). (Illus.). 120p. (J). lib. bdg. 16.00 (978-0-606-41110-3(0)) Turtleback.

Once upon a Princess. Christine Marciniak. 2018. (ENG.). 224p. (J). (gr. 4-7). 16.95 (978-1-944821-28-9(7)) CBAY Bks.

Once upon a Princess Saga. C. S. Johnson. 2020. (ENG.). 838p. (YA). 39.99 (978-1-943934-37-9(1)); pap. 25.99 (978-1-943934-36-2(3)) Dire Wolf Bks.

Once upon a Quinceanera. Monica Gomez-Hira. (ENG.). 432p. (YA). (gr. 8). 2022. pap. 11.99 (978-0-06-299684-8(3)); 2021. 17.99 (978-0-06-299683-1(5)) HarperCollins Pubs. (HarperTeen).

Once upon a Rhinoceros. Avril Van der Merwe. Illus. by Heidi-Kate Greeff. 2018. (ENG.). 16p. pap. 7.50 (978-1-4859-0037-5(9)) Penguin Random House South Africa ZAF. Dist: Casemate Pubs. & Bk. Distributors, LLC.

Once upon a Rhyme. Julie Murrow. 2018. (ENG.). 44p. (J). pap. (978-0-244-71782-7(6)) Lulu Pr., Inc.

Once upon a Rhyme in H-Town! Dwayne Lopes. 2021. (ENG.). 38p. (J). 15.99 (978-1-956696-18-9(0)); pap. 11.99 (978-1-956696-17-2(2)) Rushmore Pr. LLC.

Once upon a Robots & Aliens Craft. Annalees Lim. Illus. by Supriya Sahai. 2019. (Happily Ever Crafter Ser.). (ENG.). 32p. (J). (gr. 2-5). 27.99 (978-1-5415-5880-9(4), 1a1ccd9f-a579-47f2-9695-c414a5b0ad78, Lerner Pubns.) Lerner Publishing Group.

Once upon a Scream. Vera Strange. 2022. (Disney Chills Ser.: 6). (ENG.). 256p. (J). (gr. 3-7). pap. 6.99 (978-1-368-07591-6(6), Disney-Hyperion) Disney Publishing Worldwide.

Once upon a Scream, 6. Vera Strange. ed. 2022. (Disney Chills Ser.). (ENG.). 252p. (J). (gr. 3-7). 18.96 (978-1-68505-577-6(X)) Penworthy Co., LLC, The.

Once upon a Slime. Andy Maxwell. Illus. by Samantha Cotterill. 2018. (ENG.). 40p. (J). (gr. -1-3). 17.99 (978-0-316-39326-3(6)) Little, Brown Bks. for Young Readers.

Once upon a Snowman. Suzanne Francis. ed. 2020. (Disney 8x8 Ser.). (ENG., Illus.). 24p. (J). (gr. k-1). 15.96 (978-1-64697-507-5(3)) Penworthy Co., LLC, The.

Once upon a Song: A Numbers Primer for Music Lovers. Illus. by Mike Byrne. 2021. (ENG.). 22p. (J). (gr. -1 — 1). bds. 9.99 (978-0-7624-7060-0(7), Running Pr. Kids) Running Pr.

Once upon a Space-Time! Jeffrey Brown. (Space-Time Ser.). 256p. (J). (gr. 3-7). 2022. pap. 7.99 (978-0-553-53438-2(6), Yearling); 2020. (Illus.). 13.99 (978-0-553-53435-1(1), Crown Books For Young Readers); 2020. (ENG., Illus.). lib. bdg. 16.99 (978-0-553-53436-8(X), Crown Books For Young Readers) Random Hse. Children's Bks.

O

Once upon a Star: A Poetic Journey Through Space. James Carter. Illus. by Mar Hernandez. 2018. (ENG.). 32p. (J). (gr. -1-2). 17.99 *(978-0-525-57933-5(8),* Doubleday Bks. for Young Readers) Random Hse. Children's Bks.

Once upon a Starry Night. Nancy Diedrich. 2019. (ENG.). 38p. (J). 24.95 *(978-1-0980-2308-9(0));* pap. 14.95 *(978-1-64492-457-0(9))* Christian Faith Publishing.

Once upon a Street: Norfolk Stories for Children. Isabelle King. Illus. by John McKeever. 2019. (ENG.). 192p. (J). (gr. 5-7). pap. 16.95 *(978-0-7509-8989-3(0))* History Pr. Ltd.,The GBR. Dist: Independent Pubs. Group.

Once upon a Thriller: #4. Carolyn Keene. 2021. (Nancy Drew Diaries). (ENG.). 144p. (J). (gr. 3-7). lib. bdg. 31.36 *(978-1-0982-5011-9(7),* 37000, Chapter Bks.) Spotlight.

Once upon a Tide: A Mermaid's Tale. Stephanie Kate Strohm. 2021. 20p. (J). (gr. 3-7). 16.99 ***(978-1-368-05443-0(9),*** Disney-Hyperion) Disney Publishing Worldwide.

Once upon a Tide: An Epic Fantasy. S. McPherson. 2018. (Last Elentrice Ser.: Vol. 35). (ENG., Illus.). 152p. (YA). (gr. 7-12). pap. *(978-0-9933605-8-9(0))* McPherson, S Bks.

Once upon a Tim. Stuart Gibbs. Illus. by Stacy Curtis. 2022. (J). *(978-1-5344-9926-3(1));* (Once upon a Tim Ser.: 1). (ENG.). 160p. (gr. 2-5). 12.99 *(978-1-5344-9925-6(3))* Simon & Schuster Bks. For Young Readers. (Simon & Schuster Bks. For Young Readers).

Once upon a Time. Guridi. 2018. (ENG., Illus.). 32p. (J). (gr. -1-3). 17.95 *(978-1-84976-513-8(8),* 1314101) Tate Publishing, Ltd. GBR. Dist: Abrams, Inc.

Once upon a Time. Jet Haugen. 2020. (ENG., Illus.). 30p. (J). pap. 12.95 *(978-1-64670-283-1(2))* Covenant Bks.

Once upon a Time. Biplab K. Mazumdar. 2018. (ENG., Illus.). 250p. (J). pap. *(978-3-7103-3467-2(5))* united p.c. Verlag.

Once upon a Time: A Fairy Tale Top Score Game. Text by Lizzy Stewart. 2018. (ENG., Illus.). 111p. (J). (gr. 1-5). 9.99 *(978-1-78627-172-3(9),* King, Laurence Publishing) Orion Publishing Group, Ltd. GBR. Dist: Hachette Bk. Group.

Once upon a Time: And Other Child-Verses (Classic Reprint) Mary Wilkins Freeman. 2017. (ENG., Illus.). (J). 27.92 *(978-0-260-13265-9(9));* pap. 10.57 *(978-0-243-47431-8(8))* Forgotten Bks.

Once upon a Time: Play-Stories for Children (Classic Reprint) Emma Elizabeth Brown. 2017. (ENG., Illus.). (J). 29.67 *(978-0-266-71389-0(0));* pap. 13.57 *(978-1-5276-6835-5(5))* Forgotten Bks.

Once upon a Time: Stories (Classic Reprint) Roberta B. Nelson. 2017. (ENG., Illus.). (J). 28.70 *(978-0-266-57145-2(X));* pap. 11.57 *(978-0-282-84101-0(6))* Forgotten Bks.

Once upon a Time: The Faerie Doings in Cedar Creek Valley (Classic Reprint) Anna Marcet Haldeman. 2017. (ENG., Illus.). (J). 126p. 26.50 *(978-0-332-76017-9(0));* 128p. pap. 9.57 *(978-0-332-58189-7(6))* Forgotten Bks.

Once upon a Time a Boy Lived on Lake Minnetonka. Harry Eiss. 2018. (ENG.). 444p. (J). pap. 18.89 *(978-1-7323153-1-0(0))* White Wolf Publishing, Inc.

Once upon a Time a Boy Lived on Lake Minnetonka: Color Edition. Harry Eiss. 2018. (ENG., Illus.). 444p. (J). pap. 79.99 *(978-1-7323153-0-3(2))* White Wolf Publishing, Inc.

Once upon a Time Bible for Little Ones, 1 vol. Omar Aranda. 2017. (ENG., Illus.). 32p. (J). bds. 9.99 *(978-0-310-76170-9(0))* Zonderkidz.

Once upon a Time-Bomb. Brian Branigan. Illus. by Allison Culbertson. 2020. (ENG.). 80p. (J). pap. 18.95 *(978-0-9892840-4-2(2))* Eat Words Publishing.

Once upon a Time-Bomb. Brian Branigan. Illus. by Allison L. Culbertson. 2020. (ENG.). 80p. (J). 24.95 *(978-0-9892840-3-5(4))* Eat Words Publishing.

Once upon a Time Children's European Folktales. Baby Professor. 2017. (ENG., Illus.). (J). pap. 7.89 *(978-1-5419-0432-3(X),* Baby Professor (Education Kids)) Speedy Publishing LLC.

Once upon a Time (Classic Reprint) Richard Harding Davis. (ENG., Illus.). (J). 2018. 324p. 30.58 *(978-0-364-01348-9(6));* 2018. 324p. 30.58 *(978-0-267-98840-2(0));* 2017. pap. 13.57 *(978-0-243-51073-3(X))* Forgotten Bks.

Once upon a Time in a Kingdom: A Tale of Three Princesses. Stacy Rolfe. 2021. (ENG.). 32p. (J). 23.95 *(978-1-63885-505-7(6));* pap. 14.95 *(978-1-64468-638-6(4))* Covenant Bks.

Once upon a Time in a Universe. Leanne Borrelli. 2019. (ENG.). 42p. (J). pap. 15.95 *(978-1-9736-7676-8(1),* WestBow Pr.) Author Solutions, LLC.

Once upon a Time in Delaware. Katherine Pyle. 2018. (ENG., Illus.). 108p. (YA). (gr. 7-12). pap. *(978-93-5329-340-6(5))* Alpha Editions.

Once upon a Time in Fairyland. Jan Weeks. 2020. (ENG.). 32p. (J). pap. *(978-1-78693-603-5(8))* Austin Macauley Pubs. Ltd.

Once upon a Time in Liverpool. Judith Kristen. Illus. by Eric Cash. 2020. (ENG.). 38p. (J). 20.00 *(978-1-946182-07-4(9))* Texas Bk. Pubs. Assn.

Once upon a Time in Norfolk. Isabelle King. Illus. by John McKeever. 2018. (ENG.). 192p. pap. 16.95 *(978-0-7509-8415-7(5))* History Pr. Ltd.,The GBR. Dist: Independent Pubs. Group.

Once upon a Time in the Evening. Eugenia Rimkiene. 2019. (ENG.). 16p. (J). pap. 10.00 *(978-0-359-86379-2(5))* Lulu Pr., Inc.

Once upon a Time Not So Long Ago. Jennifer Grant. Illus. by Gillian Gillian Whiting. 2021. (ENG.). 48p. (YA). 19.95 *(978-1-64065-403-7(8))* Church Publishing, Inc.

Once upon a Time People Were Kind. Joseph Skillin. 2018. (ENG., Illus.). 38p. (J). (gr. k-3). 15.99 *(978-0-578-40414-1(1))* Skillin Marketing/Advertising, Inc.

Once upon a Time, Princess Coloring Images - Coloring Books Princess Edition. Creative Playbooks. 2016. (ENG., Illus.). (J). pap. 7.74 *(978-1-68323-108-0(2))* Twin Flame Productions.

Once upon a Time Storybook Bible, 1 vol. Illus. by Omar Aranda. 2017. (ENG.). 144p. (J). 16.99 *(978-0-310-75792-4(4))* Zonderkidz.

Once upon a Time There Was an Elephant. Shige Chen. 2022. (ENG.). 32p. (J). pap. 7.95 *(978-1-4788-7522-2(4))* Newmark Learning LLC.

Once upon a Time There Was & Will Be So Much More. Johanna Schaible. Illus. by Johanna Schaible. 2021. (ENG.). 56p. (J). (gr. k-4). 18.99 *(978-1-5362-2213-5(5))* Candlewick Pr.

Once upon a Time with Our Substitute Teacher! Stephen Breen. Illus. by Amurtha Godage. 2022. (ENG.). 36p. (J). 15.99 *(978-1-0879-8428-5(9));* pap. 9.99 *(978-1-0879-5639-8(0))* Indy Pub.

Once upon a Times: Children's Stories. Alan Hilfiker. 2023. (ENG.). 112p. (J). pap. 14.95 ***(978-1-64543-790-1(6),*** Mascot Kids) Amplify Publishing Group.

Once upon a Tree. Soren Kisiel & Dawn Jarock. Illus. by Jessica McClure. 2017. 40p. (J). (gr. -1-3). 16.95 *(978-1-941529-74-4(7),* Plum Blossom Bks.) Parallax Pr.

Once upon a Unicorn. Lou Anders. 2020. (Illus.). 288p. (J). (gr. 3-7). 16.99 *(978-1-5247-1944-9(7));* (ENG., lib. bdg. 19.99 *(978-1-5247-1945-6(5))* Random Hse. Children's Bks. (Crown Books For Young Readers).

Once upon a Unicorn Horn Hc. Blue. 2020. (ENG.). (J). 17.99 *(978-0-358-20619-4(7),* HarperCollins) HarperCollins Pubs.

Once upon a Virus: the Story of Ruben: A Bat Who Unintentionally Starts a Virus Learns about Friends, Food & Fam. Sanchez Jessie. Illus. by Victor Sosa. 2021. 38p. (J). pap. 18.99 *(978-1-0983-5438-1(9))* BookBaby.

Once upon a Winter. Megan Atwood. Illus. by Natalie Andrewson. 2017. (Orchard Novel Ser.: 2). (ENG.). 240p. (J). (gr. 2-6). 12.99 *(978-1-4814-9049-8(4),* Aladdin) Simon & Schuster Children's Publishing.

Once upon a Winter Day. Liza Woodruff. (Illus.). 40p. (J). (gr. -1-3). 2023. pap. 8.99 *(978-0-8234-5244-6(1));* 2020. 18.99 *(978-0-8234-4099-3(0))* Holiday Hse., Inc. (Margaret Ferguson Books).

Once upon a Wish. Amy Sparkes. Illus. by Sara Ogilvie. 2017. (ENG.). 32p. (J). (gr. -1-k). pap. 9.99 *(978-1-84941-661-0(3),* Red Fox) Random House Children's Books GBR. Dist: Independent Pubs. Group.

Once upon a Witch's Broom. Beatrice Blue. 2023. (Once Upon... Ser.). (ENG., Illus.). 40p. (J). (gr. -1-2). 18.99 ***(978-0-7112-8827-0(5),*** Frances Lincoln Children's Bks.) Quarto Publishing Group UK GBR. Dist: Hachette Bk. Group.

Once upon a Witchy Moon. S. a Cozad. 2017. (ENG.). 36p. (J). 34.22 ***(978-1-312-32141-0(5))*** Lulu Pr., Inc.

Once upon a World: A Bedtime Book of Bible Stories. Robert Duncan. ed. 2023. (ENG., Illus.). 160p. (J). pap. 10.99 *(978-0-7459-7993-9(9),* 0c4f662e-fde1-49b3-81e3-00f9c8c1b139, Lion Children's) Lion Hudson PLC GBR. Dist: Baker & Taylor Publisher Services (BTPS).

Once upon a World Collection (Boxed Set) Snow White; Cinderella; Rapunzel; the Princess & the Pea. Chloe Perkins. ed. 2018. (Once upon a World Ser.). (ENG., Illus.). 96p. (J). (gr. -1 — 1). bds. 35.99 *(978-1-5344-1290-3(5),* Little Simon) Little Simon.

Once upon a Zombie: Book One: the Color of Fear. Billy Phillips & Jenny Nissensen. 2018. (ENG., Illus.). 364p. (YA). (gr. 7-12). pap. 12.95 *(978-1-64237-252-6(8))* Gatekeeper Pr.

Once upon a Zombie: Book Two: the Lord of the Curtain. Billy Phillips & Jenny Nissensen. 2018. (Once upon a Zombie Ser.: Vol. 2). (ENG., Illus.). 474p. (YA). (gr. 7-12). 26.95 *(978-1-935668-39-8(0));* pap. 13.95 *(978-1-64237-023-2(1))* Gatekeeper Pr.

Once upon a Zzzz. Maddie Frost. Illus. by Maddie Frost. 2018. (ENG., Illus.). 40p. (J). (gr. -1-3). 16.99 *(978-0-8075-6064-8(2),* 807560642) Whitman, Albert & Co.

Once upon an ABC. Sophie Masson. Illus. by Chris Nielsen. 2017. (ENG.). 32p. (J). (gr. -1-k). 17.99 *(978-1-76012-843-2(0))* Little Hare Bks. AUS. Dist: Independent Pubs. Group.

Once upon an Animal Craft. Annalees Lim. Illus. by Supriya Sahai. 2019. (Happily Ever Crafter Ser.). (ENG.). 32p. (J). (gr. 2-5). 27.99 *(978-1-5415-5882-3(0),* d18810f0-3b4c-4628-a5a0-2c964f41c1de, Lerner Pubns.) Lerner Publishing Group.

Once upon an Apple Cake: a Rosh Hashanah Story. Elana Rubinstein. Illus. by Jennifer Naalchigar. 2019. (Saralee Siegel Ser.: 1). (ENG.). 112p. (J). 16.95 *(978-1-68115-549-4(4),* 2d23f6b0-2647-46dc-b5fa-b78fbf8c47a8, Apples & Honey Pr.) Behrman Hse., Inc.

Once upon an Eid: Stories of Hope & Joy by 15 Muslim Voices. Ed. by S. K. Ali & Aisha Saeed. Illus. by Sara Alfageeh. (ENG.). 272p. (J). (gr. 3-7). 2021. pap. 8.99 *(978-1-4197-5403-6(3),* 1277803); 2020. 18.99 *(978-1-4197-4083-1(0),* 1277801) Abrams, Inc. (Amulet Bks.).

Once upon an Elephant, 1 vol. Linda Stanek. Illus. by Shennen Bersani. 2016. (ENG.). 39p. (J). (gr. k-3). 17.95 *(978-1-62855-731-2(1))* Arbordale Publishing.

Once upon an Elephant: (Spanish), 1 vol. Linda Stanek. Illus. by Shennen Bersani. 2016. (SPA.). 32p. (J). (gr. 2-3). pap. 11.95 *(978-1-62855-745-9(1),* ccbd9e53-1433-4efa-afbf-beafab714788) Arbordale Publishing.

Once upon an Hour. Ann Yu-Kyung Choi. Illus. by Soyeon Kim. 2020. (ENG.). 32p. (J). (gr. -1-k). 19.95 *(978-1-4598-2127-9(0))* Orca Bk. Pubs. USA.

Once upon an Irish Summer. Wendy Wilson Spooner. 2020. (ENG.). 368p. (YA). (gr. 7-12). 26.99 *(978-1-64960-286-2(3))* Emerald Hse. Group, Inc.

Once upon & Through the Mountain. Bryce Beattie. 2018. (ENG., Illus.). 202p. (J). (gr. 3-6). pap. 12.99 *(978-0-9990205-9-3(5))* Immortal Works LLC.

Once upon Another Time. James Riley. 2022. (Once upon Another Time Ser.: 1). (ENG.). 336p. (J). (gr. 3-7). 18.99 *(978-1-5344-2587-3(X),* Aladdin) Simon & Schuster Children's Publishing.

Once upon Another Time the Complete Trilogy (Boxed Set) Once upon Another Time; Tall Tales; Happily Ever After. James Riley. ed. 2023. (Once upon Another Time Ser.). (ENG.). 1024p. (J). (gr. 3-7). 56.99 ***(978-1-6659-3414-5(X),*** Aladdin) Simon & Schuster Children's Publishing.

Once upon the Golden Temple: A Journey to Sri Harmandir Sahib. Harman Singh Pandher. Illus. by Japneet Kaur Bal. 2023. (ENG.). 68p. (J). ***(978-0-2288-8855-0(7));*** pap. ***(978-0-2288-8854-3(9))*** Tellwell Talent.

Once upon the Shadows. Faith Colleen Weaver. 2022. (Create Your Own Quest Ser.: Vol. 2). (ENG.). 234p. (J). pap. 12.99 *(978-1-64949-590-7(0))* Elk Lake Publishing, Inc.

Once Was a Time. Leila Sales. 2016. (ENG., Illus.). 272p. (J). (gr. 5-17). 16.99 *(978-1-4521-4009-4(X))* Chronicle Bks. LLC.

Once Was a Time: (Middle Grade Fiction Books, Friendship Stories for Young Adults, Middle Grade Novels in Verse) Leila Sales. 2017. (ENG.). 340p. (J). (gr. 5-9). pap. 7.99 *(978-1-4521-6139-6(9))* Chronicle Bks. LLC.

Once We Have Fallen. Megan E. Morris. 2020. (ENG.). 126p. (YA). pap. 15.00 *(978-1-950490-82-0(3))* Mack N' Morris Entertainment.

Once We Were Walking in the Woods. William S. Vorus. Ed. by Julianne Vorus. Illus. by Rae Legrone. 2021. (ENG.). 36p. (J). 22.95 ***(978-1-0879-5826-2(1))*** Indy Pub.

Once We Were Witches, Book 1. Sarah Driver. Illus. by Fabiola Santiago. 2021. (Once We Were Witches Ser.: 1). (ENG.). 384p. (J). pap. 7.99 *(978-1-4052-9554-3(6))* Farshore GBR. Dist: HarperCollins Pubs.

Once You Start, You Can't Stop! Addictively Fun Super Kids Activity Book. Kreative Kids. 2016. (ENG., Illus.). (J). pap. 10.81 *(978-1-68377-223-1(7))* Whlke, Traudl.

Oncología en Pocas Palabras. Ali Zaman. Illus. by Tanya Zaman. 2022. (SPA.). 44p. (J). 19.99 ***(978-1-0880-7222-6(4))*** Indy Pub.

Oncology in a Nutshell. Ali Zaman. Illus. by Tanya Zaman. 2022. (ENG.). 44p. (J). 19.99 ***(978-1-0879-9360-7(1))*** Indy Pub.

One. Claire Ainslie. 2019. (Reality Show Ser.). (ENG.). 120p. (YA). (gr. 6-12). 26.65 *(978-1-5415-4026-2(3),* 1847e354-5b92-4df8-b635-ebd681ac8ae3, Darby Creek) Lerner Publishing Group.

One. Ruth Forman. Illus. by Katura Gaines. 2023. (ENG.). 30p. (J). (gr. -1). bds. 8.99 ***(978-1-6659-3936-2(2),*** Little Simon) Little Simon.

One. J. L. Hinds. 2020. (Journey to Love Ser.). (ENG.). 156p. (YA). pap. 14.00 *(978-1-393-94471-3(X))* Draft2Digital.

One. Alliana Rempel. 2018. (ENG., Illus.). 48p. (J). *(978-1-5255-1412-8(1));* pap. *(978-1-5255-1413-5(X))* FriesenPress.

One. Xist Publishing. 2019. (Discover Numbers Ser.). (ENG.). 8p. (J). (gr. -1-2). pap. 5.99 *(978-1-5324-0976-9(1))* Xist Publishing.

One: One Book of Rhymes, One Look Betimes, One Smile, One Frown the While, One Brown (Classic Reprint) A. B. Brown. 2017. (ENG., Illus.). (J). 25.40 *(978-0-332-02641-1(8))* Forgotten Bks.

One Achievement per Day Student Journal Diary Notebook. Planners & Notebooks Inspira Journals. 2019. (ENG.). 200p. (J). pap. 12.55 *(978-1-64521-240-9(8),* Inspira) Editorial Imagen.

One Act Plays (Classic Reprint) Alice Brown. 2018. (ENG., Illus.). 240p. (J). 28.87 *(978-0-267-28520-4(5))* Forgotten Bks.

One Against the Moon. Donald A. Wollheim. 2016. (ENG.). 394p. (J). pap. *(978-1-329-91319-6(1))* Lulu Pr., Inc.

One Against the World; or Reuben's War, Vol. 2 Of 3: A Novel (Classic Reprint) John Saunders. 2018. (ENG., Illus.). 312p. (J). 30.35 *(978-0-332-14573-0(5))* Forgotten Bks.

One Against the World, Vol. 1 Of 3: Or Reuben's War (Classic Reprint) John Saunders. 2018. (ENG., Illus.). 330p. (J). 30.70 *(978-0-332-18240-7(1))* Forgotten Bks.

One Alien & Four Furry (Tails) Tales. Alison Ashley Formento. Illus. by Amber Dawn Graves. 2017. (ENG.). (J). pap. 6.99 *(978-0-692-80787-3(X))* RTE Media, LLC.

One Amazing Caterpillar. Mattie Hornsby. 2019. (ENG.). 32p. (J). *(978-0-359-48203-0(1))* Lulu Pr., Inc.

One Amazing Day with Papa. Fredrich William Jensen. Illus. by Matrix Media Solutions (P) Ltd. 2019. (ENG.). 26p. (J). pap. *(978-1-989161-74-6(X))* Hasmark Services Publishing.

One Amazing Elephant. Linda Oatman High. 2017. (ENG.). 272p. (J). (gr. 3-7). 16.99 *(978-0-06-245583-3(4),* HarperCollins) HarperCollins Pubs.

One Amazing Night: A Christmas Story. Beverly J. Porter. Illus. by Jan Bower. 2019. (ENG.). 34p. (J). pap. 11.99 *(978-1-62586-143-6(5))* Credo Hse. Pubs.

One Amazing Summer. Anne Schraff. ed. 2017. (Red Rhino Ser.). lib. bdg. 18.40 *(978-0-606-40324-5(8))* Turtleback.

One American Girl (Classic Reprint) Virginia Webb. 2018. (ENG., Illus.). 404p. (J). 32.23 *(978-0-484-03024-3(8))* Forgotten Bks.

One & All. Elisa Géhin. 2016. (ENG., Illus.). 42p. (J). (gr. -1-k). 14.95 *(978-1-4197-1904-2(1),* 1115403, Abrams Appleseed) Abrams, Inc.

One & Everything. Sam Winston. Illus. by Sam Winston. 2022. (ENG.). 48p. (J). (gr. 2-5). 19.99 *(978-1-5362-1566-3(X))* Candlewick Pr.

One & One & One. Louis Untermeyer. Illus. by Robert Jones. 2016. (ENG.). 64p. (J). (gr. k-3). pap. 9.99 *(978-0-486-81065-2(8),* 810658) Dover Pubns., Inc.

One & Only Bob. Katherine Applegate. Illus. by Patricia Castelao. (One & Only Ser.). (ENG.). (J). (gr. 3-7). 2022. 368p. pap. 10.99 *(978-0-06-299132-4(9));* 2020. 352p. 18.99 *(978-0-06-299131-7(0))* HarperCollins Pubs. (HarperCollins).

One & Only Bob, 2. Katherine Applegate. 2022. (One & Only Ivan Ser.). (ENG.). 368p. (gr. 4-7). 28.69 *(978-1-5364-7326-1(X))* HarperCollins Pubs.

One & Only Ivan. Katherine Applegate. l.t. ed. 2019. (ENG.). 346p. (J). (gr. 3-7). pap. 12.99 *(978-1-4328-6403-3(3),* Large Print Pr.) Thorndike Pr.

One & Only Ivan: a Harper Classic. Katherine Applegate. Illus. by Patricia Castelao. 2017. (Harper Classic Ser.). (ENG.). 336p. (J). (gr. 3-7). 16.99 *(978-0-06-264194-6(8),* HarperCollins) HarperCollins Pubs.

One & Only Ivan [Film Tie-In Edition]. Katherine Applegate. ed. 2020. (ENG., Illus.). 256p. (J). *(978-0-00-840836-7(X))* Disney Publishing Worldwide.

One & Only Ivan: It's Showtime! Colin Hosten. 2020. (I Can Read Level 1 Ser.). (ENG., Illus.). 32p. (J). (gr. -1-3). pap. 4.99 *(978-0-06-301707-8(5),* HarperCollins) HarperCollins Pubs.

One & Only Ivan Movie Tie-In Edition: My Story. Katherine Applegate. Illus. by Patricia Castelao. 2020. (One & Only Ser.). (ENG.). 336p. (J). (gr. 3-7). 18.99 *(978-0-06-301413-8(0));* 12.99 *(978-0-06-301938-6(8));* pap. 8.99 *(978-0-06-301414-5(9))* HarperCollins Pubs. (HarperCollins).

One & Only Ivan: New Friends. Colin Hosten. Illus. by Disney Storybook Disney Storybook Art Team. 2020. (I Can Read Level 1 Ser.). (ENG.). 32p. (J). (gr. -1-3). pap. 4.99 *(978-0-06-301709-2(1),* HarperCollins) HarperCollins Pubs.

One & Only Ruby. Katherine Applegate. 2023. (One & Only Ser.). (ENG., Illus.). 240p. (J). (gr. 3-7). 19.99 *(978-0-06-308008-9(7),* HarperCollins) HarperCollins Pubs.

One & Only Sparkella. Channing Tatum. Illus. by Kim Barnes. 2021. (Sparkella Ser.: 1). (ENG.). 48p. (J). 18.99 *(978-1-250-75075-4(X),* 900224690) Feiwel & Friends.

One & Only Sparkella & the Big Lie. Channing Tatum. Illus. by Kim Barnes. 2023. (Sparkella Ser.: 3). (ENG.). 48p. (J). 19.99 *(978-1-250-75077-8(6),* 900224692) Feiwel & Friends.

One & Only Sparkella Makes a Plan. Channing Tatum. Illus. by Kim Barnes. 2022. (Sparkella Ser.: 2). (ENG.). 48p. (J). 18.99 *(978-1-250-75076-1(8),* 900224691) Feiwel & Friends.

One & Only Special Me. Rozanne Williams. 2017. (Learn-To-Read Ser.). (ENG., Illus.). (J). pap. 3.49 *(978-1-68310-259-5(2))* Pacific Learning, Inc.

One & Only Wolfgang: From Pet Rescue to One Big Happy Family, 1 vol. Mary Rand Hess & Steve Greig. Illus. by Nadja Sarell. 2019. (ENG.). 32p. (J). 17.99 *(978-0-310-76823-4(3))* Zonderkidz.

One & Other Numbers: With Alexander Calder. Alexander Calder. 2017. (ENG., Illus.). 30p. (gr. -1 — 1). bds. 9.95 *(978-0-7148-7510-1(4))* Phaidon Pr., Inc.

One & Two. Jenny Copper. Illus. by Alena Razumova. 2019. (Touch, Feel, Explore! Ser.). (ENG.). 10p. (J). (— 1). 7.99 *(978-1-78700-984-4(X))* Top That! Publishing PLC GBR. Dist: Independent Pubs. Group.

One Another's Burdens (Classic Reprint) Mary E. Mann. (ENG., Illus.). (J). 2018. 372p. 31.59 *(978-0-483-21996-0(7));* 2016. pap. 13.97 *(978-1-333-29807-4(2))* Forgotten Bks.

One Arctic Night. D. F. Whibley. 2021. (ENG.). 132p. (YA). *(978-1-5255-9188-4(6));* pap. *(978-1-5255-9187-7(8))* FriesenPress.

One Baby Jesus. Patricia A. Pingry. 2020. (ENG., Illus.). 24p. (J). (gr. -1 — 1). bds. 7.99 *(978-1-5460-3441-4(2),* Worthy Kids/Ideals) Worthy Publishing.

One Bad Call. Keith Wheeler. 2019. (ENG.). 328p. (J). 34.95 *(978-0-359-14807-3(7))* Lulu Pr., Inc.

One Bad Fry Spoils the Bunch. Angela Joelle & Brynna Beaupre. 2017. (ENG., Illus.). (J). pap. *(978-1-5255-0033-6(3))* FriesenPress.

One Beautiful Dolphin in the Infinite Blue. Joyce Anitagrace. Illus. by Joyce Anitagrace. 2019. (ENG., Illus.). 36p. (J). 20.00 ***(978-1-948364-00-3(X))*** Life Arts Bks., LLC.

One Before: A Novel (Classic Reprint) Barry Pain. 2018. (ENG., Illus.). 200p. (J). 28.02 *(978-0-267-42960-8(6))* Forgotten Bks.

One Before (Classic Reprint) Barry Pain. 2017. (ENG., Illus.). (J). 29.61 *(978-1-5284-8946-1(2))* Forgotten Bks.

One Big Crafty Family. Martha Maker. Illus. by Xindi Yan. 2021. (Craftily Ever After Ser.: 8). (ENG.). 128p. (J). (gr. k-4). 17.99 *(978-1-5344-6606-7(1));* pap. 5.99 *(978-1-5344-6605-0(3))* Little Simon. (Little Simon).

One Big Day. Anne Wynter. 2022. (ENG., Illus.). 24p. (J). (gr. -1 — 1). bds. 7.99 *(978-0-06-293493-2(7),* Balzer & Bray) HarperCollins Pubs.

One Big Family. Marc Harshman. Illus. by Sara Palacios. 2016. (ENG.). 40p. (J). 17.00 *(978-0-8028-5388-2(9),* Eerdmans Bks For Young Readers) Eerdmans, William B. Publishing Co.

One Big Gigantic Herd of Invisible Cosmic Zebras Coloring Book. Jessie Riley. Illus. by Kitanie Coloring Books. 2016. (ENG.). (YA). (gr. 7-12). pap. 10.95 *(978-1-935734-88-8(1))* Kitanie Bks.

One Big Heart: A Celebration of Being More Alike Than Different, 1 vol. Linsey Davis & Beverly Davis. Illus. by Lucy Fleming. 2019. (ENG.). 32p. (J). 18.99 *(978-0-310-76785-5(7))* Zonderkidz.

One Big Moose. Mark Bondurant. Illus. by Mark Bondurant. 2023. (ENG.). 32p. (J). ***(978-1-940995-26-7(4))*** Discover Your Tribe.

One Big Pair of Underwear. Laura Gehl. Illus. by Tom Lichtenheld. 2018. (Classic Board Bks.). (ENG.). 36p. (J). (gr. -1-k). bds. 8.99 *(978-1-5344-2036-6(3),* Little Simon) Little Simon.

One Big Party! Elle Stephens. ed. 2020. (Step into Reading Ser.). (ENG., Illus.). 24p. (J). (gr. 2-3). 14.96 *(978-1-64697-213-5(9))* Penworthy Co., LLC, The.

One Big Party! (DreamWorks Trolls World Tour) Elle Stephens. Illus. by Random House. 2020. (Step into Reading Ser.). (ENG.). 24p. (J). (-k). pap. 5.99 *(978-0-593-12244-0(5),* Random Hse. Bks. for Young Readers) Random Hse. Children's Bks.

One Big Story Bible Stories in 5 Minutes, Padded Hardcover: Connecting Christ Throughout God's Story. Ed. by B&H Kids Editorial Staff. Illus. by Heath McPherson. 2018. (One Big Story Ser.). (ENG.). 192p. (J). (gr. -1-3). 12.99 *(978-1-5359-4796-1(9),* 005812849, B&H Kids) B&H Publishing Group.

One Big Story Bible Storybook, Hardcover: Connecting Christ Throughout God's Story. B&H Kids Editorial Staff. 2019. (One Big Story Ser.). (ENG.). 320p. (J). (gr. 1-5). 16.99 *(978-1-5359-4803-6(5),* 005812991, B&H Kids) B&H Publishing Group.

One Big Turkey, 1 vol. Anne Vittur Kennedy. 2016. (ENG., Illus.). 20p. (J). bds. 8.99 *(978-0-7180-8711-1(9),* Tommy Nelson) Nelson, Thomas Inc.

One Big Underwater Adventure. Adam Walker. 2017. (ENG.). 34p. (J). ***(978-1-387-25249-7(6))*** Lulu Pr., Inc.

One Black Bird. Terri Forehand. Illus. by Lizy J. Campbell. 2020. (ENG.). 26p. (J). pap. 12.99 *(978-1-952011-04-7(3))* Pen It Pubns.

1514 The check digit for ISBN-10 appears in parentheses after the full ISBN-13

One Black Cat. Robie Rogge. Illus. by August Ro. 2020. (ENG.). 12p. (J). (gr. -1-k). bds. 8.99 *(978-1-5344-6404-9(2),* Little Simon) Little Simon.

One Black Cat & Other Numbers. Bernette Ford. Illus. by Britta Teckentrup. 2022. (ENG.). 18p. (J). (— 1). bds. 7.99 *(978-1-912757-64-0(8))* Boxer Bks., Ltd. GBR. Dist: Sterling Publishing Co., Inc.

One Black Shadow (Classic Reprint) Bessie Cole. (ENG., Illus.). (J). 2018. 196p. 27.94 *(978-0-332-00842-4(8));* 2017. pap. 10.57 *(978-0-259-24883-5(5))* Forgotten Bks.

One Blood Ruby. Melissa Marr. 2018. (ENG.). 384p. (YA). (gr. 9). pap. 9.99 *(978-0-06-208417-0(8),* HarperCollins) HarperCollins Pubs.

One Blue Gnu. Danna Smith. Illus. by Ana Zurita. 2023. 32p. (J). (gr. -1-3). 11.99 *(978-1-68152-906-6(8),* 23893) Amicus.

One Boy's Choice: A Tale of the Amazon. Sueli Menezes. Illus. by Annika Siems. 2020. 32p. (J). (gr. -1-2). 17.99 *(978-1-6626-5003-1(5),* Minedition) Penguin Young Readers Group.

One Boy's Journey to America. Contrib. by Gordon Peil. 2017. (ENG., Illus.). (J). pap. 19.95 *(978-1-63111-991-0(5))* Books-A-Million, Inc.

One Boy's War. Nancy McDonald. 2020. (ENG., Illus.). 134p. (J). (gr. 2-6). *(978-1-77180-404-2(1));* pap. *(978-1-77180-396-0(7))* Iguana Bks.

One Brave Summer. Kiersi Burkhart & Amber J. Keyser. ed. 2017. (Quartz Creek Ranch Ser.). (ENG.). 224p. (J). (gr. 4-8). E-Book 42.65 *(978-1-5124-0892-8(1),* Darby Creek) Lerner Publishing Group.

One Brave White Rabbit & Those Three Little Pigs. Peggi Sue Shade-Fletcher. 2018. (ENG., Illus.). 34p. (J). pap. 13.95 *(978-1-64003-779-3(9))* Covenant Bks.

One Braver Thing: The Dop Doctor (Classic Reprint) Richard Dehan. 2018. (ENG., Illus.). (J). 36.81 *(978-0-265-17577-4(1))* Forgotten Bks.

One Breath. Jordan Z. Lowe. 2019. (One Breath Ser.: Vol. 1). (ENG., Illus.). 112p. (YA). (gr. 7-12). pap. *(978-0-646-81165-9(7))* Artist of 95, The.

One Breath - Second Wind. Jordan Z. Lowe. 2020. (One Breath Ser.: Vol. 2). (ENG., Illus.). 118p. (YA). pap. *(978-0-6488254-2-5(6))* Artist of 95, The.

One Brown Bear: the World of Numbers. Anne-Marie Labrecque & Mélissa Coallier. Illus. by Mathieu Dionne St-Arneault. 2023. (ENG.). 52p. (J). (gr. -1 — 1). 16.99 Éditions Tourbillon FRA. Dist: Hachette Bk. Group.

One Bully at a Time. Sadie Sue Goulding-Wallace. 2019. (ENG.). 52p. (J). pap. *(978-1-5255-2375-5(9));* *(978-1-5255-2374-8(0))* FriesenPress.

One Busy Bunny. Robie Rogge. Illus. by August Ro. 2022. (ENG.). 12p. (J). (gr. -1-k). bds. 7.99 *(978-1-6659-0376-9(7),* Little Simon) Little Simon.

One by One: The Adventures of Teri-Beri. Ruth Scheeler. 2021. (ENG.). 44p. (J). pap. 15.95 *(978-1-63630-481-6(8))* Covenant Bks.

One Candle. Penelope Dyan. Illus. by Dyan. l.t. ed. 2023. (ENG.). 34p. (J). pap. 12.60 ***(978-1-61477-645-1(8))*** Bellissima Publishing, LLC.

One Cat's Special Christmas. Ivan Gantschev. Illus. by Lene Mayer-Skumanz. 2018. 32p. (J). (gr. k-2). 12.00 *(978-988-8341-68-9(5),* Minedition) Penguin Young Readers Group.

One Chance to Live Young. L. I. V. Dooley. 2020. (ENG.). 264p. (YA). pap. 14.99 *(978-0-9600373-4-6(9))* Candid Liv.

One Chicken Nugget. Tadgh Bentley. Illus. by Tadgh Bentley. 2023. (ENG., Illus.). 40p. (J). (gr. -1-3). 18.99 *(978-0-06-268982-5(7),* Balzer & Bray) HarperCollins Pubs.

One Christmas Adventure. Christina Butler. ed. 2020. (Little Hedgehog Pic Bks). (ENG.). 25p. (J). (gr. k-1). 19.96 *(978-0-87617-261-2(3))* Penworthy Co., LLC, The.

One Christmas Bear, 1 vol. Anne Vittur Kennedy. 2017. (ENG., Illus.). 20p. (J). bds. 8.99 *(978-0-7180-9014-2(4),* Tommy Nelson) Nelson, Thomas Inc.

One Christmas Eve: An Historical Nightmare. Harriet B. Crook. 2017. (ENG., Illus.). (J). pap. *(978-0-649-31735-6(1))* Trieste Publishing Pty Ltd.

One Christmas Eve: An Historical Nightmare (Classic Reprint) Harriet B. Crook. (ENG., Illus.). (J). 2018. 58p. 25.09 *(978-0-656-36184-7(0));* 2017. pap. 9.57 *(978-0-259-36933-2(0))* Forgotten Bks.

One Christmas Mystery. M. Christina Butler. Illus. by Tina Macnaughton. 2021. (ENG.). 32p. (J). (gr. -1-2). 17.99 *(978-1-68010-259-8(1))* Tiger Tales.

One Christmas Wish. M. Christina Butler. Illus. by Tina Macnaughton. 2020. (ENG.). 32p. (J). (gr. -1-2). 17.99 *(978-1-68010-212-3(5))* Tiger Tales.

One Christmas Wish. Katherine Rundell. Illus. by Emily Sutton. 2018. (ENG.). 64p. (J). (gr. k-4). 18.99 *(978-1-4814-9161-7(X),* Simon & Schuster Bks. For Young Readers) Simon & Schuster Bks. For Young Readers.

One (Classic Reprint) Sarah Warder Macconnell. (ENG., Illus.). (J). 2018. 292p. 29.92 *(978-0-365-34946-4(1));* 2017. pap. 13.57 *(978-1-5276-7626-8(9))* Forgotten Bks.

One Coat for Two Suits, an Entirely Original Comic Drama, in Two Acts (Classic Reprint) Charles Melton Walcot. 2018. (ENG., Illus.). 36p. (J). 24.64 *(978-0-267-16486-8(6))* Forgotten Bks.

One Colorful World (DreamWorks Trolls) Golden Books. Illus. by Golden Books. 2021. (ENG., Illus.). 128p. (J). (gr. -1-2). pap. 7.99 *(978-0-593-30460-0(8),* Golden Bks.) Random Hse. Children's Bks.

One Commonplace Day (Classic Reprint) Pansy Pansy. (ENG., Illus.). (J). 2018. 536p. 34.99 *(978-0-484-19814-1(9));* 2016. pap. 19.57 *(978-1-334-14773-9(6))* Forgotten Bks.

One Cozy Christmas. M. Christina Butler. Illus. by Tina Macnaughton. 2017. (ENG.). 32p. (J). (gr. -1-2). 16.99 *(978-1-68010-068-6(8))* Tiger Tales.

One Crazy Squirrel: Humphrey. Martha Ann Winterroth. 2018. (One Crazy Squirrel Ser.: Vol. 1). (ENG., Illus.). 40p. (J). (gr. 1-5). pap. 10.00 *(978-1-948225-45-8(X))* Thewordverve.

One Creepy Street: Tomorrow. Lee Jordan. Illus. by Tiffiny McDowell. 2023. (One Creepy Street Ser.: Vol. 3). (ENG.). 26p. (J). pap. 16.95 ***(978-1-68513-288-0(X))*** Black Rose Writing.

One Cuddly Puppy, 1 vol. Anne Vittur Kennedy. 2019. (ENG., Illus.). 20p. (J). bds. 9.99 *(978-1-4002-1594-2(3),* Tommy Nelson) Nelson, Thomas Inc.

One Dark Bird. Liz Garton Scanlon. Illus. by Frann Preston-Gannon. 2019. (ENG.). 40p. (J). (-3). 17.99 *(978-1-5344-0443-4(0),* Beach Lane Bks.) Beach Lane Bks.

One Dark Throne. Kendare Blake. (YA). 2019. (Three Dark Crowns Ser.: 2). (ENG.). 480p. (gr. 9). pap. 12.99 *(978-0-06-238547-5(X),* Quill Tree Bks.); 2017. (Three Dark Crowns Ser.: 2). (ENG., Illus.). 464p. (gr. 9). 18.99 *(978-0-06-238546-8(1),* Quill Tree Bks.); 2017. (Illus.). 448p. *(978-0-06-269045-6(0),* HarperTeen); 2017. (Illus.). 448p. *(978-0-06-269935-0(0),* HarperTeen); 2017. (Illus.). 448p. *(978-0-06-269730-1(7),* HarperTeen); 2017. (Illus.). 448p. *(978-0-06-274764-8(9),* HarperTeen); 2017. (Illus.). 448p. *(978-0-06-279729-2(8),* HarperTeen) HarperCollins Pubs.

One Dat, Two Dat, Are You a Who Dat? Cornell Landry. 2023. (ENG.). 40p. (J). (gr. k-3). 19.99 ***(978-1-4556-2719-6(4),*** Pelican Publishing) Arcadia Publishing.

One Day. Erin Hendricks. Illus. by Stacey Bigg. 2023. (ENG.). 40p. (J). 18.99 ***(978-1-63337-693-9(1));*** pap. 12.99 ***(978-1-63337-714-1(8))*** Columbus Pr.

One Day. Joanna Ho. Illus. by Faith Pray. 2023. (ENG.). 40p. (J). (gr. -1-3). 18.99 *(978-0-06-305692-3(5),* HarperCollins) HarperCollins Pubs.

One Day. Anna Maria Pantelaki. 2023. (ENG.). 24p. (J). pap. ***(978-1-83875-419-8(9),*** Nightingale Books) Pegasus Elliot Mackenzie Pubs.

One Day: By the Numbers. Steve Jenkins. Illus. by Steve Jenkins. 2022. (By the Numbers Ser.). (ENG., Illus.). 40p. (J). (gr. -1-3). 14.99 *(978-0-358-47011-3(0),* 1798718); pap. 5.99 *(978-0-358-47014-4(5),* 1798721) HarperCollins Pubs. (Clarion Bks.).

One Day a Bird Came to My House. Leona Cayzer. 2020. (ENG.). 32p. (J). pap. *(978-1-5289-1354-6(X))* Austin Macauley Pubs. Ltd.

One Day Again: Hope for a Child's Broken Heart after the Loss of a Loved One. Rebecca Wilson. Illus. by Graciela Herrero. 2020. (ENG.). 28p. (J). 24.99 *(978-1-947773-98-1(4));* pap. 12.99 *(978-1-947773-97-4(6))* Yawn's Bks. & More, Inc. (Yawn Publishing LLC).

One Day & Another (Classic Reprint) E. V. Lucas. 2018. (ENG., Illus.). 264p. (J). 29.34 *(978-0-365-51502-9(7))* Forgotten Bks.

One Day at the Welcome Centre. Lady Laforet. 2018. (ENG., Illus.). 42p. (J). pap. *(978-1-9995228-0-3(X))* Mirror World Publishing.

One-Day-Friends. Ajah Denise. 2018. (ENG., Illus.). 50p. (J). (gr. k-6). pap. 14.99 *(978-0-9998515-2-4(7));* pap. 16.99 *(978-0-9998515-3-1(5),* Bahoo Tide, LLC) Arts Love Expression.

One Day House. Julia Durango. Illus. by Bianca Diaz. 32p. (J). (gr. -1-2). 2020. pap. 7.99 *(978-1-62354-134-7(4));* 2017. lib. bdg. 17.99 *(978-1-58089-709-9(6))* Charlesbridge Publishing, Inc.

One Day House. Julia Durango. ed. 2020. (ENG.). 28p. (J). (gr. k-1). 19.96 *(978-0-87617-726-6(7))* Penworthy Co., LLC, The.

One Day in a Baby's Life (Classic Reprint) Susan Coolidge. 2018. (ENG., Illus.). 20p. (J). 24.31 *(978-0-267-52348-1(3))* Forgotten Bks.

One Day in Betty's Life (Classic Reprint) Josephine Scribner Gates. (ENG., Illus.). (J). 2018. 60p. 25.13 *(978-0-267-54711-1(0));* 2016. pap. 9.57 *(978-1-333-49595-4(1))* Forgotten Bks.

One Day in School. Alyssa Krekelberg. 2020. (Learning Sight Words Ser.). (ENG.). 24p. (J). (gr. -1-2). lib. bdg. 32.79 *(978-1-5038-3566-5(9),* 213415) Child's World, Inc, The.

One Day in the Eucalyptus, Eucalyptus Tree. Daniel Bernstrom. Illus. by Brendan Wenzel. 2016. (ENG.). 32p. (J). (gr. -1-3). 17.99 *(978-0-06-235485-3(X),* HarperCollins) HarperCollins Pubs.

One Day on Our Blue Planet: in the Antarctic. Ella Bailey. 2016. (One Day on Our Blue Planet Ser.). (ENG., Illus.). 32p. (J). (gr. -1-2). 16.95 *(978-1-909263-67-3(2))* Flying Eye Bks. GBR. Dist: Penguin Random Hse. LLC.

One Day on Our Blue Planet: in the Outback. Ella Bailey. 2020. (ENG., Illus.). 32p. (J). (gr. -1-2). 16.95 *(978-1-912497-20-1(4))* Flying Eye Bks. GBR. Dist: Penguin Random Hse. LLC.

One Day the Sun Will Shine. 901_nazcar. Illus. by Cameron Wilson. 2022. (ENG.). 28p. (J). pap. 17.99 ***(978-1-0880-5918-0(X))*** Indy Pub.

One Day You'll Be a Light. Tiffany Lupsa. 2021. (ENG., Illus.). 30p. (J). 18.95 *(978-1-63961-341-0(2));* pap. 10.95 *(978-1-63844-285-1(1))* Christian Faith Publishing.

One Day You'll Be King. Baseem S. Gregg. 2021. (ENG.). 34p. (J). pap. 11.95 *(978-1-7343683-7-6(3));* pap. 11.95 *(978-1-7343683-6-9(5))* Prevail Publishing Group.

One Dead Spy: Bigger & Badder Edition (Nathan Hale's Hazardous Tales #1) A Revolutionary War Tale. Nathan Hale. 2021. (Nathan Hale's Hazardous Tales Ser.). (ENG., Illus.). 144p. (YA). (gr. 3-7). 19.99 *(978-1-4197-5726-6(1),* 1000101) Abrams, Inc.

One Demerit, Two Demerits. T. R. Prouty. 2021. (ENG.). 510p. (J). 27.50 *(978-1-0878-6163-0(2))* Indy Pub.

One Dollar: How Many Pennies?, 1 vol. Portia Summers. 2016. (Value of Money Ser.). (ENG., Illus.). 24p. (gr. 1-2). pap. 10.35 *(978-0-7660-7685-3(7),* 5f37c8de-26cb-4d07-8ff1-f7cc8611c094) Enslow Publishing, LLC.

One Drop - Everyone Can Help. Natalie Holtz. Illus. by Angela Wheeler. 2021. (ENG.). 52p. (J). pap. 10.00 *(978-1-329-05030-3(4))* Lulu Pr., Inc.

One Drop of Kindness. Jeff Kubiak & Liliana Mora. 2019. (ENG., Illus.). 34p. (J). (gr. k-5). 32.99 *(978-1-970133-31-8(7))* EduMatch.

One Drunk in the Family Is Enough: The Adventures of Lily Sutton # 2. Linda Scott Enakevwe. 2016. (ENG., Illus.). (J). pap. 5.99 *(978-0-9720041-3-8(0),* Circle of Friends) Booksville, U.S.A.

One Eagle Soaring. Roy Henry Vickers & Robert Budd. 2018. (First West Coast Bks.: 2). (Illus.). 20p. (J). bds. *(978-1-55017-828-9(8),* 75bb6098-eb13-47f7-b260-09aa207b64e6) Harbour Publishing Co., Ltd.

One Eagle's Journey to Glory. Gerardo Solórzano García. 2020. (ENG.). 222p. (YA). pap. 16.95 *(978-1-64334-366-2(1))* Page Publishing Inc.

One Earth. Eileen Spinelli. Illus. by Rogério Coelho. 2020. (ENG.). 32p. (J). (gr. -1-3). 17.99 *(978-1-5460-1539-0(6),* Worthy Kids/Ideals) Worthy Publishing.

One Earth: People of Color Protecting Our Planet. Anuradha Rao. 2020. (ENG., Illus.). 208p. (YA). (gr. 8-12). pap. 24.95 *(978-1-4598-1886-6(5))* Orca Bk. Pubs. USA.

One-Eyed Cat Novel Units Teacher Guide. Novel Units. 2019. (ENG.). (J). pap. 12.99 *(978-1-56137-107-5(6),* Novel Units, Inc.) Classroom Library Co.

One-Eyed Monkey, 1 vol. Suniti. Namjoshi. Illus. by Shefalee Jain. 2022. (Aditi Adventures Ser.: 1). (ENG.). 80p. (J). (gr. 3-5). pap. 9.99 *(978-81-86896-13-6(9))* Tulika Pubs. IND. Dist: Independent Pubs. Group.

One-Eyed Pug. Deborah Dolan Hunt. 2022. (ENG.). 60p. (J). pap. 14.99 *(978-1-63984-247-6(0))* Pen It Pubns.

One Eyed Pug. Deborah Hunt. 2017. (ENG.). 80p. (J). 16.95 *(978-1-945175-78-7(8),* 9781945175787) Waldorf Publishing.

One Faceted Eye: A Sasquatch Tale. Rachel Westfall & Ursula Westfall. 2016. (ENG., Illus.). (J). pap. *(978-0-9937928-4-7(7))* Scrappy Fox Pr.

One Fair Daughter: A Story (Classic Reprint) Frederick Pierpont Ladd. (ENG., Illus.). (J). 2018. 268p. 29.44 *(978-0-666-29282-7(5));* 2017. pap. 11.97 *(978-0-259-21951-4(7))* Forgotten Bks.

One Fair Woman (Classic Reprint) Joaquin Miller. 2017. (ENG., Illus.). (J). 35.24 *(978-1-5284-8474-9(6))* Forgotten Bks.

One Family. George Shannon. Illus. by Blanca Gomez. 2022. (ENG.). 24p. (J). bds. 8.99 *(978-0-374-38953-6(5),* 900252163, Farrar, Straus & Giroux (BYR)) Farrar, Straus & Giroux.

One Family. Christian West. Illus. by Rea Diwata Mendoza. 2021. (ENG.). 28p. (J). pap. *(978-1-922750-10-5(7))* Library For All Limited.

One Fancy Day (Kamp Koral: SpongeBob's under Years) Elle Stephens. Illus. by Random House. 2023. (Step into Reading Ser.). (ENG.). 32p. (J). (gr. k-4). 5.99 *(978-0-593-43179-5(0),* Random Hse. Bks. for Young Readers) Random Hse. Children's Bks.

One Fault, Vol. 2 Of 3: A Novel (Classic Reprint) Frances Milton Trollope. 2018. (ENG., Illus.). 354p. (J). 31.20 *(978-0-332-48724-3(5))* Forgotten Bks.

One Fault, Vol. 3 Of 3: A Novel (Classic Reprint) Frances Trollope. 2018. (ENG., Illus.). 318p. (J). 30.46 *(978-0-483-82857-5(2))* Forgotten Bks.

One Final Vinyl. Savy Leiser. 2020. (ENG.). 238p. (J). pap. 11.99 *(978-0-9991614-6-3(6))* Leiser, Savannah.

One Fine Day Novel Units Teacher Guide. Novel Units. 2019. (ENG.). (J). pap. 12.99 *(978-1-56137-249-2(8),* Novel Units, Inc.) Classroom Library Co.

One Fine Shabbat. Chris Barash. Illus. by Tatjana Mai-Wyss. ed. 2016. (ENG.). 12p. (J). (gr. -1 — 1). E-Book 23.99 *(978-1-4677-9614-9(X),* Kar-Ben Publishing) Lerner Publishing Group.

One Flew over the Cuckoo's Nest Novel Units Student Packet. Novel Units. 2019. (ENG.). (YA). pap. 13.99 *(978-1-58130-840-2(X),* Novel Units, Inc.) Classroom Library Co.

One Flew over the Cuckoo's Nest Novel Units Teacher Guide. Novel Units. 2019. (ENG.). (YA). pap. 12.99 *(978-1-58130-839-6(6),* Novel Units, Inc.) Classroom Library Co.

One Flip, Two Flip, Three Flip, Four. Crystel Patterson. Illus. by Briana Young. 2021. (Inspired to Be... Ser.). (ENG.). 46p. (J). 17.99 *(978-1-0878-7540-8(4));* pap. 13.99 *(978-1-0878-6497-6(6))* Indy Pub.

One-Footed Fairy: And Other Stories (Classic Reprint) Alice Brown. (ENG., Illus.). (J). 2018. 218p. 28.39 *(978-0-483-57977-4(7));* 2017. pap. 10.97 *(978-0-243-22035-9(9))* Forgotten Bks.

One for All. Kimm Reid. 2018. (ENG., Illus.). 72p. (YA). (gr. 7-12). pap. *(978-1-988001-40-1(4))* Ahelia Publishing, Inc.

One for All: A Novel. Lillie Lainoff. 2022. (ENG.). 400p. (YA). 18.99 *(978-0-374-31461-3(6),* 900235115, Farrar, Straus & Giroux (BYR)) Farrar, Straus & Giroux.

One for All: A Novel. Lillie Lainoff. 2023. (ENG.). 400p. (YA). pap. 12.99 *(978-1-250-86658-5(8),* 900235116) Square Fish.

One for Sorrow: A Ghost Story. Mary Downing Hahn. (ENG.). (J). (gr. 5-7). 2018. 320p. pap. 7.99 *(978-1-328-49798-7(4),* 1717853); 2017. 304p. 16.99 *(978-0-544-81809-5(1),* 1642968) HarperCollins Pubs. (Clarion Bks.).

One Forty-Two: The Reformed Messenger Boy (Classic Reprint) Henry Morrow Hyde. 2017. (ENG., Illus.). (J). 28.31 *(978-0-265-57387-7(4));* pap. 10.97 *(978-0-282-84893-4(2))* Forgotten Bks.

One Fox. Kate Read. ed. 2020. (ENG.). 29p. (J). (gr. k-1). 19.96 *(978-0-87617-282-7(6))* Penworthy Co., LLC, The.

One Fox: A Counting Book Thriller. Kate Read. (ENG.). 36p. (J). 2022. (-k). pap. 8.99 *(978-1-68263-395-3(0));* 2019. (Illus.). (gr. -1-k). 17.99 *(978-1-68263-131-7(1))* Peachtree Publishing Co. Inc.

One Fun Day with Lewis Carroll: A Celebration of Wordplay & a Girl Named Alice. Kathleen Krull. Illus. by Júlia Sardà. 2018. (ENG.). 32p. (J). (gr. 1-4). 17.99 *(978-0-544-34823-3(0),* 1585762, Clarion Bks.) HarperCollins Pubs.

One Fun Week. Anne Morddel. 2017. (ENG., Illus.). (J). pap. *(978-2-9531864-7-5(6))* Morddel (Anne).

One Giant Leap. Heather Kaczynski. 2018. (ENG., Illus.). 384p. (YA). (gr. 8). 17.99 *(978-0-06-247990-7(3),* HarperTeen) HarperCollins Pubs.

One Gift. Patti Jorgensen. Illus. by Jayden Ellsworth. 2020. (ENG.). 66p. (J). 18.99 *(978-1-64538-265-2(6));* pap. 12.95 *(978-1-64538-266-9(4))* Orange Hat Publishing.

One Girl. Andrea Beaty. Illus. by Dow Phumiruk. 2020. (ENG.). 40p. (J). (gr. k-2). 16.99 *(978-1-4197-1905-9(X),* 1119101, Abrams Bks. for Young Readers) Abrams, Inc.

One Girl in All the World. Kendare Blake. 2023. (Buffy: the Next Generation Ser.: 2). 352p. (YA). (gr. 7-12). 18.99 *(978-1-368-07507-7(X),* Disney-Hyperion) Disney Publishing Worldwide.

One Girl's Way Out (Classic Reprint) Howe Benning. (ENG., Illus.). (J). 2018. 376p. 31.65 *(978-0-484-55842-6(0));* 2017. pap. 16.57 *(978-0-243-38201-9(4))* Forgotten Bks.

One Goal of Gabby the Ghost: What's Your Goal?, 1 vol. Spencer Toole. 2019. (Social & Emotional Learning for the Real World Ser.). (ENG.). 12p. (gr. 1-2). pap. *(978-1-7253-5524-8(8),* f39aed70-7699-470c-9bf0-edfae9aa8051, Rosen Classroom) Rosen Publishing Group, Inc., The.

One God. Sherif Sadek. 2019. (Young Muslim Ser.: Vol. 1). (ENG.). 50p. (J). pap. *(978-1-9995742-0-8(6))* Gauvin, Jacques.

One God. Sherif Sadek. 2019. (ENG., Illus.). 50p. (J). (gr. k-2). pap. *(978-1-9995742-6-0(5))* Yakootah.

One God: Many Faiths & Religions. Gias Uddin Ahmed. 2021. (ENG.). 258p. (J). pap. 17.46 *(978-1-716-13657-3(1))* Lulu Pr., Inc.

One Golden Rule at School: A Counting Book. Selina Alko. Illus. by Selina Alko. 2020. (ENG., Illus.). 40p. (J). 17.99 *(978-1-250-16381-3(1),* 900186611, Holt, Henry & Co. Bks. For Young Readers) Holt, Henry & Co.

One Goldfish Is Not Enough a Counting Book. Bobo's Little Brainiac Books. 2016. (ENG., Illus.). (J). pap. 7.99 *(978-1-68327-860-3(7))* Sunshine In My Soul Publishing.

One Good Guest (Classic Reprint) Lucy Bethia Walford. (ENG., Illus.). (J). 2018. 348p. 31.09 *(978-0-484-10473-9(X));* 2017. pap. 13.57 *(978-0-259-24398-4(1))* Forgotten Bks.

One Good Night 'til Christmas. Frank J. Berrios, III. Illus. by Eduardo Marticorena. 2022. (One Good Night Ser.). (ENG.). 20p. (J). (gr. -1 — 1). bds. 7.99 *(978-0-316-11944-3(X))* Little, Brown Bks. for Young Readers.

One Good Night 'til Easter. Frank J. Berrios, III. Illus. by Ramon Olivera. 2022. (One Good Night Ser.). (ENG.). 20p. (J). (gr. -1 — 1). bds. 7.99 *(978-0-316-31186-1(3))* Little, Brown Bks. for Young Readers.

One Good Night 'til Halloween. Frank J. Berrios, III. Illus. by Debby Rahmalia. 2022. (One Good Night Ser.). (ENG.). 20p. (J). (gr. -1 — 1). bds. 7.99 *(978-0-316-39532-8(3))* Little, Brown Bks. for Young Readers.

One Good Night 'til Valentine's Day. Frank J. Berrios, III. Illus. by Nneka Myers. 2021. (One Good Night Ser.). (ENG.). 20p. (J). (gr. -1 — 1). bds. 7.99 *(978-0-316-11985-6(7))* Little, Brown Bks. for Young Readers.

One Good Thing about America: Story of a Refugee Girl. Ruth Freeman. 2019. 160p. (J). (gr. 3-7). pap. 7.99 *(978-0-8234-4266-9(7))* Holiday Hse., Inc.

One Good Turtle. Stefan Burns. 2018. (ENG.). 38p. (J). 14.95 *(978-1-68401-477-4(8))* Amplify Publishing Group.

One Great Gnome. Jeff Dinardo. Illus. by Jhon Ortiz. (ENG.). 128p. (J). (gr. 2-5). 2022. pap. 6.99 *(978-1-947159-54-9(2),* 6778beec-2693-4754-9914-dc9fa518014c); 2020. 12.99 *(978-1-947159-59-4(3),* 636274ea-6591-4d3b-bf13-ee760c61daff) Red Chair Pr. (One Elm Books).

One Great Lie. Deb Caletti. 2022. (ENG.). 400p. (YA). (gr. 9). pap. 12.99 *(978-1-5344-6318-9(6),* Atheneum Bks. for Young Readers) Simon & Schuster Children's Publishing.

One Green Ear. Edna Carpenter. 2019. (ENG., Illus.). 30p. (J). pap. 12.95 *(978-1-64300-413-6(1))* Covenant Bks.

One Grillie. Sandy Reitman. 2022. (ENG.). 38p. (J). 18.95 *(978-1-63755-400-5(1),* Mascot Kids) Amplify Publishing Group.

One Grumpy Day. M. Christina Butler. Illus. by Tina Macnaughton. 2022. (ENG.). 32p. (J). (gr. -1-2). 17.99 *(978-1-68010-286-4(9))* Tiger Tales.

One Half from the East. Nadia Hashimi. (ENG.). (J). (gr. 3-7). 2018. 288p. pap. 6.99 *(978-0-06-242191-3(3));* 2016. 272p. 16.99 *(978-0-06-242190-6(5))* HarperCollins Pubs. (HarperCollins).

One Halloween Night. Ada Letelier. 2017. (ENG., Illus.). (J). (gr. k-6). pap. 14.50 *(978-1-68181-732-3(2))* Strategic Book Publishing & Rights Agency (SBPRA).

One Hand in My Pocket. Miche Watkins. 2022. (ENG., Illus.). 30p. (J). pap. 12.95 ***(978-1-68570-898-6(6))*** Christian Faith Publishing.

One Haunted House. Calee M. Lee. Illus. by Maria Bullon-Fernandez. 2017. (ENG.). 32p. (J). (gr. -1-k). pap. 9.99 *(978-1-5324-0199-2(X))* Xist Publishing.

One Holy Marriage: The Story of Louis & Zélie Martin. Katie Warner. Illus. by Leah Pumfrey. 2023. (ENG.). 40p. (J). (gr. -1-5). 18.95 ***(978-1-5051-2875-8(7),*** 3186) TAN Bks.

One Horse Farm, 1 vol. Dahlov Ipcar. 2nd ed. 2019. (ENG., Illus.). 36p. (J). pap. 12.95 *(978-1-944762-70-4(1),* 89e32364-badc-4516-8471-d61babcafff3) Islandport Pr., Inc.

One Hoss Shay: With Its Companion Poems How the Old Horse Won the Bet the Broomstick Train (Classic Reprint) Oliver Wendell Holmes, Sr. 2017. (ENG., Illus.). (J). 27.28 *(978-0-266-62570-4(3))* Forgotten Bks.

One Hot Saturday. Nombulelo Thabane et al. 2022. (ENG.). 32p. (J). pap. ***(978-1-922910-74-5(0))*** Library For All Limited.

One Hot Saturday - Jumamosi Moja. Nombulelo Thabane & Tessa Welch. Illus. by Wiehan de Jager. 2023. (SWA.). 28p. (J). pap. ***(978-1-922910-14-1(7))*** Library For All Limited.

One Hot Summer Day. Nina Crews. Illus. by Nina Crews. 2022. (ENG., Illus.). 32p. (J). (gr. -1-3). pap. 7.99 *(978-0-06-320402-7(9),* Greenwillow Bks.) HarperCollins Pubs.

One Hour a Day - Sudoku Game for Teens & Young Adults. Senor Sudoku. 2019. (ENG.). 78p. (J). pap. 10.99 *(978-1-64521-561-5(X))* Editorial Imagen.

One Hour a Week (Classic Reprint) Anson D. F. Randolph. 2018. (ENG., Illus.). 266p. (J). 29.38 *(978-0-483-49948-5(X))* Forgotten Bks.

One Hour & the Next (Classic Reprint) Millicent Sutherland. (ENG., Illus.). (J). 2018. 312p. 30.33 *(978-0-428-87492-6(4));* 2016. pap. 13.57 *(978-1-334-71891-5(1))* Forgotten Bks.

O

One House, 1 vol. Sarah MacNeill. 2018. (ENG., Illus.). 26p. (J). (gr. -1 — 1). bds. 9.95 *(978-1-4598-1659-6(5))* Orca Bk. Pubs. USA.

One Hug. Katrina Moore. Illus. by Julia Woolf. 2019. (ENG.). 32p. (J). (gr. -1 — 1). 14.99 *(978-0-06-284954-0(9)*, Tegen, Katherine Bks) HarperCollins Pubs.

One Hundred & One Famous Poems: With a Prose Supplement. Roy Jay Cook. 2019. (ENG.). 154p. (J). pap. *(978-0-359-73910-3(5))* Lulu Pr., Inc.

One Hundred & One Famous Poems: With a Prose Supplement. Compiled by Roy Jay Cook. 2018. (ENG., Illus.). 156p. (J). pap. *(978-1-78987-041-1(0))* Pantianos Classics.

One Hundred & One Famous Poems: With a Prose Supplement (Classic Reprint) Roy Jay Cook. (ENG., Illus.). (J). 2017. 27.94 *(978-1-5282-4333-9(1))*; 2016. 16.97 *(978-1-334-99858-4(2))* Forgotten Bks.

One Hundred & One Famous Poems: With a Prose Supplement (Hardcover) Roy Jay Cook. 2019. (ENG.). 154p. (J). *(978-0-359-73909-7(1))* Lulu Pr., Inc.

One Hundred Best Poems: For Boys & Girls (Classic Reprint) Marjorie Barrows. 2017. (ENG., Illus.). (J). (gr. 4-7). 26.47 *(978-0-331-12435-4(1))*; pap. 9.57 *(978-0-259-47725-9(7))* Forgotten Bks.

One Hundred Bones. Yuval Zommer. Illus. by Yuval Zommer. 2016. (ENG., Illus.). 32p. (J). (gr. -1-2). 16.99 *(978-0-7636-8183-8(0)*, Templar) Candlewick Pr.

One Hundred Girls of India (Classic Reprint) Mary Jane Campbell. (ENG., Illus.). (J). 2018. 118p. 26.33 *(978-0-484-41013-7(X))*; 2016. pap. 9.57 *(978-1-334-11826-5(4))* Forgotten Bks.

One Hundred Horse Doodles: 100 Facts about Horses. Vladimir Kuzminov. 2020. (ENG., Illus.). 112p. (J). ***(978-1-911418-01-6(7))***; pap. ***(978-1-911418-00-9(9))*** Universum Publishing Ltd.

One Hundred Legs! Centipede Coloring Book. Creative Playbooks. 2016. (ENG., Illus.). (J). pap. 7.74 *(978-1-68323-703-7(X))* Twin Flame Productions.

One Hundred Letters: From Me to You. Cheryl Taylor-Smith. 2018. (ENG., Illus.). 150p. (YA). pap. 13.95 *(978-1-64298-908-3(8))* Page Publishing Inc.

One Hundred Mass Play Games. Frank S. Wyatt. 2017. (ENG., Illus.). (J). pap. *(978-0-649-48094-4(5))* Trieste Publishing Pty Ltd.

One Hundred of Aesop's Fables, in French: Preceded by a Description of Fifty Animals, Most of Which Occupy a Place in the Fables Themselves, & Accompanied by a French-English Dictionary of All the Words Contained in Both Parts of the Volume. Aesop Aesop. 2017. (FRE., Illus.). (J). 242p. 28.89 *(978-0-332-48557-7(9))*; pap. 11.57 *(978-0-282-47197-2(9))* Forgotten Bks.

One Hundred One Science Projects *see* **Science Projects You Can Do**

One Hundred Percent Me. Renee Macalino Rutledge. Illus. by Anita Prades. 2022. 32p. (J). (gr. -1-3). 17.95 *(978-1-64604-348-4(0))* Ulysses Pr.

One Hundred Picture Fables. Otto Speckter. 2017. (ENG., Illus.). (J). pap. *(978-0-649-54552-0(4))* Trieste Publishing Pty Ltd.

One Hundred Reasons to Hope: True Stories of Everyday Heroes. Danielle Brown. 2022. (Illus.). 64p. (J). pap. 17.95 *(978-0-241-54216-3(2)*, Puffin) Penguin Bks., Ltd. GBR. Dist: Independent Pubs. Group.

One Hundred Spaghetti Strings. Jen Nails. 2017. (ENG.). 320p. (J). (gr. 3-7). 16.99 *(978-0-06-242760-1(1)*, HarperCollins) HarperCollins Pubs.

One Hundred Steps: the Story of Captain Sir Tom Moore. Tom Moore. (Illus.). 32p. (J). 2022. (gr. -1-1). 15.99 *(978-0-241-48678-8(5))*; 2020. 24.99 *(978-0-241-48676-4(9))* Penguin Bks., Ltd. GBR. (Puffin). Dist: Independent Pubs. Group.

One Hundred Thousand Some-Things. Ryan Forbes. 2017. (ENG., Illus.). 36p. (J). pap. *(978-1-5255-1895-9(X))* FriesenPress.

One Hundred Years of Exile: A Romanov's Search for Her Father's Russia. Tania Romanov. 2020. (Illus.). 352p. (YA). (gr. 11). pap. 18.99 *(978-1-60952-195-0(1))* Travelers' Tales/Solas House, Inc.

One Hundredth Thing about Caroline. 2018. (Just the Tates! Ser.). (ENG.). 208p. (J). (gr. 5-7). pap. 7.99 *(978-1-328-75057-0(4)*, 1678433, Clarion Bks.) HarperCollins Pubs.

One Hungry Dragon. Julie J. Wenzlick. Illus. by Mary Beningo. 2017. (ENG.). 30p. (J). pap. 10.99 *(978-0-9978925-6-7(0))* Wordmeister Pr.

One Hungry Swan. Rodney And Lieselotte Bartlett & Lieselotte Bartlett. 2020. (ENG., Illus.). 26p. (J). pap. *(978-0-9937856-6-5(2))* Re-track Pr.

One I Knew the Best of All: A Memory of the Mind of a Child (Classic Reprint) Frances Burnett. 2017. (ENG., Illus.). (J). 30.93 *(978-0-266-73291-4(7))* Forgotten Bks.

One Iguana, Two Iguanas: A Story of Accident, Natural Selection, & Evolution, 1 vol. Sneed B. Collard III. (How Nature Works: 0). (ENG.). (J). (gr. 3-7). 2021. 48p. pap. 9.95 *(978-0-88448-650-3(8)*, 884650); 2018. (Illus.). 40p. 17.95 *(978-0-88448-649-7(4)*, 884649) Tilbury Hse. Pubs.

One I'll Love Today & Forever Coloring Book. Activibooks. 2016. (ENG., Illus.). (J). pap. 9.20 *(978-1-68321-738-1(1))* Mimaxion.

One Impeccable Ponytail. Alica Martwick. Illus. by Relly Weltman. 2019. (ENG.). 26p. (J). (gr. k-3). pap. 12.95 *(978-0-578-54890-6(9))* Alica C. Martwick.

One Impeccable Ponytail. Alica Martwick. Illus. by Relly Weltman. 2022. (ENG.). 32p. (J). (gr. k-3). pap. 11.95 *(978-1-4583-6909-3(9))* Lulu Pr., Inc.

One in a Dozen. Sawyer Cornelius. 2020. (ENG., Illus.). 13p. (J). *(978-1-716-35476-2(5))* Lulu Pr., Inc.

One in the Same. Gently Johnson. 2018. (ENG., Illus.). 56p. (J). pap. *(978-1-387-97402-3(5))* Lulu Pr., Inc.

One Increasing Purpose (Classic Reprint) A. S. M. Hutchinson. 2017. (ENG., Illus.). (J). pap. 16.57 *(978-0-259-22794-6(3))* Forgotten Bks.

One Increasing Purpose (Classic Reprint) Arthur Stuart-Menteth Hutchinson. 2018. (ENG., Illus.). 462p. (J). 33.45 *(978-0-364-37507-5(8))* Forgotten Bks.

One Is a Lot (Except When It's Not) Muon Thi Van. Illus. by Pierre Pratt. 2019. (ENG.). 32p. (J). (gr. -1-2). 16.99 *(978-1-5253-0013-4(X))* Kids Can Pr., Ltd. CAN. Dist: Hachette Bk. Group.

One Is a Pinata: a Book of Numbers (Learn to Count Books, Numbers Books for Kids, Preschool Numbers Book) Roseanne Greenfield Thong. Illus. by John Parra. 2019. (Latino Book of Concepts Ser.). (ENG.). 40p. (J). (gr. -1-k). 16.99 *(978-1-4521-5584-5(4))* Chronicle Bks. LLC.

One Is Not a Pair. Britta Teckentrup. Illus. by Britta Teckentrup. 2017. (ENG., Illus.). 32p. (J). (-k). 14.99 *(978-0-7636-9319-0(7)*, Big Picture Press) Candlewick Pr.

One Jar of Magic. Corey Ann Haydu. (ENG.). (J). (gr. 3-7). 2022. 368p. pap. 7.99 *(978-0-06-268987-0(8))*; 2021. 352p. 16.99 *(978-0-06-268985-6(1))* HarperCollins Pubs. (Tegen, Katherine Bks).

One Kid's Trash. Jamie Sumner. 2022. (ENG.). 256p. (J). (gr. 5). pap. 7.99 *(978-1-5344-5704-1(6)*, Atheneum Bks. for Young Readers) Simon & Schuster Children's Publishing.

One Kindness at a Time: The Lucky Beads. Rachael a Thomas. 2018. (ENG.). 30p. (J). pap. 12.99 *(978-1-948390-56-9(6))* Pen It Pubns.

One Last Adventure Together. Kurtis Williams. 2020. (ENG.). 172p. (YA). 30.95 *(978-1-9822-4124-7(1))*; pap. 10.99 *(978-1-9822-4122-3(5))* Author Solutions, LLC. (Balboa Pr.).

One Last Job. Sean Rodman. 2022. (Orca Anchor Ser.). (ENG.). 96p. (YA). (gr. 8-12). pap. 10.95 *(978-1-4598-2860-5(7))* Orca Bk. Pubs. USA.

One Last Shot. John David Anderson. (ENG.). (J). (gr. 3-7). 2021. 352p. pap. 9.99 *(978-0-06-264393-3(2))*; 2020. (Illus.). 336p. 16.99 *(978-0-06-264392-6(4))* HarperCollins Pubs. (Walden Pond Pr.).

One Last Shot: Based on a True Story of Wartime Heroism: The Story of Wartime Photographer Gerda Taro. Kip Wilson. 2023. (ENG.). 416p. (YA). (gr. 8). 18.99 *(978-0-06-325168-7(X)*, Versify) HarperCollins Pubs.

One Last Word: Wisdom from the Harlem Renaissance. Nikki Grimes. (ENG., Illus.). 128p. (J). 2020. pap. 9.99 *(978-1-68119-602-2(6)*, 900179026, Bloomsbury Children's Bks.); 2017. 18.99 *(978-1-61963-554-8(2)*, 900139947, Bloomsbury USA Childrens) Bloomsbury Publishing USA.

One Lazy Summer. Billie L. Hicks. 2018. (ENG., Illus.). 320p. (YA). 32.95 *(978-1-64138-293-9(7))*; pap. 19.95 *(978-1-64138-291-5(0))* Page Publishing Inc.

One Leaf, Two Leaves, Count with Me! John Micklos, Jr. Illus. by Clive McFarland. 2022. 32p. (J). (— 1). bds. 8.99 *(978-0-593-53110-5(8)*, Nancy Paulsen Books) Penguin Young Readers Group.

One Leaf, Two Leaves, Count with Me! John Micklos, Jr. & John Micklos. Illus. by Clive McFarland. 2017. 32p. (J). (— 1). 16.99 *(978-0-399-54471-2(2)*, Nancy Paulsen Books) Penguin Young Readers Group.

One Legged Duckling. Brenda Frazier Moore. 2018. (ENG.). 40p. (YA). 23.95 *(978-1-64214-293-8(X))* Page Publishing Inc.

One Lie Too Many. Eileen Cook. 2019. (ENG.). 336p. (YA). (gr. 9). pap. 9.99 *(978-1-328-61841-2(2)*, 1733754, Clarion Bks.) HarperCollins Pubs.

One Life, One Love. Mary Elizabeth Braddon. 2017. (ENG.). (J). 270p. pap. *(978-3-337-04990-4(7))*; 310p. pap. *(978-3-337-04992-8(3))*; 356p. pap. *(978-3-337-03279-1(6))* Creation Pubs.

One Life, One Love: A Novel (Classic Reprint) M. E. Braddon. 2018. (ENG., Illus.). 356p. (J). 31.18 *(978-0-483-10419-8(1))* Forgotten Bks.

One Life, One Love, Vol. 1 Of 3: A Novel (Classic Reprint) Mary Elizabeth Braddon. (ENG., Illus.). (J). 2018. 312p. 30.33 *(978-0-483-89942-1(9))*; 2016. pap. 13.57 *(978-1-334-19139-8(5))* Forgotten Bks.

One Life, One Love, Vol. 2: A Novel (Classic Reprint) M. E. Braddon. 2018. (ENG., Illus.). 282p. (J). 29.73 *(978-0-666-99539-1(7))* Forgotten Bks.

One Life, One Love, Vol. 3 Of 3: A Novel (Classic Reprint) M. E. Braddon. 2018. (ENG., Illus.). 268p. (J). 29.42 *(978-0-267-16126-3(3))* Forgotten Bks.

One Life: Young Readers Edition. Megan Rapinoe. 2021. (Illus.). 272p. (J). (gr. 3-7). 17.99 *(978-0-593-20341-5(0)*, Razorbill) Penguin Young Readers Group.

One Lifetime Is Not Enough! Rex Nelson Greenwald. 2019. (ENG.). 434p. (YA). pap. 22.99 *(978-1-5456-6541-1(9))* Salem Author Services.

One Little Bag: an Amazing Journey. Henry Cole. Illus. by Henry Cole. 2020. (ENG., Illus.). 48p. (J). (gr. -1-3). 18.99 *(978-1-338-35997-8(5)*, Scholastic Pr.) Scholastic, Inc.

One Little Bug: Exploring Nature for Curious Kids. Becky Davies. Illus. by Jacob Souva. 2023. (One Little Ser.). (ENG.). 14p. (J). (-k). bds. 12.99 ***(978-1-6643-5084-7(5))*** Tiger Tales.

One Little Egg: Exploring Nature for Curious Kids. Becky Davies. Illus. by Charlotte Pepper. 2023. (One Little Ser.). (ENG.). 14p. (J). (-k). bds. 12.99 *(978-1-6643-5055-7(1))* Tiger Tales.

One Little Flower. Karen Roti. 2017. (ENG., Illus.). 40p. (J). pap. *(978-1-387-16519-3(4))* Lulu Pr., Inc.

One Little Goat. Ursula Dubosarsky. Illus. by Andrew Joyner. 2019. (ENG.). 32p. (J). (— 1). pap. 11.99 *(978-1-76050-375-8(4))* Little Hare Bks. AUS. Dist: Independent Pubs. Group.

One Little Leaf. Jane Super. 2020. (ENG.). 36p. (J). 23.00 *(978-1-7351648-0-9(1))* Super, Jane.

One Little Lot: The 1-2-3s of an Urban Garden. Diane C. Mullen. Illus. by Oriol Vidal. 2020. 32p. (J). (gr. -1-2). lib. bdg. 16.99 *(978-1-58089-889-8(0))* Charlesbridge Publishing, Inc.

One Little Monster. Mark Gonyea. Illus. by Mark Gonyea. 2018. (ENG., Illus.). 40p. (J). (gr. -1-3). 17.99 *(978-1-5344-0674-2(3)*, Aladdin) Simon & Schuster Children's Publishing.

One Little Seed: Exploring Nature for Curious Kids. Becky Davies. Illus. by Charlotte Pepper. 2023. (One Little Ser.). (ENG.). 14p. (J). (-k). bds. 12.99 *(978-1-6643-5056-4(X))* Tiger Tales.

One Little Stone. Loretta M. Zajac. 2022. (ENG.). 26p. (J). pap. ***(978-1-7386447-1-1(5))*** Gauvin, Jacques.

One Little Two Little Three Little Children. Kelly DiPucchio. Illus. by Mary Lundquist. 2016. (ENG.). 32p. (J). (gr. -1-3). 17.99 *(978-0-06-234866-1(3)*, Balzer & Bray) HarperCollins Pubs.

One Little Woman (Classic Reprint) Annah L. Lear. 2018. (ENG., Illus.). 426p. (J). 32.70 *(978-0-483-66540-8(1))* Forgotten Bks.

One Little Word. Joseph Coelho. Illus. by Allison Colpoys. 2023. (ENG.). 32p. (J). (gr. -1-1). ***(978-0-7112-7911-7(X))*** Frances Lincoln Childrens Bks.

One Lonely Tiger. Benita Sen. 2019. (ENG.). 32p. (J). (gr. k-2). pap. 9.99 *(978-0-14-344733-7(5)*, Puffin) Penguin Bks. India PVT, Ltd IND. Dist: Independent Pubs. Group.

One Lucky Goose. Jessica Risse. Ed. by Jen Richter. Illus. by Shannon Gercken. 2022. (ENG.). 34p. (J). 18.03 ***(978-1-0880-5958-6(9))*** Indy Pub.

One Lunged Man of Buckskin Joe (Classic Reprint) Richard Linthicum. 2018. (ENG., Illus.). 32p. (J). 24.58 *(978-0-267-69140-1(8))* Forgotten Bks.

One Magic. April C. Royer. 2019. (Book of the Caretaker Ser.: 2). (ENG.). 484p. (YA). (gr. 7-12). pap. 13.99 *(978-1-7320058-4-6(2))* No Agenda Publishing, LLC.

One Magical Night. William J. Smith. 2022. (ENG.). 348p. (J). pap. *(978-1-716-01373-7(9))* Lulu Pr., Inc.

One Maiden Only, Vol. 1 of 3 (Classic Reprint) Edward Campbell Tainsh. 2018. (ENG., Illus.). 320p. (J). 30.52 *(978-0-483-95114-3(5))* Forgotten Bks.

One Man: A Novel (Classic Reprint) Robert Steele. 2017. (ENG., Illus.). (J). 32.06 *(978-1-5283-4734-1(X))* Forgotten Bks.

One Man in His Time. Ellen Glasgow. 2017. (ENG., Illus.). (J). 26.95 *(978-1-374-85818-3(8))*; pap. 16.95 *(978-1-374-85817-6(X))* Capital Communications, Inc.

One Man in His Time (Classic Reprint) Ellen Glasgow. 2017. (ENG., Illus.). (J). 31.88 *(978-0-266-18020-3(5))* Forgotten Bks.

One Man Who Was Content; Mary; the Lustigs; Corinna's Fiammetta (Classic Reprint) Schuyler Van Rensselaer. 2017. (ENG., Illus.). (J). 26.76 *(978-0-265-35969-3(4))*; pap. 9.57 *(978-1-5281-0033-5(6))* Forgotten Bks.

One Mandala a Day: An Adult Coloring Book. Bobo's Adult Activity Books. 2016. (ENG., Illus.). (J). pap. 9.33 *(978-1-68327-302-8(8))* Sunshine In My Soul Publishing.

One Mango or Two. Shyam Barr & Emily Ashcroft. Illus. by Jovan Carl Segura. 2023. (ENG.). 40p. (J). pap. ***(978-1-922991-48-5(1))*** Library For All Limited.

One Man's Initiation 1917. John Dos Passos. 2017. (ENG., Illus.). (J). 22.95 *(978-1-374-99139-2(2))*; pap. 12.95 *(978-1-374-99138-5(4))* Capital Communications, Inc.

One Man's Initiation 1917 (Classic Reprint) John Dos Passos. 2018. (ENG., Illus.). 128p. (J). 26.54 *(978-0-483-49474-9(7))* Forgotten Bks.

One Man's Life: A Memoir. Arthur F. Standing. Ed. by Dee McRae. 2018. (ENG., Illus.). 103p. pap. 14.95 *(978-0-615-24940-7(X))* Mountain Air Bks.

One May Day, Vol. 1 Of 3: A Sketch in Summer Time (Classic Reprint) Maria M. Grant. (ENG., Illus.). (J). 2018. 296p. 30.00 *(978-0-483-89296-5(3))*; 2016. pap. 13.57 *(978-1-333-29753-4(X))* Forgotten Bks.

One May Day, Vol. 2 Of 3: A Sketch in Summer-Time (Classic Reprint) Maria M. Grant. 2018. (ENG., Illus.). 284p. (J). 29.75 *(978-0-483-69610-5(2))* Forgotten Bks.

One May Day, Vol. 3 Of 3: A Sketch in Summer-Time (Classic Reprint) Maria M. Grant. 2018. (ENG., Illus.). 324p. (J). 30.58 *(978-0-267-20222-5(9))* Forgotten Bks.

One Mean Ant. Arthur Yorinks. Illus. by Sergio Ruzzier. 2020. (One Mean Ant Ser.). (ENG.). 48p. (J). (gr. -1-2). 16.99 *(978-0-7636-8394-8(9))* Candlewick Pr.

One Mean Ant with Fly & Flea. Arthur Yorinks. Illus. by Sergio Ruzzier. 2020. (One Mean Ant Ser.). (ENG.). 48p. (J). (gr. -1-2). 17.99 *(978-0-7636-8395-5(7))* Candlewick Pr.

One Mean Ant with Fly & Flea & Moth. Arthur Yorinks. Illus. by Sergio Ruzzier. 2021. (One Mean Ant Ser.). (ENG.). 48p. (J). (gr. -1-2). 17.99 *(978-0-7636-8396-2(5))* Candlewick Pr.

One Memory of Flora Banks. Emily Barr. 2018. (ENG.). 320p. (YA). (gr. 7). pap. 10.99 *(978-0-399-54702-7(9)*, Speak) Penguin Young Readers Group.

One Million Insects. Isabel Thomas. Illus. by Lou Baker Smith. (ENG.). 64p. (J). (gr. 1-3). 2023. pap. 12.95 ***(978-1-80338-182-4(5))***; 2021. 16.95 *(978-1-913519-45-2(7))* Welbeck Publishing Group Ltd. GBR. Dist: Two Rivers Distribution.

One Million Kisses: Padded Board Book. IglooBooks. Illus. by Benedetta Capriotti. 2022. (ENG.). 24p. (J). (-k). bds. 9.99 *(978-1-80368-895-4(5))* Igloo Bks. GBR. Dist: Simon & Schuster, Inc.

One Million Oysters on Top of the Mountain. Alex Nogués. Tr. by Lawrence Schimel. Illus. by Miren Asiain Lora. 2021. (ENG.). 48p. (J). *(978-0-8028-5569-5(5)*, Eerdmans Bks For Young Readers) Eerdmans, William B. Publishing Co.

One Million Trees: A True Story. Kristen Balouch. 2023. (Illus.). 40p. (J). (gr. -1-3). pap. 8.99 ***(978-0-8234-5458-7(4)***, Margaret Ferguson Books) Holiday Hse., Inc.

One-Minute Bible for Kids: New Life Version. Compiled by Compiled by Barbour Staff. 2022. (ENG.). 1024p. (J). 24.99 *(978-1-63609-143-3(1)*, Barbour Bibles) Barbour Publishing, Inc.

One Minute Faith: Encouragement for a Hungry Soul, 1 vol. Thomas Nelson Publishing Staff & Scotty D. Paige, Sr. 2018. (ENG.). 128p. (YA). pap. 12.99 *(978-1-59555-618-9(4))* Elm Hill.

One-Minute Gratitude Journal for Teens: Simple Journal to Increase Gratitude & Happiness. Max Targ. 2021. (ENG.). 122p. (YA). pap. 10.99 *(978-1-716-21066-2(6))* Lulu Pr., Inc.

One-Minute KJV Bible for Kids [Adventure Blue]. Compiled by Compiled by Barbour Staff. 2023. (ENG.). 1200p. (J). im. lthr. 29.99 *(978-1-63609-522-6(4)*, Barbour Bibles) Barbour Publishing, Inc.

One-Minute KJV Bible for Kids [Neon Green Cross]. Compiled by Compiled by Barbour Staff. 2023. (ENG.). 1200p. (J). im. lthr. 29.99 *(978-1-63609-523-3(2)*, Barbour Bibles) Barbour Publishing, Inc.

One Minute Math Exercises - Multiplication Workbook Grade 3 Children's Math Books. Baby Professor. 2017. (ENG., Illus.). (J). pap. 9.25 *(978-1-5419-0415-6(X)*, Baby Professor (Education Kids)) Speedy Publishing LLC.

One Minute Mixed Math Exercises - Multiplicaton & Division Children's Math Books. Baby Professor. 2017. (ENG., Illus.). (J). pap. 9.25 *(978-1-5419-0425-5(7)*, Baby Professor (Education Kids)) Speedy Publishing LLC.

One-Minute Prayers for Boys. Harvest House Publishers. 2018. (One-Minute Prayers Ser.). (ENG.). 160p. (J). (gr. 2-7). pap. 9.99 *(978-0-7369-7345-8(1)*, 6973458) Harvest Hse. Pubs.

One-Minute Prayers for Girls. Harvest House Publishers. 2018. (One-Minute Prayers Ser.). (ENG.). 160p. (J). (gr. 2-7). pap. 9.99 *(978-0-7369-7346-5(X)*, 6973465) Harvest Hse. Pubs.

One-Minute Prayers for Young Women (Milano Softone) Hope Lyda. 2020. (One-Minute Prayers Ser.). (ENG.). 192p. (YA). (gr. 9-13). im. lthr. 12.99 *(978-0-7369-8051-7(2)*, 6980517) Harvest Hse. Pubs.

One Minute till Bedtime: 60-Second Poems to Send You off to Sleep. Kenn Nesbitt. Illus. by Christoph Niemann. 2016. (ENG.). 176p. (J). (gr. -1-3). 19.99 *(978-0-316-34121-9(5))* Little, Brown Bks. for Young Readers.

One Minute to Live. Jackie Branham Hall. 2020. (ENG., Illus.). 142p. (YA). pap. 26.95 *(978-1-0980-3219-7(5))* Christian Faith Publishing.

One Moment. Kristina McBride. 2017. (ENG.). 272p. (YA). (gr. 8-8). pap. 9.99 *(978-1-5107-1455-7(3)*, Sky Pony Pr.) Skyhorse Publishing Co., Inc.

One Moment in Time: Children Around the World. Ben Lerwill. Illus. by Alette Straathof. 2021. (ENG.). 32p. (J). (gr. k-2). ***(978-0-7112-6353-6(1))*** White Lion Publishing.

One More Bug: An Insect Addition Book. Martha E. H. Rustad. 2016. (1, 2, 3 Count with Me Ser.). (ENG., Illus.). 24p. (J). (gr. k-2). lib. bdg. 20.95 *(978-1-60753-923-0(3)*, 15519) Amicus.

One More Day. Esther Kamps. 2017. (ENG., Illus.). (J). pap. 24.99 *(978-1-4984-9519-6(2))* Salem Author Services.

One More Hug. Megan Alexander. Illus. by Hiroe Nakata. 2019. (ENG.). 40p. (J). (gr. -1-3). 17.99 *(978-1-5344-2971-0(9)*, Aladdin) Simon & Schuster Children's Publishing.

One More Hug: Wish for Sweet Dreams with This Cozy Bedtime Story. IglooBooks. Illus. by Suzanne Khushi. (ENG.). 24p. (J). 2022. (gr. -1). 9.99 *(978-1-80368-886-2(6))*; 2021. (— 1). bds. 7.99 *(978-1-80022-734-7(5))* Igloo Bks. GBR. Dist: Simon & Schuster, Inc.

One More Hug: Wish upon a Star for Sweet Dreams in This Cozy, Cuddly Story. Ronne Randall. Illus. by Suzanne Khushi. 2017. (ENG.). 26p. (J). (— 1). bds. 7.99 *(978-1-78670-346-0(7))* Igloo Bks. GBR. Dist: Simon & Schuster, Inc.

One More Mountain. Deborah Ellis. 2022. (Breadwinner Ser.: 5). (ENG.). 200p. (J). (gr. 5-9). 18.99 *(978-1-77306-885-5(7))* Groundwood Bks. CAN. Dist: Publishers Group West (PGW).

One More Outlaw. Michael Verrett. 2021. (ENG.). (YA). 234p. 32.95 *(978-1-7948-0080-9(8))*; 212p. pap. 22.95 *(978-1-329-73495-1(5))* Lulu Pr., Inc.

One More Snowball Please. Jessica Lami & Timothy Sutcliffe. 2016. (ENG., Illus.). (J). pap. 13.50 *(978-1-365-48548-0(X))* Lulu Pr., Inc.

One More Story Please. Clarissa Caldwell. Ed. by Timothy Foster. 2019. (ENG., Illus.). 32p. (J). 20.00 *(978-0-578-46127-4(7))* Clarissa C. Foster.

One More Unfortunate: A Farce, in One Act (Classic Reprint) Joe Joe. (ENG., Illus.). (J). 2018. 24p. 24.39 *(978-0-484-62654-5(X))*; 2017. pap. 7.97 *(978-0-243-50618-7(X))* Forgotten Bks.

One More Year. Allison Ione Ballenger. 2020. (ENG.). 28p. (J). pap. 12.95 *(978-1-7358600-0-8(X))*; 16.95 *(978-1-7357280-9-4(8))* Warren Publishing, Inc.

One Moss-Rose. P. B. Power. 2019. (ENG., Illus.). 26p. (YA). (gr. 7-12). pap. *(978-93-5329-458-8(4))* Alpha Editions.

One Never Knows, Vol. 1 of 2 (Classic Reprint) Francis Charles Philips. (ENG., Illus.). (J). 2018. 570p. 35.65 *(978-0-666-42246-0(X))*; 2017. pap. 19.57 *(978-0-259-38879-1(3))* Forgotten Bks.

One Night in Bethlehem: A Christmas Story (Classic Reprint) William James Dawson Hodder and Company. 2018. (ENG., Illus.). 62p. (J). 25.18 *(978-0-267-45377-1(9))* Forgotten Bks.

One Night in the Zoo: Band 11/Lime (Collins Big Cat) Judith Kerr. Illus. by Judith Kerr. 2019. (Collins Big Cat Ser.). (ENG., Illus.). 32p. (J). (gr. -1-k). pap. 9.99 *(978-0-00-832089-8(6))* HarperCollins Pubs. Ltd. GBR. Dist: Independent Pubs. Group.

One Night of Scary Halloween Coloring for Kids. Educando Kids. 2019. (ENG.). 42p. (J). pap. 6.99 *(978-1-64521-126-6(6)*, Educando Kids) Editorial Imagen.

One Night, One Hanukkah Night. Aidel Backman. 2019. (ENG., Illus.). 36p. (gr. -1-2). pap. 16.95 *(978-0-8276-1501-4(9))* Jewish Pubn. Society.

One Night's Mystery. May Agnes Fleming. 2017. (ENG.). 444p. (J). pap. *(978-3-337-02750-6(4))* Creation Pubs.

One Nights Mystery: A Novel (Classic Reprint) May Agnes Fleming. 2018. (ENG., Illus.). 442p. (J). 33.03 *(978-0-428-29425-0(1))* Forgotten Bks.

One North Star: A Counting Book. Phyllis Root. Illus. by Beckie Prange & Betsy Bowen. 2016. (ENG.). 36p. 16.95 *(978-0-8166-5063-7(2))* Univ. of Minnesota Pr.

One o'Clock Miracle Coloring Book. Illus. by Catalina Echeverri. 2017. (Tales That Tell the Truth Ser.). (ENG.). (J). pap. *(978-1-78498-220-1(2))* Good Bk. Co., The.

One o'Clock, Two o'Clock, Three o'Clock, Four a Telling Time Book for Kids. Pfiffikus. 2016. (ENG., Illus.). (J). pap. 10.81 *(978-1-68377-663-5(1))* Whlke, Traudl.

One-Octopus Band. Maribeth Boelts. Illus. by Woody Fox. 2016. (Spring Forward Ser.). (J). (gr. 1). *(978-1-4900-9379-6(6))* Benchmark Education Co.

One of a Kind: a Story about Sorting & Classifying. Neil Packer. Illus. by Neil Packer. 2020. (ENG., Illus.). 48p. (J). (gr. 2-5). 22.99 *(978-1-5362-1121-4(4))* Candlewick Pr.

One of a Kind Hot Air Balloon Adventure. Melanie Michael. 2017. (ENG., Illus.). (J). pap. 10.00 *(978-0-692-84581-3(X))* Uncle Dave's Bks.

One of Australia's Daughters: An Autobiography of Mrs. Harrison Lee (Classic Reprint) Harrison Lee. (ENG., Illus.). (J). 2017. 27.98 *(978-0-331-80927-5(3))*; 2016. pap. 10.57 *(978-1-334-29285-9(X))* Forgotten Bks.

One of China's Scholars: The Culture & Conversion of a Confucianist. Howard Taylor. 2017. (ENG., Illus.). (J). pap. (978-0-649-66190-9(7)) Trieste Publishing Pty Ltd.

One of His Flock. Wilbert Knittel. 2017. (ENG., Illus.). (J). (gr. -1-3). pap. 12.95 (978-1-63575-122-2(5)) Christian Faith Publishing.

One of Life's Slaves (Classic Reprint) Jonas Lie. 2018. (ENG., Illus.). 186p. (J). 27.73 (978-0-483-27276-7(0)) Forgotten Bks.

One of Many in the Universe. Isaiah Rochon. 2019. (ENG.). 292p. (YA). pap. 19.95 (978-1-64584-643-7(1)) Page Publishing Inc.

One of Our Conquerors (Classic Reprint) George Meredith. 2017. (ENG., Illus.). (J). 34.99 (978-1-5285-7504-1(0)) Forgotten Bks.

One of Our Conquerors, Vol. 1 of 3 (Classic Reprint) George Meredith. 2017. (ENG., Illus.). (J). 29.63 (978-0-260-65856-2(1)) Forgotten Bks.

One of Our Conquerors, Vol. 2 of 3 (Classic Reprint) George Meredith. 2018. (ENG., Illus.). 330p. (J). 30.66 (978-0-364-07324-7(1)) Forgotten Bks.

One of Our Conquerors, Vol. 3 of 3 (Classic Reprint) George Meredith. 2018. (ENG., Illus.). 314p. (J). 30.39 (978-0-483-36297-0(2)) Forgotten Bks.

One of Ours. Willa Cather. 2020. (ENG.). (YA). (gr. 10). 260p. 19.95 (978-1-61895-728-3(7)); 258p. pap. 11.95 (978-1-61895-727-6(9)) Bibliotech Pr.

One of Ours. Willa Cather. 2019. (ENG.). 442p. (YA). (gr. 10). (978-605-7861-88-7(4)); (Illus.). pap. (978-605-7566-70-6(X)) Uhrayoglu, Murat E Kitap Projesi.

One of Ours (Classic Reprint) Willa Cather. 2017. (ENG., Illus.). (J). 34.33 (978-0-265-75724-6(X)) Forgotten Bks.

One of The 28th: A Tale of Waterloo. G. A. Henty. 2017. (ENG., Illus.). (J). 26.95 (978-1-374-95589-9(2)); pap. 16.95 (978-1-374-95588-2(4)) Capital Communications, Inc.

One of The 28th: A Tale of Waterloo (Classic Reprint) G. A. Henty. 2017. (ENG., Illus.). (J). 32.27 (978-0-260-00333-1(6)) Forgotten Bks.

One of the Boys. Sean Morriseau. 2018. (ENG., Illus.). 42p. (YA). pap. (978-1-77370-953-6(4)) Tellwell Talent.

One of the Duanes: A Novel (Classic Reprint) Alice King Hamilton. 2018. (ENG., Illus.). 330p. (J). 30.70 (978-0-484-05693-9(X)) Forgotten Bks.

One of the Forty (Classic Reprint) Alphonse Daudet. 2018. (ENG., Illus.). 312p. (J). 30.35 (978-0-483-61897-8(7)) Forgotten Bks.

One of the Gang see Gran Luchadora

One of the Good Ones. Maika Moulite & Maritza Moulite. (ENG.). 352p. (YA). 2022. pap. 11.99 (978-1-335-42625-3(6)); 2021. (Illus.). 18.99 (978-1-335-14580-2(X)) Harlequin Enterprises ULC CAN. Dist: HarperCollins Pubs.

One of the Grayjackets: And Other Stories (Classic Reprint) E. C. McCants. (ENG., Illus.). (J). 2018. 182p. 27.65 (978-0-666-10746-6(7)); 2017. pap. 10.57 (978-0-259-50229-6(4)) Forgotten Bks.

One of the Grenvilles (Classic Reprint) Sidney Royse Lysaght. 2017. (ENG., Illus.). (J). 34.64 (978-0-266-52018-4(9)); pap. 16.97 (978-0-243-41817-6(5)) Forgotten Bks.

One of the Multitude (Classic Reprint) George Acorn. 2018. (ENG., Illus.). 324p. (J). 30.58 (978-0-483-38304-3(X)) Forgotten Bks.

One of the People, His Own Story (Classic Reprint) Burton B. Porter. 2018. (ENG., Illus.). 396p. (J). 32.06 (978-0-666-13024-2(8)) Forgotten Bks.

One of the Pilgrims. Anna Fuller. 2017. (ENG.). 344p. (J). pap. (978-3-337-10652-2(8)) Creation Pubs.

One of the Pilgrims: A Bank Story (Classic Reprint) Anna Fuller. 2018. (ENG., Illus.). 350p. (J). 31.12 (978-0-483-49232-5(9)) Forgotten Bks.

One of the Red Shirts: A Story of Garibaldi's Men (Classic Reprint) Herbert Hayens. 2017. (ENG., Illus.). (J). 31.92 (978-0-331-60859-5(6)); pap. 16.57 (978-1-5276-3857-0(X)) Forgotten Bks.

One of the Thirty: A Strange History (Classic Reprint) Hargrave Jennings. (ENG., Illus.). (J). 2017. 31.42 (978-0-260-47364-6(2)); 2016. pap. 13.97 (978-1-333-72268-5(0)) Forgotten Bks.

One of the Visconti: A Novelette (Classic Reprint) Eva Wilder Brodhead. 2018. (ENG., Illus.). 202p. (J). 28.06 (978-0-483-83464-4(5)) Forgotten Bks.

One of Them, Chapters from a Passionate Autobiography (Classic Reprint) Elizabeth. Hasanovitz. 2017. (ENG., Illus.). (J). 30.91 (978-1-5279-4711-5(4)) Forgotten Bks.

One of Them (Classic Reprint) Charles Lever. (ENG., Illus.). (J). 2017. 36.62 (978-0-266-40611-2(4)); 2016. pap. 19.57 (978-1-333-44536-2(9)) Forgotten Bks.

One of These Is Not Like the Others. Barney Saltzberg. (Illus.). (J). (— 1). 2021. 28p. bds. 7.99 (978-0-8234-4581-3(X)); 2020. 40p. 18.99 (978-0-8234-4560-8(7)) Holiday Hse., Inc. (Neal Porter Bks).

One of Those Coincidences: And Ten Other Stories (Classic Reprint) Julian Hawthorne. (ENG., Illus.). (J). 2018. 346p. 31.05 (978-0-332-11815-4(0)); 2017. pap. 13.57 (978-0-243-21935-3(0)) Forgotten Bks.

One of Three (Classic Reprint) Clifford S. Raymond. (ENG., Illus.). (J). 2018. 286p. 29.82 (978-0-483-26378-9(8)); 2017. pap. 13.57 (978-0-243-12837-2(1)) Forgotten Bks.

One of Us Is Back. Karen M. McManus. 2023. (YA). (978-0-593-48504-0(1), Delacorte Pr) Random House Publishing Group.

One of Us Is Back. Karen M. McManus. 2023. (One of Us Is Lying Ser.). (ENG.). 368p. (YA). (gr. 9). 19.99 (978-0-593-48501-9(7)); 22.99 (978-0-593-48502-6(5)) Random Hse. Children's Bks. (Delacorte Pr).

One of Us Is Lying. Karen M. McManus. (One of Us Is Lying Ser.). (ENG.). 416p. (YA). (gr. 9). 2023. pap. 12.99 (978-1-5247-1475-8(5)); 2017. 17.99 (978-1-5247-1468-0(2)) Random Hse. Children's Bks. (Delacorte Pr.).

One of Us Is Lying (TV Series Tie-In Edition) Karen M. McManus. ed. 2021. (One of Us Is Lying Ser.). (ENG.). 416p. (YA). (gr. 9). 17.99 (978-0-593-56537-7(1), Delacorte Pr.) Random Hse. Children's Bks.

One of Us Is Next: The Sequel to One of Us Is Lying. Karen M. McManus. 2020. 375p. (YA). (978-0-593-17547-7(6), Delacorte Pr) Random House Publishing Group.

One of Us Is Next: The Sequel to One of Us Is Lying. Karen M. McManus. 2023. (One of Us Is Lying Ser.). (ENG.). 416p. (YA). (gr. 9). pap. 12.99 (978-0-525-70799-8(9), Delacorte Pr.) Random Hse. Children's Bks.

One on One, 3. Andrea Montalbano. ed. 2019. (Soccer Sisters Ser.). (ENG.). 174p. (J). (gr. 4-5). 18.96 (978-0-87617-330-5(X)) Penworthy Co., LLC, The.

One on One. Andrea Montalbano. 2018. (Soccer Sisters Ser.: 3). (Illus.). 192p. (J). (gr. 3-7). pap. 7.99 (978-1-4926-4487-3(0)) Sourcebooks, Inc.

One on You (Classic Reprint) Pierson Worrall Banning. 2018. (ENG., Illus.). 72p. (J). 25.38 (978-0-483-90405-7(8)) Forgotten Bks.

One or Two: A Romance (Classic Reprint) Theo Douglas. 2018. (ENG., Illus.). 316p. (J). 30.41 (978-0-332-50806-1(4)) Forgotten Bks.

One-Osaurus, Two-osaurus. Kim Norman. Illus. by Pierre Collet-Derby. 2021. (ENG.). 32p. (J). (gr. -1-2). 17.99 (978-1-5362-0179-6(0)) Candlewick Pr.

One Outside & Other Stories (Classic Reprint) Mary Fitz-Patrick. 2018. (ENG., Illus.). 252p. (J). 29.11 (978-0-267-47714-2(7)) Forgotten Bks.

One Paris Summer, 1 vol. Denise Grover Swank. 2016. (ENG.). 352p. (YA). pap. 14.99 (978-0-310-75516-6(6)) Blink.

One Patch of Blue, 1 vol. Marthe Jocelyn. 2019. (ENG., Illus.). 24p. (J). (gr. -1 — 1). bds. 9.95 (978-1-4598-2073-9(8)) Orca Bk. Pubs. USA.

One Pawsome Christmas: a Magnetic Play Book (PAW Patrol) Random House. Illus. by Random House. 2019. (ENG., Illus.). 8p. (J). (gr. -1-2). bds. 12.99 (978-1-9848-9502-8(8), Random Hse. Bks. for Young Readers) Random Hse. Children's Bks.

One Penny, Two: How One Penny Became $41,943. 04 in Just 23 Days. David E. McAdams. 2023. (ENG.). 68p. (J). pap. 14.95 (978-1-63270-298-2(3)) Life is a Story Problem LLC.

One Penny, Two: Powers Of 2. David E. McAdams. 2023. (Math Books for Children Ser.). (ENG.). 68p. (J). 24.95 (978-1-63270-304-0(1)) Life is a Story Problem LLC.

One People One Heart: The Greensboro Beltsy Connection (Classic Reprint) Greensboro Jewish Federation. (ENG., Illus.). (J). 2018. 166p. 27.40 (978-0-484-14349-3(2)); 2017. pap. 9.97 (978-0-243-38836-3(5)) Forgotten Bks.

One Percent. Duchess Harris Jd & Carla Mooney. 2018. (Class in America Ser.). (ENG., Illus.). 112p. (J). (gr. 6-12). lib. bdg. 41.36 (978-1-5321-1410-6(9), 28802, Essential Library) ABDO Publishing Co.

One Perfect Moment. Alexander C. Eberhart. 2022. (ENG.). 304p. (YA). pap. 14.99 (978-1-0880-4375-2(5)) Indy Pub.

One Person, No Vote (YA Edition) How Not All Voters Are Treated Equally. Carol Anderson & Tonya Bolden. 2019. (ENG., Illus.). 288p. (YA). 18.99 (978-1-5476-0107-3(8), 900198528, Bloomsbury Young Adult) Bloomsbury Publishing USA.

One Piece of String, 1 vol. Marthe Jocelyn. 2017. (ENG., Illus.). 24p. (J). (gr. -1 — 1). bds. 10.95 (978-1-4598-1318-2(9)) Orca Bk. Pubs. USA.

One Piece: the Official Coloring Book (Media Tie-In) Scholastic. ed. 2023. (ENG.). 96p. (YA). (gr. 6-7). pap. 15.99 (978-1-339-01747-1(4)) Scholastic, Inc.

One Pink Balloon. Marty Hight. Illus. by Richard Hight. 2022. (ENG.). 32p. (J). 17.00 (978-1-63302-234-8(X), Total Publishing & Media) Yorkshire Publishing Group.

One Plus One Equals Two: A Matching Activity Book. Creative Playbooks. 2016. (ENG., Illus.). (J). pap. 7.74 (978-1-68323-539-2(8)) Twin Flame Productions.

One Polar Bear. Crystal Beach. Illus. by Crystal Beach. 2023. (ENG.). 30p. (J). (978-0-2288-9349-3(6)); pap. (978-0-2288-9348-6(8)) Tellwell Talent.

One Potato, Two Potato, Couch Potato and the Rocky Road to Love. Sholly Fisch & Amy Wolfram. Illus. by Jorge Corona & Lea Hernandez. 2020. (DC Teen Titans Go! Ser.). (ENG.). 32p. (J). (gr. 2-6). lib. bdg. 21.93 (978-1-4965-9940-7(3), 201381, Stone Arch Bks.) Capstone.

One Queen Triumphant (Classic Reprint) Frank James Mathew. 2018. (ENG., Illus.). 320p. (J). 30.54 (978-0-484-71296-5(9)) Forgotten Bks.

One Question a Day for Kids: a Three-Year Journal: Create Your Own Personal Time Capsule. Aimee Chase. 2017. (One Question a Day Ser.). (ENG., Illus.). 368p. (J). 16.99 (978-1-250-16651-7(9), 900187160) St. Martin's Pr.

One Rainy Day: A Counting Book. Shoba Viswanath. Illus. by Aswathy P.S. 2018. (ENG.). 24p. (J). (gr. -1). bds. 12.99 (978-1-77321-091-9(2)) Annick Pr., Ltd. CAN. Dist: Publishers Group West (PGW).

One Rainy Day / Mot Ngay Mua: Babl Children's Books in Vietnamese & English. Valeri Gorbachev. l.t. ed. 2017. (ENG., Illus.). (J). 14.99 (978-1-68304-218-1(2)) Babl Books, Incorporated.

One Rainy Day / Tagalog Edition: Babl Children's Books in Tagalog & English. Valeri Gorbachev. l.t. ed. 2016. (ENG., Illus.). (J). 14.99 (978-1-68304-195-5(X)) Babl Books, Incorporated.

One Rainy Day / une Journée Pluvieuse: Babl Children's Books in French & English. Valeri Gorbachev. l.t. ed. 2018. (FRE., Illus.). 36p. (J). 14.99 (978-1-68304-275-4(1)) Babl Books, Incorporated.

One Ravenwood Halloween. Tay Scott. Illus. by Mary Lowie Kearney. 2019. (ENG.). 48p. (J). pap. 14.95 (978-1-59594-641-6(1), Wingspan Pr.) WingSpan Publishing.

One Ravenwood Winter. Tay Scott. Illus. by Mary Lowie Kearney. 2016. (ENG.). 48p. (J). pap. 12.95 (978-1-59594-600-3(4)) Aquafire Sulis.

One Ravenwood Winter. Tay Scott. Illus. by Mary Lowie Kearney. 2016. (ENG.). (J). 21.95 (978-1-59594-667-6(5), Wingspan Pr.) WingSpan Publishing.

One Real American: The Life of Ely S. Parker, Seneca Sachem & Civil War General. Joseph Bruchac. 2020. (ENG., Illus.). 248p. (J). (gr. 5-9). 18.99 (978-1-4197-4657-4(X), 1264201, Abrams Bks. for Young Readers) Abrams, Inc.

One Reason Why (Classic Reprint) Beatrice Whitby. (ENG., Illus.). (J). 2018. 318p. 30.48 (978-0-483-52445-3(X)); 2017. pap. 13.57 (978-0-243-10529-8(0)) Forgotten Bks.

One Red Button, 1 vol. Marthe Jocelyn. 2017. (ENG., Illus.). 24p. (J). (gr. -1 — 1). bds. 9.95 (978-1-4598-1315-1(4)) Orca Bk. Pubs. USA.

One Red Sock. Jennifer Sattler. Illus. by Jennifer Sattler. (ENG., Illus.). (J). (gr. -1-k). 2020. 30p. bds. 7.99 (978-1-5341-1121-9(2), 205004); 2020. 30p. bds. 8.99 (978-1-5341-1104-2(2), 204929); 2019. 40p. 14.99 (978-1-5341-1026-7(7), 204747) Sleeping Bear Pr.

One Scary Bike Ride. Carmen Fuerte. 2017. (Text Connections Guided Close Reading Ser.). (J). (gr. k-1). (978-1-4900-1797-6(6)) Benchmark Education Co.

One Shadow on the Wall. Leah Henderson. (ENG.). 448p. (J). (gr. 3-7). 2018. pap. 8.99 (978-1-4814-6296-9(2)); 2017. (Illus.). 18.99 (978-1-4814-6295-2(4)) Simon & Schuster Children's Publishing. (Atheneum Bks. for Young Readers).

One Sheep Short. Bob Hartman. Illus. by Mark Beech. 2022. (Bob Hartman's Rhyming Parables Ser.). (ENG.). 32p. (J). pap. 9.99 (978-0-281-08539-2(0), d8a265b4-55f0-4e76-b37b-1969e14e0744) SPCK Publishing GBR. Dist: Baker & Taylor Publisher Services (BTPS).

One Sheep, Two Sheep. Tammi Sauer. Illus. by Troy Cummings. 2021. (ENG.). 32p. (J). (gr. -1-1). 14.99 (978-1-4197-4630-7(8), 1288401, Abrams Appleseed) Abrams, Inc.

One-Sheet-A-Day Math Drills: Grade 1 Addition - 200 Worksheets (Book 1 Of 24) Neki C. Modi. 2017. (One-Sheet-A-Day Math Drill Workbook Series: Grades Ser.: Vol. 1). (ENG., Illus.). (J). (gr. k-2). pap. 19.95 (978-1-62734-094-6(7)) Universal Pubs.

One-Sheet-A-Day Math Drills: Grade 1 Subtraction - 200 Worksheets (Book 2 Of 24) Neki Modi & Alpa Shah. 2017. (One-Sheet-A-Day Math Drills Ser.: Vol. 2). (ENG., Illus.). (J). (gr. k-2). pap. 19.95 (978-1-62734-195-0(1)) Universal Pubs.

One-Sheet-A-Day Math Drills: Grade 2 Addition - 200 Worksheets (Book 3 Of 24) Neki Modi & Alpa Shah. 2017. (One-Sheet-A-Day Math Drills Ser.: Vol. 2). (ENG., Illus.). (J). (gr. 1-3). pap. 19.95 (978-1-62734-197-4(8)) Universal Pubs.

One-Sheet-A-Day Math Drills: Grade 2 Subtraction - 200 Worksheets (Book 4 Of 24) Neki Modi & Alpa Shah. 2017. (One-Sheet-A-Day Math Drills Ser.: Vol. 4). (ENG., Illus.). 278p. (J). (gr. k-3). pap. 19.95 (978-1-62734-199-8(4)) Universal Pubs.

One-Sheet-A-Day Math Drills: Grade 3 Addition - 200 Worksheets (Book 5 Of 24) Neki Modi & Alpa Shah. 2017. (One-Sheet-A-Day Math Drills Ser.: Vol. 5). (ENG., Illus.). 278p. (J). (gr. 2-4). pap. 19.95 (978-1-62734-201-8(X)) Universal Pubs.

One-Sheet-A-Day Math Drills: Grade 3 Division - 200 Worksheets (Book 8 Of 24) Neki C. Modi & Alpa a Shah. 2020. (ENG.). 280p. (J). (gr. 2-4). pap. 19.95 (978-1-62734-207-0(9)) Universal Pubs.

One-Sheet-A-Day Math Drills: Grade 3 Multiplication - 200 Worksheets (Book 7 Of 24) Neki C. Modi & Alpa Shah. 2017. (One-Sheet-A-Day Math Drills Ser.: Vol. 7). (ENG., Illus.). 278p. (J). (gr. 2-4). pap. 19.95 (978-1-62734-205-6(2)) Universal Pubs.

One-Sheet-A-Day Math Drills: Grade 3 Subtraction - 200 Worksheets (Book 6 Of 24) Neki Modi & Alpa a Shah. 2017. (One-Sheet-A-Day Math Drills Ser.: Vol. 6). (ENG., Illus.). 278p. (J). (gr. 2-4). pap. 19.95 (978-1-62734-203-2(6)) Universal Pubs.

One-Sheet-A-Day Math Drills: Grade 4 Addition - 200 Worksheets (Book 9 Of 24) Neki C. Modi & Alpa a Shah. 2020. (ENG.). 280p. (J). (gr. 2-4). pap. 19.95 (978-1-62734-209-4(5)) Universal Pubs.

One-Sheet-A-Day Math Drills: Grade 4 Subtraction - 200 Worksheets (Book 10 Of 24) Neki C. Modi & Alpa a Shah. 2020. (ENG.). 280p. (J). (gr. 2-4). pap. 19.95 (978-1-62734-211-7(7)) Universal Pubs.

One-Sheet-A-Day Math Drills: Grade 5 Addition - 200 Worksheets (Book 13 Of 24) Neki C. Modi & Alpa a Shah. 2020. (ENG.). 280p. (J). (gr. 2-4). pap. 19.95 (978-1-62734-217-9(6)) Universal Pubs.

One-Sheet-A-Day Math Drills: Grade 5 Division - 200 Worksheets (Book 16 Of 24) Neki C. Modi & Alpa a Shah. 2020. (ENG.). 280p. (J). (gr. 2-4). pap. 19.95 (978-1-62734-223-0(0)) Universal Pubs.

One-Sheet-A-Day Math Drills: Grade 5 Multiplication - 200 Worksheets (Book 15 Of 24) Neki C. Modi & Alpa a Shah. 2020. (ENG.). 280p. (J). (gr. 2-4). pap. 19.95 (978-1-62734-221-6(4)) Universal Pubs.

One-Sheet-A-Day Math Drills: Grade 5 Subtraction - 200 Worksheets (Book 14 Of 24) Neki C. Modi & Alpa a Shah. 2020. (ENG.). 280p. (J). (gr. 2-4). pap. 19.95 (978-1-62734-219-3(2)) Universal Pubs.

One-Sheet-A-Day Math Drills: Grade 6 Addition - 200 Worksheets (Book 17 Of 24) Neki C. Modi & Alpa a Shah. 2020. (ENG.). 280p. (J). (gr. 2-4). pap. 19.95 (978-1-62734-225-4(7)) Universal Pubs.

One-Sheet-A-Day Math Drills: Grade 6 Division - 200 Worksheets (Book 20 Of 24) Neki C. Modi & Alpa a Shah. 2020. (ENG.). 280p. (J). (gr. 2-4). pap. 19.95 (978-1-62734-231-5(1)) Universal Pubs.

One-Sheet-A-Day Math Drills: Grade 6 Multiplication - 200 Worksheets (Book 19 Of 24) Neki C. Modi & Alpa a Shah. 2020. (ENG.). 280p. (J). (gr. 2-4). pap. 19.95 (978-1-62734-229-2(X)) Universal Pubs.

One-Sheet-A-Day Math Drills: Grade 6 Subtraction - 200 Worksheets (Book 18 Of 24) Neki C. Modi & Alpa a Shah. 2020. (ENG.). 280p. (J). (gr. 2-4). pap. 19.95 (978-1-62734-227-8(3)) Universal Pubs.

One-Sheet-A-Day Math Drills: Grade 7 Addition - 200 Worksheets (Book 21 Of 24) Neki C. Modi & Alpa a Shah. 2020. (ENG.). 280p. (J). (gr. 2-4). pap. 19.95 (978-1-62734-233-9(8)) Universal Pubs.

One-Sheet-A-Day Math Drills: Grade 7 Division - 200 Worksheets (Book 24 Of 24) Neki C. Modi & Alpa a Shah. 2020. (ENG.). 280p. (J). (gr. 2-4). pap. 19.95 (978-1-62734-239-1(7)) Universal Pubs.

One-Sheet-A-Day Math Drills: Grade 7 Multiplication - 200 Worksheets (Book 23 Of 24) Neki C. Modi & Alpa a Shah. 2020. (ENG.). 280p. (J). (gr. 2-4). pap. 19.95 (978-1-62734-237-7(0)) Universal Pubs.

One-Sheet-A-Day Math Drills: Grade 7 Subtraction - 200 Worksheets (Book 22 Of 24) Neki C. Modi & Alpa a Shah. 2020. (ENG.). 280p. (J). (gr. 2-4). pap. 19.95 (978-1-62734-235-3(4)) Universal Pubs.

One Shoe Lou. John Henneman. 2019. (ENG.). 30p. (J). pap. 13.95 (978-1-64299-836-8(2)) Christian Faith Publishing.

One Shoe Two Shoes. Caryl Hart. Illus. by Edward Underwood. 2019. (ENG.). 32p. (J). 17.99 (978-1-5476-0094-6(2), 900198463, Bloomsbury Children's Bks.) Bloomsbury Publishing USA.

One Shot: a Story of Bullying. Alex Karl Bruorton. Illus. by Fantoons Animation Fantoons Animation Studios. 2021. (Zuiker Teen Topics Ser.). (ENG.). 88p. (J). (gr. 5). 12.99 (978-1-947378-30-8(9)) Zuiker Pr.

One Sky. Aaron Becker. Illus. by Aaron Becker. 2022. (ENG.). 16p. (J). (gr. -1-3). bds. 17.99 (978-1-5362-2536-5(3)) Candlewick Pr.

One Small Buffalo. Shaunna Cline. 2020. (ENG.). 36p. (J). (978-0-2288-3411-3(2)); pap. (978-0-2288-2022-2(7)) Tellwell Talent.

One Small Donkey, 1 vol. Dandi Daley Mackall. 2016. (ENG., Illus.). 32p. (J). 14.99 (978-0-7180-8747-0(X), Tommy Nelson) Nelson, Thomas Inc.

One Small Donkey for Little Ones, 1 vol. Dandi Daley Mackall. 2016. (ENG., Illus.). 20p. (J). bds. 9.99 (978-0-7180-8247-5(8), Tommy Nelson) Nelson, Thomas Inc.

One Small Hop. Madelyn Rosenberg. 2021. (ENG.). 256p. (J). (gr. 3-7). 17.99 (978-1-338-56561-4(3), Scholastic Pr.) Scholastic, Inc.

One Small Ruff for Pup-Kind. Kelsey Sullivan. ed. 2021. (World of Reading Ser.). (ENG., Illus.). 32p. (J). (gr. k-1). 14.36 (978-1-64697-605-8(3)) Penworthy Co., LLC, The.

One Small Step for DNA Coloring Book. Bobo's Children Activity Books. 2016. (ENG., Illus.). (J). pap. 9.33 (978-1-68327-746-0(5)) Sunshine In My Soul Publishing.

One Small Step for Spork (Book 12) Lori Haskins Houran. Illus. by Jessica Warrick. 2018. (How to Be an Earthling Ser.). 64p. (J). (gr. 1-4). pap. 6.99 (978-1-63592-027-7(2), ba741b83-e28d-4d53-9417-c7ede2ef66af, Kane Press) Astra Publishing Hse.

One Small Thing. Marsha Diane Arnold. Illus. by Laura Watkins. 2023. 32p. (J). 18.99 (978-1-5064-8377-1(1), Beaming Books) 1517 Media.

One Small Thing. Erin Watt. 2019. (ENG.). 304p. (YA). pap. 10.99 (978-1-335-14239-9(8)) Harlequin Enterprises ULC CAN. Dist: HarperCollins Pubs.

One Smart Cookie: (a Graphic Novel) Mika Song. 2023. (Norma & Belly Ser.: 4). (ENG.). 112p. (J). (gr. -1-3). 12.99 (978-0-593-47975-9(0)); lib. bdg. 15.99 (978-0-593-47976-6(9)) Penguin Random Hse. LLC.

One Smart Sheep. Gary D. Schmidt & Elizabeth Stickney. Illus. by Jane Manning. 2021. (ENG.). 80p. (J). (gr. 3-7). 17.99 (978-0-544-88835-7(9), 1652149, Clarion Bks.) HarperCollins Pubs.

One Snowy Morning. Kevin Tseng. Illus. by Dana Wulfekotte. 2019. 32p. (J). (-k). 16.99 (978-0-7352-3041-5(2), Dial Bks) Penguin Young Readers Group.

One Snowy Night, 1 vol. M. Christina Butler & Tina Macnaughton. 2020. (ENG., Illus.). 24p. (J). (gr. -1-1). bds. 9.99 (978-1-56148-591-8(8), Good Bks.) Skyhorse Publishing Co., Inc.

One Snowy Night: Or Long Ago at Oxford (Classic Reprint) Emily Sarah Holt. 2018. (ENG., Illus.). 396p. (J). 32.06 (978-0-483-34902-5(X)) Forgotten Bks.

One Snowy Night (a Percy the Park Keeper Story) Nick Butterworth. Illus. by Nick Butterworth. 2019. (Percy the Park Keeper Story Ser.). (ENG.). 32p. (J). pap. 7.99 (978-0-00-834012-4(9), HarperCollins Children's Bks.) HarperCollins Pubs. Ltd. GBR. Dist: HarperCollins Pubs.

One Speck of Truth. Caela Carter. (ENG.). (J). (gr. 3-7). 2020. 304p. pap. 7.99 (978-0-06-267268-1(1)); 2019. 288p. 16.99 (978-0-06-267266-7(5)) HarperCollins Pubs. (Quill Tree Bks.).

One Spring Lamb, 1 vol. Anne Vittur Kennedy. 2016. (ENG., Illus.). 20p. (J). bds. 8.99 (978-0-7180-8782-1(8), Tommy Nelson) Nelson, Thomas Inc.

One Springy Day (a Percy the Park Keeper Story) Nick Butterworth. 2020. (Percy the Park Keeper Story Ser.). (ENG.). 32p. (J). pap. 7.99 (978-0-00-834799-4(9), HarperCollins Children's Bks.) HarperCollins Pubs. Ltd. GBR. Dist: HarperCollins Pubs.

One Springy, Singy Day. Renée Kurilla. 2023. (ENG., Illus.). 28p. (J). (gr. -1 — 1). bds., bds. 7.99 (978-1-4197-4573-7(5), 1696510, Abrams Appleseed) Abrams, Inc.

One Springy, Singy Day. Renée Kurilla. Illus. by Renée Kurilla. 2021. (ENG., Illus.). 40p. (J). (gr. -1-k). 16.99 (978-1-4197-4572-0(7), 1696501) Abrams, Inc.

One Starry Night. Mamma Macs. Illus. by Chelsea Wilcox. 2020. (ENG.). 28p. (J). (978-0-6489123-5-4(3)); pap. (978-0-6489123-4-7(5)) Karen Mc Dermott.

One Step. Andrew Daddo. 2016. 256p. (YA). (gr. 8). 18.99 (978-0-14-357361-6(6)) Random Hse. Australia AUS. Dist: Independent Pubs. Group.

One Step at a Time! Sara Y. Aharon. 2018. (ENG., Illus.). 40p. (J). 19.99 (978-0-692-05867-1(2)) Enterprise Leaf Pr.

One Step at a Time. Bethany Holley & Jessica Stephenson. 2016. (ENG., Illus.). 24p. (J). (978-1-365-29685-7(7)) Lulu Pr., Inc.

One Step Further: My Story of Math, the Moon, & a Lifelong Mission. Katherine Johnson. 2021. (ENG., Illus.). 48p. (J). (gr. 1-3). lib. bdg. 27.90 (978-1-4263-7194-3(2), National Geographic Kids) Disney Publishing Worldwide.

One Step Further: My Story of Math, the Moon, & a Lifelong Mission. Katherine Johnson et al. Illus. by Charnelle Barlow. 2021. (ENG.). 48p. (J). (gr. -1-k). 17.99 (978-1-4263-7193-6(4), National Geographic Kids) Disney Publishing Worldwide.

One Stop Dot to Dot Activity Book. Activibooks For Kids. 2016. (ENG., Illus.). (J). pap. 6.99 *(978-1-68321-433-5(1))* Mimaxion.

One-Stop Story Shop. Tracey Corderoy. 2019. (ENG.). 25p. (J). (gr. k-1). 21.49 *(978-1-64310-956-5(1))* Penworthy Co., LLC, The.

One Stormy Christmas. M. Christina Butler. Illus. by Tina Macnaughton. 2023. (ENG.). 32p. (J). (gr. -1-2). 18.99 ***(978-1-6643-0030-9(9))*** Tiger Tales.

One Strand River: And Other Fairy Tales (Classic Reprint) H. F. Hall. 2017. (ENG., Illus.). (J). 29.05 *(978-0-266-60921-6(X))* Forgotten Bks.

One Summer (Classic Reprint) Blanche Willis Howard. 2018. (ENG., Illus.). 278p. (J). 29.65 *(978-0-364-58578-8(1))* Forgotten Bks.

One Summer in Hawaii (Classic Reprint) Helen Mather. 2017. (ENG., Illus.). (J). 30.95 *(978-0-260-99428-8(6))* Forgotten Bks.

One Summer in Vancouver. Tony Correia. 2023. (ENG.). 280p. (YA). (gr. 8-12). 27.99 ***(978-1-4594-1723-6(2),*** b15c4330-caa0-4b1e-8ad4-4eec4e548540); pap. 16.99 ***(978-1-4594-1716-8(X),*** ddc4c318-6d0a-449b-858a-18967b1f27f5) James Lorimer & Co. Ltd., Pubs. CAN. Dist: Lerner Publishing Group.

One Summer in Whitney Pier, 1 vol. Mayann Francis. Illus. by Tamara Thiebaux-Heikalo. 2022. (ENG.). 32p. (J). 19.95 ***(978-1-77108-960-9(1),*** 547abf0d-a77d-41cd-bf77-0a363212dd10) Nimbus Publishing, Ltd. CAN. Dist: Baker & Taylor Publisher Services (BTPS).

One Summer's Day (Classic Reprint) H. V. Esmond. (ENG., Illus.). (J). 2018. 70p. 25.36 *(978-0-267-35003-2(1))*; 2016. pap. 9.57 *(978-1-333-73215-8(5))* Forgotten Bks.

One Sunny Day. Karen MC Dermott. Illus. by Chelsea Wilcox. 2019. (ENG.). 24p. (J). pap. *(978-0-6485489-8-0(8))* Karen Mc Dermott.

One Sunny Day. Karen McDermott. Illus. by Chelsea Wilcox. 2019. (ENG.). 24p. (J). *(978-0-6485378-4-7(6))* Karen Mc Dermott.

One Tailteann Week: A Chronicle of the Tames in Ancient Days (Classic Reprint) Maura Molloy. 2017. (ENG., Illus.). (J). pap. 9.57 *(978-0-243-26543-5(3))* Forgotten Bks.

One-Text Print of Chaucer's Minor Poems: Being the Best Text of Each Poem in the Parallel-Text Edition, for Handy Use by Editors & Readers (Classic Reprint) Geoffrey Chaucer. 2017. (ENG., Illus.). (J). 31.07 *(978-0-331-68657-9(0))*; pap. 13.57 *(978-0-331-68648-7(1))* Forgotten Bks.

One-Text Print of Chaucer's Minor Poems, Vol. 1: Being the Best Text of Each Poem in the Parallel-Text Edition, etc. , for Handy Use by Editors & Readers (Classic Reprint) Geoffrey Chaucer. 2018. (ENG., Illus.). (J). 346p. 31.03 *(978-0-428-53722-7(7))*; 348p. pap. 13.57 *(978-0-428-07521-7(5))* Forgotten Bks.

One-Text Print of Chaucer's Troilus & Criseyde: From the Campsall Ms. of Mr. Bacon Frank, Copied for Henry V. When Prince of Wales (Classic Reprint) Geoffrey Chaucer. 2019. (ENG., Illus.). (J). 346p. 31.05 *(978-1-397-29271-1(7))*; 348p. pap. 13.57 *(978-1-397-29267-4(9))* Forgotten Bks.

One-Text Print of Chaucer's Troilus & Criseyde (Classic Reprint) Geoffrey Chaucer. (ENG., Illus.). (J). 2018. 344p. 31.01 *(978-0-666-92834-4(7))*; 2016. pap. 13.57 *(978-1-334-22435-5(8))* Forgotten Bks.

One-Text Print of Chaucer's Troilus & Criseyde from the Campsall Ms. of Mr. Bacon Frank, Copied for Henry V, When Prince of Wales (Classic Reprint) Geoffrey Chaucer. 2018. (ENG., Illus.). (J). 344p. 30.99 *(978-1-391-22004-8(8))*; 346p. pap. 13.57 *(978-1-391-03605-2(0))* Forgotten Bks.

One That Got Away. J. Michael Iddins. Ed. by Dani Carter Iddins. 2021. (ENG.). 164p. (YA). pap. *(978-1-365-04858-6(6))* Lulu Pr., Inc.

One That I Let Go. Farzeen Saeed & Jeanne Durana. 2021. (ENG.). 86p. (J). pap. 15.00 *(978-1-716-25869-5(3))* Lulu Pr., Inc.

One That Makes Me Yawn. Gina Kegel. Illus. by James Rhodimer. 2020. (ENG.). 26p. (J). pap. 10.99 ***(978-1-7339512-2-7(9))*** Kegel, Gina M.

One Thing. Marci Lyn Curtis. ed. 2017. (YA). lib. bdg. 20.85 *(978-0-606-39172-6(X))* Turtleback.

One Thing I Know. Matthew Lyons. 2020. (ENG.). 38p. (J). pap. *(978-1-78830-551-8(5))* Olympia Publishers.

One Thing Is Certain: A Novel (Classic Reprint) Sophie Kerr. 2017. (ENG., Illus.). (J). 30.91 *(978-1-5279-4727-6(0))* Forgotten Bks.

One Thing Missing. Beth Roper Stewart. Illus. by Cameron Stewart. 2019. (ENG.). 30p. (J). 24.95 *(978-1-64300-832-5(3))*; pap. 15.95 *(978-1-64300-831-8(5))* Covenant Bks.

One Thing Needful, Vol. 1 of 2 (Classic Reprint) M. E. Braddon. 2018. (ENG., Illus.). 282p. (J). 29.71 *(978-0-483-97698-6(9))* Forgotten Bks.

One Thing Needful, Vol. 2 of 2 (Classic Reprint) M. E. Braddon. 2018. (ENG., Illus.). 364p. (J). 31.40 *(978-0-428-90492-0(0))* Forgotten Bks.

One Thing Needful, Vol. 3 of 3 (Classic Reprint) M. E. Braddon. (ENG., Illus.). (J). 2018. 324p. 30.58 *(978-0-483-42415-9(3))*; 2016. pap. 13.57 *(978-1-334-24843-6(5))* Forgotten Bks.

One Thing That Stays the Same... at My Mom's House & My Dad's House. Farheen Khan M Ed. 2022. (ENG.). 34p. (J). pap. 15.95 ***(978-1-63985-137-9(2))*** Fulton Bks.

One Thing You'd Save. Linda Sue Park. Illus. by Robert Sae-Heng. (ENG.). (J). (gr. 3-7). 2023. 80p. pap. 9.99 *(978-0-358-69727-5(1))*; 2021. 72p. 16.99 *(978-1-328-51513-1(3),* 1719818) HarperCollins Pubs. (Clarion Bks.).

One-Third Nerd. Gennifer Choldenko. Illus. by Églantine Ceulemans. 2020. (ENG.). 224p. (J). (gr. 3-7). pap. 8.99 *(978-1-5247-1891-6(2),* Yearling) Random Hse. Children's Bks.

One Third off (Classic Reprint) Irvin S. Cobb. 2017. (ENG., Illus.). (J). 26.95 *(978-0-260-37839-2(9))* Forgotten Bks.

One Thousand Books for Children. Penrhyn W. Coussens. 2017. (ENG., Illus.). (J). pap. *(978-0-649-08733-4(X))*; pap. *(978-0-649-12982-9(2))* Trieste Publishing Pty Ltd.

One Thousand Dollars a Day: Studies in Practical Economics (Classic Reprint) Adeline Knapp. 2018. (ENG., Illus.). 136p. (J). 26.70 *(978-0-483-02543-1(7))* Forgotten Bks.

One Thousand Gems: Striking Passages, Incidents & Illustrations (Classic Reprint) Thomas Dewitt Talmage. 2017. (ENG., Illus.). (J). 31.49 *(978-0-331-80828-5(5))*; pap. 13.97 *(978-0-243-24110-1(0))* Forgotten Bks.

One Thousand Pointers for Machinists & Engineers (Classic Reprint) Charles McShane. 2017. (ENG., Illus.). (J). 31.16 *(978-0-331-74997-7(1))* Forgotten Bks.

One Thousand Snapshots. Steve Heron. Illus. by Emma Hay. 2021. (ENG.). 200p. (YA). pap. *(978-1-922594-74-7(1))* Shawline Publishing Group.

One Thousand Trees. Kyle Hughes-Odgers. 2019. 32p. (J). 12.95 *(978-1-925591-78-1(6))* Fremantle Pr. AUS. Dist: Independent Pubs. Group.

One Time. Sharon Creech. 2021. (ENG.). 272p. (J). (gr. 3-7). pap. 7.99 *(978-0-06-257076-5(5),* HarperCollins) HarperCollins Pubs.

One Time I Went to Grammy's. Sharon Falk. 2016. (ENG.). (J). 14.95 *(978-1-63177-757-8(2))* Amplify Publishing Group.

One Tiny Bubble: The Story of Our Last Universal Common Ancestor. Karen Krossing. Illus. by Dawn Lo. 2022. (ENG.). 32p. (J). (gr. 5). 18.95 *(978-1-77147-445-0(9))* Owlkids Bks. Inc. CAN. Dist: Publishers Group West (PGW).

One Tiny Treefrog: a Countdown to Survival. Tony Piedra & MacKenzie Joy. 2023. (ENG.). 40p. (J). (gr. -1-3). 18.99 *(978-1-5362-1948-7(7))* Candlewick Pr.

One to Grow on (Classic Reprint) Nathaniel Benchley. (ENG., Illus.). (J). 2018. 256p. 29.18 *(978-0-483-93965-3(X))*; 2017. pap. 11.57 *(978-0-243-39446-3(2))* Forgotten Bks.

One to Ten L. A. Puck. 2016. (ENG., Illus.). 22p. (J). (gr. k-k). bds. 9.95 *(978-1-938093-49-4(6),* 809349) Duo Pr. LLC.

One Tomato. Rebecca Mullin. Illus. by Anna Mullin. 2021. (ENG.). 28p. (J). bds. 8.99 *(978-1-947141-59-9(7))* Rubber Ducky Pr.

One Too Many Lies, 1 vol. L. A. Bowen. 2018. (YA Verse Ser.). (ENG.). 200p. (YA). (gr. 3-4). 25.80 *(978-1-5383-8250-9(4),* b5978d52-c5e7-4ca0-902e-3af9c871b80c); pap. 16.35 *(978-1-5383-8249-3(0),* 602014c4-3603-4eb4-a045-851fb6bfd803) Enslow Publishing, LLC.

One Track: The Dandy Little Diesel. Anita Powell. 2021. (ENG.). 50p. (J). 26.95 *(978-1-64468-916-5(2))*; pap. 15.95 *(978-1-64468-915-8(4))* Covenant Bks.

One Tractor. Alexandra Siy. Illus. by Jacqueline Rogers. 2018. (I Like to Read Ser.). (ENG.). 32p. (J). (gr. -1-3). 6.99 *(978-0-8234-4015-3(X))* Holiday Hse., Inc.

One Tree. Christopher Cheng. Illus. by Bruce Whatley. 2020. 32p. (J). (gr. k-2). 18.99 *(978-0-14-378673-3(3),* Puffin) Penguin Random Hse. AUS. Dist: Independent Pubs. Group.

One Trick Pony. Nathan Hale. (ENG., Illus.). (J). (gr. 3-7). 2018. 144p. pap. 9.99 *(978-1-4197-2944-7(6),* 1104003); 2017. 128p. 14.95 *(978-1-4197-2128-1(3),* 1104001) Abrams, Inc. (Amulet Bks.).

One Trick Puppy. Carol Kim. Illus. by Courtney Godbey. 2020. (Doggie Daycare Set 2 Ser.). (ENG.). 48p. (J). (gr. 1-3). pap. 6.99 *(978-1-63163-465-9(8),* 1631634658); lib. bdg. 24.27 *(978-1-63163-464-2(X),* 163163464X) North Star Editions. (Jolly Fish Pr.).

One True Loves. Elise Bryant. 2022. (ENG.). (YA). 336p. (gr. 9). pap. 11.99 *(978-0-06-298287-2(7))*; 320p. pap. *(978-0-06-323390-4(8))*; 320p. (gr. 9). 17.99 *(978-0-06-298286-5(9))* HarperCollins Pubs. (Balzer & Bray).

One True Me & You: A Novel. Remi K. England. 2022. (ENG.). 272p. (YA). 18.99 *(978-1-250-81486-9(3),* 900248677, Wednesday Bks.) St. Martin's Pr.

One True Way. Shannon Hitchcock. (ENG.). 224p. (J). (gr. 4-7). 2019. pap. 8.99 *(978-1-338-18174-6(2))*; 2018. (Illus.). 17.99 *(978-1-338-18172-2(6))* Scholastic, Inc. (Scholastic Pr.).

One True Wish. Lauren Kate. 2023. (ENG.). 240p. (J). (gr. 5). 17.99 *(978-1-6659-1056-9(9),* Atheneum Bks. for Young Readers) Simon & Schuster Children's Publishing.

One, Two, Buckle My Shoe. Paige Billin-Frye. Illus. by Paige Billin-Frye. 2022. (Classic Mother Goose Rhymes Ser.). (ENG.). 16p. (J). (gr. -1-2). 29.93 *(978-1-5038-5713-1(1),* 215611) Child's World, Inc, The.

One, Two, Buckle My Shoe. Jane Cabrera. 2019. (Jane Cabrera's Story Time Ser.). (Illus.). (J). (ENG.). 32p. (-k). 18.99 *(978-0-8234-4467-0(8))*; 24p. (gr. -1 — 1). bds. 7.99 *(978-0-8234-4466-3(X))* Holiday Hse., Inc.

One, Two, Buckle My Shoe. Melissa Everett. Illus. by Christopher Morgan. 2017. (ENG.). 20p. (J). (gr. -1-1). bds. *(978-1-4867-1245-8(2))* Flowerpot Children's Pr. Inc.

One, Two, Follow Through! Starring Polly Pivot. Mary Jacobs. 2021. 32p. (J). (gr. k-2). 17.95 *(978-1-62937-895-4(X))* Triumph Bks.

One, Two, Grandma Loves You. Shelly Becker. Illus. by Dan Yaccarino. 2021. (ENG.). 24p. (J). (gr. -1-k). 16.99 *(978-1-4197-4218-7(3),* 1679601, Abrams Appleseed) Abrams, Inc.

One, Two, Grandpa Loves You. Shelly Becker. Illus. by Dan Yaccarino. 2023. (ENG.). 24p. (J). (gr. -1-k). 16.99 *(978-1-4197-6508-7(6),* 1792801, Abrams Appleseed) Abrams, Inc.

One, Two, Hello & Goodbye to You see Uno, Dos, Hola y Adios

One, Two, Rougarou. Alexis Braud. Illus. by Alexis Braud. 2018. (ENG.). 14p. (J). 8.95 *(978-1-4556-2599-4(X),* Pelican Publishing) Arcadia Publishing.

One, Two, Squiggle: Count Your Way from 1-20 Through the Royal Kingdom. Zahra M. Visram. 2020. (Queen Zara Book Ser.: Vol. 6). (ENG.). 54p. (J). pap. *(978-0-9953314-6-4(4))* Murji, Zahra.

One, Two, Three! A Happy Counting Book. Sandra Boynton. Illus. by Sandra Boynton. 2023. (Boynton on Board Ser.). (ENG., Illus.). 24p. (J). (gr. -1-k). bds., bds. 7.99 ***(978-1-6659-2508-2(6))*** Simon & Schuster Children's Publishing.

One, Two, Three... BOO! Laurie Friedman. Illus. by Mariano Epelbaum. 2022. (Scare Squad Ser.). (ENG.). 32p. (J). (gr. -1-3). pap. *(978-1-0396-6282-7(X),* 21929); lib. bdg. *(978-1-0396-6087-8(8),* 21928) Crabtree Publishing Co. (Crabtree Blossoms).

One, Two, Three Chai: A Hindi-English Counting Book. Varun Bhartia. 2021. (ENG.). 24p. (J). 19.99 ***(978-1-0879-8627-2(3))*** Indy Pub.

One, Two, Three, Count with Me a Counting Book. Bobo's Little Brainiac Books. 2016. (ENG., Illus.). (J). pap. 7.99 *(978-1-68327-858-0(5))* Sunshine In My Soul Publishing.

One, Two, Three, Kick! Jan Fields. Illus. by Dave Shephard. 2017. (Ghost Detectors Ser.: 23). (ENG.). 80p. (J). (gr. 2-5). lib. bdg. 35.64 *(978-1-5321-3155-4(0),* 27052, Calico Chapter Bks.) ABDO Publishing Co.

One, Two, Three, Meditate with Me. Kathy M. Kelley. Illus. by Lior Dahan. 2021. (ENG.). 28p. (J). *(978-1-5255-9572-1(5))*; pap. *(978-1-5255-9571-4(7))* FriesenPress.

One, Two, Three o'Clock Hop! a Telling Time Book for Kids. Pfiffikus. 2016. (ENG., Illus.). (J). pap. 10.81 *(978-1-68377-664-2(X))* Whlke, Traudl.

One, Two, Three O'Clock, Rock: A First Number Book for Cool Kids! Laughing Elephant Staff. 2019. (Music Legends & Learning for Kids Ser.: 0). (ENG., Illus.). 24p. (J). bds. 10.95 *(978-1-5149-1218-8(X))* Laughing Elephant.

One, Two, Three Strikes You're Out! a Baseball Coloring Book. Smarter Activity Books for Kids. 2016. (ENG., Illus.). (J). pap. 9.22 *(978-1-68374-570-9(1))* Examined Solutions PTE. Ltd.

One Unde-NILE-Ably Fun Party! Demetra Tsavaris-Lecourezos. 2020. (Young World Travelers Ser.: Vol. 3). (ENG.). 48p. (J). 25.00 *(978-1-948225-90-8(5))* Thewordverve.

One Unicorny Day. Disney Books. 2021. (ENG.). 24p. (J). (gr. -1-k). pap. 5.99 *(978-1-368-05590-1(7),* Disney Press Books) Disney Publishing Worldwide.

One Unusual Day. Patrice Nicole Tankersley. Illus. by Patrice Nicole Tankersley. (ENG.). 34p. (J). (gr. k-3). 2021. pap. 9.99 ***(978-0-578-88955-9(2))***; 2020. (Illus.). 17.99 ***(978-0-578-64312-0(X))*** Free Moment Publishing.

One Upside-Downy Day. Renée Kurilla. 2023. (ENG.). 40p. (J). (gr. -1-k). 16.99 ***(978-1-4197-5707-5(5),*** 1749201, Abrams Appleseed) Abrams, Inc.

ONE Very Big Bear. Alice Brière-Haquet. Illus. by Olivier Philipponneau & Raphaële Enjary. 2016. (ENG.). 32p. (J). (gr. -1-k). 14.95 *(978-1-4197-2117-5(8),* 1120001, Abrams Appleseed) Abrams, Inc.

One Very Tired Wombat. Renee Treml. 2020. 24p. (J). (gr. -1-k). bds. 11.99 *(978-1-76089-052-0(9),* Picture Puffin) Penguin Random Hse. AUS. Dist: Independent Pubs. Group.

One Vote, Two Votes, I Vote, You Vote. Bonnie Worth. Illus. by Aristides Ruiz & Joe Mathieu. 2016. (Cat in the Hat's Learning Library). (ENG.). 64p. (J). (gr. k-3). 9.99 *(978-0-399-55598-5(6),* Random Hse. Bks. for Young Readers) Random Hse. Children's Bks.

One Was Johnny: A Counting Book. Maurice Sendak. Illus. by Maurice Sendak. 2018. (ENG., Illus.). 48p. (J). (gr. -1-3). pap. 7.95 *(978-0-06-285441-4(0),* HarperCollins) HarperCollins Pubs.

One Was Johnny Board Book: A Counting Book. Maurice Sendak. Illus. by Maurice Sendak. 2017. (ENG., Illus.). 46p. (J). (gr. -1-3). bds. 7.95 *(978-0-06-266809-7(9),* HarperCollins) HarperCollins Pubs.

One Was Lost. Natalie D. Richards. (ENG.). (YA). (gr. 7-12). 2017. Illus.). 23.99 *(978-1-4926-6232-7(1))*; 2016. 320p. pap. 12.99 *(978-1-4926-1574-3(9),* 9781492615743) Sourcebooks, Inc.

One Wave: A Little Book of Oneness. Lauren Martin. 2022. (ENG.). 34p. (J). 16.99 ***(978-1-0879-6790-5(2))*** Indy Pub.

One Wave at a Time. Holly Thompson. 2018. (2019 Av2 Fiction Ser.). (ENG.). 32p. (J). lib. bdg. 34.28 *(978-1-4896-8243-7(0),* AV2 by Weigl) Weigl Pubs., Inc.

One Wave at a Time: A Story about Grief & Healing. Holly Thompson. Illus. by Ashley Crowley. 2018. (ENG.). 32p. (J). (gr. -1-3). 17.99 *(978-0-8075-6112-6(6),* 807561126) Whitman, Albert & Co.

One Way or Another. Kara McDowell. 2021. (ENG.). 336p. (YA). (gr. 7-7). pap. 10.99 *(978-1-338-65456-1(X))* Scholastic, Inc.

One Way Out: A Middle-Class New-Englander Emigrates to America (Classic Reprint) William Carleton. 2018. (ENG., Illus.). 316p. (J). 30.43 *(978-0-332-60886-0(7))* Forgotten Bks.

One Way Out: A Salary-Drawing New-Englander Emigrates to America (Classic Reprint) Frederick Orin Bartlett. (ENG., Illus.). (J). 2017. 30.56 *(978-0-266-41335-6(8))*; 2016. pap. 13.57 *(978-1-333-57964-7(0))* Forgotten Bks.

One Way Out (Classic Reprint) Bettina Von Hutten. 2018. (ENG., Illus.). 126p. (J). 26.50 *(978-0-267-53001-4(3))* Forgotten Bks.

One Way Round the World. Delight Sweetser. 2017. (ENG.). (J). 412p. pap. 19.95 *(978-3-337-19392-8(7))*; 410p. pap. *(978-3-7447-2211-7(2))* Creation Pubs.

One Way Round the World (Classic Reprint) Delight Sweetser. 2018. (ENG., Illus.). 406p. (J). 32.27 *(978-0-365-26595-5(0))* Forgotten Bks.

One-Way Trail: A Story of the Cattle Country (Classic Reprint) Ridgwell Cullum. 2018. (ENG., Illus.). 424p. (J). 32.66 *(978-0-332-14068-1(7))* Forgotten Bks.

One We Left Behind. Sara Coven. 2022. (ENG.). 202p. (J). pap. 12.99 ***(978-1-6629-2485-9(2))*** Gatekeeper Pr.

One Week in November. Contrib. by Sarah Everest. 2016. (ENG., Illus.). (J). pap. 18.00 *(978-1-4999-0159-7(3))* FastPrncil, Inc.

One Whimsical Autumn's Eve. Mary Lavender. 2018. (ENG., Illus.). 20p. (J). pap. 11.95 *(978-1-64214-520-5(3))* Page Publishing Inc.

One Who Found Its Being: The Thinker. Rafael Morales. 2021. (ENG.). 20p. (J). 21.99 *(978-1-63837-457-2(0))*; pap. 13.99 *(978-1-63837-458-9(9))* Palmetto Publishing.

One Who Looked on (Classic Reprint) F. F. Montresor. 2017. (ENG., Illus.). (J). 28.56 *(978-0-331-53318-7(9))* Forgotten Bks.

One Who Saw (Classic Reprint) Headon Hill. (ENG., Illus.). (J). 2018. 400p. 32.17 *(978-0-364-37337-8(7))*; 2017. pap. 16.57 *(978-0-243-97367-5(5))* Forgotten Bks.

One Wild Christmas. Nicholas Oldland. Illus. by Nicholas Oldland. 2019. (Life in the Wild Ser.). (ENG., Illus.). 32p. (J). (gr. -1-2). 16.99 *(978-1-5253-0203-9(5))* Kids Can Pr., Ltd. CAN. Dist: Hachette Bk. Group.

One Wink. Rk Coates. Illus. by Abbi Gurdin. 2021. (ENG.). 34p. (J). pap. 11.99 *(978-1-7369455-0-6(5))* Southampton Publishing.

One Wish. Michelle Harrison. 2016. (13 Treasures Trilogy Ser.: Prequel). (ENG.). 384p. (J). (gr. 3-7). 17.00 *(978-0-316-33529-4(0))* Little, Brown Bks. for Young Readers.

One Wish: Fatima Al-Fihri & the World's Oldest University. M. O. Yuksel. Illus. by Mariam Quraishi. 2022. (ENG.). 40p. (J). (gr. -1-3). 18.99 *(978-0-06-303291-0(0),* HarperCollins) HarperCollins Pubs.

One with the Scraggly Beard see Homme à la Barbe HirsuteThe One with the Scraggly Beard

One with the Scraggly Beard. Elizabeth Withey. Illus. by Lynn Scurfield. 2020. (ENG.). 32p. (J). (gr. -1-k). 19.95 *(978-1-4598-1855-2(5))* Orca Bk. Pubs. USA.

One with the Waggly Tail: Favourite Rhymes from an Irish Childhood. Sarah Webb. Illus. by Steve McCarthy. 2020. (ENG.). 64p. (J). 24.99 *(978-1-78849-151-8(3))* O'Brien Pr., Ltd., The IRL. Dist: Casemate Pubs. & Bk. Distributors, LLC.

One with the Waves. Vezna Andrews. 2023. (Illus.). 308p. (YA). pap. 12.99 ***(978-1-59580-122-7(7))*** Santa Monica Pr.

One Woman: A Story of Modern Utopia (Classic Reprint) Thomas Dixon Jr. (ENG., Illus.). (J). 2018. 382p. 31.78 *(978-0-483-39399-8(1))*; 2016. pap. 16.57 *(978-1-333-35476-3(2))* Forgotten Bks.

One Woman: Being the Second Part of a Romance of Sussex (Classic Reprint) Alfred Ollivant. 2018. (ENG., Illus.). 324p. (J). 30.58 *(978-0-332-18166-0(9))* Forgotten Bks.

One Woman Wandering: Or Europe on Limited Means (Classic Reprint) Marion Flower Hicks Harmon. 2018. (ENG., Illus.). 344p. (J). 31.01 *(978-0-267-20318-5(7))* Forgotten Bks.

One Woman's Life. Edna Gray. 2017. (ENG.). 352p. (J). pap. *(978-3-337-28444-2(2))* Creation Pubs.

One Woman's Life: The Steppings of Faith (Classic Reprint) Edna Gray. 2017. (ENG., Illus.). (J). 31.09 *(978-1-5280-7833-7(0))* Forgotten Bks.

One Woman's Story (Classic Reprint) Mary Britnieva. 2018. (ENG., Illus.). (J). 288p. 29.86 *(978-1-397-24307-2(4))*; 290p. pap. 13.57 *(978-1-397-24296-9(5))* Forgotten Bks.

One Wonderful Rose (Classic Reprint) Bertha Griffiths. 2018. (ENG., Illus.). 254p. (J). 29.16 *(978-0-428-77159-1(9))* Forgotten Bks.

One World: 24 Hours on Planet Earth. Nicola Davies. Illus. by Jenni Desmond. 2023. (ENG.). 40p. (J). (gr. 1-4). 18.99 *(978-1-5362-2613-3(0))* Candlewick Pr.

One World, Many Colors. Ben Lerwill. Illus. by Alette Straathof. 2020. (ENG.). 32p. (J). (gr. k-2). 18.95 ***(978-0-7112-4983-7(0),*** Words & Pictures) Quarto Publishing Group UK GBR. Dist: Hachette Bk. Group.

One-World Trade Center. Meish Goldish. 2018. (American Places: from Vision to Reality Ser.). (ENG.). 32p. (J). (gr. 2-7). lib. bdg. 19.95 *(978-1-68402-435-3(8))* Bearport Publishing Co., Inc.

One World Trade Center. Julie Murray. 2018. (Super Structures Ser.). (ENG., Illus.). 24p. (J). (gr. k-4). lib. bdg. 31.36 *(978-1-5321-2312-2(4),* 28391, Abdo Zoom-Dash) ABDO Publishing Co.

One Wrong Turn: Helping Those in Need. Ken Bowser. Illus. by Ken Bowser. ed. 2016. (Funny Bone Readers (tm) — Truck Pals on the Job Ser.). (ENG., Illus.). 24p. (J). (gr. k-2). E-Book 30.65 *(978-1-63440-079-4(8))* Red Chair Pr.

One Year Abroad (Classic Reprint) Blanche Willis Howard. 2018. (ENG., Illus.). 254p. (J). 29.16 *(978-0-365-19258-9(9))* Forgotten Bks.

One Year at Ellsmere. Faith Erin Hicks. 2020. (ENG., Illus.). 176p. (J). 22.99 *(978-1-250-21909-1(4),* 900207303); pap. 14.99 *(978-1-250-21910-7(8),* 900207304) Roaring Brook Pr. (First Second Bks.).

One Year (Classic Reprint) Dorothea Gerard. 2017. (ENG., Illus.). (J). 30.39 *(978-1-5284-8655-2(2))* Forgotten Bks.

One Year in Sweden, Vol. 2 Of 2: Including a Visit to the Isle of Gotland (Classic Reprint) Horace Marryat. 2018. (ENG., Illus.). 562p. (J). 35.49 *(978-0-332-19178-2(8))* Forgotten Bks.

One Year of Pierrot (Classic Reprint) Frederick Orin Bartlett. 2018. (ENG., Illus.). 374p. (J). 31.61 *(978-0-484-23529-7(X))* Forgotten Bks.

One Year of Sunday School Lessons for Young Children: A Manual for Teachers & Parents, Presenting a Series of Sunday School Lessons Selected, Arranged, & Adapted for the Use of the Youngest Classes (Classic Reprint) Florence U. Palmer. 2018. (ENG., Illus.). 252p. (J). 29.11 *(978-0-484-19353-5(8))* Forgotten Bks.

One Yellow Fish. Linda Kranz. 2016. (Illus.). 24p. (J). (gr. -1-12). 6.95 *(978-1-63076-246-9(6))* Muddy Boots Pr.

One Yellow Ribbon, 1 vol. Marthe Jocelyn. 2019. (ENG., Illus.). 24p. (J). (gr. -1 — 1). bds. 9.95 *(978-1-4598-2076-0(2))* Orca Bk. Pubs. USA.

One Yellow Sun. Michael Arndt. 2020. (M Books: See + Read Ser.). (ENG., Illus.). 32p. (J). bds. 12.99 *(978-1-5248-5817-9(X))* Andrews McMeel Publishing.

One You, One Me: Just the Way God Created Us to Be. Angela Nixon. 2017. (ENG., Illus.). 26p. (J). (gr. k-3). pap. 9.99 *(978-1-942674-18-4(X))* Jenis Group, LLC.

One Young Man: The Simple & True Story of a Clerk Who Enlisted in 1914, Who Fought on the Western Front for Nearly Two Years, Was Severely Wounded at the Battle of the Somme, & Is Now on His Way Back to His Desk (Classic Reprint) John Ernest Hodder-Williams. 2018. (ENG., Illus.). 160p. (J). 27.20 *(978-0-267-87517-7(7))* Forgotten Bks.

Oneida. Jordyn Robinson. 2022. (Children's Enneagram Ser.). (ENG., Illus.). 24p. (J). pap. 13.95 ***(978-1-68570-626-5(6))*** Christian Faith Publishing.

Onendlech Léift. Jm Mercedes. 2021. (ENG.). 164p. (YA). pap. 12.99 *(978-1-393-18078-4(7))* Draft2Digital.

1518

The check digit for ISBN-10 appears in parentheses after the full ISBN-13

Ones & Zeroes. Dan Wells. 2018. (Mirador Ser.: 2). (ENG.). 432p. (YA). (gr. 8). pap. 9.99 *(978-0-06-234791-6(8),* Balzer & Bray) HarperCollins Pubs.

Ones, Twos, & Threes of the Anxie-Bee. Jaz Kelm. Illus. by Alyssa Megan. 2021. (ENG.). 26p. (J). pap. *(978-1-8384056-0-1(7))* Lane, Betty.

Ones We Burn. Rebecca Mix. 2022. (ENG.). 480p. (YA). (gr. 9). 21.99 *(978-1-5344-9351-3(4),* McElderry, Margaret K. Bks.) McElderry, Margaret K. Bks.

Ones We're Meant to Find. Joan He. 2021. (ENG.). 384p. (YA). 18.99 *(978-1-250-25856-4(1),* 900219844) Roaring Brook Pr.

Ones We're Meant to Find. Joan He. 2023. (ENG.). 400p. (YA). pap. 12.99 *(978-1-250-83314-3(0),* 900219845) Square Fish.

Ones Who Walk All Worlds: Origins. Dakota Frandsen. 2022. (ENG.). 474p. (YA). pap. 27.99 ***(978-1-0879-9845-9(X))*** Indy Pub.

One's Womenkind: A Novel (Classic Reprint) Louis Zangwill. 2017. (ENG., Illus.). (J). 32.17 *(978-1-5284-5215-1(1))* Forgotten Bks.

Onesie Party: What Will YOU Wear? Leigh Hodgkinson. Illus. by Chris Jevons. 2021. (ENG.). 32p. (J). pap. 6.99 *(978-1-4052-9820-9(0))* Farshore GBR. Dist: HarperCollins Pubs.

Onesimus, the Prince & the Slave. Mark Potter. 2018. (ENG., Illus.). 290p. (YA). pap. 18.95 *(978-1-64299-646-3(7))* Christian Faith Publishing.

Oney Ona Judge: Escape from Slavery & the President's House. Duchess Harris & Lindsay Wyskowski. 2018. (Freedom's Promise Ser.). (ENG., Illus.). 48p. (J). (gr. 4-8). lib. bdg. 35.64 *(978-1-5321-1773-2(6),* 30834) ABDO Publishing Co.

Ongoing Reformation of Micah Johnson. Sean Kennedy. 2016. (ENG., Illus.). (YA). 24.99 *(978-1-63477-972-2(X),* Harmony Ink Pr.) Dreamspinner Pr.

Ongon: A Tale of Early Chicago (Classic Reprint) DuBois Henry Loux. 2018. (ENG., Illus.). 196p. (J). 27.94 *(978-0-483-35926-0(2))* Forgotten Bks.

Onibi: Diary of a Yokai Ghost Hunter. Atelier Sento et al. Tr. by Marie Velde. 2018. (Illus.). 128p. (gr. 6-12). pap. 14.99 *(978-4-8053-1496-8(6))* Tuttle Publishing.

Onimonogatari: Demon Tale. NISIOISIN. 2018. (Monogatari Ser.: 12). (Illus.). 290p. (YA). (gr. 11-12). pap. 15.95 *(978-1-947194-31-1(3),* Vertical) Kodansha America, Inc.

Onion: Niloya 2. Ed. by Zambak Çucok Publishing Staff. 2016. (J). pap. 4.99 *(978-1-4621-1863-2(1),* Horizon Pubs.) Cedar Fort, Inc./CFI Distribution.

Onion, a North Carolina Dolphin. Jessica Sarah Taylor. Illus. by Nan Bowles. 2019. (ENG.). 26p. (J). (gr. k-5). pap. 14.99 *(978-0-578-47208-9(2))* Outer Banks Ctr. for Dolphin Research.

Onionhead. Gary Ziskovsky. 2020. (ENG.). 38p. (J). pap. 13.99 *(978-1-64921-862-9(1))* Primedia eLaunch LLC.

Onions. Penelope Dyan. Illus. by Dyan. 2022. (ENG.). 34p. (J). pap. 12.60 *(978-1-61477-589-8(3))* Bellissima Publishing, LLC.

Online Activism: Social Change Through Social Media, 1 vol. Amanda Vink. 2018. (Hot Topics Ser.). (ENG.). 104p. (gr. 7-7). 41.03 *(978-1-5345-6356-8(3),* 2c771fb2-893f-4926-855b-85f609d31d54, Lucent Pr.) Greenhaven Publishing LLC.

Online Addiction. Patricia D. Netzley. 2016. (ENG.). 80p. (J). (gr. 5-12). lib. bdg. *(978-1-60152-984-8(8))* ReferencePoint Pr., Inc.

Online Battle Arena Esports: The Competitive Gaming World of League of Legends, Dota 2, & More! Daniel Montgomery Cole Mauleón. 2019. (Wide World of Esports Ser.). (ENG., Illus.). 32p. (J). (gr. 3-9). pap. 7.95 *(978-1-5435-7453-1(X),* 140893); lib. bdg. 30.65 *(978-1-5435-7354-1(1),* 140636) Capstone.

Online Coloring Book for Kids (Do What You Love) 36 Coloring Pages to Boost Confidence in Girls. James Manning. 2019. (Online Coloring Book for Kids Ser.: Vol. 1). (ENG., Illus.). 74p. (J). pap. *(978-1-83856-472-8(1))* Coloring Pages.

Online Coloring Book for Kids (Fashion Coloring Book) 40 Fashion Coloring Pages. James Manning. 2019. (ENG., Illus.). 82p. (J). pap. *(978-1-83856-310-3(5))* Coloring Pages.

Online Entertainment. Patricia D. Netzley. 2016. (ENG.). 80p. (J). (gr. 5-12). lib. bdg. *(978-1-60152-986-2(4))* ReferencePoint Pr., Inc.

Online Etiquette. Phyllis Cornwall. 2021. (Digital Citizenship Ser.). (ENG.). 24p. (J). lib. bdg. 22.99 *(978-1-5105-5574-7(9))* SmartBook Media, Inc.

Online Filter Bubbles, 1 vol. Ed. by Paula Johanson. 2017. (Opposing Viewpoints Ser.). (ENG.). 208p. (J). (gr. 10-12). 50.43 *(978-1-5345-0175-1(4),* de58d977-6cd1-498d-86c1-fd3f6d11757a) Greenhaven Publishing LLC.

Online Gaming. Betsy Rathburn. 2021. (Ready, Set, Game! Ser.). (ENG., Illus.). 24p. (J). (gr. 3-7). pap. 7.99 *(978-1-64834-251-6(5),* 20362); lib. bdg. 26.95 *(978-1-64487-458-5(X))* Bellwether Media.

Online Identity, 1 vol. Laura Perdew. 2016. (Essential Library of the Information Age Ser.). (ENG., Illus.). 112p. (J). (gr. 8-12). lib. bdg. 41.36 *(978-1-68078-287-5(8),* 21729, Essential Library) ABDO Publishing Co.

Online Journalists, 1 vol. Jill Keppeler. 2019. (Digital Insiders Ser.). (ENG.). 32p. (gr. 3-4). pap. 11.50 *(978-1-5382-4755-6(0),* 3a503bfc-6c41-470c-9847-3c23723c43e0) Stevens, Gareth Publishing LLLP.

Online News. Martin Gitlin. 2019. (21st Century Skills Innovation Library: Disruptors in Tech Ser.). (ENG.). 32p. (J). (gr. 4-8). pap. 14.21 *(978-1-5341-5043-0(9),* 213479); (Illus.). lib. bdg. 32.07 *(978-1-5341-4757-7(8),* 213478) Cherry Lake Publishing.

Online Predators. Melissa Abramovitz. 2016. (ENG.). 80p. (J). (gr. 5-12). lib. bdg. *(978-1-68282-092-6(0))* ReferencePoint Pr., Inc.

Online Privacy. Peggy J. Parks. 2016. (ENG.). 80p. (J). (gr. 5-12). lib. bdg. *(978-1-60152-988-6(0))* ReferencePoint Pr., Inc.

Online Rights & Responsibilities: Digital Citizenship, 1 vol. Sloane Gould. 2017. (Computer Kids: Powered by Computational Thinking Ser.). (ENG.). 24p. (J). (gr. 4-5). 25.27 *(978-1-5383-2420-2(2),* 172fcc34-027b-4534-a517-1041df29e0fc, PowerKids Pr.); pap. *(978-1-5383-5303-5(2),* d5122699-b19f-48d0-833c-3b3a64e086ed, Rosen Classroom) Rosen Publishing Group, Inc., The.

Online Safety. Phyllis Cornwall. 2021. (Digital Citizenship Ser.). (ENG.). 24p. (J). lib. bdg. 22.99 *(978-1-5105-5576-1(5))* SmartBook Media, Inc.

Online Safety. Sarah L. Schuette. 2019. (Staying Safe! Ser.). (ENG., Illus.). 24p. (J). (gr. -1-2). pap. 6.95 *(978-1-9771-1029-9(0),* 141105); lib. bdg. 24.65 *(978-1-9771-0868-5(7),* 140479) Capstone. (Pebble).

Online Safety for Coders. Heather Lyons & Elizabeth Tweedale. Illus. by Alex Westgate. 2016. (Kids Get Coding Ser.). (ENG.). 24p. (J). (gr. 1-4). 26.65 *(978-1-5124-1361-8(5),* 5cfc264b-dcb4-4904-af09-56eea145f4e3, Lerner Pubns.) Lerner Publishing Group.

Online Safety in Roblox. Josh Gregory. 2020. (21st Century Skills Innovation Library: Unofficial Guides Junior Ser.). (ENG., Illus.). 24p. (J). (gr. 2-5). lib. bdg. 30.64 *(978-1-5341-6969-2(5),* 215763) Cherry Lake Publishing.

Online Search. Emma Huddleston. 2019. (Tech Bytes Ser.). (ENG., Illus.). 48p. (J). (gr. 4-6). 26.60 *(978-1-68450-917-1(3))* Norwood Hse. Pr.

Online Security. Harry Henderson. 2016. (ENG.). 80p. (J). (gr. 5-12). lib. bdg. *(978-1-60152-990-9(2))* ReferencePoint Pr., Inc.

Online Teamwork. Samantha Roslund. 2021. (Digital Citizenship Ser.). (ENG.). 24p. (J). lib. bdg. 22.99 *(978-1-5105-5566-2(8))* SmartBook Media, Inc.

Onlooker in France: 1917 1919 (Classic Reprint) William Orpen. 2018. (ENG., Illus.). 320p. (J). 30.50 *(978-0-666-32035-3(7))* Forgotten Bks.

Only 2, Which R You? Kimm Reid. 2020. (ENG., Illus.). 48p. (J). pap. *(978-1-988001-39-5(0))* Ahelia Publishing, Inc.

Only a Barb (Classic Reprint) Ceora Bell Lanham. 2018. (ENG., Illus.). 22p. (J). 24.37 *(978-0-267-26707-1(X))* Forgotten Bks.

Only a Boy Named David. Shannon Scott. Illus. by Nya a Lucas. 2019. (ENG.). 120p. (J). (gr. 1-6). pap. 14.95 *(978-1-4796-1115-7(8))* TEACH Services, Inc.

Only a Breath Apart: A Novel. Katie McGarry. 2020. (ENG.). 384p. (YA). pap. 9.99 *(978-1-250-19386-5(9),* 900193472, Tor Teen) Doherty, Tom Assocs., LLC.

Only a Butterfly: And Other Stories (Classic Reprint) Georgiana M. Craik. (ENG., Illus.). (J). 2018. 292p. 29.94 *(978-0-666-52120-0(4));* 2017. pap. 13.57 *(978-0-259-31383-0(1))* Forgotten Bks.

Only a Clod: A Novel (Classic Reprint) Mary Elizabeth Braddon. (ENG., Illus.). (J). 2017. 31.28 *(978-0-331-55559-2(X));* 2016. pap. 13.97 *(978-1-333-62916-8(8))* Forgotten Bks.

Only a Clod, Vol. 3 of 3 (Classic Reprint) M. E. Braddon. (ENG., Illus.). (J). 2018. 314p. 30.39 *(978-0-483-36303-8(0));* 2016. pap. 13.57 *(978-1-334-45595-7(3))* Forgotten Bks.

Only a Dog: A Story of the Great War (Classic Reprint) Bertha Whitridge Smith. 2018. (ENG., Illus.). 128p. (J). 26.56 *(978-0-365-38108-2(X))* Forgotten Bks.

Only a Factory Boy: And from Ball Room to Weave Room (Classic Reprint) Ethel Thomas. 2018. (ENG., Illus.). 228p. (J). 28.60 *(978-0-267-23235-2(7))* Forgotten Bks.

Only a Fiddler: A Danish Romance (Classic Reprint) Hans Christian Anderson. 2017. (ENG., Illus.). (J). 30.39 *(978-0-266-17017-4(X))* Forgotten Bks.

Only a Girl, or a Physician for the Soul: A Romance (Classic Reprint) Wilhelmine von Hillern. (ENG., Illus.). (J). 2017. 556p. 35.36 *(978-0-265-48531-6(2));* 2016. pap. 19.57 *(978-1-334-13165-3(1))* Forgotten Bks.

Only a Girl's Life: A Story Which Is Too True (Classic Reprint) Jerome Mercier. (ENG., Illus.). (J). 2018. 256p. 29.20 *(978-0-267-37959-0(5));* 2016. pap. 11.57 *(978-1-333-17136-0(6))* Forgotten Bks.

Only a Monster. Vanessa Len. (Only a Monster Ser.: 1). (ENG.). 416p. (YA). (gr. 8). 2023. pap. 15.99 *(978-0-06-302465-6(9));* 2022. 18.99 *(978-0-06-302464-9(0))* HarperCollins Pubs. (HarperTeen).

Only a Tree Knows How to Be a Tree. Mary Murphy. Illus. by Mary Murphy. 2020. (ENG., Illus.). 32p. (J). (gr. -1-2). 17.99 *(978-1-5362-1470-3(1))* Candlewick Pr.

Only a Witch Can Fly. Alison McGhee. ed. 2018. (ENG.). 32p. (J). (gr. -1-1). 11.00 *(978-1-64310-610-6(4))* Penworthy Co., LLC, The.

Only a Woman's Heart, or Barbara's Rival (Classic Reprint) Ernest A. Young. (ENG., Illus.). (J). 2018. 166p. 27.34 *(978-0-364-58975-5(2));* 2017. pap. 9.97 *(978-0-259-21183-9(4))* Forgotten Bks.

Only a Word (Classic Reprint) George Ebers. (ENG., Illus.). (J). 2017. 28.93 *(978-0-331-28471-3(5));* 2016. pap. 11.57 *(978-1-334-14736-4(1))* Forgotten Bks.

Only a Year & What It Brought. Jane Andrews. 2017. (ENG., Illus.). (J). pap. *(978-0-649-15018-2(X))* Trieste Publishing Pty Ltd.

Only a Year & What It Brought (Classic Reprint) Jane Andrews. (ENG., Illus.). (J). 2018. 252p. 29.09 *(978-0-267-35070-4(8));* 2016. pap. 11.57 *(978-1-333-73935-5(4))* Forgotten Bks.

Only an Ensign, Vol. 1 Of 3: A Tale of the Retreat from Cabul (Classic Reprint) James Grant. 2018. (ENG., Illus.). 306p. (J). 30.23 *(978-0-483-82114-9(4))* Forgotten Bks.

Only an Ensign, Vol. 2 Of 3: A Tale of the Retreat from Cabul (Classic Reprint) James Grant. 2018. (ENG., Illus.). 320p. (J). 30.52 *(978-0-483-45292-3(0))* Forgotten Bks.

Only an Incident (Classic Reprint) Grace Denio Litchfield. 2017. (ENG., Illus.). (J). 28.78 *(978-1-5282-8109-6(8))* Forgotten Bks.

Only an Irish Boy: Andy Burke's Fortunes. Horatio Alger. 2019. (ENG.). 192p. (YA). (gr. 7-12). pap. *(978-93-5329-602-5(1))* Alpha Editions.

Only an Irish Boy: The Story of Andy Burke's Fortunes (Classic Reprint) Horatio Alger Jr. 2017. (ENG., Illus.). (J). 31.24 *(978-0-331-84180-0(0));* pap. 13.97 *(978-0-259-09479-1(X))* Forgotten Bks.

Only Ashes Remain. Rebecca Schaeffer. (Market of Monsters Ser.: 2). (ENG.). (YA). (gr. 9). 2020. 448p. pap. 15.99 *(978-0-358-34894-8(3),* 1782807); 2019. 432p. 17.99 *(978-1-328-86355-3(7),* 1694451) HarperCollins Pubs. (Clarion Bks.).

Only Astronaut. Mahak Jain. Illus. by Andrea Stegmaier. 2023. (ENG.). 40p. (J). (gr. -1-2). 19.99 ***(978-1-5253-0736-2(3))*** Kids Can Pr., Ltd. CAN. Dist: Hachette Bk. Group.

Only Black Girls in Town. Brandy Colbert. 2021. (ENG.). 368p. (J). (gr. 3-7). pap. 8.99 *(978-0-316-45640-1(3))* Little, Brown Bks. for Young Readers.

Only (Classic Reprint) Matilda Anne Planche Mackarness. 2018. (ENG., Illus.). 112p. (J). 26.21 *(978-0-365-40663-1(5))* Forgotten Bks.

Only Five: Or Pussie's Frolics in Farm & Field (Classic Reprint) Ismay Thorn. 2018. (ENG., Illus.). 130p. (J). 26.58 *(978-0-483-89283-5(1))* Forgotten Bks.

Only Fly after Midnight: A Witch & Her Broom Coloring Book. Kreative Kids. 2016. (ENG., Illus.). (J). pap. 9.20 *(978-1-68377-345-0(4))* Whke, Traudl.

Only for a Little While. Gabriela Orozco Belt. Illus. by Richy Sánchez Ayala. 2023. (ENG.). 32p. (J). (gr. -1-3). 19.99 *(978-0-06-320663-2(3),* Balzer & Bray) HarperCollins Pubs.

Only Freaks Turn Things into Bones. Steff Green. Illus. by Bree Roldan. 2019. (ENG.). 40p. (J). (gr. 1-4). pap. 12.95 *(978-1-925652-98-7(X),* Pub. Obscura) Odyssey Bks. AUS. Dist: Ingram Content Group.

Only Friend. Kim Kane. Illus. by Jon Davis. 2018. (Ginger Green, Playdate Queen Ser.). (ENG.). 64p. (J). (gr. 1-3). pap. 5.95 *(978-1-5158-2012-3(2),* 136659, Picture Window Bks.) Capstone.

Only Game. Mike Lupica. 2016. (Home Team Ser.). lib. bdg. 18.40 *(978-0-606-38252-6(6))* Turtleback.

Only Girl in Town. Ally Condie. 2023. (ENG.). 336p. (YA). (gr. 7). 19.99 ***(978-0-593-32717-3(9),*** Dutton Books for Young Readers) Penguin Young Readers Group.

Only Girl in Town 6-Copy Pre-pack W/ L-Card. Ally Condie. 2023. (YA). (gr. 7). 119.94 ***(978-0-525-48982-5(7),*** Dutton Books for Young Readers) Penguin Young Readers Group.

Only Girls (Classic Reprint) Virginia F. Townsend. 2017. (ENG., Illus.). (J). 28.99 *(978-0-266-19163-6(0))* Forgotten Bks.

Only Girls Know the Way: Mazes & Coloring Activity Books for Girls Bundle, 2 vols. Speedy Publishing Books. 2019. (ENG.). 212p. (J). pap. 19.99 *(978-1-5419-7247-6(3))* Speedy Publishing LLC.

Only Glimpses (Classic Reprint) M. L. McMurphy. 2017. (ENG., Illus.). 154p. (J). 27.07 *(978-0-332-03841-4(6))* Forgotten Bks.

Only God Can Make a Kitten, 1 vol. Rhonda Gowler Greene. Illus. by Laura J. Bryant. 2016. (ENG.). 28p. (J). bds. 9.99 *(978-0-310-75008-6(3))* Zonderkidz.

Only God Knows. Cori Anderson. Illus. by Kelsey Anderson. 2017. (ENG.). (J). 23.95 *(978-1-64028-513-2(X));* pap. 13.95 *(978-1-64028-511-8(3))* Christian Faith Publishing.

Only Henrietta (Classic Reprint) Lela Horn Richards. 2018. (ENG., Illus.). 430p. (J). 32.77 *(978-0-483-34826-4(0))* Forgotten Bks.

Only Human: A Novel (Classic Reprint) John Strange Winter. 2018. (ENG., Illus.). (J). 312p. 30.33 *(978-0-428-19031-6(6));* 314p. pap. 13.57 *(978-0-428-18988-4(1))* Forgotten Bks.

Only If You Dare: 13 Stories of Darkness & Doom. Josh Allen. Illus. by Sarah J Coleman. 2023. 208p. (J). (gr. 4-7). pap. 8.99 ***(978-0-8234-5457-0(6))*** Holiday Hse., Inc.

Only in America: The Weird & Wonderful 50 States, Vol. 12. Heather Alexander. Illus. by Alan Berry Rhys & Alan Berry Rhys. 2021. (50 States Ser.: 12). (ENG.). 112p. (J). (gr. k-4). 30.00 *(978-0-7112-6284-3(5),* 342446, Wide Eyed Editions) Quarto Publishing Group UK GBR. Dist: Hachette Bk. Group.

Only in America Activity Book, Volume 13. Claire Saunders & Heather Alexander. Illus. by Alan Berry Rhys. 2022. (50 States Ser.: 13). (ENG.). 32p. (J). (gr. 1-5). pap. 12.99 *(978-0-7112-7289-7(1),* 353208, Wide Eyed Editions) Quarto Publishing Group UK GBR. Dist: Hachette UK Distribution.

Only in California: Weird & Wonderful Facts about the Golden State, Volume 1. Heather Alexander. Illus. by Jen Taylor. 2022. (50 States Ser.: 1). (ENG.). 64p. (J). (gr. 2-6). 21.99 *(978-0-7112-7404-4(5),* 352716, Wide Eyed Editions) Quarto Publishing Group UK GBR. Dist: Hachette Bk. Group.

Only in Fun: Or, Henry Willson's Voyage (Classic Reprint) Lucy Ellen Guernsey. 2018. (ENG., Illus.). 170p. (J). 27.44 *(978-0-484-23501-3(X))* Forgotten Bks.

Only in New York. Heather Alexander. Illus. by Joseph Moffat-Peña. 2023. (50 States Ser.). (ENG.). 64p. (J). (gr. 2-6). 21.99 ***(978-0-7112-8143-1(2),*** 421748, Wide Eyed Editions) Quarto Publishing Group UK GBR. Dist: Hachette Bk. Group.

Only in Texas: Weird & Wonderful Facts about the Lone Star State, Vol. 2. Heather Alexander. Illus. by Jen Taylor. 2023. (50 States Ser.: 2). (ENG.). 64p. (J). (gr. 2-6). 21.99 *(978-0-7112-7406-8(1),* 352720, Wide Eyed Editions) Quarto Publishing Group UK GBR. Dist: Hachette Bk. Group.

Only Lettie Pony Adventure. David James Smith. 2016. (ENG., Illus.). 170p. (J). pap. *(978-1-326-76390-9(3))* Lulu Pr., Inc.

Only Living Girl #1: The Island at the Edge of Infinity. David Gallaher. Illus. by Steve Ellis. 2019. (Only Living Girl Ser.: 1). (ENG.). 72p. (J). 13.99 *(978-1-5458-0203-8(3),* 900198496); pap. 8.99 *(978-1-5458-0202-1(5),* 900198497) Mad Cave Studios. (Papercutz).

Only Living Girl #2: Beneath the Unseen City. David Gallaher. Illus. by Steve Ellis. 2020. (Only Living Girl Ser.: 2). (ENG.). 72p. (J). 13.99 *(978-1-62991-056-7(2),* 900138259); pap. 8.99 *(978-1-62991-055-0(4),* 900138258) Mad Cave Studios. (Papercutz).

Only Loss Heaven Ever Knew. Anthony Wilcox. 2020. (ENG.). 39p. (YA). pap. *(978-1-716-70860-2(5))* Lulu Pr., Inc.

Only Margaret: A Story about Margaret Wise Brown. Candice Ransom. Illus. by Nan Lawson. 2021. (ENG.). 56p. (J). *(978-0-8028-5508-4(3),* Eerdmans Bks For Young Readers) Eerdmans, William B. Publishing Co.

Only Mostly Devastated: A Novel. Sophie Gonzales. (ENG.). (YA). 2021. 304p. pap. 10.99 *(978-1-250-78743-9(2),* 900237409); 2020. 288p. 17.99 *(978-1-250-31589-2(1),* 900199396) St. Martin's Pr. (Wednesday Bks.).

Only My Dog Knows I Pick My Nose. Lauren Tarshis. Illus. by Lisa Bronson Mezoff. 2021. (ENG.). 48p. (J). (gr. -1-k). 17.99 *(978-1-338-68025-6(0),* Orchard Bks.) Scholastic, Inc.

Only Nancy: A Tale of the Kentucky Mountains (Classic Reprint) Francis George. 2017. (ENG., Illus.). (J). 29.09 *(978-0-266-68412-1(2));* pap. 11.57 *(978-1-5276-5910-0(0))* Forgotten Bks.

Only on the Weekends. Dean Atta. (ENG.). 560p. (YA). (gr. 9). 2023. pap. 15.99 *(978-0-06-315799-6(3));* 2022. 18.99 *(978-0-06-315798-9(5))* HarperCollins Pubs. (Balzer & Bray).

Only One Day in My Life: A Drama in Four Acts (Classic Reprint) Thomas Egan. 2018. (ENG., Illus.). (J). 76p. 25.48 *(978-0-366-41487-1(9));* 78p. pap. 9.57 *(978-0-365-81591-4(8))* Forgotten Bks.

Only One Love or Who Was the Heir (Classic Reprint) Charles Garvice. 2017. (ENG., Illus.). (J). 30.58 *(978-0-260-79657-8(3))* Forgotten Bks.

Only Only Marisol Rainey. Erin Entrada Kelly. Illus. by Erin Entrada Kelly. 2023. (Maybe Marisol Ser.: 3). (ENG., Illus.). 160p. (J). (gr. 3-7). 18.99 *(978-0-06-297048-0(8),* Greenwillow Bks.) HarperCollins Pubs.

Only Planet. Angelina Carriera. Illus. by Roundhouse Creative. 2016. (ENG.). (J). pap. *(978-0-9944591-3-8(0))* Ralston, Angelina.

Only Relatives Invited: A Social & a Socialistic Satire (Classic Reprint) Charles Sherman. 2018. (ENG., Illus.). 324p. (J). 30.60 *(978-0-484-16579-2(8))* Forgotten Bks.

Only Road. Alexandra Diaz. (ENG.). (J). (gr. 3-7). 2017. 336p. pap. 8.99 *(978-1-4814-5751-4(9));* 2016. (Illus.). 320p. 18.99 *(978-1-4814-5750-7(0))* Simon & Schuster/Paula Wiseman Bks. (Simon & Schuster/Paula Wiseman Bks.).

Only Son: A Narrative (Classic Reprint) William Kennedy. (ENG., Illus.). (J). 2018. 276p. 29.59 *(978-0-483-66795-2(1));* 2016. pap. 11.97 *(978-1-334-12297-2(0))* Forgotten Bks.

Only Son: First Published in America, in Littell's Living Age (Classic Reprint) R. H. Chermside. 2018. (ENG., Illus.). 164p. (J). 27.28 *(978-0-483-46454-4(6))* Forgotten Bks.

Only the Best: The Exceptional Life & Fashion of Ann Lowe. Kate Messner & Margaret E. Powell. Illus. by Erin Robinson. 2022. (ENG.). 56p. (J). (gr. k-3). 18.99 *(978-1-4521-6160-0(7))* Chronicle Bks. LLC.

Only the Flower Knows Vol. 1. Rihito Takarai. 2022. (ENG., Illus.). 182p. (YA). pap., pap. 14.95 *(978-1-56970-394-6(9))* Digital Manga Publishing.

Only the Good Spy Young. Ally Carter. 10th anniv. ed. 2016. (Gallagher Girls Ser.: 4). (ENG.). 288p. (YA). (gr. 7-17). pap. 9.99 *(978-1-4847-8506-5(1))* Little, Brown Bks. for Young Readers.

Only the Good Spy Young. Ally Carter. ed. 2016. (Gallagher Girls Ser.: 4). (J). lib. bdg. 20.85 *(978-0-606-38298-4(4))* Turtleback.

Only the Governess (Classic Reprint) Rosa Nouchette Carey. 2018. (ENG., Illus.). 450p. (J). 33.20 *(978-0-666-54869-6(2))* Forgotten Bks.

Only the Governess, Vol. 2 of 3 (Classic Reprint) Rosa Nouchette Carey. 2018. (ENG., Illus.). 322p. (J). 30.56 *(978-0-428-60504-9(4))* Forgotten Bks.

Only the Governess, Vol. 3 of 3 (Classic Reprint) Rosa Nouchette Carey. 2018. (ENG., Illus.). 308p. (J). 30.27 *(978-0-267-25433-0(4))* Forgotten Bks.

Only the Stars Know Her Name: Salem's Lost Story of Tituba's Daughter. Amanda Marrone. 2019. (ENG.). 304p. (J). (gr. 4-9). 16.99 *(978-1-4998-0890-2(9),* Yellow Jacket) Bonnier Publishing USA.

Only the Trees Know. Jane Whittingham. Illus. by Cinyee Chiu. 2022. (ENG.). 32p. (J). (gr. -1-2). 18.99 *(978-1-5253-0492-7(5))* Kids Can Pr., Ltd. CAN. Dist: Hachette Bk. Group.

Only Thing. Dave Horning. Ed. by Limus Woods. Illus. by Mark Sean Wilson. 2021. (ENG.). 266p. (YA). pap. 18.95 ***(978-1-7369592-0-6(4))*** Field of Play Pr.

Only This Beautiful Moment. Abdi Nazemian. 2023. (ENG.). 400p. (YA). (gr. 8). 19.99 *(978-0-06-303937-7(0),* Balzer & Bray) HarperCollins Pubs.

Only to Be Married, a Novel, Vol. 1 of 3 (Classic Reprint) William Florence Williamson. 2018. (ENG., Illus.). 296p. (J). 30.00 *(978-0-483-75306-8(8))* Forgotten Bks.

Only to Be Married, Vol. 2 Of 3: A Novel (Classic Reprint) Florence Williamson. 2018. (ENG., Illus.). 290p. (J). 29.90 *(978-0-483-98852-1(9))* Forgotten Bks.

Only to Be Married, Vol. 3 Of 3: A Novel (Classic Reprint) Florence Williamson. 2018. (ENG., Illus.). 286p. (J). 29.82 *(978-0-267-15745-7(2))* Forgotten Bks.

Only True Biography of Ben Franklin by His Cat, Missy Hooper. Dan Greenburg. 2020. (ENG.). 198p. (J). (gr. 3-6). pap. 12.99 *(978-1-63411-010-5(2))* ThunderStone Bks.

Only True Mother Goose Melodies: An Exact Reproduction of the Text & Illustrations of the Original Edition Published & Copyrighted in Boston in the Year 1833 by Munroe & Francis (Classic Reprint) Edward Everett Hale. (ENG., Illus.). (J). 2018. 116p. 26.31 *(978-0-267-68520-2(3));* 2017. pap. 9.57 *(978-0-259-54230-8(X))* Forgotten Bks.

Only Way Out (Classic Reprint) Leander S. Keyser. (ENG., Illus.). (J). 2018. 338p. 30.87 *(978-0-483-11739-6(0));* 2016. pap. 13.57 *(978-1-334-59259-1(4))* Forgotten Bks.

Only Way Out Is In. Alanna Zabel. Illus. by Rita Vigovszky. 2018. (ENG.). 34p. (J). pap. 16.95 *(978-0-9898077-6-0(2))* AZ I AM Bks.

Only Woman in the Photo: Frances Perkins & Her New Deal for America. Kathleen Krull. Illus. by Alexandra Bye. 2020. (ENG.). 48p. (J). (gr. -1-3). 19.99 *(978-1-4814-9151-8(2),* Simon & Schuster Bks. For Young Readers) Simon & Schuster Bks. For Young Readers.

Only Woman in the Town: And Other Tales of the American Revolution (Classic Reprint) Sarah J. Prichard. 2018. (ENG., Illus.). 208p. (J). 28.19 *(978-0-483-93751-2(7))* Forgotten Bks.

O

Only You Can Be You: What Makes You Different Makes You Great, 1 vol. Sally Clarkson & Nathan Clarkson. Illus. by Tim Warnes. 2019. (ENG.). 32p. (J). 16.99 (978-1-4002-1143-2(3), Tommy Nelson) Nelson, Thomas Inc.

Only You Can Be You for Little Ones: What Makes You Different Makes You Great, 1 vol. Sally Clarkson & Nathan Clarkson. Illus. by Tim Warnes. 2020. (ENG.). 20p. (J). bds. 12.99 (978-1-4002-1144-9(1), Tommy Nelson) Nelson, Thomas Inc.

Onna & Cloud's Alphabet. Jana Kristl. Ed. by Onna Konicek. Illus. by Melinda Braun. 2021. (ENG.). 36p. (J). 31.25 (978-0-9905750-3-0(9)) Orange Day Media.

Onna Has a Little Dog. Jana Kristl. 2018. (ENG., Illus.). 38p. (J). pap. 15.95 (978-0-9905750-2-3(0)) Orange Day Media.

Ono-Mato-WHATA? Robert Kenimer. Illus. by Stacy Jordon. 2023. (ENG.). 30p. (J). 24.95 (978-1-957479-51-4(5)) Vabella Publishing.

Onoqua (Classic Reprint) Frances C. Sparhawk. 2017. (ENG., Illus.). (J). 29.53 (978-0-265-18920-7(9)) Forgotten Bks.

Onsen. Pato Mena. 2021. (SPA.). 52p. (J). (gr. k-k). 18.99 (978-84-17555-54-2(4)) A Buen Paso S.C.P. ESP. Dist: Lectorum Pubns., Inc.

Ontario. Harry Beckett. 2018. (O Canada Ser.). (ENG.). 32p. (J). lib. bdg. 22.99 (978-1-5105-3654-8(X)) SmartBook Media, Inc.

Ontario Educational Facts 4th Grade Children's Book. Bold Kids. 2023. (ENG.). 42p. (J). pap. 14.99 (978-1-0717-2087-5(2)) FASTLANE LLC.

Ontario Phonic Primer, Vol. 1 (Classic Reprint) Unknown Author. (ENG., Illus.). (J). 2018. 68p. 25.30 (978-0-666-65030-6(6)); 2016. pap. 9.57 (978-1-334-12883-7(9)) Forgotten Bks.

Ontario Public School Speller (Classic Reprint) Unknown Author. (ENG., Illus.). (J). 2018. 214p. 28.33 (978-0-267-14317-7(6)); 2018. 210p. 28.23 (978-0-428-45379-4(1)); 2016. pap. 10.57 (978-1-334-15946-6(7)) Forgotten Bks.

Ontario Readers: First Book (Classic Reprint) Minister of Education. 2018. (ENG., Illus.). 134p. (J). 26.68 (978-0-267-49123-0(9)) Forgotten Bks.

Ontario Readers: Primer (Classic Reprint) Unknown Author. (ENG., Illus.). (J). 2018. 96p. 25.90 (978-0-267-67650-7(6)); 2018. 104p. 26.06 (978-0-267-19110-9(3)); 2017. 26.39 (978-0-266-73726-1(9)); 2017. pap. 9.57 (978-1-5277-0276-9(6)) Forgotten Bks.

Ontario Readers: Second Book (Classic Reprint) Unknown Author. (ENG., Illus.). (J). 2018. 232p. 28.68 (978-0-484-52014-0(8)); 2016. pap. 11.57 (978-1-334-15175-0(X)) Forgotten Bks.

Ontario Readers: Third Book (Classic Reprint) Ontario. Ministry Of Education. (ENG., Illus.). (J). 2018. 386p. 31.86 (978-0-428-35432-9(7)); 2016. pap. 16.57 (978-1-333-13690-1(0)) Forgotten Bks.

Onti Ora: A Metrical Romance (Classic Reprint) Mary Bertha McKenzie Toland. (ENG., Illus.). (J). 2018. 132p. 26.64 (978-0-483-83888-8(8)); 2016. pap. 9.57 (978-1-333-31980-9(0)) Forgotten Bks.

Onwaachige the Dreamer. Jay Jordan Hawke. 2016. (ENG., Illus.). (YA). 24.99 (978-1-63533-058-8(0), Harmony Ink Pr.) Dreamspinner Pr.

Onward. Alessandro Ferrari. Illus. by Andrea Greppi & Marco Forcelloni. 2021. (Disney & Pixar Movies Ser.). (ENG.). 52p. (J). (gr. 2-6). lib. bdg. 32.79 (978-1-5321-4813-2(5), 37024, Graphic Novels) Spotlight.

Onward: A Magazine for Family Reading, & the Organ of the Band of Hope Movement; January, 1878 (Classic Reprint) Unknown Author. (ENG., Illus.). (J). 2018. 372p. 31.57 (978-0-483-99915-2(6)); 2016. pap. 13.97 (978-1-334-16294-7(8)) Forgotten Bks.

Onward: Ian & Barley's Magical Book of Jokes, Puns, & Gags. Steve Behling. ed. 2020. (Joke Bks.). (ENG.). 48p. (J). (gr. 2-3). 14.96 (978-1-64697-175-6(2)) Penworthy Co., LLC, The.

Onward: Or, the Mountain Clamberers; a Tale of Progress (Classic Reprint) Jane Anne Winscom. 2018. (ENG., Illus.). 340p. (J). 30.91 (978-0-428-91318-2(0)) Forgotten Bks.

Onward Little Golden Book (Disney/Pixar Onward) Illus. by Nick Balian & Disney Storybook Disney Storybook Art Team. 2020. (Little Golden Book Ser.). (ENG.). 24p. (J). (-k). 4.99 (978-0-7364-3929-9(3), Golden/Disney) Random Hse. Children's Bks.

Onward of the Class of... (Classic Reprint) Bloomsburg State Normal School. 2018. (ENG., Illus.). 106p. (J). 26.10 (978-0-483-95963-7(4)) Forgotten Bks.

Onward: Quests of Yore. Rob Renzetti. Illus. by Austin Madison et al. ed. 2020. (ENG.). 192p. (J). (gr. 3-7). 16.99 (978-1-368-05209-2(6), Disney Press Books) Disney Publishing Worldwide.

Onward: the Junior Novelization (Disney/Pixar Onward) Suzanne Francis. Illus. by RH Disney. 2020. (ENG.). 144p. (J). (gr. 2-5). 6.99 (978-0-7364-3965-7(X), RH/Disney) Random Hse. Children's Bks.

Onyeka & the Academy of the Sun. Tolá Okogwu. 2022. (Onyeka Ser.). (ENG.). 320p. (J). (gr. 3-7). 18.99 (978-1-6659-1261-7(8), McElderry, Margaret K. Bks.) McElderry, Margaret K. Bks.

Onyeka & the Rise of the Rebels. Tolá Okogwu. 2023. (Onyeka Ser.). (ENG.). 288p. (J). (gr. 3-7). 17.99 (978-1-6659-1264-8(2), McElderry, Margaret K. Bks.) McElderry, Margaret K. Bks.

Onyx & Ivory. Mindee Arnett. (ENG.). (YA). (gr. 9). 2019. 528p. pap. 12.99 (978-0-06-265267-6(2)); 2018. (Illus.). 512p. 17.99 (978-0-06-265266-9(4)) HarperCollins Pubs. (Balzer & Bray).

Onyx Mcfly Saves the Day! Crystal Judkins. Illus. by Abira Das. 2016. (ENG.). (J). pap. 10.00 (978-0-9978304-0-8(9)) Two Pens and a Grind Pubns.

Onyx Prince: The Journals of Ravier, Volume III. J. R. Vaineo. Ed. by M. Gray. 2021. (ENG.). 666p. (YA). 28.99 (978-1-953346-02-5(2)); pap. 17.99 (978-1-953346-01-8(4)) JRV Bks., LLC.

Onyx Prince - Special Edition: The Journals of Ravier, Volume III. J. R. Vaineo. Ed. by M. Gray. 2nd ed. 2022. (Journals of Ravier Ser.: Vol. 3). (ENG.). 728p. (YA). 35.99 (978-1-953346-04-9(9)) JRV Bks., LLC.

Onyx Ring: With a Biographical Preface (Classic Reprint) John Sterling. (ENG., Illus.). (J). 2018. 290p. 29.90 (978-0-365-34513-8(X)); 2017. pap. 13.57 (978-0-259-20857-0(4)) Forgotten Bks.

Onyx Stones: Mystery of the Underground People, 1 vol. Debby L. Johnston. 2019. (ENG.). 288p. (YA). 30.99 (978-1-4003-2861-1(6)); pap. 15.99 (978-1-4003-2860-4(8)) Elm Hill.

Onyx Stones 2: How Alexander & Cricket Save Uncle Chad. Debby L. Johnston. 2021. (ENG.). 262p. (YA). 35.95 (978-1-6642-4258-6(9)); pap. 19.95 (978-1-6642-4256-2(2)) Author Solutions, LLC. (WestBow Pr.).

Oo. Bela Davis. 2016. (Alphabet Ser.). (ENG., Illus.). 24p. (J). (gr. -1-2). lib. bdg. 31.36 (978-1-68080-891-9(5), 23257, Abdo Kids) ABDO Publishing Co.

Oo. Contrib. by Mary Elizabeth Salzmann. 2023. (Vowel Teams Ser.). (ENG.). 24p. (J). (gr. -1-2). lib. bdg. 31.36 (978-1-0982-8286-8(8), 42308, Abdo Zoom-Launch) ABDO Publishing Co.

Oo (Spanish Language) Maria Puchol. 2017. (Abecedario (the Alphabet) Ser.). (SPA., Illus.). 24p. (J). (gr. -1-2). lib. bdg. 31.36 (978-1-5321-0315-5(8), 27190, Abdo Kids) ABDO Publishing Co.

Ooble Booble. Dawn Howard. 2018. (ENG., Illus.). 30p. pap. 9.79 (978-0-9802307-9-6(9)) Howard-Hirsch Publishing.

Oodles about Noodles. Sherri L. Wolff. 2020. (ENG.). 22p. (J). 14.95 (978-1-0878-6049-7(0)) Indy Pub.

Oodles & Oodles of Poodles. Elizabeth L. Young. 2017. (ENG., Illus.). (J). 19.95 (978-1-61633-853-4(9)); pap. 10.95 (978-1-61633-854-1(7)) Guardian Angel Publishing, Inc.

Oodles of Action! Super Activity Book for Kids. Kreative Kids. 2016. (ENG., Illus.). (J). pap. 10.81 (978-1-68377-224-8(5)) Whlke, Traudl.

Oodles of Doodles! Ready-To-Read Level 1. Alethea Kontis. Illus. by Christophe Jacques. 2022. (Ready-To-Read Ser.). (ENG.). 32p. (J). (gr. -1-1). 17.99 (978-1-6659-0380-6(5)); pap. 4.99 (978-1-6659-0379-0(1)) Simon Spotlight. (Simon Spotlight).

Oodles of Hilarious Doodles! Oodles of Coloring Designs Coloring Book. Smarter Activity Books. 2016. (ENG., Illus.). (J). pap. 9.22 (978-1-68374-571-6(X)) Examined Solutions PTE. Ltd.

Oogal-Pa-doogal. Anthony Holley. 2020. (ENG., Illus.). 24p. (J). pap. 13.95 (978-1-64531-354-0(9)) Newman Springs Publishing, Inc.

Oogly Bugs. Gregory Atkins. 2022. (ENG.). 38p. (J). 22.00 (978-1-7379591-6-8(X)) ATKINS ARTHse.

Ooh-La-la (Max in Love) Maira Kalman. 2018. (Illus.). 48p. (J). (gr. k-3). 18.95 (978-1-68137-245-7(2), NYR Children's Collection) New York Review of Bks., Inc., The.

Oojakaduck: Corey Finds His Way Home. Norm F. Wesley. Illus. by Astrid Steele. 2023. (ENG.). 28p. (J). (978-1-0391-6564-9(8)); pap. (978-1-0391-6563-2(X)) FriesenPress.

Ooko. Esmé Shapiro. (ENG.). (J). 2020. 36p. (— 1). bds. 8.99 (978-0-7352-6712-1(X)); 2016. (Illus.). 40p. (gr. -1-2). 16.99 (978-1-101-91844-9(6)) Tundra Bks. CAN. (Tundra Bks.). Dist: Penguin Random Hse. LLC.

Ooky Pooky Spooky Fear: Telling Fear to Go Away! Dian Layton. Illus. by Jd Hornbacher. 2018. (ENG.). 34p. (J). 14.99 (978-0-7684-5021-7(7)) Destiny Image Pubs.

Oolygalees. Becky Altringer. Illus. by Misha Sumulong. 2021. (ENG.). 24p. (J). 21.39 (978-1-0983-8293-3(5)) BookBaby.

Oomph: A World of Words. Anne Lingelbach. Illus. by Kellen Roggenbuck. 2018. (ENG.). 32p. (J). (gr. 3-6). pap. 14.99 (978-1-948365-04-8(9)) Orange Hat Publishing.

Oona. Kelly DiPucchio. Illus. by Raissa Figueroa. 2021. (Oona Ser.: 1). (ENG.). 32p. (J). (gr. -1-3). 19.99 (978-0-06-298224-7(9), Tegen, Katherine Bks) HarperCollins Pubs.

Oona in the Arctic. Kelly DiPucchio & Raissa Figueroa. 2023. (Oona Ser.: 3). (ENG., Illus.). 32p. (J). (gr. -1-3). 18.99 (978-0-06-322232-8(9), Tegen, Katherine Bks) HarperCollins Pubs.

Ooo. 2017. (ENG.). (J). 12.99 (978-1-4808-4703-3(8)) Archway Publishing.

Ooo. Mary J. E. Nitti. 2017. (ENG., Illus.). (J). 22.95 (978-1-4808-4236-6(2)); pap. 12.45 (978-1-4808-4234-2(6)) Archway Publishing.

Oooh la la Day. Michael Verrett. Illus. by Michael Verrett. 2021. (ENG.). 32p. (J). (978-1-387-33045-4(4)) Lulu Pr., Inc.

Oooooh It's Halloween. Barbara Poor & Elizabeth Eichelberger. 2020. (ENG.). 42p. (J). pap. 16.00 (978-1-7948-6124-4(6)) Lulu Pr., Inc.

Oooooooooooh! I'm a Pterodactyl. Philip Berman. 2021. (ENG.). 20p. (J). pap. 12.95 (978-1-63692-020-7(9)) Newman Springs Publishing, Inc.

Ooopps, I Know Something!! D. Royal Joya. 2016. (ENG., Illus.). (J). (gr. 2-6). 18.99 (978-0-9882142-6-2(1)) EngGGIC, LLC.

Oopperan Hiiri: Finnish Edition of the Mouse of the Opera. Tuula Pere. Illus. by Outi Rautkallio. 2018. (FIN.). 40p. (J). (gr. k-4). (978-952-7107-04-1(0)); pap. (978-952-5878-95-0(3)) Wickwick oy.

Oops! see **Wps!**

Oops! Julie Massy. Tr. by Charles Simard from FRE. Illus. by Pascale Bonenfant. 2023. Orig. Title: Oups!. (ENG.). 48p. (J). (gr. -1-k). 19.95 (978-1-4598-3547-4(6)) Orca Bk. Pubs. USA.

Oops!! Cathy Monroe. Illus. by Patrick Monroe. 2018. (Cousin Crusaders Ser.: Vol. 1). (ENG.). 22p. (J). 21.95 (978-1-64003-765-6(9)) Covenant Bks.

Oops, I Dropped the Lemon Tart. An Swerts. Illus. by Eline van Lindenhuizen. 2020. (ENG.). 48p. (J). (gr. 1). 17.95 (978-1-60537-579-3(9)) Clavis Publishing.

Oops! It's a Pacemaker!, 1 vol. Jonathan Bard. 2019. (Accidental Scientific Discoveries That Changed the World Ser.). (ENG.). 32p. (gr. 3-4). pap. 11.50 (978-1-5382-3982-7(5), f549f90c-1be1-4215-95ee-69db2e860f10) Stevens, Gareth Publishing LLLP.

Oops! It's Penicillin!, 1 vol. Jonathan Bard & Mariel Bard. 2019. (Accidental Scientific Discoveries That Changed the World Ser.). (ENG.). 32p. (gr. 3-4). pap. 11.50 (978-1-5382-3990-2(6), e2fcd3bb-a5a1-4d9b-bf3e-b81c2a0ad711) Stevens, Gareth Publishing LLLP.

Oops! It's Plastic!, 1 vol. Meta Manchester. 2019. (Accidental Scientific Discoveries That Changed the World Ser.). (ENG.). 32p. (gr. 3-4). pap. 11.50 (978-1-5382-3994-0(9), e5685627-53ad-4e38-b7e2-205b2cd1e470) Stevens, Gareth Publishing LLLP.

Oops, Pounce, Quick, Run! An Alphabet Caper. Mike Twohy. Illus. by Mike Twohy. 2016. (ENG., Illus.). 32p. (J). (gr. -1-3). 17.99 (978-0-06-237700-5(0), Balzer & Bray) HarperCollins Pubs.

OOPS Sort of Day. Danielle M. Chammas. 2017. (ENG., Illus.). (J). pap. 9.99 (978-0-9990120-1-7(0)) Little Feet Pr.

Oops! Step by Step. Mack van Gageldonk. 2020. (Chick Ser.: 3). (ENG., Illus.). 64p. (J). (gr. -1). 11.95 (978-1-60537-529-8(2)) Clavis Publishing.

Oops! the Fish Died. Jamie Rome & Paul Curry. Illus. by Tim Spencer. 2019. (ENG.). 28p. (J). (gr. k-6). 15.99 (978-0-578-46373-5(3)) Rome, Jamie.

Oops! They're X-Rays! Nick Wojton. 2019. (Accidental Scientific Discoveries That Changed the World Ser.). (ENG.). 32p. (gr. 3-4). 63.00 (978-1-5382-4003-8(3)) Stevens, Gareth Publishing LLLP.

Oops, Too Many Scoops! Heather M. Thompson. 2022. (ENG.). 32p. (J). pap. 10.99 (978-1-0879-4270-4(5)) Indy Pub.

Oops We All Poops. Tiana Joy. Illus. by Ty Swaffield. 2021. (ENG.). 22p. (J). pap. (978-1-77143-489-8(9)) CCB Publishing.

Oopsie-Do! Tim Kubart. Illus. by Lori Richmond. 2018. (ENG.). 32p. (J). (gr. -1-3). 17.99 (978-0-06-257303-2(9), HarperCollins) HarperCollins Pubs.

Oops!Who Did That? Bath Book & New Holland Publishers. 2019. (ENG.). 6p. (J). (— 1). 7.99 (978-1-76079-103-2(2)) New Holland Pubs. Pty. Ltd. AUS. Dist: Independent Pubs. Group, Midpoint Trade Bks., Inc.

OopsyDaisy! Elizabeth Dale. Illus. by Patrick Corrigan. 2019. (Picture Bks.). (ENG.). 32p. (J). pap. 16.99 (978-1-78700-981-3(5)) Willow Tree Bks. GBR. Dist: Independent Pubs. Group.

Oor Ain Folk: Being Memories of Manse Life in the Mearns & a Crack Aboot Auld Times (Classic Reprint) James Inglis. 2017. (ENG., Illus.). 310p. (J). 30.29 (978-0-266-28528-1(7)) Forgotten Bks.

Oor Wullie Colouring Book. Oor Oor Wullie. 2017. (ENG., Illus.). 64p. (J). (gr. 3). pap. 12.99 (978-1-910230-44-2(8)) Black and White Publishing Ltd. GBR. Dist: Independent Pubs. Group.

Ootah & His Puppy (Classic Reprint) Marie Ahnighito Peary. (ENG., Illus.). (J). 2018. 70p. 25.34 (978-0-484-47030-8(2)); 2017. pap. 9.57 (978-0-282-57391-1(7)) Forgotten Bks.

#OOTD Sew & Style: Make Your Dream Wardrobe with Angela. Angela Lan. 2016. (ENG., Illus.). 128p. (J). (gr. 6-12). pap. 24.95 (978-1-61745-136-2(3), Stash Bks.) C & T Publishing.

Ootheca Wolleyana, Vol. 1: An Illustrated Catalogue of the Collection of Birds' Eggs; Accipitres (Classic Reprint) John Wolley. (ENG., Illus.). (J). 2018. 196p. 27.94 (978-0-656-08913-0(X)); 2016. pap. 10.57 (978-1-333-15201-7(9)) Forgotten Bks.

Ootheca Wolleyana, Vol. 1: An Illustrated Catalogue of the Collection of Birds' Eggs, Begun by the Late John Wolley, Jun;, M. A., F. Z. S., & Continued with Additions by the Editor Alfred Newton (Classic Reprint) John Wolley. (ENG., Illus.). (J). 2018. 646p. 37.24 (978-0-267-72062-0(9)); 2016. pap. 19.97 (978-1-333-49288-5(X)) Forgotten Bks.

Oowikapun, or How the Gospel Reached the Nelson River Indians (Classic Reprint) Egerton Ryerson Young. (ENG., Illus.). (J). 2018. 168p. 27.36 (978-0-483-79786-4(3)); 2016. pap. 9.97 (978-1-334-14766-1(3)) Forgotten Bks.

Ooze. Tash McAdam. 2022. (Orca Anchor Ser.). (ENG.). 96p. (YA). (gr. 8-12). pap. 10.95 (978-1-4598-2848-3(8)) Orca Bk. Pubs. USA.

Ooze Escape! Jake Maddox. Illus. by Francisco Bueno Capeáns. 2022. (Jake Maddox ESports Ser.). (ENG.). 72p. (J). 25.99 (978-1-6663-4454-7(0), 238205); pap. 5.95 (978-1-6663-5330-3(2), 238200) Capstone. (Stone Arch Bks.).

Ooze in the Ocean (SpongeBob SquarePants Mysteries #2), Vol. 2. David Lewman. 2023. (SpongeBob SquarePants Mysteries Ser.). (ENG.). 224p. (J). (gr. 3-7). 14.99 (978-1-4197-6206-2(0), 1775701, Amulet Bks.) Abrams, Inc.

Oozing Magic Collection. Linda Jones. Illus. by David Hailwood. 2021. (ENG.). 354p. (J). pap. (978-1-9993248-5-8(4)) Bavoom Publishing.

Oozing Toxins: Gross Poison Dart Frogs. Rex Ruby. 2023. (Amazing Animal Self-Defense Ser.). (ENG.). 24p. (J). (gr. 1-4). lib. bdg. 19.95 Bearport Publishing Co., Inc.

Op Sam & Sheila: Opossums Undercover. David Kluge. 2018. (ENG., Illus.). 162p. (J). pap. 20.95 (978-1-64138-478-0(6)) Page Publishing Inc.

Op Slot see **Anna's Tight Squeeze**

Opa: In de Achtbaan Van Het Ziekenhuis. Sietse H. W. Werkman. 2018. (DUT.). 140p. (J). pap. (978-90-79680-76-4(1)) Mayra Pubns.

Opa Wizard. Sierra Young. 2017. (ENG., Illus.). (J). (gr. k-2). 14.95 (978-1-63132-040-8(8)) Advanced Publishing LLC.

Opal (Classic Reprint) Bessie Ray Hoover. 2018. (ENG., Illus.). 348p. (J). 31.07 (978-0-483-87851-8(0)) Forgotten Bks.

Opal Deception, the-Artemis Fowl, Book 4. Eoin Colfer. 2018. (Artemis Fowl Ser.: 4). (ENG.). 384p. (J). (gr. 5-9). pap. 8.99 (978-1-368-03699-3(6), Disney-Hyperion) Disney Publishing Worldwide.

Opal Lee & What It Means to Be Free: The True Story of the Grandmother of Juneteenth, 1 vol. Alice Faye Duncan. Illus. by Keturah A. Bobo. 2022. (ENG.). 32p. (J). 17.99 (978-1-4002-3125-6(6), Tommy Nelson) Nelson, Thomas Inc.

Opal Moonbaby & the Best Friend Project (book 1) Maudie Smith. 2016. (Opal Moonbaby Ser.). (ENG.). 192p. (J). (gr. 2-4). 7.99 (978-1-4440-1580-5(X), Orion Children's Bks.) Hachette Children's Group GBR. Dist: Hachette Bk. Group.

Opal Queen (Classic Reprint) Eliza a Swan. 2018. (ENG., Illus.). 390p. (J). 31.96 (978-0-483-98859-0(6)) Forgotten Bks.

Opal Volunteers. Tracilyn George. 2020. (ENG.). 26p. (J). pap. 11.00 (978-1-990153-71-6(2)) Lulu Pr., Inc.

Opals & Agates: Or, Scenes under, the Southern Cross & the Magelhans; Being Memories of Fifty Years of Australia & Polynesia. Nehemiah Bartley. 2019. (ENG.). 334p. (J). pap. (978-93-5360-434-9(6)) Alpha Editions.

Opals & Agates: Or, Scenes under the Southern Cross & the Magelhans; Being Memories of Fifty Years of Australia & Polynesia (Classic Reprint) Nehemiah Bartley. 2017. (ENG., Illus.). (J). 30.99 (978-0-266-53243-9(8)) Forgotten Bks.

Opal's Brigade. Susan Larned Womble. 2017. (ENG., Illus.). (J). pap. 9.99 (978-0-9907600-3-0(0)) Page Pond Pr.

Opals from a Mexican Mine (Classic Reprint) George F. Duysters. (ENG., Illus.). (J). 2018. 286p. 29.82 (978-0-483-66580-4(0)); 2016. pap. 13.57 (978-1-333-50547-9(7)) Forgotten Bks.

Ópatas, Tarahumaras, Yaquis y Seris. Aleida Ocegueda. Illus. by Lorena Gutiérrez. 2019. (Historias de Verdad Ser.). (SPA.). 88p. (J). (gr. 4-7). pap. 12.00 (978-607-8469-56-7(8)) Nostra Ediciones MEX. Dist: Independent Pubs. Group.

Open Air: An Anthology of English Country Life (Classic Reprint) Adrian Bell. 2018. (ENG., Illus.). (J). 368p. 31.49 (978-1-396-69155-3(3)); 370p. pap. 13.97 (978-1-396-17508-4(3)) Forgotten Bks.

Open Air (Classic Reprint) Richard Jefferies. 2018. (ENG., Illus.). 312p. (J). 30.35 (978-0-483-69129-2(1)) Forgotten Bks.

Open-Air Nursery School (Classic Reprint) Emma Stevinson. 2017. (ENG., Illus.). (J). 112p. 26.23 (978-0-484-60518-2(6)); pap. 9.57 (978-0-243-56538-2(0)) Forgotten Bks.

Open Boat: And Other Stories (Classic Reprint) Stephen. Crane. 2018. (ENG., Illus.). (J). 346p. 31.03 (978-1-396-31539-8(X)); 348p. pap. 13.57 (978-1-4400-3661-3(6)) Forgotten Bks.

Open Boat, & Other Stories (Classic Reprint) Stephen. Crane. 2017. (ENG., Illus.). (J). 30.46 (978-0-265-35916-7(3)) Forgotten Bks.

Open Country: A Comedy with a Sting (Classic Reprint) Maurice Hewlett. 2018. (ENG., Illus.). 352p. (J). 31.16 (978-0-332-93694-9(5)) Forgotten Bks.

Open Court, Vol. 21: A Monthly Magazine Devoted to the Science of Religion, the Religion of Science, & the Extension of the Religious Parliament Idea; February, 1907 (Classic Reprint) Open Court Publishing Company. 2018. (ENG., Illus.). 90p. (J). (gr. -1-3). 25.75 (978-0-483-44490-4(1)) Forgotten Bks.

Open Door (Classic Reprint) Blanche Willis Howard. 2018. (ENG., Illus.). 458p. (J). 33.34 (978-0-483-88429-8(4)) Forgotten Bks.

Open Door (Classic Reprint) Richardson Wright. 2017. (ENG., Illus.). (J). 418p. 32.52 (978-0-484-78151-0(0)); pap. 16.57 (978-0-259-20392-6(0)) Forgotten Bks.

Open-Eyed Conspiracy: An Idyl of Saratoga (Classic Reprint) William Dean Howells. 2018. (ENG., Illus.). 192p. (J). 27.86 (978-0-267-94383-8(0)) Forgotten Bks.

Open Foe, Vol. 1 Of 3: A Romance (Classic Reprint) Adeline Sergeant. 2018. (ENG., Illus.). 308p. (J). 30.27 (978-0-484-09690-4(7)) Forgotten Bks.

Open for Debate, 12 vols., Group 2. Incl. Animal Testing. Karen Faye Judson. lib. bdg. 45.50 (978-0-7614-1882-5(2), 4eedcdeb-c370-4d38-b72b-6255bbbe8165); Censorship. Ted Gottfried. lib. bdg. 45.50 (978-0-7614-1883-2(0), ac942367-a37a-44ad-a73b-1a3242157757); Civil Liberties. Ray Spangenburg & Kit Moser. lib. bdg. 45.50 (978-0-7614-1886-3(5), 415e3099-0f0f-4c1e-b712-c12da5691d1b); Environmental Issues. Ron Fridell. lib. bdg. 45.50 (978-0-7614-1885-6(7), 7edccc67-4f0c-4d8f-a76c-81f6d7453dc9); Taxes. Kathiann M. Kowalski. lib. bdg. 45.50 (978-0-7614-1887-0(3), 895cfd0a-fdd4-42af-94f1-3f712dad7f51); (Illus.). 144p. (YA). (gr. 8-8). (Open for Debate Ser.). (ENG.). 2007. 273.00 (978-0-7614-1881-8(4), 81b0ec17-e6e6-41d9-9714-19bbc9387136, Cavendish Square) Cavendish Square Publishing LLC.

Open for Debate - Group 4, 12 vols., Set. Incl. Abortion. Corinne Naden. lib. bdg. 45.50 (978-0-7614-2573-1(X), b2d7cdff-3477-4cc4-956f-b43afc3cb19e); Free Trade. Kathiann M. Kowalski. lib. bdg. 45.50 (978-0-7614-2575-5(6), ba7b8e0d-82f9-459b-ba85-293dfb8ef7b6); Patients' Rights. Corinne Naden. lib. bdg. 45.50 (978-0-7614-2576-2(4), 4f39b561-94b9-4c84-aeca-7b4241a84c60); Prisoners of War. Ron Fridell. lib. bdg. 45.50 (978-0-7614-2577-9(2), 0e870abe-ea61-490b-8c1a-bb3149021202); Security V. Privacy. Rebecca Stefoff. lib. bdg. 45.50 (978-0-7614-2578-6(0), 03769338-a097-45e0-8d15-575f505a8f98); Workers' Rights. Richard Worth. lib. bdg. 45.50 (978-0-7614-2574-8(8), 23e6d89b-fd47-436a-8464-18e7eac94af5); (Illus.). 144p. (YA). (gr. 8-8). (Open for Debate Ser.). (ENG.). 2008. Set lib. bdg. 273.00 (978-0-7614-2571-7(3), 3f23e649-e06c-4966-bab5-23fd24800e97, Cavendish Square) Cavendish Square Publishing LLC.

Open for Debate - Group 5, 8 vols., Set. Incl. National Health Care. Kathiann M. Kowalski. lib. bdg. 45.50 (978-0-7614-2943-2(3), edaa0977-a53f-47fe-aa23-2e0389c5e727); Political Campaigns. Corinne Naden. lib. bdg. 45.50 (978-0-7614-2944-9(1), 9d2e64a5-2c0c-4a63-9836-204d64ed8840); Religious Fundamentalism. Ron Fridell. lib. bdg. 45.50 (978-0-7614-2945-6(X), d9d1f5c0-2b35-4938-9b69-3cde347cd370); Right to Die. Rebecca Stefoff. lib. bdg. 45.50 (978-0-7614-2948-7(4), bcbd0407-c7ba-4a50-9da6-fe926a35d042); 144p. (YA). (gr. 8-8). (Open for Debate Ser.). (ENG.). 2009. Set lib. bdg. 182.00 (978-0-7614-2940-1(9), dee07674-67e9-492f-9ba3-039659ed2638, Cavendish Square) Cavendish Square Publishing LLC.

TITLE INDEX OPINION VS. NEWS

Open for Debate Group 3, 10 vols., Set. Incl. Affirmative Action. Kathiann M. Kowalski. (YA). lib. bdg. 45.50 *(978-0-7614-2300-3(1),* 773bbfe3-b5cd-4f69-9425-a2cf3e5856e8); Arab-Israeli Conflict. Richard Worth. (YA). lib. bdg. 45.50 *(978-0-7614-2295-2(1),* e14c2d8a-17b5-4b74-951a-83ea46e46dbd); Marriage. Rebecca Stefoff. (YA). lib. bdg. 45.50 *(978-0-7614-2299-0(4),* 1ce73b16-a21f-433b-bde3-9c4ff015f9fb); Media Bias. Marilyn Wood & Tom Streissguth. (YA). lib. bdg. 45.50 *(978-0-7614-2296-9(X),* d6e71a1b-dcad-4df1-8cd2-f43e8755ad1e); Racial Profiling. Deborah Kops. (J). lib. bdg. 45.50 *(978-0-7614-2298-3(6),* a4b030ae-e8ea-4a9d-96bc-d9a129f8229e); (Illus.). 144p. (gr. 8-8). (Open for Debate Ser.). (ENG.). 2007. Set lib. bdg. 227.50 *(978-0-7614-2294-5(3),* 6380fda5-7101-4d08-9266-87783f4bdff3, Cavendish Square) Cavendish Square Publishing LLC.

Open Gate: An Original Domestic Drama, in One Act (Classic Reprint) C. Haddon Chambers. 2018. (ENG., Illus.). 22p. (J). 24.37 *(978-0-484-75471-2(8))* Forgotten Bks.

Open House (Classic Reprint) Juliet Wilbor Tompkins. 2017. (ENG., Illus.). 290p. (J). 29.88 *(978-0-484-39044-6(9))* Forgotten Bks.

Open House for Butterflies. Ruth Krauss. 2016. (CHI.). 48p. (J). (gr. -1-3). *(978-986-189-658-8(9))* Grimm Cultural Ent., Co., Ltd.

Open Ice. David Trifunov. 2021. (Lorimer Sports Stories Ser.). (ENG.). 128p. (J). (gr. 4-8). pap. 9.95 *(978-1-4594-1534-8(5),* 1c30acc2-ccfa-43f3-aace-48368c894089) James Lorimer & Co. Ltd., Pubs. CAN. Dist: Lerner Publishing Group.

Open in Case of Emergency. Richard Fairgray. 2017. (ENG., Illus.). 32p. (J). (gr. -1-k). 16.99 *(978-1-5107-1690-2(4),* Sky Pony Pr.) Skyhorse Publishing Co., Inc.

Open Market (Classic Reprint) Josephine Daskam Bacon. 2018. (ENG., Illus.). 346p. (J). 31.03 *(978-0-483-86890-8(6))* Forgotten Bks.

Open Market Economy: An Inquiry into the Factors That Determine the GDP, Unemployment & Economic Growth of a Country. Yoon Wong Sin Wai. 2020. (ENG.). 258p. (J). *(978-1-5255-8971-3(7));* pap. *(978-1-5255-8970-6(9))* FriesenPress.

Open Me First: A Tale of the Nativity. Marlyne Maynor. 2018. (Open Me First Ser.: Vol. 1). (ENG., Illus.). 48p. (J). pap. 11.99 *(978-0-944372-30-2(9))* Nissi Publishing, Inc.

Open Mic: Riffs on Life Between Cultures in Ten Voices. Ed. by Mitali Perkins. 2016. (ENG.). 144p. (J). (gr. 7). pap. 8.99 *(978-0-7636-9095-3(3))* Candlewick Pr.

Open Ocean. Claudia Martin. 2020. (In Focus: Oceans Ser.). (ENG., Illus.). 32p. (J). (gr. 2-5). lib. bdg. 29.32 *(978-0-7112-4802-1(8),* f9e28610-d78c-4f31-9ae0-ccc0405a0949) QEB Publishing Inc.

Open Question: A Tale of Two Temperaments (Classic Reprint) C. E. Raimond. 2018. (ENG., Illus.). 530p. (J). 34.85 *(978-0-666-16735-4(4))* Forgotten Bks.

Open Range. Funbaloo Ltd. 2017. (ENG., Illus.). (J). pap. 12.97 *(978-0-9956877-6-9(5))* Open Range Publishing.

Open Road Summer. Emery Lord. 2018. (ENG.). 368p. (YA). pap. 10.99 *(978-1-68119-593-3(3),* 900179020, Bloomsbury USA Childrens) Bloomsbury Publishing USA.

Open Santa's Door: A Christmas Lift-The-Flap Book. Christopher Santoro. 2020. 22p. (J). (— 1). bds. 6.99 *(978-0-593-17901-7(3),* Random Hse. Bks. for Young Readers) Random Hse. Children's Bks.

Open Secret: A Farce in Two Acts (Classic Reprint) Marian D. Campbell. 2018. (ENG., Illus.). 22p. (J). 24.35 *(978-0-267-45412-9(0))* Forgotten Bks.

Open Secrets. Jennifer Manuel. 2021. (Lorimer SideStreets Ser.). (ENG.). 160p. (YA). (gr. 8-12). pap. 8.99 *(978-1-4594-1588-1(4),* a3a15bc6-fce0-48d9-9ef5-20cbb3e1b4be); lib. bdg. 27.99 *(978-1-4594-1590-4(6),* a113d5ee-1e6c-4f51-8aff-26ffe6433624) James Lorimer & Co. Ltd., Pubs. CAN. Dist: Lerner Publishing Group.

Open Sesame (Classic Reprint) Baillie Reynolds. 2017. (ENG., Illus.). (J). 29.98 *(978-0-266-35951-7(5))* Forgotten Bks.

Open That Safe! Math for Little Geniuses. Jupiter Kids. 2017. (ENG., Illus.). (J). pap. 9.20 *(978-1-5419-3318-7(4),* Jupiter Kids (Childrens & Kids Fiction)) Speedy Publishing LLC.

Open the Barn Door... Christopher Santoro. 2016. (Illus.). 22p. (J). (— 1). bds. 6.99 *(978-0-399-54948-9(X),* Random Hse. Bks. for Young Readers) Random Hse. Children's Bks.

Open the Door. Julia Inslee. 2016. (ENG., Illus.). 48p. (J). pap. *(978-1-365-05561-4(2))* Lulu Pr., Inc.

Open the Door: A Novel (Classic Reprint) Catherine Carswell. 2017. (ENG., Illus.). (J). 32.21 *(978-0-331-62010-8(3));* pap. 16.57 *(978-0-243-27730-8(X))* Forgotten Bks.

Open the Door: The New Alice & Jerry Books Reading Foundation Series (Classic Reprint) Mabel O'Donnell. 2017. (ENG., Illus.). (J). 25.53 *(978-0-265-82027-8(8));* pap. 9.57 *(978-1-5278-1739-5(3))* Forgotten Bks.

Open the Easter Bunny's Door: An Easter Lift-The-Flap Book. Random House. Illus. by Jannie Ho. 2022. 22p. (J). (— 1). 6.99 *(978-0-593-37334-7(0),* Random Hse. Bks. for Young Readers) Random Hse. Children's Bks.

Open the Garage Door. Christopher Santoro. 2018. (Lift-The-Flap Ser.). (Illus.). 22p. (J). (— 1). bds. 6.99 *(978-1-5247-6778-5(6),* Random Hse. Bks. for Young Readers) Random Hse. Children's Bks.

Open the Preschool Door. Illus. by Christopher Santoro. 2019. (ENG.). 22p. (J). (— 1). bds. 7.99 *(978-1-5247-7174-4(0),* Random Hse. Bks. for Young Readers) Random Hse. Children's Bks.

Open the Witch's Door: A Halloween Lift-The-Flap Book. Random House. Illus. by Jannie Ho. 2021. 22p. (J). (— 1). bds. 6.99 *(978-0-593-37333-0(2),* Random Hse. Bks. for Young Readers) Random Hse. Children's Bks.

Open Trails (Classic Reprint) Janey Canuck. 2018. (ENG., Illus.). (J). 312p. 30.33 *(978-1-396-34784-9(4));* 314p. pap. 13.57 *(978-1-390-97365-5(4))* Forgotten Bks.

Open Trails (Classic Reprint) Emily Ferguson Murphy. 2018. (ENG., Illus.). (J). 268p. 29.44 *(978-0-366-56366-1(1));* 270p. pap. 11.97 *(978-0-366-13862-3(6))* Forgotten Bks.

Open up & Take a Look at Grandpa Roy's Children's Book. Matthew Ryan & Roy Cherwin. 2018. (ENG., Illus.). 44p. (J). pap. 12.95 *(978-1-64298-324-1(1))* Page Publishing Inc.

Open up, Please! A Minibombo Book. Silvia Borando & Lorenzo Clerici. 2016. (Minibombo Ser.). (ENG., Illus.). 24p. (J). (-k). 14.00 *(978-0-7636-9037-3(6))* Candlewick Pr.

Open Verdict, Vol. 1 Of 3: A Novel (Classic Reprint) M. E. Braddon. 2018. (ENG., Illus.). 340p. (J). 30.91 *(978-0-267-16124-9(7))* Forgotten Bks.

Open Very Carefully: A Book with Bite. Nick Bromley. Illus. by Nicola O'Byrne. 2017. (ENG.). 30p. (J). (— 1). bds. 9.99 *(978-0-7636-9630-6(7))* Candlewick Pr.

Open Water (Classic Reprint) James Brendan Connolly. 2017. (ENG., Illus.). (J). 31.28 *(978-1-5281-8120-4(4))* Forgotten Bks.

Open Water Swim Journal: A Cold Water Swimming Track & Log Book for Swimmers. Dubreck World Publishing. 2021. (ENG.). 100p. (YA). pap. *(978-1-7947-7978-5(7))* Lulu Pr., Inc.

Open Waters, 1 vol. William Potter. Illus. by Juan Calle. 2018. (All-Action Animal Art Ser.). (ENG.). 32p. (J). (gr. 3-3). 29.27 *(978-1-5383-4742-3(3),* 1d45ae55-53d7-4b9a-9899-4c584fa9a9ec); pap. 12.75 *(978-1-5383-4740-9(7),* a7fe68c8-5ab7-4eda-ac9b-b9741653a679) Rosen Publishing Group, Inc., The. (PowerKids Pr.).

Open Wide: Tooth School Inside. Laurie Keller. 2016. (CHI.). (J). (gr. k-3). pap. *(978-7-5568-1845-7(4))* 21st Century Publishing Hse.

Open Wide, Katie! Fran Manushkin. Illus. by Laura Zarrin. 2020. (Katie Woo's Neighborhood Ser.). (ENG.). 32p. (J). (gr. k-2). pap. 5.95 *(978-1-5158-5874-4(X),* 142130); lib. bdg. 21.32 *(978-1-5158-4814-1(0),* 141498) Capstone. (Picture Window Bks.).

Open Window: Tales of the Months, Told by Barbara (Classic Reprint) Mabel Osgood Wright. 2018. (ENG., Illus.). 398p. (J). 32.11 *(978-0-428-41183-1(5))* Forgotten Bks.

Open Window (Classic Reprint) E. Temple Thurston. 2017. (ENG., Illus.). (J). 30.76 *(978-0-266-67453-5(4))* Forgotten Bks.

Opened Shutters: A Novel (Classic Reprint) Clara Louise Burnham. (ENG., Illus.). (J). 2018. 360p. 31.32 *(978-0-364-38032-1(2));* 2016. pap. 13.97 *(978-1-334-23510-8(4))* Forgotten Bks.

Opening Ball of the Lindell Hotel (Classic Reprint) William Tod Helmuth. 2018. (ENG., Illus.). (J). 20p. 24.31 *(978-1-396-18726-1(X));* 22p. pap. 7.97 *(978-1-391-68414-7(1))* Forgotten Bks.

Opening Door a Story of the Woman's Movement (Classic Reprint) Justus Miles Forman. 2018. (ENG., Illus.). 344p. (J). 31.01 *(978-0-332-98886-3(4))* Forgotten Bks.

Opening Exercises for Schools (Classic Reprint) Thomas E. Sanders. 2018. (ENG., Illus.). 144p. (J). 26.87 *(978-0-332-05146-8(3))* Forgotten Bks.

Opening Moves. Phil Lollar. 2018. (Blackgaard Chronicles Ser.: 1). (ENG., Illus.). 160p. (J). 9.99 *(978-1-58997-926-0(5),* 20_32640) Focus on the Family Publishing.

Opening My Eyes Underwater: Essays on Hope, Humanity, & Our Hero Michelle Obama. Ashley Woodfolk. 2022. (ENG., Illus.). 272p. (YA). 19.99 *(978-1-250-24037-8(9),* 900211508) Feiwel & Friends.

Opening of Cuba, 2008-Present. John Ziff. 2017. (Exploring Cuba Ser.: Vol. 6). (ENG., Illus.). 80p. (J). (gr. 7-12). 24.95 *(978-1-4222-3814-1(8))* Mason Crest.

Opening the Iron Trail (Classic Reprint) Edwin L. Sabin. 2017. (ENG., Illus.). 294p. (J). 29.98 *(978-0-484-29844-5(5))* Forgotten Bks.

Opening the Oyster. Charles Leonard Marsh. 2017. (ENG.). 368p. (J). pap. *(978-3-7447-4786-8(7))* Creation Pubs.

Opening the Oyster: A Story of Adventure (Classic Reprint) Charles Leonard Marsh. 2017. (ENG., Illus.). (J). 31.42 *(978-0-331-50640-2(8))* Forgotten Bks.

Openings in the Old Trail: How I Went to the Mines (Classic Reprint) Bret Harte. 2018. (ENG., Illus.). 364p. (J). 31.42 *(978-0-364-89852-9(6))* Forgotten Bks.

Openly Sam. Peter Gulgowski. 2021. (ENG.). 334p. (YA). 26.99 *(978-1-0879-5672-5(2))* Indy Pub.

Openness. Katie Marsico. Illus. by Jeff Bane. 2019. (My Early Library: My Mindful Day Ser.). (ENG.). 24p. (J). (gr. k-1). pap. 12.79 *(978-1-5341-4999-1(6),* 213303); lib. bdg. 30.64 *(978-1-5341-4713-3(6),* 213302) Cherry Lake Publishing.

Openway (Classic Reprint) Archie P. McKishnie. 2018. (ENG., Illus.). 248p. (J). 29.03 *(978-0-267-50067-3(X))* Forgotten Bks.

Opera: A Sketch of the Development of Opera. with Full Descriptions of All Works in the Modern Repertory. Richard Alexander Streatfeild. 2017. (ENG., Illus.). (J). 25.95 *(978-1-374-96847-9(1));* pap. 15.95 *(978-1-374-96846-2(3))* Capital Communications, Inc.

Opera Stories from Wagner: A Reader for Primary Grades (Classic Reprint) Florence Akin. 2018. (ENG., Illus.). 114p. (J). 26.25 *(978-0-365-27516-9(6))* Forgotten Bks.

Operación Águila. Carl Bowen. Illus. by Wilson Tortosa. 2019. (Escuadrón de la Sombra Ser.). (SPA.). 112p. (J). (gr. 4-8). lib. bdg. 26.65 *(978-1-4965-8549-3(6),* 141298, Stone Arch Bks.) Capstone.

Operación Ancla. Carl Bowen. Illus. by Benny Fuentes & Wilson Tortosa. 2019. (Escuadrón de la Sombra Ser.). (SPA.). 112p. (J). (gr. 4-8). lib. bdg. 26.65 *(978-1-4965-8548-6(8),* 141297, Stone Arch Bks.) Capstone.

Operación Demonio. Carl Bowen. Illus. by Wilson Tortosa. 2019. (Escuadrón de la Sombra Ser.). (SPA.). 112p. (J). (gr. 4-8). lib. bdg. 26.65 *(978-1-4965-8547-9(X),* 141296, Stone Arch Bks.) Capstone.

Operación Escudo. Carl Bowen. Illus. by Wilson Tortosa. 2019. (Escuadrón de la Sombra Ser.). (SPA.). 112p. (J). (gr. 4-8). lib. bdg. 26.65 *(978-1-4965-8550-9(X),* 141299, Stone Arch Bks.) Capstone.

Operas That Every Child Should Know: Descriptions of the Text & Music of Some of the Most Famous Masterpieces (Classic Reprint) Dolores Bacon. 2018. (ENG., Illus.). 476p. (J). 33.73 *(978-0-267-24290-0(5))* Forgotten Bks.

Operating Farms & Logging Companies, 1 vol. Jason Brainard. 2018. (Impacting Earth: How People Change the Land Ser.). (ENG.). 24p. (gr. 2-2). pap. 9.25 *(978-1-5383-4196-4(4),* c2c4485d-829c-4e46-8a4b-6aa585861b9f, PowerKids Pr.) Rosen Publishing Group, Inc., The.

Operation: Secret Recipe. Gerónimo Stilton & Julia Heim. Illus. by Danilo Loizedda et al. 2017. 107p. (J). *(978-1-5379-1881-5(8))* Scholastic, Inc.

Operation Achoo! Maggie Hymowitz & Samuel Hymowitz. 2020. (ENG., Illus.). 46p. (J). pap. 12.95 *(978-1-6624-0875-5(7))* Page Publishing Inc.

Operation Archangel: 1940, Southern England, & Six Boy Scouts Are Willing to Risk All for King & Country... Dan Morales. 2018. (Scouts of St. Michael Ser.: Vol. 1). (ENG., Illus.). 356p. (YA). pap. 17.99 *(978-1-943492-37-4(9));* 29.99 *(978-1-943492-36-7(0))* Elm Grove Publishing.

Operation Big Top. Mark Andrew Poe. 2017. (ENG., Illus.). 200p. (J). 16.99 *(978-1-943785-32-2(5),* 6966210a-ed47-4cd7-9b4f-e27023cf6ba0) Rabbit Pubs.

Operation Blueberry Pancake: Bonus Story: Blueberry's Big Adventure. Elise Abram. 2018. (Kygan Detective Agency Ser.: Vol. 1). (ENG., Illus.). 98p. (J). pap. *(978-1-988843-35-3(9))* EMSA Publishing.

Operation Clean up Day. Jason Tucker. 2017. (ENG., Illus.). (J). pap. *(978-1-912262-32-8(0))* Clink Street Publishing.

Operation Code (Set), 8 vols. 2020. (21st Century Skills Innovation Library: Makers As Innovators Junior Ser.). (ENG., Illus.). 24p. (J). (gr. 2-5). 245.12 *(978-1-5341-6330-0(1),* 214344); pap., pap., pap. 102.29 *(978-1-5341-6350-8(6),* 214345) Cherry Lake Publishing.

Operation Copycat. Matthew K. Manning. Illus. by Allen Douglas. 2018. (Drone Academy Ser.). (ENG.). 112p. (J). (gr. 4-8). lib. bdg. 27.32 *(978-1-4965-6075-9(2),* 137497, Stone Arch Bks.) Capstone.

Operation Do-Over. Gordon Korman. (ENG.). (J). (gr. 3-7). 2023. 320p. pap. 9.99 *(978-0-06-303275-0(9));* 2022. 304p. 19.99 *(978-0-06-303274-3(0))* HarperCollins Pubs. (Balzer & Bray).

Operation Easter Egg. Adapted by Natalie Shaw. 2020. (PJ Masks Ser.). (ENG.). 24p. (J). (gr. -1-2). 5.99 *(978-1-5344-5322-7(9),* Simon Spotlight) Simon Spotlight.

Operation Elephants. David Descoteaux. 2018. (ENG., Illus.). 26p. (J). pap. *(978-2-9817684-1-4(7))* Descôteaux, David.

Opération Éléphants. David Descoteaux. 2018. (FRE., Illus.). 26p. (J). pap. *(978-2-9817684-0-7(9))* Descôteaux, David.

Operation Final Notice. Matthew Landis. 2022. 288p. (J). (gr. 3-7). 18.99 *(978-0-593-10975-5(9),* Dial Bks) Penguin Young Readers Group.

Operation Fix Marabelle. Nancy Parent. ed. 2020. (I Can Read Ser.). (ENG., Illus.). 32p. (J). (gr. k-1). 14.96 *(978-1-64697-214-2(7))* Penworthy Co., LLC, The.

Operation Foxhunt. Matthew K. Manning. Illus. by Allen Douglas. 2018. (Drone Academy Ser.). (ENG.). 112p. (J). (gr. 4-8). lib. bdg. 27.32 *(978-1-4965-6074-2(4),* 137496, Stone Arch Bks.) Capstone.

Operation Frog Effect. Sarah Scheerger. 2020. 320p. (J). (gr. 3-7). pap. 8.99 *(978-0-525-64415-6(6),* Yearling) Random Hse. Children's Bks.

Operation Hat Heist! Jason Platt. ed. 2022. (Middle School Misadventures Ser.). (ENG.). 225p. (J). (gr. 4-5). 25.46 ***(978-1-68505-475-5(7))*** Penworthy Co., LLC, The.

Operation Imagination with Buddy the Bear: Gone Fishing. Joshua Horton. Illus. by Julie de Abreu. 2017. (ENG.). (J). pap. 9.99 *(978-0-9966539-8-5(8))* Lighted Hill.

Operation Imagine Ink Magic Ink Pictures (Value) Des. by Bendon. 2020. (ENG.). (J). 3.00 ***(978-1-6902-1189-1(X))*** Bendon, Inc.

Operation Library! Tina Gallo. ed. 2021. (Ready-To-Read Ser.). (ENG., Illus.). 32p. (J). (gr. k-1). 15.46 *(978-1-64697-929-5(X))* Penworthy Co., LLC, The.

Operation Overlord: A Tommy Collins Adventure. Francis Moss. 2022. (ENG.). 176p. (YA). pap. 9.95 ***(978-1-7327910-6-0(6))*** Moss, Francis C.

Operation Phoenix. Susan Hayes. 2018. (ENG., Illus.). 288p. (J). (gr. -1-3). *(978-1-988446-16-5(3))* Black Scroll Pubns. Ltd.

Operation Photobomb. Tara Luebbe & Becky Cattie. Illus. by Matthew Rivera. 2019. (ENG.). 32p. (J). (gr. -1-3). 16.99 *(978-0-8075-6130-0(4),* 807561304) Whitman, Albert & Co.

Operation Prom Date. Cindi Madsen. 2017. (ENG., Illus.). (YA). pap. 14.99 *(978-1-68281-448-2(3))* Entangled Publishing, LLC.

Operation Rescue Dog. Maria Gianferrari. Illus. by Luisa Uribe. 2018. (ENG.). 40p. (J). 17.99 *(978-1-4998-0667-0(1))* Little Bee Books Inc.

Operation Runaway. Matthew K. Manning. Illus. by Allen Douglas. 2018. (Drone Academy Ser.). (ENG.). 112p. (J). (gr. 4-8). lib. bdg. 27.32 *(978-1-4965-6073-5(6),* 137495, Stone Arch Bks.) Capstone.

Operation S. O. U. P. A Desire to Fulfill the Lost WISH. Judy A. Gill. (Operation S. O. U. P. Story Ser.: Vol. 2). (ENG., Illus.). 34p. (J). (gr. k-4). 2020. 15.99 *(978-1-7323936-7-7(2));* 2019. pap. 8.99 *(978-1-7323936-2-2(1))* Cedar Kroft Studios.

Operation Shadow. Charlotte Gray. 2019. (ENG.). 88p. (J). pap. *(978-0-359-33953-2(0))* Lulu Pr., Inc.

Operation Sisterhood. Olugbemisola Rhuday-Perkovich. 2022. (ENG., Illus.). 320p. (J). (gr. 3-7). 17.99 *(978-0-593-37989-9(6));* lib. bdg. 19.99 *(978-0-593-37990-5(X))* Random Hse. Children's Bks. (Crown Books For Young Readers).

Operation Stargazer. Matthew K. Manning. Illus. by Allen Douglas. 2018. (Drone Academy Ser.). (ENG.). 112p. (J). (gr. 4-8). lib. bdg. 27.32 *(978-1-4965-6076-6(0),* 137498, Stone Arch Bks.) Capstone.

Operation Teddy Time. Tara Clark & Catherine Schroeder. Illus. by Annie Wiebe. 2021. (ENG.). 32p. (J). *(978-1-0391-1498-2(9));* pap. *(978-1-0391-1497-5(0))* FriesenPress.

Operatives Attract. Jessica Kaye. 2022. (ENG.). 438p. (YA). pap. 16.95 *(978-1-954396-11-1(2))* Barringer Publishing.

Opere Di Galileo Galilei Nobile Fiorentino, Vol. 1 (Classic Reprint) Galileo Galilei. 2018. (ITA., Illus.). (J). 944p. 43.37 *(978-1-391-74906-8(5));* 946p. pap. 25.71 *(978-1-390-78540-1(8))* Forgotten Bks.

Opere Di Galileo Galilei, Nobile Fiorentino, Vol. 10 (Classic Reprint) Galileo Galilei. 2018. (ITA., Illus.). (J). 536p. 34.97 *(978-1-396-41214-1(X));* 538p. pap. 19.57 *(978-1-391-05066-9(5))* Forgotten Bks.

Opere Di Galileo Galilei, Nobile Fiorentino, Vol. 12 (Classic Reprint) Galileo Galilei. 2018. (ITA., Illus.). (J). 810p. 40.60 *(978-1-396-74347-4(2));* 812p. pap. 23.57 *(978-1-391-97473-6(5))* Forgotten Bks.

Opere Di Galileo Galilei Nobile Fiorentino, Vol. 4 (Classic Reprint) Galileo Galilei. 2018. (ITA., Illus.). (J). 738p. 39.12 *(978-1-391-77675-0(5));* 740p. pap. 23.57 *(978-1-390-76682-0(9))* Forgotten Bks.

Opere Di Galileo Galilei Nobile Fiorentino, Vol. 6 (Classic Reprint) Galileo Galilei. 2018. (ITA., Illus.). (J). 592p. 36.13 *(978-1-396-73673-5(5));* 594p. pap. 19.57 *(978-1-391-94814-0(9))* Forgotten Bks.

Opere Di Galileo Galilei, Vol. 14 (Classic Reprint) Galileo Galilei. 2018. (ITA., Illus.). (J). 360p. 31.34 *(978-1-390-15036-0(4));* 362p. pap. 13.97 *(978-1-390-15010-0(0))* Forgotten Bks.

Opere Di Galileo Galilei, Vol. 19 (Classic Reprint) Galileo Galilei. 2018. (ITA., Illus.). (J). 672p. 37.78 *(978-1-391-53548-7(0));* 674p. pap. 20.57 *(978-1-390-65159-1(2))* Forgotten Bks.

Opere Di Galileo Galilei, Vol. 5 (Classic Reprint) Galileo Galilei. 2018. (ITA., Illus.). 426p. (J). 32.70 *(978-1-391-34917-6(2))* Forgotten Bks.

Opere Di Galileo Galilei, Vol. 8 (Classic Reprint) Galileo Galilei. 2018. (ITA., Illus.). 642p. (J). pap. 19.57 *(978-1-390-23396-4(0))* Forgotten Bks.

Operetta in Profile (Classic Reprint) Czeika Czeika. 2017. (ENG., Illus.). (J). 29.40 *(978-0-260-12732-7(9))* Forgotten Bks.

Ophelia. Vicki-Ann Bush. 2023. (ENG.). 58p. (YA). pap. 5.99 ***(978-1-7348413-1-2(1))*** Faccia Brutta.

Ophelia, 1 vol. Charlotte Gingras. Tr. by Christelle Morelli & Susan Ouriou. Illus. by Daniel Sylvestre. 2018. (ENG.). 264p. (YA). (gr. 8). 16.95 *(978-1-77306-099-6(6))* Groundwood Bks. CAN. Dist: Publishers Group West (PGW).

Ophelia after All. Racquel Marie. 2022. (ENG.). 352p. (YA). 17.99 *(978-1-250-79730-8(6),* 900239927) Feiwel & Friends.

Ophelia after All. Racquel Marie. 2023. (ENG.). 368p. (YA). pap. 11.99 *(978-1-250-83066-1(4),* 900252829) Square Fish.

Ophelia Clementine Delarose Has Obsessive Compulsive Disorder. Jordyn Croft. Illus. by Giulia Maruzzelli. 2021. (ENG.). 38p. (J). pap. *(978-0-2288-6241-3(8))* Tellwell Talent.

Ophelia Clementine Delarose Has Obsessive Compulsive Disorder. Jordyn Croft. Illus. by Giulia Maruzzelli. 2021. (ENG.). 38p. (J). *(978-0-2288-6242-0(6))* Tellwell Talent.

Ophelia Immune. Beth Mattson. 2018. (ENG., Illus.). 304p. (YA). (gr. 7-12). pap. 15.00 *(978-1-7323810-0-1(3))* GULP Pr.

Ophelia Pang's Interactive Art Book. Ophelia Pang. 2017. (Colouring Bks.). (ENG., Illus.). 96p. pap. 14.95 *(978-1-84994-382-6(6),* Batsford) Pavilion Bks. GBR. Dist: Penguin Random Hse. LLC.

Ophelia: Queen of Denmark. Jackie French. 2021. 288p. 8.99 *(978-0-7322-9852-4(0),* HarperCollins) HarperCollins Pubs.

Ophidians, Zoological Arrangement of the Different Genera. S. B. Higgins. 2017. (ENG.). (J). 300p. pap. *(978-3-337-30825-4(2));* 244p. pap. *(978-3-337-12368-0(6))* Creation Pubs.

Ophidians, Zoological Arrangement of the Different Genera: Including Varieties Known in North & South America, the East Indies, South Africa, & Australia, Their Poisons, & All That Is Known of Their Nature, Their Galls As Antidotes to the Snake-Veno. S. B. Higgins. 2019. (ENG., Illus.). 328p. (J). 30.68 *(978-0-666-99137-9(5))* Forgotten Bks.

Ophie's Ghosts. Justina Ireland. (ENG.). 336p. (J). (gr. 3-7). 2022. pap. 9.99 *(978-0-06-291584-9(3));* 2021. 16.99 *(978-0-06-291589-4(4))* HarperCollins Pubs. (Balzer & Bray).

Ophiuchus. Alexis Leriger De La Plante & Natasha Tara Petrovic. 2019. (ENG., Illus.). 144p. (YA). pap. 16.99 *(978-1-5343-1406-1(7),* 2fe06341-0242-40ac-a820-053d8bc78338) Image Comics.

Opi Kayanne: The Wachiwee Legend of the Flower & the Star. Sergio Diaz. 2022. (ENG.). 32p. (J). pap. 15.00 ***(978-1-956203-12-7(5),*** Many Seasons Pr.) Hispanic Institute of Social Issues.

Opie Jones & the Superhero Slug. Nat Luurtsema. 2022. (ENG., Illus.). 272p. (J). pap. 7.99 *(978-1-4052-9610-6(0))* Farshore GBR. Dist: HarperCollins Pubs.

Opie Jones Talks to Animals. Nat Luurtsema. Illus. by Fay Austin. 2021. (ENG.). 336p. (J). pap. 7.99 *(978-1-4052-9608-3(9))* Farshore GBR. Dist: HarperCollins Pubs.

Opie Read in the Ozarks: Including Many of the Rich, Rare, Quaint, Eccentric, Ignorant & Superstitious Sayings of the Natives of Missouri & Arkansaw (Classic Reprint) Opie Read. (ENG., Illus.). (J). 2018. 100p. 25.96 *(978-0-267-31207-8(5));* 2016. pap. 9.57 *(978-1-333-40857-2(9))* Forgotten Bks.

Opinion of Mary (Classic Reprint) Alice Ashworth Townley. 2018. (ENG., Illus.). 232p. (J). 28.70 *(978-0-483-40626-1(0))* Forgotten Bks.

Opinion vs. News, 1 vol. Danielle Haynes. 2018. (Young Citizen's Guide to News Literacy Ser.). (ENG.). 32p. (J). (gr. 4-5). 27.93 *(978-1-5383-4500-9(5),* 268ebc76-0a58-4fcb-88bb-64020385bc3d, PowerKids Pr.) Rosen Publishing Group, Inc., The.

O

Opinions & Opossums. Ann Braden. 2023. 176p. (J). (gr. 5). 17.99 *(978-1-9848-1609-2(8)*, Nancy Paulsen Books) Penguin Young Readers Group.

Opinions of a Philosopher (Classic Reprint) Robert Grant. 2018. (ENG., Illus.). 238p. (J). 28.81 *(978-0-364-28246-5(0))* Forgotten Bks.

Opioid Crisis. John Allen. 2019. (Emerging Issues in Public Health Ser.). (ENG.). 80p. (YA). (gr. 6-12). 41.27 *(978-1-68282-673-7(2))* ReferencePoint Pr., Inc.

Opioid Crisis, 1 vol. Ed. by Sabine Cherenfant. 2019. (At Issue Ser.). (ENG.). 128p. (YA). (gr. 10-12). pap. 28.80 *(978-1-5345-0525-4(3)*, b8990fc5-b4b3-4fe9-af11-18d6b05309de) Greenhaven Publishing LLC.

Opioid Crisis. Duchess Harris & John L. Hakala. 2018. (Special Reports). (ENG., Illus.). 112p. (J). (gr. 6-12). lib. bdg. 41.36 *(978-1-5321-1679-7(9)*, 30610, Essential Library) ABDO Publishing Co.

Opioid Crisis. Natalie Hyde. 2018. (Get Informed — Stay Informed Ser.). (Illus.). 48p. (J). (gr. 5-6). *(978-0-7787-4969-1(X))* Crabtree Publishing Co.

Opioid Epidemic. Hal Marcovitz. 2017. (ENG.). 80p. (YA). (gr. 5-12). *(978-1-68282-299-9(0))* ReferencePoint Pr., Inc.

Opioid Epidemic: Narcan & Other Tools to Fight the Opioid Crisis, 1 vol. Ed. by he New York Times. 2018. (In the Headlines Ser.). (ENG.). 224p. (YA). (gr. 9-9). lib. bdg. 54.93 *(978-1-64282-057-7(1)*, 71990b55-990f-46ba-ab42-0b7eeb60a34d, New York Times Educational Publishing) Rosen Publishing Group, Inc., The.

Opioid Epidemic: Narcan & Other Tools to Fight the Opioid Crisis, 1 vol. Ed. by The New York Times Editorial. 2018. (In the Headlines Ser.). (ENG.). 224p. (YA). (gr. 9-9). pap. 24.47 *(978-1-64282-058-4(X)*, 4124c644-4637-4a50-9fde-a06336076483, New York Times Educational Publishing) Rosen Publishing Group, Inc., The.

Opioid Epidemic & the Addiction Crisis. Elliott Smith. 2021. (Issues in Action (Read Woke (tm) Books) Ser.). (ENG., Illus.). 32p. (J). (gr. 4-8). pap. 10.99 *(978-1-7284-3138-3(7)*, 2f883370-31e3-4be7-9011-0f3a1a91e74e, Lerner Pubns.) Lerner Publishing Group.

Opioids: Heroin, Oxycontin, & Painkillers, Vol. 13. John Perritano. Ed. by Sara Becker. 2016. (Drug Addiction & Recovery Ser.). (Illus.). 64p. (J). (gr. 7). 23.95 *(978-1-4222-3607-9(2))* Mason Crest.

Opioids & Their Dangers. Susan E. Hamen. 2019. (Drugs & Their Dangers Ser.). (ENG.). 80p. (YA). (gr. 6-12). 41.27 *(978-1-68282-713-0(5)*, BrightPoint Pr.) ReferencePoint Pr., Inc.

Opossums. Elizabeth Andrews. 2022. (Twilight Animals Ser.). (ENG., Illus.). 24p. (J). (gr. k-3). lib. bdg. 31.36 *(978-1-0982-4209-1(2)*, 40007, Pop! Cody Koala) Pop!.

Opossums. Heather Kissock. 2016. (Illus.). 24p. (J). *(978-1-4896-5396-3(1))* Weigl Pubs., Inc.

Opossums. Martha London. 2020. (Neighborhood Safari Ser.). (ENG., Illus.). 24p. (J). (gr. 1-2). pap. 8.95 *(978-1-64493-429-6(9)*, 1644934299); lib. bdg. 28.50 *(978-1-64493-353-4(5)*, 1644933535) North Star Editions. (Focus Readers).

Opossums. Julie Murray. 2022. (Animal Pranksters Ser.). (ENG.). 24p. (J). (gr. 1-1). pap. 8.95 *(978-1-64494-762-3(5))*; (Illus.). (gr. k-4). lib. bdg. 31.36 *(978-1-0982-2835-4(9)*, 39949) ABDO Publishing Co. (Abdo Zoom-Dash).

Opossums, 1 vol. Ada Quinlivan. 2016. (Creatures of the Forest Habitat Ser.). (ENG.). 24p. (J). (gr. 3-3). 25.27 *(978-1-4994-2928-2(2)*, 405f406f-7338-44f2-a5df-9094691b6324, PowerKids Pr.) Rosen Publishing Group, Inc., The.

Opossums. Betsy Rathburn. 2018. (North American Animals Ser.). (ENG., Illus.). 24p. (J). (gr. k-3). lib. bdg. 26.95 *(978-1-62617-729-1(5)*, Blastoff! Readers) Bellwether Media.

Opossums. Mari Schuh. 2016. (My First Animal Library). (Illus.). 24p. (J). (gr. k-2). lib. bdg. 25.65 *(978-1-62031-289-6(1)*, Bullfrog Bks.) Jump! Inc.

Oppidan (Classic Reprint) Shane Leslie. (ENG., Illus.). (J). 2019. 382p. 31.80 *(978-1-397-18554-9(6))*; 2019. 384p. pap. 16.57 *(978-1-397-18544-0(9))*; 2017. 31.80 *(978-0-260-93971-5(4))* Forgotten Bks.

Oppo - the Mystical Mirror. Antony West. 2017. (ENG., Illus.). 298p. (J). pap. *(978-1-78623-995-2(7))* Grosvenor Hse. Publishing Ltd.

Opponents (Classic Reprint) Harrison Robertson. 2018. (ENG., Illus.). 366p. (J). 31.47 *(978-0-483-47053-8(8))* Forgotten Bks.

Opportunist (Classic Reprint) G. E. Mitton. (ENG., Illus.). (J). 2018. 370p. 31.53 *(978-0-656-30328-1(X))*; 2017. pap. 13.97 *(978-0-259-26985-4(9))* Forgotten Bks.

Opportunities a Sequel to What She Could (Classic Reprint) 2018. (ENG., Illus.). 396p. (J). 32.08 *(978-0-483-98564-3(3))* Forgotten Bks.

Opportunities for Women in Domestic Science (Classic Reprint) Marie Francke. 2017. (ENG., Illus.). (J). 70p. 25.34 *(978-0-265-50252-5(7))*; pap. 9.57 *(978-0-243-91212-4(9))* Forgotten Bks.

Opportunity. Penelope Dyan. Illus. by Dyan. l.t. ed. 2022. (ENG.). 34p. (J). pap. 12.60 ***(978-1-61477-629-1(6))*** Bellissima Publishing, LLC.

Opportunity: And Other Essays & Addresses. J. L. Spalding. 2017. (ENG., Illus.). (J). pap. *(978-0-649-66353-8(5))* Trieste Publishing Pty Ltd.

Opportunity Circle (Classic Reprint) Faye Huntington. 2018. (ENG., Illus.). 88p. (J). 25.71 *(978-0-483-67752-4(3))* Forgotten Bks.

Opportunity Knocks. Sara Farizan. 2023. (ENG.). 224p. (J). (gr. 3-7). 18.99 *(978-1-338-82707-1(3)*, Scholastic Pr.) Scholastic, Inc.

Opposing Viewpoints (Fall 2018), 12 vols. 2018. (Opposing Viewpoints Ser.). (ENG.). (YA). (gr. 10-12). lib. bdg. 302.58 *(978-1-5345-0371-7(4)*, bcdc9380-70ec-4bf7-89bc-d867b96b9f10) Greenhaven Publishing LLC.

Opposing Viewpoints (Fall 2019) 2019. (Opposing Viewpoints Ser.). (ENG.). (YA). pap. 202.80 *(978-1-5345-0587-2(3))*; (gr. 10-12). lib. bdg. 302.58 *(978-1-5345-0579-7(2)*, 18c87327-192d-4656-9ccf-6e978a3279f1) Greenhaven Publishing LLC.

Opposing Viewpoints (Fall 2022), 12 vols. 2022. (Opposing Viewpoints Ser.). (ENG.). 176p. (YA). (gr. 10-12). lib. bdg. 302.58 *(978-1-5345-0901-6(1)*, 10fc2cdb-330a-4e6a-b294-a2704402fca2) Greenhaven Publishing LLC.

Opposing Viewpoints (Set) 2017. (Opposing Viewpoints (Paperback) Ser.). (ENG.). (J). pap. 202.80 *(978-1-5345-0005-1(7))*; 224p. lib. bdg. 292.80 *(978-1-5345-0003-7(0))* Greenhaven Publishing LLC.

Opposing Viewpoints (Spring 2018), 12 vols. 2017. (Opposing Viewpoints Ser.). (ENG.). 208p. (YA). (gr. 10-12). lib. bdg. 302.58 *(978-1-5345-0247-5(5)*, ece34e07-5d43-4ae1-b5f5-86cabf7c85d6) Greenhaven Publishing LLC.

Opposing Viewpoints (Spring 2020), 12 vols. 2019. (Opposing Viewpoints Ser.). (ENG.). (YA). (gr. 10-12). lib. bdg. 302.58 *(978-1-5345-0674-9(8)*, 29b5fa3a-ef44-4141-b084-1255b99fe7b5) Greenhaven Publishing LLC.

Opposing Viewpoints (Spring 2022), 12 vols. 2021. (Opposing Viewpoints Ser.). (ENG.). 200p. (YA). (gr. 10-12). lib. bdg. 302.58 *(978-1-5345-0848-4(1)*, 086f824f-c85a-4f98-a2ba-53f02926709b) Greenhaven Publishing LLC.

Opposite Land. Charlotte Rose Hamlyn. 2017. 144p. (J). (gr. 2-4). pap. 13.99 *(978-0-14-378081-6(6))* Random Hse. Australia AUS. Dist: Independent Pubs. Group.

Opposite Land. Scott Heaton. 2018. (ENG., Illus.). 44p. (J). 22.95 *(978-1-64138-104-8(3))* Page Publishing Inc.

Opposite of Always. Justin A. Reynolds. (ENG.). (YA). (gr. 9). 2020. 480p. pap. 11.99 *(978-0-06-274838-6(6))*; 2019. 464p. 17.99 *(978-0-06-274837-9(8))* HarperCollins Pubs. (Tegen, Katherine Bks).

Opposite of Falling Apart. Micah Good. 2020. (ENG.). 432p. (YA). 17.99 *(978-1-989365-06-9(X)*, 900221174) Wattpad Bks. CAN. Dist: Macmillan.

Opposite of Here. Tara Altebrando. 2018. (ENG.). 256p. (YA). 17.99 *(978-1-68119-706-7(5)*, 900182256, Bloomsbury Young Adult) Bloomsbury Publishing USA.

Opposite of Innocent. Sonya Sones. (ENG.). (YA). (gr. 9). 2021. 288p. pap. 10.99 *(978-0-06-237032-7(4)*, Quill Tree Bks.); 2018. (Illus.). 272p. 17.99 *(978-0-06-237031-0(6)*, HarperTeen) HarperCollins Pubs.

Opposite the Jail (Classic Reprint) Mary Andrews Denison. (ENG., Illus.). (J). 2018. 338p. 30.89 *(978-0-428-37974-2(5))*; 2017. pap. 13.57 *(978-0-259-26281-7(1))* Forgotten Bks.

Opposites see Opuestos (Opposites)

Opposites. Aaron Carr. 2017. (World Languages Ser.). (ENG.). 24p. (J). (gr. 3-7). lib. bdg. 35.70 *(978-1-4896-6604-8(4)*, AV2 by Weigl) Weigl Pubs., Inc.

Opposites. Courtney Dicmas. Illus. by Courtney Dicmas. 2017. (Wild! Concepts Ser.: 4). (Illus.). 14p. (J). spiral bd. *(978-1-84643-997-1(3))* Child's Play International Ltd.

Opposites. Emma Dodd. 2017. (Illus.). 12p. (J). (gr. -1-12). bds. 9.99 *(978-1-86147-843-6(7)*, Armadillo) Anness Publishing GBR. Dist: National Bk. Network.

Opposites. Pascale Eenkema Van Dijk. Illus. by Marjolein Francois. 2022. (ENG.). 26p. (J). pap. ***(978-1-922827-74-6(6))*** Library For All Limited.

Opposites. Larissa Honsek. 2019. (ENG., Illus.). 20p. (J). (gr. -1-k). bds. 9.99 *(978-1-64170-143-3(9)*, 550143) Familius LLC.

Opposites. Little Bee Books. 2017. (ENG., Illus.). 24p. (J). (gr. -1 — 1). bds. 7.99 *(978-1-4998-0643-4(4))* Little Bee Books Inc.

Opposites. Dayna Martin. 2018. (Illus.). 31p. (J). *(978-1-4896-9633-5(4)*, AV2 by Weigl) Weigl Pubs., Inc.

Opposites. Sequoia Children's Publishing. 2021. (Active Minds: Board Bks.). (ENG.). 10p. (J). (gr. k-2). lib. bdg. 9.00 *(978-1-64996-037-5(9)*, 4772, Sequoia Publishing & Media LLC) Phoenix International Publications, Inc.

Opposites. Sequoia Kids Media Sequoia Kids Media. 2021. (Active Minds Ser.). (ENG.). 10p. (J). (gr. -1-3). pap. 6.50 ***(978-1-64996-656-8(3)***, 17015, Sequoia Kids Media) Sequoia Children's Bks.

Opposites: Baby's First Library. Illus. by Agnese Baruzzi. 2023. (Baby's First Library). (ENG.). 20p. (J). (— 1). 8.99 *(978-88-544-1950-6(8))* White Star Publishers ITA. Dist: Sterling Publishing Co., Inc.

Opposites: The Little Book of Big Friends. Agnes Green. Illus. by Olena Potyomkina. l.t. ed. 2020. (ENG.). 32p. (J). 17.99 *(978-1-5323-7800-3(9))* April Tale.

Opposites: The Opposing Forces of the Universe, 3 vols. Soledad Romero Mariño. 2023. (Cycles of the Universe Ser.: 2). (ENG., Illus.). 48p. (J). 18.99 *(978-0-7643-6577-5(0)*, 29192) Schiffer Publishing, Ltd.

Opposites: Touch, Listen, & Learn Features Inside! Katie Wilson. 2018. (Discovery Concepts Ser.). (ENG., Illus.). 20p. (J). (gr. -1-k). bds. 9.99 *(978-1-4867-1460-5(9)*, 0b44bf54-91f6-47d7-b0c1-5de8ca4cf844) Flowerpot Pr.

Opposites - Kaaitaraana (Te Kiribati) Jonathan Adams. Illus. by University of Canberra Workshop. 2022. (MIS.). 30p. (J). pap. ***(978-1-922918-72-7(5))*** Library For All Limited.

Opposites at School, 8 vols. 2017. (Opposites at School Ser.). (ENG., Illus.). (J). (gr. 1-1). lib. bdg. 101.08 *(978-1-5081-6340-4(5)*, 68a19d91-a5f4-4e00-a462-eac902b80fe0, PowerKids Pr.) Rosen Publishing Group, Inc., The.

Opposites at the Zoo. Christianne Jones. 2022. (World Around You Ser.). (ENG.). 32p. (J). 31.32 *(978-1-6639-7664-2(3)*, 229033); pap. 8.95 *(978-1-6663-2635-2(6)*, 229003) Capstone. (Pebble).

Opposites Attract. Patricia Lakin. Illus. by Valerio Fabbretti. 2022. (Tinkerers Ser.: 2). (ENG.). 96p. (J). (gr. 1-5). 12.99 *(978-0-8075-7955-8(6)*, 0807579556) Whitman, Albert & Co.

Opposites Attract. Disney Editors. ed. 2017. (Tales of Rapunzel Ser.: 2). lib. bdg. 16.00 *(978-0-606-40248-4(9))* Turtleback.

Opposites: Early Learning at the Museum. Illus. by The Trustees of the British Museum. 2018. (Early Learning at the Museum Ser.). (ENG.). 20p. (J). (— 1). bds. 7.99 *(978-1-5362-0270-0(3))* Candlewick Pr.

Opposites for You & Me. Pamela Kennedy. 2020. (Little Words Matter(tm) Ser.). (ENG., Illus.). 22p. (J). (-k). bds. 7.99 *(978-1-0877-0619-1(X)*, 005824883, B&H Kids) B&H Publishing Group.

Opposites (Set), 6 vols. Julie Murray. 2018. (Opposites Ser.). (ENG.). 24p. (J). (gr. -1-2). lib. bdg. 188.16 *(978-1-5321-8176-4(0)*, 29825, Abdo Kids) ABDO Publishing Co.

Opposites (Set Of 10) 2019. (Opposites Ser.). (ENG., Illus.). 160p. (J). (gr. k-1). pap. 79.50 *(978-1-64185-400-9(6)*, 1641854006); lib. bdg. 256.40 *(978-1-64185-342-2(5))* North Star Editions. (Focus Readers).

Opposites with Frank Lloyd Wright. Mudpuppy. Illus. by Lydia Ortiz. 2018. (ENG.). 30p. (J). (gr. -1-k). bds. 12.99 *(978-0-7353-5408-1(1)*, Mudpuppy) Galison.

Opposites with Owl & Bird. Rebecca Purcell. 2020. (Owl & Bird Ser.). (Illus.). 16p. (J). (gr. -1-k). bds. 5.95 *(978-1-80036-007-5(X)*, 48561e37-e59b-4611-bd80-3aedf1d72c53) Starfish Bay Publishing Pty Ltd. AUS. Dist: Baker & Taylor Publisher Services (BTPS).

Opposites/Opuestos. Courtney Dicmas. Tr. by Teresa Mlawer. Illus. by Courtney Dicmas. 2019. (Spanish/English Bilingual Editions Ser.). (ENG., Illus.). 14p. (J). bds. *(978-1-78628-394-8(8))* Child's Play International Ltd.

Oppsie Daisy, Flower Crazy the Colors of Spring Coloring for 5 Year Old Girls. Educando Kids. 2019. (ENG.). 42p. (J). pap. 6.99 *(978-1-64521-120-4(7)*, Educando Kids) Editorial Imagen.

Oprah Winfrey. Izzi Howell. 2021. (Black History Biographies Ser.). (ENG., Illus.). 24p. (J). (gr. 2-5). pap. *(978-1-4271-2799-0(9)*, 10338); lib. bdg. *(978-1-4271-2793-8(X)*, 10331) Crabtree Publishing Co. (Crabtree Classics).

Oprah Winfrey. Tamra B. Orr. 2019. (ENG., Illus.). 32p. (J). 26.50 *(978-1-62469-428-8(4))* Purple Toad Publishing, Inc.

Oprah Winfrey. Katlin Sarantou. Illus. by Jeff Bane. 2020. (My Early Library: My Itty-Bitty Bio Ser.). (ENG.). 24p. (J). (gr. k-1). pap. 12.79 *(978-1-5341-6106-1(6)*, 214424); lib. bdg. 30.64 *(978-1-5341-5876-4(6)*, 214423) Cherry Lake Publishing.

Oprah Winfrey. Jennifer Strand. 2016. (Great Women Ser.). (ENG.). 24p. (J). (gr. -1-2). 49.94 *(978-1-68079-392-5(6)*, 23013, Abdo Zoom-Launch) ABDO Publishing Co.

Oprah Winfrey: A Kid's Book about Believing in Yourself. Mary Nhin. Illus. by Yuliia Zolotova. 2022. (Mini Movers & Shakers Ser.: Vol. 23). (ENG.). 38p. (J). 19.99 *(978-1-63731-385-5(3))* Grow Grit Pr.

Oprah Winfrey: Businesswoman & Actress, 1 vol. Kathy Furgang. 2019. (Junior Biographies Ser.). (ENG.). 24p. (gr. 3-4). 24.27 *(978-1-9785-0747-0(X)*, f578712b-4cb5-436a-a67b-e3e628ec9773) Enslow Publishing, LLC.

Oprah Winfrey: Leader in Media & Philanthropy. Grace Hansen. 2019. (History Maker Biographies Ser.). (ENG., Illus.). 24p. (J). (gr. -1-2). lib. bdg. 32.79 *(978-1-5321-8900-5(1)*, 32968, Abdo Kids) ABDO Publishing Co.

Oprah Winfrey: Líder en Los Medios de Comunicación y Filantropía (Oprah Winfrey: Leader in Media & Philanthropy) Grace Hansen. 2020. (Biografías: Personas Que Han Hecho Historia (History Maker Biographies) Ser.). (SPA.). 24p. (J). (gr. -1-2). lib. bdg. 32.79 *(978-1-0982-0439-6(5)*, 35368, Abdo Kids) ABDO Publishing Co.

Optacon Instructional Materials, Primary Level: A Whole-Word Approach to Beginning Reading; Vocabulary & Lesson Structure Coordinated with Harper & Row Basic Reading Program; Janet & Mark; Outdoors & in; City Days, City Ways; Just for Fun; Around. Marion Canfield. 2017. (ENG., Illus.). (J). 28.62 *(978-0-265-73380-6(4))*; pap. 10.97 *(978-1-5276-9965-6(X))* Forgotten Bks.

Optical Illusions. Contrib. by Rossella Trionfetti & Mattia Crivellini. 2023. (Let's Experiment! Ser.). (ENG., Illus.). 48p. (J). (gr. 2). 9.99 ***(978-88-544-1730-4(0))*** White Star Publishers ITA. Dist: Sterling Publishing Co., Inc.

Optical Illusions 2 see Ilusiones Visuales Increíbles (Optical Illusions 2)

Optical Illusions to Trick the Eye. Rebecca Felix. 2019. (Super Simple Magic & Illusions Ser.). (ENG., Illus.). 32p. (J). (gr. k-4). lib. bdg. 34.21 *(978-1-5321-9160-2(X)*, 33578, Super SandCastle) ABDO Publishing Co.

Optical Physics for Babies. Chris Ferrie. 2017. (J). *(978-1-4926-5606-7(2))*; (Baby University Ser.: 0). (Illus.). 24p. (gr. -1-k). bds. 9.99 *(978-1-4926-5621-0(6))* Sourcebooks, Inc.

Optimist (Classic Reprint) Charles Frederic Goss. 2018. (ENG., Illus.). 296p. (J). 30.02 *(978-0-484-31807-5(1))* Forgotten Bks.

Optimistic Octopus. Sandra Wilson. 2018. (Emotional Animal Alphabet Ser.: Vol. 15). (ENG.). 40p. (J). pap. *(978-1-988215-41-9(2))* words ... along the path.

Optimist's Apprentice: Will Two Strong Personalities from Different Walks of Life Create Success or Chaos ... William Tells. 2023. (ENG.). 180p. (YA). pap. ***(978-1-913460-62-4(2)***, Choir Pr., The) Action Publishing Technology Ltd.

Optimists Die First. Susin Nielsen. 2018. (ENG.). 256p. (YA). (gr. 7). pap. 9.99 *(978-0-553-49693-2(X)*, Ember) Random Hse. Children's Bks.

Optimizing an Octopus: An Engineering Evertyhing Adventure. Emily Hunt & Michelle Pantoya. Illus. by Laura Martinez. 2018. (Engineering Everything Ser.). (ENG.). 96p. (J). 14.95 *(978-1-68283-033-8(0))* Texas Tech Univ. Pr.

Optimus Prime & Megatron's Racetrack Recon! Ryder Windham. Illus. by Patrick Spaziante. 2023. (Transformers: EarthSpark Ser.). (ENG.). 64p. (J). (gr. -1-3). 17.99 ***(978-1-6659-3787-0(4))***; pap. 5.99 ***(978-1-6659-3786-3(6))*** Simon Spotlight. (Simon Spotlight).

Option Four. Jon Eliot Keane. 2017. (ENG., Illus.). (YA). pap. *(978-1-78645-126-2(3))* Beaten Track Publishing.

Options. O. Henry. 2017. (ENG., Illus.). (J). 23.95 *(978-1-374-82416-4(X))*; pap. 13.95 *(978-1-374-82415-7(1))* Capital Communications, Inc.

Options (Classic Reprint) O. Henry. 2017. (ENG., Illus.). (J). 29.38 *(978-1-5279-7585-9(1))* Forgotten Bks.

Optometrist: Leveled Reader Blue Fiction Level 11/12 Grade 1. Hmh Hmh. 2019. (Rigby PM Ser.). (ENG.). 16p. (J). (gr. 1). pap. 11.00 *(978-0-358-12025-4(X))* Houghton Mifflin Harcourt Publishing Co.

Optometrists & What They Do. Liesbet Slegers. Illus. by Liesbet Slegers. 2021. (Professions Ser.: 13). (ENG., Illus.). 32p. (J). 16.95 *(978-1-60537-628-8(0))* Clavis Publishing.

Optricks: A Lesson on Color & Light Properties of Light Grade 5 Children's Physics Books. Baby Professor. 2021. (ENG.). 72p. (J). 27.99 *(978-1-5419-8372-4(6))*; pap. 16.99 *(978-1-5419-6005-3(X))* Speedy Publishing LLC. (Baby Professor (Education Kids)).

OPUESTOS. Ana Palmero. 2017. (SPA.). 28p. (J). (gr. k-k). 12.99 *(978-980-257-382-0(5))* Ekare, Ediciones VEN. Dist: Lectorum Pubns., Inc.

Opuestos en la Escuela / Opposites at School, 8 vols. 2017. (Opuestos en la Escuela / Opposites at School Ser.). (ENG & SPA., Illus.). (J). (gr. 1-1). lib. bdg. 101.08 *(978-1-5081-6336-7(7)*, 72ee4f16-39ce-4148-b67e-b2bcae3ad474, PowerKids Pr.) Rosen Publishing Group, Inc., The.

Opuestos en la Escuela (Opposites at School), 8 vols. 2017. (Opuestos en la Escuela (Opposites at School) Ser.). (SPA., Illus.). (J). (gr. 1-1). lib. bdg. 101.08 *(978-1-5081-6339-8(1)*, 11079cf3-29c3-402b-83c4-824e95eeb382, PowerKids Pr.) Rosen Publishing Group, Inc., The.

Opulence, Kansas. Julie Stielstra. 2020. (ENG.). 192p. (YA). pap. 9.95 *(978-1-7342477-0-1(3))* Meadowlark.

Opus 67, Number 4. Noa Paster. 2022. (ENG.). 84p. (J). pap. 15.00 *(978-1-953507-81-5(6))* Brightlings.

Or Evenings at Home: Well Spent in the Improvement of the Mind (Classic Reprint) Unknown Author. 2018. (ENG., Illus.). 82p. (J). 25.59 *(978-0-483-97919-2(8))* Forgotten Bks.

Or Maybe... Ryan Stark & Kelli Stark. Illus. by Ryan Stark. 2023. (ENG.). 34p. (J). 16.00 ***(978-1-0880-8402-1(8))*** Indy Pub.

Or, Revelations of a Physician's Wife (Classic Reprint) Unknown Author. 2018. (ENG., Illus.). 422p. (J). 32.60 *(978-0-484-50244-3(1))* Forgotten Bks.

Or, Seeking Diamonds in the Rough (Classic Reprint) Rachel Wild Peterson. 2018. (ENG., Illus.). 480p. (J). 33.80 *(978-0-483-67436-3(2))* Forgotten Bks.

Or, the American Volunteers: A Tale of the Mexican War (Classic Reprint) A. S. St. Clair. 2018. (ENG., Illus.). 100p. (J). 25.96 *(978-0-332-46256-1(0))* Forgotten Bks.

Or the Girl Dies. Rachel Rust. 2017. (ENG., Illus.). (J). pap. *(978-1-77339-219-6(0))* Evernight Publishing.

Or the Merchany's Daughter: A Tale of Our Times (Classic Reprint) Unknown Author. 2017. (ENG., Illus.). (J). 27.32 *(978-1-5283-8124-6(6))* Forgotten Bks.

Or, the Monks of Leadenhall, Vol. 3 of 3 (Classic Reprint) Unknown Author. 2018. (ENG., Illus.). 326p. (J). 30.62 *(978-0-267-43808-2(7))* Forgotten Bks.

Or the World Would Be in Ruins. Sarah Said. 2022. (ENG.). 348p. (YA). pap. ***(978-0-2288-8026-4(2))*** Tellwell Talent.

Or, the Young Pilot of Lake Champlain: A Story for Young People (Classic Reprint) Oliver Optic, pseud. 2018. (ENG., Illus.). 334p. (J). 30.79 *(978-0-483-98884-2(7))* Forgotten Bks.

Ora: The Lost Wife (Classic Reprint) Bella Zilfa Spencer. 2018. (ENG., Illus.). 394p. (J). 32.02 *(978-0-483-67142-3(8))* Forgotten Bks.

Ora a Dios. Jennifer Sue Hilton & Kristen McCurry. Illus. by Michael Garton. 2016. (SPA.). (J). *(978-1-5064-2093-6(1))* 1517 Media.

Oraciones de la Biblia para la Hora de Dormir. Jane Landreth. 2019. (SPA.). 256p. (J). pap. 7.99 *(978-1-64352-211-1(6)*, Casa Promesa) Barbour Publishing, Inc.

Oracle. K. B. Hoyle. 2016. (ENG., Illus.). (J). 29.99 *(978-1-61213-397-3(5))* Writer's Coffee Shop, The.

Oracle, 1899 (Classic Reprint) Lansing High School. (ENG., Illus.). (J). 2018. 194p. 27.90 *(978-0-267-61932-0(4))*; 2016. pap. 10.57 *(978-1-334-22346-4(7))* Forgotten Bks.

Oracle, 1906, Vol. 15 (Classic Reprint) Lansing High School. (ENG., Illus.). (J). 2018. 180p. 27.63 *(978-0-656-34403-1(2))*; 2017. pap. 10.57 *(978-0-243-41370-6(X))* Forgotten Bks.

Oracle, 1907, Vol. 1 (Classic Reprint) Mansfield High School. (ENG., Illus.). (J). 2019. 122p. 26.43 *(978-0-365-20665-1(2))*; 2017. pap. 9.57 *(978-0-259-95348-7(2))* Forgotten Bks.

Oracle, 1908 (Classic Reprint) Athens Female College. 2017. (ENG., Illus.). (J). 26.33 *(978-0-260-26961-4(1))*; pap. 9.57 *(978-0-266-12329-3(5))* Forgotten Bks.

Oracle, 1910 (Classic Reprint) Athens Female College. (ENG., Illus.). (J). 2018. 182p. 27.67 *(978-0-656-33452-0(5))*; 2017. pap. 10.57 *(978-0-243-07056-5(X))* Forgotten Bks.

Oracle, 1912 (Classic Reprint) Athens Female College. (ENG., Illus.). (J). 2018. 188p. 27.77 *(978-0-484-85441-2(0))*; 2016. pap. 10.57 *(978-1-333-40455-0(7))* Forgotten Bks.

Oracle, 1917 (Classic Reprint) North High School. 2018. (ENG., Illus.). (J). 228p. 28.60 *(978-1-397-19070-3(1))*; 230p. pap. 10.97 *(978-1-397-19067-3(1))* Forgotten Bks.

Oracle, 1921, Vol. 31 (Classic Reprint) Lansing High School. 2017. (ENG., Illus.). (J). 28.64 *(978-0-260-41994-1(X))*; pap. 11.57 *(978-0-266-08623-9(3))* Forgotten Bks.

Oracle, 1923, Vol. 6: Published by the Senior Class of Mulberry High School (Classic Reprint) Mulberry High School. 2017. (ENG., Illus.). (J). pap. 9.57 *(978-0-259-93375-5(9))* Forgotten Bks.

Oracle (Classic Reprint) Unknown Author. 2018. (ENG., Illus.). 212p. (J). 28.27 *(978-0-483-85121-4(3))* Forgotten Bks.

Oracle Code. Marieke Nijkamp. Illus. by Manuel Preitano. 2020. 208p. (YA). (gr. 7-9). pap. 16.99 *(978-1-4012-9066-5(3))* DC Comics.

Oracle Code. Marieke Nijkamp. Illus. by Manuel Preitano. 2019. (ENG.). 208p. (YA). (gr. 7-9). lib. bdg. 29.40 *(978-1-6636-2942-5(0))* Perfection Learning Corp.

Oracle of Avaris. Alisha Sevigny. 2022. (Secrets of the Sands Ser.: 3). (ENG.). 376p. (J). (gr. 4-7). pap. 8.99

1522

The check digit for ISBN-10 appears in parentheses after the full ISBN-13

(978-1-4597-4435-6(7)) Dundurn Pr. CAN. Dist: Publishers Group West (PGW).

Oracle of Doom (the Library Book 3) D. J. MacHale. 2018. (Library: 3). 304p. (J). (gr. 3-7). 16.99 (978-1-101-93261-2(9), Random Hse. Bks. for Young Readers) Random Hse. Children's Bks.

Oracle of Romance: Or, Young Ladies' Mentor; Being a Series of Pictures, Designed to Illustrate Life (Classic Reprint) Unknown Author. 2018. (ENG., Illus.). 292p. (J). 29.92 (978-0-483-92334-8(6)) Forgotten Bks.

Oracle of the Song. Gail Strickland. 2017. (Thaleia Trilogy Ser.: Vol. 2). (ENG., Illus.). (YA). (gr. 7-12). pap. 17.99 (978-1-948099-00-4(4)) Curiosity Quills Pr.

Oracle Stone. Talli Morgan. 2021. (Windermere Tales Ser.: Vol. 1). (ENG.). 320p. (YA). pap. 15.00 (978-1-0878-9637-3(1)) Indy Pub.

Oracle, the Alicorn, & the Long-Lost Princess. Elizabeth Wilde. 2017. (ENG., Illus.). 432p. (J). pap. (978-1-365-73098-6(0)) Lulu Pr., Inc.

Oracle, Vol. 21: Graduation Issue 1938 (Classic Reprint) Stetson High School. 2017. (ENG., Illus.). (J). 25.28 (978-0-260-87604-1(6)); pap. 9.57 (978-1-5281-9231-6(1)) Forgotten Bks.

Oracle, Vol. 6: June, 1910 (Classic Reprint) A. W. Cameron. (ENG., Illus.). (J). 2018. 24p. 24.41 (978-0-666-87617-1(7)); 2017. pap. 7.97 (978-0-259-86795-1(0)) Forgotten Bks.

Oracles of the Office (Classic Reprint) John Bouton Lawrence. 2018. (ENG., Illus.). 66p. (J). 25.22 (978-0-267-09692-3(5)) Forgotten Bks.

Oracus: The Emerald Pairing (Book 2 of 3 in the Oracus Series) Paul Gaskill. 2020. (Oracus Ser.: Vol. 2). (ENG.). 278p. (J). pap. (978-1-9161346-7-6(X)); pap. (978-1-9161346-9-0(6)) Lane, Betty.

Oradora. Traci Chee. 2019. (Mar de Tinta y Oro Ser.: 2). (SPA.). 552p. (YA). (gr. 7). pap. 22.00 (978-607-527-133-0(3)) Editorial Oceano de Mexico MEX. Dist: Independent Pubs. Group.

Orages Dans la Peninsule Scandinave (Classic Reprint) H. Mohn. 2018. (FRE., Illus.). 82p. (J). pap. 9.57 (978-0-483-22198-7(8)) Forgotten Bks.

Oral English for Secondary Schools (Classic Reprint) William Palmer Smith. 2018. (ENG., Illus.). 386p. (J). 31.86 (978-0-365-52042-9(X)) Forgotten Bks.

Oral Histories. Agatha Gregson. 2019. (Cultures Connect Us! Ser.). (ENG.). 24p. (gr. 1-2). 48.90 (978-1-5382-3851-6(9)) Stevens, Gareth Publishing LLLP.

Oral History Interview with Mr. Jack Hyde, Owner of Jack's House of Music: December 9 & 10, 1997 (Classic Reprint) California State University. 2019. (ENG., Illus.). (J). 34p. 24.62 (978-1-397-29071-7(4)); 36p. pap. 7.97 (978-1-397-29053-3(6)) Forgotten Bks.

Oral History with Armis & Margaret Sepponen: Transcript (Classic Reprint) Center for Sacramento History. 2018. (ENG., Illus.). (J). 38p. 24.70 (978-1-397-24156-6(X)); 40p. pap. 7.97 (978-1-397-24107-8(1)) Forgotten Bks.

Oral History with Carl Elving: September 24, 1977 (Classic Reprint) Center for Sacramento History. 2018. (ENG., Illus.). (J). 22p. 24.35 (978-1-397-23657-9(4)); 24p. pap. 7.97 (978-1-397-23643-2(4)) Forgotten Bks.

Oral History with Elizabeth Castro (Index & Transcript) (Classic Reprint) Center for Sacramento History. 2018. (ENG., Illus.). (J). 62p. 25.20 (978-1-396-79154-3(X)); 64p. pap. 9.57 (978-1-396-70358-4(6)) Forgotten Bks.

Oral History with Marie Hebuk Rasmussen: August 26, 1983 (Classic Reprint) Center for Sacramento History. 2018. (ENG., Illus.). (J). 28p. 24.47 (978-1-397-23655-5(8)); 30p. pap. 7.97 (978-1-397-23641-8(8)) Forgotten Bks.

Oral History with Marie Martella Ojala: August 21, 1983 (Classic Reprint) Center for Sacramento History. 2018. (ENG., Illus.). (J). 32p. 24.58 (978-1-397-23656-2(6)); 34p. pap. 7.97 (978-1-397-23642-5(6)) Forgotten Bks.

Oral History with Roy Ruhkala: September 29, 1983 (Classic Reprint) Center for Sacramento History. 2018. (ENG., Illus.). (J). 40p. 24.72 (978-1-397-24170-2(5)); 42p. pap. 7.97 (978-1-397-24102-3(0)) Forgotten Bks.

Oral History with William Sippola: September 17, 1983 (Classic Reprint) Center for Sacramento History. 2018. (ENG., Illus.). (J). 36p. 24.66 (978-1-397-23654-8(X)); 38p. pap. 7.97 (978-1-397-23640-1(X)) Forgotten Bks.

Oran the Curious Otter, 30 vols. Lynne Rickards. Illus. by Abigail Hookham. 2022. 28p. (J). 11.95 (978-1-78250-783-3(3), Kelpies) Floris Bks. GBR. Dist: Consortium Bk. Sales & Distribution.

orang-Outan et Son Nid. Elizabeth Raum. Illus. by Romina Martí. 2017. (Animaux Architectes Ser.). (FRE.). 24p. (J). (gr. 1-4). (978-1-77092-383-6(7), 17614) Amicus.

Orang-Outang, Sive Homo Sylvestris. Edward Tyson. 2017. (ENG.). 218p. (J). pap. (978-3-337-39332-8(2)) Creation Pubs.

Orang-Outang, Sive Homo Sylvestris: Or the Anatomy of a Pygmie Compared with That of a Monkey, an Ape, & a Man (Classic Reprint) Edward Tyson. 2017. (ENG., Illus.). (J). 28.35 (978-0-266-28086-6(2)) Forgotten Bks.

Orange. Amy Culliford. 2021. (My Favorite Color Ser.). (ENG., Illus.). 16p. (J). (gr. -1-1). pap. (978-1-4271-3259-8(3), 11515) Crabtree Publishing Co.

Orange. Amy Culliford. Tr. by Claire Savard. 2021. (Ma Couleur Préférée (My Favorite Color) Ser.). (FRE., Illus.). 16p. (J). (gr. -1-1). pap. (978-1-4271-3636-7(X), 13249) Crabtree Publishing Co.

Orange. Amanda Doering. Illus. by Glenn Thomas. 2018. (Sing Your Colors! Ser.). (ENG.). 24p. (J). (gr. -1-2). lib. bdg. 33.99 (978-1-68410-318-8(5), 140864) Cantata Learning.

Orange. Terome Fordham, III. 2022. (ENG.). 307p. (YA). pap. (978-1-387-46822-5(7)) Lulu Pr., Inc.

Orange. Xist Publishing. 2019. (Discover Colors Ser.). (ENG.). 8p. (J). (gr. -1-2). pap. 5.99 (978-1-5324-0961-5(3)) Xist Publishing.

Orange & Banana. Onuwabuchi Ayozie. 2021. (ENG.). 28p. (J). (978-1-6780-8225-3(2)) Lulu Pr., Inc.

Orange & Banana Don't Like Each Other. Isabella Fernandes. 2018. (ENG., Illus.). 10p. (J). (978-1-387-57197-0(4)) Lulu Pr., Inc.

Orange & Green: A Tale of the Boyne & Limerick (Classic Reprint) G. A. Henty. 2018. (ENG., Illus.). 316p. (J). 30.43 (978-0-267-98955-3(5)) Forgotten Bks.

Orange Animals. Christina Leaf. 2018. (Animal Colors Ser.). (ENG., Illus.). 24p. (J). (gr. k-3). lib. bdg. 26.95 (978-1-62617-829-8(1), Blastoff! Readers) Bellwether Media.

Orange Bird (Disney Classic) Jason Grandt. Illus. by Scott Tilley. 2022. (Little Golden Book Ser.). (ENG.). 24p. (J). (-k). 5.99 (978-0-7364-4272-5(3), Golden/Disney) Random Hse. Children's Bks.

Orange Bird Search. Kathlyn Carter Litteer. Illus. by Gwendolyn a Schnell. 2023. (ENG.). 34p. (J). pap. 9.99 (978-1-943245-74-1(6)) Kay, James Publishing.

Orange Blossoms: Fresh & Faded (Classic Reprint) T. S. Arthur. (ENG., Illus.). (J). 2017. 32.74 (978-0-265-41535-1(7)); 2016. pap. 16.57 (978-1-333-61241-2(9)) Forgotten Bks.

Orange Book - Te Boki Ae Aoranti (Te Kiribati) Kr Clarry. Illus. by Amy Mullen. 2023. (ENG.). 28p. (J). pap. (978-1-922918-40-6(7)) Library For All Limited.

Orange Cat Grey Cat: Purrfect Opposites. L. J. Harwood. 2021. (ENG.). 28p. (J). (978-1-5255-9734-3(5)); pap. (978-1-5255-9733-6(7)) FriesenPress.

Orange Collection. (Elefonetica Ser.). (SPA.). (gr. 1-2). 296.76 (978-0-7362-0790-4(2)) CENGAGE Learning.

Orange comme une Citrouille see Orange as a Pumpkin/Orange comme une Citrouille

Orange Excavator. Kersten Hamilton. Illus. by Valeria Petrone. 2022. (Red Truck & Friends Ser.). 28p. (J). (— 1). bds. 8.99 (978-0-593-20240-1(6), Viking Books for Young Readers) Penguin Young Readers Group.

Orange Fairy Book. Andrew Lang. (Mint Editions — The Children's Library). (ENG.). 238p. (J). (gr. 7-12). 2022. 16.99 (978-1-5131-3260-0(1)); 2021. pap. 11.99 (978-1-5132-8169-8(0)) West Margin Pr. (West Margin Pr.).

Orange Fairy Book (Classic Reprint) Andrew Lang. 2017. (ENG., Illus.). (J). 32.00 (978-0-265-21791-7(1)) Forgotten Bks.

Orange for the Sunsets. Tina Athaide. (ENG.). 336p. (J). (gr. 3-7). 2020. pap. 9.99 (978-0-06-279530-4(9)); 2019. 16.99 (978-0-06-279529-8(5)) HarperCollins Pubs. (Tegen, Katherine Bks).

Orange Fox. Illus. Michael Verrett. 2020. (ENG.). 32p. (J). (978-1-716-28835-7(5)) Lulu Pr., Inc.

Orange Girl (Classic Reprint) Walter Besant. 2017. (ENG., Illus.). (J). 31.45 (978-1-5280-7222-9(7)) Forgotten Bks.

Orange Grove Mystery: Leveled Reader Ruby Level 27. Rg Rg. 2019. (PM Ser.). (ENG.). 48p. (J). (gr. 4). pap. 11.00 (978-0-544-89295-8(X)) Rigby Education.

Orange-Haired Kid. Treva Kay Gibson. 2021. (ENG.). 30p. (J). pap. 14.95 (978-1-63874-552-5(8)) Christian Faith Publishing.

Orange in My World. Brienna Rossiter. 2020. (Colors in My World Ser.). (ENG., Illus.). 16p. (J). (gr. -1-1). pap. 7.95 (978-1-64619-193-2(5), 1646191935); lib. bdg. 25.64 (978-1-64619-159-8(5), 1646191595) Little Blue Hse. (Little Blue Readers).

Orange Is an Apricot, Green Is a Tree Frog: Explore the Natural World Through Color. Pascale Estellon. 2021. (ENG., Illus.). 34p. (J). (gr. -1-1). 18.95 (978-1-64896-014-7(6)) Princeton Architectural Pr.

Orange Juice. Ryan Jacobson. 2016. (J). (978-1-4896-4535-7(7)) Weigl Pubs., Inc.

Orange Kitty & the Mouse Parade. E. M. Gales. 2022. (ENG.). 36p. (J). (978-1-989833-28-5(4)); pap. (978-1-989833-29-2(2)) OC Publishing.

Orange Porange. Howard Pearlstein. Illus. by Rob Hardison. (Orange Porange Ser.). (ENG.). (J). (gr. -1-k). 2023. 32p. pap. 9.99 (978-981-5044-83-6(4)); 2020. 28p. 14.99 (978-981-4868-93-8(0)) Marshall Cavendish International (Asia) Private Ltd. SGP. Dist: Independent Pubs. Group.

Orange Seed (Classic Reprint) Aunt Friendly. 2017. (ENG., Illus.). 106p. (J). 26.10 (978-0-332-39875-4(7)) Forgotten Bks.

Orange Shirt Day. Orange Shirt Orange Shirt Society. Ed. by Phyllis Webstad & Joan Sorley. 2020. (ENG., Illus.). 156p. (YA). (gr. 8-10). 32.99 (978-1-989122-43-3(4)) Medicine Wheel Education CAN. Dist: Orca Bk. Pubs. USA.

Orange S'more-Ange. Patty Becker. 2022. (ENG.). 38p. (J). 17.95 (978-1-63755-214-8(9), Mascot Kids) Amplify Publishing Group.

Orange Thieves. Charity Dahal. 2022. (ENG.). 78p. (YA). pap. 16.99 (978-1-0880-4089-8(6)) Indy Pub.

Orange Tree Family. Christine Warugaba. 2016. (ENG., Illus.). 28p. (J). pap. (978-99977-770-5-8(0)) FURAHA Pubs. Ltd.

Orange, Yellow, Pink & Purple Easter Egg. Miriam Walker-Wilson. Illus. by Raymond Rolon. 2022. (ENG.). 36p. (J). (978-1-387-68244-7(X)) Lulu Pr., Inc.

Orange Zebra. C. Cherie Hardy. 2017. (ENG., Illus.). (J). pap. 14.95 (978-1-946753-18-2(1)) Avant-garde Bks.

Orange Zebra & the Kind Giraffe. C. Cherie Hardy. Illus. by Suzanne Horwitz. 2016. (ENG.). (J). pap. 10.95 (978-0-9977566-4-7(0)) Avant-garde Bks.

Orangeman (Classic Reprint) John H. Finlay. 2017. (ENG., Illus.). (J). 30.97 (978-0-265-93077-9(4)) Forgotten Bks.

Orangery: A Comedy of Tears (Classic Reprint) Mabel Dearmer. (ENG., Illus.). (J). 2018. 388p. 31.90 (978-0-428-19543-4(1)); 2017. pap. 16.57 (978-0-259-22262-0(3)) Forgotten Bks.

Oranges, 1 vol. Cecelia H. Brannon. 2017. (All about Food Crops Ser.). (ENG.). 24p. (gr. k-1). lib. bdg. 24.27 (978-0-7660-8581-7(3), 317bfd7d-a663-4f7e-abf0-ba80adb6cba0) Enslow Publishing, LLC.

Oranges & Alligators: Sketches of South Florida Life (Classic Reprint) Iza Duffus Hardy. 2017. (ENG., Illus.). (J). 29.69 (978-0-331-16033-8(1)) Forgotten Bks.

Oranges for Orange Juice. Rozanne Williams. 2017. (Learn-To-Read Ser.). (ENG., Illus.). (J). pap. 3.49 (978-1-68310-248-9(7)) Pacific Learning, Inc.

Orangutan. Katesalin Pagkaihang. 2017. (Our Animal Friends Ser.: Vol. 1). (ENG., Illus.). 58p. (J). (gr. 1-6). 16.99 (978-616-440-366-6(9)) Pagkaihang, Katesalin.

Orangutan. Trace Taylor. 2017. (1-3Y Animals Ser.). (ENG.). 20p. (J). (gr. k-2). pap. 8.00 (978-1-59301-442-1(2)) American Reading Co.

Orangutan Doesn't Want to Sleep. Elisenda Castells. Illus. by Frank Endersby. 2022. (Fun Facts about Growing Up Ser.). (ENG.). 36p. (J). (gr. k-2). 12.99 (978-1-5107-6120-9(9), Sky Pony Pr.) Skyhorse Publishing Co., Inc.

Orangutan Hats & Other Tools Animals Use. Richard Haynes. Illus. by Stephanie Laberis. 2021. (ENG.). 48p. (J). (gr. 2-5). 17.99 (978-1-5362-0093-5(X)) Candlewick Pr.

Orangutan No Quiere Dormir. Elisenda Castells. 2021. (SPA.). 36p. (J). (gr. k-2). 11.99 (978-84-18211-79-9(2)) Pluton Ediciones ESP. Dist: Lectorum Pubns., Inc.

Orangutan Rescue Gang. 2019. (ENG.). 204p. (J). pap. 9.99 (978-0-578-43831-3(3)) Alegro Publishing.

Orangutanes Bebés. Kate Riggs. 2021. (Principio de Los Ser.). (SPA.). 16p. (J). (gr. -1-k). pap. 7.99 (978-1-62832-990-2(4), 18019, Creative Paperbacks) Creative Co., The.

Orangutans. Nicki Clausen-Grace. 2018. (Wild Animal Kingdom (Continuation) Ser.). (ENG.). 32p. (gr. 2-7). 9.95 (978-1-68072-736-4(2)); (J). (gr. 4-6). pap. 9.99 (978-1-64466-289-2(2), 12409); (J). (gr. 4-6). lib. bdg. (978-1-68072-442-4(8), 12408) Black Rabbit Bks. (Bolt).

Orangutans. Emily Kington. 2022. (Animals in Danger Ser.). (ENG., Illus.). 32p. (J). (gr. 3-6). lib. bdg. 29.32 (978-1-914087-59-2(3), 5c4278db-b919-4d40-b7db-950da7e07b79, Hungry Tomato (r)) Lerner Publishing Group.

Orangutans. Leo Statts. 2016. (Rain Forest Animals Ser.). (ENG.). 24p. (J). (gr. -1-2). 49.94 (978-1-68079-363-5(2), 22984, Abdo Zoom-Launch) ABDO Publishing Co.

Orangutans. Marysa Storm. 2020. (Awesome Animal Lives Ser.). (ENG.). 24p. (J). (gr. k-3). pap. 8.99 (978-1-64466-101-7(2), 14399, Bolt Jr.) Black Rabbit Bks.

Orangutans: Facts & Picture Book for Children. Bold Kids. 2022. (ENG.). 42p. (J). pap. 14.99 (978-1-0717-1103-3(2)) FASTLANE LLC.

Orangutans! an Animal Encyclopedia for Kids (Monkey Kingdom) - Children's Biological Science of Apes & Monkeys Books. Prodigy Wizard. 2016. (ENG., Illus.). (J). pap. 9.25 (978-1-68323-965-9(2)) Twin Flame Productions.

Orangutans Build Tree Nests. Elizabeth Raum. Illus. by Romina Martí. 2017. (Animal Builders Ser.). (ENG.). 24p. (J). (gr. 1-4). lib. bdg. 20.95 (978-1-68151-172-6(X), 14665) Amicus.

Orangutans Build Tree Nests: Animal Builders. Elizabeth Raum. Illus. by Romina Martí. 2018. (Animal Builders Ser.). 24p. (J). (gr. 1-4). pap. 9.99 (978-1-68152-153-4(9), 14784) Amicus.

Orangutans (Nature's Children) (Library Edition) Mara Grunbaum. 2018. (Nature's Children, Fourth Ser.). (ENG., Illus.). 48p. (J). (gr. 3-5). lib. bdg. 30.00 (978-0-531-23481-5(9), Children's Pr.) Scholastic Library Publishing.

Orangutan's Night Before Christmas, 1 vol. Laura Bolden-Fournier. Illus. by Stan Jaskiel. 2016. (Night Before Christmas Ser.). (ENG.). 32p. (J). (gr. k-3). 16.99 (978-1-4556-2154-5(4), Pelican Publishing) Arcadia Publishing.

Oranyn. Xavi Lang. 2019. (ENG.). 428p. (YA). pap. (978-1-9995643-1-5(6)) Iglesias, Xaviera.

Oration Addressed to the Citizens of the Town of Quincy, on the Fourth of July, 1831, the Fifty-Fifth Anniversary of the Independence of the United States of America. John Quincy Adams. 2017. (ENG., Illus.). (J). pap. (978-0-649-19530-5(2)) Trieste Publishing Pty Ltd.

Oration Delivered at Springfield, Chickopee Factory, at a Union Celebration of the Sixtieth Anniversary of American Independence, July 4 1836. Myron Lawrence. 2017. (ENG., Illus.). (J). pap. (978-0-649-01345-6(X)) Trieste Publishing Pty Ltd.

Oratione Funerale Di Lorenzo Ducci Nell'essequie Di Torquato Tasso (Classic Reprint) Lorenzo Ducci. (ITA., Illus.). (J). 2018. 22p. 24.41 (978-0-484-87169-3(2)); 2016. pap. 7.97 (978-1-334-15168-2(7)) Forgotten Bks.

Oratorical Dictionary: For the Use of Colleges, Academies, Schools, Pulpit Orators, Public Speakers of All Professions, & Classical Scholars in General (Classic Reprint) John Newland Maffitt. 2017. (ENG., Illus.). (J). 350p. 31.12 (978-0-332-07862-5(0)); pap. 13.57 (978-0-282-45393-0(8)); pap. 13.57 (978-0-259-09457-9(9)) Forgotten Bks.

Orb of Kandra (Oliver Blue & the School for Seers-Book Two) Morgan Rice. 2018. (Oliver Blue & the School for Seers Ser.: Vol. 2). (ENG., Illus.). 256p. (J). (gr. 4-6). 17.99 (978-1-64029-699-2(9)); pap. 12.99 (978-1-64029-698-5(0)) Morgan Rice Bks.

Orb of Terra. Leonardo Ramirez. 2018. (Jupiter Chronicles Ser.: Vol. 3). (ENG., Illus.). 260p. (J). (gr. 3-6). pap. 10.99 (978-0-692-14046-8(8)) Beyond Bks.

Orb Oracle. Jiya Saihejleen Kaur Nanner. 2022. (ENG.). 272p. (J). pap. (978-0-2288-7856-8(X)) Tellwell Talent.

Orbis. E. A. Purle. 2022. (ENG.). (YA). 446p. pap. (978-1-7398965-1-5(3)); (Lore of Tellus Ser.: Vol. 2). 382p. (978-1-7398965-0-8(5)) Publishing Push Ltd.

Orbis Pictus (Classic Reprint) John Amos Comenius. 2018. (ENG., Illus.). (J). 238p. 28.81 (978-1-396-80375-8(0)); 240p. pap. 11.57 (978-1-396-80308-6(4)) Forgotten Bks.

Orbis Pictus of John Amos Comenius: The Educational Classic - the First Illustrated Children's Textbook, Published In 1658. John Amos Comenius. 2020. (ENG.). 160p. (J). pap. (978-1-78987-313-9(4)) Pantianos Classics.

Orbis Pictus of John Amos Comenius: The Educational Classic - the First Illustrated Children's Textbook, Published In 1658. John Amos Comenius. 2020. (ENG.). 160p. (J). (978-1-78987-394-8(0)) Pantianos Classics.

Orbis Pictus of John Amos Comenius (Classic Reprint) Johann Amos Comenius. (ENG., Illus.). (J). 2018. 234p. 28.74 (978-0-365-13093-2(1)); 2017. pap. 11.57 (978-0-259-49742-4(8)) Forgotten Bks.

Orbis Pictus of John Amos Comenius (Classic Reprint) John Amos Comenius. 2017. (ENG., Illus.). (J). 28.76 (978-0-265-25195-9(8)) Forgotten Bks.

Orbit: Book One: Civility in Space. T. K. Reilly. 2021. (ENG.). 40p. (YA). pap. 11.95 (978-1-63630-604-9(7)) Covenant Bks.

Orbital Mechanics. Jeff Lemire. 2017. (ENG., Illus.). 120p. pap. 16.99 (978-1-5343-0193-1(3), 8b98edc5-c78b-464b-bfe3-df1dc89ab78e) Image Comics.

Orbiting Jupiter. Gary D. Schmidt. ed. 2017. (ENG.). (YA). (gr. 7). lib. bdg. 20.85 (978-0-606-39818-3(X)) Turtleback.

Orbs & the Attack of the Hair Spiders. A. M. Richardson. 2019. (Chronicles of Orbs Ser.: Vol. 1). (ENG., Illus.). 234p. (YA). pap. (978-1-9160643-0-0(2)) Chronos Publishing.

Orbs Around Us. Richard Anthony Proctor. 2017. (ENG.). 400p. (J). pap. (978-3-7447-4292-4(X)) Creation Pubs.

Orc Warfare, 1 vol. Chris Pramas. 2017. (Creature Warfare Ser.). (ENG.). 72p. (YA). (gr. 8-8). 38.80 (978-1-5081-7624-4(8), 97ef44d7-da30-4b4b-96ee-2220642abb8e, Rosen Young Adult) Rosen Publishing Group, Inc., The.

Orca. August Hoeft. (I See Animals Ser.). (ENG.). (J). 2022. 20p. 24.99 (978-1-5324-3433-4(2)); 2021. 12p. pap. 5.99 (978-1-5324-1501-2(X)) Xist Publishing.

Orca Footprints Teacher Guide, 1 vol. Tasha Henry. 2018. (ENG.). 76p. (gr. 4-7). pap. 29.95 (978-1-4598-2220-7(X)) Orca Bk. Pubs. USA.

Orca in Open Water. Emma Bernay & Emma Carlson Berne. Illus. by Erwin Madrid. 2019. (Seaside Sanctuary Ser.). (ENG.). 112p. (J). (gr. 3-7). lib. bdg. 25.99 (978-1-4965-7862-4(7), 139401, Stone Arch Bks.) Capstone.

Orca Killer Whale: (Age 6 & Above) Tj Rob. 2017. (Super Predators Ser.). (ENG., Illus.). (J). pap. (978-1-988695-56-3(2)) TJ Rob.

Orca Origins Teacher Guide, 1 vol. Tasha Henry. 2019. (Orca Teacher Resource Ser.). (ENG.). 48p. (gr. 4-7). pap. 29.95 (978-1-4598-2244-3(7)) Orca Bk. Pubs. USA.

Orca Rescue! The True Story of an Orphaned Orca Named Springer. Donna Sandstrom. Illus. by Sig Burwash. 2021. (ENG.). 144p. (J). (gr. 3-7). 17.99 (978-1-5253-0117-9(9)) Kids Can Pr., Ltd. CAN. Dist: Hachette Bk. Group.

Orca Rising. Chris Hannon. 2018. (ENG., Illus.). 190p. (YA). (gr. 7-11). pap. 13.99 (978-1-78608-052-3(4)) Thistle Publishing.

Orca Scientists. Kim Perez Valice. 2018. (Scientists in the Field Ser.). (ENG., Illus.). 80p. (J). (gr. 5-7). 18.99 (978-0-544-89826-4(5), 1653794, Clarion Bks.) HarperCollins Pubs.

Orca vs. Tiburon Blanco. Jerry Pallotta. ed. 2022. (Who Would Win Ser.). (SPA.). 32p. (J). (gr. 2-3). 15.96 (978-1-68505-512-7(5)) Penworthy Co., LLC, The.

Orca vs. Tiburón Blanco (Who Would Win?: Killer Whale vs. Great White Shark) Jerry Pallotta. Illus. by Rob Bolster. 2022. (¿Quién Ganará? Ser.). (SPA.). 32p. (J). (gr. 2-5). pap. 3.99 (978-0-545-92595-2(9), Scholastic en Espanol) Scholastic, Inc.

Orca Whale Pod. Julie Murray. 2018. (Animal Groups (Abdo Kids Junior) Ser.). (ENG., Illus.). 24p. (J). (gr. -1-2). lib. bdg. 31.36 (978-1-5321-0783-2(8), 28127, Abdo Kids) ABDO Publishing Co.

Orca Whales: A Book Filled with Facts for Children. Bold Kids. 2022. (ENG.). 42p. (J). pap. 14.99 (978-1-0717-1104-0(0)) FASTLANE LLC.

Orcas. Heather Adamson. 2017. (Ocean Life up Close Ser.). (ENG., Illus.). 24p. (J). (gr. k-3). lib. bdg. 26.95 (978-1-62617-643-0(4), Blastoff! Readers) Bellwether Media.

Orcas. Beth Adelman. 2022. (Reading Rocks! Ser.). (ENG.). 32p. (J). (gr. 3-6). lib. bdg. 35.64 (978-1-5038-5816-9(2), 215682, Stride) Child's World, Inc, The.

Orcas. Elizabeth R. Johnson. (J). 2017. (978-1-5157-2083-6(7)); 2016. (ENG.). 53.32 (978-1-5157-5442-8(1)) Capstone.

Orcas. Heather Kissock. 2017. (Illus.). 24p. (J). (978-1-5105-0593-3(8)) SmartBook Media, Inc.

Orcas, 1 vol. Elizabeth Krajnik. 2019. (Killers of the Animal Kingdom Ser.). (ENG.). 24p. (gr. 3-3). pap. 9.25 (978-1-7253-0617-2(4), eb286b77-9173-402d-b50d-a6322c062105, PowerKids Pr.) Rosen Publishing Group, Inc., The.

Orcas. Angela Lim. 2021. (Giants of the Sea Ser.). (ENG., Illus.). 32p. (J). (gr. 2-3). pap. 9.95 (978-1-63738-044-4(5)); lib. bdg. 31.35 (978-1-63738-008-6(9)) North Star Editions. (Apex).

Orcas. Mari Schuh. 2017. (Black & White Animals Ser.). (ENG., Illus.). 24p. (J). (gr. -1-2). lib. bdg. 22.65 (978-1-5157-3373-7(4), 133369, Capstone Pr.) Capstone.

Orcas. Anastasia Suen. 2020. (Spot Arctic Animals Ser.). (ENG.). 16p. (J). (gr. -1-1). pap. 7.99 (978-1-68152-524-2(0), 10723) Amicus.

Orcas: The Wolves of the Seas. Matt Reher. 2016. (1B Animal Behaviors Ser.). (ENG., Illus.). 28p. (J). pap. 9.60 (978-1-63437-587-0(4)) American Reading Co.

ORCAS - Beautiful, Intelligent, Talkative, Ferocious, Fascinating. Melanie Richardson Dundy. 2023. (ENG.). 36p. (J). pap. 21.95 (978-1-0880-8038-2(3)) M D C T Publishing.

Orcas Everywhere: The Mystery & History of Killer Whales, 1 vol. Mark Leiren-Young. 2019. (Orca Wild Ser.: 1). (ENG., Illus.). 160p. (J). (gr. 4-7). 24.95 (978-1-4598-1998-6(5)) Orca Bk. Pubs. USA.

Orcas Have to Eat. Matt Reher. 2016. (1G Predator Animals Ser.). (ENG., Illus.). 36p. (J). pap. 9.60 (978-1-63437-102-5(X)) American Reading Co.

Orcas (Nature's Children) (Library Edition) Dionna L. Mann. 2019. (Nature's Children, Fourth Ser.). (ENG., Illus.). 48p. (J). (gr. 3-5). lib. bdg. 30.00 (978-0-531-12718-6(4), Children's Pr.) Scholastic Library Publishing.

Orcas of the Salish Sea. Mark Leiren-Young. 2020. (ENG., Illus.). 32p. (J). (gr. 1-3). 19.95 (978-1-4598-2505-5(5)) Orca Bk. Pubs. USA.

Orcas on the Hunt. Alicia Z. Klepeis. 2017. (Searchlight Books (tm) — Predators Ser.). (ENG., Illus.). 32p. (J). (gr. 3-5). lib. bdg. 30.65 (978-1-5124-3398-2(5), 14e49824-8d59-4cfc-a9dd-84dbda627270, Lerner Pubns.) Lerner Publishing Group.

Orchard Birds. Jennifer W. Smith. 2017. (ENG., Illus.). (J). pap. 12.99 (978-0-9966954-8-0(6)) Apple House Publishing.

Orchard Cottage. Willow George. 2020. (ENG.). 124p. (J). pap. 13.78 (978-1-716-55436-0(5)) Lulu Pr., Inc.

Orchard Damerel, Vol. 1 of 3 (Classic Reprint) Alan St. Aubyn. 2018. (ENG., Illus.). 314p. (J). 30.37 (978-0-267-24448-5(7)) Forgotten Bks.

Orchard Damerel, Vol. 2 of 3 (Classic Reprint) Alan St. Aubyn. 2018. (ENG., Illus.). 302p. (J). 30.15 *(978-0-483-94462-6(9))* Forgotten Bks.

Orchard Damerel, Vol. 3 of 3 (Classic Reprint) Alan St. Aubyn. (ENG., Illus.). (J). 2018. 308p. 30.25 *(978-0-483-95974-3(X))*; 2016. pap. 13.57 *(978-1-333-25256-4(0))* Forgotten Bks.

Orchard-Land: A Children's Story (Classic Reprint) Robert William Chambers. 2018. (ENG., Illus.). 138p. (J). 26.76 *(978-0-267-45580-5(1))* Forgotten Bks.

Orchard of Hope. Amy Neftzger. Illus. by Cory Basil. 2017. (J). 29.99 *(978-1-940894-22-5(0)*, Fog Ink) Fields of Gold Publishing, Inc.

Orchard Princess (Classic Reprint) Ralph Henry Barbour. 2017. (ENG., Illus.). (J). 28.72 *(978-0-331-34942-9(6))* Forgotten Bks.

Orchardscroft the Story of an Artist (Classic Reprint) Elsa D'Esterre Keeling. 2018. (ENG., Illus.). 322p. (J). 30.54 *(978-0-483-73349-7(0))* Forgotten Bks.

Orchestra. Tyler Gieseke. 2022. (Explore Music Ser.). (ENG.). 32p. (J). (gr. 2-5). lib. bdg. 32.79 *(978-1-0982-4333-3(1)*, 41241, DiscoverRoo) Pop!.

Orchestra. Avalon Nuovo. Illus. by David Doran. 2019. (ENG.). 80p. (J). (gr. 2-5). 19.95 *(978-1-912497-86-7(7))* Flying Eye Bks. GBR. Dist: Penguin Random Hse. LLC.

Orchestra Di Vita: Melodie Di Passione, Storia e Politica. Emma Maffucci. 2021. (ITA.). 266p. (YA). pap. *(978-1-008-92238-9(2))* Lulu Pr., Inc.

Orchestral Instruments & Their Use: Giving a Description of Each (Classic Reprint) Arthur Elson. 2018. (ENG., Illus.). 368p. (J). 31.49 *(978-0-483-22688-3(2))* Forgotten Bks.

Orchid. Lady Alice. 2022. (ENG.). 102p. (YA). pap. 14.95 *(978-1-6624-6223-8(9))* Page Publishing Inc.

Orchid: A Musical Play (Classic Reprint) Ivan Caryll. 2018. (ENG., Illus.). 38p. (J). 24.70 *(978-0-267-18239-8(2))* Forgotten Bks.

Orchid: A Musical Play in Two Acts (Classic Reprint) James T. Tanner. 2018. (ENG., Illus.). 264p. (J). 29.38 *(978-0-484-16008-7(7))* Forgotten Bks.

Orchid (Classic Reprint) Robert Grant. 2017. (ENG., Illus.). 248p. (J). 29.01 *(978-0-484-71690-1(5))* Forgotten Bks.

Orchid Mantis. E. Merwin. 2018. (Even Weirder & Cuter Ser.). (ENG.). 24p. (J). (gr. -1-3). 17.95 *(978-1-68402-462-9(5))* Bearport Publishing Co., Inc.

Orchid Seekers: A Story of Adventure in Borneo (Classic Reprint) Ashmore Russan. 2017. (ENG., Illus.). (J). 33.01 *(978-0-331-72297-0(6))*; pap. 16.57 *(978-0-282-51163-0(6))* Forgotten Bks.

Orchids at Home & in the Wild Coloring Book. Smarter Activity Books. 2016. (ENG., Illus.). (J). pap. 9.22 *(978-1-68374-572-3(8))* Examined Solutions PTE. Ltd.

Orcs! Christine Larsen. 2021. (ENG., Illus.). 256p. (J). pap. 14.99 *(978-1-68415-671-9(8))* BOOM! Studios.

ORCS! the Curse. Christine Larsen. 2023. (ENG., Illus.). 224p. (J). pap. 16.99 *(978-1-68415-890-4(7))* BOOM! Studios.

Ordeal: A Mountain Romance of Tennessee (Classic Reprint) Charles Egbert Craddock. 2017. (ENG., Illus.). (J). 29.92 *(978-1-5279-7399-2(9))* Forgotten Bks.

Ordeal by Fire (Classic Reprint) Marcel Berger. 2017. (ENG., Illus.). (J). 35.24 *(978-0-331-13117-8(X))* Forgotten Bks.

Ordeal of Honor (Classic Reprint) Anthony Pryde. (ENG., Illus.). (J). 2018. 340p. 30.91 *(978-0-483-29980-1(4))*; 2016. pap. 13.57 *(978-1-333-60855-2(1))* Forgotten Bks.

Ordeal of Richard Feverel. George Meredith. (ENG.). (J). 2019. 482p. pap. *(978-3-337-73224-0(0))*; 2017. 484p. pap. *(978-3-337-32635-7(8))* Creation Pubs.

Ordeal of Richard Feverel: A History of a Father & Son (Classic Reprint) George Meredith. 2017. (ENG., Illus.). (J). 33.84 *(978-1-5281-7152-6(7))* Forgotten Bks.

Ordeal of Richard Feverel, Vol. 1 Of 3: A History of Father & Son (Classic Reprint) George Meredith. 2017. (ENG., Illus.). (J). 30.33 *(978-0-260-66654-3(8))* Forgotten Bks.

Ordeal of Richard Feverel, Vol. 2 of 2 (Classic Reprint) George Meredith. 2018. (ENG., Illus.). 314p. (J). 30.39 *(978-0-428-99864-6(X))* Forgotten Bks.

Ordeal of Richard Feverel, Vol. 2 Of 3: A History of Father & Son (Classic Reprint) George Meredith. 2017. (ENG., Illus.). (J). 31.24 *(978-0-260-91247-3(6))* Forgotten Bks.

Ordeal of Silence (Classic Reprint) Peer Peer. 2018. (ENG., Illus.). 320p. (J). 30.50 *(978-0-484-65683-2(X))* Forgotten Bks.

Ordeal of Windfire. Richard Garcia Morgan. 2019. (ENG.). 236p. (YA). pap. 14.99 *(978-1-7750695-6-0(7))* Waystone Pr.

Ordene de Chevalerie: Avec une Dissertation Sur l'Origine de la Lange Francoise, un Essai Sur les Etimologies, Quelques Contes Anciens, et un Glossaire Pour en Faciliter l'Intelligence (Classic Reprint) Hues De Tabarie. 2018. (FRE., Illus.). (J). 264p. 29.36 *(978-0-428-55363-0(X))*; 266p. pap. 11.97 *(978-0-428-08606-0(3))* Forgotten Bks.

Ordene de Chevalerie: Avec une Dissertation Sur l'Origine de la Langue Francoise; un Essai Sur les Etimologies; Quelques Contes Anciens; et un Glossaire Pour en Faciliter l'Intelligence (Classic Reprint) Hues De Tabarie. 2017. (FRE., Illus.). (J). pap. 11.97 *(978-0-243-55843-8(0))* Forgotten Bks.

Ordene de Chevalerie: Avec une Dissertation Sur l'Origine de la Langue Françoise; un Essai Sur les Étimologies; Quelques Contes Anciens; et un Glossaire Pour en Faciliter l'Intelligence (Classic Reprint) Hues De Tabarie. 2018. (FRE., Illus.). 262p. (J). 29.32 *(978-0-666-85502-2(1))* Forgotten Bks.

Order (Classic Reprint) Claude C. Washburn. 2019. (ENG., Illus.). 344p. (J). 31.01 *(978-0-365-16102-8(0))* Forgotten Bks.

Order in the Court. Casey Lawrence. (Survivor's Club Ser.). (ENG., Illus.). (YA). 2017. 25.99 *(978-1-64080-356-5(4))*; 2016. 24.99 *(978-1-63533-059-5(9))* Dreamspinner Pr. (Harmony Ink Pr.).

Order No. 11: A Tale of the Border (Classic Reprint) Caroline Abbot Stanley. (ENG., Illus.). (J). 2018. 446p. 33.10 *(978-0-483-61242-6(1))*; 2016. pap. 16.57 *(978-1-334-12442-6(6))* Forgotten Bks.

Order of Ages: Stars Set in Stone. Nathan Webster. 2017. (ENG., Illus.). 116p. (J). pap. *(978-1-365-86911-2(3))* Lulu Pr., Inc.

Order of Darkness Volumes I-III: Changeling; Stormbringers; Fools' Gold, Vol. I-III. Philippa Gregory. 2017. (Order of Darkness Ser.). (ENG., Illus.). 1040p. (YA). (gr. 9). pap. 19.99 *(978-1-5344-0655-1(7)*, Simon Pulse) Simon Pulse.

Order of the Flaming Sword. J. H. Hipsher. 2020. (ENG., Illus.). 238p. (YA). pap. 18.95 *(978-1-68433-541-1(8))* Black Rose Writing.

Order of the Key. Justine Manzano. 2020. (ENG., Illus.). 240p. (YA). (gr. 7-12). pap. 18.95 *(978-1-68433-504-6(3))* Black Rose Writing.

Order of the Majestic. Matt Myklusch. (Order of the Majestic Ser.: 1). (ENG.). (J). (gr. 3-7). 2020. 448p. pap. 8.99 *(978-1-5344-2488-3(1))*; 2019. (Illus.). 432p. 18.99 *(978-1-5344-2487-6(3))* Simon & Schuster Children's Publishing. (Aladdin).

Order of the Night Jay (Book One): the Forest Beckons. Jonathan Schnapp. 2022. 160p. (J). (gr. 3-7). pap. 14.99 *(978-1-60309-510-5(1))* Top Shelf Productions.

Order of the Sleepwalker. Zechariah Barrett. 2019. (ENG.). 348p. (J). ***(978-0-359-71289-2(4))*** Lulu Pr., Inc.

Order of the Undying. K. B. Sprague. 2020. (ENG., Illus.). 322p. (YA). pap. *(978-1-988363-20-2(9)*, GaleWind Bks.) Whisperwood Publishing.

Order of Things. Kaija Langley. 2023. 288p. (J). (gr. 5-9). 17.99 *(978-0-593-53090-0(X)*, Nancy Paulsen Books) Penguin Young Readers Group.

Order to Drop the Atomic Bomb 1945, 1 vol. Kaitlyn Duling. 2018. (America's Most Important Documents: Inquiry into Historical Sources Ser.). (ENG.). 64p. (gr. 6-6). lib. bdg. 37.36 *(978-1-5026-3619-5(0)*, d7ccedcb-4d67-4f2b-96c2-f5700f00e95b) Cavendish Square Publishing LLC.

Order to View: A Novel (Classic Reprint) Charles Marriott. (ENG., Illus.). (J). 2018. 316p. 30.41 *(978-0-267-40954-9(0))*; 2016. pap. 13.57 *(978-1-334-22845-2(0))* Forgotten Bks.

Ordered to China: Letters of Wilbur J. Chamberlin Written from China While under Commission from the New York Sun During the Boxer Uprising of 1900 & the International Complications Which Followed (Classic Reprint) Wilbur J. Chamberlin. 2017. (ENG., Illus.). (J). 32.00 *(978-1-5283-8946-4(8))* Forgotten Bks.

Ordinary: A Young Adult Sci-Fi Dystopian (Powers Book 1) Starr Z. Davies. 2020. (Powers Ser.: Vol. 1). (ENG.). 328p. (YA). (gr. 9-12). pap. 12.99 *(978-0-578-54098-6(3))* Davies, Tammy.

Ordinary & Anything But. Everett Green. 2021. (ENG.). 79p. (YA). pap. *(978-1-304-24034-7(7))* Lulu Pr., Inc.

Ordinary Day. Elana K. Arnold. Illus. by Elizabet Vukovic. 2020. (ENG.). 40p. (J). (-3). 17.99 *(978-1-4814-7262-3(3)*, Beach Lane Bks.) Beach Lane Bks.

Ordinary, Extraordinary Jane Austen: The Story of Six Novels, Three Notebooks, a Writing Box, & One Clever Girl. Deborah Hopkinson. Illus. by Qin Leng. 2018. (ENG.). 40p. (J). (gr. -1-3). 17.99 *(978-0-06-237330-4(7)*, Balzer & Bray) HarperCollins Pubs.

Ordinary George (Reading Ladder Level 2) Joanna Nadin. Illus. by Lucia Serrano. 2016. (Reading Ladder Level 2 Ser.). (ENG.). 48p. (gr. k-2). pap. 4.99 *(978-1-4052-7542-2(1)*, Reading Ladder) Farshore GBR. Dist: HarperCollins Pubs.

Ordinary Girl. Chelsey J. Whittle. 2016. (ENG., Illus.). 38p. (J). pap. *(978-1-329-93851-9(8))* Lulu Pr., Inc.

Ordinary Girls. Blair Thornburgh. (ENG.). (YA). (gr. 8). 2020. 384p. pap. 10.99 *(978-0-06-244782-1(3))*; 2019. 368p. 17.99 *(978-0-06-244781-4(5))* HarperCollins Pubs. (HarperTeen).

Ordinary Hazards: A Memoir. Nikki Grimes. 2019. (ENG., Illus.). 336p. (YA). (gr. 7). 19.99 *(978-1-62979-881-3(9)*, Wordsong) Highlights Pr., c/o Highlights for Children, Inc.

Ordinary Love. Morgan Barber. Illus. by Teil Duncan. 2020. (ENG.). 34p. (J). (gr. -1-k). 15.99 *(978-1-64111-608-4(0)*, Vertel Publishing) Nextone Inc.

Ordinary Mary's Extraordinary Deed, 1 vol. Emily Pearson. Illus. by Fumi Kosaka. 2017. 32p. (J). (gr. k-6). 9.99 *(978-1-4236-4887-1(0))* Gibbs Smith, Publisher.

Ordinary Mary's Positively Extraordinary Day, 1 vol. Emily Pearson. Illus. by Fumi Kosaka. 2019. 32p. (J). (gr. -1-3). 16.99 *(978-1-4236-5181-9(2))*; (ENG.). 8.99 *(978-1-4236-5345-5(9))* Gibbs Smith, Publisher.

Ordinary Monsters. Kristin Gibson. 2021. (ENG., Illus.). 40p. (J). 23.95 *(978-1-63692-613-1(4))*; pap. 13.95 *(978-1-63881-873-1(8))* Newman Springs Publishing, Inc.

Ordinary Parent's Guide to Teaching Reading, Revised Edition Student Book (Revised Edition) Sara Buffington & Jessie Wise. Ed. by Raymond Thistlethwaite. 2nd rev. ed. 2022. (Ordinary Parent's Guide Ser.: 0). (ENG.). 344p. (J). (gr. -1-1). pap. 25.95 *(978-1-952469-27-5(9)*, 952427) Well-Trained Mind Pr.

Ordinary People Change the World: 28-Book Set. Brad Meltzer. 2022. (Ordinary People Change the World Ser.). 28p. (J). (gr. k-4). 447.72 *(978-0-593-69611-8(5)*, Rocky Pond Bks.) Penguin Young Readers Group.

Ordinary People Change the World Black History Gift Set. Brad Meltzer. Illus. by Chris Eliopoulos. 2021. (J). (gr. k-3). 60.00 *(978-0-593-46169-3(X)*, Dial Bks) Penguin Young Readers Group.

Ordinary People Change the World Sticker Activity Book. Brad Meltzer. Illus. by Christopher Eliopoulos. 2017. (Ordinary People Change the World Ser.). 48p. (J). (gr. k-4). pap. 9.99 *(978-0-515-15964-6(6)*, Grosset & Dunlap) Penguin Young Readers Group.

Ordinary Writing Spider. Constance Stanford. 2022. (ENG.). 32p. (J). 17.99 ***(978-1-945169-90-8(7))***; pap. 9.99 ***(978-1-945169-89-2(3))*** Orison Pubs.

Ordnance Survey Kids' Adventure Book. Ordnance Ordnance Survey & Gareth Moore. 2021. (Illus.). 256p. (J). (gr. 2-4). 24.99 *(978-0-241-48079-3(5)*, Puffin) Penguin Bks., Ltd. GBR. Dist: Independent Pubs. Group.

Oregon. Doris Edwards. 2022. (Core Library of US States Ser.). (ENG., Illus.). 48p. (J). (gr. 4-8). lib. bdg. 35.64 *(978-1-5321-9778-9(0)*, 39647) ABDO Publishing Co.

Oregon, 1 vol. John Hamilton. 2016. (United States of America Ser.). (ENG., Illus.). 48p. (J). (gr. 5-9). 34.21 *(978-1-68078-339-1(4)*, 21663, Abdo & Daughters) ABDO Publishing Co.

Oregon. Ann Heinrichs. Illus. by Matt Kania. 2017. (U. S. A. Travel Guides). (ENG.). 40p. (J). (gr. 2-5). lib. bdg. 38.50 *(978-1-5038-1977-1(9)*, 211613) Child's World, Inc, The.

Oregon. Sarah Tieck. 2019. (Explore the United States Ser.). (ENG., Illus.). 32p. (J). (gr. 2-5). lib. bdg. 34.21 *(978-1-5321-9140-4(5)*, 33468, Big Buddy Bks.) ABDO Publishing Co.

Oregon: The Beaver State. Jay D. Winans. 2016. (J). *(978-1-4896-4926-3(3))* Weigl Pubs., Inc.

Oregon: The People & Places Facts of the State! Bold Kids. 2022. (ENG.). 38p. (J). pap. 14.99 ***(978-1-0717-1105-7(9))*** FASTLANE LLC.

Oregon (a True Book: My United States) (Library Edition) Josh Gregory. 2018. (True Book (Relaunch) Ser.). (ENG., Illus.). 48p. (J). (gr. 3-5). 31.00 *(978-0-531-23575-1(0)*, Children's Pr.) Scholastic Library Publishing.

Oregon & Eldorado. Thomas Bulfinch. 2017. (ENG.). 480p. (J). pap. *(978-3-7447-7000-2(1))* Creation Pubs.

Oregon Big Reproducible Activity Book-New Version. Carole Marsh. 2018. (Oregon Experience Ser.). (ENG.). 96p. (J). pap. 12.95 *(978-0-635-06495-0(2))* Gallopade International.

Oregon Boyhood (Classic Reprint) Louis Albert Banks. (ENG., Illus.). (J). 2018. 210p. 28.23 *(978-0-267-60251-3(0))*; 2016. pap. 10.57 *(978-1-334-13760-0(9))* Forgotten Bks.

Oregon Girl: A Tale of American Life, in the New West (Classic Reprint) Alfred Ernest Rice. 2018. (ENG., Illus.). 390p. (J). 31.96 *(978-0-483-75917-6(1))* Forgotten Bks.

Oregon Reads Aloud: A Collection of 25 Children's Stories by Oregon Authors & Illustrators. Smart Reading. 2020. (ENG., Illus.). 102p. (J). (gr. k-3). pap. 19.99 *(978-1-5132-6315-1(3)*, Graphic Arts Bks.) West Margin Pr.

Oregon Story. Devik Schreiner. 2018. (ENG., Illus.). 190p. (YA). (gr. 7-12). pap. 14.00 *(978-1-61170-280-4(1))* Robertson Publishing.

Oregon Trail. Virginia Loh-Hagan. 2021. (Surviving History Ser.). (ENG., Illus.). 32p. (J). (gr. 4-8). lib. bdg. 32.07 *(978-1-5341-8028-4(1)*, 218392, 45th Parallel Press) Cherry Lake Publishing.

Oregon Trail, 1 vol. Laura K. Murray. 2016. (Wild West Ser.). (ENG., Illus.). 48p. (J). (gr. 4-8). lib. bdg. 35.64 *(978-1-68078-258-5(4)*, 22117) ABDO Publishing Co.

Oregon Trail, 1 vol. Benjamin Proudfit. 2016. (Road Trip: Famous Routes Ser.). (ENG., Illus.). 24p. (J). (gr. 2-3). pap. 9.15 *(978-1-4824-4675-3(8)*, 53ed9fe6-616c-4dc6-8df4-b88b51808ee6) Stevens, Gareth Publishing LLLP.

Oregon Trail: A Historic Route US History Books Grade 5 Children's American History. Baby Professor. 2021. (ENG.). 72p. (J). 27.99 *(978-1-5419-8480-6(3))*; pap. 16.99 *(978-1-5419-6041-1(6))* Speedy Publishing LLC. (Baby Professor (Education Kids)).

Oregon Trail: Being Sketches of Prairie & Rocky Mountain Life (Classic Reprint) Francis Parkman, Jr. 2016. (ENG., Illus.). (J). pap. 7.97 *(978-1-333-47536-9(5))* Forgotten Bks.

Oregon Trail: Being Sketches of Prairie & Rocky Mountain Life (Classic Reprint) Francis Parkman. 2017. (ENG., Illus.). (J). 24.72 *(978-0-331-77949-3(8))* Forgotten Bks.

Oregon Trail: Ollie's Great Adventure. Melanie Richardson Dundy. Illus. by Rachel McCoskey. 2018. (ENG.). 66p. (J). (gr. 4-6). 21.95 *(978-0-578-43146-8(7))*; pap. 12.95 *(978-0-578-42274-9(3))* M D C T Publishing.

Oregon Trail: The Journey Across the Country from Lewis & Clark to the Transcontinental Railroad with 25 Projects. Karen Bush Gibson. Illus. by Tom Casteel. 2017. (Build It Yourself Ser.). (ENG.). 128p. (J). (gr. 4-6). 22.95 *(978-1-61930-572-4(0)*, 77e126b1-8fea-4a6d-9002-3d16341b9cf2); pap. 17.95 *(978-1-61930-576-2(3)*, 5f3f185d-9f42-4cab-8d89-e2a51abc3da8) Nomad Pr.

Oregon Trail 4-Book Paperback Box Set Plus Poster Map. Jesse Wiley. 2018. (Oregon Trail Ser.). (ENG., Illus.). 656p. (J). (gr. 1-5). pap. 31.00 *(978-1-328-58553-0(0)*, 1729193, Clarion Bks.) HarperCollins Pubs.

Oregon Trail: Alone in the Wild. Jesse Wiley. 2019. (Oregon Trail Ser.). (ENG., Illus.). 160p. (J). (gr. 1-5). 14.99 *(978-1-328-62716-2(0)*, 1734411); pap. 7.99 *(978-1-328-62717-9(9)*, 1734583) HarperCollins Pubs. (Clarion Bks.).

Oregon Trail: Calamity in the Cold. Jesse Wiley. 2019. (Oregon Trail Ser.: 8). (ENG., Illus.). 160p. (J). (gr. 1-5). 14.99 *(978-0-358-04060-6(4)*, 1740940); pap. 7.99 *(978-0-358-04059-0(0)*, 1740938) HarperCollins Pubs. (Clarion Bks.).

Oregon Trail: Danger at the Haunted Gate. Jesse Wiley. 2018. (Oregon Trail Ser.: 2). (ENG., Illus.). 160p. (J). (gr. 1-5). 14.99 *(978-1-328-55001-9(X)*, 1724255, Clarion Bks.) HarperCollins Pubs.

Oregon Trail: Danger at the Haunted Gate. Jesse Wiley. 2018. (Oregon Trail Ser.: 2). (ENG., Illus.). 160p. (J). (gr. 1-5). pap. 7.99 *(978-1-328-54997-6(6)*, 1724097, Clarion Bks.) HarperCollins Pubs.

Oregon Trail: Gold Rush! Jesse Wiley. 2019. (Oregon Trail Ser.: 7). (ENG., Illus.). 176p. (J). (gr. 1-5). 14.99 *(978-0-358-04058-3(2)*, 1740936); pap. 7.99 *(978-0-358-04057-6(4)*, 1740934) HarperCollins Pubs. (Clarion Bks.).

Oregon Trail: Hit the Trail! (Two Books in One) The Race to Chimney Rock & Danger at the Haunted Gate. Jesse Wiley. 2019. (Oregon Trail Ser.). (ENG., Illus.). 320p. (J). (gr. 1-5). 10.99 *(978-0-358-11788-9(7)*, 1750728, Clarion Bks.) HarperCollins Pubs.

Oregon Trail: Oregon City or Bust! (Two Books in One) The Search for Snake River & the Road to Oregon City. Jesse Wiley. 2019. (Oregon Trail Ser.). (ENG., Illus.). 336p. (J). (gr. 1-5). 10.99 *(978-0-358-11787-2(9)*, 1750726, Clarion Bks.) HarperCollins Pubs.

Oregon Trail: Pick Your Own Path on the Oregon Trail: A Tabbed Expedition with More Than 50 Story Possibilities. Jesse Wiley. 2020. (Oregon Trail Ser.). (ENG., Illus.). 64p. (J). (gr. 1-5). 12.99 *(978-0-358-14124-2(9)*, 1755090, Clarion Bks.) HarperCollins Pubs.

Oregon Trail: the Race to Chimney Rock. Jesse Wiley. 2018. (Oregon Trail Ser.: 1). (ENG., Illus.). 160p. (J). (gr. 1-5). pap. 7.99 *(978-1-328-54996-9(8)*, 1724095, Clarion Bks.) HarperCollins Pubs.

Oregon Trail: the Road to Oregon City. Jesse Wiley. 2018. (Oregon Trail Ser.: 4). (ENG., Illus.). 176p. (J). (gr. 1-5). pap. 7.99 *(978-1-328-54999-0(2)*, 1724101, Clarion Bks.) HarperCollins Pubs.

Oregon Trail: the Search for Snake River. Jesse Wiley. 2018. (Oregon Trail Ser.: 3). (ENG., Illus.). 160p. (J). (gr. 1-5). pap. 7.99 *(978-1-328-54998-3(4)*, 1724099, Clarion Bks.) HarperCollins Pubs.

Oregon Trail: the Search for Snake River. Jesse Wiley. 2018. (Oregon Trail Ser.: 3). (ENG., Illus.). 160p. (J). (gr. 1-5). 14.99 *(978-1-328-55002-6(8)*, 1724257, Clarion Bks.) HarperCollins Pubs.

Oregon Trail: the Wagon Train Trek. Jesse Wiley. 2019. (Oregon Trail Ser.). (ENG., Illus.). 176p. (J). (gr. 1-5). 14.99 *(978-1-328-62714-8(4)*, 1734407); pap. 7.99 *(978-1-328-62715-5(2)*, 1734409) HarperCollins Pubs. (Clarion Bks.).

Oregon Trail Trailblazer 4-Book Paperback Box Set Plus Decals. Jesse Wiley. 2019. (Oregon Trail Ser.). (ENG., Illus.). 656p. (J). (gr. 1-5). pap. 24.99 *(978-0-358-05188-6(6)*, 1742193, Clarion Bks.) HarperCollins Pubs.

Oreiller Qui Pleure: Monologue (Classic Reprint) Gustave De Wailly. 2018. (FRE., Illus.). 20p. (J). 24.33 *(978-0-666-41439-7(4))*; pap. 7.97 *(978-0-282-13214-9(7))* Forgotten Bks.

Oreilles see Oreilles (Ears)

Oreilles (Ears) Amy Culliford. 2022. (Quel Animal a Ceci? (What Animal Has These Parts?) Ser.).Tr. of Oreilles. (FRE.). 16p. (J). (gr. -1--1). pap. *(978-1-0396-8809-4(8)*, 22100) Crabtree Publishing Co.

Oremus: Latin Prayers for Young Catholics. Katie Warner. Illus. by Meg Whalen. 2022. (ENG & LAT.). 40p. (J). 18.95 *(978-1-5051-2738-6(6)*, 3149) TAN Bks.

Oreo the Lonely Puppy. Mobolaji Owolabi. 2022. (ENG.). 32p. (J). pap. ***(978-1-387-92390-8(0))*** Lulu Pr., Inc.

Oreo the Lonely Puppy: Activity Book. Mobolaji Owolabi. 2022. (ENG.). 32p. (J). pap. ***(978-1-387-92311-3(0))*** Lulu Pr., Inc.

Oreo the Sheepcat. Lisa Alekna. 2022. (ENG.). 32p. (J). pap. *(978-1-912765-60-7(8))* Blue Falcon Publishing.

Ores. Andrea Rivera. 2017. (Rocks & Minerals (Launch!) Ser.). (ENG., Illus.). 24p. (J). (gr. -1-2). lib. bdg. 31.36 *(978-1-5321-2046-6(X)*, 25342, Abdo Zoom-Launch) ABDO Publishing Co.

Orez Invents a New Number. T. Marciniec. Illus. by Sarah Cudney. 2020. (ENG.). 36p. (J). *(978-1-5255-7507-5(4))*; pap. *(978-1-5255-7508-2(2))* FriesenPress.

Orfanato Lachina. Tamar Cohen. 2023. (SPA.). 208p. (J). pap. 12.95 ***(978-607-07-7824-7(3))*** Editorial Planeta, S. A. ESP. Dist: Two Rivers Distribution.

Orfeo. Martha Riva Palacio Obon. 2017. (Traves Del Espejo Ser.). (SPA.). 72p. (J). pap. 7.99 *(978-607-16-5197-6(2))* Fondo de Cultura Economica USA.

Organ Donation, 1 vol. Sarah Boslaugh. 2022. (Health & Medical Issues Today Ser.). (ENG.). 186p. 45.00 *(978-1-4408-7621-9(5)*, 797080, Greenwood) ABC-CLIO, LLC.

Organ Grinder, or Struggles after Holiness (Classic Reprint) Madeline Leslie. 2018. (ENG., Illus.). 244p. (J). 28.95 *(978-0-483-67584-1(9))* Forgotten Bks.

Organ Transplants, 1 vol. Vic Kovacs. 2016. (Miracles of Medicine Ser.). (ENG.). 48p. (J). (gr. 6-6). pap. 15.05 *(978-1-4824-6100-8(5)*, 7422eef8-9f24-43ca-b8b5-188dfac45657) Stevens, Gareth Publishing LLLP.

Organ Transplants, 1 vol. Cathleen Small. 2018. (Great Discoveries in Science Ser.). (ENG.). 128p. (gr. 9-9). lib. bdg. 47.36 *(978-1-5026-4379-7(0)*, 9c23f412-7a8c-4ed0-805e-8bf0eff85ede) Cavendish Square Publishing LLC.

Organic & Inorganic Chemicals! What Are They Chemistry for Kids - Children's Analytic Chemistry Books. Baby Professor. 2017. (ENG., Illus.). (J). pap. 7.89 *(978-1-68305-708-6(2)*, Baby Professor (Education Kids)) Speedy Publishing LLC.

Organic Chemistry for Babies. Chris Ferrie & Cara Florance. 2018. (Baby University Ser.: 0). (ENG., Illus.). 24p. (J). (gr. -1-k). bds. 9.99 *(978-1-4926-7116-9(9))* Sourcebooks, Inc.

Organic Farming. Dona Herweck Rice. rev. ed. 2018. (Smithsonian: Informational Text Ser.). (ENG., Illus.). 32p. (gr. 3-5). pap. 11.99 *(978-1-4938-6692-2(3))* Teacher Created Materials, Inc.

Organic Foods. David M. Barker. 2016. (Growing Green Ser.). (ENG., Illus.). 64p. (J). (gr. 6-8). lib. bdg. 34.65 *(978-1-4677-9391-9(4)*, f40b3938-c42d-4f5c-a23c-06e265ed9da8, Lerner Pubns.) Lerner Publishing Group.

Organic Foods. Michael Centore. 2017. 64p. (J). *(978-1-4222-3740-3(0))* Mason Crest.

Organic Foods. David M. Barker. ed. 2016. (Growing Green Ser.). (ENG., Illus.). 64p. (J). (gr. 6-8). E-Book 51.99 *(978-1-4677-9712-2(X)*, Lerner Pubns.) Lerner Publishing Group.

Organic Garden. Virginia Loh-Hagan. 2016. (D. I. Y. Make It Happen Ser.). (ENG., Illus.). 32p. (J). (gr. 4-8). 32.07 *(978-1-63471-102-9(5)*, 208519, 45th Parallel Press) Cherry Lake Publishing.

Organic Gems. Grace Hansen. 2019. (Geology Rocks! (Abdo Kids Jumbo) Ser.). (ENG., Illus.). 24p. (J). (gr. -1-2). lib. bdg. 32.79 *(978-1-5321-8560-1(X)*, 31458, Abdo Kids) ABDO Publishing Co.

Organism Adaptation & Competition - Life Interactions - Scientific Explorer - Book for Third Graders - Children's Environment Books. Baby Professor. 2019. (ENG.). 82p. (J). pap. 15.57 *(978-1-5419-4922-5(6))*; 25.56 *(978-1-5419-7454-8(9))* Speedy Publishing LLC. (Baby Professor (Education Kids)).

Organism Competition Discover Intriguing Facts Children's Earth Sciences Book. Bold Kids. 2022.

(ENG.). 42p. (J). pap. 14.99 ***(978-1-0717-1811-7(8))*** FASTLANE LLC.

Organismes Vivants. Patricia Armentrout. Tr. by Annie Evearts. 2021. (Science Dans Mon Monde: Niveau 1 (Science in My World: Level 1) Ser.). (FRE.). 24p. (J). (gr. k-2). pap. *(978-1-0396-0922-8(8)*, 12783) Crabtree Publishing Co.

Organismos Consumidores (Consumers) Grace Hansen. 2020. (Ciencia Básica: la Ecología (Beginning Science: Ecology) Ser.). (SPA.). 24p. (J). (gr. -1-2). lib. bdg. 32.79 *(978-1-0982-0431-0(X)*, 35352, Abdo Kids) ABDO Publishing Co.

Organismos Descomponedores (Decomposers) Grace Hansen. 2020. (Ciencia Básica: la Ecología (Beginning Science: Ecology) Ser.). (SPA.). 24p. (J). (gr. -1-2). lib. bdg. 32.79 *(978-1-0982-0432-7(8)*, 35354, Abdo Kids) ABDO Publishing Co.

Organismos Productores (Producers) Grace Hansen. 2020. (Ciencia Básica: la Ecología (Beginning Science: Ecology) Ser.). (SPA.). 24p. (J). (gr. -1-2). lib. bdg. 32.79 *(978-1-0982-0436-5(0)*, 35362, Abdo Kids) ABDO Publishing Co.

Organisms. Jared Siemens & John Willis. 2017. (Illus.). 24p. (J). *(978-1-5105-1044-9(3))* SmartBook Media, Inc.

¡Organiza Tu Pupitre! Katrina Streza & Ariana Vargas. Illus. by Brenda Ponnay. 2023. (Little Lectores Ser.: Vol. 21). (SPA.). 20p. (J). 24.99 ***(978-1-5324-3485-3(5))***; pap. 12.99 ***(978-1-5324-3308-5(5))*** Xist Publishing.

Organization & Problem-Solving, Vol. 7. Sarah Smith. 2018. (Leadership Skills & Character Building Ser.). 64p. (J). (gr. 7). lib. bdg. 31.93 *(978-1-4222-3998-8(5))* Mason Crest.

Organize an Ocean. 2022. (How to Build Our World Ser.). (ENG., Illus.). 24p. (J). (gr. 1-3). lib. bdg. 26.99 *(978-1-63691-483-1(7)*, 18618) Bearport Publishing Co., Inc.

Organized Crime. C. M. Johnson. 2017. (Origins: Whodunnit Ser.). (ENG., Illus.). 48p. (J). (gr. 5-8). 27.99 *(978-1-62920-614-1(8)*, 27466c4c-e798-46f4-a54b-eb0df12e264c) Full Tilt Pr. NZL. Dist: Lerner Publishing Group.

Organized Crime, Vol. 20. Andy Black. Ed. by Manny Gomez. 2016. (Crime & Detection Ser.). (Illus.). 96p. (J). (gr. 7). 24.95 *(978-1-4222-3483-9(5))* Mason Crest.

Organizer Extraordinaire. Ali Bovis. 2020. (Sylvie Ser.). (ENG., Illus.). 112p. (J). (gr. 2-2). pap. 11.95 *(978-1-64494-321-2(2)*, 1644943212, Calico Chapter Bks.) ABDO Publishing Co.

Organizer Extraordinaire: Book 3. Ali Bovis. Illus. by Jen Taylor. 2019. (Sylvie Ser.). (ENG.). 112p. (J). (gr. 2-5). lib. bdg. 38.50 *(978-1-5321-3653-5(6)*, 33752, Calico Chapter Bks.) ABDO Publishing Co.

Organizing a MakerFest. Kristin Fontichiaro. 2017. (21st Century Skills Innovation Library: Makers As Innovators Junior Ser.). (ENG., Illus.). 24p. (J). (gr. 2-5). lib. bdg. 30.64 *(978-1-63472-190-5(X)*, 209332) Cherry Lake Publishing.

Organs & Organisms: An Explanation of Everything. Les Braunstein. 2021. (ENG.). 30p. (YA). pap. 13.95 *(978-1-6657-0847-0(6))* Archway Publishing.

Organs of the Human Body Coloring Book. Bobo's Children Activity Books. 2016. (ENG., Illus.). (J). pap. 9.33 *(978-1-68327-705-7(8))* Sunshine In My Soul Publishing.

Organs, Systems, & Beyond Anatomy & Physiology. Baby Professor. 2017. (ENG., Illus.). (J). pap. 7.89 *(978-1-5419-0357-9(9)*, Baby Professor (Education Kids)) Speedy Publishing LLC.

Organs! Vital Human Organs (Brain, Heart, Kidneys, Liver & Lungs) - Children's Biology Books. Left Brain Kids. 2016. (ENG., Illus.). (J). pap. 7.51 *(978-1-68376-605-6(9))* Sabeels Publishing.

Orgeas & Miradou: With Other Pieces (Classic Reprint) Frederick Wedmore. (ENG., Illus.). (J). 2018. 128p. 26.56 *(978-0-483-42585-9(0))*; 2016. pap. 9.57 *(978-1-334-31929-7(4))* Forgotten Bks.

Orianna's Choice. Wendy Healy-Hindmarch. 2019. (ENG., Illus.). 116p. (YA). (gr. 7-12). pap. *(978-1-5289-2774-1(5))* Austin Macauley Pubs. Ltd.

Oric & the Alchemist's Key. Lesley Wilson. 2016. (ENG., Illus.). (YA). pap. *(978-0-9954220-0-1(1))* Spiffing covers.

Oric & the Lockton Castle Mystery, vol. 2. Lesley Wilson. 2017. (Oric Trilogy Ser.: 2). (ENG., Illus.). (YA). pap. *(978-0-9954220-2-5(8))* Spiffing covers.

Oriel (Classic Reprint) Bernard Duffy. 2017. (ENG., Illus.). (J). 32.00 *(978-0-266-85197-4(5))* Forgotten Bks.

Oriel Window (Classic Reprint) Molesworth. 2018. (ENG., Illus.). 252p. (J). 29.09 *(978-0-483-99139-2(2))* Forgotten Bks.

Orient 1919: First Yearbook (Classic Reprint) Indiana State Normal School. 2018. (ENG., Illus.). 92p. (J). pap. 9.57 *(978-1-391-59503-0(3))* Forgotten Bks.

Oriental Acquaintance: Or, Letters from Syria (Classic Reprint) J. W. De Forest. 2018. (ENG., Illus.). 308p. (J). 30.25 *(978-0-666-03365-9(X))* Forgotten Bks.

Oriental Cats. Mary Ellen Klukow. 2020. (Favorite Cat Breeds Ser.). (ENG.). 24p. (J). (gr. 1-3). pap. 8.99 *(978-1-68152-546-4(1)*, 10745) Amicus.

Oriental Encounters. Marmaduke Pickthall. 2022. (ENG.). 222p. (J). pap. *(978-1-912356-05-8(8))* Beacon Bks.

Oriental Encounters: Palestine & Syria (1894-5-6) (Classic Reprint) Marmaduke Pickthall. 2017. (ENG., Illus.). (J). 30.76 *(978-0-331-85617-0(4))* Forgotten Bks.

Oriental Religions & Christianity: A Course of Lectures Delivered on the Ely Foundation Before the Students of Union Theological Seminary, New York 1891. Frank F. Ellinwood. 2017. (ENG., Illus.). (J). pap. 16.95 *(978-1-374-95996-5(0))* Capital Communications, Inc.

Oriental Religions & Christianity: A Course of Lectures Delivered on the Ely Foundation Before the Students of Union Theological Seminary, New York, 1891 (Classic Reprint) Frank Field Ellinwood. 2018. (ENG., Illus.). 422p. (J). 32.60 *(978-0-656-01577-1(2))* Forgotten Bks.

Oriental Tales, for the Entertainment of Youth: Selected from the Most Eminent English Writers (Classic Reprint) Unknown Author. (ENG., Illus.). (J). 2018. 112p. 26.21 *(978-0-483-40693-3(7))*; 2016. pap. 9.57 *(978-1-334-16572-6(6))* Forgotten Bks.

Oriental Tales, Vol. 1: Being Moral Selections from the Arabian Nights' Entertainments; Calculated Both to Amuse & Improve the Minds of Youth (Classic Reprint) Unknown Author. abr. ed. 2018. (ENG., Illus.). 222p. (J). 28.50 *(978-0-364-80641-8(9))* Forgotten Bks.

Oriental Tales, Vol. 2: Being Moral Selections from the Arabian Nights' Entertainments; Calculated Both to Amuse & Improve the Minds of Youth (Classic Reprint) Unknown Author. 2017. (ENG., Illus.). (J). 28.43 *(978-0-260-34637-7(3))* Forgotten Bks.

Orientals. Domini Brown. 2016. (Cool Cats Ser.). (ENG., Illus.). 24p. (J). (gr. k-3). lib. bdg. 26.95 *(978-1-62617-313-2(3)*, Blastoff! Readers) Bellwether Media.

Orientation (Marvel: Avengers Assembly #1) Preeti Chhibber. Illus. by James Lancett. 2020. (Avengers Assembly Ser.: 1). (ENG.). 176p. (J). (gr. 3-7). 13.99 *(978-1-338-58725-8(0))* Scholastic, Inc.

Orientations (Classic Reprint) Somerset Maugham. (ENG., Illus.). (J). 2018. 288p. 29.86 *(978-0-332-68940-1(9))*; 2017. pap. 13.57 *(978-0-243-58897-8(6))* Forgotten Bks.

Origami: Dividing Fractions. Heather E. Schwartz. 2019. (Mathematics in the Real World Ser.). (ENG., Illus.). 32p. (gr. 5-8). pap. 11.99 *(978-1-4258-5877-3(5))* Teacher Created Materials, Inc.

Origami Accessories: A Foldable Fashion Guide. Sok Song. Illus. by Sok Song. 2016. (Fashion Origami Ser.). (ENG., Illus.). 48p. (J). (gr. 4-8). lib. bdg. 32.65 *(978-1-5157-1623-5(6)*, 132463, Capstone Pr.) Capstone.

Origami & Poetry: Inspired by Nature. Illus. by Clover Robin. 2019. (ENG.). 132p. (J). (gr. 5). 16.00 *(978-1-5362-0580-0(X))* Candlewick Pr.

Origami & Related Mathematics. Raymond Suo & Karthik Jetty. 2019. (ENG.). 74p. (J). pap. *(978-0-359-90645-1(1))* Lulu Pr., Inc.

Origami Animals, 1 vol. Tom Butler. 2016. (Mastering Origami Ser.). (ENG.). 48p. (gr. 5-6). pap. 12.70 *(978-0-7660-7944-1(9)*, c6fc5365-cabc-4086-aa28-771e0037c2c6) Enslow Publishing, LLC.

Origami Animals, 1 vol. Belinda Webster & Joe Fullman. 2019. (First Steps in Origami Ser.). (ENG.). 24p. (J). (gr. 2-3). 27.93 *(978-1-7253-1490-0(8)*, 2513b439-6724-4559-a4a2-01bd0c2d60fc); pap. 11.00 *(978-1-7253-1488-7(6)*, 6b1ac44e-7b20-482f-83a0-448a72d3928c) Rosen Publishing Group, Inc., The. (PowerKids Pr.).

Origami Animals: Set, 8 vols. 2019. (First Steps in Origami Ser.). (ENG.). 24p. (J). (gr. 2-3). lib. bdg. 111.72 *(978-1-7253-1507-5(6)*, f73d59d3-aa43-4043-b882-b9292f497126, PowerKids Pr.) Rosen Publishing Group, Inc., The.

Origami Arts & Crafts, 1 vol. Emanuele Azzità. 2017. (Exciting Origami Ser.). (ENG.). 48p. (gr. 3-3). pap. 12.70 *(978-0-7660-8761-3(1)*, 5ce63074-d017-4249-93b2-e6663ef181f7); lib. bdg. 29.60 *(978-0-7660-8646-3(1)*, d3b56eae-34f2-4182-91fe-f15375cc1e61) Enslow Publishing, LLC.

Origami Bible Stories for Kids Kit: Folded Paper Figures & Stories Bring the Bible to Life! 64 Paper Models with a Full-Color Instruction Book & 4 Backdrops. Andrew Dewar. Illus. by Suman Roy. 2018. 64p. 14.99 *(978-0-8048-4851-0(3))* Tuttle Publishing.

Origami Birds, 1 vol. Emanuele Azzità. 2017. (Exciting Origami Ser.). (ENG.). 48p. (gr. 3-3). pap. 12.70 *(978-0-7660-8759-0(X)*, 87513f53-e769-40da-9da6-73afed41890c); lib. bdg. 29.60 *(978-0-7660-8648-7(8)*, 95951d72-5bdb-424a-bff4-2875b4289d9e) Enslow Publishing, LLC.

Origami Birds. Contrib. by Piper Fohlder. 2023. (Origami Ser.). (ENG.). 24p. (J). (gr. k-3). lib. bdg. 31.36 ***(978-1-0982-4415-6(X)***, 42422, Pop! Cody Koala) Pop!.

Origami Birds: Easy & Fun Paper-Folding Projects. Anna George. 2016. (Super Simple Origami Ser.). (ENG., Illus.). 32p. (J). (gr. k-4). lib. bdg. 34.21 *(978-1-68078-446-6(3)*, 23751, Super SandCastle) ABDO Publishing Co.

Origami Book for Kids: Big Origami Set Includes Origami Book & 100 High-Quality Origami Paper, Fun Origami Book with Instructions - 30 Step by Step Projects about Animals, Plants & More! Snow Thome. 2020. (ENG.). 156p. (J). pap. 11.95 *(978-1-716-37702-0(1))* Lulu Pr., Inc.

Origami Chic: A Guide to Foldable Fashion. Sok Song. Illus. by Sok Song. ed. 2016. (ENG., Illus.). 240p. (J). (gr. 3-3). pap., pap., pap. 14.95 *(978-1-62370-771-2(4)*, 132466, Capstone Young Readers) Capstone.

Origami: Classic Paper Folding. Rachael L. Thomas. 2019. (Cool Paper Art Ser.). (ENG., Illus.). 32p. (J). (gr. 3-6). lib. bdg. 34.21 *(978-1-5321-1946-0(1)*, 32477, Checkerboard Library) ABDO Publishing Co.

Origami Di Legami. Antonella Alberghina. 2021. (ITA.). 58p. (J). 21.41 *(978-1-716-13406-7(4))* Lulu Pr., Inc.

Origami Dinosaurs. Contrib. by Piper Fohlder. 2023. (Origami Ser.). (ENG.). 24p. (J). (gr. k-3). lib. bdg. 31.36 ***(978-1-0982-4416-3(8)***, 42425, Pop! Cody Koala) Pop!.

Origami Dinosaurs, 1 vol. Walter-Alexandre Schultz. 2017. (Exciting Origami Ser.). (ENG.). 48p. (gr. 3-3). lib. bdg. 29.60 *(978-0-7660-8650-0(X)*, 4a9dbe26-33e7-4819-9034-3fbce73ae335) Enslow Publishing, LLC.

Origami Dinosaurs: Easy & Fun Paper-Folding Projects. Anna George. 2016. (Super Simple Origami Ser.). (ENG., Illus.). 32p. (J). (gr. k-4). lib. bdg. 34.21 *(978-1-68078-447-3(1)*, 23753, Super SandCastle) ABDO Publishing Co.

Origami Dinosaurs IR. Lucy Bowman. 2019. (Origami Wallets* Ser.). (ENG.). (J). pap. 14.99 *(978-0-7945-4705-9(2)*, Usborne) EDC Publishing.

Origami Farm Animals. Contrib. by Piper Fohlder. 2023. (Origami Ser.). (ENG.). 24p. (J). (gr. k-3). lib. bdg. 31.36 ***(978-1-0982-4417-0(6)***, 42428, Pop! Cody Koala) Pop!.

Origami Farm Animals: Easy & Fun Paper-Folding Projects. Anna George. 2016. (Super Simple Origami Ser.). (ENG., Illus.). 32p. (J). (gr. k-4). lib. bdg. 34.21 *(978-1-68078-448-0(X)*, 23755, Super SandCastle) ABDO Publishing Co.

Origami for Kids: 20 Projects to Make Plus 100 Papers to Fold. Mila Bertinetti Montevecchi. 2019. (ENG., Illus.). 276p. (J). pap. 24.99 *(978-1-64124-028-4(8)*, 0284) Fox Chapel Publishing Co., Inc.

Origami Fun: Aircraft. Robyn Hardyman. 2017. (Origami Fun Ser.). (ENG., Illus.). 24p. (J). (gr. 3-8). lib. bdg. 26.95 *(978-1-62617-707-9(4))* Bellwether Media.

Origami Fun: Birds. Robyn Hardyman. 2017. (Origami Fun Ser.). (ENG., Illus.). 24p. (J). (gr. 3-8). lib. bdg. 26.95 *(978-1-62617-708-6(2)*, Express Bks.) Bellwether Media.

Origami Fun: Buildings. Christina Leaf. 2020. (Origami Fun Ser.). (ENG., Illus.). 24p. (J). (gr. 3-8). lib. bdg. 26.95 *(978-1-64487-294-9(3)*, Express Bks.) Bellwether Media.

Origami Fun: Dinosaurs. Robyn Hardyman. 2017. (Origami Fun Ser.). (ENG., Illus.). 24p. (J). (gr. 3-8). lib. bdg. 26.95 *(978-1-62617-709-3(0)*, Express Bks.) Bellwether Media.

Origami Fun: Farm Animals. Robyn Hardyman. 2017. (Origami Fun Ser.). (ENG., Illus.). 24p. (J). (gr. 3-8). lib. bdg. 26.95 *(978-1-62617-710-9(4)*, Express Bks.) Bellwether Media.

Origami Fun: Holidays. Robyn Hardyman. 2017. (Origami Fun Ser.). (ENG., Illus.). 24p. (J). (gr. 3-8). lib. bdg. 26.95 *(978-1-62617-711-6(2))* Bellwether Media.

Origami Fun: Insects. Elizabeth Neuenfeldt. 2020. (Origami Fun Ser.). (ENG., Illus.). 24p. (J). (gr. 3-8). lib. bdg. 26.95 *(978-1-64487-295-6(1)*, Express Bks.) Bellwether Media.

Origami Fun: Jungle Animals. Robyn Hardyman. 2017. (Origami Fun Ser.). (ENG., Illus.). 24p. (J). (gr. 3-8). lib. bdg. 26.95 *(978-1-62617-712-3(0)*, Express Bks.) Bellwether Media.

Origami Fun: Mythical Creatures. Elizabeth Neuenfeldt. 2020. (Origami Fun Ser.). (ENG., Illus.). 24p. (J). (gr. 3-8). lib. bdg. 26.95 *(978-1-64487-296-3(X)*, Express Bks.) Bellwether Media.

Origami Fun: Ocean Animals. Robyn Hardyman. 2017. (Origami Fun Ser.). (ENG., Illus.). 24p. (J). (gr. 3-8). 26.95 *(978-1-62617-713-0(9)*, Express Bks.) Bellwether Media.

Origami Fun: Pets. Roby Hardyman. 2017. (Origami Fun Ser.). (ENG., Illus.). 24p. (J). (gr. 3-8). lib. bdg. 26.95 *(978-1-62617-714-7(7)*, Express Bks.) Bellwether Media.

Origami Fun: Plants. Elizabeth Neuenfeldt. 2020. (Origami Fun Ser.). (ENG., Illus.). 24p. (J). (gr. 3-8). lib. bdg. 26.95 *(978-1-64487-297-0(8)*, Express Bks.) Bellwether Media.

Origami Fun: Robots. Elizabeth Neuenfeldt. 2020. (Origami Fun Ser.). (ENG., Illus.). 24p. (J). (gr. 3-8). lib. bdg. 26.95 *(978-1-64487-298-7(6)*, Express Bks.) Bellwether Media.

Origami Fun: Vehicles. Christina Leaf. 2020. (Origami Fun Ser.). (ENG., Illus.). 24p. (J). (gr. 3-8). lib. bdg. 26.95 *(978-1-64487-299-4(4)*, Express Bks.) Bellwether Media.

Origami Holidays, 12 vols. 2016. (Origami Holidays Ser.). 32p. (gr. 3-3). (ENG.). 175.62 *(978-1-4994-2252-8(0)*, 945c765a-6741-4f50-8bbf-fa1d75f95cd5); pap. 70.50 *(978-1-4994-2452-2(3))* Rosen Publishing Group, Inc., The. (PowerKids Pr.).

Origami Insects. Contrib. by Piper Fohlder. 2023. (Origami Ser.). (ENG.). 24p. (J). (gr. k-3). lib. bdg. 31.36 ***(978-1-0982-4418-7(4)***, 42431, Pop! Cody Koala) Pop!.

Origami Insects: Easy & Fun Paper-Folding Projects. Anna George. 2016. (Super Simple Origami Ser.). (ENG., Illus.). 32p. (J). (gr. k-4). lib. bdg. 34.21 *(978-1-68078-449-7(8)*, 23757, Super SandCastle) ABDO Publishing Co.

Origami Land & Sea Animals, 1 vol. Emanuele Azzità. 2017. (Exciting Origami Ser.). (ENG.). 48p. (gr. 3-3). lib. bdg. 29.60 *(978-0-7660-8718-7(2)*, ba2c5a28-2632-4875-a37b-e19c2f84e6a9) Enslow Publishing, LLC.

Origami Make-Believe, 1 vol. Belinda Webster & Joe Fullman. 2019. (First Steps in Origami Ser.). (ENG.). 24p. (J). (gr. 2-3). 27.93 *(978-1-7253-1494-8(0)*, 441a906e-2723-40e7-a26b-7fb5866d378d); pap. 11.00 *(978-1-7253-1492-4(4)*, 88030502-0db6-43cd-820c-0b5b22ffaccc) Rosen Publishing Group, Inc., The. (PowerKids Pr.).

Origami on the Farm. Joe Fullman. 2022. (Origami on the Farm Ser.). (ENG.). 32p. (J). pap. 44.40 ***(978-1-64282-482-7(8)***, PowerKids Pr.) Rosen Publishing Group, Inc., The.

Origami Orchestra. Ammie Elliott. Illus. by Travis McCoy. 2019. (Dreamscape Ser.: Vol. 1). (ENG.). 40p. (J). 21.99 *(978-1-64237-845-0(3))*; pap. 17.99 *(978-1-64237-844-3(5))* Gatekeeper Pr.

Origami Outfits: A Foldable Fashion Guide. Sok Song. Illus. by Sok Song. 2016. (Fashion Origami Ser.). (ENG., Illus.). 48p. (J). (gr. 4-8). lib. bdg. 32.65 *(978-1-5157-1631-0(7)*, 132465, Capstone Pr.) Capstone.

Origami Peace Cranes: Friendships Take Flight: Includes Origami Paper & Instructions (Proceeds Support the Peace Crane Project) Sue DiCicco. 2020. (Illus.). 32p. (J). (gr. k-4). 6.99 *(978-0-8048-5307-1(X))* Tuttle Publishing.

Origami Pets. Contrib. by Piper Fohlder. 2023. (Origami Ser.). (ENG.). 24p. (J). (gr. k-3). lib. bdg. 31.36 ***(978-1-0982-4419-4(2)***, 42434, Pop! Cody Koala) Pop!.

Origami Pets: Easy & Fun Paper-Folding Projects. Anna George. 2016. (Super Simple Origami Ser.). (ENG., Illus.). 32p. (J). (gr. k-4). lib. bdg. 34.21 *(978-1-68078-450-3(1)*, 23759, Super SandCastle) ABDO Publishing Co.

Origami Playtime, 1 vol. Belinda Webster & Joe Fullman. 2019. (First Steps in Origami Ser.). (ENG.). 24p. (J). (gr. 2-3). 27.93 *(978-1-7253-1498-6(3)*, bdc1dddb-b443-4d9e-a03f-2914e1ea5f1e); pap. 11.00 *(978-1-7253-1496-2(7)*, 31bdeb43-e510-45a7-9d45-23dabca97805) Rosen Publishing Group, Inc., The. (PowerKids Pr.).

Origami Salami Goes to School. Nan Austin. Illus. by Nan Austin. 2020. (ENG.). 28p. (J). pap. 9.33 *(978-0-9600409-4-0(3))* Austin, Nanette.

Origami (Set), 6 vols. 2023. (Origami Ser.). (ENG.). 24p. (J). (gr. k-3). lib. bdg. 188.16 ***(978-1-0982-4414-9(1)***, 42419, Pop! Cody Koala) Pop!.

Origami Things with Wings, 1 vol. Belinda Webster & Joe Fullman. 2019. (First Steps in Origami Ser.). (ENG.). 24p. (J). (gr. 2-3). 27.93 *(978-1-7253-1502-0(5)*, 2080467f-3ee3-48b1-88e2-17c9ccef1069); pap. 11.00 *(978-1-7253-1500-6(9)*, 0cf5ed98-4d82-4733-9a31-f89e6aafe6e5) Rosen Publishing Group, Inc., The. (PowerKids Pr.).

Origami Toys & Games, 1 vol. Tom Butler. 2016. (Mastering Origami Ser.). (ENG.). 48p. (gr. 5-6). pap. 12.70 *(978-0-7660-7948-9(1)*, 6d4fc437-202e-4258-ad51-40d8fc49de0f) Enslow Publishing, LLC.

Origami Vehicles, 1 vol. Tom Butler. 2016. (Mastering Origami Ser.). (ENG.). 48p. (gr. 5-6). pap. 12.70 *(978-0-7660-7952-6(X)*, a1fb0880-cbdc-49f2-b937-1a64b33115ed) Enslow Publishing, LLC.

Origami Zoo Animals. Contrib. by Piper Fohlder. 2023. (Origami Ser.). (ENG.). 24p. (J). (gr. k-3). lib. bdg. 31.36 ***(978-1-0982-4420-0(6)***, 42437, Pop! Cody Koala) Pop!.

Origami Zoo Animals: Easy & Fun Paper-Folding Projects. Anna George. 2016. (Super Simple Origami Ser.). (ENG., Illus.). 32p. (J). (gr. k-4). lib. bdg. 34.21 *(978-1-68078-451-0(X)*, 23761, Super SandCastle) ABDO Publishing Co.

Origen de la Vida. Alejandro Oparin. 2019. (SPA.). 80p. (J). pap. *(978-970-643-877-5(7))* Selector, S.A. de C.V.

Origen de Las Especies. Charles Darwin. 2018. (SPA.). 96p. (YA). (gr. 8-12). pap. 6.95 *(978-607-453-390-3(3))* Selector, S.A. de C.V. MEX. Dist: Spanish Pubs., LLC.

Origen de Los Perros Salchicha: Un Gran Cuento Acerca de un Perro Largo y Pequeno. Kizzie Elizabeth Jones. Tr. by Alfonso Winston. Illus. by Scott Ward. 2016. (Tall Tales Ser.: Vol. 1). (SPA.). (J). (gr. 2-6). 23.99 *(978-0-9973641-4-9(9))*; pap. 14.99 *(978-0-9973641-3-2(0))* Tall Tales.

Origen de Los Perros Salchicha (Second Edition Spanish/English Bilingual Hard Cover) Un Gran Cuento Acerca de un Perro Largo y Pequeño (Tall Tales # 1) Kizzie Jones. 2nd ed. 2020. (Tall Tales Ser.: Vol. 1). (ENG.). 82p. (J). 24.99 *(978-1-947543-09-6(1))* Tall Tales.

Origen de Los Perros Salchicha (Second Edition Spanish/English Bilingual Soft Cover) Un Gran Cuento Acerca de un Perro Largo y Pequeño (Tall Tales # 1) Kizzie Jones. 2nd ed. 2020. (Tall Tales Ser.: Vol. 1). (ENG.). 82p. (J). pap. 14.99 *(978-1-947543-10-2(5))* Tall Tales.

Origen Del Universo / George & the Big Bang. Lucy Hawking & Stephen Hawking. 2022. (Clave Secreta Del Universo Ser.: 3). (SPA.). 280p. (J). (gr. 4-7). pap. 14.95 *(978-1-64473-672-2(1)*, Debolsillo) Penguin Random House Grupo Editorial ESP. Dist: Penguin Random Hse. LLC.

Origin: Rise of Ares Part 2. Aron Taylor. 2016. (ENG., Illus.). (YA). pap. 11.99 *(978-1-945737-08-4(5))* Allegiant Publishing Group.

Origin & Evolution of the Human Dentition (Classic Reprint) William King Gregory. 2017. (ENG., Illus.). (J). 34.99 *(978-0-266-54352-7(9))*; pap. 19.57 *(978-0-282-76022-9(9))* Forgotten Bks.

Origin & Progress of a Noble Family in the West of England: And the Flower of Eydon, Poems (Classic Reprint) James Bannard. 2018. (ENG., Illus.). 28p. (J). 24.47 *(978-0-484-15439-0(7))* Forgotten Bks.

Origin of Day & Night. Paula Ikuutaq Rumbolt. Illus. by Lenny Lishchenko. 2023. 32p. (J). (gr. 1-3). 12.95 *(978-1-77227-469-1(0))* Inhabit Media Inc. CAN. Dist: Consortium Bk. Sales & Distribution.

Origin of International Terrorism. Devaprakash R Shampur. 2018. (ENG., Illus.). 128p. (J). pap. 10.00 *(978-1-64249-577-5(8))* Notion Pr., Inc.

Origin of Man: Volume 2 Of 4. Edward a Croteau. 2018. (Faith, Substance & Evidence Ser.: Vol. 2). (ENG., Illus.). 168p. (YA). 40.00 *(978-0-692-18794-4(4))* Faith, Substance & Evidence.

Origin of Plum Pudding with Other Fairy Tales, and, a Little Burletta (for Little People, & Big) (Classic Reprint) Frank Hudson. (ENG., Illus.). (J). 2018. 86p. 25.67 *(978-0-267-54628-2(9))*; 2016. pap. 9.57 *(978-1-333-48148-3(9))* Forgotten Bks.

Origin of Species. Charles Darwin. 2021. (ENG.). 418p. (J). pap. 13.99 *(978-1-4209-7492-8(0))* Digireads.com Publishing.

Origin of Species. Charles Darwin. 2020. (ENG.). 334p. (J). pap. *(978-1-77426-059-3(X))* East India Publishing Co.

Origin of the Dai Bamboo House. Sunshine Orange Studio. 2022. (Classic Picture Books of Yunnan Ethnic G Ser.). (ENG.). 24p. (J). 19.95 *(978-1-4878-1015-3(6))* Royal Collins Publishing Group Inc. CAN. Dist: Independent Pubs. Group.

Origin of the Universe - Understanding the Universe - Astronomy Book - Science Grade 8 - Children's Astronomy & Space Books. Baby Professor. 2019. (ENG.). 74p. (J). pap. 14.89 *(978-1-5419-4970-6(6))*; 24.88 *(978-1-5419-7607-8(X))* Speedy Publishing LLC. (Baby Professor (Education Kids)).

Original 1832: A New Miscellany of Humour, Literature, & the Fine Arts (Classic Reprint) Unknown Author. (ENG., Illus.). (J). 2018. 354p. 31.20 *(978-0-484-73645-9(0))*; 2017. pap. 13.57 *(978-0-243-58445-1(8))* Forgotten Bks.

Original Aramaic Peshitta New Testament in Plain English: (an American Translation of the Aramaic New Testament with Notes & Commentary) Glenn Bauscher. 2022. (ENG.). 386p. (J). 63.00 *(978-1-4583-1806-0(0))* Lulu Pr., Inc.

Original Belle, Vol. 6 (Classic Reprint) Edward Payson Roe. 2017. (ENG., Illus.). (J). 35.36 *(978-1-5283-7740-9(0))* Forgotten Bks.

Original Content Seven Short Stories for Movie Mavens: Volume II. Len Koepsell. 2021. (ENG., Illus.). 332p. (YA). pap. 19.95 *(978-1-6624-3801-1(X))* Page Publishing Inc.

Original Dialogues, or Conversations: Designed for the Use of Schools & the Family Circle (Classic Reprint) De Witt. (ENG., Illus.). (J). 2018. 206p. 28.15 *(978-0-483-97340-4(8))*; 2017. pap. 10.57 *(978-0-243-39751-8(8))* Forgotten Bks.

Original Dramas, Dialogues, Declamations & Tableaux Vivans for School Exhibitions, May-Day Celebrations, & Parlor Amusement (Classic Reprint) Russell Kavanaugh. 2017. (ENG., Illus.). (J). 29.22 *(978-0-331-56762-5(8))*; pap. 11.57 *(978-0-243-39895-9(6))* Forgotten Bks.

Original Drawings by Orson Lowell: August 18 to October 18, 1911 (Classic Reprint) Art Institute Of Chicago. (ENG., Illus.). (J). 2018. 24p. 24.39 *(978-0-666-81241-4(1))*; 2017. pap. 7.97 *(978-0-259-17449-3(1))* Forgotten Bks.

Original English As Written by Our Little Ones at School (Classic Reprint) Henry James Barker. (ENG., Illus.). (J). 2018. 164p. 27.30 *(978-0-483-84972-3(3))*; 2017. pap. 9.97 *(978-0-259-20327-8(0))* Forgotten Bks.

Original Fables of la Fontaine: Rendered into English Prose (Classic Reprint) Fredk. Colin Tilney. 2018. (ENG., Illus.). (J). 27.13 *(978-0-331-63340-5(X))* Forgotten Bks.

Original Farm Favorites Coloring Book. Smarter Activity Books for Kids. 2016. (ENG., Illus.). (J). pap. 9.22 *(978-1-68374-573-0(6))* Examined Solutions PTE. Ltd.

Original Gentleman (Classic Reprint) Anne Warner. 2017. (ENG., Illus.). (J). 356p. 31.26 *(978-0-484-14619-7(X))*; pap. 13.57 *(978-0-243-90225-5(5))* Forgotten Bks.

Original Humorous Readings (Classic Reprint) James Franklin Parsons. (ENG., Illus.). (J). 2018. 94p. 25.84 *(978-0-365-11665-3(3))*; 2017. pap. 9.57 *(978-0-259-40916-8(2))* Forgotten Bks.

Original Letters from Russia, 1825-1828 (Classic Reprint) Charlotte Anne Albinia Disbrowe. (ENG., Illus.). (J). 2018. 304p. 30.17 *(978-0-364-11143-7(7))*; 2017. pap. 13.57 *(978-0-259-51897-6(2))* Forgotten Bks.

Original Letters of Mozis Addums to Billy Ivvins. George William Bagby. 2017. (ENG.). 124p. (J). pap. *(978-3-337-13573-7(0))* Creation Pubs.

Original Letters of Mozis Addums to Billy Ivvins, Vol. 1 (Classic Reprint) George William Bagby. 2018. (ENG., Illus.). 122p. (J). 26.41 *(978-0-267-81759-7(2))* Forgotten Bks.

Original Mother Goose Melodies: With Silhouette Illustrations (Classic Reprint) J. F. Goodridge. 2017. (ENG., Illus.). (J). 26.29 *(978-0-331-57548-4(5))*; pap. 9.57 *(978-0-243-26103-1(9))* Forgotten Bks.

Original Mother Goose's Melody: As First Issued by John Newbery, of London, about A. D. , 1760 (Classic Reprint) John Newbery. 2017. (ENG., Illus.). (J). 25.57 *(978-0-265-78154-8(X))*; pap. 9.57 *(978-1-5277-6314-2(5))* Forgotten Bks.

Original Penny Readings: A Series of Short Sketches (Classic Reprint) George Manville Fenn. 2018. (ENG., Illus.). 518p. (J). 34.60 *(978-0-483-49377-3(5))* Forgotten Bks.

Original Poems & Others (Classic Reprint) Jane Taylor. 2017. (ENG., Illus.). (J). 33.40 *(978-0-265-93940-6(2))* Forgotten Bks.

Original Poems, for Infant Minds, Vol. 2 (Classic Reprint) Jane Taylor. (ENG., Illus.). (J). 2018. 138p. 26.74 *(978-0-484-75909-0(4))*; 2017. pap. 9.57 *(978-0-259-01804-9(X))* Forgotten Bks.

Original Poems, Vol. 2 (Classic Reprint) Burt Sisson. (ENG., Illus.). (J). 2018. 38p. 24.68 *(978-0-483-72560-7(9))*; 2017. pap. 7.97 *(978-0-243-40915-0(X))* Forgotten Bks.

Original Sinner (Classic Reprint) Albert Ross. (ENG., Illus.). (J). 2018. 354p. 31.20 *(978-0-483-63337-7(2))*; 2017. pap. 13.57 *(978-0-243-08020-5(4))* Forgotten Bks.

Original Sinners (Classic Reprint) Henry W. Nevinson. 2018. (ENG., Illus.). 218p. (J). 28.39 *(978-0-484-91999-9(7))* Forgotten Bks.

Original Stories from Real Life: With Conversations, Calculated to Regulate the Affections, & Form the Mind to Truth & Goodness (Classic Reprint) Mary Wollstonecraft. 2017. (ENG., Illus.). (J). 27.59 *(978-1-5285-6819-7(2))* Forgotten Bks.

Original Stories, Poems, & Essays (Classic Reprint) Great Writers. 2017. (ENG., Illus.). (J). 33.90 *(978-1-5279-7668-9(8))* Forgotten Bks.

Original Story Poems for Children of All Ages: Children's Story Poems. John Marinelli. 2020. (Children's Stories Ser.). (ENG., Illus.). 80p. (J). (gr. 3-6). pap. *(978-1-0878-7189-9(1))* Quadry, Fatima.

Original Tale: Isabella of Brooke; Contrasting the Manners & Customs of the Early Settlers of Pennsylvania & Virginia, with the Polished Refinements of the Present Age (Classic Reprint) John B. Morrison. 2018. (ENG., Illus.). 122p. (J). 26.41 *(978-0-267-44662-9(4))* Forgotten Bks.

Original Two Bits: A Farce in Two Acts (Classic Reprint) Hazel M. Robinson. (ENG., Illus.). (J). 2018. 24p. 24.39 *(978-0-483-79414-6(7))*; 2017. pap. 7.97 *(978-0-259-90068-9(0))* Forgotten Bks.

Original Woman (Classic Reprint) Frank Frankfort Moore. (ENG., Illus.). (J). 2018. 330p. 30.72 *(978-0-483-67145-4(2))*; 2017. pap. 13.57 *(978-0-243-93187-3(5))* Forgotten Bks.

Originality (Classic Reprint) Elias Nason. (ENG., Illus.). (J). 2018. 68p. 25.30 *(978-0-656-34017-0(7))*; 2017. pap. 9.57 *(978-0-243-43159-5(7))* Forgotten Bks.

Originally Published under the Title of Bransford in Arcadia or the Little Eohippus (Classic Reprint) Eugene Manlove Rhodes. 2018. (ENG., Illus.). 260p. (J). 29.26 *(978-0-484-33261-3(9))* Forgotten Bks.

Origine de Quelques Coutumes Anciennes et de Plusieurs Facons de Parler Triviales, Vol. 1 (Classic Reprint) Jacques Moisant de Brieux. 2017. (FRE., Illus.). (J). pap. 13.57 *(978-0-259-79525-4(9))* Forgotten Bks.

Origine de Quelques Coutumes Anciennes et de Plusieurs Façons de Parler Triviales, Vol. 1 (Classic Reprint) Jacques Moisant de Brieux. 2018. (FRE., Illus.). 328p. (J). 30.70 *(978-0-666-06032-7(0))* Forgotten Bks.

Origine de Quelques Coutumes Anciennes et de Plusieurs Facons de Parler Triviales, Vol. 2 (Classic Reprint) Jacques Moisant de Brieux. 2017. (FRE., Illus.). (J). pap. 10.97 *(978-0-282-19933-3(0))* Forgotten Bks.

Origine de Quelques Coutumes Anciennes et de Plusieurs Faons de Parler Triviales, Vol. 2 (Classic Reprint) Jacques Moisant de Brieux. 2018. (FRE., Illus.). 224p. (J). 28.54 *(978-0-484-66237-6(6))* Forgotten Bks.

Origine Della Favola Greca e I Suoi Rapporti con le Favole Orientali (Classic Reprint) Michele Marchiano. (ITA., Illus.). (J). 2018. 520p. 34.62 *(978-0-332-15985-0(X))*; 2017. pap. 16.97 *(978-0-282-79212-1(0))* Forgotten Bks.

Origins - a Guardian Anthology. Jen Finelli. 2017. (Guardian Anthologies Ser.: Vol. 1). (ENG., Illus.). (YA). (gr. 9-12). pap. 10.00 *(978-0-9990022-0-9(1))* Becoming Hero.

Origins Alpha Saga. Eben L. Smith. 2021. (ENG.). 158p. (YA). pap. 15.49 *(978-1-6628-3051-8(3))* Salem Author Services.

Origins of a Song. Jenn M. Carson. Illus. by Meg K. Hunter. 2022. (Misty River Valley Fairies Ser.). (ENG.). 52p. (J). ***(978-1-0391-2421-9(6))***; pap. ***(978-1-0391-2420-2(8))*** FriesenPress.

Origins of Bunny Kitty: A Tale for All Ages. Dave "Persue" Ross & Diane Satenstein. 2016. (ENG., Illus.). 48p. (J). (gr. -1-3). 14.95 *(978-1-58423-652-8(3),* 6afdf2e5-4141-49d7-9eec-bd7e851ac767) Gingko Pr., Inc.

Origins of Christianity - Early Christian History - Rome for Kids - 6th Grade History - Children's Ancient History. One True Faith. 2020. (ENG.). 82p. (J). 25.56 *(978-1-5419-7668-9(1))*; pap. 15.57 *(978-1-5419-5053-5(4))* Speedy Publishing LLC. (One True Faith (Religion & Spirituality)).

Origins of Conflict in the Vietnam War. Christopher Chant. 2017. (Vietnam War Ser.: Vol. 5). (ENG., Illus.). 79p. (J). (gr. 7-12). 24.95 *(978-1-4222-3888-2(1))* Mason Crest.

Origins of Life. Virginia Loh-Hagan. 2020. (Out of This World Ser.). (ENG., Illus.). 32p. (J). (gr. 4-8). lib. bdg. 32.07 *(978-1-5341-6926-5(1),* 215591, 45th Parallel Press) Cherry Lake Publishing.

Origins of Small Rocks Educational Facts Children's Earth Sciences Book. Bold Kids. 2023. (ENG.). 42p. (J). pap. 14.99 ***(978-1-0717-1700-4(6))*** FASTLANE LLC.

Origins of the Civil War. Jonathan Sutherland. 2017. (Civil War Ser.: Vol. 5). (ENG., Illus.). 79p. (YA). (gr. 7-12). 24.95 *(978-1-4222-3882-0(2))* Mason Crest.

Orillas Aren't That Scary. Peter Haney. 2017. (ENG., Illus.). 34p. (J). pap. *(978-0-244-30388-4(6))* Lulu Pr., Inc.

Oriole, 1915 (Classic Reprint) Ludington High School. 2017. (ENG., Illus.). (J). 26.45 *(978-0-331-16504-3(X))*; pap. 9.57 *(978-0-259-84389-4(X))* Forgotten Bks.

Oriole & the Brood Parasite: The Interaction of Two Bird Species. Tamika Wiliams. 2020. (ENG.). 20p. (J). pap. 23.62 *(978-1-716-29343-6(X))* Lulu Pr., Inc.

Oriole Stories for Beginners (Classic Reprint) M. A. L. Lane. 2018. (ENG., Illus.). 118p. (J). 26.33 *(978-0-483-08759-0(9))* Forgotten Bks.

Oriole, Vol. 1: January, 1922 (Classic Reprint) Unknown Author. (ENG., Illus.). (J). 2018. 1028p. 45.10 *(978-0-656-34772-8(4))*; 2017. pap. 27.44 *(978-0-243-44140-2(1))* Forgotten Bks.

Orioles Daughter (Classic Reprint) Jessie Fothergill. 2018. (ENG., Illus.). 322p. (J). 30.56 *(978-0-483-89389-4(7))* Forgotten Bks.

Oriole's Daughter, Vol. 1 Of 3: A Novel (Classic Reprint) Jessie Fothergill. 2018. (ENG., Illus.). 238p. (J). 28.81 *(978-0-483-76168-1(0))* Forgotten Bks.

Oriole's Daughter, Vol. 3 Of 3: A Novel (Classic Reprint) Jessie Fothergill. 2018. (ENG., Illus.). 228p. (J). 28.64 *(978-0-332-89711-0(7))* Forgotten Bks.

Orion: December, 1916 (Classic Reprint) Unknown Author. 2018. (ENG., Illus.). 90p. (J). 25.75 *(978-0-428-46686-2(9))* Forgotten Bks.

Orion: May, 1917 (Classic Reprint) Unknown Author. 2018. (ENG., Illus.). 98p. (J). 25.92 *(978-0-267-25336-4(2))* Forgotten Bks.

Orion: November, 1916 (Classic Reprint) Mary Riley. 2018. (ENG., Illus.). 74p. (J). 25.42 *(978-0-483-95952-1(9))* Forgotten Bks.

Orion, 1923 (Classic Reprint) Madge Bradley. (ENG., Illus.). (J). 2018. 62p. 25.20 *(978-0-483-82523-9(9))*; 2017. pap. 9.57 *(978-0-243-44836-4(8))* Forgotten Bks.

Orion, 1924 (Classic Reprint) Anderson College. (ENG., Illus.). (J). 2018. 74p. 25.42 *(978-0-332-87756-3(6))*; 2017. pap. 9.57 *(978-1-334-93054-6(6))* Forgotten Bks.

Orion & Luna Fly to the Arctic. Kate Dobrowolska. 2019. (ENG., Illus.). 44p. (J). (gr. 1-5). pap. *(978-1-78222-649-9(4))* Paragon Publishing, Rothersthorpe.

Orion (Classic Reprint) Unknown Author. 2018. (ENG., Illus.). 80p. (J). 25.55 *(978-0-483-92003-3(7))* Forgotten Bks.

Orion Spacecraft. Earle Rice Jr. 2018. lib. bdg. 29.95 *(978-1-68020-168-0(9))* Mitchell Lane Pubs.

Orion, the Gold Beater or True Hearts & False: A Tale of New York Life (Classic Reprint) Sylvanus Cobb. 2018. (ENG., Illus.). 334p. (J). 30.81 *(978-0-267-17100-2(5))* Forgotten Bks.

Orion, Vol. 1: April, 1917 (Classic Reprint) Mary Riley. (ENG., Illus.). (J). 2018. 78p. 25.46 *(978-0-332-39971-3(0))*; 2016. pap. 9.57 *(978-1-333-40808-4(0))* Forgotten Bks.

Orion, Vol. 4: Estherian Number; March, 1920 (Classic Reprint) Anderson College. (ENG., Illus.). (J). 2018. 76p. 25.48 *(978-0-267-33662-3(4))*; 2016. pap. 9.57 *(978-1-333-60779-1(2))* Forgotten Bks.

Orion, Vol. 6: December 1921 (Classic Reprint) Unknown Author. 2018. (ENG., Illus.). 64p. (J). 25.24 *(978-0-267-24567-3(X))* Forgotten Bks.

Orion, Vol. 6: November 1921 (Classic Reprint) Madge E. Bradley. 2018. (ENG., Illus.). 66p. (J). 25.28 *(978-0-484-73687-9(6))* Forgotten Bks.

Orion, Vol. 6 (Classic Reprint) Unknown Author. 2018. (ENG., Illus.). 62p. (J). 25.18 *(978-0-484-75883-3(7))* Forgotten Bks.

Orion, Vol. 7: April, 1923 (Classic Reprint) Gladys Atkinson. (ENG., Illus.). (J). 2018. 88p. 25.71 *(978-0-484-31904-1(3))*; 2017. pap. 9.57 *(978-0-243-41084-2(0))* Forgotten Bks.

Orion, Vol. 7: December, 1922 (Classic Reprint) Gladys Atkinson. 2018. (ENG., Illus.). 94p. (J). 25.84 *(978-0-484-78088-9(3))* Forgotten Bks.

Orion, Vol. 7: February, 1928 (Classic Reprint) Anderson College. (ENG., Illus.). (J). 2018. 84p. 25.63 *(978-0-428-75311-5(6))*; 2017. pap. 9.57 *(978-1-334-94653-0(1))* Forgotten Bks.

Orion, Vol. 7: March, 1923 (Classic Reprint) Gladys Atkinson. (ENG., Illus.). (J). 2018. 78p. 25.51 *(978-0-666-98964-2(8))*; 2017. pap. 9.57 *(978-0-243-47973-3(5))* Forgotten Bks.

Orion, Vol. 7: November, 1922 (Classic Reprint) Gladys Atkinson. 2018. (ENG., Illus.). 74p. (J). 25.42 *(978-0-267-53185-1(0))* Forgotten Bks.

Orion, Vol. 9: December, 1924 (Classic Reprint) Anderson College. (ENG., Illus.). (J). 2018. 74p. 25.44 *(978-0-332-06609-7(6))*; 2017. pap. 9.57 *(978-0-259-79768-5(5))* Forgotten Bks.

Orion, Vol. 9: June 1925 (Classic Reprint) Anderson College. (ENG., Illus.). (J). 2018. 52p. 24.99 *(978-0-365-27574-9(3))*; 2017. pap. 9.57 *(978-0-282-54385-3(6))* Forgotten Bks.

Orion's Messenger. Antonia de Winter. 2020. (ENG., Illus.). 132p. (J). *(978-1-83975-189-9(4))*; pap. *(978-1-83975-182-0(7))* Grosvenor Hse. Publishing Ltd.

Ori's Stars. Kristyna Litten. 2021. (ENG., Illus.). 32p. (J). 11.00 *(978-1-4711-8005-7(0),* Simon & Schuster Children's) Simon & Schuster, Ltd. GBR. Dist: Simon & Schuster, Inc.

Orkney Maid (Classic Reprint) Amelia Edith Barr. 2018. (ENG., Illus.). 324p. (J). 30.58 *(978-0-365-06350-6(9))* Forgotten Bks.

Orla & Midnight Wing. Kelby Twyman. Illus. by Sandra Stalker. 2023. (Level 4 - Blue Set Ser.). (ENG.). 32p. (J). (gr. 1-3). lib. bdg. 19.95 Bearport Publishing Co., Inc.

Orlando. Virginia Woolf. 2021. (Vulpine Classics Ser.: Vol. 4). (ENG.). 224p. (J). pap. 9.49 *(978-1-83919-112-1(0))* Vulpine Pr.

Orlando City SC. Thomas Carothers. 2021. (Inside MLS Ser.). (ENG., Illus.). 48p. (J). (gr. 3-6). lib. bdg. 34.21 *(978-1-5321-9480-1(3),* 37470); (gr. 4-4). pap. 11.95 *(978-1-64494-568-1(1))* ABDO Publishing Co. (SportsZone).

Orlando Innamorato: Translated into Prose from the Italian of Francesco Berni & Interspersed with Extracts in the Same Stanza As the Original (Classic Reprint) William Stewart Rose. 2017. (ENG., Illus.). 340p. (J). 30.91 *(978-0-266-27499-5(4))* Forgotten Bks.

Orlando Magic. Steph Giedd. 2023. (NBA All-Time Greats Set 3 Ser.). (ENG., Illus.). 24p. (J). lib. bdg. 28.50 ***(978-1-63494-667-4(7))*** Pr. Room Editions LLC.

Orlando Magic. Contrib. by Steph Giedd. 2023. (NBA All-Time Greats Set 3 Ser.). (ENG., Illus.). 24p. (J). pap. 8.95 ***(978-1-63494-691-9(X))*** Pr. Room Editions LLC.

Orlando Magic. Jim Gigliotti. 2019. (Insider's Guide to Pro Basketball Ser.). (ENG.). 32p. (J). (gr. 1-4). lib. bdg. 35.64 *(978-1-5038-2458-4(6),* 212275) Child's World, Inc, The.

Orlando Magic. Anthony K. Hewson. 2022. (Inside the NBA (2023) Ser.). (ENG., Illus.). 48p. (J). (gr. 3-6). lib. bdg. 34.22 *(978-1-5321-9839-7(6),* 39783, SportsZone) ABDO Publishing Co.

Orlando Magic. Jim Whiting. 2017. (NBA: a History of Hoops Ser.). (ENG., Illus.). 48p. (J). (gr. 4-7). *(978-1-60818-856-7(6),* 20273, Creative Education) Creative Co., The.

Orley Farm. Anthony Trollope. 2017. (ENG.). 38p. (J). pap. *(978-3-337-39528-5(7))*; pap. *(978-3-337-39529-2(5))*; (Illus.). pap. *(978-3-337-39525-4(2))*; (Illus.). pap. *(978-3-337-39526-1(0))*; (Illus.). pap. *(978-3-337-39527-8(9))*; (Illus.). pap. *(978-3-337-39530-8(9))* Creation Pubs.

Orley Farm: A Novel (Classic Reprint) Anthony Trollope. 2017. (ENG., Illus.). (J). 30.93 *(978-0-331-48439-7(0))*; pap. 13.57 *(978-0-259-79159-1(8))* Forgotten Bks.

Orley Farm (Classic Reprint) Anthony Trollope. 2018. (ENG., Illus.). (J). 56p. 25.07 *(978-1-396-65055-0(5))*; 54p. 25.03 *(978-1-396-65075-8(X))*; 58p. pap. 9.57 *(978-1-391-91057-4(5))*; 56p. pap. 9.57 *(978-1-391-91069-7(9))*; 602p. 36.33 *(978-0-483-62866-3(2))* Forgotten Bks.

Orley Farm, Vol. 1 of 2 (Classic Reprint) Anthony Trollope. 2017. (ENG., Illus.). (J). 31.49 *(978-0-265-63409-7(1))* Forgotten Bks.

Orley Farm, Vol. 10 (Classic Reprint) Anthony Trollope. 2018. (ENG., Illus.). (J). 58p. 25.11 *(978-1-396-69524-7(9))*; 60p. pap. 9.57 *(978-1-391-93020-6(7))* Forgotten Bks.

Orley Farm, Vol. 11 (Classic Reprint) Anthony Trollope. 2018. (ENG., Illus.). (J). 64p. 25.22 *(978-1-396-63281-5(6))*; 66p. pap. 9.57 *(978-1-391-89909-1(1))* Forgotten Bks.

Orley Farm, Vol. 12 (Classic Reprint) Anthony Trollope. 2018. (ENG., Illus.). (J). 52p. 24.99 *(978-1-396-68414-2(X))*; 54p. pap. 9.57 *(978-1-391-92985-9(3))* Forgotten Bks.

Orley Farm, Vol. 13 (Classic Reprint) Anthony Trollope. 2018. (ENG., Illus.). (J). 58p. 25.09 *(978-1-396-68412-8(3))*; 60p. pap. 9.57 *(978-1-391-92973-6(X))* Forgotten Bks.

Orley Farm, Vol. 14 (Classic Reprint) Anthony Trollope. 2018. (ENG., Illus.). (J). 60p. 25.13 *(978-1-396-68404-3(2))*; 62p. pap. 9.57 *(978-1-391-92962-0(4))* Forgotten Bks.

Orley Farm, Vol. 15: May 1862 (Classic Reprint) Anthony Trollope. 2018. (ENG., Illus.). (J). 62p. 25.18 *(978-1-391-90013-1(8))*; 64p. pap. 9.57 *(978-1-391-89975-6(X))* Forgotten Bks.

Orley Farm, Vol. 17: July, 1862 (Classic Reprint) Anthony Trollope. 2018. (ENG., Illus.). (J). 54p. 25.01 *(978-1-396-68390-9(9))*; 56p. pap. 9.57 *(978-1-391-92961-3(6))* Forgotten Bks.

Orley Farm, Vol. 19 (Classic Reprint) Anthony Trollope. 2018. (ENG., Illus.). (J). 58p. 25.09 *(978-1-396-63280-8(8))*; 60p. pap. 9.57 *(978-1-391-89908-4(3))* Forgotten Bks.

Orley Farm, Vol. 2 (Classic Reprint) Trollope. 2016. (ENG., Illus.). (J). pap. 13.97 *(978-1-334-12973-5(8))* Forgotten Bks.

Orley Farm, Vol. 2 (Classic Reprint) Anthony Trollope. 2018. (ENG., Illus.). (J). 31.57 *(978-0-260-84410-1(1))* Forgotten Bks.

Orley Farm, Vol. 2 of 2 (Classic Reprint) Anthony Trollope. 2018. (ENG., Illus.). (J). 31.53 *(978-0-260-44264-2(X))* Forgotten Bks.

Orley Farm, Vol. 20 (Classic Reprint) Anthony Trollope. 2018. (ENG., Illus.). (J). 74p. 25.42 *(978-1-391-89848-3(6))*; 76p. pap. 9.57 *(978-1-391-89792-9(7))* Forgotten Bks.

Orley Farm, Vol. 3: May, 1861 (Classic Reprint) Anthony Trollope. 2018. (ENG., Illus.). (J). 54p. 25.01 *(978-1-396-64970-7(0))*; 56p. pap. 9.57 *(978-1-391-91067-3(2))* Forgotten Bks.

Orley Farm, Vol. 3 (Classic Reprint) Anthony Trollope. (ENG., Illus.). (J). 2018. 726p. 38.89 *(978-0-332-85226-3(1))*; 2017. 31.16 *(978-0-265-71506-2(7))*; 2017. pap. 13.57 *(978-1-5276-6997-0(1))* Forgotten Bks.

Orley Farm, Vol. 4: June 1861 (Classic Reprint) Anthony Trollope. 2018. (ENG., Illus.). (J). 54p. 25.01 *(978-1-396-65045-1(8))*; 56p. pap. 9.57 *(978-1-391-91093-2(1))* Forgotten Bks.

Orley Farm, Vol. 5 (Classic Reprint) Anthony Trollope. 2018. (ENG., Illus.). (J). 54p. 25.01 *(978-1-396-64982-0(4))*; 56p. pap. 9.57 *(978-1-391-91453-4(8))* Forgotten Bks.

Orley Farm, Vol. 7: September 1861 (Classic Reprint) Anthony Trollope. 2018. (ENG., Illus.). (J). 54p. 25.01 *(978-1-396-63335-5(9))*; 56p. pap. 9.57 *(978-1-391-90220-3(3))* Forgotten Bks.

Orley Farm, Vol. 8 (Classic Reprint) Anthony Trollope. 2018. (ENG., Illus.). (J). 50p. 24.95 *(978-1-396-69530-8(3))*; 52p. pap. 9.57 *(978-1-391-93002-2(9))* Forgotten Bks.

Orlo y el Trol Trouble. Gertrude Stonesifer & Amy Broemmel. 2021. (SPA.). 62p. (J). pap. 16.25 *(978-1-5243-1664-8(4))* Lantia LLC.

Orloff & His Wife: Tales of the Barefoot Brigade (Classic Reprint) Maxim Gorky. 2017. (ENG., Illus.). (J). 34.06 *(978-1-5280-8716-2(X))* Forgotten Bks.

Orloff Couple & Malva (Classic Reprint) Alexei Maximovitch Peshkoff. 2017. (ENG., Illus.). (J). 29.38 *(978-0-260-53774-4(8))* Forgotten Bks.

Orlo's Trouble. Gertrude Stonesifer & Amy Broemmel. 2021. (ENG.). 62p. (J). pap. 17.25 *(978-1-5243-1659-4(8))* Lantia LLC.

Orlovi Ponovo Lete: Nove Price o Magarecim Godinama. Vule Zuric. 2016. 202p. (J). *(978-86-521-2185-4(0))* Laguna.

Ormsby Otter River Tales: First Spring. Twig Fick. Illus. by K. A. Fick & M. Fick. 2020. (ENG.). 50p. (J). pap. 17.95 *(978-1-9736-9008-5(X),* WestBow Pr.) Author Solutions, LLC.

Ornamental Animals - Adult Coloring Books Easy Edition. Activity Attic Books. 2016. (ENG., Illus.). (J). pap. 7.74 *(978-1-68323-123-3(6))* Twin Flame Productions.

Ornaments Discovered: A Story (Classic Reprint) Hughs. 2018. (ENG., Illus.). 224p. (J). 28.64 *(978-0-332-50697-5(5))* Forgotten Bks.

Ornaments of Love. Theresa James. 2017. (ENG., Illus.). (J). pap. 13.95 *(978-1-5043-9005-7(9),* Balboa Pr.) Author Solutions, LLC.

Ornithological Rambles in Sussex: With a Systematic Catalogue of the Birds of That County, & Remarks on Their Local Distribution (Classic Reprint) Arthur Edward Knox. 2019. (ENG., Illus.). 290p. (J). 29.90 *(978-0-656-03704-9(0))* Forgotten Bks.

Ornithology of Shakespeare. James Edmund Harting. 2017. (ENG.). 348p. (J). pap. *(978-3-337-05967-5(8))* Creation Pubs.

Ornithology of Shakespeare: Critically Examined, Explained, & Illustrated (Classic Reprint) James Edmund Harting. 2018. (ENG., Illus.). 454p. (J). 33.28 *(978-0-483-31272-2(X))* Forgotten Bks.

Ornitologia Toscana, Ossia Descrizione e Storia Degli Uccelli Che Trovansi Nella Toscana, Vol. 2: Con l'Aggiunta Delle Descrizioni Di Tutti gli Altri Proprj Al Rimanente d'Italia (Classic Reprint) Paul Savi. 2018. (ITA., Illus.). 398p. (J). 32.11 *(978-0-365-54145-5(1))* Forgotten Bks.

Ornitorrinco (Platypus) Grace Hansen. 2019. (Animales de Australia (Australian Animals) Ser.). (SPA., Illus.). 24p. (J). (gr. -1-2). lib. bdg. 32.79 *(978-1-0982-0084-8(5),* 33042, Abdo Kids) ABDO Publishing Co.

Oro: Set of 6 Common Core Edition. Gail Beck & Benchmark Education Company, LLC Staff. 2016. (Navigators Ser.). (SPA.). (J). (gr. 5). 58.00 net. *(978-1-5125-0791-1(1))* Benchmark Education Co.

Oro de Los Tontos: Leveled Reader Book 70 Level S 6 Pack. Hmh Hmh. 2021. (SPA.). 48p. (J). pap. 74.40 *(978-0-358-08549-2(7))* Houghton Mifflin Harcourt Publishing Co.

Oro de Tucker: Leveled Reader Book 78 Level T 6 Pack. Hmh Hmh. 2021. (SPA.). 56p. (J). pap. 74.40 *(978-0-358-08557-7(8))* Houghton Mifflin Harcourt Publishing Co.

Oro en Las décadas de 1850 Y 1860: Leveled Reader Card Book 52 Level R 6 Pack. Hmh Hmh. 2021. (SPA.). (J). pap. 74.40 *(978-0-358-08532-4(2))* Houghton Mifflin Harcourt Publishing Co.

Oro Salvaje. Janina Perez de la Iglesia. Illus. by Luisa Uribe. 2019. (Torre Amarilla Ser.). (SPA.). 236p. (J). pap. *(978-958-45-2456-0(9))* Norma Ediciones, S.A.

Oro y el Asentamiento Del Oeste. Cheryl Harness. 2017. (Vitales Ser.). (SPA.). (YA). (gr. 6-8). pap. *(978-1-5021-6874-0(X))* Benchmark Education Co.

Oro y el Asentamiento Del Oeste - 6 Pack: Set of 6 Common Core Edition. Cheryl Harness. 2017. (Vitales Ser.). (SPA.). (YA). (gr. 6-8). 75.00 *(978-1-5021-7096-5(5))* Benchmark Education Co.

Oromodae. Natheer Ahmad. 2020. (ENG.). 262p. (YA). *(978-1-3984-3605-3(4))*; pap. *(978-1-3984-3604-6(6))* Austin Macauley Pubs. Ltd.

Orospolitan 1922: Year Book (Classic Reprint) Moundsville High School. (ENG., Illus.). (J). 2018. 140p. 26.80 *(978-0-484-13570-2(8))*; 2017. pap. 9.57 *(978-0-259-95031-8(9))* Forgotten Bks.

Orpah: A Religious & Historical Novel with the Principal Scenes in Missouri, Immediately Preceeding, During & Following the Great Civil War (Classic Reprint) Richard H. Tatlow. 2018. (ENG., Illus.). 574p. (J). 35.76 *(978-0-483-99114-9(7))* Forgotten Bks.

Orphan. Hannah Conrad. 2020. (ENG.). 108p. (YA). pap. 9.99 *(978-1-393-16112-7(X))* Draft2Digital.

Orphan: The Story of Tyler Braun. Mark Gengler. 2023. (Our Ancestors Ser.: Vol. 4). (ENG.). 180p. (YA). pap. 14.99 ***(978-1-944072-85-8(3))*** First Steps Publishing.

Orphan, Agent, Prima, Pawn. Elizabeth Kiem. 2018. (Bolshoi Saga Ser.: 3). 336p. (YA). (gr. 9). pap. 10.99 *(978-1-61695-908-1(8),* Soho Teen) Soho Pr., Inc.

Orphan & the Albatross. John Camillo. 2021. (ENG.). 80p. (YA). pap. *(978-1-922444-97-4(9))* Shawline Publishing Group.

Orphan & the Giant: English Edition. Neil Christopher. Illus. by Jim Nelson. 2020. (Nunavummi Reading Ser.). (ENG.). 52p. (J). 20.95 *(978-1-77450-070-5(1))* Inhabit Education Bks. Inc. CAN. Dist: Consortium Bk. Sales & Distribution.

Orphan & the Polar Bear. Sakiasi Qaunaq. Illus. by Eva Widermann. 2019. (ENG.). 32p. (J). (gr. 1-3). 12.95 *(978-1-77227-229-1(9))* Inhabit Media Inc. CAN. Dist: Consortium Bk. Sales & Distribution.

Orphan Army. Jonathan Maberry. ed. 2016. (Nightsiders Ser.: 1). lib. bdg. 18.40 *(978-0-606-38959-4(8))* Turtleback.

Orphan Band of Springdale. Anne Nesbet. 2018. (ENG.). 448p. (J). (gr. 5-9). 18.99 *(978-0-7636-8804-2(5))* Candlewick Pr.

Orphan Boy, or a Journey to Bath: Founded on Fact (Classic Reprint) Mary Belson. 2018. (ENG., Illus.). 146p. (J). 26.93 *(978-0-364-70209-3(5))* Forgotten Bks.

Orphan Brothers: A Story of California (Classic Reprint) M. D. Strong. 2016. (ENG., Illus.). (J). pap. 10.57 *(978-1-333-70616-6(2))* Forgotten Bks.

Orphan (Classic Reprint) Clarence E. Mulford. 2017. (ENG., Illus.). (J). 32.74 *(978-0-260-01663-8(2))* Forgotten Bks.

Orphan Dinah (Classic Reprint) Eden Phillpotts. 2017. (ENG., Illus.). (J). 31.36 *(978-0-331-55953-8(6))* Forgotten Bks.

Orphan Family, or Principle & Practice: A Moral Tale (Classic Reprint) Harriet Martineau. (ENG., Illus.). (J). 2018. 148p. 26.95 *(978-0-484-82700-3(6))*; 2017. pap. 9.57 *(978-0-259-31213-0(4))* Forgotten Bks.

Orphan Girls: A Tale of Southern Life (Classic Reprint) James S. Peacocke. 2018. (ENG., Illus.). 376p. (J). 31.65 *(978-0-365-09889-8(2))* Forgotten Bks.

Orphan Island. Laurel Snyder. (ENG.). 288p. (J). (gr. 3-7). 2018. pap. 7.99 *(978-0-06-244342-7(9))*; 2017. (Illus.). 16.99 *(978-0-06-244341-0(0))* HarperCollins Pubs. (Waldon Pond Pr.).

Orphan Maker's Sin. Holly Deherrera. 2019. (ENG., Illus.). 290p. (YA). (gr. 10-12). pap. 14.99 *(978-1-68355-011-2(0))* Blackside Publishing.

Orphan Monster Spy. Matt Killeen. 2019. (ENG.). 448p. (YA). (gr. 7). pap. 11.99 *(978-0-451-47875-7(4)*, Penguin Books) Penguin Young Readers Group.

Orphan of Mecca, Book Two. Harvey Havel. 2016. (ENG., Illus.). (J). pap. 19.95 *(978-1-68394-488-1(7))* America Star Bks.

Orphan Ollie Opts In. Mario E. Lombardo. 2023. (ENG.). 62p. (YA). pap. 9.95 ***(978-1-63868-116-8(3))*** Virtualbookworm.com Publishing, Inc.

Orphan Train Girl. Christina Baker Kline. (ENG.). 240p. (J). (gr. 3-7). 2018. pap. 7.99 *(978-0-06-244595-7(2))*; 2017. (Illus.). 17.99 *(978-0-06-244594-0(4))* HarperCollins Pubs. (HarperCollins).

Orphan Train Girl (Young Readers Edition) Christina Baker Kline. ed. 2018. (J). lib. bdg. 18.40 *(978-0-606-41376-3(6))* Turtleback.

Orphan Trains: Taking the Rails to a New Life. Rebecca Langston-George. 2016. (Encounter: Narrative Nonfiction Stories Ser.). (ENG., Illus.). 128p. (J). (gr. 3-6). pap. 6.95 *(978-1-62370-630-2(0)*, 131148); lib. bdg. 31.32 *(978-1-4914-8551-4(5)*, 131147) Capstone. (Capstone Young Readers).

Orphanage: Billy's Gotta Survive the City. Gary Taaffe. 2019. (Urban Hunters Ser.: Vol. 6). (ENG., Illus.). 186p. (J). (gr. 4-6). pap. *(978-0-9946152-6-8(4))* Bunya Publishing.

Orphaned (Ape Quartet #4) Eliot Schrefer. (Ape Quartet Ser.: 4). (ENG.). 336p. (YA). (gr. 7-7). 2020. pap. 12.99 *(978-1-338-60831-1(2))*; 2018. (Illus.). 18.99 *(978-0-545-65505-7(6))* Scholastic, Inc. (Scholastic Pr.).

Orphans. Dan Prior. 2020. (ENG.). 548p. (YA). pap. 13.67 *(978-1-64945-187-3(3))* Primedia eLaunch LLC.

Orphans Vol. 1: The Beginning. Robert Recchioni. 2020. (ENG., Illus.). 352p. (YA). pap. 19.99 *(978-1-942367-17-8(1)*, f2868a85-7353-4c7e-baa6-901a10168e6c) Magnetic Pr.

Orphan's Home Mittens. Aunt Fanny. 2017. (ENG.). 172p. (J). pap. *(978-3-7446-6255-0(1))* Creation Pubs.

Orphan's Home Mittens: And George's Account of the Battle of Roanoke Island (Classic Reprint) Aunt Fanny. 2018. (ENG., Illus.). 170p. (J). 27.40 *(978-0-267-14989-6(1))* Forgotten Bks.

Orphan's Journey. Camille Jeffers. 2018. (ENG., Illus.). 150p. (YA). pap. 15.00 *(978-976-96070-3-3(7))* Trinity Hills Publishing.

Orphans of Lissau, Vol. 2 Of 2: And Other Interesting Narratives, Immediately Connected with Jewish Customs, Domestic & Religious, with Explanatory Notes (Classic Reprint) Amelia Bristow. 2018. (ENG., Illus.). 286p. (J). 29.82 *(978-0-267-43044-4(2))* Forgotten Bks.

Orphans of the Stars. Dan Boulet. 2022. (ENG.). 264p. (YA). 34.95 *(978-1-68517-371-5(3))*; pap. 19.95 *(978-1-68517-369-2(1))* Christian Faith Publishing.

Orphans of the Storm. Vance Bessey. 2018. (ENG., Illus.). 338p. (J). pap. 15.00 *(978-1-947381-07-0(5))* Dreaming Big Pubns.

Orphans of the Storm (Classic Reprint) Henry Macmahon. 2018. (ENG., Illus.). 230p. (J). 28.64 *(978-0-267-19502-2(8))* Forgotten Bks.

Orphans of the Tide. Struan Murray. (Orphans of the Tide Ser.: 1). (ENG.). (J). (gr. 3-7). 2022. 384p. pap. 7.99 *(978-0-06-304312-1(2))*; 2021. (Illus.). 368p. 17.99 *(978-0-06-304311-4(4))* HarperCollins Pubs. (HarperCollins).

Orphans of the Tide #2: Shipwreck Island. Struan Murray. 2022. (Orphans of the Tide Ser.: 2). (ENG., Illus.). 416p. (J). (gr. 3-7). 18.99 *(978-0-06-304316-9(5)*, HarperCollins) HarperCollins Pubs.

Orphans' Plight: An African Adventure. Maretha Botha. Ed. by Karen Perkins. Illus. by M. M. Menichini. 2016. (ENG.). (J). pap. *(978-1-910115-60-2(6))* LionheArt Publishing Hse.

Orphan's Song, 1 vol. Gillian Bronte Adams. 2016. (Songkeeper Chronicles Ser.: 1). (ENG.). 304p. (YA). (gr. 8-12). pap. 16.99 *(978-1-68370-028-9(7)*, 18278X) Oasis Audio.

Orphan's Wish, 1 vol. Melanie Dickerson. (ENG.). 352p. (YA). 2021. pap. 12.99 *(978-0-7852-4038-9(1))*; 2018. 16.99 *(978-0-7180-7483-8(1))* Nelson, Thomas Inc.

Orpheus C. Kerr Papers: Third Series (Classic Reprint) R. H. Newell. 2018. (ENG., Illus.). 388p. (J). 31.92 *(978-0-484-11534-6(0))* Forgotten Bks.

Orpheus C. Kerr Papers (Classic Reprint) Robert Henry Newell. (ENG., Illus.). (J). 2017. 31.65 *(978-0-266-39229-3(6))*; 2016. pap. 16.57 *(978-1-333-21217-9(8))* Forgotten Bks.

Orpheus Girl. Brynne Rebele-Henry. 2021. (ENG.). 176p. (YA). (gr. 9). pap. 10.99 *(978-1-64129-173-6(7)*, Soho Teen) Soho Pr., Inc.

Orpheus in Mayfair: And Other Stories & Sketches (Classic Reprint) Maurice Baring. 2018. (ENG., Illus.). 326p. (J). 30.64 *(978-0-483-36202-4(6))* Forgotten Bks.

Orpheus in the Underworld, 1 vol. Yvan Pommaux & Richard Kutner. Illus. by Yvan Pommaux. 2016. (Toon Graphics Ser.). (ENG., Illus.). 56p. (J). (gr. 4-7). lib. bdg. 34.21 *(978-1-61479-500-1(2)*, 21436, Graphic Novels) Spotlight.

Orpheus O. Kerr Papers (Classic Reprint) Robert Henry Newell. 2017. (ENG., Illus.). 312p. (J). 30.35 *(978-0-332-79186-9(6))* Forgotten Bks.

Orpheus Plot. Christopher Swiedler. (ENG.). (J). (gr. 3-7). 2022. 416p. pap. 7.99 *(978-0-06-289445-8(5))*; 2021. 400p. 16.99 *(978-0-06-289444-1(7))* HarperCollins Pubs. (HarperCollins).

Orpheus Rising/by Sam & His Father, John/with Some Help from a Very Wise Elephant/Who Likes to Dance. Lance Lee. Illus. by Ellen Raquel LeBow. 2021. (ENG.). 312p. (J). pap. 15.50 *(978-0-578-88559-9(X))* Lee, Lance.

Orrain: A Romance (Classic Reprint) Sidney Levett Yeats. 2017. (ENG., Illus.). (J). 32.06 *(978-0-266-71348-7(3))*; pap. 16.57 *(978-1-5276-6778-5(2))* Forgotten Bks.

Orrcry. Annie Tucker. Illus. by Catherine Brockhurst. 2019. (ENG.). 170p. (J). (gr. 3-6). pap. ***(978-1-9162599-0-4(1))*** Tucker, Angela.

Or's Journey. Shari Arison. Illus. by Shany Atzmon. 2019. (ENG.). 62p. (J). pap. 21.95 *(978-1-937505-03-5(0))* Worthy Shorts.

Orsa & the Three Brothers: A Retelling of Goldilocks & the Three Bears. Michelle Gomes. Illus. by Bobooks. 2021. (ENG.). 46p. (J). pap. 14.99 ***(978-0-578-25714-3(9))*** Levels2Learning.

Orso Libro Da Colorare per Bambini Età 4-8: Meraviglioso Libro Di Orsi per Adolescenti, Ragazzi e Bambini, Grande Libro Da Colorare Di Animali Selvatici per Bambini e Ragazzi Che Amano Giocare e Divertirsi con gli Orsi Carini. Amelia Yardley. 2021. (ITA.). 44p. (J). pap. *(978-1-008-92872-5(0))* Lulu.com.

Orthodoxy (Classic Reprint) Nina Wilcox Putnam. 2018. (ENG., Illus.). 48p. (J). 24.91 *(978-0-484-21222-9(2))* Forgotten Bks.

Orthography: As Outlined in the State Course of Study for Illinois. Elmer W. Cavins. 2017. (ENG., Illus.). (J). 22.95 *(978-1-374-98063-1(3))*; pap. 12.95 *(978-1-374-98062-4(5))* Capital Communications, Inc.

Orthography: Comprising Phonics Dictionary Work & Spelling for Fifth & Sixth Grades (Classic Reprint) Elmer W. Cavins. 2018. (ENG., Illus.). (J). 86p. 25.67 *(978-1-391-04264-0(6))*; 88p. pap. 9.57 *(978-1-390-29430-9(7))* Forgotten Bks.

Orthotists & Prosthetists. Samantha Simon. 2017. (Careers in Healthcare Ser.: Vol. 13). (ENG., Illus.). 64p. (YA). (gr. 7-12). 23.95 *(978-1-4222-3802-8(4))* Mason Crest.

O'Ruddy: A Romance (Classic Reprint) Stephen. Crane. (ENG., Illus.). (J). 2018. 376p. 31.67 *(978-0-364-23795-3(3))*; 2017. 31.32 *(978-1-5280-6547-4(6))*; 2017. pap. 16.57 *(978-0-259-19996-0(6))* Forgotten Bks.

Oruga Muy Impaciente (the Very Impatient Caterpillar) Ross Burach. 2019. (SPA.). 32p. (J). (gr. -1-3). pap. 6.99 *(978-1-338-60113-8(X)*, Scholastic en Espanol) Scholastic, Inc.

Oruga y el Gusano Grande. Modesta Mata. 2022. (SPA.). 30p. (J). 38.99 *(978-1-68574-120-4(7))* ibukku, LLC.

Orv & Willa Find a Home. Jim Weller. 2019. (ENG.). 56p. (J). (gr. 2-5). 25.95 *(978-1-64569-957-6(9))* Christian Faith Publishing.

Orville & Wilbur Wright: Pioneers of the Age of Flight. Diane Dakers. 2016. (Crabtree Groundbreaker Biographies Ser.). (ENG., Illus.). 112p. (J). (gr. 5-9). *(978-0-7787-2609-8(6))* Crabtree Publishing Co.

Orville & Wilbur Wright: The Brothers Who Invented the Airplane. Gina Hagler. 2019. (YA). pap. *(978-1-9785-1458-4(1))* Enslow Publishing, LLC.

Orville & Wilbur Wright: the Brothers Who Invented the Airplane, 1 vol. Gina Hagler. 2020. (Scientific Collaboration Ser.). (ENG.). 80p. (gr. 7-7). pap. 16.30 *(978-1-7253-4234-7(0)*, 468fc564-2ae0-42bb-b334-46372f13e164) Rosen Publishing Group, Inc., The.

Orville College. Henry Wood. 2017. (ENG.). 446p. (J). pap. *(978-3-7447-4887-2(1))* Creation Pubs.

Orville College: A Story (Classic Reprint) Henry Wood. 2017. (ENG., Illus.). 446p. (J). 33.10 *(978-1-5282-7162-2(9))* Forgotten Bks.

Orville College, Vol. 1: A Story (Classic Reprint) Henry Wood. 2018. (ENG., Illus.). 298p. (J). 30.08 *(978-0-484-36244-3(5))* Forgotten Bks.

Orville College, Vol. 2: A Story (Classic Reprint) Henry Wood. 2018. (ENG., Illus.). 312p. (J). 30.35 *(978-0-332-94744-0(0))* Forgotten Bks.

Orville the Octopus. Matti Gibson. 2017. (ENG., Illus.). (J). pap. 13.20 *(978-1-365-90460-8(1))* Lulu Pr., Inc.

ORVIS Kids' Guide to Beginning Fly Fishing: Easy Tips for the Youngest Anglers. Tyler Befus. 2021. (Illus.). 96p. (J). (gr. 2-2). pap. 14.99 *(978-1-5107-6312-8(0)*, Sky Pony Pr.) Skyhorse Publishing Co., Inc.

ORVIS Kids' Guide to Beginning Fly Fishing: Easy Tips to Catch Fish Today. Tyler Befus. 2016. (ENG., Illus.). 96p. (J). (gr. 2-2). pap. 14.99 *(978-1-63450-338-9(4)*, Sky Pony Pr.) Skyhorse Publishing Co., Inc.

OS Animaes Fallantes, Vol. 1: Poema Epico, Dividido Em Vinte e Seis Cantos, Composta Na Lingua Italiana (Classic Reprint) Giovanni Battista Casti. 2018. (POR., Illus.). 780p. (J). 39.98 *(978-0-666-53483-5(7))* Forgotten Bks.

OS Lusiadas: Poema Epico (Classic Reprint) Luís De Camoes. 2018. (POR., Illus.). (J). (gr. 17-17). 402p. 32.21 *(978-1-391-69036-0(2))*; 404p. pap. 16.57 *(978-1-390-85982-9(7))* Forgotten Bks.

OS Lusiadas: Poema Épico (Classic Reprint) Luís De Camoes. 2018. (POR., Illus.). (J). (gr. 17-17). 550p. 35.24 *(978-1-397-20595-7(4))*; 552p. pap. 19.57 *(978-1-397-20583-4(0))* Forgotten Bks.

OS Lusiadas: Unter Vergleichung der Besten Texte, Mit Angabe der Bedeutendsten Varianten und Einer Kritischen, Einleitung Herausgegeben (Classic Reprint) Luís De Camoes. 2018. (GER., Illus.). 386p. (J). (gr. 17-17). pap. 16.57 *(978-1-390-89300-7(6))* Forgotten Bks.

Os Mais Perigosos (the Most Dangerous in Portuguese) Arbordale Publishing. Tr. by Adriana Sacciotto & Tatiana Wiedemann. Illus. by Arbordale Publishing. 2019. (POR., Illus.). 32p. (J). (gr. k-3). pap. 11.95 *(978-1-64351-413-0(X))* Arbordale Publishing.

Os Outros Ursos see Other Bears: English

Os Presentes Que Não Se Compram: Um Livro Infantil Sobre Valores e Gratidão. Andrea Skromovas. Illus. by Andrea Skromovas. 2019. (POR.). 30p. (J). pap. 9.97 *(978-1-7322796-5-0(9))* Skromovas, Andrea.

Os Sonhos Do Gaspar: Ideias para Salvar o Planeta. Ingrid Seabra. Illus. by Álvaro Oliveira. 2023. (OS Sonhos Do Gaspar Ser.: Vol. 1). (POR.). 48p. (J). 23.99 ***(978-1-954145-56-6(X))*** Nonsuch Media Pte. Ltd.

Osa y Lobo. Daniel Salmieri. 2019. (SPA.). 48p. (J). (gr. k-2). 27.99 *(978-84-948900-0-0(X))* Ekare, Ediciones VEN. Dist: Lectorum Pubns., Inc.

Osaat Lentää, Lintu Pieni: Finnish Edition of You Can Fly, Little Bird. Tuula Pere. Illus. by Alexandra Burda. 2018. (FIN.). 36p. (J). (gr. k-4). *(978-952-7107-07-2(5))*; pap. *(978-952-5878-96-7(1))* Wickwick oy.

Osbern Bokenam's Legenden (Classic Reprint) Osbern Bokenam. 2018. (ENG., Illus.). 306p. (J). 30.21 *(978-0-656-40584-8(8))* Forgotten Bks.

Osborne of Arrochar (Classic Reprint) Amanda M. Douglas. 2017. (ENG., Illus.). (J). 436p. 32.89 *(978-0-332-97372-2(7))*; pap. 16.57 *(978-0-259-23382-4(X))* Forgotten Bks.

Osbornes (Classic Reprint) Edward Frédéric Benson. (ENG., Illus.). (J). 2018. 344p. 31.01 *(978-0-483-32273-8(3))*; 2018. 354p. 31.20 *(978-0-483-73527-9(2))*; 2016. pap. 13.57 *(978-1-333-14772-3(4))* Forgotten Bks.

Oscar. Robert Macgowan & Beverley Macgowan. 2017. (ENG., Illus.). 62p. (J). pap. *(978-0-244-32608-1(8))* Lulu Pr., Inc.

Oscar: Dogs Have Dreams Too. Giza Preston. 2019. (ENG., Illus.). 136p. (J). (gr. 1-6). pap. 12.95 *(978-1-7339837-3-0(2))* Barringer Publishing.

Oscar: Or, the Boy Who Had His Own Way. Walter Aimwell. 2017. (ENG., Illus.). (J). 23.95 *(978-1-374-90362-3(0))*; pap. 13.95 *(978-1-374-90361-6(2))* Capital Communications, Inc.

Oscar: Ou le Voyage Extraordinaire. André Gadriot. 2023. (FRE.). 35p. (J). pap. ***(978-1-4477-2007-2(5))*** Lulu Pr., Inc.

Oscar & Sarah. Fred Popeski. 2017. (ENG., Illus.). (J). (gr. k-3). 16.95 *(978-0-9977996-9-9(2))* Primedia eLaunch LLC.

Oscar & Sweetpea: The Long Dirt Road. Michele Hardy. 2018. (ENG., Illus.). 26p. (J). pap. 12.95 *(978-1-64300-291-0(0))* Covenant Bks.

Oscar Churchmouse. Chaucile Snyder. 2022. (ENG.). 66p. (J). 26.95 *(978-1-63814-528-8(8))*; pap. 16.95 *(978-1-63814-526-4(1))* Covenant Bks.

Oscar Eats Christmas. Lou Carter. ed. 2020. (Oscar the Hungry Unicorn Ser.). (ENG., Illus.). 29p. (J). (gr. k-1). 22.49 *(978-1-64697-490-0(5))* Penworthy Co., LLC, The.

Óscar el Gran Actor. Marcos Almada Rivero. 2017. (SPA.). 48p. (J). (-2). pap. 14.99 *(978-607-456-249-1(0))* Progreso, Editorial, S. A. MEX. Dist: Lectorum Pubns., Inc.

Oscar F. Mayer: Hot Dog Manufacturer. Heather C. Hudak. 2017. (Food Dudes Set 3 Ser.). (ENG.). 32p. (J). (gr. 3-6). lib. bdg. 32.79 *(978-1-5321-1082-5(0)*, 25740, Checkerboard Library) ABDO Publishing Co.

Oscar Harbuckle & Friends. Freda Swift. 2017. (ENG.). 116p. (J). pap. *(978-0-244-02353-9(0))* Lulu Pr., Inc.

Oscar in Africa (Classic Reprint) Harry Castlemon. 2018. (ENG., Illus.). 356p. (J). 31.26 *(978-0-267-62734-9(3))* Forgotten Bks.

Oscar in New York. Dominic Lazarus. 2017. (ENG., Illus.). 32p. (J). pap. *(978-1-326-99804-2(8))* Lulu Pr., Inc.

Oscar Lives Next Door: A Story Inspired by Oscar Peterson's Childhood. Bonnie Farmer. Illus. by Marie Lafrance. 2023. (ENG.). 32p. (J). (gr. k-4). 9.95 *(978-1-77147-596-9(X))* Owlkids Bks. Inc. CAN. Dist: Publishers Group West (PGW).

Oscar Meets Mark the Shark. Ed. by Irene Soborowski. Illus. by Steven Kemen. 2022. (ENG.). 26p. (J). pap. 9.25 *(978-1-7360533-2-4(9))* Southampton Publishing.

Oscar Micheaux. Joyce Markovics & Alrick A. Brown. 2023. (Groundbreakers: Black Moviemakers Ser.). (ENG., Illus.). 24p. (J). (gr. 3-6). pap. 12.79 *(978-1-6689-2080-0(8)*, 222058); lib. bdg. 30.64 *(978-1-6689-1978-1(8)*, 221956) Cherry Lake Publishing.

Oscar Montague-Paranoiac (Classic Reprint) George Lincoln Walton. 2017. (ENG., Illus.). (J). 30.25 *(978-0-266-66187-0(4))*; pap. 13.57 *(978-1-5276-3444-2(2))* Forgotten Bks.

Oscar, or the Boy Who Had His Own Way (Classic Reprint) Walter Aimwell. (ENG., Illus.). (J). 2018. 328p. 30.66 *(978-0-483-68680-9(8))*; 2016. pap. 13.57 *(978-1-334-16616-7(1))* Forgotten Bks.

Oscar Peterson, Ranchman & Ranger (Classic Reprint) Henry Willard French. (ENG., Illus.). (J). 2018. 390p. 31.94 *(978-0-483-51594-9(9))*; 2016. pap. 16.57 *(978-1-333-70683-8(9))* Forgotten Bks.

Oscar R. Gleason's Practical Treatise on the Breaking & Taming of Wild & Vicious Horses: With over Two Hundred Illustrations (Classic Reprint) Oscar Rudolph Gleason. 2017. (ENG., Illus.). (J). 306p. 30.23 *(978-0-332-81146-8(8))*; pap. 13.57 *(978-0-282-22237-6(5))* Forgotten Bks.

Oscar (Sesame Street Friends) Andrea Posner-Sanchez. Illus. by Random House. 2020. (Sesame Street Friends Ser.). (ENG.). 26p. (J). (— 1). bds. 8.99 *(978-0-593-12249-5(6)*, Random Hse. Bks. for Young Readers) Random Hse. Children's Bks.

Oscar the Dragon. Desmond McMullen. 2023. (ENG.). 56p. (J). pap. ***(978-1-3984-9800-6(9))*** Austin Macauley Pubs. Ltd.

Oscar the Guardian Cat, 1 vol. Chiara Valentina Segre. 2018. (ENG., Illus.). 32p. (J). (gr. k-6). 16.99 *(978-1-4236-4934-2(6))* Gibbs Smith, Publisher.

Oscar the Hungry Unicorn. Lou Carter. Illus. by Nikki Dyson. 2020. (Oscar the Hungry Unicorn Ser.). (ENG.). (J). (gr. -1-k). 32p. pap. 10.99 *(978-1-4083-5575-6(2))*; 24p. bds. 10.99 *(978-1-4083-5953-2(7))* Hachette Children's Group GBR. (Orchard Bks.). Dist: Hachette Bk. Group.

Oscar the Hungry Unicorn. Lou Carter. ed. 2020. (Oscar the Hungry Unicorn Ser.). (ENG., Illus.). 25p. (J). (gr. k-1). 22.49 *(978-1-64697-491-7(3))* Penworthy Co., LLC, The.

Oscar the Hungry Unicorn Eats Christmas. Lou Carter. Illus. by Nikki Dyson. 2020. (Oscar the Hungry Unicorn Ser.). (ENG.). 32p. (J). (gr. -1-k). 18.99 *(978-1-4083-5581-7(7))*; pap. 10.99 *(978-1-4083-5582-4(5))* Hachette Children's Group GBR. (Orchard Bks.). Dist: Hachette Bk. Group.

Oscar the Oak. Kathy Wall. Illus. by Tina Cash-Walsh. 2018. (ENG.). 30p. (J). 20.00 *(978-0-9971001-0-5(9))* Kathy Wall.

Oscar the Octopus: A Book about the Months of the Year. Matthew Van Fleet. Illus. by Matthew Van Fleet. 2019. (ENG., Illus.). 14p. (J). (gr. -1-3). 17.99 *(978-1-5344-5237-4(0)*, Simon & Schuster/Paula Wiseman Bks.) Simon & Schuster/Paula Wiseman Bks.

Oscar the Piglet Does Not Want to Wash Up. Elizaveta Akimova. 2023. (ENG.). 38p. (J). pap. ***(978-1-78788-016-0(8)***, Nightingale Books) Pegasus Elliot Mackenzie Pubs.

Oscar the Puppy. Michelle Lores. 2020. (ENG.). 135p. (J). pap. *(978-1-716-66355-0(5))* Lulu Pr., Inc.

Oscar Wilde: The Importance of Being Earnest. Oscar. Wilde. 2018. (ENG., Illus.). 90p. (J). (gr. 4-7). 14.99 *(978-1-5154-3078-0(2))* Wilder Pubns., Corp.

Oscar Wilde: Die Erzählungen (Vollständige Deutsche Ausgaben) Oscar. Wilde. Tr. by Max Meyerfeld. 2017. (GER., Illus.). 196p. (J). (gr. 4 — 1). pap. *(978-80-268-6231-4(7))* E-Artnow.

Oscar Wilde Stories for Children. Oscar. Wilde. 2023. (ENG.). 96p. (J). (gr. 4-6). pap. 17.99 ***(978-0-340-84171-6(0))*** Hachette Children's Group GBR. Dist: Hachette Bk. Group.

Óscar y el Toro Doroteo. Marcos Almada Rivero. 2018. (SPA.). 48p. (J). (gr. k-2). pap. 14.99 *(978-607-9416-12-6(3))* Progreso, Editorial, S. A. MEX. Dist: Lectorum Pubns., Inc.

Oscar's Adventures. Lee Helton. 2017. (ENG., Illus.). (J). pap. 10.00 *(978-1-946232-10-6(6))* Full Moon Publishing, LLC.

Oscar's Big Adventure. Lisa Laterza Selmi. 2020. (ENG.). 42p. (J). 22.99 *(978-1-64801-370-6(8))*; pap. 13.99 *(978-1-64801-369-0(4))* Newman Springs Publishing, Inc.

Oscar's Book (Sesame Street) Golden Books. Illus. by Golden Books. 2018. (Little Golden Book Ser.). (ENG., Illus.). 24p. (J). (-k). 5.99 *(978-0-525-57840-6(4)*, Golden Bks.) Random Hse. Children's Bks.

Oscar's Family. Melynda Milburn Jamison. Illus. by Matthew Walden. 2022. 32p. (J). pap. 20.00 *(978-1-6678-5092-4(X))* BookBaby.

Oscar's Great Adventure. Christopher Bailey. 2020. (ENG.). 36p. (YA). 23.95 *(978-1-64468-289-0(3))*; pap. 13.95 *(978-1-64468-288-3(5))* Covenant Bks.

Oscar's Great Adventure. Kim Partin. 2022. (ENG.). 32p. (J). pap. 11.95 ***(978-1-957723-57-0(2))***; 20.95 *(978-1-957723-56-3(4))* Warren Publishing, Inc.

Oscar's Lonely Christmas. Holly Webb. Illus. by Sophy Williams. 2019. (Pet Rescue Adventures Ser.). (ENG.). 128p. (J). (gr. 1-4). 4.99 *(978-1-68010-448-6(9))* Tiger Tales.

Oscar's Renegades. Carol Meadows. 2018. (ENG., Illus.). 84p. (J). pap. 11.95 *(978-1-64079-952-3(4))* Christian Faith Publishing.

Oscar's Renegades: Open Spaces Farm Adventure: Book 3. Carol Meadows. 2019. (ENG.). 76p. (J). pap. 12.95 *(978-1-64515-604-8(4))* Christian Faith Publishing.

Oscar's Tower of Flowers. Lauren Tobia. Illus. by Lauren Tobia. 2021. (ENG.). 40p. (J). (-k). 17.99 *(978-1-5362-1777-3(8))* Candlewick Pr.

Oscars Trees. Deborah Fleck. 2018. (ENG., Illus.). 34p. (J). pap. 16.60 *(978-1-387-82366-6(3))* Lulu Pr., Inc.

Oscar's Wings. Brian Chalmers. 2022. (ENG., Illus.). 136p. (J). (gr. 6-12). pap. 10.99 *(978-1-914273-17-9(6)*, 3ed779dd-b935-4733-aa04-7ad309b3d1f2) Ritchie, John Ltd. GBR. Dist: Baker & Taylor Publisher Services (BTPS).

Oscuras. Halil Bárcena. Illus. by Laura Borràs Dalmau. 2021. (SPA.). 40p. (J). (gr. k-2). pap. 18.00 *(978-84-17440-61-9(5))* Akiara Bks. ESP. Dist: Independent Pubs. Group.

Oscuras. Jacqueline Jules. Illus. by Kim Smith. 2018. (Sofia Martinez en Español Ser.). (SPA.). 32p. (J). (gr. k-2). lib. bdg. 21.32 *(978-1-5158-2446-6(2)*, 137549, Picture Window Bks.) Capstone.

Oscuridad y Yo: Darkness & I. Sylvia Flores-Figueroa. Illus. by Angel Floresguerra. 2019. (SPA.). 34p. (J). pap. 8.99 *(978-1-64086-327-9(3))* ibukku, LLC.

Oscuro Descenso de Elizabeth Frankenstein. Kiersten White. 2019. (SPA.). 346p. (YA). pap. 15.99 *(978-987-747-457-2(3))* V&R Editoras.

Osgood's Progressive Second Reader: Embracing Progressive Lessons in Reading & Spelling (Classic Reprint) Lucius Osgood. 2018. (ENG., Illus.). 216p. (J). 28.35 *(978-0-483-40217-1(6))* Forgotten Bks.

OshunRa & the 7 Dragons of Sekerta. Kai ner Maa Pitanta. 2021. (ENG.). 44p. (J). pap. 8.99 *(978-1-4566-3699-9(5))* eBookit.com.

Osiris. Samantha S. Bell. 2022. (Egyptian Mythology Ser.). (ENG., Illus.). 32p. (J). (gr. 2-5). lib. bdg. 34.22 *(978-1-5321-9870-0(1)*, 39733, Kids Core) ABDO Publishing Co.

Osiris. Contrib. by Samantha S. Bell. 2022. (Egyptian Mythology Ser.). (ENG., Illus.). 32p. (J). (gr. 3-3). pap. 9.95 *(978-1-64494-778-4(1))* North Star Editions.

Osiris & the Gods of Egypt Coloring Book. Activibooks For Kids. 2016. (ENG., Illus.). (J). pap. 9.20 *(978-1-68321-280-5(0))* Mimaxion.

Osito Binky. Illus. by Roberto Casale. 2017.Tr. of Little Binky Bear. (J). 7.99 *(978-0-9986498-0-1(5))* Show N' Tell Publishing.

Osito Que No Se Podía Dormir. Caroline Nastro. Illus. by Vanya Nastanlieva. 2018. (SPA.). 32p. (J). (gr. -1-2). pap. 9.95 *(978-0-7358-4334-9(1))* North-South Bks., Inc.

O

OSKAR LOVES...

Oskar Loves. Britta Teckentrup. 2016. (ENG., Illus.). 32p. (J). (gr. -1-3). 14.95 (978-3-7913-7270-9(X)) Prestel Verlag GmbH & Co KG. DEU. Dist: Penguin Random Hse. LLC.

Oso Learns to Swim: Ready-To-Read Level 1. Doug Cushman. Illus. by Doug Cushman. 2023. (Rex & Oso Ser.) (ENG., Illus.). 32p. (J). (gr. -1-1). 17.99 **(978-1-6659-2648-9(1))**: pap. 4.99 *(978-1-6659-2647-8(3))* Simon Spotlight (Simon Spotlight).

Oso or the Whale Whose Tail Looked a Bit Like a Wellington Boot. Stephen Bench-Capon. 2022. (ENG.). (J). pap. **(978-1-9141195-85-3(X))** UK Bk. Publishing.

Osmat Writes about Lithuania. Tracilyn George. 2023. (ENG.). 22p. (J). pap. 12.99 **(978-1-77475-695-9(1))** Draft2Digital.

Osmo Unknown & the Eightpenny Woods. Catherynne M. Valente. 2022. (ENG.). 416p. (J). (gr. 3-7). 17.99 *(978-1-4814-7699-7(8))*, McElderry, Margaret K. Bks.). McElderry, Margaret K. Bks.

Osmond the Toad. Liz Noble. 2019. (Osmond the Toad Ser.: Vol. 1). (ENG., Illus.). 28p. (J). (gr. -1-3). *(978-0-9573387-8-4(3))* Burton Mayers Bks.

Osmond, Vol. 1 Of 3: A Tale (Classic Reprint) Mary Ann Kelty. 2018. (ENG., Illus.). 320p. (J). 30.51 *(978-0-365-47186-8(0))* Forgotten Bks.

Osmond, Vol. 2 Of 3: A Tale (Classic Reprint) Mary Ann Kelty. 2018. (ENG., Illus.). 334p. (J). 30.79 *(978-0-484-60724-7(3))* Forgotten Bks.

Osmond, Vol. 3 Of 3: A Tale (Classic Reprint) Mary Ann Kelty. (ENG., Illus.). (J). 2018. 404p. 32.23 *(978-0-483-89932-2(1))*; 2017. 32.19 *(978-0-266-73085-9(X))*; 2017. pap. 16.57 *(978-1-5276-9197-1(7))*; 2016. pap. 16.57 *(978-1-334-11875-3(2))* Forgotten Bks.

Osnat & Her Dove: The True Story of the World's First Female Rabbi. Sigal Samuel. Illus. by Vali Mintzi. 2021. (ENG.). 40p. (J). (gr. -1-3). 17.99 *(978-1-64614-037-4(0))* Levine Querido.

Oso. Janice Perry-Kennedy Lmft. Illus. by Tammy Artis. 2021. (ENG.). 26p. (J). 22.95 *(978-1-63814-286-7(6))*; pap. 12.95 *(978-1-63814-285-0(8))* Covenant Bks.

Oso Enojado: Leveled Reader Book 50 Level G 6 Pack. Hmh Hmh. 2021. (SPA.). 16p. (J). pap. 74.40 *(978-0-358-08267-5(6))* Houghton Mifflin Harcourt Publishing Co.

Oso Generoso (Jonny Lambert's Bear & Bird) Un Cuento para Aprender a Ayudar. Jonny Lambert. ed. 2023. (Bear & the Bird Ser.). Tr. of Oso Generoso. un Cuento para Aprender a Ayudar. (SPA.). 24p. (J). (— 1). bds. 12.99 *(978-0-7440-7916-6(0),* DK Children) Dorling Kindersley Publishing, Inc.

Oso Generoso. un Cuento para Aprender a Ayudar see Oso Generoso (Jonny Lambert's Bear & Bird): Un Cuento para Aprender a Ayudar

Oso Goloso (Jonny Lambert's Bear & Bird) Un Cuento para Aprender a Compartir. Jonny Lambert. 2022. (Bear & the Bird Ser.). (SPA.). 24p. (J). (— 1). bds. 12.99 *(978-0-7440-6447-6(3),* DK Children) Dorling Kindersley Publishing, Inc.

Oso Meloso y Su Pandilla. Diego A. Cisneros. Illus. by Laura Liberatore. 2018. (SPA.). 26p. (J). 22.95 *(978-1-4808-5750-6(5))*; pap. 16.95 *(978-1-4808-5751-3(3))* Archway Publishing.

¿Oso Negro U Oso Pardo? un Libro de Comparaciones y Contrastes. Chris Schmitz. Tr. by Alejandra de la Torre & Javier Camacho Miranda from ENG. 2023. (Libro de Comparaciones y Contrastes Ser.). Tr. of Black Bear or Grizzly Bear? a Compare & Contrast Book. (SPA., Illus.). 32p. (J). (gr. k-3). 11.95 **(978-1-63817-263-5(3))** Arbordale Publishing.

Oso Panda Gigante. Grace Hansen. 2022. (Animales Asiáticos Ser.). (SPA.). 24p. (J). (gr. -1-2). lib. bdg. 32.79 *(978-1-0982-6532-8(7),* 41009, Abdo Kids) ABDO Publishing Co.

¿Oso Pardo U Oso Negro? (ENIL FSTK ONLY) Lucía M. Sánchez & Heather Warren. 2016. (2v Enil Fstk Ser.). (SPA.). 32p. (J). pap. 8.00 *(978-1-63437-865-9(2),* ARC Pr. Bks.) American Reading Co.

Oso Pintor y Otras Fabulas. Gladys Maria Montolío. 2017. (SPA., Illus.). 76p. (J). pap. *(978-1-365-71142-8(0))* Lulu Pr., Inc.

Oso Polar. Valerie Bodden. 2020. (Planeta Animal Ser.). (SPA.). 24p. (J). (gr. 1-4). *(978-1-64026-265-2(2),* 18133, Creative Education) Creative Co., The.

Oso Polar vs. Oso Grizzly. Jerry Pallotta. ed. 2022. (Who Would Win Ser.). (SPA.). 32p. (J). (gr. 2-3). 15.96 **(978-1-68505-511-9(7))** Perworthy Co., LLC, The.

Oso Polar vs. Oso Grizzly (Who Would Win?): Polar Bear vs. Grizzly Bear. Jerry Pallotta. Illus. by Rob Bolster. 2022. (¿Quién Ganar? Ser.). (SPA.). 32p. (J). (gr. 1-4). pap. 3.99 *(978-0-545-92596-9(7),* Scholastic en Español) Scholastic, Inc.

Oso Quiere Volar (Bear Wants to Fly) Susanna Isern. Illus. by Silvia Álvarez. 2020. (ENG.). 32p. (J). (gr. -1). 12.95 *(978-84-16733-95-8(3))* Cuento de Luz SL ESP. Dist: Publishers Group West (PGW).

oso y su enorme trasero. Steve Smallman. 2022. (SPA.). 32p. (J). (gr. -1-4). 16.95 *(978-84-18864-07-6(X))* Editorial el Pirata ESP. Dist: Independent Publs. Group.

Osos Grizzly (Grizzly Bears) Grace Hansen. 2016. (Animales de América Del Norte (Animals of North America) Ser.). (SPA.). 24p. (J). (gr. -1-2). lib. bdg. 32.79 *(978-1-6242-2669-3(0),* 24640, Abdo Kids) ABDO Publishing Co.

Osos Libro para Colorear para niños Años 4-8: Maravilloso Libro de Osos para Adolescentes, niños y Jóvenes, Gran Libro para Colorear de Animales Salvajes para niños y Jóvenes a Los Que les Gusta Jugar y Disfrutar con Los Osos Lindos. Amelia Yardley. 2021. (SPA.). 44p. (J). pap. *(978-1-008-93483-4(1))* Lulu.com.

Osos Pardos. Traca Taylor & Lucia M. Sánchez. 2016. (1G Animales Depredadores de Norteamérica Ser.). (SPA., Illus.). 32p. (J). (gr. k-2). pap. 8.00 *(978-1-61541-053-8(8))* American Reading Co.

Osos Polares Bebés. Kate Riggs. 2021. (Principio de Los Ser.). (SPA.). 16p. (J). (gr. -1-4). pap. 7.99

(978-1-62832-992-6(0)), 18027, Creative Paperbacks) Creative Co., The.

Osprey, Vol. 4: An Illustrated Monthly Magazine of Ornithology; June, 1900 (Classic Reprint) Osprey Company. (ENG., Illus.). (J). 2018. 36p. 24.39 *(978-0-267-40441-3(7))*; 2016. pap. 7.97 *(978-1-334-16012-7(0))* Forgotten Bks.

Osprey, Vol. 4: An Illustrated Monthly Magazine of Ornithology; September, 1899 (Classic Reprint) Osprey Company. 2016. (ENG., Illus.). (J). pap. 10.97 *(978-1-334-63675-4(7))* Forgotten Bks.

Osprey, Vol. 4: November, 1899 (Classic Reprint) Osprey Company. 2018. (ENG., Illus.). 24p. (J). 24.39 *(978-0-428-33561-2(4))* Forgotten Bks.

Ospreys. Connor Stratton. 2022. (Birds of Prey Ser.). (ENG., Illus.). 32p. (J). (gr. 2-3). pap. 9.95 *(978-1-63738-182-5(8),* lib. bdg. 31.35 *(978-1-63738-145-5(8))* North Star Editions. *(Apex)*.

Ornaldich. Adrienne Hiatt. 2023. (ENG.). 482p. (YA). 30.95 **(978-1-94807-59-3(9),** Line By Lion Pubns.). 3 Fates Pr.

Ossan Idol! Volume 1. Mochiko Mochida. Illus. by Ichika Kino. 2020. (Ossan Idol! Ser.: 1). 192p. (gr. 8-1). pap. 12.99 *(978-1-4278-6408-6(X)),* 7b7a5e21-b9fe-4636-8732-c757f9578dc5) TOKYOPOP, Inc.

Ossan Idol!, Volume 2. Mochiko Mochida. Illus. by Ichika Kino. 2021. (Ossan Idol! Ser.: 2). 192p. (gr. 8-1). pap. 12.99 *(978-1-4278-6687-5(2),* 2b9f49c9-8133-486e-87d2-801b45116bcb) TOKYOPOP, Inc.

Ossan Idol!, Volume 3, 3. Mochiko Mochida. Illus. by Ichika Kino. 2021. (Ossan Idol! Ser.: 3). 192p. (gr. 8-1). pap. 12.99 *(978-1-4278-6688-2(0))* TOKYOPOP, Inc.

Ossan Idol!, Volume 7. Ichika Kino & Mochiko Mochida. 2023. (Ossan Idol! Ser.: 7). 176p. (YA). (gr. 8-1). pap. 12.99 **(978-1-4278-7352-1(6))** TOKYOPOP, Inc.

Ossawattomie Brown; or the Insurrection at Harpers Ferry: A Drama in Three Acts (Classic Reprint) J. C. Swayze. 2018. (ENG., Illus.). 32p. (J). 24.58 *(978-0-267-16004-4(6))* Forgotten Bks.

Osservazioni Microscopiche Sulla Tremella e Sulla Circolazione Del Fluido in una Pianta Acquajuola (Classic Reprint) Bonaventura. Corti. (ITA., Illus.). (J). 2018. 216p. 28.35 *(978-0-666-16040-9(6))*; 2017. pap. 10.97 *(978-0-259-08070-1(5))* Forgotten Bks.

Ossie Moves to Melbourne. Tracilyn George. 2023. (ENG.). 22p. (J). pap. 12.99 *(978-1-77475-697-3(8))* Draft2Digital.

Ossiri & the Bala Mengro. Richard O'Neill & Katharine Quarmby. Illus. by Hannah Tolson. 2017. (Travellers Tales Ser.). (ENG.). 32p. (J). *(978-1-84643-925-4(6))* Child's Play International Ltd.

Ostentation & Liberality, Vol. 1 Of 2: A Tale (Classic Reprint) Arabella Argus. 2018. (ENG., Illus.). 226p. (J). 28.56 *(978-0-267-20188-4(5))* Forgotten Bks.

Oster Aktivitätsbuch Für Kinder: Arbeitsbuch Spiel Für das Lernen, Ostern Färbung, Sudoku, Mazes, Scissor Skill und Mehr. Marthe Reyer. 2022. (GER.). 100p. (J). pap. 11.49 *(978-1-915105-32-5(3))* Lulu Pr., Inc.

Ostern Färbung Buch Für Jugendliche & Erwachsene: Ein Oster-Malbuch Für Erwachsene und Jugendliche Mit Lustigen, Einfachen und Entspannenden Motiven Niedliche Ostereier Teens und Erwachsene Färbung Buch Mit Eiern, Körbe, Kaninchen und Blumen Für Str. Bunny Jump Press. 2021. (GER.). 84p. (J). pap. 10.99 *(978-1-74233-924-5(7))* Lulu Pr., Inc.

Ostern-Malbuch: Für Kinder Im Alter Von 4-8 Jahren. Crocs. 2020. (Malbücher Für Kinder Ser.: Vol. 7). (GER., Illus.). 64p. (J). (gr. 1-5). pap. *(978-1-989790-15-1(1))* EnemyOne.

Ostern Malen Nach Zahlen Für Kinder: Malbuch Von Osterhasen, Eiern, Hasen. Marthe Reyer. 2022. (GER.). 76p. (J). pap. 10.49 *(978-1-915105-34-9(X))* Lulu Pr., Inc.

Ostern Schere Fähigkeiten Für Kinder: Aktivitätsbuch Zum Erlernen des Umgangs Mit der Schere/Üben Von Scherenfertigkeiten. Marthe Reyer. 2022. (GER.). 78p. (J). pap. 10.49 *(978-1-915105-33-2(1))* Lulu Pr., Inc.

Ostrich: The Largest Bird, 1 vol. Theresa Emminizer. 2019. (Animal Record Breakers Ser.). (ENG.). 24p. (gr. 2-3). pap. 9.25 *(978-1-7253-0874-9(6),* 04eac43b-8564-4ce6-b0c8-47101ee5e612, PowerKids Pr.) Rosen Publishing Group, Inc., The.

Ostrich & the Eagle. Charles L. Thomason. Illus. by Winda Thomas. 2022. (ENG.). 28p. (J). pap. 18.95 *(978-1-63961-961-0(5))* Christian Faith Publishing.

Ostrich Egg Omelette. John Morrow. 2017. (ENG., Illus.). (J). 19.99 *(978-0-9790832-1-4(1))* 405 Pubns.

Ostrich for the Defence (Classic Reprint) William A. H. Birnie. 2017. (ENG., Illus.). (J). 30.95 *(978-1-5286-7385-1(6))* Forgotten Bks.

Ostrich vs. Cheetah. Nathan Sommer. 2023. (Animal Battles Ser.). (ENG., Illus.). pap. 7.99. lib. bdg. 26.95 BelwetherMedia.

Ostriches. Lisa Amstutz. 2022. (Spot Big Birds Ser.). (ENG.). 16p. (J). (gr. -1-2). pap. 9.99 *(978-1-8152-6666-9(2),*

Ostriches. Melissa Gish. (Living Wild Ser.). (ENG., Illus.). 48p. (gr. 4-7). 2017. pap. 12.00 *(978-1-62832-302-3(7),* 2016, Creative Paperbacks). 2016. lib. bdg. *(978-1-60818-706-5(3),* 26016, Creative Education) Creative Co., The.

Ostriches, 1 vol. Grace Hansen. 2016. (Super Species Ser.). (ENG., Illus.). 24p. (J). (gr. -1-2). lib. bdg. 32.79 *(978-1-68060-547-5(9),* 21374, Abdo Kids) ABDO Publishing Co.

Ostriches. Martha London. 2021. (Desert Animals (POP!) Ser.). (ENG., Illus.). 24p. (J). (gr. k-3). lib. bdg. 31.36 *(978-1-5321-59724(8),* 88021, Pop! Cod Koala) Pop!.

Ostriches. Rachel Poliquin. Illus. by Nicholas John Frith. (Superpower Field Guide Ser.). (ENG.). 96p. (J). (gr. 3-7). 2020. pap. 8.99 *(978-0-358-27266-3(1),* 177191); 2019. 18.99 *(978-0-544-93040-9(2),* 169966) HarperCollins Pubrs. (Clarion Bks.)

Ostriches. Kate Riggs. 2018. (Amazing Animals Ser.). (ENG., Illus.). 24p. (J). (gr. 1-3). pap. 8.99 *(978-1-62832-495-9(1),* 19628, Creative Paperbacks); *(978-1-60818-880-2(9),* 18630, Creative Education) Creative Co., The.

CHILDREN'S BOOKS IN PRINT® 2024

Ostriches. Herbert Zim. 2021. (Nature Study Library: Vol. 1). (ENG.). 66p. (J). pap. 7.99 *(978-1-948969-41-4(0))* Purple Hse. Pr.

Ostriches: Fast Flightless Birds. Laura Hamilton Waxman. 2016. (Comparing Animal Traits Ser.). (ENG., Illus.). 32p. (J). (gr. 2-4). 26.65 *(978-1-4677-9509-8(7),* 490a8e61-da0f-4e1-8eee-8f5c49300b67, Lerner Pubns.). Lerner Publishing Group.

Osul a Spirited Samurai Coloring Book. Kreative Arts. 2016. (ENG., Illus.). (J). pap. 9.20 *(978-1-68377-433-4(7))* Whike, Traud.

Oswald Bastable: And Others (Classic Reprint) E. Nesbit. (ENG., Illus.). (J). 2018. 432p. 32.83 *(978-0-364-66408-7(8))*; 2017. pap. 16.57 *(978-0-259-22045-3(6))* Forgotten Bks.

Oswald Gray: A Novel (Classic Reprint) Ellen Henry Wood. 2018. (ENG., Illus.). 466p. (J). 33.53 *(978-0-332-95642-8(3))* Forgotten Bks.

Oswald Gray, Vol. 1 of 3 (Classic Reprint) (ENG., Illus.). (J). 2018. 372p. 31.59 *(978-0-484-34323-4(7))*; 2016. pap. 13.97 *(978-1-333-22797-5(3))* Forgotten Bks.

Oswald Gray, Vol. 2 of 3 (Classic Reprint) Henry Wood. 2018. (ENG., Illus.). 366p. (J). 31.47 *(978-0-484-61957-8(8))* Forgotten Bks.

Oswald Gray, Vol. 3 of 3 (Classic Reprint) Henry Wood. 2018. (ENG., Illus.). 366p. (J). 31.51 *(978-0-483-18164-9(1))* Forgotten Bks.

Oswald Hear: Bibliographie et Tables Iconographiques (Classic Reprint) Godefroy Malloizel. 2016. (FRE., Illus.). (J). pap. 10.57 *(978-1-33421799-0(4))* Forgotten Bks.

Oswald -the Wisest of the Wise. Daniele Luciano Moscat. 2019. (SPA.). 30p. (J). *(978-0-244-89578-4(4))* Lulu.com.

Othello. 1 vol. Tatiana Ryckman & Edith Jones. 2016. (Reading Shakespeare Today Ser.). (ENG., Illus.). 112p. (YA). (gr. 5-8). lib. bdg. 44.50 *(978-1-62333-1(1),* 0d3e5bce-b658-4ba1-bc5d-c23280454586) Cavendish Square Publishing LLC.

Othello. William Shakespeare. 2021. (ENG.). 126p. (J). pap. 7.99 *(978-1-4209-7569-5(7))* Digireads.com Publishing.

Othello: No Fear Shakespeare Deluxe Student Edition: No Fear Shakespeare Deluxe Student Edition. SparkNotes. 2020. (No Fear Shakespeare Ser.: Vol. 7). (J). 16p. (J). pap. 9.99 *(978-1-4114-7970-8(X),* SparkNotes) Sterling Publishing Co., Inc.

Othello: No Fear Shakespeare Student Edition. Novel Units. (ENG.). (YA). pap. wbk. ed. 13.99 *(978-1-56137-521-9(7),* Novel Units, Inc.) Classroom Library Co.

Othello, the Moor of Venice: a Shakespeare Children's Story. Illus. by Malore Bogdali. 2028. (Sweet Cherry Children's Classics Ser.). (ENG.). 64p. (J). 6.95 *(978-1-78226-229-4(6),* d5b20f17-2483-470a-7b81c1611f1fb82); 5.99 *(978-1-78226-722-5(6),* d54645e5-de29-451c-e9b5-1e3ee839c935) Sweet Cherry Publishing GBR. Dist: Baker & Taylor Publisher Services (BTPS).

Othello (Wordview Edition) William Shakespeare. 2019. (ENG.). (YA). pap. 9.95 *(978-1-9443-0638-6(2))* Coydon Pr.

Other. Damian Alexander. 2021. (ENG.). (J). 208p. (J). pap. 3.7, 5.7). pap. 7.99 *(978-0-263556-6(5),* Lerner Pubns.). HarperCollins Pubrs.

Other Boy. M. G. Hennessey. Illus. by Sfe R. Monster. 2019. (ENG.). 256p. (J). (gr. 3-7). pap. *(978-0-06-242767(6),* HarperCollins Pubrs.). HarperCollins.

Other Boy. M. G. Hennessey. Illus. by Sfe R. Monster. 2016. (ENG.). 240p. (J). (gr. 3-7). 11.99 *(978-0-06-242766-3(0),* HarperCollins Pubrs.). HarperCollins.

Other Boys. Damian Alexander. 2021. (ENG., Illus.). 208p. (J). pap. 12.99 *(978-1-250-23244-8(4)),* 9020030036). pap. 14.99 *(978-0-374-31402-1(5),* 9020026) Roaring Brook Pr. First Second Bks.).

Other Brown (Classic Reprint) André Laurence. 2018. (ENG., Illus.). 306p. 31.48 *(978-0-36724641-4(7),* 2017. pap. 13.97 *(978-0-259-24404-6(2))* Forgotten Bks.

Other Bubble. Kristina Springer & Jake Rodriguez. 2023. (ENG.). 36p. (J). pap. *(978-1-83045-411-4(3)),* Nightingale Press.

Other Creatures. Kate Masters. Illus. by Katie Masters. 2018. (ENG.). 52p. (J). pap. *(978-0-63493-014-9(8))* Lulu.com.

Other Dangers, Vol. 1 of 2 (Classic Reprint) William Morrison Bell. 2017. (ENG., Illus.). (J). 408p. 32.13 *(978-0-332-31009-7(1))*; 410p. pap. 16.57 *(978-1-5272-0766-1(1))* Forgotten Bks.

Other Dangers, Vol. 2 of 2 (Classic Reprint) William Morrison Bell. (ENG., Illus.). 2018. 370p. 31.55 *(978-0-36-9842034(X))*; 2016. pap. 13.97 *(978-0-259-44844-1(4))* Forgotten Bks.

Other Creatures. Malcom Geroch. 2022. (ENG.). (J). pap. *(978-1-8016-475-9(3),* Vanguard Press) Pegasus Elliot Mackenzie Pubrs.

Other Dog. Madeleine L'Engle. Illus. by Christine Davenier. ed. 2018. (ENG.). 48p. (J). (gr. -1-4). 17.99 *(978-1-4521-7166-5(8))* Chronicle Bks. LLC.

Other Edens. Emma Corry. 2018. (Strings & Keyboards Ser.: Vol. 2). (ENG.). 290p. (YA). *(978-0-62053-818-4(1))* Times Claick.

Other Dullas As Assistants. Tammie Riddle. 2022. (ENG.). 157p. (YA). pap. *(978-1-387-42801-6(7))* Lulu Pr., Inc.

Other Elizabeth. Karleen Bradford. 2017. (ENG., Illus.). (J). 16.50. pap. *(978-0-99936320-5(8))* SarkStories Publishing.

Other F Word. Natasha Friend. 2018. (ENG.). 352p. (YA). pap. 18.99 *(978-1-250-14415-7(9),* 9019403) Square Fish.

Other Folk (Classic Reprint) Jennie M. Drinkwater. 2017. (ENG., Illus.). (J). 52.83 *(978-0-265-72436-1(8))*; pap. 16.57 *(978-1-5276-8321-1(4))* Forgotten Bks.

Other Folk & Their Doings; Or, Life among the Freedmen. N. H. Coff. 2017. (ENG.). 11.50 **(978-1-4068-2826-8(3))** Teela Testing Ply Ltd.

Other Fools & Their Doings, or Life among the Freedmen (Classic Reprint) N. H. Coff. 2018. (J). 24p. *(978-0-484-67824-7(6))* Forgotten Bks.

Other Girls (Classic Reprint) Mrs. A. D. T. Whitney. (ENG., Illus.). (J). 2018. 352p. 31.18 *(978-0-484-85875-8(5))*; 2017. pap. 15.17 *(978-0-243-28253-4(6))* Forgotten Bks.

Other Girls (Classic Reprint) Charles Garvice. (ENG., Illus.). (J). 2018. 352p. 31.18 *(978-0-484-85875-8(5))*; 2017. pap. 15.17 *(978-0-243-28253-4(6))* Forgotten Bks.

Other Half of Happy. Rebecca Balcarcel. 2019. (ENG.). 304p. (J). 34.96 *(978-0-265-19168-2(8))* Forgotten Bks.

Other Hansel (Classic Reprint) Grace Noll Crowell. (ENG., Illus.). 332p. (J). (gr. 5-9). 16.99 *(978-1-5291-4521-4(2))* Chronicle Bks. LLC.

Other House: A True Story of the Modern Mormon Polygamy (Classic Reprint) Martha Anderson. 2017. (ENG., Illus.). (J). 26.23 *(978-0-331-75576-3(9))*; pap. 9.57 *(978-0-243-27839-1(3))* Forgotten Bks.

Other Lives. Eva Meijer. 2021. (ENG.). 240p. (YA). pap. 17.00 *(978-1-953-86103-6(5))* Pushkin Pr.

Other Man. R.H. (ENG., Illus.). (J). 2018. 24.39; 2016. pap. Forgotten Bks.

Other People's Money. Louis D. Brandeis. 2021. (ENG.). 104p. (J). pap. *(978-0-428-79994-5(6))* Forgotten Bks.

Other Inheritance. Rebecca Klassen. 2022. (ENG.). (J). pap. *(978-0-993526-3-5-4(3),* Rebecca Klassen).

Other Kids Are Kids Almost Just Like You. Amanda Haffner Hall. 2016. (ENG., Illus.). 26p. (J). pap. 11.45 *(978-0-692-67989-3(6))* Hall, Amanda Haffner.

Other Mrs. Elen Lewis. 2022. (ENG.). 196p. (J). pap. 10.95 *(978-0-36-922990-6(0))* Forgotten Bks.

Other Me. Megan Moriaris. 2016. (ENG.). 304p. (YA). pap. 10.49 *(978-1-4397-6318-9(8)),* Harmony) Random Hse. Children's Bks.

Other People's Flames. Daniel N. Starrfield. 2015. (ENG.). 218p. (J). 15.95 *(978-0-97561-854-1(1)),* Ingram Bk. Group.

Other Martin. Robyn Schneider. (ENG., Illus.). (J). 2018. 31.10; 2017. pap. 16.57. Forgotten Bks.

Other Normals. Ned Vizzini. 2012. (ENG.). 400p. (YA). pap. 9.99 *(978-0-06-207990-9(7),* Balzer + Bray). HarperCollins Pubrs.

Other Passenger. (Emmy Merlin Ser.). 2019. (ENG.). 32p. (J). (gr. -1-4). *(978-0-428-72990-4(3),* Forgotten Bks.). Forgotten Bks.

Other People. Cheryl Hudson. 2022. (ENG.). (J). 132p. (J). pap. 24.39; 2016. pap. 8.30 *(978-0-9006-1700-9(7))* Forgotten Bks. (Classic Reprint)

Other Cherry. Amanda. 26.89 *(978-0-428-99444-2(3),* Forgotten Bks.). Forgotten Bks.

Other People's Money & How the Bankers Use It (Classic Reprint) Louis Dembitz. Brandeis. 2017. (ENG., Illus.). (J). 27.13 *(978-1-334-83010-1(7))*; 2016. pap. 11.57 *(978-1-333-66056-6(5))* Forgotten Bks.

Other People's Money & How the Bankers Use It. Louis D. Brandeis. 2018. (ENG., Illus.). 168p. (J). 25.18 *(978-0-266-98381-5(1))*; 2016. pap. 10.17 *(978-1-334-14890-3(5))* Forgotten Bks.

Other People's Money or the Bankers Use It (Classic Exposure of Money Abuse by Banks, Trusts, Wall Street, & Predatory Monopolistic Corporations). 2019. (ENG.). 146p. (J). pap. 9.99 *(978-1-79481-738-6(3))* Independently Published.

Other People's Windows or the Garthe Family of Southwark. Sarah Doudney. 2022. (ENG., Illus.). (J). 186p. *(978-1-01-547553-5(3))* Forgotten Bks.

Other Rebecca. Rebecca Torres. 2021. (ENG., Illus.). 32p. (J). pap. *(978-1-7374907-0-2(6))* Torres, Rebecca.

Other Side. Nayas Simone Furtwængler. Works & Poems (Classic Reprint). 2019. *(978-0-267-00302-9(3))* Forgotten Bks. 2016. pap. *(978-1-5341-71824-8(2))* Forgotten Bks.

Other Girl (Classic Reprint) Charles Garvice. (ENG., Illus.). (J). 2018. 352p. 31.18 *(978-0-484-85867-3(5))*; 2017. pap. 15.17 *(978-0-243-28253-4(6))* Forgotten Bks.

Other Samuel E. McDonald (ENG., Illus.). (J). 2018. 92p. 25.79 *(978-0-267-00302-9(3))*; 2016. pap. 8.57 *(978-1-5341-71824-8(2))* Forgotten Bks.

Other Girl (Classic Reprint) Charles Garvice. (ENG., Illus.). (J). 2018. 352p. 31.18 *(978-0-484-85875-8(5))*; 2017. pap. 15.17 *(978-0-243-28253-4(6))* Forgotten Bks.

Other Half of Happy. Rebecca Balcarcel. 2019. (ENG.). 304p. (J). 34.96 *(978-0-265-19168-2(8))* Forgotten Bks.

Other Hansel (Book) Rebecca Nance Editorial. 2019. (ENG., Illus.). 332p. (J). (gr. 5-9). 16.99 *(978-1-5291-4521-4(2))* Chronicle Bks. LLC.

Other House: A True Story of the Modern Mormon Polygamy (Classic Reprint) Martha Anderson. 2017. (ENG., Illus.). (J). 26.23 *(978-0-331-75576-3(9))*; pap. 9.57 *(978-0-243-27839-1(3))* Forgotten Bks.

Other Business: The Romance of the Carnival & Other Communis. Illus. 2018. (ENG., Illus.). 31.67 *(978-0-364-94378-8(6))* Forgotten Bks.

Other People's Money & How the Bankers Use It. Louis Dembitz. Brandeis. 2018. (SPA., Illus.). 31.67 *(978-0-364-94378-8(6))*; 2017. Forgotten Bks.

Other Peoples. 2018. (ENG.). 31.48 *(978-1-2(6),* 1806p). *(978-1-4174-9107-0(7),* 128143) Abrams, Inc.

Other Fellow, and The Club Storys. Various Authors. Francis Hopkinson Smith. 2017. (ENG., Illus.). 41p. 29.68 *(978-0-266-38051-1(4))* Forgotten Bks.

Other Side. Nayas Simone Furtwængler. Works & Poems (Classic Reprint) F. Hopkinson Smith. 2018. *(978-0-484-52547-3(6))*

The check digit for ISBN-10 appears in parentheses after the full ISBN-13

TITLE INDEX OTTERBURY INCIDENT

Other Side: A Social Study Based on Fact (Classic Reprint) M. A. Foran. 2017. (ENG., Illus.). (J). 33.49 *(978-0-265-80504-6(X))* Forgotten Bks.

Other Side: How It Struck Us (Classic Reprint) C. B. Berry. 2017. (ENG., Illus.). (J). 30.91 *(978-0-266-20648-4(4))* Forgotten Bks.

Other Side: The Record of Certain Passages in the Life of a Genius (Classic Reprint) Horace Annesley Vachell. 2018. (ENG., Illus.). 368p. (J). 31.51 *(978-0-483-30976-0(1))* Forgotten Bks.

Other Side #1. Jody Houser. Illus. by Stefano Martino et al. 2019. (Stranger Things Ser.). (ENG.). 24p. (J). (gr. 6-12). lib. bdg. 31.36 *(978-1-5321-4387-8(7)*, 32890, Graphic Novels) Spotlight.

Other Side #2. Jody Houser. Illus. by Stefano Martino et al. 2019. (Stranger Things Ser.). (ENG.). 24p. (J). (gr. 6-12). lib. bdg. 31.36 *(978-1-5321-4388-5(5)*, 32891, Graphic Novels) Spotlight.

Other Side #3. Jody Houser. Illus. by Stefano Martino et al. 2019. (Stranger Things Ser.). (ENG.). 24p. (J). (gr. 6-12). lib. bdg. 31.36 *(978-1-5321-4389-2(3)*, 32892, Graphic Novels) Spotlight.

Other Side #4. Jody Houser. Illus. by Stefano Martino et al. 2019. (Stranger Things Ser.). (ENG.). 24p. (J). (gr. 6-12). lib. bdg. 31.36 *(978-1-5321-4390-8(7)*, 32893, Graphic Novels) Spotlight.

Other Side God's Door: Messages from Lord Kitchener, Mary Baker Eddy, & Others (Classic Reprint) Mabel Nixon Robertson. 2018. (ENG., Illus.). 172p. (J). 27.44 *(978-0-332-31813-4(3))* Forgotten Bks.

Other Side of Free. Krista Russell. 2023. 272p. (J). (gr. 5-9). pap. 8.99 *(978-1-68263-409-7(4))* Peachtree Publishing Co. Inc.

Other Side of Freedom. Cynthia T. Toney. 2017. (ENG., Illus.). (J). (gr. 4-6). pap. 9.99 *(978-1-944120-39-9(4))* Write Integrity Pr.

Other Side of Infinity. Joan F. Smith. 2023. (ENG.). 336p. (YA). 19.99 *(978-1-250-84338-8(3)*, 900256192) Feiwel & Friends.

Other Side of Lost. Jessi Kirby. 2018. (ENG., Illus.). 320p. (YA). (gr. 9). 17.99 *(978-0-06-242424-2(6)*, HarperTeen) HarperCollins Pubs.

Other Side of Luck. Ginger Johnson. 2021. (ENG.). 240p. (J). 16.99 *(978-1-68119-655-8(7)*, 900179829, Bloomsbury Children's Bks.) Bloomsbury Publishing USA.

Other Side of Me. K. A. Last. 2019. (All the Things Ser.: Vol. 4). (ENG.). 190p. (YA). (gr. 9-12). pap. ***(978-0-6480257-8-8(0))*** Last, K. A.

Other Side of Perfect. Mariko Turk. 2022. (ENG., Illus.). 336p. (YA). (gr. 8-17). pap. 10.99 *(978-0-316-70341-3(9)*, Poppy) Little, Brown Bks. for Young Readers.

Other Side of Summer. Emily Gale. 2017. (ENG.). 336p. (J). (gr. 3-7). 16.99 *(978-0-06-265674-2(0)*, HarperCollins) HarperCollins Pubs.

Other Side of the Bridge. Sophia Nesamoney. Illus. by William Bottini. 2018. (ENG.). 212p. (YA). pap. 16.99 *(978-0-9981849-3-7(4))* Society of Young Inklings.

Other Side of the Door (Classic Reprint) Lucia Chamberlain. 2017. (ENG., Illus.). (J). 30.06 *(978-0-265-19985-5(9))* Forgotten Bks.

Other Side of the Fable. Nancy Loewen. 2018. (Other Side of the Fable Ser.). (ENG.). 24p. (J). (gr. -1-3). 119.96 *(978-1-5158-2886-0(7)*, 28388, Picture Window Bks.) Capstone.

Other Side of the Forest. Annabel a Francis Harris. 2016. (ENG., Illus.). (J). pap. 19.95 *(978-1-62550-439-5(X))* Breezeway Books.

Other Side of the Forest 2: A Sparkling Celebration. Annabel A. Francis-Harris. 2016. (ENG., Illus.). (J). pap. 16.95 *(978-1-62550-440-1(3))* Breezeway Books.

Other Side of the Forest 2: Coloring Book. Annabel A. Francis-Harris. 2016. (ENG., Illus.). (J). pap. 6.95 *(978-1-62550-441-8(1))* Breezeway Books.

Other Side of the Hill: And Home Again (Classic Reprint) Frank Boreham. 2017. (ENG., Illus.). (J). 29.59 *(978-1-5280-6216-9(7))* Forgotten Bks.

Other Side of the River. Alda P. Dobbs. (Barefoot Dreams of Petra Luna Ser.). (ENG.). 368p. (J). (gr. 4-8). 2023. pap. 8.99 ***(978-1-7282-8032-5(X))***; 2022. 17.99 *(978-1-7282-3844-9(7))* Sourcebooks, Inc.

Other Side of the Sky. Amie Kaufman & Meagan Spooner. (ENG.). (YA). (gr. 8). 2021. 496p. pap. 10.99 *(978-0-06-289334-5(3))*; 2020. 480p. 19.99 *(978-0-06-289333-8(5))* HarperCollins Pubs. (HarperTeen).

Other Side of the Story see Otro Lado Del Cuento

Other Side of the Story: A Novel (Classic Reprint) Leslie Derville. (ENG., Illus.). (J). 2018. 314p. 30.39 *(978-0-428-97110-6(5))*; 2016. pap. 13.57 *(978-1-334-12234-7(2))* Forgotten Bks.

Other Side of the Story: Keep an Open Mind. Meyer O'Riley. 2021. (ENG.). 126p. (YA). pap. *(978-0-6485053-7-2(5))* Vye, PJ.

Other Side of the Story Classroom Collection. Nancy Loewen & Jessica Gunderson. Illus. by Cristian Bernardini & Gérald Guerlais. 2018. (Other Side of the Story Ser.). (ENG.). 24p. (J). pap., pap., pap. 750.60 *(978-1-5158-2325-4(3)*, 27516, Picture Window Bks.) Capstone.

Other Side of the Sun. Kathi Linz. 2019. (ENG.). 122p. (YA). pap. 11.99 *(978-1-951263-51-5(0))* Pen It Pubns.

Other Side of the Sun: Fairy Stories (Classic Reprint) Evelyn Sharp. 2018. (ENG., Illus.). 204p. (J). 28.10 *(978-0-483-98557-5(0))* Forgotten Bks.

Other Side of the Tracks. Charity Alyse. 2022. (ENG.). 448p. (YA). (gr. 7). 19.99 *(978-1-5344-9771-9(4))* Simon & Schuster, Inc.

Other Side of the Wall. Amy Ephron. 2020. (Other Side Ser.). 192p. (J). (gr. 3-7). pap. 8.99 *(978-1-9848-1329-9(3)*, Puffin Books) Penguin Young Readers Group.

Other Side, of the Wall (Classic Reprint) Henry Justin Smith. 2017. (ENG., Illus.). (J). 31.36 *(978-0-266-20920-1(3))* Forgotten Bks.

Other Side of the Wall (Classic Reprint) Henry Justin Smith. (ENG., Illus.). (J). 2018. 360p. 31.34 *(978-0-483-62949-3(9))*; 2017. pap. 13.97 *(978-0-243-30309-0(2))* Forgotten Bks.

Other Side of Town. Marf. 2019. (ENG., Illus.). 30p. (J). pap. 12.95 *(978-1-64096-479-2(7))* Newman Springs Publishing, Inc.

Other Stories (Classic Reprint) Edward Hugessen Knatchbull Brabourne. 2017. (ENG., Illus.). (J). 32.17 *(978-1-5280-8120-7(X))* Forgotten Bks.

Other Talk: Reckoning with Our White Privilege. Brendan Kiely. 2021. (ENG., Illus.). 272p. (J). (gr. 7). 18.99 *(978-1-5344-9404-6(9)*, Atheneum/Caitlyn Dlouhy Books) Simon & Schuster Children's Publishing.

Other Things Being Equal (Classic Reprint) Emma Wolf. 2018. (ENG., Illus.). 282p. (J). 29.71 *(978-0-267-23730-2(8))* Forgotten Bks.

Other Times: Or the Monks of Leadenhall (Classic Reprint) Thomas Gaspey. (ENG., Illus.). (J). 2018. 682p. 37.96 *(978-0-332-80513-9(1))*; 2016. pap. 20.57 *(978-1-334-14759-3(0))* Forgotten Bks.

Other Times, Other Spaces: A Short Story Collection. Dave Bakers. 2019. (ENG.). 204p. (J). pap. *(978-1-78532-067-5(X))* DIB Bks.

Other Woman (Classic Reprint) Octavus Roy Cohen. 2018. (ENG., Illus.). 276p. (J). 29.59 *(978-0-428-41649-2(7))* Forgotten Bks.

Other Words for Home. Jasmine Warga. 2019. (ENG.). (J). *(978-1-9871-6164-9(5))* HarperCollins Canada, Ltd.

Other Words for Home. Jasmine Warga. 2021. (ENG.). 368p. (gr. 4-7). 26.19 *(978-1-5364-6781-9(2)*, Balzer & Bray) HarperCollins Pubs.

Other Words for Home. Jasmine Warga. 2019. (ENG.). 368p. lib. bdg. 18.80 *(978-1-6636-3125-1(5))* Perfection Learning Corp.

Other Words for Home: A Newbery Honor Award Winner. Jasmine Warga. (ENG.). (J). (gr. 3-7). 2021. 368p. pap. 9.99 *(978-0-06-274781-5(9))*; 2019. 352p. 17.99 *(978-0-06-274780-8(0))* HarperCollins Pubs. (Balzer & Bray).

Other Words for Nonno. Dave Cameron. Illus. by Yong Ling Kang. 2023. (ENG.). 32p. (J). (gr. -1-2). 21.99 ***(978-1-5253-0575-7(1))*** Kids Can Pr., Ltd. CAN. Dist: Hachette Bk. Group.

Other Words for Smoke. Sarah Maria Griffin. 2019. (ENG.). 352p. (YA). (gr. 9). 17.99 *(978-0-06-240891-4(7)*, Greenwillow Bks.) HarperCollins Pubs.

Other Worlds: A Story Concerning the Wealth Earned by American Citizens & Showing How It Can Be Secured to Them Instead of to the Trusts (Classic Reprint) Lena Jane Fry. 2017. (ENG., Illus.). (J). 206p. 28.15 *(978-0-332-08308-7(X))*; pap. 10.57 *(978-1-5276-8143-9(2))* Forgotten Bks.

Other Worlds: And Their Stories. Joseph Riley Peak. 2017. (Inklings Ser.: Vol. 1). (ENG., Illus.). (YA). (gr. 7-12). 15.00 *(978-0-692-87157-7(8))* S.C. TreeHouse LLC.

Other Worlds Than Ours. Richard Anthony Proctor. 2017. (ENG.). (J). 350p. pap. *(978-3-337-24997-7(3))*; 346p. pap. *(978-3-337-27073-5(5))* Creation Pubs.

OtherEarth. Jason Segel & Kirsten Miller. (Last Reality Ser.: 2). (ENG.). (YA). (gr. 7). 2019. 336p. pap. 12.99 *(978-1-101-93939-0(7)*, Ember); 2018. 320p. 18.99 *(978-1-101-93936-9(2)*, Delacorte Pr.) Random Hse. Children's Bks.

Otherearth. Jason Segel & Kirsten Miller. 2018. 310p. (YA). *(978-0-525-70794-3(8)*, Delacorte Pr) Random House Publishing Group.

OtherLife. Jason Segel & Kirsten Miller. 2020. (Last Reality Ser.: 3). (ENG.). 304p. (YA). (gr. 7). pap. 10.99 *(978-1-101-93943-7(5)*, Ember) Random Hse. Children's Bks.

Otherside: The Serenity. H. J. Vanderiet. 2021. (ENG.). 330p. (J). pap. 18.99 *(978-0-578-87949-9(2))* H.J VandeRiet.

Otherwise Known As Possum. Maria D. Laso. 2017. (ENG.). 240p. (J). (gr. 3-7). 16.99 *(978-0-545-92795-6(1)*, Scholastic Pr.) Scholastic, Inc.

Otherwise Phyllis (Classic Reprint) Meredith Nicholson. 2018. (ENG., Illus.). 418p. (J). 32.52 *(978-0-267-23103-4(2))* Forgotten Bks.

Otherwood. Pete Hautman. (ENG.). 320p. (J). (gr. 3-7). 2020. pap. 8.99 *(978-1-5362-1579-3(1))*; 2018. 16.99 *(978-0-7636-9071-7(6))* Candlewick Pr.

Otherwoods. Justine Pucella Winans. 2023. (ENG.). 288p. (J). 17.99 ***(978-1-5476-1254-3(1)***, 900293597, Bloomsbury Children's Bks.) Bloomsbury Publishing USA.

Otherworld. Jason Segel & Kirsten Miller. 2018. (Last Reality Ser.: 1). (ENG.). 384p. (YA). (gr. 7). pap. 10.99 *(978-1-101-93935-2(4)*, Ember) Random Hse. Children's Bks.

Otherworld: The Book of Things That Are. Naomi Reid. 2018. (ENG.). 202p. (J). pap. 8.99 *(978-1-7325270-1-0(6))* Bide Ahwee Publishing & Mulitmedia.

Otherworld Saga: Chains of Uncertainty. Msa Wilson. 2022. (ENG., Illus.). 492p. (J). pap. 27.95 ***(978-1-63985-883-5(0))*** Fulton Bks.

Othmar: A Novel (Classic Reprint) Ouida Ouida. 2017. (ENG., Illus.). (J). 32.85 *(978-1-5283-3394-8(2))* Forgotten Bks.

Otis & Peanut. Naseem Hrab. Illus. by Kelly Collier. 2023. (Otis & Peanut Ser.: 1). (ENG.). 80p. (J). (gr. 2). 18.95 *(978-1-77147-496-2(3))* Owlkids Bks. Inc. CAN. Dist: Publishers Group West (PGW).

Otis & the Animals Board Book Boxed Set, 2 vols. Loren Long. 2019. (Otis Ser.). (ENG.). (J). (gr. -1-3). bds., bds. 17.98 *(978-1-9848-3727-1(3)*, Philomel Bks.) Penguin Young Readers Group.

Otis & the Kittens. Loren Long. 2019. (Otis Ser.). (Illus.). 38p. (J). (-k). bds. 8.99 *(978-1-9848-3722-6(2)*, Philomel Bks.) Penguin Young Readers Group.

Otis & the Kittens. Loren Long. Illus. by Loren Long. 2016. (Otis Ser.). (Illus.). 40p. (J). (gr. -1-3). 18.99 *(978-0-399-16398-2(0)*, Philomel Bks.) Penguin Young Readers Group.

Otis & Will Discover the Deep: The Record-Setting Dive of the Bathysphere. Barb Rosenstock. Illus. by Katherine Roy. 2018. (ENG.). 48p. (J). (gr. -1-3). 18.99 *(978-0-316-39382-9(7))* Little, Brown Bks. for Young Readers.

Otis Christmas. Loren Long. Illus. by Loren Long. 2016. (Otis Ser.). (Illus.). 36p. (J). (gr. -1-2). bds. 8.99 *(978-0-399-54811-6(4)*, Philomel Bks.) Penguin Young Readers Group.

Otis, el Búho. Mary Holland. 2017. (SPA., Illus.). 32p. (J). (gr. 2-3). pap. 11.95 *(978-1-62855-941-5(1)*, 18eb0bb0-55cd-497e-9e83-9604e1995b13) Arbordale Publishing.

Otis Gives Thanks. Loren Long. Illus. by Loren Long. 2017. (Otis Ser.). (Illus.). 30p. (J). (— 1). bds. 8.99 *(978-1-5247-4115-0(9)*, Philomel Bks.) Penguin Young Readers Group.

Otis Goes to Cmu. Jeanneane Wood-Nartker. (ENG.). (J). 2018. 38p. 14.95 *(978-1-68401-965-6(6))*; 2017. 14.95 *(978-1-68401-566-5(9))* Amplify Publishing Group.

Otis la Chouette, 1 vol. Mary Holland. Tr. by Sophie Troff. 2019. (FRE.). 32p. (J). 11.95 *(978-1-64351-613-4(2))* Arbordale Publishing.

Otis Makes Music. Canya Selvakumar. Illus. by Mirka Loiselle. 2021. (ENG.). 34p. (J). *(978-0-2288-5219-3(6))*; pap. *(978-0-2288-5218-6(8))* Tellwell Talent.

Otis P. Oliver Protests. Ken Claiborne Boyle. Illus. by Daniel Duncan. 2020. (ENG.). 32p. (J). (gr. 1-4). 16.99 *(978-1-5341-1043-4(7)*, 204852) Sleeping Bear Pr.

Otis Paul & Harry the Hairy Echidna. Barbara A. Smith. 2019. (ENG., Illus.). 38p. (J). *(978-1-5289-0886-3(4))*; pap. *(978-1-5289-0885-6(6))* Austin Macauley Pubs. Ltd.

Otis the Donkeysus. Colleen Stiles. 2019. (ENG.). 28p. (J). pap. 12.50 *(978-1-7947-1377-2(8))* Lulu Pr., Inc.

Otis the Owl. Mary Holland. 2017. (SPA & ENG., Illus.). 32p. (J). (gr. k-3). 17.95 *(978-1-62855-939-2(X))* Arbordale Publishing.

Otis the Trash Talking Octopus. Gina Giordano. 2023. (ENG.). 38p. (J). 19.95 ***(978-1-63755-571-2(7)***, Mascot Kids) Amplify Publishing Group.

Otis's Busy Day. Loren Long. 2021. (Step into Reading Ser.). (Illus.). 32p. (J). (gr. -1-1). pap. 5.99 *(978-0-593-43266-2(5))*; (ENG., lib. bdg. 14.99 *(978-0-593-43267-9(3))* Random Hse. Children's Bks. (Random Hse. Bks. for Young Readers).

Otòn. Amy Culliford. Tr. by Jean Pierre Gaston. 2021. (Sezon Nan Ane Yo (Seasons in a Year) Ser.). (CRP., Illus.). 16p. (J). (gr. -1-1). pap. *(978-1-4271-3765-4(X)*, 10198) Crabtree Publishing Co.

Otoño. Aaron Carr. 2016. (Nuestras Cuatro Estaciones Ser.). (SPA.). 24p. (J). lib. bdg. 22.99 *(978-1-5105-2470-5(3))* SmartBook Media, Inc.

Otono. Carmen Corriols. Illus. by Niki Leonidou. 2016. (Early Rising Readers Ser.). (SPA.). 16p. (J). (gr. 1-1). 6.67 *(978-1-4788-4185-2(0))* Newmark Learning LLC.

Otoño. Amy Culliford. Tr. by Pablo de la Vega. 2021. (Las Estaciones Del año (Seasons in a Year) Ser.). (SPA., Illus.). 16p. (J). (gr. -1-1). pap. *(978-1-4271-3303-8(4)*, 14522) Crabtree Publishing Co.

Otoño. Julie Murray. 2016. (Las Estaciones Ser.). (SPA.). 24p. (J). (gr. -1-2). pap. 7.95 *(978-1-4966-0707-2(4)*, 131743, Capstone Classroom) Capstone.

Otoño. Mari Schuh. 2019. (Estaciones Ser.). (SPA.). 16p. (J). (gr. -1-2). *(978-1-68151-628-8(4)*, 14529) Amicus.

Otoño - 6 Pack. Carmen Corriols. 2016. (Early Rising Readers Ser.). (SPA.). (J). (gr. 1). 40.00 net. *(978-1-4788-4764-9(6))* Newmark Learning LLC.

Otoño/Fall. Child's Play. Tr. by Teresa Mlawer. Illus. by Ailie Busby. ed. 2019. (Spanish/English Bilingual Editions Ser.). (ENG.). 12p. (J). (gr. 1-1). bds. *(978-1-78628-305-4(0))* Child's Play International Ltd.

Otra Dimensión / the Other Dimension. Kaira Pérez Aguada. 2020. (ENG & SPA., Illus.). 112p. (J). (gr. 4-7). pap. 16.95 *(978-0-89556-289-0(8))* Gateways Bks. & Tapes.

¡Otra, Otra, Otra! (Encore!) Illus. by Alex Cho. 2021. (Vivo Ser.). (SPA.). 24p. (J). (gr. -1-2). pap. 4.99 *(978-1-5344-6814-6(5)*, Libros Para Ninos) Libros Para Ninos.

Otro Lado Del Cuento. Nancy Loewen. Illus. by Tatevik Avakyan. 2019. (Otro Lado Del Cuento Ser.). Tr. of Other Side of the Story. (SPA.). 24p. (J). (gr. -1-3). 119.96 *(978-1-5158-4688-8(1)*, 29724); pap., pap., pap. 27.80 *(978-1-5158-6113-3(9)*, 30110) Capstone. (Picture Window Bks.).

Otro Mundo. Natalia Lucia Aguilar Gaona. 2022. (SPA.). 64p. (YA). pap. ***(978-1-365-49951-7(0))*** Lulu Pr., Inc.

Ottalie's Stories for the Little Folks: Translated from the German (Classic Reprint) Ottalie Wildermuth. (ENG., Illus.). (J). 2018. 328p. 30.68 *(978-0-483-15251-9(X))*; 2016. pap. 13.57 *(978-1-334-12247-7(4))* Forgotten Bks.

Ottawa Senators. Ethan Olson. 2023. (NHL Teams Set 3 Ser.). (ENG., Illus.). 32p. (J). pap. 9.95 ***(978-1-63494-703-9(7))*** Pr. Room Editions LLC.

Ottawa Senators. Contrib. by Ethan Olson. 2023. (NHL Teams Set 3 Ser.). (ENG., Illus.). 32p. (J). lib. bdg. 31.35 ***(978-1-63494-679-7(0))*** Pr. Room Editions LLC.

Otter, 1 vol. Meredith Costain. Illus. by Gary Hanna. 2016. (Wild World Ser.). (ENG.). 32p. (J). (gr. 1-2). pap. 11.00 *(978-1-4994-8218-8(3)*, 67fa22af-561a-4c9d-9be5-b159f4f552ed, Windmill Bks.) Rosen Publishing Group, Inc., The.

Otter. Cynthia Rylant. Illus. by Preston McDaniels. 2016. (Lighthouse Family Ser.: 6). (ENG.). 48p. (J). (gr. 1-5). 17.99 *(978-1-4814-6045-3(5)*, Beach Lane Bks.) Beach Lane Bks.

Otter: Best Cake Ever. Sam Garton. 2021. (My First I Can Read Ser.). (ENG., Illus.). 32p. (J). (gr. -1-3). 16.99 *(978-0-06-299121-8(3))*; pap. 4.99 *(978-0-06-299120-1(5))* HarperCollins Pubs. (Balzer & Bray).

Otter: Hello, Sea Friends! Sam Garton. 2016. (My First I Can Read Ser.). (ENG., Illus.). 32p. (J). (gr. -1-3). pap. 4.99 *(978-0-06-236660-3(2)*, Balzer & Bray) HarperCollins Pubs.

Otter: Hello, Sea Friends! Illus. by Sam Garton. 2016. 32p. (J). *(978-1-5182-2257-3(9)*, Balzer & Bray) HarperCollins Pubs.

Otter: Let's Go Swimming! Illus. by Sam Garton. 2017. 32p. (J). *(978-1-5182-4207-6(3)*, Balzer & Bray) HarperCollins Pubs.

Otter & Bird. Hannah LaFleur. 2020. (ENG.). 86p. (J). pap. *(978-1-78830-552-5(3))* Olympia Publishers.

Otter B Brave. Pamela Kennedy & Anne Kennedy Brady. 2019. (Otter B Ser.: 3). (ENG., Illus.). 24p. (J). 8.99 *(978-1-58997-033-5(0)*, 20_32666) Focus on the Family Publishing.

Otter B Forgiving. Pamela Kennedy & Anne Kennedy Brady. 2023. (Otter B Ser.: 11). (ENG., Illus.). 32p. (J). 12.99 *(978-1-64607-042-8(9)*, 20_36395) Focus on the Family Publishing.

Otter B Free. Pamela Kennedy & Anne Kennedy Brady. 2022. (Otter B Ser.: 9). (ENG., Illus.). 32p. (J). 12.99 *(978-1-64607-040-4(2)*, 20_36393) Focus on the Family Publishing.

Otter B Helpful. Pamela Kennedy & Anne Kennedy Brady. 2019. (Otter B Ser.: 4). (ENG., Illus.). 24p. (J). 12.99 *(978-1-58997-047-2(0)*, 20_32667) Focus on the Family Publishing.

Otter B Honest. Pamela Kennedy & Anne Kennedy Brady. 2019. (Otter B Ser.: 1). (ENG., Illus.). 24p. (J). 8.99 *(978-1-58997-984-0(2)*, 20_32489) Focus on the Family Publishing.

Otter B Hopeful. Pamela Kennedy & Anne Kennedy Brady. 2022. (Otter B Ser.: 8). (ENG., Illus.). 32p. (J). 12.99 *(978-1-64607-039-8(9)*, 20_36392) Focus on the Family Publishing.

Otter B Joyful. Pamela Kennedy & Anne Kennedy Brady. 2021. (Otter B Ser.: 7). (ENG., Illus.). 32p. (J). 8.99 *(978-1-64607-038-1(0)*, 20_36303) Focus on the Family Publishing.

Otter B Kind. Pamela Kennedy & Anne Kennedy Brady. 2019. (Otter B Ser.: 2). (ENG., Illus.). 24p. (J). 12.99 *(978-1-58997-986-4(9)*, 20_32665) Focus on the Family Publishing.

Otter B Taking Turns. Pamela Kennedy & Anne Kennedy Brady. 2019. (Otter B Ser.: 5). (ENG., Illus.). 24p. (J). 12.99 *(978-1-58997-397-8(6)*, 20_32668) Focus on the Family Publishing.

Otter B Thankful. Pamela Kennedy & Anne Kennedy Brady. 2022. (Otter B Ser.: 10). (ENG., Illus.). 32p. (J). 12.99 *(978-1-64607-041-1(0)*, 20_36394) Focus on the Family Publishing.

Otter B Trustworthy. Pamela Kennedy & Anne Kennedy Brady. 2019. (Otter B Ser.: 6). (ENG., Illus.). 24p. (J). 12.99 *(978-1-58997-452-4(2)*, 20_33275) Focus on the Family Publishing.

Otter Coloring Book: Adult Coloring Book, Animal Coloring Book, Floral Mandala Coloring Pages, Quotes Coloring Book, Gift for Otter Lovers. Illus. by Paperland Online Store. 2020. (ENG.). 42p. (J). pap. *(978-1-716-29718-2(4))* Lulu Pr., Inc.

Otter Doesn't Know. Andrea Fritz. 2023. (Coast Salish Tales Ser.: 1). (ENG., Illus.). 32p. (J). (gr. 1-3). 21.95 ***(978-1-4598-3621-1(9))*** Orca Bk. Pubs. USA.

Otter Goes to School. Sam Garton. Illus. by Sam Garton. 2016. (ENG., Illus.). 32p. (J). (gr. -1-3). 17.99 *(978-0-06-235225-5(3)*, Balzer & Bray) HarperCollins Pubs.

Otter Halloween Coloring Book: Coloring Books for Adults, Zentangle Coloring Pages, Otterly Spooky, You're My Boo, Pumpkin, Happy Halloween. Illus. by Paperland Online Store. 2021. (ENG.). 42p. (J). pap. *(978-1-304-07328-0(9))* Lulu Pr., Inc.

Otter: I Love Books! Sam Garton. Illus. by Sam Garton. 2019. (My First I Can Read Ser.). (ENG., Illus.). 32p. (J). (gr. -1-3). 17.99 *(978-0-06-284508-5(X)*, Balzer & Bray) HarperCollins Pubs.

Otter Lagoon. Nancy Deas. Illus. by Mike Deas. 2021. (Sueño Bay Adventures Ser.: 2). (ENG.). 192p. (J). (gr. 1-3). pap. 14.95 *(978-1-4598-1964-1(0)*, 1459819640) Orca Bk. Pubs. USA.

Otter: Let's Go Swimming! Sam Garton. Illus. by Sam Garton. 2017. (My First I Can Read Ser.). (ENG., Illus.). 32p. (J). (gr. -1-3). pap. 4.99 *(978-0-06-236663-4(7)*, Balzer & Bray) HarperCollins Pubs.

Otter Loves Easter! An Easter & Springtime Book for Kids. Sam Garton. Illus. by Sam Garton. 2017. (ENG., Illus.). 32p. (J). (gr. -1-3). pap. 9.99 *(978-0-06-236667-2(X)*, Balzer & Bray) HarperCollins Pubs.

Otter-Ly Ridiculous. Renée Treml. Illus. by Renée Treml. 2023. (Super Adventures of Ollie & Bea Ser.). (ENG.). 64p. (J). 23.99 *(978-1-6663-9386-6(X)*, 244793); pap. 7.99 *(978-1-6663-9615-7(X)*, 244781) Capstone. (Picture Window Bks.).

Otter: Oh No, Bath Time! Sam Garton. Illus. by Sam Garton. 2016. (My First I Can Read Ser.). (ENG., Illus.). 32p. (J). (gr. -1-3). pap. 4.99 *(978-0-06-236657-3(2)*, Balzer & Bray) HarperCollins Pubs.

Otter, Squirrel, & the River: And the River. Stephen Tearle. Illus. by Stephen Tearle. 2021. (ENG.). 46p. (J). pap. 9.55 *(978-1-257-64478-0(5))* Lulu Pr., Inc.

Otter: the Best Job Ever! Sam Garton. Illus. by Sam Garton. 2016. (My First I Can Read Ser.). (ENG., Illus.). 32p. (J). (gr. -1-3). pap. 5.99 *(978-0-06-236654-2(8)*, Balzer & Bray) HarperCollins Pubs.

Otter This World. Sequoia Kids Media Sequoia Kids Media. 2021. (Super Funny Jokes for Kids Ser.). (ENG.). 24p. (J). (gr. 1-3). pap. 9.50 ***(978-1-64996-713-8(6)***, 17077, Sequoia Kids Media) Sequoia Children's Bks.

Otter This World: Animal Jokes. Sequoia Kids Media. 2022. (Super Funny Jokes for Kids Ser.). (ENG.). 24p. (J). (gr. 1-3). lib. bdg. 27.29 *(978-1-64996-197-6(9)*, 4945, Sequoia Kids Media) Phoenix International Publications, Inc.

Otter to Cuddle. Mackenzie Ketterman. Illus. by Mackenzie Ketterman. 2023. (ENG.). 25p. (J). ***(978-1-312-34753-3(8))*** Lulu Pr., Inc.

Otter: What Pet Is Best? Sam Garton. Illus. by Sam Garton. 2019. (My First I Can Read Ser.). (ENG., Illus.). 32p. (J). (gr. -1-3). 16.99 *(978-0-06-284513-9(6))*; pap. 4.99 *(978-0-06-284512-2(8))* HarperCollins Pubs. (Balzer & Bray).

Otterbourne, Vol. 1 Of 3: A Story of the English Marches (Classic Reprint) Edward Duros. (ENG., Illus.). (J). 2018. 300p. 30.08 *(978-0-483-89616-1(0))*; 2016. pap. 13.57 *(978-1-333-45678-8(6))* Forgotten Bks.

Otterbourne, Vol. 2 Of 3: A Story of the English Marches (Classic Reprint) Unknown Author. 2018. (ENG., Illus.). 332p. (J). 30.74 *(978-0-267-15490-6(9))* Forgotten Bks.

Otterbury Incident. Puffin. 2017. (Puffin Book Ser.). (Illus.). 240p. (J). (gr. 3-7). mass mkt. 15.99 *(978-0-14-137988-3(X))* Penguin Bks., Ltd. GBR. Dist: Independent Pubs. Group.

O

Otterly Adorable Otters. Rebecca Felix. 2020. (Internet Animal Stars Ser.). (ENG., Illus.). 32p. (J). (gr. 1-4). pap. 8.99 *(978-1-7284-0290-1(5),* c2fa5b18-5bbf-4615-8cdc-6907bedd18f9); lib. bdg. 27.99 *(978-1-5415-9715-0(X),* 5af3beb4-d897-4255-9c54-9c3d0bbeafcf) Lerner Publishing Group. (Lerner Pubns.).

Otters. Kaite Goldsworthy. 2016. (Animals of North America Ser.). (ENG., Illus.). 24p. (J). lib. bdg. 22.99 *(978-1-5105-0815-6(5))* SmartBook Media, Inc.

Otters: Tool Users. Katie Lajiness. 2018. (Awesome Animal Powers Ser.). (ENG., Illus.). 32p. (J). (gr. 2-5). lib. bdg. 34.21 *(978-1-5321-1502-8(4),* 28858, Big Buddy Bks.) ABDO Publishing Co.

Otters at the Zoo, 1 vol. Seth Lynch. 2019. (Zoo Animals Ser.). (ENG.). 24p. (gr. k-k). pap. 9.15 *(978-1-5382-3938-4(8),* fe6db6bb-df1e-4b34-84f5-b9e582544d23) Stevens, Gareth Publishing LLLP.

Otter's Big Dream. R. D. Steinert. 2021. 26p. (J). pap. 12.99 *(978-1-0983-7158-6(5))* BookBaby.

Otters Love to Play. Jonathan London. Illus. by Meilo So. (Read & Wonder Ser.). (ENG.). 32p. (J). (gr. k-4). 2018. 7.99 *(978-1-5362-0324-0(6));* 2016. 17.99 *(978-0-7636-6913-3(X))* Candlewick Pr.

Otters Smash, Crabs Pinch, 1 vol. Dorothy Jennings. 2017. (Hunter & Hunted: Animal Survival Ser.). (ENG.). 24p. (J). (gr. 3-3). 25.27 *(978-1-5081-5662-8(X),* 3981d87f-307e-4b6d-98de-eff2c9b49f78, PowerKids Pr.) Rosen Publishing Group, Inc., The.

Otters Tale. Estelle Cooper. 2017. (ENG., Illus.). (J). pap. 12.95 *(978-1-63525-135-7(4))* Christian Faith Publishing.

Otterstone Hall, Vol. 1 (Classic Reprint) Urquhart Atwell Forbes. 2018. (ENG., Illus.). 358p. (J). 31.30 *(978-0-428-57264-8(2))* Forgotten Bks.

Otterstone Hall, Vol. 2 (Classic Reprint) Urquhart A. Forbes. 2018. (ENG., Illus.). 250p. (J). 29.05 *(978-0-267-23947-4(5))* Forgotten Bks.

Ottilie: An Eighteenth Century Idyl (Classic Reprint) Vernon Lee. 2017. (ENG., Illus.). (J). 27.61 *(978-0-265-67411-6(5));* pap. 9.97 *(978-1-5276-4898-2(2))* Forgotten Bks.

Ottilie Colter & the Master of Monsters, Volume 2. Rhiannon Williams. (Narroway Trilogy Ser.: 2). (ENG.). 384p. (J). (gr. 4-7). 2021. pap. 10.99 *(978-1-76050-090-0(9));* 2nd ed. 2023. pap. 14.99 ***(978-1-76121-218-5(4))*** Hardie Grant Children?s Publishing AUS. Dist: Independent Pubs. Group.

Ottilie Colter & the Narroway Hunt, Volume 1. Rhiannon Williams. (Narroway Trilogy Ser.: 1). (ENG.). 352p. (J). (gr. 4-7). 2021. pap. 10.99 *(978-1-76050-084-9(4));* 2nd ed. 2023. pap. 14.99 ***(978-1-76121-217-8(6))*** Hardie Grant Children?s Publishing AUS. Dist: Independent Pubs. Group.

Ottilie Colter & the Withering World, Volume 3. Rhiannon Williams. (Narroway Trilogy Ser.: 3). (ENG.). 368p. (J). (gr. 4-7). 2021. pap. 10.99 *(978-1-76050-118-1(2));* 2nd ed. 2023. pap. 14.99 ***(978-1-76121-219-2(2))*** Hardie Grant Children?s Publishing AUS. Dist: Independent Pubs. Group.

Otto. Jon Agee. ed. 2022. (ENG.). 141p. (J). (gr. 2-3). 23.46 ***(978-1-68505-386-4(6))*** Penworthy Co., LLC, The.

Otto: The Not-So-Little Giant. David Mulholland. 2022. (ENG., Illus.). 24p. (J). 23.95 *(978-1-6624-8068-3(7));* pap. 13.95 *(978-1-6624-7725-6(2))* Page Publishing Inc.

Otto: a Palindrama. Jon Agee. Illus. by Jon Agee. 2021. (Illus.). 144p. (J). (gr. 4-7). 17.99 *(978-0-8037-4162-1(6));* 10.99 *(978-0-14-751349-6(9))* Penguin Young Readers Group. (Dial Bks).

Otto & Pio (Read Aloud Book for Children about Friendship & Family) Marianne Dubuc. 2019. (ENG., Illus.). 66p. (J). (gr. k-3). 18.95 *(978-1-61689-760-4(0))* Princeton Architectural Pr.

Otto & the New Girl. Nan Walker. Illus. by Amy Wummer. 2017. (Math Matters Ser.). 32p. (J). (gr. k-4). 5.99 *(978-1-57565-864-3(X),* 1a2fe106-2d08-48cd-9448-804c191bb54f, Kane Press) Astra Publishing Hse.

Otto & the New Girl: Symmetry. Nan Walker. Illus. by Amy Wummer. ed. 2017. (Math Matters (r) Ser.). (ENG.). 32p. (J). (gr. k-3). E-Book 23.99 *(978-1-57565-867-4(4))* Astra Publishing Hse.

Otto & the Secret Light of Christmas, 18 vols. Nora Surojegin. Tr. by Jill Timbers. Illus. by Pirkko-Liisa Surojegin. 2016. Orig. Title: Untu Ja Sydäntalven Salaisuus. 108p. (J). 24.95 *(978-1-78250-323-1(4))* Floris Bks. GBR. Dist: Consortium Bk. Sales & Distribution.

Otto-Autobiography of a Teddy Bear. Tomi Ungerer. 2018. (CHI.). (J). *(978-7-5496-2493-5(3))* Wenhui Chubanshe.

Otto Blotter, Bird Spotter. Graham Carter. Illus. by Graham Carter. 2019. (ENG., Illus.). 40p. (J). (gr. -1-3). 17.99 *(978-1-5415-7762-6(0),* 298bf963-98c0-4156-9d0d-8550b9c1c215) Lerner Publishing Group.

Otto Goes North. Ulrika Kestere. Illus. by Ulrika Kestere. 2019. (ENG., Illus.). 32p. (J). (gr. k-2). 17.99 *(978-1-77657-241-0(6),* 494793a6-3ad6-429b-84ce-b07a197a0927) Gecko Pr. NZL. Dist: Lerner Publishing Group.

Otto P. Nudd. Emily Butler. 2020. (Illus.). 240p. (J). (gr. 3-7). 16.99 *(978-1-5247-1775-9(4));* (ENG., lib. bdg. 19.99 *(978-1-5247-1776-6(2))* Random Hse. Children's Bks. (Crown Books For Young Readers).

Otto the Knight, & Other Trans-Mississippi Stories (Classic Reprint) Octave Thanet. 2017. (ENG., Illus.). (J). 31.24 *(978-0-260-58762-6(1))* Forgotten Bks.

Otto the Ordinary & His Fabulous Friends. Jeff Baetzel. 2017. (ENG., Illus.). 42p. (J). (gr. k-5). 16.50 *(978-0-692-97869-6(0))* Baetzel, Jeff.

Otto the Otter's Muddy Puddle. Chez Rafter. Illus. by Daniela Frongia. 2018. (Rubbish Rebellion Ser.: Vol. 2). (ENG.). 40p. (J). *(978-0-6484070-1-0(2))* Aurora House.

Otto the Stout Was Afraid to Go Out. Bud Podrazik. 2016. (ENG., Illus.). 56p. (J). pap. *(978-1-365-11876-0(2))* Lulu Pr., Inc.

Ottoman Empire: A Book Filled with Facts for Children. Bold Kids. 2022. (ENG.). 42p. (J). pap. 14.99 ***(978-1-0717-1106-4(7))*** FASTLANE LLC.

Otto's Backwards Day: TOON Level 3. Jay Lynch. Illus. by Frank Cammuso. 2018. (Otto the Cat Ser.). 32p. (J). (gr. -1-3). pap. 7.99 *(978-1-943145-33-1(4),* Toon Books) Astra Publishing Hse.

ötzi the Iceman Julie Murray. 2022. (Amazing Archaeology Ser.). (ENG., Illus.). 24p. (J). (gr. 2-2). pap. 8.95 *(978-1-64494-639-8(4),* Abdo Zoom-Dash) ABDO Publishing Co.

Ötzi the Iceman. Julie Murray. 2021. (Amazing Archaeology Ser.). (ENG., Illus.). 24p. (J). (gr. k-4). lib. bdg. 31.36 *(978-1-0982-2666-4(6),* 38608, Abdo Zoom-Dash) ABDO Publishing Co.

Ou. Contrib. by Mary Elizabeth Salzmann. 2023. (Vowel Teams Ser.). (ENG.). 24p. (J). (gr. -1-2). lib. bdg. 31.36 ***(978-1-0982-8287-5(6),*** 42311, Abdo Zoom-Launch) ABDO Publishing Co.

Ou Est Mon Imam. Shelina Kermalli. Illus. by Sakeena Panji. 2020. (FRE.). 28p. (J). pap. *(978-1-908110-68-8(6))* Sunlight Pubns.

Ouch! It Bit Me! A Book about Interjections. Cari Meister. Illus. by Holli Conger. 2016. (Say What?: Parts of Speech Ser.). (ENG.). 16p. (J). (gr. k-2). lib. bdg. 17.95 *(978-1-60753-932-2(2),* 15557) Amicus.

Ouch, Lies Hurt! Anthony Wallace & LaQuita Parks. 2023. (ENG.). 30p. (J). pap. 20.00 ***(978-1-959667-23-0(8))*** Pa-Pro-Vi Publishing.

Ouch! That Hurts! Julietta Raoul & Illustrator Laurna Svensson. 2021. (ENG.). 20p. (J). pap. *(978-1-64969-886-5(0))* Tablo Publishing.

Ouch That Hurts. Harriet Sanders. 2021. (ENG., Illus.). 26p. (J). pap. 13.95 *(978-1-6624-5414-1(7))* Page Publishing Inc.

Oudendale: A Story of Schoolboy Life (Classic Reprint) R. Hope Moncrief. (ENG., Illus.). (J). 2018. 308p. 30.25 *(978-0-483-11269-8(0));* 2016. pap. 13.57 *(978-1-334-11710-7(1))* Forgotten Bks.

Ought We to Visit Her? (Classic Reprint) Annie Edwardes. 2018. (ENG., Illus.). 446p. (J). 33.10 *(978-0-267-25028-8(2))* Forgotten Bks.

Ouïe. Christina Earley. Tr. by Annie Evearts. 2021. (Mes Sens (My Senses) Ser.). (FRE.). 16p. (J). (gr. -1-1). pap. *(978-1-0396-0557-2(5),* 13450) Crabtree Publishing Co.

Oupa Snork! Print on Demand. 2021. (AFR.). 22p. (J). pap. *(978-0-6398323-8-8(5))* Pro Christo Publications.

Oups! *see* **Oops!**

Our 1st Protest. London C. Williams. Illus. by Subi Bosa. 2020. (ENG.). 36p. (J). 18.00 ***(978-0-578-74641-8(7))*** Darlene L. Eason.

Our Admirable Betty: A Romance (Classic Reprint) Jeffery Farnol. 2018. (ENG., Illus.). 392p. (J). 32.00 *(978-0-364-94663-3(6))* Forgotten Bks.

Our Adventures During the War of 1870 (Classic Reprint) Emma Maria Pearson. 2018. (ENG., Illus.). 314p. (J). 30.39 *(978-0-267-43123-6(6))* Forgotten Bks.

Our Allies & Enemies in the near East (Classic Reprint) Jean Victor Bates. 2017. (ENG., Illus.). (J). 28.85 *(978-0-331-47901-0(X));* pap. 11.57 *(978-0-260-84145-2(5))* Forgotten Bks.

Our Amazing Blankets. Kealy Connor Lonning. 2021. (ENG.). 42p. (J). 18.99 *(978-1-7359945-4-3(5))* Connor Lonning, Kealy.

Our Amazing Sky: The Sun. Katie Gillespie. 2017. (Eyediscover Ser.). (ENG., Illus.). (J). lib. bdg. 27.13 *(978-1-4896-5701-5(0),* AV2 by Weigl) Weigl Pubs., Inc.

Our Amazing Solar System. Donnie Cox. 2018. (ENG., Illus.). 20p. (J). (gr. 1-6). pap. 9.99 *(978-0-692-16885-1(0));* (gr. 2-6). 16.99 *(978-0-692-13808-3(0))* Cox, Donald.

Our Amazing Sun: (Age 6 & Above) Tj Rob. 2017. (Exploring Space Ser.). (ENG., Illus.). (J). pap. *(978-1-988695-47-1(3))* TJ Rob.

Our American Cousin. Tom Taylor. 2018. (ENG., Illus.). 74p. (J). *(978-3-7326-2756-1(X))* Klassik Literatur. ein Imprint der Salzwasser Verlag GmbH.

Our American Cousin. Tom Taylor. 2022. (ENG.). 140p. (J). pap. 29.10 *(978-1-6781-3759-5(6))* Lulu Pr., Inc.

Our American Cousin: A Drama, in Three Acts (Classic Reprint) Tom Taylor. 2016. (ENG., Illus.). (J). pap. 9.57 *(978-1-333-51762-5(9))* Forgotten Bks.

Our American Cousin: A Drama, in Three Acts (Classic Reprint) Tom Taylor. 2017. (ENG., Illus.). (J). 25.01 *(978-0-265-17998-7(X))* Forgotten Bks.

Our Ancestors: A Comedy in Two Acts. Jeanne Mairet. 2017. (ENG., Illus.). (J). pap. *(978-0-649-30169-0(2))* Trieste Publishing Pty Ltd.

Our Ancestors: A Comedy in Two Acts (Classic Reprint) Jeanne Mairet. 2018. (ENG., Illus.). 50p. (J). 24.93 *(978-0-267-45594-2(1))* Forgotten Bks.

Our Animal Friends. Clever Publishing. Illus. by Margarita Kukhtina. 2018. (Look & Find Ser.). (ENG.). 24p. (J). (gr. -1-1). 9.99 *(978-1-948418-32-4(0))* Clever Media Group.

Our Animal Friends: Book 2 Tristan the Bear - We Can LWPP Together. James Benedict. 2022. (ENG.). 18p. (J). pap. 8.99 *(978-1-957582-54-2(5))* Print & Media, Westpoint.

Our Animal Friends: Book 4 Arianna the Bluebird - the Pact Between Friends. James Benedict. 2022. (ENG.). 18p. (J). pap. 8.99 *(978-1-957582-58-0(8))* Print & Media, Westpoint.

Our Animal Friends: Elaina the Eagle That Soared. James Benedict. 2019. (ENG.). 26p. (J). (gr. k). 22.99 *(978-1-7330557-9-6(7));* pap. 12.99 *(978-1-7330557-8-9(9))* Toplink Publishing.

OUR ANIMAL FRIENDS - Book 5: Bailey, the Bunny Friends. James Benedict. 2022. (ENG.). 24p. (J). pap. 9.99 ***(978-1-959895-17-6(6))*** Print & Media, Westpoint.

Our Animal Friends - Book 6: Elaina, the Eagle That Soared. James Benedict. 2022. (ENG.). 26p. (J). pap. 9.99 ***(978-1-959895-19-0(2))*** Print & Media, Westpoint.

Our Animal Friends, 1892, Vol. 20: A Monthly Magazine Published by the American Society for the Prevention of Cruelty to Animals (Classic Reprint) Soc for Prevention of Animal Cruelty. 2018. (ENG., Illus.). (J). 274p. 29.57 *(978-1-397-22470-5(3));* 276p. pap. 11.97 *(978-1-397-22465-1(7))* Forgotten Bks.

Our Animal Friends, Vol. 21: New York, September, 1803 (Classic Reprint) Unknown Author. (ENG., Illus.). (J). 2018. 312p. 30.33 *(978-0-332-50887-0(0));* 2017. pap. 13.57 *(978-0-243-89868-8(1))* Forgotten Bks.

Our Animal Friends, Vol. 22: An Illustrated Monthly Magazine; September 1894-August 1895 (Classic Reprint) Animals Cruelty Prevention Society. 2018. (ENG., Illus.). (J). 182p. 27.65 *(978-1-391-20822-0(6));* 184p. pap. 10.57 *(978-1-390-96177-5(X))* Forgotten Bks.

Our Animal Friends, Vol. 23: An Illustrated Monthly Magazine; September, 1895-August, 1896 (Classic Reprint) Unknown Author. (ENG., Illus.). (J). 2018. 224p. 28.52 *(978-0-483-77664-7(5));* 2017. pap. 10.97 *(978-0-243-54092-1(2))* Forgotten Bks.

Our Animal Neighbors: Compassion for Every Furry, Slimy, Prickly Creature on Earth. Matthieu Ricard & Jason Gruhl. Illus. by Becca Hall. 2020. 32p. (J). (gr. -1-3). 17.95 *(978-1-61180-723-3(9),* Bala Kids) Shambhala Pubns., Inc.

Our Annual Execution: Preceded by a Word on the Annuals (Classic Reprint) William Makepeace Thackeray. (ENG., Illus.). (J). 2018. 82p. 25.61 *(978-0-267-32491-0(X));* 2016. pap. 9.57 *(978-1-333-52199-8(5))* Forgotten Bks.

Our Ant Farm: Working As a Team, 1 vol. Anna McDougal. 2017. (Computer Science for the Real World Ser.). (ENG.). 12p. (gr. 1-2). pap. *(978-1-5383-5154-3(4),* 180a67fe-f1be-4dbb-93dc-cd39c0466532, Rosen Classroom) Rosen Publishing Group, Inc., The.

Our Arizona Baby Animals. Ed. by Jerri Conrad. ed. 2019. (Our Baby Animals Ser.). (ENG., Illus.). 30p. (J). bds. 9.95 *(978-1-936097-18-0(4))* Baobab Pr.

Our Assembly Line: Working at the Same Time, 1 vol. Theresa Morlock. 2017. (Computer Kids: Powered by Computational Thinking Ser.). (ENG.). 24p. (J). (gr. 4-5). 25.27 *(978-1-5383-2421-9(0),* 739ec87d-00f7-49da-a405-ba7a47e2ab64, PowerKids Pr.); pap. *(978-1-5081-3753-5(6),* 3ac85e73-905e-48aa-89e9-22e55b51427a, Rosen Classroom) Rosen Publishing Group, Inc., The.

Our Aunt from California: A Farce in One Act (Classic Reprint) Madalene Demarest Barnum. 2019. (ENG., Illus.). 24p. (J). 24.39 *(978-0-267-28222-7(2))* Forgotten Bks.

Our Aunt Robertina: A Comedietta in One Act, for Four Males & Three Females (Classic Reprint) Mary Kyle Dallas. (ENG., Illus.). (J). 2018. 20p. 24.33 *(978-0-267-54631-2(9));* 2016. pap. 7.97 *(978-1-333-48136-0(5))* Forgotten Bks.

Our Australian Girl: The Ruby Stories. Penny;Masciullo Matthews. Illus. by Lucia Masciullo. 2019. (Our Australian Girl Ser.). 496p. (J). (gr. 3-7). 24.99 *(978-0-14-378868-3(X))* Random Hse. Australia AUS. Dist: Independent Pubs. Group.

Our Australian Girl - The Grace Stories. Sofie Laguna. Illus. by Lucia Masciullo. 2023. (Our Australian Girl Ser.). 448p. (J). (gr. 4-7). 19.99 ***(978-1-76104-994-1(1),*** Puffin) Penguin Random Hse. AUS. Dist: Independent Pubs. Group.

Our Awesome Dolphin Friends Coloring Book. Activibooks For Kids. 2016. (ENG., Illus.). (J). pap. 9.20 *(978-1-68321-190-7(1))* Mimaxion.

Our Awful Aunt: A Comic Drama, in Two Acts (Classic Reprint) Ida M. Buxton. 2017. (ENG., Illus.). (J). 24.31 *(978-0-260-56610-2(1));* pap. 7.97 *(978-0-265-04006-5(X))* Forgotten Bks.

Our Baby: Leveled Reader Yellow Non Fiction Level 8/9 Grade 1. Hmh Hmh. 2019. (Rigby PM Ser.). (ENG.). 16p. (J). (gr. 1). pap. 11.00 *(978-0-358-12181-7(7))* Houghton Mifflin Harcourt Publishing Co.

Our Baby: Little Hare Books. Libby Hathorn. Illus. by Tamsin Ainslie. 2020. (ENG.). 30p. (J). (gr. -1-k). bds. 10.99 *(978-1-76050-339-0(8))* Little Hare Bks. AUS. Dist: Independent Pubs. Group.

Our Backdoor Neighbors (Classic Reprint) Frank C. Pellett. 2018. (ENG., Illus.). 214p. (J). 28.33 *(978-0-267-50634-7(1))* Forgotten Bks.

Our Basic Freedoms, 12 vols. 2016. (Our Basic Freedoms Ser.). (ENG.). 00048p. (J). (gr. 6-6). lib. bdg. 201.60 *(978-1-4824-6076-6(9),* 3f336506-4937-40d3-8d62-8652bdd50f53) Stevens, Gareth Publishing LLLP.

Our Battalion: Being Some Slight Impressions of His Majesty's Auxiliary Forces, in Camp & Elsewhere (Classic Reprint) L. Raven-Hill. 2018. (ENG., Illus.). 100p. (J). 25.96 *(978-0-267-51210-2(4))* Forgotten Bks.

Our Beach Camping Ground: Leveled Reader Orange Level 16. Rg Rg. 2016. (PM Ser.). (ENG.). 16p. (J). (gr. 1-2). pap. 11.00 *(978-0-544-89161-6(9))* Rigby Education.

Our Beautiful Earth: Saving Our Planet Piece by Piece. Giancarlo Macrì & Carolina Zanotti. 2020. (ENG.). 28p. (J). (gr. -1-3). 8.98 *(978-0-7893-3961-4(7),* Rizzoli Universe Promotional Bks.) Rizzoli International Pubns., Inc.

Our Beautiful Garden: Book 5. Carole Crimeen & Suzanne Fletcher. 2023. (Sustainability Ser.). (ENG.). 16p. (J). (gr. -1-2). pap. 7.99 ***(978-1-925714-94-4(2),*** a4081da6-04f5-43bc-a260-3d36d6992796) Knowledge Bks. & Software AUS. Dist: Lerner Publishing Group.

Our Beautiful World Color by Numbers. David Woodroffe. 2019. (Arcturus Color by Numbers Collection: 5). (ENG.). 128p. (J). pap. 12.99 *(978-1-78950-574-0(7),* 852d46e9-d7cc-4900-be56-7532f708b4ef) Arcturus Publishing GBR. Dist: Baker & Taylor Publisher Services (BTPS).

Our Belly Button Love. Sara Lavender Burkhalter. 2022. (ENG.). 30p. (J). 18.99 ***(978-1-6629-3337-0(1))*** Gatekeeper Pr.

Our Beloved Ashley. Jen Selinsky. 2019. (ENG., Illus.). 84p. (J). 26.99 *(978-1-950454-43-3(6));* pap. 18.99 *(978-1-950454-18-1(5))* Pen It Pubns.

Our Bessie (Classic Reprint) Rosa N. Carey. 2018. (ENG., Illus.). 346p. (J). 31.05 *(978-0-484-72823-2(7))* Forgotten Bks.

Our Best Society: Being an Adaptation of the Potiphar Papers, in Four Acts (Classic Reprint) Irving Browne. 2018. (ENG., Illus.). 54p. (J). 25.01 *(978-0-267-20179-2(6))* Forgotten Bks.

Our Big Day. Bob Johnston. Illus. by Michael Emberley. 2022. (ENG.). 32p. (J). 18.99 *(978-1-78849-314-7(1))* O'Brien Pr., Ltd., The IRL. Dist: Casemate Pubs. & Bk. Distributors, LLC.

Our Big Little Place. James A. Conan. Illus. by Nicolle Lalonde. 2019. 36p. (J). (gr. k-2). 18.95 *(978-1-77321-317-0(2))* Annick Pr., Ltd. CAN. Dist: Publishers Group West (PGW).

Our BIG Safari Adventure. Ave Leath. 2020. (Our Imaginative Play Adventure Ser.: Vol. 1). (ENG.). 38p. (J). pap. 12.99 *(978-0-9823078-5-4(3))* Barrier Breaker Publishing Inc.

Our Bill of Rights: Sharing & Reusing, 1 vol. Mitchell Allen. 2017. (Computer Kids: Powered by Computational Thinking Ser.). (ENG.). 24p. (J). (gr. 3-4). 25.27 *(978-1-5383-2422-6(9),* 888aba33-f967-4752-8dc6-60235df686d4, PowerKids Pr.); pap. *(978-1-5081-3769-6(2),* ecf6de88-24f7-4d8c-be1c-bd47c0bdb6a1, Rosen Classroom) Rosen Publishing Group, Inc., The.

Our Bird Friends: A Book for All Boys & Girls (Classic Reprint) Richard Kearton. (ENG., Illus.). (J). 2018. 250p. 29.05 *(978-0-267-39082-3(3));* 2016. pap. 11.57 *(978-1-334-13800-3(1))* Forgotten Bks.

Our Bird Friends: Containing Many Things Young Folks Ought to Know, & Likewise Grown-Ups (Classic Reprint) George Francis Burba. (ENG., Illus.). (J). 2018. 180p. 27.61 *(978-0-483-56327-8(7));* 2017. pap. 9.97 *(978-0-259-46276-7(4))* Forgotten Bks.

Our Bird Friends & Foes (Classic Reprint) William Atherton Dupuy. (ENG., Illus.). (J). 2018. 344p. 31.01 *(978-0-267-82171-6(9));* 2017. pap. 13.57 *(978-0-259-46983-4(1))* Forgotten Bks.

Our Birds. Bronwyn Bancroft. 2023. (ENG.). 24p. (J). (— 1). bds. 12.99 ***(978-1-76121-119-5(6))*** Little Hare Bks. AUS. Dist: Independent Pubs. Group.

Our Birds & Their Nestlings (Classic Reprint) Margaret Coulson Walker. 2019. (ENG., Illus.). 236p. (J). 28.76 *(978-0-365-16512-5(3))* Forgotten Bks.

Our Blue Jackets, Afloat & Ashore, Vol. 3 Of 3: A Novel (Classic Reprint) F. C. Armstrong. 2018. (ENG., Illus.). 286p. (J). 29.80 *(978-0-483-19869-2(2))* Forgotten Bks.

Our Blue Planet. Leisa Stewart-Sharpe. Illus. by Emily Dove. 2023. (ENG.). 64p. (J). (gr. -1-3). 19.99 *(978-1-6659-2802-1(6),* Simon & Schuster/Paula Wiseman Bks.) Simon & Schuster/Paula Wiseman Bks.

Our Boyhood Thrills, & Other Cartoons (Classic Reprint) Harold Tucker Webster. 2018. (ENG., Illus.). (J). 132p. 26.62 *(978-0-366-80732-1(3));* 134p. pap. 9.57 *(978-0-366-80320-0(4))* Forgotten Bks.

Our Boys: Stories, Poems & Sketches (Classic Reprint) Laurie Loring. 2018. (ENG., Illus.). 212p. (J). 28.27 *(978-0-483-90303-6(5))* Forgotten Bks.

Our Boys: The Personal Experiences of a Soldier in the Army of the Potomac (Classic Reprint) Alonzo F. Hill. (ENG., Illus.). (J). 2017. 32.54 *(978-0-331-20927-3(6));* 2016. pap. 16.57 *(978-1-334-16113-1(5))* Forgotten Bks.

Our Boys & Girls, 1871 (Classic Reprint) Oliver Optic, pseud. 2018. (ENG., Illus.). (J). 1002p. 44.58 *(978-1-391-22916-4(9));* 1004p. pap. 26.92 *(978-1-390-96218-5(0))* Forgotten Bks.

Our Boys in China: The Thrilling Story of Two Young Americans, Scott & Paul Clayton Wrecked in the China Sea, on Their Return from India, with Their Strange Adventures in China (Classic Reprint) Harry W. French. 2017. (ENG., Illus.). (J). 32.97 *(978-1-5279-7092-2(2))* Forgotten Bks.

Our Boys in India, the Wanderings of Two Young Americans in Hindustan with Their Adventures on the Sacred Rivers, & Wild Mountains, etc (Classic Reprint) Henry W. French. 2018. (ENG., Illus.). 498p. (J). 34.17 *(978-0-483-54687-5(9))* Forgotten Bks.

Our Brains Are Like Computers! Exploring Social Skills & Social Cause & Effect with Children on the Autism Spectrum. Joel Shaul. 2021. (Illus.). 80p. (J). 27.95 *(978-1-78775-988-6(1),* 826960) Kingsley, Jessica Pubs. GBR. Dist: Hachette UK Distribution.

Our Brief Hours of Play. J. S. Cromartie. 2022. (ENG.). 280p. (YA). pap. 18.99 *(978-1-6657-2269-8(X))* Archway Publishing.

Our Broken Earth, 1 vol. Demitria Lunetta. 2021. (YA Verse Ser.). (ENG.). 200p. (J). (gr. 2-3). 25.80 *(978-1-9785-9539-2(5),* 9f4191bc-a4ce-4687-af91-35b117a8fd86); pap. 16.35 *(978-1-9785-9540-8(9),* b686bec0-de9b-45f1-8ec5-5d2208647b74) Enslow Publishing, LLC. (West 44 Bks.).

Our Broken Pieces. Sarah White. 2017. (ENG.). 288p. (YA). (gr. 9). pap. 9.99 *(978-0-06-247313-4(1),* HarperTeen) HarperCollins Pubs.

Our Brother Andy: Leveled Reader Silver Level 24. Rg Rg. 2016. (PM Ser.). (ENG.). 24p. (J). (gr. 3). pap. 11.00 *(978-0-544-89270-5(4))* Rigby Education.

Our Brother's Child: And Other Stories (Classic Reprint) William Hampton Reynolds. (ENG., Illus.). (J). 2019. 218p. 28.41 *(978-0-365-31670-1(9));* 2017. pap. 10.97 *(978-0-282-02734-6(3))* Forgotten Bks.

Our Bugs. Bronwyn Bancroft. 2023. (ENG.). 24p. (J). (— 1). bds. 12.99 ***(978-1-76121-118-8(8))*** Little Hare Bks. AUS. Dist: Independent Pubs. Group.

Our Bus Driver - Mr. Bill. Lucille Griswold. 2017. (ENG., Illus.). (J). 19.99 *(978-1-945355-72-1(7))* Rocket Science Productions, LLC.

Our Calendar. George Nichols Packer. 2017. (ENG.). 160p. (J). pap. *(978-3-337-01878-8(5))* Creation Pubs.

Our California Home: A Social Studies Reader for Intermediate Grades (Classic Reprint) Irmagarde Richards. 2017. (ENG., Illus.). (J). 33.32 *(978-0-331-27816-3(2))* Forgotten Bks.

Our Car Trip: Practicing the AR Sound, 1 vol. Timea Thompson. 2016. (Rosen Phonics Readers Ser.). (ENG.). 12p. (J). (gr. -1-2). pap. *(978-1-5081-3200-4(3),* 080833e0-5c7b-4092-bc40-a8558f1eef18, Rosen Classroom) Rosen Publishing Group, Inc., The.

Our Castle by the Sea. Lucy Strange. 2019. (ENG., Illus.). 336p. (J). pap. *(978-1-911077-83-1(X),* Chicken Hse., The) Scholastic, Inc.

1530 The check digit for ISBN-10 appears in parentheses after the full ISBN-13

Our Casualty & Other Stories (Classic Reprint) G. A. Birmingham. 2017. (ENG., Illus.). 284p. (J). 29.75 *(978-0-484-38985-3(8))* Forgotten Bks.

Our Casualty, & Other Stories (Classic Reprint) George A. Birmingham. 2017. (ENG., Illus.). (J). 29.71 *(978-0-266-74297-5(1))*; pap. 13.57 *(978-1-5277-0997-3(3))* Forgotten Bks.

Our Celebración!, 1 vol. Susan Middleton Elya. Illus. by Ana. Aranda. 2018. (ENG.). 32p. (J). (gr. k-3). 18.95 *(978-1-62014-271-4(6)*, leelowbooks) Lee & Low Bks., Inc.

Our Celebrations. Ellen Lawrence. 2018. (About Our World Ser.). (ENG.). 24p. (J). lib. bdg. 22.99 *(978-1-5105-3548-0(9))* SmartBook Media, Inc.

Our Charades & How We Played Them. Jean Francis. 2017. (ENG., Illus.). (J). pap. *(978-0-649-41787-2(9))* Trieste Publishing Pty Ltd.

Our Charades & How We Played Them: With a Few Practical Hints on the Proper Management of This Favourite & Most Interesting Pastime (Classic Reprint) Jean Francis. 2017. (ENG., Illus.). (J). 104p. 26.04 *(978-0-484-34580-4(X))*; pap. 9.57 *(978-0-259-26382-1(6))* Forgotten Bks.

Our Charley: And What to Do with Him (Classic Reprint) Harriet Stowe. (ENG., Illus.). (J). 2018. 132p. 26.64 *(978-0-483-84957-0(X))*; 2016. pap. 9.57 *(978-1-334-12314-6(4))* Forgotten Bks.

Our Chauncey: After Dinner Rhymes (Classic Reprint) Isaac Hill Bromley. (ENG., Illus.). (J). 2018. 50p. 24.93 *(978-0-483-39970-9(1))*; 2016. pap. 9.57 *(978-1-333-53482-0(5))* Forgotten Bks.

Our Children: A Comedy-Drama in Three Acts (Classic Reprint) Louis Kaufman Anspacher. (ENG., Illus.). (J). 2018. 142p. 26.85 *(978-0-332-47583-7(2))*; 2016. pap. 9.57 *(978-1-333-24938-0(1))* Forgotten Bks.

Our Children: Scenes from the Country & the Town (Classic Reprint) Anatole France. 2018. (ENG., Illus.). 60p. (J). 25.15 *(978-0-484-70152-5(5))* Forgotten Bks.

Our Children in Old Scotland & Nova Scotia: Being a History of Her Work (Classic Reprint) Emma M. Stirling. 2018. (ENG., Illus.). 162p. (J). 27.24 *(978-0-484-06029-5(5))* Forgotten Bks.

Our Children's God: A Book of Stories for the Young (Classic Reprint) E. M. Bruce. 2018. (ENG., Illus.). 98p. (J). 25.94 *(978-0-267-21647-5(5))* Forgotten Bks.

Our Christmas in a Palace. Edward Everett Hale. 2016. (ENG.). 274p. (J). pap. *(978-3-7433-9989-1(X))* Creation Pubs.

Our Christmas in a Palace: A Traveller's Story (Classic Reprint) Edward Everett Hale. 2018. (ENG., Illus.). 296p. (J). 30.00 *(978-0-484-24300-1(4))* Forgotten Bks.

Our Christmas Lantern (Ang Aming Parol) Ang Aming Parol. Christine L. Villa. Tr. by Angelo B. Ancheta. 2021. (FIL., Illus.). 38p. (J). pap. 12.00 *(978-1-7329897-9-5(6))* Purple Cotton Candy Arts.

Our Christmas Party (Classic Reprint) Old Merry. 2017. (ENG., Illus.). (J). 27.07 *(978-0-266-36958-5(8))* Forgotten Bks.

Our Christmas Tree, 1 vol. Lamar Coldwell. 2016. (Rosen REAL Readers: STEM & STEAM Collection). (ENG.). 8p. (gr. k-1). pap. 5.46 *(978-1-5081-2598-3(8)*, a6aff00d-6b02-4f05-aae1-8ba544083a9b, Rosen Classroom) Rosen Publishing Group, Inc., The.

Our Christmas Tree: Christmas Memories. Jean Lindquist. Illus. by Ben Horton. 2022. (ENG.). 20p. (J). 26.99 *(978-1-6628-3306-9(7))*; pap. 12.49 *(978-1-6628-3305-2(9))* Salem Author Services.

Our Church Fair: A Farcical Entertainment in Two Acts (Classic Reprint) Jessie A. Kelley. (ENG., Illus.). (J). 2018. 40p. 24.74 *(978-0-332-86405-1(7))*; 2016. pap. 7.97 *(978-1-334-11787-9(X))* Forgotten Bks.

Our Church House Mouse: Book One. Chrissy Thompson. 2019. (ENG., Illus.). 30p. (J). pap. 12.95 *(978-1-64300-496-9(4))* Covenant Bks.

Our City: A City Reader (Classic Reprint) Helen K. Yerkes. (ENG., Illus.). (J). 2018. 88p. 25.71 *(978-0-483-27297-2(3))*; 2017. pap. 9.57 *(978-0-243-15661-0(8))* Forgotten Bks.

Our City-People (Classic Reprint) Unknown Author. (ENG., Illus.). (J). 2018. 32p. 24.58 *(978-0-484-54969-1(3))*; 2016. pap. 7.97 *(978-1-333-44947-6(X))* Forgotten Bks.

Our Class Budget: Checking Your Work, 1 vol. Simone Braxton. 2017. (Computer Science for the Real World Ser.). (ENG.). 16p. (gr. 2-3). pap. *(978-1-5383-5239-7(7)*, 9f82ef7f-9aab-4c73-8df3-a7e880d5a3ed, Rosen Classroom) Rosen Publishing Group, Inc., The.

Our Class Business: Working at the Same Time, 1 vol. Vanessa Flores. 2017. (Computer Science for the Real World Ser.). (ENG.). 16p. (gr. 2-3). pap. *(978-1-5383-5247-2(8)*, a0444286-0912-4d35-9a9e-65c15ff98a43, Rosen Classroom) Rosen Publishing Group, Inc., The.

Our Class Clothing Drive: Sharing & Reusing, 1 vol. Sommer Conway. 2017. (Computer Science for the Real World Ser.). (ENG.). 12p. (gr. 1-2). pap. *(978-1-5383-5172-7(2)*, 72df0486-5cdc-4dd0-9bab-0aec61c6574f, Rosen Classroom) Rosen Publishing Group, Inc., The.

Our Class Is a Country. Andria W. Rosenbaum. Illus. by Dream Chen. 2023. (ENG.). 32p. (J). (gr. -1-3). 18.99 ***(978-0-8075-6164-5(9)***, 0807561649) Whitman, Albert & Co.

Our Class Lizard: Breaking down the Problem, 1 vol. Mitchell Allen. 2017. (Computer Science for the Real World Ser.). (ENG.). 12p. (gr. 1-2). pap. *(978-1-5383-5140-6(4)*, 3ea66cce-47b6-4792-9c04-21551bfe28ba, Rosen Classroom) Rosen Publishing Group, Inc., The.

Our Class Rules. Leona Fowler. 2017. (Computer Science for the Real World Ser.). (ENG.). 12p. (J). (gr. 1-2). 17.85 *(978-1-5311-8627-2(0))* Perfection Learning Corp.

Our Class Rules: Digital Citizenship, 1 vol. Leona Fowler. 2017. (Computer Science for the Real World Ser.). (ENG.). 12p. (gr. 1-2). pap. *(978-1-5383-5164-2(1)*, 6b95af45-8104-429c-ad4f-a26946cddfe0, Rosen Classroom) Rosen Publishing Group, Inc., The.

Our Class Traits: Gathering Data, 1 vol. Marisa Pace. 2017. (Computer Science for the Real World Ser.). (ENG.). 16p. (gr. 2-3). pap. *(978-1-5383-5188-8(9)*, dfb7d26c-431a-4059-950d-d29fee9fc1da, Rosen Classroom) Rosen Publishing Group, Inc., The.

Our (Classic Reprint) M. A. Titmarsh. 2018. (ENG., Illus.). 92p. (J). 25.81 *(978-0-332-84624-8(5))* Forgotten Bks.

Our Classroom Rules! Kallie George. Illus. by Jay Fleck. 2023. 32p. (J). (gr. -1-2). 12.99 *(978-0-593-37878-6(4)*, Rodale Kids) Random Hse. Children's Bks.

Our Climate Future, 1 vol. Ed. by Martin Gitlin. 2017. (Issues That Concern You Ser.). (ENG.). 112p. (YA). (gr. 7-10). 43.63 *(978-1-5345-0224-6(6)*, 76d99a49-107a-45d1-a0dd-748adec2b462) Greenhaven Publishing LLC.

Our Coaching Trip. Andrew Carnegie. 2017. (ENG.). 286p. (J). pap. *(978-3-337-14626-9(0))* Creation Pubs.

Our Coaching Trip: Brighton to Inverness (Classic Reprint) Andrew Carnegie. 2017. (ENG., Illus.). (J). 31.14 *(978-1-5283-5434-9(6))* Forgotten Bks.

Our Colorful World, 1 vol. Julian Melnikov. 2017. (Wonderful World of Colors Ser.). (ENG.). 24p. (gr. 1-1). pap. 9.25 *(978-1-5383-2163-8(7)*, d334128b-86c8-4193-b67a-e167f648d554, PowerKids Pr.) Rosen Publishing Group, Inc., The.

Our Colorful World: A Crayola (r) Celebration of Color. Mari Schuh. 2020. (ENG., Illus.). 112p. (J). (gr. k-3). pap. 12.99 *(978-1-5415-8883-7(5)*, 21b4d369-c162-43b5-b568-0271f699d09d, Lerner Pubns.) Lerner Publishing Group.

Our Common British Fossils & Where to Find Them. John Ellor Taylor. 2017. (ENG.). 380p. (J). pap. *(978-3-337-41555-6(5))* Creation Pubs.

Our Common British Fossils & Where to Find Them: A Handbook for Students (Classic Reprint) John Ellor Taylor. 2017. (ENG., Illus.). (J). 31.05 *(978-0-265-15394-9(8))* Forgotten Bks.

Our Common Friends & Foes: A Nature Reader (Classic Reprint) Edwin Arthur Turner. (ENG., Illus.). (J). 2018. 146p. 26.93 *(978-0-364-57219-1(1))*; 2017. pap. 9.57 *(978-0-259-46059-6(1))* Forgotten Bks.

Our Community Center. Lisa J. Amstutz. 2020. (Places in Our Community Ser.). (ENG., Illus.). 24p. (J). (gr. -1-2). pap. 6.95 *(978-1-9771-1766-3(X)*, 142110); lib. bdg. 27.32 *(978-1-9771-1259-0(5)*, 141378) Capstone. (Pebble).

Our Community Is in a Valley, 1 vol. Lamar Coldwell. 2016. (Rosen REAL Readers: Social Studies Nonfiction / Fiction: Myself, My Community, My World Ser.). (ENG.). 8p. (gr. k-1). pap. 5.46 *(978-1-5081-2305-7(5)*, abf180e9-3910-4cca-a2e4-f8aa60a23160, Rosen Classroom) Rosen Publishing Group, Inc., The.

Our Community Is in the Desert. Wayan James. 2016. (Rosen Real Readers: Social Studies Nonfiction / Fiction: Fam Ser.). (ENG.). 8p. (J). (gr. -1-1). 16.30 *(978-1-5311-8654-8(8))* Perfection Learning Corp.

Our Community Is in the Desert, 1 vol. Wayan James. 2016. (Rosen REAL Readers: Social Studies Nonfiction / Fiction: Myself, My Community, My World Ser.). (ENG.). 8p. (gr. k-1). pap. 5.46 *(978-1-5081-2302-6(0)*, a1f6a2a5-44ee-46c8-8724-7a57f40ea793, Rosen Classroom) Rosen Publishing Group, Inc., The.

Our Community Is in the Mountains. Chad Taylor. 2016. (Rosen Real Readers: Social Studies Nonfiction / Fiction: Fam Ser.). (ENG.). 8p. (J). (gr. -1-1). 16.30 *(978-1-5311-8653-1(X))* Perfection Learning Corp.

Our Community Is in the Mountains, 1 vol. Chad Taylor. 2016. (Rosen REAL Readers: Social Studies Nonfiction / Fiction: Myself, My Community, My World Ser.). (ENG.). 8p. (gr. k-1). pap. 5.46 *(978-1-5081-2299-9(7)*, 53b80c12-210e-4fae-8824-671f0b892da, Rosen Classroom) Rosen Publishing Group, Inc., The.

Our Company (Classic Reprint) John Wesley Adams. (ENG., Illus.). (J). 2018. 80p. 25.55 *(978-0-267-60641-2(9))*; 2016. pap. 9.57 *(978-1-334-13076-2(0))* Forgotten Bks.

Our Corner Store, 1 vol. Robert Heidbreder. Illus. by Chelsea O'Byrne. 2020. (ENG.). 64p. (J). (gr. 1-4). 16.95 *(978-1-77306-216-7(6))* Groundwood Bks. CAN. Dist: Publishers Group West (PGW).

Our Country Life (Classic Reprint) Frances Kinsley Hutchinson. 2018. (ENG., Illus.). 366p. (J). 31.45 *(978-0-483-93540-2(9))* Forgotten Bks.

Our Country's Defenders. Greenleaf S. Tukey & Walter E. Simmons. 2017. (ENG.). 58p. (J). pap. *(978-3-337-37641-3(X))* Creation Pubs.

Our Country's Defenders! A Military Drama in Five Acts (Classic Reprint) Greenleaf S. Tukey. (ENG., Illus.). (J). 2018. 56p. 25.05 *(978-0-483-99625-0(4))*; 2016. pap. 9.57 *(978-1-333-41312-5(2))* Forgotten Bks.

Our Country's Presidents: A Complete Encyclopedia of the U. S. Presidency, 2020 Edition. Ann Bausum. 6th ed. 2021. (ENG., Illus.). 224p. (J). (gr. 3-7). 24.99 *(978-1-4263-7199-8(3))*; lib. bdg. 34.90 *(978-1-4263-7200-1(0))* Disney Publishing Worldwide. (National Geographic Kids).

Our Country's Readers (Classic Reprint) Leonard Lemmon. 2017. (ENG., Illus.). (J). 28.81 *(978-0-331-99393-6(7))*; pap. 11.57 *(978-1-5276-3887-7(1))* Forgotten Bks.

Our Country's Readers, Vol. 1 (Classic Reprint) M. Halley. (ENG., Illus.). (J). 2018. 146p. 26.91 *(978-0-267-86125-5(7))*; 2017. pap. 9.57 *(978-0-259-94789-9(X))* Forgotten Bks.

Our Country's Readers, Vol. 2 (Classic Reprint) Leonard Lemmon. 2018. (ENG., Illus.). 190p. (J). 27.84 *(978-0-483-36462-2(2))* Forgotten Bks.

Our Country's Readers, Vol. 3 (Classic Reprint) Leonard Lemmon. 2018. (ENG., Illus.). 226p. (J). 28.56 *(978-0-483-27390-0(2))* Forgotten Bks.

Our Country's Readers, Vol. 5 (Classic Reprint) Leonard Lemmon. (ENG., Illus.). (J). 2018. 232p. 28.68 *(978-0-656-77674-0(9))*; 2017. pap. 11.57 *(978-1-5276-8813-1(5))* Forgotten Bks.

Our County, Vol. 3 of 3 (Classic Reprint) John Mills. (ENG., Illus.). (J). 2018. 298p. 30.04 *(978-0-483-89950-6(X))*; 2016. pap. 13.57 *(978-1-334-20660-3(0))* Forgotten Bks.

Our Cousin Veronica: Or Scenes & Adventures over the Blue Ridge (Classic Reprint) Mary Elizabeth Wormeley. 2017. (ENG., Illus.). (J). 32.95 *(978-1-5285-7703-8(5))* Forgotten Bks.

Our Cousins in Ohio (Classic Reprint) Mary Howitt. 2017. (ENG., Illus.). (J). 30.58 *(978-0-260-42495-2(1))* Forgotten Bks.

Our Craft Book. Kwee Horng Foo & Yihn Foo. 2023. (ENG.). 56p. (J). (gr. -1-k). pap. 14.99 ***(978-981-5066-76-0(5))*** Marshall Cavendish International (Asia) Private Ltd. SGP. Dist: Independent Pubs. Group.

Our Creative Father. Tiffany Molden. Illus. by Art Innovations. 2023. (ENG.). 36p. (J). pap. 17.99 ***(978-1-64645-816-5(8))*** Redemption Pr.

Our Crooked Hearts: A Novel. Melissa Albert. (ENG.). (YA). 2023. 368p. pap. 12.99 ***(978-1-250-82638-1(1)***, 900251922); 2022. 352p. 18.99 *(978-1-250-82636-7(5)*, 900251921) Flatiron Bks.

Our Cycling Tour in England: From Canterbury to Dartmoor Forest, & Back by Way of Bath, Oxford & the Thames Valley (Classic Reprint) Reuben Gold Thwaites. 2018. (ENG., Illus.). 344p. (J). 30.99 *(978-0-365-19216-9(3))* Forgotten Bks.

Our Dad Officer Goat. Diamonel Smith-Manigault. l.t. ed. 2022. (ENG.). 24p. (J). 19.99 ***(978-1-0879-6058-6(4))*** Indy Pub.

Our Daily Bread (Classic Reprint) Clara Viebig. 2017. (ENG., Illus.). (J). 31.40 *(978-0-260-49371-2(6))* Forgotten Bks.

Our Daily Bread for Kids Bible Quizzes & Games: 20 Quizzes & 60 Games for Kids. Crystal Bowman & Teri McKinley. 2017. (Our Daily Bread for Kids Ser.). (ENG.). 160p. (gr. 1-5). pap. 9.99 *(978-1-62707-670-8(0))* Discovery Hse. Pubs.

Our Dancing Days (Classic Reprint) Joseph Russell Taylor. 2018. (ENG., Illus.). 152p. (J). 27.05 *(978-0-484-16498-6(8))* Forgotten Bks.

Our Dark Duet. V. E. Schwab. (Monsters of Verity Ser.: 2). (ENG.). (YA). (gr. 9). 2020. 544p. pap. 15.99 *(978-0-06-298340-4(7))*; 2017. 528p. 17.99 *(978-0-06-238088-3(5))* HarperCollins Pubs. (Greenwillow Bks.).

Our Dark Duet. Victoria Schwab. 2018. (Monsters of Verity Ser.: 2). (ENG.). 544p. (YA). (gr. 9). pap. 9.99 *(978-0-06-238089-0(3))*; 2017. 528p. pap. *(978-0-06-267203-2(7))* HarperCollins Pubs. (Greenwillow Bks.).

Our Dark Duet. Victoria Schwab. ed. 2018. (Monsters of Verity Ser.: 02). (YA). lib. bdg. 20.85 *(978-0-606-41367-1(7))* Turtleback.

Our Dark Stars. Audrey Grey & Krystal Wade. 2018. (ENG., Illus.). 324p. (YA). pap. 12.95 *(978-1-945519-17-8(7))* Blaze Publishing, LLC.

Our Daughter Is Getting Married. Gail Heath. 2021. (ENG.). 38p. (J). 18.95 *(978-1-931079-48-8(X))* Condor Publishing, Inc.

Our Davie Pepper (Classic Reprint) Margaret Sidney. 2017. (ENG., Illus.). (J). 34.70 *(978-0-266-29009-4(4))* Forgotten Bks.

Our Day at the Beach: Playing & Swimming Coloring Book. Kreative Kids. 2016. (ENG., Illus.). (J). pap. 9.20 *(978-1-68377-434-1(5))* Whike, Traudl.

Our Day in the Big City: Leveled Reader Turquoise Level 17. Rg Rg. 2016. (PM Ser.). (ENG.). 16p. (J). (gr. 2). pap. 11.00 *(978-0-544-89169-2(4))* Rigby Education.

Our Day of the Dead Celebration. Ana. Aranda. Illus. by Ana. Aranda. 2022. (Illus.). 32p. (J). (gr. -1-2). 17.99 *(978-0-525-51428-2(7)*, Nancy Paulsen Books) Penguin Young Readers Group.

Our Days on the Gold Coast: In Ashanti, in the Northern Territories, & the British Sphere of Occupation in Togoland (Classic Reprint) Lady Clifford. 2017. (ENG., Illus.). 394p. (J). 32.04 *(978-0-331-59528-4(1))* Forgotten Bks.

Our Den. Gabby Pritchard. Illus. by Alessia Girasole. ed. 2016. (Cambridge Reading Adventures Ser.). (ENG.). 16p. pap. 7.95 *(978-1-316-50078-1(0))* Cambridge Univ. Pr.

Our Detachment. Katharine King. 2017. (ENG.). 374p. (J). pap. *(978-3-337-04864-8(1))* Creation Pubs.

Our Detachment: A Novel (Classic Reprint) Katharine King. (ENG., Illus.). (J). 2018. 372p. 31.57 *(978-0-484-39144-3(5))*; 2017. 160p. 27.20 *(978-0-266-71137-7(5))*; 2017. 162p. pap. 9.57 *(978-1-5276-6422-7(8))* Forgotten Bks.

Our Devoted Friend the Dog (Classic Reprint) Sarah Knowles Bolton. (ENG., Illus.). (J). 2018. 526p. 34.77 *(978-0-666-65491-5(3))*; 2016. pap. 19.57 *(978-1-333-70811-5(4))* Forgotten Bks.

Our Dick (Classic Reprint) Willard Brown Harrington. (ENG., Illus.). (J). 2018. 68p. 25.32 *(978-0-267-30592-6(3))*; 2016. pap. 9.57 *(978-1-333-31617-4(8))* Forgotten Bks.

Our Difficult Day. Gina Conger. Illus. by Ash Jackson. 2021. (ENG.). 36p. (J). ***(978-1-304-54535-0(0))*** Lulu Pr., Inc.

Our Digital Planet. Ben Hubbard. 2017. (Our Digital Planet Ser.). (ENG.). 24p. (J). (gr. k-2). 103.96 *(978-1-4846-3617-6(1)*, 25590, Heinemann) Capstone.

Our Diwali. Carole Crimeen & Suzanne Fletcher. 2023. (Celebrations & Events Ser.). (ENG., Illus.). 16p. (J). (gr. -1-2). pap. 7.99 ***(978-1-922370-26-6(6)***, 8b2af2fe-3abf-49a4-b41a-8b1b37dbc888) Knowledge Bks. & Software AUS. Dist: Lerner Publishing Group.

Our Dogs, Ourselves — Young Readers Edition: How We Live with Dogs. Alexandra Horowitz. (ENG.). (J). (gr. 3-7). 2021. 224p. pap. 7.99 *(978-1-5344-1013-8(9))*; 2020. 208p. 17.99 *(978-1-5344-1012-1(0))* Simon & Schuster Bks. For Young Readers. (Simon & Schuster Bks. For Young Readers).

Our Dolls' Enchanted Wedding. Carol Williams-Walker. Illus. by I. Cenizal. 2019. (ENG.). 28p. (J). pap. *(978-0-2288-1317-0(4))* Tellwell Talent.

Our Domestic Animals in Health & Disease, Vol. 2: With Numerous Illustrations (Classic Reprint) John Gamgee. 2018. (ENG., Illus.). 648p. (J). 37.28 *(978-0-364-89272-5(2))* Forgotten Bks.

Our Dream House. Janet Lombard Clements. 2022. (ENG., Illus.). 102p. (YA). pap. 23.95 *(978-1-0980-3298-2(5))* Christian Faith Publishing.

Our Dream in His Hands: IVF Led Us to You. Tara Bushby. 2023. (ENG.). 32p. (J). ***(978-1-0391-5417-9(4))*** FriesenPress.

Our Earth. Jane Calame. Illus. by Daniela Frongia. 2023. (ENG.). 26p. (J). 17.95 ***(978-1-63988-887-0(X))*** Primedia eLaunch LLC.

Our Easter Adventure. Emma Randall. Illus. by Emma Randall. 2021. 32p. (J). (gr. -1-2). 16.99 *(978-1-5247-9333-3(7)*, Penguin Workshop) Penguin Young Readers Group.

Our Elected Leaders, 1 vol. Kate Conley. 2016. (American Citizenship Ser.). (ENG., Illus.). 48p. (J). (gr. 4-8). lib. bdg. 35.64 *(978-1-68078-243-1(6)*, 22087) ABDO Publishing Co.

Our Elephant Neighbours. Monica L. Bond. Illus. by Kayla Harren. 2018. (ENG.). 34p. (J). pap. 12.00 *(978-1-7323234-0-7(2))* Wild Nature Institute.

Our English Cousins (Classic Reprint) Richard Harding Davis. 2018. (ENG., Illus.). 240p. (J). 28.85 *(978-0-267-47301-4(X))* Forgotten Bks.

Our Environment: Everything You Need to Know. Jacques Pasquet. Tr. by Shelley Tanaka from FRE. Illus. by Yves Dumont. 2020. Orig. Title: Notre Environnement. (ENG.). 56p. (J). (gr. 3-6). 18.95 *(978-1-77147-389-7(4))* Owlkids Bks. Inc. CAN. Dist: Publishers Group West (PGW).

Our Exciting Earth!, 12 vols. 2017. (Our Exciting Earth! Ser.). (ENG.). 24p. (J). (gr. k-k). lib. bdg. 145.62 *(978-1-5382-1285-1(4)*, 29a134ea-313f-48c4-84fb-9d957bac174b) Stevens, Gareth Publishing LLLP.

Our Exciting Earth!: Set 2, 12 vols. 2022. (Our Exciting Earth! Ser.). (ENG.). 24p. (J). (gr. k-k). lib. bdg. 145.62 *(978-1-5382-8166-6(X)*, d912bc86-7bed-42f7-8911-ffcbdb2d6f0d) Stevens, Gareth Publishing LLLP.

Our Exciting Earth!: Sets 1 - 2, 24 vols. 2022. (Our Exciting Earth! Ser.). (ENG.). (J). (gr. k-k). lib. bdg. 291.24 *(978-1-5382-8167-3(8)*, c3623773-753c-404b-9055-f726e23daa2f) Stevens, Gareth Publishing LLLP.

Our Extended Universe. Dane C. Johns. 2023. (ENG.). 284p. (YA). pap. 14.99 ***(978-1-0880-0863-8(1))*** Indy Pub.

Our Fairy Godmother. Loreda a Miller. 2019. (ENG., Illus.). 34p. (J). 19.95 *(978-1-68456-209-1(0))* Page Publishing Inc.

Our Families. Lucia Raatma. 2017. (Our Families Ser.). (ENG.). 24p. (J). (gr. -1-2). 135.90 *(978-1-5157-7498-3(8)*, 26771, Pebble) Capstone.

Our Family Affairs, 1867-1896 (Classic Reprint) E. F. Benson. 2018. (ENG., Illus.). (J). 30.83 *(978-0-260-23321-9(8))* Forgotten Bks.

Our Family Bush Trip. Jacinta Tressidder. Illus. by Natia Warda. 2022. (Our Yarning Ser.). (ENG.). 28p. (J). pap. ***(978-1-922910-50-9(3))*** Library For All Limited.

Our Family Is Growing: Celebrate! New Siblings. Sophia Day & Megan Johnson. Illus. by Stephanie Strouse. 2021. (Celebrate! Paperbacks Ser.: 13). (ENG.). 32p. (J). 4.99 *(978-1-63795-930-5(3)*, 19ebc78d-bdf6-4a76-93db-951237e88952) MVP Kids Media.

Our Family Rules: Digital Citizenship, 1 vol. Seth Matthas. 2017. (Computer Science for the Real World Ser.). (ENG.). 8p. (gr. k-1). pap. *(978-1-5383-5083-6(1)*, ba95157a-705f-4896-87ba-5b700affd616, Rosen Classroom) Rosen Publishing Group, Inc., The.

Our Family's Doing Yoga. Sonjoria Sydnor. 2020. (ENG.). 34p. (J). pap. 12.99 *(978-0-578-67635-7(4))* Sydnor, SonJoria.

Our Farmers' Market. Mary Meinking. 2020. (Places in Our Community Ser.). (ENG., Illus.). 24p. (J). (gr. -1-2). pap. 6.95 *(978-1-9771-1767-0(8)*, 142111); lib. bdg. 27.32 *(978-1-9771-1260-6(9)*, 141381) Capstone. (Pebble).

Our Father. Rainer Oberthür. Illus. by Barbara Nascimbeni. 2016. (ENG.). 58p. (J). 16.00 *(978-0-8028-5468-1(0)*, Eerdmans Bks For Young Readers) Eerdmans, William B. Publishing Co.

Our Father's Care: A Ballad (Classic Reprint) Sewell. 2018. (ENG., Illus.). 28p. (J). 24.47 *(978-0-483-89595-9(4))* Forgotten Bks.

Our Favorite Brands (Set Of 12) 2019. (Our Favorite Brands Ser.). (ENG.). 384p. (J). (gr. 3-3). pap. 119.40 *(978-1-64494-176-8(7)*, 1644941767) Bigfoot Bks. GBR. Dist: North Star Editions.

Our Favorite Candy Easter Bunnies & Candy Easter Eggs Coloring Book. Smarter Activity Books for Kids. 2016. (ENG., Illus.). (J). pap. 9.22 *(978-1-68374-574-7(4))* Examined Solutions PTE. Ltd.

Our Favorite Day. Joowon Oh. Illus. by Joowon Oh. (ENG.). 32p. (J). (gr. -1-2). 2022. 7.99 *(978-1-5362-2356-9(5))*; 2019. (Illus.). 17.99 *(978-1-5362-0357-8(2))* Candlewick Pr.

Our Favorite Day of the Year. A. E. Ali. Illus. by Rahele Jomepour Bell. 2020. (ENG.). 40p. (J). (gr. -1-3). 17.99 *(978-1-4814-8563-0(6)*, Salaam Reads) Simon & Schuster Bks. For Young Readers.

Our Favorite Shapes, 12 vols. 2017. (Our Favorite Shapes Ser.). (ENG.). 24p. (J). (gr. k-k). lib. bdg. 145.62 *(978-1-5382-1286-8(2)*, 27ac1c98-07c0-4a81-b3c8-3719d4d1985e) Stevens, Gareth Publishing LLLP.

Our Favorite Shapes: Sets 1 - 2. 2018. (Our Favorite Shapes Ser.). (ENG.). (J). pap. 109.80 *(978-1-5382-3445-7(9))*; lib. bdg. 291.24 *(978-1-5382-2940-8(4)*, 47b67b8b-d52a-4781-8fa7-9b343a6a9624) Stevens, Gareth Publishing LLLP.

Our Favorite Verses: Poems from the Doll's Storybook (Book 4) Peggy Stuart. 2023. (Doll's Storybook Ser.). 86p. (J). (gr. -1-7). pap. 18.99 BookBaby.

Our Favorites. Michelle Wagner Nechaev. 2017. (Learn-To-Read Ser.). (ENG., Illus.). (J). pap. 3.49 *(978-1-68310-314-1(9))* Pacific Learning, Inc.

Our Feathered Friends (Classic Reprint) Elizabeth Grinnell. 2018. (ENG., Illus.). 172p. (J). 27.44 *(978-0-484-53751-3(2))* Forgotten Bks.

Our Fellows (Classic Reprint) Harry Castlemon. 2018. (ENG., Illus.). 324p. (J). 30.58 *(978-0-484-30604-1(9))* Forgotten Bks.

Our Field Trip: Gathering Data, 1 vol. Mitchell Allen. 2017. (Computer Science for the Real World Ser.). (ENG.). 8p. (gr. k-1). pap. *(978-1-5383-5004-1(1)*,

O

193004cb-7872-4e44-bca0-d4c99f4c9711, Rosen Classroom) Rosen Publishing Group, Inc., The.

Our Fire Station. Mary Meinking. 2020. (Places in Our Community Ser.). (ENG., Illus.). 24p. (J). (gr. -1-2). pap. 6.95 *(978-1-9771-1784-7(8)*, 142128); lib. bdg. 27.32 *(978-1-9771-1452-5(0)*, 141613) Capstone. (Pebble).

Our First Day of School. B. M. Smith. 2021. (ENG.). 30p. (J). pap. 9.95 *(978-1-64540-583-2(4))* Speaking Volumes, LLC.

Our First Families: A Novel of Philadelphia Good Society (Classic Reprint) Unknown Author. 2018. (ENG., Illus.). 414p. (J). 32.46 *(978-0-483-71605-6(7))* Forgotten Bks.

Our First Squeezin', or Harry May & Sally June, or the Old Way of Courtin' (Classic Reprint) Oliver Revilo. (ENG., Illus.). (J). 2017. 25.38 *(978-0-331-35110-1(2))*; 2016. pap. 9.57 *(978-1-333-60973-3(6))* Forgotten Bks.

Our First Ten Thousand (Classic Reprint) Chester Walton Jenks. 2018. (ENG., Illus.). 172p. (J). 27.44 *(978-0-483-44410-2(3))* Forgotten Bks.

Our First Trip to Jamaica - Land of Wood & Water. Danielle Brown & Joshua Brown. 2016. (ENG., Illus.). 104p. (J). pap. *(978-1-326-84750-0(3))* Lulu Pr., Inc.

Our Five Senses: Leveled Reader Orange Level 15. Rg Rg. 2016. (PM Ser.). (ENG.). 16p. (J). (gr. 1-2). pap. 11.00 *(978-0-544-89149-4(X))* Rigby Education.

Our Five Senses - Ara Bwai N Namakin Aika Nimaua (Te Kiribati) Ruiti Tumoa. Illus. by Jovan Carl Segura. 2023. (ENG.). 26p. (J). pap. ***(978-1-922876-68-3(2))*** Library For All Limited.

Our Five Senses Sing & Read, 5 vols., Set. Joann Cleland. Incl. I Smell, Sing & Read. (Illus.). 24p. (J). (gr. -1-k). 2010. 22.79 *(978-1-61590-287-3(2))*; 2010. Set lib. bdg. 113.95 *(978-1-61590-283-5(X))* Rourke Educational Media.

Our Flag, or the Boys Of '61: A New & Original Military Drama, in Six Acts & Six Tableaux, & Founded upon Incidents Connected with the Late Rebellion (Classic Reprint) James B. Harper. 2018. (ENG., Illus.). (J). 64p. 25.22 *(978-0-366-53134-9(4))*; 66p. pap. 9.57 *(978-0-365-86318-2(1))* Forgotten Bks.

Our Flag Was Still There: The True Story of Mary Pickersgill & the Star-Spangled Banner. Jessie Hartland. Illus. by Jessie Hartland. 2019. (ENG., Illus.). 48p. (J). (gr. -1-3). 17.99 *(978-1-5344-0233-1(0)*, Simon & Schuster Bks. For Young Readers) Simon & Schuster Bks. For Young Readers.

Our Flower Garden, 1 vol. Dorothy Jennings. 2017. (Plants in My World Ser.). (ENG.). 24p. (gr. 1-1). pap. 9.25 *(978-1-5383-2117-1(3)*, d4b71621-c084-4ed4-8980-23b7fa1a0fc8, PowerKids Pr.) Rosen Publishing Group, Inc., The.

Our Folks at Home: Or Life at the Old Manor House (Classic Reprint) Edward Toliver. 2017. (ENG., Illus.). (J). 344p. 30.99 *(978-0-332-42375-3(1))*; pap. 13.57 *(978-0-259-29622-5(8))* Forgotten Bks.

Our Food. Grace Lin. ed. 2019. (ENG.). 40p. (J). (gr. k-1). 18.96 *(978-1-64310-947-3(2))* Penworthy Co., LLC, The.

Our Food: A Healthy Serving of Science & Poems. Grace Lin & Ranida T. McKneally. Illus. by Grace Zong. 2018. 40p. (J). (gr. k-3). pap. 7.99 *(978-1-58089-591-0(3))* Charlesbridge Publishing, Inc.

Our Forest. Robert Loeffler Frank. 2018. (ENG., Illus.). 60p. (J). pap. *(978-1-5255-2460-8(7))* FriesenPress.

Our Forest Home: Being Extracts from the Correspondence of the Late Frances Stewart (Classic Reprint) Frances Stewart. (ENG., Illus.). (J). 2017. 32.46 *(978-0-331-72223-9(2))*; 2016. pap. 16.57 *(978-1-333-14966-6(2))* Forgotten Bks.

Our Fort. Marie Dorléans. Tr. by Alyson Waters. 2022. (Illus.). 48p. (J). (gr. -1-3). 19.95 *(978-1-68137-658-5(X)*, NYR Children's Collection) New York Review of Bks., Inc., The.

Our Forty-Dollar Horse: And Other Reminiscenses (Classic Reprint) Albert Wadsworth Harris. (ENG., Illus.). (J). 2018. 204p. 28.12 *(978-0-428-51356-6(5))*; 2017. pap. 10.57 *(978-0-259-41450-6(6))* Forgotten Bks.

Our Founding Fathers. M. Weber. 2020. (How America Works). (ENG.). 24p. (J). (gr. 3-6). lib. bdg. 32.79 *(978-1-5038-4497-1(8)*, 214264) Child's World, Inc, The.

Our Friend Hedgehog: The Story of Us. Lauren Castillo. 2020. (Our Friend Hedgehog Ser.). (Illus.). 128p. (J). (gr. k-4). 16.99 *(978-1-5247-6671-9(2))*; (ENG., lib. bdg. 19.99 *(978-1-5247-6672-6(0))* Random Hse. Children's Bks. (Knopf Bks. for Young Readers).

Our Friend John Burroughs. Clara Barrus. 2017. (ENG., Illus.). (J). 23.95 *(978-1-374-90022-6(2))* Capital Communications, Inc.

Our Friend John Burroughs (Classic Reprint) Clara Barrus. 2017. (ENG., Illus.). 330p. (J). 30.72 *(978-0-265-90877-8(9))* Forgotten Bks.

Our Friend Moon. Lea Redmond. Illus. by Regina Shklovsky. 2022. (Full Circle Bks.). (ENG.). 20p. (J). (— 1). bds. 18.95 *(978-1-68555-002-8(9))* Collective Bk. Studio, The.

Our Friend Phoenix. Andrew C. Arnold. 2022. (ENG.). 20p. (J). pap. 10.99 ***(978-1-0878-8887-3(5))*** Indy Pub.

Our Friend the Dog (Classic Reprint) Maurice Maeterlinck. 2018. (ENG., Illus.). 88p. (J). 25.71 *(978-0-365-29003-2(3))* Forgotten Bks.

Our Friends, the Birds (Classic Reprint) Caroline H. Parker. 2018. (ENG., Illus.). 182p. (J). 27.67 *(978-0-483-94791-7(1))* Forgotten Bks.

Our Frogs: Our House Book 2. Cameron MacKenzie Walser. Illus. by Jon J. Klassen. 2021. (ENG.). 32p. (J). pap. 9.25 *(978-1-7372594-1-1(9))* Bourg, Cameron.

Our Funny Dunny. Celia Moncrieff. Illus. by Faye Jackson. 2018. (ENG.). 34p. (J). (gr. k-6). *(978-0-6483558-0-9(2))* Bobbin Bks.

Our Funny Dunny. Celia Moncrieff. Illus. by Jackson Faye. 2018. (ENG.). 34p. (J). (gr. k-6). pap. *(978-0-6483558-1-6(0))* Bobbin Bks.

Our Future: How Kids Are Taking Action, 1 vol. Janet Wilson. 2019. (Kids Making a Difference Ser.: 4). (ENG., Illus.). 32p. (J). (gr. 1-7). 18.95 *(978-1-77260-103-9(9))* Second Story Pr. CAN. Dist: Orca Bk. Pubs. USA.

Our Garden. Megan Borgert-Spaniol. Illus. by Steve Brown. 2022. (I Care (Pull Ahead Readers People Smarts — Fiction) Ser.). (ENG.). 16p. (J). (gr. -1-1). pap. 8.99 *(978-1-7284-6302-5(5)*, 61f0c1a0-e9e2-4f0b-ad5d-78b5e2822f03, Lerner Pubns.) Lerner Publishing Group.

Our Garden: Book 14. Carole Crimeen & Suzanne Fletcher. 2023. (Healthy Me! Ser.). (ENG., Illus.). 16p. (J). (gr. -1-2). pap. 7.99 ***(978-1-922516-60-2(0)***, 99ab7508-e3a5-401e-8ac4-5ddd84b6d314) Knowledge Bks. & Software AUS. Dist: Lerner Publishing Group.

Our Gipsies in City, Tent, & Van: Containing an Account of Their Origin & Strange Life, Fortune-Telling Practices &C., Specimens of Their Dialect, & Amusing Anecdotes of Gipsy Kings, Queens, & Other Gipsy Notabilities (Classic Reprint) Vernon S. Morwood. 2017. (ENG., Illus.). (J). 32.15 *(978-0-331-92424-4(2))* Forgotten Bks.

Our Girls (Classic Reprint) Dio Lewis. (ENG., Illus.). (J). 2017. 32.19 *(978-0-265-39944-6(0))*; 2016. pap. 16.57 *(978-1-333-31784-3(0))* Forgotten Bks.

Our Glorious Empire. Erin Ellis. 2021. (ENG.). 292p. (YA). *(978-0-2288-5829-4(1))*; pap. *(978-0-2288-5828-7(3))* Tellwell Talent.

Our God: A Shapes Primer. Danielle Hitchen. 2021. (Baby Believer Ser.). (ENG., Illus.). 20p. (J). (— 1). bds. 12.99 *(978-0-7369-8363-1(5)*, 6983631) Harvest Hse. Pubs.

Our Goodnight Prayer. Leslie Colburn. 2021. (ENG., Illus.). 32p. (J). pap. 14.95 *(978-1-0980-9155-2(8))* Christian Faith Publishing.

Our Goose, Jojo. Joseph Trudell & Margery Trudell. 2022. (ENG.). 36p. (J). pap. 14.95 *(978-1-63814-925-5(9))* Covenant Bks.

Our Government: Bulletin Board. Scholastic. 2018. (Bulletin Board Ser.). (ENG.). (gr. 2-6). 14.99 *(978-1-338-23626-2(1))* Teacher's Friend Pubns., Inc.

Our Grandpa Owns a Lake! Jan Barrus. 2022. (ENG., Illus.). 30p. (J). 24.95 *(978-1-68526-398-0(4))*; pap. 13.95 *(978-1-63630-999-6(2))* Covenant Bks.

Our Great America: The American Flag. Cindy Holt Miller. 2018. (ENG., Illus.). 32p. (J). pap. 12.95 *(978-1-64300-612-3(6))*; 22.95 *(978-1-64003-246-0(0))* Covenant Bks.

Our Great America; the American Flag: Coloring & Activity Book. Cindy Holt Miller. 2018. (ENG., Illus.). 22p. (J). pap. 10.95 *(978-1-64300-114-2(0))* Covenant Bks.

Our Great Big Backyard. Laura Bush. Illus. by Jacqueline Rogers. 2018. (ENG.). 40p. (J). (gr. -1-3). pap. 8.99 *(978-0-06-246841-3(3)*, HarperCollins) HarperCollins Pubs.

Our Great Big Backyard. Laura Bush & Jenna Bush Hager. Illus. by Jacqueline Rogers. 2016. (ENG.). 40p. (J). (gr. -1-3). 18.99 *(978-0-06-246835-2(9)*, HarperCollins) HarperCollins Pubs.

Our Great Escape. Soda Osamu. 2018. (ENG.). (YA). *(978-4-04-631815-2(5))* Kadokawa Shoten.

Our Greatest Gift. Jose Carlos Romen. Illus. by Elena Ferrendiz. 2023. 32p. (J). (gr. k-3). 18.95 ***(978-84-19464-14-9(7))*** Cuento de Luz SL ESP. Dist: Publishers Group West (PGW).

Our Green City. Tanya Lloyd Kyi. Illus. by Colleen Larmour. 2022. (ENG.). 32p. (J). (gr. -1-2). 18.99 *(978-1-5253-0438-5(0))* Kids Can Pr., Ltd. CAN. Dist: Hachette Bk. Group.

Our Guardian Angels. Frida Backlund. Illus. by Sasha Baines. 2023. (ENG.). 20p. (J). ***(978-1-0391-5143-7(4))***; pap. ***(978-1-0391-5142-0(6))*** FriesenPress.

Our Happy Heart. Layla Aria Dozier. Illus. by Joey Hilton. 2020. (ENG.). 24p. (J). (gr. k-6). pap. 10.99 *(978-1-0878-9779-0(3))* Indy Pub.

Our Happy Home: Or the Family Circle (Classic Reprint) Sarah Gould. 2018. (ENG., Illus.). 258p. (J). 29.22 *(978-0-428-96577-8(6))* Forgotten Bks.

Our Hawaii (Classic Reprint) Charmian Kittredge London. 2017. (ENG., Illus.). (J). 33.65 *(978-0-265-31043-4(1))* Forgotten Bks.

Our Healthy Lunches: Book 18. Carole Crimeen & Suzanne Fletcher. 2023. (Healthy Me! Ser.). (ENG., Illus.). 16p. (J). (gr. -1-2). pap. 7.99 ***(978-1-922516-64-0(3)***, e56c7fbc-c2f5-4941-bb3d-7948a3a9726c) Knowledge Bks. & Software AUS. Dist: Lerner Publishing Group.

Our Heavenly Father God, Maker of Everything Good. Amiyah Prudence Barnes. 2018. (ENG.). 38p. (J). pap. *(978-976-654-035-7(7))* APB Creative Media.

Our Hero General U. S. Grant. Josephine Pollard. 2021. (ENG.). 168p. (J). pap. 14.99 *(978-1-716-23045-5(4))* Lulu Pr., Inc.

Our Holi. Carole Crimeen & Suzanne Fletcher. 2023. (Celebrations & Events Ser.). (ENG., Illus.). 16p. (J). (gr. -1-2). pap. 7.99 ***(978-1-922370-25-9(8)***, 5d276e6a-210a-446b-a588-c36c60a558b5) Knowledge Bks. & Software AUS. Dist: Lerner Publishing Group.

Our Holidays: Their Meaning & Spirit, Retold from St. Nicholas (Classic Reprint) Unknown Author. 2018. (ENG., Illus.). 214p. (J). 28.31 *(978-0-332-88999-3(8))* Forgotten Bks.

Our Homage to the Past: An Historical Address Delivered at Founder's Day Celebration of Illinois Woman's College, Jacksonville, Illinois, October 13, 1910 (Classic Reprint) Hiram Buck Prentice. 2018. (ENG., Illus.). 750p. (J). 39.37 *(978-0-428-95295-2(X))* Forgotten Bks.

Our Home Beyond the Tide: And Kindred Poems. Ellen E. Miles. 2017. (ENG., Illus.). (J). pap. *(978-0-649-66505-1(8))* Trieste Publishing Pty Ltd.

Our Home Beyond the Tide, & Kindred Poems (Classic Reprint) Ellen E. Miles. 2017. (ENG., Illus.). (J). 256p. 29.18 *(978-0-332-73717-1(9))*; pap. 11.57 *(978-0-259-21297-3(0))* Forgotten Bks.

Our Home by the Adriatic (Classic Reprint) Margaret. Collier. 2018. (ENG., Illus.). (J). 29.22 *(978-0-260-95755-9(0))* Forgotten Bks.

Our Home in Aveyron: With Studies of Peasant Life & Customs, in Aveyron & the Lot (Classic Reprint) G. Christopher Davies. 2017. (ENG., Illus.). (J). 30.91 *(978-0-331-83645-5(9))* Forgotten Bks.

Our Home on Wheels: A Big Trip Around Australia. Jessica Parry-Valentine & Stephen Parry-Valentine. 2023. (Illus.). 32p. (J). (gr. -1-k). 19.99 ***(978-1-76104-682-7(9)***, Puffin) Penguin Random Hse. AUS. Dist: Independent Pubs. Group.

Our Home, Our Heartbeat. Adam Briggs. 2020. (ENG.). 24p. (J). (gr. -1-k). 22.99 *(978-1-76050-416-8(5))* Little Hare Bks. AUS. Dist: Independent Pubs. Group.

Our Home Planet, Vol. 7. Mason Crest. 2016. (Solar System Ser.: Vol. 7). (ENG., Illus.). 48p. (J). (gr. 5-8). 20.95 *(978-1-4222-3549-2(1))* Mason Crest.

Our Home Sweet Home. Gayle Fraser. 2017. (ENG., Illus.). (J). pap. 9.95 *(978-0-9994781-2-7(5))* Little CAB Pr.

Our Homes: Their Cares & Duties, Joys & Sorrows (Classic Reprint) T. S. Arthur. 2018. (ENG., Illus.). 310p. (J). 30.29 *(978-0-656-82887-6(0))* Forgotten Bks.

Our Homes (Classic Reprint) Mary Dwinell Chellis. (ENG., Illus.). (J). 2018. 430p. 32.79 *(978-0-364-79962-8(5))*; 2017. pap. 16.57 *(978-0-282-13615-4(0))* Forgotten Bks.

Our Honeymoon: And Other Comicalities, from Punch (Classic Reprint) John McLenan. (ENG., Illus.). (J). 2018. 586p. 35.98 *(978-0-428-86916-8(5))*; 2016. pap. 19.57 *(978-1-334-12855-4(3))* Forgotten Bks.

Our Honeymoon, & Other Comicalities, from Punch (Classic Reprint) Unknown Author. (ENG., Illus.). (J). 2018. 454p. 33.28 *(978-0-428-68629-1(X))*; 2016. pap. 16.57 *(978-1-334-13052-6(3))* Forgotten Bks.

Our Hotel, or Rats, the Bell Boy: A Farce in One Act (Classic Reprint) Will H. Brunnhofer. (ENG., Illus.). (J). 2018. 22p. 24.35 *(978-0-267-33695-1(0))*; 2016. pap. 7.97 *(978-1-333-70915-0(3))* Forgotten Bks.

Our House & the People in It (Classic Reprint) Elizabeth Robins Pennell. 2018. (ENG., Illus.). 388p. (J). 31.90 *(978-0-365-49119-4(5))* Forgotten Bks.

Our House (Classic Reprint) Henry Seidel Canby. 2017. (ENG., Illus.). (J). 30.52 *(978-0-266-18902-2(4))* Forgotten Bks.

Our House Is on Fire: Greta Thunberg's Call to Save the Planet. Jeanette Winter. Illus. by Jeanette Winter. 2019. (ENG., Illus.). 40p. (J). (gr. -1-3). 17.99 *(978-1-5344-6778-1(5)*, Beach Lane Bks.) Beach Lane Bks.

Our House of Jack (Classic Reprint) Con Obar. 2018. (ENG., Illus.). 28p. (J). 24.49 *(978-0-332-53968-3(7))* Forgotten Bks.

Our Houseboat on the Nile (Classic Reprint) Lee Bacon. 2018. (ENG., Illus.). 326p. (J). 30.64 *(978-0-365-14944-6(6))* Forgotten Bks.

Our Idol: A Comedy in Four Acts (Classic Reprint) Harry Beckett. 2018. (ENG., Illus.). 46p. (J). 24.85 *(978-0-267-21015-2(9))* Forgotten Bks.

Our Indians at Marseilles (Classic Reprint) Massia Bibikoff. 2018. (ENG., Illus.). 178p. (J). 27.57 *(978-0-267-49701-0(6))* Forgotten Bks.

Our Insect Helpers: Hunters & Pollinators. Michael Reed. 2019. (ENG.). 44p. (J). pap. 6.10 *(978-0-359-58198-6(6))* Lulu Pr., Inc.

Our Island. Children of Gununa. 2016. 34p. (J). (gr. -1-k). 16.99 *(978-0-14-350593-8(9))* Random Hse. Australia AUS. Dist: Independent Pubs. Group.

Our Island Saints: Stories for Children (Classic Reprint) Amy Steedman. 2017. (ENG., Illus.). (J). 28.19 *(978-0-260-42653-6(9))* Forgotten Bks.

Our Island Story: A History of the Kings, Queens & Battles of England, Scotland & Britain for Boys & Girls. H. E. Marshall. 2019. (ENG., Illus.). 286p. (J). pap. *(978-1-78987-160-9(3))* Pantianos Classics.

Our Island, Vol. 1 Of 2: Comprising Forgery, a Tale; & the Lunatic, a Tale (Classic Reprint) Humphry William Woolrych. (ENG., Illus.). (J). 2018. 268p. 29.42 *(978-0-483-87912-6(6))*; 2016. pap. 11.97 *(978-1-334-15814-8(2))* Forgotten Bks.

Our Jenny: A Story for Young People (Classic Reprint) Alice Hawthorne. (ENG., Illus.). (J). 2018. 136p. 26.72 *(978-0-365-52586-8(3))*; 2017. pap. 9.57 *(978-0-259-86250-5(9))* Forgotten Bks.

Our Jim. Leigh Hadley Irvine. 2017. (ENG.). 92p. (J). pap. *(978-3-337-40478-9(2))* Creation Pubs.

Our Jim: Or, the Power of Example (Classic Reprint) Edward Sylvester Ellis. (ENG., Illus.). (J). 2018. 338p. 30.89 *(978-0-365-37328-5(1))*; 2017. pap. 13.57 *(978-1-5276-6668-9(9))* Forgotten Bks.

Our Jim: The World's Champion (Classic Reprint) Leigh H. Irvine. 2016. (ENG., Illus.). (J). pap. 9.57 *(978-1-334-15631-1(X))* Forgotten Bks.

Our Jim: The World's Champion (Classic Reprint) Leigh Hadley Irvine. 2018. (ENG., Illus.). 90p. (J). 25.77 *(978-0-267-91679-5(5))* Forgotten Bks.

Our Joe: Or Why We Believe Our Brother Lives (Classic Reprint) Charles Samuel Mundell. 2018. (ENG., Illus.). 230p. (J). 28.66 *(978-0-483-65587-4(2))* Forgotten Bks.

Our Journey Is Our Own. Heather Preis. 2021. (ENG.). 324p. (YA). 27.99 *(978-1-7362982-1-3(6))*; pap. 17.99 *(978-1-7362982-0-6(8))* Pontius, Heather.

Our Journey Making Memories: A Pocket Full of Poetry. Jennifer Weckerle Huber. 2018. (ENG., Illus.). 48p. (J). *(978-1-5255-3959-6(0))*; pap. *(978-1-4602-0481-8(6))* FriesenPress.

Our Journey to the Hebrides (Classic Reprint) Joseph Pennell. 2017. (ENG., Illus.). (J). 29.22 *(978-0-331-91612-6(6))* Forgotten Bks.

Our Kid. Tony Ross. Illus. by Tony Ross. 2017. (ENG., Illus.). 32p. (J). (gr. -1-3). 17.99 *(978-1-5124-8127-3(0)*, 0dcf6059-b6e1-4b07-91b2-b5a43beed196) Lerner Publishing Group.

Our Kid: With Other London & Lancashire Sketches. Peter Green. 2017. (ENG., Illus.). (J). pap. *(978-0-649-66508-2(2))* Trieste Publishing Pty Ltd.

Our Kid: With Other London & Lancashire Sketches (Classic Reprint) Peter Green. 2018. (ENG., Illus.). 130p. (J). 26.60 *(978-0-483-58648-2(X))* Forgotten Bks.

Our Lady of Darkness (Classic Reprint) Bernard Capes. 2017. (ENG., Illus.). (J). 30.74 *(978-0-266-32788-2(5))* Forgotten Bks.

Our Lady of Fatima: The Graphic Novel. TAN Books. 2019. (ENG.). 52p. (J). (gr. 2-8). 24.95 *(978-1-5051-1452-2(7))* TAN Bks.

Our Lady of Loreto's Victory: The Battle of Lepanto Screenplay. Anthony T. Vento. 2022. (ENG.). 76p. (YA). pap. 10.00 ***(978-1-0881-4970-6(7))*** Lulu Pr., Inc.

Our Lady of Lourdes: Lourdes, Its Grotto, Apparitions & Cures (Classic Reprint) John Walsh. 2017. (ENG., Illus.). (J). 25.42 *(978-1-5283-4617-7(3))* Forgotten Bks.

Our Lady of the Beeches (Classic Reprint) Baroness Von Hutten. 2018. (ENG., Illus.). 262p. (J). 29.32 *(978-0-364-27314-2(3))* Forgotten Bks.

Our Lady of the Green: A Book of Ladies' Golf. Isseate Pearson. 2017. (ENG., Illus.). (J). pap. *(978-0-649-66511-2(2))* Trieste Publishing Pty Ltd.

Our Lady's Inn (Classic Reprint) Joseph Storer Clouston. 2018. (ENG., Illus.). 332p. (J). 30.74 *(978-0-484-82736-2(7))* Forgotten Bks.

Our Lady's Slave: the Story of St. Louis Mary Grignion de Montfort see Saint Louis de Montfort: The Story of Our Lady's Slave

Our Lady's Tumbler. Isabel Butler. 2017. (ENG.). 60p. (J). pap. *(978-3-337-12064-1(4))* Creation Pubs.

Our Lady's Tumbler: A Tale of Mediaeval France (Classic Reprint) Isabel Butler. 2018. (ENG., Illus.). 60p. (J). 25.13 *(978-0-483-76576-4(7))* Forgotten Bks.

Our Land, Australia. Amy Krieger. 2023. (ENG.). 30p. (J). pap. ***(978-0-6457077-1-7(6))*** Krieger, Amy.

Our Language: First Book (Classic Reprint) Lida Brown McMurry. 2017. (ENG., Illus.). (J). 28.19 *(978-0-331-24604-9(X))*; pap. 10.57 *(978-0-266-98849-6(0))* Forgotten Bks.

Our Last Echoes. Kate Alice Marshall. (ENG.). 416p. (YA). (gr. 9). 2022. pap. 11.99 *(978-0-593-11364-6(0))*; 2021. 18.99 *(978-0-593-11362-2(4))* Penguin Young Readers Group. (Viking Books for Young Readers).

Our Last Trip to the Market. Lorin Clarke. Illus. by Mitch Vane. 2017. (ENG.). 32p. (J). (-k). 18.99 *(978-1-925266-96-2(6))* Allen & Unwin AUS. Dist: Independent Pubs. Group.

Our Law Enforcement Center. Mary Meinking. 2020. (Places in Our Community Ser.). (ENG., Illus.). 24p. (J). (gr. -1-2). pap. 6.95 *(978-1-9771-1768-7(6)*, 142112); lib. bdg. 27.32 *(978-1-9771-1261-3(7)*, 141380) Capstone. (Pebble).

Our Leaders in Government. Heather E. Schwartz. rev. ed. 2016. (Social Studies: Informational Text Ser.). (ENG., Illus.). 32p. (gr. 2-4). pap. 10.99 *(978-1-4938-2552-3(6))* Teacher Created Materials, Inc.

Our Library. Lisa J. Amstutz. 2020. (Places in Our Community Ser.). (ENG., Illus.). 24p. (J). (gr. -1-2). pap. 6.95 *(978-1-9771-1783-0(X)*, 142127); lib. bdg. 27.32 *(978-1-9771-1450-1(4)*, 141612) Capstone. (Pebble).

Our Life in Japan (Classic Reprint) R. Mounteney Jephson. (ENG., Illus.). (J). 2018. 470p. 33.61 *(978-0-666-01307-1(1))*; 2017. 35.05 *(978-0-265-96779-9(1))*; 2017. pap. 16.57 *(978-0-259-46894-3(0))* Forgotten Bks.

Our Life in the Swiss Highlands (Classic Reprint) John Addington Symonds. 2017. (ENG., Illus.). 390p. (J). 31.94 *(978-1-5281-7305-6(8))* Forgotten Bks.

Our Literary Deluge & Some of Its Deeper Waters. Francis Whiting Halsey. 2017. (ENG., Illus.). (J). pap. *(978-0-649-25265-7(9))* Trieste Publishing Pty Ltd.

Our Little Adventure to the Farmers Market. Tabitha Paige. 2021. (Illus.). 32p. (J). (gr. -1-3). 11.95 *(978-1-950968-51-0(0)*, Paige Tate & Co.) Blue Star Pr.

Our Little African Cousin. Mary Hazelton Wade. 2019. (ENG.). 70p. (J). pap. *(978-0-359-93192-7(8))* Lulu Pr., Inc.

Our Little Alaskan Cousin (Classic Reprint) Mary F. Nixon-Roulet. 2018. (ENG., Illus.). (J). 176p. 27.53 *(978-0-366-56625-9(3))*; 178p. pap. 9.97 *(978-0-366-26658-6(6))* Forgotten Bks.

Our Little Ann (Classic Reprint) Evelyn Whitaker. (ENG., Illus.). (J). 2018. 290p. 29.88 *(978-0-365-19705-8(X))*; 2017. pap. 13.57 *(978-0-259-20917-1(1))* Forgotten Bks.

Our Little Brown Cousin (Classic Reprint) Mary Hazelton Wade. (ENG., Illus.). (J). 2018. 70p. 25.34 *(978-0-666-91965-6(8))*; 2017. pap. 9.57 *(978-0-259-42055-2(7))* Forgotten Bks.

Our Little Canadian Cousin (Classic Reprint) Elizabeth Roberts MacDonald. 2017. (ENG., Illus.). (J). 160p. 27.20 *(978-0-484-08373-7(2))*; pap. 9.57 *(978-0-259-27110-9(1))* Forgotten Bks.

Our Little Chinese Cousin (Classic Reprint) Isaac Taylor Headland. 2018. (ENG., Illus.). 118p. (J). 26.33 *(978-0-267-16642-8(7))* Forgotten Bks.

Our Little Comfort (Classic Reprint) Cornelia L. Tuthill. 2018. (ENG., Illus.). 206p. (J). 28.21 *(978-0-267-27576-2(5))* Forgotten Bks.

Our Little Cookstove: Beatrice Remembers. Kristina Katsaros. Illus. by Carol Shenk. 2022. (ENG.). 48p. (J). pap. 16.95 ***(978-1-59152-310-9(9)***, Sweetgrass Bks.) Farcountry Pr.

Our Little Deer (Made with Love) Sandra Magsamen. Illus. by Sandra Magsamen. 2016. (Made with Love Ser.). (ENG., Illus.). 14p. (J). bds. 7.99 *(978-1-338-11081-4(0)*, Cartwheel Bks.) Scholastic, Inc.

Our Little Dutch Cousin (Classic Reprint) Blanche McManus. 2017. (ENG., Illus.). (J). 26.91 *(978-0-331-25072-5(1))*; pap. 9.57 *(978-0-265-09176-0(4))* Forgotten Bks.

Our Little English Cousin (Classic Reprint) Blanche McManus. 2017. (ENG., Illus.). (J). 102p. 26.02 *(978-0-332-89185-9(2))*; pap. 9.57 *(978-0-259-80768-1(0))* Forgotten Bks.

Our Little Folk's Primer (Classic Reprint) Mary B. Newton. (ENG., Illus.). (J). 2018. 192p. 27.86 *(978-0-365-46818-9(5))*; 2017. pap. 10.57 *(978-0-259-91014-5(7))* Forgotten Bks.

Our Little Frankish Cousin of Long Ago: Being the Story of Rainolf, a Boy at the Court of King Charlemagne. Evaleen Stein. 2019. (ENG., Illus.). 60p. (J). pap. *(978-1-78987-161-6(1))* Pantianos Classics.

Our Little Friends of China: Ah Hu & Ying Hwa (Classic Reprint) Frances Carpenter. 2017. (ENG., Illus.). (J). 236p. 28.76 *(978-0-484-15193-1(2))*; pap. 11.57 *(978-0-259-53115-9(4))* Forgotten Bks.

Our Little Friends of Eskimo Land: Papik & Natsek (Classic Reprint) Frances Carpenter. (ENG., Illus.). (J). 2018. 240p. 28.87 *(978-0-666-75069-3(6))*; 2017. pap. 11.57 *(978-0-282-63705-7(2))* Forgotten Bks.

Our Little Friends of Norway: Ola & Marit (Classic Reprint) Frances Carpenter. (ENG., Illus.). (J). 2018. 214p. 28.33 *(978-0-365-50345-3(2))*; 2017. pap. 10.97 *(978-0-282-58342-2(4))* Forgotten Bks.

1532

The check digit for ISBN-10 appears in parentheses after the full ISBN-13

TITLE INDEX

OUR PLANET

Our Little Friends of the Arabian Desert: Adi & Hamda (Classic Reprint) Frances Carpenter. (ENG., Illus.). (J). 2018. 236p. 28.76 (978-0-365-01827-8(9)); 2017. pap. 11.57 (978-0-282-58192-3(8)) Forgotten Bks.

Our Little German Cousin (Classic Reprint) Mary Hazelton Wade. (ENG., Illus.). (J). 2018. 144p. 26.89 (978-0-483-60585-5(9)); 2017. pap. 9.57 (978-0-243-27720-9(2)) Forgotten Bks.

Our Little Gipsy, Vol. 1 Of 3: A Novel (Classic Reprint) Emma C. C. Steinman. 2018. (ENG., Illus.). 276p. (J). 29.63 (978-0-332-63276-6(8)) Forgotten Bks.

Our Little Gipsy, Vol. 2 Of 3: A Novel (Classic Reprint) Emma C. C. Steinman. 2018. (ENG., Illus.). 270p. (J). 29.47 (978-0-483-80712-9(5)) Forgotten Bks.

Our Little Gipsy, Vol. 3: A Novel (Classic Reprint) Emma C. C. Steinman. 2018. (ENG., Illus.). 236p. (J). 28.78 (978-0-332-04681-5(8)) Forgotten Bks.

Our Little Heroes / Nuestros Pequeños Héroes (Bilingual) (Bilingual Edition) David Heredia. Illus. by David Heredia. ed. 2021. (SPA.). 32p. (J). (gr. -1-k). pap. 6.99 (978-1-338-71547-7(X), Scholastic en Espanol) Scholastic, Inc.

Our Little Hindu Cousin (Classic Reprint) Blanche McManus. 2017. (ENG., Illus.). (J). 27.07 (978-0-331-25039-8(X)); pap. 9.57 (978-0-266-09052-6(4)) Forgotten Bks.

Our Little House in the Arctic see Little House in the Arctic: An Adventure Story

Our Little Irish Cousin (Classic Reprint) Mary Hazelton Wade. (ENG., Illus.). (J). 2018. 124p. 26.47 (978-0-483-11346-6(8)); 2016. pap. 9.57 (978-1-334-29875-2(0)) Forgotten Bks.

Our Little Kitchen. Jillian Tamaki. (ENG., Illus.). (J). (gr. -1 — 1). 2022. 36p. bds. 9.99 (978-1-4197-4656-7(1), 1289810); 2020. 48p. 17.99 (978-1-4197-4655-0(3), 1289801) Abrams, Inc. (Abrams Bks. for Young Readers).

Our Little Lady: Six Hundred Years Ago. Emily Sarah Holt. 2017. (ENG., Illus.). (J). 21.95 (978-1-374-97843-0(4)); pap. 10.95 (978-1-374-97842-3(6)) Capital Communications, Inc.

Our Little Life: A Novel of Today (Classic Reprint) J. G. Sime. 2018. (ENG., Illus.). 410p. (J). 32.37 (978-0-428-62336-4(0)) Forgotten Bks.

Our Little Love Bug! Sandra Magsamen. Illus. by Sandra Magsamen. 2018. (ENG., Illus.). 10p. (J). (gr. -1 — 1). bds. 8.99 (978-1-338-24318-5(7), Cartwheel Bks.) Scholastic, Inc.

Our Little Norwegian Cousin (Classic Reprint) Mary Hazelton Wade. 2018. (ENG., Illus.). 140p. (J). 26.78 (978-0-267-48107-1(1)) Forgotten Bks.

Our Little Old Lady (Classic Reprint) Eleanor Hoyt Brainerd. 2018. (ENG., Illus.). (J). 27.69 (978-0-260-74190-5(6)) Forgotten Bks.

Our Little Scotch Cousin (Classic Reprint) Blanche McManus. (ENG., Illus.). (J). 2018. 118p. 26.33 (978-0-666-25714-7(0)); 2017. pap. 9.57 (978-0-259-85939-0(7)) Forgotten Bks.

Our Little Spartan Cousin of Long Ago: Being the Story of Chartas, a Boy of Sparta (Classic Reprint) Julia Darrow Cowles. 2017. (ENG., Illus.). (J). 27.53 (978-0-260-73670-3(8)); pap. 9.97 (978-0-243-25467-5(9)) Forgotten Bks.

Our Little Sunbeam's Picture-Book: Tales & Sketches (Classic Reprint) Semple Garrett. 2018. (ENG., Illus.). 322p. (J). 30.54 (978-0-483-61890-9(X)) Forgotten Bks.

Our Little Swedish Cousin (Classic Reprint) Claire M. Coburn. 2017. (ENG., Illus.). (J). 26.97 (978-0-331-17327-7(1)); pap. 9.57 (978-0-265-00664-1(3)) Forgotten Bks.

Our Little Swiss Cousin (Classic Reprint) Mary Hazelton Wade. 2017. (ENG., Illus.). (J). 26.95 (978-0-266-73938-8(5)); pap. 9.57 (978-1-5277-0374-2(6)) Forgotten Bks.

Our Little Town: And Other Cornish Tales & Fancies (Classic Reprint) Charles Lee. 2017. (ENG., Illus.). (J). 31.86 (978-1-5281-9006-0(8)) Forgotten Bks.

Our Little Turkish Cousin (Classic Reprint) Mary Hazelton Wade. (ENG., Illus.). (J). 2018. 140p. 26.78 (978-0-267-31201-6(6)); 2016. pap. 9.57 (978-1-333-40693-6(2)) Forgotten Bks.

Our Local Government: Breaking down the Problem, 1 vol. Leona Fowler. 2017. (Computer Kids: Powered by Computational Thinking Ser.). (ENG.). 24p. (J). (gr. 3-4). 25.27 (978-1-5383-2423-3(7), cc18a408-3cb2-4a4c-8240-2a5031bfd224, PowerKids Pr.); pap. (978-1-5081-3793-1(5), 098f2cb5-2aa5-44cc-acd9-8bd43aa35fc8, Rosen Classroom) Rosen Publishing Group, Inc., The.

Our Lord's Prayer: A Prayer Guide for Children. Elizabeth Mills. 2021. (ENG.). (J). pap. 4.99 (978-1-80097-009-0(9)) Veritas Pubns. IRL. Dist: Casemate Pubs. & Bk. Distributors, LLC.

Our Love Is: Family Love Through the Seasons! Jean Bello & Clever Publishing. Illus. by Lena Zolotareva. 2021. (Clever Family Stories Ser.). (ENG.). 20p. (J). (gr. -1 — 1). bds. 9.99 (978-1-951100-84-1(0)) Clever Media Group.

Our Love of Bees. Jaret C. Daniels. 2019. (Our Love of Wildlife Ser.). (ENG., Illus.). 56p. 9.95 (978-1-59193-903-0(8), Adventure Pubns.) AdventureKEEN.

Our Love of Owls. Stan Tekiela. 2018. (Our Love of Wildlife Ser.). (ENG., Illus.). 48p. 9.95 (978-1-59193-813-2(9), Adventure Pubns.) AdventureKEEN.

Our Man-Made Resources, 1 vol. Dewayne Hotchkins. 2016. (Rosen REAL Readers: Social Studies Nonfiction / Fiction: Myself, My Community, My World Ser.). (ENG.). 12p. (gr. k-1). pap. 6.33 (978-1-5081-2347-7(0), ce4d882e-92c5-4891-9090-3fe997954863, Rosen Classroom) Rosen Publishing Group, Inc., The.

Our Manifold Nature: Stories from Life (Classic Reprint) Sarah Grand. 2017. (ENG., Illus.). (J). 29.26 (978-0-266-90042-9(9)) Forgotten Bks.

Our Many Adventures to Frog Island: 10 Adventures in One Book. Beth Berger-Caldwell & Sherry. 2022. (ENG., Illus.). 166p. (J). pap. 31.95 (978-1-68498-219-6(7)) Newman Springs Publishing, Inc.

Our Many Foods. Ellen Lawrence. 2018. (About Our World Ser.). (ENG.). 24p. (J). lib. bdg. 22.99 (978-1-5105-3538-1(1)) SmartBook Media, Inc.

Our Maoris (Classic Reprint) Catherine Martin. 2017. (ENG., Illus.). (J). 28.81 (978-0-266-15612-3(6)) Forgotten Bks.

Our Maoris (Classic Reprint) Lady Martin. 2017. (ENG., Illus.). (J). pap. 11.57 (978-0-259-49636-6(7)) Forgotten Bks.

Our Memory Book, 1925 (Classic Reprint) Goldsboro High School. (ENG., Illus.). (J). 2018. 72p. 25.40 (978-0-428-31929-8(7)); 2017. pap. 9.57 (978-0-259-86510-0(9)) Forgotten Bks.

Our Michigan! We Love the Seasons. Sleeping Bear Press. Illus. by Gijsbert van Frankenhuyzen. 2021. (ENG.). 40p. (J). (gr. k-3). 17.95 (978-1-5341-1135-6(2), 205081) Sleeping Bear Pr.

Our Mighty Little Town: A Children's Story Inspired by the Mighty Little Town of Hoboken, New Jersey. Katherine Fonte. Illus. by Anca Chiosea. 2022. (ENG.). 26p. (J). **(978-0-2288-7132-3(8))**; pap. **(978-0-2288-7131-6(X))** Tellwell Talent.

Our Minister's Birthday, or the New Silk Hat: A Musical Entertainment for Churches, Sunday-Schools, & Young People's Societies; with a Description of the Costumes, Entrances & Exits & Full Directions for Presenting the Entertainment. Will T. Bingham. (ENG., Illus.). (J). 2018. 42p. 24.76 (978-0-656-13227-0(2)); 2017. pap. 7.97 (978-0-259-87550-5(3)) Forgotten Bks.

Our Miscellany, Which Ought to Have Come Out, but Didn't (Classic Reprint) Edmund Hodgson Yates. 2017. (ENG., Illus.). (J). 27.86 (978-1-5279-6265-1(2)) Forgotten Bks.

Our Miss. York (Classic Reprint) Edwin Bateman Morris. (ENG., Illus.). (J). 2018. 364p. 31.40 (978-0-484-18744-2(9)); 2016. pap. 13.97 (978-1-333-65746-8(3)) Forgotten Bks.

Our Moggy. Michael Hogan. Illus. by Angela Gooliaff. 2020. (ENG.). 24p. (J). (978-1-5255-6183-2(9)); pap. (978-1-5255-6184-9(7)) FriesenPress.

Our Mom: Leveled Reader Yellow Non Fiction Level 8/9 Grade 1. Hmh Hmh. 2019. (Rigby PM Ser.). (ENG.). 16p. (J). (gr. 1). pap. 11.00 (978-0-358-12182-4(5)) Houghton Mifflin Harcourt Publishing Co.

Our Mommy Had Cancer. Roneka Taylor. l.t. ed. 2021. (ENG.). 34p. (J). 18.99 **(978-1-7368052-6-8(6))** Strength Builders Publishing LLC.

Our Monthly, Vol. 4: A Magazine of Religion & Literature; July to December, 1871 (Classic Reprint) Unknown Author. (ENG., Illus.). (J). 2018. 488p. 33.96 (978-0-483-47230-3(1)); 2016. pap. 16.57 (978-1-334-12517-1(1)) Forgotten Bks.

Our Monthly, Vol. 6: A Magazine of Religion & Literature; July to December, 1872 (Classic Reprint) Unknown Author. 2017. (ENG., Illus.). (J). 33.96 (978-0-266-72034-8(X)); pap. 16.57 (978-1-5276-8034-0(7)) Forgotten Bks.

Our Monthly, Vol. 7: A Paper for Christian Families; from January, to June, 1872 (Classic Reprint) William Plumer Jacobs. (ENG., Illus.). (J). 2018. 26.31 (978-0-332-00671-0(9)); 2017. pap. 9.57 (978-1-334-93865-8(2)) Forgotten Bks.

Our Moon. Lori Mortensen. 2018. (Let's Learn Ser.). (ENG., Illus.). 16p. (gr. -1-2). lib. bdg. 28.50 (978-1-64156-176-1(9), 9781641561761) Rourke Educational Media.

Our Moon: New Discoveries about Earth's Closest Companion. Elaine Scott. 2016. (ENG., Illus.). 72p. (J). (gr. 5-7). 18.99 (978-0-547-48394-8(5), 1439925, Clarion Bks.) HarperCollins Pubs.

Our Morning Adventure. Amber Siewert. 2021. (ENG.). 44p. (J). 25.99 (978-1-68515-485-1(9)) Palmetto Publishing.

Our Mother Tongue: An Introductory Guide to English Grammar. Nancy Wilson. 2019. (J). pap. (978-1-947644-55-7(6)) Canon Pr.

Our Mouths Can Taste. Jodi Lyn Wheeler-Toppen. 2017. (Our Amazing Senses Ser.). (ENG., Illus.). 24p. (J). (gr. -1-2). lib. bdg. 22.65 (978-1-5157-6707-7(8), 135268, Pebble) Capstone.

Our Mr. Wrenn the Romantic Adventures, of a Gentle Man (Classic Reprint) Sinclair Lewis. 2017. (ENG., Illus.). (J). 29.55 (978-0-265-88706-6(2)) Forgotten Bks.

Our Musical Sphere. J. R. Weldon. 2021. (ENG.). 84p. (J). pap. 13.95 (978-1-7357667-1-3(2)) BookBaby.

Our Mutual Friend. Charles Dickens. 2020. (ENG.). 648p. (J). 29.95 (978-1-64594-060-9(8)) Athanatos Publishing Group.

Our Mutual Friend: A Comedy, in Four Acts (Classic Reprint) Harriette R. Shattuck. 2017. (ENG., Illus.). (J). 25.01 (978-0-331-82254-0(7)) Forgotten Bks.

Our Mutual Friend: Illustrated Edition. Charles Dickens. 2019. (ENG.). 560p. (YA). pap. (978-80-268-9223-6(2)) E-Artnow.

Our Mutual Friend: November, 1865 (Classic Reprint) Charles Dickens. 2018. (ENG., Illus.). (J). 112p. 26.21 (978-1-391-35416-3(8)); 114p. pap. 9.57 (978-1-390-90101-6(7)) Forgotten Bks.

Our Mutual Friend (Classic Reprint) Charles Dickens. (ENG., Illus.). (J). 2018. 652p. 37.30 (978-0-332-27262-7(1)); 2017. 33.90 (978-1-5280-5148-4(3)); 2016. 19.57 (978-1-334-99706-8(3)) Forgotten Bks.

Our Mutual Friend, Vol. 1 of 2 (Classic Reprint) Charles Dickens. (ENG., Illus.). (J). 2018. 1022p. 44.98 (978-0-656-12011-6(8)); 2018. 754p. 39.45 (978-0-483-45305-0(6)); 2017. 35.14 (978-1-5285-8912-3(2)); 2017. pap. 23.57 (978-1-334-85465-1(3)) Forgotten Bks.

Our Mutual Friend, Vol. 2: Mugby Junction; George Silverman's Explanation (Classic Reprint) Charles Dickens. 2017. (ENG., Illus.). (J). 35.28 (978-0-265-38193-9(2)) Forgotten Bks.

Our Mutual Friend, Vol. 2 (Classic Reprint) Charles Dickens. (ENG., Illus.). (J). 2017. 33.67 (978-0-265-94051-8(6)); 2017. 30.60 (978-1-5284-8941-6(1)); 2016. pap. 16.57 (978-1-333-42084-0(6)) Forgotten Bks.

Our Mutual Friend, Vol. 2 of 3 (Classic Reprint) Charles Dickens. 2017. (ENG., Illus.). (J). 32.50 (978-0-331-21925-8(5)); pap. 16.57 (978-0-265-02727-1(6)) Forgotten Bks.

Our Mutual Friend, Vol. 3 of 3 (Classic Reprint) Charles Dickens. 2017. (ENG., Illus.). (J). 32.39 (978-0-331-94948-3(2)); pap. 16.57 (978-1-334-94536-6(5)) Forgotten Bks.

Our National Parks Alphabet Book. Shirley Spencer. 2016. (ENG., Illus.). (J). (gr. k-6). 34.95 (978-0-692-80859-7(0)); pap. 15.95 (978-0-692-80933-4(3)) Condor Designs.

Our National Songs: With Numerous Original Illustrations (Classic Reprint) George T. Tobin. 2018. (ENG., Illus.). 128p. (J). 26.54 (978-0-484-62172-4(6)) Forgotten Bks.

Our Nation's Documents: The Declaration of Independence, the Constitution, & Much More. Time for Kids Editors. annot. ed. 2018. (America Handbooks, a Time for Kids Ser.). (ENG., Illus.). 112p. (J). (gr. 3-17). 15.99 (978-1-68330-071-7(8)); (gr. 4-17). pap. 9.99 (978-1-68330-848-5(4)) Time Inc. Bks. (Time For Kids).

Our Natupski Neighbors (Classic Reprint) Edith Miniter. 2017. (ENG., Illus.). (J). 31.36 (978-1-5282-8941-2(2)) Forgotten Bks.

Our Neighborhood. Dona Herweck Rice. rev. ed. 2018. (Reader's Theater Ser.). (ENG., Illus.). 20p. (gr. k-1). 8.99 (978-1-4258-2512-6(5)) Teacher Created Materials, Inc.

Our Neighbor's a Zombie. Brian Benedetti. Illus. by Sherri Marteney. 2023. 36p. (J). pap. 12.99 **(978-1-6678-9682-3(2))** BookBaby.

Our Neighbors (Set), 6 vols. Elizabeth Andrews. 2021. (Our Neighbors Ser.). (ENG.). 32p. (J). (gr. 2-5). lib. bdg. 196.74 (978-1-0982-4000-4(6), 38061, DiscoverRoo) Pop!.

Our Neighbors (Set Of 6) Elizabeth Andrews. 2021. (Our Neighbors Ser.). (ENG., Illus.). 192p. (J). (gr. 2-3). pap. 59.70 (978-1-64494-594-0(0)) Pop!.

Our Neighbourhood: Or Letters on Horticulture & Natural Phenomena, Interspersed with Opinions (Classic Reprint) Mary Griffith. 2018. (ENG., Illus.). 336p. (J). 30.83 (978-0-483-35050-2(8)) Forgotten Bks.

Our Neighbourhood (Classic Reprint) Unknown Author. 2017. (ENG., Illus.). 224p. (J). 28.52 (978-0-332-69624-9(3)) Forgotten Bks.

Our New Boat. Alyssa Krekelberg. 2020. (Learning Sight Words Ser.). (ENG.). 24p. (J). (gr. -1-2). lib. bdg. 32.79 (978-1-5038-3567-2(7), 213418) Child's World, Inc, The.

Our New Crusade. Edward Everett Hale. 2016. (ENG., Illus.). (J). pap. (978-3-7428-2680-0(8)) Creation Pubs.

Our New Crusade: A Temperance Story (Classic Reprint) Edward Everett Hale. 2018. (ENG., Illus.). 290p. (J). 29.90 (978-0-666-31917-3(0)) Forgotten Bks.

Our New Different World: A Story & Picture Book for Children to Understand Our Roles During a Pandemic. Mauro Zapata. 2020. (ENG.). 28p. (J). **(978-1-716-93710-1(8))** Lulu Pr., Inc.

Our New Friend! Laurie Friedman. Illus. by Shane Crampton. 2022. (Piper & Chase Ser.). (ENG.). 48p. (J). (gr. 2-4). lib. bdg. (978-1-0396-6102-8(5), 21520); pap. (978-1-0396-6297-1(8), 21521) Crabtree Publishing Co. (Leaves Chapter Books).

Our New Furry Family. Susan Sigovitch. 2022. (ENG., Illus.). 28p. (J). 24.95 **(978-1-63985-459-2(2))**; pap. 14.95 **(978-1-63985-457-8(6))** Fulton Bks.

Our New Kittens. Theo Heras. Illus. by Alice Carter. 2018. (ENG.). 24p. (J). (gr. -1-1). 15.95 (978-1-77278-060-4(X)) Pajama Pr. CAN. Dist: Publishers Group West (PGW).

Our New Mistress, or Changes at Brookfield Earl (Classic Reprint) Charlotte M. Yonge. 2018. (ENG., Illus.). 228p. (J). 28.62 (978-0-483-53473-5(0)) Forgotten Bks.

Our New Team Member - Kaain Ara Tiim Ae Boou (Te Kiribati) Kirata Arebonto. Illus. by Romulo Reyes, III. 2023. (ENG.). 32p. (J). pap. **(978-1-922895-97-4(0))** Library For All Limited.

Our Next-Door Neighbors (Classic Reprint) Belle Kanaris Maniates. 2018. (ENG., Illus.). 298p. (J). 30.04 (978-0-483-32398-8(5)) Forgotten Bks.

Our Next Door Neighbour. Stella Austin. 2017. (ENG.). 240p. (J). pap. (978-3-7447-4938-1(X)) Creation Pubs.

Our Next Door Neighbour: A Story for Children (Classic Reprint) Stella Austin. (ENG., Illus.). (J). 2018. 238p. 28.81 (978-0-484-14644-9(0)); 2016. pap. 11.57 (978-1-334-11947-7(3)) Forgotten Bks.

Our Nig: Or, Sketches from the Life of a Free Black. Harriet E. Wilson. 2019. (ENG.). 144p. (J). pap. 6.50 (978-1-68422-321-3(0)) Martino Fine Bks.

Our Nig: Or Sketches from the Life of a Free Black in a Two-Story White House, North (Classic Reprint) Harriet E. Wilson. 2017. (ENG., Illus.). (J). 26.87 (978-0-266-16543-9(5)) Forgotten Bks.

Our Not-So-Lonely Planet Travel Guide, Volume 1. Mone Sorai. 2021. (Our Not-So-Lonely Planet Travel Guide Ser.: 1). (Illus.). 208p. (gr. 8-1). pap. 12.99 (978-1-4278-6755-1(0)) TOKYOPOP, Inc.

Our Not-So-Lonely Planet Travel Guide, Volume 4. Mone Sorai. 2023. (Our Not-So-Lonely Planet Travel Guide Ser.: 4). 192p. (YA). (gr. 8-1). pap. 12.99 **(978-1-4278-7502-0(2))** TOKYOPOP, Inc.

Our Nurseries & School Rooms, Remarks on Home Training & Teaching. E. Hooper. 2017. (ENG., Illus.). (J). pap. (978-0-649-66527-3(9)) Trieste Publishing Pty Ltd.

Our Ocean World Color by Numbers. David Woodroffe. 2023. (ENG., Illus.). 128p. (J). pap. 12.99 (978-1-3988-2092-0(X), d0f95f91-0362-4fba-b910-6f22b5a9322f) Arcturus Publishing GBR. Dist: Baker & Taylor Publisher Services (BTPS).

Our Oceans, 1 vol. Camilla de la Bédoyère. 2020. (Curious Questions & Answers About... Ser.). (ENG., Illus.). 32p. (gr. 3-4). lib. bdg. 28.93 (978-1-4994-8479-3(8), 9bf3ae3b-014c-4d11-b554-d200fa982889, Windmill Bks.) Rosen Publishing Group, Inc., The.

Our Old Home & English Note-Books, Vol. 2 (Classic Reprint) Nathanial Hawthorne. 2018. (ENG., Illus.). 626p. (J). 36.83 (978-0-666-72544-8(6)) Forgotten Bks.

Our Old Home, & English Note-Books, Vol. 2 (Classic Reprint) Nathanial Hawthorne. (ENG., Illus.). (J). 2018. 622p. 36.75 (978-0-483-88285-0(2)); 2017. pap. 19.57 (978-0-243-89639-4(5)) Forgotten Bks.

Our Old Home, & English Note-Books, Vol. 2 of 4 (Classic Reprint) Hawthorne. 2016. (ENG., Illus.). (J). pap. 13.97 (978-1-333-29820-3(X)) Forgotten Bks.

Our Old Home, & English Note-Books, Vol. 2 of 4 (Classic Reprint) Nathanial Hawthorne. 2018. (ENG., Illus.). 366p. (J). 31.57 (978-0-484-32455-7(1)) Forgotten Bks.

Our Old Home, Vol. 1 of 2 (Classic Reprint) Nathanial Hawthorne. 2018. (ENG., Illus.). 286p. (J). 29.80 (978-0-332-03966-4(8)) Forgotten Bks.

Our Old Home, Vol. 2 of 2 (Classic Reprint) Nathanial Hawthorne. 2018. (ENG., Illus.). 372p. (J). 31.57 (978-0-332-91907-2(2)) Forgotten Bks.

Our Old Neighbours: Or, Folk Lore of the East of Fife (Classic Reprint) Unknown Author. 2017. (ENG., Illus.). (J). 142p. 26.83 (978-0-332-43676-0(4)); pap. 9.57 (978-0-282-53738-8(4)) Forgotten Bks.

Our Old Nursery Rhymes: The Original Tunes Harmonized (Classic Reprint) Alfred Moffat. (ENG., Illus.). (J). 2017. 25.40 (978-0-331-63350-4(7)); 2016. pap. 9.57 (978-1-333-49444-5(0)) Forgotten Bks.

Our Old Town (Classic Reprint) Thomas Miller. 2018. (ENG., Illus.). (J). 30.95 (978-0-260-37584-1(5)) Forgotten Bks.

Our Only May Amelia. Jennifer L. Holm. 2019. (ENG., Illus.). 272p. (J). (gr. 3-7). pap. 9.99 (978-0-06-288177-9(9), HarperCollins) HarperCollins Pubs.

Our Own First Reader: For the Use of Schools & Families (Classic Reprint) Richard Sterling. (ENG., Illus.). (J). 2018. 98p. 26.04 (978-0-332-49954-3(5)); 2016. pap. 9.57 (978-1-334-35834-0(6)) Forgotten Bks.

Our Own Little Paradise. Marianne Kaurin. Tr. by Olivia Lasky from NOR. 2022. (ENG.). 300p. (J). (gr. 4-6). 15.00 (978-1-64690-018-3(9)) North-South Bks., Inc.

Our Own Magazine, Vol. 1: March, 1870 (Classic Reprint) Unknown Author. (ENG., Illus.). (J). 2018. 20p. 24.31 (978-0-428-94743-9(3)); 2017. pap. 7.97 (978-0-259-86209-3(6)) Forgotten Bks.

Our Own Place: All Kinds of Homes. Lisa Bullard. Illus. by Paula J. Becker. 2021. (All Kinds of People (Early Bird Stories (tm)) Ser.). (ENG.). 24p. (J). (gr. k-2). pap. 9.99 (978-1-7284-3860-3(8), d0228d07-3597-4903-a28a-abb6b2029cde); lib. bdg. 29.32 (978-1-7284-3691-3(5), c44af0cd-1e40-4588-a793-4970a21cfe2d) Lerner Publishing Group. (Lerner Pubns.).

Our Own Pompeii, Vol. 1 Of 2: A Romance of Tomorrow (Classic Reprint) S. M. Fox. 2018. (ENG., Illus.). 254p. (J). 29.14 (978-0-428-72585-3(6)) Forgotten Bks.

Our Own Second Reader: For the Use of Schools & Families (Classic Reprint) Richard Sterling. 2018. (ENG., Illus.). 174p. (J). 27.49 (978-0-364-23048-0(7)) Forgotten Bks.

Our Own Set: A Novel (Classic Reprint) Ossip Schubin. 2018. (ENG., Illus.). 292p. (J). 29.94 (978-0-483-55809-0(5)) Forgotten Bks.

Our Own Third Reader: For the Use of Schools & Families (Classic Reprint) Richard Sterling. 2017. (ENG., Illus.). (J). 28.29 (978-0-260-82397-7(X)) Forgotten Bks.

Our Papa Doug Is Sleeping. Sandra L. Gittens. 2021. (ENG., Illus.). 32p. (J). pap. 15.95 (978-1-63874-343-9(6)) Christian Faith Publishing.

Our Parents: Leveled Reader Blue Non Fiction Level 11/12 Grade 1-2. Hmh Hmh. 2019. (Rigby PM Ser.). (ENG.). 16p. (J). (gr. 1-2). pap. 11.00 (978-0-358-12033-9(0)) Houghton Mifflin Harcourt Publishing Co.

Our Parish, or Annals of Pastor & People (Classic Reprint) George Canning Hill. 2018. (ENG., Illus.). 460p. (J). 33.38 (978-0-483-45495-8(8)) Forgotten Bks.

Our Park. Lisa J. Amstutz. 2020. (Places in Our Community Ser.). (ENG., Illus.). 24p. (J). (gr. -1-1). pap. 6.95 (978-1-9771-1769-4(4), 142113); lib. bdg. 27.32 (978-1-9771-1262-0(5), 141382) Capstone. (Pebble).

Our Part in the Community Pattern (Classic Reprint) Albert Hoefer. 2018. (ENG., Illus.). 20p. (J). 24.33 (978-1-396-68905-5(2)); pap. 7.97 (978-1-396-17662-3(4)) Forgotten Bks.

Our Patriots: The Men & Women Who Achieved American Independence — A Coloring Book. National Society Daughters of the American Revolution. Illus. by Laura Murray. 2021. (ENG.). 96p. (J). 10.95 (978-1-58838-447-8(0), 8958, NewSouth Bks.) NewSouth, Inc.

Our Peaceful Classroom. Aline D. Wolf. 2017. (ENG.). (Orig.). (J). 19.95 (978-0-939195-54-1(2)) Parent Child Pr., Inc.

Our Pets. Lisa J. Amstutz. 2018. (Our Pets Ser.). (ENG.). 24p. (J). (gr. -1-2). 135.90 (978-1-5435-0183-4(4), 27574, Pebble) Capstone.

Our Phil & Other Stories (Classic Reprint) Katharine Floyd Dana. 2017. (ENG., Illus.). (J). 27.18 (978-0-331-25973-5(7)) Forgotten Bks.

Our Photo Alphabet Bulletin Board. Scholastic. 2019. (ENG.). (J). (gr. -1-2). 14.99 (978-1-338-34491-2(9)) Teacher's Friend Pubns., Inc.

Our Picture Book: Our Christmas Greeting (Classic Reprint) A. C. Yates and Company. (ENG., Illus.). (J). 2018. 24p. 24.41 (978-0-484-25563-9(0)); 2016. pap. 7.97 (978-1-333-71634-9(6)) Forgotten Bks.

Our Place: Monica & Brad Start School. Hyacinth Grey. Illus. by Kurt Hershey. 2023. (ENG.). 68p. (J). **(978-1-5255-6316-4(5))** FriesenPress.

Our Place in Space: An Alien's Guide. Alex Francis. 2020. (Early Bird Nonfiction Readers — Silver (Early Bird Stories (tm)) Ser.). (ENG., Illus.). 32p. (J). (gr. k-3). pap. 9.99 (978-1-7284-1516-1(0), 4c9f393d-ba42-4d2a-86d3-68e4d612f087); lib. bdg. 29.32 (978-1-7284-1510-9(1), 3b0c422d-75ba-4e19-9c7b-864f436020ee) Lerner Publishing Group. (Lerner Pubns.).

Our Place in the Universe. Ellen Labrecque. 2019. (Our Place in the Universe Ser.). (ENG.). 24p. (J). (gr. 1-3). 111.96 (978-1-9771-0850-0(4), 29310); pap., pap., pap. 31.80 (978-1-9771-1094-7(0), 29547) Capstone. (Pebble).

Our Planet, 1 vol. Jon Richards & Ed Simkins. 2017. (Infographics: How It Works). (ENG.). 32p. (J). (gr. 4-5). pap. 11.50 (978-1-5382-1356-8(7), 88865ab6-204b-4568-b016-e49a3adc7c70); lib. bdg. 28.27 (978-1-5382-1359-9(1),

O

OUR PLANET EARTH SET

026948a-0449-453a-8e00-7879e4012a97) Stevens, Gareth Publishing LLLP.

Our Planet Earth Set. Various Authors. 2022. (ENG.). 24p. (J). (gr. k-3). 323.40 (978-1-64487-811-8(9)), Blastoff! Readers) Bellwether Media.

Our Planet Fun Play & Learn Games: Stars Activity Book. Jupiter Kids. 2016. (ENG., Illus.). 78p. (J). pap. 10.99 (978-1-68305-411-5(3)), Jupiter Kids (Children & Kids Fiction) Speedy Publishing LLC.

Our Planet, Its Past & Future: Or Lectures on Geology (Classic Reprint) William Denton. 2017. (ENG., Illus.). 350p. (J). 31.12 (978-0-484-54729-0(9)) Forgotten Bks.

Our Planet, Our Future, 8 vols. 2021. (Our Planet, Our Future Ser.). (ENG.). 24p. (J). (gr. 2-3). lib. bdg. 103.72 (978-1-5026-6361-0(9),

d82048a6-b734-41a4-b824-301ef83a6174) Cavendish Square Publishing LLC.

Our Planet: the One Place We All Call Home. Matt Whyman. Illus. by Richard Jones. 2019. (ENG.). 96p. (J). 24.99 (978-0-00-837831-8(2)), HarperCollins Children's Bks.) HarperCollins Pubs. Ltd. GBR. Dist: HarperCollins Pubs.

Our Planet! There's No Place Like Earth. Stacy McAnulty. Illus. by David Litchfield. 2022. (Our Universe Ser.: 6). (ENG.). 4.0p. (J). 18.99 (978-1-250-78249-5(X), 0063038625), Holt, Henry & Co. Bks. For Young Readers) Holt, Henry & Co.

Our Planet's Places. (Contrib. by World Book, Inc. Staff. 2017. (J). (978-0-7166-7545-6(9)) World Bk., Inc.

Our Playground Rules! Kallie George. Illus. by Jay Fleck. 2022. 32p. (J). (gr. 1-2). 17.99 (978-0-593-37874-8(1)); lib. bdg. 20.99 (978-0-593-37875-5(X)) Random Hse. Children's Bks. (Random Kids).

Our Pledge, Our Promise: The Pledge of Allegiance Explained. Sheri Wall. Illus. by Gary Marly. 2020. (ENG.). 36p. (J). pap. 11.99 (978-1-330943-3-7(4)) Matter of Rhyme, A.

Our Police. Jack E. Levin. Illus. by Jack E. Levin. 2018. (ENG., Illus.). 4.0p. (J). (gr. 1-3). 18.99 (978-1-5344-2950-5(9)), Aladdin) Simon & Schuster Children's Publishing.

Our Post Office. Mary Meinking. 2020. (Places in Our Community Ser.). (ENG., Illus.). 24p. (J). (gr. -1-2). pap. 6.95 (978-1-9771-1771-7(6), 142116); lib. bdg. 27.32 (978-1-9771-1264-4(1), 141384) Capstone. (Pebble).

Our Prayer Journal: Celebrating Our Christian Faith Together. Katie Clemons. 2020. 144p. (J). (gr. 3-8). pap. 14.99 (978-1-7282-2373-5(3)) Sourcebooks, Inc.

Our Premier Adventure. Adam Wood. 2021. (ENG., Illus.). 26p. (J). 21.95 (978-1-64953-269-5(4)); pap. 11.99 (978-1-64952-967-1(8)) Fulton Bks.

Our Princess Daisy. Mike Galbraith. 2018. (ENG., Illus.). 26p. (J). 21.95 (978-1-64096-386-4(8)); pap. 11.95 (978-1-64096-084-8(8)) Newman Springs Publishing, Inc.

Our Principal Breaks a Spell! Stephanie Calmenson. ed. 2020. (Aladdin Quix Ser.). (ENG.). 47p. (J). (gr. 2-3). 15.49 (978-1-64697-053-7(5)) Penworthy Co., LLC, The.

Our Principal Breaks a Spell! Stephanie Calmenson. Illus. by Aaron Blecha. 2022. (Our Principal Ser.). (ENG.). 64p. (J). (gr. k-3). lib. bdg. 31.36 (978-1-0982-5216-8(0), 41295, Chapter Bks.) Spotlight.

Our Principal Breaks a Spell! A QUIX Book. Stephanie Calmenson. Illus. by Aaron Blecha. 2019. (Our Principal Ser.). (ENG.). 64p. (J). (gr. k-3). 16.99 (978-1-4814-6675-2(5)); pap. 5.99 (978-1-4814-6674-5(7)) Simon & Schuster Children's Publishing. (Aladdin).

Our Principal Is a Frog! Stephanie Calmenson. ed. 2020. (Aladdin Quix Ser.). (ENG.). 46p. (J). (gr. 2-3). 15.49 (978-1-64697-054-4(3)) Penworthy Co., LLC, The.

Our Principal Is a Frog! Stephanie Calmenson. Illus. by Aaron Blecha. 2022. (Our Principal Ser.). (ENG.). 64p. (J). (gr. k-3). lib. bdg. 31.36 (978-1-0982-5217-5(9)), 41296, Chapter Bks.) Spotlight.

Our Principal Is a Frog! A QUIX Book. Stephanie Calmenson. Illus. by Aaron Blecha. 2018. (Our Principal Ser.). (ENG.). 64p. (J). (gr. k-3). 17.99 (978-1-4814-6667-7(4)); pap. 5.99 (978-1-4814-6665-3(8)) Simon & Schuster Children's Publishing. (Aladdin).

Our Principal Is a Noodlehead! A QUIX Book. Stephanie Calmenson. Illus. by Aaron Blecha. 2021. (Our Principal Ser.). (ENG.). 64p. (J). (gr. k-3). 17.99 (978-1-5344-7938-8(4)); pap. 5.99 (978-1-5344-7937-1(6)) Simon & Schuster Children's Publishing. (Aladdin).

Our Principal Is a Scaredy-Cat! A QUIX Book. Stephanie Calmenson. Illus. by Aaron Blecha. 2021. (Our Principal Ser.). (ENG.). 80p. (J). (gr. k-3). 17.99 (978-1-5344-7935-7(X)); pap. 5.99 (978-1-5344-7934-0(1)) Simon & Schuster Children's Publishing. (Aladdin).

Our Principal Is a Spider! Stephanie Calmenson. Illus. by Aaron Blecha. 2022. (Our Principal Ser.). (ENG.). 80p. (J). (gr. k-3). lib. bdg. 31.36 (978-1-0982-5218-2(7), 41297, Chapter Bks.) Spotlight.

Our Principal Is a Spider! A QUIX Book. Stephanie Calmenson. Illus. by Aaron Blecha. 2021. (Our Principal Ser.). (ENG.). 80p. (J). (gr. k-3). 17.99 (978-1-5344-5759-1(3)); pap. 5.99 (978-1-5344-5758-4(5)) Simon & Schuster Children's Publishing. (Aladdin).

Our Principal Is a Wolf! Stephanie Calmenson. ed. 2020. (Aladdin Quix Ser.). (ENG.). 55p. (J). (gr. 2-3). 15.49 (978-1-64697-055-1(1)) Penworthy Co., LLC, The.

Our Principal Is a Wolf! Stephanie Calmenson. Illus. by Aaron Blecha. 2022. (Our Principal Ser.). (ENG.). 64p. (J). (gr. k-3). lib. bdg. 31.36 (978-1-0982-5219-9(5), 41298, Chapter Bks.) Spotlight.

Our Principal Is a Wolf! A QUIX Book. Stephanie Calmenson. Illus. by Aaron Blecha. 2018. (Our Principal Ser.). (ENG.). 64p. (J). (gr. k-3). 16.99 (978-1-4814-6669-1(0)); pap. 5.99 (978-1-4814-6668-4(2)) Simon & Schuster Children's Publishing. (Aladdin).

Our Principal Promised to Kiss a Pig. Kalli Dakos. 2018. (2019 Av2 Fiction Ser.). (ENG.). 32p. (J). lib. bdg. 34.28 (978-1-4896-8275-8(9), AV2 by Weigl) Weigl Pubs., Inc.

Our Principal (Set), 6 vols. 2022. (Our Principal Ser.). (ENG.). (J). (gr. k-3). lib. bdg. 188.16 (978-1-0982-5215-1(2), 41294, Chapter Bks.) Spotlight.

Our Principal's in His Underwear! Stephanie Calmenson. Illus. by Aaron Blecha. 2022. (Our Principal Ser.). (ENG.).

64p. (J). (gr. k-3). lib. bdg. 31.36 (978-1-0982-5220-5(9), 41299, Chapter Bks.) Spotlight.

Our Principal's in His Underwear. Stephanie Calmenson. ed. 2020. (Aladdin Quix Ser.). (ENG.). 48p. (J). (gr. 2-3). 15.49 (978-1-64697-056-8(X)) Penworthy Co., LLC, The.

Our Principal's In His Underwear! A QUIX Book. Stephanie Calmenson. Illus. by Aaron Blecha. 2019. (Our Principal Ser.). (ENG.). 64p. (J). (gr. k-3). 16.99 (978-1-4814-6672-1(0)); pap. 5.99 (978-1-4814-6671-4(2)) Simon & Schuster Children's Publishing. (Aladdin).

Our Principal's Silly Story Collection (Boxed Set) Our Principal Is a Frog!; Our Principal Is a Wolf!; Our Principal's in His Underwear!; Our Principal Breaks a Spell!; Our Principal's Wacky Wishes!; Our Principal Is a Spider!; Our Principal Is a Scaredy-Cat!; Our Principal Is a Noodlehead! (QUIX Books) Stephanie Calmenson. Illus. by Aaron Blecha. ed. 2021. (Our Principal Ser.). (ENG.). 544p. (J). (gr. k-3). pap. 47.99 (978-1-5344-9857-4(3), Aladdin) Simon & Schuster Children's Publishing.

Our Principal's Wacky Wishes! Stephanie Calmenson. Illus. by Aaron Blecha. 2022. (Our Principal Ser.). (ENG.). 64p. (J). (gr. k-3). lib. bdg. 31.36 (978-1-0982-5221-2(7), 41300, Chapter Bks.) Spotlight.

Our Principal's Wacky Wishes! A QUIX Book. Stephanie Calmenson. Illus. by Aaron Blecha. 2020. (Our Principal Ser.). (ENG.). 64p. (J). (gr. k-3). 17.99 (978-1-5344-5756-0(9)); pap. 5.99 (978-1-5344-5755-3(0)) Simon & Schuster Children's Publishing. (Aladdin).

Our Prospects: A Tale of Real Life (Classic Reprint) Moritz Loth. 2018. (ENG., Illus.). 382p. (J). 31.80 (978-0-365-29697-4(4)) Forgotten Bks.

Our Puerto Rican Adventures. Dariel W. Fink. Illus. by Sarah Ann Costa. 2023. (ENG.). 26p. (J). pap. 20.99 (978-1-6628-6858-0(8)) Salem Author Services.

Our Pumpkin. Renee Keeler. 2017. (I.Learn-To-Read Ser.). (ENG., Illus.). (J). (gr. k-2). pap. 3.49 (978-1-6830(1-223-9(1)) Pacific Learning, Inc.

Our Radical, Vol. 2 Of 2: A Tale of Love & Politics (Classic Reprint) Fred Burnaby. (ENG., Illus.). (J). 2018. 288p. 29.44 (978-0-428-66318-4(4)); 2016. pap. 11.97 (978-1-333-59685-0(3)) Forgotten Bks.

Our Rainbow. Little Bee Books. (ENG., Illus.). 20p. (J). (gr. -1-4). bds. 8.99 (978-1-4998-8193-3(4)) Little Bee Books Inc.

Our Refugee Household (Classic Reprint) Louise Clack. 2017. (ENG., Illus.). (J). 28.68 (978-0-484-60503-8(9)); pap. 11.57 (978-1-5260-1624-7(6)) Forgotten Bks.

Our Regiment: A Military Drama Compiled from Incidents in the War of the Rebellion, & Respectfully Dedicated to the Grand Army of the Republic (Classic Reprint) James S. Rogers. (ENG., Illus.). (J). 2018. 50p. 24.95 (978-0-484-77193-1(0)); 2016. pap. 9.57 (978-1-333-51654-5(5)) Forgotten Bks.

Our Remarkable Fledger (Classic Reprint) Harvey Bucon. 2018. (ENG., Illus.). 456p. (J). 33.30 (978-0-332-67372-6(3)) Forgotten Bks.

Our Respiratory Adventure: A NICU Story, Prem for A. Adam Woods. Illus. by Seniya Gobdoeeva. (ENG.). 32p. (J). (978-1-0391-5062-1(4)); pap. (978-1-0391-5061-4(6))

Our Right to Love (Classic Reprint) Anna Chase Deppen. 2018. (ENG., Illus.). 294p. (J). 29.96 (978-0-365-51393-6(4)); 36p. bds. 9.99 (978-0-593-30530-9(3)) Penguin Young Readers Group.

Our River (Classic Reprint) George D. Leslie. 2017. (ENG., Illus.). (J). 30.25 (978-0-260-80315-3(4)) Forgotten Bks.

Our Rock Hunt: It... Then. 1 vol. Amanda Vink. 2017. (Aladdin Quix Ser.). PowerKids Pr.) Compounding Thinking Ser.). (ENG.). 24p. (J). (gr. 4-5). 25.27 (978-1-5383-2424-0(5), 7416e6ee-2590-4a30-91d4-e7545cc2cef4e, PowerKids Pr.), b254b872-ce86-4036-8716-98b0ae832ad1b, Rosen Classroom) Rosen Publishing Group, Inc., The.

Our Running Holiday - Our Yamtrap. Stirling Shand's Information Bks. Illus. by Carlos Masip. 2022. (Our Yamtrap Ser.). (ENG.). 26p. (J). pap. (978-1-92291-54-8(5)) Library For All Limited.

Our Rusalka: Mystery! A Comedy in Five Acts, a Dramatization (Classic Reprint) Marian F. Delaney. 2018. (ENG., Illus.). 56p. (J). 25.11 (978-0-332-80229-9(9)) Forgotten Bks.

Our Sacraments: Instructions in Story Form for Use in the Primary Grades. Rev William R. Kelly. 2018. (ENG., Illus.). 130p. (J). (gr. k-3). pap. 14.95 (978-1-64051-068-5(0)) St. Augustine Academy Pr.

Our Sages Showed the Way: Stories for Young Readers & Listeners from the Talmud, Midrash, & the Literature of the Sages (Classic Reprint) Yokheved Segel. 2017. (ENG., Illus.). (J). 28.54 (978-1-5284-7760-4(X)) Forgotten Bks.

Our Savior Rose Again on Easter Sunday! Coloring Book. Smarter Activity Books for Kids. 2016. (ENG., Illus.). (J). pap. 9.22 (978-1-68374-575-4(2)) Examined Solutions PTE. Ltd.

Our School. Lisa J. Amstutz. 2020. (Places in Our Community Ser.). (ENG., Illus.). 24p. (J). (gr. -1-2). pap. 6.95 (978-1-9771-1770-0(8), 142114); lib. bdg. 27.32 (978-1-9771-1263-7(3), 141383) Capstone. (Pebble).

Our School: Book 8. Carole Crimeen & Suzanne Fletcher. 2023. (Healthy Me! Ser.). (ENG., Illus.). 16p. (J). (gr. -1-2). pap. 7.99 (978-1-922516-54-1(6), 0437ca4b-bec6-41b1-ae69-844b86cddfc9) Knowledge Bks. & Software AUS. Dist: Lerner Publishing Group.

Our School Garden! Rick Swann. Illus. by Christy Hale. 2018. (ENG.). 32p. (J). (gr. 1-4). pap. 10.95 (978-0-9984363-5-1(1)) READERS to EATERS.

Our School Play: Showing Events & Processes. 1 vol. Dale Dixon. 2017. (Computer Kids: Powered by Computational Thinking Ser.). (ENG.). 24p. (J). (gr. 4-5). 25.27 (978-1-5383-2425-7(3), e8c2df47-bc7a-4c7c-801c-ecb3366c20c3, PowerKids Pr.), pap. (978-1-5383-5308-0(3), 86a33e43-9e3c-4626-98f4-035199aeaf66, Rosen Classroom) Rosen Publishing Group, Inc., The.

Our Search for a Wilderness: An Account of Two Ornithological Expeditions, to Venezuela & to British

Guiana (Classic Reprint) Mary Blair Beebe. 2017. (ENG., Illus.). (J). 32.89 (978-0-260-51801-9(8)) Forgotten Bks.

Our Secret Better Lives. Matthew Amster-Burton. 2017. (ENG., Illus.). (YA). pap. 9.99 (978-0-9984696-8-5(7)) The Naiad Mask.

Our Senses. Kari Cornell. 2016. (Illus.). 16p. (J). (978-0-87659-701-9(0)) Gryphon Hse., Inc.

Our Senses. 5 vols. Set. Sally Morgan. Incl. How Smell Works. lib. bdg. 25.27 (978-1-4339-4536-5(4)), b82c83c5-d06c-4a76-8a40-6a70226eb305(6); How Taste Works. lib. bdg. 25.27 (978-1-6153-2555-9(7), b82c83c5-d06c-4a76-8a40-6a70226eb305(6)); (J). (gr. 1-1). (Illus.). 24p. 2010. Set lib. bdg. 106.25 (978-1-61532-643-1(6), PowerKids Pr.) Rosen Publishing Group, Inc., The.

Our Senses Red Band. Claire Llewellyn. ed. 2016. (Cambridge Reading Adventures Ser.). (ENG., Illus.). 16p. pap. 7.95 (978-1-316-50568-4(X)) Cambridge Univ. Pr.

Our Sentimental Garden (Classic Reprint) Agnes Agenes. 2017. (ENG., Illus.). 346p. (J). 31.09 (978-0-266-21957-7(6)) Forgotten Bks.

Our Sentimental Journey Through France & Italy. Joseph Pennell & Elizabeth Robins Pennell. (ENG., Illus.). (J). pap. (978-0-649-66636-9(8)) Triskelion Publishing Pty Ltd.

Our Sentimental Journey Through France & Italy (Classic Reprint) Joseph Pennell. (ENG., Illus.). (J). 2018. 282p. 30.97 (978-0-332-86166-2(8)); 2016. pap. 11.97 (978-1-333-31363-0(2)) Forgotten Bks.

Our Shadows Have Claws: 15 Latin American Monster Stories. Yamile Saied Mendez & Amparo Ortiz. Illus. by Francisco Borges Lopez Ortiz. 2023. 368p. (YA). (gr. 9-12). 2023. pap. 11.99 (978-1-64373-540-8(1)); 2022. 19.99 (978-1-64370-183-2(2), 74183) Algonquin Young Readers.

Our Shed: A Father-Daughter Building Story (Celebrate Father's Day with This Special Picture Book about a Dad's Love!) Robert Broder. Illus. by Carrie O'Neill. 2021. 32p. (J). (gr. k-2). 17.99 (978-1-6321-7264-8(X)), Little Bigfoot) Sasquatch Bks.

Our Show: A Humorous Account of the International Exposition, in Honor of the Centennial Anniversary of American Independence, from Inception to Completion (Classic Reprint) Daisy Shortcut. 2018. (ENG., Illus.). 192p. (J). 25.00 (978-0-364-08482-1(0)) Forgotten Bks.

Our Side of the River. Bernice Hurst. (ENG., Illus.). (J). Alex Kotlowitz. 2020. (ENG.). 1,056p. pap. (978-1-716-80754-1(9)) Lulu Pr.

Our Side of the River. Natércia Suíça. Illus. by Paulo Nazareth Pacereno. 2023. (ENG.). 26p. (J). pap. (978-1-92291-98-4(6)) Library For All Limited.

Our Sister Masie (Classic Reprint) Rosa Mulholland. (ENG., Illus.). (J). 400p. 32.17 (978-0-484-37471-4(7)); pap. 16.57 (978-0-259-48331-1(1)) Forgotten Bks.

Our Sister Republic: A Single Tax Story (Classic Reprint) Unknown Author. 2018. (ENG., Illus.). 80p. (J). 22.15 (978-0-332-53625-0(5)) Forgotten Bks.

Our Sketching Club: Letters & Studies on Landscape Art (Classic Reprint) Richard St. John Tyrwhitt. (ENG., Illus.). (J). 2018. 428p. 31.80 (978-0-483-82535-6(2)); 2017. pap. (978-1-334-22566-2(9)) Forgotten Bks.

Our Skin: a First Conversation about Race. Megan Madison & Jessica Ralli. Illus. by Isabel Roxas. 2021. (First Conversations Ser.). (J). (gr. k-1). 4.09. 14.99 (978-0-593-51939-6(4)); 36p. bds. 9.99 (978-0-593-30530-9(3)) Penguin Young Readers Group.

Our Snowy Day. Rosen. Illus. by Brett Curzon. 2017. (Seasons Around Me Ser.). (ENG.). 24p. (J). (gr. -1-2). 6.95 (978-1-68342-797-1(7), 9781683421977(1))

Our Social Bees: Or Pictures of Town Country Life, & Other Papers (Classic Reprint) Andrew Wynter. 2018. (ENG., Illus.). (J). 462p. 32.71 (978-0-331-10654-6(8)) Forgotten Bks.

Our Solar System. Arthur John L'Hommidieu. 2018. (Information Bks.). (Illus.). 38p. (J). (978-1-64854-593-4(2))

Our Solar System. 1 vol. Lisa Regan. 2020. (Fact Frenzy: Space Ser.). (ENG.). 32p. (J). (gr. 1-4). bdg. 10.99 (978-1-4271-2459-6(6), 6c3d183d475a, PowerKids Pr.) Rosen Publishing Group, Inc., The.

Our Solar System. Connie Roop & Peter Roop. 2016. (Science for Toddlers Ser.: 1). (Illus.). 26p. (J). (gr. -1 — 1). bds. 8.99 (978-1-4549-1418-1(1), 1404673) Sterling Publishing Co., Inc.

Our Solar System, 1 vol. Giles Sparrow. 2017. (Space Explorers Ser.). (ENG.). 32p. (gr. 2-2). 26.93 (978-0-7660-9267-9(4), 0d1a1111-b60b-44a8-af17-f7baf9b54c7b) Enslow Publishing, LLC.

Our Solar System, 24 vols., Set. Incl. Comets & Asteroids. Greg Roza. lib. bdg. 25.27 (978-1-4339-3815-3(4), 845a1937-59cb-46ea-85d1-8ab2643635dc); Earth. Daisy Allyn. lib. bdg. 25.27 (978-1-4339-3818-4(9), b82059b0-ef6a-4fcb-87e0-da1802ceedd1); Moon. Daisy Allyn. lib. bdg. 25.27 (978-1-4339-3830-6(8), f5c31915-1741-44f2-9e26-9959373caa13); Neptune. Greg Roza. lib. bdg. 25.27 (978-1-4339-3833-7(2), c9acc356-3fea-4d9c-a656-3e8153d626db); Pluto. Greg Roza. lib. bdg. 25.27 (978-1-4339-3836-8(7), 65b7f419-4308-4e88-a895-ff6fb3180f2a); Saturn. Daisy Allyn. lib. bdg. 25.27 (978-1-4339-3839-9(1), 6062f038-cc7d-4d91-84d4-ccd2cc6326db); Jupiter. Daisy Allyn. lib. bdg. 25.27 (978-1-4339-3821-4(9), 0b145983-9100-4465-b73f-2cf3325b26d0); Mars. Lincoln James. lib. bdg. 25.27 (978-1-4339-3824-5(3), 916a509c-d805-4302-bf5f-91e3b88fe74b); Mercury. Lincoln James. lib. bdg. 25.27 (978-1-4339-3827-6(8), b82059b0-ef6a-4fcb-87e0-da1802ceedd1); Venus. Lincoln James. lib. bdg. 25.27 (978-1-4339-3845-0(6), a8ee5ab3-85b2-4e90-8fea-af7fd08418d8); (J). (gr. k-2). (Our Solar System Ser.). (ENG., Illus.). 24p. 2010. Set lib. bdg. 303.24 (978-1-4339-4198-6(8), 64015a6d-a438-4298-87e8-15350fb0ae88) Stevens, Gareth Publishing LLLP.

Our Solar System: American. (ENG., Illus.). rep. (gr.). 18.09 (978-1-4197-6022-8(X), 1766001) Magic Cat GBR. Dist: Abrams, Inc.

Our Street: Memories of Buccleuch Place (Classic Reprint) Josiah Livingston. (ENG., Illus.). (J). 2018. 86p. 25.67 (978-0-666-92045-4(1)); 2017. pap. 9.57 (978-0-259-46968-1(8)) Forgotten Bks.

Our Subway Baby. Peter Mercurio. Illus. by Leo Espinosa. 2020. 40p. (J). (gr. -1-3). 17.99 (978-0-525-42754-4(6), Dial Bks) Penguin Young Readers Group.

Our Solar System, 24 vols., Set. Incl. (continued) b41904d2-0df2-4497-8719-feac8da648a5); Sun. Lincoln James. lib. bdg. 25.27 (978-1-4339-3848-1(0), 3564f120-176e-43d8-9cd0-7e402666bade); Venus. Lincoln James. lib. bdg. 25.27 (978-1-4339-3845-0(6), a8ee5ab3-85b2-4e90-8fea-af7fd08418d8); (J). (gr. k-2). (Our Solar System Ser.). (ENG., Illus.). 24p. 2010. Set lib. bdg. 303.24 (978-1-4339-4198-6(8), 64015a6d-a438-4298-87e8-15350fb0ae88) Stevens, Gareth Publishing LLLP.

Our Solar System: Armenian. O1 vols. 1. Ed. by Nathalie Beullens-Mauri. 2016. (Our Wonderful World Ser.). (ENG.). SPA.). 80. (J). pap. 9.35 (978-1-5081-1271-4(7)), Rosen Classroom) Rosen Publishing Group, Inc., The.

Our Solar System Astronomy Books Edition. Baby Professor. (ENG., Illus.). 42p. (J). pap. 11.85 (978-1-68305-049-5(2), Speedy Publishing LLC.

Our Solar System: Fillipino. O1 vols. 1. Ed. by Nathalie Beullens-Mauri. 2016. (Our Wonderful World Ser.). (ENG.). (J). pap. 9.35 (978-1-5081-1274-5(5)),

Nathalie Beullens-Mauri. 2016. (Our Wonderful World Ser.). (ENG.). (J). pap. 9.35 (978-1-5081-1274-5(5), Rosen Classroom) Rosen Publishing Group, Inc., The.

Our Solar System: French. O1 vols. 1. Ed. by Nathalie Beullens-Mauri. 2016. (Our Wonderful World Ser.). (ENG. & SPA.). 80. (J). pap. 9.35 (978-1-5081-1272-1(7)), Rosen Classroom) Rosen Publishing Group, Inc., The.

Our Solar System. Ara Türel Tütken (Te Kiribell) Teslea (978-1-5226-1229-4(7), Rosen Classroom) Rosen Publishing Group, Inc., The.

Our Solar System. Ara Türel Tütken (Te Kiribell) Teslea to Your Award. 2022. (MLS. (Dr. (pr.). pap. (978-1-92389-60-8(1)) Library For All Limited.

Our Solar System - Read It Yourself with Ladybird Level 4. Ladybird. 2016. (ENG.). 48p. (J). (gr. -1-4). pap. (978-0-241-5.99 (978-0-241-24734-0(7))); (978-0-241-23741-9(4)); (ENG.). 6.11 (978-0-241-23741-9(4)); pap. Ltd. (Penguin Bks.) GBR. Dist: Penguin Bks.

Our Solar System Terms. Flo Young. Illus. by Jennifer Harney. (978-963-243-723-0(5)) Yow Fwu Culture Co., Ltd.

Our Solar System (Classic Reprint) (ENG.). 32p. (J). lib. bdg. (978-1-4339-3815-3(4)) Stevens, Gareth Publishing LLLP.

Our Solar System Highlands. Horace Kephart. 2022. (ENG., Illus.). 448p. (J). 31.82 (978-1-4382-4382-3(6)) North.

Our Solar System Highlands: A Narrative of Adventure & Discovery. Horace Kephart. 2022. (ENG., Illus.). Adventure in the Southern Mountains. & a Study of Life among the Mountaineers in the Early Part of Century. Horace Kephart. 2019. (ENG., Illus.). (978-1-4375-4537-5(X)) Sylvania Classics. **Our Southern Highlanders: A Narrative of**

Adventure in the Southern Mountains, & a Study of Life among the Mountaineers in the Early Part (978-1-4375-4537-5(X)) Sylvania Classics.

Our Southern Highlanders: A Narrative of Adventure in the Southern Mountains, & a Study of Life among the Mountaineers in the Early Part of the (ENG., Illus.). (J). 51.56 (978-1-4963-8116-3(3)); pap.

Our Special Applicants: a Study of Life among. Illus. by Paulo Nazareth Pacereno. 2023. (ENG.). 26p. (J). pap. (978-1-5159-7431-6(5)), Filiana Amaya 2019. (Classic Reprint Ser.). (ENG.). 24p. (J). (gr. -1-2). pap. 6.95

Our Special Board of Love Book. Auditor Liberi. 2017. (ENG.). (J). pap. 9.99 (978-1-6308-5836-2(3))

Our Special! (Full Fiction) Speedy Publishing LLC. (ENG., Illus.). (J). (978-0-7660-9267-9(4))

Our Special World: Feelings. Liz Lennon. 2018. (Our Special World Ser.). (ENG.). 24p. (J). (gr. -1-k). pap. 9.99 (978-1-4451-4900-7(8)); 12.99 (978-1-4451-4902-8(8)) Hachette Children's Group GBR. (Franklin Watts). Dist: Hachette Bk. Group.

Our Special World: My Body. Liz Lennon. 2018. (Our Special World Ser.). (ENG.). 24p. (J). (gr. -1-k). pap. 9.99 (978-1-4451-4908-3(4)); 12.99 (978-1-4451-4929-3(1)) Watts) Hachette Children's Group. (Franklin Watts). Dist: Hachette Bk. Group.

Our Special World: My Family. Liz Lennon. 2018. (Our Special World Ser.). (ENG.). 24p. (J). (gr. -1-k). pap. 9.99 (978-1-4451-4893-2(1)); (Franklin Watts) Hachette Children's Group GBR. (Franklin Watts). Dist: Hachette Bk. Group.

Our Special World: My Friends. Liz Lennon. 2018. (Our Special World Ser.). (ENG.). 24p. (J). (gr. -1-k). pap. 9.99 (978-1-4451-4894-9(9)) Hachette Children's Group GBR. (Franklin Watts). Dist: Hachette Bk. Group.

Our Special World: My School. Liz Lennon. 2018. (Our Special World Ser.). (ENG.). 24p. (J). (gr. -1-k). pap. 9.99 (978-1-4451-4901-4(2)); 12.99 (978-1-4451-4920-0(X)) Hachette Children's Group GBR. (Franklin Watts). Dist: Hachette Bk. Group.

Our Special World: the Seasons. Liz Lennon. 2018. (Our Special World Ser.). (ENG.). 24p. (J). (gr. -1-k). pap. 9.99 (978-1-4451-4904-2(4)); 12.99 (978-1-4451-4902-8(8)) Hachette Children's Group GBR. (Franklin Watts). Dist: Hachette Bk. Group.

Our Square & Circle, or the Annals of a Little London House (Classic Reprint) Jack Easel. (ENG., Illus.). (J). 2018. 276p. 29.59 (978-0-483-51427-0(6)); 2016. pap. 11.97 (978-1-333-62851-2(X)) Forgotten Bks.

Our Square & the People in It (Classic Reprint) Samuel Hopkins Adams. 2018. (ENG., Illus.). 454p. (J). 33.26 (978-0-484-05376-0(1)) Forgotten Bks.

Our Stories, Our Voices: 21 YA Authors Get Real about Injustice, Empowerment, & Growing up Female in America. Amy Reed et al. Ed. by Amy Reed. 2020. (ENG.). 320p. (YA). (gr. 9). pap. 12.99 (978-1-5344-0900-2(9), Simon Pulse) Simon Pulse.

Our Story. Heather Donegan. 2022. (ENG., Illus.). 36p. (J). pap. 15.95 (978-1-0980-7067-0(4)) Christian Faith Publishing.

Our Story Begins: Your Favorite Authors & Illustrators Share Fun, Inspiring, & Occasionally Ridiculous Things They Wrote & Drew As Kids. Elissa Brent Weissman. ed. 2018. lib. bdg. 19.65 (978-0-606-41356-5(1)) Turtleback.

Our Story Starts in Africa. Patrice Lawrence. Illus. by Jeanetta Gonzales. 2022. (ENG.). 40p. (J). (gr. -1-3). 18.99

The check digit for ISBN-10 appears in parentheses after the full ISBN-13

Our Summer at Sunnybrook: And the Boys & Girls There (Classic Reprint) Mary Noel Meigs. 2018. (ENG., Illus.). 262p. (J). 29.30 *(978-0-332-63159-2(1))* Forgotten Bks.

Our Sun: A Star & Energy Source Astronomy Beginners' Guide Grade 4 Children's Astronomy & Space Books. Baby Professor. 2020. (ENG.). 72p. (J). 24.99 *(978-1-5419-8002-0(6))*; pap. 14.99 *(978-1-5419-7811-9(0))* Speedy Publishing LLC. (Baby Professor (Education Kids)).

Our Sun: Can You Figure Out Its Mysteries?, 1 vol. David Hawksett. 2017. (Be a Space Scientist! Ser.). (ENG.). 48p. (J). (gr. 5-5). pap. 12.75 *(978-1-5383-2300-7(1)*, ea3cd831-5d3b-4f81-a9b1-b1c25b513be5); (Illus.). 31.93 *(978-1-5383-2207-9(2)*, 5f53eea8-0383-4690-ab0a-81be0c3c7560) Rosen Publishing Group, Inc., The. (PowerKids Pr.).

Our Sun Is a Star. Francis Spencer. 2022. (My First Space Bks.). (ENG.). 24p. (J). (gr. k-2). pap. *(978-1-0396-6217-9(X)*, 20831); lib. bdg. *(978-1-0396-6022-9(3)*, 20830) Crabtree Publishing Co.

Our Sun, Moon, 8 Planets & Some Dwarfs. Ghetto Chef. 2021. (ENG.). 46p. (J). pap. 12.95 *(978-1-947035-24-9(X))* Winding Hall Pubs.

Our Sun, Planets & Moons Children's Science & Nature. Baby Professor. 2017. (ENG., Illus.). (J). pap. 7.89 *(978-1-5419-0370-8(6)*, Baby Professor (Education Kids)) Speedy Publishing LLC.

Our Super Adventure Vol. 1: Press Start to Begin. Sarah Graley & Stef Purenins. 2019. (Our Super Adventure Ser.: 1). (ENG., Illus.). 224p. (YA). 19.99 *(978-1-62010-582-5(9)*, Lion Forge) Oni Pr., Inc.

Our Superhero Chickens: Leveled Reader Card Book 33 Level N 6 Pack. Hmh Hmh. 2021. (SPA.). (J). pap. 74.40 *(978-0-358-08122-7(X))* Houghton Mifflin Harcourt Publishing Co.

Our Superpowers: Celebrating Differently-Abled Kids & Their Siblings. Christine L'Abbé. Illus. by I. Cenizal. 2022. (ENG.). 36p. (J). ***(978-0-2288-6121-8(7))***; pap. ***(978-0-2288-6120-1(9))*** Tellwell Talent.

Our Sweet Danny. Jen Selinsky. 2021. (ENG.). 56p. (J). 23.99 *(978-1-954004-62-7(1))*; pap. 16.99 *(978-1-954868-78-6(2))* Pen It Pubns.

Our Swell (Classic Reprint) Unknown Author. (ENG., Illus.). (J). 2018. 42p. 24.72 *(978-0-428-97866-2(5))*; 2017. pap. 7.97 *(978-0-243-38277-4(4))* Forgotten Bks.

Our Table. Peter H. Reynolds. Illus. by Peter H. Reynolds. 2021. (ENG.). 48p. (J). (gr. -1-3). 17.99 *(978-1-338-57232-2(6)*, Orchard Bks.) Scholastic, Inc.

Our Teacher Is a Vampire & Other (Not) True Stories. Mary Amato. Illus. by Ethan Long. (ENG.). 256p. (J). (gr. 3-7). 2017. pap. 6.99 *(978-0-8234-3769-6(8))*; 2016. 16.95 *(978-0-8234-3553-1(9))* Holiday Hse., Inc.

Our Teenage Life in the Navajo Nation. Diane Bailey. 2017. (Customs & Cultures of the World Ser.). (Illus.). 128p. (J). *(978-1-4222-3908-7(X))* Mason Crest.

Our Town: Book 19. Carole Crimeen & Suzanne Fletcher. 2023. (Healthy Me! Ser.). (ENG., Illus.). 16p. (J). (gr. -1-2). pap. 7.99 ***(978-1-922516-65-7(1)***, f3af57be-39c7-4363-9e2c-e6512c60bf01) Knowledge Bks. & Software AUS. Dist: Lerner Publishing Group.

Our Town & Civic Duty (Classic Reprint) Jane Eayre Fryer. 2018. (ENG., Illus.). 274p. (J). 29.57 *(978-0-267-48682-3(0))* Forgotten Bks.

Our Town (Classic Reprint) Eugene Wood. 2017. (ENG., Illus.). (J). 28.12 *(978-0-266-20236-3(5))* Forgotten Bks.

Our Town Novel Units Student Packet. Novel Units. 2019. (ENG.). (YA). pap. 13.99 *(978-1-56137-626-1(4)*, Novel Units, Inc.) Classroom Library Co.

Our Town Novel Units Teacher Guide. Novel Units. 2019. (ENG.). (YA). pap. 12.99 *(978-1-56137-625-4(6)*, Novel Units, Inc.) Classroom Library Co.

Our Town, or Rough Sketches of Character, Manners, &C, Vol. 2 of 2 (Classic Reprint) Peregrine Reedpen. (ENG., Illus.). (J). 2018. 360p. 31.34 *(978-0-483-68381-5(7))*; 2016. pap. 13.97 *(978-1-334-12450-1(7))* Forgotten Bks.

Our Town Park: Taking Civic Action, 1 vol. Roman Ellis. 2018. (Civics for the Real World Set.). (ENG.). 12p. (gr. 1-2). pap. *(978-1-5383-6475-8(1)*, 2d6b7828-2be0-48f4-90dc-20cdc7fdc52b, Rosen Classroom) Rosen Publishing Group, Inc., The.

Our Town Series Featuring Simon & Sophia: Industries & Attractions. Bernadette Kolbeck. Illus. by Eve Funnell. 2021. (ENG.). 38p. (J). pap. 14.99 *(978-1-64538-267-6(2))* Orange Hat Publishing.

Our Town Series Featuring Simon & Sophia: Village Hall Meeting. Bernadette Kolbeck. 2018. (ENG., Illus.). 36p. (J). pap. 13.95 *(978-1-64140-925-4(8))* Christian Faith Publishing.

Our Town, Vol. 1 Of 2: Or, Rough Sketches of Character, Manners, &C (Classic Reprint) Peregrine Reedpen. 2017. (ENG., Illus.). (J). pap. 13.57 *(978-1-5276-3168-7(0))* Forgotten Bks.

Our Town, Vol. 1 Of 2: Or, Rough Sketches of Character, Manners, &c (Classic Reprint) Peregrine Reedpen. 2018. (ENG., Illus.). 338p. (J). 30.87 *(978-0-364-71034-0(9))* Forgotten Bks.

Our Toys, 6 vols., Set. Amanda Hudson. Incl. This Is My Ball. lib. bdg. 21.67 *(978-0-8368-9252-9(6)*, 12235892-f7fa-4a8b-b94c-e90d57dcc184); This Is My Bear. lib. bdg. 21.67 *(978-0-8368-9253-6(4)*, 7491166d-de9d-4985-931d-1ad8668e381f); This Is My Book. lib. bdg. 21.67 *(978-0-8368-9254-3(2)*, 474daae6-8958-407a-947b-ffa935e9c87b); This Is My Truck. lib. bdg. 21.67 *(978-0-8368-9255-0(0)*, 9a459ed5-b893-4005-941d-f51b843fa30d); (Illus.). (J). (gr. k-1). (Our Toys Ser.). (ENG.). 16p. 2008. Set lib. bdg. 65.01 *(978-0-8368-9316-8(6)*, 39c1fb9d-7a56-458d-828b-3f6e6f99a1d9, Weekly Reader Leveled Readers) Stevens, Gareth Publishing LLLP.

Our Toys/Nuestros Juguetes, 8 vols., Set. Amanda Hudson. Incl. This Is My Ball / Ésta Es Mi Pelota. lib. bdg. 21.67 *(978-0-8368-9256-7(9)*, 7a578453-083d-411a-aee4-e2afbde908e1); This Is My Bear / Éste Es Mi Oso. lib. bdg. 21.67 *(978-0-8368-9257-4(7)*, f77425f0-d46b-4c49-bca2-e13c85e883ff); This Is My Book / Éste Es Mi Libro. lib. bdg. 21.67 *(978-0-8368-9258-1(5)*, 8b827754-3019-4493-b16b-94ac75f2d656); This Is My Truck / Éste Es Mi Camión. lib. bdg. 21.67 *(978-0-8368-9259-8(3)*, 14899ea7-40e8-49a1-a34b-ab1675379817); (Illus.). (J). (gr. k-k). (Our Toys / Nuestros Juguetes Ser.). (ENG & SPA.). 16p. 2008. Set lib. bdg. 86.01 *(978-0-8368-9317-5(4)*, 95f4a7ca-ac55-4455-b6fd-1a4b056aa374, Weekly Reader Leveled Readers) Stevens, Gareth Publishing LLLP.

Our Travelling Party in Ireland (Classic Reprint) Daniel C. Eddy. 2018. (ENG., Illus.). 256p. (J). 29.20 *(978-0-267-23102-7(4))* Forgotten Bks.

Our Travelling Party in Paris & Amsterdam (Classic Reprint) Daniel C. Eddy. 2018. (ENG., Illus.). 258p. (J). 29.22 *(978-0-483-23428-4(1))* Forgotten Bks.

Our Travelling Party to the Alps & Rhine (Classic Reprint) Daniel C. Eddy. 2017. (ENG., Illus.). (J). 29.20 *(978-0-266-20674-3(3))* Forgotten Bks.

Our Treasure Chest for Girls & Boys (Classic Reprint) Walter T. Griffin. 2018. (ENG., Illus.). (J). 194p. 27.90 *(978-1-396-61877-2(5))*; 196p. pap. 10.57 *(978-1-391-59453-8(3))* Forgotten Bks.

Our Trip Around the World, 1919-20 (Classic Reprint) Robert Oxnard. (ENG., Illus.). (J). 2018. 240p. 28.87 *(978-0-267-54876-7(1))*; 2016. pap. 11.57 *(978-1-333-52403-6(X))* Forgotten Bks.

Our Trip to Blunderland, or Grand Excursion to Blundertown & Back (Classic Reprint) Jean Jambon. (ENG., Illus.). (J). 2018. 240p. 28.85 *(978-0-483-55520-4(7))*; 2016. pap. 11.57 *(978-1-334-16345-6(6))* Forgotten Bks.

Our Trip to Blunderland or the Grand Excursion to Blundertown & Back. Jean Jambon. 2017. (ENG., Illus.). (J). pap. *(978-0-649-10489-5(7))* Trieste Publishing Pty Ltd.

Our Trip to Earth. Michelle Cheri Jardine. 2017. (ENG., Illus.). 26p. (J). pap. 13.95 *(978-1-5043-9323-2(6)*, Balboa Pr.) Author Solutions, LLC.

Our Trip to Europe (Classic Reprint) Irene Simmonds. 2018. (ENG., Illus.). 140p. (J). 26.80 *(978-0-332-91293-6(0))* Forgotten Bks.

Our Trip to the Courthouse: Understanding Government, 1 vol. Reggie Harper. 2018. (Civics for the Real World Ser.). (ENG.). 12p. (gr. 1-2). pap. *(978-1-5383-6439-0(5)*, bfca4170-14ba-4da9-a049-b967fdf97b8a, Rosen Classroom) Rosen Publishing Group, Inc., The.

Our Twenty Helps & Why We Parted (Classic Reprint) Glorvina Fort. (ENG., Illus.). (J). 2018. 60p. 25.13 *(978-0-267-53781-5(6))*; 2016. pap. 9.57 *(978-1-333-34094-0(X))* Forgotten Bks.

Our Two Hearts. Annelisa Rheuben-Bathe. 2023. (ENG.). 20p. (J). ***(978-0-2288-9422-3(0))***; pap. ***(978-0-2288-9421-6(2))*** Tellwell Talent.

Our Two Lives: Or, Graham & I (Classic Reprint) A. H. K. 2018. (ENG., Illus.). 238p. (J). 28.81 *(978-0-267-24445-4(2))* Forgotten Bks.

Our Uncle the Major: A Story of New York In 1765. James Otis. 2017. (ENG., Illus.). (J). pap. *(978-0-649-66539-6(2))* Trieste Publishing Pty Ltd.

Our Uncle the Major: A Story of New York in 1765 (Classic Reprint) James Otis. 2018. (ENG., Illus.). 112p. (J). 26.21 *(978-0-332-88926-9(2))* Forgotten Bks.

Our Underwater World: A First Dive into Oceans, Lakes, & Rivers. Sue Lowell Gallion. 2023. (ENG., Illus.). 26p. (gr. -1-k). bds. 19.95 ***(978-1-83866-700-9(8))*** Phaidon Pr., Inc.

Our Unforgettable Halloween. Victor Teran. 2020. (ENG.). 28p. (J). pap. 15.00 *(978-1-0983-3778-0(6))* BookBaby.

Our Unique Selves. Belinda C. Kidd. Illus. by I. Cenizal. 2022. (ENG.). 26p. (J). *(978-0-2288-7158-3(1))*; pap. *(978-0-2288-7157-6(3))* Tellwell Talent.

Our Universe, 1 vol. Jon Richards & Ed Simkins. 2017. (Infographics: How It Works). (ENG.). 32p. (J). (gr. 4-5). pap. 11.50 *(978-1-5382-1360-5(5)*, e3ead7c6-0612-4a86-84d4-1067348234dc); lib. bdg. 28.27 *(978-1-5382-1362-9(1)*, d6c35060-9886-4d26-b0f1-7c74b957ccfd) Stevens, Gareth Publishing LLLP.

Our Universe, 1 vol. Giles Sparrow. 2017. (Space Explorers Ser.). (ENG.). 32p. (gr. 2-2). 26.93 *(978-0-7660-9263-1(1)*, a4989e50-e5dd-4f68-98c0-37421c2a223f) Enslow Publishing, LLC.

Our Unseen Superpowers. Deja Hall. Illus. by Ibrahim Yousef. 2022. (ENG.). 24p. (J). 19.99 ***(978-1-0880-4152-9(3))***; pap. 12.99 ***(978-1-0878-4922-5(5))*** Indy Pub.

Our Vegetable Garden: Working As a Team, 1 vol. Roman Ellis. 2017. (Computer Science for the Real World Ser.). (ENG.). 8p. (gr. k-1). pap. *(978-1-5383-5068-3(8)*, e2a97597-29ad-4b5d-ad4f-a84bcb89888d, Rosen Classroom) Rosen Publishing Group, Inc., The.

Our Very Own Dog: Taking Care of Your First Pet. Amanda McCardie. Illus. by Salvatore Rubbino. (Read & Wonder Ser.). (ENG.). 32p. (J). (gr. -1-2). 2019. 8.99 *(978-1-5362-0892-4(2))*; 2017. 15.99 *(978-0-7636-8948-3(3))* Candlewick Pr.

Our Vicar, Vol. 2 Of 3: A Novel (Classic Reprint) Wynter Frore Knight. 2018. (ENG., Illus.). 242p. (J). 28.91 *(978-0-483-73209-4(5))* Forgotten Bks.

Our Viceregal Life in India: Selections from My Journal, 1884-1888 (Classic Reprint) Harriot Georgina Blackwood. (ENG., Illus.). (J). 2018. 428p. 32.74 *(978-0-483-55653-9(X))*; 2017. pap. 16.57 *(978-0-243-11261-6(0))* Forgotten Bks.

Our Viceregal Life in India, Vol. 1 Of 2: Selections from My Journal, 1884-1888 (Classic Reprint) Unknown Author. 2017. (ENG., Illus.). (J). 31.28 *(978-1-5281-8852-4(7))* Forgotten Bks.

Our Viceregal Life in India, Vol. 2 Of 2: Selections from My Journal, 1884-1838; with Portrait & Map (Classic Reprint) Harriot Georgina Blackwood. (ENG., Illus.). (J). 2018. 366p. 31.45 *(978-0-656-00498-0(3))*; 2016. pap. 13.97 *(978-1-334-13788-4(9))* Forgotten Bks.

Our Village: Sketches of Rural Character & Scenery (Classic Reprint) Mary Russell Mitford. (ENG., Illus.). (J). 2017. 28.27 *(978-0-260-62337-9(7))*; 2017. 268p. 29.44 *(978-0-265-51223-4(9))*; 2017. 35.12 *(978-0-265-68116-9(2))*; 2017. pap. 19.57 *(978-1-5276-5200-2(9))*; 2016. pap. 13.97 *(978-1-334-38158-4(5))* Forgotten Bks.

Our Village (Classic Reprint) Joseph Crosby Lincoln. 2017. (ENG., Illus.). (J). 28.27 *(978-0-265-58811-6(1))* Forgotten Bks.

Our Village (Classic Reprint) Mary Russell Mitford. (ENG., Illus.). (J). 2018. 358p. 31.30 *(978-0-483-52385-2(2))*; 2016. pap. 13.97 *(978-1-333-11232-5(7))* Forgotten Bks.

Our Village in War-Time (Classic Reprint) S. T. Martyn. 2018. (ENG., Illus.). 134p. (J). 26.68 *(978-0-483-87840-2(5))* Forgotten Bks.

Our Village, Vol. 1: Sketches of Rural Character & Scenery; from the Fourth London Edition (Classic Reprint) Mary Russell Mitford. 2017. (ENG., Illus.). (J). 234p. 28.72 *(978-0-332-09158-7(9))*; pap. 11.57 *(978-0-259-35052-1(4))* Forgotten Bks.

Our Village, Vol. 2: Sketches of Rural Character & Scenery (Classic Reprint) Mary Russell Mitford. (ENG., Illus.). (J). 2018. 254p. 29.14 *(978-0-656-92542-1(6))*; 2017. pap. 13.57 *(978-0-259-27394-3(5))* Forgotten Bks.

Our Village, Vol. 2 Of 2: Sketches of Rural Character & Scenery (Classic Reprint) Mary Russell Mitford. (ENG., Illus.). (J). 2017. 516p. 34.54 *(978-0-332-56617-7(X))*; 2016. pap. 16.97 *(978-1-334-13847-8(8))* Forgotten Bks.

Our Violent Ends. Chloe Gong. 2021. (These Violent Delights Duet Ser.: 2). (ENG., Illus.). 512p. (YA). (gr. 9). 19.99 *(978-1-5344-5772-0(0)*, McElderry, Margaret K. Bks.) McElderry, Margaret K. Bks.

Our Voices: Spanish & Latino Figures of American History (Set), 12 vols. 2019. (Our Voices: Spanish & Latino Figures of American History Ser.). (ENG.). 48p. (J). (gr. 6-6). lib. bdg. 200.82 *(978-1-4994-6756-7(7)*, cf24a0c1-181d-4bad-86b0-4a6e9fd9f8ce, Rosen Reference) Rosen Publishing Group, Inc., The.

Our Wacky Elementary from A-Z. Dee Savage. 2017. (ENG.). (J). 14.95 *(978-1-63177-984-8(2))* Amplify Publishing Group.

Our Walk with Grandma. Dolores F. Kurzeka. Illus. by Nichole Monahan. 2022. (ENG.). 36p. (J). ***(978-1-0391-4546-7(9))***; pap. ***(978-1-0391-4545-0(0))*** FriesenPress.

Our Warm Blooded & Cold-Blooded Ocean Friends Children's Fish & Marine Life. Baby Professor. 2017. (ENG., Illus.). (J). pap. 7.89 *(978-1-5419-0364-7(1)*, Baby Professor (Education Kids)) Speedy Publishing LLC.

Our Water Supply, 1 vol. Rita Santos. 2019. (Exploring Infrastructure Ser.). (ENG.). 48p. (gr. 3-4). 29.60 *(978-1-9785-0336-6(9)*, 0859bff7-3f96-447e-b0c2-003b78e5f4d8) Enslow Publishing, LLC.

Our Ways of Living: Where Our Ways of Living Come from (Classic Reprint) Howard E. Wilson. (ENG., Illus.). (J). 2018. 488p. 33.98 *(978-0-364-56061-7(4))*; 2017. pap. 16.57 *(978-0-259-49683-0(9))* Forgotten Bks.

Our Wayward Fate. Gloria Chao. (ENG.). (YA). (gr. 7). 2020. 336p. pap. 11.99 *(978-1-5344-2762-4(7))*; 2019. 320p. 18.99 *(978-1-5344-2761-7(9))* Simon Pulse. (Simon Pulse).

Our Week Afloat, or How We Explored the Pequonset River (Classic Reprint) Wallace P. Stanley. (ENG., Illus.). (J). 2018. 370p. 31.53 *(978-0-267-47590-2(X))*; 2017. pap. 13.97 *(978-0-259-50490-0(4))* Forgotten Bks.

Our Weekend Walk. Kholoud Madi. 2022. (ENG.). 34p. (J). pap. 14.99 ***(978-1-5243-1803-1(5))*** Lantia LLC.

Our Weird Pets, 12 vols. 2017. (Our Weird Pets Ser.). 24p. (ENG.). (gr. 3-3). 151.62 *(978-1-4994-3496-5(0)*, f3b80280-edac-45e5-9b4b-44731df402be); (gr. 7-8). pap. 49.50 *(978-1-5081-5433-4(3))* Rosen Publishing Group, Inc., The. (PowerKids Pr.).

Our White Violet (Classic Reprint) Kay Spen. (ENG., Illus.). (J). 2018. 180p. 27.61 *(978-0-483-87290-5(3))*; 2016. pap. 9.97 *(978-1-333-69107-3(6))* Forgotten Bks.

Our Winnie, and, the Little Match-Girl (Classic Reprint) Evelyn Everett-Green. (ENG., Illus.). (J). 2018. 196p. 27.94 *(978-0-332-86886-8(9))*; 2016. pap. 10.57 *(978-1-333-35948-5(9))* Forgotten Bks.

Our Women in the War: The Lives They Lived, the Deaths They Died (Classic Reprint) News and Courier Charleston. 2017. (ENG., Illus.). (J). 34.15 *(978-0-266-23576-7(X))* Forgotten Bks.

Our Women in the War: The Lives They Lived; the Deaths They Died (Classic Reprint) Charleston Weekly News and Courier. 2016. (ENG., Illus.). (J). pap. 16.57 *(978-1-333-29960-6(5))* Forgotten Bks.

Our Wonder World; a Library of Knowledge in Ten Volumes: Story & History (Classic Reprint) G. L. Shuman Co. 2018. (ENG., Illus.). 426p. (J). 32.68 *(978-0-483-40120-4(X))* Forgotten Bks.

Our Wonderful Colorful Highway: 2 in 1 Picture Book + Coloring Book. Ingo Blum. Illus. by Antonio Pahetti. 2018. (ENG.). 60p. (J). (gr. k-4). pap. *(978-3-947410-56-9(5))* Blum, Ingo Planet-On Concepts.

Our Wonderful Lives the Poetry of Childhood. Marilyn Mamon. 2019. (ENG.). 80p. (J). pap. 7.95 *(978-0-359-78044-0(X))* Lulu Pr., Inc.

Our Wonderful Selves (Classic Reprint) Roland Pertwee. 2018. (ENG., Illus.). 350p. (J). 31.14 *(978-0-484-31907-2(8))* Forgotten Bks.

Our Wonderful World (Cantonese-Chinese) Set. Ed. by Nathalie Beullens. 2016. (Our Wonderful World (Cantonese-Chinese) Ser.). (ENG.). 8p. pap. 56.10 *(978-1-5081-1265-5(7)*, Rosen Classroom) Rosen Publishing Group, Inc., The.

Our World. Melanie Gomez. 2022. (ENG.). 32p. (J). 22.95 ***(978-1-63985-668-8(4))*** Fulton Bks.

Our World. Deleah Payne. 2019. (ENG.). 62p. (J). pap. ***(978-0-359-80844-1(1))*** Lulu Pr., Inc.

Our World & Me. Vicki Baxter. Illus. by Vicki Baxter. 2021. (ENG.). 26p. (J). pap. *(978-1-78324-194-1(2))* Wordzworth Publishing.

Our World: Argentina. Aixa Pérez-Prado. Illus. by Mariana Ruiz Johnson. 2023. (Our World Ser.). (ENG.). 20p. (J). (gr. -1 — 1). bds. 9.99 Barefoot Bks., Inc.

Our World: Australia. Maree McCarthy Yoelu. Illus. by Sophie Beer. 2023. (Our World Ser.). (ENG.). 20p. (J). (gr. -1 — 1). bds. 9.99 Barefoot Bks., Inc.

Our World: China. Songju Ma Daemicke. Illus. by Jam Dong. 2023. (Our World Ser.). (ENG.). 20p. (J). (gr. -1 — 1). bds. 9.99 Barefoot Bks., Inc.

Our World: Ethiopia. Fitsum Tesfaye Habtemariam. Illus. by Netsanet Tesfay. 2023. (Our World Ser.). (ENG.). 20p. (J). (gr. -1 — 1). bds. 9.99 Barefoot Bks., Inc.

Our World: Greece. Agatha Rodi. Illus. by Fotini Tikkou. 2023. (Our World Ser.). (ENG.). 20p. (J). (gr. -1 — 1). bds. 9.99 Barefoot Bks., Inc.

Our World in Numbers. DK. 2022. (DK Oour World in Numbers Ser.). (ENG., Illus.). 192p. (J). (gr. 3-7). 19.99 *(978-0-7440-2891-1(4)*, DK Children) Dorling Kindersley Publishing, Inc.

Our World in Numbers Animals: An Encyclopedia of Fantastic Facts. DK. 2023. (DK Oour World in Numbers Ser.). (ENG.). 192p. (J). (gr. 4-7). 19.99 ***(978-0-7440-8151-0(3)***, DK Children) Dorling Kindersley Publishing, Inc.

Our World in Pictures: An Encyclopedia of Everything. DK. 2022. (DK Our World in Pictures Ser.). (ENG., Illus.). 320p. (J). (gr. 4-7). 29.99 *(978-0-7440-6015-7(X)*, DK Children) Dorling Kindersley Publishing, Inc.

Our World in Pictures: Countries, Cultures, People & Places. DK. 2020. (Illus.). 192p. (J). *(978-0-241-34337-1(2))* Dorling Kindersley Publishing, Inc.

Our World in Pictures Animals of the World Flash Cards. DK. 2022. (DK Our World in Pictures Ser.). (ENG.). 168p. (J). (gr. 4-7). 16.99 *(978-0-7440-6258-8(6)*, DK Children) Dorling Kindersley Publishing, Inc.

Our World in Pictures Rocks & Minerals Flash Cards. DK. 2022. (DK Our World in Pictures Ser.). (ENG.). 125p. (J). (gr. 4-7). 16.99 *(978-0-7440-6294-6(2)*, DK Children) Dorling Kindersley Publishing, Inc.

Our World in Pictures: the Elements Flash Cards. DK. 2022. (DK Our World in Pictures Ser.). (ENG.). 118p. (J). (gr. 4-7). 16.99 *(978-0-7440-5171-1(1)*, DK Children) Dorling Kindersley Publishing, Inc.

Our World in Pictures the History Book. DK. 2023. (DK Our World in Pictures Ser.). (ENG., Illus.). 192p. (J). (gr. 4-7). 24.99 *(978-0-7440-7631-8(5)*, DK Children) Dorling Kindersley Publishing, Inc.

Our World in Pictures Trees of the World Flash Cards. DK. 2022. (DK Our World in Pictures Ser.). (ENG.). 125p. (J). (gr. 4-7). 16.99 *(978-0-7440-5830-7(9)*, DK Children) Dorling Kindersley Publishing, Inc.

Our World Is a Family: A Book about Being a Good Neighbor. Miry Whitehill & Jennifer Jackson. Illus. by Nomar Perez. 2022. 32p. (J). (gr. -1-3). 17.99 *(978-1-7282-3183-9(3))* Sourcebooks, Inc.

Our World Is Relative. Julia Sooy. Illus. by Molly Walsh. 2019. (ENG.). 32p. (J). 17.99 *(978-1-250-29368-8(5)*, 900194904) Feiwel & Friends.

Our World Is Whole. Gail Bush. Illus. by Jennie Poh. 2020. (ENG.). 32p. (J). (gr. k-3). 16.99 *(978-1-5341-1027-4(5)*, 204853) Sleeping Bear Pr.

Our World of Dumplings. Francie Dekker. Illus. by Sarah Jung. 2022. (ENG.). 40p. (J). (gr. -1-3). 17.99 *(978-1-4998-1234-3(5))* Little Bee Books Inc.

Our World of Water, 12 vols. 2017. (Our World of Water Ser.). (ENG.). (J). (gr. 1-1). lib. bdg. 155.58 *(978-1-5026-3225-8(X)*, 401f6888-a7e7-4c0c-9587-190660082f7a) Cavendish Square Publishing LLC.

Our World, or the Slaveholder's Daughter (Classic Reprint) Francis Colburn Adams. (ENG., Illus.). (J). 2018. 638p. 37.08 *(978-0-483-69901-4(2))*; 2016. pap. 19.57 *(978-1-334-34105-2(2))* Forgotten Bks.

Our World Out of Balance: Understanding Climate Change & What We Can Do. Andrea Minoglio. Illus. by Laura Fanelli. 2021. 72p. (J). 21.95 *(978-1-7350005-3-4(1))* Blue Dot Pubns. LLC.

Our World: the Next 100 Years. Nikole Brooks Bethea et al. Illus. by Giovanni Pota. 2016. (Our World: the Next 100 Years Ser.). (ENG.). 32p. (J). (gr. 3-9). 133.28 *(978-1-4914-8272-8(9)*, 24022, Capstone Pr.) Capstone.

Our Yard Sale: Practicing the Y Sound, 1 vol. Isabella Garcia. 2016. (Rosen Phonics Readers Ser.). (ENG.). 12p. (J). (gr. -1-2). pap. *(978-1-5081-3214-1(3)*, 43d5400b-7198-41dd-9255-bb51edcc7ec8, Rosen Classroom) Rosen Publishing Group, Inc., The.

Our Year in Love & Parties. Karen Hattrup. 2019. (ENG.). 368p. (YA). (gr. 9). 17.99 *(978-0-06-241023-8(7)*, HarperTeen) HarperCollins Pubs.

Our Year of Maybe. Rachel Lynn Solomon. (ENG.). (YA). (gr. 9). 2020. 400p. pap. 12.99 *(978-1-4814-9777-0(4))*; 2019. (Illus.). 384p. 18.99 *(978-1-4814-9776-3(6))* Simon Pulse. (Simon Pulse).

Our Young Aeroplane Scouts in Germany: Winning the Iron Cross. Horace Porter. 2019. (ENG., Illus.). 186p. (YA). (gr. 7-12). pap. *(978-93-5329-418-2(5))* Alpha Editions.

Our Young Aeroplane Scouts in Germany (Classic Reprint) Horace Porter. 2018. (ENG., Illus.). 260p. (J). 29.28 *(978-0-267-66925-7(9))* Forgotten Bks.

Our Young Folks, 1865, Vol. 1: An Illustrated Magazine for Boys & Girls (Classic Reprint) John Townsend Trowbridge. (ENG., Illus.). (J). 2018. 818p. 40.77 *(978-0-267-14459-4(8))*; 2017. pap. 23.57 *(978-1-334-92922-9(X))* Forgotten Bks.

Our Young Folks, 1866, Vol. 2: An Illustrated Magazine for Boys & Girls (Classic Reprint) John Townsend Trowbridge. (ENG., Illus.). (J). 2017. 40.36 *(978-1-5284-8304-9(9))*; 2016. pap. 23.57 *(978-1-334-76562-9(6))* Forgotten Bks.

Our Young Folks, 1869, Vol. 5: An Illustrated Magazine for Boys & Girls (Classic Reprint) John Townsend Trowbridge. (ENG., Illus.). (J). 2018. 918p. 42.83 *(978-0-332-17889-9(7))*; 2017. pap. 25.17 *(978-0-243-29003-1(9))* Forgotten Bks.

Our Young Folks, 1872, Vol. 8: An Illustrated Magazine for Boys & Girls (Classic Reprint) J. T. Trowbridge. 2017. (ENG., Illus.). (J). 40.27 *(978-0-266-39239-2(3))* Forgotten Bks.

Our Young Folks' Plutarch: Biographies of the Greatest Leaders, Military Generals & Heroes of Ancient Greece & Rome, Adapted for Children. Rosalie Kaufman. 2019. (ENG., Illus.). 338p. (J). pap. *(978-1-78987-162-3(X))* Pantianos Classics.

Our Young Folks, Vol. 3: An Illustrated Magazine for Boys & Girls (Classic Reprint) John Townsend Trowbridge.

O

(ENG., Illus.). (J). 2017. 40.48 *(978-0-331-77249-4(3))*; 2016. pap. 23.57 *(978-1-334-16375-3(8))* Forgotten Bks.

Our Young Folks, Vol. 4 (Classic Reprint) John Townsend Trowbridge. 2018. (ENG., Illus.). 808p. (J). 40.56 *(978-0-267-20923-1(1))* Forgotten Bks.

Our Young Folks, Vol. 6: An Illustrated Magazine for Boys & Girls (Classic Reprint) John Townsend Trowbridge. 2017. (ENG., Illus.). (J). 41.02 *(978-0-266-51414-5(6))*; pap. 23.57 *(978-1-334-58839-6(2))* Forgotten Bks.

Our Young Folks, Vol. 7: An Illustrated Magazine for Boys & Girls (Classic Reprint) John Townsend Trowbridge. 2018. (ENG., Illus.). 802p. (J). 40.44 *(978-0-483-60312-7(0))* Forgotten Bks.

Our Young Folks, Vol. 9: An Illustrated Magazine for Boys & Girls (Classic Reprint) John Townsend Trowbridge. 2018. (ENG., Illus.). 842p. (J). 41.26 *(978-0-656-87787-4(1))* Forgotten Bks.

Ouray Jim, & Other Stories (Classic Reprint) Mary E. Stickney. 2018. (ENG., Illus.). 96p. (J). 25.88 *(978-0-483-61272-3(3))* Forgotten Bks.

Ours. Ruth Forman. Illus. by Talia Skyles. 2022. (ENG.). 24p. (J). (gr. -1). bds. 8.99 *(978-1-6659-0305-9(8)*, Little Simon) Little Simon.

ours et Sa Tanière. Elizabeth Raum. Illus. by Romina Martí. 2017. (Animaux Architectes Ser.). (FRE.). 24p. (J). (gr. 1-4). *(978-1-77092-382-9(9)*, 17613) Amicus.

Ours Livre de Coloriage Pour les Enfants: Un Merveilleux Livre d'ours Pour les Adolescents, les Garçons et les Enfants, un Excellent Livre de Coloriage Sur les Animaux Sauvages Pour les Enfants et les Jeune. Amelia Yardley. 2021. (FRE., Illus.). 44p. (J). pap. *(978-1-008-92764-3(3))* Lulu.com.

Ours Polaire. William Flaherty & Danny Christopher. 2020. (Animaux Illustrés Ser.: 4). Orig. Title: Animals Illustrated: Polar Bear. (FRE., Illus.). 32p. (J). (gr. 1-3). 14.95 *(978-2-7644-3933-3(4))* Quebec Amerique CAN. Dist: Orca Bk. Pubs. USA.

ours Polaire (Polar Bear) Amy Culliford. Tr. by Annie Evearts. 2021. (Animaux les Plus Meurtriers (Deadliest Animals) Ser.). (FRE.). (J). (gr. 3-9). pap. *(978-1-0396-0302-8(5)*, 12824, Crabtree Branches) Crabtree Publishing Co.

Ours Polaires et Manchots. Katharine Hall. Tr. by Sophie Troff. 2019. (FRE.). 32p. (J). 11.95 *(978-1-64351-617-2(5))* Arbordale Publishing.

Ours Qui Rendait Visite. Catiana Saint-Amour. 2018. (FRE., Illus.). 40p. (J). pap. *(978-0-244-69299-5(8))* Lulu Pr., Inc.

Ours to Share: Coexisting in a Crowded World, 1 vol. Kari Jones. 2019. (Orca Footprints Ser.: 16). (ENG., Illus.). 48p. (J). (gr. 4-7). 19.95 *(978-1-4598-1634-3(X))* Orca Bk. Pubs. USA.

Ourselves, Vol. 1: A Magazine for Cheerful Canadians; October, 1910 (Classic Reprint) Peter McArthur. 2017. (ENG., Illus.). (J). 450p. 33.18 *(978-0-332-02533-9(0))*; pap. 16.57 *(978-0-259-39617-8(6))* Forgotten Bks.

Ourselves When Young (Classic Reprint) H.T. Sheringham. 2018. (ENG., Illus.). (J). 29.22 *(978-0-260-83654-0(0))* Forgotten Bks.

Out! How to Be Your Authentic Self. Miles McKenna. (ENG.). 224p. (YA). (gr. 8-17). 2022. pap. 12.99 *(978-1-4197-3995-8(6)*, 1297303); 2020. (Illus.). 19.99 *(978-1-4197-3994-1(8)*, 1297301) Abrams, Inc. (Amulet Bks.).

Out among the Animals: Talks with Boys & Girls about Their Outdoor Friends (Classic Reprint) Eva Williams Malone. (ENG., Illus.). (J). 2018. 302p. 30.13 *(978-0-656-65492-5(9))*; 2017. pap. 13.57 *(978-0-259-51350-6(4))* Forgotten Bks.

Out & About: A Boy's Adventures, Written for Adventurous Boys (Classic Reprint) Hain Friswell. 2017. (ENG., Illus.). (J). 31.20 *(978-1-5280-7609-8(5))* Forgotten Bks.

Out & About: Name 200 Things in the World Around You! Nicola Baxter. Illus. by Susie Lacome. 2016. 24p. (J). (gr. -1-12). pap. 7.99 *(978-1-86147-777-4(5)*, Armadillo) Anness Publishing GBR. Dist: National Bk. Network.

Out & about in Singapore 2. Melanie Lee & William Sim. 2023. 64p. (J). (gr. 2-4). 22.99 ***(978-981-5044-30-0(3))*** Marshall Cavendish International (Asia) Private Ltd. SGP. Dist: Independent Pubs. Group.

Out & about London (Classic Reprint) Thomas Burke. (ENG., Illus.). (J). 2019. 212p. 28.27 *(978-0-365-25137-8(2))*; 2016. pap. 10.97 *(978-1-333-44200-2(9))* Forgotten Bks.

Out & about with Mitchell & Dad. Hallie Durand. Illus. by Tony Fucile. 2020. (Mitchell Goes Ser.). (ENG.). 72p. (J). (gr. k-4). 12.99 *(978-1-5362-1304-1(7))*; pap. 4.99 *(978-1-5362-1167-2(2))* Candlewick Pr.

Out at Sea, or from Boston to Ceylon (Classic Reprint) Emma Emma. (ENG., Illus.). (J). 2018. 220p. 28.43 *(978-0-267-30715-9(2))*; 2017. pap. 10.97 *(978-0-259-46329-0(9))* Forgotten Bks.

Out at Second. Matt Christopher. 2018. (Matt Christopher: the #1 Sports Series for Kids Ser.). (ENG.). 144p. (J). (gr. 3-7). lib. bdg. 31.36 *(978-1-5321-4269-7(2)*, 31079, Chapter Bks.) Spotlight.

Out Door Papers, Vol. 1: Army Life in a Black Regiment (Classic Reprint) Unknown Author. 2018. (ENG., Illus.). 250p. (J). 29.05 *(978-0-267-16830-9(6))* Forgotten Bks.

Out-Doors at Idlewild, or the Shaping of a Home on the Banks of the Hudson (Classic Reprint) N. P. Willis. 2017. (ENG., Illus.). (J). 34.72 *(978-0-266-18607-6(6))* Forgotten Bks.

Out for Business: Or Robert Frost's Strange Career (Classic Reprint) Horatio Alger Jr. 2019. (ENG., Illus.). 310p. (J). 30.29 *(978-0-365-16846-1(7))* Forgotten Bks.

Out for the Coin (Classic Reprint) Hugh McHugh. 2018. (ENG., Illus.). 140p. (J). 26.80 *(978-0-656-71180-2(9))* Forgotten Bks.

Out I Go! Book 18. Carole Crimeen & Suzanne Fletcher. 2023. (Comic Decoders Ser.). (ENG., Illus.). 16p. (J). (gr. -1-k). pap. 7.99 ***(978-1-76127-098-7(2)***, c4e7eb5e-83b1-4907-b2b3-73c979031eec) Knowledge Bks. & Software AUS. Dist: Lerner Publishing Group.

Out in China (Classic Reprint) Archibald Little. 2017. (ENG., Illus.). (J). 27.65 *(978-0-260-60913-7(7))* Forgotten Bks.

Out in the Open: Kids Search & Find Activity Book. Kreative Kids. 2016. (ENG., Illus.). (J). pap. 10.81 *(978-1-68377-013-8(7))* Whlke, Traudl.

Out in the Open! a Kids Ultimate Hidden Object Activity Book. Kreative Kids. 2016. (ENG., Illus.). (J). pap. 10.81 *(978-1-68377-014-5(5))* Whlke, Traudl.

Out in the Open Hide & Seek Activity Book. Kreative Kids. 2016. (ENG., Illus.). (J). pap. 10.81 *(978-1-68377-012-1(9))* Whlke, Traudl.

Out in the Storm: Or, Little Messengers (Classic Reprint) Catharine Shaw. 2018. (ENG., Illus.). 132p. (J). 26.62 *(978-0-483-94297-4(9))* Forgotten Bks.

Out in the Wild!, 1. Mike Lowery. ed. 2022. (Bug Scouts Ser.). (ENG.). 58p. (J). (gr. 1-4). 19.96 ***(978-1-68505-608-7(3))*** Penworthy Co., LLC, The.

Out in the Wild!: a Graphix Chapters Book (Bug Scouts #1) Mike Lowery. Illus. by Mike Lowery. 2022. (ENG., Illus.). 64p. (J). (gr. 1-3). 22.99 *(978-1-338-72633-6(1))*; pap. 7.99 *(978-1-338-72632-9(3))* Scholastic, Inc. (Graphix).

Out in the World (Classic Reprint) T. S. Arthur. 2018. (ENG., Illus.). 318p. (J). 30.48 *(978-0-483-14263-3(8))* Forgotten Bks.

Out into the Big Wide Lake. Paul Harbridge. Illus. by Josée Bisaillon. 2021. 48p. (J). (gr. -1-3). 18.99 *(978-0-7352-6559-2(3)*, Tundra Bks.) Tundra Bks. CAN. Dist: Penguin Random Hse. LLC.

Out Loud: June's Venture. Luz Agudelo. Ed. by Geddy Friedman & Michael Hernandez. Illus. by Andres Restrepo. 2019. (ENG.). 42p. (gr. 3-5). pap. 11.00 *(978-0-9983011-9-8(1))* MYTHIKAS.

Out Now: Queer We Go Again! Saundra Mitchell et al. 2020. (ENG., Illus.). 416p. (YA). 20.99 *(978-1-335-01826-7(3))* Harlequin Enterprises ULC CAN. Dist: HarperCollins Pubs.

Out o' Luck: Biltmore Oswald Very Much at Sea (Classic Reprint) J. Thorne Smith. 2017. (ENG., Illus.). (J). 26.62 *(978-0-265-96057-8(6))* Forgotten Bks.

Out of a Clear Sky a Novel (Classic Reprint) Maria Thompson Daviess. 2017. (ENG., Illus.). (J). 27.32 *(978-1-5282-5090-0(7))* Forgotten Bks.

Out of a Labyrinth (Classic Reprint) Lawrence L. Lynch. 2018. (ENG., Illus.). 476p. (J). 33.71 *(978-0-483-45744-7(2))* Forgotten Bks.

Out of Blue Moon. Danielle Pettibone. 2019. (ENG.). 172p. (YA). pap. 14.95 *(978-1-5069-0864-9(0))* First Edition Design Publishing.

Out of Bondage. Kendra Newton. 2019. (ENG.). 54p. (YA). pap. 11.95 *(978-1-64458-765-2(3))* Christian Faith Publishing.

Out of Bondage: And Other Stories (Classic Reprint) Rowland E. Robinson. 2017. (ENG., Illus.). (J). 31.26 *(978-0-260-39094-3(1))* Forgotten Bks.

Out of Bounds. Elena Delle Donne. 2018. (Hoops Ser.: 3). (ENG., Illus.). 176p. (J). (gr. 3-7). 16.99 *(978-1-5344-1237-8(9)*, Simon & Schuster Bks. For Young Readers) Simon & Schuster Bks. For Young Readers.

Out of Bounds, 1. Andrea Montalbano. ed. 2019. (Soccer Sisters Ser.). (ENG.). 170p. (J). (gr. 4-5). 18.96 *(978-0-87617-331-2(8))* Penworthy Co., LLC, The.

Out of Bounds. Andrea Montalbano. 2017. (ENG., Illus.). (J). (gr. 3-6). 18.99 *(978-1-4926-6233-4(X))* Sourcebooks, Inc.

Out of Bounds. Andrea Montalbano. ed. 2017. (Soccer Sisters Ser.: 1). lib. bdg. 18.40 *(978-0-606-40353-5(1))* Turtleback.

Out of Bounds: Soccer Sisters. Andrea Montalbano. 2017. (Soccer Sisters Ser.: 1). 176p. (J). (gr. 3-7). pap. 7.99 *(978-1-4926-4481-1(1)*, 9781492644811) Sourcebooks, Inc.

Out of Breath: The Lithia Trilogy, Book 1. Blair Richmond. 2018. (ENG.). 268p. (YA). 27.95 *(978-1-61822-077-6(2)*, Ashland Creek Pr.) Byte Level Research.

Out of Character. Jenna Miller. 2023. (ENG.). 384p. (YA). (gr. 8). 17.99 *(978-0-06-324332-3(6)*, Quill Tree Bks.) HarperCollins Pubs.

Out of Control: #4. Johanna Gohmann. Illus. by Chloe Dijon. 2021. (Trapped in Pirate Park Ser.). (ENG.). 48p. (J). (gr. 3-7). lib. bdg. 34.21 *(978-1-0982-3174-3(0)*, 38756, Spellbound) Magic Wagon.

Out-Of-Control Rhino: An Impulse Control Story. Shoshana Stopek. Illus. by Román Díaz. 2022. (My Spectacular Self Ser.). (ENG.). 32p. (J). 23.32 *(978-1-6639-8488-3(3)*, 229268); pap. 8.95 *(978-1-6663-3248-3(8)*, 229250) Capstone. (Picture Window Bks.).

Out of Darkness. Michelle Areaux. 2017. (ENG., Illus.). (YA). (gr. 7-12). pap. 9.50 *(978-1-387-02072-0(2))* Lulu Pr., Inc.

Out of Darkness. Ashley Hope Pérez. 2019. 400p. (YA). (gr. 9). pap. 12.99 *(978-0-8234-4503-6(8))* Holiday Hse., Inc.

Out of Darkness: A Young Adult Romance. Michelle Areaux. 2018. (Shady Oaks Ser.: Vol. 1). (ENG., Illus.). 124p. (YA). (gr. 7-12). pap. 9.99 *(978-1-970068-54-2(X))* Kingston Publishing Co.

Out of Darkness into Light: A Story of the Pioneer West (Classic Reprint) John McArthur Wil. (ENG., Illus.). (J). 2018. 202p. 28.06 *(978-0-666-51500-1(X))*; 2017. pap. 10.57 *(978-0-259-20290-5(8))* Forgotten Bks.

Out of Debt, Out of Danger (Classic Reprint) Cousin Alice. 2018. (ENG., Illus.). 256p. (J). 29.20 *(978-0-483-77938-9(5))* Forgotten Bks.

Out-Of-Door Book (Classic Reprint) Eva March Tappan. 2018. (ENG., Illus.). 556p. (J). 35.36 *(978-0-483-43471-4(X))* Forgotten Bks.

Out-Of-Door Books: A List of Specially Readable Books for Young People in High School or College (Classic Reprint) Marion Horton. (ENG., Illus.). (J). 2018. 42p. 24.78 *(978-0-267-91486-9(5))*; 2016. pap. 7.97 *(978-1-334-15843-8(6))* Forgotten Bks.

Out of Doors, California & Oregon (Classic Reprint) J. A. Graves. 2018. (ENG., Illus.). 184p. (J). 27.69 *(978-0-365-20723-8(3))* Forgotten Bks.

Out-Of-Doors in the Holy Land: Impressions of Travel in Body & Spirit (Classic Reprint) Henry Van Dyke. 2018. (ENG., Illus.). 372p. (J). 31.59 *(978-0-666-04353-5(1))* Forgotten Bks.

Out of Doors in Tsarland: A Record of the Seeings & Doings of a Wanderer in Russia (Classic Reprint) Frederick J. Whishaw. (ENG., Illus.). (J). 2018. 392p. 31.98 *(978-0-267-81959-1(5))*; 2017. pap. 16.57 *(978-0-259-40921-2(9))* Forgotten Bks.

Out of Drowning Valley (Classic Reprint) S. Carleton Jones. (ENG., Illus.). (J). 2018. 332p. 30.74 *(978-0-332-08164-9(8))*; 2017. pap. 13.57 *(978-0-243-97291-3(1))* Forgotten Bks.

Out of Gas. Hayes Vicki C. 2021. (Red Rhino Ser.). (ENG.). 68p. (J). (gr. 4-7). pap. 9.95 ***(978-1-68021-900-5(6))*** Saddleback Educational Publishing, Inc.

Out of Harness (Classic Reprint) William A. Beckett. (ENG., Illus.). (J). 2018. 106p. 26.08 *(978-0-484-66152-2(3))*; 2016. pap. 9.57 *(978-1-333-51443-3(3))* Forgotten Bks.

Out of Her Sphere (Classic Reprint) Lizzie Boynton Harbert. (ENG., Illus.). (J). 2017. 28.02 *(978-0-331-64545-3(9))*; 2016. pap. 10.57 *(978-1-333-25699-9(X))* Forgotten Bks.

Out of Her Sphere, Vol. 1 of 3 (Classic Reprint) Eiloart. 2017. (ENG., Illus.). (J). 30.66 *(978-1-5281-8941-5(8))* Forgotten Bks.

Out of Hiding: a Holocaust Survivor's Journey to America (with a Foreword by Alan Gratz) Ruth Gruener. 2020. (ENG., Illus.). 208p. (J). (gr. 3-7). 18.99 *(978-1-338-62745-9(7)*, Scholastic Nonfiction) Scholastic, Inc.

Out of His Head: A Romance, There Was Something Strange, Penguin Whispere, His Grand-Father Was So Before Him, It Runs in the Family; Thackaray (Classic Reprint) Thomas Bailey Aldrich. 2018. (ENG., Illus.). 232p. (J). 28.68 *(978-0-428-37952-0(4))* Forgotten Bks.

Out of India: Things I Saw, & Failed to See, in Certain Days & Nights at Jeypore & Elsewhere (Classic Reprint) Rudyard Kipling. 2018. (ENG., Illus.). 344p. (J). 30.99 *(978-0-483-04493-7(8))* Forgotten Bks.

Out of Left Field. Kris Hui Lee. 2018. (ENG.). 320p. (YA). (gr. 8-12). pap. 10.99 *(978-1-4926-6385-0(9))* Sourcebooks, Inc.

Out of Left Field. Ellen Klages. 2019. (Gordon Family Saga Ser.: 3). (ENG.). 352p. (J). (gr. 3-7). 9.99 *(978-0-425-28860-3(9)*, Puffin Books) Penguin Young Readers Group.

Out of Mulberry Street: Stories of Tenement Life in New York City (Classic Reprint) Jacob A. Riis. 2018. (ENG., Illus.). 286p. (J). 29.80 *(978-0-483-50573-5(0))* Forgotten Bks.

Out of My Elements. Mehrsa Mousavi. 2022. (ENG.). 80p. (YA). pap. ***(978-1-63829-808-3(4))*** Austin Macauley Pubs. Ltd.

Out of My Heart. Sharon M. Draper. 2021. (Out of My Mind Ser.). (ENG., Illus.). 352p. (J). (gr. 5). 18.99 *(978-1-6659-0216-8(7)*, Atheneum/Caitlyn Dlouhy Books) Simon & Schuster Children's Publishing.

Out of My League: A Fake Relationship Romance. Sarah Sutton. 2020. (ENG.). 328p. (YA). (gr. 7-12). pap. 10.99 *(978-1-7342322-5-7(0))* Golden Crown Publishing, LLC.

Out of My Mind Collection (Boxed Set) Out of My Mind; Out of My Heart. Sharon M. Draper. ed. 2021. (Out of My Mind Ser.). (ENG.). 656p. (J). (gr. 5). 37.99 *(978-1-6659-0723-1(1)*, Atheneum/Caitlyn Dlouhy Books) Simon & Schuster Children's Publishing.

Out of My Shell. Jenny Goebel. 2019. (ENG.). 224p. (J). (gr. 3-7). 17.99 *(978-1-338-25955-1(5)*, Scholastic Pr.) Scholastic, Inc.

Out of Nowhere. Chris Naylor-Ballesteros. Illus. by Chris Naylor-Ballesteros. 2021. (ENG., Illus.). 40p. (J). (gr. -1-3). 17.99 *(978-1-5344-8100-8(1)*, Simon & Schuster Bks. For Young Readers) Simon & Schuster Bks. For Young Readers.

Out of Order. Casey Lawrence. 2016. (ENG., Illus.). (J). 24.99 *(978-1-63533-060-1(2)*, Harmony Ink Pr.) Dreamspinner Pr.

Out of Place. Jennifer Blecher. Illus. by Merrilee Liddiard. (ENG.). (J). (gr. 3-7). 2020. 320p. pap. 7.99 *(978-0-06-274860-7(2))*; 2019. 304p. 16.99 *(978-0-06-274859-1(9))* HarperCollins Pubs. (Greenwillow Bks.).

Out of Prison (Classic Reprint) Mary Andrews Denison. (ENG., Illus.). (J). 2018. 360p. 31.32 *(978-0-332-86933-9(4))*; 2016. pap. 13.97 *(978-1-334-13377-0(8))* Forgotten Bks.

Out of Range. Heidi Lang. 2023. (ENG.). 320p. (J). (gr. 3-7). pap. 8.99 ***(978-1-6659-0335-6(X)***, McElderry, Margaret K. Bks.) McElderry, Margaret K. Bks.

Out of Remote Control. Ada Hopper. Illus. by Graham Ross. 2017. (DATA Set Ser.: 7). (ENG.). 128p. (J). (gr. k-4). 17.99 *(978-1-4814-9192-1(X))*; pap. 5.99 *(978-1-4814-9191-4(1))* Little Simon. (Little Simon).

Out of Russia (Classic Reprint) Crittenden Marriott. 2017. (ENG., Illus.). (J). 29.47 *(978-1-5282-7390-9(7))* Forgotten Bks.

Out of Salem. Hal Schrieve. 2019. 448p. (YA). (gr. 7). 19.95 *(978-1-60980-901-0(7)*, Triangle Square) Seven Stories Pr.

Out of School & into Nature: The Anna Comstock Story. Suzanne Slade. Illus. by Jessica Lanan. 2017. (ENG.). 32p. (J). (gr. 1-4). 16.99 *(978-1-58536-986-7(1)*, 204225) Sleeping Bear Pr.

Out of School at Eton: Being a Collection of Poetry & Prose Writings (Classic Reprint) Unknown Author. (ENG., Illus.). (J). 2018. 162p. 27.26 *(978-0-332-58849-0(1))*; 2016. pap. 9.97 *(978-1-334-11697-1(0))* Forgotten Bks.

Out of Season. Kari Jones. 2nd ed. 2020. (Orca Currents Ser.). (ENG.). 112p. (J). (gr. 4-7). pap. 10.95 *(978-1-4598-2732-5(5))* Orca Bk. Pubs. USA.

Out of Sight: A Story (Classic Reprint) Jane Lippitt Patterson. 2017. (ENG., Illus.). 358p. (J). 31.28 *(978-0-484-36897-1(4))* Forgotten Bks.

Out of Sight, Out of Time. Ally Carter. 10th anniv. ed. 2016. (Gallagher Girls Ser.: 5). (ENG.). 320p. (YA). (gr. 7-17). pap. 9.99 *(978-1-4847-8507-2(X))* Hyperion Bks. for Children.

Out of Sight, Out of Time. Ally Carter. ed. 2016. (Gallagher Girls Ser.: 5). (YA). lib. bdg. 20.85 *(978-0-606-38299-1(2))* Turtleback.

Out of Slavery: A Novel of Harriet Tubman. Carol Ann Trembath. 2019. (ENG., Illus.). 148p. (YA). (gr. 7-12). 22.95 *(978-0-9907446-7-2(1))*; pap. 12.95 *(978-0-9907446-8-9(X))* Lakeside Publishing MI.

Out of Society, Vol. 1 Of 3: A Novel (Classic Reprint) Pulleyne. 2018. (ENG., Illus.). 286p. (J). 29.82 *(978-0-484-59972-6(0))* Forgotten Bks.

Out of Society, Vol. 2 Of 3: A Novel (Classic Reprint) Pulleyne. 2018. (ENG., Illus.). 284p. (J). 29.75 *(978-0-483-11507-1(X))* Forgotten Bks.

Out of Step. Jane Corbett. 2022. (ENG.). 144p. (YA). pap. ***(978-1-910852-81-1(3))*** Ballardini, Paolo.

Out of Step. Jake Maddox. 2019. (Jake Maddox JV Girls Ser.). (ENG.). 96p. (J). (gr. 4-8). pap. 5.95 *(978-1-4965-8471-7(6)*, 141163); lib. bdg. 26.65 *(978-1-4965-8469-4(4)*, 141161) Capstone. (Stone Arch Bks.).

Out of Step: A Novel (Classic Reprint) Maria Louise Pool. 2018. (ENG., Illus.). 308p. (J). 30.25 *(978-0-484-87270-6(2))* Forgotten Bks.

Out of the Air (Classic Reprint) Inez Haynes Irwin. 2017. (ENG., Illus.). (J). 29.65 *(978-1-5283-8974-7(3))* Forgotten Bks.

Out of the Ashes. Beth Hodder. 2019. (ENG.). 216p. (J). pap. 12.95 *(978-1-59152-245-4(5)*, Sweetgrass Bks.) Farcountry Pr.

Out of the Ashes: A Possible Solution to the Social Problem of Divorce (Classic Reprint) Harney Rennolds. 2018. (ENG., Illus.). 308p. (J). 30.25 *(978-0-483-81315-1(X))* Forgotten Bks.

Out of the Blue. Sophie Cameron. 2018. (ENG., Illus.). 288p. (YA). *(978-1-5098-5316-8(2))* Roaring Brook Pr.

Out of the Blue. Jason June. (ENG.). (YA). (gr. 9). 2023. 400p. pap. 15.99 *(978-0-06-301521-0(8))*; 2022. 384p. 17.99 *(978-0-06-301520-3(X))* HarperCollins Pubs. (HarperTeen).

Out of the Blue. Nic Yulo. Illus. by Nic Yulo. 2023. (Illus.). 40p. (J). (gr. -1-3). 18.99 ***(978-0-593-35387-5(0)***, Dial Bks) Penguin Young Readers Group.

Out of the Blue: A Heartwarming Picture Book about Celebrating Difference. Robert Tregoning. Illus. by Stef Murphy. 2023. (ENG.). 32p. (J). 18.99 *(978-1-5476-1239-0(8)*, 900289018, Bloomsbury Children's Bks.) Bloomsbury Publishing USA.

Out of the Blue: A Novel. Sophie Cameron. 2019. (ENG.). 288p. (YA). pap. 17.99 *(978-1-250-30909-9(3)*, 900182419) Square Fish.

Out of the Blue: How Animals Evolved from Prehistoric Seas. Elizabeth Shreeve. Illus. by Frann Preston-Gannon. 2021. (ENG.). 32p. (J). (gr. 1-4). 17.99 *(978-1-5362-1410-9(8))* Candlewick Pr.

Out of the Bottle. Shea Fontana. Illus. by Mirka Andolfo et al. 2020. (DC Super Hero Girls Ser.). (ENG.). 128p. (J). (gr. 2-6). lib. bdg. 31.99 *(978-1-5158-7436-2(2)*, 202141, Stone Arch Bks.) Capstone.

Out of the Box. Pippa Chorley. Illus. by Danny Deeptown. 2023. (Sam Ser.). (ENG.). 28p. (J). (gr. -1-k). pap. 9.99 ***(978-981-5044-92-8(3))*** Marshall Cavendish International (Asia) Private Ltd. SGP. Dist: Independent Pubs. Group.

Out of the Box: 25 Cardboard Engineering Projects for Makers. Jemma Westing. 2017. (DK Activity Lab Ser.). (ENG., Illus.). 144p. (J). (gr. 2-5). 19.99 *(978-1-4654-5896-4(4)*, DK Children) Dorling Kindersley Publishing, Inc.

Out of the Clouds. Diana Hendry. 2019. (ENG.). 192p. (J). (gr. 3-7). pap. 9.99 *(978-1-4449-2477-0(X))* Hachette Children's Group GBR. Dist: Hachette Bk. Group.

Out of the Dark. Cheryl Hanke. 2019. (ENG.). 54p. (J). pap. 12.00 ***(978-1-7331912-1-0(6)***, Screwy Ideas) Hanke, Cheryl.

Out of the Depths: A Romance of Reclamation (Classic Reprint) Robert Ames Bennet. 2018. (ENG., Illus.). 418p. (J). 32.54 *(978-0-483-34538-6(5))* Forgotten Bks.

Out of the Dump (Classic Reprint) Mary E. Marcy. (ENG., Illus.). (J). 2018. 140p. 26.80 *(978-0-267-14156-2(4))*; 2017. pap. 9.57 *(978-1-5276-1732-2(7))* Forgotten Bks.

Out of the Fire. Jennifer B. Campbell. 2017. (Phantom Elements Ser.: Vol. 2). (ENG., Illus.). (J). (gr. 4-6). pap. 7.99 *(978-0-9982452-9-4(1))* Scarlett L Pr.

Out of the Fire, 1 vol. Andrea Contos. 2021. (ENG.). 336p. (J). (gr. 8-8). 18.99 *(978-1-338-72616-9(1)*, Scholastic Pr.) Scholastic, Inc.

Out of the Fire. Millie Pearson. 2017. (ENG., Illus.). (YA). pap. *(978-1-9998427-0-3(7))* Barrett, Judith.

Out of the Flock. Mike Satcher. 2017. (ENG., Illus.). (YA). (gr. 7-12). pap. 11.99 *(978-1-68181-413-1(7))* Strategic Book Publishing & Rights Agency (SBPRA).

Out of the Foam: A Noble (Classic Reprint) John Esten Cooke. 2018. (ENG., Illus.). 352p. (J). 31.16 *(978-0-365-22345-0(X))* Forgotten Bks.

Out of the Frying Pan... Amy Reeder & Brandon Montclare. Illus. by Natacha Bustos & Tamra Bonvillain. 2017. (Moon Girl & Devil Dinosaur Ser.). (ENG.). 24p. (J). (gr. 2-8). lib. bdg. 31.36 *(978-1-5321-4010-5(X)*, 25498, Marvel Age) Spotlight.

Out of the Heart: Spoken to the Little Ones (Classic Reprint) Hans Christian Anderson. 2018. (ENG., Illus.). 482p. (J). 33.84 *(978-0-483-42452-4(8))* Forgotten Bks.

Out of the Hurly-Burly: Or, Life in an Odd Corner (Classic Reprint) Max Adeler. 2018. (ENG., Illus.). 402p. (J). 32.19 *(978-0-483-48250-0(1))* Forgotten Bks.

Out of the Ice: How Climate Change Is Revealing the Past. Claire Eamer. Illus. by Drew Shannon. 2018. (ENG.). 32p. (J). (gr. 3-7). 17.99 *(978-1-77138-731-6(9))* Kids Can Pr., Ltd. CAN. Dist: Hachette Bk. Group.

Out of the Jaws of Death (Classic Reprint) Frank Barrett. 2018. (ENG., Illus.). 418p. (J). 32.52 *(978-0-428-93399-9(8))* Forgotten Bks.

Out of the Jaws of Hunland. Fred McMullen. 2017. (ENG., Illus.). (J). pap. *(978-0-649-12759-7(5))* Trieste Publishing Pty Ltd.

Out of the Jaws of Hunland: The Stories of Corporal Fred Mcmullen, Sniper, Private Jack Evans, Bomber, Canadian Soldiers, Three Times Captured & Finally Escaped from German Prison Camps (Classic Reprint) Fred McMullen. 2017. (ENG., Illus.). (J). 29.92 *(978-0-331-59890-2(6))* Forgotten Bks.

Out of the Kitchen & Into the Heat - 5 Brave Women of the American Revolutionary War - Social Studies Grade 4 - Children's Government Books. Baby Professor. 2019. (ENG.). 72p. (J). pap. 14.72 *(978-1-5419-4988-1(9))*; 24.71 *(978-1-5419-7611-5(8))* Speedy Publishing LLC. (Baby Professor (Education Kids)).

The check digit for ISBN-10 appears in parentheses after the full ISBN-13

Out of the Meshes, Vol. 1 Of 3: A Story (Classic Reprint) Unknown Author. (ENG., Illus.). (J). 2018. 296p. 29.96 *(978-0-483-90188-9(1))*; 2016. pap. 13.57 *(978-1-333-53980-1(0))* Forgotten Bks.

Out of the Meshes, Vol. 2 Of 3: A Story (Classic Reprint) Unknown Author. (ENG., Illus.). (J). 2018. 340p. 30.93 *(978-0-428-89867-0(X))*; 2016. pap. 13.57 *(978-1-334-11778-7(0))* Forgotten Bks.

Out of the Meshes, Vol. 3: A Story (Classic Reprint) Unknown Author. 2018. (ENG., Illus.). 336p. (J). 30.85 *(978-0-483-68704-2(9))* Forgotten Bks.

Out of the Middle West (Classic Reprint) Bonnie Melbourne Busch. (ENG., Illus.). (J). 2018. 294p. 29.98 *(978-0-364-49121-8(3))*; 2017. pap. 13.57 *(978-0-259-20292-9(4))* Forgotten Bks.

Out of the Night (Classic Reprint) Baillie Reynolds. (ENG., Illus.). (J). 2018. 392p. 31.98 *(978-0-666-27931-6(4))*; 2017. pap. 16.57 *(978-0-259-20335-3(1))* Forgotten Bks.

Out of the Ozarks (Classic Reprint) William Nelson Ruggles. (ENG., Illus.). (J). 2018. 352p. 31.16 *(978-0-656-92159-1(5))*; 2017. pap. 13.57 *(978-1-5276-7280-2(8))* Forgotten Bks.

Out of the Park! David Roth. Illus. by Wes Tyrell. 2023. (Sports Friends Ser.). (ENG.). 32p. (J). (gr. k-2). pap. ***(978-1-0396-6416-6(4)***, 33450); lib. bdg. ***(978-1-0396-6367-1(2)***, 33449) Crabtree Publishing Co.

Out of the Primitive (Classic Reprint) Robert Ames Bennet. 2018. (ENG., Illus.). 400p. (J). 32.15 *(978-0-483-88019-1(1))* Forgotten Bks.

Out of the Question. William Dean Howells. 2017. (ENG.). (J). 192p. pap. *(978-3-7447-8158-9(5))*; 192p. pap. *(978-3-7447-6717-0(5))*; 188p. pap. *(978-3-7446-6153-9(9))* Creation Pubs.

Out of the Question: A Comedy (Classic Reprint) William Dean Howells. 2018. (ENG., Illus.). 190p. (J). 27.82 *(978-0-267-26058-4(X))* Forgotten Bks.

Out of the Shadow (Classic Reprint) Rose Cohen. 2017. (ENG., Illus.). (J). 30.93 *(978-0-266-52947-7(X))* Forgotten Bks.

Out of the Shadows. Ashlee Nicole Bye. 2017. (Shadowlands Ser.: Vol. 1). (ENG., Illus.). (YA). pap. *(978-0-6481078-0-4(9))* huntuzie Pr.

Out of the Shadows. Dana Fraedrich. 2016. (Broken Gears Ser.: Vol. 1). (ENG., Illus.). 434p. (YA). (gr. 8-12). pap. 14.99 *(978-0-692-90923-2(0))* Goat Song Publishing.

Out of the Shadows: How Lotte Reiniger Made the First Animated Fairytale Movie. Fiona Robinson. 2022. (ENG., Illus.). 48p. (J). (gr. 1-4). 18.99 *(978-1-4197-4085-5(7)*, 1288201, Abrams Bks. for Young Readers) Abrams, Inc.

Out of the Shadows: Shadow for Hire. Peter Last. 2019. (ENG.). 266p. (YA). (gr. 7-12). pap. 18.95 *(978-1-949711-02-8(1))* Bluewater Pubns.

Out of the Shadows Junior Novelization. David Lewman. ed. 2016. lib. bdg. 17.20 *(978-0-606-38886-3(9))* Turtleback.

Out of the Silences (Classic Reprint) Mary E. Waller. 2017. (ENG., Illus.). (J). 31.45 *(978-0-331-98006-6(1))* Forgotten Bks.

Out of the Storm: A Therapeutic Activity Book for Kids Who Have Lost a Sibling. Joanne Marks. 2022. (ENG.). 52p. (J). *(978-1-0391-0853-0(9))*; pap. *(978-1-0391-0852-3(0))* FriesenPress.

Out of the Way! Out of the Way!, 1 vol. Uma Krishnaswami. Illus. by Uma Krishnaswamy. 2022. (ENG.). 24p. (J). (gr. k-2). pap. 11.99 ***(978-81-8146-792-8(2))*** Tulika Pubs. IND. Dist: Independent Pubs. Group.

Out of the West (Classic Reprint) Elizabeth Higgins. 2018. (ENG., Illus.). 328p. (J). 30.66 *(978-0-428-85499-7(0))* Forgotten Bks.

Out of the Wild Night. Blue Balliett. (ENG.). 320p. (J). (gr. 3-7). 2019. pap. 7.99 *(978-0-545-86757-3(6))*; 2018. 17.99 *(978-0-545-86756-6(8))* Scholastic, Inc. (Scholastic Pr.).

Out of the Wilderness (Classic Reprint) Jane Dunbar Chaplin. 2018. (ENG., Illus.). 340p. (J). 30.93 *(978-0-428-88455-0(5))* Forgotten Bks.

Out of the Woods. George P. Fisher. 2017. (ENG.). 274p. (J). pap. *(978-3-7446-4126-5(0))* Creation Pubs.

Out of the Woods: A Romance of Camp Life (Classic Reprint) George P. Fisher. 2018. (ENG., Illus.). 276p. (J). 29.59 *(978-0-484-60765-0(0))* Forgotten Bks.

Out of the Woodwork: If Those Walls Could Talk. K. D. Nolan. Illus. by Karryl Eugene. 2019. (ENG.). 40p. (J). (gr. k-5). 17.95 *(978-0-578-60438-1(8))* Brooklyn Publishing.

Out of the Wreck (Classic Reprint) Amanda M. Douglas. 2018. (ENG., Illus.). 390p. (J). 31.94 *(978-0-483-66539-2(8))* Forgotten Bks.

Out of the Wreck I Rise (Classic Reprint) Beatrice Harraden. 2018. (ENG., Illus.). 386p. (J). 31.86 *(978-0-483-40163-1(3))* Forgotten Bks.

Out of This World. Linda Frietman. 2022. (ENG.). 66p. (J). pap. *(978-1-3984-5665-5(9))* Austin Macauley Pubs. Ltd.

Out of This World. Lori Mortensen. 2016. (Spring Forward Ser.). (J). (gr. 1). *(978-1-4900-9410-6(5))* Benchmark Education Co.

Out of This World. Chris Wooding. 2020. (ENG.). 320p. (J). (gr. 3-7). 18.99 *(978-1-338-28934-3(9)*, Scholastic Pr.) Scholastic, Inc.

Out of This World. James Dean. ed. 2018. (Pete the Cat 8x8 Bks). (ENG.). 24p. (J). (gr. -1-1). 13.89 *(978-1-64310-756-1(9))* Penworthy Co., LLC, The.

Out of This World. James Dean. ed. 2017. (Pete the Cat (HarperCollins) Ser.). (J). lib. bdg. 14.75 *(978-0-606-40077-0(X))* Turtleback.

Out of This World: Illustrated Space Jokes for Kids. Stephanie Rodriguez. Illus. by Jenna Johnston. 2021. (Illustrated Jokes Ser.). (ENG.). 28p. (J). (gr. 1-6). 12.99 *(978-1-5324-3165-4(1))*; pap. 12.99 *(978-1-5324-3025-1(6))* Xist Publishing.

Out of This World: Star-Studded Haiku. Sally M. Walker. Illus. by Matthew Trueman. 2022. (ENG.). 48p. (J). (gr. 2-4). 18.99 *(978-1-5362-0356-1(4))* Candlewick Pr.

Out of This World: The Solar System Coloring Book. Jupiter Kids. 2017. (ENG., Illus.). (J). pap. 9.20 *(978-1-68326-877-2(6)*, Jupiter Kids (Childrens & Kids Fiction)) Speedy Publishing LLC.

Out of This World: The Surreal Art of Leonora Carrington. Michelle Markel. Illus. by Amanda Hall. 2019. (ENG.). 40p. (J). (gr. -1-3). 17.99 *(978-0-06-244109-6(4)*, Balzer & Bray) HarperCollins Pubs.

Out of This World Adventure: Fairies Coloring Books. Jupiter Kids. 2016. (ENG., Illus.). 106p. (J). pap. 12.55 *(978-1-68305-302-6(8)*, Jupiter Kids (Childrens & Kids Fiction)) Speedy Publishing LLC.

Out of This World Jokes & Riddles. Michael J. Pellowski. ed. 2019. (Joke Bks.). (ENG.). 96p. (J). (gr. 2-4). 16.69 *(978-1-64310-787-5(9))* Penworthy Co., LLC, The.

Out of This World Mazes! Kids Maze Activity Book. Creative Playbooks. 2016. (ENG., Illus.). (J). pap. 10.81 *(978-1-68323-540-8(1))* Twin Flame Productions.

Out of This World (Set), 8 vols. Virginia Loh-Hagan. 2020. (Out of This World Ser.). (ENG., Illus.). 32p. (J). (gr. 4-8). 256.56 *(978-1-5341-6818-3(4)*, 215173); pap., pap., pap. 113.71 *(978-1-5341-7000-1(6)*, 215174) Cherry Lake Publishing. (45th Parallel Press).

Out-Of-This-World Space. Martin Mobberley. Illus. by Stephen Sweet. 2019. (Lightspeed Science Ser.). (ENG.). 48p. (J). (gr. 2-6). pap. 14.99 *(978-1-78700-983-7(1))* Top That! Publishing PLC GBR. Dist: Independent Pubs. Group.

Out of This World Space Tech. Clive Gifford. 2021. (ENG., Illus.). 64p. (J). (gr. 2-4). 18.99 *(978-1-5263-1071-2(6)*, Wayland) Hachette Children's Group GBR. Dist: Hachette Bk. Group.

Out of This World Truths about the Solar System Astronomy 5th Grade Astronomy & Space Science. Baby Professor. 2017. (ENG., Illus.). (J). pap. 9.25 *(978-1-5419-0443-9(5)*, Baby Professor (Education Kids)) Speedy Publishing LLC.

Out of Time (Geronimo Stilton Journey Through Time #8) Geronimo Stilton. (Geronimo Stilton Journey Through Time Ser.: 8). (ENG.). 320p. (J). 2021. Illus.). (gr. 2-5). 16.99 *(978-1-338-68712-5(3))*; 2017. (gr. 3-5). E-Book 31.00 *(978-1-338-68714-9(X))* Scholastic, Inc. (Scholastic Paperbacks).

Out of Town: A Rural Episode (Classic Reprint) Barry Gray. 2017. (ENG., Illus.). (J). 30.76 *(978-0-265-18609-1(9))* Forgotten Bks.

Out of Town (Classic Reprint) Unknown Author. 2018. (ENG., Illus.). 252p. (J). 29.09 *(978-0-267-24239-9(5))* Forgotten Bks.

Out of Town (Classic Reprint) Frederic Edward Weatherly. 2018. (ENG., Illus.). (J). 60p. 25.13 *(978-1-396-68458-6(1))*; 62p. pap. 9.57 *(978-1-391-59568-9(8))* Forgotten Bks.

Out of Town, Vol. 6 (Classic Reprint) F. C. Burn. 2018. (ENG., Illus.). 348p. (J). 31.07 *(978-0-483-76177-3(X))* Forgotten Bks.

Out of Tune, 1 vol. Norah McClintock. 2017. (Riley Donovan Ser.: 3). (ENG.). 240p. (YA). (gr. 8-12). pap. 10.95 *(978-1-4598-1465-3(7))* Orca Bk. Pubs. USA.

Out of Tune. Gail Nall. 2017. (Mix Ser.). (ENG.). 352p. (J). (gr. 4-8). pap. 7.99 *(978-1-4814-5816-0(7)*, Aladdin) Simon & Schuster Children's Publishing.

Out of Tune. Gail Nall. 2016. (Mix Ser.). (ENG., Illus.). 336p. (J). (gr. 4-9). 17.99 *(978-1-4814-5817-7(5)*, Simon & Schuster/Paula Wiseman Bks.) Simon & Schuster/Paula Wiseman Bks.

Out of Wedlock (Classic Reprint) Albert Ross. (ENG., Illus.). (J). 2018. 318p. 30.46 *(978-0-332-83011-7(X))*; 2016. pap. 13.57 *(978-1-333-45482-1(1))* Forgotten Bks.

Out of Wonder: Celebrating Poets & Poetry. Kwame Alexander et al. Illus. by Ekua Holmes. 2021. (ENG.). 56p. (J). (gr. 3-7). pap. 9.99 *(978-1-5362-2194-7(5))* Candlewick Pr.

Out of Wonder: Poems Celebrating Poets. Kwame Alexander et al. Illus. by Ekua Holmes. 2017. (ENG.). 56p. (J). (gr. 3-7). 18.99 *(978-0-7636-8094-7(X))* Candlewick Pr.

Out on a Limb. J. M. Miner. 2019. (ENG., Illus.). 24p. (J). pap. 11.95 *(978-1-64096-199-9(2))* Newman Springs Publishing, Inc.

Out on a Limb (Classic Reprint) Louise Baker. 2017. (ENG., Illus.). (J). 28.50 *(978-0-265-70846-0(X))*; pap. 10.97 *(978-0-243-31381-5(0))* Forgotten Bks.

Out on a Trip in My Favorite Seat Coloring for 4 Year Old. Educando Kids. 2019. (ENG.). 42p. (J). pap. 6.99 *(978-1-64521-130-3(4)*, Educando Kids) Editorial Imagen.

Out on the Ice Big Book: English Edition, 1 vol. Jenna Bailey-Sirko. Illus. by Amiel Sandland. 2017. (Nunavummi Reading Ser.). (ENG.). 28p. (J). pap. 8.95 *(978-1-77266-584-0(3))* Inhabit Education Bks. Inc. CAN. Dist: Consortium Bk. Sales & Distribution.

Out on the Trail: Celebrate! Senses. Sophia Day & Megan Johnson. Illus. by Stephanie Strouse. 2021. (Celebrate! Ser.: 31). (ENG.). 32p. (J). 4.99 *(978-1-64999-978-8(X)*, 0f6531ef-6cce-49e8-98e8-9dcb6dfee3ce) MVP Kids Media.

Out on the World: A Drama, in Three Acts (Classic Reprint) Unknown Author. (ENG., Illus.). (J). 2018. 30p. 24.52 *(978-0-483-82405-8(4))*; 2016. pap. 7.97 *(978-1-334-21318-2(6))* Forgotten Bks.

Out, Out Away from Here. Rachel Woodworth. Illus. by Sang Miao. 2018. (ENG.). 32p. (J). (-k). 16.95 *(978-1-911171-33-1(X))* Flying Eye Bks. GBR. Dist: Penguin Random Hse. LLC.

Out the Grizzly Maze: Mazes for Children. Jupiter Kids. 2017. (ENG., Illus.). (J). pap. 9.05 *(978-1-5419-3270-8(6)*, Jupiter Kids (Childrens & Kids Fiction)) Speedy Publishing LLC.

Out There. Aaron Beach. 2021. (ENG.). 294p. (YA). pap. 19.95 *(978-1-64628-947-9(1))* Page Publishing Inc.

Out There. Tom Sullivan. Illus. by Tom Sullivan. 2019. (ENG., Illus.). 32p. (J). (gr. -1-3). 17.99 *(978-0-06-285449-0(6)*, Balzer & Bray) HarperCollins Pubs.

Out There: Into the Queer New Yonder. Saundra Mitchell. 2022. (ENG.). 464p. (YA). 19.99 *(978-1-335-42589-8(6))* Harlequin Enterprises ULC CAN. Dist: HarperCollins Pubs.

Out There (Classic Reprint) Charles W. Whitehair. (ENG., Illus.). (J). 2018. 260p. 29.28 *(978-0-365-38266-9(3))*; 2017. 260p. 29.26 *(978-0-332-86710-6(2))*; 2017. pap. 11.97 *(978-0-259-47724-2(9))* Forgotten Bks.

Out There, Somewhere. John Morano. 2018. (John Morano Eco-Adventure Ser.: Vol. 3). (ENG., Illus.). 198p. (YA). (gr. 7-12). pap. 11.99 *(978-1-945760-07-5(9))* Grey Gecko Pr.

Out to Get You: 13 Tales of Weirdness & Woe. Josh Allen. Illus. by Sarah J Coleman. 176p. (J). (gr. 4-7). 2021. pap. 8.99 *(978-0-8234-4748-0(0))*; 2019. 16.99 *(978-0-8234-4366-6(3))* Holiday Hse., Inc.

Out to Old Aunt Mary's (Classic Reprint) James Whitcomb Riley. 2018. (ENG., Illus.). (J). 90p. 25.77 *(978-0-666-12927-7(4))*; 84p. 25.65 *(978-0-666-62378-2(3))* Forgotten Bks.

Out to Sea. Helen Kellock. 2021. (ENG., Illus.). 32p. (J). (gr. k-2). 17.95 *(978-0-500-65236-7(8)*, 565236) Thames & Hudson.

Out West: A Magazine of the Old Pacific & the New, -4 (Classic Reprint) Charles Fletcher Lummis. (ENG., Illus.). (J). 2018. 408p. 32.35 *(978-0-332-20801-5(X))*; 2016. pap. 16.57 *(978-1-333-17946-5(4))* Forgotten Bks.

Out West: A Series of Letters from Canada & the United States (Classic Reprint) George Tuthill Borrett. 2019. (ENG., Illus.). (J). 316p. 30.41 *(978-1-397-27825-8(0))*; 318p. pap. 13.57 *(978-1-397-27818-0(8))* Forgotten Bks.

Out West (Classic Reprint) James Henry Edward Secretan. (ENG., Illus.). (J). 2017. 234p. 28.72 *(978-0-484-56007-8(7))*; 2016. pap. 11.57 *(978-1-334-15528-4(3))* Forgotten Bks.

Out West Magazine: Aviation Number; January, 1910 (Classic Reprint) Archaeological Institute Of America. (ENG., Illus.). (J). 2018. 1014p. 44.81 *(978-0-332-27328-0(8))*; 2017. pap. 27.15 *(978-1-334-98150-0(7))* Forgotten Bks.

Out West Magazine: Aviation Number; January, 1910 (Classic Reprint) Charlton Lawrence Edholm. (ENG., Illus.). (J). 2018. 492p. 34.04 *(978-0-483-36752-4(4))*; 2016. pap. 16.57 *(978-1-333-61595-6(7))* Forgotten Bks.

Out West, or, from London to Salt Lake City & Back. Colon South. 2017. (ENG., Illus.). (J). pap. *(978-0-649-26112-3(7))* Trieste Publishing Pty Ltd.

Out West, or from London to Salt Lake City & Back (Classic Reprint) Colon South. 2018. (ENG., Illus.). (J). 29.57 *(978-0-260-61701-9(6))* Forgotten Bks.

Out West, or Roughing It on the Great Lakes (Classic Reprint) Oliver Optic, pseud. 2017. (ENG., Illus.). (J). 31.98 *(978-0-266-68127-4(1))*; pap. 16.57 *(978-1-5276-5219-4(X))* Forgotten Bks.

Out West, Vol. 1: December, 1910 (Classic Reprint) Unknown Author. (ENG., Illus.). (J). 2018. 632p. 36.93 *(978-0-267-54985-6(7))*; 2016. pap. 19.57 *(978-1-333-54304-4(2))* Forgotten Bks.

Out West, Vol. 19: A Magazine of the Old Pacific & the New; July to December, 1903 (Classic Reprint) Charles Fletcher Lummis. (ENG., Illus.). (J). 2018. 1018p. 44.91 *(978-0-365-34968-6(2))*; 2017. pap. 23.57 *(978-0-243-58170-2(X))* Forgotten Bks.

Out West, Vol. 2: June, 1911 (Classic Reprint) Archaeological Institute Of America. (ENG., Illus.). (J). 2018. 464p. 33.51 *(978-0-483-54015-6(3))*; 2016. pap. 16.57 *(978-1-334-15460-7(0))* Forgotten Bks.

Out West, Vol. 20: A Magazine of the Old Pacific & the New; January 1904 (Classic Reprint) Charles Fletcher Lummis. (ENG., Illus.). (J). 2018. 434p. 32.85 *(978-0-365-26058-5(4))*; 2017. pap. 16.57 *(978-0-282-48713-3(1))* Forgotten Bks.

Out West, Vol. 21: A Magazine of the Old Pacific & the New (Formerly the Land of Sunshine), July to December, 1904 (Classic Reprint) Chas. F. Lummis. 2018. (ENG., Illus.). (J). 37.55 *(978-0-332-00748-9(0))* Forgotten Bks.

Out West, Vol. 22: A Magazine of the Old Pacific & the New; January to June, 1905 (Classic Reprint) Charles F. Lummis. (ENG., Illus.). (J). 2018. 682p. 37.98 *(978-0-364-16425-9(5))*; 2016. pap. 20.57 *(978-1-333-69111-0(4))* Forgotten Bks.

Out West, Vol. 25: July 1906 (Classic Reprint) Archaeological Institute Of America. 2017. (ENG., Illus.). (J). 44.38 *(978-0-265-52547-0(0))*; pap. 19.57 *(978-0-282-31839-0(9))* Forgotten Bks.

Out West, Vol. 26: A Magazine of the Old Pacific & the New; January to June, 1907 (Classic Reprint) Chas. F. Lummis. (ENG., Illus.). (J). 2018. 900p. 42.46 *(978-0-656-22601-6(3))*; 2017. pap. 24.80 *(978-0-259-88438-5(3))* Forgotten Bks.

Out West, Vol. 27: A Magazine of the Old Pacific & the New; July to December, 1907 (Classic Reprint) Charles Fletcher Lummis. (ENG., Illus.). (J). 2018. 830p. 41.02 *(978-0-364-07139-7(7))*; 2017. pap. 23.57 *(978-0-259-52600-1(2))* Forgotten Bks.

Out West, Vol. 28: A Magazine of the Old Pacific & the New; January, 1908 (Classic Reprint) Charles Fletcher Lummis. (ENG., Illus.). (J). 2017. 35.10 *(978-0-266-51015-4(9))*; 2016. pap. 23.57 *(978-1-334-28079-5(7))* Forgotten Bks.

Out West, Vol. 29: A Magazine of the Old Pacific & the New; July to December, 1908 (Classic Reprint) Chas. F. Lummis. (ENG., Illus.). (J). 2018. 664p. 37.59 *(978-0-483-56019-2(7))*; 2016. pap. 19.97 *(978-1-333-68283-5(2))* Forgotten Bks.

Out West, Vol. 3: A Magazine of the Old Pacific & the New; December 1911 to June 1912 (Classic Reprint) Archaeological Institute Of America. (ENG., Illus.). (J). 2018. 556p. 35.36 *(978-0-483-73998-7(7))*; 2016. pap. 19.57 *(978-1-333-77857-6(0))* Forgotten Bks.

Out West, Vol. 6: A Magazine of the Old Pacific & the New; July 1913 to December, 1913 (Classic Reprint) Archaeological Institute Of America. (ENG., Illus.). (J). 2017. 30.58 *(978-0-331-88496-8(8))*; 2016. pap. 13.57 *(978-1-333-57864-0(4))* Forgotten Bks.

Out Where the West Begins: And Other Western Verses. Arthur Chapman. 2017. (ENG., Illus.). (J). pap. *(978-1-76057-259-4(4))* Trieste Publishing Pty Ltd.

Out Where the West Begins: And Other Western Verses (Classic Reprint) Arthur Chapman. (ENG., Illus.). (J). 2018. 106p. 26.08 *(978-0-364-50824-4(8))*; 2016. pap. 9.57 *(978-1-333-48328-9(7))* Forgotten Bks.

Out Where the West Begins, & Other Western Verses. [1917]. Arthur Chapman. 2017. (ENG., Illus.). (J). pap. *(978-0-649-66632-4(1))* Trieste Publishing Pty Ltd.

Out Where the World Begins: A Story of a Far Country. Abe Cory. 2017. (ENG., Illus.). (J). pap. *(978-0-649-15080-9(5))* Trieste Publishing Pty Ltd.

Out Where the World Begins: A Story of a Far Country (Classic Reprint) Abe Cory. 2018. (ENG., Illus.). 238p. (J). 28.83 *(978-0-267-15950-5(1))* Forgotten Bks.

Out with Gun & Camera. Ralph Bonehill. 2017. (ENG., Illus.). (J). (gr. 3-7). pap. 13.95 *(978-1-374-94636-1(2))* Capital Communications, Inc.

Out with the Birds (Classic Reprint) Hamilton Mack Laing. (ENG., Illus.). (J). 2018. 296p. 30.02 *(978-0-267-73214-2(7))*; 2016. pap. 13.57 *(978-1-334-16689-1(7))* Forgotten Bks.

Outa Karel's Stories South African Folk-Lore Tales (Classic Reprint) Sanni Metelerkamp. 2017. (ENG., Illus.). (J). 27.73 *(978-0-260-63480-1(8))* Forgotten Bks.

Outback: Bothers & Sinisters. Mark Wayne Adams. Ed. by Gina Edwards. 2016. (Family Tree Novell Ser.: Vol. 4). (ENG., Illus.). (J). (gr. 5-6). 23.77 *(978-1-59616-039-2(X)*, SYP Kids) Southern Yellow Pine (SYP) Publishing LLC.

Outback All-Stars. Kristin Earhart. Illus. by Erwin Madrid. 2016. 130p. (J). *(978-1-5182-2515-4(2))* Scholastic, Inc.

Outback All-Stars. Kristin Earhart. 2016. (Race the Wild Ser.: 5). lib. bdg. 14.75 *(978-0-606-38794-1(3))* Turtleback.

Outback Bob: And the 20-Foot Purple Ape. Robert Remien. Illus. by Jordan Budd. 2020. (Adventures of Outback Bob Ser.: Vol. 1). (ENG.). 32p. (J). *(978-0-2288-2974-4(7))*; pap. *(978-0-2288-2973-7(9))* Tellwell Talent.

Outback Gaynor. Jeffrey Baer. 2018. (ENG., Illus.). 64p. (J). 26.95 *(978-1-64299-401-8(4))* Christian Faith Publishing.

Outback Marriage (Classic Reprint) A. B. Paterson. 2018. (ENG., Illus.). 324p. (J). 30.60 *(978-0-484-27040-3(0))* Forgotten Bks.

Outbreak. Geronimo Stilton. 2017. (39 Clues Ser.: No. 8). (ENG.). 128p. (J). (gr. 3-7). 55.99 *(978-1-338-24117-4(6))* Scholastic, Inc.

Outbreak, Bk. 1. Martin Gitlin & C. Alexander London. 2016. (39 Clues Ser.). (ENG.). 48p. (J). (gr. 3-7). 18.50 *(978-1-338-09713-9(X))* Scholastic, Inc.

Outbreak! (Set), 6 vols. Kenny Abdo. 2020. (Outbreak! Ser.). (ENG.). 24p. (J). (gr. 2-8). lib. bdg. 188.16 *(978-1-0982-2324-3(1)*, 36271, Abdo Zoom-Fly) ABDO Publishing Co.

Outbreaks, Epidemics, & Pandemics: Including the Worldwide COVID- 19 Pandemic. Carole Marsh. 2021. (Germwise Ser.: Vol. 2). (ENG.). 94p. (YA). 29.99 *(978-0-635-13569-8(8))*; pap. 15.99 *(978-0-635-13568-1(X))* Gallopade International.

Outcast. Jesse Booth. 2019. (Shifter Academy Ser.). (ENG., Illus.). 394p. (YA). pap. 17.99 *(978-0-578-48160-9(X))* Booth, Jesse.

Outcast. Sakthika Vijay. 2020. (ENG.). 250p. (YA). (gr. 7-12). pap. 18.95 *(978-0-9996577-6-8(3))* RMA Publicity LLC dba Sigma's Bookshelf.

Outcast: Prequel to the Summoner Trilogy. Taran Matharu. 2019. (Summoner Trilogy Ser.: 4). (ENG.). 400p. (YA). pap. 11.99 *(978-1-250-30893-1(3)*, 900179184) Square Fish.

Outcast: Track One: a Living Out Loud Novel. Denise Jaden. I.t. ed. 2018. (ENG., Illus.). 496p. (YA). (gr. 10-12). pap. *(978-1-989218-00-6(8))* Jaden, Denise.

Outcast: Track One of the Living Out Loud Series. Denise Jaden. 2018. (Living Out Loud Ser.: Vol. 1). (ENG., Illus.). 256p. (YA). (gr. 10-12). pap. *(978-0-9881413-3-9(7))* Jaden, Denise.

Outcast (Classic Reprint) Selma Lagerlöf. 2017. (ENG., Illus.). (J). 30.23 *(978-0-265-71561-1(X))* Forgotten Bks.

Outcast (Classic Reprint) William Reade. 2018. (ENG., Illus.). 300p. (J). 30.08 *(978-0-267-41629-5(6))* Forgotten Bks.

Outcast Emperor (Classic Reprint) Helen Craven. (ENG., Illus.). (J). 2018. 364p. 31.40 *(978-0-364-49019-8(5))*; 2017. pap. 13.97 *(978-0-243-55240-5(8))* Forgotten Bks.

Outcast of the Islands. Joseph Conrad. 2017. (ENG., Illus.). (J). 26.95 *(978-1-374-89424-2(9))*; pap. 16.95 *(978-1-374-89423-5(0))* Capital Communications, Inc.

Outcaste (Classic Reprint) F. E. Penny. 2018. (ENG., Illus.). 476p. (J). (gr. -1-3). 33.73 *(978-0-483-45659-4(4))* Forgotten Bks.

Outcasts. Peter Hutton. 2016. (ENG., Illus.). 296p. (YA). pap. *(978-1-78132-519-3(7))* SilverWood Bks.

Outcasts. Bradley Shaw. 2020. (ENG.). 186p. (YA). 27.95 *(978-1-4808-7660-6(7))*; pap. 13.99 *(978-1-4808-7659-0(3))* Archway Publishing.

Outcasts: And Other Stories (Classic Reprint) Maxim Gorky. 2018. (ENG., Illus.). 162p. (J). 27.26 *(978-0-483-64156-3(1))* Forgotten Bks.

Outcasts (Classic Reprint) William Alexander Fraser. (ENG., Illus.). (J). 2018. 164p. 27.28 *(978-0-365-47725-9(7))*; 2018. 176p. 27.55 *(978-0-428-92092-0(6))*; 2017. pap. 9.97 *(978-0-259-49492-8(5))* Forgotten Bks.

Outcasts: Destiny: Book 3. David Grimstone. 2018. (Outcasts Ser.). (ENG.). 192p. (J). (gr. 4-6). pap. 9.99 *(978-1-4449-2539-5(3)*, Hodder Children's Books) Hachette Children's Group GBR. Dist: Hachette Bk. Group.

Outcasts in Beulah Land & Other Poems. Roy Helton. 2017. (ENG., Illus.). 170p. (J). pap. *(978-0-649-75603-2(7))* Trieste Publishing Pty Ltd.

Outcasts in Beulah Land, & Other Poems (Classic Reprint) Roy Helton. 2018. (ENG., Illus.). 162p. (J). 27.24 *(978-0-364-81963-0(4))* Forgotten Bks.

Outcasts of the East (Classic Reprint) Florence M. Bailey. 2018. (ENG., Illus.). 254p. (J). 29.16 *(978-0-483-63697-2(5))* Forgotten Bks.

Outcasts: the Game: Book 1. David Grimstone. 2018. (Outcasts Ser.). (ENG.). 192p. (J). (gr. 4-6). pap. 9.99 *(978-1-4449-2536-4(9))* Hachette Children's Group GBR. Dist: Hachette Bk. Group.

Outcasts: Thunderbolt: Book 2. David Grimstone. 2018. (Outcasts Ser.). (ENG.). 208p. (J). (gr. 4-6). pap. 9.99 *(978-1-4449-2537-1(7))* Hachette Children's Group GBR. Dist: Hachette Bk. Group.

Outcry: Defenders of Mars. A. L. Collins. Illus. by Tomislav Tikulin. 2018. (Redworld Ser.). (ENG.). 128p. (J). (gr. 3-8). lib. bdg. 25.99 *(978-1-4965-5887-9(1)*, 137025, Stone Arch Bks.) Capstone.

Outcry (Classic Reprint) Henry James. 2017. (ENG., Illus.). (J). 31.01 *(978-1-5285-8524-8(0))* Forgotten Bks.

Outdoor Adventure Guides. Raymond Bean & Blake Hoena. 2020. (Outdoor Adventure Guides). (ENG.). 48p.

O

(J). (gr. 3-5). 135.96 *(978-1-5435-9037-1(3),* 29766); pap., pap., pap. 35.80 *(978-1-4966-6679-6(8),* 30106) Capstone.

Outdoor Adventures! (Bob Books Stories: Scholastic Reader, Level 1) Lynn Maslen Kertell. Illus. by Sue Hendra. 2022. (Scholastic Reader, Level 1 Ser.). (ENG.). 32p. (J). (gr. -1-1). 22.99 *(978-1-338-81413-2(3));* pap. 4.99 *(978-1-338-81412-5(5))* Scholastic, Inc.

Outdoor Adventures (Set), 8 vols. 2019. (Outdoor Adventures Ser.). (ENG.). 48p. (J). (gr. 3-9). lib. bdg. 273.76 *(978-1-5321-9044-5(1),* 33598, SportsZone) ABDO Publishing Co.

Outdoor Antics. Ethan Long. 2019. (Balloon Toons Ser.). (ENG.). 35p. (J). (gr. k-1). 22.96 *(978-0-87617-895-9(6))* Penworthy Co., LLC, The.

Outdoor Art Room, 8 vols. 2017. (Outdoor Art Room Ser.). (ENG.). 32p. (J). (gr. 3-3). lib. bdg. 121.08 *(978-1-5081-9421-7(1),* da517f82-05f1-4ceb-9dad-849296391d90, Windmill Bks.) Rosen Publishing Group, Inc., The.

Outdoor Book: A Nature Reader for the Second School Year (Classic Reprint) Zoe Meyer. (ENG., Illus.). (J). 2018. 132p. 26.64 *(978-0-666-42486-0(1));* 2017. pap. 9.57 *(978-0-259-47237-7(9))* Forgotten Bks.

Outdoor Book IR. 2017. (Outdoor Book Ser.). (ENG.). (J). 9.99 *(978-0-7945-3968-9(8),* Usborne) EDC Publishing.

Outdoor Chums: The First Tour of the Rod Gun & Camera Club. Quincy Allen. 2017. (ENG., Illus.). (J). pap. 13.95 *(978-1-374-89101-2(0))* Capital Communications, Inc.

Outdoor Chums after Big Game: Or, Perilous Adventures in the Wilderness. Quincy Allen. 2018. (ENG., Illus.). 136p. (YA). (gr. 7-12). pap. *(978-93-5297-488-7(3))* Alpha Editions.

Outdoor Chums at Cabin Point: Or the Golden Cup Mystery. Quincy Allen. 2018. (ENG., Illus.). 154p. (YA). (gr. 7-12). pap. *(978-93-5297-489-4(1))* Alpha Editions.

Outdoor Chums on the Gulf. Quincy Allen. 2018. (ENG., Illus.). 150p. (YA). (gr. 7-12). pap. *(978-93-5297-490-0(5))* Alpha Editions.

Outdoor Chums Series (Classic Reprint) Quincy Allen. 2018. (ENG., Illus.). (J). 258p. 29.22 *(978-0-484-05744-8(8));* 256p. 29.18 *(978-0-483-40648-3(1))* Forgotten Bks.

Outdoor Chums the First Tour of the Rod, Gun & Camera Club. Quincy Allen. 2018. (ENG., Illus.). 150p. (YA). (gr. 7-12). pap. *(978-93-5297-491-7(3))* Alpha Editions.

Outdoor Diving Locations Around the World Coloring Book. Smarter Activity Books for Kids. 2016. (ENG., Illus.). (J). pap. 9.22 *(978-1-68374-576-1(0))* Examined Solutions PTE. Ltd.

Outdoor Ed Invasion. Evan Jacobs. 2018. (Walden Lane Ser.). (ENG.). 64p. (J). (gr. 4-7). pap. 9.75 *(978-1-68021-374-4(1))* Saddleback Educational Publishing, Inc.

Outdoor Encyclopedias (Set), 4 vols. 2023. (Outdoor Encyclopedias Ser.). (ENG.). 192p. (J). (gr. 3-9). lib. bdg. 199.72 ***(978-1-0982-9131-0(X),*** 42089, Early Encyclopedias) ABDO Publishing Co.

Outdoor Expedition Bucket List. Emma Huddleston. (Travel Bucket Lists Ser.). (ENG., Illus.). 48p. (J). (gr. 4-5). 2022. pap. 11.95 *(978-1-64494-734-0(X),* Core Library); 2021. lib. bdg. 35.64 *(978-1-5321-9526-6(5),* 38570) ABDO Publishing Co.

Outdoor Explorers (Set), 5 vols. 2017. (21st Century Basic Skills Library: Outdoor Explorers Ser.). (ENG., Illus.). 24p. (J). (gr. k-3). 153.20 *(978-1-5341-0217-0(5),* 209642); pap., pap., pap. 63.93 *(978-1-5341-0267-5(1),* 209643) Cherry Lake Publishing.

Outdoor Fun. Kippy Dalton. 2016. (Spring Forward Ser.). (J). (gr. 1). *(978-1-4900-3712-7(8))* Benchmark Education Co.

Outdoor Girls at Bluff Point: Or a Wreck & a Rescue. Laura Lee Hope. 2018. (ENG., Illus.). 160p. (YA). (gr. 7-12). pap. *(978-93-5297-492-4(1))* Alpha Editions.

Outdoor Girls at Bluff Point: Or a Wreck & a Rescue (Classic Reprint) Laura Lee Hope. 2018. (ENG., Illus.). 260p. (J). 29.26 *(978-0-484-69669-2(6))* Forgotten Bks.

Outdoor Girls at Ocean View: Or, the Box That Was Found in the Sand. Laura Lee Hope. 2018. (ENG., Illus.). 146p. (YA). (gr. 7-12). pap. *(978-93-5297-493-1(X))* Alpha Editions.

Outdoor Girls at Ocean View: Or, the Box That Was Found in the Sand. Laura Lee Hope. 2017. (ENG., Illus.). (J). 22.95 *(978-1-374-87936-2(3));* pap. 12.95 *(978-1-374-87935-5(5))* Capital Communications, Inc.

Outdoor Girls at Rainbow Lake. Laura Lee Hope. 2018. (ENG., Illus.). 142p. (YA). (gr. 7-12). pap. *(978-93-5297-494-8(8))* Alpha Editions.

Outdoor Girls at Rainbow Lake: Or the Stirring Cruise of the Motor Boat Gem (Classic Reprint) Laura Lee Hope. 2017. (ENG., Illus.). (J). 28.60 *(978-0-260-47286-1(7))* Forgotten Bks.

Outdoor Girls at the Hostess House. Laura Lee Hope. 2018. (ENG., Illus.). 146p. (YA). (gr. 7-12). pap. *(978-93-5297-495-5(6))* Alpha Editions.

Outdoor Girls at the Hostess House: Or Doing Their Best for the Soldiers (Classic Reprint) Laura Lee Hope. 2018. (ENG., Illus.). 230p. (J). 28.64 *(978-0-428-41118-3(5))* Forgotten Bks.

Outdoor Girls at Wild Rose Lodge: Or, the Hermit of Moonlight Falls. Laura Lee Hope. 2018. (ENG., Illus.). 134p. (YA). (gr. 7-12). pap. *(978-93-5297-496-2(4))* Alpha Editions.

Outdoor Girls, in a Motor Car or the Haunted Mansion of Shadow Valley (Classic Reprint) Laura Lee Hope. 2017. (ENG., Illus.). (J). 28.64 *(978-1-5285-7640-6(3))* Forgotten Bks.

Outdoor Girls in a Motor Car the Haunted Mansion of Shadow Valley. Laura Lee Hope. 2018. (ENG., Illus.). 144p. (YA). (gr. 7-12). pap. *(978-93-5297-497-9(2))* Alpha Editions.

Outdoor Girls in a Winter Camp Glorious Days on Skates & Ice Boats. Laura Lee Hope. 2018. (ENG., Illus.). 144p. (YA). (gr. 7-12). pap. *(978-93-5297-499-3(9))* Alpha Editions.

Outdoor Girls in Army Service Doing Their Bit for the Soldier Boys. Laura Lee Hope. 2018. (ENG., Illus.). 144p. (YA). (gr. 7-12). pap. *(978-93-5297-498-6(0))* Alpha Editions.

Outdoor Girls in Florida: Or, Wintering in the Sunny South. Laura Lee Hope. 2018. (ENG., Illus.). 138p. (YA). (gr. 7-12). pap. *(978-93-5297-500-6(6))* Alpha Editions.

Outdoor Girls in Florida: Or, Wintering in the Sunny South. Laura Lee Hope. 2017. (ENG., Illus.). (J). 22.95 *(978-1-374-89988-9(7))* Capital Communications, Inc.

Outdoor Girls in Florida: Or, Wintering in the Sunny South. Laura Lee Hope. 2017. (ENG., Illus.). (J). pap. *(978-0-649-15582-8(3))* Trieste Publishing Pty Ltd.

Outdoor Girls in Florida: Or Wintering in the Sunny South (Classic Reprint) Laura Lee Hope. 2018. (ENG., Illus.). 230p. (J). 28.64 *(978-0-365-32701-1(8))* Forgotten Bks.

Outdoor Girls in the Saddle: Or, the Girl Miner of Gold Run. Laura Lee Hope. 2018. (ENG., Illus.). 142p. (YA). (gr. 7-12). pap. *(978-93-5297-501-3(4))* Alpha Editions.

Outdoor Girls of Deepdale. Laura Lee Hope. 2018. (ENG., Illus.). 148p. (YA). (gr. 7-12). pap. *(978-93-5297-502-0(2))* Alpha Editions.

Outdoor Girls on Pine Island: Or, a Cave & What It Contained. Laura Lee Hope. 2018. (ENG., Illus.). 158p. (YA). (gr. 7-12). pap. *(978-93-5297-503-7(0))* Alpha Editions.

Outdoor Girls on Pine Island: Or a Cave & What It Contained (Classic Reprint) Laura Lee Hope. 2018. (ENG., Illus.). 260p. (J). 29.26 *(978-0-332-20763-6(3))* Forgotten Bks.

Outdoor Math: Fun Activities for Every Season. Emma AdB?ge. Illus. by Emma AdB?ge. 2016. (ENG., Illus.). 26p. (J). (gr. k-3). 15.95 *(978-1-77138-612-8(6))* Kids Can Pr., Ltd. CAN. Dist: Hachette Bk. Group.

Outdoor Photography. John Hamilton. 2018. (Digital Photography Ser.). (ENG.). 48p. (J). (gr. 5-9). lib. bdg. 34.21 *(978-1-5321-1587-5(3),* 28750, Abdo & Daughters) ABDO Publishing Co.

Outdoor School: Animal Watching: The Definitive Interactive Nature Guide. Mary Kay Carson. Illus. by Emily Dahl. 2021. (Outdoor School Ser.). (ENG.). 448p. (J). pap. 19.99 *(978-1-250-23083-6(7),* 900209520, Odd Dot) St. Martin's Pr.

Outdoor School Essentials: Animal Tracks. Odd Dot. 2021. (Outdoor School Ser.). (ENG., Illus.). 20p. (J). pap. 9.99 *(978-1-250-75468-4(2),* 900225680, Odd Dot) St. Martin's Pr.

Outdoor School Essentials: Survival Skills. Odd Dot. 2021. (Outdoor School Ser.). (ENG., Illus.). 20p. (J). pap. 9.99 *(978-1-250-75467-7(4),* 900225679, Odd Dot) St. Martin's Pr.

Outdoor School: Hiking & Camping: The Definitive Interactive Nature Guide. Jennifer Pharr Davis & Haley Blevins. Illus. by Aliki Karkoulia. 2021. (Outdoor School Ser.). (ENG.). 448p. (J). pap. 19.99 *(978-1-250-23084-3(5),* 900209521, Odd Dot) St. Martin's Pr.

Outdoor School: Rock, Fossil, & Shell Hunting: The Definitive Interactive Nature Guide. Jennifer Swanson. Illus. by John D. Dawson. 2021. (Outdoor School Ser.). (ENG.). 448p. (J). pap. 19.99 *(978-1-250-23065-2(9),* 900209490, Odd Dot) St. Martin's Pr.

Outdoor School: Spot & Sticker Animals. Odd Dot. 2021. (Outdoor School Ser.). (ENG., Illus.). 24p. (J). pap. 9.99 *(978-1-250-75466-0(6),* 900225678, Odd Dot) St. Martin's Pr.

Outdoor School: Spot & Sticker Birds. Odd Dot. 2021. (Outdoor School Ser.). (ENG., Illus.). 24p. (J). pap. 9.99 *(978-1-250-75464-6(X),* 900225676, Odd Dot) St. Martin's Pr.

Outdoor School: Spot & Sticker Oceans. Odd Dot. 2022. (Outdoor School Ser.). (ENG., Illus.). 24p. (J). pap. 9.99 *(978-1-250-82354-0(4),* 900251005, Odd Dot) St. Martin's Pr.

Outdoor School: Spot & Sticker Plants. Odd Dot. 2021. (Outdoor School Ser.). (ENG., Illus.). 24p. (J). pap. 9.99 *(978-1-250-75465-3(8),* 900225677, Odd Dot) St. Martin's Pr.

Outdoor School: Tree, Wildflower, & Mushroom Spotting: The Definitive Interactive Nature Guide. Mary Kay Carson. Illus. by John D. Dawson. 2023. (Outdoor School Ser.). (ENG.). 416p. (J). pap. 19.99 *(978-1-250-75061-7(X),* 900224669, Odd Dot) St. Martin's Pr.

Outdoor Science. Sonya Newland & Izzi Howell. 2020. (Outdoor Science Ser.). (ENG.). 32p. (J). (gr. 3-5). 203.94 *(978-1-4966-5799-2(3),* 29936) Capstone.

Outdoor Science Experiments: More Than 20 Fun Experiments Kids Can Do with Materials from Around the House. Publications International Ltd. Staff & Brain Games. 2021. (Brain Games STEM Ser.). (ENG.). 80p. (J). (gr. 1-4). spiral bd. 10.98 *(978-1-64558-521-3(2),* 4407000) Publications International, Ltd.

Outdoor Science Lab: Set, 8 vols. 2019. (Outdoor Science Lab Ser.). (ENG.). 32p. (J). (gr. 3-4). lib. bdg. 111.72 *(978-1-7253-1506-8(8),* 57c7477e-e274-4d74-894b-f6f9f6572d07, PowerKids Pr.) Rosen Publishing Group, Inc., The.

Outdoor Scientist: The Wonder of Observing the Natural World. Temple Grandin. (ENG., Illus.). 208p. (J). (gr. 3-7). 2022. pap. 9.99 *(978-0-593-11556-5(2));* 2021. 18.99 *(978-0-593-11555-8(4))* Penguin Young Readers Group. (Philomel Bks.).

Outdoor Visits: The Lives of Animals, Insects & Plants in Nature, Illustrated for Children in Storybook Style. Edith M. Patch. 2019. (ENG., Illus.). 118p. (J). pap. *(978-1-78987-163-0(8))* Pantianos Classics.

Outdoor Visits (Yesterday's Classics) Edith M. Patch & Harrison E. Howe. Illus. by George M. Richards. I.t. ed. 2018. (Nature & Science Readers Ser.: Vol. 2). (ENG.). 228p. (J). (gr. 1-3). pap. 11.95 *(978-1-63334-096-1(1))* Yesterday's Classics.

Outdoor Winter Fun Coloring Book. Bobo's Children Activity Books. 2016. (ENG., Illus.). (J). pap. 9.33 *(978-1-68327-703-3(1))* Sunshine In My Soul Publishing.

Outdoors, 8 vols. 2017. (Outdoors Ser.). (ENG.). 256p. (J). (gr. 3-5). pap. 79.60 *(978-1-63517-297-3(7),* 1635172977); lib. bdg. 250.80 *(978-1-63517-232-4(2),* 1635172322) North Star Editions. (Focus Readers).

Outdoors & Us (Classic Reprint) Mary Carolyn Davies. 2017. (ENG., Illus.). (J). 84p. 25.63 *(978-0-332-74430-8(2));* 86p. pap. 9.57 *(978-0-332-52027-8(7))* Forgotten Bks.

Outdoors in Georgia, Vol. 5: August 1976 (Classic Reprint) David Cranshaw. (ENG., Illus.). (J). 2018. 36p. 24.66 *(978-0-484-62170-0(X));* 2017. pap. 7.97 *(978-0-282-46163-8(9))* Forgotten Bks.

Outdoors in Georgia, Vol. 5: February, 1976 (Classic Reprint) David Cranshaw. (ENG., Illus.). (J). 2018. 38p. 24.70 *(978-0-484-68741-6(7));* 2017. pap. 7.97 *(978-0-282-50481-6(8))* Forgotten Bks.

Outdoors in Georgia, Vol. 5: January, 1976 (Classic Reprint) David Cranshaw. 2017. (ENG., Illus.). (J). 24.70 *(978-0-265-54580-5(3))* Forgotten Bks.

Outdoors in Georgia, Vol. 5: July 1976 (Classic Reprint) David Cranshaw. 2018. (ENG., Illus.). 38p. (J). 24.70 *(978-0-484-35844-6(8))* Forgotten Bks.

Outdoors in Georgia, Vol. 8: December 1978 (Classic Reprint) David Cranshaw. 2017. (ENG., Illus.). (J). 24.78 *(978-0-265-56087-7(X));* pap. 7.97 *(978-0-282-82526-3(6))* Forgotten Bks.

Outdoors in Georgia, Vol. 8: February 1978 (Classic Reprint) David Cranshaw. 2017. (ENG., Illus.). (J). 24.70 *(978-0-265-56633-6(9));* pap. 7.97 *(978-0-282-91800-2(0))* Forgotten Bks.

Outdoors in Georgia, Vol. 8: January 1978 (Classic Reprint) David Cranshaw. 2017. (ENG., Illus.). (J). 37.78 *(978-0-265-58394-4(2));* pap. 20.57 *(978-0-282-86969-4(7))* Forgotten Bks.

Outdoors in Georgia, Vol. 8: July 1978 (Classic Reprint) David Cranshaw. 2017. (ENG., Illus.). (J). pap. 9.57 *(978-0-282-93135-9(1))* Forgotten Bks.

Outdoors in Georgia, Vol. 8: June 1978 (Classic Reprint) David Cranshaw. 2017. (ENG., Illus.). (J). pap. 7.97 *(978-0-282-78021-0(1))* Forgotten Bks.

Outdoors with Max & Kate, 1 vol. Mick Manning. 2018. (Let's Read with Max & Kate Ser.). (ENG.). 24p. (J). (gr. 1-2). 25.27 *(978-1-5383-4069-1(0),* db38b6f7-519b-491e-bb71-6422d7ae1e04); pap. 9.25 *(978-1-5383-4070-7(4),* 6f9144f8-b5a0-4f78-ad87-36d5aefec6d1) Rosen Publishing Group, Inc., The. (PowerKids Pr.).

Outdoors with the Scientist: January, 1929 (Classic Reprint) United States Department Of Agriculture. 2017. (ENG., Illus.). (J). 24.82 *(978-0-266-56932-9(3));* pap. 7.97 *(978-0-282-83905-5(4))* Forgotten Bks.

Outer Banks: Lights Out. Alyssa Sheinmel. (Outer Banks Ser.). (ENG.). 288p. (J). (gr. 8-17). 2022. pap. 9.99 *(978-1-4197-5807-2(1),* 1756903); 2021. (Illus.). 18.99 *(978-1-4197-5806-5(3),* 1756901) Abrams, Inc. (Amulet Bks.).

Outer Banks: Pogue Life. Joey Elkins. 2022. (ENG., Illus.). 224p. (YA). (gr. 8-17). 24.99 *(978-1-4197-5933-8(7),* 1761201, Amulet Bks.) Abrams, Inc.

Outer Circle: Rambles in Remote London. Thomas Burke. 2017. (ENG., Illus.). (J). pap. *(978-0-649-09250-5(3))* Trieste Publishing Pty Ltd.

Outer Circle: Rambles in Remote London (Classic Reprint) Thomas Burke. (ENG., Illus.). (J). 2017. 28.64 *(978-0-266-99360-5(5));* 2016. pap. 11.57 *(978-1-333-72009-4(2))* Forgotten Bks.

Outer Edges (Classic Reprint) Charles Jackson. 2017. (ENG., Illus.). (J). 29.09 *(978-0-331-95516-3(4));* pap. 11.57 *(978-0-243-32453-8(7))* Forgotten Bks.

Outer Planets, 1 vol. Nicholas Faulkner & Erik Gregersen. 2018. (Universe & Our Place in It Ser.). (ENG.). 128p. (gr. 10-10). pap. 20.95 *(978-1-5081-0598-5(7),* aaf04b41-74a7-4a2b-8097-1bf55150abde, Britannica Educational Publishing) Rosen Publishing Group, Inc., The.

Outer Planets. Mary-Jane Wilkins. 2017. (Our Solar System Ser.). (ENG., Illus.). 24p. (J). (gr. 2-4). 28.50 *(978-1-78121-367-4(4),* 16656) Brown Bear Bks.

Outer Planets. Derek Zobel & Christina Leaf. 2022. (Journey into Space Ser.). (ENG., Illus.). 24p. (J). (gr. k-3). pap. 7.99 *(978-1-64834-841-9(6),* 21695, Blastoff! Readers) Bellwether Media.

Outer Space: Astronomy Kid's Guide to the Universe - Children Explore Outer Space Books. Baby Professor. 2016. (ENG., Illus.). 42p. (J). pap. 11.65 *(978-1-68305-650-8(7),* Baby Professor (Education Kids)) Speedy Publishing LLC.

Outer Space: Count & Color the Planets Coloring Book. Smarter Activity Books for Kids. 2016. (ENG., Illus.). (J). pap. 9.22 *(978-1-68374-109-1(9))* Examined Solutions PTE. Ltd.

Outer Space Activity Book. Brett Ortler. Illus. by Phil Juliano. 2017. (Color & Learn Ser.). (ENG.). 64p. (J). (gr. k-5). pap. 6.95 *(978-1-59193-708-1(6),* Adventure Pubns.) AdventureKEEN.

Outer Space Activity Book. Illus. by Martha Zschock. 2022. (ENG.). 64p. (J). pap. 5.99 ***(978-1-4413-3992-8(2),*** e789d5cc-5915-473f-b0ad-ef10c27a4dac) Peter Pauper Pr. Inc.

Outer Space Activity Book for Kids Ages 4-8: A Fun & Engaging Outer Space Gift Game Book for Boys & Girls Filled with Learning, Coloring, Mazes, Dot to Dot, Puzzles, Word Search, Vocabulary, Counting & More! Happy Harper. I.t. ed. 2020. (ENG.). 102p. (J). pap. *(978-1-989968-25-3(2),* Happy Harper) Gill, Karanvir.

Outer Space Activity Book for Kids & Toddlers: A Fun & Easy Outer Space Activity Workbook Filled with Learning, Coloring, Mazes, Dot to Dot, Puzzles, Word Search, Vocabulary, Counting & More! Happy Harper. I.t. ed. 2020. (ENG.). 74p. (J). pap. *(978-1-989968-28-4(7),* Happy Harper) Gill, Karanvir.

Outer Space Activity Book for Preschoolers: A Fun & Easy Outer Space Gift Book for Kids & Toddlers Filled with Learning, Coloring, Mazes, Dot to Dot, Puzzles, Word Search, Vocabulary, Counting & More! Happy Harper. I.t. ed. 2020. (ENG.). 76p. (J). pap. *(978-1-989968-22-2(8),* Happy Harper) Gill, Karanvir.

Outer Space Adventures: Moonwalker Book. Jupiter Kids. 2016. (ENG., Illus.). 106p. (J). pap. 12.55 *(978-1-68305-303-3(6),* Jupiter Kids (Childrens & Kids Fiction)) Speedy Publishing LLC.

Outer Space Alphabet Workbook for Preschoolers: (Ages 4-5) ABC Letter Guides, Letter Tracing, Activities, & More! (Large 8. 5 X11 Size) Lauren Dick. I.t. ed. 2020. (ENG.). 70p. (J). pap. *(978-1-77437-963-9(5))* AD Classic.

Outer Space Bedtime Shadow Book. Mara Conlon. Illus. by Martha Zschock. 2023. (ENG.). 7p. (J). spiral bd. 12.99 ***(978-1-4413-4164-8(1),*** e968fc3a-db6f-4f2d-b00f-ebdd9bd35c0b) Peter Pauper Pr. Inc.

Outer Space Blank Tracing Workbook (Large 8. 5 X11 Size!) (Ages 4-6) 60+ Pages of Blank Practice Paper! Lauren Dick. 2021. (ENG.). 64p. (J). pap. *(978-1-77437-979-0(1))* AD Classic.

Outer Space Coloring Book for Kids. Inked Publications. 2023. (ENG.). 104p. (J). pap. ***(978-1-312-25832-7(2))*** Lulu Pr., Inc.

Outer Space Coloring Book for Kids! Discover Outer Space Coloring Pages for Children! Bold Illustrations. 2022. (ENG.). 82p. (J). pap. 15.99 ***(978-1-0717-0655-8(1),*** Bold Illustrations) FASTLANE LLC.

Outer Space Educational Facts Children's Science Book. Bold Kids. 2023. (ENG.). 42p. (J). pap. 14.99 ***(978-1-0717-1657-1(3))*** FASTLANE LLC.

Outer Space Fun! Activity Book. Freddie Levin. 2020. (Dover Kids Activity Bks.). (ENG.). 64p. (J). (gr. -1-2). 5.99 *(978-0-486-84215-8(0),* 842150) Dover Pubns., Inc.

Outer Space! Great Astronomers & Their Discoveries - Science for Kids - Children's Exploration & Discovery History Books. Left Brain Kids. 2016. (ENG., Illus.). (J). pap. 7.51 *(978-1-68376-633-9(4))* Sabeels Publishing.

Outer Space on the Big Screen. Julie Murray. 2021. (Stellar Space Ser.). (ENG., Illus.). 24p. (J). (gr. k-4). lib. bdg. 31.36 *(978-1-0982-2627-5(5),* 37112, Abdo Zoom-Dash) ABDO Publishing Co.

Outer Space Road Trip Zoom & Find (I Spy with My Little Eye) Rubie Crowe. Ed. by Cottage Door Press. Illus. by Steven Wood. 2022. (I Spy with My Little Eye Ser.). (ENG.). 32p. (J). (gr. -1-3). 8.99 *(978-1-64638-591-1(8),* 1008020) Cottage Door Pr.

Outer Space Workbook for Preschoolers: (Ages 4-5) Alphabet, Numbers, Shapes, Patterns, Matching, Sizes, & More! (Large 8. 5 X11 Size) Lauren Dick. I.t. ed. 2021. (ENG.). 150p. (J). pap. *(978-1-77476-045-1(2))* AD Classic.

Outfoxed. Claudia Boldt. 2016. (ENG., Illus.). 32p. (J). (gr. k-2). 16.95 *(978-1-84976-313-4(5),* 1666201) Tate Publishing, Ltd. GBR. Dist: Abrams, Inc.

Outings & Innings in Northern Minnesota, & along the North Shore of Lake Superior (Classic Reprint) Myron Cooley. 2018. (ENG., Illus.). 164p. (J). 27.30 *(978-0-656-62746-2(8))* Forgotten Bks.

Outings at Odd Times (Classic Reprint) Charles Conrad Abbott. 2018. (ENG., Illus.). 298p. (J). 30.06 *(978-0-483-48458-0(X))* Forgotten Bks.

Outland (Classic Reprint) Mary Austin. 2017. (ENG., Illus.). (J). 30.50 *(978-0-265-18545-2(9))* Forgotten Bks.

Outland Journey (Classic Reprint) Walter Leon Sawyer. 2018. (ENG., Illus.). 144p. (J). 26.89 *(978-0-364-10760-7(X))* Forgotten Bks.

Outlander Heir. L. E. Bazil. 2019. (Gubernii of Altrix Ser.: Vol. 1). (ENG.). 318p. (YA). pap. 19.95 *(978-1-64559-252-5(9))* Covenant Bks.

Outlandish Absurdities of Doogie & Nibalo. Kate Bowler. 2022. (ENG.). 32p. (J). pap. ***(978-1-3984-5749-2(3))*** Austin Macauley Pubs. Ltd.

Outlands: Don't Stand up. Don't Stand Out. Tyler Edwards. 2021. (ENG.). 358p. (YA). pap. 13.99 *(978-0-578-89608-3(7))* Edwards, Tyler.

Outlasted. Hayley Osborn. 2019. (Sherwood Outlaws Ser.: Vol. 3). (ENG.). 352p. (YA). (gr. 7-12). pap. *(978-0-473-49743-9(3))* Lexity Ink Publishing.

Outlaw, 1 vol. Nancy Vo. 2018. (Crow Stories Trilogy Ser.: 1). (ENG., Illus.). 42p. (J). (gr. k-3). 17.95 *(978-1-77306-016-3(3))* Groundwood Bks. CAN. Dist: Publishers Group West (PGW).

Outlaw: An Historical Romance (Classic Reprint) S. C. Hall. (ENG., Illus.). (J). 2018. 424p. 32.64 *(978-0-267-59977-6(3));* 2018. 602p. 36.33 *(978-0-484-27259-9(4));* 2016. pap. 16.57 *(978-1-334-14240-6(8))* Forgotten Bks.

Outlaw Amy Joan. Matt Fournier. 2022. (ENG.). 20p. (J). pap. *(978-1-0391-1718-1(X)); (978-1-0391-1719-8(8))* FriesenPress.

Outlaw & Lawmaker a Novel (Classic Reprint) Campbell-Praed. (ENG., Illus.). (J). 2018. 374p. 31.61 *(978-0-428-94501-5(5));* 2016. pap. 13.97 *(978-1-334-70023-1(0))* Forgotten Bks.

Outlaw & Lawmaker, Vol. 1 of 3 (Classic Reprint) Campbell Praed. (ENG., Illus.). (J). 2018. 324p. 30.58 *(978-0-267-39372-5(5));* 2016. pap. 13.57 *(978-1-334-13417-3(0))* Forgotten Bks.

Outlaw & Lawmaker, Vol. 2 of 3 (Classic Reprint) Campbell Praed. (ENG., Illus.). (J). 2018. 318p. 30.46 *(978-0-483-81356-4(7));* 2017. pap. 13.57 *(978-0-243-09513-1(9))* Forgotten Bks.

Outlaw & Lawmaker, Vol. 3 of 3 (Classic Reprint) Campbell Praed. 2018. (ENG., Illus.). 316p. (J). 30.43 *(978-0-483-19923-1(0))* Forgotten Bks.

Outlaw (Classic Reprint) David Hennessey. 2018. (ENG., Illus.). 318p. (J). 30.48 *(978-0-332-15168-7(9))* Forgotten Bks.

Outlaw (Classic Reprint) Maurice Hewlett. 2017. (ENG., Illus.). (J). 29.88 *(978-1-5283-7967-0(5))* Forgotten Bks.

Outlaw (Classic Reprint) Margaret T. Pender. 2018. (ENG., Illus.). 126p. (J). 26.50 *(978-0-260-85858-0(7))* Forgotten Bks.

Outlaw from Outer Space: An Interactive Mystery Adventure. Steve Brezenoff. Illus. by Marcos Calo. 2017. (You Choose Stories: Field Trip Mysteries Ser.). (ENG.). 112p. (J). (gr. 3-7). lib. bdg. 32.65 *(978-1-4965-2644-1(9),* 131208, Stone Arch Bks.) Capstone.

Outlaw of Camargue (Classic Reprint) Alexandre De Lamothe. (ENG., Illus.). (J). 2018. 336p. 30.83 *(978-0-483-44377-8(8));* 2016. pap. 13.57 *(978-1-333-45998-7(X))* Forgotten Bks.

Outlaw OTP. T. K. Riggins. 2020. (ENG.). 210p. (YA). *(978-0-9959002-9-5(9));* (How to Set the World on Fire Ser.: Vol. 4). (J). pap. *(978-0-9959002-8-8(0))* Franchise Publishing.

Outlaw Trails: A Yankee Hobo Soldier of the Queen (Classic Reprint) George Witten. (ENG., Illus.). (J). 2018.

The check digit for ISBN-10 appears in parentheses after the full ISBN-13

270p. 29.47 *(978-0-428-72294-4(6))*; 2017. pap. 11.97 *(978-0-282-35448-0(4))* Forgotten Bks.

Outlaw, Vol. 1 of 2 (Classic Reprint) S. C. Hall. 2017. (ENG., Illus.). (J). 28.17 *(978-0-266-72310-3(1))*; pap. 10.57 *(978-1-5276-8107-1(6))* Forgotten Bks.

Outlaw, Vol. 1 of 3 (Classic Reprint) S. C. Hall. 2018. (ENG., Illus.). 310p. (J). 30.29 *(978-0-483-75029-6(8))* Forgotten Bks.

Outlaw, Vol. 2 of 3 (Classic Reprint) S. C. Hall. 2018. (ENG., Illus.). 312p. (J). 30.35 *(978-0-484-20226-8(X))* Forgotten Bks.

Outlawed. Hayley Osborn. 2019. (Sherwood Outlaws Ser.: Vol. 1). (ENG.). 442p. (YA). (gr. 8-12). pap. *(978-0-473-49039-3(0))* Lexity Ink Publishing.

Outlaws. 2019. (J). *(978-0-7166-3766-0(9))* World Bk., Inc.

Outlaws. Jen Calonita. 2021. (Royal Academy Rebels Ser.: 2). 256p. (J). (gr. 3-7). pap. 7.99 *(978-1-7282-4949-0(X))* Sourcebooks, Inc.

Outlaws: Royal Academy Rebels, Book 2. Jen Calonita. 2019. (Royal Academy Rebels Ser.: 2). (ENG., Illus.). 256p. (J). (gr. 3-7). 16.99 *(978-1-4926-5131-4(1))* Sourcebooks, Inc.

Outlaw's Diary: Revolution (Classic Reprint) Cecile Tormay. 2017. (ENG., Illus.). (J). 31.55 *(978-0-331-29690-7(X))* Forgotten Bks.

Outlaw's Diary: The Commune (Classic Reprint) Cecile Tormay. 2018. (ENG., Illus.). (J). 302p. 30.15 *(978-1-391-03692-2(1))*; 304p. pap. 13.57 *(978-1-390-76160-3(6))* Forgotten Bks.

Outlaws of Mars. Otis Adelbert Kline. 2021. (ENG.). 124p. (YA). 14.99 *(978-1-5154-5168-6(2))*; pap. 9.99 *(978-1-5154-5169-3(0))* Wilder Pubns., Corp.

Outlaws of the Border: A Complete & Authentic History of the Lives of Frank & Jesse James, the Younger Brothers, & Their Robber Companions, Including Quantrell & His Noted Guerrillas, the Greatest Bandits the World Has Ever Known. Jay Donald. (ENG., Illus.). (J). 2017. 34.70 *(978-0-260-23611-1(X))*; 2016. pap. 19.57 *(978-1-334-13012-0(4))* Forgotten Bks.

Outlaws of Time #2: the Song of Glory & Ghost. N. D. Wilson. 2017. (Outlaws of Time Ser.: 2). (ENG., Illus.). 352p. (J). (gr. 3-7). 16.99 *(978-0-06-232729-1(1))*, Tegen, Katherine Bks) HarperCollins Pubs.

Outlaws of Time #3: the Last of the Lost Boys. N. D. Wilson. 2018. (Outlaws of Time Ser.: 3). (ENG., Illus.). 256p. (J). (gr. 3-7). 16.99 *(978-0-06-232732-1(1))*, Tegen, Katherine Bks) HarperCollins Pubs.

Outlaws of Time: the Legend of Sam Miracle. N. D. Wilson. (Outlaws of Time Ser.: 1). (ENG.). (J). (gr. 3-7). 2017. 352p. pap. 6.99 *(978-0-06-232727-7(5))*; 2016. (Illus.). 336p. 16.99 *(978-0-06-232726-0(7))* HarperCollins Pubs. (Tegen, Katherine Bks).

Outlaws Scarlett & Browne. Jonathan Stroud. (Scarlett & Browne Ser.: 1). (ENG., Illus.). (J). (gr. 5). 2023. 448p. 8.99 *(978-0-593-43039-2(5))*, Yearling); 2021. 432p. 17.99 *(978-0-593-43036-1(0))*, Knopf Bks. for Young Readers); 2021. 432p. lib. bdg. 20.99 *(978-0-593-43037-8(9))*, Knopf Bks. for Young Readers) Random Hse. Children's Bks.

Outlier: From the Beginning. Eddie Winkley. Illus. by Ed Scart. 2021. (ENG.). 34p. (YA). 14.99 *(978-1-6629-1725-7(2))* Gatekeeper Pr.

Outliers. Kimberly McCreight. (Outliers Ser.: 1). (ENG.). (YA). (gr. 9). 2017. 368p. pap. 10.99 *(978-0-06-235910-0(X))*; 2016. 352p. 18.99 *(978-0-06-235909-4(6))* HarperCollins Pubs. (HarperCollins).

Outliers. Sierra Michelle Pearce. 2018. (Outliers Trilogy Ser.: Vol. 1). (ENG.). 318p. (YA). (gr. 9-12). pap. *(978-1-7753439-0-5(1))* Aubade Publishing.

Outline of English Speech-Craft. William Barnes. 2017. (ENG., Illus.). (J). pap. *(978-0-649-46149-3(5))* Trieste Publishing Pty Ltd.

Outline of Progressive Lessons: In Composition, Language, & Spelling for the Third Grade (Classic Reprint) Anna M. Wiebalk. (ENG., Illus.). (J). 2018. 116p. 26.29 *(978-0-666-65815-9(3))*; 2017. pap. 9.57 *(978-0-259-52901-9(X))* Forgotten Bks.

Outline of Progressive Lessons in Composition, Language, & Spelling for the Fourth Grade (Classic Reprint) Anna M. Wiebalk. 2017. (ENG., Illus.). (J). 128p. 26.54 *(978-0-332-18894-2(9))*; pap. 9.57 *(978-0-259-54040-3(4))* Forgotten Bks.

Outline with Excerpts from the Life of Eugenius Laude Watts, a Poem by Edwin Augustus Atlee, M. d (Classic Reprint) Adaline Bream Spindler. (ENG., Illus.). (J). 2018. 20p. 24.33 *(978-0-267-31115-6(X))*; 2016. pap. 7.97 *(978-1-333-39783-8(6))* Forgotten Bks.

Outlines: A Collection of Brief Imaginative Studies Related to Many Phases of Thought, & Representing an Effort to Give an Interpretation to Familiar Human Experiences (Classic Reprint) John D. Barry. 2018. (ENG., Illus.). 196p. (J). 27.96 *(978-0-332-85036-8(6))* Forgotten Bks.

Outlines & Suggestions for Primary Teachers (Classic Reprint) Etta Suplee. (ENG., Illus.). (J). 2018. 250p. 29.05 *(978-0-267-56048-6(6))*; 2016. pap. 11.57 *(978-1-333-72541-9(8))* Forgotten Bks.

Outlines for Elementary English. Guy Wheeler Shallies. 2017. (ENG., Illus.). (J). pap. *(978-0-649-66589-1(9))* Trieste Publishing Pty Ltd.

Outlines in Local Color (Classic Reprint) Brander Matthews. 2018. (ENG., Illus.). 278p. (J). 29.63 *(978-0-666-89200-3(8))* Forgotten Bks.

Outlines of Anatomy, Physiology, & Hygiene. Roger Sherman Tracy. 2017. (ENG.). 374p. (J). pap. *(978-3-7446-7037-1(6))* Creation Pubs.

Outlines of Chemistry: A Text-Book for College Students (Classic Reprint) Louis Kahlenberg. 2017. (ENG., Illus.). (J). 35.65 *(978-0-331-46525-9(6))* Forgotten Bks.

Outlines of Comparative Physiology: Touching the Structure & Development of the Races of Animals, Living & Extinct; for the Use of Schools & Colleges (Classic Reprint) Louis Agassiz. 2018. (ENG., Illus.). 482p. (J). 33.84 *(978-0-267-79656-4(0))* Forgotten Bks.

Outlines of Geology: Being the Substance of a Course of Lectures Delivered (Classic Reprint) William Thomas Brande. 2018. (ENG., Illus.). 156p. (J). 27.13 *(978-0-484-70426-7(5))* Forgotten Bks.

Outpatient - a Story of Horror & Madness. Clifford Beck. 2023. (ENG.). 230p. (YA). pap. 16.60 ***(978-1-312-44932-9(2))*** Lulu Pr., Inc.

Outplayed. Hayley Osborn. 2019. (Sherwood Outlaws Ser.: Vol. 2). (ENG.). 354p. (YA). (gr. 8-12). pap. *(978-0-473-49487-2(6))* Lexity Ink Publishing.

Outpost (Classic Reprint) Jane G. Austin. 2018. (ENG., Illus.). 416p. (J). 32.50 *(978-0-267-46080-9(5))* Forgotten Bks.

Outpost in Papua (Classic Reprint) Arthur Kent Chignell. (ENG., Illus.). (J). 2018. 456p. 33.30 *(978-0-483-48198-5(X))*; 2017. pap. 16.57 *(978-1-331-80904-3(5))* Forgotten Bks.

Outpost of Eternity (Classic Reprint) Cosmo Hamilton. 2017. (ENG., Illus.). (J). 31.03 *(978-0-266-18292-4(5))* Forgotten Bks.

Outpost Zero Volume 1. Sean Kelly McKeever. 2018. (ENG., Illus.). 112p. (YA). pap. 14.99 *(978-1-5343-0692-9(7))*, 20d48282-8f13-4a06-9e50-3f7574da9644) Image Comics.

Outpost Zero Volume 3. Sean McKeever. 2020. (ENG., Illus.). 112p. (YA). pap. 14.99 *(978-1-5343-1365-1(6))*, e0d398ec-d0a5-4df2-b350-326621a66d5a) Image Comics.

Outrage (Classic Reprint) Annie. Vivanti. 2018. (ENG., Illus.). 262p. (J). 29.32 *(978-0-483-87681-1(X))* Forgotten Bks.

Outrage (the Singular Menace, 2) John Sandford, pseud & Michele Cook. 2016. (Singular Menace Ser.: 2). (ENG.). 336p. (YA). (gr. 9). pap. 10.99 *(978-0-385-75311-1(X))*, Ember) Random Hse. Children's Bks.

Outrageous & Awesome! Fun Activity Book for Kids. Kreative Kids. 2016. (ENG., Illus.). (J). pap. 10.81 *(978-1-68377-225-5(3))* Whlke, Traudl.

Outrageous Animal Adaptations: From Big-Eared Bats to Frill-Necked Lizards. Michael J. Rosen. 2018. (ENG., Illus.). 96p. (YA). (gr. 6-12). lib. bdg. 37.32 *(978-1-5124-2999-2(6))*, ac3997d9-6bfa-4149-9ba7-635f10b84878, Twenty-First Century Bks.) Lerner Publishing Group.

Outrageous Fortune: A Novel (Classic Reprint) Edgar Fawcett. 2017. (ENG., Illus.). (J). 32.91 *(978-0-266-72205-2(9))*; pap. 16.57 *(978-1-5276-7887-3(3))* Forgotten Bks.

Outrageous Fortune: Being the Story of Evelyn Grey, Hospital Nurse. Evelyn Grey. 2017. (ENG., Illus.). (J). pap. *(978-0-649-66626-3(7))* Trieste Publishing Pty Ltd.

Outrageous Fortune: Being the Story of Evelyn Grey, Hospital Nurse (Classic Reprint) Evelyn Grey. (ENG., Illus.). (J). 2017. 29.88 *(978-0-266-56009-8(1))*; 2016. pap. 13.57 *(978-1-334-50226-2(9))* Forgotten Bks.

Outrageous Games, Awesome Puzzles & More! Super Fun Kids Activity Book. Kreative Kids. 2016. (ENG., Illus.). (J). pap. 10.81 *(978-1-68377-226-2(1))* Whlke, Traudl.

Outrageous Oddities. Virginia Loh-Hagan. 2023. (Wild Wicked Wonderful Express Ser.). (ENG., Illus.). 24p. (J). (gr. 2-5). lib. bdg. 30.64 *(978-1-6689-1971-2(0))*, 221949, 45th Parallel Press) Cherry Lake Publishing.

Outrageous Oddities. Contrib. by Virginia Loh-Hagan. 2023. (Wild Wicked Wonderful Express Ser.). (ENG., Illus.). 24p. (J). (gr. 2-5). pap. 12.79 *(978-1-6689-2073-2(5))*, 222051, 45th Parallel Press) Cherry Lake Publishing.

Outrageously Preposterous Coloring Entertainment for All! Positively Fun Coloring Book. Smarter Activity Books for Kids. 2016. (ENG., Illus.). (J). pap. 9.22 *(978-1-68374-577-8(9))* Examined Solutions PTE. Ltd.

Outreach Services for Teens: A Starter Guide. Jess Snow. 2020. (ENG., Illus.). 104p. (YA). pap. 49.99 *(978-0-8389-4815-6(4))* American Library Assn.

Outrun the Moon. Stacey Lee. ed. 2017. lib. bdg. 22.10 *(978-0-606-40097-8(4))* Turtleback.

Outrun the Wind. Elizabeth Tammi. 2018. (ENG.). 304p. (YA). (gr. 9-12). pap. 11.99 *(978-1-63583-026-2(5))*, 1635830265, Flux) North Star Editions.

Outrunning Bullets: Superman & the Science of Speed. Tammy Enz. 2016. (Superman Science Ser.). (ENG., Illus.). 32p. (J). (gr. 3-9). lib. bdg. 27.99 *(978-1-5157-0915-2(9))*, 132213, Stone Arch Bks.) Capstone.

Outrunning the Nazis: The Brave Escape of Resistance Fighter Sven Somme. Matt Chandler. Illus. by Douglas A. Sirois. 2017. (Great Escapes of World War II Ser.). (ENG.). 32p. (J). (gr. 3-9). lib. bdg. 31.32 *(978-1-5157-3529-8(X))*, 133504, Capstone Pr.) Capstone.

Outside. Barbara Anderson. Illus. by Jared Anderson. 2023. (ENG.). 28p. (J). pap. 12.99 ***(978-1-0880-9457-0(0))*** Indy Pub.

Outside. Paul Dunn. 2017. (ENG.). 72p. pap. 17.95 *(978-1-77091-810-8(8))* Playwrights Canada Pr. CAN. Dist: Consortium Bk. Sales & Distribution.

Outside Amelia's Window. Caroline Nastro. Illus. by Anca Sandu Budisan. 2023. 40p. (J). (gr. k-2). 17.99 *(978-1-5420-2785-4(3))*, 9781542027854, Two Lions) Amazon Publishing.

Outside Art. Madeline Kloepper. 2021. (Illus.). 48p. (J). (gr. -1-3). 18.99 *(978-0-7352-6419-9(8))*, Tundra Bks.) Tundra Bks. CAN. Dist: Penguin Random Hse. LLC.

Outside Chance (Don't Doubt the Rainbow 2) Anthony Kessel. 2022. (Don't Doubt the Rainbow Ser.). (ENG.). 220p. (YA). pap. 10.95 *(978-1-78583-588-9(2))* Crown Hse. Publishing LLC.

Outside In. Jennifer Bradbury. 2017. (ENG., Illus.). 288p. (J). (gr. 3-7). 17.99 *(978-1-4424-6827-6(0))*, Atheneum/Caitlyn Dlouhy Books) Simon & Schuster Children's Publishing.

Outside In: A Caldecott Honor Award Winner. Deborah Underwood. Illus. by Cindy Derby. 2020. (ENG.). 40p. (J). (gr. -1-3). 17.99 *(978-1-328-86682-0(3))*, 1695831, Clarion Bks.) HarperCollins Pubs.

Outside Inn (Classic Reprint) Ethel M. Kelley. (ENG., Illus.). (J). 2018. 322p. 30.54 *(978-0-666-70015-5(X))*; 2017. pap. 13.57 *(978-0-259-22715-1(3))* Forgotten Bks.

Outside Inside Outside. Lori Heninger. 2021. (ENG.). 54p. (J). 19.99 ***(978-1-0879-8515-2(3))*** Indy Pub.

Outside Is Always Best. Chris Jakubowicz. 2019. (ENG., Illus.). 26p. (J). pap. 12.95 *(978-1-64471-098-2(6))* Covenant Bks.

Outside My Window. Linda Ashman. Illus. by Jamey Christoph. 2018. (ENG.). 40p. (J). 17.00 *(978-0-8028-5465-0(6))*, Eerdmans Bks For Young Readers) Eerdmans, William B. Publishing Co.

Outside My Window. Addison C. Marley. 2021. (ENG., Illus.). 32p. (J). 19.95 *(978-1-63710-964-9(4))* Fulton Bks.

Outside Nowhere. Adam Borba. 2022. (ENG., Illus.). 272p. (J). (gr. 3-7). 16.99 *(978-0-316-54264-7(4))* Little, Brown Bks. for Young Readers.

Outside Shot, 1 vol. Fred Bowen. 2017. (Fred Bowen Sports Story Ser.: 21). (Illus.). 144p. (J). (gr. 2-6). pap. 6.99 *(978-1-56145-956-8(9))* Peachtree Publishing Co. Inc.

Outside the Ark (Classic Reprint) Adelaide Holt. (ENG., Illus.). (J). 2018. 340p. 30.93 *(978-0-483-61775-9(X))*; 2017. pap. 13.57 *(978-0-243-28520-4(5))* Forgotten Bks.

Outside the Box: Like a Family (Level 1) Karin Anderson. 2018. (TIME for KIDS(r): Informational Text Ser.). (ENG., Illus.). 16p. (J). (gr. k-2). 8.99 *(978-1-4258-4953-5(9))* Teacher Created Materials, Inc.

Outside the Box: New Ideas! (Level 2) Heather Schwartz. 2017. (TIME for KIDS(r): Informational Text Ser.). (ENG., Illus.). 28p. (J). (gr. 2-3). pap. 10.99 *(978-1-4258-4966-5(0))* Teacher Created Materials, Inc.

Outside the Box: Teams (Level K) Kristy Stark. 2018. (TIME for KIDS(r): Informational Text Ser.). (ENG., Illus.). 12p. (J). (gr. k-1). 7.99 *(978-1-4258-4946-7(6))* Teacher Created Materials, Inc.

Outside the Cities: Book 2. Laurel Solorzano. 2022. (ENG.). 264p. (YA). pap. 11.95 *(978-1-7373974-0-3(4))* Solorzano, Laurel.

Outside the Edges. David Ira Rottenberg. 2018. (ENG., Illus.). 270p. (YA). (gr. 7-12). pap. 14.95 *(978-0-910291-21-7(7))* Cedar Crest Bks.

Outside the Garden (Classic Reprint) Helen Milman. 2017. (ENG., Illus.). (J). 262p. 29.34 *(978-0-332-74546-6(5))*; 264p. pap. 11.97 *(978-0-332-52403-0(5))* Forgotten Bks.

Outside the Law (Classic Reprint) James Barnes. (ENG., Illus.). (J). 2018. 308p. 30.25 *(978-0-428-94883-2(9))*; 2016. pap. 13.57 *(978-1-334-13446-3(4))* Forgotten Bks.

Outside the Lines. Amy Culliford. 2022. (Imagine That! Adventures Ser.). (ENG.). 24p. (J). (gr. -1-2). pap. 8.50 *(978-1-63897-615-8(5))*, 20046); lib. bdg. 27.33 *(978-1-63897-500-7(0))*, 20045) Seahorse Publishing.

Outside the Research Lab, Volume 1: Physics in the Arts, Architecture & Design. Sharon Ann Holgate. 2017. (IOP Concise Physics Ser.). (ENG.). 131p. (YA). (gr. 15-17). 120.00 *(978-1-64327-827-8(4))*, P720218); (Illus.). pap. 45.00 *(978-1-68174-468-1(6))*, P542570) Morgan & Claypool Pubs.

Outside the Research Lab, Volume 2: Physics in Vintage & Modern Transport. Sharon Ann Holgate. 2018. (IOP Concise Physics Ser.). (ENG., Illus.). 82p. (YA). 55.00 *(978-1-64327-105-7(9))*, P597894); pap. 35.00 *(978-1-64327-267-2(5))*, P597893) Morgan & Claypool Pubs.

Outside the Research Lab, Volume 3: Physics in Sport. Sharon Ann Holgate. 2019. (IOP Concise Physics Ser.). (ENG.). 70p. (gr. 15-17). 55.00 *(978-1-64327-671-7(9))*, P625439); pap. 35.00 *(978-1-64327-667-0(0))*, P625438) Morgan & Claypool Pubs.

Outside Todo el Dia: Nature in English y Espanol. Madeleine Budnick. 2017. (ArteKids Ser.). (ENG., Illus.). 16p. (J). (gr. -1-k). bds. 7.95 *(978-1-59534-830-2(1))* Trinity Univ. Pr.

Outside, You Notice. Erin Alladin. Illus. by Andrea Blinick. 32p. (J). (gr. k-2). 2023. 12.95 *(978-1-77278-278-3(5))*; 2021. (ENG.). 18.95 *(978-1-77278-193-9(2))* Pajama Pr. CAN. Dist: Publishers Group West (PGW).

Outsider: Coming-Of-Age in This Moment. Edward D. Andrews. 2017. (ENG., Illus.). (YA). (gr. 7-12). pap. 16.95 *(978-1-945757-60-0(4))* Christian Publishing Corp.

Outsider (Cthulhu Young Readers Level 2) H. P. Lovecraft & Matthew MacDonald. abr. ed. 2018. (ENG., Illus.). 44p. (J). pap. *(978-1-7753737-2-8(X))* ProseTech.

Outsider on the Inside. Logan Ayers. 2020. (ENG.). 272p. (YA). *(978-0-2288-3939-2(4))*; pap. *(978-0-2288-3938-5(6))* Tellwell Talent.

Outsiders: An Outline (Classic Reprint) Robert W. Chambers. 2018. (ENG., Illus.). 308p. (J). 30.27 *(978-0-483-19900-2(1))* Forgotten Bks.

Outsiders: And the Beginning. R. M. Williams. 2023. (ENG.). 306p. (YA). 29.00 ***(978-1-0881-1765-1(1))*** Indy Pub.

Outsiders: Inauguration. Sabine Skovly. 2023. (ENG.). 252p. (YA). pap. ***(978-1-80074-557-5(5))*** Olympia Publishers.

Outsiders 50th Anniversary Edition. S. E. Hinton. 50th anniv. ed. 2016. (Illus.). 224p. (YA). (gr. 7). 21.00 *(978-0-425-28829-0(3))*, Penguin Books) Penguin Young Readers Group.

Outsiders Novel Units Student Packet. Novel Units. 2019. (ENG.). (YA). pap. 13.99 *(978-1-56137-406-9(7))*, Novel Units, Inc.) Classroom Library Co.

Outsiders Sequel & Collected Works from Creative Writing. Imater Middle School Creative Writing. Ed. by Seila Tith. 2023. (ENG.). 106p. (YA). pap. 13.06 ***(978-1-312-48781-9(X))*** Lulu Pr., Inc.

Outsmart Everyone by Training Your Brain with FOUR in a ROW. Cristie Dozaz. 2020. (ENG.). 102p. (J). pap. 8.99 *(978-1-716-34575-3(8))* Lulu Pr., Inc.

Outsmart Everyone by Training Your Brain with Maze for Kids. Cristie Publishing. 2021. (ENG.). 102p. (J). pap. 12.99 *(978-1-716-26824-3(9))* Lulu Pr., Inc.

Outsmart Everyone by Training Your Brain with Strategy. Games Activity Book. Cristie Publishing. 2020. (ENG.). 132p. (J). pap. 9.50 *(978-1-716-33892-2(1))* Lulu Pr., Inc.

Outsmart Everyone by Working Your Brain with Maze. Cristie Jameslake. 2020. (ENG.). 78p. (J). pap. 11.00 *(978-1-716-41580-7(2))* Lulu Pr., Inc.

Outsmart Everyone by Working Your Brain with Sudoku. Cristie Dozaz. 2020. (ENG.). 52p. (J). pap. 7.50 *(978-1-716-34605-7(3))* Lulu Pr., Inc.

Outsmart Everyone by Working Your Brain with This Activity Book. Cristie Dozaz. 2020. (ENG.). 118p. (J). pap. 8.50 *(978-1-716-34549-4(9))* Lulu Pr., Inc.

Outsmart Everyone by Working Your Brain with This Activity Book for Kids. Cristie Publishing. 2020. (ENG.). 130p. (J). pap. 12.00 *(978-1-716-30634-1(5))* Lulu Pr., Inc.

Outsmarting Worry: An Older Kid's Guide to Managing Anxiety. Dawn Huebner. Illus. by Kara McHale. 2017. (ENG.). 112p. (J). pap. 15.95 *(978-1-78592-782-9(5))*, 696595) Kingsley, Jessica Pubs. GBR. Dist: Hachette UK Distribution.

Outspan. J. Percy Fitzpatrick. 2017. (ENG.). 240p. (J). pap. *(978-3-337-12562-2(X))* Creation Pubs.

Outspan: Tales of South Africa. J. Percy Fitzpatrick. 2017. (ENG., Illus.). (J). pap. *(978-0-649-66629-4(1))* Trieste Publishing Pty Ltd.

Outspan: Tales of South Africa (Classic Reprint) J. Percy Fitzpatrick. 2017. (ENG., Illus.). (J). 28.89 *(978-0-266-83112-9(5))* Forgotten Bks.

Outstanding Life of an Awkward Theater Kid: God, I'll Do Anything — Just Don't Let Me Fail. Ted Kluck. 2020. (Adventures with Flex Ser.). (ENG., Illus.). 192p. (J). (gr. 2-7). 12.99 *(978-0-7369-7886-6(0))*, 6978866) Harvest Hse. Pubs.

Outwalkers. Fiona Shaw. 2019. (ENG.). 416p. (J). (gr. 3-7). 18.99 *(978-1-338-27750-0(2))* Scholastic, Inc.

Outward Blonde. Trish Cook. 2016. (ENG.). 279p. (YA). pap. 9.99 *(978-1-945293-04-7(7))* Adaptive Studios.

Outward Bound: Young America Afloat. Oliver Optic, pseud. 2017. (ENG.). 348p. (J). pap. *(978-3-337-21071-7(6))*; pap. *(978-3-337-10913-4(6))* Creation Pubs.

Outwitting the Hun: My Escape from a German Prison Camp (Classic Reprint) Pat O'Brien. 2017. (ENG., Illus.). (J). 30.52 *(978-0-260-42716-8(0))* Forgotten Bks.

Ouz le Jeune Rappeur. Seydou Alioune Kane. 2019. (FRE.). 160p. (J). pap. *(978-2-924715-20-8(2))* Provencher, Marie-Eve.

Oval. Xist Publishing. 2019. (Discover Shapes Ser.). (ENG.). 8p. (J). (gr. -1-2). pap. 5.99 *(978-1-5324-0997-4(4))* Xist Publishing.

Óvalos (Ovals) Teddy Borth. 2016. (¡Formas Divertidas! (Shapes Are Fun!) Ser.). (SPA.). 24p. (J). (gr. -1-2). lib. bdg. 31.36 *(978-1-62402-617-1(6))*, 24738, Abdo Kids) ABDO Publishing Co.

Ovations. Incl. Barry Bonds. Michael E. Goodman. lib. bdg. 21.30 *(978-0-88682-694-9(2))*; Grant Hill. Michael E. Goodman. lib. bdg. *(978-0-88682-831-8(7))*; Hillary Rodham Clinton. Nancy Loewen. lib. bdg. *(978-0-88682-636-9(5))*; Jeff Gordon. Julie S. Bach. pap. *(978-0-88682-939-1(9))*; Monica Seles. Michael E. Goodman. lib. bdg. 21.30 *(978-0-88682-699-4(3))*; Shaquille O'Neal. Michael E. Goodman. lib. bdg. *(978-0-88682-633-8(0))*; Spike Lee. Ferguson Chapman. lib. bdg. *(978-0-88682-697-0(7))*; Whoopi Goldberg. Andy DeBoer. 21.30 *(978-0-88682-696-3(9))*; (Illus.). 32p. (YA). (gr. 4-7). 1998. 59.80 *(978-0-88682-693-2(4))*, Creative Education) Creative Co., The.

O

Oveja de Casey: Leveled Reader Book 71 Level d 6 Pack. Hmh Hmh. 2021. (SPA.). 16p. (J). pap. 74.40 *(978-0-358-08198-2(X))* Houghton Mifflin Harcourt Publishing Co.

Ovejas. Amy Culliford. Tr. by Pablo de la Vega. 2021. (Animales de Granja Amistosos (Farm Animal Friends) Ser.). (SPA., Illus.). 16p. (J). (gr. -1-1). pap. *(978-1-4271-3284-0(4))*, 13907) Crabtree Publishing Co.

Ovejas Perdidas. Jeremy Rowe. 2020. (ENG.). 226p. (YA). pap. 19.99 *(978-1-0879-0640-9(7))* Indy Pub.

Ovejas (Sheep) Bilingual. Amy Culliford. 2022. (Animales de Granja Amistosos (Farm Animal Friends) Bilingual Ser.).Tr. of Ovejas. (SPA.). 16p. (J). (gr. -1-1). pap. *(978-1-0396-2448-1(0))*, 19229) Crabtree Publishing Co.

Ovejita, Dame Lana. Minhos Martins Isabel. 2019. 28p. (J). (gr. k-1). 18.99 *(978-84-96388-15-4(8))* Kalandraka Ediciones Andalucía, S.L. ESP. Dist: Lectorum Pubns., Inc.

Oven Trouble & the Mean Berries. Charlie Moon. 2022. (Strawberry Shortcake Ser.). (ENG.). 24p. (J). (-k). pap. 5.99 *(978-0-593-52156-4(0))*, Penguin Young Readers Licenses) Penguin Young Readers Group.

Over 100 Things to Do on a Car Trip. 2017. (Activity Puzzle Bks.). (ENG.). (J). pap. 5.99 *(978-0-7945-3965-8(3))*, Usborne) EDC Publishing.

Over 100 Things to Do on a Plane. 2017. (Activity Puzzle Bks.). (ENG.). (J). pap. 5.99 *(978-0-7945-3966-5(1))*, Usborne) EDC Publishing.

Over 1000 Awesome Animals & Objects Seek & Find Puzzle Book: Includes Fun Facts & Bonus Challenges! Clorophyl Editions. 2022. (ENG., Illus.). 192p. (J). pap. 14.99 *(978-1-64124-178-6(0))*, 1786) Fox Chapel Publishing Co., Inc.

Over 50 Secret Codes. 2017. (Activity Puzzle Bks.). (ENG.). (J). pap. 5.99 *(978-0-7945-3967-2(X))*, Usborne) EDC Publishing.

Over Against Green Peak (Classic Reprint) Zephine Humphrey. 2018. (ENG., Illus.). 292p. (J). 29.92 *(978-0-484-75072-1(0))* Forgotten Bks.

Over & Out. Jenni L. Walsh. 2022. (ENG.). 352p. (J). (gr. 3-7). 18.99 *(978-1-338-77578-5(2))*, Scholastic Pr.) Scholastic, Inc.

Over & Under, 1 vol. Amy Culliford. 2022. (Directions in My World Ser.). (ENG., Illus.). 16p. (J). (gr. -1-1). pap. *(978-1-0396-4626-1(3))*, 17198); lib. bdg. *(978-1-0396-4435-9(X))*, 16256) Crabtree Publishing Co. (Crabtree Roots).

Over & Under: A Sesame Street (r) Guessing Game. Mari Schuh. 2023. (Sesame Street (r) Directional Words Ser.). (ENG., Illus.). 24p. (J). (gr. -1-2). pap. 8.99. lib. bdg. 29.32 ***(978-1-7284-8675-8(0))***, fd665839-6667-4bb7-95bb-d61146b76a93) Lerner Publishing Group. (Lerner Pubns.).

Over & under the Pond: (Environment & Ecology Books for Kids, Nature Books, Children's Oceanography Books, Animal Books for Kids) Kate Messner. Illus. by Christopher Silas Neal. 2017. (Over & Under Ser.). (ENG.). 48p. (J). (gr. k-3). 17.99 *(978-1-4521-4542-6(3))* Chronicle Bks. LLC.

Over & under the Rainforest. Kate Messner. Illus. by Christopher Silas Neal. 2020. (Over & Under Ser.). (ENG.). 48p. (J). (gr. k-3). 18.99 *(978-1-4521-6940-8(3))* Chronicle Bks. LLC.

Over, Bear! under, Where? Julie Hedlund. Illus. by Michael Slack. 2021. 32p. (J). (gr. -1-3). 17.99 *(978-0-593-20355-2(0))*, Philomel Bks.) Penguin Young Readers Group.

Over Bemerton's: An Easy-Going Chronicle (Classic Reprint) E. V. Lucas. 2017. (ENG., Illus.). (J). 30.00 *(978-0-265-60402-1(8))* Forgotten Bks.

Over Ere & Back Home: Random Impressions of an Earnest Soul (Classic Reprint) Peter Donovan. 2018. (ENG., Illus.). 356p. (J). 31.26 *(978-0-483-46286-1(1))* Forgotten Bks.

Over Fen & Wold (Classic Reprint) James John Hissey. (ENG., Illus.). (J). 2018. 500p. 34.23 *(978-0-666-88807-5(8))*; 2016. pap. 16.97 *(978-1-333-67678-0(6))* Forgotten Bks.

Over Grass-Grown Trails (Classic Reprint) Harry Graves Shedd. 2018. (ENG., Illus.). 178p. (J). 27.59 *(978-0-332-18840-9(X))* Forgotten Bks.

Over Here: A Drama of American Patriotism, in Three Acts (Classic Reprint) Walter Ben Hare. 2018. (ENG., Illus.). 74p. (J). 25.46 *(978-0-332-37419-2(X))* Forgotten Bks.

Over Here: Impressions of America (Classic Reprint) Hector MacQuarrie. 2018. (ENG., Illus.). 254p. (J). 29.14 *(978-0-483-53548-0(6))* Forgotten Bks.

Over Here: The Story of a War Bride (Classic Reprint) Ethel May Kelley. 2018. (ENG., Illus.). 258p. (J). 29.24 *(978-0-365-50597-6(8))* Forgotten Bks.

Over Here & over There: A Soldier's Thoughts of Home & War (Classic Reprint) Harry Zody. 2018. (ENG., Illus.). 90p. (J). 25.77 *(978-0-483-06585-7(4))* Forgotten Bks.

Over Here Stories (Classic Reprint) Timothy Hay. 2018. (ENG., Illus.). 78p. (J). 25.51 *(978-0-483-62813-7(1))* Forgotten Bks.

Over His Cigar: From Reveries of a Bachelor (Classic Reprint) Ik Marvel. 2018. (ENG., Illus.). 66p. (J). 25.28 *(978-0-483-84615-9(5))* Forgotten Bks.

Over in a River: A Freshwater Baby Animal Counting Book. Marianne Berkes. Illus. by Jill Dubin. 2021. (Our World, Our Home Ser.). (ENG.). 32p. (J). (gr. -1-3). pap. 8.99 *(978-1-7282-4350-4(5)*, Dawn Pubns.) Sourcebooks, Inc.

Over in a Stable, 1 vol. Suzanne P. Nelson. Illus. by Aleksandar Zolotic. 2020. (ENG.). 32p. (J). 17.99 *(978-0-310-76112-9(3))* Zonderkidz.

Over in Australia: A down under Animal Counting Book. Marianne Berkes. Illus. by Jill Dubin. 2021. (Our World, Our Home Ser.). (ENG.). 32p. (J). (gr. -1-3). pap. 8.99 *(978-1-7282-4379-5(3)*, Dawn Pubns.) Sourcebooks, Inc.

Over in My City: Boston. Anthony Tong. Illus. by Penny Anderson. 2019. (Over Bks.: Vol. 2). (ENG.). 36p. (J). pap. 9.99 *(978-0-9981412-3-7(2))* Otto PD.

Over in My City: San Francisco. Anthony Tong. Illus. by Diane Perruzzi. 2018. (ENG.). 38p. (J). pap. 9.99 *(978-0-9981412-0-6(8))* Otto PD.

Over in the Arctic: A Polar Baby Animal Counting Book. Marianne Berkes. Illus. by Jill Dubin. 2021. (Our World, Our Home Ser.). (ENG.). 32p. (J). (gr. -1-3). pap. 8.99 *(978-1-7282-4370-2(X)*, Dawn Pubns.) Sourcebooks, Inc.

Over in the Forest: A Woodland Animal Counting Book. Marianne Berkes. Illus. by Jill Dubin. 2021. (Our World, Our Home Ser.). (ENG.). 32p. (J). (gr. -1-3). pap. 8.99 *(978-1-7282-4354-2(8)*, Dawn Pubns.) Sourcebooks, Inc.

Over in the Forest: A Woodland Animal Nature Book. Marianne Berkes. Illus. by Jill Dubin. 2021. (Our World, Our Home Ser.). (ENG.). 24p. (J). (gr. -1-2). bds. 9.99 *(978-1-7282-4233-0(9)*, Dawn Pubns.) Sourcebooks, Inc.

Over in the Grasslands: An African Savanna Animal Nature Book. Marianne Berkes. Illus. by Jill Dubin. 2021. (Our World, Our Home Ser.). (ENG.). 32p. (J). (gr. -1-3). pap. 8.99 *(978-1-7282-4362-7(9)*, Dawn Pubns.) Sourcebooks, Inc.

Over in the Grasslands: On an African Savanna, 1 vol. Marianne Berkes. Illus. by Jill Dubin. 2016. (ENG.). 32p. (J). (gr. -1-2). 16.95 *(978-1-58469-567-7(6)*, Dawn Pubns.) Sourcebooks, Inc.

Over in the Jungle: A Rain Forest Baby Animal Counting Book. Marianne Berkes. Illus. by Jeanette Canyon. 2021. (Our World, Our Home Ser.). (ENG.). 32p. (J). (gr. -1-3). pap. 8.99 *(978-1-7282-4374-0(2)*, Dawn Pubns.) Sourcebooks, Inc.

Over in the Meadow. Jane Cabrera. 2020. (Jane Cabrera's Story Time Ser.). (J). (— 1). 24p. bds. 7.99 *(978-0-8234-4475-5(9))*; 32p. 18.99 *(978-0-8234-4476-2(7))* Holiday Hse., Inc.

Over in the Meadow. John M. Feierabend. Illus. by Marissa Napoletano. 2016. (First Steps in Music Ser.). (ENG.). 32p. (J). (gr. k-2). 16.95 *(978-1-62277-178-3(8))* G I A Pubns., Inc.

Over in the Meadow (Classic Reprint) Olive A. Wadsworth. 2018. (ENG., Illus.). 30p. (J). 24.52 *(978-0-267-86937-4(1))* Forgotten Bks.

Over in the Ocean: A Beach Baby Animal Habitat Book. Marianne Berkes. Illus. by Jeanette Canyon. 2021. (Our World, Our Home Ser.). (ENG.). (J). (gr. -1-2). 24p. bds. 9.99 *(978-1-7282-4231-6(2))*; 32p. pap. 8.99 *(978-1-7282-4346-7(7))* Sourcebooks, Inc. (Dawn Pubns.).

Over Indian & Animal Trails (Classic Reprint) Jean May Thompson. 2017. (ENG., Illus.). (J). 294p. 29.98 *(978-0-484-80700-5(5))*; pap. 13.57 *(978-0-259-46993-3(9))* Forgotten Bks.

Over Japan Way (Classic Reprint) Alfred M. Hitchcock. 2017. (ENG., Illus.). (J). 31.12 *(978-1-5284-8039-0(2))*; pap. 13.57 *(978-0-282-51822-6(3))* Forgotten Bks.

Over Kabouters, Trollen en Draken. Rob Vermeulen. 2017. (DUT., Illus.). 62p. (J). pap. *(978-1-326-93174-2(1))* Lulu Pr., Inc.

Over My Dead Body. Sweeney Boo. Illus. by Sweeney Boo. 2022. (ENG., Illus.). 240p. (J). (gr. 9). 24.99 *(978-0-06-305631-2(3))*; pap. 17.99 *(978-0-06-305630-5(5))* HarperCollins Pubs. (HarperAlley).

Over My Dead Body. Jay Faerber. 2020. (ENG., Illus.). 120p. (YA). pap. 16.99 *(978-1-5343-1494-8(6)*, ee3b9dd4-d139-4c6d-bc8b-27d18f13847a) Image Comics.

Over My Head. Liz Hagler & Jack Hagler. 2023. (Patrick Wigglesworth's Bizarre Bible Adventure Ser.: 1). (ENG., Illus.). 272p. (J). pap. 9.99 *(978-1-4964-6296-1(3)*, 20_36968) Tyndale Hse. Pubs.

Over on a Desert: A Sandy Baby Animal Counting Book. Marianne Berkes. Illus. by Jill Dubin. 2022. (Our World, Our Home Ser.). (ENG.). 32p. (J). (gr. -1-3). pap. 8.99 *(978-1-7282-4366-5(1)*, Dawn Pubns.) Sourcebooks, Inc.

Over on a Desert: Somewhere in the World, 1 vol. Marianne Berkes. Illus. by Jill Dubin. 2018. (ENG.). 32p. (J). (gr. -1-3). 16.95 *(978-1-58469-629-2(X)*, Dawn Pubns.) Sourcebooks, Inc.

Over on a Mountain: A High-Altitude Baby Animal Counting Book. Marianne Berkes. Illus. by Jill Dubin. 2022. (Our World, Our Home Ser.). (ENG.). 32p. (J). (gr. -1-3). pap. 8.99 *(978-1-7282-4358-0(0)*, Dawn Pubns.) Sourcebooks, Inc.

Over on the Farm. Marianne Berkes. Illus. by Cathy Morrison. 2016. (ENG.). 32p. (J). (gr. -1-2). 16.95 *(978-1-58469-548-6(X)*, Dawn Pubns.) Sourcebooks, Inc.

Over on the Farm: A Barnyard Baby Animal Counting Book. Marianne Berkes. Illus. by Cathy Morrison. 2022. (Our World, Our Home Ser.). (ENG.). 32p. (J). (gr. -1-3). pap. 8.99 *(978-1-7282-4384-9(X)*, Dawn Pubns.) Sourcebooks, Inc.

Over or Under. Wiley Blevins. 2019. (Location Words Ser.). (ENG., Illus.). 24p. (J). (gr. -1-2). lib. bdg. 22.65 *(978-1-9771-0316-1(2)*, 139316, Pebble) Capstone.

Over Paradise Ridge a Romance (Classic Reprint) Maria Thompson Daviess. 2018. (ENG., Illus.). 180p. (J). 27.61 *(978-0-332-16062-7(9))* Forgotten Bks.

Over Periscope Pond: Letters from Two American Girls in Paris, October 1916 January 1918 (Classic Reprint) Esther Sayles Root. 2017. (ENG., Illus.). (J). 30.95 *(978-0-265-21644-6(3))* Forgotten Bks.

Over Prairie Trails (Classic Reprint) Frederick Philip Grove. 2017. (ENG., Illus.). (J). 28.70 *(978-0-265-43100-9(X))* Forgotten Bks.

Over-Scheduled Andrew. Ashley Spires. 2016. (Illus.). 32p. (J). (gr. -1-3). 16.99 *(978-1-77049-484-8(7)*, Tundra Bks.) Tundra Bks. CAN. Dist: Penguin Random Hse. LLC.

Over-Sea; or England, France & Scotland: As Seen by a Live American (Classic Reprint) Henry Morford. 2018. (ENG., Illus.). 386p. (J). 31.98 *(978-0-484-37987-8(9))* Forgotten Bks.

Over the Alps on a Bicycle (Classic Reprint) Elizabeth Robins Pennell. (ENG., Illus.). (J). 2017. 26.25 *(978-0-266-20307-0(8))*; 2016. pap. 9.57 *(978-1-334-12162-3(1))* Forgotten Bks.

Over the Andes from the Argentine to Chili & Peru (Classic Reprint) May Crommelin. 2018. (ENG., Illus.). 406p. (J). 32.29 *(978-0-267-16278-9(2))* Forgotten Bks.

Over the Andes, Our Boys in New South America: A Tale of Travel & Adventure (Classic Reprint) Hezekiah Butterworth. 2018. (ENG., Illus.). 386p. (J). 31.88 *(978-0-483-38122-3(5))* Forgotten Bks.

Over the Border a Romance (Classic Reprint) Robert Barr. 2018. (ENG., Illus.). 414p. (J). 32.46 *(978-0-483-62051-3(3))* Forgotten Bks.

Over the Border (Classic Reprint) Morgan Robertson. 2017. (ENG., Illus.). (J). 29.53 *(978-0-265-24787-7(X))* Forgotten Bks.

Over-The-Counter Drugs, Vol. 13. H. W. Poole. Ed. by Sara Becker. 2016. (Drug Addiction & Recovery Ser.). (Illus.). 64p. (J). (gr. 7). 23.95 *(978-1-4222-3608-6(0))* Mason Crest.

Over the End Line. Alfred C. Martino. 2018. (ENG., Illus.). 256p. (YA). (gr. 9). pap. 9.95 *(978-1-59316-783-7(0))* Listen & Live Audio, Inc.

Over the Fence. Kirsten McDonald. Illus. by Fátima Anaya. 2017. (Carlos & Carmen Ser.). (ENG.). 32p. (J). (gr. -1-3). lib. bdg. 32.79 *(978-1-5321-3034-2(1)*, 27036, Calico Chapter Bks) Magic Wagon.

Over the Garden Wall. Pat Mchale. ed. 2016. lib. bdg. 33.05 *(978-0-606-39002-6(2))* Turtleback.

Over the Garden Wall: A Musical Burlesque in One Act (Classic Reprint) Will D. Felter. 2017. (ENG., Illus.). (J). 24.56 *(978-1-5284-6062-0(6))* Forgotten Bks.

Over the Hills: A Comedy in One Act (Classic Reprint) John Palmer. 2017. (ENG., Illus.). 58p. (J). 25.09 *(978-0-484-33799-1(8))* Forgotten Bks.

Over the Hills (Classic Reprint) Mary Findlater. 2018. (ENG., Illus.). (J). 310p. 30.29 *(978-1-391-83204-3(3))*; 312p. pap. 13.57 *(978-1-391-59389-0(8))* Forgotten Bks.

Over the Hills of Ruthenia (Classic Reprint) Henry Baerlein. 2017. (ENG., Illus.). (J). 29.11 *(978-0-265-27615-0(2))* Forgotten Bks.

Over the Hills to Broadway (Classic Reprint) James S. Stone. 2018. (ENG., Illus.). 76p. (J). 25.46 *(978-0-484-39125-2(9))* Forgotten Bks.

Over the Hookah: The Tales of a Talkative Doctor (Classic Reprint) George Frank Lydston. (ENG., Illus.). (J). 2018. 624p. 36.77 *(978-0-666-98855-3(2))*; 2016. pap. 19.57 *(978-1-333-68641-3(2))* Forgotten Bks.

Over the Moon (Scholastic Gold) Natalie Lloyd. 2021. (ENG.). 320p. (J). (gr. 3-7). pap. 7.99 *(978-1-338-11851-3(X))* Scholastic, Inc.

Over the Ocean. Taro Gomi. 2016. (ENG., Illus.). 36p. (J). (gr. -1 — 1). 17.99 *(978-1-4521-4515-0(6))* Chronicle Bks. LLC.

Over the Orient, or Frank Reade, Jr. 's Travels in Turkey (Classic Reprint) Luis Senarens. 2018. (ENG., Illus.). (J). 46p. 24.87 *(978-1-396-67567-6(1))*; 48p. pap. 9.57 *(978-1-391-92228-7(X))* Forgotten Bks.

Over the Pass (Classic Reprint) Frederick Palmer. 2018. (ENG., Illus.). 452p. (J). 33.22 *(978-0-483-32380-3(2))* Forgotten Bks.

Over the Plum-Pudding (Classic Reprint) John Kendrick Bangs. 2018. (ENG., Illus.). 298p. (J). 30.04 *(978-0-428-38992-5(9))* Forgotten Bks.

Over the Purple Hills: Or, Sketches of Travel in California of Important Points Usually Visited by Tourists (Classic Reprint) Caroline M. Churchill. 2018. (ENG., Illus.). 350p. (J). 31.12 *(978-0-364-15371-0(7))* Forgotten Bks.

Over the Pyrenees into Spain (Classic Reprint) Mary Eyre. (ENG., Illus.). (J). 2018. 372p. 31.59 *(978-0-428-92987-9(7))*; 2017. pap. 13.97 *(978-0-259-56754-7(X))* Forgotten Bks.

Over the Quicksands (Classic Reprint) Anna Chapin Ray. (ENG., Illus.). (J). 2018. 396p. 32.06 *(978-0-483-49588-3(3))*; 2017. pap. 16.57 *(978-0-243-24559-8(9))* Forgotten Bks.

Over the Rainbow. Shalini Vallepur. Illus. by Chloe Jago. 2023. (Level 8 - Purple Set Ser.). (ENG.). 32p. (J). (gr. 1-4). lib. bdg. 19.95 Bearport Publishing Co., Inc.

Over the Rainbow. Georgina Wren. Illus. by Carrie Hennon. 2020. (Shake, Shimmer & Sparkle Bks.). (ENG.). 10p. (J). (— 1). bds. 9.99 *(978-1-78958-570-4(8))* Top That! Publishing PLC GBR. Dist: Independent Pubs. Group.

Over the Rainbow: The Science, Magic & Meaning of Rainbows. Rachael Davis. Illus. by Wenjia Tang. 2023. (ENG.). 64p. (J). (gr. 3-7). 20.99 *(978-1-83874-857-9(1))* Flying Eye Bks. GBR. Dist: Penguin Random Hse. LLC.

Over the Reef, 1 vol. William Potter. Illus. by Juan Calle. 2018. (All-Action Animal Art Ser.). (ENG.). 32p. (J). (gr. 3-3). 29.27 *(978-1-5383-4746-1(6)*, a3109686-ce24-41eb-9e91-6392fc3378dd); pap. 12.75 *(978-1-5383-4744-7(X)*, 64c11255-3eba-4b10-b5ea-a111e3e7db01) Rosen Publishing Group, Inc., The. (PowerKids Pr.).

Over the River & Through the Wood. Illus. by Emma Randall. 2018. 32p. (J). (gr. -1-2). 17.99 *(978-0-515-15765-9(1)*, Penguin Workshop) Penguin Young Readers Group.

Over the Rooftops;under the Moon. JonArno Lawson. Illus. by Nahid Kazemi. 2019. (ENG.). 56p. (J). 17.95 *(978-1-59270-262-6(7))* Enchanted Lion Bks., LLC.

Over the Sea with the Sailor: Christmas, 1880 (Classic Reprint) Walter Besant. (ENG., Illus.). (J). 2018. 68p. 25.32 *(978-0-483-33771-8(4))*; 2016. pap. 9.57 *(978-1-334-14029-7(4))* Forgotten Bks.

Over the Sea with the Sailor (Classic Reprint) Walter Besant. 2018. (ENG., Illus.). 68p. (J). 25.32 *(978-0-483-09350-8(5))* Forgotten Bks.

Over the Sea's Edge. Jane Louise Curry. 2017. (ENG., Illus.). (J). pap. 19.99 *(978-1-62524-319-5(7)*, Candlewood Pr.) Harding Hse. Publishing Sebice Inc.

Over the Seas, for Uncle Sam (Classic Reprint) Elaine Sterne. 2017. (ENG., Illus.). (J). 29.84 *(978-1-5282-8311-3(2))* Forgotten Bks.

Over the Shop. JonArno Lawson. Illus. by Qin Leng. 2021. (ENG.). 48p. (J). (gr. -1-2). 17.99 *(978-1-5362-0147-5(2))* Candlewick Pr.

Over the Straits: A Visit to Victoria (Classic Reprint) Louisa Anne Meredith. 2017. (ENG., Illus.). (J). 30.13 *(978-0-331-37236-6(3))*; pap. 13.57 *(978-0-259-52763-3(7))* Forgotten Bks.

Over the Summer Sea (Classic Reprint) John Harrison. 2018. (ENG., Illus.). 200p. (J). 28.02 *(978-0-484-06376-0(6))* Forgotten Bks.

Over the Teacups. Sr. Oliver Wendell Holmes. 2017. (ENG., Illus.). (J). 25.95 *(978-1-374-92036-1(3))*; pap. 15.95 *(978-1-374-92035-4(5))* Capital Communications, Inc.

Over the Top. Dov Citron. Illus. by Dee Riley. 2020. (ENG.). 54p. (J). 24.99 *(978-1-716-39330-3(2))* Lulu Pr., Inc.

Over the Top. Alison Hughes. 2021. (ENG.). 192p. (J). (gr. 3-7). 16.99 *(978-0-7624-7312-0(6)*, Running Pr. Kids) Running Pr.

Over the Trails of Glacier National Park (Classic Reprint) Tom Dillon. 2017. (ENG., Illus.). (J). 24.95 *(978-0-266-73558-8(4))*; pap. 9.57 *(978-1-5276-9903-8(X))* Forgotten Bks.

Over There & Back in Three Uniforms: Being the Experiences of an American Boy in the Canadian, British & American Armies at the Front & Through No Man's Land (Classic Reprint) Joseph S. Smith. 2017. (ENG., Illus.). (J). 29.51 *(978-0-266-18880-3(X))* Forgotten Bks.

Over There with the Australians. R. Hugh Knyvett. 2017. (ENG., Illus.). (J). 24.95 *(978-1-374-82112-5(8))*; pap. 14.95 *(978-1-374-82111-8(X))* Capital Communications, Inc.

Over There with the Australians (Classic Reprint) R. Hugh Knyvett. 2018. (ENG., Illus.). 372p. (J). 31.59 *(978-0-364-11125-3(9))* Forgotten Bks.

Over Turf & Stubble (Classic Reprint) Unknown Author. 2018. (ENG., Illus.). 310p. (J). 30.29 *(978-0-365-29464-1(0))* Forgotten Bks.

Over Two Continents, or Frank Reade, Jr. 's Long Distance Flight (Classic Reprint) Luis Senarens. 2018. (ENG., Illus.). (J). 52p. 24.99 *(978-1-396-68516-3(2))*; 54p. pap. 9.57 *(978-1-396-18079-8(6))* Forgotten Bks.

Overall Boys: A First Reader (Classic Reprint) Eulalie Osgood Grover. 2017. (ENG., Illus.). (J). 26.58 *(978-0-331-55789-3(4))* Forgotten Bks.

Overall Boys in Switzerland. Eulalie Osgood Grover. 2019. (ENG., Illus.). 100p. (YA). (gr. 7-12). pap. *(978-93-5329-459-5(2))* Alpha Editions.

Overall Boys in Switzerland: A Second Reader (Classic Reprint) Eulalie Osgood Grover. 2018. (ENG., Illus.). 162p. (J). 27.26 *(978-0-267-24723-3(0))* Forgotten Bks.

Overboard! Terry Lynn Johnson. Illus. by Jani Orban. (Survivor Diaries). (ENG.). 112p. (J). (gr. 1-5). 2018. pap. 8.99 *(978-1-328-51905-4(8)*, 1720631); 2017. 9.99 *(978-0-544-97010-6(1)*, 1662447) HarperCollins Pubs. (Clarion Bks.).

Overboard! Terry Lynn Johnson. ed. 2021. (Survivor Diaries). (ENG., Illus.). 104p. (J). (gr. 2-3). 16.46 *(978-1-64697-825-0(0))* Penworthy Co., LLC, The.

Overboard! Terry Lynn Johnson. ed. 2018. (Survivor Diaries). lib. bdg. 16.00 *(978-0-606-41208-7(5))* Turtleback.

Overboard & Out of This Realm. Ann T. Bugg. 2016. (ENG., Illus.). (J). pap. 8.99 *(978-1-365-31324-0(7))* Lulu Pr., Inc.

Overburden Conveyor Bridge F60. Quinn M. Arnold. 2016. (Now That's Big! Ser.). (ENG., Illus.). 24p. (J). (gr. 1-3). *(978-1-60818-716-4(0)*, 20650, Creative Education) Creative Co., The.

Overcoming Addiction (Set), 16 vols. 2018. (Overcoming Addiction Ser.). (ENG.). 64p. (gr. 7-7). lib. bdg. 289.04 *(978-1-5081-7946-7(8)*, fe000a9b-fb54-4532-9102-5229243d4acf) Rosen Publishing Group, Inc., The.

Overcoming Childhood Trauma: A Workbook to Help You Recognize & Process the Trauma in Your Life So That Fantasies Are Identified, Reality Is Accepted, & Relationships Become Healthy. Rick Johnson. 2022. (ENG.). 74p. (YA). pap. 10.99 *(978-1-6628-3496-7(9))* Salem Author Services.

Overcoming Suicidal Thoughts. Bonnie Szumski. 2021. (Managing Mental Health Ser.). (ENG.). 64p. (YA). (gr. 6-12). 43.93 *(978-1-6782-0114-2(6))* ReferencePoint Pr., Inc.

Overcoming Suicidal Thoughts for Teens: CBT Activities to Reduce Pain, Increase Hope, & Build Meaningful Connections. Jeremy W. Pettit & Ryan M. Hill. 2022. (Instant Help Solutions Ser.). (ENG., Illus.). 208p. (YA). (gr. 6-12). pap. 18.95 *(978-1-68403-997-5(5)*, 49975, Instant Help Books) New Harbinger Pubns.

Overdoing It. Joy Berry. 2018. (Help Me Be Good Ser.). (ENG.). 34p. (J). pap. 8.99 *(978-0-7396-0324-6(8))* Inspired Studios Inc.

Overdrive. Dawn Ius. (ENG.). (YA). (gr. 9). 2017. 368p. pap. 10.99 *(978-1-4814-3945-9(6))*; 2016. (Illus.). 352p. 17.99 *(978-1-4814-3944-2(8))* Simon Pulse. (Simon Pulse).

Overdrive. Eric Walters. 2nd ed. 2021. (Orca Soundings Ser.). (ENG.). 112p. (YA). (gr. 8-12). pap. 10.95 *(978-1-4598-3069-9(X))* Orca Bk. Pubs. USA.

Overdue: The Story of a Missing Ship. Harry Collingwood. 2017. (ENG., Illus.). (J). 24.95 *(978-1-374-93536-5(0))* Capital Communications, Inc.

Overground Railroad. Lesa Cline-Ransome. Illus. by James E. Ransome. (J). (gr. -1-3). 2022. 32p. pap. 8.99 *(978-0-8234-5119-7(4))*; 2020. 48p. 18.99 *(978-0-8234-3873-0(2))* Holiday Hse., Inc.

Overground Railroad (the Young Adult Adaptation) The Green Book & the Roots of Black Travel in America. Candacy Taylor. 2022. (ENG., Illus.). 272p. (J). (gr. 7-17). 22.99 *(978-1-4197-4949-0(8)*, 1243501) Abrams, Inc.

Overhead. Annie Moore. 2017. (ENG.). 256p. (J). pap. *(978-3-337-11993-5(X))* Creation Pubs.

Overhead: Or What Harry & Nelly Discovered in the Heavens (Classic Reprint) Annie Moore. (ENG., Illus.). (J). 2018. 252p. 29.11 *(978-0-666-93781-0(8))*; 2016. pap. 11.57 *(978-1-334-68053-3(1))* Forgotten Bks.

Overheard in a Tower Block: Poems By. Joseph Coelho. Illus. by Kate Milner. 2017. (ENG.). 112p. (J). (gr. 3-7). pap. 10.99 *(978-1-910959-58-9(8))* Otter-Barry Bks. GBR. Dist: Independent Pubs. Group.

Overheard in Arcady (Classic Reprint) Robert Bridges. 2017. (ENG., Illus.). (J). 26.87 *(978-1-5285-8333-6(7))* Forgotten Bks.

Overheard in Fairyland (Classic Reprint) Madge Alford Bigham. 2018. (ENG., Illus.). (J). 258p. 29.24 *(978-1-396-01877-0(8))*; 260p. pap. 11.97 *(978-1-391-59352-4(9))* Forgotten Bks.

Overing, or the Heir of Wycherly: A Historical Romance (Classic Reprint) Eldred Grayson. (ENG., Illus.). (J). 2018. 420p. 32.56 *(978-0-484-84632-5(9))*; 2017. pap. 16.57 *(978-0-243-58466-6(0))* Forgotten Bks.

Overland: August, 1921 (Classic Reprint) Unknown Author. 2018. (ENG., Illus.). 342p. (J). 30.95 *(978-0-484-02914-8(2))* Forgotten Bks.

Overland for Gold (Classic Reprint) Frank H. Cheley. 2018. (ENG., Illus.). 274p. (J). 29.55 *(978-0-484-12384-6(X))* Forgotten Bks.

Overland, Inland, & Upland: A Lady's Notes of Personal Observation & Adventure (Classic Reprint) Unknown Author. 2017. (ENG., Illus.). (J). 366p. 31.45 *(978-0-332-35863-5(1))*; pap. 13.97 *(978-0-259-43331-6(4))* Forgotten Bks.

Overland Monthly: January & February 1921 (Classic Reprint) Unknown Author. 2018. (ENG., Illus.). 356p. (J). 31.24 *(978-0-484-11624-4(X))* Forgotten Bks.

Overland Monthly, 1871, Vol. 7: Devoted to the Development of the Country (Classic Reprint) Bret Harte. (ENG., Illus.). (J). 2018. 584p. 35.94 *(978-0-428-87723-1(0))*; 2016. pap. 19.57 *(978-1-333-61563-5(9))* Forgotten Bks.

Overland Monthly, 1872, Vol. 8: Devoted to the Development of the Country (Classic Reprint) Bret Harte. 2018. (ENG., Illus.). (J). 616p. 36.60 *(978-1-396-42594-3(2))*; 618p. pap. 19.57 *(978-1-391-00774-8(3))* Forgotten Bks.

Overland Monthly, 1872, Vol. 9: Devoted to the Development of the Country (Classic Reprint) Bret Harte. 2018. (ENG., Illus.). 596p. (J). 36.19 *(978-0-483-42272-8(X))* Forgotten Bks.

Overland Monthly, 1873, Vol. 10: Devoted to the Development of the Country (Classic Reprint) Bret Harte. (ENG., Illus.). (J). 2018. 584p. 35.94 *(978-0-428-84116-4(3))*; 2016. pap. 19.57 *(978-1-334-31004-1(1))* Forgotten Bks.

Overland Monthly, 1874, Vol. 12: Devoted to the Development of the Country (Classic Reprint) Unknown Author. 2018. (ENG., Illus.). 598p. (J). 36.25 *(978-0-332-80885-7(8))* Forgotten Bks.

Overland Monthly, 1887, Vol. 9 (Classic Reprint) Unknown Author. (ENG., Illus.). (J). 2018. 680p. 37.92 *(978-0-364-37518-1(3))*; 2017. pap. 20.57 *(978-1-334-92619-8(0))* Forgotten Bks.

Overland Monthly & Out West Magazine, 1923 (Classic Reprint) Unknown Author. 2018. (ENG., Illus.). 390p. (J). 32.02 *(978-0-428-46497-4(1))* Forgotten Bks.

Overland Monthly & Out West Magazine, 1927, Vol. 85 (Classic Reprint) B. Virginia Lee. 2018. (ENG., Illus.). 440p. (J). 32.97 *(978-0-484-68527-6(9))* Forgotten Bks.

Overland Monthly & Out West Magazine, Vol. 82: January, 1924 (Classic Reprint) Unknown Author. (ENG., Illus.). (J). 2018. 580p. 35.86 *(978-0-484-28553-7(X))*; 2016. pap. 19.57 *(978-1-334-16891-8(1))* Forgotten Bks.

Overland Monthly & Out West Magazine, Vol. 83: January, 1925 (Classic Reprint) Unknown Author. 2017. (ENG., Illus.). (J). 34.33 *(978-0-331-13118-5(8))* Forgotten Bks.

Overland Monthly & Out West Magazine, Vol. 84: January, 1926 (Classic Reprint) B. Virginia Lee. (ENG., Illus.). (J). 2018. 424p. 32.64 *(978-0-332-90782-6(1))*; 2016. pap. 16.57 *(978-1-334-15206-1(3))* Forgotten Bks.

Overland Monthly & Outwest Magazine: Volumes 91-93; January, 1933-July, 1935 (Classic Reprint) Unknown Author. 2018. (ENG., Illus.). 490p. (J). 34.00 *(978-0-483-83384-5(3))* Forgotten Bks.

Overland Monthly (Classic Reprint) Unknown Author. 2018. (ENG., Illus.). 172p. (J). 27.46 *(978-0-666-38302-0(2))* Forgotten Bks.

Overland Monthly Founded by Bret Harte in 1868 (Classic Reprint) Unknown Author. 2018. (ENG., Illus.). 452p. (J). 33.05 *(978-0-483-61833-6(0))* Forgotten Bks.

Overland Monthly, the Illustrated Magazine of the West, Vol. 79: January, 1922 (Classic Reprint) Almira Guild

McKeon. 2018. (ENG., Illus.). 376p. (J). 31.65 *(978-0-484-89623-8(7))* Forgotten Bks.

Overland Monthly, Vol. 1: Devoted to the Development of the Country; January-June, 1883 (Classic Reprint) Unknown Author. 2016. (ENG., Illus.). (J). pap. 20.57 *(978-1-334-37582-8(8))* Forgotten Bks.

Overland Monthly, Vol. 10: July-December, 1887 (Classic Reprint) Unknown Author. (ENG., Illus.). (J). 2018. 702p. 38.38 *(978-0-484-84027-9(4))*; 2017. pap. 20.97 *(978-0-243-10767-4(6))* Forgotten Bks.

Overland Monthly, Vol. 11: Devoted to the Development of the Country; July, 1873 (Classic Reprint) Bret Harte. (ENG., Illus.). (J). 2018. 588p. 36.02 *(978-0-483-46341-7(8))*; 2016. pap. 19.57 *(978-1-333-64637-0(2))* Forgotten Bks.

Overland Monthly, Vol. 11: January-June, 1888 (Classic Reprint) Unknown Author. (ENG., Illus.). (J). 2018. 678p. 37.88 *(978-0-267-84446-3(8))*; 2017. pap. 20.57 *(978-1-334-92640-2(9))* Forgotten Bks.

Overland Monthly, Vol. 12: July-December, 1888 (Classic Reprint) Unknown Author. (ENG., Illus.). (J). 2018. 666p. 37.63 *(978-0-483-43942-9(8))*; 2017. pap. 20.57 *(978-1-334-92381-4(7))* Forgotten Bks.

Overland Monthly, Vol. 13: January-June, 1889 (Classic Reprint) Unknown Author. (ENG., Illus.). (J). 2017. 676p. 37.84 *(978-0-332-06184-9(1))*; 2016. pap. 20.57 *(978-1-334-13607-8(6))* Forgotten Bks.

Overland Monthly, Vol. 13: July, 1874 (Classic Reprint) John H. Carmany. (ENG., Illus.). (J). 2018. 584p. 35.94 *(978-0-484-55716-0(5))*; 2016. pap. 19.57 *(978-1-333-63385-1(8))* Forgotten Bks.

Overland Monthly, Vol. 14: Devoted to the Development of the Country; January July, 1875 (Classic Reprint) Unknown Author. (ENG., Illus.). (J). 2017. 608p. 36.44 *(978-0-484-62842-6(9))*; 2016. pap. 23.57 *(978-1-333-77232-1(7))* Forgotten Bks.

Overland Monthly, Vol. 14: July-December, 1889 (Classic Reprint) Unknown Author. (ENG., Illus.). (J). 2018. 904p. 42.54 *(978-0-332-94302-2(X))*; 2017. pap. 24.88 *(978-1-334-94397-3(4))* Forgotten Bks.

Overland Monthly, Vol. 15: Devoted to the Development of the Country; July, 1875 (Classic Reprint) Unknown Author. (ENG., Illus.). (J). 2018. 712p. 38.58 *(978-0-483-29870-5(0))*; 2016. pap. 20.97 *(978-1-333-53613-8(5))* Forgotten Bks.

Overland Monthly, Vol. 15: January June, 1890 (Classic Reprint) Unknown Author. (ENG., Illus.). (J). 2018. 732p. 38.99 *(978-0-483-03489-1(4))*; 2016. pap. 23.57 *(978-1-334-13932-1(6))* Forgotten Bks.

Overland Monthly, Vol. 17: January-June, 1891 (Classic Reprint) Unknown Author. (ENG., Illus.). (J). 2018. 850p. 41.45 *(978-0-483-02398-7(1))*; 2017. pap. 23.97 *(978-0-243-00601-4(2))* Forgotten Bks.

Overland Monthly, Vol. 18: July-December, 1891 (Classic Reprint) Bret Harte. (ENG., Illus.). (J). 2018. 672p. 37.76 *(978-0-332-83914-1(1))*; 2016. pap. 20.57 *(978-1-334-09198-8(6))* Forgotten Bks.

Overland Monthly, Vol. 19: January-June, 1892 (Classic Reprint) Unknown Author. (ENG., Illus.). (J). 2018. 716p. 38.66 *(978-0-483-85178-8(7))*; 2017. pap. 23.57 *(978-0-243-87779-9(X))* Forgotten Bks.

Overland Monthly, Vol. 19: March, 1892 No III (Classic Reprint) Unknown Author. (ENG., Illus.). (J). 2018. 116p. 26.31 *(978-0-483-33328-4(X))*; 2016. pap. 9.57 *(978-1-333-45430-2(9))* Forgotten Bks.

Overland Monthly, Vol. 2: Devoted to the Development of the Country; July December, 1883 (Classic Reprint) Unknown Author. 2017. (ENG., Illus.). (J). 37.96 *(978-1-5279-7839-3(7))* Forgotten Bks.

Overland Monthly, Vol. 2 (Classic Reprint) Bret Harte. (ENG., Illus.). (J). 2018. 612p. 36.52 *(978-0-428-86841-3(X))*; 2017. pap. 19.57 *(978-0-243-58934-0(4))* Forgotten Bks.

Overland Monthly, Vol. 20: July-December, 1892 (Classic Reprint) Unknown Author. 2017. (ENG., Illus.). (J). 42.21 *(978-0-331-63845-5(2))*; pap. 24.55 *(978-1-334-91027-2(8))* Forgotten Bks.

Overland Monthly, Vol. 21: January-June, 1893 (Classic Reprint) Unknown Author. (ENG., Illus.). (J). 2018. 898p. 42.44 *(978-0-483-01397-1(8))*; 2017. pap. 24.61 *(978-0-243-00066-1(9))* Forgotten Bks.

Overland Monthly, Vol. 22: July-December, 1893 (Classic Reprint) Unknown Author. (ENG., Illus.). (J). 2018. 682p. 37.96 *(978-0-666-68507-0(X))*; 2017. pap. 20.57 *(978-1-334-92582-5(8))* Forgotten Bks.

Overland Monthly, Vol. 23: January June, 1894 (Classic Reprint) Overland Monthly Publishing Co. (ENG., Illus.). (J). 2018. 734p. 39.04 *(978-0-484-80284-0(4))*; 2016. pap. 23.57 *(978-1-334-15286-3(1))* Forgotten Bks.

Overland Monthly, Vol. 24: July-December, 1894 (Classic Reprint) Rounsevelle Wildman. (ENG., Illus.). (J). 2017. 37.84 *(978-0-331-24142-6(0))*; 2016. pap. 24.66 *(978-1-334-76559-9(6))* Forgotten Bks.

Overland Monthly, Vol. 3: Devoted to the Development of the Country (Classic Reprint) Unknown Author. 2018. (ENG., Illus.). 676p. (J). 37.84 *(978-0-483-21456-9(6))* Forgotten Bks.

Overland Monthly, Vol. 30: July-December, 1897 (Classic Reprint) James Howard Bridge. 2018. (ENG., Illus.). 934p. (J). 43.18 *(978-0-484-75080-6(1))* Forgotten Bks.

Overland Monthly, Vol. 33: January-June, 1899 (Classic Reprint) James Howard Bridge. (ENG., Illus.). (J). 2018. 582p. 35.90 *(978-0-364-74141-2(4))*; 2017. pap. 19.57 *(978-1-334-92706-5(5))* Forgotten Bks.

Overland Monthly, Vol. 34: July December, 1899 (Classic Reprint) James Howard Bridge. (ENG., Illus.). (J). 2018. 618p. 36.64 *(978-0-483-84015-7(7))*; 2016. pap. 19.57 *(978-1-334-16424-8(X))* Forgotten Bks.

Overland Monthly, Vol. 35: January-June, 1900 (Classic Reprint) James Howard Bridge. (ENG., Illus.). (J). 2018. 758p. 39.53 *(978-0-483-37635-9(3))*; 2016. pap. 23.57 *(978-1-334-13430-2(8))* Forgotten Bks.

Overland Monthly, Vol. 36: An Illustrated Magazine of the West; July-December, 1900 (Classic Reprint) Unknown Author. (ENG., Illus.). (J). 2018. 504p. 34.29 *(978-0-484-85941-7(2))*; 2017. pap. 16.97 *(978-1-334-92771-3(5))* Forgotten Bks.

Overland Monthly, Vol. 37: January, 1901 (Classic Reprint) Unknown Author. (ENG., Illus.). (J). 2018. 544p. 35.12 *(978-0-332-78489-2(4))*; 2016. pap. 19.57 *(978-1-334-16388-3(X))* Forgotten Bks.

Overland Monthly, Vol. 38: An Illustrated Magazine of the West; July December, 1901 (Classic Reprint) Unknown Author. (ENG., Illus.). (J). 2018. 696p. 38.27 *(978-0-428-90765-5(2))*; 2016. pap. 20.97 *(978-1-334-15569-7(0))* Forgotten Bks.

Overland Monthly, Vol. 39: An Illustrated Magazine of the West; January July, 1902 (Classic Reprint) Frederick Marriott. (ENG., Illus.). (J). 2018. 684p. 38.00 *(978-0-483-97613-9(X))*; 2016. pap. 20.57 *(978-1-333-56813-9(4))* Forgotten Bks.

Overland Monthly, Vol. 4: Devoted to the Development of the Country; January to June, 1870 (Classic Reprint) Unknown Author. 2017. (ENG., Illus.). (J). 36.58 *(978-0-266-45283-6(3))*; pap. 20.57 *(978-0-243-24902-2(0))* Forgotten Bks.

Overland Monthly, Vol. 40: An Illustrated Magazine of the West; July-December, 1902 (Classic Reprint) Unknown Author. (ENG., Illus.). (J). 2018. 872p. 41.90 *(978-0-656-53058-8(8))*; 2016. pap. 24.24 *(978-1-334-12179-1(6))* Forgotten Bks.

Overland Monthly, Vol. 41: January, 1903 (Classic Reprint) Unknown Author. (ENG., Illus.). (J). 2018. 506p. 34.33 *(978-0-483-50183-6(2))*; 2017. pap. 16.97 *(978-1-334-92955-7(6))* Forgotten Bks.

Overland Monthly, Vol. 42: An Illustrated Magazine of the West; July, 1903 (Classic Reprint) Florence Jackson. (ENG., Illus.). (J). 2018. 872p. 41.88 *(978-0-428-96846-5(5))*; 2017. pap. 24.22 *(978-1-334-87233-4(3))* Forgotten Bks.

Overland Monthly, Vol. 42: July-December, 1913 (Classic Reprint) Unknown Author. (ENG., Illus.). (J). 2018. 662p. 37.55 *(978-0-332-83446-7(8))*; 2016. pap. 19.97 *(978-1-334-16067-7(8))* Forgotten Bks.

Overland Monthly, Vol. 43: An Illustrated Magazine of the West; Jan June, 1904 (Classic Reprint) Unknown Author. (ENG., Illus.). (J). 2018. 612p. 36.52 *(978-0-483-08954-9(0))*; 2016. pap. 19.57 *(978-1-334-16513-9(0))* Forgotten Bks.

Overland Monthly, Vol. 45: January, 1905 (Classic Reprint) Unknown Author. (ENG., Illus.). (J). 2017. 792p. 40.23 *(978-0-332-27810-0(7))*; 2016. pap. 23.57 *(978-1-333-60845-3(4))* Forgotten Bks.

Overland Monthly, Vol. 45: June, 1905 (Classic Reprint) Unknown Author. (ENG., Illus.). (J). 2018. 160p. 27.20 *(978-0-483-92635-6(3))*; 2016. pap. 9.57 *(978-1-333-66859-4(7))* Forgotten Bks.

Overland Monthly, Vol. 46: An Illustrated Magazine of the West; July December, 1905 (Classic Reprint) Overland Monthly Co. (ENG., Illus.). (J). 2018. 750p. 39.37 *(978-0-332-87253-7(X))*; 2016. pap. 23.57 *(978-1-334-16311-1(1))* Forgotten Bks.

Overland Monthly, Vol. 47: An Illustrated Magazine of the West; January-June 1906 (Classic Reprint) Unknown Author. (ENG., Illus.). (J). 2018. 582p. 35.90 *(978-0-428-95856-5(7))*; 2017. pap. 19.57 *(978-1-334-91889-6(9))* Forgotten Bks.

Overland Monthly, Vol. 48: An Illustrated Magazine of the West; August-December 1906 (Classic Reprint) Overland Monthly Company. (ENG., Illus.). (J). 2018. 508p. 34.37 *(978-0-484-17615-6(3))*; 2016. pap. 16.97 *(978-1-333-39745-6(3))* Forgotten Bks.

Overland Monthly, Vol. 49: An Illustrated Magazine of the West; January-June, 1907 (Classic Reprint) Unknown Author. (ENG., Illus.). (J). 2018. 574p. 35.74 *(978-0-484-28021-1(X))*; 2016. pap. 19.57 *(978-1-334-11890-6(6))* Forgotten Bks.

Overland Monthly, Vol. 49: An Illustrated Magazine of the West; January June, 1907 (Classic Reprint) Overland Monthly Company. (ENG., Illus.). (J). 2018. 36.35 *(978-0-260-20492-9(7))*; 2016. pap. 19.57 *(978-1-334-16601-3(3))* Forgotten Bks.

Overland Monthly, Vol. 5: Devoted to the Development of the Country; July, 1870 (Classic Reprint) Unknown Author. (ENG., Illus.). (J). 2018. 586p. 35.98 *(978-0-483-05814-9(9))*; 2016. pap. 19.57 *(978-1-333-40856-5(0))* Forgotten Bks.

Overland Monthly, Vol. 50: July December, 1907 (Classic Reprint) Unknown Author. (ENG., Illus.). (J). 2018. 606p. 36.40 *(978-0-483-33437-3(5))*; 2016. pap. 19.57 *(978-1-334-16242-8(5))* Forgotten Bks.

Overland Monthly, Vol. 51: January-June, 1908 (Classic Reprint) Unknown Author. (ENG., Illus.). (J). 2018. 630p. 36.89 *(978-0-483-49704-7(5))*; 2016. pap. 19.57 *(978-1-334-16132-2(1))* Forgotten Bks.

Overland Monthly, Vol. 52: July December, 1908 (Classic Reprint) Unknown Author. (ENG., Illus.). (J). 2018. 624p. 36.79 *(978-0-483-85862-6(5))*; 2016. pap. 19.57 *(978-1-333-76016-8(7))* Forgotten Bks.

Overland Monthly, Vol. 53: January June, 1909 (Classic Reprint) Unknown Author. (ENG., Illus.). (J). 2018. 620p. 36.70 *(978-0-483-30393-5(3))*; 2016. pap. 19.57 *(978-1-334-16541-2(6))* Forgotten Bks.

Overland Monthly, Vol. 54: July-December, 1909 (Classic Reprint) Unknown Author. (ENG., Illus.). (J). 2018. 710p. 38.56 *(978-0-267-36646-0(9))*; 2016. pap. 20.97 *(978-1-334-16403-3(7))* Forgotten Bks.

Overland Monthly, Vol. 55: January-June, 1910 (Classic Reprint) Unknown Author. (ENG., Illus.). (J). 2018. 664p. 37.59 *(978-0-484-74969-5(2))*; 2017. pap. 19.97 *(978-1-334-91916-9(X))* Forgotten Bks.

Overland Monthly, Vol. 56: July December, 1910 (Classic Reprint) Unknown Author. (ENG., Illus.). (J). 2018. 860p. 41.63 *(978-0-483-40701-5(1))*; 2016. pap. 23.97 *(978-1-334-16532-0(7))* Forgotten Bks.

Overland Monthly, Vol. 57: January June, 1911 (Classic Reprint) Overland Monthly Co. (ENG., Illus.). (J). 2017. 41.06 *(978-0-266-49535-2(4))*; 2016. pap. 23.57 *(978-1-334-12380-1(2))* Forgotten Bks.

Overland Monthly, Vol. 58: Second Series; July December, 1911 (Classic Reprint) Unknown Author. (ENG., Illus.). (J). 2018. 568p. 35.61 *(978-0-483-57998-9(X))*; 2016. pap. 19.57 *(978-1-333-64784-1(0))* Forgotten Bks.

Overland Monthly, Vol. 59: January-June, 1912 (Classic Reprint) Unknown Author. (ENG., Illus.). (J). 2018. 834p. 41.06 *(978-0-332-10568-0(7))*; 2017. pap. 19.57 *(978-1-334-16382-1(0))* Forgotten Bks.

Overland Monthly, Vol. 6: January, 1871 (Classic Reprint) Bret Harte. (ENG., Illus.). (J). 2018. 588p. 36.02 *(978-0-483-29866-8(2))*; 2016. pap. 19.57 *(978-1-333-53539-1(2))* Forgotten Bks.

Overland Monthly, Vol. 60: January-June, 1913 (Classic Reprint) Unknown Author. (ENG., Illus.). (J). 2018. 840p. 41.22 *(978-0-267-68726-8(5))*; 2017. pap. 19.97 *(978-1-334-16487-3(8))* Forgotten Bks.

Overland Monthly, Vol. 60: July-December, 1912 (Classic Reprint) Unknown Author. (ENG., Illus.). (J). 2018. 830p. 41.02 *(978-0-483-48336-1(2))*; 2017. pap. 23.57 *(978-1-334-95148-0(9))* Forgotten Bks.

Overland Monthly, Vol. 63: January June, 1914 (Classic Reprint) Unknown Author. (ENG., Illus.). (J). 2018. 672p. 37.78 *(978-0-483-14832-1(6))*; 2016. pap. 20.57 *(978-1-334-16338-8(3))* Forgotten Bks.

Overland Monthly, Vol. 65: January June, 1915 (Classic Reprint) Overland Monthly Co. (ENG., Illus.). (J). 2018. 792p. 40.23 *(978-0-483-02552-3(6))*; 2016. pap. 23.57 *(978-1-334-16282-4(4))* Forgotten Bks.

Overland Monthly, Vol. 66: July December, 1914 (Classic Reprint) Overland Monthly Co. (ENG., Illus.). (J). 2018. 796p. 40.31 *(978-0-484-57618-5(6))*; 2016. pap. 23.57 *(978-1-334-15989-3(0))* Forgotten Bks.

Overland Monthly, Vol. 66: November, 1915 (Classic Reprint) Unknown Author. (ENG., Illus.). (J). 2018. 116p. 26.29 *(978-0-483-10161-6(3))*; 2016. pap. 9.57 *(978-1-333-70446-9(1))* Forgotten Bks.

Overland Monthly, Vol. 66: Second Series; July December, 1915 (Classic Reprint) Overland Monthly Company. (ENG., Illus.). (J). 2018. 600p. 36.23 *(978-0-484-90863-4(4))*; 2016. pap. 19.57 *(978-1-333-65006-3(X))* Forgotten Bks.

Overland Monthly, Vol. 67: January June, 1916 (Classic Reprint) Unknown Author. (ENG., Illus.). (J). 2018. 576p. 35.78 *(978-0-483-50589-6(7))*; 2016. pap. 19.57 *(978-1-333-15132-4(2))* Forgotten Bks.

Overland Monthly, Vol. 68: July December, 1916 (Classic Reprint) Unknown Author. (ENG., Illus.). (J). 2018. 734p. 39.10 *(978-0-484-22275-4(9))*; 2016. pap. 23.57 *(978-1-333-44461-7(3))* Forgotten Bks.

Overland Monthly, Vol. 69: January June, 1917 (Classic Reprint) Overland Monthly Co. (ENG., Illus.). (J). 2018. 616p. 36.60 *(978-0-267-57833-7(4))*; 2016. pap. 19.57 *(978-1-334-16087-5(2))* Forgotten Bks.

Overland Monthly, Vol. 7: Devoted to the Development of the Country (Classic Reprint) Unknown Author. 2018. (ENG., Illus.). 676p. (J). 37.84 *(978-0-428-66366-7(4))* Forgotten Bks.

Overland Monthly, Vol. 70: Second Series, July-December, 1917 (Classic Reprint) Overland Monthly Co. (ENG., Illus.). (J). 2017. 38.09 *(978-0-331-79275-1(3))*; 2016. pap. 20.57 *(978-1-333-60335-9(5))* Forgotten Bks.

Overland Monthly, Vol. 71: Second Series, January-June, 1918 (Classic Reprint) Unknown Author. (ENG., Illus.). (J). 2018. 572p. 35.69 *(978-0-483-52676-1(2))*; 2017. pap. 19.57 *(978-0-243-12357-5(4))* Forgotten Bks.

Overland Monthly, Vol. 72: An Illustrated Magazine of the West; July-December, 1918 (Classic Reprint) Unknown Author. (ENG., Illus.). (J). 2018. 554p. 35.34 *(978-0-483-45965-6(8))*; 2016. pap. 19.57 *(978-1-334-16928-1(4))* Forgotten Bks.

Overland Monthly, Vol. 73: An Illustrated Magazine of the West; January June, 1919 (Classic Reprint) Unknown Author. (ENG., Illus.). (J). 2018. 618p. 36.64 *(978-0-428-82124-1(3))*; 2016. pap. 19.57 *(978-1-334-16890-1(3))* Forgotten Bks.

Overland Monthly, Vol. 74: July-December, 1919 (Classic Reprint) Unknown Author. (ENG., Illus.). (J). 2018. 540p. 35.03 *(978-0-483-13741-7(3))*; 2017. pap. 19.57 *(978-1-334-92716-4(2))* Forgotten Bks.

Overland Monthly, Vol. 75: An Illustrated Magazine of the West; January, 1920 (Classic Reprint) Unknown Author. (ENG., Illus.). (J). 2018. 612p. 36.56 *(978-0-484-62814-3(3))*; 2018. 552p. 35.24 *(978-0-484-89989-5(9))*; 2016. pap. 19.57 *(978-1-334-37428-9(7))*; 2016. pap. 19.57 *(978-1-333-76454-8(5))* Forgotten Bks.

Overland Monthly, Vol. 76: July, 1920 (Classic Reprint) Bret Harte. 2018. (ENG., Illus.). 588p. (J). 36.02 *(978-0-483-34849-3(X))* Forgotten Bks.

Overland Monthly, Vol. 79: The Illustrated Magazine of the West; January-June, 1922 (Classic Reprint) Almira Guild McKeon. (ENG., Illus.). (J). 2018. 980p. 44.11 *(978-0-267-00309-9(9))*; 2017. pap. 26.41 *(978-0-259-09386-2(6))* Forgotten Bks.

Overland Monthly, Vol. 8: Devoted to the Development of the Country (Classic Reprint) Unknown Author. 2018. (ENG., Illus.). 684p. (J). 38.00 *(978-0-483-44163-7(5))* Forgotten Bks.

Overland Red: A Romance of the Moonstone Canon Trail (Classic Reprint) Henry Herbert Knibbs. 2018. (ENG., Illus.). 384p. (J). 31.82 *(978-0-364-63214-7(3))* Forgotten Bks.

Overland Route to California. John Ward. 2017. (ENG.). 302p. (J). pap. *(978-3-7447-9191-5(2))* Creation Pubs.

Overland Route to California: And Other Poems (Classic Reprint) John Ward. 2018. (ENG., Illus.). 128p. (J). 26.54 *(978-0-267-49301-2(0))* Forgotten Bks.

Overland Runaways: Book 1. Rhett Sullivan. 2022. (ENG.). 76p. (YA). pap. 8.99 *(978-1-9822-9473-1(6)*, Balboa Pr.) Author Solutions, LLC.

Overland Tales (Classic Reprint) Josephine Clifford. 2018. (ENG., Illus.). 386p. (J). 31.88 *(978-0-483-80104-2(6))* Forgotten Bks.

Overlook House (Classic Reprint) Will Payne. 2018. (ENG., Illus.). 382p. (J). 31.80 *(978-0-483-13568-0(2))* Forgotten Bks.

Overlooked (Classic Reprint) Maurice Baring. 2018. (ENG., Illus.). 200p. (J). 28.02 *(978-0-428-59023-9(3))* Forgotten Bks.

Overlord: The Story of the Peons of Canada (Classic Reprint) Allan McIvor. 2017. (ENG., Illus.). (J). 32.85 *(978-1-5282-6470-9(3))* Forgotten Bks.

Overlord's Orphan. Jonathan Sourbeer. 2022. (ENG.). 352p. (YA). (Phoenix Fallacy Ser.: Vol. 2). pap. 13.21 *(978-1-83919-384-2(0))*; pap. 13.99 *(978-1-83919-166-4(X))* Vulpine Pr.

Overman's Exhibition & School: Dialogues (Classic Reprint) Mary N. Overman. (ENG., Illus.). (J). 2018. 72p. 25.38 *(978-0-365-29991-2(X))*; 2017. pap. 9.57 *(978-0-259-82278-3(7))* Forgotten Bks.

Overpopulation Eco Facts. Izzi Howell. 2019. (Eco Facts Ser.). (ENG., Illus.). 32p. (J). (gr. 5-5). pap. *(978-0-7787-6364-2(1)*, ffc58a90-70ee-4810-a161-44be1609ee42); lib. bdg. *(978-0-7787-6354-3(4)*, d973c060-2479-4a87-be26-a432d7654a1c) Crabtree Publishing Co.

Overseas Girl Overseas: Extracts from Letters Written to Her Parents (Classic Reprint) Ada Alice Tuttle. 2018. (ENG., Illus.). 124p. (J). 26.45 *(978-0-267-28931-8(6))* Forgotten Bks.

Overset (Classic Reprint) Franklin P. Adams. 2017. (ENG., Illus.). (J). 26.56 *(978-0-266-19905-2(4))* Forgotten Bks.

Overshadowed. Sutton E. Griggs. 2017. (ENG., Illus.). (J). pap. *(978-0-649-16399-1(0))* Trieste Publishing Pty Ltd.

Overshadowed: A Novel (Classic Reprint) Sutton E. Griggs. 2018. (ENG., Illus.). 224p. (J). 28.54 *(978-0-483-59352-7(4))* Forgotten Bks.

Oversight. Dennis Batchelder. 2023. (ENG.). 352p. (YA). pap. 17.00 ***(978-0-9798056-6-0(X))*** NetLeaves.

Overspray. Russ Thompson. 2022. (ENG.). 120p. (YA). pap. 6.99 *(978-1-7373157-4-2(2))* Finding Forward Bks.

Overstreet Guide to Collecting Horror. Amanda Sheriff. 2017. (ENG., Illus.). 192p. (YA). pap. 20.00 *(978-1-60360-207-5(0)*, 08b6d013-724d-4fc5-80e0-0ac0303372c0) Gemstone Publishing, Inc.

Overstreet Guide to Collecting Tabletop Games. Carrie Wood & Richard Ankney. 2018. (ENG.). 224p. (YA). pap. 19.95 *(978-1-60360-216-7(X)*, 24463be3-2ae5-4906-937e-05fe3bcf176a) Gemstone Publishing, Inc.

Overton Reciter: Character Sketches for Recitation (Classic Reprint) Robert Overton. 2018. (ENG., Illus.). 160p. (J). 27.24 *(978-0-484-81529-1(6))* Forgotten Bks.

Overtons (Classic Reprint) Unknown Author. 2018. (ENG., Illus.). 106p. (J). 26.08 *(978-0-267-41984-5(8))* Forgotten Bks.

Overtoun Bridge. Virginia Loh-Hagan. 2018. (Urban Legends: Don't Read Alone! Ser.). (ENG.). 32p. (J). (gr. 4-8). pap. 14.21 *(978-1-5341-0866-0(1)*, 210828); (Illus.). lib. bdg. 32.07 *(978-1-5341-0767-0(3)*, 210827) Cherry Lake Publishing. (45th Parallel Press).

Overture, & the Whole of the Music in Aladdin, or the Wonderful Lamp: A Fairy Opera in Three Acts, Performed at the Theatre Royal Drury Lane (Classic Reprint) Henry R. Bishop. (ENG., Illus.). (J). 2018. 196p. 27.96 *(978-0-484-91088-0(4))*; 2017. pap. 10.57 *(978-0-243-45033-6(8))* Forgotten Bks.

Overture of Angels. Henry Ward Beecher. 2016. (ENG., Illus.). (J). pap. *(978-3-7428-5903-7(X))* Creation Pubs.

Overture of Angels. Henry Ward Beecher. 2017. (ENG., Illus.). 66p. (J). pap. *(978-0-649-77986-4(X))* Trieste Publishing Pty Ltd.

Overturned. Lamar Giles. (ENG.). 352p. (YA). (gr. 7-7). 2019. pap. 12.99 *(978-1-338-31284-3(7)*, Scholastic Paperbacks); 2017. 17.99 *(978-0-545-81250-4(X)*, Scholastic Pr.) Scholastic, Inc.

Overturned: The Constitutional Right to Abortion. Carla Mooney. 2023. (ENG.). 64p. (J). (gr. 6-12). 43.93 ***(978-1-6782-0512-6(5))*** ReferencePoint Pr., Inc.

Overturning Roe V. Wade. Sue Bradford Edwards. 2023. (Focus on Current Events Set 2 Ser.). (ENG., Illus.). 48p. (J). pap. 11.95 ***(978-1-63739-700-8(3)***, Focus Readers) North Star Editions.

Overturning Roe V. Wade: Focus on Current Events. Contrib. by Sue Bradford Edwards. 2023. (Focus on Current Events Set 2 Ser.). (ENG., Illus.). 48p. (J). lib. bdg. 34.21 ***(978-1-63739-643-8(0)***, Focus Readers) North Star Editions.

Overview: Who Are the Muslims?, Vol. 8. Anbara Wali. Ed. by Camille Pecastaing. 2016. (Understanding Islam Ser.: Vol. 8). (ENG., Illus.). 112p. (J). (gr. 7-12). 25.95 *(978-1-4222-3677-2(3))* Mason Crest.

Overview of My Research. Mark Pettinelli. 2020. (ENG.). 20p. (J). pap. 10.95 *(978-1-716-42378-9(3))* Lulu Pr., Inc.

Overview, Young Explorer's Edition: A New Way of Seeing Earth. Benjamin Grant & Sandra Markle. 2019. 160p. (J). (gr. 3-7). 24.99 *(978-1-9848-3202-3(6)*, Crown Books For Young Readers) Random Hse. Children's Bks.

Overwatch. Kenny Abdo. 2022. (Esports Ser.). (ENG., Illus.). 24p. (J). (gr. 2-2). pap. 8.95 *(978-1-64494-786-9(2))*; lib. bdg. 31.36 *(978-1-0982-2850-7(2)*, 39979) ABDO Publishing Co. (Abdo Zoom-Fly).

Overwatch: World Guide (Official) Terra Winters. 2017. (ENG., Illus.). 112p. (J). (gr. 7-7). pap. 8.99 *(978-1-338-11280-1(5))* Scholastic, Inc.

Overweights of Joy (Classic Reprint) Amy Wilson-Carmichael. 2017. (ENG., Illus.). (J). 31.90 *(978-0-265-86463-0(1))* Forgotten Bks.

Overwood. Gabrielle Prendergast. 2022. (Orca Currents Ser.). (ENG.). 128p. (J). (gr. 4-8). pap. 10.95 *(978-1-4598-3196-4(9))* Orca Bk. Pubs. USA.

Overworked Shoes. Barbie Randall. 2018. (ENG., Illus.). 28p. (J). pap. 12.95 *(978-1-64114-522-0(6))* Christian Faith Publishing.

Overworld in Flames: Herobrine?s Revenge Book Two (a Gameknight999 Adventure): an Unofficial Minecrafter?s Adventure. Mark Cheverton. 2016. (Gameknight999 Ser.: Bk. 2). (ENG.). 256p. (J). (gr. 3-3). pap. 9.99 *(978-1-5107-0681-1(X)*, Sky Pony Pr.) Skyhorse Publishing Co., Inc.

OverZenith Volume 2. Arnold Cuevas. 2022. (ENG.). 204p. (YA). pap. 18.99 ***(978-1-0879-9524-3(8))*** Indy Pub.

Ovid - the Metamorphoses: 'Tears at Times Have the Weight of Speech" Ovid. 2019. (ENG.). 334p. (J). pap. *(978-1-78780-646-7(4))* Copyright Group Ltd.

Ovid Travestie. Alexander Radcliffe. 2017. (ENG., Illus.). 116p. (J). pap. *(978-3-337-20545-4(3))* Creation Pubs.

Ovid Travestie: A Burlesque upon Ovid's Epistles (Classic Reprint) Alexander Radcliffe. 2018. (ENG., Illus.). 112p. (J). 26.21 *(978-0-483-99591-8(6))* Forgotten Bks.

Ovind: A Story of Norwegian Country Life (Classic Reprint) Bjornstjerne Bjornson. 2017. (ENG., Illus.). (J). 28.15 *(978-0-260-79979-1(3))* Forgotten Bks.

Ovington's Bank (Classic Reprint) Stanley J. Weyman. 2017. (ENG., Illus.). (J). 34.62 *(978-0-265-17971-0(8))* Forgotten Bks.

Oviraptor. Julie Murray. 2019. (Dinosaurs (AZ) Ser.). (ENG., Illus.). 24p. (J). (gr. k-4). lib. bdg. 31.36 *(978-1-5321-2718-2(9)*, 31643, Abdo Zoom-Dash) ABDO Publishing Co.

Oviraptor. Rebecca Sabelko. Illus. by James Kuether. 2020. (World of Dinosaurs Ser.). (ENG.). 24p. (J). (gr. 3-7). pap. 8.99 *(978-1-68103-837-7(4)*, 12926); lib. bdg. 26.95 *(978-1-64487-292-5(7))* Bellwether Media.

Ow, Oi! Robin Twiddy. Illus. by Chris Cooper. 2023. (Level 4 - Blue Set Ser.). (ENG.). 32p. (J). (gr. 1-3). lib. bdg. 19.95 Bearport Publishing Co., Inc.

Owain & the Old Hedgehog with the Dragon Tattoo. James F. Park. 2019. (ENG.). 96p. (J). pap. ***(978-0-244-49933-4(0))*** Lulu Pr., Inc.

Owain & the Red Clawed Dragon. James F. Park. 2019. (ENG.). 90p. (J). pap. ***(978-0-244-79967-0(9))*** Lulu Pr., Inc.

Owd Bob: The Grey Dog of Kenmuir. Alfred Ollivant. 2019. (ENG.). 308p. (J). pap. *(978-3-337-81489-2(1))* Creation Pubs.

Owd Sammy Twitcher's Visit Tu't Gret Exibishun e Darby (Classic Reprint) Joseph Barlow Robinson. 2018. (ENG., Illus.). 58p. (J). 25.09 *(978-0-484-26116-6(9))* Forgotten Bks.

Owen. Kevin Henkes. 2017. (SPA., Illus.). 24p. (J). pap. 9.99 *(978-1-63245-665-6(6))* Lectorum Pubns., Inc.

Owen, a Waif, Vol. 2 of 3 (Classic Reprint) F. W. Robinson. (ENG., Illus.). (J). 2018. 350p. 31.12 *(978-0-428-89210-4(8))*; 2016. pap. 13.57 *(978-1-334-13274-2(7))* Forgotten Bks.

Owen & Eleanor Make Things Up. H. M. Bouwman. Illus. by Charlie Alder. 2018. (Owen & Eleanor Ser.: 2). 136p. (J). (gr. k-3). pap. 7.99 *(978-1-5064-4845-9(3)*, Sparkhouse Family) 1517 Media.

Owen & Eleanor Meet the New Kid. H. M. Bouwman. Illus. by Charlie Alder. 2019. (Owen & Eleanor Ser.: 3). 139p. (J). (gr. k-3). pap. 7.99 *(978-1-5064-5202-9(7)*, Sparkhouse Family) 1517 Media.

Owen & Eleanor Move In. H. M. Bouwman. Illus. by Charlie Alder. 2018. (Owen & Eleanor Ser.: 1). 133p. (J). (gr. 2-5). pap. 7.99 *(978-1-5064-3972-3(1)*, Sparkhouse Family) 1517 Media.

Owen at the Park, 1 vol. Scot Ritchie. 2019. (ENG., Illus.). 32p. (J). (gr. k-2). 17.95 *(978-1-77306-167-2(4))* Groundwood Bks. CAN. Dist: Publishers Group West (PGW).

Owen Castle, or Which Is the Heroine?, Vol. 2 Of 4: A Novel (Classic Reprint) Mary Ann Sullivan. (ENG., Illus.). (J). 2018. 272p. 29.51 *(978-0-332-12837-5(7))*; 2016. pap. 11.97 *(978-1-333-48177-3(2))* Forgotten Bks.

Owen Castle, or Which Is the Heroine?, Vol. 3 Of 4: A Novel (Classic Reprint) Mary Ann Sullivan. 2018. (ENG., Illus.). 250p. (J). 29.05 *(978-0-267-19031-7(X))* Forgotten Bks.

Owen Castle, or Which Is the Heroine?, Vol. 4 Of 4: A Novel (Classic Reprint) Mary Ann Sullivan. (ENG., Illus.). (J). 2018. 234p. 28.72 *(978-0-483-75542-0(7))*; 2016. pap. 11.57 *(978-1-333-29207-2(4))* Forgotten Bks.

Owen Castle, Vol. 1 Of 4: Or Which Is the Heroine? a Novel (Classic Reprint) Mary Ann Sullivan. 2018. (ENG., Illus.). 298p. (J). 30.04 *(978-0-428-83200-1(8))* Forgotten Bks.

Owen Gladdon's Wanderings in the Isle of Wight (Classic Reprint) Old Humphrey. (ENG., Illus.). (J). 2018. 222p. 28.50 *(978-0-365-33947-2(4))*; 2016. pap. 10.97 *(978-1-334-16341-8(3))* Forgotten Bks.

Owen Gwynnes Great Work, Vol. 2 of 2 (Classic Reprint) Unknown Author. 2018. (ENG., Illus.). 260p. (J). 29.26 *(978-0-332-61154-9(X))* Forgotten Bks.

Owen Harris: Paranormal Investigator #3, Monsters & Hunters. Templeton Moss. 2017. (ENG., Illus.). 74p. (J). pap. *(978-1-387-39578-1(5))* Lulu Pr., Inc.

Owen Harris: Paranormal Investigator #4, Trick or Treat... or Death?! Templeton Moss. 2016. (ENG., Illus.). (J). pap. 5.99 *(978-1-365-43411-2(7))* Lulu Pr., Inc.

Owen Harris: Paranormal Investigator #5, the New Kid on the Block. Templeton Moss. 2017. (ENG., Illus.). 76p. (J). pap. 6.99 *(978-1-387-39908-6(X))* Lulu Pr., Inc.

Owen Harris: Paranormal Investigator #6, Secret of the Kringles. Templeton Moss. 2018. (ENG., Illus.). 72p. (J). pap. 6.99 *(978-1-387-40083-6(5))* Lulu Pr., Inc.

Owen I Love You All Ways. Marianne Richmond. Illus. by Dubravka Kolanovic. 2023. (I Love You All Ways Ser.). (ENG.). 32p. (J). (gr. -1-3). 8.99 ***(978-1-7282-7409-6(5))*** Sourcebooks, Inc.

Owen Learns to Manage Money. D. Preyor. 2021. (ENG.). 48p. (J). 19.99 *(978-1-7359312-7-2(6))* Ink queens publishing.

Owen Makes a New Friend on the School Bus. D. Preyor. 2020. (ENG.). 38p. (J). 17.99 *(978-1-7359312-1-0(7))* Ink queens publishing.

Owen Offers. Tracilyn George. 2023. (ENG.). 18p. (J). pap. 11.99 ***(978-1-77475-476-4(2))*** Draft2Digital.

Owen on the North Pole Express. J. D. Green. Illus. by Joanne Partis. 2022. (North Pole Express Bears Ser.). (ENG.). 32p. (J). (gr. -1-3). 7.99 ***(978-1-7282-6970-2(9))*** Sourcebooks, Inc.

Owen on the North Pole Express. J. D. Green. 2019. (North Pole Express Ser.). (ENG.). 32p. (J). (gr. -1-3). 7.99 ***(978-1-7282-0386-7(4))*** Sourcebooks, Inc.

Owen Pat. C. Tilden McMaster. 2019. (ENG.). 156p. (J). pap. 12.90 *(978-0-9891166-8-8(9))* Pilgrim Voyage Pr.

Owen Tanat: A Story of Welsh Life (Classic Reprint) Robert Rees. (ENG., Illus.). (J). 2018. 504p. 34.29 *(978-0-365-14757-2(5))*; 2017. pap. 16.97 *(978-1-5276-5343-6(9))* Forgotten Bks.

Owen the Octopus Tries to Fly. Tami Boyce. 2017. (ENG., Illus.). (J). 25.00 *(978-0-692-97044-7(4))* Boyce, Tami Design.

Owen the Oriole: A Chesapeake Bay Adventure. Cindy Freland & Barbara Rew. 2018. (ENG., Illus.). 50p. (J). (gr. 1-4). 18.00 *(978-1-941927-73-1(4))*; pap. 12.00 *(978-1-941927-72-4(6))* Maryland Secretarial Services, Inc.

Owen to the Rescue. Meredith Rusu. ed. 2020. (Scholastic Readers Ser.). (ENG.). 32p. (J). (gr. 2-3). 13.89 *(978-1-64697-215-9(5))* Penworthy Co., LLC, The.

Owen 'Twas the Night Before Christmas. Illus. by Lisa Alderson. 2019. (Night Before Christmas Ser.). (ENG.). 32p. (J). (gr. -1-3). 7.99 ***(978-1-7282-0279-2(5))*** Sourcebooks, Inc.

Owen, Vol. 1 Of 3: A Waif (Classic Reprint) Frederick William Robinson. (ENG., Illus.). (J). 2018. 340p. 30.93 *(978-0-267-55783-7(3))*; 2016. pap. 13.57 *(978-1-333-69065-6(7))* Forgotten Bks.

Owen's Adventures. Melody White. 2022. (ENG., Illus.). 24p. (J). pap. 13.95 *(978-1-63710-304-3(2))* Fulton Bks.

Owen's Christmas Wish. Put Me In The Story & J. D. Green. Illus. by Julia Seal. 2018. (Christmas Wish Ser.). (ENG.). 32p. (J). (gr. k-3). 6.99 ***(978-1-4926-8542-5(9))*** Sourcebooks, Inc.

Owin' to Maggie: A Comedy in One Act (Classic Reprint) John Jason Trent. (ENG., Illus.). (J). 2018. 28p. 24.47 *(978-0-666-20232-1(X))*; 2017. pap. 7.97 *(978-0-259-99000-0(0))* Forgotten Bks.

Owl. August Hoeft. (I See Animals Ser.). (ENG.). (J). 2022. 20p. pap. 12.99 ***(978-1-5324-4237-7(8))***; 2021. 12p. pap. 5.99 *(978-1-5324-1514-2(1))* Xist Publishing.

Owl. Maria Koran. 2021. (ENG.). 24p. (J). lib. bdg. 28.55 *(978-1-7911-4206-3(0))* Weigl Pubs., Inc.

Owl Always Love You. Patricia Hegarty. Illus. by Bryony Clarkson. 2020. (ENG.). 14p. (J). (-k). bds. 8.99 *(978-1-68010-640-4(6))* Tiger Tales.

Owl Always Love You! Sandra Magsamen. Illus. by Sandra Magsamen. 2018. (ENG.). 10p. (J). (gr. -1 — 1). bds. 7.99 *(978-0-545-92800-7(1)*, Cartwheel Bks.) Scholastic, Inc.

Owl & Crow. Cecilia Minden. Illus. by Anna Jones. 2022. (Little Blossom Stories Ser.). (ENG.). 16p. (J). (gr. -1-2). pap. 11.36 *(978-1-6689-0871-6(9)*, 220838, Cherry Blossom Press) Cherry Lake Publishing.

Owl & Otter & the Big Yard Sale: Join in the Fun, & Learn about Addition & Counting Money! DK. 2023. (ENG.). 32p. (J). (-k). pap. 12.99 ***(978-0-7440-8650-8(7)***, DK Children) Dorling Kindersley Publishing, Inc.

Owl & Penguin. Vikram Madan. 2022. (I Like to Read Comics Ser.). (Illus.). 40p. (J). (gr. -1-3). 14.99 *(978-0-8234-5150-0(X))* Holiday Hse., Inc.

Owl & the Cat see Buho y la Gatita

Owl & the Kitty Cat. Melissa Everett. Illus. by Mark Kummer. 2017. (Re-Versed Rhymes Ser.). (ENG.). 24p. (J). (gr. -1-3). 6.99 *(978-1-4867-1260-1(6)*, e3006592-5230-4987-958a-4eb1fac74437) Flowerpot Pr.

Owl & the Lemming. Roselynn Akulukjuk. Illus. by Amiel Sandland. 2023. 36p. (J). (gr. 1-3). 12.95 ***(978-1-77227-486-8(0))*** Inhabit Media Inc. CAN. Dist: Consortium Bk. Sales & Distribution.

Owl & the Lemming Big Book: English Edition, 1 vol. Roselynn Akulukjuk. Illus. by Amiel Sandland. 2017. (Nunavummi Reading Ser.). (ENG.). 28p. (J). (gr. 3-3). 24.95 *(978-1-77266-590-1(8))* Inhabit Education Bks. Inc. CAN. Dist: Consortium Bk. Sales & Distribution.

Owl & the Moon (Classic Reprint) Marion Osmond. 2017. (ENG., Illus.). (J). 31.26 *(978-0-266-44219-6(6))* Forgotten Bks.

Owl & the Mystery of Tomorrow. Réka Király. Tr. by Mia Spangenberg from FIN. 2023. Orig. Title: Pieni Suuri Tarina Huomisesta. (ENG., Illus.). 32p. (J). (gr. -1-k). 19.95 ***(978-1-4598-3746-1(0))*** Orca Bk. Pubs. USA.

Owl & the Pussy Cat. Brian Wilson. 2021. (ENG.). 22p. (J). ***(978-0-473-58857-1(9))*** Brian Wilson.

Owl & the Pussy Cat & the Duck & the Kangaroo. Edward Lear. 2019. (Nonsense Drolleries Ser.: Vol. 1). (ENG., Illus.). 22p. (J). 25.00 *(978-1-927558-74-4(3))* Birch Tree Publishing.

Owl & the Pussy-Cat, and, the Duck & the Kangaroo (Classic Reprint) Edward Lear. 2016. (ENG., Illus.). (J). pap. 7.97 *(978-1-334-16754-6(0))* Forgotten Bks.

Owl & the Pussy-Cat, and, the Duck & the Kangaroo (Classic Reprint) Edward Lear. 2017. (ENG., Illus.). (J). 24.64 *(978-0-266-40331-9(X))* Forgotten Bks.

Owl & the Pussycat. Edward Lear & Wendy Straw. 2020. (Wendy Straw's Nursery Rhyme Collection). (ENG.). 12p. (J). (— 1). pap. 4.99 *(978-0-9925668-5-2(1)*, Brolly Bks.) Borghesi & Adam Pubs. Pty Ltd AUS. Dist: Independent Pubs. Group.

Owl & the Shepherd Boy. Tuula Pere. Ed. by Susan Korman. Illus. by Catty Flores. 2018. (Nepal Ser.: Vol. 3). (ENG.). 32p. (J). (gr. k-4). pap. *(978-952-5878-47-9(3))* Wickwick oy.

Owl & the Two Rabbits. Nadia Sammurtok. Illus. by Marcus Cutler. 2019. (ENG.). 32p. (J). (gr. -1-k). 16.95 *(978-1-77227-236-9(1))* Inhabit Media Inc. CAN. Dist: Consortium Bk. Sales & Distribution.

Owl Babies! Steph Lehmann. 2018. (ENG.). (J). bds. 8.95 *(978-1-56037-729-0(1))* Farcountry Pr.

Owl Babies: Padded Board Book. Martin Waddell. Illus. by Patrick Benson. 2019. (ENG.). 24p. (J). (— 1). bds. 9.99 *(978-1-5362-0963-1(5))* Candlewick Pr.

Owl Babies Book & Toy Gift Set. Martin Waddell. Illus. by Patrick Benson. 2016. (ENG.). 22p. (J). (-k). bds. 15.99 *(978-0-7636-8898-1(3))* Candlewick Pr.

Owl Babies Lap-Size Board Book. Martin Waddell. Illus. by Patrick Benson. 2018. (ENG.). 22p. (J). (— 1). bds. 12.99 *(978-0-7636-9520-0(3))* Candlewick Pr.

Owl Bat Bat Owl. Marie-Louise Fitzpatrick. Illus. by Marie-Louise Fitzpatrick. 2017. (ENG., Illus.). 32p. (J). (gr. -1-2). 15.99 *(978-0-7636-9161-5(5))* Candlewick Pr.

Owl Coloring Book: Coloring Book Kids Who Love Owl - Symbol of Intelligence for Color & Have Fun! Ella Flores. 2021. (ENG.). 80p. (J). pap. ***(978-1-4461-6084-8(X))*** Lulu Pr., Inc.

Owl Coloring Book: Coloring Books for Adults, Gifts for Owl Lovers, Floral Mandala Coloring Pages, Animals Coloring Book, Book Lovers. Illus. by Paperland Online Store. 2021. (ENG.). 42p. (J). pap. *(978-1-300-64871-0(6))* Lulu Pr., Inc.

Owl Coloring Book for Kids: Wonderful Owl Activity Book for Kids, Boys & Girls, Ideal Night Animal Coloring Book for Children & Toddlers Who Love to Play & Enjoy with Cute Owls. Amelia Yardley. 2021. (ENG.). 44p. (J). pap. *(978-1-387-37727-5(2))* Lulu.com.

Owl Creek Letters: And Other Correspondence (Classic Reprint) W. W. 2018. (ENG., Illus.). 208p. (J). 28.19 *(978-0-364-86225-4(4))* Forgotten Bks.

Owl Diaries (Set), 16 vols. 2022. (Owl Diaries). (ENG.). 80p. (J). (gr. k-2). lib. bdg. 501.76 *(978-1-0982-5222-9(5)*, 41301, Chapter Bks.) Spotlight.

Owl Eyes. Georgie Watts. 2021. (ENG.). 202p. (YA). pap. 14.59 *(978-1-008-97179-0(0))* Lulu Pr., Inc.

Owl Goes Hoot! John Townsend. Illus. by Diego Vaisberg & Diego Vaisberg. ed. 2020. (Creature Features Ser.). (ENG.). 10p. (J). (— 1). bds. 8.95 *(978-1-912904-98-3(5)*, Scribblers) Book Hse. GBR. Dist: Sterling Publishing Co., Inc.

Owl Has a Halloween Party: A Tiny Tab Book. Illus. by Jannie Ho. 2021. (Tiny Tab Ser.). (ENG.). 8p. (J). (— 1). bds. 8.99 *(978-1-5362-1734-6(4))* Candlewick Pr.

Owl House: Witches Before Wizards. Disney Books. 2021. 48p. (J). (gr. 1-3). pap. 4.99 *(978-1-368-06743-0(3)*, Disney Press Books) Disney Publishing Worldwide.

Owl Howl & the BLU-BLU. Paul Friester. Illus. by Philippe Goossens. 2016. (ENG.). 32p. (J). (gr. -1-1). 15.95 *(978-0-7358-4246-5(9))* North-South Bks., Inc.

Owl Howl Board Book. Paul Friester. Illus. by Philippe Goossens. 2nd rev. ed. 2016. (ENG.). 26p. (J). (gr. -1-1). bds. 8.95 *(978-0-7358-4234-2(5))* North-South Bks., Inc.

Owl in a Straw Hat: El Tecolote Del Sombrero de Paja. Rudolfo Anaya. Tr. by Enrique R. Lamadrid. Illus. by El El Moisés. 2017. (ENG.). 44p. (J). 16.95 *(978-0-89013-630-0(0))* Museum of New Mexico Pr.

Owl in the Old Oak Tree & Little Squirrel Gray. A. S. Tarantiuk. Illus. by Jacqueline Tee. 2022. (ENG.). 36p. (J). *(978-1-83975-933-8(X))* Grosvenor Hse. Publishing Ltd.

Owl Looks Around. Howie Minsky. 2019. (Hello, Everglades! Ser.). (ENG.). 16p. (J). (gr. -1-2). pap. 11.36 *(978-1-5341-5731-6(X)*, 214168, Cherry Blossom Press) Cherry Lake Publishing.

Owl Love You. Matthew Heroux & Wednesday Kirwan. 2018. (ENG., Illus.). 32p. (J). (gr. -1-3). 16.95 *(978-1-944903-35-0(6)*, 1320501, Cameron Kids) Cameron + Co.

Owl Moves Out of the Forest. Nikki Potts. Illus. by Maarten Lenoir. 2020. (Habitat Hunter Ser.). (ENG.). 32p. (J). (gr. -1-2). pap. 8.95 *(978-1-9771-2022-9(9)*, 142312); lib. bdg. 29.32 *(978-1-9771-1424-2(5)*, 141552) Capstone. (Picture Window Bks.).

Owl Sacred Pack of the Fox Indians (Classic Reprint) Truman Michelson. 2017. (ENG., Illus.). 92p. (J). 25.79 *(978-0-332-94254-4(6))* Forgotten Bks.

Owl Taxi (Classic Reprint) Hulbert Footner. (ENG., Illus.). (J). 2018. 322p. 30.54 *(978-0-483-93308-8(2))*; 2016. pap. 13.57 *(978-1-334-15177-4(6))* Forgotten Bks.

Owl That Couldn't Give a Hoot. Maggie Lykens. 2020. (ENG.). 46p. (J). 24.99 *(978-1-64111-352-6(9)*, Palmetto Publishing Group) Nextone Inc.

Owl Tower: The Story of a Family Feud in Old England (Classic Reprint) Charles S. Coom. (ENG., Illus.). (J). 2018. 394p. 32.04 *(978-0-483-39469-8(6))*; 2016. pap. 16.57 *(978-1-334-15711-0(1))* Forgotten Bks.

Owl Who Could Not Hoot. Buddy McEntire. 2021. (ENG.). 30p. (J). pap. 12.95 *(978-1-64801-548-9(4))* Newman Springs Publishing, Inc.

Owl Who Could Only Growl. Elizabeth Green. 2023. (ENG.). 32p. (J). pap. ***(978-1-80381-461-2(6))*** Grosvenor Hse. Publishing Ltd.

Owl Who Couldn't Growl. Susan Rich Brooke. Illus. by Elisa Patrissi. (Sunbird Picture Bks.). (ENG.). (J). (gr. k-2). 2021. 40p. lib. bdg. 29.89 *(978-1-64996-006-1(9)*, 4096, Sequoia Publishing & Media LLC); 2020. 32p. 10.99 *(978-1-5037-5244-3(5)*, 3553, PI Kids) Phoenix International Publications, Inc.

Owl Who Couldn't Growl. Susan Rich Brooke. Illus. by Elise Patrissi. 2021. (Sunbird Easy Reader Picture Bks.). (ENG.). 40p. (J). (gr. -1-3). pap. 9.95 ***(978-1-64996-643-8(1)***, 17044, Sequoia Kids Media) Sequoia Children's Bks.

Owl Who Didn't Who. Matthew White. 2020. (ENG., Illus.). 30p. (J). pap. 13.95 *(978-1-64654-859-0(0))* Fulton Bks.

Owl Who Was Afraid of the Dark. Claire Lennon. Illus. by Marjolein Francois. 2022. (ENG.). 34p. (J). pap. ***(978-1-922835-01-7(3))*** Library For All Limited.

Owl Who Was Afraid of the Dark. Jill Tomlinson. Illus. by Paul Howard. ed. 2022. (ENG.). 32p. (J). (gr. k-2). pap. 7.99 *(978-1-4052-0177-3(0))* Farshore GBR. Dist: HarperCollins Pubs.

Owl Who Was Afraid to Fly. Lauren Simpson. Illus. by Anne Shi. 2022. (ENG.). 30p. (J). pap. ***(978-1-922835-02-4(1))*** Library For All Limited.

Owl Who Wore Sunglasses. Eric Barnett. 2019. (ENG.). 30p. (J). pap. *(978-1-5289-0458-2(3))* Austin Macauley Pubs. Ltd.

Owl with No Wisdom to Share. Caroline Poole. Illus. by Anna Swietlik Horodecka. 2023. (ENG.). 38p. (J). pap. 9.99 ***(978-1-6629-3679-1(6))***; 17.50 ***(978-1-6629-3678-4(8))*** Gatekeeper Pr.

Owlet, Not Out. Ranjit Lal. 2018. (ENG., Illus.). 190p. (J). (gr. 5-6). pap. *(978-93-88070-92-8(5))* Speaking Tiger Publishing.

Owlet of Owlstone Edge: His Travels, His Experience, & His Lucubrations. Francis Edward Paget. 2017. (ENG., Illus.). (J). pap. *(978-0-649-66647-8(X))* Trieste Publishing Pty Ltd.

Owlet of Owlstone Edge: His Travels, His Experience, & His Lucubrations (Classic Reprint) Francis Edward. (ENG., Illus.). (J). 2018. 242p. 28.89 *(978-0-483-12891-0(0))*; 2017. pap. 11.57 *(978-0-243-32510-8(X))* Forgotten Bks.

Owlet of Owlstone Edge: His Travels, His Experience, & His Lucubrations, Pp. 2-235. Francis Edward Paget. 2017. (ENG., Illus.). (J). pap. *(978-0-649-66648-5(8))* Trieste Publishing Pty Ltd.

Owlets at Play. Laura Krishnan. Illus. by Valerie Wei. 2016. (ENG.). (J). 19.99 *(978-0-692-78397-9(0))* Krishnan, Laura.

Owlets in the Sky: A Flighty Coloring Book. Jupiter Kids. 2017. (ENG., Illus.). (J). pap. 9.20 *(978-1-68326-878-9(4)*, Jupiter Kids (Childrens & Kids Fiction)) Speedy Publishing LLC.

Owlette & the Giving Owl. Daphne Pendergrass. ed. 2018. (Ready-To-Read Ser.). (ENG.). 32p. (J). (gr. -1-1). 13.89 *(978-1-64310-356-3(3))* Penworthy Co., LLC, The.

Owlette & the Giving Owl: Ready-To-Read Level 1. Daphne Pendergrass. Illus. by Style Guide. 2017. (PJ Masks Ser.). (ENG.). 32p. (J). (gr. -1-1). 16.99 *(978-1-5344-0376-5(0))*; pap. 4.99 *(978-1-5344-0375-8(2))* Simon Spotlight. (Simon Spotlight).

Owlette Gets a Pet. Adapted by Maggie Testa. 2017. (PJ Masks Ser.). (ENG., Illus.). 16p. (J). (gr. -1-2). 5.99 *(978-1-5344-1049-7(X)*, Simon Spotlight) Simon Spotlight.

Owlfred the Owl Learns to Fly. Caleb Foster. Illus. by Kosta Gregory. 2018. (ENG.). 38p. (J). 22.00 *(978-1-64467-210-5(3))*; pap. 15.00 *(978-1-64467-208-2(1))* Primedia eLaunch LLC.

Owling: Enter the World of the Mysterious Birds of the Night. Mark Wilson. 2019. (ENG., Illus.). 120p. (J). (gr. 3-7). 18.95 *(978-1-61212-962-4(5)*, 622962) Storey Publishing, LLC.

Owliver Owlbert Goes to the Beach. Prisha Pruohit. Illus. by Blu. 2023. (ENG.). 22p. (J). pap. 12.95 ***(978-1-947589-62-9(8))*** Waldenhouse Pubs., Inc.

Owliver Owlbert Goes to the Beach. Prisha Purohit. Illus. by Blu. 2023. (ENG.). 22p. (J). 24.95 ***(978-1-947589-63-6(6))*** Waldenhouse Pubs., Inc.

Owls. Nicki Clausen-Grace. 2018. (Wild Animal Kingdom (Continuation) Ser.). (ENG.). 32p. (J). (gr. 2-7). 9.95 *(978-1-68072-737-1(0))*; (J). (gr. 4-6). pap. 9.99 *(978-1-64466-290-8(6)*, 12413); (J). (gr. 4-6). lib. bdg. *(978-1-68072-443-1(6)*, 12412) Black Rabbit Bks. (Bolt).

Owls. Wendy Strobel Dieker. 2018. (Spot Backyard Animals Ser.). (ENG., Illus.). 16p. (J). (gr. -1-2). pap. 7.99 *(978-1-68152-219-7(5)*, 14750) Amicus.

Owls. Golriz Golkar. 2022. (Birds of Prey Ser.). (ENG., Illus.). 32p. (J). (gr. 2-3). pap. 9.95 *(978-1-63738-183-0(2))*; lib. bdg. 31.35 *(978-1-63738-147-2(6))* North Star Editions. (Apex).

Owls. Julie Murray. (Animal Kingdom Ser.). (ENG., Illus.). (J). 2019. 32p. (gr. 2-5). lib. bdg. 34.21 *(978-1-5321-1646-9(2)*, 32403, Big Buddy Bks.); 2016. 24p. (gr. -1-2). lib. bdg. 31.36 *(978-1-68080-906-0(7)*, 23287, Abdo Kids) ABDO Publishing Co.

Owls. Nathan Sommer. 2018. (Birds of Prey Ser.). (ENG., Illus.). 24p. (J). (gr. 3-7). lib. bdg. 26.95 *(978-1-62617-881-6(X)*, Epic Bks.) Bellwether Media.

Owls. Marysa Storm. 2020. (Awesome Animal Lives Ser.). (ENG.). 24p. (J). (gr. k-3). pap. 8.99 *(978-1-64466-102-4(0)*, 14403, Bolt Jr.) Black Rabbit Bks.

Owls. Trace Taylor & Gina Cline. Illus. by Trace Taylor. 2017. (2G Predator Animals Ser.). (ENG., Illus.). 32p. (J). pap. 8.00 *(978-1-61406-133-5(5))* American Reading Co.

Owls: A Children's Book Interesting & Informative Facts. Bold Kids. 2022. (ENG.). 46p. (J). pap. 14.99 ***(978-1-0717-1107-1(5))*** FASTLANE LLC.

Owls: Animals in the City (Engaging Readers, Level Pre-1) Ava Podmorow. l.t. ed. 2022. (Animals in the City Ser.: Vol. 4). (ENG., Illus.). 32p. (J). ***(978-1-77476-764-1(3))***; pap. ***(978-1-77476-765-8(1))*** AD Classic.

Owls: Bilingual (English/Filipino) (Ingles/Filipino) Mga Kuwago - Animals in the City (Engaging Readers, Level Pre-1) Ava Podmorow. l.t. ed. 2023. (Animals in the City Ser.: Vol. 4). (FIL., Illus.). 32p. (J). ***(978-1-77878-048-6(2))***; pap. ***(978-1-77878-049-3(0))*** AD Classic.

Owls: Discover This Picture Book of Owls for Kids Ages 3-5. Bold Kids. 2022. (ENG.). 32p. (J). pap. 14.99 *(978-1-0717-0849-1(X))* FASTLANE LLC.

Owls! Strange & Wonderful. Laurence Pringle. Illus. by Meryl Learnihan Henderson. 2016. (Strange & Wonderful Ser.). (ENG.). 32p. (J). (gr. 2-5). 16.95 *(978-1-62091-651-3(7)*, Astra Young Readers) Astra Publishing Hse.

Owls & Loons. Zoe Burke. Illus. by Inuit artists and printmakers of Kinngait Studios. 2016. 24p. (J). bds. 10.95 *(978-0-7649-7542-4(0)*, POMEGRANATE KIDS) Pomegranate Communications, Inc.

Owls & Owlets. Annabelle Lynch. 2017. (Animals & Their Babies Ser.). (Illus.). 24p. (J). (gr. k-3). 28.50 *(978-1-62588-418-3(4)*, Smart Apple Media) Black Rabbit Bks.

Owls & Owlets, 1 vol. Gustavo Sandoval. 2017. (Animal Family Ser.). (ENG.). 24p. (gr. k-k). pap. 9.15 *(978-1-4824-6385-9(7)*, ddf8cbff-dff8-4b59-9eb3-74901f445710) Stevens, Gareth Publishing LLLP.

Owls Are Good at Keeping Secrets: An Unusual Alphabet. Sara O'Leary. 2018. (Illus.). 40p. (J). (gr. -1-2). 17.99 *(978-1-5247-1331-7(7)*, Random Hse. Bks. for Young Readers) Random Hse. Children's Bks.

Owls Coloring Book for Kids! Discover Fantastic Owl Coloring Pages. Bold Illustrations. 2022. (ENG.). 82p. (J). pap. 15.99 ***(978-1-0717-0625-1(X)***, Bold Illustrations) FASTLANE LLC.

Owls Have Come to Take Us Away. Ronald L. Smith. (ENG.). (J). (gr. 5-7). 2020. 240p. pap. 7.99 *(978-0-358-09753-2(3)*, 1747614); 2019. (Illus.). 224p. 16.99 *(978-1-328-84160-5(X)*, 1691736) HarperCollins Pubs. (Clarion Bks.).

Owls in the Family Novel Units Teacher Guide. Novel Units. 2019. (ENG.). (J). pap. 12.99 *(978-1-56137-199-0(8)*, Novel Units, Inc.) Classroom Library Co.

Owl's Nest: A Romance (Classic Reprint) E. Marlitt. (ENG., Illus.). (J). 2018. 376p. 31.61 *(978-0-484-09909-7(4))*; 2016. pap. 16.57 *(978-1-333-64527-4(9))* Forgotten Bks.

Owls Nest: A Tribute to Sarah Elliott Perkins (Classic Reprint) Edith Perkins Cunningham. 2018. (ENG., Illus.). 388p. (J). 31.92 *(978-0-656-69338-2(X))* Forgotten Bks.

Owl's Nest: A Vacation among Isms (Classic Reprint) Anne Gilbert. (ENG., Illus.). (J). 2018. 130p. 26.58 *(978-0-483-21166-7(4))*; 2017. pap. 9.57 *(978-1-5276-4373-4(5))* Forgotten Bks.

Owl's Nest (Classic Reprint) E. Marlett. 2018. (ENG., Illus.). 274p. (J). 29.57 *(978-0-483-58156-2(9))* Forgotten Bks.

Owls (New & Updated) Gail Gibbons. 2022. (Illus.). 32p. (J). (gr. -1-3). 18.99 *(978-0-8234-5202-6(6))* Holiday Hse., Inc.

Owls of the Always Open: A Novel (Classic Reprint) Richard Handy Chittenden. (ENG., Illus.). (J). 2018. 180p. 27.61 *(978-0-656-32383-8(3))*; 2017. pap. 9.97 *(978-0-282-07404-3(X))* Forgotten Bks.

Owl's Outstanding Donuts. Robin Yardi. 2022. (ENG.). 232p. (J). (gr. 3-6). pap. 9.99 *(978-1-7284-4598-4(1),* 3b589069-23a5-4a9f-bdf1-66f770533714, Carolrhoda Bks.) Lerner Publishing Group.

Owls Who Lost Their Nest. Hadley George Turner. 2017. (ENG., Illus.). 42p. (J). pap. *(978-0-9929881-4-2(4))* Sasmjadahoha Publishing.

Owl's Winter Rescue. Anita Loughrey. Illus. by Daniel Howarth. 2016. (J). *(978-1-4351-6415-4(6))* Barnes & Noble, Inc.

Owly & Magellanic Penguin Go to the Moon. Mariya Anderson & Oliver Anderson. Illus. by Hnatenko Mariana. 2020. (ENG.). 50p. (J). 24.99 *(978-0-578-66904-5(8))* Anderson, Mariya.

Own It: Locating Where You Are So You Can Get to Where You Are Going. Louis Collins. 2022. (ENG.). 52p. (J). pap. 12.00 *(978-1-6781-0307-1(1))* Lulu Pr., Inc.

Own Your Own Home (Classic Reprint) Ring W. Lardner. 2017. (ENG., Illus.). (J). 26.68 *(978-0-265-84898-2(9))* Forgotten Bks.

Owned & Disowned. Van Buren Denslow. 2017. (ENG.). 306p. (J). pap. *(978-3-337-00523-8(3))* Creation Pubs.

Owned & Disowned: Or, the Chattel Child; a Tale of Southern Life (Classic Reprint) Van Buren Denslow. 2018. (ENG., Illus.). 314p. (J). 30.37 *(978-0-483-97141-7(3))* Forgotten Bks.

Owner of the Lazy d (Classic Reprint) William Patterson White. 2018. (ENG., Illus.). 336p. (J). 30.81 *(978-0-484-31474-9(2))* Forgotten Bks.

Ox Bow Incident. Walter van Tilburg Clark. Illus. by Norman Nodel. 2016. (Classics Illustrated Ser.). (ENG.). 48p. pap. 9.95 *(978-1-906814-69-4(4))* Classic Comic Store, Ltd. GBR. Dist: Casemate Pubs. & Bk. Distributors, LLC.

Ox-Cart Man Novel Units Teacher Guide. Novel Units. 2019. (ENG.). (J). pap. 12.99 *(978-1-56137-457-1(1),* Novel Units, Inc.) Classroom Library Co.

Ox in the Box. Alexis Hamler. 2018. (ENG., Illus.). 30p. (J). pap. 12.95 *(978-1-64214-741-4(9))* Page Publishing Inc.

Oxfam International. Katie Marsico. 2016. (Community Connections: How Do They Help? Ser.). (ENG., Illus.). 24p. (J). (gr. 2-5). 29.21 *(978-1-63471-052-7(5),* 208288) Cherry Lake Publishing.

Oxford Book of English Verse, Part 4: Nineteenth Century (Yesterday's Classics) Arthur Quiller-Couch. 2022. (ENG.). 468p. (YA). pap. 18.95 *(978-1-63334-173-9(9))* Yesterday's Classics.

Oxford Circus: A Novel of Oxford & Youth (Classic Reprint) Alfred Budd. 2018. (ENG., Illus.). 266p. (J). 29.38 *(978-0-428-86574-0(7))* Forgotten Bks.

Oxford Learner's French Dictionary. Oxford Editor. 2017. (Illus.). 704p. pap. 13.99 *(978-0-19-840798-0(X))* Oxford Univ. Pr., Inc.

Oxford Learner's Spanish Dictionary. Ed. by Oxford. 2017. (ENG., Illus.). 704p. 13.99 *(978-0-19-840796-6(3))* Oxford Univ. Pr., Inc.

Oxford Picture Dictionary Third Edition: Low-Beginning Workbook. Jane Spigarelli. 3rd ed. 2017. (ENG.). 272p. pap., wbk. ed. 24.20 *(978-0-19-451124-7(3))* Oxford Univ. Pr., Inc.

Oxford Roald Dahl Dictionary. Oxford Oxford Languages. 2016. (Illus.). 288p. (J). 24.95 *(978-0-19-273645-1(0))* Oxford Univ. Pr., Inc.

Oxford School Dictionary. Oxford Oxford Languages. 7th ed. 2016. 832p. 19.95 *(978-0-19-274350-3(3))* Oxford Univ. Pr., Inc.

Oxford, St. Bees: And the Front, 1911-1916 (Classic Reprint) H. B. K. Allpass. 2018. (ENG., Illus.). 94p. (J). 25.84 *(978-0-267-25630-3(2))* Forgotten Bks.

Oxonian in Thelemarken, or Notes of Travel in South-Western Norway in the Summers of 1856 & 1857, Vol. 1 Of 2: With Glances at the Legendary Lore of That District (Classic Reprint) Frederick Metcalfe. (ENG., Illus.). (J). 2018. 346p. 31.03 *(978-0-365-27552-7(2))*; 2017. 682p. 37.96 *(978-0-484-37156-8(8))*; 2017. pap. 20.57 *(978-0-259-55652-7(1))*; 2016. pap. 13.57 *(978-1-333-36505-9(5))* Forgotten Bks.

Oxonian in Thelemarken, Vol. 2 Of 2: Or, Notes of Travel in South-Western Norway, in the Summers of 1856 & 1857, with Glances at the Legendary Lore of That District (Classic Reprint) Frederick Metcalfe. 2017. (ENG., Illus.). (J). 30.91 *(978-0-331-81103-2(0))* Forgotten Bks.

Oxy-Acetylene Welding & Cutting: Electric, Forge & Thermit Welding Together with Related Methods & Materials Used in Metal Working & the Oxygen Process for Removal of Carbon. Harold P. Manly. 2017. (ENG., Illus.). (J). 23.95 *(978-1-374-87922-5(3))*; pap. 13.95 *(978-1-374-87921-8(5))* Capital Communications, Inc.

Oxy-Acetylene Welding & Cutting: Electric, Forge & Thermit Welding, Together with Related Methods & Materials Used in Metal Working & the Oxygen Process for Removal of Carbon (Classic Reprint) Harold P. Manly. 2018. (ENG., Illus.). 222p. (J). 28.50 *(978-0-656-95578-7(3))* Forgotten Bks.

Oxygen, 1 vol. Avery Elizabeth Hurt. 2018. (Exploring the Elements Ser.). (ENG.). 48p. (gr. 6-6). 29.60 *(978-0-7660-9923-4(7),* 23d3cfe5-700f-4c78-a155-f651f24f3841) Enslow Publishing, LLC.

Oxygen. Mari Rich. 2017. (Chemistry of Everyday Elements Ser.: Vol. 10). (ENG., Illus.). 64p. (J). (gr. 7-12). 23.95 *(978-1-4222-3843-1(1))* Mason Crest.

Oxygen. Mari Rich. 2018. (Elements of Chemistry Ser.). (ENG.). 48p. (J). lib. bdg. 34.99 *(978-1-5105-3859-7(3))* SmartBook Media, Inc.

Oxygen Cycle. Golriz Golkar. 2019. (Nature Cycles Ser.). (ENG.). 24p. (J). (gr. 2-5). lib. bdg. 32.79 *(978-1-5038-2849-0(2),* 212656) Child's World, Inc, The.

Oxygen Cycle: Discover Pictures & Facts about Oxygen Cycles for Kids! a Children's Science Book. Bold Kids. 2021. (ENG.). 28p. (J). pap. 11.99 *(978-1-0717-0803-3(1))* FASTLANE LLC.

Oxygen Finds Friends. Renee Heiss et al. 2016. (Enteletrons(r) Ser.: Vol. 3). (ENG., Illus.). (J). (gr. 2-5). pap. 14.95 *(978-0-9887813-2-0(8))* Entelechy Education, LLC.

Oy, Elephants! Deborah Stevenson. Ed. by Krista Hill, Illus. by Morgan Spicer. 2nd ed. 2019. (ENG.). 38p. (J). (gr. k-4). 18.95 *(978-1-7325410-1-6(9))*; pap. 12.95 *(978-1-7325410-2-3(7))* Frog Prince Bks.

Oy Vey! Life in a Shoe. Bonnie Grubman. Illus. by Dave Mottram. 2019. *(978-1-68115-556-2(7),* Apples & Honey Pr.) Behrman Hse., Inc.

Oy Vey Life in a Shoe. Bonnie Grubman. Illus. by Dave Mottram. 2016. (ENG.). 32p. (J). 17.95 *(978-1-68115-515-9(X),* 59dea969-ab96-4880-8181-e7254c0178d3) Behrman Hse., Inc.

Oye, Muro (Hey, Wall) Un Cuento de Arte y Comunidad. Susan Verde. Tr. by Alexis Romay. Illus. by John Parra. 2020. (SPA.). 40p. (J). (gr. -1-3). 18.99 *(978-1-5344-6845-0(5))*; 7.99 *(978-1-5344-6846-7(3))* Simon & Schuster/Paula Wiseman Bks. (Simon & Schuster/Paula Wiseman Bks.).

¿Oyeron? Leveled Reader Book 79 Level N 6 Pack. Hmh Hmh. 2020. (SPA.). 32p. (J). pap. 74.40 *(978-0-358-08387-0(7))* Houghton Mifflin Harcourt Publishing Co.

Oyster, Clam, & Other Common Mollusks (Classic Reprint) Alpheus Hyatt. 2018. (ENG., Illus.). 68p. (J). 25.32 *(978-0-483-74372-4(0))* Forgotten Bks.

Oyster Tale: God's Love Never Ends. Terry Dee. Illus. by Lynn Mohney. 2018. (ENG.). 28p. (J). 19.99 *(978-1-945620-54-6(4))*; pap. 11.99 *(978-1-945620-51-5(X))* Hear My Heart Publishing.

Oysters. Dyan. Illus. by Penelope Dyan. l.t. ed. 2022. (ENG.). 34p. (J). pap. 12.60 *(978-1-61477-593-5(1))* Bellissima Publishing, LLC.

Oyster's Secret. Traci Dunham. Illus. by Hannah Tuohy. 2019. (ENG.). 34p. (J). (gr. -1-3). pap. 13.99 *(978-1-61254-388-8(X))* Brown Books Publishing Group.

Oz Is Kansas. J R. 2017. (ENG.). (J). 14.95 *(978-1-63177-779-0(3))* Amplify Publishing Group.

OZ One Fine Adventure One: A Not So Short Walk. Michael Osborne. 2020. (ENG.). 484p. (YA). pap. 25.95 *(978-1-64628-583-9(2))* Page Publishing Inc.

Ozark Gingerbread Man. Tammy Umlauf Allen. 2020. (ENG., Illus.). 34p. (YA). pap. 14.95 *(978-1-64670-954-0(3))* Covenant Bks.

Ozean Kreaturen Färbung Buch Für Kinder: Ein Malbuch Für Kinder Im Alter Von 4-8 Jahren Bietet Erstaunliche Meerestiere Zum Ausmalen und Zeichnen, Aktivitätsbuch Für Junge Jungen und Mädchen, Meeresleben-Malbuch, Für Kinder Im Alter Von 4-8 Jahren, Meerestiere, Meerestiere und Unterwasser-Meeresl. Happy Coloring. 2021. (GER.). 80p. (J). pap. 10.99 *(978-1-008-94416-9(5))* McGraw-Hill Education.

Oziana Stories of Gina Wickwar. Gina Wickwar. 2016. (ENG.). 82p. (J). *(978-1-365-36635-2(9))* Lulu Pr., Inc.

Ozland (the Everland Trilogy, Book 3) Wendy Spinale. 2018. (Everland Ser.: 3). (ENG.). 288p. (YA). (gr. 7-7). 17.99 *(978-0-545-95322-1(7),* Scholastic Pr.) Scholastic, Inc.

Ozma of Oz, 1 vol. L. Frank Baum. 2nd ed. 2016. (Wizard of Oz Collection: 3). (ENG., Illus.). 168p. (J). (gr. 4-8). 7.99 *(978-1-78226-307-4(1),* 8fa7f637-1cc7-4beb-976e-3c3a911b1fc7) Sweet Cherry Publishing GBR. Dist: Baker & Taylor Publisher Services (BTPS).

Ozma of Oz: A Record of Her Adventures with Dorothy Gale of Kansas, the Yellow Hen, the Scarecrow, the Tin Woodman, Tiktok, the Cowardly Lion & the Hungry Tiger; Besides Other Good People Too Numerous to Mention Faithfully Recorded Herein. L. Frank Baum. 2018. (ENG., Illus.). 276p. (J). 29.59 *(978-0-656-95681-4(X))* Forgotten Bks.

Ozman Grape: A Tale of Courage. Brenda Reavis. 2021. (ENG.). 32p. (J). pap. 9.99 ***(978-1-956135-46-6(4))*** Bks. Scribe, LLC.

Ozone Layer: Discover Pictures & Facts about the Ozone Layer for Kids! Bold Kids. 2021. (ENG.). 32p. (J). pap. 11.99 *(978-1-0717-0834-7(1))* FASTLANE LLC.

Ozone Layer: Explaining the Science Behind It. Bold Kids. 2022. (ENG.). 42p. (J). pap. 14.99 ***(978-1-0717-1108-8(3))*** FASTLANE LLC.

Ozoo. Max Thompson. (ENG., Illus.). (YA). (gr. 9-12). 2017. (Wick Chronicles Ser.: Vol. 2). pap. 15.95 *(978-1-932461-41-1(8))*; 2016. pap. 15.95 *(978-1-932461-48-0(5))*; 2016. (Wick Chronicles Ser.: Vol. 2). 21.95 *(978-1-932461-39-8(6))* Inkblot Bks.

Ozy & Millie. Dana Simpson. 2018. (ENG., Illus.). (J). 176p. pap. 9.99 *(978-1-4494-9595-4(8))*; 178p. (gr. 3-6). 35.99 *(978-1-4494-9943-3(0))* Andrews McMeel Publishing.

Ozy & Millie: Perfectly Normal. Dana Simpson. 2021. (ENG., Illus.). 176p. (J). pap. 11.99 *(978-1-5248-6509-2(5))* Andrews McMeel Publishing.

Ozzie. Sue Duran & Haller Sheila. 2018. (ENG., Illus.). 66p. (J). pap. 16.95 *(978-1-64138-403-2(4))* Page Publishing Inc.

Ozzie & Prince Zebedee. Gela Kalaitzidis. 2022. (Illus.). 40p. (J). (gr. -1-2). 18.99 *(978-0-593-46418-2(4))* Flamingo Bks.

Ozzie Finds a Home. Lorenz Schrenk. Illus. by Margarita Sikorskaia. 2016. (Roundhouse Cat Ser.: Vol. 1). (ENG.). (J). 14.95 *(978-1-59298-685-9(4))* Beaver's Pond Pr., Inc.

Ozzie, the Caterpillar. Jule Armstrong. Illus. by Jule Armstrong. 2022. (ENG.). 20p. (J). 14.99 ***(978-0-9965763-2-1(0))*** Pickle Blossom Pr.

Ozzy & Rudy. Barbara Spilman Lawson. 2016. (Spring Forward Ser.). (J). (gr. 1). *(978-1-4900-9386-4(9))* Benchmark Education Co.

Ozzy Rules!, Volume 1. Nicole Hayes & Adrian Beck. Illus. by James Hart. 2020. (AFL Little Legends Ser.: 1). (ENG.). 176p. (J). pap. 13.99 *(978-1-76050-542-4(0))* Hardie Grant Children?s Publishing AUS. Dist: Independent Pubs. Group.

Ozzy the down under Reindeer: Christmas in the Bush. Hannah Mowen. 2017. (ENG., Illus.). (J). pap. *(978-1-925666-24-3(7))* MoshPit Publishing.

Ozzy the Hound Dog. Ted Bailey. 2020. (ENG., Illus.). 26p. (J). pap. *(978-1-83975-010-6(3))* Grosvenor Hse. Publishing Ltd.

Ozzy the Octopus: Little Stories, Big Lessons. Jacqui Shepherd. 2018. (Sea Stories Ser.). (ENG., Illus.). 32p. (J). (gr. k-6). pap. *(978-1-77008-933-4(0))* Awareness Publishing.

Ozzy's Adventure. Kelsey Sweetland. 2022. (ENG.). 34p. (J). 16.98 *(978-1-0879-2429-8(4))* Indy Pub.

Ozzy's Flying Adventure. Kris Mirski. 2019. (ENG., Illus.). 24p. (J). pap. *(978-0-2288-1107-7(4))* Tellwell Talent.

P

P. Xist Publishing. 2019. (Discover the Alphabet Ser.). (ENG.). 20p. (J). (gr. -1-1). pap. 24.99 *(978-1-5324-1368-1(8))* Xist Publishing.

P. Xist Publishing & Xist Publishing. 2019. (Discover the Alphabet Ser.). (ENG.). 22p. (J). (gr. -1-1). 22.99 *(978-1-5324-1314-8(9))* Xist Publishing.

P. D. Eastman's Dog Tales. P. D. Eastman. ed. 2021. (ENG., Illus.). 64p. (J). (gr. k-1). 17.96 *(978-1-64697-830-4(7))* Penworthy Co., LLC, The.

P. I. Jax & the Missing Blanket. Breia Jefferson. 2022. (ENG.). 38p. (J). 18.95 *(978-1-63755-205-6(X),* Mascot Kids) Amplify Publishing Group.

P Is for Paris. Paul Thurlby. 2018. (Paul Thurlby ABC City Bks.: 0). (ENG.). 64p. (J). (gr. -1-k). 19.99 *(978-1-4926-6815-2(X))* Sourcebooks, Inc.

P Is for Permaculture. Sharon Baldwin. Illus. by Tia Madden. 2021. (ENG.). 60p. (J). pap. *(978-0-6452874-6-2(6))* Loose Parts Pr.

P Is for Philadelphia. Susan Korman. 2018. (ENG., Illus.). 64p. 19.95 *(978-1-59213-107-5(7))* Temple Univ. Pr.

P Is for Plants! an ABC & Plant Care Primer. Maerwynn Bjorklund. 2021. (ENG.). 34p. (J). 21.99 ***(978-1-0880-1044-0(X))*** Indy Pub.

P Is for Poetry: Poems from Irish Poets. Ed. by Seamus Cashman. Illus. by Corrina Askin et al. adapted ed. 2020. (ENG.). 64p. pap. 18.99 *(978-1-78849-178-5(5))* O'Brien Pr., Ltd., The IRL. Dist: Casemate Pubs. & Bk. Distributors, LLC.

P Is for Poppadoms! An Indian Alphabet Book. Kabir Sehgal & Surishtha Sehgal. Illus. by Hazel Ito. 2019. (ENG.). 32p. (J). (gr. -1-3). 18.99 *(978-1-5344-2172-1(6),* Beach Lane Bks.) Beach Lane Bks.

P Is for Posie: Now I Know My ABCs & 123s Coloring & Activity Book with Writing & Spelling Exercises (Age 2-6) 128 Pages. Crawford House Learning Books. 2020. (ENG.). 130p. (J). pap. *(978-1-989828-75-5(2))* Crawford Hse.

P Is for President. Wendy Cheyette Lewison. Illus. by Valerio Fabbretti. 2016. 32p. (J). (-k). pap. 4.99 *(978-1-101-99611-9(0),* Grosset & Dunlap) Penguin Young Readers Group.

P Is for Pterodactyl: The Worst Alphabet Book Ever. Raj Haldar & Chris Carpenter. Illus. by Maria Beddia. 2018. (ENG.). 40p. (J). (gr. -1-3). 17.99 *(978-1-4926-7431-3(1))* Sourcebooks, Inc.

P Is for Puffin: The ABCs of Uncommon Animals. Timothy Young. 2021. (ENG., Illus.). 26p. (J). bds. 8.99 *(978-0-7643-6247-7(X),* 25864) Schiffer Publishing, Ltd.

P Is for Pumpkin. Nick Rebman. 2021. (Alphabet Fun Ser.). (ENG., Illus.). 24p. (J). (gr. k-1). pap. 8.95 *(978-1-64619-407-0(1))*; lib. bdg. 28.50 *(978-1-64619-380-6(6))* Little Blue Hse. (Little Blue Readers).

P Is for Purr. Carole Gerber. Illus. by Susanna Covelli. 2022. (ENG.). 56p. (J). (gr. -1-1). 18.99 *(978-1-64170-741-1(0),* 550741) Familius LLC.

P. J. the Secret Service Boy: Being a Record of Some of the Holiday Adventures of Mr. Philip John Davenant in 1914 & 1915 During the Great War (Classic Reprint) Frederic Hamilton. 2018. (ENG., Illus.). 374p. (J). 31.63 *(978-0-483-36194-2(1))* Forgotten Bks.

P. K. Subban. Meeg Pincus. Illus. by Jeff Bane. 2020. (My Early Library: My Itty-Bitty Bio Ser.). (ENG.). 24p. (J). (gr. k-1). lib. bdg. 30.64 *(978-1-5341-6842-8(7),* 215255) Cherry Lake Publishing.

P. K. Subban: Fighting Racism to Become a Hockey Superstar & Role Model for Athletes of Colour. Catherine Rondina. 2020. (Lorimer Recordbooks Ser.). (ENG., Illus.). 160p. (YA). (gr. 7-12). pap. 8.99 *(978-1-4594-1508-9(6),* 14f891aa-53f1-4b38-af95-fef79680e395) James Lorimer & Co. Ltd., Pubs. CAN. Dist: Lerner Publishing Group.

P. K. Subban: Making His Mark on the Hockey World. Teresa M. Walker. 2019. (Franchise Ser.). (ENG.). 112p. (J). (gr. 3-9). pap. 9.99 *(978-1-63494-050-4(4),* 1634940504) Pr. Room Editions LLC.

P. N. S. Anecho, 1940-1 (Classic Reprint) Jean Prowse. 2017. (ENG., Illus.). (J). 25.01 *(978-0-260-65965-1(7))*; pap. 9.57 *(978-0-265-00899-7(9))* Forgotten Bks.

P. Ovidii Nasonis Metamorphoseon Libri XV (Classic Reprint) Ovid Ovid. 2018. (LAT., Illus.). (J). 472p. 33.65 *(978-1-390-09502-9(9))*; 474p. pap. 16.57 *(978-1-390-09483-1(9))* Forgotten Bks.

P. Ovidii Nasonis Metamorphoseon Libri XV. Cum Versione Anglica, Ad Verbum, Quantum Fieri Potuit, Sacta, or Ovid's Metamorphoses with an English Translation As Literal As Possible (Classic Reprint) Ovid Ovid. 2017. (ENG., Illus.). (J). 34.00 *(978-0-260-92459-9(8))*; pap. 16.57 *(978-0-260-30323-3(2))* Forgotten Bks.

P. Ovidii Nasonis Metamorphoseon Libri XV, Vol. 1: Cum Appositis Italico Carmine Interpretationibus AC Notis (Classic Reprint) Ovid Ovid. 2018. (ITA., Illus.). (J). 510p. 34.42 *(978-1-396-64032-2(0))*; 512p. pap. 16.97 *(978-1-391-37740-7(0))* Forgotten Bks.

P. Ovidii Nasonis Metamorphoseon Libri XV, Vol. 3: Cum Appositis Italico Carmine Interpretationibus, AC Notis (Classic Reprint) Ovid Ovid. 2018. (LAT., Illus.). (J). 568p. 35.63 *(978-1-396-59812-8(X))*; 570p. pap. 19.57 *(978-1-391-51081-1(X))* Forgotten Bks.

P. P. , or the Man & the Tiger: A Highly Popular Farce, in One Act (Classic Reprint) Tom Parry. (ENG., Illus.). (J). 2018. 34p. 24.60 *(978-0-483-57601-8(8))*; 2017. pap. 7.97 *(978-0-259-80679-0(X))* Forgotten Bks.

P. Q. & G: Or As the Twig Is Bent the Tree's Inclined (Classic Reprint) Edward Sylvester Ellis. (ENG., Illus.). (J). 2018. 378p. 31.69 *(978-0-483-33090-0(6))*; 2016. pap. 16.57 *(978-1-334-73093-1(8))* Forgotten Bks.

P. R. N. , 1932 (Classic Reprint) University Of Maryland. 2017. (ENG., Illus.). (J). 24.95 *(978-0-260-47521-3(1))*; pap. 9.57 *(978-0-265-06879-3(7))* Forgotten Bks.

P. S. I Like You. Kasie West. (ENG.). 336p. (YA). (gr. 7-7). 2017. pap. 10.99 *(978-1-338-16068-0(0))*; 2016. 17.99 *(978-0-545-85097-1(5))* Scholastic, Inc.

P. S. I Miss You. Jen Petro-Roy. 2023. (ENG.). 336p. (J). pap. 8.99 *(978-1-250-29430-2(4),* 900174212) Square Fish.

P. S. I Still Love You. Jenny Han. 2017. (To All the Boys I've Loved Before Ser.: 2). (ENG.). 352p. (YA). (gr. 7). pap. 10.99 *(978-1-4424-2674-0(8))* Simon & Schuster Children's Publishing.

P. S. Send More Cookies. Martha Freeman. (Secret Cookie Club Ser.). (ENG.). 336p. (J). (gr. 3-7). 2018. pap. 7.99 *(978-1-4814-4825-3(0))*; 2017. (Illus.). 16.99 *(978-1-4814-4824-6(2))* Simon & Schuster/Paula Wiseman Bks. (Simon & Schuster/Paula Wiseman Bks.).

P1/P2 English Practice Workbook: Extra Practice for CfE Primary School English. Leckie. 2017. (ENG.). 128p. (gr. k-2). pap. 8.99 *(978-0-00-825020-1(0))* HarperCollins Pubs. Ltd. GBR. Dist: Independent Pubs. Group.

P1/P2 Maths Practice Workbook: Extra Practice for CfE Primary School English. Leckie. 2017. (ENG., Illus.). 128p. pap. 8.99 *(978-0-00-825029-4(4))* HarperCollins Pubs. Ltd. GBR. Dist: Independent Pubs. Group.

P2/P3 English Practice Workbook: Extra Practice for CfE Primary School English. Leckie. 2017. (ENG., Illus.). 128p. (gr. 1-4). pap., wbk. ed. 8.99 *(978-0-00-825021-8(9))* HarperCollins Pubs. Ltd. GBR. Dist: Independent Pubs. Group.

P2/P3 Maths Practice Workbook: Extra Practice for CfE Primary School English. Leckie. 2017. (ENG.). 128p. (gr. 1-3). pap., wbk. ed. 8.99 *(978-0-00-825030-0(8))* HarperCollins Pubs. Ltd. GBR. Dist: Independent Pubs. Group.

P3/P4 English Practice Workbook: Extra Practice for CfE Primary School English. Leckie. 2017. (ENG., Illus.). 128p. (gr. 2-4). pap. 8.99 *(978-0-00-825025-6(1))* HarperCollins Pubs. Ltd. GBR. Dist: Independent Pubs. Group.

P3/P4 Maths Practice Workbook: Extra Practice for CfE Primary School English. Leckie. 2017. (ENG., Illus.). 128p. (gr. 2-4). pap. 8.99 *(978-0-00-825032-4(4))* HarperCollins Pubs. Ltd. GBR. Dist: Independent Pubs. Group.

P4/P5 English Practice Workbook: Extra Practice for CfE Primary School English. Leckie. 2017. (ENG., Illus.). 128p. (gr. 3-5). pap. 8.99 *(978-0-00-825026-3(X))* HarperCollins Pubs. Ltd. GBR. Dist: Independent Pubs. Group.

P4/P5 Maths Practice Workbook: Extra Practice for CfE Primary School English. Leckie. 2017. (ENG., Illus.). 128p. (gr. 3-5). pap. 8.99 *(978-0-00-825033-1(2))* HarperCollins Pubs. Ltd. GBR. Dist: Independent Pubs. Group.

P5/P6 English Practice Workbook: Extra Practice for CfE Primary School English. Leckie. 2017. (ENG., Illus.). 128p. (gr. 4-6). pap., wbk. ed. 8.99 *(978-0-00-825027-0(8))* HarperCollins Pubs. Ltd. GBR. Dist: Independent Pubs. Group.

P5/P6 Maths Practice Workbook: Extra Practice for CfE Primary School English. Leckie. 2017. (ENG., Illus.). 128p. (gr. 4-6). pap., wbk. ed. 8.99 *(978-0-00-825034-8(0))* HarperCollins Pubs. Ltd. GBR. Dist: Independent Pubs. Group.

P6/P7 English Practice Workbook: Extra Practice for CfE Primary School English. Leckie. 2017. (ENG., Illus.). 128p. (gr. 5-7). pap., wbk. ed. 8.99 *(978-0-00-825028-7(6))* HarperCollins Pubs. Ltd. GBR. Dist: Independent Pubs. Group.

P6/P7 Maths Practice Workbook: Extra Practice for CfE Primary School English. Leckie. 2017. (ENG., Illus.). 128p. (gr. 5-7). pap., wbk. ed. 8.99 *(978-0-00-825035-5(9))* HarperCollins Pubs. Ltd. GBR. Dist: Independent Pubs. Group.

Pa Flickinger's Folks (Classic Reprint) Bessie R. Hoover. (ENG., Illus.). (J). 2018. 298p. 30.04 *(978-0-365-35921-0(1))*; 2016. pap. 13.57 *(978-1-333-40544-1(8))* Forgotten Bks.

Pa, Me, & Our Sidewalk Pantry. Toni Buzzeo. Illus. by Zara González Hoang. 2023. (ENG.). 40p. (J). (gr. k-2). 17.99 *(978-1-4197-4937-7(4),* 1143201, Abrams Bks. for Young Readers) Abrams, Inc.

Pablo. Rascal. Illus. by Rascal. 2021. (ENG., Illus.). 32p. (J). (gr. -1 — 1). 16.99 *(978-1-77657-324-0(2),* 0ea64341-8079-4662-8672-2668aa156333) Gecko Pr. NZL. Dist: Lerner Publishing Group.

Pablo: The Plate Painter of Mazatlan. Craig Morgan Porter Rollins. Illus. by Rufus Zaejodaeus. 2023. (ENG.). 32p. (J). pap. 12.95 ***(978-1-0880-9745-8(6))*** Indy Pub.

Pablo - Hombres y Mujeres de la Biblia. Contrib. by Casscom Media. 2017. (Men & Women of the Bible - Revised Ser.). (ENG & SPA.). (J). pap. *(978-87-7132-622-2(7))* Scandinavia Publishing Hse.

Pablo & Koji Best Friends Forever. Melinda M. Tran. Illus. by Nate P. Jensen. 2019. (ENG.). 34p. (J). (gr. k-3). 17.99 *(978-1-7327484-1-5(1))* Banana Tree Publishing.

Pablo Can't Sleep. Aurélia Higuet. 2020. (ENG., Illus.). 32p. (J). (gr. -1). 18.95 *(978-1-60537-589-2(6))* Clavis Publishing.

Pablo de Segovia, the Spanish Sharper (Classic Reprint) Francisco De Quevedo-Villegas. (ENG., Illus.). (J). 2018.

314p. 30.48 *(978-0-332-80051-6(2))*; 2016. pap. 13.57 *(978-1-334-13743-3(9))* Forgotten Bks.

Pablo, el Pez Perezoso. Tülin Kozikoglu. 2018. (SPA.). 28p. (J). (gr. k-2). 19.99 *(978-84-946486-2-5(4))* Editorial Flamboyant ESP. Dist: Lectorum Pubns., Inc.

Pablo Investigates... COVID. A Chakravorty & M Stainwall. 2021. (ENG.). 24p. (J). pap. *(978-1-64969-567-3(5))* Tablo Publishing.

Pablo Neruda. Georgina Lazaro. 2022. (SPA.). 32p. (J). (gr. 4-6). pap. 11.99 *(978-1-63245-957-2(4))* Lectorum Pubns., Inc.

Pablo Neruda: Poet of the People (Bilingual Edition) Monica Brown. Illus. by Julie Paschkis. 2022. (SPA.). 32p. (J). 18.99 *(978-1-250-81252-0(6)*, 900248096); pap. 8.99 *(978-1-250-81253-7(4)*, 900248097) Holt, Henry & Co. (Holt, Henry & Co. Bks. For Young Readers).

Pablo Picasso. Michelle Lomberg. 2016. (J). *(978-1-4896-4625-5(6))* Weigl Pubs., Inc.

Pablo Picasso. Adele Richardson. 2016. (Odysseys in Artistry Ser.). (ENG., Illus.). 80p. (J). (gr. 7-10). pap. 15.99 *(978-1-62832-316-0(7)*, 20660, Creative Paperbacks) Creative Co., The.

Pablo Picasso. Maria Isabel Sanchez Vegara. Illus. by Teresa Bellon. 2022. (Little People, BIG DREAMS Ser.: Vol. 74). (ENG.). 32p. (J). (gr. -1-2). 15.99 ***(978-0-7112-5950-8(X)***, Frances Lincoln Children's Bks.) Quarto Publishing Group UK GBR. Dist: Hachette Bk. Group.

Pablo Picasso (Spanish Edition) Maria Isabel Sanchez Vegara. Illus. by Teresa Bellon. 2023. (Little People, Big Dreams en Español Ser.: Vol. 74). (SPA.). 32p. (J). (gr. -1-2). pap. ***(978-0-7112-8482-1(2))*** Frances Lincoln Childrens Bks.

Pablo Picasso's Confusing Art - Art History Textbook Children's Art, Music & Photography Books. Baby Professor. 2017. (ENG., Illus.). (J). pap. 9.55 *(978-1-5419-3868-7(2)*, Baby Professor (Education Kids)) Speedy Publishing LLC.

Pablo the Bull. Yolanda Hawley. (ENG., Illus.). 30p. (J). 2019. 22.95 *(978-1-64471-719-6(0))*; 2018. pap. 12.95 *(978-1-64300-486-0(7))* Covenant Bks.

Pablo, the Storytelling Bear. Penny Luker. 2017. (ENG., Illus.). 36p. (J). pap. *(978-0-244-04950-8(5))* Lulu Pr., Inc.

Pablo y el Tiburon: Pablo & the Shark. Rachel Cheung & Marina Moreno Earle. 2020. (ENG., Illus.). 60p. (J). 29.95 *(978-1-64718-658-6(7))* Booklocker.com, Inc.

Pablo's Pet: Dive into Reading, Emergent, 1 vol. Sheri Tan. Illus. by Shirley Ng-Benitez. 2021. (Confetti Kids Ser.: 9). (ENG.). 32p. (J). (gr. k-2). Vol. 1. pap. 10.95 *(978-1-64379-207-1(5)*, leelowbooks); Vol.1. 15.95 *(978-1-64379-206-4(7)*, leelowbooks) Lee & Low Bks., Inc.

Pablo's Powerful Potato!, 1 vol. Dewayne Hotchkins. 2016. (Rosen REAL Readers: Social Studies Nonfiction / Fiction: Myself, My Community, My World Ser.). (ENG.). 12p. (gr. k-1). pap. 6.33 *(978-1-5081-2562-4(7)*, a5e8ff97-0a85-414b-8fed-f2f6c91a5ecb, Rosen Classroom) Rosen Publishing Group, Inc., The.

Pac-Man. Jessica Rusick. 2021. (Game On! Ser.). (ENG., Illus.). 32p. (J). (gr. 3-6). lib. bdg. 32.79 *(978-1-5321-9580-8(X)*, 37428); (gr. 4-5). pap. 9.95 *(978-1-64494-548-3(7))* ABDO Publishing Co. (Checkerboard Library).

Pac-Man: Arcade Pioneer: Arcade Pioneer. Kenny Abdo. (Video Game Heroes Set 2 Ser.). (ENG., Illus.). 24p. (J). (gr. 2-2). 2022. pap. 8.95 *(978-1-64494-741-8(2))*; 2021. lib. bdg. 31.36 *(978-1-0982-2696-1(8)*, 38682) ABDO Publishing Co. (Abdo Zoom-Fly).

PAC-MAN: Keep Calm & Nom Nom Nom. Sia Dey. Illus. by Bandai. 2023. (ENG.). 48p. (J). (gr. -1-3). 12.99 ***(978-0-06-332441-1(5)***, HarperCollins) HarperCollins Pubs.

PACA à la Ferme. Jean Knoertzer. 2018. (FRE., Illus.). 44p. (J). pap. *(978-0-244-41186-2(7))* Lulu Pr., Inc.

PACA le Petit Chien. Jean Knoertzer. 2016. (FRE., Illus.). 44p. (J). pap. *(978-1-326-81110-5(X))* Lulu Pr., Inc.

PACA le Petit Chien: PACA le Petit Chien. jean knoertzer. 2022. (FRE.). 42p. (J). pap. ***(978-1-4716-6728-2(6))*** Lulu Pr., Inc.

Paca the Litlle Dog. Jean Knoertzer. 2017. (ENG., Illus.). (J). pap. 10.72 *(978-1-326-98739-8(9))* Lulu Pr., Inc.

Pace That Kills: A Chronicle (Classic Reprint) Edgar Saltus. 2018. (ENG., Illus.). 204p. (J). 28.10 *(978-0-484-87715-2(1))* Forgotten Bks.

Pacey & the Secrets of the Water Tower. Mjm Turner. 2023. (ENG.). 72p. (YA). pap. ***(978-1-3984-3182-9(6))*** Austin Macauley Pubs. Ltd.

Pacey Packer Unicorn Tracker 2: Horn Slayer: (a Graphic Novel) J. C. Phillipps. 2023. (Pacey Packer, Unicorn Tracker Ser.: 2). 224p. (J). (gr. 2-5). pap. 7.99 ***(978-0-593-64304-4(6))*** Penguin Random Hse. LLC.

Pacey Packer, Unicorn Tracker 3: Mermaids vs. Unicorns: (a Graphic Novel) J. C. Phillipps. 2022. (Pacey Packer, Unicorn Tracker Ser.: 3). (Illus.). 224p. (J). (gr. 2-5). 12.99 *(978-0-593-17956-7(0))* Penguin Random Hse. LLC.

Pacey Packer: Unicorn Tracker Book 1: (a Graphic Novel) J. C. Phillipps. 2023. (Pacey Packer, Unicorn Tracker Ser.: 1). (Illus.). 240p. (J). (gr. 2-5). pap. 7.99 *(978-0-593-56875-0(3))* Penguin Random Hse. LLC.

Pacha of Many Tales: With Illustrations (Classic Reprint) Marryat Marryat. 2018. (ENG., Illus.). 550p. (J). 35.26 *(978-0-484-72972-7(1))* Forgotten Bks.

Pacha of Many Tales, Vol. 1 of 3 (Classic Reprint) Frederick Marryat. 2018. (ENG., Illus.). 328p. (J). 30.66 *(978-0-267-43092-5(2))* Forgotten Bks.

Pacha of Many Tales, Vol. 3 of 3 (Classic Reprint) Frederick Marryat. 2018. (ENG., Illus.). 322p. (J). 30.54 *(978-0-484-92009-4(X))* Forgotten Bks.

Pacha's Pajamas: A Story Written by Nature. Aaron Ableman & Dave Room. 2016. (ENG.). 200p. (J). pap. 12.95 *(978-1-63047-704-2(4))* Morgan James Publishing.

Pacho Nacho. Silvia López. Illus. by Pablo Pino. 2020. (ENG.). 32p. (J). (gr. -1-2). 17.95 *(978-1-68446-098-4(0)*, 141334, Capstone Editions) Capstone.

Pachycephalosaurus. Rebecca Sabelko. Illus. by James Kuether. 2023. (World of Dinosaurs Ser.). (ENG.). (J). (gr. 3-7). pap. 8.99 Bellwether Media.

Pachycephalosaurus. Contrib. by Rebecca Sabelko. 2023. (World of Dinosaurs Ser.). (ENG., Illus.). (J). (gr. 3-7). lib. bdg. 26.95 Bellwether Media.

Pachycephalosaurus: A First Look. Jeri Ranch. 2023. (Read about Dinosaurs (Read for a Better World (tm)) Ser.). (ENG., Illus.). 24p. (J). (gr. k-2). pap. 9.99 Lerner Publishing Group.

Paci, Oh, Paci!, Second Edition. Janine Richards. 2023. (ENG.). 38p. (J). pap. 15.95 ***(978-1-63765-297-8(6))*** Halo Publishing International.

Paciencia, María. Rosario Reyes. Illus. by Julia Patton. 2023. (SPA.). 16p. (J). (gr. -1-1). pap. 5.75 *(978-1-4788-1974-5(X)*, b0d7bca7-17f9-4dba-8461-14c24d8c29fd); pap. 36.00 *(978-1-4788-2319-3(4)*, 066eb248-f34d-445b-b74c-e41460c83096) Newmark Learning LLC.

Pacific Coast Highway, 1 vol. Benjamin Proudfit. 2016. (Road Trip: Famous Routes Ser.). (ENG., Illus.). 24p. (J). (gr. 2-3). 25.27 *(978-1-4824-4667-8(7)*, b434877c-e071-4e17-9990-a5df7f6476c8) Stevens, Gareth Publishing LLLP.

Pacific Coast Series: The Pacific Coast Fourth Reader (Classic Reprint) Unknown Author. 2017. (ENG., Illus.). (J). 29.09 *(978-0-265-21664-4(8))* Forgotten Bks.

Pacific Division (Set), 5 vols. 2019. (Insider's Guide to Pro Basketball Ser.). (ENG.). (J). (gr. 1-4). lib. bdg. 178.20 *(978-1-5038-4030-0(1)*, 213620) Child's World, Inc, The.

Pacific Islands: A Moana Discovery Book. Paul Dichter. Illus. by Disney Storybook Artists. 2018. (Disney Learning Discovery Bks.). (ENG.). 48p. (J). (gr. 2-5). pap. 8.99 *(978-1-5415-3276-2(7)*, Lerner Pubns.) Lerner Publishing Group.

Pacific Islands: A Moana Discovery Book. Paul Dichter. Illus. by Disney Storybook Disney Storybook Artists. 2018. (Disney Learning Discovery Bks.). (ENG.). 48p. (J). (gr. 2-5). lib. bdg. 31.99 *(978-1-5415-3258-8(9)*, Lerner Pubns.) Lerner Publishing Group.

Pacific Monthly, Vol. 1: July, 1905 (Classic Reprint) William Bittle Wells. (ENG., Illus.). (J). 2018. 654p. 37.39 *(978-0-332-14864-9(5))*; 2016. pap. 19.97 *(978-1-334-12989-6(4))* Forgotten Bks.

Pacific Monthly, Vol. 10: Devoted to the Arts, Science, Literature & Life of the Pacific Coast; June, 1863 (Classic Reprint) J. D. Strong. (ENG., Illus.). (J). 2018. 968p. 43.86 *(978-0-483-65335-1(7))*; 2017. pap. 26.18 *(978-0-243-30248-2(7))* Forgotten Bks.

Pacific Monthly, Vol. 12: July, 1904 December, 1904 (Classic Reprint) William Bittle Wells. 2018. (ENG., Illus.). 636p. (J). 37.01 *(978-0-483-76761-4(1))* Forgotten Bks.

Pacific Monthly, Vol. 15: January, 1906-June, 1906 (Classic Reprint) William Bittle Wells. (ENG., Illus.). (J). 2018. 828p. 40.97 *(978-0-483-02439-7(2))*; 2017. pap. 23.57 *(978-1-334-92299-2(3))* Forgotten Bks.

Pacific Monthly, Vol. 20: July, 1908 (Classic Reprint) Charles Erskine Scott Wood. (ENG., Illus.). (J). 2018. 874p. 42.05 *(978-0-484-70519-6(9))*; 2016. pap. 24.26 *(978-1-334-12686-4(0))* Forgotten Bks.

Pacific Monthly, Vol. 21: January to June, 1909 (Classic Reprint) Lute Pease. 2017. (ENG., Illus.). (J). pap. 24.47 *(978-0-259-00970-2(9))* Forgotten Bks.

Pacific Monthly, Vol. 25: January to June, 1911 (Classic Reprint) William Bittle Wells. (ENG., Illus.). (J). 2018. 818p. 40.79 *(978-0-484-71455-6(4))*; 2017. pap. 23.57 *(978-0-243-60163-9(8))* Forgotten Bks.

Pacific Nature Stories, Vol. 2 (Classic Reprint) Harr Wagner. 2018. (ENG., Illus.). 158p. (J). 27.16 *(978-0-267-49079-0(8))* Forgotten Bks.

Pacific Ocean. Lauren Gordon. 2022. (Oceans of the World Ser.). (ENG.). 24p. (J). (gr. k-2). pap. 8.95 *(978-1-63897-563-2(9)*, 21459) Seahorse Publishing.

Pacific Ocean. Contrib. by Lauren Gordon. 2022. (Oceans of the World Ser.). (ENG.). 24p. (J). (gr. k-2). lib. bdg. 27.93 *(978-1-63897-448-2(9)*, 21458) Seahorse Publishing.

Pacific Ocean. Megan Kopp. 2019. (Our Five Oceans Ser.). (ENG.). 32p. (J). lib. bdg. 29.99 *(978-1-5105-4377-5(5))* SmartBook Media, Inc.

Pacific Ocean. Megan Kopp. 2016. (Illus.). 32p. (J). *(978-1-4896-4739-9(2))* Weigl Pubs., Inc.

Pacific Ocean. Emily Rose Oachs. 2016. (Discover the Oceans Ser.). (ENG., Illus.). 24p. (J). (gr. k-3). lib. bdg. 26.95 *(978-1-62617-333-0(8)*, Blastoff! Readers) Bellwether Media.

Pacific Ocean. Juniata Rogers. 2018. (Oceans of the World Ser.). (ENG.). 24p. (J). (gr. -1-2). lib. bdg. 32.79 *(978-1-5038-2504-8(3)*, 212365) Child's World, Inc, The.

Pacific Pete: The Prince of the Revolver (Classic Reprint) Jos E. Badger Jr. (ENG., Illus.). (J). 2018. 20p. 24.33 *(978-0-267-71624-1(9))*; 2016. pap. 7.97 *(978-1-333-38802-7(0))* Forgotten Bks.

Pacific Rim Uprising: the Junior Novel. Rebecca Matheson. 2018. (ENG., Illus.). 152p. (J). pap. 6.99 *(978-1-68383-386-4(4))* Insight Editions.

Pacifica. Kristen Simmons. 2019. (ENG.). 384p. (YA). pap. 19.99 *(978-0-7653-3666-8(9)*, 900121077, Tor Teen) Doherty, Tom Assocs., LLC.

Pacification of the Primitive Tribes of the Lower Niger. Jude Okpala. 2022. (ENG.). 206p. (YA). pap. 18.95 ***(978-1-6624-8791-0(6))*** Page Publishing Inc.

Pacifiers Are Not Forever / el Chupete No Es para Siempre. Elizabeth Verdick. Illus. by Marieka Heinlen. 2023. (Best Behavior(r) Board Book Ser.). (ENG.). 26p. (J). (— 1). bds. 9.99 ***(978-1-63198-810-3(7)***, 88103) Free Spirit Publishing Inc.

Pack. Lisi Harrison. 2021. 208p. (J). *(978-0-593-42563-3(4)*, Delacorte Pr) Random House Publishing Group.

Pack. Lisi Harrison. (Pack Ser.: 1). (J). (gr. 5). 2022. 224p. 7.99 *(978-0-593-18072-3(0)*, Yearling); 2021. 208p. 16.99 *(978-0-593-18070-9(4)*, Delacorte Bks. for Young Readers) Random Hse. Children's Bks.

Pack. Kate Ormand. 2017. (ENG.). 304p. (J). 16.99 *(978-1-5107-1218-8(6)*, Sky Pony Pr.) Skyhorse Publishing Co., Inc.

Pack #2: Claw & Order, Vol. 2. Lisi Harrison. 2023. (Pack Ser.: 2). 208p. (J). (gr. 5). 7.99 *(978-0-593-18075-4(5)*, Yearling) Random Hse. Children's Bks.

Pack Claw & Order, Vol. 2. Lisi Harrison. 2022. (Pack Ser.: 2). 192p. (J). (gr. 5). 16.99 *(978-0-593-18073-0(9)*, Delacorte Pr.) Random Hse. Children's Bks.

Pack Divided. Erin Hunter. ed. 2016. (Survivors Gathering Darkness Ser.: 1). (J). lib. bdg. 18.40 *(978-0-606-38767-5(6))* Turtleback.

Pack of Autolycus: Or Strange & Terrible News of Ghosts, Apparitions, Monstrous Births, Showers of Wheat, Judgments of God, & Other Prodigious & Fearful Happenings As Told in Broadside Ballads of the Years 1624-1693 (Classic Reprint) Hyder Edward Rollins. (ENG., Illus.). (J). 2018. 292p. 29.92 *(978-0-428-29344-4(1))*; 2017. pap. 13.57 *(978-0-259-44469-5(3))* Forgotten Bks.

Pack of Dogs (Learn about: Animals) Stephanie Fitzgerald. 2023. (Learn About Ser.). (ENG.). 32p. (J). (gr. k-2). 25.00 *(978-1-338-85342-1(2))*; pap. 6.99 *(978-1-338-85343-8(0))* Scholastic Library Publishing. (Children's Pr.).

Pack of Lies: A Maya Tale. Phillip Martin. Illus. by Phillip Martin. 2023. (ENG.). 34p. (J). 32.95 ***(978-1-365-49324-9(5))*** Lulu Pr., Inc.

Pack of Wolves. Martha E. H. Rustad. 2019. (Animal Groups Ser.). (ENG., Illus.). 24p. (J). (gr. -1-2). pap. 6.95 *(978-1-9771-1046-6(0)*, 141122); lib. bdg. 29.32 *(978-1-9771-0950-7(0)*, 140548) Capstone. (Pebble).

Pack Pasito a Pasito Me Hago Grandecito - Colección Completa: Lote de Cuentos Pasito a Pasito Me Hago Grandecito. Esther Burgueño. 2022. (Pasito a Pasito Me Hago Grandecito Ser.). 90p. (J). (gr. -1-k). pap. 69.99 *(978-84-17210-38-0(5))* Editorial el Pirata ESP. Dist: Independent Pubs. Group.

Pack Shift. Aj Skelly. 2022. (Wolves of Rock Falls Ser.: Vol. 4). (ENG.). 296p. (YA). pap. 16.99 *(978-1-5092-4353-2(4))* Wild Rose Pr., Inc., The.

Pack Your Backpack! Time for School Coloring Book. Activibooks For Kids. 2016. (ENG., Illus.). (J). pap. 9.20 *(978-1-68321-191-4(X))* Mimaxion.

Pack Your Bags, Maggie Diaz. Nina Moreno. Illus. by Courtney Lovett. 2023. (ENG.). 272p. (J). (gr. 3-7). 18.99 *(978-1-338-81861-1(9)*, Scholastic Pr.) Scholastic, Inc.

Pack Your Bags! We Are Going to Guinea, West Africa: Exploring the World, One Country at a Time. Kelli M. Gray. 2023. (ENG.). 34p. (J). pap. ***(978-0-2288-8490-3(X))*** Tellwell Talent.

Packaging Peeks & the Sticky Situation. Tara Peek & Adam Peek. 2023. (ENG.). 38p. (J). 19.95 ***(978-1-64543-424-5(9)***, Mascot Kids) Amplify Publishing Group.

Packers Bulge! Full Mouth Coloring Book. Kreativ Entspannen. 2016. (ENG., Illus.). (J). pap. 9.20 *(978-1-68377-435-8(3))* Whlke, Traudl.

Packet of Seeds: Saved by an Old Gardner (Classic Reprint) Unknown Author. 2018. (ENG., Illus.). 138p. (J). 26.76 *(978-0-483-40779-4(8))* Forgotten Bks.

Packing for Mars for Kids. Mary Roach. (ENG.). (gr. 4-7). 2023. 128p. (YA). pap. 9.95 *(978-1-324-05255-5(4)*, 345255); 2022. 144p. (J). 16.95 *(978-1-324-01937-4(9)*, 341937) Norton, W. W. & Co., Inc. (Norton Young Readers).

Packing for Our Trip, 1 vol. Wayan James. 2016. (Rosen REAL Readers: STEM & STEAM Collection). (ENG.). 12p. (gr. k-1). pap. 6.33 *(978-1-5081-2634-8(8)*, 706ed282-2060-46c0-828a-0790f4542427, Rosen Classroom) Rosen Publishing Group, Inc., The.

Packing House. G. Donald Cribbs. 2022. (ENG.). 312p. (YA). pap. *(978-1-913615-56-7(1))* Trigger Publishing.

Packing My Bag Pink a Band. Alison Hawes. Illus. by Sarah Jennings. ed. 2016. (Cambridge Reading Adventures Ser.). (ENG.). 16p. pap. 7.95 *(978-1-316-60082-5(3))* Cambridge Univ. Pr.

Packs: Strength in Numbers. Hannah Salyer. 2020. (ENG., Illus.). 48p. (J). (gr. -1-3). 19.99 *(978-1-328-57788-7(0)*, 1727694, Clarion Bks.) HarperCollins Pubs.

Packy the Pack Rat. Tommie Moller. Illus. by Janice Orsini. 2019. (ENG.). 44p. (J). (gr. k-6). pap. 15.00 *(978-0-578-44895-4(5))* ABCS OF GOD.

Paco. Katrina Streza. Illus. by Brenda Ponnay. 2023. (Little Readers Ser.: Vol. 1). (ENG.). 20p. (J). 24.99 ***(978-1-5324-3490-7(1))***; pap. 12.99 ***(978-1-5324-3141-8(4))*** Xist Publishing.

Paco. Katrina Streza & Ariana Vargas. Illus. by Brenda Ponnay. 2023. (Little Lectores Ser.: Vol. 1). (SPA.). 20p. (J). 24.99 ***(978-1-5324-3465-5(0))***; pap. 12.99 ***(978-1-5324-3114-2(7))*** Xist Publishing.

Paco & Coco. Katrina Streza. Illus. by Brenda Ponnay. 2023. (Little Readers Ser.: Vol. 2). (ENG.). 20p. (J). 24.99 ***(978-1-5324-3491-4(X))***; pap. 12.99 ***(978-1-5324-3142-5(2))*** Xist Publishing.

Paco & Zita. Katrina Streza. Illus. by Brenda Ponnay. 2023. (Little Readers Ser.: Vol. 7). (ENG.). 20p. (J). 24.99 ***(978-1-5324-3492-1(8))***; pap. 12.99 ***(978-1-5324-3147-0(3))*** Xist Publishing.

Paco Is Hungry. Katrina Streza. Illus. by Brenda Ponnay. 2023. (Little Readers Ser.: Vol. 12). (ENG.). 20p. (J). 24.99 ***(978-1-5324-3499-0(5))***; pap. 12.99 ***(978-1-5324-3257-6(7))*** Xist Publishing.

Paco Tiene Hambre. Katrina Streza & Ariana Vargas. Illus. by Brenda Ponnay. 2023. (Little Lectores Ser.: Vol. 12). (SPA.). 20p. (J). 24.99 ***(978-1-5324-3476-1(6))***; pap. 12.99 ***(978-1-5324-3254-5(2))*** Xist Publishing.

Paco Writes. Katrina Streza. Illus. by Brenda Ponnay. 2023. (Little Readers Ser.: Vol. 24). (ENG.). 20p. (J). 24.99 ***(978-1-5324-4389-3(7))***; pap. 12.99 ***(978-1-5324-4388-6(9))*** Xist Publishing.

Paco y Coco. Katrina Streza & Ariana Vargas. Illus. by Brenda Ponnay. 2023. (Little Lectores Ser.: Vol. 2). (SPA.). 20p. (J). 24.99 ***(978-1-5324-3474-7(X))***; pap. 12.99 ***(978-1-5324-3115-9(5))*** Xist Publishing.

Paco y Zita. Katrina Streza & Ariana Vargas. Illus. by Brenda Ponnay. 2023. (Little Lectores Ser.: Vol. 3). (SPA.). 20p. (J). 24.99 ***(978-1-5324-3466-2(9))***; pap. 12.99 ***(978-1-5324-3120-3(1))*** Xist Publishing.

Pacolet Elementary School Bookroom. 2018. (ENG.). pap. 5210.93 *(978-1-4966-1798-9(3)*, Capstone Classroom) Capstone.

Paco's Winter Plan: What's the Problem?, 1 vol. Lela Lawson. 2017. (Computer Science for the Real World Ser.). (ENG.). 8p. (gr. k-1). pap. *(978-1-5383-5024-9(6)*, 6592e158-fb20-45af-a785-c89f6d4d15b0, Rosen Classroom) Rosen Publishing Group, Inc., The.

Pacoso. Jorge Parada. 2016. (SPA., Illus.). (J). (gr. 1-6). pap. *(978-84-941954-7-1(6))* inlibris.

PACs, Super PACs, & Fundraising. David Petechuk. 2016. (Illus.). 64p. (J). *(978-1-61900-093-3(8))* Eldorado Ink.

Pact. Tom Durwood. 2021. (Illustrated Colonials Book One Ser.: Vol. 1). (ENG.). 122p. (YA). pap. 16.99 *(978-1-952520-15-0(0))* Empire Studies Pr.

Pact, 1 vol. Amanda West Lewis. 2016. (ENG., Illus.). 352p. (YA). (gr. 7-12). pap. 14.95 *(978-0-88995-544-8(1)*, 996a5f80-c8eb-4176-9d48-0345fa4f947d) Trifolium Bks., Inc. CAN. Dist: Firefly Bks., Ltd.

Pact & Other Stories: Stories for Boys & Girls. Danielle Michaud Aubrey. 2019. (Walk in the Wind Ser.: Vol. 2). (ENG., Illus.). 100p. (J). (gr. 1-6). *(978-1-989048-25-2(0))* Petra Bks.

Paddiana, or Scraps & Sketches of Irish Life, Present & Past, Vol. 1 of 2 (Classic Reprint) Adam Blenkinsop. 2018. (ENG., Illus.). 332p. (J). 30.74 *(978-0-483-45450-7(8))* Forgotten Bks.

Paddiana, or Scraps & Sketches of Irish Life, Vol. 2 Of 2: Present & Past (Classic Reprint) Adam Gregory Blenkinsop. (ENG., Illus.). (J). 2018. 278p. 29.63 *(978-0-483-33301-7(8))*; 2016. pap. 13.57 *(978-1-333-72063-6(7))* Forgotten Bks.

Paddington 2: Sticker Activity Book: Movie Tie-In. 2017. (ENG.). 48p. (J). 7.99 *(978-0-00-825445-2(1)*, HarperCollins Children's Bks.) HarperCollins Pubs. Ltd. GBR. Dist: HarperCollins Pubs.

Paddington 2: Dear Aunt Lucy. Thomas Macri. 2017. (Paddington Ser.). (ENG., Illus.). 24p. (J). (gr. -1-3). pap. 3.99 *(978-0-06-282440-0(6)*, HarperFestival) HarperCollins Pubs.

Paddington 2: Paddington's Family & Friends. Thomas Macri. 2017. (I Can Read Level 1 Ser.). (ENG., Illus.). 32p. (J). (gr. -1-3). pap. 4.99 *(978-0-06-282441-7(4)*, HarperCollins) HarperCollins Pubs.

Paddington 2: the Junior Novel. Annie Wilson. 2017. (Paddington Ser.). (ENG., Illus.). 176p. (J). (gr. 3-7). pap. 6.99 *(978-0-06-282433-2(3)*, HarperFestival) HarperCollins Pubs.

Paddington & the Magic Trick. Michael Bond. Illus. by R. W. Alley. 2016. (I Can Read Level 1 Ser.). (ENG.). 32p. (J). (gr. -1-3). pap. 4.99 *(978-0-06-243067-0(X)*, HarperCollins) HarperCollins Pubs.

Paddington & the Magic Trick. Michael Bond. ed. 2018. (I Can Read Ser.). (ENG.). 29p. (J). (gr. -1-1). 13.89 *(978-1-64310-482-9(9))* Penworthy Co., LLC, The.

Paddington & the Painting. Alyssa Satin Capucilli. ed. 2020. (I Can Read Ser.). (ENG., Illus.). 32p. (J). (gr. k-1). 14.96 *(978-1-64697-390-3(9))* Penworthy Co., LLC, The.

Paddington & the Pigeon. Alyssa Satin Capucilli. ed. 2020. (I Can Read Ser.). (ENG., Illus.). 32p. (J). (gr. k-1). 14.96 *(978-1-64697-389-7(5))* Penworthy Co., LLC, The.

Paddington at Large. Michael Bond. Illus. by Peggy Fortnum. 2016. (Paddington Ser.). (ENG.). 176p. (J). (gr. 3-7). 9.99 *(978-0-06-231224-2(3)*, HarperCollins) HarperCollins Pubs.

Paddington at St. Paul's. Michael Bond. Illus. by R. W. Alley. 2019. (Paddington Ser.). (ENG.). 32p. (J). (gr. -1-3). 17.99 *(978-0-06-288785-6(8)*, HarperCollins) HarperCollins Pubs.

Paddington at the Barber Shop. Michael Bond. Illus. by R. W. Alley. 2017. (I Can Read Level 1 Ser.). (ENG.). 32p. (J). (gr. -1-3). 16.99 *(978-0-06-243080-9(7))*; pap. 4.99 *(978-0-06-243079-3(3))* HarperCollins Pubs. (HarperCollins).

Paddington at the Circus. Michael Bond. Illus. by R. W. Alley. 2016. (Paddington Ser.). (ENG.). 32p. (J). (gr. -1-3). 17.99 *(978-0-06-231843-5(8)*, HarperCollins) HarperCollins Pubs.

Paddington at Work. Michael Bond. Illus. by Peggy Fortnum. (Paddington Ser.). (ENG.). 176p. (J). (gr. 3-7). 2018. pap. 6.99 *(978-0-06-243312-1(1))*; 2017. 9.99 *(978-0-06-231226-6(X))* HarperCollins Pubs. (HarperCollins).

Paddington Collector's Quintet: 5 Fun-Filled Stories in 1 Box! Michael Bond. Illus. by R. W. Alley. 2018. (I Can Read Level 1 Ser.). (ENG.). 160p. (J). (gr. -1-3). pap. 19.99 *(978-0-06-267138-7(3)*, HarperCollins) HarperCollins Pubs.

Paddington Goes to Town. Michael Bond. Illus. by Peggy Fortnum. (Paddington Ser.). (ENG.). 176p. (J). (gr. 3-7). 2018. pap. 6.99 *(978-0-06-243313-8(X))*; 2017. 9.99 *(978-0-06-231228-0(6))* HarperCollins Pubs. (HarperCollins).

Paddington Here & Now. Michael Bond. Illus. by R. W. Alley. (Paddington Ser.). (ENG.). 192p. (J). (gr. 3-7). 2020. pap. 7.99 *(978-0-06-243317-6(2))*; 2018. 9.99 *(978-0-06-231723-0(7))* HarperCollins Pubs. (HarperCollins).

Paddington in Scots. Tr. by James Robertson. 2020. (SCO., Illus.). 32p. (J). (gr. -1-k). pap. 10.99 *(978-1-78530-307-4(4)*, Itchy Coo) Black and White Publishing Ltd. GBR. Dist: Independent Pubs. Group.

Paddington Marches On. Michael Bond. Illus. by Peggy Fortnum. 2016. (Paddington Ser.). (ENG.). 176p. (J). (gr. 3-7). 9.99 *(978-0-06-231232-7(4)*, HarperCollins) HarperCollins Pubs.

Paddington on Top. Michael Bond. Illus. by Peggy Fortnum. 2018. (Paddington Ser.). (ENG.). 176p. (J). (gr. 3-7). pap. 6.99 *(978-0-06-243314-5(8))*; 9.99 *(978-0-06-231234-1(0))* HarperCollins Pubs. (HarperCollins).

Paddington Plays On. Michael Bond. Illus. by R. W. Alley. 2016. (I Can Read Level 1 Ser.). (ENG.). 32p. (J). (gr. -1-3). pap. 4.99 *(978-0-06-243070-0(X)*, HarperCollins) HarperCollins Pubs.

Paddington Plays On. Michael Bond & Christy Webster. Illus. by R. W. Alley. 2016. 32p. (J). *(978-1-5182-3398-2(8))* Harper & Row Ltd.

Paddington Plays On. Michael Bond. ed. 2018. (I Can Read Ser.). (ENG.). 32p. (J). (gr. -1-1). 13.89 *(978-1-64310-717-2(8))* Penworthy Co., LLC, The.

Paddington Pop-Up London: Movie Tie-in: Collector's Edition. Michael Bond. movie tie-in collector's ed. 2017. (ENG., Illus.). 14p. (J). 31.99 *(978-0-00-825452-0(4)*, HarperCollins Children's Bks.) HarperCollins Pubs. Ltd. GBR. Dist: HarperCollins Pubs.

Paddington Races Ahead. Michael Bond. Illus. by Peggy Fortnum & R. W. Alley. 2019. (Paddington Ser.). (ENG.). 192p. (J). (gr. 3-7). pap. 6.99 *(978-0-06-243316-9(4)*, HarperCollins) HarperCollins Pubs.

Paddington Sets Sail. Michael Bond. Illus. by R. W. Alley. 2016. (I Can Read Level 1 Ser.). (ENG.). 32p. (J). (gr. -1-3). pap. 4.99 *(978-0-06-243064-9(5),* HarperCollins) HarperCollins Pubs.

Paddington Sets Sail. Michael Bond. ed. 2018. (I Can Read Ser.). (ENG.). 32p. (J). (gr. -1-1). 13.89 *(978-1-64310-573-4(6))* Penworthy Co., LLC, The.

Paddington Storybook Collection: 6 Classic Stories. Michael Bond. Illus. by R. W. Alley. 2017. (Paddington Ser.). (ENG.). 192p. (J). (gr. -1-3). 11.99 *(978-0-06-266850-9(1),* HarperCollins) HarperCollins Pubs.

Paddington Storybook Favorites: Includes 6 Stories Plus Stickers! Michael Bond. Illus. by R. W. Alley. 2019. (Paddington Ser.). (ENG.). 192p. (J). (gr. -1-3). 13.99 *(978-0-06-297274-3(X),* HarperCollins) HarperCollins Pubs.

Paddington Takes the Air. Michael Bond. Illus. by Peggy Fortnum. 2018. (Paddington Ser.). (ENG.). 176p. (J). (gr. 3-7). 9.99 *(978-0-06-231238-9(3),* HarperCollins) HarperCollins Pubs.

Paddington Takes the Air. Michael Bond. Illus. by Peggy Fortnum. 2019. (Paddington Ser.). (ENG.). 176p. (J). (gr. 3-7). pap. 6.99 *(978-0-06-243315-2(6),* HarperCollins) HarperCollins Pubs.

Paddington Takes the Test. Michael Bond. Illus. by Peggy Fortnum. (Paddington Ser.). (ENG.). 176p. (J). (gr. 3-7). 2017. pap. 6.99 *(978-0-06-243307-7(5));* 2016. 9.99 *(978-0-06-231240-2(5))* HarperCollins Pubs. (HarperCollins).

Paddington's Day Off. Michael Bond. Illus. by R. W. Alley. 2017. (I Can Read Level 1 Ser.). (ENG.). 32p. (J). (gr. -1-3). pap. 4.99 *(978-0-06-243073-1(4),* HarperCollins) HarperCollins Pubs.

Paddington's Day Off. Michael Bond. ed. 2017. (Paddington — I Can Read Ser.). (J). lib. bdg. 13.55 *(978-0-606-39636-3(5))* Turtleback.

Paddington's Finest Hour. Michael Bond. Illus. by Peggy Fortnum & R. W. Alley. 2017. (Paddington Ser.). (ENG.). 144p. (J). (gr. 3-7). 9.99 *(978-0-06-266972-8(9),* HarperCollins) HarperCollins Pubs.

Paddington's Finest Hour. Michael Bond. Illus. by R. W. Alley. 2017. (ENG.). 128p. (J). *(978-0-00-822619-0(9))* HarperCollins Pubs.

Paddington's Post. Michael Bond. Illus. by R. W. Alley. 2019. (Paddington Ser.). (ENG.). 48p. (J). (gr. -1-3). 16.99 *(978-0-06-296212-6(4),* HarperFestival) HarperCollins Pubs.

Paddington's Prize Picture. Michael Bond. Illus. by R. W. Alley. 2017. (I Can Read Level 1 Ser.). (ENG.). 32p. (J). (gr. -1-3). pap. 4.99 *(978-0-06-243076-2(9),* HarperCollins) HarperCollins Pubs.

Paddington's Prize Picture. Michael Bond. Illus. by R. W. Alley. 2017. 29p. (J). *(978-1-5182-4206-9(5))* Harper & Row Ltd.

Paddle Battle. Eric Howling. 2022. (Lorimer Sports Stories Ser.). (ENG.). 120p. (J). (gr. 4-8). pap. 9.95 *(978-1-4594-1623-9(6),* 2eecd59f-5b69-41c5-9548-abab002d4c9e); lib. bdg. 27.99 *(978-1-4594-1625-3(2),* 91afa586-8710-49f8-af6a-dbd575552ebe) James Lorimer & Co. Ltd., Pubs. CAN. Dist: Lerner Publishing Group.

Paddle Perch Climb: Bird Feet Are Neat, 1 vol. Laurie Ellen Angus. 2018. (Illus.). 32p. (J). (gr. -1-3). 16.95 *(978-1-58469-613-1(3),* Dawn Pubns.) Sourcebooks, Inc.

Paddly Pools: A Little Fairy Play (Classic Reprint) Miles Malleson. 2018. (ENG., Illus.). 30p. (J). 24.52 *(978-0-365-31704-3(7))* Forgotten Bks.

Paddy & the Great Christmas Tree Debacle. Elizabeth Nye. 2023. (ENG.). 32p. (J). ***(978-1-3984-9338-4(4));*** pap. ***(978-1-3984-9337-7(6))*** Austin Macauley Pubs. Ltd.

Paddy & the Wolves: A Coloring Book about St. Patrick When He Was a Boy. Steve Nagel. Illus. by Jen Norton. 2019. (ENG.). 44p. (J). pap. 8.95 *(978-1-68192-523-3(0))* Our Sunday Visitor, Publishing Div.

Paddy & the Wolves: A Story about St. Patrick As a Boy. Steve Nagel. 2019. (ENG.). 44p. (J). (gr. -1-2). pap. 10.95 *(978-1-68192-516-5(8))* Our Sunday Visitor, Publishing Div.

Paddy Hew: A Poem; from the Brain of Timothy Tarpaulin (Classic Reprint) Sea Lark. (ENG., Illus.). (J). 2018. 234p. 28.74 *(978-0-365-33945-8(8));* 2017. pap. 11.57 *(978-0-259-26233-6(1))* Forgotten Bks.

Paddy o'Malley's Contrary Cow. Coy Michie Harmon. Illus. by Amber Harmon Whitworth. 2019. (ENG.). 30p. (J). pap. 12.95 *(978-1-64300-868-4(4))* Covenant Bks.

Paddy Pungent: Or, a Rambling Irishman, Right from the Ould Sod (Classic Reprint) J. M. Doherty. 2018. (ENG., Illus.). 132p. (J). 26.62 *(978-0-483-42569-9(9))* Forgotten Bks.

Paddy-The-Next-Best-Thing (Classic Reprint) Gertrude Page. (ENG., Illus.). (J). 2018. 310p. 30.29 *(978-0-365-48443-1(1));* 2017. pap. 13.57 *(978-0-259-45978-1(X))* Forgotten Bks.

Paddy the Wee Leprechaun. Viki Doyle Heagy. Illus. by Nicola Spencer. 2018. (ENG.). 28p. (J). pap. *(978-1-9996490-0-5(1))* Blossom Spring Publishing.

Paddy Waits Alone: Leveled Reader Book 42 Level N 6 Pack. Hmh Hmh. 2021. (SPA.). 32p. (J). pap. 74.40 *(978-0-358-08123-4(8))* Houghton Mifflin Harcourt Publishing Co.

Paddy's Recess Adventures at Hilltop School. Sean Rooney. Illus. by Kalpart. 2018. (ENG.). 30p. (J). (gr. k-6). pap. 12.50 *(978-1-68181-986-0(4))* Strategic Book Publishing & Rights Agency (SBPRA).

Padee & the Mysterious Suitcase. Wendy Her. Illus. by Sheeria Vang. 2023. (ENG.). 74p. (J). pap. 14.99 ***(978-1-0881-2849-7(1))*** Indy Pub.

Pádraig Pearse & the Easter Rising 1916. Rod Smith. Illus. by Derry Dillon. 2017. (ENG.). 50p. (J). pap. *(978-1-78199-888-5(4))* Poolbeg - In A Nutshell.

Padre (Classic Reprint) Temporary Chaplain. 2018. (ENG., Illus.). 144p. (J). 26.87 *(978-0-656-96869-5(9))* Forgotten Bks.

Padre in France (Classic Reprint) George A. Birmingham. 2018. (ENG., Illus.). 300p. (J). 30.10 *(978-0-332-93769-4(0))* Forgotten Bks.

Padre Junipero Serra & His Spanish Missions Biography Book for Kids Grade 3 Children's Historical Biographies. Dissected Lives. 2021. (ENG.). 72p. (J). 27.99 *(978-1-5419-8075-4(1));* pap. 16.99 *(978-1-5419-5931-6(0))* Speedy Publishing LLC. (Dissected Lives (Auto Biographies)).

Padre Kino & the Trail to the Pacific. Jack Steffan. 2019. (ENG., Illus.). 146p. (J). (gr. 5-6). pap. 14.95 *(978-0-9991706-6-3(X))* Hillside Education.

Padre Nostro e Tutti gli Ave - Formato Tascabile. Michele Guglielmino. 2022. (ITA.). 126p. (J). pap. 13.85 *(978-1-4716-9356-4(2))* Lulu Pr., Inc.

Padre Pio: Saint for Reconciliation. Barbara Yoffie. 2018. (Saints & Me Ser.). (ENG.). 32p. (J). pap. 6.49 *(978-0-7648-2792-1(8))* Liguori Pubns.

Padre Pro: Mexican Hero. Franchon Royer. 2019. (ENG., Illus.). 132p. (J). (gr. 5-6). pap. 14.95 *(978-0-9991706-8-7(6))* Hillside Education.

Padre's Little Caretaker a Romance of the Carmel Mission (Classic Reprint) Sarah Ritchie Heath. 2018. (ENG., Illus.). 38p. (J). pap. 24.68 *(978-0-483-03585-9(1))* Forgotten Bks.

Padres Padrísimos, S. A. Jaime Alfonso Sandoval. 2017. (SPA.). 216p. (J). (gr. 5-8). pap. 12.99 *(978-607-746-040-4(0))* Progreso, Editorial, S. A. MEX. Dist: Lectorum Pubns., Inc.

Padri e Figlie: Tre Viaggi per la Tua Vera Famiglia. Cable Evans. Ed. by Laura Roveda. Illus. by Emanuela Molaschi. 2023. (ITA.). 150p. (YA). pap. ***(978-1-4477-6602-5(4))*** Lulu Pr., Inc.

Paella. Richard Sebra. 2020. (Cultural Cuisine Ser.). (ENG., Illus.). 32p. (J). (gr. 2-5). lib. bdg. 32.79 *(978-1-5321-6777-5(6),* 34715, DiscoverRoo) Pop!.

Paese Dei Gatti Buffi. Vittoria Bruno. 2017. (ITA., Illus.). (J). pap. 11.50 *(978-1-326-99026-8(8))* Lulu Pr., Inc.

Páfagauka Litir: Kynning Barns á Náttúrulegum Litum. David E. McAdams. 2nd ed. 2023. (Litir Náttúrunnar Ser.). (ICE.). 38p. (J). pap. 19.95 ***(978-1-63270-433-7(1))*** Life is a Story Problem LLC.

Pagan Apocalypse. John Triptych. 2016. (Wrath of the Old Gods (Young Adult Series) Ser.: Vol. 1). (ENG., Illus.). 150p. (J). pap. *(978-621-95332-2-5(4))* JTRIPTYCH Publishing.

Pagan at the Shrine (Classic Reprint) Paul Gwynne. 2017. (ENG., Illus.). 512p. (J). 33.98 *(978-0-332-38435-1(7))* Forgotten Bks.

Pagan (Classic Reprint) Gordon Arthur Smith. 2018. (ENG., Illus.). 374p. (J). 31.61 *(978-0-666-93143-6(7))* Forgotten Bks.

Pagan Love (Classic Reprint) John Murray Gibbon. 2017. (ENG., Illus.). (J). 30.33 *(978-0-265-18217-8(4))* Forgotten Bks.

Pagan of the Alleghanies (Classic Reprint) Marah Ellis Ryan. 2018. (ENG., Illus.). 298p. (J). 30.06 *(978-0-483-61478-9(5))* Forgotten Bks.

Pagan Papers (Classic Reprint) Kenneth Grahame. 2018. (ENG., Illus.). 194p. (J). 27.90 *(978-0-483-44065-4(5))* Forgotten Bks.

Pagan Portals - Stories for the Songs of the Year. Fiona Tinker. 2020. (ENG., Illus.). 112p. (J). (gr. -1-12). pap. 12.95 *(978-1-78904-470-6(7),* Moon Bks.) Hunt, John Publishing Ltd. GBR. Dist: National Bk. Network.

Pagan's Cup (Classic Reprint) Fergus Hume. 2018. (ENG., Illus.). 308p. (J). 30.25 *(978-0-267-47672-5(8))* Forgotten Bks.

Pagan's Progress (Classic Reprint) Gouverneur Morris. (ENG., Illus.). (J). 2017. 30.08 *(978-0-331-74722-5(7));* 2016. pap. 13.57 *(978-1-333-60968-9(X))* Forgotten Bks.

Page, 1898, Vol. 1 (Classic Reprint) Edward Gordon Craig. 2017. (ENG., Illus.). (J). 356p. 31.26 *(978-0-332-19106-5(0));* pap. 13.97 *(978-0-259-83217-1(0))* Forgotten Bks.

Page, 1899, Vol. 2 (Classic Reprint) Edward Gordon Craig. (ENG., Illus.). (J). 2018. 66p. 25.28 *(978-0-484-02372-6(1));* 2018. 76p. 25.46 *(978-0-428-51259-0(3));* 2018. 60p. 25.15 *(978-0-483-78352-2(8));* 2017. pap. 9.57 *(978-0-259-83459-5(9));* 2017. pap. 9.57 *(978-0-259-40822-2(0));* 2017. pap. 9.57 *(978-0-259-83314-7(2))* Forgotten Bks.

Page-A-Day Children's Bible. Rhona Davies. Illus. by Marcin Piwowarski. 2016. 381p. (J). pap. *(978-0-8198-6032-3(8))* Pauline Bks. & Media.

Page a Day Math Addition & Handwriting Review Book: Practice Adding 0-12. Janice Auerbach. 2018. (ENG., Illus.). 32p. (J). pap. 7.95 *(978-1-948949-96-5(2))* Page A Day Math.

Page a Day Math Division & Handwriting Review Book: Practice Dividing By 1-12. Janice Auerbach. 2018. (ENG., Illus.). 32p. (J). pap. 7.95 *(978-1-948949-97-2(0))* Page A Day Math.

Page a Day Math Multiplication & Handwriting Review Book: Practice Multiplying 0-12. Janice Auerbach. 2018. (ENG., Illus.). 32p. (J). pap. 7.95 *(978-1-948949-98-9(9))* Page A Day Math.

Page a Day Math Subtraction & Handwriting Review Book: Practice Subtracting 0-12. Janice Auerbach. 2018. (ENG., Illus.). 32p. (J). pap. 7.95 *(978-1-948949-99-6(7))* Page A Day Math.

Page in the Wind. José Sanabria & María Laura Díaz Domínguez. 2018. (ENG.). 48p. (J). (gr. -1-2). 17.95 *(978-0-7358-4324-0(4))* North-South Bks., Inc.

Page Monster. Elise Stark. 2022. (ENG.). 24p. (J). pap. 13.95 *(978-1-63765-250-3(X))* Halo Publishing International.

Page of James the Fifth of Scotland: Translated from the French (Classic Reprint) Unknown Author. (ENG., Illus.). (J). 2018. 266p. 29.38 *(978-0-483-19069-6(1));* 2016. pap. 11.97 *(978-1-334-15869-8(X))* Forgotten Bks.

Page of Life (Classic Reprint) Julian Smith. 2018. (ENG., Illus.). 118p. (J). 26.35 *(978-0-483-27180-7(2))* Forgotten Bks.

Page or Prentice (Classic Reprint) H. Elrington. 2018. (ENG., Illus.). 98p. (J). 25.94 *(978-0-483-57061-0(3))* Forgotten Bks.

Page, Vol. 2 (Classic Reprint) Edward Gordon Craig. 2017. (ENG., Illus.). (J). pap. 9.57 *(978-0-259-40359-3(8))* Forgotten Bks.

Pageant, 1896 (Classic Reprint) C. Hazelwood Shannon. 2017. (ENG., Illus.). (J). 268p. 29.42 *(978-0-484-66706-7(8));* pap. 11.97 *(978-0-243-31769-1(7))* Forgotten Bks.

Pageant for Independence Day (Classic Reprint) Kenneth Sawyer Goodman. (ENG., Illus.). (J). 2018. 92p. 25.81 *(978-0-484-48726-9(4));* 2017. 24.78 *(978-0-331-99548-0(4))* Forgotten Bks.

Pageant of Bloomington & Indiana University: The Educational Development of Indiana As Focused in This Community & Served by the State University (Classic Reprint) William Chauncy Langdon. 2018. (ENG., Illus.). 80p. (J). 25.57 *(978-0-267-22356-5(0))* Forgotten Bks.

Pageant of Columbus Within a Masque of I. I. & C: The Book of Words; Written for the Class of 1915 (Classic Reprint) Frances O. Jones Gaither. (ENG., Illus.). (J). 2018. 66p. 25.28 *(978-0-484-82078-3(8));* 2016. pap. 9.57 *(978-1-333-65988-2(1))* Forgotten Bks.

Pageant of Meriden: Education in the New Country Life, in Celebration of the One Hundredth Anniversary of the Founding of Kimball Union Academy (Classic Reprint) William Chauncy Langdon. (ENG., Illus.). (J). 2018. 68p. 25.30 *(978-0-267-61341-0(5));* 2016. pap. 9.57 *(978-1-334-11961-3(9))* Forgotten Bks.

Pageant of Schenectady: In Celebration of the Two Hundred & Fiftieth Anniversary of the Founding of Schenectady, Given in Union College Grounds, May 30th & 31st & June 1st, 1912 (Classic Reprint) Constance D'Arcy MacKay. 2017. (ENG., Illus.). (J). 25.30 *(978-0-266-21584-4(X))* Forgotten Bks.

Pageant of the Illinois Country: Consisting of Five Parts, a Sixth Part to Be Written from Local History Intended for Use Throughout the State in County & Local Celebrations (Classic Reprint) Wallace Rice. 2018. (ENG., Illus.). 62p. (J). 25.20 *(978-0-267-28612-6(0))* Forgotten Bks.

Pageant Planner: Ultimate Pageant Planner. Nila Johnson. 2022. (ENG.). 172p. (YA). *(978-1-387-84521-7(7))* Lulu Pr., Inc.

Pages à Colorier Pour Enfants (Graffiti) Nicola Ridgeway & James Manning. 2020. (FRE., Illus.). 84p. (J). pap. *(978-1-80027-293-4(6))* CBT Bks.

Pages & Co.: the Book Smugglers. Anna James. Illus. by Marco Guadalupi. (Pages & Co Ser.: 4). (ENG.). 336p. (J). (gr. 3-7). 2022. pap. 8.99 *(978-0-593-32722-7(5));* 2021. 17.99 *(978-0-593-32720-3(9))* Penguin Young Readers Group. (Philomel Bks.).

Pages & Co.: the Bookwanderers. Anna James. Illus. by Paola Escobar. (Pages & Co Ser.: 1). (ENG.). 304p. (J). (gr. 3-7). 2020. pap. 8.99 *(978-1-9848-3714-1(1),* Puffin Books); 2019. 17.99 *(978-1-9848-3712-7(5),* Philomel Bks.) Penguin Young Readers Group.

Pages & Co.: the Lost Fairy Tales. Anna James. Illus. by Paola Escobar. (Pages & Co Ser.: 2). (ENG.). (J). (gr. 3-7). 2021. 304p. pap. 8.99 *(978-1-9848-3731-8(1),* Puffin Books); 2020. 288p. 16.99 *(978-1-9848-3729-5(X),* Philomel Bks.) Penguin Young Readers Group.

Pages & Co.: the Map of Stories. Anna James. Illus. by Paola Escobar. 2021. (Pages & Co Ser.: 3). (ENG.). 336p. (J). (gr. 3-7). pap. 8.99 *(978-1-9848-3734-9(6),* Philomel Bks.) Penguin Young Readers Group.

Pages & Co.: the Treehouse Library. Anna James. Illus. by Marco Guadalupi. 2023. (Pages & Co Ser.: 5). (ENG.). 304p. (J). (gr. 3-7). 17.99 *(978-0-593-32723-4(3),* Philomel Bks.) Penguin Young Readers Group.

Pages Between Us: in the Spotlight. Lindsey Leavitt & Robin Mellom. Illus. by Abby Dening. 2017. (Pages Between Us Ser.: 2). (ENG.). 336p. (J). (gr. 3-7). 16.99 *(978-0-06-237774-6(4),* HarperCollins) HarperCollins Pubs.

Pages de Ballerines à Colorier (Pages à Colorier Pour Enfants) Nicola Ridgeway & James Manning. 2020. (FRE.). 84p. (J). pap. *(978-1-80027-225-5(1))* CBT Bks.

Pages de Clowns à Colorier (Pages à Colorier Pour Enfants) Nicola Ridgeway & James Manning. 2020. (FRE.). 84p. (J). pap. *(978-1-80027-226-2(X))* CBT Bks.

Pages de Fées à Colorier (Pages à Colorier Pour Enfants) Nicola Ridgeway & James Manning. 2020. (FRE.). 84p. (J). pap. *(978-1-80027-229-3(4))* CBT Bks.

Pages de Pirates à Colorier (Pages à Colorier Pour Enfants) Nicola Ridgeway & James Manning. 2020. (FRE.). 84p. (J). pap. *(978-1-80027-283-5(9))* CBT Bks.

Pages de Princesses à Colorier (Pages à Colorier Pour Enfants) Nicola Ridgeway & James Manning. 2020. (FRE.). 84p. (J). pap. *(978-1-80027-285-9(5))* West Suffolk CBT Service Ltd., The.

Pages from a Journal with Other Papers. Mark Rutherford. 2017. (ENG., Illus.). (J). 23.95 *(978-1-374-85730-8(0));* pap. 13.95 *(978-1-374-85729-2(7))* Capital Communications, Inc.

Pages from the Book of Paris (Classic Reprint) Unknown Author. 2018. (ENG., Illus.). 436p. (J). 32.89 *(978-0-483-88793-0(5))* Forgotten Bks.

Pages from the Day-Book of Bethia Hardacre (Classic Reprint) Ella Fuller Maitland. 2017. (ENG., Illus.). (J). 30.56 *(978-1-5281-8101-3(8))* Forgotten Bks.

Pages in Azure & Gold: The Letters of Miss. Gardiner & Miss. Quincy (Classic Reprint) Sarah Diodati Gardiner. (ENG., Illus.). (J). 2018. 310p. 30.29 *(978-0-332-95730-2(6));* 2017. pap. 13.57 *(978-0-259-81589-1(6))* Forgotten Bks.

Pages of Peace: From Dartmoor (Classic Reprint) Beatrice Chase. 2017. (ENG., Illus.). (J). 28.23 *(978-0-331-71911-6(8))* Forgotten Bks.

Pages of Sunbeams: Joyful, Singable Rhymes to Brighten Your Day. Mechelle Foster. 2022. (ENG.). 36p. (J). 24.99 ***(978-1-956267-96-9(4))*** Freiling Publishing.

Paging Superhero: Being a Superhero (Tagalog Edition) Liz Shmuilov & Kidkiddos Books. 2019. (Tagalog Bedtime Collection). (TGL., Illus.). 34p. (J). (gr. k-3). *(978-1-5259-1953-4(9));* pap. *(978-1-5259-1952-7(0))* Kidkiddos Bks.

Páginas Envenenadas. Michael Dahl. Tr. by Aparicio Publishing Aparicio Publishing LLC. Illus. by Martin Blanco. 2019. (Biblioteca Maldita Ser.). (SPA.). 40p. (J). (gr. 4-8). lib. bdg. 24.65 *(978-1-4965-8534-9(8),* 141283, Stone Arch Bks.) Capstone.

Pagine Da Colorare Clown (Pagine Da Colorare per Bambini) Questo Libro Ha 40 Pagine Da Colorare per Bambini Dai Quattro Anni in Su. James Manning. 2020. (ITA.). 86p. (J). pap. *(978-1-80027-474-7(2))* CBT Bks.

Pagine Da Colorare Dinosauri (Pagine Da Colorare per Bambini) Questo Libro Ha 40 Pagine Di Pittura Ballerine per Bambini Dai Quattro Anni in Su. James Manning. 2020. (ITA.). 86p. (J). pap. *(978-1-80027-468-6(8))* CBT Bks.

Pagine Da Colorare Fata (Pagine Da Colorare per Bambini) Questo Libro Ha 40 Pagine per Bambini Dai Quattro Anni in Su per le Fate a Colori. Viene Fornito con 6 Libri Da Colorare in PDF Bonus. James Manning. 2020. (ITA.). 86p. (J). pap. *(978-1-80027-469-3(6))* CBT Bks.

Pagine Da Colorare Principessa (Pagine Da Colorare per Bambini) Questo Libro Offre 40 Pagine a Colori. Questo Libro è Stato Progettato per Aiutare I Bambini a Sviluppare Il Controllo Sulla Penna e Ad Allenare le Loro Capacità Motorie. James Manning. 2020. (ITA.). 86p. (J). pap. *(978-1-80027-472-3(6))* CBT Bks.

Pagine Di Pittura Ballerine (Pagine Da Colorare per Bambini) Questo Libro Ha 40 Pagine Di Pittura Ballerine per Bambini Dai Quattro Anni in Su. James Manning. 2020. (ITA.). 86p. (J). pap. *(978-1-80027-467-9(X))* CBT Bks.

Pagine Di Pittura per Bambini (Pagine Da Colorare Fata) Questo Libro Ha 40 Pagine per Colorare I Bambini in età Prescolare con Linee Extra Spesse. Viene Fornito con 6 Libri Da Colorare in PDF Bonus. Questo Libro è Stato Progettato per Aiutare I Bambini A. James Manning. 2020. (ITA.). 86p. (J). pap. *(978-1-80027-476-1(9))* CBT Bks.

Pagine Di Pittura per Bambini (Pagine Di Pittura Ballerine) Questo Libro Ha 40 Pagine per Colorare I Bambini in età Prescolare con Linee Extra Spesse. Questo Libro è Stato Progettato per Aiutare I Bambini a Sviluppare il Controllo Sulla Penna e Ad Allena. James Manning. 2020. (ITA.). 86p. (J). pap. *(978-1-80027-475-4(0))* CBT Bks.

Paid in Full a Novel, Vol. 3 of 3 (Classic Reprint) Henry James Byron. 2018. (ENG., Illus.). 284p. (J). 29.75 *(978-0-484-27873-7(8))* Forgotten Bks.

Paid in Full (Classic Reprint) Eugene Walter. 2018. (ENG., Illus.). 354p. (J). 31.20 *(978-0-483-69392-0(8))* Forgotten Bks.

Paid in Full, Vol. 1 Of 3: A Novel (Classic Reprint) Henry J. Byron. 2018. (ENG., Illus.). 316p. (J). 30.41 *(978-0-483-43982-5(7))* Forgotten Bks.

Paid in Full, Vol. 2 of 3 (Classic Reprint) Henry James Byron. 2018. (ENG., Illus.). 312p. (J). 30.33 *(978-0-483-38040-0(7))* Forgotten Bks.

Paid to Game. Daniel Montgomery Cole Mauleón. 2019. (Video Game Revolution Ser.). (ENG., Illus.). 32p. (J). (gr. 3-9). 30.65 *(978-1-5435-7157-8(3),* 140424) Capstone.

Paida. Tatenda Charles Munyuki. 2017. (ENG.). 58p. (J). pap. *(978-0-7974-7782-7(9))* Success Publishing Hse.

Paige & Piper's Pink Puppy Problem. Haley Schmidlin. 2023. (ENG.). 34p. (J). pap. ***(978-1-83934-645-3(0))*** Olympia Publishers.

Paige Goes to Stockholm. Tracilyn George. 2023. (ENG.). 28p. (J). pap. 13.99 ***(978-1-77475-703-1(6))*** Draft2Digital.

Paige the Penguin: A Cyan Cove Hypnotic Sleep Story. Kylie Herda. Illus. by Ana Rankovic. 2019. (Cyan Cove Ser.: Vol. 2). (ENG.). 32p. (J). pap. *(978-0-6484840-1-1(7))* Nexus Hypnotherapy.

Paige the Pony. Lily Small. ed. 2020. (Fairy Animals Ser.). (ENG.). 128p. (J). (gr. 2-3). 15.49 *(978-1-64697-142-8(6))* Penworthy Co., LLC, The.

Paige the Pony: Fairy Animals of Misty Wood. Lily Small. 2017. (Fairy Animals of Misty Wood Ser.: 10). (ENG., Illus.). 144p. (J). pap. 6.99 *(978-1-250-12700-6(9),* 900175306, Holt, Henry & Co. Bks. For Young Readers) Holt, Henry & Co.

Paigey Waigey's Donut Shop. Jemeria M. Cummings. 2021. (ENG.). 26p. (J). 17.99 *(978-1-7372447-0-7(5))* Building Readers First, LLC.

Pail & Shovel! the Beach Toys Coloring Book. Smarter Activity Books for Kids. 2016. (ENG., Illus.). (J). pap. 9.22 *(978-1-68374-578-5(7))* Examined Solutions PTE. Ltd.

Pail of Gold. Queenchiku Ngozi. 2020. (ENG.). 32p. (J). pap. *(978-1-716-92216-9(X))* Lulu Pr., Inc.

Pain. P. D. Workman. 2020. (Medical Kidnap Files Ser.: Vol. 5). (ENG.). (YA). 290p. *(978-1-77468-022-3(X));* 290p. pap. *(978-1-77468-021-6(1));* 714p. *(978-1-77468-023-0(8))* PD Workman.

Pain in My Chest. Áine Murray. Illus. by Bronagh Lee. 2023. (ENG.). 32p. (J). pap. 13.99 ***(978-1-78849-355-0(9))*** O'Brien Pr., Ltd., The. IRL. Dist: Casemate Pubs. & Bk. Distributors, LLC.

Pain in the Neck. Lea Taddonio. 2019. (Shiverwood Academy Ser.). (ENG., Illus.). 48p. (J). (gr. 3-7). lib. bdg. 34.21 *(978-1-5321-3504-0(1),* 31927, Spellbound) Magic Wagon.

Pain of Losing a Dear One. Jennifer Arzu. 2023. (ENG.). 24p. (J). pap. 11.99 ***(978-1-0881-5463-2(8))*** Indy Pub.

Pain of the Rain. Foster Evans. 2020. (ENG.). 27p. (J). *(978-1-716-51484-5(3))* Lulu Pr., Inc.

Painkillers: The Scourge on Society. Amy Sterling Casil. 2019. (Opioid Education Ser.). (Illus.). 96p. (J). (gr. 12). lib. bdg. 34.60 *(978-1-4222-4381-7(8))* Mason Crest.

Painless American Government, Second Edition. Jeffrey Strausser. 2023. (Barron's Painless Ser.). (ENG.). 272p. (YA). (gr. 6-9). pap. 16.99 ***(978-1-5062-8826-0(X),*** Barron's Educational Series, Inc.) Kaplan Publishing.

Painless Calculus. Christina Pawlowski-Polanish. 2021. (Barron's Painless Ser.). (ENG., Illus.). 352p. (YA). (gr. 6-9). pap. 16.99 *(978-1-5062-7319-8(X),* Barron's Educational Series, Inc.) Kaplan Publishing.

Painless Earth Science. Edward J. Denecke, Jr. 2021. (Barron's Painless Ser.). (ENG., Illus.). 336p. (YA). (gr. 6-9). pap. 16.99 *(978-1-5062-7322-8(X),* Barron's Educational Series, Inc.) Kaplan Publishing.

Painless Pre-Algebra. Amy Stahl. 2021. (Barron's Painless Ser.). (ENG., Illus.). 304p. (YA). (gr. 6-9). pap. 16.99 *(978-1-5062-7315-0(7),* Barron's Educational Series, Inc.) Kaplan Publishing.

Painless Reading Comprehension. Darolyn Lyn Jones. 2021. (Barron's Painless Ser.). (ENG., Illus.). 192p. (YA). (gr. 6-9). pap. 16.99 *(978-1-5062-7329-7(7),* Barron's Educational Series, Inc.) Kaplan Publishing.

Painless Tooth-Extraction Without Chloroform: With Observations on Local Anaesthesia by Congelation in

P

General Surgery. Walter Blundell. 2017. (ENG., Illus.). (J). pap. *(978-0-649-02262-5(9))* Trieste Publishing Pty Ltd.

Painless Writing. Jeffrey Strausser. 2020. (Barron's Painless Ser.). (ENG.). 192p. (YA). (gr. 6-9). pap. 16.99 *(978-1-5062-6812-5(9),* Barron's Educational Series, Inc.) Kaplan Publishing.

Painstaking (Classic Reprint) Unknown Author. 2018. (ENG., Illus.). 104p. (J). 26.06 *(978-0-332-36098-0(9))* Forgotten Bks.

Paint a Plate Christmas Edition: Craft Box Set for Kids. IglooBooks. Illus. by Emanuela Mannello. 2022. (ENG.). 24p. (J). (gr. k). pap. 14.99 *(978-1-80108-939-5(6))* Igloo Bks. GBR. Dist: Simon & Schuster, Inc.

Paint Box Colours. Rob Mack. 2022. (ENG.). 24p. (J). pap. ***(978-1-83934-365-0(6))*** Olympia Publishers.

Paint Brushes for Frida: A Children's Book Inspired by Frida Kahlo. Véronique Massenot. Illus. by Élise Mansot. 2022. (Children's Books Inspired by Famous Artworks Ser.). (ENG.). 32p. (J). (gr. -1-3). 14.95 *(978-3-7913-7491-8(5))* Prestel Verlag GmbH & Co KG. DEU. Dist: Penguin Random Hse. LLC.

Paint by Sticker Kids: Beautiful Bugs: Create 10 Pictures One Sticker at a Time! (Kids Activity Book, Sticker Art, No Mess Activity, Keep Kids Busy) Workman Publishing. 2018. (Paint by Sticker Ser.). (ENG., Illus.). 44p. (J). (gr. k-7). 9.95 *(978-1-5235-0295-0(9),* 100295) Workman Publishing Co., Inc.

Paint by Sticker Kids: Christmas: Create 10 Pictures One Sticker at a Time! Includes Glitter Stickers. Workman Publishing. 2019. (Paint by Sticker Ser.). (ENG., Illus.). 44p. (J). (gr. k-4). 10.95 *(978-1-5235-0675-0(X),* 100675) Workman Publishing Co., Inc.

Paint by Sticker Kids: Dinosaurs: Create 10 Pictures One Sticker at a Time! Workman Publishing. 2020. (Paint by Sticker Ser.). (ENG.). 44p. (J). (gr. k-5). 10.95 *(978-1-5235-1117-4(6),* 101117) Workman Publishing Co., Inc.

Paint by Sticker Kids: Easter: Create 10 Pictures One Sticker at a Time! Workman Publishing. 2022. (Paint by Sticker Ser.). (ENG.). 34p. (J). (gr. k-17). 10.99 *(978-1-5235-1042-9(0),* 101042) Workman Publishing Co., Inc.

Paint by Sticker Kids: Halloween: Create 10 Pictures One Sticker at a Time! Includes Glow-In-the-Dark Stickers. Workman Publishing. 2019. (Paint by Sticker Ser.). (ENG.). 44p. (J). (gr. k-4). 10.99 *(978-1-5235-0614-9(8),* 100614) Workman Publishing Co., Inc.

Paint by Sticker Kids: Holly Jolly Christmas. Workman Publishing. 2022. (Paint by Sticker Ser.). (ENG.). 44p. (J). (gr. k-17). 10.99 *(978-1-5235-1856-2(1),* 101856) Workman Publishing Co., Inc.

Paint by Sticker Kids: Mermaids & Magic! Create 10 Pictures One Sticker at a Time! Includes Glitter Stickers. Workman Publishing. 2021. (Paint by Sticker Ser.). (ENG.). 44p. (J). (gr. k-17). 9.95 *(978-1-5235-1043-6(9),* 101043) Workman Publishing Co., Inc.

Paint by Sticker Kids: Outer Space: Create 10 Pictures One Sticker at a Time! Includes Glow-In-the-Dark Stickers. Workman Publishing. 2021. (Paint by Sticker Ser.). (ENG.). 44p. (J). (gr. k-17). 10.95 *(978-1-5235-1301-7(2),* 101301) Workman Publishing Co., Inc.

Paint by Sticker Kids: Pets: Create 10 Pictures One Sticker at a Time! Workman Publishing. 2023. (Paint by Sticker Ser.). (ENG.). 44p. (J). (gr. k-4). pap. 10.99 ***(978-1-5235-1936-1(3))*** Workman Publishing Co., Inc.

Paint by Sticker Kids: Rainbows Everywhere! Create 10 Pictures One Sticker at a Time! Workman Publishing. 2022. (Paint by Sticker Ser.). (ENG.). 44p. (J). (gr. k-17). 10.99 *(978-1-5235-1775-6(1),* 101775) Workman Publishing Co., Inc.

Paint by Sticker Kids, the Original: Create 10 Pictures One Sticker at a Time! (Kids Activity Book, Sticker Art, No Mess Activity, Keep Kids Busy) Workman Publishing. 2016. (Paint by Sticker Ser.). (ENG., Illus.). 34p. (J). (gr. k-4). 9.95 *(978-0-7611-8941-1(6),* 18941) Workman Publishing Co., Inc.

Paint by Sticker Kids: under the Sea: Create 10 Pictures One Sticker at a Time! Workman Publishing. 2017. (Paint by Sticker Ser.). (ENG., Illus.). 44p. (J). (gr. k-4). 9.95 *(978-1-5235-0038-3(7),* 100038) Workman Publishing Co., Inc.

Paint by Sticker Kids: Unicorns & Magic: Create 10 Pictures One Sticker at a Time! Includes Glitter Stickers. Workman Publishing. 2019. (Paint by Sticker Ser.). (ENG., Illus.). 44p. (J). (gr. k-4). 9.95 *(978-0-7611-9364-7(2),* 19364) Workman Publishing Co., Inc.

Paint by Sticker Kids: Zoo Animals: Create 10 Pictures One Sticker at a Time! Workman Publishing. 2016. (Paint by Sticker Ser.). (ENG., Illus.). 44p. (J). (gr. k-7). 9.95 *(978-0-7611-8960-2(2),* 18960) Workman Publishing Co., Inc.

Paint Horses. Elizabeth Noll. 2018. (Horse Crazy Ser.). (ENG.). 32p. (gr. 2-7). 9.95 *(978-1-68072-710-4(9));* (J). (gr. 4-6). pap. 9.99 *(978-1-64466-263-2(9),* 12305); (Illus.). (J). (gr. 4-6). lib. bdg. *(978-1-68072-416-5(9),* 12304) Black Rabbit Bks. (Bolt).

Paint It Out! Ethan Long. ed. 2021. (I Like to Read Ser.). (ENG., Illus.). 26p. (J). (gr. k-1). 18.46 *(978-1-64697-886-1(2))* Penworthy Co., LLC, The.

Paint It! Super Simple Crafts for Kids. Tamara JM Peterson & Ruthie Van Oosbree. 2022. (Creative Crafting Ser.). (ENG., Illus.). 32p. (J). (gr. k-4). lib. bdg. 34.21 *(978-1-5321-9987-5(2),* 40763, Super SandCastle) ABDO Publishing Co.

Paint Like Franz Marc. Geeta Dharmarajan. 2019. (ENG., Illus.). 32p. (J). pap. *(978-93-88284-41-7(0))* Katha.

Paint Little Girl. Brooke Smith. 2018. (ENG., Illus.). 34p. (J). pap. 15.91 *(978-1-387-51593-6(4))* Lulu Pr., Inc.

Paint Me a Flower Garden: Flower Garden Coloring Book. Jupiter Kids. 2016. (ENG., Illus.). 106p. (J). pap. 12.55 *(978-1-68305-305-7(2),* Jupiter Kids (Childrens & Kids Fiction)) Speedy Publishing LLC.

Paint My World: Coloring Book with Paint. Jupiter Kids. 2016. (ENG., Illus.). 106p. (J). pap. 12.55 *(978-1-68305-306-4(0),* Jupiter Kids (Childrens & Kids Fiction)) Speedy Publishing LLC.

Paint That Fish. Garry Fleming. 2016. (Honey Pot Bear Ser.). (ENG.). 32p. (J). (gr. k-2). pap. 14.99 *(978-1-925386-99-8(6),* Brolly Bks.) Borghesi & Adam Pubs. Pty Ltd AUS. Dist: Independent Pubs. Group.

Paint That Flower. Garry Fleming. 2016. (Honey Pot Bear Ser.). (ENG.). 24p. (J). (gr. -1-k). pap. 14.99 *(978-1-925386-65-3(1),* Brolly Bks.) Borghesi & Adam Pubs. Pty Ltd AUS. Dist: Independent Pubs. Group.

Paint That Ladybug. Garry Fleming. 2016. (Honey Pot Bear Ser.). (ENG.). 32p. (J). (gr. -1-k). pap. 14.99 *(978-1-925386-66-0(X),* Brolly Bks.) Borghesi & Adam Pubs. Pty Ltd AUS. Dist: Independent Pubs. Group.

Paint the Town Pink, 1 vol. Lori Doody. 2019. (ENG., Illus.). 40p. (J). (gr. -1-3). pap. 9.95 *(978-1-927917-21-3(2))* Running the Goat, Bks. & Broadsides CAN. Dist: Orca Bk. Pubs. USA.

Paint with Magic, 1 vol. Sandi Wooton. Illus. by Pat Kan. 2020. (ENG.). 32p. (J). (gr. 1-2). pap. 11.00 *(978-1-4994-8640-7(5),* 9df45f65-f11e-4266-94a9-1add15d1e677); lib. bdg. 28.93 *(978-1-4994-8641-4(3),* 6c1f9243-4030-45f8-973a-1b94c0283fbe) Rosen Publishing Group, Inc., The. (Windmill Bks.).

Paint with Peppa! (Peppa Pig) Golden Books. Illus. by Golden Books. 2019. (ENG., Illus.). 128p. (J). (gr. -1-2). pap. 7.99 *(978-0-593-11890-0(1),* Golden Bks.) Random Hse. Children's Bks.

Paint Your Favorite Trash Picture in Coloring Books. Jupiter Kids. 2017. (ENG., Illus.). (J). pap. 9.20 *(978-1-68326-879-6(2),* Jupiter Kids (Childrens & Kids Fiction)) Speedy Publishing LLC.

Paint Your Own Plate: Craft Box Set for Kids. IglooBooks. Illus. by Ophelie Ortal. 2022. (ENG.). 16p. (J). (gr. k-2). 14.99 *(978-1-80108-690-5(7))* Igloo Bks. GBR. Dist: Simon & Schuster, Inc.

Paint Your Own Squishy: Craft Box Set for Kids. IglooBooks. 2021. (ENG.). 24p. (J). pap. 12.99 *(978-1-80022-744-6(2))* Igloo Bks. GBR. Dist: Simon & Schuster, Inc.

Paintball. Alan Walker. 2022. (Exciting & Safe Outdoor Fun Ser.). (ENG.). 24p. (J). (gr. k-2). pap. *(978-1-0396-6204-9(8),* 19862); lib. bdg. *(978-1-0396-6009-0(6),* 19861) Crabtree Publishing Co.

Paintball Boss. Jake Maddox. 2016. (Jake Maddox JV Ser.). (ENG., Illus.). 96p. (J). (gr. 4-6). lib. bdg. 26.65 *(978-1-4965-3982-3(6),* 133205, Stone Arch Bks.) Capstone.

Paintball de Las Pequeñas Estrellas. Taylor Farley. Tr. by Pablo de la Vega. 2021. (Pequeñas Estrellas (Little Stars) Ser.). (SPA., Illus.). 24p. (J). (gr. k-2). pap. *(978-1-4271-3183-6(X),* 15147); lib. bdg. *(978-1-4271-3165-2(1),* 15128) Crabtree Publishing Co.

Paintbrush for Paco. Tracey Kyle. Illus. by Joshua Heinsz. 2018. (ENG.). 40p. (J). (gr. -1-3). 17.99 *(978-1-4998-0544-4(6))* Little Bee Books Inc.

Paintbrushes & Arrows. M. C. Finotti. 2016. 113p. (J). *(978-1-56164-968-6(6))* Pineapple Pr., Inc.

Paintbrushes & Arrows: A Story of St. Augustine. M. C. Finotti. 2016. 118p. (J). (gr. -1-12). pap. 14.95 *(978-1-56164-963-1(5))* Pineapple Pr., Inc.

Painted Clay (Classic Reprint) Capel Boake. 2017. (ENG., Illus.). (J). 31.07 *(978-0-331-95017-5(0))* Forgotten Bks.

Painted Meadows (Classic Reprint) Sophie Kerr. 2017. (ENG., Illus.). (J). 30.62 *(978-0-260-25883-0(0));* pap. 13.57 *(978-0-243-93495-9(5))* Forgotten Bks.

Painted Rock: Tales & Narratives of Painted, Rock, South Panhandle, Texas, Told, by Charlie Baker, Late of That City, & Also of Snyder, Scurry County (Classic Reprint) Morley Roberts. 2018. (ENG., Illus.). 286p. (J). 29.80 *(978-0-267-48769-1(X))* Forgotten Bks.

Painted Shadows (Classic Reprint) Richard Le Gallienne. 2018. (ENG., Illus.). 360p. (J). 31.32 *(978-0-483-39287-8(1))* Forgotten Bks.

Painted Skies. Carolyn Mallory. Illus. by Amei Zhao. 2018. (ENG.). 36p. (J). (gr. 1-3). pap. 12.95 *(978-1-77227-219-2(1))* Inhabit Media Inc. CAN. Dist: Consortium Bk. Sales & Distribution.

Painted Sky. Rabbi Donna Berman. Illus. by Louisa Barton-Duguay. 2020. (ENG.). 34p. (J). pap. 21.99 *(978-1-948071-41-3(X))* Lauren Simone Publishing Hse.

Painted Stories. Hannah Collins et al. 2018. (ENG.). 112p. (J). pap. *(978-0-359-29995-9(4))* Lulu Pr., Inc.

Painted Swan: A Play in Three Acts (Classic Reprint) Elizabeth Bibesco. 2018. (ENG., Illus.). 102p. (J). 26.02 *(978-0-483-98553-7(8))* Forgotten Bks.

Painted Windows (Classic Reprint) Elia W. Peattie. (ENG., Illus.). (J). 2017. 26.45 *(978-0-266-40084-4(1));* 2016. pap. 9.57 *(978-1-333-33261-7(0))* Forgotten Bks.

Painter Paints. Stacey Haber. 2017. (ENG., Illus.). 31p. (J). pap. *(978-1-9997159-0-8(X))* Hope & Plum Bk. Publishing.

Painter's Camp, Vol. 1 of 3 (Classic Reprint) Philip Gilbert Hamerton. 2018. (ENG., Illus.). 462p. (J). 33.43 *(978-0-656-86327-3(7))* Forgotten Bks.

Painters of the Caves Prehistoric Art on Cave & Rock Fourth Grade Social Studies Children's Art Books. Baby Professor. 2020. (ENG.). 72p. (J). 24.99 *(978-1-5419-7945-1(1));* pap. 14.99 *(978-1-5419-4989-8(7))* Speedy Publishing LLC. (Baby Professor (Education Kids)).

Painting see Pintura

Painting. Charis Cotter. 288p. (J). (gr. 4-7). 2019. pap. 9.99 *(978-0-7352-6321-5(3));* 2017. (Illus.). 16.99 *(978-1-101-91887-6(X))* Tundra Bks. CAN. (Tundra Bks.). Dist: Penguin Random Hse. LLC.

Painting. Jenny Fretland VanVoorst. 2016. (Artist's Studio Ser.). (Illus.). 24p. (J). (gr. k-2). lib. bdg. 25.65 *(978-1-62031-282-7(4),* Bullfrog Bks.) Jump! Inc.

Painting. Carolyn Scrace. 2020. (Scribble Monsters! Ser.). (ENG.). 32p. (J). (gr. -1). pap. 8.95 *(978-1-913337-53-7(7),* Scribblers) Book Hse. GBR. Dist: Sterling Publishing Co., Inc.

Painting: Materials, Technique, Styles, & Practice, 1 vol. Ed. by Denis E. McGuinness. 2016. (Britannica's Practical Guide to the Arts Ser.). (ENG., Illus.). 128p. (J). (gr. 10-10). lib. bdg. 37.82 *(978-1-68048-373-4(0),* 9900450f-041a-4bc4-ae8e-fbfcc4e793a8) Rosen Publishing Group, Inc., The.

Painting & Drawing Book: With Tale of Peter Rabbit (Classic Reprint) Beatrix Potter. (ENG., Illus.). (J). 2018. 104p. 26.06 *(978-0-666-85597-8(8));* 2017. pap. 9.57 *(978-0-282-51280-4(2))* Forgotten Bks.

Painting Competition & Royal Hawk: Ancient Stories for Persia & Beyond. Ed. by William Webster. Illus. by Nashmin Valadi. 2019. (ENG.). 36p. (J). (gr. k-6). pap. *(978-1-922327-02-4(6))* Australian Self Publishing Group/ Inspiring Pubs.

Painting Competition & Royal Hawk: Ancient Stories from Persia & Beyond. Ed. by William Webster. Illus. by Nashmin Valadi. 2019. (ENG.). 36p. (J). (gr. k-6). pap. *(978-1-922327-03-1(4))* Australian Self Publishing Group/ Inspiring Pubs.

Painting of a Gentleman. Estrell S. Young III. 2017. (ENG., Illus.). (YA). (gr. 10-12). pap. 13.99 *(978-0-692-90306-3(2))* Young, Estrell III.

Painting Our Legacy. Raven Stephens. 2022. (ENG.). 80p. (YA). ***(978-1-7778542-0-1(2))*** Herman's Monster Hse. Publishing.

Painting Party! (Blue's Clues & You) Golden Books. Illus. by Golden Books. 2022. (ENG., Illus.). 128p. (J). (gr. -1-2). pap. 8.99 *(978-0-593-43119-1(7),* Golden Bks.) Random Hse. Children's Bks.

Painting Pepette. Linda Ravin Lodding. Illus. by Claire Fletcher. 2016. (ENG.). 40p. (J). (gr. -1-3). 17.99 *(978-1-4998-0136-1(X))* Little Bee Books Inc.

Painting Skills Lab. Sandee Ewasiuk. 2018. (Art Skills Lab Ser.). (Illus.). 32p. (J). (gr. 4-4). *(978-0-7787-5223-3(2))* Crabtree Publishing Co.

Painting with Numbers. Joshua James Cole. 2023. (Painting With Ser.: Vol. 2). (ENG.). 48p. (J). 17.99 ***(978-1-0880-1691-6(X))*** Indy Pub.

Painting with Words. Joshua James Cole. 2022. (ENG.). 42p. (J). 23.99 ***(978-1-0880-3492-7(6))*** Indy Pub.

Paintings see Cuadros

Paintings. Claude Delafosse. Illus. by Tony Ross. 2nd ed. 2018. (My First Discoveries Ser.).Tr. of Tableaux. (ENG.). 34p. (J). (gr. k-2). spiral bd. 19.99 *(978-1-85103-464-2(1),* 1851034641) Moonlight Publishing, Ltd. GBR. Dist: Independent Pubs. Group.

Paintings, Sculptures & Other Artwork Coloring Book. Smarter Activity Books. 2016. (ENG., Illus.). (J). pap. 9.22 *(978-1-68374-579-2(5))* Examined Solutions PTE. Ltd.

Pair of Country Kids: Comedy-Drama in Four Acts (Classic Reprint) J. Howard Bauman. (ENG., Illus.). (J). 2018. 46p. 24.85 *(978-0-483-89891-2(0));* 2016. pap. 7.97 *(978-1-333-60508-7(0))* Forgotten Bks.

Pair of Idols (Classic Reprint) Stewart Thomas Caven. 2018. (ENG., Illus.). 292p. (J). 29.92 *(978-0-484-31941-6(8))* Forgotten Bks.

Pair of Knaves & a Few Trumps: A Novel (Classic Reprint) Maurice Douglas Flattery. (ENG., Illus.). (J). 2018. 344p. 30.99 *(978-0-267-31308-2(X));* 2016. pap. 13.57 *(978-1-333-42480-0(9))* Forgotten Bks.

Pair of Madcaps (Classic Reprint) John Townsend Trowbridge. 2018. (ENG., Illus.). 384p. (J). 31.88 *(978-0-484-71396-2(5))* Forgotten Bks.

Pair of Originals: A Story (Classic Reprint) E. Ward. 2018. (ENG., Illus.). 388p. (J). 31.92 *(978-0-483-31323-1(8))* Forgotten Bks.

Pair of Patient Lovers (Classic Reprint) W. D. Howells. 2017. (ENG., Illus.). (J). 31.90 *(978-1-5281-8752-7(0))* Forgotten Bks.

Pair of Pears & an Orange. Anna McGregor. 2021. (ENG., Illus.). 32p. (J). (gr. -1-1). 17.99 *(978-1-950354-70-2(9))* Scribe Pubns. AUS. Dist: Consortium Bk. Sales & Distribution.

Pair of Rainbow Socks. Rose Bigras. 2022. (ENG.). 24p. (J). *(978-1-0391-2223-9(X));* pap. *(978-1-0391-2222-2(1))* FriesenPress.

Pair of Red Clogs. Masako Matsuno. Illus. by Kazue Mizumura. (ENG.). (J). (gr. k-3). 2022. 36p. pap. 14.99 ***(978-1-948959-82-7(8));*** 2019. 32p. pap. 13.95 *(978-1-948959-06-3(2))* Purple Hse. Pr.

Pair of Sixes (Classic Reprint) Edward Peple. (ENG., Illus.). (J). 2019. 346p. 31.05 *(978-0-365-17445-5(9));* 2017. pap. 13.57 *(978-0-259-18868-1(9))* Forgotten Bks.

Pairs at Nationals. Elizabeth Weiss Vollstadt. 2017. (ENG., Illus.). (YA). (gr. 7-11). pap. 14.95 *(978-1-943789-54-2(1))* Taylor and Seale Publishing.

Pairs of Kitties. Joe Lampe. l.t. ed. 2023. (Funny Sound Substitutions Ser.). (ENG.). 26p. (J). pap. 9.99 ***(978-1-0881-5919-4(2))*** Indy Pub.

Pairs of People. Mark K. Shriver & Jeanne Shriver. Illus. by Laura Watson. 2022. (ENG.). 32p. (J). (gr. -1-3). 19.99 *(978-0-8294-5485-7(3),* 9, 4U2B Bks. & Media) Loyola Pr.

Pairs on Ice. Elizabeth Weiss Vollstadt. 2017. (Pairs Ser.: Vol. 1). (ENG., Illus.). (YA). (gr. 7-12). pap. 14.95 *(978-1-943789-58-0(4))* Taylor and Seale Publishing.

Pairs Skating. Heather E. Schwartz. 2017. (Figure Skating Ser.). (ENG., Illus.). 32p. (J). (gr. 3-9). lib. bdg. 28.65 *(978-1-5157-8187-5(9),* 136158, Capstone Pr.) Capstone.

País. Alicia Rodriguez. 2021. (¿dónde Vivo? (Where Do I Live?) Ser.). (SPA., Illus.). 16p. (J). (gr. -1-1). lib. bdg. *(978-1-0396-1694-3(1),* 13769) Crabtree Publishing Co.

País: Country. Alicia Rodriguez. 2021. (¿dónde Vivo? (Where Do I Live?) Ser.). (SPA., Illus.). 16p. (J). (gr. -1-1). pap. *(978-1-0396-1700-1(X),* 13776) Crabtree Publishing Co.

País de Los Niños: Poemas para Niños. Irmhild Foessl. 2021. (SPA.). 52p. (J). 23.99 *(978-1-0879-4687-0(5))* Indy Pub.

Paisaje con Mano Invisible. Matthew T. Anderson. 2018. (Traves Del Espejo Ser.). (SPA.). (J). pap. 7.99 *(978-607-16-5725-1(3))* Fondo de Cultura Economica USA.

Países (Countries) (Set), 6 vols. Grace Hansen. 2019. (Países (Countries) Ser.). (SPA.). 24p. (J). (gr. -1-2). lib. bdg. 196.74 *(978-1-0982-0087-9(X),* 33048, Abdo Kids) ABDO Publishing Co.

Paisley. Lisa Mullarkey. Illus. by Paula Franco. 2019. (Pony Girls Ser.). (ENG.). 112p. (J). (gr. 2-5). lib. bdg. 38.50 *(978-1-5321-3648-1(X),* 33742, Calico Chapter Bks.) ABDO Publishing Co.

Paisley & Abstract Art Designs for Colorists. Color Creative Works. 2016. (ENG., Illus.). 106p. (J). pap. 12.55 *(978-1-68305-681-2(7))* Speedy Publishing LLC.

Paisley & Other Henna Inspired Designs to Color: Paisley Coloring for Adults. Activibooks. 2016. (ENG., Illus.). (J). pap. 9.20 *(978-1-68321-095-5(6))* Mimaxion.

Paisley Designs for Adults to Color - Design Coloring Book. Activibooks. 2016. (ENG., Illus.). (J). pap. 9.20 *(978-1-68321-084-9(0))* Mimaxion.

Paisley Designs for Stress Relief & Relaxation to Color: Paisley Coloring Books for Adults Relaxation Edition. Activibooks. 2016. (ENG., Illus.). (J). pap. 9.20 *(978-1-68321-112-9(X))* Mimaxion.

Paisley Little: Finding a Masterpiece. Deb Grizzle. Illus. by Deb Grizzle. 2018. (Little Artist Ser.: Vol. 1). (ENG., Illus.). 28p. (J). (gr. 1-6). pap. 15.95 *(978-1-61314-456-5(3))* Innovo Publishing, LLC.

Paisley on the North Pole Express. J. D. Green. 2019. (North Pole Express Ser.). (ENG.). 32p. (J). (gr. -1-3). 7.99 *(978-1-7282-0387-4(2))* Sourcebooks, Inc.

Paisley Patterns for Grownups - Paisley Coloring Book. Activibooks. 2016. (ENG., Illus.). (J). pap. 9.20 *(978-1-68321-085-6(9))* Mimaxion.

Paisley Pony & Plaid Puppy Meet. Nancy Wilson Taylor. 2019. (Tapestry Tails Ser.: Vol. 1). (ENG.). 28p. (J). 22.95 *(978-1-64458-229-9(5));* pap. 12.95 *(978-1-64458-227-5(9))* Christian Faith Publishing.

Paisley Rabbit & the Treehouse Contest. Stephen Richardson. Illus. by Chris Dunn. 2021. 48p. (J). 17.95 *(978-1-7364565-1-4(2),* a2061c71-f0f3-46db-af1b-92fdef89c742) Impossible Dreams Publishing Co.

Paisley Rabbit & the Treehouse Contest. Steve Richardson. 2018. (Paisley Rabbit Ser.: 1). (ENG., Illus.). 44p. (J). (gr. 1-5). pap. 17.95 *(978-0-9786422-1-1(X),* 41a61388-1faa-4830-af12-35cf8db3d741) Impossible Dreams Publishing Co.

Paisley the Goat. Rocio Monroy. l.t. ed. 2017. (ENG., Illus.). (J). pap. 9.95 *(978-1-61633-871-8(7))* Guardian Angel Publishing, Inc.

Paisley the Pear. Maria Messimer. Illus. by Maria Messimer. 2019. (ENG., Illus.). 34p. (J). pap. 12.00 *(978-0-578-54307-9(9))* Messimer, Maria S.

Paisley the Pony: An Assateague Island Adventure. Cindy Freland. 2017. (ENG., Illus.). (J). (gr. 1-4). 18.00 *(978-1-941927-95-3(5));* pap. 12.00 *(978-1-941927-94-6(7))* Maryland Secretarial Services, Inc.

Paisley Tranquility Coloring Fun: Paisley Coloring Books for Adults. Activibooks. 2016. (ENG., Illus.). (J). pap. 9.20 *(978-1-68321-094-8(8))* Mimaxion.

Paisley 'Twas the Night Before Christmas. Illus. by Lisa Alderson. 2019. (Night Before Christmas Ser.). (ENG.). 32p. (J). (gr. -1-3). 7.99 ***(978-1-7282-0280-8(9))*** Sourcebooks, Inc.

Paisley Weavers of Other Days: The Pen' Folk, &C (Classic Reprint) David Gilmour. 2017. (ENG., Illus.). (J). 28.99 *(978-0-266-21297-3(2))* Forgotten Bks.

Paisley's Christmas Wish. Put Me In The Story & J. D. Green. Illus. by Julia Seal. 2018. (Christmas Wish Ser.). (ENG.). 32p. (J). (gr. k-3). 6.99 ***(978-1-4926-8543-2(7))*** Sourcebooks, Inc.

Pajama City High. K. E. Sturgis. 2019. (ENG.). 136p. (J). pap. 14.99 ***(978-0-578-22450-3(X))*** EMG Asylum, LLC.

Pajama Day. Margaret McNamara. ed. 2021. (Ready-To-Read Ser.). (ENG., Illus.). 32p. (J). (gr. k-1). 15.46 *(978-1-64697-930-1(3))* Penworthy Co., LLC, The.

Pajama Day! Ready-To-Read Level 1. Margaret McNamara. Illus. by Mike Gordon. 2020. (Robin Hill School Ser.). (ENG.). 32p. (J). (gr. -1-1). 17.99 *(978-1-5344-6828-3(5));* pap. 4.99 *(978-1-5344-6827-6(7))* Simon Spotlight. (Simon Spotlight).

Pajama Party: The Story. E. C. Jackson. 2017. (ENG., Illus.). (YA). pap. 9.99 *(978-0-9961812-9-7(6))* E C Jackson.

Pajama Party Accessories Girls Coloring Book. Educando Kids. 2019. (ENG.). 42p. (J). pap. 6.99 *(978-1-64521-188-4(6),* Educando Kids) Editorial Imagen.

Pajama Pirates. Patty Everett. 2020. (ENG.). 42p. (J). pap. 12.95 *(978-1-950613-58-8(5))* Taylor and Seale Publishing.

Pajama Thursdays. Amy Schwartz Silver & Elaine Lapides Schwartz. Illus. by Yulia Kamaieva. 2022. 24p. (J). pap. 11.99 *(978-1-6678-4172-4(6))* BookBaby.

Pajama Time! Sandra Boynton. Illus. by Sandra Boynton. 2022. (Boynton on Board Ser.). (ENG., Illus.). 24p. (J). (gr. -1-k). bds. 7.99 *(978-1-6659-2497-9(7))* Simon & Schuster Children's Publishing.

Pajama Time! Oversized Lap Board Book. Sandra Boynton. Illus. by Sandra Boynton. 2023. (Boynton on Board Ser.). (ENG., Illus.). 24p. (J). (gr. -1-k). bds., bds. 12.99 ***(978-1-6659-2503-7(5))*** Simon & Schuster Children's Publishing.

Pajama Zoo Parade: The Funniest Bedtime ABC Book. Agnes Green. Illus. by Zhanna Mendel. 2018. (Funniest ABC Bks.: Vol. 2). (ENG.). 44p. (J). (gr. -1-3). 19.99 *(978-1-5323-7795-2(9))* Independent Pub.

Pajamarama - Carnival: Make It Move with Magic Stripes! Michaël Leblond. Illus. by Frédérique Bertrand. 2017. 22p. (J). (gr. k-4). pap. 16.95 *(978-0-500-65125-4(6),* 565125) Thames & Hudson.

Pajamarama - Fever: Make It Move with Magic Stripes! Michaël Leblond & Frédérique Bertrand. 2017. (Illus.). 22p. (J). (gr. k-5). pap. 16.95 *(978-0-500-65115-5(9),* 565115) Thames & Hudson.

Pajarera de Ben: Paso a Paso, 1 vol. Mitchell Allen. 2017. (Computación Científica en el Mundo Real (Computer Science for the Real World) Ser.). (SPA.). 16p. (J). (gr. 2-3). pap. *(978-1-5383-5608-1(2),* 9ac9f300-e3df-4e25-8b34-68d65420e428, Rosen Classroom) Rosen Publishing Group, Inc., The.

Pajarito Está Listo para la Escuela - BIG BOOK. Diana Espinal. 2017. (1-3Y Big Bks.). (SPA.). 16p. (J). pap. 9.60 *(978-1-64053-063-8(0),* Pajarito, Conjeo y Oso) American Reading Co.

Pajaritos Enamorados Cuaderno. Patricia Arquioni. 2023. (SPA.). 85p. (J). pap. ***(978-1-387-21733-5(X))*** Lulu Pr., Inc.

Pájaro Blanco / White Bird. R. J. Palacio. 2020. (Wonder Ser.). (SPA.). 224p. (J). (gr. 3-7). pap. 18.95 *(978-607-31-8829-6(3),* Nube De Tinta) Penguin Random

House Grupo Editorial ESP. Dist: Penguin Random Hse. LLC.

Pájaro Dulce Encanto. Christine Platt. Illus. by Evelt Yanait. 2022. (Cuentos Folclóricos Ser.). (SPA.). 32p. (J). (gr. -1-3). lib. bdg. 32.79 *(978-1-0982-3538-3(X)*, 41113, Calico Chapter Bks) Magic Wagon.

Pájaro en Casa (Bird House Spanish Edition) Blanca Gómez. Illus. by Blanca Gómez. 2023. (ENG., Illus.). 24p. (J). (gr. -1-3). bds., bds. 8.99 *(978-1-4197-6592-6(2)*, 1688510, Abrams Appleseed) Abrams, Inc.

PÁJARO MUERTO. Margaret Wise Brown. 2018. (SPA.). 28p. (J). (gr. k-1). 24.99 *(978-84-8470-572-7(2))* Corimbo, Editorial S.L. ESP. Dist: Lectorum Pubns., Inc.

Pájaro y la Piedra - the Bird & the Rock. Luis Salinas & Axel. 2021. (ENG., Illus.). 50p. (J). pap. 18.95 *(978-1-6624-8888-7(2))* Page Publishing Inc.

Pájaros: (Birds) Xist Publishing. 2017. (Xist Kids Spanish Bks.). (SPA.). 28p. (J). (gr. -1-3). pap. 9.99 *(978-1-5324-0118-3(3))* Xist Publishing.

Pájaros/ Birds. Xist Publishing Staff. 2017. (Xist Kids Bilingual Spanish English Ser.). (ENG & SPA., Illus.). 28p. (J). (gr. -1-3). pap. 9.99 *(978-1-5324-0096-4(9))* Xist Publishing.

Pájaros e Insectos. Sharon Coan. 2nd rev. ed. 2016. (TIME for KIDS(r): Informational Text Ser.). (SPA., Illus.). 12p. (gr. -1-k). 7.99 *(978-1-4938-2970-5(X))* Teacher Created Materials, Inc.

Paka Tabibu: Swahili Edition of the Healer Cat. Tuula Pere. Tr. by Alphan Njogu. Illus. by Klaudia Bezak. 2019. (SWA.). 40p. (J). (gr. k-4). *(978-952-357-241-6(5))*; pap. *(978-952-357-242-3(3))* Wickwick oy.

Pakistan. Rachel Anne Cantor. 2016. (Countries We Come From Ser.). (ENG., Illus.). 32p. (J). (gr. -1-3). 28.50 *(978-1-68402-060-7(3))* Bearport Publishing Co., Inc.

Pakistan. Alicia Z. Klepeis. 2019. (Country Profiles Ser.). (ENG., Illus.). 32p. (J). (gr. 3-8). lib. bdg. 27.95 *(978-1-64487-052-5(5)*, Blastoff! Discovery) Bellwether Media.

Pakistan, 1 vol. Kate Shoup. 2018. (Exploring World Cultures (First Edition) Ser.). (ENG.). 32p. (gr. 3-3). 31.64 *(978-1-5026-3806-9(1)*, 37404efb-415f-4730-ba2c-70f144da0624) Cavendish Square Publishing LLC.

Pakistan. R. L. Van. 2022. (Countries (BBB) Ser.). (ENG., Illus.). 32p. (J). (gr. 2-5). lib. bdg. 34.21 *(978-1-5321-9971-4(6)*, 40731, Big Buddy Bks.) ABDO Publishing Co.

Pakul. Guillermo F. Porro. 2022. (ENG.). 96p. (YA). pap. 11.99 ***(978-1-0880-5899-2(X))*** Porro, Guillermo Fermin III.

Pal for Buddy. Michalla Brianna. Ed. by Taysha Silva. Illus. by Mia Rico. 2021. (ENG.). 48p. (J). pap. *(978-1-257-16149-2(0))* Lulu Pr., Inc.

Pal o Mine: King of the Turf (Classic Reprint) Clarence Hawkes. 2017. (ENG., Illus.). (J). 29.22 *(978-0-331-54243-1(9))* Forgotten Bks.

Palabra de ladrones (Baile de ladrones 2) Mary E. Pearson. 2023. (Baile de Ladrones Ser.: 2). (SPA.). 520p. (YA). (gr. 9). pap. 19.95 ***(978-84-19191-71-7(X)***, Alfaguara) Penguin Random House Grupo Editorial ESP. Dist: Penguin Random Hse. LLC.

Palabras. Kidsbooks Publishing. 2021. (SPA.). (J). bds. 8.99 *(978-1-62885-937-9(7))* Kidsbooks, LLC.

Palabras Bilingües see 1000 Bilingual Words: Build Vocabulary & Literacy Skills

Palabras Mágicas para Tiempos Difíciles. Cristina Nunez Pereira & Rafael R. Valcarcel. 2021. (SPA.). 94p. (J). 22.99 *(978-607-8712-67-0(5))* V&R Editoras.

Palabras para el Clima. Taylor Farley. Tr. by Pablo de la Vega from ENG. 2021. (Mis Primeras Palabras Científicas (My First Science Words) Ser.). (SPA., Illus.). 24p. (J). (gr. -1-1). pap. *(978-1-4271-3242-0(9)*, 15003); lib. bdg. *(978-1-4271-3237-6(2)*, 14997) Crabtree Publishing Co.

Palabras para el Espacio. Taylor Farley. Tr. by Pablo de la Vega from ENG. 2021. (Mis Primeras Palabras Científicas (My First Science Words) Ser.). (SPA., Illus.). 24p. (J). (gr. -1-1). pap. *(978-1-4271-3241-3(0)*, 15004); lib. bdg. *(978-1-4271-3236-9(4)*, 14998) Crabtree Publishing Co.

Palabras para la Materia. Taylor Farley. Tr. by Pablo de la Vega. 2021. (Mis Primeras Palabras Científicas (My First Science Words) Ser.). (SPA., Illus.). 24p. (J). (gr. -1-1). pap. *(978-1-4271-3239-0(9)*, 15005); lib. bdg. *(978-1-4271-3234-5(8)*, 14999) Crabtree Publishing Co.

Palabras para la Tierra. Taylor Farley. Tr. by Pablo de la Vega. 2021. (Mis Primeras Palabras Científicas (My First Science Words) Ser.). (SPA., Illus.). 24p. (J). (gr. -1-1). pap. *(978-1-4271-3238-3(0)*, 15006); lib. bdg. *(978-1-4271-3233-8(X)*, 15000) Crabtree Publishing Co.

Palabras para Las Plantas. Taylor Farley. Tr. by Pablo de la Vega. 2021. (Mis Primeras Palabras Científicas (My First Science Words) Ser.). (SPA., Illus.). 24p. (J). (gr. -1-1). pap. *(978-1-4271-3240-6(2)*, 15007); lib. bdg. *(978-1-4271-3235-2(6)*, 15001) Crabtree Publishing Co.

Palabras Que Hablan de Amor, 1 vol. Rick Warren. Illus. by Ag Jatkowska. 2019. (SPA.). 32p. (J). 12.99 *(978-0-8297-6976-0(5))* Vida Pubs.

Palabrero. Valentín Rincón. Illus. by Alejandro Magallanes. 2020. (Recreo Ser.). (SPA.). 168p. (J). (gr. 4-7). pap. 15.95 *(978-607-8469-85-7(1))* Nostra Ediciones MEX. Dist: Independent Pubs. Group.

Palabrero. Valentín Rincón. Illus. by Alejandro Magallanes. 2022. (Recreo Ser.). (SPA.). 168p. (J). (gr. 2-4). pap. 7.95 *(978-607-8756-56-8(7))* Nostra Ediciones MEX. Dist: Independent Pubs. Group.

Palabrotas, Palabrejas y Otros Bla Bla Blás / Long Words, Weird Words, & Other Blah Blah Blahs. Algarabia. 2018. (SPA.). 200p. (J). (gr. k-3). pap. 16.95 *(978-607-31-6245-6(6)*, Alfaguara) Penguin Random House Grupo Editorial ESP. Dist: Penguin Random Hse. LLC.

Palace & Prison (Classic Reprint) Olga Forsh. 2018. (ENG., Illus.). 266p. (J). 29.40 *(978-0-483-54535-9(X))* Forgotten Bks.

Palace Beautiful, or Sermons to Children (Classic Reprint) Wm. Wilberforce Newton. (ENG., Illus.). (J). 2018. 368p. 31.49 *(978-0-484-44742-3(4))*; 2017. pap. 13.97 *(978-0-243-22375-6(7))* Forgotten Bks.

Palace Made by Music (Classic Reprint) Raymond MacDonald Alden. 2017. (ENG., Illus.). (J). 24.78 *(978-0-266-44905-8(0))* Forgotten Bks.

Palace of Books. Patricia Polacco. Illus. by Patricia Polacco. 2023. (ENG., Illus.). 56p. (J). (gr. -1-3). 18.99 *(978-1-5344-5131-5(5)*, Simon & Schuster/Paula Wiseman Bks.) Simon & Schuster/Paula Wiseman Bks.

Palace of Darkened Windows (Classic Reprint) Mary Hastings Bradley. (ENG., Illus.). (J). 2018. 346p. 31.03 *(978-0-483-72100-5(X))*; 2017. pap. 13.57 *(978-0-259-02818-5(5))* Forgotten Bks.

Palace of Dreams. Jodi Lynn Anderson. 2023. (Thirteen Witches Ser.: 3). (ENG.). 368p. (J). (gr. 4-8). 17.99 *(978-1-5344-1649-9(8)*, Aladdin) Simon & Schuster Children's Publishing.

Palace of Fires: Beast (BK3) Bill Bennett. 2019. (Palace of Fires Ser.: 3). 416p. (YA). (gr. 7). 19.99 *(978-0-14-378382-4(3))* Penguin Random Hse. AUS. Dist: Independent Pubs. Group.

Palace of Glass: The Forbidden Library: Volume 3. Django Wexler. 2016. (Forbidden Library: 3). (ENG., Illus.). 368p. (J). (gr. 5). 16.99 *(978-0-8037-3978-9(8)*, Kathy Dawson Books) Penguin Young Readers Group.

Palace of Knossos. Emily Rose Oachs. 2019. (Digging up the Past Ser.). (ENG., Illus.). 24p. (J). (gr. 3-7). lib. bdg. 26.95 *(978-1-64487-068-6(1)*, Torque Bks.) Bellwether Media.

Palace of Memory. Julian Sedgwick. Illus. by Patricia Moffett. (Mysterium Ser.). (ENG.). 352p. (J). (gr. 4-8). 2019. pap. 9.99 *(978-1-5415-5456-6(6)*, 2cd67a2b-7a5e-48cf-93c8-06585cfed974); 2017. E-Book 29.32 *(978-1-5124-2690-8(3))*; No. 2. 2017. 18.99 *(978-1-4677-7568-7(1)*, a33df367-d91f-4e23-aeec-f2976f2a8368) Lerner Publishing Group. (Carolrhoda Bks.).

Palace of Silver: A Nissera Novel. Hannah West. (Nissera Chronicles Ser.). (Illus.). 464p. (YA). (gr. 7). 2021. pap, 12.99 *(978-0-8234-4928-6(9))*; 2020. 18.99 *(978-0-8234-4443-4(0))* Holiday Hse., Inc.

Palace of Versailles. Linda Tagliaferro. 2018. (Castles, Palaces Tombs Ser.). (ENG.). 32p. (J). (gr. 2-7). 7.99 *(978-1-64280-065-4(1))* Bearport Publishing Co., Inc.

Palace-Prison: Or, the Past & the Present (Classic Reprint) Unknown Author. 2018. (ENG., Illus.). 352p. (J). 31.18 *(978-0-332-39069-7(1))* Forgotten Bks.

Palace Tales (Classic Reprint) H. Fielding. 2018. (ENG., Illus.). 282p. (J). 29.73 *(978-0-483-77783-5(8))* Forgotten Bks.

Palacio de Justicia. John Willis. 2018. (Los Lugares de Mi Comunidad Ser.). (SPA.). 24p. (J). lib. bdg. 22.99 *(978-1-5105-3368-4(0))* SmartBook Media, Inc.

Palacio de Los Cranks. James Dashner. 2021. (SPA.). 208p. (J). pap. 18.99 *(978-607-8712-96-0(9))* V&R Editoras.

Paladin. Sarah Mactavish. 2019. (Firebrand Ser.: Vol. 2). (ENG., Illus.). 460p. (YA). (gr. 7-12). 25.00 *(978-0-9969383-6-5(2))*; pap. 15.95 *(978-0-9969383-5-8(4))* Dove Hollow Bks.

Paladin's Epic. Sam Nemri. 2020. (ENG.). 58p. (J). *(978-1-716-97959-0(5))* Lulu Pr., Inc.

Paladins of Edwin the Great (Classic Reprint) Clements R. Markham. 2018. (ENG., Illus.). 400p. (J). 32.15 *(978-0-267-46770-9(2))* Forgotten Bks.

Palais Royal: An Historical Romance (Classic Reprint) John Henry Mancur. 2017. (ENG., Illus.). (J). 29.18 *(978-0-265-74109-2(2))*; pap. 11.57 *(978-1-5277-0699-6(0))* Forgotten Bks.

Palancas Son Máquinas. Douglas Bender. 2022. (Máquinas Simples (Simple Machines) Ser.).Tr. of Levers Are Machines. (SPA.). 24p. (J). (gr. k-2). lib. bdg. *(978-1-0396-4799-2(5)*, 20611, Crabtree Roots) Crabtree Publishing Co.

Palarm Creek Adventures: The Golden Lure. H. W. Stueart. 2019. (ENG., Illus.). 50p. (J). pap. 14.95 *(978-1-64096-450-1(9))* Newman Springs Publishing, Inc.

Palatine 1919: Montclair State Normal School (Classic Reprint) Dorothy K. Beecher. (ENG., Illus.). (J). 2018. 76p. 25.53 *(978-0-484-21679-1(1))*; 2016. pap. 9.57 *(978-1-334-13931-4(8))* Forgotten Bks.

Palatine, 1922 (Classic Reprint) Montclair State Normal School. (ENG., Illus.). (J). 2018. 80p. 25.55 *(978-0-656-69117-3(4))*; 2016. pap. 9.57 *(978-1-333-75398-6(5))* Forgotten Bks.

Palatine Anthology: A Collection of Ancient Poems & Ballads, Relating to Lancashire & Cheshire (Classic Reprint) James Orchard Halliwell. 2018. (ENG., Illus.). 410p. (J). 32.39 *(978-0-332-87251-3(3))* Forgotten Bks.

Pale Horse (Classic Reprint) B. V. Savinkov. 2017. (ENG., Illus.). (J). 27.90 *(978-1-5281-6994-3(8))* Forgotten Bks.

Paleface & Redskin (Classic Reprint) Gordon Browne. (ENG., Illus.). (J). 2018. 290p. 29.88 *(978-0-656-11480-1(0))*; 2017. pap. 13.57 *(978-0-259-38081-8(4))* Forgotten Bks.

Paleofauna Coloring Book: Educational Book about Dinosaurs for Kids Ages 6-8. 101 Unique Illustrations of Prehistoric Animals. Page Size 8. 5 X 11 Inches. Coloring School. 2021. (ENG.). 206p. (J). pap. ***(978-1-80347-790-9(3))*** Dora & Kiki Ltd.

Paleofauna Coloring Book for Children (6x9 Coloring Book / Activity Book) Sheba Blake. 2020. (Paleofauna Coloring Bks.: Vol. 1). (ENG.). (J). 72p. pap. 9.99 *(978-1-222-28917-6(2))*; 72p. pap. 9.99 *(978-1-222-28919-0(9))*; 70p. pap. 9.99 *(978-1-222-28921-3(0))* Indy Pub.

Paleofauna Coloring Book for Children (8. 5x8. 5 Coloring Book / Activity Book) Sheba Blake. 2021. (Paleofauna Coloring Bks.: Vol. 1). (ENG.). (J). 72p. pap. 12.99 *(978-1-222-29138-4(X))*; 72p. pap. 12.99 *(978-1-222-29139-1(8))*; 70p. pap. 12.99 *(978-1-222-29140-7(1))* Indy Pub.

Paleofauna Coloring Book for Children (8x10 Coloring Book / Activity Book) Sheba Blake. 2020. (Paleofauna Coloring Bks.: Vol. 1). (ENG.). (J). 72p. pap. 14.99 *(978-1-222-28918-3(0))*; 72p. pap. 14.99 *(978-1-222-28920-6(2))*; 70p. pap. 14.99 *(978-1-222-28922-0(9))* Indy Pub.

Paleolithic Revolution, 1 vol. Paula Johanson. 2016. (First Humans & Early Civilizations Ser.). (ENG., Illus.). 64p. (J). (gr. 6-6). pap. 13.95 *(978-1-4994-6314-9(6)*, c074a745-4446-4ff8-bb67-5a7001211c4d) Rosen Publishing Group, Inc., The.

Paleontologist to Archaeologist - What Do They Do? Archaeology for Kids - Children's Biological Science of Fossils Books. Bobo's Little Brainiac Books. 2016. (ENG., Illus.). (J). pap. 7.99 *(978-1-68327-782-8(1))* Sunshine In My Soul Publishing.

Paleontologists: With Stem Projects for Kids. Karen Bush Gibson. Illus. by Hui Li. 2019. (Gutsy Girls Ser.). (ENG.). 112p. (J). (gr. 3-5). 19.95 *(978-1-61930-790-2(1)*, 7e599bf7-1f92-4313-9bed-0b7e1939a404) Nomad Pr.

Paléontologue. Connie Colwell Miller. Illus. by Silvia Baroncelli. 2016. (Plus Tard, Je Serai... Ser.). (FRE.). 24p. (J). (gr. 1-4). *(978-1-77092-357-7(8)*, 17620) Amicus.

Paleontology for Kids - Antarctica - Dig Sites & Discoveries Guide on Paleontology 5th Grade Social Studies. Baby Professor. 2017. (ENG., Illus.). 64p. (J). pap. 9.52 *(978-1-5419-1668-5(9)*, Baby Professor (Education Kids)) Speedy Publishing LLC.

Paleontology Lab: Explore Prehistoric Life with Art & Activities: Explore Prehistoric Life with Art & Activities. Contrib. by Elsie Olson. 2023. (STEAM Lab Ser.). (ENG.). 32p. (J). (gr. 3-6). lib. bdg. 34.21 ***(978-1-0982-9163-1(8)***, 41885, Checkerboard Library) ABDO Publishing Co.

Paleozoic Fishes of North America, Vol. 16 (Classic Reprint) John Strong Newberry. 2018. (ENG., Illus.). 456p. (J). 33.30 *(978-0-656-03733-9(4))* Forgotten Bks.

Paletero Man. Lucky Diaz. Tr. by Carmen Tafolla. Illus. by Micah Player. 2021. (ENG.). 32p. (J). (gr. -1-3). 19.99 *(978-0-06-301444-2(0)*, HarperCollins) HarperCollins Pubs.

Paletero Man/¡Que Paletero Tan Cool! Bilingual English-Spanish. Lucky Diaz. Tr. by Carmen Tafolla. Illus. by Micah Player. 2022. (ENG.). 32p. (J). (gr. -1-3). 19.99 *(978-0-06-321635-8(3))*; pap. 9.99 *(978-0-06-321636-5(1))* HarperCollins Español.

Paliho Apo. G V Agi. 2017. (HUN., Illus.). 80p. (J). pap. *(978-3-7103-2950-0(7))* united p.c. Verlag.

Palindromero. Valentín Rincón. Illus. by Alejandro Magallanes. 2022. (Recreo Ser.). (SPA.). 112p. (J). (gr. 2-4). pap. 19.99 *(978-607-7603-06-1(6))* Nostra Ediciones MEX. Dist: Independent Pubs. Group.

Paliser Case (Classic Reprint) Edgar Saltus. 2018. (ENG., Illus.). 320p. (J). 30.60 *(978-0-484-00849-5(8))* Forgotten Bks.

Pall Mall Magazine, Vol. 12: May to August, 1897 (Classic Reprint) Frederic Hamilton. (ENG., Illus.). (J). 2018. 622p. 36.73 *(978-0-666-68542-1(8))*; 2017. pap. 19.57 *(978-1-334-92180-3(6))* Forgotten Bks.

Pall Mall Magazine, Vol. 20: January to April, 1900 (Classic Reprint) Frederick Hamilton. (ENG., Illus.). (J). 2018. 598p. 36.23 *(978-0-656-08183-7(X))*; 2017. pap. 19.57 *(978-1-5276-6912-3(2))* Forgotten Bks.

Pall Mall Magazine, Vol. 22: September to December, 1900 (Classic Reprint) Frederic Hamilton. (ENG., Illus.). (J). 2018. 626p. 36.83 *(978-0-428-93081-3(6))*; 2017. pap. 19.57 *(978-1-334-94876-3(3))* Forgotten Bks.

Pall Mall Magazine, Vol. 24: May to August 1901 (Classic Reprint) George R. Halkett. 2018. (ENG., Illus.). (J). 608p. 36.44 *(978-1-396-39736-3(1))*; 610p. pap. 19.57 *(978-1-390-89681-7(1))* Forgotten Bks.

Pall Mall Magazine, Vol. 28: September to December, 1902 (Classic Reprint) George R. Halkett. (ENG., Illus.). (J). 2018. 678p. 37.88 *(978-0-364-42909-9(7))*; 2017. pap. 20.57 *(978-0-243-85656-5(3))* Forgotten Bks.

Pall Mall Magazine, Vol. 29: January to April 1903 (Classic Reprint) George R. Halkett. 2017. (ENG., Illus.). (J). 36.23 *(978-0-260-38732-5(0))*; pap. 19.57 *(978-0-260-38723-3(1))* Forgotten Bks.

Pall Mall Magazine, Vol. 38: July to December, 1906 (Classic Reprint) Frederick Hamilton. (ENG., Illus.). (J). 2018. 862p. 41.68 *(978-0-666-90566-6(5))*; 2017. pap. 24.02 *(978-1-334-95270-8(1))* Forgotten Bks.

Pall Mall Magazine, Vol. 5: January to April 1895 (Classic Reprint) Frederick Hamilton. 2018. (ENG., Illus.). 744p. (J). 39.24 *(978-0-428-90940-6(X))* Forgotten Bks.

Palladium, 1926 (Classic Reprint) Troy State Normal University. (ENG., Illus.). (J). 2018. 182p. 27.65 *(978-0-666-32916-5(8))*; 2017. pap. 10.57 *(978-0-259-98732-1(8))* Forgotten Bks.

Palladius on Husbondrie: Edited from the Unique Ms. of about 1420 A. D. in Colchester Castle (Classic Reprint) Rutilius Taurus Aemilianus Palladius. 2018. (ENG., Illus.). 408p. (J). 32.33 *(978-0-484-73149-2(1))* Forgotten Bks.

Pallas Athena, 1 vol. Laura L. Sullivan. 2019. (Women of Mythology: Goddesses, Warriors, & Hunters Ser.). (ENG.). 32p. (gr. 2-2). pap. 9.22 *(978-1-5026-5136-5(X)*, c788f6be-83d0-4645-b80e-8cce040b89fd) Cavendish Square Publishing LLC.

Pallas the Pal. Joan Holub & Suzanne Williams. ed. 2016. (Goddess Girls Ser.: 21). lib. bdg. 18.40 *(978-0-606-39495-6(8))* Turtleback.

Palluq & Aksaajuq Help Their Anaana: English Edition. Jeela Palluq-Cloutier. Illus. by Michelle Simpson. 2021. (Nunavummi Reading Ser.). (ENG.). 24p. (J). pap. 8.95 *(978-1-77450-263-1(1))* Inhabit Education Bks. Inc. CAN. Dist: Consortium Bk. Sales & Distribution.

Palluq & Inuluk Go Hunting with Their Ataata: English Edition. Jeela Palluq-Cloutier. Illus. by Michelle Simpson. 2020. (Nunavummi Reading Ser.). (ENG.). 24p. (J). pap. 8.95 *(978-1-77450-000-2(0))* Inhabit Education Bks. Inc. CAN. Dist: Consortium Bk. Sales & Distribution.

Palm Land. Adelaide F. (Adelaide Florence) Samuels. 2017. (ENG.). 118p. (J). pap. *(978-3-337-20951-3(3))* Creation Pubs.

Palm Land: Or Dick Travers in the Chagos Islands (Classic Reprint) Adelaide F. Samuels. 2018. (ENG., Illus.). 126p. (J). 26.50 *(978-0-483-52819-2(6))* Forgotten Bks.

Palm Painting. Level 1: Stickers Inside! Strengthens Fine Motor Skills, Develops Patience, Sparks Conversation, Inspires Creativity. Clever Publishing & Olga Uzorova. 2019. (Clever Hands Ser.). (ENG.). 32p. (J). (gr. -1 — 1). pap. 4.99 *(978-1-948418-12-6(6))* Clever Media Group.

Palm Painting Level 2: Stickers Inside! Strengthens Fine Motor Skills, Develops Patience, Sparks Conversation, Inspires Creativity. Olga Uzorova & Elena Nefedova. Illus. by Masha Sergeeva. 2019. (Clever Hands Ser.). (ENG.). 32p. (J). (gr. -1 — 1). pap. 4.99 *(978-1-948418-11-9(8))* Clever Media Group.

Palm Reading. Megan Atwood. 2019. (Psychic Arts Ser.). (ENG., Illus.). 48p. (J). (gr. 4-8). lib. bdg. 31.99 *(978-0-7565-6102-4(7)*, 139300, Compass Point Bks.) Capstone.

Palm Reading for Kids. Catherine Fet. 2021. (ENG.). 38p. (J). pap. 12.99 *(978-1-0879-0011-7(5))* Stratostream LLC.

Palm Tree. Simon Ipoo. Illus. by Rob Owen. 2022. (ENG.). 24p. (J). pap. ***(978-1-922918-02-4(4))*** Library For All Limited.

Palm Tree - Umuhimu Wa Mtende. Simon Ipoo. Illus. by Rob Owen. 2023. (SWA.). 24p. (J). pap. ***(978-1-922910-45-5(7))*** Library For All Limited.

Palm Tree & the Storm. Suzette Smith. Illus. by Michael Day. 2018. (ENG.). 32p. (J). *(978-1-5255-2643-5(X))*; pap. *(978-1-5255-2644-2(8))* FriesenPress.

Palm Trees at the North Pole: The Hot Truth about Climate Change. Marc ter Horst. Illus. by Wendy Panders. 2021. 192p. (J). (gr. 2-7). 19.95 *(978-1-77164-682-6(9)*, Greystone Kids) Greystone Books Ltd. CAN. Dist: Publishers Group West (PGW).

Palm Trees under Snow. Meera Bala. Illus. by Galina Moleskine. 2021. (ENG.). 26p. (J). 14.99 ***(978-1-7775303-2-7(6))*** Indy Pub.

Palmer Cox Brownie Primer: Arranged from Palmer Cox's Brownie Books (Classic Reprint) Palmer Cox. 2018. (ENG., Illus.). 112p. (J). 26.23 *(978-0-364-82927-1(3))* Forgotten Bks.

Palmetto (Classic Reprint) Francis Stephen Heffernan. (ENG., Illus.). (J). 2017. 336p. 30.83 *(978-0-484-85571-6(9))*; 2016. pap. 13.57 *(978-1-334-14678-7(0))* Forgotten Bks.

Palmetto-Leaves (Classic Reprint) Harriet Stowe. 2017. (ENG., Illus.). (J). 30.72 *(978-0-266-54946-8(2))* Forgotten Bks.

Palmyre: Notre Terre Ne Parvient Plus a Nourrir les Humains. Proche de l'Étoile Sirius, Palmyre Est une Planéte Habitable. Maurice Americo Leao. 2017. (FRE., Illus.). 178p. (J). pap. *(978-2-9560948-5-2(8))* Leao, Maurice.

Palo y Piedra/Stick & Stone Board Book: Bilingual English-Spanish. Beth Ferry. Illus. by Tom Lichtenheld. 2019. (Stick & Stone Ser.). (ENG.). 38p. (J). (— 1). bds. 5.99 *(978-0-358-08698-7(1)*, 1746636, Clarion Bks.) HarperCollins Pubs.

Paloma Knows Strange History Facts. Tracilyn George. 2023. (ENG.). 36p. (J). pap. 13.99 ***(978-1-77475-832-8(6))*** Draft2Digital.

Paloma Wants to Be Lady Freedom. Rachel Campos-Duffy. 2019. (ENG., Illus.). 40p. (J). (gr. -1-3). 18.99 *(978-1-62157-970-0(0)*, Regnery Kids) Regnery Publishing.

Paloma's Beach Ballet. The The Wiggles. 2023. (Wiggles Ser.). (ENG.). 24p. (J). (-k). 17.99 ***(978-1-922677-78-5(7))*** Bonnier Publishing GBR. Dist: Independent Pubs. Group.

Paloma's Secret. Mia Hood & Amy Fabrikant. Illus. by Kenneth Lopez. 2019. (ENG.). 40p. (J). pap. 10.99 *(978-1-7337582-0-8(8))* Pebbles Pr.

Paloma's Song for Puerto Rico: a Diary From 1898. Adriana Erin Rivera. Illus. by Eugenia Nobati. 2023. (Nuestras Voces Ser.). (ENG.). 112p. (J). 26.65 ***(978-1-6690-1265-8(4)***, 248122); pap. 8.99 ***(978-1-6690-1261-0(1)***, 248118) Capstone. (Stone Arch Bks.).

Palomino. Katy Pistole. 2020. (ENG.). 228p. (J). pap. 12.99 *(978-1-7325935-4-1(X))* Theotrope Publishing.

Palomino Horses. Grace Hansen. 2019. (Horses (Abdo Kids Jumbo 2) Ser.). (ENG., Illus.). 24p. (J). (gr. -1-2). lib. bdg. 32.79 *(978-1-5321-8566-3(9)*, 31470, Abdo Kids) ABDO Publishing Co.

Pals. Des. by Stephanie Meyers. 2020. (Animal Lovers Ser.). (ENG.). 20p. (J). (gr. -1-k). bds. 7.99 *(978-1-4867-1859-7(0)*, 777d1ec7-8a04-4e01-8f93-163a3f5f69a0) Flowerpot Pr.

Pals. Michael Rex. 2018. (My Arabic Library). (ARA.). 32p. (J). (gr. -1-1). pap. 4.99 *(978-1-338-26792-1(2))* Scholastic, Inc.

Pals First: A Romance of Love & Comradery (Classic Reprint) Francis Perry Elliott. (ENG., Illus.). (J). 2018. 350p. 31.12 *(978-0-483-65242-2(3))*; 2016. pap. 13.57 *(978-1-334-13662-7(9))* Forgotten Bks.

Pals N Pets: Who Saves Who? Iliana Smiles. 2019. (ENG., Illus.). 28p. (J). (gr. 3-6). 16.95 *(978-0-578-53918-8(7))* iliana belinc.

Pals Play Basketball. Cecilia Minden. Illus. by Laura Gomez. 2023. (In Bloom Ser.). (ENG.). (J). (gr. 2-4). 24p. pap. 12.79 *(978-1-6689-1903-3(6)*, 221881); 23p. lib. bdg. 30.64 ***(978-1-6689-2650-5(4)***, 222627) Cherry Lake Publishing. (Cherry Blossom Press).

Pam (Classic Reprint) Bettina Von Hutten. 2017. (ENG., Illus.). (J). 32.60 *(978-1-5285-7547-8(4))* Forgotten Bks.

Pam Decides (Classic Reprint) Bettina Von Hutten. 2018. (ENG., Illus.). 364p. (J). 31.40 *(978-0-483-88478-6(2))* Forgotten Bks.

Pam Munoz Ryan. Jennifer Strand. 2016. (Amazing Authors Ser.). (ENG.). 24p. (J). (gr. -1-2). 49.94 *(978-1-68079-386-4(1)*, 23007, Abdo Zoom-Launch) ABDO Publishing Co.

Pamacs Mesek. Pataky Tunde. 2016. (HUN., Illus.). (J). pap. *(978-3-7103-2847-3(0))* united p.c. Verlag.

Pamela Congreve: A Novel (Classic Reprint) Frances Aymar Mathews. (ENG., Illus.). (J). 2018. 426p. 32.70 *(978-0-365-51408-4(X))*; 2016. pap. 16.57 *(978-1-334-27618-7(8))* Forgotten Bks.

Pamela, or Virtue Rewarded: In a Series of Familiar Letters from a Beautiful Young Damsel to Her Parents; in Four Volumes (Classic Reprint) Samuel Richardson. (ENG., Illus.). (J). 2018. 702p. 38.48 *(978-0-484-33787-8(4))*; 2016. pap. 20.97 *(978-1-334-14267-3(X))* Forgotten Bks.

Pamela, or Virtue Rewarded: In a Series of Familiar Letters from a Beautiful Young Damsel to Her Parents; Published in Order to Cultivate Principles of Virtue & Religion in the Minds of the Youth of Both Sexes (Classic Reprint) Samuel Richardson. (ENG., Illus.). (J). 2018. 314p. 30.37 *(978-0-483-86084-1(0))*; 2017. pap. 13.57 *(978-0-243-38793-9(8))* Forgotten Bks.

Pamela, or Virtue Rewarded: In a Series of Familiar Letters from a Beautiful Young Damsel to Her Parents; Published in Order to Cultivate the Principles of Virtue & Religion in the Minds of the Youth of Both Sexes; a Narrative Which Has Its Foundation I. Samuel Richardson. 2018. (ENG., Illus.). (J). 662p. 37.55 *(978-1-396-32989-0(7))*; 664p. pap. 19.97 *(978-1-390-89748-7(6))* Forgotten Bks.

Pamela or Virtue Rewarded (Classic Reprint) Samuel Richardson. 2017. (ENG., Illus.). (J). 35.38 *(978-0-260-68676-3(X))* Forgotten Bks.

Pamela, or Virtue Rewarded; in a Series of Letters, from a Beautiful Young Damsel to Her Parents: Designed to Inculcate the Principles of Virtue & Religion in the Youth of Both Sexes (Classic Reprint) Samuel Richardson. (ENG., Illus.). (J). 2018. 918p. 42.83 *(978-0-364-00782-2(6))*; 2017. pap. 24.37 *(978-0-243-50377-3(6))* Forgotten Bks.

Pamela, or Virtue Rewarded, Vol. 1 of 4 (Classic Reprint) Samuel Richardson. 2017. (ENG., Illus.). (J). 32.44 *(978-0-331-74143-8(1))* Forgotten Bks.

Pammee & the Looking Pond. Sylvia M. Medina. 2016. (ENG., Illus.). 27p. (J). (gr. k-1). pap. 9.95 *(978-1-939871-36-7(0))* Green Kids Club, Inc.

Pammee & the Looking Pond - Paperback US - 2nd. Sylvia M. Medina. 2019. (ENG., Illus.). 28p. (J). (gr. k-2). pap. 12.25 *(978-1-939871-81-7(6))* Green Kids Club, Inc.

Pamona's Spectacular Pumpkin Patch. Diane Orr. 2021. (ENG.). 68p. (J). pap. 15.99 *(978-1-63984-055-7(9))* Pen It Pubns.

Pampas: A Story of Adventure in the Argentine Republic (Classic Reprint) A. R. Hope. (ENG., Illus.). (J). 2018. 31.16 *(978-0-331-98122-3(X))*; 2016. pap. 13.57 *(978-1-334-15240-5(3))* Forgotten Bks.

Pamper Me: Relaxing Day at the Spa Coloring Book Edition. Kreativ Entspannen. 2016. (ENG., Illus.). (J). pap. 10.81 *(978-1-68377-227-9(X))* Whlke, Traudl.

Pampered Pooches Play: Dog Coloring Book. Kreativ Entspannen. 2016. (ENG., Illus.). (J). pap. 9.20 *(978-1-68377-436-5(1))* Whlke, Traudl.

Pamphlets (Classic Reprint) Thomas H. Jones. 2018. (ENG., Illus.). 56p. (J). 25.05 *(978-0-483-90281-7(0))* Forgotten Bks.

Pamplemousse. K. Monahan. Illus. by Deborah Wells. 2021. (ENG.). 44p. (J). 19.99 *(978-1-0879-7417-0(8))* Indy Pub.

PAMS' Peridot Land. Elena Little & Rena Little. 2019. (ENG.). 24p. (J). *(978-1-5289-2022-3(8))*; pap. *(978-1-5289-2021-6(X))* Austin Macauley Pubs. Ltd.

Pam's Pet Shop. Cecilia Minden. Illus. by Kelsey Collings. 2021. (Little Blossom Stories Ser.). (ENG.). 16p. (J). (gr. -1-2). pap. 11.36 *(978-1-5341-8801-3(0)*, 218961, Cherry Blossom Press) Cherry Lake Publishing.

Pan-American Highway, 1 vol. Benjamin Proudfit. 2016. (Road Trip: Famous Routes Ser.). (ENG., Illus.). 24p. (J). (gr. 2-3). 25.27 *(978-1-4824-4669-2(3)*, 4b03770c-476b-44ef-bca0-90ea4c6c5e26) Stevens, Gareth Publishing LLLP.

Pan & Hook: The Untold Story. Chris Maccool. 2018. (ENG., Illus.). 56p. (J). pap. 15.95 *(978-1-64138-331-8(3))* Page Publishing Inc.

Pan & the Little Green Gate. Sylvia Brett. 2017. (ENG., Illus.). (J). pap. *(978-0-649-66683-6(6))* Trieste Publishing Pty Ltd.

Pan & the Little Green Gate (Classic Reprint) Sylvia Brett. (ENG., Illus.). (J). 2018. 248p. 29.03 *(978-0-483-53010-2(7))*; 2016. pap. 11.57 *(978-1-334-14109-6(6))* Forgotten Bks.

Pan & the Twins (Classic Reprint) Eden Phillpotts. 2017. (ENG., Illus.). (J). 29.05 *(978-1-5284-6891-6(0))* Forgotten Bks.

Pan (Classic Reprint) Knut Hamsun. 2017. (ENG., Illus.). (J). pap. 10.97 *(978-0-243-10474-1(X))* Forgotten Bks.

Pan (Classic Reprint) Knut Hamsun. 2017. (ENG., Illus.). (J). 28.39 *(978-0-331-43927-4(1))* Forgotten Bks.

Pan de Sal Saves the Day: An Award-Winning Children's Story from the Philippines [New Bilingual English & Tagalog Edition]. Norma Olizon-Chikiamco. Illus. by Mark Salvatus. ed. 2017. 28p. (J). (gr. -1-6). pap. 8.95 *(978-0-8048-4754-4(1))* Tuttle Publishing.

Pan de Sal Saves the Day Activity Book: Have Fun with Filipino Games & Puzzles! Play, Eat & Sing with Pan de Sal & Her Friends. Norma Olizon-Chikiamco. Illus. by Mark Salvatus. 2021. 32p. (J). (gr. -1-3). pap. 8.99 *(978-0-8048-5453-5(X))* Tuttle Publishing.

Pan in the Parlour (Classic Reprint) Norman Lindsay. 2017. (ENG., Illus.). (J). 31.07 *(978-0-331-58762-3(9))*; pap. 13.57 *(978-0-243-25760-7(0))* Forgotten Bks.

Pan Mascota: Una Historia de Masa Madre. Kate DePalma. Illus. by Nelleke Verhoeff. 2023. (SPA.). 32p. (J). (gr. k-4). pap. 9.99 *(978-1-64686-876-6(5))* Barefoot Bks., Inc.

Pan Michael: An Historical Novel (Classic Reprint) Henryk Sienkiewicz. (ENG., Illus.). (J). 2017. 34.81 *(978-0-260-17663-9(X))*; 2016. pap. 19.57 *(978-1-333-75703-8(4))* Forgotten Bks.

Pan Michael: An Historical Novel of Poland, the Ukraine, & Turkey, a Sequel to with Fire & Sword & the Deluge (Classic Reprint) Henryk Sienkiewicz. 2017. (ENG., Illus.). (J). 35.51 *(978-1-5280-8392-8(X))* Forgotten Bks.

Pan Pipes: A Woodland Play in One Act (Classic Reprint) Constance Wilcox. (ENG., Illus.). (J). 2018. 46p. 24.87 *(978-0-267-53864-5(2))*; 2016. pap. 7.97 *(978-1-333-35133-5(X))* Forgotten Bks.

Pan Quemado y Conos de Nieve (Spanish Edition) Una Historia de un Simulacro de Incendio Exitoso. Heather L. Beal. 2022. (SPA.). 36p. (J). 17.99 *(978-1-947690-35-6(3))* Train 4 Safety Pr.

Pan Tadeusz, Vol. 1 Of 12: Or the Last Foray in Lithuania; a Story of Life among Polish Gentlefolk in the Years 1811 & 1812 (Classic Reprint) Adam Mickiewicz. 2017. (ENG., Illus.). (J). 31.92 *(978-0-260-41414-4(X))* Forgotten Bks.

Pan the Piper & Other Marvelous Tales (Classic Reprint) Anna Curtis Chandler. 2019. (ENG., Illus.). (J). 340p. 30.93 *(978-1-397-26619-4(8))*; 342p. pap. 13.57 *(978-1-397-26601-9(5))* Forgotten Bks.

Panaderia Encantada. Koo Byeong-mo. 2022. (SPA.). 232p. (YA). (gr. 7). pap. 21.50 *(978-607-8237-94-4(2))* Nostra Ediciones MEX. Dist: Independent Pubs. Group.

Panadero. Linda Koons. Illus. by Bill Greenhead. 2016. (Early Rising Readers Ser.). (SPA.). (J). (gr. -1). 6.67 *(978-1-4788-3684-1(9))* Newmark Learning LLC.

Panadero - 6 Pack. Linda Koons. 2016. (Early Rising Readers Ser.). (SPA.). (J). (gr. 1). 40.00 net. *(978-1-4788-4627-7(5))* Newmark Learning LLC.

Panagiotis Comes to America: A Childhood Immigration Story. Violet Favero. 2020. (ENG.). 34p. (J). pap. 12.95 *(978-1-7334393-3-6(1))* Meadow Road Publishing.

Panama. Heather Adamson. 2016. (Exploring Countries Ser.). (ENG., Illus.). 32p. (J). (gr. 3-7). lib. bdg. 27.95 *(978-1-62617-345-3(1)*, Blastoff! Readers) Bellwether Media.

Panama. John Perritano. 2018. (Illus.). 32p. (J). *(978-1-4896-7514-9(0)*, AV2 by Weigl) Weigl Pubs., Inc.

Panama, 1 vol. Debbie Nevins et al. 3rd enl. rev. ed. 2016. (Cultures of the World (Third Edition)(r) Ser.). (ENG., Illus.). 144p. (J). (gr. 5-5). 48.79 *(978-1-5026-2215-0(7)*, d54ecd66-1249-40d2-a7d9-3b41fae80eac) Cavendish Square Publishing LLC.

Panama & the Sierras: A Doctor's Wander Days (Classic Reprint) G. Frank Lydston. 2018. (ENG., Illus.). 374p. (J). 31.55 *(978-0-365-23414-2(1))* Forgotten Bks.

Panama Canal, 1 vol. Tatiana Ryckman. 2017. (Routes of Cross-Cultural Exchange Ser.). (ENG., Illus.). 96p. (YA). (gr. 8-8). 44.50 *(978-1-5026-2692-9(6)*, e2a921f1-45a7-4e88-bbf0-698bae2622ee) Cavendish Square Publishing LLC.

Panama Canal. Rebecca Stefoff. 2016. (Engineering Wonders Ser.). (ENG., Illus.). 32p. (J). (gr. 3-6). lib. bdg. 27.99 *(978-1-4914-8198-1(6)*, 130671, Capstone Pr.) Capstone.

Panama Canal History for Kids - Architecture, Purpose & Design Timelines of History for Kids 6th Grade Social Studies. Baby Professor. 2017. (ENG., Illus.). 64p. (J). pap. 9.55 *(978-1-5419-1791-0(X)*, Baby Professor (Education Kids)) Speedy Publishing LLC.

Panama Pictures: Nature & Life in the Land of the Great Canal. Michael Delevante. 2017. (ENG., Illus.). (J). pap. *(978-0-649-66682-9(8))*; pap. *(978-0-649-14968-1(8))* Trieste Publishing Pty Ltd.

Panama Pictures: Nature & Life in the Land of the Great Canal (Classic Reprint) Michael Delevante. 2018. (ENG., Illus.). 278p. (J). 29.63 *(978-0-365-26328-9(1))* Forgotten Bks.

Panama Pursuit. Andreas Oertel. 2016. (Shenanigans Ser.). (ENG.). 192p. (J). (gr. 4-7). pap. 9.95 *(978-1-77203-097-6(X)*, Wandering Fox) Heritage Hse. CAN. Dist: Orca Bk. Pubs. USA.

Panamá to Paraná (Classic Reprint) Abram Woodruff Halsey. 2018. (ENG., Illus.). 82p. (J). (gr. -1-3). 25.61 *(978-0-483-46188-8(1))* Forgotten Bks.

Panana & Puff. Vivian a Jones. 2017. (ENG., Illus.). (J). pap. 9.99 *(978-0-692-91819-7(1))* Jones, Vivian Ann.

Pancake Bandit. Gwendolyn Tinnon. 2019. (ENG.). 30p. (J). 24.95 *(978-1-64350-498-8(3))* Page Publishing Inc.

Pancake Day! Alyssa Satin Capucilli. ed. 2020. (I Can Read Ser.). (ENG., Illus.). 30p. (J). (gr. k-1). 14.96 *(978-1-64697-391-0(7))* Penworthy Co., LLC, The.

Pancake Girl: (Frankie & Peaches: Tales of Total Kindness Book 1) Lisa S. French. Illus. by Srimalie Bassani. 2019. (Frankie & Peaches: Tales of Total Kindness Ser.: Vol. 1). (ENG.). 34p. (J). (gr. k-4). 17.95 *(978-1-948751-00-1(3))*; pap. 10.95 *(978-1-948751-01-8(1))* Favorite World Pr. LLC.

Pancake Jake & Wally Waffle. Sharon J. O'Donnell. 2021. (ENG.). 30p. (J). 19.99 *(978-1-61153-434-4(8))*; pap. 9.99 *(978-1-61153-389-7(9))* Light Messages Publishing. (Torchflame Bks.).

Pancake Kids. Gary Bigelow. 2016. (ENG., Illus.). 48p. (J). pap. *(978-1-365-47277-0(9))* Lulu Pr., Inc.

Pancake Kids: Introduction Story. Ellen C. Shivers. Illus. by Kerita Solomon & Chris W. 2017. (ENG.). 52p. (J). *(978-1-5255-1020-5(7))*; pap. *(978-1-5255-1021-2(5))* FriesenPress.

Pancake Kids Descend. Gary Bigelow. 2017. (ENG., Illus.). (J). pap. 18.99 *(978-1-365-76979-5(8))* Lulu Pr., Inc.

Pancake Mountain. Nan Smith. 2021. (ENG.). 28p. (J). pap. 12.95 *(978-1-68517-117-9(6))* Christian Faith Publishing.

Pancake Party! Celeste Sisler. ed. 2019. (Step into Reading Ser.). (ENG.). 23p. (J). (gr. k-1). 14.96 *(978-0-87617-564-4(7))* Penworthy Co., LLC, The.

Pancake Party! (Sunny Day) Celeste Sisler. Illus. by Susan Hall. 2019. (Step into Reading Ser.). (ENG.). 24p. (J). (gr. -1-1). 5.99 *(978-1-9848-4805-5(4))*; 12.99 *(978-1-9848-4806-2(2))* Random Hse. Children's Bks. (Random Hse. Bks. for Young Readers).

Pancake Piggy: Learning to Share. Papa Will. Illus. by Gary Sanchez Reno Nv. 2022. (ENG.). 26p. (J). pap. 14.99 *(978-1-6628-3352-6(0))* Salem Author Services.

Pancake Preacher (Classic Reprint) Mack Cloie. (ENG., Illus.). (J). 2018. 466p. 33.53 *(978-0-483-62203-6(3))*; 2018. 454p. 33.26 *(978-0-483-72290-3(1))*; 2017. pap. 16.57 *(978-0-243-28870-0(0))*; 2016. pap. 16.57 *(978-1-334-14981-8(X))* Forgotten Bks.

Pancake Problem (Weenie Featuring Frank & Beans Book #2) Maureen Fergus. Illus. by Alexandra Bye. 2023. (Weenie Featuring Frank & Beans Ser.: 2). 48p. (J). (gr. 1-4). 13.99 *(978-0-7352-6794-7(4)*, Tundra Bks.) Tundra Bks. CAN. Dist: Penguin Random Hse. LLC.

Pancakes! An Interactive Recipe Book. Lotta Nieminen. 2016. (Cook in a Book Ser.). (ENG., Illus.). 16p. (J). (gr. -1 — 1). bds. 19.95 *(978-0-7148-7283-4(0))* Phaidon Pr., Inc.

Pancakes for Breakfast. Tomie dePaola. 2018. (ENG., Illus.). 32p. (J). (gr. -1-3). pap. 8.99 *(978-1-328-71060-4(2)*, 1673404, Clarion Bks.) HarperCollins Pubs.

Pancakes for Breakfast. Tomie dePaola. ed. 2018. lib. bdg. 18.40 *(978-0-606-41211-7(5))* Turtleback.

Pancakes for Breakfast, Pancakes for Lunch. Veronica M. Lloyd. Illus. by Jessica Stelluto. 2017. (ENG.) (J). (gr. k-4). *(978-0-9951879-4-8(0))* V Lloyd.

Pancakes for Breakfast, Pancakes for Lunch. Veronica M. Lloyd & Jessica Stelluto. 2017. (ENG., Illus.). (J). (gr. k-4). pap. *(978-0-9951879-5-5(9))* V Lloyd.

Pancakes for Breakfast Paperback. Michelle Rickman-Richardson. Illus. by Katrina James. 2021. (ENG.). 34p. (J). pap. 14.99 *(978-1-716-12511-9(1))* Lulu Pr., Inc.

Pancakes for Mom & Dad. Michael. 2021. (Tales of Valerie & Gayle Ser.). (ENG.). 30p. (J). 23.95 *(978-1-63630-285-0(8))*; pap. 13.95 *(978-1-68526-021-7(7))* Covenant Bks.

Pancakes in Pajamas. Frank Asch. Illus. by Frank Asch. (Frank Asch Bear Book Ser.). (ENG., Illus.). 32p. (J). (gr. -1-3). 2019. 8.99 *(978-1-4814-8061-1(8))*; 2018. 18.99 *(978-1-4814-8060-4(X))* Simon & Schuster Children's Publishing. (Aladdin).

Pancakes to Parathas: Breakfast Around the World. Alice B. McGinty. Illus. by Tomoko Suzuki. 2019. (ENG.). 40p. (J). (gr. -1-3). 17.99 *(978-1-4998-0712-7(0))* Little Bee Books Inc.

Panchatantra: A Collection of Ancient Hindu Tales in Its Oldest Recension, the Kashmirian, Entitled Tantrakhyayika, the Original Sanskrit Text (Classic Reprint) Johannes Hertel. 2017. (ENG., Illus.). (J). 27.07 *(978-0-266-75612-5(3))*; pap. 9.57 *(978-1-5277-3748-8(9))* Forgotten Bks.

Panchatantra Ki 101 Kahaniyan: Collection of Witty Moral Stories for Kids for Personality Development in Hindi. Wonder House Books. 2020. (Classic Tales from India Ser.). (HIN.). 160p. (J). (gr. 1-7). 24.99 *(978-93-90183-64-7(2))* Prakash Bk. Depot IND. Dist: Independent Pubs. Group.

Pancho el Gato. Anabel Jurado. 2017. (SPA.). 10p. (J). (gr. -1). 5.95 *(978-607-748-051-8(7))* Ediciones Urano S. A. ESP. Dist: Spanish Pubs., LLC.

Panchronicon (Classic Reprint) Harold Steele Mackaye. 2017. (ENG., Illus.). (J). 31.28 *(978-0-331-65365-6(6))* Forgotten Bks.

Panchtantra Ki Lokpriya Kahaniyan: Timeless Stories for Children from Ancient India in Hindi. Wonder House Books. 2019. (Classic Tales from India Ser.). (HIN.). 84p. (J). (gr. k-3). 9.99 *(978-93-89178-14-2(2))* Prakash Bk. Depot IND. Dist: Independent Pubs. Group.

Panchtantra Ki Prasiddh Kahaniyan: Timeless Stories for Children from Ancient India in Hindi. Wonder House Books. 2019. (Classic Tales from India Ser.). (HIN.). 84p. (J). (gr. k-3). 9.99 *(978-93-89178-13-5(4))* Prakash Bk. Depot IND. Dist: Independent Pubs. Group.

Panda, 1 vol. Meredith Costain. Illus. by Stuart Jackson-Carter. 2016. (Wild World Ser.). (ENG.). 32p. (J). (gr. 1-2). 28.93 *(978-1-4994-8221-8(3)*, 4d9824b9-a333-44a8-96b8-4f8edb5d8dba, Windmill Bks.) Rosen Publishing Group, Inc., The.

Panda. Melissa Gish. 2019. (Spotlight on Nature Ser.). (ENG.). 32p. (J). (gr. 4-7). pap. 9.99 *(978-1-62832-746-5(4)*, 19185, Creative Paperbacks) Creative Co., The.

Panda. August Hoeft. (I See Animals Ser.). (ENG.). (J). 2022. 20p. pap. 12.99 *(978-1-5324-4238-4(6))*; 2021. 12p. pap. 5.99 *(978-1-5324-1515-9(X))* Xist Publishing.

Panda: Children's Animal Fact Book. Bold Kids. 2022. (ENG.). 46p. (J). pap. 14.99 *(978-1-0717-1109-5(1))* FASTLANE LLC.

Panda: Wildlife 3D Puzzle & Book, 3 vols. Sarah Toast. Illus. by Debbie Pinkney. 2020. (ENG.). (J). *(978-1-64269-212-9(3)*, 2436d010-89c2-486d-ac35-02c204fbddfa, Sequoia Publishing & Media LLC) Sequoia Children's Bks.

Panda Baby on the Way. Katrina C. Chin Loy. 2017. (ENG., Illus.). (J). (gr. -1-3). 16.95 *(978-1-4808-4462-9(4))*; 25.95 *(978-1-4808-4464-3(0))* Archway Publishing.

Panda Bear! an Animal Encyclopedia for Kids (Bear Kingdom) - Children's Biological Science of Bears Books. Prodigy Wizard. 2016. (ENG., Illus.). (J). pap. 9.25 *(978-1-68323-970-3(9))* Twin Flame Productions.

Panda Bears, 1 vol. Mary Austen. 2016. (Bears of the World Ser.). (ENG.). 24p. (J). (gr. 3-3). 25.27 *(978-1-4994-2040-1(4)*, b496c59a-7705-424a-b16c-58f041516565, PowerKids Pr.) Rosen Publishing Group, Inc., The.

Panda Coloring Book for Kids! a Variety of Big Panda Coloring Pages. Bold Illustrations. 2022. (ENG.). 82p. (J). pap. 14.99 *(978-1-0717-0673-2(X)*, Bold Illustrations) FASTLANE LLC.

Panda Coloring Book for Kids Ages 4-8: Perfect Panda Activity Book for Boys, Girls & Kids, Wonderful Animals Coloring Book with Pandas for Children & Toddlers to Enjoy. Lisa Keiser. 2021. (ENG.). 44p. (J). pap. 14.99 *(978-1-63998-802-0(5))* Brumby Kids.

Panda Coloring Pictures: For Boys & Girls. Blue Digital Media Group. 2020. (ENG.). 44p. (J). pap. 15.99 *(978-1-952524-38-7(5))* Smith Show Media Group.

Panda Cubs. Jen Besel. 2020. (Baby Animals Ser.). (ENG.). 24p. (J). (gr. k-3). lib. bdg. *(978-1-62310-141-1(7)*, 14382, Bolt Jr.) Black Rabbit Bks.

Panda Cubs. Julie Murray. 2018. (Baby Animals (Abdo Kids Junior) Ser.). (ENG., Illus.). 24p. (J). (gr. -1-2). lib. bdg. 31.36 *(978-1-5321-8166-5(3)*, 29889, Abdo Kids) ABDO Publishing Co.

Panda el Perro Magico: Cuidando a Los Animales: Cuidando. Er Landron et al. 2022. (SPA.). 66p. (J). pap. 16.00 *(978-1-7324581-6-1(2))* ER Landron.

Panda el Perro Magico: La Valentia Dentro de Uno. Er Landron. 2021. (SPA.). 64p. (J). pap. 16.00 *(978-1-7324581-2-3(X))* ER Landron.

Panda Excess. Travis Braun. 2019. (World of Reading Ser.). (ENG.). 28p. (J). (gr. k-1). 13.96 *(978-0-87617-906-2(5))* Penworthy Co., LLC, The.

Panda in You! (Disney/Pixar Turning Red) RH Disney. Illus. by RH Disney. 2022. (Pictureback(R) Ser.). (ENG., Illus.). 24p. (J). (gr. -1-2). 5.99 *(978-0-7364-4262-6(6)*, RH/Disney) Random Hse. Children's Bks.

Panda Is Still Fat: And Other Panda Haikus. Nolen Lee. 2019. (Punching Pandas Ser.). (ENG., Illus.). 96p. (J). (gr. k-6). 26.00 *(978-0-578-53576-0(9))* Punching Pandas.

Panda Is Still Fat: And Other Panda Haikus. Nolen Lee. Illus. by Nolen Lee. 2019. (Punching Pandas Ser.). (ENG., Illus.). 92p. (J). (gr. 3-7). pap. 18.00 *(978-0-578-53038-3(4))* Punching Pandas.

Panda Kindergarten Lesson Plan: A Cute Panda Lesson Planner Organizer for Kids. Cosmin. 2021. (ENG.). 122p. (J). pap. *(978-0-430-98136-0(8))* Neall-Crae Publishing Ltd.

Panda Loves. Brantley Oie. 2020. (ENG., Illus.). 28p. (J). 22.95 *(978-1-64531-979-5(2))*; pap. 12.95 *(978-1-64531-710-4(2))* Newman Springs Publishing, Inc.

Panda Loves Noodles. Diane Blincoe. 2020. (ENG., Illus.). 34p. (J). (gr. k-5). 17.99 *(978-1-0878-5910-1(7))* Indy Pub.

Panda Loves the Holidays. Brantley Oie. 2021. (ENG.). 34p. (J). 23.95 *(978-1-63692-682-7(7))*; pap. 14.95 *(978-1-63692-218-8(X))* Newman Springs Publishing, Inc.

'Panda-Mic' Noa Paster. 2021. (ENG.). 60p. (J). pap. 15.00 *(978-1-953507-49-5(2))* Brightlings.

Panda-Monium. Stuart Gibbs. (FunJungle Ser.). (ENG.). (J). (gr. 3-7). 2018. 384p. pap. 8.99 *(978-1-4814-4568-9(5))*; 2017. (Illus.). 352p. 18.99 *(978-1-4814-4567-2(7))* Simon & Schuster Bks. For Young Readers. (Simon & Schuster Bks. For Young Readers).

Panda-Monium. Stuart Gibbs. ed. 2018. (Funjungle (Teddy Fitzroy) Ser.: 4). lib. bdg. 18.40 *(978-0-606-40849-3(5))* Turtleback.

Panda on PDA: A Children's Introduction to Pathological Demand Avoidance. Glòria Durà-Vilà. Illus. by Rebecca Tattemorth. ed. 2022. 40p. (J). 15.95 *(978-1-83997-006-1(5)*, 826694) Kingsley, Jessica Pubs. GBR. Dist: Hachette UK Distribution.

Panda Opposites. Suzi Eszterhas. 2019. (ENG., Illus.). 24p. (J). (gr. -1-1). bds. 9.95 *(978-1-77147-330-9(4))* Owlkids Bks. Inc. CAN. Dist: Publishers Group West (PGW).

Panda Pants. Jacqueline Davies. Illus. by Sydney Hanson. 2016. 32p. (J). (gr. -1-2). 17.99 *(978-0-553-53576-1(5)*, Knopf Bks. for Young Readers) Random Hse. Children's Bks.

Panda Pat & the Rat Called Cat. Neil Ballard. Illus. by Steven Nosov. 36p. (J). (ENG.). 14.32 *(978-1-0983-7479-2(7))*; 2020. 27.39 *(978-1-0983-3578-6(3))* BookBaby.

Panda Pediatrician: The 100th Day of School. Hilary Smith. 2019. (ENG., Illus.). 34p. (J). pap. 12.95 *(978-1-64467-932-6(9))* Waldorf Publishing.

Panda Plays It Safe: A Story about Safety & Protection. Gillian K. Parker. 2017. (ENG., Illus.). (J). pap. *(978-0-9953200-2-4(0))* Keys to Joy Publishing.

Panda Power!, 1 vol. Laurie Friedman. Illus. by Amanda Erb. 2021. (Trainer Tom Ser.). (ENG.). 32p. (J). (gr. -1-3). pap. *(978-1-4271-5347-0(7)*, 12291); lib. bdg. *(978-1-4271-5341-8(8)*, 12284) Crabtree Publishing Co.

Panda Problem. Deborah Underwood. Illus. by Hannah Marks. 2019. (ENG.). 48p. (J). (gr. -1-2). 17.99 *(978-0-7352-2850-4(7)*, Dial Bks) Penguin Young Readers Group.

Panda Puzzles Dot-To-Dot. Alice Barker. 2021. (Pull-Tab Wipe-clean Activity Bks.). (ENG.). 12p. (J). (— 1). 9.99 *(978-1-78958-871-2(5))* Top That! Publishing PLC GBR. Dist: Independent Pubs. Group.

Panda Roja y Oso Lunar (Red Panda & Moon Bear Spanish Edition) Jarod Roselló. 2020. 192p. (J). (gr. 4-7). pap. 14.99 *(978-1-60309-484-9(9))* Top Shelf Productions.

Panda Rojo. Julie Murray. 2023. (Animales Interesantes Ser.). (SPA.). 24p. (J). (gr. -1-2). lib. bdg. 31.36 *(978-1-0982-6748-3(6)*, 42714, Abdo Kids) ABDO Publishing Co.

Panda That Wanted to Touch the Sky. Jessica Sinha. Illus. by Tetiana Kopytova. 2021. (ENG.). 26p. (J). 15.99 *(978-1-6629-0791-3(5))* Gatekeeper Pr.

Panda the Magic Dog: Caring for Animals. Er Landron et al. 2022. (ENG.). 66p. (J). pap. 16.00 *(978-1-7324581-8-5(9))* ER Landron.

Panda the Magic Dog: The Courage Within. Er Landron. 2021. (ENG.). 66p. (J). pap. 16.00 *(978-1-7324581-4-7(6))* ER Landron.

Panda the Very Bad Cat. Lacey L. Bakker. 2016. (ENG., Illus.). 28p. (J). pap. *(978-0-9952955-0-6(6))* Pandamonium Publishing Hse.

Panda the Very Bad Cat Farm Frenzy. Lacey L. Bakker. Illus. by Alex Goubar. 2019. (ENG.). 34p. (J). pap. *(978-1-989506-10-3(0))* Pandamonium Publishing Hse.

Panda the Very Bad Cat, Santa Claws. Lacey L. Bakker. 2019. (ENG.). 34p. (J). pap. *(978-1-989506-00-4(3))* Pandamonium Publishing Hse.

Panda Wants to Be a Fireman. T. M. Delawrence. Illus. by Jane Riga. 2021. (ENG.). 26p. (J). 18.75 *(978-1-0879-9289-1(3))* DeLawrence, Troy.

Panda Wants to Be a Spy. T. M. Delawrence. Illus. by Aleandra Gerardo. 2020. (ENG.). 24p. (J). 17.50 *(978-1-0879-2166-2(X))* DeLawrence, Troy.

Panda Who Loves Bamboo. Jason Kyle Neal. 2019. (Helping Hands Collection: Vol. 1). (ENG., Illus.). 36p. (J). pap. *(978-1-9996032-1-2(4))* HappyMe Publishing.

Pandas. Amy Culliford. Tr. by Annie Evearts. 2021. (Mes Amis les Animaux du Zoo (Zoo Animal Friends) Ser.). (FRE., Illus.). 16p. (J). (gr. -1-1). pap. *(978-1-0396-0761-3(6)*, 13293) Crabtree Publishing Co.

Pandas. Gail Gibbons. 2021. (Illus.). 24p. (J). (— 1). bds. 7.99 *(978-0-8234-4983-5(1))* Holiday Hse., Inc.

Pandas. Julie Murray. 2019. (Animal Kingdom Ser.). (ENG., Illus.). 32p. (J). (gr. 2-5). lib. bdg. 34.21 *(978-1-5321-1647-6(0)*, 32405, Big Buddy Bks.) ABDO Publishing Co.

Pandas. Nick Rebman. 2018. (Animals Ser.). (ENG., Illus.). 16p. (J). (gr. k-1). pap. 7.95 *(978-1-63517-954-5(8)*, 1635179548); lib. bdg. 25.64 *(978-1-63517-853-1(3)*, 1635178533) North Star Editions. (Focus Readers).

Pandas, Vol. 12. Jill Caravan. 2018. (Animals in the Wild Ser.). (Illus.). 72p. (J). (gr. 7). 33.27 *(978-1-4222-4173-8(4))* Mason Crest.

Pandas (1 Hardcover/1 CD) Anne Schreiber. 2017. (National Geographic Kids Ser.). (ENG.). (J). 29.95 *(978-1-4301-2661-4(2))* Live Oak Media.

Pandas (1 Paperback/1 CD) Anne Schreiber. 2017. (National Geographic Kids Ser.). (ENG.). (J). pap. 19.95 *(978-1-4301-2660-7(4))* Live Oak Media.

Pandas (4 Paperbacks/1 CD), 4 vols. Anne Schreiber. 2017. (National Geographic Kids Ser.). (ENG.). (J). pap. 31.95 *(978-1-4301-2662-1(0))* Live Oak Media.

Panda's Bakery. Ruth Barba. 2022. (ENG.). 34p. (J). 25.95 *(978-1-68517-613-6(5))* Christian Faith Publishing.

1548

The check digit for ISBN-10 appears in parentheses after the full ISBN-13

Panda's Magical Kite Adventure (Tipper's Toy Box Adventures 1) Diane Ohanesian & Clever Publishing. Illus. by Alison Brown. 2021. (Clever Storytime Ser.). (ENG.). 32p. (J). (gr. -1-2). 12.99 *(978-1-951100-87-2(5))* Clever Media Group.

Pandas on the Eastside, 1 vol. Gabrielle Prendergast. 2016. (ENG., Illus.). 192p. (J). (gr. 4-7). pap. 9.95 *(978-1-4598-1143-0(7))* Orca Bk. Pubs. USA.

Pandas Rojos Bebés. Kate Riggs. 2021. (Principio de Los Ser.). (SPA.). 16p. (J). (gr. -1-k). pap. 7.99 *(978-1-62832-993-3(9)*, 18031, Creative Paperbacks) Creative Co., The.

Pandemias. Tomek Zarnecki. Illus. by Gosia Kulik. 2021. (SPA.). 96p. (J). (gr. 2-4). 19.95 *(978-84-16817-77-1(4))* Thule Ediciones, S. L. ESP. Dist: Independent Pubs. Group.

Pandemic. Jim Corrigan. Illus. by Kev Hopgood. 2021. (Invisible Six Ser.). (ENG.). 112p. (J). (gr. 4-9). lib. bdg. 38.50 *(978-1-0982-3047-0(7)*, 37711, Claw) ABDO Publishing Co.

Pandemic. Jim Corrigan. Illus. by Kev Hopgood. 2021. (Invisible Six Ser.). (ENG.). 112p. (J). (gr. 5-5). pap. 11.95 *(978-1-64494-578-0(9))* North Star Editions.

Pandemic: A Compilation of Short Stories. D. Briggs. 2022. (ENG.). 184p. (YA). pap. 17.95 *(978-1-63881-563-1(1))* Newman Springs Publishing, Inc.

Pandemic: A Novel. Yvonne Ventresca. 2022. 384p. (J). (gr. 6-6). pap. 12.99 *(978-1-5107-7130-7(1)*, Sky Pony Pr.) Skyhorse Publishing Co., Inc.

Pandemic: How Climate, the Environment, & Superbugs Increase the Risk. Connie Goldsmith. 2018. (ENG., Illus.). 136p. (YA). (gr. 6-12). 42.65 *(978-1-5124-5215-0(7)*, d2fb99bd-fb15-40c2-9fef-5ef48573d314, Twenty-First Century Bks.) Lerner Publishing Group.

Pandemic Adventure. Robina Brah. Ed. by Stephanie Saroff. Illus. by Madeleine Poole. 2023. (ENG.). 48p. (J). *(978-1-0391-5731-6(9))*; pap. *(978-1-0391-5730-9(0))* FriesenPress.

Pandemic & Me: a Child's Perspective. Haley Cranman. 2022. (ENG.). 38p. (J). 18.95 *(978-1-63755-111-0(8)*, Mascot Kids) Amplify Publishing Group.

Pandemic Is Worldwide. Sarah L. Thomson. 2022. (Let's-Read-And-Find-Out Science 2 Ser.). (ENG., Illus.). 40p. (J). (gr. -1-3). 17.99 *(978-0-06-308626-5(3))*; pap. 7.99 *(978-0-06-308632-6(8))* HarperCollins Pubs. (HarperCollins).

Pandemic Parade. Jeanna Brady & Norma Hellman. Illus. by Mary Lou Cowden. 2021. (ENG.). 32p. (J). pap. 14.99 *(978-1-64718-744-6(3))* Booklocker.com, Inc.

Pandemic Party. Elizabeth Uchegbu. 2022. (ENG.). 60p. (J). 29.00 *(978-1-63937-042-9(0))* Dorrance Publishing Co., Inc.

Pandemic Popsicles: Ensenanzas de la Pandemia. Claudia Londono. 2022. (ENG., Illus.). 32p. (J). 25.95 *(978-1-63985-265-9(4))*; pap. 14.95 *(978-1-63985-258-1(1))* Fulton Bks.

Pandemic Report Card: Successes & Failures. Jennifer Stephan. 2022. (ENG., Illus.). 64p. (J). (gr. 6-12). 43.93 *(978-1-6782-0346-7(7))* ReferencePoint Pr., Inc.

Pandemic Strategies & the Global Economy. Ellen Rodger. 2021. (COVID-19: Meeting the Challenge Ser.). (ENG.). 48p. (J). (gr. 5-9). pap. *(978-1-4271-5611-2(5)*, 10472); (Illus.). lib. bdg. *(978-1-4271-5609-9(3)*, 10467) Crabtree Publishing Co. (Crabtree Classics).

Pandemics. World Book. 2023. (Library of Natural Disasters Ser.). (ENG.). 58p. (J). pap. *(978-0-7166-9484-7(0))* World Bk.-Childcraft International.

Pandemics. 3rd ed. 2018. (J). *(978-0-7166-9938-5(9))* World Bk., Inc.

Pandemics: Deadly Disease Outbreaks, 1 vol. Michelle Denton. 2019. (Hot Topics Ser.). (ENG.). 104p. (gr. 7-7). pap. 20.99 *(978-1-5345-6759-7(3)*, 0a8d05b5-a72f-4b2d-a305-357d67700a35, Lucent Pr.) Greenhaven Publishing LLC.

Pandemics (Set), 6 vols. Rachael L. Thomas & Elsie Olson. 2021. (Pandemics Ser.). (ENG.). 48p. (J). (gr. 5-9). lib. bdg. 205.32 *(978-1-5321-9556-3(7)*, 37326, Abdo & Daughters) ABDO Publishing Co.

Pandemonium. Annette Roberts -Murray. Illus. by Blueberry Illustrations. 2021. (ENG.). 40p. (J). 19.99 *(978-0-578-31941-4(1))* Bread of Life.

Pandemonium. Lauren Oliver. ed. 2016. (Delirium Ser.: 2). (YA). lib. bdg. 20.85 *(978-0-606-27141-7(4))* Turtleback.

Pandemonium in New York. Alexandra Hammond. 2019. (ENG., Illus.). 84p. (J). *(978-1-78878-673-7(4))*; pap. *(978-1-78878-672-0(6))* Austin Macauley Pubs. Ltd.

Pandemonium of Parrots. Dawn Treacher. 2022. (ENG.). 158p. (J). pap. 12.00 *(978-1-913432-55-3(6))* Stairwell Bks.

Pandemonium of Parrots & Other Animals. Kate Baker. Illus. by Hui Skipp. 2018. (ENG.). 32p. (J). (gr. 2-4). 16.99 *(978-1-5362-0279-3(7)*, Big Picture Press) Candlewick Pr.

Pandit Vishnu Sharma's Panchatantra: Illustrated Tales from Ancient India (Hardback, Special Edition) Shubha Vilas. 2019. (Classic Tales from India Ser.). (ENG.). 224p. (J). (gr. k-3). 29.99 *(978-93-88810-91-3(0))* Prakash Bk. Depot IND. Dist: Independent Pubs. Group.

Pandit Vishnu Sharma's Panchatantra for Children: Illustrated Stories (Black & White, Paperback) Shubha Vilas. 2019. (Classic Tales from India Ser.). (ENG.). 200p. (J). (gr. k-3). pap. 6.99 *(978-93-88810-92-0(9))* Prakash Bk. Depot IND. Dist: Independent Pubs. Group.

Pandora, 1 vol. Jodyanne Benson. 2019. (Women of Mythology: Goddesses, Warriors, & Hunters Ser.). (ENG.). 32p. (gr. 2-2). pap. 9.22 *(978-1-5026-5144-0(0)*, 4e9016f3-96ef-4370-a4f6-4e750ee17021) Cavendish Square Publishing LLC.

Pandora. Victoria Turnbull. 2017. (ENG., Illus.). 32p. (J). (gr. -1-3). 17.99 *(978-0-544-94733-7(9)*, 1659597, Clarion Bks.) HarperCollins Pubs.

Pandora: A Novel (Classic Reprint) Salzscheider. 2018. (ENG., Illus.). 206p. (J). 28.15 *(978-0-483-93084-1(9))* Forgotten Bks.

Pandora: The Most Curious Girl in the World. Shoo Rayner. Illus. by Shoo Rayner. 2018. (ENG., Illus.). 32p. (J). (gr. k-4). *(978-1-908944-41-2(2))* Rayner, Shoo.

Pandora Jones: Reckoning. Barry Jonsberg. 2016. (Pandora Jones Ser.). (ENG.). 336p. (YA). (gr. 8). pap. 12.99 *(978-1-74331-813-3(8))* Allen & Unwin AUS. Dist: Independent Pubs. Group.

Pandora Reborn. John Coon. 2018. (ENG.). 268p. (YA). pap. 14.99 *(978-1-393-77744-1(9))* Draft2Digital.

Pandora's Box: A Modern Graphic Greek Myth. Jessica Gunderson. Illus. by Jessi Zabarsky. 2023. (Mythology Graphics Ser.). (ENG.). 48p. (J). pap. 8.99 *(978-1-6690-5104-6(8)*, 253526, Capstone Pr.) Capstone.

Pandora's Box: Band 15/Emerald (Collins Big Cat) Julia Golding. 2017. (Collins Big Cat Tales Ser.). (ENG., Illus.). 48p. (J). (gr. 3-4). pap. 12.99 *(978-0-00-817944-1(1))* HarperCollins Pubs. Ltd. GBR. Dist: Independent Pubs. Group.

Pandora's Box (Classic Reprint) John Ames Mitchell. (ENG., Illus.). (J). 2018. 410p. 32.35 *(978-0-364-16270-5(8))*; 2018. 412p. 32.39 *(978-0-666-63968-4(X))*; 2017. pap. 16.57 *(978-0-259-20073-4(5))* Forgotten Bks.

Pandora's Feather. Nicholas Jones. 2017. (ENG., Illus.). 20p. (J). 22.95 *(978-1-78554-791-1(7)*, 2305748a-93e4-4e12-972a-cf2b1dcfdd17); pap. 14.95 *(978-1-78554-790-4(9)*, 6319e61b-3e44-42d7-a0cc-a29be2521928) Austin Macauley Pubs. Ltd. GBR. Dist: Baker & Taylor Publisher Services (BTPS).

Pandora's Frocks: - a Very Glam Meerkat Wedding. M. S. Diane Joan Carroll. Illus. by M. S. Diane Joan Carroll. 2018. (ENG., Illus.). 26p. (J). pap. *(978-1-78926-236-0(4))* Independent Publishing Network.

Pandora's Phone. Elizabeth Catanese. Illus. by Benedetta Capriotti. 2021. (Mt. Olympus Theme Park Ser.). (ENG.). 48p. (J). (gr. 3-7). lib. bdg. 34.21 *(978-1-0982-3039-5(6)*, 37695, Spellbound) Magic Wagon.

Pandurang Hari, or Memoirs of a Hindoo: With an Introductory Preface (Classic Reprint) William Browne Hockley. (ENG., Illus.). (J). 2018. 420p. 32.56 *(978-0-428-56656-2(1))*; 2016. pap. 16.57 *(978-1-333-24642-6(0))* Forgotten Bks.

Pandurang Hari, or Memoirs of a Hindoo, Vol. 1 of 3 (Classic Reprint) W. B. Hockley. (ENG., Illus.). (J). 2018. 368p. 31.51 *(978-0-484-53538-0(2))*; 2016. pap. 13.97 *(978-1-333-63763-7(2))* Forgotten Bks.

Pandurang Hari or Memoirs of a Hindoo, Vol. 2 of 2 (Classic Reprint) William Browne Hockley. 2018. (ENG., Illus.). 298p. (J). 30.06 *(978-0-332-58819-3(X))* Forgotten Bks.

Pandurang Hari, Vol. 2 Of 3: Or Memoirs of a Hindoo (Classic Reprint) Unknown Author. 2018. (ENG., Illus.). 364p. (J). 31.40 *(978-0-332-18812-6(4))* Forgotten Bks.

Panel: A Sheer Comedy (Classic Reprint) Ford Madox Ford. 2018. (ENG., Illus.). 372p. (J). 31.57 *(978-0-656-07253-8(9))* Forgotten Bks.

Paneles Solares de Sam: Sí... Entonces, 1 vol. Anna McDougal. 2017. (Computación Científica en el Mundo Real (Computer Science for the Real World) Ser.). (SPA.). 16p. (J). (gr. 2-3). pap. *(978-1-5383-5646-3(5)*, e68d0692-8c51-4ea7-b5e7-f84c746be62, Rosen Classroom) Rosen Publishing Group, Inc., The.

Panelled Room (Classic Reprint) Rupert Sargent Holland. 2018. (ENG., Illus.). 274p. (J). 29.57 *(978-0-332-11987-8(4))* Forgotten Bks.

Pang-Yanger (Classic Reprint) Elma A. Travis. 2018. (ENG., Illus.). 338p. (J). 30.87 *(978-0-332-33545-2(3))* Forgotten Bks.

Pangato #1: Soy Yo. (Catwad #1: It's Me.) Jim Benton. Illus. by Jim Benton. 2019. (Pangato Ser.: 1).Tr. of It's Me. (SPA., Illus.). 128p. (J). (gr. 3-7). pap. 8.99 *(978-1-338-56601-7(6)*, Scholastic en Espanol) Scholastic, Inc.

Pangato #2: Soy Yo, Dos. (Catwad #2: It's Me, Two.) Jim Benton. Illus. by Jim Benton. 2019. (Pangato Ser.: 2).Tr. of It's Me, Two. (SPA., Illus.). 128p. (J). (gr. 3-7). pap. 8.99 *(978-1-338-60119-0(9)*, Scholastic en Espanol) Scholastic, Inc.

Pango the Penguin Goes to School. Tom Hanley. Illus. by Tom Hanley. 2020. (ENG.). 18p. (J). *(978-0-2288-4231-6(X))* Tellwell Talent.

Pangolin. Laura Bryant. 2018. (Even Weirder & Cuter Ser.). (ENG.). 24p. (J). (gr. -1-3). 17.95 *(978-1-68402-465-0(X))* Bearport Publishing Co., Inc.

Pangolin. Grace Hansen. 2020. (Asian Animals (AK) Ser.). (ENG., Illus.). 24p. (J). (gr. -1-2). lib. bdg. 32.79 *(978-1-0982-0596-6(0)*, 36379, Abdo Kids) ABDO Publishing Co.

Pangolín. Grace Hansen. 2022. (Animales Asiáticos Ser.). (SPA.). 24p. (J). (gr. -1-2). lib. bdg. 32.79 *(978-1-0982-6535-9(1)*, 41015, Abdo Kids) ABDO Publishing Co.

Pangolin Plays a Prank. Avril Van der Merwe. Illus. by Heidi-Kate Greeff. 2022. (ENG.). (J). pap. 7.00 *(978-1-4859-0086-3(7))* Penguin Random House South Africa ZAF. Dist: Casemate Pubs. & Bk. Distributors, LLC.

Pangu Creates the World. Red Fox. 2022. (Chinese Myths & Legends Ser.). (ENG.). 40p. (J). (gr. k-2). 19.95 *(978-1-4878-0931-7(X))* Royal Collins Publishing Group Inc. CAN. Dist: Independent Pubs. Group.

Pangur Bán, the White Cat. Fay Sampson. 2021. (ENG.). 162p. (J). pap. 8.99 *(978-1-954768-00-0(1))* Spring Song Pr., LLC.

Panic! Corinna Turner. 2020. (Unsparked Ser.: Vol. 3). (ENG.). 120p. (YA). pap. *(978-1-910806-91-3(9))* Zephyr Publishing.

Panic & Coco Presents How to Draw Farm Animals. Karl Bailey, Jr. 2023. (ENG.). 38p. (YA). pap. *(978-1-312-57037-5(7))* Lulu Pr., Inc.

Panic TV Tie-In Edition. Lauren Oliver. 2021. (ENG.). 432p. (YA). (gr. 9). pap. 12.99 *(978-0-06-305179-9(6)*, HarperTeen) HarperCollins Pubs.

Pánico en la Pista. Jake Maddox. Tr. by Aparicio Publishing Aparicio Publishing LLC. Illus. by Berenice Muñiz. 2020. (Jake Maddox Novelas Gráficas Ser.). (SPA.). 72p. (J). (gr. 3-8). pap. 6.95 *(978-1-4965-9312-2(X)*, 142342); lib. bdg. 27.99 *(978-1-4965-9177-7(1)*, 142085) Capstone. (Stone Arch Bks.).

Panique Au Parc. Francoise Seigneur. 2019. (FRE., Illus.). 32p. (J). pap. *(978-2-37011-679-6(X))* Editions Hélène Jacob.

Panjabi Sketches (Classic Reprint) William Muir. 2018. (ENG., Illus.). 128p. (J). 26.54 *(978-0-364-02611-3(1))* Forgotten Bks.

Panjandrum Picture Book: Containing Come Lasses & Lads; Ride a Cock-Horse to Banbury Cross, & a Farmer Went Trotting upon His Grey Mare; Mrs. Mary Blaize; the Great Panjandrum Himself (Classic Reprint) Randolph Caldecott. (ENG., Illus.). (J). 2017. 26.06 *(978-0-331-61192-2(9))*; 2016. pap. 9.57 *(978-1-333-40369-0(0))* Forgotten Bks.

Panjang: the Tall Boy Who Became Prime Minister. Shing Huei Peh. 2019. (ENG., Illus.). 32p. (J). *(978-981-12-1386-1(0))*; pap. *(978-981-12-1416-5(6))* World Scientific Publishing Co. Pte Ltd.

Pann the Prepared Panda. Shiyin Pan. Illus. by Margaret Tolland. 2021. 36p. (J). (gr. k-3). 16.95 *(978-1-76036-100-6(3)*, 23b3dee7-8e5c-463c-a827-775a73876997) Starfish Bay Publishing Pty Ltd. AUS. Dist: Baker & Taylor Publisher Services (BTPS).

Panola: A Tale of Louisiana (Classic Reprint) Sarah Anne Dorsey. (ENG., Illus.). (J). 2018. 262p. 29.30 *(978-0-483-42852-2(3))*; 2016. pap. 11.97 *(978-1-334-15294-8(2))* Forgotten Bks.

Panoramic Views Hot Air Balloons Coloring Book. Creative Playbooks. 2016. (ENG., Illus.). (J). pap. 7.74 *(978-1-68323-704-4(8))* Twin Flame Productions.

¡Panqueques, Panqueques! (Pancakes, Pancakes!) Eric Carle. Illus. by Eric Carle. 2017. (World of Eric Carle Ser.). (SPA., Illus.). 32p. (J). (gr. -1-3). 8.99 *(978-1-5344-0205-8(5)*, Libros Para Ninos) Libros Para Ninos.

Pan's Labyrinth: the Labyrinth of the Faun. Guillermo del Toro & Cornelia Funke. Illus. by Allen Williams. (ENG.). 272p. (YA). (gr. 9). 2020. pap. 12.99 *(978-0-06-241447-2(X))*; 2019. 19.99 *(978-0-06-241446-5(1))* HarperCollins Pubs. (Tegen, Katherine Bks).

Pan's Mountain (Classic Reprint) Amelie Rives. 2017. (ENG., Illus.). (J). 30.08 *(978-0-266-18942-8(3))* Forgotten Bks.

Pan's Secret: A Pirate Princess's Quest for Answers. R. V. Bowman. 2020. (ENG.). 196p. (J). pap. 12.99 *(978-1-0879-1497-8(3))* Indy Pub.

Pansies & Water-Lilies (Classic Reprint) Louisa Alcott. 2018. (ENG., Illus.). 90p. (J). 25.75 *(978-0-484-25901-9(6))* Forgotten Bks.

Pansy, 1906, Vol. 2: Littleton College, Littleton, North Carolina (Classic Reprint) Mollie Bell Hollowell. 2018. (ENG., Illus.). (J). 104p. 26.06 *(978-0-366-31156-9(5))*; 106p. pap. 9.57 *(978-0-366-09123-2(9))* Forgotten Bks.

Pansy in London: The Mystery of the Missing Pup, vol. 5. Cynthia Bardes. Illus. by Virginia Best. 2017. (Pansy the Poodle Mystery Ser.: 5th book in the series). (ENG.). 32p. (J). (gr. -1-2). 21.95 *(978-0-692-82604-1(1))* Octobre Pr.

Pansy Meares: The Story of a London Shop Girl (Classic Reprint) Horace Wykeham Can Newte. (ENG., Illus.). (J). 2018. 390p. 31.94 *(978-0-656-37838-8(7))*; 2017. pap. 16.57 *(978-0-259-25137-8(2))* Forgotten Bks.

Pansy of Littleton College, 1905, Vol. 1 (Classic Reprint) George Lee. (ENG., Illus.). (J). 2018. 100p. 25.98 *(978-0-267-96267-9(3))*; 2017. pap. 9.57 *(978-0-259-80696-7(X))* Forgotten Bks.

Pansy's Rainbow: The Fantastic Journey of Pansy the Poodle. Cynthia W. Bardes. Illus. by Virginia Best. 2022. (ENG.). 128p. (J). (gr. 1-4). 26.95 *(978-1-7329768-9-4(9))* Octobre Pr.

Pansy's Sunday Book. 2019. (ENG., Illus.). 502p. (YA). (gr. 7-12). pap. *(978-93-5329-419-9(3))* Alpha Editions.

Pansy's Sunday Book (Classic Reprint) Famous American Writers. 2018. (ENG., Illus.). 264p. (J). 29.34 *(978-0-483-32020-8(X))* Forgotten Bks.

Panta Mimi: The Circus Girl. Kara Hofstede. 2017. (ENG.). (J). 16.95 *(978-1-68401-522-1(7))* Amplify Publishing Group.

Pantagruel, King of the Dipsodes: With His Heroic Acts & Prowesses (Classic Reprint) François Rabelais. (ENG., Illus.). (J). 2018. 256p. 29.20 *(978-0-428-94320-2(9))*; 2016. pap. 11.57 *(978-1-334-16033-2(3))* Forgotten Bks.

Pantcha-Tantra, Ou les Cinq Ruses: Fables du Brahme Vichnou-Sarma, Aventures de Paramarta, et Autres Contes, le Tout Traduit Pour la Premiere Fois Sur les Originaux Indiens (Classic Reprint) Jean Antoine DuBois. 2017. (FRE., Illus.). (J). 32.95 *(978-0-265-69449-7(3))*; pap. 16.57 *(978-1-5276-0736-1(4))* Forgotten Bks.

PanTech Chronicles: Insurrection. F. Lockhaven & M. A. Owens. Ed. by André MacLean. l.t. ed. 2022. (Pantech Chronicles Ser.: Vol. 2). (ENG., Illus.). 328p. (YA). pap. 14.99 *(978-1-63911-035-3(6))* Twisted Key Publishing, LLC.

PanTech Chronicles: Shadowfalcon. F. Lockhaven & M. A. Owens. Ed. by André MacLean. l.t. ed. 2021. (Pantech Chronicles Ser.: Vol. 1). (ENG.). 314p. (YA). 22.97 *(978-1-947744-92-9(5))*; pap. 14.99 *(978-1-947744-91-2(7))* Twisted Key Publishing, LLC.

PANTemonium! Peter Bently. Illus. by Becka Moor. 2022. (ENG.). 32p. (J). (gr. -1-3). 17.99 *(978-1-7284-4973-9(1)*, 6eea67e1-3f98-4e7e-a376-4affafafd7b2) Lerner Publishing Group.

Pantheon. Andrew Tooke. 2016. (ENG., Illus.). (J). pap. *(978-3-7428-4646-4(9))* Creation Pubs.

Pantheon. Austin Wen. Ed. by David Landoni. Illus. by Frank Jen. 2020. (ENG.). 282p. (YA). *(978-1-5255-7155-8(9))*; pap. *(978-1-5255-7156-5(7))* FriesenPress.

Panther Creek Mountain: The Haunted Pond. Clyde E. McCulley & Susan B. McCulley. 2nd ed. 2018. (Panther Creek Mountain Ser.: Vol. 2). (ENG., Illus.). 78p. (J). (gr. 3-6). pap. 4.99 *(978-0-9986699-6-0(2))* Story Night Pr.

Panther Creek Mountain: Twin Treehouse Mystery. Clyde McCulley & Susan McCulley. 2019. (Twin Treehouse Mystery Ser.: Vol. 3). (ENG., Illus.). 104p. (J). (gr. 1-6). pap. 7.99 *(978-0-9986699-8-4(9))* Story Night Pr.

Panther Patience. Steve Behling. ed. 2021. (Marvel 8x8 Bks). (ENG., Illus.). 22p. (J). (gr. k-1). 15.46 *(978-1-68505-073-5(5))* Penworthy Co., LLC, The.

Panther Tales. Daniella Rushton. 2021. (ENG.). 162p. (YA). pap. 14.95 *(978-1-953610-17-1(X))* NFB Publishing.

Panthera Tigris. Sylvain Alzial. Illus. by Hélène Rajcak. 2019. (ENG.). 32p. (J). *(978-0-8028-5529-9(6))*, Eerdmans Bks For Young Readers) Eerdmans, William B. Publishing Co.

Panther's Cub (Classic Reprint) Agnes Castle. 2018. (ENG., Illus.). 428p. (J). 32.74 *(978-0-484-59646-6(2))* Forgotten Bks.

Panthers to Pumas: A Coloring Book. Activibooks For Kids. 2016. (ENG., Illus.). (J). pap. 9.20 *(978-1-68321-192-1(8))* Mimaxion.

Pantomime: A Picture Show for Young People (Classic Reprint) George Routledge And Sons. 2018. (ENG., Illus.). (J). 34p. 24.60 *(978-0-366-66484-9(0))*; 36p. pap. 7.97 *(978-0-366-66478-8(6))* Forgotten Bks.

Pantomime GN, Vol. 1. Christopher Sebela. Illus. by David Stoll. 2021. (ENG.). 152p. pap. 17.99 *(978-1-952303-09-8(5)*, Mad Cave Studios) Mad Cave Studios.

Pantomime Primer (Classic Reprint) Emma Gertrude White. 2018. (ENG., Illus.). 136p. (J). 26.72 *(978-0-267-86400-3(0))* Forgotten Bks.

Pantomimes, or Wordless Poems (Classic Reprint) Mary Tucker Magill. (ENG., Illus.). (J). 2018. 240p. 28.85 *(978-0-484-56141-9(3))*; 2016. pap. 11.57 *(978-1-334-13972-7(5))* Forgotten Bks.

Pants! Tamara Botting. 2018. (ENG., Illus.). 34p. (J). pap. *(978-1-7753119-1-1(0))* Pandamonium Publishing Hse.

Pants Project. Cat Clarke. 2019. (ENG.). 272p. (J). (gr. 4-9). pap. 8.99 *(978-1-7282-1552-5(8))* Sourcebooks, Inc.

Panu-Jarlu Yunkaranyi - Big Mob Honey Ants. Margaret James. Illus. by Wendy Paterson. 2021. (AUS.). 52p. (J). pap. *(978-1-922647-13-9(6))* Library For All Limited.

Pañuelo Amarillo / the Yellow Handkerchief. Donna Barba Higuera. Illus. by Cynthia Alonso. 2023. (SPA.). 40p. (J). (gr. -1-3). 18.95 *(978-1-64473-850-4(3))* Penguin Random House Grupo Editorial ESP. Dist: Penguin Random Hse. LLC.

Panza Del Tepozteco (Edición 30 Aniversario) / the Belly of Tepozteco. José Agustín Ramírez. 2023. (SPA.). 216p. (YA). (gr. 7). pap. 12.95 *(978-607-38-2089-9(5)*, Alfaguara) Penguin Random House Grupo Editorial ESP. Dist: Penguin Random Hse. LLC.

Paola y el Desorden / Paola & Her Mess. Elisabetta Dami. 2022. (Bruna y Bruno Ser.: 2). (SPA.). 48p. (J). (gr. -1-3). pap. 14.95 *(978-607-38-1652-6(9)*, Beascoa) Penguin Random House Grupo Editorial ESP. Dist: Penguin Random Hse. LLC.

Paolo & the Pasta Factory. Marco Buscemi. 2020. (ENG.). 144p. (J). pap. *(978-1-7774426-0-6(5))* LoGreco, Bruno.

Paolo e la Fabbrica Di Pasta. Marco Buscemi. 2020. (ITA.). 146p. (J). pap. *(978-1-7774426-2-0(1))* LoGreco, Bruno.

Paolo, Emperor of Rome. Mac Barnett. 2020. (ENG., Illus.). 48p. (J). (gr. -1-3). 17.99 *(978-1-4197-4109-8(8)*, 1182201, Abrams Bks. for Young Readers) Abrams, Inc.

Paolo, the Sheepdog, 5 vols. Jaume Copons. 2023. (Bitmax & Co Ser.: 4). (ENG., Illus.). 72p. (J). 14.99 *(978-0-7643-6579-9(7)*, 29333) Schiffer Publishing, Ltd.

Paon. Valerie Bodden. 2018. (Planète Animaux Ser.). (FRE., Illus.). 24p. (J). *(978-1-77092-395-9(0)*, 19684) Creative Co., The.

Papa. Thea Alowisha. 2021. (ENG., Illus.). 30p. (J). 23.95 *(978-1-63692-209-6(0))* Newman Springs Publishing, Inc.

Papa & Blue: On the Farm. Kendra Kuhnhofer. 2021. (ENG., Illus.). 28p. (J). 22.95 *(978-1-6624-6506-2(8))*; pap. 13.95 *(978-1-64462-250-6(5))* Page Publishing Inc.

PaPa & Christian's Second Adventure: Camping & Glamping. Patrick R. Carberry & Christian Patrick. 2020. (ENG.). 33p. pap. *(978-1-716-42408-3(9))* Lulu Pr., Inc.

Papa & Gigi's Day Off. Mary Koziel & Richard Koziel. Illus. by Leigh Hauer. 2020. (ENG.). 48p. (J). *(978-1-5255-7275-3(X))*; pap. *(978-1-5255-7276-0(8))* FriesenPress.

Papa & Grandma's Adventures. Jim Sides. Illus. by Addelin Replogle. 2022. (ENG.). 30p. (J). 17.99 *(978-1-0880-2822-3(5))* Indy Pub.

Papa & Punchanella. Peter Shore. Illus. by Chip Williams. 2020. (ENG.). 68p. (J). pap. 22.99 *(978-1-7334888-3-9(9))* Papa & Punchanella.

Papa & the World's Largest Meatball. Abby Paine. 2022. (Illus.). 44p. (J). 25.00 *(978-1-6678-7002-1(5))* BookBaby.

Papa at the Tap - Bwaabwaa I Rarikin Te Taebo (Te Kiribati) Alison Gee & Richard Jones. Illus. by Jovan Carl Segura. 2023. (ENG.). 24p. (J). pap. *(978-1-922849-12-0(X))* Library For All Limited.

Papa Bear's Page Fright. Wade Bradford. Illus. by Mary Ann Fraser. 2018. (ENG.). 32p. (J). 16.99 *(978-1-4413-2598-3(0)*, a0b58913-c0f4-4725-9a8b-b9ebba940ac9) Peter Pauper Pr. Inc.

Papa Bill & Oscar. Christina Abney Bahe. 2022. (ENG.). 28p. (J). pap. 14.95 *(978-1-68570-902-0(8))* Christian Faith Publishing.

Papa Brings Me the World. Jenny Sue Kostecki-Shaw. Illus. by Jenny Sue Kostecki-Shaw. 2020. (ENG., Illus.). 40p. (J). 18.99 *(978-1-250-15925-0(3)*, 900185620, Holt, Henry & Co. Bks. For Young Readers) Holt, Henry & Co.

Papa (Classic Reprint) C. N. Williamson. (ENG., Illus.). (J). 2018. 338p. 30.87 *(978-0-483-83042-4(9))*; 2016. pap. 13.57 *(978-1-334-13774-7(9))* Forgotten Bks.

Papa, Daddy, & Riley. Seamus Kirst. Illus. by Devon Holzwarth. 2020. 32p. (J). *(978-1-4338-3239-0(9)*, Magination Pr.) American Psychological Assn.

Papa, Do You Know Things? Michael Welford. Illus. by Emily Broad. 2022. (ENG.). 40p. (J). *(978-1-0391-3063-0(1))*; pap. *(978-1-0391-3062-3(3))* FriesenPress.

Papa Francisco: Líder Religioso. Grace Hansen. 2017. (Biografías: Personas Que Han Hecho Historia Ser.). (SPA.). 24p. (J). (gr. -1-2). pap. 7.95 *(978-1-4966-1242-7(6)*, 134998, Capstone Classroom) Capstone.

Papa Francisco: Creador de Puentes. Emma Otheguy. Illus. by Oliver Dominguez. 2018. (SPA.). 32p. (J). 17.99 *(978-1-5476-0013-7(6)*, 900194853, Bloomsbury Children's Bks.) Bloomsbury Publishing USA.

Papa Francisco Dice... Pope Pope Francis. Illus. by Sheree Boyd. 2019. (SPA.). 32p. (J). bds. 8.95 *(978-0-8294-4655-5(9))* Loyola Pr.

Papa Gnome's Magical Mirror Tree Stump Home. Connie Kittleson Tollefson. 2019. (ENG.). 28p. (J). 29.99

P

(978-1-5456-6178-9(2)); pap. 19.99 (978-1-5456-6177-2(4)) Salem Author Services.

Papa Has To... R. L. Flournoy. 2017. (ENG., Illus.). (J). 16.95 (978-1-68197-510-8(6)); pap. 11.95 (978-1-64114-732-3(6)) Christian Faith Publishing.

Papa, I Wrote This Book for You: A Child's Fill in the Blank Gift Book for Their Special Papa - Perfect for Kid's - 7 X 10 Inch. The Life Graduate Publishing Group & Romney Nelson. 2021. (ENG.). 54p. (J). pap. (978-1-922568-36-6(8)) Life Graduate, The.

Papa Jeff's Two Boats. Mary Gigi Goris. 2021. (ENG., Illus.). 20p. (J). 20.95 (978-1-63814-036-8(7)) Covenant Bks.

Papa Jon's Shed. Bill Adams. Illus. by Sonny Shaw. 2016. (ENG.). 33p. (J). pap. (978-0-9956247-0-2(4)) Hello Bks.

Papa Love: The Story of the True Love. Nolly Mercado. 2017. (ENG., Illus.). 46p. (J). (978-1-77370-174-5(6)); pap. (978-1-77370-173-8(8)) Mercado, Nolly.

Papa Loves You, Tiny Blue. Jo Empson. 2022. (ENG., Illus.). 32p. (J). (gr. -1-1). 17.99 (978-1-5460-0221-5(9), Worthy Kids/Ideals) Worthy Publishing.

Papa Luther: A Graphic Novel. Daniel D. Maurer. Illus. by Caitlin Like. 2016. (Together by Grace Ser.). 88p. pap. 9.99 (978-1-5064-0639-8(4), Augsburg Fortress) 1517 Media.

Papa Nonno's Life Sauce. Vicky Bureau. 2022. (Stories Just for You Ser.). (ENG.). 24p. (J). (gr. 2-4). pap. 8.95 (978-1-63897-629-5(5), 21722); lib. bdg. 27.93 (978-1-63897-514-4(0), 21721) Seahorse Publishing.

Papá Oso Va de Pesca: Leveled Reader Book 64 Level d 6 Pack. Hmh Hmh. 2021. (SPA.). 16p. (J). pap. 74.40 (978-0-358-08191-3(2)) Houghton Mifflin Harcourt Publishing Co.

Papa Piernas Largas. Jean Webster. 2018. (SPA.). 184p. (J). pap. (978-84-15943-45-7(8)) Almuzara, Editorial.

Papá Pinta Mucho / Dad Draws & Paints a Lot. Bea Taboada & César Barceló. 2023. (SPA.). 24p. (J). (gr. -1-3). 18.95 (978-84-19048-71-4(2), B DE Books) Penguin Random House Grupo Editorial ESP. Dist: Penguin Random Hse. LLC.

Papa Pizza Mouse. Michael Garland. 2022. (Illus.). 28p. (J). (— 1). bds. 7.99 (978-0-8234-4968-2(8)) Holiday Hse., Inc.

Papá, Por Favor, Bájame la Luna (Papa, Please Get the Moon for Me) Eric Carle. Illus. by Eric Carle. 2018. (World of Eric Carle Ser.). (SPA., Illus.). 32p. (J). (gr. -1-k). bds. 10.99 (978-1-5344-1327-6(8)); lib. bdg. 8.99 (978-1-5344-1326-9(X)) Libros Para Ninos. (Libros Para Ninos).

Papa Says. Carey Pahel. 2023. (ENG.). 38p. (J). 18.95 (978-1-63755-591-0(1), Mascot Kids) Amplify Publishing Group.

Papa-Sika's Journey. Anna Kuznetsoff. Illus. by Kristina Tis. 2021. (ENG.). 28p. (J). (978-0-2288-4902-5(0)); pap. (978-0-2288-4901-8(2)) Tellwell Talent.

Papa, Tell Me Another Story. Yankee Arnold. Ed. by Jay Kominsky. Illus. by Detwiler Cheryl Mihalka. 2021. (ENG.). 98p. (J). pap. 12.49 (978-1-6628-1517-1(4)) Salem Author Services.

Papa the Shoemaker. Kyra Kalweit & Dayán Mantecón Roldán. 2022. (ENG.). 44p. (J). (978-0-2288-5625-2(6)); pap. (978-0-2288-5626-9(4)) Tellwell Talent.

Papa Tom & Muffler the Barn Kitten. Wanda Robinson. 2019. (ENG., Illus.). 48p. (J). (gr. -1-1). pap. (978-1-7753865-4-4(6)) Dawson, Wanda.

Papa Tom's Toast. Mary E. Waling-Palmer. 2017. (ENG., Illus.). (J). (gr. k-6). pap. 12.00 (978-0-9987872-0-6(5)) Sherwood Publishing LLC.

Papá Trina Como un Pájaro: Leveled Reader Book 72 Level J 6 Pack. Hmh Hmh. 2021. (SPA.). 16p. (J). pap. 74.40 (978-0-358-08288-0(9)) Houghton Mifflin Harcourt Publishing Co.

Papadoro 2 - Adolescens: Storie per Ragazzi in Crescita Da 0 a 130 Anni. Claudio Strano. Illus. by Chiara Barbaro. 2021. (ITA.). 136p. (YA). pap. 10.52 (978-1-4583-9381-4(X)) Lulu Pr., Inc.

Papagei Faarwen: E Kand Seng Aféierung a Faarwen an der Natierlecher Welt. David E. McAdams. Illus. by Professer Bouquet. 2020. (Faarwen an der Natierlecher Welt Ser.: Vol. 1). (LTZ.). 38p. (J). pap. 14.95 (978-1-63270-225-8(8)) Life is a Story Problem LLC.

Papageienfarben: Eine Einführung Für Die Kinder, Um Die Farben in der Natur. David E. McAdams. 2nd ed. 2023. (Farben in der Natürlichen Welt Ser.). (GER.). 40p. (J). pap. 19.95 (978-1-63270-387-3(4)) Life is a Story Problem LLC.

Papalote: The Butterfly Goddess. F. M. Barrera. Illus. by F. M. Barrera. 2022. (ENG.). 36p. (J). 19.95 (978-1-7363306-5-4(9)) Talisman Pr.

Paparazzi: Track Seven: a Living Out Loud Novel. Denise Jaden. 2018. (ENG.). 216p. (J). pap. (978-0-9881413-8-4(8)) Jaden, Denise.

Papa's Beach. Lynn Steeves. Illus. by Erin Siebold. 2020. (ENG.). 24p. (J). (978-1-5255-6150-4(2)); pap. (978-1-5255-6151-1(0)) FriesenPress.

Papa's Bible Stories. Jimmy McDonald. 2020. (ENG.). 62p. (J). 24.49 (978-1-6628-0027-6(4)); pap. 13.49 (978-1-6628-0026-9(6)) Salem Author Services.

Papa's Diner. Greg McGown. Illus. by Ashley Holbrook. 2021. (ENG.). 44p. (J). 25.95 (978-1-63874-889-2(6)); pap. 15.95 (978-1-0980-9080-7(2)) Christian Faith Publishing.

Papa's Garage. C. a Hendrix. Illus. by Alan Chao. 2019. (ENG.). 40p. (J). (gr. k-4). 21.95 (978-1-63263-778-9(2)) Booklocker.com, Inc.

Papa's Little Truck. Mori. 2022. (ENG.). 32p. (J). pap. 7.95 (978-1-4788-7551-2(8)); 16.95 (978-1-4788-7552-9(6)) Newmark Learning LLC.

Papa's Mark. Gwendolyn Battle-Lavert. Illus. by Colin Bootman. 2023. 32p. (J). (gr. -1-3). 18.99 (978-0-8234-5370-2(7)) Holiday Hse., Inc.

Papa's Shoes. Michael Oakland. 2019. (ENG.). 38p. (J). 14.95 (978-1-64307-299-9(4)) Amplify Publishing Group.

Papa's Stories. Brian Marcus. 2016. (ENG., Illus.). (J). pap. 16.95 (978-1-68197-919-9(5)) Christian Faith Publishing.

Papa's Words of Wisdom. Nona M. Iverson. 2016. (ENG., Illus.). (J). 21.95 (978-1-68197-925-0(X)) Christian Faith Publishing.

Papasaurus: (Dinosaur Books for Baby & Daddy, Picture Book for Dad & Child) Stephan Lomp. 2017. (Mamasaurus, Papsaurus Ser.). (ENG., Illus.). 40p. (J). 16.99 (978-1-4521-4425-2(7)) Chronicle Bks. LLC.

Papaw & Malia Make a New Friend. Bob Freeman. Illus. by Bryan Werts. 2021. (ENG.). 46p. (J). pap. 13.99 (978-1-63984-147-9(4)) Pen It Pubns.

Papaya's Splendid Adventure. Mika Fresh. 2017. (ENG., Illus.). 26p. (J). pap. 14.99 (978-1-948339-18-6(8)) BookPatch LLC, The.

Papegøye Farger: Et Barns Introduksjon Til Farger I Den Naturlige Verden. David E. McAdams. 2nd ed. 2023. (Farger I Naturen Ser.). (NOR.). 38p. (J). pap. 19.95 (978-1-63270-431-3(5)) Life is a Story Problem LLC.

Papel para Practicar Caligrafia. Josh Seventh. 2020. (SPA.). (J). 128p. pap. 6.95 (978-0-9703739-8-4(8)); 156p. pap. 7.75 (978-1-81925-818-9(1)) Gyrfalcon Pr.

Paper. Andrea Rivera. 2017. (Materials Ser.). (ENG., Illus.). 24p. (J). (gr. -1-2). lib. bdg. 31.36 (978-1-5321-2032-9(X), 25300, Abdo Zoom-Launch) ABDO Publishing Co.

Paper: 5-Step Handicrafts for Kids, 8 vols. Anna Llimós. 2020. (5-Step Handicrafts for Kids Ser.: 6). (ENG., Illus.). 32p. (J). (gr. -1-3). 9.99 (978-0-7643-6084-8(1), 18526) Schiffer Publishing, Ltd.

Paper Airplane. Kevin N. Fair. 2017. (ENG., Illus.). (J). (gr. 3-7). pap. 16.99 (978-1-5456-0256-0(5), Mill City Press, Inc) Salem Author Services.

Paper Airplanes. Jenny Fretland VanVoorst. 2016. (Early Physics Fun). 24p. (J). (gr. 2-5). lib. bdg. (978-1-62031-317-6(0), Pogo) Jump! Inc.

Paper Airplanes with a Side of Science 4D, 4 vols. Marie Buckingham. 2018. (Paper Airplanes with a Side of Science 4D Ser.). (ENG.). 32p. (J). (gr. 3-6). 135.96 (978-1-5435-0809-3(X), 27726, Capstone Classroom) Capstone.

Paper & Fire. Rachel Caine, pseud. 2017. (Great Library: 2). (ENG.). 400p. (YA). (gr. 9). pap. 12.00 (978-0-451-47314-1(0), Berkley) Penguin Publishing Group.

Paper & Fire. Rachel Caine, pseud. ed. 2017. (Great Library: 2). lib. bdg. 20.85 (978-0-606-40361-0(2)) Turtleback.

Paper & Pencil Write a Story. Christine K. Calabrese. Ed. by Anne Mayer. Illus. by Stephen Rocktaschel. I.t. ed. 2022. (ENG.). 42p. (J). 20.99 (978-0-9995220-7-3(8)) Calabrese, Christine.

Paper & Pencil Write a Story: A Funny, Rhyming Writing Lesson to Inspire, Entertain & Educate in the Writing Process for Kids Ages 4 to 11 Years Old. Ed. by Anne Mayer & John Calabrese. Illus. by Stephen Rocktaschel. 2022. (Listen, Look, Laugh & Learn ! Ser.). (ENG.). 42p. (J). pap. 9.99 (978-0-9995220-8-0(6)) Southampton Publishing.

Paper Animals: A Collection of Appealing Creatures to Cut Out & Glue Together. Annabelle Curtis. 2016. (ENG.). 32p. (J). pap. 10.99 (978-1-907550-87-4(9)) Tarquin Pubns. GBR. Dist: Independent Pubs. Group.

Paper Archaeologists! Find Hidden Pictures. Kreative Kids. 2016. (ENG., Illus.). (J). pap. 10.81 (978-1-68377-017-6(X)) Whike, Traudl.

Paper Bag Mask. Brock Heasley. Illus. by Brock Heasley. 2018. (ENG., Illus.). 330p. (YA). pap. 15.99 (978-1-941541-40-1(2)) Pen Name Publishing.

Paper Bag Princess Early Reader. Robert Munsch. Illus. by Michael Martchenko. adapted ed. 2022. (Munsch Early Readers Ser.). 32p. (J). (gr. 1-1). 16.99 (978-1-77321-649-2(X)) Annick Pr., Ltd. CAN. Dist: Publishers Group West (PGW).

Paper Bag Princess Early Reader: (Munsch Early Reader) Robert Munsch. Illus. by Michael Martchenko. adapted ed. 2022. (Munsch Early Readers Ser.). 32p. (J). (gr. k-3). pap. 4.99 (978-1-77321-639-3(2)) Annick Pr., Ltd. CAN. Dist: Publishers Group West (PGW).

Paper Bag Princess Unabridged. Robert Munsch. Illus. by Michael Martchenko. 2020. 28p. (J). (gr. -1-k). bds. 9.99 (978-1-77321-405-4(5)) Annick Pr., Ltd. CAN. Dist: Publishers Group West (PGW).

Paper Beads from Africa: Charities Started by Kids! Melissa Sherman Pearl. 2018. (Community Connections: How Do They Help? Ser.). (ENG., Illus.). 24p. (J). (gr. 2-5). pap. 12.79 (978-1-5341-0830-1(0), 210684); lib. bdg. 29.21 (978-1-5341-0731-1(2), 210683) Cherry Lake Publishing.

Paper Bird. Lisa Anchin. Illus. by Lisa Anchin. 2022. (Illus.). 40p. (J). (gr. -1-3). 17.99 (978-0-593-11022-5(6), Dial Bks) Penguin Young Readers Group.

Paper Boat: A Refugee Story. Thao Lam. 2020. (ENG., Illus.). 40p. (J). (gr. 5). 18.95 (978-1-77147-363-7(0)) Owlkids Bks. Inc. CAN. Dist: Publishers Group West (PGW).

Paper Cap: A Story of Love & Labor (Classic Reprint) Amelia E. Barr. 2018. (ENG., Illus.). 372p. (J). 31.59 (978-0-364-19217-7(8)) Forgotten Bks.

Paper Cathedral Stained Glass Coloring Book. Bobo's Children Activity Books. 2016. (ENG., Illus.). (J). pap. 9.33 (978-1-68327-564-0(0)) Sunshine In My Soul Publishing.

Paper Cavalier: A Comedy in Two Acts (Classic Reprint) Beulah King. 2018. (ENG., Illus.). 48p. (J). 24.89 (978-0-484-59178-2(9)) Forgotten Bks.

Paper Chains. Elaine Vickers. Illus. by Sara Not. 2017. (ENG.). 304p. (J). (gr. 3-7). 16.99 (978-0-06-241434-2(8), HarperCollins) HarperCollins Pubs.

Paper City (Classic Reprint) D. R. Locke. 2017. (ENG., Illus.). (J). 33.18 (978-0-266-19822-2(8)) Forgotten Bks.

Paper Country. Dave Bakers. 2019. (ENG., Illus.). 264p. (J). pap. (978-1-78532-064-4(5)) DIB Bks.

Paper Cowboy. Kristin Levine. 2016. 368p. (J). (gr. 5). 9.99 (978-0-14-242715-6(2), Puffin Books) Penguin Young Readers Group.

Paper Cowboy. Kristin Levine. ed. 2016. (ENG.). (J). lib. bdg. 19.65 (978-0-606-38394-3(8)) Turtleback.

Paper Crafts Tutorials! - Paper Planes, Cups, Dragons & More - Crafts for Kids - Children's Craft & Hobby Books. Professor Gusto. 2016. (ENG., Illus.). (J). pap. 10.81 (978-1-68321-994-1(5)) Mimaxion.

Paper Cutting Correlated: With the Common School Branches (Classic Reprint) Bess Dixon. 2017. (ENG., Illus.). (J). 26.06 (978-0-260-90998-5(X)) Forgotten Bks.

Paper Dolls. Bailey Larroquette. 2022. (ENG.). 394p. (YA). pap. (978-0-2288-8412-5(8)) Tellwell Talent.

Paper-Flower Tree. Created by Jacqueline Ayer. 2017. (Illus.). 40p. (J). (gr. -1-3). 16.95 (978-1-59270-224-4(4)) Enchanted Lion Bks., LLC.

Paper Forests. Tegan Anderson. 2022. (ENG.). (YA). 314p. 38.99 (978-1-4716-6966-8(2)); 322p. pap. 16.98 (978-1-4716-6782-4(0)) Lulu Pr., Inc.

Paper from Wood. Emily Sohn. 2019. (IScience Ser.). (ENG., Illus.). 24p. (J). (gr. k-2). 23.94 (978-1-68450-968-3(8)); pap. 13.26 (978-1-68404-362-0(X)) Norwood Hse. Pr.

Paper Girl of Paris. Jordyn Taylor. 2021. (ENG.). 384p. (YA). (gr. 8). pap. 15.99 (978-0-06-293664-6(6), HarperTeen) HarperCollins Pubs.

Paper Girls. Brian K. Vaughan. 2017. (ENG., Illus.). 128p. (YA). pap. 12.99 (978-1-5343-0223-5(9), aacf0988-1542-4368-9723-673908b7c3f4) Image Comics.

Paper Girls. Brian K. Vaughn & Cliff Chiang. ed. 2016. (Paper Girls Ser.: 2). lib. bdg. 24.50 (978-0-606-39522-9(9)) Turtleback.

Paper Girls Deluxe Edition Volume 1. Brian K. Vaughan. 2017. (ENG., Illus.). 320p. (YA). 34.99 (978-1-5343-0334-8(0), 2aa3d9b5-3813-4c4a-984a-46db7e4db3a7) Image Comics.

Paper Girls Volume 4. Brian K. Vaughan. 2018. (ENG., Illus.). 128p. (YA). pap. 14.99 (978-1-5343-0510-6(6), 4ad27481-a1c4-441f-889c-71e50ec34c3d) Image Comics.

Paper Girls Volume 6. Brian K. Vaughan. 2019. (ENG., Illus.). 144p. (YA). pap. 14.99 (978-1-5343-1324-8(9), 5ce226f1-305d-41eb-b6e8-0395a51804d2) Image Comics.

Paper Heart. Cat Patrick. 2021. (ENG., Illus.). 304p. (J). (gr. 5). 17.99 (978-1-9848-1534-7(2), G.P. Putnam's Sons Books for Young Readers) Penguin Young Readers Group.

Paper Hearts. Lynette Ferreira. 2020. (ENG.). 188p. (J). pap. 11.99 (978-1-393-37231-8(7)) Draft2Digital.

Paper Hearts. Lynette Ferreira. 2020. (ENG.). 152p. (J). 26.23 (978-0-244-83760-0(0)) Lulu Pr., Inc.

Paper Hearts. Ali Novak. 2017. (Heartbreak Chronicles Ser.: 2). 400p. (YA). (gr. 8-12). pap. 10.99 (978-1-4926-5336-3(5)) Sourcebooks, Inc.

Paper Hearts. Meg Wiviott. ed. 2016. (ENG.). 368p. (YA). (gr. 7). 22.10 (978-0-606-39239-6(4)) Turtleback.

Paper Jungle! an Exciting Adult Level Maze Activity Book. Kreativ Entspannen. 2016. (ENG., Illus.). (J). pap. 10.81 (978-1-68377-098-5(6)) Whike, Traudl.

Paper Kingdom. Helena Ku Rhee. Illus. by Pascal Campion. 2020. 40p. (J). (gr. -1-2). 18.99 (978-0-525-64461-3(X)) Random Hse. Children's Bks.

Paper-Mache Masks, 1 vol. Jane Yates. 2016. (Cool Crafts for Kids Ser.). (ENG.). 32p. (J). (gr. 3-3). pap. 12.75 (978-1-4994-8234-8(5), 2eee5d46-4a78-4831-ace0-530457fc0557, Windmill Bks.) Rosen Publishing Group, Inc., The.

Paper Maker Magic. Allyssa Loya et al. 2020. (J). (978-1-5415-8990-2(4)) Lerner Publishing Group.

Paper Making, 1 vol. John Lockyer. 2018. (ENG., Illus.). 21p. (J). pap. (978-1-77654-255-0(X), Red Rocket Readers) Flying Start Bks.

Paper Mice. Megan Wagner Lloyd. Illus. by Phoebe Wahl. 2019. (ENG.). 40p. (J). (gr. -1-3). 17.99 (978-1-4814-8166-3(5), Simon & Schuster Bks. For Young Readers) Simon & Schuster Bks. For Young Readers.

Paper Modelling (Yesterday's Classics) Mildred Swannell. 2021. (ENG.). 74p. (J). pap. 14.95 (978-1-63334-154-8(2)) Yesterday's Classics.

Paper Monsters: Make Monster Collages! Oscar Sabini. 2017. (ENG., Illus.). 20p. (J). (gr. -1-5). spiral bd. 19.95 (978-0-500-65096-7(9), 565096) Thames & Hudson.

Paper Museum. Kate S. Simpson. 256p. (J). (gr. 3-7). 2023. pap. 8.99 (978-1-4549-4985-5(6)); 2022. 16.99 (978-1-4549-4383-9(1)) Sterling Publishing Co., Inc. (Union Square Pr.).

Paper Peek: Alphabet. Chihiro Takeuchi. Illus. by Chihiro Takeuchi. 2022. (Paper Peek Ser.). (ENG.). 34p. (J). (— 1). bds. 14.99 (978-1-5362-1150-4(8)) Candlewick Pr.

Paper Peek: Animals. Chihiro Takeuchi. Illus. by Chihiro Takeuchi. 2020. (Paper Peek Ser.). (ENG., Illus.). 34p. (J). (— 1). bds. 14.99 (978-1-5362-1149-8(4)) Candlewick Pr.

Paper Peek: Colors. Chihiro Takeuchi. Illus. by Chihiro Takeuchi. 2019. (Paper Peek Ser.). (ENG., Illus.). 38p. (J). (— 1). bds. 14.99 (978-1-5362-1148-1(6)) Candlewick Pr.

Paper Peyton: Explores the Ocean. Laryssa K. Knight. 2019. (Paper Peyton Ser.: Vol. 2). (ENG., Illus.). 64p. (J). (gr. k-5). 21.00 (978-0-578-49315-2(2)) LaRyssa K. Hodges.

Paper Plane Flew (Hook Book) Bharti Singh. Illus. by Sheena Deviah. 2023. (ENG.). 40p. (J). (gr. k). pap. 7.99 (978-0-14-345805-0(1)) Penguin Bks. India PVT, Ltd IND. Dist: Independent Pubs. Group.

Paper Planes. Jim Helmore. Illus. by Richard Jones. 2020. (ENG.). 32p. (J). (gr. -1-3). 17.99 (978-1-68263-161-4(3)) Peachtree Publishing Co. Inc.

Paper Prison. Jonathan Law Advanced Creative Writing. 2020. (ENG.). 166p. (YA). pap. (978-1-716-82895-9(3)) Lulu Pr., Inc.

Paper Rose Pony. Misty Fawn Spray. 2020. (ENG.). 34p. (J). (gr. k-3). pap. 11.95 (978-0-692-11765-1(2)) DCT Ranch Pr.

Paper Route. Loraine DuPont. 2019. (ENG.). 70p. (J). 28.95 (978-1-0980-0339-5(X)); pap. 18.95 (978-1-64569-824-1(6)) Christian Faith Publishing.

Paper Sculpture, 1 vol. Toby Reynolds. 2017. (Mini Artist Ser.). (ENG.). 24p. (J). (gr. 1-2). 26.27 (978-1-5081-9408-8(4), 21c00536-7f44-497a-8f10-09e42066a83b); pap. 11.60 (978-1-5081-9439-2(4), b8b81c40-8fa1-47c4-9e9f-b1a46e133af8) Rosen Publishing Group, Inc., The. (Windmill Bks.).

Paper Son: the Inspiring Story of Tyrus Wong, Immigrant & Artist. Julie Leung. Illus. by Chris Sasaki. 2019. (ENG.). 40p. (J). (gr. -1-3). 20.99 (978-1-5247-7188-1(0), Schwartz & Wade Bks.) Random Hse. Children's Bks.

Paper Things. Jennifer Richard Jacobson. ed. 2017. (ENG.). (J). (gr. 5). lib. bdg. 19.65 (978-0-606-39841-1(4)) Turtleback.

Paper Tiger P. Abida Ripley. 2019. (ENG., Illus.). 36p. (J). (gr. k-6). 16.00 (978-1-949808-13-1(0)) Bk.worm.

Paper Tigers. Meredith McClaren. 2016. (ENG., Illus.). 120p. (J). pap. 15.99 (978-1-63215-524-5(9), ef50649c-4a9a-4c2a-bd7d-d7d8d0df28ac) Image Comics.

Paper to Book. Elizabeth Neuenfeldt. 2021. (Beginning to End Ser.). (ENG., Illus.). 24p. (J). (gr. k-3). pap. 7.99 (978-1-64834-245-5(0), 20356); lib. bdg. 26.95 (978-1-64487-423-3(7)) Bellwether Media. (Blastoff! Readers).

Paper Towel. Lucas Byrd & Bransen Byrd. Illus. by Ben Hed. 2019. (ENG.). 26p. (J). pap. 16.95 (978-1-9736-6760-5(6), WestBow Pr.) Author Solutions, LLC.

Paper Toys: Aliens: 11 Paper Aliens to Build. Loulou & Tummie. 2019. (Paper Toys Ser.). (ENG., Illus.). 24p. 12.95 (978-1-58423-722-8(8)) Gingko Pr., Inc.

Paper Toys: Animals: 11 Paper Animals to Build. Bishop Parigo. 2016. (Paper Toys Ser.). (ENG., Illus.). 24p. (J). (gr. k-4). pap. 12.95 (978-1-58423-648-1(5), a4d96095-dbee-4bf3-b43b-09600181 7f4c) Gingko Pr., Inc.

Paper Toys: Fantasy Creatures: 11 Paper Fantasy Creatures to Build. Tougui. 2017. (Paper Toys Ser.). (ENG., Illus.). 24p. (J). (gr. k-4). pap. 12.95 (978-1-58423-650-4(7), e6326261-2cf8-4b08-8fda-e93bb8be843f) Gingko Pr., Inc.

Paper Toys: Monsters: 11 Paper Monsters to Build. Niark. ed. 2019. (Paper Toys Ser.). (ENG., Illus.). 24p. (J). (gr. k-5). pap. 12.95 (978-1-58423-723-5(6)) Gingko Pr., Inc.

Paper Toys: Robots: 12 Paper Robots to Build. Arnaud Roi. 2016. (Paper Toys Ser.). (ENG., Illus.). 24p. (J). (gr. k-4). pap. 12.95 (978-1-58423-649-8(3), eaed9384-c8c8-40bf-a9b0-c26da39eb253) Gingko Pr., Inc.

Paper Toys: Super Heroes: 11 Paper Super Heroes to Build. Illus. by Sebastian Touache. 2017. (Paper Toys Ser.). (ENG.). 24p. (J). (gr. k-4). pap. 12.95 (978-1-58423-668-9(X), c5a14cb4-d0e6-4ac3-9fde-c9906c160d4e) Gingko Pr., Inc.

Paper Toys Value Pack. Zibi Dobosz. 2016. (Kiddie Cut-Outs-Big Ideas for Little People Ser.). (ENG., Illus.). (J). pap. (978-1-910538-75-3(2)) Nanook Bks. Ltd.

Paper Weaving - Standard Weave - 50 States Theme. Jennifer Wester. 2017. (ENG.). 52p. (J). pap. (978-1-365-86975-4(X)) Lulu Pr., Inc.

Paper Wedding a Comedy (Classic Reprint) Charles Nevers Holmes. 2018. (ENG., Illus.). 24p. (J). 24.41 (978-0-483-17436-8(X)) Forgotten Bks.

Paper Wings. Spencer Hoshino. 2019. (Magical Girl Ser.: Vol. 2). (ENG., Illus.). 436p. (YA). (gr. 7-12). pap. 15.95 (978-0-578-47325-3(9)) Mugen Pr.

Paper Wishes. Spencer Hoshino. 2019. (Magical Girl Ser.: Vol. 1). (ENG., Illus.). 310p. (YA). (gr. 7-12). pap. 12.95 (978-0-578-45872-4(1)) Mugen Pr.

Paper Wishes. Lois Sepahban. 2017. (ENG.). 192p. (J). pap. 8.99 (978-1-250-10414-4(9), 900163680) Square Fish.

Paper Wishes. Lois Sepahban. ed. 2017. (J). lib. bdg. 18.40 (978-0-606-39942-5(9)) Turtleback.

Paper World: Human Body. The Templar Company LTD. Illus. by Gail Armstrong. 2023. (Paper World Ser.: 1). (ENG.). 30p. (J). (gr. 3-7). 24.99 (978-1-5362-3263-9(7), Big Picture Press) Candlewick Pr.

Paper World: Planet Earth. Templar Books. Illus. by Templar Books. 2019. (Paper World Ser.). (ENG., Illus.). 30p. (J). (gr. 3-7). 24.99 (978-1-5362-0854-2(X), Big Picture Press) Candlewick Pr.

Paper World: Space. The Templar Company LTD. Illus. by Gail Armstrong. 2021. (Paper World Ser.). (ENG.). 30p. (J). (gr. 3-7). 24.99 (978-1-5362-1987-6(8), Big Picture Press) Candlewick Pr.

Paper Zoo / Zoologico de Papel: An Adventure to South Africa / una Aventura a Sudafrica. Leslie Woods. Illus. by Robin Nelson. 2018. (ENG.). 42p. (J). pap. 12.95 (978-0-9994985-1-4(7)) Leaning Rock Pr.

PAPERBACK - the Gimmwitts: Adventure Series 1of4: Prince Globond the Future King. Melanie Joy Bacon Paul Jeffrey Davids. 2020. (ENG.). 76p. (J). pap. 11.34 (978-1-716-33769-7(0)) Lulu Pr., Inc.

PAPERBACK - the Gimmwitts Adventure Series 2of4: Prince Globond's Rescue Plan. Melanie Joy Bacon Paul Jeffrey Davids. 2020. (ENG.). 86p. (J). pap. 12.04 (978-1-716-33733-8(X)) Lulu Pr., Inc.

PAPERBACK - the Gimmwitts Adventure Series 3of4: Prince Globond Conquers the Curse. Melanie Joy Bacon Paul Jeffrey Davids. 2020. (ENG.). 84p. (J). pap. 11.90 (978-1-716-33691-1(0)) Lulu Pr., Inc.

PAPERBACK - the Gimmwitts Adventure Series 4of4: Prince Globond & Dazzalin Fountain. Melanie Joy Bacon Paul Jeffrey Davids. 2020. (ENG.). 72p. (J). pap. 11.06 (978-1-716-33681-2(3)) Lulu Pr., Inc.

PAPERBACK - the Gimmwitts (the Big Book) Prince Globond &the Flying Jewels. Melanie Joy Bacon Paul Jeffrey Davids. 2020. (ENG.). 172p. (J). pap. 21.78 (978-1-716-38317-5(X)) Lulu Pr., Inc.

Paperboy, 1 vol. Dav Pilkey. Illus. by Dav Pilkey. 2016. (ENG., Illus.). 32p. (J). (gr. -1-3). 17.99 (978-0-545-87186-0(7), Orchard Bks.) Scholastic, Inc.

Paperboy. Vince Vawter. 2016. (JPN.). 290p. (J). (gr. 5). pap. (978-4-00-116411-4(6)) Iwanami Shoten.

Paperclip Maker Magic. Allyssa Loya & Joshua A. Lincoln. 2020. (J). (978-1-5415-8989-6(0)) Lerner Publishing Group.

Paperclip Revolution. Beth Lee & Debi Cagliostro. 2020. (ENG.). 112p. (YA). pap. 13.95 (978-1-6624-1009-3(3)) Page Publishing Inc.

Papercraft 35 Blocks of Coal. Tcorporation Edition. 2023. (ENG.). 75p. (J). pap. (978-1-4477-4041-4(6)) Lulu Pr., Inc.

Papercraft 35 Blocks of Dirt. Tcorporation Edition. 2023. (ENG.). 75p. (YA). pap. (978-1-4477-4023-0(8)) Lulu Pr., Inc.

Papercraft 35 Blocks of Grass. Tcorporation Edition. 2023. (ENG.). 75p. (YA). pap. (978-1-4477-2368-4(6)) Lulu Pr., Inc.

Papercraft 35 Blocks of Log. Tcorporation Edition. 2023. (ENG.). 75p. (YA). pap. (978-1-4477-2608-1(1)) Lulu Pr., Inc.

Papercraft 35 Blocks of Stone. Tcorporation Edition. 2023. (ENG.). 75p. (YA). pap. (978-1-4477-2367-7(8)) Lulu Pr., Inc.

Papercraft 35 Blocks of TNT. Tcorporation Edition. 2023. (ENG.). 75p. (YA). pap. (978-1-4477-3873-2(X)) Lulu Pr., Inc.

Papercraft 35 Blocks of Wooden Planck. Tcorporation Edition. 2023. (ENG.). 75p. (YA). pap. (978-1-4477-2370-7(8)) Lulu Pr., Inc.

Paperfold Wild Animals: 10 Amazing Punch-Out-And-Fold Paper Creatures, Volume 1. Megan Montague Cash.

1550

The check digit for ISBN-10 appears in parentheses after the full ISBN-13

2023. (Paperfold Ser.: 1). (ENG.). 46p. (J). (gr. 2-17). pap. 12.99 *(978-1-5235-1276-8(8)*, 101276) Workman Publishing Co., Inc.

Papergirl, 1 vol. Melinda McCracken. 2019. (ENG.). 142p. pap. 13.00 *(978-1-77363-129-5(2)*, 23491) Community Bks. CAN. Dist: Columbia Univ. Pr.

Papermaking: Handmade Paper & Paper Products. Megan Borgert-Spaniol. 2019. (Cool Paper Art Ser.). (ENG., Illus.). 32p. (J). (gr. 3-6). lib. bdg. 34.21 *(978-1-5321-1947-7(X)*, 32479, Checkerboard Library) ABDO Publishing Co.

Papers & Verses (Classic Reprint) Harriet Gaylord Smith. (ENG., Illus.). (J). 2018. 138p. 26.76 *(978-0-332-93756-4(9))*; 2016. pap. 9.57 *(978-1-334-34624-8(0))* Forgotten Bks.

Paper's Bedtime Routine. Joan Riedel. Illus. by Amara Venayas Rodriguez. 2022. (ENG.). 32p. (J). 17.99 ***(978-1-64538-537-0(X))***; pap. 10.99 ***(978-1-64538-536-3(1))*** Orange Hat Publishing.

Papers for Thoughtful Girls: With Illustrative Sketches of Some Girls' Lives (Classic Reprint) Sarah Tytler. (ENG., Illus.). (J). 2018. 356p. 31.26 *(978-0-484-17521-0(1))*; 2016. pap. 13.97 *(978-1-334-24898-6(2))* Forgotten Bks.

Papers Humorous & Pathetic: Being Selections from the Works of George Augustus Sala; Revised & Abridged by the Author for Public Reading (Classic Reprint) George Augustus Sala. abr. ed. 2018. (ENG., Illus.). 356p. (J). 31.24 *(978-0-332-10858-2(9))* Forgotten Bks.

Papers, Letters & Journals of William Pearson: Edited by His Widow (Classic Reprint) William Pearson. (ENG., Illus.). (J). 2018. 528p. 34.79 *(978-0-332-11781-2(2))*; 2017. pap. 19.57 *(978-0-259-06142-7(5))* Forgotten Bks.

Papers of Joanna Shipman Bosworth: Being the Diary of a Carriage Trip Made in 1834 by Charles Shipman & His Daughters, Joanna & Betsey, from Athens, Ohio, to Philadelphia, Baltimore & Washington, & a Family History (Classic Reprint) Joanna Shipman Bosworth. (ENG., Illus.). (J). 2017. 24.80 *(978-0-266-39085-5(4))*; 2016. pap. 7.97 *(978-1-333-34068-1(0))* Forgotten Bks.

Paperscapes: the Amazing World of Animals: Turn This Book into a Wildlife Work of Art. Moira Butterfield. 2020. (Paperscapes Ser.). (ENG., Illus.). 64p. (J). (-7). 19.95 *(978-1-78312-579-1(9))* Welbeck Publishing Group Ltd. GBR. Dist: Two Rivers Distribution.

Paperscapes: the Fearsome World of Dinosaurs, 7 vols. Scott Forbes. 2018. (ENG.). 16p. (J). (gr. 2-7). 17.95 *(978-1-78312-303-2(6))* Carlton Kids GBR. Dist: Two Rivers Distribution.

Paperscapes: the Fearsome World of Dinosaurs: Turn This Book into a Prehistoric Work of Art. Pat Jacobs. 2020. (ENG., Illus.). 64p. (J). (gr. 3-7). 19.95 *(978-1-78312-581-4(0))* Welbeck Publishing Group Ltd. GBR. Dist: Two Rivers Distribution.

Paperscapes: the Incredible World of Bugs: Turn This Book into a Creepy-Crawly Work of Art. Melanie Hibbert. 2020. (Paperscapes Ser.). (ENG., Illus.). 64p. (J). (-7). 19.95 *(978-1-78312-580-7(2))* Welbeck Publishing Group Ltd. GBR. Dist: Two Rivers Distribution.

Paperscapes: the Little Mermaid & Other Fairytales: A Picturesque Retelling with Press-Out Characters. Lauren Holowaty. 2021. (Paperscapes Ser.). (ENG., Illus.). 96p. (J). (gr. 1-3). 19.95 *(978-1-78312-648-4(5))* Welbeck Publishing Group Ltd. GBR. Dist: Two Rivers Distribution.

Paperscapes: the Nutcracker: A Picturesque Retelling with Press-Out Characters. Lauren Holowaty. 2021. (Paperscapes Ser.). (ENG.). 96p. (J). (gr. 1-3). 16.95 *(978-1-78312-717-7(1))* Welbeck Publishing Group Ltd. GBR. Dist: Two Rivers Distribution.

Paperscapes: the Spectacular Journey into Space: Turn This Book into an Out-Of-This-World Work of Art. Kevin Pettman. 2020. (Paperscapes Ser.). (ENG., Illus.). 64p. (J). (-7). 19.95 *(978-1-78312-582-1(9))* Welbeck Publishing Group Ltd. GBR. Dist: Two Rivers Distribution.

Paperton Book Shop Mice a Christmas Tale. J. S. Wyvern. 2016. (ENG., Illus.). (J). pap. 9.79 *(978-1-326-79307-4(1))* Lulu Pr., Inc.

Papertoy Glowbots: 46 Glowing Robots You Can Make Yourself! Brian Castleforte. 2016. (ENG., Illus.). 196p. (J). (gr. 5-12). pap. 22.95 *(978-0-7611-7762-3(0)*, 17762) Workman Publishing Co., Inc.

Papi. Leslie Patricelli. Illus. by Leslie Patricelli. 2021. (Leslie Patricelli Board Bks.). (ENG & SPA., Illus.). 26p. (J). (— 1). bds. 8.99 *(978-1-5362-1812-1(X))* Candlewick Pr.

Papi Can You Teach Me How... ? Cory a Graves. Illus. by Raman Bhardwaj. 2021. (ENG.). 32p. (J). pap. *(978-1-257-63282-4(5))* Lulu Pr., Inc.

Papi, ¿puedes Enseñarme Cómo... ? Cory a Graves. Illus. by Raman Bhardwaj. 2021. (SPA.). (J). 32p. pap. ***(978-1-257-83086-2(4))***; 29p. *(978-1-6780-6925-4(6))* Lulu Pr., Inc.

Papi What If I... ? Cory a Graves. Illus. by Raman Bhardwaj. 2021. (ENG.). 32p. (J). pap. ***(978-1-257-83043-5(0))*** Lulu Pr., Inc.

Papi y Yo / Daddy & Me (Spanish Edition) Ed. by Cottage Door Press. Illus. by Sarah Ward. ed. 2022. (SPA.). 12p. (J). (gr. -1 — 1). bds. 7.99 *(978-1-64638-380-1(X)*, 2000400-SLA) Cottage Door Pr.

Papier de Pratique d'Écriture Manuscrite de Base Pour les Enfants Âgés de 4 À 6 ANS: 100 Pages de Pratique d'Écriture Manuscrite Pour les Enfants Âgés de 3 À 6 Ans: Ce Livre Contient un Papier d'Écriture Approprié Avec des Lignes Très Épaisses Pour les E. Bernard Patrick. 2018. (Papier de Pratique d'Écriture Manuscrite de Base P Ser.: Vol. 1). (FRE., Illus.). 108p. (J). (gr. k-1). pap. *(978-1-78970-055-8(8))* Elige Cognoscere.

Papier Ligné de Pratique d'Écriture Manuscrite de Base Pour les Enfants de la Gardienne Âgés de 3 À 6 ANS: 100 Pages de Pratique d'Écriture Manuscrite Pour les Enfants Âgés de 3 À 6 Ans: Ce Livre Contient un Papier d'Écriture Approprié Avec des Lignes Tr. Bernard Patrick. 2018. (Papier Ligné de Pratique d'Écriture Manuscrite De Ser.: Vol. 1). (FRE., Illus.). 108p. (J). (gr. k-1). pap. *(978-1-78970-056-5(6))* Elige Cognoscere.

Papier Ligné Pour les Enfants (Lignes Espacées) 100 Pages de Pratique d'Écriture Manuscrite Pour les Enfants Âgés de 3 À 6 Ans: Ce Livre Contient un Papier d'Écriture Approprié Avec des Lignes Très Épaisses Pour les Enfants désireux de S'Exercer En Écrit. Bernard Patrick. 2018. (Papier Ligné Pour les Enfants (Lignes Espacées) Ser.: Vol. 1). (FRE., Illus.). 108p. (J). (gr. k-1). pap. *(978-1-78970-057-2(4))* Elige Cognoscere.

Papier Mache (Classic Reprint) Charles Allen. 2017. (ENG., Illus.). (J). 27.92 *(978-0-265-21643-9(5))* Forgotten Bks.

Papier Pour Écrire et Dessiner: 100 Pages de Pratique d'Écriture Manuscrite Pour les Enfants Âgés de 3 À 6 Ans: Ce Livre Contient du Papier d'Écriture Approprié Avec des Lignes Très Épaisses Pour les Enfants désireux de S'Exercer en Écriture et Dessin. Bernard Patrick. 2018. (Papier Pour Écrire et Dessiner Ser.: Vol. 1). (FRE., Illus.). 108p. (J). (gr. k-1). pap. *(978-1-78970-059-6(0))* Elige Cognoscere.

Papier Pour Écrire et Dessiner Pour les Enfants (Lignes Espacées) 100 Pages de Pratique d'Écriture Manuscrite Pour les Enfants Âgés de 3 À 6 Ans: Ce Livre Contient un Papier d'Écriture Approprié Avec des Lignes Très Épaisses Pour les Enfants désireux De. Patrick Bernard. 2018. (Papier Pour Écrire et Dessiner Pour les Enfants (l Ser.: Vol. 1). (FRE., Illus.). 108p. (J). (gr. k-1). pap. *(978-1-78970-058-9(2))* Elige Cognoscere.

Papillon Goes to the Vet. A. N. Kang. Illus. by A. N. Kang. 2017. (Papillon Ser.: 2). (ENG.). 40p. (J). (gr. -1-3). 16.99 *(978-1-4847-2881-9(5))* Little, Brown Bks. for Young Readers.

Papillons. Allan Morey. 2016. (Tiny Dogs Ser.). (ENG., Illus.). 24p. (J). (gr. -1-2). lib. bdg. 27.32 *(978-1-5157-1965-6(0)*, 132637, Capstone Pr.) Capstone.

Pappi & Me My Strong Daddy Coloring Books 6 Year Old. Educando Kids. 2019. (ENG.). 42p. (J). pap. 6.99 *(978-1-64521-070-2(7)*, Educando Kids) Editorial Imagen.

Pappina, the Little Wanderer: A Story of Southern Italy (Classic Reprint) Katherine Wallace Davis. 2018. (ENG., Illus.). 178p. (J). 27.57 *(978-0-483-50668-8(0))* Forgotten Bks.

Pappinbarra Flood. Rainey Leigh Seraphine. 2019. (ENG.). 114p. (J). (gr. 4-6). pap. *(978-0-6485458-6-6(5))* Wizzenhill Publishing.

Paprika: Being the Further Adventures of James P. Mchenry Better Known to the Initiated Connoisseurs of Fiction As Pepper (Classic Reprint) Holworthy Hall. 2018. (ENG., Illus.). 188p. (J). 27.79 *(978-0-267-45981-0(5))* Forgotten Bks.

Papua New Guinea, 1 vol. Ingrid Gascoigne & Cassandra Schumacher. 2018. (Cultures of the World (Third Edition)(r) Ser.). (ENG.). 144p. (gr. 5-5). 48.79 *(978-1-5026-3630-0(1)*, e0592e7d-464d-40d0-a242-63baa95c4594) Cavendish Square Publishing LLC.

Papuan Pictures (Classic Reprint) H. M. Dauncey. (ENG., Illus.). (J). 2017. 28.81 *(978-0-331-58162-1(0))*; 2016. pap. 11.57 *(978-1-333-45439-5(2))* Forgotten Bks.

Papyrus Leaves: Poems, Stories, & Essays (Classic Reprint) William F. Gill. 2017. (ENG., Illus.). (J). 32.91 *(978-1-5285-8105-9(9))* Forgotten Bks.

Paqui. Carmen D. Swick. Tr. by Jenniffer Abaunza. Illus. by Joey Manfre. 2022. (SPA.). 36p. (J). pap. 12.99 *(978-1-7357496-5-5(6))* Presbeau Publishing, Inc.

Paqui the Duck. Carmen Swick. Ed. by Page Lambert. Illus. by Joey Manfre. 2021. (ENG.). 36p. (J). 15.99 *(978-1-7357496-2-4(1))*; pap. 12.99 *(978-0-9831380-7-5(9))* Presbeau Publishing, Inc.

Par for the Course: A Sweet Orchard High Contemporary Romance. Sincerely Mickie. 2020. (Sweet Orchard High Ser.: Vol. 1). (ENG.). 254p. (J). pap. 9.99 *(978-1-7359483-1-7(4))* Blue Moth Pr., The LLC.

Par-Tay: Dance of the Veggies (and Their Friends) Eloise Greenfield. Illus. by Don Tate. 2018. (ENG.). 32p. (J). (gr. k-2). 17.95 *(978-0-9977720-2-9(6)*, Alazar Pr.) Royal Swan Enterprises, Inc.

Para: Or, Scenes & Adventures on the Banks of the Amazon (Classic Reprint) John Esaias Warren. 2018. (ENG., Illus.). 274p. (J). 29.57 *(978-0-267-66727-7(2))* Forgotten Bks.

¡para Aqui! Leveled Reader Book 44 Level C 6 Pack. Hmh Hmh. 2021. (SPA.). 16p. (J). pap. 74.40 *(978-0-358-08173-9(4))* Houghton Mifflin Harcourt Publishing Co.

Para Bajar Las Estrellas, Segunda Edición. Vivi Bonner. Illus. by Natasha José. 2022. (SPA.). 22p. (J). pap. 12.95 ***(978-1-63765-354-8(9))*** Halo Publishing International.

Para Escucharte Mejor. Alejandro Ayala Polanco. 2019. (SPA.). 32p. (J). pap. ***(978-0-244-50939-2(5))*** Lulu Pr., Inc.

para Los Murphys / One for the Murphys. Lynda Mullaly Hunt. 2022. (SPA.). 280p. (J). (gr. 5). pap. 14.95 *(978-1-64473-297-7(1))* Penguin Random House Grupo Editorial ESP. Dist: Penguin Random Hse. LLC.

Para, Mira, Pasa. Carmen Corriols. Illus. by Pamela D. Thayer. 2016. (Early Rising Readers Ser.). (SPA.). 16p. (J). (gr. 1-1). 6.67 *(978-1-4788-4179-1(6))* Newmark Learning LLC.

Para, Mira, Pasa - 6 Pack. Carmen Corriols. 2016. (Early Rising Readers Ser.). (SPA.). (J). (gr. 1). 40.00 net. *(978-1-4788-4758-8(1))* Newmark Learning LLC.

¿para Qué Sirve Un Árbol? Leveled Reader Book 35 Level B 6 Pack. Hmh Hmh. 2021. (SPA.). 16p. (J). pap. 74.40 *(978-0-358-08163-0(7))* Houghton Mifflin Harcourt Publishing Co.

Para Troupers: The Case of Old Man Rutledge. Mark Stephen Johnson. 2017. (ENG., Illus.). (J). pap. 12.99 *(978-1-4834-6407-7(5))* Lulu Pr., Inc.

Para Troupers the Case of Johnny 'the Rocket' Espinosa: Book 2 of the para Troupers Series. Mark Stephen Johnson & Erik Westgard. 2020. (ENG.). 140p. (J). pap. 11.99 *(978-1-68471-867-2(8))* Lulu Pr., Inc.

Para Vencer Querer: Comedia Original en Cuatro Actos. Jose Maria Diaz. 2017. (SPA., Illus.). (J). 22.95 *(978-1-374-92344-7(3))*; pap. 12.95 *(978-1-374-92343-0(5))* Capital Communications, Inc.

Para Vencer, Querer: Comedia Original en Cuatro Actos (Classic Reprint) Jose Maria Diaz. (SPA., Illus.). (J). 2018. 120p. 26.39 *(978-0-656-20984-2(4))*; 2017. pap. 9.57 *(978-1-332-69460-0(8))* Forgotten Bks.

Parable Book: Our Divine Lord's Own Stories, Retold for You by Children (Classic Reprint) Unknown Author. (ENG., Illus.). (J). 2018. 232p. 28.68 *(978-0-484-49127-3(X))*; 2017. pap. 11.57 *(978-0-243-24621-2(8))* Forgotten Bks.

Parable of Dollars see Parable of Dollars: Proven Strategies for Your Financial Success

Parable of Little Tipper the Christmas Star. Patricia G. Kotnour. 2020. (ENG.). 20p. (J). pap. 12.95 *(978-1-6624-0601-0(0))* Page Publishing Inc.

Parable of the Gifts. Alisa O'Hagan. 2022. (ENG.). 40p. (J). ***(978-0-2288-7463-8(7))***; pap. ***(978-0-2288-7462-1(9))*** Tellwell Talent.

Parable of the Lily see Parabola del Lirio

Parable of the Plant. Ben Berg. Illus. by Curt Berg. 2017. (ENG.). 26p. (J). 21.95 *(978-1-64028-838-6(4))*; pap. 12.95 *(978-1-64028-528-6(8))* Christian Faith Publishing.

Parable of the Spirit That Whispers: Study for a Bright Future. Melvin Douglas Wilson. 2019. (ENG., Illus.). 32p. (J). 16.99 *(978-1-950034-66-6(6))* Yorkshire Publishing Group.

Parable of the Teacup. Melissa Cormier-Strauss. 2019. (ENG., Illus.). 28p. (J). (gr. -1-3). pap. 13.95 *(978-1-64471-556-7(2))* Covenant Bks.

Parable of the Unexpected Pumpkin Patch. Casey Batson. 2023. (ENG., Illus.). 30p. (J). pap. 13.95 ***(978-1-6624-5716-6(2))*** Page Publishing Inc.

Parable of the Young Priest: Without Love You Have Nothing. Melvin Douglas Wilson. 2020. (ENG., Illus.). 36p. (J). 18.99 *(978-1-952320-03-3(8))* Yorkshire Publishing Group.

Parable Sermons for Children (Classic Reprint) H. J. Wilmot-Buxton. 2018. (ENG., Illus.). 140p. (J). 26.78 *(978-0-483-19940-8(0))* Forgotten Bks.

Parables: For School & Home (Classic Reprint) Wendell Phillips Garrison. 2018. (ENG., Illus.). 232p. (J). 28.64 *(978-0-332-33244-4(6))* Forgotten Bks.

Parables Activity Book: For Ages 7+ Pat-Dene Connell. 2020. (ENG., Illus.). 50p. (J). pap. 15.95 *(978-1-64471-666-3(6))* Covenant Bks.

Parables & Metaphors of the New Testament: Explained in a Familiar Manner, for the Use of Children, & Particularly of Sunday School Scholars (Classic Reprint) Unknown Author. (ENG., Illus.). (J). 2018. 150p. 27.01 *(978-0-483-57155-6(5))*; 2017. pap. 9.57 *(978-0-243-21091-6(4))* Forgotten Bks.

Parables for Little People: Fifty-Two Sermonettes (Classic Reprint) J. W. G. Ward. 2018. (ENG., Illus.). 224p. (J). 28.54 *(978-0-483-71124-2(1))* Forgotten Bks.

Parables from Nature. Alfred Gatty. 2017. (ENG., Illus.). (J). (gr. 4-7). pap. *(978-0-649-66720-8(4))* Trieste Publishing Pty Ltd.

Parables from Nature: 1st 4th Series (Classic Reprint) Alfred Gatty. 2018. (ENG., Illus.). 320p. (J). 30.52 *(978-0-483-21543-6(0))* Forgotten Bks.

Parables from Nature: Second Series (Classic Reprint) Alfred Gatty. 2017. (ENG., Illus.). (J). (gr. 4-7). 27.71 *(978-1-5282-6829-5(6))* Forgotten Bks.

Parables from Nature (Classic Reprint) Alfred Gatty. (ENG., Illus.). (J). 2018. 288p. 29.84 *(978-0-364-24678-8(2))*; 2017. 28.29 *(978-1-5284-8810-5(5))*; 2016. pap. 13.57 *(978-1-334-13024-3(8))* Forgotten Bks.

Parables from Nature, Vol. 2 (Classic Reprint) Alfred Gatty. (ENG., Illus.). (J). 2018. 28.89 *(978-0-266-47557-6(4))*; 2016. pap. 11.57 *(978-1-334-13929-1(6))* Forgotten Bks.

Parables Jesus's Timely Tales. Betty Lou Rogers. 2017. (ENG., Illus.). (J). pap. 12.95 *(978-0-9985225-0-0(3))* Skookum Bks.

Parables of a Pastor's Kid. Curtis Simonson. 2019. (ENG., Illus.). 88p. (YA). pap. 12.95 *(978-1-64471-543-7(0))* Covenant Bks.

Parables of Jesus. Angela Sharpe Hamilton. Illus. by Aadil Khan. 2018. (ENG.). 42p. (J). pap. 24.99 *(978-1-5456-4925-1(1))* Salem Author Services.

Parables of Love from Mom. Chamisa Loraine Howard. 2022. (ENG., Illus.). 220p. (J). pap. 27.95 *(978-1-63903-722-3(5))* Christian Faith Publishing.

Parables of the Messiah Activity Book. Bible Pathway Adventures & Pip Reid. l.t. ed. 2020. (ENG.). 138p. (J). (gr. 3-6). pap. *(978-1-988585-69-7(4))* Bible Pathway Adventures.

Parachute. Danny Parker. Illus. by Matt Ottley. 2016. (ENG.). 32p. (J). 16.00 *(978-0-8028-5469-8(9)*, Eerdmans Bks For Young Readers) Eerdmans, William B. Publishing Co.

Parachute Kids: a Graphic Novel. Betty C. Tang. Illus. by Betty C. Tang. 2023. (ENG.). 288p. (J). (gr. 4-7). 24.99 *(978-1-338-83269-3(7))*; (Illus.). pap. 12.99 *(978-1-338-83268-6(9))* Scholastic, Inc. (Graphix).

Parachutes. Kelly Yang. (ENG.). 496p. (YA). (gr. 9). 2021. pap. 10.99 *(978-0-06-294109-1(7))*; 2020. 18.99 *(978-0-06-294108-4(9))* HarperCollins Pubs. (Tegen, Katherine Bks).

Parade, 1 vol. Alexis Braud. 2016. (ENG., Illus.). 32p. (J). (gr. -1-3). 16.99 *(978-1-4556-2148-4(X)*, Pelican Publishing) Arcadia Publishing.

Parade 1897: An Illustrated Gift Book for Boys & Girls (Classic Reprint) Gleeson White. 2018. (ENG., Illus.). (J). 272p. 29.53 *(978-0-366-55723-3(8))*; 274p. pap. 11.97 *(978-0-366-09041-9(0))* Forgotten Bks.

Parade Colors. Barbara Barbieri McGrath. Illus. by Peggy Tagel. 2017. (First Celebrations Ser.: 6). 12p. (J). (— 1). bds. 6.99 *(978-1-58089-536-1(0))* Charlesbridge Publishing, Inc.

Parade for George Washington. David A. Adler. Illus. by John O'Brien. 32p. (J). (gr. -1-3). 2023. pap. 8.99 ***(978-0-8234-5468-6(1))***; 2020. 17.99 *(978-0-8234-4252-2(7))* Holiday Hse., Inc.

Parade of Elephants. Kevin Henkes. Illus. by Kevin Henkes. 2018. (ENG., Illus.). 40p. (J). (gr. -1-3). 18.99 *(978-0-06-266827-1(7))*; lib. bdg. 19.89 *(978-0-06-266828-8(5))* HarperCollins Pubs. (Greenwillow Bks.).

Parade of Elephants Board Book. Kevin Henkes. Illus. by Kevin Henkes. 2020. (ENG., Illus.). 36p. (J). (gr. -1-3). bds. 7.99 *(978-0-06-266829-5(3)*, Greenwillow Bks.) HarperCollins Pubs.

Parade of Puppies, 1 vol. Charles Ghigna. Illus. by Kristi Bridgeman. 2016. (ENG.). 26p. (J). (gr. -1 — 1). bds. 9.95 *(978-1-4598-0963-5(7))* Orca Bk. Pubs. USA.

Parading with Pride: Rediscovering the Pinkster Festival. Shakeema Funchess. 2023. (Pinkster Ser.: Vol. 1). (ENG.). 46p. (J). pap. 20.00 ***(978-1-0881-3495-5(5))*** Indy Pub.

Paradise: Paradise California. Carolyn Steele. Illus. by Mika Yerman-Rane. 2022. (ENG.). 40p. (J). pap. 20.00 *(978-1-6678-1364-6(1))* BookBaby.

Paradise Auction (Classic Reprint) Nalbro Bartley. 2018. (ENG., Illus.). 518p. (J). 34.56 *(978-0-332-08507-4(4))* Forgotten Bks.

Paradise Bend (Classic Reprint) William Patterson White. (ENG., Illus.). (J). 2018. 304p. 30.17 *(978-0-364-63380-9(8))*; 2018. 296p. 30.02 *(978-0-365-23600-9(4))*; 2017. pap. 13.57 *(978-0-259-49796-7(7))* Forgotten Bks.

Paradise (Classic Reprint) Alice Brown. 2018. (ENG., Illus.). 406p. (J). 32.27 *(978-0-483-97064-9(6))* Forgotten Bks.

Paradise Farm (Classic Reprint) Katharine Tynan. (ENG., Illus.). (J). 2018. 278p. 29.63 *(978-0-483-03599-7(8))*; 2016. pap. 13.57 *(978-1-334-14079-2(0))* Forgotten Bks.

Paradise for Cats: A Return to the Rainbow Bridge. Adrian Raeside. 2023. (Illus.). 40p. (J). ***(978-1-990776-17-5(5)***, 527f77d8-8133-4ee5-bea7-8c1c997b2308) Harbour Publishing Co., Ltd.

Paradise Found. John Milton. Illus. by Helen Elliott. 2019. (ENG.). 36p. (J). (gr. k-4). pap. 11.99 *(978-1-912213-64-1(8))* Graffeg Limited GBR. Dist: Independent Pubs. Group.

Paradise Garden: The Satirical Narrative of a Great Experiment (Classic Reprint) George Gibbs. 2017. (ENG., Illus.). (J). 31.61 *(978-0-266-71491-0(9))*; pap. 13.97 *(978-1-5276-6969-7(6))* Forgotten Bks.

Paradise Island: A Sam & Colby Story. Sam Golbach & Colby Brock. 2023. (ENG.). 256p. (YA). pap. 17.99 Permuted Press.

Paradise Lost, or the Great Dragon Cast Out: Being a Full, True, & Particular Account of the Great & Dreadful Bloodless Battle That Was Fought in the Celestial Regions about 6000 Years Ago (Classic Reprint) Lucian Redivivus. (ENG., Illus.). (J). 2018. 104p. 26.06 *(978-0-483-09488-8(9))*; 2017. pap. 9.57 *(978-0-243-89380-5(9))* Forgotten Bks.

Paradise of Fools (Classic Reprint) Derek Vane. 2018. (ENG., Illus.). 324p. (J). 30.58 *(978-0-483-43173-7(7))* Forgotten Bks.

Paradise on Fire. Jewell Parker Rhodes. (ENG.). (J). (gr. 5-17). 2023. 272p. pap. 8.99 *(978-0-316-49385-7(6))*; 2021. (Illus.). 256p. 16.99 *(978-0-316-49383-3(X))* Little, Brown Bks. for Young Readers.

Paradise on Fire 5c Signed Solid Prepack. Jewell Parker Rhodes. 2021. (ENG.). 240p. (J). 84.95 *(978-1-64732-814-6(4))* Little, Brown Bks. for Young Readers.

Paradise Regained. John Milton. 2020. (ENG.). 126p. (J). *(978-1-77441-364-7(7))* Westland, Brian.

Paradise Sands: A Story of Enchantment. Levi Pinfold. Illus. by Levi Pinfold. 2022. (ENG.). 40p. (J). (gr. k-4). 18.99 *(978-1-5362-1282-2(2))* Candlewick Pr.

Paradox. Hassan Matroud. 2021. (ENG.). 102p. (YA). pap. ***(978-1-4466-2807-2(8))*** Lulu Pr., Inc.

Paradox Club (Classic Reprint) Edward Garnett. 2018. (ENG., Illus.). 216p. (J). 28.37 *(978-0-428-96947-9(X))* Forgotten Bks.

Paradox Girl Volume 1. Cayti Bourquin. 2019. (ENG., Illus.). 200p. (YA). pap. 19.99 *(978-1-5343-1220-3(X)*, 51e62f5b-5f9c-459e-840e-61c448bb566a) Image Comics.

Paradoxical. Mark Giles. 2019. (ENG.). 436p. (YA). (gr. 7-12). pap. *(978-1-78465-472-6(8)*, Vanguard Press) Pegasus Elliot Mackenzie Pubs.

Paradoxical Affair. Juwanna Roland. 2021. (ENG.). 82p. (YA). pap. 13.95 *(978-1-64701-228-1(7))* Page Publishing Inc.

P

Paragon: An Icon Story. Riley Tune. 2018. (Icons Ser.: Vol. 1). (ENG.). 360p. (YA). pap. 14.50 *(978-1-64467-871-8(3))*; 2nd ed. 23.99 *(978-1-64467-957-9(4))* Tune, Riley.

Paragon, 1972 (Classic Reprint) Lake View Memorial Hospital. 2017. (ENG., Illus.). (J). 25.59 *(978-0-260-42947-6(3))*; pap. 9.57 *(978-0-266-08408-2(7))* Forgotten Bks.

Paragon 1981 (Classic Reprint) Lakeview Medical Center Nursing School. 2017. (ENG., Illus.). (J). 25.98 *(978-0-265-75299-9(X))*; pap. 9.57 *(978-1-5277-2498-3(0))* Forgotten Bks.

Paragon, 1982-83 (Classic Reprint) Lakeview College of Nursing. 2017. (ENG., Illus.). (J). 25.46 *(978-0-265-86967-3(6))*; pap. 9.57 *(978-1-5284-2212-3(0))* Forgotten Bks.

Paragon Expedition. S. Wasserman. 2016. (ENG., Illus.). (J). pap. 9.99 *(978-1-61984-560-2(1))* Gatekeeper Pr.

Paragon Expedition: The Boys on the Moon. Susan Wasserman. 2022. (ENG.). 34p. (J). pap. 8.99 ***(978-1-952417-61-0(9))*** Paragon Expedition Pr., The.

Paragon Expedition: To the Moon & Back. Susan Wasserman. Illus. by Dentamarin Wongyaofa & Kristel Raymundo. 2020. (ENG.). 36p. (J). (gr. 3-6). pap. 8.99 ***(978-1-952417-03-0(1))*** Paragon Expedition Pr., The.

Paragon Expedition (Arabic) To the Moon & Back. Susan Wasserman. Illus. by Dentamarin Wongyaofa & Kristel Raymundo. 2020. (ARA.). 34p. (J). (gr. 3-6). pap. 8.99 ***(978-1-952417-04-7(X))*** Paragon Expedition Pr., The.

Paragon Expedition (Chinese) To the Moon & Back. Susan Wasserman. Illus. by Dentamarin Wongyaofa & Kristel Raymundo. 2020. (CHI.). 34p. (J). (gr. 3-6). pap. 8.99 ***(978-1-952417-05-4(8))*** Paragon Expedition Pr., The.

Paragon Expedition for Kids. Susan Wasserman. 2022. (ENG.). 46p. (J). pap. 8.99 ***(978-1-952417-64-1(3))*** Paragon Expedition Pr., The.

Paragon Expedition (French) To the Moon & Back. Susan Wasserman. Illus. by Dentamarin Wongyaofa & Kristel Raymundo. 2020. (FRE.). 34p. (J). (gr. 3-6). pap. 8.99 ***(978-1-952417-01-6(5))*** Paragon Expedition Pr., The.

Paragon Expedition (Hebrew) To the Moon & Back. Susan Wasserman. Illus. by Dentamarin Wongyaofa & Kristel Raymundo. 2020. (HEB.). 34p. (J). (gr. 3-6). pap. 8.99 ***(978-1-952417-07-8(4))*** Paragon Expedition Pr., The.

Paragon Expedition (Italian) To the Moon & Back. Susan Wasserman. Illus. by Dentamarin Wongyaofa & Kristel Raymundo. 2020. (ITA.). 34p. (J). (gr. 3-6). pap. 8.99 ***(978-1-952417-02-3(3))*** Paragon Expedition Pr., The.

Paragon Expedition (Japanese) To the Moon & Back. Susan Wasserman. Illus. by Dentamarin Wongyaofa &

Kristel Raymundo. 2020. (JPN.). 34p. (J). (gr. 3-6). pap. 8.99 (978-1-952417-09-2(0)) Paragon Expedition Pr., The.

Paragon Expedition (Portuguese) To the Moon & Back. Susan Wasserman. Illus. by Dentamarin Wongyaofa & Kristel Raymundo. 2020. (POR.). 34p. (J). (gr. 3-6). pap. 8.99 (978-1-952417-00-9(7)) Paragon Expedition Pr., The.

Paragon Expedition (Spanish) To the Moon & Back. Susan Wasserman. Illus. by Dentamarin Wongyaofa & Kristel Raymundo. 2020. (SPA.). 34p. (J). (gr. 3-6). pap. 8.99 (978-1-952417-10-8(4)) Paragon Expedition Pr., The.

Paragon Expedition (Tamil) To the Moon & Back. Susan Wasserman. Illus. by Dentamarin Wongyaofa & Kristel Raymundo. 2020. (TAM.). 34p. (J). (gr. 3-6). pap. 8.99 (978-1-952417-11-5(2)) Paragon Expedition Pr., The.

Paragon Rising. Dorothy Dreyer. Illus. by Sora Sanders. 2021. (ENG.). 350p. (YA). (gr. 9-12). 16.99 (978-1-952667-34-3(8)) Snowy Wings Publishing.

Paragraphs of a Pedestrian (Classic Reprint) Nehemias Tjernagel. 2018. (ENG., Illus.). 86p. (J). 25.69 (978-0-484-88429-7(8)) Forgotten Bks.

Paraguas Verde (Spanish Edition) Jackie Azúa Kramer. Tr. by Lawrence Schimel. Illus. by Maral Sassouni. 2022. (SPA.). 32p. (J). (gr. -1-2). 8.95 (978-0-7358-4504-6(2)) North-South Bks., Inc.

Paraguay, 1 vol. Naomi E. Jones et al. 2019. (Cultures of the World (Third Edition)(r) Ser.). (ENG.). 144p. (gr. 5-5). lib. bdg. 48.79 (978-1-5026-4738-2(9), 4ff217ae-fa21-47ce-87d3-a5663efe7c4a) Cavendish Square Publishing LLC.

Paraguayan Treasure: The Search & the Discovery (Classic Reprint) Alexander Francis Baillie. (ENG., Illus.). (J). 2018. 380p. 31.73 (978-0-365-38227-0(2)); 2017. pap. 16.57 (978-0-259-38973-6(0)) Forgotten Bks.

Parakeet, Vol. 12. Catherine Smith. 2016. (Understanding & Caring for Your Pet Ser.: Vol. 12). (ENG., Illus.). 128p. (J). (gr. 5-8). 25.95 (978-1-4222-3701-4(X)) Mason Crest.

Parakeets: How Much Do You Know? Informative Facts. Bold Kids. 2022. (ENG.). 46p. (J). pap. 14.99 (978-1-0717-1110-1(5)) FASTLANE LLC.

Parallax Error. Susanna Rogers. 2018. (ENG., Illus.). 318p. (YA). pap. (978-0-6481868-7-8(3), Bucher & Reid) Rogers, Susanna.

Parallel Destiny: A Flashback Novel. Simon Rose. 2018. (Flashback Ser.: Vol. 3). (ENG., Illus.). 170p. (J). pap. (978-1-928025-82-5(X)) Tyche Bks., Ltd.

Parallel Lines. Ruth Marks Eglash. 2023. (ENG.). 304p. (YA). pap. 22.95 (978-1-68513-216-3(2)) Black Rose Writing.

Parallel Lives (Set), 8 vols. 2020. (21st Century Skills Library: Parallel Lives Ser.). (ENG., Illus.). 32p. (J). (gr. 4-7). 256.56 (978-1-5341-6328-7(X), 214336); pap., pap., pap. 113.71 (978-1-5341-6348-5(4), 214337) Cherry Lake Publishing.

Parallel Parking Is Easy (and Other Lies) Everything New Drivers Need to Know to Stay Safe & Smart on the Road. Kristy Grant. 2021. (ENG.). 192p. (J). (gr. 10). pap. 12.95 (978-1-64604-159-6(3)) Ulysses Pr.

Parallel Triangles. Kimberly Ann Miller. 2017. (ENG., Illus.). (YA). (gr. 10-12). pap. (978-1-77339-218-9(2)) Evernight Publishing.

Parallel Universes Explained, 1 vol. Ryan Jeffrey Farber. 2018. (Mysteries of Space Ser.). (ENG.). 80p. (gr. 7-7). 38.93 (978-1-9785-0457-8(8), 043308e0-27d3-44f6-aebc-cd2c3e180d32) Enslow Publishing, LLC.

Paralympic Power. Paul Mason. 2020. (ENG., Illus.). 48p. (J). (gr. 4-6). 18.99 (978-1-5263-0807-8(X)); pap. 12.99 (978-1-5263-0806-1(1)) Hachette Children's Group GBR. (Wayland). Dist: Hachette Bk. Group.

Paramedics. Ruth Daly. 2019. (People Who Keep Us Safe Ser.). (ENG.). 24p. (J). (gr. 2). lib. bdg. 22.99 (978-1-5105-4599-1(9)) SmartBook Media, Inc.

Paramedics. Julie Murray. 2020. (Emergency Jobs Ser.). (ENG., Illus.). 24p. (J). (gr. k-4). lib. bdg. 31.36 (978-1-0982-2308-3(X), 36253, Abdo Zoom-Dash) ABDO Publishing Co.

Paramedics on the Scene. Jody Jensen Shaffer. 2022. (First Responders on the Scene Ser.). (ENG.). 24p. (J). (gr. 3-6). lib. bdg. 32.79 (978-1-5038-5583-0(X), 215463, MOMENTUM) Child's World, Inc, The.

Paranoia. J. R. Johansson. 2020. (ENG.). (YA). (gr. 7-12). (Night Walkers Ser.: Vol. 2). 364p. pap. 14.99 (978-1-7340089-5-1(4)); 436p. pap. 16.99 (978-1-7340089-7-5(0)) Midnight Media.

Paranormal Elementals. Melody Lane. 2020. (ENG.). 183p. (YA). pap. (978-1-716-85990-8(5)) Lulu Pr., Inc.

Paranormal Halloween: A Journey of Four Kids. Kimberly Essenburg. 2017. (ENG., Illus.). 184p. (J). pap. (978-1-387-13581-3(3)) Lulu Pr., Inc.

Paranormal Handbooks. Tyler Omoth & Sean McCollum. 2016. (Paranormal Handbooks Ser.). (ENG.). 32p. (J). (gr. 3-9). 122.60 (978-1-5157-1325-8(3), 24841, Capstone Pr.) Capstone.

Paranormal Investigator. Jen Klein. 2016. 288p. (YA). (gr. 9). pap. 10.99 (978-1-61695-690-5(9), Soho Teen) Soho Pr., Inc.

Paranormal Investigators' Club: Secrets of Dragonhead Lake (Book 2) Jd Broyhill. 2023. (Paranormal Investigators' Club Ser.: 2). (ENG.). 296p. (J). pap. 12.99 (978-1-7359496-4-2(7), Snipperdoomers Pr.) Snipperdoomers Pr.

Paranormal Mysteries Set. Various Authors. 2021. (ENG.). 24p. (J). (gr. 3-8). 27.99 (978-1-64487-646-6(9), Black Sheep) Bellwether Media.

Paranormal Playbook. Vanessa Lanang. 2019. (League of the Paranormal Ser.). (ENG.). 120p. (YA). (gr. 6-12). pap. 7.99 (978-1-5415-7296-6(3), 6b4f93ce-323d-4c62-adeb-c2d05fd3162e); lib. bdg. 26.65 (978-1-5415-5682-9(8), 1d3d20df-0c81-4016-b779-72f2b63f646d) Lerner Publishing Group. (Darby Creek).

Paranormal Seekers, 16 vols. 2018. (Paranormal Seekers Ser.). (ENG.). 64p. (J). (gr. 5-8). lib. bdg. 289.04 (978-1-4994-6757-4(5), bfd57619-f602-4fdb-8852-b62f8ffb5687, Rosen Central) Rosen Publishing Group, Inc., The.

Parantajakissa: Finnish Edition of the Healer Cat. Tuula Pere. Illus. by Klaudia Bezak. 2018. (FIN.). 40p. (J). (gr. k-4). pap. (978-952-7107-58-4(X)) Wickwick oy.

Paraphrase of Paradise Lost for Youngsters: The Tragedy of Lucifer. Joseph Sternberga & Thomas Lane. Illus. by Kamila Oleszczuk. 2021. (ENG.). 36p. (J). pap. (978-0-2288-4472-3(X)) Tellwell Talent.

Pararescue Corps, 4 vols. Michael P. Spradlin. 2018. (Pararescue Corps Ser.). (ENG.). 128p. (J). (gr. 4-8). 109.28 (978-1-4965-5217-4(2), 27031, Stone Arch Bks.) Capstone.

Pararescue Corps. Michael P. Spradlin. Illus. by Spiros Karkavelas. ed. 2019. (Pararescue Corps Ser.). (ENG.). 240p. (J). (gr. 4-8). pap., pap., pap. 9.95 (978-1-4965-8105-1(9), 140248, Stone Arch Bks.) Capstone.

Parasaurolophus, 1 vol. Mike Clark. 2017. (All about Dinosaurs Ser.). (ENG., Illus.). 24p. (J). (gr. 2-2). pap. 9.25 (978-1-5345-2354-8(5), 63acd6c6-d34a-4f10-a048-df25c13490dc); lib. bdg. 26.23 (978-1-5345-2352-4(9), 33595b8d-cb80-440f-aca2-902e080e76b7) Greenhaven Publishing LLC.

Parasaurolophus. Kathryn Clay. 2019. (Little Paleontologist Ser.). (ENG., Illus.). 32p. (J). (gr. k-3). lib. bdg. 28.65 (978-1-5435-5749-7(X), 139701) Capstone.

Parasaurolophus. Grace Hansen. 2020. (Dinosaurs (Abdo Kids Jumbo) Ser.). (ENG., Illus.). 24p. (J). (gr. -1-2). lib. bdg. 32.79 (978-1-0982-0245-3(7), 34623, Abdo Kids) ABDO Publishing Co.

Parasaurolophus. Rebecca Sabelko. Illus. by James Kuether. 2020. (World of Dinosaurs Ser.). (ENG.). 24p. (J). (gr. 3-7). pap. 8.99 (978-1-68103-838-4(2), 12927); lib. bdg. 26.95 (978-1-64487-293-2(5)) Bellwether Media.

Parasaurolophus (Parasaurolophus) Grace Hansen. 2022. (Dinosaurios Ser.). (ENG., Illus.). 24p. (J). (gr. -1-2). lib. bdg. 32.79 (978-1-0982-6338-6(3), 39379, Abdo Kids) ABDO Publishing Co.

Parasite: A Story (Classic Reprint) Arthur Conan Doyle. 2018. (ENG., Illus.). 170p. (J). 27.32 (978-0-484-35984-9(3)) Forgotten Bks.

Parasite, Vol. 1 (Classic Reprint) Unknown Author. 2017. (ENG., Illus.). 240p. (J). 28.85 (978-0-484-87618-6(X)) Forgotten Bks.

Parasites, 1 vol. Jennifer Viegas & Margaux Baum. 2016. (Germs: Disease-Causing Organisms Ser.). (ENG., Illus.). 48p. (J). (gr. 5-5). pap. 12.75 (978-1-4777-8847-9(6), 16d4c2e2-f6c0-4fcb-8188-3f0b597d5e9b, Rosen Reference) Rosen Publishing Group, Inc., The.

Parasites Repoussants et dégoûtants (Gross & Disgusting Parasites) Julie K. Lundgren. Tr. by Annie Evearts. 2021. (Choses Repoussantes et dégoûtantes (Gross & Disgusting Things) Ser.). (FRE.). (J). (gr. 3-9). pap. (978-1-0396-0318-9(1), 12892, Crabtree Branches) Crabtree Publishing Co.

Parasitic Copepods from the Congo Basin (Classic Reprint) Charles Branch Wilson. 2017. (ENG., Illus.). (J). 24.37 (978-0-331-34329-8(0)) Forgotten Bks.

Parchburg Tears. Sy James. Illus. by Jennifer Cox. 2019. (ENG.). 52p. (J). (gr. 2-6). pap. 16.95 (978-1-64388-203-1(1)) Luminare Pr., LLC.

Parchita. Rosa M. Sáenz-Aragón. 2022. (ENG., Illus.). 28p. (J). 24.95 (978-1-63885-095-3(X)) Covenant Bks.

Parchment. Clay Robey. 2019. (ENG.). 86p. (YA). pap. 10.95 (978-1-64462-997-0(6)) Page Publishing Inc.

Parco. Alex Nogués. Illus. by Guridi. 2019. (SPA.). 40p. (J). (gr. 2-4). pap. 17.95 (978-84-17440-21-3(6)) Akiara Bks. ESP. Dist: Independent Pubs. Group.

Pardalita. Joana Estrela. Tr. by Lyn Miller-Lachmann. 2023. (ENG.). (YA). (gr. 7). 224p. 21.99 (978-1-64614-255-2(1)); 216p. pap. 16.99 (978-1-64614-256-9(X)) Levine Querido.

Pardner of Blossom Range (Classic Reprint) Fannie Asa Charles. (ENG., Illus.). (J). 2018. 322p. 30.54 (978-0-428-85327-3(7)); 2017. pap. 13.57 (978-1-5276-6924-6(6)) Forgotten Bks.

Pardners (Classic Reprint) Rex E. Beach. 2018. (ENG., Illus.). 298p. (J). 30.04 (978-0-483-69612-9(9)) Forgotten Bks.

Pardon for Tommy. Patricia Nmukoso Enyi. 2017. (ENG., Illus.). (J). (gr. 4-6). pap. 11.95 (978-1-61244-537-3(3)) Halo Publishing International.

Pardoner & the Frere, the Curate & Neybour Pratte: 1533 (Classic Reprint) John Heywood. 2017. (ENG., Illus.). (J). 24.80 (978-0-260-86390-4(4)) Forgotten Bks.

Pardoner & the Frere, the Curate & Neybour Pratte (Classic Reprint) John Heywood. (ENG., Illus.). (J). 2018. 54p. 25.11 (978-0-484-60171-9(7)); 2016. pap. 9.57 (978-1-334-12340-5(3)) Forgotten Bks.

Parecías una Reina, Marta. Gloria María Martínez Gadea. 2022. (SPA.). 405p. (YA). pap. (978-1-4710-1555-7(6)) Lulu Pr., Inc.

Pareils... Ou Presque. Marie-Claude Audet. Illus. by Maïlys Garcia. 2022. (FRE.). 32p. (J). (gr. -1-k). 19.95 (978-2-7644-4330-9(7)) Quebec Amerique CAN. Dist: Orca Bk. Pubs. USA.

Parent-Child Savings Book. Maretta Johnson. 2021. (ENG.). 33p. (J). pap. (978-1-6671-6451-9(1)) Lulu Pr., Inc.

Parent Taker. Jenae Taylor Lambrecht. 2021. (ENG.). 208p. (YA). 24.95 (978-1-64654-113-3(8)); pap. 14.95 (978-1-64654-107-2(3)) Fulton Bks.

Parents. Rebecca Rissman. rev. ed. 2021. (Families Ser.). (ENG.). 24p. (J). pap. 6.29 (978-1-4846-6833-7(2), 239604, Heinemann) Capstone.

Parents Are Weird. Charles Montgomery. 2022. (ENG.). 28p. (J). 15.99 (978-1-0880-0369-5(9)) Indy Pub.

Parent's Assistant: Or Stories for Children (Classic Reprint) Maria Edgeworth. 2018. (ENG., Illus.). 554p. (J). 35.32 (978-0-365-04837-4(2)) Forgotten Bks.

Parent's Assistant, or Stories for Children, Vol. 1: Lazy Lawrence; Tarlton; False Key (Classic Reprint) Maria Edgeworth. 2016. (ENG., Illus.). (J). pap. 9.97 (978-1-333-12594-3(1)) Forgotten Bks.

Parent's Assistant, or Stories for Children, Vol. 1: Lazy Lawrence; Tarlton; False Key (Classic Reprint) Maria Edgeworth. 2018. (ENG., Illus.). 180p. (J). 27.61 (978-0-656-87435-4(X)) Forgotten Bks.

Parent's Assistant, or Stories for Children, Vol. 1 of 2 (Classic Reprint) Maria Edgeworth. 2017. (ENG., Illus.). (J). pap. 11.57 (978-0-259-19771-3(8)) Forgotten Bks.

Parent's Assistant, or Stories for Children, Vol. 1 of 2 (Classic Reprint) Maria Edgeworth. 2018. (ENG., Illus.). 250p. (J). 29.05 (978-0-365-12962-2(3)) Forgotten Bks.

Parent's Assistant, or Stories for Children, Vol. 1 Of 3: First American Edition (Classic Reprint) Maria Edgeworth. 2016. (ENG., Illus.). (J). pap. 13.57 (978-1-333-44901-8(1)) Forgotten Bks.

Parent's Assistant, or Stories for Children, Vol. 1 Of 3: First American Edition (Classic Reprint) Maria Edgeworth. 2018. (ENG., Illus.). 294p. (J). 29.98 (978-0-332-80771-3(1)) Forgotten Bks.

Parent's Assistant, or Stories for Children, Vol. 1 Of 6: Containing Lazy Lawrence, Tarlton, the False Key (Classic Reprint) Maria Edgeworth. 2016. (ENG., Illus.). (J). pap. 10.57 (978-1-334-13407-4(3)) Forgotten Bks.

Parent's Assistant, or Stories for Children, Vol. 1 Of 6: Containing Lazy Lawrence, Tarlton, the False Key (Classic Reprint) Maria Edgeworth. 2018. (ENG., Illus.). 202p. (J). 28.08 (978-0-484-39357-7(X)) Forgotten Bks.

Parent's Assistant, or Stories for Children, Vol. 2 of 2 (Classic Reprint) Maria Edgeworth. 2016. (ENG., Illus.). (J). pap. 11.57 (978-1-334-14162-1(2)) Forgotten Bks.

Parent's Assistant, or Stories for Children, Vol. 2 of 2 (Classic Reprint) Maria Edgeworth. 2018. (ENG., Illus.). 248p. (J). 29.01 (978-0-483-57448-9(1)) Forgotten Bks.

Parent's Assistant, or Stories for Children, Vol. 2 Of 6: Containing the Birth-Day Present, Simple Susan (Classic Reprint) Maria Edgeworth. 2017. (ENG., Illus.). (J). pap. 11.57 (978-0-243-41659-2(8)) Forgotten Bks.

Parent's Assistant, or Stories for Children, Vol. 2 Of 6: Containing the Birth-Day Present, Simple Susan (Classic Reprint) Maria Edgeworth. 2018. (ENG., Illus.). 232p. (J). 28.68 (978-0-483-78321-8(8)) Forgotten Bks.

Parent's Assistant, or Stories for Children, Vol. 3 of 3 (Classic Reprint) Maria Edgeworth. 2016. (ENG., Illus.). (J). pap. 13.57 (978-1-334-24903-7(2)) Forgotten Bks.

Parent's Assistant, or Stories for Children, Vol. 3 of 3 (Classic Reprint) Maria Edgeworth. 2018. (ENG., Illus.). 324p. (J). 30.58 (978-0-428-40361-4(1)) Forgotten Bks.

Parent's Assistant, or Stories for Children, Vol. 3 Of 6: Containing the Bracelets, and, the Little Merchants (Classic Reprint) Maria Edgeworth. 2017. (ENG., Illus.). (J). pap. 11.57 (978-0-243-40097-3(7)) Forgotten Bks.

Parent's Assistant, or Stories for Children, Vol. 3 Of 6: Containing the Bracelets, and, the Little Merchants (Classic Reprint) Maria Edgeworth. 2018. (ENG., Illus.). 240p. (J). 28.87 (978-0-332-83917-2(6)) Forgotten Bks.

Parent's Assistant, or Stories for Children, Vol. 4 Of 6: Containing Old Poz, the Mimic, Mademoiselle Panache (Classic Reprint) Maria Edgeworth. 2017. (ENG., Illus.). (J). 28.15 (978-0-265-68362-0(9)); pap. 10.57 (978-1-5276-5796-0(5)) Forgotten Bks.

Parent's Assistant; or Stories for Children, Vol. 4 Of 6: Old Poz; the Mimic; Mademoiselle Panache (Classic Reprint) Maria Edgeworth. 2018. (ENG., Illus.). 210p. (J). 28.25 (978-0-267-25395-1(8)) Forgotten Bks.

Parent's Assistant, or Stories for Children, Vol. 5 Of 6: Containing, the Basket-Woman; the White Pigeon; the Orphans; Waste Not, Want Not; Forgive & Forget (Classic Reprint) Maria Edgeworth. 2018. (ENG., Illus.). 254p. (J). 29.14 (978-0-483-57232-4(2)) Forgotten Bks.

Parent's Assistant, or Stories for Children, Vol. 6 Of 6: Containing Barring Out, Eton Montem (Classic Reprint) Maria Edgeworth. 2018. (ENG., Illus.). 230p. (J). 28.64 (978-0-483-75154-5(5)) Forgotten Bks.

Parent's Assistant, Vol. 2 Of 3: Or Stories for Children (Classic Reprint) Maria Edgeworth. 2018. (ENG., Illus.). 290p. (J). 29.90 (978-0-483-94865-5(9)) Forgotten Bks.

Parent's Assistant, Vol. 2 Of 6: Or, Stories for Children (Classic Reprint) Maria Edgeworth. 2018. (ENG., Illus.). 228p. (J). 28.62 (978-0-332-14429-0(1)) Forgotten Bks.

Parent's Assistant, Vol. 3 Of 6: Or Stories for Children (Classic Reprint) Maria Edgeworth. 2018. (ENG., Illus.). 242p. (J). 28.89 (978-0-483-70414-5(8)) Forgotten Bks.

Parent's Assistant, Vol. 5 Of 6: Or, Stories for Children (Classic Reprint) Maria Edgeworth. 2018. (ENG., Illus.). 254p. (J). 29.14 (978-0-483-70822-8(4)) Forgotten Bks.

Parent's Cabinet of Amusement & Instruction (Classic Reprint) Smith Elder and Co. (ENG., Illus.). (J). 2018. 294p. 29.98 (978-0-666-61454-4(7)); 2017. pap. 13.57 (978-0-259-43794-9(8)) Forgotten Bks.

Parent's Guide to Childhood Immunizations 2012. Compiled by Centers for Disease Control and Prevention (U.S.). rev. ed. 2016. (ENG.). 63p. (YA). pap. 8.00 (978-0-16-093325-7(0), Health & Human Services Dept.) United States Government Printing Office.

Parents Here & There: A Kid's Guide to Deployment. Marie-Therese Miller. 2021. (ENG., Illus.). 32p. (J). (gr. -1-3). pap. 8.99 (978-1-7284-2366-9(4), 02d2cbeb-c65f-4334-aea0-41cbcd6ab866); lib. bdg. 27.99 (978-1-7284-0343-4(X), 995c1343-6c19-41bf-a2cf-5a19077223cd) Lerner Publishing Group. (Lerner Pubns.).

Parents Like Mine. Marie-Therese Miller. 2020. (Many Ways Ser.). (ENG., Illus.). 24p. (J). (gr. k-3). pap. 8.99 (978-1-7284-1371-6(0), d7729a87-1fe4-4c9a-b452-a0131525afe5); lib. bdg. 27.99 (978-1-5415-9805-8(9), b7f54e7a-0ec7-46fd-88f6-17ebdacd4e88) Lerner Publishing Group. (Lerner Pubns.).

Parent's Offering, or My Mother's Story of Her Own Home & Childhood (Classic Reprint) Thomas Teller. (ENG., Illus.). (J). 2018. 70p. 25.34 (978-0-267-40638-8(X)); 2016. pap. 9.57 (978-1-334-11743-5(8)) Forgotten Bks.

Parent's Offering, or Tales for Children, Vol. 1 (Classic Reprint) Caroline Barnard. 2018. (ENG., Illus.). 202p. (J). 28.06 (978-0-483-39731-6(8)) Forgotten Bks.

Parent's Offering, Vol. 2: Or Tales for Children (Classic Reprint) Caroline Barnard. 2018. (ENG., Illus.). 206p. (J). 28.15 (978-0-267-23830-9(4)) Forgotten Bks.

Parents Progress (Classic Reprint) George Paston. 2018. (ENG., Illus.). 38p. (J). 24.76 (978-0-484-36294-8(1)) Forgotten Bks.

Parent's Treasure Box of IDEAS: Tips to Help You Teach Your Child. Judith Rolfs. 2020. (ENG.). 104p. (J). pap. 10.95 (978-0-9799895-8-2(2)) Wayne & Judith Rolfs.

Parent/Teacher Manual for Trouble at the Watering Hole Children's Book. Gregg F. Relyea. 2017. (ENG., Illus.). (J). (gr. k-6). pap. 12.95 (978-0-9982423-1-6(4)) Resolution Pr.

Paresse Livre de Coloriage Pour les Enfants: Beau Livre de Coloriage Avec des Paresseux Drôles, des Paresseux Mignons et des Paresseux Idiots. Lenard Vinci Press. 2021. (FRE.). 90p. (J). pap. 9.49 (978-1-716-16072-1(3)) Lulu Pr., Inc.

Paresseux. Valerie Bodden. 2018. (Planète Animaux Ser.). (FRE., Illus.). 24p. (J). (978-1-77092-397-3(7), 19686) Creative Co., The.

Parfait, Not Parfait! Scott Rothman. Illus. by Avery Monsen. 2022. (ENG.). 40p. (J). 18.99 (978-1-250-26581-4(9), 900222093) Roaring Brook Pr.

Parham Itan: Tales from Beyond, Volume 2: Volume 2. Kaili Sorano. 2020. (Parham Itan: Tales from Beyond Ser.: 2). (ENG., Illus.). 176p. (gr. 8-1). pap. 12.99 (978-1-4278-6719-3(4), b7e4c218-c6b5-414f-a338-7ddbb2d47309) TOKYOPOP, Inc.

Pariah (Classic Reprint) F. Anstey, pseud. (ENG., Illus.). (J). 2018. 460p. 33.38 (978-0-484-50273-3(5)); 2016. pap. 16.57 (978-1-333-37869-1(6)) Forgotten Bks.

Pariah, Vol. 1 of 3 (Classic Reprint) F. Anstey, pseud. 2018. (ENG., Illus.). 306p. (J). 30.21 (978-0-666-26842-6(8)) Forgotten Bks.

Pariah, Vol. 2 of 3 (Classic Reprint) F. Anstey, pseud. 2018. (ENG., Illus.). 300p. (J). 30.08 (978-0-666-39112-4(2)) Forgotten Bks.

Pariah, Vol. 3 of 3 (Classic Reprint) F. Anstey, pseud. (ENG., Illus.). (J). 2018. 338p. 30.87 (978-0-483-01795-5(7)); 2016. pap. 13.57 (978-1-333-27525-9(0)) Forgotten Bks.

Parina & the Purple Giant. Shalini Vallepur. Illus. by Brandon Mattless. 2023. (Level 10 - White Set Ser.). (ENG.). 40p. (J). (gr. 2-4). lib. bdg. 19.95 Bearport Publishing Co., Inc.

Paris. Jessica Rudolph. 2017. (Citified! Ser.). (ENG., Illus.). 24p. (J). (gr. k-3). 17.95 (978-1-68402-233-5(9)) Bearport Publishing Co., Inc.

Paris, Vol. 8. Mason Crest. 2016. (Major World Cities Ser.: Vol. 8). (ENG., Illus.). 48p. (J). (gr. 5-8). 20.95 (978-1-4222-3544-7(0)) Mason Crest.

Paris: Exploring the Country? Facts for Children. Bold Kids. 2022. (ENG.). 42p. (J). pap. 14.99 (978-1-0717-1111-8(3)) FASTLANE LLC.

Paris: The Magic City by the Seine (Classic Reprint) Gertrude Hauck Vonne. 2018. (ENG., Illus.). 360p. (J). 31.34 (978-0-483-65326-9(8)) Forgotten Bks.

Paris (Classic Reprint) Mortimer Menpes. (ENG., Illus.). (J). 2017. 500p. 34.23 (978-0-332-06599-1(5)); 2016. pap. 16.97 (978-1-334-25618-9(7)) Forgotten Bks.

Paris Climate Agreement. Duchess Harris & Rebecca Rowell. 2018. (Special Reports). (ENG., Illus.). 112p. (J). (gr. 6-12). lib. bdg. 41.36 (978-1-5321-1680-3(2), 30612, Essential Library) ABDO Publishing Co.

Paris Coloring Book for Kids! Discover This Collection of Coloring Pages. Bold Illustrations. 2020. (ENG.). 86p. (J). (gr. k-6). 17.99 (978-1-0717-0587-2(3)); pap. 11.99 (978-1-64193-791-7(2)) FASTLANE LLC. (Bold Illustrations).

Paris for Two. Phoebe Stone. 2016. (J). (ENG.). 272p. (gr. 3-7). 16.99 (978-0-545-44362-3(8)); 257p. (978-1-338-04510-9(5)) Scholastic, Inc. (Levine, Arthur A. Bks.).

Paris from a to Z. Julie Marie. 2022. (ENG.). 66p. (J). 24.00 (978-0-578-36694-4(0)) Lauren Blakely Bks.

Paris Herself Again in 1878-9 (Classic Reprint) George Augustus Sala. 2018. (ENG., Illus.). 584p. (J). 35.94 (978-0-666-66511-9(7)) Forgotten Bks.

Paris Herself Again, Vol. 2 Of 2: In 1878-9 (Classic Reprint) George Augustus Sala. 2018. (ENG., Illus.). 410p. (J). 32.37 (978-0-267-27493-2(9)) Forgotten Bks.

Paris in 1814: Or a Tour in France after the First Fall of Napoleon from the Journal of William Roots, M. D., F. S. a (Classic Reprint) William Roots. 2018. (ENG., Illus.). 212p. (J). 28.27 (978-0-267-10299-0(2)) Forgotten Bks.

Paris in '67, or the Great Exposition, Its Side-Shows & Excursions (Classic Reprint) Henry Morford. 2017. (ENG., Illus.). (J). 32.68 (978-0-266-36606-5(6)) Forgotten Bks.

Paris in Shadow (Classic Reprint) Lee Holt. 2018. (ENG., Illus.). 318p. (J). 30.46 (978-0-483-61562-5(5)) Forgotten Bks.

Paris (My Globetrotter Book) Global Adventures... in the Palm of Your Hands! Marisha Wojciechowska. 2019. (My Globetrotter Book Ser.). (ENG., Illus.). 28p. (J). pap. (978-1-9992159-1-0(5)) Wojciechowska, Maria.

Paris Nights: And Other Impressions of Places & People (Classic Reprint) Arnold Bennett. 2017. (ENG., Illus.). (J). 34.00 (978-0-331-80891-9(9)); 34.50 (978-0-331-89668-8(0)); pap. 16.97 (978-0-243-28531-0(0)) Forgotten Bks.

Paris of the Parisians (Classic Reprint) John F. MacDonald. 2017. (ENG., Illus.). (J). 28.41 (978-0-265-25213-0(X)); pap. 10.97 (978-1-5277-1382-6(2)) Forgotten Bks.

Paris of Troy (Classic Reprint) George Baker. (ENG., Illus.). (J). 2018. 226p. 28.58 (978-0-332-47191-4(8)); 2017. pap. 10.97 (978-0-243-32524-5(X)) Forgotten Bks.

Paris on Repeat. Amy Bearce. 2020. (Wish & Wander Ser.). (ENG.). 224p. (J). (gr. 5-9). pap. 11.99 (978-1-63163-437-6(2), 1631634372, Jolly Fish Pr.) North Star Editions.

Paris, or the Book of the Hundred-And-One, Vol. 1 of 2 (Classic Reprint) Unknown Author. 2018. (ENG., Illus.). (J). 262p. 29.30 (978-1-396-34262-2(1)); 264p. pap. 11.97 (978-1-390-97311-2(5)) Forgotten Bks.

Paris Project. Donna Gephart. 2019. (ENG., Illus.). 288p. (J). (gr. 3-7). 17.99 (978-1-5344-4086-9(0), Simon & Schuster Bks. For Young Readers) Simon & Schuster Bks. For Young Readers.

Paris Saint-Germain. Mark Stewart. 2017. (First Touch Soccer Ser.). (ENG., Illus.). 24p. (J). (gr. k-3). 23.93 (978-1-59953-861-7(X)) Norwood Hse. Pr.

Paris Saint-Germain FC, 1 vol. Kate Shoup. 2019. (Soccer's Greatest Clubs Ser.). (ENG.). 64p. (gr. 5-5). pap. 16.28 (978-1-5026-5285-0(4), 31644f96-9d42-4617-af99-b7b6407956a3) Cavendish Square Publishing LLC.

Paris Sketch Book: Art Criticisms (Classic Reprint) William Makepeace Thackeray. (ENG., Illus.). (J). 2018. 764p. 39.65 *(978-0-267-76224-8(0))*; 2016. pap. 23.57 *(978-1-334-14448-6(6))* Forgotten Bks.

Paris Sketch Book: Of Mr. M. A. Titmarsh. William Makepeace Thackeray. 2017. (ENG., Illus.). (J). pap. 17.95 *(978-1-374-83877-2(2))* Capital Communications, Inc.

Paris Sketch Book (Classic Reprint) William Makepeace Thackeray. 2018. (ENG., Illus.). 392p. (J). 31.98 *(978-0-365-37372-8(9))* Forgotten Bks.

Paris Sketch Book of Mr. M. A. Titmarsh (Classic Reprint) William Makepeace Thackeray. 2018. (ENG., Illus.). 492p. (J). 34.04 *(978-0-364-32754-8(5))* Forgotten Bks.

Paris Sketch Book, Vol. 1 (Classic Reprint) Titmarsh Titmarsh. 2018. (ENG., Illus.). 326p. (J). 30.62 *(978-0-267-24444-7(4))* Forgotten Bks.

Paris Sketches (Classic Reprint) Louis Judson Swinburne. 2017. (ENG., Illus.). (J). 28.56 *(978-0-331-83475-8(8))* Forgotten Bks.

Paris Syndrome. Lisa Walker. 2021. 320p. 9.99 *(978-1-4607-5524-2(3)*, HarperCollins) HarperCollins Pubs.

Paris Through an Attic (Classic Reprint) A. Herbage Edwards. (ENG., Illus.). (J). 2018. 364p. 31.40 *(978-0-483-81917-7(4))*; 2016. pap. 13.97 *(978-1-334-34186-1(9))* Forgotten Bks.

Paris up, up & Away. Hélène Druvert & Hélène Druvert. 2016. (ENG., Illus.). 36p. (J). (gr. -1-1). 24.95 *(978-0-500-65059-2(4)*, 565059) Thames & Hudson.

Paris Vistas (Classic Reprint) Helen Davenport Gibbons. (ENG., Illus.). (J). 2018. 438p. 32.93 *(978-0-483-28021-2(6))*; 2016. pap. 16.57 *(978-1-333-52502-6(8))* Forgotten Bks.

Parish Clerk, Vol. 2 of 3 (Classic Reprint) Joseph Hewlett. 2017. (ENG., Illus.). (J). 336p. 30.83 *(978-0-332-80183-4(7))*; pap. 13.57 *(978-0-259-42766-7(7))* Forgotten Bks.

Parish Clerk, Vol. 3 of 3 (Classic Reprint) Author of Peter Priggins. 2018. (ENG., Illus.). 334p. (J). 30.79 *(978-0-365-40381-4(4))* Forgotten Bks.

Parish of Two: Douglas Dayton Letters, and, Percy Dashiel Letters (Classic Reprint) Henry Goelet McVickar. 2017. (ENG., Illus.). (J). 32.52 *(978-0-265-18982-5(9))* Forgotten Bks.

Parish Providence: A Country Tale (Classic Reprint) E. M. Lynch. (ENG., Illus.). (J). 2018. 212p. 28.29 *(978-0-332-34172-9(0))*; 2017. pap. 10.97 *(978-0-243-21603-1(3))* Forgotten Bks.

Parisian Bunny Caper: The Adventures of International Lily. Yolanda Felton. 2021. (ENG.). 30p. (J). 24.99 *(978-1-6629-0058-7(9))* Gatekeeper Pr.

Parisian Family (Classic Reprint) Madame Guizot De Witt. 2017. (ENG., Illus.). (J). 31.53 *(978-0-260-52674-8(6))* Forgotten Bks.

Parisian in Brazil (Classic Reprint) Toussaint-Samson Toussaint-Samson. (ENG., Illus.). (J). 2017. 27.94 *(978-0-331-32878-3(X))*; 2016. pap. 10.57 *(978-1-334-24544-2(4))* Forgotten Bks.

Parisian Phraseology, or Choix de Phrases Diverses: Being a Collection of Sentences in Common Use, to Facilitate the Knowledge of the Formation of French Syntax (Classic Reprint) Louis Fenwick De Porquet. (ENG., Illus.). (J). 2018. 140p. 26.78 *(978-0-666-01562-4(7))*; 2017. pap. 9.57 *(978-0-259-55086-0(8))* Forgotten Bks.

Parisian Phraseology, or Choix de Phrases Diverses: Being a Collection of Sentences in Common Use, to Facilitate the Knowledge of the Formation of French Syntax, Intended for Those Who Are Desirous of Acquiring an Elegant & Correct Mode of Speaking The. Louis Philippe R. Fenwick De Porquet. 2017. (ENG., Illus.). (J). 25.96 *(978-0-265-90917-1(1))*; pap. 9.57 *(978-1-5279-1394-3(5))* Forgotten Bks.

Parisian Points of View (Classic Reprint) Ludovic Halevy. 2018. (ENG., Illus.). 216p. (J). 28.37 *(978-0-365-38595-0(6))* Forgotten Bks.

Parisians Out of Doors (Classic Reprint) F. Berkeley Smith. 2017. (ENG., Illus.). (J). 30.39 *(978-0-265-22154-9(4))* Forgotten Bks.

Parjiter Penguin's Amazing Arctic Adventure. David Macgill. 2022. (ENG.). 74p. (J). pap. ***(978-1-3984-7344-7(8))*** Austin Macauley Pubs. Ltd.

Park. Illus. by Cocoretto. 2019. (Making Tracks Ser.: 4). 12p. (J). bds. *(978-1-78628-293-4(3))* Child's Play International Ltd.

Park Connects Us. Sarah Nelson. Illus. by Ellen Rooney. 2022. (ENG.). 32p. (J). (gr. 1). 18.95 *(978-1-77147-450-4(5))* Owlkids Bks. Inc. CAN. Dist: Publishers Group West (PGW).

Park-Eontologist. Scott Jackson. 2021. (ENG.). 32p. (J). pap. 16.99 *(978-1-4621-4162-3(5)*, Sweetwater Bks.) Cedar Fort, Inc./CFI Distribution.

Park Here (Time to Read, Level 1) Patricia Lakin. Illus. by Daniel Tarrant. 2020. (Time to Read Ser.). (ENG.). 32p. (J). (gr. k-2). pap. 3.99 *(978-0-8075-6369-4(2)*, 0807563692); 12.99 *(978-0-8075-6366-3(8)*, 807563668) Whitman, Albert & Co.

Park Naturalist. Lisa Harkrader. 2019. (Jobs with Animals Ser.). (ENG., Illus.). 32p. (J). (gr. 4-6). pap. 7.95 *(978-1-5435-6047-3(4)*, 140092); lib. bdg. 28.65 *(978-1-5435-5785-5(6)*, 139741) Capstone.

Park Puppies: It's about Diversity, Acceptance, & Kindness. Melanie Richardson Dundy. 2020. (ENG., Illus.). 32p. (J). (gr. k-5). 22.95 *(978-1-0878-6558-4(1))* M D C T Publishing.

Park Rangers. Julie Murray. 2018. (My Community: Jobs Ser.). (ENG., Illus.). 24p. (J). (gr. -1-2). lib. bdg. 31.36 *(978-1-5321-0789-4(7)*, 28139, Abdo Kids) ABDO Publishing Co.

Park Rangers & What They Do. Liesbet Slegers. 2021. (Profession Ser.: 15). (ENG., Illus.). 32p. (J). 16.95 *(978-1-60537-714-8(7))* Clavis Publishing.

Park Scientists: Gila Monsters, Geysers, & Grizzly Bears in America's Own Backyard. Mary Kay Carson. 2017. (Scientists in the Field Ser.). (ENG., Illus.). 80p. (J). (gr. 5-7). pap. 9.99 *(978-1-328-74090-8(0)*, 1677131, Clarion Bks.) HarperCollins Pubs.

Park Shark. Jenny Moore. Illus. by Daniel Limon. 2023. (Early Bird Readers — Yellow (Early Bird Stories (tm)) Ser.). (ENG.). 32p. (J). (gr. -1-2). pap. 9.99 Lerner Publishing Group.

Parked. Danielle Svetcov. 2021. 400p. (J). (gr. 5-9). 8.99 *(978-0-399-53902-2(6)*, Puffin Books) Penguin Young Readers Group.

Parker & His Rainbow Tongue. Tracilyn George. 2020. (ENG.). 20p. (J). pap. 11.00 *(978-1-990153-27-3(5))* Lulu Pr., Inc.

Parker & His Rainbow Tongue. Tracilyn George. Illus. by Aria Jones. 2020. (ENG.). 20p. (J). pap. 16.46 *(978-1-716-62017-1(1))* Lulu Pr., Inc.

Parker & the Pear. Jim Pluk. 2020. (Wordless Graphic Novels Ser.). (ENG., Illus.). 40p. (J). (gr. k-2). lib. bdg. 22.65 *(978-1-5158-6147-8(3)*, 142407, Picture Window Bks.) Capstone.

Parker Befriends Bertram the Bat. Joe Melillo. 2017. (ENG., Illus.). (J). pap. 7.99 *(978-1-946854-51-3(4))* MainSpringBks.

Parker Bell & the Science of Friendship. Cynthia Platt. Illus. by Rea Zhai. 2019. (ENG.). 160p. (J). (gr. 3-7). 16.99 *(978-1-328-97347-4(6)*, 1708149, Clarion Bks.) HarperCollins Pubs.

Parker Brothers. Sara Green. 2017. (Brands We Know Ser.). (ENG., Illus.). 24p. (J). (gr. 3-8). lib. bdg. 27.95 *(978-1-62617-654-6(X)*, Pilot Bks.) Bellwether Media.

Parker Dresses Up. Parker Curry et al. ed. 2022. (Ready-To-Read Ser.). (ENG.). 32p. (J). (gr. k-1). 16.46 ***(978-1-68505-215-7(0))*** Penworthy Co., LLC, The.

Parker Dresses Up: Ready-To-Read Level 1. Parker Curry & Jessica Curry. Illus. by Brittany Jackson & Tajae Keith. 2022. (Parker Curry Book Ser.). (ENG.). 32p. (J). (gr. -1-1). 17.99 *(978-1-6659-0256-4(6))*; pap. 4.99 *(978-1-6659-0255-7(8))* Simon Spotlight. (Simon Spotlight).

Parker Grows a Garden: Ready-To-Read Level 1. Parker Curry & Jessica Curry. Illus. by Brittany Jackson & Tajae Keith. 2022. (Parker Curry Book Ser.). (ENG.). 32p. (J). (gr. -1-1). 17.99 *(978-1-6659-3103-8(5))*; pap. 4.99 *(978-1-6659-3102-1(7))* Simon Spotlight. (Simon Spotlight).

Parker Helps Hubert the Hippopotamus. Joe Melillo. 2017. (ENG., Illus.). (J). pap. 7.99 *(978-1-946854-53-7(0))* MainSpringBks.

Parker Inheritance (Scholastic Gold) Varian Johnson. (ENG.). (J). (gr. 3-7). 2019. 368p. pap. 8.99 *(978-0-545-95278-1(6))*; 2018. 352p. 18.99 *(978-0-545-94617-9(4))* Scholastic, Inc. (Levine, Arthur A. Bks.).

Parker Looks Up: An Extraordinary Moment. Parker Curry & Jessica Curry. Illus. by Brittany Jackson. 2019. (Parker Curry Book Ser.). (ENG.). 40p. (J). (gr. -1-3). 17.99 *(978-1-5344-5186-5(2)*, Aladdin) Simon & Schuster Children's Publishing.

Parker Panda Makes His Lunch! Shannon M. Gross. 2018. (ENG.). 24p. (J). (gr. -1-1). pap. 11.99 *(978-1-5127-9088-7(5)*, WestBow Pr.) Author Solutions, LLC.

Parker Pig Goes to Yoga. Stacey Alysson. 2017. (ENG., Illus.). (J). (gr. -1-3). 18.95 *(978-0-692-83320-9(X))* Stacey Alysson Yoga.

Parker Plum & the Journey Through the Catacombs: A Story about Being Happy with Who You Are, Vol. 2. Billie Pavicic. Illus. by Madeline Timm. ed. 2019. (Parker Plum Ser.: 2). (ENG.). 31p. (J). (gr. 1-6). pap. 10.95 *(978-1-944882-43-3(X))* Boys Town Pr.

Parker Shines On: Another Extraordinary Moment. Parker Curry & Jessica Curry. Illus. by Brittany Jackson. 2021. (Parker Curry Book Ser.). (ENG.). 48p. (J). (gr. -1-3). 17.99 *(978-1-5344-5474-3(8)*, Aladdin) Simon & Schuster Children's Publishing.

Parker the Planner. Madeline Peck. 2020. (STEAM at Work! Ser.: 4). (ENG., Illus.). 24p. (J). (gr. 1-5). pap. 9.99 *(978-1-58948-641-6(2)*, ESRI Pr.) ESRI, Inc.

Parker's Second Reader: National Series of Selections for Reading, Designed for the Younger Classes in Schools, Academies. Richard Green Parker. 2017. (ENG., Illus.). (J). 23.95 *(978-1-374-81970-2(0))*; pap. 13.95 *(978-1-374-81969-6(7))* Capital Communications, Inc.

Parkland Speaks: Survivors from Marjory Stoneman Douglas Share Their Stories. Ed. by Sarah Lerner. 2019. (Illus.). 192p. (YA). (gr. 9). pap. 17.99 *(978-1-9848-4999-1(9)*, Crown Books For Young Readers) Random Hse. Children's Bks.

Parkland Students Challenge the National Rifle Association. Rebecca Rowell. 2019. (Taking a Stand Ser.). (ENG., Illus.). 48p. (J). (gr. 5-6). pap. 11.95 *(978-1-64185-415-3(4)*, 1641854154); lib. bdg. 34.21 *(978-1-64185-357-6(3)*, 1641853573) North Star Editions. (Focus Readers).

Parkour. Kara L. Laughlin. 2018. (Neighborhood Sports Ser.). (ENG.). 24p. (J). (gr. k-3). lib. bdg. 32.79 *(978-1-5038-2371-6(7)*, 212214) Child's World, Inc, The.

Parkour. Lily Loye. 2020. (Extreme Sports Ser.). (ENG.). 32p. (J). (gr. 2-5). lib. bdg. 32.79 *(978-1-5321-6783-6(0)*, 34727, DiscoverRoo) Pop!.

Parkour & the City: Risk, Masculinity, & Meaning in a Postmodern Sport. Jeffrey L. Kidder. 2017. (Critical Issues in Sport & Society Ser.). (ENG., Illus.). 256p. (C). (gr. 11). pap. 40.95 *(978-0-8135-7195-9(2)*, 9780813571959) Rutgers Univ. Pr.

Parks & Recreation: Leslie for Class President! Robb Pearlman. Illus. by Melanie Demmer. 2021. (ENG.). 40p. (J). (gr. -1-3). 17.99 *(978-0-316-42865-1(5))* Little, Brown Bks. for Young Readers.

Parks & Recreation Mad Libs: World's Greatest Word Game. Alexandra L. Wolfe. 2021. (Mad Libs Ser.). (ENG.). 48p. (J). (gr. 3-7). pap. 4.99 *(978-0-593-22676-6(3)*, Mad Libs) Penguin Young Readers Group.

Parks & Wrecks (Book 10) Lori Haskins Houran. Illus. by Jessica Warrick. 2018. (How to Be an Earthling Ser.). 64p. (J). (gr. 1-4). pap. 6.99 *(978-1-63592-021-5(3)*, 7d90ddd2-a724-4d48-a707-23a7f6533ea1, Kane Press) Astra Publishing Hse.

Parks for All: U. S. National Parks (Level 4) Jenna Winterberg. 2017. (TIME for KIDS(r): Informational Text Ser.). (ENG., Illus.). 32p. (J). (gr. 3-5). pap. 12.99 *(978-1-4258-4979-5(2))* Teacher Created Materials, Inc.

Parks for the People: How Frederick Law Olmsted Designed America. Elizabeth Partridge. Illus. by Becca Stadtlander. 2022. 40p. (J). (gr. -1-3). 17.99 *(978-1-9848-3515-4(7)*, Viking Books for Young Readers) Penguin Young Readers Group.

Parkville High: Class Of 2021. Heddrick McBride. Ed. by Laurie Borman. Illus. by Hh -Pax. 2021. (ENG.). 94p. (J). pap. 12.00 *(978-1-7371528-0-4(0))* McBride Collection of Stories LLC.

Parkwater (Classic Reprint) Henry Wood. 2017. (ENG., Illus.). (J). 34.21 *(978-0-331-48503-5(6))* Forgotten Bks.

Parlamento de Lechuzas / the Witch Owl Parliament, 1 vol., Vol. 1. Created by David Bowles. 2021. (Curandera Mecánica Ser.: 1). (SPA.). 112p. (YA). (gr. 6-12). pap. 17.95 *(978-1-64379-514-0(7)*, leelowtu, Tu Bks.) Lee & Low Bks., Inc.

Parley's Picture Book (Classic Reprint) Samuel G. Goodrich. 2018. (ENG., Illus.). 146p. (J). 26.93 *(978-0-483-73912-3(X))* Forgotten Bks.

Parliament of Owls. Devin Scillian. Illus. by Sam Caldwell. 2022. (ENG.). 32p. (J). (gr. k-3). 17.99 *(978-1-5341-1144-8(1)*, 205269) Sleeping Bear Pr.

Parlor Amusements: For the Young Folks (Classic Reprint) G. B. Bartlett. 2018. (ENG., Illus.). 88p. (J). 25.71 *(978-0-365-46349-8(3))* Forgotten Bks.

Parlor & Platform Recitals, Humorous Readings & Comic Songs (Classic Reprint) Thomas F. Casey. (ENG., Illus.). (J). 2018. 196p. 27.94 *(978-0-483-77636-4(X))*; 2017. pap. 10.57 *(978-0-243-42884-7(7))* Forgotten Bks.

Parlor Begat Amos (Classic Reprint) Arthur Sturges Hildebrand. (ENG., Illus.). (J). 2018. 328p. 30.68 *(978-0-332-18032-8(8))*; 2016. pap. 13.57 *(978-1-334-15698-4(0))* Forgotten Bks.

Parlor-Car, and, the Sleeping-Car (Classic Reprint) William Dean Howells. (ENG., Illus.). (J). 2018. 116p. 26.31 *(978-0-656-12322-3(2))*; 2017. pap. 9.57 *(978-0-259-53633-8(4))* Forgotten Bks.

Parlor Charades & Proverbs: Intended for the Parlor or Saloon, & Requiring No Expensive Apparatus of Scenery or Properties for Their Performance (Classic Reprint) S. Annie Frost. 2018. (ENG., Illus.). 204p. (J). 28.10 *(978-0-364-20243-2(2))* Forgotten Bks.

Parlor Comedies: No Questions Asked & More Than They Bargained for (Classic Reprint) Charles Remington Talbot. 2018. (ENG., Illus.). (J). 84p. 25.63 *(978-1-396-42315-4(X))*; 86p. pap. 9.57 *(978-1-390-90163-4(7))* Forgotten Bks.

Parlor Muse: A Selection of Vers de Société, from Modern Poets (Classic Reprint) Unknown Author. 2018. (ENG., Illus.). 104p. (J). 26.04 *(978-0-365-29299-9(0))* Forgotten Bks.

Parlor Muse: A Selection of Vers de Societe from Modern Poets (Classic Reprint) Oliver Bell Bunce. 2018. (ENG., Illus.). 308p. (J). 30.25 *(978-0-483-15468-1(7))* Forgotten Bks.

Parlor Tricks. Judie Troyansky. 2016. (ENG., Illus.). (J). pap. *(978-0-9951544-0-7(6))* Star Dragon Pr.

Parlor Varieties: A Collection of Short Comedies & Sketches for School or Parlor (Classic Reprint) Emma E. Brewster. 2017. (ENG., Illus.). (J). 40.52 *(978-0-331-23984-3(1))*; pap. 23.57 *(978-0-265-99082-7(3))* Forgotten Bks.

Parlour Portfolio, or Post-Chaise Companion, Vol. 1 Of 2: Being a Selection of the Most Amusing & Interesting Articles & Anecdotes That Have Appeared in the Magazines, Newspapers, & Other Daily & Periodical Journals, from the Year 1700, to The. William Shackell. (ENG., Illus.). (J). 2018. 432p. 32.81 *(978-0-666-35004-6(3))*; 2017. pap. 16.57 *(978-0-259-18842-1(5))* Forgotten Bks.

Parly of Beasts, or Morphandra Queen of the Inchanted Iland: Wherein Men Were Found, Who Being Transmuted to Beasts, Though Proffer'd to Be Dis-Inchanted, & to Becom Men Again (Classic Reprint) James Howell. (ENG., Illus.). (J). 2018. 178p. 27.57 *(978-0-483-07913-7(8))*; 2016. pap. 9.97 *(978-1-334-32567-0(7))* Forgotten Bks.

Parmly Method, Second Reader (Classic Reprint) Maude Parmly. 2017. (ENG., Illus.). (J). 27.82 *(978-0-265-67933-3(8))*; pap. 10.57 *(978-1-5276-4846-3(X))* Forgotten Bks.

Parmly Method; Teachers' Manual. Maude Parmly. 2017. (ENG., Illus.). (J). pap. *(978-0-649-64229-1(0))*; pap. *(978-0-649-66767-3(0))* Trieste Publishing Pty Ltd.

Parmly Method Teachers' Manual (Classic Reprint) Maude Parmly. 2018. (ENG., Illus.). 146p. (J). 26.93 *(978-0-365-47776-1(1))* Forgotten Bks.

Parmly Method Third Reader (Classic Reprint) Maude Parmly. (ENG., Illus.). (J). 2018. 222p. 28.48 *(978-0-656-65557-1(7))*; 2017. pap. 10.97 *(978-0-259-52515-8(4))* Forgotten Bks.

Parnassian Garland; or, Beauties of Modern Poetry: Consisting of Upwards of Two Hundred Pieces, Selected from the Works of the Most Distinguished Poets of the Present Age. John Evans. 2017. (ENG., Illus.). (J). pap. *(978-0-649-66768-0(9))* Trieste Publishing Pty Ltd.

Parnassian Garland, or Beauties of Modern Poetry: Consisting of Upwards of Two Hundred Pieces, Selected from the Works of the Most Distinguished Poets of the Present Age (Classic Reprint) John Evans. (ENG., Illus.). (J). 2018. 294p. 29.96 *(978-0-365-02404-0(X))*; 2017. pap. 13.57 *(978-0-259-51555-5(8))* Forgotten Bks.

Parnassus on Wheels (Classic Reprint) Christopher Morley. 2017. (ENG., Illus.). (J). 28.02 *(978-0-266-18150-7(3))* Forgotten Bks.

Parnell & His Island (Classic Reprint) George Moore. 2018. (ENG., Illus.). 262p. (J). 29.32 *(978-0-364-18850-7(2))* Forgotten Bks.

Parodies Prose & Verse: Liffith Lank Gaunt, St. Elmo, a Wicked Woman, Poems Wicked Woman (Classic Reprint) John Paul. 2018. (ENG., Illus.). 228p. (J). 28.76 *(978-0-428-91887-3(5))* Forgotten Bks.

Parody on Princess Ida (Classic Reprint) Davison Dalziel. (ENG., Illus.). (J). 2018. 58p. 25.09 *(978-0-484-90095-9(1))*; 2016. pap. 9.57 *(978-1-333-23267-2(5))* Forgotten Bks.

Parody Outline of History (Classic Reprint) Donald Ogden Stewart. 2018. (ENG., Illus.). 230p. (J). 28.64 *(978-0-666-57108-3(2))* Forgotten Bks.

Parola Delle Carte: Manuale Pratico per l'Uso Dei Mazzi Preordinati. Angelo Mirra. 2020. (ITA.). 60p. (J). pap. *(978-1-716-46143-9(X))* Lulu Pr., Inc.

Paroles d'un Croyant (Classic Reprint) F. De La Mennais. 2018. (ENG., Illus.). 758p. (J). 39.53 *(978-0-428-81501-1(4))* Forgotten Bks.

Parowan Bonanza (Classic Reprint) B. M. Bower. 2019. (ENG., Illus.). (J). 320p. 30.52 *(978-1-397-28198-2(7))*; 322p. pap. 13.57 *(978-1-397-28104-3(9))* Forgotten Bks.

Parque Nacional Acadia (Acadia National Park) Grace Hansen. 2019. (Parques Nacionales (National Parks) Ser.). (SPA.). 24p. (J). (gr. -1-2). lib. bdg. 32.79 *(978-1-5321-8759-9(9)*, 31366, Abdo Kids) ABDO Publishing Co.

Parque Nacional Badlands (Badlands National Park) Grace Hansen. 2019. (Parques Nacionales (National Parks) Ser.). (SPA.). 24p. (J). (gr. -1-2). lib. bdg. 32.79 *(978-1-5321-8760-5(2)*, 31368, Abdo Kids) ABDO Publishing Co.

Parque Nacional de Las Grandes Montañas Humeantes (Great Smoky Mountains National Park) Grace Hansen. 2018. (Parques Nacionales (National Parks) Ser.). (SPA.). 24p. (J). (gr. -1-2). lib. bdg. 32.79 *(978-1-5321-8046-0(2)*, 28307, Abdo Kids) ABDO Publishing Co.

Parque Nacional de Las Montañas Rocosas (Rocky Mountain National Park) Grace Hansen. 2019. (Parques Nacionales (National Parks) Ser.). (SPA.). 24p. (J). (gr. -1-2). lib. bdg. 32.79 *(978-1-5321-8763-6(7)*, 31374, Abdo Kids) ABDO Publishing Co.

Parque Nacional de Los Everglades (Everglades National Park) Grace Hansen. 2018. (Parques Nacionales (National Parks) Ser.). (SPA.). 24p. (J). (gr. -1-2). lib. bdg. 32.79 *(978-1-5321-8043-9(8)*, 28301, Abdo Kids) ABDO Publishing Co.

Parque Nacional de Los Glaciares (Glacier National Park) Grace Hansen. 2018. (Parques Nacionales (National Parks) Ser.). (SPA.). 24p. (J). (gr. -1-2). lib. bdg. 32.79 *(978-1-5321-8044-6(6)*, 28303, Abdo Kids) ABDO Publishing Co.

Parque Nacional de Los Volcanes de Hawai (Hawai'i Volcanoes National Park) Grace Hansen. 2019. (Parques Nacionales (National Parks) Ser.). (SPA.). 24p. (J). (gr. -1-2). lib. bdg. 32.79 *(978-1-5321-8762-9(9)*, 31372, Abdo Kids) ABDO Publishing Co.

Parque Nacional de Yellowstone (Yellowstone National Park) Grace Hansen. 2018. (Parques Nacionales (National Parks) Ser.). (SPA., Illus.). 24p. (J). (gr. -1-2). lib. bdg. 32.79 *(978-1-5321-8047-7(0)*, 28309, Abdo Kids) ABDO Publishing Co.

Parque Nacional de Yosemite (Yosemite National Park) Grace Hansen. 2018. (Parques Nacionales (National Parks) Ser.). (SPA., Illus.). 24p. (J). (gr. -1-2). lib. bdg. 32.79 *(978-1-5321-8048-4(9)*, 28311, Abdo Kids) ABDO Publishing Co.

Parque Nacional Del Gran Cañón (Grand Canyon National Park) Grace Hansen. 2018. (Parques Nacionales (National Parks) Ser.). (SPA.). 24p. (J). (gr. -1-2). lib. bdg. 32.79 *(978-1-5321-8045-3(4)*, 28305, Abdo Kids) ABDO Publishing Co.

Parque Nacional Grand Teton (Grand Teton National Park) Grace Hansen. 2019. (Parques Nacionales (National Parks) Ser.). (SPA.). 24p. (J). (gr. -1-2). lib. bdg. 32.79 *(978-1-5321-8761-2(0)*, 31370, Abdo Kids) ABDO Publishing Co.

P

Parque Nacional Tulum: Suma. Logan Avery. rev. ed. 2019. (Mathematics in the Real World Ser.). (SPA., Illus.). 24p. (J). (gr. 1-2). pap. 9.99 *(978-1-4258-2848-6(5))* Teacher Created Materials, Inc.

Parque Nacional Zion (Zion National Park) Grace Hansen. 2019. (Parques Nacionales (National Parks) Ser.). (SPA.). 24p. (J). (gr. -1-2). lib. bdg. 32.79 *(978-1-5321-8764-3(5)*, 31376, Abdo Kids) ABDO Publishing Co.

Parques Nacionales (National Parks) (Set), 6 vols. 2018. (Parques Nacionales (National Parks) Ser.). (SPA.). 24p. (J). (gr. -1-2). lib. bdg. 196.74 *(978-1-5321-8042-2(X)*, 28299, Abdo Kids) ABDO Publishing Co.

Parques Nacionales (National Parks Set 2) (Set), 6 vols. 2019. (Parques Nacionales (National Parks) Ser.). (SPA.). 24p. (J). (gr. -1-2). lib. bdg. 196.74 *(978-1-5321-8758-2(0)*, 31364, Abdo Kids) ABDO Publishing Co.

Parques para Todos: Parques Nacionales de EE.UU. Jenna Winterberg. 2019. (SPA.). (J). pap. *(978-1-4938-9048-4(4))* Teacher Created Materials, Inc.

Parricide, or the Youth's Career of Crime (Classic Reprint) George W. M. Reynolds. (ENG., Illus.). (J). 2018. 184p. 27.71 *(978-0-267-40223-6(6))*; 2016. pap. 10.57 *(978-1-334-12126-5(5))* Forgotten Bks.

Parrish: A Novel (Classic Reprint) Mildred Spitz Savage. 2018. (ENG., Illus.). (J). 470p. 33.61 *(978-0-483-88351-2(4))*; 472p. pap. 16.57 *(978-0-483-88335-2(2))* Forgotten Bks.

Parrot. August Hoeft. (I See Animals Ser.). (ENG.). (J). 2022. 20p. pap. 12.99 ***(978-1-5324-4239-1(4))***; 2021. 12p. pap. 5.99 *(978-1-5324-1516-6(8))* Xist Publishing.

Parrot & the Monkey. Danita Hunt. 2021. (ENG.). 28p. (J). pap. 12.95 *(978-1-64801-848-0(3))* Newman Springs Publishing, Inc.

Parrot Co (Classic Reprint) Harold Macgrath. 2018. (ENG., Illus.). 356p. (J). 31.24 *(978-0-484-55670-5(3))* Forgotten Bks.

Parrot Colors: A Child's Introduction to Colors in the Natural World. David E. McAdams. 2nd ed. 2023. (Colors in the Natural World Ser.: Vol. 1). (ENG.). 38p. (J). pap. 19.95 ***(978-1-63270-361-3(0))***; 29.95 ***(978-1-63270-362-0(9))*** Life is a Story Problem LLC.

Parrot Fish Is Not a Bird: Marine Life Coloring Book. Activibooks For Kids. 2016. (ENG., Illus.). (J). pap. 9.20 *(978-1-68321-744-2(6))* Mimaxion.

Parrot Gang & Wild West Ghosts: Book 5. Mike Gleason. Illus. by Victoria Taylor. 2018. (Hideout Kids Ser.: Vol. 5). (ENG.). 130p. (J). (gr. k-4). *(978-1-912207-13-8(3))*; pap. *(978-1-912207-12-1(5))* Farm Street Publishing.

Parrot in the Oven: Mi Vida Novel Units Student Packet. Novel Units. 2019. (ENG.). (YA). (gr. 7-8). pap. 13.99

(978-1-58130-795-5(0), Novel Units, Inc.) Classroom Library Co.

Parrot in the Oven: Mi Vida Novel Units Teacher Guide. Novel Units. 2019. (ENG.). (YA). (gr. 7-8). pap., tchr. ed. 12.99 (978-1-58130-794-8(2), Novel Units, Inc.) Classroom Library Co.

Parrot in the Painting: The Story of Frida Kahlo & Bonito (Ready-To-Read Level 2) Thea Feldman. Illus. by Rachel Sanson. 2018. (Tails from History Ser.). (ENG.). 32p. (J). (gr. k-2). 17.99 (978-1-5344-2230-8(7)); pap. 4.99 (978-1-5344-2229-2(3)) Simon Spotlight. (Simon Spotlight).

Parrot Man. Macknight Black. 2018. (ENG.). 38p. (J). 14.95 (978-1-68401-212-1(0)) Amplify Publishing Group.

Parrot Parrot. Cammie Ho. 2016. (Life Cycle Bks.). (ENG., Illus.). 31p. (J). (gr. k-2). pap. 7.99 (978-1-943241-04-0(X)) Phonic Monic.

Parrot Song. Édouard Manceau. 2017. (ENG., Illus.). 32p. (J). (gr. -1-17). 12.95 (978-1-84976-497-1(2), 1653301) Tate Publishing, Ltd. GBR. Dist: Abrams, Inc.

Parrot Talk. Betty Salthouse. 2017. (ENG., Illus.). (J). (gr. 3-6). pap. (978-1-911223-15-3(1)) Hawkesbury Pr.

Parrot Tico Tango. Anna Witte. Illus. by Anna Witte. 2019. (ENG., Illus.). 24p. (J). (gr. -1-2). pap. 9.99 (978-1-78285-422-7(3)) Barefoot Bks., Inc.

Parrotfish. Julie Murray. 2023. (Animals with Color Ser.). (ENG.). 24p. (J). (gr. k-4). lib. bdg. 31.36 (978-1-0982-8117-5(9), 42326, Abdo Zoom-Dash) ABDO Publishing Co.

Parrotfish. Mari Schuh. 2017. (Ocean Life up Close Ser.). (ENG., Illus.). 24p. (J). (gr. k-3). lib. bdg. 26.95 (978-1-62617-571-6(3), Blastoff! Readers) Bellwether Media.

Parrotfish: Coral Reef Cleaners. Megan Borgert-Spaniol. 2019. (Animal Eco Influencers Ser.). (ENG., Illus.). 24p. (J). (gr. k-4). lib. bdg. 32.79 (978-1-5321-9187-9(1), 33548, Super SandCastle) ABDO Publishing Co.

Parrots see **Loros**

Parrots. Julie Murray. 2019. (Animal Kingdom Ser.). (ENG., Illus.). 32p. (J). (gr. 2-5). lib. bdg. 34.21 (978-1-5321-1648-3(9), 32407, Big Buddy Bks.) ABDO Publishing Co.

Parrots. Mari Schuh. 2020. (Animals Ser.). (ENG., Illus.). 32p. (J). (gr. 1-3). pap. 6.95 (978-1-9771-1797-7(X), 142157); lib. bdg. 31.32 (978-1-9771-1344-3(3), 141465) Capstone. (Pebble).

Parrots. Ben Sonder. 2019. (Pet Library). (Illus.). 72p. (J). (gr. 12). lib. bdg. 34.60 (978-1-4222-4317-6(6)) Mason Crest.

Parrots. Leo Statts. 2017. (Awesome Birds Ser.). (ENG., Illus.). 24p. (J). (gr. -1-2). lib. bdg. 31.36 (978-1-5321-2060-2(5), 26743, Abdo Zoom-Launch) ABDO Publishing Co.

Parrots: A Book Filled with Facts for Children. Bold Kids. 2022. (ENG.). 44p. (J). pap. 15.99 (978-1-0717-1112-5(1)) FASTLANE LLC.

Parrots Coloring Book for Kids! a Variety of Amazing Parrot Coloring Pages. Bold Illustrations. 2022. (ENG.). 82p. (J). pap. 14.99 (978-1-0717-0679-4(9), Bold Illustrations) FASTLANE LLC.

Parrots, Pugs, & Pixie Dust: A Book about Fashion Designer Judith Leiber. Deborah Blumenthal. Illus. by Masha D'yans. 2019. (ENG.). 40p. (J). (gr. k-4). 17.99 (978-1-4998-0898-8(4)) Little Bee Books Inc.

Parry Reminiscences. Parry Xue. 2019. (ENG.). 122p. (J). pap. (978-0-359-94452-1(3)) Lulu Pr., Inc.

Parry's Monthly Magazine, Vol. 4 (Classic Reprint) Unknown Author. 2018. (ENG., Illus.). 510p. (J). 34.42 (978-0-332-92480-9(7)) Forgotten Bks.

Parry's Monthly Magazine, Vol. 6: Devoted to Literature, Art, Science, Industry, Biography, Current Events, Travel, Humor, Education, etc (Classic Reprint) Unknown Author. (ENG., Illus.). (J). 2018. 508p. 34.37 (978-0-364-98028-6(1)); 2017. pap. 16.97 (978-1-5276-3092-5(7)) Forgotten Bks.

Parry's Poam. Parry Xue. 2019. (ENG.). 44p. (J). pap. (978-0-359-90403-7(3)) Lulu Pr., Inc.

Parsing the Whit: Real & Imagined. William A. Scott. 2020. (ENG.). 106p. (YA). (gr. 7-12). 28.95 (978-1-0980-1949-5(0)); pap. 18.95 (978-1-0980-1947-1(4)) Christian Faith Publishing.

Parsley, Sage, Rosemary, & Thyme for Comfort, Strength, Love, & Courage. Doug Opalski. 2021. (ENG.). 234p. (YA). pap. 17.95 (978-1-6624-6154-5(2)) Page Publishing Inc.

Parson Dimly's Treasure Hunt. John Patience. Illus. by John Patience. 2021. (Tales from Fern Hollow Ser.). (ENG.). 26p. (J). (978-1-8384498-3-4(3)) Talewater Pr.

Parson Gay's Three Sermons: Or Saint Sacrement (Classic Reprint) Robert T. Edes. (ENG., Illus.). (J). 2018. 162p. 27.26 (978-0-365-17515-5(3)); 2017. pap. 9.97 (978-1-5276-7271-0(9)) Forgotten Bks.

Parson Hubert's School: Or, Harry Kingsley's Trial (Classic Reprint) Myers. 2018. (ENG., Illus.). 252p. (J). 29.14 (978-0-484-32616-2(3)) Forgotten Bks.

Parson Johnson's Lecture (Classic Reprint) Walter E. Todd. 2018. (ENG., Illus.). 48p. (J). 24.91 (978-0-267-27046-0(1)) Forgotten Bks.

Parson Kelly (Classic Reprint) A. E. W. Mason. 2018. (ENG., Illus.). 432p. (J). 32.83 (978-0-428-96080-3(4)) Forgotten Bks.

Parson o Dumford, Vol. 1 Of 3: A Tale (Classic Reprint) George Manville Fenn. 2018. (ENG., Illus.). 298p. (J). 30.06 (978-0-332-90166-4(1)) Forgotten Bks.

Parson o Dumford, Vol. 2 Of 3: A Tale (Classic Reprint) George Manville Fenn. 2018. (ENG., Illus.). 306p. (J). 30.21 (978-0-484-25013-9(2)) Forgotten Bks.

Parson o' Dumford, Vol. 3 Of 3: A Tale (Classic Reprint) George Manville Fenn. (ENG., Illus.). (J). 2018. 282p. 29.71 (978-0-484-41474-6(7)); 2016. pap. 13.57 (978-1-334-13480-7(4)) Forgotten Bks.

Parsonage of Libenau (Classic Reprint) Franz Hoffmann. (ENG., Illus.). (J). 2018. 226p. 28.56 (978-0-656-33801-6(6)); 2017. pap. 10.97 (978-0-243-28968-4(5)) Forgotten Bks.

Parsonage Porch: Seven Stories from a Clergyman's Note-Book (Classic Reprint) Bradley Gilman. 2018. (ENG., Illus.). 266p. (J). 29.38 (978-0-365-32754-7(9)) Forgotten Bks.

Parson's Boys (Classic Reprint) Robert Casey. (ENG., Illus.). (J). 2018. 438p. 32.93 (978-0-484-04979-5(8)); 2017. pap. 16.57 (978-0-243-08196-7(0)) Forgotten Bks.

Parson's Daughter, Vol. 1 of 2 (Classic Reprint) Theodore Edward Hook. (ENG., Illus.). (J). 2019. 198p. 27.98 (978-0-365-17446-2(7)); 2017. pap. 10.57 (978-0-259-19075-2(6)) Forgotten Bks.

Parson's Daughter, Vol. 1 of 3 (Classic Reprint) Theodore Edward Hook. 2018. (ENG., Illus.). 306p. (J). 30.21 (978-0-332-06273-0(2)) Forgotten Bks.

Parson's Horn-Book (Classic Reprint) Thomas Browne. (ENG., Illus.). (J). 2018. 162p. 27.26 (978-0-484-02365-8(9)); 2018. 322p. 30.56 (978-0-483-76120-9(6)); 2016. pap. 13.57 (978-1-333-73208-0(2)) Forgotten Bks.

Parson's Proxy (Classic Reprint) Kate Waterman Hamilton. (ENG., Illus.). (J). 2018. 320p. 30.50 (978-0-365-14805-0(9)); 2017. pap. 13.57 (978-0-259-45692-6(6)) Forgotten Bks.

Part 1 Ukanio Journey to Earth. Monosij Mitra. 2021. (ENG.). 30p. (J). pap. 7.99 (978-1-68487-971-7(X)) Notion Pr., Inc.

Part of the Property (Classic Reprint) Beatrice Whitby. (ENG., Illus.). (J). 2018. 322p. 30.54 (978-0-483-20158-3(8)); 2017. pap. 13.57 (978-0-259-06218-9(9)) Forgotten Bks.

Part of Your Nightmare, 1. Vera Strange. ed. 2021. (Disney Chills Ser.). (ENG., Illus.). 218p. (J). (gr. 4-5). 18.46 (978-1-64697-994-3(X)) Penworthy Co., LLC, The.

Part of Your Nightmare-Disney Chills, Book One. Vera Strange. 2020. (Disney Chills Ser.: 1). (ENG., Illus.). 224p. (J). (gr. 3-7). pap. 6.99 (978-1-368-04825-5(0), Disney-Hyperion) Disney Publishing Worldwide.

Part of Your World (a Twisted Tale) A Twisted Tale. Liz Braswell. 2018. (Twisted Tale Ser.). (ENG., Illus.). 480p. (YA). (gr. 7-12). 18.99 (978-1-368-01381-9(3), Disney-Hyperion) Disney Publishing Worldwide.

Partenón: la Historia en Peligro: Leveled Reader Card Book 8 Level o 6 Pack. Hmh Hmh. 2021. (SPA.). (J). pap. 74.40 (978-0-358-08491-4(1)) Houghton Mifflin Harcourt Publishing Co.

Parterre of Fiction, Poetry, History, & General Literature, 1835, Vol. 2: With Thirty-One Engravings (Classic Reprint) Unknown Author. (ENG., Illus.). (J). 2018. 424p. 32.64 (978-0-428-37368-9(2)); 2017. pap. 16.57 (978-0-243-85292-5(4)) Forgotten Bks.

Parterre of Fiction, Poetry, History, Literature, & the Fine Arts, Vol. 1: With Twenty-Seven Engravings (Classic Reprint) S. Williams. (ENG., Illus.). (J). 2018. 420p. 32.56 (978-0-483-42930-7(9)); 2016. pap. 16.57 (978-1-334-38718-0(4)) Forgotten Bks.

Parterre, or Universal Story-Teller, Vol. 3 Of 4: A Collection of Original Tales, Romances, & Historical Relations (Classic Reprint) Unknown Author. (ENG., Illus.). (J). 2018. 412p. 32.39 (978-0-483-08153-6(1)); 2016. pap. 16.57 (978-1-333-33765-0(5)) Forgotten Bks.

Parterre, Vol. 1 Of 4: Or, Universal Story-Teller; a Collection of Original Tales, Romances, & Historical Relations (Classic Reprint) Unknown Author. 2018. (ENG., Illus.). 418p. (J). 32.52 (978-0-428-77575-9(6)) Forgotten Bks.

Parthenon. Heather Kissock. 2018. (Structural Wonders of the World Ser.). (ENG.). 24p. (J). (gr. 2-5). lib. bdg. 28.55 (978-1-4896-8184-3(1), AV2 by Weigl) Weigl Pubs., Inc.

Parthians & Sassanids Children's Middle Eastern History Books. Baby Professor. 2017. (ENG., Illus.). (J). pap. 7.89 (978-1-5419-0448-4(6), Baby Professor (Education Kids)) Speedy Publishing LLC.

Partial Bibliography of Adaptations & Abridgments for Children of Literary Classics (Classic Reprint) Katharine Eaton Gold. annot. ed. 2018. (ENG., Illus.). (J). 74p. 25.44 (978-0-366-18338-8(9)); 76p. pap. 9.57 (978-0-365-91544-7(0)) Forgotten Bks.

Partial Transparency. Sarah Hawkinson. 2018. (ENG., Illus.). 230p. (YA). pap. (978-1-9999148-0-6(5)) Vulpecula.

Particle Beast. Ian C. Douglas. 2017. (Zeke Hailey Ser.). (ENG.). 240p. (J). (gr. 4-7). pap. 14.99 (978-1-925496-70-3(8)) IFWG Publishing AUS. Dist: Independent Pubs. Group.

Particle Physics, 1 vol. Kate Shoup. 2018. (Great Discoveries in Science Ser.). (ENG.). 128p. (J). (gr. 9-9). 47.36 (978-1-5026-4381-0(2), 0e24178a-974e-46b7-85a7-06e983aa12fb) Cavendish Square Publishing LLC.

Particular Year. Beatrice Holloway. 2019. (ENG.). 76p. (J). pap. (978-1-913294-22-9(6)) TSL Pubns.

Parting & a Meeting Story (Classic Reprint) William Dean Howells. 2018. (ENG., Illus.). 120p. (J). 26.37 (978-0-267-17335-8(0)) Forgotten Bks.

Parting Friends a Farce (Classic Reprint) W. D. Howells. 2018. (ENG., Illus.). 70p. (J). 25.34 (978-0-483-78465-9(6)) Forgotten Bks.

Partingtonian Patchwork, Blifkins the Martyr (Classic Reprint) B. p. Shillaber. 2018. (ENG., Illus.). 386p. (J). 31.86 (978-0-428-99821-9(6)) Forgotten Bks.

Partir Pour Mieux Revenir: Un Récit de Voyage Pour Apaiser l'anxiété, Se découvrir et Grandir. Gabriel Morasse. 2020. (FRE.). 163p. (YA). pap. (978-1-716-52903-0(4)) Lulu Pr., Inc.

Partisan: A Romance of the Revolution (Classic Reprint) W. Gilmore SIMMs. 2018. (ENG., Illus.). (J). 968p. 43.88 (978-1-397-22336-4(7)); 970p. pap. 26.22 (978-1-397-22315-9(4)) Forgotten Bks.

Partisan: A Romance of the Revolution (Classic Reprint) William Gilmore Simms. (ENG., Illus.). (J). 2018. 964p. 43.80 (978-0-428-26659-2(2)); 2018. 544p. 35.12 (978-0-483-48608-9(6)); 2017. pap. 26.14 (978-0-243-87380-7(8)); 2016. pap. 19.57 (978-1-333-37968-1(4)) Forgotten Bks.

Partisan, Vol. 1 Of 2: A Tale of the Revolution (Classic Reprint) William Gilmore Simms. 2017. (ENG., Illus.). (J). 28.95 (978-0-266-51971-3(7)); pap. 11.57 (978-0-243-26921-1(8)) Forgotten Bks.

Partisan, Vol. 2 Of 2: A Tale of the Revolution (Classic Reprint) William Gilmore Simms. 2017. (ENG., Illus.). (J). 29.49 (978-0-265-51997-4(7)); pap. 11.97 (978-0-243-30154-6(5)) Forgotten Bks.

Partition of India, 1 vol. Kate Shoup. 2018. (Redrawing the Map Ser.). (ENG.). 112p. (YA). (gr. 9-9). lib. bdg. 45.93 (978-1-5026-3559-4(3), aa539bf7-0375-4169-87e9-7e70e9a382cb) Cavendish Square Publishing LLC.

Partition of Ireland, 1 vol. Cathleen Small. 2018. (Redrawing the Map Ser.). (ENG.). 112p. (YA). (gr. 9-9). pap. 21.58 (978-1-5026-3564-8(X), de3dfd21-ba7e-44e1-b1b1-3ff2ef8e2a4f); lib. bdg. 45.93 (978-1-5026-3562-4(3), 5a67383e-79f5-4156-9e18-43a46348574b) Cavendish Square Publishing LLC.

Partition of the Korean Peninsula, 1 vol. Gerry Boehme. 2018. (Redrawing the Map Ser.). (ENG.). 112p. (YA). (gr. 9-9). lib. bdg. 45.93 (978-1-5026-3577-8(1), 60f6e97b-b4d5-4f64-9ac3-309786b65770) Cavendish Square Publishing LLC.

Partly Cloudy. Tanita S. Davis. (ENG.). (J). (gr. 3-7). 2023. 256p. pap. 9.99 (978-0-06-293701-8(4)); 2021. 240p. 16.99 (978-0-06-293700-1(6)) HarperCollins Pubs. (Tegen, Katherine Bks).

Partners (Classic Reprint) Margaret Deland. 2018. (ENG., Illus.). 138p. (J). 26.76 (978-0-365-48323-6(0)) Forgotten Bks.

Partners in Mischief. Anne Beech. 2023. (ENG.). 70p. (J). pap. (978-1-5289-7272-7(4)) Austin Macauley Pubs. Ltd.

Partners of Chance (Classic Reprint) Henry Herbert Knibbs. 2018. (ENG., Illus.). 294p. (J). 29.96 (978-0-666-02115-1(5)) Forgotten Bks.

Partners of Providence (Classic Reprint) Charles D. Stewart. 2018. (ENG., Illus.). 552p. (J). 35.28 (978-0-484-44660-0(6)) Forgotten Bks.

Partners of the Night (Classic Reprint) Leroy Scott. 2017. (ENG., Illus.). (J). 31.59 (978-0-331-07108-5(8)) Forgotten Bks.

Partners of the Out-Trail (Classic Reprint) Harold Bindloss. (ENG., Illus.). (J). 2018. 362p. 31.36 (978-0-656-50636-1(9)); 2017. pap. 13.97 (978-0-259-84169-2(2)) Forgotten Bks.

Partners of the Tide (Classic Reprint) Joseph Crosby Lincoln. 2017. (ENG., Illus.). (J). 32.52 (978-0-331-95024-3(3)) Forgotten Bks.

Partridge: Commencement Issue; June 1940 (Classic Reprint) Duxbury High School. 2017. (ENG., Illus.). (J). 24.95 (978-0-260-60633-4(2)); pap. 9.57 (978-0-266-02628-0(1)) Forgotten Bks.

Partridge: June, 1938 (Classic Reprint) Duxbury High School. (ENG., Illus.). (J). 2018. 32p. 24.56 (978-0-666-10382-6(8)); 2017. pap. 7.97 (978-0-259-91926-1(8)) Forgotten Bks.

Partridge: June 1941 (Classic Reprint) Duxbury High School. 2017. (ENG., Illus.). (J). 25.59 (978-0-331-44481-0(X)) Forgotten Bks.

Partridge, 1935 (Classic Reprint) Duxbury High School. 2017. (ENG., Illus.). (J). 24.43 (978-0-331-39784-0(6)); pap. 7.97 (978-0-260-66189-0(9)) Forgotten Bks.

Partridge, 1938-39: Duxbury High School (Classic Reprint) George Davis. 2017. (ENG., Illus.). (J). 24.68 (978-0-260-65563-9(5)); pap. 7.97 (978-0-266-01078-4(4)) Forgotten Bks.

Partridge 1941: Published by the Students of Duxbury High School, Duxbury, Massachusetts (Classic Reprint) Mary Ann Peterson. 2017. (ENG., Illus.). (J). 28p. 24.47 (978-0-331-64148-6(8)); pap. 7.97 (978-0-243-44695-7(0)) Forgotten Bks.

Partridge, 1942 (Classic Reprint) Duxbury High School. (ENG., Illus.). (J). 2018. 34p. 24.62 (978-0-666-67332-9(2)); 2017. pap. 7.97 (978-0-259-48442-4(3)) Forgotten Bks.

Partridge in the We Tree. Ashley Belote. Illus. by Ashley Belote. 2022. (Illus.). 32p. (J). (gr. k-2). 4.99 (978-0-593-38486-2(5)); (ENG., lib. bdg. 12.99 (978-0-593-38488-6(1)) Penguin Young Readers Group. (Penguin Workshop).

Partridge, Vol. 10: June 14, 1933 (Classic Reprint) Duxbury High School. 2018. (ENG., Illus.). 20p. (J). 24.31 (978-1-396-66151-8(4)); pap. 7.97 (978-1-391-63547-7(7)) Forgotten Bks.

Parts Men Play (Classic Reprint) Arthur Beverley Baxter. (ENG., Illus.). (J). 2017. 33.26 (978-0-266-44880-8(1)); 2016. pap. 16.57 (978-1-334-14965-8(8)) Forgotten Bks.

Parts of a Motorcycle Coloring Book. Bobo's Children Activity Books. 2016. (ENG., Illus.). (J). pap. 9.33 (978-1-68327-697-5(3)) Sunshine In My Soul Publishing.

Parts of a Plant, 12 vols. 2019. (Parts of a Plant Ser.). (ENG.). 24p. (J). (gr. 3-3). lib. bdg. 157.38 (978-1-5345-3389-9(3), 7be6476c-7d50-42b4-817e-c01addbdd6c7, KidHaven Publishing) Greenhaven Publishing LLC.

Parts of a Whole. Magda Gargulakova. Illus. by Federico Bonifacini. 2022. (Neatly Organized Things Ser.). 40p. (J). 12.99 (978-80-00-06358-4(1)) Albatros, Nakladatelství pro deti mladez, a.s. CZE. Dist: Consortium Bk. Sales & Distribution.

Parts of My Body Coloring Book. Kreative Kids. 2016. (ENG., Illus.). (J). pap. 9.20 (978-1-68377-346-7(2)) Whlke, Traudl.

Parts of Speech Workbook, Grade 1. Coert Voorhees & Grammaropolis. 2020. (Grammaropolis Grammar Workbooks Ser.: 1). (ENG., Illus.). 64p. (J). (gr. 1-5). 12.99 (978-1-64442-030-0(9)) Six Foot Pr., LLC.

Parts of Speech Workbook, Grade 2. Coert Voorhees & Grammaropolis. 2020. (Grammaropolis Grammar Workbooks Ser.: 2). (ENG., Illus.). 64p. (J). (gr. 1-5). 12.99 (978-1-64442-031-7(7)) Six Foot Pr., LLC.

Parts of Speech Workbook, Grade 3. Coert Voorhees & Grammaropolis. 2020. (Grammaropolis Grammar Workbooks Ser.: 3). (ENG., Illus.). 64p. (J). (gr. 1-5). 12.99 (978-1-64442-032-4(5)) Six Foot Pr., LLC.

Parts of Speech Workbook, Grade 4. Coert Voorhees & Grammaropolis. 2020. (Grammaropolis Grammar Workbooks Ser.: 4). (ENG., Illus.). 64p. (J). (gr. 1-5). 12.99 (978-1-64442-033-1(3)) Six Foot Pr., LLC.

Parts of Speech Workbook, Grade 5. Coert Voorhees & Grammaropolis. 2020. (Grammaropolis Grammar Workbooks Ser.: 5). (ENG., Illus.). 64p. (J). (gr. 1-6). 12.99 (978-1-64442-018-8(X)) Six Foot Pr., LLC.

Parts of the (Church) Body. Amanda Strater. Illus. by Lauren Leibold. 2018. (ENG.). 30p. (J). pap. 13.95 (978-1-9736-3756-1(1), WestBow Pr.) Author Solutions, LLC.

Parts of the Land: Bilingual Inuktitut & English Edition. Inhabit Education Books. 2021. (Nunavummi Reading Ser.). (ENG., Illus.). (J). pap. (978-1-77450-016-3(7)) Inhabit Education Bks. Inc. CAN. Dist: Consortium Bk. Sales & Distribution.

Parts of the Pure Stone. Emilie Dufresne. Illus. by Rachel Sawyer. 2023. (Level 6 - Orange Set Ser.). (ENG.). 32p. (J). (gr. 1-4). lib. bdg. 19.95 Bearport Publishing Co., Inc.

Parts Work Together. Cynthia O'Brien. 2019. (Full STEAM Ahead! - Technology Time Ser.). (Illus.). 24p. (J). (gr. 1-1). (978-0-7787-6201-0(7)); pap. (978-0-7787-6238-6(6)) Crabtree Publishing Co.

Party. Julia Jaske. 2023. (Let's Have an Adventure Ser.). (ENG., Illus.). 16p. (J). (gr. -1-2). 11.36 (978-1-6689-1912-5(5), 221890, Cherry Blossom Press) Cherry Lake Publishing.

Party. Sergio Ruzzier. ed. 2021. (Fox & Chick Ser.). (ENG., Illus.). 45p. (J). (gr. k-1). 19.86 (978-1-64697-937-0(0)) Penworthy Co., LLC, The.

Party: A Mystery. Jamaica Kincaid. Illus. by Ricardo CortAs. 2019. (ENG.). 32p. (J). 17.95 (978-1-61775-716-7(0)) Akashic Bks.

Party & Other Stories (Classic Reprint) Anton Chekov. 2017. (ENG., Illus.). (J). 30.52 (978-1-5283-8533-6(0)) Forgotten Bks.

Party Animals: A Cranky Chicken Book 2. Katherine Battersby. Illus. by Katherine Battersby. 2022. (Cranky Chicken Ser.: 2). (ENG., Illus.). 116p. (J). (gr. 1-4). 12.99 (978-1-5344-7021-7(2), McElderry, Margaret K. Bks.) McElderry, Margaret K. Bks.

Party Animals! A Tall Tale of Balancing Beasts. Cléa Dieudonné. 2017. (Illus.). 28p. (J). (gr. k-5). 19.95 (978-0-500-65139-1(6), 565139) Thames & Hudson.

Party Animals (Tig & Lily Book 2) (a Graphic Novel) Dan Thompson. 2023. (Tig & Lily Ser.: 2). 96p. (J). (gr. k-3). 10.99 (978-0-593-48631-3(5)); (ENG.). lib. bdg. 13.99 (978-0-593-48632-0(3)) Penguin Random Hse. LLC.

Party Beneath the Oak Tree: The Ant & The... Sherri Voyt. 2019. (ENG.). 20p. (J). pap. 12.95 (978-1-64584-303-0(3)) Page Publishing Inc.

Party Crashers, 2. Jonathan Roth. ed. 2019. (Beep & Bob Ser.). (ENG.). 128p. (J). (gr. 2-4). 15.59 (978-1-64310-827-8(1)) Penworthy Co., LLC, The.

Party Crashers. Jonathan Roth. Illus. by Jonathan Roth. 2018. (Beep & Bob Ser.: 2). (ENG., Illus.). 128p. (J). (gr. 1-4). 16.99 (978-1-4814-8856-3(2)); pap. 6.99 (978-1-4814-8855-6(4)) Simon & Schuster Children's Publishing. (Aladdin).

Party Favorites: Birthday Coloring Book. Jupiter Kids. 2016. (ENG., Illus.). 106p. (J). pap. 12.55 (978-1-68305-308-8(7), Jupiter Kids (Childrens & Kids Fiction)) Speedy Publishing LLC.

Party Food, 1 vol. Claudia Martin. 2018. (Cooking Skills Ser.). (ENG.). 48p. (gr. 5-5). pap. 12.70 (978-1-9785-0666-4(X), 0a7f9f78-53c7-4fb7-9e6f-dea043ee9ef2); lib. bdg. 29.60 (978-1-9785-0639-8(2), ada3a236-e547-49ad-b330-ab075ef33132) Enslow Publishing, LLC.

Party for Clouds: Thunderstorms. Belinda Jensen. Illus. by Renée Kurilla. 2016. (Bel the Weather Girl Ser.). (ENG.). 24p. (J). (gr. -1-3). 25.32 (978-1-4677-7959-3(8), 05c13d56-d481-47e8-a443-c771705f753f, Millbrook Pr.) Lerner Publishing Group.

Party for George: Balloons, Toys, or Flowers. Rowena D. Moore. Illus. by Eminence System. 2021. (ENG.). 36p. (J). pap. 16.95 (978-1-6642-2131-4(X), WestBow Pr.) Author Solutions, LLC.

Party Hearty Kitty-Corn. Shannon Hale. Illus. by LeUyen Pham. 2023. (Kitty-Corn Ser.). (ENG.). 48p. (J). (gr. -1-3). 18.99 (978-1-4197-5095-3(X), 1713901, Abrams Bks. for Young Readers) Abrams, Inc.

Party Heroes. Adapted by Ximena Hastings. 2020. (PJ Masks Ser.). (ENG.). 16p. (J). (gr. -1-2). pap. 6.99 (978-1-5344-7108-5(1), Simon Spotlight) Simon Spotlight.

Party in Heaven. Mike Peacock. Illus. by Abigail Banks. (ENG.). 34p. (J). (gr. 1-3). 2023. pap. 13.99 (978-1-915046-49-9(1), 3cfd0205-15f8-47d7-a13e-452c1e28e464); 2022. 15.99 (978-1-915046-32-1(7), b60e2cb3-eba2-4361-98f6-09feaef2f3a2) Malcolm Down Publishing Ltd. GBR. (Sarah Grace Publishing). Dist: Baker & Taylor Publisher Services (BTPS).

Party in Mother Goose Land: An One-Act Play for Primary Children (Classic Reprint) Effa E. Preston. 2018. (ENG., Illus.). 28p. (J). 24.47 (978-0-267-28237-1(0)) Forgotten Bks.

Party in Ramadan. Asma Mobin-Uddin. Illus. by Laura Jacobsen. 2017. (ENG.). 32p. (J). (gr. 2-4). pap. 9.99 (978-1-62979-847-9(9), Astra Young Readers) Astra Publishing Hse.

Party in the Sky. Keisha Campbell. 2022. (ENG.). 26p. (J). 37.26 (978-1-4583-8102-6(1)) Lulu Pr., Inc.

Party Monsters. Jason Van Pelt. 2020. (ENG., Illus.). 50p. (gr. k-6). pap. 14.99 (978-0-578-65610-6(8)) J.R.V.P.

Party Moose. WGBH Kids. ed. 2020. (I Can Read Ser.). (ENG., Illus.). 31p. (J). (gr. k-1). 14.96 (978-1-64697-013-1(6)) Penworthy Co., LLC, The.

Party of Four. Jeff Gottesfeld. 2018. (Red Rhino Ser.). (ENG.). 76p. (J). (gr. 4-7). pap. 9.95 (978-1-62250-982-9(X)) Saddleback Educational Publishing, Inc.

Party of Nine. M. G. Higgins. Illus. by Jo Taylor. 2016. (Sibling Split Ser.). (ENG.). 112p. (J). (gr. 3-6). lib. bdg. 25.32 (978-1-4965-2592-5(2), 130721, Stone Arch Bks.) Capstone.

Party of Peacocks. Karen Wenzell. 2022. (ENG.). 32p. (J). 24.95 (978-1-6624-8774-3(6)) Page Publishing Inc.

Party of the Butterflies. Natalie Frazier. 2021. (ENG., Illus.). 28p. (J). pap. 14.95 (978-1-63844-974-4(0)) Christian Faith Publishing.

Party on Planet Purple. Adapted by May Nakamura. 2022. (Donkey Hodie Ser.). (ENG.). 24p. (J). (gr. -1-2). pap. 4.99 (978-1-6659-1342-3(8), Simon Spotlight) Simon Spotlight.

Party on Pluto (Book 4) Jeff Dinardo. Illus. by Dave Clegg. 2018. (Funny Bone Books (tm) First Chapters — the Jupiter

Twins Ser.). (ENG.). 32p. (J). (gr. k-2). pap. 4.99 *(978-1-63440-256-9(1),* 87d1a80e-6152-46fc-9771-54bebed1096c); lib. bdg. 19.99 *(978-1-63440-252-1(9),* 089f8f27-9295-4aac-8f56-a859d89d15a0) Red Chair Pr.

Party Pal: A QUIX Book. Jarrett Lerner. Illus. by Serge Seidlitz. 2022. (Geeger the Robot Ser.). (ENG.). 96p. (J). (gr. k-3). 17.99 *(978-1-5344-8026-1(9))*; pap. 5.99 *(978-1-5344-8025-4(0))* Simon & Schuster Children's Publishing. (Aladdin).

Party Panda: Hand Puppet Book. IglooBooks. 2020. (ENG.). 10p. (J). (-k). bds. 12.99 *(978-1-83852-583-5(1))* Igloo Bks. GBR. Dist: Simon & Schuster, Inc.

Party, Party & Silicon Valley Cyborg. Amy Wolfram & Ricardo Sanchez. Illus. by Jorge Corona & Ben Bates. 2019. (DC Teen Titans Go! Ser.). (ENG.). 32p. (J). (gr. 2-6). lib. bdg. 21.93 *(978-1-4965-7995-9(X),* 139826, Stone Arch Bks.) Capstone.

Party Pigs! Eric Seltzer. ed. 2019. (Ready-To-Read Ser.). (ENG.). 32p. (J). (gr. k-1). 13.96 *(978-0-87617-998-7(7))* Penworthy Co., LLC, The.

Party Pigs! Ready-To-Read Pre-Level 1. Eric Seltzer. Illus. by Tom Disbury. 2019. (Ready-To-Read Ser.). (ENG.). 32p. (J). (gr. -1-k). 17.99 *(978-1-5344-2879-9(8))*; pap. 4.99 *(978-1-5344-2878-2(X))* Simon Spotlight. (Simon Spotlight).

Party Planning for a Lazy Crafternoon. Stella Fields. 2016. (Lazy Crafternoon Ser.). (ENG., Illus.). 32p. (J). (gr. 3-9). lib. bdg. 28.65 *(978-1-5157-1437-8(3),* 132442, Capstone Pr.) Capstone.

Party Pooper. Huw Lewis Jones & Ben Sanders. 2022. (ENG., Illus.). 32p. (J). (gr. -1-1). 16.95 ***(978-0-500-65283-1(X),*** 565283) Thames & Hudson.

Party Problems. C. L. Reid. Illus. by Elena Aiello. 2020. (Emma Every Day Ser.). (ENG.). 32p. (J). (gr. k-2). pap. 6.95 *(978-1-5158-7311-2(0),* 201594); lib. bdg. 22.65 *(978-1-5158-7180-4(0),* 200570) Capstone. (Picture Window Bks.).

Party Time, Crabby!: an Acorn Book (a Crabby Book #6) Jonathan Fenske. Illus. by Jonathan Fenske. 2023. (Crabby Book Ser.). (ENG.). 48p. (J). (gr. -1-1). 23.99 *(978-1-338-76795-7(X))*; pap. 4.99 *(978-1-338-76794-0(1))* Scholastic, Inc.

Party Time! Friends Activity Coloring Book. Bobo's Children Activity Books. 2016. (ENG., Illus.). (J). pap. 7.99 *(978-1-68327-565-7(9))* Sunshine In My Soul Publishing.

Party Time! Monster MASH Coloring Book. Jupiter Kids. 2017. (ENG., Illus.). (J). pap. 9.20 *(978-1-68326-880-2(6),* Jupiter Kids (Childrens & Kids Fiction)) Speedy Publishing LLC.

Partygoer. Frank Gallo. 2021. (ENG.). 366p. (YA). pap. 21.95 *(978-1-6624-2414-4(0))* Page Publishing Inc.

Parvenu. Abigail J. Bucks. 2018. (Parvenus Trilogy Ser.: Vol. 1). (ENG.). 258p. (J). pap. 12.95 *(978-0-692-92634-5(8))* Bucks Enterprises — Services and Training Inc.

Parvenu Family, or Phoebe: Girl & Wife, Vol. 2 of 3 (Classic Reprint) Percy Fitzgerald. 2018. (ENG., Illus.). 288p. (J). 29.86 *(978-0-483-05251-2(5))* Forgotten Bks.

Parvenu Family; or Phoebe, Vol. 1 Of 3: Girl & Wife (Classic Reprint) Percy Hetherington Fitzgerald. 2018. (ENG., Illus.). 288p. (J). 29.86 *(978-0-484-39495-6(9))* Forgotten Bks.

Parvenu Family, Vol. 2 Of 3: Or, Phoebe; Girl & Wife (Classic Reprint) Percy Fitzgerald. 2018. (ENG., Illus.). 324p. (J). 30.58 *(978-0-267-24443-0(6))* Forgotten Bks.

Parzival: A Journey of Initiation. Séamus Maynard. Illus. by Ella Lapointe. 2021. (ENG.). 424p. (YA). pap. ***(978-0-6485789-4-9(1))*** InnerWork Bks.

Pas de Chevaux Dans la Maison! La Vie Audacieuse de l'artiste Rosa Bonheur. Mireille Messier. Illus. by Anna Bron. 2023. (FRE.). 32p. (J). (gr. 1-3). 21.95 *(978-1-4598-3600-6(6))* Orca Bk. Pubs. USA.

Pa's Hockey Sweater. Tonya Cartmell. Illus. by Alex Goubar. 2021. (ENG.). 34p. (J). pap. *(978-1-989506-45-5(3))* Pandamonium Publishing Hse.

Pa's Picnic, Vol. 5: A Rural Play in Two Acts (Classic Reprint) Adelaide H. Wyeth. 2018. (ENG., Illus.). (J). 24.68 *(978-0-260-49169-5(1))* Forgotten Bks.

Pasado: The Heart of a Donkey. Rebecca Pierce Murray. Illus. by Lori Burkheimer. 2022. (ENG.). 52p. (J). pap. 11.90 *(978-1-7330675-6-0(6))* Bywater Pr.

Pasando Páginas: La Historia de Mi Vida. Sonia Sotomayor. Illus. by Lulu Delacre. 2018. 40p. (J). (gr. -1-3). 18.99 *(978-0-525-51549-4(6),* Philomel Bks.) Penguin Young Readers Group.

Pascal le Poil. Élisabeth Brisset des Nos. Illus. by Julien Roudaut. 2022. (FRE.). 32p. (J). (gr. -1-k). 19.95 *(978-2-7644-4228-9(9))* Quebec Amerique CAN. Dist: Orca Bk. Pubs. USA.

Pascarel, Vol. 1 Of 3: Only a Story (Classic Reprint) Ouida Ouida. 2018. (ENG., Illus.). 316p. (J). 30.41 *(978-0-332-07948-6(1))* Forgotten Bks.

Pascua. Lori Dittmer. 2021. (Semillas Del Saber Ser.). (SPA.). 24p. (J). (gr. -1-k). *(978-1-64026-442-7(6),* 17918, Creative Education); pap. 8.99 *(978-1-62832-977-3(7),* 17919, Creative Paperbacks) Creative Co., The.

Pascua: Libro de Actividades para niños: un Divertido Cuaderno de Ejercicios para Edades de 3 a 10 años con Laberintos, Juegos de Aprender a Dibujar y Contar, Sopas de Letras, Páginas para Colorear y Mucho Más. Papeterie Bleu Kids. 2020. (SPA.). 102p. (J). pap. 5.99 *(978-1-7008-1319-0(6))* Gray & Gold Publishing.

Pascua (Easter) Julie Murray. 2018. (Fiestas (Holidays) Ser.). (SPA.). 24p. (J). (gr. -1-2). lib. bdg. 31.36 *(978-1-5321-8004-0(7),* 28223, Abdo Kids) ABDO Publishing Co.

Pascua Es un Regalo de Dios / God Gave Us Easter: Libros para Niños. Lisa Tawn Bergren. Illus. by Laura J. Bryant. 2018. (SPA.). 40p. (J). (gr. -1-2). 9.95 *(978-1-947783-04-1(1))* Penguin Random House Grupo Editorial ESP. Dist: Penguin Random Hse. LLC.

Pascual & the Kitchen Angels. Tomie dePaola. Illus. by Tomie dePaola. 2022. (ENG., Illus.). 32p. (J). (gr. -1-3). 18.99 *(978-1-5344-9493-0(6),* Simon & Schuster Bks. For Young Readers) Simon & Schuster Bks. For Young Readers.

Pase Completo. Jake Maddox. Tr. by Aparicio Publishing Aparicio Publishing LLC. Illus. by Eduardo Garcia. 2019. (Jake Maddox Novelas Gráficas Ser.). (SPA.). 72p. (J). (gr. 3-8). pap. 6.95 *(978-1-4965-8588-2(7),* 141329); lib. bdg. 26.65 *(978-1-4965-8576-9(3),* 141310) Capstone. (Stone Arch Bks.).

Pase lo Que Pase Mañana. Rebecca Gardyn Levington. Illus. by Mariona Cabassa. 2023. (SPA.). 32p. (J). (gr. -1-4). pap. 9.99 Barefoot Bks., Inc.

Paseadores de Perros: Datos. Joseph Otterman. rev. ed. 2019. (Mathematics in the Real World Ser.). (SPA.). 24p. (J). (gr. 1-2). pap. 9.99 *(978-1-4258-2849-3(3))* Teacher Created Materials, Inc.

Pasear Perros. Mary Lindeen. Illus. by Martin Fagan. 2016. (Early Rising Readers Ser.). (SPA.). (J). (gr. -1). 6.67 *(978-1-4788-3671-1(7))* Newmark Learning LLC.

Pasear Perros - 6 Pack. Mary Lindeen. 2016. (Early Rising Readers Ser.). (SPA.). (J). (gr. 1). 40.00 net. *(978-1-4788-4614-7(3))* Newmark Learning LLC.

Paseo de Compras Problemático. Jacqueline Jules. Illus. by Kim Smith. 2018. (Sofia Martinez en Español Ser.). (SPA.). 32p. (J). (gr. k-2). lib. bdg. 21.32 *(978-1-5158-2451-0(9),* 137554, Picture Window Bks.) Capstone.

Paseo en Bote. Carmen Corriols. Illus. by Giusi Capizzi. 2016. (Early Rising Readers Ser.). (SPA.). 16p. (J). (gr. 1-1). 6.67 *(978-1-4788-3727-5(6))* Newmark Learning LLC.

Paseo en Bote - 6 Pack. Carmen Corriols. 2016. (Early Rising Readers Ser.). (SPA.). (J). (gr. 1). 40.00 net. *(978-1-4788-4670-3(4))* Newmark Learning LLC.

paseo en Trineo: Individual Title Two-Packs. (Chiquilibros Ser.). (SPA.). (gr. -1-1). 12.00 *(978-0-7635-8546-4(7))* Rigby Education.

Paseo Por el Bosque see In the Woods: An Adventure for Your Senses

Paseo Por Harlem (a Walk in Harlem) Christine Platt. Illus. by Anuki López. 2022. (Ana & Andrew Ser.). (SPA.). 32p. (J). (gr. -1-3). lib. bdg. 32.79 *(978-1-0982-3486-7(3),* 39841, Calico Chapter Bks) Magic Wagon.

Paseo (the Walk) Celia Sacido. 2020. (SPA., Illus.). 32p. (J). 16.95 *(978-84-16733-79-8(1))* Cuento de Luz SL ESP. Dist: Publishers Group West (PGW).

Pasha Learns about Electricity. Tracilyn George. 2023. (ENG.). 22p. (J). pap. 12.99 ***(978-1-77475-705-5(2))*** Draft2Digital.

Pasha's Web (Classic Reprint) Howard Bradshaw. 2017. (ENG., Illus.). (J). 30.06 *(978-1-5285-8443-2(0))*; pap. 13.57 *(978-1-5280-0003-1(X))* Forgotten Bks.

Pashmina. Nidhi Chanani. 2017. (ENG., Illus.). 176p. (J). 22.99 *(978-1-62672-088-6(6),* 900135261); pap. 17.99 *(978-1-62672-087-9(8),* 900135259) Roaring Brook Pr. (First Second Bks.).

Pashmina. Nidhi Chanani. ed. 2017. (J). lib. bdg. 29.40 *(978-0-606-40542-3(9))* Turtleback.

Pasito a Pasito. Christianne C. Jones. Illus. by Elina Ellis. 2020. (Pasito a Pasito Ser.).Tr. of Little Boost. (SPA.). 32p. (J). (gr. -1-1). 98.60 *(978-1-5158-7205-4(X),* 200726); pap., pap., pap. 29.85 *(978-1-5158-7339-6(0),* 201796) Capstone. (Picture Window Bks.).

Påskfesten - the Easter Party: A Bilingual Swedish Easter Book for Kids. Linda Liebrand. 2019. (ENG., Illus.). 42p. (J). (gr. k). pap. *(978-1-9999854-7-9(8))* Treetop Media Ltd.

Paso. Sam Moussavi. 2016. (Texas Fridays Ser.). (ENG.). 208p. (YA). (gr. 6-12). 32.84 *(978-1-68076-493-2(4),* 24675, Epic Escape) EPIC Pr.

Paso a Paso. Jane Jolly. 2017. (SPA.). 40p. (J). (gr. 1-3). 21.99 *(978-84-945735-3-8(5))* Ekaré.

Pasos Firmes: Taking Hold (Spanish Edition) Francisco. Jiménez. 2022. (Cajas de Carton Ser.: 4). (SPA.). 224p. (J). (gr. 3-7). 16.99 *(978-0-358-62126-3(7),* 1815887); pap. 7.99 *(978-0-358-62127-0(5),* 1815888) HarperCollins Pubs. (Clarion Bks.).

Pasque-Flowers from Pike's Peak: A Story (Classic Reprint) Susan T. Dunbar. (ENG., Illus.). (J). 2018. 34p. 24.60 *(978-0-267-32313-5(1))*; 2016. pap. 7.97 *(978-1-333-50554-7(X))* Forgotten Bks.

Pass (Classic Reprint) Stewart Edward White. 2018. (ENG., Illus.). 232p. (J). 28.70 *(978-0-656-91937-6(X))* Forgotten Bks.

Pass Go & Collect $200: The Real Story of How Monopoly Was Invented. Tanya Lee Stone. Illus. by Steven Salerno. 2018. (ENG.). 40p. (J). 18.99 *(978-1-62779-168-7(X),* 900138773, Holt, Henry & Co. Bks. For Young Readers) Holt, Henry & Co.

Pass It On! Gloria J. McEwen Burgess. Illus. by Gerald Purnell. 2017. (ENG.). (J). 23.99 *(978-0-9986314-2-4(6))* Two Sylvias Pr.

Pass It On. Sophy Henn. Illus. by Sophy Henn. 2017. (ENG., Illus.). 32p. (J). (gr. -1-2). 18.99 *(978-0-399-54775-1(4),* Philomel Bks.) Penguin Young Readers Group.

Pass the Ball, Mo! David A. Adler. 2019. (Penguin Young Readers Ser.). (ENG.). 29p. (J). (gr. k-1). 14.89 *(978-0-87617-760-0(7))* Penworthy Co., LLC, The.

Pass the Ball, Mo! David A. Adler. Illus. by Sam Ricks. 2021. (Step into Reading Ser.). (ENG.). 32p. (J). (gr. -1-1). pap. 5.99 *(978-0-593-43254-9(1))*; lib. bdg. 14.99 *(978-0-593-43255-6(X))* Random Hse. Children's Bks. (Random Hse. Bks. for Young Readers).

Pass the Feather: Walking Lake Erie. Carol A. Trembath. 2022. (Water Walkers Ser.). (ENG.). 54p. (J). pap. 14.95 *(978-1-7360457-2-5(5))* Lakeside Publishing MI.

Pass the Feather: Walking Lake Erie. Carol A. Trembath. 2022. (Water Walkers Ser.). (ENG.). 54p. (J). 21.95 ***(978-1-7360457-3-2(3))*** Lakeside Publishing MI.

Pass the Magic Key. Janice a Ybarra. 2018. (ENG., Illus.). 30p. (J). 22.95 *(978-1-64471-088-3(9))*; pap. 13.95 *(978-1-64300-098-5(5))* Covenant Bks.

Pass the Pandowdy, Please: Chewing on History with Famous Folks & Their Fabulous Foods, 1 vol. Abigail Zelz. Illus. by Eric Zelz. 2016. (ENG.). 48p. (J). (gr. 2-6). 17.95 *(978-0-88448-468-4(8),* 884468) Tilbury Hse. Pubs.

Pass the Time! Connect the Dots Activity Book. Creative. 2016. (ENG., Illus.). (J). pap. 10.81 *(978-1-68323-493-7(6))* Twin Flame Productions.

Passaconaway in the White Mountains (Classic Reprint) Charles Edward Beals. 2017. (ENG., Illus.). (J). 31.67 *(978-0-266-76902-6(0))* Forgotten Bks.

Passage: A Dog's Journey West with Lewis & Clark. Robert Young. Illus. by Leslie Lerback. 2019. (ENG.). 42p. (J). (gr. 3-5). pap. 11.95 *(978-0-9742196-5-3(7))* Real Writing UnLtd.

Passage Perilous (Classic Reprint) Rose Nouchette Carey. (ENG., Illus.). (J). 2018. 368p. 31.49 *(978-0-483-70724-5(4))*; 2016. pap. 13.97 *(978-1-334-14530-8(X))* Forgotten Bks.

Passage to Fortune: Searching for Saguenay. Jessica Gunderson. Illus. by Rory Kurtz. 2016. (Discovering the New World Ser.). (ENG.). 96p. (J). (gr. 3-5). lib. bdg. 26.65 *(978-1-4965-3481-1(6),* 132579, Stone Arch Bks.) Capstone.

Passage to Fortune: Searching for Saguenay. Jessica Gunderson. Illus. by Rory Kurtz. 2016. (Discovering the New World Ser.). (ENG.). 96p. (J). (gr. 3-5). pap. 7.95 *(978-1-4965-3482-8(4),* 132581, Stone Arch Bks.) Capstone.

Passage to India (Classic Reprint) E. M. Forster. 2018. (ENG., Illus.). (J). 320p. 30.52 *(978-0-332-63038-0(2))*; 322p. pap. 13.57 *(978-0-243-96125-2(1))* Forgotten Bks.

Passages: From the Diary of a Late Physician (Classic Reprint) Samuel Warren. 2017. (ENG., Illus.). (J). 34.66 *(978-0-260-16802-3(5))* Forgotten Bks.

Passages from the American Note-Books of Nathaniel Hawthorne. Nathanial Hawthorne. 2019. (ENG.). 464p. (J). pap. *(978-3-337-81086-3(1))* Creation Pubs.

Passages from the American Note-Books of Nathaniel Hawthorne. Nathanial Hawthorne & Sophia Peabody Hawthorne. 2017. (ENG.). (J). 304p. pap. *(978-3-337-28039-0(0))*; 314p. pap. *(978-3-337-28040-6(4))* Creation Pubs.

Passages from the American Note-Books of Nathaniel Hawthorne (Classic Reprint) Nathanial Hawthorne. 2018. (ENG., Illus.). 624p. (J). 36.79 *(978-0-656-88657-9(9))* Forgotten Bks.

Passages from the American Note-Books, Vol. 2 Of 2: Of Nathaniel Hawthorne (Classic Reprint) Unknown Author. 2017. (ENG., Illus.). (J). 30.41 *(978-0-265-18216-1(6))* Forgotten Bks.

Passages from the Diary of a Late Physician. Samuel Warren. 2017. (ENG.). (J). 366p. pap. *(978-3-337-12622-3(7))*; 360p. pap. *(978-3-337-12623-0(5))* Creation Pubs.

Passages from the Diary of a Late Physician: With Notes & Illustrations by the Editor (Classic Reprint) Samuel Warren. (ENG., Illus.). (J). 2018. 33.57 *(978-0-260-33621-7(1))*; 2016. pap. 16.57 *(978-1-334-16857-4(1))* Forgotten Bks.

Passages from the Diary of a Late Physician, 1844, Vol. 2 (Classic Reprint) Samuel Warren. 2017. (ENG., Illus.). (J). 33.30 *(978-0-331-05817-8(0))* Forgotten Bks.

Passages from the Diary of a Late Physician, Vol. 1 Of 2: With Notes & Illustrations by the Editor (Classic Reprint) Unknown Author. 2017. (ENG., Illus.). (J). 31.49 *(978-0-331-63440-2(6))* Forgotten Bks.

Passages from the Diary of a Late Physician, Vol. 3 of 3 (Classic Reprint) Samuel Warren. 2018. (ENG., Illus.). (J). 334p. 30.81 *(978-1-396-78996-0(0))*; 336p. pap. 13.57 *(978-1-396-37830-0(8))* Forgotten Bks.

Passages from the Diary of an Early Methodist. Richard Rowe. 2017. (ENG.). 316p. (J). pap. *(978-3-337-16334-1(3))* Creation Pubs.

Passages from the Diary of an Early Methodist (Classic Reprint) Richard Rowe. 2018. (ENG., Illus.). 318p. (J). 30.48 *(978-0-267-26038-6(5))* Forgotten Bks.

Passages from the Diary of Samuel Pepys: Edited & with an Introduction by Richard le Gallienne (Classic Reprint) Samuel Pepys. 2017. (ENG., Illus.). (J). 31.12 *(978-0-260-24877-0(0))* Forgotten Bks.

Passages from the English Note-Books of Nathaniel Hawthorne. Nathanial Hawthorne. 2019. (ENG.). (J). 486p. pap. *(978-3-337-81080-1(2))*; 464p. pap. *(978-3-337-81081-8(0))* Creation Pubs.

Passages from the English Note-Books of Nathaniel Hawthorne. Nathanial Hawthorne & Sophia Peabody Hawthorne. 2017. (ENG.). (J). 486p. pap. *(978-3-337-28037-6(4))*; 460p. pap. *(978-3-337-28038-3(2))* Creation Pubs.

Passages from the English Note-Books of Nathaniel Hawthorne, Vol. 1 (Classic Reprint) Nathanial Hawthorne. 2018. (ENG., Illus.). 486p. (J). 33.92 *(978-0-267-17493-5(4))* Forgotten Bks.

Passages from the English Note-Books of Nathaniel Hawthorne, Vol. 2 (Classic Reprint) Nathanial Hawthorne. 2018. (ENG., Illus.). 462p. (J). 33.43 *(978-0-666-65296-6(1))* Forgotten Bks.

Passages from the French & Italian Note-Books. Nathanial Hawthorne. 2017. (ENG.). 380p. (J). pap. *(978-3-337-22957-3(3))* Creation Pubs.

Passages from the French & Italian Note-Books (Classic Reprint) Nathanial Hawthorne. 2018. (ENG., Illus.). 846p. (J). 41.37 *(978-0-483-81159-1(9))* Forgotten Bks.

Passages from the French & Italian Note-Books of Nathaniel Hawthorne. Nathanial Hawthorne. 2017. (ENG.). (J). 380p. pap. *(978-3-337-22956-6(5))*; 380p. pap. *(978-3-337-05725-1(X))*; 378p. pap. *(978-3-337-05726-8(8))* Creation Pubs.

Passages from the French & Italian Note-Books of Nathaniel Hawthorne (Classic Reprint) Nathanial Hawthorne. (ENG., Illus.). (J). 2018. 580p. 35.86 *(978-0-365-44283-7(6))*; 2017. pap. 19.57 *(978-0-243-95973-0(7))* Forgotten Bks.

Passages from the French & Italian Note-Books of Nathaniel Hawthorne, Vol. 1 (Classic Reprint) Nathanial Hawthorne. 2018. (ENG., Illus.). 456p. (J). 33.30 *(978-0-365-17890-3(X))* Forgotten Bks.

Passages from the French & Italian Note-Books of Nathaniel Hawthorne, Vol. 2 (Classic Reprint) Nathanial Hawthorne. 2018. (ENG., Illus.). 490p. (J). 34.00 *(978-0-666-46431-6(6))* Forgotten Bks.

Passages from the History of a Wasted Life (Classic Reprint) John Dix. (ENG., Illus.). (J). 2018. 266p. 29.38 *(978-0-484-87760-2(7))*; 2017. pap. 11.97 *(978-0-243-97315-6(2))* Forgotten Bks.

Passages from the Past, Vol. 2 (Classic Reprint) John Douglas Sutherland Campbell. (ENG., Illus.). (J). 2018. 404p. 32.25 *(978-0-666-58426-7(5))*; 2016. pap. 16.57 *(978-1-334-15016-6(8))* Forgotten Bks.

Passages in the Life of a Radical, and, Early Days (Classic Reprint) Samuel Bamford. (ENG., Illus.). (J). 2018. 606p. 36.40 *(978-0-267-75920-0(7))*; 2016. pap. 19.57 *(978-1-334-14603-9(9))* Forgotten Bks.

Passages in the Life of Mrs. Margaret Maitland, of Sunnyside, Vol. 2 of 3 (Classic Reprint) Margaret O. W. Oliphant. 2018. (ENG., Illus.). (J). 30.50 *(978-0-331-97817-9(2))* Forgotten Bks.

Passages in the Life of the Faire Gospeller, Mistress Anne Askew. Anne Manning. 2017. (ENG.). 244p. (J). pap. *(978-3-337-28191-5(5))* Creation Pubs.

Passages in the Life of the Faire Gospeller, Mistress Anne Askew (Classic Reprint) Anne Manning. 2017. (ENG., Illus.). (J). 28.93 *(978-0-266-19816-1(3))* Forgotten Bks.

Passages, Vol. 1 Of 2: From the American Note-Books of Nathaniel Hawthorne (Classic Reprint) Unknown Author. 2017. (ENG., Illus.). (J). 30.15 *(978-0-266-18655-7(6))* Forgotten Bks.

Passed As Censored (Classic Reprint) Bertram M. Bernheim. 2018. (ENG., Illus.). 152p. (J). 27.03 *(978-0-267-70054-7(7))* Forgotten Bks.

Passed Away: Helping Young Children with Expressions of Family Loss - Adult Guide Included. Karen LaFaye Overstreet. Illus. by Gianna Josephina Valente & Peter Isaiah Valente. 2018. (ENG.). pap. 7.99 *(978-1-7324653-6-7(3))* Horn, Jonathan.

Passed by the Censor, the Experience of an American Newspaper Man in France (Classic Reprint) Wythe Williams. 2017. (ENG., Illus.). (J). 30.25 *(978-0-260-90935-0(1))* Forgotten Bks.

Passed On. Julen Ogden. 2017. (ENG., Illus.). 68p. (J). pap. *(978-1-387-39397-8(9))* Lulu Pr., Inc.

Passenger from Calais (Classic Reprint) Arthur Griffiths. 2018. (ENG., Illus.). 290p. (J). 29.88 *(978-0-666-50263-6(3))* Forgotten Bks.

Passenger on the Pearl: The True Story of Emily Edmonson's Flight from Slavery. Winifred Conkling. 2016. (ENG., Illus.). 176p. (YA). (gr. 7-10). pap. 10.95 *(978-1-61620-550-8(4),* 73550) Algonquin Young Readers.

Passenger-Passenger, Series Book 2. Alexandra Bracken. 2016. (Passenger Ser.: 2). (ENG.). 512p. (YA). (gr. 9-12). pap. 9.99 *(978-1-4847-3279-3(0),* Disney-Hyperion) Disney Publishing Worldwide.

Passenger Pigeon. Joyce Markovics. 2022. (Endlings: the Last Species Ser.). (ENG., Illus.). 24p. (J). (gr. 4-6). pap. 12.79 *(978-1-6689-1127-3(2),* 221072); lib. bdg. 30.64 *(978-1-6689-0967-6(7),* 220934) Cherry Lake Publishing.

Passenger Planes. Wendy Hinote Lanier. 2019. (Let's Fly Ser.). (ENG., Illus.). 32p. (J). (gr. 2-3). 31.35 *(978-1-64185-340-8(9),* 1641853409, Focus Readers) North Star Editions.

Passenger Trains. Quinn M. Arnold. 2020. (Seedlings Ser.). 24p. (J). (gr. -1-1). pap. 8.99 *(978-1-62832-805-9(3),* 18270, Creative Paperbacks) Creative Co., The.

Passenger Trains. Christina Leighton. 2017. (Amazing Trains Ser.). (ENG., Illus.). 24p. (J). (gr. k-3). lib. bdg. 26.95 *(978-1-62617-673-7(6),* Blastoff! Readers) Bellwether Media.

Passenger Trains. Kate Riggs. 2020. (Seedlings Ser.). (ENG.). 24p. (J). (gr. -1-k). *(978-1-64026-242-3(3),* 18269, Creative Education) Creative Co., The.

Passepartout, Is That You? Menaka Raman. Illus. by Jemma Jose. 2023. (Hook Book Ser.). (ENG.). 40p. (J). (gr. k-2). pap. 7.99 ***(978-0-14-345806-7(X))*** Penguin Bks. India PVT, Ltd IND. Dist: Independent Pubs. Group.

Passeur I: les Rêves de Cassandre. Jade COLL. 2022. (FRE.). 380p. (YA). pap. ***(978-1-4710-2995-0(6))*** Lulu Pr., Inc.

Passin-On Party (Classic Reprint) Effie Graham. 2017. (ENG., Illus.). 214p. (J). 28.33 *(978-0-484-19523-2(9))* Forgotten Bks.

Passing. Nella Larsen. 2017. (ENG., Illus.). (J). pap. 10.97 *(978-0-243-45097-8(4))* Forgotten Bks.

Passing a Budget, 1 vol. Ashley M. Ehman. 2018. (How Government Works). (ENG.). 64p. (J). (gr. 5-5). pap. 16.28 *(978-1-5026-4137-3(2),* ab9182c9-5f48-4ba0-96b6-24e9bcd1650a) Cavendish Square Publishing LLC.

Passing (Classic Reprint) Nella Larsen. 2017. (ENG., Illus.). (J). 28.68 *(978-0-331-71283-4(0))* Forgotten Bks.

Passing of a Race & More Tales of Western Life (Classic Reprint) David Williams Higgins. (ENG., Illus.). (J). 2018. 324p. 30.58 *(978-0-484-83946-4(2))*; 2017. pap. 13.57 *(978-0-259-10142-0(7))* Forgotten Bks.

Passing of Mother's Portrait (Classic Reprint) Roswell Martin Field. 2018. (ENG., Illus.). 76p. (J). 25.48 *(978-0-483-82931-2(5))* Forgotten Bks.

Passing of Oul-I-But & Other Tales (Classic Reprint) Alan Sullivan. 2018. (ENG., Illus.). 312p. (J). 30.33 *(978-0-267-17767-7(4))* Forgotten Bks.

Passing of the Seasons: Stories of Broken Lives All Around Us. Adam Christian. 2018. (ENG., Illus.). 150p. (YA). pap. 14.95 *(978-1-64258-869-9(5))* Christian Faith Publishing.

Passing, of the Third Floor Back. Jerome Jerome. 2017. (ENG., Illus.). (J). pap. *(978-0-649-66797-0(2))* Trieste Publishing Pty Ltd.

Passing of the Third Floor Back: An Idle Fancy in a Prologue, a Play, & an Epilogue. Jerome Jerome. 2017. (ENG., Illus.). 210p. (J). pap. *(978-0-649-76372-6(6))* Trieste Publishing Pty Ltd.

Passing of the Third Floor Back: An Idle Fancy: in a Prologue, a Play & an Epilogue. Jerome Jerome. 2017. (ENG., Illus.). (J). pap. *(978-0-649-16765-4(1))* Trieste Publishing Pty Ltd.

Passing of the Third Floor Back: An Idle Fancy, in a Prologue, a Play, & an Epilogue (Classic Reprint) Jerome Jerome. 2018. (ENG., Illus.). 248p. (J). 29.03 *(978-0-267-23454-7(6))* Forgotten Bks.

Passing of the Third Floor Back: And Other Stories (Classic Reprint) Jerome Jerome. (ENG., Illus.). (J). 2018. 170p. 27.40 *(978-0-484-23413-9(7))*; 2017. pap. 9.97 *(978-0-243-46802-5(5))* Forgotten Bks.

Passing of the Third Floor Back (Classic Reprint) Jerome Jerome. (ENG., Illus.). (J). 2018. 194p. 27.90 *(978-0-484-29313-6(3))*; 2017. 30.74 *(978-0-260-05938-3(2))* Forgotten Bks.

P

Passing of Thomas: And Other Stories (Classic Reprint) Thomas Allibone Janvier. 2017. (ENG., Illus.). (J). 28.25 *(978-0-265-19406-5(7))* Forgotten Bks.
Passing Playbook. Isaac Fitzsimons. (ENG.). 304p. (YA). (gr. 7). 2022. pap. 11.99 *(978-1-9848-1542-2(3))*; 2021. 17.99 *(978-1-9848-1540-8(7))* Penguin Young Readers Group. (Dial Bks).
Passing the Portal, or a Girl's Struggle: An Autobiography (Classic Reprint) Metta V. Victor. (ENG., Illus.). (J). 2018. 408p. 32.31 *(978-0-483-50632-9(X))*; 2017. pap. 16.57 *(978-1-334-95117-6(9))* Forgotten Bks.
Passion & Pot-Pourri (Classic Reprint) Richard King. (ENG., Illus.). (J). 2018. 180p. 27.61 *(978-0-483-72435-8(1))*; 2016. pap. 9.97 *(978-1-334-29563-8(8))* Forgotten Bks.
Passion & Principle, Vol. 1 Of 3: A Novel (Classic Reprint) Frederick Chamier. (ENG., Illus.). (J). 2018. 350p. 31.12 *(978-0-483-85801-5(3))*; 2016. pap. 13.57 *(978-1-333-29669-8(X))* Forgotten Bks.
Passion by the Brook (Classic Reprint) Truman Nelson. 2017. (ENG., Illus.). (J). 31.78 *(978-0-331-71261-2(X))*; pap. 16.57 *(978-0-243-21099-2(X))* Forgotten Bks.
Passion Flower: A Christmas & New-Year's Gift (Classic Reprint) Unknown Author. (ENG., Illus.). (J). 2018. 282p. 29.71 *(978-0-483-90963-2(7))*; 2016. pap. 13.57 *(978-1-334-18067-5(9))* Forgotten Bks.
Passion of Poetry. Edwar David. 2020. (Illus.). 36p. pap. 15.50 *(978-0-9718155-4-4(2))* Inkwell Books LLC.
Passion of Rosamund Keith (Classic Reprint) Martin J. Pritchard. 2018. (ENG., Illus.). 490p. (J). 34.02 *(978-0-332-12223-6(9))* Forgotten Bks.
Passion, Wit & Politics: Fanny Burney & Mme de Stael. Elise Lauber-Sparre. 2017. (ENG.). 530p. (J). 29.95 *(978-1-78629-178-3(9)*, 8ce685cc-cea4-4919-a147-a124caa1b878) Austin Macauley Pubs. Ltd. GBR. Dist: Baker & Taylor Publisher Services (BTPS).
Passionate about Penguins. Owen Davey. 2022. (About Animals Ser.: 8). (ENG., Illus.). 40p. (J). (gr. 2-5). 19.99 *(978-1-83874-852-4(0))* Flying Eye Bks. GBR. Dist: Penguin Random Hse. LLC.
Passionate Elopement (Classic Reprint) Compton Mackenzie. 2018. (ENG., Illus.). (J). 32.00 *(978-0-331-04513-0(3))* Forgotten Bks.
Passionate Friends: A Novel (Classic Reprint) H. G. Wells. 2018. (ENG., Illus.). 378p. (J). 31.69 *(978-0-267-16372-4(X))* Forgotten Bks.
Passionate Friends (Classic Reprint) H. G. Wells. (ENG., Illus.). (J). 2017. 382p. 31.78 *(978-0-484-10094-6(7))*; 2016. pap. 16.57 *(978-1-334-14073-0(1))* Forgotten Bks.
Passionate Pilgrim: Being the Narrative of an Oddly Dramatic Year in the Life of Henry Calverly, 3rd (Classic Reprint) Samuel Merwin. (ENG., Illus.). (J). 2018. 428p. 32.74 *(978-0-666-54565-7(0))*; 2016. pap. 16.57 *(978-1-334-28063-4(0))* Forgotten Bks.
Passionate Pilgrim, & Other Tales (Classic Reprint) Henry James. 2017. (ENG., Illus.). (J). 34.21 *(978-0-266-34084-3(9))* Forgotten Bks.
Passionate Pilgrim (Classic Reprint) Percy White. (ENG., Illus.). (J). 2018. 362p. 31.38 *(978-0-666-99207-9(X))*; 2017. pap. 13.97 *(978-0-259-39118-0(2))* Forgotten Bks.
Passionate Puritan (Classic Reprint) Jane Mander. 2018. (ENG., Illus.). (J). 308p. 30.25 *(978-0-366-27637-0(9))*; 310p. pap. 13.57 *(978-0-365-99798-6(6))* Forgotten Bks.
Passionate Quest (Classic Reprint) E. Phillips Oppenheim. 2018. (ENG., Illus.). (J). 348p. 31.07 *(978-1-397-20976-4(3))*; 350p. pap. 13.57 *(978-1-397-20958-0(5))* Forgotten Bks.
Passionate Spectator (Classic Reprint) Jane Burr. (ENG., Illus.). (J). 2018. 198p. 28.00 *(978-0-483-35008-3(7))*; 2017. pap. 10.57 *(978-0-243-89296-9(9))* Forgotten Bks.
Passions: Cinquième Retraite de Notre-Dame de Paris (Classic Reprint) J. Felix. 2018. (FRE., Illus.). 392p. (J). pap. 16.57 *(978-0-483-90827-7(4))* Forgotten Bks.
Passive Crime: And Other Stories (Classic Reprint) Unknown Author. (ENG., Illus.). (J). 2018. 306p. 30.21 *(978-0-332-52147-3(8))*; 2016. pap. 13.57 *(978-1-334-14117-1(7))* Forgotten Bks.
Passover. Katie Gillespie. 2019. (Holidays Around the World Ser.). (ENG.). 24p. (J). lib. bdg. 22.99 *(978-1-5105-4503-8(4))* SmartBook Media, Inc.
Passover. Rachel Grack. 2018. (Celebrating Holidays Ser.). (ENG., Illus.). 24p. (J). (gr. k-3). lib. bdg. 26.95 *(978-1-62617-790-1(2)*, Blastoff! Readers) Bellwether Media.
Passover. Susan E. Hamen. 2020. (Cultural Celebrations Ser.). (ENG., Illus.). 32p. (J). (gr. 2-5). lib. bdg. 32.79 *(978-1-5321-6771-3(7)*, 34703, DiscoverRoo) Pop!.
Passover: Festival of Freedom, 1 vol. Monique Polak. 2016. (Orca Origins Ser.: 1). (ENG., Illus.). 72p. (J). (gr. 4-7). 24.95 *(978-1-4598-0990-1(4))* Orca Bk. Pubs. USA.
Passover: a Celebration of Freedom. Bonnie Bader. Illus. by Joanie Stone. 2023. (Big Golden Book Ser.). 32p. (J). (-k). 10.99 *(978-0-593-56388-5(3)*, Golden Bks.) Random Hse. Children's Bks.
Passover Cowboy. Barbara Diamond Goldin. Illus. by Gina Capaldi. 2017. (ENG.). 32p. (J). 17.95 *(978-1-68115-527-2(3)*, 89f38416-194b-4a60-a3a2-721447b7c2b2) Behrman Hse., Inc.
Passover Family, 1 vol. Monique Polak. 2018. (ENG., Illus.). 24p. (J). (gr. -1 — 1). bds. 9.95 *(978-1-4598-1852-1(0))* Orca Bk. Pubs. USA.
Passover Guest. Susan Kusel. Illus. by Sean Rubin. 2021. 40p. (J). (gr. -1-3). 18.99 *(978-0-8234-4562-2(3)*, Neal Porter Bks) Holiday Hse., Inc.
Passover, Here I Come! D. J. Steinberg. Illus. by Emanuel Wiemans. 2022. (Here I Come! Ser.). 32p. (J). (gr. -1-1). pap. 5.99 *(978-0-593-22403-8(5)*, Grosset & Dunlap) Penguin Young Readers Group.
Passover in a Pandemic. Avram Miotek. Illus. by Ally Pockrass. 2021. (ENG.). 28p. (J). pap. 16.00 *(978-1-953829-07-8(4))* Yehuda, Ben Pr.
Passover in a Pandemic: Yiddish Only Edition. Avram Miotek. Illus. by Ally Pockrass. 2021. (YID.). 26p. (J). pap. 16.00 *(978-1-953829-08-5(2))* Yehuda, Ben Pr.
Passover Is Coming! Tracy Newman. Illus. by Viviana Garofoli. 2016. (ENG.). 12p. (J). (gr. -1 — 1). bds. 5.99 *(978-1-4677-5242-8(8)*, 6a3273e6-8c04-4222-8780-1c92ca1c3660); E-Book 23.99 *(978-1-4677-9610-1(7))* Lerner Publishing Group. (Kar-Ben Publishing).
Passover Mouse. Joy Nelkin Wieder. Illus. by Shahar Kober. 2020. (ENG.). 32p. (J). (gr. -1-2). 20.99 *(978-1-9848-9552-3(4)*, Doubleday Bks. for Young Readers) Random Hse. Children's Bks.
Passover Story. Sasha Pelapusky & Kim Alex. 2021. (ENG., Illus.). 28p. (J). 23.95 *(978-1-0980-3258-6(6))* Christian Faith Publishing.
Passport (Classic Reprint) Emile Voute. (ENG., Illus.). (J). 2018. 372p. 31.57 *(978-0-483-49641-5(3))*; 2016. pap. 13.97 *(978-1-334-24829-0(X))* Forgotten Bks.
Passport to Adventure: Daily Devotions for Juniors. Rich Aguilera. 2016. 369p. (J). pap. *(978-0-8163-6189-2(4))* Pacific Pr. Publishing Assn.
Passport to Nature. Gail Terp et al. 2019. (Passport to Nature Ser.). (ENG.). 32p. (J). (gr. 4-6). 245.20 *(978-1-5435-5830-2(5)*, 28913) Capstone.
Passport to Pastries! #3. Veera Hiranandani. Illus. by Christine Almeda. 2020. (Phoebe G. Green Ser.: 3). 128p. (J). (gr. 1-3). 6.99 *(978-0-593-09693-2(2)*, Penguin Workshop) Penguin Young Readers Group.
Passport to Peru Ultimate Starter Kit. Contrib. by Group Publishing. 2016. (Group Cross Culture VBS 2017 Ser.). (ENG.). (J). 154.99 *(978-1-4707-4240-9(3))* Group Publishing, Inc.
Passport to Prizes: A Travel Activity Book for Kids. Ronald Lewis. 2022. (Passport to Prizes Ser.: Vol. 1). (ENG.). 54p. (J). pap. 21.99 ***(978-0-578-96387-7(6))*** Indy Pub.
Passport to the Past, 10 vols., Set. Incl. Ancient Egypt. Philip Steele. (J). lib. bdg. 37.13 *(978-1-4358-5173-3(0)*, 13e74bd3-12d1-4211-a7ef-78d319e0d2d1); Ancient Greece. Richard Tames. (J). lib. bdg. 37.13 *(978-1-4358-5175-7(7)*, e38936c0-d500-4f08-9969-96bff2856d39); Ancient India. Daud Ali. (YA). lib. bdg. 37.13 *(978-1-4358-5169-6(2)*, bead4ed8-34e3-4eed-8010-8a3985dd1e24); Aztec & Maya Worlds. Fiona MacDonald. (J). lib. bdg. 37.13 *(978-1-4358-5170-2(6)*, 2a9cf459-f86d-4f32-8df2-cb55b7465b45); Roman Empire. Philip Steele. (J). lib. bdg. 37.13 *(978-1-4358-5176-4(5)*, 63416eb8-27c2-444f-adeb-aa359b405bde); World of North American Indians. Mike Stotter. (YA). lib. bdg. 37.13 *(978-1-4358-5171-9(4)*, 70b09dda-e5e6-4175-ace1-e3b9fe1299ff); (Illus.). 64p. (gr. 5-6). 2009. (Passport to the Past Ser.). (ENG.). 2008. Set lib. bdg. 185.65 *(978-1-4358-5215-0(X)*, 3a50e030-1c48-4cb7-9b59-6ac059890295) Rosen Publishing Group, Inc., The.
Passport to Transport Song Book. Frances Turnbull. 2018. (ENG., Illus.). 50p. (J). pap. *(978-1-907935-81-7(9))* Musicaliti Pubs.
Passwords Are Secret, 1 vol. Anthony Ardely. 2017. (Keep Yourself Safe on the Internet Ser.). (ENG.). 24p. (J). (gr. 1-2). 25.27 *(978-1-5383-2509-4(8)*, edaab69d-867e-478d-92e0-2350c24e209f); pap. 9.25 *(978-1-5081-6298-8(0)*, 11c5097a-d763-4170-b726-8b786565ecca) Rosen Publishing Group, Inc., The. (PowerKids Pr.).
Past & Other Things That Should Stay Buried. Shaun David Hutchinson. (ENG.). (YA). (gr. 9). 2020. 320p. pap. 12.99 *(978-1-4814-9858-6(4))*; 2019. (Illus.). 304p. 19.99 *(978-1-4814-9857-9(6))* Simon Pulse. (Simon Pulse).
Past & Present at the English Lakes (Classic Reprint) H. D. Rawnsley. 2017. (ENG., Illus.). (J). 30.41 *(978-0-265-59101-7(5))* Forgotten Bks.
Past & Present Life of the Globe, Being a Sketch in Outline of the World's Life-System. David Page. 2017. (ENG., Illus.). (J). pap. *(978-0-649-66808-3(7))* Trieste Publishing Pty Ltd.
Past Days in India: Or Sporting Reminiscences of the Valley of the Soane & the Basin of Singrowlee (Classic Reprint) Unknown Author. 2018. (ENG., Illus.). 344p. (J). 31.01 *(978-0-267-69814-1(3))* Forgotten Bks.
Past Hours, Vol. 1 of 2 (Classic Reprint) Adelaide Sartoris. (ENG., Illus.). (J). 2018. 228p. 28.62 *(978-0-483-51835-3(2))*; 2017. pap. 10.97 *(978-0-243-09211-6(3))* Forgotten Bks.
Past Hours, Vol. 2 of 2 (Classic Reprint) Adelaide Sartoris. 2018. (ENG., Illus.). 246p. (J). 28.97 *(978-0-666-63627-0(3))* Forgotten Bks.
Past in Pictures: a Photographic View of Hospitals. Alex Woolf. 2016. (Past in Pictures Ser.). (ENG.). 32p. (J). (gr. 4-6). pap. 11.99 *(978-0-7502-8354-0(8)*, Wayland) Hachette Children's Group GBR. Dist: Hachette Bk. Group.
Past Pandemics & COVID-19. Walt K. Moon. 2021. (COVID-19 Pandemic Ser.). (ENG.). 80p. (YA). (gr. 6-12). 43.93 *(978-1-6782-0064-0(6)*, BrightPoint Pr.) ReferencePoint Pr., Inc.
Past Perfect Life. Elizabeth Eulberg. 2019. (ENG.). 336p. (YA). 18.99 *(978-1-5476-0092-2(6)*, 900198456, Bloomsbury Young Adult) Bloomsbury Publishing USA.
Past Perfection. Dawn Miles. 2022. (ENG.). 190p. (YA). pap. 17.95 *(978-1-68526-511-3(1))* Covenant Bks.
Past Redemption. George Melville Baker. 2017. (ENG.). 52p. (J). pap. *(978-3-337-34383-5(X))* Creation Pubs.
Past Redemption: A Drama in Four Acts (Classic Reprint) George Melville Baker. (ENG., Illus.). (J). 2018. 50p. 24.95 *(978-0-483-77719-4(6))*; 2016. pap. 9.57 *(978-1-333-31641-9(0))* Forgotten Bks.
Past Tense. Steven Lee Climer. 2016. (ENG., Illus.). (YA). (gr. 7-12). 19.99 *(978-0-692-71624-3(6))* Independent Pub.
Past the End of the Pavement (Classic Reprint) Charles G. Finney. 2017. (ENG., Illus.). (J). 29.71 *(978-0-266-78092-2(X))* Forgotten Bks.
Past the Fields, Where All Is Golden. Ann T. Bugg. 2016. (ENG., Illus.). (J). pap. 8.99 *(978-1-365-27569-2(8))* Lulu Pr., Inc.
Past Times & Pastimes, Vol. 1 of 2 (Classic Reprint) Unknown Author. 2017. (ENG., Illus.). 274p. (J). 29.57 *(978-0-484-19835-6(1))* Forgotten Bks.
Past Times at Super Hero High. Shea Fontana. Illus. by Marcelo DiChiara & Agnes Garbowska. 2020. (DC Super Hero Girls Ser.). (ENG.). 128p. (J). (gr. 2-6). lib. bdg. 31.99 *(978-1-5158-7435-5(4)*, 202140, Stone Arch Bks.) Capstone.
Pasta Pasta Everywhere! Colleen Marie Difonzo. 2023. (ENG.). 18p. (J). ***(978-0-2288-7832-2(2))***; pap. ***(978-0-2288-7831-5(4))*** Tellwell Talent.
Paste Jewels. John Kendrick Bangs. 2017. (ENG.). 216p. (J). pap. *(978-3-337-07410-4(3))* Creation Pubs.
Paste Jewels: Being Seven Tales of Domestic Woe (Classic Reprint) John Kendrick Bangs. 2018. (ENG., Illus.). 218p. (J). 28.39 *(978-0-365-31769-2(1))* Forgotten Bks.
Pasteboard Crown: A Story of the New York Stage (Classic Reprint) Clara Morris. 2017. (ENG., Illus.). (J). 31.90 *(978-1-5281-7859-4(9))* Forgotten Bks.
Pastel de la Chef Kate Que No Puedes Esperar a Probar. Laurie Friedman. Illus. by Gal Weizman. 2022. (Cocina de la Chef Kate (Chef Kate's Kitchen) Ser.). (SPA.). 32p. (J). (gr. -1-3). pap. *(978-1-0396-4987-3(4)*, 20069); lib. bdg. *(978-1-0396-4860-9(6)*, 20068) Crabtree Publishing Co. (Crabtree Blossoms).
Pastel para Enemigos (Enemy Pie Spanish Language Edition) (Spanish Books for Kids, Friendship Book for Children) Derek Munson. Illus. by Tara Calahan King. 2018. (SPA.). 40p. (J). (gr. k-3). 17.99 *(978-1-4521-5956-0(4))* Chronicle Bks. LLC.
Pastel Rainbow Lined Notebook. Rai Rose. 2022. (ENG.). 200p. (J). pap. ***(978-1-387-44849-4(8))*** Lulu Pr., Inc.
Pastels, 1 vol. Alix Wood. 2018. (Make a Masterpiece Ser.). (ENG.). 32p. (J). (gr. 3-4). pap. 11.50 *(978-1-5382-3581-2(1)*, 3801267e-44fe-473d-ae20-79b6da4c132e); lib. bdg. 28.27 *(978-1-5382-3593-5(5)*, d7c26d1d-7650-413d-ba73-5154893193c4) Stevens, Gareth Publishing LLLP.
Pastels of Men (Classic Reprint) Unknown Author. 2018. (ENG., Illus.). 228p. (J). 28.60 *(978-0-483-89509-6(1))* Forgotten Bks.
Pastime Stories (Classic Reprint) Thomas Nelson Page. 2018. (ENG., Illus.). 280p. (J). 29.67 *(978-0-483-93046-9(6))* Forgotten Bks.
Pasting: Early Learning Through Art. Susie Linn. 2017. (Arty Mouse Creativity Bks.). (ENG.). 48p. (J). (gr. -1-k). pap. 6.99 *(978-1-78700-039-1(7))* Top That! Publishing PLC GBR. Dist: Independent Pubs. Group.
Pasto Verde, Aguas de Reposo. Kelli Carruth Miller. 2017. (ENG., Illus.). (J). 27.99 *(978-1-5456-0091-7(0))*; pap. 17.99 *(978-1-5456-0090-0(2))* Salem Author Services.
Pastor Mike's Accidental Outreach into Time & Space: Book One. Brad M. Caskey. Ed. by Shanon Caskey. 2020. (ENG.). 232p. (J). *(978-1-5255-6631-8(8))*; pap. *(978-1-5255-6632-5(6))* FriesenPress.
Pastorales de Longus: Traduction Complete (Classic Reprint) Paul-Louis Courier Longus. 2018. (FRE., Illus.). (J). 354p. 31.22 *(978-0-364-68765-9(7))*; 356p. pap. 13.57 *(978-0-666-69515-4(6))* Forgotten Bks.
Pastorales de Longus, Ou Daphnis et Chloe (Classic Reprint) Longus Longus. 2018. (FRE., Illus.). (J). 178p. 27.59 *(978-0-428-30439-3(7))*; 180p. pap. 9.97 *(978-0-484-99008-0(X))* Forgotten Bks.
Pastorals of Dorset (Classic Reprint) M. E. Francis. 2017. (ENG., Illus.). (J). 31.12 *(978-0-265-21915-7(9))* Forgotten Bks.
Pastorals of France (Classic Reprint) Frederick Wedmore. 2018. (ENG., Illus.). 252p. (J). 29.09 *(978-0-483-32346-9(2))* Forgotten Bks.
Pastorcito Mentiroso y Otras Fabulas de Esopo. Leah Osei et al. Illus. by Patrizia Donaera. rev. ed. 2019. (Literary Text Ser.). (SPA.). 32p. (J). (gr. 3-4). pap. 11.99 *(978-1-4938-0061-2(2))* Teacher Created Materials, Inc.
Pastor's Daughter, or the Way of Salvation Explained to a Young Inquirer: From Reminiscences of the Conversations of Her Late Father, Doctor Payson (Classic Reprint) Louisa P. Hopkins. 2017. (ENG., Illus.). (J). 28.76 *(978-0-260-31836-7(1))*; pap. 11.57 *(978-0-243-18636-5(3))* Forgotten Bks.
Pastor's Recollections: The Quaint Couple, & Other Narratives (Classic Reprint) Canon Jackson. (ENG., Illus.). (J). 2018. 196p. 27.94 *(978-0-365-49265-8(5))*; 2017. pap. 10.57 *(978-1-5276-3111-3(7))* Forgotten Bks.
Pastor's Wife (Classic Reprint) Elizabeth Elizabeth. 2017. (ENG., Illus.). (J). 34.13 *(978-0-265-20236-4(1))* Forgotten Bks.
Pastries with Pocahontas. Kyla Steinkraus. Illus. by Katie Wood. 2017. (Time Hop Sweets Shop Ser.). (ENG.). 32p. (gr. 1-3). 24.22 *(978-1-68342-330-0(5)*, 9781683423300) Rourke Educational Media.
Pastry Chef. Josh Gregory. 2021. (21st Century Skills Library: Makers & Artisans Ser.). (ENG., Illus.). 32p. (J). (gr. 4-7). pap. 14.21 *(978-1-5341-8865-5(7)*, 219171); lib. bdg. 32.07 *(978-1-5341-8725-2(1)*, 219170) Cherry Lake Publishing.
Pastry Workshop: Mastering Buttery Crusts & Doughs: Mastering Buttery Crusts & Doughs. Contrib. by Megan Borgert-Spaniol. 2023. (Kitchen to Career Ser.). (ENG.). 64p. (J). (gr. 5-9). lib. bdg. 35.64 ***(978-1-0982-9142-6(5)***, 41753, Abdo & Daughters) ABDO Publishing Co.
Pasture Bedtime: Charlie's Rules #1. Sigmund Brouwer. Illus. by Sabrina Gendron. 2021. (Orca Echoes Ser.). (ENG.). 112p. (J). (gr. 1-3). pap. 7.95 *(978-1-4598-2588-8(8))* Orca Bk. Pubs. USA.
Pasture to Market. Julie Knutson. 2019. (21st Century Skills Library: Nature's Makers Ser.). (ENG.). 32p. (J). (gr. 4-7). pap. 14.21 *(978-1-5341-3958-9(3)*, 212661); (Illus.). lib. bdg. 32.07 *(978-1-5341-4302-9(5)*, 212660) Cherry Lake Publishing.
Pat: The Lighthouse Boy (Classic Reprint) E. Everett-Green. 2017. (ENG., Illus.). (J). 28.56 *(978-0-260-39473-6(4))* Forgotten Bks.
Pat a Cake. Illus. by Annie Kubler & Sarah Dellow. 2020. (Baby Rhyme Time Ser.). 12p. (J). bds. *(978-1-78628-407-5(3))* Child's Play International Ltd.
Pat-A-Cake. Hazel Quintanilla. 2019. (Hazel Q Nursery Rhymes Ser.). (ENG.). 14p. (J). (gr. -1-k). bds. 8.99 *(978-1-4867-1670-8(9)*, 58158c8f-1f33-4d03-aad5-4bfd42ccd1e1) Flowerpot Pr.
Pat-A-Cake! - First Book of Nursery Rhymes. Child's Play. Illus. by Ailie Busby. 2020. (Nursery Time Ser.: 3). 26p. (J). bds. *(978-1-78628-411-2(1))* Child's Play International Ltd.
Pat a Cake Who. J. T. S Halvorsen. Illus. by Alice. Pieroni. 2021. (ENG.). 24p. (J). (gr. -1-1). 24.99 *(978-1-5324-1590-6(7))*; pap. 12.99 *(978-1-5324-1589-0(3))* Xist Publishing.
Pat & Patsy Pre-Primer (Classic Reprint) Alice a Harding. 2018. (ENG., Illus.). (J). 68p. 25.30 *(978-0-364-93376-3(3))*; 70p. pap. 9.57 *(978-0-364-04198-7(6))* Forgotten Bks.
Pat & the Cat: Word Family Adventures. Ernesto Patiño. 2023. (ENG.). 38p. (J). pap. 8.00 ***(978-1-312-51096-8(X))*** Lulu Pr., Inc.
Pat & the Spider: The Biter Bit (Classic Reprint) Helen Bannerman. 2017. (ENG., Illus.). (J). 150p. 27.01 *(978-0-265-83333-9(7))*; 152p. pap. 9.57 *(978-1-5277-9213-5(7))* Forgotten Bks.
Pat Crowe, Aviator: Skylark Views & Letters from France, Including the Story of Jacqueline (Classic Reprint) James Richard Crowe. 2017. (ENG., Illus.). (J). 28.52 *(978-0-266-68061-1(5))*; pap. 10.97 *(978-1-5276-5406-8(0))* Forgotten Bks.
Pat Mcfree, the Irish Patentee: A Farce in One Act (Classic Reprint) George Perkins. (ENG., Illus.). (J). 2018. 20p. 24.33 *(978-0-267-31362-4(4))*; 2016. pap. 7.97 *(978-1-333-43058-0(2))* Forgotten Bks.
Pat of Silver Bush & Mistress Pat. L. M. Montgomery. 2017. (ENG., Illus.). (YA). (gr. 7-12). pap. *(978-1-4733-4478-5(6))* Freeman Pr.
Pat of Silver Bush & Mistress Pat. Lucy Maud Montgomery. 2022. (ENG.). 546p. (YA). (gr. 7-12). ***(978-1-5287-7139-9(7))*** Freeman Pr.
Pat Summitt, 1 vol. John Fredric Evans. 2019. (Championship Coaches Ser.). (ENG.). 112p. (gr. 7-7). 40.27 *(978-0-7660-9806-0(0)*, 93861be7-7c7a-4d60-b8bf-fa45c7c56d8b) Enslow Publishing, LLC.
Patacake Cat. Suzie Moone. Ed. by E. Rachael Hardcastle. 2021. (ENG.). 26p. (J). pap. 9.99 *(978-1-9999688-8-5(3)*, Curious Cat Bks.) Legacy Bound.
Patagonia. Alexis Burling. 2022. (Sports Brands Ser.). (ENG.). 112p. (YA). (gr. 6-12). lib. bdg. 41.36 *(978-1-5321-9814-4(0)*, 39701, Essential Library) ABDO Publishing Co.
Patán: El Mejor Perro Del Mundo. Taylor Farley. Tr. by Santiago Ochoa. 2021. (Leo y Rimo (I Read-N-Rhyme) Ser.).Tr. of Muttlee: the Best Dog in the World!. (SPA.). 28p. (J). (gr. -1-3). pap. *(978-1-4271-3116-4(3)*, 14631) Crabtree Publishing Co.
PatáN. el Mejor Perro Del Mundo. Taylor Farley. Tr. by Santiago Ochoa. 2021. (Leo y Rimo (I Read-N-Rhyme) Ser.). (SPA.). 28p. (J). (gr. -1-3). lib. bdg. *(978-1-4271-3105-8(8)*, 14619) Crabtree Publishing Co.
Patas de Los Animales, 1 vol. Mary Holland. 2016. (SPA., Illus.). 32p. (J). (gr. 4-5). pap. 11.95 *(978-1-62855-845-6(8)*, 53a970d3-a283-409c-b29b-b07150534bbd) Arbordale Publishing.
Patate et l'Assourdissant Matty Monkey: Edition Cameo. Anne Schneeberger. Tr. by Ratatouille. 2021. (FRE.). 34p. (J). pap. *(978-1-991024-05-3(3))* Mika Design Ltd.
Patch. Selena McCroskey. Illus. by Lynn Mohney. 2017. (ENG.). 32p. (J). 22.00 *(978-1-945620-40-9(4))*; pap. 11.99 *(978-1-945620-31-7(5))* Hear My Heart Publishing.
Patch: The Kitten Born from a Pumpkin. Jaycen Antorri. Illus. by Paola Acosta. 2022. (ENG.). 32p. (J). ***(978-1-387-62722-6(8))***; pap. ***(978-1-387-65824-4(7))*** Lulu Pr., Inc.
Patch from Scratch. Megan Forward. 2018. (Illus.). 32p. (J). (gr. k-2). 15.99 *(978-0-14-379460-8(4)*, Puffin) Penguin Bks., Ltd. GBR. Dist: Independent Pubs. Group.
Patch in the Wilderland. Valerie Temple. 2021. (ENG.). 106p. (J). 17.95 *(978-1-970109-61-0(0))*; pap. 7.95 *(978-1-970109-62-7(9))* 2Nimble. (AnewPr., Inc.).
Patch Land Adventures Coloring Book & Activity Sheets. Carmen Swick. Illus. by Joey Manfre. 2020. (ENG.). 34p. (J). (gr. k-3). pap. 5.00 *(978-0-9831380-5-1(2))* Presbeau Publishing, Inc.
Patch of Sky. Nic Yulo. Illus. by Nic Yulo. 2022. (Illus.). 32p. (J). (gr. -1-3). 17.99 *(978-0-593-35384-4(6)*, Dial Bks) Penguin Young Readers Group.
Patch the Hill Country Bunny. Mary Delmore Balagia. 2018. (ENG., Illus.). 32p. (J). 16.95 *(978-1-941515-99-0(1))* LongTale Publishing, LLC.
Patch the Paci Pirate. Melissa Burnett. Illus. by Chrisann Zaubi. 2020. (ENG.). 28p. (J). pap. 14.99 *(978-0-692-86950-5(6))* Bromell Inc.
Patch Work. Clarice Hursin & Oliver Hursin. Illus. by Paul Schultz. 2022. (ENG.). 32p. (J). ***(978-1-0391-2904-7(8))***; pap. ***(978-1-0391-2903-0(X))*** FriesenPress.
Patched. Kyle Steiner. 2018. (ENG., Illus.). 46p. (J). pap. *(978-1-387-75490-8(4))* Lulu Pr., Inc.
Patchen. Patricia Linehan. 2018. (ENG.). 178p. (J). pap. 9.99 *(978-0-9966508-3-0(0))* Hom, Jonathan.
Patches. Judy Lawrence-Lamb. 2022. (ENG., Illus.). 36p. (J). pap. 14.95 ***(978-1-63844-021-5(2))*** Christian Faith Publishing.
Patches: A Wyoming Cow Pony (Classic Reprint) Clarence Hawkes. (ENG., Illus.). (J). 2018. 270p. 29.47 *(978-0-656-94840-6(X))*; 2017. pap. 11.97 *(978-0-282-39816-3(3))* Forgotten Bks.
Patches Mcstuffy Recycling Pirate. Patrick Egan. 2020. (ENG., Illus.). 30p. (J). 22.95 *(978-1-64471-515-4(5))*; pap. 13.95 *(978-1-64471-514-7(7))* Covenant Bks.
Patches the Cat. Lisa Mullarkey. Illus. by Paula Franco. 2019. (Farmyard Friends Ser.). (ENG.). 32p. (J). (gr. -1-3). lib. bdg. 32.79 *(978-1-5321-3486-9(X)*, 31891, Calico Chapter Bks) Magic Wagon.
Patches, the Thrown-Away Dog. Mary Louise Simmons. 2020. (ENG.). 18p. (J). *(978-1-716-67577-5(4))* Lulu Pr., Inc.
Patches to the Rescue. Claire LaBelle Rolince. 2021. (ENG.). 32p. (J). pap. 9.99 *(978-1-954673-83-0(3))* GoldTouch Pr.
Patchland USA. Mark Segal. Illus. by Nancy Segal. 2017. (ENG.). (J). (gr. k-3). 11.99 *(978-1-943331-76-5(6))* Orange Hat Publishing.

Patch's Adventures: Patch the Lucky Kitten. Charlotte Li. 2022. (ENG.). 124p. (J). pap. ***(978-1-80227-444-8(8))*** Publishing Push Ltd.

Patchwork. Matt de la Peña. Illus. by Corinna Luyken. 2022. 48p. (J). (gr. -1-3). 18.99 *(978-1-9848-1396-1(X),* G.P. Putnam's Sons Books for Young Readers) Penguin Young Readers Group.

Patchwork Bike. Maxine Beneba Clarke. Illus. by Van Thanh Rudd. (ENG.). 40p. (J). (gr. 1-4). 2021. 7.99 *(978-1-5362-1741-4(7));* 2018. 16.99 *(978-1-5362-0031-7(X))* Candlewick Pr.

Patchwork Circus. Diana Teeter. 2017. (ENG., Illus.). (J). (gr. 1-5). 16.99 *(978-0-692-88078-4(X))* Teeter, Diana.

Patchwork (Classic Reprint) Frederick Locker. 2018. (ENG., Illus.). 248p. (J). 29.01 *(978-0-483-90623-5(9))* Forgotten Bks.

Patchwork (Classic Reprint) Beverley Nichols. 2017. (ENG., Illus.). (J). 31.67 *(978-0-266-18977-0(6))* Forgotten Bks.

Patchwork Comedy (Classic Reprint) Humfrey Jordan. 2018. (ENG., Illus.). 396p. (J). 32.08 *(978-0-483-21295-4(4))* Forgotten Bks.

Patchwork Girl of Oz. 1 vol. L. Frank Baum. 2nd ed. 2016. (Wizard of Oz Collection: 7). (ENG., Illus.). 232p. (J). (gr. 4-8). 7.99 *(978-1-78226-311-1(X),* 3c791bd5-6f3f-41d9-bccd-79dd302e173e) Sweet Cherry Publishing GBR. Dist: Baker & Taylor Publisher Services (BTPS).

Patchwork Girl of Oz (Classic Reprint) L. Frank Baum. (ENG., Illus.). (J). 2018. 338p. 30.89 *(978-0-483-51425-6(X));* 2016. pap. 13.57 *(978-1-333-52877-5(9))* Forgotten Bks.

Patchwork of Dreams. CJ Miller. 2016. (ENG., Illus.). (J). pap. 15.00 *(978-0-9904727-8-0(7))* Rhea Leto Media Group.

Patchwork Papers (Classic Reprint) E. Temple Thurston. 2018. (ENG., Illus.). 294p. (J). 29.96 *(978-0-483-45456-9(7))* Forgotten Bks.

¡Paténtalo! Malgorzata Mycielska. 2016. (SPA.). 122p. (J). (gr. 5-7). 27.99 *(978-84-944988-5-5(1))* Ekaré.

Patents for Inventions. Abridgments of Specifications Relating to Ice-Making Machines, Ice Safes, & Ice Houses; A. D. 1819-1866. 2017. (ENG., Illus.). (J). pap. *(978-0-649-46803-4(1))* Trieste Publishing Pty Ltd.

Patents for Inventions. Abridgments of Specifications Relating to Pottery. B. Woodcroft. 2017. (ENG., Illus.). (J). pap. *(978-0-649-66824-3(3))* Trieste Publishing Pty Ltd.

Paterfamilias's Diary of Everybody's Tour: Belgium & the Rhine, Munich, Switzerland, Milan, Geneva & Paris (Classic Reprint) Martin Farquhar Tupper. (ENG., Illus.). (J). 2018. 400p. 32.15 *(978-0-332-98813-9(9));* 2016. pap. 16.57 *(978-1-334-38679-4(X))* Forgotten Bks.

Path see Camino

Path: Family Storybook. Lindsay Hardin Freeman & Melody Wilson Shobe. 2016. (ENG., Illus.). 112p. pap. 12.00 *(978-0-88028-439-4(0),* 55519ed7-fdf5-4c77-b332-b3d93090b79e) Forward Movement Pubns.

Path in the Ravine (Classic Reprint) Edward S. Ellis. 2018. (ENG., Illus.). 346p. (J). 31.03 *(978-0-365-44666-8(1))* Forgotten Bks.

Path Jesus Walked: Can You Find the Dove of the Holy Spirit Keeping Watch on Each Page? Margaret Nelson. 2019. (ENG.). 26p. (J). 23.95 *(978-1-64628-218-0(3));* pap. 13.95 *(978-1-64584-536-2(2))* Page Publishing Inc.

Path of Learning Grove Collections. Ed. by Allison Mauldin. 2022. (ENG.). 313p. (J). pap. ***(978-1-387-98601-9(5))*** Lulu Pr., Inc.

Path of Life (Classic Reprint) Stijn Streuvels. 2018. (ENG., Illus.). 322p. (J). 30.54 *(978-0-484-28444-8(4))* Forgotten Bks.

Path of Night (Chilling Adventures of Sabrina, Novel 3) (Media Tie-In), 1 vol. Sarah Rees Brennan. ed. 2020. (Chilling Adventures of Sabrina Ser.: 3). (ENG.). 320p. (YA). (gr. 9-9). pap. 9.99 *(978-1-338-32617-8(1))* Scholastic, Inc.

Path of Revenge. Aaron Byrne. 2016. (ENG., Illus.). 164p. (J). pap. *(978-1-84897-726-6(3))* Olympia Publishers.

Path of the Diamond. Cube Kid. Illus. by Saboten. 2017. 249p. (J). *(978-1-5182-4674-6(5))* Andrews McMeel Publishing.

Path of the Force. Brooke Vitale. ed. 2022. (World of Reading Ser.). (ENG.). 32p. (J). (gr. 2-3). 16.46 ***(978-1-68505-228-7(2))*** Penworthy Co., LLC, The.

Path of the King (Classic Reprint) John Buchan. 2018. (ENG., Illus.). 308p. (J). 30.25 *(978-0-483-49073-4(3))* Forgotten Bks.

Path of the Spirit Walker: Book II. R. C. Lane. 2020. (ENG.). 230p. (YA). pap. 17.95 *(978-1-64334-941-1(4))* Page Publishing Inc.

Path to Enlightenment. Illus. by Ronald Lim et al. 2016. (Marvel Characters Ser.). (ENG.). 24p. (J). (gr. k-2). 17.44 *(978-1-4844-9685-5(X))* Little, Brown Bks. for Young Readers.

Path to Grave Danger. Bob Boehmer. 2023. (E. M. maus Burrow Mysteries Ser.: 1). 72p. (J). 23.99 ***(978-1-6678-9921-3(X))*** BookBaby.

Path to Honour (Classic Reprint) Sydney C. Grier. (ENG., Illus.). (J). 2018. 336p. 30.85 *(978-0-483-41819-6(6));* 2016. pap. 13.57 *(978-1-334-12829-5(4))* Forgotten Bks.

Path to Paris: The Rambling Record of a Riverside Promenade (Classic Reprint) Frank Rutter. (ENG., Illus.). (J). 2018. 258p. 29.24 *(978-0-483-33346-8(8));* 2016. pap. 11.97 *(978-1-332-71118-5(9))* Forgotten Bks.

Path to Rome (Classic Reprint) H. Belloc. 2017. (ENG., Illus.). (J). 33.55 *(978-0-266-85938-3(0))* Forgotten Bks.

Path to the Pacific: The Story of Sacagawea. Neta Frazier. 2017. (Great Leaders & Events Ser.). (ENG.). (J). (gr. 4-8). lib. bdg. 35.99 *(978-1-942875-44-4(4))* Quarto Publishing Group USA.

Path to the Stars: My Journey from Girl Scout to Rocket Scientist. Sylvia Acevedo. (ENG.). 320p. (J). (gr. 5-7). 2020. pap. 9.99 *(978-0-358-20693-4(6),* 1763862); 2018. (Illus.). 17.99 *(978-1-328-80956-8(0),* 1688046) HarperCollins Pubs. (Clarion Bks.).

Path to the World: Becoming You. Lori Marie Carlson-Hijuelos et al. Ed. by Lori Marie Carlson-Hijuelos. 2022. (ENG.). 128p. (YA). (gr. 9). 18.99 *(978-1-4814-1975-8(7),* Atheneum Bks. for Young Readers) Simon & Schuster Children's Publishing.

Path Wharton Found (Classic Reprint) Robert Quillen. (ENG., Illus.). (J). 2018. 268p. 29.44 *(978-0-267-10295-2(X));* 2017. pap. 11.97 *(978-0-259-58389-9(8))* Forgotten Bks.

Pathescope Film Catalogue: 9. 5 M/M Silent, 9. 5 M/M Sound (Classic Reprint) Pathescope Ltd. 2018. (ENG., Illus.). (J). 25.59 *(978-0-331-67993-9(0))* Forgotten Bks.

Pathetic Snobs (Classic Reprint) Dolf Wyllarde. 2018. (ENG., Illus.). 310p. (J). 30.29 *(978-0-483-85721-6(1))* Forgotten Bks.

Pathetica: A 1980's Memoir. Dale R. Schuss. 2018. (ENG., Illus.). 156p. (YA). *(978-1-5255-2380-9(5));* pap. *(978-1-5255-2381-6(3))* FriesenPress.

Pathfinder Flip-Mat Classics: Winter Forest. Prod. by Paizo Inc. 2023. (ENG.). 18p. pap. 16.99 *(978-1-64078-501-4(9))* Paizo Inc.

Pathfinder, or the Missing Tenderfoot (Classic Reprint) Alan Douglas. (ENG., Illus.). (J). 2018. 188p. 27.77 *(978-0-267-30767-8(5));* 2016. pap. 10.57 *(978-1-333-34637-9(9))* Forgotten Bks.

Pathfinders: The Journeys of 16 Extraordinary Black Souls. Tonya Bolden. 2017. (ENG., Illus.). 128p. (J). (gr. 5-9). 25.99 *(978-1-4197-1455-9(4),* 1099901, Abrams Bks. for Young Readers) Abrams, Inc.

Pathfinding on Plain & Prairie: Stirring Scenes of Life in the Canadian North-West (Classic Reprint) John McDougall. 2017. (ENG., Illus.). (J). 30.33 *(978-0-331-76436-9(9))* Forgotten Bks.

Pathological Anatomy of the Female Sexual Organs (Classic Reprint) Julius M. Klob. 2017. (ENG., Illus.). (J). 30.48 *(978-0-260-94935-6(3))* Forgotten Bks.

Pathologie der Zahne: Mit Besonderer Rucksicht Auf Anatomie und Physiologie (Classic Reprint) Carl Wedl. 2017. (GER., Illus.). (J). pap. 16.57 *(978-0-282-22585-8(4))* Forgotten Bks.

Pathologische Anatomie des Ohres (Classic Reprint) Rudolf Panse. 2018. (GER., Illus.). 268p. (J). pap. 11.97 *(978-0-656-73577-8(5))* Forgotten Bks.

Pathologische Anatomie des Ohres (Classic Reprint) Hermann Schwartze. 2018. (GER., Illus.). 142p. (J). 26.85 *(978-0-365-72780-4(6))* Forgotten Bks.

Pathology: Examining the Body for Clues. Amy Sterling Casil. 2021. (Forensics Ser.). (ENG.). (YA). (gr. 7-12). 34.60 *(978-1-4222-4472-2(5))* Mason Crest.

Paths. Penelope Dyan. Illus. by Penelope Dyan. l.t. ed. 2022. (ENG.). 34p. (J). pap. 12.60 *(978-1-61477-603-1(2))* Bellissima Publishing, LLC.

Paths Crossing: A Romance of the Plains (Classic Reprint) Maude Clark Gay. (ENG., Illus.). (J). 2018. 306p. 30.23 *(978-0-365-32889-6(8));* 2017. pap. 13.57 *(978-0-259-37457-2(1))* Forgotten Bks.

Path's End: The Chronicles of Ethan Grimley. Lissa Dobbs. 2018. (Trials of the Young Shadow Walkers Ser.: Vol. 3). (ENG.). 272p. (J). pap. 10.35 *(978-1-7332316-0-2(9))* Hom, Jonathan.

Paths of Glory: Impressions of War Written at & near the Front. Irvin S. Cobb. 2017. (ENG., Illus.). (J). 25.95 *(978-1-374-89438-9(9))* Capital Communications, Inc.

Paths of Glory: Impressions of War Written at & near the Front (Classic Reprint) Irvin S. Cobb. 2018. (ENG., Illus.). 464p. (J). 33.49 *(978-0-365-53247-7(9))* Forgotten Bks.

Paths of Glory: Impressions of War Written at & near the Front (Classic Reprint) Irvin Shrewsbury Cobb. (ENG., Illus.). (J). 2018. 462p. 33.43 *(978-1-396-66762-6(8));* 2018. 464p. pap. 16.57 *(978-1-391-59978-6(0));* 2018. 430p. 32.77 *(978-0-666-05499-9(1));* 2017. pap. 16.57 *(978-0-259-46118-0(0))* Forgotten Bks.

Paths of the Prudent: A Comedy (Classic Reprint) Joseph Smith Fletcher. (ENG., Illus.). (J). 2018. 338p. 30.87 *(978-0-428-96094-0(4));* 2017. pap. 13.57 *(978-0-259-18297-9(4))* Forgotten Bks.

Paths Paved for Us. Marlie Sahn. 2022. (ENG.). 216p. (YA). pap. *(978-1-387-97462-7(9))* Lulu Pr., Inc.

Paths to Kingdoms. Jennifer Arnold. 2018. (ENG., Illus.). 306p. (YA). (gr. 7-12). pap. 15.95 *(978-1-64136-284-9(7))* Independent Pub.

Pathway of Adventure (Classic Reprint) Ross Tyrrell. (ENG., Illus.). (J). 2018. 314p. 30.37 *(978-0-483-54403-1(5));* 2016. pap. 13.57 *(978-1-334-12532-4(5))* Forgotten Bks.

Pathway to Biliteracy Student Resource Package Grade K with 1 Year Digital 2017. Hmh Hmh. 2016. (Journeys Ser.). (ENG.). (J). (gr. k). pap. 82.28 *(978-0-544-99900-8(2))* Houghton Mifflin Harcourt Publishing Co.

Pathway to Love. Dennis Loynes. 2020. (ENG.). 216p. (YA). pap. *(978-1-78132-953-5(2))* SilverWood Bks.

Pathway to Western Literature (Classic Reprint) Nettie S. Gaines. 2018. (ENG., Illus.). 264p. (J). 29.34 *(978-0-483-52642-6(8))* Forgotten Bks.

Pathways in Nature & Literature: A Second Reader (Classic Reprint) Sarah Row Christy. 2017. (ENG., Illus.). (J). 120p. 26.37 *(978-0-332-68848-0(8));* pap. 9.57 *(978-0-259-48058-7(4))* Forgotten Bks.

Pathways of Time: The Chronicles of Dr. Elizabeth & the Time Travelers. Stedd Hawser. 2023. (ENG.). 50p. (J). ***(978-1-312-70886-0(7))*** Lulu Pr., Inc.

Pathways of Time: the Chronicles of Dr. Elizabeth & the Time Travelers Paperback. Stedd Hawser. 2023. (ENG.). 49p. (J). pap. ***(978-1-312-70128-1(5))*** Lulu Pr., Inc.

Pathways Through Africa. Heather C. Hudak. 2019. (Human Path Across the Continents Ser.). (ENG.). 32p. (J). (gr. 5-5). pap. *(978-0-7787-6644-5(6),* fd934af9-9fec-4617-81ed-d62e1d13d015); lib. bdg. *(978-0-7787-6599-8(7),* ef087882-23bb-48c1-8a90-ede50d47e577) Crabtree Publishing Co.

Pathways Through Antarctica. John Miles. 2019. (Human Path Across the Continents Ser.). (ENG.). 32p. (J). (gr. 5-5). pap. *(978-0-7787-6645-2(4),* d30c36c4-e1ca-4162-9205-6686a499c5d2); lib. bdg. *(978-0-7787-6600-1(4),* d752fb38-7111-4a4c-b7ae-d7d35115e8a1) Crabtree Publishing Co.

Pathways Through Asia. Clare Leclerc. 2019. (Human Path Across the Continents Ser.). (ENG., Illus.). 32p. (J). (gr. 5-5). pap. *(978-0-7787-6646-9(2),* 77cccf05-02d7-47ae-88a1-99f04f0dd702); lib. bdg. *(978-0-7787-6601-8(2),* 07dc99ee-1908-4398-8fd5-8defbec9ae8e) Crabtree Publishing Co.

Pathways Through Australia. Adrianna Morganelli. 2019. (Human Path Across the Continents Ser.). (ENG., Illus.). 32p. (J). (gr. 5-5). pap. *(978-0-7787-6647-6(0),* 56b3b8ae-5c62-41ef-9e61-521eb58de311); lib. bdg. *(978-0-7787-6634-6(9),* cb0fdaf6-dc67-4e38-b11d-b5dfc856f811) Crabtree Publishing Co.

Pathways Through Europe. John Miles. 2019. (Human Path Across the Continents Ser.). (ENG.). 32p. (J). (gr. 5-5). pap. *(978-0-7787-6648-3(9),* 10be3e21-cf0b-4e4f-94f6-da2af459ca5d); lib. bdg. *(978-0-7787-6635-3(7),* 1b09fc70-9eca-47b1-9008-04a4c8dcf0f6) Crabtree Publishing Co.

Pathways Through North America. Cynthia O'Brien. 2019. (Human Path Across the Continents Ser.). (ENG.). 32p. (J). (gr. 5-5). pap. *(978-0-7787-6649-0(7),* c97d8488-d0d0-46c2-a30d-af5f303b8af9); lib. bdg. *(978-0-7787-6642-1(X),* 620c76fe-5d9d-4fb2-91dc-5e63e6064c10) Crabtree Publishing Co.

Pathways Through South America. Heather C. Hudak. 2019. (Human Path Across the Continents Ser.). (ENG.). 32p. (J). (gr. 5-5). pap. *(978-0-7787-6650-6(0),* e3b1c4a1-7e44-4a63-bc30-0dabb21dc15d); lib. bdg. *(978-0-7787-6643-8(8),* 23fb5eb8-8f1c-4018-be9c-6c6b76762a67) Crabtree Publishing Co.

Pathways to Academic Success. Joe-Jesimiel Ogbe. 2018. (ENG., Illus.). 92p. (J). pap. *(978-978-55429-3-6(9))* Young Disciples International.

Patience. Cynthia Amoroso. 2022. (Learning Core Values Ser.). (ENG.). 24p. (J). (gr. -1-2). lib. bdg. 32.79 *(978-1-5038-5851-0(0),* 215717, Wonder Books(r)) Child's World, Inc, The.

Patience. Katy Fryd. 2022. (ENG.). 84p. (YA). pap. ***(978-1-4710-5817-2(4))*** Lulu Pr., Inc.

Patience. Penelope Dyan. l.t. ed. 2023. (ENG.). 34p. (J). pap. 12.60 ***(978-1-61477-653-6(9))*** Bellissima Publishing, LLC.

Patience: A Celebration of Mindfulness. Kat Bovey. Illus. by Katie Wilson. 2022. (Celebration of Mindfulness Ser.). (ENG.). 20p. (J). bds. 8.99 *(978-1-4867-2267-9(9),* 677746ac-bfb7-4d3d-a655-50340cdae0d1) Flowerpot Pr.

Patience: A Collection of Poems & Prose. Hanna Boussi. 2021. (ENG.). 126p. (YA). pap. 20.00 *(978-1-329-11970-3(3))* Lulu Pr., Inc.

Patience: A Daughter of the Mayflower (Classic Reprint) Elizabeth W. Champney. (ENG., Illus.). (J). 2018. 370p. 31.53 *(978-0-267-54446-2(4));* 2016. pap. 13.97 *(978-1-333-44992-6(5))* Forgotten Bks.

Patience: A Pull-The-Tab Book. Alice Le Henand. Illus. by Thierry Bedouet. 2020. (Pull & Play Ser.: 8). (ENG.). 14p. (J). (gr. -1 — 1). bds. 12.99 *(978-2-408-01994-5(X))* Editions Tourbillon FRA. Dist: Hachette Bk. Group.

Patience - Games & Activities: Games & Activities to Help Build Moral Character. Agnes De Bezenac & Salem De Bezenac. Illus. by Agnes De Bezenac. 2017. (Cut Out & Play Ser.: Vol. 11). (ENG., Illus.). (J). (gr. k-2). pap. 6.45 *(978-1-62387-629-6(X),* Kidible) iCharacter.org.

Patience Holt, Vol. 1 of 3 (Classic Reprint) Georgiana M. Craik. (ENG., Illus.). (J). 2018. 300p. 30.10 *(978-0-267-31139-2(7));* 2016. pap. 13.57 *(978-1-333-40064-4(0))* Forgotten Bks.

Patience Holt, Vol. 2 of 3 (Classic Reprint) Georgiana M. Craik. (ENG., Illus.). (J). 2018. 294p. 29.96 *(978-0-332-01267-4(0));* 2016. pap. 13.57 *(978-1-333-64483-3(3))* Forgotten Bks.

Patience Holt, Vol. 3 of 3 (Classic Reprint) Georgiana M. Craik. 2018. (ENG., Illus.). 290p. (J). 29.88 *(978-0-267-26130-7(6))* Forgotten Bks.

Patience Is a Superpower. Mari Schuh. 2023. (Real-Life Superpowers Ser.). (ENG.). 24p. (J). pap. 6.99 ***(978-0-7565-7460-4(9),*** 256104, Pebble) Capstone.

Patience Is My Superpower: A Kid's Book about Learning How to Wait. Alicia Ortego. 2022. (My Superpower Bks.). (ENG.). 40p. (J). 17.99 ***(978-1-7359741-9-4(6))*** Slickcolors INC.

Patience, Miyuki: (intergenerational Picture Book Ages 5-8 Teaches Life Lessons of Learning How to Wait, Japanese Art & Scenery) Roxane Marie Galliez. Illus. by Seng Soun Ratanavanh. 2019. (ENG.). 32p. (J). (gr. k-3). 18.95 *(978-1-61689-843-4(7))* Princeton Architectural Pr.

Patience of John Morland (Classic Reprint) Mary Dillon. (ENG., Illus.). (J). 2017. 32.93 *(978-0-260-44807-1(9));* 2016. pap. 16.57 *(978-1-333-77759-3(0))* Forgotten Bks.

Patience, Patches! Christy Mihaly. Illus. by Sheryl Murray. 2022. 32p. (J). (-k). 17.99 *(978-0-593-10829-1(9),* Dial Bks) Penguin Young Readers Group.

Patience Pettigrew's Perplexities: Being a Veracious History of the Experiences of Patience Pettigrew, Relict of the Late Lamented Josiah Pettigrew, Esq., etc;, etc (Classic Reprint) Clara Augusta. 2018. (ENG., Illus.). 336p. (J). 30.85 *(978-0-483-04827-0(5))* Forgotten Bks.

Patience Sparhawk: And Her Times (Classic Reprint) Gertrude Franklin Horn Atherton. 2018. (ENG., Illus.). 494p. (J). 34.11 *(978-0-483-99877-3(X))* Forgotten Bks.

Patience Sparhawk & Her Times, Vol. 1 of 2 (Classic Reprint) Gertrude Franklin Horn Atherton. 2018. (ENG., Illus.). 290p. (J). 29.90 *(978-0-483-27401-3(1))* Forgotten Bks.

Patience Sparhawk & Her Times, Vol. 2 of 2 (Classic Reprint) Gertrude Atherton. 2016. (ENG., Illus.). (J). pap. 13.57 *(978-1-334-14520-9(2))* Forgotten Bks.

Patience Sparhawk & Her Times, Vol. 2 of 2 (Classic Reprint) Gertrude Franklin Horn Atherton. 2018. (ENG., Illus.). 288p. (J). 29.86 *(978-0-483-37303-7(6))* Forgotten Bks.

Patience Strong's Outings (Classic Reprint) A. D. T. Whitney. 2017. (ENG., Illus.). (J). 28.39 *(978-0-265-20980-6(3))* Forgotten Bks.

Patience to Work: And Patience to Wait (Classic Reprint) Marion E. Weir. 2018. (ENG., Illus.). 284p. (J). 29.75 *(978-0-267-22293-3(9))* Forgotten Bks.

Patience Wins: Or War in the Works (Classic Reprint) G. Manville Fenn. 2018. (ENG., Illus.). 400p. (J). 32.15 *(978-0-483-46559-6(3))* Forgotten Bks.

Patient Ninja: A Children's Book about Developing Patience & Delayed Gratification. Mary Nhin & Grow Grit Press. Illus. by Jelena Stupar. 2020. (Ninja Life Hacks Ser.: Vol. 26). (ENG.). 40p. (J). 18.99 *(978-1-953399-41-0(X))* Grow Grit Pr.

Patient Ninja's Halloween: A Rhyming Children's Book about Halloween. Mary Nhin. 2022. (Ninja Life Hacks Ser.: Vol. 78). (ENG.). 36p. (J). 19.99 *(978-1-63731-424-1(8))* Grow Grit Pr.

Patient Observer: And His Friends. Simeon Strunsky. 2017. (ENG., Illus.). (J). 23.95 *(978-1-374-96679-6(7))* Capital Communications, Inc.

Patient Observer: And His Friends (Classic Reprint) Simeon Strunsky. 2018. (ENG., Illus.). 362p. (J). 31.36 *(978-0-484-08282-2(5))* Forgotten Bks.

Patient Penelope. Terrica Joseph. Illus. by Emily Zieroth. 2017. (ENG.). (J). (gr. k-3). pap. 9.99 *(978-1-970016-10-9(8));* (gr. 1-4). 14.99 *(978-1-970016-09-3(4))* Fruit Springs, LLC.

Patient Player Find the Difference Puzzle Books. Educando Kids. 2019. (ENG.). 42p. (J). pap. 8.55 *(978-1-64521-643-8(8),* Educando Kids) Editorial Imagen.

Patient Waiting No Loss, or the Two Christmas Days (Classic Reprint) Alice Bradley Neal. 2017. (ENG., Illus.). (J). 198p. 27.98 *(978-0-484-47600-3(9));* pap. 10.57 *(978-0-259-21153-2(2))* Forgotten Bks.

Patient Zero: How to Draw Zombies Activity Book. Kreative Kids. 2016. (ENG., Illus.). (J). pap. 9.20 *(978-1-68377-018-3(8))* Whlke, Traudl.

Patient Zero (revised Edition) Marilee Peters. 2021. (Illus.). (J). (gr. 5-9). 192p. 24.95 *(978-1-77321-516-7(7));* (ENG., 200p. pap. 14.95 *(978-1-77321-515-0(9))* Annick Pr., Ltd. CAN. Dist: Publishers Group West (PGW).

Patina, 2. Jason Reynolds. ed. 2020. (Penworthy Picks YA Fiction Ser.). (ENG.). 235p. (J). (gr. 6-8). 18.49 *(978-1-64697-216-6(3))* Penworthy Co., LLC, The.

Patina. Jason Reynolds. (Track Ser.: 2). (ENG.). (J). (gr. 5). 2018. 256p. pap. 7.99 *(978-1-4814-5019-5(0));* 2017. (Illus.). 240p. 17.99 *(978-1-4814-5018-8(2),* Atheneum/Caitlyn Dlouhy Books) Simon & Schuster Children's Publishing.

Patina. Jason Reynolds. ed. 2018. (Track Ser.: 2). lib. bdg. 18.40 *(978-0-606-41459-3(2))* Turtleback.

Patinaje Sobre Hielo de Las Pequeñas Estrellas. Taylor Farley. Tr. by Pablo de la Vega. 2021. (Pequeñas Estrellas (Little Stars) Ser.). (SPA., Illus.). 24p. (J). (gr. k-2). pap. *(978-1-4271-3182-9(1),* 15148); lib. bdg. *(978-1-4271-3164-5(3),* 15129) Crabtree Publishing Co.

PATIO EN EL CENTRO DEL UNIVERSO. Carlos Rebate Sánchez. 2018. (SPA.). (J). *(978-84-944172-1-4(5))* Editorial Libre Albedrío.

Patito Feo. Laura Layton Strom. Illus. by James Palmer. 2016. (Jump into Genre Ser.). (SPA.). (J). (gr. 3). 5.25 *(978-1-4788-3623-0(7))* Newmark Learning LLC.

Patito Holgazan. Anabel Jurado. 2017. (SPA.). 12p. (J). (gr. -1). 5.95 *(978-607-748-046-4(0))* Ediciones Urano S. A. ESP. Dist: Spanish Pubs., LLC.

Patitos. Julie Murray. 2017. (Crías de Animales (Baby Animals) Ser.). Tr. of Ducklings. (SPA.). 24p. (J). (gr. -1-2). lib. bdg. 31.36 *(978-1-5321-0614-9(9),* 27205, Abdo Kids) ABDO Publishing Co.

Patitos Al Escape. Abby Summerhill & Noni (Gail) Summerhill. Illus. by Alyssa Mazon. 2020. (SPA.). 34p. (J). (gr. k-3). pap. 10.95 *(978-1-7347007-0-1(X))* Legacies & Memories.

Pato en Tractor (Duck on a Tractor) David Shannon. ed. 2016. (ENG & SPA.). 32p. (J). (gr. -1-3). 17.20 *(978-0-606-39157-3(6))* Turtleback.

Patois Poems of the Channel Islands: The Norman-French Text, Edited with Parallel English Translation, Historical Introduction, & Notes (Classic Reprint) John Linwood Pitts. (ENG., Illus.). (J). 2018. 74p. 25.42 *(978-0-365-32487-4(6));* 2017. pap. 9.57 *(978-0-259-97822-0(1))* Forgotten Bks.

Patois Project Wid Nina. Khamara Wright. 2021. (ENG.). 42p. (J). 23.99 ***(978-1-0879-7955-7(2))*** Indy Pub.

Patranas; or Spanish Stories: Legendary & Traditional (Classic Reprint) Rachel Harriette Busk. 2018. (ENG., Illus.). 424p. (J). 32.64 *(978-0-483-35069-4(9))* Forgotten Bks.

Patriarch Daniel & the Resurgence of the Romanian Orthodox Church. George Alexander. 2021. (ENG.). 100p. (J). pap. *(978-1-716-22377-8(6))* Lulu Pr., Inc.

Patricia: A Mother (Classic Reprint) Kathleen Mannington Hunt Caffyn. 2017. (ENG., Illus.). (J). 31.86 *(978-0-331-68862-7(X));* pap. 16.57 *(978-0-259-31687-9(3))* Forgotten Bks.

Patricia: Hasta el Final. Oscar Monterrosa. 2021. (SPA.). 56p. (YA). pap. 13.95 *(978-1-6624-9143-6(3))* Page Publishing Inc.

Patricia: Trinity Academy Trilogy Book 2. Danielle Grubb. 2020. (Trinity Academy Trilogy Ser.: Vol. 2). (ENG.). 252p. (YA). pap. 18.95 *(978-1-0980-4261-5(1))* Christian Faith Publishing.

Patricia Bakes Cookies. Patsy E. Stackhouse. Illus. by Sanghamitra Dasgupta. 2022. (ENG.). 40p. (J). pap. 12.99 *(978-1-63984-157-8(1))* Pen It Pubns.

Patricia Bath & Laser Surgery. Ellen Labrecque. 2017. (21st Century Junior Library: Women Innovators Ser.). (ENG., Illus.). 24p. (J). (gr. 2-5). lib. bdg. 29.21 *(978-1-63472-180-6(2),* 209292) Cherry Lake Publishing.

Patricia Brent Spinster' (Classic Reprint) Herbert Jenkins. 2017. (ENG., Illus.). (J). 30.68 *(978-0-266-61732-7(8))* Forgotten Bks.

Patricia (Classic Reprint) Edith Henrietta Fowler. 2017. (ENG., Illus.). (J). 33.22 *(978-0-260-10122-8(2))* Forgotten Bks.

Patricia (Classic Reprint) Caroline Emilia Jacobs. (ENG., Illus.). (J). 2018. 182p. 27.67 *(978-0-483-75000-5(X));* 2016. pap. 10.57 *(978-1-334-12352-8(7))* Forgotten Bks.

P

Patricia Comes Home (Classic Reprint) L. A. G. Strong. 2018. (ENG., Illus.). 40p. (J). 24.72 *(978-0-332-88275-8(6))* Forgotten Bks.

Patricia of the Hills (Classic Reprint) Charles Kennett Burrow. (ENG., Illus.). (J). 2018. 340p. 30.91 *(978-0-483-50923-8(X))*; 2017. pap. 13.57 *(978-0-243-05746-7(6))* Forgotten Bks.

Patricia Pays a Compliment. Shoshonna Shoap. 2022. (ENG.). 42p. (J). 25.00 ***(978-1-0880-1893-4(9))***; pap. 15.00 ***(978-1-0880-2041-8(0))*** Indy Pub.

Patricia Plays a Part (Classic Reprint) Mabel Barnes-Grundy. 2017. (ENG., Illus.). (J). 32.74 *(978-0-265-66323-3(7))*; pap. 16.57 *(978-1-5276-3571-5(6))* Forgotten Bks.

Patricia the Pinky Toe. Cynthia R. Law. 2020. (ENG.). 47p. (J). pap. *(978-1-716-76462-2(9))* Lulu Pr., Inc.

Patrician (Classic Reprint) John Galsworthy. 2018. (ENG., Illus.). 394p. (J). 32.04 *(978-0-365-21616-2(X))* Forgotten Bks.

Patricians in the Roman Empire, 1 vol. Denise Jacobs. 2016. (Life in the Roman Empire Ser.). (ENG., Illus.). 80p. (J). (gr. 6-6). 37.36 *(978-1-5026-2257-0(2),* e9332088-2e9b-482b-8de5-d326c39245dc) Cavendish Square Publishing LLC.

Patricia's Reflection. Katilya Humphery. 2020. (ENG., Illus.). 34p. (J). pap. 14.95 *(978-1-64531-466-0(9))* Newman Springs Publishing, Inc.

Patricia's Vision: The Doctor Who Saved Sight. Michelle Lord. Illus. by Alleanna Harris. 2020. (People Who Shaped Our World Ser.: 7). 48p. (J). (gr. k). 18.99 *(978-1-4549-3137-9(X))* Sterling Publishing Co., Inc.

Patrick: Adventures in Early Little League. David Metzger. Illus. by Robert Fowler. 2021. (Patrick Ser.: 1). (ENG.). 68p. (J). pap. 14.95 *(978-1-0983-7111-1(9))* BookBaby.

Patrick & the Fire: A Legend about Saint Patrick. Cornelia Mary Bilinsky. Illus. by Maggie Coburn. 2017. 25p. (J). pap. *(978-0-8198-6037-8(9))* Pauline Bks. & Media.

Patrick & the President. Ryan Tubridy. Illus. by P. J. Lynch. 2017. (ENG.). 40p. (J). (gr. 1-4). 16.99 *(978-0-7636-8949-0(1))* Candlewick Pr.

Patrick Cudahy: His Life (Classic Reprint) Patrick Cudahy. (ENG., Illus.). (J). 2018. 330p. 30.70 *(978-0-483-72233-0(2))*; 2016. pap. 13.57 *(978-1-333-59590-6(5))* Forgotten Bks.

Patrick Finds a Wonder Place. Luann Hamill. Illus. by Nathalie Lewis. 2023. (ENG.). 50p. (J). 22.99 ***(978-1-64949-866-3(7))*** Elk Lake Publishing, Inc.

Patrick: God's Courageous Captive. Voice of Voice of the Martyr. 2020. (ENG.). 48p. (J). (gr. -1). 11.99 *(978-0-88264-203-1(0),* 149886) VOM Bks.

Patrick Griffin's First Birthday on Ith. Ned Rust. 2018. (Patrick Griffin & the Three Worlds Ser.: 2). (ENG., Illus.). 304p. (J). pap. 15.99 *(978-1-250-15892-5(3),* 900185538) Square Fish.

Patrick Kane: Hockey Star. Marty Gitlin. 2017. (Biggest Names in Sports Ser.). (ENG., Illus.). 32p. (J). (gr. 3-5). lib. bdg. 31.35 *(978-1-63517-042-9(7),* 1635170427, Focus Readers) North Star Editions.

Patrick Kane: Hockey Superstar. Will Graves. 2019. (PrimeTime: Hockey Superstars Ser.). (ENG.). 32p. (J). (gr. 3-4). pap. 9.95 *(978-1-63494-108-2(X),* 163494108X); lib. bdg. 31.35 *(978-1-63494-099-3(7),* 1634940997) Pr. Room Editions LLC.

Patrick Mahomes. Kenny Abdo. 2020. (Sports Biographies Ser.). (ENG., Illus.). 24p. (J). (gr. 2-8). lib. bdg. 31.36 *(978-1-0982-2140-9(0),* 34527, Abdo Zoom-Fly) ABDO Publishing Co.

Patrick Mahomes. Ted Coleman. 2020. (PrimeTime: Superstar Quarterbacks Ser.). (ENG.). 32p. (J). (gr. 3-4). pap. 9.95 *(978-1-63494-230-0(2),* 1634942302); lib. bdg. 31.35 *(978-1-63494-212-6(4),* 1634942124) Pr. Room Editions LLC.

Patrick Mahomes. Jon M. Fishman. 2019. (Sports All-Stars (Lerner (tm) Sports) Ser.). (ENG., Illus.). 32p. (J). (gr. 2-5). pap. 9.99 *(978-1-5415-7847-0(3),* c531f44b-e08a-4b58-86fd-4d5c334af4b4, Lerner Pubns.) Lerner Publishing Group.

Patrick Mahomes. Contrib. by Anthony K. Hewson. 2023. (SportsZone Biographies Ser.). (ENG.). 32p. (J). (gr. 3-9). lib. bdg. 32.79 ***(978-1-0982-9170-9(0)***, 41942, SportsZone) ABDO Publishing Co.

Patrick Mahomes. Allan Morey. 2023. (Sports Superstars Ser.). (ENG., Illus.). (J). (gr. 3-7). lib. bdg. 26.95 Bellwether Media.

Patrick Mahomes: Football MVP. Matt Chandler. 2020. (Stars of Sports Ser.). (ENG., Illus.). 32p. (J). (gr. 3-5). lib. bdg. 31.32 *(978-1-5435-9175-0(2),* 141563) Capstone.

Patrick Mahomes: NFL Sensation. James Monson. 2019. (Star Athletes Ser.). (ENG.). 112p. (J). (gr. 6-12). lib. bdg. 41.36 *(978-1-5321-1989-7(5),* 32327, Essential Library) ABDO Publishing Co.

Patrick Mahomes: Superstar Quarterback. Dennis St. Sauver. 2019. (NFL Superstars Ser.). (ENG., Illus.). 32p. (J). (gr. 2-5). lib. bdg. 34.21 *(978-1-5321-1983-5(6),* 32445, Big Buddy Bks.) ABDO Publishing Co.

Patrick Mahomes vs. Peyton Manning: Who Would Win? Keith Elliot Greenberg. 2023. (All-Star Smackdown (Lerner (tm) Sports) Ser.). (ENG., Illus.). 32p. (J). (gr. 2-5). pap. 9.99 Lerner Publishing Group.

Patrick Mcstup's Mixed-Up Family Christmas Part 1. Patrick McErlean. Illus. by Michael McErlean. 2019. (ENG.). 200p. (YA). pap. 12.99 *(978-1-64237-779-8(1))*; (Patrick Mcstup's Mixed-Up Family Ser.: Vol. 1). 19.99 *(978-1-64237-778-1(3))* Gatekeeper Pr.

Patrick Pays. Tracilyn George. 2020. (ENG.). 22p. (J). pap. 11.00 *(978-1-990153-28-0(3))* Lulu Pr., Inc.

Patrick Pays. Tracilyn George. Illus. by Aria Jones. 2020. (ENG.). 24p. (J). pap. 17.14 *(978-1-716-48719-4(6))* Lulu Pr., Inc.

Patrick Perseveres. Rachelle West. 2021. (ENG.). 28p. (J). pap. 15.95 *(978-1-6629-0979-5(9))* Gatekeeper Pr.

Patrick Porcupine's Personal Space. Greg Thomas. 2018. (ENG.). 48p. (J). 19.95 *(978-1-64307-142-8(4))* Amplify Publishing Group.

Patrick Puffin Learns a Lesson. Adrianne Murphy Neill & Sarah Jane Patterson. 2019. (ENG.). 42p. (J). pap. 18.95 *(978-1-4834-9947-5(2))* Lulu Pr., Inc.

Patrick the Pit Bull. Cheri Carter. 2018. (ENG., Illus.). 24p. (J). pap. 12.95 *(978-1-64300-062-6(4))* Covenant Bks.

Patrick's Birthday Message. Gail Clarke. 2017. (ENG., Illus.). (J). (gr. k-4). *(978-1-912406-22-7(5))* Gupole Pubns.

Patrick's Great Grass Adventure: With Greg the Grass Farmer. Joel Salatin & Rachel Salatin. 2017. (ENG., Illus.). 36p. (J). pap. 15.00 *(978-0-9638109-9-1(5))* Polyface, Inc.

Patrick's Perfect Mistake. Paul Gibson. Illus. by Felipe Maldonado. 2023. (ENG.). 36p. (J). pap. 10.99 ***(978-1-958302-67-5(8))***; 16.99 ***(978-1-958302-65-1(1))*** Lawley Enterprises.

Patrins to Which Is Added an Inquirendo into the Wit Other Good Parts of His Late Majesty King Charles the Second (Classic Reprint) Louise Imogen Guiney. 2018. (ENG., Illus.). 344p. (J). 31.01 *(978-0-483-40006-1(8))* Forgotten Bks.

Patriot: Piccolo Mondo Antico (Classic Reprint) Antonio Fogazzaro. 2017. (ENG., Illus.). (J). 33.24 *(978-0-265-20538-9(7))* Forgotten Bks.

Patriot, 1917 (Classic Reprint) Shields High School. 2018. (ENG., Illus.). 124p. (J). 26.45 *(978-0-483-90533-7(X))* Forgotten Bks.

Patriot, 1918 (Classic Reprint) Shields High School. (ENG., Illus.). (J). 2018. 128p. 26.56 *(978-0-483-74143-0(4))*; 2016. pap. 9.57 *(978-1-334-13210-0(0))* Forgotten Bks.

Patriot, 1919 (Classic Reprint) Shields High School. 2018. (ENG., Illus.). 126p. (J). pap. 9.57 *(978-1-391-59594-8(7))* Forgotten Bks.

Patriot, 1920 (Classic Reprint) Shields High School. 2017. (ENG., Illus.). (J). 124p. 26.45 *(978-0-484-24223-3(7))*; pap. 9.57 *(978-0-259-80780-3(X))* Forgotten Bks.

Patriot, 1921 (Classic Reprint) Shields High School. 2017. (ENG., Illus.). (J). pap. 9.57 *(978-0-259-83147-1(6))* Forgotten Bks.

Patriot & Tory: One Hundred Years Ago; a Tale of the Revolution, Embracing an Authentic Account of the Thrilling Incidents & Exciting Episodes of the Struggle for Independence; Graphic Sketches of Revolutionary Celebrities (Classic Reprint) Julia McNair Wright. 2016. (ENG., Illus.). (J). pap. 19.57 *(978-1-334-09113-1(7))* Forgotten Bks.

Patriot & Tory, One Hundred Years Ago: A Tale of the Revolution, Embracing an Authentic Account of the Thrilling Incidents & Exciting Episodes of the Struggle for Independence; Graphic Sketches of Revolutionary Celebrities (Classic Reprint) Julia McNair Wright. 2017. (ENG., Illus.). 554p. (J). 35.32 *(978-0-332-94874-4(9))* Forgotten Bks.

Patriot Boys: And Prison Pictures (Classic Reprint) Edmund Kirke. 2018. (ENG., Illus.). 322p. (J). 30.54 *(978-0-332-64069-3(8))* Forgotten Bks.

Patriot Pup. Elisa Camara & Jason Breidenbach. 2017. (Patriotic Pup Ser.: Vol. 1). (ENG., Illus.). (J). (gr. k-3). 19.99 *(978-1-945355-91-2(3))* Rocket Science Productions, LLC.

Patriot Schoolmaster. Hezekiah Butterworth & H. Winthrop Peirce. 2017. (ENG.). 262p. (J). pap. *(978-3-337-08843-9(0))* Creation Pubs.

Patriot Schoolmaster: Or, the Adventures of the Two Boston Cannon, the Adams & Hancock (Classic Reprint) Hezekiah Butterworth. 2018. (ENG., Illus.). 268p. (J). 29.44 *(978-0-656-36622-4(2))* Forgotten Bks.

Patriote Espagnol, le General Polavieja, Par Emile Longin. Longin-E. 2016. (Histoire Ser.). (FRE., Illus.). (J). pap. *(978-2-01-957614-1(7))* Hachette Groupe Livre.

Patriotic: Plays & Pageants for Young People (Classic Reprint) Constance D'Arcy MacKay. 2017. (ENG., Illus.). (J). 28.97 *(978-0-331-00136-5(5))* Forgotten Bks.

Patriotic Plays for Young People (Classic Reprint) Virginia Olcott. 2018. (ENG., Illus.). 188p. (J). 27.77 *(978-0-483-91345-5(6))* Forgotten Bks.

Patriotic Recitations: Together with Ninety-Nine Other Choice Readings & Recitations; This Choice Collection of Recitations Includes, in Addition to All of the Well Known Patriotic Pieces Many Others Suitable for Readings on All Occasions. Unknown Author. (ENG., Illus.). (J). 2018. 152p. 27.05 *(978-0-428-83307-7(1))*; 2017. pap. 9.57 *(978-1-334-93333-2(2))* Forgotten Bks.

Patriotic Songs. John Carroll Randolph. 2017. (ENG.). 206p. (J). pap. *(978-3-337-30945-9(3))* Creation Pubs.

Patriotism. Cynthia Amoroso. 2022. (Learning Core Values Ser.). (ENG.). 24p. (J). (gr. -1-2). lib. bdg. 32.79 *(978-1-5038-5852-7(9),* 215718, Wonder Books(r)) Child's World, Inc, The.

Patriotism. Cynthia Amoroso. 2018. (Illus.). 24p. (J). *(978-1-4896-6075-6(5),* AV2 by Weigl) Weigl Pubs., Inc.

Patriotism, 1 vol. Ed. by Sabine Cherenfant. 2019. (Introducing Issues with Opposing Viewpoints Ser.). (ENG.). 120p. (gr. 7-10). pap. 29.30 *(978-1-5345-0664-0(0),* c0402bfd-e04f-4caa-a158-cb5b81cd59a4); lib. bdg. 43.63 *(978-1-5345-0665-7(9),* 1d279039-7a08-4e1b-9b7c-a5725ad36072) Greenhaven Publishing LLC. (Greenhaven Publishing).

Patriotism at Boggsville (Classic Reprint) Willis N. Bugbee. 2018. (ENG., Illus.). 24p. (J). 24.39 *(978-0-267-27819-0(5))* Forgotten Bks.

Patriotism at Home: Or, the Young Invincibles (Classic Reprint) Unknown Author. 2018. (ENG., Illus.). 334p. (J). 30.79 *(978-0-484-28295-6(6))* Forgotten Bks.

Patriots: A Play in Three Acts (Classic Reprint) Lennox Robinson. 2018. (ENG., Illus.). 68p. (J). 25.30 *(978-0-483-80774-7(5))* Forgotten Bks.

Patriots & Loyalists, 1 vol. Nathan Miloszewski. 2019. (Opponents in American History Ser.). (ENG.). 32p. (gr. 4-5). 27.93 *(978-1-5383-4369-2(X),* 80d53fe7-7e4a-4966-b9c2-d09253d8ffc1, PowerKids Pr.) Rosen Publishing Group, Inc., The.

Patriot's Mistake: Being Personal Recollections of the Parnell Family (Classic Reprint) Emily Monroe Dickinson. 2017. (ENG., Illus.). (J). 29.88 *(978-0-331-56240-8(5))* Forgotten Bks.

Patriot's Strategy (Classic Reprint) Thomas F. Hargis. 2018. (ENG., Illus.). 294p. (J). 29.98 *(978-0-483-40985-9(5))* Forgotten Bks.

Patriots, Vol. 1: The Story of Lee & the Last Hope (Classic Reprint) Cyrus Townsend Brady. 2018. (ENG., Illus.). 380p. (J). 31.73 *(978-0-332-28928-1(1))* Forgotten Bks.

Patrol Cops. John Hamilton. 2021. (Law Enforcement Ser.). (ENG., Illus.). 48p. (J). (gr. 5-9). lib. bdg. 34.21 *(978-1-5321-9387-3(4),* 34777, Abdo & Daughters) ABDO Publishing Co.

Patrol of the Sun Dance Trail (Classic Reprint) Ralph Connor. 2018. (ENG., Illus.). 372p. (J). 31.57 *(978-0-267-12035-2(4))* Forgotten Bks.

Patrol Saints to You. Goran Episcopus. 2020. (ENG.). 112p. (J). pap. *(978-1-716-93669-2(1))* Lulu Pr., Inc.

Patrolling. Nel Yomtov. 2016. (Military Missions Ser.). (ENG., Illus.). 24p. (J). (gr. 3-7). 26.95 *(978-1-62617-435-1(0),* Epic Bks.) Bellwether Media.

Patrolling Police Cars. Tony Mitton. Illus. by Ant Parker. 2018. (Amazing Machines Ser.). (ENG.). 24p. (J). pap. 5.99 *(978-0-7534-7456-3(5),* 900191866, Kingfisher) Roaring Brook Pr.

Patron Saints of Nothing. Randy Ribay. (ENG.). 352p. (YA). (gr. 9). 2020. pap. 11.99 *(978-0-525-55492-9(0),* Penguin Books); 2019. (Illus.). 19.99 *(978-0-525-55491-2(2),* Kokila) Penguin Young Readers Group.

Patron Thief of Bread. Lindsay Eagar. 2022. (ENG.). 448p. (J). (gr. 5-9). 19.99 *(978-1-5362-0468-1(4))* Candlewick Pr.

Patrones de la Naturaleza: Leveled Reader Card Book 77 Level Q 6 Pack. Hmh Hmh. 2021. (SPA.). (J). pap. 74.40 *(978-0-358-08471-6(7))* Houghton Mifflin Harcourt Publishing Co.

Patrones Lindos y Juguetones Libro de Colorear: Para niños de 6-8, 9-12 Años. Young Dreamers Press. 2020. (Cuadernos para Colorear Niños Ser.: Vol. 1). (SPA., Illus.). 66p. (J). pap. *(978-1-989790-21-2(6))* EnemyOne.

Patrons Géométriques - Livre de Projets: Une Introduction Pratique à Géométrie Tridimensionnelle en Utilisant des Patrons Géométriques Avec des Instructions. David E. McAdams. 2023. (FRE.). 186p. (YA). pap. 29.95 ***(978-1-63270-286-9(X))*** Life is a Story Problem LLC.

Patroosh, the Cheeky Pelican. Renée James. 2021. (ENG.). 46p. (J). *(978-0-2288-4357-3(X))*; pap. *(978-0-2288-4356-6(1))* Tellwell Talent.

Patroosh, the Hungry Pelican. Renée James. 2023. (ENG.). 30p. (J). ***(978-0-2288-8207-7(9))***; pap. ***(978-0-2288-8206-0(0))*** Tellwell Talent.

Patroosh, the Surprised Pelican. Renée James. 2023. (ENG.). 32p. (J). ***(978-0-2288-8643-3(0))***; pap. ***(978-0-2288-8642-6(2))*** Tellwell Talent.

Pat's Online Chat. McArthur Margaret. Illus. by Bryan Jason Ynion. 2019. (Rob the Robot Ser.: Vol. 2). (ENG.). 32p. (J). (gr. 2-6). *(978-0-6484449-3-0(7))*; pap. *(978-0-6484449-7-8(X))* McArthur, Margaret.

Patsey the Omadaun (Classic Reprint) M. Mcd Bodkin. 2017. (ENG., Illus.). (J). 30.17 *(978-0-331-54362-9(1))* Forgotten Bks.

Patsy: A Comedy for Female Characters in Two Acts (Classic Reprint) Fannie Barnett Linsky. 2018. (ENG., Illus.). 40p. (J). 24.68 *(978-0-332-85785-5(9))* Forgotten Bks.

Patsy Caroll in the Golden West (Classic Reprint) Grace Gordon. 2018. (ENG., Illus.). 330p. (J). 30.70 *(978-0-267-49605-1(2))* Forgotten Bks.

Patsy Carroll at Wilderness Lodge (Classic Reprint) Grace Gordon. 2018. (ENG., Illus.). 358p. (J). 31.20 *(978-0-332-09579-0(7))* Forgotten Bks.

Patsy (Classic Reprint) S. R. Crockett. 2018. (ENG., Illus.). 326p. (J). 30.64 *(978-0-332-83789-5(0))* Forgotten Bks.

Patsy Dugan's Christmas: Or Santa from Clausville (Classic Reprint) Marie Irish. (ENG., Illus.). (J). 2018. 20p. 24.31 *(978-0-484-02740-3(9))*; 2016. pap. 7.97 *(978-1-333-49669-2(9))* Forgotten Bks.

Patsy Mink. Stephanie Cham. 2018. (Great Asian Americans Ser.). (ENG., Illus.). 24p. (J). (gr. -1-2). lib. bdg. 27.32 *(978-1-5157-9954-2(9),* 136952, Capstone Pr.) Capstone.

Patsy Mink. Virginia Loh-Hagan. Illus. by Jeff Bane. 2022. (My Early Library: My Itty-Bitty Bio Ser.). (ENG.). 24p. (J). (gr. k-1). pap. 12.79 *(978-1-6689-0011-6(4),* 220102); lib. bdg. 30.64 *(978-1-5341-9897-5(0),* 219958) Cherry Lake Publishing.

Patsy the Seagull Visits Ellis Island. Patricia Richel. 2018. (ENG., Illus.). 36p. (J). pap. 13.95 *(978-1-64138-818-4(8))* Page Publishing Inc.

Pattan's Pumpkin: A Traditional Flood Story from Southern India. Chitra Soundar. Illus. by Frané Lessac. 2017. (J). *(978-3-692-74397-4(1))* Candlewick Pr.

Patter Chatter, Vol. 1 (Classic Reprint) B. L. Gilbert. 2018. (ENG., Illus.). 30p. (J). 24.52 *(978-0-267-69545-4(4))* Forgotten Bks.

Pattern Coloring Book. Ruva Publishers. 2023. (ENG.). 106p. (J). pap. ***(978-1-4478-4303-0(7))*** Lulu Pr., Inc.

Pattern Coloring Book 5: Manifest Positivity & Beauty with Intricate Pattern Graphics - Large Print Coloring Book. Ruva Publishers. 2023. (ENG.). 107p. (YA). pap. ***(978-1-4477-0970-1(5))*** Lulu Pr., Inc.

Pattern for Pepper. Julie Kraulis. 2017. (Illus.). 40p. (J). (gr. k-4). 16.99 *(978-1-101-91756-5(3),* Tundra Bks.) Tundra Bks. CAN. Dist: Penguin Random Hse. LLC.

Pattern Mandala Coloring Book for Adults: Awesome Mandala Adult Coloring Book: Stress Relieving, Quality Pape,60 Delightful One-Side-Only Designs, Beautiful Designs for Relaxation. Elli Steele. 2021. (ENG.). 126p. (YA). pap. 10.99 *(978-1-716-08808-7(9))* Lulu Pr., Inc.

Pattern Mandala Valentine's Day: Beautiful Valentine's Day Mandala Adult Coloring Book Stress Relieving, One-Sided Printing, A4 Size, Premium Quality Paper, for Boys & Girls. Elli Steele. 2021. (ENG.). 82p. (YA). pap. 9.69 *(978-1-716-10336-0(3))* Lulu Pr., Inc.

Pattern (Math Counts: Updated Editions) Henry Pluckrose. 2018. (Math Counts, New & Updated Ser.). (ENG., Illus.). 32p. (J). (gr. k-3). pap. 5.95 *(978-0-531-13519-8(5),* Children's Pr.) Scholastic Library Publishing.

Pattern (Math Counts: Updated Editions) (Library Edition) Henry Pluckrose. 2018. (Math Counts, New & Updated Ser.). (ENG., Illus.). 32p. (J). (gr. k-3). lib. bdg. 25.00 *(978-0-531-17510-1(3),* Children's Pr.) Scholastic Library Publishing.

Pattern Power! Help Me Unlock the Safe! Math Activity Book 3rd Grade Volume II. Jupiter Kids. 2017. (ENG., Illus.). (J). pap. 9.20 *(978-1-5419-3312-5(5),* Jupiter Kids (Childrens & Kids Fiction)) Speedy Publishing LLC.

Pattern Puzzles: Odd One Out. Violet Peto. Illus. by Kathryn Selbert. 2021. (ENG.). 96p. (J). pap. 9.99 *(978-1-3988-0841-6(5),* 2b6a4f99-505f-45b1-a02e-ec776c353cfb) Arcturus Publishing GBR. Dist: Baker & Taylor Publisher Services (BTPS).

Patterns, 1 vol. Joanna Brundle. 2017. (First Math Ser.). (ENG.). 24p. (gr. k-k). pap. 9.25 *(978-1-5345-2208-4(5),* 423bb748-ad56-4863-944e-5558b109a248); lib. bdg. 26.23 *(978-1-5345-2192-6(5),* f66bb603-fbdf-400b-9455-5618ea60ebc1) Greenhaven Publishing LLC.

Patterns. Angela Giles & Anna Award. 2017. (Illus.). 10p. (J). bds. 9.00 *(978-1-909763-45-6(4))* Award Pubns. Ltd. GBR. Dist: Parkwest Pubns., Inc.

Patterns. Sara Pistoia. 2019. (Let's Do Math! Ser.). (ENG.). 24p. (J). (gr. -1-2). lib. bdg. 22.99 *(978-1-5105-4569-4(7))* SmartBook Media, Inc.

Patterns. Sara Pistoia. 2016. (J). *(978-1-4896-5116-7(0))* Weigl Pubs., Inc.

Patterns: A Simple Joy Coloring Book. Compiled by Brigid Day. 2021. (ENG.). 100p. (J). pap. 18.00 *(978-1-6671-4255-5(0))* Lulu Pr., Inc.

Patterns: Learn-a-Word Book. Nicola Tuxworth. 2016. (Illus.). 20p. (J). (gr. -1-12). bds. 6.99 *(978-1-86147-462-9(8),* Armadillo) Anness Publishing GBR. Dist: National Bk. Network.

Patterns: Learn with Vegemite. New Holland Publishers & New Holland New Holland Publishers. 2022. (Cloth Ser.). (ENG.). 8p. (J). (— 1). 9.99 *(978-1-76079-418-7(X))* New Holland Pubs. Pty, Ltd. AUS. Dist: Independent Pubs. Group.

Patterns & Geometrics Coloring Book: Pattern Coloring Books for Teens. Activibooks For Kids. 2016. (ENG., Illus.). (J). pap. 9.20 *(978-1-68321-106-8(5))* Mimaxion.

Patterns & Numbers in Minecraft. Adam Hellebuyck & Mike Medvinsky. 2019. (21st Century Skills Innovation Library: Minecraft & STEAM Ser.). (ENG., Illus.). 32p. (J). (gr. 4-8). pap. 14.21 *(978-1-5341-3972-5(9),* 212717) Cherry Lake Publishing.

Patterns & Numbers in Minecraft: Math. Adam Hellebuyck & Mike Medvinsky. 2019. (21st Century Skills Innovation Library: Minecraft & STEAM Ser.). (ENG., Illus.). 32p. (J). (gr. 4-8). lib. bdg. 32.07 *(978-1-5341-4316-6(5),* 212716) Cherry Lake Publishing.

Patterns & Textures. Emily Sohn. 2019. (IScience Ser.). (ENG., Illus.). 32p. (J). (gr. 3-4). 23.94 *(978-1-68450-958-4(0))*; pap. 13.26 *(978-1-68404-383-5(2))* Norwood Hse. Pr.

Patterns Are Fun! (Set), 6 vols. 2018. (Patterns Are Fun! Ser.). (ENG.). 24p. (J). (gr. -1-2). lib. bdg. 188.16 *(978-1-5321-0792-4(7),* 28145, Abdo Kids) ABDO Publishing Co.

Patterns at School see Diseños en la Escuela

Patterns at School. Bela Davis. 2018. (Patterns Are Fun! Ser.). (ENG., Illus.). 24p. (J). (gr. -1-2). lib. bdg. 31.36 *(978-1-5321-0793-1(5),* 28147, Abdo Kids) ABDO Publishing Co.

Patterns at the Park. Bela Davis. 2018. (Patterns Are Fun! Ser.). (ENG., Illus.). 24p. (J). (gr. -1-2). lib. bdg. 31.36 *(978-1-5321-0794-8(3),* 28149, Abdo Kids) ABDO Publishing Co.

Patterns at the Zoo. Bela Davis. 2018. (Patterns Are Fun! Ser.). (ENG., Illus.). 24p. (J). (gr. -1-2). lib. bdg. 31.36 *(978-1-5321-0795-5(1),* 28151, Abdo Kids) ABDO Publishing Co.

Patterns Everywhere. Lisa Varchol Perron. 2023. (ENG., Illus.). 32p. (J). (gr. k-3). lib. bdg. 29.32 *(978-1-7284-6042-0(5),* ce90072b-999d-4af8-8d03-865155013d0f, Millbrook Pr.) Lerner Publishing Group.

Patterns from Nature: The Art of Klimt. Myeong-Hwa Yu. Illus. by Seung-Beom Yu. 2017. (Stories of Art Ser.). (ENG.). 36p. (J). (gr. 3-5). lib. bdg. 29.32 *(978-1-925235-30-2(0),* 0ab2e65e-6fc4-45af-a89c-5c9dd77bdd59, Big and SMALL) ChoiceMaker Pty. Ltd., The AUS. Dist: Lerner Publishing Group.

Patterns in Nature. Bela Davis. 2018. (Patterns Are Fun! Ser.). (ENG., Illus.). 24p. (J). (gr. -1-2). lib. bdg. 31.36 *(978-1-5321-0796-2(X),* 28153, Abdo Kids) ABDO Publishing Co.

Patterns in Sports. Bela Davis. 2018. (Patterns Are Fun! Ser.). (ENG., Illus.). 24p. (J). (gr. -1-2). lib. bdg. 31.36 *(978-1-5321-0797-9(8),* 28155, Abdo Kids) ABDO Publishing Co.

Patterns in the City. Bela Davis. 2018. (Patterns Are Fun! Ser.). (ENG., Illus.). 24p. (J). (gr. -1-2). lib. bdg. 31.36 *(978-1-5321-0798-6(6),* 28157, Abdo Kids) ABDO Publishing Co.

Patterns in the Sky. Mary Lindeen. 2018. (BeginningtoRead Ser.). (ENG.). 32p. (J). (gr. -1-2). lib. bdg. 22.60 *(978-1-59953-900-3(4))*; (gr. k-2). pap. 13.26 *(978-1-68404-147-3(3))* Norwood Hse. Pr.

Patterns in the Snow Coloring Book. Kreativ Entspannen. 2016. (ENG., Illus.). (J). pap. 9.20 *(978-1-68377-347-4(0))* Whlke, Traudl.

Patterns of Australia. Bronwyn Bancroft. 2019. (ENG., Illus.). 24p. (J). (gr. -1-k). pap. 9.99 *(978-1-76050-199-0(9))* Little Hare Bks. AUS. Dist: Independent Pubs. Group.

Patterns of Time. Emma Bernay & Emma Carlson Berne. Illus. by Tim Palin. 2019. (Patterns of Time Ser.). (ENG.). 24p. (J). (gr. -1-2). pap., pap., pap. 31.80 *(978-1-5158-7781-3(7),* 203171); 135.96 *(978-1-68410-414-7(9),* 29714) Cantata Learning.

Patterns Practice Book Prek-Grade 5 - Ages 4-11. Bobo's Little Brainiac Books. 2016. (ENG., Illus.). (J). pap. 7.99 *(978-1-68327-821-4(6))* Sunshine In My Soul Publishing.

Patteson of the Isles (Classic Reprint) Mary H. Debenham. 2018. (ENG., Illus.). 176p. (J). 27.53 *(978-0-483-65401-3(9))* Forgotten Bks.

Patti Discovers Her Gift. Julienne Olson. Illus. by Denis Proulx. 2020. (ENG.). 36p. (J). pap. 14.95 *(978-1-7360370-0-3(5))* How 2 Creative Services.

Patti Melt the Squirrel. Luella Jackson. Illus. by Vinsin Fletcher. 2021. (ENG.). 26p. (J). pap. 14.99 *(978-1-942871-97-2(X))* Hope of Vision Publishing.

Patti the Prawn: Little Stories, Big Lessons. Jacqui Shepherd. 2018. (Sea Stories Ser.). (ENG., Illus.). 32p. (J). (gr. k-6). pap. *(978-1-77008-934-1(9))* Awareness Publishing.

Patty & Azalea. Carolyn Wells. 2017. (ENG., Illus.). (J). 23.95 *(978-1-374-95613-1(9))*; pap. 13.95 *(978-1-374-95612-4(0))* Capital Communications, Inc.

Patty & Azalea. Carolyn Wells. 2018. (ENG., Illus.). 186p. (YA). (gr. 7-12). pap. *(978-93-5297-504-4(9))* Alpha Editions.

Patty & Azalea (Classic Reprint) Carolyn Wells. 2018. (ENG., Illus.). (J). 310p. 30.29 *(978-1-396-42140-2(8))*; 312p. pap. 13.57 *(978-1-390-90144-3(0))* Forgotten Bks.

Patty at Home. Carolyn Wells. 2018. (ENG., Illus.). 160p. (YA). (gr. 7-12). pap. *(978-93-5297-505-1(7))* Alpha Editions.

Patty at Home (Classic Reprint) Carolyn Wells. 2018. (ENG., Illus.). 318p. (J). 30.48 *(978-0-483-86335-4(1))* Forgotten Bks.

Patty Blossom. Carolyn Wells. 2018. (ENG., Illus.). 178p. (YA). (gr. 7-12). pap. *(978-93-5297-506-8(5))* Alpha Editions.

Patty Fairfield. Carolyn Wells. 2018. (ENG., Illus.). 148p. (YA). (gr. 7-12). pap. *(978-93-5297-507-5(3))* Alpha Editions.

Patty Fairfield (Classic Reprint) Carolyn Wells. 2018. (ENG., Illus.). 258p. (J). 29.22 *(978-0-483-77439-1(1))* Forgotten Bks.

Patty Gray's Journey: From Baltimore to Washington (Classic Reprint) Caroline Healey Dall. 2017. (ENG., Illus.). (J). 290p. 29.90 *(978-0-332-31316-0(6))*; 292p. pap. 13.57 *(978-0-332-29963-1(5))* Forgotten Bks.

Patty Gray's Journey; from Boston to Baltimore. Caroline H. Dall. 2017. (ENG., Illus.). (J). pap. *(978-0-649-58931-9(9))* Trieste Publishing Pty Ltd.

Patty Gray's Journey from Boston to Baltimore: Stories for Children. Caroline H. Dall. 2017. (ENG., Illus.). (J). pap. 13.25 *(978-1-63391-539-8(5))* Westphalia Press.

Patty Gray's Journey to the Cotton Islands: A Series of Books for Children (Classic Reprint) Caroline H. Dall. 2018. (ENG., Illus.). 268p. (J). 29.42 *(978-0-483-63390-2(9))* Forgotten Bks.

Patty in Paris. Carolyn Wells. 2018. (ENG., Illus.). 160p. (YA). (gr. 7-12). pap. *(978-93-5297-508-2(1))* Alpha Editions.

Patty in Paris (Classic Reprint) Carolyn Wells. 2018. (ENG., Illus.). 286p. (J). 29.82 *(978-0-267-24136-1(4))* Forgotten Bks.

Patty Pumpernickel Is Really Quite Fickle. Afiya T. Moore. 2017. (ENG., Illus.). 32p. (J). pap. 15.00 *(978-1-4834-7241-6(8))* Lulu Pr., Inc.

Patty the Palomino. Artie Mabbett. 2023. (ENG.). 38p. (J). 18.95 ***(978-1-63755-391-6(9))*** Amplify Publishing Group.

Patty the Pink Pug: An Interesting, Cute Children's Book about Acceptance for Kids Ages 3-6,7-8. K. a Mulenga. 2023. (ENG.). 26p. (J). pap. ***(978-1-7764245-4-2(9))*** ALZuluBelle.

Patty William's Voyage. A. M. W. 2017. (ENG., Illus.). (J). pap. *(978-3-7447-4759-2(X))* Creation Pubs.

Patty William's Voyage: A Story Almost Wholly True (Classic Reprint) A. M. W. 2018. (ENG., Illus.). 120p. (J). 26.37 *(978-0-267-20045-0(5))* Forgotten Bks.

Patty's Butterfly Days. Carolyn Wells. 2017. (ENG., Illus.). (J). 23.95 *(978-1-374-91574-9(2))*; pap. 13.95 *(978-1-374-91573-2(4))* Capital Communications, Inc.

Patty's Butterfly Days. Carolyn Wells. 2018. (ENG., Illus.). 184p. (YA). (gr. 7-12). pap. *(978-93-5297-509-9(X))* Alpha Editions.

Patty's Butterfly Days (Classic Reprint) Carolyn Wells. 2017. (ENG., Illus.). (J). 30.48 *(978-0-265-17892-8(4))* Forgotten Bks.

Patty's Friends. Carolyn Wells. 2018. (ENG., Illus.). 172p. (YA). (gr. 7-12). pap. *(978-93-5297-510-5(3))* Alpha Editions.

Patty's Motor Car (Classic Reprint) Carolyn Wells. 2018. (ENG., Illus.). (J). 292p. 29.94 *(978-1-396-42074-0(6))*; 294p. pap. 13.57 *(978-1-390-90143-6(2))* Forgotten Bks.

Patty's Perversities (Classic Reprint) Unknown Author. 2017. (ENG., Illus.). (J). 30.64 *(978-0-265-20811-3(4))* Forgotten Bks.

Patty's Social Season. Carolyn Wells. 2018. (ENG., Illus.). 204p. (YA). (gr. 7-12). pap. *(978-93-5297-511-2(1))* Alpha Editions.

Patty's Success. Carolyn Wells. 2018. (ENG., Illus.). 178p. (YA). (gr. 7-12). pap. *(978-93-5297-512-9(X))* Alpha Editions.

Patty's Suitors. Carolyn Wells. 2018. (ENG., Illus.). 208p. (YA). (gr. 7-12). pap. *(978-93-5297-513-6(8))* Alpha Editions.

Patty's Summer Days. Carolyn Wells. 2018. (ENG., Illus.). 182p. (YA). (gr. 7-12). pap. *(978-93-5297-514-3(6))* Alpha Editions.

Patty's Summer Days (Classic Reprint) Carolyn Wells. (ENG., Illus.). (J). 2018. 310p. 30.29 *(978-0-656-54012-9(5))*; 2017. pap. 13.57 *(978-0-259-33918-2(0))* Forgotten Bks.

Patunia Peacock & Her Flair Weather Friend. Richard Evans. 2021. (ENG.). 34p. (J). 19.95 ***(978-1-68564-180-1(6))*** Primedia eLaunch LLC.

Patxi et Ida Sous le Pont de L'enfer. Claudia Grimaldi. 2019. (FRE.). 64p. (J). pap. *(978-2-917822-71-5(6))* Pgcom Editions.

Patxi et le Visiteur du Soir. Claudia Grimaldi. 2019. (Patxi Ser.: Vol. 1). (FRE., Illus.). 64p. (J). pap. *(978-2-917822-70-8(8))* Pgcom Editions.

Paul - Men & Women of the Bible Revised. Contrib. by Casscom Media. 2017. (Men & Women of the Bible - Revised Ser.). (ENG., Illus.). (J). pap. *(978-87-7132-588-1(3))* Scandinavia Publishing Hse.

Paul & Antoinette. Illus. by KerascoUt. 2016. (ENG.). 40p. (J). (gr. -1-3). 17.95 *(978-1-59270-196-4(5))* Enchanted Lion Bks., LLC.

Paul & Bubu Tau's Christmas Tree. Caroline Evari. Illus. by Julia Pelikhovick. 2019. (ENG.). 22p. (J). pap. *(978-1-925986-56-3(X))* Library For All Limited.

Paul & Bucky: A True Story of a Wild Friendship. Patty Shenker. Illus. by David A. Walega. 2023. (ENG.). 64p. (J). pap. 14.99 ***(978-1-63988-783-5(0))*** Primedia eLaunch LLC.

Paul & Christina (Classic Reprint) Amelia E. Barr. 2018. (ENG., Illus.). 238p. (J). 28.81 *(978-0-428-57421-5(1))* Forgotten Bks.

Paul & Frank Build a Sea Zoo: Two Friends Build a Giant Fish Tank. Thomas Rippy. 2022. (ENG.). 32p. (J). pap. 11.99 ***(978-0-578-36236-6(8))*** Indy Pub.

Paul & His Dog, Vol. 1 (Classic Reprint) Paul de Kock. 2017. (ENG., Illus.). (J). 32.62 *(978-0-266-37984-3(2))* Forgotten Bks.

Paul & His Dog, Vol. 2 (Classic Reprint) Paul de Kock. 2017. (ENG., Illus.). (J). 31.86 *(978-0-265-41805-5(4))* Forgotten Bks.

Paul & Monkey's Adventure. Paul Little. 2020. (ENG.). 60p. (J). pap. *(978-0-244-88580-9(X))* Lulu Pr., Inc.

Paul & Persis: Or the Revolutionary Struggle in the Mohawk Valley (Classic Reprint) Mary E. Brush. 2017. (ENG., Illus.). (J). 28.87 *(978-0-331-63731-1(6))*; pap. 11.57 *(978-0-243-17420-1(9))* Forgotten Bks.

Paul & Virginia: An Indian Tale (Classic Reprint) Bernardin de Saint-Pierre. 2017. (ENG., Illus.). (J). 28.76 *(978-0-260-59757-1(0))* Forgotten Bks.

Paul & Virginia: Translated from the French (Classic Reprint) Jacques-Bernardin-Henri de Saint-Pierre. 2018. (ENG., Illus.). (J). 222p. 28.48 *(978-0-366-56515-3(X))*; 224p. pap. 10.97 *(978-0-366-19700-2(2))* Forgotten Bks.

Paul & Virginia, and, Elizabeth, or the Exiles of Siberia, a Tale, Founded on Facts (Classic Reprint) Bernardin de Saint-Pierre. 2017. (ENG., Illus.). (J). 30.50 *(978-0-266-71825-3(6))*; pap. 13.57 *(978-1-5276-7469-1(X))* Forgotten Bks.

Paul & Virginia (Classic Reprint) Bernardin de Saint Pierre. 2017. (ENG., Illus.). (J). 28.58 *(978-0-260-49507-5(7))*; pap. 10.97 *(978-0-243-38032-9(1))* Forgotten Bks.

Paul & Virginia (Classic Reprint) Bernadin de Saint-Pierre. 2018. (ENG., Illus.). 304p. (J). 30.17 *(978-0-332-59116-2(6))* Forgotten Bks.

Paul & Virginia (Classic Reprint) Bernardin Saint-Pierre. 2016. (ENG., Illus.). (J). pap. 13.57 *(978-1-334-07380-9(5))* Forgotten Bks.

Paul & Virginia (Classic Reprint) Bernardin de Saint-Pierre. 2018. (ENG., Illus.). 368p. (J). 31.49 *(978-0-428-50163-1(X))* Forgotten Bks.

Paul & Virginia of a Northern Zone (Classic Reprint) Holger Drachmann. 2017. (ENG., Illus.). (J). 28.27 *(978-1-5283-7199-5(2))* Forgotten Bks.

Paul at the Mall. Will Hallewell. 2019. (Gazore Ser.: Vol. 6). (ENG.). 66p. (J). (gr. 3-6). pap. 7.99 *(978-1-64533-147-6(4))* Kingston Publishing Co.

Paul Bunyan. M. J. York. Illus. by Michael Garland. 2021. (Tall Tales Ser.). (ENG.). 24p. (J). (gr. k-3). 32.79 *(978-1-5038-5001-9(3)*, 214850) Child's World, Inc, The.

Paul Bunyan: The True Story. Steve Mann & Rob Rockley. 2017. (ENG., Illus.). 74p. (J). pap. *(978-0-9952853-1-6(4))* Mann, Steve.

Paul Bunyan & Babe the Blue Whale: A Graphic Novel. Penelope Gruber. Illus. by Otis Frampton. 2019. (Far Out Folktales Ser.). (ENG.). 40p. (J). (gr. 3-6). lib. bdg. 26.65 *(978-1-4965-7842-6(2)*, 139308, Stone Arch Bks.) Capstone.

Paul Bunyan & His Loggers (Classic Reprint) Otis T. 2017. (ENG., Illus.). (J). 24.33 *(978-0-265-88837-7(9))* Forgotten Bks.

Paul Carah, Cornishman (Classic Reprint) Charles Lee. 2017. (ENG., Illus.). (J). 30.66 *(978-1-5279-8172-0(X))* Forgotten Bks.

Paul (Classic Reprint) Edward Frédéric Benson. 2018. (ENG., Illus.). 368p. (J). 31.51 *(978-0-666-93979-1(9))* Forgotten Bks.

Paul Clifford (Classic Reprint) Edward Bulwer Lytton. (ENG., Illus.). (J). 2018. 816p. 40.73 *(978-0-483-08822-1(6))*; 2016. pap. 23.57 *(978-1-333-79746-1(X))* Forgotten Bks.

Paul Clifford, Vol. 1 of 2 (Classic Reprint) Edward Bulwer Lytton. 2018. (ENG., Illus.). 368p. (J). 31.51 *(978-0-656-86445-4(1))* Forgotten Bks.

Paul Clifford, Vol. 1 of 3 (Classic Reprint) Edward Bulwer Lytton. 2018. (ENG., Illus.). 318p. (J). 30.46 *(978-0-483-88095-5(7))* Forgotten Bks.

Paul Dombey: From Dombey & Son (Classic Reprint) Charles Dickens. (ENG., Illus.). (J). 2018. 134p. 26.66 *(978-0-483-66789-1(7))*; 2016. pap. 9.57 *(978-1-334-12573-7(2))* Forgotten Bks.

Paul el Piloto Vuela a Barcelona: Aprendizaje de Idiomas Divertido para niños de 4 a 7 Años. Sarah Barton & Ray Wilkins. Illus. by Joe Ruiz. 2019. (Paul the Pilot Bilingual Storybooks - English & Spanish Ser.: Vol. 2). (SPA.). 76p. (J). pap. *(978-1-912761-07-4(6))* Nicier Publishing.

Paul Errington & Our Scarlet Prince: A Book for the American People (Classic Reprint) John McDowell Leavitt. (ENG., Illus.). (J). 2018. 286p. 29.84 *(978-0-483-07064-6(5))*; 2017. pap. 13.57 *(978-0-243-07621-5(5))* Forgotten Bks.

Paul Ferroll, Vol. 9: A Tale (Classic Reprint) Unknown Author. 2017. (ENG., Illus.). (J). 30.58 *(978-1-5285-3411-6(5))* Forgotten Bks.

Paul Foster's Daughter, Vol. 1 of 3 (Classic Reprint) Dutton Cook. 2018. (ENG., Illus.). 316p. (J). 30.43 *(978-0-267-19003-4(4))* Forgotten Bks.

Paul Foster's Daughter, Vol. 2 of 3 (Classic Reprint) Dutton Cook. 2018. (ENG., Illus.). 332p. (J). 30.74 *(978-0-267-24891-9(1))* Forgotten Bks.

Paul Foster's Daughter, Vol. 3 of 3 (Classic Reprint) Dutton Cook. 2018. (ENG., Illus.). 354p. (J). 31.20 *(978-0-483-86358-3(0))* Forgotten Bks.

Paul Gauguin's Intimate Journals (Classic Reprint) Paul Gauguin. 2017. (ENG., Illus.). (J). 29.30 *(978-0-331-33478-4(X))*; pap. 11.97 *(978-0-243-38843-1(8))* Forgotten Bks.

Paul George. Jon M. Fishman. 2021. (Sports All-Stars (Lerner (tm) Sports) Ser.). (ENG., Illus.). 32p. (J). (gr. 2-5). pap. 9.99 *(978-1-7284-1406-5(7)*, 66f61f25-4c8a-405c-ad45-90ac72d21c3b); lib. bdg. 29.32 *(978-1-5415-9753-2(2)*, fb2c930a-4bba-4a4b-8c11-aab53bfeb872) Lerner Publishing Group. (Lerner Pubns.).

Paul George. Donald Parker. 2019. (Hardwood Greats: Pro Basketball's Best Players Ser.). (Illus.). 80p. (J). (gr. 12). lib. bdg. 34.60 *(978-1-4222-4350-3(8))* Mason Crest.

Paul George: NBA Star. Douglas Lynne. 2020. (Pro Sports Stars Ser.). (ENG.). 24p. (J). (gr. 3-3). pap. 8.95 *(978-1-63494-237-9(X)*, 163494237X); lib. bdg. 28.50 *(978-1-63494-219-5(1)*, 1634942191) Pr. Room Editions LLC.

Paul: God's Courageous Apostle. Voice of Voice of the Martyr. 2020. (ENG.). 48p. (J). (gr. -1). 11.99 *(978-0-88264-206-2(5)*, 149885) VOM Bks.

Paul Gosslett's Confessions (Classic Reprint) Charles James Lever. 2018. (ENG., Illus.). 160p. (J). 27.20 *(978-0-428-90414-2(9))* Forgotten Bks.

Paul Heriot's Pictures (Classic Reprint) Alison M'Lean. (ENG., Illus.). (J). 2018. 318p. 30.46 *(978-0-267-00688-5(8))*; 2017. pap. 13.57 *(978-0-259-06226-4(X))* Forgotten Bks.

Paul Is Dead. Paolo Baron. 2020. (ENG., Illus.). 128p. (YA). pap. 16.99 *(978-1-5343-1629-4(9)*, c99c001f-3862-4751-8efb-6f65651eeeab) Image Comics.

Paul Kelver (Classic Reprint) Jerome Jerome. 2018. (ENG., Illus.). 446p. (J). 33.12 *(978-0-365-13708-5(1))* Forgotten Bks.

Paul le Pilote S'Envole Pour Paris: Apprendre une Langue en S'Amusant Pour les 4-7 Ans. Sarah Barton & Ray Wilkins. Illus. by Joe Ruiz. 2019. (Paul the Pilot Bilingual Storybooks - English & French Ser.: Vol. 2). (FRE.). 72p. (J). pap. *(978-1-912761-01-2(7))* Nicier Publishing.

Paul Makes Sauce: Practicing the AU Sound, 1 vol. Timea Thompson. 2016. (Rosen Phonics Readers Ser.). (ENG., Illus.). 12p. (J). (gr. -1-2). pap. *(978-1-5081-3104-5(X)*, cfe42710-f4c8-4387-b6e6-08feff3218ba, Rosen Classroom) Rosen Publishing Group, Inc., The.

Paul, Man on a Mission: The Life & Letters of an Adventurer for Jesus, 1 vol. Bob Hartman & Conrad Gempf. Illus. by Dave Smith. ed. 2017. (ENG.). 160p. (J). (gr. 4-6). pap. 11.99 *(978-0-7459-7739-3(1)*, 00563eda-3515-415e-8848-9e40beb90637, Lion Children's) Lion Hudson PLC GBR. Dist: Baker & Taylor Publisher Services (BTPS).

Paul Meets Jesus, 1 vol. David Miles. 2016. (I Can Read! / Adventure Bible Ser.). (ENG., Illus.). 32p. (J). pap. 4.99 *(978-0-310-75076-5(8))* Zonderkidz.

Paul Nugent, Materialist, Vol. 1 of 2 (Classic Reprint) Helen F. Hetherington Gullifer. 2018. (ENG., Illus.). 266p. (J). 29.38 *(978-0-483-31920-2(1))* Forgotten Bks.

Paul Nugent, Materialist, Vol. 2 of 2 (Classic Reprint) Helen F. Hetherington Gullifer. 2018. (ENG., Illus.). 250p. (J). 29.05 *(978-0-483-47612-7(9))* Forgotten Bks.

Paul Pogba. Michael Decker. (World's Greatest Soccer Players Ser.). (ENG., Illus.). 32p. (J). 2020. (gr. 4-4). pap. 9.95 *(978-1-64494-345-8(X)*, 164494345X); 2019. (gr. 3-9). lib. bdg. 32.79 *(978-1-5321-9066-7(2)*, 33642) ABDO Publishing Co. (SportsZone).

Paul Pogba: Making His Mark on the Soccer World. Brian Trusdell. 2019. (Franchise Ser.). (ENG., Illus.). 112p. (J). (gr. 3-9). pap. 9.99 *(978-1-63494-049-8(0)*, 1634940490) Pr. Room Editions LLC.

Paul Prescott's Charge. Horatio Alger. 2019. (ENG.). 210p. (YA). (gr. 7-12). pap. *(978-93-5329-603-2(X))* Alpha Editions.

Paul Prescott's Charge. Jr. Horatio Alger. 2017. (ENG., Illus.). (J). 24.95 *(978-1-374-91870-2(9))*; pap. 14.95 *(978-1-374-91869-6(5))* Capital Communications, Inc.

Paul Prescott's Charge: A Story for Boys (Classic Reprint) Horatio Alger. 2017. (ENG., Illus.). 236p. (J). 28.76 *(978-0-484-05107-1(5))* Forgotten Bks.

Paul Pry's Delicate Attentions: And Other Tales (Classic Reprint) John Poole. (ENG., Illus.). (J). 2018. 196p. 27.94 *(978-0-332-86450-1(2))*; 2017. pap. 10.57 *(978-0-259-19141-4(8))* Forgotten Bks.

Paul Pry's Journal of a Residence at Little Pedlington (Classic Reprint) John Poole. 2017. (ENG., Illus.). (J). 27.94 *(978-0-266-73386-7(7))*; pap. 10.57 *(978-1-5276-9644-0(8))* Forgotten Bks.

Paul Ralston: A Novel (Classic Reprint) Mary J. Holmes. 2018. (ENG., Illus.). 396p. (J). 32.06 *(978-0-365-12433-7(8))* Forgotten Bks.

Paul Redding: A Tale of the Brandywine (Classic Reprint) Thomas Buchanan Read. 2018. (ENG., Illus.). 150p. (J). 26.99 *(978-0-483-13925-1(4))* Forgotten Bks.

Paul Revere. Lily Erlic. 2019. (Illus.). 24p. (J). *(978-1-4896-9550-5(8)*, AV2 by Weigl) Weigl Pubs., Inc.

Paul Revere & the Boys of Liberty (Classic Reprint) John De Morgan. (ENG., Illus.). (J). 2017. 28.64 *(978-0-331-95444-9(3))*; 2016. pap. 11.57 *(978-1-334-16659-4(5))* Forgotten Bks.

Paul Revere Didn't Say the British Are Coming! Exposing Myths about the American Revolution, 1 vol. Shalini Saxena. 2016. (Exposed! Myths about Early American History Ser.). (ENG., Illus.). 32p. (J). (gr. 2-3). pap. 11.50 *(978-1-4824-5727-8(X)*, ca11231e-c5dc-420c-a790-4373b30df43e) Stevens, Gareth Publishing LLLP.

Paul Revere's Ride: a Fly on the Wall History. Thomas Kingsley Troupe. Illus. by Jomike Tejido. 2017. (Fly on the Wall History Ser.). (ENG.). 32p. (J). (gr. 1-3). lib. bdg. 27.99 *(978-1-4795-9785-7(6)*, 133407, Picture Window Bks.) Capstone.

Paul Rundel: A Novel (Classic Reprint) Will Nathaniel Harben. 2017. (ENG., Illus.). (J). 31.96 *(978-0-266-68044-4(5))*; pap. 16.57 *(978-1-5276-5025-1(1))* Forgotten Bks.

Paul the Peddler: Or the Fortunes of a Young Street Merchant (Classic Reprint) Horatio Alger. 2018. (ENG., Illus.). 256p. (J). 29.18 *(978-0-267-47136-2(X))* Forgotten Bks.

Paul the Peddler: The Fortunes of a Young Street Merchant. Horatio Alger. 2019. (ENG.). 160p. (YA). (gr. 7-12). pap. *(978-93-5329-604-9(8))* Alpha Editions.

Paul the Peddler, or, the Fortunes of a Young Street Merchant: Burkholder Media Classics. Horatio Alger, Jr. 2021. (ENG.). 164p. (YA). pap. *(978-1-312-52442-2(1))* Lulu Pr., Inc.

Paul the Pilot Flies to Barcelona: Fun Language Learning for 4-7 Year Olds. Sarah Barton & Ray Wilkins. Illus. by Joe Ruiz. 2019. (Paul the Pilot Bilingual Storybooks - English & Spanish Ser.: Vol. 1). (ENG.). 76p. (J). pap. *(978-1-912761-06-7(8))* Nicier Publishing.

Paul the Pilot Flies to Beijing: Fun Language Learning for 4-7 Year Olds. Sarah Barton & Ray Wilkins. Illus. by Joe Ruiz. 2019. (Paul the Pilot Bilingual Storybooks - English & Chinese Ser.: Vol. 1). (ENG.). 76p. (J). pap. *(978-1-912761-12-8(2))*; pap. *(978-1-912761-13-5(0))* Nicier Publishing.

Paul the Pilot Flies to Beijing: Fun Language Learning for 4-7 Year Olds (with Pinyin) Sarah Barton & Ray Wilkins. Illus. by Joe Ruiz. 2019. (Paul the Pilot Bilingual Storybooks - English & Chinese Ser.: Vol. 4). (ENG.). 76p. (J). pap. *(978-1-912761-19-7(X))*; pap. *(978-1-912761-18-0(1))* Nicier Publishing.

Paul the Pilot Flies to Paris: Fun Language Learning for 4-7 Year Olds. Sarah Barton & Ray Wilkins. Illus. by Joe Ruiz. 2019. (ENG.). 72p. (J). pap. *(978-1-912761-00-5(9))* Nicier Publishing.

Paul Travers' Adventures. Sam T. Clover. 2017. (ENG.). 400p. (J). pap. *(978-3-7447-4095-1(1))* Creation Pubs.

Paul Travers Adventures: Being a Faithful Narrative of a Boy's Journey Around the World (Classic Reprint) Sam T. Clover. 2018. (ENG., Illus.). 398p. (J). 32.11 *(978-0-483-53569-5(9))* Forgotten Bks.

Paul Ulric, or, the Adventures of an Enthusiast. in Two Volumes. Vol. I. Morris Mattson. 2017. (ENG., Illus.). (J). pap. *(978-0-649-66857-1(X))* Trieste Publishing Pty Ltd.

Paul Ulric, or the Adventures of an Enthusiast, Vol. 1 of 2 (Classic Reprint) Morris Mattson. 2017. (ENG., Illus.). (J). pap. 10.97 *(978-0-259-20244-8(4))* Forgotten Bks.

Paul Winslow: A Novel (Classic Reprint) James Logan Mosby. (ENG., Illus.). (J). 2018. 334p. 30.79 *(978-0-484-14835-1(4))*; 2017. pap. 13.57 *(978-1-5276-2961-5(9))* Forgotten Bks.

Paul Writes (a Letter) Chris Raschka. 2018. (ENG., Illus.). 40p. (J). *(978-0-8028-5494-0(X)*, Eerdmans Bks For Young Readers) Eerdmans, William B. Publishing Co.

Paul Yancey. Morris Fenris. 2021. (ENG.). 126p. (J). pap. 12.99 *(978-1-393-51230-1(5))* Draft2Digital.

Paula Ferris (Classic Reprint) Mary Farley Sanborn. 2017. (ENG., Illus.). (J). 286p. 29.80 *(978-0-484-83537-4(8))*; pap. 13.57 *(978-1-5276-0145-1(5))* Forgotten Bks.

Paula Knows What to Do. Sanne Dufft. 2019. (ENG., Illus.). 32p. (J). (gr. 1-3). 18.95 *(978-1-77278-068-0(5))* Pajama Pr. CAN. Dist: Ingram Publisher Services.

Paula, la Eriza Testaruda. Tülin Kozikoglu. 2017. 28p. (J). (-2). *(978-84-946035-1-8(5))* Editorial Flamboyant ESP. Dist: Lectorum Pubns., Inc.

Paula's Patches. Gabriella Aldeman. Illus. by Rocio Arreola Mendoza. 2023. (ENG.). 32p. (J). (gr. k-5). 18.99 ***(978-1-63198-733-5(X)***, 899880) Free Spirit Publishing Inc.

Pauli Murray: Shouting for the Rights of All People. Deborah Nelson Linck. Illus. by Angela Corbin. 2022. (ENG.). 64p. (J). (gr. 3-6). pap. 16.95 *(978-1-64065-557-7(3)*, Morehouse Publishing) Church Publishing, Inc.

Pauli Murray: The Life of a Pioneering Feminist & Civil Rights Activist. Terry Catasús Jennings & Rosita Stevens-Holsey. Illus. by Ashanti Fortson. 2022. (ENG.). 288p. (J). (gr. 4-9). 18.99 *(978-1-4998-1251-0(5)*, Yellow Jacket) Bonnier Publishing USA.

Paulina: The Story of an Almost Unlucky Pig. Hans Limmer. Tr. by Shelley Tanaka. Illus. by David Crossley. 2022. (ENG.). 40p. (J). (gr. -1-3). 17.95 *(978-1-77164-788-5(4)*, Greystone Kids) Greystone Books Ltd. CAN. Dist: Publishers Group West (PGW).

Paulina: Una Historia Sobre el Fin de la Vida. Amélie Javaux. Illus. by Annick Masson. 2021. (SPA.). 28p. (J). (gr. k-2). 18.00 *(978-84-16470-53-2(7))* Fineo Editorial, S.L. ESP. Dist: Independent Pubs. Group.

Paulina & Her Pets (Classic Reprint) Unknown Author. 2017. (ENG., Illus.). (J). 24.31 *(978-0-260-26260-8(9))* Forgotten Bks.

Paulina Goes to School. Shellan M. Francois. 2020. (ENG.). 32p. (J). 24.95 *(978-1-64701-598-5(7))*; pap. 14.95 *(978-1-64701-596-1(0))* Page Publishing Inc.

Pauline Clarendon: The Mysteries of the Court of London (Classic Reprint) George William Macarthur Reynolds. 2016. (ENG., Illus.). (J). pap. 19.57 *(978-1-334-14788-3(4))* Forgotten Bks.

Pauline (Classic Reprint) Isabella MacDonald Alden. 2017. (ENG., Illus.). (J). 31.80 *(978-0-266-72891-7(X))*; pap. 16.57 *(978-1-5276-8941-1(7))* Forgotten Bks.

Pauline (Classic Reprint) L. B. Walford. 2018. (ENG., Illus.). 338p. (J). 30.89 *(978-0-365-16162-2(4))* Forgotten Bks.

Pauline Comics Series, 10 bks., Set. Incl. James Alberione Vol. 10: Hero for the Gospel. Ed. by Virginia Helen Richards. Tr. by Mary D. Wickenhiser. 80p. (gr. 5-9). 1996. pap. 2.95 *(978-0-8198-3964-0(7))*; Vol. 1. St. Maximilian Kolbe. Jean-Marie Laferte & Brigitte Jeanson. Tr. by Marianne Lorraine Trouvé. 32p. (gr. 3-8). 1995. pap. 1.95 *(978-0-8198-6978-4(3))*; Vol. 3. St. Elizabeth. Justin Lang & Juliette Wehrung. Tr. by Marianne Lorraine Trouvé. Illus. by Jean Retailleau. 32p. (gr. 3-8). 1995. pap. 1.95 *(978-0-8198-6981-4(3)*, 332-325); Vol. 4. St. Joan of Arc. Rene Berthier & Marie Segault. Tr. by Marianne Lorraine Trouvé. Illus. by Bruno Le Sourd. 32p. (gr. 3-8). 1995. pap. 1.95 *(978-0-8198-6975-3(9))*; Vol. 5. St. Clare of Assisi. Pierre Dhombre. Tr. by Marianne Lorraine Trouvé. Illus. by Victor De La Fuente. 32p. (gr. 3-8). 1995. pap. 1.95 *(978-0-8198-6976-0(7))*; Vol. 6. St. Martin. Tr. by Marianne Lorraine Trouvé & Raymond Maric. Illus. by Pierre Frisano & Marie Alluard. 32p. (gr. 3-8). 1995. pap. 1.95 *(978-0-8198-6980-7(5)*, 332-324); Vol. 7. St. Bernadette. Rene Berthier & Marie Sigault. Tr. by Marianne Lorraine Trouvé. Illus. by Roland Garel. 32p. (gr. 3-8). 1995. pap. 1.95 *(978-0-8198-6977-7(5))*; Vol. 8. St. Vincent de Paul. Roland Garel. Tr. by Marianne Lorraine Trouvé. 32p. (gr. 3-8). 1995. pap. 1.95 *(978-0-8198-6982-1(1))*; Vol. 9. St. Bernard of Clairvaux. Monk of Citeaux Staff. Tr. by Marianne Lorraine Trouvé. Illus. by Victor De La Fuente. 32p. (gr. 3-8). 1995. pap. 1.95 *(978-0-8198-6979-1(1)*, 332-323); (J). Set pap. 18.45 *(978-0-8198-5903-7(6))* Pauline Bks. & Media.

Pauline Wyman (Classic Reprint) Sophie May. 2018. (ENG., Illus.). 284p. (J). 29.75 *(978-0-484-67659-5(8))* Forgotten Bks.

Pauline's Passion & Punishment. Louisa May Alcott. 2022. (ENG.). 36p. (J). pap. ***(978-1-387-85623-7(5))*** Lulu Pr., Inc.

Paulownia Seven Stories from Contemporary Japanese Writers (Classic Reprint) Torao Taketomo. 2017. (ENG., Illus.). (J). 27.84 *(978-0-265-86584-2(0))* Forgotten Bks.

Paul's Big Dig. Terry Miller Shannon. 2016. (Spring Forward Ser.). (J). (gr. 2). *(978-1-4900-9437-3(7))* Benchmark Education Co.

Paul's Big Letter: A Kid-Friendly Journey Through the Book of Romans. J. Aaron White. Illus. by Paul Cox. 2020. (ENG.). 110p. (J). pap. *(978-1-989174-59-3(0))* Hesed and Emet Publishing.

Paul's Helpful Letter: A Kid-Friendly Journey Through First Corinthians. J. Aaron White. 2021. (ENG.). 76p. (J). pap. *(978-1-77484-030-6(8))* Hesed and Emet Publishing.

Paul's Journeys Activity Book. Pip Reid. 2020. (ENG.). 86p. (J). pap. *(978-1-988585-66-6(X))* Bible Pathway Adventures.

Paul's Shipwreck Activity Book. Pip Reid. 2020. (ENG.). (J). 88p. pap. *(978-1-7771601-8-0(9))*; 96p. pap. *(978-1-7771601-6-6(2))* Bible Pathway Adventures.

Paul's Sister, Vol. 1 of 3 (Classic Reprint) Frances Mary Peard. 2018. (ENG., Illus.). 302p. (J). 30.13 *(978-0-267-23341-0(8))* Forgotten Bks.

Paul's Sister, Vol. 2 of 3 (Classic Reprint) Frances Mary Peard. 2018. (ENG., Illus.). 302p. (J). 30.13 *(978-0-483-88189-1(9))* Forgotten Bks.

Paul's Sister, Vol. 3 of 3 (Classic Reprint) Frances Mary Peard. 2018. (ENG., Illus.). 316p. (J). 30.41 *(978-0-267-19011-9(5))* Forgotten Bks.

Paul's Summer Camp Memories. Becky Hibbets. Illus. by Becky Hibbets. 2020. (ENG., Illus.). 30p. (J). (gr. 1-6). 24.99 ***(978-1-7346098-2-0(6))*** Hibbets, Becky.

Pause. Charlotte Thiebaut. 2022. (FRE.). 287p. (YA). pap. ***(978-1-4710-0100-0(8))*** Lulu Pr., Inc.

Pause Power: Learning to Stay Calm When Your Buttons Get Pushed, Volume 1. Jennifer Law. Illus. by Brian Martin. ed. 2020. (Gabe's Stories Ser.). (ENG.). 31p. (J). (gr. k-5). pap. 10.95 *(978-1-944882-49-5(9))* Boys Town Pr.

Paved with Gold. Augustus Mayhew. 2017. (ENG.). 468p. (J). pap. *(978-3-7446-9435-3(6))* Creation Pubs.

Paved with Gold: Or the Romance & Reality of the Streets of London (Classic Reprint) Augustus Mayhew. 2017. (ENG., Illus.). (J). 33.49 *(978-1-5280-6440-8(2))* Forgotten Bks.

Pavel & the Tree Army. Heidi Smith Hyde. Illus. by Elisa Vavouri. 2019. (ENG.). 32p. (J). (gr. k-3). 17.99 *(978-1-5124-4446-9(4)*, 73217719-2ba5-49a0-995a-fcf9635f5470, Kar-Ben Publishing) Lerner Publishing Group.

Pavel, dobrudruh Viry see Adventures of Saint Paul

Pavement (Classic Reprint) Louis Second. 2017. (ENG., Illus.). (J). pap. 10.97 *(978-0-243-28808-3(5))* Forgotten Bks.

Pavi Sharma's Guide to Going Home. Bridget Farr. (ENG.). 272p. (J). (gr. 3-7). 2020. pap. 7.99 *(978-0-316-49105-1(5))*; 2019. 16.99 *(978-0-316-49106-8(3))* Little, Brown Bks. for Young Readers.

Paving Partners. Finn Coyle. Illus. by Srimalie Bassani. 2023. (ENG.). 32p. (J). pap. 6.99 *(978-1-4867-2641-7(0)*, 25c589fe-7bd6-4c2c-9a9f-f835f8caf49f) Flowerpot Pr.

Paving Partners: A Lift-The-Page Truck Book. Finn Coyle. Illus. by Srimalie Bassani. 2022. (Finn's Fun Trucks Ser.). (ENG.). 14p. (J). bds. 8.99 *(978-1-4867-2274-7(1)*, e320d3a5-8134-4502-866d-71d816ae5781) Flowerpot Pr.

Paving Roads & Highways, 1 vol. Elizabeth Krajnik. 2018. (Impacting Earth: How People Change the Land Ser.). (ENG.). 24p. (gr. 2-2). pap. 9.25 *(978-1-5383-4200-8(6)*, b11945cd-105f-440b-a355-ab9f367cb846, PowerKids Pr.) Rosen Publishing Group, Inc., The.

Paving the Way: A Romance of the Australian Bush (Classic Reprint) Simpson Newland. 2017. (ENG., Illus.). (J). 31.94 *(978-0-266-43143-5(7))* Forgotten Bks.

Pavo Real. Valerie Bodden. 2018. (Planeta Animal Ser.). (SPA.). 24p. (J). (gr. 1-4). *(978-1-60818-937-3(6)*, 19556, Creative Education) Creative Co., The.

Pavo Real y la Grulla: Leveled Reader Book 70 Level I 6 Pack. Hmh Hmh. 2021. (SPA.). 16p. (J). pap. 74.40 *(978-0-358-08287-3(0))* Houghton Mifflin Harcourt Publishing Co.

Pavor Nocturnus. Leticia Jammaccone. 2021. (SPA.). 40p. (J). (gr. 1-3). 13.99 *(978-958-30-6314-5(2))* Panamericana Editorial COL. Dist: Lectorum Pubns., Inc.

Paw & Maw Launch a Boat. Cecilia Minden. Illus. by Anna Jones. 2022. (Little Blossom Stories Ser.). (ENG.). 16p. (J). (gr. -1-2). pap. 11.36 *(978-1-6689-0874-7(3)*, 220841, Cherry Blossom Press) Cherry Lake Publishing.

Paw in Paw. Karen Chilvers & Gill Eastgate. 2019. (Tzu Kingdom Ser.: Vol. 3). (ENG.). 246p. (J). (gr. k-6). pap. *(978-1-78955-627-8(9))* Authors OnLine, Ltd.

PAW Patrol 5-Minute Stories Collection (PAW Patrol) Random House. Illus. by Random House. 2017. (ENG., Illus.). 160p. (J). (gr. -1-2). 14.99 *(978-1-5247-6399-2(3)*, Random Hse. Bks. for Young Readers) Random Hse. Children's Bks.

Paw Patrol 5 X 8. 5 Shaped Board Book. Des. by Bendon. 2020. (ENG.). (J). bds. 1.00 ***(978-1-6902-1188-4(1))*** Bendon, Inc.

Paw Patrol 8 X 8 Color & Read along Storybook with Stickers. Des. by Bendon. 2020. (ENG.). (J). 3.00 ***(978-1-6902-1464-9(3))*** Bendon, Inc.

PAW Patrol Awesome Sticker Collection (PAW Patrol) Golden Books. Illus. by Golden Books. 2017. (ENG., Illus.). 64p. (J). (gr. -1-2). pap. 12.99 *(978-1-5247-1682-0(0)*, Golden Bks.) Random Hse. Children's Bks.

PAW Patrol Big Lift-And-Look Board Book (PAW Patrol) Random House. Illus. by Harry Moore. 2017. (ENG.). 12p. (J). (— 1). bds. 11.99 *(978-1-5247-1722-3(3)*, Random Hse. Bks. for Young Readers) Random Hse. Children's Bks.

PAW Patrol: Dig, Rubble, Dig! An Action Tool Book. Maggie Fischer. Illus. by Jason Fruchter. 2023. (Snappy Book Ser.). (ENG.). 10p. (J). (gr. -1-k). bds., bds. 9.99 *(978-0-7944-5023-6(7)*, Studio Fun International) Printers Row Publishing Group.

Paw Patrol Digest Imagine Ink Magic Ink. Des. by Bendon. 2020. (ENG.). (J). pap. 5.00 ***(978-1-6902-1072-6(9))*** Bendon, Inc.

Paw Patrol Digest Imagine Ink Magic Ink (Value) Des. by Bendon. 2020. (ENG.). (J). pap. 5.00 ***(978-1-6902-1198-3(9))*** Bendon, Inc.

Paw Patrol Flip-Over Jumbo Coloring & Activity Book. Des. by Bendon. 2020. (ENG.). (J). pap. 1.00 ***(978-1-6902-1432-8(5))*** Bendon, Inc.

PAW Patrol Go, Pups, Go! Scarlett Wing. Ed. by Cottage Door Press. Illus. by PAW Patrol Licensed Art. 2023. (Peek-A-Flap Ser.). (ENG.). 12p. (J). bds. 9.99 ***(978-1-64638-861-5(5)***, 1009200) Cottage Door Pr.

PAW Patrol Have a PAWsome Birthday! Scarlett Wing. Ed. by Cottage Door Press. 2023. (Little Bird Greetings Ser.). (ENG.). 8p. (J). (gr. -1-k). bds. 7.99 ***(978-1-64638-827-1(5)***, 1009120) Cottage Door Pr.

Paw Patrol Imagine Ink Magic Ink Coloring Book. Des. by Bendon. 2020. (ENG.). (J). pap. 7.99 ***(978-1-6902-0984-3(4))*** Bendon, Inc.

Paw Patrol Imagine Ink Magic Ink Pictures. Des. by Bendon. 2020. (ENG.). (J). 4.99 ***(978-1-6902-0957-7(7))***; 5.00 ***(978-1-6902-1205-8(5))*** Bendon, Inc.

Paw Patrol Imagine Ink Magic Ink Pictures Book with Stickers (Value) Des. by Bendon. 2020. (ENG.). (J). 5.00 ***(978-1-6902-1462-5(7))*** Bendon, Inc.

Paw Patrol Imagine Ink Magic Ink Pictures (Value) Des. by Bendon. 2020. (ENG.). (J). 3.00 ***(978-1-6902-1021-4(4))*** Bendon, Inc.

Paw Patrol Jumbo Coloring & Activity Book. Des. by Bendon. 2020. (ENG.). (J). pap. 1.00 ***(978-1-6902-1583-7(6))*** Bendon, Inc.

PAW Patrol LGB Collection (PAW Patrol) Golden Books. Illus. by Golden Books. 2019. (Little Golden Book Ser.). (ENG., Illus.). 176p. (J). (gr. -1-2). 12.99 *(978-0-525-64796-6(1)*, Golden Bks.) Random Hse. Children's Bks.

PAW Patrol Little Golden Book Boxed Set (PAW Patrol) 2023. (Little Golden Book Ser.). (ENG., Illus.). 192p. (J). (-k). 44.92 *(978-0-593-64896-4(X)*, Golden Bks.) Random Hse. Children's Bks.

PAW Patrol Little Golden Book Favorites, Volume 2 (PAW Patrol) Golden Books. Illus. by Golden Books. 2018. (Little Golden Book Ser.). (ENG., Illus.). 80p. (J). (-k). 7.99 *(978-1-5247-7272-7(0)*, Golden Bks.) Random Hse. Children's Bks.

PAW Patrol Little Golden Book Library (PAW Patrol) Itty-Bitty Kitty Rescue; Puppy Birthday!; Pirate Pups; All-Star Pups!; Jurassic Bark!, 5 vols. Illus. by Golden Books. 2017. (Little Golden Book Ser.). (ENG.). 120p. (J). (-k). 24.95 *(978-1-5247-6412-8(4)*, Golden Bks.) Random Hse. Children's Bks.

PAW Patrol Movie 2 Theatrical Release 36-Copy Sidekick Display Fall 2023. 2023. (J). (-k). pap., pap. 227.64 ***(978-0-593-78077-0(9)***, Golden Bks.) Random Hse. Children's Bks.

PAW Patrol: My First Coloring Book (PAW Patrol) Golden Books. Illus. by Golden Books. 2021. (ENG., Illus.). 192p. (J). (-k). pap. 9.99 *(978-0-593-30851-6(4)*, Golden Bks.) Random Hse. Children's Bks.

PAW Patrol on the Roll! 2016. (Illus.). (J). *(978-1-5182-2638-0(8))* Random House Children's Books.

PAW Patrol Rescue Mission! Scarlett Wing. Ed. by Cottage Door Press. 2023. (ENG.). 12p. (J). (gr. -1-k). bds. 7.99 *(978-1-64638-820-2(8)*, 1009060) Cottage Door Pr.

PAW Patrol Super Sticker Fun! (Paw Patrol) Golden Books. Illus. by Golden Books. 2018. (ENG., Illus.). 48p. (J). (gr. -1-2). pap. 9.99 *(978-0-525-57788-1(2)*, Golden Bks.) Random Hse. Children's Bks.

PAW Patrol: the Mighty Movie: Official Activity Book. Golden Books. Illus. by Golden Books. 2023. (ENG., Illus.). 48p. (J). (gr. -1-2). pap. 7.99 ***(978-0-593-30552-2(3)***, Golden Bks.) Random Hse. Children's Bks.

PAW Patrol: the Mighty Movie: the Official Storybook. Frank Berrios. Illus. by MJ Illustrations. 2023. (ENG.). 48p. (J). (gr. -1-2). 12.99 ***(978-0-593-30419-8(5)***, Random Hse. Bks. for Young Readers) Random Hse. Children's Bks.

PAW Patrol: the Movie: Back on Track! (PAW Patrol) Random House. Illus. by Random House. 2021. (Step into Reading Ser.). (ENG., Illus.). 24p. (J). (gr. -1-1). 5.99 *(978-0-593-37372-9(3))*; 14.99 *(978-0-593-37373-6(1))* Random Hse. Children's Bks. (Random Hse. Bks. for Young Readers).

PAW Patrol: the Movie: Be Brave, Little Pup (PAW Patrol) Elle Stephens. Illus. by Fabrizio Petrossi. 2021. (Little Golden Book Ser.). (ENG.). 24p. (J). (gr. -1-2). 5.99 *(978-0-593-37374-3(X)*, Golden Bks.) Random Hse. Children's Bks.

PAW Patrol: the Movie: Big City Adventures (PAW Patrol) Random House. Illus. by Random House. 2021. (Pictureback(R) Ser.). (ENG., Illus.). 24p. (J). (gr. -1-2). 5.99 *(978-0-593-37371-2(5)*, Random Hse. Bks. for Young Readers) Random Hse. Children's Bks.

PAW Patrol: the Movie: Big Golden Book (PAW Patrol) Golden Books. Illus. by Golden Books. 2021. (Big Golden Book Ser.). (ENG., Illus.). 48p. (J). (gr. -1-2). 10.99 *(978-0-593-37461-0(4)*, Golden Bks.) Random Hse. Children's Bks.

PAW Patrol: the Movie: Official Activity Book (PAW Patrol) Golden Books. Illus. by Golden Books. 2021. (ENG., Illus.). 48p. (J). (gr. -1-2). pap. 7.99 *(978-0-593-37375-0(8)*, Golden Bks.) Random Hse. Children's Bks.

Paw Patrol Ultimate 11 X 16 Coloring & Activity Book. Des. by Bendon. 2020. (ENG.). (J). pap. 3.00 ***(978-1-6902-1574-5(7))*** Bendon, Inc.

Paw Paw & the Po-Po: Respecting & Protecting. Raymond E. Wiggins Sr. 2017. (ENG., Illus.). (J). (gr. -1-3). pap. 10.49 *(978-1-5456-1370-2(2))* Salem Author Services.

Paw Paw Fruit Does the Cha Cha Scoot. Krissy Bystrom Emery. 2018. (ENG.). 38p. (J). 14.95 *(978-1-68401-530-6(8))* Amplify Publishing Group.

Paw Power - Mission: Saving Everest. Gary McConville. 2019. (Paw Power Ser.: Vol. 1). (ENG.). 124p. (J). pap. *(978-1-5272-4248-7(X))* Nielsen Bk. Services.

Paw Print Puzzle (Dotty Detective, Book 2) Clara Vulliamy. 2018. (Dotty Detective Ser.: 2). (ENG.). 176p. (J). 4.99 *(978-0-00-825107-9(X)*, HarperCollins Children's Bks.) HarperCollins Pubs. Ltd. GBR. Dist: HarperCollins Pubs.

Paw Prints on My Heart. Jamie Craig. Illus. by Emma Hay. 2021. (ENG.). 38p. (J). pap. *(978-1-922594-82-2(2))* Shawline Publishing Group.

Paw Prints Pave the Way Home. Jason Duncan. 2017. (ENG., Illus.). 40p. (J). pap. *(978-1-387-29124-3(6))* Lulu Pr., Inc.

Paw-Some Pals (Netflix: Go, Dog. Go!) Golden Books. Illus. by Golden Books. 2021. (Illus.). 128p. (J). (gr. -1-2). pap. 7.99 *(978-0-593-37349-1(9)*, Golden Bks.) Random Hse. Children's Bks.

Paw-Tastic Discoveries: A Fun Facts Dog Coloring Book: Explore the Fascinating World of 50 Dogs Breed. Little Heartventures. 2023. (ENG.). (J). 110p. 32.99 ***(978-1-4475-1020-8(8))***; 108p. pap. 16.98 ***(978-1-4475-2871-5(9))*** Lulu Pr., Inc.

Pawcasso. Remy Lai. Illus. by Remy Lai. 2021. (ENG., Illus.). 240p. (J). 21.99 *(978-1-250-77448-4(9)*, 900234606); pap. 14.99 *(978-1-250-77449-1(7)*, 900234607) Holt, Henry & Co. (Holt, Henry & Co. Bks. For Young Readers).

Pawcasso. Remy Lai. ed. 2022. (ENG.). 233p. (J). (gr. 2-3). 26.46 ***(978-1-68505-383-3(1))*** Penworthy Co., LLC, The.

Pawed Piper. Michelle Robinson. Illus. by Chinlun Lee. 2019. (ENG.). 32p. (J). (-k). 16.99 *(978-1-5362-0165-9(0))* Candlewick Pr.

Pawfect ABC's: Dog Breeds: a Fun Filled Learning Experience. Haille Hutchinson. 2021. (ENG.). 54p. (J). pap. 15.00 *(978-1-7947-9842-7(0))* Lulu Pr., Inc.

Pawn. Dianna Kilpack. 2016. (Appalachian Storms Ser.: Vol. 1). (ENG., Illus.). (YA). (gr. 9-12). 34.95 *(978-0-9981676-1-9(4))* Hollow Mountain Publishing LLC.

Pawn in Pawn (Classic Reprint) Hilda M. Sharp. (ENG., Illus.). (J). 2018. 332p. 30.76 *(978-0-428-23969-5(2))*; 2017. pap. 13.57 *(978-0-243-28483-2(7))* Forgotten Bks.

Pawn in the Game (Classic Reprint) W. H. Fitchett. 2017. (ENG., Illus.). (J). 31.20 *(978-0-266-20842-6(8))* Forgotten Bks.

Pawn in the Game (Classic Reprint) William Henry Fitchett. 2018. (ENG., Illus.). (J). 368p. 31.49 *(978-0-366-55866-7(8))*; 370p. pap. 13.97 *(978-0-366-06091-7(0))* Forgotten Bks.

Pawn Quest, Book 1. Kate Harrington. Illus. by Lois Bradley. 2022. (Pawn Quest Trilogy Ser.: Vol. 1). (ENG.). 268p. (YA). pap. 15.00 ***(978-1-7362665-4-0(3))*** Harrington, Katherine.

Pawnee. Katie Lajiness. 2018. (Native Americans Ser.). (ENG., Illus.). 32p. (J). (gr. 2-5). lib. bdg. 34.21 *(978-1-5321-1511-0(3)*, 28894, Big Buddy Bks.) ABDO Publishing Co.

Pawns Count (Classic Reprint) E. Phillips Oppenheim. 2017. (ENG., Illus.). (J). 30.68 *(978-1-5285-8780-8(4))* Forgotten Bks.

Pawns of Fate (Classic Reprint) Paul E. Bowers. 2018. (ENG., Illus.). 220p. (J). 28.45 *(978-0-483-27243-9(4))* Forgotten Bks.

Pawns of Liberty: A Story of Fighting Yesterdays in the Balkans (Classic Reprint) Corinne S. 2018. (ENG., Illus.). 426p. (J). 32.68 *(978-0-483-09781-0(0))* Forgotten Bks.

Pawn's Play. Phil Lollar. 2018. (Blackgaard Chronicles Ser.: 2). (ENG.). 160p. (J). (gr. 2-5). 9.99 *(978-1-58997-927-7(3)*, 20_32641) Focus on the Family Publishing.

Pawperetto. Taleen Terjanian. 2019. (ENG.). 28p. (J). *(978-0-359-47889-7(1))* Lulu Pr., Inc.

Pawprints in the Sand: A Children's Dog Book, a Girl & Her Dogs Set Out on a Beach Adventure! Cara Cusack. l.t. ed. 2023. (ENG.). 28p. (J). 24.95 ***(978-1-0881-4328-5(8))*** Indy Pub.

Paws & Claws. Glenn Stranex. Illus. by Kim Wynn. 2017. (ENG.). 128p. (J). pap. *(978-1-78623-200-7(6))* Grosvenor Hse. Publishing Ltd.

Paws & Claws: Being True Stories of Clever Creatures, Tame & Wild (Classic Reprint) Elizabeth Anna Hart. (ENG., Illus.). (J). 2018. 208p. 28.19 *(978-0-483-12415-8(X))*; 2016. pap. 10.57 *(978-1-333-53979-5(7))* Forgotten Bks.

Paws & Claws 2. Glenn Stranex. Illus. by Kim Wynn. 2018. (Paws & Claws Ser.: Vol. 2). (ENG.). 150p. (J). pap. *(978-1-78623-328-8(2))* Grosvenor Hse. Publishing Ltd.

Paws & Claws! All about Leopards (Big Cats Wildlife) - Children's Biological Science of Cats, Lions & Tigers Books. Prodigy Wizard. 2016. (ENG., Illus.). (J). pap. 9.25 *(978-1-68323-977-2(6))* Twin Flame Productions.

Paws & Claws! All about the Cheetah (Big Cats Wildlife) - Children's Biological Science of Cats, Lions & Tigers Books. Prodigy Wizard. 2016. (ENG., Illus.). (J). pap. 9.25 *(978-1-68323-978-9(4))* Twin Flame Productions.

Paws & Hooves Activity Book Animals Inspired. Educando Kids. 2019. (ENG.). 42p. (J). pap. 8.55 *(978-1-64521-749-7(3)*, Educando Kids) Editorial Imagen.

Paws & Think: Be Thankful for What You Have. Miranda Mittleman. 2018. (ENG.). 38p. (J). 14.95 *(978-1-68401-921-2(4))* Amplify Publishing Group.

PAWS & THINK Never Give Up. Miranda Mittleman. 2022. (ENG.). 38p. (J). (gr. -1-2). 16.95 *(978-1-63755-200-1(9)*, Mascot Kids) Amplify Publishing Group.

Paws & Whiskers! Dog Coloring Book. Bobo's Children Activity Books. 2016. (ENG., Illus.). (J). pap. 9.33 *(978-1-68327-566-4(7))* Sunshine In My Soul Publishing.

Paws, Claws & Hooves! Pretty Pets Coloring Book. Smarter Activity Books for Kids. 2016. (ENG., Illus.). (J). pap. 9.22 *(978-1-68374-580-8(9))* Examined Solutions PTE. Ltd.

Paws for a Cause, 3. Kyla May Dinsmore. ed. 2021. (Branches Early Ch Bks). (ENG., Illus.). 72p. (J). (gr. 2-3). 15.86 *(978-1-64697-910-3(9))* Penworthy Co., LLC, The.

Paws for a Cause: a Branches Book (Diary of a Pug #3) Kyla May. Illus. by Kyla May. 2020. (Diary of a Pug Ser.: 3). (ENG., Illus.). 80p. (J). (gr. k-2). pap. 5.99 *(978-1-338-53009-4(7))* Scholastic, Inc.

Paws for a Cause: a Branches Book (Diary of a Pug #3) (Library Edition) Kyla May. Illus. by Kyla May. 2020. (Diary of a Pug Ser.: 3). (ENG., Illus.). 80p. (J). (gr. k-2). lib. bdg. 24.99 *(978-1-338-53010-0(0))* Scholastic, Inc.

PAWS: Gabby Gets It Together. Nathan Fairbairn. Illus. by Michele Assarasakorn. 2022. (Paws Ser.: 1). 176p. (J). (gr. 3-7). 20.99 *(978-0-593-35185-7(1))*; pap. 12.99 *(978-0-593-35186-4(X))* Penguin Young Readers Group. (Razorbill).

Paws, Hoofs, Feet, Flippers Coloring Book. Kreative Kids. 2016. (ENG., Illus.). (J). pap. 9.20 *(978-1-68377-348-1(9))* Whlke, Traudl.

PAWS: Mindy Makes Some Space. Nathan Fairbairn. Illus. by Michele Assarasakorn. 2022. (Paws Ser.: 2). 176p. (J). (gr. 3-7). 20.99 *(978-0-593-35191-8(6))*; pap. 12.99 *(978-0-593-35193-2(2))* Penguin Young Readers Group. (Razorbill).

Paws of Courage: True Tales of Heroic Dogs That Protect & Serve. Nancy Furstinger. 2016. (Illus.). 160p. (J). (gr. 5-9). 12.99 *(978-1-4263-2377-5(8)*, National Geographic Kids) Disney Publishing Worldwide.

Paws of Honor - How I Became a Hero. M. H. DeLisle. Illus. by A. J. Wanegar. l.t. ed. 2020. (Paws of Honor Ser.: Vol. 1). (ENG.). 44p. (J). pap. 22.00 *(978-1-7360569-1-2(3))* TreeHse. Publishing Group.

Paws vs. Claws (an Arthur & Queenie Mystery) Spencer Quinn, pseud. 2020. (ENG.). 336p. (J). (gr. 3-7). pap. 7.99 *(978-1-338-24581-3(3))* Scholastic, Inc.

Pawsible Moments. Angela Burnette Smith. (ENG., Illus.). 154p. (J). 2018. 27.99 *(978-1-5456-1831-8(3))*; 2017. pap. 21.49 *(978-1-5456-1830-1(5))* Salem Author Services.

Pawsitively Dax: A Service Dog's Adventures. Mike Dickerson. 2021. (ENG.). 36p. (J). *(978-1-0391-3108-8(5))*; pap. *(978-1-0391-3107-1(7))* FriesenPress.

Pawsitively Rasta: A Service Dog's Adventures. Mike Dickerson. 2022. (ENG.). 30p. (J). ***(978-1-0391-6622-6(9))***; pap. ***(978-1-0391-6621-9(0))*** FriesenPress.

Pawsome! a Rufftastic Puppy Adventure Coloring for Everyone. Educando Kids. 2019. (ENG.). 42p. (J). pap. 6.99 *(978-1-64521-115-0(0)*, Educando Kids) Editorial Imagen.

Pawsome Holiday Sticker Party! (PAW Patrol) Golden Books. Illus. by Golden Books. 2021. (ENG., Illus.). 32p. (J). (gr. -1-2). pap. 9.99 *(978-0-593-38048-2(7)*, Golden Bks.) Random Hse. Children's Bks.

Pawsome Puppets! Make Your Own Paw Patrol Puppets. Contrib. by Curiosity Books. 2023. (ENG.). 48p. (J). pap. 12.99 *(978-1-948206-44-0(7)*, Dynamite Entertainment) Dynamic Forces, Inc.

Pawsome Puppy Adventures! Random House. Illus. by Random House. 2016. (ENG., Illus.). 96p. (J). (gr. -1-2). 9.99 *(978-1-5247-1438-3(0)*, Random Hse. Bks. for Young Readers) Random Hse. Children's Bks.

Pax. Sara Pennypacker. Illus. by Jon Klassen. 2016. (ENG.). (J). (gr. 3-3). 16.99 *(978-0-06-245703-5(9))* Blackstone Audio, Inc.

Pax. Sara Pennypacker. Illus. by Jon Klassen. (Pax Ser.). (ENG.). (J). (gr. 3-7). 2019. 304p. pap. 8.99 *(978-0-06-237702-9(7))*; 2016. 288p. 17.99 *(978-0-06-237701-2(9))* HarperCollins Pubs. (Balzer & Bray).

Pax. Sara Pennypacker. ed. 2017. (SPA.). lib. bdg. 29.35 *(978-0-606-40010-7(9))* Turtleback.

Pax 2-Book Box Set: Pax & Pax, Journey Home. Sara Pennypacker. 2021. (Pax Ser.). (ENG.). 544p. (J). 35.98 *(978-0-06-321002-8(9)*, Balzer & Bray) HarperCollins Pubs.

Pax: A Preparation for the Sacrament of Penance for Children see My Confession Book: A Child's Preparation for the Sacrament of Penance

Pax & Blue. Lori Richmond. Illus. by Lori Richmond. 2017. (ENG., Illus.). 32p. (J). (gr. -1-3). 17.99 *(978-1-4814-5132-1(4)*, Simon & Schuster/Paula Wiseman Bks.) Simon & Schuster/Paula Wiseman Bks.

Pax, Journey Home. Sara Pennypacker. Illus. by Jon Klassen. 2021. 246p. (J). *(978-0-06-320674-8(9))*; *(978-0-06-314400-2(X))* Addison Wesley.

Pax, Journey Home. Sara Pennypacker. Illus. by Jon Klassen. (Pax Ser.). (ENG.). (J). (gr. 3-7). 2023. 272p. pap. 9.99 *(978-0-06-293036-1(2))*; 2021. 272p. E-Book *(978-0-06-293037-8(0)*, 9780062930378); 2021. 256p. 17.99 *(978-0-06-293034-7(6))* HarperCollins Pubs. (Balzer & Bray).

Pax (Peace) (Classic Reprint) Lorenzo Marroquin. 2018. (ENG., Illus.). 492p. (J). 34.06 *(978-0-365-24789-0(8))* Forgotten Bks.

Pax Samson Vol. 1: The Cookout. Rashad Doucet & Jason Reeves. Illus. by Rashad Doucet. 2021. (Pax Samson Ser.: 1). (ENG., Illus.). 200p. (J). pap. 14.99 *(978-1-62010-851-2(8))* Oni Pr., Inc.

Pax. una Historia de Paz y Amistad / Pax. Sara Pennypacker. 2017. (SPA.). 304p. (J). (gr. 3-7). pap. 16.95 *(978-84-15594-95-6(X)*, Nube De Tinta) Penguin Random House Grupo Editorial ESP. Dist: Penguin Random Hse. LLC.

Paxton Learns His ABCs. Tracilyn George. 2023. (ENG.). 58p. (J). pap. 16.99 ***(978-1-77475-834-2(2))*** Draft2Digital.

Paxton Passes Out. Denise Marie. Illus. by Denise Marie. 2018. (ENG., Illus.). 36p. (J). (gr. 3-6). pap. 12.95 *(978-1-7329164-0-1(3))* Donkey Penguin.

Paxton the Duck - the Pond Hockey League. Kristen Nugent. 2017. (Paxton the Duck Ser.: Vol. 1). (ENG., Illus.). (J). (gr. k-4). 24.95 *(978-0-9995768-0-9(1))* Corredora Independent Publishing.

Pay Attention, Carter Jones. Gary D. Schmidt. (ENG.). (J). (gr. 5-7). 2020. 240p. pap. 7.99 *(978-0-358-34630-2(4)*, 1782430); 2019. 224p. 16.99 *(978-0-544-79085-8(5)*, 1639146) HarperCollins Pubs. (Clarion Bks.).

Pay Back. Frances Cherry. 2017. (ENG., Illus.). 98p. (J). pap. *(978-0-9941102-3-7(5))* CreateBooks Ltd.

Pay Day (Classic Reprint) Nathan Asch. 2017. (ENG., Illus.). (J). 29.36 *(978-0-331-19136-3(9))*; pap. 11.97 *(978-0-260-03505-9(X))* Forgotten Bks.

Pay Envelopes: Tales of the Mill, the Mine & the City Street (Classic Reprint) James Oppenheim. 2018. (ENG., Illus.). 260p. (J). 29.36 *(978-0-332-74038-6(2))* Forgotten Bks.

Payaso: Drama en Cuatro Actos; Arreglado a la Escena Espanol. Isidoro Gil. 2017. (SPA., Illus.). (J). 21.95 *(978-1-374-92088-0(6))*; pap. 10.95 *(978-1-374-92087-3(8))* Capital Communications, Inc.

Payaso: Drama en Cuatro Actos (Classic Reprint) Isidoro Gil. 2018. (SPA., Illus.). (J). 86p. 25.67 *(978-1-391-99825-1(1))*; 88p. pap. 9.57 *(978-1-390-52438-3(8))* Forgotten Bks.

The check digit for ISBN-10 appears in parentheses after the full ISBN-13

Payback, 1 vol. Deb Loughead. 2017. (Orca Currents Ser.). (ENG.). 128p. (J). (gr. 4-7). pap. 9.95 *(978-1-4598-1469-1(X))* Orca Bk. Pubs. USA.
Payback on Poplar Lane. Margaret Mincks. 2019. (Poplar Kids Ser.: 1). 336p. (J). (gr. 3-7). 10.99 *(978-0-425-29091-0(3)*, Puffin Books) Penguin Young Readers Group.
Paying College Athletes: Debating the Issues. Gail Terp. 2018. (Illus.). 48p. (J). *(978-1-4896-9604-5(0)*, AV2 by Weigl) Weigl Pubs., Inc.
Paying for College. Tammy Gagne. 2020. (ENG.). 80p. (YA). (gr. 6-12). 41.27 *(978-1-68282-805-2(0)*, BrightPoint Pr.) ReferencePoint Pr., Inc.
Paying Guest (Classic Reprint) George Gissing. 2018. (ENG., Illus.). 190p. (J). 27.84 *(978-0-484-67853-7(1))* Forgotten Bks.
Paying Guests: A Novel (Classic Reprint) Edward Frédéric Benson. (ENG., Illus.). (J). 2017. 30.19 *(978-0-331-73628-1(4))*; 2016. pap. 13.57 *(978-1-334-14919-1(4))* Forgotten Bks.
Payment in Kind #4. Owen B. Greenwald. 2016. (ENG., Illus.). (J). pap. 12.99 *(978-1-68076-592-2(2)*, Epic Pr.) ABDO Publishing Co.
Pays Magifique. Drouart Hélène. 2021. (FRE.). 41p. (J). pap. ***(978-1-326-80797-9(8))*** Lulu Pr., Inc.
Payson, a Model Boy: Or Recollections of John Payson Williston Clark (Classic Reprint) L Clark. 2018. (ENG., Illus.). 202p. (J). 28.06 *(978-0-484-64389-4(4))* Forgotten Bks.
Payton: The Pink Whale with the Yellow Tail. Mary D. Welch. 2022. (ENG.). 28p. (J). pap. 12.95 ***(978-1-951705-37-4(8))*** Front Page Publishing, LLC.
Payton Saves Ocean Rainbow. Joan Morgan & Payton Guerin. 2021. (ENG.). 24p. (J). 17.99 *(978-1-0878-9490-4(5))*; pap. 10.99 *(978-1-0879-2942-2(3))* Indy Pub.
Payyoli Nine: Planets in a Square. Mohan Narayanan. 2017. (ENG., Illus.). (YA). 22.95 *(978-1-946539-92-2(9))* Strategic Book Publishing & Rights Agency (SBPRA).
Paz. Miranda Paul & Baptiste Paul. Tr. by Aida Salazar. Illus. by Estelí Meza. 2021. (SPA.). 40p. (J). (gr. -1-2). 19.95 *(978-0-7358-4455-1(0))* North-South Bks., Inc.
Paz & Pablo: A Story of Two Little Filipinos (Classic Reprint) Addie Fouts Mitchell. (ENG., Illus.). (J). 2018. 96p. 25.88 *(978-0-483-09304-1(1))*; 2017. pap. 9.57 *(978-0-243-11298-2(X))* Forgotten Bks.
PBandJ Hooray! Janet Nolan. 2016. (J). *(978-1-4896-3870-0(9))* Weigl Pubs., Inc.
PB's Comet, 1 vol. Marnie Parsons & Marnie Parsons. Illus. by Veselina Tomova & Veselina Tomova. 2018. (ENG.). 32p. (J). (gr. -1-3). pap. 12.95 *(978-1-927917-12-1(3))* Running the Goat, Bks. & Broadsides CAN. Dist: Orca Bk. Pubs. USA.
PC. Thomas Muldoon. 2019. (ENG., Illus.). 30p. (J). pap. 12.95 *(978-1-64471-637-3(2))* Covenant Bks.
PC Gaming: Beginner's Guide. Josh Gregory. 2022. (21st Century Skills Innovation Library: Unofficial Guides). (ENG., Illus.). 32p. (J). (gr. 4-8). pap. 14.21 *(978-1-6689-0082-6(3)*, 220173); lib. bdg. 32.07 *(978-1-5341-9968-2(3)*, 220029) Cherry Lake Publishing.
PC Polly on Patrol. Carol Dean. 2017. (ENG.). 54p. (J). pap. *(978-1-326-65945-5(6))* Lulu.com.
PC Polly the Police Lady. Carol Dean. 2017. (ENG.). 48p. (J). pap. *(978-1-326-65832-8(8))* Lulu.com.
Pè (Scared) Amy Culliford. Tr. by Jean Pierre Gaston. 2021. (Emosyon Mwen Yo (My Emotions) Ser.). (CRP., Illus.). (J). (gr. -1-1). pap. ***(978-1-0396-2226-5(7)***, 10073, Crabtree Roots) Crabtree Publishing Co.
Pè (Scared) Bilingual. Amy Culliford. 2022. (Emosyon Mwen Yo (My Emotions) Bilingual Ser.).Tr. of Pè. (CRP.). 16p. (J). (gr. -1-1). pap. *(978-1-0396-2460-3(X)*, 19788) Crabtree Publishing Co.
Pea & the Pansie Start Big School. Alison Curtin. l.t. ed. 2023. (ENG.). 26p. (J). pap. ***(978-1-80094-532-6(9))*** Terence, Michael Publishing.
Pea & the Princess: A Pea's Tale. Andrew J. Nelson IV. 2019. (ENG., Illus.). 28p. (J). pap. 12.95 *(978-1-64559-709-4(1))* Covenant Bks.
Pea, Bee, & Jay #1: Stuck Together. Brian "Smitty" Smith. 2020. (Pea, Bee, & Jay Ser.: 1). (ENG., Illus.). 64p. (J). (gr. 1-5). 12.99 *(978-0-06-298117-2(X)*, HarperAlley) HarperCollins Pubs.
Pea, Bee, & Jay #1: Stuck Together Graphic Novel. Brian "Smitty" Smith. 2020. (Pea, Bee, & Jay Ser.: 1). (ENG., Illus.). 64p. (J). (gr. 1-5). pap. 8.99 *(978-0-06-298116-5(1)*, HarperAlley) HarperCollins Pubs.
Pea, Bee, & Jay #2: Wannabees. Brian "Smitty" Smith. 2020. (Pea, Bee, & Jay Ser.: 2). (ENG., Illus.). 64p. (J). (gr. 1-5). 12.99 *(978-0-06-298120-2(X)*, HarperAlley) HarperCollins Pubs.
Pea, Bee, & Jay #2: Wannabees Graphic Novel. Brian "Smitty" Smith. 2020. (Pea, Bee, & Jay Ser.: 2). (ENG., Illus.). 64p. (J). (gr. 1-5). pap. 7.99 *(978-0-06-298119-6(6)*, HarperAlley) HarperCollins Pubs.
Pea, Bee, & Jay #3: Lift Off. Brian "Smitty" Smith. 2021. (Pea, Bee, & Jay Ser.: 3). (ENG., Illus.). 64p. (J). (gr. 1-5). 12.99 *(978-0-06-298123-3(4)*, HarperAlley) HarperCollins Pubs.
Pea, Bee, & Jay #3: Lift off Graphic Novel. Brian "Smitty" Smith. 2021. (Pea, Bee, & Jay Ser.: 3). (ENG., Illus.). 64p. (J). (gr. 1-5). pap. 7.99 *(978-0-06-298122-6(6)*, HarperAlley) HarperCollins Pubs.
Pea, Bee, & Jay #4: Farm Feud, Vol. 4. Brian "Smitty" Smith. Illus. by Brian "Smitty" Smith. 2022. (Pea, Bee, & Jay Ser.: 4). (ENG., Illus.). 64p. (J). (gr. 1-5). 12.99 *(978-0-06-298126-4(9)*, HarperAlley) HarperCollins Pubs.
Pea, Bee, & Jay #4: Farm Feud, Vol. 4. Brian "Smitty" Smith. Illus. by Brian "Smitty" Smith. 2022. (Pea, Bee, & Jay Ser.: 4). (ENG., Illus.). 64p. (J). (gr. 1-5). pap. 7.99 *(978-0-06-298125-7(0)*, HarperAlley) HarperCollins Pubs.
Pea, Bee, & Jay #5: Gotta Find Gramps. Brian "Smitty" Smith. 2022. (Pea, Bee, & Jay Ser.: 5). (ENG., Illus.). 64p. (J). (gr. 1-5). pap. 8.99 *(978-0-06-323668-4(0))*; Vol. 5. 12.99 *(978-0-06-323669-1(9))* HarperCollins Pubs. (HarperAlley).
Pea, Bee, & Jay #6: The Big Bully, Vol. 6. Brian "Smitty" Smith. 2023. (Pea, Bee, & Jay Ser.: 6). (ENG., Illus.). 64p. (J). (gr. 1-5). 19.99 *(978-0-06-323672-1(9))*; pap. 8.99 *(978-0-06-323671-4(0))* HarperCollins Pubs. (HarperAlley).
Pea Called Mildred: A Story to Help Children Pursue Their Hopes & Dreams. Margot Sunderland. ed. 2017. (Helping Children with Feelings Ser.). (ENG., Illus.). 32p. (C). pap. 17.95 *(978-0-86388-497-9(0)*, Y329771) Routledge.
Pea Pod Lullaby. Glenda Millard. Illus. by Stephen Michael King. 2018. (ENG.). 40p. (J). (gr. -1-2). 16.99 *(978-1-5362-0197-0(9))* Candlewick Pr.
PEA That COULD NOT SEE. Linda N. Cameron. 2021. (ENG.). 18p. (J). pap. 11.99 *(978-1-954673-85-4(X))* GoldTouch Pr.
Peabody Jones. James F. Park. 2016. (ENG.). 80p. (J). pap. 6.38 ***(978-1-326-52651-1(0))*** Lulu Pr., Inc.
Peace. Katie Marsico. Illus. by Jeff Bane. 2019. (My Early Library: My Mindful Day Ser.). (ENG.). 24p. (J). (gr. k-1). pap. 12.79 *(978-1-5341-4996-0(1)*, 213291); lib. bdg. 30.64 *(978-1-5341-4710-2(1)*, 213290) Cherry Lake Publishing.
Peace. Marie-Louise Orsini. 2022. (ENG.). 34p. (J). pap. ***(978-1-922827-54-8(1))*** Library For All Limited.
Peace. Miranda Paul & Baptiste Paul. Illus. by Estelí Meza. 2021. (ENG.). 40p. (J). (gr. -1-2). 18.95 *(978-0-7358-4449-0(6))* North-South Bks., Inc.
Peace. Penelope Dyan. Illus. by Penelope Dyan. l.t. ed. 2023. (ENG.). 34p. (J). pap. 12.60 ***(978-1-61477-651-2(2))*** Bellissima Publishing, LLC.
Peace: A Celebration of Mindfulness. Katie Wilson. 2020. (Celebration of Mindfulness Ser.). (ENG.). 20p. (J). (gr. -1-2). bds. 8.99 *(978-1-4867-1813-9(2)*, 4af4968e-a5dd-4545-93e0-43290e560bd4) Flowerpot Pr.
Peace Activism. Virginia Loh-Hagan. 2021. (Stand up, Speak OUT Ser.). (ENG., Illus.). 32p. (J). (gr. 4-8). pap. 14.21 *(978-1-5341-8897-6(5)*, 219299); lib. bdg. 32.07 *(978-1-5341-8757-3(X)*, 219298) Cherry Lake Publishing. (45th Parallel Press).
Peace & Joy: A Soothing & Spiritual Stained Glass Coloring Book. Kreativ Entspannen. 2016. (ENG., Illus.). (J). pap. 9.20 *(978-1-68377-437-2(X))* Whlke, Traudl.
Peace & Me: Inspired by the Lives of Nobel Peace Prize Laureates. Ali Winter. Illus. by Mickael El Fathi. 2018. (ENG.). 40p. (J). (gr. 2-5). 18.99 *(978-1-911373-28-5(5)*, 55124d81-f31b-47e9-b9b4-b0f31ae3a37c) Lantana Publishing GBR. Dist: Lerner Publishing Group.
Peace & Quiet: A Novel (Classic Reprint) Edwin Milton Royle. (ENG., Illus.). (J). 2018. 374p. 31.63 *(978-0-365-31318-2(1))*; 2017. pap. 16.57 *(978-0-259-21128-0(1))* Forgotten Bks.
Peace & the Vices (Classic Reprint) Anna A. Rogers. 2018. (ENG., Illus.). 320p. (J). 30.50 *(978-0-483-64205-8(3))* Forgotten Bks.
Peace & War. Charlie Ogden. 2017. (Our Values - Level 3 Ser.). (Illus.). 32p. (J). (gr. 5-6). *(978-0-7787-3738-4(1))* Crabtree Publishing Co.
Peace at Any Price: A Farce, in One Act; (Adapted from the French) (Classic Reprint) Thomas William Robertson. (ENG., Illus.). (J). 2018. 20p. 24.31 *(978-0-483-30119-1(1))*; 2016. pap. 7.97 *(978-1-334-15927-5(0))* Forgotten Bks.
Peace at Any Price (Classic Reprint) Porter Emerson Browne. 2017. (ENG., Illus.). 64p. (J). 25.63 *(978-0-484-03167-7(8))* Forgotten Bks.
Peace, Be Still (teen Girls) 180 Quiet-Time Prayers for Teen Girls. Janice Thompson. 2022. (ENG.). 192p. (YA). pap. 12.99 *(978-1-63609-192-1(X))* Barbour Publishing, Inc.
Peace Book. todd Parr. Illus. by todd Parr. 2019. (Todd Parr Picture Bks.). (ENG., Illus.). 32p. (J). (gr. -1-2). 31.36 *(978-1-5321-4377-9(X)*, 31827, Picture Bk.) Spotlight.
Peace by Peace. Sudha Ramaswami. 2022. (ENG.). 38p. (J). 18.95 *(978-1-63755-234-6(3)*, Mascot Kids) Amplify Publishing Group.
Peace Campaigns of a Cornet, Vol. 1 of 2 (Classic Reprint) North Ludlow Beamish. 2018. (ENG., Illus.). (J). 224p. 28.52 *(978-1-391-19977-1(4))*; 226p. pap. 10.97 *(978-1-390-95981-9(3))* Forgotten Bks.
Peace Campaigns of a Cornet, Vol. 1 of 3 (Classic Reprint) North Ludlow Beamish. (ENG., Illus.). (J). 2018. 318p. 30.48 *(978-0-666-22806-2(X))*; 2016. pap. 13.57 *(978-1-333-50524-0(8))* Forgotten Bks.
Peace Campaigns of a Cornet, Vol. 2 of 3 (Classic Reprint) North Ludlow Beamish. 2017. (ENG., Illus.). (J). 30.19 *(978-0-265-22062-7(9))* Forgotten Bks.
Peace Campaigns of a Cornet, Vol. 3 of 3 (Classic Reprint) North Ludlow Beamish. 2018. (ENG., Illus.). 264p. (J). 29.34 *(978-0-428-90074-8(7))* Forgotten Bks.
Peace Corps. Teresa Wimmer. 2016. (Agents of Government Ser.). (ENG.). 48p. (J). (gr. 4-7). pap. 12.00 *(978-1-62832-150-0(4)*, 20850, Creative Paperbacks) Creative Co., The.
Peace Dancer. Roy Henry Vickers & Robert Budd. Illus. by Roy Henry Vickers. 2016. (Northwest Coast Legends Ser.). (ENG., Illus.). 40p. (J). *(978-1-55017-739-8(7)*, e9a2f57b-6a2c-4a39-86d2-398cf6d3398b) Harbour Publishing Co., Ltd.
Peace Dragon. Linda Ragsdale. Illus. by Marco Furlotti. (Peace Dragon Tales Ser.). (ENG.). 32p. (J). (gr. k-3). 2019. 7.99 *(978-1-4867-1773-6(X)*, 44ebb77f-7ad6-445a-a840-d43bd0a0fd1d); 2018. 16.99 *(978-1-4867-1466-7(8)*, 2c92d158-cd9c-466e-b2f2-579b83f8a8f5) Flowerpot Pr.
Peace Egg & a Christmas Mumming Play (Classic Reprint) Juliana Horatia Gatty Ewing. 2018. (ENG., Illus.). 60p. (J). 25.15 *(978-0-364-25512-4(9))* Forgotten Bks.
Peace Haven Murders: A Clancy Evans Mystery. M. Glenn Graves. 2018. (ENG., Illus.). 430p. (YA). pap. 16.99 *(978-1-64119-600-0(9)*, City Lights Pr.) Wolfpack Publishing.
Peace in Friendship Village (Classic Reprint) Zona Gale. 2018. (ENG., Illus.). 320p. (J). 30.50 *(978-0-267-40433-9(6))* Forgotten Bks.
Peace in My World. Syeda Mleeha Shah. (ENG.). (J). 2022. 20p. 19.99 *(978-1-957262-33-8(8))*; 2017. (Illus.). (gr. -1-3). pap. 9.95 *(978-1-947825-34-5(8))* Yorkshire Publishing Group.
Peace in Our Time. YanHong Huang. 2021. (ENG.). 86p. (YA). pap. 4.99 *(978-1-6629-0388-5(X))* Gatekeeper Pr.
Peace in the Clouds Around Mountains Coloring Book. Activibooks For Kids. 2016. (ENG., Illus.). (J). pap. 9.20 *(978-1-68321-281-2(9))* Mimaxion.
Peace in the Storm. Heather Mitchell Martin. Illus. by Jamie Frederick. 2021. (Fruit of the Spirit Treasury Ser.). (ENG.). 28p. (J). 23.95 *(978-1-0980-4637-8(4))*; pap. 13.95 *(978-1-0980-4338-4(3))* Christian Faith Publishing.
Peace Is a Chain Reaction: How World War II Japanese Balloon Bombs Brought People of Two Nations Together. Tanya Lee Stone. 2022. (ENG.). 176p. (J). (gr. 5). 24.99 *(978-0-7636-7686-5(1))* Candlewick Pr.
Peace, Love, Action! Everyday Acts of Goodness from a to Z. Tanya Zabinski. 2019. (Illus.). 120p. (J). (gr. 3-7). 19.95 *(978-1-946764-47-8(7)*, Plum Blossom Bks.) Parallax Pr.
Peace, Love, & Harmony: The Sixties Hippy Coloring Book. Kreativ Entspannen. 2016. (ENG., Illus.). (J). pap. 9.20 *(978-1-68377-438-9(8))* Whlke, Traudl.
Peace. Love & Red Shoes. Jenni Smith. Illus. by Joy Schaber. 2021. 32p. (J). pap. 12.99 *(978-1-0983-7234-7(4))* BookBaby.
Peace Made in Germany: What Tommy & Poilu Think about It (Classic Reprint) Unknown Author. 2018. (ENG., Illus.). 66p. (J). 25.26 *(978-0-484-30462-7(3))* Forgotten Bks.
Peace Mission. Jennifer Liss. 2023. (White Lightning Mysteries Ser.). (ENG.). 80p. (J). (gr. 6-8). pap. 10.95 ***(978-1-63889-207-6(5))*** Saddleback Educational Publishing, Inc.
Peace of Freysdal: A Light-Twister Novel. Michael Richards. 2023. (ENG., Illus.). 361p. (YA). (gr. 8-17). pap. 21.95 *(978-1-80341-257-3(7)*, Lodestone Bks.) Hunt, John Publishing Ltd. GBR. Dist: National Bk. Network.
Peace of Mind Bible Sight Words Coloring Book: Learn God's Word by Heart on Joyful Coloring Pages! Good Books. 2021. (Peace of Mind for Kids Ser.). (ENG.). 208p. (J). (gr. -1-1). pap. 12.99 *(978-1-68099-735-4(1)*, Good Bks.) Skyhorse Publishing Co., Inc.
Peace of Mind Bible Sight Words Search Book: Seek & Find God's Word in Colorful Word Searches! Good Books. 2021. (Peace of Mind for Kids Ser.). (ENG.). 216p. (J). (gr. -1-6). pap. 12.99 *(978-1-68099-734-7(3)*, Good Bks.) Skyhorse Publishing Co., Inc.
Peace of the Solomon Valley (Classic Reprint) Margaret Hill McCarter. 2018. (ENG., Illus.). 94p. (J). 25.86 *(978-0-428-27723-9(3))* Forgotten Bks.
Peace, or the Stolen Will! An American Novel (Classic Reprint) Mary W. Janvrin. (ENG., Illus.). (J). 2018. 410p. 32.37 *(978-0-483-96361-0(5))*; 2016. pap. 16.57 *(978-1-334-22508-6(7))* Forgotten Bks.
Peace Pelican, Spinster: A Love Story (Classic Reprint) Christabel Goldsmith. (ENG., Illus.). (J). 2018. 398p. 32.11 *(978-0-364-40131-6(1))*; 2017. pap. 16.57 *(978-0-259-22281-1(X))* Forgotten Bks.
Peace River Joe (Classic Reprint) John Pease Babcock. (ENG.). (J). 2019. 34p. 24.60 *(978-0-365-28578-6(1))*; 2017. (Illus.). pap. 7.97 *(978-0-259-44129-8(5))* Forgotten Bks.
Peace Train. Cat Stevens. Illus. by Peter H. Reynolds. 2021. (ENG.). 40p. (J). (gr. -1-3). 18.99 *(978-0-06-305399-1(3)*, HarperCollins) HarperCollins Pubs.
Peace Week in Miss Fox's Class. Eileen Spinelli. Illus. by Anne Kennedy. 2018. (Miss Fox's Class Ser.). (ENG.). 32p. (J). (gr. -1-3). 8.99 *(978-0-8075-6390-8(0)*, 807563900) Whitman, Albert & Co.
Peace with Buddha. Chitwan Mittal & Sarita Saraf. Illus. by Debasmita Dasgupta. 2023. (Learning to BE Ser.). (ENG.). 20p. (J). bds. 9.99 *(978-81-953886-7-7(1)*, Adidev Pr.) Mittal, Chitwan IND. Dist: Independent Pubs. Group.
Peace, World. Aleksandra Szmidt. 2021. (Global Greetings Ser.). (ENG.). 22p. (J). (gr. k-2). bds. 7.99 *(978-1-4867-1853-5(1)*, ad842f1c-5ccf-4d34-8917-623d08b1f01b) Flowerpot Pr.
Peaceful Dinosaur: A Story about Peace & Mindfulness. Steve Herman. 2020. (Dinosaur & Friends Ser.: Vol. 3). (ENG.). 46p. (J). 18.95 *(978-1-64916-090-4(9))*; pap. 12.95 *(978-1-64916-089-8(5))* Digital Golden Solutions LLC.
Peaceful Ducks. Paul Zimmerman. 2017. (ENG., Illus.). (J). pap. 17.45 *(978-1-4808-4443-8(8))* Archway Publishing.
Peaceful Fights for Equal Rights. Rob Sanders. Illus. by Jared Andrew Schorr. 2018. (ENG.). 48p. (J). (gr. -1-3). 17.99 *(978-1-5344-2943-7(3)*, Simon & Schuster Bks. For Young Readers) Simon & Schuster Bks. For Young Readers.
Peaceful Light: Body Core Wisdom for Youthful Hearts. Andrew Shugyo Daijo Bonnici. 2020. (ENG.). 56p. (YA). 14.95 *(978-1-6629-0247-5(6))* Gatekeeper Pr.
Peaceful Like a Panda: 30 Mindful Moments for Playtime, Mealtime, Bedtime-Or Anytime! Kira Willey. Illus. by Anni Betts. 2020. (Mindfulness Moments for Kids Ser.). 96p. (J). (gr. -1-3). 20.99 *(978-0-593-17924-6(2))*; pap. 15.99 *(978-0-593-17926-0(9))* Random Hse. Children's Bks. (Rodale Kids).
Peaceful Me. Sandra V. Feder. Illus. by Rahele Jomepour Bell. 2023. (ENG.). 32p. (J). (gr. -1-1). 19.99 *(978-1-77306-341-6(3))* Groundwood Bks. CAN. Dist: Publishers Group West (PGW).
Peaceful Mind Grateful Heart Gratitude Journal. Marisa Booker. 2021. (ENG.). 120p. (J). pap. *(978-1-312-60675-3(4))* Lulu Pr., Inc.
Peaceful Personalities & Warriors Bold (Classic Reprint) Frederic Villiers. 2017. (ENG., Illus.). 432p. (J). 32.81 *(978-0-484-07647-0(7))* Forgotten Bks.
Peaceful Piggy Bedtime. Sophie Maclaren. Illus. by Kerry Lee MacLean. 2020. (ENG.). 32p. (J). 17.95 *(978-1-61429-674-4(X))* Wisdom Pubns.
Peaceful Piggy's Guide to Sickness & Death, Sadness & Love. Kerry Lee MacLean. 2022. (ENG., Illus.). 32p. (J). 19.95 *(978-1-61429-781-9(9))* Wisdom Pubns.
Peaceful Protesters, 12 vols. 2017. (Peaceful Protesters Ser.). (ENG.). (J). (gr. 9-9). lib. bdg. 267.00 *(978-1-5026-3226-5(8)*, 0c586a6d-cba6-41f9-b70b-9649d4dc91f8) Cavendish Square Publishing LLC.
Peaceful Valley: A Famous Play in Three Acts (Classic Reprint) Edward E. Kidder. 2018. (ENG., Illus.). 94p. (J). 25.84 *(978-0-267-19869-6(8))* Forgotten Bks.
Peaceful Warriors. Mita Pandya-Sandil. 2022. (ENG., Illus.). 64p. (J). pap. 21.95 *(978-1-63985-431-8(2))* Fulton Bks.
Peacekeeping. Nel Yomtov. 2016. (Military Missions Ser.). (ENG., Illus.). 24p. (J). (gr. 3-7). 26.95 *(978-1-62617-436-8(9)*, Epic Bks.) Bellwether Media.
Peacemaker. Joseph Bruchac. (Illus.). 160p. (J). (gr. 4-7). 2022. 7.99 *(978-1-9848-1539-2(3))*; 2021. 16.99 *(978-1-9848-1537-8(7))* Penguin Young Readers Group. (Dial Bks).
Peacemaker, & Other Stories (Classic Reprint) T. S. Arthur. 2018. (ENG., Illus.). 250p. (J). 29.07 *(978-0-428-89651-5(0))* Forgotten Bks.
Peacemaker for Warring Nations: The Founding of the Iroquois League. Joseph Bruchac. Illus. by David Kanietakeron Fadden. 2021. 56p. (YA). (gr. 4-9). pap. 18.95 *(978-1-937786-87-8(0)*, Wisdom Tales) World Wisdom, Inc.
Peacemakers (a Tale of Love) (Classic Reprint) Hiram W. Hayes. 2018. (ENG., Illus.). 434p. (J). 32.85 *(978-0-267-20807-4(3))* Forgotten Bks.
Peacemakers (Classic Reprint) John Strange Winter. 2018. (ENG., Illus.). 324p. (J). 30.58 *(978-0-365-41568-8(5))* Forgotten Bks.
Peach & Plum. M. Johnson. 2019. (ENG.). 260p. (J). (gr. 4-6). pap. 12.99 *(978-0-578-61389-5(1))* 1072 Studio.
Peach & Plum: Rule at School! (a Graphic Novel) Tim McCanna. 2023. (Peach & Plum Ser.: 2). (ENG., Illus.). 96p. (J). (gr. 1-4). 12.99 *(978-0-316-30630-0(4))*; pap. 7.99 *(978-0-316-30640-9(1))* Little, Brown Bks. for Young Readers.
Peach Bloom: An Original Play in Four Acts (Classic Reprint) Northrop Morse. 2018. (ENG., Illus.). 196p. (J). 27.94 *(978-0-267-27044-6(5))* Forgotten Bks.
Peach Boy: Level 3. William H. Hooks. Illus. by June Otani. 2020. (Bank Street Ready-To-Read Ser.). (ENG.). 50p. (J). 17.95 *(978-1-876967-19-2(6))*; pap. 11.95 *(978-1-876966-15-7(7))* ibooks, Inc.
Peach Pit Parade: A World War I Story. Shana Keller. Illus. by Margeaux Lucas. 2022. (Tales of Young Americans Ser.). (ENG.). 40p. (J). (gr. 1-4). 17.99 *(978-1-5341-1138-7(7)*, 205208) Sleeping Bear Pr.
Peach Rebellion. Wendelin Van Draanen. (ENG.). 416p. (YA). (gr. 7). 2023. pap. 11.99 ***(978-0-593-37859-5(8)***, Ember); 2022. 18.99 *(978-0-593-37856-4(3)*, Knopf Bks. for Young Readers); 2022. lib. bdg. 21.99 *(978-0-593-37857-1(1)*, Knopf Bks. for Young Readers) Random Hse. Children's Bks.
Peachmonk: A Serio-Comic Detective Tale in Which No Fire-Arms Are Used & No One Is Killed, Being a Three Days Episode in the Life of the Duke of Belleville As Related by Lord Edward Byron (Classic Reprint) John Eyerman. 2018. (ENG., Illus.). 32p. (J). 24.56 *(978-0-483-98085-3(4))* Forgotten Bks.
Peachy Possums. Nancy Panko. 2022. (ENG.). 46p. (J). 19.99 ***(978-1-61153-487-0(9))***; pap. 9.99 ***(978-1-61153-486-3(0))*** Light Messages Publishing. (Torchflame Bks.).
Peacock & Parrot on Their Tour to Discover the Author of the Peacock at Home: Illustrated with Engravings (Classic Reprint) William Mulready. 2018. (ENG., Illus.). 44p. (J). 24.82 *(978-0-484-69643-2(2))* Forgotten Bks.
Peacock & the Crane: Leveled Reader Orange Level 16. Rg Rg. 2016. (PM Ser.). (ENG.). 16p. (J). (gr. 1-2). pap. 11.00 *(978-0-544-89158-6(9))* Rigby Education.
Peacock & the Wishing-Fairy: And Other Stories (Classic Reprint) Corinne Ingraham. 2017. (ENG., Illus.). (J). 28.04 *(978-0-331-74854-3(1))* Forgotten Bks.
Peacock at Home: A Sequel to the Butterfly's Ball (Classic Reprint) Catherine Ann Turner Dorset. (ENG., Illus.). (J). 2018. 34p. 24.60 *(978-0-366-53552-1(8))*; 2018. 36p. pap. 7.97 *(978-0-365-87105-7(2))*; 2018. 50p. 24.93 *(978-0-484-67420-1(X))*; 2018. 48p. 24.89 *(978-0-656-06109-9(X))*; 2016. pap. 9.57 *(978-1-333-43345-1(X))* Forgotten Bks.
Peacock at Home, and, the Butterfly's Ball & the Grasshopper's Feast (Classic Reprint) Catherine Ann Turner Dorset. (ENG., Illus.). (J). 2018. 38p. 24.68 *(978-0-484-13670-9(4))*; 2016. pap. 7.97 *(978-1-334-13064-9(7))* Forgotten Bks.
Peacock at Rowsley: Where Andrew, Alexis, & the Naturalist Met; & What Came of Their Visit (Classic Reprint) John Joseph Briggs. 2018. (ENG., Illus.). 82p. (J). 25.59 *(978-0-332-83899-1(4))* Forgotten Bks.
Peacock Butterfly. Contrib. by Julie Murray. 2023. (Animals with Color Ser.). (ENG.). 24p. (J). (gr. k-4). lib. bdg. 31.36 ***(978-1-0982-8118-2(7))***, 42329, Abdo Zoom-Dash) ABDO Publishing Co.
Peacock Detectives. Carly Nugent. 2020. (ENG.). 288p. (J). (gr. 3-7). 16.99 *(978-0-06-289670-4(9)*, HarperCollins) HarperCollins Pubs.
Peacock Door: Ancient Pathways & Hidden Keys. Wanda Kay Knight. 2019. (ENG., Illus.). 308p. (J). (gr. 3-6). 19.95 *(978-1-64633-172-7(9))* Waldorf Publishing.
Peacock Feather a Romance (Classic Reprint) Leslie Moore. 2017. (ENG., Illus.). (J). 30.72 *(978-1-5282-7097-7(5))* Forgotten Bks.
Peacock Feathers. Amelia Lionheart. 4th ed. 2021. (Jeacs Ser.: Vol. 1). (ENG.). 182p. (YA). pap. *(978-0-9937493-0-8(5))* PageMaster Publication Services, Inc.
Peacocks. Valerie Bodden. 2018. (Amazing Animals Ser.). (ENG., Illus.). 24p. (J). (gr. 1-3). pap. 8.99 *(978-1-62832-497-6(X)*, 19631, Creative Paperbacks); *(978-1-60818-881-9(7)*, 19633, Creative Education) Creative Co., The.
Peacocks. Melissa Gish. (Living Wild Ser.). (ENG.). 48p. (J). (gr. 4-7). 2017. pap. 12.00 *(978-1-62832-303-0(5)*, 20618, Creative Paperbacks); 2016. *(978-1-60818-707-2(1)*, 20620, Creative Education) Creative Co., The.
Peacocks. Alicia Rodriguez. 2022. (Asian Animals Ser.). (ENG.). 16p. (J). (gr. -1-1). pap. 7.95 *(978-1-63897-552-6(3)*, 19280); lib. bdg. 25.27 *(978-1-63897-437-6(3)*, 19279) Seahorse Publishing.
Peacocks & Palaces: Exploring the Art of India. Lucy Holland. 2018. (ENG., Illus.). 104p. 18.95 *(978-0-937108-56-7(1))* Marquand Bks., Inc.

Peacock's Pleasaunce (Classic Reprint) E. V. B. 2017. (ENG., Illus.). (J). 30.17 *(978-1-5285-7298-9(X))* Forgotten Bks.
Peafowl, Geese, & Other Feathered Things: A Children's Book of Hope in Strange Times. Bea Heunis. Illus. by Alda Smith. 2021. (ENG.). 48p. (J). pap. 14.99 ***(978-1-928534-21-1(X))*** Fenman, Inc.
PEAFOWL, GEESE, & OTHER FEATHERED THINGS - a Children's Book of Hope in Strange Times. Bea Heunis. Illus. by Alda Smith. 2021. (ENG.). 48p. (J). 21.99 ***(978-1-928534-20-4(1))*** Fenman, Inc.
Peak & Prairie: From a Colorado Sketch-Book (Classic Reprint) Anna Fuller. 2018. (ENG., Illus.). 440p. (J). 32.99 *(978-0-483-44036-4(1))* Forgotten Bks.
Peak of the Load: The Waiting Months on the Hilltop from the Entrance of the Stars & Stripes to the Second Victory on the Marne (Classic Reprint) Mildred Aldrich. 2017. (ENG., Illus.). (J). 29.26 *(978-0-266-31950-4(5))* Forgotten Bks.
Peakabu's Spiny Nubby Slimy Yummy Bubbly Friendly Wavy Splashy Tide Pool Tour. John Cayden. 2021. (ENG.). 54p. (J). pap. 18.95 *(978-1-7360766-8-2(X))* Moredo-Burich, John.
Peakland Faggot: Tales Told of Milton Folk. R. Murray Gilchrist. 2017. (ENG., Illus.). (J). pap. *(978-0-649-12043-7(4))* Trieste Publishing Pty Ltd.
Peakland Faggot: Tales Told of Milton Folk (Classic Reprint) R. Murray Gilchrist. 2018. (ENG., Illus.). 198p. (J). 27.98 *(978-0-267-09676-3(3))* Forgotten Bks.
Peaks: Land of the Sky Number; December, 1926 (Classic Reprint) Peggy Ann Williams. (ENG., Illus.). (J). 2018. 390p. 31.94 *(978-0-483-92171-9(8))*; 2017. pap. 16.57 *(978-0-243-26399-8(6))* Forgotten Bks.
Peaks & Pleasant Pastures (Classic Reprint) Claud Schuster. 2017. (ENG., Illus.). (J). 29.11 *(978-0-260-08900-7(1))* Forgotten Bks.
Peak's Island: A Romance of Buccaneer Days (Classic Reprint) Ford Paul. 2018. (ENG., Illus.). 146p. (J). 26.93 *(978-0-483-63466-4(2))* Forgotten Bks.
Peanut: The Story of a Boy (Classic Reprint) Albert Bigelow Paine. 2018. (ENG., Illus.). 80p. (J). 25.55 *(978-0-484-34803-4(5))* Forgotten Bks.
Peanut Bear: What's in the Forest? Illus. by Ralph Consentino. 2018. (ENG.). 24p. (J). bds. 7.99 *(978-1-68383-235-5(3))* Insight Editions.
Peanut Butter. Jan Bernard. 2016. (J). *(978-1-4896-4537-1(3))* Weigl Pubs., Inc.
Peanut Butter & Aliens: A Zombie Culinary Tale. Joe McGee. Illus. by Charles Santoso. 2017. (ENG.). 32p. (J). (gr. -1-2). 16.95 *(978-1-4197-2530-2(0)*, 1162901, Abrams Bks. for Young Readers) Abrams, Inc.
Peanut Butter & Jam. Raecine Tyes. Illus. by Gergana Zmiicharova. 2019. (ENG.). 28p. (J). pap. 12.99 *(978-0-578-59235-0(5))* Tyes, Raecine.
Peanut Butter & Jam: A Story of Friendship. Natrix Davis. Illus. by Rosa Maria Garza. 2022. (ENG.). 68p. (J). pap. 22.99 ***(978-0-9997822-9-3(0))*** Davis, Nathaniel.
Peanut Butter & Jam: And Jolie Makes Three. Natrix Davis. Illus. by Rosa Maria Garza. 2020. (ENG.). 96p. (J). pap. 22.99 *(978-0-9997822-4-8(X))* Davis, Nathaniel.
Peanut Butter & Jam: Bootsy Gets a Sister. Natrix Davis. Illus. by Rosa Maria Garza. 2019. (Peanut Butter & Jam Ser.: Vol. 2). (ENG.). 68p. (J). pap. 19.99 *(978-0-9997822-2-4(3))* Davis, Nathaniel.
Peanut Butter & Jelly, 3. Ben Clanton. ed. 2019. (Narwhal & Jelly Book Ser.). (ENG.). 64p. (J). (gr. k-1). 18.96 *(978-0-87617-300-8(8))* Penworthy Co., LLC, The.
Peanut Butter & Jelly (a Narwhal & Jelly Book #3) Ben Clanton. 2018. (Narwhal & Jelly Book Ser.: 3). (ENG., Illus.). 72p. (J). (gr. 1-4). 12.99 *(978-0-7352-6245-4(4)*, Tundra Bks.) Tundra Bks. CAN. Dist: Penguin Random Hse. LLC.
Peanut, Butter & Jelly Kids. Lena Dodley. 2016. (ENG., Illus.). (J). 22.95 *(978-1-68197-051-6(1))* Christian Faith Publishing.
Peanut, Butter & Jelly Kids: Christmas Story. Lena Dodley. 2018. (Grandma Jelly Ser.: Vol. 2). (ENG., Illus.). 30p. (J). pap. 13.95 *(978-1-64028-670-2(5))* Christian Faith Publishing.
Peanut Butter & Jelly Mystery. Fran Manushkin. Illus. by Tammie Lyon. 2022. (Katie Woo & Pedro Mysteries Ser.). (ENG.). 32p. (J). 22.65 *(978-1-6663-3573-6(8)*, 235511); pap. 5.95 *(978-1-6663-3568-2(1)*, 235506) Capstone. (Picture Window Bks.).
Peanut Butter & Jellyous: ... sometimes Friendships Get Sticky. Michael Genhart & Steve Mack. 2017. (ENG., Illus.). 32p. (J). *(978-1-4338-2337-4(3)*, Magination Pr.) American Psychological Assn.
Peanut Butter & Pandemonium. Anita Daher. 2023. (Mythic Adventures of Samuel Templeto Ser.). (ENG.). 176p. (J). (gr. 2-4). pap. 10.95 ***(978-1-77337-099-6(5)***, Yellow Dog) Great Plains Pubns. CAN. Dist: Independent Pubs. Group.
Peanut Butter & Santa Claus: A Zombie Culinary Tale. Joe McGee. 2019. (ENG., Illus.). 32p. (J). (gr. -1-2). 16.99 *(978-1-4197-3634-6(5)*, 1163001, Abrams Bks. for Young Readers) Abrams, Inc.
Peanut Butter & the Jellyfish. Stephen Benjamin Chen. Illus. by Benjamin Chen. 2018. (ENG.). 22p. (J). (gr. 1-4). 18.00 *(978-0-692-14249-3(5))* Chen, Stephen.
Peanut Butter & Toast. Michael Alden. 2017. (ENG., Illus.). (J). (gr. -1-3). 14.95 *(978-1-68401-179-7(5))* Amplify Publishing Group.
Peanut Butter Bandit. Liz Barrett Foster. Illus. by Shannah M. Barrett. 2018. (ENG.). 32p. (J). pap. 9.99 *(978-1-7329952-0-8(6))* New Idea Publishing.
Peanut Butter Boy: A Nutty Adventure for 8 Years + Lel Bevan. Illus. by Benjamin Wight. 2016. (ENG.). 186p. (J). (gr. 3-6). pap. 10.00 ***(978-1-68419-049-2(5))*** Sutherland, Charles.
Peanut Butter on My Nose. Gena Fischer. Illus. by Gena Fischer. 2022. (ENG.). 54p. (J). pap. 15.95 *(978-1-954463-15-8(4))* Amos Media Co.
Peanut Butter Sandwich. Rose Marie Colucci. 2019. (ENG.). 34p. (J). pap. *(978-0-359-94800-0(6))* Lulu Pr., Inc.
Peanut Butter's First Day of School. Terry Border. 2018. (Penguin Young Readers, Level 2 Ser.). (Illus.). 32p. (J). (gr. 1-2). pap. 5.99 *(978-1-5247-8484-3(2)*, Penguin Young Readers) Penguin Young Readers Group.
Peanut Butter's First Day of School. Terry Border. ed. 2018. (Penguin Young Readers Level 2 Ser.). lib. bdg. 13.55 *(978-0-606-41332-9(4))* Turtleback.
'Peanut' Elephant Company. Páraig de Faoite. Illus. by Sophia Felumaz. 2022. (ENG.). 54p. (J). pap. ***(978-1-3984-2454-8(4))*** Austin Macauley Pubs. Ltd.
Peanut Fart. Xiaoming Wang. Tr. by Adam Lanphier. 2017. (ENG & MUL.). 28p. (J). pap. 9.99 ***(978-1-945295-03-4(1))*** Paper Republic LLC.
Peanut Goes for the Gold. Jonathan Van Ness. Illus. by Gillian Reid. 2020. (ENG.). 32p. (J). (gr. -1-3). 18.99 *(978-0-06-294100-8(3)*, HarperCollins) HarperCollins Pubs.
Peanut Parables. Janet Fredrickson. 2019. (ENG.). 252p. (J). 49.95 *(978-1-64569-989-7(7))* Christian Faith Publishing.
Peanut Visits Mounds State Park. Katherine Chaffin Gerstorff. Illus. by Sudipta "Steve" Dasgupta. 2018. (Peanut Adventure Ser.: Vol. 1). (ENG.). 50p. (J). (gr. k-6). 34.99 *(978-0-692-16431-0(6))* Gerstorff, Katherine.
Peanuts. Golriz Golkar. 2021. (How Foods Grow Ser.). (ENG., Illus.). 24p. (J). (gr. k-3). lib. bdg. 31.36 *(978-1-5321-6981-6(7)*, 38039, Pop! Cody Koala) Pop!.
Peanuts 288 Coloring & Activity Pages (Value) Des. by Bendon. 2020. (ENG.). (J). pap. 5.00 ***(978-1-6902-1209-6(8))*** Bendon, Inc.
Peanuts 5-Minute Stories. Charles M. Schulz. 2017. (Peanuts Ser.). (ENG., Illus.). 192p. (J). (gr. -1-2). 12.99 *(978-1-5344-1162-3(3)*, Simon Spotlight) Simon Spotlight.
Peanut's Big Game. Ginger Hopper. Illus. by Brady Parks. 2022. (ENG.). 40p. (J). pap. 14.99 *(978-1-6628-3593-3(0))* Salem Author Services.
Peanuts for Penny. Linda McCain. 2021. (ENG., Illus.). 42p. (J). 25.95 *(978-1-6624-2383-3(7))*; pap. 15.95 *(978-1-6624-2381-9(0))* Page Publishing Inc.
Peanuts Graphic Novel Collection (Boxed Set) Snoopy Soars to Space; Adventures with Linus & Friends!; Batter up, Charlie Brown! Charles M. Schulz. ed. 2023. (Peanuts Ser.). (ENG.). 480p. (J). (gr. 3-7). pap. 35.99 ***(978-1-6659-4097-9(2)***, Simon Spotlight) Simon Spotlight.
Peanut's Great Adventures: Episode One Angel Wings. Connie Wright Roberts. I.t. ed. 2022. (ENG.). 46p. (J). 18.00 *(978-1-0880-1490-5(9))* Indy Pub.
Peanuts Imagine Ink Magic Ink Pictures. Des. by Bendon. 2020. (ENG.). (J). 5.00 ***(978-1-6902-1207-2(1))*** Bendon, Inc.
Peanuts: Look & Find. PI Kids. 2018. (ENG.). 24p. (J). 9.99 *(978-1-5037-3705-1(5)*, 2923, PI Kids) Phoenix International Publications, Inc.
Peanuts Poster Collection (Exclusive Edition) Chip Kidd. 2020. (ENG.). (J). (gr. k-4). pap. 18.99 *(978-1-4197-4908-7(0))* Abrams, Inc.
Peanuts Ready-To-Read Value Pack: Time for School, Charlie Brown; Make a Trade, Charlie Brown!; Lucy Knows Best; Linus Gets Glasses; Snoopy & Woodstock; Snoopy, First Beagle on the Moon! Charles M. Schulz. 2019. (Peanuts Ser.). (ENG., Illus.). 192p. (J). (gr. k-2). pap. 17.96 *(978-1-5344-5765-2(8)*, Simon Spotlight) Simon Spotlight.
Peanuts: Snoopy Goes to Space Book & 5-Sound Flashlight Set. PI Kids. Illus. by Tom Brannon. 2020. (ENG.). 10p. (J). bds. 16.99 *(978-1-5037-5256-6(9)*, 3562, PI Kids) Phoenix International Publications, Inc.
Peanuts: the Gang's All Here! Two Books in One. Charles M. Schulz. 2020. (Peanuts Kids Ser.). (ENG., Illus.). 448p. (J). pap. 14.99 *(978-1-5248-6179-7(0))* Andrews McMeel Publishing.
Peanuts to Peanut Butter, 1 vol. B. J. Best. 2016. (How It Is Made Ser.). (ENG., Illus.). 24p. (J). (gr. 1-1). pap. 9.22 *(978-1-5026-2134-4(7)*, 20ab7766-9b9a-4091-aaf6-1ee3bd87a790); lib. bdg. 25.93 *(978-1-5026-2136-8(3)*, 2415af4c-4ce7-4ec2-abb9-6e4bcf20bd2e) Cavendish Square Publishing LLC.
Pear Affair. Judith Eagle. Illus. by Jo Rioux. 2022. (ENG.). 288p. (J). (gr. 5-9). 18.99 *(978-1-5362-1703-2(4))* Candlewick Pr.
Pear Tree. P. A. Wolcott. 2019. (ENG.). 36p. (J). pap. *(978-0-359-49993-9(7))* Lulu Pr., Inc.
Pearce Amerson's Will (Classic Reprint) Richard Malcolm Johnston. 2018. (ENG., Illus.). 290p. (J). 29.86 *(978-0-332-79401-3(6))* Forgotten Bks.
Pearl, 0 vols. Deirdre Riordan Hall. 2016. (ENG.). 352p. (YA). (gr. 9-12). pap. 9.99 *(978-1-5039-4858-7(7)*, 9781503948587, Skyscape) Amazon Publishing.
Pearl. Molly Idle. 2018. (ENG., Illus.). 48p. (J). (gr. -1-3). 18.99 *(978-0-316-46567-0(4))* Little, Brown Bks. for Young Readers.
Pearl: Or Affection's Gift (Classic Reprint) Marian S. Carson Collection. (ENG., Illus.). (J). 2018. 234p. 28.72 *(978-0-483-63497-8(2))*; 2016. pap. 11.57 *(978-1-334-13415-9(4))* Forgotten Bks.
Pearl & Apple's Lake House Adventure. Sarah Jane Lyles. 2021. (ENG.). 38p. (J). pap. 18.95 *(978-1-63692-785-5(8))* Newman Springs Publishing, Inc.
Pearl & Percy Penguin: The Little Penguins' Adventures. Stephanie de Freitas & Matthew Brorens. 2021. (ENG.). 42p. (J). pap. *(978-1-83875-197-5(1)*, Nightingale Books) Pegasus Elliot Mackenzie Pubs.
Pearl & Squirrel Give Thanks. Cassie Ehrenberg. Illus. by Ryan Ehrenberg. 2020. (ENG.). 32p. (J). (gr. -1-1). 14.99 *(978-1-338-59209-2(2)*, Orchard Bks.) Scholastic, Inc.
Pearl & the Dragon. J. Bobeldyk. Illus. by Citra Lani. 2022. (ENG.). 38p. (J). pap. ***(978-0-6489883-6-6(8))*** J. Bobeldyk.
Pearl Box: Containing One Hundred Beautiful Stories for Young People. A Pastor. 2017. (ENG., Illus.). (J). 22.95 *(978-1-374-84170-3(6))*; pap. 12.95 *(978-1-374-84169-7(2))* Capital Communications, Inc.
Pearl (Classic Reprint) Unknown Author. (ENG., Illus.). (J). 2018. 276p. 29.59 *(978-0-483-62609-6(0))*; 2017. pap. 11.97 *(978-0-243-98714-6(5))* Forgotten Bks.
Pearl Divers & Crusoes of the Sargasso Sea (Classic Reprint) Gordon Stables. (ENG., Illus.). (J). 2018. 396p. 32.06 *(978-0-484-68856-7(1))*; 2016. pap. 16.57 *(978-1-333-64146-7(X))* Forgotten Bks.
Pearl Fairweather Pirate Captain: Teaching Children Gender Equality, Respect, Empowerment, Diversity, Leadership, Recognising Bullying. Jayneen Sanders. Illus. by Lesley Danson. 2017. (ENG.). 40p. (J). (gr. k-5). *(978-1-925089-15-8(0)*, Educate2Empower Publishing) UpLoad Publishing Pty, Ltd.
Pearl-Fishing: Choice Stories from Dickens' Household Words (Classic Reprint) Charles Dickens. (ENG., Illus.). (J). 2017. 31.28 *(978-0-266-41396-7(X))*; 2016. pap. 13.97 *(978-1-333-59100-7(4))* Forgotten Bks.
Pearl-Fishing: Choice Stories, from Dickens' Household Words (Classic Reprint) Charles Dickens. (ENG., Illus.). (J). 2018. 352p. 31.16 *(978-0-666-70638-6(7))*; 2016. pap. 13.57 *(978-1-334-31883-2(2))* Forgotten Bks.
Pearl Fountain: And Other Fairy Tales (Classic Reprint) Bridget Bridget. 2017. (ENG., Illus.). 278p. (J). 29.65 *(978-0-484-17515-9(7))* Forgotten Bks.
Pearl Goes to Preschool. Julie Fortenberry. Illus. by Julie Fortenberry. 2020. (ENG., Illus.). 32p. (J). (-k). 16.99 *(978-1-5362-0743-9(8))* Candlewick Pr.
Pearl Harbor. Amy Culliford. 2023. (U. S. Landmarks Ser.). (ENG.). (J). (gr. -1-1). 16p. lib. bdg. 25.27 ***(978-1-63897-959-3(6)***, 33513); (Illus.). pap. 7.95 Seahorse Publishing.
Pearl Harbor. Stephanie Fitzgerald. 2017. (Eyewitness to World War II Ser.). (ENG., Illus.). 112p. (J). (gr. 5-9). lib. bdg. 38.65 *(978-0-7565-5582-5(5)*, 135467, Compass Point Bks.) Capstone.
Pearl Harbor. Contrib. by Julie Murray. 2023. (Historical Disasters Ser.). (ENG.). 24p. (J). (gr. k-4). lib. bdg. 31.36 ***(978-1-0982-8124-3(1)***, 42347, Abdo Zoom-Dash) ABDO Publishing Co.
Pearl Harbor. K. a Robertson. 2019. (Visiting U. S. Symbols Ser.). (ENG.). 16p. (J). (gr. -1-2). pap. 9.95 *(978-1-7316-0421-7(1)*, 9781731604217) Rourke Educational Media.
Pearl Harbor. Jennifer Swanson & Kirby Larson. Illus. by Kelley McMorris. 2018. 106p. (J). *(978-1-5444-0721-0(1))* Scholastic, Inc.
Pearl Harbor: A Book Filled with Facts for Children. Bold Kids. 2022. (ENG.). 34p. (J). pap. 15.99 ***(978-1-0717-1114-9(8))*** FASTLANE LLC.
Pearl Harbor: The Attack That Pushed the Us to Battle - History Book War Children's History. Baby Professor. 2017. (ENG., Illus.). 64p. (J). pap. 9.52 *(978-1-5419-1250-2(0)*, Baby Professor (Education Kids)) Speedy Publishing LLC.
Pearl Harbor & the Day of Infamy: 80th Anniversary Edition. Jay Wertz. 2021. (World War II Comix Ser.). (ENG., Illus.). 24p. (YA). pap. 4.95 *(978-1-7326315-3-3(0))* Monroe Pubns.
Pearl Harbor for Kids: Discover This Children's Book about Pearl Harbor with Facts. Bold Kids. 2022. (ENG.). 34p. (J). pap. 14.99 *(978-1-0717-0850-7(3))* FASTLANE LLC.
Pearl Harbor Time Capsule: Artifacts of the Surprise Attack on the U. S. Natalie Fowler. 2020. (Time Capsule History Ser.). (ENG., Illus.). 48p. (J). (gr. 3-5). pap. 8.95 *(978-1-4966-6630-7(5)*, 142338); lib. bdg. 31.99 *(978-1-5435-9232-0(5)*, 141597) Capstone. (Capstone Pr.).
Pearl Hunter. Miya T. Beck. 2023. (ENG., Illus.). 320p. (J). (gr. 3-7). 17.99 *(978-0-06-323819-0(5)*, Balzer & Bray) HarperCollins Pubs.
Pearl Inside. Julie Angeli. Illus. by Ying-Fang Shen. 2020. (ENG.). 56p. (J). pap. *(978-1-922374-93-6(8))* Library For All Limited.
Pearl Island. Josephine Barker. 2019. (ENG.). 48p. (J). pap. *(978-1-5289-1531-1(3))* Austin Macauley Pubs. Ltd.
Pearl Loves Her Name. Clare McBride. Illus. by Stefanie St Denis. 2020. (ENG.). 24p. (J). *(978-0-2288-1291-3(7))*; pap. *(978-0-2288-1290-6(9))* Tellwell Talent.
Pearl Meets the Tooth Fairy. Esther Loftus Esther Loftus Gough. 2021. (ENG.). 32p. (J). pap. 10.99 ***(978-1-7376097-1-1(1))*** BlueInk Scribbe.
Pearl Novel Units Student Packet. Novel Units. 2019. (ENG.). (YA). pap. 13.99 *(978-1-56137-326-0(5)*, Novel Units, Inc.) Classroom Library Co.
Pearl of Blood. Joseph A. Cammisa. Illus. by Je Corbett. 2021. (ENG.). 372p. (YA). *(978-1-5255-9004-7(9))*; pap. *(978-1-5255-9003-0(0))* FriesenPress.
Pearl of Love, or Josey's Gift (Classic Reprint) Madeline Leslie. 2018. (ENG., Illus.). 116p. (J). 26.31 *(978-0-267-26967-9(6))* Forgotten Bks.
Pearl of Orr's Island: A Story of the Coast of Maine (Classic Reprint) Harriet Stowe. 2017. (ENG., Illus.). (J). 33.14 *(978-1-5285-7527-0(X))* Forgotten Bks.
Pearl of Peace: Or the Little Peace-Maker (Classic Reprint) Madeline Leslie. (ENG., Illus.). (J). 2018. 126p. 26.50 *(978-0-484-04241-3(6))*; 2016. pap. 9.57 *(978-1-334-17112-3(2))* Forgotten Bks.
Pearl of Peace: The Little Peacemaker. Madeline Leslie. 2018. (ENG., Illus.). 34p. (YA). (gr. 7-12). pap. *(978-93-5329-287-4(5))* Alpha Editions.
Pearl of Pearl Island (Classic Reprint) John Oxenham. 2018. (ENG., Illus.). 354p. (J). 31.20 *(978-0-483-40988-0(X))* Forgotten Bks.
Pearl, or Affection's Gift: A Christmas & New Year's Present (Classic Reprint) Unknown Author. (ENG., Illus.). (J). 2018. 242p. 28.91 *(978-0-364-37478-8(0))*; 2018. 234p. 28.74 *(978-0-666-41974-3(4))*; 2018. 234p. 28.72 *(978-0-483-85990-6(7))*; 2017. pap. 11.57 *(978-0-259-22325-2(5))*; 2017. pap. 11.57 *(978-0-259-21167-9(2))*; 2016. pap. 11.57 *(978-1-334-25370-6(6))* Forgotten Bks.
Pearl, Our Butterfly. Tuula Pere. Ed. by Susan Korman. Illus. by Catty Flores. 2019. (Pearl Ser.: Vol. 3). (ENG.). 32p. (J). (gr. k-4). *(978-952-357-070-2(6))*; pap. *(978-952-357-069-6(2))* Wickwick oy.
Pearl Story Book: Stories & Legends of Winter, Christmas, & New Year's Day (Classic Reprint) Ada M. Skinner. 2017. (ENG., Illus.). (J). 31.96 *(978-0-331-28498-0(7))* Forgotten Bks.
Pearl Story Book (Yesterday's Classics) Ada M. Skinner & Eleanor L. Skinner. 2021. (ENG., Illus.). 296p. (J). pap. 13.95 *(978-1-63334-125-8(9))* Yesterday's Classics.
Pearl Stringer (Classic Reprint) Peggy Webling. (ENG., Illus.). (J). 2018. 324p. 30.60 *(978-0-364-01113-3(0))*; 2018. 392p. 32.00 *(978-0-267-76418-1(9))*; 2017. pap. 13.57 *(978-0-243-51146-4(9))*; 2016. pap. 16.57 *(978-1-334-14281-9(5))* Forgotten Bks.
Pearl Summers (Classic Reprint) Alfred Askin Wright. (ENG., Illus.). (J). 2018. 244p. 28.93 *(978-0-332-12042-3(2))*; 2017. pap. 11.57 *(978-0-259-29768-0(2))* Forgotten Bks.
Pearl the Flying Unicorn. Sally Odgers. Illus. by Adele K. Thomas. 2022. (Pearl the Magical Unicorn Ser.: 2). (ENG.). 128p. (J). pap. 7.99 *(978-1-250-82163-8(0)*, 900210324) Square Fish.
Pearl, the Homely Angel. Zeata Ruff. 2023. (ENG.). 34p. (J). 25.50 ***(978-1-937449-61-2(0))*** YAV.
Pearl the Magical Unicorn. Sally Odgers. Illus. by Adele K. Thomas. 2021. (Pearl the Magical Unicorn Ser.: 1). (ENG.). 144p. (J). pap. 6.99 *(978-1-250-76261-0(8)*, 900210321) Square Fish.
Pearl the Proper Unicorn. Sally Odgers. Illus. by Adele K. Thomas. 2022. (Pearl the Magical Unicorn Ser.: 3). (ENG.). 128p. (J). pap. 7.99 *(978-1-250-82180-5(0)*, 900210328) Square Fish.
Pearl the Raindrop: The Great Water Cycle Journey. Rana Boulos. 2021. (Nature Speaks Ser.). (ENG.). 48p. (J). pap. *(978-1-80049-715-3(6))* Independent Publishing Network.
Pearl the Raindrop Activity Book. Rana Boulos. 2021. (ENG.). 36p. (J). pap. *(978-1-80049-711-5(3))* Independent Publishing Network.
Pearl Thief. Elizabeth Wein. (ENG.). (YA). (gr. 7-12). 2018. 352p. pap. 10.99 *(978-1-4847-2370-8(8))*; 2017. 336p. 18.99 *(978-1-4847-1716-5(3))* Hyperion Bks. for Children.
Pearl Thief. Elizabeth Wein. ed. 2018. (YA). lib. bdg. 20.85 *(978-0-606-40964-3(5))* Turtleback.
Pearla & Her Unpredictably Perfect Day: A Story about How a Sprinkling of Mistakes Can Be a Recipe for Success. Rochel Lieberman. Illus. by Anthony Lloyd Jones. 2016. (ENG.). 40p. (J). 18.95 *(978-1-78592-734-8(5)*, 696274) Kingsley, Jessica Pubs. GBR. Dist: Hachette UK Distribution.
Pearlie & the Imperial Princess. Wendy Harmer. 2016. (Pearlie Ser.). (Illus.). 48p. (J). (gr. 2-4). pap. 8.99 *(978-0-85798-628-3(7))* Random Hse. Australia AUS. Dist: Independent Pubs. Group.
Pearlie Stories: 4 books in one. Gabrielle Wang. 2018. (Our Australian Girl Ser.). 496p. (J). (gr. 3-6). 19.99 *(978-0-14-378870-6(1))* Random Hse. Australia AUS. Dist: Independent Pubs. Group.
Pearls: And Other Tales (Classic Reprint) Olga Eschenbach. (ENG., Illus.). (J). 2018. 264p. 29.36 *(978-0-484-68172-8(9))*; 2017. pap. 11.97 *(978-0-243-98964-5(4))* Forgotten Bks.
Pearls & Pebbles: Or, Notes of an Old Naturalist (Classic Reprint) Catharine Parr Traill. 2017. (ENG., Illus.). (J). 29.20 *(978-0-331-86166-2(6))* Forgotten Bks.
Pearls for Tears. David Cox. 2017. (ENG.). 209p. (J). 20.95 *(978-1-78693-405-5(1)*, b7388344-be83-410f-a17e-084ea11198d2) Austin Macauley Pubs. Ltd. GBR. Dist: Baker & Taylor Publisher Services (BTPS).
Pearl's Life. Tuula Pere. Ed. by Susan Korman. Illus. by Catty Flores. 2019. (Pearl Ser.: Vol. 2). (ENG.). 32p. (J). (gr. k-4). *(978-952-357-064-1(1))*; pap. *(978-952-357-063-4(3))* Wickwick oy.
Pearls of Wisdom for Teenage Girls (Blue Cover) Linda Pearl Fils-Aime. 2017. (ENG., Illus.). 102p. (YA). pap. *(978-1-365-78295-4(6))* Lulu Pr., Inc.
Pearls of Wisdom for Teenage Girls (Pink Cover) Linda Pearl Fils-Aime. 2017. (ENG.). 102p. (J). pap. ***(978-1-387-06294-2(8))*** Lulu Pr., Inc.
Pearls of Wisdom for Teenage Girls (Pink Cover 2nd Edt) Linda Pearl Fils-Aime. 2018. (ENG.). 108p. (J). pap. 34.80 *(978-0-359-06758-9(1))* Lulu Pr., Inc.
Pearls of Wisdom for Teenage Girls (White Cover) Linda Pearl Fils-Aime. 2017. (ENG.). 102p. (J). pap. ***(978-1-387-06299-7(9))*** Lulu Pr., Inc.
Pearls of Yesterday. L. S. Rydde. 2022. (ENG.). 302p. (YA). 24.00 *(978-1-949983-10-4(2))* INCLUDAS Publishing.
Peary Caribou. Grace Hansen. 2019. (Arctic Animals Ser.). (ENG., Illus.). 24p. (J). (gr. -1-2). lib. bdg. 32.79 *(978-1-5321-8888-6(9)*, 32946, Abdo Kids) ABDO Publishing Co.
Peas Are Green. Angelique Pesce. 2019. (ENG.). 38p. (J). *(978-1-5289-2936-3(5))*; pap. *(978-1-5289-2935-6(7))* Austin Macauley Pubs. Ltd.
Peas Help Me Lord: Love the Lord with All Thy Heart. Shannon Stark. 2019. (ENG.). 24p. (J). 21.95 *(978-1-64569-619-3(7))*; pap. 11.95 *(978-1-64515-451-8(3))* Christian Faith Publishing.
Peas on Earth. Jonny Marx. Illus. by Lindsey Sagar. 2020. (ENG.). 12p. (J). (gr. -1-k). bds. 8.99 *(978-1-64517-505-6(7)*, Silver Dolphin Bks.) Printers Row Publishing Group.
Peas, Please! Kimberley Nistelbeck. 2018. (ENG., Illus.). 28p. (J). pap. 12.95 *(978-1-64416-094-7(3))* Christian Faith Publishing.
Peasant & His Landlord (Classic Reprint) Baroness Knorring. (ENG., Illus.). (J). 2018. 196p. 27.94 *(978-0-483-13073-9(7))*; 2017. pap. 10.57 *(978-0-243-91659-7(0))* Forgotten Bks.
Peasant & His Landlord (Classic Reprint) Sofia Von Knorring. (ENG., Illus.). (J). 2018. 370p. 31.53 *(978-0-483-44570-3(3))*; 2016. pap. 13.97 *(978-1-334-14272-7(6))* Forgotten Bks.
Peasant & the Prince. Harriet Martineau. 2017. (ENG., Illus.). (J). 23.95 *(978-1-374-97969-7(4))*; pap. 13.95 *(978-1-374-97968-0(6))* Capital Communications, Inc.
Peasant & the Prince. Harriet Martineau. 2017. (ENG., Illus.). (J). pap. *(978-0-649-66878-6(2))* Trieste Publishing Pty Ltd.
Peasant & the Prince: A Story of the French Revolution (Classic Reprint) Harriet Martineau. 2017. (ENG., Illus.). (J). 232p. 28.68 *(978-0-484-08716-2(9))*; pap. 10.97 *(978-0-243-05833-4(0))* Forgotten Bks.
Peasant Lore from Gaelic Ireland (Classic Reprint) Daniel Deeney. 2018. (ENG., Illus.). 100p. (J). 25.98 *(978-0-483-45715-7(9))* Forgotten Bks.
Peasant Speech of Devon. Sarah Hewett. 2017. (ENG., Illus.). (J). pap. *(978-0-649-66884-7(7))* Trieste Publishing Pty Ltd.
Peasant Speech of Devon: And Other Matters Connected Therewith (Classic Reprint) Sarah Hewett. 2017. (ENG.,

TITLE INDEX PEDRO EL PIRATA

Illus.). 198p. (J). 27.98 *(978-0-332-94130-1(2))* Forgotten Bks.
Peasant Tales of Russia (Classic Reprint) Unknown Author. 2018. (ENG., Illus.). 194p. (J). 27.92 *(978-0-666-34952-1(5))* Forgotten Bks.
Peasantry: And Pierre Grassou (Classic Reprint) Ellen Marriage. 2018. (ENG., Illus.). 430p. (J). 32.77 *(978-0-483-76555-9(4))* Forgotten Bks.
Peasantry, and, the Country Parson (Classic Reprint) Honore de Balzac. 2017. (ENG., Illus.). 656p. (J). 37.45 *(978-0-266-59591-5(X))* Forgotten Bks.
Peasant's Dream, 1 vol. Melanie Dickerson. 2020. (ENG.). 320p. (YA). 18.99 *(978-0-7852-2833-2(0))* Nelson, Thomas Inc.
Peasants of Chamouni: Containing an Attempt to Reach the Summit of Mont Blanc, & a Delineation of the Scenery among the Alps (Classic Reprint) William Harvey. (ENG., Illus.). (J). 2018. 184p. 27.69 *(978-0-365-41980-8(X))*; 2017. pap. 10.57 *(978-0-282-58452-8(8))* Forgotten Bks.
Pease Porridge Hot. Paige Billin-Frye. Illus. by Paige Billin-Frye. 2023. (Classic Children's Songs Ser.). (ENG.). 16p. (J). (gr. -1-2). 29.93 *(978-1-5038-6553-2(3)*, 216452) Child's World, Inc, The.
Peasprout Chen: Battle of Champions (Book 2) Henry Lien. 2022. (Peasprout Chen Ser.: 2). (ENG.). 384p. (J). pap. 12.99 *(978-1-250-23364-6(X)*, 900187118) Square Fish.
Peasprout Chen, Future Legend of Skate & Sword. Henry Lien. 2019. (Peasprout Chen Ser.: 1). (ENG., Illus.). 352p. (J). pap. 12.99 *(978-1-250-29436-4(3)*, 900187110) Square Fish.
Peasy the Potbellied Pig. Debra-Dee Shelton & Sharon Thompson. 2022. (ENG., Illus.). 32p. (J). 22.95 *(978-1-63885-201-8(4))* Covenant Bks.
Peasy's Childhood: Stories for Children, & for All Who Remember That They Have Been Children (Classic Reprint) Unknown Author. 2017. (ENG., Illus.). (J). 29.16 *(978-0-260-44539-1(8))* Forgotten Bks.
Pebble. Marius Marcinkevicius. Illus. by Inga Dagile. 2023. (ENG.). 56p. (J). (gr. k-3). 17.95 ***(978-0-500-65326-5(7)***, 565326) Thames & Hudson.
Pebble & Wren. Chris Hallbeck. 2023. (ENG.). 240p. (J). (gr. 3-7). 24.99 *(978-0-358-54129-5(8))*; (Illus.). pap. 13.99 *(978-0-358-54128-8(X))* HarperCollins Pubs. (Clarion Bks.).
Pebblebrook, & the Harding Family (Classic Reprint) Henry Winsor. 2018. (ENG., Illus.). 216p. (J). 28.37 *(978-0-483-26522-6(5))* Forgotten Bks.
Pebbles & Chloe. Laura Gray. 2023. (ENG.). 26p. (J). pap. ***(978-1-83875-284-2(6)***, Nightingale Books) Pegasus Elliot Mackenzie Pubs.
Pebbles from the Sea-Shore: Or Lizzie's First Gleanings (Classic Reprint) Unknown Author. 2018. (ENG., Illus.). 136p. (J). 26.70 *(978-0-484-17672-9(2))* Forgotten Bks.
Pebbles Gathered by the Wayside: A Monthly Visitor, Devoted to Temperance, Truth & Virtue (Classic Reprint) Mary Wood. (ENG., Illus.). (J). 2018. 286p. 29.80 *(978-0-656-34432-1(6))*; 2017. pap. 13.57 *(978-0-243-41563-2(X))* Forgotten Bks.
Pebbles on the Shore; Alpha of the Plough. A. G. Gardiner. 2017. (ENG., Illus.). (J). pap. *(978-0-649-20084-9(5))* Trieste Publishing Pty Ltd.
Pebbles on the Shore Alpha of the Plough (Classic Reprint) A. G. Gardiner. 2018. (ENG., Illus.). 268p. (J). 29.44 *(978-0-483-48790-1(2))* Forgotten Bks.
Pebbles, Sand, & Silt. Emily Sohn. 2019. (IScience Ser.). (ENG., Illus.). 24p. (J). (gr. k-2). pap. 13.26 *(978-1-68404-363-7(8))* Norwood Hse. Pr.
Pebbles to the Sea. Marie-Andrée Arsenault. Tr. by Shelley Tanaka. Illus. by Dominique Leroux. 2022. 40p. (J). (gr. -1-1). 19.99 *(978-1-77306-824-4(5))* Groundwood Bks. CAN. Dist: Publishers Group West (PGW).
Pebbles Wants a Friend. Callie Viner. Illus. by Bonita K. Mosley. 2018. (Pebbles the Counting Pup Ser.: Vol. 2). (ENG.). 28p. (J). (gr. k-1). 17.99 *(978-0-9986572-2-6(0))* Counting Pup Pr.
Pebbles Wants a Friend. Callie Lee Viner. Illus. by Bonita K. Mosley. 2017. (Pebbles the Counting Pup Ser.: Vol. 2). (ENG.). (J). (gr. k-1). pap. 9.95 *(978-0-9986572-0-2(4))* Counting Pup Pr.
Pecan's Field Day. Roger James. Lt. ed. 2021. (ENG.). 40p. (J). 30.00 *(978-0-578-88259-8(0))* James, Roger.
Pecan's First Day of School. Roger James. 2021. (ENG.). 40p. (J). 30.00 *(978-0-578-93546-1(5))* James, Roger.
Pecan's Spelling Bee Championship. Roger James. 2021. (ENG.). 38p. (J). 30.00 *(978-0-578-90594-5(9))* James, Roger.
Pecas & Paloma's Picture Perfect Path Past Parts of a Pretty Planet. John Cayden. 2021. (ENG.). 82p. (J). pap. 18.95 *(978-1-7360766-7-5(1))* Moredo-Burich, John.
Pecas el Cerdo (Freckles the Pig) Lisa Mullarkey. Illus. by Paula Franco. 2019. (Amigos de la Granja (Farmyard Friends) Ser.). (SPA.). 32p. (J). (gr. -1-3). lib. bdg. 32.79 *(978-1-5321-3612-2(9)*, 31963, Calico Chapter Bks) Magic Wagon.
Peccavi (Classic Reprint) Ernest William Hornung. 2017. (ENG., Illus.). (J). 32.48 *(978-0-266-68014-7(3))*; pap. 16.57 *(978-1-5276-4946-0(6))* Forgotten Bks.
Pececita Que Quería Usar Zapatos. R. Norfolk. 2021. (SPA.). 34p. (J). 18.00 *(978-1-7377160-0-6(3))* Editing Partners.
Pecera Mágica: Una Aventura Bajo el Mar: Spanish Classroom Version. Robin T. Nelson. Illus. by Robin T. Nelson. 2nd ed. 2020. (Colibri Ser.: Vol. 4). (SPA., Illus.). 38p. (J). pap. 6.95 *(978-1-950323-28-9(5))* Leaning Rock Pr.
Peces Luna (Mola Ocean Sunfish) Grace Hansen. 2018. (Especies Extraordinarias (Super Species) Ser.). (SPA.). 24p. (J). (gr. -1-2). lib. bdg. 32.79 *(978-1-5321-8409-3(3)*, 30011, Abdo Kids) ABDO Publishing Co.
Peces Tropicales. Grace Hansen. 2017. (Vida en el Océano Ser.). (SPA.). 24p. (J). (gr. -1-2). pap. 7.95 *(978-1-4966-1270-0(1)*, 135010, Capstone Classroom) Capstone.
Peces: un Libro de Comparaciones y Contrastes. Marie Fargo. Tr. by Alejandra de la Torre & Javier Camacho Miranda from ENG. 2023. (Libro de Comparaciones y Contrastes Ser.).Tr. of Fishes: a Compare & Contrast Book. (SPA., Illus.). 32p. (J). (gr. k-3). 11.95 ***(978-1-63817-265-9(X))*** Arbordale Publishing.
Peck: a Lonely, Little Lovebird down Under. Remi Nicole. 2017. (ENG., Illus.). (J). (gr. -1-3). pap. 12.95 *(978-0-9988791-0-9(X))* RemStar Ink.
Peck, Hen, Peck! & Ben's Pet. Jill Atkins. Illus. by Barbara Vagnozzi. 2019. (Early Bird Readers — Pink (Early Bird Stories (tm)) Ser.). (ENG.). 32p. (J). (gr. -1-2). pap. 9.99 *(978-1-5415-4623-3(7)*, e1dab588-16c7-448a-84b6-3728125530ba) Lerner Publishing Group.
Peck Peck Peck. Lucy Cousins. Illus. by Lucy Cousins. 2016. (ENG.). 32p. (J). (— 1). bds. 9.99 *(978-0-7636-8946-9(7))* Candlewick Pr.
Pecking Order. Cathy Brown. 2021. (ENG.). 340p. (YA). pap. *(978-1-78465-901-1(0)*, Vanguard Press) Pegasus Elliot Mackenzie Pubs.
Pecking Order. Room 10 Editions Room 10 Editions. 2023. (ENG.). 94p. (YA). pap. ***(978-1-312-77349-3(9))*** Lulu Pr., Inc.
Peck's Bad Boy Abroad Being a Humorous Description of the Bad Boy & His Dad in Their Journeys Through Foreign Lands - 1904. George W. Peck. 2018. (ENG., Illus.). 222p. (YA). (gr. 7-12). pap. *(978-93-5297-516-7(2))* Alpha Editions.
Peck's Bad Boy Abroad (Classic Reprint) George W. Peck. 2018. (ENG., Illus.). (J). 33.94 *(978-0-331-07236-5(X))* Forgotten Bks.
Peck's Bad Boy & His Pa. George W. Peck. 2017. (ENG.). 166p. (YA). (gr. 7-12). pap. *(978-3-337-41228-9(9))* Creation Pubs.
Peck's Bad Boy & His Pa: First & Only Complete Edition (Classic Reprint) Geo W. Peck. 2017. (ENG., Illus.). (J). 31.57 *(978-0-265-23498-3(0))* Forgotten Bks.
Peck's Bad Boy & His Pa 1883. George W. Peck. 2018. (ENG., Illus.). 144p. (YA). (gr. 7-12). pap. *(978-93-5297-517-4(0))* Alpha Editions.
Peck's Bad Boy & the Grocery Man (Classic Reprint) George W. Peck. 2017. (ENG., Illus.). (J). 27.30 *(978-0-331-17114-3(7))*; pap. 9.97 *(978-0-259-44733-7(1))* Forgotten Bks.
Peck's Bad Boy at the Circus. George W. Peck. 2018. (ENG., Illus.). 174p. (YA). (gr. 8-12). pap. *(978-93-5297-518-1(9))* Alpha Editions.
Peck's Bad Boy in an Airship: In an Airship (Classic Reprint) George W. Peck. 2017. (ENG., Illus.). (J). 30.33 *(978-0-266-34623-4(5))* Forgotten Bks.
Peck's Bad Boy with the Circus (Classic Reprint) Geo W. Peck. 2017. (ENG., Illus.). (J). 30.62 *(978-0-260-19775-7(0))* Forgotten Bks.
Peck's Bad Boy with the Cowboys. George W. Peck. 2018. (ENG., Illus.). 116p. (YA). (gr. 7-12). pap. *(978-93-5297-519-8(7))* Alpha Editions.
Peck's Bad Boy with the Cowboys (Classic Reprint) George Wilbur Peck. (ENG., Illus.). (J). 2018. 310p. 30.29 *(978-0-483-35477-7(5))*; 2017. pap. 13.57 *(978-0-259-48160-7(2))* Forgotten Bks.
Peck's Compendium of Fun. George W. Peck. 2018. (ENG., Illus.). 324p. (YA). (gr. 7-12). pap. *(978-93-5297-521-1(9))* Alpha Editions.
Peck's Fun: Being Extracts from the la Crosse Sun, & Peck's Sun, Milwaukee Carefully Selected with Object of Affording the Public in One Volume, the Cream of Mr. Peck's Writings of the Past Ten Years (Classic Reprint) George W. Peck. 2018. (ENG., Illus.). 256p. (J). 29.18 *(978-0-483-40315-4(6))* Forgotten Bks.
Pecks in Camp (Classic Reprint) Albertus T. Dudley. 2018. (ENG., Illus.). 366p. (J). 31.47 *(978-0-483-70209-7(9))* Forgotten Bks.
Peck's Sunshine: Being a Collection of Articles Written for Peck's Sun, Milwaukee, Wis;, Generally Calculated to Throw Sunshine Instead of Clouds on the Faces of Those Who Read Them (Classic Reprint) George W. Peck. 2017. (ENG., Illus.). (J). 30.13 *(978-1-5283-8196-3(3))* Forgotten Bks.
Peck's Sunshine Being a Collection of Articles Written for Peck's Sun, Milwaukee, Wis. - 1882. George W. Peck. 2018. (ENG., Illus.). 268p. (YA). (gr. 7-12). pap. *(978-93-5297-522-8(7))* Alpha Editions.
Peck's Uncle Ike & the Red Headed Boy: Also, Sunbeams; Humor, Sarcasm & Sense (Classic Reprint) George W. Peck. (ENG., Illus.). (J). 2018. 436p. 32.89 *(978-0-483-59875-1(5))*; 2016. pap. 16.57 *(978-1-333-59266-0(3))* Forgotten Bks.
Peck's Uncle Ike & the Red Headed Boy 1899. George W. Peck. 2018. (ENG., Illus.). 146p. (YA). (gr. 7-12). pap. *(978-93-5297-520-4(0))* Alpha Editions.
Peck's Uncle Ike & the Red Headed Boy (Classic Reprint) George W. Peck. 2018. (ENG., Illus.). 218p. (J). 28.41 *(978-0-483-68997-8(1))* Forgotten Bks.
Pecos Bill. M. J. York. Illus. by Michael Garland. 2021. (Tall Tales Ser.). (ENG.). 24p. (J). (gr. k-3). 32.79 *(978-1-5038-5002-6(1)*, 214851) Child's World, Inc, The.
Pecos Bill: The Greatest Cowboy of All Time. James Cloyd Bowman. Illus. by Laura Bannon. 2017. (ENG.). 384p. (J). (gr. 3-7). pap. 9.99 *(978-0-8075-6376-2(5)*, 807563765) Whitman, Albert & Co.
Pecos Bill, Monster Wrangler: A Graphic Novel. Benjamin Harper. Illus. by Fernando Cano. 2019. (Far Out Folktales Ser.). (ENG.). 40p. (J). (gr. 3-6). lib. bdg. 25.32 *(978-1-4965-7841-9(4)*, 139307, Stone Arch Bks.) Capstone.
Pecos Bill Novel Units Teacher Guide. Novel Units. 2019. (ENG.). (J). pap. 12.99 *(978-1-56137-333-8(8)*, Novel Units, Inc.) Classroom Library Co.
Pecos Bill y Sluefoot Sue. Antonio Blane. Illus. by Dwight Francis. 2016. (Jump into Genre Ser.). (SPA.). (J). (gr. 3). 5.25 *(978-1-4788-3617-9(2))* Newmark Learning LLC.
Peculiar a Tale of the Great Transition (Classic Reprint) Epes Sargent. 2018. (ENG., Illus.). 510p. (J). 34.42 *(978-0-332-35744-7(9))* Forgotten Bks.
Peculiar County. Stuart R. West. 2017. (ENG., Illus.). (YA). (gr. 7-12). pap. *(978-1-77362-525-6(X))* Books We Love Publishing Partners.
Peculiar Incident on Shady Street. Lindsay Currie. 2017. (ENG., Illus.). 304p. (J). (gr. 3-7). 17.99 *(978-1-4814-7704-8(8)*, Aladdin) Simon & Schuster Children's Publishing.
Peculiar Major: An Almost Incredible Story (Classic Reprint) Keble Howard. 2018. (ENG., Illus.). 314p. (J). 30.37 *(978-0-332-68420-8(2))* Forgotten Bks.
Peculiar Nature. John Micklos Jr. 2020. (Anything but Ordinary Ser.). (ENG., Illus.). 48p. (J). (gr. 3-5). lib. bdg. 31.99 *(978-1-4966-8464-6(8)*, 200340, Capstone Pr.) Capstone.
Peculiar Night of the Blue Heart. Lauren DeStefano. 2017. (ENG.). 224p. (J). pap. 7.99 *(978-1-61963-645-3(X)*, 900144140, Bloomsbury USA Childrens) Bloomsbury Publishing USA.
Peculiar Packages. Brigitte Henry Cooper. Illus. by Elena Napoli. 2018. (Odd Jobs Ser.). (ENG.). 48p. (J). (gr. 3-7). lib. bdg. 34.21 *(978-1-5321-3189-9(5)*, 28483, Spellbound) Magic Wagon.
Peculiar Pawprints: #1. Heather Macht. Illus. by Alice Brereton. 2022. (Woodlot Monster Mysteries Ser.). (ENG.). 48p. (J). (gr. 3-7). lib. bdg. 34.21 *(978-1-0982-3593-2(2)*, 41167, Spellbound) Magic Wagon.
Peculiar People in a Pleasant Land: A South African Narrative (Classic Reprint) Reginald Fenton. (ENG., Illus.). (J). 2018. 364p. 31.42 *(978-0-656-14526-3(9))*; 2017. pap. 13.97 *(978-0-282-41226-5(3))* Forgotten Bks.
Peculiar People, Vol. 1 (Classic Reprint) Samuel Phelps Leland. (ENG., Illus.). (J). 2018. 156p. 27.11 *(978-0-483-58794-6(X))*; 2017. pap. 9.57 *(978-0-259-41851-1(X))* Forgotten Bks.
Peculiar Peril. Jeff VanderMeer. 2020. (Misadventures of Jonathan Lambshead Ser.: 1). (ENG., Illus.). 656p. (YA). 21.99 *(978-0-374-30886-5(1)*, 900187660, Farrar, Straus & Giroux (BYR)) Farrar, Straus & Giroux.
Peculiar Pets: A Collection of Exotic & Quixotic Animal Poems. Kerry J. Cramer. Illus. by Megan A. Krueger. 2020. (ENG.). 72p. (J). 22.99 *(978-1-63649-548-4(6))*; pap. 14.99 *(978-1-64921-910-7(5))* Primedia eLaunch LLC.
Peculiar Pig. Joy Steuerwald. Illus. by Joy Steuerwald. 2019. (Illus.). 32p. (J). (-k). 17.99 *(978-0-399-54887-1(4)*, Nancy Paulsen Books) Penguin Young Readers Group.
Peculiar Places, 1 vol. Eileen Lucas. 2019. (Creepy, Kooky Science Ser.). (ENG.). 48p. (J). (gr. 5-5). pap. 12.70 *(978-1-9785-1383-9(6)*, 58e1dd76-1236-4ce5-b32c-8dbdf225ca2d) Enslow Publishing, LLC.
Peculiar Plants of the World, 8 vols. 2018. (Peculiar Plants of the World Ser.). (ENG.). 24p. (J). (gr. 3-3). lib. bdg. 101.08 *(978-1-5383-4637-2(0)*, 973d4307-61a5-46db-93a0-a11b54296164, PowerKids Pr.) Rosen Publishing Group, Inc., The.
Peculiar Possum: The Nocturnals Grow & Read Early Reader, Level 2. Tracey Hecht. Illus. by Josie Yee. 2018. (Nocturnals Ser.: 3). (ENG.). 64p. (J). (gr. 1-3). 12.99 *(978-1-944020-19-4(5)*, Fabled Films Pr. LLC) Fabled Films LLC.
Peculiar Sequence of Events, 1 vol. Amanda Vink. Illus. by Joel Gennari. 2018. (Power Coders Ser.). (ENG.). 32p. (J). (gr. 5-5). 27.93 *(978-1-5383-4029-5(1)*, 848571c6-1450-4e66-a534-fe4f102f2a94, PowerKids Pr.) Rosen Publishing Group, Inc., The.
Peculiar Stone: Find Yourself in a Story of Unyielding Affection. Damien Lowrimore. 2022. (ENG.). 34p. (J). 25.95 ***(978-1-4796-1419-6(X))***; pap. 10.95 ***(978-1-4796-1418-9(1))*** TEACH Services, Inc.
Peculiar Woods: the Ancient Underwater City. Andrés J. Colmenares. 2023. (Peculiar Woods Ser.: 1). (ENG.). 160p. (J). 21.99 ***(978-1-5248-8491-8(X))***;Volume 1. (Illus.). pap. 12.99 ***(978-1-5248-7929-7(0))*** Andrews McMeel Publishing.
Peculiar World of Billy Peanut. C. D. Field & Christine Duffield. 2017. (ENG.). 136p. pap. 11.95 *(978-1-78710-324-5(2)*, 8b65d241-3361-4dca-b2dd-28f23fdb06cb) Austin Macauley Pubs. Ltd. GBR. Dist: Baker & Taylor Publisher Services (BTPS).
Pedacito. Alondra Maldonado. 2023. (SPA.). 342p. (J). pap. 25.00 ***(978-1-312-44409-6(6))*** Lulu Pr., Inc.
Pedagogue at Play (Classic Reprint) George M? Andrews Hewett. 2018. (ENG., Illus.). 334p. (J). 30.81 *(978-0-267-16912-2(4))* Forgotten Bks.
Pedagogues: A Story of the Harvard Summer School (Classic Reprint) Arthur Stanwood Pier. (ENG., Illus.). (J). 2017. 30.02 *(978-1-5281-6959-2(X))*; 2016. pap. 13.57 *(978-1-334-76777-7(7))* Forgotten Bks.
Pedagogue's Disaster: A Hudibrastic Tale, Founded on a Ludicrous Fact, Which Lately Happened Not Twenty Miles from the City of Bristol (Classic Reprint) Unknown Author. 2018. (ENG., Illus.). (J). 22p. 24.35 *(978-0-366-52460-0(7))*; 24p. pap. 7.97 *(978-0-365-84474-7(8))* Forgotten Bks.
Pedal & Path: Across the Continent Awheel & Afoot (Classic Reprint) George Burton Thayer. (ENG., Illus.). (J). 2018. 280p. 29.69 *(978-0-365-15895-0(X))*; 2017. pap. 13.57 *(978-0-282-50864-7(3))* Forgotten Bks.
Pedal Pedal. Thandi's Dad. Illus. by Jess McBride. 2020. (ENG.). 44p. (J). ***(978-1-716-79620-3(2))*** Lulu Pr., Inc.
Pedal Power: How One Community Became the Bicycle Capital of the World. Allan Drummond. 2017. (Green Power Ser.). (ENG., Illus.). 40p. (J). 19.99 *(978-0-374-30527-7(7)*, 900163188, Farrar, Straus & Giroux (BYR)) Farrar, Straus & Giroux.
Peddler: A Novel (Classic Reprint) Henry C. Rowland. 2018. (ENG., Illus.). 290p. (J). 29.90 *(978-0-365-40646-4(5))* Forgotten Bks.
Peddler: A Romance of American Life (Classic Reprint) Otto Ruppius. 2017. (ENG., Illus.). (J). 25.69 *(978-0-331-47443-5(3))*; pap. 9.57 *(978-0-260-82931-3(5))* Forgotten Bks.
Peddler's Boy: Or, I'll Be Somebody, (Classic Reprint) Uncle Frank. (ENG., Illus.). (J). 2018. 168p. 27.36 *(978-0-267-23202-4(0))*; 2017. pap. 9.97 *(978-0-259-75306-3(8))* Forgotten Bks.
Peddler's Boy; or, I'll Be Somebody. Francis C. Woodworth. 2017. (ENG., Illus.). (J). pap. *(978-0-649-49586-3(1))* Trieste Publishing Pty Ltd.
Peddler's Gift. Maxine Rose Schur. Illus. by Kimberly Bulcken Root. 2022. (ENG.). 36p. (J). 19.99 *(978-1-956357-72-1(6))* Lawley Enterprises.
Peddles. Elizabeth Rose Stanton. Illus. by Elizabeth Rose Stanton. 2016. (ENG., Illus.). 40p. (J). (gr. -1-3). 17.99 *(978-1-4814-1691-7(X)*, Simon & Schuster Bks. For Young Readers) Simon & Schuster Bks. For Young Readers.
Pedelkee Steamer: An S. W. Production. Christopher Vaughan. Illus. by Ladonna Vaughan. 2016. (ENG.). (J). pap. 5.49 *(978-0-9863101-5-7(8))* Vaughan, Christopher.
Pedestrian & Other Reminiscences at Home & Abroad: With Sketches of Country Life (Classic Reprint) Sylvanus Sylvanus. (ENG., Illus.). (J). 2018. 308p. 30.25 *(978-0-364-59971-6(5))*; 2016. pap. 13.57 *(978-1-334-25995-1(X))* Forgotten Bks.
Pedestrian Safety. Sarah L. Schuette. 2019. (Staying Safe! Ser.). (ENG., Illus.). 24p. (J). (gr. -1-2). 24.65 *(978-1-9771-0872-2(5)*, 140483, Pebble) Capstone.
Pedestrian Tour of Thirteen Hundred & Forty-Seven Miles, Vol. 1 Of 2: Through Wales & England (Classic Reprint) Pedestres Pedestres. 2018. (ENG., Illus.). 412p. (J). 32.39 *(978-0-484-06816-1(4))* Forgotten Bks.
Pedestrian Tour Through North Wales. J. Hucks. 2017. (ENG.). 174p. (J). pap. *(978-3-7447-6950-2(4))* Creation Pubs.
Pedestrian Tour Through North Wales, in a Series of Letters (Classic Reprint) J. Hucks. (ENG., Illus.). (J). 2018. 172p. 27.44 *(978-0-365-17892-7(6))*; 2017. pap. 9.97 *(978-0-282-50869-2(4))* Forgotten Bks.
Pedestrian Tour, Vol. 2 Of 2: Of Thirteen Hundred & Forty-Seven Miles Through Wales & England (Classic Reprint) Pedestres Pedestres. 2017. (ENG., Illus.). (J). 31.24 *(978-0-260-28453-2(X))*; pap. 13.97 *(978-0-260-28450-1(5))* Forgotten Bks.
Pedigree in Pawn (Classic Reprint) Arthur Henry Veysey. 2017. (ENG., Illus.). (J). 29.05 *(978-0-260-57101-4(6))* Forgotten Bks.
Pedigrees of English Short-Horn Bulls: To Which American Short-Horns Trace, Selected from Coates' Herd Book (Classic Reprint) Lewis F. Allen. 2018. (ENG., Illus.). 240p. (J). 28.85 *(978-0-365-40662-4(7))* Forgotten Bks.
Pedigrees of English Short-Horn Bulls: To Which American Short-Horns Trace; Selected from Coates' Herd Book (Classic Reprint) Lewis F. Allen. 2016. (ENG., Illus.). (J). pap. 11.57 *(978-1-333-12175-4(X))* Forgotten Bks.
Pedigrees of English Short-Horn Bulls: To Which American Short-Horns Trace; Selected from Coates' Herd Book (Classic Reprint) Lewis Falley Allen. 2018. (ENG., Illus.). 238p. (J). 28.81 *(978-0-666-98743-3(2))* Forgotten Bks.
pedito. Geraldine Collet. 2020. (SPA.). 32p. (J). (gr. -1-2). 15.95 *(978-84-9145-392-5(X)*, Picarona Editorial) Ediciones Obelisco ESP. Dist: Spanish Pubs., LLC.
Pedlar & His Dog (Classic Reprint) Mary C. Rowsell. 2018. (ENG., Illus.). 170p. (J). 27.40 *(978-0-332-90709-3(0))* Forgotten Bks.
Pedlar, Vol. 1 Of 3: A Tale of Emigration (Classic Reprint) Charles Delorme. 2018. (ENG., Illus.). 316p. (J). 30.41 *(978-0-483-20188-0(X))* Forgotten Bks.
Pedlar, Vol. 2 Of 3: A Tale of Emigration (Classic Reprint) Charles Delorme. 2017. (ENG., Illus.). (J). 30.25 *(978-0-331-98672-3(8))*; pap. 13.57 *(978-0-259-41228-1(7))* Forgotten Bks.
Pedlar, Vol. 3 Of 3: A Tale of Emigration (Classic Reprint) Charles Delorme. 2018. (ENG., Illus.). (J). 438p. 32.93 *(978-0-366-56127-8(8))*; 440p. pap. 16.57 *(978-0-366-06694-0(3))* Forgotten Bks.
Pedlar's Pack of Ballads & Songs: With Illustrative Notes (Classic Reprint) W. H. Logan. 2018. (ENG., Illus.). 500p. (J). 34.23 *(978-0-365-02396-8(5))* Forgotten Bks.
Pedler of Dust Sticks (Classic Reprint) Follen. 2018. (ENG., Illus.). 100p. (J). 25.96 *(978-0-656-52939-1(3))* Forgotten Bks.
Pedler or Spy: Revolutionary War Military Court Trial 19m, 3f (Classic Reprint) Edward Vassar Ambler. 2018. (ENG., Illus.). 38p. (J). 24.68 *(978-0-656-02146-8(2))* Forgotten Bks.
Pedo Más Grande Del Mundo. Rafael Ordonez Cuadrado. Illus. by Laure du Fay. 2017. (ENG.). 48p. (J). (gr. -1-4). 16.95 *(978-84-945971-5-2(9))* NubeOcho Ediciones ESP. Dist: Consortium Bk. Sales & Distribution.
Pedro - Hombres y Mujeres de la Biblia. Contrib. by Casscom Media. 2017. (Men & Women of the Bible - Revised Ser.). (ENG & SPA.). (J). pap. *(978-87-7132-623-9(5))* Scandinavia Publishing Hse.
Pedro Álvares Cabral, 1 vol. Ann Byers. 2016. (Spotlight on Explorers & Colonization Ser.). (ENG.). 48p. (J). (gr. 6-6). pap. 12.75 *(978-1-4777-8821-9(2)*, 31cdfa59-0348-43a0-ac0a-17638f3a0748) Rosen Publishing Group, Inc., The.
Pedro & the Magic Marbles. David H. Worsdale. 2019. (ENG.). 408p. (J). 17.99 *(978-1-951313-00-5(3))*; pap. 10.99 *(978-1-948288-25-5(7))* BLACK LACQUER Pr. & MARKETING INC.
Pedro & the Magic Marbles. David H. Worsdale. 2017. (ENG., Illus.). (J). pap. 17.99 *(978-1-946854-43-8(3))* MainSpringBks.
Pedro & the Shark. Fran Manushkin. Illus. by Tammie Lyon. 2017. (Pedro Ser.). (ENG.). 32p. (J). (gr. k-2). lib. bdg. 21.32 *(978-1-5158-0873-2(4)*, 134404, Picture Window Bks.) Capstone.
Pedro Boxed Set 1. Fran Manushkin. Illus. by Tammie Lyon. 2023. (Pedro Ser.). (ENG.). 384p. (J). pap., pap., pap. 19.99 *(978-1-4846-7184-9(8)*, 248355, Picture Window Bks.) Capstone.
Pedro, Candidato a Presidente. Fran Manushkin. Tr. by Trusted Trusted Translations. Illus. by Tammie Lyon. 2018. (Pedro en Español Ser.). (SPA.). 32p. (J). (gr. k-2). lib. bdg. 21.32 *(978-1-5158-2508-1(6)*, 137567, Picture Window Bks.) Capstone.
Pedro el Ninja. Fran Manushkin. Tr. by Trusted Trusted Translations. Illus. by Tammie Lyon. 2018. (Pedro en Español Ser.). (SPA.). 32p. (J). (gr. k-2). lib. bdg. 21.32 *(978-1-5158-2510-4(8)*, 137568, Picture Window Bks.) Capstone.
Pedro el Pirata. Fran Manushkin. Tr. by Trusted Trusted Translations. Illus. by Tammie Lyon. 2018. (Pedro en Español Ser.). (SPA.). 32p. (J). (gr. k-2). lib. bdg. 21.32

P

(978-1-5158-2514-2(0), 137573, Picture Window Bks.) Capstone.

Pedro en Español. Fran Manushkin. Illus. by Tammie Lyon. 2021. (Pedro en Español Ser.).Tr. of Pedro. (SPA.). 32p. (J). 317.10 *(978-1-6663-4175-1(4)*, 237885, Picture Window Bks.) Capstone.

Pedro, First-Grade Hero. Fran Manushkin. Illus. by Tammie Lyon. ed. 2016. (Pedro Ser.). (ENG.). 96p. (J). (gr. k-2). pap., pap., pap. 4.95 *(978-1-5158-0112-2(8)*, 133199, Picture Window Bks.) Capstone.

Pedro for President. Fran Manushkin. Illus. by Tammie Lyon. 2016. (Pedro Ser.). (ENG.). 32p. (J). (gr. k-2). lib. bdg. 21.32 *(978-1-5158-0087-3(3)*, 132126, Picture Window Bks.) Capstone.

Pedro Goes Buggy. Fran Manushkin. Illus. by Tammie Lyon. 2016. (Pedro Ser.). (ENG.). 32p. (J). (gr. k-2). lib. bdg. 21.32 *(978-1-5158-0085-9(7)*, 132124, Picture Window Bks.) Capstone.

Pedro Goes to Mars. Fran Manushkin. Illus. by Tammie Lyon. 2020. (Pedro Ser.). (ENG.). 32p. (J). (gr. k-2). pap. 5.95 *(978-1-5158-7315-0(3)*, 201598); lib. bdg. 21.32 *(978-1-5158-7081-4(2)*, 199038) Capstone. (Picture Window Bks.).

Pedro Goes Wild! see iPedro Se Vuelve Salvaje!

Pedro Goes Wild! Fran Manushkin. Illus. by Tammie Lyon. 2019. (Pedro Ser.). (ENG.). 32p. (J). (gr. k-2). 21.32 *(978-1-5158-4450-1(1)*, 140565, Picture Window Bks.) Capstone.

Pedro Keeps His Cool see Pedro No Pierde la Calma

Pedro Keeps His Cool. Fran Manushkin. Illus. by Tammie Lyon. 2019. (Pedro Ser.). (ENG.). 32p. (J). (gr. k-2). pap. 5.95 *(978-1-5158-4564-5(8)*, 141152); lib. bdg. 21.32 *(978-1-5158-4451-8(X)*, 140566) Capstone. (Picture Window Bks.).

Pedro No Pierde la Calma. Fran Manushkin. Tr. by Aparicio Publishing Aparicio Publishing LLC. Illus. by Tammie Lyon. 2020. (Pedro en Español Ser.).Tr. of Pedro Keeps His Cool. (SPA.). 32p. (J). (gr. k-2). pap. 5.95 *(978-1-5158-5725-9(5)*, 142093); lib. bdg. 21.32 *(978-1-5158-5723-5(9)*, 142090) Capstone. (Picture Window Bks.).

Pedro on the Go. Fran Manushkin. Illus. by Tammie Lyon. ed. 2020. (Pedro Ser.). (ENG.). 96p. (J). (gr. k-2). pap., pap., pap. 4.95 *(978-1-5158-7268-9(8)*, 201186, Picture Window Bks.) Capstone.

Pedro Perfecto, Arquitecto / Iggy Peck, Architect. Andrea Beaty. Illus. by David Roberts. 2019. (Los Preguntones / the Questioneers Ser.). (SPA.). 32p. (J). (gr. k-3). 17.95 *(978-1-64473-035-5(9)*, Beascoa) Penguin Random House Grupo Editorial ESP. Dist: Penguin Random Hse. LLC.

Pedro Perfecto y la Mansión Misteriosa / Iggy Peck & the Mysterious Mansion. Andrea Beaty. Illus. by David Roberts. 2021. (Los Preguntones / the Questioneers Ser.: 3). (SPA.). 144p. (J). (gr. 2-4). pap. 11.95 *(978-1-64473-250-2(5)*, Alfaguara) Penguin Random House Grupo Editorial ESP. Dist: Penguin Random Hse. LLC.

Pedro the Mischief Dog (Colorbook Version) Ej Lopes. 2020. (ENG.). 28p. (J). pap. 15.00 *(978-1-6781-5203-1(X))* Lulu Pr., Inc.

Pedro the Mischief Dog (Comic Version) Ej Lopes. 2020. (ENG.). 16p. (J). pap. 10.00 *(978-1-6781-5182-9(3))* Lulu Pr., Inc.

Pedro the Ninja. Fran Manushkin. Illus. by Tammie Lyon. 2017. (Pedro Ser.). (ENG.). 32p. (J). (gr. k-2). lib. bdg. 21.32 *(978-1-5158-1904-2(3)*, 136538, Picture Window Bks.) Capstone.

Pedro y el Monstruo. Fran Manushkin. Tr. by Aparicio Publishing Aparicio Publishing LLC. Illus. by Tammie Lyon. 2019. (Pedro en Español Ser.). (SPA.). 32p. (J). (gr. k-2). pap. 4.95 *(978-1-5158-4696-3(2)*, 141323); lib. bdg. 21.32 *(978-1-5158-4658-1(X)*, 141257) Capstone. (Picture Window Bks.).

Pedro y el Tiburón. Fran Manushkin. Tr. by Trusted Trusted Translations. Illus. by Tammie Lyon. 2018. (Pedro en Español Ser.). (SPA.). 32p. (J). (gr. k-2). lib. bdg. 21.32 *(978-1-5158-2507-4(8)*, 137566, Picture Window Bks.) Capstone.

Pedro y Su Suerte. Fran Manushkin. Tr. by Aparicio Publishing Aparicio Publishing LLC. Illus. by Tammie Lyon. 2019. (Pedro en Español Ser.). (SPA.). 32p. (J). (gr. k-2). pap. 4.95 *(978-1-5158-4695-6(4)*, 141322); lib. bdg. 21.32 *(978-1-5158-4659-8(8)*, 141258) Capstone. (Picture Window Bks.).

Pedro's Big Break. Fran Manushkin. Illus. by Tammie Lyon. 2018. (Pedro Ser.). (ENG.). 32p. (J). (gr. k-2). lib. bdg. 21.32 *(978-1-5158-2822-8(0)*, 137987, Picture Window Bks.) Capstone.

Pedro's Big Goal. Fran Manushkin. Illus. by Tammie Lyon. 2016. (Pedro Ser.). (ENG.). 32p. (J). (gr. k-2). lib. bdg. 21.32 *(978-1-5158-0086-6(5)*, 132125, Picture Window Bks.) Capstone.

Pedro's Big Mexican Adventure Children's Learn Spanish Books. Baby Professor. 2017. (ENG., Illus.). (J). pap. 7.89 *(978-1-5419-0270-1(X)*, Baby Professor (Education Kids)) Speedy Publishing LLC.

Pedro's Journal Novel Units Student Packet. Novel Units. 2019. (ENG.). (J). pap., stu. ed. 13.99 *(978-1-58130-911-9(2)*, Novel Units, Inc.) Classroom Library Co.

Pedro's Journal Novel Units Teacher Guide. Novel Units. 2019. (ENG.). (J). pap., tchr. ed. 12.99 *(978-1-58130-910-2(4)*, Novel Units, Inc.) Classroom Library Co.

Pedro's Monster. Fran Manushkin. Illus. by Tammie Lyon. 2018. (Pedro Ser.). (ENG.). 32p. (J). (gr. k-2). lib. bdg. 21.32 *(978-1-5158-2821-1(2)*, 137986, Picture Window Bks.) Capstone.

Pedro's Mystery Club. Fran Manushkin. Illus. by Tammie Lyon. 2016. (Pedro Ser.). (ENG.). 32p. (J). (gr. k-2). lib. bdg. 21.32 *(978-1-5158-0084-2(9)*, 132123, Picture Window Bks.) Capstone.

Pedro's Pals. Carol McGinnis-Yeje. 2018. (ENG., Illus.). (J). 148p. pap. *(978-0-359-14852-3(2))*; 150p. pap. 58.51 *(978-0-359-14943-8(X))* Lulu Pr., Inc.

Pedro's Pan: A Gold Rush Story. Matthew Lasley. Illus. by Jacob Souva. 2023. (ENG.). 32p. (J). (gr. k-2). 13.99 *(978-1-5131-3913-5(4)*, Alaska Northwest Bks.) West Margin Pr.

Pedro's Tricky Tower. Fran Manushkin. Illus. by Tammie Lyon. 2017. (Pedro Ser.). (ENG.). 32p. (J). (gr. k-2). lib. bdg. 21.32 *(978-1-5158-1903-5(5)*, 136537, Picture Window Bks.) Capstone.

Pee & Buddy Have a Visitor. Casey Gent & Todd. 2021. (ENG., Illus.). 24p. (J). pap. 15.95 *(978-1-6624-3703-8(X))* Page Publishing Inc.

Pee & Poop!, 1 vol. Sam Crispin. 2017. (Your Body at Its Grossest Ser.). (ENG.). 24p. (gr. 1-2). pap. 9.15 *(978-1-4824-6465-8(9)*, 3076f98c-e389-4816-9b42-1d09a5917e4d) Stevens, Gareth Publishing LLLP.

Pee-Pee Harley & the Bandit! Donald Kruse. 2017. (ENG., Illus.). (J). (gr. k-5). pap. 14.95 *(978-0-9981972-4-1(6))* Zaccheus Entertainment Co.

Pee Wee Goes to School. Tanya Renee Gentry. 2020. (ENG.). 48p. (J). 25.95 *(978-1-64654-830-9(2))*; pap. 15.95 *(978-1-64654-066-2(2))* Fulton Bks.

Pee-Wee Harris. Percy Keese Fitzhugh. 2018. (ENG., Illus.). 122p. (YA). (gr. 7-12). pap. *(978-93-5297-524-2(3))* Alpha Editions.

Pee-Wee Harris Adrift. Percy Keese Fitzhugh. 2018. (ENG., Illus.). 138p. (YA). (gr. 7-12). pap. *(978-93-5297-525-9(1))* Alpha Editions.

Pee-Wee Harris Adrift (Classic Reprint) Percy Keese Fitzhugh. 2018. (ENG., Illus.). 114p. (J). 26.27 *(978-0-267-51707-7(6))* Forgotten Bks.

Pee-Wee Harris (Classic Reprint) Percy Keese Fitzhugh. 2018. (ENG., Illus.). 216p. (J). 28.35 *(978-0-483-86023-0(9))* Forgotten Bks.

Pee-Wee Harris in Luck. Percy Keese Fitzhugh. 2017. (ENG., Illus.). (J). pap. *(978-0-649-66896-0(0))* Trieste Publishing Pty Ltd.

Pee-Wee Harris in Luck (Classic Reprint) Percy Keese Fitzhugh. 2017. (ENG., Illus.). (J). 28.68 *(978-0-260-20854-5(X))* Forgotten Bks.

Pee-Wee Harris on the Trail. Percy Keese Fitzhugh. 2018. (ENG., Illus.). 132p. (YA). (gr. 7-12). pap. *(978-93-5297-526-6(X))* Alpha Editions.

Pee-Wee Harris on the Trail (Classic Reprint) Percy Keese Fitzhugh. 2018. (ENG., Illus.). 232p. (J). 28.68 *(978-0-267-24060-9(0))* Forgotten Bks.

Peedie. Gaia Papaya. 2022. (ENG.). 28p. (J). *(978-0-2288-7766-0(0))*; pap. *(978-0-2288-7765-3(2))* Tellwell Talent.

Peedie Likes the Drip Drops: Understanding the Drip. Cornell Bunting. 2018. (ENG., Illus.). 38p. (J). pap. 19.99 *(978-1-4834-8115-9(8))* Lulu Pr., Inc.

Peek-A-Baby: Farm: Peekaboo Flaps Inside! Mike Orodan. 2019. (Peek-A-Baby Ser.). (ENG., Illus.). 14p. (J). (gr. -1 — 1). bds. 9.99 *(978-1-4521-6645-2(5))* Chronicle Bks. LLC.

Peek-A-Baby: Ocean: Peekaboo Flaps Inside! Mike Orodan. 2019. (Peek-A-Baby Ser.). (ENG., Illus.). 14p. (J). (gr. -1 — 1). bds. 9.99 *(978-1-4521-6646-9(3))* Chronicle Bks. LLC.

Peek-A-Boo! Activity Book of Hidden Pictures for Kids. Kreative Kids. 2016. (ENG., Illus.). (J). pap. 10.81 *(978-1-68377-020-6(X))* Whlke, Traudl.

Peek-A-Boo Alphabet. Tiecha Keiffer. 2021. (Halloween Ser.). (ENG.). 40p. (J). pap. 10.00 ***(978-1-7379444-0-9(5))*** Mystical Publishing.

Peek-A-Boo Animals. Ed. by Rainstorm Publishing. Illus. by Laila Hills. 2018. (ENG.). 20p. (J). bds. 7.99 *(978-1-989219-93-5(4))* Rainstorm Pr.

Peek-A-boo Bible: 4 Board-Books. Catherine MacKenzie. rev. ed. 2018. (ENG., Illus.). 40p. (J). pap. 15.99 *(978-1-5271-0045-9(6)*, 265524c4-0321-4fa9-b35d-b56a7948c903, CF4Kids) Christian Focus Pubns. GBR. Dist: Baker & Taylor Publisher Services (BTPS).

Peek-A-Boo! Color by Number Workbook for Boys & Girls. Jupiter Kids. 2018. (ENG., Illus.). 106p. (J). pap. 12.55 *(978-1-5419-3548-8(9)*, Jupiter Kids (Childrens & Kids Fiction)) Speedy Publishing LLC.

Peek-A-Boo Colors. Ed. by Rainstorm Publishing. Illus. by Laila Hills. 2018. (ENG.). 20p. (J). bds. 7.99 *(978-1-989219-91-1(8))* Rainstorm Pr.

Peek-A-Boo Farm. Rainstorm Publishing. Illus. by Sarah Pitt. 2018. (ENG.). 20p. (J). bds. 7.99 *(978-1-989219-83-6(7))* Rainstorm Pr.

Peek-A-Boo! Guess Who? Veronica Wagner. Illus. by Maryn Arreguin. 2022. (Bilingual Bks.). (ENG.). 24p. (J). (gr. -1-3). pap. 9.50 ***(978-1-64996-715-2(2)***, 17102, Sequoia Kids Media) Sequoia Children's Bks.

Peek-A-Boo Haiku: A Lift-The-Flap Book. Danna Smith. Illus. by Teagan White. 2023. (ENG.). 18p. (J). (gr. -1). bds. 8.99 *(978-1-6659-2646-1(5)*, Little Simon) Little Simon.

Peek a Boo Halloween. Ed. by Rainstorm Publishing. Illus. by Nikki Boetger. 2019. (ENG.). 14p. (J). (gr. -1-1). 7.99 *(978-1-77402-115-6(3))* Rainstorm Pr.

Peek-A-Boo, I Love You! Sandra Magsamen. Illus. by Sandra Magsamen. 2017. (ENG., Illus.). 10p. (J). (gr. -1 — 1). bds. 8.99 *(978-1-338-11088-3(8)*, Cartwheel Bks.) Scholastic, Inc.

Peek-A-Boo! I Love You! Baby's Mirror Book. Emily Skwish. 2017. (ENG., Illus.). 12p. (J). bds. 7.99 *(978-1-5037-2734-2(3)*, 2655, PI Kids) Phoenix International Publications, Inc.

Peek-A-Boo I See You Activity Book. Kreative Kids. 2016. (ENG., Illus.). (J). pap. 10.81 *(978-1-68377-019-0(6))* Whlke, Traudl.

Peek-A-Boo Little Chick. Yu-Hsuan Huang. Illus. by Yu-Hsuan Huang. 2020. (ENG., Illus.). 10p. (J). (— 1). bds. 7.99 *(978-1-5344-5177-3(3)*, Little Simon) Little Simon.

Peek-A-Boo Little Dinosaur. Yu-Hsuan Huang. Illus. by Yu-Hsuan Huang. 2020. (ENG., Illus.). 10p. (J). (— 1). bds. 7.99 *(978-1-5344-5179-7(X)*, Little Simon) Little Simon.

Peek-A-Boo Little Reindeer. Yu-Hsuan Huang. Illus. by Yu-Hsuan Huang. 2020. (ENG., Illus.). 10p. (J). (— 1). bds. 7.99 *(978-1-5344-5181-0(1)*, Little Simon) Little Simon.

Peek-A-Boo Numbers. Ed. by Rainstorm Publishing. Illus. by Laila Hills. 2018. (ENG.). 20p. (J). bds. 7.99 *(978-1-989219-92-8(6))* Rainstorm Pr.

Peek-A-Boo Prayers: A Rhyming Lift-A-Flap Book for Kids. Kelly McIntosh. 2020. (ENG.). 22p. (J). bds. 12.99 *(978-1-64352-346-0(5)*, Shiloh Kidz) Barbour Publishing, Inc.

Peek-A-Boo Words. Ed. by Rainstorm Publishing. Illus. by Laila Hills. 2018. (ENG.). 20p. (J). bds. 7.99 *(978-1-989219-90-4(X))* Rainstorm Pr.

Peek-A-Boo Zoo. Veronica Morris. 2023. (Illus.). 24p. (J). pap. 13.99 ***(978-1-6678-7492-0(6))*** BookBaby.

Peek-A-Boooo! (Heart-felt Books) Sandra Magsamen. Illus. by Sandra Magsamen. 2018. (Heart-Felt Bks.). (ENG., Illus.). 10p. (J). (gr. -1 — 1). bds. 7.99 *(978-0-545-92798-7(6)*, Cartwheel Bks.) Scholastic, Inc.

Peek a Flap Zoo & Moo 2 Pack: Chunky Peek a Flap Board Book 2 Pack. Jaye Garnett. Ed. by Cottage Door Press. Illus. by Kasia Nowowiejska & Joy Steuerwald. 2016. (Peek a Flap Ser.). (ENG.). (J). (gr. -1-k). bds. 17.98 *(978-1-68052-170-2(5)*, 9000520) Cottage Door Pr.

Peek-A Moo! Nina Laden. 2017. (Peek-A-Who? Ser.). (ENG., Illus.). 22p. (J). (gr. -1 — 1). bds. 7.99 *(978-1-4521-5474-9(0))* Chronicle Bks. LLC.

Peek-A-Moo! Hide & Seek with MAX & MOO, 1 vol. Susie Lee Jin. 2023. (Max & Moo Ser.: 1). (ENG., Illus.). 22p. (J). bds. 9.99 *(978-0-7643-6564-5(9)*, 29176) Schiffer Publishing, Ltd.

Peek-A-Poo! Board Book: I Can Potty & So Can You! Mara Conlon. Illus. by Vin Vogel. 2022. (ENG.). 24p. (J). bds. 5.99 ***(978-1-4413-3996-6(5)***, ec29961f-e175-4d61-9a24-4c2f50d8d888) Peter Pauper Pr. Inc.

Peek-A-Poop. Anne Lamb. Illus. by Sofie Kenens. 2021. (ENG.). 18p. (J). (gr. -1 — 1). bds. 8.99 *(978-0-06-302320-8(2)*, HarperFestival) HarperCollins Pubs.

Peek-A-Who? Elsa Mroziewicz. Illus. by Elsa Mroziewicz. 2018. (Illus.). 22p. (J). (gr. -1-k). bds. 11.99 *(978-988-8341-57-3(X)*, Minedition) Penguin Young Readers Group.

Peek-A Who? Boxed Set: (Children's Animal Books, Board Books for Kids) Nina Laden. 2017. (Peek-A-Who? Ser.). (ENG., Illus.). 80p. (J). (gr. -1 — 1). bds. 19.99 *(978-1-4521-6613-1(7))* Chronicle Bks. LLC.

Peek-A Who? Stroller Cards. Nina Laden. 2018. (ENG., Illus.). 10p. (J). (gr. -1 — 1). 9.99 *(978-1-4521-6614-8(5))* Chronicle Bks. LLC.

Peek a Who: Do You Purr, Too?: Scholastic Early Learners (Touch & Lift) Scholastic. 2017. (Scholastic Early Learners Ser.). (ENG.). 12p. (J). (gr. -1 — 1). 9.99 *(978-1-338-25595-9(9)*, Cartwheel Bks.) Scholastic, Inc.

Peek-A-Who Too? Elsa Mroziewicz. Illus. by Elsa Mroziewicz. 2019. (Illus.). 22p. (J). (gr. -1-k). bds. 11.99 *(978-988-8341-81-8(2)*, Minedition) Penguin Young Readers Group.

Peek-A-You! (a Bright Brown Baby Board Book) Andrea Pinkney. Illus. by Brian Pinkney. 2022. (Bright Brown Baby Ser.). (ENG.). 20p. (J). (— 1). bds. 8.99 *(978-1-338-67240-4(1)*, Cartwheel Bks.) Scholastic, Inc.

Peek & Boo Are Looking for You. David Radman. Illus. by Douglas Shuler. 2019. (ENG.). 38p. (J). (gr. k-5). pap. 14.95 *(978-1-68433-405-6(5))* Black Rose Writing.

Peek & See Baby Animals All Grown Up: Book for Baby. Editors of Happy Fox Books. 2023. (ENG., Illus.). 28p. (J). bds. 9.99 *(978-1-64124-298-1(1)*, 2981) Fox Chapel Publishing Co., Inc.

Peek & Seek. DK. Illus. by Charlotte Milner. 2018. (ENG.). 18p. (J). (gr. -1-1). bds. 12.99 *(978-1-4654-6865-9(X)*, DK Children) Dorling Kindersley Publishing, Inc.

Peek in the West: Western Coloring Books. Jupiter Kids. 2016. (ENG., Illus.). 106p. (J). pap. 12.55 *(978-1-68305-115-2(7)*, Jupiter Kids (Childrens & Kids Fiction)) Speedy Publishing LLC.

Peek Inside a Fairy Tale - Snow White & the Seven Dwarfs. Anna Milbourne. 2019. (Peek Inside a Fairytale Board Bks.). (ENG.). 14ppp. (J). 14.99 *(978-0-7945-4378-5(2)*, Usborne) EDC Publishing.

Peek Inside a Fairy Tale - the Princess & the Pea. Anna Milbourne. 2019. (Peek Inside a Fairytale Board Bks.). (ENG.). 14ppp. (J). 14.99 *(978-0-7945-4401-0(0)*, Usborne) EDC Publishing.

Peek Inside a Fairy Tale Beauty & the Beast. 2017. (Peek Inside a Fairy Tale BDs* Ser.). (ENG.). (J). bds. 14.99 *(978-0-7945-3947-4(5)*, Usborne) EDC Publishing.

Peek Inside a Fairy Tale Cinderella. 2017. (Peek Inside a Fairy Tale BDs* Ser.). (ENG.). (J). bds. 14.99 *(978-0-7945-3871-2(1)*, Usborne) EDC Publishing.

Peek Inside a Fairy Tale Jack & the Beanstalk. Anna Milbourne. 2019. (Peek Inside a Fairy Tale Board Bks.). (ENG.). 14ppp. (J). 14.99 *(978-0-7945-4490-4(8)*, Usborne) EDC Publishing.

Peek Inside a Fairytale Sleeping Beauty. TBC. 2017. (Peek Inside Board Bks.). (ENG.). 14p. (J). 14.99 *(978-0-7945-4037-1(6)*, Usborne) EDC Publishing.

Peek Inside a Pencil. Lori Mortensen. 2018. (Let's Learn Ser.). (ENG., Illus.). 16p. (gr. -1-2). lib. bdg. 28.50 *(978-1-64156-164-8(5)*, 9781641561648) Rourke Educational Media.

Peek Inside: the Farm. Becky Davies. Illus. by Fhiona Galloway. 2022. (ENG.). 12p. (J). (— 1). bds. 8.99 *(978-0-593-43056-9(5)*, Random Hse. Bks. for Young Readers) Random Hse. Children's Bks.

Peek Inside the Forest. Anna Milbourne. 2019. (Peek Inside Board Bks.). (ENG.). 14ppp. (J). 11.99 *(978-0-7945-4489-8(4)*, Usborne) EDC Publishing.

Peek Inside the Jungle. 2017. (Peek Inside BDs Ser.). (ENG.). (J). bds. 11.99 *(978-0-7945-3920-7(3)*, Usborne) EDC Publishing.

Peek Inside the Sea. Anna Milbourne. 2018. (Peek Inside Board Bks.). (ENG.). 14p. (J). 11.99 *(978-0-7945-4038-8(4)*, Usborne) EDC Publishing.

Peek the Forgotten Book. C. W. Sparklet. 2017. (ENG., Illus.). (J). pap. 12.95 *(978-1-68409-198-0(5))* Page Publishing Inc.

Peeka, Boo & Gin: The Seasonal Clock. Tamara Maltais. 2022. (ENG.). 40p. (J). *(978-0-2288-7451-5(3))*; pap. *(978-0-2288-7450-8(5))* Tellwell Talent.

Peekaboo! Nicola Tuxworth. 2016. (Illus.). 20p. (J). (gr. -1-12). bds. 6.99 *(978-1-86147-477-3(6)*, Armadillo) Anness Publishing GBR. Dist: National Bk. Network.

Peekaboo: a Touch-And-Feel Playbook. Ladybird. Illus. by Lemon Ribbon Studio. 2021. (Baby Touch Ser.). (ENG.). 10p. (J). (— 1). bds. 12.99 *(978-0-241-50234-1(9)*, Ladybird) Penguin Bks., Ltd. GBR. Dist: Penguin Random Hse. LLC.

Peekaboo: Apple. Camilla Reid. Illus. by Ingela P. Arrhenius. 2020. (Peekaboo You Ser.). (ENG.). 8p. (J). (— 1). bds. 9.99 *(978-1-5362-1445-1(0))* Candlewick Pr.

Peekaboo Baby! Editors of Silver Dolphin Books. 2020. (Baby's First Book Ser.). (ENG.). 10p. (J). (— 1). bds. 7.99 *(978-1-64517-128-7(0)*, Silver Dolphin Bks.) Printers Row Publishing Group.

Peekaboo: Baby. Camilla Reid. Illus. by Ingela P. Arrhenius. 2023. (Peekaboo You Ser.). (ENG.). 8p. (J). (— 1). bds. 9.99 *(978-1-5362-2825-0(7))* Candlewick Pr.

Peekaboo! Baby Animals: Big Flaps! Clever Publishing. Illus. by Alyona Achilova. 2023. (Big Flap Ser.). (ENG.). 10p. (J). (gr. -1-k). bds. 11.99 *(978-1-954738-28-7(5))* Clever Media Group.

Peekaboo Barn Farm Day. Night & Day Studios. Illus. by Night & Day Studios. 2017. (Peekaboo Ser.). (ENG., Illus.). 20p. (J). (— 1). bds. 7.99 *(978-0-7636-7566-0(0)*, Candlewick Entertainment) Candlewick Pr.

Peekaboo: Bear. Camilla Reid. Illus. by Ingela P. Arrhenius. 2021. (Peekaboo You Ser.). (ENG.). 8p. (J). (— 1). bds. 9.99 *(978-1-5362-1720-9(4))* Candlewick Pr.

Peekaboo: Chick. Camilla Reid. Illus. by Ingela P. Arrhenius. 2022. (Peekaboo You Ser.). (ENG.). 8p. (J). (— 1). bds. 9.99 *(978-1-5362-2393-4(X))* Candlewick Pr.

Peekaboo: Farm. Camilla Reid. Illus. by Ingela P. Arrhenius. 2020. (Peekaboo You Ser.). (ENG.). 8p. (J). (— 1). bds. 9.99 *(978-1-5362-1444-4(2))* Candlewick Pr.

Peekaboo Farm Animals: Cloth Book with a Crinkly Cover!, 1 vol. Illus. by Annie Sechao. 2022. 8p. (J). (— 1). 8.99 *(978-2-89802-400-9(7)*, CrackBoom! Bks.) Chouette Publishing CAN. Dist: Publishers Group West (PGW).

Peekaboo Forest: Baby's First Crinkle Peek-A-Book - Lift the Flap! Surya Sajnani. Illus. by Surya Sajnani. 2022. (Wee Gallery Peekaboo Cloth Bks.). (ENG., Illus.). 8p. (J). (gr. -1 — 1). 18.95 ***(978-0-7112-7530-0(0)***, Happy Yak) Quarto Publishing Group UK GBR. Dist: Hachette Bk. Group.

Peekaboo: House. Camilla Reid. Illus. by Ingela P. Arrhenius. 2022. (Peekaboo You Ser.). (ENG.). 8p. (J). (— 1). bds. 9.99 *(978-1-5362-2392-7(1))* Candlewick Pr.

Peekaboo! in the Jungle! Illus. by Cocoretto. 2016. (Peekaboo! Ser.: 4). 12p. (J). spiral bd. *(978-1-84643-866-0(7))* Child's Play International Ltd.

Peekaboo! in the Ocean! Illus. by Cocoretto. 2016. (Peekaboo! Ser.: 4). 12p. (J). spiral bd. *(978-1-84643-867-7(5))* Child's Play International Ltd.

Peekaboo! in the Snow! Illus. by Cocoretto. 2016. (Peekaboo! Ser.: 4). 12p. (J). spiral bd. *(978-1-84643-865-3(9))* Child's Play International Ltd.

Peekaboo, JJ! Adapted by Maria Le. 2022. (CoComelon Ser.). (ENG.). 14p. (J). (gr. -1-k). bds. 7.99 *(978-1-6659-0738-5(X)*, Simon Spotlight) Simon Spotlight.

Peekaboo Jungle: Baby's First Crinkle Peek-A-Book - Lift the Flap! Illus. by Surya Sajnani. 2023. (Wee Gallery Peekaboo Cloth Bks.). (ENG.). 8p. (J). (gr. -1 — 1). 18.95 ***(978-0-7112-7532-4(7)***, Happy Yak) Quarto Publishing Group UK GBR. Dist: Hachette Bk. Group.

Peekaboo: Love. Camilla Reid. Illus. by Ingela P. Arrhenius. 2021. (Peekaboo You Ser.). (ENG.). 8p. (J). (— 1). bds. 9.99 *(978-1-5362-2020-9(5))* Candlewick Pr.

Peekaboo! Mommy & Me. Christie Hainsby. Illus. by Dawn Machell. 2020. (ENG.). 12p. (J). (— 1). bds. 4.99 *(978-1-78947-177-9(X))* Make Believe Ideas GBR. Dist: Scholastic, Inc.

Peekaboo: Moon. Camilla Reid. Illus. by Ingela P. Arrhenius. 2021. (Peekaboo You Ser.). (ENG.). 8p. (J). (— 1). bds. 9.99 *(978-1-5362-2275-3(5))* Candlewick Pr.

Peekaboo! Nanuq & Nuka Look for Colours: Bilingual Inuktitut & English Edition. Rachel Rupke. Illus. by Ali Hinch. 2022. (Arvaaq Bks.). (ENG.). 18p. (J). bds. 12.95 *(978-1-77450-268-6(2))* Inhabit Education Bks. Inc. CAN. Dist: Consortium Bk. Sales & Distribution.

Peekaboo! Nanuq & Nuka Look for Shapes: Bilingual Inuktitut & English Edition. Rachel Rupke. Illus. by Ali Hinch. 2022. (Arvaaq Bks.). (ENG.). 18p. (J). bds. 12.95 *(978-1-77450-269-3(0))* Inhabit Education Bks. Inc. CAN. Dist: Consortium Bk. Sales & Distribution.

Peekaboo Ocean: Baby's First Crinkle Peek-A-Book - Lift the Flap! Surya Sajnani. Illus. by Surya Sajnani. 2022. (Wee Gallery Peekaboo Cloth Bks.). (ENG., Illus.). 8p. (J). (gr. -1 — 1). 18.95 ***(978-0-7112-7534-8(3)***, Happy Yak) Quarto Publishing Group UK GBR. Dist: Hachette Bk. Group.

Peekaboo! on the Farm! Illus. by Cocoretto. 2016. (Peekaboo! Ser.: 4). 12p. (J). spiral bd. *(978-1-84643-864-6(0))* Child's Play International Ltd.

Peekaboo Pets: Baby's First Crinkle Peek-A-Book - Lift the Flap! Illus. by Surya Sajnani. 2023. (Wee Gallery Peekaboo Cloth Bks.). (ENG.). 8p. (J). (gr. -1 — 1). 18.95 ***(978-0-7112-7536-2(X)***, Happy Yak) Quarto Publishing Group UK GBR. Dist: Hachette Bk. Group.

Peekaboo: Pumpkin. Camilla Reid. Illus. by Ingela P. Arrhenius. 2023. (Peekaboo You Ser.). (ENG.). 8p. (J). (— 1). bds. 9.99 ***(978-1-5362-2981-3(4))*** Candlewick Pr.

Peekaboo Rex! Sandra Boynton. Illus. by Sandra Boynton. 2023. (Boynton on Board Ser.). (ENG., Illus.). 24p. (J). (gr. -1-k). bds., bds. 7.99 *(978-1-6659-2840-3(9))* Simon & Schuster Children's Publishing.

Peekaboo! Stroller Cards: in the Forest. Robie Rogge. Illus. by Teagan White. 2017. (ENG.). 10p. (J). (gr. -1 — 1). 9.99 *(978-1-4521-5384-1(1))* Chronicle Bks. LLC.

Peekaboo! Stroller Cards: on the Farm. Robie Rogge. Illus. by Yu-Hsuan Huang. 2017. (ENG.). 10p. (J). 9.99 *(978-1-4521-5385-8(X))* Chronicle Bks. LLC.

Peekaboo: Sun. Camilla Reid. Illus. by Ingela P. Arrhenius. 2021. (Peekaboo You Ser.). (ENG.). 8p. (J). (— 1). bds. 9.99 *(978-1-5362-1721-6(2))* Candlewick Pr.

Peekaboo! Things That Go: Big Flaps! Clever Publishing. Illus. by Alyona Achilova. 2023. (Big Flap Ser.). (ENG.). 10p. (J). (gr. -1-1). bds. 11.99 *(978-1-954738-29-4(3))* Clever Media Group.

1564 The check digit for ISBN-10 appears in parentheses after the full ISBN-13

Peekaboo, What Am I? ?My First Book of Shapes & Colors (Lift-The-Flap, Interactive Board Book, Books for Babies & Toddlers) Thomas Nelson. 2022. (ENG., Illus.). 16p. (J). bds. 14.95 *(978-1-64643-280-6(0),* Applesauce Pr.) Cider Mill Pr. Bk. Pubs., LLC.

PeekaBruce. Ryan T. Higgins. 2019. (Mother Bruce Ser.). (Illus.). 40p. (J). (— 1). bds. 7.99 ***(978-1-368-02857-8(8),*** Disney-Hyperion) Disney Publishing Worldwide.

Peekapak Pals & the New Student. Peekapak. 2019. (ENG.). 26p. (J). pap. *(978-1-988879-06-2(X))* Peekapak Publishing.

Peekapak Pals & the Trouble with the Truth. Peekapak. 2019. (Peekapak Pals Ser.: Vol. 9). (ENG.). 32p. (J). pap. *(978-1-988879-07-9(8))* Peekapak Publishing.

Peeking under the City. Esther Porter. Illus. by Andrés Lozano. 2016. (What's Beneath Ser.). (ENG.). 32p. (J). (gr. -1-3). lib. bdg. 27.99 *(978-1-4795-8665-3(X),* 130863, Picture Window Bks.) Capstone.

Peeking Underground. Karen Latchana Kenney. Illus. by Steven Wood. 2016. (What's Beneath Ser.). (ENG.). 32p. (J). (gr. -1-3). lib. bdg. 27.99 *(978-1-4795-8666-0(8),* 130865, Picture Window Bks.) Capstone.

PeekSqueak: The Lost Duckling. Ph D. Dwedor Morais Ford. 2019. (ENG.). 40p. (J). (gr. k-6). pap. 9.99 *(978-1-949723-30-4(5))* Bookwhip.

Peel + Discover: Cars! Trucks! Trains! & More. Workman Publishing. 2020. (Peel + Discover Ser.). (ENG.). 26p. (J). (gr. 1-5). 9.95 *(978-1-5235-0876-1(0),* 100876) Workman Publishing Co., Inc.

Peel + Discover: Dinosaurs. Workman Publishing. Illus. by Chad Thomas. 2019. (Peel + Discover Ser.). (ENG.). 26p. (J). (gr. 1-5). 9.99 *(978-1-5235-0358-2(0),* 100358) Workman Publishing Co., Inc.

Peel + Discover: Horses. Workman Publishing. Illus. by Chad Thomas. 2019. (Peel + Discover Ser.). (ENG.). 26p. (J). (gr. 1-5). 8.95 *(978-1-5235-0360-5(2),* 100360) Workman Publishing Co., Inc.

Peel + Discover: Oceans. Workman Publishing. 2020. (Peel + Discover Ser.). (ENG.). 26p. (J). (gr. 1-5). 9.99 *(978-1-5235-0875-4(2),* 100875) Workman Publishing Co., Inc.

Peel + Discover: Space. Workman Publishing. 2020. (Peel + Discover Ser.). (ENG.). 26p. (J). (gr. 1-5). 9.95 *(978-1-5235-0874-7(4),* 100874) Workman Publishing Co., Inc.

Peel + Discover: Washington, DC. Workman Publishing. Illus. by Chad Thomas. 2019. (Peel + Discover Ser.). (ENG.). 26p. (J). (gr. 1-5). 8.95 *(978-1-5235-0359-9(9),* 100359) Workman Publishing Co., Inc.

Peeling the Earth Like an Onion: Earth Composition - Geology Books for Kids Children's Earth Sciences Books. Baby Professor. 2017. (ENG., Illus.). (J). pap. 8.79 *(978-1-5419-4009-3(1),* Baby Professor (Education Kids)) Speedy Publishing LLC.

Peenie Wallie. Tessa Marie Haiden. Illus. by Makena Hampstead. 2022. (ENG.). 46p. (J). 32.95 *(978-1-6678-3197-8(6))* BookBaby.

Peep! Meg McLaren. Illus. by Meg McLaren. 2022. (ENG., Illus.). 32p. (J). (gr. -1-3). 17.99 *(978-1-7284-6771-9(3),* f2978d28-a710-444b-a536-74985930b1f1) Lerner Publishing Group.

Peep: A Very Curious Warbler. Glenda Mace Kotchish. Illus. by Glenda Mace Kotchish. 2020. (ENG.). 62p. (J). pap. 14.00 *(978-1-7348917-2-0(6))* Southampton Publishing.

Peep & Ducky It's Snowing! David Martin. Illus. by David Walker. 2018. (Peep & Ducky Ser.). 32p. (J). (— 1). 14.99 *(978-0-7636-9433-3(9))* Candlewick Pr.

Peep & Ducky Rainy Day. David Martin. Illus. by David M. Walker. 2018. (Peep & Ducky Ser.). (ENG.). 24p. (J). (— 1). bds. 6.99 *(978-0-7636-9523-1(8))* Candlewick Pr.

Peep & Ducky Sleepover. David Martin. Illus. by David Walker. 2021. (Peep & Ducky Ser.). (ENG.). 32p. (J). (— 1). 14.99 *(978-1-5362-0454-4(4))* Candlewick Pr.

Peep & Find: in the Jungle. Illus. Jayne Schofield. Text by Jayne Schofield. 2019. 10p. (J). (— 1). bds. 7.99 *(978-2-89802-025-4(7),* CrackBoom! Bks.) Chouette Publishing CAN. Dist: Publishers Group West (PGW).

Peep at Number Five, or a Chapter in the Life of a City Pastor (Classic Reprint) H. Trusta. (ENG., Illus.). (J). 2018. 302p. 30.15 *(978-0-483-39512-1(9));* 2016. pap. 13.57 *(978-1-334-13984-0(9))* Forgotten Bks.

Peep at Our Neighbors: The Sequel to the Willow Lane Budget; with Illustrations (Classic Reprint) Francis Channing Woodworth. (ENG., Illus.). (J). 2018. 202p. 28.08 *(978-0-483-59493-7(8));* 2017. pap. 10.57 *(978-0-243-24737-0(0))* Forgotten Bks.

Peep at the Pilgrims in Sixteen Hundred Thirty-Six: A Tale of Olden Times (Classic Reprint) H. V. Cheney. (ENG., Illus.). (J). 2018. 466p. 33.53 *(978-0-267-72419-2(5));* 2016. pap. 16.57 *(978-1-334-15647-2(6))* Forgotten Bks.

Peep at the Pilgrims in Sixteen Hundred Thirty-Six, Vol. 1 Of 2: A Tale of Olden Times (Classic Reprint) Harriet Vaughan Cheney. (ENG., Illus.). (J). 2018. 312p. 30.33 *(978-0-364-37715-4(1));* 2017. pap. 13.57 *(978-0-259-40797-3(6))* Forgotten Bks.

Peep at the Pixies: Or, Legends of the West (Classic Reprint) Anna Eliza (Kempe) Stothard Bray. 2018. (ENG., Illus.). 192p. (J). 27.86 *(978-0-365-10673-9(9))* Forgotten Bks.

Peep at the Pyrennees, by a Pedestrian, In 1823: Comprising an Account of the Watering Places, of Toulouse, & the Direct Road to It, Through the Limousin & Perigord, & the Passage down the Garonne to Bourdeaux (Classic Reprint) Unknown Author. (ENG., Illus.). (J). 2018. 210p. 28.23 *(978-0-666-22727-0(6));* 2017. pap. 10.57 *(978-0-259-99139-7(2))* Forgotten Bks.

Peep at Washoe (Classic Reprint) John Ross Browne. (ENG., Illus.). (J). 2018. 60p. 25.15 *(978-0-267-71661-6(3));* 2016. pap. 9.57 *(978-1-333-39603-9(1))* Forgotten Bks.

Peep Behind the Scenes. O. F. Walton. 2018. (ENG., Illus.). 112p. (J). (gr. 2-3). pap. *(978-1-387-99636-0(3))* Lulu Pr., Inc.

Peep Behind the Scenes (Classic Reprint) O. F. Walton. 2018. (ENG., Illus.). 278p. (J). 29.63 *(978-0-267-66003-2(0))* Forgotten Bks.

Peep into London, for Good Children (Classic Reprint) Jane Taylor. 2018. (ENG., Illus.). (J). 138p. 26.74 *(978-1-396-72689-7(6));* 140p. pap. 9.57 *(978-1-390-24134-1(3))* Forgotten Bks.

Peep o' Day; or, John Doe, the Last of the Guerillas. John Banim. 2017. (ENG.). 188p. (J). pap. *(978-3-337-07372-5(7))* Creation Pubs.

Peep o Day; or John Doe, the Last of the Guerillas: A Tale of the Whiteboys (Classic Reprint) John Banim. 2017. (ENG., Illus.). 414p. (J). 32.44 *(978-1-5284-7302-6(7))* Forgotten Bks.

Peep o'Day, or John Doe, and, Crohoore of the Billhook (Classic Reprint) Michael Banim. 2017. (ENG., Illus.). (J). 32.52 *(978-0-331-77095-7(4));* pap. 16.57 *(978-0-243-17370-9(9))* Forgotten Bks.

Peep of Day. Lee (Bevan) Mortime Favell. 2019. (ENG., Illus.). 130p. (YA). (gr. 7-12). pap. *(978-93-5329-460-1(6))* Alpha Editions.

Peep Peep? Ceej Dwyer. (ENG.). 34p. (J). 2022. pap. 11.99 ***(978-0-578-93636-9(4));*** 2021. 21.99 ***(978-0-578-93637-6(2))*** Ceej Dwyer.

Peep, Peep, I Love You! Sandra Magsamen. Illus. by Sandra Magsamen. 2018. (ENG., Illus.). 10p. (J). (gr. -1 — 1). bds. 8.99 *(978-1-338-24314-7(4),* Cartwheel Bks.) Scholastic, Inc.

Peep-Through ... at the Farm. Illus. by Bangson Books. 2022. (Peep-Through Ser.). 22p. (J). (gr. -1). bds. 9.99 *(978-2-89802-427-6(9),* CrackBoom! Bks.) Chouette Publishing CAN. Dist: Publishers Group West (PGW).

Peep Through ... My Animals. Illus. by Bangson Books. 2018. 22p. (J). (gr. -1). bds. 7.99 *(978-2-924786-27-7(4),* CrackBoom! Bks.) Chouette Publishing CAN. Dist: Publishers Group West (PGW).

Peep Through ... My Colors. Illus. by Bangson Books. 2018. (Peep-Through Ser.). (ENG.). 22p. (J). (gr. -1). bds. 9.99 *(978-2-924786-29-1(0),* CrackBoom! Bks.) Chouette Publishing CAN. Dist: Publishers Group West (PGW).

Peep-Through ... My Dinosaurs. Illus. by Bangson Books. 2022. (Peep-Through Ser.). 22p. (J). (gr. -1). bds. 9.99 *(978-2-89802-426-9(0),* CrackBoom! Bks.) Chouette Publishing CAN. Dist: Publishers Group West (PGW).

Peep Through ... My Numbers. Illus. by Bangson Books. 2018. 22p. (J). (gr. -1). bds. 7.99 *(978-2-924786-25-3(8),* CrackBoom! Bks.) Chouette Publishing CAN. Dist: Publishers Group West (PGW).

Peep Through ... My Vehicles. Illus. by Bangson Books. 2018. (ENG.). 22p. (J). (gr. -1). bds. 7.99 *(978-2-924786-31-4(2),* CrackBoom! Bks.) Chouette Publishing CAN. Dist: Publishers Group West (PGW).

Peeper & the Peeping Boy. Ayesha Marfani & Aisha Aamir. 2018. (ENG., Illus.). 80p. (J). (gr. 2-5). pap. 11.99 *(978-1-68160-575-3(9))* Crimson Cloak Publishing.

Peeper & Zeep. Adam Gudeon. 2017. (I Like to Read Ser.). (ENG.). 24p. (J). (gr. -1-3). 7.99 *(978-0-8234-3779-5(5))* Holiday Hse., Inc.

Peeper el Pato see Peeper the Duck

Peepers. Eve Bunting. Illus. by James E. Ransome. 2017. (ENG.). 32p. (J). (gr. -1-3). pap. 7.99 *(978-1-328-74047-2(1),* 1677001, Clarion Bks.) HarperCollins Pubs.

Peephole. Culliver Crantz. 2021. (Frightvision Ser.: Vol. 9). (ENG.). 122p. (J). pap. 9.97 *(978-1-952910-19-7(6))* Write 211 LLC.

Peeping Beauty. Brenda Maier. Illus. by Zoe Waring. 2019. (ENG.). 32p. (J). (gr. -1-2). 17.99 *(978-1-4814-7272-2(0),* Simon & Schuster/Paula Wiseman Bks.) Simon & Schuster/Paula Wiseman Bks.

Peeps: The Really Truly Sunshine Fairy (Classic Reprint) Nancy Cox-McCormack. 2017. (ENG., Illus.). (J). 24.80 *(978-0-331-54304-9(4))* Forgotten Bks.

Peeps Abroad: For Folks at Home (Classic Reprint) C. L. Mateaux. 2018. (ENG., Illus.). 270p. (J). 29.47 *(978-0-483-85774-2(2))* Forgotten Bks.

Peeps at Brittany: The Bretons, & Breton Literature (Classic Reprint) Le Mesurier Hunt. 2017. (ENG., Illus.). (J). 348p. 31.09 *(978-0-484-60777-3(4));* pap. 13.57 *(978-0-259-26277-0(3))* Forgotten Bks.

Peeps at Great Cities: London (Classic Reprint) Geraldine Edith Mitton. (ENG., Illus.). (J). 2017. 126p. 26.50 *(978-0-332-08743-6(3));* 2016. pap. 9.57 *(978-1-333-23378-5(7))* Forgotten Bks.

Peeps at Great Cities: Paris (Classic Reprint) Margery Williams. 2017. (ENG., Illus.). (J). 26.37 *(978-0-331-43448-4(2))* Forgotten Bks.

Peeps at Many Lands: Ancient Assyria. James Baikie. 2019. (ENG.). 122p. (J). pap. *(978-93-5380-881-5(2))* Alpha Editions.

Peeps at Many Lands: Ancient Egypt. James Baikie. 2018. (ENG., Illus.). 90p. (J). pap. *(978-93-5297-152-7(3))* Alpha Editions.

Peeps at Many Lands: Germany (Classic Reprint) Alfred Sidgwick. 2018. (ENG., Illus.). 126p. (J). 26.50 *(978-0-267-16240-6(5))* Forgotten Bks.

Peeps at Many Lands: Holland (Classic Reprint) Beatrix Jungman. 2018. (ENG., Illus.). 136p. (J). 26.70 *(978-0-428-98756-5(7))* Forgotten Bks.

Peeps at Many Lands: Norway. A. F. Mockler-Ferryman. 2018. (ENG., Illus.). 82p. (J). pap. *(978-93-5329-006-1(6))* Alpha Editions.

Peeps at Many Lands: Norway (Classic Reprint) A. F. Mockler-Ferryman. 2017. (ENG., Illus.). (J). 26.41 *(978-0-265-23193-7(0))* Forgotten Bks.

Peeps at Many Lands Ancient Rome. James Baikie. 2019. (ENG.). 108p. (J). pap. *(978-0-359-93185-9(5))* Lulu Pr., Inc.

Peeps at Many Lands-Russia (Classic Reprint) L. Edna. Walter. 2018. (ENG., Illus.). 130p. (J). 26.60 *(978-0-267-63258-9(4))* Forgotten Bks.

Peeps at Many Lands, Switzerland (Classic Reprint) John Finnemore. (ENG., Illus.). (J). 2018. 124p. 26.45 *(978-0-267-68052-8(X));* 2016. pap. 9.57 *(978-1-333-92687-8(1))* Forgotten Bks.

Peeps at People: Being Certain Papers from the Writings of Anne Warrington Witherup (Classic Reprint) Anne Warrington Witherup. 2018. (ENG., Illus.). 274p. (J). 29.57 *(978-0-484-70861-6(9))* Forgotten Bks.

Peeps at People (Classic Reprint) Robert Cortes Holliday. 2017. (ENG., Illus.). (J). 26.37 *(978-0-266-19374-6(9))* Forgotten Bks.

Peeps at School. Andrea Posner-Sanchez. Illus. by Daniela Massironi. 2018. 24p. (J). *(978-1-5490-4055-9(3))* Random Hse., Inc.

Peeps at the World's Dolls (Classic Reprint) H. W. Canning-Wright. 2018. (ENG., Illus.). 122p. (J). 26.43 *(978-0-267-70393-7(7))* Forgotten Bks.

Peeps from a Belfry (Classic Reprint) Frederick William Shelton. 2018. (ENG., Illus.). 308p. (J). 30.25 *(978-0-483-26447-2(4))* Forgotten Bks.

Peeps Go, Peeps, Go! Pippa Mellon. Ed. by Cottage Door Press. Illus. by Kathrin Fehrl. 2022. (ENG.). 12p. (J). (gr. -1 — 1). bds. 7.99 *(978-1-64638-460-0(1),* 1007830) Cottage Door Pr.

Peeps into China: Or, the Missionary's Children (Classic Reprint) E. C. Phillips. 2017. (ENG., Illus.). 262p. (J). 29.30 *(978-0-332-97460-6(X))* Forgotten Bks.

Peeps into China Or: The Missionary's Children. E. C. Phillips. 2019. (ENG., Illus.). 162p. (YA). (gr. 7-12). pap. *(978-93-5329-420-5(7))* Alpha Editions.

Peeps into the Psychic World: The Occult Influence of Jewels, & Many Other Things (Classic Reprint) M. Mac Dermot Crawford. 2018. (ENG., Illus.). 220p. (J). 28.45 *(978-0-484-49069-6(9))* Forgotten Bks.

Peeps One, Two, PEEP! An Easter Counting Book. Ed. by Cottage Door Press. Illus. by Chie Y. Boyd. 2020. (ENG.). 12p. (J). (gr. -1 — 1). bds. 7.99 *(978-1-64638-095-4(9),* 1006540) Cottage Door Pr.

Peeps Plant Seeds from a-Z: Bible Verses to Help Kids Grow in Gods Word. Lisa Ayotte. 2021. (ENG.). 32p. (J). pap. 10.85 *(978-1-951278-14-4(3))* BookBaby.

Peer & the Blacksmith: A Tale (Classic Reprint) R. Bedingfield. 2018. (ENG., Illus.). 620p. (J). 36.68 *(978-0-267-16053-2(4))* Forgotten Bks.

Peer & the Woman (Classic Reprint) E. Phillips Oppenheim. (ENG., Illus.). (J). 2018. 260p. 29.26 *(978-0-483-45142-1(8));* 2016. pap. 11.97 *(978-1-333-29954-5(0))* Forgotten Bks.

Peer Gynt. Henrik. Ibsen et al. 2017. (ENG.). 326p. (J). pap. *(978-3-337-33504-5(7))* Creation Pubs.

Peer Gynt: A Dramatic Poem (Classic Reprint) Henrik Ibsen. (ENG., Illus.). (J). 2017. pap. 13.57 *(978-0-243-99114-3(2));* 2016. pap. 13.57 *(978-1-334-49247-1(6))* Forgotten Bks.

Peer Gynt: A Dramatic Poem (Classic Reprint) Henrik Ibsen. 2017. (ENG., Illus.). (J). 30.76 *(978-0-331-60096-4(X));* 30.17 *(978-0-265-85925-4(5))* Forgotten Bks.

Peer Gynt, Vol. 4: A Dramatic Poem (Classic Reprint) Henrik Ibsen. 2017. (ENG., Illus.). (J). 30.62 *(978-0-260-78020-1(0))* Forgotten Bks.

Peer Pressure. Nyachin C Thian. 2022. (ENG.). 64p. (J). pap. 13.00 *(978-1-63103-078-9(7))* CaryPr. International Bks.

Peer Pressure for Teens: Advice on Drugs, School, Sex, & Fitting In. Ed. by Youth Communication & Al Desetta. 2022. (YC Teen's Advice from Teens Like You Ser.). 160p. (YA). (gr. 6-6). pap. 14.99 *(978-1-5107-5994-7(8),* Sky Pony Pr.) Skyhorse Publishing Co., Inc.

Peer Pressure to Smoke or Vape: Finding the Strength in You. Eric Benac. 2021. (Smoking & Vaping Addiction Ser.). (ENG.). (YA). (gr. 7-12). 34.60 *(978-1-4222-4585-9(3))* Mason Crest.

Peerless E: A Journal of Battery e, 2nd Ohio Field Artillery; October 1917 (Classic Reprint) Baruch Jonas. (ENG., Illus.). (J). 2018. 34p. 24.60 *(978-0-267-40609-8(6));* 2016. pap. 7.97 *(978-1-334-11969-9(4))* Forgotten Bks.

Peerless Reciter, or Popular Program: Containing the Choicest Recitations & Readings from the Best Authors, for Schools, Public Entertainments, Social Gatherings, Sunday Schools, etc (Classic Reprint) Henry Davenport Northrop. (ENG., Illus.). (J). 2018. 538p. 34.99 *(978-0-484-12308-2(4));* 2017. pap. 19.57 *(978-0-243-44954-5(2))* Forgotten Bks.

Peers & Parvenus, Vol. 1 Of 3: A Novel (Classic Reprint) Gore. 2018. (ENG., Illus.). 312p. (J). 30.33 *(978-0-483-91014-0(7))* Forgotten Bks.

Peers & Parvenus, Vol. 2 Of 3: A Novel (Classic Reprint) Gore. 2018. (ENG., Illus.). 306p. (J). 30.21 *(978-0-267-42615-7(1))* Forgotten Bks.

Peer's Daughters, Vol. 2 Of 3: A Novel (Classic Reprint) Rosina Bulwer Lytton. (ENG., Illus.). (J). 2018. 366p. 31.45 *(978-0-483-99638-0(6));* 2016. pap. 13.97 *(978-1-333-68716-8(8))* Forgotten Bks.

Peer's Daughters, Vol. 3 Of 3: A Novel (Classic Reprint) Lady Bulwer Lytton. 2018. (ENG., Illus.). 380p. (J). 31.69 *(978-0-332-54760-2(4))* Forgotten Bks.

Peeve & the Grudge & Other Preposterous Poems. Mark West. 2022. (ENG.). 34p. (J). pap. 9.99 *(978-1-957723-20-4(3))* Warren Publishing, Inc.

Peeve & the Grudge & Other Preposterous Poems. Mark I. West. 2022. (ENG.). 34p. (J). 19.95 *(978-1-957723-19-8(X))* Warren Publishing, Inc.

Peeves. Mike Van Waes. 2018. (ENG.). 336p. (J). (gr. 3-7). 16.99 *(978-0-06-265383-3(0),* HarperCollins) HarperCollins Pubs.

Peewee (Classic Reprint) William Macharg. 2017. (ENG., Illus.). (J). 29.63 *(978-0-266-21351-2(0))* Forgotten Bks.

Pefect Unicorn: The Aftertale. Irelynn Farrington. 2021. (ENG.). 26p. (J). pap. 14.00 *(978-1-0879-4747-1(2))* Indy Pub.

Peg + Cat: The Penguin Problem. Jennifer Oxley & Billy Aronson. 2016. (Peg + Cat Ser.). (ENG., Illus.). 32p. (J). (gr. -1-2). 12.99 *(978-0-7636-9073-1(2),* Candlewick Entertainment) Candlewick Pr.

Peg + Cat: Peg up a Tree: a Level 1 Reader a Level 1 Reader. Jennifer Oxley & Billy Aronson. 2019. (Peg + Cat Ser.). (ENG., Illus.). 32p. (J). (gr. -1-1). pap. 4.99 *(978-1-5362-0970-9(8),* Candlewick Entertainment) Candlewick Pr.

Peg + Cat: Peg's Messy Room. Jennifer Oxley & Billy Aronson. 2018. (Peg + Cat Ser.). (ENG., Illus.). 24p. (J). (gr. -1-2). 5.99 *(978-1-5362-0346-2(7),* Candlewick Entertainment) Candlewick Pr.

Peg + Cat: the Big Dog Problem: a Level 2 Reader. Jennifer Oxley & Billy Aronson. 2017. (Peg + Cat Ser.). (ENG.). 48p. (J). (gr. k-3). 14.99 *(978-0-7636-9787-7(7));* pap. 4.99 *(978-0-7636-9790-7(7))* Candlewick Pr. (Candlewick Entertainment).

Peg + Cat: the Camp Problem: a Level 2 Reader. Jennifer Oxley & Billy Aronson. 2018. (Peg + Cat Ser.). (ENG., Illus.). 48p. (J). (gr. k-3). 14.99 *(978-0-7636-9921-5(7),* Candlewick Entertainment) Candlewick Pr.

Peg + Cat: the Eid Al-Adha Adventure. Jennifer Oxley & Billy Aronson. 2019. (Peg + Cat Ser.). (ENG.). 32p. (J). (gr. -1-2). 6.99 *(978-1-5362-0680-7(6),* Candlewick Entertainment) Candlewick Pr.

Peg + Cat: the Lemonade Problem. Jennifer Oxley & Billy Aronson. 2017. (Peg + Cat Ser.). (ENG., Illus.). 32p. (J). (gr. -1-2). 12.99 *(978-0-7636-9436-4(3),* Candlewick Entertainment) Candlewick Pr.

Peg + Cat: the Pirate Problem: a Level 2 Reader. Jennifer Oxley & Billy Aronson. 2017. (Peg + Cat Ser.). (ENG.). 48p. (J). (gr. k-3). 14.99 *(978-0-7636-9786-0(9),* Candlewick Entertainment) Candlewick Pr.

Peg + Cat: the Sleepover. Jennifer Oxley & Billy Aronson. 2018. (Peg + Cat Ser.). (ENG.). 24p. (J). (gr. -1-2). 5.99 *(978-1-5362-0345-5(9),* Candlewick Entertainment) Candlewick Pr.

Peg & Meg. Cecilia Minden. 2018. (Little Blossom Stories Ser.). (ENG., Illus.). 16p. (J). (gr. -1-2). pap. 11.36 *(978-1-5341-2400-4(4),* 210589, Cherry Blossom Press) Cherry Lake Publishing.

Peg & Uan: Making Friends, 52 vols. Sandra Klaassen. 2017. (Illus.). 14p. (J). 9.95 *(978-1-78250-441-2(9),* Kelpies) Floris Bks. GBR. Dist: Consortium Bk. Sales & Distribution.

Peg Bearskin: A Traditional Newfoundland Tale, 1 vol. Philip Dinn & Andy Jones. Illus. by Denise Gallagher. 2nd rev. ed. 2019. (ENG.). 44p. (J). (gr. 4-7). pap. 12.95 *(978-1-927917-19-0(0))* Running the Goat, Bks. & Broadsides CAN. Dist: Orca Bk. Pubs. USA.

Peg-Leg Pete's Horrid Revenge & Other Children's Poems. Kate Greene. 2021. (ENG.). 29p. (J). *(978-1-6671-2031-7(X))* Lulu Pr., Inc.

Peg o' My Heart: A Comedy in Three Acts (Classic Reprint) John Hartley Manners. 2018. (ENG., Illus.). 48p. (J). 24.80 *(978-0-483-19567-7(7))* Forgotten Bks.

Peg o' My Heart: A Comedy of Youth (Classic Reprint) John Hartley Manners. (ENG., Illus.). (J). 2018. 418p. 32.52 *(978-0-364-01758-6(9));* 2017. pap. 16.57 *(978-0-243-51736-7(X))* Forgotten Bks.

Peg o the Ring: A Maid of Denewood (Classic Reprint) Emilie Benson Knipe. 2018. (ENG., Illus.). 364p. (J). 31.42 *(978-0-483-58388-7(X))* Forgotten Bks.

Peg the Pie Lady Comes to Town. Peggy Goodman. 2017. (ENG.). (J). 14.95 *(978-1-68401-260-2(0))* Amplify Publishing Group.

Peg, the Rake (Classic Reprint) Rita Rita. 2018. (ENG., Illus.). 374p. (J). 31.61 *(978-0-483-09387-4(4))* Forgotten Bks.

Peg Woffington. Charles Reade. 2017. (ENG.). 304p. (J). pap. *(978-3-337-04441-1(7))* Creation Pubs.

Peg Woffington: A Novel (Classic Reprint) Charles Reade. 2018. (ENG., Illus.). 362p. (J). 31.36 *(978-0-267-62614-4(2))* Forgotten Bks.

Peg Woffington & Christie Johnstone (Classic Reprint) Charles Reade. 2018. (ENG., Illus.). 528p. (J). 34.79 *(978-0-484-34977-2(5))* Forgotten Bks.

Peg Woffington, Christie Johnstone, & Other Stories. Charles Reade. 2017. (ENG.). 360p. (J). pap. *(978-3-7447-4980-0(0))* Creation Pubs.

Peg Woffington, Christie Johnstone, & Other Stories (Classic Reprint) Charles Reade. 2017. (ENG., Illus.). (J). 31.26 *(978-0-265-37443-6(X))* Forgotten Bks.

Peg Woffington, Christie Johnstone, etc., & a Simpleton (Classic Reprint) Charles Reade. (ENG., Illus.). (J). 2018. 576p. 35.78 *(978-0-483-52343-2(7));* 2016. pap. 19.57 *(978-1-334-30773-7(3))* Forgotten Bks.

Peg Woffington; the Knightsbridge Mystery; the Kindly Jest; an Old Bachelor's Adventure; a Stroke of Business; What Has Become of Lord Camelford's Body? (Classic Reprint) Charles Reade. (ENG., Illus.). (J). 2018. 340p. 30.91 *(978-0-364-14199-1(9));* 2017. pap. 13.57 *(978-0-243-40152-9(3))* Forgotten Bks.

Pegafishkey. Dave Alden Hutchison. 2022. (ENG.). 50p. (J). pap. 18.00 ***(978-1-7373981-2-7(5))*** Mighty & Meek.

Pegasi Chronicles: Book 2: the Portal. Allan McCarville. 2017. (ENG., Illus.). 258p. (J). *(978-1-5255-1421-0(0));* pap. *(978-1-5255-1422-7(9))* FriesenPress.

Pegasi Chronicles: Book 3: the Five Kingdoms. Allan McCarville. 2018. (Pegasi Chronicles Ser.). (ENG., Illus.). 336p. (YA). *(978-1-5255-3359-4(2));* pap. *(978-1-5255-3360-0(6))* FriesenPress.

Pegasus. Christine Ha. 2021. (Legendary Beasts Ser.). (ENG., Illus.). 32p. (J). (gr. 2-3). pap. 9.95 *(978-1-63738-058-1(5));* lib. bdg. 31.35 *(978-1-63738-022-2(4))* North Star Editions. (Apex).

Pegasus. Whitney Sanderson. 2021. (Greek Mythology Ser.). (ENG., Illus.). 32p. (J). (gr. 2-5). lib. bdg. 34.21 *(978-1-5321-9679-9(2),* 38390, Kids Core) ABDO Publishing Co.

Pegasus Earns Her Wings. Patricia Mansfield. 2018. (ENG., Illus.). 32p. (J). pap. *(978-1-912183-60-9(9))* UK Bk. Publishing.

Pegasus Mythic Collection Books 1-6 (Boxed Set) The Flame of Olympus; Olympus at War; the New Olympians; Origins of Olympus; Rise of the Titans; the End of Olympus. Kate O'Hearn. ed. 2017. (Pegasus Ser.). (ENG.). 2624p. (J). (gr. 3-7). pap. 53.99 *(978-1-5344-0033-7(8),* Aladdin) Simon & Schuster Children's Publishing.

Pegasus Princesses 1: Mist's Maze. Emily Bliss. Illus. by Sydney Hanson. 2021. (ENG.). 128p. (J). 16.99 *(978-1-5476-0681-8(9),* 900238970); pap. 5.99 *(978-1-5476-0680-1(0),* 900238968) Bloomsbury Publishing USA. (Bloomsbury Children's Bks.).

Pegasus Princesses 2: Aqua's Splash. Emily Bliss. Illus. by Sydney Hanson. 2021. (ENG.). 128p. (J). 16.99 *(978-1-5476-0685-6(1),* 900238969); pap. 5.99 *(978-1-5476-0684-9(3),* 900238972) Bloomsbury Publishing USA. (Bloomsbury Children's Bks.).

Pegasus Princesses 3: Flip's Fair. Emily Bliss. 2022. (ENG., Illus.). 128p. (J). pap. 5.99 *(978-1-5476-0837-9(4),*

P

900250152, Bloomsbury Children's Bks.) Bloomsbury Publishing USA.

Pegasus Princesses 4: Star's Gaze. Emily Bliss. 2022. (ENG., Illus.). 128p. (J). pap. 5.99 *(978-1-5476-0841-6(2)*, 900250154, Bloomsbury Children's Bks.) Bloomsbury Publishing USA.

Pegasus Princesses 5: Rosie's Rhythm. Emily Bliss. Illus. by Sydney Hanson. 2022. (ENG.). 128p. (J). pap. 6.99 *(978-1-5476-0968-0(0)*, 900260158, Bloomsbury Children's Bks.) Bloomsbury Publishing USA.

Pegasus Princesses 6: Snow's Slide. Emily Bliss. Illus. by Sydney Hanson. 2022. (ENG.). 128p. (J). pap. 6.99 *(978-1-5476-0972-7(9)*, 900260066, Bloomsbury Children's Bks.) Bloomsbury Publishing USA.

Pegasus Princesses Bind-Up Books 1-3: Mist's Maze, Aqua's Splash, & Flip's Fair. Emily Bliss. 2022. (ENG.). 368p. (J). 10.99 *(978-1-5476-0966-6(4)*, 900254978, Bloomsbury Children's Bks.) Bloomsbury Publishing USA.

Pegasus Princesses Bind-Up Books 4-6: Star's Gaze, Rosie's Rhythm, & Snow's Slide. Emily Bliss. Illus. by Sydney Hanson. 2022. (ENG.). 352p. (J). 10.99 *(978-1-5476-0975-8(3)*, 900260444, Bloomsbury Children's Bks.) Bloomsbury Publishing USA.

Pegasus Quest. Jordan Quinn. Illus. by Robert McPhillips. 2016. (Kingdom of Wrenly Ser.: 10). (ENG.). 128p. (J). (gr. k-4). pap. 6.99 *(978-1-4814-5870-2(1)*, Little Simon) Little Simon.

Pegeen (Classic Reprint) Eleanor Hoyt Brainerd. 2017. (ENG., Illus.). 302p. (J). 30.13 *(978-0-484-10037-3(8))* Forgotten Bks.

Peggy. Laura E. Richards. 2018. (ENG., Illus.). 158p. (YA). (gr. 7-12). pap. *(978-93-5329-349-9(9))* Alpha Editions.

Peggy: A Brave Chicken on a Big Adventure. Anna Walker. ed. 2017. (ENG.). (J). (gr. -1-3). lib. bdg. 17.20 *(978-0-606-39828-2(7))* Turtleback.

Peggy Cherng: A Kid's Book about Seeing Problems As Opportunities. Mary Nhin. Illus. by Yuliia Zolotova. 2022. (Mini Movers & Shakers Ser.: Vol. 25). (ENG.). 36p. (J). 19.99 ***(978-1-63731-431-9(0))*** Grow Grit Pr.

Peggy Cherng: Panda Express Empress. Rebecca Felix. 2017. (Female Foodies Ser.). (ENG.). 32p. (J). (gr. 3-6). lib. bdg. 32.79 *(978-1-5321-1266-9(1)*, 27590, Checkerboard Library) ABDO Publishing Co.

Peggy (Classic Reprint) Laura E. Richards. 2018. (ENG., Illus.). 326p. (J). 30.62 *(978-0-428-97850-1(9))* Forgotten Bks.

Peggy-Mary (Classic Reprint) Kay Cleaver Strahan. 2018. (ENG., Illus.). 166p. (J). 27.34 *(978-0-666-61604-3(3))* Forgotten Bks.

Peggy of Primrose Farm: A Comedy in Three Acts (Classic Reprint) Willis N. Bugbee. (ENG., Illus.). (J). 2017. 32p. 24.56 *(978-0-484-23293-7(2))*; 2016. pap. 7.97 *(978-1-334-15714-1(6))* Forgotten Bks.

Peggy of the Bartons (Classic Reprint) Bertha M. Croker. (ENG., Illus.). (J). 2018. 442p. 33.01 *(978-0-483-89673-4(X))*; 2016. pap. 16.57 *(978-1-333-28457-2(8))* Forgotten Bks.

Peggy o'Neal (Classic Reprint) Alfred Henry Lewis. 2018. (ENG., Illus.). 508p. (J). 34.37 *(978-0-484-81558-1(X))* Forgotten Bks.

Peggy Parsley & the Buzzy Bumbles of Honeycomb Cottage. W. J. Bixby. 2021. (ENG.). 62p. (J). pap. ***(978-1-80227-167-6(8))***; ***(978-1-80227-178-2(3))*** Publishing Push Ltd.

Peggy Raymond's Success: Or, the Girls of Friendly Terrace (Classic Reprint) Harriet Lummis Smith. 2018. (ENG., Illus.). 384p. (J). 31.82 *(978-0-483-97519-4(2))* Forgotten Bks.

Peggy Raymond's Way: Or, Blossom Time at Friendly Terrace (Classic Reprint) Harriet Lummis Smith. 2018. (ENG., Illus.). 346p. (J). 31.16 *(978-0-428-71887-9(6))* Forgotten Bks.

Peggy Stewart: At School (Classic Reprint) Gabrielle E. Jackson. (ENG., Illus.). (J). 2018. 298p. 30.06 *(978-0-267-95662-3(2))*; 2017. pap. 13.57 *(978-0-259-26275-6(7))* Forgotten Bks.

Peggy Stewart: Navy Girl at Home. Gabrielle E. Jackson. 2018. (ENG., Illus.). 176p. (YA). (gr. 7-12). pap. *(978-93-5297-527-3(8))* Alpha Editions.

Peggy Stewart at School. Gabrielle E. Jackson. 2018. (ENG., Illus.). 174p. (YA). (gr. 7-12). pap. *(978-93-5297-528-0(6))* Alpha Editions.

Peggy Stewart (Classic Reprint) Gabrielle E. Jackson. 2018. (ENG., Illus.). 322p. (J). 30.56 *(978-0-656-63009-7(4))* Forgotten Bks.

Peggy the Dog. Rosemary Munro. 2018. (ENG., Illus.). 20p. (gr. k-2). pap. *(978-1-78222-605-5(2))* Paragon Publishing, Rothersthorpe.

Peggy the Slow Poke Train: Peggy Meets Jessica. Carolyn Brown Spooner. 2020. (Peggy the Slow Poke Train Ser.: Vol. 1). (ENG., Illus.). 30p. (J). 21.95 *(978-1-64670-912-0(8))*; pap. 11.95 *(978-1-64670-911-3(X))* Covenant Bks.

Peggy Wants a Pony. Peggy Kime. 2019. (ENG., Illus.). 56p. (J). (gr. 3-6). pap. 14.98 *(978-0-578-55105-0(5))* Kime, Margaret.

Peggy Ware (Classic Reprint) M. W. Howard. 2018. (ENG., Illus.). 358p. (J). 31.28 *(978-0-483-34454-9(0))* Forgotten Bks.

Peggy's Day on the Farm. Julie Patterson. 2021. (ENG.). 20p. (J). *(978-1-3984-8466-5(0))* Austin Macauley Pubs. Ltd.

Peggy's Impossible Tale, 1 vol. Roy Miki & Slavia Miki. Illus. by Mariko Ando. 2021. (ENG.). 56p. (J). (gr. 1-3). 17.95 *(978-1-926890-21-0(3))* Tradewind Bks. CAN. Dist: Orca Bk. Pubs. USA.

Peggy's Predicament (Classic Reprint) Eleanor Maud Crane. 2018. (ENG., Illus.). 28p. (J). 24.47 *(978-0-267-44239-3(4))* Forgotten Bks.

Peggy's Seaside Holiday. Nicholas Clifford. 2021. (ENG.). 32p. (J). *(978-0-2288-5269-8(2))*; pap. *(978-0-2288-5268-1(4))* Tellwell Talent.

Pei Pei Service Dog Reporting for Duty. Dawn Taylor. 2018. (ENG., Illus.). 42p. (J). pap. 14.95 *(978-1-64140-684-0(4))* Christian Faith Publishing.

Peidy Learns about Patience. Jake Sutton. Ed. by Tonja McRady. Illus. by Jeremy Pate. 2021. (ENG.). 30p. (J). pap. 9.95 *(978-1-952955-07-5(6))* Kaio Pubns., Inc.

Peke's Pilgrimage (Classic Reprint) Mabel Romer. 2018. (ENG., Illus.). 48p. (J). 24.89 *(978-0-332-91717-7(7))* Forgotten Bks.

Pele. Maria Isabel Sanchez Vegara. Illus. by Camila Rosa. 2020. (Little People, Big Dreams Ser.: Vol. 46). (ENG.). 32p. (J). (gr. -1-2). ***(978-0-7112-4573-0(8))*** Frances Lincoln Childrens Bks.

Pelé: Soccer Hero. Percy Leed. 2021. (Epic Sports Bios (Lerner (tm) Sports) Ser.). (ENG., Illus.). 32p. (J). (gr. 2-5). pap. 9.99 *(978-1-7284-2049-3(0)*, 3865cb6b-c7e1-4ca0-92ab-e1312c7e566c, Lerner Pubns.) Lerner Publishing Group.

Pelé: The King of Soccer. Eddy Simon. Illus. by Vincent Brascaglia. 2017. (ENG.). 144p. (J). pap. 16.99 *(978-1-62672-755-7(4)*, 900172778, First Second Bks.) Roaring Brook Pr.

Pele & Poliahu: A Tale of Fire & Ice. Malia Collins. Illus. by Kathleen Peterson. 2018. (ENG.). 24p. (J). (gr. k-4). 12.95 *(978-1-949000-03-0(6))* Beachhouse Publishing, LLC.

Pele, King of Soccer/Pele, el Rey Del Futbol. Monica Brown. Illus. by Rudy Gutierrez. 2017. (ENG.). 40p. (J). (gr. -1-3). pap. 9.99 *(978-0-06-122780-6(3))* HarperCollins Español.

Pelé (Spanish Edition) Maria Isabel Sanchez Vegara. Illus. by Camila Rosa. 2023. (Little People, Big Dreams en Español Ser.: Vol. 46). (SPA.). 32p. (J). (gr. -1-2). pap. ***(978-0-7112-8476-0(8))*** Frances Lincoln Childrens Bks.

Peletia: Power Crystals. Brandon Davis. 2022. (ENG.). 94p. (YA). pap. 14.95 ***(978-1-68498-605-7(2))*** Newman Springs Publishing, Inc.

Pelham, and, Eugene Aram (Classic Reprint) Edward Bulwer Lytton. (ENG., Illus.). (J). 2018. 982p. 44.15 *(978-0-666-20786-9(0))*; 2017. pap. 26.49 *(978-0-259-17827-9(6))* Forgotten Bks.

Pelham or Adventures of a Gentleman (Classic Reprint) Edward Bulwer Lytton. 2017. (ENG., Illus.). (J). 32.72 *(978-1-5281-7363-6(5))* Forgotten Bks.

Pelham, or Adventures of a Gentleman (Classic Reprint) Edward Bulwer Lytton. 2017. (ENG., Illus.). (J). 41.72 *(978-0-331-73841-4(4))*; pap. 19.97 *(978-1-334-14111-9(8))* Forgotten Bks.

Pelham, or the Adventures of a Gentleman (Classic Reprint) Edward Bulwer Lytton. 2017. (ENG., Illus.). 692p. (J). pap. 20.57 *(978-1-5276-9189-6(6))* Forgotten Bks.

Pelham or the Adventures of a Gentleman, Vol. 1 of 3 (Classic Reprint) Edward Bulwer Lytton. 2017. (ENG., Illus.). (J). 30.70 *(978-0-331-73174-3(6))* Forgotten Bks.

Peli: A Counting Book. Linda York. 2021. (ENG.). 32p. (J). *(978-1-5255-8728-3(5))*; pap. *(978-1-5255-8727-6(7))* FriesenPress.

Pelican Boots. Laura Jane Stanton. Illus. by Lilly K. Lemaire. 2023. (ENG.). 44p. (J). pap. ***(978-1-7392326-0-3(7))*** Blossom Spring Publishing.

Pelican Chorus: And Other Nonsense. Edward Lear. Illus. by Fred Marcellino. 2017. (ENG.). 40p. (J). (gr. -1-3). 17.99 *(978-1-4814-7049-0(3)*, Atheneum/Caitlyn Dlouhy Books) Simon & Schuster Children's Publishing.

Pelican in Peril: Pelican in Peril. Candice Lemon-Scott. 2020. (Eco Rangers Ser.). (ENG.). 112p. (J). (gr. 1-6). 16.99 *(978-1-912858-84-2(3)*, cd2da5e2-9ebb-4be0-8f66-996657697778) New Frontier Publishing AUS. Dist: Lerner Publishing Group.

Pelican Pool: A Novel (Classic Reprint) Frederick Sidney Loch. (ENG., Illus.). (J). 2018. 336p. 30.83 *(978-0-332-79350-4(8))*; 2016. pap. 13.57 *(978-1-333-63131-4(6))* Forgotten Bks.

Pelícano. Valerie Bodden. 2019. (Planeta Animal Ser.). (SPA.). 24p. (J). (gr. 1-4). *(978-1-64026-100-6(1)*, 18713) Creative Co., The.

Pelicans. Valerie Bodden. 2019. (Amazing Animals Ser.). 24p. (J). (gr. 1-3). pap. 9.99 *(978-1-62832-626-0(3)*, 18696, Creative Paperbacks); (ENG.). *(978-1-64026-038-2(2)*, 18695) Creative Co., The.

Pelicans. Melissa Gish. 2017. (Living Wild Ser.). (ENG., Illus.). 48p. (J). (gr. 4-7). *(978-1-60818-832-1(9)*, 20201, Creative Education) Creative Co., The.

Peligro de Suerte. Norma Munoz Ledo. 2018. (la Orilla Del Viento Ser.). (SPA.). 608p. (J). pap. 12.99 *(978-607-16-5677-3(X))* Fondo de Cultura Economica USA.

Pella. Yolande Levesque. 2021. (ENG.). 26p. (J). pap. *(978-1-4866-2141-5(4))* Word Alive Pr.

Pellams Party. Beverley Coleman. 2017. (ENG., Illus.). (J). pap. 24.99 *(978-1-5043-0993-6(6)*, Balboa Pr.) Author Solutions, LLC.

Pelle the Conqueror: Apprenticeship (Classic Reprint) Martin Andersen Nexö. 2018. (ENG., Illus.). (J). 30.89 *(978-0-260-44639-8(4))* Forgotten Bks.

Pelle the Conqueror: III. the Great Struggle; IV. Daybreak (Classic Reprint) Martin Andersen Nexö. (ENG., Illus.). (J). 2018. 590p. 36.17 *(978-0-332-98316-5(1))*; 2016. pap. 19.57 *(978-1-334-59744-2(8))* Forgotten Bks.

Pelle the Conqueror: The Great Struggle (Classic Reprint) Martin Andersen Nexö. (ENG., Illus.). (J). 2018. 448p. 33.16 *(978-0-364-54956-8(4))*; 2017. pap. 16.57 *(978-1-5276-3129-8(X))* Forgotten Bks.

Pelle the Conqueror Daybreak (Classic Reprint) Martin Andersen Nexö. 2018. (ENG., Illus.). 288p. (J). 29.84 *(978-0-483-48724-6(4))* Forgotten Bks.

Pelleas & Melisand: And the Sightless; Two Plays (Classic Reprint) Maurice Maeterlinck. 2018. (ENG., Illus.). 264p. (J). 29.36 *(978-0-365-31226-0(6))* Forgotten Bks.

Pelle's New Suit, 20 vols. Elsa Beskow. 2nd rev. ed. 2021. Orig. Title: Pelles Nya Kläder. (Illus.). 32p. (J). 19.95 *(978-1-78250-765-9(5))* Floris Bks. GBR. Dist: Consortium Bk. Sales & Distribution.

Peloton de Mentiras. Pilar Mateos. 2018. (SPA.). 104p. (J). (gr. 4-6). pap. 14.99 *(978-84-96514-06-5(4))* Algar Editorial, Feditres, S.L. ESP. Dist: Lectorum Pubns., Inc.

Pelumi!!!... & the Shiny Stones. Mary Soliz-Daramola. 2017. (ENG., Illus.). (J). pap. 22.99 *(978-1-4828-7789-2(9))* Partridge Pub.

Pelvic Adventures of Super Kate. Lauren D. Shute. Illus. by Amber Leigh Luecke. 2021. (ENG.). 26p. (J). 19.95 *(978-1-0879-4059-5(1))* Indy Pub.

Pemaquid a Story of Old Times in New England (Classic Reprint) E. Prentiss. 2018. (ENG., Illus.). 388p. (J). 31.90 *(978-0-483-89840-0(6))* Forgotten Bks.

Pemberton, or One Hundred Years Ago (Classic Reprint) Henry Peterson. (ENG., Illus.). (J). 2018. 406p. 32.27 *(978-0-483-81795-1(3))*; 2016. pap. 16.57 *(978-1-333-35423-7(1))* Forgotten Bks.

Pembrick's Creaturepedia. Andrew Peterson. 2021. (Wingfeather Saga Ser.). (Illus.). 128p. (J). (gr. 3-7). 14.99 *(978-0-525-65364-6(3)*, WaterBrook Pr.) Crown Publishing Group, The.

Pembroke: A Novel (Classic Reprint) Mary E. Wilkins. 2017. (ENG., Illus.). (J). 31.14 *(978-1-5281-5395-9(2))* Forgotten Bks.

Pembroke Welsh Corgis. Grace Hansen. 2021. (Dogs (Abdo Kids Jumbo) Ser.). (ENG., Illus.). 24p. (J). (gr. -1-2). lib. bdg. 32.79 *(978-1-0982-0603-1(7)*, 37853, Abdo Kids) ABDO Publishing Co.

Pembroke Welsh Corgis. Christina Leighton. 2016. (Awesome Dogs Ser.). (ENG., Illus.). 24p. (J). (gr. k-3). 26.95 *(978-1-62617-393-4(1)*, Blastoff! Readers) Bellwether Media.

Pembroke Welsh Corgis. Candice Ransom. 2019. (Lightning Bolt Books (r) — Who's a Good Dog? Ser.). (ENG., Illus.). 24p. (J). (gr. 1-3). 29.32 *(978-1-5415-3861-0(7)*, fe745792-53db-4b6d-9819-31ebecfc31af, Lerner Pubns.) Lerner Publishing Group.

Pemmican Wars, 1 vol. Katherena Vermette. Illus. by Scott B. Henderson & Donovan Yaciuk. 2018. (Girl Called Echo Ser.: 1). (ENG.). 48p. (YA). (gr. 8-12). pap. 21.95 *(978-1-55379-678-7(0)*, HighWater Pr.) Portage & Main Pr. CAN. Dist: Orca Bk. Pubs. USA.

Pem's Little Brother. Q. E. B. QEB Publishing. 2022. (Reading Gems Phonics Ser.). (ENG., Illus.). 32p. (J). (gr. -1-2). pap. 9.99 *(978-0-7112-7308-5(1)*, 29d114e3-e815-4880-8485-94d879811971); lib. bdg. 27.99 *(978-0-7112-7158-6(5)*, 8c576708-05a2-469c-8fd1-662b5f9ff9f3) QEB Publishing Inc.

Pem's Snack. Q. E. B. QEB Publishing. 2022. (Reading Gems Phonics Ser.). (ENG., Illus.). 32p. (J). (gr. -1-2). pap. 9.99 *(978-0-7112-7311-5(1)*, 60c84efe-c0fc-4b7f-bcff-0a9f6ee4403a); lib. bdg. 27.99 *(978-0-7112-7154-8(2)*, 54aacc04-1a8c-44b2-96a8-84e184945dd4) QEB Publishing Inc.

Pen. Raphael Fejto & Raphael Fejto. 2016. (Little Inventions Ser.). (ENG., Illus.). 32p. (J). (gr. 3-5). 9.95 *(978-1-77085-748-3(6)*, 7e82e334-cb60-4f09-b640-a1760df47b9f) Firefly Bks., Ltd.

Pen & Ink, 1 vol. Alix Wood. 2018. (Make a Masterpiece Ser.). (ENG.). 32p. (J). (gr. 3-4). pap. 11.50 *(978-1-5382-3580-5(3)*, 3907e391-ce1e-40d4-815a-6833c345c84b); lib. bdg. 28.27 *(978-1-5382-3592-8(7)*, 5b5eda5b-69d6-4557-871e-dc218597a9cb) Stevens, Gareth Publishing LLLP.

Pen-And-Ink Panorama of New-York City (Classic Reprint) Cornelius Mathews. (ENG., Illus.). (J). 2018. 212p. 28.29 *(978-0-365-51042-0(4))*; 2017. pap. 10.97 *(978-0-243-25490-3(3))* Forgotten Bks.

Pen & Paper: A Story & a Life of a WRITER. Himanshu Raj. 2021. (ENG.). 40p. (YA). pap. 7.99 *(978-1-68487-002-8(X))* Notion Pr., Inc.

Pen & Papier / Pen & Paper: Gedichten / Poems. Hannie Rouweler & & Dichters Uit Ne & International Poets. 2022. (DUT.). 69p. (J). pap. ***(978-1-4710-2754-3(6))*** Lulu Pr., Inc.

Pen & Pencil (Classic Reprint) Mary Balmanno. 2018. (ENG., Illus.). 332p. (J). 30.74 *(978-0-483-86336-1(X))* Forgotten Bks.

Pen & Pencil Sketches of Faröe & Iceland. Andrew James Symington & Olafur Palsson. 2017. (ENG., Illus.). 328p. (J). pap. *(978-3-337-31631-0(X))* Creation Pubs.

Pen & Pencil Sketches of Faröe & Iceland: With an Appendix Containing Translations from the Icelandic & 51 Illustrations Engraved on Wood W. J. Linton (Classic Reprint) Andrew James Symington. 2018. (ENG., Illus.). 332p. (J). 30.76 *(978-0-666-89025-2(0))* Forgotten Bks.

Pen & Pencil Sketches of Wentworth Landmarks: A Series of Articles Descriptive of Quaint Places & Interesting Localities in the Surrounding County (Classic Reprint) Dick-Lauder. (ENG., Illus.). (J). 2018. 154p. 27.09 *(978-0-267-77640-5(3))*; 2016. pap. 9.57 *(978-1-334-12203-3(2))* Forgotten Bks.

Pen (Classic Reprint) Unknown Author. 2017. (ENG., Illus.). (J). 30.25 *(978-0-265-19000-5(2))* Forgotten Bks.

Pen Control Age 3-5 Wipe Clean Activity Book: Ideal for Home Learning. Collins Easy Learning. 2017. (Collins Easy Learning Preschool Ser.). (ENG.). 24p. (J). (gr. -1-k). 7.99 *(978-0-00-821290-2(2))* HarperCollins Pubs. Ltd. GBR. Dist: Independent Pubs. Group.

Pen Control: Scholastic Early Learners (Wipe-Clean) Scholastic. 2020. (Scholastic Early Learners Ser.). (ENG.). 56p. (J). (gr. -1-k). bds. 9.99 *(978-1-338-64553-8(6)*, Cartwheel Bks.) Scholastic, Inc.

Pen-Leaves (Classic Reprint) Ana Perkin. (ENG., Illus.). (J). 2018. 22p. 24.35 *(978-0-267-76994-0(6))*; 2016. pap. 7.97 *(978-1-334-13360-2(3))* Forgotten Bks.

Pen of Brahma: Peeps into Hindu Hearts & Homes (Classic Reprint) Beatrice M. Harband. 2018. (ENG., Illus.). 346p. (J). 31.03 *(978-0-428-91706-7(2))* Forgotten Bks.

Pen on the Moon. James E. Carroll. 2022. (ENG.). 42p. (J). pap. ***(978-1-83875-364-1(8)***, Nightingale Books) Pegasus Elliot Mackenzie Pubs.

Pen Pal Gals: Friends Forever. Julie Thiessen. 2022. (ENG.). 64p. (J). (gr. 4-7). pap. 9.99 ***(978-1-64543-524-2(5))*** Amplify Publishing Group.

Pen Pals, 1 vol. Dewayne Hotchkins. 2016. (Rosen REAL Readers: Social Studies Nonfiction / Fiction: Myself, My Community, My World Ser.). (ENG.). 12p. (gr. k-1). pap. 6.33 *(978-1-5081-2547-1(3)*, 53044dc4-b337-4ddb-838b-1c06759508b2, Rosen Classroom) Rosen Publishing Group, Inc., The.

Pen Pals. Alexandra Pichard. Illus. by Alexandra Pichard. 2017. (ENG., Illus.). 48p. (J). (gr. -1-2). 17.99 *(978-1-4814-7247-0(X)*, Simon & Schuster/Paula Wiseman Bks.) Simon & Schuster/Paula Wiseman Bks.

Pen Pals: Practicing the P Sound, 1 vol. Novak Popovic. 2016. (Rosen Phonics Readers Ser.). (ENG.). 8p. (J). (gr. -1-2). pap. *(978-1-5081-3250-9(X)*, 8c4d4a1f-f70f-4e26-839b-4d297d5dd086, Rosen Classroom) Rosen Publishing Group, Inc., The.

Pen Photographs of Charles Dicken's Readings: Taken from Life (Classic Reprint) Kate Field. 2018. (ENG., Illus.). 188p. (J). 27.77 *(978-0-656-82572-1(3))* Forgotten Bks.

Pen Pictures: Or, Sketches from Domestic Life (Classic Reprint) M. A. Livermore. 2018. (ENG., Illus.). 218p. (J). 28.39 *(978-0-483-91792-7(3))* Forgotten Bks.

Pen Pictures from the Trenches (Classic Reprint) Stanley a Rutledge. 2018. (ENG., Illus.). 170p. (J). 27.40 *(978-0-267-67623-1(9))* Forgotten Bks.

Pen Pictures of Early Western Days (Classic Reprint) Virginia Wilcox Ivins. 2017. (ENG., Illus.). 164p. (J). 27.30 *(978-0-332-53991-1(1))* Forgotten Bks.

Pen Pictures of Europe (Classic Reprint) Elizabeth Peake. (ENG., Illus.). (J). 2018. 728p. 38.93 *(978-0-365-52444-1(1))*; 2017. pap. 23.57 *(978-0-259-52310-9(0))* Forgotten Bks.

Pen Portraits by Thomas Carlyle: Found in His Works & Correspondence (Classic Reprint) R. Brimley Johnson. (ENG., Illus.). (J). 2018. 124p. 26.45 *(978-0-365-27108-6(X))*; 2017. pap. 9.57 *(978-0-259-50329-3(0))* Forgotten Bks.

Pen Sketches, Vol. 1 Of 2: By a Vanished Hand from the Papers of the Late Mortimer Collins (Classic Reprint) Tom Taylor. 2018. (ENG., Illus.). 282p. (J). 29.73 *(978-0-483-61958-6(2))* Forgotten Bks.

Pen Tamar, Vol. 2: Or the History of an Old Maid (Classic Reprint) H. M. Bowdler. 2018. (ENG., Illus.). 258p. (J). 29.26 *(978-0-483-52918-2(4))* Forgotten Bks.

Pen, Vol. 12: May 1944 (Classic Reprint) Delores L. Lewis. 2017. (ENG., Illus.). (J). 25.40 *(978-0-266-79674-9(5))*; pap. 9.57 *(978-1-5278-5199-3(0))* Forgotten Bks.

Penalty (Classic Reprint) Gouverneur Morris. (ENG., Illus.). (J). 2017. 33.20 *(978-0-266-39637-6(2))*; 2016. pap. 16.57 *(978-1-333-27705-5(9))* Forgotten Bks.

Penance. Paula Richey. 2021. (ENG.). 276p. (J). pap. 14.99 *(978-1-922376-40-4(X))*; (Teen Heroes Unleashed Ser.: Vol. 1). 29.99 *(978-1-922376-42-8(6))* Silver Empire.

Penance of John Logan & Two Other Tales (Classic Reprint) William Black. 2018. (ENG., Illus.). 322p. (J). 30.56 *(978-0-365-17140-9(9))* Forgotten Bks.

Penance of Magdalena: And Other Tales of the California Missions (Classic Reprint) J. Smeaton Chase. 2018. (ENG., Illus.). 90p. (J). 25.75 *(978-0-484-05934-3(3))* Forgotten Bks.

Penance of Portia James (Classic Reprint) Tasma Tasma. 2018. (ENG., Illus.). 296p. (J). 30.02 *(978-0-483-26299-7(4))* Forgotten Bks.

Pencil, 1 vol. Susan Avingaq & Maren Vsetula. Illus. by Charlene Chua. 2019. (ENG.). 36p. (J). (gr. 1-3). 16.95 *(978-1-77227-216-1(7))* Inhabit Media Inc. CAN. Dist: Consortium Bk. Sales & Distribution.

Pencil: A Story with a Point. Ann Ingalls. Illus. by Dean Griffiths. 2020. 32p. (J). (gr. 1-3). 12.95 *(978-1-77278-153-3(3))*; 2nd ed. (ENG.). 18.95 *(978-1-77278-154-0(1))* Pajama Pr. CAN. Dist: Publishers Group West (PGW).

Pencil & Paper Games. Simon Tudhope. Illus. by Marc Maynard. 2023. (Tear-Off Pads Ser.). (ENG.). 204p. (J). pap. 9.99 ***(978-1-80507-072-6(X))*** Usborne Publishing, Ltd. GBR. Dist: HarperCollins Pubs.

Pencil Control Super Activity Book: Activity Book for Children. Wonder House Books. 2019. (ENG.). 36p. (J). (gr. -1-k). pap. 7.99 ***(978-93-88144-87-2(2))*** Prakash Bk. Depot IND. Dist: Independent Pubs. Group.

Pencil It In: Connect the Dots Drawings. Kreative Kids. 2016. (ENG., Illus.). (J). pap. 9.20 *(978-1-68377-021-3(8))* Whlke, Traudl.

Pencil Perfection! How to Draw Activity Book. Kreative Kids. 2016. (ENG., Illus.). (J). pap. 9.20 *(978-1-68377-022-0(6))* Whlke, Traudl.

Pencil Pro! How to Draw Activity Book. Kreativ Entspannen. 2016. (ENG., Illus.). (J). pap. 9.20 *(978-1-68377-023-7(4))* Whlke, Traudl.

Pencil Sketches: Or, Outlines of Character & Manners (Classic Reprint) Miss Leslie. (ENG., Illus.). (J). 2018. 290p. 29.88 *(978-0-364-11713-2(3))*; 2017. pap. 13.57 *(978-0-259-54681-8(X))* Forgotten Bks.

Pencil Sketches (Classic Reprint) Herriman Herriman. 2018. (ENG., Illus.). 194p. (J). 27.90 *(978-0-484-36981-7(4))* Forgotten Bks.

Pencil Sketches, or Outlines of Character & Manners (Classic Reprint) Eliza Leslie. (ENG., Illus.). (J). 2018. 460p. 33.38 *(978-0-484-85979-0(X))*; 2016. pap. 16.57 *(978-1-333-52720-4(9))* Forgotten Bks.

Pencil Tree. Huaicun Zhang. 2022. (ENG., Illus.). 144p. (J). (gr. 2-4). 27.95 *(978-1-84464-700-2(5))* Paths International, Ltd. GBR. Dist: Independent Pubs. Group.

Pencillings by the Way: Written During Some Years of Residence & Travel in Europe (Classic Reprint) Nathaniel Parker Willis. 2017. (ENG., Illus.). (J). 35.45 *(978-0-265-17327-5(2))* Forgotten Bks.

Pencillings by the Way: Written During Some Years of Residence & Travel in France, Italy, Greece, Asia Minor, Turkey, & England (Classic Reprint) N. P. Willis. 2017. (ENG., Illus.). (J). 28.60 *(978-0-260-96318-5(6))*; pap. 10.97 *(978-1-5280-6384-5(8))* Forgotten Bks.

Pencillings by the Way (Classic Reprint) Nathaniel Parker Willis. 2017. (ENG., Illus.). (J). 34.13 *(978-0-331-57939-0(1))*; pap. 16.57 *(978-1-334-89820-4(0))* Forgotten Bks.

Pencillings by the Way, Vol. 2 of 2 (Classic Reprint) Nathaniel Parker Willis. 2017. (ENG., Illus.). (J). 30.43 *(978-0-266-66825-1(9))*; pap. 13.57 *(978-1-5276-3746-7(8))* Forgotten Bks.

1566

The check digit for ISBN-10 appears in parentheses after the full ISBN-13

TITLE INDEX

PENGUINS!

Pencilmation: the Graphite Novel. Ross Bollinger. 2022. (Pencilmation Ser.). (ENG., Illus.). 192p. (J). (gr. 3-7). 13.99 *(978-0-593-38374-2(5),* Penguin Young Readers Licenses) Penguin Young Readers Group.

Pencils. Rachel Lynette. 2016. (J). *(978-1-4896-4539-5(X))* Weigl Pubs., Inc.

Pencils, 1 vol. Derek Miller. 2019. (Making of Everyday Things Ser.). (ENG.). 24p. (gr. 1-1). pap. 9.22 *(978-1-5026-4698-9(6),* d8d3a7ee-3c99-43eb-a13e-451908cf2180) Cavendish Square Publishing LLC.

Pencils, Erasers, & Lunch Boxes! Supplies for School Coloring Book. Activity Book Zone for Kids. 2016. (ENG., Illus.). (J). pap. 9.20 *(978-1-68376-371-0(8))* Sabeels Publishing.

Pencils on Strike: A Funny, Rhyming, Read Aloud Kid's Book for Preschool, Kindergarten, 1st Grade, 2nd Grade, 3rd Grade, 4th Grade, or Early Readers. Jennifer Jones. 2021. (ENG.). 34p. (J). 19.99 *(978-1-63731-276-6(8))* Grow Grit Pr.

Pencil's Perfect Picture. Jodi McKay. Illus. by Juliana Motzko. 2019. (ENG.). 32p. (J). (gr. -1-3). 16.99 *(978-0-8075-6476-9(1),* 807564761) Whitman, Albert & Co.

Pencilvania. Stephanie Watson. Illus. by Sofia Moore. 2021. (ENG.). 352p. (J). (gr. 3-7). 16.99 *(978-1-7282-1590-7(0));* pap. 7.99 *(978-1-7282-4788-5(8))* Sourcebooks, Inc.

Pendant of Hyacinth: Unearthed. Riley S. Quinn. 2022. (Pendant of Hyacinth Ser.: Vol. 2). (ENG.). 562p. (YA). pap. 15.99 ***(978-1-0880-2796-7(2))*** Indy Pub.

Pender among the Residents (Classic Reprint) Forrest Reid. 2017. (ENG., Illus.). (J). 29.92 *(978-0-260-24588-5(7))* Forgotten Bks.

Penderwicks at Last. Jeanne Birdsall. 2018. 256p. (J). *(978-0-525-64458-3(X))* Knopf, Alfred A. Inc.

Penderwicks at Last. Jeanne Birdsall. 2019. (Penderwicks Ser.: 5). 304p. (J). (gr. 3-7). 8.99 *(978-0-385-75569-6(4),* Yearling) Random Hse. Children's Bks.

Penderwicks Paperback 5-Book Boxed Set: The Penderwicks; the Penderwicks on Gardam Street; the Penderwicks at Point Mouette; the Penderwicks in Spring; the Penderwicks at Last. Jeanne Birdsall. 2021. (Penderwicks Ser.). (ENG.). 1600p. (J). (gr. 3-7). 43.95 *(978-0-593-37810-6(5),* Yearling) Random Hse. Children's Bks.

Pendleton Witches. Patti Petrone Miller. 2022. (ENG.). 176p. (J). pap. 7.99 *(978-1-0880-2714-1(8))* Indy Pub.

Pendo Our Cow. Ruth Odondi. Illus. by Rob Owen. 2022. (ENG.). 32p. (J). pap. ***(978-1-922910-93-6(7))*** Library For All Limited.

Pendragon Complete Collection (Boxed Set) The Merchant of Death; the Lost City of Faar; the Never War; the Reality Bug; Black Water; the Rivers of Zadaa; the Quillan Games; the Pilgrims of Rayne; Raven Rise; the Soldiers of Halla. D. J. MacHale. ed. 2016. (Pendragon Ser.). (ENG., Illus.). 4720p. (J). (gr. 5-9). pap. 99.99 *(978-1-4814-9689-6(1),* Aladdin) Simon & Schuster Children's Publishing.

Pendulum. S. E. German. 2021. (ENG.). 132p. (J). *(978-1-5255-7992-9(4));* pap. *(978-1-5255-7993-6(2))* FriesenPress.

Pendulum, Vol. 1: April, 1902 (Classic Reprint) Vivian a Nickerson. 2017. (ENG., Illus.). (J). 24.31 *(978-0-266-77552-2(7));* pap. 7.97 *(978-1-5277-5497-3(9))* Forgotten Bks.

Pendulum, Vol. 1: February, 1902 (Classic Reprint) Vivian a Nickerson. (ENG., Illus.). (J). 2018. 20p. 24.31 *(978-0-364-02103-3(9));* 2017. pap. 7.97 *(978-0-243-52001-5(8))* Forgotten Bks.

Pendulum, Vol. 1: March 1902 (Classic Reprint) Vivian a Nickerson. (ENG., Illus.). (J). 2018. 20p. 24.31 *(978-0-332-80553-5(0));* 2017. pap. 7.97 *(978-0-259-82496-1(8))* Forgotten Bks.

Penelope. Christine Bialczak. 2019. (ENG.). 30p. (J). pap. 11.95 *(978-1-64462-118-9(5))* Page Publishing Inc.

Penelope. Trever John Morris. Illus. by Ariceli O'Coffey. 2022. (ENG.). 32p. (J). *(978-1-0391-3816-2(0));* pap. *(978-1-0391-3815-5(2))* FriesenPress.

Penelope: A Companion Book to the Forged in Flames Series. Susan Reimer. 2022. (ENG.). 216p. (YA). pap. *(978-1-4866-2219-1(4))* Word Alive Pr.

Penelope: Don't Be Afraid of the Dark. E. Brauner-Hughes. 2022. (ENG.). 26p. (J). pap. 12.99 ***(978-1-7377052-0-8(6))*** Love-LovePublishing.

Penelope: Super Duper Spectacular Princess Ballerina. E. Brauner-Hughes. 2019. (ENG., Illus.). 26p. (J). (gr. k-4). pap. 13.99 *(978-1-7334454-7-4(1))* Love-LovePublishing.

Penelope & Jack, Together Apart. Uncle Inkwell & Stork. Illus. by Elena Kochetova. 2020. (ENG.). 34p. (J). 14.99 *(978-1-7348077-6-9(8))* Mad Stork Publishing, LLC.

Penelope & the Others: Story of Five Country Children. Amy Catherine Walton. 2017. (ENG., Illus.). (J). 23.95 *(978-1-374-86024-7(7))* Capital Communications, Inc.

Penelope Brandling: A Tale of the Welsh Coast in the Eighteenth Century (Classic Reprint) Vernon Lee. 2018. (ENG., Illus.). 192p. (J). 27.86 *(978-0-428-98484-7(3))* Forgotten Bks.

Penelope Hears Her Heart. Katherine Ward. 2017. (ENG., Illus.). (J). (gr. k-2). 17.99 *(978-0-692-85182-1(8))* Breadcrumbs LLC.

Penelope I Love You All Ways. Marianne Richmond. Illus. by Dubravka Kolanovic. 2023. (I Love You All Ways Ser.). (ENG.). 32p. (J). (gr. -1-3). 8.99 ***(978-1-7282-7410-2(9))*** Sourcebooks, Inc.

Penélope Manda Saludos. Marina Colasanti. 2017. 150p. (YA). (gr. 9-12). pap. *(978-958-30-5202-6(7))* Panamericana Editorial COL. Dist: Lectorum Pubns., Inc.

Penelope March Is Melting. Jeff Ruby. 2017. 312p. (J). *(978-1-5247-1829-9(7),* Delacorte Pr) Random House Publishing Group.

Penelope on the North Pole Express. J. D. Green. Illus. by Joanne Partis. 2022. (North Pole Express Bears Ser.). (ENG.). 32p. (J). (gr. -1-3). 7.99 ***(978-1-7282-6971-9(7))*** Sourcebooks, Inc.

Penelope on the North Pole Express. J. D. Green. 2019. (North Pole Express Ser.). (ENG.). 32p. (J). (gr. -1-3). 7.99 ***(978-1-7282-0388-1(0))*** Sourcebooks, Inc.

Penelope Pencil: A Story of Writing Imagination. Benita Ibrahim & Joshua Ibrahim. Illus. by Allison Papillion. 2018. (ENG.). 28p. (J). 11.99 *(978-1-945464-98-0(4))* Heritage Pr. Pubns., LLC.

Penelope Penguin's BIG Adventure. Diane Hagqvist. l.t. ed. 2023. (ENG.). 40p. (J). pap. ***(978-1-925049-41-1(8))*** Finite Publishing.

Penelope Perfect. Shannon Anderson. ed. 2018. (ENG.). 44p. (J). (gr. -1-1). 14.00 *(978-1-64310-636-6(8))* Penworthy Co., LLC, The.

Penelope Picks Her Pals. Christine Bialczak. 2019. (ENG.). 28p. (J). pap. 11.95 *(978-1-68456-936-6(2))* Page Publishing Inc.

Penelope Pondhead. David Surridge. Illus. by Alex Slack. 2017. (ENG.). 35p. (J). pap. *(978-1-78623-052-2(6))* Grosvenor Hse. Publishing Ltd.

Penelope Pumpernickel: Dynamic Detective. MaryAnn Diorio. 2021. (Penelope Pumpernickel Chapter Books for Children Ser.). (ENG.). 58p. (J). pap. 4.99 *(978-0-930037-70-3(7))* TopNotch Pr.

Penelope Pumpernickel: Mystery Maven. MaryAnn Diorio. 2022. (ENG.). 74p. (J). pap. 7.99 *(978-0-930037-72-7(3))* TopNotch Pr.

Penelope Pumpernickel: Precocious Problem-Solver. MaryAnn Diorio. 2020. (Penelope Pumpernickel Ser.). (ENG.). 60p. (J). pap. 4.99 *(978-0-930037-68-0(5))* TopNotch Pr.

Penelope Reads a Story. Rose Marie Colucci. 2019. (ENG.). 36p. (J). pap. *(978-1-7947-6725-6(8))* Lulu Pr., Inc.

Penelope Rose. C. M. Healy. 2018. (ENG., Illus.). 28p. (J). (gr. k-4). 16.99 *(978-1-948577-19-9(4))* Mercury West Publishing.

Penelope Rose: Butterflies Are Free. Karima Davis. Illus. by Emily Hercock. 2021. (Penelope Rose Ser.: 1). (ENG.). 34p. (J). pap. 14.99 *(978-1-0983-8576-7(4))* BookBaby.

Penelope Sees Vienna. Tracilyn George. 2023. (ENG.). 22p. (J). pap. 12.99 ***(978-1-77475-707-9(9))*** Draft2Digital.

Penelope Still Picks Suzie. Christine Bialczak. 2019. (ENG.). 24p. (J). pap. 11.95 *(978-1-64628-991-2(9))* Page Publishing Inc.

Penelope Strudel: And the Birthday Treasure Hunt - SPOT the CLUES & CRACK the CODES to Help Penelope Find Her Birthday Surprise! Brendan Kearney. 2021. (ENG.). 48p. (J). (gr. k-2). ***(978-0-7112-5431-2(1))*** Frances Lincoln Childrens Bks.

Penelope the Foal Fairy. Daisy Meadows. 2018. (Illus.). 65p. (J). *(978-1-5490-0262-5(7))* Scholastic, Inc.

Penelope the Foal Fairy. Daisy Meadows. ed. 2018. (Rainbow Magic — Farm Animal Fairies Ser.). lib. bdg. 14.75 *(978-0-606-41158-5(5))* Turtleback.

Penelope the People Pleaser. Patricia Yellich. 2019. (ENG.). 28p. 22.95 *(978-1-4808-7236-3(9));* pap. 16.95 *(978-1-4808-7238-7(5))* Archway Publishing.

Penelope 'Twas the Night Before Christmas. Illus. by Lisa Alderson. 2019. (Night Before Christmas Ser.). (ENG.). 32p. (J). (gr. -1-3). 7.99 ***(978-1-7282-0281-5(7))*** Sourcebooks, Inc.

Penelope's Christmas Wish. Put Me In The Story & J. D. Green. Illus. by Julia Seal. 2018. (Christmas Wish Ser.). (ENG.). 32p. (J). (gr. k-3). 6.99 ***(978-1-4926-8544-9(5))*** Sourcebooks, Inc.

Penelope's Experiences in Scotland: Being Extracts from the Commonplace Book of Penelope Hamilton (Classic Reprint) Kate Douglas Wiggin. 2018. (ENG., Illus.). 330p. (J). 30.70 *(978-0-364-24615-3(4))* Forgotten Bks.

Penelope's Half-Birthday. Pauli Rose Libsohn. 2022. (ENG., Illus.). 80p. (J). 26.95 ***(978-1-6624-3878-3(8));*** pap. 17.95 ***(978-1-6624-3876-9(1))*** Page Publishing Inc.

Penelope's Holiday Cheer. E. Brauner-Hughes. 2022. (ENG.). 32p. (J). pap. 13.99 ***(978-1-7377052-1-5(4))*** Love-LovePublishing.

Penelope's Irish Experiences (Classic Reprint) Kate Douglas Wiggin. 2017. (ENG., Illus.). (J). 31.49 *(978-1-5282-8398-4(8))* Forgotten Bks.

Penelope's Lucky Lavender Pants. Gayle Rosengren. Illus. by Dakota Verrill. 2022. (ENG.). 32p. (J). pap. 12.99 *(978-1-63984-145-5(8))* Pen It Pubns.

Penelope's Lucky Lavender Pants. Gayle Rosengren. Illus. by Dakota Verrill. 2022. (ENG.). 32p. (J). 20.99 *(978-1-63984-241-4(1))* Pen It Pubns.

Penelope's New Bed. Pauli Rose Libsohn. 2022. (ENG., Illus.). 78p. (J). 25.95 *(978-1-6624-1910-2(4));* pap. 16.95 *(978-1-6624-1908-9(2))* Page Publishing Inc.

Penelope's New Puppy. Christine Bialczak. 2019. (ENG.). 28p. (J). pap. 11.95 *(978-1-68456-307-4(0))* Page Publishing Inc.

Penelope's Plateau of Life & the View of Love of Look. Mark Ira Krausman. 2023. (ENG., Illus.). 74p. (J). 31.95 ***(978-1-68526-381-2(X));*** pap. 20.95 ***(978-1-63885-901-7(9))*** Covenant Bks.

Penelope's Postscripts: Switzerland; Venice Wales; Devon Home (Classic Reprint) Kate Douglas Wiggin. 2017. (ENG., Illus.). (J). 28.54 *(978-0-260-07542-0(6))* Forgotten Bks.

Penelope's Progress: Being Such Extracts from the Commonplace Book of Penelope Hamilton As Relate to Her Experiences in Scotland. Kate Douglas Wiggin. 2017. (ENG., Illus.). (J). pap. *(978-0-649-66905-9(3));* pap. *(978-0-649-16062-4(2))* Trieste Publishing Pty Ltd.

Penelope's Progress: Being Such Extracts from the Commonplace Book of Penelope Hamilton As Relate to Her Experiences in Scotland (Classic Reprint) Kate Douglas Wiggin. 2018. (ENG., Illus.). 522p. (J). 34.68 *(978-0-332-15030-7(5))* Forgotten Bks.

Penelope's Purple Pajamas. Kristen Marusich. 2021. (ENG.). 26p. (J). 23.95 *(978-1-64801-861-9(0));* pap. 13.95 *(978-1-64801-860-2(2))* Newman Springs Publishing, Inc.

Penelope's Purple-Perfect Plan. Ronald Paxton. Illus. by Ellen Sallas. 2021. (ENG.). 50p. (J). pap. 12.99 *(978-1-7359337-4-0(0))* Little Roni Pubs. LLC.

Penelope's Suitors (Classic Reprint) Edwin Lassetter Bynner. 2017. (ENG., Illus.). (J). 76p. 25.46 *(978-0-484-07851-1(8));* pap. 9.57 *(978-1-5276-7685-5(4))* Forgotten Bks.

Penelope's Superpower. Melinda M. Cropsey. Illus. by Giada Rose. 2018. (ENG.). 32p. (J). 17.99 *(978-0-692-14348-3(3))* Breadcrumbs LLC.

Penelve, or among the Quakers: An American Story (Classic Reprint) Richard H. Thomas. (ENG., Illus.). (J). 2018. 402p. 32.19 *(978-0-365-45816-6(3));* 2016. pap. 16.57 *(978-1-334-12868-4(5))* Forgotten Bks.

Peng! Action Sports Adventures. Corey Lewis. Illus. by Corey Lewis. 2020. (Peng! Ser.). (ENG., Illus.). 136p. (YA). pap. 14.99 *(978-1-62010-757-7(0),* Lion Forge) Oni Pr., Inc.

Pengard Awake (Classic Reprint) Ralph Straus. (ENG., Illus.). (J). 2018. 306p. 30.23 *(978-0-483-94398-8(3));* 2016. pap. 13.57 *(978-1-334-13475-3(8))* Forgotten Bks.

Penguin, 1 vol. Meredith Costain. Illus. by Gary Hanna. 2016. (Wild World Ser.). (ENG.). 32p. (J). (gr. 1-2). pap. 11.00 *(978-1-4994-8223-2(X),* 4b3004ef-906b-4898-8427-3992a6cc3b64, Windmill Bks.) Rosen Publishing Group, Inc., The.

Penguin. Karen Durrie. 2018. (World Languages Ser.). (ENG.). 24p. (J). lib. bdg. 35.70 *(978-1-4896-6943-8(4),* AV2 by Weigl) Weigl Pubs., Inc.

Penguin. Melissa Gish. 2019. (Spotlight on Nature Ser.). (ENG.). 32p. (J). (gr. 4-7). pap. 9.99 *(978-1-62832-747-2(2),* 19189, Creative Paperbacks) Creative Co., The.

Penguin. August Hoeft. (I See Animals Ser.). (ENG.). (J). 2022. 20p. pap. 12.99 ***(978-1-5324-4240-7(8));*** 2021. 12p. pap. 5.99 *(978-1-5324-1518-0(4))* Xist Publishing.

Penguin: Animal Life Cycles. TBD. 2021. (Animal Life Cycles Ser.). (ENG., Illus.). 24p. (J). (gr. k-3). lib. bdg. 26.95 *(978-1-64487-411-0(3),* Blastoff! Readers) Bellwether Media.

Penguin & Friends. Amber Lily. Illus. by Orchard Design House. 2021. (Peekaboo Window Bks.). (ENG.). 10p. (J). bds. 4.99 *(978-1-80105-118-7(6))* Top That! Publishing PLC GBR. Dist: Independent Pubs. Group.

Penguin & Friends: A Soft & Fuzzy Book Just for Baby! Illus. by Francesca Ferri. 2017. (Friends Cloth Bks.). (ENG.). 8p. (J). (gr. -1 — 1). 12.99 *(978-1-4380-0976-6(3))* Sourcebooks, Inc.

Penguin & Moose. Hannah C. Hall. Illus. by Anna Chernyshova. 2019. (Penguin & Moose Ser.). (ENG.). 32p. (J). (gr. -1-3). 16.99 *(978-1-5460-1433-1(0),* Worthy Kids/Ideals) Worthy Publishing.

Penguin & Penelope. Salina Yoon. 2022. (Penguin Ser.). (ENG., Illus.). 40p. (J). 17.99 *(978-1-68119-344-1(2),* 900170390, Bloomsbury Children's Bks.) Bloomsbury Publishing USA.

Penguin & Tiny Shrimp Don't Do Bedtime! Cate Berry. Illus. by Charles Santoso. 2018. (ENG.). 32p. (J). (gr. -1-3). 17.99 *(978-0-06-249153-4(9),* Balzer & Bray) HarperCollins Pubs.

Penguin Bloom (Young Readers' Edition) Chris Kunz et al. 2023. 160p. 9.99 *(978-0-7333-4167-0(5))* ABC Bks. AUS. Dist: HarperCollins Pubs.

Penguin Cafe at the Edge of the World. Nurit Zarchi. Illus. by Anat Warshavsky. 2021. (ENG.). 36p. (J). (gr. 1-3). 14.99 *(978-1-68396-442-1(X),* 683442) Fantagraphics Bks.

Penguin Chicks. Susan H. Gray. 2020. (21st Century Basic Skills Library: Level 3: Babies at the Zoo Ser.). (ENG., Illus.). 24p. (J). (gr. k-3). pap. 12.79 *(978-1-5341-6128-3(7),* 214512); lib. bdg. 30.64 *(978-1-5341-5898-6(7),* 214511) Cherry Lake Publishing.

Penguin Chicks. Julie Murray. 2017. (Baby Animals (Abdo Kids Junior) Ser.). (ENG., Illus.). 24p. (J). (gr. -1-2). lib. bdg. 31.36 *(978-1-5321-0005-5(1),* 25096, Abdo Kids) ABDO Publishing Co.

Penguin Coloring Book: Coloring Books for Adults, Gifts for Penguin Lovers, Floral Mandala Coloring Pages, Animal Coloring Book, Book Lovers. Illus. by Paperland Online Store. 2021. (ENG.). 42p. (J). pap. *(978-1-6671-4470-2(7))* Lulu Pr., Inc.

Penguin Coloring Book: Nature Coloring Book Edition. Jupiter Kids. 2016. (ENG., Illus.). 106p. (J). pap. 12.55 *(978-1-68305-656-0(6),* Jupiter Kids (Childrens & Kids Fiction)) Speedy Publishing LLC.

Penguin Coloring Book for Kids! a Variety of Coloring Pages for Children. Bold Illustrations. 2022. (ENG.). 82p. (J). pap. 14.99 *(978-1-0717-0682-4(9),* Bold Illustrations) FASTLANE LLC.

Penguin Crush Colouring Book. Illus. by Silke Diehl. 2022. (Crush Ser.). (ENG.). 28p. (J). (gr. -1-2). pap. 9.99 *(978-80-907632-4-2(8),* Crush Series) Crush Publishing CZE. Dist: Independent Pubs. Group.

Penguin Days. Sara Leach. Illus. by Rebecca Bender. (Slug Days Stories Ser.: 2). 104p. (J). (gr. 2-4). 2023. 12.95 *(978-1-77278-275-2(0));* 2019. (ENG.). 15.95 *(978-1-77278-053-6(7))* Pajama Pr. CAN. Dist: Publishers Group West (PGW).

Penguin Family ... Finding Joy. Janet Kassalen. Illus. by Laura Yoder. (ENG.). 48p. (J). 2022. pap. 17.49 ***(978-0-9989801-4-0(5));*** 2021. 22.99 *(978-0-9989801-3-3(7))* Morrow Circle Publishing, LLC.

Penguin Flies Home. Lita Judge. Illus. by Lita Judge. 2019. (Flight School Ser.). (ENG., Illus.). 40p. (J). (gr. -1-3). 17.99 *(978-1-5344-1441-9(X),* Atheneum Bks. for Young Readers) Simon & Schuster Children's Publishing.

Penguin Highway. Tomihiko Morimi. 2018. (JPN.). (YA). (gr. 8-17). *(978-4-04-631798-8(1))* Kadokawa Shoten.

Penguin Minis: a Little Princess. Frances Hodgson Burnett. 2019. 504p. (YA). (gr. 3-7). pap. 12.00 *(978-0-593-11445-2(0),* Penguin Books) Penguin Young Readers Group.

Penguin Minis: an Abundance of Katherines. John Green. 2018. (ENG.). 576p. (YA). (gr. 9). pap. 12.00 *(978-0-525-55572-8(2),* Dutton Books for Young Readers) Penguin Young Readers Group.

Penguin Minis: Anne of Green Gables. L. M. Montgomery. 2019. (Illus.). 720p. (YA). pap. 12.00 *(978-0-593-11444-5(2),* Penguin Books) Penguin Young Readers Group.

Penguin Minis: Between Shades of Gray. Ruta Sepetys. 2019. (ENG.). 720p. (YA). (gr. 7). pap. 12.00 *(978-0-593-11447-6(7),* Philomel Bks.) Penguin Young Readers Group.

Penguin Minis: Heidi. Johanna Spyri. 2019. 504p. (YA). (gr. 3-7). pap. 12.00 *(978-0-593-11446-9(9),* Penguin Books) Penguin Young Readers Group.

Penguin Minis: If I Stay. Gayle Forman. 2019. (ENG.). 360p. (YA). pap. 12.00 *(978-0-593-11442-1(6),* Penguin Books) Penguin Young Readers Group.

Penguin Minis: John Green Box Set, 4 vols. John Green. 2018. (ENG.). 2304p. (YA). (gr. 9). pap., pap., pap. 48.00 *(978-0-525-55576-6(5),* Dutton Books for Young Readers) Penguin Young Readers Group.

Penguin Minis: Legend. Marie Lu. 2019. (Legend Ser.: 1). (ENG.). 648p. (YA). (gr. 7). pap. 12.00 *(978-1-9848-1459-3(1),* G.P. Putnam's Sons Books for Young Readers) Penguin Young Readers Group.

Penguin Minis: Looking for Alaska. John Green. 2018. (ENG.). 504p. (YA). (gr. 9). pap. 12.00 *(978-0-525-55571-1(4),* Dutton Books for Young Readers) Penguin Young Readers Group.

Penguin Minis: Matched. Ally Condie. 2019. (Matched Ser.: 1). (ENG.). 720p. (YA). (gr. 7). pap. 12.00 *(978-1-9848-1558-3(X),* Dutton Books for Young Readers) Penguin Young Readers Group.

Penguin Minis: Paper Towns. John Green. 2018. (ENG.). 648p. (YA). (gr. 9). pap. 12.00 *(978-0-525-55573-5(0),* Dutton Books for Young Readers) Penguin Young Readers Group.

Penguin Minis Puffin in Bloom Boxed Set, 3 vols. 2019. (YA). 36.00 *(978-0-593-11541-1(4),* Penguin Books) Penguin Young Readers Group.

Penguin Minis: the Fault in Our Stars. John Green. 2018. (ENG.). 576p. (YA). (gr. 9). pap. 12.00 *(978-0-525-55574-2(9),* Dutton Books for Young Readers) Penguin Young Readers Group.

Penguin Minis: the Outsiders. S. E. Hinton. 2019. (ENG.). 360p. (YA). pap. 12.00 *(978-0-593-11438-4(8),* Viking Books for Young Readers) Penguin Young Readers Group.

Penguin Misses Mom. Michael Dahl. Illus. by Oriol Vidal. 2016. (Hello Genius Ser.). (ENG.). 20p. (J). (gr. -1 — 1). bds. 7.99 *(978-1-4795-8739-1(7),* 131128, Picture Window Bks.) Capstone.

Penguin Moves Out of the Antarctic. Nikki Potts. Illus. by Maarten Lenoir. 2020. (Habitat Hunter Ser.). (ENG.). 32p. (J). (gr. -1-2). pap. 8.95 *(978-1-9771-2020-5(2),* 142310); lib. bdg. 29.32 *(978-1-9771-1422-8(9),* 141550) Capstone. (Picture Window Bks.).

Penguin on a Scooter. Caspar Babypants. Illus. by Kate Endle. 2018. 20p. (J). (— 1). bds. 9.99 *(978-1-63217-130-6(9),* Little Bigfoot) Sasquatch Bks.

Penguin on Vacation. Salina Yoon. 2018. (My Arabic Library). (ARA.). 40p. (J). (gr. -1-1). pap. 7.99 *(978-1-338-26787-7(6))* Scholastic, Inc.

Penguin Paige. R. Read. 2021. (ENG.). 26p. (J). 14.95 *(978-1-0878-7999-4(X))* Indy Pub.

Penguin Patterns. Nick Rebman. 2021. (Math Basics Ser.). (ENG., Illus.). 16p. (J). (gr. -1-1). pap. 7.95 *(978-1-64619-202-1(8),* 1646192028); lib. bdg. 25.64 *(978-1-64619-168-0(4),* 1646191684) Little Blue Hse. (Little Blue Readers).

Penguin Persons Peppermints (Classic Reprint) Walter Prichard Eaton. 2017. (ENG., Illus.). (J). 29.36 *(978-0-265-21115-1(8))* Forgotten Bks.

Penguin Poo Bear Dance. Asia Hollaway. Illus. by Artkina Celestin. 2021. (ENG.). 34p. (J). pap. 10.00 *(978-1-7358095-0-2(0))* Asia's Closet.

Penguin, Prairie Dog, & Other Colonies. Kylie Burns. 2023. (Pods, Troops, & Other Animal Groups Ser.). (ENG.). 32p. (J). (gr. 3-6). pap. ***(978-1-0398-0680-1(5),*** 33434) Crabtree Publishing Co.

Penguin, Prairie Dog, & Other Colonies. Contrib. by Kylie Burns. 2023. (Pods, Troops, & Other Animal Groups Ser.). (ENG.). 32p. (J). (gr. 3-6). lib. bdg. ***(978-1-0398-0654-2(6),*** 33433) Crabtree Publishing Co.

Penguin Problems. Jory John. Illus. by Lane Smith. 2018. (ENG.). 32p. (J). (— 1). bds. 8.99 *(978-0-525-64575-7(6),* Random Hse. Bks. for Young Readers) Random Hse. Children's Bks.

Penguin Teen Unboxed: Peregrine, 2 vols. Ransom Riggs. 2018. (ENG.). (YA). (gr. 7). pap. 37.98 *(978-0-525-48783-8(2),* Penguin Books) Penguin Young Readers Group.

Penguin That Saved Christmas. Kristie Zweig. Illus. by Kristie Zweig. 2021. (ENG.). 32p. (J). 16.99 *(978-0-578-99479-6(8))* Notto, Kristie.

Penguin That Wished It Could Fly. Marcel Van Heijzen. 2020. (ENG.). 186p. (J). pap. 11.99 *(978-1-393-41418-6(4))* Draft2Digital.

Penguin, the Dolphin & the Pelican. Cathy Mason. 2018. (ENG., Illus.). 74p. (J). (gr. 2-5). 17.98 *(978-0-692-18340-3(X))* mason, cathy.

Penguin Trouble!/Flash Forward! (LEGO Batman) Billy Wrecks. Illus. by Random House. 2022. (Step into Reading Ser.). (ENG.). 48p. (J). (gr. -1-2). 14.99 *(978-0-593-56404-2(9));* 5.99 *(978-0-593-56403-5(0))* Random Hse. Children's Bks. (Random Hse. Bks. for Young Readers).

Penguins Quest. Scott McDermott. Illus. by Christine Anderson. 2022. (ENG.). 40p. (J). (gr. k-3). 17.95 *(978-1-7333548-5-1(9))* Notable Kids Publishing.

Penguinaut! Marcie Colleen. Illus. by Emma Yarlett. 2018. (ENG.). 32p. (J). (gr. -1-k). 18.99 *(978-0-545-84884-8(9))* Scholastic, Inc.

Penguins see Pingüinos

Penguins, 1 vol. B. J. Best. 2016. (Migrating Animals Ser.). (ENG., Illus.). 24p. (gr. 1-1). pap. 9.81 *(978-1-5026-2106-1(1),* 2badabe8-41d0-4191-8613-76c68ed2c3b1); lib. bdg. 27.36 *(978-1-5026-2108-5(8),* 81ce12ae-2b8e-4953-8661-a56e8413923d) Cavendish Square Publishing LLC.

Penguins. Gail Gibbons. 2022. (Illus.). 22p. (J). (— 1). bds. 8.99 *(978-0-8234-5257-6(3))* Holiday Hse., Inc.

Penguins. Derek Hastings. 2019. (Creatures of the Ocean Ser.). (Illus.). 80p. (J). (gr. 12). lib. bdg. 34.60 *(978-1-4222-4307-7(9))* Mason Crest.

Penguins. Julie Murray. 2016. (I Like Animals! Set 2 Ser.). (ENG., Illus.). 24p. (J). (gr. -1-2). lib. bdg. 31.36 *(978-1-68080-907-7(5),* 23289, Abdo Kids) ABDO Publishing Co.

Penguins! Jody S. Rake. 2019. (Penguins! Ser.). (ENG.). 24p. (J). (gr. -1-2). 175.92 *(978-1-9771-0946-0(2),* 29325, Pebble) Capstone.

Penguins! David Salomon. 2017. (Step into Reading Ser.). (Illus.). 32p. (J). (gr. -1-1). pap. 5.99 *(978-1-5247-1560-1(3),*

P

Random Hse. Bks. for Young Readers) Random Hse. Children's Bks.

Penguins. Mari Schuh. 2017. (Black & White Animals Ser.). (ENG., Illus.). 24p. (J). (gr. -1-2). lib. bdg. 22.65 *(978-1-5157-3371-3(8)*, 133367, Pebble) Capstone.

Penguins. Leo Statts. 2016. (Polar Animals Ser.). (ENG.). 24p. (J). (gr. -1-2). 49.94 *(978-1-68079-356-7(X)*, 22977, Abdo Zoom-Launch) ABDO Publishing Co.

Penguins. Marysa Storm. 2020. (Awesome Animal Lives Ser.). (ENG.). 24p. (J). (gr. k-3). lib. bdg. *(978-1-62310-153-4(0)*, 14406, Bolt Jr.) Black Rabbit Bks.

Penguins. Gail Terp. 2016. (Wild Animal Kingdom Ser.). (ENG.). 32p. (J). (gr. 4-6). pap. 9.99 *(978-1-64466-172-7(1)*, 10405); (Illus.). 31.35 *(978-1-68072-054-9(6)*, 10404) Black Rabbit Bks. (Bolt).

Penguins: A Children's Book Interesting & Informative Facts. Bold Kids. 2022. (ENG.). 46p. (J). pap. 14.99 ***(978-1-0717-1115-6(6))*** FASTLANE LLC.

Penguins! The World's Coolest Birds. Wayne Lynch. 2nd rev. ed. 2016. (ENG., Illus.). 80p. (J). (gr. 5-8). pap. 12.95 *(978-1-77085-858-9(X)*, 39cf011c-c461-473f-88bc-240c36fac087) Firefly Bks., Ltd.

Penguins Adrift. Rachael Payne. 2017. (ENG., Illus.). 26p. (J). *(978-1-387-43173-1(0))* Lulu Pr., Inc.

Penguins & Other Birds, 1 vol. David West. 2017. (Inside Animals Ser.). (ENG.). 24p. (J). (gr. 3-3). 26.27 *(978-1-5081-9388-3(6)*, 2a0a3a20-2d79-4ad8-89ba-a000e8970eb4); pap. 9.25 *(978-1-5081-9428-6(9)*, 827ae073-219f-452c-8d75-7576e2a2ba78) Rosen Publishing Group, Inc., The. (Windmill Bks.).

Penguins & Their Chicks: A 4D Book. Margaret Hall. rev. ed. 2018. (Animal Offspring Ser.). (ENG., Illus.). 24p. (J). (gr. -1-2). pap. 6.95 *(978-1-5435-0837-6(5)*, 137600); lib. bdg. 29.32 *(978-1-5435-0825-3(1)*, 137588) Capstone. (Capstone Pr.).

Penguins Are Awesome. Samantha S. Bell. 2018. (Animals Are Awesome Ser.). (ENG., Illus.). 32p. (J). (gr. 3-6). 32.80 *(978-1-63235-436-5(5)*, 13814, 12-Story Library) Bookstaves, LLC.

Penguins Are Awesome. Jaclyn Jaycox. 2019. (Polar Animals Ser.). (ENG., Illus.). 32p. (J). (gr. -1-2). pap. 7.95 *(978-1-9771-0995-8(0)*, 140938, Pebble) Capstone.

Penguins Can't Have Pizza. Amanda Cruz. 2022. (ENG.). 38p. (J). 18.95 *(978-1-63755-199-8(1)*, Mascot Kids) Amplify Publishing Group.

Penguin's Christmas Wish. Salina Yoon. (Penguin Ser.). (ENG.). (J). 2017. 32p. bds. 7.99 *(978-1-68119-573-5(9)*, 900178387); 2016. (Illus.). 40p. 14.99 *(978-1-68119-155-3(5)*, 900160611) Bloomsbury Publishing USA. (Bloomsbury USA Childrens).

Penguins Coloring Book! Discover & Enjoy a Variety of Coloring Pages for Kids! Bold Illustrations. 2021. (ENG.). 82p. (J). pap. 11.99 *(978-1-0717-0568-1(7)*, Bold Illustrations) FASTLANE LLC.

Penguins Don't Wear Sweaters! Marikka Tamura. Illus. by Daniel Rieley. 2021. 30p. (J). (— 1). bds. 7.99 *(978-0-593-40690-8(7)*, Nancy Paulsen Books) Penguin Young Readers Group.

Penguins from Head to Tail, 1 vol. Emmett Martin. 2020. (Animals from Head to Tail Ser.). (ENG.). 24p. (J). (gr. k-2). pap. 9.15 *(978-1-5382-5526-1(X)*, e1c3aebd-bfc1-4eab-af86-00dbdcbf75fc) Stevens, Gareth Publishing LLLP.

Penguins Go on a Picnic Coloring Book. Bobo's Children Activity Books. 2016. (ENG., Illus.). (J). pap. 9.33 *(978-1-68327-503-9(9))* Sunshine In My Soul Publishing.

Penguins Have It All. Li Liu. 2017. (1-3Y Marine Life Ser.). (ENG., Illus.). 16p. (J). pap. 18.99 *(978-1-63437-624-2(2))* American Reading Co.

Penguins in the Antarctic. Tiffany Root. Illus. by Tari Koziatek. 2020. (Association of Insect Researchers Ser.: Vol. 3). (ENG.). 156p. (J). pap. 10.99 *(978-1-936867-67-7(2))* Destiny Hse. Publishing.

Penguins Like Warm Climates Too! Animal Books for Kids 9-12 Children's Animal Books. Baby Professor. 2017. (ENG., Illus.). (J). pap. 9.55 *(978-1-5419-1431-5(7)*, Baby Professor (Education Kids)) Speedy Publishing LLC.

Penguins (New & Updated Edition) Gail Gibbons. 2022. (Illus.). 32p. (J). (gr. -1-3). 18.99 *(978-0-8234-5254-5(9))* Holiday Hse., Inc.

Penguin's Party Problems. Alice Horn. 2022. (ENG., Illus.). 44p. (J). (gr. -1-3). 16.99 *(978-1-84976-764-4(5))* Tate Publishing, Ltd. GBR. Dist: Abrams, Inc.

Penguin's Perfect Pebble: A True-To-Life Story from the Natural World, Ages 5 & Up. IglooBooks. Illus. by Jenny Palmer-Fettig. 2023. (ENG.). 24p. (J). (gr. k). bds., bds. 9.99 ***(978-1-83771-680-7(3))*** Igloo Bks. GBR. Dist: Simon & Schuster, Inc.

Penguin's Power Parasol. Michael Dahl. Illus. by Luciano Vecchio. 2016. (Batman Tales of the Batcave Ser.). (ENG.). 40p. (J). (gr. 4-8). lib. bdg. 24.65 *(978-1-4965-4012-6(3)*, 133211, Stone Arch Bks.) Capstone.

Penguins Say, Excuse Me Please! Cori Sims. Illus. by Andy Catling. l.t. ed. 2020. (ENG.). 30p. (J). 19.99 *(978-1-7359524-0-6(0))* C P GLOBAL WELLNESS LLC.

Penguin's Vacation. Daniel Roberts. 2018. (ENG., Illus.). 36p. (J). pap. 15.99 *(978-1-387-98617-0(1))* Lulu Pr., Inc.

Penguins vs. Puffins. Julie Beer. 2017. (Illus.). 64p. (J). (gr. 1-3). 12.99 *(978-1-4263-2869-5(9)*, National Geographic Kids) Disney Publishing Worldwide.

Penguins Waddle. Rebecca Glaser. 2016. (ENG., Illus.). 16p. (J). (gr. -1 — 1). bds. 7.99 *(978-1-68152-070-4(2)*, 15819) Amicus.

Penhala, Vol. 1 Of 3: A Wayside Wizard (Classic Reprint) Clara Lemore. (ENG., Illus.). (J). 2018. 308p. 30.25 *(978-0-484-55865-5(X))*; 2016. pap. 13.57 *(978-1-334-15819-3(3))* Forgotten Bks.

Penhala, Vol. 2 Of 3: A Wayside Wizard (Classic Reprint) Clara Lemore. 2018. (ENG., Illus.). 304p. (J). 30.19 *(978-0-428-98214-0(X))* Forgotten Bks.

Penhala, Vol. 3 Of 3: A Wayside Wizard (Classic Reprint) Clara Lemore. 2018. (ENG., Illus.). 298p. (J). 30.04 *(978-0-483-59306-0(0))* Forgotten Bks.

Penhallow Tales (Classic Reprint) Edith Robinson. 2017. (ENG., Illus.). (J). 27.90 *(978-1-5282-5328-4(0))* Forgotten Bks.

Penicillin Was Discovered by Accident: And Other Facts about Inventions & Discoveries, 1 vol. Jan Payne & Steven Wilder. 2016. (True or False? Ser.). (ENG., Illus.). 48p. (gr. 3-3). pap. 12.70 *(978-0-7660-7739-3(X)*, e293e4c7-83a7-498f-bc0e-99664c84ae15) Enslow Publishing, LLC.

Penikese Island Adventure. Kathleen Hickey. 2021. (ENG.). 142p. (YA). pap. 12.95 *(978-1-954819-05-4(6))* Briley & Baxter Publications.

Penitent Boy: Or, Sin Brings Sorrow (Classic Reprint) D. P. Kidder. 2018. (ENG., Illus.). 54p. (J). 25.01 *(978-0-484-13108-7(7))* Forgotten Bks.

Penitent (Classic Reprint) René Bazin. (ENG., Illus.). (J). 2018. 310p. 30.29 *(978-0-483-16998-2(6))*; 2016. pap. 13.57 *(978-1-333-56264-9(0))* Forgotten Bks.

Penitent (Classic Reprint) Edna Worthley Underwood. 2018. (ENG., Illus.). 378p. (J). 31.71 *(978-0-332-64097-6(3))* Forgotten Bks.

Penitentes of San Rafael: A Tale of the San Luis Valley (Classic Reprint) Louis How. 2017. (ENG., Illus.). (J). 31.96 *(978-0-266-36393-4(8))* Forgotten Bks.

Penitentiary Post (Classic Reprint) Kathrene Pinkerton. 2017. (ENG., Illus.). (J). 29.22 *(978-0-266-91169-2(2))* Forgotten Bks.

Penman, 1963-64, Vol. 17 (Classic Reprint) Robert Skinner. (ENG., Illus.). (J). 2018. 728p. 38.93 *(978-0-666-75746-3(1))*; 2017. pap. 23.57 *(978-0-259-30532-3(4))* Forgotten Bks.

Penman, Vol. 1: April, 1948 (Classic Reprint) Katherine Johnson. (ENG., Illus.). (J). 2018. 768p. 39.74 *(978-0-483-71251-5(5))*; 2017. pap. 23.57 *(978-0-243-38516-4(1))* Forgotten Bks.

Penman, Vol. 12: Fall, 1958 (Classic Reprint) Elizabeth Holland. (ENG., Illus.). (J). 2018. 680p. 37.92 *(978-0-483-72589-8(7))*; 2017. pap. 20.57 *(978-0-243-38694-9(X))* Forgotten Bks.

Penman, Vol. 22: Fall Issue 1968-1969 (Classic Reprint) Arthur Area. 2018. (ENG., Illus.). (J). 720p. 38.77 *(978-0-332-62722-9(5))*; 722p. pap. 23.57 *(978-0-243-16468-4(8))* Forgotten Bks.

Penman, Vol. 7: Fall, 1953 (Classic Reprint) Washington-Lee High School. (ENG., Illus.). (J). 2018. 682p. 37.98 *(978-0-656-34791-9(0))*; 2017. pap. 20.57 *(978-0-243-44159-4(2))* Forgotten Bks.

Penn Quaker's Homecoming. John George Armstrong. 2018. (ENG.). 38p. (J). 16.95 *(978-1-64307-275-3(7))* Amplify Publishing Group.

Pennant, 1923 (Classic Reprint) Houston Heights High School. 2018. (ENG., Illus.). (J). 188p. 27.77 *(978-1-396-62851-1(7))*; 190p. pap. 10.57 *(978-1-391-59547-4(5))* Forgotten Bks.

Pennies from Heaven. Koedi Nealy. 2020. (ENG.). 28p. (J). 21.95 *(978-1-61244-933-6(8))*; pap. 13.95 *(978-1-61244-932-6(8))* Halo Publishing International.

Penniless Girl: A Novel (Classic Reprint) Wilhelmine Heimburg. 2018. (ENG., Illus.). (J). 290p. 29.88 *(978-0-366-55668-7(1))*; 292p. pap. 13.57 *(978-0-366-06605-6(6))* Forgotten Bks.

Pennimans, or the Triumph of Genius (Classic Reprint) Unknown Author. (ENG., Illus.). (J). 2018. 306p. 30.21 *(978-0-483-91959-4(4))*; 2016. pap. 13.57 *(978-1-333-29716-9(5))* Forgotten Bks.

Penn's Grandest Cavern: The History, Legends & Description of Penn's Cave in Centre County, Pennsylvania (Classic Reprint) Henry W. Shoemaker. 2018. (ENG., Illus.). 126p. (J). 26.50 *(978-0-332-09443-4(X))* Forgotten Bks.

Pennsylvania. Brooke Cutler & Amanda Duffy. 2016. (ENG., Illus.). (J). pap. 18.50 *(978-1-329-87959-1(7))* Lulu Pr., Inc.

Pennsylvania. Natasha Evdokimoff. 2018. (Our American States Ser.). (ENG.). 48p. (J). lib. bdg. 22.99 *(978-1-5105-3464-3(4))* SmartBook Media, Inc.

Pennsylvania. Tammy Gagne. 2022. (Core Library of US States Ser.). (ENG., Illus.). 48p. (J). (gr. 4-8). lib. bdg. 35.64 *(978-1-5321-9779-6(9)*, 39649) ABDO Publishing Co.

Pennsylvania, 1 vol. John Hamilton. 2016. (United States of America Ser.). (ENG., Illus.). 48p. (J). (gr. 5-9). 34.21 *(978-1-68078-340-7(8)*, 21665, Abdo & Daughters) ABDO Publishing Co.

Pennsylvania. Sarah Tieck. 2019. (Explore the United States Ser.). (ENG., Illus.). 32p. (J). (gr. 2-5). lib. bdg. 34.21 *(978-1-5321-9141-1(3)*, 33470, Big Buddy Bks.) ABDO Publishing Co.

Pennsylvania: Children's American Local History Book. Bold Kids. 2022. (ENG.). 42p. (J). pap. 15.99 ***(978-1-0717-1116-3(4))*** FASTLANE LLC.

Pennsylvania: The Keystone State. Natasha Evdokimoff. 2016. (J). *(978-1-4896-4929-4(8))* Weigl Pubs., Inc.

Pennsylvania: The Keystone State, 1 vol. John Micklos, Jr. et al. 4th ed. 2019. (It's My State! (Fourth Edition)(r) Ser.). (ENG.). 80p. (J). (gr. 4-4). lib. bdg. 35.93 *(978-1-5026-4238-7(7)*, 7af2bdc8-064e-41d4-bc58-fa818ae1999c) Cavendish Square Publishing LLC.

Pennsylvania (a True Book: My United States) (Library Edition) Karen Kellaher. 2018. (True Book (Relaunch) Ser.). (ENG., Illus.). 48p. (J). (gr. 3-5). 31.00 *(978-0-531-23576-8(9)*, Children's Pr.) Scholastic Library Publishing.

Pennsylvania (ARC Edition) The Keystone State, 1 vol. John Micklos, Jr. et al. 2020. (It's My State! (Fourth Edition)(r) Ser.). (ENG.). 80p. (J). (gr. 4-4). pap. 18.64 *(978-1-5026-6203-3(5)*, 170fa471-7d61-4624-b097-6d7bf9d5bc59) Cavendish Square Publishing LLC.

Pennsylvania Beekeeper, Vol. 14: April, 1939 (Classic Reprint) Penna State Beekeepers' Association. 2018. (ENG., Illus.). (J). 36p. 24.66 *(978-1-396-61630-3(6))*; 38p. pap. 7.97 *(978-1-391-65057-9(3))* Forgotten Bks.

Pennsylvania Beekeeper, Vol. 8: April, 1933 (Classic Reprint) Pennsylvania Beekeepers Association. 2017. (ENG., Illus.). (J). 24.64 *(978-0-265-56095-2(0))*; pap. 7.97 *(978-0-282-95782-7(0))* Forgotten Bks.

Pennsylvania Birds: A Folding Pocket Guide to Familiar Species. James Kavanagh & Waterford Press Staff. Illus. by Raymond Leung. 2017. (Wildlife & Nature Identification Ser.). (ENG.). 12p. (gr. 9). 7.95 *(978-1-58355-009-0(7))* Waterford Pr., Inc.

Pennsylvania Birds: A Folding Pocket Guide to Familiar Species in the Metropolitan Area. James Kavanagh & Waterford Press Staff. Illus. by Raymond Leung. 2017. (Wildlife & Nature Identification Ser.). (ENG.). 12p. 7.95 *(978-1-58355-012-0(7))* Waterford Pr., Inc.

Pennsylvania Books for Kids Gift Set. Sandra Magsamen & Eric James. Illus. by Karl West. 2020. (ENG.). (J). (-3). 29.99 *(978-1-7282-4190-6(1))* Sourcebooks, Inc.

Pennsylvania German Manual, for Pronouncing, Speaking & Writing English: Guide Book for Families & Schools, in Four Parts: Part I. English Pronunciation; Part II. Pennsylvania German Literature, with English Translation; Part III. Pennsylvania German. Abraham Reeser Horne. 2018. (ENG., Illus.). (J). 422p. 32.60 *(978-1-396-41335-3(9))*; 424p. pap. 16.57 *(978-1-390-90273-0(0))* Forgotten Bks.

Pennsylvania Mountain Stories (Classic Reprint) Henry W. Shoemaker. 2017. (ENG., Illus.). (J). 25.81 *(978-1-5281-5387-4(1))* Forgotten Bks.

Pennsylvania Stories (Classic Reprint) Arthur Hobson Quinn. 2018. (ENG., Illus.). 298p. (J). 30.04 *(978-0-656-11745-1(1))* Forgotten Bks.

Pennsylvanian, 1916-1917, Vol. 2 (Classic Reprint) Gertrude Frame. (ENG., Illus.). (J). 2018. 170p. 27.40 *(978-0-484-36105-7(8))*; 2016. pap. 9.97 *(978-1-333-63917-4(1))* Forgotten Bks.

Pennsylvanian, 1947 (Classic Reprint) Pennsylvania College for Women. 2017. (ENG., Illus.). (J). 27.77 *(978-0-260-35102-9(4))*; pap. 10.57 *(978-0-265-08684-1(1))* Forgotten Bks.

Penny. Allan Morey. Illus. by Jennifer Bower. 2018. (Money Values Ser.). (ENG.). 24p. (J). (gr. 1-3). 33.99 *(978-1-68410-120-7(4)*, 31844) Cantata Learning.

Penny & Clover, Follow That Ball! Erica S. Perl. Illus. by Leire Martin. 2020. (Lucky Dogs Ser.). (ENG.). 32p. (J). (gr. k-1). pap. 4.99 *(978-1-5247-9344-9(2)*, Penguin Young Readers) Penguin Young Readers Group.

Penny & Clover, up & Over. Erica S. Perl. Illus. by Leire Martin. 2020. (Lucky Dogs Ser.). (ENG.). 32p. (J). (gr. k-1). pap. 5.99 *(978-1-5247-9341-8(8)*, Penguin Young Readers) Penguin Young Readers Group.

Penny & Friends. Jamil McGhee. Illus. by Joel Jackson. 2019. (ENG.). 24p. (J). (gr. k-3). pap. 10.95 *(978-1-62787-770-1(3))* Wheatmark, Inc.

Penny & Her Sled. Kevin Henkes. Illus. by Kevin Henkes. (I Can Read Level 1 Ser.). (ENG., Illus.). 56p. (J). (gr. -1-3). 2021. pap. 4.99 *(978-0-06-293455-0(4))*; 2019. lib. bdg. 15.89 *(978-0-06-293454-3(6))* HarperCollins Pubs. (Greenwillow Bks.).

Penny & Her Sled. Kevin Henkes. ed. 2021. (I Can Read Ser.). (ENG., Illus.). 56p. (J). (gr. k-1). 16.46 *(978-1-68505-033-7(6))* Penworthy Co., LLC, The.

Penny & Her Sled: A Winter & Holiday Book for Kids. Kevin Henkes. Illus. by Kevin Henkes. 2019. (ENG., Illus.). 56p. (J). (gr. -1-3). 14.99 *(978-0-06-293453-6(8)*, Greenwillow Bks.) HarperCollins Pubs.

Penny & Monique's Caribbean Adventure. Maureen Gordon. 2018. (Penny & Monique's Adventure Ser.: Vol. 1). (ENG., Illus.). 94p. (J). pap. *(978-1-9999675-0-5(X))* Gordon, Maureen.

Penny & Monique's Caribbean Adventure: The Tale of the Dancing Frogs. Miss Maureen Gordon. 2018. (ENG.). 42p. (J). pap. *(978-1-9999675-3-6(4))* Gordon, Maureen.

Penny & Peanuts. Caroline Bates. 2020. (ENG.). 22p. (J). *(978-1-5289-3305-6(2))*; pap. *(978-1-5289-3304-9(4))* Austin Macauley Pubs. Ltd.

Penny & Penelope. Dan Richards. Illus. by Claire Almon. 2019. (ENG.). 40p. (J). 17.99 *(978-1-250-15607-5(6)*, 900184824) Imprint IND. Dist: Macmillan.

Penny & the Christmas Star / How Turea Kept Christmas: Two Illustrated Christmas Stories. Helen Frazee-Bower et al. 2020. (Flash Card Format Ser.). (ENG.). 36p. (J). pap. 19.00 *(978-1-64104-117-1(X))* Bible Visuals International, Inc.

Penny & the Peas. Anne Giulieri. 2016. (Engage Literacy Purple - Extension A Ser.). (ENG.). 16p. (J). pap. 36.94 *(978-1-5157-3337-9(8)*, 25324, Capstone Pr.) Capstone.

Penny & the Perfect Pumpkin. Nani Baquedano. 2021. (ENG.). 36p. (J). 18.95 *(978-1-954614-75-8(6))*; pap. 11.95 *(978-1-954614-76-5(4))* Warren Publishing, Inc.

Penny & the Princess. Leslie Leedy. 2016. (ENG., Illus.). 36p. (J). pap. *(978-1-365-64064-3(7))* Lulu Pr., Inc.

Penny Cyclopaedia of the Society for the Diffusion of Useful Knowledge, Vol. 17: Organ-Pertinax (Classic Reprint) George Long. 2017. (ENG., Illus.). (J). pap. 16.97 *(978-0-282-04654-5(2))* Forgotten Bks.

Penny Cyclopaedia of the Society for the Diffusion of Useful Knowledge, Vol. 22: Sigonio-Steam-Vessel (Classic Reprint) George Long. 2017. (ENG., Illus.). (J). pap. 16.97 *(978-0-259-99471-8(5))* Forgotten Bks.

Penny Cyclopædia of the Society for the Diffusion of Useful Knowledge, Vol. 21: Scanderoon-Signet (Classic Reprint) George Long. 2018. (ENG., Illus.). 508p. (J). 34.37 *(978-0-656-03671-4(0))* Forgotten Bks.

Penny Cyclopedia of the Society for the Diffusion of Useful Knowledge, Vol. 10: Ernesti-Frustum (Classic Reprint) George Long. 2017. (ENG., Illus.). (J). pap. 16.97 *(978-0-282-07969-7(6))* Forgotten Bks.

Penny Cyclopedia of the Society for the Diffusion of Useful Knowledge, Vol. 11: Fuego, Tierra Del-Haddingtonshire (Classic Reprint) George Long. 2017. (ENG., Illus.). (J). pap. 19.57 *(978-0-282-23092-0(0))* Forgotten Bks.

Penny Cyclopedia of the Society for the Diffusion of Useful Knowledge, Vol. 5: Blois Buffalo (Classic Reprint) George Long. 2016. (ENG., Illus.). (J). pap. 19.57 *(978-1-334-24505-3(3))* Forgotten Bks.

Penny Draws a Best Friend. Sara Shepard. 2023. (Penny Draws Ser.: 1). (ENG.). 272p. (J). (gr. 3-7). 14.99 *(978-0-593-61677-2(4)*, G.P. Putnam's Sons Books for Young Readers) Penguin Young Readers Group.

Penny Drops. Karmon Kuhn. 2021. (Sea the Depths Ser.: Vol. 1). (ENG.). 202p. (YA). pap. 10.99 *(978-1-7365722-0-7(2))* KuhnWorks Publishing.

Penny for Your Thoughts. Erica-Jane Waters. Illus. by Erica-Jane Waters. 2020. (Miss Bunsen's School for Brilliant Girls Ser.: 3). (Illus.). 128p. (J). (gr. 1-5). pap. 5.99 *(978-0-8075-5138-7(4)*, 0807551384); (ENG.). 14.99 *(978-0-8075-5159-2(7)*, 807551597) Whitman, Albert & Co.

Penny for Your Thoughts: Book 1. E. D. Squadroni. 2020. (ENG.). 150p. (YA). pap. *(978-1-64969-155-2(6))* Tablo Publishing.

Penny for Your Thoughts! a Kid's Journal of Creativity. Daybook Heaven Books. 2016. (ENG., Illus.). (J). pap. 7.74 *(978-1-68323-337-4(9))* Twin Flame Productions.

Penny Gets a Farm. Judy Gass & Neal Wooten. Illus. by Zoelaine Popp. 2020. (ENG.). 28p. (J). pap. 10.00 *(978-1-61225-448-7(9))* Mirror Publishing.

Penny Goes to the Moon. Anthony Gargano. Illus. by Matthew Franklin. 2021. (ENG.). 34p. (J). 26.95 *(978-1-6657-0637-7(6))*; pap. 15.95 *(978-1-6657-0636-0(8))* Archway Publishing.

Penny Helps Portia Face Her Fears. Caryn Rivadeneira. Illus. by Priscilla Alpaugh. 2020. (Helper Hounds Ser.). (ENG.). 72p. (J). (gr. 1-3). pap. 6.99 *(978-1-63440-778-6(4)*, f6f8c64f-5b1c-4acb-b4aa-28a67ad4a784); lib. bdg. 12.99 *(978-1-63440-775-5(X)*, b9f5ca81-bee1-401b-a476-64297ffbdb40) Red Chair Pr.

Penny Lane. Cari Meister. ed. 2018. (I Can Read Ser.). (ENG.). 31p. (J). (gr. -1-1). 12.89 *(978-1-64310-368-6(7))* Penworthy Co., LLC, The.

Penny Lane, Paranormal Investigator. Books 1 - 3. David J. Cooper. 2019. (ENG.). 264p. (YA). pap. 14.99 *(978-1-393-25546-8(9))* Draft2Digital.

Penny Moves the World. John Blosse. 2018. (ENG., Illus.). 114p. (J). pap. *(978-0-9956776-2-3(X))* Haven of Hope Publishing.

Penny of Top Hill Trail (Classic Reprint) Belle Kanaris Maniates. 2018. (ENG., Illus.). 286p. (J). 29.82 *(978-0-483-15269-4(2))* Forgotten Bks.

Penny Penguin Finds Her Way Home. Philip J. Damiani. Illus. by Jacob H. Popcak. 2018. (ENG.). 42p. (J). (gr. k-3). 17.99 *(978-0-9980258-0-3(1))* Philip J. Damiani.

Penny Philanthropist: A Story That Could Be True (Classic Reprint) Clara E. Laughlin. 2018. (ENG., Illus.). 224p. (J). 28.52 *(978-0-267-28909-7(X))* Forgotten Bks.

Penny Piper of Saranac: An Episode in Stevenson's Life (Classic Reprint) Stephen Chalmers. 2018. (ENG., Illus.). 96p. (J). 25.88 *(978-0-332-43860-3(0))* Forgotten Bks.

Penny Plain (Classic Reprint) O. Douglas. 2018. (ENG., Illus.). (J). 318p. 30.46 *(978-0-366-56944-1(9))*; 320p. pap. 13.57 *(978-0-366-50343-8(X))* Forgotten Bks.

Penny the Firedog. Chris Cochand. 2020. (ENG.). 24p. (J). pap. *(978-0-2288-1655-3(6))* Tellwell Talent.

Penny the Pineapple Visits the Great State of Delaware. Ken Yoffe & Ellen Weisberg. 2020. (ENG.). 44p. (J). pap. 6.99 *(978-1-63760-256-0(1))* Waldorf Publishing.

Penny the Pineapple Visits the Great State of Virginia. Ellen Weisberg & Ken Yoffe. 2021. (ENG.). 44p. (J). pap. 6.99 *(978-1-63795-312-9(7))* Waldorf Publishing.

Penny the Pineapple Visits the Great State of West Virginia. Ellen Weisberg & Ken Yoffe. 2021. (ENG.). 44p. (J). pap. 6.99 *(978-1-63795-311-2(9))* Waldorf Publishing.

Penny the Pink Nose Poodle. Dana Disante. 2018. (ENG.). 32p. (J). 7.99 *(978-1-68401-257-2(0))* Amplify Publishing Group.

Penny the Pink Nose Poodle: A Day with Zoey. Dana DiSante. 2019. (ENG.). 28p. (J). 19.99 *(978-1-4808-7359-9(4))*; pap. 12.99 *(978-1-4808-7358-2(6))* Archway Publishing.

Penny the Puppy. Lily Small. ed. 2020. (Fairy Animals Ser.). (ENG.). 124p. (J). (gr. 2-3). 15.49 *(978-1-64697-143-5(4))* Penworthy Co., LLC, The.

Penny the Puppy: Fairy Animals of Misty Wood. Lily Small. 2018. (Fairy Animals of Misty Wood Ser.: 11). (ENG., Illus.). 144p. (J). pap. 5.99 *(978-1-250-12702-0(5)*, 900175308, Holt, Henry & Co. Bks. For Young Readers) Holt, Henry & Co.

Penny the Shy Pony. Kim Partin. 2021. (ENG.). 28p. (J). 18.95 *(978-1-954614-07-9(1))*; pap. 9.99 *(978-1-954614-08-6(X))* Warren Publishing, Inc.

Penny Wedding: A Romance of Love & War, Wasted Affections, Empty Physic Bottles, & Unpaid School Bills (Classic Reprint) Charles Henry Ross. 2017. (ENG., Illus.). (J). 27.24 *(978-0-331-08086-5(9))*; pap. 9.97 *(978-0-260-24809-1(6))* Forgotten Bks.

Penny Wise & Pound Smarts! - Counting Money Learning Activity Book: Children's Money & Saving Reference. Prodigy Wizard Books. 2016. (ENG., Illus.). (J). pap. 9.25 *(978-1-68323-239-1(9))* Twin Flame Productions.

Pennybaker School Is Headed for Disaster. Jennifer Brown. ed. 2018. (J). lib. bdg. 18.40 *(978-0-606-41073-1(2))* Turtleback.

Pennycomequicks: A Novel (Classic Reprint) S. Baring-Gould. 2017. (ENG., Illus.). (J). 452p. 33.22 *(978-0-332-81586-2(2))*; pap. 16.57 *(978-1-5276-3771-9(9))* Forgotten Bks.

Pennycomequicks a Novel, Vol. 3 of 3 (Classic Reprint) S. Baring Gould. 2018. (ENG., Illus.). 328p. (J). 30.66 *(978-0-483-66603-0(3))* Forgotten Bks.

Pennycomequicks, Vol. 1 Of 3: A Novel (Classic Reprint) S. Baring Gould. 2018. (ENG., Illus.). 272p. (J). 29.53 *(978-0-483-44934-3(2))* Forgotten Bks.

Pennycomequicks, Vol. 2 Of 3: A Novel (Classic Reprint) S. Baring Gould. (ENG., Illus.). (J). 2018. 270p. 29.47 *(978-0-483-41347-4(X))*; 2016. pap. 11.97 *(978-1-334-12051-0(X))* Forgotten Bks.

Pennyles Pilgrimage or the Money-Lesse Perambulation of John Taylor: Alias the Kings Majesties Water-Poet (Classic Reprint) Johnn Taylor. (ENG., Illus.). (J). 2018. 76p. 25.46 *(978-0-332-92761-9(X))*; 2017. pap. 9.57 *(978-0-259-58480-3(0))* Forgotten Bks.

Penny's Adventure. Kelli Sweet. 2017. (ENG.). (J). 14.95 *(978-1-68401-222-0(8))* Amplify Publishing Group.

Penny's Prideful Peacock. Dawn Jack. 2017. (ENG., Illus.). (J). 21.95 *(978-1-64027-706-9(4))* Page Publishing Inc.

Penny's Rumour. Penelope Prince. Illus. by Angela Gooliaff. 2021. (ENG.). 28p. (J). *(978-1-0391-0142-5(9))*; pap. *(978-1-0391-0141-8(0))* FriesenPress.

1568 The check digit for ISBN-10 appears in parentheses after the full ISBN-13

Penny's Story. Diana Pengitore. 2021. (ENG., Illus.). 32p. (J). 19.95 *(978-1-63985-157-7(7))*; pap. 12.95 *(978-1-63710-023-3(X))* Fulton Bks.

Penny's Sweet Visit to Fairyland: Penny's Experience in Fairyland. Adetola Babatunde. 2020. (ENG.). 38p. (J). *(978-0-2288-3755-8(3))*; pap. *(978-0-2288-3754-1(5))* Tellwell Talent.

Penny's Trip to the Zoo. Kelly Simmons. 2020. (ENG.). 40p. (J). 24.95 *(978-1-64468-214-2(1))*; pap. 14.95 *(978-1-64468-213-5(3))* Covenant Bks.

Pennywise. Kenny Abdo. 2019. (Hollywood Monsters Ser.). (ENG.). 24p. (J). (gr. 2-8). lib. bdg. 31.36 *(978-1-5321-2749-6(9)*, 31705, Abdo Zoom-Fly) ABDO Publishing Co.

Penobscot Man (Classic Reprint) Fannie Hardy Eckstorm. 2017. (ENG., Illus.). (J). 30.95 *(978-0-331-15527-3(3))*; pap. 13.57 *(978-0-259-53027-5(1))* Forgotten Bks.

Penrod. Booth Tarkington. 2017. (ENG., Illus.). (J). 24.95 *(978-1-374-95975-0(8))*; pap. 14.95 *(978-1-374-95974-3(X))* Capital Communications, Inc.

Penrod. Booth Tarkington. 2018. (ENG., Illus.). 202p. (J). *(978-3-7326-2658-8(X))* Klassik Literatur. ein Imprint der Salzwasser Verlag GmbH.

Penrod: A Comedy in Four Acts; Adapted for the Stage from Booth Tarkington's Penrod Stories (Classic Reprint) Edward E. Rose. 2018. (ENG., Illus.). 144p. (J). 26.87 *(978-0-267-18454-5(9))* Forgotten Bks.

Penrod & Sam. Booth Tarkington. 2020. (ENG.). (J). 204p. 19.95 *(978-1-64799-887-5(5))*; 202p. pap. 10.95 *(978-1-64799-886-8(7))* Bibliotech Pr.

Penrod & Sam (Classic Reprint) Booth Tarkington. 2017. (ENG., Illus.). (J). 31.94 *(978-0-331-74974-8(2))* Forgotten Bks.

Penrod (Classic Reprint) Booth Tarkington. 2017. (ENG., Illus.). (J). 31.45 *(978-0-265-18993-1(4))* Forgotten Bks.

Penruddock of the White Lambs: A Tale of Holland, England & America (Classic Reprint) Samuel Harden Church. (ENG., Illus.). (J). 2018. 346p. 31.03 *(978-0-483-53282-3(7))*; 2017. pap. 13.57 *(978-1-5276-6144-8(X))* Forgotten Bks.

Penruddocke (Classic Reprint) Hamilton Aide. 2018. (ENG., Illus.). 196p. (J). 27.94 *(978-0-267-46078-6(3))* Forgotten Bks.

Pens Special Edition: Prayer. Alexa Tewkesbury. 2017. (Pens Ser.). (ENG., Illus.). 32p. (J). pap. 4.99 *(978-1-78259-675-2(5)*, 96f6beb5-5790-4722-8ab1-fac559ea804d) Crusade for World Revival GBR. Dist: Baker & Taylor Publisher Services (BTPS).

Pensacola Night Before Christmas. Anna Theriault. 2018. (ENG.). 38p. (J). 14.95 *(978-1-64307-038-4(X))* Amplify Publishing Group.

Pensando Por Mi Misma / Think for Myself: Holistic Thinking Kids (Bilingual Edition) (English & Spanish Edition) Kristy Hammill. 2018. (ENG., Illus.). 32p. (J). pap. *(978-1-7751638-4-8(9))* Hammill, Kristy.

Pensionnaires: The Story of an American Girl Who Took a Voice to Europe & Found Many Things (Classic Reprint) Albert R. Carman. (ENG., Illus.). (J). 2018. 336p. 30.83 *(978-0-267-00126-2(6))*; 2017. 30.54 *(978-0-266-17126-3(5))*; 2017. pap. 13.57 *(978-0-243-50007-9(6))* Forgotten Bks.

Pentagon's Pivot: How Lead Users Are Transforming Defense Product Development. Adam Jay Harrison. Ed. by National Defense University (U.S.). 2017. (ENG.). 12p. (YA). (gr. 11). pap. 9.00 *(978-0-16-093999-0(2)*, National Defense University) United States Government Printing Office.

Pentamerone or the Story of Stories (Classic Reprint) Giambattista Basile. 2017. (ENG., Illus.). (J). 29.20 *(978-1-5285-4868-7(X))* Forgotten Bks.

Pentatonica. Crystal Hosea. Illus. by Jessie James. 2017. (ENG.). 42p. (J). pap. *(978-1-387-27526-7(7))* Lulu Pr., Inc.

Penultimate Quest. Lars Brown. 2020. (Illus.). 352p. (YA). pap. 25.00 *(978-1-945820-50-2(0))* Iron Circus Comics.

Peny's Purse: A True Story of a Determined & Brave Woman. Natalie Elliott. Illus. by Naomi Davis. 2020. (ENG.). 46p. (J). 16.99 *(978-1-6629-0330-4(8))*; pap. 9.99 *(978-1-6629-0331-1(6))* Gatekeeper Pr.

Peo & Trinket. Cambraia F. Fernandes. 2022. (FRE.). 72p. (J). 30.00 *(978-1-6678-1548-0(2))* BookBaby.

Peonage in Western Pennsylvania: Hearings Before the Committee on Labor of the House of Representatives, Sixty-Second Congress, First Session, on House Resolution No. 90, August 1, 1911 (Classic Reprint) United States. Congress. House. C. Labor. (ENG., Illus.). (J). 2018. 122p. 26.43 *(978-0-364-18175-1(3))*; 2017. pap. 9.57 *(978-0-259-88441-5(3))* Forgotten Bks.

People. Katie Lajiness. 2016. (First Drawings (Big Buddy Books) Ser.). (ENG., Illus.). 32p. (J). (gr. 2-5). lib. bdg. 34.21 *(978-1-68078-524-1(9)*, 23611, Big Buddy Bks.) ABDO Publishing Co.

People Against Nancy Preston (Classic Reprint) John Antonio Moroso. (ENG., Illus.). (J). 2018. 246p. 28.99 *(978-0-483-91963-1(2))*; 2016. pap. 11.57 *(978-1-333-52013-7(1))* Forgotten Bks.

People All over the World Activity Book Girls 4-8. Educando Kids. 2019. (ENG.). 42p. (J). pap. 8.55 *(978-1-64521-762-6(0)*, Educando Kids) Editorial Imagen.

People & Culture of Costa Rica, 1 vol. Maxine Vargas. 2017. (Celebrating Hispanic Diversity Ser.). (ENG., Illus.). 32p. (J). (gr. 4-5). 27.93 *(978-1-5081-6312-1(X)*, ef9e06fc-aa47-4111-a71f-dbc5b18411cc, PowerKids Pr.) Rosen Publishing Group, Inc., The.

People & Culture of Cuba, 1 vol. Melissa Raé Shofner. 2017. (Celebrating Hispanic Diversity Ser.). (ENG., Illus.). 32p. (J). (gr. 4-5). lib. bdg. 27.93 *(978-1-5081-6311-4(1)*, 4c8f219e-98d9-45b9-b5fd-bf255a61c7ca, PowerKids Pr.) Rosen Publishing Group, Inc., The.

People & Culture of Cuba, 1 vol. Melissa Raé Shofner. 2017. (Celebrating Hispanic Diversity Ser.). (ENG., Illus.). 32p. (J). (gr. 4-5). pap. 11.00 *(978-1-5383-2707-4(4)*, fb5c2b21-508a-406e-bd5b-bfa0cda21b63, PowerKids Pr.) Rosen Publishing Group, Inc., The.

People & Culture of Latin America, 1 vol. Susan Nichols. 2017. (Exploring Latin America Ser.). (ENG., Illus.). 48p. (J). (gr. 6-7). 28.41 *(978-1-68048-691-9(8)*, 4cc6cb41-df1e-41e6-a227-074f24f9aab9); pap. 15.05 *(978-1-68048-689-6(6)*, 31403e5f-d6c5-442f-b23e-2c49dbd78f4b) Rosen Publishing Group, Inc., The. (Britannica Educational Publishing).

People & Culture of Mexico, 1 vol. Rachael Morlock. 2017. (Celebrating Hispanic Diversity Ser.). (ENG., Illus.). 32p. (J). (gr. 4-5). 27.93 *(978-1-5081-6310-7(3)*, 54f8fbf5-4e37-4691-ab21-decf402dbc89, PowerKids Pr.) Rosen Publishing Group, Inc., The.

People & Culture of Puerto Rico, 1 vol. Elizabeth Krajnik. 2017. (Celebrating Hispanic Diversity Ser.). (ENG., Illus.). 32p. (J). (gr. 4-5). 27.93 *(978-1-5081-6309-1(X)*, e86bf62e-e14e-4b89-9a93-2d9b2eb1f8c1, PowerKids Pr.) Rosen Publishing Group, Inc., The.

People & Culture of the Arapaho, 1 vol. Kris Rickard & Raymond Bial. 2016. (First Peoples of North America Ser.). (ENG., Illus.). 128p. (J). (gr. 6-6). 47.36 *(978-1-5026-2253-2(X)*, ede722e6-84ec-4915-96ce-8f36c54a0c5e) Cavendish Square Publishing LLC.

People & Culture of the Blackfeet, 1 vol. Kris Rickard & Raymond Bial. 2016. (First Peoples of North America Ser.). (ENG., Illus.). 128p. (gr. 6-6). 47.36 *(978-1-5026-2247-1(5)*, a0a21a47-a26f-4445-882f-05d9d80cb1e9) Cavendish Square Publishing LLC.

People & Culture of the Cherokee, 1 vol. Cassie M. Lawton & Raymond Bial. 2016. (First Peoples of North America Ser.). (ENG., Illus.). 128p. (gr. 6-6). 47.36 *(978-1-5026-1886-3(9)*, 14a03628-7b9b-4257-8167-67d181a0c3d2) Cavendish Square Publishing LLC.

People & Culture of the Cheyenne, 1 vol. Cassie M. Lawton & Raymond Bial. 2016. (First Peoples of North America Ser.). (ENG., Illus.). 128p. (gr. 6-6). 47.36 *(978-1-5026-1888-7(5)*, b720f3bc-b706-42ae-a993-1ac3048d80d0) Cavendish Square Publishing LLC.

People & Culture of the Choctaw, 1 vol. Samantha Nephew & Raymond Bial. 2016. (First Peoples of North America Ser.). (ENG., Illus.). 128p. (gr. 6-6). 47.36 *(978-1-5026-2245-7(9)*, d1c9d8fc-ca02-49ef-a47f-278e3c97e17d) Cavendish Square Publishing LLC.

People & Culture of the Chumash, 1 vol. Raymond Bial & Joel Newsome. 2016. (First Peoples of North America Ser.). (ENG., Illus.). 128p. (J). (gr. 6-6). 47.36 *(978-1-5026-2255-6(6)*, 8a2d4525-f407-4184-a6b4-56c36d6b085e) Cavendish Square Publishing LLC.

People & Culture of the Dominican Republic, 1 vol. Ian Emminizer. 2017. (Celebrating Hispanic Diversity Ser.). (ENG., Illus.). 32p. (J). (gr. 4-5). pap. 11.00 *(978-1-5383-2704-3(X)*, bfad89b3-7a40-4fc2-855d-e39963e96d0c); lib. bdg. 27.93 *(978-1-5081-6308-4(1)*, a097e61f-1211-4903-b401-271541e4b219) Rosen Publishing Group, Inc., The. (PowerKids Pr.).

People & Culture of the Iroquois, 1 vol. Cassie M. Lawton & Raymond Bial. 2016. (First Peoples of North America Ser.). (ENG., Illus.). 128p. (gr. 6-6). 47.36 *(978-1-5026-1890-0(7)*, 4e9de533-f28e-452b-a913-57505d74a488) Cavendish Square Publishing LLC.

People & Culture of the Mandan, 1 vol. Raymond Bial & Tatiana Ryckman. 2016. (First Peoples of North America Ser.). (ENG., Illus.). 128p. (J). (gr. 6-6). 47.36 *(978-1-5026-2249-5(1)*, 9532e62f-720c-4847-9664-52e9303246be) Cavendish Square Publishing LLC.

People & Culture of the Shawnee, 1 vol. Cassie M. Lawton & Raymond Bial. 2016. (First Peoples of North America Ser.). (ENG., Illus.). 128p. (gr. 6-6). 47.36 *(978-1-5026-1892-4(3)*, ef0bb375-d4d5-4944-9243-512fe3024f01) Cavendish Square Publishing LLC.

People & Culture of the Shoshone, 1 vol. Cassie M. Lawton & Raymond Bial. 2016. (First Peoples of North America Ser.). (ENG., Illus.). 128p. (gr. 6-6). 47.36 *(978-1-5026-1896-2(6)*, 989d9c1d-a7f6-4a7e-b08b-43c61bbbd60f) Cavendish Square Publishing LLC.

People & Culture of the Sioux, 1 vol. Cassie M. Lawton & Raymond Bial. 2016. (First Peoples of North America Ser.). (ENG., Illus.). 128p. (gr. 6-6). 47.36 *(978-1-5026-1894-8(X)*, 2e594140-f3ef-4992-9529-9727a1ae1aa7) Cavendish Square Publishing LLC.

People & Culture of the Tlingit, 1 vol. Raymond Bial & Erika Edwards. 2016. (First Peoples of North America Ser.). (ENG., Illus.). 128p. (gr. 6-6). 47.36 *(978-1-5026-2251-8(3)*, d77119e6-6f43-44c7-b3dc-454df531d235) Cavendish Square Publishing LLC.

People & Culture of the Wampanoag, 1 vol. Cassie M. Lawton & Raymond Bial. 2016. (First Peoples of North America Ser.). (ENG., Illus.). 128p. (gr. 6-6). 47.36 *(978-1-5026-1898-6(2)*, e9145c69-e04d-433f-9ff9-15c0b7f41c2f) Cavendish Square Publishing LLC.

People & Culture of Venezuela, 1 vol. Elizabeth Borngraber. 2017. (Celebrating Hispanic Diversity Ser.). (ENG., Illus.). 32p. (J). (gr. 4-5). 27.93 *(978-1-5081-6307-7(3)*, 34eda4ba-947a-4f4c-9dfa-42c7c82c2fdd, PowerKids Pr.) Rosen Publishing Group, Inc., The.

People & Places: a Visual Encyclopedia. DK. 2019. (DK Children's Visual Encyclopedias Ser.). (ENG.). 304p. (J). (gr. 3-7). 29.99 *(978-1-4654-8177-1(X))*; pap. 19.99 *(978-1-4654-8376-8(4))* Dorling Kindersley Publishing, Inc. (DK Children).

People & Places of the Midwest. Kassandra Radomski. 2016. (United States by Region Ser.). (ENG., Illus.). 32p. (J). (gr. 3-6). lib. bdg. 27.99 *(978-1-5157-2440-7(9)*, 132820, Capstone Pr.) Capstone.

People & Places of the Southeast. John Micklos, Jr. 2016. (United States by Region Ser.). (ENG., Illus.). 32p. (J). (gr. 3-6). lib. bdg. 27.99 *(978-1-5157-2443-8(3)*, 132823, Capstone Pr.) Capstone.

People & Places of the Southwest. Danielle Smith-Llera. 2016. (United States by Region Ser.). (ENG., Illus.). 32p. (J). (gr. 3-6). lib. bdg. 27.99 *(978-1-5157-2442-1(5)*, 132821, Capstone Pr.) Capstone.

People & Places of the West. Danielle Smith-Llera. 2016. (United States by Region Ser.). (ENG., Illus.). 32p. (J). (gr. 3-6). lib. bdg. 27.99 *(978-1-5157-2441-4(7)*, 132822, Capstone Pr.) Capstone.

People & Places Through the Ages Coloring Book. Activity Attic Books. 2016. (ENG., Illus.). (J). pap. 7.74 *(978-1-68323-705-1(6))* Twin Flame Productions.

People Around the World. Meg Gaertner. 2020. (Around the World Ser.). (ENG., Illus.). 24p. (J). (gr. k-1). pap. 8.95 *(978-1-64619-220-5(6)*, 1646192206); lib. bdg. 28.50 *(978-1-64619-186-4(2)*, 1646191862) Little Blue Hse. (Little Blue Readers).

People at Pisgah (Classic Reprint) Edwin W. Sanborn. 2017. (ENG., Illus.). (J). 27.94 *(978-0-265-20426-9(7))* Forgotten Bks.

People at Work (Set Of 6) Connor Stratton. 2020. (People at Work Ser.). (ENG.). 96p. (J). (gr. k-1). pap. 47.70 *(978-1-64493-091-5(9)*, 1644930919); lib. bdg. 153.84 *(978-1-64493-012-0(9)*, 1644930129) North Star Editions. (Focus Readers).

People Behind Cult Murders, 1 vol. Pete Schauer. 2016. (Psychology of Mass Murderers Ser.). (ENG., Illus.). 144p. (gr. 8-8). 38.93 *(978-0-7660-7610-5(5)*, f26f5969-ad8d-4808-bae8-6092ae96b6af) Enslow Publishing, LLC.

People Behind Deadly Terrorist Attacks, 1 vol. Laura La Bella. 2016. (Psychology of Mass Murderers Ser.). (ENG., Illus.). 144p. (gr. 8-8). 38.93 *(978-0-7660-7775-1(6)*, f819a708-6a50-4528-b3b3-f14874a535bd) Enslow Publishing, LLC.

People Behind Murderous Crime Sprees, 1 vol. John A. Torres. 2016. (Psychology of Mass Murderers Ser.). (ENG.). 144p. (gr. 8-8). 38.93 *(978-0-7660-7612-9(1)*, 238fdfec-09b0-4b1e-ac17-a953bdbe9198) Enslow Publishing, LLC.

People Behind School Shootings & Public Massacres, 1 vol. John A. Torres. 2016. (Psychology of Mass Murderers Ser.). (ENG., Illus.). 144p. (gr. 8-8). 38.93 *(978-0-7660-7615-0(6)*, bf757cf0-77cc-41e4-a447-92b962ea424a) Enslow Publishing, LLC.

People (Classic Reprint) Pierre Hamp. 2017. (ENG., Illus.). (J). 28.68 *(978-1-5284-8516-6(5))* Forgotten Bks.

People Could Fly: American Black Folktales / Frederick Douglass in His Own Words Paired Set. 2016. (LitLinks Ser.). (gr. 5-3). 61.27 *(978-1-4824-5376-8(2))* Stevens, Gareth Publishing LLLP.

People Could Fly: American Black Folktales / Frederick Douglass in His Own Words Reader Resource Guide. 2016. (LitLinks Ser.). (gr. 5-3). pap. *(978-1-4824-5430-7(0))* Stevens, Gareth Publishing LLLP.

People Did What in Ancient Egypt? Shalini Vallepur. 2020. (Illus.). 32p. (J). *(978-0-7787-7419-8(8))* Crabtree Publishing Co.

People Did What in Ancient Greece? Shalini Vallepur. 2020. (Illus.). 32p. (J). *(978-0-7787-7420-4(1))* Crabtree Publishing Co.

People Did What in the Viking Age? Shalini Vallepur. 2020. (Illus.). 32p. (J). *(978-0-7787-7422-8(8))* Crabtree Publishing Co.

People Don't Bite People. Lisa Wheeler. Illus. by Molly Idle. 2018. (People Bks.). (ENG.). 40p. (J). (gr. -1-3). 17.99 *(978-1-4814-9082-5(6)*, Atheneum Bks. for Young Readers) Simon & Schuster Children's Publishing.

People from All over the World Coloring Book Relaxation Kids. Educando Kids. 2019. (ENG.). 42p. (J). pap. 6.99 *(978-1-64521-172-3(X)*, Educando Kids) Editorial Imagen.

People I Have Met: Or Pictures of Society & People of Mark, Drawn under a Thin Veil of Fiction (Classic Reprint) Nathaniel Parker Willis. 2018. (ENG., Illus.). 380p. (J). 31.73 *(978-0-428-86733-1(2))* Forgotten Bks.

People in a Box: Everything You Need to Know about the TV - Technology for Kids Children's Reference & Nonfiction. Baby Professor. 2017. (ENG., Illus.). 64p. (J). pap. 9.52 *(978-1-5419-1478-0(3)*, Baby Professor (Education Kids)) Speedy Publishing LLC.

People in Fall see Las Personas en Otoño/People in Fall

People in Fall. Sophie Geister-Jones. 2020. (Fall Is Here Ser.). (ENG., Illus.). 16p. (J). (gr. k-1). pap. 7.95 *(978-1-64493-410-4(8)*, 1644934108); lib. bdg. 25.64 *(978-1-64493-334-3(9)*, 1644933349) North Star Editions. (Focus Readers).

People in My Community. Heather DiLorenzo Williams & Warren Reynolds. 2019. (Illus.). 24p. (J). *(978-1-4896-8051-8(9)*, AV2 by Weigl) Weigl Pubs., Inc.

People in My Neighborhood. Christina Earley. 2023. (Words in My World Ser.). (ENG.). 12p. (J). (gr. -1-2). pap. ***(978-1-0396-9692-1(9)***, 33649) Crabtree Publishing Co.

People in Palestine. Olivia Coolidge. 2022. (ENG.). 198p. (YA). pap. 16.95 ***(978-1-955402-07-1(8))*** Hillside Education.

People in Spring. Meg Gaertner. 2020. (Spring Is Here Ser.). (ENG., Illus.). 16p. (J). (gr. k-1). pap. 7.95 *(978-1-64493-100-4(1)*, 1644931001); lib. bdg. 25.64 *(978-1-64493-021-2(8)*, 1644930218) North Star Editions. (Focus Readers).

People in the Community, 6 bks., Set. Diyan Leake. Incl. Teachers. (ENG., Illus.). 24p. (gr. -1-1). 2008. 21.99 *(978-1-4329-1191-1(0)*, Heinemann); (People in the Community Ser.). (ENG.). 24p. 2008. Set lib. bdg. 21.99 *(978-1-4329-1193-5(7))* Acorn Pr., The CAN. Dist: Capstone.

People in the Mirror. Thea Thomas. 2017. (City under Seattle Ser.: Vol. 1). (ENG., Illus.). (YA). (gr. 7-12). 15.99 *(978-1-947151-36-9(3))*; pap. 8.99 *(978-1-947151-35-2(5))* Emerson & Tilman.

People in the Mirror: The City under Seattle. Thea Thomas & Blythe Ayne. 2nd l.t. ed. 2022. (City under Seattle Ser.: Vol. 1). (ENG.). 212p. (YA). pap. 10.99 ***(978-1-957272-30-6(9))*** Emerson & Tilman.

People in the Neighborhood. Michelle Anderson. 2018. (My World Ser.). (ENG., Illus.). 16p. (gr. -1-2). lib. bdg. 28.50 *(978-1-64156-197-6(1)*, 9781641561976) Rourke Educational Media.

People in the News (Fall 2019) annot. ed. 2019. (People in the News Ser.). (ENG.). 104p. (YA). pap. 119.94 *(978-1-5345-6806-8(9)*, Lucent Pr.) Greenhaven Publishing LLC.

People in the News (Fall 2019 Bundle) 2019. (People in the News Ser.). (ENG.). (YA). pap. 251.88 *(978-1-5345-6807-5(7)*, Lucent Pr.) Greenhaven Publishing LLC.

People in the News: Set 1, 12 vols. 2016. (People in the News Ser.). (ENG.). 104p. (J). (gr. 7-7). lib. bdg. 246.18 *(978-1-5345-6067-3(X)*, 6215f825-769e-4930-a79b-d1ae9155dc15, Lucent Pr.) Greenhaven Publishing LLC.

People in the News: Set 2, 12 vols. annot. ed. 2018. (People in the News Ser.). (ENG.). 104p. (gr. 7-7). lib. bdg. 246.18 *(978-1-5345-6457-2(8)*, a5844d7a-dbfb-4a60-aad7-6b11f0609d72) Greenhaven Publishing LLC.

People in the News: Set 3, 12 vols. annot. ed. 2019. (People in the News Ser.). (ENG.). 104p. (YA). (gr. 7-7). lib. bdg. 246.18 *(978-1-5345-6710-8(0)*, 71201468-7976-4b3c-a684-db71484ceb73, Lucent Pr.) Greenhaven Publishing LLC.

People in the News: Set 4, 10 vols. annot. ed. 2019. (People in the News Ser.). (ENG.). 104p. (YA). (gr. 7-7). lib. bdg. 205.15 *(978-1-5345-6855-6(7)*, aa22482f-4055-480b-8ed6-75039c2aa5e5, Lucent Pr.) Greenhaven Publishing LLC.

People in the News: Sets 1 - 2, 24 vols. 2018. (People in the News Ser.). (ENG.). (YA). (gr. 7-7). lib. bdg. 492.36 *(978-1-5345-6450-3(0)*, 735f162d-c6b5-419b-a23c-93e82a2895fb, Lucent Pr.) Greenhaven Publishing LLC.

People in the News: Sets 1 - 3, 36 vols. 2019. (People in the News Ser.). (ENG.). (YA). (gr. 7-7). lib. bdg. 738.54 *(978-1-5345-6711-5(9)*, e473fcb0-81cc-432f-bdc7-071401d929de, Lucent Pr.) Greenhaven Publishing LLC.

People in the News: Sets 1 - 4, 46 vols. 2019. (People in the News Ser.). (ENG.). (YA). (gr. 7-7). lib. bdg. 943.69 *(978-1-5345-6856-3(5)*, 3894e04d-aa11-4de3-ab6d-25061ba11680, Lucent Pr.) Greenhaven Publishing LLC.

People in the News (Spring 2020 Bundle) 2019. (People in the News Ser.). (ENG.). (YA). pap. 356.83 *(978-1-5345-6898-3(0)*, Lucent Pr.) Greenhaven Publishing LLC.

People in the Paintings: The Art of Bruegel. Haneul Ddang. Illus. by Jae-seon Ahn. 2017. (Stories of Art Ser.). (ENG.). 36p. (J). (gr. 3-5). lib. bdg. 29.32 *(978-1-925235-26-5(2)*, cb0e4ac6-f067-4dca-8fd5-9a523ceca52f, Big and SMALL) ChoiceMaker Pty. Ltd., The AUS. Dist: Lerner Publishing Group.

People in Your Neighborhood. Sesame Street. 2020. (ENG.). 24p. (J). (gr. -1-2). 17.95 incl. audio compact disk *(978-1-4549-3568-1(5))* Sterling Publishing Co., Inc.

People I've Smiled: Recollections of a Merry Little Life (Classic Reprint) Marshall P. Wilder. 2018. (ENG., Illus.). 290p. (J). 29.88 *(978-0-267-46138-7(0))* Forgotten Bks.

People Just Like You. Aylett Olive. 2018. (ENG., Illus.). 20p. (J). *(978-1-387-76208-8(7))* Lulu Pr., Inc.

People Kill People. Ellen Hopkins. (ENG.). (YA). (gr. 9). 2019. 464p. pap. 13.99 *(978-1-4814-4294-7(5))*; 2018. (Illus.). 448p. 19.99 *(978-1-4814-4293-0(7))* McElderry, Margaret K. Bks. (McElderry, Margaret K. Bks.).

People Like That. Kate Langley Bosher. 2017. (ENG., Illus.). (J). 23.95 *(978-1-374-97721-1(7))* Capital Communications, Inc.

People Like That: A Novel (Classic Reprint) Kate Langley Bosher. 2017. (ENG., Illus.). (J). 30.46 *(978-1-5282-4704-7(3))* Forgotten Bks.

People Like Us. Dana Mele. 2018. 384p. (YA). (gr. 7). 18.99 *(978-1-5247-4170-9(1)*, G.P. Putnam's Sons Books for Young Readers) Penguin Young Readers Group.

People Like Us. Terrence P. Nelson. 2017. (ENG., Illus.). 258p. (J). pap. 11.74 *(978-1-387-03712-4(9))* Lulu Pr., Inc.

People of British Columbia: Red, White, Yellow, & Brown (Classic Reprint) Frances E. Herring. 2017. (ENG., Illus.). (J). 31.34 *(978-0-266-18821-6(4))* Forgotten Bks.

People of Our Neighborhood (Classic Reprint) Mary Wilkins Freeman. 2018. (ENG., Illus.). (J). 178p. 27.59 *(978-0-666-93204-4(2))*; 326p. 30.62 *(978-0-267-23166-9(0))* Forgotten Bks.

People of Peace: 40 Inspiring Icons. Sandrine Mirza. Illus. by Le Duo. 2018. (40 Inspiring Icons Ser.). (ENG.). 88p. (J). (gr. 2-5). ***(978-1-78603-144-0(2)***, Wide Eyed Editions) Quarto Publishing Group UK.

People of Popham (Classic Reprint) Mary C. E. Wemyss. (ENG., Illus.). (J). 2018. 358p. 31.28 *(978-0-428-37241-5(4))*; 2017. pap. 13.97 *(978-0-243-49984-7(1))* Forgotten Bks.

People of Position (Classic Reprint) Stanley Portal Hyatt. 2018. (ENG., Illus.). 300p. (J). 30.10 *(978-0-428-73062-8(0))* Forgotten Bks.

People of the Abyss (Classic Reprint) Jack. London. 2017. (ENG., Illus.). 372p. (J). 31.59 *(978-1-5284-6227-3(0))* Forgotten Bks.

People of the Bible, 1 vol. Zonderkidz. 2018. (Beginner's Bible Ser.). (ENG., Illus.). 224p. (J). 16.99 *(978-0-310-76503-5(X))* Zonderkidz.

People of the Bible Visual Encyclopedia. DK. rev. ed. 2021. (DK Children's Visual Encyclopedias Ser.). (Illus.). 208p. (J). (gr. 2-6). 14.99 *(978-0-7440-2844-7(2)*, DK Children) Dorling Kindersley Publishing, Inc.

People of the Indus. Nikhil Gulati. 2023. (ENG., Illus.). 192p. (J). 19.99 *(978-0-14-345532-5(X)*, Penguin Enterprise) Penguin Bks. India PVT, Ltd IND. Dist: Independent Pubs. Group.

People of the Indus. Nikhil Gulati & Jonathan Mark Kenoyer (. 2023. (ENG.). 192p. (J). (— 1). pap. 19.99 ***(978-0-14-346181-4(8)***, Penguin Enterprise) Penguin Bks. India PVT, Ltd IND. Dist: Independent Pubs. Group.

People of the Lake. Nick Scorza. 2019. (ENG.). 312p. (YA). (gr. 6-12). 16.99 *(978-1-5107-4516-2(5)*, Sky Pony Pr.) Skyhorse Publishing Co., Inc.

People of the Polar North: A Record (Classic Reprint) Knud Rasmussen. (ENG., Illus.). (J). 2017. 36.75 *(978-0-265-28387-5(6))*; 2016. pap. 19.57 *(978-1-334-11677-3(6))* Forgotten Bks.

P

People of the State of New York, Respondent, Against William Byers, Also Known As William Snyder, Impleaded, etc. , Defendant-Appellant, Vol. 1: Record on Appeal from Court of General Sessions, New York County; Pages 1 to 746, Folios 1 to 2238, Inclusi. New York (State). Court Of Appeals. 2017. (ENG., Illus.). (J). 766p. 39.70 *(978-0-484-37426-2(5))*; pap. 23.57 *(978-0-282-54146-0(2))* Forgotten Bks.

People of the Town: Nursery-Rhyme Friends for You & Me. Alan Marks. Illus. by Alan Marks. 2016. (Illus.). 40p. (J). (-k). lib. bdg. 16.95 *(978-1-58089-726-6(6))* Charlesbridge Publishing, Inc.

People of the Universe: Four Serbo Croatian Plays (Classic Reprint) Josip Kosor. 2018. (ENG., Illus.). 342p. (J). 30.97 *(978-0-483-64157-0(X))* Forgotten Bks.

People of the Whirlpool. Mabel Osgood Wright. 2017. (ENG., Illus.). (J). 24.95 *(978-1-374-89800-4(7))*; pap. 14.95 *(978-1-374-89799-1(X))* Capital Communications, Inc.

People of the Whirlpool: From the Experience Book of a Commuter's Wife (Classic Reprint) Mabel Osgood Wright. 2018. (ENG., Illus.). 396p. (J). 32.06 *(978-0-484-60530-4(5))* Forgotten Bks.

People of the Wild (Classic Reprint) F. St. Mars. (ENG., Illus.). (J). 2018. 262p. 29.32 *(978-0-365-53249-1(5))*; 2017. pap. 11.97 *(978-0-259-54707-5(7))* Forgotten Bks.

People on Earth. Jon Richards & Ed Simkins. 2016. (Mapographica Ser.). (ENG., Illus.). 32p. (J). (gr. 3-6). *(978-0-7787-2656-2(8))* Crabtree Publishing Co.

People, Places & Things (Classic Reprint) James Payn. 2018. (ENG., Illus.). 286p. (J). 29.80 *(978-0-364-01904-7(2))* Forgotten Bks.

People Poisons, 8 vols. 2022. (People Poisons Ser.). (ENG.). 24p. (J). (gr. 1-2). lib. bdg. 103.72 *(978-1-5026-6644-4(8)*, c3a7e66d-71b0-4e10-8e1f-1a76aa78b9f3) Cavendish Square Publishing LLC.

People Power: Peaceful Protests That Changed the World. Rebecca June. Illus. by Ximo Abadía. 2023. (ENG.). 64p. (J). (gr. 1-4). 16.95 *(978-3-7913-7540-3(7))* Prestel Verlag GmbH & Co KG. DEU. Dist: Penguin Random Hse. LLC.

People Remember: A Kwanzaa Holiday Book for Kids. Ibi Zoboi. Illus. by Loveis Wise. 2021. (ENG.). 64p. (J). (gr. -1-3). 19.99 *(978-0-06-291564-1(9)*, Balzer & Bray) HarperCollins Pubs.

People Safari. Feather Chelle. Illus. by Pandu Permana. 2023. (ENG.). 60p. (J). 32.00 ***(978-1-0881-5123-5(X))*** Indy Pub.

People Say Hello. Will Barber. 2017. (Learn-To-Read Ser.). (ENG., Illus.). (J). (gr. -1-2). pap. 3.49 *(978-1-68310-240-3(1))* Pacific Learning, Inc.

People Shall Continue, 1 vol. Simon J. Ortiz. Illus. by Sharol Graves. 40th l.t. ed. 2017. (ENG.). 32p. (J). (gr. 1-8). pap. 11.95 *(978-0-89239-125-7(1)*, leelowcbp) Lee & Low Bks., Inc.

People Shapes. Heidi E. Y. Stemple. Illus. by Teresa Bellón. 2021. (ENG.). 18p. (J). (gr. -1-k). bds. 7.99 *(978-1-5344-8890-8(1)*, Little Simon) Little Simon.

People Share with People. Lisa Wheeler. Illus. by Molly Idle. 2019. (People Bks.). (ENG.). 40p. (J). (gr. -1-3). 17.99 *(978-1-5344-2559-0(4)*, Atheneum Bks. for Young Readers) Simon & Schuster Children's Publishing.

People That Changed the Course of History: The Story of Frank Lloyd Wright 150 Years after His Birth. Atlantic Publishing Group. 2017. (ENG.). 180p. (YA). lib. bdg. 34.95 *(978-1-62023-225-5(1)*, 54d8c914-cc51-4c1b-b9f9-19d84d64a41d) Atlantic Publishing Group, Inc.

People That Changed the Course of History: The Story of Karl Marx 200 Years after His Birth. Rachel Basinger. 2018. (ENG.). 164p. (YA). pap. 19.95 *(978-1-62023-417-4(3)*, 4f267636-8e1f-4162-bf5a-33e7543609b0) Atlantic Publishing Group, Inc.

People That Changed the Course of History: The Story of Mahatma Gandhi 70 Years Later. Atlantic Publishing Group Inc. 2018. (ENG.). 206p. (YA). pap. 19.95 *(978-1-62023-414-3(9)*, 82813f7e-32f7-4fd1-b86a-89bd35471722) Atlantic Publishing Group, Inc.

People That Changed the Course of History: The Story of Nelson Mandela 100 Years after His Birth. Myra Faye Turner. 2017. (J). *(978-1-62023-450-1(5))* Atlantic Publishing Group, Inc.

People That I Meet. Ed. by Savannah Gilman. Illus. by Lisa M. Gardiner. 2017. (ENG.). 24p. (J). (gr. -1-1). *(978-1-4867-1261-8(4))* Flowerpot Children's Pr. Inc.

People (Thither Coming Out of a Region Wherein Disasters Are Met As If They Were a Jest), Whom You May Meet at the Fair (Classic Reprint) Adair Welcker. 2018. (ENG., Illus.). 164p. (J). 27.28 *(978-0-428-85678-6(0))* Forgotten Bks.

People up Close. Wiley Blevins. 2019. (Look Closely (LOOK! Books (tm)) Ser.). (ENG., Illus.). 24p. (J). (gr. k-2). pap. 8.99 *(978-1-63440-672-7(9)*, bdfad7e0-5b69-49d1-9fcf-1ae89a010662); lib. bdg. 25.32 *(978-1-63440-668-0(0)*, 79417ab3-6f31-4808-8e84-bbd2067b3de1) Red Chair Pr.

People We Choose. Katelyn Detweiler. (ENG.). (YA). (gr. 9). 2022. 272p. pap. 12.99 *(978-0-8234-5247-7(6))*; 2021. 304p. 18.99 *(978-0-8234-4664-3(6))* Holiday Hse., Inc. (Margaret Ferguson Books).

People We Pass. Julian Ralph. 2016. (ENG.). 256p. (J). pap. *(978-3-7433-6737-1(8))* Creation Pubs.

People We Pass: Stories of Life among the Masses of New York City (Classic Reprint) Julian Ralph. 2018. (ENG., Illus.). 258p. (J). 29.22 *(978-0-267-22732-7(9))* Forgotten Bks.

People Who Changed the Course of History: The Story of Nelson Mandela 100 Years after His Birth. Myra Faye Turner. 2018. (ENG.). 238p. (YA). pap. 19.95 *(978-1-62023-446-4(7)*, 0df6c692-20ee-481c-b071-04ecc3e6f8e5) Atlantic Publishing Group, Inc.

People Who Changed the World: Science & Arts. Grace Jones. 2018. (Ideas, Inventions, & Innovators Ser.). (Illus.). 32p. (J). (gr. 4-4). *(978-0-7787-5828-0(1))* Crabtree Publishing Co.

People Who Help Us: at School. Words & Pictures. Illus. by Emeline Barrea. 2020. (People Who Help Us Ser.). (ENG.). 14p. (J). (gr. -1 — 1). bds. 9.99 *(978-0-7112-6184-6(9)*, 342163, Words & Pictures) Quarto Publishing Group UK GBR. Dist: Hachette UK Distribution.

People Who Help Us: at the Hospital. Words & Pictures. Illus. by Emeline Barrea. 2020. (People Who Help Us Ser.). (ENG.). 14p. (J). (gr. -1 — 1). bds. 9.99 *(978-0-7112-6183-9(0)*, 342160, Words & Pictures) Quarto Publishing Group UK GBR. Dist: Hachette UK Distribution.

People Who Help Us Coloring & Activity Books for Kids Ages 4-8. Educando Kids. 2019. (ENG.). 42p. (J). pap. 6.99 *(978-1-64521-145-7(2)*, Educando Kids) Editorial Imagen.

People Who Live in Antarctica: Leveled Reader Silver Level 23. Rg Rg. 2016. (PM Ser.). (ENG.). 24p. (J). (gr. 3). pap. 11.00 *(978-0-544-89253-8(4))* Rigby Education.

People Who Made Sure You Could Grow up to Vote! Children's Modern History. Baby Professor. 2017. (ENG., Illus.). (J). pap. 7.89 *(978-1-5419-0378-4(1)*, Baby Professor (Education Kids)) Speedy Publishing LLC.

People Who Make a Difference: Set 2, 12 vols. 2021. (People Who Make a Difference Ser.). (ENG.). 24p. (J). (gr. 3-3). lib. bdg. 157.38 *(978-1-5345-3713-2(9)*, 6ec67f3c-1936-4641-b37d-44f69cb5508b, KidHaven Publishing) Greenhaven Publishing LLC.

People Who Make a Difference: Set 3, 12 vols. 2022. (People Who Make a Difference Ser.). (ENG.). 24p. (J). (gr. 3-3). lib. bdg. 157.38 *(978-1-5345-4239-6(6)*, 3da74873-bd54-4e6e-a5ae-bf5067a16179, KidHaven Publishing) Greenhaven Publishing LLC.

People Who Make a Difference: Sets 1 - 2, 24 vols. 2021. (People Who Make a Difference Ser.). (ENG.). (J). (gr. 3-3). lib. bdg. 314.76 *(978-1-5345-3714-9(7)*, c5133ddb-e9e9-4147-8ae7-2aa721d73611, KidHaven Publishing) Greenhaven Publishing LLC.

People Who Make a Difference: Sets 1 - 3, 36 vols. 2022. (People Who Make a Difference Ser.). (ENG.). (J). (gr. 3-3). lib. bdg. 472.14 *(978-1-5345-4240-2(X)*, c65371be-2585-4b44-a41c-8e9bb8a89c17, KidHaven Publishing) Greenhaven Publishing LLC.

People You Know (Classic Reprint) George Ade. 2018. (ENG., Illus.). 226p. (J). 28.56 *(978-0-483-79351-4(5))* Forgotten Bks.

People You Should Know. Judy Greenspan et al. 2019. (People You Should Know Ser.). (ENG.). 32p. (J). (gr. 3-6). pap., pap., pap. 95.40 *(978-1-5435-8127-0(7)*, 29498) Capstone.

People You Should Know. Ebony Joy Wilkins et al. 2020. (People You Should Know Ser.). (ENG.). 32p. (J). (gr. 3-5). 539.82 *(978-1-5435-9128-6(0)*, 29790); pap., pap., pap. 143.10 *(978-1-4966-6671-0(2)*, 30094) Capstone.

People You Should Know: Set 2, 10 vols. 2016. (People You Should Know Ser.). (ENG.). 184p. (gr. 8-8). 194.20 *(978-1-5081-0220-5(1)*, 95c16353-fb64-44db-9dfd-7b61adfefbe3, Britannica Educational Publishing) Rosen Publishing Group, Inc., The.

People You Should Know: Sets 1 - 2, 22 vols. 2016. (People You Should Know Ser.). (ENG.). (YA). (gr. 8-8). lib. bdg. 427.24 *(978-1-5081-0229-8(5)*, bf2ae8d3-81a8-45d8-9bf6-6257b8f5794a) Rosen Publishing Group, Inc., The.

Peoplemad Success Model. Phil Merrick. 2016. (ENG., Illus.). 295p. (J). pap. 30.95 *(978-1-78612-888-1(8)*, 834e0815-3402-48df-8247-b5750ca428d3) Austin Macauley Pubs. Ltd. GBR. Dist: Baker & Taylor Publisher Services (BTPS).

People's Library, Vol. 2: The Two Brides, by Miss. Landon; Vivian Grey, Complete, by d'Israeli; the Rise of Iskander, by d'Israeli (Classic Reprint) Unknown Author. (ENG., Illus.). (J). 2018. 402p. 32.19 *(978-0-483-85676-9(2))*; 2017. pap. 16.57 *(978-0-259-30615-3(0))* Forgotten Bks.

People's Man (Classic Reprint) E. Phillips Oppenheim. 2017. (ENG., Illus.). (J). 32.95 *(978-1-5283-7981-6(0))* Forgotten Bks.

Peoples of the World: Giant Page Coloring Book. Jupiter Kids. 2016. (ENG., Illus.). 106p. (J). pap. 12.55 *(978-1-68305-309-5(5)*, Jupiter Kids (Childrens & Kids Fiction)) Speedy Publishing LLC.

People's Painter: How Ben Shahn Fought for Justice with Art. Cynthia Levinson. Illus. by Evan Turk. 2021. (ENG.). 48p. (J). (gr. -1-3). 18.99 *(978-1-4197-4130-2(6)*, 1677901, Abrams Bks. for Young Readers) Abrams, Inc.

Peor Teddy Del Mundo (the Worst Teddy Ever) Marcelo Verdad. 2022. (SPA.). 40p. (J). (gr. -1-3). 17.99 ***(978-0-316-44681-5(5))*** Little, Brown Bks. for Young Readers.

Pep: The Story of a Brave Dog (Classic Reprint) Clarence Hawkes. (ENG., Illus.). (J). 2018. 136p. 26.72 *(978-0-483-60130-7(6))*; 2017. pap. 9.57 *(978-0-243-26403-2(8))* Forgotten Bks.

Pep Squad Mysteries #19: Chaos Before the Costume Party. Dw Roberts. 2017. (ENG., Illus.). 254p. (J). pap. *(978-1-365-84017-3(4))* Lulu Pr., Inc.

Pep Squad Mysteries Book 18: Secret of the Magician's Trick. Dw Roberts. 2016. (ENG., Illus.). 308p. (J). pap. *(978-1-365-43949-0(6))* Lulu Pr., Inc.

Pep Squad Mysteries Book 20: Riddle of the Red Rock. Dw Roberts. 2017. (ENG., Illus.). 246p. (J). pap. *(978-1-387-36903-4(2))* Lulu Pr., Inc.

Pep Squad Mysteries Book 23: Shriek of the Sea Witch. Daniel Roberts. 2020. (ENG.). 253p. (J). pap. *(978-1-716-71437-5(0))* Lulu Pr., Inc.

Pep Squad Mysteries Book 24: Victims of the Vampires. Daniel Roberts. 2022. (ENG.). 286p. (YA). pap. ***(978-1-387-83048-0(1))*** Lulu Pr., Inc.

Pep Squad Mysteries Book 25: Case of Missing Players. Daniel Roberts. 2022. (ENG.). 283p. (YA). pap. ***(978-1-387-55962-6(1))*** Lulu Pr., Inc.

Pep Squad Mysteries Book 26: Peril of the Purloined Paintings. Daniel Roberts. 2022. (ENG.). 287p. (YA). pap. ***(978-1-329-58099-2(0))*** Lulu Pr., Inc.

Pepa, BonBon & Nita. Kat Sanne. 2019. (ENG.). 64p. (J). pap. ***(978-0-359-51529-5(0))*** Lulu Pr., Inc.

Pepa, Bonbon & Nita Celebrate Cinco de Mayo. Kat Sanne. 2019. (ENG.). 56p. (J). pap. *(978-0-359-65851-0(2))* Lulu Pr., Inc.

Pepa, BonBon & Nita Celebrate the Fourth of July. Kat Sanne. 2019. (ENG.). 54p. (J). pap. *(978-0-359-77323-7(0))* Lulu Pr., Inc.

Pepa, BonBon & Nita Feed the Birds. Kat Sanne. 2019. (ENG.). 38p. (J). pap. 17.00 *(978-0-359-60864-5(7))* Lulu Pr., Inc.

Pepa, BonBon & Nita Rockin the House. Kat Sanne. 2019. (ENG.). 100p. (J). pap. *(978-0-359-47207-9(9))* Lulu Pr., Inc.

Pepa la Perra. Anabel Jurado. 2017. (SPA.). 10p. (J). (gr. -1). 5.95 *(978-607-748-053-2(3))* Ediciones Urano S. A. ESP. Dist: Spanish Pubs., LLC.

Pepacton (Classic Reprint) John Burroughs. 2018. (ENG., Illus.). 252p. (J). 29.11 *(978-0-484-47157-2(0))* Forgotten Bks.

Pepe & His Spider Monkey. Linda A. Martin. 2019. (ENG.). 30p. (J). *(978-1-5255-4312-8(1))*; pap. *(978-1-5255-4313-5(X))* FriesenPress.

Pepe & the Parade: A Celebration of Hispanic Heritage. Tracey Kyle. Illus. by Mirelle Ortega. (ENG.). (J). 2023. 26p. (— 1). bds., bds. 8.99 ***(978-1-4998-1525-2(5))***; 2019. 32p. (gr. -1-3). 16.99 *(978-1-4998-0666-3(3))* Little Bee Books Inc.

Pepe & the Parrot (Classic Reprint) Ellis Credle. (ENG., Illus.). (J). 2018. 42p. 24.89 *(978-0-484-13819-2(7))*; 2016. pap. 7.97 *(978-1-334-16040-0(6))* Forgotten Bks.

Pepe & the Tortugas. Linda A Martin. 2018. (ENG., Illus.). 24p. (J). *(978-1-5255-3647-2(8))*; pap. *(978-1-5255-3648-9(6))* FriesenPress.

Pepe Aprende a Correr de Nuevo: Una Conmovedora Historia Real. Christina Potter. 2018. (SPA., Illus.). 38p. (J). (gr. k-6). 19.99 *(978-1-7324914-4-1(5))* Dog Hair Pr.

Pepe Helps an Octopus. Linda A. Martin. 2020. (ENG.). 24p. (J). *(978-1-5255-8326-1(3))*; pap. *(978-1-5255-8325-4(5))* FriesenPress.

Pepe Learns to Run Again: An Inspirational True Story. Christina Potter. 2018. (ENG., Illus.). 38p. (J). (gr. k-6). 19.99 *(978-1-7324914-0-3(2))* Dog Hair Pr.

Pepe Saves a Pink Flamingo. Linda A. Martin. 2019. (ENG.). 24p. (J). *(978-1-5255-5916-7(8))*; pap. *(978-1-5255-5917-4(6))* FriesenPress.

Pepe Saves Christmas. Nick Bonomo. 2019. (ENG.). 34p. (J). pap. *(978-0-359-96333-1(1))* Lulu Pr., Inc.

Pepe the Frog. Alexandra San Miguel. Illus. by Alexandra San Miguel. 2022. (ENG.). 27p. (J). *(978-1-6781-0172-5(9))* Lulu Pr., Inc.

Pepe's Adventure. Olga Keber. 2022. (ENG.). 48p. (J). pap. 14.95 *(978-1-63814-226-3(2))* Covenant Bks.

Pepe's Great Painting. Shoong Ae. 2018. (KOR., Illus.). (J). *(978-89-364-5527-9(3))* Chang-jag and Bipyeong Co.

Pepe's Place. Michael Allen Roche. Ed. by Lynn Berner Coble. 2021. (ENG.). 54p. (J). pap. 16.99 *(978-1-946198-25-9(0))* Paws and Claws Publishing, LLC.

Pepi in the Pot. Michelle Wanasundera. Illus. by Daniel Garcia. (ENG.). 32p. (J). 2023. pap. ***(978-1-922991-85-0(6))***; 2022. pap. ***(978-1-922895-36-3(9))*** Library For All Limited.

Pepi in the Pot - Pepi Ndani Ya Sufuria. Michelle Wanasundera. Illus. by Daniel Garcia. 2023. (SPA.). 32p. (J). pap. ***(978-1-922951-25-0(0))*** Library For All Limited.

Pepin: A Tale of Twelfth Night (Yesterday's Classics) Evaleen Stein. Illus. by T. Matsubara. 2020. (ENG.). 90p. (J). pap. 9.95 *(978-1-63334-113-5(5))* Yesterday's Classics.

Pepipacifoofoo. Theda Fresques. 2017. (ENG.). (J). 14.95 *(978-1-68401-233-6(3))* Amplify Publishing Group.

Pepita Meets Bebita. Ruth Behar & Gabriel Frye-Behar. Illus. by Maribel Lechuga. 2023. (ENG.). 40p. (J). (gr. -1-3). 18.99 ***(978-0-593-56698-5(X))***; lib. bdg. 21.99 ***(978-0-593-56699-2(8))*** Random Hse. Children's Bks. (Knopf Bks. for Young Readers).

Pepita y Bebita (Pepita Meets Bebita Spanish Edition) Ruth Behar & Gabriel Frye-Behar. Illus. by Maribel Lechuga. 2023. 40p. (J). (gr. -1-3). 18.99 ***(978-0-593-70503-2(3)***, Knopf Bks. for Young Readers) Random Hse. Children's Bks.

Pepito Has a Doll: Pepito Tiene una Muñeca. Jesús Canchola Sánchez. Illus. by Armando Minjárez Monárrez. 2021. (ENG & SPA.). 36p. (J). pap. 14.99 *(978-1-0983-2869-6(8))* BookBaby.

Peppa & George Love Easter! (Peppa Pig) Courtney Carbone. Illus. by Zoe Waring. 2022. (Little Golden Book Ser.). (ENG.). 24p. (J). (-k). 5.99 *(978-0-593-43145-0(6)*, Golden Bks.) Random Hse. Children's Bks.

Peppa & Pals: a Magnet Book (Peppa Pig) Scholastic. Illus. by EOne. 2019. (ENG.). 10p. (J). (gr. -1-k). bds. 12.99 *(978-1-338-30764-1(9))* Scholastic, Inc.

Peppa en el Espacio. Illus. by Eone. 2019. (SPA.). 24p. (J). (gr. -1-k). pap. 4.99 *(978-1-338-60123-7(7)*, Scholastic en Espanol) Scholastic, Inc.

Peppa Gives Thanks (Peppa Pig) Meredith Rusu. Illus. by EOne. 2018. (ENG.). 24p. (J). (gr. -1-k). pap. 6.99 *(978-1-338-22876-2(5))* Scholastic, Inc.

Peppa Goes Apple Picking. Meredith Rusu. ed. 2018. (Peppa Pig 8x8 Bks). (ENG.). 24p. (J). (gr. -1-1). 13.89 *(978-1-64310-540-6(X))* Penworthy Co., LLC, The.

Peppa Goes Apple Picking (Peppa Pig), 1 vol. Meredith Rusu. Illus. by EOne. 2018. (ENG.). 24p. (J). (gr. -1-k). pap. 4.99 *(978-1-338-32781-6(X))* Scholastic, Inc.

Peppa Goes Swimming (Peppa Pig) Scholastic. Illus. by EOne. 2018. (ENG.). 24p. (J). (gr. -1-k). pap. 5.99 *(978-1-338-32783-0(6))* Scholastic, Inc.

Peppa Goes to the Zoo (Peppa Pig) Scholastic. Illus. by EOne. 2019. (ENG.). 10p. (J). (gr. -1-k). bds. 8.99 *(978-1-338-30763-4(0))* Scholastic, Inc.

Peppa in Space. Reika Chan. ed. 2019. (Peppa Pig 8x8 Bks). (ENG.). 24p. (J). (gr. k-1). 13.89 *(978-0-87617-579-8(5))* Penworthy Co., LLC, The.

Peppa in Space (Peppa Pig) Illus. by EOne. 2019. (ENG.). 24p. (J). (gr. -1-k). pap. 4.99 *(978-1-338-34536-0(2))* Scholastic, Inc.

Peppa Is Kind. Samantha Lizzio. ed. 2019. (Peppa Pig 8x8 Bks). (ENG.). 24p. (J). (gr. k-1). 13.89 *(978-1-64697-103-9(5))* Penworthy Co., LLC, The.

Peppa Is Thankful (Peppa Pig) Golden Books. Illus. by Golden Books. 2022. (ENG., Illus.). 48p. (J). (gr. -1-1). pap. 7.99 *(978-0-593-56572-8(X)*, Golden Bks.) Random Hse. Children's Bks.

Peppa Loves Animals (Peppa Pig) Golden Books. Illus. by Golden Books. 2023. (ENG., Illus.). 32p. (J). (gr. -1-1). pap. 9.99 *(978-0-593-48377-0(4)*, Golden Bks.) Random Hse. Children's Bks.

Peppa Loves Doctors & Nurses. Lauren Holowaty. ed. 2020. (Peppa Pig 8x8 Bks). (ENG., Illus.). 24p. (J). (gr. k-1). 13.89 *(978-1-64697-519-8(7))* Penworthy Co., LLC, The.

Peppa Loves Doctors & Nurses (Peppa Pig) (Media Tie-In) Illus. by EOne. ed. 2020. (ENG.). 24p. (J). (gr. -1-k). pap. 5.99 *(978-1-338-73070-8(3))* Scholastic, Inc.

Peppa Loves (Peppa Pig) Anita Sheih. Illus. by EOne. 2021. (ENG.). 10p. (J). (gr. -1 — 1). bds. 8.99 *(978-1-338-76812-1(3))* Scholastic, Inc.

Peppa Loves to Bake (Peppa Pig) Illus. by EOne. 2022. (ENG.). 24p. (J). (gr. -1-k). pap. 5.99 *(978-1-338-81928-1(3))* Scholastic, Inc.

Peppa Loves Yoga. Lauren Holowaty. ed. 2021. (Peppa Pig 8x8 Bks). (ENG., Illus.). 24p. (J). (gr. k-1). 15.46 *(978-1-64697-917-2(6))* Penworthy Co., LLC, The.

Peppa Loves Yoga (Peppa Pig) Scholastic. Illus. by EOne. 2021. (ENG.). 24p. (J). (gr. -1-k). pap. 4.99 *(978-1-338-70145-6(2))* Scholastic, Inc.

Peppa Phonics Boxed Set (Peppa Pig), 1 vol. Scholastic. 2017. (ENG.). 16p. (J). (gr. -1-k). 12.99 *(978-1-338-13978-5(9))* Scholastic, Inc.

(Peppa Pig) see Fun at the Fair: a Sticker Storybook (Peppa Pig)

Peppa Pig. Annie Auerbach. Illus. by Eone. 2019. (SPA.). 24p. (J). (gr. -1-k). pap. 4.99 *(978-1-338-35918-3(5)*, Scholastic en Espanol) Scholastic, Inc.

Peppa Pig. Susan Rich Brooke. 2019. (Me Reader Jr Ser.). (ENG.). 80p. (J). bds., bds. *(978-1-5037-4998-6(3)*, 719c157c-4c82-4646-9247-ea3db573322d, PI Kids) Phoenix International Publications, Inc.

Peppa Pig: La jornada escolar de Peppa. Meredith Rusu. Illus. by EOne. 2018. (Scholastic Reader, Level 1 Ser.).Tr. of Peppa's School Day. (ENG & SPA.). 32p. (J). (gr. k-2). pap. 4.99 *(978-1-338-15902-8(X)*, Scholastic en Espanol) Scholastic, Inc.

Peppa Pig: Let's Play Princess Little First Look & Find. Kathy Broderick. 2018. (ENG.). (J). 5.99 *(978-1-5037-2812-7(9)*, PIL Kids) Publications International, Ltd.

Peppa Pig - Playtime with Peppa: Look, Find & Listen Sound Book. Susan Rich Brooke. Ed. by Editors of Phoenix International Publications. Illus. by Editors of Phoenix International Publications. 2019. (ENG.). 16p. (J). bds. 21.99 *(978-1-5037-4762-3(X)*, 3359, PI Kids) Phoenix International Publications, Inc.

Peppa Pig: 12 Board Books. PI Kids. 2017. (ENG.). 120p. (J). bds., bds., bds. 16.99 *(978-1-5037-1982-8(0)*, 9620, PI Kids) Phoenix International Publications, Inc.

Peppa Pig & the Backyard Circus. Candlewick Press Staff. 2017. (Peppa Pig Ser.). (ENG., Illus.). 32p. (J). (gr. -1-2). 12.99 *(978-0-7636-9437-1(1)*, Candlewick Entertainment) Candlewick Pr.

Peppa Pig & the Camping Trip. Candlewick Press. 2016. (Peppa Pig Ser.). (ENG., Illus.). 32p. (J). (-k). 14.99 *(978-0-7636-8741-0(3)*, Candlewick Entertainment) Candlewick Pr.

Peppa Pig & the Career Day. Candlewick Press. 2018. (Peppa Pig Ser.). (ENG., Illus.). 32p. (J). (-k). 12.99 *(978-1-5362-0344-8(0)*, Candlewick Entertainment) Candlewick Pr.

Peppa Pig & the Christmas Play. Candlewick Press. 2019. (Peppa Pig Ser.). (ENG., Illus.). 32p. (J). (-k). 12.99 *(978-1-5362-0948-8(1)*, Candlewick Entertainment) Candlewick Pr.

Peppa Pig & the Christmas Surprise. Candlewick Press. 2022. (Peppa Pig Ser.). (ENG.). 32p. (J). (-k). 14.99 *(978-1-5362-2810-6(9)*, Candlewick Entertainment) Candlewick Pr.

Peppa Pig & the Day at the Farm. Candlewick Press. 2023. (Peppa Pig Ser.: 1). (ENG.). 32p. (J). (-k). 14.99 *(978-1-5362-3077-2(4)*, Candlewick Entertainment) Candlewick Pr.

Peppa Pig & the Day of Giving Thanks. Candlewick Press. 2020. (Peppa Pig Ser.). (ENG.). 32p. (J). (-k). 12.99 *(978-1-5362-1660-8(7)*, Candlewick Entertainment) Candlewick Pr.

Peppa Pig & the Earth Day Adventure. Candlewick Press. 2021. (Peppa Pig Ser.). (ENG., Illus.). 32p. (J). (-k). 12.99 *(978-1-5362-1898-5(7)*, Candlewick Entertainment) Candlewick Pr.

Peppa Pig & the Easter Rainbow. Candlewick Press. 2017. (Peppa Pig Ser.). (ENG., Illus.). 32p. (J). (-k). 14.99 *(978-0-7636-9438-8(X)*, Candlewick Entertainment) Candlewick Pr.

Peppa Pig & the Family Reunion. Candlewick Press. 2019. (Peppa Pig Ser.). (ENG., Illus.). 32p. (J). (-k). 14.99 *(978-1-5362-0615-9(6)*, Candlewick Entertainment) Candlewick Pr.

Peppa Pig & the Great Race. Candlewick Press. 2022. (Peppa Pig Ser.). (ENG.). 32p. (J). (-k). 14.99 *(978-1-5362-2413-9(8)*, Candlewick Entertainment) Candlewick Pr.

Peppa Pig & the Halloween Costume. Candlewick Press. 2018. (Peppa Pig Ser.). (ENG., Illus.). 32p. (J). (-k). 14.99 *(978-1-5362-0060-7(3)*, Candlewick Entertainment) Candlewick Pr.

Peppa Pig & the I Love You Game. Candlewick Press Editors. ed. 2016. (Peppa Pig Ser.). (ENG.). 32p. (J). (gr. -1-1). 16.00 *(978-0-606-39091-0(X))* Turtleback.

Peppa Pig & the Library Visit. Candlewick Press Staff. 2017. (Peppa Pig Ser.). (ENG., Illus.). 32p. (J). (gr. -1-2). 12.99 *(978-0-7636-9788-4(5)*, Candlewick Entertainment) Candlewick Pr.

Peppa Pig & the Silly Sniffles. Candlewick Press. 2018. (Peppa Pig Ser.). (ENG., Illus.). 32p. (J). (-k). 12.99 *(978-1-5362-0343-1(2)*, Candlewick Entertainment) Candlewick Pr.

Peppa Pig & the Year of Family Fun. Candlewick Press. 2016. (Peppa Pig Ser.). (ENG., Illus.). 10p. (J). (gr. -1-2).

17.99 *(978-0-7636-8739-7(1)*, Candlewick Entertainment) Candlewick Pr.

Peppa Pig: Away We Go! Sound Book. PI Kids. 2021. (ENG.). 20p. (J). bds. 18.99 *(978-1-5037-5785-1(4)*, 3794, PI Kids) Phoenix International Publications, Inc.

Peppa Pig: Big & Small Take-A-Look Book. Kathy Broderick. 2020. (ENG.). 20p. (J). bds. 10.99 *(978-1-5037-5227-6(5)*, 3539, PI Kids) Phoenix International Publications, Inc.

Peppa Pig: Ding! Dong! Let's Play! Sound Book. PI Kids. 2017. (ENG.). 12p. (J). bds. 14.99 *(978-1-5037-2157-9(4)*, 2490, PI Kids) Phoenix International Publications, Inc.

Peppa Pig: Dinosaur Party. Vanessa Moody. Ed. by Andrea MOSQUEDA. Illus. by EOne. 2023. (ENG.). 24p. (J). (gr. -1-k). pap. 5.99 ***(978-1-338-89852-1(3))*** Scholastic, Inc.

Peppa Pig: First Look & Find. PI Kids. 2017. (ENG.). 16p. (J). bds. 12.99 *(978-1-5037-1983-5(9)*, 2422, PI Kids) Phoenix International Publications, Inc.

Peppa Pig: First Look & Find Book & Blocks. Claire Winslow. 2019. (ENG.). 16p. (J). bds. 19.99 *(978-1-5037-4778-4(6)*, 3372, PI Kids) Phoenix International Publications, Inc.

Peppa Pig: First Look & Find Book & Giant Floor Puzzle. PI Kids. 2019. (ENG.). 16p. (J). bds. 24.99 *(978-1-5037-4632-9(1)*, 3290, PI Kids) Phoenix International Publications, Inc.

Peppa Pig: George Goes to the Potty. Illus. by EOne. 2022. (ENG.). 12p. (J). (gr. -1-k). bds. 8.99 *(978-1-338-81926-7(7))* Scholastic, Inc.

Peppa Pig Goes to Hollywood. Candlewick Press. 2021. (Peppa Pig Ser.). (ENG.). 8p. (J). (gr. -1-2). 24.99 *(978-1-5362-1959-3(2)*, Candlewick Entertainment) Candlewick Pr.

Peppa Pig: Hide-And-Seek: Scratch Magic. Meredith Rusu. Illus. by EOne. 2020. (ENG.). 64p. (J). (gr. -1-k). pap. 12.99 *(978-1-338-60343-9(4))* Scholastic, Inc.

Peppa Pig: I'm Ready to Read Sound Book. PI Kids. 2020. (ENG.). 24p. (J). 11.99 *(978-1-5037-5329-7(8)*, 3593, PI Kids) Phoenix International Publications, Inc.

Peppa Pig: Let's Make New Friends. PI Kids. 2022. (ENG.). 12p. (J). bds. 19.99 *(978-1-5037-6075-2(8)*, 3906, PI Kids) Phoenix International Publications, Inc.

Peppa Pig: Let's Make New Friends Sound Book. PI Kids. 2021. (ENG.). 10p. (J). bds. 15.99 *(978-1-5037-5998-5(9)*, 3885, PI Kids) Phoenix International Publications, Inc.

Peppa Pig: Let's Pretend! Look & Find. PI Kids. 2020. (ENG.). 24p. (J). pap. 5.99 *(978-1-5037-5324-2(7)*, 3589, PI Kids) Phoenix International Publications, Inc.

Peppa Pig: Little First Look & Find. PI Kids. 2017. (ENG.). 24p. (J). bds. 5.99 *(978-1-5037-2667-3(3)*, 2643, PI Kids) Phoenix International Publications, Inc.

Peppa Pig: Little First Look & Find 4-Book Set. PI Kids. 2018. (ENG.). 72p. (J). bds., bds. 21.99 *(978-1-5037-2814-1(5)*, 4393, PI Kids) Phoenix International Publications, Inc.

Peppa Pig Little Golden Book Boxed Set (Peppa Pig) Courtney Carbone. Illus. by Zoe Waring. 2023. (Little Golden Book Ser.). (ENG.). 120p. (J). (-k). 29.95 ***(978-0-593-70293-2(X)***, Golden Bks.) Random Hse. Children's Bks.

Peppa Pig: Little Look & Find. PI Kids. 2017. (ENG.). 24p. (J). 2.99 *(978-1-5037-3031-1(X)*, 2727, PI Kids) Phoenix International Publications, Inc.

Peppa Pig Look & Find. Susan Rich Brooke. ed. 2018. (Look & Find Ser.). (ENG.). 20p. (J). (gr. -1-1). 22.36 *(978-1-64310-524-6(8))* Penworthy Co., LLC, The.

Peppa Pig: Lots of Bubbles! a Bubble Wand Songbook: - PI Kids. 2022. (ENG.). 12p. (J). bds. 15.99 *(978-1-5037-5816-2(8)*, 3814, PIL Kids) Phoenix International Publications, Inc.

Peppa Pig: Lots of Puddles! Sound Book. PI Kids. 2021. (ENG.). 10p. (J). bds. 6.99 *(978-1-5037-5671-7(8)*, 3759, PI Kids) Phoenix International Publications, Inc.

Peppa Pig: Magnetic Play Set. Meredith Rusu. 2020. (Magnetic Play Set Ser.). (ENG.). 32p. (J). (gr. -1-k). pap. 16.99 *(978-0-7944-4604-8(3)*, Studio Fun International) Printers Row Publishing Group.

Peppa Pig: Me Reader 8-Book Library & Electronic Reader Sound Book Set. PI Kids. 2020. (ENG.). 192p. (J). 34.99 *(978-1-5037-5235-1(6)*, 3546, PI Kids) Phoenix International Publications, Inc.

Peppa Pig: Moonlight Bright Book & 5-Sound Flashlight Set. PI Kids. 2018. (ENG.). 10p. (J). bds. 16.99 *(978-1-5037-3472-2(2)*, 2839, PI Kids) Phoenix International Publications, Inc.

Peppa Pig: Music Player. Meredith Rusu. 2020. (Music Player Storybook Ser.). (ENG.). 28p. (J). (gr. -1-k). 19.99 *(978-0-7944-4599-7(3)*, Studio Fun International) Printers Row Publishing Group.

Peppa Pig: My Family & Me Sound Book. PI Kids. 2019. (ENG.). 12p. (J). bds. 21.99 *(978-1-5037-4608-4(9)*, 3270, PI Kids) Phoenix International Publications, Inc.

Peppa Pig: My First Coloring Book (Peppa Pig) Golden Books. Illus. by Golden Books. 2020. (ENG., Illus.). 192p. (J). (— 1). pap. 9.99 *(978-0-593-30852-3(2)*, Golden Bks.) Random Hse. Children's Bks.

Peppa Pig Paper Doll Book (Peppa Pig) Golden Books. Illus. by Golden Books. 2020. (ENG., Illus.). 24p. (J). (gr. -1-2). pap. 9.99 *(978-0-593-12768-1(4)*, Golden Bks.) Random Hse. Children's Bks.

Peppa Pig: Peppa & the Muddy Moon Puddles First Look & Find. PI Kids. 2018. (ENG.). 16p. (J). bds. 12.99 *(978-1-5037-4099-0(4)*, 3076, PI Kids) Phoenix International Publications, Inc.

Peppa Pig: Peppa & the Muddy Moon Puddles First Look & Find. Erin Rose Wage. 2018. (ENG.). 16p. (J). bds. 10.99 *(978-1-5037-4047-1(1)*, 3058, PI Kids) Phoenix International Publications, Inc.

Peppa Pig: Peppa Is Kind. Samantha Lizzio. 2019. (ENG.). 24p. (J). (gr. -1-2). pap. 4.99 *(978-1-338-58468-4(5))* Scholastic, Inc.

Peppa Pig: Peppa Loves St. Patrick's Day. Scholastic. Illus. by EOne. 2022. (ENG.). 24p. (J). (gr. -1-k). pap. 4.99 *(978-1-338-79434-2(5))* Scholastic, Inc.

Peppa Pig: Peppa's Magical Unicorn, 1 vol. Illus. by EOne. 2019. (ENG.). 24p. (J). (gr. -1-k). pap. 4.99 *(978-1-338-58400-4(6))* Scholastic, Inc.

Peppa Pig: Peppa's Travel Adventures Movie Theater Storybook & Movie Projector. Meredith Rusu. 2021. (Movie Theater Storybook Ser.). (ENG.). 28p. (J). (gr. -1-k). 19.99 *(978-0-7944-4639-0(6)*, Studio Fun International) Printers Row Publishing Group.

Peppa Pig: Play Ball!, 1 vol. Illus. by EOne. 2019. (ENG.). 32p. (J). (gr. -1-k). pap. 4.99 *(978-1-338-58445-5(6))* Scholastic, Inc.

Peppa Pig: Pop It with Peppa! Book with Pop It. Meredith Rusu. 2023. (Book with Pop-It Ser.). (ENG.). 12p. (J). (gr. -1-k). 12.99 ***(978-0-7944-5087-8(3))*** Studio Fun International.

Peppa Pig: Sing with Peppa! Look & Find Microphone & Songbook Set. PI Kids. 2019. (ENG.). 32p. (J). 20.99 *(978-1-5037-4557-5(0)*, 3235, PI Kids) Phoenix International Publications, Inc.

Peppa Pig: Sound Storybook Treasury. PI Kids. 2021. (ENG.). 34p. (J). 29.99 *(978-1-5037-5459-1(6)*, 3654, PI Kids) Phoenix International Publications, Inc.

Peppa Pig Story Treasury. Candlewick Press. ed. 2020. (Peppa Pig Ser.). (ENG.). 192p. (J). (-k). 14.99 *(978-1-5362-1338-6(1)*, Candlewick Entertainment) Candlewick Pr.

Peppa Pig Super Sticker Book (Peppa Pig) Golden Books. Illus. by Golden Books. 2019. (ENG., Illus.). 64p. (J). (gr. -1-2). pap. 12.99 *(978-0-593-11893-1(6)*, Golden Bks.) Random Hse. Children's Bks.

Peppa Pig: Wipe-Clean First Letters & Words, 1 vol. Scholastic. 2021. (ENG.). 32p. (J). (gr. -1-k). pap. 9.99 *(978-1-338-74999-1(4))* Scholastic, Inc.

Peppa Pig: Wonderful Days! Meredith Rusu. 2022. (Storybook with Camera Viewer Ser.). (ENG.). 20p. (J). (gr. -1-k). 15.99 *(978-0-7944-4941-4(7)*, Studio Fun International) Printers Row Publishing Group.

Peppa Pig's Pop-Up Princess Castle. Candlewick Press. Illus. by Entertainment Entertainment One. 2017. (Peppa Pig Ser.). (ENG.). 6p. (J). (gr. -1-2). 24.99 *(978-0-7636-9734-1(6)*, Candlewick Entertainment) Candlewick Pr.

Peppa Plays Soccer. Scholastic Editors. 2016. (Peppa Pig 8X8 Ser.). lib. bdg. 14.75 *(978-0-606-38825-2(7))* Turtleback.

Peppa Plays Soccer (Peppa Pig), 1 vol. Scholastic. Illus. by EOne. 2016. (ENG.). 24p. (J). (gr. -1-k). pap. 4.99 *(978-1-338-03279-6(8))* Scholastic, Inc.

Peppa's Chinese New Year. Mandy Archer. 2019. (Peppa Pig 8x8 Bks). (ENG., Illus.). 24p. (J). (gr. k-1). 13.89 *(978-0-87617-267-4(2))* Penworthy Co., LLC, The.

Peppa's Chinese New Year (Peppa Pig) Illus. by EOne. 2018. (ENG.). 24p. (J). (gr. -1-3). pap. 4.99 *(978-1-338-54115-1(3))* Scholastic, Inc.

Peppa's Clubhouse: a Felt Storybook (Peppa Pig) (Media Tie-In) Illus. by EOne. ed. 2022. (ENG.). 10p. (J). (gr. -1-k). 12.99 *(978-1-338-81924-3(0))* Scholastic, Inc.

Peppa's Colorful World (Peppa Pig) Golden Books. Illus. by Golden Books. 2019. (ENG., Illus.). 128p. (J). (gr. -1-2). pap. 9.99 *(978-0-593-11891-7(X)*, Golden Bks.) Random Hse. Children's Bks.

Peppa's Cruise Vacation (Peppa Pig Storybook) (Media Tie-In) Illus. by EOne. ed. 2023. (ENG.). 24p. (J). (gr. -1-k). pap. 5.99 *(978-1-338-88543-9(X))* Scholastic, Inc.

Peppa's Easter Egg Hunt. Neville Astley & Mark Baker. 2016. (Illus.). (J). *(978-1-5182-0103-5(2))* Scholastic, Inc.

Peppa's Easter Egg Hunt (Peppa Pig) Scholastic. Illus. by EOne. 2018. (ENG.). 24p. (J). (gr. -1-k). pap. 4.99 *(978-1-338-32784-7(4))* Scholastic, Inc.

Peppa's Egg-Citing Easter! (Peppa Pig) Courtney Carbone. Illus. by Golden Books. 2020. (ENG.). 48p. (J). (gr. -1-2). pap. 7.99 *(978-0-593-12266-2(6)*, Golden Bks.) Random Hse. Children's Bks.

Peppa's Giant Pumpkin (Peppa Pig) Samantha Lizzio. Illus. by EOne. 2019. (ENG.). 10p. (J). (gr. -1-k). bds. 7.99 *(978-1-338-33922-2(2))* Scholastic, Inc.

Peppa's Halloween Party. Scholastic Editors. 2016. (Peppa Pig 8X8 Ser.). lib. bdg. 14.75 *(978-0-606-38827-6(3))* Turtleback.

Peppa's Halloween Party (Peppa Pig), 1 vol. Scholastic. Illus. by EOne. 2016. (ENG.). 24p. (J). (gr. -1-k). pap. 5.99 *(978-0-545-92543-3(6))* Scholastic, Inc.

Peppa's Happy Halloween! (Peppa Pig) Golden Books. Illus. by Golden Books. 2019. (ENG., Illus.). 48p. (J). (gr. -1-2). pap. 5.99 *(978-0-593-11846-7(4)*, Golden Bks.) Random Hse. Children's Bks.

Peppa's Magical Unicorn. Lauren Holloway et al. ed. 2019. (Peppa Pig 8x8 Bks). (ENG.). 24p. (J). (gr. k-1). 13.89 *(978-1-64697-104-6(3))* Penworthy Co., LLC, The.

Peppa's Mermaid Adventure. Lauren Holowaty. ed. 2020. (Peppa Pig 8x8 Bks). (ENG., Illus.). 24p. (J). (gr. k-1). 13.89 *(978-1-64697-376-7(3))* Penworthy Co., LLC, The.

Peppa's Mermaid Adventure (Peppa Pig) Illus. by EOne. 2020. (ENG.). 24p. (J). (gr. -1-k). pap. 4.99 *(978-1-338-61174-8(7))* Scholastic, Inc.

Peppa's New Friend. Michael Petranek. ed. 2020. (Scholastic Readers Ser.). (ENG.). 32p. (J). (gr. k-1). 13.89 *(978-1-64697-217-3(1))* Penworthy Co., LLC, The.

Peppa's New Friend (Peppa Pig Level 1 Reader with Stickers), 1 vol. Illus. by EOne. 2019. (ENG.). 32p. (J). (gr. -1-k). pap. 4.99 *(978-1-338-54590-6(6))* Scholastic, Inc.

Peppa's Perfect Day (Peppa Pig) Courtney Carbone. Illus. by Zoe Waring. 2021. (Little Golden Book Ser.). (ENG.). 24p. (J). (-k). 5.99 *(978-0-593-31005-2(5)*, Golden Bks.) Random Hse. Children's Bks.

Peppa's Pizza Party. Rebecca Potters. ed. 2020. (Peppa Pig 8x8 Bks). (ENG., Illus.). 24p. (J). (gr. k-1). 13.89 *(978-1-64697-377-4(1))* Penworthy Co., LLC, The.

Peppa's Pizza Party (Peppa Pig), 1 vol. Illus. by EOne. 2020. (ENG.). 24p. (J). (gr. -1-k). pap. 5.99 *(978-1-338-61170-0(4))* Scholastic, Inc.

Peppa's Pizza Party (Spanish Edition) Illus. by Eone. 2021. (SPA.). 24p. (J). (gr. -1-k). pap. 4.99 *(978-1-338-71557-6(7)*, Scholastic en Espanol) Scholastic, Inc.

Peppa's Pumpkin Day (Peppa Pig) Courtney Carbone. Illus. by Zoe Waring. 2022. (Little Golden Book Ser.). (ENG.). 24p. (J). (-k). 5.99 *(978-0-593-48375-6(8)*, Golden Bks.) Random Hse. Children's Bks.

Peppa's Rainbow. Em Lune. ed. 2022. (Peppa Pig 8x8 Bks). (ENG.). 24p. (J). (gr. k-1). 16.96 ***(978-1-68505-414-4(5))*** Penworthy Co., LLC, The.

Peppa's Rainbow (Peppa Pig) (Media Tie-In) Illus. by EOne. ed. 2022. (ENG.). 24p. (J). (gr. -1-k). pap. 4.99 *(978-1-338-76824-4(7))* Scholastic, Inc.

Peppa's School Day see Peppa Pig: La jornada escolar de Peppa

Peppa's School Day. Meredith Rusu. 2019. (Scholastic Readers Ser.). (ENG & SPA.). 32p. (J). (gr. k-1). 13.89 *(978-0-87617-742-6(9))* Penworthy Co., LLC, The.

Peppa's Shiny Apple (Peppa Pig) Bakhtawar Azeem. Illus. by EOne. 2021. (ENG.). 10p. (J). (gr. -1 — 1). bds. 8.99 *(978-1-338-74097-4(0))* Scholastic, Inc.

Peppa's Storybook Collection (Peppa Pig) Scholastic. 2017. (ENG., Illus.). 192p. (J). (gr. -1-k). 12.99 *(978-1-338-21199-3(4))* Scholastic, Inc.

Peppa's Storytime Box (Peppa Pig), 1 vol. Scholastic. Illus. by Scholastic. 2016. (ENG.). 24p. (J). (gr. -1-k). pap., pap., pap. 10.99 *(978-0-545-92544-0(4))* Scholastic, Inc.

Peppa's Valentine's Day. Courtney Carbone. ed. 2018. (Peppa Pig 8x8 Bks). (ENG.). 24p. (J). (gr. -1-1). 13.89 *(978-1-64310-652-6(X))* Penworthy Co., LLC, The.

Peppa's Valentine's Day (Peppa Pig), 1 vol. Courtney Carbone. Illus. by EOne. 2017. (ENG.). 24p. (J). (gr. -1-k). pap. 4.99 *(978-1-338-15897-7(X))* Scholastic, Inc.

Peppa's Very Busy Activity Book (Peppa Pig) Golden Books. Illus. by Golden Books. 2021. (ENG., Illus.). 48p. (J). (gr. -1-2). pap. 7.99 *(978-0-593-37732-1(X)*, Golden Bks.) Random Hse. Children's Bks.

Peppa's Windy Fall Day (Peppa Pig) Scholastic. Illus. by Scholastic. 2018. (ENG.). 24p. (J). (gr. -1-k). pap. 4.99 *(978-1-338-32787-8(9))* Scholastic, Inc.

Pepper. Vicki Joseph. 2021. (ENG.). 24p. (J). 19.95 *(978-1-6629-1326-6(5))*; pap. 9.95 *(978-1-6629-1327-3(3))* Gatekeeper Pr.

Pepper & Boo: a Cat Surprise! Charise Mericle Harper. 2020. (Pepper & Boo Ser.). (ENG., Illus.). 64p. (J). (gr. 1-5). 9.99 *(978-1-368-04904-7(4))* Little, Brown Bks. for Young Readers.

Pepper & Boo: Puddle Trouble. Charise Mericle Harper. 2021. (Pepper & Boo Ser.: 2). (ENG., Illus.). 64p. (J). (gr. 1-5). 12.99 *(978-0-7595-5508-2(7))* Little, Brown Bks. for Young Readers.

Pepper & Gram. Cecilia Minden. Illus. by Becky Down. 2020. (Little Blossom Stories Ser.). (ENG.). 16p. (J). (gr. -1-2). pap. 11.36 *(978-1-5341-6825-1(7)*, 215200, Cherry Blossom Press) Cherry Lake Publishing.

Pepper & Salt. Howard Pyle. 2017. (ENG., Illus.). (J). 22.95 *(978-1-375-00401-5(8))* Capital Communications, Inc.

Pepper & Salt. Howard Pyle. 2017. (ENG., Illus.). (J). pap. *(978-3-7447-1344-3(X))* Creation Pubs.

Pepper & Salt: Or Seasoning for the Young Folk (Classic Reprint) Howard Pyle. (ENG., Illus.). (J). 2017. 26.97 *(978-0-266-82913-3(9))*; 2016. pap. 9.57 *(978-1-333-36342-0(7))* Forgotten Bks.

Pepper & Salt: Seasoning for Young Folk. Howard Pyle. 2020. (ENG., Illus.). 146p. (J). pap. 9.95 *(978-1-4341-0457-1(5)*, Waking Lion Press) The Editorium, LLC.

Pepper at the Vet. Cecilia Minden. Illus. by Becky Down. 2021. (Little Blossom Stories Ser.). (ENG.). 16p. (J). (gr. -1-2). pap. 11.36 *(978-1-5341-7964-6(X)*, 218163, Cherry Blossom Press) Cherry Lake Publishing.

Pepper (Classic Reprint) Holworthy Hall. (ENG., Illus.). (J). 2018. 328p. 30.64 *(978-0-484-70767-1(1))*; 2017. pap. 13.57 *(978-0-243-02843-6(1))* Forgotten Bks.

Pepper Gets a Bath. Cecilia Minden. Illus. by Becky Down. 2021. (Little Blossom Stories Ser.). (ENG.). 16p. (J). (gr. -1-2). pap. 11.36 *(978-1-5341-7963-9(1)*, 218160, Cherry Blossom Press) Cherry Lake Publishing.

Pepper in the Window. Cecilia Minden. Illus. by Becky Down. 2021. (Little Blossom Stories Ser.). (ENG.). 16p. (J). (gr. -1-2). pap. 11.36 *(978-1-5341-7967-7(4)*, 218172, Cherry Blossom Press) Cherry Lake Publishing.

Pepper Is Lost. Cecilia Minden. Illus. by Becky Down. 2020. (Little Blossom Stories Ser.). (ENG.). 16p. (J). (gr. -1-2). pap. 11.36 *(978-1-5341-6826-8(5)*, 215203, Cherry Blossom Press) Cherry Lake Publishing.

Pepper Jones. Laurie Joyce. 2017. (ENG., Illus.). (J). pap. 10.95 *(978-1-9736-0002-2(1)*, WestBow Pr.) Author Solutions, LLC.

Pepper Miss Pepperoni Finds Someone to Love Her. Jodi Stapler. Illus. by InSong Nam. 2018. (ENG.). 66p. (J). pap. 16.99 *(978-1-948256-08-7(8))* Willow Moon Publishing.

Pepper Miss Pepperoni Finds Someone to Love Her. Jodi Stapler. Illus. by InSong Nam. 2018. (ENG.). 66p. (J). pap. 13.99 *(978-1-948256-16-2(9))* Willow Moon Publishing.

Pepper Page Saves the Universe! Landry Q. Walker. Illus. by Eric Jones. 2021. (Infinite Adventures of Supernova Ser.). (ENG.). 208p. (J). pap. 14.99 *(978-1-250-21692-2(3)*, 900206833, First Second Bks.) Roaring Brook Pr.

Pepper Party Family Feud Face-Off (the Pepper Party #2) Jay Cooper. 2019. (Pepper Party Ser.: 2). (ENG., Illus.). 128p. (J). (gr. 2-5). pap. 5.99 *(978-1-338-29704-1(X)*, Scholastic Paperbacks) Scholastic, Inc.

Pepper Party Picks the Perfect Pet (the Pepper Party #1) Jay Cooper. 2019. (Pepper Party Ser.: 1). (ENG., Illus.). 128p. (J). (gr. 2-5). pap. 5.99 *(978-1-338-29702-7(3)*, Scholastic Paperbacks) Scholastic, Inc.

Pepper Pot the Princess Pilot Plans a Pony Party. Kevin Krause. Illus. by Pamela Harwood. 2021. (Pepper Ser.). (ENG.). 34p. (J). pap. 14.00 *(978-1-6678-1360-8(9))* BookBaby.

Pepper Takes a Ride. Cecilia Minden. Illus. by Becky Down. 2021. (Little Blossom Stories Ser.). (ENG.). 16p. (J). (gr. -1-2). pap. 11.36 *(978-1-5341-7966-0(6)*, 218169, Cherry Blossom Press) Cherry Lake Publishing.

Pepper y Poe. Frann Preston-Gannon. 2018. (SPA.). 36p. (J). (gr. k-k). 23.99 *(978-84-946650-3-5(0))* Lata de Sal Editorial S.L. ESP. Dist: Lectorum Pubns., Inc.

Peppermint Cocoa Crushes: A Swirl Novel. Laney Nielson. 2017. (Swirl Ser.: 2). (ENG.). 256p. (J). (gr. 3-7). 7.99 *(978-1-5107-3008-3(7))*; 16.99 *(978-1-5107-3046-5(X))* Skyhorse Publishing Co., Inc. (Sky Pony Pr.).

Peppermint Pages, a Candy Coloring Book. Smarter Activity Books for Kids. 2016. (ENG., Illus.). (J). pap. 9.22 *(978-1-68374-581-5(7))* Examined Solutions PTE. Ltd.

Peppermint Patty Goes to Camp. Maggie Testa. ed. 2018. (Ready-To-Read Ser.). (ENG.). 32p. (J). (gr. -1-1). 9.00 *(978-1-64310-601-4(5))* Penworthy Co., LLC, The.

Peppermint Pocket. Barbara Renner. Illus. by Amy Klein. 2023. (ENG.). 32p. (J). 19.95 ***(978-1-7357351-8-4(3))***; pap. 12.95 ***(978-1-7357351-7-7(5))*** Renner Writes.

Peppermint Post. Bruce Hale. Illus. by Stephanie Laberis. 2020. (ENG.). 32p. (J). (gr. -1-3). 17.99 *(978-0-06-284717-1(1)*, HarperCollins) HarperCollins Pubs.

Peppermint Princess: Super Special. Helen Perelman. Illus. by Erica-Jane Waters. 2016. (Candy Fairies Ser.). (ENG.). 176p. (J). (gr. 2-5). pap. 6.99 *(978-1-4814-4686-0(X)*, Aladdin) Simon & Schuster Children's Publishing.

Peppermint Spider Chronicles. Scott Bort. 2017. (ENG., Illus.). 34p. (J). pap. 10.00 *(978-1-387-33915-0(X))* Lulu Pr., Inc.

Pepperoni or Sausage? A Book about Conjunctions. Cari Meister. Illus. by Holli Conger. 2016. (Say What?: Parts of Speech Ser.). (ENG.). 16p. (J). (gr. k-2). lib. bdg. 17.95 *(978-1-60753-935-3(7)*, 15560) Amicus.

Pepperoni with a Side of Flies. K. a Davur. 2021. (ENG.). 188p. (J). pap. 11.95 *(978-1-948807-93-7(9)*, Line By Lion Pubns.) 3 Fates Pr.

Pepper's Adventure: Leveled Reader Green Fiction Level 14 Grade 1-2. Hmh Hmh. 2019. (Rigby PM Ser.). (ENG.). 16p. (J). (gr. 1-2). pap. 11.00 *(978-0-358-12068-1(3))* Houghton Mifflin Harcourt Publishing Co.

Pepper's Ball of Yarn. Cecilia Minden. Illus. by Becky Down. 2020. (Little Blossom Stories Ser.). (ENG.). 16p. (J). (gr. -1-2). pap. 11.36 *(978-1-5341-6827-5(3)*, 215206, Cherry Blossom Press) Cherry Lake Publishing.

Pepper's Delightful Discovery. Terri Nekvinda. 2018. (ENG., Illus.). 42p. (J). 22.00 *(978-1-68314-760-2(X))*; pap. 13.00 *(978-1-68314-759-6(6))* Redemption Pr.

Pepper's Delightful Discovery Coloring Book. Terri Nekvinda. 2018. (ENG., Illus.). 36p. (J). pap. 8.00 *(978-1-68314-805-0(3))* Redemption Pr.

Pepper's Forest Adventure. Hannah Jardine & Clever Publishing. Illus. by Zoe Waring. 2020. (Animal Adventures Ser.). (ENG.). 10p. (J). (gr. -1 — 1). bds. 7.99 *(978-1-948418-75-1(4))* Clever Media Group.

Pepper's New Bed. Cecilia Minden. Illus. by Becky Down. 2021. (Little Blossom Stories Ser.). (ENG.). 16p. (J). (gr. -1-2). pap. 11.36 *(978-1-5341-7965-3(8)*, 218166, Cherry Blossom Press) Cherry Lake Publishing.

Pepper's New Toy. Cecilia Minden. Illus. by Becky Down. 2020. (Little Blossom Stories Ser.). (ENG.). 16p. (J). (gr. -1-2). pap. 11.36 *(978-1-5341-6828-2(1)*, 215209, Cherry Blossom Press) Cherry Lake Publishing.

Pepper's Rules for Secret Sleuthing. Briana McDonald. 2020. (ENG.). 240p. (J). (gr. 3-7). 17.99 *(978-1-5344-5343-2(1)*, Simon & Schuster Bks. For Young Readers) Simon & Schuster Bks. For Young Readers.

Pepperstorm. Ediz. A Colori. Rafael Ordonez. Illus. by Marisa Morea. 2021. (ENG.). 44p. (J). 15.95 *(978-84-17673-80-2(6))* NubeOcho Ediciones ESP. Dist: Consortium Bk. Sales & Distribution.

Peppi & Madison's Winter Adventure. Vivianne Podetti. 2021. (ENG.). 34p. (J). pap. *(978-1-922594-80-8(6))* Shawline Publishing Group.

Peppy Goes Fishing. Rena Ayers. 2022. (ENG.). 28p. (YA). pap. 12.95 ***(978-1-63630-888-3(0))*** Covenant Bks.

Peppy Program for Men (Classic Reprint) Mignon Quaw. (ENG., Illus.). (J). 2018. 32p. 24.56 *(978-0-267-56809-3(6))*; 2016. pap. 7.97 *(978-1-334-09578-8(7))* Forgotten Bks.

Peppy the Pepper. Mickee Brick. 2023. (ENG., Illus.). 36p. (J). 24.95 ***(978-1-6624-8391-2(0))*** Page Publishing Inc.

Pepys's Ghost: His Wanderings in Greater Gotham, His Adventures in the Spanish War, Together with His Minor Exploits in the Field of Love & Fashion with His Thoughts Theron; Now Re-Cyphered & Here Set down, with Many Annotations (Classic Reprint) Edwin Emerson. 2017. (ENG., Illus.). (J). 27.26 *(978-0-265-20392-7(9))* Forgotten Bks.

Pequeña. Holly Goldberg Sloan. 2019. (SPA.). 348p. (J). (gr. 4-7). pap. 19.50 *(978-607-527-622-9(X))* Editorial Oceano de Mexico MEX. Dist: Independent Pubs. Group.

Pequena Arpista: The Littlest Harpist. Melody Anglin. 2017. (SPA., Illus.). (J). (gr. 1-6). pap. 15.95 *(978-1-943789-36-8(3))* Taylor and Seale Publishing.

Pequena Einstein y el Huevo Misterioso. Mariateresa Conte. 2020. (SPA.). 36p. (J). (gr. -1-3). 16.95 *(978-84-9145-352-9(0)*, Picarona Editorial) Ediciones Obelisco ESP. Dist: Spanish Pubs., LLC.

Pequeña Gaticornia / Itty-Bitty Kitty-Corn. Shannon Hale & LeUyen Pham. 2023. (PequeÑa Gaticornia Ser.: 1). (SPA.). 48p. (J). (gr. -1-3). pap. 12.95 ***(978-607-38-2663-1(X))*** Penguin Random House Grupo Editorial ESP. Dist: Penguin Random Hse. LLC.

Pequeña Habitación, Grandes Sueños: el Viaje de Julián y Joaquín Castro: Small Room, Big Dreams (Spanish Edition) Monica Brown. Illus. by Mirelle Ortega. 2021. (SPA.). 40p. (J). (gr. -1-3). 17.99 *(978-0-06-308052-2(4)*, Quill Tree Bks.) HarperCollins Pubs.

Pequeña Locomotora Que Sí Pudo. Watty Piper. Tr. by Alma Flor Ada. Illus. by George and Doris Hauman. ed. 2023. (Little Engine That Could Ser.).Tr. of Little Engine That Could. 40p. (J). (gr. -1-2). pap. 5.99 *(978-0-593-52326-1(1)*, Grosset & Dunlap) Penguin Young Readers Group.

Pequeña Mariposa Que Sí Pudo (the Little Butterfly That Could) Ross Burach. Illus. by Ross Burach. 2021. (SPA.). 40p. (J). (gr. -1-3). pap. 6.99 *(978-1-338-74599-3(9)*, Scholastic en Espanol) Scholastic, Inc.

Pequeña niña Perdida Entre Rimas: Un Fascinante Libro Ilustrado de Poesía para Inspirar la Creatividad en niños y Adultos. Sabine Ruh House. 2023. (SPA.). 42p. (J). 21.00 ***(978-1-0881-8897-2(4))***; pap. 12.50 ***(978-1-0881-8912-2(1))*** Indy Pub.

Pequeña niña Que Siempre Tenía Hambre. Yasbil Mendoza Huerta. 2020. (Mirador Bolsillo Ser.). (SPA.). 32p. (J). (gr. k-2). pap. 11.00 *(978-607-8469-67-3(3))* Nostra Ediciones MEX. Dist: Independent Pubs. Group.

P

Pequeña Oscuridad. Cristina Petit. 2017. (SPA.). 40p. (J). (gr. -1-2). 17.95 *(978-84-9145-027-6(0))* Ediciones Obelisco ESP. Dist: Spanish Pubs., LLC.

Pequeña Semilla. Mar Benegas. Illus. by Neus Caamaño. 2021. (SPA.). 18p. (J). (gr. -1-k). pap. 15.95 *(978-84-17440-78-7(X))* Akiara Bks. ESP. Dist: Independent Pubs. Group.

Pequeña Sirena Libro de Colorear. Nadine Aghenie. 2021. (SPA.). 52p. (J). pap. *(978-1-7948-6712-3(0))* Lulu.com.

Pequena Vigilante. Julie Hodgson. 2018. (POR., Illus.). 116p. (J). pap. *(978-91-88045-60-7(9))* Chave AB.

Pequeñas Biografías de Grandes Personajes (Little Biographies of Big People), 12 vols. 2017. (Pequeñas Biografías de Grandes Personajes (Little Biographies of Big People) Ser.). (SPA.). 24p. (J). (gr. 1-2). lib. bdg. 145.62 *(978-1-5382-1540-1(3),* fad0a7aa-ba14-41f4-bd1f-d019b2d24eb6) Stevens, Gareth Publishing LLLP.

Pequeñas Biografías de Grandes Personajes (Little Biographies of Big People): Sets 1 - 2. 2018. (Pequeñas Biografías de Grandes Personajes (Little Biographies of Big People) Ser.). (SPA.). (J). pap. 109.80 *(978-1-5382-3692-5(3));* (gr. 1-2). lib. bdg. 291.24 *(978-1-5382-3689-5(3),* 707e2bbe-a5bd-42f9-a136-06601bfae767) Stevens, Gareth Publishing LLLP.

Pequeñas Grandes Preguntas ¿Qué Es la Caca?(Ltf Very 1St Q & A: Poop) Katie Daynes. 2019. (Lift-The-Flap First Questions & Answers Ser.). (SPA.). 12p. (J). 12.99 *(978-0-7945-4606-9(4),* Usborne) EDC Publishing.

Pequeñas Grandes Preguntas ¿Qué Son Los Gérmenes?(LTF 1st Q & a What Are Germs) Katie Daynes. 2019. (Very First Lift-The-Flap Questions & Answers Ser.). (SPA.). 12p. (J). 12.99 *(978-0-7945-4635-9(8),* Usborne) EDC Publishing.

Pequeñas líderes: Mujeres Extraordinarias de la Historia Afroamericana / Little Leaders: Bold Women in Black History. Vashti Harrison. 2022. (SPA.). 96p. (J). (gr. 3-7). 16.95 *(978-1-64473-380-6(3))* Penguin Random House Grupo Editorial ESP. Dist: Penguin Random Hse. LLC.

Pequeñas Princesas. Martín Morón. 2017. (SPA.). 16p. (J). (gr. 2-4). 19.95 *(978-987-718-284-2(X))* Ediciones Lea S.A. ARG. Dist: Independent Pubs. Group.

Pequenas Princesas, Dibujando y Coloreando. Various Authors. 2019. (SPA.). 192p. (J). (gr. -1-3). pap. 12.95 *(978-93-86412-46-1(2),* Uranito) Ediciones Urano de México MEX. Dist: Spanish Pubs., LLC.

Pequeñines Curiosos Veo, Veo en la Calle(Very 1St Bk Things to Spot Out & About) Fiona Watt. 2019. (Very First Things to Spot Ser.). (SPA.). 28p. (J). 11.99 *(978-0-7945-4579-6(3),* Usborne) EDC Publishing.

Pequeñines Curiosos Veo, Veo Por Casa(Very 1St Bk Things to Spot at Home) Fiona Watt. 2019. (Very First Things to Spot Ser.). (SPA.). 28p. (J). 11.99 *(978-0-7945-4578-9(5),* Usborne) EDC Publishing.

Pequeñines Curiosos Veo, Veo(Very 1St Bk Things to Spot) Fiona Watt. 2019. (Very First Things to Spot Ser.). (SPA.). 28p. (J). 11.99 *(978-0-7945-4577-2(7),* Usborne) EDC Publishing.

Pequeño Azul y Pequeño Amarillo (Little Blue & Little Yellow, Spanish-English Bilingual Edition) Edición Bilingüe Español/inglés. Leo Lionni. ed. 2021.Tr. of Little Blue & Little Yellow. (Illus.). 42p. (J). (— 1). bds. 8.99 *(978-0-593-30998-8(7),* Knopf Bks. for Young Readers) Random Hse. Children's Bks.

Pequeño Búho Tiene Gripe. Brenda Ponnay. Illus. by Brenda Ponnay. 2019. (Little Hoo Ser.). (Illus.). 32p. (J). (gr. -1-2). (ENG.). 9.99 *(978-1-5324-1145-8(6));* pap. 9.99 *(978-1-5324-1144-1(8))* Xist Publishing.

Pequeño Búho Va a la Escuela. Brenda Ponnay. Tr. by Lenny Sandoval. Illus. by Brenda Ponnay. 2018. (Little Hoo Ser.). (SPA., Illus.). 32p. (J). (gr. -1-2). 9.99 *(978-1-5324-1108-3(1))* Xist Publishing.

Pequeño Búho Va a la Escuela: (Little Hoo Goes to School) Brenda Ponnay. Illus. by Brenda Ponnay. 2018. (Xist Kids Spanish Bks.). (SPA., Illus.). 32p. (J). (gr. -1-2). pap. 9.99 *(978-1-5324-1107-6(3))* Xist Publishing.

Pequeño Castor. Amy MacDonald. 2020. (SPA.). 28p. (J). (gr. k-2). 21.99 *(978-84-122014-1-3(8),* ING Edicions) Noguera, Ivette Garcia ESP. Dist: Lectorum Pubns., Inc.

Pequeño Drácula. Martín Morón. 2017. (Mis Cuentos Ser.). (SPA.). 16p. (J). (gr. 4-7). 19.95 *(978-987-718-372-6(2))* Ediciones Lea S.A. ARG. Dist: Independent Pubs. Group.

Pequeno Dracula. Lucy Rowland. 2020. (SPA., Illus.). 32p. (J). (gr. -1-1). 17.95 *(978-84-9145-301-7(6),* Picarona Editorial) Ediciones Obelisco ESP. Dist: Spanish Pubs., LLC.

Pequeño Dragón Aprende a Echar Fuego. Graciela Perez Aguilar. 2018. (SPA.). (J). pap. 11.99 *(978-607-746-014-5(1))* Progreso, Editorial, S. A. MEX. Dist: Lectorum Pubns., Inc.

Pequeño Elliot y Su Gran día / Little Elliot, Big Fun. Mike Curato. Tr. by Roser Ruiz. 2017. (SPA.). 40p. (J). (gr. k-1). 14.95 *(978-84-16712-31-1(X),* B De Blook) Penguin Random House Grupo Editorial ESP. Dist: Penguin Random Hse. LLC.

Pequeño Frankenstein. Martín Morón. 2018. (Mis Cuentos Ser.). (SPA.). 16p. (J). (gr. 2-4). 19.95 *(978-987-718-474-7(5))* Ediciones Lea S.A. ARG. Dist: Independent Pubs. Group.

Pequeño Hombre Lobo. Martín Morón. 2018. (Mis Cuentos Ser.). (SPA.). 16p. (J). (gr. k-2). 19.95 *(978-987-718-475-4(3))* Ediciones Lea S.A. ARG. Dist: Independent Pubs. Group.

Pequeño Hoo Va a la Playa. Brenda Ponnay. Illus. by Brenda Ponnay. 2016. (SPA., Illus.). 26p. (J). 18.99 *(978-1-5324-1094-9(8))* Xist Publishing.

Pequeño Manual de la Amabilidad. Francesca. Pirrone. 2021. (SPA.). 56p. (J). (gr. k-2). 12.95 *(978-84-16817-66-5(9))* Thule Ediciones, S. L. ESP. Dist: Independent Pubs. Group.

Pequeño Oso Polar Encuentra un Amigo. Hans De Beer, pseud. 2017. (SPA.). 32p. (J). (gr. k-2). pap. 9.99 *(978-958-30-5195-1(0))* Panamericana Editorial COL. Dist: Lectorum Pubns., Inc.

Pequeño Oso Polar, ¡llévame de Vuelta a Casa! Hans De Beer, pseud. 2017. (SPA.). 32p. (J). (gr. k-2). pap. 9.99 *(978-958-30-5186-9(1))* Panamericana Editorial COL. Dist: Lectorum Pubns., Inc.

Pequeno Pez Blanco Cuenta Hasta 11/Little White Fish Counts up To 11. Guido van Genechten. 2021. (SPA.). 20p. (J). (gr. k-k). 14.99 *(978-607-8712-82-3(9))* V&R Editoras.

Pequeño Pez Blanco Está Muy Feliz/Little White Fish Is So Happy. Guido van Genechten. 2019. (SPA.). 20p. (J). (gr. k-k). 11.99 *(978-987-747-449-7(2))* V&R Editoras.

Pequeno Pez Blanco Tiene Muchos Amigos/Little White Fish Has Many Friends. Guido van Genechten. 2021. (SPA.). 20p. (J). (gr. k-k). 14.99 *(978-607-8712-70-0(5))* V&R Editoras.

Pequeño Saúl. Ashley Spires. 2017. (SPA.). 40p. (J). (gr. k-2). *(978-84-16003-88-4(2))* Takatuka ESP. Dist: Lectorum Pubns., Inc.

Pequeño Soñador Feliz (Little Happy Dreamer) Peter H. Reynolds. Illus. by Peter H. Reynolds. 2022. (SPA.). 20p. (J). (gr. -1 — 1). bds. 8.99 *(978-1-338-71546-0(1),* Scholastic en Espanol) Scholastic, Inc.

Pequeño Soplador. Margaret Hillert. Illus. by Mike Dammer. 2021. (Beginning-To-Read Ser.). (SPA.). 32p. (J). (gr. k-2). pap. 13.26 *(978-1-68404-544-0(4))* Norwood Hse. Pr.

Pequeño Soplador. Margaret Hillert. Illus. by Mike Dammer. 2020. (Beginning-To-Read: Spanish Easy Stories Ser.). (SPA.). 32p. (J). (-2). 22.60 *(978-1-68450-870-9(3))* Norwood Hse. Pr.

Pequeño Unicornio Que Pudo. Jerri Kay Lincoln. 2019. (SPA.). 34p. (J). pap. 9.99 *(978-1-938322-56-3(8))* Ralston Store Publishing.

Pequeno Verde. Arnold Rudnick. 2017. (SPA., Illus.). (J). pap. 9.99 *(978-0-9815879-8-1(4))* Paraphrase, LLC.

Pequeno y Grande. Judy Kentor Schmauss. 2016. (Early Rising Readers Ser.). (SPA.). 16p. (J). (gr. 1). 6.67 *(978-1-4788-3753-4(5))* Newmark Learning LLC.

Pequeño y Grande - 6 Pack. Judy Kentor Schmauss. 2016. (Early Rising Readers Ser.). (SPA.). (J). (gr. 1). 40.00 net. *(978-1-4788-4696-3(8))* Newmark Learning LLC.

Pequeños Activistas: Especies en Peligro (Little Activists: Endangered Species) (Set), 6 vols. 2019. (Pequeños Activistas: Especies en Peligro (Little Activists: Endangered Species) Ser.). (SPA.). 24p. (J). (gr. -1-2). lib. bdg. 196.74 *(978-1-5321-8751-3(3),* 31350, Abdo Kids) ABDO Publishing Co.

Pequeños Expertos en Ecología / Little Eco Experts, 16 vols. 2022. (Pequeños Expertos en Ecología / Little Eco Experts Ser.). (SPA & ENG.). 40p. (J). (gr. 3-4). lib. bdg. 242.16 *(978-1-5383-8861-7(8),* bd4468d7-4c0b-4309-aa5c-3f5ddf3e1b40, PowerKids Pr.) Rosen Publishing Group, Inc., The.

Pequeños Expertos en Ecología (Little Eco Experts), 16 vols. 2022. (Pequeños Expertos en Ecología (Little Eco Experts) Ser.). (SPA.). 40p. (J). (gr. 3-4). lib. bdg. 242.16 *(978-1-5383-8862-4(6),* 07a33362-4b79-4099-abca-5f5f63102f34, PowerKids Pr.) Rosen Publishing Group, Inc., The.

Pequeños Héroes: Hombres Extraordinarios de la Historia Afroamericana / Little l Egends: Exceptional Men in Black History. Vashti Harrison. 2022. (SPA.). 96p. (J). (gr. 3-7). 16.95 *(978-1-64473-381-3(1))* Penguin Random House Grupo Editorial ESP. Dist: Penguin Random Hse. LLC.

Pequinillo, Vol. 1 Of 3: In Three Volumes (Classic Reprint) George Payne Rainsford James. 2018. (ENG., Illus.). 306p. (J). 30.21 *(978-0-484-23324-8(6))* Forgotten Bks.

Pequinillo, Vol. 3 Of 3: In Three Volumes (Classic Reprint) G. P. R. James. 2017. (ENG., Illus.). (J). 30.50 *(978-1-5280-7554-1(4))* Forgotten Bks.

Per Amor Proprio. Simona Rugiero. 2021. (ITA.). 173p. (YA). pap. *(978-1-008-97154-7(5))* Lulu Pr., Inc.

Per Aspera, Vol. 2 Of 2: A Thorny Path (Classic Reprint) Georg Ebers. 2018. (ENG., Illus.). 356p. (J). 31.24 *(978-0-483-61934-0(5))* Forgotten Bks.

Per Aurora Volume Primo: Alla Ricerca Di Belle Storie D'amore. Bruno Mancini. 2022. (ITA.). 93p. (YA). pap. *(978-1-4710-8114-9(1))* Lulu Pr., Inc.

Per AURORA Volume Quinto: Alla Ricerca Di Belle Storie D'amore. Bruno Mancini. 2022. (ITA.). 100p. (YA). pap. *(978-1-4710-6842-3(0))* Lulu Pr., Inc.

Per Hallstrom: Selected Short Stories (Classic Reprint) Per Hallstrom. 2018. (ENG., Illus.). 328p. (J). 30.66 *(978-0-483-03024-4(4))* Forgotten Bks.

Perambulations of a Bee & a Butterfly: In Which Are Delineated Those Smaller Traits of Character Which Escape the Observation of Larger Spectators (Classic Reprint) Elizabeth Sandham. (ENG., Illus.). (J). 2018. 154p. 27.16 *(978-0-428-75427-3(9));* 2017. 154p. 27.07 *(978-0-331-55972-9(2));* 2016. pap. 9.57 *(978-1-333-11714-6(0))* Forgotten Bks.

Percance en la Cena de Navidad de Los Renos. Nicole Antoinette. Tr. by Martha Cecilia Tellez. Illus. by Justo Borrero. 2019. (SPA.). 48p. (J). 19.99 *(978-1-939761-56-9(5))* Faith Bks. & MORE.

Percents & Ratios Math Essentials: Children's Fraction Books. Professor Gusto. 2016. (ENG., Illus.). (J). pap. 10.81 *(978-1-68321-218-8(5))* Mimaxion.

Perception. E. K. Bempoh. 2021. (ENG.). 62p. (J). pap. 22.00 *(978-1-7948-9282-8(6))* Lulu Pr., Inc.

Perception: How Artificial Intelligence Sees the World. Readyai. 2020. (Ai+me Ser.: Vol. 1). (ENG.). 44p. (J). 19.99 *(978-1-0879-1020-8(X))* Indy Pub.

Perceptive Pj & the Making of a Mathlete - Easy Reader Edition. Jacqueline Sanders-Blackman. 2019. (ENG.). 66p. (J). pap. 27.99 *(978-0-359-40207-6(0))* Lulu Pr., Inc.

Perch of the Devil (Classic Reprint) Gertrude Atherton. 2017. (ENG., Illus.). (J). 31.67 *(978-0-266-42329-4(9))* Forgotten Bks.

Perchance to Dream. Margaret Sutton Briscoe. 2017. (ENG.). 294p. (J). pap. *(978-3-7447-4848-3(0))* Creation Pubs.

Perchance to Dream: And Other Stories (Classic Reprint) Margaret Sutton Briscoe. 2017. (ENG., Illus.). (J). 30.04 *(978-0-260-30965-5(6))* Forgotten Bks.

Percival & the Hall of Mirrors. Larissa Lockwood. 2019. (ENG., Illus.). 52p. (J). *(978-1-5289-1363-8(9));* pap. *(978-1-5289-1362-1(0))* Austin Macauley Pubs. Ltd.

Percival Goes Skating. Irene Davidson Fisher. Illus. by Meaghan McKee. 2023. (ENG.). 32p. (J). pap. *(978-1-7772627-2-3(0))* Fisher, Irene M.

Percival Keene, Vol. 1 of 3 (Classic Reprint) Frederick Marryat. 2017. (ENG., Illus.). (J). 30.54 *(978-0-265-21991-1(4))* Forgotten Bks.

Percival Lowell: An Afterglow (Classic Reprint) Louise Leonard. 2018. (ENG., Illus.). 198p. (J). 28.00 *(978-0-267-27529-8(3))* Forgotten Bks.

Percival's Dogs. Steve Haskin. 2023. (ENG.). 100p. (YA). pap. 14.95 *(978-1-6624-7689-1(2))* Page Publishing Inc.

Percussion. Tyler Gieseke. 2022. (Explore Music Ser.). (ENG.). 32p. (J). (gr. 2-5). lib. bdg. 32.79 *(978-1-0982-4334-0(X),* 41243, DiscoverRoo) Pop!.

Percy. Mark C. Frankel. 2017. (ENG., Illus.). (J). pap. 14.99 *(978-0-692-94928-3(3))* Wayward Raven Media.

Percy: The Goose That Wanted to Be an Ostrich. Cheryl Turman. 2016. (ENG., Illus.). (J). pap. 15.95 *(978-1-68197-464-4(9))* Christian Faith Publishing.

Percy Al Rescate: Leveled Reader Book 30 Level M 6 Pack. Hmh Hmh. 2021. (SPA.). 24p. (J). pap. 74.40 *(978-0-358-08427-3(X))* Houghton Mifflin Harcourt Publishing Co.

Percy & His Super Special Ninja Moves. M. Bitter. 2020. (Percy Slinkerton Ser.: Vol. 2). (ENG.). 32p. (J). pap. 9.99 *(978-0-9984926-6-7(3))* Biabe Publishing.

Percy & Mike's Big Adventure. Susannah And Peter Winfield-Weston & Peter Winfield-Weston. 2023. (ENG.). 48p. (J). pap. *(978-1-80381-456-8(X))* Grosvenor Hse. Publishing Ltd.

Percy & the Mysterious Magic Next Door. M. Bitter. 2020. (Percy Slinkerton Ser.: Vol. 1). (ENG.). 36p. (J). pap. 9.99 *(978-0-9984926-5-0(5))* Biabe Publishing.

Percy Anecdotes: Original & Select Sholto & Reuben (Classic Reprint) Sholto Percy. 2018. (ENG., Illus.). 370p. (J). 31.53 *(978-0-267-17570-3(1))* Forgotten Bks.

Percy Blake, or the Young Rifleman, Vol. 1 of 3 (Classic Reprint) Rafter Rafter. (ENG., Illus.). (J). 2018. 348p. 31.07 *(978-0-332-77535-7(6));* 2016. pap. 13.57 *(978-1-333-72174-9(9))* Forgotten Bks.

Percy Blake, or the Young Rifleman, Vol. 2 of 3 (Classic Reprint) Michael Rafter. (ENG., Illus.). (J). 2018. 344p. 31.01 *(978-0-332-44037-8(0));* 2016. pap. 13.57 *(978-1-333-34354-5(X))* Forgotten Bks.

Percy Blake, Vol. 3 Of 3: Or, the Young Rifleman (Classic Reprint) Rafter Rafter. 2018. (ENG., Illus.). 396p. (J). 32.08 *(978-0-365-26298-5(6))* Forgotten Bks.

Percy, Dog of Destiny. Alison McGhee. Illus. by Jennifer K. Mann. 2017. (ENG.). 32p. (J). (gr. -1-3). 16.95 *(978-1-59078-984-1(9),* Astra Young Readers) Astra Publishing Hse.

Percy Family. Daniel Clarke Eddy. 2017. (ENG.). 252p. (J). pap. *(978-3-337-08546-9(6))* Creation Pubs.

Percy Family: The Baltic to Vesuvius (Classic Reprint) Daniel Clarke Eddy. (ENG., Illus.). (J). 2017. 29.18 *(978-0-331-55118-1(7));* 2016. pap. 11.57 *(978-1-334-14638-1(1))* Forgotten Bks.

Percy Gets Upset: Percy Se Enoja. Stuart J. Murphy. Illus. by Tim Jones. 2017. (SPA & ENG.). (J). pap. *(978-1-63289-029-0(1))* Charlesbridge Publishing, Inc.

Percy Hamilton, or the Adventures of a Westminster Boy, Vol. 2 of 3 (Classic Reprint) William Lennox. 2018. (ENG., Illus.). 296p. (J). 30.00 *(978-0-267-23057-0(5))* Forgotten Bks.

Percy Hamilton, Vol. 1 Of 3: Or the Adventures of a Westminster Boy (Classic Reprint) Lord William Lennox. (ENG., Illus.). (J). 2018. 326p. 30.62 *(978-0-267-31222-1(9));* 2016. pap. 13.57 *(978-1-333-40951-7(6))* Forgotten Bks.

Percy Hamilton, Vol. 3 Of 3: Or the Adventures of a Westminster Boy (Classic Reprint) Lord William Lennox. 2018. (ENG., Illus.). 258p. (J). 29.22 *(978-0-267-46520-0(3))* Forgotten Bks.

Percy Hears the Secret. Anu Prakash. 2022. (ENG.). 24p. (J). pap. 10.95 *(978-1-9822-7185-5(X),* Balboa Pr.) Author Solutions, LLC.

Percy Jackson & the Olympians 5 Book Paperback Boxed Set (w/poster) Rick Riordan. Illus. by John Rocco. 2023. (ENG.). 1920p. (J). (gr. 3-7). pap., pap., pap. 44.95 *(978-1-368-09804-5(5),* Disney-Hyperion) Disney Publishing Worldwide.

Percy Jackson & the Olympians: Battle of the Labyrinth: the Graphic Novel, the-Percy Jackson & the Olympians. Rick Riordan. 2018. (Percy Jackson & the Olympians Ser.: 4). (ENG., Illus.). 128p. (J). (gr. 5-9). 21.99 *(978-1-4847-8235-4(6));* pap. 12.99 *(978-1-4847-8639-0(4))* Disney Publishing Worldwide. (Disney-Hyperion).

Percy Jackson & the Olympians, Book Four: the Battle of the Labyrinth. Rick Riordan. 2022. (Percy Jackson & the Olympians Ser.: 4). (ENG.). 400p. (J). (gr. 5-9). pap. 8.99 *(978-1-368-05146-0(4),* Disney-Hyperion) Disney Publishing Worldwide.

Percy Jackson & the Olympians: Last Olympian: the Graphic Novel. Rick Riordan. 2019. (Percy Jackson & the Olympians Ser.). (ENG., Illus.). 128p. (J). (gr. 5-9). 21.99 *(978-1-4847-8233-0(X));* pap. 14.99 *(978-1-4847-8638-3(6))* Disney Publishing Worldwide. (Disney-Hyperion).

Percy Jackson & the Olympians: the Chalice of the Gods. Rick Riordan. ed. 2023. (Percy Jackson & the Olympians Ser.). (ENG.). 288p. (J). (gr. 3-7). 19.99 *(978-1-368-09817-5(7),* Disney-Hyperion) Disney Publishing Worldwide.

Percy Jackson Demigod Collection. Rick Riordan. 2019. (Percy Jackson & the Olympians Ser.). (ENG.). 1392p. (J). (gr. 5-9). pap. 19.99 *(978-1-368-05748-6(9),* Disney-Hyperion) Disney Publishing Worldwide.

Percy Jackson y Los Héroes Griegos / Percy Jackson's Greek Heroes. Rick Riordan. 2018. (Percy Jackson y Los Dioses Del Olimpo / Percy Jackson & the Olympians Ser.). (SPA., Illus.). 505p. (J). (gr. 5-7). pap. 19.95 *(978-84-9838-828-2(7))* Publicaciones y Ediciones Salamandra, S.A. ESP. Dist: Penguin Random Hse. LLC.

Percy Jackson's Greek Gods. Rick Riordan. 2016. (Percy Jackson & the Olympians Ser.). 336p. (YA). lib. bdg. 24.50 *(978-0-606-37400-2(0))* Turtleback.

Percy Jackson's Greek Heroes. Rick Riordan. 2017. (ENG., Illus.). 528p. (J). (gr. 3-7). pap. 12.99 *(978-1-4847-7643-8(7),* Disney-Hyperion) Disney Publishing Worldwide.

Percy Jackson's Greek Heroes. Rick Riordan. ed. 2017. (Percy Jackson & the Olympians Ser.). (J). lib. bdg. 24.50 *(978-0-606-39498-7(2))* Turtleback.

Percy Lockhart, or, the Hidden Will, Vol. 2 of 2 (Classic Reprint) Francis Willoughby Baxter. 2018. (ENG., Illus.). 264p. (J). 29.34 *(978-0-267-17998-5(7))* Forgotten Bks.

Percy Lockhart, Vol. 1 Of 2: Or, the Hidden Will (Classic Reprint) Francis Willoughby Baxter. 2018. (ENG., Illus.). 264p. (J). 29.34 *(978-0-483-56932-4(1))* Forgotten Bks.

Percy Mallory, Vol. 1 of 3 (Classic Reprint) James Hook. 2018. (ENG., Illus.). 356p. (J). 31.24 *(978-0-428-98375-8(8))* Forgotten Bks.

Percy Mallory, Vol. 2 of 3 (Classic Reprint) James Hook. 2018. (ENG., Illus.). 350p. (J). 31.12 *(978-0-483-07840-6(9))* Forgotten Bks.

Percy Police Car: Percy Saves the Day. Pamela Malcolm. 2018. (Emergency Services Ser.: Vol. 2). (ENG., Illus.). 26p. (J). pap. *(978-1-912675-05-0(6))* Aryla Publishing.

Percy the Park Keeper - 123. Nick Butterworth. 2021. (Percy the Park Keeper Ser.). (ENG., Illus.). 24p. (J). pap. 6.99 *(978-0-00-845194-3(X),* HarperCollins Children's Bks.) HarperCollins Pubs. Ltd. GBR. Dist: HarperCollins Pubs.

Percy the Park Keeper - 50 Things to Make & Do with Percy. Nick Butterworth. 2022. (Percy the Park Keeper Ser.). (ENG., Illus.). 64p. (J). 9.99 *(978-0-00-853595-7(7),* HarperCollins Children's Bks.) HarperCollins Pubs. Ltd. GBR. Dist: HarperCollins Pubs.

Percy the Park Keeper - ABC. Nick Butterworth. 2021. (Percy the Park Keeper Ser.). (ENG., Illus.). 24p. (J). pap. 6.99 *(978-0-00-845191-2(5),* HarperCollins Children's Bks.) HarperCollins Pubs. Ltd. GBR. Dist: HarperCollins Pubs.

Percy the Park Keeper - Colours. Nick Butterworth. 2022. (Percy the Park Keeper Ser.). (ENG., Illus.). 24p. (J). 6.99 *(978-0-00-853597-1(3),* HarperCollins Children's Bks.) HarperCollins Pubs. Ltd. GBR. Dist: HarperCollins Pubs.

Percy the Park Keeper - One Snowy Night Activity Book. Nick Butterworth. 2022. (Percy the Park Keeper Ser.). (ENG., Illus.). 64p. (J). pap. 9.99 *(978-0-00-853596-4(5),* HarperCollins Children's Bks.) HarperCollins Pubs. Ltd. GBR. Dist: HarperCollins Pubs.

Percy the Park Keeper - Opposites. Nick Butterworth. 2022. (Percy the Park Keeper Ser.). (ENG., Illus.). 24p. (J). 6.99 *(978-0-00-853601-5(5),* HarperCollins Children's Bks.) HarperCollins Pubs. Ltd. GBR. Dist: HarperCollins Pubs.

Percy the Park Keeper - Percy & Friends Activity Book. Nick Butterworth. 2022. (Percy the Park Keeper Ser.). (ENG.). 64p. (J). pap. 9.99 *(978-0-00-853594-0(9),* HarperCollins Children's Bks.) HarperCollins Pubs. Ltd. GBR. Dist: HarperCollins Pubs.

Percy the Park Keeper: Nature Explorer Activity Book. Nick Butterworth. 2022. (ENG.). 64p. (J). pap. 9.99 *(978-0-00-849604-3(8),* HarperCollins Children's Bks.) HarperCollins Pubs. Ltd. GBR. Dist: HarperCollins Pubs.

Percy the Park Keeper Nature Trail Activity Book. Nick Butterworth. Illus. by Nick Butterworth. 2022. (ENG.). 64p. (J). pap. 9.99 *(978-0-00-849603-6(X),* HarperCollins Children's Bks.) HarperCollins Pubs. Ltd. GBR. Dist: HarperCollins Pubs.

Percy the Pebble. Paul Wokes & Delphine Cummings. Illus. by Katy Dynes. 2016. (ENG.). (J). (gr. k-2). pap. *(978-1-78719-152-5(4))* Authors OnLine, Ltd.

Percy the Pelican & His Sea of Friends. Laura Fitcher. 2022. (ENG., Illus.). 30p. (J). pap. 14.95 *(978-1-68526-694-3(0))* Covenant Bks.

Percy the Penguin's Adventure. Babs Brown. Illus. by Michael Dean. 2016. (ENG.). 50p. (J). (gr. 1-3). pap. *(978-1-910077-96-2(8))* 2QT, Ltd. (Publishing).

Percy the Penguin's Stormy Adventure. John Collin. Illus. by Tina Antcliffe. 2022. (ENG.). 32p. (J). pap. *(978-0-2288-6784-5(3))* Tellwell Talent.

Percy the Piebald Pony. Susannah And Peter Winfield-Weston. Illus. by Ian R. Ward. 2022. (ENG.). 64p. (J). pap. *(978-1-80381-104-8(8))* Grosvenor Hse. Publishing Ltd.

Percy the Pigeon. Katie Budge. Illus. by Jen Aranyi. 2017. (ENG.). 24p. (J). pap. *(978-1-910565-94-0(6))* Britain's Next Bestseller.

Percy the Plastic Bag. Ann Florence Dodd. 2022. (ENG.). 78p. (J). *(978-1-3984-2905-5(8));* pap. *(978-1-3984-2904-8(X))* Austin Macauley Pubs. Ltd.

Percy the Porcupine's Anxiety. Rachel Fehr. 2018. (ENG.). 38p. (J). 14.95 *(978-1-68401-304-3(6))* Amplify Publishing Group.

Percy to the Rescue: Leveled Reader Silver Level 23. Rg Rg. 2016. (PM Ser.). (ENG.). 24p. (J). (gr. 3). pap. 11.00 *(978-0-544-89254-5(2))* Rigby Education.

Percy Vere: The Little Pony Who Never Gave Up. Louise Donnor-Broom & Charlotte Donnor-Broom. Illus. by Becky McMurray. 2019. (ENG.). 22p. (J). pap. *(978-1-78324-139-2(X))* Wordzworth Publishing.

Percy Vere (Classic Reprint) Evelyn Everett-Green. (ENG., Illus.). (J). 2018. 266p. 29.38 *(978-0-483-70867-9(4));* 2017. pap. 11.97 *(978-0-243-28912-7(X))* Forgotten Bks.

Percy Wynn or Making a Boy of Him (Classic Reprint) Francis J. Finn. 2017. (ENG., Illus.). (J). 29.24 *(978-1-5282-5231-7(4))* Forgotten Bks.

Percy Wynn or, Making a Boy Out of Him. Francis J. Finn. 2017. (ENG., Illus.). (J). pap. *(978-0-649-13988-0(7))* Trieste Publishing Pty Ltd.

Percy's Angel. Anna Street. Illus. by Elena Rudman. 2021. (ENG.). 32p. (J). *(978-0-2288-3976-7(9));* pap. *(978-0-2288-3975-0(0))* Tellwell Talent.

Percy's Bumpy Ride (a Percy the Park Keeper Story) Nick Butterworth. Illus. by Nick Butterworth. (Percy the Park Keeper Story Ser.). (ENG.). 32p. (J). 2021. pap. 7.99 *(978-0-00-835692-7(0));* 2019. (Illus.). pap. 11.00 *(978-0-00-715514-9(X))* HarperCollins Pubs. Ltd. GBR. (HarperCollins Children's Bks.). Dist: HarperCollins Pubs.

Percy's Museum, 1 vol. Sara O'Leary. Illus. by Carmen Mok. 2021. 32p. (J). (gr. -1-2). 18.95 *(978-1-77306-252-5(2))* Groundwood Bks. CAN. Dist: Publishers Group West (PGW).

1572
The check digit for ISBN-10 appears in parentheses after the full ISBN-13

Percy's Perfect Friend. Lana Button. Illus. by Peggy Collins. 2023. (ENG.). 32p. (J). (gr. -1-1). 18.95 (978-1-77278-281-3(5)) Pajama Pr. CAN. Dist: Publishers Group West (PGW).

Percy's Pet Pugusaur Pete, Bully Eradicator. Charles E. Pickens. 2018. (ENG., Illus.). 60p. (J). 25.95 (978-1-64140-821-9(9)); pap. 16.95 (978-1-64114-829-0(2)) Christian Faith Publishing.

Percy's Revenge. Clara Mulholland. 2017. (ENG.). 326p. (J). pap. (978-3-337-41431-3(1)) Creation Pubs.

Percy's Revenge: A Story for Boys (Classic Reprint) Clara Mulholland. (ENG., Illus.). (J). 2017. 30.58 (978-0-331-88746-4(0)); 2016. pap. 13.57 (978-1-333-34531-0(3)) Forgotten Bks.

Percy's Year of Rhymes (Classic Reprint) Unknown Author. 2018. (ENG., Illus.). 56p. (J). 25.07 (978-0-484-68702-7(6)) Forgotten Bks.

Perder Es Poder. La Bobada Literaria. 2018. (SPA.). 168p. (YA). (gr. 9-12). 14.99 (978-958-30-5721-2(5)) Panamericana Editorial COL. Dist: Lectorum Pubns., Inc.

Perdida: A Round Unvarnished Tale Truthfully Delivered (Classic Reprint) Frederic W. Pangborn. 2018. (ENG., Illus.). 470p. (J). 33.61 (978-0-483-26222-5(6)) Forgotten Bks.

Perdidamente. Giovanna Lobato. 2017. (POR., Illus.). (J). pap. (978-85-69030-90-4(8)) Drago Editorial.

Perdido Voy en Busca de Mi Mismo: Poemas y Acuarelas. Juan José Arreola. 2018. (Poesia Ser.). (SPA.). 134p. (J). pap. 16.99 (978-607-16-5899-9(3)) Fondo de Cultura Economica USA.

Perdidos en Nunca Jamás. Aiden Thomas. 2022. (SPA.). 408p. (YA). (gr. 9-12). pap. 18.99 (978-987-747-795-5(5)) V&R Editoras.

Perdidos en una Cueva: Leveled Reader Book 20 Level P 6 Pack. Hmh Hmh. 2021. (SPA.). 56p. (J). pap. 74.40 (978-0-358-08502-7(0)) Houghton Mifflin Harcourt Publishing Co.

Perdimos Nuestro Camino. Gayle Forman. 2019. (SPA.). 256p. (YA). pap. 15.95 (978-84-92918-13-3(6), Puck) Ediciones Urano S. A. ESP. Dist: Spanish Pubs., LLC.

Perdita: A Romance in Biography (Classic Reprint) Stanley V. Makower. 2018. (ENG., Illus.). 406p. (J). 32.27 (978-0-267-41192-4(8)) Forgotten Bks.

Perdita, & Other Stories (Classic Reprint) Ella Wheeler Wilcox. (ENG., Illus.). (J). 2019. 132p. 26.62 (978-0-365-10750-7(6)); 2017. pap. 9.57 (978-0-259-17235-2(9)) Forgotten Bks.

Perdita & the Christmas People: Or What Happened at Tolpuddle. Peter Hunt. 2021. (Perdita Ser.: Vol. 3). (ENG.). 270p. (J). pap. (978-1-8383041-7-1(7)) Shakspeare Editorial.

Perdita & the May People. Peter Hunt. 2021. (Perdita Ser.: Vol. 1). (ENG.). 166p. (J). pap. (978-1-8383041-3-3(4)) Shakspeare Editorial.

Perdita & the Midsummer People: And What Didn't Happen at Samhain. Peter Hunt. 2021. (Perdita Ser.: Vol. 2). (ENG.). 208p. (J). pap. (978-1-8383041-5-7(0)) Shakspeare Editorial.

Perdita & the Sugarplum Princess. M. T. Boulton. 2017. (ENG., Illus.). 270p. (J). (978-0-244-94556-5(X)) Lulu Pr., Inc.

Perdition. Lindsey Ouimet. 2017. (ENG., Illus.). (J). pap. (978-1-77339-297-4(2)) Evernight Publishing.

Perdu. Richard Jones. 2021. (ENG.). 32p. (J). (gr. -1-3). 17.99 (978-1-68263-248-2(2)) Peachtree Publishing Co. Inc.

Perdu the Monkey. Tattiana Tesfaye Kifile. l.t. ed. 2023. (ENG.). 50p. (J). pap. 12.99 **(978-1-0880-7478-7(2))** Indy Pub.

Pere Goriot (Classic Reprint) Honore de Balzac. 2017. (ENG., Illus.). (J). 32.68 (978-0-266-30517-0(2)) Forgotten Bks.

Pere Goriot (Classic Reprint) Honore de Balzac. 2017. (FRE., Illus.). (J). 30.41 (978-0-331-07684-4(5)) Forgotten Bks.

Père Goriot (Classic Reprint) Honore de Balzac. 2018. (ENG., Illus.). 374p. (J). 31.61 (978-0-266-43120-6(8)) Forgotten Bks.

Pere Jean, & Other Stories (Classic Reprint) Aileen Hingston. 2017. (ENG., Illus.). (J). pap. 9.57 (978-0-243-52194-4(4)) Forgotten Bks.

Père Jean, & Other Stories (Classic Reprint) Aileen Hingston. 2018. (ENG., Illus.). 96p. (J). 25.88 (978-0-364-01776-0(7)) Forgotten Bks.

Pere Noel a Rambouillet. Veronique Barbotin. Illus. by Michel Breton. 2018. (FRE.). 44p. (J). pap. (978-2-917822-60-9(0)) Pgcom Editions.

Peregrine's Progress (Classic Reprint) Jeffery Farnol. 2018. (ENG., Illus.). 462p. (J). 33.43 (978-0-483-93562-4(X)) Forgotten Bks.

Peregrine's Saga & Other Stories of the Country Green (Classic Reprint) Henry Williamson. 2018. (ENG., Illus.). (J). 30.48 (978-0-260-29091-5(2)) Forgotten Bks.

Perennial Plants & Annual Plants Explained, 1 vol. Shirley Duke. 2016. (Distinctions in Nature Ser.). (ENG., Illus.). 32p. (gr. 3-3). 30.21 (978-1-5026-1742-2(0), ef2bd1fc-1e22-4321-8a74-c351bd08c1a5) Cavendish Square Publishing LLC.

Perez the Mouse (Classic Reprint) Luis Coloma. 2017. (ENG., Illus.). (J). 25.40 (978-0-331-77036-0(9)) Forgotten Bks.

Perezoso. Grace Hansen. 2023. (Animales Sudamericanos Ser.). (SPA.). 24p. (J). (gr. -1-2). lib. bdg. 32.79 **(978-1-0982-6762-9(1)**, 42756, Abdo Kids) ABDO Publishing Co.

Perezoso Libro de Colorear para Niños: Hermoso Libro para Colorear con Perezosos Divertidos, Perezosos Lindos y Perezosos Tontos. Lenard Vinci Press. 2021. (SPA.). 90p. (J). pap. 9.49 (978-1-716-16086-8(3)) Lulu Pr., Inc.

Perezosos. Julie Murray. 2017. (¡Me Gustan Los Animales! (I Like Animals! Set 2) Ser.).Tr. of Sloths. (SPA.). 24p. (J). (gr. -1-2). lib. bdg. 31.36 (978-1-5321-0185-4(6), 25196, Abdo Kids) ABDO Publishing Co.

Perfect. Cecelia Ahern. 2017. (ENG.). 338p. (YA). (gr. 8-12). pap. 12.99 (978-1-250-14643-4(7)) St. Martin's Pr.

Perfect. Max Amato. 2019. (ENG., Illus.). 48p. (J). (gr. -1-k). 16.99 (978-0-545-82931-1(3), Scholastic Pr.) Scholastic, Inc.

Perfect. Danny Parker. Illus. by Freya Blackwood. (ENG.). 32p. (J). 2018. (gr. -1-k). 10.99 (978-1-76050-140-2(9)); 2017. (— 1). 16.99 (978-1-921894-84-8(9)) Little Hare Bks. AUS. Dist: Independent Pubs. Group.

Perfect. Penelope Dyan. Illus. by Dyan. l.t. ed. 2022. (ENG.). 34p. (J). pap. 12.60 **(978-1-61477-615-4(6))** Bellissima Publishing, LLC.

Perfect: A Novel. Cecelia Ahern. 2018. (Flawed Ser.: 2). (ENG.). 352p. (YA). pap. 12.99 (978-1-250-14414-0(0), 900180619) Square Fish.

Perfect: #2. Gary Fabbri. Illus. by Alan Brown. 2022. (Back of the Net Ser.). (ENG.). 112p. (J). (gr. 4-9). lib. bdg. 38.50 (978-1-0982-3335-8(2), 41183, Claw) ABDO Publishing Co.

Perfect Adonis (Classic Reprint) Miriam Coles Harris. 2018. (ENG., Illus.). 382p. (J). 31.78 (978-0-365-35952-4(1)) Forgotten Bks.

Perfect Adventure. Kate Holiday. 2021. (ENG.). 38p. (J). 24.00 (978-1-64913-054-9(6), RoseDog Bks.) Dorrance Publishing Co., Inc.

Perfect Animal. Illus. by Raquel Diaz Reguera. 2017. (ENG.). 40p. (J). (gr. -1-3). 15.95 (978-84-946333-9-3(2)) NubeOcho Ediciones ESP. Dist: Consortium Bk. Sales & Distribution.

Perfect As I Am. Maame Serwaa. Illus. by Fleance Forkuo. 2018. (ENG.). 30p. (J). pap. 9.99 (978-1-62676-800-0(5), Melanin Origins, LLC) Grivante Pr.

Perfect Beat. Bob Stone. 2020. (Missing Beat Ser.: Vol. 3). (ENG.). 246p. (YA). pap. (978-1-78645-344-0(4)) Beaten Track Publishing.

Perfect Behavior (Classic Reprint) Donald Ogden Stewart. 2018. (ENG., Illus.). 262p. (J). 29.32 (978-0-656-84628-3(3)) Forgotten Bks.

Perfect Birthday Recipe. Katy Hudson. Illus. by Katy Hudson. 2020. (ENG., Illus.). 32p. (J). (gr. -1-1). 17.95 (978-1-68446-037-3(9), 139811, Capstone Editions) Capstone.

Perfect Book, 2. Brooke Vitale. ed. 2022. (Minnie Mouse Graphix Chapters Ser.). (ENG.). 80p. (J). (gr. 2-3). 24.46 **(978-1-68505-197-6(9))** Penworthy Co., LLC, The.

Perfect Book about Perfect You: Build Self-Esteem; Accept Yourself Love Yourself; a Children's Book about Perfectionism; Making Mistakes; & about Growth Mindset; Linda J. Keep. 2021. (ENG.). 32p. (J). pap. (978-1-7770596-1-3(5)) Psychology Center Inc.

Perfect Book for Kids That Love Pirates, Maze Game, Coloring Pages, Find the Difference, How Many? & More. the Pirate Activity Book. Cristie Publishing. 2021. (ENG.). 62p. (J). pap. 9.99 (978-0-04-296863-6(1)) Lulu Pr., Inc.

Perfect Camping Day. Fifi Kuo. 2022. (ENG.). 32p. (J). (gr. -1-1). 17.99 (978-1-912757-89-3(3)) Boxer Bks., Ltd. GBR. Dist: Sterling Publishing Co., Inc.

Perfect Candidate. Peter Stone. 2018. (ENG., Illus.). 384p. (YA). (gr. 7). 18.99 (978-1-5344-2217-9(X), Simon & Schuster Bks. For Young Readers) Simon & Schuster Bks. For Young Readers.

Perfect Candidate. Peter Stone. 2019. (ENG.). 384p. (YA). (gr. 7). pap. 12.99 (978-1-5344-2218-6(8)) Simon & Schuster, Inc.

Perfect Carrot. Sharyn Buchholz. 2019. (ENG.). 28p. (J). 23.95 (978-1-64416-331-3(4)); pap. 13.95 (978-1-64416-329-0(2)) Christian Faith Publishing.

Perfect Christmas Gift. Jennifer Cowan. 2019. (ENG.). 34p. (J). pap. 13.95 (978-1-64349-594-1(1)) Christian Faith Publishing.

Perfect Christmas Gift. Sandy Heitmeier Thompson. 2020. (ENG., Illus.). 38p. (J). 23.95 (978-1-63630-826-5(0)); pap. 13.95 (978-1-64468-677-5(5)) Covenant Bks.

Perfect Christmas Tree. Lindsey Hansen. 2021. (ENG., Illus.). 20p. (J). 23.95 (978-1-63692-548-6(0)) Newman Springs Publishing, Inc.

Perfect Christmas Tree Surprise. Wendy McMillan. 2018. (ENG., Illus.). 30p. (J). 24.95 (978-1-64349-892-8(4)); pap. 15.95 (978-1-64258-206-2(9)) Christian Faith Publishing.

Perfect Costume. Jody Reimers. 2020. (ENG.). 24p. (J). pap. 13.25 (978-1-716-37303-9(4)) Lulu Pr., Inc.

Perfect Dandelion. Adelina Fabiano. Illus. by Anthony Erazo Santos. 2020. (ENG.). 32p. (J). (978-1-5255-6886-2(8)); pap. (978-1-5255-6887-9(6)) FriesenPress.

Perfect Date. R. L. Stine. 2021. (Fear Street Ser.). (ENG.). 176p. (YA). (gr. 9). pap. 11.99 (978-1-5344-8765-9(4), Simon Pulse) Simon Pulse.

Perfect Day. Sarah S. Brannen. Illus. by Sarah S. Brannen. 2020. (Illus.). 32p. (J). (gr. -1-2). 17.99 (978-1-9848-1284-1(X), Philomel Bks.) Penguin Young Readers Group.

Perfect Day. Alex Celico. 2022. (ENG.). 32p. (J). **(978-1-387-54872-9(7))** Lulu Pr., Inc.

Perfect Day. Lane Smith. Illus. by Lane Smith. 2017. (ENG., Illus.). 32p. (J). 18.99 (978-1-62672-536-2(5), 900160579) Roaring Brook Pr.

Perfect Day for an Albatross, 1 vol. Caren Loebel-Fried. Illus. by Caren Loebel-Fried. 2017. (ENG., Illus.). 40p. (J). (gr. -1-3). 15.95 (978-1-943645-27-5(2), dac75101-a799-4db8-8a40-01a75e50a17e) WunderMill, Inc.

Perfect Decoy. Jeanne Amersfoort. 2019. (ENG.). 284p. (YA). pap. 18.95 (978-1-64492-957-5(0)) Christian Faith Publishing.

Perfect Distance. Hannah Conrad. 2021. (ENG.). 314p. (YA). pap. 14.99 (978-1-393-53954-4(8)) Draft2Digital.

Perfect Dog. Kevin O'Malley. 2018. (Illus.). 40p. (J). (gr. -1-2). 8.99 (978-1-101-93444-9(1), Dragonfly Bks.) Random Hse. Children's Bks.

Perfect Doll: A Story. Aubie Brennan. 2018. (ENG., Illus.). 54p. (J). 25.95 (978-1-64458-809-3(9)); pap. 15.95 (978-1-64458-572-6(3)) Christian Faith Publishing.

Perfect Enough. Kelly Artieri. 2020. (ENG.). 38p. (J). pap. 9.99 (978-1-64949-039-1(9)); (Illus.). 18.99 (978-1-64949-040-7(2)) Elk Lake Publishing, Inc.

Perfect Escape. Suzanne Park. 2020. (ENG.). 320p. (YA). (gr. 8-12). pap. 10.99 (978-1-7282-0939-5(0)) Sourcebooks, Inc.

Perfect Father's Day: A Father's Day Gift Book from Kids. Eve Bunting & James Cross Giblin. Illus. by Susan Meddaugh. 2016. (ENG.). 40p. (J). (gr. -1-3). 8.99 (978-0-544-70900-3(4), 1628911, Clarion Bks.) HarperCollins Pubs.

Perfect Fifths: A Jessica Darling Novel. Megan McCafferty. 2022. (Jessica Darling Ser.: 5). (ENG.). 368p. (YA). pap. 13.99 (978-1-250-78187-1(6), 900236431, Wednesday Bks.) St. Martin's Pr.

Perfect Fit! Kareem Bernard. 2020. (ENG.). 16p. (J). (978-1-6781-6712-7(6)) Lulu Pr., Inc.

Perfect Fit: How Lena Lane Bryant Changed the Shape of Fashion. Mara Rockliff. Illus. by Juana Martinez-Neal. 2022. (ENG.). 32p. (J). (gr. -1-3). 17.99 (978-0-358-12543-3(X), 1751513, Clarion Bks.) HarperCollins Pubs.

Perfect Fit Shoes Coloring Book. Activibooks For Kids. 2016. (ENG., Illus.). (J). pap. 9.20 (978-1-68321-739-8(X)) Mimaxion.

Perfect Flower. Kalee Crist. 2016. (ENG., Illus.). (J). (gr. k-4). 19.99 (978-1-943331-33-8(2)) Orange Hat Publishing.

Perfect Fun for Kids Activity Book. Kreative Kids. 2016. (ENG., Illus.). (J). pap. 10.81 (978-1-68377-228-6(8)) Whlke, Traudl.

Perfect Gentleman (Classic Reprint) Ralph Bergengren. (ENG., Illus.). (J). 2018. 142p. 26.85 (978-0-365-38033-7(4)); 2016. pap. 9.57 (978-1-333-62492-7(1)) Forgotten Bks.

Perfect Gift. Karen Dominik. Ed. by Karen Dominik. 2020. (J). pap. 12.99 (978-0-578-70159-2(6)) Dominik, Karen.

Perfect Gift. Shenice Gary. 2021. (ENG., Illus.). 26p. (J). pap. 14.99 (978-1-954095-54-0(6)) Yorkshire Publishing Group.

Perfect Gift. Tosha Huckett. 2017. (ENG., Illus.). (J). (gr. -1-3). pap. 12.95 (978-1-68197-909-0(8)) Christian Faith Publishing.

Perfect Gift. Jackie Smith Ph D. 2021. (ENG.). 24p. (J). pap. 7.99 (978-1-953537-97-3(9)) Bookwhip.

Perfect Gift, 1 vol. Paula Yoo. Illus. by Shirley Ng-Benitez. 2018. (Confetti Kids Ser.: 6). (ENG.). 32p. (J). (gr. k-2). 14.95 (978-1-62014-567-8(7), leelowbooks) Lee & Low Bks., Inc.

Perfect Gift: Color My World Perfect. Lauren Persons. Illus. by Noah Hrbek. 2023. (ENG.). 38p. (J). 29.95 **(978-1-61599-758-9(X))**; pap. 17.95 **(978-1-61599-757-2(1))** Loving Healing Pr., Inc.

Perfect Gift (Confetti Kids), 1 vol. Paula Yoo. 2018. (Confetti Kids Ser.: 6). (ENG., Illus.). 32p. (J). (gr. k-2). pap. 10.95 (978-1-62014-568-5(5), leelowbooks) Lee & Low Bks., Inc.

Perfect Gown. Shalini Vallepur. Illus. by Emily Cowling. 2023. (Level 6 - Orange Set Ser.). (ENG.). 32p. (J). (gr. 1-4). lib. bdg. 19.95 Bearport Publishing Co., Inc.

Perfect Harmony. Emily Albright. 2018. (ENG.). 304p. (YA). pap. 12.99 (978-1-944995-82-9(X)) Amberjack Publishing Co.

Perfect Holidays. Alex Miles. 2019. (Girl Geeks Ser.: 3). 176p. (J). (gr. 2-4). 14.99 (978-0-14-379507-0(4), Puffin) Penguin Random Hse. AUS. Dist: Independent Pubs. Group.

Perfect Horse: How to Know Him, How to Breed Him, How to Train Him, How to Shoe Him, How to Drive Him (Classic Reprint) William Henry Harrison Murray. (ENG., Illus.). (J). 2017. 35.34 (978-0-331-24309-3(1)); 2016. pap. 19.57 (978-1-332-71441-4(2)) Forgotten Bks.

Perfect Horse: The Daring Rescue of Horses Kidnapped During World War II. Elizabeth Letts. 2020. (Illus.). 272p. (J). (gr. 3-7). 8.99 (978-0-525-64477-4(6), Yearling) Random Hse. Children's Bks.

Perfect Idiot. Frank. Iodice. Illus. by Gary Taxali. 2017. (ENG.). 164p. (J). pap. (978-88-943762-2-7(2)) Associazione culturale Articoli Liberi.

Perfect Jack-O'-Lantern. Victoria Abbott. Illus. by Marcin Piworski. 2017. (My Adventures Ser.). (ENG.). 24p. (gr. -1-2). pap. 9.95 (978-1-68342-795-7(5), 9781683427957) Rourke Educational Media.

Perfect Kitten. Holly Webb. Illus. by Sophy Williams. 2019. (Pet Rescue Adventures Ser.). (ENG.). 128p. (J). (gr. 1-4). 4.99 (978-1-68010-447-9(0)) Tiger Tales.

Perfect Kitten Coloring Book for Kids: Packed with Cute Illustrations of Cats & Kittens Doing All Kinds of Funny Things. Great Gift for Girls & Boys of All Ages, Little Kids, Preschool, Kindergarten & Elementary. Jasmine Taylor. 2021. (ENG.). 65p. (J). pap. **(978-1-7947-9628-7(2))** Lulu Pr., Inc.

Perfect Lady: A Novelization of the Channing Pollock-Rennold Wolf Play (Classic Reprint) Joseph Boardman. (ENG., Illus.). (J). 2018. 372p. 31.57 (978-0-483-75591-8(5)); 2017. pap. 13.97 (978-1-5276-7287-1(5)) Forgotten Bks.

Perfect Liars, 1 vol. Kimberly Reid. 2016. (ENG.). 384p. (YA). (gr. 8-12). 19.95 (978-1-62014-273-8(2), leelowtu, Tu Bks.) Lee & Low Bks., Inc.

Perfect Liars: Such a Good Girl; Secrets, Lies, & Scandals. Amanda K. Morgan. 2020. (ENG.). 640p. (YA). (gr. 9). pap. 12.99 (978-1-5344-7382-9(3), Simon Pulse) Simon Pulse.

Perfect Little Angel. Liz T Beaton. 2022. (ENG.). 40p. (J). 24.95 **(978-1-6642-7442-6(1)**, WestBow Pr.) Author Solutions, LLC.

Perfect Love (an Immortal Dreams Novel. Bethany Averie. 2017. (ENG., Illus.). (YA). pap. 14.99 (978-1-68291-466-3(6)) Soul Mate Publishing.

Perfect Match: Based on a True Story. T. L. Rose. 2021. (ENG.). 106p. (YA). pap. 11.69 (978-1-008-94480-0(7)) Lulu Pr., Inc.

Perfect Match! Matching Memory Activity Book. Jupiter Kids. 2016. (ENG., Illus.). 108p. (J). pap. 16.55 (978-1-68326-146-9(1), Jupiter Kids (Childrens & Kids Fiction)) Speedy Publishing LLC.

Perfect Mess. Brendan Kelley. 2016. (ENG.). 42p. (J). pap. **(978-1-365-25002-6(4))** Lulu Pr., Inc.

Perfect Mistake. Melanie Conklin. 2022. (ENG.). 272p. (J). (gr. 3-7). 16.99 (978-0-316-66858-3(3)) Little, Brown Bks. for Young Readers.

Perfect Mrs. Claus. Caitlin Matter. 2019. (ENG., Illus.). 30p. (J). pap. 12.95 (978-1-64559-175-7(1)) Covenant Bks.

Perfect Nest. Catherine Friend. Illus. by John Manders. 2018. (ENG.). 40p. (J). (gr. -1-2). 8.99 (978-0-7636-9975-8(6)) Candlewick Pr.

Perfect Nest. Catherine Friend. ed. 2018. (Illus.). (J). lib. bdg. 18.40 (978-0-606-40906-3(8)) Turtleback.

Perfect Ninja: A Children's Book about Developing a Growth Mindset. Mary Nhin & Grow Grit Press. Illus. by Jelena Stupar. 2020. (Ninja Life Hacks Ser.: Vol. 9). (ENG.). 36p. (J). 18.99 (978-1-953399-42-7(8)) Grow Grit Pr.

Perfect on Paper: A Novel. Sophie Gonzales. 2022. (ENG.). 368p. (YA). pap. 11.99 (978-1-250-83008-1(7), 900252755, Wednesday Bks.) St. Martin's Pr.

Perfect Pair! Purses, Handbags, & Wallets for All Occasions. Marne Ventura. 2016. (Accessorize Yourself! Ser.). (ENG., Illus.). 48p. (J). (gr. 4-8). lib. bdg. 35.32 (978-1-4914-8230-8(3), 130693, Capstone Pr.) Capstone.

Perfect Paper Plane. Catherine Stier. Illus. by Francesca Rosa. 2022. (Science Makes It Work Ser.). 32p. (J). (gr. -1-3). 17.99 (978-0-8075-7273-3(X), 080757273X) Whitman, Albert & Co.

Perfect Path a Novel, Vol. 1 of 2 (Classic Reprint) Elizabeth Glaister. 2018. (ENG., Illus.). 292p. (J). 29.92 (978-0-484-89291-9(6)) Forgotten Bks.

Perfect Path, Vol. 2 Of 2: A Novel (Classic Reprint) Elizabeth Glaister. (ENG., Illus.). (J). 2018. 276p. 29.59 (978-0-483-29222-2(2)); 2016. pap. 11.97 (978-1-333-36843-2(7)) Forgotten Bks.

Perfect Pear. Louise Alexander. ed. 2019. (My Little Pony 8x8 Bks). (ENG.). 30p. (J). (gr. k-1). 14.39 (978-1-64310-845-2(X)) Penworthy Co., LLC, The.

Perfect Pelican. Jennifer Wrzosek. Illus. by Pat Hunt. 2021. (ENG.). 38p. (J). pap. (978-0-2288-5929-1(8)) Tellwell Talent.

Perfect Penny: In Case I Forget to Tell You. Serena Brown-Travis. 2018. (ENG., Illus.). 40p. (J). (gr. k-5). 12.97 (978-1-947256-77-4(7)); (Perfect Penny Ser.: Vol. 3). pap. 9.97 (978-1-947256-78-1(5)) BEYOND PUBLISHING.

Perfect Penny: It's Not over until I Win! Serena Brown-Travis. 2018. (Perfect Penny Ser.: Vol. 2). (ENG., Illus.). 28p. (J). (gr. k-3). 12.97 (978-1-947256-74-3(2)) BEYOND PUBLISHING.

Perfect People. Danielle D'Avignon. 2017. (ENG.). (J). 14.95 (978-1-63177-748-6(3)) Amplify Publishing Group.

Perfect Pests. Jennifer Krzak. Illus. by Dream Bug. 2018. (ENG.). 40p. (J). pap. 10.99 (978-0-9998819-0-3(6)) Zion Publishing.

Perfect Pet. Carl Nino. Illus. by Isabella Grott. 2017. (Family Time Ser.). (ENG.). 24p. (gr. -1-2). pap. 9.95 (978-1-68342-755-1(6), 9781683427551) Rourke Educational Media.

Perfect Pet. Christine Platt. 2020. (Ana & Andrew Set 2 Ser.). (ENG., Illus.). 32p. (J). (gr. 2-2). pap. 9.95 (978-1-64494-263-5(1), 1644942631, Calico Kid) ABDO Publishing Co.

Perfect Pet. Christine Platt. Illus. by Junissa Bianda. 2019. (Ana & Andrew Ser.). (ENG.). 32p. (J). (gr. -1-3). lib. bdg. 32.79 (978-1-5321-3639-9(0), 33724, Calico Chapter Bks) Magic Wagon.

Perfect Pet for Paye. Fran Hodgkins. Illus. by Sean O'Neill. 2022. (ENG.). 24p. (J). pap. **(978-1-922835-37-6(4))** Library For All Limited.

Perfect Pet for You! Estelle Laure. Illus. by Amy Hevron. 2021. (ENG.). 32p. (J). (gr. -1-3). 17.99 (978-0-06-302599-8(X), HarperCollins) HarperCollins Pubs.

Perfect Petals Artistic Flowers Coloring Book. Activibooks For Kids. 2016. (ENG., Illus.). (J). pap. 9.20 (978-1-68321-193-8(6)) Mimaxion.

Perfect Pie. Kippy Dalton. 2016. (Spring Forward Ser.). (J). (gr. k). (978-1-4900-3718-9(7)) Benchmark Education Co.

Perfect Piggies! A Book! a Song! a Celebration! Sandra Boynton. Illus. by Sandra Boynton. 2023. (Boynton on Board Ser.). (ENG., Illus.). 24p. (J). (gr. -1-k). bds. 7.99 **(978-1-6659-2518-1(3))** Simon & Schuster Children's Publishing.

Perfect Pillow. Eric Pinder. Illus. by Chris Sheban. 2018. (ENG.). 32p. (J). (gr. -1-3). 16.99 (978-1-4847-4646-2(5)) Little, Brown Bks. for Young Readers.

Perfect Piñatas. Kirsten McDonald. Illus. by Erika Meza. 2016. (Carlos & Carmen Ser.). (ENG.). 32p. (J). (gr. -1-3). lib. bdg. 32.79 (978-1-62402-183-1(2), 24545, Calico Chapter Bks) Magic Wagon.

Perfect Pitch (Good Sports League #2), Vol. 2. Tommy Greenwald. Illus. by Lesley Vamos. 2023. (Good Sports League Ser.). (ENG.). 144p. (J). (gr. 2-5). 14.99 **(978-1-4197-6367-0(9)**, 1784101, Amulet Bks.) Abrams, Inc.

Perfect Place. Stephanie Turcotte Edenholm. Ed. by Valerie Haff. Illus. by Daniel Jackson. 2021. (ENG.). 36p. (J). 19.95 (978-1-0879-6064-7(9)); pap. 9.95 (978-1-0878-8147-8(1)) Indy Pub.

Perfect Place. Teresa E. Harris. ed. 2018. lib. bdg. 18.40 (978-0-606-40433-4(3)) Turtleback.

Perfect Place for Toodles. Barbara A. Pierce. 2019. (ENG., Illus.). 26p. (J). 15.99 (978-1-970072-60-0(1)); pap. 9.99 (978-1-970072-59-4(8)) New Leaf Media, LLC.

Perfect Place for Toodles. Barbara A. Pierce. 2018. (ENG., Illus.). 24p. (J). 17.99 (978-1-948304-84-9(8)); pap. 9.99 (978-1-948304-83-2(X)) PageTurner: Pr. & Media.

Perfect Place Scholastic Edition Pa. Teresa E. Harris. 2016. (ENG.). 272p. (J). pap. 4.99 (978-1-328-77394-4(9), Clarion Bks.) HarperCollins Pubs.

Perfect Place to Bee. Jill Duhon. 2022. (ENG.). 38p. (J). 15.95 (978-1-64543-904-2(6)) Amplify Publishing Group.

Perfect Place to Die. Bryce Moore. 2021. (ENG.). 320p. (YA). (gr. 8-12). pap. 10.99 (978-1-7282-2911-9(1)) Sourcebooks, Inc.

Perfect Plan. Leah Gilbert. 2021. (ENG.). 40p. (J). 17.99 (978-1-5476-0526-2(X), 900226609, Bloomsbury Children's Bks.) Bloomsbury Publishing USA.

Perfect Pony (revised) 2017. (Sandy Lane Stables Ser.). (ENG.). (J). pap. 5.99 (978-0-7945-3623-7(9), Usborne) EDC Publishing.

Perfect Potty Zoo: The Funniest ABC Book. Agnes Green. Illus. by Zhanna Mendel. l.t. ed. 2018. (Funniest ABC Bks.: Vol. 1). (ENG.). 42p. (J). 19.99 (978-1-5323-7794-5(0)) April Tale.

Perfect Potty Zoo: The Funniest ABC Book. Agnes Green. 2018. (ENG., Illus.). 40p. (J). pap. 19.90 *(978-1-387-56779-9(9))* Lulu Pr., Inc.

Perfect Potty Zoo: The Part of the Funniest ABC Books Series. Unique Mix of an Alphabet Book & Potty Training Book. for Kids Ages 2 To 5. Agnes Green. Illus. by Zhanna Mendel. l.t. ed. 2022. (ENG.). 36p. (J). pap. 7.95 *(978-1-957093-05-5(6))* April Tale.

Perfect Present. Stella J. Jones. Illus. by Caroline Pedler. 2016. (ENG.). 32p. (J). (gr. -1-2). 16.99 *(978-1-68010-036-5(X))* Tiger Tales.

Perfect Presents! Anke Kuhl. Illus. by Anke Kuhl. 2023. (ENG., Illus.). 32p. (J). (gr. -1-4). 9.99 *(978-1-77657-499-5(0),* 26d1a2c2-5e15-4d04-b079-4b86b912413c) Gecko Pr. NZL. Dist: Lerner Publishing Group.

Perfect Princess Pets! (Disney Princess: Palace Pets) Random House. Illus. by Random House. 2022. (Step into Reading Ser.). (ENG., Illus.). 144p. (J). (gr. -1-1). pap. 7.99 *(978-0-7364-4337-1(1),* RH/Disney) Random Hse. Children's Bks.

Perfect Program! Kirsty Holmes. 2019. (Code Academy Ser.). (ENG.). 24p. (J). (gr. 2-2). pap. *(978-0-7787-6343-7(9),* e965a07c-ec2a-4fef-9aa6-c482e191d967); lib. bdg. *(978-0-7787-6337-6(4),* 95624ec5-6685-408e-9065-fb5d0881b822) Crabtree Publishing Co.

Perfect Puddle. Barbara Perry. Illus. by Autumn Brook. 2019. (ENG.). 34p. (J). (gr. -1-3). pap. 11.99 *(978-1-61254-382-6(0))* Brown Books Publishing Group.

Perfect Pull. Kirsty Holmes. 2021. (Science Academy Ser.). (ENG., Illus.). 24p. (J). (gr. 1-4). pap. *(978-1-4271-3059-4(0),* 11890); lib. bdg. *(978-1-4271-3055-6(8),* 11885) Crabtree Publishing Co. (Crabtree Classics).

Perfect Pumpkin. Kallie George. ed. 2018. (I Can Read Ser.). (ENG.). 32p. (J). (gr. -1-1). 13.89 *(978-1-64310-702-8(X))* Penworthy Co., LLC, The.

Perfect Punctuation (Fun with English) My English Workbook. Sonia Mehta. 2019. (Fun with English Ser.). (ENG.). 48p. (J). pap. 8.99 *(978-0-14-344490-9(5),* Puffin) Penguin Bks. India PVT, Ltd IND. Dist: Independent Pubs. Group.

Perfect Puppy. Kristen Koppers. Illus. by Laura Sexton. 2020. (ENG.). 32p. (J). 25.99 *(978-1-970133-73-8(2))*; pap. 15.99 *(978-1-970133-72-1(4))* EduMatch.

Perfect Rock. Sarah Noble. 2022. (ENG., Illus.). 32p. (J). (gr. -1-2). 16.99 *(978-1-83874-051-1(1))* Flying Eye Bks. GBR. Dist: Penguin Random Hse. LLC.

Perfect School Picture. Deborah Diesen. Illus. by Dan Santat. 2019. (ENG.). 32p. (J). (gr. k-2). pap. 4.99 *(978-1-4197-3509-7(8),* 690903, Abrams Bks. for Young Readers) Abrams, Inc.

Perfect Score. Rob Buyea. (Perfect Score Ser.: 1). (J). (gr. 4-7). 2018. 384p. 8.99 *(978-1-101-93828-7(5),* Yearling); 2017. 368p. 16.99 *(978-1-101-93825-6(0),* Delacorte Bks. for Young Readers) Random Hse. Children's Bks.

Perfect Score (Hunt a Killer, Original Novel), 1 vol. A. M. Ellis. 2022. (ENG., Illus.). 320p. (YA). (gr. 7-7). pap. 11.99 *(978-1-338-78402-2(1))* Scholastic, Inc.

Perfect Seat. Minh Lê. 2019. (ENG., Illus.). 32p. (J). (gr. -1-3). 16.99 *(978-1-368-02004-6(6))* Hyperion Bks. for Children.

Perfect Secret. Rob Buyea. 2019. (Perfect Score Ser.: 2). 384p. (J). (gr. 4-7). 8.99 *(978-1-5247-6462-3(0),* Yearling) Random Hse. Children's Bks.

Perfect Shot. Debbie Rigaud. 2019. (Romantic Comedies Ser.). (ENG.). 304p. (YA). (gr. 7). pap. 14.99 *(978-1-5344-5173-5(0),* Simon Pulse) Simon Pulse.

Perfect Snowflake. Sandra Payne. 2021. (ENG.). 36p. (J). *(978-1-5255-9380-2(3))*; pap. *(978-1-5255-9379-6(X))* FriesenPress.

Perfect Sofa. Fifi Kuo. 2019. (ENG.). 32p. (J). (gr. -1-3). 17.99 *(978-1-4998-0742-4(2))* Little Bee Books Inc.

Perfect Spot. Michael J. Rosen. 2017. (Reel Time Ser.). (ENG., Illus.). 32p. (J). (gr. 3-6). pap. 9.99 *(978-1-62832-382-5(5),* 20102, Creative Paperbacks); *(978-1-60818-774-4(8),* 20104, Creative Education) Creative Co., The.

Perfect Star. Rob Buyea. (Perfect Score Ser.: 3). 384p. (J). (gr. 4-7). 2020. 8.99 *(978-1-5247-6466-1(3),* Yearling); 2019. (ENG.). lib. bdg. 19.99 *(978-1-5247-6464-7(7),* Delacorte Bks. for Young Readers) Random Hse. Children's Bks.

Perfect Storm: The True Story of Saving Jamestown & the Founding of Bermuda. Autumn Fesperman. 2018. (ENG.). 58p. (J). pap. 19.95 *(978-1-62023-627-7(3),* 3b55da7b-d5c9-4ae5-ba9f-4a393df61f45) Atlantic Publishing Group, Inc.

Perfect Sushi. Emily Satoko Seo. Illus. by Mique Moriuchi. 2023. (ENG.). 24p. (J). (gr. -1-4). 16.99 ***(978-1-64686-837-7(4))***; pap. 9.99 ***(978-1-64686-838-4(2))*** Barefoot Bks., Inc.

Perfect Tiger. Alexandra Eades. 2021. (ENG.). 22p. (J). pap. *(978-1-83975-496-8(6))* Grosvenor Hse. Publishing Ltd.

Perfect to More Perfect. Sofia Favela. 2017. (ENG., Illus.). 52p. (J). pap. *(978-1-387-36368-1(9))* Lulu Pr., Inc.

Perfect Tribute (Classic Reprint) Mary Raymond Shipman Andrews. 2017. (ENG., Illus.). (J). 24.60 *(978-0-331-57762-4(3))*; 54p. 25.03 *(978-0-332-06094-1(2))*; pap. 7.97 *(978-0-243-40684-5(3))* Forgotten Bks.

Perfect Villains (Bad Princesses #1) Jennifer Torres. 2023. (ENG.). 176p. (J). (gr. 3-7). pap. 7.99 *(978-1-338-83314-0(6),* Scholastic Pr.) Scholastic, Inc.

Perfect Wedding Cake & Buffet: Food Lovers Activity Book. Activibooks For Kids. 2016. (ENG., Illus.). (J). pap. 6.99 *(978-1-68321-434-2(X))* Mimaxion.

Perfect Wonderful Day with Friends. Philip Waechter. Illus. by Philip Waechter. 2022. (ENG., Illus.). 28p. (J). (gr. -1-2). 18.99 *(978-1-77657-466-7(4),* a42921b3-b6c0-4837-84a7-44142cb641cf) Gecko Pr. NZL. Dist: Lerner Publishing Group.

Perfecta Equivocación / the Perfect Mistake. Andrea Smith. 2023. (Wattpad. Seremos Imperfectos Ser.: 1). (SPA.). 336p. (YA). (gr. 9). pap. 18.95 ***(978-607-38-2643-3(5),*** Montena) Penguin Random House Grupo Editorial ESP. Dist: Penguin Random Hse. LLC.

Perfecta Maldición. Alan D D. 2020. (SPA.). 156p. (YA). pap. 9.99 *(978-1-393-20575-3(5))* Draft2Digital.

Perfecta Oportunidad / the Perfect Opportunity. Andrea Smith. 2023. (Wattpad. Seremos Imperfectos Ser.: 2). (SPA.). 336p. (YA). (gr. 7). pap. 18.95 ***(978-607-38-2703-4(2),*** Montena) Penguin Random House Grupo Editorial ESP. Dist: Penguin Random Hse. LLC.

Perfected. Rori Shay. 2021. (Elected Ser.: Vol. 3). (ENG.). 360p. (YA). pap. 14.99 *(978-1-7320479-4-5(4))* Rori Shay Author.

Perfecting Your Dance Moves in Fortnite. Tracy Brown Hamilton. 2019. (J). *(978-1-7253-4810-3(1))* Rosen Publishing Group, Inc., The.

Perfection City (Classic Reprint) Orpen. 2018. (ENG., Illus.). 324p. (J). 30.58 *(978-0-267-46466-1(5))* Forgotten Bks.

Perfectionism Workbook for Teens: Activities to Help You Reduce Anxiety & Get Things Done. Ann Marie Dobosz. 2016. (ENG., Illus.). 200p. (YA). (gr. 6-12). pap. 21.95 *(978-1-62625-454-1(0),* 34541) New Harbinger Pubns.

Perfectionists TV Tie-In Edition. Sara Shepard. 2019. (ENG.). 352p. (YA). (gr. 9). pap. 10.99 *(978-0-06-296756-5(8),* HarperTeen) HarperCollins Pubs.

Perfectly Alice. Elizabeth Doran. Illus. by Leah Pereda. 2022. (ENG.). 42p. (J). 21.99 ***(978-1-6629-3149-9(2))***; pap. 14.99 ***(978-1-6629-3150-5(6))*** Gatekeeper Pr.

Perfectly Awkward Tales: Color & Creativity. Princess Ivana et al. 2016. (ENG., Illus.). (J). pap. 12.57 *(978-0-692-63805-7(9))* Don't Sweat It, Inc.

Perfectly Beastly Limericks. Hugh McAlary. 2017. (ENG., Illus.). (J). *(978-1-77370-088-5(X))*; pap. *(978-1-77354-006-1(8))* McAlary, Hugh.

Perfectly Imperfect: Mindfulness Workbook for Teen Girls. Meredith Alexander. 2020. (ENG.). 84p. (YA). pap. 19.99 *(978-1-952863-20-2(1))* Fountainbleau Media.

Perfectly Imperfect Stories: Meet 28 Inspiring People & Discover Their Mental Health Stories. Leo Potion. Illus. by Ana Strumpf. 2021. (ENG.). 64p. (J). (gr. 3-7). 17.99 *(978-1-78627-920-0(7),* King, Laurence Publishing) Orion Publishing Group, Ltd. GBR. Dist: Hachette Bk. Group.

Perfectly Myself. Carrie Kondel. 2022. (ENG., Illus.). 34p. (J). pap. 14.95 *(978-1-6624-6478-2(9))* Page Publishing Inc.

Perfectly Noisy. Lisa Carmody Doiron. Illus. by Jupiter's Muse. 2022. (ENG.). 32p. (J). *(978-0-2288-6838-5(6))*; pap. *(978-0-2288-6837-8(8))* Tellwell Talent.

Perfectly Norman. Tom Percival. (Big Bright Feelings Ser.). (ENG., Illus.). 32p. (J). 2020. pap. 7.99 *(978-1-5476-0722-8(X),* 900240157); 2018. 17.99 *(978-1-68119-785-2(5),* 900186965) Bloomsbury Publishing USA. (Bloomsbury Children's Bks.).

Perfectly Parvin. Olivia Abtahi. 2022. 336p. (YA). (gr. 7). pap. 11.99 *(978-0-593-10944-1(9),* G.P. Putnam's Sons Books for Young Readers) Penguin Young Readers Group.

Perfectly Pegasus. Jessie Sima. Illus. by Jessie Sima. 2022. (Not Quite Narwhal & Friends Ser.). (ENG., Illus.). 48p. (J). (gr. -1-3). 17.99 *(978-1-5344-9717-7(X),* Simon & Schuster Bks. For Young Readers) Simon & Schuster Bks. For Young Readers.

Perfectly Perfect Wish. Lisa Mantchev. Illus. by Jessica Courtney-Tickle. 2020. (ENG.). 32p. (J). (gr. -1-3). 17.99 *(978-1-5344-0619-3(0),* Simon & Schuster/Paula Wiseman Bks.) Simon & Schuster/Paula Wiseman Bks.

Perfectly Permed 80s Hair Coloring Book. Activity Attic. 2016. (ENG., Illus.). (J). pap. 7.74 *(978-1-68323-788-4(9))* Twin Flame Productions.

Perfectly Petra. Amber Hayden Dixon. 2020. (ENG.). 40p. (J). pap. 24.99 *(978-1-63129-888-2(7))* Salem Author Services.

Perfectly Poised to Prosper: How to Step into Your Greatness! (Seize Your Self-Talk, Resolve Past Hurts, Unravel & Emotionally Cleanse) C. M. C. Renee Hutcherson Lucier. 2021. (ENG.). 41p. (YA). *(978-1-105-23311-1(1))* Lulu Pr., Inc.

Perfectly Polite Penguin. Georgiana Deutsch. ed. 2019. (ENG.). 25p. (J). (gr. k-1). 21.96 *(978-1-64310-961-9(8))* Penworthy Co., LLC, The.

Perfectly Unique: Love Yourself Completely, Just As You Are, 1 vol. Annie F. Downs. 2019. (ENG.). 224p. (J). pap. 14.99 *(978-0-310-76862-3(4))* Zonderkidz.

Perfect's Overrated. Johnelle Rae. 2019. (Perfect Ser.: Vol. 1). (ENG.). 176p. (J). pap. *(978-0-3695-0093-9(8))* Evernight Publishing.

Perfervid. John Davidson. 2017. (ENG.). 264p. (J). pap. *(978-3-337-05753-4(5))* Creation Pubs.

Perfervid: The Career of Ninian Jamieson (Classic Reprint) John Davidson. 2017. (ENG., Illus.). (J). 29.51 *(978-1-5281-6912-7(3))* Forgotten Bks.

Perfidy Detected: Or, the Children in the Wood Restored (Classic Reprint) R. Johnson. 2018. (ENG., Illus.). 20p. (J). 24.31 *(978-0-267-51708-4(4))* Forgotten Bks.

Perfidy of Labyrinth. Kimm Reid. 2016. (Beyond Solstice Gates Ser.: Vol. 3). (ENG., Illus.). (YA). (gr. 7-12). pap. *(978-0-9947328-9-7(9))* Toast, Burnt.

Perfiles: la Serie Completa. Lifeway Press. 2022. (Unidos Ser.). (SPA.). 80p. (YA). pap. 24.99 ***(978-1-0877-5126-9(8))*** Lifeway Christian Resources.

Performance Assessment Bundle Grade 10. Hmh Hmh. 2017. (Collections). (ENG.). (YA). (gr. 10). pap. 936.67 *(978-0-544-97072-4(1))* Houghton Mifflin Harcourt Publishing Co.

Performance Assessment Bundle Grade 11. Hmh Hmh. 2017. (Collections). (ENG.). (YA). (gr. 11). pap. 936.67 *(978-0-544-97073-1(X))* Houghton Mifflin Harcourt Publishing Co.

Performance Assessment Bundle Grade 6. Hmh Hmh. 2017. (Collections). (ENG.). (J). (gr. 6). pap. 936.67 *(978-0-544-97068-7(3))* Houghton Mifflin Harcourt Publishing Co.

Performance Assessment Bundle Grade 7. Hmh Hmh. 2017. (Collections). (ENG.). (YA). (gr. 7). pap. 936.67 *(978-0-544-97069-4(1))* Houghton Mifflin Harcourt Publishing Co.

Performance Assessment Bundle Grade 8. Hmh Hmh. 2017. (Collections). (ENG.). (YA). (gr. 8). pap. 936.67 *(978-0-544-97070-0(5))* Houghton Mifflin Harcourt Publishing Co.

Performance Assessment Bundle Grade 9. Hmh Hmh. 2017. (Collections). (ENG.). (YA). (gr. 9). pap. 936.67 *(978-0-544-97071-7(3))* Houghton Mifflin Harcourt Publishing Co.

Performance Assessment Classroom Resource Package Grade 3 with 1 Year Digital. Hmh Hmh. 2016. (Journeys Ser.). (ENG.). (J). (gr. 3). pap. 870.67 *(978-0-544-61988-3(9))* Houghton Mifflin Harcourt Publishing Co.

Performance Assessment Classroom Resource Package Grade 4 with 1 Year Digital. Hmh Hmh. 2016. (Journeys Ser.). (ENG.). (J). (gr. 4). pap. 870.67 *(978-0-544-61989-0(7))* Houghton Mifflin Harcourt Publishing Co.

Performance Assessment Classroom Resource Package Grade 5 with 1 Year Digital. Hmh Hmh. 2016. (Journeys Ser.). (ENG.). (J). (gr. 5). pap. 870.67 *(978-0-544-61990-6(0))* Houghton Mifflin Harcourt Publishing Co.

Performance Assessment Classroom Resource Package Grade 6 with 1 Year Digital. Hmh Hmh. 2016. (Journeys Ser.). (ENG.). (J). (gr. 6). pap. 870.67 *(978-0-544-84768-2(7))* Houghton Mifflin Harcourt Publishing Co.

Performance Cars. Jim Westcott. 2017. (Rank It! Ser.). (ENG.). 32p. (gr. 2-7). 9.95 *(978-1-68072-474-5(6))*; (J). (gr. 4-6). pap. 9.99 *(978-1-64466-211-3(6),* 11476); (Illus.). (J). (gr. 4-6). lib. bdg. *(978-1-68072-177-5(1),* 10538) Black Rabbit Bks. (Bolt).

Performance-Enhancing Drugs: Steroids, Hormones, & Supplements, Vol. 13. John Perritano. Ed. by Sara Becker. 2016. (Drug Addiction & Recovery Ser.). (Illus.). 64p. (J). (gr. 7). 23.95 *(978-1-4222-3609-3(9))* Mason Crest.

Performing Poodles. Maureen Crisp. Illus. by Irina Burtseva. 2019. (Circus Quest Ser.: Vol. 3). (ENG.). 112p. (J). (gr. 1-5). pap. *(978-0-473-47472-0(7))* Marmac Media.

Perfume Del Rey. Karine Bernal. 2023. (SPA.). 608p. (YA). pap. 22.95 ***(978-607-39-0227-4(1))*** Editorial Planeta, S. A. ESP. Dist: Two Rivers Distribution.

Perfume of Eros: A Fifth Avenue Incident (Classic Reprint) Edgar Saltus. 2017. (ENG., Illus.). (J). 28.58 *(978-0-266-21487-8(8))* Forgotten Bks.

Perfumed Garden of the Cheikh Nefzaoui: A Manual of Arabian Erotology (XVI. Century) (Classic Reprint) Umar Ibn Muhammad Nafzawi. (ENG., Illus.). (J). 2017. 29.09 *(978-0-266-24982-5(5))*; 2016. pap. 11.57 *(978-1-334-16384-5(7))* Forgotten Bks.

Peri the Awesome COVID Fairy. Morgan Duffy. Illus. by Mary Duffy. 2020. (ENG.). 40p. (J). pap. 11.00 *(978-1-64237-511-4(X))*; 17.00 *(978-1-6629-0161-4(5))* Gatekeeper Pr.

Pericles: Athenian Statesman & Patron of the Arts, 1 vol. Beatriz Santillian & Hamish Aird. 2017. (Leaders of the Ancient World Ser.). (ENG., Illus.). 112p. (J). (gr. 6-6). 38.80 *(978-1-5081-7487-5(3),* 0bdf2823-7850-4d5e-a765-836c33750a1d, Rosen Young Adult) Rosen Publishing Group, Inc., The.

Pericles: The Leader Who Grew up in Wars - Biography for Kids 9-12 Children's Biography Books. Baby Professor. 2017. (ENG., Illus.). 64p. (J). pap. 9.52 *(978-1-5419-1513-8(5),* Baby Professor (Education Kids)) Speedy Publishing LLC.

Pericles, Prince of Tyre. William Shakespeare. 2022. (ENG.). 126p. (J). pap. *(978-1-387-85586-5(7))* Lulu Pr., Inc.

Perigrinatious of Polly: A Comedy in One Act for Female Characters (Classic Reprint) Helen P. Kane. 2018. (ENG., Illus.). 28p. (J). 24.52 *(978-0-332-81800-9(4))* Forgotten Bks.

Peril. Cathlin Shahriary. 2019. (Fae Realm Ser.: Vol. 4). (ENG.). 264p. (YA). (gr. 8-12). pap. 13.99 *(978-1-7328453-3-6(6))* Shahriary, Cathlin.

Peril. Joss Stirling. 2017. (ENG., Illus.). (J). pap. *(978-1-910426-08-1(3))* Frost Wolf.

Peril. Joss Stirling. 2019. (SPA.). 400p. (YA). (gr. 9-12). pap. 16.99 *(978-607-8614-91-2(6))* V&R Editoras.

Peril & Adventure in Central Africa: Being Illustrated Letters to the Youngsters at Home (Classic Reprint) James Hannington. 2018. (ENG., Illus.). 100p. (J). 26.06 *(978-0-484-25102-0(3))* Forgotten Bks.

Peril at Granite Peak: #5. Franklin Dixon. 2021. (Hardy Boys Adventures Ser.). (ENG.). 160p. (J). (gr. 3-7). lib. bdg. 31.36 *(978-1-0982-5005-8(2),* 36983, Chapter Bks.) Spotlight.

Peril at Pinecone Rock. Michael A. Wilson. 2021. (ENG.). 166p. (J). pap. *(978-0-9953445-7-0(4))* Rainy Bay Pr.

Peril at Price Manor. Laura Parnum. 2023. (ENG.). 304p. (J). (gr. 3-8). 19.99 ***(978-0-06-324953-0(7),*** HarperCollins) HarperCollins Pubs.

Peril in Paris (Taylor & Rose Secret Agents) Katherine Woodfine. Illus. by Karl James Mountford. 2018. (Taylor & Rose Secret Agents Ser.: 1). (ENG.). 320p. (J). (gr. 4-6). pap. 7.99 *(978-1-4052-8704-3(7))* Farshore GBR. Dist: HarperCollins Pubs.

Peril in the Dark: Dragon Wars - Book 10. Craig Halloran. 2020. (Dragon Wars Ser.: Vol. 10). (ENG.). 282p. (YA). 19.99 *(978-1-946218-85-8(5))* Two-Ten Bk. Pr., Inc.

Peril in the Mist. Robert Swindells. Illus. by Leo Hartas. 2021. (Outfit Ser.). (ENG.). 104p. (J). (gr. 5-8). 26.65 *(978-1-5415-7909-5(7),* 4a6d51f4-5f29-42ca-847d-8acf1aa62f62, Darby Creek) Lerner Publishing Group.

Peril in the Peak District. Matthew Pointon. 2017. (ENG., Illus.). 36p. (J). pap. *(978-0-244-95064-4(4))* Lulu Pr., Inc.

Peril of Nundor. C. T. S. Harbor. 2018. (ENG., Illus.). 226p. (J). pap. *(978-1-84897-872-0(3))* Olympia Publishers.

Perilous Adventures of a Bear Hunter: Thrilling Experiences of the Writer, Who in His Hunting, Has Met Face to Face & Slain Many of These Ferocious Animals; a True Story (Classic Reprint) N. B. Fader. (ENG., Illus.). (J). 2018. 112p. 26.21 *(978-0-666-70373-6(6))*; 2017. pap. 9.57 *(978-0-259-50635-5(4))* Forgotten Bks.

Perilous Journey: The Invisible College Book 3. Owen Knight. 2016. (Invisible College Ser.: Vol. 3). (ENG., Illus.). (YA). (gr. 10-12). pap. *(978-1-908135-66-7(2))* U P Pubns.

Perilous Journey of Danger & Mayhem #1: a Dastardly Plot. Christopher Healy. (Perilous Journey of Danger & Mayhem Ser.: 1). (ENG.). (J). (gr. 3-7). 2019. 400p. pap. 6.99 *(978-0-06-234198-3(7))*; 2018. 384p. 16.99 *(978-0-06-234197-6(9))*; 2018. 400p. E-Book *(978-0-06-234199-0(5),* 9780062341990) HarperCollins Pubs. (Waldon Pond Pr.).

Perilous Journey of Danger & Mayhem #2: the Treacherous Seas. Christopher Healy. (Perilous Journey of Danger & Mayhem Ser.: 2). (ENG.). (J). (gr. 3-7). 2020. 400p. pap. 7.99 *(978-0-06-234201-0(0))*; 2019. 384p. 16.99 *(978-0-06-234200-3(2))* HarperCollins Pubs. (Waldon Pond Pr.).

Perilous Journey of Danger & Mayhem #3: the Final Gambit. Christopher Healy. (Perilous Journey of Danger & Mayhem Ser.: 3). (ENG.). 400p. (J). (gr. 3-7). 2021. pap. 7.99 *(978-0-06-234204-1(5))*; 2020. 16.99 *(978-0-06-234203-4(7))* HarperCollins Pubs. (Waldon Pond Pr.).

Perilous Journey of Gavin the Great. Don Gutteridge. 2023. (ENG.). 436p. (YA). pap. ***(978-1-989786-77-2(4))*** Hidden Brook Pr.

Perilous Places, 1 vol. Helen Greathead. 2016. (What Would You Choose? Ser.). (ENG.). 32p. (J). (gr. 4-5). pap. 11.50 *(978-1-4824-6116-9(1),* 45540eb6-0c66-4cc3-b3e6-02cca8ea9ad4) Stevens, Gareth Publishing LLLP.

Perilous Plants. Gerónimo Stilton & Julia Heim. Illus. by Luca Usai et al. 2016. 117p. (J). *(978-0-545-93092-5(8))* Scholastic, Inc.

Perilous Princesses. Ed. by Madeline Smoot. 2018. (ENG.). 256p. (YA). (gr. 7). pap. 9.95 *(978-1-944821-36-4(8))* CBAY Bks.

Perilous Pumas, 1 vol. Mary Molly Shea. 2017. (Cutest Animals... That Could Kill You! Ser.). (ENG.). 24p. (J). (gr. 2-3). pap. 9.15 *(978-1-5382-1091-8(6),* ccd48d1b-4f31-4351-a90d-c7ae77d5da7b) Stevens, Gareth Publishing LLLP.

Perilous Secret (Classic Reprint) Charles Reade. 2018. (ENG., Illus.). 280p. (J). 29.69 *(978-0-484-02354-2(3))* Forgotten Bks.

Perilous Secret, Vol. 1 of 2 (Classic Reprint) Charles Reade. (ENG., Illus.). (J). 2018. 308p. 30.25 *(978-0-483-80592-7(0))*; 2016. pap. 13.57 *(978-1-333-36441-0(5))* Forgotten Bks.

Perilous Secret, Vol. 2 of 2 (Classic Reprint) Charles Reade. 2018. (ENG., Illus.). 324p. (J). 30.58 *(978-0-484-19694-9(4))* Forgotten Bks.

Perils of Beauty, Vol. 1 of 3 (Classic Reprint) Chamer Chamer. 2018. (ENG., Illus.). 320p. (J). 30.50 *(978-0-332-64013-6(2))* Forgotten Bks.

Perils of Beauty, Vol. 2 of 3 (Classic Reprint) Frederick Chamier. 2018. (ENG., Illus.). 302p. (J). 30.13 *(978-0-484-40373-3(7))* Forgotten Bks.

Perils of Beauty, Vol. 3 of 3 (Classic Reprint) Frederick Chamier. 2018. (ENG., Illus.). 326p. (J). 30.62 *(978-0-483-94085-7(2))* Forgotten Bks.

Perils of Josephine (Classic Reprint) Lord Ernest Hamilton. 2018. (ENG., Illus.). 338p. (J). 30.89 *(978-0-267-24841-4(5))* Forgotten Bks.

Perils of Pearl Street: Including a Taste of the Dangers of Wall Street (Classic Reprint) Asa Greene. 2018. (ENG., Illus.). 236p. (J). 28.76 *(978-0-364-26264-1(8))* Forgotten Bks.

Perils of the Codebreaker: Tales from the Drift Vol 2. Chris Morris. 2021. (ENG.). 172p. (J). *(978-1-80369-127-5(1))*; pap. *(978-1-80369-126-8(3))* Authors OnLine, Ltd.

Perils of the Santa Fe Trail. Jean K. Williams. 2017. (Landmarks in U. S. History Ser.). (ENG., Illus.). 32p. (J). (gr. 3-6). lib. bdg. 27.99 *(978-1-5157-7117-3(2),* 135518, Capstone Pr.) Capstone.

Period. Contrib. by Mary Elizabeth Salzmann. 2023. (Punctuation Ser.). (ENG.). 24p. (J). (gr. -1-2). lib. bdg. 31.36 ***(978-1-0982-8271-4(X),*** 42263, Abdo Zoom-Launch) ABDO Publishing Co.

Period Book: A Girl's Guide to Growing Up. Karen Gravelle & Jennifer Gravelle. Illus. by Debbie Palen. 2017. (ENG.). 144p. (J). pap. 13.99 *(978-1-61963-662-0(X),* 900144913, Bloomsbury USA Childrens) Bloomsbury Publishing USA.

Period Power: A Manifesto for the Menstrual Movement. Nadya Okamoto. Illus. by Rebecca Elfast. 2018. (ENG.). 368p. (YA). (gr. 7). 19.99 *(978-1-5344-3021-1(0))*; pap. 12.99 *(978-1-5344-3020-4(2))* Simon & Schuster Bks. For Young Readers. (Simon & Schuster Bks. For Young Readers).

Period Tracker Calendar for Young Girls: Menstrual Cycle Calendar for Young Girls & Teens to Monitor Premenstrual Syndrome (PMS) Symptoms, Mood, Bleeding Flow Intensity & Pain Level. Eugen Fleming. 2021. (ENG.). 156p. (YA). 21.45 *(978-1-006-87129-0(2))* Lulu Pr., Inc.

Period Tracking Journal: - Premium Thick Paper, College Ruled Journal for Period Tracking, Period Guide - 8. 25 X 11 150 Pages Hardcover Writing Journal for Ages 9+ Flockpress Print. 2023. (ENG.). 152p. (J). pap. 26.92 ***(978-1-329-63585-2(X))*** Lulu Pr., Inc.

Perioddicals. Geoff Meadows. Illus. by Alex Campbell. 2021. (Adventures of Alex & Vinnie Ser.: Vol. 1). (ENG.). 94p. (J). pap. *(978-1-78963-191-3(2),* Choir Pr., The) Action Publishing Technology Ltd.

Periodic Table. Daniel R. Faust. 2023. (Intro to Chemistry: Need to Know Ser.). (ENG.). 32p. (J). (gr. 5-7). lib. bdg. 28.50 Bearport Publishing Co., Inc.

Periodic Table, 1 vol. Mary Griffin. 2018. (Look at Chemistry Ser.). (ENG.). 32p. (gr. 2-2). lib. bdg. 28.27 *(978-1-5382-3014-5(3),* 342f1b57-5120-4baa-a8b1-561472436d30) Stevens, Gareth Publishing LLLP.

Periodic Table Discover Intriguing Facts Children's Science Book. Bold Kids. 2022. (ENG.). 42p. (J). pap. 14.99 ***(978-1-0717-1812-4(6))*** FASTLANE LLC.

Periodic Table of Elements - Alkali Metals, Alkaline Earth Metals & Transition Metals Children's Chemistry Book. Baby Professor. 2017. (ENG., Illus.). (J). pap. 9.25 *(978-1-5419-0536-8(9),* Baby Professor (Education Kids)) Speedy Publishing LLC.

Periodic Table of Elements - Halogens, Noble Gases & Lanthanides & Actinides Children's Chemistry Book. Baby Professor. 2017. (ENG., Illus.). (YA). pap. 8.79

TITLE INDEX PERSEVERANCE

(978-1-5419-3993-6(X), Baby Professor (Education Kids)) Speedy Publishing LLC.

Periodic Table of Elements - Post-Transition Metals, Metalloids & Nonmetals Children's Chemistry Book. Baby Professor. 2017. (ENG., Illus.). (J). pap. 8.79 *(978-1-5419-3992-9(1)*, Baby Professor (Education Kids)) Speedy Publishing LLC.

Periodical Cicada's Life. Ellen Lawrence. 2016. (Animal Diaries: Life Cycles Ser.). (ENG.). 24p. (J). (gr. -1-3). 26.99 *(978-1-944102-47-0(7))* Bearport Publishing Co., Inc.

Periquillo Sarniento. Jose Joaquin Fernandez. 2018. (SPA.). 96p. (YA). (gr. 8-12). pap. 6.95 *(978-607-453-235-7(4))* Selector, S.A. de C.V. MEX. Dist: Spanish Pubs., LLC.

Periquillo Sarniento y el Lazarillo de Tormes. Fernandez de Lizardi. 2018. (SPA.). 160p. (J). (gr. 1-7). pap. 8.95 *(978-607-453-116-9(1))* Selector, S.A. de C.V. MEX. Dist: Spanish Pubs., LLC.

Periscope, 1923 (Classic Reprint) Churubusco High School. (ENG., Illus.). (J). 2018. 116p. 26.31 *(978-0-484-54768-0(2))*; 2017. pap. 9.57 *(978-0-259-87655-7(0))* Forgotten Bks.

Perito Arithmetico, e Geometrico (Classic Reprint) Giacomo Stainero. 2018. (ITA., Illus.). 110p. (J). pap. 9.57 *(978-1-390-43605-1(5))* Forgotten Bks.

Periwinkle. Jordan E. Durbin. 2020. (ENG.). 140p. (J). pap. 17.00 *(978-0-578-77551-7(4))* Jordan Elise Durbin.

Periwinkle: An Idyl of the Dunes (Classic Reprint) William Farquhar Payson. (ENG., Illus.). (J). 2018. 310p. 30.29 *(978-0-365-02129-6(2))*; 2017. pap. 13.57 *(978-0-259-20083-3(2))* Forgotten Bks.

Periwinkle an Autobiography, Vol. 2 of 3 (Classic Reprint) Arnold Gray. 2018. (ENG., Illus.). 290p. (J). 29.88 *(978-0-483-81376-2(1))* Forgotten Bks.

Periwinkle, Vol. 1 Of 3: An Autobiography (Classic Reprint) Arnold Gray. (ENG., Illus.). (J). 2018. 294p. 29.96 *(978-0-483-94643-9(5))*; 2018. 288p. 29.84 *(978-0-483-96767-0(X))*; 2016. pap. 13.57 *(978-1-334-12572-0(4))* Forgotten Bks.

Periwinkle's Chair. Judith Zeilenga. 2020. (ENG.). 28p. (J). pap. 12.95 *(978-1-64468-998-1(7))* Covenant Bks.

Periwinkle's Journey. Judy Petersen-Fleming & Judy Spafford. Illus. by Suzy Spafford. 2016. (ENG.). (J). 16.99 *(978-1-943198-03-0(9))* Southwestern Publishing Hse., Inc.

Perjurer (Classic Reprint) W. E. Norris. 2018. (ENG., Illus.). 322p. (J). 30.54 *(978-0-483-11948-2(2))* Forgotten Bks.

Perjurer (Classic Reprint) William Edward Norris. (ENG., Illus.). (J). 2018. 334p. 30.79 *(978-0-483-12767-8(1))*; 2017. pap. 13.57 *(978-1-334-94089-7(4))* Forgotten Bks.

Perkins of Portland: Perkins the Great (Classic Reprint) Ellis Parker Butler. 2018. (ENG., Illus.). 162p. (J). 27.24 *(978-0-483-92539-7(X))* Forgotten Bks.

Perkin's Perfect Purple: How a Boy Created Color with Chemistry. Tami Lewis Brown & Debbie Loren Dunn. Illus. by Francesca Sanna. 2020. (ENG.). 56p. (J). (gr. -1-3). 18.99 *(978-1-368-03284-1(2))* Hyperion Bks. for Children.

Perkins School for the Blind Bound Clippings: Dogs for the Blind, 1924-1933 (Classic Reprint) Perkins School For The Blind. 2017. (ENG., Illus.). (J). pap. 9.97 *(978-0-259-86386-1(6))* Forgotten Bks.

Perkins School for the Blind Bound Clippings: New York Association for the Blind, 1915-1928 (Classic Reprint) Perkins School For The Blind. 2017. (ENG., Illus.). (J). pap. 10.57 *(978-0-282-54095-1(4))* Forgotten Bks.

Perkins School for the Blind Bound Clippings: Ohio Adult Blind, 1911-1916 (Classic Reprint) Perkins School For The Blind. 2017. (ENG., Illus.). (J). pap. 10.57 *(978-0-259-95178-0(1))* Forgotten Bks.

Perkins School for the Blind Bound Clippings, Dogs for the Blind, 1937, Vol. 4 (Classic Reprint) Perkins School For The Blind. 2018. (ENG., Illus.). (J). 184p. 27.69 *(978-0-483-94512-8(9))*; 186p. pap. 10.57 *(978-0-483-91087-4(2))* Forgotten Bks.

Perkins School for the Blind Bound Clippings, Vol. 1: Radio Clippings, 1922-1931 (Classic Reprint) Perkins School For The Blind. 2018. (ENG., Illus.). (J). 206p. 28.15 *(978-0-483-95735-0(6))*; 208p. pap. 10.57 *(978-0-483-95364-2(4))* Forgotten Bks.

Perkins School for the Blind Bound Clippings, Vol. 1: Sight Restored, 1834-1940 (Classic Reprint) Perkins School For The Blind. 2018. (ENG., Illus.). (J). 142p. 26.83 *(978-0-666-99240-6(1))*; 144p. pap. 9.57 *(978-0-267-30814-9(0))* Forgotten Bks.

Perkins School for the Blind Bound Clippings, Vol. 1: War Blind, 1918 (Classic Reprint) Perkins School For The Blind. 2018. (ENG., Illus.). 142p. (J). pap. 9.57 *(978-0-428-98313-0(8))* Forgotten Bks.

Perkins School for the Blind Bound Clippings, Vol. 1: World War Blind, 1915 (Classic Reprint) Perkins School For The Blind. 2017. (ENG., Illus.). (J). 29.88 *(978-0-266-68000-0(3))*; pap. 13.57 *(978-1-5276-4869-2(9))* Forgotten Bks.

Perkins School for the Blind Bound Clippings, Vol. 2: New York Adult Blind, 1908-1909 (Classic Reprint) Perkins School For The Blind. 2018. (ENG., Illus.). 184p. (J). pap. 10.57 *(978-0-483-77803-0(6))* Forgotten Bks.

Perkins School for the Blind Bound Clippings, Vol. 2: Thomas P. Gore, 1907-1917 (Classic Reprint) Perkins School For The Blind. 2018. (ENG., Illus.). (J). 242p. 28.89 *(978-0-483-96714-4(9))*; 244p. pap. 11.57 *(978-0-483-96654-3(1))* Forgotten Bks.

Perkins School for the Blind Bound Clippings, Vol. 2: United States War Blind, 1919-1923 (Classic Reprint) Perkins School For The Blind. (ENG., Illus.). (J). 2018. 200p. 28.02 *(978-0-483-09746-9(2))*; 2017. pap. 10.57 *(978-0-243-04535-8(2))* Forgotten Bks.

Perkins School for the Blind Bound Clippings, Vol. 2: War Blind, 1919-1922 (Classic Reprint) Perkins School For The Blind. 2018. (ENG., Illus.). 162p. (J). 27.26 *(978-0-483-91020-1(1))* Forgotten Bks.

Perkins School for the Blind Bound Clippings, Vol. 3: Dogs for the Blind, 1936 (Classic Reprint) Perkins School For The Blind. (ENG., Illus.). (J). 2018. 224p. 28.52 *(978-0-483-90937-3(8))*; 2016. pap. 10.97 *(978-1-334-12330-6(6))* Forgotten Bks.

Perkins School for the Blind Bound Clippings, Vol. 4: Anthology of English Verse, 1901-1942 (Classic Reprint) Perkins School For The Blind. 2018. (ENG., Illus.). 164p. (J). pap. 9.97 *(978-0-267-28235-7(4))* Forgotten Bks.

Perkins School for the Blind Bound Clippings, Vol. 6: Dogs for the Blind, 1940-1941 (Classic Reprint) Perkins School For The Blind. (ENG., Illus.). (J). 2018. 214p. 28.33 *(978-0-364-78620-8(5))*; 2017. pap. 10.97 *(978-0-259-44207-3(0))* Forgotten Bks.

Perkins School for the Blind Bound Clippings, Vol. 6: Prevention of Blindness, 1918-1926 (Classic Reprint) Perkins School For The Blind. 2017. (ENG., Illus.). (J). pap. 9.57 *(978-0-243-11999-8(2))* Forgotten Bks.

Perkins, the Fakeer, a Travesty on Reincarnation: His Wonderful Workings in the Cases of When Reginald Was Caroline, How Chopin Came to Remsen, & Clarissa's Troublesome Baby (Classic Reprint) Van Zile. 2018. (ENG., Illus.). 386p. (J). 31.88 *(978-0-365-37673-6(6))* Forgotten Bks.

Perky. Christina McKinney. 2022. (ENG.). 28p. (J). 21.95 *(978-1-63860-804-2(0))*; pap. 11.95 *(978-1-63985-622-0(6))* Fulton Bks.

Perky Emigrates: The Adventures of Perky the Tortoise. Janet Simmonds. Illus. by Sonja Koster. 2018. (ENG.). 52p. (J). (gr. k-3). pap. *(978-0-9959554-0-0(9))* Simmonds, Janet.

Perky, the Pig Who Didn't Like Being Dirty. George Green. 2018. (ENG., Illus.). 30p. (J). pap. 10.95 *(978-1-64136-161-3(1))* Primedia eLaunch LLC.

Perla, Vår Fjäril: Swedish Edition of Pearl, Our Butterfly. Tuula Pere. Tr. by Nikolowski-Bogomoloff Angelika. Illus. by Catty Flores. 2019. (Perla Ser.: Vol. 3). (SWE.). 32p. (J). (gr. k-4). pap. *(978-952-357-073-3(0))* Wickwick oy.

Perlas LIV: Swedish Edition of Pearl's Life. Tuula Pere. Ed. by Nikolowski-Bogomoloff Angelika. Illus. by Catty Flores. 2019. (Perla Ser.: Vol. 2). (SWE.). 32p. (J). (gr. k-4). *(978-952-357-068-9(4))*; pap. *(978-952-357-067-2(6))* Wickwick oy.

Perlycross: A Novel (Classic Reprint) R. D. Blackmore. 2017. (ENG., Illus.). (J). 34.46 *(978-1-5281-3376-0(5))* Forgotten Bks.

Permaculture. Ellen Labrecque. 2017. (21st Century Skills Library: Global Citizens: Environmentalism Ser.). (ENG., Illus.). 32p. (J). (gr. 4-7). lib. bdg. 32.07 *(978-1-63472-872-0(6)*, 209914) Cherry Lake Publishing.

Permanent Ade (Classic Reprint) George Ade. (ENG., Illus.). (J). 2018. 348p. 31.07 *(978-0-364-01780-7(5))*; 2017. pap. 13.57 *(978-0-259-30138-7(8))* Forgotten Bks.

Permanent Detention (Piggy Original Graphic Novel) Vannotes. Illus. by Malu Menezes. 2023. (ENG.). 128p. (J). (gr. 3-7). pap. 12.99 ***(978-1-338-84824-3(0)***, Graphix) Scholastic, Inc.

Permanent Record. Mary H. K. Choi. (ENG.). (YA). (gr. 9). 2020. 448p. pap. 11.99 *(978-1-5344-4598-7(6))*; 2019. (Illus.). 432p. 18.99 *(978-1-5344-4597-0(8))* Simon & Schuster Bks. For Young Readers. (Simon & Schuster Bks. For Young Readers).

Permanent Record. Mary H. K. Choi. Lt. ed. 2020. (ENG.). lib. bdg. 22.99 *(978-1-4328-7743-9(7))* Thorndike Pr.

Permanent Uncle (Classic Reprint) Douglas Goldring. 2018. (ENG., Illus.). 312p. (J). 30.33 *(978-0-483-61459-8(9))* Forgotten Bks.

Permission from Owner Required Diary Notebook for Boys & Girls. Planners & Notebooks Inspira Journals. 2019. (ENG.). 200p. (J). pap. 12.55 *(978-1-64521-299-7(8)*, Inspira) Editorial Imagen.

¡pero Es Que Aquí No Hay Palmeras! Antigua N. Kianny. Illus. by Balleza Vanessa. 2018. (SPA.). 34p. (J). (gr. k-4). 18.99 *(978-1-949299-01-4(5))*; pap. 14.99 *(978-1-949299-00-7(7))* Jade Publishing.

Pero, ¿por Qué la Mascarilla? Erika Ruiz. 2021. (SPA.). (J). 32p. pap. *(978-1-6671-3431-4(0))*; 33p. *(978-1-716-15854-4(0))* Lulu Pr., Inc.

Pero Si Yo Te Quiero! Jory John. 2018. (SPA.). 32p. (J). (gr. k-2). 25.99 *(978-84-16394-73-9(3))* Andana Editorial ESP. Dist: Lectorum Pubns., Inc.

Perpeens: Peenchy Bugs from New York Jason Rises to Shine for School. Deborah Baron Hiester. Illus. by Catrina Evans. 2022. (ENG.). 38p. (J). pap. 9.99 *(978-1-945169-83-0(4))* Orison Pubs.

Perpetua: Or the Way to Treat a Woman (Classic Reprint) Dion Clayton Calthrop. (ENG., Illus.). (J). 2018. 354p. 31.22 *(978-0-267-25467-5(9))*; 2017. pap. 13.57 *(978-1-5276-0854-2(9))* Forgotten Bks.

Perpetual Curate, Vol. 1 of 3 (Classic Reprint) Margaret Oliphant. 2017. (ENG., Illus.). (J). 30.50 *(978-0-331-26466-1(8))* Forgotten Bks.

Perpetual Curate, Vol. 1 of 3 (Classic Reprint) Margaret O. W. Oliphant. 2016. (ENG., Illus.). (J). pap. 13.57 *(978-1-333-11448-0(6))* Forgotten Bks.

Perpetual Light: A Memorial (Classic Reprint) William Rose Benet. 2018. (ENG., Illus.). 140p. (J). 26.80 *(978-0-364-73708-8(5))* Forgotten Bks.

Perpetual Midnight. Rosaline Saul. 2021. (ENG.). 214p. (YA). pap. 11.99 *(978-1-393-11923-4(9))* Draft2Digital.

Perpetual Midnight. Rosaline Saul. 2021. (ENG.). 156p. (YA). 29.95 *(978-1-008-99344-0(1))* Lulu Pr., Inc.

Perplexing Picture Puzzles, 1 vol. Kate Overy. Illus. by Ed Myer. 2017. (Brain Blasters Ser.). (ENG.). 32p. (J). (gr. 1-2). 30.27 *(978-1-5081-9328-9(2)*, ec2846bf-719e-4a29-8a72-a6d44677a708); pap. 12.75 *(978-1-5081-9332-6(0)*, 25651af2-6119-492c-a473-74dfadbcf8ff) Rosen Publishing Group, Inc., The. (Windmill Bks.).

Perplexing Pictures: A Puzzling Hidden Picture Book. Activity Attic Books. 2016. (ENG., Illus.). (J). pap. 9.43 *(978-1-68323-541-5(X))* Twin Flame Productions.

Perra Lunar. Florencia Gattari. 2018. (SPA.). (J). pap. 11.99 *(978-607-746-022-0(2))* Vives, Luis Editorial (Edelvives) ESP. Dist: Lectorum Pubns., Inc.

Përralla. Hk Andersen. Tr. by Jonathan Bristow. Illus. by Jonathan Bristow. 2023. (ALB.). 179p. (J). pap. ***(978-1-4478-3993-4(5))*** Lulu Pr., Inc.

Perrault's Fairy Tales. Charles Perrault. 2020. (ENG.). 200p. (J). pap. *(978-1-86171-584-5(6))* Crescent Moon Publishing.

Perrita con Propósito. Patric Rayburn. Tr. by Margarita Hernández Contreras. Illus. by Sydney Provencher. 2021. (SPA.). 34p. (J). pap. 14.99 *(978-1-7371809-7-5(9))* Tella Tales LLC.

Perrito de la Pradera. Valerie Bodden. 2019. (Planeta Animal Ser.). (SPA.). 24p. (J). (gr. 1-4). *(978-1-64026-101-3(X)*, 18715) Creative Co., The.

Perritos de Las Praderas. Mari Schuh. Tr. by Aparicio Publishing Aparicio Publishing LLC. 2020. (Animals en Espanol Ser.).Tr. of Prairie Dogs. (SPA., Illus.). 32p. (J). (gr. 1-3). lib. bdg. 31.32 *(978-1-9771-2552-1(2)*, 200629, Pebble) Capstone.

Perritos Terrier: Leveled Reader Book 15 Level d 6 Pack. Hmh Hmh. 2021. (SPA.). 16p. (J). pap. 74.40 *(978-0-358-08230-9(7))* Houghton Mifflin Harcourt Publishing Co.

Perro: Leveled Reader Book20 Level a 6 Pack. Hmh Hmh. 2021. (SPA.). 16p. (J). pap. 74.40 *(978-0-358-08149-4(1))* Houghton Mifflin Harcourt Publishing Co.

Perro Azul. Nadja. (SPA.). 40p. *(978-84-95150-30-1(1))*; *(978-84-95150-40-0(9))* Corimbo, Editorial S.L.

Perro con Dos Colas see Tale of Two Tails, el Perro con Dos Colas: A children's story in English & Spanish

Perro de Búsqueda y Rescate. B. Keith Davidson. 2022. (Tareas de un Perro de Trabajo (Jobs of a Working Dog) Ser.). (SPA.). 32p. (J). (gr. 3-9). pap. *(978-1-0396-5021-3(X)*, 21870); lib. bdg. *(978-1-0396-4894-4(0)*, 21869) Crabtree Publishing Co. (Crabtree Branches).

Perro de Detección. B. Keith Davidson. 2022. (Tareas de un Perro de Trabajo (Jobs of a Working Dog) Ser.). (SPA.). 32p. (J). (gr. 3-9). pap. *(978-1-0396-5023-7(6)*, 21875); lib. bdg. *(978-1-0396-4896-8(7)*, 21874) Crabtree Publishing Co. (Crabtree Branches).

Perro de la Princesa Nika (Princess Nika's Dog), 1 vol. Aleix Cabrera. 2017. (Princesitas (Little Princesses) Ser.). (SPA., Illus.). 32p. (J). (gr. 1-2). pap. 11.00 *(978-1-4994-8428-1(3)*, dd736048-8fe6-43d4-b6f1-4818469c1c73); lib. bdg. 28.93 *(978-1-4994-8430-4(5)*, a79b2788-f099-4b7a-a86b-53a855e9681a) Rosen Publishing Group, Inc., The. (Windmill Bks.).

Perro de Pastoreo. B. Keith Davidson. 2022. (Tareas de un Perro de Trabajo (Jobs of a Working Dog) Ser.). (SPA.). 32p. (J). (gr. 3-9). pap. *(978-1-0396-5022-0(8)*, 21881); lib. bdg. *(978-1-0396-4895-1(9)*, 21880) Crabtree Publishing Co. (Crabtree Branches).

Perro de Servicio. B. Keith Davidson. 2022. (Tareas de un Perro de Trabajo (Jobs of a Working Dog) Ser.). (SPA.). 32p. (J). (gr. 3-9). pap. *(978-1-0396-5018-3(X)*, 21888); lib. bdg. *(978-1-0396-4891-3(6)*, 21887) Crabtree Publishing Co. (Crabtree Branches).

Perro Llamado Mitzvah: A Dog Named Mitzvah. Deborah Lee Prescott & Ellen Felman. 2018. (Dog Named Mitzvah Ser.: Vol. 1). (SPA., Illus.). 40p. (J). (gr. k-5). pap. 15.95 *(978-1-943789-78-8(9))* Taylor and Seale Publishing.

Perro Malo. David McPhail. 2022. (¡Me Gusta Leer! Ser.). 32p. (J). (gr. -1-3). pap. 8.99 *(978-0-8234-5195-1(X))* Holiday Hse., Inc.

Perro Militar. B. Keith Davidson. 2022. (Tareas de un Perro de Trabajo (Jobs of a Working Dog) Ser.). (SPA.). 32p. (J). (gr. 3-9). pap. *(978-1-0396-5020-6(1)*, 21893); lib. bdg. *(978-1-0396-4893-7(2)*, 21892) Crabtree Publishing Co. (Crabtree Branches).

Perro para Todo el Mundo (a Dog for Everyone) Katrina Streza. Tr. by Lenny Sandoval. 2017. (Xist Kids Spanish Bks.). (SPA., Illus.). 32p. (J). (gr. -1-3). pap. 9.99 *(978-1-5324-0429-0(8))* Xist Publishing.

Perro Policía. B. Keith Davidson. 2022. (Tareas de un Perro de Trabajo (Jobs of a Working Dog) Ser.). (SPA.). 32p. (J). (gr. 3-9). pap. *(978-1-0396-5019-0(8)*, 21899); lib. bdg. *(978-1-0396-4892-0(4)*, 21898) Crabtree Publishing Co. (Crabtree Branches).

Perro Salvaje Africano. Julie Murray. 2023. (Animales Interesantes Ser.). (SPA.). 24p. (J). (gr. -1-2). lib. bdg. 31.36 ***(978-1-0982-6744-5(3)***, 42702, Abdo Kids) ABDO Publishing Co.

Perro y Cachorro Salvan Al Mundo. Katherine Applegate. Illus. by Charlie Adler. 2023. (SPA.). 96p. (J). (gr. 2-4). pap. 12.95 ***(978-607-557-549-0(9))*** Editorial Oceano de Mexico MEX. Dist: Independent Pubs. Group.

Perro y el Lobo. Cynthia Swain. Illus. by Joanna Czernichowska. 2016. (Jump into Genre Ser.). (SPA.). (J). (gr. 3). 5.25 *(978-1-4788-3620-9(2))* Newmark Learning LLC.

Perro y Perrito. Bernice Myers. 2023. (¡Me Gusta Leer! Ser.). 32p. (J). (gr. -1-3). pap. 8.99 ***(978-0-8234-5582-9(3))*** Holiday Hse., Inc.

Perron Family Haunting: The Ghost Story That Inspired Horror Movies. Ebony Joy Wilkins. 2019. (Real-Life Ghost Stories Ser.). (ENG., Illus.). 32p. (J). (gr. 3-9). pap. 7.95 *(978-1-5435-7480-7(7)*, 140920); lib. bdg. 28.65 *(978-1-5435-7341-1(X)*, 140632) Capstone.

Perronautas. Greg van Eekhout. 2019. (SPA.). 220p. (J). (gr. 4-7). pap. 15.50 *(978-607-527-748-6(X))* Editorial Oceano de Mexico MEX. Dist: Independent Pubs. Group.

Perronik, the 'Innocent', or the Quest of the Golden Basin & Diamond Lance: One of the Sources of Stories about the Holy Grail, a Breton Legend, after Souvestre (Classic Reprint) Kenneth Sylvan Guthrie. (ENG., Illus.). (J). 2018. 34p. 24.60 *(978-0-267-88380-6(3))*; 2016. pap. 7.97 *(978-1-333-39827-9(1))* Forgotten Bks.

Perros. Xist Publishing. 2017. (Xist Kids Spanish Bks.). (SPA.). 26p. (J). 29.99 ***(978-1-5324-4084-7(7))*** Xist Publishing.

Perros: De Depredadores a Protectores. Andy Hirsch. 2020. (Cómics de Ciencia Ser.). (SPA.). 128p. (J). (gr. 4-7). pap. 12.50 *(978-607-557-023-5(3))* Editorial Oceano de Mexico MEX. Dist: Independent Pubs. Group.

Perros: (Dogs) Xist Publishing. 2017. (Xist Kids Spanish Bks.). (SPA.). 26p. (J). (gr. -1-3). pap. 9.99 *(978-1-5324-0421-4(2))* Xist Publishing.

Perros con Trabajos. Katie Gillespie. 2018. (Eyediscover Ser.). (SPA.). 24p. (J). lib. bdg. 31.41 *(978-1-4896-8215-4(5))* Weigl Pubs., Inc.

Perros de Trabajo: Leveled Reader Book 14 Level I 6 Pack. Hmh Hmh. 2021. (SPA.). 24p. (J). pap. 74.40 *(978-0-358-08411-2(3))* Houghton Mifflin Harcourt Publishing Co.

Perros Gran Danés (Great Danes) Grace Hansen. 2016. (Perros (Dogs Set 2) Ser.). (SPA.). 24p. (J). (gr. -1-2). lib. bdg. 32.79 *(978-1-62402-702-4(4)*, 24908, Abdo Kids) ABDO Publishing Co.

Perros Rastreadores: Leveled Reader Book 70 Level M 6 Pack. Hmh Hmh. 2021. (SPA.). 16p. (J). pap. 74.40 *(978-0-358-08378-8(8))* Houghton Mifflin Harcourt Publishing Co.

Perros Salvajes. María Eugenia González & April Ferry. 2017. (13A Animales Ser.). (SPA.). 16p. (J). pap. 9.60 *(978-1-64053-201-4(3)*, ARC Pr. Bks.) American Reading Co.

Perros Terrier Escocés (Scottish Terriers) Grace Hansen. 2016. (Perros (Dogs Set 2) Ser.). (SPA.). 24p. (J). (gr. -1-2). lib. bdg. 32.79 *(978-1-62402-704-8(0)*, 24912, Abdo Kids) ABDO Publishing Co.

Perros y Gatos. Patrick McDonnell. 2020. (Mutts Ser.: 2). (SPA.). 128p. (J). (gr. 4-7). pap. 14.50 *(978-607-527-928-2(8))* Editorial Oceano de Mexico MEX. Dist: Independent Pubs. Group.

Perry & Perky: The Adventures Continue. Lani Grace. 2019. (Adventures of Perry & Perky Ser.: Vol. 2). (ENG., Illus.). 36p. (J). *(978-0-6485137-5-9(0))*; pap. *(978-0-6485137-4-2(2))* Grace, Lani.

Perry & Perky on a Mission. Lani Grace. Illus. by Diane Anchen & Wally Anchen. 2020. (ENG.). 36p. (J). pap. *(978-0-6485137-8-0(5))* Grace, Lani.

Perry & Perky's Fun-Filled Adventures. Lani Grace. Illus. by Emma Stuart. 2020. (ENG.). 66p. (J). *(978-0-6485137-7-3(7))*; pap. *(978-0-6485137-6-6(9))* Grace, Lani.

Perry & Steve's New Normal: Life During COVID-19. MaryLou Quillen. 2020. (Penguin Adventure Ser.: Vol. 3). (ENG.). 42p. (J). 22.99 *(978-1-0878-9556-7(1))* Indy Pub.

Perry Angel's Suitcase. Glenda Millard. Illus. by Stephen Michael King. 2020. (Kingdom of Silk Ser.: 03). (ENG.). 128p. pap. 4.99 *(978-0-7333-2255-6(7))* ABC Bks. AUS. Dist: HarperCollins Pubs.

Perry at a Parrot Party. Amanda Vinson. 2020. (ENG.). 32p. (J). *(978-0-2288-3864-7(9))*; pap. *(978-0-2288-3863-0(0))* Tellwell Talent.

Perry Normal & the Moons of Titan. Mason Stone. 2017. (ENG., Illus.). 124p. (J). pap. *(978-1-7751117-4-0(1))* One Door Pr.

Perry Panda: A Story about Parental Depression. Helen Bashford. Illus. by Russell Scott Skinner. 2017. 32p. (J). 19.95 *(978-1-78592-412-5(5)*, 696669) Kingsley, Jessica Pubs. GBR. Dist: Hachette UK Distribution.

Perry Peanut Goes to the Seaside: The Adventures of Perry Peanut. Mandy Beal. Illus. by Mandi Bevan. 2019. (ENG.). 24p. (J). pap. 12.45 *(978-1-9822-0969-8(0)*, Balboa Pr.) Author Solutions, LLC.

Perry's Big Dig & Other Poems. Virginia Hoppes. Illus. by Hall Duncan Ph D. 2016. (ENG.). 36p. (J). pap. 6.99 *(978-0-9820466-0-9(X))* Humor & Communication.

Perse Playbooks, Vol. 4: No; 4. First-Fruits of the Play Method in Prose (Classic Reprint) W. H. D. Rouse. 2018. (ENG., Illus.). 194p. (J). 27.94 *(978-0-484-06653-2(6))* Forgotten Bks.

Persecution of Christians & Religious Minorities by ISIS, 1 vol. Bridey Heing. 2017. (Crimes of ISIS Ser.). (ENG.). 104p. (gr. 8-8). 38.93 *(978-0-7660-9216-7(X)*, 9b809955-9b80-4aec-8640-44247674f520); pap. 20.95 *(978-0-7660-9584-7(3)*, 32c73849-47b1-46fc-b5c4-d73d8257cc86) Enslow Publishing, LLC.

Perseo y la Gorgona Medusa. Luc Ferry. 2019. (SPA.). 60p. (YA). (gr. 9-12). pap. 16.99 *(978-958-30-5749-6(5))* Panamericana Editorial COL. Dist: Lectorum Pubns., Inc.

Persephone: Greek Goddess of the Underworld. Amie Jane Leavitt. Illus. by Alessandra Fusi. 2019. (Legendary Goddesses Ser.). (ENG.). 32p. (J). (gr. 3-9). pap. 7.95 *(978-1-5435-5917-0(4)*, 139887); lib. bdg. 28.65 *(978-1-5435-5454-0(7)*, 139294) Capstone.

Persephone & the Evil King: A QUIX Book. Joan Holub & Suzanne Williams. Illus. by Yuyi Chen. 2021. (Little Goddess Girls Ser.: 6). (ENG.). 96p. (J). (gr. k-3). 17.99 *(978-1-5344-7963-0(5))*; pap. 5.99 *(978-1-5344-7962-3(7))* Simon & Schuster Children's Publishing. (Aladdin).

Persephone & the Giant Flowers, 2. Joan Holub et al. ed. 2020. (Aladdin Quix Ser.). (ENG.). 88p. (J). (gr. 2-3). 15.49 *(978-1-64697-052-0(7))* Penworthy Co., LLC, The.

Persephone & the Giant Flowers: A QUIX Book. Joan Holub & Suzanne Williams. Illus. by Yuyi Chen. 2019. (Little Goddess Girls Ser.: 2). (ENG.). 96p. (J). (gr. k-3). 16.99 *(978-1-5344-3109-6(8))*; pap. 5.99 *(978-1-5344-3108-9(X))* Simon & Schuster Children's Publishing. (Aladdin).

Persephone & the Unicorn's Ruby: A QUIX Book. Joan Holub & Suzanne Williams. Illus. by Yuyi Chen. 2022. (Little Goddess Girls Ser.: 10). (ENG.). 96p. (J). (gr. k-3). 17.99 *(978-1-6659-0408-7(9))*; pap. 5.99 *(978-1-6659-0407-0(0))* Simon & Schuster Children's Publishing. (Aladdin).

Persephone the Grateful. Joan Holub & Suzanne Williams. 2020. (Goddess Girls Ser.: 26). (ENG.). 256p. (J). (gr. 3-7). 17.99 *(978-1-5344-5740-9(2))*; pap. 7.99 *(978-1-5344-5739-3(9))* Simon & Schuster Children's Publishing. (Aladdin).

Persephone the Phony Graphic Novel. Illus. by Glass House Glass House Graphics. 2022. (Goddess Girls Graphic Novel Ser.: 2). (ENG.). 192p. (J). (gr. 3-7). 19.99 *(978-1-5344-7390-4(4))*; pap. 10.99 *(978-1-5344-7389-8(0))* Simon & Schuster Children's Publishing. (Aladdin).

Perseus & the Monstrous Medusa. Joan Holub & Suzanne Williams. Illus. by Craig Phillips. 2016. (Heroes in Training Ser.: 12). (ENG.). 128p. (J). (gr. 1-4). 17.99 *(978-1-4814-3516-1(7))*; pap. 6.99 *(978-1-4814-3515-4(9))* Simon & Schuster Children's Publishing. (Aladdin).

Perseus & the Monstrous Medusa. Joan Holub & Suzanne Williams. 2016. (Heroes in Training Ser.: 12). lib. bdg. 16.00 *(978-0-606-38248-9(8))* Turtleback.

Perseus the Hero: An Interactive Mythological Adventure. Nadia Higgins. 2016. (You Choose: Ancient Greek Myths Ser.). (ENG., Illus.). 112p. (J). (gr. 3-7). lib. bdg. 32.65 *(978-1-4914-8112-7(9)*, 130603, Capstone Pr.) Capstone.

Perseverance. Dalton Rains. 2023. (Civic Skills & Values Ser.). (ENG., Illus.). 24p. (J). pap. 8.95

P

(978-1-64619-848-1(4)); lib. bdg. 28.50 *(978-1-64619-819-1(0))* Little Blue Hse.

Perseverance - Games & Activities: Games & Activities to Help Build Moral Character. Agnes De Bezenac & Salem De Bezenac. Illus. by Agnes De Bezenac. 2017. (Cut Out & Play Ser.: Vol. 3). (ENG., Illus.). (J). (gr. k-2). pap. 6.45 *(978-1-62387-621-0(4)*, Kidible) iCharacter.org.

Perseverance in Sports. Todd Kortemeier. 2018. (Sports Build Character Ser.). (ENG., Illus.). 32p. (J). (gr. 2-3). pap. 9.95 *(978-1-63517-605-6(0)*, 1635176050); lib. bdg. 31.35 *(978-1-63517-533-2(X)*, 163517533X) North Star Editions. (Focus Readers).

Persian & Turkish Tales, Compleat, Vol. 2: Translated Formerly from Those Languages into French (Classic Reprint) Francois Petis De La Croix. (ENG., Illus.). (J). 2018. 418p. 32.52 *(978-0-484-77118-4(3))*; 2017. pap. 16.57 *(978-1-334-92556-6(9))* Forgotten Bks.

Persian Cats. Elizabeth Andrews. 2022. (Cats (CK) Ser.). (ENG., Illus.). 24p. (J). (gr. k-3). lib. bdg. 31.36 *(978-1-0982-4312-8(9)*, 41199, Pop! Cody Koala) Pop!.

Persian Cats. Tammy Gagne. 2016. (Illus.). 24p. (J). *(978-1-4896-5629-2(4))* Weigl Pubs., Inc.

Persian Cats. Katie Lajiness. 2017. (Big Buddy Cats Ser.). (ENG., Illus.). 32p. (J). (gr. 2-5). lib. bdg. 34.21 *(978-1-5321-1201-0(7)*, 27553, Big Buddy Bks.) ABDO Publishing Co.

Persian Cats. Mari Schuh. (Favorite Cat Breeds Ser.). (ENG., Illus.). 24p. (J). 2017. (gr. k-2). pap. 8.99 *(978-1-68152-099-5(0)*, 15704); 2016. (gr. 1-4). lib. bdg. 20.95 *(978-1-60753-970-4(5)*, 15696) Amicus.

Persian Cats. Leo Statts. 2019. (Cats (AZ) Ser.). (ENG., Illus.). 24p. (J). (gr. -1-2). lib. bdg. 31.36 *(978-1-5321-2712-0(X)*, 31631, Abdo Zoom-Launch) ABDO Publishing Co.

Persian Children of the Royal Family: The Narrative of an English Tutor at the Court of H. I. H. Zillu's-Sultan, G. C. S. I (Classic Reprint) Wilfrid Sparroy. 2018. (ENG., Illus.). 378p. (J). 31.69 *(978-0-332-50285-4(6))* Forgotten Bks.

Persian, Greek & Roman Rule - Ancient Egypt History 4th Grade Children's Ancient History. Baby Professor. 2017. (ENG., Illus.). (J). pap. 8.79 *(978-1-5419-1162-8(8)*, Baby Professor (Education Kids)) Speedy Publishing LLC.

Persian Princess. Barbara Diamond Goldin. Illus. by Steliyana Doneva. 2019. (ENG.). 32p. (J). 17.95 *(978-1-68115-553-1(2)*, 06953505-064b-4bca-a82e-6b2556a1d498, Apples & Honey Pr.) Behrman Hse., Inc.

Persian Tassel (Classic Reprint) Olivia Smith Cornelius. (ENG., Illus.). (J). 2018. 242p. 28.89 *(978-0-483-29760-9(7))*; 2016. pap. 11.57 *(978-1-333-50701-5(1))* Forgotten Bks.

Persians. Blaine Wiseman. 2016. (Illus.). 32p. (J). *(978-1-5105-1102-6(4))* SmartBook Media, Inc.

Persiguiendo la Luna. Josue D. Rodriguez. Illus. by Steven Bybyk & Natalie Khmelovska. 2016. (SPA.). 30p. (J). (gr. 1-4). 15.99 ***(978-1-68418-059-2(7))*** Primedia eLaunch LLC.

Persimmons: A Story for Boys & Girls & Men & Women, Who Have Not Forgotten Their School Days (Classic Reprint) A. C. Butler. (ENG., Illus.). (J). 2018. 114p. 26.25 *(978-0-483-61944-9(2))*; 2017. pap. 9.57 *(978-1-5276-1694-3(0))* Forgotten Bks.

Persistence of the Damned. D. A. Gilbert. 2021. (ENG.). 278p. (YA). pap. 19.95 *(978-1-63881-373-6(6))* Newman Springs Publishing, Inc.

Persisting When Things Are Difficult. Emily Rose. 2022. (My Early Library: Building My Social-Emotional Toolbox Ser.). (ENG., Illus.). 24p. (J). (gr. 2-5). pap. 12.79 *(978-1-6689-1066-5(7)*, 221011); lib. bdg. 30.64 *(978-1-6689-0906-5(5)*, 220873) Cherry Lake Publishing.

Persnickety Kit. Melissa Maehara. 2019. (ENG.). 56p. (J). 25.00 *(978-0-578-22252-3(3))* A Dark Matter Pubn.

Persnickety Peacock Pierre. Erika M. Szabo. 2023. (ENG.). 38p. (J). pap. 12.95 ***(978-1-0880-9297-2(7))*** Indy Pub.

Persnickety Witch of Fiddyment Creek. Gaye Pollinger. 2017. (ENG., Illus.). (YA). pap. 11.95 *(978-1-947825-02-4(X))* Yorkshire Publishing Group.

Person Book. Travis Talburt. 2020. (ENG.). 40p. (J). 19.99 *(978-1-0878-9007-4(1))* Indy Pub.

Person Can Be ... Kerri Kokias. Illus. by Carey Sookocheff. 2022. (ENG.). 32p. (J). (gr. -1-2). 18.99 *(978-1-5253-0487-3(9))* Kids Can Pr., Ltd. CAN. Dist: Hachette Bk. Group.

Person in the Mirror: Melissa's Story. Jasmine Crumb. 2021. (ENG.). 337p. (YA). pap. *(978-1-716-52602-2(7))* Lulu Pr., Inc.

Person of Quality (Classic Reprint) Ashton Hilliers. 2017. (ENG., Illus.). (J). 33.07 *(978-0-260-54055-3(2))* Forgotten Bks.

Person of Some Importance (Classic Reprint) Lloyd Osbourne. (ENG., Illus.). (J). 2017. 31.09 *(978-1-5285-8007-6(9))*; 2016. pap. 13.57 *(978-1-334-30389-0(4))* Forgotten Bks.

Person Who Talks to a Parrot. Hong Ying Yang. 2018. (CHI., Illus.). 177p. (J). pap. *(978-7-5597-0843-4(9))* Zhejiang Children's Publishing Hse.

Personajes de Papel. Sergiy Kabachenko. 2017. (SPA.). 64p. (J). (gr. 5-8). pap. 11.99 *(978-958-30-5215-6(9))* Panamericana Editorial COL. Dist: Lectorum Pubns., Inc.

Personal Adventures & Travels of Four Years & a Half in the United States of America (Classic Reprint) John Davis. 2017. (ENG., Illus.). (J). 104p. 26.06 *(978-0-484-78549-5(4))*; pap. 9.57 *(978-0-259-48973-3(5))* Forgotten Bks.

Personal Aircraft: From Flying Cars to Backpack Helicopters. Tim Harris. 2018. (Feats of Flight Ser.). (ENG., Illus.). 32p. (J). (gr. 3-6). 27.99 *(978-1-5415-0094-5(6)*, 514048d5-27db-4ac4-9d2c-4e69c1782dc6, Hungry Tomato (r)) Lerner Publishing Group.

Personal Computer. Emily Rose Oachs. 2019. (Inventions That Changed the World Ser.). (ENG., Illus.). 32p. (J). (gr. 3-8). pap. 8.99 *(978-1-61891-512-2(6)*, 12162, Blastoff! Discovery) Bellwether Media.

Personal Conduct of Belinda (Classic Reprint) Eleanor Hoyt Brainerd. 2017. (ENG., Illus.). (J). 30.68 *(978-0-260-26854-9(2))* Forgotten Bks.

Personal Data Collection. A. W. Buckey. 2019. (Privacy in the Digital Age Ser.). (ENG., Illus.). 48p. (J). (gr. 4-8). lib. bdg. 35.64 *(978-1-5321-1893-7(7)*, 32655) ABDO Publishing Co.

Personal Data Management. Amy Lennex. 2017. (21st Century Skills Library: Data Geek Ser.). (ENG., Illus.). 32p. (J). (gr. 4-7). lib. bdg. 32.07 *(978-1-63472-714-3(2)*, 210114) Cherry Lake Publishing.

Personal Drones. Tyler Mason. 2018. (Tech Bytes Ser.). (ENG.). 48p. (J). (gr. 4-6). 26.60 *(978-1-59953-937-9(3))* Norwood Hse. Pr.

Personal Drones. Cecilia Pinto McCarthy. 2020. (Drones Ser.). (ENG., Illus.). 32p. (J). (gr. 2-5). lib. bdg. 34.21 *(978-1-5321-9280-7(0)*, 35023, Kids Core) ABDO Publishing Co.

Personal Drones. Cecilia Pinto McCarthy. 2021. (Drones Ser.). (ENG.). 32p. (J). (gr. 2-3). pap. 9.95 *(978-1-64494-440-0(5))* North Star Editions.

Personal Experiences in Life's Journey (Classic Reprint) Constance Schack Gracie. (ENG., Illus.). (J). 2018. 254p. 29.16 *(978-0-267-41027-9(1))*; 2016. pap. 11.57 *(978-1-334-24570-1(3))* Forgotten Bks.

Personal Finance (Set), 10 vols., Set. Cecilia Minden. Incl. Investing: Making Your Money Work for You. (Illus.). lib. bdg. 32.07 *(978-1-60279-003-2(5)*, 200069); Living on a Budget. (Illus.). lib. bdg. 32.07 *(978-1-60279-004-9(3)*, 200070); Payday! (Illus.). lib. bdg. 32.07 *(978-1-60279-000-1(0)*, 200071); Saving for the Future. (Illus.). lib. bdg. 32.07 *(978-1-60279-001-8(9)*, 200072); Smart Shopping. lib. bdg. 32.07 *(978-1-60279-005-6(1)*, 200073); Using Credit Wisely. (Illus.). lib. bdg. 32.07 *(978-1-60279-002-5(7)*, 200074); (gr. 4-8). 2007. (21st Century Skills Library: Real World Math Ser.). (ENG.). 32p. 2009. 320.70 *(978-1-60279-102-2(3)*, 200068) Cherry Lake Publishing.

Personal Glimpses of Famous Folks: And Other Selections from the Lee Side o'L. a (Classic Reprint) Lee Shippey. (ENG., Illus.). (J). 2018. 102p. 26.00 *(978-0-484-49042-9(7))*; 2017. pap. 9.57 *(978-0-243-17221-4(4))* Forgotten Bks.

Personal History, Adventures, Experience, & Observation of David Copperfield, Vol. 2 Of 3: The Younger of Blunderstone Rookery (Which He Never Meant to Be Published on Any Account) (Classic Reprint) Charles Dickens. 2017. (ENG., Illus.). (J). 33.92 *(978-0-331-96586-5(0))* Forgotten Bks.

Personal History of David Copperfield: With Forty Illustrations (Classic Reprint) Charles Dickens. 2018. (ENG., Illus.). 646p. (J). 37.24 *(978-0-364-44116-9(X))* Forgotten Bks.

Personal History of David Copperfield (Classic Reprint) Charles Dickens. (ENG., Illus.). (J). 2018. 418p. 32.54 *(978-0-483-70748-1(1))*; 2017. 35.69 *(978-0-260-18761-1(5))*; 2017. pap. 19.57 *(978-1-5285-0427-0(5))*; 2016. pap. 16.57 *(978-1-334-12115-9(X))* Forgotten Bks.

Personal History of David Copperfield, Vol. 1 (Classic Reprint) Charles Dickens. 2017. (ENG., Illus.). (J). 35.53 *(978-0-265-89363-0(1))* Forgotten Bks.

Personal History of David Copperfield, Vol. 1 Of 2: With Illustrations (Classic Reprint) Charles Dickens. 2017. (ENG., Illus.). (J). pap. 11.57 *(978-0-243-24629-8(3))* Forgotten Bks.

Personal Journal: Thoughts, Reflections, Inspirations & Personal Growth. Ruth Karry Bobie. 2022. (ENG.). 120p. (YA). pap. *(978-1-6780-0213-8(5))* Lulu Pr., Inc.

Personal Leadership Guide for Youth: 50 Important Life Skills Never Taught in School. Ntangeki Nshala. 2019. (ENG.). 240p. (J). pap. *(978-9976-89-601-5(8))* Bonabana Co.

Personal Narrative: In Letters, Principally from Turkey, in the Years 1830-3 (Classic Reprint) F. W. Newman. (ENG., Illus.). (J). 2018. 126p. 26.52 *(978-0-666-73123-4(3))*; 2017. pap. 9.57 *(978-0-282-11411-4(4))* Forgotten Bks.

Personal Narrative of the Escape from Nowgong to Banda & Nagode (Classic Reprint) P. G. Scot. (ENG., Illus.). (J). 2018. 44p. 24.80 *(978-0-267-53707-5(7))*; 2016. pap. 7.97 *(978-1-333-70509-1(3))* Forgotten Bks.

Personal Note. Vincent Magnani. 2023. (ENG.). 94p. (YA). 30.00 ***(978-1-365-39630-4(4))*** Lulu Pr., Inc.

Personal Project for the Ib Myp 4&5: Skills for Success. Laura England & Stancar Johnson. 2018. (ENG.). 128p. (J). (gr. 9-10). pap. *(978-1-5104-4659-5(1))* Hodder Education Group.

Personal Recollections & Travels at Home & Abroad, Vol. 2 (Classic Reprint) Thaddeus Stevens Kenderdine. 2018. (ENG., Illus.). (J). 234p. 28.72 *(978-0-366-67886-0(8))*; 236p. pap. 11.57 *(978-0-366-67876-1(0))* Forgotten Bks.

Personal Recollections of Joan of Arc, Vol. 1 of 2 (Classic Reprint) Mark Twain Alden. 2017. (ENG., Illus.). (J). 31.22 *(978-0-266-50360-6(8))* Forgotten Bks.

Personal Recollections of Joan of Arc; Volume 2. Mark Twain, pseud. 2017. (ENG., Illus.). (J). 24.95 *(978-1-374-83978-6(7))*; pap. 14.95 *(978-1-374-83977-9(9))* Capital Communications, Inc.

Personal Recollections of the Empire (Classic Reprint) M. Emile Marco St Hilaire. 2017. (ENG., Illus.). 264p. (J). 29.36 *(978-0-484-29498-0(9))* Forgotten Bks.

Personal Record (Classic Reprint) Joseph Conrad. 2017. (ENG., Illus.). (J). 29.69 *(978-0-266-17636-7(4))* Forgotten Bks.

Personal Reminiscences of Lyman Beecher. James C. White. 2017. (ENG., Illus.). (J). pap. *(978-0-649-32348-7(3))* Trieste Publishing Pty Ltd.

Personal Reminiscences of Lyman Beecher (Classic Reprint) James C. White. 2018. (ENG., Illus.). 68p. (J). 25.30 *(978-0-428-69670-2(8))* Forgotten Bks.

Personal Reminiscences of Samuel Harris (Classic Reprint) Samuel Harris. 2018. (ENG., Illus.). 186p. (J). 27.73 *(978-0-656-00634-2(X))* Forgotten Bks.

Personal Sketchbook (Because of Love) A Blank Sketchbook with 100 Pages Suitable for Sketching, Drawing, & Art. This Blank Sketchbook May Make a Loving Gift. James Manning. 2019. (Personal Sketchbook Ser.: Vol. 2). (ENG.). 100p. (YA). pap. *(978-1-83884-072-3(9))* Coloring Pages.

Personal Sketches of His Own Times, Vol. 3 of 3 (Classic Reprint) Jonah Barrington. (ENG., Illus.). (J). 2018. 482p. 33.86 *(978-0-483-82395-2(3))*; 2016. pap. 16.57 *(978-1-334-13926-0(1))* Forgotten Bks.

Personal Space Travel. Martin Gitlin. 2017. (21st Century Skills Innovation Library: Emerging Tech Ser.). (ENG., Illus.). 32p. (J). (gr. 4-8). lib. bdg. 32.07 *(978-1-63472-703-7(7)*, 210138) Cherry Lake Publishing.

Personal Space Travel. Marty Gitlin. 2018. (Emerging Technology Ser.). (ENG.). 32p. (J). (gr. 4-8). lib. bdg. 22.99 *(978-1-5105-3930-3(1))* SmartBook Media, Inc.

Personal Touch (Classic Reprint) Emma Beatrice Brunner. (ENG., Illus.). (J). 2018. 320p. 30.52 *(978-0-483-84699-9(6))*; 2017. pap. 13.57 *(978-0-243-32591-7(6))* Forgotten Bks.

Personalidades Electrizantes: Set of 6 Common Core Edition. Alison Auch & Benchmark Education Company, LLC Staff. 2016. (Navigators Ser.). (SPA.). (J). (gr. 5). 58.00 net. *(978-1-5125-0827-7(6))* Benchmark Education Co.

Personalised Sketchbook (Because of Love) A Blank Sketchbook with 100 Pages Suitable for Sketching, Drawing, & Art. This Blank Sketchbook May Make a Loving Gift. James Manning. 2019. (Personalised Sketchbook Ser.: Vol. 2). (ENG.). 100p. (YA). pap. *(978-1-83884-061-7(3))* Coloring Pages.

Personality. Don Rauf. 2017. (Freaky Phenomena Ser.: Vol. 8). (ENG., Illus.). 48p. (J). (gr. 5-8). 20.95 *(978-1-4222-3778-6(8))* Mason Crest.

Personality Matters. Personality et al. 2017. (ENG., Illus.). (J). (gr. k-5). 24.99 *(978-0-692-93440-1(5))* Boll Weevil Pr.

Personality Plus: Some Experiences of Emma Mcchesney & Her Son, Jock (Classic Reprint) James Montgomery Flagg. 2017. (ENG., Illus.). (J). 27.71 *(978-0-260-44612-1(2))* Forgotten Bks.

Personality Quiz Book for You & Your BFFs: Learn All about Your Friends! H. Becker. 2017. (ENG., Illus.). 112p. (J). (gr. 5-8). pap. 7.99 *(978-1-4926-5324-0(1))* Sourcebooks, Inc.

Personality Quiz Book Just for You: Learn All about You! H. Becker. 2017. (ENG., Illus.). 112p. (J). (gr. 5-8). pap. 8.99 *(978-1-4926-5321-9(7))* Sourcebooks, Inc.

Persone: Libro Da Colorare per Bambini. Bold Illustrations. 2017. (ITA., Illus.). (J). pap. 8.35 *(978-1-64193-116-8(7)*, Bold Illustrations) FASTLANE LLC.

Personifying Etiquette with Finesse. Sheryl Tillis. 2022. (Coco Series Book 3 Ser.: Vol. 3). (ENG.). 104p. (YA). 20.99 *(978-1-6628-4640-3(1))*; pap. 12.49 *(978-1-6628-4642-7(8))* Salem Author Services.

Perspective Drawing. Ethan Hahn. 2020. (ENG.). 48p. (J). pap. ***(978-1-716-78956-4(7))*** Lulu Pr., Inc.

Perspectives Flip Books: Famous Battles. Michael Burgan & Steven Otfinoski. 2018. (Perspectives Flip Books: Famous Battles Ser.). (ENG.). 64p. (J). (gr. 5-9). 146.60 *(978-0-7565-5705-8(4)*, 27540, Compass Point Bks.) Capstone.

Perspectives in Life & the World Around Us. Alexis Gutierrez. 2017. (ENG.). 51p. (YA). pap. *(978-1-387-35542-6(2))* Lulu Pr., Inc.

Perspectives Library (Set), 42 vols. (Perspectives Library). (ENG., Illus.). (J). 2018. 1404.06 *(978-1-5341-2839-2(5)*, 211420); 2018. pap., pap., pap. 619.86 *(978-1-5341-3179-8(5)*, 211421); 2017. 32p. (gr. 4-8). 1090.38 *(978-1-5341-0208-8(6)*, 209606); 2017. 32p. (gr. 4-8). pap., pap., pap. 483.29 *(978-1-5341-0258-3(2)*, 209607) Cherry Lake Publishing.

Perspectives on American Progress (Set), 8 vols. 2018. (Perspectives on American Progress Ser.). (ENG.). 48p. (J). (gr. 4-8). lib. bdg. 285.12 *(978-1-5321-1486-1(9)*, 29104) ABDO Publishing Co.

Perspectives on European Colonization of America. Clara MacCarald. 2018. (Perspectives on US History Ser.). (ENG., Illus.). 32p. (J). (gr. 3-6). 32.80 *(978-1-63235-400-6(4)*, 13722, 12-Story Library) Bookstaves, LLC.

Perspectives on Reconstruction. Tom Streissguth. 2018. (Perspectives on US History Ser.). (ENG., Illus.). 32p. (J). (gr. 3-6). 32.80 *(978-1-63235-403-7(9)*, 13725, 12-Story Library) Bookstaves, LLC.

Perspectives on the Civil Rights Movement. Heidi Deal. 2018. (Perspectives on US History Ser.). (ENG., Illus.). 32p. (J). (gr. 3-6). 32.80 *(978-1-63235-398-6(9)*, 13720, 12-Story Library) Bookstaves, LLC.

Perspectives on the Dust Bowl. Amy C. Rea. 2018. (Perspectives on US History Ser.). (ENG., Illus.). 32p. (J). (gr. 3-6). 32.80 *(978-1-63235-399-3(7)*, 13721, 12-Story Library) Bookstaves, LLC.

Perspectives on the Great Depression. Linden K. McNeilly. 2018. (Perspectives on US History Ser.). (ENG., Illus.). 32p. (J). (gr. 3-6). 32.80 *(978-1-63235-401-3(2)*, 13723, 12-Story Library) Bookstaves, LLC.

Perspectives on the Industrial Revolution. Carla Mooney. 2018. (Perspectives on US History Ser.). (ENG., Illus.). 32p. (J). (gr. 3-6). 32.80 *(978-1-63235-402-0(0)*, 13724, 12-Story Library) Bookstaves, LLC.

Perspectives on the Women's Rights Movement. Kelly Bakshi. 2018. (Perspectives on US History Ser.). (ENG., Illus.). 32p. (J). (gr. 3-6). 32.80 *(978-1-63235-405-1(5)*, 13727, 12-Story Library) Bookstaves, LLC.

Perspectives on Westward Expansion. Tom Streissguth. 2018. (Perspectives on US History Ser.). (ENG., Illus.). 32p. (J). (gr. 3-6). 32.80 *(978-1-63235-404-4(7)*, 13726, 12-Story Library) Bookstaves, LLC.

Perspicacious Quandary. Mike Root. 2018. (ENG., Illus.). 302p. (YA). pap. 17.99 *(978-1-5456-2758-7(4))* Salem Author Services.

Persuading Miss Doover. Robin Pulver. Illus. by Stephanie Roth Sisson. 32p. (J). 2020. (gr. -1-3). pap. 8.99 *(978-0-8234-4672-8(7))*; 2018. (gr. 1-4). 17.99 *(978-0-8234-3426-8(5))* Holiday Hse., Inc.

Persuasion see Persuasión

Persuasion. Jane. Austen. 2021. (ENG.). 166p. (J). (gr. 4-6). pap. 8.99 *(978-1-4209-7477-5(7))* Digireads.com Publishing.

Persuasion. Jane. Austen. 2018. (ENG.). 132p. (J). (gr. 4-6). pap. *(978-80-273-3053-9(X))* E-Artnow.

Persuasion. Jane. Austen. (ENG.). (J). (gr. 4-6). 2020. 142p. pap. 18.99 *(978-1-6780-0343-2(3))*; 2018. (Illus.). 146p. pap. *(978-1-387-84343-5(5))* Lulu Pr., Inc.

Persuasion. Jane. Austen. 2020. (ENG.). 194p. (J). (gr. 4-6). pap. 6.95 *(978-1-68422-493-7(4))* Martino Fine Bks.

Persuasion. Jane. Austen. 2018. (ENG., Illus.). 246p. (J). (gr. 4-6). 26.82 *(978-1-7317-0445-0(3))*; pap. 14.76 *(978-1-7317-0446-7(1))*; 13.84 *(978-1-7317-0008-7(3))*; pap. 7.05 *(978-1-7317-0009-4(1))* Simon & Brown.

Persuasión. Jane. Austen. 2022.Tr. of Persuasion. (SPA.). 169p. (J). (gr. 4-6). pap. *(978-1-387-85864-4(5))* Lulu Pr., Inc.

Persuasion: Book Nerd Edition. Jane. Austen & Gray & Gold Publishing. 2017. (ENG., Illus.). 182p. (J). pap. 8.99 *(978-1-64001-807-5(7))* Gray & Gold Publishing.

Persuasion: a-Level Set Text Student Edition (Collins Classroom Classics) Jane. Austen & Collins GCSE. ed. 2020. (Collins Classroom Classics Ser.). (ENG.). 320p. 5.99 *(978-0-00-837183-8(0))* HarperCollins Pubs. Ltd. GBR. Dist: Independent Pubs. Group.

Persuasive Paragraphs. Frances Purslow. 2016. (J). *(978-1-5105-2285-5(9))* SmartBook Media, Inc.

Persuasive Peggy (Classic Reprint) Maravene Thompson. 2018. (ENG., Illus.). 326p. (J). 30.62 *(978-0-483-35064-9(8))* Forgotten Bks.

Perth-On-the-Tay. a Tale of the Transplanted Highlanders. Josephine Smith. 2017. (ENG., Illus.). (J). pap. *(978-0-649-66957-8(6))* Trieste Publishing Pty Ltd.

Perth-On-the-Tay a Tale of the Transplanted Highlanders (Classic Reprint) Josephine Smith. 2017. (ENG., Illus.). 280p. (J). 29.69 *(978-0-332-07829-8(9))* Forgotten Bks.

Peru. Contrib. by Monika Davies. 2023. (Countries of the World Ser.). (ENG., Illus.). (J). (gr. k-3). lib. bdg. 26.95 Bellwether Media.

Peru. Lily Erlic. 2018. (Illus.). 32p. (J). *(978-1-4896-7512-5(4)*, AV2 by Weigl) Weigl Pubs., Inc.

Peru. Alicia Z. Klepeis. 2019. (Country Profiles Ser.). (ENG., Illus.). 32p. (J). (gr. 3-8). lib. bdg. 27.95 *(978-1-62617-962-2(X)*, Blastoff! Discovery) Bellwether Media.

Peru. Joyce L. Markovics. 2016. (Countries We Come From Ser.). (ENG., Illus.). 32p. (J). (gr. -1-3). 28.50 *(978-1-944102-73-9(6))* Bearport Publishing Co., Inc.

Perú. Joyce L. Markovics. 2019. (Los Países de Donde Venimos/Countries We Come From Ser.). (SPA., Illus.). 32p. (J). (gr. k-3). 19.95 *(978-1-64280-232-0(8))* Bearport Publishing Co., Inc.

Peru, 1 vol. Kieran Falconer et al. 3rd rev. ed. 2016. (Cultures of the World (Third Edition)(r) Ser.). (ENG., Illus.). 144p. (gr. 5-5). lib. bdg. 48.79 *(978-1-5026-1843-6(5)*, 4e39c7bb-e2c2-4db6-baef-e617beaac19c) Cavendish Square Publishing LLC.

Peru a Variety of Facts Children's People & Places Book. Bold Kids. 2022. (ENG.). 42p. (J). pap. 14.99 ***(978-1-0717-2024-0(4))*** FASTLANE LLC.

Peru (Enchantment of the World) (Library Edition) Michael Burgan. 2018. (Enchantment of the World. Second Ser.). (ENG., Illus.). 144p. (J). (gr. 5-9). lib. bdg. 40.00 *(978-0-531-23591-1(2)*, Children's Pr.) Scholastic Library Publishing.

Peru's Rainbow Mountain. Rachel Hamby. 2020. (Nature's Mysteries Ser.). (ENG., Illus.). 32p. (J). (gr. 2-5). lib. bdg. 32.79 *(978-1-5321-6921-2(3)*, 36463, DiscoverRoo) Pop!.

Perverse Widow by Sir Richard Steele (Classic Reprint) Richard Steele. 2017. (ENG., Illus.). (J). 24.85 *(978-0-266-27164-2(2))* Forgotten Bks.

Perversion, or the Causes & Consequences of Infidelity, Vol. 1 Of 3: A Tale for the Times (Classic Reprint) William John Conybeare. 2018. (ENG., Illus.). (J). 380p. 31.73 *(978-0-366-06125-9(9))*; 382p. pap. 16.57 *(978-0-366-06124-2(0))* Forgotten Bks.

Perverted Proverbs: A Manual of Immorals for the Many (Classic Reprint) D. Streamer. 2018. (ENG., Illus.). 100p. (J). 25.98 *(978-0-666-01953-0(3))* Forgotten Bks.

Pesach Recipe Journal Summer Hardback Cover. Rebbetzin Hannah Bejarano-Gutierrez. 2022. (ENG.). 100p. (J). *(978-1-4583-2619-5(5))* Lulu Pr., Inc.

Pesadilla en el Vuelo 301: Leveled Reader Book 84 Level W 6 Pack. Hmh Hmh. 2021. (SPA.). 48p. (J). pap. 74.40 *(978-0-358-08648-2(5))* Houghton Mifflin Harcourt Publishing Co.

Pesadilla en la Isla Zombi. Paul D. Storrie. 2020. (SPA.). 112p. (J). (gr. 5-8). pap. 13.99 *(978-958-30-5981-0(1))* Panamericana Editorial COL. Dist: Lectorum Pubns., Inc.

¡Pesadillas! la Canción de Cuna Perdida. Jason Segel & Kirsten Miller. 2018. (¡Pesadillas! Ser.: 3). (SPA.). 368p. (J). (gr. 4-7). pap. 19.50 *(978-607-527-134-7(1))* Editorial Oceano de Mexico MEX. Dist: Independent Pubs. Group.

Pésaj. Katie Gillespie. 2016. (Celebremos Las Fechas Patrias Ser.). (SPA.). 24p. (J). pap. 31.41 *(978-1-4896-4378-0(8))* Weigl Pubs., Inc.

Pesare Tigh see Thorn-Bush Boy: Pesare Tigh

Pesca de Las Pequeñas Estrellas. Taylor Farley. Tr. by Pablo de la Vega from ENG. 2021. (Pequeñas Estrellas (Little Stars) Ser.). (SPA., Illus.). 24p. (J). (gr. k-2). pap. *(978-1-4271-3178-2(3)*, 15156); lib. bdg. *(978-1-4271-3160-7(0)*, 15137) Crabtree Publishing Co.

Pescadito de Oro. Giovanna Mantegazza. Illus. by Francesca Crovara. 2019. (SPA.). 12p. (J). (gr. -1-1). 5.95 *(978-84-414-1256-9(1))* Editorial Edaf, S.L. ESP. Dist: Spanish Pubs., LLC.

Pescado. Xist Publishing. 2018. (Xist Kids Spanish Bks.). (SPA., Illus.). 28p. (J). (gr. -1-3). pap. 9.99 *(978-1-5324-0727-7(0))* Xist Publishing.

Pescado Moteado y Frito. Melissa Moats. Illus. by Shay Page. 2022. (SPA.). 32p. (J). pap. 10.99 ***(978-1-0880-6906-6(1))*** Indy Pub.

Pescadores de Antes y de Hoy. Lisa Zamosky. rev. ed. 2019. (Social Studies: Informational Text Ser.). (SPA., Illus.). 32p. (J). (gr. 2-3). pap. 11.99 *(978-1-64290-115-3(6))* Teacher Created Materials, Inc.

Pescar. Xist Publishing. 2018. (Xist Kids Spanish Bks.). (SPA., Illus.). 28p. (J). (gr. -1-3). pap. 9.99 *(978-1-5324-0729-1(7))* Xist Publishing.

Pesi. Jennifer Degenhardt. Ed. by Tanya Ferretto. Illus. by Kimberly Sosa. 2022. (ITA.). 88p. (J). pap. 9.00 ***(978-1-956594-24-9(8))*** Puentes.

Peski Kids: The Mystery of the Squashed Cockroach. R. A. Spratt. 2018. (Peski Kids Ser.: 1). 288p. (J). (gr. 3). 16.99

1576

The check digit for ISBN-10 appears in parentheses after the full ISBN-13

(978-0-14-378881-2(7), Puffin) Penguin Random Hse. AUS. Dist: Independent Pubs. Group.

Peski Kids 2: Bear in the Woods. R. A. Spratt. 2019. (Peski Kids Ser.: 2). 272p. (J). (gr. 4-6). 16.99 *(978-0-14-378883-6(3)*, Puffin) Penguin Random Hse. AUS. Dist: Independent Pubs. Group.

Peski Kids 4: near Extinction. R. A. Spratt. 2020. (Peski Kids Ser.: 4). 272p. (J). (gr. 4-6). 16.99 *(978-0-14-379636-7(4)*, Puffin) Penguin Random Hse. AUS. Dist: Independent Pubs. Group.

Peski Kids 5: the Final Mission. R. A. Spratt. 2020. (Peski Kids Ser.: 5). 272p. (J). (gr. 3-5). 16.99 *(978-1-76089-578-5(4)*, Puffin) Penguin Random Hse. AUS. Dist: Independent Pubs. Group.

Pesky Little Cockroach. Joy Peyton. Tr. by Aerin Benavides. Illus. by Lisa Pimental. 2023. 32p. (J). pap. 13.00 ***(978-1-6678-7698-6(8))*** BookBaby.

Peso (Weight) Julie Murray. 2019. (¡a Medir! (Measure It!) Ser.). (SPA.). 24p. (J). (gr. -1-2). lib. bdg. 31.36 *(978-1-0982-0072-5(1)*, 33018, Abdo Kids) ABDO Publishing Co.

Pessimist: In Theory & Practice (Classic Reprint) Robert Timsol. (ENG., Illus.). (J). 2018. 208p. 28.19 *(978-0-483-33587-5(8))*; 2016. pap. 10.57 *(978-1-334-14424-0(9))* Forgotten Bks.

Pest (Classic Reprint) W. Teignmouth Shore. 2018. (ENG., Illus.). 326p. (J). 30.62 *(978-0-332-14257-9(4))* Forgotten Bks.

Pestalozzian Series: First-Year Arithmetic. First-Year Text-Book: for Pupils in the First Grade, First Year, of Public Schools, Based upon Pestalozzi's System of Teaching Elementary Number. James H. Hoose. 2017. (ENG., Illus.). (J). pap. *(978-0-649-66959-2(2))* Trieste Publishing Pty Ltd.

Pestalozzi's Leonard & Gertrude: Translated & Abridged (Classic Reprint) Eva Channing. abr. ed. 2018. (ENG., Illus.). 210p. (J). 28.23 *(978-0-483-79735-2(9))* Forgotten Bks.

Pet. Akwaeke Emezi. (ENG.). (YA). (gr. 7). 2021. 224p. pap. 11.99 *(978-0-593-17544-6(1)*, Knopf Bks. for Young Readers); 2019. 208p. 17.99 *(978-0-525-64707-2(4)*, Make Me a World) Random Hse. Children's Bks.

Pet. Matthew Van Fleet. Photos by Brian Stanton. 2021. (ENG., Illus.). 20p. (J). (gr. -1). 24.99 *(978-1-5344-8247-0(4)*, Simon & Schuster/Paula Wiseman Bks.) Simon & Schuster/Paula Wiseman Bks.

Pet: Or Pastimes & Penalties (Classic Reprint) Hugh Reginald Haweis. (ENG., Illus.). (J). 2018. 332p. 30.76 *(978-0-483-46345-5(0))*; 2016. pap. 13.57 *(978-1-334-12680-2(1))* Forgotten Bks.

Pet Animal Friends. Robyn Gale. Illus. by Bethany Carr. 2022. (First Touch & Feel Facts Ser.). (ENG.). 10p. (J). bds. 9.99 *(978-1-80105-243-6(3))* Top That! Publishing PLC GBR. Dist: Independent Pubs. Group.

Pet Animals. Joseph Gardner. 2020. (Steam Beginnings Ser.). (ENG.). 14p. (J). bds. 4.99 *(978-1-941609-57-6(0))* Gardner Media LLC.

Pet Animals. Paul A. Kobasa. 2018. (J). *(978-0-7166-3574-1(7))* World Bk., Inc.

Pet Birds: Questions & Answers, 2 vols. Christina Mia Gardeski. 2016. (Pet Questions & Answers Ser.). (ENG.). (J). (gr. k-1). 53.32 *(978-1-5157-5427-5(8))*; (Illus.). 24p. (gr. -1-2). lib. bdg. 27.32 *(978-1-5157-0354-9(1)*, 131988, Capstone Pr.) Capstone.

Pet Brother. Kenyeta Chavis. Illus. by Michael Farrar. 2021. (ENG.). 26p. (J). pap. 15.00 *(978-1-950861-46-0(5))* His Glory Creations Publishing, LLC.

Pet Camp. Emma Bland Smith. Illus. by Lissy Marlin. 2018. (Maddy Mcguire, CEO Ser.). (ENG.). 112p. (J). (gr. 2-5). lib. bdg. 38.50 *(978-1-5321-3185-1(2)*, 28465, Calico Chapter Bks.) ABDO Publishing Co.

Pet Care (Set), 6 vols. 2018. (Pet Care Ser.). (ENG.). 24p. (J). (gr. k-4). lib. bdg. 188.16 *(978-1-5321-2518-8(6)*, 30045, Abdo Zoom-Dash) ABDO Publishing Co.

Pet Charms #3: Here, Kitty, Kitty (Scholastic Reader, Level 2) Amy Edgar. Illus. by Jomike Tejido. 2017. (Scholastic Reader, Level 2 Ser.). (ENG.). 32p. (J). (gr. k-2). pap. 5.99 *(978-1-338-04591-8(1))* Scholastic, Inc.

Pet Detective Mysteries: Kassy o'Roarke Books 1-3. Kelly Oliver. 2020. (Pet Detective Mysteries Ser.). (ENG.). 544p. (J). pap. 29.95 *(978-1-64343-798-9(4))* Beaver's Pond Pr., Inc.

Pet Dove: A Children's Play in Four Acts, with Music for Songs Arranged by Author (Classic Reprint) John Rea. 2018. (ENG., Illus.). 40p. (J). 24.76 *(978-0-484-56615-5(6))* Forgotten Bks.

Pet Faces/Caras de Mascotas. Illus. by Agnese Baruzzi. 2020. (My First Puzzle Book Ser.). (ENG.). 14p. (J). (— 1). bds. 8.95 *(978-88-544-1598-0(7))* White Star Publishers ITA. Dist: Sterling Publishing Co., Inc.

Pet Fish: Questions & Answers. Christina Mia Gardeski. 2016. (Pet Questions & Answers Ser.). (ENG., Illus.). 24p. (J). (gr. -1-2). lib. bdg. 27.32 *(978-1-5157-0353-2(3)*, 131987, Capstone Pr.) Capstone.

Pet Food Tester. Virginia Loh-Hagan. 2016. (Odd Jobs Ser.). (ENG., Illus.). 32p. (J). (gr. 4-8). 32.07 *(978-1-63471-096-1(7)*, 208495, 45th Parallel Press) Cherry Lake Publishing.

Pet for Bronwyn. Jennifer Mottley. 2019. (ENG., Illus.). 44p. (J). pap. *(978-1-78830-230-2(3))* Olympia Publishers.

Pet for Levi: The Crossroads Stories. Linda H. Miller. 2016. (ENG., Illus.). (J). pap. 16.95 *(978-1-5127-6275-4(X)*, WestBow Pr.) Author Solutions, LLC.

Pet for Tom. Joan Pont. 2021. (ENG.). 122p. (J). pap. 6.35 *(978-1-393-97106-1(7))* Draft2Digital.

Pet Groomer. Marie Pearson. 2019. (Jobs with Animals Ser.). (ENG., Illus.). 32p. (J). (gr. 4-6). pap. 7.95 *(978-1-5435-6049-7(0)*, 140094); lib. bdg. 28.65 *(978-1-5435-5787-9(2)*, 139744) Capstone.

Pet in My Pocket. Anne Marie Kiel. 2018. (ENG., Illus.). 36p. (J). 23.95 *(978-1-64138-207-6(4))*; pap. 13.95 *(978-1-64138-205-2(8))* Page Publishing Inc.

Pet Lamb, & Other Stories (Classic Reprint) Unknown Author. (ENG., Illus.). (J). 2018. 132p. 26.62 *(978-0-332-20364-5(6))*; 2017. pap. 9.57 *(978-0-243-45647-5(6))* Forgotten Bks.

Pet Lamb, & Other Tales: Translated from the German (Classic Reprint) Christopher Von Schmid. 2017. (ENG., Illus.). (J). 164p. 27.28 *(978-0-331-80693-9(2))*; pap. 9.97 *(978-0-243-30659-6(8))* Forgotten Bks.

Pet Lamb (Classic Reprint) Harriet Myrtle. (ENG., Illus.). (J). 2018. 62p. 25.20 *(978-0-365-31426-4(9))*; 2017. pap. 9.57 *(978-0-259-47267-4(0))* Forgotten Bks.

Pet Lamb, in Rhythm, Intended As an Innocent Exercise for the Memory of Children: To Which Are Added, the Ladder of Learning, & the Robin (Classic Reprint) J. B. 2018. (ENG., Illus.). 56p. (J). 25.05 *(978-0-267-69654-3(X))* Forgotten Bks.

Pet Marjorie & Sir Walter Scott: The Story of Marjorie Fleming (Classic Reprint) Kate Wiley. (ENG., Illus.). (J). 2018. 90p. 25.77 *(978-0-483-78506-9(7))*; 2016. pap. 9.57 *(978-1-334-14081-5(2))* Forgotten Bks.

Pet of Frankenstein. Mel Gilden. Illus. by John Pierard. 2020. (Fifth Grade Monster Ser.: Vol. 3). (ENG.). 94p. (J). pap. 11.95 *(978-1-59687-780-1(4))* ibooks, Inc.

Pet of Parsons' Ranch: A Comedy-Drama in Five Acts (Classic Reprint) W. Farrand Felch. 2018. (ENG., Illus.). 40p. (J). 24.72 *(978-0-332-83840-3(4))* Forgotten Bks.

Pet of the Settlement: A Story of Prairie-Land (Classic Reprint) Caroline Augusta Soule. (ENG., Illus.). (J). 2018. 260p. 29.26 *(978-0-483-95848-7(4))*; 2017. pap. 11.97 *(978-0-243-91640-5(X))* Forgotten Bks.

Pet Pals Gone Wild Coloring Book. Creative Playbooks. 2016. (ENG., Illus.). (J). pap. 7.74 *(978-1-68323-789-1(7))* Twin Flame Productions.

Pet Pals Puzzles. Created by Highlights. 2021. (Highlights Hidden Pictures Ser.). (Illus.). 144p. (J). (gr. 1-4). pap. 9.95 *(978-1-64472-507-8(X)*, Highlights) Highlights Pr., c/o Highlights for Children, Inc.

Pet Parade, 2. Dori Hillestad Butler. ed. 2022. (Dear Beast Ser.). (ENG.). 79p. (J). (gr. 2-3). 18.46 ***(978-1-68505-468-7(4))*** Penworthy Co., LLC, The.

Pet Parade Mad Libs: 4 Mad Libs In 1! World's Greatest Word Game. Mad Libs. 2023. (Mad Libs Ser.). 192p. (J). (gr. 3-7). pap. 6.99 *(978-0-593-52153-3(6)*, Mad Libs) Penguin Young Readers Group.

Pet Playtime! Connect the Dots Activity Book. Kreative Kids. 2016. (ENG., Illus.). (J). pap. 9.20 *(978-1-68377-024-4(2))* Whlke, Traudl.

Pet Portraits Locked Diary. Mudpuppy. Illus. by Liz Mytinger. 2017. (ENG.). 192p. (J). (gr. -1-7). 10.99 *(978-0-7353-5211-7(9))* Mudpuppy Pr.

Pet Potato. Josh Lacey. Illus. by Momoko Abe. 2022. (ENG.). 32p. (J). 18.99 *(978-1-250-83415-7(5)*, 900253874) Roaring Brook Pr.

Pet Project (Hearts & Crafts #2) Lisa Papademetriou. 2022. (ENG., Illus.). 256p. (J). (gr. 3-7). pap. 7.99 *(978-1-338-60307-1(8)*, Scholastic Pr.) Scholastic, Inc.

Pet Promise. Amy Nowlin. Illus. by Paul Schultz. 2021. (ENG.). 28p. (J). *(978-1-0391-0997-1(7))*; pap. *(978-1-0391-0996-4(9))* FriesenPress.

Pet Puzzles Deluxe. Created by Highlights. 2023. (Highlights Hidden Pictures Ser.). 96p. (J). (gr. -1-3). pap. 12.99 *(978-1-64472-915-1(6)*, Highlights) Highlights Pr., c/o Highlights for Children, Inc.

Pet Questions & Answers. Christina Mia Gardeski. 2016. (Pet Questions & Answers Ser.). (ENG.). 24p. (J). (gr. -1-2). lib. bdg., lib. bdg., lib. bdg. 163.92 *(978-1-5157-0713-4(X)*, Capstone Pr.) Capstone.

Pet Records. Julie Beer. 2020. (Illus.). 208p. (J). (gr. 3-7). pap. 14.99 *(978-1-4263-3735-2(3))*; (ENG., lib. bdg. 24.90 *(978-1-4263-3736-9(1))* Disney Publishing Worldwide. (National Geographic Kids).

Pet Rescue. Elsie Olson. 2017. (Animal Rights Ser.). (ENG., Illus.). 32p. (J). (gr. 3-6). lib. bdg. 32.79 *(978-1-5321-1260-7(2)*, 27577, Checkerboard Library) ABDO Publishing Co.

Pet Rescue Adventures Puppy Tales Collection: Paw-Fect 4 Book Set: The Unwanted Puppy; the Sad Puppy; the Homesick Puppy; Jessie the Lonely Puppy, 4 vols. Holly Webb. Illus. by Sophy Williams. 2020. (Pet Rescue Adventures Ser.). (ENG.). 512p. (J). (gr. 1-4). pap. 19.96 *(978-1-68010-494-3(2))* Tiger Tales.

Pet-Rified. Jessica Young. Illus. by Jessica Sécheret. 2017. (Finley Flowers Ser.). (ENG.). 128p. (J). (gr. 1-3). lib. bdg. 25.32 *(978-1-4795-9805-2(4)*, 133580, Picture Window Bks.) Capstone.

Pet Show (Classic Reprint) Marjorie Barrows. 2018. (ENG., Illus.). 32p. (J). 24.58 *(978-0-267-70455-2(0))* Forgotten Bks.

Pet Show Problem. Kirsten McDonald. Illus. by Erika Meza. 2016. (Carlos & Carmen Ser.). (ENG.). 32p. (J). (gr. -1-3). lib. bdg. 32.79 *(978-1-62402-184-8(0)*, 24547, Calico Chapter Bks) Magic Wagon.

Pet-Sitting Peril. Willo Davis Roberts. 2016. (ENG., Illus.). 256p. (J). (gr. 3-7). pap. 7.99 *(978-1-4814-7492-4(8)*, Aladdin) Simon & Schuster Children's Publishing.

Pet Sticker Puzzles. Created by Highlights. 2017. (Highlights Sticker Hidden Pictures Ser.). (ENG.). 96p. (J). (-k). pap. 9.95 *(978-1-62979-842-4(8)*, Highlights) Highlights Pr., c/o Highlights for Children, Inc.

Pet Store Sprite, 3. Tracey West. ed. 2021. (Branches Early Ch Bks). (ENG., Illus.). 88p. (J). (gr. 2-3). 15.86 *(978-1-64697-919-6(2))* Penworthy Co., LLC, The.

Pet Store Sprite: a Branches Book (Pixie Tricks #3) Tracey West. Illus. by Xavier Bonet. 2021. (Pixie Tricks Ser.: 3). (ENG.). 96p. (J). (gr. 1-3). pap. 6.99 *(978-1-338-62784-8(8))*; lib. bdg. 24.99 *(978-1-338-62785-5(6))* Scholastic, Inc.

Pet Store Window. Jairo. Buitrago. Tr. by Elisa Amado. Illus. by Rafael Yockteng. 2023. 32p. (J). (gr. -1-1). 19.99 ***(978-1-77306-459-8(2))*** Groundwood Bks. CAN. Dist: Publishers Group West (PGW).

Pet Stories. Enid Blyton. 2021. (ENG., Illus.). 336p. (J). (gr. k-2). 10.99 *(978-1-4449-5430-2(X))* Hachette Children's Group GBR. Dist: Hachette Bk. Group.

Pet Surprise. Sanjae Citko. 2022. (ENG.). 30p. (J). ***(978-1-0391-5855-9(2))***; pap. ***(978-1-0391-5854-2(4))*** FriesenPress.

Pet Tales!, 8 vols. 2017. (Pet Tales! Ser.). 24p. (ENG.). (gr. 1-1). 101.08 *(978-1-5081-5794-6(4)*, 2debed44-5801-455f-9978-eaeb2e8d9876); (gr. 4-6). pap. 33.00 *(978-1-5081-5771-7(5))* Rosen Publishing Group, Inc., The. (PowerKids Pr.).

Pet Tales Featuring Chester, Lady & Mipi. Diana Rosendale. 2018. (ENG., Illus.). 64p. (J). pap. 16.95 *(978-1-63525-101-2(X))* Christian Faith Publishing.

Pet That Cat! A Handbook for Making Feline Friends. Nigel Kidd & Rachel Braunigan. Illus. by Susann Hoffmann. 2022. 128p. (J). (gr. 2). pap. 14.99 *(978-1-68369-314-7(0))* Quirk Bks.

Pet That Dog! A Handbook for Making Four-Legged Friends. Gideon Kidd & Rachel Braunigan. Illus. by Susann Hoffmann. 2020. 128p. (J). (gr. 2). pap. 14.99 *(978-1-68369-229-4(2))* Quirk Bks.

Pet the Pets: A Lift-The-Flap Book. Sarah Lynne Reul. Illus. by Sarah Lynne Reul. 2018. (ENG., Illus.). 18p. (J). (gr. -1 — 1). bds. 8.99 *(978-1-5344-0939-2(4)*, Little Simon) Little Simon.

Pet This Book. Jessica Young. Illus. by Daniel Wiseman. 2018. (ENG.). 32p. (J). 15.99 *(978-1-68119-507-0(0)*, 900175607, Bloomsbury Children's Bks.) Bloomsbury Publishing USA.

Pet to Get: Ferret. Rob Colson. 2017. (Pet to Get Ser.). (ENG., Illus.). 32p. (J). (gr. 4-6). pap. 12.99 *(978-0-7502-8958-0(9)*, Wayland) Hachette Children's Group GBR. Dist: Hachette Bk. Group.

Pet to Get: Lizard. Rob Colson. 2017. (Pet to Get Ser.). (ENG.). 32p. (J). (gr. 4-6). pap. 12.99 *(978-0-7502-8930-6(9)*, Wayland) Hachette Children's Group GBR. Dist: Hachette Bk. Group.

Pet to Get: Rat. Rob Colson. 2017. (Pet to Get Ser.). (ENG., Illus.). 32p. (J). (gr. 4-6). pap. 12.99 *(978-0-7502-8929-0(5)*, Wayland) Hachette Children's Group GBR. Dist: Hachette Bk. Group.

Pet Vet see Veterinario: Nivel 1

Peta, a Magic Cat. Grace Lee. 2018. (ENG., Illus.). 140p. (J). pap. *(978-0-244-13270-5(4))* Lulu Pr., Inc.

Pet'a Shows Keya Energy. Jessie Taken Alive-Rencountre. 2023. (ENG.). 38p. (J). 19.95 ***(978-1-63755-244-5(0)***, Mascot Kids) Amplify Publishing Group.

Petal & Poppy. Lisa Clough. ed. 2018. (Green Light Readers Ser.). (ENG.). 32p. (J). (gr. -1-1). 13.89 *(978-1-64310-402-7(0))* Penworthy Co., LLC, The.

Petal & Poppy & the Mystery Valentine. Lisa Clough. ed. 2018. (Green Light Readers Ser.). (ENG.). 32p. (J). (gr. -1-1). 13.89 *(978-1-64310-313-6(X))* Penworthy Co., LLC, The.

Petal & Poppy & the Penguin. Lisa Clough. ed. 2018. (Green Light Readers Ser.). (ENG.). 32p. (J). (gr. -1-1). 13.89 *(978-1-64310-416-4(0))* Penworthy Co., LLC, The.

Petal & Poppy & the Spooky Halloween! Lisa Clough. ed. 2018. (Green Light Readers Ser.). (ENG.). 32p. (J). (gr. -1-1). 13.89 *(978-1-64310-442-3(X))* Penworthy Co., LLC, The.

Petal the Angry Cow. Maureen Fergus. Illus. by Olga Demidova. 2022. (ENG.). 48p. (J). (gr. -1-3). 17.99 *(978-0-7352-6468-7(6)*, Tundra Bks.) Tundra Bks. CAN. Dist: Penguin Random Hse. LLC.

Petal to the Metal #1. Paul Tobin. Illus. by Ron Chan. 2017. (Plants vs. Zombies Ser.). (ENG.). 28p. (J). (gr. 3-7). lib. bdg. 31.36 *(978-1-5321-4130-0(0)*, 27003, Graphic Novels) Spotlight.

Petal to the Metal #2. Paul Tobin. Illus. by Ron Chan. 2017. (Plants vs. Zombies Ser.). (ENG.). 28p. (J). (gr. 3-7). lib. bdg. 31.36 *(978-1-5321-4131-7(9)*, 27004, Graphic Novels) Spotlight.

Petal to the Metal #3. Paul Tobin. Illus. by Ron Chan. 2017. (Plants vs. Zombies Ser.). (ENG.). 28p. (J). (gr. 3-7). lib. bdg. 31.36 *(978-1-5321-4132-4(7)*, 27005, Graphic Novels) Spotlight.

Pétalos de Papel / Paper Petals. Selene M. PASCUAL & Iria G. PARENTE. Illus. by Paulina Klime. 2023. (SPA.). 544p. (YA). (gr. 7). pap. 18.95 *(978-607-38-2112-4(3))* Penguin Random House Grupo Editorial ESP. Dist: Penguin Random Hse. LLC.

Petals. Gustavo Borges. 2018. (ENG., Illus.). 48p. (J). 16.99 *(978-1-68415-234-6(8))* BOOM! Studios.

Petals on the Wind see Petalos al Viento

Petal's Party (Lucky Bunnies #2) Catherine Coe. Illus. by Chie Boyd. 2020. (Lucky Bunnies Ser.: 2). (ENG.). 128p. (J). (gr. 2-5). pap. 5.99 *(978-1-338-58913-9(X)*, Scholastic Paperbacks) Scholastic, Inc.

Petaluma Bugle, Vol. 1: June, 1898 (Classic Reprint) Unknown Author. (ENG., Illus.). (J). 2017. 24.80 *(978-0-331-88646-7(4))*; 2016. pap. 7.97 *(978-1-333-19737-7(3))* Forgotten Bks.

Petauros de Azúcar (Sugar Gliders) Julie Murray. 2018. (Animales Nocturnos (Nocturnal Animals) Ser.). (SPA.). 24p. (J). (gr. -1-2). lib. bdg. 31.36 *(978-1-5321-8018-7(7)*, 28251, Abdo Kids) ABDO Publishing Co.

Petbots: the Pet Factor. Illus. by Judy Brown. 2016. (Petbots Ser.: 3). (ENG.). 224p. (J). (gr. k-3). pap. 9.99 *(978-1-84812-431-8(7))* Bonnier Publishing GBR. Dist: Independent Pubs. Group.

Pete Alonso. Jon M. Fishman. 2020. (Sports All-Stars (Lerner (tm) Sports) Ser.). (ENG., Illus.). 32p. (J). (gr. 2-5). pap. 9.99 *(978-1-7284-1485-0(7)*, d9567cc6-2221-406b-bef1-594ec39781eb); lib. bdg. 29.32 *(978-1-7284-1474-4(1)*, 51d1d177-8407-46b0-9abe-08063d508c43) Lerner Publishing Group. (Lerner Pubns.).

Pete & Patty Penguin. Teresa L. Moyer. Illus. by Amy Moyer. 2020. (ENG.). 22p. (J). 18.99 *(978-1-952320-19-4(4))* Yorkshire Publishing Group.

Pete & Petey - Kite Flying. James Burd Brewster. Illus. by Mary Barrows. 2019. (Pete & Petey Ser.: Vol. 3). (ENG.). 36p. (J). pap. 9.99 *(978-1-948747-55-4(3))* J2B Publishing LLC.

Pete & Petey - Knight in Shining Armor. James Burd Brewster. Illus. by Mary Barrows. 2019. (Pete & Petey Ser.: Vol. 2). (ENG.). 38p. (J). pap. 10.00 *(978-1-948747-29-5(4))* J2B Publishing LLC.

Pete & Petey - Raising Kids. James Burd Brewster. Illus. by Mary Barrows. 2023. (Pete & Petey Ser.). (ENG.). 38p. (J). pap. 12.00 ***(978-1-954682-54-2(9))*** J2B Publishing LLC.

Pete & Petey - Tire Swing. Mary Barrows & James Burd Brewster. 2018. (ENG.). 38p. (J). pap. 10.99 *(978-1-948747-22-6(7))* J2B Publishing LLC.

Pete & Polly's Activity Book. G. G. Brown. 2016. (ENG., Illus.). (J). pap. 10.00 *(978-0-692-78431-0(4))* G. G. Brown.

Pete & the Night Time Shadows. Konnilaree Walker Sanders. Illus. by Konnilaree Walker Sanders. 2020. (ENG., Illus.). 34p. (J). pap. 9.95 *(978-1-7339106-7-5(0))* Stories By Mom.

Pete & the Pandemic. Christina Reichart & Lindsay McDanel. Illus. by Lisa Wee. 2020. (ENG.). 28p. (J). pap. 10.99 *(978-1-0879-1229-5(6))* Indy Pub.

Pete Comes to America. Silly Yaya et al. 2019. (ENG.). 34p. (J). pap. 12.95 *(978-1-7334393-1-2(5))* Meadow Road Publishing.

Pete, Cow-Puncher a Story of the Texas Plains (Classic Reprint) Joseph B. Ames. 2018. (ENG., Illus.). 352p. (J). 31.16 *(978-0-364-32298-7(5))* Forgotten Bks.

Pete Cromer: Australia Paperback. Illus. by Pete Cromer. 2022. (ENG.). 40p. (J). (gr. -1-5). pap. 17.99 ***(978-1-922857-14-9(9))*** Bonnier Publishing GBR. Dist: Independent Pubs. Group.

Pete Cromer: Bushlife Paperback. Illus. by Pete Cromer. 2022. (ENG.). 40p. (J). (gr. -1-k). pap. 17.99 ***(978-1-922857-15-6(7))*** Bonnier Publishing GBR. Dist: Independent Pubs. Group.

Pete Cromer: Sealife. Pete Cromer. 2023. (ENG.). 40p. (J). (gr. -1-4). 29.99 ***(978-1-922857-30-9(0))*** Bonnier Publishing GBR. Dist: Independent Pubs. Group.

Pete Crowther: Salesman (Classic Reprint) Elmer E. Ferris. 2018. (ENG., Illus.). 242p. (J). 28.91 *(978-0-666-69207-8(6))* Forgotten Bks.

Pete from Pluto & His Perfect Pies. Lorraine Piddington. 2017. (ENG., Illus.). iii, 25p. (J). pap. *(978-1-78623-950-1(7))* Grosvenor Hse. Publishing Ltd.

Pete Goes to School. Diana S. Duncan. 2017. (ENG., Illus.). 34p. pap. 16.05 *(978-1-4828-6691-9(9))* Partridge Pub.

Pete Likes Bunny. Emily Arnold McCully. 2016. (I Like to Read Ser.). (ENG., Illus.). 24p. (J). (gr. -1-3). 6.99 *(978-0-8234-3687-3(X))* Holiday Hse., Inc.

Pete Makes a Mistake. Emily Arnold McCully. ed. 2018. (I Like to Read Ser.). (ENG.). 24p. (J). (gr. -1-1). 10.00 *(978-1-64310-766-0(6))* Penworthy Co., LLC, The.

Pete Milano's Guide to Being a Movie Star: A Charlie Joe Jackson Book. Tommy Greenwald. Illus. by Rebecca Roher. 2018. (Charlie Joe Jackson Ser.). (ENG.). 272p. (J). pap. 7.99 *(978-1-250-14365-5(9)*, 9781250143655) Square Fish.

Pete Morris' American Comic Melodist: Containing All the New & Original Comic Songs of That Preeminent American Comic Singer (Classic Reprint) Pete Morris. 2017. (ENG., Illus.). (J). pap. 9.57 *(978-0-259-79502-5(X))* Forgotten Bks.

Pete Morris' American Comic Melodist: Containing All the New & Original Comic Songs of That Preëminent American Comic Singer (Classic Reprint) Pete Morris. 2018. (ENG., Illus.). 80p. (J). 25.55 *(978-0-666-67589-7(9))* Forgotten Bks.

Pete Pallet's Healthy Fruits & Vegetables. David Frosdick. 2021. (ENG.). 34p. (J). pap. 13.99 *(978-1-954868-45-8(6))* Pen It Pubns.

Pete Pete the Parakeet. J. a Arnold Aka Horseinwinter. Illus. by J. a Arnold Aka Horseinwinter. 2018. (ENG., Illus.). 42p. (J). pap. 12.95 *(978-1-64114-935-8(3))* Christian Faith Publishing.

Pete Potts & the Petrifying Plughole. Kris Saville. 2018. (ENG., Illus.). 82p. (J). (gr. k-2). pap. ***(978-1-9997043-3-9(9))*** Reading Holdings.

Pete the Brave. Kimberly S. Hoffman. Illus. by Savannah Horton. 2020. (ENG.). 56p. (J). pap. 16.99 *(978-1-952894-26-8(3))* Pen It Pubns.

Pete the Butterwalk. Emily Miller. 2022. (ENG.). 38p. (J). 18.95 *(978-1-63755-264-3(5)*, Mascot Kids) Amplify Publishing Group.

Pete the Cat: Firefighter Pete. James Dean. 2018. (Pete the Cat Ser.). (ENG.). 24p. (gr. -1-1). 18.69 *(978-1-5364-3716-4(6))* HarperCollins Pubs.

Pete the Cat: Scuba-Cat. Illus. by James Dean. 2016. (I Can Read Book: My First Ser.). (ENG.). 32p. (J). (gr. -1-1). 17.44 *(978-1-4844-7052-7(4))* HarperCollins Pubs.

Pete the Cat: Snow Daze. Illus. by James Dean. 2016. (I Can Read Book: My First Ser.). (ENG.). 32p. (J). (gr. -1-1). 17.44 *(978-1-4844-9513-1(6))* HarperCollins Pubs.

Pete the Cat. . Science Fair. Kimberly Dean et al. ed. 2021. (Pete the Cat 8x8 Bks). (ENG., Illus.). 24p. (J). (gr. k-1). 14.49 *(978-1-64697-628-7(2))* Penworthy Co., LLC, The.

Pete the Cat 12-Book Phonics Fun! Includes 12 Mini-Books Featuring Short & Long Vowel Sounds. James Dean & Kimberly Dean. Illus. by James Dean. 2017. (My First I Can Read Ser.). (ENG., Illus.). 144p. (J). (gr. -1-3). pap. 15.99 *(978-0-06-240452-7(0)*, HarperCollins) HarperCollins Pubs.

Pete the Cat: 5-Minute Bedtime Stories: Includes 12 Cozy Stories! James Dean & Kimberly Dean. Illus. by James Dean. 2022. (ENG., Illus.). 192p. (J). 14.99 *(978-0-06-329774-6(4)*, HarperCollins) HarperCollins Pubs.

Pete the Cat: 5-Minute Pete the Cat Stories: Includes 12 Groovy Stories! James Dean & Kimberly Dean. Illus. by James Dean. 2017. (Pete the Cat Ser.). (ENG., Illus.). 192p. (J). (gr. -1-3). 14.99 *(978-0-06-247019-5(1)*, HarperFestival) HarperCollins Pubs.

Pete the Cat & His Magic Sunglasses. Kimberly Dean. 2018. (VIE.). (J). (gr. -1-1). pap. *(978-604-967-097-8(8))* Woman's Publishing Hse.

Pete the Cat & the Bedtime Blues. James Dean & Kimberly Dean. Illus. by James Dean. 2023. (Pete the Cat Ser.). (ENG., Illus.). 40p. (J). (gr. -1-3). pap. 8.99 *(978-0-06-230432-2(1)*, HarperCollins) HarperCollins Pubs.

Pete the Cat & the Cool Cat Boogie. James Dean & Kimberly Dean. Illus. by James Dean. (Pete the Cat Ser.). (ENG., Illus.). 40p. (J). (gr. -1-3). 2023. pap. 9.99 *(978-0-06-240435-0(0))*; 2017. 17.99 *(978-0-06-240434-3(2))*; 2017. lib. bdg. 18.89 *(978-0-06-240909-6(3))* HarperCollins Pubs. (HarperCollins).

Pete the Cat & the Cool Cat Boogie. Kimberly Dean. 2023. (Pete the Cat Ser.). (ENG.). 40p. (gr. -1-1). 26.19 ***(978-1-5364-7890-7(3))*** HarperCollins Pubs.

Pete the Cat & the Cool Caterpillar. James Dean & Kimberly Dean. Illus. by James Dean. 2018. (I Can Read Level 1

P

Ser.). (ENG., Illus.). 32p. (J). (gr. -1-3). 17.99 *(978-0-06-267522-4(2))*; pap. 4.99 *(978-0-06-267521-7(4))* HarperCollins Pubs. (HarperCollins).

Pete the Cat & the Cool Caterpillar. James Dean. ed. 2018. (I Can Read Ser.). (ENG.). 32p. (J). (gr. -1-k). 13.89 *(978-1-64310-215-3(X))* Penworthy Co., LLC, The.

Pete the Cat & the Easter Basket Bandit: Includes Poster, Stickers, & Easter Cards!: an Easter & Springtime Book for Kids. James Dean & Kimberly Dean. Illus. by James Dean. 2023. (Pete the Cat Ser.). (ENG., Illus.). 24p. (J). (gr. -1-3). pap. 6.99 *(978-0-06-286837-4(3)*, HarperFestival) HarperCollins Pubs.

Pete the Cat & the Itsy Bitsy Spider. James Dean & Kimberly Dean. Illus. by James Dean. 2019. (Pete the Cat Ser.). (ENG., Illus.). 32p. (J). (gr. -1-3). 9.99 *(978-0-06-267544-6(3)*, HarperCollins) HarperCollins Pubs.

Pete the Cat & the Lost Tooth. Illus. by James Dean. 2017. 32p. (J). *(978-1-5182-4986-0(8)*, 118857967) Harper & Row Ltd.

Pete the Cat & the Lost Tooth. James Dean & Kimberly Dean. Illus. by James Dean. 2017. (My First I Can Read Ser.). (ENG., Illus.). 32p. (J). (gr. -1-3). 16.99 *(978-0-06-267519-4(2)*, 118857967); pap. 4.99 *(978-0-06-267518-7(4)*, 118857967) HarperCollins Pubs. (HarperCollins).

Pete the Cat & the Lost Tooth. James Dean. ed. 2018. (I Can Read Ser.). (ENG.). 32p. (J). (gr. -1-1). 13.89 *(978-1-64310-611-3(2))* Penworthy Co., LLC, The.

Pete the Cat & the Missing Cupcakes. James Dean & Kimberly Dean. Illus. by James Dean. 2016. (Pete the Cat Ser.). (ENG., Illus.). 40p. (J). (gr. -1-3). 19.99 *(978-0-06-230434-6(8))*; lib. bdg. 18.89 *(978-0-06-230435-3(6))* HarperCollins Pubs. (HarperCollins).

Pete the Cat & the Missing Cupcakes. Illus. by Kim Dean & James Dean. 2016. (J). *(978-0-605-95181-5(0))* Harper & Row Ltd.

Pete the Cat & the Mysterious Smell. James Dean & Kimberly Dean. Illus. by James Dean. 2022. (Pete the Cat Ser.). (ENG., Illus.). 24p. (J). (gr. -1-3). 4.99 *(978-0-06-297424-2(6)*, HarperFestival) HarperCollins Pubs.

Pete the Cat & the New Guy. James Dean & Kimberly Dean. Illus. by James Dean. 2023. (Pete the Cat Ser.). (ENG., Illus.). 40p. (J). (gr. -1-3). pap. 8.99 *(978-0-06-227562-2(3)*, HarperCollins) HarperCollins Pubs.

Pete the Cat & the Perfect Pizza Party. James Dean & Kimberly Dean. Illus. by James Dean. 2019. (Pete the Cat Ser.). (ENG., Illus.). 40p. (J). (gr. -1-3). 18.99 *(978-0-06-240437-4(7))*; lib. bdg. 19.89 *(978-0-06-240910-2(7))* HarperCollins Pubs. (HarperCollins).

Pete the Cat & the Space Chase. James Dean & Kimberly Dean. Illus. by James Dean. 2023. (I Can Read Comics Level 1 Ser.). (ENG., Illus.). 32p. (J). (gr. -1-3). 17.99 ***(978-0-06-297443-3(2))***; pap. 5.99 ***(978-0-06-297439-6(4))*** HarperCollins Pubs. (HarperCollins).

Pete the Cat & the Sprinkle Stealer. James Dean & Kimberly Dean. Illus. by James Dean. 2022. (I Can Read Comics Level 1 Ser.). (ENG., Illus.). 32p. (J). (gr. -1-3). 16.99 *(978-0-06-297427-3(0))*; pap. 4.99 *(978-0-06-297426-6(2))* HarperCollins Pubs. (HarperCollins).

Pete the Cat & the Supercool Science Fair. James Dean & Kimberly Dean. Illus. by James Dean. 2019. (Pete the Cat Ser.). (ENG., Illus.). 24p. (J). (gr. -1-3). 4.99 *(978-0-06-286835-0(7)*, HarperCollins) HarperCollins Pubs.

Pete the Cat & the Surprise Teacher. Illus. by James Dean. 2017. 32p. (J). *(978-1-5182-3399-9(6))* Harper & Row Ltd.

Pete the Cat & the Surprise Teacher. James Dean & Kimberly Dean. Illus. by James Dean. 2017. (My First I Can Read Ser.). (ENG., Illus.). 32p. (J). (gr. -1-3). 4.99 *(978-0-06-240428-2(8)*, HarperCollins) HarperCollins Pubs.

Pete the Cat & the Surprise Teacher. James Dean. ed. 2017. (Pete the Cat I Can Read Ser.). (Illus.). 32p. (J). lib. bdg. 13.55 *(978-0-606-39628-8(4))* Turtleback.

Pete the Cat & the Tip-Top Tree House. James Dean & Kimberly Dean. Illus. by James Dean. 2017. (My First I Can Read Ser.). (ENG., Illus.). 32p. (J). (gr. -1-3). pap. 4.99 *(978-0-06-240431-2(8)*, HarperCollins) HarperCollins Pubs.

Pete the Cat & the Tip-Top Tree House (backpack Special Edition) James Dean. Illus. by James Dean. 2017. (My First I Can Read Ser.). (Illus.). 32p. (J). (gr. -1-3). 4.50 *(978-0-06-274847-8(5))* HarperCollins Pubs.

Pete the Cat & the Treasure Map. Illus. by James Dean. 2017. (J). *(978-1-5182-3828-4(9))* HarperCollins Pubs. Ltd.

Pete the Cat & the Treasure Map. James Dean & Kimberly Dean. Illus. by James Dean. 2017. (Pete the Cat Ser.). (ENG., Illus.). 24p. (J). (gr. -1-3). pap. 6.99 *(978-0-06-240441-1(5)*, HarperFestival) HarperCollins Pubs.

Pete the Cat: Big Reading Adventures: 5 Far-Out Books in 1 Box! James Dean & Kimberly Dean. Illus. by James Dean. 2018. (My First I Can Read Ser.). (ENG., Illus.). 160p. (J). (gr. -1-3). pap. 19.99 *(978-0-06-287259-3(1)*, HarperCollins) HarperCollins Pubs.

Pete the Cat Checks Out the Library. James Dean & Kimberly Dean. Illus. by James Dean. 2018. (Pete the Cat Ser.). (ENG., Illus.). 24p. (J). (gr. -1-3). pap. 5.99 *(978-0-06-267532-3(X)*, HarperFestival) HarperCollins Pubs.

Pete the Cat: Crayons Rock! James Dean & Kimberly Dean. Illus. by James Dean. 2020. (Pete the Cat Ser.). (ENG., Illus.). 40p. (J). (gr. -1-3). 18.99 *(978-0-06-286855-8(1))*; lib. bdg. 19.89 *(978-0-06-287207-4(9))* HarperCollins Pubs. (HarperCollins).

Pete the Cat Falling for Autumn: A Fall Book for Kids. James Dean & Kimberly Dean. Illus. by James Dean. 2020. (Pete the Cat Ser.). (ENG., Illus.). 24p. (J). (gr. -1-3). 12.99 *(978-0-06-286848-0(9)*, HarperCollins) HarperCollins Pubs.

Pete the Cat: Firefighter Pete: Includes over 30 Stickers! James Dean & Kimberly Dean. Illus. by James Dean. 2018. (Pete the Cat Ser.). (ENG., Illus.). 24p. (J). (gr. -1-3). pap. 5.99 *(978-0-06-240445-9(8)*, HarperFestival) HarperCollins Pubs.

Pete the Cat: Five Little Bunnies: An Easter & Springtime Book for Kids. James Dean & Kimberly Dean. Illus. by James Dean. 2020. (Pete the Cat Ser.). (ENG., Illus.). 24p. (J). (gr. -1-3). 9.99 *(978-0-06-286829-9(2)*, HarperCollins) HarperCollins Pubs.

Pete the Cat: Five Little Ducks: An Easter & Springtime Book for Kids. James Dean & Kimberly Dean. Illus. by James Dean. 2017. (Pete the Cat Ser.). (ENG., Illus.). 32p. (J). (gr. -1-3). 9.99 *(978-0-06-240448-0(2)*, HarperCollins) HarperCollins Pubs.

Pete the Cat Giant Sticker Book. James Dean & Kimberly Dean. Illus. by James Dean. 2016. (Pete the Cat Ser.). (ENG., Illus.). 100p. (J). (gr. -1-3). pap. 12.99 *(978-0-06-230423-0(2)*, HarperFestival) HarperCollins Pubs.

Pete the Cat: Go, Pete, Go! James Dean & Kimberly Dean. Illus. by James Dean. 2016. (Pete the Cat Ser.). (ENG., Illus.). 24p. (J). (gr. -1-3). pap. 5.99 *(978-0-06-240439-8(3)*, HarperFestival) HarperCollins Pubs.

Pete the Cat Goes Camping. James Dean & Kimberly Dean. Illus. by James Dean. 2018. (I Can Read Level 1 Ser.). (ENG., Illus.). 32p. (J). (gr. -1-3). 17.99 *(978-0-06-267530-9(3))*; pap. 4.99 *(978-0-06-267529-3(X))* HarperCollins Pubs. (HarperCollins).

Pete the Cat: Hickory Dickory Dock. James Dean & Kimberly Dean. Illus. by James Dean. 2023. (Pete the Cat Ser.). (ENG., Illus.). 24p. (J). (gr. -1-3). 9.99 *(978-0-06-297428-0(9)*, HarperCollins) HarperCollins Pubs.

Pete the Cat: Making New Friends. James Dean & Kimberly Dean. Illus. by James Dean. 2021. (I Can Read Comics Level 1 Ser.). (ENG., Illus.). 32p. (J). (gr. -1-3). 16.99 *(978-0-06-297414-3(9))*; pap. 4.99 *(978-0-06-297413-6(0))* HarperCollins Pubs. (HarperCollins).

Pete the Cat: Meet Pete. James Dean & Kimberly Dean. Illus. by James Dean. 2017. (Pete the Cat Ser.). (ENG., Illus.). 18p. (J). (gr. -1 — 1). bds. 9.99 *(978-0-06-267517-0(6)*, HarperFestival) HarperCollins Pubs.

Pete the Cat: My First I Can Draw. James Dean & Kimberly Dean. Illus. by James Dean. 2016. (Pete the Cat Ser.). (ENG., Illus.). 160p. (J). (gr. -1-3). pap. 9.99 *(978-0-06-230443-8(7)*, HarperFestival) HarperCollins Pubs.

Pete the Cat: Old MacDonald Had a Farm Board Book. James Dean & Kimberly Dean. Illus. by James Dean. 2016. (Pete the Cat Ser.). (ENG., Illus.). 32p. (J). (gr. -1 — 1). bds. 7.99 *(978-0-06-238160-6(1)*, HarperFestival) HarperCollins Pubs.

Pete the Cat: Old MacDonald Had a Farm Sound Book. James Dean & Kimberly Dean. Illus. by James Dean. 2020. (Pete the Cat Ser.). (ENG., Illus.). 34p. (J). (gr. -1 — 1). bds. 12.99 *(978-0-06-298225-4(7)*, HarperFestival) HarperCollins Pubs.

Pete the Cat: Out of This World. James Dean & Kimberly Dean. Illus. by James Dean. 2017. (Pete the Cat Ser.). (ENG., Illus.). 24p. (J). (gr. -1-3). pap. 6.99 *(978-0-06-240443-5(1)*, HarperFestival) HarperCollins Pubs.

Pete the Cat Parents' Day Surprise: A Father's Day Gift Book from Kids. James Dean & Kimberly Dean. Illus. by James Dean. 2021. (Pete the Cat Ser.). (ENG., Illus.). 32p. (J). (gr. -1-3). 12.99 *(978-0-06-303650-5(9)*, HarperFestival) HarperCollins Pubs.

Pete the Cat Plays Hide-And-Seek. James Dean & Kimberly Dean. Illus. by James Dean. 2022. (Pete the Cat Ser.). (ENG., Illus.). 40p. (J). (gr. -1-3). 19.99 *(978-0-06-309592-2(0)*, HarperCollins) HarperCollins Pubs.

Pete the Cat: Rocking Field Day. James Dean & Kimberly Dean. Illus. by James Dean. 2021. (I Can Read Level 1 Ser.). (ENG., Illus.). 32p. (J). (gr. -1-3). 16.99 *(978-0-06-297408-2(4))*; pap. 4.99 *(978-0-06-297407-5(6))* HarperCollins Pubs. (HarperCollins).

Pete the Cat Saves Christmas: A Christmas Holiday Book for Kids. Eric Litwin & Kimberly Dean. Illus. by James Dean. 2019. (Pete the Cat Ser.). (ENG.). 40p. (J). (gr. -1-3). 10.99 *(978-0-06-294516-7(5)*, HarperCollins) HarperCollins Pubs.

Pete the Cat Saves Up. James Dean & Kimberly Dean. Illus. by James Dean. 2023. (I Can Read Level 1 Ser.). (ENG., Illus.). 32p. (J). (gr. -1-3). 17.99 *(978-0-06-297437-2(8))*; pap. 5.99 *(978-0-06-297436-5(X))* HarperCollins Pubs. (HarperCollins).

Pete the Cat: Scuba-Cat. James Dean & Kimberly Dean. Illus. by James Dean. 2016. (My First I Can Read Ser.). (ENG., Illus.). 32p. (J). (gr. -1-3). pap. 4.99 *(978-0-06-230388-2(0)*, HarperCollins) HarperCollins Pubs.

Pete the Cat: Secret Agent. James Dean & Kimberly Dean. Illus. by James Dean. 2020. (Pete the Cat Ser.). (ENG., Illus.). 24p. (J). (gr. -1-3). 4.99 *(978-0-06-286842-8(X)*, HarperCollins) HarperCollins Pubs.

Pete the Cat Set III. Kimberly Dean. 2016. (CHI.). (J). pap. *(978-7-5496-2546-8(8))* Wenhui Chubanshe.

Pete the Cat: Show-And-Tell: Includes over 30 Stickers! James Dean & Kimberly Dean. Illus. by James Dean. 2023. (Pete the Cat Ser.). (ENG., Illus.). 24p. (J). (gr. -1-3). pap. 6.99 *(978-0-06-297434-1(3)*, HarperFestival) HarperCollins Pubs.

Pete the Cat: Sir Pete the Brave. James Dean & Kimberly Dean. Illus. by James Dean. 2016. (My First I Can Read Ser.). (ENG., Illus.). 32p. (J). (gr. -1-3). pap. 5.99 *(978-0-06-240421-3(0)*, HarperCollins) HarperCollins Pubs.

Pete the Cat: Snow Daze: A Winter & Holiday Book for Kids. James Dean & Kimberly Dean. Illus. by James Dean. 2016. (My First I Can Read Ser.). (ENG., Illus.). 32p. (J). (gr. -1-3). 17.99 *(978-0-06-240425-1(3)*, HarperCollins) HarperCollins Pubs.

Pete the Cat Storybook Favorites: Includes 7 Stories Plus Stickers! James Dean & Kimberly Dean. Illus. by James Dean. 2019. (Pete the Cat Ser.). (ENG., Illus.). 192p. (J). (gr. -1-3). 13.99 *(978-0-06-289484-7(6)*, HarperCollins) HarperCollins Pubs.

Pete the Cat Storybook Favorites: Groovy Adventures. James Dean & Kimberly Dean. Illus. by James Dean. 2022. (Pete the Cat Ser.). (ENG., Illus.). 192p. (J). (gr. -1-3). 13.99 *(978-0-06-286841-1(1)*, HarperCollins) HarperCollins Pubs.

Pete the Cat: Super Pete. James Dean & Kimberly Dean. Illus. by James Dean. 2020. (I Can Read Level 1 Ser.). (ENG., Illus.). 32p. (J). (gr. -1-3). 16.99 *(978-0-06-286853-4(5))*; pap. 5.99 *(978-0-06-286850-3(0))* HarperCollins Pubs. (HarperCollins).

Pete the Cat Take-Along Storybook Set: 5-Book 8x8 Set. James Dean & Kimberly Dean. Illus. by James Dean. 2017. (Pete the Cat Ser.). (ENG., Illus.). 120p. (J). (gr. -1-3). pap. 11.99 *(978-0-06-240447-3(4)*, HarperFestival) HarperCollins Pubs.

Pete the Cat: Talent Show Trouble. James Dean & Kimberly Dean. Illus. by James Dean. 2021. (Pete the Cat Ser.). (ENG., Illus.). 24p. (J). (gr. -1-3). 4.99 *(978-0-06-297416-7(5)*, HarperCollins) HarperCollins Pubs.

Pete the Cat: the Great Leprechaun Chase: Includes 12 St. Patrick's Day Cards, Fold-Out Poster, & Stickers! James Dean & Kimberly Dean. Illus. by James Dean. 2019. (Pete the Cat Ser.). (ENG., Illus.). 24p. (J). (gr. -1-3). 10.99 *(978-0-06-240450-3(4)*, HarperCollins) HarperCollins Pubs.

Pete the Cat: the Petes Go Marching. James Dean & Kimberly Dean. Illus. by James Dean. 2018. (Pete the Cat Ser.). (ENG., Illus.). 24p. (J). (gr. -1-3). 9.99 *(978-0-06-230412-4(7)*, HarperCollins) HarperCollins Pubs.

Pete the Cat: the Wheels on the Bus Sound Book. James Dean & Kimberly Dean. Illus. by James Dean. 2021. (Pete the Cat Ser.). (ENG., Illus.). 34p. (J). (gr. -1 — 1). bds. 12.99 *(978-0-06-306713-4(7)*, HarperFestival) HarperCollins Pubs.

Pete the Cat: Three Bite Rule. James Dean et al. 2018. (Pete the Cat Ser.). (ENG., Illus.). 32p. (J). (gr. -1-3). 12.99 *(978-0-06-287260-9(5)*, HarperFestival) HarperCollins Pubs.

Pete the Cat Treasury: Five Groovy Stories. James Dean & Kimberly Dean. Illus. by James Dean. 2017. (Pete the Cat Ser.). (ENG., Illus.). 160p. (J). (gr. -1-3). 21.99 *(978-0-06-274036-6(9)*, HarperCollins) HarperCollins Pubs.

Pete the Cat: Trick or Pete: A Halloween Book for Kids. James Dean & Kimberly Dean. Illus. by James Dean. 2017. (Pete the Cat Ser.). (ENG., Illus.). 16p. (J). (gr. -1-3). pap. 7.99 *(978-0-06-219870-9(X)*, HarperFestival) HarperCollins Pubs.

Pete the Cat: Twinkle, Twinkle, Little Star Board Book. James Dean & Kimberly Dean. Illus. by James Dean. 2016. (Pete the Cat Ser.). (ENG., Illus.). 32p. (J). (gr. -1 — 1). bds. 9.99 *(978-0-06-238161-3(X)*, HarperFestival) HarperCollins Pubs.

Pete the Cat's 100 First Words Board Book. James Dean & Kimberly Dean. Illus. by James Dean. 2023. (Pete the Cat Ser.). (ENG., Illus.). 16p. (J). (gr. -1 — 1). bds. 12.99 *(978-0-06-311153-0(5)*, HarperFestival) HarperCollins Pubs.

Pete the Cat's 12 Groovy Days of Christmas: A Christmas Holiday Book for Kids. James Dean & Kimberly Dean. Illus. by James Dean. 2018. (Pete the Cat Ser.). (ENG., Illus.). 48p. (J). (gr. -1-3). 13.99 *(978-0-06-267527-9(3)*, HarperCollins) HarperCollins Pubs.

Pete the Cat's 12 Groovy Days of Christmas Gift Edition. James Dean & Kimberly Dean. Illus. by James Dean. 2023. (Pete the Cat Ser.). (ENG., Illus.). 48p. (J). (gr. -1-3). 15.99 ***(978-0-06-303614-7(2)***, HarperCollins) HarperCollins Pubs.

Pete the Cat's Family Road Trip. James Dean & Kimberly Dean. Illus. by James Dean. 2020. (I Can Read Level 1 Ser.). (ENG., Illus.). 32p. (J). (gr. -1-3). 16.99 *(978-0-06-286839-8(X))*; pap. 4.99 *(978-0-06-286838-1(1))* HarperCollins Pubs. (HarperCollins).

Pete the Cat's Family Road Trip. Kimberly Dean et al. ed. 2020. (I Can Read Ser.). (ENG., Illus.). 32p. (J). (gr. k-1). 14.96 *(978-1-64697-341-5(0))* Penworthy Co., LLC, The.

Pete the Cat's Giant Groovy Book: 9 Books in One. James Dean & Kimberly Dean. Illus. by James Dean. 2019. (My First I Can Read Ser.). (ENG., Illus.). 288p. (J). (gr. -1-3). 16.99 *(978-0-06-286830-5(6)*, HarperCollins) HarperCollins Pubs.

Pete the Cat's Got Class: Includes 12 Flash Cards, Fold-Out Poster, & Stickers! James Dean & Kimberly Dean. Illus. by James Dean. 2016. (Pete the Cat Ser.). (ENG., Illus.). 24p. (J). (gr. -1-3). 10.99 *(978-0-06-230410-0(0)*, HarperCollins) HarperCollins Pubs.

Pete the Cat's Groovy Bake Sale. James Dean & Kimberly Dean. Illus. by James Dean. 2018. (My First I Can Read Ser.). (ENG., Illus.). 32p. (J). (gr. -1-3). 16.99 *(978-0-06-267525-5(7))*; pap. 4.99 *(978-0-06-267524-8(9))* HarperCollins Pubs. (HarperCollins).

Pete the Cat's Groovy Guide to Kindness. James Dean & Kimberly Dean. Illus. by James Dean. 2020. (Pete the Cat Ser.). (ENG., Illus.). 48p. (J). (gr. -1-3). 12.99 *(978-0-06-297402-0(5)*, HarperCollins) HarperCollins Pubs.

Pete the Cat's Groovy Imagination. James Dean & Kimberly Dean. Illus. by James Dean. 2021. (Pete the Cat Ser.). (ENG., Illus.). 40p. (J). (gr. -1-3). 18.99 *(978-0-06-297410-5(6))*; lib. bdg. 19.89 *(978-0-06-297411-2(4))* HarperCollins Pubs. (HarperCollins).

Pete the Cat's Happy Halloween. James Dean & Kimberly Dean. Illus. by James Dean. 2020. (Pete the Cat Ser.). (ENG., Illus.). 18p. (J). (gr. -1 — 1). bds. 10.99 *(978-0-06-286844-2(6)*, HarperFestival) HarperCollins Pubs.

Pete the Cat's Not So Groovy Day. James Dean & Kimberly Dean. Illus. by James Dean. 2022. (I Can Read Level 1 Ser.). (ENG., Illus.). 32p. (J). (gr. -1-3). 16.99 *(978-0-06-297422-8(X))*; pap. 4.99 *(978-0-06-297421-1(1))* HarperCollins Pubs. (HarperCollins).

Pete the Cat's Not So Groovy Day. Kimberly Dean et al. ed. 2022. (I Can Read Ser.). (ENG.). 32p. (J). (gr. k-1). 15.96 ***(978-1-68505-453-3(6))*** Penworthy Co., LLC, The.

Pete the Cat's Trip to the Supermarket. James Dean & Kimberly Dean. Illus. by James Dean. 2019. (I Can Read Level 1 Ser.). (ENG., Illus.). 32p. (J). (gr. -1-3). 16.99 *(978-0-06-267538-5(9))*; pap. 4.99 *(978-0-06-267537-8(0))* HarperCollins Pubs. (HarperCollins).

Pete the Cat's Trip to the Supermarket. James Dean et al. ed. 2019. (I Can Read Ser.). (ENG., Illus.). 32p. (J). (gr. k-1). 14.96 *(978-0-87617-539-2(6))* Penworthy Co., LLC, The.

Pete the Cat's World Tour. James Dean. ed. 2019. (Pete the Cat 8x8 Bks). (ENG.). 24p. (J). (gr. k-1). 14.49 *(978-1-64310-915-2(4))* Penworthy Co., LLC, The.

Pete the Cat's World Tour: Includes over 30 Stickers! James Dean & Kimberly Dean. Illus. by James Dean. 2018. (Pete the Cat Ser.). (ENG., Illus.). 24p. (J). (gr. -1-3). pap. 4.99 *(978-0-06-267535-4(4)*, HarperFestival) HarperCollins Pubs.

Pete, the Cunner Boy: Or the Boy Who Kept the Fifth Commandment (Classic Reprint) Susan G. Knight. 2018. (ENG., Illus.). 200p. (J). 28.02 *(978-0-483-58419-8(3))* Forgotten Bks.

Pete the Firehouse Raccoon. John Eddinger. 2022. (ENG., Illus.). 36p. (J). pap. 12.95 ***(978-1-6624-6460-7(6))*** Page Publishing Inc.

Pete the Kitty & Baby Animals. James Dean & Kimberly Dean. Illus. by James Dean. 2018. (Pete the Cat Ser.). (ENG., Illus.). 18p. (J). (gr. -1 — 1). bds. 8.99 *(978-0-06-267534-7(6)*, HarperFestival) HarperCollins Pubs.

Pete the Kitty & the Case of the Hiccups. James Dean & Kimberly Dean. Illus. by James Dean. 2018. (My First I Can Read Ser.). (ENG., Illus.). 32p. (J). (gr. -1-3). 16.99 *(978-0-06-286827-5(6))*; pap. 4.99 *(978-0-06-286826-8(8))* HarperCollins Pubs. (HarperCollins).

Pete the Kitty & the Case of the Hiccups. James Dean. ed. 2019. (I Can Read Ser.). (ENG.). 32p. (J). (gr. k-1). 14.59 *(978-1-64310-908-4(1))* Penworthy Co., LLC, The.

Pete the Kitty & the Groovy Playdate. James Dean & Kimberly Dean. Illus. by James Dean. 2018. (Pete the Cat Ser.). (ENG., Illus.). 40p. (J). (gr. -1-3). 17.99 *(978-0-06-267540-8(0))*; lib. bdg. 18.89 *(978-0-06-267541-5(9))* HarperCollins Pubs. (HarperCollins).

Pete the Kitty & the Unicorn's Missing Colors. James Dean & Kimberly Dean. Illus. by James Dean. 2020. (My First I Can Read Ser.). (ENG., Illus.). 32p. (J). (gr. -1-3). 16.99 *(978-0-06-286846-2(2))*; pap. 4.99 *(978-0-06-286845-9(4))* HarperCollins Pubs. (HarperCollins).

Pete the Kitty & the Unicorn's Missing Colors. Kimberly Dean et al. ed. 2020. (I Can Read Ser.). (ENG., Illus.). 32p. (J). (gr. k-1). 14.96 *(978-1-64697-342-2(9))* Penworthy Co., LLC, The.

Pete the Kitty Goes to the Doctor. James Dean & Kimberly Dean. Illus. by James Dean. 2019. (My First I Can Read Ser.). (ENG., Illus.). 32p. (J). (gr. -1-3). 16.99 *(978-0-06-286833-6(0))*; pap. 4.99 *(978-0-06-286832-9(2))* HarperCollins Pubs. (HarperCollins).

Pete the Kitty Goes to the Doctor. Kimberly Dean et al. ed. 2020. (I Can Read Ser.). (ENG.). 32p. (J). (gr. k-1). 14.96 *(978-1-64697-014-8(4))* Penworthy Co., LLC, The.

Pete the Kitty: I Love Pete the Kitty. James Dean & Kimberly Dean. Illus. by James Dean. 2017. (Pete the Cat Ser.). (ENG., Illus.). 24p. (J). (gr. -1 — 1). bds. 7.99 *(978-0-06-243581-1(7)*, HarperFestival) HarperCollins Pubs.

Pete the Kitty: Ready, Set, Go-Cart! James Dean & Kimberly Dean. Illus. by James Dean. 2021. (My First I Can Read Ser.). (ENG., Illus.). 32p. (J). (gr. -1-3). 17.99 *(978-0-06-297405-1(X))*; pap. 4.99 *(978-0-06-297404-4(1))* HarperCollins Pubs. (HarperCollins).

Pete the Kitty: Wash Your Hands. James Dean & Kimberly Dean. Illus. by James Dean. 2022. (My First I Can Read Ser.). (ENG., Illus.). 32p. (J). (gr. -1-3). 16.99 *(978-0-06-297418-1(1))*; pap. 4.99 *(978-0-06-297417-4(3))* HarperCollins Pubs. (HarperCollins).

Pete the Kitty's Cozy Christmas Touch & Feel Board Book: A Christmas Holiday Book for Kids. James Dean & Kimberly Dean. Illus. by James Dean. 2020. (Pete the Cat Ser.). (ENG., Illus.). 12p. (J). (gr. -1 — 1). bds. 8.99 *(978-0-06-286831-2(4)*, HarperFestival) HarperCollins Pubs.

Pete the Kitty's First Day of Preschool. James Dean & Kimberly Dean. Illus. by James Dean. 2019. (Pete the Cat Ser.). (ENG., Illus.). 24p. (J). (gr. -1 — 1). bds. 9.99 *(978-0-06-243582-8(5)*, HarperFestival) HarperCollins Pubs.

Pete the Kitty's First Steps: Book & Milestone Cards. James Dean & Kimberly Dean. Illus. by James Dean. 2023. (Pete the Cat Ser.). (ENG., Illus.). 34p. (J). (gr. -1 — 1). bds. 12.99 *(978-0-06-311152-3(7)*, HarperFestival) HarperCollins Pubs.

Pete the Kitty's Outdoor Art Project. James Dean & Kimberly Dean. Illus. by James Dean. 2023. (My First I Can Read Ser.). (ENG., Illus.). 32p. (J). (gr. -1-3). 16.99 *(978-0-06-297432-7(7))*; pap. 4.99 *(978-0-06-297431-0(9))* HarperCollins Pubs. (HarperCollins).

Pete the Pig Gets Picked On. Lindsey Coker Luckey. 2019. (Pete the Pig Ser.: Vol. 1). (ENG., Illus.). 36p. (J). 17.99 ***(978-1-7332899-3-1(3))*** Brenton, Lindsey.

Pete the Pilot. Ashley Ragsdale. Illus. by Asiya Morris. 2022. 34p. (J). pap. 14.99 *(978-1-6678-5348-2(1))* BookBaby.

Pete the Pirate's Problem: What's the Problem?, 1 vol. Spencer Toole. 2019. (Social & Emotional Learning for the Real World Ser.). (ENG.). 12p. (gr. 1-2). pap. *(978-1-7253-5590-3(6)*, 51974ca7-80af-4114-9b35-a73a18ce4271, Rosen Classroom) Rosen Publishing Group, Inc., The.

Pete the Postman's Neighborhood: The Big Stray Dog. Debi Stanton. 2019. (Pete the Postman's Neighborhood Ser.: Vol. 1). (ENG., Illus.). 34p. (J). 19.99 *(978-1-951263-45-4(6))* Pen It Pubns.

Pete with No Pants. Rowboat Watkins. 2017. (ENG., Illus.). 40p. (J). 16.99 *(978-1-4521-4401-6(X))* Chronicle Bks. LLC.

Peter: A Novel of Which He Is Not the Hero (Classic Reprint) F Hopkinson Smith. 2017. (ENG., Illus.). (J). 34.21 *(978-1-5282-4714-6(0))* Forgotten Bks.

Peter: A Novel of Which He Is Not the Hero (Classic Reprint) Francis Hopkinson Smith. (ENG., Illus.). (J). 2018. 292p. 29.92 *(978-0-666-37621-3(2))*; 2017. pap. 13.57 *(978-0-259-30665-8(7))* Forgotten Bks.

Peter - Men & Women of the Bible Revised. Contrib. by Casscom Media. 2017. (Men & Women of the Bible - Revised Ser.). (ENG., Illus.). (J). pap. *(978-87-7132-589-8(1))* Scandinavia Publishing Hse.

Peter, a Cat o'One Tail: His Life & Adventures. Charles Morley. 2017. (ENG., Illus.). (J). pap. *(978-0-649-50307-0(4))* Trieste Publishing Pty Ltd.

Peter, a Cat o'One Tail: His Life & Adventures (Classic Reprint) Charles Morley. 2018. (ENG., Illus.). 122p. (J). 26.41 *(978-0-483-40161-7(7))* Forgotten Bks.

Peter Alphonse's Disciplina Clericalis: From the Fifteenth Century Worcester Cathedral Manuscript F. 172 (Classic Reprint) Peter Alphonse. (ENG., Illus.). (J). 2017.

25.63 *(978-0-331-75838-2(5))*; 2016. pap. 9.57 *(978-1-333-66083-3(9))* Forgotten Bks.

Peter & Alexis, an Historical Novel (Classic Reprint) Dmitri Merejkowski. 2017. (ENG., Illus.). (J). 35.41 *(978-0-265-73292-2(1))* Forgotten Bks.

Peter & Ernesto: a Tale of Two Sloths. Graham Annable. 2018. (Peter & Ernesto Ser.: 1). (ENG., Illus.). 128p. (J). 18.99 *(978-1-62672-561-4(6),* 900161286, First Second Bks.) Roaring Brook Pr.

Peter & Ernesto: Sloths in the Night. Graham Annable. 2020. (Peter & Ernesto Ser.: 3). (ENG., Illus.). 128p. (J). 21.99 *(978-1-250-21130-9(1),* 900203590, First Second Bks.) Roaring Brook Pr.

Peter & Ernesto: the Lost Sloths. Graham Annable. 2019. (Peter & Ernesto Ser.: 2). (ENG., Illus.). 128p. (J). 19.99 *(978-1-62672-572-0(1),* 900161961, First Second Bks.) Roaring Brook Pr.

Peter & Jane, or the Missing Heir (Classic Reprint) Sarah Macnaughtan. (ENG., Illus.). (J). 2018. 324p. 30.60 *(978-0-483-61773-5(3))*; 2017. pap. 13.57 *(978-0-243-28517-4(5))* Forgotten Bks.

Peter & Lotta's Adventure, 23 vols. Elsa Beskow. 2nd rev. ed. 2016. (Illus.). 32p. (J). 17.95 *(978-1-78250-303-3(X))* Floris Bks. GBR. Dist: Consortium Bk. Sales & Distribution.

Peter & Lotta's Christmas, 15 vols. Elsa Beskow. 2nd rev. ed. 2021. (Illus.). 36p. (J). 19.95 *(978-1-78250-766-6(3))* Floris Bks. GBR. Dist: Consortium Bk. Sales & Distribution.

Peter & Nancy, in the United States & Alaska (Classic Reprint) Mildred Houghton Comfort. 2018. (ENG., Illus.). 372p. (J). 31.57 *(978-0-267-80592-1(6))* Forgotten Bks.

Peter & Paul Had Hope. Hayley Firman. Illus. by Gon Muki. 2019. (ENG.). 34p. (J). pap. *(978-0-646-80534-4(7))* Lambie Nguyen Co. Ltd., The.

Peter & Peggy (Classic Reprint) Arthur Irving Gates. 2017. (ENG., Illus.). (J). 26.74 *(978-0-331-65323-6(0))*; pap. 9.57 *(978-0-259-84230-9(3))* Forgotten Bks.

Peter & Polly in Autumn (Classic Reprint) Rose Lucia. (ENG., Illus.). (J). 2018. 178p. 27.57 *(978-0-331-82641-8(0))*; 2017. pap. 9.97 *(978-0-259-41572-5(3))* Forgotten Bks.

Peter & Polly in Spring (Classic Reprint) Rose Lucia. (ENG., Illus.). (J). 2018. 186p. 27.73 *(978-0-332-16836-4(0))*; 2016. pap. 10.57 *(978-1-334-45138-6(9))* Forgotten Bks.

Peter & Polly in Summer (Classic Reprint) Rose Lucia. 2018. (ENG., Illus.). 144p. (J). 26.87 *(978-0-267-48350-1(3))* Forgotten Bks.

Peter & Polly in Winter. Rose Lucia. 2017. (ENG., Illus.). (J). pap. *(978-0-649-47715-9(4))* Trieste Publishing Pty Ltd.

Peter & Polly in Winter (Classic Reprint) Rose Lucia. (ENG., Illus.). (J). 2018. 166p. 27.32 *(978-0-365-52431-1(X))*; 2017. pap. 9.97 *(978-0-259-52282-9(1))* Forgotten Bks.

Peter & the Book of Wisdom. Chelsea Star. 2020. (ENG.). 46p. (J). 25.95 *(978-1-64468-396-5(2))*; pap. 15.95 *(978-1-64468-395-8(4))* Covenant Bks.

Peter & the Fairies (Classic Reprint) Arthur Henry. 2018. (ENG., Illus.). 54p. (J). 25.03 *(978-0-483-55135-0(X))* Forgotten Bks.

Peter & the Parachute. James Manning & Nicola Ridgeway. Illus. by Irena Urosevic. 2020. (CBT Bks.: Vol. 81). (ENG.). 36p. (J). (gr. 1-4). pap. *(978-1-80027-096-1(8))* CBT Bks.

Peter & the Tree Children. Peter Wohlleben. Illus. by Cale Atkinson. 2020. (ENG.). 40p. (J). (gr. k-3). 17.95 *(978-1-77164-457-0(5),* Greystone Kids) Greystone Books Ltd. CAN. Dist: Publishers Group West (PGW).

Peter & the Wolf. Donald Kasen. 2022. (Peter Pan Talking Bks.). (ENG.). 34p. (J). pap. 8.99 ***(978-0-7396-1298-9(0))*** Peter Pauper Pr. Inc.

Peter & the Wolf: Classic Folk Tales: Children's Book for Kids 2-5 Years: with Rhyming Text: 1 (Rhyming Fairy Tales) &Ndash; the Boy Who Cried Wolf. Illus. by Meritxell Garcia. 2022. (Rhymed Classic Tales Ser.). (ENG.). 28p. (J). (gr. -1-k). 14.99 *(978-84-18664-10-6(X))* Editorial el Pirata ESP. Dist: Independent Pubs. Group.

Peter & Wendy, and, Margaret Ogilvy (Classic Reprint) James Matthew Barrie. 2018. (ENG., Illus.). 388p. (J). 31.92 *(978-0-332-27172-9(2))* Forgotten Bks.

Peter & Wendy (Classic Reprint) James Matthew Barrie. 2017. (ENG., Illus.). (J). 30.10 *(978-1-5283-4911-6(3))* Forgotten Bks.

Peter at School. John Fred Takuna. Illus. by Swapan Debnath. 2021. (ENG.). 26p. (J). pap. *(978-1-922621-05-4(6))* Library For All Limited.

Peter Becomes a Trail Man: The Story of a Boy's Journey on the Santa Fe Trail: A Novel. Text by William G. B. Carson & William C. Carson. 2018. (Illus.). 191p. (J). pap. *(978-1-63293-226-6(1))* Sunstone Pr.

Peter Binney a Novel (Classic Reprint) Archibald Marshall. 2018. (ENG., Illus.). 392p. (J). 31.98 *(978-0-267-15665-8(0))* Forgotten Bks.

Peter Carradine. Caroline Chesebro'. 2017. (ENG.). 414p. (J). pap. *(978-3-7446-7683-0(8))* Creation Pubs.

Peter Carradine: Or the Martindale Pastoral (Classic Reprint) Caroline Chesebro'. 2018. (ENG., Illus.). 412p. (J). 32.39 *(978-0-267-20914-9(2))* Forgotten Bks.

Peter (Classic Reprint) E. F. Benson. 2017. (ENG., Illus.). (J). 30.60 *(978-0-265-19531-4(4))* Forgotten Bks.

Peter (Classic Reprint) Arthur Sherburne Hardy. 2018. (ENG., Illus.). 24p. (J). 24.41 *(978-0-364-62530-9(9))* Forgotten Bks.

Peter Clement Layard: Extracts from His Letters (Classic Reprint) Peter Clement Layard. 2018. (ENG., Illus.). 84p. (J). 25.63 *(978-0-483-26202-7(1))* Forgotten Bks.

Peter Cotterell's Treasure (Classic Reprint) Rupert Sargent Holland. (ENG., Illus.). (J). 2018. 320p. 30.50 *(978-0-364-01614-5(0))*; 2017. pap. 13.57 *(978-0-259-46151-7(2))* Forgotten Bks.

Peter Cottontail. Thornton Waldo Burgess. 2018. (ENG., Illus.). 24p. (J). (gr. -1-k). pap. 8.99 *(978-0-7396-0261-4(6))* Inspired Studios Inc.

Peter Cottontail's Hoppy Easter. Jennifer Sattler. Illus. by Jennifer Sattler. 2022. (ENG., Illus.). 22p. (J). (gr. -1-k). bds. 9.99 *(978-1-5341-1168-4(9),* 205358) Sleeping Bear Pr.

Peter Easter Frog. Erin Dealey. Illus. by G. Brian Karas. 2021. (ENG.). 32p. (J). (gr. -1-3). 9.99 *(978-1-4814-6489-5(2),* Atheneum Bks. for Young Readers) Simon & Schuster Children's Publishing.

Peter Elf. Stephen Joseph. 2020. (ENG., Illus.). 30p. (J). pap. 13.95 *(978-1-64701-386-8(0))* Page Publishing Inc.

Peter et Ses Animaux de Compagnie! Carlton Mankoto. 2018. (Peter Ser.: Vol. 1). (FRE., Illus.). 26p. (J). pap. *(978-2-900653-01-2(0))* Bekalle-Akwe (Henri Junior).

Peter Faber's Misfortunes: And Other Sketches (Classic Reprint) Joseph Clay Neal. (ENG., Illus.). (J). 2018. 212p. 28.27 *(978-0-666-99987-0(2))*; 2016. pap. 10.57 *(978-1-334-33904-2(X))* Forgotten Bks.

Peter Follows His Nose: A Scratch-And-Sniff Book. Beatrix Potter. 2019. (Peter Rabbit Ser.). (ENG., Illus.). 12p. (J). (-k). bds. 12.99 *(978-0-241-36710-0(7),* Warne) Penguin Young Readers Group.

Peter Green & the Desert Disaster: This Book Is Full of Angry Dragons. Angelina Amy Allsop. 2022. (Unliving Chronicles Ser.). (ENG.). 60p. (YA). pap. 6.99 ***(978-1-0880-5279-2(7))*** Indy Pub.

Peter Green & the Skeleton Crew. Angelina Amy Allsop. 2022. (ENG.). 60p. (YA). pap. 6.99 ***(978-1-0880-5225-9(8))*** Indy Pub.

Peter Green & the Unliving Academy: This Book Is Full of Dead People. Angelina A. Allsop. 2022. (ENG.). 300p. (J). pap. 14.99 ***(978-1-0879-0853-3(1))*** Indy Pub.

Peter Homunculus: A Novel (Classic Reprint) Gilbert Cannan. 2018. (ENG., Illus.). 328p. (J). 30.68 *(978-0-332-10562-8(8))* Forgotten Bks.

Peter Hops Aboard: A Peter Rabbit Tale. Beatrix Potter. 2020. (Peter Rabbit Ser.). (ENG.). 16p. (J). (-k). bds. 7.99 *(978-0-241-41890-1(9),* Warne) Penguin Young Readers Group.

Peter Ibbetson: With an Introduction by His Cousin Lady (Madge Plunket) (Classic Reprint) George Du Maurier. 2017. (ENG., Illus.). (J). 31.94 *(978-0-265-25544-5(9))* Forgotten Bks.

Peter Ibbetson, Vol. 1 of 2 (Classic Reprint) George Du Maurier. (ENG., Illus.). (J). 2018. 220p. 28.45 *(978-0-483-36638-1(2))*; 2016. pap. 10.97 *(978-1-333-36506-6(3))* Forgotten Bks.

Peter Ibbetson, Vol. 2 of 2 (Classic Reprint) George Du Maurier. (ENG., Illus.). (J). 2018. 242p. 28.91 *(978-0-484-78728-4(4))*; 2016. pap. 11.57 *(978-1-334-25367-6(6))* Forgotten Bks.

Peter Jameson: A Modern Romance (Classic Reprint) Gilbert Frankau. 2017. (ENG., Illus.). (J). 32.77 *(978-1-5279-7099-1(X))* Forgotten Bks.

Peter Kindred (Classic Reprint) Robert Nathan. 2017. (ENG., Illus.). (J). 31.53 *(978-1-5279-8724-1(8))* Forgotten Bks.

Peter Lee's Notes from the Field. Angela Ahn. Illus. by Julie Kwon. (ENG.). 312p. (J). (gr. 4-7). 2022. pap. 8.99 *(978-0-7352-6826-5(6))*; 2021. 17.99 *(978-0-7352-6824-1(X))* Tundra Bks. CAN. (Tundra Bks.). Dist: Penguin Random Hse. LLC.

Peter Little Wing. Regan W. H. Macaulay. Illus. by Gordon Bagshaw. 2023. (ENG.). 230p. (J). pap. ***(978-1-989506-65-3(8))*** Pandamonium Publishing Hse.

Peter Middleton (Classic Reprint) Henry Kingdon Marks. 2017. (ENG., Illus.). (J). 31.53 *(978-0-260-42376-4(9))* Forgotten Bks.

Peter Model: Understanding the Key That Unlock Maximum Kingdom Impact. Julian Young. 2017. (ENG.). pap. 14.99 *(978-0-9990279-8-1(0))* Crown Media Publishing.

Peter Newell's Pictures & Rhymes: The Original Edition Of 1903. Peter Newell. Illus. by Peter Newell. 2016. (ENG., Illus.). (J). pap. *(978-3-95940-230-9(9))* Henkea.

Peter Newell's Pictures & Rhymes (Classic Reprint) Peter Newell. 2017. (ENG., Illus.). (J). 26.23 *(978-0-266-79753-1(9))*; pap. 9.57 *(978-1-5277-7351-6(5))* Forgotten Bks.

Peter of the Castle: And the Fetches (Classic Reprint) John Banim. (ENG., Illus.). (J). 2018. 348p. 31.07 *(978-0-483-22959-4(8))*; 2017. pap. 13.57 *(978-0-243-89033-0(8))* Forgotten Bks.

Peter P. Bear Fisherman Extraordinaire. Jan W. Huxman & Amanda Myers. 2019. (ENG.). 40p. (J). pap. *(978-0-359-33768-2(6))* Lulu Pr., Inc.

Peter Paars, Canto I: Freely Translated from the Danish (Classic Reprint) Ludwig Holberg. (ENG., Illus.). (J). 2018. 20p. 24.31 *(978-0-267-00410-2(9))*; 2017. pap. 7.97 *(978-0-243-97245-6(8))* Forgotten Bks.

Peter Pan. J. Barrie. 2020. (ENG.). 128p. (J). pap. 19.99 *(978-1-6781-4623-8(4))* Lulu Pr., Inc.

Peter Pan. J. M. Barrie. Illus. by Silke Leffler. 2016. (ENG.). 176p. 25.00 *(978-0-7358-4259-5(0))* North-South Bks., Inc.

Peter Pan. J. M. Barrie. 2022. (Chartwell Classics Ser.). (ENG., Illus.). 160p. (gr. -1-17). 12.99 *(978-0-7858-4159-3(8),* 421845, Chartwell) Book Sales, Inc.

Peter Pan. J. M. Barrie. 2018. 224p. (J). (gr. 3). 19.95 *(978-0-241-35992-1(9),* Puffin) Penguin Bks., Ltd. GBR. Dist: Independent Pubs. Group.

Peter Pan. J. M. Barrie. 2022. (Children's Signature Classics Ser.). 192p. (J). (gr. 3-7). 17.99 *(978-1-4549-4570-3(2),* Union Square Pr.) Sterling Publishing Co., Inc.

Peter Pan. James Matthew Barrie. 2020. (ENG.). 148p. (J). (gr. 3-7). pap. *(978-1-77426-117-0(0))* East India Publishing Co.

Peter Pan. James Matthew Barrie. (ENG.). (J). (gr. 3-7). 2023. 150p. pap. ***(978-1-312-69747-8(4))***; 2022. 128p. pap. *(978-1-387-86652-6(4))*; 2020. 128p. pap. 18.99 *(978-1-6780-0338-8(7))*; 2018. 144p. pap. ***(978-0-359-27570-0(2))*** Lulu Pr., Inc.

Peter Pan. James Matthew Barrie. 2017. (ENG., Illus.). 216p. (YA). (gr. 7-12). pap. *(978-93-87164-42-0(X))* Speaking Tiger Publishing.

Peter Pan. Jenny Press Staff. 2016. (Illus.). 24p. (J). (gr. -1-12). pap. 7.99 *(978-1-86147-815-3(1),* Armadillo) Anness Publishing GBR. Dist: National Bk. Network.

Peter Pan. Didier Le Bornec. Illus. by Mario Cortes et al. 2020. (Disney Classics Ser.). (ENG.). 48p. (J). (gr. 2-6). lib. bdg. 32.79 *(978-1-5321-4542-1(X),* 35188, Graphic Novels) Spotlight.

Peter Pan: A BabyLit(TM) Adventure Primer, 1 vol. Jennifer Adams. Illus. by Alison Oliver. 2018. (BabyLit Ser.). 22p. (J). (— 1). bds. 9.99 *(978-1-4236-4860-4(9))* Gibbs Smith, Publisher.

Peter Pan: The 1911 Peter & Wendy Edition. James Matthew Barrie. 2017. (ENG., Illus.). (J). (gr. 2-4). pap. 10.95 *(978-1-947844-12-4(1))* Athanatos Publishing Group.

Peter Pan: The Original 1911 Peter & Wendy Edition. James Matthew Barrie. 2017. (ENG., Illus.). 164p. (J). (gr. -1-3). 14.95 *(978-1-947844-23-0(7))* Athanatos Publishing Group.

Peter Pan + CD. Collective. 2017. (Green Apple Ser.). (ENG.). 96p. (YA). pap. 22.95 *(978-88-530-1413-9(X),* Black Cat) Grove/Atlantic, Inc.

Peter Pan Adventures - Complete 7 Book Collection (Illustrated) James Matthew Barrie et al. 2019. (ENG.). 408p. (YA). pap. *(978-80-273-3195-6(1))* E-Artnow.

Peter Pan Alphabet. Oliver Herford. 2017. (ENG., Illus.). (J). pap. *(978-0-649-32963-2(5))* Trieste Publishing Pty Ltd.

Peter Pan Alphabet (Classic Reprint) Oliver Herford. (ENG., Illus.). (J). 2018. 58p. 25.11 *(978-0-267-62043-2(8))*; 2018. 60p. 25.13 *(978-0-666-39706-5(6))*; 2017. pap. 9.57 *(978-0-259-91420-4(7))* Forgotten Bks.

Peter Pan & Laurie. Marié Heese. Illus. by Marjorie van Heerden. 2019. (ENG.). 216p. (J). pap. 23.00 *(978-1-4853-1004-4(0))* Protea Boekhuis ZAF. Dist: Casemate Pubs. & Bk. Distributors, LLC.

Peter Pan & Peter Pan in Kensington Gardens. J. M. Barrie. 2019. (Arcturus Children's Classics Ser.). (ENG.). 272p. (J). pap. 6.99 *(978-1-78950-472-9(4),* 6268a0d6-3616-4196-9e81-113292bb4efa) Arcturus Publishing GBR. Dist: Baker & Taylor Publisher Services (BTPS).

Peter Pan & Wendy see Peter Pan y Wendy

Peter Pan & Wendy: (also Known As Peter & Wendy) James Matthew Barrie & F. D. Bedford. 2023. (ENG.). 128p. (J). ***(978-1-78943-367-8(3))***; pap. ***(978-1-78943-368-5(1))*** Benediction Classics.

Peter Pan & Wendy Junior Novelization. Elizabeth Rudnick. ed. 2023. (ENG.). 144p. (J). (gr. 3-7). pap. 6.99 *(978-1-368-08045-3(6),* Disney Press Books) Disney Publishing Worldwide.

Peter Pan Collection: Peter Pan & Wendy, & Peter Pan in Kensington Gardens (65 Illustrations. Unabridged.) James Matthew Barrie. Illus. by Arthur Rackham & F. D. Benson. 2023. (ENG.). 214p. (J). pap. ***(978-1-78943-365-4(7))*** Benediction Classics.

Peter Pan Colouring Book. Ann Kronheimer. 2017. (ENG.). 32p. (J). (gr. 1-4). pap. 7.99 *(978-1-78055-435-8(4))* O'Mara, Michael Bks., Ltd. GBR. Dist: Independent Pubs. Group.

Peter Pan (HarperCollins Children's Classics) J. M. Barrie. 2022. (HarperCollins Children's Classics Ser.). (ENG.). 240p. (J). 7.99 *(978-0-00-854272-6(4),* HarperCollins Children's Bks.) HarperCollins Pubs. Ltd. GBR. Dist: HarperCollins Pubs.

Peter Pan in Kensington Gardens: (Fully Illustrated in Color: 53 Color Images) James Matthew Barrie. Illus. by Arthur Rackham. 2023. (ENG.). 92p. (J). ***(978-1-78943-364-7(9))***; pap. ***(978-1-78943-363-0(0))*** Benediction Classics.

Peter Pan in Kensington Gardens (Classic Reprint) James Matthew Barrie. 2017. (ENG., Illus.). (J). 30.70 *(978-1-5284-6906-7(2))* Forgotten Bks.

Peter Pan in Mummy Land: A Graphic Novel. Benjamin Harper. Illus. by Fernando Cano. 2020. (Far Out Classic Stories Ser.). (ENG.). 40p. (J). (gr. 3-6). pap. 5.95 *(978-1-4965-9193-7(3),* 142206); lib. bdg. 25.32 *(978-1-4965-8686-5(7),* 141430) Capstone. (Stone Arch Bks.).

Peter Pan [Painted Edition]. J. M. Barrie. 2023. (Harper Muse Classics: Painted Editions Ser.). (ENG., Illus.). 176p. (YA). 34.99 ***(978-1-4003-3611-1(2))*** HarperCollins Focus.

Peter Pan y Wendy. James Matthew Barrie. Tr. by Felipe Garrido. Illus. by Gabriel Pacheco. 2018.Tr. of Peter Pan & Wendy. (SPA.). 240p. (J). (gr. 4-7). pap. 19.00 *(978-607-8469-40-6(1))* Nostra Ediciones MEX. Dist: Independent Pubs. Group.

Peter Pan y Wendy TD. J. M. Barrie. 2022. (SPA.). 272p. (YA). 15.95 *(978-607-07-8485-9(5))* Editorial Planeta, S. A. ESP. Dist: Two Rivers Distribution.

Peter Panda: Birthday Surprise. Malinda Kachejian. Illus. by Malinda Kachejian. 2020. (ENG., Illus.). 32p. (J). (gr. k-3). pap. 12.99 *(978-1-7342941-1-8(6))* Kachejian, Malinda.

Peter Panda: Winter Wonderland. Malinda Kachejian. Illus. by Malinda Kachejian. 2020. (Peter Panda Ser.). (ENG.). 36p. (J). (gr. k-3). 20.99 *(978-1-7342941-5-6(9))*; pap. 12.99 *(978-1-7342941-6-3(7))* Kachejian, Malinda.

Peter Panda Birthday Surprise: Birthday Surprise. Malinda Kachejian. Illus. by Malinda Kachejian. 2020. (ENG., Illus.). 32p. (J). (gr. k-3). 20.99 *(978-1-7342941-0-1(8))* Kachejian, Malinda.

Peter Paragon: A Tale of Youth (Classic Reprint) John Palmer. 2017. (ENG., Illus.). (J). 31.18 *(978-1-5281-7181-6(0))* Forgotten Bks.

Peter Parley's Almanac for Old & Young, 1836 (Classic Reprint) Samuel G. Goodrich. (ENG., Illus.). (J). 2018. 92p. 25.81 *(978-0-656-33434-6(7))*; 2017. pap. 9.57 *(978-0-243-07414-3(X))* Forgotten Bks.

Peter Parley's Annual: A Christmas New Year's Present for Young People (Classic Reprint) Unknown Author. 2018. (ENG., Illus.). 368p. (J). 31.51 *(978-0-483-38465-1(8))* Forgotten Bks.

Peter Parley's Annual 1855: A Christmas & New Year's Present for Young People (Classic Reprint) Samuel Griswold Goodrich. 2017. (ENG., Illus.). (J). 288p. 29.84 *(978-0-484-34920-8(1))*; pap. 13.57 *(978-0-259-52356-7(9))* Forgotten Bks.

Peter Parley's Annual 1856: A Christmas & New Year's Present for Young People (Classic Reprint) Unknown Author. (ENG., Illus.). (J). 2018. 338p. 30.87 *(978-0-267-61136-2(6))*; 2016. pap. 13.57 *(978-1-334-12225-5(3))* Forgotten Bks.

Peter Parley's Annual For 1864: A Christmas & New Year's Present for Young People (Classic Reprint) William Martin. 2018. (ENG., Illus.). 362p. (J). 31.36 *(978-0-332-90750-5(3))* Forgotten Bks.

Peter Parley's Annual, For 1865: A Christmas & New Year's Present, for Young People (Classic Reprint) Unknown Author. (ENG., Illus.). (J). 2018. 414p. 32.44 *(978-0-483-23409-3(5))*; 2017. pap. 16.57 *(978-0-243-93577-2(3))* Forgotten Bks.

Peter Parley's Book of Fables: Illustrated by Numerous Engravings (Classic Reprint) Ingram Cobbin Samuel Griswold Goodrich. 2017. (ENG., Illus.). (J). 26.37 *(978-0-331-77721-5(5))* Forgotten Bks.

Peter Parley's Gift (Classic Reprint) Samuel G. Goodrich. 2018. (ENG., Illus.). 184p. (J). 27.69 *(978-0-267-48367-9(8))* Forgotten Bks.

Peter Parley's Juvenile Tales (Classic Reprint) Peter Parley, pseud. 2018. (ENG., Illus.). 146p. (J). 26.91 *(978-0-365-13848-8(7))* Forgotten Bks.

Peter Parley's Short Stories for Long Nights: With Engravings (Classic Reprint) Samuel Griswold Goodrich. (ENG., Illus.). (J). 2018. 142p. 26.85 *(978-0-364-18762-3(X))*; 2017. pap. 9.57 *(978-0-259-50682-9(6))* Forgotten Bks.

Peter Parley's Story of the Pleasure Boat (Classic Reprint) Unknown Author. (ENG., Illus.). (J). 2018. 20p. 24.31 *(978-0-365-11761-2(7))*; 2016. pap. 7.97 *(978-1-333-18053-9(5))* Forgotten Bks.

Peter Parley's Story of the Unhappy Family (Classic Reprint) Peter Parley, pseud. (ENG., Illus.). (J). 2018. 20p. 24.35 *(978-0-267-76653-6(X))*; 2016. pap. 7.97 *(978-1-334-16530-6(0))* Forgotten Bks.

Peter Parley's Thousand & One Stories of Fact & Fancy, Wit & Humor, Rhyme, Reason, & Romance: Illustrated by Three Hundred Engravings (Classic Reprint) Samuel G. Goodrich. 2018. (ENG., Illus.). 768p. (J). 39.76 *(978-0-483-12745-6(0))* Forgotten Bks.

Peter Parley's Visit to London: During the Coronation of Queen Victoria. Peter Parley, pseud. 2019. (ENG., Illus.). 50p. (YA). (gr. 7-12). pap. *(978-93-5329-421-2(5))* Alpha Editions.

Peter Parley's Visit to London: During the Coronation of Queen Victoria (Classic Reprint) Peter Parley, pseud. 2018. (ENG., Illus.). 142p. (J). 26.85 *(978-0-267-51709-1(2))* Forgotten Bks.

Peter Patter Book: Rimes for Children (Classic Reprint) Leroy Freeman Jackson. 2017. (ENG., Illus.). (J). 26.17 *(978-0-331-25110-4(8))*; pap. 9.57 *(978-0-266-09680-1(8))* Forgotten Bks.

PETER PATTER BOOK of NURSERY RHYMES. Leroy F. Jackson & Grandma's Treasures. 2018. (ENG.). 78p. (J). pap. ***(978-0-359-21672-7(2))*** Lulu Pr., Inc.

Peter Pattison & the Prophet's Pen. Graham West & Sonny Hughes. 2022. (ENG.). 226p. (J). pap. *(978-1-78645-437-9(8))* Beaten Track Publishing.

Peter Penniless: Gamekeeper & Gentleman (Classic Reprint) G. Christopher Davies. 2017. (ENG., Illus.). (J). 380p. 31.73 *(978-0-484-88328-3(3))*; pap. 16.57 *(978-0-282-36006-1(9))* Forgotten Bks.

Peter Peter Pumpkin Eater & Friends. Wendy Straw. 2020. (Wendy Straw's Nursery Rhyme Collection). (ENG.). 12p. (J). (— 1). pap. 4.99 *(978-0-9925668-3-8(5),* Brolly Bks.) Borghesi & Adam Pubs. Pty Ltd AUS. Dist: Independent Pubs. Group.

Peter Pilgrim, Vol. 1 Of 2: Or a Rambler's Recollections (Classic Reprint) Robert Montgomery Bird. 2017. (ENG., Illus.). (J). 28.95 *(978-0-331-87796-0(1))* Forgotten Bks.

Peter Piper (Classic Reprint) Doris Egerton Jones. (ENG., Illus.). (J). 2017. 348p. 31.07 *(978-0-331-93762-6(X))*; 2016. pap. 13.57 *(978-1-333-90139-4(9))* Forgotten Bks.

P

Peter Piper's Practical Principles of Plain Perfect Pronunciation (Classic Reprint) Peter Piper. 2018. (ENG., Illus.). (J). (gr. 3-8). 102p. 26.02 *(978-1-391-26697-8(8))*; 104p. pap. 9.57 *(978-1-390-40670-2(9))* Forgotten Bks.

Peter Polo & the Snow Beast of Hunza. Craig Bradley. Illus. by Laurie A. Conley. 2020. (ENG.). 108p. (J). (gr. 4-6). 21.95 *(978-1-947860-96-4(8))*; pap. 12.95 *(978-1-947860-97-1(6))* Brandylane Pubs., Inc. (Belle Isle Bks.).

Peter Polo & the White Elephant of Lan Xang. Craig Bradley. Illus. by Laurie A. Conley. 2023. (Peter Polo Ser.: 2). (ENG.). 156p. (J). (gr. 6-8). 25.95 ***(978-1-953021-87-8(5))***; pap. 15.95 ***(978-1-953021-88-5(3))*** Brandylane Pubs., Inc. (Belle Isle Bks.).

Peter Poodle: Toy Maker to the King (Classic Reprint) Will Bradley. 2017. (ENG., Illus.). (J). 27.61 *(978-0-265-73943-3(8))* Forgotten Bks.

Peter Porcupine: First Day of Class. Julie Lynd Anceriz. 2020. (ENG.). 22p. (J). *(978-0-2288-2999-7(2))*; pap. *(978-0-2288-2998-0(4))* Tellwell Talent.

Peter Powers & His Not-So-Super Powers! Kent Clark & Brandon T. Snider. Illus. by Dave Bardin. (Peter Powers Ser.: 1). (ENG.). 128p. (J). (gr. 1-5). 2017. pap. 9.99 *(978-0-316-35934-4(3))*; 2016. 15.99 *(978-0-316-35932-0(7))* Little, Brown Bks. for Young Readers.

Peter Powers & the Itchy Insect Invasion! Kent Clark & Brandon T. Snider. Illus. by Dave Bardin. 2017. (Peter Powers Ser.: 3). (ENG.). 128p. (J). (gr. 1-5). 15.99 *(978-0-316-35947-4(5))* Little, Brown Bks. for Young Readers.

Peter Powers & the League of Lying Lizards! Kent Clark & Brandon T. Snider. Illus. by Dave Bardin. 2017. (Peter Powers Ser.: 4). (ENG.). 128p. (J). (gr. 1-5). pap. 9.99 *(978-0-316-54636-2(4))* Little, Brown Bks. for Young Readers.

Peter Powers & the Rowdy Robot Raiders! Kent Clark & Brandon T. Snider. Illus. by Dave Bardin. 2017. (Peter Powers Ser.: 2). (ENG.). 128p. (J). (gr. 1-5). pap. 5.99 *(978-0-316-35938-2(6))* Little, Brown Bks. for Young Readers.

Peter Powers & the Sinister Snowman Showdown! Kent Clark & Brandon T. Snider. Illus. by Dave Bardin. 2017. (Peter Powers Ser.: 5). (ENG.). 128p. (J). (gr. 1-5). pap. 5.99 *(978-0-316-54628-7(3))* Little, Brown Bks. for Young Readers.

Peter Powers & the Swashbuckling Sky Pirates! Kent Clark. Illus. by Dave Bardin. 2017. (Peter Powers Ser.: 6). (ENG.). 128p. (J). (gr. 1-5). pap. 9.99 *(978-0-316-43793-6(X))* Little, Brown Bks. for Young Readers.

Peter Priggins, the College Scout (Classic Reprint) Joseph Thomas J. Hewlett. (ENG., Illus.). (J). 2018. 392p. 31.98 *(978-0-483-32189-2(3))*; 2017. pap. 16.57 *(978-0-243-14077-0(0))* Forgotten Bks.

Peter Priggins, the Collegge Scout, Vol. 2 Of 3: With Illustrations by Phiz (Classic Reprint) Theodore Hook. (ENG., Illus.). (J). 2019. 346p. 31.03 *(978-0-266-50734-5(4))*; 2016. pap. 13.57 *(978-1-334-16405-7(3))* Forgotten Bks.

Peter Priggins, Vol. 1 Of 3: The College Scout (Classic Reprint) Theodore Hook. 2017. (ENG., Illus.). (J). 31.53 *(978-0-266-19346-3(3))* Forgotten Bks.

Peter Priggins, Vol. 3 Of 3: The College Scout (Classic Reprint) Theodore Hook. (ENG., Illus.). (J). 2017. 31.20 *(978-0-266-20575-3(5))*; 2016. pap. 13.57 *(978-1-334-27474-9(6))* Forgotten Bks.

Peter Pry's Puppet Show, Vol. 2 (Classic Reprint) Peter Pry. (ENG., Illus.). (J). 2018. 24p. 24.39 *(978-0-267-60936-9(1))*; 2016. pap. 7.97 *(978-1-334-12454-9(X))* Forgotten Bks.

Peter Pumpkin Goes to School. Peter Nanra. 2017. (ENG., Illus.). (J). 30.95 *(978-1-4808-4197-0(8))*; pap. 13.99 *(978-1-4808-4184-0(6))* Archway Publishing.

Peter Rabbit. Larry W. Jones. 2021. (ENG.). 86p. (J). *(978-1-6671-3063-7(3))* Lulu Pr., Inc.

Peter Rabbit. Beatrix Potter. 2018. (ENG., Illus.). 24p. (J). (gr. -1-k). pap. 8.99 *(978-0-7396-0263-8(2))* Inspired Studios Inc.

Peter Rabbit 123: A Counting Book. Beatrix Potter. 2019. (Peter Rabbit Ser.). (ENG., Illus.). 20p. (J). (-k). bds. 8.99 *(978-0-241-35477-3(3),* Warne) Penguin Young Readers Group.

Peter Rabbit & Friends. Beatrix Potter. 2020. (Peter Rabbit Ser.). (ENG., Illus.). 208p. (J). (gr. -1-2). 16.00 *(978-0-241-43472-7(6),* Warne) Penguin Young Readers Group.

Peter Rabbit & His Ma (Classic Reprint) Louise A. Field. 2018. (ENG., Illus.). 62p. (J). 25.18 *(978-0-484-80692-3(0))* Forgotten Bks.

Peter Rabbit & Sammy Squirrel: One Fine, Warm Morning, Peter Rabbit & His Friend, Sammy Squirrel, Started Out (Classic Reprint) Unknown Author. 2018. (ENG., Illus.). 62p. (J). 25.18 *(978-0-484-59004-4(9))* Forgotten Bks.

Peter Rabbit & the Radish Robber - Ladybird Readers Level 1. Ladybird. 2018. (Ladybird Readers Ser.). (Illus.). 48p. (J). (gr. k-2). pap. 8.99 *(978-0-241-29742-1(7))* Penguin Bks., Ltd. GBR. Dist: Independent Pubs. Group.

Peter Rabbit & the Radish Robber, Level 1. Ladybird Ladybird. 2018. (Ladybird Readers Ser.). (ENG.). 16p. (J). (gr. k-2). pap. 5.99 *(978-0-241-29735-3(4))* Penguin Bks., Ltd. GBR. Dist: Independent Pubs. Group.

Peter Rabbit (Book & Downloadable App!) Little Grasshopper Books. Illus. by Stacy Peterson. 2020. (ENG.). 24p. (J). (gr. -1-k). bds. 5.98 *(978-1-64030-972-2(1),* 6112200, Little Grasshopper Bks.) Publications International, Ltd.

Peter Rabbit Classic Collection: A Board Book Box Set Including Peter Rabbit, Jeremy Fisher, Benjamin Bunny, Two Bad Mice, & Flopsy Bunnies (Beatrix Potter Collection) Beatrix Potter. Illus. by Charles Santore. 2022. (ENG.). 120p. (J). (gr. -1). bds. 24.95 *(978-1-64643-229-5(0),* Applesauce Pr.) Cider Mill Pr. Bk. Pubs., LLC.

Peter Rabbit Club Activity Book: Level 2. Ladybird. 2017. (Ladybird Readers Ser.). (ENG.). 16p. (J). (gr. k-2). 4.99 *(978-0-241-29799-5(0))* Penguin Bks., Ltd. GBR. Dist: Independent Pubs. Group.

Peter Rabbit Deluxe Plush Gift Set: 4 Classic Edition Board Books + Plush Stuffed Animal Bunny Toy. Beatrix Potter. (Classic Edition Ser.). (ENG., Illus.). 64p. (J). (gr. -1). bds. 29.95 *(978-1-60433-828-7(8),* Applesauce Pr.) Cider Mill Pr. Bk. Pubs., LLC.

Peter Rabbit: Happy Birthday! Beatrix Potter. 2018. (Illus.). 16p. (J). bds. *(978-0-241-32427-1(0),* Warne, Frederick Pubs.) Penguin Bks., Ltd.

Peter Rabbit Helps the Children (Classic Reprint) Eva Williams. 2018. (ENG., Illus.). 24p. (J). 24.39 *(978-0-484-78505-1(2))* Forgotten Bks.

Peter Rabbit, I Love You: With Peekaboo Mirror. Beatrix Potter. 2018. (Peter Rabbit Ser.). (ENG., Illus.). 10p. (J). (-k). bds. 9.99 *(978-0-241-32790-6(3),* Warne) Penguin Young Readers Group.

Peter Rabbit Oversized Board Book: Illustrated by New York Times Bestselling Artist. Beatrix Potter. Illus. by Charles Santore. 2022. (Oversized Padded Board Bks.). (ENG.). 24p. (J). (gr. -1). bds. 13.95 *(978-1-64643-231-8(2),* Applesauce Pr.) Cider Mill Pr. Bk. Pubs., LLC.

Peter Rabbit Plush Gift Set the Revised Edition: Includes the Classic Edition Board Book + Plush Stuffed Animal Toy Rabbit Gift Set. Beatrix Potter. 2023. (ENG., Illus.). 24p. (J). bds. 19.95 *(978-1-64643-232-5(0),* Applesauce Pr.) Cider Mill Pr. Bk. Pubs., LLC.

Peter Rabbit: Trick or Treat. Beatrix Potter. 2022. (Peter Rabbit Ser.). (ENG.). 16p. (J). (-k). bds. 7.99 *(978-0-241-53973-6(0),* Warne) Penguin Young Readers Group.

Peter Rugg: The Missing Man (Classic Reprint) William Austin. 2018. (ENG., Illus.). 118p. (J). 26.33 *(978-0-365-27133-8(0))* Forgotten Bks.

Peter Sanders, Retired (Classic Reprint) Gordon Hall Gerould. 2018. (ENG., Illus.). 342p. (J). 30.95 *(978-0-332-78730-5(3))* Forgotten Bks.

Peter Schlemihl: From the German of Lamotte Fouque (Classic Reprint) George Cruikshank. 2018. (ENG., Illus.). 190p. (J). 27.82 *(978-0-483-44029-6(9))* Forgotten Bks.

Peter Schlemihl: The Shadowless Man (Classic Reprint) Adelbert Chamisso. 2018. (ENG., Illus.). 198p. (J). 28.00 *(978-0-332-46890-7(9))* Forgotten Bks.

Peter, Story (Classic Reprint) Edwin Hohler. 2018. (ENG., Illus.). 206p. (J). 28.15 *(978-0-483-60636-4(7))* Forgotten Bks.

Peter Tamson, Elder o the Kirk & Sportsman (Classic Reprint) J. L. Dickie. 2018. (ENG., Illus.). 134p. (J). 26.66 *(978-0-267-63859-8(0))* Forgotten Bks.

Peter Tchaikovsky (Revised Edition) (Getting to Know the World's Greatest Composers) Mike Venezia. Illus. by Mike Venezia. 2018. (Getting to Know the World's Greatest Composers Ser.). (ENG., Illus.). 40p. (J). (gr. 3-4). pap. 7.95 *(978-0-531-23371-9(5),* Children's Pr.) Scholastic Library Publishing.

Peter Tchaikovsky (Revised Edition) (Getting to Know the World's Greatest Composers) (Library Edition) Mike Venezia. Illus. by Mike Venezia. 2018. (Getting to Know the World's Greatest Composers Ser.). (ENG., Illus.). 40p. (J). (gr. 3-4). 29.00 *(978-0-531-22868-5(1),* Children's Pr.) Scholastic Library Publishing.

Peter the Great: A Play in Five Acts (Classic Reprint) Laurence Irving. 2018. (ENG., Illus.). 122p. (J). 26.41 *(978-0-484-19615-4(4))* Forgotten Bks.

Peter the Little Irish Seal. Dan Perkins. Illus. by Pratima Sarkar. 2016. (ENG.). (J). *(978-1-5255-0030-5(9))*; pap. *(978-1-4602-9807-7(1))* FriesenPress.

Peter the Penguin Tries to Fly & Other Stories. D N Q Evangelista. 2017. (ENG., Illus.). 48p. (J). pap. 19.91 *(978-1-5437-4435-4(4))* Partridge Pub.

Peter the Pilgrim (Classic Reprint) L. T. Meade. (ENG., Illus.). (J). 2018. 370p. 31.53 *(978-0-483-96624-6(X))*; 2016. pap. 13.97 *(978-1-334-13758-7(7))* Forgotten Bks.

Peter the Pirate Frog: A Tale of Adventure, & Finding Some Where. Jake Schultz. 2021. (ENG.). 22p. (J). pap. 17.99 *(978-1-6628-2683-2(4))* Salem Author Services.

Peter the Pixie: Link&learn - I Can Count / I Know Colours. Gary Edward Gedall. Illus. by Valerie Romer. 2018. (Peter the Pixie Ser.: Vol. 15). (ENG.). 44p. (J). pap. *(978-2-940535-63-7(9))* From Words To Worlds, Gary Gedall.

Peter the Pixie: Lucien et les Fourmis 1er Partie - Je Lis Seul. Gary Edward Gedall. Illus. by Valerie Romer. 2018. (Peter the Pixie Ser.: Vol. 11). (FRE.). 34p. (J). pap. *(978-2-940535-60-6(4))* From Words To Worlds, Gary Gedall.

Peter the Pixie: Lucien et les Fourmis 1er Partie - Je Sais Lire - Fr - Eng. Gary Edward Gedall. Illus. by Valerie Romer. 2018. (Peter the Pixie Ser.: Vol. 13). (FRE.). 34p. (J). pap. *(978-2-940535-56-9(6))* From Words To Worlds, Gary Gedall.

Peter the Pixie: Peter & the Ants PT 1 - I Can Colour. Gary Edward Gedall. Illus. by Valerie Romer. 2018. (Peter the Pixie Ser.: Vol. 14). (ENG.). 38p. (J). pap. *(978-2-940535-62-0(0))* From Words To Worlds, Gary Gedall.

Peter the Pixie: Peter & the Ants PT 1 - I Can Read. Gary Edward Gedall. Illus. by Valerie Romer. 2018. (Peter the Pixie Ser.: Vol. 1). (ENG.). 36p. (J). pap. *(978-2-940535-48-4(5))* From Words To Worlds, Gary Gedall.

Peter the Pixie: Peter & the Ants PT 1 - I Can Read Eng - Al. Gary Edward Gedall. Illus. by Valerie Romer. 2018. (Peter the Pixie Ser.: Vol. 6). (ENG.). 34p. (J). pap. *(978-2-940535-55-2(8))* From Words To Worlds, Gary Gedall.

Peter the Pixie: Peter & the Ants PT 1 - I Read Alone. Gary Edward Gedall. Illus. by Valerie Romer. 2018. (Peter the Pixie Ser.: Vol. 10). (ENG.). 38p. (J). pap. *(978-2-940535-59-0(0))* From Words To Worlds, Gary Gedall.

Peter the Pixie: Peter & the Ants PT 1 - Je Sais Lire Fr - Al. Gary Edward Gedall. Illus. by Valerie Romer. 2018. (Peter the Pixie Ser.: Vol. 8). (FRE.). 34p. (J). pap. *(978-2-940535-54-5(X))* From Words To Worlds, Gary Gedall.

Peter the Pixie: Peter & the Ants PT 1 - Read to Me. Gary Edward Gedall. Illus. by Valerie Romer. 2018. (ENG.). 40p. (J). pap. *(978-2-940535-49-1(3))* From Words To Worlds, Gary Gedall.

Peter, the Pouting Puzzle Piece. Dolores Walker. 2017. (ENG., Illus.). (J). pap. 11.99 *(978-1-62952-865-6(X))* Salem Author Services.

Peter the Prairie Dog Helps a Friend. Denise South. 2021. (ENG.). 36p. (J). pap. 14.95 *(978-1-63692-144-0(2))* Newman Springs Publishing, Inc.

Peter the Priest (Classic Reprint) Maurus Jokai. 2018. (ENG., Illus.). 210p. (J). 28.23 *(978-0-428-37862-2(5))* Forgotten Bks.

Peter the Pteropod. Donna Joannou-Kunzig. 2019. (ENG., Illus.). 22p. (J). pap. 12.95 *(978-1-64471-283-2(0))* Covenant Bks.

Peter the Rock N' Roll Snake. Brady Wood. 2021. (ENG.). 26p. (J). pap. *(978-1-83934-087-1(8))* Olympia Publishers.

Peter Whiffle: His Life & Works (Classic Reprint) Carl Van Vechten. 2017. (ENG., Illus.). (J). 29.20 *(978-1-5282-5473-1(2))* Forgotten Bks.

Peterchens Mondfahrt: Ein Märchen (Classic Reprint) Gerdt von Bassewitz. 2018. (GER., Illus.). (J). 164p. 27.30 *(978-1-396-74874-5(1))*; 166p. pap. 9.97 *(978-1-391-77633-0(X))* Forgotten Bks.

Peterchens Mondfahrt (Weihnachtsausgabe) Gerdt von Bassewitz. 2017. (GER., Illus.). 64p. (J). (gr. 3 — 1). pap. *(978-80-268-6256-7(2))* E-Artnow.

Peterkin. Mary Louisa Molesworth. 2018. (ENG., Illus.). 126p. (YA). (gr. 7-12). pap. *(978-93-5329-306-2(5))* Alpha Editions.

Peterkin (Classic Reprint) Gabrielle E. Jackson. 2018. (ENG., Illus.). 78p. (J). 25.53 *(978-0-483-32521-0(X))* Forgotten Bks.

Peterkin Papers. Lucretia P. Hale. 2017. (ENG., Illus.). (J). pap. *(978-0-649-17025-8(3))* Trieste Publishing Pty Ltd.

Peterkin Papers (Classic Reprint) Lucretia P. Hale. 2018. (ENG., Illus.). 264p. (J). 29.34 *(978-0-331-91371-2(2))* Forgotten Bks.

Peterman. Edward Barham. 2018. (ENG., Illus.). 574p. (YA). pap. *(978-1-909985-31-5(7))* Green, Callisto.

Peterrific. Victoria Kann. Illus. by Victoria Kann. 2017. (ENG., Illus.). 40p. (J). (gr. -1-3). 17.99 *(978-0-06-256356-9(4),* HarperCollins) HarperCollins Pubs.

Peter's Bus Ride: A Book about Bus Safety. Kerry Dinmont. 2017. (My Day Readers Ser.). (ENG.). 24p. (J). (gr. -1-2). lib. bdg. 32.79 *(978-1-5038-2035-7(1),* 211860) Child's World, Inc, The.

Peter's Chance: A Play in Three Acts. Edith Lyttelton. 2017. (ENG., Illus.). (J). pap. *(978-0-649-37483-0(5))* Trieste Publishing Pty Ltd.

Peter's Chance: A Play in Three Acts (Classic Reprint) Edith Lyttelton. 2018. (ENG., Illus.). 86p. (J). 25.69 *(978-0-484-54861-8(1))* Forgotten Bks.

Peter's Cold Christmas Eve. Jeremy Barnhart. 2017. (ENG., Illus.). (J). 28p. *(978-1-365-67274-3(3))*; 32p. pap. *(978-1-365-68896-6(8))* Lulu Pr., Inc.

Peter's Miracle. Cheryl Creamer Merrill. 2018. (ENG., 32p. (J). Illus.). pap. 12.95 *(978-1-64299-968-6(7))*; 22.95 *(978-1-64079-714-7(9))* Christian Faith Publishing.

Peter's Mother (Classic Reprint) Henry De La Pasture. 2017. (ENG., Illus.). 370p. (J). 31.53 *(978-0-484-20337-1(1))* Forgotten Bks.

Peter's Power. Shirley Johnston. Illus. by Chad Thompson. 2023. (ENG.). 28p. (J). ***(978-1-0391-6804-6(3))***; pap. ***(978-1-0391-6803-9(5))*** FriesenPress.

Peter's Progress (Classic Reprint) Christopher Heath. 2018. (ENG., Illus.). 374p. (J). 31.61 *(978-0-483-72096-1(8))* Forgotten Bks.

Peter's Pulpwood: A True Story from Nova Scotia. Tiberius Smith. 2016. (Peter & Terry Ser.: Vol. 1). (ENG., Illus.). (J). (gr. 1-4). pap. *(978-1-926831-74-9(8))* Navarone Bks.

Peter's School Day: A Peter Rabbit Tale. Beatrix Potter. 2021. (Peter Rabbit Ser.). (ENG.). 16p. (J). (— 1). bds. 7.99 *(978-0-241-47017-6(X),* Warne) Penguin Young Readers Group.

Peter's Story: My Mum & Dad Are ... Divorced! Lynley Barnett. 2023. (ENG.). 50p. (J). pap. ***(978-1-922727-72-5(5))*** Linellen Pr.

Peter's War: A Boy's True Story of Survival in World War II Europe. Karen Gray Ruelle. Illus. by Deborah Durland DeSaix. 40p. (J). 2022. (gr. 1-4). pap. 8.99 *(978-0-8234-5120-3(8))*; 2020. (gr. 2). 18.99 *(978-0-8234-2416-0(2))* Holiday Hse., Inc.

Peter's Wife: A Novel (Classic Reprint) Margaret Wolfe Hungerford. 2017. (ENG., Illus.). (J). 31.57 *(978-1-5279-4978-2(8))* Forgotten Bks.

Peter's Wife: The Duchess (Classic Reprint) Duchess Duchess. 2017. (ENG., Illus.). (J). pap. 13.97 *(978-0-259-02789-8(8))* Forgotten Bks.

Peter's Wife, Vol. 1 Of 3: A Novel (Classic Reprint) Margaret Wolfe Hungerford. 2017. (ENG., Illus.). (J). 29.38 *(978-1-5280-5178-1(5))* Forgotten Bks.

Peter's Wife, Vol. 2 Of 3: A Novel (Classic Reprint) Margaret Wolfe Hungerford. 2017. (ENG., Illus.). (J). 29.47 *(978-1-5283-5343-4(9))* Forgotten Bks.

Petersburg Tales (Classic Reprint) Olive Garnett. 2018. (ENG., Illus.). (J). 30.58 *(978-0-331-98344-9(3))* Forgotten Bks.

Peterson's Magazine, 1876, Vol. 69 (Classic Reprint) Unknown Author. 2017. (ENG., Illus.). (J). 43.84 *(978-0-331-70673-4(3))*; pap. 26.04 *(978-0-243-94391-3(1))* Forgotten Bks.

Pete's Big Chew. Debbie J. Hefke. 2019. (ENG., Illus.). 32p. (J). (gr. k-3). 22.00 *(978-0-578-49351-0(9))* Hefke, Debbie.

Pete's Big Feet. Sally Rippin. ed. 2022. (School of Monsters Ser.). (ENG.). 33p. (J). (gr. k-1). 19.46 ***(978-1-68505-433-5(1))*** Penworthy Co., LLC, The.

Pete's Day Out. Lisa Ensley. 2019. (ENG.). 18p. (J). pap. 11.95 *(978-1-68456-263-3(5))* Page Publishing Inc.

Pete's Perfect Pet. Vicky Bureau. Illus. by Flavia Zuncheddu. 2022. (Pete's Pets Ser.). (ENG.). 24p. (J). (gr. -1-3). lib. bdg. *(978-1-0396-6084-7(3),* 21466); pap. *(978-1-0396-6279-7(X),* 21467) Crabtree Publishing Co. (Crabtree Blossoms).

Pete's Pet Alligator. Vicky Bureau. Illus. by Flavia Zuncheddu. 2022. (Pete's Pets Ser.). (ENG.). 24p. (J). (gr. -1-3). lib. bdg. *(978-1-0396-6083-0(5),* 21472); pap. *(978-1-0396-6278-0(1),* 21473) Crabtree Publishing Co. (Crabtree Blossoms).

Pete's Pet Elephant. Vicky Bureau. Illus. by Flavia Zuncheddu. 2022. (Pete's Pets Ser.). (ENG.). 24p. (J). (gr. -1-3). lib. bdg. *(978-1-0396-6079-3(7),* 21478); pap. *(978-1-0396-6274-2(9),* 21479) Crabtree Publishing Co. (Crabtree Blossoms).

Pete's Pet Peacock. Vicky Bureau. Illus. by Flavia Zuncheddu. 2022. (Pete's Pets Ser.). (ENG.). 24p. (J). (gr. -1-3). lib. bdg. *(978-1-0396-6081-6(9),* 21484); pap. *(978-1-0396-6276-6(5),* 21485) Crabtree Publishing Co. (Crabtree Blossoms).

Pete's Pet Rhino. Vicky Bureau. Illus. by Flavia Zuncheddu. 2022. (Pete's Pets Ser.). (ENG.). 24p. (J). (gr. -1-3). lib. bdg. *(978-1-0396-6082-3(7),* 21490); pap. *(978-1-0396-6277-3(3),* 21491) Crabtree Publishing Co. (Crabtree Blossoms).

Pete's Pet Tiger. Vicky Bureau. Illus. by Flavia Zuncheddu. 2022. (Pete's Pets Ser.). (ENG.). 24p. (J). (gr. -1-3). lib. bdg. *(978-1-0396-6080-9(0),* 21496); pap. *(978-1-0396-6275-9(7),* 21497) Crabtree Publishing Co. (Crabtree Blossoms).

Pete's Visit to England. Pamela Dell. 2016. (Spring Forward Ser.). (J). (gr. 2). *(978-1-4900-9415-1(6))* Benchmark Education Co.

Petey: Missing the Migration. Maureen Larter. Illus. by Patsy Seager. 2018. (Petey & His Family Ser.: Vol. 1). (ENG.). 60p. (J). pap. *(978-0-9876393-8-7(2))* Sweetfields Publishing.

Petey & Quackers. David Newell. 2021. (ENG., Illus.). 22p. (J). 19.95 *(978-1-6624-5459-2(7))* Page Publishing Inc.

Petey & the Housekeeper: Scaredy Bird. Laura Summers. 2020. (ENG.). 24p. (J). pap. 12.49 *(978-1-63129-050-3(9))* Salem Author Services.

Petey Boy & the Flyhigh Club. Marilyn Ellis. 2020. (ENG., Illus.). 34p. (J). pap. 14.95 *(978-1-64628-010-0(5))* Page Publishing Inc.

Petey Simmons at Siwash (Classic Reprint) George Fitch. 2018. (ENG., Illus.). 276p. (J). 29.61 *(978-0-428-78275-7(2))* Forgotten Bks.

Petey the Pickle-Pooping Puddleduck. Joan M. Kilian. 2018. (ENG., Illus.). 40p. (J). pap. *(978-1-387-62136-1(X))* Lulu Pr., Inc.

Petey the Pitbull. Michelle Moskiewicz. Illus. by Michelle Moskiewicz & Rachael Culver. 2020. (ENG.). 30p. (J). pap. 9.99 *(978-0-578-81324-6(0))* Torkavian, Devin.

Petey, the Purple Pig. Janice West Taylor. 2017. (ENG., Illus.). (J). pap. 13.95 *(978-1-63066-460-2(X))* Indigo Sea Pr., LLC.

Peti Egy Napja. Kela. 2018. (HUN., Illus.). 84p. (J). pap. *(978-3-7103-3723-9(2))* united p.c. Verlag.

Petie the Parrot's Amazing Adventure: As Told by Brownee the Story Lizard. Sharon Lee Brown. Illus. by Sharon Revell. 2018. (Brownee the Story Lizard Ser.: Vol. 1). (ENG.). 36p. (J). (gr. 2-4). 14.95 *(978-0-692-08941-5(1))* Starla Enterprises, Inc.

Petit a Petit, Ou Premieres Lecons de Francais (Classic Reprint) Anna Herding. (FRE., Illus.). (J). 2018. 138p. 26.74 *(978-0-483-23940-1(2))*; 2018. 140p. pap. 9.57 *(978-0-483-20711-0(X))*; 2017. pap. 9.57 *(978-0-282-53893-4(3))* Forgotten Bks.

Petit À Petit, Ou Premières leçons de Français (Classic Reprint) Anna Herding. 2018. (FRE., Illus.). 138p. (J). 26.74 *(978-0-331-79609-4(0))* Forgotten Bks.

Petit Chaperon Rouge. Charles Perrault. Illus. by Aure'lie Goulevitch. 2016. (FRE.). (J). (gr. k-1). pap. *(978-2-89687-594-8(8))* chouetteditions.com.

Petit Cheval Rouge. Alicia Rodriguez. Illus. by Srimalie Bassani. 2021. (Contes de Fées de la Ferme (Farmyard Fairy Tales) Ser.). (FRE.). 16p. (J). (gr. -1-3). pap. *(978-1-0396-0173-4(1),* 12470) Crabtree Publishing Co.

Petit Cireur de Chaussures. Dominique Curtiss. Illus. by Emilie Dedieu. 2017. (FRE.). 50p. (J). pap. *(978-2-89687-633-4(2))* chouetteditions.com.

Petit Clin d'Oeil des Anges. Sylvie Roux. 2017. (FRE., Illus.). (J). pap. 15.10 *(978-0-244-33781-0(0))* Lulu Pr., Inc.

Petit Compagnon: A French Talk-Book for Beginners (Classic Reprint) F. E. A. Gasc. 2017. (ENG., Illus.). (J). 26.76 *(978-0-265-49423-3(0))* Forgotten Bks.

Petit Cours de Versions: Or Exercises for Translating English into French (Classic Reprint) Percy Sadler. 2017. (ENG., Illus.). 290p. (J). 29.88 *(978-0-332-14883-0(1))* Forgotten Bks.

Petit Cours de Versions, or Exercises for Translating English into French (Classic Reprint) P. Sadler. 2017. (ENG., Illus.). (J). 29.67 *(978-0-265-54935-3(3))*; pap. 13.57 *(978-0-282-77762-3(8))* Forgotten Bks.

Petit Dragon À Pois Rouges. Genevieve Biffiger. Ed. by Junior Editions La Liseuse. 2017. (FRE., Illus.). 42p. (J). pap. *(978-2-37108-059-1(4))* L@ Liseuse.

Petit Fossoyeur D'âmes. Nathan Dovnikys & édéric Neveur. 2023. (FRE.). 214p. (YA). pap. ***(978-1-4477-5883-9(8))*** Lulu Pr., Inc.

Petit Livre Bon a Consulter, Ou Examen Critique et Impartial Sur les Chemins de Grande Communication. Trigant Gautier-J-P. 2016. (Generalites Ser.). (FRE., Illus.). (J). pap. *(978-2-01-957739-1(9))* Hachette Groupe Livre.

Petit Livre de Noël: Cadeau Parfait, Activités d'apprentissage Pour les Tout-Petits, Livre d'activités Pour les Enfants de 3 à 5 Ans, Coloriage du Père Noël, Apprentissage des Formes et des Nombres, Formes et Nombres de Traces et de Couleurs. Lascu. 2021. (FRE.). 32p. (J). pap. 9.99 *(978-1-956555-40-0(4))* ATS Publish.

Petit Monstre: Little Beast. Mandie Davis. Ed. by Badger Davis. Illus. by Krystyna Rogerson. 2016. (Little Beast Ser.: Vol. 1). (FRE.). 72p. (J). pap. *(978-0-9954653-2-9(0))* Davis, Mandie.

Petit Monstre Sous la Mer: Little Beast under the Sea. Mandie Davis. Ed. by Badger Davis. Illus. by Krystyna Rogerson. 2018. (Little Beast Ser.: Vol. 2). (FRE.). 74p. (J). pap. *(978-1-9164839-1-0(7))* Davis, Mandie.

Petit Nord: Or Annals of a Labrador Harbour (Classic Reprint) Anne Grenfell. 2018. (ENG., Illus.). 214p. (J). 28.31 *(978-0-428-78505-5(0))* Forgotten Bks.

Petit Paul Veut Aller à L'École: Little Paul Wants to Go to School. Mandie Davis. Ed. by Badger Davis. Illus. by France de la Cour. 2017. (Petit Paul Ser.: Vol. 3). (FRE.). 78p. (J). pap. *(978-0-9954653-5-0(5))* Davis, Mandie.

Petit Paul Veut être Pere Noël: Little Paul Wants to Be Father Christmas. Mandie Davis. Ed. by Badger Davis. Illus. by France de la Cour. 2018. (Petit Paul Ser.: Vol. 4). (FRE.). 74p. (J). pap. *(978-1-9164839-0-3(9))* Davis, Mandie.

Petit Pierre & the Floating Marsh, 1 vol. Johnette Downing. Illus. by Heather Stanley. 2016. (ENG.). 32p. (J). (gr. k-3). 16.99 *(978-1-4556-2279-5(6),* Pelican Publishing) Arcadia Publishing.

Petit Prince. Antoine De Saint-Exupéry. 2021. (J). *(978-1-63843-357-6(7))*; pap. *(978-1-63843-356-9(9))* Carpentino, Michela.

Petit Prince. Antoine De Saint-Exupéry. Illus. by Caroline Gormand. 2016. (FRE.). (J). (gr. 3-6). pap. *(978-2-89687-593-1(X))* chouetteditions.com.

Petit Prince: [french Edition]. Antoine De Saint-Exupéry. Ed. by Murat Ukray. (FRE., Illus.). (J). (gr. k-4). 2019. 132p. *(978-605-7861-54-2(X))*; 2018. 130p. pap. *(978-605-7566-07-2(6))* Uhrayoglu, Murat E Kitap Projesi.

Petit Prince: French Language Edition. Antoine De Saint-Exupery. 2018. (FRE., Illus.). 94p. (J). (gr. 3-6). pap. 8.95 *(978-1-946963-14-7(3))* Albatross Pubs.

Petit Prince - the Little Prince + Audio Download: (English - French) Bilingual Edition. Antoine De Saint-Exupery. Tr. by Katherine Woods. 2019. (FRE.). 106p. (J). 24.90 *(978-1-64606-875-3(0))* Primedia eLaunch LLC.

Petit Prince Autour du Monde. Antoine de Antoine de Saint-Exupéry. Illus. by Antoine de Saint-Exupéry. 2023. (Petit Prince Ser.).Tr. of Avec des Infos Sur des Lieux Touristiques Célèbres. (FRE.). 32p. (J). (gr. k-k). 14.95 *(978-2-89802-352-1(3),* CrackBoom! Bks.) Chouette Publishing CAN. Dist: Publishers Group West (PGW).

Petit Prince et le Roi Couronné. Yves Dupin de St-Cyr. 2020. (FRE.). 104p. (YA). pap. ***(978-1-716-44451-7(9))*** Lulu Pr., Inc.

Petit Prince, J'apprivoise Mes émotions: Avec des Exercices Pour Gérer Ses émotions. Antoine de Antoine de Saint-Exupéry. Illus. by Antoine de Saint-Exupéry. 2022. (Petit Prince Ser.). (FRE.). 20p. (J). (gr. k-k). bds. 12.95 *(978-2-89802-354-5(X),* CrackBoom! Bks.) Chouette Publishing CAN. Dist: Publishers Group West (PGW).

Petite Belle; or the Life of an Adventurer: A Novel (Classic Reprint) B. T. Munn. (ENG., Illus.). (J). 2018. 372p. 31.57 *(978-0-365-02745-4(6))*; 2017. pap. 13.97 *(978-1-5276-3049-9(8))* Forgotten Bks.

Petite Encyclopédie Poétique, Ou Choix de Poésies Dans Tous les Genres, Vol. 6: Fables (Classic Reprint) Louis

1580

The check digit for ISBN-10 appears in parentheses after the full ISBN-13

Philipon De La Madelaine. 2018. (FRE., Illus.). 258p. (J). pap. 11.57 *(978-1-391-14509-9(7))* Forgotten Bks.

Petite Jeanne. Zulma Carraud. 2017. (ENG., Illus.). (J). 23.95 *(978-1-374-99937-4(7))* Capital Communications, Inc.

Petite Mouse Takes a Nap. Karin Argoud. 2023. (ENG., Illus.). 12p. (J). (gr. -1 — 1). bds. 9.99 *(978-1-64170-792-3(5)*, 550755) Familius LLC.

Petite Poule Blanche: Falbe en Deux Tableaux (Classic Reprint) Marie Josephe Henriette De Vismes. (FRE., Illus.). (J). 2018. 28p. 24.49 *(978-0-656-13460-1(7))*; 2017. pap. 7.97 *(978-0-282-93987-8(3))* Forgotten Bks.

Petite Poule Rousse. Desc. 2018. (FRE., Illus.). 28p. (J). pap. *(978-2-9817684-4-5(1))* Descôteaux, David.

Petites Causeries (Classic Reprint) Lambert Sauveur. 2017. (FRE., Illus.). (J). 27.65 *(978-0-331-19179-0(2))*; pap. 10.57 *(978-0-243-94660-0(0))* Forgotten Bks.

Petites Filles Modeles. Comtesse De Segur. 2017. (FRE., Illus.). 194p. (J). 32.00 *(978-1-387-35370-5(5))* Lulu Pr., Inc.

Petites Filles Modeles. Sophie Segur. 2016. (Litterature Ser.). (FRE., Illus.). (J). pap. *(978-2-01-129800-3(8))* Hachette Groupe Livre.

Petites Filles Modeles (Classic Reprint) Sophie Segur. 2017. (FRE., Illus.). (J). 30.93 *(978-0-266-31870-5(3))*; pap. 13.57 *(978-1-332-66878-6(X))* Forgotten Bks.

Petites Graines de la Tendresse. Francoise Seigneur. 2017. (FRE., Illus.). (J). pap. *(978-2-37011-558-4(0))*; pap. *(978-2-37011-557-7(2))* Editions Hélène Jacob.

Petites Graines de L'Amour. Francoise Seigneur. 2017. (FRE., Illus.). (J). pap. *(978-2-37011-553-9(X))*; pap. *(978-2-37011-552-2(1))* Editions Hélène Jacob.

Petites Raquettes de Chat. Beverly Pearl. 2016. (FRE., Illus.). 32p. (J). pap. *(978-1-365-29854-7(X))* Lulu Pr., Inc.

Petits Minous, Gros Toutous. Roger-Pol Cottereau. Ed. by Livio Editions. Illus. by Dorothee Clauzel. 2018. (FRE.). 94p. (J). pap. *(978-2-35455-001-1(4))* Livio Informatique.

Petits Moments Littéraires: Édition Spéciale Partir en Livre 2018. Beatrice Pardossi-Samo. Ed. by Livio Editions. Illus. by Marie Michaux. 2018. (FRE.). 44p. (J). pap. *(978-2-35455-009-7(X))* Livio Informatique.

Petland Revisited (Classic Reprint) John George Wood. (ENG., Illus.). (J). 2018. 350p. 31.12 *(978-0-267-32186-5(4))*; 2016. pap. 13.57 *(978-1-333-49568-8(4))* Forgotten Bks.

Petook: The Rooster Who Met Jesus. Tomie dePaola. Illus. by Caryll Houselander. 2021. (ENG.). 32p. (J). (gr. k-5). 14.99 *(978-1-62164-457-6(X))* Ignatius Pr.

Petoskey & Me: Look & Find. C. M. Brenner. 2016. (Illus.). 24p. (J). 16.95 *(978-0-9980042-0-4(0))* SimplyCMB,LLC.

Petra. Marianna Coppo. (ENG.). (J). 2020. 38p. (— 1). bds. 7.99 *(978-0-7352-6798-5(7))*; 2018. (Illus.). 48p. (gr. -1-2). 17.99 *(978-0-7352-6267-6(5))* Tundra Bks. CAN. (Tundra Bks.). Dist: Penguin Random Hse. LLC.

Petra. Sara Green. 2020. (Seven Wonders of the Modern World Ser.). (ENG., Illus.). 32p. (J). (gr. 3-8). lib. bdg. 27.95 *(978-1-64487-270-3(6)*, Blastoff! Readers) Bellwether Media.

Petra. Grace Hansen. 2017. (World Wonders Ser.). (ENG., Illus.). 24p. (J). (gr. -1-2). lib. bdg. 32.79 *(978-1-5321-0443-5(X)*, 26569, Abdo Kids) ABDO Publishing Co.

Petra. Julie Murray. (Amazing Archaeology Ser.). (ENG., Illus.). 24p. (J). 2022. (gr. 2-2). pap. 8.95 *(978-1-64494-640-4(8))*; 2021. (gr. k-4). lib. bdg. 31.36 *(978-1-0982-2667-1(4)*, 38610) ABDO Publishing Co. (Abdo Zoom-Dash).

Petra, la Crayonnette Pour Pizzas. Dawn Doig. 2021. (FRE.). 58p. (J). 23.99 *(978-1-954868-44-1(8))*; pap. 15.99 *(978-1-954868-41-0(3))* Pen It Pubns.

Petra Pencil Pines for Pizza. Dawn Doig. 2017. (ENG., Illus.). 58p. (J). pap. 13.99 *(978-1-948390-04-0(3))* Pen It Pubns.

Petra (Petra) Grace Hansen. 2018. (Maravillas Del Mundo (World Wonders) Ser.). (SPA.). 24p. (J). (gr. -1-2). lib. bdg. 32.79 *(978-1-5321-8054-5(3)*, 28323, Abdo Kids) ABDO Publishing Co.

Petra's Pier Picnic. Phyllis Vos Wezeman. Illus. by Oscar Joyo. 2019. (ENG.). 32p. 19.95 *(978-0-87946-670-1(7))* ACTA Pubns.

Petrel, the Storm Child: A Drama in Three Acts (Classic Reprint) Charles S. Bird. (ENG., Illus.). (J). 2018. 70p. 25.38 *(978-0-484-31759-7(8))*; 2016. pap. 9.57 *(978-1-333-70946-4(3))* Forgotten Bks.

Petrel, Vol. 2 Of 3: A Tale of the Sea (Classic Reprint) A. Naval Officer. 2017. (ENG., Illus.). (J). 30.13 *(978-0-266-15958-2(3))* Forgotten Bks.

Petrel, Vol. 3 Of 3: A Tale of the Sea (Classic Reprint) William Fisher. (ENG., Illus.). (J). 2018. 314p. 30.37 *(978-0-267-60941-3(8))*; 2016. pap. 13.57 *(978-1-334-12469-3(8))* Forgotten Bks.

Petrichor: The Scorching Trilogy. Libbi Duncan. 2021. (3 Ser.). (ENG.). 184p. (YA). pap. 17.95 *(978-1-68433-647-0(3))* Black Rose Writing.

Petrie Estate (Classic Reprint) Helen Dawes Brown. 2017. (ENG., Illus.). (J). 30.58 *(978-0-260-70287-6(0))* Forgotten Bks.

Petrie's Dish of Anger. Rachel Piccoli. Ed. by India Hammond. Illus. by Pixa Press. 2022. (ENG.). 54p. (J). pap. 22.99 ***(978-1-0879-2300-0(X))*** Indy Pub.

Petrie's Dish of Fear. Rachel Piccoli. Ed. by India Hammond. Illus. by Pixa Press. 2022. (ENG.). 56p. (J). pap. 22.99 ***(978-1-0879-2567-7(3))*** Indy Pub.

Petrie's Dish of Jealousy. Rachel Piccoli. Ed. by India Hammond. Illus. by Pixa Press. 2022. (ENG.). 54p. (J). pap. 22.99 ***(978-1-0878-6106-7(3))*** Indy Pub.

Petrie's Dish of Love. Rachel Piccoli. Ed. by India Hammond. Illus. by Pixa Press. 2022. (ENG.). 52p. (J). pap. 22.99 ***(978-1-0879-2705-3(6))*** Indy Pub.

Petrie's Dish of Nerves. Rachel Piccoli. Ed. by India Hammond. Illus. by Pixa Press. 2022. (ENG.). 54p. (J). pap. 22.99 ***(978-1-0879-2278-2(X))*** Indy Pub.

Petrie's Dish of Sadness. Rachel Piccoli. Ed. by India Hammond. Illus. by Pixa Press. 2022. (ENG.). 58p. (J). pap. 22.99 ***(978-1-0879-2688-9(2))*** Indy Pub.

Petrith Pin: The Wee Bear with the Big Difference (Paperback) Annie Hallinan. 2017. (ENG., Illus.). (J). (gr. k-2). 12.95 *(978-0-9971477-3-5(3))* Turnberry Pr.

Petro, the Brave Little Cargo Plane. Paul Kell. 2018. (ENG., Illus.). 98p. (J). (gr. 3-6). pap. 21.95 *(978-1-7328341-0-1(5))* Pretty Cool Bks.

Petrograd: The City Trouble, 1914-1918 (Classic Reprint) Meriel Buchanan. 2017. (ENG., Illus.). (J). 29.55 *(978-0-265-23657-4(6))* Forgotten Bks.

Petrology for Students. Alfred Harker. 2017. (ENG.). (J). 346p. pap. *(978-3-7446-8945-8(X))*; 320p. pap. *(978-3-7446-8959-5(X))* Creation Pubs.

Petrone Latin et François: Traduction Entière, Suivant le Manuscrit Trouvé À Belgrade en 1688 (Classic Reprint) Petronius Petronius. 2018. (FRE., Illus.). (J). 308p. 30.27 *(978-1-391-54115-0(4))*; 310p. pap. 13.57 *(978-1-390-69105-4(5))* Forgotten Bks.

Petrone Latin et Francois, Vol. 1: Traduction Entiere Suivant le Manuscrit Trouve a Belgrade en 1688; Avec Plusieurs Remarques et Additions, Qui Manquent Dans la Premiere Edition (Classic Reprint) Petronius Arbiter. 2017. (FRE., Illus.). (J). pap. 16.57 *(978-0-282-29613-1(1))* Forgotten Bks.

Petrone Latin et Francois, Vol. 2: Traduction Entiere, Suivant le Manuscrit Trouve a Belgrade en 1688; Avec Plusieurs Remarques et Additions, Qui Manquent Dans la Premiere Edition (Classic Reprint) Petronius Arbiter. 2018. (FRE., Illus.). 442p. (J). 33.01 *(978-0-483-63213-4(9))* Forgotten Bks.

Petrone, Latin et Francois, Vol. 2: Traduction Entiere, Suivant le Manuscrit Trouve a Belgrade en 1688; Avec Plusieurs Remarques et Additions, Qui Manquent Dans la Premiere Edition (Classic Reprint) Petronius Arbiter. 2017. (FRE., Illus.). (J). pap. 13.57 *(978-0-282-24909-0(5))* Forgotten Bks.

Petrone, Latin et François, Vol. 2: Traduction Entière, Suivant le Manuscrit Trouvé à Belgrade en 1688; Avec Plusieurs Remarques et Additions, Qui Manquent Dans la Première Edition (Classic Reprint) Petronius Arbiter. 2018. (FRE., Illus.). 316p. (J). 30.41 *(978-0-666-25601-0(2))* Forgotten Bks.

Petrone, Latin et Francois, Vol. 1 (Classic Reprint) Petronius Arbiter. 2018. (FRE., Illus.). 572p. (J). 35.71 *(978-0-484-64829-5(2))* Forgotten Bks.

Petrone, Vol. 1 (Classic Reprint) Petronius Arbiter. 2018. (FRE., Illus.). (J). 566p. 35.59 *(978-1-391-96194-1(3))*; 568p. pap. 19.57 *(978-1-390-55324-6(8))* Forgotten Bks.

Petronella Fortuna. Historias de la Naturaleza. Dorothea Flechsig. 2018. 110p. (J). 15.99 *(978-958-30-5401-3(1))* Panamericana Editorial COL. Dist: Lectorum Pubns., Inc.

Petronilla Heroven (Classic Reprint) U. L. Silberrad. (ENG., Illus.). (J). 2018. 338p. 30.87 *(978-0-365-51870-9(0))*; 2017. pap. 13.57 *(978-1-5276-7686-2(2))* Forgotten Bks.

Petronius: Cena Trimalchionis (Classic Reprint) Petronius Arbiter. 2018. (ENG., Illus.). 324p. (J). 30.58 *(978-0-666-20871-2(9))* Forgotten Bks.

Petrova & the Swan. Roslyn Bertram. 2017. (ENG., Illus.). (J). pap. 9.84 *(978-1-4834-6321-6(4))* Lulu Pr., Inc.

Pets. Korynn Freels. ed. 2020. (Ripley Readers Ser.). (ENG.). 31p. (J). (gr. 2-3). 14.96 *(978-1-64697-318-7(6))* Penworthy Co., LLC, The.

Pets: A Can-You-Find-It Book. Lauren Kukla & Aruna Rangarajan. 2023. (Can You Find It? Ser.). (ENG.). 32p. (J). 31.32 *(978-1-6663-9708-6(3)*, 244875); pap. 8.95 *(978-0-7565-7275-4(4)*, 244870) Capstone. (Pebble).

Pets: Getting Them, Caring for Them, & Loving Them. Mel Hammond. 2021. (American Girl(r) Wellbeing Ser.). (ENG.). 96p. (J). pap. 9.99 *(978-1-68337-173-1(9))* American Girl Publishing, Inc.

Pets: Interactive Children's Sound Book with 10 Buttons. IglooBooks. Illus. by Carissa Harris. 2023. (10 Button Sound Bks.). (ENG.). 10p. (J). (— 1). bds. 15.99 ***(978-1-83771-580-0(7))*** Igloo Bks. GBR. Dist: Simon & Schuster, Inc.

Pets: Mess-Free Magic Water Painting. IglooBooks. 2022. (ENG.). 18p. (J). (gr. -1-1). 10.99 *(978-1-80108-693-6(1))* Igloo Bks. GBR. Dist: Simon & Schuster, Inc.

Pets! / ¡Las Mascotas! Erin Falligant et al. Illus. by Suzie Mason. 2022. (Pets! / ILas Mascotas! Ser.). (MUL.). 24p. (J). 127.45 *(978-1-63079-158-2(X)*, 256469) Cantata Learning.

Pets / Mascotas. Xist Publishing. 2018. (Xist Kids Bilingual Spanish English Ser.). (ENG & SPA., Illus.). 28p. (J). (gr. -1-3). pap. 9.99 *(978-1-5324-0679-9(7))* Xist Publishing.

Pets-A-Palooza Mad Libs: World's Greatest Word Game. Anu Ohioma. 2022. (Mad Libs Ser.). 48p. (J). (gr. 3-7). pap. 5.99 *(978-0-593-38456-5(3)*, Mad Libs) Penguin Young Readers Group.

Pets & Companions: A Second Reader (Classic Reprint) Jenny H. Stickney. 2018. (ENG., Illus.). 170p. (J). 27.40 *(978-0-267-41194-8(4))* Forgotten Bks.

Pets & Farm Animals, 1 vol. Kate Daubney. 2018. (Fantastic Fingerprint Art Ser.). (ENG.). 32p. (J). (gr. k-k). 30.27 *(978-1-5081-9526-9(9)*, 93c89475-881b-4b4c-9480-18dd51288c65, Windmill Bks.) Rosen Publishing Group, Inc., The.

Pets & Kisses. Alexis Spinner. 2022. (ENG.). 38p. (J). 18.95 *(978-1-63755-091-5(X)*, Mascot Kids) Amplify Publishing Group.

Pets & Their Famous Humans. Ana Gallo. Illus. by Katherine Quinn. 2020. (ENG.). 48p. (J). (gr. 2-5). 17.95 *(978-3-7913-7425-3(7))* Prestel Verlag GmbH & Co KG. DEU. Dist: Penguin Random Hse. LLC.

Pets & Their People: The Ultimate Guide to Pets - Whether You've Got One or Not! Jess French. 2023. (ENG.). 72p. (J). (gr. 2-4). 16.99 *(978-0-7440-6993-8(9)*, DK Children) Dorling Kindersley Publishing, Inc.

Pets Are Fun, 1 vol. Chris George. 2017. (Early Concepts Ser.). (ENG.). 24p. (gr. 1-1). pap. 9.25 *(978-1-5081-6221-6(2)*, c1d664fb-2e76-4643-a7ff-87f9f83deb15, PowerKids Pr.) Rosen Publishing Group, Inc., The.

Pets Around the World (Around the World) Brenna Maloney. 2021. (Around the World Ser.). (ENG., Illus.). 32p. (J). (gr. k-2). pap. 7.99 *(978-1-338-76874-9(3))*; lib. bdg. 28.00 *(978-1-338-76873-2(5))* Scholastic Library Publishing. (Children's Pr.).

Pets at the Vet, 1 vol. Elaine McKinnon. 2016. (Community Helpers Ser.). (ENG., Illus.). 24p. (J). (gr. 1-1). pap. 9.25 *(978-1-4994-2706-6(9)*, 95a6fd10-e92d-4535-8699-7983a19c9520, PowerKids Pr.) Rosen Publishing Group, Inc., The.

Pets (Be an Expert!) (Library Edition) Erin Kelly. 2020. (Be an Expert! Ser.). (ENG.). 24p. (J). (gr. -1-k). 25.00 *(978-0-531-13054-4(1)*, Children's Pr.) Scholastic Library Publishing.

Pets English. Editor. 2017. (English/Spa Cloth Bks.). (ENG.). 8p. (J). *(978-1-60745-916-3(7))* Lake Press.

Pets Love to Play! Kindergarten Coloring Book. Bold Illustrations. 2018. (ENG., Illus.). 84p. (J). pap. 5.38 *(978-1-64193-985-0(0)*, Bold Illustrations) FASTLANE LLC.

Pets of Presidents (Set), 6 vols. Grace Hansen. 2021. (Pets of Presidents Ser.). (ENG.). 24p. (J). (gr. -1-2). lib. bdg. 188.16 *(978-1-0982-0922-3(2)*, 38276, Abdo Kids) ABDO Publishing Co.

Pets of Presidents (Set Of 6) Grace Hansen. 2022. (Pets of Presidents Ser.). (ENG., Illus.). 144p. (J). (gr. k-k). pap. 53.70 *(978-1-64494-687-9(4)*, Abdo Kids-Junior) ABDO Publishing Co.

Pets of Society: A Farce (Classic Reprint) Thomas S. Denison. 2018. (ENG., Illus.). 24p. (J). 24.39 *(978-0-267-41400-0(5))* Forgotten Bks.

Pets on Parade. Carolyn Keene. Illus. by Peter Francis. 2016. (Nancy Drew Clue Book Ser.: 6). (ENG.). 96p. (J). (gr. 1-4). pap. 5.99 *(978-1-4814-5823-8(X)*, Aladdin) Simon & Schuster Children's Publishing.

Pets Rule! Kittens Are Monsters, Vol. 3. Susan Tan. Illus. by Wendy Tan Shiau Wei. 2023. (Pets Rule! Ser.). (ENG.). 96p. (J). (gr. 1-3). 24.99 *(978-1-338-75640-1(0))* Scholastic, Inc.

Pets (Set), 6 vols. Sophie Geister-Jones. 2019. (Pets Ser.). (ENG.). 24p. (J). (gr. k-3). lib. bdg. 188.16 *(978-1-5321-6566-5(8)*, 33234, Pop! Cody Koala) Pop!.

Pets Spanish/English. Editor. 2017. (English/Spa Cloth Bks.). (ENG.). 8p. (J). *(978-1-60745-979-8(5))* Lake Press.

Pets up Close. Jeni Wittrock. 2022. (Pets up Close Ser.). (ENG.). 24p. (J). pap., pap., pap. 34.75 *(978-1-6690-6062-8(4)*, 257600); 109.95 *(978-1-6690-1559-8(9)*, 249090) Capstone. (Capstone Pr.).

Petscapade: Mystery Book Club #1. Nadishka Aloysius. 2018. (Mystery Book Club Ser.: Vol. 1). (ENG.). 106p. (J). pap. *(978-955-51847-6-2(3))* Aloysius, Nadishka.

Pettibone Name: A New England Story (Classic Reprint) Margaret Sidney. 2018. (ENG., Illus.). 322p. (J). 30.54 *(978-0-483-46445-2(7))* Forgotten Bks.

Petticoat Government, Vol. 1 Of 3: A Novel (Classic Reprint) Trollope. 2018. (ENG., Illus.). 332p. (J). 30.74 *(978-0-267-19615-9(6))* Forgotten Bks.

Petticoat Government, Vol. 2 Of 3: A Novel (Classic Reprint) Frances Milton Trollope. 2018. (ENG., Illus.). 332p. (J). 30.74 *(978-0-267-19481-0(1))* Forgotten Bks.

Petticoat Pilgrims on Trek (Classic Reprint) Fred Maturin. 2018. (ENG., Illus.). 350p. (J). 31.12 *(978-0-483-53547-3(8))* Forgotten Bks.

Pettijohn's Kindergarten Games, & How to Play Them (Classic Reprint) Unknown Author. (ENG., Illus.). (J). 2018. 20p. 24.31 *(978-0-267-36492-3(X))*; 2016. pap. 7.97 *(978-1-333-87320-2(4))* Forgotten Bks.

Pettikin. Abby Smith. 2016. (ENG., Illus.). (J). pap. 11.99 *(978-0-9983623-0-4(1))* Softlight Pr. LLC.

Pettison Twins (Classic Reprint) Marion Hill. 2018. (ENG., Illus.). 270p. (J). 29.49 *(978-0-365-32609-0(7))* Forgotten Bks.

Petty Kings. B. E. Scott. 2021. (ENG.). 346p. (YA). 24.99 ***(978-1-0879-8084-3(4))*** Indy Pub.

Petty Queen. B. E. Scott. 2022. (ENG.). 362p. (YA). 24.99 ***(978-1-0880-5416-1(1))***; pap. 12.99 ***(978-1-0880-5403-1(X))*** Indy Pub.

Petunia Again: Sketches (Classic Reprint) S. Elizabeth Jackson. 2018. (ENG., Illus.). 84p. (J). 25.65 *(978-0-484-17198-4(4))* Forgotten Bks.

Petunia & Misfit. Janely Lopez. 2019. (ENG.). 34p. (J). pap. *(978-0-359-66217-3(X))* Lulu Pr., Inc.

Petunia & the Peculiar Candy. Maddison Lange. 2018. (ENG., Illus.). 18p. (J). *(978-1-387-61642-8(0))* Lulu Pr., Inc.

Petunia & the Periwinkle Pen. Olivia Johnson. 2020. (ENG.). 40p. (J). 36.50 *(978-1-716-37353-4(0))* Lulu Pr., Inc.

Petunia & the White Witch. Glenys Terry & Martin Howarth-Hynes Snr. 2022. (ENG.). 70p. (YA). pap. ***(978-1-78222-967-4(1))*** Paragon Publishing, Rothersthorpe.

Petunia Blossoms: Ballads & Poems (Classic Reprint) Dorothea Auguste Gunhilde. 2017. (ENG., Illus.). (J). 25.65 *(978-0-260-94983-7(3))* Forgotten Bks.

Petunia Panda Bear. Yvette Beauget Macknight. Illus. by Michelle Veronica Macknight. 2021. (ENG.). 40p. (J). pap. 17.99 *(978-1-63795-565-9(0))* Primedia eLaunch LLC.

Petunia Perks Up: A Dance-It-Out Movement & Meditation Story. Once Upon A Dance. Illus. by Catherine Yeh. 2021. (Dance-It-Out! Creative Movement Stories for Young Movers Ser.: Vol. 2). (ENG.). 42p. (J). 19.99 *(978-1-7363536-8-4(3))* Once Upon a Dance.

Peur. Amy Culliford. Tr. by Annie Evearts. 2021. (Mes émotions (My Emotions) Ser.). (FRE., Illus.). 16p. (J). (gr. -1-1). pap. *(978-1-0396-0532-9(X)*, 13324) Crabtree Publishing Co.

Peur Au Cinéma. Bérengère Berte. 2019. (FRE.). 67p. (J). pap. ***(978-0-244-48937-3(8))*** Lulu Pr., Inc.

Peus Pudents. Rosa Marfa Morros. 2019. (CAT.). 238p. (J). pap. *(978-84-697-6022-2(X))* Morros, Rosa Marfa.

Peveril of the Peak, and, Quentin Durward (Classic Reprint) Walter Scott. 2017. (ENG., Illus.). (J). 47.51 *(978-0-331-09278-3(6))*; pap. 29.85 *(978-0-260-23528-2(8))* Forgotten Bks.

Peveril of the Peak (Classic Reprint) Walter Scott. (ENG., Illus.). (J). 2018. 826p. 40.95 *(978-0-483-97976-5(7))*; 2018. 664p. 37.59 *(978-0-666-82987-0(X))*; 2018. 1054p. 45.64 *(978-0-656-33851-1(2))*; 2017. 38.05 *(978-0-260-23231-1(9))*; 2017. pap. 27.98 *(978-0-243-31458-4(2))*; 2017. pap. 23.57 *(978-0-243-38234-7(0))* Forgotten Bks.

Peveril of the Peak, Vol. 2 (Classic Reprint) Walter Scott. (ENG., Illus.). (J). 2018. 342p. 30.97 *(978-0-267-54275-8(5))*; 2018. 350p. 31.12 *(978-0-332-36373-8(2))*; 2016. pap. 16.97 *(978-1-333-42213-4(X))* Forgotten Bks.

Peveril of the Peak, Vol. 2 of 2 (Classic Reprint) Walter Scott. (ENG., Illus.). (J). 2018. 374p. 31.63 *(978-0-666-52849-0(7))*; 2017. pap. 16.57 *(978-0-259-82215-8(9))* Forgotten Bks.

Peveril of the Peak, Vol. 2 of 4 (Classic Reprint) Scott Walter. (ENG., Illus.). (J). 2018. 324p. 30.60 *(978-0-428-99160-9(2))*; 2016. pap. 13.57 *(978-1-333-29999-6(0))* Forgotten Bks.

Pew! The Stinky & Legen-Dairy Gift from Colonel Thomas S. Meacham. Cathy Stefanec Ogren. Illus. by Lesley Breen. 2023. (ENG.). 32p. (J). (gr. 1-4). 18.99 *(978-1-5341-1193-6(X)*, 205373) Sleeping Bear Pr.

Pew & the Pupil (Classic Reprint) Robinson P. D. Bennett. 2018. (ENG., Illus.). 166p. (J). 27.34 *(978-0-484-54346-0(6))* Forgotten Bks.

Pew of Studley. Graham J. Magor. 2022. (ENG.). 156p. (J). pap. ***(978-1-3984-5225-1(4))*** Austin Macauley Pubs. Ltd.

Pewp. Kenton Blythe. Illus. by Nathan C. Younger. 2019. (Pewp Ser.: Vol. 1). (ENG.). 34p. (J). (gr. k-3). 15.00 *(978-1-7770402-0-8(5))* Mr. Cal Cumin.

Peysu Pals Meet & Greet Workbook. North Delta. 2023. (ENG.). 84p. (J). pap. 12.99 ***(978-1-0881-0786-7(9))*** Indy Pub.

Peysu Pen Pals: Letters from the Emotions Clan. North Delta. 2023. (Peysu Pen Pals Ser.: Vol. 1). (ENG.). 212p. (J). pap. 14.99 ***(978-1-0880-2236-8(7))*** Indy Pub.

Peyton Picks the Perfect Pie: A Thanksgiving Celebration. Ed. by America's Test America's Test Kitchen Kids. 2020. (Illus.). 32p. (J). (gr. -1-3). 17.99 *(978-1-948703-26-0(2)*, America's Test Kitchen Kids) America's Test Kitchen.

Peyton's Mommy Works. Ann Carpentiere. 2018. (ENG.). (J). bds. 12.95 *(978-1-68401-361-6(5))* Amplify Publishing Group.

Pez Dos Peces Pez Rojo Pez Azul (One Fish Two Fish Red Fish Blue Fish Spanish Edition) Seuss. 2019. (Beginner Books(R) Ser.). (SPA.). 72p. (J). (gr. -1-2). lib. bdg. 12.99 *(978-0-525-70730-1(1))*; (Illus.). 9.99 *(978-0-525-70729-5(8))* Random Hse. Children's Bks. (Random Hse. Bks. for Young Readers).

Pez Número Catorce / the Fourteenth Goldfish. Jennifer L. Holm. 2020. (SPA.). 176p. (J). (gr. 4-7). pap. 12.95 *(978-1-64473-268-7(8))* Publicaciones y Ediciones Salamandra, S.A. ESP. Dist: Penguin Random Hse. LLC.

Pferd des Herrn Von Osten (der Kluge Hans) Ein Beitrag Zur Experimentellen Tier-Und Menschen-Psychologie (Classic Reprint) Oskar Pfungst. 2018. (GER., Illus.). (J). 192p. 27.88 *(978-1-390-17091-7(8))*; 194p. pap. 10.57 *(978-1-390-17070-2(5))* Forgotten Bks.

Pferde Malbuch: Für Kinder Im Alter Von 9-12. Young Dreamers Press. Illus. by Andrea Mendez. 2021. (Malbücher Für Kinder Ser.: Vol. 16). (GER.). 70p. (J). pap. *(978-1-990136-30-6(3))* EnemyOne.

Pferdepflege, Reiten & Training Für Kinder. ein Leitfaden Für Kinder über Reiten, Reittraining, Pflege, Sicherheit, Putzen, Rassen, Pferdebesitz, Bodenarbeit und Reitkunst Für Mädchen und Jungen. Heney. 2023. (GER.). 98p. (J). pap. ***(978-1-915542-37-3(5))*** Irish Natural Horsemanship.

Pflanzen: Kinder Malbuch. Bold Illustrations. 2017. (GER., Illus.). (J). pap. 8.35 *(978-1-64193-183-0(3)*, Bold Illustrations) FASTLANE LLC.

Pflanzen in Sitte, Sage und Geschichte: Für Schule und Haus (Classic Reprint) Warnke. 2018. (GER., Illus.). 238p. (J). 28.83 *(978-0-364-25276-5(6))* Forgotten Bks.

Pflanzenmikrochemie: Ein Hilfsbuch Beim Mikrochemischen Studium Pflanzlicher Objekte (Classic Reprint) Otto Tunmann. (GER., Illus.). (J). 2018. 654p. 37.39 *(978-0-666-23570-1(8))*; 2017. pap. 19.97 *(978-0-282-22642-8(7))* Forgotten Bks.

PG & the GREAT I AM. Jan St Anne. 2019. (ENG.). 48p. (J). pap. 4.99 *(978-1-7331328-6-2(4))* Toplink Publishing.

PH Scale, 1 vol. Mary Griffin. 2018. (Look at Chemistry Ser.). (ENG.). 32p. (gr. 2-2). 28.27 *(978-1-5382-3015-2(1)*, 34a8569e-ffe2-4bf2-86cf-e89653ca0c51) Stevens, Gareth Publishing LLLP.

Phaedri Aug. Liberti Fabulae Aesopiae: Prima Ed. Critica Cum Integra Varietate Codd. Pithoeani, Remensis, Danielini, Perottini, et Editionis Principis, Reliqua Vero Selecta, Accedunt Caesaris Germanici Aratea Ex Fide Codd. Basil. Bern. Einsiedl. Freiberg. Phaedrus. 2018. (LAT., Illus.). 308p. (J). pap. 13.57 *(978-0-656-54665-7(4))* Forgotten Bks.

Phaedri Aug. Liberti Fabularum Aesopicarum Libri V: Cum Indice Verborum Locupletissimo (Classic Reprint) Phaedrus. 2018. (LAT., Illus.). (J). 188p. 27.77 *(978-1-396-61294-7(7))*; 190p. pap. 10.57 *(978-1-391-45337-8(9))* Forgotten Bks.

Phaedri Aug. Liberti Fabularum Æsopiarum Libros Quatuor, Ex Codice Olim Pithoeano, Deinde Peletteriano, Nunc in Bibliotheca Viri Excellentissimi AC Nobilissimi, Lud. Lepeletier de Rosanbo, Marchionis, Paris Franciæ, Amplissimo Senatui a Secretis, CæT., Phaedrus. 2018. (FRE., Illus.). (J). 270p. 29.49 *(978-0-364-37762-8(3))*; 272p. pap. 11.97 *(978-0-656-28660-7(1))* Forgotten Bks.

Phaedri Fabulae: Für Schüler, Mit Anmerkungen Versehen (Classic Reprint) Phaedrus. 2018. (GER., Illus.). (J). 92p. 25.81 *(978-1-391-34482-9(0))*; 94p. pap. 9.57 *(978-1-390-17717-6(3))* Forgotten Bks.

Phaedri Fabulae: Für Schüler Mit Anmerkungen Versehen (Classic Reprint) Phaedrus. 2018. (GER., Illus.). 96p. (J). 25.90 *(978-1-391-35301-2(3))* Forgotten Bks.

Phaeton Rogers. Rossiter Johnson. 2017. (ENG.). 372p. (J). pap. *(978-3-337-02950-0(7))* Creation Pubs.

Phaeton Rogers: A Novel of Boy Life (Classic Reprint) Rossiter Johnson. 2018. (ENG., Illus.). 368p. (J). 31.53 *(978-0-484-61463-4(0))* Forgotten Bks.

Phanerogamen-Flora des Frstenthums Lneburg und Seiner Nchsten Begmzung: Tabellen Zu Einer Leichten Bestimmung Aller Daselbst Wildwachsenden und der in Grten und Feldern Hufig Gebauten Phanerogamischen Gewchse (Classic Reprint) Heinrich Steinvorth. 2018. (GER., Illus.). 192p. (J). 27.86 *(978-0-656-70639-6(2))* Forgotten Bks.

Phanerogamen-Flora des Fürstenthums lüneburg und Seiner Nächsten Begränzung: Tabellen Zu Einer Leichten Bestimmung Aller Daselbst Wildwachsenden

P

und der in Gärten und Feldern Häufig Gebauten Phanerogamischen Gewächse (Classic Reprint) Heinrich Steinvorth. 2018. (GER., Illus.). (J). 188p. 27.79 (978-1-391-35094-3(4)); 190p. pap. 10.57 (978-1-390-67059-2(7)) Forgotten Bks.

Phanfasm 909: Book Three. Mende Smith. 2020. (ENG.). 101p. (YA). pap. (978-1-716-57315-6(7)) Lulu Pr., Inc.

Phantasm. Marnie Atwell. 2020. (ENG.). 260p. (YA). pap. (978-0-6483158-7-2(8)) Molloy, Marnie.

Phantasm Dyslexic Edition. Marnie Atwell. 2020. (ENG.). 352p. (YA). pap. (978-0-6450281-2-6(6)) Molloy, Marnie.

Phantasm Shape in the Shadows: An Activity Book of Hidden Pictures. Kreative Kids. 2016. (ENG., Illus.). (J). pap. 10.81 (978-1-68377-025-1(0)) Whike, Traudl.

Phantasmagoria of Fun, Vol. 1 of 2 (Classic Reprint) Alfred Crowquill. (ENG., Illus.). (J). 2018. 324p. 30.60 (978-0-666-31378-2(4)); 2017. pap. 13.57 (978-0-259-25728-8(1)) Forgotten Bks.

Phantasmagoria of Fun, Vol. 2 of 2 (Classic Reprint) Alfred Crowquill. 2018. (ENG., Illus.). 310p. (J). 30.29 (978-0-267-20711-4(5)) Forgotten Bks.

Phantasmagoric Double Features Volume I. C. R. May. 2021. (ENG.). 167p. (YA). pap. (978-1-716-25141-2(9)) Lulu Pr., Inc.

Phantasmagorical Phobias. Michelle Path. 2016. (ENG., Illus.). (J). pap. (978-1-910832-18-9(9)) Rowanvale Bks.

Phantasmion. Sara Coleridge Coleridge & John Coleridge. 2016. (ENG.). 370p. (J). pap. (978-3-7433-5372-5(5)) Creation Pubs.

Phantasms: A Drama in Four Acts (Classic Reprint) Roberto Bracco. (ENG., Illus.). (J). 2017. 26.58 (978-0-266-47686-3(4)); 2016. pap. 9.57 (978-1-334-13890-4(7)) Forgotten Bks.

Phantasms: Original Stories Illustrating Posthumous Personality & Character (Classic Reprint) Wirt Gerrare. 2017. (ENG., Illus.). (J). 29.51 (978-0-331-55631-5(6)) Forgotten Bks.

Phantasms of the Living, Vol. 2 (Classic Reprint) Edmund Gurney. (ENG., Illus.). (J). 2017. 39.86 (978-1-5284-6219-8(X)); 2016. pap. 23.57 (978-1-333-46936-8(5)) Forgotten Bks.

Phantastes. George MacDonald. 2017. (ENG.). (J). 232p. pap. (978-3-337-03327-9(X)); 232p. pap. (978-3-337-02025-5(9)); 228p. pap. (978-3-337-02026-2(7)); 290p. pap. (978-3-7446-7459-1(2)) Creation Pubs.

Phantastes: A Faerie Romance for Men & Women. George MacDonald. 2019. (ENG.). 172p. (J). 19.95 (978-1-61895-467-1(9)); pap. 12.95 (978-1-61895-466-4(0)) Bibliotech Pr.

Phantom: A Novel (Classic Reprint) Gerhart Hauptmann. 2017. (ENG., Illus.). (J). 28.66 (978-0-331-93486-1(8)) Forgotten Bks.

Phantom: The Complete Newspaper Dailies. Lee Falk. Ed. by Daniel Herman. 2018. (ENG.). 248p. (YA). 60.00 (978-1-61345-149-6(0), 9781613451496) Hermes Pr.

Phantom Army: Being the Story of a Man & a Mystery (Classic Reprint) Max Pemberton. 2017. (ENG., Illus.). (J). 31.45 (978-1-5279-6552-2(X)) Forgotten Bks.

Phantom Bandit. 70. Gerónimo Stilton. 2019. (Geronimo Stilton Ser.). (ENG.). 106p. (J). (gr. 2-3). 18.36 (978-1-64310-996-1(0)) Penworthy Co., LLC, The.

Phantom Breakfast! A Farce in One Act (Classic Reprint) Charles Selby. 2017. (ENG., Illus.). (J). 24.52 (978-0-331-46706-2(2)); pap. 7.97 (978-0-260-28210-1(3)) Forgotten Bks.

Phantom Complete Avon Novels Volume #2 Slave Market of Mucar. Lee Falk. 2017. (ENG.). 160p. (YA). pap. 14.99 (978-1-61345-118-2(0), 90652d02e-e936-4923-a97f-f663f20c689a) Hermes Pr.

Phantom Cruiser (Classic Reprint) Warneford Warneford. 2017. (ENG., Illus.). (J). 29.36 (978-0-266-56975-6(7)); pap. 11.97 (978-0-282-84838-5(X)) Forgotten Bks.

Phantom de Rolls-Royce (Phantom by Rolls-Royce) Tracy Nelson Maurer. Tr. by Annie Evearts. 2021. (Véhicules de Luxe (Luxury Rides) Ser.). (FRE.). (J). (gr. 3-9). pap. (978-1-0396-0335-6(1), 13227, Crabtree Branches) Crabtree Publishing Co.

Phantom Finders (Set), 6 vols. 2022. (Phantom Finders Ser.). (ENG.). 48p. (J). (gr. 3-7). lib. bdg. 205.32 (978-1-0982-3319-8(0), 39913, Spellbound) Magic Wagon.

Phantom Finders (Set Of 6) Brigitte Henry Cooper. 2022. (Phantom Finders Ser.). (ENG.). (J). (gr. 2-2). pap. 71.70 (978-1-64494-826-2(5), Spellbound) ABDO Publishing Co.

Phantom Fishing with Gramps. Chip Womick. Illus. by Marina Saumell. 2018. (ENG.). 42p. (J). (gr. k-3). 22.95 (978-0-9971661-2-5(6)); pap. 12.99 (978-0-9971661-3-2(4)) PeaceLight Pr.

Phantom Flames. Rich Wallace. Illus. by Daniela Volpari. 2016. (Haunted Ser.). (ENG.). 48p. (J). (gr. 3-7). 34.21 (978-1-62402-150-3(6), 21577, Spellbound) Magic Wagon.

Phantom Fortune (Classic Reprint) M. E. Braddon. 2018. (ENG., Illus.). 398p. (J). 32.11 (978-0-656-71993-8(1)) Forgotten Bks.

Phantom Fortune, Vol. 1: A Novel (Classic Reprint) M. E. Braddon. 2018. (ENG., Illus.). 362p. (J). 31.36 (978-0-483-10293-4(8)) Forgotten Bks.

Phantom Fortune, Vol. 2: A Novel (Classic Reprint) M. E. Braddon. 2018. (ENG., Illus.). 344p. (J). 30.99 (978-0-483-14376-0(6)) Forgotten Bks.

Phantom Fortune, Vol. 3 Of 3: A Novel (Classic Reprint) Unknown Author. 2018. (ENG., Illus.). 344p. (J). 30.99 (978-0-484-54959-2(6)) Forgotten Bks.

Phantom Future: A Novel (Classic Reprint) Henry Seton Merriman. 2017. (ENG., Illus.). (J). 31.75 (978-0-331-84771-0(X)) Forgotten Bks.

Phantom Future: A Novel, Pp. 1-238. Henry Seton Merriman. 2017. (ENG., Illus.). (J). pap. (978-0-649-66982-0(7)) Trieste Publishing Pty Ltd.

Phantom Future, Vol. 1 of 2 (Classic Reprint) Henry Seton Merriman. 2018. (ENG., Illus.). 280p. (J). 29.67 (978-0-332-37643-1(5)) Forgotten Bks.

Phantom Heart. Kelly Creagh. 528p. (YA). (gr. 7). 2023. pap. 12.99 (978-0-593-11605-0(4)); 2021. 19.99 (978-0-593-11604-3(6)) Penguin Young Readers Group. (Viking Books for Young Readers).

Phantom Herd (Classic Reprint) B. M. Bower. (ENG., Illus.). (J). 2018. 348p. 31.07 (978-0-483-60586-2(7)); 2017. 30.87 (978-0-266-18998-5(9)); 2017. pap. 13.97 (978-0-243-27719-3(9)) Forgotten Bks.

Phantom in the Mirror. John R. Erickson. Illus. by Gerald L. Holmes. 2017. (Hank the Cowdog Ser.: Vol. 20). (ENG.). 114p. (J). (gr. 3-6). 15.99 (978-1-59188-220-6(6)) Maverick Bks., Inc.

Phantom in the Rainbow (Classic Reprint) Slater Lamaster. 2018. (ENG., Illus.). 320p. (J). 30.50 (978-0-483-01830-3(9)) Forgotten Bks.

Phantom Journal: And Other Essays & Diversions (Classic Reprint) E. V. Lucas. 2017. (ENG., Illus.). (J). 28.76 (978-0-260-63738-3(6)) Forgotten Bks.

Phantom Limbs. Paula Garner. 368p. (YA). (gr. 9). 2018. (ENG.). pap. 8.99 (978-0-7636-9800-3(8)); 2016. 16.99 (978-0-7636-8205-7(5)) Candlewick Pr.

Phantom Menace. Hannah Dolan. ed. 2018. (DK Readers Ser.). (ENG.). 32p. (J). (gr. -1-1). 13.89 (978-1-64310-696-0(1)) Penworthy Co., LLC, The.

Phantom of Black Rock Cove. Sidney St James. 2020. (ENG.). 116p. (YA). pap. 9.99 (978-1-393-36208-1(7)) Draft2Digital.

Phantom of Faerie Mountain. E. M. McIntyre. 2017. (Red King Trilogy Ser.: Vol. 1). (ENG., Illus.). (YA). (gr. 7-12). pap. 9.99 (978-0-9988993-0-5(5), Little Hound Publishing) E M McIntyre.

Phantom of Fire: A Dylan Maples Adventure, 1 vol. Shane Peacock. 2nd ed. 2019. (Dylan Maples Adventure Ser.: 5). (ENG.). 264p. (J). pap. 9.95 (978-1-77108-734-6(X), 55c46867-d389-47cf-aa28-3bf1ddde18c9) Nimbus Publishing, Ltd. CAN. Dist: Baker & Taylor Publisher Services (BTPS).

Phantom of Jocassee: A Kirby Adventure. J. Privette. 2022. (Kirby Adventure Ser.). (ENG.). 274p. (J). pap. 10.99 (978-1-7364358-2-3(5)) Two Paddles Pr.

Phantom of the Colosseum, Volume 1. Sophie de Mullenheim. 2020. (In the Shadows of Rome Ser.: 1). (ENG.). 208p. (J). (gr. 3-7). pap. 12.99 (978-1-62164-427-9(8)) Ignatius Pr.

Phantom of the Library. Brandon Terrell. Illus. by Mariano Epelbaum. 2017. (Snoops, Inc Ser.). (ENG.). 112p. (J). (gr. 4-8). lib. bdg. 27.32 (978-1-4965-5060-6(9), 135986, Stone Arch Bks.) Capstone.

Phantom of the Opera see Fantasma de la Opera

Phantom of the Opera: Based on the Novel by Gaston Leroux. Tr. by Gillian Rosner. Illus. by Hélène Druvert. 2016. (ENG.). 40p. (J). (gr. k-2). 19.95 (978-1-4197-2086-4(4), 1648901, Abrams Bks. for Young Readers) Abrams, Inc.

Phantom of the Opera: The Graphic Novel. Varga Tomi. Ed. by Tyler Chin-Tanner. 2020. (ENG., Illus.). 128p. (YA). pap. 16.99 (978-1-949518-09-2(4), 877d3ac4-e7fd-4a81-92f2-35a9874f0aed) Wave Blue World, A.

Phantom of the Orchestra (Thea Stilton #29) Thea Stilton. 2019. (Thea Stilton Ser.: 29). (ENG., Illus.). 176p. (J). (gr. 2-5). pap. 8.99 (978-1-338-30615-6(4), Scholastic Paperbacks) Scholastic, Inc.

Phantom of the Tracks. Thomas Kingsley Troupe. Illus. by Maggie Ivy. 2019. (Haunted States of America Set 2 Ser.). (ENG.). 136p. (J). (gr. 3-4). pap. 7.99 (978-1-63163-352-2(X), 163163352X); lib. bdg. 27.13 (978-1-63163-351-5(1), 1631633511) North Star Editions. (Jolly Fish Pr.).

Phantom on the Phone & Other Scary Tales see Fantasma Del Teléfono y Otros Cuentos de Miedo

Phantom: President Kennedy's Mission. Ron Goulart. Ed. by Eileen Sabrina Herman. 2020. (ENG., Illus.). 128p. (YA). 24.99 (978-1-61345-170-0(9), 9ea5e033-1b45-47e0-8adc-30a8e9a829cf) Hermes Pr.

Phantom Rickshaw. Rudyard Kipling. 2017. (ENG., Illus.). (J). pap. (978-0-649-66984-4(3)) Trieste Publishing Pty Ltd.

Phantom 'Rickshaw. Rudyard Kipling. 2017. (ENG.). 230p. (J). pap. (978-3-337-17473-6(6)) Creation Pubs.

Phantom 'Rickshaw & Other Stories (Classic Reprint) Rudyard Kipling. 2017. (ENG., Illus.). (J). 32.48 (978-0-266-38152-5(9)) Forgotten Bks.

Phantom Rickshaw (Classic Reprint) Rudyard Kipling. 2018. (ENG., Illus.). (J). 248p. 29.03 (978-0-484-04731-9(0)); 238p. 28.81 (978-0-484-66623-7(1)) Forgotten Bks.

Phantom Room: Skeleton Creek #5. Patrick Carman. 2021. (Skeleton Creek Ser.: Vol. 5). (ENG.). 176p. (J). pap. 14.99 (978-1-953380-14-2(X)) International Literary Properties.

Phantom Room: Skeleton Creek #5 (UK Edition) Patrick Carman. 2021. (Skeleton Creek Ser.: Vol. 5). (ENG.). 176p. (J). pap. 14.99 (978-1-953380-29-6(8)) International Literary Properties.

Phantom Ship. Frederick Marryat. 2017. (ENG., Illus.). (J). 28.95 (978-1-374-94949-2(3)); pap. 18.95 (978-1-374-94948-5(5)) Capital Communications, Inc.

Phantom Ship, and, Olla Podrida (Classic Reprint) Frederick Marryat. (ENG., Illus.). (J). 2018. 724p. 38.83 (978-0-484-34652-8(0)); 2016. pap. 23.57 (978-1-334-09689-1(9)) Forgotten Bks.

Phantom Soldiers & Other Gettysburg Hauntings. Megan Cooley Peterson. 2020. (Haunted History Ser.). (ENG., Illus.). 32p. (J). (gr. 3-5). lib. bdg. 31.32 (978-1-4966-8369-4(2), 200241, Capstone Pr.) Capstone.

Phantom: the Complete Avon Novels: Volume #1: The Story of the the Phantom. Lee Falk. 2020. (ENG., Illus.). 160p. (YA). pap. 14.99 (978-1-61345-200-4(4), 856bc2cc-4c00-4466-8dcf-68e178915039) Hermes Pr.

Phantom: the Complete Avon Novels: Volume 11 the Swamp Rats! Lee Falk. Ed. by Eileen Sabrina Herman & Kandice Hartner. 2019. (ENG.). 144p. (YA). pap. 14.99 (978-1-61345-178-6(4), 4d39b4a2-feb2-4507-8597-f1f72edc0c05) Hermes Pr.

Phantom: the Complete Avon Novels: Volume 12: the Vampires & the Witch. Lee Falk. Ed. by Eileen Sabrina Herman. 2019. (ENG., Illus.). 144p. (YA). pap. 14.99 (978-1-61345-179-3(2), e97f2b3b-0373-4c60-aa43-913522ae95e8) Hermes Pr.

Phantom: the Complete Avon Novels: Volume #4: the Veiled Lady. Lee Falk. Ed. by Eileen Sabrina Herman. 2017. (ENG.). 144p. (YA). pap. 14.99 (978-1-61345-126-7(1), 908e6558-e8d3-4d27-9396-22abf5f61525) Hermes Pr.

Phantom: the Complete Avon Novels: Volume #6 the Mysterious Ambassador. Lee Falk. Ed. by Eileen Sabrina Herman. 2018. (ENG., Illus.). 144p. (YA). pap. 14.99 (978-1-61345-144-1(X), 23973768-a4ac-471f-96fe-727ce5783b12) Hermes Pr.

Phantom: the Complete Avon Novels: Volume #7 the Mystery of the Sea Horse. Lee Falk. Ed. by Eileen Sabrina Herman. 2018. (ENG.). 144p. (YA). pap. 14.99 (978-1-61345-145-8(8), a2ffb272-c2d8-4cf2-aee8-d170160f2961) Hermes Pr.

Phantom: the Complete Avon Novels: Volume 9 Killer's Town. Lee Falk. Ed. by Eileen Sabrina Herman. 2019. (ENG.). 144p. (YA). pap. 14.99 (978-1-61345-147-2(4), 52bdcf53-f81c-431e-8e3f-d8aaa41cea67) Hermes Pr.

Phantom the Complete Dailies Volume 21: 1968-1970. Lee Falk. 2021. (ENG., Illus.). 272p. (YA). 60.00 (978-1-61345-230-1(6), 940bba2f-b3a0-4e3f-9983-d28426723161) Hermes Pr.

Phantom the Complete Dailies Volume 22: 1969-1970. Lee Falk. 2021. (ENG., Illus.). 272p. (YA). 60.00 (978-1-61345-242-4(X)) Hermes Pr.

Phantom the Complete Dailies Volume 23: 1971-1973. Lee Falk. 2022. (ENG., Illus.). 272p. (YA). 60.00 (978-1-61345-253-0(5)) Hermes Pr.

Phantom the Complete Newspaper Dailies by Lee Falk & Wilson Mccoy: Volume Fifteen 1957-1958. Lee Falk. Ed. by Daniel Herman. 2019. (ENG., Illus.). 272p. (YA). 60.00 (978-1-61345-157-1(1), 0583be0e-caee-4eca-a482-50d283374b37) Hermes Pr.

Phantom the Complete Newspaper Dailies by Lee Falk & Wilson Mccoy: Volume Sixteen 1958-1959. Lee Falk. Ed. by Daniel Herman. 2019. (ENG., Illus.). 272p. (YA). 60.00 (978-1-61345-158-8(X), d4090026-d510-4727-bd1f-6800885d77c1) Hermes Pr.

Phantom the Complete Sundays Volume 8: 1963-1966. Lee Falk. 2020. (ENG., Illus.). 256p. (YA). 70.00 (978-1-61345-222-6(5), be98295b-657b-4c7c-b871-e67d6bf75258) Hermes Pr.

Phantom the Complete Sundays: Volume Five: 1953-1957. Lee Falk. Ed. by Daniel Herman. 2018. (ENG.). 208p. (YA). 65.00 (978-1-61345-169-4(5), 366a7a71-9e36-4433-a858-34db027eb35a) Hermes Pr.

Phantom: the Complete Sundays: Volume Four: 1950-1953. Lee Falk. 2018. (ENG., Illus.). 192p. (YA). 65.00 (978-1-61345-137-3(7), 9781613451373) Hermes Pr.

Phantom the Sundays Volume 7: 1960-1963. Lee Falk. Ed. by Daniel Herman. 2020. (ENG., Illus.). 208p. (YA). 70.00 (978-1-61345-187-8(3), 2de0555a-4b06-42d0-aec0-794f75e863d4) Hermes Pr.

Phantom the Sundays Volume 9: 1966-1970. Lee Falk. 2021. (ENG., Illus.). 208p. (YA). 70.00 (978-1-61345-239-4(X)) Hermes Pr.

Phantom Tollbooth. Norton Juster. 2018. (CHI.). (J). (gr. 5-8). pap. (978-7-5306-7528-1(1)) Baihua Literature & Fine Arts Publishing Hse.

Phantom Tower. Keir Graff. 2021. 288p. (J). (gr. 3-7). 8.99 (978-1-5247-3954-6(5), Puffin Books) Penguin Young Readers Group.

Phantom Twin. Lisa Brown. 2020. (ENG., Illus.). 208p. (YA). pap. 17.99 (978-1-62672-924-7(7), 900177908, First Second Bks.) Roaring Brook Pr.

Phantom Vale. Alfred M. Struthers. 2017. (ENG., Illus.). (J). pap. 14.99 (978-0-9976397-2-8(5)) Escape Hatch Bks.

Phantom Virus: Herobrine's Revenge Book One (a Gameknight999 Adventure): an Unofficial Minecrafter's Adventure. Mark Cheverton. 2016. (Gameknight999 Ser.: Bk. 1). (ENG.). 240p. (J). (gr. 3-3). pap. 9.99 (978-1-5107-0683-5(6), Sky Pony Pr.) Skyhorse Publishing Co., Inc.

Phantom Wheel: A Hackers Novel. Tracy Deebs. 2018. (ENG.). 416p. (YA). (gr. 9-17). pap. 10.99 (978-0-316-47444-3(4)) Little, Brown Bks. for Young Readers.

Phantom Writer. Jerry B. Jenkins & Chris Fabry. 2020. (Red Rock Mysteries Ser.: 6). (ENG.). 256p. (J). pap. 6.99 (978-1-4964-4239-0(3), 20_33648, Tyndale Kids) Tyndale Hse. Pubs.

Phantoms. Jack Cady. 2019. (ENG.). 304p. (YA). (gr. 6). pap. 17.99 (978-1-933846-88-0(7)) Fairwood Pr.

Phantoms: Book of Eel, Book 2. Samuel Kelsey. 2022. (ENG.). 352p. (YA). pap. 22.95 (978-1-63881-774-1(X)) Newman Springs Publishing, Inc.

Phantoms & Other Stories (Classic Reprint) Ivan Sergeevich Turgenev. 2017. (ENG., Illus.). (J). 31.18 (978-1-5279-6470-9(1)) Forgotten Bks.

Phantom's Favorite. Thomas Kingsley Troupe. Illus. by Rudy Faber. 2016. (Hauntiques Ser.). (ENG.). 128p. (J). (gr. 4-6). lib. bdg. 25.32 (978-1-4965-3546-7(4), 132655, Stone Arch Bks.) Capstone.

Pharamond, or the History of France: A Fam'd Romance, in Twelve Parts (Classic Reprint) Gautier De Costes De La Calprenede. (ENG., Illus.). (J). 2018. 1184p. 48.28 (978-0-332-15608-8(7)); 2017. pap. 30.66 (978-0-243-23920-7(3)) Forgotten Bks.

Pharaoh King of Nineveh: The Solitary Person in International Relations. Ari Barbalat. 2022. (ENG.). 570p. (J). pap. (978-1-387-77280-3(5)) Lulu Pr., Inc.

Pharaoh of Asco Express. Jake R. Wilson. Illus. by Sian James. 2022. (Cursed Tales Ser.). (ENG.). 152p. (J). (gr. 2-5). 17.99 (978-1-915167-00-2(0), 94b27283-e7a3-4523-bd20-904adef65545) New Frontier Publishing AUS. Dist: Lerner Publishing Group.

Pharaohs: A Book Filled with Facts for Children. Bold Kids. 2022. (ENG.). 50p. (J). pap. 14.99 (978-1-0717-1117-0(2)) FASTLANE LLC.

Pharaohs: Discover This Children's Ancient Egypt History Book about Pharaohs. Bold Kids. 2022. (ENG.). 28p. (J). pap. 14.99 (978-1-0717-0794-4(9)) FASTLANE LLC.

Pharaohs & Government: Ancient Egypt History Books Best Sellers Children's Ancient History. Baby Professor. 2017. (ENG., Illus.). (J). pap. 8.79 (978-1-5419-1158-1(X), Baby Professor (Education Kids)) Speedy Publishing LLC.

Pharaoh's Arrow. George Neeb. 2017. (ENG., Illus.). 38p. (J). (gr. 3-5). pap. (978-1-77370-030-4(8)) Neeb, George.

Pharaoh's Boat. David Weitzman. 2021. (ENG., Illus.). (J). 22.00 (978-1-948959-14-8(3)) Purple Hse. Pr.

Pharaoh's First. Emanuela Crager. 2020. (ENG.). 195p. (YA). pap. (978-1-716-47292-3(X)) Lulu Pr., Inc.

Pharaoh's Guide. Catherine Chambers. Illus. by Ryan Pentney. ed. 2017. (How-To Guides for Fiendish Rulers Ser.). (ENG.). 32p. (J). (gr. 3-6). E-Book 42.65 (978-1-5124-2705-9(5)); E-Book 4.99 (978-1-5124-3627-3(5), 9781512436273); E-Book 42.65 (978-1-5124-3626-6(7), 9781512436266) Lerner Publishing Group. (Hungry Tomato (r)).

Pharaoh's Sphinx. Stephanie Loureiro. Illus. by Jared Sams. 2021. (Secret Society of Monster Hunters Ser.). (ENG.). 32p. (J). (gr. 5-8). pap. 14.21 (978-1-5341-8924-9(6), 219407); lib. bdg. 32.07 (978-1-5341-8784-9(7), 219406) Cherry Lake Publishing. (Torch Graphic Press).

Pharim War Volume 2. Gama Ray Martinez. 2018. (Pharim War Ser.). (ENG.). 446p. (J). (gr. 4-6). 29.95 (978-1-944091-13-2(0)) Tolwis.

Pharim War Volume 3. Gama Ray Martinez. 2018. (Pharim War Ser.). (ENG.). 588p. (J). (gr. 5-6). 29.95 (978-1-944091-15-6(7)) Tolwis.

Pharisee & the Publican (Classic Reprint) Edward Bosanketh. 2017. (ENG., Illus.). (J). 27.96 (978-0-260-85120-8(5)) Forgotten Bks.

Pharoahs of Ancient Egypt Coloring Book. Jupiter Kids. 2017. (ENG., Illus.). (J). pap. 9.20 (978-1-68326-881-9(4), Jupiter Kids (Childrens & Kids Fiction)) Speedy Publishing LLC.

Pharos, Vol. 1: A Collection of Periodical Essays (Classic Reprint) Charles Mathews. 2017. (ENG., Illus.). (J). 29.84 (978-0-260-87596-9(1)); pap. 13.57 (978-1-5285-4049-0(2)) Forgotten Bks.

Pharos, Vol. 2: A Collection of Periodical Essays (Classic Reprint) Charles Mathews. 2018. (ENG., Illus.). 298p. (J). 30.04 (978-0-484-57034-3(X)) Forgotten Bks.

Pharrell, Vol. 11. Lori Vetere. 2018. (Hip-Hop & R & B: Culture, Music & Storytelling Ser.). (Illus.). 80p. (J). (gr. 7). lib. bdg. 33.27 (978-1-4222-4183-7(1)) Mason Crest.

Pharrell Williams. K. C. Kelley. 2018. (Amazing Americans: Pop Music Stars Ser.). (ENG.). 24p. (J). (gr. -1-3). lib. bdg. 26.99 (978-1-68402-457-5(9)) Bearport Publishing Co., Inc.

Pharrell Williams. Jennifer Strand. 2016. (Stars of Music Ser.). (ENG.). 24p. (J). (gr. -1-2). lib. bdg. 31.36 (978-1-68079-922-4(3), 24148, Abdo Zoom-Launch) ABDO Publishing Co.

Pharrell Williams: Music Industry Star. Xina M. Uhl. 2017. (Superstar Stories Ser.). (ENG.). 24p. (J). (gr. 3-6). lib. bdg. 32.79 (978-1-5038-1995-5(7), 211871) Child's World, Inc, The.

Pharrell Williams: Singer & Songwriter, 1 vol. Chris Flores. 2016. (Junior Biographies Ser.). (ENG.). 24p. (J). (gr. 3-4). pap. 10.35 (978-0-7660-8192-5(3), 929a4e41-97a6-4274-9274-8bbcbc77ebf4) Enslow Publishing, LLC.

Phase Out Forgetfulness: Short Stories on Becoming Responsible & Overcoming Forgetfulness. Sophia Day & Kayla Pearson. Illus. by Timmy Zowada. 2019. (Help Me Become Ser.: 9). (ENG.). 76p. (J). 14.99 (978-1-64370-742-6(6), aa227a53-129a-4b36-b079-c24d1f2f2774); pap. 9.99 (978-1-64370-743-3(4), f268025e-b57c-4c71-a179-59fdb1e19246) MVP Kids Media.

Phases of Matter - Chemistry Book Grade 1 Children's Chemistry Books. Baby Professor. 2017. (ENG., Illus.). (YA). pap. 8.79 (978-1-5419-1085-0(0), Baby Professor (Education Kids)) Speedy Publishing LLC.

Phases of the Moon. Josef Bastian. Illus. by Patrick McEvoy. 2nd ed. 2021. (Excerpts from an Unknown Guidebook Ser.: 1). (ENG.). 248p. (J). (gr. 4-7). pap. 11.99 (978-1-940368-05-4(7)) Scribe Publishing Co.

Phases of the Moon: A 4D Book. Catherine Ipcizade. 2018. (Cycles of Nature Ser.). (ENG., Illus.). 24p. (J). (gr. -1-2). lib. bdg. 29.32 (978-1-9771-0040-5(6), 138182, Capstone Pr.) Capstone.

Phat Cat & the Family - Big, Bad C... Siblings of the Heart. Allison Perkins-Caldwell. Illus. by James Rhodimer. 2023. (ENG.). 38p. (J). pap. 15.00 (978-1-960446-03-9(7)) Allison's Infant & Toddler Ctr.

Phat Cat & the Family - Bravery & Confidence. Awesome! Allison Perkins-Caldwell. Illus. by James Rhodimer. 2023. (ENG.). 50p. (J). pap. 18.00 (978-1-960446-09-1(6)); 30.00 (978-1-960446-08-4(8)) Allison's Infant & Toddler Ctr.

Phat Cat & the Family - Friends, Fishing & Gumbo. Yay! Allison Perkins-Caldwell. Illus. by James Rhodimer. 2023. (ENG.). 48p. (J). 29.07 (978-1-960446-05-3(3)) Allison's Infant & Toddler Ctr.

Phat Cat & the Family - the Big, Bad C... Alphabet Challenge. Allison Perkins-Caldwell. Illus. by James Rhodimer. 2023. (ENG.). 56p. (J). pap. 19.00 (978-1-960446-00-8(2)) Allison's Infant & Toddler Ctr.

Phat Cat & the Family - the Big, Bad C... Siblings of the Heart. Allison Perkins-Caldwell. Illus. by James J. Rhodimer. 2023. (ENG.). 38p. (J). 27.00 (978-1-960446-02-2(9)) Allison's Infant & Toddler Ctr.

Phat Cat & the Family - the Seven Continent Series - Africa. Allison Perkins-Caldwell. Illus. by James Rhodimer. 2023. (ENG.). 42p. (J). 28.00 (978-1-960446-23-7(1)) Allison's Infant & Toddler Ctr.

Phat Cat & the Family - the Seven Continent Series - Australia. Allison Perkins-Caldwell. Illus. by James Rhodimer. 2023. (ENG.). 44p. (J). 28.04 (978-1-960446-20-6(7)) Allison's Infant & Toddler Ctr.

Phat Cat & the Family - the Seven Continent Series - South America. Allison Perkins-Caldwell & James Rhodimer. 2023. (ENG.). 42p. (J). 28.00 (978-1-960446-26-8(6)) Allison's Infant & Toddler Ctr.

Phat Cat & the Family - the Seven Continents Series - Asia. Allison Perkins-Caldwell. Illus. by James Rhodimer. 2023. (ENG.). 44p. (J). 28.99 (978-1-960446-17-6(7)) Allison's Infant & Toddler Ctr.

Phat Cat & the Family - the Seven Continents Series - Europe. Allison Perkins-Caldwell. Illus. by James Rhodimer. 2023. (ENG.). 48p. (J). pap. 18.00 (978-1-960446-15-2(0)); 28.00 (978-1-960446-14-5(2)) Allison's Infant & Toddler Ctr.

TITLE INDEX

PHILIPPINES

Phat Cat & the Family - the Seven Continents Series - North America. Allison Perkins-Caldwell. Illus. by James Rhodimer. 2023. (ENG.). 66p. (J). pap. 26.00 (978-1-960446-12-1(6)); 34.00 (978-1-960446-11-4(8)) Allison's Infant & Toddler Ctr.

Phatt Matt Took My Doughnut: Big Bee & the Boys. Victor's Mom. 2017. (ENG., Illus.). (J). pap. 10.00 (978-0-692-77210-2(3)) Beehive Inc.

Phædri Fabulæ: Recensuit AC Notis Illustravit (Classic Reprint) Phaedrus. 2018. (FRE., Illus.). (J). 182p. 27.65 (978-0-365-79620-6(4)); 184p. pap. 10.57 (978-0-365-79603-9(4)) Forgotten Bks.

Pheasant Hunting Firsts. Art Coulson. Illus. by Johanna Tarkela. 2022. (Wilderness Ridge Ser.). (ENG.). 72p. (J). pap. 5.95 (978-1-6663-2957-5(6), 226310, Stone Arch Bks.) Capstone.

Pheasant's Tale... or Was It Its Tail? Candace Amarante. 2017. (ENG., Illus.). (J). (gr. -1-3). (978-0-9939391-9-8(8)) Green Bamboo Publishing.

Phebe, Her Profession: A Sequel to Tedd, Her Book (Classic Reprint) Anna Chapin Ray. 2017. (ENG., Illus.). (J). 304p. 30.17 (978-0-484-27992-5(0)); pap. 13.57 (978-0-259-19658-7(4)) Forgotten Bks.

Phebe, the Blackberry Girl (Classic Reprint) Edward Livermore. (ENG., Illus.). (J). 2018. 76p. 25.46 (978-0-484-82750-8(2)); 2017. pap. 9.57 (978-0-259-40661-7(9)) Forgotten Bks.

Phelps & His Teachers. Dan V. Stephens. 2017. (ENG., Illus.). (J). pap. (978-0-649-52992-6(8)) Trieste Publishing Pty Ltd.

Phelps & His Teachers (Classic Reprint) Dan Voorhees Stephens. 2018. (ENG., Illus.). 126p. (J). 26.52 (978-0-483-63844-0(7)) Forgotten Bks.

Phemie Frost's Experiences (Classic Reprint) Ann S Stephens. 2017. (ENG., Illus.). (J). 32.37 (978-1-5282-8385-4(6)) Forgotten Bks.

Phemie Keller (Classic Reprint) J. H. Riddell. 2019. (ENG., Illus.). 470p. (J). 33.59 (978-0-483-62397-2(0)) Forgotten Bks.

Phemie Keller, Vol. 1 Of 3: A Novel (Classic Reprint) Charlotte Riddell. (ENG., Illus.). (J). 2018. 318p. 30.46 (978-0-483-43152-2(4)); 2016. pap. 13.57 (978-1-334-67049-7(8)) Forgotten Bks.

Phemie Keller, Vol. 2 Of 3: A Novel (Classic Reprint) F. G. Trafford. 2018. (ENG., Illus.). 312p. (J). 30.33 (978-0-483-20056-2(5)) Forgotten Bks.

Phemie Keller, Vol. 3 Of 3: A Novel (Classic Reprint) F. G. Trafford. (ENG., Illus.). (J). 2018. 324p. 30.58 (978-0-428-39904-7(5)); 2016. pap. 13.57 (978-1-334-13467-8(7)) Forgotten Bks.

Phemie's Temptation: A Novel (Classic Reprint) Marion Harland. 2018. (ENG., Illus.). 402p. (J). 32.19 (978-0-483-92770-4(8)) Forgotten Bks.

Phenix City Story, Bertha's Confession. LaMuriel Ojo. 2016. (ENG., Illus.). (J). pap. 6.99 (978-0-9855978-3-2(6)) Helping Hands Therapeutic Services.

Phenomena & Order of the Solar System (Classic Reprint) John Pringle Nichol. (ENG., Illus.). (J). 2017. 28.52 (978-0-260-40546-3(9)); 2016. pap. 10.97 (978-1-334-03429-9(X)) Forgotten Bks.

Phenomenal AOC: The Roots & Rise of Alexandria Ocasio-Cortez. Anika Aldamuy Denise. Illus. by Loris Lora. 2022. (ENG.). 40p. (J). (gr. -1-3). 18.99 (978-0-06-311374-9(0), HarperCollins) HarperCollins Pubs.

Phenomenal Fauna (Classic Reprint) Carolyn Wells. 2016. (ENG., Illus.). (J). pap. 9.57 (978-1-333-53583-4(X)) Forgotten Bks.

Phenomenal Fauna (Classic Reprint) Carolyn Wells. 2019. (ENG., Illus.). 88p. (J). 25.84 (978-0-365-21522-6(8)) Forgotten Bks.

Phenomenal Leader in Me. Lucie S. Matsouaka. 2023. (ENG.). 110p. (J). pap. 16.99 **(978-1-0881-5150-1(7))** Indy Pub.

Phenomenal Phonics (Fun with English) My English Workbook. Sonia Mehta. 2019. (Fun with English Ser.). (ENG.). 48p. (J). pap. 8.99 (978-0-14-344492-3(1), Puffin) Penguin Bks. India PVT, Ltd IND. Dist: Independent Pubs. Group.

Phenomenal World of Food Fights Yummy Delights Coloring Book for Teens. Educando Kids. 2019. (ENG.). 42p. (J). pap. 6.99 (978-1-64521-158-7(4), Educando Kids) Editorial Imagen.

Phenomenon, or Millhall Miscellany (Classic Reprint) Twynihoe William Erle. (ENG., Illus.). (J). 2018. 116p. 26.29 (978-0-332-89904-6(7)); 2017. pap. 9.57 (978-1-334-93875-7(X)) Forgotten Bks.

Pheobe the Super Hero! Hero! Hero! Neshelle Godfrey. Illus. by Neshelle Godfrey & Nida Kurshid. 2020. (ENG.). 28p. (J). (gr. 3-6). pap. 12.00 (978-0-9974404-4-7(9)) Ware Resources.

Phil & Friends a to Z Animal Adventures. Sarah Dunkelberger. 2021. (ENG., Illus.). 34p. (J). pap. 16.95 (978-1-6624-6664-9(1)) Page Publishing Inc.

Phil & His Friends (Classic Reprint) John Townsend Trowbridge. 2018. (ENG., Illus.). 268p. (J). 29.42 (978-0-483-77690-6(4)) Forgotten Bks.

Phil Bradley's Mountain Boys, or the Birch Bark Lodge (Classic Reprint) Silas R. Boone. (ENG., Illus.). (J). 2018. 206p. 28.15 (978-0-483-28937-6(X)); 2016. pap. 10.57 (978-1-333-26291-4(4)) Forgotten Bks.

Phil Carver: A Romance of the War of 1812 (Classic Reprint) Andrew M. Sherman. 2018. (ENG., Illus.). 300p. (J). 30.08 (978-0-267-82387-1(8)) Forgotten Bks.

Phil Derry: The Western Boy Who Became a Missionary (Classic Reprint) Emily Hartley. (ENG., Illus.). (J). 2018. 380p. 31.75 (978-0-332-89832-2(6)); 2016. pap. 16.57 (978-1-333-53671-8(2)) Forgotten Bks.

Phil Jackson, 1 vol. John Fredric Evans. 2019. (Championship Coaches Ser.). (ENG.). 112p. (gr. 7-7). 40.27 (978-0-7660-9797-1(8), 3f743d9e-7ddf-4ce1-b685-b7e8d167a122) Enslow Publishing, LLC.

Phil May Album (Classic Reprint) Phil May. 2018. (ENG., Illus.). 120p. (J). 26.39 (978-0-267-27043-9(7)) Forgotten Bks.

Phil May Picture Book: Containing Many Hitherto Unpublished Studies & Original Drawings, & with Some Account of the Man & the Artist (Classic Reprint) Phil May. 2018. (ENG., Illus.). 102p. (J). 26.02 (978-0-364-75354-5(4)) Forgotten Bks.

Phil May's Illustrated Annual: 1904 1905 (Classic Reprint) Phil May. (ENG., Illus.). (J). 2018. 112p. 26.25 (978-0-428-85725-7(6)); 2016. pap. 9.57 (978-1-334-15972-5(6)) Forgotten Bks.

Phil May's Illustrated Annual: Summer Number, 1898 (Classic Reprint) Phil May. (ENG., Illus.). (J). 2018. 134p. 26.99 (978-0-484-00174-8(4)); 2016. pap. 9.57 (978-1-334-14729-6(9)) Forgotten Bks.

Phil May's Illustrated Annual 1899: An Artistic & Literary Annual Illustrated by Phil May, Tenth Issue; Winter Number (Classic Reprint) Phil May. (ENG., Illus.). (J). 2018. 630p. 36.89 (978-0-483-15037-9(1)); 2017. pap. 19.57 (978-1-334-98484-6(0)) Forgotten Bks.

Phil May's Illustrated Annual, 1903-1904: Winter Number (Classic Reprint) Phil May. 2018. (ENG., Illus.). 122p. (J). 26.45 (978-0-332-40480-6(3)) Forgotten Bks.

Phil May's Illustrated Winter Annual: Season 1900-1901 (Classic Reprint) Phil May. (ENG., Illus.). (J). 2018. 124p. 26.47 (978-0-484-09781-9(4)); 2016. pap. 9.57 (978-1-334-14228-4(9)) Forgotten Bks.

Phil May's Illustrated Winter Annual: Season 1901-1902 (Classic Reprint) Harry Thompson. (ENG., Illus.). (J). 2018. 134p. 26.66 (978-0-483-81193-5(9)); 2016. pap. 9.57 (978-1-334-14908-5(9)) Forgotten Bks.

Phil May's Illustrated Winter Annual: Season 1902-1903 (Classic Reprint) Harry Thompson. (ENG., Illus.). (J). 2018. 120p. 26.37 (978-0-483-54245-7(8)); 2016. pap. 9.57 (978-1-334-14415-8(X)) Forgotten Bks.

Phil May's Illustrated Winter Annual, 1893 (Classic Reprint) Phil May. 2018. (ENG., Illus.). 132p. (J). 26.62 (978-0-656-85838-5(9)) Forgotten Bks.

Phil May's Illustrated Winter Annual, 1895 (Classic Reprint) Phil May. (ENG., Illus.). (J). 2017. 26.60 (978-0-331-70434-1(X)); 2016. pap. 9.57 (978-1-334-16013-4(9)) Forgotten Bks.

Phil Mays Illustrated Winter Annual, 1896 (Classic Reprint) Neville Beeman. (ENG., Illus.). (J). 2018. 146p. 26.91 (978-0-267-38188-3(3)); 2016. pap. 9.57 (978-1-334-22904-6(X)) Forgotten Bks.

Phil Mays Illustrated Winter Annual, 1897 (Classic Reprint) Phil May. (ENG., Illus.). (J). 2018. 142p. 26.95 (978-0-484-47819-9(2)); 2016. pap. 9.57 (978-1-334-11596-7(6)) Forgotten Bks.

Phil May's Sketch-Book: Fifty Cartoons (Classic Reprint) Phil May. 2017. (ENG., Illus.). (J). 25.13 (978-0-265-56080-8(2)); pap. 9.57 (978-0-282-82504-1(5)) Forgotten Bks.

Phil Pickle. Kenny Herzog. Illus. by Kelly Canby. 2016. (ENG.). 40p. (J). 16.99 (978-1-4413-1933-3(6), af94ffc6-1c95-4298-b192-93654375de1f) Peter Pauper Pr. Inc.

Phil the Fiddler. Horatio Alger. 2019. (ENG.). 152p. (YA). (gr. 7-12). pap. (978-93-5329-605-6(6)) Alpha Editions.

Phil the Fiddler: The Story of a Young Street-Musician. Horatio Alger, Jr. 2019. (ENG.). 326p. (J). pap. 13.25 (978-1-63391-868-9(8)) Westphalia Press.

Phil the Fiddler: The Story of a Young Street-Musician (Classic Reprint) Horatio Alger Jr. 2018. (ENG., Illus.). 324p. (J). 30.58 (978-0-332-91684-2(7)) Forgotten Bks.

Phil, the Scout, or a Fight for Beauregard's Dispatches, Vol. 7: A Story of Pittsburg Landing (Classic Reprint) Ilian Verne. 2018. (ENG., Illus.). 28p. (J). 24.47 (978-0-483-60623-4(5)) Forgotten Bks.

Phil Thorndyke's Adventures (Classic Reprint) Frances M. Wilbraham. (ENG., Illus.). (J). 2018. 62p. 25.18 (978-0-267-36306-3(0)); 2016. pap. 9.57 (978-1-334-16733-1(8)) Forgotten Bks.

Phil Vernon & His School-Masters: A Story of American School Life (Classic Reprint) Byron A. Brooks. 2018. (ENG., Illus.). 286p. (J). 29.80 (978-0-483-45131-5(2)) Forgotten Bks.

Philadelphia. Joanne Mattern. 2018. (Illus.). 24p. (J). (978-1-4896-9466-9(8), AV2 by Weigl) Weigl Pubs., Inc.

Philadelphia 76ers. Patrick Donnelly. 2022. (Inside the NBA (2023) Ser.). (ENG., Illus.). 48p. (J). (gr. 3-6). lib. bdg. 34.22 (978-1-5321-9840-3(X), 39785, SportsZone) ABDO Publishing Co.

Philadelphia 76ers. Jim Gigliotti. 2019. (Insider's Guide to Pro Basketball Ser.). (ENG.). 32p. (J). (gr. 1-4). lib. bdg. 35.64 (978-1-5038-2448-5(9), 212255) Child's World, Inc, The.

Philadelphia 76ers. Michael E. Goodman. 2018. (NBA Champions Ser.). (ENG.). 24p. (J). (gr. 1-4). pap. 8.99 (978-1-62832-581-2(X), 19828, Creative Paperbacks); lib. bdg. (978-1-64026-026-9(9), 19810, Creative Education) Creative Co., The.

Philadelphia 76ers. Jim Whiting. 2017. (NBA: a History of Hoops Ser.). (ENG., Illus.). 48p. (J). (gr. 4-7). (978-1-60818-857-4(4), 20276, Creative Education) Creative Co., The.

Philadelphia 76ers All-Time Greats. Brendan Flynn. 2020. (NBA All-Time Greats Ser.). (ENG., Illus.). 24p. (J). (gr. 3-3). pap. 8.95 (978-1-63494-171-6(3), 1634941713); lib. bdg. 28.50 (978-1-63494-158-7(6), 1634941586) Pr. Room Editions LLC.

Philadelphia Chickens: The 21st Anniversary Edition. Sandra Boynton. Illus. by Sandra Boynton. 2023. (ENG., Illus.). 72p. (J). (gr. -1). 19.99 **(978-1-6659-2697-3(X))** Simon & Schuster Children's Publishing.

Philadelphia Eagles. Kenny Abdo. 2021. (NFL Teams Ser.). (ENG., Illus.). 32p. (J). (gr. 2-8). lib. bdg. 32.79 (978-1-0982-2476-9(0), 37186, Abdo Zoom-Fly) ABDO Publishing Co.

Philadelphia Eagles. Josh Anderson. 2022. (Professional Football Teams Ser.). (ENG.). 32p. (J). (gr. 2-5). lib. bdg. 35.64 (978-1-5038-5783-4(2), 215757, Stride) Child's World, Inc, The.

Philadelphia Eagles. Robert Cooper. 2019. (Inside the NFL Ser.). (ENG.). 48p. (J). (gr. 3-6). lib. bdg. 34.21 (978-1-5321-1861-6(9), 32591, SportsZone) ABDO Publishing Co.

Philadelphia Eagles, 1 vol. Will Graves. 2016. (NFL up Close Ser.). (ENG., Illus.). 32p. (J). (gr. 3-9). lib. bdg. 32.79 (978-1-68078-229-5(0), 22061, SportsZone) ABDO Publishing Co.

Philadelphia Eagles. Steven M. Karras. 2018. (Illus.). 24p. (J). (978-1-4896-5543-1(3), AV2 by Weigl) Weigl Pubs., Inc.

Philadelphia Eagles. Contrib. by Alicia Z. Klepeis. 2023. (NFL Team Profiles Ser.). (ENG., Illus.). (J). (gr. 3-7). lib. bdg. 26.95 Bellwether Media.

Philadelphia Eagles. Katie Lajiness. 2016. (NFL's Greatest Teams Set 3 Ser.). (ENG., Illus.). 32p. (J). (gr. 2-5). lib. bdg. 34.21 (978-1-68078-538-8(9), 23639, Big Buddy Bks.) ABDO Publishing Co.

Philadelphia Eagles. Jim Whiting. rev. ed. 2019. (NFL Today Ser.). (ENG.). 48p. (J). (gr. 4-7). pap. 12.00 (978-1-62832-718-2(9), 19093, Creative Paperbacks) Creative Co., The.

Philadelphia Eagles ABC: My First Alphabet Book. Brad M. Epstein. 2019. (Major League Baseball ABC Board Bks.). (ENG.). (J). bds. 12.95 (978-1-60730-173-8(3)) Michaelson Entertainment.

Philadelphia Eagles All-Time Greats. Ted Coleman. 2021. (NFL All-Time Greats Ser.). (ENG., Illus.). 24p. (J). (gr. 3-3). pap. 8.95 (978-1-63494-380-2(5)); lib. bdg. 28.50 (978-1-63494-363-5(5)) Pr. Room Editions LLC.

Philadelphia Eagles Story. Larry Mack. 2016. (NFL Teams Ser.). (ENG., Illus.). 32p. (J). (gr. 3-7). lib. bdg. 26.95 (978-1-62617-378-1(8), Torque Bks.) Bellwether Media.

Philadelphia Flyers. Harold P. Cain. 2022. (NHL Teams Ser.). (ENG., Illus.). 32p. (J). (gr. 3-4). pap. 9.95 (978-1-63494-521-9(2)); lib. bdg. 31.35 (978-1-63494-495-3(X)) Pr. Room Editions LLC.

Philadelphia Monsters: A Search & Find Book. Illus. by Lucile Danis Drouot. 2018. (ENG.). 22p. (J). (gr. -1). bds. 9.99 (978-2-924734-09-4(6)) City Monsters Bks. CAN. Dist: Publishers Group West (PGW).

Philadelphia Phillies. Michael E. Goodman. (Creative Sports: Major League Baseball Ser.). (ENG.). 32p. (J). 2021. (gr. 4-7). (978-1-64026-314-7(4), 17814, Creative Education); 2020. (gr. 3-5). pap. 9.99 (978-1-62832-846-2(0), 17815, Creative Paperbacks) Creative Co., The.

Philadelphia Phillies. Contrib. by Anthony K. Hewson. 2022. (Inside MLB Ser.). (ENG., Illus.). 48p. (J). (gr. 3-6). lib. bdg. 34.21 (978-1-0982-9028-3(3), 40813, SportsZone) ABDO Publishing Co.

Philadelphia Phillies. K. C. Kelley. 2019. (Major League Baseball Teams Ser.). (ENG.). 32p. (J). (gr. 2-5). lib. bdg. 35.64 (978-1-5038-2834-6(4), 212641) Child's World, Inc, The.

Philadelphia Phillies. K. C. Kelley. 2016. (Illus.). 32p. (J). (978-1-4896-5944-6(7), AV2 by Weigl) Weigl Pubs., Inc.

Philadelphia Phillies: All-Time Greats. Ted Coleman. 2022. (MLB All-Time Greats Set 2 Ser.). (ENG., Illus.). 24p. (J). (gr. 3-3). pap. 8.95 (978-1-63494-533-2(6)); lib. bdg. 28.50 (978-1-63494-507-3(7)) Pr. Room Editions LLC.

Philadelphia Phillies 101: My First Team-Board-Book. Brad M. Epstein. 2019. (Major League Baseball 101 Board Bks.). (ENG.). (J). bds. 12.95 (978-1-60730-242-1(X)) Michaelson Entertainment.

Philadelphia Repository, & Weekly Register, for 1801-2, Vol. 2: Containing Original Essays, Tales & Novels, Interesting Extracts from New Publications & Works of Merit, Amusing Miscellanies, Remarkable Occurrences, Anecdotes (Classic Reprint) Unknown Author. (ENG., Illus.). (J). 2018. 456p. 33.32 (978-0-428-76737-2(0)); 2017. pap. 16.57 (978-0-243-25095-0(9)) Forgotten Bks.

Philadelphia Union. Thomas Carothers. 2021. (Inside MLS Ser.). (ENG., Illus.). 48p. (J). (gr. 3-6). lib. bdg. 34.21 (978-1-5321-9260-9(6), 35129, SportsZone) ABDO Publishing Co.

Philadelphia Visiter, & Parlour Companion, Vol. 6: Devoted to Popular & Miscellaneous Literature, Music, Fashions, Biography, Science, the Arts, &C. , &C.; Nov. , 1839-Dec. , 1840 (Classic Reprint) Unknown Author. (ENG., Illus.). (J). 2018. 308p. 30.21 (978-0-484-09915-8(9)); 2017. pap. 13.57 (978-0-243-29903-4(6)) Forgotten Bks.

Philadelphia Vocabulary, English & Latin: Put into a New Method, Proper to Acquaint the Learner with Things As Well As Pure Latin Words; Adorned with Twenty-Six Pictures, for the Use of Schools (Classic Reprint) James Greenwood. 2017. (ENG., Illus.). (J). 26.35 (978-0-265-65166-7(2)); pap. 9.57 (978-0-282-99607-9(9)) Forgotten Bks.

Philadelphians Abroad (Classic Reprint) Wm J. Conlen. 2018. (ENG., Illus.). 80p. (J). 25.55 (978-0-267-28243-2(5)) Forgotten Bks.

PhilanthroParties! A Party-Planning Guide for Kids Who Want to Give Back. Lulu Cerone. 2017. (ENG., Illus.). 208p. (J). (gr. 5-9). 24.99 (978-1-58270-587-3(9)) Aladdin/Beyond Words.

Philanthropist a Novel (Classic Reprint) John F. Causton. (ENG., Illus.). (J). 2018. 328p. 30.66 (978-0-483-69987-8(X)); 2017. pap. 13.57 (978-1-5276-5922-3(4)) Forgotten Bks.

Philbert Gooseberry's Book of Preposterous Poems. Philbert Gooseberry & Matthew Cluett. 2016. (ENG.). 92p. (J). pap. 10.95 (978-1-78554-168-1(4), d068c4c1-935f-4659-9056-7300055651d5) Austin Macauley Pubs. Ltd. GBR. Dist: Baker & Taylor Publisher Services (BTPS).

Philbert Larue Had a Hole in His Shoe. Matt Pelicano. Illus. by Ashley Spikings. 2018. (ENG.). 32p. (J). (gr. k-6). 18.95 (978-0-692-16938-4(5)) April Fool Publishing.

Phileas Fox, Attorney (Classic Reprint) Anna Theresa Sadlier. 2018. (ENG., Illus.). 346p. (J). 31.05 (978-0-428-76520-0(3)) Forgotten Bks.

Philip: The Story of a Boy Violinist (Classic Reprint) T. W. O. 2018. (ENG., Illus.). 302p. (J). 30.15 (978-0-483-72766-3(0)) Forgotten Bks.

Philip & His Wife (Classic Reprint) Margaret Deland. 2018. (ENG., Illus.). 448p. (J). 33.14 (978-0-483-84414-8(4)) Forgotten Bks.

Philip & Philippa: A Genealogical Romance of to-Day (Classic Reprint) John Osborne Austin. (ENG., Illus.). (J). 2018. 186p. 27.75 (978-0-364-92912-4(X)); 2017. pap. 10.57 (978-0-282-07724-2(3)) Forgotten Bks.

Philip Augustus, or the Brothers in Arms, Vol. 2 of 3 (Classic Reprint) George Payne Rainsford James. 2018. (ENG., Illus.). 360p. (J). 31.34 (978-0-428-61284-9(9)) Forgotten Bks.

Philip Augustus, Vol. 1 Of 3: Or, the Brothers in Arms (Classic Reprint) George Payne Rainsford James. 2018. (ENG., Illus.). 366p. (J). 31.45 (978-0-267-67425-1(2)) Forgotten Bks.

Philip Colville, or a Covenanter's Story: Unfinished (Classic Reprint) Grace Kennedy. (ENG., Illus.). (J). 2017. 29.71 (978-0-265-41889-5(5)); 2016. pap. 13.57 (978-1-333-67784-8(7)) Forgotten Bks.

Philip Courtenay, or Scenes at Home & Abroad, Vol. 1 of 3 (Classic Reprint) William Lennox. 2018. (ENG., Illus.). 334p. (J). 30.79 (978-0-483-00303-3(4)) Forgotten Bks.

Philip Courtenay, Vol. 2 Of 3: Or, Scenes at Home & Abroad (Classic Reprint) William Lennox. 2018. (ENG., Illus.). 302p. (J). 30.13 (978-0-332-47496-0(8)) Forgotten Bks.

Philip Darrell, a Romance of English Home Life, Vol. 2 of 3 (Classic Reprint) Albert E. Rowcroft. 2018. (ENG., Illus.). 274p. (J). 29.55 (978-0-484-91059-0(0)) Forgotten Bks.

Philip Darrell, a Romance of English Home Life, Vol. 3 of 3 (Classic Reprint) Albert E. Rowcroft. 2018. (ENG., Illus.). 304p. (J). 30.19 (978-0-483-47153-5(4)) Forgotten Bks.

Philip Darrell, Vol. 1 Of 3: A Romance; of English Home Life (Classic Reprint) Albert E. Rowcroft. 2018. (ENG., Illus.). 278p. (J). 29.63 (978-0-267-17568-0(X)) Forgotten Bks.

Philip Gerard an Individual (Classic Reprint) Edward Amherst Ott. (ENG., Illus.). (J). 2018. 340p. 30.91 (978-0-666-81403-6(1)); 2017. pap. 13.57 (978-0-259-35307-2(8)) Forgotten Bks.

Philip Hartley, or a Boy's Trials & Triumphs: A Tale for Young People (Classic Reprint) Unknown Author. 2018. (ENG., Illus.). 126p. (J). 26.52 (978-0-484-38304-2(3)) Forgotten Bks.

Philip Longstreth: A Novel (Classic Reprint) Marie Van Vorst. (ENG., Illus.). (J). 2018. 410p. 32.35 (978-0-332-83699-7(1)); 2017. pap. 16.57 (978-0-243-51751-0(3)) Forgotten Bks.

Philip Musgrave, or Memoirs of a Church of England Missionary in the North American Colonies (Classic Reprint) J. Abbott. 2018. (ENG., Illus.). 344p. (J). 30.99 (978-0-484-25421-2(9)) Forgotten Bks.

Philip Nolan's Friends: A Story of the Change of Western Empire (Classic Reprint) Edward Everett Hale. 2017. (ENG., Illus.). (J). 34.13 (978-0-266-38003-0(4)) Forgotten Bks.

Philip of Texas: A Story of Sheep Raising in Texas (Classic Reprint) James Otis. 2018. (ENG., Illus.). 162p. (J). 27.24 (978-0-364-87570-4(4)) Forgotten Bks.

Philip Quaque: The Pioneer School Master. Letitia Degraft Okyere. 2022. (ENG.). 36p. (J). 19.99 **(978-1-956776-09-6(5))** Letitia de Graft-Johnson.

Philip Randolph: A Tale of Virginia (Classic Reprint) Mary Gertrude. 2017. (ENG., Illus.). (J). 176p. 27.55 (978-0-484-91667-7(X)); pap. 9.97 (978-0-259-46222-4(5)) Forgotten Bks.

Philip Rivers. Jim Gigliotti. 2016. (Football Heroes Making a Difference Ser.). (ENG., Illus.). 24p. (J). (gr. 1-6). 26.99 (978-1-943553-41-9(6)) Bearport Publishing Co., Inc.

Philip Rollo, Vol. 1 Of 2: Or, the Scottish Musketeers (Classic Reprint) James Grant. 2018. (ENG., Illus.). 324p. (J). 30.58 (978-0-267-47985-6(9)) Forgotten Bks.

Philip Rollo, Vol. 2 Of 2: Or, the Scottish Musketeers (Classic Reprint) James Grant. 2018. (ENG., Illus.). 350p. (J). 31.14 (978-0-483-78671-4(3)) Forgotten Bks.

Philip the Forester: A Romance of the Valley of Gardens (Classic Reprint) Daniel Edwards Kennedy. 2018. (ENG., Illus.). 348p. (J). 31.09 (978-0-484-11827-9(7)) Forgotten Bks.

Philip Winwood: A Sketch of the Domestic History of an American Captain in the War of Independence; Embracing Events That Occurred Between & During the Years 1763 & 1786, in New York & London: Written by His Enemy in War, Herbert Russell, Lieutenant. Robert Neilson Stephens. 2017. (ENG., Illus.). (J). 33.14 (978-1-5283-8007-2(X)) Forgotten Bks.

Philip Winwood: A Sketch of the Domestic History of an American Captain in the War of Independence; Embracing Events That Occurred Between & During the Years 1763 & 1786, in New York & London: Written by His Enemy in War, Herbert Russell, Lieutenant in the Loyalist. Robert Neilson Stephens. 2017. (ENG., Illus.). (J). 25.95 (978-1-374-96375-7(5)) Capital Communications, Inc.

Philippa: Or under a Cloud (Classic Reprint) Ella Childs Hurlbut. 2018. (ENG., Illus.). 146p. (J). 26.91 (978-0-483-71958-3(7)) Forgotten Bks.

Philippa & the Homeless Bumblebee. David Greaves. 2018. (ENG., Illus.). 30p. (J). (978-1-912562-44-2(8)) Clink Street Publishing.

Philippa at the Chateau (Classic Reprint) Margarita Spalding Gerry. 2018. (ENG., Illus.). 328p. (J). 30.68 (978-0-483-89009-1(X)) Forgotten Bks.

Philippa (Classic Reprint) Molesworth. 2018. (ENG., Illus.). 354p. (J). 31.20 (978-0-483-66634-4(3)) Forgotten Bks.

Philippa's Fox-Hunt (Classic Reprint) E. Somerville. (ENG., Illus.). (J). 2018. 24p. 24.41 (978-0-267-34437-6(6)); 2016. pap. 7.97 (978-1-333-67690-2(5)) Forgotten Bks.

Philippine Education Series: Industrial Studies & Exercises. O. S. Reimold. 2017. (ENG., Illus.). (J). pap. (978-0-649-45014-5(0)) Trieste Publishing Pty Ltd.

Philippine Education Series. the First Year Book. M. H. Fee. 2017. (ENG., Illus.). (J). pap. (978-0-649-47688-6(3)) Trieste Publishing Pty Ltd.

Philippine Romance (Classic Reprint) Lillian Hathaway Mearns. (ENG., Illus.). (J). 2018. 134p. 26.68 (978-0-332-07318-7(1)); 2016. pap. 9.57 (978-1-334-12722-9(0)) Forgotten Bks.

Philippines. Catrina Daniels-Cowart. 2019. (Asian Countries Today Ser.). (Illus.). 96p. (J). (gr. 12). lib. bdg. 34.60 (978-1-4222-4269-8(2)) Mason Crest.

Philippines. Alicia Z. Klepeis. 2020. (Country Profiles Ser.). (ENG., Illus.). 32p. (J). (gr. 3-8). lib. bdg. 27.95 (978-1-64487-255-0(2), Blastoff! Readers) Bellwether Media.

P

Philippines, 1 vol. Joanne Mattern. 2017. (Exploring World Cultures (First Edition) Ser.). (ENG.). 32p. (gr. 3-3). pap. 12.16 *(978-1-5026-3019-3(2),* 54c361e3-d9a4-4057-8659-9db1cabc7fc4) Cavendish Square Publishing LLC.

Philip's Experiments: Or Physical Science at Home (Classic Reprint) John Trowbridge. (ENG., Illus.). (J). 2018. 240p. 28.85 *(978-0-267-40166-6(3))*; 2016. pap. 11.57 *(978-1-334-12141-8(9))* Forgotten Bks.

Phill in the Blank: Quirks & All: Artist Edition. Jenn Slade. Illus. by Jenn Lynn Slade. 2019. (Phill in the Blank Ser.: Vol. 1). (ENG.). 30p. (YA). (gr. 7-12). 20.00 *(978-1-0878-1458-2(8))* Indy Pub.

Phillip & the Magic Balloon. Charles E. Moulden. 2021. (ENG.). 44p. (J). 18.99 *(978-1-955347-41-9(7))*; pap. 9.99 *(978-1-955347-40-2(9))* GoldTouch Pr.

Phillip Flies Home. Dorris Fortson. Illus. by Edgar Ortiz. l.t. ed. 2016. (ENG.). (J). (gr. k-4). pap. 10.95 *(978-1-61633-791-9(5))* Guardian Angel Publishing, Inc.

Phillip Goes to Work. Eddie Engram. 2020. (ENG.). 30p. (J). 23.95 *(978-1-64628-547-1(6))*; pap. 13.95 *(978-1-64628-545-7(X))* Page Publishing Inc.

Phillipia: A Woman's Question (Classic Reprint) H. M. Tracy Cutler. 2018. (ENG., Illus.). (J). 27.82 *(978-0-260-52741-7(6))* Forgotten Bks.

Phillis Wheatley. Emily R. Smith & Wendy Conklin. 2020. (Social Studies: Informational Text Ser.). (SPA., Illus.). 32p. (J). (gr. 3-5). pap. 11.99 *(978-0-7439-1362-1(0))* Teacher Created Materials, Inc.

Phillis Wheatley: Pioneer African American Poet. Letitia Degraft Okyere. 2021. (ENG.). 34p. (J). 19.99 *(978-1-7374048-4-2(2))* Letitia de Graft-Johnson.

Phillis Wheatley: The Inspiring Life Story of the American Poet. Robin S. Doak. 2016. (Inspiring Stories Ser.). (ENG., Illus.). 112p. (J). (gr. 5-7). lib. bdg. 38.65 *(978-0-7565-5166-7(8)*, 128794, Compass Point Bks.) Capstone.

Phillis Wheatley (America's Early Years) Emily Smith. rev. ed. 2016. (Social Studies: Informational Text Ser.). (ENG., Illus.). 32p. (gr. 4-8). pap. 11.99 *(978-1-4938-3882-0(2))* Teacher Created Materials, Inc.

Philly & Friends: Who Do I See in the Mirror? Vese Aghoghovbia Aladewolu. Illus. by Irene Omiunu. 2019. (ENG.). 32p. (J). *(978-1-9993498-0-6(6))* Philly & Belle Publishing.

Philly & Kit, or Life & Raiment (Classic Reprint) Caroline Chesebro'. (ENG., Illus.). (J). 2018. 350p. 31.12 *(978-0-483-78441-3(9))*; 2016. pap. 13.57 *(978-1-334-59223-2(3))* Forgotten Bks.

Philo & the Patience Superholy. Mireille Mishriky. Illus. by S. Violette Palumbo. (ENG.). (J). (gr. 2-6). 2017. (Philo & the Superholies Ser.: Vol. 2). *(978-0-9952459-7-6(5))*; 2016. pap. *(978-0-9952459-1-4(6))* Mishriky., Mireille.

Philo & the Superholies. Mireille Mishriky. Illus. by Violette S. Palumbo. 2017. (Philo & the Superholies Ser.: Vol. 1). (ENG.). (J). (gr. 2-6). *(978-0-9952459-8-3(3))* Mishriky., Mireille.

Philo et le SuperDon Patience. Mireille Mishriky. Illus. by Palumbo S Violette. 2018. (Philo et les Superdons Ser.: Vol. 2). (FRE.). 26p. (J). (gr. 2-6). pap. *(978-1-7753852-8-8(0))* Mishriky., Mireille.

Philo et les SuperDons. Mireille Mishriky. Illus. by S. Violette Palumbo. 2018. (FRE.). 32p. (J). (gr. 2-6). pap. *(978-0-9952459-9-0(1))* Mishriky., Mireille.

Philo Farnsworth. Martha London. 2019. (Amazing Young People Ser.). (ENG., Illus.). 32p. (J). (gr. 3-3). pap. 9.95 *(978-1-64494-041-9(8)*, 1644940418) North Star Editions.

Philo Farnsworth. Martha London. 2019. (Amazing Young People Ser.). (ENG., Illus.). 32p. (J). (gr. 2-5). lib. bdg. 32.79 *(978-1-5321-6368-5(1)*, 32051, DiscoverRoo) Pop!.

Philo Gubb: Correspondence-School Detective; with Illustrations (Classic Reprint) Ellis Parker Butler. (ENG., Illus.). (J). 2018. 406p. 32.29 *(978-0-666-38415-7(0))*; 2017. pap. 16.57 *(978-1-5276-6075-5(3))* Forgotten Bks.

Philo, Rose & the Joy Superholy. Mireille Mishriky. Illus. by S. Violette Palumbo. 2018. (Philo & the Superholies Ser.: Vol. 3). (ENG.). 30p. (J). (gr. 2-6). pap. *(978-1-7753852-0-2(5))* Mishriky., Mireille.

Philo, Rose et le Superdon Joie. Mireille Mishriky. Illus. by S. Violette Palumbo. 2018. (FRE.). 30p. (J). (gr. 2-6). pap. *(978-1-7753852-3-3(X))* Mishriky., Mireille.

Philological Essay Concerning the Pygmies of the Ancients. Edward Tyson. 2017. (ENG., Illus.). (J). 22.95 *(978-1-374-94573-9(0))*; pap. 12.95 *(978-1-374-94572-2(2))* Capital Communications, Inc.

Philological Inquiries, in Three Parts: Part I. & II (Classic Reprint) James Harris. (ENG., Illus.). (J). 2017. 29.38 *(978-0-331-98516-0(0))*; 2016. pap. 11.97 *(978-1-333-82912-4(4))* Forgotten Bks.

Philomena & the Kingdom in the Valley. Yasodhara L. Wilson. 2019. (ENG., Illus.). 18p. (J). pap. *(978-0-2288-1719-2(6))* Tellwell Talent.

Philomena, the Cat Who Thinks She's a Dog. Jessie Wall. Illus. by Emily Stanbury. 2020. (ENG.). 80p. (J). (gr. -1-1). pap. 9.99 *(978-0-9931109-7-9(5))* Wacky Bee Bks. GBR. Dist: Independent Pubs. Group.

Philomena's New Glasses. Brenna Maloney. 2017. (Illus.). 40p. (J). (gr. -1-1). 17.99 *(978-0-425-28814-6(5)*, Viking Books for Young Readers) Penguin Young Readers Group.

Philopolis, Vol. 4: October 25, 1909 September 25, 1910 (Classic Reprint) Geo C. Adams. 2018. (ENG., Illus.). 304p. (J). 30.17 *(978-0-484-44321-0(6))* Forgotten Bks.

Philopolis, Vol. 4: October 25, 1909 September 25, 1910 (Classic Reprint) Unknown Author. 2018. (ENG., Illus.). 302p. (J). 30.29 *(978-0-428-35442-8(4))* Forgotten Bks.

Philosopher & the Foundling (Classic Reprint) Georg Engel. 2018. (ENG., Illus.). 386p. (J). 31.86 *(978-0-267-23015-0(X))* Forgotten Bks.

Philosopher in Slippers: Zigzag Views of Life & Society (Classic Reprint) Unknown Author. (ENG., Illus.). (J). 2018. 356p. 31.24 *(978-0-332-95788-3(8))*; 2017. pap. 13.97 *(978-0-243-32327-2(1))* Forgotten Bks.

Philosopher in the Clearing (Classic Reprint) John James Procter. 2018. (ENG., Illus.). 256p. (J). 29.20 *(978-0-483-60268-7(X))* Forgotten Bks.

Philosopher's Crystal: Treacherous Terrain of Tassatarius. Marcin Dolecki. 2016. (ENG., Illus.). (J). pap. 14.95 *(978-1-940233-35-2(6))* Montag Pr.

Philosophers in Trouble: A Volume of Stories (Classic Reprint) L. P. Jacks. 2018. (ENG., Illus.). 224p. (J). 28.62 *(978-0-484-71003-9(6))* Forgotten Bks.

Philosophers of Foufouville (Classic Reprint) Radical Freelance. 2018. (ENG., Illus.). 302p. (J). 30.13 *(978-0-484-61564-8(5))* Forgotten Bks.

Philosophia Musarum: Containing the Songs & Romances of the Pipers Wallet, Pan, the Harmonia Musarum, & Other Miscellaneous Poems (Classic Reprint) Thomas Forster. (FRE., Illus.). (J). 2018. 586p. 36.00 *(978-0-484-01305-5(X))*; 2016. pap. 19.57 *(978-1-334-80784-8(1))* Forgotten Bks.

Philosophical & Mathematical Theories of Language, Culture & Meaning. Hasan Ajami. 2018. (ENG.). 42p. pap. 15.50 *(978-0-9718155-5-1(0)*, 14) Inkwell Books LLC.

Philosophical & Practical Treatise on Horses, & on the Moral Duties of Man Towards the Brute Creation, Vol. 2 (Classic Reprint) John Lawrence. 2016. (ENG., Illus.). (J). pap. 19.57 *(978-1-333-84984-9(2))* Forgotten Bks.

Philosophie de la Fontaine (Classic Reprint) Louis Delaporte. 2018. (FRE., Illus.). 100p. (J). 25.98 *(978-0-666-69288-7(2))* Forgotten Bks.

Philosophie de la Religion, Vol. 1: La Science de Dieu; la Science du Monde Matériel (Classic Reprint) Jacques Matter. 2018. (FRE., Illus.). (J). 496p. 34.13 *(978-0-260-78222-9(X))*; 498p. pap. 16.57 *(978-0-265-89145-2(0))* Forgotten Bks.

Philosophie de la Religion, Vol. 2: La Science du Monde Spirituel (Classic Reprint) Jacques Matter. 2018. (FRE., Illus.). (J). 478p. 33.78 *(978-0-366-65486-4(1))*; 480p. pap. 16.57 *(978-0-366-65480-2(2))* Forgotten Bks.

Philosophie der Darstellung: Besonders der Mythischen (Classic Reprint) Benjamin Gotthold Weiske. (GER., Illus.). (J). 2018. 136p. 26.70 *(978-0-666-00286-0(X))*; 2017. pap. 9.57 *(978-1-332-63847-5(3))* Forgotten Bks.

Philosophie Morale Expliquée en Tables (Classic Reprint) Louis de Lesclache. 2018. (FRE., Illus.). 248p. (J). 29.03 *(978-0-364-04759-0(3))* Forgotten Bks.

Philosophy a Story of Harvard University (Classic Reprint) Owen Wister. 2018. (ENG., Illus.). 112p. (J). 26.21 *(978-0-484-56019-1(0))* Forgotten Bks.

Philosophy a Visual Encyclopedia. DK. 2020. (DK Children's Visual Encyclopedias Ser.). (ENG.). 208p. (J). (gr. 5-9). pap. 19.99 *(978-0-7440-2000-7(X)*, DK Children) Dorling Kindersley Publishing, Inc.

Philosophy in Action. Heike Kleinheyer. 2019. (GER.). 232p. (J). pap. *(978-3-7482-1908-8(3))* tredition Verlag.

Philosophy in Sport Made Science in Earnest: Being an Attempt to Implant in the Young Mind the First Principles of Natural Philosophy by the Aid of the Popular Toys & Sports of Youth (Classic Reprint) John Ayrton Paris. 2018. (ENG., Illus.). 524p. (J). 34.70 *(978-0-484-41559-0(X))* Forgotten Bks.

Philosophy in Sport Made Science in Earnest, Vol. 1 Of 3: Being an Attempt to Illustrate the First Principles of Natural Philosophy by the Aid of Popular Toys & Sports (Classic Reprint) John Ayrton Paris. (ENG., Illus.). (J). 2018. 338p. 30.89 *(978-0-666-94709-3(0))*; 2017. pap. 13.57 *(978-0-259-44295-0(X))* Forgotten Bks.

Philosophy in Sport Made Science in Earnest, Vol. 3 Of 3: Being an Attempt to Illustrate the First Principles of Natural Philosophy by the Aid of the Popular Toys & Sports (Classic Reprint) John Ayrton Paris. 2018. (ENG., Illus.). 216p. (J). 28.35 *(978-0-365-03111-6(9))* Forgotten Bks.

Philosophy in Sport, Vol. 2 (Classic Reprint) Unknown Author. (ENG., Illus.). (J). 2018. 328p. 30.66 *(978-0-365-39596-6(X))*; 2017. pap. 13.57 *(978-0-259-56268-9(8))* Forgotten Bks.

Philosophy, Invention & Engineering. Tim Cook. 2018. (Scientific Breakthroughs Ser.). (ENG.). 48p. (J). lib. bdg. 34.99 *(978-1-5105-3761-3(9))* SmartBook Media, Inc.

Philosophy of Alfarabi. Robert Hammond. 2017. (ENG., Illus.). (J). 21.95 *(978-1-374-86878-6(7))*; pap. 10.95 *(978-1-374-86877-9(9))* Capital Communications, Inc.

Philosophy of an Introvert. Justin Reynolds. 2020. (ENG.). 162p. (YA). pap. 6.99 *(978-0-578-92267-6(3))* Reynolds, Justin.

Philosophy of Jake Haiden (Late Jacob K. Huff) Selected from the Columns of the Reading Times, Reading, Pennsylvania; with a Biographical Appreciation by His Friend Henry W. Shoemaker (President of Reading Times) (Classic Reprint) Jacob K. Huff. (ENG., Illus.). (J). 2018. 126p. 26.50 *(978-0-483-51541-3(8))*; 2016. pap. 9.57 *(978-1-334-18212-9(4))* Forgotten Bks.

Philosophy of the Marquise (Classic Reprint) Belloc-Lowndes. (ENG., Illus.). (J). 2018. 268p. 29.42 *(978-0-364-10018-9(4))*; 2017. pap. 11.97 *(978-1-5276-9098-1(9))* Forgotten Bks.

Philosophy of Theism. Borden Parker Bowne. 2017. (ENG.). 290p. (J). pap. *(978-3-337-23688-5(X))* Creation Pubs.

Phineas Finn, Vol. 1: The Irish Member (Classic Reprint) Anthony Trollope. 2017. (ENG., Illus.). (J). 30.99 *(978-0-266-38293-5(2))* Forgotten Bks.

Phineas Quiddy: Or Sheer Industry (Classic Reprint) John Poole. 2018. (ENG., Illus.). 416p. (J). 32.50 *(978-0-484-38476-6(7))* Forgotten Bks.

Phineas Quiddy, Vol. 1 Of 3: Or Sheer Industry (Classic Reprint) John Poole. 2017. (ENG., Illus.). (J). 30.00 *(978-0-331-55665-0(0))* Forgotten Bks.

Phineas Quiddy, Vol. 2 Of 3: Or Sheer Industry (Classic Reprint) John Poole. 2018. (ENG., Illus.). 306p. (J). 30.21 *(978-0-483-98790-6(5))* Forgotten Bks.

Phineas Quiddy, Vol. 3 Of 3: Or Sheer Industry (Classic Reprint) John Poole. 2018. (ENG., Illus.). 284p. (J). 29.77 *(978-0-332-30844-9(8))* Forgotten Bks.

Pho. Richard Sebra. 2020. (Cultural Cuisine Ser.). (ENG., Illus.). 32p. (J). (gr. 2-5). lib. bdg. 32.79 *(978-1-5321-6778-2(4)*, 34717, DiscoverRoo) Pop!.

Pho Love Story. Loan Le. 2021. (ENG.). 416p. (YA). (gr. 7). pap. 12.99 *(978-1-5344-4194-1(8))*; (Illus.). 19.99 *(978-1-5344-4193-4(X))* Simon & Schuster Bks. For Young Readers. (Simon & Schuster Bks. For Young Readers).

Phobias. Hilary W. Poole. 2017. (Illus.). 48p. (J). *(978-1-4222-3728-1(1))* Mason Crest.

Phoebe. Miriam Coles Harris. 2017. (ENG.). 340p. (J). pap. *(978-3-337-00115-5(7))* Creation Pubs.

Phoebe. K. Wendt. Illus. by Dino Wansyah. 2021. (ENG.). 24p. (J). pap. 10.99 *(978-1-941345-84-9(0))* Erin Go Bragh Publishing.

Phoebe: A Novel (Classic Reprint) Miriam Coles Harris. 2017. (ENG., Illus.). (J). 30.97 *(978-1-5283-4434-0(0))* Forgotten Bks.

Phoebe: Or the Hospital (Classic Reprint) William Howland. (ENG., Illus.). (J). 2018. 72p. 25.40 *(978-0-666-97583-6(3))*; 2017. pap. 9.57 *(978-0-243-45557-7(7))* Forgotten Bks.

Phoebe & Her Unicorn in the Magic Storm. Dana Simpson. 2017. (Phoebe & Her Unicorn Ser.: 6). (ENG., Illus.). (J). 176p. pap. 9.99 *(978-1-4494-8359-3(3))*; 157p. (gr. 3-6). 33.99 *(978-1-4494-9450-6(1))* Andrews McMeel Publishing.

Phoebe & Her Unicorn in the Magic Storm. Illus. by Dana Simpson. 2017. 157p. (J). *(978-1-5182-5085-9(8))* Andrews McMeel Publishing.

Phoebe & Her Unicorn in the Magic Storm. Dana Simpson. ed. 2017. (Phoebe & Her Unicorn Ser.: 6). lib. bdg. 20.85 *(978-0-606-40512-6(7))* Turtleback.

Phoebe & Her Unicorn in Unicorn Theater, Volume 8. Dana Simpson. 2018. (Phoebe & Her Unicorn Ser.: 8). (ENG., Illus.). 152p. (J). pap. 11.99 *(978-1-4494-8981-6(8))* Andrews McMeel Publishing.

Phoebe & Her Unicorn in Unicorn Theater: Phoebe & Her Unicorn Series Book 8. Dana Simpson. 2018. (Phoebe & Her Unicorn Ser.: Vol. 8). (ENG., Illus.). 154p. (J). (gr. 3-6). 33.99 *(978-1-4494-9944-0(9))* Andrews McMeel Publishing.

Phoebe & Her Unicorn Theater, 8. Dana Simpson. ed. 2019. (Phoebe & Her Unicorn Adv Ser.). (ENG.). 150p. (J). (gr. 4-5). 20.96 *(978-0-87617-328-2(8))* Penworthy Co., LLC, The.

Phoebe-Bear If You Dare: A Tale of an Irish Wolfhound Puppy with Personality & Her Adventures with Her Crazy Family. Celene Anne Collison. Illus. by Jupiters Muse. 2022. (ENG.). 36p. (J). *(978-0-2288-5718-1(X))*; pap. *(978-0-2288-5717-4(1))* Tellwell Talent.

Phoebe Dupree Is Coming to Tea! Linda Ashman. Illus. by Alea Marley. 2021. (ENG.). 32p. (J). (gr. -1-2). 16.99 *(978-1-5362-0483-4(8))* Candlewick Pr.

Phoebe, Ernest, & Cupid (Classic Reprint) Inez Haynes Gillmore. 2017. (ENG., Illus.). (J). 31.45 *(978-0-331-83206-8(2))* Forgotten Bks.

Phoebe, Junior, Vol. 1 Of 3: A Last Chronicle of Carlingford (Classic Reprint) Margaret O. W. Oliphant. 2017. (ENG., Illus.). (J). 30.50 *(978-0-331-30494-7(5))* Forgotten Bks.

Phoebe Junior, Vol. 2 (Classic Reprint) Oliphant Oliphant. 2017. (ENG., Illus.). (J). 30.41 *(978-0-260-24087-3(7))* Forgotten Bks.

Phoebe, Junior, Vol. 3 Of 3: A Last Chronicle of Carlingford (Classic Reprint) Margaret O. W. Oliphant. 2018. (ENG., Illus.). 336p. (J). 30.83 *(978-0-666-49447-4(9))* Forgotten Bks.

Phoebe Peabody & the Mystical Enabler. J R Dixon. 2018. (ENG., Illus.). 388p. (J). pap. *(978-3-7103-3737-6(2))* united p.c. Verlag.

Phoebe Sees the Light. Eileen Reno Maurer. Illus. by Catherine Clancy. 2018. (ENG.). 32p. (J). (gr. 4-6). 20.00 *(978-0-578-42376-0(6))* Eileen Reno Maurer.

Phoebe Sounds It Out. Julie Zwillich. Illus. by Denise Holmes. 2022. (Phoebe Ser.: 1). (ENG.). 32p. (J). (gr. -1-2). pap. 9.95 *(978-1-77147-586-0(2))* Owlkids Bks. Inc. CAN. Dist: Publishers Group West (PGW).

Phoebe the Moonlight Dragon, 8. Maddy Mara. ed. 2022. (Dragon Girls Ser.). (ENG.). 127p. (J). (gr. 2-5). 15.96 ***(978-1-68505-708-4(X))*** Penworthy Co., LLC, The.

Phoebe the Moonlight Dragon (Dragon Girls #8), 1 vol. Maddy Mara. 2022. (Dragon Girls Ser.). (ENG.). 144p. (J). (gr. 2-5). pap. 5.99 *(978-1-338-84660-7(4)*, Scholastic Paperbacks) Scholastic, Inc.

Phoebe Tilson (Classic Reprint) Frank Pope Humphrey. 2018. (ENG., Illus.). 252p. (J). 29.11 *(978-0-483-36388-5(X))* Forgotten Bks.

Phoebe Will Destroy You. Blake Nelson. (ENG.). (YA). (gr. 9). 2019. 272p. pap. 11.99 *(978-1-4814-8817-4(1))*; 2018. (Illus.). 256p. 18.99 *(978-1-4814-8816-7(3))* Simon Pulse. (Simon Pulse).

Phoebe's Five Little Fairies. Robert Barnhart. 2017. (ENG.). (J). 9.95 *(978-1-68401-282-4(1))* Amplify Publishing Group.

Phoebe's Journey: Part 1: of Passion & Pride. Kathryn B. Collett. 2017. (ENG., Illus.). (J). pap. 12.99 *(978-0-9856611-2-0(7))* At Your Service of St. Louis County, LLC.

Phoebe's Journey: Part 2: Seasons of Love. Kathryn B. Collett. 2018. (ENG., Illus.). 330p. (J). pap. 12.99 *(978-0-9856611-3-7(5))* At Your Service of St. Louis County, LLC.

Phoenician Cities of Sidon & Tyre Ancient Mediterranean Cultures Grade 5 Children's Ancient History. Baby Professor. 2021. (ENG.). 72p. (J). 27.99 *(978-1-5419-8433-2(1))*; pap. 16.99 *(978-1-5419-5418-2(1))* Speedy Publishing LLC. (Baby Professor (Education Kids)).

Phoenician Civilization - Ancient History for Kids Ancient Semitic Thalassocratic Civilization 5th Grade Social Studies. Baby Professor. 2017. (ENG., Illus.). 64p. (J). pap. 9.52 *(978-1-5419-1652-4(2)*, Baby Professor (Education Kids)) Speedy Publishing LLC.

Phoenician Trade Routes, 1 vol. Bridey Heing. 2017. (Routes of Cross-Cultural Exchange Ser.). (ENG., Illus.). 96p. (YA). (gr. 8-8). 44.50 *(978-1-5026-2861-9(9),* 264ba440-d2ad-455c-b0fe-046afd9c221f) Cavendish Square Publishing LLC.

Phoenicians: Seagoing Traders of the Ancient World Phoenician History Grade 5 Children's Ancient History. Baby Professor. 2022. (ENG.). 72p. (J). 31.99 ***(978-1-5419-8441-7(2))***; pap. 19.99 ***(978-1-5419-5412-0(2))*** Speedy Publishing LLC. (Baby Professor (Education Kids)).

Phoenician's Phonetic Alphabet Legacies of the Phoenician Civilization Social Studies 5th Grade Children's Geography & Cultures Books. Baby Professor. 2020. (ENG.). 72p. (J). 24.99 *(978-1-5419-7955-0(9))*; pap. 14.99 *(978-1-5419-4998-0(6))* Speedy Publishing LLC. (Baby Professor (Education Kids)).

Phoenix. Jacqueline S. Cotton. 2018. (Illus.). 24p. (J). *(978-1-4896-9463-8(3)*, AV2 by Weigl) Weigl Pubs., Inc.

Phoenix. Christine Ha. 2021. (Legendary Beasts Ser.). (ENG., Illus.). 32p. (J). (gr. 2-3). pap. 9.95 *(978-1-63738-059-8(3))*; lib. bdg. 31.35 *(978-1-63738-023-9(2))* North Star Editions. (Apex).

Phoenix. S. F. Said. Illus. by Dave McKean. 2016. (ENG.). 496p. (J). (gr. 5). 19.99 *(978-0-7636-8850-9(9))* Candlewick Pr.

Phoenix. Heather DiLorenzo Williams. Illus. by Haylee Troncone. 2021. (Magical Creatures Ser.). (ENG.). 24p. (J). (gr. k-2). lib. bdg. 26.65 *(978-1-62920-883-1(3),* a4f829a1-e889-4a64-a707-6a923baa7909) Full Tilt Pr. NZL. Dist: Lerner Publishing Group.

Phoenix: Tragicomedy in Three Acts (Classic Reprint) Lascelles Abercrombie. (ENG., Illus.). (J). 2018. 96p. 25.90 *(978-0-267-00205-4(X))*; 2017. pap. 9.57 *(978-0-243-54047-1(7))* Forgotten Bks.

Phoenix, 1907-1908, Vol. 2: The Year-Book of the Students of Oxford Seminary Oxford, North Carolina (Classic Reprint) Myrtle Norman Shamburger. 2017. (ENG., Illus.). (J). 26.00 *(978-0-260-70157-2(2))*; pap. 9.57 *(978-1-5284-9965-1(4))* Forgotten Bks.

Phoenix, 1907, Vol. 1 (Classic Reprint) Oxford Seminary. 2017. (ENG., Illus.). (J). 26.58 *(978-0-260-04435-8(0))*; pap. 9.57 *(978-1-5284-5512-1(6))* Forgotten Bks.

Phoenix, 1999-1910, Vol. 1: A Record of the Year 1910 (Classic Reprint) Ruth Wharton. (ENG., Illus.). (J). 2018. 126p. 26.52 *(978-0-267-17476-8(4))*; 2017. pap. 9.57 *(978-0-259-83913-2(2))* Forgotten Bks.

Phoenix: Ancient Egypt's Firebird: Ancient Egypt's Firebird. Elizabeth Andrews. 2022. (Creatures of Legend Ser.). (ENG., Illus.). 32p. (J). (gr. 2-5). lib. bdg. 32.79 *(978-1-0982-4237-4(8)*, 40035, DiscoverRoo) Pop!.

Phoenix & the Carpet. E. Nesbit. 2018. (Vintage Children's Classics Ser.). (Illus.). 304p. (J). (gr. 4-6). pap. 10.99 *(978-1-78487-305-9(5))* Penguin Random Hse. GBR. Dist: Independent Pubs. Group.

Phoenix & the Carpet. E. Nesbit & Grandma's Treasures. 2019. (ENG.). 178p. (J). 37.49 *(978-0-359-56221-3(3))*; pap. *(978-0-359-55344-0(3))* Lulu Pr., Inc.

Phoenix & the Witch. H. M. Gooden. 2018. (ENG., Illus.). 202p. (J). pap. *(978-1-7751086-8-9(6))* Gooden, H.M.

Phoenix Ani' Gichichi-I'/Phoenix Gets Greater. Marty Wilson-Trudeau. Tr. by Kelvin Morrison from ENG. Illus. by Megan Kyak-Monteith. ed. 2023. (ENG & OJI.). 24p. (J). (gr. 1-3). 21.95 ***(978-1-77260-324-8(4))*** Second Story Pr. CAN. Dist: Orca Bk. Pubs. USA.

Phoenix Burning. Bryony Pearce. 2018. (ENG., Illus.). 342p. (J). (gr. 5-5). 15.99 *(978-1-5107-1645-2(9)*, Sky Pony Pr.) Skyhorse Publishing Co., Inc.

Phoenix Burning: A Leafy Tom Adventure. Robin Buckallew. 2022. (ENG.). 223p. (YA). pap. ***(978-1-4357-9294-4(7))*** Lulu Pr., Inc.

Phoenix Cave. Hope A. C. Bentley. 2018. (Phoenix Ser.: Vol. 1). (ENG., Illus.). 310p. (J). (gr. 1-5). pap. 14.99 *(978-1-7327645-0-7(6))* Golden Light Factory.

Phoenix Colossal Comics Collection: Volume One. 2018. (Phoenix Ser.: 1). (ENG., Illus.). 208p. (J). (gr. 3-7). pap. 14.99 *(978-1-338-20679-1(6))* Scholastic, Inc.

Phoenix Descending see Abstieg des Phönixes

Phoenix Descending. Dorothy Dreyer. Illus. by Sora Sanders. 2021. (Curse of the Phoenix Ser.: 1). (ENG.). 350p. (YA). (gr. 9-12). 16.99 *(978-1-952667-33-6(X))* Snowy Wings Publishing.

Phoenix First Must Burn: Sixteen Stories of Black Girl Magic, Resistance, & Hope. Ed. by Patrice Caldwell. (ENG.). 368p. (YA). (gr. 7). 2021. pap. 12.99 *(978-1-9848-3567-3(X)*, Penguin Books); 2020. 18.99 *(978-1-9848-3565-9(3)*, Viking Books for Young Readers) Penguin Young Readers Group.

Phoenix Flame. Sara Holland. 2021. (Havenfall Ser.: 2). (ENG.). 272p. (YA). 18.99 *(978-1-5476-0382-4(8)*, 900215292, Bloomsbury Young Adult) Bloomsbury Publishing USA.

Phoenix Flight (Skyborn #3) Jessica Khoury. 2022. (Skyborn Ser.). (ENG., Illus.). 304p. (J). (gr. 3-7). 16.99 *(978-1-338-65246-8(X)*, Scholastic Pr.) Scholastic, Inc.

Phoenix Gets Greater. Marty Wilson-Trudeau. Illus. by Megan Kyak-Monteith. 2022. (ENG.). 24p. (J). (gr. 1-3). 21.95 *(978-1-77260-253-1(1))* Second Story Pr. CAN. Dist: Orca Bk. Pubs. USA.

Phoenix Goes to School: A Story to Support Transgender & Gender Diverse Children. Michelle Finch & Phoenix Finch. 2018. (Illus.). 40p. (C). 18.95 *(978-1-78592-821-5(X)*, 696833) Kingsley, Jessica Pubs. GBR. Dist: Hachette UK Distribution.

Phoenix Heart: The Complete Series. Sarah K. L. Wilson. 2022. (ENG.). 1042p. (YA). ***(978-1-990516-34-4(3))*** Wilson, Sarah K. L.

Phoenix Is Rising: The Great Habesha Kemis. Shanterria Jackson & Phoenix Harden. 2021. (ENG.). 32p. (J). pap. 16.99 *(978-1-953156-16-7(9))* 13th & Joan.

Phoenix Magic of the Wolf Pup. Herma Lois Snider. 2021. (ENG.). 354p. (YA). 26.99 *(978-1-64990-761-5(3))*; pap. 17.99 *(978-1-64990-760-8(5))* Palmetto Publishing.

Phoenix, or the History of Polyarchus & Argenis, Vol. 1 Of 4: Translated from the Latin (Classic Reprint) John Barclay. 2017. (ENG., Illus.). (J). 36.11 *(978-0-265-67534-2(0))*; pap. 19.57 *(978-1-5276-4526-4(6))* Forgotten Bks.

Phoenix, or the History of Polyarchus & Argenis, Vol. 3 Of 4: Translated from the Latin (Classic Reprint) John Barclay. 2017. (ENG., Illus.). (J). 36.27 *(978-0-265-68250-0(9))*; pap. 19.57 *(978-1-5276-5467-9(2))* Forgotten Bks.

Phoenix Project. C. A. Gray. 2020. (ENG.). 286p. (YA). (gr. 7-12). pap. 14.99 *(978-1-6781-6890-2(4))* Lulu Pr., Inc.

Phoenix Rising. Bryony Pearce. (ENG.). (J). 2018. 356p. (gr. 5-5). pap. 8.99 *(978-1-5107-2661-1(6))*; 2017. 336p. (gr. 4-4). 15.99 *(978-1-5107-0734-4(4))* Skyhorse Publishing Co., Inc. (Sky Pony Pr.).

Phoenix Rising Novel Units Student Packet. Novel Units. 2019. (ENG.). (YA). pap. 13.99 *(978-1-58130-913-3(9)*, Novel Units, Inc.) Classroom Library Co.

Phoenix Rising Novel Units Teacher Guide. Novel Units. 2019. (ENG.). (YA). pap. 12.99 *(978-1-58130-912-6(0)*, Novel Units, Inc.) Classroom Library Co.

Phoenix Suns. Patrick Donnelly. 2022. (Inside the NBA (2023) Ser.). (ENG., Illus.). 48p. (J). (gr. 3-6). lib. bdg. 34.22 *(978-1-5321-9841-0(8)*, 39787, SportsZone) ABDO Publishing Co.

Phoenix Suns. K. C. Kelley. 2019. (Insider's Guide to Pro Basketball Ser.). (ENG.). 32p. (J). (gr. 1-4). lib. bdg. 35.64 *(978-1-5038-2463-8(2)*, 212270) Child's World, Inc, The.

Phoenix Suns. Jim Whiting. 2017. (NBA: a History of Hoops Ser.). (ENG., Illus.). 48p. (J). (gr. 4-7). *(978-1-60818-858-1(2)*, 20279, Creative Education) Creative Co., The.

Phoenix Suns All-Time Greats. Ted Coleman. 2023. (NBA All-Time Greats Set 2 Ser.). (ENG., Illus.). 24p. (J). (gr. 3-3). pap. 8.95 *(978-1-63494-623-0(5))* Pr. Room Editions LLC.

Phoenix Suns All-Time Greats. Contrib. by Ted Coleman. 2023. (NBA All-Time Greats Set 2 Ser.). (ENG., Illus.). 24p. (J). (gr. 3-3). lib. bdg. 28.50 *(978-1-63494-605-6(7))* Pr. Room Editions LLC.

Phoenixes. Thomas Kingsley Troupe. 2020. (Mythical Creatures Ser.). (ENG., Illus.). 24p. (J). (gr. 3-7). lib. bdg. 26.95 *(978-1-64487-276-5(5))* Bellwether Media.

Phoenixiana: Or, Sketches & Burlesques (Classic Reprint) John Phoenix. 2018. (ENG., Illus.). 278p. (J). 29.63 *(978-0-267-41445-1(5))* Forgotten Bks.

Phone Book. Matilda Tristram. 2018. (Phone Book Ser.: 1). (ENG., Illus.). 46p. (J). (gr. 3). 8.95 *(978-1-908714-51-0(4))* Cicada Bks. GBR. Dist: Consortium Bk. Sales & Distribution.

Phone Booth in Mr. Hirota's Garden, 1 vol. Heather Smith. Illus. by Rachel Wada. 2019. (ENG.). 32p. (J). (gr. 1-3). 21.95 *(978-1-4598-2103-3(3))* Orca Bk. Pubs. USA.

Phone-Y Friends. Nancy Krulik & Amanda Burwasser. Illus. by Mike Moran. 2017. (Project Droid Ser.). (ENG.). 104p. (J). (gr. 1-3). 13.99 *(978-1-5107-2662-8(4))*; pap. 9.99 *(978-1-5107-2654-3(3))* Skyhorse Publishing Co., Inc. (Sky Pony Pr.).

Phones Keep Us Connected. Kathleen Weidner Zoehfeld. Illus. by Kasia Nowowiejska. 2017. (Let's-Read-And-Find-Out Science 2 Ser.). (ENG.). 40p. (J). (gr. -1-3). pap. 6.99 *(978-0-06-238667-0(0)*, HarperCollins) HarperCollins Pubs.

Phonetic Reader (Classic Reprint) Charles Winslow Deane. (ENG., Illus.). (J). 2018. 186p. 27.73 *(978-0-267-27642-4(7))*; 2016. pap. 10.57 *(978-1-333-99035-0(9))* Forgotten Bks.

Phonetic Readings in English (Classic Reprint) Daniel. Jones. (ENG., Illus.). (J). 2018. 114p. 26.27 *(978-0-656-46869-0(6))*; 2017. pap. 9.57 *(978-0-243-27400-0(9))* Forgotten Bks.

Phonic Books Amber Guardians: Decodable Books for Older Readers (Suffixes, Prefixes & Root Words, Morphology) Phonic Books. 2018. (Phonic Books Intervention Decodables Ser.). (ENG.). 320p. (J). (gr. 4-7). 96.00 ***(978-1-78369-296-5(0)***, Phonic Bks.) DK.

Phonic Books Amber Guardians Activities: Photocopiable Activities Accompanying Amber Guardians Books for Older Readers (Suffixes, Prefixes & Root Words, Morphology) Phonic Books. 2019. (Phonic Books Intervention Decodables Ser.). (ENG.). 244p. (J). (gr. 4-7). pap. 50.00 ***(978-1-78369-312-2(6)***, Phonic Bks.) DK.

Phonic Books Dandelion Launchers Extras Reading & Writing Activities Stages 1-7 I Am Sam: Photocopiable Activities Accompanying Dandelion Launchers Extras Stages 1-7 (Alphabet Code) Phonic Books. 2022. (Phonic Books Decodables for Beginner & Emergent Readers Ser.). (ENG.). 166p. (J). (-k). pap. 50.00 ***(978-1-78369-346-7(0)***, Phonic Bks.) DK.

Phonic Books Dandelion Launchers Extras Stages 1-7 I Am Sam: Decodable Books for Beginner Readers Sounds of the Alphabet. Phonic Books. 2022. (Phonic Books Decodables for Beginner & Emergent Readers Ser.). (ENG.). 168p. (J). (-k). 45.00 ***(978-1-78369-345-0(2)***, Phonic Bks.) DK.

Phonic Books Dandelion Launchers Reading & Writing Activities for Stages 1-7 Sam, Tam, Tim (Alphabet Code) Photocopiable Activities Accompanying Dandelion Launchers Stages 1-7 (Alphabet Code) Phonic Books. 2019. (Phonic Books Decodables for Beginner & Emergent Readers Ser.). (ENG.). 168p. (J). (-k). pap. 50.00 ***(978-1-78369-315-3(0)***, Phonic Bks.) DK.

Phonic Books Dandelion Launchers Reading & Writing Activities for Stages 16-20 the Itch ('tch' & 've', Two Syllable Suffixes -Ed & -ing & Spelling: Photocopiable Activities Accompanying Dandelion Launchers Stages 16-20 (Two Syllable Suffixes -Ed & -ing & Spelling) Phonic Books. 2022. (Phonic Books Decodables for Beginner & Emergent Readers Ser.). (ENG.). 134p. (J). (-k). pap. 35.00 ***(978-1-78369-336-8(3)***, Phonic Bks.) DK.

Phonic Books Dandelion Launchers Reading & Writing Activities for Stages 8-15 Junk (Consonant Blends & Consonant Teams) Photocopiable Activities Accompanying Dandelion Launchers Stages 8-15 (Words with Four Sounds CVCC) Phonic Books. 2020. (Phonic Books Decodables for Beginner & Emergent Readers Ser.). (ENG.). 188p. (J). (-k). pap. 50.00 ***(978-1-78369-320-7(7)***, Phonic Bks.) DK.

Phonic Books Dandelion Launchers Stages 1-7 Sam, Tam, Tim (Alphabet Code) Decodable Books for Beginner Readers Sounds of the Alphabet. Phonic Books. 2016. (Phonic Books Decodables for Beginner & Emergent Readers Ser.). (ENG.). 168p. (J). (-k). 45.00 ***(978-1-78369-283-5(9)***, Phonic Bks.) DK.

Phonic Books Dandelion Launchers Stages 16-20 the Itch ('tch' & 've', Two-Syllable Words, Suffixes -Ed & -ing & Spelling) Decodable Books for Beginner Readers 'tch' & 've', Two-Syllable Words, Suffixes -Ed & -ing & Spelling. Phonic Books. 2022. (Phonic Books Decodables for Beginner & Emergent Readers Ser.). (ENG.). 120p. (J). (-k). 40.00 ***(978-1-78369-334-4(7)***, Phonic Bks.) DK.

Phonic Books Dandelion Readers VCe Spellings: Decodable Books for Beginner Readers VCe Spellings. Phonic Books. 2021. (Phonic Books Decodables for Beginner & Emergent Readers Ser.). (ENG., Illus.). 96p. (J). (gr. k-2). 30.00 ***(978-1-78369-323-8(1)***, Phonic Bks.) DK.

Phonic Books Dandelion Readers VCe Spellings Activities: Activities Accompanying Dandelion Readers VCe Spellings. Phonic Books. 2021. (Phonic Books Decodables for Beginner & Emergent Readers Ser.). (ENG.). 138p. (J). (gr. k-2). pap. 35.00 ***(978-1-78369-324-5(X)***, Phonic Bks.) DK.

Phonic Books Dandelion Readers Vowel Spellings Level 1 the Mail: Decodable Books for Beginner Readers Vowel Teams. Phonic Books. 2020. (Phonic Books Decodables for Beginner & Emergent Readers Ser.). (ENG., Illus.). 192p. (J). (gr. k-2). 45.00 ***(978-1-78369-321-4(5)***, Phonic Bks.) DK.

Phonic Books Dandelion Readers Vowel Spellings Level 1 the Mail Activities: Activities Accompanying Dandelion Readers Vowel Spellings Level 1 the Mail (One Spelling for Each Vowel Sound) Phonic Books. 2020. (Phonic Books Decodables for Beginner & Emergent Readers Ser.). (ENG.). 226p. (J). (gr. k-2). pap. 50.00 ***(978-1-78369-322-1(3)***, Phonic Bks.) DK.

Phonic Books Dandelion Readers Vowel Spellings Level 2 Viv Wails: Decodable Books for Beginner Readers Vowel Teams. Phonic Books. 2021. (Phonic Books Decodables for Beginner & Emergent Readers Ser.). (ENG.). 192p. (J). (gr. k-2). 45.00 ***(978-1-78369-329-0(0)***, Phonic Bks.) DK.

Phonic Books Dandelion Readers Vowel Spellings Level 2 Viv Wails Activities: Activities Accompanying Dandelion Readers Vowel Spellings Level 2 Viv Wails (Two to Three Alternative Spellings for Each Vowel Sound) Phonic Books. 2021. (Phonic Books Decodables for Beginner & Emergent Readers Ser.). (ENG.). 226p. (J). (gr. k-2). pap. 50.00 ***(978-1-78369-330-6(4)***, Phonic Bks.) DK.

Phonic Books Dandelion Readers Vowel Spellings Level 3 Jake, the Snake: Decodable Books for Beginner Readers Vowel Teams. Phonic Books. 2021. (Phonic Books Decodables for Beginner & Emergent Readers Ser.). (ENG.). 192p. (J). (gr. k-2). 45.00 ***(978-1-78369-331-3(2)***, Phonic Bks.) DK.

Phonic Books Dandelion Readers Vowel Spellings Level 3 Jake, the Snake Activities: Activities Accompanying Dandelion Readers Vowel Spellings Level 3 Jake, the Snake (Four to Five Alternative Spellings for Each Vowel Sound) Phonic Books. 2021. (Phonic Books Decodables for Beginner & Emergent Readers Ser.). (ENG.). 256p. (J). (gr. k-2). pap. 50.00 ***(978-1-78369-332-0(0)***, Phonic Bks.) DK.

Phonic Books Dragon Eggs: Decodable Books for Older Readers (Alternative Vowel Spellings) Phonic Books. 2021. (Phonic Books Intervention Decodables Ser.). (ENG.). 200p. (J). (gr. 2-4). 69.00 ***(978-1-78369-326-9(6)***, Phonic Bks.) DK.

Phonic Books Dragon Eggs Activities: Photocopiable Activities Accompanying Dragon Eggs Books for Older Readers (Alternative Vowel Spellings) Phonic Books. 2021. (Phonic Books Intervention Decodables Ser.). (ENG.). 218p. (J). (gr. 2-4). pap. 50.00 ***(978-1-78369-328-3(2)***, Phonic Bks.) DK.

Phonic Books Island Adventure: Decodable Books for Older Readers (Alternative Vowel Spellings) Phonic Books. 2019. (Phonic Books Intervention Decodables Ser.). (ENG.). 200p. (J). (gr. 4-7). 69.00 ***(978-1-78369-317-7(7)***, Phonic Bks.) DK.

Phonic Books Island Adventure Activities: Photocopiable Activities Accompanying Island Adventure Books for Older Readers (Alternative Vowel Spellings) Phonic Books. 2019. (Phonic Books Intervention Decodables Ser.). (ENG.). 192p. (J). (gr. 4-7). pap. 50.00 ***(978-1-78369-319-1(3)***, Phonic Bks.) DK.

Phonic Books Moon Dogs Extras: Decodable Books for Older Readers (Alternative Vowel Spellings) Phonic Books. 2022. (Phonic Books Intervention Decodables Ser.). (ENG.). 288p. (J). (gr. 4-7). 99.00 ***(978-1-78369-338-2(X)***, Phonic Bks.) DK.

Phonic Books Moon Dogs Extras Activities: Photocopiable Activities Accompanying Moon Dogs Extras Books for Older Readers (Alternative Vowel Spellings) Phonic Books. 2022. (Phonic Books Intervention Decodables Ser.). (ENG.). 196p. (J). (gr. 4-7). pap. 50.00 ***(978-1-78369-340-5(1)***, Phonic Bks.) DK.

Phonic Books Moon Dogs Set 1: Decodable Books for Older Readers (Alphabet at CVC Level) Phonic Books. 2018. (Phonic Books Intervention Decodables Ser.). (ENG.). 96p. (J). (gr. 4-7). 35.00 ***(978-1-78369-297-2(9)***, Phonic Bks.) DK.

Phonic Books Moon Dogs Set 1 Activities: Photocopiable Activities Accompanying Moon Dogs Set 1 Books for Older Readers (Alphabet at CVC Level) Phonic Books. 2018. (Phonic Books Intervention Decodables Ser.). (ENG.). 84p. (J). (gr. 4-7). pap. 35.00 ***(978-1-78369-302-3(9)***, Phonic Bks.) DK.

Phonic Books Moon Dogs Set 2: Decodable Books for Older Readers (CVC Level, Consonant Blends & Consonant Teams) Phonic Books. 2018. (Phonic Books Intervention Decodables Ser.). (ENG., Illus.). 96p. (J). (gr. 4-7). 35.00 ***(978-1-78369-298-9(7)***, Phonic Bks.) DK.

Phonic Books Moon Dogs Set 2 Activities: Photocopiable Activities Accompanying Moon Dogs Set 2 Books for Older Readers (CVC Level, Consonant Blends & Consonant Teams) Phonic Books. 2019. (Phonic Books Intervention Decodables Ser.). (ENG.). 80p. (J). (gr. 4-7). pap. 35.00 ***(978-1-78369-303-0(7)***, Phonic Bks.) DK.

Phonic Books Moon Dogs Set 3 Vowel Spellings: Decodable Books for Older Readers (Two Spellings for a Vowel Sound) Phonic Books. 2017. (Phonic Books Intervention Decodables Ser.). (ENG.). 224p. (J). (gr. 4-7). 45.00 ***(978-1-78369-292-7(8)***, Phonic Bks.) DK.

Phonic Books Moon Dogs Set 3 Vowel Spellings Activities: Photocopiable Activities Accompanying Moon Dogs Set 3 Vowel Spellings Books for Older Readers (Two Spellings for a Vowel Sound) Phonic Books. 2017. (Phonic Books Intervention Decodables Ser.). (ENG.). 236p. (J). (gr. 4-7). pap. 50.00 ***(978-1-78369-293-4(6)***, Phonic Bks.) DK.

Phonic Books Moon Dogs VCe Spellings: Decodable Books for Older Readers (Silent E) Phonic Books. 2023. (Phonic Books Intervention Decodables Ser.). (ENG.). 96p. (J). (gr. 4-7). 30.00 ***(978-1-78369-342-9(8)***, Phonic Bks.) DK.

Phonic Books Moon Dogs VCe Spellings Activities: Photocopiable Activities Accompanying Moon Dogs VCe Spellings Books for Older Readers (Silent E) Phonic Books. 2023. (Phonic Books Intervention Decodables Ser.). (ENG.). 138p. (J). (gr. 4-7). pap. 35.00 ***(978-1-78369-344-3(4)***, Phonic Bks.) DK.

Phonic Books Talisman 2: Decodable Books for Older Readers (Alternative Vowel & Consonant Sounds, Common Latin Suffixes) Phonic Books. 2017. (Phonic Books Intervention Decodables Ser.). (ENG.). 160p. (J). (gr. 4-7). 69.00 ***(978-1-78369-290-3(1)***, Phonic Bks.) DK.

Phonic Books Talisman 2 Activities: Photocopiable Activities Accompanying Talisman 2 Books for Older Readers (Alternative Vowel & Consonant Sounds, Common Latin Suffixes) Phonic Books. 2017. (Phonic Books Intervention Decodables Ser.). (ENG.). 166p. (J). (gr. 4-7). pap. 50.00 ***(978-1-78369-291-0(X)***, Phonic Bks.) DK.

Phonic Books Talisman Card Games, Boxes 11-20. Phonic Books. 2017. (ENG.). 560p. (J). (gr. 4-7). 85.00 ***(978-0-593-84282-9(0)***, Phonic Bks.) DK.

Phonic Books That Dog! Decodable Books for Older Readers (CVC, Consonant Blends & Consonant Teams) Phonic Books. 2018. (Phonic Books Intervention Decodables Ser.). (ENG.). 192p. (J). (gr. 4-7). 79.00 ***(978-1-78369-306-1(1)***, Phonic Bks.) DK.

Phonic Books That Dog! Activities: Photocopiable Activities Accompanying That Dog! Books for Older Readers (CVC, Consonant Blends & Consonant Teams) Phonic Books. 2018. (Phonic Books Intervention Decodables Ser.). (ENG.). 230p. (J). (gr. 4-7). pap. 50.00 ***(978-1-78369-307-8(X)***, Phonic Bks.) DK.

Phonic Books Titan's Gauntlets: Decodable Books for Older Readers (Alternative Vowel & Consonant Sounds, Common Latin Suffixes) Phonic Books. 2016. (Phonic Books Intervention Decodables Ser.). (ENG.). 200p. (J). (gr. 4-7). 69.00 ***(978-1-78369-287-3(1)***, Phonic Bks.) DK.

Phonic Books Titan's Gauntlets Activities: Photocopiable Activities Accompanying Titan's Gauntlets Books for Older Readers (Alternative Vowel & Consonant Sounds, Common Latin Suffixes) Phonic Books. 2016. (Phonic Books Intervention Decodables Ser.). (ENG.). 190p. (J). (gr. 4-7). pap. 50.00 ***(978-1-78369-288-0(X)***, Phonic Bks.) DK.

Phonic Manual for the Use of Teachers (Classic Reprint) Unknown Author. (ENG., Illus.). (J). 2018. 108p. 26.12 *(978-0-364-07354-4(3))*; 2017. pap. 9.57 *(978-0-259-83436-6(X))* Forgotten Bks.

Phonic Primer, Vol. 1 (Classic Reprint) Unknown Author. 2017. (ENG., Illus.). (J). 26.04 *(978-0-266-85507-1(5))*; pap. 9.57 *(978-1-5278-0264-3(7))* Forgotten Bks.

Phonics 1. Margaret Clarke. 2020. (ENG.). 58p. (J). pap. *(978-1-927865-81-1(6))* WTL International.

Phonics 2. Margaret Clarke. 2020. (ENG.). 68p. (J). pap. *(978-1-927865-82-8(4))* WTL International.

Phonics 3. Margaret Clarke. 2020. (ENG.). 66p. (J). pap. *(978-1-927865-83-5(2))* WTL International.

Phonics ABCs: A Rhythmic & Rhyming Alphabet Book. Kayla Dare. 2016. (ENG., Illus.). (J). (gr. -1-k). 14.95 *(978-1-63177-751-6(3))* Amplify Publishing Group.

Phonics Ages 5-6 Practice Workbook (Letts KS1 Practice) Letts Letts KS1. 2018. (Letts KS1 Revision Success Ser.). (ENG.). 96p. pap. 9.95 *(978-0-00-829423-6(2))* HarperCollins Pubs. Ltd. GBR. Dist: Independent Pubs. Group.

Phonics Beginning Consonant Blends: Reading Books for 1st Grade Children's Reading & Writing Books. Baby Professor. 2017. (ENG., Illus.). (J). pap. 9.55 *(978-1-5419-2597-7(1)*, Baby Professor (Education Kids)) Speedy Publishing LLC.

Phonics Bumper Book Ages 3-5: Ideal for Home Learning (Collins Easy Learning Preschool) Collins Easy Learning. 2018. (Collins Easy Learning Preschool Ser.). (ENG., Illus.). 48p. (gr. -1-k). pap. 7.95 *(978-0-00-827543-3(2))* HarperCollins Pubs. Ltd. GBR. Dist: Independent Pubs. Group.

Phonics (Classic Reprint) Katherine Stichter. 2018. (ENG., Illus.). 30p. (J). 24.52 *(978-0-267-17166-8(8))* Forgotten Bks.

Phonics Flashcards: Ideal for Home Learning. Collins Easy Learning. 2017. (Collins Easy Learning Preschool Ser.). (ENG.). 52p. (J). (gr. -1). 8.99 *(978-0-00-820105-0(6))* HarperCollins Pubs. Ltd. GBR. Dist: Independent Pubs. Group.

Phonics for 1st Grade: Children's Reading & Writing Education Books. Prodigy Wizard Books. 2016. (ENG., Illus.). (J). pap. 9.25 *(978-1-68323-228-5(3))* Twin Flame Productions.

Phonics for 2nd Grade: Children's Reading & Writing Education Books. Prodigy Wizard Books. 2016. (ENG., Illus.). (J). pap. 9.25 *(978-1-68323-235-3(6))* Twin Flame Productions.

Phonics for Children: Children's Reading & Writing Education Books. Baby Professor. 2016. (ENG., Illus.). 40p. (J). pap. 11.65 *(978-1-68326-374-6(X)*, Baby Professor (Education Kids)) Speedy Publishing LLC.

Phonics for English: Children's Reading & Writing Education Books. Professor Gusto. 2016. (ENG., Illus.). (J). pap. 10.81 *(978-1-68321-227-0(4))* Mimaxion.

Phonics for Girls: Children's Reading & Writing Education Books. Professor Gusto. 2016. (ENG., Illus.). (J). pap. 10.81 *(978-1-68321-212-6(6))* Mimaxion.

Phonics for Grade 2: Children's Reading & Writing Education Books. Prodigy Wizard Books. 2016. (ENG., Illus.). (J). pap. 9.25 *(978-1-68323-222-3(4))* Twin Flame Productions.

Phonics for Kindergarten Grade K Home Workbook: Children's Reading & Writing Education Books. Prodigy Wizard Books. 2016. (ENG., Illus.). (J). pap. 9.25 *(978-1-68323-229-2(1))* Twin Flame Productions.

Phonics for Letters & Sounds Set 1. Collins Big Cat. 2018. (Collins Big Cat Ser.). (ENG.). pap. 315.00 *(978-0-00-827985-1(3))* HarperCollins Pubs. Ltd. GBR. Dist: Independent Pubs. Group.

Phonics for Middle School: Children's Reading & Writing Education Books. Professor Gusto. 2016. (ENG., Illus.). (J). pap. 10.81 *(978-1-68321-219-5(3))* Mimaxion.

Phonics for Pre School: Children's Reading & Writing Education Books. Bobo's Little Brainiac Books. 2016. (ENG., Illus.). (J). pap. 7.99 *(978-1-68327-049-2(5))* Sunshine In My Soul Publishing.

Phonics for Preschool: Children's Reading & Writing Education Books. Baby Professor. 2016. (ENG., Illus.). 40p. (J). pap. 11.65 *(978-1-68326-389-0(8)*, Baby Professor (Education Kids)) Speedy Publishing LLC.

Phonics for Reading: Children's Reading & Writing Education Books. Professor Gusto. 2016. (ENG., Illus.). (J). pap. 10.81 *(978-1-68321-226-3(6))* Mimaxion.

Phonics for Reading First Level: Children's Reading & Writing Education Books. Bobo's Little Brainiac Books. 2016. (ENG., Illus.). (J). pap. 7.99 *(978-1-68327-056-0(8))* Sunshine In My Soul Publishing.

Phonics for Reading Level 1: Children's Reading & Writing Education Books. Baby Professor. 2016. (ENG., Illus.). 40p. (J). pap. 11.65 *(978-1-68326-396-8(0)*, Baby Professor (Education Kids)) Speedy Publishing LLC.

Phonics for Reading Level 2: Children's Reading & Writing Education Books. Prodigy Wizard Books. 2016. (ENG., Illus.). (J). pap. 9.25 *(978-1-68323-236-0(4))* Twin Flame Productions.

Phonics for Reading Second Level: Children's Reading & Writing Education Books. Baby Professor. 2016. (ENG., Illus.). 40p. (J). pap. 11.65 *(978-1-68326-397-5(9)*, Baby Professor (Education Kids)) Speedy Publishing LLC.

Phonics for Toddlers: Children's Reading & Writing Education Books. Prodigy Wizard Books. 2016. (ENG., Illus.). (J). pap. 9.25 *(978-1-68323-221-6(6))* Twin Flame Productions.

Phonics Fun Activity Book: Reading & Writing Activities for Kids. Brian P. Cleary. 2022. (ENG., Illus.). 32p. (J). (gr. -1-2). pap. 8.99 *(978-1-7284-5955-4(9)*, 5d81eb76-14a6-430b-86a7-ae215f4cb8df) Lerner Publishing Group.

Phonics Fun (Trolls) (Media Tie-In), 1 vol. Text by Scholastic. ed. 2022. (ENG.). 192p. (J). (gr. -1-3). 14.99 *(978-1-338-82449-0(X))* Scholastic, Inc.

PHONICS in SPANISH - Leo con Pocoyó: un Cuento para Cada Letra / I Read with Poc Oyo. One Story for Each Letter. Zinkia Entertainment. 2023. (Leo con Pocoyo Ser.: 2). (SPA.). 48p. (J). (gr. -1-1). pap. 8.95 ***(978-607-38-2773-7(3)***, Altea) Penguin Random House Grupo Editorial ESP. Dist: Penguin Random Hse. LLC.

PHONICS in SPANISH - Leo con Pocoyó: un Cuento para Cada Vocal / I Read with Poc Oyo. One Story for Each Vowel. Zinkia Entertainment. 2023. (Leo con Pocoyo Ser.: 1). (SPA.). 48p. (J). (gr. -1-1). pap. 8.95 ***(978-607-38-2756-0(3)***, Altea) Penguin Random House Grupo Editorial ESP. Dist: Penguin Random Hse. LLC.

Phonics Is My Way Series, 21 bks. Etrulia R. Lee. Incl. Blake the Duck. 24p. (gr. -1-2). 1994. pap. *(978-1-884876-09-7(9))*; Dill. 20p. (gr. -1-2). 1995. pap. *(978-1-884876-03-5(X))*; Footprints in the Sand. 32p. (gr. k-2). 1994. pap. *(978-1-884876-19-6(6))*; Horse on a Porch. 36p. (gr. k-2). 1994. pap. *(978-1-884876-15-8(3))*; I Can Jump. 16p. (gr. -1-2). 1994. pap. *(978-1-884876-01-1(3))*; I Like to Dream. 32p. (gr. k-2). 1994. pap. *(978-1-884876-11-0(0))*; Jam, Ham & Yams. 20p. (gr. -1-2). 1994. pap. *(978-1-884876-02-8(1))*; Mel. 20p. (gr. -1-2). 1994. pap. *(978-1-884876-07-3(2))*; Mel Is Back. 32p. (gr. k-2). 1994. pap. *(978-1-884876-13-4(7))*; Mel's Store. 36p. (gr. k-2). 1994. pap. *(978-1-884876-21-9(8))*; Red Beans & Rice. 32p. (gr. k-2). 1994. pap. *(978-1-884876-20-2(X))*; Skates & Grapes. 24p. (gr. k-2). 1994. pap. *(978-1-884876-12-7(9))*; Space Trip. 24p. (gr. k-2). 1994. pap. *(978-1-884876-18-9(8))*; Stuff. 20p. (gr. k-2). 1994. pap. *(978-1-884876-17-2(X))*; Team. 24p. (gr. -1-2). 1994. pap. *(978-1-884876-08-0(0))*; Tiff & His Bone. 28p. (gr. -1-2). 1994. pap. *(978-1-884876-04-2(8))*; Train Ride. 20p. (gr. -1-2). 1994. pap. *(978-1-884876-10-3(2))*; Wake up Time. 20p. (gr. -1-2). 1994. pap. What Would You Say? 24p. (gr. k-2). 1994. pap. *(978-1-884876-14-1(5))*; Zip-a-Zap Zing. 32p. (gr. k-2). 1994. pap. *(978-1-884876-16-5(1))*; (Illus.). (J). 149.95 *(978-1-884876-00-4(5))* Chamike Pubs.

Phonics Kindergarten Workbook: Scholastic Early Learners (Skills Workbook) Scholastic. 2019. (Scholastic Early Learners Ser.). (ENG.). 24p. (J). (gr. k-2). pap. 3.99 *(978-1-338-30504-3(2))* Scholastic, Inc.

Phonics Made Easy, 56 vols. School Zone Publishing Company Staff. rev. ed. 2019. (ENG.). 56p. (J). (gr. k-2). 3.49 *(978-0-938256-81-6(5)*, ee2f7f7a-6906-406e-a3ce-4a6fe397ce14) School Zone Publishing Co.

Phonics Pack 2. Quinlan B. Lee. 2016. (LEGO DC Super Heroes Ser.). (ENG.). 16p. (J). (gr. -1-k). 12.99 *(978-0-545-86802-0(5))* Scholastic, Inc.

Phonics Quick Quizzes Ages 5-7: Ideal for Home Learning. Collins Easy Learning. 2017. (Collins Easy Learning KS1 Ser.). (ENG., Illus.). 32p. (J). (gr. k-2). pap. 6.99 *(978-0-00-821244-5(9))* HarperCollins Pubs. Ltd. GBR. Dist: Independent Pubs. Group.

Phonics Reading Program (Pokémon) Quinlan B. Lee. 2018. (ENG.). 16p. (J). (gr. -1-3). bds. 12.99 *(978-1-338-20744-6(X))* Scholastic, Inc.

Phonics, Vocal Expression & Spelling (Classic Reprint) R. M. Church. (ENG., Illus.). (J). 2018. 134p. 26.66 *(978-0-267-93043-2(7))*; 2016. pap. 9.57 *(978-1-334-14740-1(X))* Forgotten Bks.

Phonics Workbook Grade 1 - Ages 6-7. Baby Iq Builder Books. 2016. (ENG., Illus.). (J). pap. 8.99 *(978-1-68374-735-2(6))* Examined Solutions PTE. Ltd.

Phonograph to Streaming Music. Jennifer Colby. 2019. (21st Century Junior Library: Then to Now Tech Ser.). (ENG., Illus.). 24p. (J). (gr. 2-5). pap. 12.79 *(978-1-5341-5013-3(7)*, 213359); lib. bdg. 30.64 *(978-1-5341-4727-0(6)*, 213358) Cherry Lake Publishing.

P

Phonographic Dictionary & Phrase Book (Classic Reprint) Benn Pitman. (ENG., Illus.). (J). 2018. 624p. 36.77 *(978-0-267-74459-6(5))*; 2018. 578p. 35.84 *(978-0-656-75338-3(2))*; 2017. 35.57 *(978-0-331-77802-1(5))*; 2017. 35.53 *(978-0-265-57874-2(4))*; 2017. pap. 19.57 *(978-0-282-86002-8(9))*; 2017. pap. 19.57 *(978-0-259-59719-3(8))*; 2016. pap. 19.57 *(978-1-334-09187-2(0))*; 2016. pap. 19.57 *(978-1-334-12146-3(X))* Forgotten Bks.

Phony Friends, Besties Again: The Continuing Adventures of Emo & Chickie. Gregg F. Relyea & Joshua N. Weiss. 2019. (ENG., Illus.). 58p. (J). (gr. k-6). pap. 9.95 *(978-0-9998344-8-0(7))* Resolution Pr.

Phooey Phooey Cockatooey. Nicole Kealoha. Illus. by Greg Pilimai. 2019. (ENG.). 28p. (J). pap. 10.99 *(978-1-7336885-0-5(1))* Southampton Publishing.

Phosphorus. 1 vol. Jeff Mapua. 2018. (Exploring the Elements Ser.). (ENG.). 48p. (gr. 6-6). 29.60 *(978-1-9785-0368-7(7)*, 55e459a9-ea68-409e-8b46-fbbd861bc4ad) Enslow Publishing, LLC.

Phosphorus Educational Facts Children's Science Book. Bold Kids. 2023. (ENG.). 42p. (J). pap. 14.99 ***(978-1-0717-2106-3(2))*** FASTLANE LLC.

Photo Ark ABC: An Animal Alphabet in Poetry & Pictures. Debbie Levy. 2021. (Photo Ark Ser.). (Illus.). 48p. (J). (gr. -1-2). 19.99 *(978-1-4263-7246-9(9)*, National Geographic Kids) Disney Publishing Worldwide.

Photo Ark ABC: An Animal Alphabet in Poetry & Pictures. Debbie Levy & Debbie Levy. 2021. (Photo Ark Ser.). (ENG.). 48p. (J). (gr. -1-2). 29.90 *(978-1-4263-7247-6(7)*, National Geographic Kids) Disney Publishing Worldwide.

Photo Book: Leveled Reader Red Fiction Level 3 Grade 1. Hmh Hmh. 2019. (Rigby PM Ser.). (ENG.). 16p. (J). (gr. 1). pap. 11.00 *(978-0-358-12123-7(X))* Houghton Mifflin Harcourt Publishing Co.

Photo Firsts. Meg Dorman. Illus. by Bob Bird. 2020. (ENG.). 28p. (J). pap. *(978-1-922331-48-9(1))* Library For All Limited.

Photo Journal Mission. Shannon McClintock Miller & Blake Hoena. Illus. by Alan Brown. 2019. (Adventures in Makerspace Ser.). (ENG.). 32p. (J). (gr. 3-5). lib. bdg. 30.65 *(978-1-4965-7950-8(X)*, 139759, Stone Arch Bks.) Capstone.

Photo-Play Journal, 1919, Vol. 3: The Magazine with a Heart, Soul & Character (Classic Reprint) Unknown Author. 2018. (ENG., Illus.). (J). 346p. 31.03 *(978-1-396-00880-1(2))*; 348p. pap. 13.57 *(978-1-396-00766-8(0))* Forgotten Bks.

Photo-Play Journal, Vol. 1: May, 1916 (Classic Reprint) Geo La Verne. 2017. (ENG., Illus.). (J). 456p. 33.30 *(978-0-484-25689-6(0))*; pap. 16.57 *(978-0-243-87273-2(9))* Forgotten Bks.

Photo-Play Journal, Vol. 2: May 1917 (Classic Reprint) Delbert E. Davenport. 2017. (ENG., Illus.). (J). 488p. 33.98 *(978-0-332-34977-0(2))*; pap. 16.57 *(978-0-243-90133-3(X))* Forgotten Bks.

Photo-Play Journal, Vol. 4: The Magazine with a Heart, Soul & Character; July, 1919 (Classic Reprint) Delbert E. Davenport. 2017. (ENG., Illus.). (J). 436p. 32.89 *(978-0-484-10942-0(1))*; pap. 16.57 *(978-0-259-76030-6(7))* Forgotten Bks.

Photo Playwright, Vol. 1: April, 1912 (Classic Reprint) Photoplay Enterprise Association. (ENG., Illus.). (J). 2018. 314p. 30.37 *(978-0-364-57049-4(0))*; 2017. pap. 13.57 *(978-0-259-91852-3(0))* Forgotten Bks.

Photo Puzzlemania!(TM) Created by Highlights. 2018. (Highlights Photo Puzzlemania Activity Bks.). (Illus.). 144p. (J). (gr. 2-4). pap. 12.99 *(978-1-62979-997-1(1)*, Highlights) Highlights Pr., c/o Highlights for Children, Inc.

Photo the Suliote, Vol. 1 Of 3: A Tale of Modern Greece (Classic Reprint) David R. Morier. 2017. (ENG., Illus.). (J). 30.50 *(978-0-265-70638-1(6))* Forgotten Bks.

Photo the Suliote, Vol. 2 Of 3: A Tale of Modern Greece (Classic Reprint) David R. Morier. (ENG., Illus.). (J). 2018. 304p. 30.17 *(978-0-483-58707-6(9))*; 2016. pap. 13.57 *(978-1-334-26517-4(8))* Forgotten Bks.

Photo the Suliote, Vol. 3 Of 3: A Tale of Modern Greece (Classic Reprint) David R. Morier. 2018. (ENG., Illus.). 390p. (J). 31.94 *(978-0-483-40844-9(1))* Forgotten Bks.

Photograph. Daniel G. Keohane & David Hilman. 2021. (ENG.). 158p. (J). pap. 8.99 *(978-0-9837329-8-3(1))* Other Road Pr.

Photograph: A Comedy in One Act (Classic Reprint) L. G. (ENG., Illus.). (J). 2018. 30p. 24.54 *(978-0-267-30686-2(5))*; 2016. pap. 7.97 *(978-1-333-33382-9(X))* Forgotten Bks.

Photographer's Troubles: A Farce in One Act (Classic Reprint) Jessie A. Kelley. 2018. (ENG., Illus.). 30p. (J). 24.52 *(978-0-267-28245-6(1))* Forgotten Bks.

Photographic: The Life of Graciela Iturbide. Isabel Quintero. Illus. by Zeke Peña. 2018. (ENG.). 96p. (YA). (gr. 7-17). 19.95 *(978-1-947440-00-5(4)*, 1317401) Getty Pubns.

Photographic: The Life of Graciela Iturbide. Isabel Quintero & Graciela Iturbide. Illus. by Zeke Peña. 2017. (J). *(978-1-60606-557-0(2)*, J. Paul Getty Museum) Getty Pubns.

Photographie et l'Etude des Nuages (Classic Reprint) Jacques Boyer. 2017. (FRE., Illus.). (J). pap. 9.57 *(978-0-282-89317-0(2))* Forgotten Bks.

Photography. Jenny Fretland VanVoorst. 2016. (Artist's Studio Ser.). (Illus.). 24p. (J). (gr. k-2). lib. bdg. 25.65 *(978-1-62031-283-4(2)*, Bullfrog Bks.) Jump! Inc.

Photojournalism. John Hamilton. 2018. (Digital Photography Ser.). (ENG., Illus.). 48p. (J). (gr. 5-9). lib. bdg. 34.21 *(978-1-5321-1588-2(1)*, 28752, Abdo & Daughters) ABDO Publishing Co.

Photoplay 1932: The World's Leading Motion Picture Publication; Volume 41-42 (Classic Reprint) James R. Quirk. 2018. (ENG., Illus.). (J). 782p. 40.03 *(978-1-396-72492-3(3))*; 784p. pap. 23.57 *(978-1-396-06541-5(5))* Forgotten Bks.

Photoplay, 1937, Vol. 51 (Classic Reprint) Ruth Waterbury. (ENG., Illus.). (J). 2018. 1134p. 47.29 *(978-0-267-00060-9(X))*; 2017. pap. 29.54 *(978-0-243-29162-5(0))* Forgotten Bks.

Photoplay, Combined with Movie Mirror, Vol. 21: July, 1942 (Classic Reprint) Helen Gilmore. (ENG., Illus.). (J). 2018. 662p. 37.55 *(978-0-483-62991-2(X))*; 2017. pap. 19.97 *(978-0-243-31327-3(6))* Forgotten Bks.

Photoplay Magazine: Vols; 14-15; July December, 1918 (Classic Reprint) James R. Quirk. (ENG., Illus.). (J). 2017. 33.63 *(978-0-331-57337-4(7))*; 2016. pap. 23.57 *(978-1-333-60323-6(1))* Forgotten Bks.

Photoplay Magazine: Vols; 24-25; July December, 1923 (Classic Reprint) James R. Quirk. (ENG., Illus.). (J). 2017. 40.40 *(978-0-260-33419-0(7))*; 2016. pap. 23.57 *(978-1-333-68591-1(2))* Forgotten Bks.

Photoplay Magazine, Vol. 12: October, 1917 (Classic Reprint) James R. Quirk. (ENG., Illus.). (J). 2018. 826p. 40.95 *(978-0-428-79820-8(9))*; 2017. pap. 23.57 *(978-0-259-52736-7(X))* Forgotten Bks.

Photoplay Magazine, Vol. 17: January June, 1920 (Classic Reprint) James R. Quirk. 2018. (ENG., Illus.). 814p. (J). 40.69 *(978-0-267-29299-8(6))* Forgotten Bks.

Photoplay Magazine, Vol. 18: July, 1920 (Classic Reprint) James R. Quirk. (ENG., Illus.). (J). 2018. 648p. 37.26 *(978-0-483-67063-1(4))*; 2017. 802p. 40.44 *(978-0-484-26184-5(3))*; 2017. pap. 23.57 *(978-0-259-50346-0(0))*; 2017. pap. 19.97 *(978-0-243-33541-1(5))* Forgotten Bks.

Photoplay Magazine, Vol. 19: February to June, 1921 (Classic Reprint) James R. Quirk. (ENG., Illus.). (J). 2018. 488p. 33.96 *(978-0-267-61159-1(5))*; 2016. pap. 16.57 *(978-1-334-12190-6(7))* Forgotten Bks.

Photoplay Magazine, Vol. 20: July, 1921 (Classic Reprint) James R. Quirk. (ENG., Illus.). (J). 2018. 732p. 38.99 *(978-0-364-37695-9(3))*; 2017. pap. 23.57 *(978-0-259-39944-5(2))* Forgotten Bks.

Photoplay Magazine, Vol. 21: January, 1922 (Classic Reprint) James R. Quirk. 2017. (ENG., Illus.). (J). 39.63 *(978-0-266-99995-9(6))*; pap. 23.57 *(978-1-5278-6977-6(6))* Forgotten Bks.

Photoplay Magazine, Vol. 22: Jul-Dec, 1922 (Classic Reprint) James R. Quirk. (ENG., Illus.). (J). 2018. 760p. 39.57 *(978-0-484-62679-8(5))*; 2017. pap. 23.57 *(978-0-243-51821-0(8))* Forgotten Bks.

Photoplay Magazine, Vol. 25: January 1924 (Classic Reprint) James R. Quirk. (ENG., Illus.). (J). 2018. 866p. 41.76 *(978-0-483-61467-3(X))*; 2017. pap. 24.10 *(978-0-282-43942-2(0))* Forgotten Bks.

Photoplay Magazine, Vol. 28: July-December, 1925 (Classic Reprint) James R. Quirk. 2017. (ENG., Illus.). (J). 882p. 42.11 *(978-0-484-32040-5(8))*; pap. 24.45 *(978-0-243-44322-2(6))* Forgotten Bks.

Photoplay Magazine, Vol. 30: July, 1926 (Classic Reprint) James R. Quirk. (ENG., Illus.). (J). 2018. 904p. 42.54 *(978-0-364-02363-1(5))*; 2017. pap. 24.88 *(978-0-243-52216-3(9))* Forgotten Bks.

Photoplay Magazine, Vol. 31: January, 1927 (Classic Reprint) James R. Quirk. (ENG., Illus.). (J). 2018. 902p. 42.50 *(978-0-428-75369-6(8))*; 2017. pap. 24.84 *(978-0-243-43146-5(5))* Forgotten Bks.

Photoplay, Vol. 10: The World's Leading Moving Picture Magazine; July-December, 1916 (Classic Reprint) Julian Johnson. (ENG., Illus.). (J). 2018. 1060p. 45.76 *(978-0-267-78884-2(3))*; 2016. pap. 28.10 *(978-1-334-49301-0(4))* Forgotten Bks.

Photoplay, Vol. 18: Combined with Movie Mirror; January 1941 (Classic Reprint) Ernest V. Heyn. 2017. (ENG., Illus.). (J). 37.78 *(978-0-265-56452-3(2))*; pap. 20.57 *(978-0-282-82739-7(0))* Forgotten Bks.

Photoplay, Vol. 19: Combined with Movie Mirror, July-December 1941 (Classic Reprint) Ernest V. Heyn. 2018. (ENG., Illus.). (J). 670p. 37.72 *(978-1-396-77341-9(X))*; 672p. pap. 20.57 *(978-1-391-90748-2(5))* Forgotten Bks.

Photoplay, Vol. 19: January, 1921 (Classic Reprint) James R. Quirk. 2017. (ENG., Illus.). (J). 26.52 *(978-0-260-11550-8(9))*; pap. 9.57 *(978-1-5280-0102-1(8))* Forgotten Bks.

Photoplay, Vol. 19: May, 1921 (Classic Reprint) James R. Quirk. 2017. (ENG., Illus.). (J). 26.39 *(978-0-331-24668-1(6))*; pap. 9.57 *(978-0-265-08004-7(5))* Forgotten Bks.

Photoplay, Vol. 22: Combined with Movie Mirror; January, 1943 (Classic Reprint) Helen Gilmore. (ENG., Illus.). (J). 2019. 664p. 37.59 *(978-0-365-23180-6(0))*; 2017. pap. 19.97 *(978-0-259-38838-8(6))* Forgotten Bks.

Photoplay, Vol. 23: Combined with Movie Mirror; July-December 1943 (Classic Reprint) Helen Gilmore. 2018. (ENG., Illus.). (J). 716p. 38.66 *(978-1-396-76648-0(0))*; 718p. pap. 23.57 *(978-1-396-00740-8(7))* Forgotten Bks.

Photoplay, Vol. 33: January, 1928 (Classic Reprint) Frederick James Smith. (ENG., Illus.). (J). 2018. 886p. 42.17 *(978-0-364-01083-9(5))*; 2017. pap. 24.51 *(978-0-243-50878-5(6))* Forgotten Bks.

Photoplay, Vol. 34: July, 1928 (Classic Reprint) Frederick James Smith. (ENG., Illus.). (J). 2018. 874p. 42.07 *(978-0-484-45067-6(0))*; 2017. pap. 24.28 *(978-0-243-44328-4(5))* Forgotten Bks.

Photoplay, Vol. 35: January, 1929 (Classic Reprint) James R. Quirk. (ENG., Illus.). (J). 2018. 892p. 42.29 *(978-0-484-45102-4(2))*; 2017. pap. 24.64 *(978-0-243-46177-6(1))* Forgotten Bks.

Photoplay, Vol. 36: July, 1929 (Classic Reprint) James R. Quirk. (ENG., Illus.). (J). 2018. 908p. 42.62 *(978-0-428-48694-5(0))*; 2017. pap. 24.97 *(978-0-243-49983-0(3))* Forgotten Bks.

Photoplay, Vol. 37: January, 1930 (Classic Reprint) James R. Quirk. (ENG., Illus.). (J). 2018. 902p. 42.50 *(978-0-483-96406-8(9))*; 2017. pap. 24.84 *(978-0-243-44386-4(2))* Forgotten Bks.

Photoplay, Vol. 38: The World's Leading Motion Picture Publication; July, 1930 (Classic Reprint) James R. Quirk. (ENG., Illus.). (J). 2018. 916p. 42.79 *(978-0-332-92768-8(7))*; 2017. pap. 25.13 *(978-0-243-49406-4(8))* Forgotten Bks.

Photoplay, Vol. 39: The National Guide to Motion Pictures; January, 1931 (Classic Reprint) James R. Quirk. (ENG., Illus.). (J). 2018. 866p. 41.76 *(978-0-364-02097-5(0))*; 2017. pap. 24.06 *(978-0-243-51996-5(6))* Forgotten Bks.

Photoplay, Vol. 43: The News & Fashion Magazine of the Screen; Jan-Jun 1933 (Classic Reprint) Unknown Author. 2017. (ENG., Illus.). (J). 734p. 39.04 *(978-0-484-14949-5(0))*; pap. 23.57 *(978-0-259-39074-9(7))* Forgotten Bks.

Photoplay, Vol. 46: July-December, 1934 (Classic Reprint) Photoplay Magazine Publishing Company. 2017. (ENG., Illus.). (J). 39.78 *(978-0-266-59889-3(7))*; pap. 23.57 *(978-0-282-92467-6(1))* Forgotten Bks.

Photoplay, Vol. 47: The World's Leading Motion Picture Publication; January, 1935 (Classic Reprint) Kathryn Dougherty. (ENG., Illus.). (J). 2018. 776p. 39.90 *(978-0-666-70468-9(6))*; 2017. pap. 23.57 *(978-0-259-58560-2(2))* Forgotten Bks.

Photoplay, Vol. 48: July, 1935 (Classic Reprint) Kathryn Dougherty. (ENG., Illus.). (J). 2018. 730p. 39.01 *(978-0-483-55293-7(3))*; 2016. pap. 23.57 *(978-1-334-17141-3(6))* Forgotten Bks.

Photoplay, Vol. 49: January June, 1936 (Classic Reprint) Ruth Waterbury. (ENG., Illus.). (J). 2018. 756p. 39.49 *(978-0-267-33193-2(2))*; 2016. pap. 23.57 *(978-1-333-57533-5(5))* Forgotten Bks.

Photoplay, Vol. 50: July, 1936 (Classic Reprint) Ruth Waterbury. (ENG., Illus.). (J). 2018. 752p. 39.41 *(978-0-364-02019-7(9))*; 2017. pap. 23.57 *(978-0-243-51938-5(9))* Forgotten Bks.

Photoplay, Vol. 51: The Aristocrat of Motion Picture Magazines; 10 October, 1937 (Classic Reprint) Ernest V. Heyn. (ENG., Illus.). (J). 2018. 334p. 30.79 *(978-0-483-58790-8(7))*; 2017. pap. 13.57 *(978-0-243-23834-7(7))* Forgotten Bks.

Photoplay, Vol. 52: July, 1938 (Classic Reprint) Ernest V. Heyn. (ENG., Illus.). (J). 2018. 556p. 35.36 *(978-0-267-78467-7(8))*; 2016. pap. 19.57 *(978-1-334-30194-0(8))* Forgotten Bks.

Photoplay, Vol. 52: The Aristocrat of Motion Picture Magazines; January June, 1938 (Classic Reprint) Ernest V. Heyn. (ENG., Illus.). (J). 2018. 670p. 37.72 *(978-0-267-33434-6(6))*; 2016. pap. 19.97 *(978-1-333-58723-9(6))* Forgotten Bks.

Photoplay, Vol. 53: July, 1939 (Classic Reprint) Ernest V. Heyn. 2018. (ENG., Illus.). (J). 582p. 35.90 *(978-1-396-77829-2(2))*; 584p. pap. 19.57 *(978-1-391-89240-5(2))* Forgotten Bks.

Photoplay, Vol. 54: January, 1940 (Classic Reprint) Ernest V. Heyn. 2017. (ENG., Illus.). (J). 592p. 36.11 *(978-0-484-90776-7(X))*; pap. 19.57 *(978-0-259-30678-8(9))* Forgotten Bks.

Photoplay Writer (Classic Reprint) Leona Radnor. 2017. (ENG., Illus.). 40p. (J). 24.72 *(978-0-332-52191-6(5))* Forgotten Bks.

Photoplay Writing (Classic Reprint) William Lord Wright. 2018. (ENG., Illus.). 234p. (J). 28.72 *(978-0-428-71105-4(7))* Forgotten Bks.

Photos Pink a Band. Alison Hawes. Illus. by Christiane Engel. ed. 2017. (Cambridge Reading Adventures Ser.). (ENG.). 16p. pap. 7.95 *(978-1-108-40066-4(3))* Cambridge Univ. Pr.

Photoshop & Web Design Basics for Kids - Technology Book for Kids Children's Computer & Technology Books. Baby Professor. 2017. (ENG., Illus.). (J). pap. 8.79 *(978-1-5419-1092-8(3)*, Baby Professor (Education Kids)) Speedy Publishing LLC.

Photoshop Elements 2018 Tips, Tricks & Shortcuts in Easy Steps. Nick Vandome. 2018. (In Easy Steps Ser.). (Illus.). 192p. pap. 15.99 *(978-1-84078-803-7(8))* In Easy Steps Ltd. GBR. Dist: Publishers Group West (PGW).

Photosynthesis. Grace Hansen. (Beginning Science: Ecology Ser.). (ENG.). 24p. (J). 2020. (gr. 1-1). pap. 8.95 *(978-1-64494-269-7(0)*, 1644942690, Abdo Kids-Jumbo); 2019. (Illus.). (gr. -1-2). lib. bdg. 32.79 *(978-1-5321-8896-1(X)*, 32960, Abdo Kids) ABDO Publishing Co.

Photosynthesis. Martha London. 2021. (Discover Biology Ser.). (ENG., Illus.). 32p. (J). (gr. 2-5). lib. bdg. 34.21 *(978-1-5321-9534-1(6)*, 37518, Kids Core) ABDO Publishing Co.

Photosynthesis: The Science Behind This - Facts for Children. Bold Kids. 2022. (ENG.). 46p. (J). pap. 14.99 ***(978-1-0717-1118-7(0))*** FASTLANE LLC.

Phrase Book in Aristography: Third Edition (Classic Reprint) Isaac S. Dement. 2018. (ENG., Illus.). 34p. (J). 24.64 *(978-0-332-96067-8(6))* Forgotten Bks.

Phrase Book, or Idiomatic Exercises in English & Tamil: Arranged under Several Heads, with an Index; Designed to Assist Tamil Youth in the Study of the English Language (Classic Reprint) Jaffna Book Society. (ENG., Illus.). (J). 2018. 378p. 31.69 *(978-0-364-01616-9(7))*; 2017. pap. 16.57 *(978-0-259-19541-2(3))* Forgotten Bks.

Phrase Book, or Idiomatic Exercises in English & Tamil: Designed to Assist Tamil Youths in the Study of the English Language (Classic Reprint) Jaffna Book Society. (ENG., Illus.). (J). 2017. 31.14 *(978-0-331-94130-2(9))*; 2016. pap. 13.57 *(978-1-334-15791-2(X))* Forgotten Bks.

Phrases in the Canton Colloquial Dialect: Arranged According to the Number of Chinese Characters in a Phrase, with an English Translation (Classic Reprint) Samuel William Bonney. 2018. (ENG., Illus.). (J). 370p. 31.55 *(978-1-391-16160-0(2))*; 372p. pap. 13.97 *(978-1-390-96259-8(8))* Forgotten Bks.

Phrases in the Canton Colloquial Dialect: Arranged According to the Number of Chinese Characters in a Phrase; with an English Translation (Classic Reprint) Samuel William Bonney. 2018. (ENG., Illus.). (J). 104p. 26.04 *(978-1-396-70226-6(1))*; 106p. pap. 9.57 *(978-1-396-12164-7(1))* Forgotten Bks.

Phrases of the Moon: Lunar Poems. J. Patrick Lewis. Illus. by Jori van der Linde. 2018. 32p. (J). (gr. 3-5). 18.99 *(978-1-56846-311-7(1)*, 19707, Creative Editions) Creative Co., The.

Phreno-Mnemotechnic Dictionary, Vol. 1: Being a Philosophical Classification of All the Homophonic Words of the English Language; Containing Also Separate Classification of Geographical, Mythological, Biographical, Scientific & Technical Homophonic Word. Francis Fauvel-Gouraud. 2017. (ENG., Illus.). (J). 276p. 29.61 *(978-0-484-01102-0(2))*; pap. 11.97 *(978-0-282-55126-1(3))* Forgotten Bks.

Phronsie Pepper: The Youngest of the Five Little Peppers (Classic Reprint) Margaret Sidney. 2017. (ENG., Illus.). 450p. (J). 33.20 *(978-1-5284-5967-9(9))* Forgotten Bks.

Phroso: A Romance (Classic Reprint) Anthony Hope. 2018. (ENG., Illus.). 368p. (J). 31.49 *(978-0-365-47714-3(1))* Forgotten Bks.

Phrynette & London (Classic Reprint) Marthe Troly-Curtin. 2017. (ENG., Illus.). (J). 31.01 *(978-0-331-58919-1(2))*; pap. 13.57 *(978-0-243-49794-2(6))* Forgotten Bks.

Phrynette (Classic Reprint) Marthe Troly-Curtin. 2017. (ENG., Illus.). (J). 30.89 *(978-0-331-69367-6(4))* Forgotten Bks.

Phrynette Married (Classic Reprint) Marthe Troly-Curtin. 2017. (ENG., Illus.). (J). 30.13 *(978-0-331-91124-4(8))*; pap. 13.57 *(978-0-243-27717-9(2))* Forgotten Bks.

Phyllida, Vol. 1 Of 3: A Life Drama (Classic Reprint) Florence Marryat. 2018. (ENG., Illus.). 232p. (J). 28.68 *(978-0-484-61528-0(9))* Forgotten Bks.

Phyllida, Vol. 2 Of 3: A Life Drama (Classic Reprint) Florence Marryat. 2018. (ENG., Illus.). 238p. (J). 28.83 *(978-0-484-18609-4(4))* Forgotten Bks.

Phyllis: A Twin (Classic Reprint) Dorothy Whitehill. 2018. (ENG., Illus.). 214p. (J). 28.31 *(978-0-483-90788-1(X))* Forgotten Bks.

Phyllis Browne (Classic Reprint) Flora Louisa Shaw. 2018. (ENG., Illus.). 396p. (J). 32.08 *(978-0-483-20839-1(6))* Forgotten Bks.

Phyllis (Classic Reprint) Margaret Wolfe Hungerford. (ENG., Illus.). (J). 2018. 336p. 30.83 *(978-0-484-25439-7(1))*; 2016. pap. 13.57 *(978-1-334-15775-2(8))* Forgotten Bks.

Phyllis Wong & the Waking of the Wizard. Geoffrey McSkimming. 2016. (Phyllis Wong Ser.). (ENG.). 400p. (J). (gr. 3-7). pap. 12.99 *(978-1-76011-338-4(7))* Allen & Unwin AUS. Dist: Independent Pubs. Group.

Phynodderree & Other Legends of the Isle of Man. Edward Callow. 2017. (ENG., Illus.). (J). 22.95 *(978-1-374-98749-4(2))* Capital Communications, Inc.

Phynodderree, & Other Legends of the Isle of Man (Classic Reprint) Edward Callow. 2018. (ENG., Illus.). 148p. (J). 26.95 *(978-0-267-41776-6(4))* Forgotten Bks.

Physicæ Experimentalis Lineamenta Ad Subalpinos, Vol. 1 (Classic Reprint) Universita Di Torino. 2018. (LAT., Illus.). (J). 284p. 29.75 *(978-1-391-34775-2(7))*; 286p. pap. 13.57 *(978-1-390-63319-1(5))* Forgotten Bks.

Physicæ Experimentalis Lineamenta Ad Subalpinos, Vol. 2 (Classic Reprint) Universita Di Torino. 2018. (LAT., Illus.). 460p. (J). 33.38 *(978-0-267-47336-6(2))* Forgotten Bks.

Physicae Experimentalis Lineamenta Ad Subalpinos, Vol. 2 (Classic Reprint) Universita Di Torino. 2017. (LAT., Illus.). (J). pap. 16.57 *(978-0-282-49004-1(3))* Forgotten Bks.

Physical & Chemical Changes in Matter: Chemistry Science Book for Grade 2 Children's Chemistry Books. Baby Professor. 2022. (ENG.). 72p. (J). 31.99 ***(978-1-5419-9664-9(X))***; pap. 19.99 ***(978-1-5419-8727-2(6))*** Speedy Publishing LLC. (Baby Professor (Education Kids)).

Physical & Chemical Reactions: 6th Grade Chemistry Book Children's Chemistry Books. Baby Professor. 2017. (ENG., Illus.). (J). pap. 8.79 *(978-1-5419-3990-5(5)*, Baby Professor (Education Kids)) Speedy Publishing LLC.

Physical & Health Education (Phe) for the Ib Myp 4&5: Myp by Concept: By Concept. Dominique Dalais. 2022. (ENG.). 320p. (J). (gr. 9-10). pap. ***(978-1-3983-0228-0(7))*** Hodder Education Group.

Physical & Sports Therapy Coloring Book. Bobo's Children Activity Books. 2016. (ENG., Illus.). (J). pap. 9.33 *(978-1-68327-699-9(X))* Sunshine In My Soul Publishing.

Physical Changes in Matter Matter for Kids Grade 4 Children's Physics Books. Baby Professor. 2020. (ENG.). 72p. (J). 24.99 *(978-1-5419-8040-2(9))*; pap. 14.99 *(978-1-5419-5942-2(6))* Speedy Publishing LLC. (Baby Professor (Education Kids)).

Physical Characteristics. Steve Goldsworthy. 2016. (Illus.). 24p. (J). *(978-1-5105-0933-7(X))* SmartBook Media, Inc.

Physical, Chemical, & Geological Researches on the Internal Heat of the Globe, Vol. 1 of 2 (Classic Reprint) Gustav Bischof. 2018. (ENG., Illus.). (J). 312p. 30.33 *(978-1-391-66791-1(3))*; 314p. pap. 13.57 *(978-1-391-65921-3(X))* Forgotten Bks.

Physical Development Theme Level a Book Set. 2016. (Early Rising Readers Ser.). (ENG.). (J). (gr. 1-2). 339.00 *(978-1-4788-5111-0(2))* Newmark Learning LLC.

Physical Development Theme Level AA Book Set. 2016. (Early Rising Readers Ser.). (ENG.). (J). (gr. 1-2). 339.00 *(978-1-4788-5110-3(4))* Newmark Learning LLC.

Physical Development Theme Level B Book Set. 2016. (Early Rising Readers Ser.). (ENG.). (J). (gr. 1-2). 339.00 *(978-1-4788-5112-7(0))* Newmark Learning LLC.

Physical Geography in Its Relation to the Prevailing Winds & Currents (Classic Reprint) John Knox Laughton. 2017. (ENG., Illus.). (J). 32.39 *(978-0-331-16471-8(X))* Forgotten Bks.

Physical Geography of the Sea, & Its Meteorology (Classic Reprint) Matthew Fontaine Maury. (ENG., Illus.). (J). 2018. 524p. 34.72 *(978-0-484-03955-0(5))*; 2017. 34.70 *(978-0-265-53774-9(6))*; 2017. pap. 19.57 *(978-0-282-74437-3(1))* Forgotten Bks.

Physical Geography (Yesterday's Classics) Archibald Geikie. 2021. (ENG.). 144p. (YA). pap. 10.95 *(978-1-63334-136-4(4))* Yesterday's Classics.

Physical Health in Our World. 1 vol. Audra Janari. 2021. (Spotlight on Our Future Ser.). (ENG.). 32p. (J). (gr. 3-4). pap. 11.60 *(978-1-7253-2415-2(6)*, 7eb93c7d-8c1a-4eba-a92f-645857c6f512); lib. bdg. 27.93 *(978-1-7253-2418-3(0)*, c3438c5c-6fb4-4154-aa8d-a50b3628fd55) Rosen Publishing Group, Inc., The. (PowerKids Pr.).

Physical Life of Woman: Advice to the Maiden, Wife & Mother. George H. Napheys. 2017. (ENG., Illus.). (J). 26.95 *(978-1-374-98561-2(9))*; pap. 16.95 *(978-1-374-98560-5(0))* Capital Communications, Inc.

Physical Maps. Simon Rose. 2019. (All about Maps Ser.). (ENG.). 24p. (J). (gr. 1-4). lib. bdg. 32.79 *(978-1-5038-2770-7(4)*, 212590) Child's World, Inc, The.

1586

The check digit for ISBN-10 appears in parentheses after the full ISBN-13

TITLE INDEX PICKING UP SPEED

Physical Phenomena of Sound Introduction to Sound As Energy Grade 4 Children's Physics Books. Baby Professor. 2020. (ENG.). 72p. (J). 24.99 *(978-1-5419-7941-3(9))*; pap. 14.99 *(978-1-5419-5946-0(9))* Speedy Publishing LLC. (Baby Professor (Education Kids)).

Physical Science. Abbie Dunne. 2016. (Physical Science Ser.). (ENG., Illus.). 24p. (J). (gr. -1-2). pap., pap., pap. 41.70 *(978-1-5157-1386-9(5)*, 24891, Capstone Pr.) Capstone.

Physical Science, 1 vol. Russell Kuhtz. 2016. (Study of Science Ser.). (ENG., Illus.). 156p. (YA). (gr. 8-8). lib. bdg. 37.82 *(978-1-5081-0425-4(5)*, 8a0bdce8-b0c3-41f8-8ed8-c2a73ededb28) Rosen Publishing Group, Inc., The.

Physical Sciences. Tim Cook. 2018. (Scientific Breakthroughs Ser.). (ENG.). 48p. (J). lib. bdg. 34.99 *(978-1-5105-3759-0(7))* SmartBook Media, Inc.

Physical Therapists. Jennifer Hunsaker. 2017. (Careers in Healthcare Ser.: Vol. 13). (ENG., Illus.). 64p. (YA). (gr. 7-12). 23.95 *(978-1-4222-3803-5(2))* Mason Crest.

Physical Training for Special Classes of the Elementary Schools (Classic Reprint) O'Neill O'Neill. 2018. (ENG., Illus.). 64p. (J). 25.24 *(978-0-267-15769-3(X))* Forgotten Bks.

Physical Treatise on Electricity & Magnetism, Vol. 1 of 2 (Classic Reprint) James Edward Henry Gordon. 2018. (ENG., Illus.). 430p. (J). 32.77 *(978-0-331-75687-6(0))* Forgotten Bks.

Physician Assistants. Samantha Simon. 2017. (Careers in Healthcare Ser.: Vol. 13). (ENG., Illus.). 64p. (YA). (gr. 7-12). 23.95 *(978-1-4222-3804-2(0))* Mason Crest.

Physicians, Scientists, & Mathematicians of the Islamic World, 14 vols. 2016. (Physicians, Scientists, & Mathematicians of the Islamic World Ser.). (ENG.). 112p. (gr. 6-6). 271.60 *(978-1-4777-8547-8(7)*, 23f8ead9-d594-41aa-b370-3a45f56f2952, Rosen Young Adult) Rosen Publishing Group, Inc., The.

Physicians, Their Patients, Pills, Paregoric & Poisons (Classic Reprint) Earle Scanland. (ENG., Illus.). (J). 2018. 104p. 26.06 *(978-0-364-79906-2(4))*; 2017. pap. 9.57 *(978-0-282-08209-3(3))* Forgotten Bks.

Physician's Wife & the Things That Pertain to Her Life (Classic Reprint) Ellen Firebaugh. 2018. (ENG., Illus.). 208p. (J). 28.25 *(978-0-332-92600-1(1))* Forgotten Bks.

Physicist. Tammy Gagne. 2020. (J). *(978-1-7911-1692-7(2)*, AV2 by Weigl) Weigl Pubs., Inc.

Physicists at Work: Coloring Book. Smarter Activity Books for Kids. 2016. (ENG., Illus.). (J). pap. 9.22 *(978-1-68374-585-3(X))* Examined Solutions PTE. Ltd.

Physics. Diane Bailey. 2017. (Illus.). 64p. (J). *(978-1-4222-3554-6(8))* Mason Crest.

Physics & Engineering. Jane Dunne. 2019. (Women in Stem Ser.). (ENG.). 24p. (J). lib. bdg. 22.99 *(978-1-5105-4437-6(2))* SmartBook Media, Inc.

Physics Animated! Tyler Jorden. Illus. by Elsa Martins. 2019. (ENG.). 14p. (J). (gr. k-2). bds. 14.99 *(978-1-64170-132-7(3)*, 550132) Familius LLC.

Physics at Every Step. Yakov Perelman. 2019. (ENG., Illus.). 188p. (YA). pap. *(978-2-917260-56-2(4))* Prodinnova.

Physics for Curious Kids: An Illustrated Introduction to Energy, Matter, Forces, & Our Universe! Laura Baker. Illus. by Alex Foster. 2022. (Curious Kids Ser.: 4). (ENG.). 128p. (J). 14.99 *(978-1-3988-0387-9(1)*, c6ad308d-4fa4-4959-83b1-64f73258c382) Arcturus Publishing GBR. Dist: Baker & Taylor Publisher Services (BTPS).

Physics for Kids: Electricity & Magnetism - Physics 7th Grade Children's Physics Books. Baby Professor. 2017. (ENG., Illus.). (J). pap. 8.79 *(978-1-5419-1149-9(0)*, Baby Professor (Education Kids)) Speedy Publishing LLC.

Physics for Kids Atoms, Electricity & States of Matter Quiz Book for Kids Children's Questions & Answer Game Books. Dot Edu. 2017. (ENG., Illus.). 64p. (J). pap. 9.52 *(978-1-5419-1687-6(5)*, Dot EDU (Educational & Textbooks)) Speedy Publishing LLC.

Physics in Your Everyday Life, 1 vol. Richard Gaughan. 2019. (Real World Science Ser.). (ENG.). 64p. (gr. 6-6). 36.27 *(978-1-9785-0761-6(5)*, b86f57a2-7cc6-4340-b96b-eee9c6de34ff) Enslow Publishing, LLC.

Physics Is Out of This World, 1 vol. Lisa Regan. 2016. (Amazing World of Science & Math Ser.). (ENG.). 48p. (gr. 5-5). pap. 15.05 *(978-1-4824-4982-2(X)*, d0dac4ba-c73a-4557-90d2-c2993184a43d) Stevens, Gareth Publishing LLLP.

Physics of Continuous Media: A Collection of Problems with Solutions for Physics Students. G. E. Vekstein. 2020. (ENG.). 204p. (C). E-Book 69.95 *(978-1-000-11250-4(0)*, 9781003062882, CRC Press) Taylor & Francis Group GBR. Dist: Taylor & Francis Group.

Physiological & Pathological Effects of the Use of Tobacco (Classic Reprint) Hobart Amory Hare. 2017. (ENG., Illus.). 110p. (J). pap. 9.57 *(978-0-282-98635-3(9))* Forgotten Bks.

Physiological Researches on Life & Death. Xavier Bichat. 2018. (ENG., Illus.). 260p. (J). pap. *(978-93-5297-174-9(4))* Alpha Editions.

Physiologie du Mouvement: Le Vol des Oiseaux (Classic Reprint) Etienne-Jules Marey. 2018. (FRE., Illus.). (J). 416p. 32.50 *(978-1-391-56785-3(4))*; 418p. pap. 16.57 *(978-1-390-70721-2(0))* Forgotten Bks.

Physiologische Anatomie des Menschen, Vol. 1: Eine Darstellung des Baues und der Verrichtungen des Menschlichen Korpers Mit Besonderer Berucksichtigung des Bewegungsapparates; der Bewegungsapparat (Classic Reprint) Luigi Dalla Rosa. 2017. (GER., Illus.). (J). pap. 16.57 *(978-0-243-87698-3(X))* Forgotten Bks.

Physiology & Pathology of the Blood. Richard Norris. 2017. (ENG.). 388p. (J). pap. *(978-3-337-39086-0(2))* Creation Pubs.

Physiology & Pathology of the Blood: Comprising the Origins, Mode of Development, Pathological & Post-Mortem Changer of Its Morphological Elements in Mammalian & Oviparous Vertebrates (Classic Reprint) Richard Norris. 2018. (ENG., Illus.). 386p. (J). 31.88 *(978-0-666-37858-3(4))* Forgotten Bks.

Physiology for Beginners. Walter Moore Coleman. 2017. (ENG., Illus.). (J). pap. *(978-0-649-53549-1(9))* Trieste Publishing Pty Ltd.

Physiology of Man: Designed to Represent, the Existing State of Physiological Science, As Applied to the Functions of the Human Body (Classic Reprint) Austin Flint. 2017. (ENG., Illus.). (J). 35.26 *(978-1-5284-6924-1(0))* Forgotten Bks.

Physiology of Man: Designed to Represent the Existing State of Physiological Science, As Applied to the Functions of the Human Body (Classic Reprint) Austin Flint. 2017. (ENG., Illus.). (J). pap. 19.57 *(978-0-282-75551-5(9))* Forgotten Bks.

Physiology of Man & Other Animals. Anne Moore. 2017. (ENG., Illus.). (J). pap. *(978-0-649-18787-4(3))* Trieste Publishing Pty Ltd.

Physiology of Man & Other Animals (Classic Reprint) Anne Moore. (ENG., Illus.). (J). 2017. 28.78 *(978-0-266-47783-9(6))*; 2016. pap. 11.57 *(978-1-334-41528-9(5))* Forgotten Bks.

Physiology of New York Boarding-Houses (Classic Reprint) Thomas Butler Gunn. (ENG., Illus.). (J). 2018. 298p. 30.06 *(978-0-483-97025-0(5))*; 2017. 30.25 *(978-0-266-36993-6(6))*; 2017. pap. 13.57 *(978-0-243-93548-2(X))* Forgotten Bks.

Physiology of the London Medical Student: And Curiosities of Medical Experience (Classic Reprint) Unknown Author. 2017. (ENG., Illus.). (J). 26.00 *(978-0-260-56107-7(X))* Forgotten Bks.

Physiology of the Opera (Classic Reprint) Scrici Scrici. 2018. (ENG., Illus.). 120p. (J). 26.39 *(978-0-267-50359-9(8))* Forgotten Bks.

Physique Occulte, Ou Trait' de la Baguette Divinatoire et de Son Utilit' Pour la d'Couverte des Sources d'Eau, des Mini'res, des Tresors Cachez, des Voleurs et des Meurtriers Fugitifs: Avec des Principes Qui Expliquent les PH'Nom'nes les Plus Obs. Pierre Le Lorrain. 2018. (FRE., Illus.). 690p. (J). 38.13 *(978-0-656-96999-9(7))* Forgotten Bks.

Pi Eta Society, of Harvard University Presents the Late Mr. Kidd, Musical Play in Three Acts (Classic Reprint) William Barton Leach. 2018. (ENG., Illus.). 46p. (J). 24.87 *(978-0-483-90470-5(8))* Forgotten Bks.

Pi, Pi! Chucu Chucu! Linda Koons. Illus. by Lauren Marie Berchtold. 2016. (Early Rising Readers Ser.). (SPA.). 16p. (J). (gr. 1-1). 29.00 *(978-1-4788-3890-6(6))* Newmark Learning LLC.

Piano. Matilda James. 2021. (Discover Musical Instruments Ser.). (ENG.). 20p. (J). (gr. k-3). 9.99 *(978-1-5324-1690-3(3))*; pap. 9.99 *(978-1-5324-1689-7(X))* Xist Publishing.

Piano. Nick Rebman. 2023. (Musical Instruments Ser.). (ENG., Illus.). 24p. (J). (gr. -1-1). pap. 8.95 *(978-1-64619-732-3(1)*, Little Blue Readers) Little Blue Hse.

Piano. Contrib. by Nick Rebman. 2023. (Musical Instruments Ser.). (ENG & SPA.). 24p. (J). (gr. -1-1). lib. bdg. 28.50 *(978-1-64619-700-2(3)*, Little Blue Readers) Little Blue Hse.

Piano. Chari Smith. Illus. by Elle Smith. 2022. (ENG.). 38p. (J). 19.95 *(978-1-68433-874-0(3))* Black Rose Writing.

Piano / Keyboard Chords Without Reading Music: All in Keyboard View! Martin Woodward. 2021. (ENG.). 44p. (J). pap. 9.86 *(978-1-4717-9210-6(2))* Lulu Pr., Inc.

Piano Chords for Kids... & Big Kids Too! Tobe A. Richards. 2017. (Fretted Friends Beginners Ser.: Vol. 43). (ENG., Illus.). (J). pap. *(978-1-912087-91-4(X))* Cabot Bks.

Piano de Mamá / My Mom's Piano, 1 vol. Nora Ellison. Tr. by Eida de la Vega. 2018. (¡Vamos a Hacer Música! / Making Music! Ser.). (ENG & SPA.). 24p. (J). (gr. 1-1). 25.27 *(978-1-5383-3452-2(6)*, 44fc9881-72e9-46cc-96ec-261ad7a49dbf, PowerKids Pr.) Rosen Publishing Group, Inc., The.

Piano de Mamá (My Mom's Piano), 1 vol. Nora Ellison. Tr. by Eida de la Vega. 2018. (¡Vamos a Hacer Música! (Making Music) Ser.). (SPA.). 24p. (J). (gr. 1-1). 25.27 *(978-1-5383-3244-3(2)*, 16f2360d-1f3c-4933-b0ae-fee9c8cf2900); pap. 9.25 *(978-1-5383-3245-0(0)*, f6baee7f-1c05-47aa-b657-05cb3ef7a815) Rosen Publishing Group, Inc., The. (PowerKids Pr.).

Piano Lesson (the Cuphead Show!) Billy Wrecks. Illus. by Random House. 2023. (Pictureback(R) Ser.). 24p. (J). (gr. -1-2). 5.99 *(978-0-593-57033-3(2)*, Random Hse. Bks. for Young Readers) Random Hse. Children's Bks.

Piano Lessons. Maureen Carver Sechser & Patrick Anthony Sechser. 2020. (ENG.). 104p. pap. *(978-1-716-47654-9(2))* Lulu Pr., Inc.

Piano Mastery: Talks with Master Pianists & Teachers. Harriette Brower. 2017. (ENG., Illus.). (J). 23.95 *(978-1-374-96429-7(8))*; pap. 13.95 *(978-1-374-96428-0(X))* Capital Communications, Inc.

Piano Mouse. Lindsay Bayford. Illus. by Stacy Rosadiuk. 2016. (ENG.). (J). *(978-1-4602-5694-7(8))*; pap. *(978-1-4602-5695-4(6))* FriesenPress.

Pianoforte. Wes Bain. 2016. (ENG., Illus.). (J). pap. *(978-0-9956237-1-2(6))* Standoutbooks.com.

Pianos. Pamela K. Harris. 2019. (Musical Instruments Ser.). (ENG.). 24p. (J). (gr. 3-6). lib. bdg. 32.79 *(978-1-5038-3186-5(8)*, 213319) Child's World, Inc, The.

Piante: Libro Da Colorare per Bambini. Bold Illustrations. 2017. (ITA., Illus.). (J). pap. 8.35 *(978-1-64193-146-5(9)*, Bold Illustrations) FASTLANE LLC.

Pia's Plans. Alice Kuipers. 2020. (Orca Currents Ser.). (ENG.). 112p. (J). (gr. 4-7). pap. 10.95 *(978-1-4598-2378-5(8))* Orca Bk. Pubs. USA.

Piatti for Children. Celestino Piatti. 2022. (ENG., Illus.). 216p. (J). (gr. -1). 35.00 *(978-0-7358-4475-9(5))* North-South Bks., Inc.

PIC Nic Papers, Vol. 1 of 3 (Classic Reprint) Charles Dickens. 2018. (ENG., Illus.). 338p. (J). 30.89 *(978-0-364-67438-5(7))* Forgotten Bks.

PIC Nic Papers, Vol. 3 of 3 (Classic Reprint) Charles Dickens. 2018. (ENG., Illus.). 394p. (J). 32.02 *(978-0-666-69600-7(4))* Forgotten Bks.

Picapedrero Japonés: Leveled Reader Book 38 Level N 6 Pack. Hmh Hmh. 2021. (SPA.). 24p. (J). pap. 74.40 *(978-0-358-08434-1(2))* Houghton Mifflin Harcourt Publishing Co.

Picaroon, Vol. 1 Of 3: Or, the Merchant Smuggler; a Tale of the Sea (Classic Reprint) Unknown Author. 2018. (ENG., Illus.). 314p. (J). 30.37 *(978-0-483-38133-9(0))* Forgotten Bks.

Picaroons (Classic Reprint) Gelett Burgess. 2017. (ENG., Illus.). (J). 30.00 *(978-0-331-96971-9(8))* Forgotten Bks.

Picasso: An Animated Coloring Adventure. Claire Fay. 2019. (ENG.). 16p. (J). (gr. 1-4). pap. 12.95 *(978-3-7913-7349-2(8))* Prestel Verlag GmbH & Co KG. DEU. Dist: Penguin Random Hse. LLC.

Piccadilly: A YA Coming-Of-Age Western Series. L. J. Martin. 2023. (Two Thousand Grueling Miles Ser.: Vol. 4). (ENG.). (YA). 224p. 32.99 ***(978-1-957548-94-4(0))***; 234p. pap. 14.99 ***(978-1-957548-93-7(2))*** Wise Wolf Bks.

Piccadilly Fountain Press Beg to Announce That They Started the Publication of the Lombard Street Edition of the Novels of Charles Dickens: By the Issue on October 15 of Pickwick (to Be Completed in 20 Fortnightly Parts) Parts I to IV Are Now Ready. Piccadilly Fountain Press. 2018. (ENG., Illus.). 20p. (J). 24.31 *(978-0-267-95714-9(9))*; pap. 7.97 *(978-1-334-11765-7(9))* Forgotten Bks.

Piccadilly Jim (Classic Reprint) Pelham Grenville Wodehouse. 2017. (ENG., Illus.). (J). 30.58 *(978-0-331-32637-6(X))* Forgotten Bks.

Piccadilly Novels: Popular Stories by the Best Authors (Classic Reprint) Alexander. 2018. (ENG., Illus.). 456p. (J). 33.30 *(978-0-483-34073-2(1))* Forgotten Bks.

Piccalilli: A Mixture. Gilbert Percy. 2017. (ENG., Illus.). (J). pap. *(978-0-649-67128-1(7))*; pap. *(978-0-649-44808-1(1))* Trieste Publishing Pty Ltd.

Piccalilli: A Mixture (Classic Reprint) Gilbert Percy. 2018. (ENG., Illus.). 112p. (J). 26.21 *(978-0-483-66751-8(X))* Forgotten Bks.

Piccinino, Vol. 1 (Classic Reprint) George Sand. 2017. (FRE., Illus.). (J). 31.26 *(978-0-331-55264-5(7))* Forgotten Bks.

Piccinino, Vol. 1 (Classic Reprint) George Sand. 2017. (ENG., Illus.). (J). 31.51 *(978-0-266-73227-3(5))*; pap. 13.97 *(978-1-5276-9413-2(5))* Forgotten Bks.

Piccino & Other Child Stories (Classic Reprint) Frances Burnett. 2018. (ENG., Illus.). 236p. (J). 28.72 *(978-0-428-27330-9(0))* Forgotten Bks.

Picciola: From the French (Classic Reprint) Xavier B. Saintine. 2017. (ENG., Illus.). (J). 32.68 *(978-0-331-84281-4(5))* Forgotten Bks.

Picciola (Classic Reprint) Joseph Xavier Boniface Saintine. 2018. (ENG., Illus.). 178p. (J). 27.57 *(978-0-484-24810-5(3))* Forgotten Bks.

Piccolo (Classic Reprint) Laura Elizabeth Richards. 2017. (ENG., Illus.). (J). 116p. 26.31 *(978-0-484-17550-0(5))*; pap. 9.57 *(978-0-259-79809-5(6))* Forgotten Bks.

Piccolo Mondo Tinto Di Rosa. Marilena Zaccardelli. 2020. (ITA.). 58p. (J). pap. ***(978-1-716-77878-0(6))*** Lulu Pr., Inc.

Pick a Brain: Human Anatomy Color Book. Jupiter Kids. 2016. (ENG., Illus.). (J). pap. 12.55 *(978-1-68305-310-1(9)*, Jupiter Kids (Childrens & Kids Fiction)) Speedy Publishing LLC.

Pick a Flavor Cupcake Coloring Book. Kreative Kids. 2016. (ENG., Illus.). (J). pap. 9.20 *(978-1-68377-439-6(6))* Whike, Traudl.

Pick a Not! (Find the Difference) Fun Activity Books for Kids. Jupiter Kids. 2016. (ENG., Illus.). 76p. (J). pap. 13.75 *(978-1-68305-412-2(1)*, Jupiter Kids (Childrens & Kids Fiction)) Speedy Publishing LLC.

Pick a Pattern & Play Connect the Dots Activity Book. Kreative Kids. 2016. (ENG., Illus.). (J). pap. 10.81 *(978-1-68377-229-3(6))* Whike, Traudl.

Pick a Perfect Egg. Patricia Toht. Illus. by Jarvis. 2023. (ENG.). 40p. (J). (-k). 17.99 *(978-1-5362-2847-2(8))* Candlewick Pr.

Pick a Pet. Lucy Beech. Illus. by Anna Chernyshova. 2023. (ENG.). 32p. (J). pap. 7.99 *(978-1-4052-9973-2(8)*, Red Shed) Farshore GBR. Dist: HarperCollins Pubs.

Pick a Pick a Pumpkin. Christie Ray. Illus. by Christie Ray. 2021. (ENG.). 32p. (J). 20.95 *(978-1-7352333-1-4(5))* Rose Water Cottage Pr.

Pick a Pine Tree. Patricia Toht. Illus. by Jarvis. 2017. (ENG.). 40p. (J). (gr. -1-2). 17.99 *(978-0-7636-9571-2(8))* Candlewick Pr.

Pick a Pine Tree: Midi Edition. Patricia Toht. Illus. by Jarvis. 2020. (ENG.). 40p. (J). (gr. -1-2). 12.99 *(978-1-5362-1602-8(X))* Candlewick Pr.

Pick a Pumpkin. Patricia Toht. Illus. by Jarvis. (ENG.). 40p. (J). (gr. -1-2). 2022. 7.99 *(978-1-5362-2357-6(3))*; 2019. 16.99 *(978-1-5362-0764-4(0))* Candlewick Pr.

Pick a Pup. Juliana O'Neill. Illus. by Jenna Johnston. 2020. (Reading Stars Ser.). (ENG.). 24p. (J). (gr. k-2). 12.99 *(978-1-5324-1561-6(3))*; pap. 12.99 *(978-1-5324-1560-9(5))* Xist Publishing.

Pick a Rose Instead of Your Nose. Jordyn Koelker. 2021. (ENG.). 32p. (J). 16.99 *(978-1-7363845-9-6(7))* Mindstir Media.

Pick a Time! - Tell Time Workbook: Children's Money & Saving Reference. Baby Professor. 2016. (ENG., Illus.). 40p. (J). pap. 11.65 *(978-1-68326-385-2(5)*, Baby Professor (Education Kids)) Speedy Publishing LLC.

Pick-A-Witch: Happy Halloween! Campbell Books. Illus. by Nia Gould. 2023. (Pick A Ser.). (ENG.). 12p. (J). bds. 8.99 ***(978-1-0350-1613-6(3)***, 900292681, Campbell Bks.) Pan Macmillan GBR. Dist: Macmillan.

Pick & Roll. Jake Maddox. Illus. by Sean Tiffany. 2018. (Jake Maddox Sports Stories Ser.). (ENG.). 72p. (J). (gr. 3-6). pap. 5.95 *(978-1-4965-6320-0(4)*, 138059); lib. bdg. 25.99 *(978-1-4965-6318-7(2)*, 138050) Capstone. (Stone Arch Bks.).

Pick It Up! Scribble Monsters Guide to Modern Manners. John Townsend. Illus. by Carolyn Scrace. ed. 2021. (Scribble Monsters! Ser.). (ENG.). 32p. (J). (gr. -1-1). pap. 8.99 *(978-1-913971-21-2(X)*, Scribblers) Book Hse. GBR. Dist: Sterling Publishing Co., Inc.

Pick Me! Max Amato. Illus. by Max Amato. 2022. (ENG.). 48p. (J). (gr. -1-k). 17.99 *(978-1-338-37729-9(6)*, Scholastic Pr.) Scholastic, Inc.

Pick Me: Before You Were Born... Terry Leifi-Silverstein. 2021. (1 Ser.). (ENG.). 40p. (J). 30.00 ***(978-1-0880-1605-3(7))*** Indy Pub.

Pick Me... Pick Me Please. Nancy Marie Carter. 2018. (ENG., Illus.). 28p. (J). 22.95 *(978-1-64028-835-5(X))* Christian Faith Publishing.

Pick of the Day. Fabi Williams. Illus. by Bridget Acreman. 2022. (ENG.). 32p. (J). pap. ***(978-1-922751-89-8(8))*** Shawline Publishing Group.

Pick, Shovel & Pluck: Further Experiences with Men Who Do Things (Classic Reprint) A. Russell Bond. 2017. (ENG., Illus.). 338p. (J). 30.87 *(978-0-484-78496-2(X))* Forgotten Bks.

Pick the Plot. James Riley. (Story Thieves Ser.: 4). (ENG.). (J). (gr. 3-7). 2018. 400p. pap. 9.99 *(978-1-4814-6129-0(X))*; 2017. (Illus.). 384p. 17.99 *(978-1-4814-6128-3(1))* Simon & Schuster Children's Publishing. (Aladdin).

Pick the Right Match: A Kids' Matching Activity Book. Creative Playbooks. 2016. (ENG., Illus.). (J). pap. 10.81 *(978-1-68323-542-2(8))* Twin Flame Productions.

Pick-Up. Miranda Kenneally. 2021. 304p. (YA). (gr. 8-12). pap. 10.99 *(978-1-4926-8416-9(3))* Sourcebooks, Inc.

Pick-Up Basketball. Craig Ellenport. 2018. (Neighborhood Sports Ser.). (ENG.). 24p. (J). (gr. k-3). lib. bdg. 32.79 *(978-1-5038-2368-6(7)*, 212211) Child's World, Inc, The.

Pick up the Pen Coloring Book. Activibooks For Kids. 2016. (ENG., Illus.). (J). pap. 9.20 *(978-1-68321-289-8(4))* Mimaxion.

Pick Your Animal Ornament Coloring Book. Bobo's Adult Activity Books. 2016. (ENG., Illus.). (J). pap. 9.33 *(978-1-68327-567-1(5))* Sunshine In My Soul Publishing.

Pick Your Own Quest: Dragon vs. Unicorn. Connor Hoover. 2019. (Pick Your Own Quest Ser.: Vol. 6). (ENG., Illus.). 168p. (J). (gr. 2-6). pap. 8.99 *(978-1-949717-12-9(7))* Roots in Myth.

Pick Your Promises: Short Stories on Becoming Dependable & Overcoming Breaking Promises. Sophia Day & Kayla Pearson. Illus. by Timmy Zowada. 2019. (Help Me Become Ser.: 12). (ENG.). 76p. (J). 14.99 *(978-1-64370-748-8(5)*, eebccf97-36c1-45c2-9782-a769c7b09ed7) MVP Kids Media.

Pick Your Winner! A Farce Comedy in Three Acts (Classic Reprint) Walt Draper. (ENG., Illus.). (J). 2018. 108p. 26.14 *(978-0-484-24348-3(9))*; 2017. pap. 9.57 *(978-0-259-84229-3(X))* Forgotten Bks.

Pickanock: A Tale of Settlement Days in Older Canada (Classic Reprint) Bertal Heeney. 2018. (ENG., Illus.). 302p. (J). 30.13 *(978-0-484-09747-5(4))* Forgotten Bks.

Picked Company: A Novel (Classic Reprint) Mary Hallock Foote. 2017. (ENG., Illus.). (J). 32.68 *(978-1-5284-6800-8(7))* Forgotten Bks.

Picked-Up Dinner: A Farce in One Act (Classic Reprint) Henry Oldham Hanlon. (ENG., Illus.). (J). 2018. 20p. 24.31 *(978-0-483-88958-3(X))*; 2016. pap. 7.97 *(978-1-333-77641-1(1))* Forgotten Bks.

Picked up in the Streets: A Romance (Classic Reprint) H. Schobert. (ENG., Illus.). (J). 2018. 336p. 30.89 *(978-0-428-48258-9(9))*; 2016. pap. 13.57 *(978-1-334-15581-9(X))* Forgotten Bks.

Picken: Mix & Match the Farm Animals! Mary Murphy. Illus. by Mary Murphy. 2019. (ENG., Illus.). 12p. (J). (— 1). bds. 8.99 *(978-0-7636-9730-3(3))* Candlewick Pr.

Pickerel Lake 1. Gary Blackburn. 2020. (ENG.). 258p. (YA). pap. 16.50 *(978-1-952269-87-5(3))* Strategic Book Publishing & Rights Agency (SBPRA).

Pickerel Lake 3: Resolution. Gary Blackburn. 2020. (ENG.). 154p. (YA). (gr. 12). pap. 12.50 *(978-1-949483-97-0(5))* Strategic Book Publishing & Rights Agency (SBPRA).

Picket Line & Camp Fire Stories: A Collection of War Anecdotes, Both Grave & Gay, Illustrative of the Trails & Triumphs of Soldier Life; with a Thousand-And-One Humorous Stories, Told of & by Abraham Lincoln, Together with a Full Collection Of. Unknown Author. 2018. (ENG., Illus.). 348p. (J). 31.09 *(978-0-483-80293-3(X))* Forgotten Bks.

Picket Slayer: The Most Thrilling Story of the War, & by Far the Best That Has yet Emanated from the Pen of the Great National Author (Classic Reprint) Wesley Bradshaw. (ENG., Illus.). (J). 2018. 70p. 25.36 *(978-0-267-36488-6(1))*; 2016. pap. 9.57 *(978-1-334-16537-5(8))* Forgotten Bks.

Pickett's Charge at Gettysburg: a Bloody Clash in the Civil War (XBooks: Total War) Jennifer Johnson. 2020. (Xbooks Ser.). (ENG., Illus.). 48p. (J). (gr. 3-8). pap. 6.95 *(978-0-531-24384-8(2)*, Children's Pr.) Scholastic Library Publishing.

Pickett's Charge at Gettysburg: a Bloody Clash in the Civil War (XBooks: Total War) (Library Edition) Jennifer Johnson. 2020. (Xbooks Ser.). (ENG., Illus.). 48p. (J). (gr. 3-8). lib. bdg. 29.00 *(978-0-531-23818-9(0)*, Children's Pr.) Scholastic Library Publishing.

Pickett's Gap (Classic Reprint) Homer Greene. 2018. (ENG., Illus.). 242p. (J). 28.87 *(978-0-428-59680-4(0))* Forgotten Bks.

Picking Apples. Megan Borgert-Spaniol. Illus. by Jeff Crowther. 2023. (Let's Look at Fall (Pull Ahead Readers — Fiction) Ser.). (ENG.). 16p. (J). (gr. -1-1). pap. 8.99 Lerner Publishing Group.

Picking Fruit, 1 vol. Mark Ripley. 2017. (Plants in My World Ser.). (ENG., Illus.). 24p. (J). (gr. 1-1). pap. 9.25 *(978-1-5081-6163-9(1)*, 9cd7bfe8-5f39-4a77-a671-69ffe9201257, PowerKids Pr.) Rosen Publishing Group, Inc., The.

Picking Out Pictures: Hidden Picture Activity Book. Activity Attic Books. 2016. (ENG., Illus.). (J). pap. 9.43 *(978-1-68323-543-9(6))* Twin Flame Productions.

Picking Puppies: The Elly & Mitsey Tales Begin. Bates McKillian. 2020. (Elly & Mitsey Tales Ser.: Vol. 1). (ENG.). 28p. (J). *(978-0-2288-3178-5(4))*; pap. *(978-0-2288-3177-8(6))* Tellwell Talent.

Picking Turnips. Xu Zhou. Tr. by Adam Lanphier. 2017. (ENG & MUL.). 48p. (J). 15.99 ***(978-1-945295-17-1(1))*** Paper Republic LLC.

Picking up Speed. Raelyn Drake. 2018. (Superhuman Ser.). (ENG.). 104p. (YA). (gr. 6-12). pap. 7.99

P

(978-1-5415-1050-0(X), a3c8eb1b-eecb-4d50-a140-ef741d3cd510); 25.32 *(978-1-5124-9831-8(9),* 0d62eed7-3333-4987-81f2-288feafcf1dd) Lerner Publishing Group. (Darby Creek).

Picking up Trash. Meg Gaertner. 2022. (Living Green Ser.). (ENG., Illus.). 24p. (J). (gr. k-1). pap. 8.95 *(978-1-64619-622-7(8));* lib. bdg. 28.50 *(978-1-64619-595-4(7))* Little Blue Hse. (Little Blue Readers).

Picking Winners with Major Miles (Classic Reprint) L. B. Yates. 2018. (ENG., Illus.). 344p. (J). 31.01 *(978-0-267-43920-1(2))* Forgotten Bks.

Pickings from the Porfolio of the Reporter of the New Orleans Picayune (Classic Reprint) D. Corcoran. 2017. (ENG., Illus.). (J). 28.76 *(978-0-265-36065-1(X))* Forgotten Bks.

Pickle & Pepper (Classic Reprint) Ella Loraine Dorsey. 2017. (ENG., Illus.). (J). 29.18 *(978-0-260-17243-3(X))* Forgotten Bks.

Pickle in My Pocket. Timothy Ruckman & Tracy Ruckman. 2022. (Poppa Tim Bedtime Story Ser.). (ENG.). 38p. (J). pap. 14.99 ***(978-0-9991503-8-2(3))*** Write Integrity Pr.

Pickle Juice. Janet Goodlet. 2018. (ENG., Illus.). 198p. (J). *(978-1-5255-2489-9(5));* pap. *(978-1-5255-2490-5(9))* FriesenPress.

Pickle Party! Frank Berrios. ed. 2022. (Step into Reading Ser.). (ENG.). 20p. (J). (gr. 2-3). 16.96 ***(978-1-68505-315-4(7))*** Penworthy Co., LLC, The.

Pickle Party! (Waffles + Mochi) Frank Berrios. Illus. by Sarah Rebar. 2021. (Step into Reading Ser.). 24p. (J). (gr. -1-2). 5.99 *(978-0-593-38243-1(9),* Random Hse. Bks. for Young Readers) Random Hse. Children's Bks.

Pickleball. Martha London. 2019. (Greater World of Sports Ser.). (ENG.). 32p. (J). (gr. 3-6). lib. bdg. 32.79 *(978-1-5321-9040-7(9),* 33590, SportsZone) ABDO Publishing Co.

Pickled Polliwog: A Farce in One Act (Classic Reprint) O. E. Young. 2017. (ENG., Illus.). (J). 24.47 *(978-0-260-42897-4(3))* Forgotten Bks.

Pickled Watermelon. Esty Schachter. 2018. 140p. (J). *(978-1-5124-9989-6(7),* Kar-Ben Publishing) Lerner Publishing Group.

Pickled Watermelon. Esty Schachter. Illus. by Alex Orbe. 2018. (ENG.). 144p. (J). (gr. 4-7). 12.99 *(978-1-5415-4233-4(9),* 77dd96a0-15a0-473d-846b-3e4effcc634c, Kar-Ben Publishing) Lerner Publishing Group.

Pickles + Ocho. Dan Wellik. Illus. by Tou Yia Xiong. 2019. (SPA.). 32p. (J). 17.95 *(978-1-64343-963-1(4))* Beaver's Pond Pr., Inc.

Pickles + Ocho. Dan Wellik. Illus. by Tou Yia Xiong. 2017. (ENG.). (J). 17.95 *(978-1-59298-780-1(X))* Beaver's Pond Pr., Inc.

Pickles & His Island. Rosie Amazing. Illus. by Alina Ghervase & Ioana Balcan. 2020. (ENG.). 28p. (J). pap. *(978-1-7771360-6-2(7))* Annelid Pr.

Pickles & Mayonnaise. Lisa Catano. 2020. (ENG., Illus.). 152p. (YA). pap. 15.95 *(978-1-64462-026-7(X))* Page Publishing Inc.

Pickles & the Everyday Feelings. Sandra Booze. 2018. (ENG.). 20p. (J). 15.95 *(978-1-64424-865-2(4))* Page Publishing Inc.

Pickles, Pickles, I Like Pickles. Brigitte Brulz. 2020. (ENG., Illus.). 30p. (J). (gr. k-5). 17.99 *(978-1-0878-7038-0(0))* Indy Pub.

Pickles the Puppy Learns NO. Debbie Wood. Illus. by Jayamini Attanayake. 2021. (ENG.). 32p. (J). pap. 9.99 *(978-1-63848-154-6(7))* Debra L. Wood.

Pickles vs. the Zombies, 1 vol. Angela Misri. 2019. (ENG.). 192p. (J). (gr. 4-7). pap. 13.95 *(978-1-77086-558-7(6),* Dancing Cat Bks.) Cormorant Bks. Inc. CAN. Dist: Orca Bk. Pubs. USA.

Picklewitch & Jack. Claire Barker. Illus. by Teemu Juhani. 2021. (Picklewitch & Jack Ser.: 1). (ENG.). 240p. (J). pap. 8.95 *(978-0-571-33518-3(7))* Faber & Faber, Inc.

Picklewitch & Jack & the Cuckoo Cousin. Claire Barker. Illus. by Teemu Juhani. 2021. (Picklewitch & Jack Ser.: 2). (ENG.). 160p. (J). pap. 8.95 *(978-0-571-33520-6(9))* Faber & Faber, Inc.

Pickman's Model: Illustrations by Lionel Hotz. Howard Phillips Lovecraft. Illus. by Lionel Hotz. 2020. (ENG.). 34p. (YA). pap. ***(978-1-716-86866-5(1))*** Lulu Pr., Inc.

Pickpocket. Karen Spafford-Fitz. 2021. (Orca Soundings Ser.). (ENG.). 128p. (YA). (gr. 8-12). pap. 10.95 *(978-1-4598-2798-1(8))* Orca Bk. Pubs. USA.

Pickup Trucks. Chris Bowman. 2018. (Mighty Machines in Action Ser.). (ENG., Illus.). 24p. (J). (gr. k-3). lib. bdg. 26.95 *(978-1-62617-757-4(0),* Blastoff! Readers) Bellwether Media.

Pickup Trucks. Wendy Strobel Dieker. 2018. (Spot Mighty Machines Ser.). (ENG.). 16p. (J). (gr. -1-2). pap. 7.99 *(978-1-68152-295-1(0),* 14985); lib. bdg. *(978-1-68151-375-1(7),* 14979) Amicus.

Pickup Trucks. Contrib. by Ryan Earley. 2023. (Mighty Trucks Ser.). (ENG.). 16p. (J). (gr. -1-1). lib. bdg. 25.27 ***(978-1-63897-950-0(2),*** 33177) Seahorse Publishing.

Pickup Trucks. Ryan Earley. 2023. (Mighty Trucks Ser.). (ENG., Illus.). (J). (gr. -1-1). pap. 7.95 Seahorse Publishing.

Pickwick Abroad: A Companion to the Pickwick Papers (by Boz) (Classic Reprint) George William Macarthur Reynolds. 2017. (ENG., Illus.). (J). 32.56 *(978-0-265-29422-2(3));* pap. 16.57 *(978-0-243-41617-2(2))* Forgotten Bks.

Pickwick Abroad: Or the Tour in France (Classic Reprint) George W. M. Reynolds. 2017. (ENG., Illus.). (J). 38.89 *(978-0-331-91199-2(X))* Forgotten Bks.

Pickwick Papers (Classic Reprint) Charles Dickens. 2017. (ENG., Illus.). (J). 47.86 *(978-0-266-74003-2(0));* pap. 30.20 *(978-1-5277-0427-5(0))* Forgotten Bks.

Pickwick Papers, Vol. 1 (Classic Reprint) Charles Dickens. 2017. (ENG., Illus.). (J). 30.13 *(978-1-5284-8399-5(5))* Forgotten Bks.

Pickwick Papers, Vol. 2 (Classic Reprint) Charles Dickens. 2017. (ENG., Illus.). (J). 29.92 *(978-0-265-21383-4(5))* Forgotten Bks.

Pickwick Papers, Vol. 3 (Classic Reprint) Charles Dickens. 2017. (ENG., Illus.). (J). 30.17 *(978-0-265-39939-2(4))* Forgotten Bks.

Pickwickian Pilgrimage (Classic Reprint) John R. G. Hassard. 2018. (ENG., Illus.). 158p. (J). 27.18 *(978-0-656-52453-2(7))* Forgotten Bks.

Pickwickian Studies (Classic Reprint) Percy Fitzgerald. 2018. (ENG., Illus.). 128p. (J). 26.56 *(978-0-267-49636-5(2))* Forgotten Bks.

Pickwicks' Picnic: A Counting Adventure. Carol Brendler. Illus. by Renée Kurilla. 2017. (ENG.). 40p. (J). (gr. -1-3). 16.99 *(978-0-544-83958-8(7),* 1646081, Clarion Bks.) HarperCollins Pubs.

Picky Eater. Betsy Parkinson. Illus. by Shane Clester. 2018. (Little Boost Ser.). (ENG.). 32p. (J). (gr. -1-2). 14.95 *(978-1-5158-2943-0(X),* 138476); lib. bdg. 23.99 *(978-1-5158-2942-3(1),* 138475) Capstone. (Picture Window Bks.).

Picky Nick's Picnic Coloring Book 8-12. Educando Kids. 2019. (ENG.). 42p. (J). pap. 6.99 *(978-1-64521-183-9(5),* Educando Kids) Editorial Imagen.

Picky Panda (with Fun Flaps to Lift) Jackie Huang. 2023. (ENG., Illus.). 40p. (J). (gr. -1-k). 16.99 *(978-1-4197-6279-6(6),* 1778801, Abrams Appleseed) Abrams, Inc.

Picky Patrick: the Kids We Love Collection. Eleni Fuiaxis. 2022. (ENG.). 38p. (J). 18.95 *(978-1-64543-940-0(2),* Mascot Kids) Amplify Publishing Group.

Picky, Persnickety Me! Sanya Whittaker Gragg. Illus. by Stephanie Hider. 2021. (ENG.). 30p. (J). pap. 9.99 *(978-1-7365353-2-5(3));* 17.99 *(978-0-578-68341-6(5))* 3G Publishing.

Picky Pete Hates to Eat. Nekisha L. Cosey. 2023. (ENG.). 22p. (J). 24.99 ***(978-1-0881-1843-6(7))*** Indy Pub.

Picky Pig Pete. Katie Lester. 2018. (ENG.). 38p. (J). 14.95 *(978-1-64307-036-0(3))* Amplify Publishing Group.

Picnic. Linda Koons. Illus. by Niki Leonidou. 2016. (Early Rising Readers Ser.). (SPA.). (J). (gr. -1). 6.67 *(978-1-4788-3649-0(0))* Newmark Learning LLC.

Picnic. Rozanne Williams. 2017. (Learn-To-Read Ser.). (ENG., Illus.). (J). pap. 3.49 *(978-1-68310-322-6(X))* Pacific Learning, Inc.

Picnic - 6 Pack. Linda Koons. 2016. (Early Rising Readers Ser.). (SPA.). (J). (gr. 1). 40.00 net. *(978-1-4788-4592-8(9))* Newmark Learning LLC.

Picnic - Te Bikiniki (Te Kiribati) Ruiti Tumoa. Illus. by John Maynard Balinggao. 2023. (ENG.). 32p. (J). pap. ***(978-1-922932-53-2(1))*** Library For All Limited.

Picnic & Rick Gets It. Gemma McMullen & Robin Twiddy. Illus. by Amy Li. 2023. (Level 2 - Red Set Ser.). (ENG.). 32p. (J). (gr. k-2). lib. bdg. 19.95 Bearport Publishing Co., Inc.

Picnic at Squirrel Park. Rolla Donaghy. Illus. by Angela Amato. 2018. (ENG.). 24p. (J). 21.95 *(978-1-64438-259-2(8))* Booklocker.com, Inc.

Picnic Bear Gets His Name. Papa Chip. 2017. (ENG., Illus.). (J). 22.99 *(978-1-5456-1568-3(3));* pap. 12.49 *(978-1-5456-1567-6(5))* Salem Author Services.

Picnic for Parrots. Allison Sojka. Illus. by Allison Sojka. 2021. (ENG., Illus.). 40p. (J). pap. 8.99 *(978-1-7361403-2-1(9))* Sojka, Allison.

Picnic for Piggy. Erin Rose Grobarek. Illus. by Angie Hodges. 2022. (Bilingual Bks.). (ENG.). 24p. (J). (gr. -1-3). pap. 9.50 ***(978-1-64996-725-1(X),*** 17087, Sequoia Kids Media) Sequoia Children's Bks.

Picnic in the Park for Georgie. Sean Coleman & Ryan Coleman. 2018. (ENG., Illus.). 24p. (J). pap. 12.00 *(978-0-359-03342-3(3))* Lulu Pr., Inc.

Picnic in the Rain. Corinne Delporte. Illus. by Célia Molinari Sebastià. ed. 2022. 32p. (J). (gr. -1). 15.95 *(978-2-89802-318-7(3),* CrackBoom! Bks.) Chouette Publishing CAN. Dist: Publishers Group West (PGW).

Picnic in the Sun: Bertie & Friends Hit the Road. Christiane Duchesne. Illus. by Marianne Ferrer. 2021. (ENG.). 48p. (J). (gr. -1-k). 16.95 *(978-2-925108-69-6(5))* La Montagne Secrete CAN. Dist: Independent Pubs. Group.

Picnic Planet: A Lunchtime Guide to Your Galaxy's Exoplanets. Asa Stahl. Illus. by Nadia Hsieh. 2023. (ENG.). 32p. (J). (gr. 2-5). 18.99 *(978-1-954354-23-4(1),* f448ee41-25cf-4494-92a3-e6d80154b8ef) Creston Bks.

Picnic Time! Enjoying Food Outdoors Coloring Book Edition. Kreativ Entspannen. 2016. (ENG., Illus.). (J). pap. 10.81 *(978-1-68377-230-9(X))* Whlke, Traudl.

Picnic with a Giraffe. Sarah Robinson. Illus. by Tom Burchell. 2021. (ENG.). 26p. (J). pap. ***(978-1-80094-113-7(7))*** Terence, Michael Publishing.

Picnic with Mommy. Kathryn Smith. Illus. by Seb Braun. 2020. (ENG.). 12p. (J). (-k). bds. 9.99 *(978-1-68010-622-0(8))* Tiger Tales.

Picnic with Oliver. Mika Song. 2018. (ENG., Illus.). 32p. (J). (gr. -1-3). 17.99 *(978-0-06-242950-6(7),* HarperCollins) HarperCollins Pubs.

Picnics: Figuras Tridimensionales. Linda Claire. rev. ed. 2019. (Mathematics in the Real World Ser.). (SPA., Illus.). 20p. (J). (gr. k-1). 8.99 *(978-1-4258-2835-6(3))* Teacher Created Materials, Inc.

Pico & the Golden Lagoon. Sally A. Miller & Jesse Hamilton. Illus. by John Davis. 2021. (ENG.). 58p. (J). pap. *(978-0-646-83973-8(X))* Picos' Puppet Palace.

Pico the Gnome, 44 vols. Martina Muller. 2nd rev. ed. 2016. (Illus.). 32p. (J). 16.95 *(978-1-78250-329-3(3))* Floris Bks. GBR. Dist: Consortium Bk. Sales & Distribution.

Picos, Narices y Trompas / Noses (Spanish Edition) Jaye Garnett. Ed. by Cottage Door Press. Illus. by Mari Lobo. 2020. (Peek-A-Flap Ser.). (ENG.). 12p. (J). (gr. -1-1). bds. 9.99 *(978-1-64638-078-7(9),* 1004340-SLA) Cottage Door Pr.

Pictish-Mithraism, the Religious Purpose of the Pictish Symbol Stones. Norman J. Penny. 2017. (ENG., Illus.). 190p. (J). 29.95 *(978-1-78629-024-3(3),* f75c5c0a-b35f-4eb2-b593-041357ea6a6) Austin Macauley Pubs. Ltd. GBR. Dist: Baker & Taylor Publisher Services (BTPS).

Pictographs. Sherra G. Edgar. 2018. (Making & Using Graphs Ser.). (ENG.). 24p. (J). (gr. k-3). lib. bdg. 22.99 *(978-1-5105-3620-3(5))* SmartBook Media, Inc.

Pictorial Budget of Wonders & Fun, Especially Designed for Childhood's Happy Days: Comprising Fairy Tales, Comical Stories, Vivid Descriptions of Wonderful Things, Remarkable Animals & Birds, Strange Adventures, Funny Poems, Caricatures, Grotesque. Mary Mapes Dodge. (ENG., Illus.). (J). 2018. 262p. 29.30 *(978-0-483-46161-1(X));* 2016. pap. 11.97 *(978-1-333-43002-3(7))* Forgotten Bks.

Pictorial Comedy, Vol. 18: The Humorous Phases of Life Depicted by Eminent Artists; October, 1907-March, 1908 (Classic Reprint) Unknown Author. (ENG., Illus.). (J). 2018. 264p. 29.36 *(978-0-267-95055-3(1));* 2017. pap. 11.97 *(978-0-259-27917-4(X))* Forgotten Bks.

Pictorial Comedy, Vol. 8: The Humorous Phases of Life Depicted by Eminent Artists (Classic Reprint) Unknown Author. (ENG., Illus.). (J). 2018. 358p. 31.28 *(978-0-666-52055-5(0));* 2017. pap. 13.97 *(978-0-259-28024-8(0))* Forgotten Bks.

Pictorial Elements in Spenser's Faerie Queene: Thesis Submitted in Partial Fulfillment of the Requirements for the Degree of Master of Arts, 1931 (Classic Reprint) Roland Winthrop Tyler. 2017. (ENG., Illus.). (J). 27.67 *(978-0-265-56468-4(9));* pap. 10.57 *(978-0-282-92139-2(7))* Forgotten Bks.

Pictorial History of the Movies (Classic Reprint) Deems Taylor. 2017. (ENG., Illus.). (J). 31.36 *(978-0-331-23533-3(1));* pap. 13.97 *(978-0-282-30143-9(7))* Forgotten Bks.

Pictorial Narratives (Classic Reprint) Unknown Author. 2017. (ENG., Illus.). (J). 29.18 *(978-0-265-57847-6(7));* pap. 11.57 *(978-0-282-86074-5(6))* Forgotten Bks.

Pictorial Photography in America 1921. 2017. (ENG., Illus.). (J). pap. *(978-0-649-36887-7(8))* Trieste Publishing Pty Ltd.

Pictorial Photography in America 1922. 2017. (ENG., Illus.). (J). pap. *(978-0-649-44088-7(9))* Trieste Publishing Pty Ltd.

Pictorial Primer: Being an Introduction to the Pictorial Spelling Book (Classic Reprint) Rensselaer Bentley. 2017. (ENG., Illus.). (J). 24.93 *(978-0-265-17456-2(2))* Forgotten Bks.

Pictorial Primer: Being an Introduction to the Pictorial Spelling Book; Designed As a First Book for Children, in Families & Schools (Classic Reprint) Rensselaer Bentley. (ENG., Illus.). (J). 2018. 34p. 24.62 *(978-0-364-56196-6(3));* 2017. pap. 7.97 *(978-0-259-52602-5(9))* Forgotten Bks.

Picture, & the Prosperous Man, Vol. 2 of 3 (Classic Reprint) Unknown Author. 2018. (ENG., Illus.). 338p. (J). 30.89 *(978-0-267-22725-9(6))* Forgotten Bks.

Picture Appears: Dot to Dot Activity Book. Bobo's Children Activity Books. 2016. (ENG., Illus.). (J). pap. 7.99 *(978-1-68327-277-9(3))* Sunshine In My Soul Publishing.

Picture Bible see Biblia Ilustrada

Picture Book: For Little Children (Classic Reprint) Unknown Author. 2018. (ENG., Illus.). 28p. (J). 24.47 *(978-0-267-69661-1(2))* Forgotten Bks.

Picture Book about Relationships. Tricia George. 2019. (ENG., Illus.). 32p. (J). (gr. k-6). 24.99 *(978-1-7338865-0-5(8))* George, Tricia Artist.

Picture Book Biographies: 4-Book Hardcover Set. Andi Diehn. Illus. by Katie Mazeika. 2019. (ENG.). 128p. (J). (gr. k-3). 65.95 ***(978-1-61930-878-7(9),*** be5a36b4-98ca-4a00-b946-6245580d025a) Nomad Pr.

Picture Book of Agricultural Cultivation in Ancient China. Junjing Jiang. Illus. by Bingzhen Jiao. 2017. *(978-1-62246-042-7(1))* Homa & Sekey Bks.

Picture Book of Alexander Hamilton. David A. Adler. Illus. by Matt Collins. (Picture Book Biography Ser.). 32p. (J). (gr. -1-3). 2020. pap. 7.99 *(978-0-8234-4727-5(8));* 2019. 17.99 *(978-0-8234-3961-4(5))* Holiday Hse., Inc.

Picture Book of Amelia Earhart. David A. Adler. Illus. by Jeff Fisher. 2018. (Picture Book Biography Ser.). 32p. (J). (gr. -1-3). pap. 7.99 *(978-0-8234-4056-6(7))* Holiday Hse., Inc.

Picture Book of Benjamin Franklin. David A. Adler. Illus. by John Wallner & Alexandra Wallner. 2018. (Picture Book Biography Ser.). 32p. (J). (gr. -1-3). pap. 7.99 *(978-0-8234-4057-3(5))* Holiday Hse., Inc.

Picture Book of Cesar Chavez. David A. Adler & Michael S. Adler. Illus. by Marie Olofsdotter. 2018. (Picture Book Biography Ser.). 32p. (J). (gr. -1-3). pap. 7.99 *(978-0-8234-4058-0(3))* Holiday Hse., Inc.

Picture Book of Florence Nightingale. David A. Adler. Illus. by John Wallner & Alexandra Wallner. 2019. (Picture Book Biography Ser.). 32p. (J). (gr. -1-3). pap. 7.99 *(978-0-8234-4271-3(3))* Holiday Hse., Inc.

Picture Book of George Washington. David A. Adler. Illus. by John Wallner & Alexandra Wallner. 2018. (Picture Book Biography Ser.). 32p. (J). (gr. -1-3). pap. 7.99 *(978-0-8234-4059-7(1))* Holiday Hse., Inc.

Picture Book of Jesse Owens. David A. Adler. Illus. by Robert Casilla. 2019. (Picture Book Biography Ser.). 32p. (J). (gr. -1-3). pap. 7.99 *(978-0-8234-4270-6(5))* Holiday Hse., Inc.

Picture Book of John F. Kennedy. David A. Adler. Illus. by Robert Casilla. 2018. (Picture Book Biography Ser.). (ENG.). 32p. (J). (gr. -1-3). 7.99 *(978-0-8234-4048-1(6))* Holiday Hse., Inc.

Picture Book of Louis Braille. David A. Adler. Illus. by John Wallner & Alexandra Wallner. 2019. (Picture Book Biography Ser.). 32p. (J). (gr. -1-3). pap. 7.99 *(978-0-8234-4457-1(0))* Holiday Hse., Inc.

Picture-Book of Merry Tales (Classic Reprint) Unknown Author. 2018. (ENG., Illus.). 284p. (J). 29.75 *(978-0-267-25828-4(3))* Forgotten Bks.

Picture Book of Silk Weaving in Ancient China. Junjing Jiang. Illus. by Bingzhen Jiao. 2017. *(978-1-62246-043-4(X))* Homa & Sekey Bks.

Picture Book of Thomas Jefferson. David A. Adler. Illus. by John Wallner & Alexandra Wallner. 2018. (Picture Book Biography Ser.). (ENG.). 32p. (J). (gr. -1-3). 7.99 *(978-0-8234-4049-8(4))* Holiday Hse., Inc.

Picture Book of Yukai. Shigeru Mizuki. 2018. (ENG & JPN., Illus.). 367p. (J). *(978-4-06-512746-9(7))* Kodansha, Ltd.

Picture Book Science - Animal Adaptations for Kids: 5-Book Hardcover Set. Laura Perdew. Illus. by Katie Mazeika. 2020. (ENG.). 160p. (J). (gr. k-3). 96.95 ***(978-1-61930-965-4(3),*** 915408f4-46f2-457e-b229-2a0eb4f18f06) Nomad Pr.

Picture Book Science - Biome Explorers: 5-Book Hardcover Set. Laura Perdew. Illus. by Lex Cornell. 2022. (ENG.). 160p. (J). (gr. k-3). 96.95 ***(978-1-64741-085-8(1),*** 43a9fe37-6cc1-4ca2-8174-7b027f1383e0) Nomad Pr.

Picture Book Science - Physical Science for Kids: 4-Book Hardcover Set. Andi Diehn. Illus. by Hui Li. 2018. (ENG.). 32p. (J). (gr. k-3). 77.95 ***(978-1-61930-821-3(5),*** 35e0701c-f0c1-4706-b45f-e6b2260e4154) Nomad Pr.

Picture Book Science - Space: 4-Book Hardcover Set. Laura Perdew. Illus. by Hui Li. 2021. (ENG.). 128p. (J). (gr. k-3). 77.95 ***(978-1-64741-042-1(8),*** 4800421f-1db7-4c8c-8939-bd61289bac44) Nomad Pr.

Picture-Book Without Pictures. Hans Christian Anderson. 2017. (ENG., Illus.). (J). pap. *(978-1-76057-596-0(8))* Trieste Publishing Pty Ltd.

Picture-Book Without Pictures: And Other Stories (Classic Reprint) Hans Christian Anderson. 2017. (ENG., Illus.). (J). 27.63 *(978-0-265-68801-4(9));* pap. 10.57 *(978-0-243-25458-3(X))* Forgotten Bks.

Picture Books, 1 vol. Heather Moore Niver. 2018. (Let's Learn about Literature Ser.). (ENG.). 24p. (gr. 1-2). 24.27 *(978-0-7660-9747-6(1),* 8c8a4a02-6627-47d5-97af-d2f9a7ba2942) Enslow Publishing, LLC.

Picture Books for Children: Animals (Classic Reprint) Charles Alexander Johns. 2018. (ENG., Illus.). 86p. (J). pap. 9.57 *(978-1-391-88258-1(X))* Forgotten Bks.

Picture Composition, Vol. 1 (Classic Reprint) Lewis Marsh. (ENG., Illus.). (J). 2018. 60p. 25.15 *(978-0-332-79161-6(0));* 2016. pap. 9.57 *(978-1-334-14351-9(X))* Forgotten Bks.

Picture Composition, Vol. 2 (Classic Reprint) Lewis Marsh. 2018. (ENG., Illus.). 60p. (J). 25.15 *(978-0-484-43301-3(6))* Forgotten Bks.

Picture Day! Andrew Critelli. 2020. (Club Jeffery Book Ser.: Vol. 4). (ENG.). 40p. (J). pap. *(978-0-9952595-4-6(2))* Infinite Abundance.

Picture Day. Julia Dove & Culliver Crantz. 2020. (Frightvision Ser.: Vol. 2). (ENG.). 114p. (J). pap. 9.97 *(978-1-952910-03-6(X))* Write 211 LLC.

Picture Day: (a Graphic Novel) Sarah Sax. 2023. (Brinkley Yearbooks Ser.: 1). 288p. (J). (gr. 3-7). 20.99 *(978-0-593-30688-8(0));* pap. 13.99 *(978-0-593-30687-1(2));* (ENG.). lib. bdg. 23.99 *(978-0-593-30689-5(9))* Random Hse. Children's Bks. (Knopf Bks. for Young Readers).

Picture Day Jitters. Julie Danneberg. Illus. by Judy Love. 2022. (Jitters Ser.). 32p. (J). (gr. k-3). pap. 7.99 *(978-1-62354-387-7(8))* Charlesbridge Publishing, Inc.

Picture Dorian Gray (Classic Reprint) Oscar. Wilde. (ENG., Illus.). (J). 2018. 262p. 29.32 *(978-0-364-01187-4(4));* 2017. pap. 11.97 *(978-0-243-51019-1(5))* Forgotten Bks.

Picture Exhibition: Containing the Original Drawings of Eighteen Little Masters & Misses, to Which Are Added Moral & Historical Explanations (Classic Reprint) Richard Johnson. 2018. (ENG., Illus.). 136p. (J). 26.70 *(978-0-666-90383-9(2))* Forgotten Bks.

Picture Exhibition: Containing the Original Drawings of Eighteen Little Masters & Misses; to Which Are Added, Moral & Historical Explanations (Classic Reprint) Richard Johnson. (ENG., Illus.). (J). 2018. 94p. 25.86 *(978-0-483-40482-3(9));* 2016. pap. 9.57 *(978-1-333-11161-8(4))* Forgotten Bks.

Picture Fables, Drawn by Otto Speckter: With Rhymes Translated from the German (Classic Reprint) F. Hey. (ENG., Illus.). (J). 2017. 26.19 *(978-0-266-48641-1(X));* 2016. pap. 9.57 *(978-1-334-13103-5(1))* Forgotten Bks.

Picture Fit: a Flurry of Snowflakes. Roger Priddy. 2020. (ENG., Illus.). 14p. (J). bds. 8.99 *(978-1-68449-074-5(X),* 900223635) St. Martin's Pr.

Picture Fit Board Books: a Caboodle of Cuddles. Roger Priddy. 2018. (Picture Fit Ser.: 1). (ENG., Illus.). 14p. (J). bds. 8.99 *(978-0-312-52762-4(4),* 900190126) St. Martin's Pr.

Picture Fit Board Books: a Mischief of Monsters: A Book of Noises & Actions. Roger Priddy. 2019. (Picture Fit Ser.). (ENG., Illus.). 14p. (J). bds. 8.99 *(978-0-312-52882-9(5),* 900198483) St. Martin's Pr.

Picture Fit Board Books: a Parade of Animals: A Clever Counting Book. Roger Priddy. 2017. (Picture Fit Ser.). (ENG., Illus.). 14p. (J). bds. 8.99 *(978-0-312-52173-8(1),* 900169939) St. Martin's Pr.

Picture from Life, or the History of Emma Tankerville & Sir Henry Moreton, Vol. 2 of 2 (Classic Reprint) Henry Whitfield. (ENG., Illus.). (J). 2018. 242p. 28.89 *(978-0-483-95637-6(9));* 2016. pap. 11.57 *(978-1-333-38138-7(7))* Forgotten Bks.

Picture from Life, Vol. 1 Of 2: Or the History of Emma Tankerville & Sir Henry Moreton (Classic Reprint) Henry Whitfield. 2018. (ENG., Illus.). 252p. (J). 29.09 *(978-0-484-82202-2(0))* Forgotten Bks.

Picture Girl. Marlene Targ Brill. Illus. by Michael Sayre. 2018. (Becoming American Kids Ser.: Vol. 1). (ENG.). 106p. (J). (gr. 3-6). pap. 7.99 *(978-1-7320276-0-2(9))* Golden Alley Pr.

Picture Gospel for Children of All Ages. Sarah Jane Raffety. 2016. (ENG., Illus.). (J). (gr. k-6). pap. 16.95 *(978-1-4796-0341-1(4))* TEACH Services, Inc.

Picture Graphs. Crystal Sikkens. 2016. (Get Graphing! Building Data Literacy Skills Ser.). (ENG., Illus.). 24p. (J). (gr. 1-3). *(978-0-7787-2632-6(0))* Crabtree Publishing Co.

Picture Hunt: Find the Hidden Picture Activity Book. Kreative Kids. 2016. (ENG., Illus.). (J). pap. 10.81 *(978-1-68377-026-8(9))* Whlke, Traudl.

Picture Is Spotty! Connect the Dots Activity Book. Bobo's Children Activity Books. 2016. (ENG., Illus.). (J). pap. 7.99 *(978-1-68327-269-4(2))* Sunshine In My Soul Publishing.

Picture Is Worth a Thousand Words! Connect the Dots Activity Book. Activibooks For Kids. 2016. (ENG., Illus.). (J). pap. 7.55 *(978-1-68321-471-7(4))* Mimaxion.

Picture of Dorian Gray. Oscar. Wilde. 2022. (Read in English Ser.). (ENG & SPA.). 304p. (gr. 9-7). pap. 8.95 *(978-607-21-2437-0(2))* Larousse, Ediciones, S. A. de C. V. MEX. Dist: Independent Pubs. Group.

Picture of Dorian Gray: A Graphic Novel. Jorge C. Morhain. Tr. by Trusted Translations. Illus. by Martin Tunica. 2018. (Classic Fiction Ser.). (ENG.). 80p. (J). (gr. 5-9). lib. bdg. 27.32 *(978-1-4965-6409-2(X),* 138233, Stone Arch Bks.) Capstone.

1588

The check digit for ISBN-10 appears in parentheses after the full ISBN-13

Picture of Life, or the Rainbow Club: In Three Phases: 1st, Youth's Gay Merriment; 2nd, Manhood's Serious Business; 3rd, Life's Crowning Glory (Classic Reprint) James O. Miller. (ENG., Illus.). (J). 2018. 230p. 28.66 *(978-0-483-80402-9(9))*; 2016. pap. 11.57 *(978-1-334-12067-1(6))* Forgotten Bks.

Picture of Pioneer Times in California: Illustrated with Anecdotes & Stories Taken from Real Life (Classic Reprint) William Grey. 2018. (ENG., Illus.). 688p. (J). 38.11 *(978-0-267-21340-5(9))* Forgotten Bks.

Picture of Woonsocket, or the Truth in Its Nudity: To Which Are Added Translations from the Best French, Spanish & Italian Writers (Classic Reprint) Thomas Man. (ENG., Illus.). (J). 2018. 114p. 26.25 *(978-0-483-59527-9(6))*; 2017. pap. 9.57 *(978-0-243-25494-1(6))* Forgotten Bks.

Picture Perfect: An Inspiring Stained Glass Coloring Book. Activibooks. 2016. (ENG., Illus.). (J). pap. 9.20 *(978-1-68321-194-5(4))* Mimaxion.

Picture Perfect: Connect the Dots Activity Book. Creative Playbooks. 2016. (ENG., Illus.). (J). pap. 10.81 *(978-1-68323-544-6(4))* Twin Flame Productions.

Picture Perfect! Glam Scarves, Belts, Hats, & Other Fashion Accessories for All Occassions. Jennifer Phillips. 2016. (Accessorize Yourself! Ser.). (ENG., Illus.). 48p. (J). (gr. 4-8). lib. bdg. 35.32 *(978-1-4914-8229-2(X)*, 130691, Capstone Pr.) Capstone.

Picture Perfect: Hidden Picture Activity Book. Activity Attic Books. 2016. (ENG., Illus.). (J). pap. 9.43 *(978-1-68323-545-3(2))* Twin Flame Productions.

Picture Perfect #5: All Together Now. Cari Simmons & Laura J. Burns. Illus. by Cathi Mingus. 2016. (Picture Perfect Ser.: 5). (ENG.). 192p. (J). (gr. 3-7). pap. 6.99 *(978-0-06-233676-7(2)*, HarperCollins) HarperCollins Pubs.

Picture Perfect! a How to Draw Activity Book for Kids. Kreative Kids. 2016. (ENG., Illus.). (J). pap. 9.20 *(978-1-68377-027-5(7))* Whlke, Traudl.

Picture-Perfect Boyfriend. Becky Dean. 2023. 384p. (YA). (gr. 7). pap. 12.99 *(978-0-593-56991-7(1)*, Delacorte Pr.) Random Hse. Children's Bks.

Picture Picker: Hidden Picture Activity Book. Activity Attic Books. 2016. (ENG., Illus.). (J). pap. 9.43 *(978-1-68323-546-0(0))* Twin Flame Productions.

Picture Play Magazine, 1938, Vol. 47 (Classic Reprint) Unknown Author. 2017. (ENG., Illus.). (J). 30.85 *(978-0-266-98064-3(3))*; pap. 13.57 *(978-1-5278-5663-9(1))* Forgotten Bks.

Picture-Play Magazine, Vol. 10: March, 1919 (Classic Reprint) Unknown Author. (ENG., Illus.). (J). 2018. 980p. 44.11 *(978-0-364-02765-3(7))*; 2017. pap. 26.49 *(978-0-243-58741-4(4))* Forgotten Bks.

Picture-Play Magazine, Vol. 11: September, 1919 (Classic Reprint) Unknown Author. (ENG., Illus.). (J). 2018. 632p. 37.14 *(978-0-428-48895-6(1))*; 2017. pap. 19.57 *(978-0-243-51767-1(X))* Forgotten Bks.

Picture-Play Magazine, Vol. 12: March-August 1920 (Classic Reprint) Ormond G. Smith. 2018. (ENG., Illus.). (J). 642p. 37.14 *(978-1-396-69691-6(1))*; 644p. pap. 19.57 *(978-1-390-82550-3(7))* Forgotten Bks.

Picture-Play Magazine, Vol. 13: September, 1920 (Classic Reprint) Unknown Author. (ENG., Illus.). (J). 2018. 674p. 37.80 *(978-0-656-00153-8(4))*; 2017. pap. 20.57 *(978-0-243-96923-4(6))* Forgotten Bks.

Picture-Play Magazine, Vol. 14: March, 1921 (Classic Reprint) Unknown Author. 2018. (ENG., Illus.). (J). 686p. 38.07 *(978-0-332-62935-3(X))*; 688p. pap. 20.57 *(978-0-243-48712-7(6))* Forgotten Bks.

Picture-Play Magazine, Vol. 15: September, 1921 (Classic Reprint) Unknown Author. (ENG., Illus.). (J). 2018. 686p. 38.05 *(978-0-364-02619-9(7))*; 2017. pap. 20.57 *(978-0-243-55290-0(4))* Forgotten Bks.

Picture-Play Magazine, Vol. 18: March, 1923 (Classic Reprint) Unknown Author. 2017. (ENG., Illus.). (J). 704p. 38.42 *(978-0-332-20519-9(3))*; pap. 20.97 *(978-0-243-56472-9(4))* Forgotten Bks.

Picture-Play Magazine, Vol. 19: September, 1923 (Classic Reprint) Unknown Author. 2017. (ENG., Illus.). (J). 712p. 38.58 *(978-0-332-63018-2(8))*; 714p. pap. 20.97 *(978-0-243-91379-4(6))* Forgotten Bks.

Picture-Play Magazine, Vol. 20: March, 1924 (Classic Reprint) Unknown Author. 2018. (ENG., Illus.). (J). 742p. 39.20 *(978-0-366-16258-1(6))*; 744p. pap. 23.57 *(978-0-366-16248-2(9))* Forgotten Bks.

Picture-Play Magazine, Vol. 22: March, 1925 (Classic Reprint) Unknown Author. (ENG., Illus.). (J). 2018. 744p. 39.37 *(978-0-484-84612-7(4))*; 2017. pap. 23.57 *(978-0-243-55083-8(9))* Forgotten Bks.

Picture-Play Magazine, Vol. 23: September, 1925 (Classic Reprint) Unknown Author. (ENG., Illus.). (J). 2018. 734p. 39.04 *(978-0-364-02468-3(2))*; 2017. pap. 23.57 *(978-0-259-09305-3(X))* Forgotten Bks.

Picture-Play Magazine, Vol. 25: September, 1926 (Classic Reprint) Unknown Author. 2017. (ENG., Illus.). (J). 744p. 39.24 *(978-0-484-89075-5(1))*; pap. 23.57 *(978-0-243-98866-2(4))* Forgotten Bks.

Picture-Play Magazine, Vol. 4: March, 1916, to August, 1916, Inclusive (Classic Reprint) Unknown Author. (ENG., Illus.). (J). 2018. 928p. 43.04 *(978-0-483-93800-7(9))*; 2017. pap. 25.38 *(978-0-243-94873-4(5))* Forgotten Bks.

Picture-Play Magazine, Vol. 5: September, 1916 to February, 1917 (Classic Reprint) Street and Smith. 2018. (ENG., Illus.). (J). 996p. 44.46 *(978-0-366-40521-3(7))*; 998p. pap. 26.80 *(978-0-366-16963-4(7))* Forgotten Bks.

Picture-Play Magazine, Vol. 6: March, 1917 (Classic Reprint) Unknown Author. 2018. (ENG., Illus.). (J). 982p. 44.15 *(978-1-396-41985-0(3))*; 984p. pap. 26.49 *(978-1-390-90142-9(4))* Forgotten Bks.

Picture-Play Magazine, Vol. 7: September, 1917 (Classic Reprint) Unknown Author. (ENG., Illus.). (J). 2018. 964p. 43.80 *(978-0-267-09800-2(6))*; 2017. pap. 26.14 *(978-0-243-90402-0(9))* Forgotten Bks.

Picture-Play Magazine, Vol. 8: March, 1918 (Classic Reprint) Unknown Author. 2018. (ENG., Illus.). (J). 976p. 44.03 *(978-0-366-45167-8(7))*; 978p. pap. 26.37 *(978-0-366-17382-2(0))* Forgotten Bks.

Picture-Play Magazine, Vol. 9: September, 1918 (Classic Reprint) Unknown Author. 2018. (ENG., Illus.). (J). 974p. 44.01 *(978-1-396-76773-9(8))*; 976p. pap. 26.35 *(978-1-396-00831-3(4))* Forgotten Bks.

Picture Play, Vol. 27: September 1927-February 1928 (Classic Reprint) Street Smith Corporation. 2017. (ENG., Illus.). (J). 39.30 *(978-0-265-78198-2(1))*; pap. 23.57 *(978-1-5277-6380-7(3))* Forgotten Bks.

Picture Play, Vol. 28: March, 1928 (Classic Reprint) Unknown Author. 2017. (ENG., Illus.). (J). 39.16 *(978-0-265-77431-1(4))*; pap. 23.57 *(978-1-5277-5388-4(3))* Forgotten Bks.

Picture Play, Vol. 29: September, 1928 (Classic Reprint) Unknown Author. (ENG., Illus.). (J). 2018. 604p. 36.35 *(978-0-656-92198-0(6))*; 2017. pap. 19.57 *(978-0-243-99205-8(X))* Forgotten Bks.

Picture Play, Vol. 31: December, 1929 (Classic Reprint) Unknown Author. abr. ed. (ENG., Illus.). (J). 2018. 754p. 39.53 *(978-0-483-13941-1(6))*; 2017. pap. 23.57 *(978-0-243-51135-8(3))* Forgotten Bks.

Picture Play, Vol. 31: January, 1930 (Classic Reprint) Unknown Author. 2017. (ENG., Illus.). (J). 760p. 39.57 *(978-0-332-86943-8(1))*; pap. 23.57 *(978-0-259-59099-6(1))* Forgotten Bks.

Picture Play, Vol. 43: February, 1936 (Classic Reprint) Unknown Author. (ENG., Illus.). (J). 2018. 602p. 36.31 *(978-0-483-45814-7(7))*; 2017. pap. 19.57 *(978-0-259-39741-0(5))* Forgotten Bks.

Picture-Play Weekly, Vol. 1: April 10 to October 2, 1915 (Classic Reprint) O. G. Smith. (ENG., Illus.). (J). 2018. 920p. 42.89 *(978-0-656-34200-6(5))*; 2017. pap. 25.23 *(978-0-243-38991-9(4))* Forgotten Bks.

Picture-Play Weekly, Vol. 2: October 9, 1915 (Classic Reprint) Unknown Author. 2018. (ENG., Illus.). (J). 290p. 29.88 *(978-1-396-76718-0(5))*; 292p. pap. 13.57 *(978-1-396-00830-6(6))* Forgotten Bks.

Picture Poems for Young Folks. Marian Douglas. 2017. (ENG., Illus.). 124p. (J). pap. *(978-0-649-75738-1(6))* Trieste Publishing Pty Ltd.

Picture Poems for Young Folks (Classic Reprint) Marian Douglas. 2017. (ENG., Illus.). (J). pap. 9.57 *(978-0-243-32639-6(4))* Forgotten Bks.

Picture Primer (Classic Reprint) Ella M. Beebe. (ENG., Illus.). (J). 2018. 130p. 26.60 *(978-0-428-66499-2(7))*; 2017. pap. 9.57 *(978-0-259-55738-8(2))* Forgotten Bks.

Picture Producer: Connect the Dots Activity Book. Creative Playbooks. 2016. (ENG., Illus.). (J). pap. 10.81 *(978-1-68323-547-7(9))* Twin Flame Productions.

Picture Pursuit: A Hidden Picture Book. Creative Playbooks. 2016. (ENG., Illus.). (J). pap. 10.81 *(978-1-68323-548-4(7))* Twin Flame Productions.

Picture Puzzle Activity Book. Buster Books. 2020. (Buster Puzzle Activity Ser.: 2). (ENG.). 64p. (J). (gr. k-2). pap. 9.99 *(978-1-78055-668-0(3)*, Buster Bks.) O'Mara, Michael Bks., Ltd. GBR. Dist: Independent Pubs. Group.

Picture Puzzles. Sequoia Children's Publishing. 2021. (Active Minds: Board Bks.). (ENG.). 10p. (J). (gr. k-2). lib. bdg. 9.00 *(978-1-64996-034-4(4)*, 4770, Sequoia Publishing & Media LLC) Phoenix International Publications, Inc.

Picture Puzzles. Sequoia Kids Media Sequoia Kids Media. 2021. (Active Minds Ser.). (ENG.). 10p. (J). (gr. -1-3). pap. 6.50 ***(978-1-64996-653-7(9)***, 17016, Sequoia Kids Media) Sequoia Children's Bks.

Picture Puzzles: Math Reader 7 Grade 1. Hmh Hmh. 2018. (SPA.). 8p. (J). pap. 9.00 *(978-1-328-57687-3(6))* Houghton Mifflin Harcourt Publishing Co.

Picture Puzzles: Math Reader Grade 1. Hmh Hmh. 2017. (Math Expressions Ser.). (ENG.). 8p. (J). (gr. 1). pap. 3.07 *(978-1-328-77229-9(2))* Houghton Mifflin Harcourt Publishing Co.

Picture Puzzles Find the Difference Puzzle Books for Teens. Educando Kids. 2019. (ENG.). 42p. (J). pap. 8.55 *(978-1-64521-658-2(6)*, Educando Kids) Editorial Imagen.

Picture Puzzles, Picture This! Activity Book Grade 4. Speedy Kids. 2018. (ENG., Illus.). 106p. (J). pap. 12.55 *(978-1-5419-3723-9(6))* Speedy Publishing LLC.

Picture Quest: An Adventurous Hidden Picture Book. Creative Playbooks. 2016. (ENG., Illus.). (J). pap. 9.43 *(978-1-68323-549-1(5))* Twin Flame Productions.

Picture-Room: Containing the Original Drawings of Eighteen Little Masters & Misses; to Which Are Added, Moral & Historical Explanations (Classic Reprint) Peter Painter. (ENG., Illus.). (J). 2018. 84p. 25.65 *(978-0-483-41187-6(6))*; 2016. pap. 9.57 *(978-1-334-16812-3(1))* Forgotten Bks.

Picture Show, Vol. 1: May-October, 1919 (Classic Reprint) Unknown Author. (ENG., Illus.). (J). 2018. 614p. 36.56 *(978-0-332-08380-3(2))*; 2017. pap. 19.57 *(978-0-243-38581-2(1))* Forgotten Bks.

Picture Show, Vol. 2: November 1919-April 1920 (Classic Reprint) Unknown Author. (ENG., Illus.). (J). 2018. 522p. 34.66 *(978-0-666-21130-9(2))*; 2017. pap. 19.57 *(978-0-259-39341-2(X))* Forgotten Bks.

Picture Show, Vol. 3: May 1, 1920 (Classic Reprint) Unknown Author. (ENG., Illus.). (J). 2018. 632p. 36.93 *(978-0-483-85577-9(4))*; 2017. pap. 19.57 *(978-0-243-39645-0(7))* Forgotten Bks.

Picture Show, Vol. 4: October 30, 1920-April 23, 1921 (Classic Reprint) Unknown Author. (ENG., Illus.). (J). 2018. 618p. 36.64 *(978-0-656-34789-6(9))*; 2017. pap. 19.57 *(978-0-243-44155-6(X))* Forgotten Bks.

Picture Sleuth: A Mysterious Hidden Picture Book. Creative Playbooks. 2016. (ENG., Illus.). (J). pap. 9.43 *(978-1-68323-550-7(9))* Twin Flame Productions.

Picture Stories Magazine, Vol. 3: September, 1914 February, 1915 (Classic Reprint) Unknown Author. (ENG., Illus.). (J). 2018. 528p. 34.79 *(978-0-483-52408-8(5))*; 2016. pap. 19.57 *(978-1-334-28717-6(1))* Forgotten Bks.

Picture Study Portfolio: Vermeer. Emily Kiser. 2016. (ENG.). (J). 21.95 ***(978-1-61634-360-6(5))*** Simply Charlotte Mason, LLC.

Picture Tales from Welsh Hills. Bertha Thomas. 2017. (ENG., Illus.). (J). pap. *(978-0-649-67151-9(1))* Trieste Publishing Pty Ltd.

Picture Tales from Welsh Hills (Classic Reprint) Bertha Thomas. 2018. (ENG., Illus.). 256p. (J). 29.18 *(978-0-483-43262-8(8))* Forgotten Bks.

Picture the Sky. Barbara Reid. Illus. by Barbara Reid. 2019. (ENG., Illus.). 32p. (J). (gr. -1-3). 16.99 *(978-0-8075-9525-1(X)*, 080759525X) Whitman, Albert & Co.

Picture This! Transform Everyday Objects into Awesome Drawings! William Potter. Illus. by Gareth Conway. 2023. (ENG.). 96p. (J). pap. 9.99 *(978-1-3988-1530-8(6)*, b9db8a96-cb4b-4afe-a6b1-c984f0f7b8a4) Arcturus Publishing GBR. Dist: Baker & Taylor Publisher Services (BTPS).

Picture This! Animals: Transform Everyday Objects into Awesome Drawings! William Potter. Illus. by Gareth Conway. 2023. (ENG.). 96p. (J). pap. 9.99 *(978-1-3988-1531-5(4)*, 917842e8-710a-4caf-a988-84cfe1d5098b) Arcturus Publishing GBR. Dist: Baker & Taylor Publisher Services (BTPS).

Picture Us in the Light. Kelly Loy Gilbert. 2018. (ENG.). 368p. (YA). (gr. 9-17). E-Book 45.00 *(978-1-4847-3528-2(5))* Little, Brown Bks. for Young Readers.

Picture Within a Picture: Hidden Picture Activity Book. Kreativ Entspannen. 2016. (ENG., Illus.). (J). pap. 10.81 *(978-1-68377-028-2(5))* Whlke, Traudl.

Picture Words, 56 vols. School Zone Staff. 2019. (ENG.). 56p. (J). (gr. -1-k). 3.49 *(978-1-58947-480-2(5)*, 012ee4da-7847-4608-970c-9a62a477982d) School Zone Publishing Co.

Picture-Words Unscramble: Fun Word-Play Pics to Trace & Color (Primaries & Up) Stephen Pederson. 2022. (ENG.). 42p. (J). pap. 7.00 *(978-1-957582-04-7(9))* Print & Media, Westpoint.

Picture Yourself: A Children's Career Book. Terry Murray. 2020. (ENG., Illus.). 26p. (J). pap. 12.95 *(978-1-64531-902-3(4))* Newman Springs Publishing, Inc.

Picturegoer, 1936, Vol. 6: The Screen's Most Popular Magazine (Classic Reprint) Odhams Press. 2018. (ENG., Illus.). (J). 1012p. 44.77 *(978-1-396-74312-2(X))*; 1014p. pap. 27.11 *(978-1-391-97483-5(2))* Forgotten Bks.

Picturegoer, Vol. 3: January, 1922 (Classic Reprint) Odhams Press. (ENG., Illus.). (J). 2018. 728p. 38.91 *(978-0-483-67068-6(5))*; 2017. pap. 23.57 *(978-0-259-53545-4(1))* Forgotten Bks.

Picturegoer, Vol. 3: The Screen News Magazine de Luxe; January 6, 1934 (Classic Reprint) Unknown Author. 2017. (ENG., Illus.). (J). 37.55 *(978-0-331-68731-6(3))*; pap. 19.97 *(978-0-243-47526-1(8))* Forgotten Bks.

Picturegoer, Vol. 4: January-April, 1935 (Classic Reprint) Unknown Author. (ENG., Illus.). (J). 2018. 686p. 38.05 *(978-0-364-00758-7(3))*; 2017. pap. 20.57 *(978-0-243-50371-1(7))* Forgotten Bks.

Picturegoer, Vol. 7: July 3, 1937 (Classic Reprint) Unknown Author. (ENG., Illus.). (J). 2018. 974p. 43.99 *(978-0-332-81858-0(6))*; 2017. pap. 26.33 *(978-0-243-46140-0(2))* Forgotten Bks.

Picturepedia, Second Edition: An Encyclopedia on Every Page. DK. rev. ed. 2020. (ENG., Illus.). 360p. (J). (gr. 3-7). 29.99 *(978-1-4654-3828-7(9)*, DK Children) Dorling Kindersley Publishing, Inc.

Pictures! a Connect the Dots Activity Book. Creative Playbooks. 2016. (ENG., Illus.). (J). pap. 10.81 *(978-1-68323-553-8(3))* Twin Flame Productions.

Pictures & Gossip (Classic Reprint) Unknown Author. 2018. (ENG., Illus.). 246p. (J). 28.93 *(978-0-428-32246-5(8))* Forgotten Bks.

Pictures & Legends: From Normandy & Brittany (Classic Reprint) Thomas Macquoid. 2017. (ENG., Illus.). (J). 31.32 *(978-0-260-54269-4(5))* Forgotten Bks.

Pictures & Other Passages from Henry James (Classic Reprint) Henry James. 2018. (ENG., Illus.). 150p. (J). 27.01 *(978-0-483-50331-1(2))* Forgotten Bks.

Pictures & Portraits of Foreign Travel. Annie S. Wolf. 2017. (ENG.). 418p. (J). pap. *(978-3-337-21155-4(0))* Creation Pubs.

Pictures & Portraits of Foreign Travel (Classic Reprint) Annie S. Wolf. (ENG., Illus.). (J). 2018. 416p. 32.48 *(978-0-666-69030-2(8))*; 2016. pap. 16.57 *(978-1-333-61632-8(5))* Forgotten Bks.

Pictures & Problems from London Police Courts (Classic Reprint) Thomas Holmes. 2018. (ENG., Illus.). 238p. (J). 28.81 *(978-0-332-97785-0(4))* Forgotten Bks.

Pictures & Songs for Little Children (Classic Reprint) Unknown Author. (ENG., Illus.). (J). 2018. 210p. 28.23 *(978-0-656-34655-4(8))*; 2017. pap. 10.57 *(978-0-243-43020-8(5))* Forgotten Bks.

Pictures & Stories (Classic Reprint) Geo P. Daniels. 2018. (ENG., Illus.). 24p. (J). 24.39 *(978-0-267-69662-8(0))* Forgotten Bks.

Pictures & Stories from Uncle Tom's Cabin. Ed. by John P. Jewett. 2019. (ENG., Illus.). 46p. (YA). (gr. 7-12). pap. *(978-93-5329-422-9(3))* Alpha Editions.

Pictures & Stories from Uncle Tom's Cabin (Classic Reprint) Harriet Stowe. 2017. (ENG., Illus.). (J). 24.64 *(978-0-331-82131-4(1))*; pap. 7.97 *(978-0-243-38493-8(9))* Forgotten Bks.

Pictures & Stories of Natural History (Classic Reprint) Unknown Author. (ENG., Illus.). (J). 2018. 56p. 25.05 *(978-0-365-31776-0(4))*; 2017. pap. 9.57 *(978-0-282-40128-3(8))* Forgotten Bks.

Pictures & the Picturegoer: The Screen Magazine; Vol. 9-10; January-December, 1925 (Classic Reprint) Odhams Press. (ENG., Illus.). (J). 2018. 856p. 41.55 *(978-0-656-38316-0(X))*; 2017. pap. 23.97 *(978-0-282-46714-2(9))* Forgotten Bks.

Pictures & the Picturegoer, 1924, Vol. 7: The Screen Magazine (Classic Reprint) Unknown Author. (ENG., Illus.). (J). 2018. 806p. 40.52 *(978-0-656-33844-3(X))*; 2017. pap. 23.57 *(978-0-243-30928-3(7))* Forgotten Bks.

Pictures & the Picturegoer, Vol. 5: The Screen Magazine; January, 1923 (Classic Reprint) Odhams Press. 2017. (ENG., Illus.). (J). 794p. 40.27 *(978-0-484-34960-4(0))*; pap. 23.57 *(978-0-259-54975-8(4))* Forgotten Bks.

Pictures & the Picturegoer, Vol. 8: The Picture Theatre Weekly Magazine; April to September, 1915 (Classic Reprint) Fred Dangerfield. 2017. (ENG., Illus.). (J). 34.50 *(978-0-265-57292-4(4))*; pap. 16.97 *(978-0-282-84873-6(8))* Forgotten Bks.

Pictures & the Picturegoer, Vol. 9: The Picture Theatre Weekly Magazine; October, 1915 to March, 1916 (Classic Reprint) Fred Dangerfield. 2018. (ENG., Illus.). (J). 728p. 38.91 *(978-0-428-61829-2(4))*; 730p. pap. 23.57 *(978-0-428-14694-8(5))* Forgotten Bks.

Pictures & Words to Discover the World Around Me: Animals. Norhamd Books. 2023. (ENG.). 76p. (J). pap. ***(978-1-4477-2235-9(3))*** Lulu Pr., Inc.

Pictures Are Fun! Hidden Picture Activity Book. Kreative Kids. 2016. (ENG., Illus.). (J). pap. 10.81 *(978-1-68377-029-9(3))* Whlke, Traudl.

Pictures at an Exhibition. Anna Harwell Celenza. Illus. by JoAnn E. Kitchel. 2016. (Once upon a Masterpiece Ser.: 2). 32p. (J). (gr. 1-4). lib. bdg. 16.95 *(978-1-58089-528-6(X))* Charlesbridge Publishing, Inc.

Pictures Burned into My Memory (Classic Reprint) Charles W. Whitehair. 2018. (ENG., Illus.). 56p. (J). 25.05 *(978-0-332-85000-9(5))* Forgotten Bks.

Pictures by Gavarni (Classic Reprint) Paul Gavarni. 2018. (ENG., Illus.). 78p. (J). 25.51 *(978-0-484-78816-8(7))* Forgotten Bks.

Pictures by Phil May (Classic Reprint) Philip May. (ENG., Illus.). (J). 2018. 66p. 25.34 *(978-0-484-00355-1(0))*; 2016. pap. 9.57 *(978-1-333-45317-6(5))* Forgotten Bks.

Pictures from a to Z - Dot to Dot Activity Book. Activity Book Zone for Kids. 2016. (ENG., Illus.). (J). pap. 7.55 *(978-1-68376-739-8(X))* Sabeels Publishing.

Pictures from English Literature (Classic Reprint) Sara A. Hamlin. 2018. (ENG., Illus.). 204p. (J). 28.10 *(978-0-483-70563-0(2))* Forgotten Bks.

Pictures from English Literature (Classic Reprint) John Francis Waller. (ENG., Illus.). (J). 2018. 236p. 28.78 *(978-0-267-58363-8(X))*; 2016. pap. 11.57 *(978-1-334-15895-7(9))* Forgotten Bks.

Pictures from Italy, & American Notes for General Circulation (Classic Reprint) Charles Dickens. 2017. (ENG., Illus.). (J). 33.65 *(978-0-265-38475-6(3))* Forgotten Bks.

Pictures from Italy (Classic Reprint) Charles Dickens. 2017. (ENG., Illus.). (J). 29.80 *(978-1-5282-8671-8(5))* Forgotten Bks.

Pictures from Punch, Vol. 1 (Classic Reprint) Unknown Author. 2017. (ENG., Illus.). (J). 33.90 *(978-0-266-73682-0(3))*; pap. 16.57 *(978-1-5277-0133-5(6))* Forgotten Bks.

Pictures from the History of Spain (Classic Reprint) Martha G. (Quincy) Sleeper. (ENG., Illus.). (J). 2018. 310p. 30.31 *(978-0-365-28660-8(5))*; 2017. pap. 13.57 *(978-0-259-55021-1(3))* Forgotten Bks.

Pictures from the Pyrenees; or Agnes' & Kate's Travels. Caroline Bell. 2017. (ENG., Illus.). (J). pap. *(978-0-649-09636-7(3))* Trieste Publishing Pty Ltd.

Pictures from the Pyrenees, or Agnes' & Kate's Travels (Classic Reprint) Caroline Bell. (ENG., Illus.). (J). 2018. 244p. 28.93 *(978-0-484-12737-0(3))*; 2016. pap. 11.57 *(978-1-334-08437-9(8))* Forgotten Bks.

Pictures Galore! a Connect the Dots Activity Book. Creative Playbooks. 2016. (ENG., Illus.). (J). pap. 10.81 *(978-1-68323-552-1(5))* Twin Flame Productions.

Pictures in Clouds: What Do You See in a Cloud? Sue Carson. Illus. by Marvin Paracuelles. 2022. (ENG.). 24p. (J). pap. *(978-0-2288-5026-7(6))* Tellwell Talent.

Pictures in Prose of Nature, Wild Sport, & Humble Life. Aubyn Trevor-Battye. 2017. (ENG., Illus.). (J). pap. *(978-0-649-10365-2(3))* Trieste Publishing Pty Ltd.

Pictures in Prose of Nature, Wild Sport, & Humble Life (Classic Reprint) Aubyn Trevor-Battye. 2018. (ENG., Illus.). 286p. (J). 29.80 *(978-0-267-49617-4(6))* Forgotten Bks.

Pictures in Tyrol & Elsewhere: From a Family Scetch-Book (Classic Reprint) Unknown Author. 2017. (ENG., Illus.). (J). 33.38 *(978-0-331-92538-8(9))* Forgotten Bks.

Pictures in Umbria (Classic Reprint) Katharine Sarah Gadsden Macquoid. 2018. (ENG., Illus.). 352p. (J). 31.18 *(978-0-364-13996-7(X))* Forgotten Bks.

Pictures of Country Life, and, Summer Rambles in Green & Shady Places (Classic Reprint) Thomas Miller. (ENG., Illus.). (J). 2018. 380p. 31.75 *(978-0-483-50991-7(4))*; 2017. pap. 16.57 *(978-0-243-06313-0(X))* Forgotten Bks.

Pictures of Country Life (Classic Reprint) Alice Cary. 2018. (ENG., Illus.). 360p. (J). 31.34 *(978-0-484-12040-1(9))* Forgotten Bks.

Pictures of Early Life, or Sketches of Youth (Classic Reprint) Emma Catherine Embury. (ENG., Illus.). (J). 2018. 322p. 30.54 *(978-0-666-26892-1(4))*; 2017. pap. 13.57 *(978-0-243-21227-9(5))* Forgotten Bks.

Pictures of English Society (Classic Reprint) George Du Maurier. 2018. (ENG., Illus.). (J). 100p. 26.00 *(978-0-332-66193-3(8))*; 102p. pap. 9.57 *(978-0-332-38827-4(1))* Forgotten Bks.

Pictures of Hellas, Five Tales of Ancient Greece (Classic Reprint) Peder Mariager. 2017. (ENG., Illus.). 348p. (J). 31.07 *(978-0-265-89391-3(7))* Forgotten Bks.

Pictures of Hollis Woods Novel Units Student Packet. Novel Units. 2019. (ENG.). (J). (gr. 5-6). pap., stu. ed. 13.99 *(978-1-58130-842-6(6)*, Novel Units, Inc.) Classroom Library Co.

Pictures of Life & Character (Classic Reprint) John Leech. 2017. (ENG., Illus.). (J). 200p. 28.04 *(978-0-484-72178-3(X))*; 26.00 *(978-0-265-73516-9(5))*; pap. 9.57 *(978-1-5276-9870-3(X))*; pap. 10.57 *(978-0-259-88549-8(5))* Forgotten Bks.

Pictures of Life in Camp & Field. Benjamin F. Taylor. (ENG.). (J). 2018. 282p. pap. *(978-3-337-42676-7(X))*; 2017. 280p. pap. *(978-3-337-05767-1(5))* Creation Pubs.

Pictures of Life in Camp & Field (Classic Reprint) Benjamin F. Taylor. 2018. (ENG., Illus.). 318p. (J). 30.46 *(978-0-428-99575-1(6))* Forgotten Bks.

Pictures of Life in England & America: Prose & Poetry (Classic Reprint) Dean Dudley. (ENG., Illus.). (J). 2018. 262p. 29.32 *(978-0-483-54607-3(0))*; 2017. pap. 11.97 *(978-0-243-17240-5(0))* Forgotten Bks.

P

Pictures of Me. Marilee Haynes. 2016. 149p. (J). pap. (978-0-8198-6019-4(0)) Pauline Bks. & Media.
Pictures of Paris Some Parisians (Classic Reprint) John N. Raphael. 2018. (ENG., Illus.). 170p. (J). 27.40 (978-0-365-24104-1(0)) Forgotten Bks.
Pictures of Polly (Classic Reprint) Mary King Courtney. (ENG., Illus.). (J). 2018. 128p. 26.56 (978-0-332-13069-9(X)); 2017. pap. 9.57 (978-0-259-27901-3(3)) Forgotten Bks.
Pictures of St. Peter in an English Home (Classic Reprint) A. L. O. E. (ENG., Illus.). (J). 2017. 32.99 (978-0-266-42145-0(8)); 2016. pap. 16.57 (978-1-333-73595-1(2)) Forgotten Bks.
Pictures of the French: A Series of Literary & Graphic Delineations of French Character (Classic Reprint) Jules Janin. 2018. (ENG., Illus.). (J). 554p. 35.32 (978-0-365-32513-0(9)); 266p. 29.38 (978-0-428-89914-1(5)) Forgotten Bks.
Pictures of the Olden Time: As Shown in the Fortunes of a Family of the Pilgrims (Classic Reprint) Edmund H. Sears. 2017. (ENG., Illus.). 364p. (J). 31.40 (978-0-484-66773-9(4)) Forgotten Bks.
Pictures of the Past: Memories of Men I Have Met & Places I Have Seen (Classic Reprint) Francis H. Grundy. (ENG., Illus.). (J). 2017. 32.19 (978-0-260-83162-0(X)); 2016. pap. 16.57 (978-1-334-21874-3(9)) Forgotten Bks.
Pictures of the Peak (Classic Reprint) Edward Bradbury. 2018. (ENG., Illus.). 338p. (J). 30.87 (978-0-267-69170-8(X)) Forgotten Bks.
Pictures of the World at Home & Abroad, Vol. 2 of 3 (Classic Reprint) R. Plumer Ward. 2018. (ENG., Illus.). 354p. (J). 31.22 (978-0-364-39929-3(5)) Forgotten Bks.
Pictures of the World, Vol. 1 Of 3: At Home & Abroad; Sterling (Classic Reprint) Robert Plumer Ward. (ENG., Illus.). (J). 2018. 412p. 32.39 (978-0-267-55493-5(1)); 2016. pap. 16.57 (978-1-333-63281-6(9)) Forgotten Bks.
Pictures of Travel: In Sweden, among the Hartz Mountains, & in Switzerland, with a Visit at Charles Dickens's House (Classic Reprint) Hans Christian Anderson. 2017. (ENG., Illus.). (J). 30.19 (978-0-266-71016-5(6)); pap. 13.57 (978-0-243-21523-2(1)) Forgotten Bks.
Pictures of War (Classic Reprint) Stephen. Crane. 2018. (ENG., Illus.). (J). 180p. 27.61 (978-0-365-21744-2(1)); 384p. 31.84 (978-0-483-84087-4(4)) Forgotten Bks.
Pictures Out of the Past: A Hanukkah Play (Classic Reprint) Louis Witt. (ENG., Illus.). (J). 2017. 24.39 (978-0-266-55080-8(0)); 2016. pap. 7.97 (978-1-334-15880-3(0)) Forgotten Bks.
Picture's Secret. Walter Herries Pollock. 2017. (ENG.). 288p. (J). pap. (978-3-337-33249-5(8)) Creation Pubs.
Picture's Secret: A Story; to Which Is Added an Episode in the Life of Mr. Latimer (Classic Reprint) Walter Herries Pollock. (ENG., Illus.). (J). 2018. 282p. 29.73 (978-0-483-28885-0(3)); 2016. pap. 13.57 (978-1-333-23068-5(0)) Forgotten Bks.
Pictures That Every Child Should Know: A Selection of the World's Art Masterpieces for Young People (Classic Reprint) Dolores Bacon. 2017. (ENG., Illus.). (J). 33.86 (978-0-266-89052-2(0)) Forgotten Bks.
Pictures That Hang on Memory's Wall (Classic Reprint) H. Fern Shepard. (ENG., Illus.). (J). 2018. 64p. 25.24 (978-0-656-12148-9(3)); 2017. pap. 9.57 (978-0-259-49521-5(2)) Forgotten Bks.
Pictures, the Betrothing: Novels (Classic Reprint) Lewis Tieck. 2018. (ENG., Illus.). 304p. (J). 30.19 (978-0-483-22832-0(X)) Forgotten Bks.
Picture's Worth a Thousand Clues. Stacia Deutsch. Illus. by Robin Boyden. 2017. (Mysterious Makers of Shaker Street Ser.). (ENG.). 112p. (J). (gr. 2-4). pap. 6.95 (978-1-4965-4681-4(4), 135210); lib. bdg. 22.65 (978-1-4965-4677-7(6), 135202) Capstone. (Stone Arch Bks.).
Picturesque Cheshire (Classic Reprint) T. A. Coward. 2018. (ENG., Illus.). 488p. (J). 33.98 (978-0-267-51237-9(6)) Forgotten Bks.
Picturesque Geographical Readers (Classic Reprint) Charles Francis King. 2017. (ENG., Illus.). (J). 29.09 (978-0-260-90880-3(0)); pap. 11.57 (978-0-259-41864-1(1)) Forgotten Bks.
Picturesque Geographical Readers, Vol. 1: The Land We Live in Part I. Supplementary & Regular Reading in the Lower Classes in Grammar Schools Public Libraries & the Home (Classic Reprint) Charles F. King. (ENG., Illus.). (J). 2017. 246p. 28.99 (978-0-484-13598-6(8)); 2016. pap. 11.57 (978-1-334-48294-6(2)) Forgotten Bks.
Picturesque Geographical Readers, Vol. 2 (Classic Reprint) Charles F. King. 2018. (ENG., Illus.). 252p. (J). 29.09 (978-0-428-32151-2(8)) Forgotten Bks.
Picturesque Geographical Readers, Vol. 3 (Classic Reprint) Charles F. King. 2018. (ENG., Illus.). 282p. (J). 29.71 (978-0-365-51367-4(9)) Forgotten Bks.
Picturesque Hampden, Vol. 2: West (Classic Reprint) Charles Forbes Warner. (ENG., Illus.). (J). 2018. 164p. 27.28 (978-0-365-30373-2(9)); 2017. pap. 9.97 (978-0-282-55596-2(X)) Forgotten Bks.
Picturesque Prince Edward County (Classic Reprint) Helen M. Merrill. 2017. (ENG., Illus.). (J). 184p. 27.71 (978-0-332-31953-7(9)); pap. 10.57 (978-0-259-51070-3(X)) Forgotten Bks.
Picturesque Sketches of London: Past & Present (Classic Reprint) Thomas Miller. 2018. (ENG., Illus.). 310p. (J). 30.31 (978-0-267-24584-0(X)) Forgotten Bks.
Picturesque Worcester, Vol. 2: Complete in Three Parts, with 2, 500 Illustrations; North (Classic Reprint) Elbridge Kingsley. (ENG., Illus.). (J). 2017. 27.28 (978-0-331-61773-3(0)); 2016. pap. 9.97 (978-1-333-64401-7(9)) Forgotten Bks.
Picturing a Nation: the Great Depression's Finest Photographers Introduce America to Itself. Martin W. Sandler. 2021. (ENG.). 176p. (J). (gr. 5-9). 24.99 (978-1-5362-1525-0(2)) Candlewick Pr.
Picturing Words in a Poem. Valerie Bodden. 2016. (Write Me a Poem Ser.). (ENG.). 24p. (J). (gr. 1-4). pap. 9.99 (978-1-62832-253-8(5), 20548, Creative Paperbacks); (Illus.). (978-1-60818-621-1(0), 20550, Creative Education) Creative Co., The.
Pidgin-English Sing-Song. Charles Godfrey Leland. 2017. (ENG.). 152p. (J). pap. (978-3-7447-4835-3(9)) Creation Pubs.
Pidgin-English Sing-Song, or Songs & Stories in the China-English Dialect: With a Vocabulary (Classic Reprint) Charles G. Leland. (ENG., Illus.). (J). 2018. 152p. 27.05 (978-0-332-97578-8(9)); 2017. pap. 9.57 (978-0-259-42776-6(4)) Forgotten Bks.
Pidgin Inglis Tails & Others (Classic Reprint) F. W. I. Airey. (ENG., Illus.). (J). 2018. 94p. 25.84 (978-0-656-06867-8(1)); 2016. pap. 9.57 (978-1-333-54454-6(5)) Forgotten Bks.
Pidgin Island (Classic Reprint) Harold Macgrath. 2018. (ENG., Illus.). 368p. (J). 31.51 (978-0-483-47436-9(3)) Forgotten Bks.
Pidgin Warrior. Tianyi Zhang. Tr. by Hull David from CHI. 2017. (ENG., Illus.). 206p. (YA). (gr. 7-12). pap. (978-1-911221-09-8(4)) Balestier Pr.
Pie. Christina Earley. 2023. (Blue Marlin Readers Ser.). (ENG., Illus.). (J). (gr. 2-6). 25.27. pap. 8.95 Seahorse Publishing.
Pie: Book 70. William Ricketts. Illus. by Dean Maynard. 2023. (Tas & Friends Ser.). (ENG.). 20p. (J). (gr. -1-k). pap. 7.99 **(978-1-76127-070-3(2),** 6e173df3-7174-4c39-a286-81dd7c671516) Knowledge Bks. & Software AUS. Dist: Lerner Publishing Group.
Pie-Dish: A Play in One Act (Classic Reprint) George Fitzmaurice. 2018. (ENG., Illus.). 32p. (J). 24.56 (978-0-267-61819-4(0)) Forgotten Bks.
Pie for Breakfast: Simple Baking Recipes for Kids. Cynthia Cliff. 2021. (ENG., Illus.). 40p. (J). (gr. k-4). 16.95 (978-3-7913-7460-4(5)) Prestel Verlag GmbH & Co KG. DEU. Dist: Penguin Random Hse. LLC.
Pie Graphs see Gráficas Circulares
Pie Graphs. Sherra G. Edgar. 2018. (Making & Using Graphs Ser.). (ENG.). 24p. (J). (gr. k-3). lib. bdg. 22.99 (978-1-5105-3622-7(1)) SmartBook Media, Inc.
Pie in the Sky. Remy Lai. Illus. by Remy Lai. 2019. (ENG., Illus.). 384p. (J). 21.99 (978-1-250-31409-3(7), 900199487); pap. 14.99 (978-1-250-31410-9(0), 900199488) Holt, Henry & Co. (Holt, Henry & Co. Bks. For Young Readers).
Pie Is for Sharing. Stephanie Parsley Ledyard. 2018. (ENG., Illus.). 32p. (J). 18.99 (978-1-62672-562-1(4), 900161300) Roaring Brook Pr.
Piece by Piece. Stephanie Shaw. Illus. by Sylvie Daigneault. 2017. (ENG.). 32p. (J). (gr. 1-4). 16.99 (978-1-58536-999-7(3), 204318) Sleeping Bear Pr.
Piece by Piece. Susan Tan. Illus. by Justine Wong. 2019. (ENG.). 40p. (J). (gr. k-2). 19.95 (978-0-87577-239-4(0)) Peabody Essex Museum.
Piece by Piece: Ernestine's Gift for President Roosevelt. Lupe Ruiz-Flores. Illus. by Anna López Real. 2023. (ENG.). 32p. (J). (gr. k-3). 20.99 **(978-1-7284-6043-7(3),** 976df2eb-1c17-4210-95e7-733d8dfb8946, Millbrook Pr.) Lerner Publishing Group.
Piece by Piece: How I Built My Life (No Instructions Required) David Aguilar & Ferran Aguilar. Tr. by Lawrence Schimel. 2022. (ENG.). 304p. (J). (gr. 5-9). 17.99 (978-1-6625-0427-3(6), 9781662504273); pap. 9.99 (978-1-6625-0426-6(8), 9781662504266) Amazon Publishing. (AmazonCrossing).
Piece by Piece Does the Trick! Drawing Book of Animals. Speedy Kids. 2017. (ENG., Illus.). (J). pap. 9.05 (978-1-5419-3260-9(9)) Speedy Publishing LLC.
Piece by Piece: the Story of Nisrin's Hijab. Priya Huq. Illus. by Priya Huq. 2021. (ENG., Illus.). 224p. (J). (gr. 2-17). 22.99 (978-1-4197-4016-9(4), 1298901); pap. 12.99 (978-1-4197-4019-0(9), 1298903) Abrams, Inc. (Amulet Bks.).
Piece It Together Family Puzzle: Catstronauts! (60-Piece Puzzle for Kids & Toddlers 2-5, Beach & Ocean Artwork) Illus. by Suharu Ogawa. 2020. (ENG.). 100p. (J). (gr. -1-k). 14.99 (978-1-4521-7463-1(6)) Chronicle Bks. LLC.
Piece It Together Family Puzzle: Purrmaid Paradise: (60-Piece Puzzle for Kids & Toddlers Ages 2-5. Cat & Kitty Puzzle Artwork) Illus. by Kit Tyler Kazmier. 2020. (ENG.). 24p. (J). (gr. -1-k). 14.99 (978-1-4521-7464-8(4)) Chronicle Bks. LLC.
Piece of Black Cake for Santa. Yolanda T. Marshall. 2017. (ENG., Illus.). (J). (978-0-9953103-5-3(1)); pap. (978-0-9953103-4-6(3)) Gamalma Pr.
Piece of Black Cake for Santa. Yolanda T. Marshall. Illus. by Subi Bosa. 2019. (ENG.). 32p. (J). pap. (978-1-9991155-4-8(6)) Gamalma Pr.
Piece of Cake: Easy Crosswords. Emma Trithart. Ed. by Parragon Books. 2018. (Brain Busters Ser.). (ENG.). 384p. spiral bd. 9.99 (978-1-68052-486-4(0), 2000801, Parragon Books) Cottage Door Pr.
Piece of Clay. Alvin Riney. 2021. (ENG.). 236p. (YA). pap. 17.95 (978-1-63885-257-5(X)) Covenant Bks.
Piece of Her Imagination. Kerat Jhaj. 2023. (ENG.). 334p. (YA). pap. 12.90 **(978-1-0880-8661-2(6))** Indy Pub.
Piece of Home. Jeri Watts. Illus. by Hyewon Yum. 2016. (ENG.). 32p. (J). (gr. k-3). 17.99 (978-0-7636-6971-3(7)) Candlewick Pr.
Piece of Mosaic: Being the Book of the Palestine Exhibition & Bazaar (Classic Reprint) Palestine Exhibition And Bazaar. 2018. (ENG., Illus.). 108p. (J). 26.14 (978-0-483-65104-3(4)) Forgotten Bks.
Piece of Night. Hadi Umayra. 2020. (ENG.). 120p. (YA). pap. 13.95 (978-1-64654-185-0(5)) Fulton Bks.
Piece of Silver: A Story of Christ. Clark Burbidge. Illus. by Annie Henrie. 2023. (ENG.). 32p. (J). 16.99 **(978-1-4621-4616-1(3))** Cedar Fort, Inc./CFI Distribution.
Piece Within You: Discover Peace Unlock Purpose. Kala Brown. 2022. (ENG.). 156p. (J). pap. 29.11 (978-1-6780-0249-7(6)) Lulu Pr., Inc.
Pieces. Afshan Malik. 2019. (ENG.). 184p. (YA). pap. 19.99 (978-0-9992990-1-2(8)) Daybreak Pr.
Pieces. Jill Sylvester. 2021. (Devon: Dream Agent Ser.: Vol. 2). (ENG.). 256p. (YA). pap. 14.95 (978-0-9989775-9-1(4)) Old Tree Hse. Publishing.
Pieces of a Dream. Ariena Vos. 2023. (Heart of Truth Ser.: Vol. 2). (ENG.). 200p. (YA). pap. **(978-1-4866-2331-0(X))** Word Alive Pr.
Pieces of a Life: Reflections: Sacred & Secular. Denny Dubs. 2021. (ENG., Illus.). 232p. (J). pap. 12.95 (978-1-6624-2659-9(3)) Page Publishing Inc.
Pieces of Eight: Being the Authentic Narrative of a Treasure Discovered in the Bahama Islands, in the Year 1903-Now First Given to Public (Classic Reprint) Richard Le Gallienne. 2017. (ENG., Illus.). (J). 30.74 (978-0-260-47970-9(5)) Forgotten Bks.
Pieces of Hate & Other Enthusiasms (Classic Reprint) Heywood Broun. 2017. (ENG., Illus.). (J). 28.66 (978-0-266-18503-1(7)) Forgotten Bks.
Pieces of Lola's Heart. Kasandra Coleman. Illus. by Kristyn Watterworth. 2022. (ENG.). 38p. (J). pap. **(978-1-989346-95-2(2))** Stilwell, Dawn Elaine.
Pieces of Me: A Novel. Kate McLaughlin. 2023. (ENG.). 368p. (YA). 20.00 (978-1-250-26434-3(0), 900221798, Wednesday Bks.) St. Martin's Pr.
Pieces of the Game: A Modern Instance (Classic Reprint) Countess De Chambrun. 2018. (ENG., Illus.). 274p. (J). 29.57 (978-0-483-75035-7(2)) Forgotten Bks.
Pieces of the Truth. Ariena Vos. 2021. (ENG.). 168p. (YA). pap. (978-1-4866-2094-4(9)) Word Alive Pr.
Pieces People Ask For: Serious, Humorous, Pathetic, Patriotic, & Dramatic Selections in Prose & Poetry for Reading & Recitations (Classic Reprint) George M. Baker. 2018. (ENG., Illus.). 242p. (J). 28.91 (978-0-332-26242-0(1)) Forgotten Bks.
Pieces to Speak: A Collection of Declamations & Dialogues for School & Home, with Helpful Notes As to Delivery (Classic Reprint) Harlan H. Ballard. 2018. (ENG., Illus.). 214p. (J). 28.33 (978-0-483-36416-5(9)) Forgotten Bks.
Piecing Art Together. Dona Herweck Rice. rev. ed. 2019. (Smithsonian: Informational Text Ser.). (ENG.). 32p. (J). (gr. 2-3). pap. 10.99 (978-1-4938-6664-9(8)) Teacher Created Materials, Inc.
Piecing Me Together. Renee Watson. (ENG.). (YA). 2018. 288p. pap. 10.99 (978-1-68119-107-2(5), 900159236, Bloomsbury Young Adult); 2017. 272p. 18.99 (978-1-68119-105-8(9), 900159235, Bloomsbury USA Childrens) Bloomsbury Publishing USA.
Piecing Me Together. Renee Watson. ed. 2018. (YA). lib. bdg. 20.85 (978-0-606-41081-6(3)) Turtleback.
Piecing Together Paradise: An Animal Alphabet Book. Josie Dariyaeeghoda. Illus. by Josie Dariyaeeghoda. 2021. (ENG.). 56p. (J). pap. 9.99 (978-1-64538-327-7(X)) Orange Hat Publishing.
Pied Piper. The Grimm Brothers. 2019. (ENG.). 26p. (J). pap. 8.99 (978-0-7396-0358-1(2)) Inspired Studios Inc.
Pied Piper: Love & Redemption. Michael J. Sceptre. 2017. (Pied Piper Ser.: Vol. 1). (ENG., Illus.). 212p. (YA). (gr. 8-12). pap. (978-0-9957529-7-9(4)) Esquavi Ltd.
Pied Piper Activity Book - Ladybird Readers Level 4. Ladybird. 2016. (Ladybird Readers Ser.). (ENG.). 16p. (J). pap., act. bk. ed. 5.99 (978-0-241-25373-1(X)) Penguin Bks., Ltd. GBR. Dist: Independent Pubs. Group.
Pied Piper of Hamelin. Illus. by Thomas Baas. 2016. (ENG.). 48p. (J). (gr. -1-3). 14.95 (978-3-89955-767-1(0)) Die Gestalten Verlag DEU. Dist: Ingram Publisher Services.
Pied Piper of Hamelin. Robert Browning & Grandma's Treasures. 2019. (ENG.). 54p. (J). pap. (978-0-359-99856-2(9)) Lulu Pr., Inc.
Pied Piper of Hamelin: A Child's Story (Classic Reprint) Robert Browning. 2016. (ENG., Illus.). (J). pap. 9.57 (978-1-333-13626-0(9)) Forgotten Bks.
Pied Piper of Hamelin: A Child's Story (Classic Reprint) Robert Browning. 2017. (ENG., Illus.). (J). 24.99 (978-0-331-55250-8(7)) Forgotten Bks.
Pied Piper of Hamelin (Classic Reprint) Robert Browning. 2016. (ENG., Illus.). (J). (gr. 3-7). pap. 9.57 (978-1-334-15498-0(8)) Forgotten Bks.
Pied Piper of Hamelin (Classic Reprint) Robert Browning. (ENG., Illus.). (J). 2018. 66p. 25.26 (978-0-267-59153-4(5)); 2017. pap. 7.97 (978-0-260-22806-2(0)); 2017. (gr. 3-7). 24.43 (978-0-331-10618-3(3)); 2017. (gr. 3-7). 24.89 (978-1-5285-6275-1(5)) Forgotten Bks.
Pied Piper of Hamelin (Illustrated Edition) Children's Classic - a Retold Fairy Tale by One of the Most Important Victorian Poets & Playwrights. Robert Browning. 2018. (ENG.). 134p. (J). (gr. 3-7). pap. (978-80-268-9094-2(9)) E-Artnow.
Pieda's Tales: Stories Old As Time. Janet Piedilato. Illus. by Janet Piedilato. 2016. (ENG., Illus.). (J). (gr. k-6). pap. 14.95 (978-1-939790-14-9(X)) Berg, Jeremy.
Piedra Inmóvil. Brendan Wenzel. 2021. (Álbumes Ser.). (SPA.). 56p. (J). (gr. k-2). 15.95 (978-607-557-146-1(9)) Editorial Oceano de Mexico MEX. Dist: Independent Pubs. Group.
Piedra Que Salta. Kelly Lenihan. Illus. by Oona Risling-Sholl & Naomi Bardoff. 2018. (SPA.). 48p. (J). pap. 12.95 (978-0-9979578-6-0(7)); 20.00 (978-0-9979578-3-9(2)) Artisan Bookworks.
Piedras en la Cabeza. David Fuentes Gil. 2022. (SPA.). 261p. (J). pap. **(978-1-4710-6084-7(5))** Lulu Pr., Inc.
Piedras Preciosas. Grace Hansen. 2016. (¡Súper Geología! Ser.). (SPA.). 24p. (J). (gr. -1-2). pap. 7.95 (978-1-4966-0679-2(5), 131731, Capstone Classroom) Capstone.
Pieds see Pieds (Feet)
Pieds (Feet) Amy Culliford. 2022. (Quel Animal a Ceci? (What Animal Has These Parts?) Ser.).Tr. of Pieds. (FRE.). 16p. (J). (gr. -1-1). pap. (978-1-0396-8810-0(1), 22105) Crabtree Publishing Co.
Pieds Nickelés Sous les Eaux T17. Aristide Perré. 2023. (FRE.). 44p. (YA). pap. **(978-1-4475-0936-3(6))** Lulu Pr., Inc.
Piedy Makes a Friend. Jake Sutton. Ed. by Tonja McRady. Illus. by Jeremy Pate. 2020. (ENG.). 24p. (J). pap. 9.95 (978-1-7326661-6-0(4)) Kaio Pubns., Inc.
Piégé Dans un Jeu Vidéo. Benjamin Morgan. 2022. (FRE.). 117p. (J). pap. **(978-1-387-53262-9(6))** Lulu Pr., Inc.
Piel de Asno. Giovanna Mantegazza. 2019. (SPA.). 12p. (J). (gr. -1-1). 5.95 (978-84-414-1255-2(3)) Editorial Edaf, S.L. ESP. Dist: Spanish Pubs., LLC.
Piel de Las Sirenas / Skin of the Sea. Natasha Bowen. 2022. (Piel de Las Sirenas Ser.). (SPA.). 320p. (YA). (gr. 9). pap. 19.95 (978-84-17922-55-9(5), Montena) Penguin Random House Grupo Editorial ESP. Dist: Penguin Random Hse. LLC.
Piensa Fuera de la Caja. Justine Avery. 2021. (SPA., Illus.). 36p. (J). pap. 8.95 (978-1-63882-066-6(X)) Suteki Creative.
Piensa Fuera de la Caja. Justine Avery. Illus. by Liuba Syrotiuk. 2021. (SPA.). 36p. (J). 18.95 (978-1-63882-067-3(8)) Suteki Creative.
Piep. Beatrice Gentry. Illus. by Beatrice Gentry. 2016. (ENG., Illus.). 36p. (J). (978-1-78222-453-2(X)) Paragon Publishing, Rothersthorpe.
Pier at End of the World, 1 vol. Paul Erickson. Photos by Andrew Martinez. 2021. (Tilbury House Nature Book Ser.: 0). (ENG., Illus.). 36p. (J). (gr. 3-7). pap. 9.95 (978-0-88448-918-4(3), 884918) Tilbury Hse. Pubs.
Pier Fishing. Kerri Mazzarella. 2022. (Let's Go Fish Ser.). (ENG.). 32p. (J). (gr. 3-9). pap. (978-1-0396-6238-4(2), 20459); lib. bdg. (978-1-0396-6043-4(6), 20458) Crabtree Publishing Co. (Crabtree Branches).
Pieran, 1917 (Classic Reprint) Richmond High School. (ENG., Illus.). (J). 2018. 122p. 26.43 (978-0-666-62021-7(0)); 2016. pap. 9.57 (978-1-334-13190-5(2)) Forgotten Bks.
Pierce & the City of Imaginaterium. N. K. Aning. 2019. (ENG.). 130p. (J). pap. 10.99 (978-1-393-06728-3(X)) Draft2Digital.
Pierceton High School Yearbook, 1948 (Classic Reprint) Pierceton High School. 2017. (ENG., Illus.). (J). 26.31 (978-0-260-67451-7(6)); pap. 9.57 (978-0-265-00515-6(9)) Forgotten Bks.
Pierian: June, 1913 (Classic Reprint) Richmond High School. (ENG., Illus.). (J). 2018. 146p. 26.91 (978-0-364-26397-6(0)); 2017. pap. 9.57 (978-0-259-29224-1(9)) Forgotten Bks.
Pierian, 1914 (Classic Reprint) Richmond High School. (ENG., Illus.). (J). 2018. 124p. 26.45 (978-0-365-28039-2(9)); 2017. pap. 9.57 (978-0-259-48110-2(6)) Forgotten Bks.
Pierian 1916: Being the Year Book of the Richmond High School (Classic Reprint) Ralph Rogers. (ENG., Illus.). (J). 2018. 138p. 26.74 (978-0-365-01357-0(9)); 2017. pap. 9.57 (978-0-259-96996-9(6)) Forgotten Bks.
Pierian, 1918 (Classic Reprint) Richmond High School. 2018. (ENG., Illus.). 108p. (J). 26.12 (978-0-483-64623-0(7)) Forgotten Bks.
Pierian, Vol. 11: The Year Book of Righmond High School (Classic Reprint) Unknown Author. 2018. (ENG., Illus.). 132p. (J). 26.62 (978-0-365-03417-9(7)) Forgotten Bks.
Pierpont's Introduction; Introduction to the National Reader: A Selection of Easy Lessons, Designed to Fill the Same Place in the Common Schools of the United States That Is Held by Murray's Introduction, & the Compilations of Guy, Mylius, & Pinnock, John Pierpont. (ENG., Illus.). (J). 2018. 182p. 27.67 (978-0-267-11574-7(1)); 2017. pap. 10.57 (978-0-243-99128-0(2)) Forgotten Bks.
Pierre: A Cautionary Tale in Five Chapters & a Prologue. Maurice Sendak. Illus. by Maurice Sendak. 2018. (ENG., Illus.). 48p. (J). (gr. -1-3). pap. 7.95 (978-0-06-285442-1(9), HarperCollins) HarperCollins Pubs.
Pierre & His Family, or a Story of the Waldenses (Classic Reprint) Miss Grierson. 2018. (ENG., Illus.). 224p. (J). 28.54 (978-0-483-49972-0(2)) Forgotten Bks.
Pierre & His People: Tales of the Far North. Gilbert Parker. 2017. (ENG., Illus.). (J). 25.95 (978-1-374-93256-2(6)) Capital Communications, Inc.
Pierre & His People: Tales of the Far North (Classic Reprint) Gilbert Parker. 2017. (ENG., Illus.). (J). 31.47 (978-1-5284-8274-5(3)) Forgotten Bks.
Pierre & Marie Curie: The Couple Who Pioneered Radioactivity Research. Lisa Idzikowski. 2019. (J). pap. (978-1-9785-1461-4(1)) Enslow Publishing, LLC.
Pierre & Marie Curie: the Couple Who Pioneered Radioactivity Research, 1 vol. Lisa Idzikowski. 2020. (Scientific Collaboration Ser.). (ENG.). 80p. (gr. 7-7). lib. bdg. 37.47 (978-1-7253-4238-5(3), 4d83acde-1d9a-472c-bc68-ff8a4d30808b) Rosen Publishing Group, Inc., The.
Pierre & Paul: Avalanche! Caroline Adderson. Illus. by Alice Carter. ed. 2020. (Pierre & Paul Ser.: 1). (ENG.). 32p. (J). (gr. -1-3). 16.95 (978-1-77147-327-9(4)) Owlkids Bks. Inc. CAN. Dist: Publishers Group West (PGW).
Pierre & Paul: Dragon! Caroline Adderson. Illus. by Alice Carter. 2021. (Pierre & Paul Ser.: 2). (ENG.). 32p. (J). (gr. k-4). 16.95 (978-1-77147-328-6(2)) Owlkids Bks. Inc. CAN. Dist: Publishers Group West (PGW).
Pierre & the Case of the Missing Croissants. Rosie Amazing. Illus. by Andreea Balcan. 2020. (Rosie & Pierre Ser.: Vol. 4). (ENG.). 28p. (J). pap. (978-1-9992475-7-7(4)) Annelid Pr.
Pierre & the Phantom. Rosie Amazing. Illus. by Andreea Balcan. 2021. (Rosie & Pierre Ser.: Vol. 8). (ENG.). 28p. (J). pap. (978-1-7772203-3-4(5)) Annelid Pr.
Pierre Board Book: A Cautionary Tale in Five Chapters & a Prologue. Maurice Sendak. Illus. by Maurice Sendak. 2017. (ENG., Illus.). 38p. (J). (gr. -1-3). bds. 7.95 (978-0-06-266810-3(2), HarperCollins) HarperCollins Pubs.
Pierre in Paris. Rosie Amazing. Illus. by Andreea Balcan. 2019. (Rosie & Pierre Ser.: Vol. 2). (ENG.). 28p. (J). pap. (978-1-9992475-3-9(1)) Annelid Pr.
Pierre Joseph (Classic Reprint) René Bazin. 2017. (ENG., Illus.). (J). 33.12 (978-0-265-18274-1(3)) Forgotten Bks.
Pierre Loti; Madame Chrysantheme (Classic Reprint) Laura Ensor. 2017. (ENG., Illus.). (J). 30.91 (978-0-260-41118-1(3)) Forgotten Bks.
Pierre Noziere (Classic Reprint) Anatole France. 2018. (ENG., Illus.). 292p. (J). 29.92 (978-0-483-15486-5(5)) Forgotten Bks.
Pierre the Maze Detective: the Curious Case of the Castle in the Sky. Hiro Kamigaki & IC4DESIGN. 2020. (ENG., Illus.). 36p. (J). (gr. 3-7). 19.99 (978-1-78627-740-4(9), King, Laurence Publishing) Orion Publishing Group, Ltd. GBR. Dist: Hachette Bk. Group.
Pierre the Maze Detective: the Mystery of the Empire Maze Tower: (Maze Book for Kids, Adventure Puzzle Book, Seek & Find Book) Illus. by Hiro Kamigaki & IC4DESIGN. 2017. (ENG.). 36p. (J). (gr. 3-7). 19.99 (978-1-78627-059-7(5), King, Laurence Publishing) Orion Publishing Group, Ltd. GBR. Dist: Hachette Bk. Group.

1590
The check digit for ISBN-10 appears in parentheses after the full ISBN-13

TITLE INDEX PIGS

Pierre the Maze Detective: the Search for the Stolen Maze Stone. IC4DESIGN. 2022. (Pierre the Maze Detective Ser.). (ENG., Illus.). 40p. (J). (gr. 3-5). pap. 14.99 *(978-1-5102-3005-7(X)*, King, Laurence Publishing) Orion Publishing Group, Ltd. GBR. Dist: Hachette Bk. Group.
Pierre, the Organ-Boy: And Other Stories (Classic Reprint) T. S. Arthur. 2018. (ENG., Illus.). 306p. (J). 30.23 *(978-0-365-45570-7(9))* Forgotten Bks.
Pierre the Pill Bug Loves Soccer. Kevin Rhoads. 2022. (ENG.). 48p. (J). pap. *(978-1-83875-412-9(1)*, Nightingale Books) Pegasus Elliot Mackenzie Pubs.
Pierre Toussaint: A Citizen of Old New York. Arthur And Elizabeth Odell Sheehan. 2021. (ENG.). 248p. (J). pap. 14.95 *(978-1-7331383-9-0(0))* Hillside Education.
Pierre Vinton: The Adventures of a Superfluous Husband (Classic Reprint) Edward C. Venable. 2017. (ENG., Illus.). (J). 29.34 *(978-1-5284-7919-6(X))* Forgotten Bks.
Pierre's Adventure in the Desert. Rosie Amazing. Illus. by Andreea Balcan. 2020. (Rosie & Pierre Ser.: Vol. 6). (ENG.). 28p. (J). pap. *(978-1-7771360-2-4(4))* Annelid Pr.
Pierre's Adventure in the Swamp. Rosie Amazing. Illus. by Andreea Balcan. 2020. (Rosie & Pierre Ser.: Vol. 5). (ENG.). 28p. (J). pap. *(978-1-9992475-8-4(2))* Annelid Pr.
Pierre's Éclairs. Rosie Amazing. Illus. by Andreea Balcan. 2021. (Rosie & Pierre Ser.: Vol. 9). (ENG.). 28p. (J). pap. *(978-1-990292-05-7(4))* Annelid Pr.
Pierre's New Hair. Joseph Hollis. 2021. (ENG., Illus.). 32p. (J). (gr. k-2). 16.99 *(978-1-84976-746-0(7))* Tate Publishing, Ltd. GBR. Dist: Abrams, Inc.
Pierre's Shop. Rosie Amazing. Illus. by Andreea Balcan. 2019. (ENG.). 28p. (J). pap. *(978-1-9992475-0-8(7))* Annelid Pr.
Pierre's Unexpected Adventure. Laura Hueffman. 2020. (ENG.). 26p. (J). 18.99 ***(978-1-0878-8372-4(5))*** Indy Pub.
Pierrette (Classic Reprint) Marguerite Bouvet. 2017. (ENG., Illus.). (J). 28.23 *(978-1-5283-8107-9(6))* Forgotten Bks.
Pierrot, Dog of Belgium (Classic Reprint) Walter A. Dyer. 2018. (ENG., Illus.). 126p. (J). 26.50 *(978-0-364-40922-0(3))* Forgotten Bks.
Pierrot's Song. Rachel Nightingale. 2019. (Tales of Tarya Ser.: Vol. 3). (ENG., Illus.). 290p. (YA). (gr. 7-12). pap. *(978-1-925652-81-9(5))* Odyssey Bks.
Pies from Nowhere: How Georgia Gilmore Sustained the Montgomery Bus Boycott. Dee Romito. Illus. by Laura Freeman. 2018. (ENG.). 40p. (J). (gr. k-4). 17.99 *(978-1-4998-0720-2(1))* Little Bee Books Inc.
Pies, Piernas y Manos. Mary Lindeen. Illus. by Marcin Piwowarski. 2016. (Early Rising Readers Ser.). (SPA.). (J). (gr. -1). 6.67 *(978-1-4788-3711-4(X))* Newmark Learning LLC.
Pies, Piernas y Manos - 6 Pack. Mary Lindeen. 2016. (Early Rising Readers Ser.). (SPA.). (J). (gr. 1). 40.00 net. *(978-1-4788-4654-3(2))* Newmark Learning LLC.
Piet & His Dog. Samantha Brown. 2020. (ENG.). 20p. (J). *(978-1-922405-61-6(2))*; pap. *(978-1-922405-60-9(4))* Tablo Publishing.
Pietro. Sigrun Preiser. 2019. (GER.). 148p. (J). *(978-3-7482-9111-4(6))*; pap. *(978-3-7482-9110-7(8))* tredition Verlag.
Pieza a Pieza: la Historia Del Chico Que Se Construyó a Sí Mismo / Piece by Piec e: the Story of the Boy Who Built Himself. David Aguilar. 2021. (SPA.). 240p. (J). (gr. 5-9). pap. 16.95 *(978-84-17605-54-4(1)*, Nube De Tinta) Penguin Random House Grupo Editorial ESP. Dist: Penguin Random Hse. LLC.
Piezas para Niños. Jorge Ibargüengoitia. 2022. (SPA.). 184p. (J). pap. 12.95 *(978-607-07-4551-5(5))* Editorial Planeta, S. A. ESP. Dist: Two Rivers Distribution.
Piffleduck Christmas. Charles S. Lessard. Illus. by Jason Hutton. 2017. (ENG.). (J). pap. 13.99 *(978-0-9985781-0-1(X))* Mindstir Media.
Pig. August Hoeft. (I See Animals Ser.). (ENG.). (J). 2022. 20p. pap. 12.99 ***(978-1-5324-4241-4(6))***; 2021. 12p. pap. 5.99 *(978-1-5324-1519-7(2))* Xist Publishing.
Pig. Cecilia Minden. 2018. (Learn about Animals Ser.). (ENG., Illus.). 16p. (J). (gr. -1-2). pap. 11.36 *(978-1-5341-2394-6(6)*, 210571) Cherry Lake Publishing.
Pig-A-Boo. K. J. Falbo. Illus. by K. J. Falbo. 2018. (ENG., Illus.). 34p. (J). pap. *(978-1-989161-19-7(7))* Hasmark Services Publishing.
Pig, a Fox, & a Box. Jonathan Fenske. 2019. 32p. (J). (gr. k-2). 4.99 *(978-0-593-09464-8(6)*, Penguin Workshop) Penguin Young Readers Group.
Pig, a Fox, & a Box. Jonathan Fenske. ed. 2021. (Penguin Workshop Early Readers Ser.). (ENG., Illus.). 30p. (J). (gr. k-1). 14.96 *(978-1-64697-638-6(X))* Penworthy Co., LLC, The.
Pig, a Fox, & a Box. Jonathan Fenske. Illus. by Jonathan Fenske. 2021. (Step into Reading Ser.). (Illus.). 32p. (J). (gr. -1-1). pap. 5.99 *(978-0-593-43264-8(9))*; (ENG., lib. bdg. 14.99 *(978-0-593-43265-5(7))* Random Hse. Children's Bks. (Random Hse. Bks. for Young Readers).
Pig, a Fox, & a Fox. Jonathan Fenske. Illus. by Jonathan Fenske. 2020. (Illus.). 32p. (J). (gr. 1-2). 4.99 *(978-1-5247-9212-1(8)*, Penguin Workshop) Penguin Young Readers Group.
Pig, a Fox, & a Fox. Jonathan Fenske. ed. 2021. (Penguin Workshop Early Readers Ser.). (ENG., Illus.). 32p. (J). (gr. k-1). 14.96 *(978-1-64697-639-3(8))* Penworthy Co., LLC, The.
Pig, a Fox, & Stinky Socks. Jonathan Fenske. 2019. (ENG., Illus.). 32p. (J). (gr. k-2). 4.99 *(978-0-593-09597-3(9)*, Penguin Workshop) Penguin Young Readers Group.
Pig, a Fox, & Stinky Socks. Jonathan Fenske. ed. (Penguin Workshop Early Readers Ser.). (ENG., 32p. (J). 2021. Illus.). (gr. k-1). 14.96 *(978-1-64697-640-9(1))*; 2018. (gr. -1-1). 13.89 *(978-1-64310-420-1(9))* Penworthy Co., LLC, The.
Pig, a Fox, & Stinky Socks. Jonathan Fenske. 2021. (Step into Reading Ser.). (Illus.). 32p. (J). (gr. -1-1). pap. 5.99 *(978-0-593-43262-4(2))*; (ENG., lib. bdg. 14.99 *(978-0-593-43263-1(0))* Random Hse. Children's Bks. (Random Hse. Bks. for Young Readers).
Pig, a Fox, & Stinky Socks. Jonathan Fenske. ed. 2017. (Penguin Young Readers Level 2 Ser.). lib. bdg. 13.55 *(978-0-606-39771-1(X))* Turtleback.
Pig Abides. Shawn M. Tomlinson. 2016. (ENG., Illus.). 32p. (J). pap. *(978-1-365-18523-6(0))* Lulu Pr., Inc.
Pig & a Horse of Course! Jeremiah Boswell. 2020. (ENG.). 24p. (J). 19.95 *(978-1-61244-893-0(3))*; pap. 13.95 *(978-1-61244-885-5(2))* Halo Publishing International.
Pig & a Tiger Go Vegan. Marquis Vaughn Wallace. 2022. (ENG.). 108p. (YA). 47.95 *(978-1-6657-2592-7(3))*; pap. 33.95 *(978-1-6657-2591-0(5))* Archway Publishing.
Pig & Cat Are Pals. Douglas Florian. 2018. (I Like to Read Ser.). (ENG., Illus.). 32p. (J). (gr. -1-3). 7.99 *(978-0-8234-3938-6(0))* Holiday Hse., Inc.
Pig & Cat Are Pals. Douglas Florian. ed. 2019. (I Like to Read Ser.). (ENG.). 29p. (J). (gr. k-1). 17.96 *(978-0-87617-958-1(8))* Penworthy Co., LLC, The.
Pig & Dragon: And the Trembling Town of Evergreen. Jason Tennant & Brent Perdue. 2022. (ENG.). 28p. (J). *(978-0-2288-5568-2(3))*; pap. *(978-0-2288-5567-5(5))* Tellwell Talent.
Pig & Goose & the First Day of Spring. Rebecca Bond. Illus. by Rebecca Bond. 2017. (Illus.). 48p. (J). (gr. k-3). lib. bdg. 12.99 *(978-1-58089-594-1(3))* Charlesbridge Publishing, Inc.
Pig & His Pet. Cheryl Pappas. 2021. (ENG., Illus.). 58p. (J). pap. 16.95 *(978-1-63710-393-7(X))* Fulton Bks.
Pig & Horse & the Something Scary. Zoey Abbott. 2022. (ENG., Illus.). 40p. (J). (gr. -1-3). 17.99 *(978-1-4197-4501-0(8)*, 1693101, Abrams Bks. for Young Readers) Abrams, Inc.
Pig & Piglet: Match the Animals to Their Babies. Magma Publishing Ltd. 2019. (Magma for Laurence King Ser.). (ENG., Illus.). 56p. (J). (gr. -1-k). 14.99 *(978-1-78627-364-2(0)*, King, Laurence Publishing) Orion Publishing Group, Ltd. GBR. Dist: Hachette Bk. Group.
Pig & Pug. Laura Marchesani & Zenaides A. Medina, Jr. Illus. by Jarvis. 2021. (Step into Reading Ser.). 32p. (J). (gr. -1-1). pap. 5.99 *(978-0-593-43258-7(4)*, Random Hse. Bks. for Young Readers) Random Hse. Children's Bks.
Pig & Small, 1 vol. Alex Latimer. 2018. (ENG., Illus.). 32p. (J). (gr. -1-3). pap. 7.95 *(978-1-68263-036-5(6))* Peachtree Publishing Co. Inc.
Pig & the Pony. Josh And Eric Helmkamp & Joe And Mike Kinney and Hellstern. Illus. by Izzy Greer. 2022. (ENG.). 50p. (J). 24.99 *(978-0-578-32052-6(5))* Wisdom Hse. Bks.
Pig Brother, & Other Fables & Stories: A Supplementary Reader for the Fourth School Year (Classic Reprint) Laura E. Richards. 2018. (ENG., Illus.). 164p. (J). 27.28 *(978-0-484-21533-6(7))* Forgotten Bks.
Pig Coloring Book! a Variety of Unique Pig Coloring Pages for Children. Bold Illustrations. 2021. (ENG.). 82p. (J). pap. 11.99 *(978-1-0717-0647-3(0)*, Bold Illustrations) FASTLANE LLC.
Pig for a Pig: A True Story of a Working Class Hero. Loleta Jameson. 2020. (ENG., Illus.). 34p. (YA). pap. 12.95 *(978-1-64584-478-5(1))* Page Publishing Inc.
Pig Hat: (Step 1) Sound Out Books (systematic Decodable) Help Developing Readers, Including Those with Dyslexia, Learn to Read with Phonics. Pamela Brookes. 2020. (Dog on a Log Let's Go! Books: Vol. 2). (ENG., Illus.). 40p. (J). 14.99 *(978-1-64831-052-2(4)*, DOG ON A LOG Bks.) Jojoba Pr.
Pig Hat Chapter Book: (Step 1) Sound Out Books (systematic Decodable) Help Developing Readers, Including Those with Dyslexia, Learn to Read with Phonics. Pamela Brookes. 2020. (Dog on a Log Chapter Books: Vol. 2). (ENG., Illus.). 44p. (J). (gr. k-6). 14.99 *(978-1-64831-009-6(5)*, DOG ON A LOG Bks.) Jojoba Pr.
Pig Hollywood. Pamela Lillian Valemont. 2020. (ENG.). 16p. (J). pap. 32.08 *(978-1-716-36264-4(4))* Lulu Pr., Inc.
Pig in Jeans Fights Germs. Brenda Li. 2020. (Pig in Jeans Ser.: Vol. 1). (ENG.). 38p. (J). pap. *(978-1-77447-004-6(7))* Summer and Muu.
Pig in Jeans Learns Manners. Brenda Li. 2020. (ENG.). 38p. (J). pap. *(978-1-77447-005-3(5))* Summer and Muu.
Pig in the Hole. Michael Dee. 2019. (ENG., Illus.). 24p. (J). *(978-0-2288-0270-9(9))*; pap. *(978-0-2288-0269-3(5))* Tellwell Talent.
Pig in the Palace. Ali Bahrampour. Illus. by Ali Bahrampour. 2020. (ENG., Illus.). 32p. (J). (gr. -1-3). 17.99 *(978-1-4197-4571-3(9)*, 1696401, Abrams Bks. for Young Readers) Abrams, Inc.
Pig Iron (Classic Reprint) Charles G. Norris. 2018. (ENG., Illus.). 476p. (J). 33.71 *(978-0-332-50523-7(5))* Forgotten Bks.
Pig Iron (Classic Reprint) Dudrea Parker. (ENG., Illus.). (J). 2018. 104p. 26.06 *(978-0-365-49774-5(6))*; 2017. pap. 9.57 *(978-0-259-10230-4(X))* Forgotten Bks.
Pig Is a Dog Is a Kid. Maritza Oliver. 2016. (ENG.). (J). 14.95 *(978-1-63177-907-7(9))* Amplify Publishing Group.
Pig Is Super Grumpy. E. Townsend. 2020. (ENG.). 32p. (J). pap. 10.99 *(978-1-0879-1688-0(7))* Indy Pub.
Pig Makes Art: Ready-To-Read Ready-to-Go! Laura Gehl. Illus. by Fred Blunt. 2022. (Ready-To-Read Ser.). (ENG.). 32p. (J). (gr. -1-k). 17.99 *(978-1-5344-9953-9(9))*; pap. 4.99 *(978-1-5344-9952-2(0))* Simon Spotlight. (Simon Spotlight).
Pig Man & Tin Dog. John Wood. Illus. by Jasmine Pointer. 2023. (Level 1 - Pink Set Ser.). (ENG.). 32p. (J). (gr. k-1). lib. bdg. 19.95 Bearport Publishing Co., Inc.
Pig Out! Make Believe Ideas. Illus. by Stuart Lynch. 2021. (ENG.). 14p. (J). bds. 9.99 *(978-1-80058-271-2(4))* Make Believe Ideas GBR. Dist: Scholastic, Inc.
Pig the Blob (Pig the Pug) Aaron Blabey. Illus. by Aaron Blabey. 2020. (Pig the Pug Ser.). (ENG., Illus.). 32p. (J). (gr. -1-k). 14.99 *(978-1-338-71371-8(X)*, Scholastic Pr.) Scholastic, Inc.
Pig the Elf. Aaron Blabey. ed. 2021. (Pig the Pug Ser.). (ENG., Illus.). 24p. (J). (gr. -1-k). 18.46 *(978-1-68505-058-0(1))* Penworthy Co., LLC, The.
Pig the Elf. Aaron Blabey. Illus. by Aaron Blabey. 2021. (Pig the Pug Ser.). (ENG.). 32p. (J). (gr. -1-k). pap. 7.99 *(978-1-338-78198-4(7)*, Scholastic Pr.) Scholastic, Inc.
Pig the Elf. Aaron Blabey. 2017. (Pig the Pug Ser.). (ENG., Illus.). 32p. (J). (gr. -1-k). 14.99 *(978-1-338-22122-0(1)*, Scholastic Pr.) Scholastic, Inc.
Pig the Elf. Illus. by Aaron Blabey. 2017. 24p. (J). pap. *(978-1-338-23004-8(2)*, Scholastic Pr.) Scholastic, Inc.
Pig the Fibber see Chancho el Mentiroso (Pig the Fibber)
Pig the Fibber. Aaron Blabey. 2018. (Pig the Pug Ser.). (ENG.). 32p. (J). (gr. -1-k). 14.99 *(978-1-338-29176-6(9)*, Scholastic Pr.) Scholastic, Inc.
Pig the Monster. Aaron Blabey. Illus. by Aaron Blabey. 2021. (Pig the Pug Ser.). (ENG.). 32p. (J). (gr. -1-k). 14.99 *(978-1-338-76401-7(2)*, Scholastic Pr.) Scholastic, Inc.
Pig the Pug. Aaron Blabey. Illus. by Aaron Blabey. 2019. (Pig the Pug Ser.). (ENG., Illus.). 22p. (J). (gr. -1 — 1). bds. 7.99 *(978-1-338-54548-7(5)*, Cartwheel Bks.) Scholastic, Inc.
Pig the Pug. Aaron Blabey. 2016. (Pig the Pug Ser.). (ENG., Illus.). 32p. (J). (gr. -1-k). 14.99 *(978-1-338-11245-0(7)*, Scholastic Pr.) Scholastic, Inc.
Pig the Rebel (Pig the Pug) Aaron Blabey. Illus. by Aaron Blabey. 2022. (Pig the Pug Ser.). (ENG., Illus.). 32p. (J). (gr. -1-k). 14.99 *(978-1-338-85919-5(6)*, Scholastic Pr.) Scholastic, Inc.
Pig the Slob. Aaron Blabey. Illus. by Aaron Blabey. 2020. (ENG., Illus.). 24p. (J). *(978-1-4431-8281-2(8)*, Scholastic Pr.) Scholastic, Inc.
Pig the Star see Chancho la Estrella (Pig the Star)
Pig the Star. Aaron Blabey. 2018. (Pig the Pug Ser.). (ENG., Illus.). 32p. (J). (gr. -1-k). 14.99 *(978-1-338-28021-0(X)*, Scholastic Pr.) Scholastic, Inc.
Pig the Stinker. Aaron Blabey. Illus. by Aaron Blabey. 2019. (Pig the Pug Ser.). (ENG., Illus.). 32p. (J). (gr. -1-k). 14.99 *(978-1-338-33754-9(8)*, Scholastic Pr.) Scholastic, Inc.
Pig the Tourist. Aaron Blabey. Illus. by Aaron Blabey. 2020. (Pig the Pug Ser.). (ENG., Illus.). 32p. (J). (gr. -1-k). 14.99 *(978-1-338-59339-6(0)*, Scholastic Pr.) Scholastic, Inc.
Pig the Winner see Chancho el Campeón (Pig the Winner)
Pig the Winner. Aaron Blabey. 2017. (Pig the Pug Ser.). (ENG., Illus.). 32p. (J). (gr. -1-k). 14.99 *(978-1-338-13638-8(0)*, Scholastic Pr.) Scholastic, Inc.
Pig the Winner (Pig the Pug) Aaron Blabey. Illus. by Aaron Blabey. 2022. (Pig the Pug Ser.). (ENG.). 24p. (J). (— 1). bds. 7.99 *(978-1-338-84504-4(7)*, Cartwheel Bks.) Scholastic, Inc.
Pig War: How a Porcine Tragedy Taught England & America to Share. Emma Bland Smith. Illus. by Alison Jay. 2020. 48p. (J). (gr. 2-5). 18.99 *(978-1-68437-171-6(6)*, Calkins Creek) Highlights Pr., c/o Highlights for Children, Inc.
Pigarria: BCP (Before the Common Peeg) Arthur Winkelstern. 2021. (Wild Peegs Bcp Ser.: 1). (ENG.). 62p. (J). pap. 12.99 *(978-1-7344162-7-5(0))* Blessitt, Arthur Evangelistic Assn.
Pigarria: Halloween Night. Arthur Winkelstern. 2020. (Wild Peegs Holidays Ser.: 1). (ENG.). 36p. (J). pap. 14.99 *(978-1-7344162-6-8(2))* Blessitt, Arthur Evangelistic Assn.
Pigarria: The Great Feast. Arthur Winkelstern. 2020. (Wild Peegs Ser.: 1). (ENG.). 34p. (J). pap. 10.95 *(978-1-7344162-2-0(X))* Blessitt, Arthur Evangelistic Assn.
Pigarria: To the Stars. Arthur Winkelstern. 2020. (Wild Peegs Ser.: 1). (ENG.). 34p. (J). pap. 10.95 *(978-1-7344162-1-3(1))* Blessitt, Arthur Evangelistic Assn.
Pigasus. Zanni Louise. Illus. by Anil Tortop. 2022. (ENG.). 24p. (J). (gr. -1-k). 17.99 ***(978-1-76050-984-2(1))*** Little Hare Bks. AUS. Dist: Independent Pubs. Group.
Pigboy. Vicki Grant. 2nd ed. 2020. (Orca Currents Ser.). (ENG.). 112p. (J). (gr. 4-7). pap. 10.95 *(978-1-4598-2751-6(1))* Orca Bk. Pubs. USA.
Pigeon a Fantasy in Three Acts (Classic Reprint) John Galsworthy. 2017. (ENG., Illus.). (J). 25.75 *(978-1-5280-6846-8(7))* Forgotten Bks.
Pigeon & the Peacock: A Children's Picture Book about Friendship, Jealousy, & Courage Dealing with Social Issues (Pepper the Pigeon) Jennifer L. Trace. 2021. (ENG.). 34p. (J). 15.99 *(978-1-956397-34-5(5))* Kids Activity Publishing.
Pigeon & the Seagull. Garrett Chelius. 2020. (ENG., Illus.). 30p. (J). pap. 13.95 *(978-1-64584-174-6(X))* Page Publishing Inc.
Pigeon Cove & Vicinity (Classic Reprint) Henry C. Leonard. 2017. (ENG., Illus.). (J). 28.08 *(978-0-265-76208-0(1))* Forgotten Bks.
Pigeon HAS to Go to School! Mo Willems. 2019. (Pigeon Ser.). (ENG.). 40p. (J). (gr. -1-k). 17.99 *(978-1-368-04645-9(2)*, Hyperion Books for Children) Disney Publishing Worldwide.
Pigeon in Paris: Petite Takes Flight. Paige Howard. Illus. by Joanie Stone. 2023. (ENG.). 32p. (J). (gr. k-3). 18.99 *(978-1-5341-1182-0(4)*, 205372) Sleeping Bear Pr.
Pigeon Math. Asia Citro. Illus. by Richard Watson. 2019. (ENG.). 40p. (J). (gr. k-5). 16.99 *(978-1-943147-62-5(0)*, b0b01c77-c2cc-438d-bb9a-f16d4f6aa9eb) Innovation Pr., The.
Pigeon Named Pete: A True Baltimore Story. Gary Meyers. 2016. (ENG.). (J). 14.95 *(978-1-63177-269-6(4))* Amplify Publishing Group.
Pigeon Needs a Bath Book! Mo Willems. 2019. (Pigeon Ser.). (ENG.). 12p. (J). (gr. -1 — 1). 8.99 *(978-1-368-04632-9(0)*, Hyperion Books for Children) Disney Publishing Worldwide.
Pigeon Pie (Classic Reprint) Charlotte M. Yonge. 2018. (ENG., Illus.). 148p. (J). 26.95 *(978-0-483-58413-6(4))* Forgotten Bks.
Pigeon Problems: An Urban Bird Researcher's Journal. J. A. Watson. 2018. (Science Squad Ser.). (ENG., Illus.). 192p. (J). (gr. 3-4). lib. bdg. 28.50 *(978-1-63163-187-0(X)*, 163163187X, Jolly Fish Pr.) North Star Editions.
Pigeon Problems: An Urban Bird Researcher's Journal. J. A. Watson. Illus. by Arpad Olbey. 2018. (Science Squad Ser.). (ENG.). 192p. (J). (gr. 3-4). pap. 9.99 *(978-1-63163-188-7(8)*, 1631631888, Jolly Fish Pr.) North Star Editions.
Pigeon Run. Robert Breustedt. 2021. (ENG.). 310p. (YA). pap. *(978-1-912513-36-9(6))* Silver Quill Publishing.
Pigeon Will Ride the Roller Coaster! Mo Willems. 2022. (ENG., Illus.). 40p. (J). (gr. -1-k). 17.99 *(978-1-4549-4686-1(5)*, Union Square Pr.) Sterling Publishing Co., Inc.
Pigeon Will Ride the Roller Coaster! Illus. by Mo Willems. 2022. (J). ***(978-1-4549-4816-2(7))*** Sterling Publishing Co., Inc.
Pigeons: Animals in the City (Engaging Readers, Level Pre-1) Ava Podmorow. Ed. by Sarah Harvey. l.t. ed. 2022. (Animals in the City Ser.: Vol. 5). (ENG., Illus.). 32p. (J). *(978-1-77476-760-3(0))*; pap. *(978-1-77476-761-0(9))* AD Classic.
Pigeons: Bilingual (English/Filipino) (Ingles/Filipino) Mga Kalapati - Animals in the City (Engaging Readers, Level Pre-1) Ava Podmorow. Ed. by Sarah Harvey. l.t. ed. 2023. (Animals in the City Ser.: Vol. 5). (FIL., Illus.). 32p. (J). ***(978-1-77878-050-9(4))***; pap. ***(978-1-77878-051-6(2))*** AD Classic.
Piggie Sue Finds a Friend. Melisa Brown. Illus. by Melisa Brown. 2020. (ENG., Illus.). 18p. (J). (gr. -1-k). 20.99 *(978-1-63221-769-1(4))* Salem Author Services.
Piggies Board Book. Audrey Wood & Don Wood. Illus. by Don Wood. 2016. (ENG., Illus.). 30p. (J). (— 1). bds. 7.99 *(978-0-544-79114-5(2)*, 1639281, Clarion Bks.) HarperCollins Pubs.
Piggly the Angry Piglet: A Cute & Educational Story about Anger for Kids Ages 1-3,4-6. K. a Mulenga. 2023. (ENG.). 26p. (J). pap. ***(978-1-7764245-6-6(5))*** ALZuluBelle.
Piggy Bank & the Clock - Time & Money Book: Children's Money & Saving Reference. Prodigy Wizard Books. 2016. (ENG., Illus.). (J). pap. 9.25 *(978-1-68323-286-5(0))* Twin Flame Productions.
Piggy Bank My Piggy. Larissa Caroline. 2019. (ENG.). 60p. (J). pap. *(978-0-359-38452-5(8))* Lulu Pr., Inc.
Piggy Handsome: Guinea Pig Destined for Stardom! Pip Jones. Illus. by Adam Stower. 2017. (Piggy Handsome Ser.). (ENG.). 208p. (J). pap. 8.50 *(978-0-571-32754-6(0)*, Faber & Faber Children's Bks.) Faber & Faber, Inc.
Piggy Hero. Pip Jones. Illus. by Adam Stower. 2018. (Piggy Handsome Ser.). (ENG.). 192p. (J). pap. 9.95 *(978-0-571-32756-0(7)*, Faber & Faber Children's Bks.) Faber & Faber, Inc.
Piggy in My Pocket see Piggy in My Pocket: Spanish
Piggy in the Puddle. Charlotte Pomerantz. Illus. by James Marshall. 2018. (Classic Board Bks.). (ENG.). 32p. (J). (gr. -1-k). bds. 8.99 *(978-1-5344-0660-5(3)*, Little Simon) Little Simon.
Piggy Is Sad. Sawyer Kalel Warren. Ed. by Sloane Warren. Illus. by Carly Hillis-Tedder. 2020. (Piggy's Adventures Ser.: Vol. 1). (ENG.). 20p. (J). (gr. k-1). pap. 12.99 *(978-1-0878-7968-0(X))* Indy Pub.
Piggy Pie Po. Audrey Wood. ed. 2018. lib. bdg. 18.40 *(978-0-606-41002-1(3))* Turtleback.
Piggy: the Cure: an AFK Book. Terrance Crawford. Illus. by Dan Widdowson. 2023. (Piggy Ser.). (ENG.). 176p. (J). (gr. 3-7). pap. 7.99 *(978-1-338-84813-7(5))* Scholastic, Inc.
Piggyback Backpack: I'm Not Ready for School. Peirce a Clayton. Illus. by Peirce Clayton. 2018. (ENG.). 38p. (J). (gr. k-6). pap. 14.00 *(978-1-7326245-4-2(2))* Cridge Mumbly Publishing.
Piggyback Pals: Halloween Cuties. Joyce Wan. Illus. by Joyce Wan. 2023. (ENG.). 10p. (J). (— 1). bds. 8.99 *(978-1-338-89189-8(8)*, Cartwheel Bks.) Scholastic, Inc.
Piggybacker. Mikki Noble. 2019. (Vessel of Lost Souls Ser.: Vol. 1). (ENG., Illus.). 368p. (YA). pap. *(978-1-9990151-0-7(X))* Noble, Mikki.
Piggypine. Richard T. Morris. Illus. by Peter Jarvis. 2017. (J). *(978-0-525-43000-1(8)*, Dial Bks) Penguin Young Readers Group.
Piggy's Ball. Averil Oon. 2022. (ENG.). 32p. (J). pap. ***(978-1-3984-4873-5(7))*** Austin Macauley Pubs. Ltd.
Pigin of Howth. Kathleen Watkins. Illus. by Margarate A. Suggs. 2017. (ENG.). 64p. (J). 28.00 *(978-0-7171-6972-6(3))* Gill Bks. IRL. Dist: Casemate Pubs. & Bk. Distributors, LLC.
Piglet & Papa. Margaret Wild. ed. 2021. (ENG., Illus.). 32p. (J). (gr. k-1). 14.49 *(978-1-64697-535-8(9))* Penworthy Co., LLC, The.
Piglet Comes Home: How a Deaf Blind Pink Puppy Found His Family. Melissa Shapiro. Illus. by Ellie Snowdon. 2022. (ENG.). 48p. (J). (gr. -1-3). 18.99 *(978-1-5344-9018-5(3)*, Aladdin) Simon & Schuster Children's Publishing.
Piglet Named Mercy. Kate DiCamillo. Illus. by Chris Van Dusen. 2019. (Mercy Watson Ser.). (ENG.). 32p. (J). (gr. -1-2). 18.99 *(978-0-7636-7753-4(1))* Candlewick Pr.
Piglets. Meg Gaertner. 2019. (Animal Babies Ser.). (ENG., Illus.). 16p. (J). (gr. k-1). 25.64 *(978-1-64185-749-9(8)*, 1641857498, Focus Readers) North Star Editions.
Piglets. Julia Jaske. 2022. (So Cute! Baby Animals Ser.). (ENG., Illus.). 16p. (J). (gr. -1-2). pap. 11.36 *(978-1-6689-0879-2(4)*, 220846, Cherry Blossom Press) Cherry Lake Publishing.
Piglets. Julie Murray. 2018. (Baby Animals (Abdo Kids Junior) Ser.). (ENG., Illus.). 24p. (J). (gr. -1-2). lib. bdg. 31.36 *(978-1-5321-8167-2(1)*, 29891, Abdo Kids) ABDO Publishing Co.
Piglet's Castle. The Countess of Erne. Illus. by Amanda Schubert. 2020. (ENG.). 38p. (J). *(978-0-6489519-3-3(6))*; pap. *(978-0-6489519-2-6(8))* Karen Mc Dermott.
Piglets' Flying Circus. Cindy Prieto. 2021. (ENG.). 40p. (J). pap. 13.95 *(978-1-63765-005-9(1))* Halo Publishing International.
Piglets vs. Pugs. National Geographic Kids & Julie Beer. 2018. (ENG., Illus.). 64p. (J). (gr. 1-4). 17.99 *(978-1-4263-3176-3(2))* National Geographic Society.
Piglette. Katelyn Aronson. Illus. by Eva Byrne. 2020. 40p. (J). (gr. -1-2). 17.99 *(978-0-593-11678-4(X)*, Viking Books for Young Readers) Penguin Young Readers Group.
Pigman. Paul Zindel. 2018. (ENG., Illus.). 224p. (YA). (gr. 9-18). pap. 12.99 *(978-0-06-075735-9(3)*, HarperTeen) HarperCollins Pubs.
Pignic: A Springtime Book for Kids. Matt Phelan. Illus. by Matt Phelan. 2018. (ENG., Illus.). 32p. (J). (gr. -1-3). 17.99 *(978-0-06-244339-7(9)*, Greenwillow Bks.) HarperCollins Pubs.
Pignoli the Pig: A Fairytale in Rhyme. Inga Eissmann Buccella. 2022. (ENG.). 44p. (J). 20.99 *(978-1-6629-2763-8(0))*; pap. 11.99 *(978-1-6629-2794-2(0))* Gatekeeper Pr.
Pigology: The Ultimate Encyclopedia. Daisy Bird. Illus. by Camilla Pintonato. 2021. (Farm Animal Ser.). (ENG.). 76p. (J). (gr. 1-5). 19.95 *(978-1-61689-989-9(1))* Princeton Architectural Pr.
Pigs. Quinn M. Arnold. (Grow with Me Ser.). (ENG.). (J). 2020. 32p. (gr. 3-6). *(978-1-64026-233-1(4)*, 18233, Creative Education); 2020. 32p. (gr. 3-6). pap. 12.00 *(978-1-62832-796-0(0)*, 18234, Creative Paperbacks);

P

2017. (Illus.). 24p. (gr. -1-k). (978-1-60818-787-4(X), 20137, Creative Education) Creative Co., The.

Pigs. Amy Culliford. 2021. (Farm Animal Friends Ser.). (ENG., Illus.). 16p. (J). (gr. -1-1). pap. (978-1-4271-3249-9(6), 10708) Crabtree Publishing Co.

Pigs. Christina Leighton. 2018. (Animals on the Farm Ser.). (ENG., Illus.). 24p. (J). (gr. k-3). lib. bdg. 26.95 (978-1-62617-725-3(2), Blastoff! Readers) Bellwether Media.

Pigs. Kerri Mazzarella. 2023. (Who Lives in a Barn? Ser.). (ENG.). (J). (gr. k-2). 24p. lib. bdg. 27.93 (978-1-63897-960-9(X), 33593); (Illus.). pap. 8.95 Seahorse Publishing.

Pigs. Jared Siemens. 2018. pap. (978-1-4896-9537-6(0), AV2 by Weigl) Weigl Pubs., Inc.

Pigs. Leo Statts. 2016. (Farm Animals Ser.). (ENG., Illus.). 24p. (J). (gr. -1-2). lib. bdg. 31.36 (978-1-68079-906-4(1), 24116, Abdo Zoom-Launch) ABDO Publishing Co.

Pigs. Rozanne Williams. 2017. (Learn-To-Read Ser.). (ENG., Illus.). (J). pap. 3.49 (978-1-68310-198-7(7)) Pacific Learning, Inc.

Pigs: Animals That Make a Difference! (Engaging Readers, Level 1) Ashley Lee. Ed. by Alexis Roumanis. 2021. (Animals That Make a Difference! Ser.: Vol. 7). (ENG., Illus.). 32p. (J). (978-1-77437-682-9(2)); pap. (978-1-77437-683-6(0)) AD Classic.

Pigs: Facts & Picture Book for Children. Bold Kids. 2022. (ENG.). 46p. (J). pap. 14.99 (978-1-0717-1119-4(9)) FASTLANE LLC.

Pigs / Cerdos: Bilingual (English / Spanish) (Inglés / Español) Animals That Make a Difference! (Engaging Readers, Level 1) Ashley Lee. Ed. by Alexis Roumanis. l.t. ed. 2021. (Animals That Make a Difference! Bilingual (English / Spanish) (Inglés / Español) Ser.: Vol. 7). (ENG., Illus.). 32p. (J). (978-1-77476-398-8(2)); pap. (978-1-77476-397-1(4)) AD Classic.

Pigs / les Cochons: Bilingual (English / French) (Anglais / Français) Animals That Make a Difference! (Engaging Readers, Level 1) Ashley Lee. Ed. by Alexis Roumanis. l.t. ed. 2021. (Animals That Make a Difference! Bilingual (English / French) (Anglais / Français) Ser.: Vol. 7). (ENG., Illus.). 32p. (J). (978-1-77476-416-9(4)); pap. (978-1-77476-415-2(6)) AD Classic.

Pigs & Cute Piglets Coloring Book. Kreative Kids. 2016. (ENG., Illus.). (J). pap. 9.20 (978-1-68377-556-0(2)) Wilke, Traudl.

Pigs & Me: Animal & Me. Sarah Harvey. l.t. ed. 2022. (Animal & Me Ser.: Vol. 5). (ENG., Illus.). 32p. (J). (978-1-77476-684-2(1)); pap. (978-1-77476-685-9(X)) AD Classic.

Pigs & Mud Pies! The Adventures of Seemore. Violetta L. McKnight. 2023. (ENG.). 32p. (J). pap. 20.99 (978-1-6628-8066-7(9)) Salem Author Services.

Pig's Big Feelings. Kelly Bourne. Illus. by Aparna Varma. 2021. (ENG.). 42p. (J). 23.99 (978-1-7773896-1-5(5)); pap. 11.99 (978-1-7773896-0-4(7)) Downtown Revitalization Consultants.

Pigs Dancing Jigs. Maxine Schur. Illus. by Robin DeWitt & Patricia Dewitt-Grush. 2021. (ENG.). 36p. (J). 19.99 (978-1-952209-26-0(9)) Lawley Enterprises.

Pigs Dancing Jigs. Maxine Rose Schur. Illus. by Patricia Dewitt-Grush & Robin DeWitt. 2022. (ENG.). 36p. (J). pap. 11.99 (978-1-956357-34-9(3)) Lawley Enterprises.

Pigs Dream. Anthony J. Zaza. 2022. (ENG.). 28p. (J). (978-1-387-90836-3(7)) Lulu Pr., Inc.

Pigs Early Reader. Robert Munsch. Illus. by Michael Martchenko. adapted ed. 2022. (Munsch Early Readers Ser.). (ENG.). 32p. (J). (gr. 2-2). 16.99 (978-1-77321-653-9(8)) Annick Pr., Ltd. CAN. Dist: Publishers Group West (PGW).

Pigs Early Reader: (Munsch Early Reader) Robert Munsch. Illus. by Michael Martchenko. adapted ed. 2022. (Munsch Early Readers Ser.). (ENG.). 32p. (J). (gr. k-3). pap. 4.99 (978-1-77321-643-0(0)) Annick Pr., Ltd. CAN. Dist: Publishers Group West (PGW).

Pigs from Head to Tail, 1 vol. Emmett Martin. 2020. (Animals from Head to Tail Ser.). (ENG.). 24p. (gr. k-2). pap. 9.15 (978-1-5382-5538-4(3), 4617d794-aaaf-4687-b699-f3ac2aa9523f) Stevens, Gareth Publishing LLLP.

Pig's Idea - Ana lango Te Beeki (Te Kiribati) Lara Cain Gray. Illus. by Graham Evans. 2022. (MIS.). 26p. (J). pap. (978-1-922918-32-1(6)) Library For All Limited.

Pigs in a Blanket (Board Books for Toddlers, Bedtime Stories, Goodnight Board Book) Hans Wilhelm. Illus. by Erica Salcedo. 2019. (Pigs in A Ser.). (ENG.). 14p. (J). (gr. -1 — 1). bds. 9.99 (978-1-4521-6451-9(7)) Chronicle Bks. LLC.

Pigs in Clover (Classic Reprint) Frank Danby. 2017. (ENG., Illus.). (J). 32.44 (978-0-265-17573-6(9)) Forgotten Bks.

Pigs Is Pigs (Classic Reprint) Ellis Parker Butler. (ENG., Illus.). (J). 2018. 62p. 25.20 (978-0-267-06297-3(4)); 2018. 64p. pap. 9.57 (978-0-483-44810-0(9)); 2017. 24.99 (978-0-266-55182-9(3)) Forgotten Bks.

Pigs Might Fly!, 12 vols. 2018. (Pigs Might Fly! Ser.). (ENG.). 24p. (J). (gr. 2-2). lib. bdg. 157.62 (978-1-5081-9772-0(5), 9183ebf6-9158-48e6-9ece-0ad1f7f85cf9, Windmill Bks.) Rosen Publishing Group, Inc., The.

Pigs Might Fly. Emily Rodda. 2019. (Illus.). 128p. 7.99 (978-1-4607-5374-3(7), HarperCollins) HarperCollins Pubs.

Pigs Might Fly! (Mudpuddle Farm) Michael Morpurgo. Illus. by Shoo Rayner. 2018. (Mudpuddle Farm Ser.). (ENG.). 144p. (J). 4.99 (978-0-00-826909-8(2), HarperCollins Children's Bks.) HarperCollins Pubs. Ltd. GBR. Dist: HarperCollins Pubs.

Pigs Never Sweat: A Light-Hearted Book on How Pigs Cool Down. Kelly Tills. 2021. (ENG.). 28p. (J). 19.99 (978-1-955758-38-3(7)); pap. 11.49 (978-1-7367004-1-9(3)) FDI Publishing.

Pigs Oink. Rebecca Glaser. 2016. (Illus.). 14p. (J). (gr. -1 — 1). bds. 7.99 (978-1-68152-128-2(8), 15820) Amicus.

Pig's Perfect Day. Christina Murphey. 2019. (ENG.). 36p. (J). pap. 9.99 (978-1-945375-18-7(3)) Bk. Cravers Publishing, LLC.

Pig's Tale. Elaine L. Mroczka. 2022. (ENG., Illus.). 42p. (J). pap. 13.95 (978-1-63985-120-1(8)) Fulton Bks.

Pigs to Market (Classic Reprint) George Agnew Chamberlain. 2018. (ENG., Illus.). 320p. (J). 30.52 (978-0-483-60716-3(9)) Forgotten Bks.

Pigskin & Willow, Vol. 1 Of 3: With Other Sporting Stories (Classic Reprint) Byron Webber. (ENG., Illus.). (J). 2018. 262p. 29.30 (978-0-332-16755-8(0)); 2016. pap. 11.97 (978-1-333-37569-0(7)) Forgotten Bks.

Pigskin & Willow, Vol. 2 Of 3: With Other Sporting Stories (Classic Reprint) Byron Webber. 2018. (ENG., Illus.). 264p. (J). 29.34 (978-0-484-53772-8(5)) Forgotten Bks.

Pigskin & Willow, Vol. 3 Of 3: With Other Sporting Stories (Classic Reprint) Byron Webber. (ENG., Illus.). (J). 2018. 278p. 29.63 (978-0-267-10218-1(6)); 2016. pap. 13.57 (978-1-333-34665-2(4)) Forgotten Bks.

Pigsquealia & the Biggest Cabbage. Elisa L. Atlin-Fleener. Illus. by Jeremy Norton. 2022. (ENG.). 40p. (J). pap. 17.99 (978-1-0880-5751-3(9)) Indy Pub.

Pigsticks & Harold & the Pirate Treasure. Alex Milway. Illus. by Alex Milway. (Candlewick Sparks Ser.). (ENG., Illus.). 64p. (J). (gr. k-4). 2018. pap. 6.99 (978-0-7636-9960-4(8)); 2016. 12.99 (978-0-7636-8157-9(1)) Candlewick Pr.

Pigsticks & Harold & the Tuptown Thief. Alex Milway. Illus. by Alex Milway. ed. 2017. (Pigsticks & Harold Ser.). (ENG., Illus.). (J). (gr. k-4). lib. bdg. 13.55 (978-0-606-39840-4(6)) Turtleback.

Pigsticks & Harold Lost in Time! Alex Milway. Illus. by Alex Milway. 2017. (Pigsticks & Harold Ser.). (ENG., Illus.). 64p. (J). (gr. k-4). 12.99 (978-0-7636-8186-9(5)) Candlewick Pr.

Pigsty, Oh My! Children's Book: How Kids Clean Their Room. Gunter. Ed. by Nate Books. Illus. by Mauro Lirussi. 2022. (Children's Books on Life & Behavior Ser.: Vol. 12). (ENG.). 36p. (J). 17.95 (978-0-578-34344-0(4)); pap. 8.95 (978-0-578-34341-9(X)) TGJS Publishing.

Pigture Perfect: a Wish Novel. Jenny Goebel. 2021. (ENG.). 224p. (J). (gr. 3-7). pap. 7.99 (978-1-338-71640-5(9)) Scholastic, Inc.

Pikachu in Love (Pokémon: Scholastic Reader, Level 2) Tracey West. 2016. (Scholastic Reader, Level 2 Ser.). (ENG.). 32p. (J). (gr. -1-3). pap. 3.99 (978-1-338-17479-3(7)) Scholastic, Inc.

Pikachu Loves (Pokémon: Monpoké Board Book) (Media Tie-In) Scholastic. ed. 2023. (ENG., Illus.). 10p. (J). (— 1). bds. 8.99 (978-1-339-00587-4(5)) Scholastic, Inc.

Pikani & the Long Scary Night. Marie Landles. 2019. (ENG., Illus.). 78p. (J). (978-0-2288-0919-7(3)); pap. (978-0-2288-0918-0(5)) Tellwell Talent.

Pikas. Lindsay Shaffer. 2019. (Animals of the Mountains Ser.). (ENG., Illus.). 24p. (J). (gr. k-3). lib. bdg. 26.95 (978-1-64487-016-7(9), Blastoff! Readers) Bellwether Media.

Pike County Ballads (Classic Reprint) John Hay. (ENG., Illus.). (J). 2017. 24.95 (978-0-265-60692-6(6)); 2016. pap. 9.57 (978-1-333-22518-6(0)) Forgotten Bks.

Pike County Ballads (Classic Reprint) John Hay. 2016. (ENG., Illus.). (J). pap. 7.97 (978-1-333-85719-6(5)) Forgotten Bks.

Pike's Peak Nugget, 1905, Vol. 6 (Classic Reprint) Colorado College. (ENG., Illus.). (J). 2018. 244p. 28.95 (978-0-484-70334-5(0)); 2016. pap. 11.57 (978-1-334-54652-5(5)) Forgotten Bks.

Pike's Peak Rush: Or Terry in the New Gold Fields (Classic Reprint) Edwin L. Sabin. 2018. (ENG., Illus.). 276p. (J). 29.59 (978-0-267-68894-4(6)) Forgotten Bks.

Piki Goes to College. Joan M. Hellquist. Illus. by Joan M. Hellquist. 2021. (ENG.). 38p. (J). pap. 12.95 (978-0-578-85432-8(5)) Artistic Endeavors.

Piki* Goes to College. Joan M. Hellquist. Illus. by Joan M. Hellquist. 2021. (ENG.). 38p. (J). 19.95 (978-0-578-88728-9(2)) Artistic Endeavors.

Pikiq, 1 vol. Illus. by Yayo. 2017. (ENG.). 32p. (J). (gr. -1-k). 16.95 (978-1-926890-05-0(1)) Tradewind Bks. CAN. Dist: Orca Bk. Pubs. USA.

Pikmi to Be Your Valentine. Meredith Rusu. ed. 2019. (Scholastic Readers Ser.). (ENG.). 32p. (J). (gr. 2-3). 13.89 (978-0-87617-314-5(8)) Penworthy Co., LLC, The.

Pila de Alpacas (a Stack of Alpacas) Matt Cosgrove. Illus. by Matt Cosgrove. 2022.Tr. of Stack of Alpacas. (SPA.). 24p. (J). (gr. -1-k). pap. 6.99 (978-1-338-71549-1(6), Scholastic en Espanol) Scholastic, Inc.

Pilar Ramirez & the Curse of San Zenon. Julian Randall. 2023. (Pilar Ramirez Duology Ser.: 2). (ENG.). 272p. (J). 17.99 (978-1-250-77412-5(8), 900234554, Holt, Henry & Co. Bks. For Young Readers) Holt, Henry & Co.

Pilar Ramirez & the Escape from Zafa. Julian Randall. 2022. (Pilar Ramirez Duology Ser.: 1). (ENG., Illus.). 304p. (J). 16.99 (978-1-250-77410-1(1), 900234524, Holt, Henry & Co. Bks. For Young Readers) Holt, Henry & Co.

Pilar Ramirez & the Escape from Zafa. Julian Randall. 2023. (Pilar Ramirez Duology Ser.: 1). (ENG.). 320p. (J). pap. 8.99 (978-1-250-86606-6(5), 900234525) Square Fish.

Pilar's Worries. Victoria M. Sanchez. Illus. by Jess Golden. 2018. (ENG.). 32p. (J). (gr. -1-3). 16.99 (978-0-8075-6546-9(6), 807565466) Whitman, Albert & Co.

Pilbara Contract. Richard Hawley Grey Parry. 2017. (ENG.). 338p. (J). 25.95 (978-1-78693-236-5(9), 1dcf1658-9b38-4500-b7ac-40ed53d97f81) Austin Macauley Pubs. Ltd. GBR. Dist: Baker & Taylor Publisher Services (BTPS).

Pile of Laundry. Judi Thomas. 2016. (ENG., Illus.). 20p. (J). (978-1-365-59205-8(7)) Lulu Pr., Inc.

Pile of Leaves: Published in Collaboration with the Whitney Museum of American Art. Tamara Shopsin Jason Fulford. 2018. (ENG., Illus.). 24p. (gr. -1 — 1). bds. 18.95 (978-0-7148-7720-4(4)) Phaidon Pr., Inc.

Pile of Trouble. Bill O'Keefe. 2021. (ENG., Illus.). 30p. (J). pap. 13.95 (978-1-63630-169-3(X)) Covenant Bks.

Pileated Woodpeckers. Rebecca Sabelko. 2018. (North American Animals Ser.). (ENG., Illus.). 24p. (J). (gr. k-3). lib. bdg. 26.95 (978-1-62617-799-4(6), Blastoff! Readers) Bellwether Media.

Pileated Woodpeckers: Insect-Hunting Birds. Laura Hamilton Waxman. ed. 2016. (Comparing Animal Traits Ser.). (ENG., Illus.). 32p. (J). (gr. 2-4). E-Book 39.99 (978-1-4677-9638-5(7), Lerner Pubns.) Lerner Publishing Group.

Pilgrim, 1937, Vol. 16 (Classic Reprint) Mary Bodell. (ENG., Illus.). (J). 2018. 74p. 25.42 (978-0-364-38320-9(8)); 2017. pap. 9.57 (978-0-259-85462-3(X)) Forgotten Bks.

Pilgrim & the Pioneer: The Social & Material, Developments in the Rocky Mountains (Classic Reprint) John C. Bell. 2018. (ENG., Illus.). 534p. (J). 34.93 (978-0-483-32260-8(1)) Forgotten Bks.

Pilgrim Children Had Many Chores. Gina Lems-Tardif. 2017. (Learn-To-Read Ser.). (ENG., Illus.). (J). pap. 3.49 (978-1-68310-238-0(X)) Pacific Learning, Inc.

Pilgrim from Chicago Being More Rambles with an American (Classic Reprint) Christian Tearle. 2018. (ENG., Illus.). 414p. (J). 32.44 (978-0-267-48012-8(1)) Forgotten Bks.

Pilgrim Looks At 60: Life in the Middle of the Christian Bell Curve, 1 vol. James Annable. 2020. (ENG.). 300p. (YA). 31.99 (978-1-4003-2640-2(0)); pap. 19.99 (978-1-4003-2639-6(7)) Elm Hill.

Pilgrim Maid. Marion Ames Taggart. 2018. (ENG., Illus.). 202p. (J). pap. (978-3-7326-2534-5(6)) Klassik Literatur. ein Imprint der Salzwasser Verlag GmbH.

Pilgrim Maid: A Story of Plymouth Colony in 1620 (Classic Reprint) Marion Ames Taggart. 2017. (ENG., Illus.). (J). 30.91 (978-0-331-50009-7(4)); pap. 13.57 (978-0-331-25055-8(1)) Forgotten Bks.

Pilgrim of a Smile (Classic Reprint) Norman Davey. 2018. (ENG., Illus.). 292p. (J). 29.92 (978-0-483-34817-2(1)) Forgotten Bks.

Pilgrim, or the Stranger in His Own Country, Containing a Regular Series of Historical Novels, Digested into Four Books, and, Diana, a Pastoral Romance in Four Books (Classic Reprint) Lopez de Vega Carpio. (ENG., Illus.). (J). 2019. 304p. 30.17 (978-0-365-21573-8(2)); 2017. pap. 13.57 (978-0-282-35907-2(9)) Forgotten Bks.

Pilgrim Papers: From the Writings of Francis Thomas Wilfrid, Priest (Classic Reprint) Robert Keable. 2017. (ENG., Illus.). (J). 29.11 (978-0-265-21902-7(7)) Forgotten Bks.

Pilgrim Trails: A Plymouth-To-Provincetown Sketchbook (Classic Reprint) Frances Lester Warner. 2018. (ENG., Illus.). 80p. (J). 25.57 (978-0-483-08158-1(2)) Forgotten Bks.

Pilgrim, Vol. 1: December 1895 (Classic Reprint) Helen M. Boynton. 2017. (ENG., Illus.). (J). 168p. 27.38 (978-0-484-35450-9(7)); pap. 9.97 (978-1-5276-0232-8(X)) Forgotten Bks.

Pilgrim, Vol. 10: June, 1931 (Classic Reprint) Katharine Davis. 2017. (ENG., Illus.). (J). 24.89 (978-0-265-72305-0(1)); pap. 9.57 (978-1-5276-8081-4(9)) Forgotten Bks.

Pilgrim, Vol. 12: June, 1933 (Classic Reprint) Plymouth High School. (ENG., Illus.). (J). 2018. 60p. 25.13 (978-0-666-98689-4(4)); 2017. pap. 9.57 (978-0-243-47235-2(8)) Forgotten Bks.

Pilgrim, Vol. 13: June, 1934 (Classic Reprint) Florence Armstrong. (ENG., Illus.). (J). 2018. 70p. 25.36 (978-0-666-84442-2(9)); 2017. pap. 9.57 (978-0-259-87988-6(6)) Forgotten Bks.

Pilgrim, Vol. 14: June 1935 (Classic Reprint) Lucy Holmes. 2017. (ENG., Illus.). (J). 64p. 25.22 (978-0-265-55964-2(2)); 66p. pap. 9.57 (978-0-282-81898-2(7)) Forgotten Bks.

Pilgrim, Vol. 15: June, 1936 (Classic Reprint) Alba Martinelli. (ENG., Illus.). (J). 2018. 84p. 25.65 (978-0-484-38559-6(3)); 2017. pap. 9.57 (978-0-243-44988-0(7)) Forgotten Bks.

Pilgrim, Vol. 17: June 1938 (Classic Reprint) Philip Godfrey. (ENG., Illus.). (J). 2018. 80p. 25.57 (978-0-483-99056-2(6)); 2017. pap. 9.57 (978-0-243-46652-8(8)) Forgotten Bks.

Pilgrim, Vol. 19: June, 1940 (Classic Reprint) Plymouth High School. (ENG., Illus.). (J). 2018. 98p. 25.92 (978-0-267-88793-4(0)); 2017. pap. 9.57 (978-0-259-81284-5(6)) Forgotten Bks.

Pilgrim, Vol. 20: June, 1941 (Classic Reprint) Plymouth High School. 2018. (ENG., Illus.). (J). 102p. 26.00 (978-1-396-69050-1(6)); 104p. pap. 9.57 (978-1-391-59655-6(2)) Forgotten Bks.

Pilgrim, Vol. 9: June 1930 (Classic Reprint) Harriet Donlevy. 2017. (ENG., Illus.). (J). 24.97 (978-0-265-78801-1(3)); pap. 9.57 (978-1-5277-6757-7(4)) Forgotten Bks.

Pilgrim Walks in Franciscan Italy. Johannes Jorgensen. 2017. (ENG., Illus.). (J). pap. (978-0-649-67173-1(2)) Trieste Publishing Pty Ltd.

Pilgrim Walks in Franciscan Italy (Classic Reprint) Johannes Jorgensen. 2017. (ENG., Illus.). (J). 27.73 (978-1-5285-8429-6(5)) Forgotten Bks.

Pilgrimage of Jacki & Gerri: The Crownless King. Kimberly Mowery. Illus. by Anna Kelsey. 2020. (Crownless King Ser.: Vol. 1). (ENG.). 56p. (J). pap. 16.99 (978-1-954004-77-1(X)); 24.99 (978-1-952894-44-2(1)) Pen It Pubns.

Pilgrimage of Mary Commandery No; 36: Knights Templar of Pennsylvania to the Twenty-Ninth Triennial Conclave of the Grand Encampment U. S. at San Francisco, Cal (Classic Reprint) Clifford Paynter Allen. (ENG., Illus.). (J). 2017. 27.94 (978-0-331-83298-3(4)); 2016. pap. 10.57 (978-1-333-77503-2(2)) Forgotten Bks.

Pilgrimage of Mary Commandery, No; 36, K. T. of Pennsylvania to the Twenty-Fifth Triennial Conclave of the Grand Encampment U. S. at Denver, Colorado, 1892 (Classic Reprint) Clifford Paynter Allen. (ENG., Illus.). (J). 2017. 28.23 (978-0-260-98056-4(0)); 2016. pap. 10.57 (978-1-333-49303-5(7)) Forgotten Bks.

Pilgrimage of Peter O'Malley: To the Glory of God. T. N. Charter. 2021. (ENG.). 284p. (YA). 32.95 (978-1-64952-462-1(5)) Fulton Bks.

Pilgrimage of Strongsoul: And Other Stories (Classic Reprint) John Davidson. 2017. (ENG., Illus.). (J). 29.86 (978-0-266-21512-7(2)) Forgotten Bks.

Pilgrimage of the Life of Man (Classic Reprint) Guillaume De Deguileville. (ENG., Illus.). (J). 2018. 804p. 40.50 (978-0-656-28708-6(X)); 2017. 41.12 (978-0-260-01361-3(7)); 2017. pap. 23.57 (978-1-5281-0071-7(9)) Forgotten Bks.

Pilgrimage of the Life of Man, Vol. 1 (Classic Reprint) Guillaume De Deguileville. 2018. (ENG., Illus.). 256p. (J). 29.18 (978-0-267-49930-4(2)) Forgotten Bks.

Pilgrimage of the Life of Man, Vol. 2 (Classic Reprint) Guillaume De Deguileville. (ENG., Illus.). (J). 2018. 432p. 32.83 (978-0-656-49482-8(4)); 2016. pap. 16.57 (978-1-334-37815-7(0)) Forgotten Bks.

Pilgrimage of the Life of Man, Vol. 3: With Introduction, Notes, Glossary & Indexes (Classic Reprint) Guillaume De Deguileville. (ENG., Illus.). (J). 2018. 162p. 27.26 (978-0-484-07607-4(8)); 2016. pap. 9.97 (978-1-333-95587-8(1)) Forgotten Bks.

Pilgrimage with a Milliner's Needle (Classic Reprint) Anna Walther. (ENG., Illus.). (J). 2017. 30.08 (978-0-331-59284-9(3)); 2016. pap. 13.57 (978-1-334-12788-5(3)) Forgotten Bks.

Pilgrimages to Old Homes (Classic Reprint) Fletcher Moss. 2017. (ENG., Illus.). (J). 32.25 (978-0-265-46316-1(5)) Forgotten Bks.

Pilgrimages to Old Homes, Mostly on the Welsh Border (Classic Reprint) Fletcher Moss. 2017. (ENG., Illus.). (J). 32.68 (978-0-265-77690-2(2)); pap. 16.57 (978-1-5277-5588-8(6)) Forgotten Bks.

Pilgrims & Strangers: A Picture in Two Lights (Classic Reprint) J. E. Middleton. (ENG., Illus.). (J). 2018. 44p. 24.80 (978-0-666-95589-0(1)); 2017. pap. 7.97 (978-0-259-91793-9(1)) Forgotten Bks.

Pilgrims (Classic Reprint) Joseph Kovalchik. 2018. (ENG., Illus.). 42p. (J). 24.76 (978-0-332-06100-9(0)) Forgotten Bks.

Pilgrims Didn't Celebrate the First Thanksgiving: Exposing Myths about Colonial History, 1 vol. Julia McDonnell. 2016. (Exposed! Myths about Early American History Ser.). (ENG., Illus.). 32p. (J). (gr. 2-3). pap. 11.50 (978-1-4824-5731-5(8), cd8d2895-d393-4286-983d-f53454f70b3c) Stevens, Gareth Publishing LLLP.

Pilgrims' First Christmas (Classic Reprint) Josephine Pittman Scribner. 2017. (ENG., Illus.). (J). 24.56 (978-0-266-54988-8(8)); pap. 7.97 (978-0-282-78144-6(7)) Forgotten Bks.

Pilgrims' First Thanksgiving Coloring Book. Jupiter Kids. 2017. (ENG., Illus.). (J). pap. 9.20 (978-1-68305-732-1(5), Jupiter Kids (Childrens & Kids Fiction)) Speedy Publishing LLC.

Pilgrims into Folly: Romantic Excursions (Classic Reprint) Wallace Irwin. 2018. (ENG., Illus.). 346p. (J). 31.03 (978-0-483-27152-4(7)) Forgotten Bks.

Pilgrims' March (Classic Reprint) H. H. Bashford. 2018. (ENG., Illus.). 342p. (J). 30.95 (978-0-483-23132-0(0)) Forgotten Bks.

Pilgrims of Fashion: A Novel (Classic Reprint) Kinahan Cornwallis. (ENG., Illus.). (J). 2018. 366p. 31.47 (978-0-364-91704-6(0)); 2017. pap. 13.97 (978-0-259-21481-6(7)) Forgotten Bks.

Pilgrims of the Plains: A Romance of the Santa Fe Trail (Classic Reprint) Kate Adele Aplington. 2017. (ENG., Illus.). (J). pap. 16.57 (978-0-282-38605-4(X)) Forgotten Bks.

Pilgrims of the Plains: A Romance of the Santa Fé Trail (Classic Reprint) Kate Adele Aplington. 2018. (ENG., Illus.). 430p. (J). 32.77 (978-0-666-74515-6(3)) Forgotten Bks.

Pilgrims of the Plains a Romance of the Santa Fé Trail (Classic Reprint) Kate A. Aplington. 2018. (ENG., Illus.). 420p. (J). 32.56 (978-0-364-44040-7(6)) Forgotten Bks.

Pilgrims of the Thames in Search of the National! the Designed, Etched, & Drawn on Wood (Classic Reprint) Pierce Egan. 2018. (ENG., Illus.). 414p. (J). 32.46 (978-0-483-73885-0(9)) Forgotten Bks.

Pilgrims of to-Day (Classic Reprint) Mary H. Wade. 2017. (ENG., Illus.). (J). 29.55 (978-0-265-20920-2(X)) Forgotten Bks.

Pilgrims of Valdeor. Sandra L. Hanley. 2022. (ENG.). 310p. (YA). pap. 17.99 (978-1-7377398-2-1(8)) Sandralena Hanley.

Pilgrim's Progress: Adapted for Children. Rose-Mae Carvin & Bible Visuals International. 2020. (Flashcard Format 5440-Acs Ser.: Vol. 5440). (ENG.). 56p. (J). pap. 19.00 (978-1-64104-118-8(8)) Bible Visuals International, Inc.

Pilgrim's Progress. John Bunyan & Edward E. Hale. 2017. (ENG.). 136p. (J). pap. (978-3-337-29287-4(9)) Creation Pubs.

Pilgrims Progress: A Poetic Journey. Paul Cox & Stephanie Cox. Illus. by Paul Cox. 2019. (ENG., Illus.). 44p. (J). (978-1-989174-21-0(3)) Hesed and Emet Publishing.

Pilgrim's Progress: A Poetic Retelling of John Bunyan's Classic Tale. Rousseaux Brasseur. 2020. (ENG., Illus.). 208p. (J). (gr. 2-7). 22.99 (978-0-7369-7948-1(4), 6979481) Harvest Hse. Pubs.

Pilgrim's Progress: As Originally Published (Classic Reprint) John Bunyan. 2018. (ENG., Illus.). (J). 528p. 34.81 (978-1-397-23879-5(8)); 530p. pap. 19.57 (978-1-397-23856-6(9)) Forgotten Bks.

Pilgrim's Progress: Being a Fac-Simile Reproduction of the First Edition (Classic Reprint) John Bunyan. 2017. (ENG., Illus.). (J). 29.44 (978-0-265-84375-8(8)) Forgotten Bks.

Pilgrim's Progress: 'from This World to That Which Is to Come' John Bunyan. 2019. (ENG.). 228p. (J). pap. (978-605-7876-04-1(0)) Uhrayoglu, Murat E Kitap Projesi.

Pilgrims Progress: From This World to That Which Is to Come (Classic Reprint) John Bunyan. 2018. (ENG., Illus.). (J). 368p. 31.51 (978-1-396-72814-3(7)); 370p. pap. 13.97 (978-1-396-05305-4(0)) Forgotten Bks.

Pilgrim's Progress: With Original Notes (Classic Reprint) John Bunyan. 2017. (ENG., Illus.). (J). 32.15 (978-0-266-17512-4(0)) Forgotten Bks.

Pilgrim's Progress from This World to That Which Is to Come: Delivered under the Similitude of a Dream, Wherein Is Discovered, I, the Manner of His Setting Out; Ii, His Dangerous Journey; and, Iii, His Safe Arrival at the Desired Country. John Bunyan. (ENG., Illus.). (J). 2018. 386p. 31.73 (978-0-484-64163-0(8)); 2016. pap. 16.57 (978-1-333-56029-4(X)) Forgotten Bks.

Pilgrim's Progress from This World, to That Which Is to Come: Delivered under the Similitude of a Dream Wherein Is Discovered, the Manner of His Setting Out, His Dangerous Journey, & Safe Arrival at the Desired Countrey (Classic Reprint) John Bunyan. (ENG., Illus.).

1592 The check digit for ISBN-10 appears in parentheses after the full ISBN-13

TITLE INDEX

PINK BALLOON

(J). 2018. 250p. 29.07 (978-0-332-17685-7(1)); 2016. pap. 11.57 (978-1-334-15910-7(6)) Forgotten Bks.

Pilgrim's Progress from This World to That Which Is to Come: Delivered under the Similitude of a Dream; Wherein Is Discovered, the Manner of His Setting Out, His Dangerous Journey, & Safe Arrival at the Desired Country (Classic Reprint) John Bunyan. 2018. (ENG., Illus.). (J). 576p. 35.78 (978-1-396-83792-0(2)); 578p. pap. 19.57 (978-1-396-83733-3(7)) Forgotten Bks.

Pilgrim's Progress, from This World, to That Which Is to Come: Delivered under the Similitude of a Dream; Wherein Is Discovered, the Manner of His Setting Out, His Dangerous Journey, & Safe Arrival at the Desired Country; Containing the Pilgrimage O. John Bunyan. 2016. (ENG., Illus.). (J). pap. 19.57 (978-1-333-85496-6(X)) Forgotten Bks.

Pilgrim's Progress, from This World to That Which Is to Come: Delivered under the Similitude of a Dream; Wherein Is Discovered the Manner of His Setting Out, His Dangerous Journey, His Safe Arrival at the Desired Country (Classic Reprint) John Bunyan. 2018. (ENG., Illus.). 428p. (J). 32.72 (978-0-364-70274-1(5)) Forgotten Bks.

Pilgrim's Progress, from This World to That Which Is to Come, Delivered under the Similitude of a Dream (Classic Reprint) John Bunyan. (ENG., Illus.). (J). 2018. 498p. 34.17 (978-0-364-49301-4(1)); 2017. pap. 16.57 (978-0-259-24844-6(4)) Forgotten Bks.

Pilgrim's Progress, the (Worldview Edition) John Bunyan. 2019. (ENG.). (YA). pap. 10.95 (978-1-944503-17-8(X)) Canon Pr.

Pilgrim's Scrip (Classic Reprint) R. Campbell Thompson. 2018. (ENG., Illus.). 424p. (J). 32.66 (978-0-267-68005-4(8)) Forgotten Bks.

Pilgrims to the Isles of Penance: Orchid Gathering in the East (Classic Reprint) Talbot Clifton. (ENG., Illus.). (J). 2018. 420p. 32.56 (978-0-331-83782-7(X)); 2016. pap. 16.57 (978-1-333-47313-6(3)) Forgotten Bks.

Pilgrims' Way: A Little Scrip of Good Counsel for Travellers (Classic Reprint) Arthur Thomas Quiller-Couch. 2017. (ENG., Illus.). (J). 30.91 (978-0-266-65441-4(X)); pap. 13.57 (978-1-5276-0859-7(X)) Forgotten Bks.

Pilipinto: The Jungle Adventures of a Missionary's Daughter. Valerie Elliott Shepard. 2022. (ENG.). 64p. (J). 17.99 (978-1-62995-025-9(4)) P & R Publishing.

Pill Bug Does Not Need Anybody: Ready-To-Read Pre-Level 1. Jonathan Fenske. Illus. by Jonathan Fenske. 2021. (Ready-To-Read Ser.). (ENG., Illus.). 32p. (J). (gr. -1-k). 17.99 (978-1-6659-0068-3(7)); pap. 4.99 (978-1-6659-0067-6(9)) Simon Spotlight. (Simon Spotlight).

Pillage & Plague. Kate Karyus Quinn et al. 2021. (ENG.). 258p. (YA). pap. 12.99 (978-1-393-11339-3(7)) Indy Pub.

Pillar of Cloud (Classic Reprint) Jackson Burgess. (ENG., Illus.). (J). 2018. 250p. 29.05 (978-0-267-82025-2(9)); 2017. pap. 11.57 (978-0-259-42731-5(4)) Forgotten Bks.

Pillar of Light (Classic Reprint) Louis Tracy. (ENG., Illus.). (J). 2018. 352p. 31.18 (978-0-267-37924-8(2)); 2016. pap. 13.57 (978-1-334-15531-4(3)) Forgotten Bks.

Pillar of Sand (Classic Reprint) William R. Castle. 2017. (ENG., Illus.). (J). 32.50 (978-0-331-01164-7(6)) Forgotten Bks.

Pillars. Ashley Remy. 2021. (ENG.). 190p. (YA). pap. 16.99 (978-0-578-85696-4(4)) thierry, Ashley LLC.

Pillars of Fire, 1 vol. Laurice Elehwany Molinari. 2016. (Ether Novel Ser.: 2). (ENG.). 368p. (J). pap. 8.99 (978-0-310-73562-5(9)) Zonderkidz.

Pillars of Society, & Other Plays (Classic Reprint) Henrik Ibsen. 2018. (ENG., Illus.). 356p. (J). 31.24 (978-0-483-99818-6(4)) Forgotten Bks.

Pillars of the House, Vol. 1 Of 2: Or, under Wode, under Rode (Classic Reprint) Charlotte M. Yonge. (ENG., Illus.). (J). 2019. 444p. 33.05 (978-0-267-21481-5(2)); 2017. pap. 16.57 (978-0-243-31739-4(5)) Forgotten Bks.

Pillow? Pillow? Where Are You? Jordan Clark. 2021. (ENG.). 25p. (J). (978-1-4357-6660-0(1)) Lulu Pr., Inc.

Pillow Fight Night. Jack Jacob. 2017. (ENG., Illus.). 34p. (J). pap. (978-1-9997159-2-2(6)) Hope & Plum Bk. Publishing.

Pillow Places. Joseph Kuefler. Illus. by Joseph Kuefler. 2021. (ENG., Illus.). 32p. (J). (gr. -1-3). 18.99 (978-0-06-295673-6(6), Balzer & Bray) HarperCollins Pubs.

Pillowland. Laurie Berkner. Illus. by Camille Garoche. 2017. (ENG.). 32p. (J). (gr. -1-3). 17.99 (978-1-4814-6467-3(1), Simon & Schuster Bks. For Young Readers) Simon & Schuster Bks. For Young Readers.

Pillowtalks Mission: Chandler & the Bully Busters. Sherry Miracle Finnerty. 2017. (ENG., Illus.). (J). pap. 16.00 (978-0-692-82809-0(5)) Pillowtalks Publishing.

Pilot. Douglas Bender. 2023. (People I Meet Ser.). (ENG.). 16p. (J). (gr. -1-2). pap. **(978-1-0396-9745-4(3)**, 33422); lib. bdg. **(978-1-0396-9638-9(4)**, 33421) Crabtree Publishing Co.

Pilot & His Wife (Classic Reprint) Jonas Lie. 2018. (ENG., Illus.). 344p. (J). 30.99 (978-0-483-83721-8(0)) Forgotten Bks.

Pilot at Swan Creek (Classic Reprint) Ralph Connor. 2018. (ENG., Illus.). 218p. (J). 28.39 (978-0-483-52005-9(5)) Forgotten Bks.

Pilot Bennie's Amazing Amazon Adventures. Dolly McElhaney. 2018. (Illus.). 132p. (J). (978-0-7577-4610-9(1)) Word Aflame Pr.

Pilot Fortune (Classic Reprint) Marian C. L. Reeves. 2017. (ENG., Illus.). (J). 31.05 (978-1-5279-8601-5(2)) Forgotten Bks.

Pilot of the Mayflower (Classic Reprint) Hezekiah Butterworth. 2018. (ENG., Illus.). 288p. (J). 29.86 (978-0-483-35504-0(6)) Forgotten Bks.

Pilote: The Key to the French Language (Classic Reprint) Georges Gregoire. 2018. (FRE., Illus.). (J). 118p. 26.33 (978-1-391-08133-5(1)); 120p. pap. 9.57 (978-1-391-02456-1(7)) Forgotten Bks.

Piloto Annie Hace Justicia. Antonio Blane. Illus. by Dwight Francis. 2016. (Jump into Genre Ser.). (SPA.). (J). (gr. 3). 5.25 (978-1-4788-3616-2(4)) Newmark Learning LLC.

Pilots. Mary Meinking. 2020. (Jobs People Do Ser.). (ENG.). 32p. (J). (gr. 1-3). pap. 6.95 (978-1-9771-2667-2(7), 201651); (Illus.). lib. bdg. 31.32 (978-1-9771-2351-0(1), 199536) Capstone. (Pebble).

Pilots. Illus. by Samantha Meredith. 2016. (Flip & Find Ser.). (ENG.). 12p. (J). (— 1). bds. 7.99 (978-1-4472-7717-0(1)) Pan Macmillan GBR. Dist: Independent Pubs. Group.

Pilots. Cecilia Minden & Mary Minden-Zins. 2022. (Community Helpers Ser.). (ENG.). 24p. (J). (gr. k-3). lib. bdg. 32.79 (978-1-5038-5833-6(2), 215699, Wonder Books(r)) Child's World, Inc, The.

Pilots. Kate Moening. 2019. (Community Helpers Ser.). (ENG., Illus.). 24p. (J). (gr. k-3). lib. bdg. 26.95 (978-1-62617-903-5(4), Blastoff! Readers) Bellwether Media.

Pilots in Peril! The Untold Story of U. S. Pilots Who Braved the Hump in World War II. Steven Otfinoski. 2016. (Encounter: Narrative Nonfiction Stories Ser.). (ENG., Illus.). 232p. (J). (gr. 3-6). pap. 9.95 (978-1-4914-5166-3(1), 128780, Capstone Pr.) Capstone.

Pilots in the Cockpit! Airplane Coloring Book. Creative Playbooks. 2016. (ENG., Illus.). (J). pap. 7.74 (978-1-68323-790-7(0)) Twin Flame Productions.

Pilot's Voice: Words of Warning to the Youth & Enlightenment for Parents (Classic Reprint) Isabel C. Byrum. (ENG., Illus.). (J). 2018. 228p. 28.60 (978-0-484-71067-1(2)); 2017. pap. 10.97 (978-1-332-82447-2(1)) Forgotten Bks.

Pilu of the Woods. Mai K. Nguyen. 2019. (Pilu of the Woods Ser.). (ENG., Illus.). 160p. (J). (gr. 3-7). pap. 12.99 (978-1-62010-563-4(2), Lion Forge) Oni Pr., Inc.

Pilu of the Woods. Mai K. Nguyen. Illus. by Mai K. Nguyen. 2019. (Pilu of the Woods Ser.). (ENG., Illus.). 160p. (J). (gr. 4-6). 17.99 (978-1-62010-551-1(9), Lion Forge) Oni Pr., Inc.

Pimlyco, or Runne Red-Cap: Tis a Mad World at Hogsdon (Classic Reprint) Unknown Author. 2018. (ENG., Illus.). 96p. (J). 25.90 (978-0-267-86759-2(X)) Forgotten Bks.

Pimpernell the Angry Bull. D. Fire. 2022. (ENG., Illus.). 20p. (YA). pap. 13.95 (978-1-6624-6873-5(3)) Page Publishing Inc.

Pimpology from a Woman's Perspective. Sabrina Patton. 2018. (ENG., Illus.). 68p. (YA). pap. 9.99 (978-1-5456-3386-1(X)) Salem Author Services.

Pin & the Magic Butterflies. Amanda Steadman. Illus. by Ava Steadman-Robert & Esme Steadman-Robert. 2019. (ENG.). 28p. (J). (gr. k-4). pap. (978-0-9576365-2-1(0)) Steadman, Amanda.

Pin in the Queen's Shawl: Sketched in Indian Ink on Imperial Crown; from a Conservative Stand-Point (Classic Reprint) Unknown Author. 2018. (ENG., Illus.). 38p. (J). 24.68 (978-0-267-69962-9(X)) Forgotten Bks.

Pin Money, Vol. 1 Of 3: A Novel (Classic Reprint) Unknown Author. 2018. (ENG., Illus.). 338p. (J). 30.89 (978-0-365-20549-4(4)) Forgotten Bks.

Pina. Elif Yemenici. 2022. (ENG.). 64p. (J). (gr. 1-4). 18.95 **(978-0-88448-948-1(5)**, 844948) Tilbury Hse. Pubs.

Pinafore, 1905 (Classic Reprint) Salem Female Academy. (ENG., Illus.). (J). 2018. 132p. 26.62 (978-0-267-60586-6(2)); 2016. pap. 9.57 (978-1-334-13219-3(4)) Forgotten Bks.

Pinafore Palace (Classic Reprint) Kate Douglas Wiggin. 2018. (ENG., Illus.). 274p. (J). 29.55 (978-0-666-30134-5(4)) Forgotten Bks.

Pinafore Picture Book: The Story of H. M. S. Pinafore (Classic Reprint) William Schwenck Gilbert. 2017. (ENG., Illus.). (J). 27.57 (978-0-260-06004-4(6)) Forgotten Bks.

Pinafore Pocket Story Book (Classic Reprint) Miriam Clark Potter. (ENG., Illus.). (J). 2018. 380p. 31.75 (978-0-484-92006-3(5)); 2016. pap. 16.57 (978-1-334-29911-7(0)) Forgotten Bks.

Pinata Story. Michel Zajur & Lisa Zajur. 2019. (ENG.). 38p. (J). 16.95 (978-1-63177-682-3(7)) Amplify Publishing Group.

Piñata That the Farm Maiden Hung. Samantha R. Vamos. Illus. by Sebastià Serra. 2023. 32p. (J). (gr. -1-3). pap. 8.99 **(978-1-62354-456-0(4))** Charlesbridge Publishing, Inc.

Piñata That the Farm Maiden Hung. Samantha R. Vamos. Illus. by Sebastià Serra & Sebastià Serra. 2019. 32p. (J). (gr. -1-3). lib. bdg. 18.99 (978-1-58089-796-9(7)) Charlesbridge Publishing, Inc.

Pinball to Gaming Systems. Jennifer Colby. 2019. (21st Century Junior Library: Then to Now Tech Ser.). (ENG.). 24p. (J). (gr. 2-5). pap. 12.79 (978-1-5341-5012-6(9), 213355); (Illus.). lib. bdg. 30.64 (978-1-5341-4726-3(8), 213354) Cherry Lake Publishing.

Pinballs Novel Units Student Packet. Novel Units. 2019. (ENG.). (J). pap. 13.99 (978-1-56137-827-2(5), Novel Units, Inc.) Classroom Library Co.

Pinballs Novel Units Teacher Guide. Novel Units. 2019. (ENG.). (J). pap. 12.99 (978-1-56137-082-5(7), Novel Units, Inc.) Classroom Library Co.

Pinch Hitter. Marissa Shay. 2017. (ENG., Illus.). 176p. (J). pap. 9.99 (978-0-9899604-1-0(2)) Shay, Marissa.

Pinch Me, 1 vol. Gabrielle Prendergast. 2017. (Orca Soundings Ser.). (ENG.). 144p. (YA). (gr. 8-12). pap. 9.95 (978-1-4598-1364-9(2)) Orca Bk. Pubs. USA.

Pinch of Experience (Classic Reprint) L. B. Walford. 2017. (ENG., Illus.). 214p. (J). 28.31 (978-0-332-52077-3(3)) Forgotten Bks.

Pinch of Love. Barry Timms. Illus. by Tisha Lee. 2022. (ENG.). 32p. (J). (gr. -1-2). **(978-0-7112-8019-9(3))** Frances Lincoln Childrens Bks.

Pinch of Magic. Michelle Harrison. 2021. (Pinch of Magic Ser.). (ENG.). 432p. (J). (gr. 3-7). pap. 7.99 (978-0-358-44629-3(5), 1795028, Clarion Bks.) HarperCollins Pubs.

Pinch of Phoenix. Heidi Lang & Kati Bartkowski. (Mystic Cooking Chronicles Ser.). (ENG.). (J). (gr. 3-7). 2020. 400p. pap. 8.99 (978-1-5344-3710-4(X)); 2019. (Illus.). 384p. 17.99 (978-1-5344-3709-8(6)) Simon & Schuster Children's Publishing. (Aladdin).

Pinch of Poverty: Sufferings & Heroism of the London Poor (Classic Reprint) Thomas Wright. (ENG., Illus.). (J). 2018. 366p. 31.45 (978-0-666-45352-5(7)); 2017. pap. 13.97 (978-0-259-20822-8(1)) Forgotten Bks.

Pinch of Prosperity (Classic Reprint) Horace Annesley Vachell. (ENG., Illus.). (J). 2018. 322p. 30.54 (978-0-484-90516-9(3)); 2016. pap. 13.57 (978-1-334-16006-6(6)) Forgotten Bks.

Pincin & the Blue Whales: Book Two - Helping Our Ocean Friends. Daria H. Brooks. Ed. by Clare E. Brooks. 2019. (Adventures from a Legacy of the Pacific Ser.: Vol. 2). (ENG., Illus.). 30p. (J). (gr. 4-6). pap. 13.99 (978-0-692-93065-6(5)) Roisin Dubh Pubns.

Pincus Hood (Classic Reprint) Arthur Hodges. (ENG., Illus.). (J). 2018. 462p. 33.45 (978-0-483-22505-3(3)); 2016. pap. 16.57 (978-1-334-59352-9(3)) Forgotten Bks.

Pindi's Present. Michelle Wanasundera. Illus. by Sasha Zelenkevich. 2023. (ENG.). 32p. (J). pap. **(978-1-922991-56-0(2))** Library For All Limited.

Pinduli. Janell Cannon. ed. 2018. lib. bdg. 18.40 (978-0-606-40445-7(7)) Turtleback.

Pine & Boof: The Lucky Leaf. Ross Burach. 2017. (ENG., Illus.). 40p. (J). (gr. -1-3). 17.99 (978-0-06-241850-0(5), HarperCollins) HarperCollins Pubs.

Pine & Boof: Blast Off! Ross Burach. Illus. by Ross Burach. 2018. (ENG., Illus.). 32p. (J). (gr. -1-3). 17.99 (978-0-06-241852-4(1), HarperCollins) HarperCollins Pubs.

Pine & Palm: A Novel (Classic Reprint) Moncure D. Conway. 2017. (ENG., Illus.). (J). 31.36 (978-0-266-45174-7(8)) Forgotten Bks.

Pine Burr, 1917, Vol. 5 (Classic Reprint) Mississippi Woman's College. 2018. (ENG., Illus.). 120p. (J). 26.39 (978-0-267-27716-2(4)) Forgotten Bks.

Pine Burr, 1922 (Classic Reprint) Lincolnton High School. 2017. (ENG., Illus.). (J). 82p. 25.61 (978-0-332-36558-9(1)); pap. 9.57 (978-0-259-94763-9(6)) Forgotten Bks.

Pine Burr, 1923 (Classic Reprint) Lincolnton High School. 2018. (ENG., Illus.). (J). 114p. 26.27 (978-1-396-78213-8(3)); 116p. pap. 9.57 (978-1-391-91347-6(7)) Forgotten Bks.

Pine Burr, 1926 (Classic Reprint) Evelyn Erwin. 2017. (ENG., Illus.). (J). 78p. 25.51 (978-0-260-61071-3(2)); 80p. pap. 9.57 (978-0-265-02755-4(1)) Forgotten Bks.

Pine Burr, 1927, Vol. 3 (Classic Reprint) Centenary Academy. (ENG., Illus.). (J). 2018. 74p. 25.42 (978-0-364-02426-3(7)); 2017. pap. 9.57 (978-0-259-83430-4(0)) Forgotten Bks.

Pine Burr, 1927, Vol. 6 (Classic Reprint) Lincolnton High School. 2017. (ENG., Illus.). (J). 25.71 (978-0-331-44159-8(4)); pap. 9.57 (978-0-260-43975-8(4)) Forgotten Bks.

Pine Burr, Vol. 1: Seniors of Mississippi Woman's College (Classic Reprint) Unknown Author. 2018. (ENG., Illus.). 96p. (J). 25.88 (978-0-267-29406-0(9)) Forgotten Bks.

Pine Cone, 1923 (Classic Reprint) Carolina College. 2018. (ENG., Illus.). (J). 88p. 25.71 (978-0-365-55005-1(1)); 90p. pap. 9.57 (978-0-365-54974-1(6)) Forgotten Bks.

Pine Cone Academy: Hope vs Despair. Josh Zimmer. 2019. (ENG.). 62p. (YA). (gr. 7-12). 14.00 (978-0-578-58245-0(7)) Superstar Speedsters.

Pine Cone Wreath. Kathy Mazzei. 2018. (ENG.). 30p. (J). 22.95 (978-1-64458-778-2(5)); pap. 12.95 (978-1-64299-370-7(0)) Christian Faith Publishing.

Pine Hills Bird Notes (Classic Reprint) Henry a Slack. 2018. (ENG., Illus.). 96p. (J). 25.90 (978-0-267-28603-4(1)) Forgotten Bks.

Pine Island Adventures: Morgan, Alexis, & Alaina Stories. Joan Altmaier. 2021. (ENG.). 123p. (J). pap. (978-1-6671-3985-2(1)) Lulu Pr., Inc.

Pine Island Home. Polly Horvath. 240p. (J). (gr. 4-7). 2023. pap. 8.99 **(978-0-8234-5455-6(X))**; 2020. 16.99 (978-0-8234-4785-5(5)) Holiday Hse., Inc. (Margaret Ferguson Books).

Pine Knot, 1943 (Classic Reprint) Betty Miller. (ENG., Illus.). (J). 2018. 90p. 25.77 (978-0-484-22210-5(4)); 2017. pap. 9.57 (978-0-259-92998-7(0)) Forgotten Bks.

Pine Knot a Story of Kentucky Life (Classic Reprint) William E. Barton. 2017. (ENG., Illus.). (J). 32.02 (978-0-266-42519-9(4)) Forgotten Bks.

Pine Lake: A Story of Northern Ontario (Classic Reprint) Millie Magwood. 2017. (ENG., Illus.). (J). 28.06 (978-0-266-52098-6(7)); pap. 10.57 (978-0-243-52594-2(X)) Forgotten Bks.

Pine Needles (Classic Reprint) Susan Warner. 2017. (ENG., Illus.). (J). 31.57 (978-1-5280-7916-7(7)) Forgotten Bks.

Pine Pig. Shalini Vallepur. Illus. by Abigail Hookham. 2023. (Level 10 - White Set Ser.). (ENG.). 40p. (J). (gr. 2-4). lib. bdg. 19.95 Bearport Publishing Co., Inc.

Pine Ridge Mysteries- Short Stories Book One. Don Narus. 2022. (ENG.). 124p. (YA). pap. 16.95 **(978-1-387-96352-2(X))** Lulu Pr., Inc.

Pine Ridge Plantation: Or the Trials & Successes of a Young Cotton Planter (Classic Reprint) William Drysdale. 2018. (ENG., Illus.). 348p. (J). 31.07 (978-0-483-60849-8(1)) Forgotten Bks.

Pine to Swine. Joyce Markovics. 2019. (Read & Rhyme Level 1 Ser.). (ENG., Illus.). 16p. (J). (gr. -1-1). 24.21 (978-1-64280-545-1(9)) Bearport Publishing Co., Inc.

Pine Tree: Book 49. William Ricketts. Illus. by Dean Maynard. 2023. (Tas & Friends Ser.). (ENG.). 20p. (J). (gr. -1-k). pap. 7.99 **(978-1-76127-049-9(4)**, c362bd14-bd83-4553-8b64-8c3dad08e91a) Knowledge Bks. & Software AUS. Dist: Lerner Publishing Group.

Pine Tree Ballads: Rhymed Stories of Unplaned Human Natur' up in Maine (Classic Reprint) Holman Francis Day. (ENG., Illus.). (J). 2018. 284p. 29.75 (978-0-267-39733-4(X)); 2016. pap. 13.57 (978-1-334-12858-5(8)) Forgotten Bks.

Pine Valley (Classic Reprint) Lewis B. France. 2018. (ENG., Illus.). 158p. (J). 27.16 (978-0-267-51911-8(7)) Forgotten Bks.

Pineapple Cavities. Nitya Ramanan. 2018. (ENG., Illus.). 16p. (J). (978-0-359-28077-3(3)) Lulu Pr., Inc.

Pineapple Princess. Sabina Hahn. Illus. by Sabina Hahn. 2022. (ENG., Illus.). 40p. (J). 18.99 (978-1-250-79836-7(1), 900240270) Roaring Brook Pr.

Pineapples. Emma Bassier. 2021. (How Foods Grow Ser.). (ENG.). 24p. (J). (gr. k-3). lib. bdg. 31.36 (978-1-5321-6982-3(5), 38041, Pop! Cody Koala) Pop!.

Pineapples & Praise. 2021. (ENG.). 34p. (J). pap. 19.99 (978-1-7343431-4-4(1)) Free Bird Pr.

Pinebox Collins. Rod Miller. 2021. (ENG.). 328p. (J). pap. 16.95 (978-1-64540-543-6(5)) Speaking Volumes, LLC.

Pines of Lory (Classic Reprint) John Ames Mitchell. 2017. (ENG., Illus.). (J). 28.64 (978-1-5282-8780-7(0)) Forgotten Bks.

Piney Home (Classic Reprint) George Selwyn Kimball. (ENG., Illus.). (J). 2018. 372p. 31.59 (978-0-332-18622-1(9)); 2017. pap. 13.97 (978-0-282-54031-9(8)) Forgotten Bks.

Piney Ridge Cottage: The Love Story of a Mormon Country Girl (Classic Reprint) Nephi Anderson. (ENG., Illus.). (J). 2018. 240p. 28.87 (978-0-365-16166-0(7)); 2017. pap. 11.57 (978-0-259-38348-2(1)) Forgotten Bks.

Piney the Lonesome Pine: A Holiday Classic. Jane West Bakerink. 2022. (ENG., Illus.). 32p. (J). (gr. -1-3). 18.99 (978-0-7624-8180-4(3), Running Pr. Kids) Running Pr.

Piney Woods Tavern, or Sam Slick in Texas (Classic Reprint) Philip Paxton. (ENG., Illus.). (J). 2018. 314p. 30.39 (978-0-267-37418-2(6)); 2016. pap. 13.57 (978-1-334-15838-4(X)) Forgotten Bks.

Ping. Ani Castillo. 2019. (ENG., Illus.). 48p. (J). (gr. -1-3). 17.99 (978-0-316-42464-6(1)) Little, Brown Bks. for Young Readers.

Ping-Kua: A Girl of Cathay (Classic Reprint) Rachel R. Benn. 2018. (ENG., Illus.). 68p. (J). 25.30 (978-0-483-47486-4(X)) Forgotten Bks.

Ping Meets Pang: A Story of Otherness, Differences, & Friendship. Mary Jane Begin. 2021. (ENG.). 36p. (J). pap. 11.49 (978-1-954332-08-9(4)) Wyatt-MacKenzie Publishing.

Ping of the Seas. Ken Robbins. 2019. (ENG.). 238p. (YA). (gr. 7-12). pap. 12.95 (978-0-578-51071-2(5)) New Beckoning.

Ping-Pong: (Registered Trademark U. S. No. 36,854). the Game & How to Play It. Arnold Parker. 2017. (ENG., Illus.). (J). pap. (978-0-649-53594-1(4)) Trieste Publishing Pty Ltd.

Ping Wants to Play. Adam Gudeon. ed. 2018. (I Like to Read Ser.). (ENG.). 24p. (J). (gr. -1-1). 10.00 (978-1-64310-667-0(8)) Penworthy Co., LLC, The.

Pingleton; or Queer People I Have Met, Vol. 1: From the Notes of a New York City Cicerone (Classic Reprint) Talbot Burke. 2018. (ENG., Illus.). 174p. (J). 27.51 (978-0-483-53989-1(9)) Forgotten Bks.

Pingouins. Amy Culliford. Tr. by Annie Evearts. 2021. (Mes Amis les Animaux du Zoo (Zoo Animal Friends) Ser.). (FRE., Illus.). 16p. (J). (gr. -1-1). pap. (978-1-0396-0762-0(4), 13294) Crabtree Publishing Co.

Pingree Farms. Julie Knutson. 2020. (21st Century Skills Library: Changing Spaces Ser.). (ENG., Illus.). 32p. (J). (gr. 4-7). lib. bdg. 32.07 (978-1-5341-6905-0(9), 215507) Cherry Lake Publishing.

Pings. Yu Ri Lee. 2018. (KOR.). (J). (978-89-491-2438-4(6)) Biryongso Publishing Co.

Pinguin the Penguin. James Lusa. 2021. (ENG.). 26p. (J). 29.95 (978-1-312-38460-6(3)) Lulu Pr., Inc.

Pingüino Azul (Little Penguin) Julie Murray. 2020. (Animales Miniatura (Mini Animals) Ser.). (SPA.). 24p. (J). (gr. -1-2). lib. bdg. 31.36 (978-1-0982-0421-1(2), 35332, Abdo Kids) ABDO Publishing Co.

Pingüino Emperador: Leveled Reader Book 9 Level I 6 Pack. Hmh Hmh. 2021. (SPA.). 16p. (J). pap. 74.40 (978-0-358-08314-6(1)) Houghton Mifflin Harcourt Publishing Co.

Pingüino Enamorado. Salina Yoon. 2017. (SPA.). 36p. (J). (gr. k). 20.99 (978-84-8470-545-1(5)) Corimbo, Editorial S.L. ESP. Dist: Lectorum Pubns., Inc.

Pingüinos. Julie Murray. 2017. (¡Me Gustan Los Animales! (I Like Animals! Set 2) Ser.).Tr. of Penguins. (SPA.). 24p. (J). (gr. -1-2). lib. bdg. 31.36 (978-1-5321-0183-0(X), 25192, Abdo Kids) ABDO Publishing Co.

Pingüinos: un Libro de Comparaciones y Contrastes: Penguins: a Compare & Contrast Book in Spanish, 1 vol. Cher Vatalaro. Tr. by Alejandra de la Torre from ENG. 2021. (SPA., Illus.). 32p. (J). (978-1-64351-828-2(3)) Arbordale Publishing.

Pining. Devon McCormack. 2016. (ENG., Illus.). (YA). (gr. 10-12). 15.99 (978-1-68418-638-9(2)); pap. 10.99 (978-1-68418-640-2(4)) Primedia eLaunch LLC.

Pink. Amanda Doering. Illus. by Marco Bonatti. 2018. (Sing Your Colors! Ser.). (ENG.). 24p. (J). (gr. -1-2). 33.99 (978-1-68410-315-7(0), 140700) Cantata Learning.

Pink!, 1 vol. Lynne Rickards. Illus. by Margaret Chamberlain. 2020. (ENG.). 32p. (J). (gr. 1-2). pap. 11.00 (978-1-4994-8652-0(9), 71d86ff4-83f3-4f5f-a1fd-e061c4197cb9); lib. bdg. 28.93 (978-1-4994-8653-7(7), 18b6b6c0-fc38-4a24-a23e-913533f9929e) Rosen Publishing Group, Inc., The. (Windmill Bks.).

Pink. Xist Publishing. 2019. (Discover Colors Ser.). (ENG.). 8p. (J). (gr. -1-2). pap. 5.99 (978-1-5324-0964-6(8)) Xist Publishing.

Pink: A Colorful Journey Through Color Theory. Mike Mooney. Illus. by Mike Mooney. 2019. (ENG.). 38p. (J). pap. 9.99 **(978-1-7339724-0-6(4))** MoonArtDesign.

Pink: A Women's March Story. Virginia Zimmerman. Illus. by Mary Newell DePalma. 2022. (ENG.). 40p. (J). (gr. -1-3). 17.99 (978-0-7624-7389-2(4), Running Pr. Kids) Running Pr.

Pink & Blue. Ritu Vaishnav. 2018. (ENG.). 32p. (J). (gr. -1-k). pap. 9.99 (978-0-14-344255-4(4), Puffin) Penguin Bks. India PVT, Ltd IND. Dist: Independent Pubs. Group.

Pink & Ponk Together Forever. Piamontesa. 2020. (ENG.). 28p. (J). 15.99 (978-1-0878-9241-2(4)) Indy Pub.

Pink & Powerfuls Sticker Activity Book. Elanor Best. Illus. by Lara Ede. 2021. (ENG.). 86p. (J). pap. 9.99 (978-1-80058-437-2(7)) Make Believe Ideas GBR. Dist: Scholastic, Inc.

Pink & White Tyranny. Harriet Stowe. 2017. (ENG.). 358p. (J). pap. (978-3-337-02866-4(7)) Creation Pubs.

Pink & White Tyranny: A Society Novel (Classic Reprint) Harriet Stowe. 2019. (ENG., Illus.). 338p. (J). 30.89 (978-0-365-30886-7(2)) Forgotten Bks.

Pink Baby Alligator. Judith A. Barrett. Illus. by Emily D. Stewart. 2016. (ENG.). (J). pap. 9.99 (978-0-9967207-5-5(8)) Marcinson Pr.

Pink Baby Bare. Marilyn Morrin. 2020. (ENG.). 24p. (J). pap. 14.95 (978-1-64462-765-5(5)) Page Publishing Inc.

Pink Balloon. Nancy Shea. Illus. by Elizabeth Halka. 2021. (ENG.). 36p. (J). pap. (978-1-5255-8790-0(0)) FriesenPress.

Pink Bear. Catherine Swartz. Illus. by Alexandria Swartz. 2023. (ENG.). 46p. (J). pap. *(978-1-83875-501-0(2),* Nightingale Books) Pegasus Elliot Mackenzie Pubs.

Pink Biscuit Zoo. Derek E. Pearson. 2017. (ENG., Illus.). 30p. (J). pap. *(978-1-912031-35-1(3))* Boughton, George Publishing.

Pink Clouds. Bréanna A. G. Smith. 2020. (ENG.). 82p. (YA). pap. *(978-1-716-93593-0(8))* Lulu Pr., Inc.

Pink Clouds: An Interactive Journal Designed for Teen Girls by a Teen Girl. Bréanna A. G. Smith. 2020. (ENG.). 82p. (YA). *(978-1-716-92897-0(4))* Lulu Pr., Inc.

Pink Deetees: An Original Play (Classic Reprint) Edward F. Flynn. 2018. (ENG., Illus.). 128p. (J). 26.56 *(978-0-267-51246-1(5))* Forgotten Bks.

Pink Dolphins. Claire Vanden Branden. 2019. (Unique Animal Adaptations Ser.). (ENG., Illus.). 32p. (J). (gr. 4-6). 28.65 *(978-1-5435-7162-2(X),* 140429) Capstone.

Pink Dress. Dorothy Valimont Seek. Illus. by Amy Seek. 2023. 58p. (J). (gr. -1-7). 28.00 BookBaby.

Pink Educational Bundle: Mazes & More Bundled Activity Book for Girls 4 Years Old & Up, 2 vols. Speedy Publishing Books. 2019. (ENG.). 212p. (J). pap. 19.99 *(978-1-5419-7211-7(2))* Speedy Publishing LLC.

Pink Elephant. Mona Snyder. 2022. (ENG., Illus.). 26p. (J). pap. 12.95 *(978-1-64801-627-1(8))* Newman Springs Publishing, Inc.

Pink Fairy Book. Andrew Lang. 2020. (ENG.). (J). (gr. 2-8). 218p. 19.95 *(978-1-64799-654-3(6));* 216p. pap. 11.95 *(978-1-64799-653-6(8))* Bibliotech Pr.

Pink Fairy Book. Andrew Lang. 2017. (ENG.). 380p. (J). pap. *(978-3-337-23568-0(9))* Creation Pubs.

Pink Fairy Book. Andrew Lang. (Mint Editions — The Children's Library). (ENG.). 248p. (J). (gr. 7-12). 2022. 18.99 *(978-1-5131-3255-6(5));* 2021. pap. 12.99 *(978-1-5132-8162-9(3))* West Margin Pr. (West Margin Pr.).

Pink Fairy Book: Complete & Unabridged. Andrew Lang. Illus. by Henry J. Ford. 2020. (Andrew Lang Fairy Book Ser.: 5). 360p. (J). (gr. 2-8). 19.99 *(978-1-63158-567-8(3),* Racehorse Publishing) Skyhorse Publishing Co., Inc.

Pink Fairy Book (Classic Reprint) Andrew Lang. 2017. (ENG., Illus.). (J). 31.73 *(978-0-266-20235-6(7))* Forgotten Bks.

Pink Floyd. Todd Kortemeier. 2021. (Classic Rock Bands Ser.). (ENG., Illus.). 112p. (J). (gr. 6-12). lib. bdg. 41.36 *(978-1-5321-9201-2(0),* 34949, Essential Library) ABDO Publishing Co.

Pink Floyd, 1 vol. Laura Stassi. 2018. (Bands That Rock! Ser.). (ENG.). 112p. (YA). (gr. 7-7). 38.93 *(978-1-9785-0350-2(4),* b35fb468-8b0a-465d-ac4b-fca511c94d55) Enslow Publishing, LLC.

Pink Gods & Blue Demons (Classic Reprint) Cynthia Stockley. 2017. (ENG., Illus.). (J). 27.94 *(978-1-5284-6757-5(4))* Forgotten Bks.

Pink Hair & Other Terrible Ideas. Andrea Pyros. 2019. (ENG.). 256p. (J). (gr. 4-7). lib. bdg. 15.95 *(978-1-68446-028-1(X),* 139700, Capstone Editions) Capstone.

Pink Hat. Andrew Joyner. (ENG.). 32p. (J). (gr. -1-3). 2019. pap. 7.99 *(978-0-593-11896-2(0));* 2017. (Illus.). 17.99 *(978-1-5247-7226-0(7))* Random Hse. Children's Bks. (Schwartz & Wade Bks.).

Pink Hot Air Balloon. Stephanie Bienvenue. 2022. 30p. (J). 23.00 *(978-1-6678-3152-7(6))* BookBaby.

Pink Is for Blobfish: Discovering the World's Perfectly Pink Animals. Jess Keating. (World of Weird Animals Ser.). 48p. (J). (gr. k-3). 2019. pap. 8.99 *(978-1-9848-9396-3(3),* Dragonfly Bks.); 2016. (Illus.). 16.99 *(978-0-553-51227-4(7),* Knopf Bks. for Young Readers) Random Hse. Children's Bks.

Pink Is for Boys. Robb Pearlman. Illus. by Eda Kaban. (ENG.). (J). (gr. -1 — 1). 2021. 24p. bds. 8.99 *(978-0-7624-7552-0(8));* 2018. 40p. 18.99 *(978-0-7624-6247-6(7))* Running Pr. (Running Pr. Kids).

Pink Is for Everybody. Ella Russell. Illus. by Udayana Lugo. 2022. (ENG.). 24p. (J). (gr. 2). 18.95 *(978-1-77147-465-8(3))* Owlkids Bks. Inc. CAN. Dist: Publishers Group West (PGW).

Pink Is Not a Color. Lindsay Ward. Illus. by Lindsay Ward. 2022. (ENG.). 40p. (J). (gr. -1-3). 17.99 *(978-1-5420-2686-4(5),* 9781542026864, Two Lions) Amazon Publishing.

Pink Lemonade. Onyx Keesha & Myra McDonald. 2021. (ENG.). (J). 54p. pap. 19.99 ***(978-1-0879-9851-0(4));*** 52p. pap. 19.99 ***(978-1-0880-1561-2(1))*** Indy Pub.

Pink Marsh. George Ade. 2017. (ENG.). 298p. (J). pap. *(978-3-337-40025-5(6))* Creation Pubs.

Pink Marsh: A Story of the Streets & Town (Classic Reprint) George Ade. 2018. (ENG., Illus.). 276p. (J). 29.61 *(978-0-656-88785-9(0))* Forgotten Bks.

Pink Monsters. Natashia Brewer. 2017. (ENG., Illus.). 36p. (J). pap. *(978-1-365-92568-9(4))* Lulu Pr., Inc.

Pink Moon. Om Wolf. 2023. (ENG.). 34p. (J). pap. 12.99 ***(978-1-0881-0189-6(5))*** Indy Pub.

Pink Moon Coloring Book. Om Wolf. 2023. (ENG.). 40p. (YA). pap. 99.99 ***(978-1-0881-0334-0(0))*** Indy Pub.

Pink Panther, Vol. 1. S. A. Check et al. 2016. (ENG., Illus.). 128p. (J). pap. 19.99 *(978-1-945205-04-0(0),* e3c10f44-15f5-4ebc-a029-ebb05e4cc8f8) American Mythology Productions.

Pink Pig: A Lesson in Stewardship. Rose-Mae Carvin & Bible Visuals International. 2020. (Family Format 5460-Ff Ser.: Vol. 5460). (ENG.). 32p. (J). pap. 17.00 *(978-1-933206-09-7(8))* Bible Visuals International, Inc.

Pink Pig: A Story of Stewardship. Rose-Mae Carvin & Bible Visuals International. 2020. (Flash Card Format 5460-Acs Ser.: Vol. 5460). (ENG.). 30p. (J). pap. 19.95 *(978-1-64104-098-3(X))* Bible Visuals International, Inc.

Pink Punk Mum. Kala Heinemann. Illus. by Babie Alexandra Pulga. 2022. (ENG.). 36p. (J). pap. *(978-1-922751-76-8(6))* Shawline Publishing Group.

Pink Purse. Julie Pehar. Illus. by Veronika Milne. 2016. (ENG.). (J). pap. *(978-1-4602-9887-9(X))* FriesenPress.

Pink River Dolphin. Jenna Grodzicki. 2022. (Library of Awesome Animals Set Three Ser.). (ENG.). (J). (gr. 2-5). lib. bdg. 26.99 Bearport Publishing Co., Inc.

Pink Roses (Classic Reprint) Gilbert Cannan. 2018. (ENG., Illus.). 336p. (J). 30.85 *(978-0-484-17767-2(2))* Forgotten Bks.

Pink Skeleton. Madame Mackey. Illus. by Kimberly Vandenberg. 2018. (ENG.). 20p. (J). (gr. k-3). pap. 10.00 *(978-1-948365-88-8(X))* Orange Hat Publishing.

Pink Slippers, or Cure of Vanity (Classic Reprint) American Sunday Union. 2018. (ENG., Illus.). (J). 24.68 *(978-0-331-98945-8(X))* Forgotten Bks.

Pink Spaceship. Marcus Fook. 2022. (Incredible Adventures of Snowy the Fly & Big Bob the Polar Bear Ser.: Vol. 1). (ENG.). 34p. (J). pap. *(978-0-620-99786-7(9))* National Library of South Africa, Pretoria Division.

Pink Sprinkle & the Donut Elves. Sharon Weagle. 2020. (ENG.). 30p. (J). 24.95 *(978-1-64701-035-5(7))* Page Publishing Inc.

Pink the Painter. Ingo Blum. Illus. by Bujdei Dragos. 2019. (Pink the Hedgehog Ser.: Vol. 1). (ENG.). 80p. (J). (gr. 1-3). *(978-3-947410-86-6(7))* Blum, Ingo Planet-Oh Concepts.

Pink Twinkles, Star Nights. Raynette McGiness. 2018. (ENG., Illus.). 24p. (J). 21.95 *(978-1-64114-441-4(6))* Christian Faith Publishing.

Pink un & a Pelican: Some Random Reminiscences, Sporting or Otherwise, of Arthur M. Binstead (Pitcher) & Ernest Wells (Swears) (Classic Reprint) Arthur M. Binstead. 2017. (ENG., Illus.). (J). 30.17 *(978-0-265-88692-2(9))* Forgotten Bks.

Pink y Ponk Juntos para Siempre. Piamontesa. 2020. (SPA.). 28p. (J). 15.99 *(978-1-0878-9240-5(6))* Indy Pub.

Pinkaboos: Belladonna & the Nightmare Academy. Jake Gosselin & Laura Gosselin. 2016. (Pinkaboos Ser.: 2). (ENG., Illus.). 96p. (J). pap. 7.99 *(978-1-4494-7832-2(8))* Andrews McMeel Publishing.

Pinkaboos: Bitterly & the Giant Problem. Jake Gosselin & Laura Gosselin. 2016. (Pinkaboos Ser.: 1). (ENG., Illus.). 96p. (J). pap. 7.99 *(978-1-4494-7831-5(X))* Andrews McMeel Publishing.

Pinkalicious 123: A Counting Book. Victoria Kann. Illus. by Victoria Kann. 2016. (Pinkalicious Ser.). (ENG., Illus.). 32p. (J). (gr. -1 — 1). bds. 7.99 *(978-0-06-243757-0(7),* HarperFestival) HarperCollins Pubs.

Pinkalicious: 5-Minute Pinkalicious Stories: Includes 12 Pinkatastic Stories! Victoria Kann. Illus. by Victoria Kann. 2017. (Pinkalicious Ser.). (ENG., Illus.). 192p. (J). (gr. -1-3). 12.99 *(978-0-06-256697-3(0),* HarperCollins) HarperCollins Pubs.

Pinkalicious ABC: An Alphabet Book. Victoria Kann. Illus. by Victoria Kann. 2016. (Pinkalicious Ser.). (ENG., Illus.). 32p. (J). (gr. -1 — 1). bds. 7.99 *(978-0-06-243755-6(0),* HarperFestival) HarperCollins Pubs.

Pinkalicious & Aqua, the Mini-Mermaid. Victoria Kann. Illus. by Victoria Kann. 2016. (Pinkalicious Ser.). (ENG., Illus.). 24p. (J). (gr. -1-3). pap. 5.99 *(978-0-06-241075-7(X),* HarperFestival) HarperCollins Pubs.

Pinkalicious & Aqua, the Mini-Mermaid. Victoria Kann. ed. 2016. (Pinkalicious Ser.). (J). lib. bdg. 14.75 *(978-0-606-38773-6(0))* Turtleback.

Pinkalicious & Planet Pink. Victoria Kann. Illus. by Victoria Kann. 2016. (I Can Read Level 1 Ser.). (ENG., Illus.). 32p. (J). (gr. -1-3). pap. 4.99 *(978-0-06-241068-9(7),* HarperCollins) HarperCollins Pubs.

Pinkalicious & the Amazing Sled Run. Victoria Kann. Illus. by Victoria Kann. 2018. (I Can Read Level 1 Ser.). (ENG., Illus.). 32p. (J). (gr. -1-3). 16.99 *(978-0-06-267565-1(6),* HarperCollins) HarperCollins Pubs.

Pinkalicious & the Amazing Sled Run. Victoria Kann. ed. 2019. (I Can Read Ser.). (ENG.). 32p. (J). (gr. k-1). 14.59 *(978-1-64310-909-1(X))* Penworthy Co., LLC, The.

Pinkalicious & the Amazing Sled Run: A Winter & Holiday Book for Kids. Victoria Kann. Illus. by Victoria Kann. 2018. (I Can Read Level 1 Ser.). (ENG., Illus.). 32p. (J). (gr. -1-3). pap. 4.99 *(978-0-06-256696-6(2),* HarperCollins) HarperCollins Pubs.

Pinkalicious & the Babysitter. Victoria Kann. Illus. by Victoria Kann. 2017. (I Can Read Level 1 Ser.). (ENG., Illus.). 32p. (J). (gr. -1-3). 16.99 *(978-0-06-256689-8(X));* pap. 4.99 *(978-0-06-256688-1(1))* HarperCollins Pubs. (HarperCollins).

Pinkalicious & the Flower Fairy. Victoria Kann. Illus. by Victoria Kann. 2018. (I Can Read Level 1 Ser.). (ENG., Illus.). 32p. (J). (gr. -1-3). 16.99 *(978-0-06-267567-5(2));* pap. 4.99 *(978-0-06-256701-7(2))* HarperCollins Pubs. (HarperCollins).

Pinkalicious & the Flower Fairy. Victoria Kann. ed. 2019. (I Can Read Ser.). (ENG., Illus.). 29p. (J). (gr. k-1). 14.59 *(978-1-64310-910-7(3))* Penworthy Co., LLC, The.

Pinkalicious & the Holiday Sweater: A Christmas Holiday Book for Kids. Victoria Kann. Illus. by Victoria Kann. 2022. (I Can Read Level 1 Ser.). (ENG., Illus.). 32p. (J). (gr. -1-3). 16.99 *(978-0-06-300388-0(0));* pap. 5.99 *(978-0-06-300387-3(2))* HarperCollins Pubs. (HarperCollins).

Pinkalicious & the Little Butterfly. Victoria Kann. Illus. by Victoria Kann. 2016. (Pinkalicious Ser.). (ENG., Illus.). 24p. (J). (gr. -1-3). pap. 4.99 *(978-0-06-241071-9(7),* HarperFestival) HarperCollins Pubs.

Pinkalicious & the Merminnies. Victoria Kann. Illus. by Victoria Kann. 2020. (I Can Read Level 1 Ser.). (ENG., Illus.). 32p. (J). (gr. -1-3). 16.99 *(978-0-06-284045-5(2));* pap. 5.99 *(978-0-06-284044-8(4))* HarperCollins Pubs. (HarperCollins).

Pinkalicious & the Merminnies. Victoria Kann. ed. 2020. (I Can Read Ser.). (ENG., Illus.). 30p. (J). (gr. k-1). 14.96 *(978-1-64697-218-0(X))* Penworthy Co., LLC, The.

Pinkalicious & the Pinkadorable Pony. Victoria Kann. Illus. by Victoria Kann. 2020. (I Can Read Level 1 Ser.). (ENG., Illus.). 32p. (J). (gr. -1-3). 16.99 *(978-0-06-284048-6(7));* pap. 4.99 *(978-0-06-284047-9(9))* HarperCollins Pubs. (HarperCollins).

Pinkalicious & the Pinkadorable Pony. Victoria Kann. ed. 2020. (I Can Read Ser.). (ENG., Illus.). 32p. (J). (gr. k-1). 14.96 *(978-1-64697-392-7(5))* Penworthy Co., LLC, The.

Pinkalicious & the Pinkamazing Little Library. Victoria Kann. Illus. by Victoria Kann. 2023. (I Can Read Level 1 Ser.). (ENG., Illus.). 32p. (J). (gr. -1-3). 17.99 *(978-0-06-325732-0(7));* pap. 5.99 *(978-0-06-325731-3(9))* HarperCollins Pubs. (HarperCollins).

Pinkalicious & the Pinkettes. Victoria Kann. Illus. by Victoria Kann. 2020. (I Can Read Level 1 Ser.). (ENG., Illus.). 32p. (J). (gr. -1-3). 16.99 *(978-0-06-284051-6(7));* pap. 4.99 *(978-0-06-284050-9(9))* HarperCollins Pubs. (HarperCollins).

Pinkalicious & the Pinkettes. Victoria Kann. ed. 2021. (I Can Read Ser.). (ENG., Illus.). 31p. (J). (gr. k-1). 14.96 *(978-1-64697-543-3(X))* Penworthy Co., LLC, The.

Pinkalicious & the Pirates. Victoria Kann. Illus. by Victoria Kann. 2018. (I Can Read Level 1 Ser.). (ENG., Illus.). 32p. (J). (gr. -1-3). 16.99 *(978-0-06-256699-7(7));* pap. 4.99 *(978-0-06-256698-0(9))* HarperCollins Pubs. (HarperCollins).

Pinkalicious & the Robo-Pup. Victoria Kann. Illus. by Victoria Kann. 2021. (I Can Read Level 1 Ser.). (ENG., Illus.). 32p. (J). (gr. -1-3). 17.99 *(978-0-06-300376-7(7));* pap. 4.99 *(978-0-06-300375-0(9))* HarperCollins Pubs. (HarperCollins).

Pinkalicious: Apples, Apples, Apples! Victoria Kann. Illus. by Victoria Kann. 2016. (Pinkalicious Ser.). (ENG., Illus.). 24p. (J). (gr. -1-3). pap. 5.99 *(978-0-06-241079-5(2),* HarperFestival) HarperCollins Pubs.

Pinkalicious at the Fair. Illus. by Victoria Kann. 2018. 32p. (J). *(978-1-5182-5372-0(5))* Harper & Row Ltd.

Pinkalicious at the Fair. Victoria Kann. Illus. by Victoria Kann. 2018. (I Can Read Level 1 Ser.). (ENG., Illus.). 32p. (J). (gr. -1-3). 16.99 *(978-0-06-256694-2(6));* pap. 5.99 *(978-0-06-256691-1(1))* HarperCollins Pubs. (HarperCollins).

Pinkalicious at the Fair. Victoria Kann. ed. 2018. (I Can Read Ser.). (ENG.). 32p. (J). (gr. -1-k). 13.89 *(978-1-64310-216-0(8))* Penworthy Co., LLC, The.

Pinkalicious: Dragon to the Rescue. Victoria Kann. Illus. by Victoria Kann. 2019. (I Can Read Level 1 Ser.). (ENG., Illus.). 32p. (J). (gr. -1-3). 16.99 *(978-0-06-284042-4(8));* pap. 4.99 *(978-0-06-284041-7(X))* HarperCollins Pubs. (HarperCollins).

Pinkalicious: Fashion Fun. Victoria Kann. Illus. by Victoria Kann. 2016. (I Can Read Level 1 Ser.). (ENG., Illus.). 32p. (J). (gr. -1-3). pap. 4.99 *(978-0-06-241076-4(8),* HarperCollins) HarperCollins Pubs.

Pinkalicious: Fishtastic! Victoria Kann. Illus. by Victoria Kann. 2019. (I Can Read Level 1 Ser.). (ENG., Illus.). 32p. (J). (gr. -1-3). 16.99 *(978-0-06-284039-4(8));* pap. 4.99 *(978-0-06-284038-7(X))* HarperCollins Pubs. (HarperCollins).

Pinkalicious: Happy Birthday! Victoria Kann. Illus. by Victoria Kann. 2021. (I Can Read Level 1 Ser.). (ENG., Illus.). 32p. (J). (gr. -1-3). 16.99 *(978-0-06-284054-7(1));* pap. 4.99 *(978-0-06-284053-0(3))* HarperCollins Pubs. (HarperCollins).

Pinkalicious Happy Birthday! Victoria Kann. ed. 2021. (I Can Read Ser.). (ENG., Illus.). 31p. (J). (gr. k-1). 14.96 *(978-1-64697-680-5(0))* Penworthy Co., LLC, The.

Pinkalicious: Kindergarten Fun. Victoria Kann. Illus. by Victoria Kann. 2022. (I Can Read Level 1 Ser.). (ENG., Illus.). 32p. (J). (gr. -1-3). 16.99 *(978-0-06-300385-9(6));* pap. 4.99 *(978-0-06-300384-2(8))* HarperCollins Pubs. (HarperCollins).

Pinkalicious: Merry Pinkmas: A Christmas Holiday Book for Kids. Victoria Kann. Illus. by Victoria Kann. 2021. (Pinkalicious Ser.). (ENG., Illus.). 24p. (J). (gr. -1-3). 12.99 *(978-0-06-306937-4(7),* HarperCollins) HarperCollins Pubs.

Pinkalicious: Message in a Bottle. Victoria Kann. Illus. by Victoria Kann. 2022. (I Can Read Level 2 Ser.). (ENG., Illus.). 32p. (J). (gr. -1-3). 16.99 *(978-0-06-300382-8(1));* pap. 5.99 *(978-0-06-300381-1(3))* HarperCollins Pubs. (HarperCollins).

Pinkalicious: Pink or Treat! Includes Cards, a Fold-Out Poster, & Stickers! Victoria Kann. Illus. by Victoria Kann. 2021. (Pinkalicious Ser.). (ENG., Illus.). 24p. (J). (gr. -1-3). 12.99 *(978-0-06-302943-9(X),* HarperCollins) HarperCollins Pubs.

Pinkalicious: Pinkamazing Storybook Favorites: Includes 6 Stories Plus Stickers! Victoria Kann. Illus. by Victoria Kann. 2019. (Pinkalicious Ser.). (ENG., Illus.). 192p. (J). (gr. -1-3). 13.99 *(978-0-06-289860-9(4),* HarperCollins) HarperCollins Pubs.

Pinkalicious: Schooltastic Storybook Favorites. Victoria Kann. Illus. by Victoria Kann. 2020. (Pinkalicious Ser.). (ENG., Illus.). 192p. (J). (gr. -1-3). 13.99 *(978-0-06-300390-3(2),* HarperCollins) HarperCollins Pubs.

Pinkalicious: Story Time. Victoria Kann. Illus. by Victoria Kann. 2016. (I Can Read Level 1 Ser.). (ENG., Illus.). 32p. (J). (gr. -1-3). pap. 4.99 *(978-0-06-241072-6(5),* HarperCollins) HarperCollins Pubs.

Pinkalicious: Treasuretastic. Victoria Kann. Illus. by Victoria Kann. 2021. (I Can Read Level 1 Ser.). (ENG., Illus.). 32p. (J). (gr. -1-3). 16.99 *(978-0-06-300379-8(1));* pap. 4.99 *(978-0-06-300378-1(3))* HarperCollins Pubs. (HarperCollins).

Pinkasaurus Rex. Ursula Willcott. Illus. by Ursula Willcott. 2023. (ENG.). 40p. (J). ***(978-0-2288-9284-7(8));*** pap. ***(978-0-2288-9283-0(X))*** Tellwell Talent.

Pinkboat Adventure - Part 2: Kathlean's Bad Day. Kathleen Ivan. 2016. (ENG.). 48p. (J). pap. *(978-1-329-96134-0(X))* Lulu Pr., Inc.

Pinkerton, Behave! Steven Kellog. ed. 2021. (ENG., Illus.). 32p. (J). (gr. k-1). 20.96 *(978-1-64697-735-2(1))* Penworthy Co., LLC, The.

Pinkerton, Behave! Revised & Reillustrated Edition. Steven Kellogg. Illus. by Steven Kellogg. 2019. (ENG., Illus.). 32p. (J). (gr. -1-3). pap. 8.99 *(978-0-451-48152-8(6),* Puffin Books) Penguin Young Readers Group.

Pinkey Perkins, Just a Boy (Classic Reprint) Harold Hammond. (ENG., Illus.). (J). 2018. 342p. 30.97 *(978-0-483-58319-1(7));* 2017. pap. 13.57 *(978-0-243-22817-1(1))* Forgotten Bks.

Pinkfong: Everybody Dances! Pinkfong. 2023. (My First I Can Read Ser.). (ENG.). 32p. (J). (gr. -1-3). pap. 5.99 *(978-0-06-327245-3(8),* HarperCollins) HarperCollins Pubs.

Pinkfong: Meet Pinkfong & Friends. Pinkfong. 2022. (My First I Can Read Ser.). (ENG.). 32p. (J). (gr. -1-3). pap. 5.99 *(978-0-06-327243-9(1),* HarperCollins) HarperCollins Pubs.

Pinkfong: Wheels on the Bus. Pinkfong. 2023. (Pinkfong Ser.). (ENG.). 24p. (J). (gr. -1-3). pap. 5.99 *(978-0-06-327247-7(4),* HarperCollins) HarperCollins Pubs.

Pinkie Pie & Applejack, 1 vol. Alex De Campi. Illus. by Carla Speed McNeil et al. 2016. (My Little Pony: Friends Forever Ser.). (ENG.). 24p. (J). (gr. 1-8). 31.36 *(978-1-61479-508-7(8),* 21414, Graphic Novels) Spotlight.

Pinkie Pie & Princess Luna, 1 vol. Jeremy Whitley. Illus. by Tony Fleecs et al. 2016. (My Little Pony: Friends Forever Ser.). (ENG.). 24p. (J). (gr. 1-8). 31.36 *(978-1-61479-509-4(6),* 21415, Graphic Novels) Spotlight.

Pinkie Pie & Twilight Sparkle. Barbara Randall Kesel. Illus. by Brenda Hickey et al. 2018. (My Little Pony: Friends Forever Ser.). (ENG.). 24p. (J). (gr. 1-8). lib. bdg. 31.36 *(978-1-5321-4238-3(2),* 28566, Graphic Novels) Spotlight.

Pinkie Pie Big Baking Bonanza! Tallulah May. Illus. by Zoe Persico. 2018. (J). *(978-1-5444-0210-9(4),* Golden Bks.) Random Hse. Children's Bks.

Pinkie Pie Keeps a Secret. Magnolia Belle & Gillian M. Berrow. 2017. (My Little Pony Leveled Readers Ser.). (ENG., Illus.). 32p. (J). (gr. -1-3). lib. bdg. 31.36 *(978-1-5321-4095-2(9),* 26968) Spotlight.

Pinkie Pie Keeps a Secret. G. M. Berrow. 2016. (Illus.). 32p. (J). *(978-1-5182-1664-0(1))* Little Brown & Co.

Pinkie Pie Keeps a Secret. Magnolia Belle. ed. 2016. (Passport to Reading Level 1 Ser.). (Illus.). 32p. (J). lib. bdg. 14.75 *(978-0-606-38323-3(9))* Turtleback.

Pinkled Frinft: Don't Wrinkle Your Nose When You Pronounce It a Strange Story of Mystery & Wrath (Classic Reprint) X. Q. Zuss. 2018. (ENG., Illus.). (J). 88p. 25.71 *(978-1-396-68813-3(7));* 90p. pap. 9.57 *(978-1-391-59517-7(3))* Forgotten Bks.

Pink's Ink. Nancy Cheung. 2018. (ENG., Illus.). 34p. (J). *(978-0-2288-0380-5(2));* pap. *(978-0-2288-0558-8(9))* Tellwell Talent.

Pink's Journey. Carolyn Myer. 2022. (ENG.). 24p. (J). 14.95 ***(978-1-7341800-9-1(9))*** Lane, Veronica Bks.

Pinky. James Steward. 2021. (ENG., Illus.). 30p. (J). pap. 12.95 *(978-1-63874-769-7(5))* Christian Faith Publishing.

Pinky: And the Magical Secret He Kept Inside. Kasey J. Claytor. 2019. (ENG.). 42p. (J). pap. *(978-0-578-49204-9(0),* Osprey Publishing) Bloomsbury Publishing Plc.

Pinky Bloom & the Case of the Missing Kiddush Cup. Judy Press. Illus. by Erica-Jane Waters. 2018. (Pinky Bloom Ser.). (ENG.). 80p. (J). (gr. 3-6). 16.99 *(978-1-5415-4234-1(7),* e75b2685-3c99-4d23-b52d-826eb3128045, Kar-Ben Publishing) Lerner Publishing Group.

Pinky Bloom & the Case of the Silent Shofar. Judy Press. Illus. by Erica-Jane Waters. 2022. (Pinky Bloom Ser.). (ENG.). 88p. (J). (gr. 3-6). pap. 8.99 *(978-1-7284-3900-6(0),* 360448f9-c148-44c2-bc69-76f67ec96b28, Kar-Ben Publishing) Lerner Publishing Group.

Pinky Breaks the Rules: Little Stories, Big Lessons. Jacqui Shepherd. 2018. (Animal Adventures Ser.). (ENG., Illus.). 32p. (J). (gr. k-6). pap. *(978-1-77008-956-3(X))* Awareness Publishing.

Pinky Doodle Dance. Elizabeth Hamilton-Guarino & Kris Fuller. 2021. (ENG.). 42p. (J). 18.95 *(978-1-68524-647-1(8))* Waldorf Publishing.

Pinky Got Out! Michael Portis. Illus. by Lori Richmond. 2019. (ENG.). 40p. (J). (gr. -1-2). lib. bdg. 20.99 *(978-1-101-93299-5(6),* Crown Books For Young Readers) Random Hse. Children's Bks.

PINKY PONKY Finds Magic. Nirosha Paramanathan. Illus. by Jezreel S. Cuevas. 2020. (Pinky Ponky Ser.: Vol. 1). (ENG.). 48p. (J). *(978-0-6488935-0-9(2))* Paramanathan, Nirosha.

Pinky Ponky Power. Nirosha Paramanathan. Illus. by Jezreel S. Cuevas. 2022. (Pinky Ponky Ser.: Vol. 3). (ENG.). 46p. (J). *(978-0-6488935-6-1(1))* Paramanathan, Nirosha.

PINKY PONKY Wants to Fly to the Moon. Nirosha Paramanathan. Illus. by Jezreel S. Cuevas. (Pinky Ponky Ser.: Vol. 2). (ENG.). 42p. (J). 2022. *(978-0-6488935-9-2(6));* 2021. *(978-0-6488935-2-3(9))* Paramanathan, Nirosha.

Pinky Pup & the Empty Elephant (Classic Reprint) Dixie Willson. 2017. (ENG., Illus.). (J). 25.22 *(978-0-260-46747-8(2))* Forgotten Bks.

Pinky Swear. Diane Wright Forti. Illus. by Maryana Kachmar. 2020. (ENG.). 32p. (J). (gr. k-5). 22.95 *(978-1-951565-35-0(5));* pap. 13.95 *(978-1-951565-36-7(3))* Brandylane Pubs., Inc. (Belle Isle Bks.).

Pinky Takes the Stage! Lindsay Derollo. Ed. by Melanie Lopata. 2022. (ENG.). 32p. (J). pap. 9.99 ***(978-1-0880-3421-7(7))*** Indy Pub.

Pinky the Pangolin. David Roth. Illus. by José Luis Ocaña. 2022. (Endangered Animal Tales Ser.). (ENG.). 32p. (J). (gr. k-4). lib. bdg. *(978-1-0396-6372-5(9),* 19805); pap. *(978-1-0396-6421-0(0),* 19806) Crabtree Publishing Co. (Sunshine Picture Books).

Pinky the Purrminator: Undercover Kitty. Wendy Fleming Dexter. 2020. (ENG.). 144p. (J). *(978-1-5255-4438-5(1));* pap. *(978-1-5255-4439-2(X))* FriesenPress.

Pinkys on Safari. Tony Frankel. 2019. (ENG.). 36p. (J). pap. *(978-1-5289-2644-7(7))* Austin Macauley Pubs. Ltd.

Pinny in Fall, 1 vol. Joanne Schwartz. Illus. by Isabelle Malenfant. 2018. (ENG.). 32p. (J). (gr. k-2). 16.95 *(978-1-77306-106-1(2))* Groundwood Bks. CAN. Dist: Publishers Group West (PGW).

Pinny in Summer, 1 vol. Joanne Schwartz. Illus. by Isabelle Malenfant. 2016. (ENG.). 32p. (J). (gr. -1-2). 16.95 *(978-1-55498-782-5(2))* Groundwood Bks. CAN. Dist: Publishers Group West (PGW).

Pinocchio see Pinocho

Pinocchio. Yen Binh. 2017. (VIE., Illus.). (J). pap. *(978-604-957-783-3(8))* Van hoc.

Pinocchio. Campbell Books. Illus. by Miriam Bos. 2023. (First Stories Ser.). (ENG.). 10p. (J). bds. 8.99 ***(978-1-0350-1608-2(7),*** 900292683, Campbell Bks.) Pan Macmillan GBR. Dist: Macmillan.

Pinocchio. Collective. 2017. (Green Apple Ser.). (ENG.). 312p. (J). pap. 24.95 *(978-88-530-1546-4(2),* Black Cat) Grove/Atlantic, Inc.

Pinocchio. Carlo Collodi. Illus. by Alice Carsey. 2021. (ENG.). 132p. (J). (gr. 3-7). pap. 7.99 *(978-1-4209-7487-4(4))* Digireads.com Publishing.

TITLE INDEX PIPER

Pinocchio. Carlo Collodi. 2018. (ENG., Illus.). 24p. (J). (gr. -1-k). pap. 8.99 *(978-0-7396-0264-5(0))* Inspired Studios Inc.

Pinocchio. Carlo Collodi. 2023. (ENG.). 98p. (J). (gr. 3-7). pap. **(978-1-329-14101-8(6))** Lulu Pr., Inc.

Pinocchio. Carlo Collodi. 2017. (ENG., Illus.). 288p. 12.99 *(978-1-5098-4290-2(X)*, 900183864, Collector's Library, The) Pan Macmillan GBR. Dist: Macmillan.

Pinocchio. Carlo Collodi. Illus. by Quentin Greban. 2018. (ENG.). 176p. (J). (gr. -1-2). 25.00 *(978-0-7358-4328-8(7))* North-South Bks., Inc.

Pinocchio. DK. Illus. by Giuseppe Di Lernia. 2019. (Storytime Lap Bks.). (ENG.). 30p. (J). (-k). bds. 14.99 *(978-1-4654-7849-8(3)*, DK Children) Dorling Kindersley Publishing, Inc.

Pinocchio. Donald Kasen. 2022. (Peter Pan Talking Bks.). (ENG.). 34p. (J). pap. 8.99 **(978-0-7396-1297-2(2))** Peter Pauper Pr. Inc.

Pinocchio. Merrill de Maris. Illus. by Hank Porter & Bob Grant. 2020. (Disney Classics Ser.). (ENG.). 48p. (J). (gr. 2-6). lib. bdg. 32.79 *(978-1-5321-4543-8(8)*, 35189, Graphic Novels) Spotlight.

Pinocchio. Margaret Hillert. Illus. by Dana Regan. 21st ed. 2016. (Beginning-To-Read Ser.). (ENG.). 32p. (J). (gr. k-2). pap. 13.26 *(978-1-60357-912-4(5))* Norwood Hse. Pr.

Pinocchio. Margaret Hillert & Carlo Collodi. Illus. by Carol Schwartz & Dana Regan. 21st ed. 2016. (BeginningtoRead Ser.). (ENG.). 32p. (J). (-2). lib. bdg. 22.60 *(978-1-59953-786-3(9))* Norwood Hse. Pr.

Pinocchio: The Adventures of a Marionette. C. Collodi. 2018. (ENG., Illus.). 184p. (J). pap. 17.99 *(978-0-359-07060-2(4))* Lulu Pr., Inc.

Pinocchio: The Adventures of a Marionette (Classic Reprint) Carlo Collodi. 2017. (ENG., Illus.). (J). 28.60 *(978-1-5284-8295-0(6))* Forgotten Bks.

Pinocchio: The Origin Story. Illus. by Alessandro Sanna. 2016. 48p. (J). (gr. k-9). 19.95 *(978-1-59270-191-9(4))* Enchanted Lion Bks., LLC.

Pinocchio: The Runaway Puppet. Carlo Collodi. 2018. (Classics with Ruskin Ser.: Vol. 4). (ENG., Illus.). 200p. (YA). (gr. 7-12). pap. *(978-93-87693-04-3(X))* Speaking Tiger Publishing.

Pinocchio: The Story of a Puppet (Classic Reprint) Carlo Collodi. 2017. (ENG., Illus.). (J). 29.18 *(978-0-266-84768-7(4))* Forgotten Bks.

Pinocchio: The Tale of a Puppet. Carlo Collodi. 2018. (ENG., Illus.). 178p. (YA). (gr. 7-12). pap. *(978-93-5297-194-7(9))* Alpha Editions.

Pinocchio: The Tale of a Puppet. Carlo Collodi. 2017. (ENG., Illus.). (J). 23.95 *(978-1-374-84118-5(8))*; pap. 13.95 *(978-1-374-84117-8(X))* Capital Communications, Inc.

Pinocchio: The Tale of a Puppet. Carlo Collodi. 2018. (ENG., Illus.). 166p. (J). (gr. -1-k). 24.38 *(978-1-7317-0498-6(4))*; pap. 12.30 *(978-1-7317-0499-3(2))*; 12.46 *(978-1-7317-0083-4(0))*; pap. 5.68 *(978-1-7317-0084-1(9))* Simon & Brown.

Pinocchio in Africa (Classic Reprint) E. Cherubini. 2018. (ENG., Illus.). 164p. (J). 27.28 *(978-0-267-15935-2(8))* Forgotten Bks.

Pinocchio: In His Own Words. Michael Morpurgo. Illus. by Emma Chichester Clark. 2018. (ENG.). 272p. (J). 17.99 *(978-0-00-825769-9(8)*, HarperCollins Children's Bks.) HarperCollins Pubs. Ltd. GBR. Dist: HarperCollins Pubs.

Pinocchio Rex & Other Tyrannosaurs. Melissa Stewart & Steve Brusatte. Illus. by Julius Csotonyi. 2017. (Let's-Read-And-Find-Out Science 2 Ser.). (ENG.). 40p. (J). (gr. -1-3). pap. 6.99 *(978-0-06-249091-9(5)*, HarperCollins) HarperCollins Pubs.

Pinocchio under the Sea (Classic Reprint) Carolyn M. Della Chiesa. 2018. (ENG., Illus.). 220p. (J). 28.45 *(978-0-484-65060-1(2))* Forgotten Bks.

Pinocho. Margaret Hillert. Illus. by Dana Regan. 2018. (Beginning-To-Read Ser.).Tr. of Pinocchio. (SPA.). 32p. (J). (gr. k-2). pap. 13.26 *(978-1-68404-243-2(7))* Norwood Hse. Pr.

Pinocho. Margaret Hillert. Illus. by Jack Pullan & Dana Regan. 2017. (BeginningtoRead Ser.).Tr. of Pinocchio. (ENG & SPA.). 32p. (J). (-2). 22.60 *(978-1-59953-849-5(0))*; pap. 11.94 *(978-1-68404-048-3(5))* Norwood Hse. Pr.

Pinocho. Margaret Hillert et al. Illus. by Dana Regan. 2018. (BeginningtoRead Ser.).Tr. of Pinocchio. (SPA.). 32p. (J). (gr. -1-2). lib. bdg. 22.60 *(978-1-59953-959-1(4))* Norwood Hse. Pr.

Pinocho. Illus. by Catarina Sobral. 2023. (Ya Leo A... Ser.). (SPA.). 24p. (J). (gr. k-2). bds. 12.95 **(978-84-18933-09-7(7))** Editorial Alma ESP. Dist: Independent Pubs. Group.

Pins & Needles: A Bilingual Coloring & Activity Book. Raquel Busa. 2019. (ENG.). 54p. (J). pap. 10.00 *(978-0-359-60778-5(0))* Lulu Pr., Inc.

Pinstripe Pride: The Inside Story of the New York Yankees. Marty Appel. 2016. (ENG.). 352p. (J). (gr. 3-7). pap. 15.99 *(978-1-4814-1603-0(0)*, Simon & Schuster Bks. For Young Readers) Simon & Schuster Bks. For Young Readers.

Pinstripe Pride: The Inside Story of the New York Yankees. Marty Appel. ed. 2016. lib. bdg. 24.50 *(978-0-606-38275-5(5))* Turtleback.

Pinstripes & Pennants: The Ultimate New York Yankees Fan Guide. Barry Wilner. 2019. (Season Ticket: Teams Ser.). (ENG., Illus.). 112p. (J). (gr. 3-9). pap. 9.99 *(978-1-63494-059-7(8)*, 1634940598) Pr. Room Editions LLC.

Pint Size Adventurer: The Abundant Adventure Creator Part Two. Frwd. by Tosin Ogunnusi. 2019. (Pint Size Adventurer Ser.: Vol. 1). (ENG., Illus.). 146p. (J). pap. *(978-1-913310-18-9(3))* Dreaming Big Together Pub.

Pint-Size the Perro & the Little White Lie. A. L. S. Scott. 2019. (ENG., Illus.). 48p. (J). pap. *(978-0-359-87127-8(5))* Lulu Pr., Inc.

Pinta Island Tortoise. Joyce Markovics. 2022. (Endlings: the Last Species Ser.). (ENG., Illus.). 24p. (J). (gr. 4-6). pap. 12.79 *(978-1-6689-1128-0(0)*, 221073); lib. bdg. 30.64 *(978-1-6689-0968-3(5)*, 220935) Cherry Lake Publishing.

¡Pintalo! Ethan Long. 2022. (¡Me Gusta Leer! Ser.). 32p. (J). (gr. -1-3). pap. 8.99 *(978-0-8234-5197-5(6))* Holiday Hse., Inc.

Pinterest, 1 vol. Jill C. Wheeler. 2016. (Social Media Sensations Ser.). (ENG., Illus.). 32p. (J). (gr. 3-6). 32.79 *(978-1-68078-191-5(X)*, 21931, Checkerboard Library) ABDO Publishing Co.

Pinto Ben: And Other Stories (Classic Reprint) William S. Hart. 2018. (ENG., Illus.). 112p. (J). 26.23 *(978-0-364-06204-3(5))* Forgotten Bks.

Pinto Horses. Grace Hansen. 2019. (Horses (Abdo Kids Jumbo 2) Ser.). (ENG.). 24p. (J). (gr. -1-2). lib. bdg. 32.79 *(978-1-5321-8567-0(7)*, 31472, Abdo Kids) ABDO Publishing Co.

Pinto the Chisholm Pony: 150th Chisholm Trail Edition. Stella Dutton. Illus. by Sergio Drumond. anniv. collector's ed. 2017. (ENG.). 62p. (J). (gr. -1-6). 39.99 *(978-0-9790832-9-7(X))* 405 Pubns.

Pinto, the Sneaky Little Mouse. Naome Mombeshora. 2018. (ENG., Illus.). 32p. (J). pap. 13.95 *(978-1-64140-923-0(1))* Christian Faith Publishing.

Pintura. Jenny Fretland VanVoorst. 2016. (El Estudio del Artista (Artist's Studio)).Tr. of Painting. (SPA., Illus.). 24p. (J). (gr. k-2). lib. bdg. 25.65 *(978-1-62031-325-1(1)*, Bullfrog Bks.) Jump! Inc.

Pinwheel Plot. Sharon Baldwin. Illus. by Tia Madden. 2021. (ENG.). 72p. (J). pap. *(978-0-6450781-3-8(1))* Loose Parts Pr.

Pinyon Review: Number 10, November 2016. Ed. by Gary Lee Entsminger. 2016. (ENG., Illus.). (J). pap. 15.00 *(978-1-936671-40-3(9))* Pinyon Publishing.

Pinyon Review: Number 11, May 2017. Ed. by Gary Lee Entsminger. 2017. (ENG., Illus.). (J). pap. 15.00 *(978-1-936671-43-4(3))* Pinyon Publishing.

Pinyon Review: Number 15, May 2019. Ed. by Gary Lee Entsminger & Susan Elizabeth Entsminger. 2019. (ENG., Illus.). 68p. (J). pap. 15.00 *(978-1-936671-56-4(5))* Pinyon Publishing.

Pinzon (Finch) (Finch) Javier Sobrino. Illus. by Federico Delicado. 2019. (SPA.). 28p. (J). (gr. k-3). 16.95 *(978-84-16733-51-4(1))* Cuento de Luz SL ESP. Dist: Publishers Group West (PGW).

Piojo. Elise Gravel. Illus. by Elise Gravel. 2022. (SPA., Illus.). 36p. (J). 11.99 *(978-84-18599-34-7(0))* NubeOcho Ediciones ESP. Dist: Consortium Bk. Sales & Distribution.

Piokee & Her People: A Ranch & Tepee Story (Classic Reprint) Theodora Robinson Jenness. 2018. (ENG., Illus.). 316p. (J). 30.41 *(978-0-267-19672-2(5))* Forgotten Bks.

Pioneer. Bridget Tyler. 2020. (ENG.). 384p. (YA). (gr. 8). pap. 10.99 *(978-0-06-265807-4(7)*, HarperTeen) HarperCollins Pubs.

Pioneer a Tale of Two States (Classic Reprint) Geraldine Bonner. 2017. (ENG., Illus.). (J). 32.35 *(978-0-331-30524-1(0))* Forgotten Bks.

Pioneer Boys of the Yellowstone, or Lost in the Land of Wonders (Classic Reprint) Harrison Adams. (ENG., Illus.). (J). 2018. 392p. 31.98 *(978-0-484-24008-6(0))*; 2017. pap. 16.57 *(978-0-259-48259-8(5))* Forgotten Bks.

Pioneer Farm Cooking. Jessica Gunderson & Mary Gunderson. 2016. (Exploring History Through Food Ser.). (ENG., Illus.). 32p. (J). (gr. 3-6). lib. bdg. 27.99 *(978-1-5157-2355-4(0)*, 132789, Capstone Pr.) Capstone.

Pioneer Life. Kathleen Corrigan. 2016. (Canada Through Time Ser.). (ENG., Illus.). 32p. (J). (gr. 3-5). lib. bdg. 32.65 *(978-1-4109-8118-9(5)*, 131007, Raintree) Capstone.

Pioneer Life: For Little Children (Classic Reprint) Estella Adams. (ENG., Illus.). (J). 2018. 80p. 25.57 *(978-0-364-23123-4(8))*; 2016. pap. 9.57 *(978-1-334-13672-6(6))* Forgotten Bks.

Pioneer Life in Illinois (Classic Reprint) F. M. Perryman. 2018. (ENG., Illus.). 100p. (J). 25.96 *(978-0-332-91104-5(7))* Forgotten Bks.

Pioneer Life in the Middle West As Presented in the Writings of Hamlin Garland: A Thesis (Classic Reprint) Leona Irene Maas. (ENG., Illus.). (J). 2018. 98p. 25.92 *(978-0-483-12923-8(2))*; 2017. pap. 9.57 *(978-0-282-49834-4(6))* Forgotten Bks.

Pioneer Mother (Classic Reprint) Hamlin Garl. 2017. (ENG., Illus.). (J). 24.37 *(978-0-266-21449-6(5))* Forgotten Bks.

Pioneer of a Family: Or, Adventures of a Young Governess (Classic Reprint) J. R. H. Hawthorn. (ENG., Illus.). (J). 2018. 324p. 30.58 *(978-0-267-54195-9(3))*; 2017. pap. 13.57 *(978-0-259-38244-7(2))* Forgotten Bks.

Pioneer, or California Monthly Magazine, Vol. 1: Jan. to June, 1854 (Classic Reprint) F. C. Ewer. (ENG., Illus.). (J). 2017. 25.32 *(978-0-265-36866-4(9))*; 2016. pap. 16.57 *(978-1-334-10213-4(9))* Forgotten Bks.

Pioneer, or California Monthly Magazine, Vol. 3: Jan; to June, 1855 (Classic Reprint) F. C. Ewer. (ENG., Illus.). (J). 2018. 452p. 33.22 *(978-0-332-11818-5(5))*; 2016. pap. 16.57 *(978-1-333-77020-4(0))* Forgotten Bks.

Pioneer, or California Monthly Magazine, Vol. 6: July to Dec., 1855 (Classic Reprint) F. C. Ewer. 2016. (ENG., Illus.). (J). pap. 16.57 *(978-1-334-26168-8(7))* Forgotten Bks.

Pioneer Recollections: Semi-Historic Side Lights on the Early Days of Lansing (Classic Reprint) Daniel S. Mevis. 2018. (ENG., Illus.). 164p. (J). 27.30 *(978-0-267-67006-2(0))* Forgotten Bks.

Pioneer Recollections of the Early 30's & 40's in Sandusky County, Ohio (Classic Reprint) James Mitchell Bowland. 2017. (ENG., Illus.). (J). 25.61 *(978-0-331-65535-3(7))*; pap. 9.57 *(978-0-282-60658-9(0))* Forgotten Bks.

Pioneer Sisters. Laura Ingalls Wilder. 2017. (Little House Chapter Book Ser.: 2). (ENG., Illus.). 112p. (J). (gr. 1-5). pap. 6.99 *(978-0-06-237710-4(8)*, HarperCollins) HarperCollins Pubs.

Pioneer Stories: Of Furnas County, Nebraska (Classic Reprint) F. N. Merwin. 2017. (ENG., Illus.). (J). 28.31 *(978-1-5285-7801-1(5))* Forgotten Bks.

Pioneer Trail (Classic Reprint) Alfred Lambourne. 2018. (ENG., Illus.). 96p. (J). 25.88 *(978-0-267-27542-7(0))* Forgotten Bks.

Pioneer Twins (Classic Reprint) Lucy Fitch Perkins. 2018. (ENG., Illus.). (J). 232p. 28.68 *(978-1-396-79749-1(1))*; 234p. pap. 11.57 *(978-1-396-79697-5(5))* Forgotten Bks.

Pioneer, Vol. 3: Or, California Monthly Magazine; Jan; to June, 1855 (Classic Reprint) F. C. Ewer. 2018. (ENG., Illus.). 82p. (J). 25.61 *(978-0-332-63525-5(2))* Forgotten Bks.

Pioneering African Americans, 12 vols. 2017. (Pioneering African Americans Ser.). (ENG.). (J). (gr. 6-6). lib. bdg. 177.60 *(978-0-7660-9254-9(2)*, 30830188-bd5f-4a71-bd09-0e4146312b1f) Enslow Publishing, LLC.

Pioneering Explorers, 6 vols. Jennifer Strand. 2016. (Pioneering Explorers Ser.). (ENG.). 24p. (J). (gr. -1-2). 299.64 *(978-1-68079-408-3(6)*, 23029, Abdo Zoom-Launch) ABDO Publishing Co.

Pioneering in New Guinea: 1877-1894 (Classic Reprint) James Chalmers. 2018. (ENG., Illus.). 254p. (J). 29.16 *(978-0-364-05936-4(2))* Forgotten Bks.

Pioneering in New Guinea (Classic Reprint) James Chalmers. 2018. (ENG., Illus.). 392p. (J). 31.98 *(978-0-364-54329-0(9))* Forgotten Bks.

Pioneering in the Never-Never (Classic Reprint) E. G. Thorpe. (ENG., Illus.). (J). 2018. 174p. 27.49 *(978-0-484-46987-6(8))*; 2016. pap. 9.97 *(978-1-333-63143-7(X))* Forgotten Bks.

Pioneering in the Pampas; or, the First Four Years of a Settler's Experience in the la Plata Camps. Richard Arthur Seymour. 2017. (ENG., Illus.). (J). pap. *(978-0-649-67188-5(0))* Trieste Publishing Pty Ltd.

Pioneering in the Pampas, or the First Four Years of a Settler's Experience in the la Plata Camps (Classic Reprint) Richard Arthur Seymour. (ENG., Illus.). (J). 2018. 200p. 28.02 *(978-0-484-77422-2(0))*; 2017. pap. 10.57 *(978-0-282-42668-2(X))* Forgotten Bks.

Pioneering in Tibet (Classic Reprint) Albert L. Shelton. 2017. (ENG., Illus.). (J). 28.58 *(978-0-260-75955-9(4))* Forgotten Bks.

Pioneering the West, 1846 To 1878: Major Howard Egan's Diary: Also Thrilling Experiences of Pre-Frontier Life among Indians, Their Traits, Civil & Savage, & Part of Autobiography, Inter-related to His Father's. Howard Egan & Howard R. Egan. 2019. (ENG.). 308p. (J). pap. *(978-93-5370-067-6(1))* Alpha Editions.

Pioneering the West, 1846 To 1878: Major Howard Egan's Diary; Also Thrilling Experiences of Pre-Frontier Life among Indians, Their Traits, Civil & Savage, & Part of Autobiography, Inter-Related to His Father's (Classic Reprint) Howard Egan. 2017. (ENG., Illus.). (J). 30.29 *(978-0-265-26439-3(1))* Forgotten Bks.

Pioneering Where the World Is Old: Leaves from a Manchurian Note-Book (Classic Reprint) Alice Tisdale. 2018. (ENG., Illus.). 278p. (J). 29.65 *(978-0-365-53447-1(1))* Forgotten Bks.

Pioneers: Or the Sources of the Susquehanna, a Descriptive Tale (Classic Reprint) James Fenimore Cooper. 2018. (ENG., Illus.). 528p. (J). 34.79 *(978-0-666-13755-5(2))* Forgotten Bks.

Pioneers (Classic Reprint) Katharine Roney Crowell. (ENG., Illus.). (J). 2018. 92p. 25.81 *(978-0-484-78981-3(3))*; 2016. pap. 9.57 *(978-1-333-43909-5(1))* Forgotten Bks.

Pioneers (Classic Reprint) K. S. Prichard. 2017. (ENG., Illus.). (J). 30.52 *(978-0-331-58652-7(5))* Forgotten Bks.

Pioneers in E-Sports. Meg Marquardt. 2018. (ESports: Game On! Ser.). (ENG., Illus.). 48p. (J). (gr. 5-8). 29.27 *(978-1-59953-964-5(0))* Norwood Hse. Pr.

Pioneers in Women's Sports. Brian Hall. 2017. (Women in Sports Ser.). (ENG., Illus.). 48p. (J). (gr. 4-8). lib. bdg. 34.21 *(978-1-5321-1156-3(8)*, 25888, SportsZone) ABDO Publishing Co.

Pioneers of LGBTQ+ Rights, 1 vol. Ellen McGrody. 2018. (History of the LGBTQ+ Rights Movement Ser.). (ENG.). 112p. (gr. 7-7). 38.80 *(978-1-5383-8130-4(3)*, 736d5553-e651-4899-899a-ed6f57cdbb01); pap. 18.65 *(978-1-5081-8309-9(0)*, cf2cadfb-d668-47d6-be2a-2723dc998748) Rosen Publishing Group, Inc., The.

Pioneers of Modern Physical Training. Fred E. Leonard. 2017. (ENG., Illus.). (J). pap. *(978-0-649-53282-7(1))* Trieste Publishing Pty Ltd.

Pioneers of Modern Physical Training (Classic Reprint) Fred E. Leonard. 2017. (ENG., Illus.). (J). 27.26 *(978-0-265-53244-7(2))* Forgotten Bks.

Pioneers of the West: A True Narrative (Classic Reprint) John Turner. 2018. (ENG., Illus.). 408p. (J). 32.31 *(978-0-267-48887-2(4))* Forgotten Bks.

Pioneers, or the Sources of the Susquehanna, Vol. 2 Of 2: A Descriptive Tale (Classic Reprint) James Fenimore Cooper. (ENG., Illus.). (J). 2018. 332p. 30.76 *(978-0-267-31057-9(9))*; 2016. pap. 13.57 *(978-1-333-22650-3(0))* Forgotten Bks.

Pioneers, Vol. 1 Of 2: Or the Sources of the Susquehanna; a Descriptive Tale (Classic Reprint) James Fenimore Cooper. 2018. (ENG., Illus.). 288p. (J). 29.86 *(978-0-656-21980-3(7))* Forgotten Bks.

Pioneros de la Medicina: Set of 6 Common Core Edition. Evelyn Brooks & Benchmark Education Company, LLC Staff. 2016. (Navigators Ser.). (SPA.). (J). (gr. 3). 54.00 net. *(978-1-5125-0828-4(4))* Benchmark Education Co.

Pions Hemlighet. Liselotte Holm. Illus. by Liselotte Holm. 2018. (SWE., Illus.). 286p. (YA). (gr. 7-12). pap. *(978-91-978383-5-1(7))* Solibris Pubs.

Pious Frauds, Vol. 1 Of 3: A Novel (Classic Reprint) Albany De Grenier Fonblanque, Jr. 2018. (ENG., Illus.). 318p. (J). 30.48 *(978-0-483-76643-3(7))* Forgotten Bks.

Pious Frauds, Vol. 2 Of 3: A Novel (Classic Reprint) Albany De Grenier Fonblanque, Jr. 2018. (ENG., Illus.). 298p. (J). 30.04 *(978-0-483-71821-0(1))* Forgotten Bks.

Pious Frauds, Vol. 3 Of 3: A Novel (Classic Reprint) De Fonblanque. 2018. (ENG., Illus.). 298p. (J). 30.06 *(978-0-483-66098-4(1))* Forgotten Bks.

Pious Jemima (Classic Reprint) John Maclush. 2018. (ENG., Illus.). 130p. (J). 26.58 *(978-0-484-83990-7(X))* Forgotten Bks.

Pip: A Romance of Youth (Classic Reprint) Ian Hay. (ENG., Illus.). (J). 2017. 31.49 *(978-0-265-41418-7(0))*; 2016. pap. 13.97 *(978-1-333-59394-0(5))* Forgotten Bks.

Pip & His Wild & Crazy Grandfather. Hollie Noveletsky. Illus. by Gabrielle Studley. 2022. (ENG.). 26p. (J). **(978-0-2288-6333-5(3))**; pap. **(978-0-2288-6332-8(5))** Tellwell Talent.

Pip & Ogi. Hollie Noveletsky. Illus. by Gabrielle Studley. 2022. (ENG.). 28p. (J). *(978-0-2288-6147-8(0))*; pap. *(978-0-2288-6146-1(2))* Tellwell Talent.

Pip & Posy: the New Friend. Illus. by Axel Scheffler. 2017. (Pip & Posy Ser.). (ENG.). 32p. (J). (-k). 12.99 *(978-0-7636-9339-8(1))* Candlewick Pr.

Pip & Squeak Los Caballos Miniature. Lisa Mullarkey. Illus. by Paula Franco. 2023. (Amigos de la Granja Ser.). (SPA.). 32p. (J). (gr. -1-3). lib. bdg. 32.79 **(978-1-0982-3741-7(2)**, 42789, Calico Chapter Bks) Magic Wagon.

Pip & Squeak the Miniature Horses. Lisa Mullarkey. Illus. by Paula Franco. 2019. (Farmyard Friends Ser.). (ENG.). 32p. (J). (gr. -1-3). lib. bdg. 32.79 *(978-1-5321-3487-6(8)*, 31893, Calico Chapter Bks) Magic Wagon.

Pip & the Bamboo Path. Jesse Hodgson. 2019. (ENG., Illus.). 32p. (J). (gr. k-2). 16.95 *(978-1-911171-46-1(1))* Flying Eye Bks. GBR. Dist: Penguin Random Hse. LLC.

Pip & the Big Steel Beam. Hollie Noveletsky. 2022. (ENG.). 30p. (J). *(978-0-2288-5964-2(6))*; pap. *(978-0-2288-5963-5(8))* Tellwell Talent.

Pip & the Big Wrecking Ball. Hollie Noveletsky. 2023. (Pip's Giving Ser.: Vol. 2). (ENG.). 30p. (J). pap. **(978-0-2288-6144-7(6))** Tellwell Talent.

Pip & the Big Wrecking Ball. Hollie Noveletsky. Illus. by Gabrielle Studley. 2023. (ENG.). 30p. (J). **(978-0-2288-6145-4(4))** Tellwell Talent.

Pip & the Paw of Friendship. Gill Lewis. Illus. by Sarah Horne. 2017. (Puppy Academy Ser.). (ENG.). 128p. (J). pap. 5.99 *(978-1-250-09285-4(X)*, 9781250092854, Holt, Henry & Co. Bks. For Young Readers) Holt, Henry & Co.

Pip & Zip. Elana K. Arnold. Illus. by Doug Salati. 2022. (ENG.). 48p. (J). 18.99 *(978-1-250-79698-1(9)*, 900239921) Roaring Brook Pr.

Pip Bartlett's Guide to Magical Creatures (Pip Bartlett #1) Jackson Pearce & Maggie Stiefvater. Illus. by Maggie Stiefvater. 2016. (Pip Bartlett Ser.: 1). (ENG.). 192p. (J). (gr. 3-7). 9.99 *(978-1-338-08815-1(7)*, Scholastic Pr.) Scholastic, Inc.

Pip in Pompeii. Kate Proctor. Illus. by Freya Lowy Clark. 2022. (ENG.). 192p. (YA). pap. **(978-1-80227-357-1(3))** Publishing Push Ltd.

Pip on a Trip: Book 8. Carole Crimeen & Suzanne Fletcher. 2023. (Comic Decoders Ser.). (ENG., Illus.). 16p. (J). (gr. -1-k). pap. 7.99 **(978-1-76127-088-8(5)**, 1f400a85-408c-4998-b659-e698dbf5eafc) Knowledge Bks. & Software AUS. Dist: Lerner Publishing Group.

Pip Pip Hooray! a Celebration of Bat Names. Tamera Riedle. 2019. (ENG.). 60p. (J). pap. 27.00 *(978-0-359-03438-3(1))* Lulu Pr., Inc.

Pip Reads a Book: Book 7. Carole Crimeen & Suzanne Fletcher. 2023. (Comic Decoders Ser.). (ENG., Illus.). 16p. (J). (gr. -1-k). pap. 7.99 **(978-1-76127-087-1(7)**, 1f94033f-25c9-4f90-a846-21ba9e07b2ec) Knowledge Bks. & Software AUS. Dist: Lerner Publishing Group.

Pip Sits. Mary Morgan. 2017. (I Like to Read Ser.). (ENG.). 24p. (J). (gr. -1-3). 7.99 *(978-0-8234-3778-8(7))*; (Illus.). 14.95 *(978-0-8234-3676-7(4))* Holiday Hse., Inc.

Pip the Gnome & the Christmas Tree, 30 vols. Admar Kwant. 2nd rev. ed. 2022. (Pip the Gnome Ser.). (Illus.). 12p. (J). bds. 9.95 *(978-1-78250-769-7(8))* Floris Bks. GBR. Dist: Consortium Bk. Sales & Distribution.

Pip the Gnome & the Forest Feast, 50 vols. Admar Kwant. 2019. (Pip the Gnome Ser.). (Illus.). 12p. (J). 9.95 *(978-1-78250-549-5(0))* Floris Bks. GBR. Dist: Consortium Bk. Sales & Distribution.

Pip the Gnome's Bedtime, 72 vols. Admar Kwant. 2017. (Illus.). 12p. (J). 9.95 *(978-1-78250-413-9(3))* Floris Bks. GBR. Dist: Consortium Bk. Sales & Distribution.

Pip the Orphaned Otter. Eva Claeys. Illus. by Debbie Punnewaert. 2022. (ENG.). 24p. (J). **(978-1-0391-5450-6(6))**; pap. **(978-1-0391-5449-0(2))** FriesenPress.

Pip the Panda. Liz Harker. 2016. (ENG., Illus.). 44p. (J). pap. *(978-1-78612-364-0(9))*; pap. *(978-1-78612-363-3(0))* Austin Macauley Pubs. Ltd.

Pip the Rescue Cat. Nathan Fox & Connie Garrard. 2023. (ENG.). 138p. (J). pap. **(978-1-3984-6209-0(8))** Austin Macauley Pubs. Ltd.

Pip Weebee Book 2. R. M. Price-Mohr. 2020. (ENG., Illus.). 26p. (J). pap. *(978-1-913946-01-2(0))* Crossbridge Bks.

Pip Weebee Book 2a. R. M. Price-Mohr. 2020. (ENG.). 26p. (J). pap. *(978-1-913946-10-4(X))* Crossbridge Bks.

Pipe Cleaner Projects, 1 vol. Jane Yates. 2016. (Cool Crafts for Kids Ser.). (ENG.). 32p. (J). (gr. 3-3). pap. 12.75 *(978-1-4994-8237-9(X)*, bf39934f-459b-4e5b-b270-48fe688d07a7, Windmill Bks.) Rosen Publishing Group, Inc., The.

Pipe of Dutch Kanaster, or Six Days in Holland (Classic Reprint) Twynihoe William Erle. (ENG., Illus.). (J). 2018. 60p. 25.15 *(978-0-364-57732-5(0))*; 2018. 244p. 28.93 *(978-0-428-45410-4(0))*; 2017. pap. 9.57 *(978-0-282-31973-1(5))*; 2017. pap. 11.57 *(978-0-282-38726-6(9))* Forgotten Bks.

Pipe of Peace: A Play in Three Acts (Classic Reprint) Albert E. Drinkwater. 2017. (ENG., Illus.). 78p. (J). 25.51 *(978-0-484-41760-0(6))* Forgotten Bks.

Pipe Por Fin Dice No. Severine Vidal. 2019. (SPA.). 64p. (J). 12.99 *(978-958-30-5804-2(1))* Panamericana Editorial COL. Dist: Lectorum Pubns., Inc.

Pipe Vision. J. R. Greulich. 2020. (ENG.). 270p. (YA). pap. 18.95 *(978-1-64801-022-4(9))* Newman Springs Publishing, Inc.

Pipefuls (Classic Reprint) Christopher Morley. 2017. (ENG., Illus.). (J). 29.80 *(978-1-5280-8106-1(4))* Forgotten Bks.

Pipefuls (Classic Reprint) Cristopher Morley. (ENG., Illus.). (J). 2018. 298p. 30.06 *(978-0-483-61650-9(8))*; 2017. pap. 13.57 *(978-0-243-27465-9(3))* Forgotten Bks.

Pipeline's African Adventure. Spanky Macher. 2023. (ENG.). 40p. (J). pap. 9.99 **(978-0-9988090-8-3(X))** Mammi, Joseph John.

Pipelines & Politics, 1 vol. Ed. by Lisa Idzikowski. 2017. (At Issue Ser.). (ENG.). 152p. (YA). (gr. 10-12). 41.03 *(978-1-5345-0203-1(3)*, 3ef39f67-1b88-41ae-8054-a92f8f4f1243) Greenhaven Publishing LLC.

Piper, 1 vol. Jacqueline Halsey. 2018. (ENG.). 176p. (J). (gr. 4-7). pap. 12.95 *(978-1-77108-605-9(X)*,

P

02250f08-5b78-475b-bec8-c04322a616ed) Nimbus Publishing, Ltd. CAN. Dist: Baker & Taylor Publisher Services (BTPS).

Piper: A Play in Four Acts (Classic Reprint) Josephine Preston Peabody. 2018. (ENG., Illus.). 216p. (J). 28.35 *(978-0-364-14942-3(6))* Forgotten Bks.

Piper: June, 1935 (Classic Reprint) Cohasset High School. (ENG., Illus.). (J). 2018. 106p. 26.10 *(978-0-666-58537-0(7))*; 2017. pap. 9.57 *(978-0-259-47608-5(0))* Forgotten Bks.

Piper: June, 1936 (Classic Reprint) Cohasset High School. (ENG., Illus.). (J). 2018. 134p. 26.66 *(978-0-666-87113-8(2))*; 2017. pap. 9.57 *(978-0-259-49603-8(0))* Forgotten Bks.

Piper: June 1937; Published Annually by the Students of Cohasset High School (Classic Reprint) Curtis Gardner. (ENG., Illus.). (J). 2018. 136p. 26.72 *(978-0-365-28359-1(2))*; 2017. pap. 9.57 *(978-0-282-48003-5(X))* Forgotten Bks.

Piper: June, 1939 (Classic Reprint) Dorothy Graham. 2017. (ENG., Illus.). (J). 62p. 25.20 *(978-0-332-06250-1(3))*; pap. 9.57 *(978-0-259-50656-0(7))* Forgotten Bks.

Piper & Emma. Cecilia Minden. Illus. by Becky Down. 2020. (Little Blossom Stories Ser.). (ENG.). 16p. (J). (gr. -1-2). pap. 11.36 *(978-1-5341-6090-3(6)*, 214372, Cherry Blossom Press) Cherry Lake Publishing.

Piper & Jackson & the Loose Tooth. Alisha Clayson. Illus. by Asela Gayan. 2021. (ENG.). 28p. (J). 19.99 *(978-1-0879-7757-7(6))* Indy Pub.

Piper & Mabel: Two Very Wild but Very Good Dogs, 1 vol. Melanie Shankle. Illus. by Laura Watkins. 2020. (ENG.). 32p. (J). 17.99 *(978-0-310-76086-3(0))* Zonderkidz.

Piper & the Letter P. Georgette Farren. 2022. (ENG.). 26p. (J). pap. 14.95 ***(978-1-63985-710-4(9))*** Fulton Bks.

Piper & the Red Boat Coloring Book. Ellen Margaret O'Shea. Illus. by Ellen Margaret O'Shea. 2018. (ENG., Illus.). 36p. (J). (gr. k-3). pap. 9.95 *(978-1-7321023-1-6(7))* O'Shea, Ellen Storyteller.

Piper at the Vet. Cecilia Minden. Illus. by Becky Down. 2020. (Little Blossom Stories Ser.). (ENG.). 16p. (J). (gr. -1-2). pap. 11.36 *(978-1-5341-6091-0(4)*, 214375, Cherry Blossom Press) Cherry Lake Publishing.

Piper Finds Her Special. Alison Keenan. 2020. (ENG.). 34p. (J). 23.95 *(978-1-64531-772-2(2))*; pap. 13.95 *(978-1-64531-769-2(2))* Newman Springs Publishing, Inc.

Piper Green & the Fairy Tree: Going Places. Ellen Potter. Illus. by Qin Leng. 2017. (Piper Green & the Fairy Tree Ser.). (ENG.). (J). (gr. 2-4). 20.95 *(978-1-4301-2680-5(9))* Live Oak Media.

Piper Green & the Fairy Tree: Going Places (1 CD Set) Ellen Potter. Illus. by Qin Leng. 2017. (Piper Green & the Fairy Tree Ser.). (ENG.). (J). 15.95 *(978-1-4301-2679-9(5))* Live Oak Media.

Piper Green & the Fairy Tree: Pie Girl (1 CD Set) Ellen Potter. Illus. by Qin Leng. 2017. (Piper Green & the Fairy Tree Ser.). (ENG.). (J). (gr. 2-4). 15.95 *(978-1-4301-2792-5(9))* Live Oak Media.

Piper Green & the Fairy Tree: Pie Girl (1 Paperback/1 CD Set) Ellen Potter. Illus. by Qin Leng. 2018. (Piper Green & the Fairy Tree Ser.). (ENG.). (J). (gr. 2-4). 20.95 *(978-1-4301-2793-2(7))* Live Oak Media.

Piper Green & the Fairy Tree: Going Places. Ellen Potter. Illus. by Qin Leng. 2017. (Piper Green & the Fairy Tree Ser.: 4). (ENG.). 128p. (J). (gr. 2-4). lib. bdg. 17.99 *(978-1-101-93962-8(1)*, Knopf Bks. for Young Readers) Random Hse. Children's Bks.

Piper Green & the Fairy Tree: Pie Girl. Ellen Potter. Illus. by Qin Leng. 2017. (Piper Green & the Fairy Tree Ser.: 5). 144p. (J). (gr. 2-4). pap. 5.99 *(978-1-101-93968-0(0)*, Yearling) Random Hse. Children's Bks.

Piper Has a Birthday. Cecilia Minden. Illus. by Becky Down. 2020. (Little Blossom Stories Ser.). (ENG.). 16p. (J). (gr. -1-2). pap. 11.36 *(978-1-5341-6093-4(0)*, 214381, Cherry Blossom Press) Cherry Lake Publishing.

Piper in the Park. Cecilia Minden. Illus. by Becky Down. 2020. (Little Blossom Stories Ser.). (ENG.). 16p. (J). (gr. -1-2). pap. 11.36 *(978-1-5341-6092-7(2)*, 214378, Cherry Blossom Press) Cherry Lake Publishing.

Piper Morgan in Charge! Stephanie Faris. Illus. by Lucy Fleming. 2016. (Piper Morgan Ser.: 2). (ENG.). 112p. (J). (gr. 1-4). pap. 6.99 *(978-1-4814-5711-8(X)*, Aladdin) Simon & Schuster Children's Publishing.

Piper Morgan in Charge! Stephanie Faris. Illus. by Lucy Fleming. 2016. (Piper Morgan Ser.: 2). (ENG.). 112p. (J). (gr. 1-4). 16.99 *(978-1-4814-5712-5(8)*, Simon & Schuster/Paula Wiseman Bks.) Simon & Schuster/Paula Wiseman Bks.

Piper Morgan Joins the Circus. Stephanie Faris. Illus. by Lucy Fleming. 2016. (Piper Morgan Ser.: 1). (ENG.). 112p. (J). (gr. 1-4). pap. 5.99 *(978-1-4814-5708-8(X)*, Aladdin) Simon & Schuster Children's Publishing.

Piper Morgan Joins the Circus. Stephanie Faris. Illus. by Lucy Fleming. 2016. (Piper Morgan Ser.: 1). (ENG.). 112p. (J). (gr. 1-4). 16.99 *(978-1-4814-5709-5(8)*, Simon & Schuster/Paula Wiseman Bks.) Simon & Schuster/Paula Wiseman Bks.

Piper Morgan Makes a Splash. Stephanie Faris. Illus. by Lucy Fleming. 2017. (Piper Morgan Ser.: 4). (ENG.). 96p. (J). (gr. 1-4). pap. 5.99 *(978-1-4814-5717-0(9)*, Simon & Schuster/Paula Wiseman Bks.) Simon & Schuster/Paula Wiseman Bks.

Piper Morgan Plans a Party. Stephanie Faris. Illus. by Lucy Fleming. 2017. (Piper Morgan Ser.: 5). (ENG.). 96p. (J). (gr. 1-4). 16.99 *(978-1-5344-0386-4(8))*; pap. 5.99 *(978-1-5344-0385-7(X))*;5. 18.69 *(978-1-5364-2740-0(3))* Simon & Schuster Children's Publishing. (Aladdin).

Piper Morgan Summer of Fun Collection Books 1-4 (Boxed Set) Piper Morgan Joins the Circus; Piper Morgan in Charge!; Piper Morgan to the Rescue; Piper Morgan Makes a Splash. Stephanie Faris. Illus. by Lucy Fleming. ed. 2017. (Piper Morgan Ser.). (ENG.). 432p. (J). (gr. 1-4). pap. 23.99 *(978-1-4814-9978-1(5)*, Aladdin) Simon & Schuster Children's Publishing.

Piper Morgan to the Rescue. Stephanie Faris. Illus. by Lucy Fleming. 2016. (Piper Morgan Ser.: 3). (ENG.). 112p. (J). (gr. 1-4). pap. 5.99 *(978-1-4814-5714-9(4)*, Aladdin) Simon & Schuster Children's Publishing.

Piper Morgan to the Rescue. Stephanie Faris. Illus. by Lucy Fleming. 2016. (Piper Morgan Ser.: 3). (ENG.). 112p. (J). (gr. 1-4). 16.99 *(978-1-4814-5715-6(2)*, Simon & Schuster/Paula Wiseman Bks.) Simon & Schuster/Paula Wiseman Bks.

Piper on a Plane. Cecilia Minden. Illus. by Becky Down. 2020. (Little Blossom Stories Ser.). (ENG.). 16p. (J). (gr. -1-2). pap. 11.36 *(978-1-5341-6094-1(9)*, 214384, Cherry Blossom Press) Cherry Lake Publishing.

Piper Penelope Pencil: Who Has Hands This Small? Steve Draper. 2022. (ENG.). 36p. (J). *(978-0-2288-5957-4(3))*; pap. *(978-0-2288-5958-1(1))* Tellwell Talent.

Piper Perish. Kayla Cagan. 2017. (ENG., Illus.). 416p. (YA). 17.99 *(978-1-4521-5583-8(6))* Chronicle Bks. LLC.

Piper Prince. Amber Argyle. 2019. (Forbidden Forest Ser.: Vol. 2). (ENG.). 416p. (YA). (gr. 9-12). 19.99 *(978-0-9976390-8-7(3))* Starling Publishing.

Piper the Polar Bear: (Pre-Reader) Jenny Schreiber. 2022. (ENG.). 42p. (J). pap. 9.99 ***(978-1-5136-7702-6(0))*** Elite Online Publishing.

Piper's Day Away. Abigail Jansen. 2017. (ENG., Illus.). (J). (gr. k-3). pap. 11.95 *(978-1-61244-569-4(1))* Halo Publishing International.

Piper's Journey. Renna Walker. 2020. (ENG.). 54p. (J). pap. 15.00 *(978-1-953507-16-7(6))* Brightlings.

Piper's New Diaper. Ryan Wight-Hales. 2020. (Piper's New Diaper Ser.: Vol. 1). (ENG., Illus.). 20p. (J). (gr. k-3). ***(978-0-6488101-2-4(7))*** Piper Publishing.

Piper's New Diaper - Australia. Ryan Wight-Hales. 2020. (Piper's New Diaper Ser.: Vol. 1). (ENG., Illus.). 22p. (J). ***(978-0-6488101-4-8(3))*** Piper Publishing.

Pipers of the Market Place (Classic Reprint) Richard Dehan. 2018. (ENG., Illus.). (J). 354p. 31.20 *(978-1-396-84144-6(X))*; 356p. pap. 13.57 *(978-1-396-84143-9(1))* Forgotten Bks.

Piper's Paintbrush. MacKenzie Ditomassi. Illus. by Austeja Slavickaite. 2019. (Piper's Paintbrush Ser.: Vol. 1). (ENG.). 32p. (J). (gr. 1-5). 21.99 ***(978-1-947303-01-0(5))*** Relevant Pages Pr.

Piper's Perfect Dream. Shana Muldoon Zappa et al. 2016. 156p. (J). *(978-1-4806-9807-9(5))* Disney Publishing Worldwide.

Piper's Pond: The Unwritten Fairytale. M. K. Wood. 2020. (Piper's Pond Ser.). (ENG.). 126p. (J). *(978-1-5255-6550-2(8))*; pap. *(978-1-5255-6551-9(6))* FriesenPress.

Piper's Pursuit, 1 vol. Melanie Dickerson. 2019. (ENG.). 320p. (YA). 18.99 *(978-0-7852-2814-1(4))* Nelson, Thomas Inc.

Piper's Special Gift. Audrey Canning. 2017. (ENG., Illus.). 32p. (J). pap. *(978-1-365-54283-1(1))* Lulu Pr., Inc.

Piper's Stories. Monty Jordan. 2019. (ENG.). 64p. (J). pap. 16.95 *(978-1-64458-484-2(0))* Christian Faith Publishing.

Pipes from Prairie-Land: And Other Places (Classic Reprint) Minnie Gilmore. 2018. (ENG., Illus.). 154p. (J). 27.07 *(978-0-484-85160-2(8))* Forgotten Bks.

Pipes o' Pan at Zekesbury (Classic Reprint) James Whitcomb Riley. 2018. (ENG., Illus.). 204p. (J). 28.21 *(978-0-484-30586-0(7))* Forgotten Bks.

Pipes o Pan at Zekesbury (Classic Reprint) James Whitcomb Riley. 2018. (ENG., Illus.). 246p. (J). 28.99 *(978-0-365-27941-9(2))* Forgotten Bks.

Pipes of Yesterday: A Novel (Classic Reprint) Frederic Arnold Kummer. 2018. (ENG., Illus.). 232p. (J). 28.68 *(978-0-332-58791-2(6))* Forgotten Bks.

Pipes o'Pan at Zekesbury. James Whitcomb Riley. 2017. (ENG., Illus.). (J). 24.95 *(978-1-374-85578-6(2))* Capital Communications, Inc.

Pipetown Sandy (Classic Reprint) John Philip Sousa. 2017. (ENG., Illus.). (J). 32.54 *(978-0-265-61733-5(2))* Forgotten Bks.

Pipistrello: And Other Stories (Classic Reprint) Ouida Ouida. 2017. (ENG., Illus.). (J). 350p. 31.14 *(978-0-332-41970-1(3))*; pap. 13.57 *(978-1-5276-4363-5(8))* Forgotten Bks.

Pipitxu, el Dinosaurio Lector. Luis Tome Ariz. 2021. (SPA.). 32p. (J). pap. ***(978-1-7948-4484-1(8))*** Lulu Pr., Inc.

Pippa. McKenna Bray. 2018. (ENG., Illus.). 36p. (J). 23.95 *(978-1-64003-112-8(X))* Covenant Bks.

Pippa & Pelle, 60 vols. Daniela Drescher. 2nd rev. ed. 2019. (Pippa & Pelle Ser.). Orig. Title: Pippa und Pelle. (Illus.). 12p. (J). bds. 9.95 *(978-1-78250-617-1(9))* Floris Bks. GBR. Dist: Consortium Bk. Sales & Distribution.

Pippa & Pelle Im Garten see Pippa & Pelle in the Spring Garden

Pippa & Pelle in the Autumn Wind, 30 vols. Daniela Drescher. 2017. (Pippa & Pelle Ser.). Orig. Title: Pippa und Pelle Im Brausewind. (Illus.). 12p. (J). 9.95 *(978-1-78250-442-9(7))* Floris Bks. GBR. Dist: Consortium Bk. Sales & Distribution.

Pippa & Pelle in the Spring Garden, 30 vols. Daniela Drescher. 2018. (Pippa & Pelle Ser.). Orig. Title: Pippa & Pelle Im Garten. (Illus.). 12p. (J). 9.95 *(978-1-78250-471-9(0))* Floris Bks. GBR. Dist: Consortium Bk. Sales & Distribution.

Pippa & Pelle in the Summer Sun, 30 vols. Daniela Drescher. 2017. (Pippa & Pelle Ser.). Orig. Title: Pippa und Pelle Auf Reisen. (Illus.). 12p. (J). 9.95 *(978-1-78250-379-8(X))* Floris Bks. GBR. Dist: Consortium Bk. Sales & Distribution.

Pippa & Pelle in the Winter Snow, 30 vols. Daniela Drescher. 2nd rev. ed. 2022. (Pippa & Pelle Ser.). Orig. Title: Pippa und Pelle Im Winter. (Illus.). 12p. (J). bds. 9.95 *(978-1-78250-770-3(1))* Floris Bks. GBR. Dist: Consortium Bk. Sales & Distribution.

Pippa & Percival, Pancake & Poppy: Four Peppy Puppies. Deborah Diesen. Illus. by Grace Zong. 2018. (ENG.). 32p. (J). (gr. -1-2). 16.99 *(978-1-58536-386-5(3)*, 204408) Sleeping Bear Pr.

Pippa & the Big Test. Vicki Croucher. Illus. by Simon Young. 2021. (Pippa's Adventures Ser.: Vol. 2). (ENG.). 40p. (J). pap. *(978-1-913460-21-1(5))* Cloister Hse. Pr., The.

Pippa & the New School. Vicki Croucher. Illus. by Simon Young. 2021. (Pippa's Adventures Ser.: Vol. 1). (ENG.). 30p. (J). pap. *(978-1-913460-22-8(3))* Cloister Hse. Pr., The.

Pippa at Brighton (Classic Reprint) E. E. Ohlson. (ENG., Illus.). (J). 2018. 234p. 28.74 *(978-0-332-79472-3(5))*; 2016. pap. 11.57 *(978-1-333-65764-2(1))* Forgotten Bks.

Pippa Is Running - e Biribiri Pipa (Te Kiribati) Catherine Kereku. Illus. by Abira Das. 2023. (ENG.). 22p. (J). pap. ***(978-1-922844-61-3(6))*** Library For All Limited.

Pippa Laurence, Creature Squisher (Black & White) English. Debra M. Briley. Illus. by Art Werx. 2018. (ENG.). 58p. (J). pap. 6.00 *(978-1-7320290-9-5(1))* evangeline.

Pippa Laurence, Criatura Squisher, (Spanish, Black & White) Deb M. Briley. Illus. by Art Werx. 2018. (SPA.). 58p. (J). pap. 6.50 *(978-1-7320290-1-9(6))* evangeline.

Pippa Will You Sail with Me? Anita Bijsterbosch. 2020. (ENG., Illus.). 16p. (J). (gr. -1). 17.95 *(978-1-60537-487-1(3))* Clavis Publishing.

Pippa's Island 1: the Beach Shack Cafe. Belinda Murrell. 2020. (Pippa's Island Ser.). 240p. (J). (gr. 4-6). 14.99 *(978-1-76089-231-9(9)*, Puffin) Penguin Random Hse. AUS. Dist: Independent Pubs. Group.

Pippa's Island 2: Cub Reporters. Belinda Murrell. 2020. (Pippa's Island Ser.). 240p. (J). (gr. 4-6). 14.99 *(978-1-76089-232-6(7)*, Puffin) Penguin Random Hse. AUS. Dist: Independent Pubs. Group.

Pippa's Island 3: Kira Dreaming. Belinda Murrell. 2021. (Pippa's Island Ser.: 3). 240p. (J). (gr. 4-6). 13.99 *(978-1-76089-233-3(5)*, Puffin) Penguin Random Hse. AUS. Dist: Independent Pubs. Group.

Pippa's Island 4: Camp Castaway. Belinda Murrell. 2021. (Pippa's Island Ser.: 4). 240p. (J). (gr. 4-6). 13.99 *(978-1-76089-234-0(3)*, Puffin) Penguin Random Hse. AUS. Dist: Independent Pubs. Group.

Pippa's Island 4: Camp Castaway. Belinda Murrell. 2019. (Pippa's Island Ser.: 4). 240p. (J). (gr. 3-6). 9.99 *(978-0-14-378372-5(6))* Random Hse. Australia AUS. Dist: Independent Pubs. Group.

Pippa's Island 5: Puppy Pandemonium. Belinda Murrell. 2021. (Pippa's Island Ser.: 5). 240p. (J). (gr. 4-6). 13.99 *(978-1-76089-235-7(1)*, Puffin) Penguin Random Hse. AUS. Dist: Independent Pubs. Group.

Pippa's Jumping Shoes. Joyce Magnin. 2020. (ENG., Illus.). 76p. (J). pap. 6.99 *(978-1-64626-051-5(1))* BJU Pr.

Pippa's Night Parade. Lisa Robinson. Illus. by Lucy Fleming. 2019. (ENG.). 32p. (J). (gr. -1-2). 17.99 *(978-1-5420-9300-2(7)*, 9781542093002, Two Lions) Amazon Publishing.

Pippa's Passover Plate. Vivian Kirkfield. Illus. by Jill Weber. (J). 2023. 28p. (— 1). bds. 7.99 *(978-0-8234-5371-9(5))*; 2021. 40p. (gr. -1-3). pap. 7.99 *(978-0-8234-4842-5(8))*; 2019. 40p. (gr. -1-3). 17.99 *(978-0-8234-4162-4(8))* Holiday Hse., Inc.

Pippi: The Panda. Anna Award. 2017. (ENG., Illus.). 12p. (J). bds. 5.00 *(978-1-84135-068-4(0))* Award Pubns. Ltd. GBR. Dist: Parkwest Pubns., Inc.

Pippi & Frieda at the Beach. Dottie Boynton. 2020. (ENG., Illus.). 26p. (J). pap. 13.95 *(978-1-64334-826-1(4))* Page Publishing Inc.

Pippi Fhad-Stocainneach. Astrid Lindgren. Illus. by Ingrid Vang Nyman. 2018. (GLA.). 192p. (J). pap. *(978-1-907165-31-3(2))* Akerbeltz.

Pippi Goes on Board. Astrid Lindgren. Tr. by Susan Beard from SWE. Illus. by Ingrid Vang Nyman. 2020. (Pippi Longstocking Ser.). (ENG.). 160p. (J). (gr. 3-7). 8.99 *(978-0-593-11785-9(9)*, Puffin Books); 16.99 *(978-0-593-11784-2(0)*, Viking Books for Young Readers) Penguin Young Readers Group.

Pippi in the South Seas. Astrid Lindgren. Tr. by Susan Beard from SWE. Illus. by Ingrid Vang Nyman. 2020. (Pippi Longstocking Ser.). (ENG.). 144p. (J). (gr. 3-7). 8.99 *(978-0-593-11788-0(3)*, Puffin Books) Penguin Young Readers Group.

Pippi Langstrumpf Geht an Bord. Astrid Lindgren. (GER.). *(978-3-7891-1852-4(4))* Oetinger, Friedrich GmbH Verlag.

Pippi Longstocking see Pippa Mediaslargas

Pippi Longstocking. Astrid Lindgren. Tr. by Susan Beard from SWE. Illus. by Ingrid Vang Nyman. 2020. (ENG.). 144p. (J). (gr. 3-7). 8.99 *(978-0-593-11782-8(4)*, Puffin Books); 16.99 *(978-0-593-11781-1(6)*, Viking Books for Young Readers) Penguin Young Readers Group.

Pippi Longstocking Novel Units Teacher Guide. Novel Units. 2019. (Pippi Longstocking Ser.). (ENG.). (J). (gr. 3-5). pap. 12.99 *(978-1-56137-036-8(3)*, Novel Units, Inc.) Classroom Library Co.

Pippin: A Wandering Flame (Classic Reprint) Laura E. Richards. 2018. (ENG., Illus.). 316p. (J). 30.43 *(978-0-428-38249-0(5))* Forgotten Bks.

Pippin (Classic Reprint) Evelyn Van Buren. 2017. (ENG., Illus.). 326p. (J). 30.62 *(978-0-332-69452-8(6))* Forgotten Bks.

Pippin (Classic Reprint) Archibald Marshall. 2017. (ENG., Illus.). (J). 31.94 *(978-1-5282-8394-6(5))* Forgotten Bks.

Pippin Paints a Portrait. Charlotte Mei. 2022. (ENG., Illus.). 32p. (J). 16.99 *(978-1-80066-014-4(6))* Cicada Bks. GBR. Dist: Consortium Bk. Sales & Distribution.

Pippin the Poodle Dog. Julia Seaborn. 2018. (ENG., Illus.). 30p. (J). (gr. -1-3). *(978-1-5289-2382-8(0))*; pap. *(978-1-5289-2383-5(9))* Austin Macauley Pubs. Ltd.

Pippins & Cheese: Being the Relation of How a Number of Persons Ate a Number of Dinners at Various Times & Places (Classic Reprint) Elia Wilkinson Peattie. 2018. (ENG., Illus.). 284p. (J). 29.75 *(978-0-483-28579-8(X))* Forgotten Bks.

Pippity-Pop! Galaxie's Silly Adventure. Nicholas Pendleton. 2022. (ENG.). 24p. (J). *(978-1-716-92406-4(5))* Lulu Pr., Inc.

Pippy. Paola Opal. 2020. (Simply Small Ser.: 12). (ENG.). 24p. (J). (gr. -1 — 1). bds. 6.95 *(978-1-77229-048-6(3))* Simply Read Bks. CAN. Dist: Ingram Publisher Services.

Pip's Guide to Ocean City, Volume 1. Pip the Beach Cat. 2019. (ENG., Illus.). 40p. (J). (gr. -1-3). 17.95 *(978-1-64307-444-3(X))* Amplify Publishing Group.

Pip's Trip. Janet Morgan Stoeke. ed. 2018. (Penguin Young Readers Ser.). (ENG.). 32p. (J). (gr. -1-1). 9.00 *(978-1-64310-525-3(6))* Penworthy Co., LLC, The.

Pipsie, Nature Detective: the Lunchnapper, 0 vols. Rick DeDonato. Illus. by Tracy Bishop. 2016. (Pipsie, Nature Detective Ser.). (ENG.). 40p. (J). (gr. -1-2). 17.99 *(978-1-5039-5061-0(1)*, 9781503950610, Two Lions) Amazon Publishing.

Pipsqueak. Ben Manley. Illus. by Andrew Gardner. 2023. (ENG.). 32p. (J). (gr. -1-3). 18.99 *(978-1-7284-9211-7(4)*, cdb02330-2aab-42ef-9a2a-5f0e2ab014cb) Lerner Publishing Group.

Pipsqueak the Puppy. Lissa Webber. Illus. by Tami Boyce. 2018. (Pipsqueak Ser.). (ENG.). 40p. (J). (gr. k-2). 18.95 *(978-0-692-18284-0(5))* Argonne Bks. LLC.

Pipsqueaks, Slowpokes, & Stinkers: Celebrating Animal Underdogs. Melissa Stewart. Illus. by Stephanie Laberis. 32p. (J). (gr. -1-3). 2020. 8.99 *(978-1-68263-202-4(4))*; 2018. 17.99 *(978-1-56145-936-0(4))* Peachtree Publishing Co. Inc.

Pique-Nique Après la Pluie. Illus. by Célia Molinari Sebastià. ed. 2023. (FRE.). 32p. (J). (gr. -1). 17.95 ***(978-2-89802-317-0(5)***, CrackBoom! Bks.) Chouette Publishing CAN. Dist: Publishers Group West (PGW).

Piracy: From the High Seas to the Digital Age, 1 vol. Jennifer Lombardo. 2018. (World History Ser.). (ENG.). 104p. (gr. 7-7). lib. bdg. 41.53 *(978-1-5345-6382-7(2)*, 1d66689e-177b-47d4-ba39-535d5aa77164, Lucent Pr.) Greenhaven Publishing LLC.

Piranhas. Leo Statts. 2018. (Freshwater Fish Ser.). (ENG., Illus.). 24p. (J). (gr. -1-2). lib. bdg. 31.36 *(978-1-5321-2290-3(X)*, 28347, Abdo Zoom-Launch) ABDO Publishing Co.

Piranhas: A Book Filled with Facts for Children. Bold Kids. 2022. (ENG.). 46p. (J). pap. 14.99 *(978-1-0717-1120-0(2))* FASTLANE LLC.

Piranhas: Built for the Hunt. Tammy Gagne. 2016. (Predator Profiles Ser.). (ENG., Illus.). 24p. (J). (gr. 1-3). lib. bdg. 27.99 *(978-1-4914-8840-9(9)*, 131467, Capstone Pr.) Capstone.

Piranhas: Discover Pictures & Facts about Piranhas for Kids! Bold Kids. 2022. (ENG.). 34p. (J). pap. 14.99 *(978-1-0717-0798-2(1))* FASTLANE LLC.

Piranhas Don't Eat Bananas. Illus. by Aaron Blabey. 2019. (ENG.). 32p. (J). (gr. -1-k). 14.99 *(978-1-338-29713-3(9)*, Scholastic Pr.) Scholastic, Inc.

Pirata de la Pata de Pato. Jose Carlos Andres. Illus. by Myriam Cameros Sierra. 2022. (SPA.). 44p. (J). 16.99 *(978-84-945971-1-4(6))* NubeOcho Ediciones ESP. Dist: Consortium Bk. Sales & Distribution.

Piratas: 101 Cosas Que Deberias Saber Sobre Los (Pirates: 101 Facts) Editor. 2017. (101 Facts (Spanish Editions) Ser.). (ENG.). 48p. (J). pap. *(978-1-60745-864-7(0))* Lake Press.

Pirate. Jose a Lopetegi. Ed. by Saure Publisher. 2016. (Uncut Edition Ser.: Vol. 3). (ENG., Illus.). (YA). (gr. 7-10). *(978-84-16197-81-1(4))* Saure, Jean-Francois Editor.

Pirate. Frederick Marryat. 2017. (ENG., Illus.). (J). 23.95 *(978-1-374-93576-1(X))* Capital Communications, Inc.

Pirate: A Melo Dramatic Romance, in Three Acts (Classic Reprint) Thomas Dibdin. (ENG., Illus.). (J). 2018. 68p. 25.30 *(978-0-332-84545-6(1))*; 2018. 66p. 25.28 *(978-0-484-72285-8(9))*; 2017. pap. 9.57 *(978-0-259-40383-8(0))* Forgotten Bks.

Pirate, a Blockade Runner, & a Cat. Beverly Stowe McClure. 2016. (ENG., Illus.). (J). pap. *(978-1-77127-845-4(5))* MuseItUp Publishing.

Pirate Adventure. Adam Hargreaves. 2019. (Mr. Men & Little Miss Ser.). (ENG., Illus.). 32p. (J). (gr. 1-2). pap. 4.99 *(978-1-5247-9239-8(X)*, Penguin Young Readers) Penguin Young Readers Group.

Pirate Adventure. Lily Murray. 2022. (Let's Tell a Story Ser.). (ENG., Illus.). 32p. (J). (gr. -1-2). 17.99 ***(978-0-7112-7612-3(9)***, Wide Eyed Editions) Quarto Publishing Group UK GBR. Dist: Hachette Bk. Group.

Pirate Adventure (You're the Hero) Create Your Own Pirate Story. Lily Murray. Illus. by Stef Murphy. 2020. (Let's Tell a Story Ser.). (ENG.). 32p. (J). pap. 14.99 *(978-1-78240-940-3(8)*, 327276, Ivy Kids) Ivy Group, The GBR. Dist: Hachette UK Distribution.

Pirate Adventures at Sea. Kate Smith. 2019. (ENG.). 38p. (J). 14.95 *(978-1-68401-460-6(3))* Amplify Publishing Group.

Pirate & R. Daniele Forni. 2020. (ENG., Illus.). 30p. (J). pap. *(978-1-913340-68-1(6))* Clink Street Publishing.

Pirate, and, the Fortunes of Nigel (Classic Reprint) Walter Scott. (ENG., Illus.). (J). 2018. 1074p. 46.07 *(978-0-483-58685-7(4))*; 2017. pap. 28.41 *(978-0-243-23626-8(3))* Forgotten Bks.

Pirate at the Dentist's Office. George Jumara. Illus. by George Jumara & Kamin Jumara. 2023. (ENG.). 36p. (J). 17.99 ***(978-1-0880-2867-4(5))*** Indy Pub.

Pirate Attack! Deborah Lock. 2017. (Illus.). 48p. (J). *(978-1-5379-5703-6(1))* Dorling Kindersley Publishing, Inc.

Pirate Baby. Mary Hoffman. Illus. by Ros Asquith. 2017. (ENG.). 32p. (J). (gr. -1-1). 17.99 *(978-1-910959-95-4(2))* Otter-Barry Bks. GBR. Dist: Independent Pubs. Group.

Pirate Blunderbeard: Worst. Mission. Ever. (Pirate Blunderbeard, Book 3) Amy Sparkes. Illus. by Ben Cort. 2019. (Pirate Blunderbeard Ser.: 3). (ENG.). 160p. (J). 4.99 *(978-0-00-830827-8(6)*, HarperCollins Children's Bks.) HarperCollins Pubs. Ltd. GBR. Dist: HarperCollins Pubs.

Pirate Blunderbeard: Worst. Movie. Ever. (Pirate Blunderbeard, Book 4) Amy Sparkes. Illus. by Ben Cort. 2019. (Pirate Blunderbeard Ser.: 4). (ENG.). 144p. (J). 4.99 *(978-0-00-830828-5(4)*, HarperCollins Children's Bks.) HarperCollins Pubs. Ltd. GBR. Dist: HarperCollins Pubs.

Pirate Blunderbeard: Worst. Pirate. Ever. (Pirate Blunderbeard, Book 1) Amy Sparkes. Illus. by Ben Cort. 2019. (Pirate Blunderbeard Ser.: 1). (ENG.). 160p. (J). 4.99 *(978-0-00-830825-4(X)*, HarperCollins Children's Bks.) HarperCollins Pubs. Ltd. GBR. Dist: HarperCollins Pubs.

Pirate Blunderbeard: Worst. Vacation. Ever. (Pirate Blunderbeard, Book 2) Amy Sparkes. Illus. by Ben Cort. 2019. (Pirate Blunderbeard Ser.: 2). (ENG.). 160p. (J). 4.99 *(978-0-00-830826-1(8)*, HarperCollins Children's Bks.) HarperCollins Pubs. Ltd. GBR. Dist: HarperCollins Pubs.

Pirate Brother. Pete Johnson. Illus. by Mike Gordon. 2019. 111p. (J). pap. 4.99 *(978-1-61067-745-5(5))* Kane Miller.

Pirate Characters Coloring Book for Kids: Loaded with Whimsical Pirate Characters to Color. Great Gift for Girls & Boys of All Ages, Little Kids, Preschool,

1596

The check digit for ISBN-10 appears in parentheses after the full ISBN-13

Kindergarten & Elementary. Jasmine Taylor. 2021. (ENG.). 65p. (J). pap. *(978-1-7947-9604-1(5))* Lulu Pr., Inc.

Pirate Christmas Activity Book. Suzy Senior. Illus. by Andy Catling. ed. 2019. (ENG.). 32p. (J). (gr. -1-k). pap. 7.99 *(978-0-7459-7728-7(6),* dd8a03bb-09bb-42a5-91b0-2a28b5c0a80d, Lion Children's) Lion Hudson PLC GBR. Dist: Baker & Taylor Publisher Services (BTPS).

Pirate Christmas! (Santiago of the Seas) Random House. Illus. by Random House. 2022. (ENG., Illus.). 22p. (J). (— 1). bds. 8.99 *(978-0-593-56393-9(X),* Random Hse. Bks. for Young Readers) Random Hse. Children's Bks.

Pirate City. Robert Michael Ballantyne. 2019. (ENG.). 256p. (J). pap. *(978-93-5329-725-1(7))* Alpha Editions.

Pirate City. Robert Michael Ballantyne. 2017. (ENG.). (J). 418p. pap. *(978-3-337-19724-7(8));* 424p. pap. *(978-3-337-13723-6(7))* Creation Pubs.

Pirate Coloring & Activity Book. The Sports Player & C. A. 2022. (ENG.). 60p. (J). pap. ***(978-1-4357-7446-9(9))*** Lulu Pr., Inc.

Pirate Coloring Book: Stress Relieving Designs Pirates, Ships, Treasures, Islands & Much More. Philip Alverson. 2021. (ENG.). 78p. (J). pap. *(978-0-9917802-9-7(9))* MacDonald & Co., (Pubs.), Ltd.

Pirate Coloring Pages (Coloring Pages for 4 Year Olds) James Manning & Nicola Ridgeway. 2020. (ENG.). 84p. (J). pap. *(978-1-80027-218-7(9))* CBT Bks.

Pirate Curse. Mason Stone. 2019. (Perry Normal Adventures Ser.: Vol. 6). (ENG.). 230p. (YA). pap. *(978-1-989386-01-9(6))* Red Pine Publishing.

Pirate Fest! Johanna Gohmann. Illus. by Addy Rivera. 2022. (Pirate Kids Set 2 Ser.). (ENG.). 32p. (J). (gr. 2-2). pap. 9.95 *(978-1-64494-476-9(6),* Calico Kid) ABDO Publishing Co.

Pirate Ghost. Franklin W. Dixon. Illus. by Santy Gutierrez. 2018. (Hardy Boys Clue Book Ser.: 7). (ENG.). 96p. (J). (gr. 1-4). 17.99 *(978-1-4814-8873-0(2));* pap. 5.99 *(978-1-4814-8872-3(4))* Simon & Schuster Children's Publishing. (Aladdin).

Pirate Girl Coloring & Activity Book. The Sports Player & C. A. 2022. (ENG.). 60p. (J). pap. ***(978-1-387-56882-6(5))*** Lulu Pr., Inc.

Pirate Gold (Classic Reprint) F. J. Stimson. 2017. (ENG., Illus.). (J). 28.70 *(978-0-265-20297-5(3))* Forgotten Bks.

Pirate Heir. Reilly Woodhouse. 2018. (ENG., Illus.). 294p. (YA). pap. 18.95 *(978-1-64214-140-5(2))* Page Publishing Inc.

Pirate, I Be! Richard Anthony Martinez. Illus. by Kristine Balog. 2018. (ENG.). 28p. (J). (gr. k-5). pap. 12.99 *(978-1-7329511-1-2(X));* 16.99 *(978-1-7329511-0-5(1))* Martinez, Richard A.

Pirate Invasion: #2. Marcus Emerson. Illus. by David Lee. 2022. (Diary of a 6th Grade Ninja Ser.). (ENG.). 128p. (J). (gr. 2-6). lib. bdg. 32.79 *(978-1-0982-5241-0(1),* 41275, Chapter Bks.) Spotlight.

Pirate Island. Harry Collingwood. 2018. (ENG., Illus.). 260p. (J). 24.99 *(978-1-5154-2241-9(0))* Wilder Pubns., Corp.

Pirate Jack & the Redbeards. Rachel Eskilsdotter. 2021. (Pirate Jack Ser.: Vol. 1). (ENG.). 44p. (J). pap. *(978-1-7778913-3-6(7))* LoGreco, Bruno.

Pirate Kids Set 2 (Set Of 4) Johanna Gohmann. Illus. by Addy Rivera. 2022. (Pirate Kids Set 2 Ser.). (ENG.). 128p. (J). (gr. 2-2). pap. 39.80 *(978-1-64494-472-1(3),* Calico Kid) ABDO Publishing Co.

Pirate King. Huw Powell. 2017. (Spacejackers Ser.). (ENG.). 320p. (J). 16.99 *(978-1-68119-074-7(5),* 900163758, Bloomsbury USA Childrens) Bloomsbury Publishing USA.

Pirate Lamby & His Woolly Crew. Jude Lennon. Illus. by Holly Bushnell. 2022. (ENG.). 26p. (J). pap. *(978-1-915083-00-5(1))* Little Lamb Publishing.

Pirate Legends, 1 vol. Jill Keppeler. 2017. (Famous Legends Ser.). (ENG.). 32p. (J). (gr. 2-3). pap. 11.50 *(978-1-5382-0245-6(X),* 3b6f6844-539a-445d-a4c4-3dfafbd9466d) Stevens, Gareth Publishing LLLP.

Pirate Legion. Sja Turney. Illus. by Dave Slaney. 2017. (ENG.). (J). pap. *(978-0-9935552-4-4(1))* Mulcahy Bks.

Pirate Life. Michael Teitelbaum. 2022. (Reading Rocks! Ser.). (ENG.). 32p. (J). (gr. 3-6). lib. bdg. 35.64 *(978-1-5038-5821-3(9),* 215687, Stride) Child's World, Inc, The.

Pirate Magic: Jonah & the Pirate King. Tara L. Nielsen. 2021. (ENG.). 290p. (YA). 19.99 *(978-0-9973881-6-9(1));* pap. 12.99 *(978-0-9973881-5-2(3))* Nielsen, Tara L.

Pirate Mazes: 25 Colorful Mazes. Clever Publishing & Nora Watkins. Illus. by Inna Anikeeva. 2023. (Clever Mazes Ser.). (ENG.). 32p. (J). (gr. -1-1). pap. 5.99 ***(978-1-956560-96-1(3))*** Clever Media Group.

Pirate Mcgee & His Crew of Two. Vicky Anglin. 2017. (ENG., Illus.). (J). 22.95 *(978-1-4808-5332-4(1));* pap. 16.95 *(978-1-4808-5331-7(3))* Archway Publishing.

Pirate Nell's Tale to Tell: A Storybook Adventure. Helen Docherty. Illus. by Thomas Docherty. 40p. (J). (gr. k-4). 2022. 7.99 *(978-1-7282-6161-4(9));* 2020. 17.99 *(978-1-4926-9867-8(9))* Sourcebooks, Inc. (Sourcebooks Jabberwocky).

Pirate Ninja 2: Pranks in Paradise. Daniel Kenney. 2017. (ENG., Illus.). 152p. (J). pap. 7.99 *(978-1-947865-05-1(6))* Trendwood Pr.

Pirate Ninja 3: Halloween Hooligans. Daniel Kenney. 2017. (ENG., Illus.). 134p. (J). pap. 7.99 *(978-1-947865-07-5(2))* Trendwood Pr.

Pirate Ninja 4: Rise of the Nimrods. Daniel Kenney. 2017. (ENG., Illus.). 190p. (J). pap. 8.99 *(978-1-947865-08-2(0))* Trendwood Pr.

Pirate of Parts (Classic Reprint) Richard Neville. (ENG., Illus.). (J). 2018. 230p. 28.64 *(978-0-483-77583-1(5));* 2016. pap. 11.57 *(978-1-333-49317-2(7))* Forgotten Bks.

Pirate Pedro. Fran Manushkin. Illus. by Tammie Lyon. 2017. (Pedro Ser.). (ENG.). 32p. (J). (gr. k-2). lib. bdg. 21.32 *(978-1-5158-0872-5(6),* 134403, Picture Window Bks.) Capstone.

Pirate Penguin vs Ninja Chicken Volume 3: Macaroni & Bees?!? Ray Friesen. 2021. (Pirate Penguin vs Ninja Chicken Ser.: 3). (Illus.). 64p. (J). (gr. 4-7). 9.99 *(978-1-60309-497-9(0))* Top Shelf Productions.

Pirate Perdita & the Time Travelling Zombie Dinosaurs... from Space! Mir Foote. 2018. (ENG., Illus.). 132p. (J). *(978-0-359-06925-5(8))* Lulu Pr., Inc.

Pirate Pete & His Smelly Feet. Lucy Rowland. Illus. by Mark Chambers. 2017. (ENG.). 32p. (J). (gr. -1-1). 17.99 *(978-1-5098-1776-4(X),* Macmillan Children's Bks.) Pan Macmillan GBR. Dist: Independent Pubs. Group.

Pirate Pete's Ghost, 1 vol. John Lockyer. 2018. (ENG., Illus.). 21p. (J). pap. *(978-1-77654-246-8(0),* Red Rocket Readers) Flying Start Bks.

Pirate Portal (the Queens Pirates, Book 1) Paul Belzoni. 2017. (ENG., Illus.). (J). pap. *(978-1-909927-21-6(X))* Mentem Publishing.

Pirate Princess: Adventure Saga Coloring Book Edition. Kreative Kids. 2016. (ENG., Illus.). (J). pap. 9.20 *(978-1-68377-231-6(8))* Whlke, Traudl.

Pirate Princess Olivia Grace & Captain Oxswamp. David F. Berens. 2019. (ENG., Illus.). 26p. (J). 19.99 *(978-0-578-51034-7(0))* Berens, David F.

Pirate Pups! Ursula Ziegler-Sullivan. Illus. by Fabrizio Petrossi. 2016. (J). *(978-1-4806-9717-1(6),* Golden Bks.) Random Hse. Children's Bks.

Pirate Pups! (Paw Patrol) Golden Books. Illus. by Fabrizio Petrossi. 2016. (Little Golden Book Ser.). (ENG.). 24p. (J). (gr. -1-k). 5.99 *(978-0-553-53888-5(8),* Golden Bks.) Random Hse. Children's Bks.

Pirate Queen: A Story of Zheng Yi Sao, 1 vol. Helaine Becker. Illus. by Liz Wong. 2020. (ENG.). 36p. (J). (gr. 1-4). 17.95 *(978-1-77306-124-5(0))* Groundwood Bks. CAN. Dist: Publishers Group West (PGW).

Pirate Queen: Battle for Redemption. Ileana Drobkin. 2023. (ENG.). 392p. (YA). pap. 18.99 ***(978-1-7368569-3-2(6))*** CSIR Publishing.

Pirate Queen: In Search of the Orbs. Ileana Drobkin. 2021. (ENG.). (YA). 282p. 23.99 *(978-1-7368569-1-8(X));* 264p. pap. 14.99 *(978-1-7368569-0-1(1))* CSIR Publishing.

Pirate Queen: the Legend of Grace O'Malley. Tony Lee. Illus. by Sam Hart. 2020. (ENG.). 128p. (J). (gr. 5). pap. 12.99 *(978-1-5362-0020-1(4))* Candlewick Pr.

Pirate Ship: Lift the Flaps to Follow the Clues & Discover the Fabulous Treasure. Illus. by Jan Lewis. 2016. 10p. (J). (gr. -1-12). 7.99 *(978-1-86147-767-5(8),* Armadillo) Anness Publishing GBR. Dist: National Bk. Network.

Pirate Ships. Kenny Abdo. (Pirates Ser.). (ENG., Illus.). 24p. (J). (gr. 2-2). 2022. pap. 8.95 *(978-1-64494-702-9(1));* 2021. lib. bdg. 31.36 *(978-1-0982-2687-9(9),* 38650) ABDO Publishing Co. (Abdo Zoom-Fly).

Pirate Smells: An Interactive Story for Families Who Love Books. Bonnie Ferrante. 2019. (ENG.). 42p. (J). pap. *(978-1-928064-48-0(5))* Single Drop Publishing.

Pirate Stew. Neil Gaiman. Illus. by Chris Riddell. (ENG.). 48p. (J). (gr. -1-3). 2023. pap. 9.99 *(978-0-06-324237-1(0));* 2020. 19.99 *(978-0-06-293457-4(0))* HarperCollins Pubs. (Quill Tree Bks.).

Pirate Stories. John Townsend. Illus. by Isobel Lundie. ed. 2018. (Shivers Ser.). (ENG.). 128p. (J). (gr. 2). pap. 7.95 *(978-1-912233-51-9(7),* Scribo) Book Hse. GBR. Dist: Sterling Publishing Co., Inc.

Pirate Summer. Hl Carpenter. 2018. (ENG., Illus.). 186p. (YA). (gr. 7-12). pap. 12.95 *(978-0-9884095-7-6(7))* Top Drawer Ink Corp.

Pirate Treasure. Kenny Abdo. (Pirates Ser.). (ENG., Illus.). 24p. (J). (gr. 2-2). 2022. pap. 8.95 *(978-1-64494-703-6(X));* 2021. lib. bdg. 31.36 *(978-1-0982-2688-6(7),* 38652) ABDO Publishing Co. (Abdo Zoom-Fly).

Pirate Tree, 1 vol. Brigita Orel. Illus. by Jennie Poh. 2022. (ENG.). 32p. (J). (gr. -1-2). pap. 8.99 *(978-1-915244-06-2(4),* 5facbae6-d45b-4916-a07f-11a67d38f057) Lantana Publishing GBR. Dist: Lerner Publishing Group.

Pirate, Vol. 1 of 2 (Classic Reprint) Walter Scott. (ENG., Illus.). (J). 2018. 234p. 28.74 *(978-0-365-23730-3(2));* 2017. pap. 11.57 *(978-0-259-20893-8(0))* Forgotten Bks.

Pirate Who's Back in Bunny Slippers. Annabeth Bondor-Stone & Connor White. Illus. by Anthony Holden. 2016. (Shivers! Ser.: 2). (ENG.). 208p. (J). (gr. 3-7). 12.99 *(978-0-06-231389-8(4),* HarperCollins) HarperCollins Pubs.

Pirates Life. Kenny Abdo. 2022. (Pirates Ser.). (ENG., Illus.). 24p. (J). (gr. 2-2). pap. 8.95 *(978-1-64494-705-0(6),* Abdo Zoom-Fly) ABDO Publishing Co.

Pirates. Valerie Bodden. 2017. (X-Books: Fighters Ser.). (ENG., Illus.). 32p. (J). (gr. 3-6). *(978-1-60818-814-7(0),* 20375, Creative Education) Creative Co., The.

Pirates. Sarah K. Davis. 2016. (Uncommon Women Ser.). (ENG., Illus.). 48p. (gr. 3-8). 27.99 *(978-1-62920-584-7(2))* Scobre Pr. Corp.

Pirates. E. T. Fox. 2017. (Illus.). 64p. (J). *(978-1-5182-2427-0(X))* Dorling Kindersley Publishing, Inc.

Pirates. Gail Terp. 2019. (History's Warriors Ser.). (ENG.). 32p. (J). (gr. 4-6). pap. 9.99 *(978-1-64466-043-0(1),* 12761); (Illus.). lib. bdg. *(978-1-68072-852-1(0),* 12760) Black Rabbit Bks. (Bolt).

Pirates. Pierre-Marie Valat. 2018. (My First Discoveries Ser.). (ENG., Illus.). 36p. (J). (gr. -1-3). spiral bd. 19.99 *(978-1-85103-469-7(2))* Moonlight Publishing, Ltd. GBR. Dist: Independent Pubs. Group.

Pirates. Contrib. by World Book, Inc. Staff. 2019. (Illus.). 96p. (J). *(978-0-7166-3731-8(6))* World Bk., Inc.

Pirates Ahoy! Activity Fun. Lisa Regan & Trudi Webb. Illus. by Barry Green. 2019. (Dover Kids Activity Books: Fantasy Ser.). (ENG.). 48p. (J). (gr. 1-4). pap. 7.99 *(978-0-486-83293-7(7),* 832937) Dover Pubns., Inc.

Pirates & Parrots. Bradford Bodner. Illus. by Alexandra Barclay. 2020. (Adventures of Kip MacWhiskers Ser.: 2). 44p. (J). (gr. 4-7). 29.99 *(978-1-0983-1096-7(9))* BookBaby.

Pirates & Shipwrecks: True Stories. Tom McCarthy. 2016. (Mystery & Mayhem Ser.). (ENG., Illus.). 128p. (J). (gr. 3-6). 19.95 *(978-1-61930-471-0(6),* 106a9167-bf27-46d2-891a-440cbdec514f) Nomad Pr.

Pirates Are Coming! John Condon. Illus. by Matt Hunt. 2020. (ENG.). 32p. (J). (gr. -1-2). 16.99 *(978-1-5362-1216-7(4))* Candlewick Pr.

Pirates Attack. Laura Henderson. 2017. (Knookerdoodle Adventure Ser.: Vol. 2). (ENG., Illus.). (J). (gr. k-6). pap. 9.99 *(978-0-9976172-2-1(5))* 1105 West House.

Pirates! Bold & Brutal Rebels. Elsie Olson. 2017. (History's Hotshots Ser.). (ENG., Illus.). 32p. (J). (gr. 3-6). lib. bdg. 32.79 *(978-1-5321-1273-7(4),* 27597, Checkerboard Library) ABDO Publishing Co.

Pirates Coloring Book! Discover This Coloring Book for Kids! Bold Illustrations. 2021. (ENG.). 82p. (J). pap. 11.99 *(978-1-0717-0636-7(5),* Bold Illustrations) FASTLANE LLC.

Pirate's Curse. Philip Monnin. 2016. (ENG., Illus.). (J). pap. 11.99 *(978-0-9982907-0-6(X))* Luminosity Media Group LLC.

Pirates Don't Dance. Shawna J. C. Tenney. Illus. by Shawna J. C. Tenney. 2022. (ENG., Illus.). 40p. (J). (gr. k-3). 17.99 *(978-1-5341-1158-5(1),* 205278) Sleeping Bear Pr.

Pirates Don't Drive Diggers. Alex English. Illus. by Duncan Beedie. 2019. (Early Bird Readers — Orange (Early Bird Stories (tm)) Ser.). (ENG.). 32p. (J). (gr. k-3). 30.65 *(978-1-5415-4221-1(5),* 9ac76b41-4605-4891-9cd5-ca610ae092db); pap. 9.99 *(978-1-5415-7414-4(1),* 19707421-c580-497c-b567-bd6ce5f91e10) Lerner Publishing Group. (Lerner Pubns.).

Pirates Don't Go to Kindergarten! Lisa Robinson. Illus. by Eda Kaban. 2019. (ENG.). 32p. (J). (gr. -1-2). 17.99 *(978-1-5420-9275-3(2),* 9781542092753, Two Lions) Amazon Publishing.

Pirates Don't Go to School! Alan MacDonald. ed. 2020. (ENG.). 25p. (J). (gr. k-1). 21.96 *(978-0-87617-262-9(1))* Penworthy Co., LLC, The.

Pirates du Noumannsi: Une Nouvelle Recrue. Delphine Herrenberger. 2020. (FRE.). 64p. (YA). pap. ***(978-1-716-72393-3(0))*** Lulu Pr., Inc.

Pirate's Eye. Guy Bass. Illus. by Pete Williamson. ed. 2023. (Stitch Head Ser.: 2). (ENG.). 192p. (J). (gr. 2-5). pap. 6.99 *(978-1-6643-4063-3(7))* Tiger Tales.

Pirates, Eye Gougers, & Native American Rings. Jr Ted H. Shinaberry. 2017. (ENG., Illus.). (YA). (gr. 7-12). pap. 15.95 *(978-1-63492-421-4(5))* Booklocker.com, Inc.

Pirate's Gold. Therese Fisher. 2019. (ENG., Illus.). 24p. (J). pap. *(978-0-473-47564-2(2))* Kingfisher Publishing.

Pirates' Gold: A Storyline Adventure. Peter B. Dunfield. 2020. (Storyline Adventure Ser.: Vol. 1). (ENG.). 268p. (J). *(978-0-2288-3765-7(0));* pap. *(978-0-2288-3764-0(2))* Tellwell Talent.

Pirates' Handbook to Magic. Jordan Hunter. 2022. (Pirates' Handbook to Magic: Volume 1 Ser.: 1). 392p. (YA). 35.00 *(978-1-6678-5660-5(X))* BookBaby.

Pirates in the Media. Kenny Abdo. (Pirates Ser.). (ENG., Illus.). 24p. (J). (gr. 2-2). 2022. pap. 8.95 *(978-1-64494-704-3(8));* 2021. lib. bdg. 31.36 *(978-1-0982-2689-3(5),* 38654) ABDO Publishing Co. (Abdo Zoom-Fly).

Pirate's Life. Kenny Abdo. 2021. (Pirates Ser.). (ENG., Illus.). 24p. (J). (gr. 2-8). lib. bdg. 31.36 *(978-1-0982-2690-9(9),* 38656, Abdo Zoom-Fly) ABDO Publishing Co.

Pirate's Life for She: Swashbuckling Women Through the Ages. Laura Sook Duncombe. 2019. 224p. (J). (gr. 7). 18.99 *(978-1-64160-055-2(1))* Chicago Review Pr., Inc.

Pirates Love Pajamas. Sarah Hadsell. 2019. (ENG.). 32p. (J). 15.99 *(978-1-4621-2351-3(1),* Sweetwater Bks.) Cedar Fort, Inc./CFI Distribution.

Pirate's Night Before Christmas. Philip Yates. Illus. by Sebastià Serra & Sebastià Serra. 2020. 24p. (J). (— 1). bds. 7.95 *(978-1-4549-4264-1(9))* Sterling Publishing Co., Inc.

Pirates of Brisa. Paul E. Horsman. 2017. (ENG., Illus.). (J). pap. *(978-94-91730-30-6(4))* Red Rune Bks.

Pirates of Ersatz. Murray Leinster. 2022. (ENG.). (J). 148p. 19.95 *(978-1-63637-815-2(3));* 146p. pap. 9.95 *(978-1-63637-814-5(5))* Bibliotech Pr.

Pirates of Oyster Bay. Madeline Tyler. Illus. by Ryo Arata. 2023. (Level 7 - Turquoise Set Ser.). (ENG.). 32p. (J). (gr. 1-4). lib. bdg. 19.95 Bearport Publishing Co., Inc.

Pirates of Scurvy Sands. Jonny Duddle. Illus. by Jonny Duddle. 2018. (ENG., Illus.). 44p. (J). (gr. 1-4). 16.99 *(978-0-7636-9293-3(X),* Templar) Candlewick Pr.

Pirates of Tahiti: A Tale of Two Ships. Alan Horsfield. 2019. (ENG., Illus.). 180p. (J). pap. ***(978-0-6480270-7-2(4))*** Horsfield, Alan.

Pirates of the Caribbean: at World's End. Stefano Ambrosio. Illus. by Giovanni Rigano. 2021. (Disney & Pixar Movies Ser.). (ENG.). 52p. (J). (gr. 2-6). lib. bdg. 32.79 *(978-1-5321-4814-9(3),* 37025, Graphic Novels) Spotlight.

Pirates of the Caribbean: Dead Man's Chest. Stefano Ambrosio. Illus. by Giovanni Rigano. 2021. (Disney & Pixar Movies Ser.). (ENG.). 52p. (J). (gr. 2-6). lib. bdg. 32.79 *(978-1-5321-4816-3(X),* 37027, Graphic Novels) Spotlight.

Pirates of the Caribbean (Disney Classic) Nicole Johnson. Illus. by Kenneth Anderson. 2023. (Little Golden Book Ser.). (ENG.). 24p. (J). (-k). 5.99 *(978-0-7364-4383-8(5),* Golden/Disney) Random Hse. Children's Bks.

Pirates of the Caribbean: the Curse of the Black Pearl. Alessandro Ferrari. Illus. by Giovanni Rigano. 2021. (Disney & Pixar Movies Ser.). (ENG.). 52p. (J). (gr. 2-6). lib. bdg. 32.79 *(978-1-5321-4815-6(1),* 37026, Graphic Novels) Spotlight.

Pirates of the Potty. Carolyn Bagnall. 2017. (ENG., Illus.). (J). *(978-1-77370-003-8(0));* pap. *(978-1-77370-002-1(2))* Tellwell Talent.

Pirates of the Spring (Classic Reprint) Forrest Reid. 2017. (ENG., Illus.). (J). 31.45 *(978-0-260-98582-8(1))* Forgotten Bks.

Pirates of the West Indies in 17th Century: True Story of the Fiercest Pirates of the Caribbean. Clarence Henry Haring. 2019. (ENG.). 152p. (YA). pap. *(978-80-273-3202-1(8))* E-Artnow.

Pirates on the Saranac. Caperton Tissot. 2019. (ENG.). 36p. (J). pap. *(978-0-359-91606-1(6))* Lulu Pr., Inc.

Pirates Own Book. Charles Ellms. (ENG.). (J). 2020. 306p. pap. *(978-1-77426-076-0(X));* 2018. 254p. pap. *(978-1-989201-22-0(9))* East India Publishing Co.

Pirates Past Noon, 4. Mary Pope Osborne. 2019. (Magic Tree House Ser.). (ENG.). 67p. (J). (gr. 2-3). 16.96 *(978-0-87617-693-1(7))* Penworthy Co., LLC, The.

Pirates Past Noon, 4. Jenny Laird. ed. 2022. (Magic Tree House Ser.). (ENG.). 156p. (J). (gr. 1-4). 22.46 ***(978-1-68505-699-5(7))*** Penworthy Co., LLC, The.

Pirates Past Noon Graphic Novel. Mary Pope Osborne. Illus. by Kelly Matthews & Nichole Matthews. 2022. (Magic Tree House (R) Ser.: 4). 176p. (J). (gr. 1-4). 16.99 *(978-0-593-17480-7(1));* pap. 9.99 *(978-0-593-17483-8(6));* (ENG.). lib. bdg. 19.99 *(978-0-593-17481-4(X))* Random Hse. Children's Bks. (Random Hse. Bks. for Young Readers).

Pirate's Perfect Pet. Beth Ferry. Illus. by Matt Myers. 2016. (ENG.). 32p. (J). (gr. -1-3). 16.99 *(978-0-7636-7288-1(2))* Candlewick Pr.

Pirate's Peril. Lynne North. 2019. (Crimson Cloak Quests Ser.: Vol. 2). (ENG., Illus.). 240p. (J). (gr. 3-6). pap. 11.99 *(978-1-68160-699-6(2))* Crimson Cloak Publishing.

Pirate's Progress. Andrew Jones Trice III. 2016. (ENG., Illus.). (YA). (gr. 7-12). pap. 15.00 *(978-0-578-16633-9(X))* Angel's BBQ.

Pirate's Promise. Rachael Lindsay. 2019. (ENG., Illus.). 174p. (YA). (gr. 7-12). pap. *(978-1-912021-01-7(3),* Nightingale Books) Pegasus Elliot Mackenzie Pubs.

Pirates (Set), 6 vols. Kenny Abdo. 2021. (Pirates Ser.). (ENG.). 24p. (J). (gr. 2-8). lib. bdg. 188.16 *(978-1-0982-2684-8(4),* 38644, Abdo Zoom-Fly) ABDO Publishing Co.

Pirates (Set Of 6) Kenny Abdo. 2022. (Pirates Ser.). (ENG., Illus.). 144p. (J). (gr. 2-2). pap. 53.70 *(978-1-64494-699-2(8),* Abdo Zoom-Fly) ABDO Publishing Co.

Pirate's Song. Justin Davis. 2019. (ENG., Illus.). 32p. (J). pap. *(978-1-912765-03-4(9))* Blue Falcon Publishing.

Pirate's Tale of Papa's Gold Tooth. Richard M. Marino. Illus. by Dawn Davidson. 2019. (ENG.). 26p. (J). (gr. k-3). pap. 10.99 *(978-1-61254-375-8(8))* Brown Books Publishing Group.

Pirate's Treasure: English Children&Rsquo; S Books - Learn to Read in Capital Letters & Lowercase: Stories for 4 & 5 Year Olds. Núria Cussó Grau. 2021. (ENG., Illus.). 24p. (J). (gr. k-2). pap. 7.99 *(978-84-17210-10-6(5))* Editorial el Pirata ESP. Dist: Independent Pubs. Group.

Pirates' Treasure! Kindergarten Bounty of Mazes. Kreative Kids. 2016. (ENG., Illus.). (J). pap. 9.20 *(978-1-68377-030-5(7))* Whlke, Traudl.

Pirates vs. Monsters. David Crosby. Illus. by Lee Cosgrove. 2021. (ENG.). 32p. (J). (gr. -1-3). 17.99 *(978-1-84886-708-6(5),* c54726a2-18b5-43e8-8b0d-48d58749ba2c) Maverick Arts Publishing GBR. Dist: Lerner Publishing Group.

Pirates vs. Ninjas. Virginia Loh-Hagan. 2019. (Battle Royale: Lethal Warriors Ser.). (ENG., Illus.). 32p. (J). (gr. 4-8). pap. 14.21 *(978-1-5341-5050-8(1),* 213507); lib. bdg. 32.07 *(978-1-5341-4764-5(0),* 213506) Cherry Lake Publishing. (45th Parallel Press).

Pirates vs Ninjas. Adam Maxwell. 2018. (Lost Bookshop Ser.: Vol. 5). (ENG., Illus.). 324p. (J). (gr. 2-6). pap. *(978-1-9997761-3-8(5))* Lost Bk. Emporium, The.

Pirats: A Tale of Mutiny on the High Seas. Rhian Waller. 2018. (ENG., Illus.). 130p. (J). pap. 5.88 *(978-0-244-38650-4(1))* Lulu Pr., Inc.

Pisces. Clever Publishing. Illus. by Alyona Achilova. 2021. (Clever Zodiac Signs Ser.: 12). (ENG.). 8p. (J). (gr. -1 — 1). bds. 8.99 *(978-1-951100-72-8(7))* Clever Media Group.

Pisces: Book Twelve in the Zodiac Dozen Series. Oliver Bestul. 2023. (Zodiac Dozen Ser.: Vol. 12). (ENG.). 154p. (J). pap. 12.99 ***(978-1-64538-623-0(6))*** Orange Hat Publishing.

Pisciculture en Eaux Douces: Avec 101 Figures Intercal'es Dans le Texte (Classic Reprint) Alphonse Gobin. 2018. (FRE., Illus.). 370p. (J). 31.55 *(978-0-656-77083-0(X))* Forgotten Bks.

Piscina. Katrina Streza & Ariana Vargas. Illus. by Brenda Ponnay. 2023. (Little Lectores Ser.: Vol. 28). (SPA.). 20p. (J). 24.99 ***(978-1-5324-4417-3(6));*** pap. 12.99 ***(978-1-5324-4416-6(8))*** Xist Publishing.

P

Pishi & Friends: Round & Round We Go, We Will Always Be Guided by This Glow! Samineh I. Shaheem. Illus. by Diba Kohan. 2022. (ENG.). 24p. (J). *(978-1-83975-872-0(4))* Grosvenor Hse. Publishing Ltd.

Piskey-Purse: Legends & Tales of North Cornwall (Classic Reprint) Enys Tregarthen. 2017. (ENG., Illus.). (J). 28.60 *(978-0-265-21106-9(9))* Forgotten Bks.

Piso & the Praefect, or the Ancients off Their Stilts, Vol. 2 of 3 (Classic Reprint) Unknown Author. (ENG., Illus.). (J). 2018. 312p. 30.33 *(978-0-484-78874-8(4));* 2016. pap. 13.57 *(978-1-334-49955-5(1))* Forgotten Bks.

Piso & the Praefect, or the Ancients off Their Stilts, Vol. 3 of 3 (Classic Reprint) Unknown Author. 2018. (ENG., Illus.). 314p. (J). 30.41 *(978-0-483-10739-7(5))* Forgotten Bks.

Piso & the Praefect, Vol. 1 Of 3: Or the Ancients off Their Stilts (Classic Reprint) Unknown Author. 2018. (ENG., Illus.). 318p. (J). 30.46 *(978-0-484-67888-9(4))* Forgotten Bks.

Pistas Apestosas / Stinky Clues. Begona Oro. 2022. (Misterios a Domicilio Ser.: 1). (SPA.). 208p. (J). (gr. 2-5). pap. 12.95 *(978-607-38-0836-1(4))* Penguin Random House Grupo Editorial ESP. Dist: Penguin Random Hse. LLC.

Pit a Story of Chicago (Classic Reprint) Frank Norris. 2018. (ENG., Illus.). 448p. (J). 33.16 *(978-0-666-20587-2(6))* Forgotten Bks.

Pit Bulls. Sarah Frank. 2019. (Lightning Bolt Books (r) — Who's a Good Dog? Ser.). (ENG., Illus.). 24p. (J). (gr. 1-3). 29.32 *(978-1-5415-5575-4(9),* 10c0da95-3820-481e-b7f3-422cc313c681); pap. 9.99 *(978-1-5415-7466-3(4),* baf83689-d42f-43ea-9fd6-854af2690a6e) Lerner Publishing Group. (Lerner Pubns.).

Pit of No Return. Michael Dahl. Illus. by Patricio Clarey. 2019. (Escape from Planet Alcatraz Ser.). (ENG.). 40p. (J). (gr. 3-6). lib. bdg. 24.65 *(978-1-4965-8311-6(6),* 140486, Stone Arch Bks.) Capstone.

Pit-Prop Syndicate (Classic Reprint) Freeman Wills Crofts. 2017. (ENG., Illus.). (J). 30.58 *(978-0-331-88814-0(9))* Forgotten Bks.

Pit Town Coronet, Vol. 1 Of 3: A Family Mystery (Classic Reprint) Charles James Wills. 2018. (ENG., Illus.). (J). 292p. 29.92 *(978-0-366-52767-0(3));* 294p. pap. 13.57 *(978-0-365-85267-4(8))* Forgotten Bks.

Pit Town Coronet, Vol. 2 Of 3: A Family Mystery (Classic Reprint) Charles James Will. (ENG., Illus.). (J). 2018. 318p.

30.48 (978-0-484-19021-3(0)); 2016. pap. 13.57 (978-1-334-12080-0(3)) Forgotten Bks.

Pit Town Coronet, Vol. 3 Of 3: A Family Mystery (Classic Reprint) Charles J. Wills. (ENG., Illus.). (J). 2018. 254p. 29.14 (978-0-483-72016-9(X)); 2016. pap. 11.57 (978-1-333-23844-5(4)) Forgotten Bks.

Pit Viper. Carol Kim. 2018. (World's Coolest Snakes Ser.). (ENG., Illus.). 32p. (gr. 4-8). lib. bdg. 32.79 (978-1-64156-482-3(2), 9781641564823) Rourke Educational Media.

Pit Viper. Julie Murray. 2020. (Animals with Venom Ser.). (ENG., Illus.). 24p. (J). (gr. k-4). lib. bdg. 31.36 (978-1-0982-2106-5(0), 34459); (gr. 2-2). pap. 8.95 (978-1-64494-401-1(4)) ABDO Publishing Co. (Abdo Zoom-Dash).

Pitbull, Vol. 11. Summer Bookout. 2018. (Hip-Hop & R & B: Culture, Music & Storytelling Ser.). (Illus.). 80p. (J). (gr. 7). lib. bdg. 33.27 (978-1-4222-4184-4(X)) Mason Crest.

Pitch & Throw, Grasp & Know, 20th Anniversary Edition: What Is a Synonym? Brian P. Cleary. Illus. by Brian Gable. 20th rev. ed. 2021. (Words Are CATegorical (r) (20th Anniversary Editions) Ser.). (ENG.). 32p. (J). (gr. 2-5). 29.32 (978-1-7284-2843-7(2), 3b1d8c4e-5bde-4daa-86f0-a6c7367bd49d); pap. 7.99 (978-1-7284-3173-4(5), 85519170-8851-4c75-9853-0ef3bec46dc1) Lerner Publishing Group. (Lerner Pubns.).

Pitch Black, 1 vol. Youme & Anthony Horton. Illus. by Youme. 2023. (ENG.). 72p. (YA). (gr. 7-12). pap. 17.95 (978-1-64379-656-7(9), 23353382, Cinco Puntos Press) Lee & Low Bks., Inc.

Pitch Dark. Courtney Alameda. 2019. (ENG.). 384p. (YA). pap. 10.99 (978-1-250-29457-9(6), 900195082) Square Fish.

Pitch Partners #2. Laura D'Asaro et al. Illus. by Vanessa Flores. 2021. (Eat Bugs Ser.: 2). 240p. (J). (gr. 3-7). 14.99 (978-0-593-09619-2(3), Penguin Workshop) Penguin Young Readers Group.

Pitcher in Paradise: Some Random Reminiscences, Sporting & Otherwise (Classic Reprint) Arthur M. Binstead. (ENG., Illus.). (J). 2018. 306p. 30.21 (978-0-484-05970-1(X)); 2017. pap. 13.57 (978-0-243-96177-1(4)) Forgotten Bks.

Pitcher Plants Eat Meat!, 1 vol. Barbara M. Linde. 2016. (World's Weirdest Plants Ser.). (ENG.). 24p. (J). (gr. 2-3). pap. 9.15 (978-1-4824-5632-5(X), fba71078-96c1-48bf-8156-04f4476370ad) Stevens, Gareth Publishing LLLP.

Pitcher Pollock (Classic Reprint) Christy Mathewson. 2018. (ENG., Illus.). 352p. (J). 31.18 (978-0-267-51250-8(3)) Forgotten Bks.

Pitchoun, Poutou et le Pissenlit. Karin Swildens. 2017. (ENG., Illus.). 42p. (J). (978-1-365-82142-4(0)) Lulu Pr., Inc.

Pitfall Experiments: Alpha. Vaughn Feighan. 2020. (ENG.). 300p. (YA). pap. (978-1-912964-14-7(7)) Cranthorpe Millner Pubs.

Pitfalls (Classic Reprint) Anthony Joseph Caffrey. 2017. (ENG., Illus.). (J). 28.08 (978-0-265-51622-5(6)); pap. 10.57 (978-1-334-92592-4(5)) Forgotten Bks.

Pitiful Human-Lizard - Season 3 - Almost Getting There. Jason Loo. 2020. (ENG.). 144p. (YA). pap. 19.99 (978-1-988247-30-4(6)) Chapterhouse Comics CAN. Dist: Diamond Comic Distributors, Inc.

Pitiful Human-Lizard - Season 4 -Setbacks. Jason Loo. 2020. (ENG., Illus.). 112p. (YA). pap. 14.99 (978-1-988247-44-1(6)) Chapterhouse Comics CAN. Dist: Diamond Comic Distributors, Inc.

Pitiful Human Lizard: Far from Legendary. Jason Loo. 2019. (ENG., Illus.). 144p. (YA). pap. 19.99 (978-1-988247-31-1(4), 8b4152d0-9f42-4b2e-885f-416b60a79e98) Chapterhouse Comics CAN. Dist: Diamond Comic Distributors, Inc.

Pitman's Pay: And Other Poems (Classic Reprint) Thomas Wilson. 2017. (ENG., Illus.). (J). 28.33 (978-0-260-63894-6(3)) Forgotten Bks.

Pitones. Gail Terp. (Serpientes Escurridizas Ser.). (SPA.). 32p. (J). (gr. 4-6). 2021. lib. bdg. (978-1-62310-520-4(X), 13400); 2020. pap. 9.99 (978-1-64466-468-1(2), 13401) Black Rabbit Bks. (Bolt).

Pitsy Is Missing! Mosina Jordan. 2019. (ENG.). 30p. (J). 19.95 (978-0-578-53216-5(6)) Jordan, Mosina.

Pitter Patter Penguin (2020 Edition) Baby's First Soft Book. Surya Sajnani. ed. 2020. (Wee Gallery Cloth Bks.). (ENG.). 4p. (J). (gr. -1 — 1). bds. 16.95 (978-0-7112-5406-0(0), 336557, Words & Pictures) Quarto Publishing Group UK GBR. Dist: Hachette Bk. Group.

Pitter-Patter Raindrops. Zoiya Jesani. Illus. by Sakshi Mangal. 2019. (ENG.). 30p. (J). (978-1-77370-653-5(5)); pap. (978-1-77370-652-8(7)) Tellwell Talent.

Pitter Pattern. Joyce Hesselberth. Illus. by Joyce Hesselberth. 2020. (ENG., Illus.). 40p. (J). (gr. -1-3). 18.99 (978-0-06-274123-3(3), Greenwillow Bks.) HarperCollins Pubs.

Pittman. Jared R. Teer. 2021. (ENG.). 42p. (YA). pap. 8.95 (978-1-68235-329-5(X)) Strategic Book Publishing & Rights Agency (SBPRA).

Pittsburgh Penguins. William Arthur. 2022. (NHL Teams Ser.). (ENG., Illus.). 32p. (J). (gr. 3-4). pap. 9.95 (978-1-63494-522-6(0)); lib. bdg. 31.35 (978-1-63494-496-0(8)) Pr. Room Editions LLC.

Pittsburgh Pirates. Patrick Donnelly. 2022. (Inside MLB Ser.). (ENG., Illus.). 48p. (J). (gr. 3-6). lib. bdg. 34.21 (978-1-0982-9029-0(1), 40815, SportsZone) ABDO Publishing Co.

Pittsburgh Pirates. Michael E. Goodman. (Creative Sports: Major League Baseball Ser.). (ENG.). 32p. (J). 2021. (gr. 4-7). (978-1-64026-315-4(2), 17818, Creative Education); 2020. (gr. 3-5). pap. 9.99 (978-1-62832-847-9(9), 17819, Creative Paperbacks) Creative Co., The.

Pittsburgh Pirates. Caroline Wesley. 2018. (MLB's Greatest Teams Ser.). (ENG., Illus.). 32p. (J). (gr. 2-5). lib. bdg. 34.21 (978-1-5321-1813-5(9), 30672, Big Buddy Bks.) ABDO Publishing Co.

Pittsburgh Steelers. Kenny Abdo. 2021. (NFL Teams Ser.). (ENG., Illus.). 32p. (J). (gr. 2-8). lib. bdg. 32.79 (978-1-0982-2477-6(9), 37188, Abdo Zoom-Fly) ABDO Publishing Co.

Pittsburgh Steelers. Josh Anderson. 2022. (Professional Football Teams Ser.). (ENG.). 32p. (J). (gr. 2-5). lib. bdg. 35.64 (978-1-5038-5768-1(9), 215742, Stride) Child's World, Inc, The.

Pittsburgh Steelers. Nate Cohn. 2018. (Illus.). 24p. (J). (978-1-4896-5546-2(8), AV2 by Weigl) Weigl Pubs., Inc.

Pittsburgh Steelers. Contrib. by Alicia Z. Klepeis. 2023. (NFL Team Profiles Ser.). (ENG., Illus.). (J). (gr. 3-7). lib. bdg. 26.95 Bellwether Media.

Pittsburgh Steelers, 1 vol. Todd Kortemeier & Will Graves. 2016. (NFL up Close Ser.). (ENG., Illus.). 32p. (J). (gr. 3-9). lib. bdg. 32.79 (978-1-68078-230-1(4), 22063, SportsZone) ABDO Publishing Co.

Pittsburgh Steelers. William Meier. 2019. (Inside the NFL Ser.). (ENG.). 48p. (J). (gr. 3-6). lib. bdg. 34.21 (978-1-5321-1862-3(7), 32593, SportsZone) ABDO Publishing Co.

Pittsburgh Steelers. Jim Whiting. rev. ed. 2019. (NFL Today Ser.). (ENG.). 48p. (J). (gr. 4-7). pap. 12.00 (978-1-62832-719-9(7), 19070, Creative Paperbacks) Creative Co., The.

Pittsburgh Steelers All-Time Greats. Ted Coleman. 2021. (NFL All-Time Greats Ser.). (ENG., Illus.). 24p. (J). (gr. 3-3). pap. 8.95 (978-1-63494-381-9(3)); lib. bdg. 28.50 (978-1-63494-364-2(3)) Pr. Room Editions LLC.

Pittsburgh Steelers Story. Allan Morey. 2016. (NFL Teams Ser.). (ENG., Illus.). 32p. (J). (gr. 3-7). lib. bdg. 26.95 (978-1-62617-379-8(6), Torque Bks.) Bellwether Media.

Pity Party. Kathleen Lane. (ENG., Illus.). 224p. (J). 2022. (gr. 9-17). pap. 7.99 (978-0-316-41737-2(8)); 2021. (gr. 5-9). 16.99 (978-0-316-41736-5(X)) Little, Brown Bks. for Young Readers.

Pity the Dead. Rylan John Cavell. 2021. (ENG.). 293p. (YA). (978-1-716-11880-7(8)) Lulu Pr., Inc.

Pity the Poor Blind: A Novel (Classic Reprint) Henry Howarth Bashford. (ENG., Illus.). (J). 2018. 334p. 30.79 (978-0-484-36772-1(2)); 2016. pap. 13.57 (978-1-333-29163-1(9)) Forgotten Bks.

Pity the Poor Blind (Classic Reprint) H. H. Bashford. (ENG., Illus.). (J). 2018. 340p. 30.91 (978-0-483-11053-3(1)); 2017. pap. 13.57 (978-1-334-92928-1(9)) Forgotten Bks.

Pity's First Christmas & the Magnificent Evergreen Tree. Deborah K Crawford. 2018. (ENG., Illus.). 38p. (J). pap. (978-1-64268-046-1(X)) novum pocket Verlag in der novum publishing GmbH.

Più Bella Enciclopedia Di Golf per Bambini... e Anche per Adulti Neofiti. Janina Spruza. 2019. (ITA.). 42p. (J). pap. (978-9934-8711-0-8(6)) Cooolgolf.

Piu' Piccola Arpista: The Littlest Harpist. Melody Anglin. 2016. (ITA., Illus.). (J). (gr. 2-6). pap. 15.95 (978-1-943789-28-3(2)) Taylor and Seale Publishing.

Piuma Magica. Tommaso Martino. 2021. (ITA.). 40p. (J). pap. (978-1-6671-6228-7(4)) Lulu Pr., Inc.

Pivik Learns from Takannaaluk: English Edition. Barrett Lind Jensen. Illus. by Hannah Barrett. 2023. 44p. (J). (gr. 3-3). 24.95 (978-1-77450-583-0(5)) Inhabit Education Bks. Inc. CAN. Dist: Consortium Bk. Sales & Distribution.

Pivot & Win. B. Hellard & L. Gibbs. 2016. (Netball Gems Ser.: 3). (Illus.). 160p. (J). (gr. 4-7). pap. 10.99 (978-0-85798-768-6(2)) Random Hse. Australia AUS. Dist: Independent Pubs. Group.

Pivot Book: Move It! Roger Priddy. 2020. (Pivot Book Ser.). (ENG., Illus.). 12p. (J). bds. 12.99 (978-1-68449-098-1(7), 900225415) St. Martin's Pr.

Pivotal Decisions. Reily Garrett. 2020. (Moonlight & Murder Ser.: Vol. 2). (ENG.). 208p. (J). pap. 9.95 (978-1-7339585-7-8(6)) Reily Garrett.

Pivotal Moments in History, 9 vols., Set. Incl. Conquests of Alexander the Great. Alison Behnke. (Illus.). (J). 2007. lib. bdg. 38.60 (978-0-8225-5920-7(X)); Conquests of Genghis Khan. Alison Behnke. (Illus.). 2008. lib. bdg. 38.60 (978-0-8225-7519-1(1)); Fall of Constantinople. Ruth Tenzer Feldman. (Illus.). (J). 2008. lib. bdg. 38.60 (978-0-8225-5918-4(8)); Fall of the Roman Empire. Rita J. Markel. (Illus.). (J). 2007. lib. bdg. 38.60 (978-0-8225-5919-1(6)); Iranian Revolution. Brendan January. (Illus.). 2008. lib. bdg. 38.60 (978-0-8225-7521-4(3)); Johannes Gutenberg & the Printing Press. Diana Childress. (Illus.). 2008. lib. bdg. 38.60 (978-0-8225-7520-7(5)); Marco Polo's Journey to China. Diana Childress. 2007. lib. bdg. 38.60 (978-0-8225-5903-0(X)); Norman Conquest of England. Janice Hamilton. (Illus.). (J). 2007. lib. bdg. 38.60 (978-0-8225-5902-3(1)); Signing of the Magna Carta. Debbie Levy. (Illus.). 2007. lib. bdg. 38.60 (978-0-8225-5917-7(X)); 160p. (gr. 9-12). 2007. Set lib. bdg. 193.00 (978-0-8225-5901-6(3), Twenty-First Century Bks.) Lerner Publishing Group.

Pivotal Presidents: Profiles in Leadership: Set 2, 8 vols. 2016. (Pivotal Presidents: Profiles in Leadership Ser.). (ENG.). 80p. (gr. 8-8). 145.88 (978-1-5081-0225-0(2), f126922e-ac47-4bcf-90f7-f98f43ef05d2, Britannica Educational Publishing) Rosen Publishing Group, Inc., The.

Pivotal Presidents: Profiles in Leadership: Set 3, 8 vols. 2017. (Pivotal Presidents: Profiles in Leadership Ser.). (ENG.). 80p. (gr. 8-8). 145.88 (978-1-5081-0540-4(5), 9e68a46e-cd2a-4b67-aaee-624beb486edf, Britannica Educational Publishing) Rosen Publishing Group, Inc., The.

Pivotal Presidents: Profiles in Leadership: Sets 1 - 3, 30 vols. 2017. (Pivotal Presidents: Profiles in Leadership Ser.). (ENG.). (YA). (gr. 8-8). lib. bdg. 547.05 (978-1-5081-0542-8(1), d1d50e59-71f4-4556-bca2-db30f84c50ec) Rosen Publishing Group, Inc., The.

Pixar. Martha London. 2019. (Our Favorite Brands Ser.). (ENG., Illus.). 32p. (J). (gr. 3-3). pap. 9.95 (978-1-64494-184-3(8), 1644941848) Bigfoot Bks. GBR. Dist: North Star Editions.

Pixar: All Stars Look & Find. PI Kids. Illus. by The Disney Storybook Art Team. 2020. (ENG.). 24p. (J). pap. 5.99 (978-1-5037-5327-3(1), 3592, PI Kids) Phoenix International Publications, Inc.

Pixar: Best of Pixar Look & Find. PI Kids. Illus. by Art Mawhinney et al. 2020. (ENG.). 48p. (J). 10.99 (978-1-5037-5456-0(1), 3651, PI Kids) Phoenix International Publications, Inc.

Pixar Buddy Block (an Abrams Block Book) The Ultimate Celebration of Pixar Pals. Pixar Studios. Illus. by Peski Studio. 2022. (Abrams Block Book Ser.). (ENG.). 88p. (J). (gr. -1-17). bds., bds. 17.99 (978-1-4197-5728-0(8), 1751910) Abrams, Inc.

Pixar, Disney, Dreamworks, & Digital Animation, Vol. 6. Michael Centore. 2018. (Tech 2. 0: World-Changing Entertainment Companies Ser.). (Illus.). 64p. (J). (gr. 7). 31.93 (978-1-4222-4057-1(6)) Mason Crest.

Pixar Inspiration Cards. Brooke Vitale. 2022. (Disney Ser.). (ENG.). 52p. (J). 21.99 (978-1-64722-803-3(4)) Insight Editions.

Pixar Little Golden Book Library (Disney/Pixar) Coco, up, Onward, Soul, Luca. 2021. (Little Golden Book Ser.). (ENG.). 120p. (J). (-k). 25.95 (978-0-7364-4246-6(4), Golden/Disney) Random Hse. Children's Bks.

Pixar Phonics. Inc Scholastic. ed. 2021. (Disney Learning Phonics Coll Ser.). (ENG., Illus.). 96p. (J). (gr. k-1). 19.46 (978-1-68505-099-3(9)) Penworthy Co., LLC, The.

Pixar Storybook Collection. Disney Books. 2022. (Storybook Collection). (ENG.). 304p. (J). (gr. 1-3). 17.99 (978-1-368-06662-4(3), Disney Press Books) Disney Publishing Worldwide.

Pixar Toy Story 4 Look & Find. Editors of Phoenix International Publications. 2019. (Look & Find Ser.). (ENG., Illus.). 20p. (J). (gr. k-1). 22.36 (978-0-87617-430-2(6)) Penworthy Co., LLC, The.

Pixar Toy Story Look & Find Collection. Lynne Suesse et al. 2019. (Look & Find Ser.). (ENG.). 39p. (J). (gr. k-1). 22.36 (978-0-87617-431-9(4)) Penworthy Co., LLC, The.

Pixel. Lisa Pinkham. 2017. (ENG., Illus.). (J). pap. 9.99 (978-1-62522-091-2(X)) Indie Artist Pr.

Pixel 50 Pokeball. Tcorporation Edition. 2022. (ENG.). 50p. (J). pap. (978-1-4717-2193-9(0)) Lulu Pr., Inc.

Pixel Animals. Susie Linn. 2016. (Pixel Pix Ser.). (ENG.). (J). pap. (978-1-78445-543-9(1)) Top That! Publishing PLC.

Pixel Coeur. Tcorporation Edition. 2022. (ENG.). 83p. pap. (978-1-4717-0449-9(1)) Lulu Pr., Inc.

Pixel Dinosaurs. Oakley Graham. 2016. (Pixel Pix Ser.). (ENG.). (J). pap. (978-1-78445-544-6(X)) Top That! Publishing PLC.

Pixel Fortnite. Tcorporation Edition. 2022. (FRE.). 45p. (YA). pap. (978-1-4717-2793-1(9)) Lulu Pr., Inc.

Pixel Heroes Level 1. Tcorporation Edition. 2022. (ENG.). 67p. (J). pap. (978-1-4717-2028-4(4)) Lulu Pr., Inc.

Pixel Heroes Level 2. Tcorporation Edition. 2022. (ENG.). 69p. (J). pap. (978-1-4717-2024-6(1)) Lulu Pr., Inc.

Pixel Heroes Level 3. Tcorporation Edition. 2022. (ENG.). 69p. (J). pap. (978-1-4717-2022-2(5)) Lulu Pr., Inc.

Pixel Imagine Your 100 Pokeballs. Tcorporation Edition. 2022. (ENG.). 50p. (J). pap. (978-1-4717-2454-1(9)) Lulu Pr., Inc.

Pixel Justice League DC Level 1. Tcorporation Edition. 2022. (ENG.). 65p. (YA). pap. (978-1-4717-1122-0(6)) Lulu Pr., Inc.

Pixel Justice League DC Level 2. Tcorporation Edition. 2022. (ENG.). 60p. (J). pap. 14.90 (978-1-4717-1120-6(X)) Lulu Pr., Inc.

Pixel Minecraft. Tcorporation Edition. 2022. 87p. (ENG.). (J). pap. (978-1-4717-2211-0(2)); (FRE.). (YA). pap. (978-1-4717-6472-1(9)) Lulu Pr., Inc.

Pixel Minecraft 1UP. Tcorporation Edition. 2022. (FRE.). 45p. (J). pap. (978-1-4717-2874-7(9)) Lulu Pr., Inc.

Pixel Minecraft 2UP. Tcorporation Edition. 2022. (ENG.). 45p. (J). pap. (978-1-4717-1911-0(1)) Lulu Pr., Inc.

Pixel Minecraft Characters Level 2. Tcorporation Edition. 2022. (FRE.). 63p. (YA). pap. (978-1-4717-2649-1(5)) Lulu Pr., Inc.

Pixel Minecraft Characters Level 3. Tcorporation Edition. 2022. (ENG.). 63p. (YA). pap. (978-1-4717-2280-6(5)) Lulu Pr., Inc.

Pixel Minecraft Mobs Level 2. Tcorporation Edition. 2022. (ENG.). 75p. (YA). pap. (978-1-4717-2276-9(7)) Lulu Pr., Inc.

Pixel Minecraft Mobs Level 3. Tcorporation Edition. 2022. (ENG.). 75p. (YA). pap. (978-1-4717-2277-6(5)) Lulu Pr., Inc.

Pixel Pokemon Level 2. Tcorporation Edition. 2022. (FRE.). 49p. (J). pap. (978-1-4717-2741-2(6)) Lulu Pr., Inc.

Pixel Pokemon Level 3. Tcorporation Edition. 2022. (FRE.). 51p. (J). pap. (978-1-4717-2646-0(0)) Lulu Pr., Inc.

Pixel Pokemon Level 4. Tcorporation Edition. 2022. (FRE.). 51p. (J). pap. (978-1-4717-2643-9(6)) Lulu Pr., Inc.

Pixel Pokemon Level 5. Tcorporation Edition. 2022. (FRE.). 51p. (YA). pap. (978-1-4717-2639-2(8)) Lulu Pr., Inc.

Pixel Pokemon Level 6. Tcorporation Edition. 2022. (FRE.). 51p. (J). pap. (978-1-4717-2637-8(1)) Lulu Pr., Inc.

Pixelated Tapestry: A Journey Through Geek Culture. Robbie Ornig. 2023. (ENG.). 224p. (YA). pap. 26.33 (978-1-4476-0027-5(4)) Lulu Pr., Inc.

Pixels of You. Ananth Hirsh & Yuko Ota. Illus. by J. R. Doyle. 2022. (ENG.). 176p. (YA). (gr. 9-17). 22.99 (978-1-4197-5281-0(2), 1271401); pap. 16.99 (978-1-4197-4957-5(9), 1271403) Abrams, Inc. (Amulet Bks.).

Pixels Pixels Everywhere: Connect the Dots to Make My Picture! Kreative Kids. 2016. (ENG., Illus.). (J). pap. 9.20 (978-1-68377-084-8(6)) Whike, Traudl.

Pixie o's Haughtnessy. George De Horne Vaizey. 2017. (ENG., Illus.). (J). 25.95 (978-1-374-85900-5(1)); pap. 15.95 (978-1-374-85899-2(4)) Capital Communications, Inc.

Pixie Pushes On. Tamara Bundy. 2021. 240p. (J). (gr. 5). 8.99 (978-0-525-51518-0(6), Puffin Books) Penguin Young Readers Group.

Pixie Van Dimple & the Wrong Kind of Artificial Intelligence. Lynn McAllister. 2020. (ENG.). 28p. (J). pap. (978-1-5289-3276-9(5)) Austin Macauley Pubs. Ltd.

Pixies & Fairies: Coloring Book. Janna Prosvirina. 2021. (ENG.). 64p. (J). pap. (978-1-68474-649-1(3)) Lulu Pr., Inc.

Pixikins. Juliet Russell-Roberts. 2018. (ENG., Illus.). 126p. (J). (gr. 3-6). pap. (978-1-9999389-0-1(9)) Russell-Roberts, Juliet.

Pixy in Petticoats (Classic Reprint) Unknown Author. 2017. (ENG., Illus.). (J). 30.70 (978-0-331-65849-1(6)); pap. 13.57 (978-0-243-92408-0(9)) Forgotten Bks.

Pizazz. Sophy Henn. Illus. by Sophy Henn. 2021. (Pizazz Ser.: 1). (ENG., Illus.). 208p. (J). (gr. 3-5). 17.99 (978-1-5344-9243-1(7)); pap. 7.99 (978-1-5344-9242-4(9)) Simon & Schuster Children's Publishing. (Aladdin).

Pizazz vs. Perfecto. Sophy Henn. Illus. by Sophy Henn. 2021. (Pizazz Ser.: 3). (ENG., Illus.). 224p. (J). (gr. 3-5). 17.99 (978-1-5344-9249-3(6)); pap. 7.99 (978-1-5344-9248-6(8)) Simon & Schuster Children's Publishing. (Aladdin).

Pizazz vs. the New Kid. Sophy Henn. Illus. by Sophy Henn. 2021. (Pizazz Ser.: 2). (ENG., Illus.). 208p. (J). (gr. 3-5). 17.99 (978-1-5344-9246-2(1)); pap. 7.99 (978-1-5344-9245-5(3)) Simon & Schuster Children's Publishing. (Aladdin).

Pizza. Raphael Fejto & Raphael Fejto. 2016. (Little Inventions Ser.). (ENG., Illus.). 32p. (J). (gr. 3-5). 9.95 (978-1-77085-749-0(4), 57ad578b-c5fa-4aac-a9e6-12f5e679670b) Firefly Bks., Ltd.

Pizza. Golriz Golkar. 2019. (Favorite Foods Ser.). (ENG., Illus.). 24p. (J). (gr. 1-1). pap. 8.95 (978-1-64185-562-4(2), 1641855622) North Star Editions.

Pizza. Golriz Golkar. 2018. (Favorite Foods Ser.). (ENG., Illus.). 24p. (J). (gr. k-3). lib. bdg. 31.36 (978-1-5321-6191-9(3), 30165, Pop! Cody Koala) Pop!.

Pizza. Judy Kentor Schmauss. 2016. (Early Rising Readers Ser.). (SPA.). (J). (gr. -1). 6.67 (978-1-4788-3691-9(1)) Newmark Learning LLC.

Pizza! A Slice of History. Greg Pizzoli. Illus. by Greg Pizzoli. 2022. (Illus.). 56p. (J). (gr. -1-3). 19.99 (978-0-425-29107-8(3), Viking Books for Young Readers) Penguin Young Readers Group.

Pizza! An Interactive Recipe Book. Ed. by Maya Gartner. 2017. (Cook in a Book Ser.). (ENG., Illus.). 16p. (gr. -1 — 1). bds. 19.95 (978-0-7148-7409-8(4)) Phaidon Pr., Inc.

Pizza: I Spy Look & Find Fun Facts Joke Book for Boys & Girls Ages 0- 7 Years Old. M. C. Goldrick. 2019. (ENG.). 26p. (J). pap. (978-1-9995735-4-6(4)) MotherButterfly Bks.

Pizza - 6 Pack. Judy Kentor Schmauss. 2016. (Early Rising Readers Ser.). (SPA.). (J). (gr. 1). 40.00 net. (978-1-4788-4634-5(8)) Newmark Learning LLC.

Pizza & Pasta, 1 vol. Claudia Martin. 2018. (Cooking Skills Ser.). (ENG.). 48p. (gr. 5-5). pap. 12.70 (978-1-9785-0667-1(8), b9bbdc9d-d5f1-46b8-a1b6-ca932dcb4da7); lib. bdg. 29.60 (978-1-9785-0640-4(6), 3e6b5f0f-b6e3-44bc-bc23-a7be64458ac5) Enslow Publishing, LLC.

Pizza & Taco: Best Party Ever! (a Graphic Novel) Stephen Shaskan. 2021. (Pizza & Taco Ser.: 2). (ENG., Illus.). 72p. (J). (gr. k-3). 9.99 (978-0-593-12334-8(4)); lib. bdg. 12.99 (978-0-593-12335-5(2)) Penguin Random Hse. LLC.

Pizza & Taco: Dare to Be Scared! (a Graphic Novel) Stephen Shaskan. 2023. (Pizza & Taco Ser.: 6). (Illus.). 72p. (J). (gr. k-3). 10.99 (978-0-593-48128-8(3)); (ENG., lib. bdg. 12.99 (978-0-593-48129-5(1)) Penguin Random Hse. LLC.

Pizza & Taco: Rock Out! (a Graphic Novel) Stephen Shaskan. 2023. (Pizza & Taco Ser.: 5). (Illus.). 72p. (J). (gr. k-3). 9.99 (978-0-593-48124-0(0)); (ENG., lib. bdg. 12.99 (978-0-593-48125-7(9)) Penguin Random Hse. LLC.

Pizza & Taco to Go! 3-Book Boxed Set: Books 1-3 (a Graphic Novel Boxed Set), 3 vols. Stephen Shaskan. 2022. (Pizza & Taco Ser.). (ENG.). 216p. (J). (gr. k-3). 29.97 (978-0-593-56526-1(6)) Penguin Random Hse. LLC.

Pizza Day! Andrew Critelli. 2018. (ENG.) (J). 28p. pap. (978-0-9952595-1-5(8)); 26p. pap. (978-0-9952595-8-4(5)) Infinite Abundance.

Pizza Day. Melissa Iwai. 2017. (ENG., Illus.). 40p. (J). 17.99 (978-1-62779-790-0(4), 900159831, Holt, Henry & Co. Bks. For Young Readers) Holt, Henry & Co.

Pizza Geniuses. Sharon Baldwin. Illus. by Tia Madden. 2021. (ENG.). 72p. (J). pap. (978-0-6450781-2-1(3)) Loose Parts Pr.

Pizza in Bethlehem? Jan Gray. Illus. by Celeste Suderman. 2020. (ENG.). 56p. (J). (978-1-5255-8302-5(6)); pap. (978-1-5255-8301-8(8)) FriesenPress.

Pizza in His Pocket: The Song Book. Zain Bhikha. Illus. by Natalia Scabuso & Johera Mansura. 2021. (Song Book Ser.: 3). 28p. (J). 11.95 (978-0-86037-875-4(6)) Kube Publishing Ltd. GBR. Dist: Consortium Bk. Sales & Distribution.

Pizza Mouse. Michael Garland. 2017. (I Like to Read Ser.). (ENG.). 32p. (J). (gr. -1-3). 7.99 (978-0-8234-3853-2(8)) Holiday Hse., Inc.

Pizza My Heart. Stephani Stilwell. 2023. (ENG.). 22p. (J). (gr. -1 — 1). bds., bds. 9.99 (978-1-4998-1405-7(4)) Little Bee Books Inc.

Pizza My Heart: (a Graphic Novel) Mika Song. 2022. (Norma & Belly Ser.: 3). (ENG., Illus.). 96p. (J). (gr. -1-3). 12.99 (978-0-593-47972-8(6)); lib. bdg. 15.99 (978-0-593-47973-5(4)) Penguin Random Hse. LLC.

Pizza My Heart: a Wish Novel. Rhiannon Richardson. 2022. (ENG.). 272p. (J). (gr. 3-7). pap. 7.99 (978-1-338-78438-1(2)) Scholastic, Inc.

Pizza Mystery (the Boxcar Children: Time to Read, Level 2) Illus. by Liz Brizzi. (Boxcar Children Early Readers Ser.). (ENG.). 48p. (J). (gr. k-2). 2022. pap. 4.99 (978-0-8075-6511-7(3), 807565113); 2021. 12.99 (978-0-8075-6516-2(4), 807565164) Random Hse. Children's Bks. (Random Hse. Bks. for Young Readers).

Pizza Party! Brick Puffinton. Illus. by Joel Selby & Ashley Selby. 2021. (ENG.). 12p. (J). (gr. -1 — 1). bds. 7.99 (978-1-64638-268-2(4), 1007150) Cottage Door Pr.

Pizza Party. Theo Baker. ed. 2021. (Hank Zipzer Ser.). (ENG., Illus.). 132p. (J). (gr. 4-5). 16.96 (978-1-64697-692-8(4)) Penworthy Co., LLC, The.

Pizza Party! Random House Editors. ed. 2017. (Step into Reading Level 2 Ser.). lib. bdg. 14.75 (978-0-606-40253-8(5)) Turtleback.

Pizza Party: The Carver Chronicles, Book Six. Karen English. Illus. by Laura Freeman. 2019. (Carver Chronicles Ser.: 6). (ENG.). 128p. (J). (gr. 1-4). pap. 7.99 (978-0-358-09747-1(9), 1747602, Clarion Bks.) HarperCollins Pubs.

Pizza Party! (Teenage Mutant Ninja Turtles) Random House. Illus. by Random House. 2017. (Step into Reading Ser.). (ENG., Illus.). 24p. (J). (gr. -1-1). pap. 5.99 (978-1-5247-6982-6(7), Random Hse. Bks. for Young Readers) Random Hse. Children's Bks.

Pizza Patrol! Christy Webster. ed. 2020. (Step into Reading Ser.). (ENG.). 27p. (J). (gr. 2-3). 14.96 *(978-1-64697-167-1(1))* Penworthy Co., LLC, The.

Pizza Patrol! (Rise of the Teenage Mutant Ninja Turtles) Christy Webster. Illus. by Patrick Spaziante. 2020. (Step into Reading Ser.). (ENG.). 32p. (J). (gr. -1-1). 5.99 *(978-0-593-12372-0(7)*, Random Hse. Bks. for Young Readers) Random Hse. Children's Bks.

Pizza-Pie Snowman. Valeri Gorbachev. 2018. (Illus.). 40p. (J). (gr. -1-3). pap. 8.99 *(978-0-8234-4040-5(0))* Holiday Hse., Inc.

Pizza Pig. Diana Murray. ed. 2019. (Step into Reading Ser.). (ENG.). 31p. (J). (gr. k-1). 14.96 *(978-0-87617-968-0(5))* Penworthy Co., LLC, The.

Pizza Pig. Diana Murray. 2018. (Step into Reading Ser.). (Illus.). 32p. (J). (gr. -1-1). pap. 5.99 *(978-1-5247-1334-8(1)*, Random Hse. Bks. for Young Readers) Random Hse. Children's Bks.

Pizza Power. Jennifer Fox. ed. 2018. (Passport to Reading Ser.). (ENG.). 32p. (J). (gr. -1-1). 13.89 *(978-1-64310-480-5(2))* Penworthy Co., LLC, The.

Pizza Problem! Patty Michaels. ed. 2021. (Ready-To-Read Ser.). (ENG., Illus.). 32p. (J). (gr. k-1). 15.46 *(978-1-68505-063-4(8))* Penworthy Co., LLC, The.

Pizza Problem! Ready-To-Read Level 1. Adapted by Patty Michaels. 2021. (Chico Bon Bon: Monkey with a Tool Belt Ser.). (ENG.). 32p. (J). (gr. -1-1). 17.99 *(978-1-5344-9740-5(4))*; pap. 4.99 *(978-1-5344-9739-9(0))* Simon Spotlight. (Simon Spotlight).

Pizza Puzzle: Math Reader 7 Grade 2. Hmh Hmh. 2018. (SPA.). 8p. (J). pap. 9.00 *(978-1-328-57695-8(7))* Houghton Mifflin Harcourt Publishing Co.

Pizza Puzzle: Math Reader Grade 2. Hmh Hmh. 2017. (Math Expressions Ser.). (ENG.). 8p. (J). (gr. 2). pap. 3.53 *(978-1-328-77235-0(7))* Houghton Mifflin Harcourt Publishing Co.

Pizza Stickers. Ellen Scott. 2020. (Dover Little Activity Books Stickers Ser.). (ENG.). 4p. (J). (gr. k-3). 1.99 *(978-0-486-84615-6(6)*, 846156) Dover Pubns., Inc.

Pizza Tree. Matt Freedman & Lindsey Freedman. 2020. (ENG.). 24p. (J). 19.99 *(978-0-578-82037-8(4))* HarHan, LLC.

Pizza with Everything on It. Kyle Scheele. Illus. by Andy J. Pizza. 2021. (ENG.). 48p. (J). (gr. k-3). 17.99 *(978-1-7972-0281-5(2))* Chronicle Bks. LLC.

Pizza y Taco: ¿Quién Es el Mejor? (a Graphic Novel) Stephen Shaskan. 2023. (Pizza & Taco Ser.). 72p. (J). (gr. k-3). 9.99 ***(978-0-593-70432-5(0))***; (SPA.). lib. bdg. 12.99 ***(978-0-593-80560-2(7))*** Penguin Random Hse. LLC.

Pizzasaurus Rex. Justin Wagner. Illus. by Justin Wagner & Warren Wucinich. 2018. (ENG.). 168p. (J). (gr. 6). pap. 14.99 *(978-1-62010-507-8(1)*, Lion Forge) Oni Pr., Inc.

PJ & Zip. David Pruitt. 2020. (ENG.). 28p. (J). pap. 13.95 *(978-1-64801-244-0(2))* Newman Springs Publishing, Inc.

Pj Bird. Heather Paterno. 2017. (ENG., Illus.). (J). pap. 13.95 *(978-1-4808-4313-4(X))* Archway Publishing.

PJ Masks. Adapted by Emily Skwish. 2017. (Look & Find Ser.). (ENG.). 20p. (J). *(978-1-5037-2901-8(X)*, 3b0528b3-b461-47c4-8d66-b8dbec3ec33c, PI Kids) Phoenix International Publications, Inc.

PJ Masks: Electronic Reader & 8-Book Library. PI Kids. 2017. (ENG.). 192p. (J). 34.99 *(978-1-5037-2441-9(7)*, 2565, PI Kids) Phoenix International Publications, Inc.

PJ Masks - Explore the Night Look & Find. Rachel Halpern. ed. 2020. (Look & Find Ser.). (ENG.). 19p. (J). (gr. k-1). 22.36 *(978-1-64697-135-0(3))* Penworthy Co., LLC, The.

PJ Masks 3-Minute Bedtime Stories. 2020. (PJ Masks Ser.). (ENG., Illus.). 144p. (J). (gr. -1-2). 12.99 *(978-1-5344-7057-6(3)*, Simon Spotlight) Simon Spotlight.

PJ Masks 5-Minute Stories. 2018. (PJ Masks Ser.). (ENG.). 192p. (J). (gr. -1-2). 12.99 *(978-1-5344-3084-6(9)*, Simon Spotlight) Simon Spotlight.

PJ Masks: a Brave Band of Heroes. Editors of Studio Fun International. 2019. (Coloring & Activity with Crayons Ser.). (ENG.). 48p. (J). (gr. -1-k). pap. 4.99 *(978-0-7944-4363-4(X)*, Studio Fun International) Printers Row Publishing Group.

PJ Masks: Carry-Along Coloring Set. Thea Feldman. 2019. (Carry-Along Coloring Ser.). (ENG.). 120p. (J). (gr. -1-k). pap. 7.99 *(978-0-7944-4367-2(2)*, Studio Fun International) Printers Row Publishing Group.

PJ Masks Collection. Adapted by May Nakamura. 2018. (PJ Masks Ser.). (ENG., Illus.). 30p. (J). (gr. -1-1). bds. 11.99 *(978-1-5344-3366-3(X)*, Simon Spotlight) Simon Spotlight.

PJ Masks: Explore the Night Look & Find. PI Kids. 2020. (ENG.). 24p. (J). 9.99 *(978-1-5037-5060-9(4)*, 3457, PI Kids) Phoenix International Publications, Inc.

PJ Masks First Look & Find. PI Kids. 2017. (ENG.). 16p. (J). bds. 12.99 *(978-1-5037-2412-9(3)*, 2557, PI Kids) Phoenix International Publications, Inc.

PJ Masks: Gekko vs. the Splatcano Sound Book. PI Kids. 2019. (ENG.). 12p. (J). bds. 14.99 *(978-1-5037-4913-9(4)*, 3419, PI Kids) Phoenix International Publications, Inc.

PJ Masks: Halloween Heroics. Editors of Studio Fun International. 2020. (Coloring & Activity with Crayons Ser.). (ENG.). 48p. (J). (gr. -1-k). pap. 5.99 *(978-0-7944-4414-3(8)*, Studio Fun International) Printers Row Publishing Group.

PJ Masks: Here We Go! Magnetic Hardcover. Grace Baranowski. 2020. (Magnetic Hardcover Ser.). (ENG.). 10p. (J). (gr. -1-k). 12.99 *(978-0-7944-4554-6(3)*, Studio Fun International) Printers Row Publishing Group.

PJ Masks: Heroes on Halloween Book & 5-Sound Flashlight Set. PI Kids. 2020. (ENG.). 10p. (J). bds. 16.99 *(978-1-5037-5296-2(8)*, 3580, PI Kids) Phoenix International Publications, Inc.

PJ Masks: Heroes, on Our Way! Sound Book. PI Kids. 2022. (ENG.). 12p. (J). bds. 23.99 *(978-1-5037-5286-3(0)*, 3574, PI Kids) Phoenix International Publications, Inc.

PJ Masks: Hooray for Christmas! Editors of Studio Fun International. 2019. (Coloring & Activity with Crayons Ser.). (ENG.). 48p. (J). (gr. -1-k). pap. 4.99 *(978-0-7944-4394-8(X)*, Studio Fun International) Printers Row Publishing Group.

PJ Masks: I'm Reading with Catboy Sound Book. PI Kids. 2018. (ENG.). 24p. (J). 11.99 *(978-1-5037-3536-1(2)*, 2868, PI Kids) Phoenix International Publications, Inc.

PJ Masks: It's Time to Be a Hero Sound Book. PI Kids. 2016. (ENG.). 12p. (J). bds. 21.99 *(978-1-5037-1998-9(7)*, 2423, PI Kids) Phoenix International Publications, Inc.

PJ Masks Let's Go Activity Book. Editors of Studio Fun International. 2019. (Pencil Toppers Ser.). (ENG.). 64p. (J). (gr. -1-k). pap. 9.99 *(978-0-7944-4392-4(3)*, Studio Fun International) Printers Row Publishing Group.

PJ MASKS Look & Find. PI Kids. 2017. (ENG.). 24p. (J). 10.99 *(978-1-5037-2583-6(9)*, 2615, PI Kids) Phoenix International Publications, Inc.

PJ Masks Look & Find. Emily Skwish. ed. 2018. (Look & Find Ser.). (ENG.). 19p. (J). (gr. -1-1). 22.36 *(978-1-64310-548-2(5))* Penworthy Co., LLC, The.

PJ Masks Make Friends! Adapted by Cala Spinner. 2016. (Illus.). (J). *(978-1-5182-4509-1(9)*, Simon Spotlight) Simon Spotlight.

PJ Masks Make Friends! Illus. by Style Guide. 2016. (PJ Masks Ser.). (ENG.). 24p. (J). (gr. -1-2). pap. 4.99 *(978-1-4814-8907-2(0)*, Simon Spotlight) Simon Spotlight.

PJ Masks Make Friends! Cala Spinner. ed. 2018. (Disney 8x8 Ser.). (ENG.). 24p. (J). (gr. -1-1). 13.89 *(978-1-64310-594-9(9))* Penworthy Co., LLC, The.

PJ Masks: Me Reader 8-Book Library & Electronic Reader Sound Book Set. PI Kids. 2017. (ENG.). 192p. (J). 34.99 *(978-1-5037-2440-2(9)*, 2564, PI Kids) Phoenix International Publications, Inc.

PJ Masks: Mighty Masks. Editors of Studio Fun International. 2021. (Coloring & Activity with Crayons Ser.). (ENG.). 48p. (J). (gr. -1-k). pap. 7.99 *(978-0-7944-4750-2(3)*, Studio Fun International) Printers Row Publishing Group.

PJ Masks: Nighttime Heroes. Editors of Studio Fun International. 2022. (ENG.). 48p. (J). (gr. -1-k). 6.99 *(978-0-7944-4680-2(9)*, Studio Fun International) Printers Row Publishing Group.

PJ Masks: Owlette I'm Ready to Read Sound Book. PI Kids. 2020. (ENG.). 24p. (J). 11.99 *(978-1-5037-5330-3(1)*, 3594, PI Kids) Phoenix International Publications, Inc.

PJ Masks: PJ Masks vs the Baddies. PJ Masks. 2018. (Magnetic Play Set Ser.). (ENG.). 32p. (J). (gr. -1-k). pap. 15.99 *(978-0-7944-4192-0(0)*, Studio Fun International) Printers Row Publishing Group.

PJ Masks Save Halloween! Adapted by May Nakamura. 2019. (PJ Masks Ser.). (ENG., Illus.). 22p. (J). (gr. -1-2). bds. 6.99 *(978-1-5344-4058-6(5)*, Simon Spotlight) Simon Spotlight.

PJ Masks Save Headquarters! Illus. by Style Guide. 2017. (PJ Masks Ser.). (ENG.). 12p. (J). (gr. -1-k). bds. 12.99 *(978-1-4814-9552-3(6)*, Simon Spotlight) Simon Spotlight.

PJ Masks Save Lunar New Year! Adapted by May Nakamura. 2021. (PJ Masks Ser.). (ENG.). 24p. (J). (gr. -1-2). pap. 4.99 *(978-1-5344-9723-8(4)*, Simon Spotlight) Simon Spotlight.

PJ Masks Save Lunchtime! Adapted by Tina Gallo. 2021. (PJ Masks Ser.). (ENG.). 16p. (J). (gr. -1-2). pap. 6.99 *(978-1-5344-7000-2(X)*, Simon Spotlight) Simon Spotlight.

PJ Masks: Save the Day! Look, Find & Listen Sound Book: Look, Find & Listen. Emily Skwish & Rachel Halpern. 2020. (ENG.). 16p. (J). bds. 21.99 *(978-1-5037-4804-0(9)*, 3384, PI Kids) Phoenix International Publications, Inc.

PJ Masks Save the Daytime. Patty Michaels. ed. 2022. (Ready-To-Read Graphics Ser.). (ENG.). 46p. (J). (gr. k-1). 17.46 ***(978-1-68505-220-1(7))*** Penworthy Co., LLC, The.

PJ Masks Save the Earth! Adapted by May Nakamura. 2021. (PJ Masks Ser.). (ENG.). 24p. (J). (gr. -1-2). pap. 4.99 *(978-1-5344-7974-6(0)*, Simon Spotlight) Simon Spotlight.

PJ Masks Save the Library! Daphne Pendergrass. ed. 2018. (Ready-To-Read Ser.). (ENG.). 32p. (J). (gr. -1-1). 13.89 *(978-1-64310-457-7(8))* Penworthy Co., LLC, The.

PJ Masks Save the Library! Ready-To-Read Level 1. Illus. by Style Guide. 2016. (PJ Masks Ser.). (ENG.). 32p. (J). (gr. -1-1). pap. 3.99 *(978-1-4814-8892-1(9)*, Simon Spotlight) Simon Spotlight.

PJ Masks Save the School! Lisa Lauria. 2019. (Disney 8x8 Ser.). (ENG.). 24p. (J). (gr. k-1). 13.89 *(978-0-87617-681-8(3))* Penworthy Co., LLC, The.

PJ Masks Save the School! Adapted by Lisa Lauria. 2019. (PJ Masks Ser.). (ENG., Illus.). 24p. (J). (gr. -1-2). pap. 4.99 *(978-1-5344-3981-8(1)*, Simon Spotlight) Simon Spotlight.

PJ Masks Save the Sky. Adapted by Patty Michaels. 2020. (PJ Masks Ser.). (ENG.). 24p. (J). (gr. -1-2). pap. 6.99 *(978-1-5344-6665-4(7)*, Simon Spotlight) Simon Spotlight.

PJ Masks Save the Sleepover! May Nakamura. ed. 2021. (Ready-To-Read Ser.). (ENG., Illus.). 32p. (J). (gr. k-1). 15.46 *(978-1-64697-979-0(6))* Penworthy Co., LLC, The.

PJ Masks Save the Sleepover! Ready-To-Read Level 1. Adapted by May Nakamura. 2021. (PJ Masks Ser.). (ENG.). 32p. (J). (gr. -1-1). 17.99 *(978-1-5344-8569-3(4))*; pap. 4.99 *(978-1-5344-8568-6(6))* Simon Spotlight. (Simon Spotlight).

Pj Masks Summer 2018 Mixed Floor Display Prepack 24. 2018. (Pj Masks Ser.). (ENG.). (J). pap. 119.76 *(978-1-5344-2307-7(9)*, Little Simon) Little Simon.

PJ Masks Super Coloring. Editors of Studio Fun International. 2019. (Coloring Book Ser.). (ENG.). 320p. (J). (gr. -1-k). pap. 7.99 *(978-0-7944-4393-1(1)*, Studio Fun International) Printers Row Publishing Group.

PJ Masks: Super Moon Mission Movie Theater Storybook & Movie Projector. PJ Masks. 2018. (Movie Theater Storybook Ser.). (ENG.). 32p. (J). (gr. -1-k). 19.99 *(978-0-7944-4193-7(9)*, Studio Fun International) Printers Row Publishing Group.

PJ Masks: Super Sticker Book. Editors of Studio Fun International. 2019. (Super Sticker Bks.). (ENG.). 128p. (J). (gr. -1-k). pap. 12.99 *(978-0-7944-4365-8(6)*, Studio Fun International) Printers Row Publishing Group.

PJ Masks Take-Along Adventures! (Boxed Set) Catboy Does It Again; Meet PJ Robot!; Mystery Mountain Adventure!; PJ Masks Save the School!; Meet the Wolfy Kids!; PJ Masks Save the Sky. ed. 2020. (PJ Masks Ser.). (ENG.). 128p. (J). (gr. -1-2). pap. 17.99 *(978-1-5344-7098-9(0)*, Simon Spotlight) Simon Spotlight.

PJ Masks: Time to Be a Hero. Editors of Studio Fun International. 2019. (Color & Activity with Crayons & Paint Ser.). (ENG.). 64p. (J). (gr. -1-k). pap. 9.99 *(978-0-7944-4364-1(8)*, Studio Fun International) Printers Row Publishing Group.

Pj Poems. Wanda Beamer. (ENG., Illus.). (J). 2018. 24p. pap. 12.95 *(978-1-64349-740-2(5))*; 2017. 21.95 *(978-1-68197-822-2(9))* Christian Faith Publishing.

PJ Riders to the Rescue! Adapted by Maria Le. 2022. (PJ Masks Ser.). (ENG.). 24p. (J). (gr. -1-2). pap. 4.99 *(978-1-6659-2598-3(1)*, Simon Spotlight) Simon Spotlight.

PJ Seeker to the Rescue! A Lift-The-Flap Adventure. Adapted by Patty Michaels. 2019. (PJ Masks Ser.). (ENG., Illus.). 16p. (J). (gr. -1-2). pap. 6.99 *(978-1-5344-6054-6(3)*, Simon Spotlight) Simon Spotlight.

PJ the Leprechaun. Patrick John Shanahan. 2019. (ENG.). 30p. (J). pap. 13.95 *(978-1-64492-412-9(9))* Christian Faith Publishing.

PJ Time: 100 Devotions to Light up the Night, 1 vol. Ela Smietanka. 2020. (ENG., Illus.). 208p. (J). 16.99 *(978-1-4002-1127-2(1)*, Tommy Nelson) Nelson, Thomas Inc.

PJ's Adventures in Faith. Jerry Yarnell. 2021. (ENG., Illus.). 64p. (J). pap. 17.95 *(978-1-63844-376-6(9))* Christian Faith Publishing.

Pj's Ponies. Pam Honeycutt. Illus. by Pam Honeycutt. 2018. (ENG., Illus.). 110p. (J). (gr. k-6). 24.95 *(978-1-946540-28-7(5))*; pap. 14.95 *(978-1-946540-29-4(3))* Strategic Book Publishing & Rights Agency (SBPRA).

(Pkg 6) Leading Women of the Bible - Ittybitty Activity Book. Created by Warner Press. 2022. (ENG.). 48p. (J). pap. 14.94 *(978-1-68434-405-5(0))* Warner Pr., Inc.

(Pkg 6) the Meaning of Christmas - Ittybitty Activity Book. Created by Warner Press. 2022. (ENG.). 48p. (J). pap. 14.94 *(978-1-68434-404-8(2))* Warner Pr., Inc.

Place & Power (Classic Reprint) Ellen Thorneycroft Fowler. (ENG., Illus.). (J). 2018. 354p. 31.22 *(978-0-267-23641-1(7))*; 2018. 362p. 31.38 *(978-0-332-20460-4(X))*; 2017. pap. 13.97 *(978-0-243-51541-7(3))* Forgotten Bks.

Place at the Table. Saadia Faruqi & Laura Shovan. Illus. by Laura Shovan. (ENG.). 336p. (J). (gr. 5-7). 2022. pap. 9.99 *(978-0-358-66598-4(1)*, 1822615); 2020. 16.99 *(978-0-358-11668-4(6)*, 1750555) HarperCollins Pubs. (Clarion Bks.).

Place at the Table. Alison McCullough. 2023. (ENG.). 28p. (J). 16.99 ***(978-1-0880-7757-3(9))*** Indy Pub.

Place at the Table Hgf Edition. Saadia Faruqi & Laura Shovan. Illus. by Laura Shovan. 2021. (ENG.). 336p. (J). (gr. 5-7). pap. 2.80 *(978-0-358-72300-4(0)*, Clarion Bks.) HarperCollins Pubs.

Place Between Breaths. (ENG., Illus.). (YA). (gr. 7). 2019. 208p. pap. 10.99 *(978-1-4814-2226-0(X)*, Atheneum Bks. for Young Readers); 2018. 192p. 17.99 *(978-1-4814-2225-3(1)*, Atheneum/Caitlyn Dlouhy Books) Simon & Schuster Children's Publishing.

Place Beyond. Ryan Lohner. 2018. (ENG., Illus.). 264p. (YA). (gr. 8-17). pap. 12.95 *(978-1-78279-912-2(5)*, Lodestone Bks.) Hunt, John Publishing Ltd. GBR. Dist: National Bk. Network.

Place Beyond Her Dreams. Oby Aligwekwe. 2021. (ENG.). 286p. (YA). 21.99 *(978-1-7751064-6-3(2))*; pap. 14.99 *(978-1-7751064-4-9(6))* ECLAT Bks.

Place Beyond the Winds (Classic Reprint) Harriet T. Comstock. 2017. (ENG., Illus.). (J). 32.31 *(978-1-5285-5291-2(1))* Forgotten Bks.

Place Call Morning, Level F. Incl. Headway: Level F Place Call Comprehension. *(978-0-89688-464-9(3)*, 88-464); Headway Level F Real Phonic Workbook. *(978-0-89688-295-9(0)*, 88-295); Level F. pap., tchr.'s training gde. ed. *(978-0-89688-458-8(9)*, 88-458); Level F. pap., wbk. ed. 7.10 *(978-0-89688-293-5(4)*, 88-293); Level F. suppl. ed. 91.70 *(978-0-89688-470-0(8)*, 88-470); Level F. suppl. ed. (J). (gr. 3-6). *(978-0-89688-453-3(8)*, 88-453) Open Court Publishing Co.

Place Called Heaven for Kids. Robert Jeffress. Illus. by Lisa Reed. 2019. (ENG.). 32p. (J). 14.99 *(978-0-8010-9428-6(3))* Baker Bks.

Place Called Home. Carmel Middletent. 2020. (ENG.). (J). 112p. 32.95 *(978-1-64334-844-5(2))*; 114p. pap. 18.95 *(978-1-64701-787-3(4))* Page Publishing Inc.

Place Called Willow Thicket - Soft Cover. Andrew Hills. 2022. (ENG.). 156p. (YA). pap. ***(978-1-387-64606-7(0))*** Lulu Pr., Inc.

Place for Every Thing; & Every Thing in Its Place (Classic Reprint) Alice B. Haven. (ENG., Illus.). (J). 2018. 222p. 28.50 *(978-0-428-25462-9(4))*; 2017. pap. 10.97 *(978-0-243-09130-0(3))* Forgotten Bks.

Place for Everything. Sean Covey. ed. 2021. (Ready-To-Read Ser.). (ENG., Illus.). 32p. (J). (gr. 2-3). 13.96 *(978-1-64697-586-0(3))* Penworthy Co., LLC, The.

Place for Everything: Habit 3 (Ready-To-Read Level 2) Sean Covey. Illus. by Stacy Curtis. 2019. (7 Habits of Happy Kids Ser.: 3). (ENG.). 32p. (J). (gr. k-2). 17.99 *(978-1-5344-4451-5(3))*; pap. 4.99 *(978-1-5344-4450-8(5))* Simon Spotlight. (Simon Spotlight).

Place for Frogs, 1 vol. Melissa Stewart. Illus. by Higgins Bond. rev. ed. 2016. (Place For... Ser.: 3). 32p. (J). (gr. 2-6). 16.95 *(978-1-56145-901-8(1))* Peachtree Publishing Co. Inc.

Place for Mulan. Marie Chow. ed. 2020. (ENG., Illus.). 40p. (J). (gr. 1-3). 16.99 *(978-1-368-02348-1(7)*, Disney Press Books) Disney Publishing Worldwide.

Place for Pauline. Anouk Mahiout. Illus. by Marjolaine Perreten. 2022. (ENG.). 48p. (J). (gr. -1-1). 18.99 *(978-1-77306-609-7(9))* Groundwood Bks. CAN. Dist: Publishers Group West (PGW).

Place for Pluto. Stef Wade. Illus. by Melanie Demmer. (ENG.). (gr. k-3). 2019. 30p. bds. 7.99 *(978-1-68446-093-9(X)*, 141308); 2018. 32p. (J). 15.95 *(978-1-68446-004-5(2)*, 138587) Capstone. (Capstone Editions).

Place for Turtles. Melissa Stewart. Illus. by Higgins Bond. rev. ed. 2019. (Place For... Ser.: 6). 32p. (J). (gr. 2-6). 16.95 *(978-1-68263-096-9(X))*; pap. 7.99 *(978-1-68263-097-6(8))* Peachtree Publishing Co. Inc.

Place for Wolves Coloring Book. Creative Playbooks. 2016. (ENG., Illus.). (J). pap. 7.74 *(978-1-68323-734-1(X))* Twin Flame Productions.

Place for You. Thea T. Fielding-Lowe. Illus. by Wesley Cruz. 2020. (ENG.). 24p. (J). pap. 10.99 *(978-1-7350328-9-4(1))* T. Fielding-Lowe Co.

Place in My Head. Christian Montone. Illus. by Christian Montone. 2020. (ENG.). 38p. (J). 25.00 *(978-1-946182-09-8(5))*; pap. 18.00 *(978-1-946182-10-4(9))* Texas Bk. Pubs. Assn.

Place in Space. Contrib. by World Book, Inc. Staff. 2017. (J). *(978-0-7166-7950-9(7))* World Bk., Inc.

Place in the Chase: A Nerdi Bunny Brief. Aisha Toombs. Illus. by Tina Wijesiri. 2019. (ENG.). 36p. (J). (gr. k-3). pap. 11.99 *(978-1-7337947-3-2(5)*, Brown Brainy Brilliant Bks.) InkDrops Publishing.

Place in the Country the Story of a Great Adventure (Classic Reprint) Dwight Farnham. 2018. (ENG., Illus.). 298p. (J). 30.08 *(978-0-484-67153-8(7))* Forgotten Bks.

Place in the Memory. S. H. Dekroyft. 2017. (ENG., Illus.). (J). pap. *(978-0-649-05958-4(1))* Trieste Publishing Pty Ltd.

Place in the Stars. Shani Phillips Vargo. 2021. (ENG.). 40p. (J). pap. 15.00 *(978-0-578-66716-4(9))* Southampton Publishing.

Place in the World (Classic Reprint) John Hastings Turner. 2018. (ENG., Illus.). 290p. (J). 29.88 *(978-0-483-67817-0(1))* Forgotten Bks.

Place Inside of Me: A Poem to Heal the Heart. Zetta Elliott. Illus. by Noa Denmon. 2020. (ENG.). 32p. (J). 17.99 *(978-0-374-30741-7(5)*, 900179868, Farrar, Straus & Giroux (BYR)) Farrar, Straus & Giroux.

Place Made for We: (Frankie & Peaches: Tales of Total Kindness Book 5) Lisa S. French. Illus. by Srimalie Bassani. 2019. (Frankie & Peaches: Tales of Total Kindness Ser.: Vol. 5). (ENG.). 36p. (J). (gr. k-4). 17.95 *(978-1-948751-08-7(9))*; pap. 10.95 *(978-1-948751-09-4(7))* Favorite World Pr. LLC.

Place Names in Kent. Canon J. W. Horsley. 2017. (ENG., Illus.). 96p. (J). pap. *(978-0-649-75468-7(9))* Trieste Publishing Pty Ltd.

Place of Honeymoons (Classic Reprint) Harold Macgrath. 2018. (ENG., Illus.). 396p. (J). 32.06 *(978-0-483-47405-5(3))* Forgotten Bks.

Place, the Man & the Book (Classic Reprint) Sarah B. Askew. 2018. (ENG., Illus.). 28p. (J). 24.58 *(978-0-484-76690-6(2))* Forgotten Bks.

Place to Belong. Cynthia Kadohata. Illus. by Julia Kuo. (ENG.). (J). (gr. 5-9). 2020. 432p. pap. 8.99 *(978-1-4814-4665-5(7)*, Atheneum Bks. for Young Readers); 2019. 416p. 17.99 *(978-1-4814-4664-8(9)*, Atheneum/Caitlyn Dlouhy Books); 2019. 416p. E-Book *(978-1-4814-4666-2(5)*, Atheneum/Caitlyn Dlouhy Books) Simon & Schuster Children's Publishing.

Place to Hang the Moon. Kate Albus. 320p. (J). (gr. 4-7). 2022. pap. 12.99 *(978-0-8234-5246-0(8))*; 2021. 17.99 *(978-0-8234-4705-3(7))* Holiday Hse., Inc. (Margaret Ferguson Books).

Place to Land: Martin Luther King Jr. & the Speech That Inspired a Nation. Barry Wittenstein. Illus. by Jerry Pinkney. (ENG.). 48p. (J). (gr. 2-5). 2022. pap. 9.99 *(978-0-8234-5113-5(5))*; 2019. 18.99 *(978-0-8234-4331-4(0))* Holiday Hse., Inc. (Neal Porter Bks).

Place to Read. Leigh Hodgkinson. 2017. (ENG., Illus.). 32p. (J). 16.99 *(978-1-68119-323-6(X)*, 900170032, Bloomsbury USA Childrens) Bloomsbury Publishing USA.

Place to Run Free. Michael Lareaux. 2022. (ENG.). 500p. (YA). pap. *(978-1-925856-52-1(6))* Stormbird Pr.

Place to Start a Family. David L. Harrison. 2018. (CHI.). (J). (gr. k-4). *(978-7-5315-7731-7(3))* Liaoning Juvenile and Children's Bks. Publishing Hse.

Place to Start a Family: Poems about Creatures That Build. David L. Harrison. Illus. by Giles Laroche. 32p. (J). (gr. k-4). 2019. pap. 9.99 *(978-1-62354-162-0(X))*; 2018. 17.99 *(978-1-58089-748-8(7))* Charlesbridge Publishing, Inc.

Place to Stay: A Shelter Story. Erin Gunti. Illus. by Esteli Meza. 2019. (ENG.). 32p. (J). (gr. k-2). pap. 9.99 *(978-1-78285-825-6(3))*; 16.99 *(978-1-78285-824-9(5))* Barefoot Bks., Inc.

Place Value. David A. Adler. Illus. by Edward Miller. 2017. (ENG.). 32p. (J). (gr. k-3). 8.99 *(978-0-8234-3770-2(1))* Holiday Hse., Inc.

Place Value Addition Worksheet K-2 Children's Math Books. Baby Professor. 2017. (ENG., Illus.). (J). pap. 9.25 *(978-1-5419-0426-2(5)*, Baby Professor (Education Kids)) Speedy Publishing LLC.

Place Value Challenges - Test Review Workbook - Math 2nd Grade Children's Math Books. Baby Professor. 2017. (ENG., Illus.). (J). pap. 9.55 *(978-1-5419-2555-7(6)*, Baby Professor (Education Kids)) Speedy Publishing LLC.

Place Value Lessons for Kids - Math 2nd Grade Children's Math Books. Baby Professor. 2017. (ENG., Illus.). (J). pap. 9.55 *(978-1-5419-2546-5(7)*, Baby Professor (Education Kids)) Speedy Publishing LLC.

Place Value Prize. Kirsty Holmes. 2021. (Math Academy Ser.). (ENG., Illus.). 24p. (J). (gr. 1-4). pap. *(978-1-4271-3015-0(9)*, 11418); lib. bdg. *(978-1-4271-3011-2(6)*, 11413) Crabtree Publishing Co. (Crabtree Classics).

Place Where Magic Lives: Into the Woods. Lisa Colodny. 2018. (ENG., Illus.). 138p. (YA). pap. 9.99 *(978-1-970068-33-7(7))* Kingston Publishing Co.

Place Where Tiredness Is Made. Shane Larkin. 2019. (ENG.). 34p. (J). pap. 11.56 *(978-0-244-54844-5(7))* Lulu Pr., Inc.

Placeres Violentos. Chloe Gong. 2023. (SPA.). 600p. (YA). pap. 26.00 ***(978-607-557-467-7(0))*** Editorial Oceano de Mexico MEX. Dist: Independent Pubs. Group.

Places. Kym Simoncini. 2021. (ENG.). 26p. (J). pap. *(978-1-922621-31-3(5))* Library For All Limited.

Places. Reo Stewart. 2020. (ENG.). 212p. (YA). 27.95 *(978-1-64670-499-6(1))*; pap. 17.95 *(978-1-64670-486-6(X))* Covenant Bks.

Places & People: Being Studies from the Life (Classic Reprint) Joseph Charles Parkinson. 2017. (ENG., Illus.). (J). 31.40 *(978-0-331-58670-1(3))*; pap. 13.97 *(978-0-243-25895-6(X))* Forgotten Bks.

Places & Portals (Dungeons & Dragons) A Young Adventurer's Guide. Stacy King et al. 2023. (Dungeons &

Dragons Young Adventurer's Guides). 112p. (J). (gr. 3-7). 13.99 ***(978-1-9848-6184-9(0)***, Ten Speed Pr.) Potter/Ten Speed/Harmony/Rodale.

Places Around the World see Lugares del Mundo

Places Big Fish Live Coloring Book. Bobo's Children Activity Books. 2016. (ENG., Illus.). (J). pap. 9.33 *(978-1-68327-906-8(9))* Sunshine In My Soul Publishing.

Places in American History, 6 bks. Susan Ashley. Incl. Golden Gate Bridge. (J). lib. bdg. 24.67 *(978-0-8368-4140-4(9),* e733ea22-5674-401b-8b0a-179de9020aa3); Liberty Bell. (YA). lib. bdg. 24.67 *(978-0-8368-4141-1(7),* e704d18f-590d-4eb1-9031-afc9d9257503); Mount Rushmore. lib. bdg. 24.67 *(978-0-8368-4142-8(5),* 9854fe32-021b-4357-99c8-c9e528fba86e); Washington Monument. lib. bdg. 24.67 *(978-0-8368-4144-2(1),* 186daaba-3f29-4939-9870-8d97bbb8d4dc); White House. lib. bdg. 24.67 *(978-0-8368-4145-9(X),* 97d0acb8-2dc2-49e9-92b3-e0d3d1e66f35); 24p. (gr. 2-4)., Weekly Reader Leveled Readers (Illus.). 2004. Set lib. bdg. 115.98 *(978-0-8368-4139-8(5))*; pap. *(978-0-8368-4146-6(8))* Stevens, Gareth Publishing LLLP. (Weekly Reader).

Places in My Community, 8 vols. 2016. (Places in My Community Ser.). (ENG.). 00024p. (J). (gr. 1-1). 101.08 *(978-1-4994-2659-5(3),* 289a17a5-33a7-4c14-b7ea-a82ce3eb8bb7, PowerKids Pr.) Rosen Publishing Group, Inc., The.

Places in My Community. Seth Lynch. 2022. (Places in My Community Ser.). (ENG.). 24p. (J). pap. 62.10 ***(978-1-9785-2318-0(1))*** Enslow Publishing, LLC.

Places in My Community (Set), 8 vols. 2019. (Places in My Community Ser.). (ENG.). 24p. (J). (gr. k-3). lib. bdg. 250.88 *(978-1-5321-6345-6(2),* 32005, Pop! Cody Koala) Pop!.

Places in Our Community. Lisa J. Amstutz & Mary Meinking. 2020. (Places in Our Community Ser.). (ENG.). 24p. (J). (gr. -1-2). 234.56 *(978-1-9771-1271-2(4),* 29765); pap., pap., pap. 55.60 *(978-1-9771-2024-3(5),* 30013) Capstone. (Pebble).

Places in Time: A Kid's Historic Guide to the Changing Names & Places of the World, 6 vols., Set. Incl. Brief Political & Geographic History of Africa: Where Are... Belgian Congo, Rhodesia, & Kush. John Davenport. (YA). lib. bdg. 37.10 *(978-1-58415-624-6(4))*; Brief Political & Geographic History of Asia: Where Are... Saigon, Kampuchea, & Burma. Doug Dillon. (YA). lib. bdg. 37.10 *(978-1-58415-623-9(6))*; Brief Political & Geographic History of Europe: Where Are... Prussia, Gaul, & the Holy Roman Empire. Frances Davey. (YA). lib. bdg. 37.10 *(978-1-58415-625-3(2))*; Brief Political & Geographic History of Latin America: Where Are... Gran Colombia, la Plata, & Dutch Guiana. Earle Rice, Jr. (J). lib. bdg. 37.10 *(978-1-58415-626-0(0),* 1270683); Brief Political & Geographic History of North America: Where Are... New France, New Netherland, & New Sweden. Lissa Johnston. (YA). lib. bdg. 37.10 *(978-1-58415-627-7(9))*; Brief Political & Geographic History of the Middle East: Where Are... Persia, Babylon, & the Ottoman Empire. John Davenport. (YA). lib. bdg. 37.10 *(978-1-58415-622-2(8))*; 112p. (gr. 5-9). 2007. (Places in Time Ser.). (Illus.). 2007. Set lib. bdg. 222.60 *(978-1-58415-628-4(7))* Mitchell Lane Pubs.

Places to Be. Mac Barnett. Illus. by Renata Liwska. 2017. (ENG.). 32p. (J). (gr. -1-3). 17.99 *(978-0-06-228621-5(8),* Balzer & Bray) HarperCollins Pubs.

Places to See & People to Meet in Ireland - Geography Books for Kids Age 9-12 Children's Explore the World Books. Baby Professor. 2017. (ENG., Illus.). 64p. (J). pap. 9.52 *(978-1-5419-1640-1(9),* Baby Professor (Education Kids)) Speedy Publishing LLC.

Places to Visit in Washington DC - Geography Grade 1 Children's Explore the World Books. Baby Professor. 2017. (ENG., Illus.). (J). pap. 8.79 *(978-1-5419-1390-5(6),* Baby Professor (Education Kids)) Speedy Publishing LLC.

Places We Call Home. Ellen Lawrence. 2018. (About Our World Ser.). (ENG.). 24p. (J). lib. bdg. 22.99 *(978-1-5105-3542-8(X))* SmartBook Media, Inc.

Places We Sleep. Caroline Brooks DuBois. 2022. 272p. (J). (gr. 3-7). pap. 9.99 *(978-0-8234-5130-2(5))* Holiday Hse., Inc.

Places We Sleep. Caroline Brooks DuBois & Caroline Brooks DuBois. 2020. 272p. (J). (gr. 3-7). 16.99 *(978-0-8234-4421-2(X))* Holiday Hse., Inc.

Places We've Never Been. Kasie West. 2023. (ENG.). 336p. (YA). (gr. 7). pap. 12.99 *(978-0-593-17633-7(2),* Ember) Random Hse. Children's Bks.

Places Where Doctors Work Coloring Book. Bobo's Children Activity Books. 2016. (ENG., Illus.). (J). pap. 9.33 *(978-1-68327-342-4(7))* Sunshine In My Soul Publishing.

Places Where Dressing up Is Required Coloring Book. Smarter Activity Books for Kids. 2016. (ENG., Illus.). (J). pap. 9.22 *(978-1-68374-582-2(5))* Examined Solutions PTE. Ltd.

Placid Man: Or, Memoirs of Sir Charles Beville (Classic Reprint) Charles Jenner. 2017. (ENG., Illus.). (J). 29.42 *(978-0-331-62684-1(5))*; pap. 11.97 *(978-1-5276-7597-1(1))* Forgotten Bks.

Placide a Scholastique, Sur la Maniere de Se Conduire Dans le Monde, Par Rapport a la Religion (Classic Reprint) Nicolas Jamin. 2016. (FRE., Illus.). (J). pap. 13.57 *(978-1-334-64781-9(X))* Forgotten Bks.

Placide Scholastique, Sur la Mani're de Se Conduire Dans le Monde, Par Rapport la Religion (Classic Reprint) Nicolas Jamin. 2018. (FRE., Illus.). 316p. (J). 30.43 *(978-0-656-80543-3(9))* Forgotten Bks.

Placodus & Other Swimming Reptiles. Brown Bear Books. 2018. (Dinosaur Detectives Ser.). (ENG., Illus.). 24p. (J). (gr. 2-4). lib. bdg. *(978-1-78121-409-1(3),* 16469) Brown Bear Bks.

Plague. Sharilyn S. Grayson. Ed. by Robbie Grayson. Illus. by Cristina del Moral. 2022. (ENG.). 294p. (YA). pap. 17.99 ***(978-1-63752-161-8(8))*** Indy Pub.

Plague. Virginia Loh-Hagan. 2021. (Surviving History Ser.). (ENG., Illus.). 32p. (J). (gr. 4-8). lib. bdg. 32.07 *(978-1-5341-8027-7(3),* 218388, 45th Parallel Press) Cherry Lake Publishing.

Plague! Epidemics & Scourges Through the Ages. John Farndon. Illus. by Venitia Dean. ed. 2017. (Sickening History of Medicine Ser.). (ENG.). 32p. (J). (gr. 3-6). E-Book 42.65 *(978-1-5124-3632-7(1),* 9781512436327); E-Book 42.65 *(978-1-5124-2709-7(8))*; E-Book 4.99 *(978-1-5124-3634-1(8),* 9781512436341) Lerner Publishing Group. (Hungry Tomato (r)).

Plague in London (Classic Reprint) Daniel Dafoe. (ENG., Illus.). (J). 2018. 156p. 27.13 *(978-0-332-11355-5(8))*; 2017. pap. 9.57 *(978-0-243-31541-3(4))* Forgotten Bks.

Plague Land. Alex Scarrow. 2017. (Plague Land Ser.: 1). (ENG.). 384p. (YA). (gr. 8-12). pap. 10.99 *(978-1-4926-5210-6(5))* Sourcebooks, Inc.

Plague Land: No Escape. Alex Scarrow. 2019. (Plague Land Ser.: 3). (ENG.). 384p. (YA). (gr. 8-12). pap. 10.99 *(978-1-4926-6026-2(4))* Sourcebooks, Inc.

Plague Land: Reborn. Alex Scarrow. 2018. (Plague Land Ser.: 2). (ENG.). 416p. (YA). (gr. 8-12). pap. 10.99 *(978-1-4926-6023-1(X))* Sourcebooks, Inc.

Plague of the Zombie Girl. J. W. Delorie. 2019. (ENG.). 340p. (YA). (gr. 7-12). pap. 11.99 *(978-1-64361-253-9(0))* Westwood Bks. Publishing.

Plagues of Egypt Coloring Book. Bobo's Children Activity Books. 2016. (ENG., Illus.). (J). pap. 9.33 *(978-1-68327-589-3(6))* Sunshine In My Soul Publishing.

Plain American in England (Classic Reprint) Charles T. Whitefield. 2018. (ENG., Illus.). 46p. (J). 24.87 *(978-0-483-53806-1(X))* Forgotten Bks.

Plain & Simple Mandala Coloring Book. Activibooks. 2016. (ENG., Illus.). (J). pap. 9.20 *(978-1-68321-740-4(3))* Mimaxion.

Plain, Authentick & Faithful Narrative of the Several Passages of the Young Chevalier, from the Battle of Culloden to His Embarkation for France: Taken from the Mouths of the Several Persons, Who Either Gave Him Succour, or Were Aiding & Assisting T. Robert Forbes. 2018. (ENG., Illus.). 30p. (J). 24.70 *(978-0-332-78403-8(7))* Forgotten Bks.

Plain Jane: When Does Being Stuck Become ... Unstuck? Kim Hood. 2016. (ENG., Illus.). 304p. (J). 15.00 *(978-1-84717-784-1(0))* O'Brien Pr., Ltd., The IRL. Dist: Dufour Editions, Inc.

Plain Jane (Classic Reprint) G. M. George. 2018. (ENG., Illus.). 90p. (J). 25.77 *(978-0-267-51711-4(4))* Forgotten Bks.

PLAIN Janes. Cecil Castellucci. 2020. (ENG., Illus.). 496p. (YA). (gr. 7-17). pap. 18.99 *(978-0-316-52281-6(3))* Little, Brown Bks. for Young Readers.

Plain John Orpington, Vol. 1 of 3 (Classic Reprint) John Berwick Harwood. (ENG., Illus.). (J). 2018. 302p. 30.13 *(978-0-483-99998-5(9))*; 2016. pap. 13.57 *(978-1-334-13692-4(0))* Forgotten Bks.

Plain John Orpington, Vol. 2 of 3 (Classic Reprint) John Berwick Harwood. 2018. (ENG., Illus.). (J). 312p. 30.35 *(978-0-366-55911-4(7))*; 314p. pap. 13.57 *(978-0-366-06103-7(8))* Forgotten Bks.

Plain John Orpington, Vol. 3 of 3 (Classic Reprint) John Berwick Harwood. 2018. (ENG., Illus.). 328p. (J). 30.66 *(978-0-483-48019-3(3))* Forgotten Bks.

Plain Living a Bush Idyll (Classic Reprint) Rolf Boldrewood. (ENG., Illus.). (J). 2018. 340p. 30.93 *(978-0-364-87886-6(X))*; 2017. pap. 13.57 *(978-0-259-10172-7(9))* Forgotten Bks.

Plain Mary Smith: A Romance of Red Saunders (Classic Reprint) Henry Wallace Phillips. 2018. (ENG., Illus.). 328p. (J). 30.74 *(978-0-483-10921-6(5))* Forgotten Bks.

Plain of Ringlets? (Classic Reprint) Robert Smith Surtees. 2018. (ENG., Illus.). (J). 32.66 *(978-0-260-59433-4(4))* Forgotten Bks.

Plain Path (Classic Reprint) Frances Newton Symmes Allen. 2017. (ENG., Illus.). 358p. (J). 31.28 *(978-0-484-34131-8(6))* Forgotten Bks.

Plain People of the Plain People (Classic Reprint) Anna Balmer Myers. 2018. (ENG., Illus.). 342p. (J). 30.95 *(978-0-666-73046-6(6))* Forgotten Bks.

Plain Speaking (Classic Reprint) Dinah Craik. 2018. (ENG., Illus.). 268p. (J). 29.42 *(978-0-483-61453-6(X))* Forgotten Bks.

Plain Tale of Plain People: Pioneer Life in New Ontario; the Great Clay Belt (Classic Reprint) Temiskaming Railway Commission. (ENG., Illus.). (J). 2018. 46p. 24.87 *(978-0-365-22338-2(7))*; 2017. pap. 9.57 *(978-0-282-58204-3(5))* Forgotten Bks.

Plain Tales: Chiefly Intended for the Use of Charity Schools (Classic Reprint) Unknown Author. 2018. (ENG., Illus.). 40p. (J). 24.76 *(978-0-332-60146-5(3))* Forgotten Bks.

Plain Tales from the Hills. Rudyard Kipling. 2017. (ENG., Illus.). (J). 24.95 *(978-1-374-83008-0(9))* Capital Communications, Inc.

Plain Tales from the Hills (Classic Reprint) Rudyard Kipling. 2017. (ENG., Illus.). (J). 31.03 *(978-0-265-52254-7(4))*; pap. 13.57 *(978-0-259-38434-2(8))*; 31.03 *(978-1-5282-8313-7(9))* Forgotten Bks.

Plain Tales from the Hills, Vol. 1 of 2 (Classic Reprint) Rudyard Kipling. 2017. (ENG., Illus.). (J). 28.19 *(978-1-5280-5285-6(4))* Forgotten Bks.

Plain Tales from the Hills, Vol. 2 of 2 (Classic Reprint) Rudyard Kipling. 2017. (ENG., Illus.). 210p. (J). 28.23 *(978-1-5283-5989-4(5))* Forgotten Bks.

Plain Unvarnished (Classic Reprint) Virgil Shook. (ENG., Illus.). (J). 2018. 214p. 28.33 *(978-0-267-31754-7(9))*; 2016. pap. 10.97 *(978-1-333-47118-7(1))* Forgotten Bks.

Plains. Jenna Capelle. 2018. (Landforms Ser.). (ENG., Illus.). 32p. (J). (gr. 2-3). pap. 9.95 *(978-1-63517-996-5(3),* 1635179963); lib. bdg. 31.35 *(978-1-63517-895-1(9),* 1635178959) North Star Editions. (Focus Readers).

Plains & Uplands of Old France. Henry Copley Greene & George H. Hallowell. 2017. (ENG.). 152p. (J). pap. *(978-3-337-37193-7(0))* Creation Pubs.

Plains & Uplands of Old France: A Book of Verse & Prose (Classic Reprint) Henry Copley Greene. (ENG., Illus.). (J). 2018. 150p. 27.01 *(978-0-484-64725-0(3))*; 2017. pap. 9.57 *(978-0-259-29242-5(7))* Forgotten Bks.

Plains Indians Culture, Wars & Settling the Western US History of the United States History 6th Grade Children's American History. Baby Professor. 2020. (ENG.). 72p. (J). 24.99 *(978-1-5419-7667-2(3))*; pap. 14.99 *(978-1-5419-5052-8(6))* Speedy Publishing LLC. (Baby Professor (Education Kids)).

Plains of Abraham (Classic Reprint) James Oliver Curwood. 2017. (ENG., Illus.). (J). 30.70 *(978-0-331-37344-8(0))*; pap. 13.57 *(978-0-243-38278-1(2))* Forgotten Bks.

Plains of Sand & Steel: Uncommon World Book Two. Alisha Klapheke. 2017. (Uncommon World Ser.: Vol. 2). (ENG., Illus.). (YA). (gr. 9-12). pap. 16.99 *(978-0-9987379-4-2(1))* Klapheke, Alisha.

Plainsman, Wild Bill Hickok. Frank J. Wilstach. 2017. (ENG., Illus.). (J). pap. *(978-0-649-67221-9(6))* Trieste Publishing Pty Ltd.

Plainsman, Wild Bill Hickok (Classic Reprint) Frank J. Wilstach. 2017. (ENG., Illus.). (J). 30.58 *(978-0-331-57412-8(8))*; pap. 13.57 *(978-0-259-46465-5(1))* Forgotten Bks.

Plaintes de la France (Classic Reprint) Unknown Author. (FRE., Illus.). (J). 2018. 26p. 24.43 *(978-0-332-69424-5(0))*; 2017. pap. 7.97 *(978-0-282-02106-1(X))* Forgotten Bks.

Plaintes de la Vierge en Anglo-Francais: Xiiie et Xive Siecles (Classic Reprint) Frederic Joseph Tanquerey. 2017. (FRE., Illus.). (J). pap. 10.57 *(978-0-243-95078-2(0))* Forgotten Bks.

Plaintes de la Vierge en Anglo-Français: Xiiie et Xive Siècles (Classic Reprint) Frederic Joseph Tanquerey. 2018. (FRE., Illus.). 194p. (J). 27.92 *(978-0-666-64778-8(X))* Forgotten Bks.

Plaisant Ieu du Dodechedron de Fortune: Non Moins Recreatif, Que Subtil et Ingenieux (Classic Reprint) Jean de Meun. 2018. (FRE., Illus.). (J). 196p. 27.96 *(978-0-366-23631-2(8))*; 198p. pap. 10.57 *(978-0-365-75780-1(2))* Forgotten Bks.

Plaisant Ieu du Dodechedron de Fortune: Non Moins Recreatif, Que Subtil et Ingenieux (Classic Reprint) Jean De Meung. (FRE., Illus.). (J). 2018. 192p. 27.86 *(978-0-666-89612-4(7))*; 2017. pap. 10.57 *(978-0-259-59548-9(9))* Forgotten Bks.

Plan a Recycling Business, 1 vol. Stephane Hillard. 2020. (Be Your Own Boss Ser.). (ENG.). 24p. (gr. 3-4). lib. bdg. 27.93 *(978-1-7253-1903-5(9),* 1956ca11-d199-4053-801f-e5b65e75de9d, PowerKids Pr.) Rosen Publishing Group, Inc., The.

Plan a Yard Sale, 1 vol. Stephane Hillard. 2020. (Be Your Own Boss Ser.). (ENG.). 24p. (gr. 3-4). pap. 11.60 *(978-1-7253-1905-9(5),* 505f9db7-fca5-4c0b-b126-ecef8ce7b015); lib. bdg. 27.93 *(978-1-7253-1907-3(1),* ce7050b0-5b25-4871-a01f-ed2cbbff6264) Rosen Publishing Group, Inc., The. (PowerKids Pr.).

Plan Away: Undated Planner. Paper Roze. 2023. (ENG.). 146p. (YA). pap. ***(978-1-312-60003-4(9))*** Lulu Pr., Inc.

Plan Book for Intermediate Grades (Classic Reprint) Marian M. George. (ENG., Illus.). (J). 2018. 396p. 32.06 *(978-0-483-45100-1(2))*; 2016. pap. 16.57 *(978-1-333-52936-9(8))* Forgotten Bks.

Plan Book for Teachers (Classic Reprint) Charles M. Stebbins. 2017. (ENG., Illus.). (J). 26.54 *(978-0-331-72340-3(9))* Forgotten Bks.

Plan de Reserva. Bill Yu. Illus. by Eduardo Garcia & Sebastian Garcia. 2022. (Métete Al Juego Set 2 (Get in the Game Set 2) Ser.). (SPA.). 32p. (J). (gr. 3-8). lib. bdg. 32.79 *(978-1-0982-3544-4(4),* 41125, Graphic Planet - Fiction) Magic Wagon.

Plan for Casey. Joyce Armintrout. 2021. (ENG.). 246p. (YA). pap. 18.95 *(978-1-6624-3591-1(6))* Page Publishing Inc.

Plan for Pops. Heather Smith. Illus. by Brooke Kerrigan. 2021. (ENG.). 32p. (J). (gr. -1-k). 14.95 *(978-1-4598-3223-7(X))* Orca Bk. Pubs. USA.

Plan for Teaching Beginners to Read (Classic Reprint) Unknown Author. 2018. (ENG., Illus.). (J). 28p. 24.47 *(978-0-332-16561-5(2))*; 34p. 24.62 *(978-0-332-18753-2(5))* Forgotten Bks.

Plan for the Best - Daily Planner with Notes. @ Journals and Notebooks. 2016. (ENG., Illus.). 106p. (YA). pap. 12.25 *(978-1-68326-563-4(7))* Speedy Publishing LLC.

Plan for the Gingerbread House: A STEM Engineering Story. Darcy Pattison. Illus. by John Joven. 2021. (ENG.). 34p. (J). 23.99 *(978-1-62944-157-3(0))*; pap. 10.99 *(978-1-62944-158-0(9))* Mims Hse.

Plan for the People: Nelson Mandela?s Hope for His Nation. Lindsey McDivitt. Illus. by Charly Palmer. 2021. (ENG.). 48p. (J). *(978-0-8028-5502-2(4),* Eerdmans Bks For Young Readers) Eerdmans, William B. Publishing Co.

Plan of an Institution Devoted to Liberal Education. E. T. Fisher. 2017. (ENG., Illus.). (J). pap. *(978-0-649-02207-6(6))* Trieste Publishing Pty Ltd.

Plan of Campaign: A Story of the Fortune of War (Classic Reprint) Frances Mabel Robinson. (ENG., Illus.). (J). 2018. 456p. 33.34 *(978-0-666-51666-4(9))*; 2017. pap. 16.57 *(978-0-243-88115-4(0))* Forgotten Bks.

Plan to the Future: Simple Advice for Young People. Michael Anthony Attard. 2018. (ENG., Illus.). 150p. (YA). *(978-1-5255-2099-0(7))*; pap. *(978-1-5255-2100-3(4))* FriesenPress.

Plane & Plank: Or, the Mishaps of a Mechanic (Classic Reprint) Oliver Optic, pseud. 2017. (ENG., Illus.). (J). 31.07 *(978-0-265-19721-9(X))* Forgotten Bks.

Plane & Solid Geometry: Suggestive Method (Classic Reprint) George Clinton Shutts. (ENG., Illus.). (J). 2018. 400p. 32.15 *(978-1-396-80109-9(X))*; 2018. 402p. pap. 16.57 *(978-1-396-80101-3(4))*; 2018. 108p. 26.12 *(978-0-267-44986-6(0))*; 2017. pap. 9.57 *(978-0-282-62188-9(1))* Forgotten Bks.

Plane Board Book. Chris Demarest. 2017. (ENG., Illus.). 16p. (J). (— 1). bds. 6.99 *(978-0-544-97703-7(3),* 1663472, Clarion Bks.) HarperCollins Pubs.

Plane Geometry. Arthur Schultze. 2017. (ENG., Illus.). (J). pap. *(978-0-649-67230-1(5))* Trieste Publishing Pty Ltd.

Plane or Boat? Lenka Chytilova. Illus. by Veronika Zacharova. 2021. (First Words Ser.). 14p. (J). bds. 8.99 *(978-80-00-06138-2(4))* Albatros, Nakladatelstvi pro deti mladez, a.s. CZE. Dist: Consortium Bk. Sales & Distribution.

Plane Spotter's Notebook: Record & Log Plane Sightings. Dubreck World Publishing. 2021. (ENG.). 100p. (YA). pap. *(978-1-326-07810-2(0))* Lulu Pr., Inc.

Planear una Ciudad: Leveled Reader Card Book 31 Level T 6 Pack. Hmh Hmh. 2021. (SPA.). (J). pap. 74.40 *(978-0-358-08600-0(0))* Houghton Mifflin Harcourt Publishing Co.

Planes, 1 vol. Nicholle Carriere & Super Explorers. 2017. (Mega Machines Ser.). (ENG., Illus.). 64p. (J). pap. 6.99 *(978-1-926700-74-8(0),* 0a66b41f-7cfa-42b3-b07e-dc429394524f) Blue Bike Bks. CAN. Dist: Lone Pine Publishing USA.

Planes. Gail Gibbons. 2019. (Illus.). 24p. (J). (— 1). bds. 7.99 *(978-0-8234-4154-9(7))* Holiday Hse., Inc.

Planes. Illus. by Donald Grant. 2023. (My First Discovery Paperbacks Ser.). (ENG.). 32p. (J). (gr. k-2). pap. 9.99 *(978-1-85103-764-3(0))* Moonlight Publishing, Ltd. GBR. Dist: Independent Pubs. Group.

Planes. Julie Murray. 2016. (Transportation Ser.). (ENG., Illus.). 24p. (J). (gr. -1-2). pap. 7.95 *(978-1-4966-1018-8(0),* 134923, Capstone Classroom) Capstone.

Planes. Alessandro Sisti. Illus. by Lucio Leoni et al. 2021. (Disney & Pixar Movies Ser.). (ENG.). 52p. (J). (gr. 2-6). lib. bdg. 32.79 *(978-1-5321-4817-0(8),* 37028, Graphic Novels) Spotlight.

Planes! (and Other Things That Fly) Welbeck Children's. Illus. by Maria Brzozowska. 2021. (Things That Go Ser.). (ENG.). 48p. (J). (gr. -1-k). 14.95 *(978-1-78312-650-7(7))* Welbeck Publishing Group Ltd. GBR. Dist: Two Rivers Distribution.

Planes: From the Wright Brothers to the Supersonic Jet. Jan van der Veken. 2021. (ENG., Illus.). 104p. (J). (gr. 3-7). 19.95 *(978-3-7913-7441-3(9))* Prestel Verlag GmbH & Co KG. DEU. Dist: Penguin Random Hse. LLC.

Planes & Choppers. Lyn A. Sirota. 2017. (Rank It! Ser.). (ENG.). 32p. (gr. 2-7). 9.95 *(978-1-68072-475-2(4))*; (J). (gr. 4-6). pap. 9.99 *(978-1-64466-212-0(4),* 11478); (Illus.). (J). (gr. 4-6). lib. bdg. *(978-1-68072-178-2(X),* 10540) Black Rabbit Bks. (Bolt).

Planes & Trains Find the Difference Books for Kids. Educando Kids. 2019. (ENG.). 42p. (J). pap. 8.55 *(978-1-64521-655-1(1),* Educando Kids) Editorial Imagen.

Planes & Trains Spot the Difference Activity Book. Kreative Kids. 2016. (ENG., Illus.). (J). pap. 10.81 *(978-1-68377-031-2(5))* Whlke, Traudl.

Planes: Fire & Rescue. Alessandro Sisti. Illus. by Gianfranco Florio. 2021. (Disney & Pixar Movies Ser.). (ENG.). 52p. (J). (gr. 2-6). lib. bdg. 32.79 *(978-1-5321-4818-7(6),* 37029, Graphic Novels) Spotlight.

Planes Go! Harold Morris. 2022. (My First Transportation Bks.). (ENG.). 24p. (J). (gr. k-2). pap. *(978-1-0396-6207-0(2),* 20873); lib. bdg. *(978-1-0396-6012-0(6),* 20872) Crabtree Publishing Co.

Planes Go!, 1 vol. John Matthew Williams. 2017. (Ways to Go Ser.). (ENG.). 24p. (J). (gr. k-k). pap. 9.15 *(978-1-5382-1020-8(7),* e7632cf6-6da0-40ac-bdba-776df62f0088) Stevens, Gareth Publishing LLLP.

Planes Soar. Rebecca Glaser. 2016. (ENG., Illus.). 14p. (J). (gr. -1 — 1). bds. 7.99 *(978-1-68152-122-0(9),* 15821) Amicus.

Planes, Trains, & Animobiles. Ed. by Rainstorm Publishing. Illus. by Lizzy Doyle. 2019. (ENG.). 20p. (J). bds. 7.99 *(978-1-926444-91-8(4))* Rainstorm Pr.

Planes, Trains & Cars Colouring Book. Chris Dickason. Illus. by Chris Dickason. 2017. (ENG., Illus.). 64p. (J). (gr. k-2). pap. 6.99 *(978-1-78055-251-4(3))* O'Mara, Michael Bks., Ltd. GBR. Dist: Independent Pubs. Group.

Planes, Trains & Very Fast Cars: A History of Transport. Christine Brown-Paul. 2019. (ENG.). 48p. (J). 14.99 *(978-1-921580-50-5(X))* New Holland Pubs. Pty. Ltd. AUS. Dist: Independent Pubs. Group.

Planet Bound. Jessi Orsini. 2021. (ENG.). 80p. (YA). pap. 12.95 *(978-1-64952-411-9(0))* Fulton Bks.

Planet Called Imagine. Illus. by Patricia Grace Claro. 2023. (ENG.). 348p. (YA). ***(978-1-0391-5542-8(1))***; pap. ***(978-1-0391-5541-1(3))*** FriesenPress.

Planet Christmas: Amazing Christmas Activity Book for Kids Ages 4-8: Stress Relieving Coloring Book for Beginners. Young Intuition Studios. l.t. ed. 2020. (ENG.). 150p. (J). pap. 11.69 *(978-1-716-33984-4(7))* Lulu Pr., Inc.

Planet Coloring Book for Kids: A Fun Outer Space Activity Book for Toddlers & Children Filled with Coloring Pages of All the Planets in Our Solar System. Happy Harper. l.t. ed. 2020. (ENG., Illus.). 56p. (J). pap. *(978-1-989968-08-6(2),* Happy Harper) Gill, Karanvir.

Planet Doom (Adventure), 1 vol. Anne Schraff. 2017. (Pageturners Ser.). (ENG.). 76p. (YA). (gr. 9-12). 10.75 *(978-1-68021-379-9(2))* Saddleback Educational Publishing, Inc.

Planet Earth see Planeta Tierra

Planet Earth, 12 vols. 2017. (Planet Earth Ser.). 32p. (ENG.). (gr. 5-5). 167.58 *(978-1-4994-3406-4(5),* 53701a26-1190-42a1-9cc4-be4e28bb1386); (gr. 9-10). pap. 60.00 *(978-1-4994-3408-8(1))* Rosen Publishing Group, Inc., The. (PowerKids Pr.).

Planet Earth. Contrib. by World Book, Inc. Staff. 2019. (Illus.). 96p. (J). *(978-0-7166-3732-5(4))* World Bk., Inc.

Planet Earth: Finding Balance on the Blue Marble with Environmental Science Activities for Kids. Kathleen M. Reilly. Illus. by Tom Casteel. 2019. (Build It Yourself Ser.). (ENG.). 128p. (J). (gr. 4-6). 22.95 *(978-1-61930-740-7(5),* 33ec5fae-afee-4647-816d-addb4ac676f1); pap. 17.95 *(978-1-61930-743-8(X),* 45ddd69d-b67c-4b41-90ff-5575fd96d227) Nomad Pr.

Planet Earth - Read It Yourself with Ladybird Level 3. Ladybird. 2016. (Read It Yourself with Ladybird Ser.). (Illus.). 48p. (J). (ENG.). 5.99 *(978-0-241-23740-3(8))*; (gr. 2-4). pap. 9.99 *(978-0-241-23738-0(6))* Penguin Bks., Ltd. GBR. Dist: Independent Pubs. Group.

Planet Earth Crosswords. Phillip Clark. 2019. (Activity Puzzle Bks.). (ENG.). 112ppp. (J). pap. 4.99 *(978-0-7945-4683-0(8),* Usborne) EDC Publishing.

Planet Earth Discoveries. Tamra B. Orr. 2018. (Marvelous Discoveries Ser.). (ENG., Illus.). 32p. (J). (gr. 2-5). lib. bdg. 28.65 *(978-1-5435-2618-9(7),* 138089, Capstone Pr.) Capstone.

Planet Earth for Kids (Tinker Toddlers) Dhoot. 2022. (Tinker Toddlers Ser.: Vol. 12). (ENG.). 46p. (J). pap. 11.99 ***(978-1-950491-10-0(2)***, Tinker Toddlers) GenBeam LLC.

The check digit for ISBN-10 appears in parentheses after the full ISBN-13

TITLE INDEX PLANT CYCLE

Planet Earth Helpers, 8 vols. 2022. (Planet Earth Helpers Ser.). (ENG.). 24p. (J). (gr. 2-2). lib. bdg. 104.92 *(978-1-5345-4241-9(8)*, f23529e8-a97b-4df9-889c-e2738c7d95ba, KidHaven Publishing) Greenhaven Publishing LLC.

Planet Earth Helpers. Harriet Brundle. 2022. (Planet Earth Helpers Ser.). (ENG.). 24p. (J). pap. 35.00 *(978-1-5345-4254-9(X)*, KidHaven Publishing) Greenhaven Publishing LLC.

Planet Earth Is Fairyland. Carlota Guerra-Khary. 2022. (ENG.). 26p. (J). pap. 11.99 ***(978-1-957974-78-1(8))*** Indy Pub.

Planet Fitness: Fitness & Diet Daily Fitness Sheets Gym Physical Activity Training Diary Journal, Bodybuilding EXERCISE NOTEBOOK GIFT. Temperate Targon. 2021. (ENG.). 122p. (YA). pap. 11.99 *(978-1-716-06350-3(7))* Lulu Pr., Inc.

Planet Fleep: A Science Twins Adventure. Sherry D. Ramsey. 2018. (Science Twins Ser.: Vol. 1). (ENG., Illus.). 188p. (J). (gr. 3-6). pap. *(978-1-7752608-3-7(6))* Ramsey, Sherry D.

Planet Football: Greatest Fans. Clive Gifford. 2017. (Planet Football Ser.). (ENG., Illus.). 32p. (J). (gr. 4-6). 17.99 *(978-0-7502-9573-4(2)*, Wayland) Hachette Children's Group GBR. Dist: Hachette Bk. Group.

Planet Football: Greatest Stadiums. Clive Gifford. 2018. (Planet Football Ser.). (ENG.). 32p. (J). (gr. 4-6). pap. 12.99 *(978-1-5263-0345-5(0)*, Wayland) Hachette Children's Group GBR. Dist: Hachette Bk. Group.

Planet Grief, 1 vol. Monique Polak. 2018. (ENG.). 208p. (J). (gr. 4-7). pap. 10.95 *(978-1-4598-1568-1(8))* Orca Bk. Pubs. USA.

Planet Home: Dinosaurs. Lonnie Pelletier. Illus. by Lonnie Pelletier. 2021. (ENG.). 128p. (J). pap. *(978-1-928151-31-9(0))* Instar Publishing Inc.

Planet House: Where, When, What, Why. Ma Soprattutto: WHO. toytony Runo. 2023. (ITA.). 193p. (J). pap. ***(978-1-4478-7025-8(5))*** Lulu Pr., Inc.

Planet Hunting: Racking up Data & Looking for Life. Andrew Langley. 2019. (Future Space Ser.). (ENG., Illus.). 32p. (J). (gr. 3-9). pap. 7.95 *(978-1-5435-7516-3(1)*, 141047); lib. bdg. 28.65 *(978-1-5435-7270-4(7)*, 140601) Capstone.

Planet in a Pickle Jar. Martin Stanev. 2022. (ENG., Illus.). 32p. (J). (gr. -1-2). 16.99 *(978-1-83874-018-4(X))* Flying Eye Bks. GBR. Dist: Penguin Random Hse. LLC.

Planet in Crisis, 10 vols., Set. Russ Parker. Incl. Climate Crisis. lib. bdg. 30.47 *(978-1-4358-5254-9(0)*, 7699c245-b5b1-4249-850e-41a31fc6c5f6); Energy Supplies in Crisis. lib. bdg. 30.47 *(978-1-4358-5251-8(6)*, 5f5d54dc-07d6-4853-acc4-55fd26a34f65); Pollution Crisis. lib. bdg. 30.47 *(978-1-4358-5252-5(4)*, 0ac48b14-5400-4179-b2f6-d70bc09f567c); Waste Management Crisis. lib. bdg. 30.47 *(978-1-4358-5253-2(2)*, 46d0b83b-97aa-40e9-bff2-9607e3781be9); Water Supplies in Crisis. lib. bdg. 30.47 *(978-1-4358-5250-1(8)*, 02531a76-01c5-47ba-81c6-81ebed62c22f); Wildlife Crisis. lib. bdg. 30.47 *(978-1-4358-5255-6(9)*, eb5625be-2252-4fb9-b50b-9ff4df3f1495); 32p. (YA). (gr. 5-5). 2009., Rosen Reference (Planet in Crisis Ser.). (ENG.). 2008. Set lib. bdg. 152.35 *(978-1-4358-5336-2(9)*, 8fd5d358-273d-4acd-b879-48c6cd7e92bf) Rosen Publishing Group, Inc., The.

Planet in Peril: Fierce Floods. Cath Senker. 2018. (Planet in Peril Ser.). (ENG., Illus.). 32p. (J). (gr. 4-6). pap. 12.99 *(978-0-7502-8911-5(2)*, Wayland) Hachette Children's Group GBR. Dist: Hachette Bk. Group.

Planet Jupiter. Jane Kurtz. 2017. (ENG.). 288p. (J). (gr. 3-7). 16.99 *(978-0-06-056486-5(5)*, Greenwillow Bks.) HarperCollins Pubs.

Planet Kindergarten. Sue Ganz-Schmitt. Illus. by Shane Prigmore. 2016. (ENG.). 36p. (J). (gr. -1-k). 7.99 *(978-1-4521-5644-6(1))* Chronicle Bks. LLC.

Planet Kindergarten. Sue Ganz-Schmitt. ed. 2018. (ENG.). 24p. (J). (gr. -1-1). 11.00 *(978-1-64310-622-9(8))* Penworthy Co., LLC, The.

Planet Larene. Rajeran Tatum. 2022. (ENG., Illus.). 28p. (YA). pap. 11.95 ***(978-1-6624-8662-3(6))*** Page Publishing Inc.

Planet Like Ours. Frank Murphy & Charnaie Gordon. Illus. by Kayla Harren. 2022. (ENG.). 32p. (J). (gr. k-3). 17.99 *(978-1-5341-1153-0(0)*, 205270) Sleeping Bear Pr.

Planet Machine: Robots from Outer Space Coloring Book. Kreative Kids. 2016. (ENG., Illus.). (J). pap. 9.20 *(978-1-68377-384-9(5))* Whike, Traudl.

Planet Mechanic. Aegon Fly. 2016. (ENG., Illus.). (J). pap. 12.95 *(978-1-367-27603-1(9))* Lone Dragonfly Bks.

Planet Middle School. Nikki Grimes. ed. 2019. (Penworthy Picks Middle School Ser.). (ENG.). 154p. (J). (gr. 6-8). 18.96 *(978-1-64310-917-6(0))* Penworthy Co., LLC, The.

Planet, Mimi & Me. Agnes De Bezenac. Illus. by Agnes De Bezenac. 2020. (ENG.). 50p. (J). 13.00 *(978-1-63474-375-4(X))*; pap. 8.00 *(978-1-63474-398-3(9))* iCharacter.org.

Planet Neptune Is Blue! Astronomy for Kids Children's Astronomy Books. Baby Professor. 2017. (ENG., Illus.). 64p. (J). pap. 9.52 *(978-1-5419-1632-6(8)*, Baby Professor (Education Kids)) Speedy Publishing LLC.

Planet Ocean: Why We All Need a Healthy Ocean. Patricia Newman. Photos by Annie Crawley. 2021. (ENG., Illus.). 64p. (J). (gr. 4-8). lib. bdg. 34.65 *(978-1-5415-8121-0(0)*, 4abd7fc9-6841-46b7-8637-496df146d84b, Millbrook Pr.) Lerner Publishing Group.

Planet of the Eggs (Book 9) Lisa Harkrader. Illus. by Jessica Warrick. 2018. (How to Be an Earthling Ser.). 64p. (J). (gr. 1-4). pap. 6.99 *(978-1-63592-018-5(3)*, ca37f429-326f-4c6e-981a-791228884feb, Kane Press) Astra Publishing Hse.

Planet of the Orb Trees: A Story about Giving, Self-Confidence, Green Living & Environmental Values. Barton Ludwig. 2017. (ENG., Illus.). (J). (gr. k-5). pap. *(978-0-9950441-5-9(5))* Heartlab Pr.

Planet of Trash: An Environmental Fable. George Poppel. Illus. by Barry Moyer. 2016. (Pandamonium Bks.). (ENG.). (J). (gr. k-5). pap. 12.95 *(978-0-9973316-3-9(1))* Inprint Bks.

Planet Omar: Accidental Trouble Magnet. Zanib Mian. Illus. by Nasaya Mafaridik. (Planet Omar Ser.: 1). (ENG.). (J). (gr. 2-5). 2022. 240p. 7.99 *(978-0-593-10923-6(6))*; 2020. 224p. 13.99 *(978-0-593-10921-2(X))* Penguin Young Readers Group. (G.P. Putnam's Sons Books for Young Readers).

Planet Omar: Epic Hero Flop. Zanib Mian. Illus. by Kyan Cheng. (Planet Omar Ser.: 4). (ENG.). (J). (gr. 2-5). 2023. 224p. 8.99 *(978-0-593-40719-6(9))*; 2022. 208p. 13.99 *(978-0-593-40717-2(2))* Penguin Young Readers Group. (G.P. Putnam's Sons Books for Young Readers).

Planet Omar: Incredible Rescue Mission. Zanib Mian. Illus. by Nasaya Mafaridik. (Planet Omar Ser.: 3). (ENG.). (J). (gr. 2-5). 2023. 272p. 8.99 *(978-0-593-10929-8(5))*; 2021. 256p. 13.99 *(978-0-593-10927-4(9))* Penguin Young Readers Group. (G.P. Putnam's Sons Books for Young Readers).

Planet Omar: Ultimate Rocket Blast. Zanib Mian. Illus. by Kyan Cheng. 2023. (Planet Omar Ser.: 5). (ENG.). 208p. (J). (gr. 2-5). 8.99 *(978-0-593-40722-6(9))*; lib. bdg. 16.99 ***(978-0-593-40720-2(2))*** Penguin Young Readers Group. (G.P. Putnam's Sons Books for Young Readers).

Planet Omar: Unexpected Super Spy. Zanib Mian. Illus. by Nasaya Mafaridik. (Planet Omar Ser.: 2). (ENG.). (J). (gr. 2-5). 2022. 256p. 8.99 *(978-0-593-10926-7(0))*; 2020. 224p. 13.99 *(978-0-593-10924-3(4))* Penguin Young Readers Group. (G.P. Putnam's Sons Books for Young Readers).

Planet Paradise. Jesse Lonergan. 2020. (ENG., Illus.). 128p. (YA). pap. 16.99 *(978-1-5343-1698-0(1)*, 0583584e-05ab-4567-ba1e-0112cf47e213) Image Comics.

Planet Power. Stacy Clark. Illus. by Annalisa Beghelli. 2021. (ENG.). 40p. (J). (gr. -1-6). 17.99 *(978-1-64686-278-8(3))*; pap. 9.99 *(978-1-64686-279-5(1))* Barefoot Bks., Inc.

Planet Quest: Book 2. Kate Harrington. Illus. by Lois Bradley. 2022. (Pawn Quest Trilogy Ser.). (ENG.). 270p. (YA). pap. 15.00 ***(978-1-7362665-2-6(7))*** Harrington, Katherine.

Planet Scrabbage & the Vegerons. Paul Ian Cross. 2017. (ENG., Illus.). 32p. (J). (gr. 2-4). pap. *(978-1-912199-01-3(7))* Farrow Children's Bks.

Planet under Pressure: How Is an Increasing Population Changing the World, & How Can YOU Help? Nancy Dickmann. 2021. (Earth Action Ser.). (ENG.). 64p. (J). (gr. 3-7). 11.95 *(978-1-78312-654-5(X))* Welbeck Publishing Group Ltd. GBR. Dist: Two Rivers Distribution.

Planet under Siege: Climate Change. Don Nardo. 2020. (ENG.). 80p. (YA). (gr. 6-12). 41.27 *(978-1-68282-757-4(7))* ReferencePoint Pr., Inc.

Planet We Call Home. Aimee Isaac. Illus. by Jaime Kim. 2023. 32p. (J). (gr. -1-3). 18.99 *(978-0-593-35136-9(3)*, Philomel Bks.) Penguin Young Readers Group.

Planet Zoron Trilogy. John Paulits. 2020. (Planet Zoron Trilogy Ser.). (ENG., Illus.). 182p. (J). pap. 15.99 *(978-1-61950-621-3(1))* Gypsy Shadow Publishing Co.

Planeta a la Deriva. Madeleine L'Engle. 2018. (SPA.). 304p. (YA). (gr. 7). pap. 17.50 *(978-607-527-480-5(4))* Editorial Oceano de Mexico MEX. Dist: Independent Pubs. Group.

Planeta Azul, el (ENIL FSTK) Lucía M. Sánchez & Matt Reher. 2016. (2r Enil Fstk Ser.). (SPA.). 40p. (J). pap. 9.60 *(978-1-64053-027-0(4)*, ARC Pr. Bks.) American Reading Co.

Planeta Es Importante, 6 bks., Set. Dana Meachen Rau. Incl. Aire (Air) lib. bdg. 25.50 *(978-0-7614-3464-1(X)*, 4c62faa2-77ae-42a5-be89-cc5226e992b5); Los Mapas (Maps) lib. bdg. 25.50 *(978-0-7614-3468-9(2)*, d150f204-d06a-47de-b638-de54d0a98829); Los Océanos (Oceans) lib. bdg. 25.50 *(978-0-7614-3469-6(0)*, 904cc289-001e-4110-8e59-1b18d71ce72b); Tiempo y el Espacio (Space & Time) lib. bdg. 25.50 *(978-0-7614-3470-2(4)*, 2f501a84-2a44-4e71-b2bd-84314a5f4c7d); Tierra (Land) lib. bdg. 25.50 *(978-0-7614-3465-8(8)*, 3f7ae062-a253-46fa-8968-d58667160e61); Vida (Life) lib. bdg. 25.50 *(978-0-7614-3467-2(4)*, 3cb125dc-5d03-44af-9330-f8842820a88c); 32p. (gr. 1-2). 2010. (Bookworms — Spanish Editions: el Planeta Es Importante Ser.). (SPA.). 2008. Set lib. bdg. 95.70 net. *(978-0-7614-3463-4(1)*, Cavendish Square) Cavendish Square Publishing LLC.

Planeta Increíble (Amazing Earth) Los Lugares Más Sorprendentes Del Mundo. Anita Ganeri. 2022. (SPA.). 176p. (J). (gr. 2-4). 24.99 *(978-0-7440-6442-1(2)*, DK Children) Dorling Kindersley Publishing, Inc.

Planeta Magico. Ramon Salazar. 2017. (SPA., Illus.). 98p. (J). pap. *(978-1-326-99345-0(3))* Lulu Pr., Inc.

Planeta Rosa. Nancy Hahn. 2017. (SPA., Illus.). (J). pap. 14.99 *(978-1-61813-257-4(1))* eBooks2go Inc.

Planeta Splooch see Planet Splooch

Planetarium. Five Mile. 2021. (Lift-The-Fact Bks.). (ENG.). 10p. (J). (gr. -1-k). bds. 16.99 *(978-1-925970-88-3(4))* Bonnier Publishing GBR. Dist: Independent Pubs. Group.

Planetarium. Julie Murray. 2019. (Field Trips Ser.). (ENG., Illus.). 24p. (J). (gr. -1-2). lib. bdg. 31.36 *(978-1-5321-8875-6(7)*, 32918, Abdo Kids) ABDO Publishing Co.

Planetarium: Welcome to the Museum. Raman Prinja. Illus. by Chris Wormell. 2019. (Welcome to the Museum Ser.). (ENG.). 112p. (J). (gr. 3-7). 37.99 *(978-1-5362-0623-4(7)*, Big Picture Press) Candlewick Pr.

Planetary & Stellar Studies. John Ellard Gore. 2017. (ENG.). 272p. (J). pap. *(978-3-337-02447-5(5))* Creation Pubs.

Planetary & Stellar Worlds. Ormsby MacKnight Mitchel. 2017. (ENG.). (J). 344p. pap. *(978-3-337-40461-1(8))*; 188p. pap. *(978-3-337-37155-5(8))* Creation Pubs.

Planetary Exploration, 18 vols. 2016. (Planetary Exploration Ser.). (ENG.). 00032p. (J). (gr. 2-3). 234.54 *(978-1-5081-0288-5(0)*, c1b4c9e3-94eb-4c40-bcf6-6174b45f2852, Britannica Educational Publishing) Rosen Publishing Group, Inc., The.

Planetary Journeys & Earthly Sketches (Classic Reprint) George Raffalovich. 2017. (ENG., Illus.). (J). 27.44 *(978-0-265-85044-2(4))* Forgotten Bks.

Planetary Science: Explore New Frontiers. Matthew Brenden Wood. Illus. by Samuel Carbaugh. 2017. (Inquire & Investigate Ser.). (ENG.). 128p. (J). (gr. 7-9). 22.95 *(978-1-61930-567-0(4)*, 3f0c280f-7c1a-45b1-9ed3-d288037cb3b9); pap. 17.95 *(978-1-61930-571-7(2)*, 42affcf1-61b1-43f4-955e-d02fa7b29d04) Nomad Pr.

Planetary System: A Study of Its Structure & Growth (Classic Reprint) Frank Bursley Taylor. 2018. (ENG., Illus.). 298p. (J). 30.04 *(978-0-365-18329-7(6))* Forgotten Bks.

Planetas Enanos (Dwarf Planets) Pluton y los Planetas Menores (Pluto & the Lesser Planets) Nadia Higgins. 2017. (Inside Outer Space Ser.). (SPA.). 24p. (gr. k-3). pap. 9.95 *(978-1-68342-258-7(9)*, 9781683422587) Rourke Educational Media.

Planetas Rocosos - Mercurio, Venus, la Tierra y Marte. Kyla Steinkraus. 2017. (Inside Outer Space Ser.).Tr. of Rocky Planets - Mercury, Venus, Earth, & Mars. (SPA.). 24p. (gr. k-3). pap. 9.95 *(978-1-68342-262-4(7)*, 9781683422624) Rourke Educational Media.

Planetatrompo. Manuel Sanchez Arillo. 2016. (SPA., Illus.). (J). pap. *(978-84-9072-506-1(3))* Novum Verlag in der Verlags- und Medienhaus WSB GmbH.

Planètes et Galaxies - Livre de Coloriage et d'activités Pour Enfants: Pages de Coloriage Amusantes Sur les Planètes et Galaxies Pour les Garçons et les Filles. Activités Spatiales Pour Enfants Avec Planètes, Astronautes, Vaisseaux Spatiaux et Espace Extra-Atmosphérique, Mots Cachés, Connectez les Points et Labyrinthes. Booksly Artpress. 2021. (FRE.). 98p. (J). pap. 11.99 *(978-1-915100-37-5(2)*, GoPublish) Visual Adjectives.

Planetes Futurs: Una Novel·La Infantil. Pablo Mendoza Casp. 2018. (CAT., Illus.). 242p. (J). pap. *(978-84-697-8423-5(4))* Pablo Mendoza Casp.

Planets. Linda Aspen-Baxter. 2017. (World Languages Ser.). (ENG.). 24p. (J). (gr. -1-3). lib. bdg. 35.70 *(978-1-4896-6596-6(X)*, AV2 by Weigl) Weigl Pubs., Inc.

Planets, 8 vols. J. P. Bloom. 2017. (Planets Ser.). (ENG.). 24p. (J). (gr. -1-2). pap., pap., pap. 63.60 *(978-1-4966-1288-5(4)*, 26361, Capstone Classroom) Capstone.

Planets. John Devolle. Illus. by John Devolle. 2022. (Big Science for Little Minds Ser.). (ENG., Illus.). 32p. (J). (-k). 16.95 *(978-1-78269-344-4(0)*, Pushkin Children's Bks.) Steerforth Pr.

Planets, 1 vol. Nancy Dickmann. 2018. (Space Facts & Figures Ser.). (ENG.). 32p. (gr. 2-3). 28.93 *(978-1-5081-9518-4(8)*, ed4995c0-62c3-4451-8bf6-213313076b96, Windmill Bks.) Rosen Publishing Group, Inc., The.

Planets. Katie Gillespie. 2018. (Illus.). 24p. (J). *(978-1-4896-5677-3(4)*, AV2 by Weigl) Weigl Pubs., Inc.

Planets, 1 vol. Tamara Hartson. 2018. (Mega Machines Ser.). (ENG., Illus.). 64p. (J). pap. 6.99 *(978-1-926700-88-5(0)*, 9d23404f-6062-4abf-bf4b-368c290af7e8) Blue Bike Bks. CAN. Dist: Lone Pine Publishing USA.

Planets. Lauren Kukla. 2016. (Exploring Our Universe Ser.). (ENG., Illus.). 32p. (J). (gr. 3-6). lib. bdg. 32.79 *(978-1-68078-406-0(4)*, 23671, Checkerboard Library) ABDO Publishing Co.

Planets. Gemma McMullen. 2019. (Solar System Ser.). (ENG.). 24p. (J). (gr. k-2). pap. 6.99 *(978-1-78637-643-5(1))* BookLife Publishing Ltd. GBR. Dist: Independent Pubs. Group.

Planets. Betsy Rathburn. 2018. (Space Science Ser.). (ENG., Illus.). 24p. (J). (gr. 3-7). lib. bdg. 26.95 *(978-1-62617-861-8(5)*, Torque Bks.) Bellwether Media.

Planets. Contrib. by Carole Stott. 2023. (DK Eyewitness Ser.). (ENG.). 72p. (J). (gr. 3-7). pap. 9.99 *(978-0-7440-7993-7(4)*, DK Children) Dorling Kindersley Publishing, Inc.

Planets. Marne Ventura. 2022. (Space Ser.). (ENG., Illus.). 32p. (J). (gr. 2-3). pap. 9.95 *(978-1-63739-299-7(0))*; lib. bdg. 31.35 *(978-1-63739-247-8(8))* North Star Editions. (Focus Readers).

Planets: A Book Filled with Facts for Children. Bold Kids. 2022. (ENG.). 42p. (J). pap. 14.99 ***(978-1-0717-1121-7(0))*** FASTLANE LLC.

Planets (1 Hardcover/1 CD) Elizabeth Carney. 2017. (National Geographic Kids Ser.). (ENG.). (J). 29.95 *(978-1-4301-2677-5(9))* Live Oak Media.

Planets (1 Paperback/1 CD) Elizabeth Carney. 2017. (National Geographic Kids Ser.). (ENG.). (J). pap. 19.95 *(978-1-4301-2676-8(0))* Live Oak Media.

Planets (4 Paperbacks/1 CD), 4 vols. Elizabeth Carney. 2017. (National Geographic Kids Ser.). (ENG.). (J). pap. 31.95 *(978-1-4301-2678-2(7))* Live Oak Media.

Planets & Me: Astrology for the Wild Child. Lady Samantha. Illus. by Jan Dolby. 2022. (ENG.). 32p. (J). *(978-1-5255-9827-2(9))*; pap. *(978-1-5255-9826-5(0))* FriesenPress.

Planets for Children (Myrah's Adventure) DeAriesha Mack. Illus. by Henrique Rampazzo. 2021. (ENG.). 28p. (J). 28.99 *(978-1-7373287-6-6(3))* Mack, DeAriesha.

Planets (Fourth Edition) Gail Gibbons. 4th rev. ed. 2018. (ENG.). 32p. (J). (gr. -1-3). 7.99 *(978-0-8234-3967-6(4))*; (Illus.). 17.95 *(978-0-8234-3966-9(6))* Holiday Hse., Inc.

Planets in Action (an Augmented Reality Experience) Rebecca E. Hirsch. 2020. (Space in Action: Augmented Reality (Alternator Books (r)) Ser.). (ENG., Illus.). 32p. (J). (gr. 3-6). 31.99 *(978-1-5415-7878-4(3)*, ef4d75cc-e332-4a14-8ef4-1e3fb085f32c); pap. 10.99 *(978-1-5415-8943-8(2)*, aa27f6e8-7a08-4845-848a-28a13b2515eb) Lerner Publishing Group. (Lerner Pubns.).

Planets in Our Solar System. 2023. (Planets in Our Solar System Ser.). (ENG.). (J). (gr. 1-2). pap. 82.80 ***(978-1-9785-3703-3(4))*** Enslow Publishing, LLC.

Planets in Our Solar System. Steve Foxe & Jody S. Rake. 2020. (Planets in Our Solar System Ser.). (ENG.). 32p. (J). (gr. 1-3). 250.56 *(978-1-9771-2567-5(0)*, 200747); pap., pap., pap. 63.60 *(978-1-9771-2723-5(1)*, 201788) Capstone. (Pebble).

Planets in Our Solar System - Coloring Book Edition. Speedy Kids. 2017. (ENG., Illus.). (J). pap. 9.20 *(978-1-5419-0943-4(7))* Speedy Publishing LLC.

Planets Introduction to the Night Sky Science & Technology Teaching Edition. Baby Professor. 2016. (ENG., Illus.). 40p. (J). pap. 11.65 *(978-1-68305-634-8(5)*, Baby Professor (Education Kids)) Speedy Publishing LLC.

Planets, Moons & Stars: What Are They & How Are They All Different? Space Dictionary for Kids - Children's Astronomy Books. Pfiffikus. 2016. (ENG., Illus.). (J). pap. 10.81 *(978-1-68377-604-8(6))* Whike, Traudl.

Planets of Light: A Children's Journey, Part 1. Lyn (Auntielynny) Darnall. 2020. (Planets of Light Ser.: Vol. 1). (ENG., Illus.). 42p. (J). (gr. k-5). pap. 8.99 *(978-1-0878-0626-6(7))* Chanticlair Publishing.

Planets (Set), 8 vols. 2018. (Planets (Dash!) Ser.). (ENG.). 24p. (J). (gr. k-4). lib. bdg. 250.88 *(978-1-5321-2525-6(9)*, 30059, Abdo Zoom-Dash) ABDO Publishing Co.

Planets (Set), 8 vols. Emma Bassier. 2020. (Planets Ser.). (ENG.). 24p. (J). (gr. k-3). lib. bdg. 250.88 *(978-1-5321-6906-9(X)*, 36433, Pop! Cody Koala) Pop!.

Planets, Stars & Constellations - Children's Science & Nature. Baby Professor. 2017. (ENG., Illus.). (J). pap. 7.89 *(978-1-5419-0475-0(3)*, Baby Professor (Education Kids)) Speedy Publishing LLC.

Planets' Story: Let's Learn Planets with Fun! Sargunn Brar. 2022. (ENG.). 24p. (J). pap. *(978-0-2288-6415-8(1))* Tellwell Talent.

Planetymology: Why Uranus Is Not Called George & Other Facts about Space & Words. Isobel M. Romero-Shaw. 2020. (ENG.). 34p. (J). *(978-0-6450411-0-1(6))* Romero-Shaw, Isobel.

Planificações de Poliedros - Livro de Projetos: Uma Introdução Prática à Geometria Tridimensional Usando Planificações de Poliedross Com Instruções. David E. McAdams. 2023. (Livros de Matemática para Crianças Ser.). (POR.). 186p. (YA). pap. 29.95 ***(978-1-63270-293-7(2))*** Life is a Story Problem LLC.

PLANit Buddies PLAN the Day! SMART Goal Planning for Pre-K - Kindergarten Students. Donna Prudhomme. 2019. (ENG.). 26p. (J). pap. 10.99 *(978-1-7331188-4-2(5))* PLANit Brands, LLC.

Plank's Law, 1 vol. Lesley Choyce. 2017. (ENG.). 192p. (YA). (gr. 8-12). pap. 14.95 *(978-1-4598-1249-9(2))* Orca Bk. Pubs. USA.

Plankton. Joyce Markovics. 2022. (Lights on! Animals That Glow Ser.). (ENG., Illus.). 24p. (J). (gr. 4-6). pap. 12.79 *(978-1-6689-0077-2(7)*, 220168); lib. bdg. 30.64 *(978-1-5341-9963-7(2)*, 220024) Cherry Lake Publishing.

Plankton Is Pushy. Jonathan Fenske. Illus. by Jonathan Fenske. 2017. (ENG., Illus.). 40p. (J). (gr. -1-k). 16.99 *(978-1-338-09896-9(9)*, Scholastic Pr.) Scholastic, Inc.

Planktonia: The Nightly Migration of the Ocean's Smallest Creatures. Erich Hoyt. 2022. (ENG., Illus.). 176p. 35.00 *(978-0-2281-0383-7(5)*, 1aed62a8-e064-45ee-a862-3a2277fc9fd4) Firefly Bks., Ltd.

Planner. Alicia Payton. 2021. (ENG.). 85p. (C). pap. *(978-1-105-62544-2(3))* Lulu Pr., Inc.

Planner for Great Eats! a Meal Planning Journal. @ Journals and Notebooks. 2016. (ENG., Illus.). 106p. (YA). pap. 12.25 *(978-1-68326-535-1(1))* Speedy Publishing LLC.

Planning for College. Don Nardo. 2019. (Teen Life Skills Ser.). (ENG.). 64p. (J). (gr. 6-12). 41.27 *(978-1-68282-751-2(8))* ReferencePoint Pr., Inc.

Planning for Success: Goal Setting, 1 vol. Brianna Battista. 2019. (Spotlight on Social & Emotional Learning Ser.). (ENG., Illus.). 24p. (J). (gr. 2-3). pap. 11.00 *(978-1-7253-0208-2(X)*, 552f7947-d118-4789-b48d-b5753d8a80e4, PowerKids Pr.) Rosen Publishing Group, Inc., The.

Planning Perfect. Haley Neil. 2023. (ENG.). 352p. (YA). 19.99 *(978-1-5476-0749-5(1)*, 900243153, Bloomsbury Young Adult) Bloomsbury Publishing USA.

Planning to Build with an Architect, 1 vol. Joan Stoltman. 2018. (Get to Work! Ser.). (ENG.). 24p. (gr. 2-3). pap. 9.15 *(978-1-5382-1237-0(4)*, 600dc753-be81-465e-a82b-5231f65bece5) Stevens, Gareth Publishing LLLP.

Planning with Gratitude. Jessika Shields. 2021. (ENG.). 100p. (YA). pap. *(978-1-6671-2292-2(4))* Lulu Pr., Inc.

Planos Inclinados Son Máquinas. Douglas Bender. 2022. (Máquinas Simples (Simple Machines) Ser.).Tr. of Inclined Planes Are Machines. (SPA & ENG.). 24p. (J). (gr. k-2). pap. *(978-1-0396-4928-6(9)*, 20627, Crabtree Roots) Crabtree Publishing Co.

Planos Inclinados Son Máquinas: Inclined Planes Are Machines. Douglas Bender. 2022. (Máquinas Simples (Simple Machines) Ser.). (SPA & ENG.). 24p. (J). (gr. k-2). lib. bdg. *(978-1-0396-4801-2(0)*, 20626, Crabtree Roots) Crabtree Publishing Co.

Plans Gone Wrong. Molly Beth Griffin. Illus. by Colin Jack. 2019. (ENG.). 32p. (J). pap. *(978-1-4747-7178-8(5)*, Picture Window Bks.) Capstone.

Plant & Animal Adaptations. Joseph Midthun. Illus. by Samuel Hiti. 2022. (ENG.). 42p. (J). pap. ***(978-0-7166-4843-7(1))*** World Bk.-Childcraft International.

Plant & Animal Life Cycles. Tyler Gieseke. 2022. (Earth Cycles Ser.). (ENG., Illus.). 32p. (J). (gr. 2-5). lib. bdg. 32.79 *(978-1-0982-4221-3(1)*, 40045, DiscoverRoo) Pop!.

Plant & Animal Partners see Las Plantas y Los Animales: Set Of 6

Plant Babies & Their Cradles: For First Year Pupils (Classic Reprint) Annie Chase. 2018. (ENG., Illus.). 150p. (J). 26.99 *(978-0-267-27644-8(3))* Forgotten Bks.

Plant Babies & Their Cradles for First Year Pupils. Annie Chase. 2017. (ENG., Illus.). (J). pap. *(978-0-649-48866-7(0))* Trieste Publishing Pty Ltd.

Plant Baby & Its Friends (Classic Reprint) Kate Louise Brown. 2017. (ENG., Illus.). (J). 27.24 *(978-0-265-38185-4(1))* Forgotten Bks.

Plant Cells. Mason Anders. 2017. (Genetics Ser.). (ENG., Illus.). 32p. (J). (gr. 3-6). pap. 7.95 *(978-1-5157-7262-0(4)*, 135586, Capstone Pr.) Capstone.

Plant Cells. Michelle Lomberg. 2016. (Illus.). 32p. (J). *(978-1-5105-1188-0(1))* SmartBook Media, Inc.

Plant Cells vs. Animal Cells: Similarities & Differences Cells for Kids Science Book for Grade 5 Children's Biology Books. Baby Professor. 2022. (ENG.). 72p. (J). 31.99 ***(978-1-5419-8688-6(1))***; pap. 19.99 ***(978-1-5419-8117-1(0))*** Speedy Publishing LLC. (Baby Professor (Education Kids)).

Plant, Cook, Eat! A Children's Cookbook. Joe Archer & Caroline Craig. 2018. (ENG., Illus.). 112p. (J). (gr. 2-5). lib. bdg. 19.99 *(978-1-58089-817-1(3))* Charlesbridge Publishing, Inc.

Plant Cycle. Samantha Bell. Illus. by Jeff Bane. 2018. (Mi Mini Biografía (My Itty-Bitty Bio): My Early Library). (ENG.). 24p. (J). (gr. k-1). pap. 12.79 *(978-1-5341-0823-3(8)*, 210656); lib. bdg. 30.64 *(978-1-5341-0724-3(X)*, 210655) Cherry Lake Publishing.

P

Plant Defenses, 12 vols. 2016. (Plant Defenses Ser.). 24p. (gr. 3-3). (ENG.). 151.62 *(978-1-4994-1917-7(1)*, 219fdd46-1a6e-4fbc-9508-31cc5fb198ac); pap. 49.50 *(978-1-4994-2454-6(X))* Rosen Publishing Group, Inc., The. (PowerKids Pr.).

Plant-Eating Dinosaurs, 1 vol. Joe Fullman. 2018. (Amazing Origami Ser.). (ENG.). 32p. (J). (gr. 2-3). pap. 11.50 *(978-1-5382-3464-8(5)*, 82230854-1521-42da-8b18-0667036686d2); lib. bdg. 29.27 *(978-1-5382-3466-2(1)*, e2bd0a0a-2934-4c11-8cf8-aef130c48bc4) Stevens, Gareth Publishing LLLP.

Plant-Eating Dinosaurs, 1 vol. Katie Woolley. 2016. (Dinozone Ser.). (ENG.). 32p. (J). (gr. 2-3). pap. 11.00 *(978-1-4994-8170-9(5)*, e3cac677-56c1-424a-a2ca-cc5548fe57be, Windmill Bks.) Rosen Publishing Group, Inc., The.

Plant Growth. Louise Spilsbury & Richard Spilsbury. rev. ed. 2016. (Life of Plants Ser.). (ENG.). 48p. (J). (gr. 3-5). pap. 7.99 *(978-1-4846-3694-7(5)*, 134106, Heinemann) Capstone.

Plant Invaders. Vickie An. rev. ed. 2018. (Smithsonian: Informational Text Ser.). (ENG., Illus.). 32p. (J). (gr. 4-8). pap. 11.99 *(978-1-4938-6719-6(9))* Teacher Created Materials, Inc.

Plant It! Grow It, Eat It: A Kid's Guide to Gardening. Little Grasshopper Books. Illus. by Kathryn Selbert. 2021. (ENG.). 18p. (J). (gr. -1-1). bds. 12.98 *(978-1-64558-806-1(8)*, 6123000, Little Grasshopper Bks.) Publications International, Ltd.

Plant Lady: Coloring Book. Publishinghq. 2021. (ENG.). 100p. (YA). pap. ***(978-1-257-63138-4(1))*** Lulu Pr., Inc.

Plant Life Cycle. Tracy Vonder Brink. 2022. (Life Cycles of Living Things Ser.). (ENG.). 24p. (J). (gr. k-2). lib. bdg. 27.93 *(978-1-63897-457-4(8)*, 20486) Seahorse Publishing.

Plant Life Cycle. Contrib. by Tracy Vonder Brink. 2022. (Life Cycles of Living Things Ser.). (ENG.). 24p. (J). (gr. k-2). pap. 8.95 *(978-1-63897-572-4(8)*, 20487) Seahorse Publishing.

Plant Life Cycle. Arnold Ringstad. 2019. (Nature Cycles Ser.). (ENG.). 24p. (J). (gr. 2-5). lib. bdg. 32.79 *(978-1-5038-2847-6(6)*, 212654) Child's World, Inc, The.

Plant Life Cycle (How Plants Grow) 2nd Grade Science Workbook Children's Botany Books Edition. Baby Professor. 2016. (ENG., Illus.). 42p. (J). pap. 11.65 *(978-1-68305-510-5(1)*, Baby Professor (Education Kids)) Speedy Publishing LLC.

Plant Life Cycles. Joseph Midthun. Illus. by Samuel Hiti. 2022. (ENG.). 42p. (J). pap. ***(978-0-7166-4844-4(X))*** World Bk.-Childcraft International.

Plant Life Cycles. Joseph Midthun. Illus. by Samuel Hiti. 2016. (Building Blocks of Life Science 2/Hardcover Ser.: Vol. 6). (ENG.). 34p. (J). *(978-0-7166-7881-6(0))* World Bk.-Childcraft International.

Plant Life Cycles (a True Book: Incredible Plants!) (Library Edition) Mara Grunbaum. 2019. (True Book (Relaunch) Ser.). (ENG., Illus.). 48p. (J). (gr. 3-5). lib. bdg. 31.00 *(978-0-531-23465-5(7)*, Children's Pr.) Scholastic Library Publishing.

Plant Life: Flower Power: The Story of How Plants Are Pollinated. Judith Heneghan. Illus. by Diego Moscato. 2019. (Plant Life Ser.). (ENG.). 32p. (J). (gr. -1-3). pap. 9.99 *(978-1-5263-0764-4(2)*, Wayland) Hachette Children's Group GBR. Dist: Hachette Bk. Group.

Plant Life: Living Leaf: The Story of How Plants Grow & Survive. Judith Heneghan. Illus. by Diego Moscato. 2019. (Plant Life Ser.). (ENG.). 32p. (J). (gr. k-3). pap. 9.99 *(978-1-5263-0723-1(5)*, Wayland) Hachette Children's Group GBR. Dist: Hachette Bk. Group.

Plant Life: Roots & Shoots. Judith Heneghan. Illus. by Diego Moscato. 2019. (Plant Life Ser.). (ENG.). 32p. (J). (gr. k-3). 13.99 *(978-0-7502-8767-8(5)*, Wayland) Hachette Children's Group GBR. Dist: Hachette Bk. Group.

Plant Life: Seed Safari: The Story of How Plants Scatter Their Seeds. Judith Heneghan. Illus. by Diego Moscato. 2019. (Plant Life Ser.). (ENG.). 32p. (J). (gr. k-3). pap. 9.99 ***(978-1-5263-0724-8(3)***, Wayland) Hachette Children's Group GBR. Dist: Hachette Bk. Group.

Plant Lore, Legends, & Lyrics. Embracing the Myths, Traditions, Superstitions, & Folk-Lore of the Plant Kingdom. Richard Folkard. 2019. (ENG.). 638p. (J). pap. *(978-93-5386-103-2(9))* Alpha Editions.

Plant Me- Plant Me- Plant Me I Want to Grow Teach the Children They Need to Know. Ella Holman. 2017. (ENG., Illus.). (J). pap. 12.49 *(978-1-5456-0924-8(1))* Salem Author Services.

Plant Parts, 1 vol. Steffi Cavell-Clarke. 2016. (Closer Look at Living Things Ser.). (ENG.). 24p. (J). (gr. 2-2). pap. 9.25 *(978-1-5345-2069-1(4)*, 0985a12a-d462-467d-ae3e-c5ebdb7c436b); lib. bdg. 26.23 *(978-1-5345-2070-7(8)*, edf139c9-014c-4d31-9b5e-0e89667c2cca) Greenhaven Publishing LLC. (KidHaven Publishing).

Plant Parts. Marissa Kirkman. 2019. (Plant Parts Ser.). (ENG.). 24p. (J). (gr. -1-2). 147.90 *(978-1-9771-0933-0(0)*, 29323); pap., pap., pap. 41.70 *(978-1-9771-1104-3(1)*, 29597) Capstone. (Pebble).

Plant Patterns. Aaron Carr. 2017. (World Languages Ser.). (ENG.). 24p. (J). (gr. -1-1). lib. bdg. 35.70 *(978-1-4896-6602-4(8)*, AV2 by Weigl) Weigl Pubs., Inc.

Plant Patterns. Nathan Olson. rev. ed. 2016. (Finding Patterns Ser.). (ENG.). 32p. (J). (gr. -1-2). pap. 8.10 *(978-1-5157-3510-6(9)*, 133495, Capstone Pr.) Capstone.

Plant-Powered Punks: Delicious Plant-Based Recipes for Budding Chefs. Margot E. Freitag. Illus. by Zeeshan Shahid. 2023. (ENG.). 142p. (J). ***(978-0-2288-4690-1(0))*** Tellwell Talent.

Plant Structure & Classification. Joseph Midthun. Illus. by Samuel Hiti. 2022. (ENG.). 42p. (J). pap. ***(978-0-7166-4845-1(8))*** World Bk.-Childcraft International.

Plant Structure & Classification. Joseph Midthun. Illus. by Samuel Hiti. 2016. (Building Blocks of Life Science 2/Hardcover Ser.: Vol. 7). (ENG.). 34p. (J). *(978-0-7166-7882-3(9))*; pap. *(978-0-7166-7890-8(X))* World Bk.-Childcraft International.

Plant That Eats Spiders & Other Cool Green-And-Growing Facts. Kaitlyn Duling. 2019. (Mind-Blowing Science Facts Ser.). (ENG., Illus.). 32p. (J). (gr. 4-6). lib. bdg. 28.65 *(978-1-5435-5771-8(5)*, 139727) Capstone.

Plant the Tiny Seed. Christie Matheson. 2017. (ENG., Illus.). 40p. (J). (gr. -1-3). 18.99 *(978-0-06-239339-5(1)*, Greenwillow Bks.) HarperCollins Pubs.

Plant Words. Taylor Farley. 2021. (My First Science Words Ser.). (ENG., Illus.). 24p. (J). (gr. -1-1). pap. *(978-1-4271-3050-1(7)*, 11657); lib. bdg. *(978-1-4271-3045-7(0)*, 11651) Crabtree Publishing Co.

Plantain Medicine. Alyson Maier. 2021. (ENG.). 30p. (J). pap. *(978-0-620-95522-5(8))* Kingsley Pubs.

¡Plántalo Tú! Ángeles Ángeles. 2023. (SPA.). 80p. (YA). pap. 12.95 ***(978-607-07-8942-7(3))*** Editorial Planeta, S. A. ESP. Dist: Two Rivers Distribution.

Plantando Cacahuetes (Planting Peanuts) Christine Platt. Illus. by Anuki López. 2022. (Ana & Andrew Ser.). (SPA.). 32p. (J). (gr. -1-3). lib. bdg. 32.79 *(978-1-0982-3485-0(5)*, 39839, Calico Chapter Bks) Magic Wagon.

Plantas: Libro para Colorear Ninos. Bold Illustrations. 2017. (SPA., Illus.). 82p. (J). pap. 8.35 *(978-1-64193-109-0(4)*, Bold Illustrations) FASTLANE LLC.

Plantas Alrededor Del Mundo: Set of 6 Common Core Edition. Ken Cameron & Benchmark Education Company, LLC Staff. 2016. (Navigators Ser.). (SPA.). (J). (gr. 4). 58.00 net. *(978-1-5125-0829-1(2))* Benchmark Education Co.

Plantas de Otoño. Julie Murray. 2023. (Las Estaciones: ¡Llega el Otoño! Ser.). (SPA.). 24p. (J). (gr. -1-2). lib. bdg. 31.36 ***(978-1-0982-6755-1(9)***, 42735, Abdo Kids) ABDO Publishing Co.

Plantation Days (Classic Reprint) Paul Laurence Dunbar. 2018. (ENG., Illus.). 334p. (J). 30.79 *(978-0-267-81342-1(2))* Forgotten Bks.

Plantation Jim: And the Freedom Which He Obtained (Classic Reprint) Zachariah Atwell Mudge. (ENG., Illus.). (J). 2018. 198p. 27.98 *(978-0-483-61320-1(7))*; 2017. pap. 10.57 *(978-0-243-28303-3(2))* Forgotten Bks.

Plantation Nations: Over 400 Years of Free Service. Desi Liggins. 2022. (ENG.). 179p. ***(978-1-7948-6503-7(9))*** Lulu Pr., Inc.

Plantation Pageants (Classic Reprint) Joel Chandler Harris. 2017. (ENG., Illus.). (J). 282p. 29.71 *(978-0-484-28589-6(0))*; pap. 13.57 *(978-0-259-39108-1(5))* Forgotten Bks.

Plantation Sketches (Classic Reprint) Margaret Devereux. 2018. (ENG., Illus.). 182p. (J). 27.67 *(978-0-267-24359-4(6))* Forgotten Bks.

Plantation Stories of Old Louisiana (Classic Reprint) Andrews Wilkinson. 2018. (ENG., Illus.). 402p. (J). 32.21 *(978-0-428-70026-3(8))* Forgotten Bks.

Planter: Pot of Dirt. Kaneta Purvis. 2016. (ENG., Illus.). (J). 23.95 *(978-1-68197-929-8(2))*; pap. 12.95 *(978-1-68197-031-8(7))* Christian Faith Publishing.

Planter a Novel (Classic Reprint) Herman Whitaker. 2018. (ENG., Illus.). 552p. (J). 35.28 *(978-0-484-90934-1(7))* Forgotten Bks.

Planters, 1 vol. E. T. Weingarten. 2016. (Fantastic Farm Machines Ser.). (ENG.). 24p. (gr. 1-2). 24.27 *(978-1-4824-4585-5(9)*, 6769ae1e-e0ab-4086-a971-f89ecda3731a) Stevens, Gareth Publishing LLLP.

Planters & Cultivators: With Casey & Friends. Holly Dufek. Illus. by Paul E. Nunn. 2016. (Casey & Friends Ser.: 4). (ENG.). 32p. (J). (gr. k-3). 14.99 *(978-1-937747-55-8(7))* Octane Pr.

Planter's Daughter: A Tale of Louisiana (Classic Reprint) Eliza Ann Dupuy. (ENG., Illus.). (J). 2018. 454p. 33.26 *(978-0-483-90603-7(4))*; 2016. pap. 16.57 *(978-1-333-56328-8(0))* Forgotten Bks.

Planter's Northern Bride: Or Scenes from Mrs. Hentz's Childhood (Classic Reprint) Caroline Lee Hentz. 2018. (ENG., Illus.). 582p. (J). 35.92 *(978-0-483-34944-5(5))* Forgotten Bks.

Planter's Northern Bride, Vol. 2 Of 2: A Novel (Classic Reprint) Caroline Lee Hentz. 2018. (ENG., Illus.). 288p. (J). 29.86 *(978-0-364-76526-5(7))* Forgotten Bks.

Plantes! Tracy Nelson Maurer. Tr. by Annie Evearts. 2021. (Science Dans Mon Monde: Niveau 2 (Science in My World: Level 2) Ser.). (FRE.). 32p. (J). (gr. k-2). pap. *(978-1-0396-0944-0(9)*, 12808) Crabtree Publishing Co.

Plantes: Livre Coloriage Pour Enfants. Bold Illustrations. 2017. (FRE., Illus.). 82p. (J). pap. 8.35 *(978-1-64193-072-7(1)*, Bold Illustrations) FASTLANE LLC.

Plantes Etudiees Au Microscope (Classic Reprint) Jules Girard. (FRE., Illus.). (J). 2018. 316p. 30.41 *(978-0-656-62233-7(4))*; 2016. pap. 13.57 *(978-1-334-63776-6(8))* Forgotten Bks.

Planting a Garden. Meg Gaertner. 2019. (Sequencing Stories Ser.). (ENG.). 24p. (J). (gr. -1-2). lib. bdg. 32.79 *(978-1-5038-3511-5(1)*, 213048) Child's World, Inc, The.

Planting a Seedling. Emma Huddleston. 2020. (Life Skills Ser.). (ENG., Illus.). 24p. (J). (gr. 1-2). pap. 8.95 *(978-1-64493-421-0(3)*, 1644934213); lib. bdg. 28.50 *(978-1-64493-345-9(4)*, 1644933454) North Star Editions. (Focus Readers).

Planting Beans. Bo Reum Shin. 2018. (KOR.). (J). *(978-89-5618-794-5(0))* Kinder Land Publishing Co.

Planting Equipment, 1 vol. Therese M. Shea. 2019. (Let's Learn about Farm Machines Ser.). (ENG.). 24p. (gr. 1-2). pap. 10.35 *(978-1-9785-1313-6(5)*, efc1cf63-2b9d-42ee-8391-89940406cfae) Enslow Publishing, LLC.

Planting Peace: The Story of Wangari Maathai. Gwendolyn Hooks. Illus. by Margaux Carpentier. (ENG.). 64p. (J). 2023. 12.95 *(978-1-62371-760-5(4))*; 2021. 19.95 *(978-1-62371-885-5(6))* Interlink Publishing Group, Inc. (Crocodile Bks.).

Planting Peanuts. Christine Platt. Illus. by Anuki López. 2021. (Ana & Andrew Set 3 Ser.). (ENG.). 32p. (J). (gr. 2-2). pap. 9.95 *(978-1-64494-524-7(X)*, Calico Kid) ABDO Publishing Co.

Planting Peanuts. Christine Platt. Illus. by Anuki López. 2020. (Ana & Andrew Ser.). (ENG.). 32p. (J). (gr. -1-3). lib. bdg. 32.79 *(978-1-5321-3970-3(5)*, 36497, Calico Chapter Bks) Magic Wagon.

Planting Seeds. Kathryn Clay. 2016. (Celebrate Spring Ser.). (ENG., Illus.). 24p. (J). (gr. -1-2). lib. bdg. 22.65 *(978-1-4914-8305-3(9)*, 130781) Capstone.

Planting Seeds. Lauren James & Carolyn Kisloski. Illus. by Isabella Grott. 2017. (Seasons Around Me Ser.). (ENG.). 24p. (gr. -1-2). pap. 9.95 *(978-1-68342-789-6(0)*, 9781683427896) Rourke Educational Media.

Planting Seeds of Kindness. Rose Bunting. Illus. by John John Bajet. 2018. (ENG.). 18p. (J). (gr. -1-1). bds. 9.99 *(978-1-68052-180-1(2)*, 1001780) Cottage Door Pr.

Planting Stories: The Life of Librarian & Storyteller Pura Belpré. Anika Aldamuy Denise. Illus. by Paola Escobar. 2023. (ENG.). 40p. (J). (gr. -1-3). pap. 8.99 *(978-0-06-274869-0(6)*, HarperCollins) HarperCollins Pubs.

Planting Stories: the Life of Librarian & Storyteller Pura Belpré. Anika Aldamuy Denise. Illus. by Paola Escobar. 2019. (ENG.). 40p. (J). (gr. -1-3). 18.99 *(978-0-06-274868-3(8)*, HarperCollins) HarperCollins Pubs.

Planting the Seeds: Young Writers Drabble Contest. Ed. by Terrie Leigh Relf. 2020. (ENG.). 38p. (J). (gr. 4-6). pap. 5.99 *(978-1-951384-26-5(1))* Alban Lake Publishing.

Planting Trees. Meg Gaertner. 2022. (Living Green Ser.). (ENG., Illus.). 24p. (J). (gr. k-1). pap. 8.95 *(978-1-64619-623-4(6))*; lib. bdg. 28.50 *(978-1-64619-596-1(5))* Little Blue Hse. (Little Blue Readers).

Plantology: 30 Activities & Observations for Exploring the World of Plants. Michael Elsohn Ross. 2019. (Young Naturalists Ser.: 5). (ENG., Illus.). 144p. (J). (gr. 2). pap. 15.99 *(978-1-61373-737-8(8))* Chicago Review Pr., Inc.

Plants see Plantas

Plants. John Allan. 2019. (Amazing Life Cycles Ser.). (ENG., Illus.). 32p. (J). (gr. 1-3). lib. bdg. 29.32 *(978-1-912108-05-3(4)*, 51c6323c-829b-4714-9c8b-8b87485e4cc5, Hungry Tomato (r)) Lerner Publishing Group.

Plants. Alan Born & Warren Rylands. 2019. (Illus.). 24p. (J). *(978-1-4896-8003-7(9)*, AV2 by Weigl) Weigl Pubs., Inc.

Plants. Lisa Bullard. 2019. (Natural Resources Ser.). (ENG., Illus.). 32p. (J). (gr. 2-5). lib. bdg. 32.79 *(978-1-5321-6586-3(2)*, 33274, DiscoverRoo) Pop!.

Plants. Christina Earley. 2022. (Life Science Ser.). (ENG.). 24p. (J). (gr. 3-6). pap. 8.95 *(978-1-63897-604-2(X)*, 20515); lib. bdg. 27.93 *(978-1-63897-489-5(6)*, 20514) Seahorse Publishing.

Plants! Nick Forshaw. Illus. by William Exley. 2019. (Explorer Ser.). (ENG.). 38p. (J). 14.95 *(978-0-9955770-8-4(0))* What on Earth Bks GBR. Dist: Ingram Publisher Services.

Plants. Jenna Lee Gleisner & John Willis. 2018. (J). *(978-1-4896-9580-2(X)*, AV2 by Weigl) Weigl Pubs., Inc.

Plants. Ellen Lawrence. 2016. (FUN-Damental Experiments Ser.). (ENG., Illus.). 24p. (J). (gr. -1-3). 26.99 *(978-1-943553-17-4(3))* Bearport Publishing Co., Inc.

Plants. Pamela McDowell. 2018. (Science Opposites Ser.). (ENG.). 24p. (J). pap. 13.95 *(978-1-4896-8473-8(5))*; lib. bdg. 31.41 *(978-1-4896-8472-1(7))* Weigl Pubs., Inc.

Plants. Sonya Newland. 2020. (Outdoor Science Ser.). (ENG., Illus.). 32p. (J). (gr. 3-5). lib. bdg. 31.99 *(978-1-4966-5797-8(7)*, 142213) Capstone.

Plants. Andrea Rivera. 2016. (Our Renewable Earth Ser.). (ENG., Illus.). 24p. (J). (gr. -1-2). lib. bdg. 31.36 *(978-1-68079-939-2(8)*, 24182, Abdo Zoom-Launch) ABDO Publishing Co.

Plants. Maddie Spalding & John Willis. 2018. (Illus.). 24p. (J). *(978-1-4896-9681-6(4)*, AV2 by Weigl) Weigl Pubs., Inc.

Plants. M. J. York & John Willis. 2018. (Illus.). 24p. (J). pap. *(978-1-4896-9670-0(9)*, AV2 by Weigl) Weigl Pubs., Inc.

Plants. Kathryn Williams. ed. 2018. (National Geographic Readers Ser.). (ENG.). 48p. (J). (gr. -1-1). 13.89 *(978-1-64310-565-9(5))* Penworthy Co., LLC, The.

Plants: A Children's Book Interesting & Informative Facts. Bold Kids. 2022. (ENG.). 42p. (J). pap. 14.99 ***(978-1-0717-1122-4(9))*** FASTLANE LLC.

Plants: Armenian, 01 vols., 1. Ed. by Nathalie Beullens-Maoui. 2016. (Our Wonderful World Ser.). (ENG & SPA.). 8p. (J). pap. 9.35 *(978-1-5081-1212-9(6)*, Rosen Classroom) Rosen Publishing Group, Inc., The.

Plants: Cantonese, 01 vols., 1. Ed. by Nathalie Beullens-Maoui. 2016. (Our Wonderful World Ser.). (ENG & SPA.). 8p. (J). pap. 9.35 *(978-1-5081-1224-2(X)*, Rosen Classroom) Rosen Publishing Group, Inc., The.

Plants: Filipino, 01 vols., 1. Ed. by Nathalie Beullens-Maoui. 2016. (Our Wonderful World Ser.). (ENG & SPA.). 8p. (J). pap. 9.35 *(978-1-5081-1218-1(5)*, Rosen Classroom) Rosen Publishing Group, Inc., The.

Plants: Hmong Green, 01 vols., 1. Ed. by Nathalie Beullens-Maoui. 2016. (Our Wonderful World Ser.). (ENG & SPA.). 8p. (J). pap. 9.35 *(978-1-5081-1230-3(4)*, Rosen Classroom) Rosen Publishing Group, Inc., The.

Plants: Hmong White, 01 vols., 1. Ed. by Nathalie Beullens-Maoui. 2016. (Our Wonderful World Ser.). (ENG & SPA.). 8p. (J). pap. 9.35 *(978-1-5081-1236-5(3)*, Rosen Classroom) Rosen Publishing Group, Inc., The.

Plants: Korean, 01 vols., 1. Ed. by Nathalie Beullens-Maoui. 2016. (Our Wonderful World Ser.). (ENG & SPA.). 8p. (J). pap. 9.35 *(978-1-5081-1242-6(8)*, Rosen Classroom) Rosen Publishing Group, Inc., The.

Plants: Russian, 01 vols., 1. Ed. by Nathalie Beullens-Maoui. 2016. (Our Wonderful World Ser.). (ENG & SPA.). 8p. (J). pap. 9.35 *(978-1-5081-1248-8(7)*, Rosen Classroom) Rosen Publishing Group, Inc., The.

Plants: Spanish, 01 vols., 1. Ed. by Nathalie Beullens-Maoui. 2016. (Our Wonderful World Ser.). (ENG & SPA.). 8p. (J). pap. 9.35 *(978-1-5081-1254-9(1)*, Rosen Classroom) Rosen Publishing Group, Inc., The.

Plants: Vietnamese, 01 vols., 1. Ed. by Nathalie Beullens-Maoui. 2016. (Our Wonderful World Ser.). (ENG & SPA.). 8p. (J). pap. 9.35 *(978-1-5081-1260-0(6)*, Rosen Classroom) Rosen Publishing Group, Inc., The.

Plants & Animals! a Biologist Coloring Book. Bobo's Children Activity Books. 2016. (ENG., Illus.). (J). pap. 9.33 *(978-1-68327-568-8(3))* Sunshine In My Soul Publishing.

Plants & Birds: Illustrated with Coloured Engravings, for Young Children (Classic Reprint) S. Colman. (ENG., Illus.). (J). 2018. 112p. 26.21 *(978-0-666-76073-9(X))*; 2017. pap. 9.57 *(978-0-259-51885-3(9))* Forgotten Bks.

Plants & Ecosystems (a True Book: Incredible Plants!) (Library Edition) Alexa Kurzius. 2019. (True Book (Relaunch) Ser.). (ENG., Illus.). 48p. (J). (gr. 3-5). lib. bdg. 31.00 *(978-0-531-23464-8(9)*, Children's Pr.) Scholastic Library Publishing.

Plants & Their Environments, 1 vol. Erin Long. 2016. (Spotlight on Ecology & Life Science Ser.). (ENG.). 24p. (J). (gr. 4-6). pap. 11.00 *(978-1-4994-2587-1(2)*, 5ebe792f-5595-4d5e-bad1-f7599fe1eb64, PowerKids Pr.) Rosen Publishing Group, Inc., The.

Plants & Tree Ecosystems! from Wetlands to Forests - Botany for Kids - Children's Botany Books. Left Brain Kids. 2016. (ENG., Illus.). (J). pap. 7.51 *(978-1-68376-620-9(2))* Sabeels Publishing.

Plants, Animals, & People Live Together, 1 vol. Elliot Paderewski. 2016. (Rosen REAL Readers: STEM & STEAM Collection). (ENG.). 8p. (gr. k-1). pap. 5.46 *(978-1-5081-2398-9(5)*, 7f6f209f-1afa-4ade-bac2-5dc8331a411f, Rosen Classroom) Rosen Publishing Group, Inc., The.

Plants Around the World. Ed. by World Book, Inc. Staff. 2016. (Learning Ladders 2/Soft Cover Ser.: Vol. 7). (ENG., Illus.). 34p. (J). pap. *(978-0-7166-7939-4(6))* World Bk.-Childcraft International.

Plants Can't Sit Still. Rebecca E. Hirsch. Illus. by Mia Posada. 2016. (ENG.). 32p. (J). (gr. k-4). 19.99 *(978-1-4677-8031-5(6)*, dde7e872-4ac4-4bf5-9e8d-9f22718c1f02); E-Book 30.65 *(978-1-5124-1109-6(4))* Lerner Publishing Group. (Millbrook Pr.).

Plants Find Their Homes: Plant Habitat. Yeon-sook Jeong. Illus. by Joo-young Ryu. 2021. (Science Storybooks Ser.). (ENG.). 36p. (J). (gr. k-4). pap. 8.99 *(978-1-925235-65-4(3)*, 4c822a2a-90a8-479d-aaa7-1f704117da5f); lib. bdg. 27.99 *(978-1-925235-69-2(6)*, ccb0a58c-3d4f-4688-97d0-5faa2dbbfeb1) ChoiceMaker Pty. Ltd., The AUS. (Big and SMALL). Dist: Lerner Publishing Group.

Plants! How They Change with the Seasons (Botany for Kids) - Children's Botany Books. Left Brain Kids. 2016. (ENG., Illus.). (J). pap. 7.51 *(978-1-68376-617-9(2))* Sabeels Publishing.

Plants in Different Habitats. Fay Robinson. 2016. (Spring Forward Ser.). (J). (gr. 2). *(978-1-4900-9480-9(6))* Benchmark Education Co.

Plants in Disguise: Features of Creatures in Flowers & Foliage. Lise Hedegaard. Illus. by Debi Schmid. 2017. (J). 15.00 *(978-0-87842-673-7(6))* Mountain Pr. Publishing Co., Inc.

Plants in My Pond, 1 vol. Porter Holmes. 2017. (Plants in My World Ser.). (ENG.). 24p. (gr. 1-1). pap. 9.25 *(978-1-5383-2124-9(6)*, 2da6da22-0043-4d10-aa96-e0c79925c52b, PowerKids Pr.) Rosen Publishing Group, Inc., The.

Plants in My World, 12 vols. 2017. (Plants in My World Ser.). 24p. (ENG.). (gr. 1-1). 151.62 *(978-1-5081-6185-1(2)*, dce922dd-9fcc-4246-82c7-9955922b335d); (gr. 4-6). pap. 49.50 *(978-1-5081-6187-5(9))* Rosen Publishing Group, Inc., The. (PowerKids Pr.).

Plants in Spring. M. J. York. 2017. (Welcoming the Seasons Ser.). (ENG.). 24p. (J). (gr. -1-2). lib. bdg. 32.79 *(978-1-5038-1654-1(0)*, 211507) Child's World, Inc, The.

Plants in Summer. Maddie Spalding. 2018. (Welcoming the Seasons Ser.). (ENG.). 24p. (J). (gr. -1-2). lib. bdg. 32.79 *(978-1-5038-2381-5(4)*, 212224) Child's World, Inc, The.

Plants in Winter. Jenna Lee Gleisner. 2018. (Welcoming the Seasons Ser.). (ENG.). 24p. (J). (gr. -1-2). lib. bdg. 32.79 *(978-1-5038-2388-4(1)*, 212231) Child's World, Inc, The.

Plant's Life Cycle! from Small Sprouts to Big Leaves - Botany for Kids - Children's Botany Books. Left Brain Kids. 2016. (ENG., Illus.). (J). pap. 7.51 *(978-1-68376-618-6(0))* Sabeels Publishing.

Plants Love Compost: Book 18. Carole Crimeen & Suzanne Fletcher. 2023. (Sustainability Ser.). (ENG.). 16p. (J). (gr. -1-2). pap. 7.99 ***(978-1-925714-97-5(7)***, bed7be3d-dd6d-4825-91e3-72f50dbaa490) Knowledge Bks. & Software AUS. Dist: Lerner Publishing Group.

Plants Make the World Green & Clean Importance of Plants As Living Things Life Science Grade 1 Children's Books on Science, Nature & How It Works. Baby Professor. 2022. (ENG.). 72p. (J). 31.99 ***(978-1-5419-8901-6(5))***; pap. 19.99 ***(978-1-5419-8725-8(X))*** Speedy Publishing LLC. (Baby Professor (Education Kids)).

Plants Need Carbon: Book 38. Carole Crimeen & Suzanne Fletcher. 2023. (Sustainability Ser.). (ENG.). 16p. (J). (gr. -1-k). pap. 7.99 ***(978-1-922370-44-0(4)***, 49ebb093-5310-4d53-9b6e-dd459bf4fa69) Knowledge Bks. & Software AUS. Dist: Lerner Publishing Group.

Plants Need Light, 1 vol. Jill Andersen. 2016. (Rosen REAL Readers: STEM & STEAM Collection). (ENG.). 8p. (gr. k-1). pap. 5.46 *(978-1-5081-2386-6(1)*, d6604804-4507-4839-a131-4294e3f4b2a0, Rosen Classroom) Rosen Publishing Group, Inc., The.

Plants of Monroe County, New York & Adjacent Territory, Second Supplementary List: Hymenomyceteae of Rochester & Vicinity (Classic Reprint) Florence Beckwith. 2016. (ENG., Illus.). (J). pap. 9.57 *(978-1-334-03910-2(0))* Forgotten Bks.

Plants of the Rain Forest. Julie Murray. 2022. (Rain Forest Life Ser.). (ENG.). 24p. (J). (gr. k-4). lib. bdg. 31.36 *(978-1-0982-8011-6(3)*, 41057, Abdo Zoom-Dash) ABDO Publishing Co.

Plants on the Move. Émilie Vast. Illus. by Émilie Vast. 2021. (ENG., Illus.). 56p. (J). (gr. k-3). 18.99 *(978-1-62354-148-4(4))* Charlesbridge Publishing, Inc.

Plants, Pollen & Pollinators: Band 13/Topaz (Collins Big Cat) Becca Heddle. 2016. (Collins Big Cat Ser.). (ENG., Illus.). 32p. (J). (gr. 2-3). pap. 10.95 *(978-0-00-816385-3(5))* HarperCollins Pubs. Ltd. GBR. Dist: Independent Pubs. Group.

Plants That Are Huge, 1 vol. Beatrice Loukopoulos. 2018. (Peculiar Plants of the World Ser.). (ENG.). 24p. (J). (gr. 3-3). 25.27 *(978-1-5383-4488-0(2)*, d45b6a79-3267-4829-929b-17aecb345656, PowerKids Pr.) Rosen Publishing Group, Inc., The.

Plants That Are Poisonous, 1 vol. Beatrice Loukopoulos. 2018. (Peculiar Plants of the World Ser.). (ENG.). 24p. (J). (gr. 3-3). 25.27 *(978-1-5383-4489-7(0)*,

1602

The check digit for ISBN-10 appears in parentheses after the full ISBN-13

20a7adf9-c1ca-4d3e-9326-aa8bf674323a, PowerKids Pr.) Rosen Publishing Group, Inc., The.

Plants That Eat, 1 vol. Keisha Jones. 2016. (Plant Defenses Ser.). (ENG., Illus.). 24p. (J). (gr. 3-3). pap. 9.25 *(978-1-4994-2139-2(7)*, d3943f6d-1593-4c1e-9c6b-449ba560f4b3, PowerKids Pr.) Rosen Publishing Group, Inc., The.

Plants That Eat Meat, 1 vol. Beatrice Loukopoulos. 2018. (Peculiar Plants of the World Ser.). (ENG.). 24p. (J). (gr. 3-3). 25.27 *(978-1-5383-4490-3(4)*, 438d63f9-c2b0-4438-8a80-5a5ab00874ba, PowerKids Pr.) Rosen Publishing Group, Inc., The.

Plants That Grow Without Soil, 1 vol. Janey Levy. 2019. (Top Secret Life of Plants Ser.). (ENG.). 24p. (gr. 2-3). pap. 9.15 *(978-1-5382-3395-5(9)*, 7f84120f-66a8-4ea1-9538-2fa31dbdeb79) Stevens, Gareth Publishing LLLP.

Plants That Hide, 1 vol. Devi Puri. 2016. (Plant Defenses Ser.). (ENG., Illus.). 24p. (J). (gr. 3-3). pap. 9.25 *(978-1-4994-2143-9(5)*, c29eca3a-34ae-48eb-a043-27f0f60a5c87, PowerKids Pr.) Rosen Publishing Group, Inc., The.

Plants That Mimic, 1 vol. Louella Bath. 2016. (Plant Defenses Ser.). (ENG.). 24p. (J). (gr. 3-3). pap. 9.25 *(978-1-4994-2151-4(6)*, 3073bb00-d0fb-4825-b69c-fd86b82eca9e, PowerKids Pr.) Rosen Publishing Group, Inc., The.

Plants That Move, 1 vol. Molly Mack. 2016. (Plant Defenses Ser.). (ENG.). 24p. (J). (gr. 3-3). pap. 9.25 *(978-1-4994-2147-7(8)*, a709dc90-6526-4181-a395-438b40055bd7, PowerKids Pr.) Rosen Publishing Group, Inc., The.

Plants That Poison, 1 vol. Dwayne Hicks. 2016. (Plant Defenses Ser.). (ENG., Illus.). 24p. (J). (gr. 3-3). pap. 9.25 *(978-1-4994-2155-2(9)*, 75c0720f-ef0b-4f28-9791-59fb8566bf6c, PowerKids Pr.) Rosen Publishing Group, Inc., The.

Plants That Poke, 1 vol. Celeste Bishop. 2016. (Plant Defenses Ser.). (ENG., Illus.). 24p. (J). (gr. 3-3). pap. 9.25 *(978-1-4994-2159-0(1)*, e2c50b66-4219-41f4-85f4-ead765df3169, PowerKids Pr.) Rosen Publishing Group, Inc., The.

Plants to the Rescue! The Plants, Trees, & Fungi That Are Solving Some of the World's Biggest Problems. Vikram Baliga & Neon Squid. Illus. by Brian Lambert. 2023. (ENG.). 80p. (J). 17.99 *(978-1-68449-329-6(3)*, 900286643) St. Martin's Pr.

Plants vs. Zombies: War & Peas, Vol .11. Paul Tobin. Illus. by Brian Churilla et al. 2018. 88p. (J). (gr. 3-7). 10.99 *(978-1-5067-0677-1(0)*, Dark Horse Books) Dark Horse Comics.

Plants vs. Zombies: Garden Warfare Volume 2. Paul Tobin. Illus. by Tim Lattie. 2018. 88p. (J). (gr. 3-7). 10.99 *(978-1-5067-0548-4(0)*, Dark Horse Books) Dark Horse Comics.

Plants vs. Zombies Set 2 (Set), 9 vols. 2017. (Plants vs. Zombies Ser.). (ENG.). 24p. (J). (gr. 3-7). lib. bdg. 282.24 *(978-1-5321-4123-2(8)*, 26996, Graphic Novels) Spotlight.

Plants vs. Zombies Set 3 (Set), 6 vols. Paul Tobin. 2019. (Plants vs. Zombies Ser.). (ENG.). 28p. (J). (gr. 3-7). lib. bdg. 188.16 *(978-1-5321-4379-3(6)*, 32882, Graphic Novels) Spotlight.

Plants vs. Zombies Set 4 (Set), 6 vols. Paul Tobin. 2020. (Plants vs. Zombies Ser.). (ENG.). 28p. (J). (gr. 3-7). lib. bdg. 188.16 *(978-1-5321-4759-3(7)*, 36754, Graphic Novels) Spotlight.

Plants vs. Zombies Volume 10: Rumble at Lake Gumbo. Paul Tobin. Illus. by Ron Chan. 2018. 80p. (J). (gr. 3-7). 10.99 *(978-1-5067-0497-5(2)*, Dark Horse Books) Dark Horse Comics.

Plants vs. Zombies Volume 12: Dino-Might. Paul Tobin. Illus. by Ron Chan. 2019. 88p. (J). (gr. 3-7). 10.99 *(978-1-5067-0838-6(2)*, Dark Horse Books) Dark Horse Comics.

Plants vs. Zombies Volume 13: Snow Thanks. Paul Tobin. Illus. by Cat Farris. 2019. 88p. (J). (gr. 3-7). 10.99 *(978-1-5067-0839-3(0)*, Dark Horse Books) Dark Horse Comics.

Plants vs. Zombies Volume 14: a Little Problem. Paul Tobin. Illus. by Ron Chan & Sara Soler. 2019. (ENG.). 88p. (J). (gr. 3-7). 10.99 *(978-1-5067-0840-9(4)*, Dark Horse Books) Dark Horse Comics.

Plants vs. Zombies Volume 15: Better Homes & Guardens. Paul Tobin. Illus. by Christianne Gillenardo-Goudreau. 2020. (ENG.). 88p. (J). (gr. 3-7). 10.99 *(978-1-5067-1305-2(X)*, Dark Horse Books) Dark Horse Comics.

Plants vs. Zombies Volume 16: the Garden Path. Paul Tobin. Illus. by Kieron Dwyer. 2020. (ENG.). 88p. (J). (gr. 3-7). 10.99 *(978-1-5067-1306-9(8)*, Dark Horse Books) Dark Horse Comics.

Plants vs. Zombies Volume 18: Constructionary Tales. Paul Tobin. Illus. by Jesse Hamm & Heather Breckel. 2021. 88p. (J). (gr. 3-7). 10.99 *(978-1-5067-2091-3(9)*, Dark Horse Books) Dark Horse Comics.

Plants vs. Zombies Volume 19: Dream a Little Scheme, 19. Paul Tobin. Illus. by Christianne Gillenardo-Goudreau & Heather Breckel. 2021. 88p. (J). (gr. 3-7). 10.99 *(978-1-5067-2092-0(7)*, Dark Horse Books) Dark Horse Comics.

Plants vs. Zombies Volume 20: Faulty Fables, Vol. 20. Paul Tobin. Illus. by Christianne Gillenardo-Goudreau & Heather Breckel. 2023. 88p. (J). (gr. 3-7). 10.99 *(978-1-5067-2846-9(4)*, Dark Horse Books) Dark Horse Comics.

Plants vs. Zombies Volume 21: Impfestation, Vol. 21. Paul Tobin. Illus. by Cat Farris & Heather Breckel. 2023. 88p. (J). (gr. 3-7). 10.99 *(978-1-5067-2847-6(2)*, Dark Horse Books) Dark Horse Comics.

Plants vs. Zombies Volume 6: Boom Boom Mushroom. Paul Tobin. Illus. by Jacob Chabot. 2017. (Plants vs. Zombies Ser.: 6). 80p. (J). (gr. 3-7). 10.99 *(978-1-5067-0037-3(3)*, Dark Horse Books) Dark Horse Comics.

Plants vs. Zombies Volume 7: Battle Extravagonzo. Paul Tobin. Illus. by Tim Lattie & Matt J. Rainwater. 2017. 80p. (J). (gr. 3-7). 10.99 *(978-1-5067-0189-9(2)*, Dark Horse Books) Dark Horse Comics.

Plants vs. Zombies Volume 8: Lawn of Doom. Paul Tobin. Illus. by Ron Chan. 2017. 80p. (J). (gr. 2-5). 10.99 *(978-1-5067-0204-9(X)*, Dark Horse Books) Dark Horse Comics.

Plants vs. Zombies Volume 9: the Greatest Show Unearthed. Paul Tobin. Illus. by Jacob Chabot & Matt J. Rainwater. 2018. 80p. (J). (gr. 3-7). 10.99 *(978-1-5067-0298-8(8)*, Dark Horse Books) Dark Horse Comics.

Plants vs. Zombies Zomnibus Volume 2. Paul Tobin. Illus. by Andie Tong et al. 2022. 256p. (J). (gr. 3-7). 19.99 *(978-1-5067-3368-5(9)*, Dark Horse Books) Dark Horse Comics.

Plants We Eat & How They Grow. Kari Cornell. 2016. (Illus.). 32p. (J). pap. *(978-0-87659-710-1(X))* Gryphon Hse., Inc.

Plants We Eat (Be an Expert!) Stephanie Fitzgerald. 2022. (Be an Expert! Ser.). (ENG.). 24p. (J). (gr. -1-k). 25.00 *(978-1-338-79790-9(5)*, Children's Pr.) Scholastic Library Publishing.

Plants We Eat (Be an Expert!) Stephanie Fitzgerald & Stephanie Fitzgerald. 2022. (Be an Expert! Ser.). (ENG.). 24p. (J). (gr. -1-k). pap. 5.99 *(978-1-338-79791-6(3)*, Children's Pr.) Scholastic Library Publishing.

Plants with Superpowers, 10 vols. 2022. (Plants with Superpowers Ser.). (ENG.). 24p. (J). (gr. 2-3). lib. bdg. 121.35 *(978-1-5382-8158-1(9)*, 0111912b-c793-4b3f-910a-87e57c08912c) Stevens, Gareth Publishing LLLP.

Plants with Thorns, Spines, & Prickles, 1 vol. Beatrice Loukopoulos. 2018. (Peculiar Plants of the World Ser.). (ENG.). 24p. (J). (gr. 3-3). 25.27 *(978-1-5383-4491-0(2)*, 1e066f79-7203-41b4-b619-a6912149ea7c, PowerKids Pr.) Rosen Publishing Group, Inc., The.

Plants: Wonders of Nature. Timothy Polnaszek. 2021. (Foundations of Science Ser.). (ENG., Illus.). (J). (gr. 1-5). pap. 29.95 *(978-1-5051-1771-4(2)*, 2922) TAN Bks.

Plants: Wonders of Nature Workbook. Timothy Polnaszek. 2021. (Foundations of Science Ser.). (ENG.). (J). (gr. 1-5). pap. 24.95 *(978-1-5051-1773-8(9)*, 2923) TAN Bks.

Plapperdrache: (a Dragon with His Mouth on Fire) eine Süße Kindergeschichte, Die Kindern Beibringt, Andere Nicht Zu Unterbrechen. Steve Herman. 2020. (My Dragon Books Deutsch Ser.: Vol. 10). (GER.). 46p. (J). 18.95 *(978-1-64916-005-8(4))*; pap. 12.95 *(978-1-64916-004-1(6))* Digital Golden Solutions LLC.

Plasma Man: The AMPERE. Jonathan Thiessen. 2021. (ENG.). 62p. (J). pap. *(978-1-300-82436-7(0))* Lulu Pr., Inc.

Plasma Man: Volume II. Jonathan Thiessen. 2018. (ENG., Illus.). 134p. (J). pap. 14.99 *(978-1-387-68015-3(3))* Lulu Pr., Inc.

Plaster Saints: A High Comedy in Three Movements (Classic Reprint) Israel Zangwill. 2018. (ENG., Illus.). 230p. (J). 28.64 *(978-0-666-34681-0(X))* Forgotten Bks.

Plastic. Andrea Rivera. 2017. (Materials Ser.). (ENG., Illus.). 24p. (J). (gr. -1-2). lib. bdg. 31.36 *(978-1-5321-2033-6(8)*, 25302, Abdo Zoom-Launch) ABDO Publishing Co.

Plastic: 5-Step Handicrafts for Kids, 8 vols. Anna Llimós & Anna Llimós. 2020. (5-Step Handicrafts for Kids Ser.: 3). (ENG., Illus.). 32p. (J). 9.99 *(978-0-7643-5870-8(7)*, 16282) Schiffer Publishing, Ltd.

Plastic: Can the Damage Be Repaired?, 1 vol. Ed. by he New York Times. 2019. (In the Headlines Ser.). (ENG.). 224p. (gr. 9-9). 54.93 *(978-1-64282-366-0(X)*, ad79cf6f-59b8-4227-a79f-84eea3cf2c41, New York Times Educational Publishing) Rosen Publishing Group, Inc., The.

Plastic: Can the Damage Be Repaired?, 1 vol. Ed. by The New York Times Editorial Staff. 2019. (In the Headlines Ser.). (ENG.). 224p. (gr. 9-9). pap. 24.47 *(978-1-64282-365-3(1)*, fe1de0e6-1c96-4cce-a71e-dbe28cb38527, New York Times Educational Publishing) Rosen Publishing Group, Inc., The.

Plastic: Past, Present, & Future. Eun Ju Kim. Tr. by Joungmin Lee Comfort. Illus. by Ji Won Lee. 2020. (ENG.). 36p. (J). (gr. 3-6). 17.99 *(978-1-950354-06-1(7))* Scribe Pubns. AUS. Dist: Consortium Bk. Sales & Distribution.

Plastic Bags in Trees. Harold Stein & Ethan Wong. 2023. (ENG.). 60p. (J). pap. ***(978-1-3984-7715-5(X))*** Austin Macauley Pubs. Ltd.

Plastic Eco Activities. Louise Nelson. 2021. (Eco Activities Ser.). (ENG., Illus.). 24p. (J). (gr. 1-4). pap. *(978-1-4271-2866-9(9)*, 10691); lib. bdg. *(978-1-4271-2862-1(6)*, 10686) Crabtree Publishing Co. (Crabtree Classics).

Plastic Fantastic: Echte Helden in Een Wereld Die Schreeuwt Om Hulp. Lorena Veldhuijzen. Illus. by Cilla Moerman. 2018. (DUT.). 48p. (J). (gr. 3-6). pap. 11.99 *(978-1-7322434-3-9(3))* Charbonneau, Bradley.

Plastic Fantastic: Real Heroes in a World That Wants to Be Saved. Lorena Veldhuijzen. Tr. by Saskia Charbonneau. Illus. by Cilla Moerman. 2018. (ENG.). 50p. (J). (gr. 3-6). pap. 11.99 *(978-1-7322434-2-2(5))* Charbonneau, Bradley.

Plastic-Free World for You & Me. Tracey Szynkaruk. 2020. (ENG.). 32p. (J). *(978-0-2288-2938-6(0))*; pap. *(978-0-2288-2937-9(2))* Tellwell Talent.

Plastic Girl. Jessica Maison. 2nd ed. 2020. (Plastic Girl Ser.: Vol. 2). (ENG.). (YA). (gr. 7-12). 290p. pap. 16.99 *(978-0-9995707-5-3(7))*; 314p. 22.99 *(978-0-9995707-7-7(3))* Wicked Tree Pr.

Plastic Girl: Extinction. Jessica S. Maison. 2022. (Plastic Girl Ser.: Vol. 2). (ENG.). (YA). 312p. 29.99 *(978-0-9995707-4-6(9))*; 278p. pap. 16.99 *(978-0-9995707-9-1(X))* Wicked Tree Pr.

Plastic Palace, Volume 4. Danny Parker & Guy Shield. 2017. (Lola's Toy Box Ser.: 4). (ENG., Illus.). 96p. (J). (gr. k-2). pap. 6.99 *(978-1-76012-439-7(7))* Hardie Grant Children?s Publishing AUS. Dist: Independent Pubs. Group.

Plastic Pollution a Variety of Facts Children's Earth Sciences Book. Bold Kids. 2022. (ENG.). 42p. (J). pap. 14.99 ***(978-1-0717-1716-5(2))*** FASTLANE LLC.

Plastic Problem. Rachel Salt. 2019. (ENG., Illus.). 80p. (J). (gr. 4-8). 24.95 *(978-0-2281-0223-6(5)*, e6002067-f898-4ec3-a6ac-10b6bcc01a5d); pap. 9.95 *(978-0-2281-0231-1(6)*, 370bd8dc-c3cf-42c6-8c20-bd8e03f5fbf9) Firefly Bks., Ltd.

Plastic Rectangle: A Children's Book about Money. Katie Friedman. Illus. by Anna Koprantzelas. 2022. (Shape of Parenting Ser.). (ENG.). 32p. (J). 24.99 *(978-1-0878-6867-7(X))* Indy Pub.

Plastic Sea: A Bird's-Eye View, 1 vol. Kirsti Blom & Geir Wing Gabrielson. 2020. (ENG., Illus.). 64p. (J). 18.95 *(978-1-943645-50-3(7)*, 03186d52-a5fd-4799-9157-a09899def459, Cornell Lab Publishing Group, The) WunderMill, Inc.

Plastic Soup. Judith Koppens & Andy Engel. Illus. by Nynke Mare Talsma. 2020. (ENG.). 32p. (J). (gr. -1). 16.95 *(978-1-60537-530-4(6))* Clavis Publishing.

Plásticos: ¿Son Buenos o Malos? Leveled Reader Card Book 16 Level S 6 Pack. Hmh Hmh. 2021. (SPA.). (J). pap. 74.40 *(978-0-358-08585-0(3))* Houghton Mifflin Harcourt Publishing Co.

Plastics: I Can Help Save Earth (Engaging Readers, Level 2) Ashley Lee. Ed. by Alexis Roumanis. l.t. ed. 2021. (I Can Help Save Earth Ser.: Vol. 4). (ENG., Illus.). 32p. (J). *(978-1-77437-712-3(8))*; pap. *(978-1-77437-713-0(6))* AD Classic.

Plasticus Maritimus: An Invasive Species. Ana Pego & Isabel Minhos. Illus. by Bernado P. Carvalho. 2021. 176p. (J). (gr. 7). pap. 12.95 *(978-1-77164-645-1(4)*, Greystone Kids) Greystone Books Ltd. CAN. Dist: Publishers Group West (PGW).

Plasticus Maritimus: An Invasive Species. Ana Pego & Isabel Minhós Martins. Tr. by Jane Springer. Illus. by Bernado P. Carvalho. 2020. 176p. (J). (gr. 6). 19.95 *(978-1-77164-643-7(8)*, Greystone Kids) Greystone Books Ltd. CAN. Dist: Publishers Group West (PGW).

Plata Del Pequeño Zapatero. Ben Wolfe. Illus. by George Jung. 2022. (Serie Del Pequeño Zapatero Ser.: Vol. 1). (SPA.). 38p. (J). 26.99 ***(978-1-0880-2470-6(X))*** Indy Pub.

Plátanos Go with Everything. Lissette Norman. Illus. by Sara Palacios. 2023. (ENG.). 32p. (J). (gr. -1-3). 17.99 *(978-0-06-306751-6(X)*, HarperCollins) HarperCollins Pubs.

Plátanos Go with Everything/Los Plátanos Van con Todo: Bilingual English-Spanish. Lissette Norman. Illus. by Sara Palacios. 2023. (ENG.). 32p. (J). (gr. -1-3). 17.99 *(978-0-06-324778-9(X)*, HarperCollins) HarperCollins Pubs.

Plate Tectonics, 1 vol. Eileen Greer. 2016. (Spotlight on Earth Science Ser.). (ENG.). 24p. (J). (gr. 4-6). 27.93 *(978-1-4994-2535-2(X)*, 332d40ba-4f18-45e3-bd8a-dac9834cd99c); pap. 11.00 *(978-1-4994-2532-1(5)*, 68884a08-730a-4683-afca-0b5a722a9af2) Rosen Publishing Group, Inc., The. (PowerKids Pr.).

Plate Tectonics, 1 vol. Julia J. Quinlan. 2017. (Let's Find Out! Our Dynamic Earth Ser.). (Illus.). 32p. (J). (ENG.). (gr. 2-3). pap. 13.90 *(978-1-68048-832-6(5)*, 546d0b75-c4e1-4d86-bea7-df88289bb90d); (gr. 6-10). 77.40 *(978-1-5383-0029-9(X))* Rosen Publishing Group, Inc., The.

Plate Tectonics, 1 vol. Fiona Young-Brown. 2018. (Great Discoveries in Science Ser.). (ENG.). 128p. (YA). (gr. 9-9). lib. bdg. 47.36 *(978-1-5026-4384-1(7)*, a33dcad3-a34e-4fa7-91a5-63d8e6d285d8) Cavendish Square Publishing LLC.

Plate Tectonics: A Children's Earth Science Book. Bold Kids. 2022. (ENG.). 42p. (J). pap. 14.99 ***(978-1-0717-1123-1(7))*** FASTLANE LLC.

Plate Tectonics: The Changing Continents. Be Naturally Curious. 2017. (ENG., Illus.). (J). pap. 14.99 *(978-1-942403-13-5(5))* Be Naturally Curious.

Plateaus. Jenna Capelle. 2018. (Landforms Ser.). (ENG., Illus.). 32p. (J). (gr. 2-3). pap. 9.95 *(978-1-63517-997-2(1)*, 1635179971); lib. bdg. 31.35 *(978-1-63517-896-8(7)*, 1635178967) North Star Editions. (Focus Readers).

Plated City (Classic Reprint) Bliss Perry. 2017. (ENG., Illus.). 408p. (J). 32.31 *(978-0-484-10788-4(7))* Forgotten Bks.

Plated Dinos. Contrib. by Josh Anderson. 2023. (Dino Discovery Ser.). (ENG.). 24p. (J). (gr. k-3). lib. bdg. 32.79 *(978-1-5038-6530-3(4)*, 216461, Wonder Books(r)) Child's World, Inc, The.

Plates of Maclise's Surgical Anatomy, with the Descriptions: With an Additional Plate from Bougery (Classic Reprint) Joseph Maclise. 2017. (ENG., Illus.). (J). 27.49 *(978-0-260-14239-9(5))*; pap. 9.97 *(978-1-5280-0272-1(5))* Forgotten Bks.

Platform Dwellers. Katarina Boudreaux. 2018. (ENG., Illus.). 268p. (YA). (gr. 7-12). pap. 9.99 *(978-1-945654-10-7(4))* Owl Hollow Pr.

Platform Echoes, or Living Truths for Head & Heart: Illustrated by Nearly Five Hundred Thrilling Anecdotes & Incidents, Humorous Stories, Personal Experiences & Adventures, Touching Home Scenes, & Tales of Tender Pathos, Drawn from Bright & Shad. John B. Gough. 2016. (ENG., Illus.). (J). pap. 19.97 *(978-1-334-15311-2(6))* Forgotten Bks.

Platform Echoes, or Living Truths for Head & Heart: Illustrated by Nearly Five Hundred Thrilling Anecdotes & Incidents, Humorous Stories, Personal Experiences & Adventures, Touching Home Scenes, & Tales of Tender Pathos, Drawn from Bright & Shad. John Bartholomew Gough. 2017. (ENG., Illus.). 640p. (J). 37.12 *(978-0-332-99539-7(9))* Forgotten Bks.

Platform Games. Kirsty Holmes. 2019. (Game On! Ser.). (Illus.). 32p. (J). (gr. 4-4). *(978-0-7787-5259-2(3))*; pap. *(978-0-7787-5272-1(0))* Crabtree Publishing Co.

Platinums. Sophia Borzilleri. Illus. by Kaya Tinsman. 2018. (ENG.). 224p. (YA). 29.95 *(978-1-64300-003-9(9))*; pap. 16.95 *(978-1-64300-002-2(0))* Covenant Bks.

Plato. Marcia Lusted. 2017. (Junior Biography From Ancient Civilization Ser.). (Illus.). 48p. (J). (gr. 4-6). 29.95 *(978-1-68020-026-3(7))* Mitchell Lane Pubs.

Plato: A Man of Mysterious Origins - Biography Book 4th Grade Children's Biography Books. Baby Professor. 2017. (ENG., Illus.). (J). pap. 9.55 *(978-1-5419-1440-7(6)*, Baby Professor (Education Kids)) Speedy Publishing LLC.

Plato & Me. Dino Calabrese. 2020. (ENG., Illus.). 44p. (J). pap. 14.95 *(978-1-952194-00-9(8))* River Sanctuary Publishing.

Plato Magico de Juanito. Donna Daun Lester. Tr. by Lilian Krowne. Illus. by Christina Krati. 2016. (SPA.). (J). pap. 14.99 *(978-0-9898633-9-1(5))* Nutrition Network Pubs., Inc.

Platonic Affections (Classic Reprint) John Smith. 2017. (ENG., Illus.). (J). 29.34 *(978-0-260-71630-9(8))* Forgotten Bks.

Plato's Apology of Socrates & Crito & a Part of the Phaedo. C. L. Kitchel. 2017. (ENG., Illus.). (J). pap. *(978-0-649-08245-2(1))* Trieste Publishing Pty Ltd.

Plato's Apology of Socrates & Crito & a Part of the Phaedo: With Introduction, Commentary, & Critical Appendix (Classic Reprint) Plato. 2018. (ENG., Illus.). (J). 196p. 27.94 *(978-1-396-81903-2(7))*; 198p. pap. 10.57 *(978-1-396-81900-1(2))* Forgotten Bks.

Plato's Apology of Socrates & Crito & a Part of the Phaedo. with Introduction, Commentary, & Critical Appendix. Plato. 2017. (ENG., Illus.). (J). pap. *(978-0-649-05983-6(2))* Trieste Publishing Pty Ltd.

Plato's Apology of Socrates, Crito, & Phaedo, from the Text of Bekker: With the Latin Version of Ficinus; & Notes (Classic Reprint) Plato. 2018. (LAT., Illus.). (J). 418p. 32.52 *(978-1-396-66534-9(X))*; 420p. pap. 16.57 *(978-1-391-63367-1(9))* Forgotten Bks.

Plato's Republic (Worldview Edition) Plato. 2019. (ENG.). (J). pap. 13.95 *(978-1-944503-72-7(2))* Canon Pr.

Plattner Story: And Others (Classic Reprint) H. G. Wells. 2018. (ENG., Illus.). 516p. (J). 34.56 *(978-0-267-79566-6(1))* Forgotten Bks.

Platypus. Grace Hansen. 2019. (Australian Animals (AK) Ser.). (ENG.). 24p. (J). (gr. -1-2). lib. bdg. 32.79 *(978-1-5321-8545-8(6)*, 31428, Abdo Kids) ABDO Publishing Co.

Platypus. Jessica Rudolph. 2017. (Weirder & Cuter Ser.). (ENG.). 24p. (J). (gr. -1-3). 17.95 *(978-1-68402-264-9(9))* Bearport Publishing Co., Inc.

Platypus Fury. Possum Kurosawa. 2020. (ENG.). 34p. (J). pap. *(978-1-78830-671-3(6))* Olympia Publishers.

Platypus Has Hair but Lays Eggs, & Males Produce Venom! Children's Science & Nature. Baby Professor. 2017. (ENG., Illus.). (YA). pap. 7.89 *(978-1-5419-0507-8(5)*, Baby Professor (Education Kids)) Speedy Publishing LLC.

Platypus Police Squad: Never Say Narwhal. Jarrett J. Krosoczka. Illus. by Jarrett J. Krosoczka. 2016. (Platypus Police Squad Ser.: 4). (ENG., Illus.). 256p. (J). (gr. 3-7). 13.99 *(978-0-06-207170-5(X)*, Waldon Pond Pr.) HarperCollins Pubs.

Platypuses. Karen Latchana Kenney. 2021. (Animals of the Wetlands Ser.). (ENG., Illus.). 24p. (J). (gr. k-3). lib. bdg. 26.95 *(978-1-64487-419-6(9)*, Blastoff! Readers) Bellwether Media.

Platypuses: A 4D Book. Sara Louise Kras. rev. ed. 2018. (Australian Animals Ser.). (ENG., Illus.). 24p. (J). (gr. -1-2). lib. bdg. 29.32 *(978-1-9771-0002-3(3)*, 138164, Capstone Pr.) Capstone.

Play. Jez Alborough. Illus. by Jez Alborough. 2018. (ENG., Illus.). 32p. (J). (— 1). 15.99 *(978-0-7636-9599-6(8))* Candlewick Pr.

Play - Learn - Grow! (Using Invitations to Play, Learn & Build New Skills) Theresa Czajkowski. 2016. (ENG.). 112p. (J). pap. ***(978-1-365-62189-5(8))*** Lulu Pr., Inc.

Play - Takaakaro (Te Kiribati) Alison Gee & Richard Jones. Illus. by Jhunny Moralde. 2023. (ENG.). 22p. (J). pap. ***(978-1-922849-42-7(1))*** Library For All Limited.

Play / Jugar: A Board Book about Playtime/un Libro de Carton Sobre Actividades y Diversiones. Elizabeth Verdick & Marjorie Lisovskis. 2019. (Happy Healthy Baby(r) Ser.). (ENG., Illus.). 24p. (J). (— 1). bds. 7.99 *(978-1-63198-446-4(2)*, 84464) Free Spirit Publishing Inc.

Play? Yay! BreAnn Fennell. 2020. (ENG.). 28p. (J). 26.99 *(978-1-970133-56-1(2))*; pap. 17.99 *(978-1-970133-55-4(4))* EduMatch.

Play? Yay! Baby Talk. BreAnn Fennell. 2020. (ENG.). 28p. (J). pap. 15.99 *(978-1-970133-85-1(6))* EduMatch.

Play-Actress, and, the Upper Berth (Classic Reprint) Samuel Rutheford Crockett. 2018. (ENG., Illus.). 306p. (J). 30.25 *(978-0-484-72749-5(4))* Forgotten Bks.

Play-Along Bible: Imagining God's Story Through Motion & Play. Bob Hartman. Illus. by Susie Poole. ed. 2019. (ENG.). 112p. (J). 12.99 *(978-0-7459-7830-7(4)*, b646453c-8e3c-4753-b906-3274cb125708, Lion Children's) Lion Hudson PLC GBR. Dist: Baker & Taylor Publisher Services (BTPS).

Play & Be Gentle - Takaakaro Ma Te Karaurau (Te Kiribati) Matuaa Naunieti & Jovan Carl Segura. 2023. (ENG.). 26p. (J). pap. ***(978-1-922876-03-4(8))*** Library For All Limited.

Play & Discover: Journeys. Caryn Jenner. 2018. (Play & Discover Ser.). (ENG.). 24p. (J). (gr. -1-k). pap. 11.99 *(978-1-4451-4373-6(9)*, Franklin Watts) Hachette Children's Group GBR. Dist: Hachette Bk. Group.

Play & Discover: My Body. Caryn Jenner. 2018. (Play & Discover Ser.). (ENG.). 24p. (J). (gr. -1-k). pap. 11.99 *(978-1-4451-4372-9(0)*, Franklin Watts) Hachette Children's Group GBR. Dist: Hachette Bk. Group.

Play & Learn — Matching Game Activities. Kreative Kids. 2016. (ENG., Illus.). (J). pap. 10.81 *(978-1-68377-032-9(3))* Whlke, Traudl.

Play & Learn Activity Workbooks Toddlers - Age 1 To 3. Baby Professor. 2017. (ENG., Illus.). (J). pap. 9.20 *(978-1-5419-0945-8(3)*, Baby Professor (Education Kids)) Speedy Publishing LLC.

Play & Learn Math Addition & Subraction. Mary Rosenberg. 2019. (ENG.). 64p. (J). (gr. k-2). pap. 11.99 *(978-1-338-31065-8(8))* Scholastic, Inc.

Play & Learn Math Hundred Chart. Susan Kunze. 2019. (ENG.). 64p. (J). (gr. 1-3). pap. 11.99 *(978-1-338-26474-6(5))* Scholastic, Inc.

Play & Learn Math Place Value. Mary Rosenberg. 2019. (ENG.). 64p. (J). (gr. k-2). pap. 11.99 *(978-1-338-28562-8(9))* Scholastic, Inc.

Play at Home with Elmo: Games & Activities from Sesame Street (r). Percy Leed. 2021. (ENG., Illus.). 32p. (J). (gr. -1-2). pap. 9.99 *(978-1-7284-2766-9(5)*, 409f73f6-13bd-4df2-a453-7b5e2a4e8cda); lib. bdg. 27.99 *(978-1-7284-2765-2(7)*, 64258ba2-4606-4661-b211-b40385766020) Lerner Publishing Group. (Lerner Pubns.).

Play Away! a Story of the Boston Fire Department (Classic Reprint) Willis Boyd Allen. 2017. (ENG., Illus.). (J). 27.69 *(978-0-331-88055-7(5))* Forgotten Bks.

Play Ball. Margaret Hillert. Illus. by Oksana Kemarskaya. 2016. (BeginningtoRead Ser.). (ENG.). 32p. (J). (gr. k-2). 22.60 *(978-1-59953-819-8(9))* Norwood Hse. Pr.

Play Ball. Margaret Hillert. Illus. by Oksana Kemarskaya. 2016. (Beginning-To-Read Ser.). (ENG.). 32p. (J). (gr. k-2). pap. 13.26 *(978-1-60357-981-0(8))* Norwood Hse. Pr.

Play Ball! Terry Miller Shannon. 2016. (Spring Forward Ser.). (J). (gr. 1). *(978-1-4900-2237-6(6))* Benchmark Education Co.

Play Ball! Reika Chan. ed. 2020. (Scholastic Readers Ser.). (ENG.). 32p. (J). (gr. k-1). 13.89 *(978-1-64697-219-7(8))* Penworthy Co., LLC, The.

Play Ball: Baseball, 10 vols., Set. Jason Glaser. Incl. Batter. lib. bdg. 34.60 *(978-1-4339-4619-6(X),* 27e01759-83f5-4dac-8695-9f26f9e84ebb); Catcher. lib. bdg. 34.60 *(978-1-4339-4483-3(9),* 31760aad-583e-41ad-baf5-4b21083c0fe3); Infielders. 34.60 *(978-1-4339-4487-1(1),* 1ba06a88-96f4-4116-9d3e-a55a08bf299f); Outfielders. lib. bdg. 34.60 *(978-1-4339-4491-8(X),* 54ce83de-524a-4c54-92c7-5fb48dbf0d09); Pitcher. lib. bdg. 34.60 *(978-1-4339-4495-6(2),* 828ab9bf-df2b-4791-9725-e003ab67ce75); (J). (gr. 3-3). (Play Ball: Baseball Ser.). (ENG., Illus.). 48p. 2011. Set lib. bdg. 173.00 *(978-1-4339-4956-2(3),* 7e088b20-f8bb-4709-b29f-3abf397fa6bf) Stevens, Gareth Publishing LLLP.

Play Ball! Games Using Balls Coloring Book. Smarter Activity Books for Kids. 2016. (ENG., Illus.). (J). pap. 9.22 *(978-1-68374-583-9(3))* Examined Solutions PTE. Ltd.

Play Ball, Pikachu! (Pokémon Alola Reader), 1 vol. Sonia Sander. 2018. (ENG.). 32p. (J). (gr. -1-3). pap. 5.99 *(978-1-338-23752-8(7))* Scholastic, Inc.

Play Builders: A Grimm Adaptation. Matthew Randolph & Crispin Campbell. 2021. (ENG.). 147p. (YA). pap. *(978-1-6671-3704-9(2))* Lulu Pr., Inc.

Play Called the Four Pp (Classic Reprint) John Geywood. 2017. (ENG., Illus.). (J). 25.71 *(978-0-260-74476-0(X));* pap. 9.57 *(978-0-260-15407-1(5))* Forgotten Bks.

Play-Day Book: New Stories for Little Folks (Classic Reprint) Fanny Fern. 2019. (ENG., Illus.). 306p. (J). 30.21 *(978-0-483-57933-0(5))* Forgotten Bks.

Play-Day Poems (Classic Reprint) Rossiter Johnson. (ENG., Illus.). (J). 2018. 334p. 30.81 *(978-0-364-00160-8(7));* 2017. pap. 13.57 *(978-0-243-49802-4(0))* Forgotten Bks.

Play Day School Day. Toni Yuly. Illus. by Toni Yuly. 2020. (Illus.). 32p. (J). (gr. -1-3). 16.99 *(978-1-5362-0283-0(5))* Candlewick Pr.

Play Days: A Book of Stories for Children (Classic Reprint) Sarah Orne Jewett. 2017. (ENG., Illus.). (J). 28.41 *(978-0-265-74033-0(9));* pap. 10.97 *(978-1-5277-0430-5(0))* Forgotten Bks.

Play-Doh. Grace Hansen. 2022. (Toy Mania! Ser.). (ENG., Illus.). 24p. (J). (gr. -1-2). lib. bdg. 32.79 *(978-1-0982-6429-1(0),* 40957, Abdo Kids) ABDO Publishing Co.

Play Dress Up! A Mix-And-Match Book. Illus. by Animation Cafe. 2023. (Sunny Bunnies Ser.). 10p. (J). (gr. -1). bds. 11.99 *(978-2-89802-501-3(1),* CrackBoom! Bks.) Chouette Publishing CAN. Dist: Publishers Group West (PGW).

Play Entitled the Young Country Schoolm'am (Classic Reprint) Clara E. Anderson. (ENG., Illus.). (J). 2018. 52p. 24.99 *(978-0-267-37080-1(6));* 2016. pap. 9.57 *(978-1-334-16003-5(1))* Forgotten Bks.

Play Felt Farm Animals. Dan Crisp. 2020. (Soft Felt Play Bks.). (ENG.). 10p. (J). (gr. -1-k). bds. 14.99 *(978-1-78958-421-9(3))* Top That! Publishing PLC GBR. Dist: Independent Pubs. Group.

Play Felt Magical Unicorns. Joshua George. Illus. by Lauren Ellis. 2020. (Soft Felt Play Bks.). (ENG.). 10p. (J). (gr. -1-k). bds. 14.99 *(978-1-78958-420-2(5))* Top That! Publishing PLC GBR. Dist: Independent Pubs. Group.

Play Felt Roarsome Dinosaurs! Oakley Graham. Illus. by Claudine Gevry. 2020. (Soft Felt Play Bks.). (ENG.). 10p. (J). (gr. -1-k). bds. 14.99 *(978-1-78958-422-6(1))* Top That! Publishing PLC GBR. Dist: Independent Pubs. Group.

Play Homeworlds: Rules, Strategies, Variants. Bruno Curfs. 2020. (ENG.). 72p. (J). pap. *(978-1-716-65332-2(0))* Lulu Pr., Inc.

Play Hours, or the Happy Children: Intended for Those under Ten Years of Age (Classic Reprint) Unknown Author. 2018. (ENG., Illus.). 112p. (J). 26.21 *(978-0-428-22677-0(9))* Forgotten Bks.

Play in Provence: Being a Series of Sketches (Classic Reprint) Joseph Pennell. 2018. (ENG., Illus.). 206p. (J). 28.15 *(978-0-484-47884-7(2))* Forgotten Bks.

Play in the Wild: How Baby Animals Like to Have Fun. Lita Judge. 2020. (In the Wild Ser.). (ENG., Illus.). 48p. (J). 18.99 *(978-1-250-23706-4(8),* 900210663) Roaring Brook Pr.

Play It! Children's Songs: A Superfast Way to Learn Awesome Songs on Your Piano or Keyboard. Jennifer Kemmeter & Antimo Marrone. 2019. (Play It! Ser.). (ENG.). 66p. (J). (gr. k-5). 32.99 *(978-1-5132-6246-8(7));* pap. 16.99 *(978-1-5132-6245-1(9))* West Margin Pr. (Graphic Arts Bks.).

Play It! Christmas Songs: A Superfast Way to Learn Awesome Songs on Your Piano or Keyboard. Jennifer Kemmeter & Antimo Marrone. 2019. (Play It! Ser.). (ENG.). 72p. (J). (gr. k-5). 32.99 *(978-1-5132-6252-9(1));* pap. 16.99 *(978-1-5132-6251-2(3))* West Margin Pr. (Graphic Arts Bks.).

Play It! Classical Music: A Superfast Way to Learn Awesome Music on Your Piano or Keyboard. Jennifer Kemmeter & Antimo Marrone. 2019. (Play It! Ser.). (ENG.). 70p. (J). (gr. k-5). 32.99 *(978-1-5132-6249-9(1));* pap. 16.99 *(978-1-5132-6248-2(3))* West Margin Pr. (Graphic Arts Bks.).

Play It Cool, Guys, Vol. 2. Kokone Nata. Tr. by Amanda Haley. 2021. (Play It Cool, Guys Ser.: 2). (ENG., Illus.). 144p. (gr. 8-17). pap., pap. 15.00 *(978-1-9753-2408-7(0),* Yen Pr.) Yen Pr. LLC.

Play It! Jazz & Folk Songs: A Superfast Way to Learn Awesome Songs on Your Piano or Keyboard. Jennifer Kemmeter & Antimo Marrone. 2022. (Play It! Ser.). (ENG.). 70p. (J). (gr. k-5). 32.99 *(978-1-5131-2879-5(5));* pap. 16.99 *(978-1-5131-2878-8(7))* West Margin Pr. (Graphic Arts Bks.).

Play Kind. Jacquelyn Stagg. Illus. by Katerina Kalinichenko. 2020. (ENG.). 40p. (J). *(978-1-7751833-7-2(8))* Stagg, Jacquelyn.

Play Life in the First Eight Years (Classic Reprint) Luella A. Palmer. 2018. (ENG., Illus.). 292p. (J). 29.94 *(978-0-666-33456-5(0))* Forgotten Bks.

Play Like a Girl. 2019. (Play Like a Girl Ser.). (ENG.). 32p. (J). pap. 63.00 *(978-1-5345-3141-3(6));* (gr. 3-4). lib. bdg. 173.28 *(978-1-5345-3045-4(2),* 97357d45-6bf6-45de-9fdb-1acd7c3a649a) Greenhaven Publishing LLC. (KidHaven Publishing).

Play Like a Girl. Adriane Costa. 2018. (ENG., Illus.). 72p. (J). pap. 18.99 *(978-1-7323726-1-3(X));* (YA). 26.95 *(978-1-7323726-0-3(8))* Costa, Adriane Photography.

Play Like a Girl. Misty Wilson. Illus. by David Wilson. 2022. (ENG.). 272p. (J). (gr. 3-7). 22.99 *(978-0-06-306469-0(3));* pap. 12.99 *(978-0-06-306468-3(5))* HarperCollins Pubs. (Balzer & Bray).

Play Like a Girl. Misty Wilson. ed. 2023. (ENG.). 258p. (J). (gr. 4-8). 26.96 ***(978-1-68505-787-9(X))*** Penworthy Co., LLC, The.

Play Like a Girl: Life Lessons from the Soccer Field. Kate T. Parker. 2020. (ENG., Illus.). 208p. (J). (gr. 3-17). pap. 15.95 *(978-1-5235-1136-5(2),* 101136) Workman Publishing Co., Inc.

Play Like an Animal! Why Critters Splash, Race, Twirl, & Chase. Maria Gianferrari. Illus. by Mia Powell. 2020. (ENG.). 32p. (J). (gr. k-3). lib. bdg. 19.99 *(978-1-5415-5771-0(9),* cd578e78-734a-49f6-a598-ab301fd486f8, Millbrook Pr.) Lerner Publishing Group.

Play Like the Pros, 1 vol., Set. Incl. Play Football Like a Pro: Key Skills & Tips. Matt Doeden. lib. bdg. 27.32 *(978-1-4296-4825-7(2),* 103351); Play Soccer Like a Pro: Key Skills & Tips. Christopher Forest. lib. bdg. 27.32 *(978-1-4296-4827-1(9),* 103353); (J). (gr. 3-9). (Play Like the Pros (Sports Illustrated for Kids) Ser.). (ENG.). 32p. 2010. 107.85 *(978-1-4296-4828-8(7),* 169364) Capstone.

Play, Make, Create, a Process-Art Handbook: With over 40 Art Invitations for Kids * Creative Activities & Projects That Inspire Confidence, Creativity, & Connection. Meri Cherry. 2019. (ENG., Illus.). 160p. (J). (gr. -1-7). pap. 25.99 *(978-1-63159-716-9(7),* 307352, Quarry Bks.) Quarto Publishing Group USA.

Play of Fate (Classic Reprint) Herman Bjursten. (ENG., Illus.). (J). 2018. 758p. 39.47 *(978-0-484-06033-2(3));* 2016. pap. 23.57 *(978-1-333-26189-4(6))* Forgotten Bks.

Play On: Leveled Reader Ruby Level 28. Rg Rg. 2019. (PM Ser.). (ENG.). 48p. (J). (gr. 4). pap. 11.00 *(978-0-544-89304-7(2))* Rigby Education.

Play on the Haystack! Farm Coloring Book for Kids. Bold Illustrations. 2018. (ENG., Illus.). 84p. (J). pap. 6.92 *(978-1-64193-980-5(X),* Bold Illustrations) FASTLANE LLC.

Play Out of Doors (Classic Reprint) D. J. Dickie. 2017. (ENG., Illus.). (J). 130p. 26.58 *(978-0-484-81190-3(8));* pap. 9.57 *(978-0-259-86762-3(4))* Forgotten Bks.

Play! Play! Play! Douglas Florian. Illus. by Christiane Engel. 2018. (Baby Steps Ser.). (ENG.). 18p. (J). (gr. -1 — 1). bds. 7.99 *(978-1-4998-0484-3(9))* Little Bee Books Inc.

Play Smart Alphabet Age 2+ Preschool Activity Workbook with Stickers for Toddlers Ages 2, 3, 4: Learn Letter Recognition: Alphabet, Letters, Tracing, Coloring, & More (Full Color Pages) Gakken early Gakken early childhood experts. 2021. (Play Smart Ser.). (ENG.). 70p. (J). (gr. -1). pap. 7.95 *(978-4-05-621116-0(7))* Gakken Plus Co., Ltd. JPN. Dist: Simon & Schuster, Inc.

Play Smart Alphabet Age 3+ Preschool Activity Workbook with Stickers for Toddlers Ages 3, 4, 5: Learn Letter Recognition: Alphabet, Letters, Tracing, Coloring, & More (Full Color Pages) Gakken early Gakken early childhood experts. 2021. (Play Smart Ser.). (ENG.). 70p. (J). (gr. -1). pap. 7.95 *(978-4-05-621117-7(5))* Gakken Plus Co., Ltd. JPN. Dist: Simon & Schuster, Inc.

Play Smart Animal Picture Puzzlers Age 2+ Preschool Activity Workbook with Stickers for Toddlers Ages 2, 3, 4: Learn Using Favorite Themes: Tracing, Matching Games (Full Color Pages) Gakken early Gakken early childhood experts. 2018. (Play Smart Ser.: 10). (ENG., Illus.). 70p. (J). (gr. -1 — 1). pap. 7.95 *(978-4-05-630021-5(6))* Gakken Plus Co., Ltd. JPN. Dist: Simon & Schuster, Inc.

Play Smart Animal Picture Puzzlers Age 3+ Preschool Activity Workbook with Stickers for Toddlers Ages 3, 4, 5: Learn Using Favorite Themes: Tracing, Mazes, Matching Games (Full Color Pages) Gakken early Gakken early childhood experts. 2018. (Play Smart Ser.: 12). (ENG., Illus.). 70p. (J). (gr. -1-k). pap. 6.99 *(978-4-05-630022-2(4))* Gakken Plus Co., Ltd. JPN. Dist: Simon & Schuster, Inc.

Play Smart Animal Picture Puzzlers Age 4+ Pre-K Activity Workbook with Stickers for Toddlers Ages 4, 5, 6: Learn Using Favorite Themes: Tracing, Mazes, Matching Games (Full Color Pages) Gakken early Gakken early childhood experts. 2018. (Play Smart Ser.: 20). (ENG., Illus.). 70p. (J). (gr. -1-k). pap. 6.99 *(978-4-05-630023-9(2))* Gakken Plus Co., Ltd. JPN. Dist: Simon & Schuster, Inc.

Play Smart Big Workbook Preschool Ages 2-4: Ages 2 to 4, over 250 Activities, Preschool Readiness Skills (Basic Lines Shapes Colors Letters Numbers Dot to Dot mazes Puzzles) Gakken early Gakken early childhood experts. 2023. (Play Smart Ser.). (ENG.). 256p. (J). (gr. -1). pap. 14.99 *(978-4-05-621113-9(2))* Gakken Plus Co., Ltd. JPN. Dist: Simon & Schuster, Inc.

Play Smart Brain Boosters Age 2+ Preschool Activity Workbook with Stickers for Toddlers Ages 2, 3, 4: Boost Independent Thinking Skills: Tracing, Coloring, Matching Games, & More (Full Color Pages) Gakken early Gakken early childhood experts. 2017. (Play Smart Ser.). (ENG., Illus.). 70p. (J). (gr. -1 — 1). pap. 7.95 *(978-4-05-630014-7(3))* Gakken Plus Co., Ltd. JPN. Dist: Simon & Schuster, Inc.

Play Smart Brain Boosters Age 3+ Preschool Activity Workbook with Stickers for Toddlers Ages 3, 4, 5: Boost Independent Thinking Skills: Tracing, Coloring, Matching Games(Full Color Pages) Gakken early Gakken early childhood experts. 2017. (Play Smart Ser.). (ENG., Illus.). 70p. (J). (gr. -1 — 1). pap. 6.99 *(978-4-05-630017-8(8))* Gakken Plus Co., Ltd. JPN. Dist: Simon & Schuster, Inc.

Play Smart Brain Boosters Age 4+ Pre-K Activity Workbook with Stickers for Toddlers Ages 4, 5, 6: Build Focus & Pen-Control Skills: Tracing, Mazes, Alphabet, Counting(Full Color Pages) Gakken early Gakken early childhood experts. 2017. (Play Smart Ser.). (ENG., Illus.). 70p. (J). (gr. -1-k). pap. 6.99 *(978-4-05-630019-2(4))* Gakken Plus Co., Ltd. JPN. Dist: Simon & Schuster, Inc.

Play Smart Brain Boosters: Challenging - Age 2-3: Pre-K Activity Workbook: Boost Independent Thinking Skills: Tracing, Coloring, Shapes, Cutting, Drawing, Mazes, Picture Puzzles, Counting; Go-Green Activity-Board. Gakken early Gakken early childhood experts. 2022. (Play Smart Ser.). (ENG.). 68p. (J). (gr. -1). pap. 7.95 *(978-4-05-621218-1(X))* Gakken Plus Co., Ltd. JPN. Dist: Simon & Schuster, Inc.

Play Smart Color & Shape Picture Puzzlers Age 2+ Preschool Activity Workbook with Stickers for Toddlers Ages 2, 3, 4: Learn Using Favorite Themes: Coloring, Shapes, Drawing (Full Color Pages) Gakken early Gakken early childhood experts. 2018. (Play Smart Ser.: 11). (ENG., Illus.). 70p. (J). (gr. -1 — 1). pap. 7.95 *(978-4-05-630024-6(0))* Gakken Plus Co., Ltd. JPN. Dist: Simon & Schuster, Inc.

Play Smart Cutting & Pasting Age 2+ Preschool Activity Workbook with Stickers for Toddlers Ages 2, 3, 4: Build Strong Fine Motor Skills: Basic Scissor Skills (Full Color Pages) Gakken early Gakken early childhood experts. 2021. (Play Smart Ser.). (ENG.). 70p. (J). (gr. -1). pap. 7.95 *(978-4-05-621214-3(7))* Gakken Plus Co., Ltd. JPN. Dist: Simon & Schuster, Inc.

Play Smart Cutting & Pasting Age 3+ Preschool Activity Workbook with Stickers for Toddlers Ages 3, 4, 5: Build Strong Fine Motor Skills: Basic Scissor Skills (Full Color Pages) Gakken early Gakken early childhood experts. 2021. (Play Smart Ser.). (ENG.). 70p. (J). (gr. -1). pap. 7.95 *(978-4-05-621215-0(5))* Gakken Plus Co., Ltd. JPN. Dist: Simon & Schuster, Inc.

Play Smart Early Learning Age 2+ Preschool Activity Workbook with Stickers for Toddlers Ages 2, 3, 4: Learn Essential First Skills: Tracing, Coloring, Shapes (Full Color Pages) Gakken early Gakken early childhood experts. 2017. (Play Smart Ser.). (ENG., Illus.). 70p. (J). (gr. -1 — 1). pap. 7.95 *(978-4-05-630012-3(7))* Gakken Plus Co., Ltd. JPN. Dist: Simon & Schuster, Inc.

Play Smart Early Learning Age 3+ Preschool Activity Workbook with Stickers for Toddlers Ages 3, 4, 5: Learn Essential First Skills: Tracing, Coloring, Shapes (Full Color Pages) Gakken early Gakken early childhood experts. 2017. (Play Smart Ser.). (ENG., Illus.). 70p. (J). (gr. -1 — 1). pap. 7.95 *(978-4-05-630015-4(1))* Gakken Plus Co., Ltd. JPN. Dist: Simon & Schuster, Inc.

Play Smart Early Learning: Challenging - Age 2-3: Pre-K Activity Workbook: Learn Essential First Skills: Tracing, Coloring, Shapes, Cutting, Drawing, Picture Puzzles, Numbers, Letters; Go-Green Activity-Board. Gakken early Gakken early childhood experts. 2022. (Play Smart Ser.). (ENG.). 68p. (J). (gr. -1). pap. 7.95 *(978-4-05-621217-4(1))* Gakken Plus Co., Ltd. JPN. Dist: Simon & Schuster, Inc.

Play Smart My First COLORING BOOK 2+ Preschool Activity Workbook with 80+ Stickers for Children with Small Hands Ages 2, 3, 4: Fine Motor Skills, Color Recognition (Mom's Choice Award Winner) Gakken early Gakken early childhood experts. 2022. (Play Smart Ser.). (ENG.). 134p. (J). (gr. -1). pap. 10.95 *(978-4-05-621228-0(7))* Gakken Plus Co., Ltd. JPN. Dist: Simon & Schuster, Inc.

Play Smart My First CUTTING BOOK 2+ Preschool Activity Workbook with 70+ Stickers for Children with Small Hands Ages 2, 3, 4: Basic Scissor Skills (Mom's Choice Award Winner) Gakken early Gakken early childhood experts. 2022. (Play Smart Ser.). (ENG.). 134p. (J). (gr. -1). pap. 10.95 *(978-4-05-621229-7(5))* Gakken Plus Co., Ltd. JPN. Dist: Simon & Schuster, Inc.

Play Smart My First STICKER BOOK 2+ Preschool Activity Workbook with 200+ Stickers for Children with Small Hands Ages 2, 3, 4: Fine Motor Skills (Mom's Choice Award Winner) Gakken early Gakken early childhood experts. 2022. (Play Smart Ser.). (ENG.). 116p. (J). (gr. -1). pap. 10.95 *(978-4-05-621227-3(9))* Gakken Plus Co., Ltd. JPN. Dist: Simon & Schuster, Inc.

Play Smart Numbers Age 2+ Preschool Activity Workbook with Stickers for Toddler Ages 2, 3, 4: Learn Pre-Math Skills: Numbers, Counting, Tracing, Coloring, Shapes, & More (Full Color Pages) Gakken early Gakken early childhood experts. 2021. (Play Smart Ser.). (ENG.). 70p. (J). (gr. -1). pap. 7.95 *(978-4-05-621118-4(3))* Gakken Plus Co., Ltd. JPN. Dist: Simon & Schuster, Inc.

Play Smart Numbers Age 3+ Preschool Activity Workbook with Stickers for Toddlers Ages 3, 4, 5: Learn Pre-Math Skills: Numbers, Counting, Tracing, Coloring, Shapes, & More (Full Color Pages) Gakken early Gakken early childhood experts. 2021. (Play Smart Ser.). (ENG.). 70p. (J). (gr. -1). pap. 7.95 *(978-4-05-621119-1(1))* Gakken Plus Co., Ltd. JPN. Dist: Simon & Schuster, Inc.

Play Smart on the Go Early Learning Ages 2+ Picture Puzzles, Art Projects, Numbers. Isadora Smunket. 2022. (Play Smart on the Go Activity Workbooks Ser.). (Illus.). 16p. (J). (-k). pap. 3.99 *(978-1-953652-71-3(9))* Imagine & Wonder.

Play Smart on the Go School Skills 5+ Picture Puzzles, Alphabet, Numbers. Isadora Smunket. 2022. (Play Smart on the Go Activity Workbooks Ser.). (Illus.). 16p. (J). (gr. k-2). pap. 3.99 *(978-1-953652-82-9(4))* Imagine & Wonder.

Play Smart on the Go Skill Builders 3+ Mazes, Drawing, Number Games. Isadora Smunket. 2022. (Play Smart on the Go Activity Workbooks Ser.). (ENG., Illus.). 16p. (J). pap. 3.99 *(978-1-953652-73-7(5))* Imagine & Wonder.

Play Smart on the Go Skill Builders 4+ Drawing, Mazes, Dot-To-Dot. Isadora Smunket. 2022. (Play Smart on the Go Activity Workbooks Ser.). (Illus.). 16p. (J). pap. 3.99 *(978-1-953652-75-1(1))* Imagine & Wonder.

Play Smart on the Go Skill Builders 5+ Mazes, Alphabet, Numbers. Isadora Smunket. 2022. (Play Smart on the Go Activity Workbooks Ser.). (Illus.). 16p. (J). (gr. k-2). pap. 3.99 *(978-1-953652-83-6(2))* Imagine & Wonder.

Play Smart School Skills Age 4+ Play Smart School Skills Age 4+: Pre-K Activity Workbook with Stickers for Toddlers Ages 4, 5, 6: Get Ready for School (Full Color Pages) Gakken early Gakken early childhood experts. 2017. (Play Smart Ser.). (ENG., Illus.). 70p. (J). (gr. -1-k). pap. 7.95 *(978-4-05-630018-5(6))* Gakken Plus Co., Ltd. JPN. Dist: Simon & Schuster, Inc.

Play Smart Skill Builders Age 2+ Preschool Activity Workbook with Stickers for Toddlers Ages 2, 3, 4: Build Focus & Pen-Control Skills: Tracing, Mazes, Matching Games, & More (Full Color Pages) Gakken early Gakken early childhood experts. 2017. (Play Smart Ser.). (ENG., Illus.). 70p. (J). (gr. -1 — 1). pap. 7.95 *(978-4-05-630013-0(5))* Gakken Plus Co., Ltd. JPN. Dist: Simon & Schuster, Inc.

Play Smart Skill Builders Age 3+ Preschool Activity Workbook with Stickers for Toddlers Ages 3, 4, 5: Build Focus & Pen-Control Skills: Tracing, Mazes, Matching Games, & More (Full Color Pages) Gakken early Gakken early childhood experts. 2017. (Play Smart Ser.). (ENG., Illus.). 70p. (J). (gr. -1 — 1). pap. 6.99 *(978-4-05-630016-1(X))* Gakken Plus Co., Ltd. JPN. Dist: Simon & Schuster, Inc.

Play Smart Skill Builders Age 4+ Pre-K Activity Workbook with Stickers for Toddlers Ages 4, 5, 6: Build Focus & Pen-Control Skills: Tracing, Mazes, Counting(Full Color Pages) Gakken early Gakken early childhood experts. 2017. (Play Smart Ser.). (ENG., Illus.). 70p. (J). (gr. -1-k). pap. 6.99 *(978-4-05-630020-8(8))* Gakken Plus Co., Ltd. JPN. Dist: Simon & Schuster, Inc.

Play Smart Skill Builders: Challenging - Age 2-3: Pre-K Activity Workbook: Learn Essential First Skills: Tracing, Maze, Shapes, Numbers, Letters: 90+ Stickers: Wipe-Clean Activity-Board. Gakken early Gakken early childhood experts. 2023. (Play Smart Ser.). (ENG.). 68p. (J). (gr. -1). pap. 7.95 *(978-4-05-621234-1(1))* Gakken Plus Co., Ltd. JPN. Dist: Simon & Schuster, Inc.

Play Smart Tracing Skills Age 2+ Preschool Activity Workbook with Stickers for Toddlers Ages 2, 3, 4: Learn Basic Pen-Control Skills with Crayons, Pens & Pencils (Full Color Pages) Gakken early Gakken early childhood experts. 2021. (Play Smart Ser.). (ENG.). 70p. (J). (gr. -1). pap. 7.95 *(978-4-05-621216-7(3))* Gakken Plus Co., Ltd. JPN. Dist: Simon & Schuster, Inc.

Play Smart Vehicle Picture Puzzlers Age 3+ Preschool Activity Workbook with Stickers for Toddlers Ages 3, 4, 5: Learn Using Favorite Themes: Tracing, Mazes, Matching Games (Full Color Pages) Gakken early Gakken early childhood experts. 2018. (Play Smart Ser.: 13). (ENG., Illus.). 70p. (J). (gr. -1-k). pap. 6.99 *(978-4-05-630025-3(9))* Gakken Plus Co., Ltd. JPN. Dist: Simon & Schuster, Inc.

Play Smart Wipe-Clean Workbook Ages 2-4: Tracing, Letters, Numbers, Shapes: Dry Erase Handwriting Practice: Preschool Activity Book. Gakken early Gakken early childhood experts. 2022. (Play Smart Ser.). (ENG.). 80p. (J). (gr. -1). spiral bd. 11.99 *(978-4-05-621232-7(5))* Gakken Plus Co., Ltd. JPN. Dist: Simon & Schuster, Inc.

Play Sports! 2017. (J). *(978-0-7166-7952-3(3))* World Bk., Inc.

Play Sports with Me! Coloring Book. Smarter Activity Books for Kids. 2016. (ENG., Illus.). (J). pap. 9.22 *(978-1-68374-584-6(1))* Examined Solutions PTE. Ltd.

Play the Bagpipes Chapter Book: (Step 9) Sound Out Books (systematic Decodable) Help Developing Readers, Including Those with Dyslexia, Learn to Read with Phonics. Pamela Brookes. 2020. (Dog on a Log Chapter Books: Vol. 43). (ENG., Illus.). 78p. (J). 15.99 *(978-1-64831-049-2(4));* (gr. 2-6). pap. 6.99 *(978-1-949471-80-9(2))* Jojoba Pr. (DOG ON A LOG Bks.).

Play the Forest School Way. Peter Houghton. 2018. (CHI.). (J). (gr. 3-7). pap. *(978-986-443-462-6(4))* How Do Publishing Inc.

Play the Game. Charlene Allen. 2023. (ENG.). 304p. (YA). (gr. 8). 19.99 *(978-0-06-321279-4(X),* Tegen, Katherine Bks) HarperCollins Pubs.

Play the Game: Being the Fulfillment of a Promise (Classic Reprint) Charles M. Bush. 2018. (ENG., Illus.). 22p. (J). pap. 7.97 *(978-1-330-10003-5(4))* Forgotten Bks.

Play the Game (Classic Reprint) Ruth Comfort Mitchell. 2018. (ENG., Illus.). 258p. (J). 29.24 *(978-0-267-23337-3(X))* Forgotten Bks.

Play the Part: Shopkeeper. Liz Gogerly. 2017. (Play the Part Ser.). (ENG.). 24p. (J). (gr. k-2). pap. 10.99 *(978-0-7502-9706-6(9),* Wayland) Hachette Children's Group GBR. Dist: Hachette Bk. Group.

Play Their First BIG Game. a Bugville Critters Picture Book: 15th Anniversary. Bugville Learning. 5th ed. 2021. (Bugville Critters Ser.: Vol. 7). (ENG.). 34p. (J). pap. 9.99 *(978-1-62716-579-2(7),* Reagent Pr. Bks. for Young Readers) RP Media.

Play Their First BIG Game, Library Edition Hardcover for 15th Anniversary. Robert Stanek, pseud. Illus. by Robert Stanek. 4th ed. 2021. (Bugville Critters Ser.: Vol. 7). (ENG.). 34p. (J). 24.99 *(978-1-57545-557-0(9),* Reagent Pr. Bks. for Young Readers) RP Media.

Play Think Create. Marie Prince. 2018. (ENG., Illus.). 138p. (J). (gr. k-3). pap. 19.00 *(978-0-9978741-6-7(3))* Buffalo Arts Publishing.

Play This Book. Jessica Young. Illus. by Daniel Wiseman. 2018. (ENG.). 32p. (J). 15.99 *(978-1-68119-506-3(2),* 900175599, Bloomsbury Children's Bks.) Bloomsbury Publishing USA.

Play Time. Susan Hughes. 2017. (ENG., Illus.). 14p. (J). (gr. -1). bds. 7.99 *(978-1-55451-951-4(9))* Annick Pr., Ltd. CAN. Dist: Publishers Group West (PGW).

Play Time. Marylyn Siune. Illus. by Romulo Reyes, III. 2021. (ENG.). 28p. (J). pap. *(978-1-922621-04-7(8))* Library For All Limited.

Play Time - Te Tai N Takaakaro (Te Kiribati) Marylyn Siune. Illus. by Romulo Reyes, III. 2023. (ENG.). 28p. (J). pap. *(978-1-922835-63-5(3))* Library For All Limited.

Play Time for Peppa & George (Peppa Pig) Meredith Rusu. Illus. by EOne. 2016. (ENG.). 32p. (J). (gr. -1-k). 8.99 *(978-1-338-03280-2(1))* Scholastic, Inc.

Play Time, Puppy! Illus. by Jo Byatt. 2019. (Chatterboox Ser.). 10p. (J). bds. *(978-1-78628-208-8(9))* Child's Play International Ltd.

Play, Vol. 1: Containing Six Plays (Classic Reprint) Greening And Co Ltd. (ENG., Illus.). (J). 2018. 176p. 27.55 *(978-0-365-33922-9(9))*; 2017. pap. 9.97 *(978-0-259-92301-5(X))* Forgotten Bks.

Play with Art. DK. 2018. (ENG., Illus.). 64p. (J). (-k). 12.99 *(978-1-4654-6647-1(9),* DK Children) Dorling Kindersley Publishing, Inc.

Play with Clay! Jenny Pinkerton. 2020. (Lil' SmARTies Ser.). (Illus.). 20p. (J). (-k). bds. 8.99 *(978-0-593-09441-9(7),* Penguin Workshop) Penguin Young Readers Group.

Play with Jay! Fun & Games for Little Readers. Pascale Bonenfant. 2023. Orig. Title: Rou Joue!. (ENG., Illus.). 48p. (J). (gr. -1-k). 19.95 *(978-1-4598-3550-4(6))* Orca Bk. Pubs. USA.

Play with Me. Agnese Baruzzi. Illus. by Agnese Baruzzi. 2019. (Illus.). 24p. (J). (gr. -1-k). pap. 9.99 *(978-988-8341-71-9(5),* Minedition) Penguin Young Readers Group.

Play with Me - Takaakaro Ma Ngai (Te Kiribati) Jo Seysener. Illus. by Kimberly Pacheco. 2023. (ENG.). 20p. (J). pap. *(978-1-922844-75-0(6))* Library For All Limited.

Play with Me! a Word Scrabble Activity Book 8 Year Old. Jupiter Kids. 2018. (ENG., Illus.). 106p. (J). pap. 12.55 *(978-1-5419-3725-3(2),* Jupiter Kids (Childrens & Kids Fiction)) Speedy Publishing LLC.

Play with Paint! Jenny Pinkerton. 2020. (Lil' SmARTies Ser.). (Illus.). 20p. (J). (-k). bds. 8.99 *(978-0-593-09443-3(3),* Penguin Workshop) Penguin Young Readers Group.

Play with Puppy, 1 vol. Steven Layne. Illus. by Ard Hoyt. 2018. (ENG.). 32p. (J). (gr. -1-3). 16.99 *(978-1-4556-2374-7(1),* Pelican Publishing) Arcadia Publishing.

Play with Your Plate! (a Mix-And-Match Play Book) Judith Rossell. 2020. (Mix-And-Match Play Book Ser.). (ENG.). 18p. (J). (gr. -1-k). bds. 12.99 *(978-1-4197-3907-1(7),* 12931, Abrams Appleseed) Abrams, Inc.

Play with Zita. Katrina Streza. Illus. by Brenda Ponnay. 2023. (Little Readers Ser.: Vol. 13). (ENG.). 20p. (J). 24.99 *(978-1-5324-3500-3(2))*; pap. 12.99 *(978-1-5324-3263-7(1))* Xist Publishing.

Playa. Mary Lindeen. 2016. (Early Rising Readers Ser.). (SPA.). 16p. (J). (gr. 1). 6.67 *(978-1-4788-3741-1(1))* Newmark Learning LLC.

Playa. Katrina Streza & Ariana Vargas. Illus. by Brenda Ponnay. 2023. (Little Lectores Ser.: Vol. 14). (SPA.). 20p. (J). 24.99 *(978-1-5324-3478-5(2))*; pap. 12.99 *(978-1-5324-3266-8(6))* Xist Publishing.

Playa. Xist Publishing. 2017. (Xist Kids Spanish Bks.). (SPA., Illus.). 28p. (J). (gr. -1-3). pap. 9.99 *(978-1-5324-0116-9(7))* Xist Publishing.

Playa - 6 Pack. Mary Lindeen. 2016. (Early Rising Readers Ser.). (SPA.). (J). (gr. 1). 40.00 net. *(978-1-4788-4684-0(4))* Newmark Learning LLC.

Playa de Los Inútiles. Alex Nogués. Illus. by Bea Enríquez. 2020. (SPA.). 88p. (J). (gr. 4-7). pap. 17.95 *(978-84-17440-32-9(1))* Akiara Bks. ESP. Dist: Independent Pubs. Group.

Playa/Beach. Xist Publishing Staff. 2017. (Xist Kids Bilingual Spanish English Ser.). (ENG & SPA., Illus.). 28p. (J). (gr. -1-3). pap. 9.99 *(978-1-5324-0094-0(2))* Xist Publishing.

Playactress (Classic Reprint) S. R. Crockett. 2017. (ENG., Illus.). (J). 28.31 *(978-0-266-17340-3(3))* Forgotten Bks.

Playbook: 52 Rules to Aim, Shoot, & Score in This Game Called Life. Kwame Alexander. 2023. (ENG., Illus.). 176p. (J). (gr. 3-7). pap. 9.99 *(978-0-06-328877-5(X),* Clarion Bks.) HarperCollins Pubs.

Playbook: 52 Rules to Aim, Shoot, & Score in This Game Called Life. Kwame Alexander. Illus. by Thai Neave. 2017. (ENG.). 176p. (J). (gr. 3-7). 16.99 *(978-0-544-57097-9(9),* 1612556, Clarion Bks.) HarperCollins Pubs.

Playbook: 52 Rules to Aim, Shoot, & Score in This Game Called Life. Kwame Alexander. Photos by Thai Neave. ed. 2017. (ENG., Illus.). (J). (gr. 5-7). lib. bdg. 26.95 *(978-0-606-39814-5(7))* Turtleback.

Playboy of the Western World: A Comedy in Three Acts (Classic Reprint) John M. Synge. 2017. (ENG., Illus.). (J). 26.99 *(978-0-265-28005-8(2))* Forgotten Bks.

Playdate. Maryann Macdonald. Illus. by Rahele Jomepour Bell. (ENG.). 24p. (J). (gr. -1 — 1). 2021. bds. 7.99 *(978-0-8075-6571-1(7),* 807565717); 2019. 15.99 *(978-0-8075-6552-0(0),* 807565520) Whitman, Albert & Co.

Playdate for Panda. Michael Dahl. Illus. by Oriol Vidal. 2016. (Hello Genius Ser.). (ENG.). 20p. (J). (gr. -1 — 1). bds. 7.99 *(978-1-4795-8741-4(9),* 131130, Picture Window Bks.) Capstone.

Playdate with Carl. Tamekia Parence. Illus. by D. G. 2021. (Adventures of Carl & Friends Ser.). (ENG.). 28p. (J). 21.99 *(978-1-7366965-2-1(1))*; pap. 14.99 *(978-1-7366965-1-4(3))* Parence, Tamekia.

Playdate with Cody. Adapted by Tina Gallo. 2022. (CoComelon Ser.). (ENG.). 24p. (J). (gr. -1-k). pap. 4.99 *(978-1-6659-1885-5(3),* Simon Spotlight) Simon Spotlight.

Playdate with Nan - Our Yarning. Jennifer Turner. Illus. by Keishart. 2022. (ENG.). 26p. (J). pap. *(978-1-922932-98-3(1))* Library For All Limited.

Playdates Are Not Scary! Kara McMahon. ed. 2018. (Ready-To-Read Ser.). (ENG.). 24p. (J). (gr. -1-1). 7.00 *(978-1-64310-335-8(0))* Penworthy Co., LLC, The.

Playdates with Remy. Salisha Shears. Illus. by Kevin Lamarre. 2023. (ENG.). 32p. (J). 24.99 *(978-1-957751-71-9(1))*; pap. 15.99 *(978-1-957751-70-2(3))* Journal Joy, LLC.

Played Out: A Novel (Classic Reprint) Annie Thomas. 2019. (ENG., Illus.). 162p. (J). 27.26 *(978-0-365-14363-5(4))* Forgotten Bks.

Player, 80 vols. Paul Coccia. 2021. (Lorimer SideStreets Ser.). (ENG.). 160p. (YA). (gr. 8-12). pap. 8.99 *(978-1-4594-1576-8(0),* 23e1bbb5-3bd0-4ce6-9f4f-9f033727a35e); lib. bdg. 27.99 *(978-1-4594-1578-2(7),* 97bb853c-2c53-42c1-a333-6ed22f3d76e5) James Lorimer & Co. Ltd., Pubs. CAN. Dist: Lerner Publishing Group.

Player 2: Fooled: Sex, Murder, Lies & Regrets It's Not Over. David Scott. 2023. (ENG., Illus.). 500p. (YA). pap. 29.95 *(978-1-6624-4971-0(2))* Page Publishing Inc.

Player King. Avi. (ENG.). 208p. (J). (gr. 3-7). 2018. pap. 7.99 *(978-1-4814-3769-1(0))*; 2017. (Illus.). 16.99 *(978-1-4814-3768-4(2),* Atheneum/Richard Jackson Bks.) Simon & Schuster Children's Publishing.

Player vs. Player #1: Ultimate Gaming Showdown, Vol. 1. M. K. England. Illus. by Chris Danger. 2023. (Player vs. Player Ser.: 1). 304p. (J). (gr. 3-7). 8.99 *(978-0-593-43343-0(2),* Random Hse. Bks. for Young Readers) Random Hse. Children's Bks.

Player's Craft. Kell Cowley. 2021. (ENG.). 368p. (YA). pap. *(978-1-291-32848-6(3))* Lulu Pr., Inc.

Players of London (Classic Reprint) Louise Isabel Beecher Chancellor. 2018. (ENG., Illus.). 250p. (J). 29.05 *(978-0-483-97049-6(2))* Forgotten Bks.

Players, or the Stage of Life, Vol. 2 of 3 (Classic Reprint) Thomas James Serle. (ENG., Illus.). (J). 2018. 328p. 30.68 *(978-0-267-00701-1(9))*; 2017. pap. 13.57 *(978-0-259-06244-8(8))* Forgotten Bks.

Players, or the Stage of Life, Vol. 3 of 3 (Classic Reprint) Thomas James Serle. 2017. (ENG., Illus.). (J). 30.37 *(978-1-5284-6692-9(6))*; pap. 13.57 *(978-1-5277-0618-7(4))* Forgotten Bks.

Player's Path. Titan Frey. 2020. (Legacy Ser.: Vol. 1). (ENG.). 146p. (YA). (gr. 7-12). pap. 9.99 *(978-1-64533-231-2(4))* Kingston Publishing Co.

Playfellow: And Other Stories (Classic Reprint) S. C. Hall. (ENG., Illus.). (J). 2018. 134p. 26.68 *(978-0-332-13518-2(7))*; 2017. pap. 9.57 *(978-1-5276-3130-4(3))* Forgotten Bks.

Playfellow: Containing the Crofton Boys; Feats on the Fiord; the Settlers at Home; the Peasant & the Prince (Classic Reprint) Harriet Martineau. (ENG., Illus.). (J). 2018. 690p. 38.13 *(978-0-483-76582-5(1))*; 2017. pap. 20.57 *(978-0-259-01997-8(6))* Forgotten Bks.

Playful Day for Meow Meow. Felix Cheong. Illus. by Devitha Fauzie & Yunita Elvira Anisa. 2022. (ENG.). 32p. (J). (gr. -1-k). 13.99 *(978-981-5044-33-1(8))* Marshall Cavendish International (Asia) Private Ltd. SGP. Dist: Independent Pubs. Group.

Playful Dog Shiba - Shiba, Te Kamea Aemanana (Te Kiribati) Donald Kanini. Illus. by Romulo Reyes, III. 2023. (ENG.). 34p. (J). pap. *(978-1-922835-79-6(X))* Library For All Limited.

Playful Football Players & Games: Football Coloring Books. Jupiter Kids. 2016. (ENG., Illus.). 106p. (J). pap. 12.55 *(978-1-68305-311-8(7),* Jupiter Kids (Childrens & Kids Fiction)) Speedy Publishing LLC.

Playful Mack (A. K. A. Macky) in a Time of Social Distancing. Linda B. Cotnam. Illus. by Bonnie Lemaire. 2021. (ENG.). 40p. (J). *(978-0-2288-6760-9(6))*; pap. *(978-0-2288-3284-3(5))* Tellwell Talent.

Playful Paws, Happy Hoofs Coloring Book. Kreative Kids. 2016. (ENG., Illus.). (J). pap. 9.20 *(978-1-68377-440-2(X))* Whlke, Traudl.

Playful Pigs from a to Z. Anita Lobel. Illus. by Anita Lobel. 2023. (ENG., Illus.). 40p. (J). (gr. -1-3). 18.99 *(978-1-5344-9503-6(7),* Simon & Schuster/Paula Wiseman Bks.) Simon & Schuster/Paula Wiseman Bks.

PLAYFUL PLANETS & the Days of the Week. David O'Druaidh. 2022. (ENG.). 30p. (J). *(978-1-9999082-3-2(6))* MidnightOil.

PLAYFUL PLANETS Behaving Badly! David O'Druaidh. 2022. (ENG.). 34p. (J). *(978-1-9999082-4-9(4))* MidnightOil.

Playful Ponies Activity Fun. Lisa Regan & Trudi Webb. Illus. by Barry Green. 2019. (Dover Kids Activity Books: Animals Ser.). (ENG.). 48p. (J). (gr. 1-4). pap. 7.99 *(978-0-486-83297-5(X),* 83297X) Dover Pubns., Inc.

Playful Princesses Coloring & Activity Fun: With 100+ Stickers & 25 Tattoos! Dover Dover Publications. 2020. (Dover Kids Activity Books: Fantasy Ser.). (ENG.). 28p. (J). (gr. k-3). pap. 7.99 *(978-0-486-84265-3(7),* 842657) Dover Pubns., Inc.

Playful Puppies: Shaped Board Book. IglooBooks. Illus. by Joel Selby & Ashley Selby. 2021. (ENG.). 10p. (J). (-k). bds. 7.99 *(978-1-80022-826-9(0))* Igloo Bks. GBR. Dist: Simon & Schuster, Inc.

Playful Wonders: 50 Fun-Filled Sensory Play Activities. Contrib. by Katie Stil. 2023. (ENG.). 64p. (J). (-k). 14.99 *(978-0-7440-8036-0(3),* DK Children) Dorling Kindersley Publishing, Inc.

Playgoers: A Domestic Episode (Classic Reprint) Arthur Wing Pinero. 2018. (ENG., Illus.). 38p. (J). 24.68 *(978-0-267-50073-4(4))* Forgotten Bks.

Playground. Madeline Bodoh. 2017. (ENG.). (J). 9.95 *(978-1-63177-664-9(9))* Amplify Publishing Group.

Playground. Julia Jaske. 2023. (Let's Have an Adventure Ser.). (ENG., Illus.). 16p. (J). (gr. -1-2). 11.36 *(978-1-6689-1908-8(7),* 221886, Cherry Blossom Press) Cherry Lake Publishing.

Playground: Attack of the Gurgle Bots!!! Adam Rose. 2018. (ENG., Illus.). 74p. (J). (gr. 2-6). pap. *(978-1-911243-57-1(8))* Markosia Enterprises, Ltd.

Playground Is Like a Jungle. Shona Innes. Illus. by Írisz Agócs. 2nd ed. 2019. (Big Hug Book Ser.). (ENG.). 32p. (J). 15.99 *(978-1-76050-488-5(2))* Little Hare Bks. AUS. Dist: Independent Pubs. Group.

Playground Kindness. Miranda Kelly. 2021. (In My Community Ser.). (ENG., Illus.). 24p. (J). (gr. -1-1). pap. *(978-1-4271-2969-7(X),* 11180); lib. bdg. *(978-1-4271-2959-8(2),* 11169) Crabtree Publishing Co.

Playground of Satan (Classic Reprint) Beatrice Baskerville. (ENG., Illus.). (J). 2018. 316p. 30.41 *(978-0-267-00647-2(0))*; 2017. pap. 13.57 *(978-0-259-06068-0(2))* Forgotten Bks.

Playground Personalities. Gail Vermillion. Illus. by James Stukey. 2017. (ENG.). (J). pap. 12.95 *(978-1-63525-621-5(6))* Christian Faith Publishing.

Playground Problem. Lauren Scott Griffin. Illus. by Fred Folger. 2021. (ENG.). 40p. (J). (gr. 1-4). pap. 17.99 *(978-1-58948-568-6(8),* ESRI Pr.) ESRI, Inc.

Playground Problem: Ready-To-Read Level 1. Margaret McNamara. Illus. by Mike Gordon. 2022. (Robin Hill School Ser.). (ENG.). 32p. (J). (gr. -1-1). 17.99 *(978-1-6659-1369-0(X),* Simon Spotlight) Simon Spotlight.

Playground Problem Solvers. Sandi Hill. 2017. (Learn-To-Read Ser.). (ENG., Illus.). (J). (gr. -1-2). pap. 3.49 *(978-1-68310-279-3(7))* Pacific Learning, Inc.

Playground Safety. Emma Bassier. 2020. (Safety for Kids Ser.). (ENG., Illus.). 24p. (J). (gr. k-3). lib. bdg. 31.36 *(978-1-5321-6755-3(5),* 34671, Pop! Cody Koala) Pop!.

Playground Shapes. Sebastian Stratford. 2021. (Early Learning Concepts Ser.). (ENG., Illus.). 24p. (J). (gr. -1-1). pap. *(978-1-4271-2853-9(7),* 10644); lib. bdg. *(978-1-4271-2845-4(6),* 10635) Crabtree Publishing Co.

Playgrounds & Adventure Parks. Joanne Mattern. 2018. (Kids' Day Out Ser.). (ENG., Illus.). 32p. (J). (gr. 2-4). lib. bdg. 25.32 *(978-1-63440-389-4(4),* dc3e6006-9656-41f5-a05b-0ae561040326) Red Chair Pr.

Playgrounds of Babel, 1 vol. JonArno Lawson. Illus. by Piet Grobler. 2019. 32p. (J). (gr. k-3). 18.95 *(978-1-77306-036-1(8))* Groundwood Bks. CAN. Dist: Publishers Group West (PGW).

Playgrounds Yellow Band. Lynne Rickards. ed. 2016. (Cambridge Reading Adventures Ser.). (ENG., Illus.). 16p. pap. 7.95 *(978-1-316-50318-8(6))* Cambridge Univ. Pr.

Playhouse. Robert Munsch. Illus. by Michael Martchenko. 2022. (ENG.). 32p. (J). (gr. -1-3). pap. 7.99 *(978-0-439-98959-6(0))* Scholastic Canada, Ltd. CAN. Dist: Publishers Group West (PGW).

Playhouses & Half-Holidays, or Further Experiences of Two Schoolboys (Classic Reprint) J. C. Atkinson. 2017. (ENG., Illus.). 528p. (J). 34.79 *(978-0-484-77303-4(8))* Forgotten Bks.

Playing. Joanna Brundle. 2019. (Around the World Ser.). (ENG.). 24p. (J). (gr. 2). lib. bdg. 22.99 *(978-1-5105-4392-8(9))* SmartBook Media, Inc.

Playing a Trick on Jolly Roger: Leveled Reader Green Fiction Level 13 Grade 1-2. Hmh Hmh. 2019. (Rigby PM Ser.). (ENG.). 16p. (J). (gr. 1-2). pap. 11.00 *(978-0-358-12059-9(4))* Houghton Mifflin Harcourt Publishing Co.

Playing about, or Theatrical Anecdotes & Adventures, Vol. 1 Of 2: With Scenes of General Nature, from the Life; in England, Scotland, & Ireland (Classic Reprint) Benson Earle Hill. 2018. (ENG., Illus.). 326p. (J). 30.62 *(978-0-483-83778-2(4))* Forgotten Bks.

Playing All Day under the Sun Coloring Book. Bobo's Children Activity Books. 2016. (ENG., Illus.). (J). pap. 9.33 *(978-1-68327-569-5(1))* Sunshine In My Soul Publishing.

Playing at Botany (Classic Reprint) Phoebe Allen. 2018. (ENG., Illus.). (J). 268p. 29.44 *(978-1-397-23151-2(3))*; 270p. pap. 11.97 *(978-1-397-23134-5(3))* Forgotten Bks.

Playing at the Beach - Te Takaakaro I Aon Te Bike (Te Kiribati) Teburantaake Kaei. Illus. by Novian Rivai. 2023. (ENG.). 28p. (J). pap. *(978-1-922895-90-5(3))* Library For All Limited.

Playing at the Border: A Story of Yo-Yo Ma. Joanna Ho. Illus. by Teresa Martinez. 2021. (ENG.). 40p. (J). (gr. -1-3). 17.99 *(978-0-06-299454-7(9),* HarperCollins) HarperCollins Pubs.

Playing Atari with Saddam Hussein: Based on a True Story. Jennifer Roy & Ali Fadhil. (ENG.). 176p. (J). (gr. 5-7). 2019. pap. 9.99 *(978-0-358-10882-5(9),* 1748840); 2018. (Illus.). 16.99 *(978-0-544-78507-6(X),* 1638613) HarperCollins Pubs. (Clarion Bks.).

Playing by Heart. Martino Carmela. 2018. (ENG., Illus.). 278p. (YA). pap. 17.99 *(978-0-9971732-9-1(7))* Vinspire Publishing LLC.

Playing Catch. Aparna Vasisht. 2023. (ENG.). 46p. (J). pap. *(978-1-83934-747-4(3))* Olympia Publishers.

Playing Cupid. Jenny Meyerhoff. 2016. 246p. (J). *(978-0-545-86780-1(0))* Scholastic, Inc.

Playing Cupid: a Wish Novel. Jenny Meyerhoff. 2017. (ENG.). 256p. (J). (gr. 3-7). pap. 6.99 *(978-1-338-09922-5(1),* Scholastic Paperbacks) Scholastic, Inc.

Playing Defense. Cate Cameron. 2016. (ENG., Illus.). 210p. (YA). (gr. 7). pap. 14.99 *(978-1-68281-129-0(8))* Entangled Publishing, LLC.

Playing Fair. Elizabeth Massie. 2016. (Spring Forward Ser.). (J). (gr. 1). *(978-1-4900-9378-9(8))* Benchmark Education Co.

Playing Fair. Katie Peters. 2022. (Be a Good Sport (Pull Ahead Readers People Smarts — Nonfiction) Ser.). (ENG., Illus.). 16p. (J). (gr. -1-1). pap. 8.99 *(978-1-7284-4808-4(5),* 3b50bec6-e02a-4d50-873b-4760632d68ed, Lerner Pubns.) Lerner Publishing Group.

Playing Fortnite. Josh Gregory. 2020. (21st Century Skills Innovation Library: Unofficial Guides Junior Ser.). (ENG., Illus.). 24p. (J). (gr. 2-5). lib. bdg. 30.64 *(978-1-5341-6960-9(1),* 215727) Cherry Lake Publishing.

Playing Fortnite: Creative Mode. Josh Gregory. 2020. (21st Century Skills Innovation Library: Unofficial Guides Junior Ser.). (ENG., Illus.). 24p. (J). (gr. 2-5). lib. bdg. 30.64 *(978-1-5341-6964-7(4),* 215743) Cherry Lake Publishing.

Playing from the Heart. Peter H. Reynolds. Illus. by Peter H. Reynolds. 2016. (ENG., Illus.). 32p. (J). (gr. k-4). 15.99 *(978-0-7636-7892-0(9))* Candlewick Pr.

Playing from the Heart with Coco Gauff. Heather DiLorenzo Williams. 2021. (Teen Strong Ser.). (ENG., Illus.). 32p. (J). (gr. 5-8). lib. bdg. 27.99 *(978-1-62920-908-1(2),* 23dce3d1-202e-47fd-a8eb-ebc999befd30) Full Tilt Pr. NZL. Dist: Lerner Publishing Group.

Playing Games with Horses Activity Book. Creative Playbooks. 2016. (ENG., Illus.). (J). pap. 9.43 *(978-1-68323-554-5(1))* Twin Flame Productions.

Playing Hockey see Haciendo Novelas

Playing in Parks with Mom Coloring Book. Smarter Activity Books for Kids. 2016. (ENG., Illus.). (J). pap. 9.22 *(978-1-68374-586-0(8))* Examined Solutions PTE. Ltd.

Playing in the Park. Petra Guillaume. 2019. (ENG.). 24p. (J). pap. 20.96 *(978-0-359-68561-5(7))* Lulu Pr., Inc.

Playing in the Snow & Getting Observant, Too! Hidden Pictures for Kids. Jupiter Kids. 2017. (ENG., Illus.). (J). pap. 9.05 *(978-1-5419-3285-2(4),* Jupiter Kids (Childrens & Kids Fiction)) Speedy Publishing LLC.

Playing Minecraft: Story Mode. Josh Gregory. 2019. (21st Century Skills Innovation Library: Unofficial Guides Junior Ser.). (ENG.). 24p. (J). (gr. 2-4). pap. 12.79 *(978-1-5341-3982-4(6),* 212757); (Illus.). lib. bdg. 30.64 *(978-1-5341-4326-5(2),* 212756) Cherry Lake Publishing.

Playing Musical Bottles. Brooke Rowe. Illus. by Jeff Bane. 2016. (My Early Library: My Science Fun Ser.). (ENG.). 24p. (J). (gr. k-1). 30.64 *(978-1-63471-028-2(2),* 208192) Cherry Lake Publishing.

Playing Nice with Others in Fortnite. Rachel Gluckstern. 2019. *(978-1-7253-4814-1(4))* Rosen Publishing Group, Inc., The.

Playing Outside (Set), 4 vols. 2020. (Playing Outside Ser.). (ENG., Illus.). 16p. (J). (gr. -1-2). pap., pap., pap. 45.43 *(978-1-5341-6339-3(5),* 214301, Cherry Blossom Press) Cherry Lake Publishing.

Playing Pokémon GO. Josh Gregory. 2021. (21st Century Skills Innovation Library: Unofficial Guides Junior Ser.). (ENG., Illus.). 24p. (J). (gr. 2-5). lib. bdg. 30.64 *(978-1-5341-8333-9(7),* 218484) Cherry Lake Publishing.

Playing Possum F&g. Reinhardt. 2020. (ENG.). (J). 17.99 *(978-1-328-78271-7(9),* HarperCollins) HarperCollins Pubs.

Playing Roblox. Josh Gregory. 2020. (21st Century Skills Innovation Library: Unofficial Guides Junior Ser.). (ENG., Illus.). 24p. (J). (gr. 2-5). lib. bdg. 30.64 *(978-1-5341-6973-9(3),* 215779) Cherry Lake Publishing.

Playing Safe with Preston. Mama J. Smith. 2019. (ENG., Illus.). 28p. (J). (gr. -1-3). pap. 11.99 *(978-1-5456-6596-1(6))* Salem Author Services.

Playing Santa Claus: And Other Christmas Tales (Classic Reprint) S. P. Doughty. 2018. (ENG., Illus.). (J). 27.71 *(978-0-260-57186-1(5))* Forgotten Bks.

Playing the Bully: (Black & White Illustrations) Esther Sokolov Fine & Jim Head. Illus. by Victoria Shearham. 2017. (ENG.). (J). pap. *(978-0-9880665-8-8(0))* Join In Pr.

Playing the Bully: (black & White Illustrations) Esther Sokolov Fine & Jim Head. Illus. by Victoria Shearham. 2018. (ENG.). 102p. (J). pap. *(978-0-9880665-9-5(9))* Join In Pr.

Playing the Bully: (Full Color Illustrations) Esther Sokolov Fine & Jim Head. Illus. by Victoria Shearham. 2017. (ENG.). (J). pap. *(978-0-9880665-6-4(4))* Join In Pr.

Playing the Bully: (full Color Illustrations) Esther Sokolov Fine & Jim Head. Illus. by Victoria Shearham. 2018. (ENG.). 102p. (J). pap. *(978-1-7753121-0-9(0))* Join In Pr.

Playing the Cards You're Dealt. Varian Johnson. 2021. (ENG.). 320p. (J). pap. *(978-0-7023-1472-8(2),* Scholastic Pr.) Scholastic, Inc.

Playing the Cards You're Dealt (Scholastic Gold) Varian Johnson. (ENG.). (J). (gr. 3-7). 2023. 336p. pap. 8.99 *(978-1-338-34856-9(6),* Scholastic Paperbacks); 2021. 320p. 16.99 *(978-1-338-34853-8(1),* Scholastic Pr.) Scholastic, Inc.

Playing the Color Game with Willie the Worm & Silly the Snail. John Bonfadini. 2017. (ENG.). (J). 14.95 *(978-1-68401-096-7(9))* Amplify Publishing Group.

Playing the Game: A Public-School Story (Classic Reprint) Kent Carr. (ENG., Illus.). (J). 2018. 450p. 33.01 *(978-0-332-76348-4(X))*; 2017. pap. 16.57 *(978-0-243-28997-4(9))* Forgotten Bks.

Playing the Game, a Story of Japan: Being a Sequel to a Japanese Marriage (Classic Reprint) Douglas Sladen. (ENG., Illus.). (J). 2018. 330p. 30.70 *(978-0-483-37825-4(9))*; 2016. pap. 13.57 *(978-1-334-13124-0(4))* Forgotten Bks.

Playing the Mischief: A Novel (Classic Reprint) J. W. De Forest. 2018. (ENG., Illus.). 184p. (J). 27.71 *(978-0-483-96641-3(X))* Forgotten Bks.

Playing the Piano: First Steps. Heron Books. 2021. (ENG.). 100p. (J). pap. *(978-0-89739-273-0(6),* Heron Bks.) Quercus.

Playing Through the Turnaround. Mylisa Larsen. 2022. (ENG.). 272p. (J). (gr. 3-7). 16.99 *(978-0-358-64549-8(2),* Clarion Bks.) HarperCollins Pubs.

Playing to Win: How Althea Gibson Broke Barriers & Changed Tennis Forever. Karen Deans. Illus. by Elbrite Brown. 2021. 32p. (J). (gr. 2-5). pap. 7.99 *(978-0-8234-4853-1(3))* Holiday Hse., Inc.

Playing Trades (Classic Reprint) Heraclitus Grey. (ENG., Illus.). (J). 2018. 202p. 28.06 *(978-0-267-09989-4(4))*; 2016. pap. 10.57 *(978-1-334-11671-1(7))* Forgotten Bks.

Playing War: A Story about Changing the Game, 1 vol. Kathy Beckwith & Lea Lyon. 2020. (ENG., Illus.). 32p. (J). (gr. 2-6). pap. 9.95 *(978-0-88448-861-3(6),* 884861) Tilbury Hse. Pubs.

Playing Wicked. Alex R. Kahler. Illus. by Ben Whitehouse. 2020. (ENG.). 32p. (J). (gr. -1-3). 16.99 *(978-0-8075-8739-3(7),* 807587397) Whitman, Albert & Co.

Playing with Collage. Jeannie Baker. Illus. by Jeannie Baker. 2019. (ENG., Illus.). 40p. (J). (gr. 3-7). 16.00 *(978-1-5362-0539-8(7))* Candlewick Pr.

Playing with Fire. April Henry. 2022. (ENG.). 240p. (YA). pap. 11.99 *(978-1-250-82124-9(X),* 900210025) Square Fish.

Playing With #Fire. Micky O'Brady. 2020. (ENG.). 382p. (YA). pap. 15.99 *(978-1-952667-14-5(3))* Snowy Wings Publishing.

Playing with Fire. Yannick Grotholt. ed. 2016. (LEGO Legends of Chima Graphic Novels Ser.: 6). (J). lib. bdg. 18.40 *(978-0-606-38370-7(0))* Turtleback.

Playing with Fire (Classic Reprint) Amelia E. Barr. 2018. (ENG., Illus.). 350p. (J). 31.12 *(978-0-483-00819-9(2))* Forgotten Bks.

Playing with Fire (Skulduggery Pleasant, Book 2) Derek Landy. 2018. (Skulduggery Pleasant Ser.: 2). (ENG.). 352p. (J). 7.99 *(978-0-00-824879-6(6),* HarperCollins Children's Bks.) HarperCollins Pubs. Ltd. GBR. Dist: HarperCollins Pubs.

Playing with Gravity. Brooke Rowe. Illus. by Jeff Bane. 2017. (My Early Library: My Science Fun Ser.). (ENG.). 24p. (J). (gr. k-1). lib. bdg. 30.64 *(978-1-63472-818-8(1),* 209698) Cherry Lake Publishing.

Playing with Love, and, the Prologue to Anatol (Classic Reprint) Arthur Schnitzler. 2018. (ENG., Illus.). 112p. (J). 26.21 *(978-0-267-26520-6(4))* Forgotten Bks.

Playing with Makey Makey. Lindsay Slater. 2018. (21st Century Skills Innovation Library: Makers As Innovators Junior Ser.). (ENG.). 24p. (J). (gr. 2-5). pap. 12.79

(978-1-5341-0876-9(9), 210868); (Illus.). lib. bdg. 30.64 *(978-1-5341-0777-9(0)*, 210867) Cherry Lake Publishing.

Playing with Marbles, 1 vol. Wayan James. 2016. (Rosen REAL Readers: STEM & STEAM Collection). (ENG.). 8p. (gr. k-1). pap. 5.46 *(978-1-5081-2368-2(3)*, d285d6f6-571c-4518-8243-19d8c60f00f6, Rosen Classroom) Rosen Publishing Group, Inc., The.

Playing with Mazes: A Kid Friendly Activity Book. Kreative Kids. 2016. (ENG., Illus.). (J). pap. 9.20 *(978-1-68377-034-3(X))* Whike, Traudl.

Playing with Osito - Jouer Avec Osito: Bilingual English & French - Bilingue en Anglais et Français. Lisa Maria Burgess. Illus. by Susan L. Roth. 2020. (Kids' Books from Here & There Ser.). (ENG.). 40p. (J). 19.95 *(978-1-939604-30-9(3))* Barranca Pr.

Playing with Osito - Jugando con Baby Bear: Bilingual English & Spanish. Lisa Maria Burgess. Illus. by Susan L. Roth. 2018. (Kids' Books from Here & There Ser.). (ENG.). 40p. (J). (gr. k-3). pap. 9.99 *(978-1-939604-28-6(1))*; 19.95 *(978-1-939604-29-3(X))* Barranca Pr.

Playing with Osito Jouer Avec Osito: Bilingual English French. Lisa Maria Burgess. Illus. by Susan L. Roth. 2023. (FRE.). 40p. (J). pap. 11.99 ***(978-1-939604-31-6(1))*** Barranca Pr.

Playing with Others. Joy Berry. 2019. (ENG.). 34p. (J). pap. 8.99 *(978-0-7396-0474-8(0))* Inspired Studios Inc.

Playing with Shapes. Enrique Ortiz. 2018. (ENG., Illus.). 32p. (J). *(978-1-387-60317-6(5))* Lulu Pr., Inc.

Playing with Smokeless Fire. Barbara Pietron. 2022. (Legacy in Legend Ser.: 4). (ENG.). 240p. (YA). (gr. 7). pap. 13.99 *(978-1-940368-14-6(6))* Scribe Publishing Co.

Playing with Solar Heat. Brooke Rowe. Illus. by Jeff Bane. 2016. (My Early Library: My Science Fun Ser.). (ENG.). 24p. (J). (gr. k-1). 30.64 *(978-1-63471-031-2(2)*, 208204) Cherry Lake Publishing.

Playing with Wind. Elizabeth Austen. rev. ed. 2019. (Smithsonian: Informational Text Ser.). (ENG., Illus.). 20p. (J). (gr. k-1). 7.99 *(978-1-4938-6643-4(5))* Teacher Created Materials, Inc.

Playing Words with Children. Yan You Lin. 2018. (CHI.). (J). pap. *(978-957-08-5170-0(8))* Linking Publishing Co., Ltd.

Playlist: the Rebels & Revolutionaries of Sound. James Rhodes. Illus. by Martin O'Neill. 2019. (ENG.). 72p. (YA). (gr. 7). 29.99 *(978-1-5362-1214-3(8))* Candlewick Pr.

Playmaker. Alex O'Brien. (Lorimer Sports Stories Ser.). (ENG.). 128p. (J). (gr. 5-8). 2020. lib. bdg. 27.99 *(978-1-4594-1397-9(0)*, a0287682-d718-481d-9c66-43be7209ad7b); 2019. pap. 9.95 *(978-1-4594-1395-5(4)*, cdeb7068-6906-4b87-aae8-fc12ae695f6e) James Lorimer & Co. Ltd., Pubs. CAN. Dist: Lerner Publishing Group.

Playmakers Set 6 (Set), 6 vols. 2017. (Playmakers Set 6 Ser.). (ENG.). 32p. (J). (gr. 2-6). lib. bdg. 196.74 *(978-1-5321-1146-4(0)*, 25868, SportsZone) ABDO Publishing Co.

Playmate Polly (Classic Reprint) Amy E. Blanchard. 2018. (ENG., Illus.). 222p. (J). 28.48 *(978-0-267-23818-7(5))* Forgotten Bks.

Playmate, Vol. 1: A Pleasant Companion for Spare Hours (Classic Reprint) Joseph Cundall. 2018. (ENG., Illus.). 206p. (J). 28.15 *(978-0-267-21646-8(7))* Forgotten Bks.

Playmates of Harvest View. Doris Christian-Johnson. 2020. (ENG.). 582p. (J). pap. 24.95 *(978-1-6624-0378-1(X))* Page Publishing Inc.

Playroom Stories. Georgiana M. Craik. 2016. (ENG.). 240p. (J). pap. *(978-3-7434-0788-6(4))* Creation Pubs.

Playroom Stories: Or, How to Make Peace (Classic Reprint) Georgiana M. Craik. 2018. (ENG., Illus.). 244p. (J). 28.93 *(978-0-267-23754-8(5))* Forgotten Bks.

Plays, 1 vol. Heather Moore Niver. 2018. (Let's Learn about Literature Ser.). (ENG.). 24p. (gr. 1-2). lib. bdg. 24.27 *(978-0-7660-9751-3(X)*, 4fd35bec-96dc-40f6-b940-c425690ca7c8) Enslow Publishing, LLC.

Plays: Comrades; Facing Death; Pariah; Easter. August Strindberg. 2017. (ENG., Illus.). (J). 23.95 *(978-1-374-94533-3(1))* Capital Communications, Inc.

Plays: First Series: the Straw, the Emperor Jones, & Diff'rent (Classic Reprint) Eugene O'Neill. 2017. (ENG., Illus.). (J). 30.06 *(978-0-265-25025-9(0))* Forgotten Bks.

Plays: Hamilton's Second Marriage; Thomas & the Princess; the Modern Way (Classic Reprint) W. K. Clifford. 2017. (ENG., Illus.). (J). 30.91 *(978-0-260-49995-0(1))* Forgotten Bks.

Plays: Swanwhite; Advent; the Storm (Classic Reprint) August Strindberg. 2017. (ENG., Illus.). (J). 28.58 *(978-0-260-80953-7(5))*; pap. 10.97 *(978-1-5284-3338-9(6))* Forgotten Bks.

Plays: Swanwhite; Simoom; Debit & Credit; Advent; the Thunderstorm; after the Fire (Classic Reprint) August Strindberg. 2017. (ENG., Illus.). (J). 29.90 *(978-0-260-82638-1(3))* Forgotten Bks.

Plays: The Eldest Son; the Little Dream Justice (Classic Reprint) John Galsworthy. 2018. (ENG., Illus.). 238p. (J). 28.83 *(978-0-365-32750-9(6))* Forgotten Bks.

Plays: The Professor's Mummy; Mr. Merchant of Venice; the Bug Hunter (Classic Reprint) Harry L. Dixson. 2017. (ENG., Illus.). 98p. (J). 25.94 *(978-0-484-62792-4(9))* Forgotten Bks.

Plays: The Silver Box; Joy; Strife; John Galsworthy. 2017. (ENG., Illus.). (J). pap. *(978-0-649-28396-5(1))* Trieste Publishing Pty Ltd.

Plays: The Winning of Latane, Better Than Gold, the Valedictory, Lone Star (Classic Reprint) Oliver P. Parker. 2017. (ENG., Illus.). (J). 28.52 *(978-0-265-88052-4(1))* Forgotten Bks.

Plays: Winesburg & Others (Classic Reprint) Sherwood Anderson. 2017. (ENG., Illus.). (J). 29.36 *(978-0-331-56730-4(X))*; pap. 11.97 *(978-0-259-83759-6(8))* Forgotten Bks.

Plays & Monologues (Classic Reprint) Geraldine A. Faro. 2018. (ENG., Illus.). 96p. (J). 25.90 *(978-0-267-16735-7(0))* Forgotten Bks.

Plays by Clyde Fitch, Vol. 2 Of 4: Barbara Frietchie; Captain Jinks of the Horse Marines; the Climbers (Classic Reprint) Clyde Fitch. (ENG., Illus.). (J). 2019. 736p. 39.10 *(978-0-365-29745-1(3))*; 2016. pap. 23.57 *(978-1-333-21152-3(X))* Forgotten Bks.

Plays by Clyde Fitch, Vol. 3 Of 4: The Stubbornness of Geraldine; the Girl with the Green Eyes; Her Own Way (Classic Reprint) Clyde Fitch. (ENG., Illus.). (J). 2017. 38.13 *(978-0-331-68722-4(4))*; 2016. pap. 20.57 *(978-1-333-67588-2(7))* Forgotten Bks.

Plays (Classic Reprint) August Strindberg. 2018. (ENG., Illus.). 294p. (J). 29.96 *(978-0-483-48119-0(X))* Forgotten Bks.

Plays (Classic Reprint) John M. Synge. (ENG., Illus.). (J). 2018. 390p. 31.94 *(978-0-267-60321-3(5))*; 2016. pap. 16.57 *(978-1-334-13695-5(5))* Forgotten Bks.

Plays for Children: An Annotated Index (Classic Reprint) Alice I. Hazeltine. annot. ed. (ENG., Illus.). (J). 2018. 122p. 26.43 *(978-0-656-73933-2(9))*; 2016. pap. 9.57 *(978-1-334-15336-5(1))* Forgotten Bks.

Plays for Community Christmas (Classic Reprint) University Of Wisconsin Bureau. 2018. (ENG., Illus.). 46p. (J). 24.87 *(978-0-267-44095-5(2))* Forgotten Bks.

Plays for Home, School & Settlement: Flowers in the Palace Garden, & Other Plays (Classic Reprint) Virginia Olcott. 2018. (ENG., Illus.). 150p. (J). 27.01 *(978-0-332-17160-9(4))* Forgotten Bks.

Plays for Merry Andrews (Classic Reprint) Alfred Kreymborg. 2017. (ENG., Illus.). (J). 27.82 *(978-0-260-54468-1(X))* Forgotten Bks.

Plays for Poem-Mimes (Classic Reprint) Alfred Kreymborg. 2017. (ENG., Illus.). (J). 26.66 *(978-1-5281-6238-8(2))* Forgotten Bks.

Plays for School & Camp (Classic Reprint) Katharine Lord. 2018. (ENG., Illus.). 242p. (J). 28.91 *(978-0-267-17194-1(3))* Forgotten Bks.

Plays for School Days: Twenty-One Selected Plays That Have Been Used Successfully in the Schoolroom, for Pupils of Intermediate & Grammar Grades (Classic Reprint) Florence R. Signor. (ENG., Illus.). (J). 2018. 122p. 26.41 *(978-0-267-78936-8(X))*; 2016. pap. 9.57 *(978-1-334-52054-9(2))* Forgotten Bks.

Plays for Schools (Classic Reprint) G. H. Alington. 2018. (ENG., Illus.). 118p. (J). 26.35 *(978-0-484-16138-1(5))* Forgotten Bks.

Plays for Small Stages (Classic Reprint) Mary Aldis. 2017. (ENG., Illus.). 132p. (J). 26.62 *(978-0-484-83051-5(1))* Forgotten Bks.

Plays for Young People: With Songs & Choruses, Suitable for Private Theatricals (Classic Reprint) J. Barmby. 2017. (ENG., Illus.). (J). pap. 10.97 *(978-0-259-40059-2(9))* Forgotten Bks.

Plays for Young People, with Songs & Choruses: Suitable for Private Theatricals (Classic Reprint) James Barmby. (ENG., Illus.). (J). 2018. 240p. 28.85 *(978-0-364-21441-1(4))*; 2017. pap. 11.57 *(978-0-259-39440-2(8))* Forgotten Bks.

Plays, Histories, & Novels of the Ingenious Mrs. Aphra Behn, Vol. 3 Of 6: With Life & Memoirs (Classic Reprint) Aphra. Behn. 2018. (ENG., Illus.). 350p. (J). 31.12 *(978-0-656-83591-1(5))* Forgotten Bks.

Plays, Histories, & Novels of the Ingenious Mrs. Aphra Behn, Vol. 4 Of 6: With Life & Memoirs (Classic Reprint) Aphra. Behn. 2017. (ENG., Illus.). 426p. (J). 32.68 *(978-0-332-20951-7(2))* Forgotten Bks.

Plays, Histories, & Novels of the Ingenious Mrs. Aphra Behn, Vol. 5 Of 6: With Life & Memoirs (Classic Reprint) Aphra. Behn. (ENG., Illus.). (J). 2017. 31.03 *(978-0-331-57772-3(0))*; 2016. pap. 13.57 *(978-1-334-14980-1(1))* Forgotten Bks.

Plays in Prose & Verse: Written for an Irish Theatre, & Generally with the Help of a Friend (Classic Reprint) W. B. Yeats. 2018. (ENG., Illus.). 460p. (J). 33.40 *(978-0-484-24090-1(0))* Forgotten Bks.

Plays Maori & Pakeha, Vol. 1: For Standards I-IV (Classic Reprint) Janet McLeod. (ENG., Illus.). (J). 2018. 70p. 25.36 *(978-0-267-96475-8(7))*; 2016. pap. 9.57 *(978-1-334-60931-2(4))* Forgotten Bks.

Plays Maori & Pakeha, Vol. 2 (Classic Reprint) Janet McLeod. 2018. (ENG., Illus.). 74p. (J). 25.44 *(978-0-267-17186-6(2))* Forgotten Bks.

Plays of Edmond Rostand, Vol. 1 (Classic Reprint) Edmond Rostand. 2018. (ENG., Illus.). 388p. (J). 31.90 *(978-0-428-86431-6(7))* Forgotten Bks.

Plays of Edmond Rostand, Vol. 2 (Classic Reprint) Edmond Rostand. 2016. (ENG., Illus.). (J). pap. 16.57 *(978-1-333-45995-6(5))* Forgotten Bks.

Plays of Edmond Rostand, Vol. 2 (Classic Reprint) Edmond Rostand. 2018. (ENG., Illus.). 394p. (J). 32.02 *(978-0-267-31589-5(9))* Forgotten Bks.

Plays of Maurice Maeterlinck: Princess Maleine the Intruder the Blind the Seven Princess (Classic Reprint) Maurice Maeterlinck. 2018. (ENG., Illus.). 364p. (J). 31.42 *(978-0-267-90890-5(3))* Forgotten Bks.

Plays of Old Japan (Classic Reprint) Leo Duran. (ENG., Illus.). (J). 2017. 26.85 *(978-0-266-40173-5(2))*; 2016. pap. 9.57 *(978-1-333-35197-7(6))* Forgotten Bks.

Plays of the 47 Workshop: Third Series (Classic Reprint) Workshop Workshop. 2017. (ENG., Illus.). 110p. (J). 26.17 *(978-0-484-04669-5(1))* Forgotten Bks.

Plays of the American Experience: 25 Fascinating Scenes for the Classroom or Stage. Thomas Hischak. 2018. (ENG.). 218p. (YA). (gr. 7-12). 28.95 *(978-1-56608-240-2(4))* Meriwether Publishing, Ltd.

Plays of the Harvard Dramatic Club: The Florist Shop; the Bank Account; the Rescue; America Passes (Classic Reprint) Winfred Hawkridge. 2018. (ENG., Illus.). 118p. (J). 26.35 *(978-0-483-98855-2(3))* Forgotten Bks.

Plays of the Italian Theatre (Classic Reprint) Isaac Goldberg. 2017. (ENG., Illus.). (J). 28.35 *(978-1-5283-7520-7(3))* Forgotten Bks.

Plays of the Natural & the Supernatural (Classic Reprint) Theodore Dreiser. 2017. (ENG., Illus.). (J). 28.76 *(978-0-265-22276-8(1))* Forgotten Bks.

Plays of the Pioneers: A Book of Historical Pageant-Plays (Classic Reprint) Constance D'Arcy MacKay. 2018. (ENG., Illus.). 180p. (J). 27.61 *(978-0-428-69171-4(4))* Forgotten Bks.

Plays, Pantomimes & Tableaux for Children (Classic Reprint) Nora Archibald Smith. (ENG., Illus.). (J). 2018. 254p. 29.16 *(978-0-484-48795-5(7))*; 2016. pap. 11.57 *(978-1-333-54473-7(1))* Forgotten Bks.

Plays, Pleasant & Unpleasant, Vol. 2: Containing the Four Pleasant Plays (Classic Reprint) George Bernard Shaw. 2017. (ENG., Illus.). (J). 31.82 *(978-0-265-37862-5(1))* Forgotten Bks.

Plays, Poems, & Miscellanies (Classic Reprint) Charles Dickens. (ENG., Illus.). (J). 2018. 654p. 37.41 *(978-0-267-59994-3(3))*; 2016. pap. 19.97 *(978-1-334-14189-8(4))* Forgotten Bks.

Plays, Poems, Stories & Sayings (Classic Reprint) Minnie McDonald Cobb. (ENG., Illus.). (J). 2018. 48p. 24.91 *(978-0-484-80943-6(1))*; 2016. pap. 9.57 *(978-1-333-38734-1(2))* Forgotten Bks.

Plays, Vol. 2: Pleasant & Unpleasant; Containing the Four Pleasant Plays (Classic Reprint) George Bernard Shaw. (ENG., Illus.). (J). 2017. 31.30 *(978-0-331-95749-5(3))*; 2016. pap. 13.97 *(978-1-333-32483-4(9))* Forgotten Bks.

Plays, Vol. 2 (Classic Reprint) Hubert Henry Davies. 2018. (ENG., Illus.). 300p. (J). 30.10 *(978-0-484-05638-0(7))* Forgotten Bks.

Playthings: Toys of Terror. Neil D'Silva. 2023. (ENG.). 240p. (J). (gr. 4-7). pap. 9.99 ***(978-0-14-345497-7(8)**, Puffin)* Penguin Bks. India PVT, Ltd IND. Dist: Independent Pubs. Group.

Playthings & Parodies (Classic Reprint) Barry Pain. 2018. (ENG., Illus.). 320p. (J). 30.50 *(978-0-332-62028-2(X))* Forgotten Bks.

Playtime. Emma Dodd. 2017. (Illus.). 12p. (J). (gr. -1-1). bds. 9.99 *(978-1-86147-842-9(9)*, Armadillo) Anness Publishing GBR. Dist: National Bk. Network.

Playtime, 1 vol. Cecily Jobes. 2016. (It's Time Ser.). (ENG.). 24p. (gr. 1-1). pap. 9.25 *(978-1-4994-2284-9(9)*, 113b0c3e-ceb4-4b49-9c12-535f1dbec912, PowerKids Pr.) Rosen Publishing Group, Inc., The.

Playtime & Mealtime (Iggy Iguanodon: Time to Read, Level 2) Maryann Macdonald. Illus. by Jo Fernihough. 2020. (Time to Read Ser.). (ENG.). 48p. (J). (gr. k-2). 12.99 *(978-0-8075-3642-1(3)*, 0807536423) Whitman, Albert & Co.

Playtime & Seedtime (Classic Reprint) Francis W. Parker. 2018. (ENG., Illus.). 188p. (J). 27.77 *(978-0-484-83258-8(1))* Forgotten Bks.

Playtime Clothes. Kim MacLean. Illus. by Tia Bates. 2023. (ENG.). 24p. (J). pap. ***(978-0-2288-8354-8(7))*** Tellwell Talent.

Playtime Engineering. Jill Esbaum & WonderLab Group. 2023. (Big Science for Tiny Tots Ser.). (ENG.). 24p. (J). (-1). bds. 8.99 ***(978-1-5362-3096-3(0)**, MIT Kids Press)* Candlewick Pr.

Playtime for Fox. Illus. by Charlotte Archer. 2017. (J). *(978-1-62885-270-7(4))* Kidsbooks, LLC.

Playtime for Restless Rascals. Nikki Grimes. Illus. by Elizabeth Zunon. 2022. (ENG.). 32p. (J). (gr. -1-3). 17.99 *(978-1-7282-3893-7(5)*, Sourcebooks Jabberwocky) Sourcebooks, Inc.

Playtime Fun: Animal Tales, 1 vol. Anna Award. 2017. (ENG.). 288p. (J). 120.00 *(978-1-84135-033-2(8))* Award Pubns. Ltd. GBR. Dist: Parkwest Pubns., Inc.

Playtime Fun Color Me Coloring Book. Smarter Activity Books for Kids. 2016. (ENG., Illus.). (J). pap. 9.22 *(978-1-68374-587-7(6))* Examined Solutions PTE. Ltd.

Playtime Fun: Ocean Tales: Chloe, Daisy, Thomas, Charlie, 1 vol. Anna Award. 2017. (ENG.). 288p. (J). 120.00 *(978-1-78270-120-0(6))* Award Pubns. Ltd. GBR. Dist: Parkwest Pubns., Inc.

Playtime Games for Boys & Girls: Told in Story Form (Classic Reprint) Emma C. Dowd. 2018. (ENG., Illus.). 238p. (J). 28.83 *(978-0-483-58415-0(0))* Forgotten Bks.

Playtime on the Clothesline. Jere Schwartzkopf. 2016. (ENG., Illus.). (J). 21.95 *(978-1-63525-376-4(4))*; pap. 12.95 *(978-1-68197-454-5(1))* Christian Faith Publishing.

Playtime on the Farm: A Touch-And-feel Baby Animal Storybook. Amelia Hepworth. Illus. by Anna Doherty. 2022. (ENG.). 12p. (J). (-k). bds. 12.99 *(978-1-6643-5015-1(2))* Tiger Tales.

Playtime Primer (Classic Reprint) Catherine Turner Bryce. (ENG., Illus.). (J). 2018. 134p. 26.68 *(978-0-364-90567-8(0))*; 2017. pap. 9.57 *(978-0-259-89633-3(0))* Forgotten Bks.

Playtime Rhymes: My Mother Goose Collection. Illus. by Jan Lewis. 2018. 24p. (J). (gr. -1-12). bds. 6.99 *(978-1-86147-694-4(9)*, Armadillo) Anness Publishing GBR. Dist: National Bk. Network.

Playtime Songs. Ed. by Parragon Books. Illus. by Jill Howarth. 2021. (ENG.). 14p. (J). (gr. -1-1). bds. 12.99 *(978-1-64638-123-4(8)*, 1006650, Parragon Books) Cottage Door Pr.

Playtime Songs for the School Room (Classic Reprint) Alice Cushing Donaldson Riley. 2017. (ENG., Illus.). (J). 25.77 *(978-0-331-69878-7(1))*; pap. 9.57 *(978-0-282-54422-5(4))* Forgotten Bks.

Playtime Songs, Old & New: Arranged with Easy Accompaniments, Including Fourteen New Melodies (Classic Reprint) Raymond Perkins. 2017. (ENG., Illus.). (J). 24.64 *(978-0-331-82944-0(4))* Forgotten Bks.

Playtime with Max & Kate, 1 vol. Mick Manning. 2018. (Let's Read with Max & Kate Ser.). (ENG.). 24p. (J). (gr. 1-2). 25.27 *(978-1-5383-4073-8(9)*, 3d8bd5fa-cb62-4f26-b02e-a29ad07d6f45); pap. 9.25 *(978-1-5383-4074-5(7)*, 7700d04f-8c61-49a6-ba20-4fd5094b0bd8) Rosen Publishing Group, Inc., The. (PowerKids Pr.).

Playtown: Airport (revised Edition) A Lift-The-Flap Book. Roger Priddy. rev. ed. 2016. (Playtown Ser.). (ENG., Illus.). 14p. (J). bds. 12.99 *(978-0-312-52170-7(7)*, 900169732) St. Martin's Pr.

Playtown: Emergency: A Lift-The-Flap Book. Roger Priddy. 2016. (Playtown Ser.). (ENG., Illus.). 14p. (J). bds. 12.99 *(978-0-312-52009-0(3)*, 900156775) St. Martin's Pr.

Playwright's Adventures (Classic Reprint) Frederick Reynolds. 2018. (ENG., Illus.). 362p. (J). 31.36 *(978-0-483-76872-7(3))* Forgotten Bks.

Playwriting, 1 vol. Rita Lorraine Hubbard. 2016. (Exploring Theater Ser.). (ENG., Illus.). 96p. (YA). (gr. 7-7). lib. bdg. 44.50 *(978-1-5026-2273-0(4)*, b06158b0-6105-4f81-9ed0-2c6cea4e4c0e) Cavendish Square Publishing LLC.

Plea for Old Cap Collier. Irvin S. Cobb. 2017. (ENG., Illus.). (J). pap. *(978-0-649-33068-3(4))* Trieste Publishing Pty Ltd.

Plea for Old Cap Collier (Classic Reprint) Irvin S. Cobb. 2018. (ENG., Illus.). 60p. (J). 25.13 *(978-0-656-38505-8(7))* Forgotten Bks.

Plea for the Dumb Creation: Being Selections from the British Workman, &C (Classic Reprint) Unknown Author. (ENG., Illus.). (J). 2018. 202p. 28.06 *(978-0-267-60048-9(8))*; 2016. pap. 10.57 *(978-1-334-14124-9(X))* Forgotten Bks.

Plea to Remain. Arden Norian. 2023. (ENG.). 32p. (YA). pap. 10.00 ***(978-1-312-52867-3(2))*** Lulu Pr., Inc.

Plea to Remain Final. Arden Norian. 2023. (ENG.). 32p. (J). pap. 10.00 ***(978-1-312-54721-6(9))*** Lulu Pr., Inc.

Plead the Fifth: A Look at the Fifth Amendment, 1 vol. Jenna Tolli. 2018. (Our Bill of Rights Ser.). (ENG.). 32p. (gr. 5-5). pap. 11.00 *(978-1-5383-4300-5(2)*, 1acdabfb-6e9a-478e-994d-4f3efe6a27211, PowerKids Pr.) Rosen Publishing Group, Inc., The.

Pleasant History of Jack Horner: Containing the Witty Tricks & Pleasant Pranks He Play'd from His Youth to His Riper Years; Pleasant & Delightful Both for Winter & Summer Recreation (Classic Reprint) Unknown Author. 2018. (ENG., Illus.). 30p. (J). 24.52 *(978-0-267-51712-1(2))* Forgotten Bks.

Pleasant Hours of Amusement & Entertainment, Vol. 1: Embracing Nine Books in One Volume (Classic Reprint) Nelle M. Mustain. 2018. (ENG., Illus.). 486p. (J). 33.94 *(978-0-483-65703-8(4))* Forgotten Bks.

Pleasant Journey, & Scenes in Town & Country (Classic Reprint) Thomas Teller. (ENG., Illus.). (J). 2018. 72p. 25.38 *(978-0-484-24285-1(7))*; 2016. pap. 9.57 *(978-1-334-13264-3(X))* Forgotten Bks.

Pleasant Nightmares! Jacob Zach. Illus. by Margaret Schons. 2018. (ENG.). 40p. (J). pap. 25.00 *(978-0-692-93865-2(6))* Zach, Jacob.

Pleasant Pages for Young People, or Book of Home Education & Entertainment (Classic Reprint) Samuel Prout Newcomb. (ENG., Illus.). (J). 2018. 436p. 32.89 *(978-0-483-52153-7(1))*; 2017. pap. 16.57 *(978-0-243-09929-0(0))* Forgotten Bks.

Pleasant Pages for Young People, or Book of Home Education & Entertainment (Classic Reprint) Samuel Prout Newcombe. 2018. (ENG., Illus.). (J). 436p. 32.89 *(978-1-397-19867-9(2))*; 438p. pap. 16.57 *(978-1-397-19807-5(9))* Forgotten Bks.

Pleasant Penguin. Sandra Wilson. 2019. (Emotional Animal Alphabet Ser.: Vol. 16). (ENG.). 44p. (J). pap. *(978-1-988215-54-9(4))* words ... along the path.

Pleasant Places in Rhode Island, & How to Reach Them. Mariana M. Tallman. 2017. (ENG.). 212p. (J). pap. *(978-3-337-38048-9(4))* Creation Pubs.

Pleasant Places in Rhode Island, & How to Reach Them (Classic Reprint) Mariana M. Tallman. 2017. (ENG., Illus.). (J). 28.29 *(978-0-265-34162-9(0))* Forgotten Bks.

Pleasant Recollections in Pen & Picture of the Happy Hundred Members of the Swedish American California Club, Making up the Lutfisk Special: Recalling Friends, Places & Incidents During Their Never-To-Be-Forgotten Trip to the Panama Pacific Expositi. Swedish-American California Club. 2017. (ENG., Illus.). (J). 54p. 25.01 *(978-0-484-01114-3(6))*; pap. 9.57 *(978-0-282-59630-9(5))* Forgotten Bks.

Pleasant Rhymes for Little Readers. Josephine. 2017. (ENG.). 118p. (J). pap. *(978-3-337-26006-4(3))* Creation Pubs.

Pleasant Rhymes for Little Readers, or, Jottings for Juveniles. Josephine. 2017. (ENG., Illus.). (J). pap. *(978-0-649-67272-1(0))* Trieste Publishing Pty Ltd.

Pleasant Rhymes for Little Readers, or Jottings for Juveniles: Affectionately Enscribed to the Children of England (Classic Reprint) Josephine Josephine. 2018. (ENG., Illus.). 116p. (J). 26.29 *(978-0-267-15325-1(2))* Forgotten Bks.

Pleasant Street Partnership: A Neighborhood Story. Mary F. Leonard. 2017. (ENG., Illus.). (J). 23.95 *(978-1-374-91182-6(8))*; pap. 13.95 *(978-1-374-91181-9(X))* Capital Communications, Inc.

Pleasant Street Partnership: A Neighborhood Story (Classic Reprint) Mary Finley Leonard. (ENG., Illus.). (J). 2018. 280p. 29.69 *(978-0-666-87022-3(5))*; 2017. pap. 13.57 *(978-0-243-31146-0(X))* Forgotten Bks.

Pleasant Street, Smiling Valley (Classic Reprint) Sarah E. Lee. 2018. (ENG., Illus.). 136p. (J). 26.70 *(978-0-483-36391-5(X))* Forgotten Bks.

Pleasant Tales: To Improve the Mind, & Correct the Morals of Youth (Classic Reprint) Unknown Author. 2018. (ENG., Illus.). 150p. (J). 27.01 *(978-0-656-17423-2(4))* Forgotten Bks.

Pleasant Tragedies of Childhood (Classic Reprint) Burges Johnson. 2018. (ENG., Illus.). (J). 122p. 26.43 *(978-0-365-57202-2(0))*; 124p. pap. 9.57 *(978-0-365-57198-8(9))* Forgotten Bks.

Pleasant Waters: A Story of Southern Life & Character. Graham Claytor. 2017. (ENG., Illus.). (J). pap. *(978-0-649-67273-8(9))* Trieste Publishing Pty Ltd.

Pleasant Waters: Story of Southern Life & Character (Classic Reprint) Graham Claytor. 2018. (ENG., Illus.). 218p. (J). 28.41 *(978-0-484-48724-5(8))* Forgotten Bks.

Pleasant Ways of St. Medard (Classic Reprint) Grace King. 2017. (ENG., Illus.). (J). 31.24 *(978-0-331-62143-3(6))* Forgotten Bks.

Pleasanton Heist. Stanley Larson. 2020. (ENG.). 88p. (J). pap. 9.45 *(978-1-6781-9176-4(0))* Lulu Pr., Inc.

Please. Janet Riehecky. 2022. (Manners Matter Ser.). (ENG.). 24p. (J). (gr. -1-2). lib. bdg. 32.79 *(978-1-5038-5579-3(1)*, 215473) Child's World, Inc, The.

Please: Padded Storybook. IglooBooks. 2018. (ENG.). 12p. (J). (-k). bds. 5.99 *(978-1-4998-8067-0(7))* Igloo Bks. GBR. Dist: Simon & Schuster, Inc.

Please & Thank You, 1 vol. Kenneth Adams. 2021. (Being Polite Ser.). (ENG.). 24p. (gr. 1-1). 25.27 *(978-1-5383-4446-0(7)*, 53475a14-083e-4b16-bc3a-8bc9c5d91f36, PowerKids Pr.) Rosen Publishing Group, Inc., The.

The check digit for ISBN-10 appears in parentheses after the full ISBN-13

TITLE INDEX PLUG & GLUG

Please & Thank You. Liza Charlesworth. Illus. by Louise Forshaw. 2017. 16p. (J). *(978-1-338-18029-9(0))* Scholastic, Inc.

Please Do Not Feed the Weirdo, 4. R. L. Stine. 2018. (Goosebumps SlappyWorld Ser.). (ENG.). 160p. (J). (gr. 4-7). 22.44 *(978-1-5364-3367-8(5))* Scholastic, Inc.

Please Do Not Feed the Weirdo. R. L. Stine. ed. 2018. (Goosebumps SlappyWorld Ser.: 4). 135p. (J). lib. bdg. 18.40 *(978-0-606-41161-5(5))* Turtleback.

Please Do Not Feed the Weirdo (Goosebumps SlappyWorld #4) R. L. Stine. 2018. (Goosebumps SlappyWorld Ser.: 4). (ENG.). 160p. (J). (gr. 3-7). pap. 7.99 *(978-1-338-06847-4(4)*, Scholastic Paperbacks) Scholastic, Inc.

Please Don't Be Lost! C. C. Carson. 2022. (ENG., Illus.). 28p. (J). 24.95 *(978-1-63885-972-7(8))*; pap. 13.95 *(978-1-63885-970-3(1))* Covenant Bks.

Please Don't Bite Me! Insects That Buzz, Bite & Sting. Nazzy Pakpour. Illus. by Owen Davey. 2023. (ENG.). 64p. (J). (gr. 2-5). 20.99 ***(978-1-83874-862-3(8))*** Flying Eye Bks. GBR. Dist: Penguin Random Hse. LLC.

Please Don't Change My Diaper! Sarabeth Holden. Illus. by Emma Pedersen. 2020. 28p. (J). (gr. -1 — 1). 16.95 *(978-1-77227-273-4(6))* Inhabit Media Inc. CAN. Dist: Consortium Bk. Sales & Distribution.

Please Don't Eat Me. Liz Climo. 2019. (ENG., Illus.). 40p. (J). (gr. -1-3). 17.99 *(978-0-316-31525-8(7))* Little, Brown Bks. for Young Readers.

Please Don't Feed the Dinosaurs. Corinna Turner. 2022. (Unsparked Ser.: Vol. 1). (ENG.). 132p. (YA). pap. *(978-1-910806-75-3(7))* Zephyr Publishing.

Please Don't Go in the Dryer! Judy Lea. 2018. (ENG., Illus.). 38p. (J). *(978-0-2288-0999-9(1))*; pap. *(978-0-2288-0998-2(3))* Tellwell Talent.

Please Don't Hurry. Melissa Abels. 2021. (ENG., Illus.). 28p. (J). pap. 13.95 *(978-1-64952-467-6(6))* Fulton Bks.

Please Don't Laugh, We Lost a Giraffe! Tish Rabe. Ed. by Merriam-Webster. Illus. by Xavi Ramiro. 2022. (Merriam-Webster's Activity Mysteries Ser.). (ENG.). 80p. (J). (gr. 1). 9.99 *(978-0-87779-079-2(5)*, baf60a3c-c80a-4fc7-a2ba-35de8d2686cc, Merriam-Webster Kids) Merriam-Webster, Inc.

Please Don't Make Fun of Me. Rachel Chronister. 2021. (ENG.). 46p. (J). 19.95 ***(978-1-7379851-0-5(1))*** Chronister, Rachel.

Please Don't Make Me Fly! A Growing-Up Story of Self-Confidence. Elliot Kreloff. Illus. by Elliot Kreloff. 2017. (Growing Up Ser.). (ENG., Illus.). 32p. (J). (gr. -1 — 1). lib. bdg. 19.99 *(978-1-63440-179-1(4)*, 91dc9305-ef53-4b8a-8e2c-88ce13291ce8); E-Book 30.65 *(978-1-63440-183-8(2))* Red Chair Pr. (Rocking Chair Kids).

Please Don't Read This Book. Deanna Kizis. Illus. by Sam Boughton. 2021. 32p. (J). (gr. -1-3). 18.99 *(978-0-593-11681-4(X)*, Philomel Bks.) Penguin Young Readers Group.

Please Don't Say Fart. Josh Samuels. Ed. by Samuel Buchanan. Illus. by Diane Buchanan. 2019. (ENG.). 46p. (J). pap. 6.99 *(978-1-7339436-0-4(9))* Jakki Joy Publishing.

Please Don't Step on Me. Elly Kree-George. Illus. by Jesse T. Hummingbird & Alfreda Beartrack-Algeo. 2nd ed. 2022. (ENG.). 40p. (J). (gr. -1-k). 14.95 *(978-1-939053-43-5(9)*, 7th Generation) BPC.

Please Don't Tease. Kate Pennington. Illus. by Monika Zaper. 2019. (Beyond a Joke Ser.: Vol. 4). (ENG.). 32p. (J). pap. *(978-0-6483910-2-9(7))* Kate Frances Pennington.

Please Don't Tell. Laura Tims. 2016. (ENG.). 336p. (YA). (gr. 8). 17.99 *(978-0-06-231732-2(6)*, HarperTeen) HarperCollins Pubs.

Please Don't Tell. Jeff Gottesfeld. ed. 2017. (Red Rhino Ser.). lib. bdg. 18.40 *(978-0-606-40325-2(6))* Turtleback.

Please Don't Tell My Parents I Blew up the Moon. Richard Roberts. 2019. (Please Don't Tell My Parents Ser.: Vol. 2). (ENG.). 364p. (J). (gr. 4-7). pap. 17.99 *(978-1-950565-46-7(7)*, Otherside Pr.) Crossroad Pr.

Please Don't Tell My Parents I Have a Nemesis. Richard Roberts. 2019. (Please Don't Tell My Parents Ser.: Vol. 4). (ENG.). 270p. (J). (gr. 4-7). pap. 16.99 *(978-1-951510-98-5(4)*, Otherside Pr.) Crossroad Pr.

Please Don't Tell My Parents I Have a Nemesis. Richard Roberts. 2017. (Please Don't Tell My Parents Ser.: Vol. 4). (ENG., Illus.). (J). (gr. 4-7). pap. 18.99 *(978-1-62007-685-9(3))* Curiosity Quills Pr.

Please Don't Tell My Parents I'm a Supervillain. Richard Roberts. 2019. (Please Don't Tell My Parents Ser.: Vol. 1). (ENG.). 404p. (J). (gr. 4-7). pap. 17.99 ***(978-1-950565-55-9(6))*** Crossroad Pr.

Please Don't Tell My Parents I've Got Henchmen. Richard Roberts. 2019. (Please Don't Tell My Parents Ser.: Vol. 3). (ENG.). 316p. (J). (gr. 4-7). pap. 16.99 *(978-1-950565-16-0(5)*, Otherside Pr.) Crossroad Pr.

Please Don't Tell My Parents You Believe Her. Richard Roberts. 2019. (Please Don't Tell My Parents Ser.: Vol. 5). (ENG.). 372p. (J). (gr. 4-7). pap. 17.99 *(978-1-951510-75-6(5)*, Otherside Pr.) Crossroad Pr.

Please Explain Terrorism to Me: A Story for Children, PEARLS of Wisdom for Their Parents. Laurie E. Zelinger. Illus. by Ann Israeli. 2016. 73p. (J). pap. *(978-1-61599-291-1(X))* Loving Healing Pr., Inc.

Please Explain "Time Out" to Me: A Story for Children & Do-It-Yourself Manual for Parents. Laurie E. Zelinger & Fred Zelinger. 2018. (J). pap. *(978-1-61599-415-1(7))* Loving Healing Pr., Inc.

Please Explain Vaccines to Me: Because I HATE SHOTS! Laurie Zelinger. 2021. (ENG.). 44p. (J). 29.95 *(978-1-61599-613-1(3))*; pap. 17.95 *(978-1-61599-612-4(5))* Loving Healing Pr., Inc.

Please Find Me: I'm Here — Hidden Pictures. Creative Playbooks. 2016. (ENG., Illus.). (J). pap. 10.81 *(978-1-68323-555-2(X))* Twin Flame Productions.

Please Get Me Home Mazes for Kindergarten. Educando Kids. 2019. (ENG.). 42p. (J). pap. 8.55 *(978-1-64521-600-1(4)*, Educando Kids) Editorial Imagen.

Please Give This to My Mom. J. L. Wenning. 2022. (ENG.). 240p. (YA). pap. 12.99 *(978-1-0879-2220-1(8))* Independent Pub.

Please, No Mice! Lora Goff. Illus. by Lizy J. Campbell. 2021. (ENG.). 30p. (J). pap. 12.99 *(978-1-954868-65-6(0))* Pen It Pubns.

Please, No More Nuts! Jonathan Fenske. Illus. by Jonathan Fenske. 2018. (Penguin Young Readers, Level 2 Ser.). (Illus.). 32p. (J). (gr. 1-2). pap. 4.99 *(978-0-515-15965-3(4)*, Penguin Young Readers) Penguin Young Readers Group.

Please Pass the Cream: A Comedy (Classic Reprint) Charles Nevers Holmes. (ENG., Illus.). (J). 2018. 20p. 24.31 *(978-0-332-47673-5(1))*; 2016. pap. 7.97 *(978-1-334-15527-7(5))* Forgotten Bks.

Please Please the Bees. Gerald Kelley. ed. 2022. (ENG.). 32p. (J). (gr. k-1). 20.46 ***(978-1-68505-423-6(4))*** Penworthy Co., LLC, The.

Please Please the Bees. Gerald Kelley. Illus. by Gerald Kelley. 2021. (ENG., Illus.). 32p. (J). (gr. -1-3). pap. 8.99 *(978-0-8075-5186-8(4)*, 807551864) Whitman, Albert & Co.

Please Remember I Am There. Charday Williams. 2021. (ENG.). 26p. (J). pap. 10.00 *(978-1-950817-92-4(X))* Power Corner Pr..com(r).

Please Remember I Am There. Charday Williams. Illus. by Laurentiu Dumitru. 2021. (ENG.). 26p. (J). 21.10 *(978-1-950817-09-2(1))* Power Corner Pr..com(r).

Please Send Him Back. Donna Boone. Illus. by Amy-Lynn Dorsch. 2022. (ENG.). 54p. (J). pap. *(978-1-77354-124-2(2))* PageMaster Publication Services, Inc.

Please Send Me, Absolutely Free: A Novel (Classic Reprint) Arkady Leokum. 2017. (ENG., Illus.). (J). 30.97 *(978-0-260-08898-7(6))*; pap. 13.57 *(978-1-5278-9662-8(5))* Forgotten Bks.

Please Share Your Life with Me! a Christian Keepsake Journal for Grandparents, Parents, Godparents & the Children They Love. Meaningful Moments. 2018. (ENG.). 162p. (J). ***(978-0-359-19836-8(8))*** Lulu Pr., Inc.

Please Sir! / 'Eyy Robert! The Teacher. Don Roberts. 2018. (ENG.). 152p. (YA). pap. 12.99 *(978-1-5043-1424-4(7)*, Balboa Pr.) Author Solutions, LLC.

Please Stop, Sara! Pink a Band. Kathryn Harper. Illus. by Paul Nicholls. ed. 2016. (Cambridge Reading Adventures Ser.). (ENG.). 16p. pap. 7.95 *(978-1-316-50313-3(5))* Cambridge Univ. Pr.

Please, Thank You, & Excuse Me: The Lost Art of Mannerisms. Ashley Chadwick. Illus. by Cori Elba. 2023. (ENG.). 30p. (J). pap. 12.95 ***(978-1-958729-55-7(8))*** Mindstir Media.

Please Turn Green! Donald W. Kruse. 2017. (ENG., Illus.). (J). (gr. k-3). pap. 14.95 *(978-0-9985191-1-1(1))* Zaccheus Entertainment Co.

Please... Understand My Messed up Life - Tales from Greenwood Middle School. Mark De Young. 2018. (ENG., Illus.). 164p. 24.95 *(978-1-64182-094-3(2))* Austin Macauley Pubs. Ltd. GBR. Dist: Ingram Content Group.

Please Wilson... Cut Your Hair! Susan Brindley. Illus. by Heather Brindley. 2022. (ENG.). 37p. (J). pap. ***(978-1-4583-0321-9(7))*** Lulu Pr., Inc.

Pleased to Eat You: Book 3. Johanna Gohmann. Illus. by Aleksandar Zoloti?. 2018. (Electric Zombie Ser.). (ENG.). 112p. (J). (gr. 2-5). lib. bdg. 38.50 *(978-1-5321-3363-3(4)*, 31149, Calico Chapter Bks.) ABDO Publishing Co.

Pleasing & Instructive Stories for Young Children (Classic Reprint) Hughs. 2018. (ENG., Illus.). 120p. (J). 26.37 *(978-0-428-19235-8(1))* Forgotten Bks.

Pleasing Companion for Little Girls & Boys: Blending Instruction with Amusement; Being a Selection of Interesting Stories, Dialogues, Fables & Poetry (Classic Reprint) Jesse Torrey Jun. (ENG., Illus.). (J). 2018. 146p. 26.93 *(978-0-483-14555-9(6))*; 2016. pap. 9.57 *(978-1-333-18042-3(X))* Forgotten Bks.

Pleasing Library: Containing a Selection of Humorous, Entertaining, Elegant, & Instructive Pieces, in Prose & Poetry; from the Most Celebrated Writers (Classic Reprint) Nathaniel Heaton Jun. (ENG., Illus.). (J). 2018. 258p. 29.22 *(978-0-483-36659-6(5))*; 2016. pap. 11.57 *(978-1-333-39699-2(6))* Forgotten Bks.

Pleasing Preceptor, or Familiar Instructions in Natural History & Physics, Vol. 1: Adapted to the Capacities of Youth, & Calculated Equally to Inform & Amuse Their Minds During the Intervals of More Dry & Severe Study; Taken Chiefly from the G. Gerhard Ulrich Anthony Vieth. (ENG., Illus.). (J). 2018. 244p. 28.93 *(978-0-483-30487-1(5))*; 2017. pap. 11.57 *(978-0-282-52719-8(2))* Forgotten Bks.

Pleasing Preceptor, or Familiar Instructions in Natural History & Physics, Vol. 2: Adapted to the Capacities of Youth, & Calculated Equally to Inform & Amuse Their Minds During the Intervals of More Dry & Severe Study (Classic Reprint) Gerhard Ulrich Anthony Vieth. (ENG., Illus.). (J). 2018. 214p. 28.31 *(978-0-364-65269-5(1))*; 2017. pap. 10.97 *(978-0-282-41347-7(2))* Forgotten Bks.

Pleasing Prose (Classic Reprint) Carolyn Wells. 2018. (ENG., Illus.). 64p. (J). 25.24 *(978-0-332-38468-9(3))* Forgotten Bks.

Pleasing Puzzles: A Maze Activity Book. Activibooks For Kids. 2016. (ENG., Illus.). (J). pap. 7.55 *(978-1-68321-393-2(9))* Mimaxion.

Pleasing Stories for Good Children: With Pictures (Classic Reprint) Unknown Author. 2019. (ENG., Illus.). 22p. (J). 24.35 *(978-0-364-07839-6(1))* Forgotten Bks.

Pleasing Stories for Pleasant Children (Classic Reprint) Unknown Author. 2018. (ENG., Illus.). 26p. (J). 24.43 *(978-0-332-54781-7(7))* Forgotten Bks.

Pleasing Tales, for Children, Vol. 2 (Classic Reprint) Unknown Author. 2018. (ENG., Illus.). 36p. (J). 24.64 *(978-0-267-86177-4(X))* Forgotten Bks.

Pleasing Toy (Classic Reprint) Unknown Author. 2018. (ENG., Illus.). 30p. (J). 24.54 *(978-0-267-49467-5(X))* Forgotten Bks.

Pleasure: A Holiday Book of Prose & Verse (Classic Reprint) Unknown Author. 2017. (ENG., Illus.). (J). 142p. 26.83 *(978-0-332-13700-1(7))*; pap. 9.57 *(978-0-243-32369-2(7))* Forgotten Bks.

Pleasure Books: With Coloured Pictures (Classic Reprint) Jenny Wren. 2018. (ENG., Illus.). 20p. (J). 24.31 *(978-0-484-11162-1(0))* Forgotten Bks.

Pleasure Garden (Classic Reprint) Oliver Sandys. 2019. (ENG., Illus.). (J). 284p. 29.77 *(978-1-397-29701-3(8))*; 286p. pap. 13.57 *(978-1-397-29684-9(4))* Forgotten Bks.

Pleasure Paths of Travel (Classic Reprint) Edward Fox. 2018. (ENG., Illus.). 374p. (J). 31.61 *(978-0-267-22809-6(0))* Forgotten Bks.

Pleasure Pilgrim in South America (Classic Reprint) C. D. Mackellar. 2017. (ENG., Illus.). (J). 33.96 *(978-0-331-76906-7(9))* Forgotten Bks.

Pleasure Promoter (Classic Reprint) S. Jay Bowers. (ENG., Illus.). (J). 2018. 102p. 26.00 *(978-0-666-43802-7(1))*; 2017. pap. 9.57 *(978-0-282-05615-5(7))* Forgotten Bks.

Pleasure Trap: Mastering the Hidden Force That Undermines Health & Happiness. Douglas J. Lisle & Alan Goldhamer. 2018. (Pueblo Four Seasons Ser.). (ENG., Illus.). (— 1). 19.95 ***(978-1-57067-365-8(9)***, 7th Generation) BPC.

Pleasure Trip: Toronto to Duluth, July 1880 (Classic Reprint) Unknown Author. 2017. (ENG., Illus.). (J). 22p. 24.35 *(978-0-332-72854-4(4))*; 24p. pap. 7.97 *(978-0-332-47532-5(8))* Forgotten Bks.

Pleasure with Profit: Consisting of Recreations of Divers Kinds (Classic Reprint) William Leybourn. (ENG., Illus.). (J). 2018. 416p. 32.50 *(978-0-364-83569-2(9))*; 2017. pap. 16.57 *(978-0-282-41321-7(9))* Forgotten Bks.

Pleasures of a Pigeon-Fancier (Classic Reprint) J. Lucas. 2018. (ENG., Illus.). 156p. (J). 27.13 *(978-0-365-00341-0(7))* Forgotten Bks.

Pleasures of Old Age: From the French of Emile Souvestre (Classic Reprint) Emile Souvestre. 2018. (ENG., Illus.). 362p. (J). 31.38 *(978-0-483-49479-4(8))* Forgotten Bks.

Pleasures of Taste, & Other Stories: Selected from the Writings of Miss. Jane Taylor, with a Sketch of Her Life (Classic Reprint) Jane Taylor. 2018. (ENG., Illus.). (J). 296p. 30.00 *(978-1-396-72784-9(1))*; 298p. pap. 13.57 *(978-1-396-05291-0(7))* Forgotten Bks.

Pleasures of the World: A Religious Comedy in Three Acts (Classic Reprint) John Preston. (ENG., Illus.). (J). 2018. 68p. 25.30 *(978-0-483-98969-6(X))*; 2016. pap. 9.57 *(978-1-334-68087-8(6))* Forgotten Bks.

Pleasuring of Susan Smith (Classic Reprint) Helen M. Winslow. (ENG., Illus.). (J). 2018. 244p. 28.93 *(978-0-483-90327-2(2))*; 2017. pap. 11.57 *(978-0-243-33022-5(7))* Forgotten Bks.

Plebeian Politics; or, the Principles & Practices of Certain Mole-Eyed Maniacs, Vulgarly Called Warrites, Exposed: By Way of Dialogue Betwixt Two Lancashire Clowns: Together with Several Fugitive Pieces (Classic Reprint) Tim Bobbin. 2018. (ENG., Illus.). 64p. (J). 25.22 *(978-0-666-47060-7(X))* Forgotten Bks.

Plebeians & Patricians, Vol. 1 Of 2: By the Author of Old Maids, Old Bachelors, &C. &C (Classic Reprint) Unknown Author. 2018. (ENG., Illus.). 198p. (J). 27.98 *(978-0-484-50442-3(8))* Forgotten Bks.

Plebiscite: Or a Miller's Story of the War, by One of the 7, 500, 000 Who Voted Yes (Classic Reprint) Erckmann-Chatrian Erckmann-Chatrian. 2017. (ENG., Illus.). (J). 31.61 *(978-1-5284-5005-8(1))* Forgotten Bks.

Pledge. Cale Dietrich. 2023. (ENG.). 304p. (YA). 20.99 *(978-1-250-18697-3(8)*, 900191756) Feiwel & Friends.

Pledge of Allegiance. Aaron Carr. 2017. (Symbols of America Ser.). (ENG.). 24p. (J). lib. bdg. 22.99 *(978-1-5105-2165-0(8))* SmartBook Media, Inc.

Pledge of Allegiance. Kirsten Chang. 2018. (Symbols of American Freedom Ser.). (ENG., Illus.). 24p. (J). (gr. k-3). pap. 7.99 *(978-1-61891-471-2(5)*, 12124); lib. bdg. 26.95 *(978-1-62617-885-4(2))* Bellwether Media. (Blastoff! Readers).

Pledge of Allegiance. Christina Earley. 2022. (Symbols of America Ser.). (ENG.). 24p. (J). (gr. k-2). pap. *(978-1-0396-6181-3(5)*, 21845); lib. bdg. *(978-1-0396-5986-5(1)*, 21844) Crabtree Publishing Co.

Pledge of Allegiance: Introducing Primary Sources. Kathryn Clay. 2016. (Introducing Primary Sources Ser.). (ENG., Illus.). 32p. (J). (gr. -1-2). lib. bdg. 28.65 *(978-1-4914-8227-8(3)*, 130689, Capstone Pr.) Capstone.

Pledge of Allegiance in Translation: What It Really Means. Elizabeth Raum. rev. ed. 2017. (Kids' Translations Ser.). (ENG.). 32p. (J). (gr. 3-6). pap. 8.10 *(978-1-5157-9139-3(4)*, 136573); lib. bdg. 27.99 *(978-1-5157-9135-5(1)*, 136568) Capstone. (Capstone Pr.).

Pledging of Polly: A Farce in Two Acts (Classic Reprint) Abby Bullock. 2018. (ENG., Illus.). 38p. (J). 24.70 *(978-0-484-85109-1(8))* Forgotten Bks.

Pleek-Plook Puzzle. Carmen Leander. 2021. (ENG.). 41p. (J). *(978-1-68471-825-2(2))* Lulu Pr., Inc.

Plenitude of Heartbeats. M. S. Griselda Benavides. 2016. (ENG.). 152p. (J). pap. 12.99 *(978-0-692-77556-1(0))* Benavides, Griselda.

Plentiful Darkness. Heather Kassner. 2022. (ENG.). 272p. (J). pap. 8.99 *(978-1-250-83275-7(6)*, 900232004) Square Fish.

Plenty of Hugs. Fran Manushkin. Illus. by Kip Alizadeh. 2020. 32p. (J). (-k). 17.99 *(978-0-525-55401-1(7)*, Dial Bks) Penguin Young Readers Group.

Plenty of Pencils! You Can Draw! Learn to Draw Activity Book. Creative Playbooks. 2016. (ENG., Illus.). (J). pap. 7.74 *(978-1-68323-556-9(8))* Twin Flame Productions.

Plesiosaurs. Kate Moening. Illus. by Mat Edwards. 2023. (Ancient Marine Life Ser.). (ENG.). (J). (gr. 3-7). pap. 8.99. lib. bdg. 26.95 Bellwether Media.

Plesiosaurus. Grace Hansen. 2020. (Dinosaurs (Abdo Kids Jumbo) Ser.). (ENG., Illus.). 24p. (J). (gr. -1-2). lib. bdg. 32.79 *(978-1-0982-0246-0(5)*, 34625, Abdo Kids) ABDO Publishing Co.

Plesiosaurus: 3D Puzzle & Book, 3 vols. Sequoia Children's Publishing. 2019. (ENG.). 20p. (J). 9.99 *(978-1-64269-083-5(X)*, 4742, Sequoia Publishing & Media LLC) Phoenix International Publications, Inc.

Plesiosaurus: Seek & Find Activity Book. Sequoia Children's Publishing. 2019. (ENG.). 16p. (J). 2.99 *(978-1-64269-095-8(3)*, 4744, Sequoia Publishing & Media LLC) Phoenix International Publications, Inc.

Plesiosaurus (Plesiosaurus) Grace Hansen. 2022. (Dinosaurios Ser.). (ENG & SPA., Illus.). 24p. (J). (gr. -1-2). lib. bdg. 32.79 *(978-1-0982-6339-3(1)*, 39381, Abdo Kids) ABDO Publishing Co.

Plethora of Mazes! a Kid's Activity Book. Jupiter Kids. 2016. (ENG., Illus.). 106p. (J). pap. 12.55 *(978-1-68326-147-6(X)*, Jupiter Kids (Childrens & Kids Fiction)) Speedy Publishing LLC.

Plexus & the Unseelies. Erin Fritts. 2017. (ENG., Illus.). (J). 25.99 *(978-1-947778-12-2(9))* BookPatch LLC, The.

Plight of the Enchanted Forest. Elizabeth Young. 2019. (ENG.). 26p. (J). *(978-0-2288-0468-0(X))*; pap. *(978-0-2288-0467-3(1))* Tellwell Talent.

Plight, Suffering, Degradation Life of the Homeless. Michael Callier. 2021. (ENG.). 22p. (J). pap. 11.95 *(978-1-6624-1331-5(9))* Page Publishing Inc.

Plink, Plank, Plunk. Michelle Wanasundera. Illus. by Romulo Reyes, III. 2023. (ENG.). 32p. (J). pap. ***(978-1-922991-42-3(2))*** Library For All Limited.

Plink, Plank, Plunk. Michelle Wanasundera. Illus. by Anton Syadrov. 2022. (ENG.). 32p. (J). pap. ***(978-1-922895-38-7(5))*** Library For All Limited.

Plink, Plank, Plunk! - Plinki, Planki, Plunki! Michelle Wanasundera. Illus. by Romulo Reyes. 2023. (SWA.). 32p. (J). pap. ***(978-1-922951-38-0(2))*** Library For All Limited.

Plinka Plinka Shake Shake. Emma Garcia. 2022. (All about Sounds Ser.). (ENG., Illus.). 26p. (J). (— 1). bds. 7.99 *(978-1-912757-72-5(9))* Boxer Bks., Ltd. GBR. Dist: Sterling Publishing Co., Inc.

Plinkity the Rainbow Unicorn. Jane Owen. Illus. by Nick Talbert. 2021. (ENG.). 40p. (J). pap. 15.95 *(978-1-954968-44-8(2))* Waterside Pr.

Plish & Plum: From the German (Classic Reprint) Wilhelm Busch. (ENG., Illus.). (J). 2018. 80p. 25.55 *(978-0-666-40654-5(5))*; 2016. pap. 9.57 *(978-1-333-57457-4(6))* Forgotten Bks.

Ploof. Ben Clanton & Andy Chou Musser. 2023. (Ploof Ser.: 1). (ENG.). 56p. (J). (-k). 18.99 ***(978-1-77488-192-7(6)***, Tundra Bks.) Tundra Bks. CAN. Dist: Penguin Random Hse. LLC.

Plot to Kill a Queen. Deborah Hopkinson. 2023. (ENG.). 272p. (J). (gr. 3-7). 18.99 ***(978-1-338-66058-6(6)***, Scholastic Pr.) Scholastic, Inc.

Plot to Kill Hitler: Dietrich Bonhoeffer: Pastor, Spy, Unlikely Hero. Patricia McCormick. (ENG.). 192p. (J). (gr. 3). 2018. pap. 9.99 *(978-0-06-241109-9(8))*; 2016. (Illus.). 18.99 *(978-0-06-241108-2(X))* HarperCollins Pubs. (Balzer & Bray).

Plots & Playwrights: A Comedy (Classic Reprint) Edward Massey. 2018. (ENG., Illus.). 106p. (J). 26.10 *(978-0-484-66459-2(X))* Forgotten Bks.

Plotters: A Comedy in One Act, Written Expressly for High School Production (Classic Reprint) William Maurice Culp. (ENG., Illus.). (J). 2018. 20p. 24.33 *(978-0-332-58341-9(4))*; 2017. pap. 7.97 *(978-0-259-01011-1(1))* Forgotten Bks.

Plotting in Pirate Seas. Francis Rolt-Wheeler. 2017. (ENG., Illus.). (J). 23.95 *(978-1-374-91224-3(7))* Capital Communications, Inc.

Plotting in Pirate Seas. Francis Rolt-Wheeler. 2018. (ENG., Illus.). 142p. (J). 14.99 *(978-1-5154-2242-6(9))* Wilder Pubns., Corp.

Plotting the Stars 1: Moongarden. Michelle A. Barry. 2022. (Plotting the Stars Ser.). 368p. (J). (gr. 5). 18.99 *(978-1-64595-126-1(X))* Pixel+Ink.

Ploughed & Other Stories (Classic Reprint) Lucy Bethia Walford. 2018. (ENG., Illus.). 316p. (J). 30.41 *(978-0-364-28927-3(9))* Forgotten Bks.

Plow & Ripper. Samantha Bell. 2016. (21st Century Basic Skills Library: Welcome to the Farm Ser.). (ENG., Illus.). 24p. (J). (gr. k-3). 26.35 *(978-1-63471-036-7(3)*, 208224) Cherry Lake Publishing.

Plow-Woman (Classic Reprint) Eleanor Gates. 2017. (ENG., Illus.). (J). 31.61 *(978-1-5282-7261-2(7))* Forgotten Bks.

Plows. Lori Dittmer. 2018. (Seedlings Ser.). (ENG., Illus.). 24p. (J). (gr. -1-1). pap. 7.99 *(978-1-62832-526-3(7)*, 19634, Creative Paperbacks); *(978-1-60818-910-6(4)*, 19636, Creative Education) Creative Co., The.

Plu-Ri-Bus-Tah: A Song That's-By-No-Author, a Deed Without a Name (Classic Reprint) Q. K. Philander Doesticks. 2018. (ENG., Illus.). 282p. (J). 29.71 *(978-0-365-31564-3(8))* Forgotten Bks.

Plu-Ri-Bus-Tah: A Song That's by No Author; a Deed Without a Name (Classic Reprint) Q. K. Philander Doesticks. 2017. (ENG., Illus.). (J). 29.18 *(978-0-266-68235-6(9))*; pap. 11.57 *(978-1-5276-5661-1(6))* Forgotten Bks.

Pluck & Perfection. Brandon Terrell. Illus. by Iman Max. 2016. (Time Machine Magazine Ser.). (ENG.). 128p. (J). (gr. 3-6). lib. bdg. 23.99 *(978-1-4965-2595-6(7)*, 130724, Stone Arch Bks.) Capstone.

Pluck Being a Faithful Narrative of the Fortunes of a Little Greenhorn in America (Classic Reprint) George Grimm. 2018. (ENG., Illus.). 312p. (J). 30.33 *(978-0-267-28935-6(9))* Forgotten Bks.

Pluck on the Long Trail Boy Scouts in the Rockies. Edwin L. Sabin. 2018. (ENG., Illus.). 224p. (YA). (gr. 7-12). pap. *(978-93-5297-282-1(1))* Alpha Editions.

Plucker: A Beastly Crimes Book (#4) Anna Starobinets. Tr. by Jane Bugaeva. Illus. by Marie Muravski. 2019. (ENG.). 304p. (gr. 2-6). 16.99 *(978-0-486-82953-1(7)*, 829537) Dover Pubns., Inc.

Plucky: The EXTRAordinary Duck. Farrah Cantagallo. 2019. (ENG., Illus.). 50p. (J). pap. 15.95 *(978-1-64471-691-5(7))* Covenant Bks.

Plucky Boys (Classic Reprint) Dinah Maria Mulock Craik. (ENG., Illus.). (J). 2018. 356p. 31.24 *(978-0-483-58680-2(3))*; 2017. pap. 13.97 *(978-0-243-23574-2(7))* Forgotten Bks.

Plucky Parrot: A Tiny Dog Book. Alexa Rayburn. Illus. by Clara Kay. 2020. (Weathermore Family Adventuresly Ser.: Vol. 2). (ENG.). 40p. (J). (gr. 1-6). pap. 12.95 *(978-1-0878-7116-5(6))* Indy Pub.

Plucky the Chicken. Pushpa Jagnandan. 2021. (ENG.). 28p. (J). pap. 13.95 *(978-1-4796-1278-9(2))*; 20.95 ***(978-1-4796-1631-2(1))*** TEACH Services, Inc.

Plug & Glug. Terry Court. Illus. by Paul Denyer. 2016. (ENG.). 26p. (J). pap. *(978-1-909874-95-4(7)*, Mereo Bks.) Mereo Bks.

Pluie. Douglas Bender. Tr. by Annie Evearts. 2021. (Prévisions Météo (the Weather Forecast) Ser.). (FRE., Illus.). 16p. (J). (gr. -1-1). pap. *(978-1-0396-0675-3(X),* 13156) Crabtree Publishing Co.

Pluie. Mona Valney. 2018. (FRE., Illus.). 36p. (J). pap. 9.50 *(978-0-244-97445-9(4))* Lulu Pr., Inc.

Plum. Sean Hayes & Scott Icenogle. Illus. by Robin Thompson. 2018. (ENG.). 48p. (J). (gr. -1-3). 17.99 *(978-1-5344-0404-5(X),* Simon & Schuster Bks. For Young Readers) Simon & Schuster Bks. For Young Readers.

Plum Blossoms & Blue Incense: And Other Stories of the East (Classic Reprint) James W. Bennett. (ENG., Illus.). (J). 2018. 348p. 31.07 *(978-0-484-57847-9(2));* 2017. pap. 13.57 *(978-0-243-21561-4(4))* Forgotten Bks.

Plum Bun (Classic Reprint) Jessie Redmon Fauset. (ENG., Illus.). (J). 2017. 31.82 *(978-0-260-62125-2(0));* 2016. pap. 16.57 *(978-1-333-62311-1(9))* Forgotten Bks.

Plum Pudding of Divers Ingredients, Discreetly Blended Seasoned (Classic Reprint) Christopher Morley. 2018. (ENG., Illus.). 260p. (J). 29.28 *(978-0-267-21671-0(8))* Forgotten Bks.

Plum Puddings & Paper Moons. Glenda Millard. Illus. by Stephen Michael King. 2021. (Kingdom of Silk Ser.: 05). 130p. 4.99 *(978-0-7333-2866-4(0))* ABC Bks. AUS. Dist: HarperCollins Pubs.

Plum Street Brethren (Classic Reprint) Harold Hansell. (ENG., Illus.). (J). 2018. 144p. 26.89 *(978-0-267-34077-4(X));* 2016. pap. 9.57 *(978-1-333-64808-4(1))* Forgotten Bks.

Plum Tree (Classic Reprint) David Graham Phillips. 2018. (ENG., Illus.). 426p. (J). 32.68 *(978-0-483-05342-7(2))* Forgotten Bks.

Pluma. Mario Satz. Illus. by Maria Beitia. 2019. (SPA.). 40p. (J). (gr. 2-4). pap. 17.95 *(978-84-17440-07-7(0))* Akiara Bks. ESP. Dist: Independent Pubs. Group.

Pluma Mágica. Tommaso Martino. 2021. (SPA.). 40p. (J). pap. *(978-1-312-38462-0(X))* Lulu Pr., Inc.

Plumas para Desfilar. Judy Kentor Schmauss. Illus. by Lauren Marie Berchtold. 2016. (Early Rising Readers Ser.). (SPA.). 16p. (J). (gr. 1-1). 6.67 *(978-1-4788-4168-5(0))* Newmark Learning LLC.

Plumas para Desfilar - 6 Pack. Judy Kentor Schmauss. 2016. (Early Rising Readers Ser.). (SPA.). (J). (gr. 1). 40.00 net. *(978-1-4788-4747-2(6))* Newmark Learning LLC.

Plumber, Vol. 10. Andrew Morkes. 2018. (Careers in the Building Trades: a Growing Demand Ser.). 80p. (J). (gr. 7). lib. bdg. 33.27 *(978-1-4222-4118-9(1))* Mason Crest.

Plumbers. Kate Moening. 2019. (Community Helpers Ser.). (ENG., Illus.). 24p. (J). (gr. k-3). lib. bdg. 26.95 *(978-1-62617-904-2(2),* Blastoff! Readers) Bellwether Media.

Plumbers: A Practical Career Guide. Marcia Santore. 2020. (Practical Career Guides). (Illus.). 148p. (YA). (gr. 8-17). pap. 39.00 *(978-1-5381-3428-3(4))* Rowman & Littlefield Publishers, Inc.

Plumbers on the Job. Emma Huddleston. 2020. (Exploring Trade Jobs Ser.). (ENG.). 32p. (J). (gr. 3-6). lib. bdg. 35.64 *(978-1-5038-3550-4(2),* 213384, MOMENTUM) Child's World, Inc, The.

Plume D'aigle. Kevin Locke. Tr. by Marie-Christine Payette. Illus. by Jessika von Innerebner. 2020. Orig. Title: The Eagle Feather. (FRE.). 24p. (J). (gr. -1-k). 11.95 *(978-1-989122-46-4(9))* Medicine Wheel Education CAN. Dist: Orca Bk. Pubs. USA.

Plume: Festival Seeker. Tania McCartney. 2022. (Plume Ser.: 3). (ENG., Illus.). 40p. (J). (gr. -1-2). 17.99 *(978-1-74117-790-9(1))* Hardie Grant Bks. AUS. Dist: Hachette Bk. Group.

Plume Magique. Tommaso Martino. 2021. (FRE.). 40p. (J). pap. *(978-1-312-40262-1(8))* Lulu Pr., Inc.

Plume: World Explorer: World Explorer. Tania McCartney. 2021. (ENG., Illus.). 48p. (J). (gr. -1-3). 17.99 *(978-1-74117-766-4(9))* Hardie Grant Bks. AUS. Dist: Hachette Bk. Group.

Plumpergut Meets the Magic Butterbee. Joseph Morton. Illus. by Darcie Leighty. 2022. 90p. (J). 34.99 *(978-1-6678-0690-7(4))* BookBaby.

Plumskuchen und Andere Seltsame Geschichten. Gerhard Spingath. 2017. (GER.). 222p. (J). pap. *(978-0-244-65406-1(9))* Lulu Pr., Inc.

Plunder (Classic Reprint) Arthur Somers Roche. 2019. (ENG., Illus.). 340p. (J). 30.91 *(978-0-483-69315-9(4))* Forgotten Bks.

Plunderer (Classic Reprint) Roy Norton. 2018. (ENG., Illus.). 320p. (J). 30.50 *(978-0-483-38408-8(9))* Forgotten Bks.

Plunderer (Classic Reprint) Henry Oyen. (ENG., Illus.). (J). 2018. 296p. 30.02 *(978-0-483-67642-8(X));* 2017. pap. 13.57 *(978-0-243-89538-0(0))* Forgotten Bks.

Plunderers: A Novel (Classic Reprint) Edwin Lefevre. (ENG., Illus.). (J). 2018. 348p. 31.07 *(978-0-428-86124-7(5));* 2016. pap. 13.57 *(978-1-334-24649-4(1))* Forgotten Bks.

Plunderers: A Romance (Classic Reprint) Morley Roberts. 2018. (ENG., Illus.). 352p. (J). 31.18 *(978-0-483-08357-8(7))* Forgotten Bks.

Plunge, 1 vol. Eric Howling. 2017. (Orca Sports Ser.). (ENG.). 160p. (J). (gr. 4-7). pap. 9.95 *(978-1-4598-1419-6(3))* Orca Bk. Pubs. USA.

Plunger: A Turf Tragedy of Five-And-Twenty Years Ago (Classic Reprint) Hawley Smart. (ENG., Illus.). (J). 2018. 322p. 30.54 *(978-0-365-43002-5(1));* 2017. pap. 13.57 *(978-0-259-53590-4(7))* Forgotten Bks.

Plungermania! Tatie Punkinhead. 2018. (ENG., Illus.). 40p. (J). *(978-1-5255-1427-2(X));* pap. *(978-1-5255-1428-9(8))* FriesenPress.

Plupy the Real Boy (Classic Reprint) Henry A. Shute. 2017. (ENG., Illus.). (J). 31.49 *(978-0-266-59388-1(7))* Forgotten Bks.

Plural Marriage: The Heart-History of Ade le Hersch (Classic Reprint) Véronique Petit. 2016. (ENG., Illus.). (J). pap. 9.57 *(978-1-333-55624-2(1))* Forgotten Bks.

Plural Marriage: The Heart-History of Adele Hersch (Classic Reprint) Véronique Petit. 2018. (ENG., Illus.). 102p. (J). 26.00 *(978-0-483-16997-5(8))* Forgotten Bks.

Plus Beau des Cadeaux: Une Histoire de Don de Sperme. Isabelle Caron Hébert. 2022. (FRE.). 24p. (J). *(978-0-2288-5608-5(6));* pap. *(978-0-2288-5607-8(8))* Tellwell Talent.

Plus Beaux Contes de Noel. Mamy Anna. 2016. (FRE., Illus.). (J). 24.84 *(978-1-326-87257-1(5))* Lulu Pr., Inc.

Plus Belle des Choses (the Most Beautiful Thing) Kao Kalia Yang. Illus. by Khoa Le. 2021. (FRE.). 40p. (J). (gr. k-3). 17.99 *(978-1-7284-4894-7(8),* 7086160b-a4ba-4497-8990-571eea31298c, Carolrhoda Bks.) Lerner Publishing Group.

plus belle histoire de Noël see First Noel

Plus Belles Fables de la Fontaine: Avec 38 Figures en Silhouettes (Classic Reprint) Jean de la Fontaine. (FRE., Illus.). (J). 2018. 38p. 24.82 *(978-0-483-95660-5(0));* 2017. pap. 7.97 *(978-0-259-10589-3(9))* Forgotten Bks.

Plus One. Kelsey Rodkey. 2023. (ENG.). 336p. (YA). (gr. 8). 19.99 *(978-0-06-324372-9(5),* HarperTeen) HarperCollins Pubs.

Plus One to Grow on a Counting Book. Bobo's Little Brainiac Books. 2016. (ENG., Illus.). (J). pap. 7.99 *(978-1-68327-871-9(2))* Sunshine In My Soul Publishing.

Plush Friends: Reflections in the Time of COVID-19. Emilia Kate Zados. 2020. (ENG.). 52p. (J). *(978-1-922439-97-0(5));* pap. *(978-1-922439-96-3(7))* Tablo Publishing.

Plutarch Project Volume Five: Alexander & Timoleon. Plutarch & Anne E. White. 2019. (Plutarch Project Ser.: Vol. 5). (ENG.). 182p. (J). pap. *(978-0-9958889-2-0(2))* White, Anne E.

Plutarch Project Volume Four (Revised) Demosthenes, Cicero, & Demetrius. Anne E. White. 2022. (Plutarch Project Ser.: Vol. 4). (ENG.). 222p. (J). pap. *(978-1-990258-14-5(X))* White, Anne E.

Plutarch Project Volume Three (Revised) Julius Caesar, Agis & Cleomenes, & the Gracchi. Anne E. White. 2021. (Plutarch Project Ser.: Vol. 3). (ENG.). 226p. (J). pap. *(978-1-990258-06-0(9))* White, Anne E.

Pluto. Ellen Lawrence. 2022. (Zoom into Space Ser.). (ENG.). 24p. (J). (gr. 3-6). pap. 9.50 *(978-1-64996-771-8(3),* 17156, Sequoia Kids Media) Sequoia Children's Bks.

Pluto: A Space Discovery Guide. James Roland. 2017. (Space Discovery Guides). (ENG., Illus.). 48p. (J). (gr. 4-6). 31.99 *(978-1-5124-2587-1(7),* 44dc1493-f977-4681-91f4-7cea63a3e628); E-Book 47.99 *(978-1-5124-3813-0(8),* 9781512438130); E-Book 4.99 *(978-1-5124-3812-3(X),* 9781512438123); E-Book 47.99 *(978-1-5124-2796-7(9))* Lerner Publishing Group. (Lerner Pubns.).

Pluto: From Planet to a Dwarf Planet - Space Science Books Grade 4 - Children's Astronomy & Space Books. Baby Professor. 2019. (ENG.). 72p. (J). pap. 14.72 *(978-1-5419-5338-3(X));* 24.71 *(978-1-5419-7563-7(4))* Speedy Publishing LLC. (Baby Professor (Education Kids)).

Pluto! Not a Planet? Not a Problem! Stacy McAnulty. Illus. by Stevie Lewis. 2023. (Our Universe Ser.: 7). (ENG.). 40p. (J). 18.99 *(978-1-250-81346-6(8),* 900248184, Holt, Henry & Co. Bks. For Young Readers) Holt, Henry & Co.

Pluto & Other Dwarf Planets. Gail Terp. 2018. (Deep Space Discovery Ser.). (ENG.). 32p. (gr. 2-7). 9.95 *(978-1-68072-715-9(X));* (J). (gr. 4-6). pap. 9.99 *(978-1-64466-268-7(X),* 12325); (Illus.). (J). (gr. 4-6). lib. bdg. *(978-1-68072-421-9(5),* 12324) Black Rabbit Bks. (Bolt).

Pluto & the Dwarf Planets. Kerri Mazzarella. 2023. (Our Amazing Solar System Ser.). (ENG.). (J). (gr. 3-6). 24p. lib. bdg. 27.93 *(978-1-63897-980-7(4),* 33401); (Illus.). pap. 8.95 Seahorse Publishing.

Pluto & the Dwarf Planets. Nathan Sommer. 2019. (Space Science Ser.). (ENG., Illus.). 24p. (J). (gr. 3-7). lib. bdg. 26.95 *(978-1-62617-977-6(8),* Torque Bks.) Bellwether Media.

Pluto & the Dwarf Planets. Gail Terp. 2022. (Our Solar System Ser.). (ENG.). 64p. (J). (gr. 6-12). 43.93 *(978-1-6782-0408-2(0),* BrightPoint Pr.) ReferencePoint Pr., Inc.

Pluto Gets the Call. Adam Rex. Illus. by Laurie Keller. 2019. (ENG.). 48p. (J). (gr. -1-3). 18.99 *(978-1-5344-1453-2(3),* Beach Lane Bks.) Beach Lane Bks.

Pluto God of the Underworld. Teri Temple. 2019. (Gods & Goddesses of Ancient Rome Ser.). (ENG., Illus.). 32p. (J). (gr. 3-6). pap. 13.95 *(978-1-4896-9512-3(5));* lib. bdg. 29.99 *(978-1-4896-9511-6(7))* Weigl Pubs., Inc.

Pluto Rocket: New in Town (Pluto Rocket #1) Paul Gilligan. 2023. (Pluto Rocket Ser.: 1). (ENG., Illus.). 88p. (J). (gr. 1-4). 13.99 *(978-0-7352-7190-6(9));* pap. 9.99 *(978-0-7352-7192-0(5))* Tundra Bks. CAN. (Tundra Bks.). Dist: Penguin Random Hse. LLC.

Plutón y Otros Planetas Enanos. Gail Terp. 2018. (Descubrimiento Del Espacio Profundo Ser.). (SPA., Illus.). 32p. (J). (gr. 4-6). lib. bdg. *(978-1-68072-971-9(3),* 12450, Bolt) Black Rabbit Bks.

Plutus of Aristophanes, up to Date, or Mammon Made Righteous (Classic Reprint) Arthur C. James. abr. ed. 2018. (ENG., Illus.). 64p. (J). 25.22 *(978-0-483-52023-3(3))* Forgotten Bks.

Plymouth & the Settlement of New England, 1 vol. Budd Bailey. 2017. (Primary Sources of Colonial America Ser.). (ENG.). 64p. (gr. 6-6). 35.93 *(978-1-5026-3140-4(7),* ee943d94-d3c5-41c3-a484-dfbd813384cd); pap. 16.28 *(978-1-5026-3457-3(0),* 01ec0b91-6764-4305-ab12-d8280bde9a1b) Cavendish Square Publishing LLC.

PM: Leveled Reader Emerald Level 26 Dog Day. Rigby. 2019. (PM Ser.). (ENG.). 32p. (J). (gr. 3-4). pap. 11.00 *(978-0-544-89289-7(5))* Rigby Education.

PM: Leveled Reader Emerald Level 26 Runaway Alien. Rigby. 2019. (PM Ser.). (ENG.). 32p. (J). (gr. 3-4). pap. 11.00 *(978-0-544-89281-1(X))* Rigby Education.

PM: Leveled Reader Ruby Level 27 Thea & the Think-It-Arium. Rigby. 2019. (PM Ser.). (ENG.). 48p. (J). (gr. 4). pap. 11.00 *(978-0-544-89294-1(1))* Rigby Education.

PM: Leveled Reader Ruby Level 28 Grade 4 Gadget Girl. Houghton Mifflin Harcourt. 2019. (PM Ser.). (ENG.). 48p. (J). (gr. 4). pap. 11.00 *(978-0-358-09001-4(6))* Houghton Mifflin Harcourt Publishing Co.

PM: Leveled Reader Ruby Level 28 Shipwrecked! Rigby. 2019. (PM Ser.). (ENG.). 48p. (J). (gr. 4). pap. 11.00 *(978-0-544-89310-8(7))* Rigby Education.

PM: Leveled Reader Ruby Level 28 Wildfire! Rigby. 2019. (PM Ser.). (ENG.). 48p. (J). (gr. 4). pap. 11.00 *(978-0-544-89308-5(5))* Rigby Education.

PM: Leveled Reader Sapphire Level 29 Grade 5 Tennis Club Tension. Houghton Mifflin Harcourt. 2019. (PM Ser.). (ENG.). 56p. (J). (gr. 5). pap. 11.00 *(978-0-358-08682-6(5))* Houghton Mifflin Harcourt Publishing Co.

PM: Leveled Reader Sapphire Level 29 Rosamund Zeph: Future Chef. Rigby. 2019. (PM Ser.). (ENG.). 56p. (J). (gr. 4-5). pap. 11.00 *(978-0-544-89315-3(8))* Rigby Education.

PM: Leveled Reader Sapphire Level 29 Stranded in Space. Rigby. 2019. (PM Ser.). (ENG.). 56p. (J). (gr. 4-5). pap. 11.00 *(978-0-544-89311-5(5))* Rigby Education.

PM: Leveled Reader Sapphire Level 30 Friends Forever. Rigby. 2019. (PM Ser.). (ENG.). 64p. (J). (gr. 5). pap. 11.00 *(978-0-358-05182-4(7))* Rigby Education.

PM: Leveled Reader Sapphire Level 30 Passing Through. Rigby. 2019. (PM Ser.). (ENG.). 64p. (J). (gr. 4-5). pap. 11.00 *(978-0-544-89329-0(8))* Rigby Education.

PM: Leveled Reader Silver Level 23 All about Sharks. Rigby. 2016. (PM Ser.). (ENG.). 24p. (J). (gr. 3). pap. 11.00 *(978-0-544-89252-1(6))* Rigby Education.

PM: Leveled Reader Silver Level 23 Camp Buddies. Rigby. 2016. (PM Ser.). (ENG.). 24p. (J). (gr. 3). pap. 11.00 *(978-0-544-89255-2(0))* Rigby Education.

PM: Leveled Reader Silver Level 24 Outdoor Art Activities. Rigby. 2016. (PM Ser.). (ENG.). 24p. (J). (gr. 3). pap. 11.00 *(978-0-544-89268-2(2))* Rigby Education.

PM's Daughter. Fremantle Media Australia & Meredith Costain. 2022. (Illus.). 256p. 17.99 *(978-1-76104-670-4(5),* Puffin) Penguin Random Hse. AUS. Dist: Independent Pubs. Group.

Pneumanee: Or, the Fairy, of the Nineteenth Century (Classic Reprint) John William Cunningham. (ENG., Illus.). (J). 2018. 274p. 29.57 *(978-0-483-15337-0(0));* 2017. pap. 11.97 *(978-0-259-10234-2(2))* Forgotten Bks.

Pngn Sets Sail Board Bk. 2020. (ENG.). (J). bds. 8.99 *(978-1-62885-773-3(0))* Rainstorm Pr.

Pngn Sets Sail Pict Bk. 2020. (ENG.). (J). 16.99 *(978-1-62885-738-2(2))* Rainstorm Pr.

Po-No-Kah: An Indian Tale of Long Ago (Classic Reprint) Mary Mapes Dodge. 2017. (ENG., Illus.). (J). 27.26 *(978-0-331-85449-7(X));* pap. 9.97 *(978-0-259-24338-0(8))* Forgotten Bks.

Poacher & His Family (Classic Reprint) Edward Whymper. 2018. (ENG., Illus.). 56p. (J). 25.05 *(978-0-267-24834-6(2))* Forgotten Bks.

Poacher (Classic Reprint) Frederick Marryat. (ENG., Illus.). (J). 2018. 448p. 33.14 *(978-0-267-00384-6(6));* 2017. pap. 16.57 *(978-0-243-96920-3(1))* Forgotten Bks.

Poacher (Classic Reprint) Author of Peter Simple. 2018. (ENG., Illus.). 362p. (J). 31.36 *(978-0-364-26066-1(1))* Forgotten Bks.

Poacher's Daughter (Classic Reprint) Unknown Author. 2018. (ENG., Illus.). 40p. (J). 24.72 *(978-0-332-10375-4(7))* Forgotten Bks.

Poaching. Jessie Alkire. 2017. (Animal Rights Ser.). (ENG., Illus.). 32p. (J). (gr. 3-6). lib. bdg. 32.79 *(978-1-5321-1261-4(0),* 27578, Checkerboard Library) ABDO Publishing Co.

Población de Chicago: Analizar los Datos, 1 vol. Anna McDougal. 2017. (Computación Científica en el Mundo Real (Computer Science for the Real World) Ser.). (SPA.). 24p. (J). (gr. 4-5). pap. *(978-1-5383-5839-9(5),* cd2297fe-0029-4be5-9a02-5f15afd624ff, Rosen Classroom) Rosen Publishing Group, Inc., The.

Población de Chicago: Analizar Los Datos (the Population of Chicago: Analyzing Data), 1 vol. Anna McDougal. 2017. (Niños Digitales: Superdotados con Pensamiento Computacional (Computer Kids: Powered by Computational Thinking) Ser.). (SPA.). 24p. (J). (gr. 4-5). 25.27 *(978-1-5383-2911-5(5),* 925961d7-0bec-4395-99b4-2cf3543fe8b4, PowerKids Pr.) Rosen Publishing Group, Inc., The.

Pobratim: A Slav Novel (Classic Reprint) P. Jones. 2017. (ENG., Illus.). (J). 32.48 *(978-0-260-37225-3(0))* Forgotten Bks.

Pocahontas. Bob Foster. Illus. by Dan Spiegle. 2020. (Disney Princesses Ser.). (ENG.). 48p. (J). (gr. 2-6). lib. bdg. 32.79 *(978-1-5321-4565-0(9),* 35212, Graphic Novels) Spotlight.

Pocahontas. Jennifer Strand. 2017. (Native American Leaders Ser.). (ENG., Illus.). 24p. (J). (gr. -1-2). lib. bdg. 31.36 *(978-1-5321-2024-4(9),* 25312, Abdo Zoom-Launch) ABDO Publishing Co.

Pocahontas, 1 vol. Laura L. Sullivan. 2020. (Inside Guide: Famous Native Americans Ser.). (ENG.). 32p. (gr. 4-5). pap. 11.58 *(978-1-5026-5124-2(6),* a8740c85-5a2a-4b28-abd2-27d4158dc690) Cavendish Square Publishing LLC.

Pocahontas: A Pageant (Classic Reprint) Margaret Ullmann. 2017. (ENG., Illus.). (J). 25.75 *(978-0-260-46877-2(0))* Forgotten Bks.

Pocahontas: Facilitating Exchange Between the Powhatan & the Jamestown Settlers, 1 vol. Jeanne Nagle. 2017. (Women Who Changed History Ser.). (ENG., Illus.). 48p. (J). (gr. 6-7). pap. 15.05 *(978-1-68048-653-7(5),* f27feb14-1c67-4feb-a53f-db24e1cfb8b5, Britannica Educational Publishing) Rosen Publishing Group, Inc., The.

Pocahontas: Her Life & Legend. Heather E. Schwartz. rev. ed. 2016. (Social Studies: Informational Text Ser.). (ENG., Illus.). 32p. (gr. 4-8). pap. 11.99 *(978-1-4938-3072-5(4))* Teacher Created Materials, Inc.

Pocahontas - Ladybird Readers Level 2. Ladybird. 2020. (Ladybird Readers Ser.). 48p. (J). (gr. 1-2). pap. 9.99 *(978-0-241-40175-0(5),* Ladybird) Penguin Bks., Ltd. GBR. Dist: Independent Pubs. Group.

Pocahontas Activity Book - Ladybird Readers Level 2. Ladybird. 2020. (Ladybird Readers Ser.). (ENG., Illus.). 16p. (J). (gr. 1-2). pap. 5.99 *(978-0-241-40176-7(3),* Ladybird) Penguin Bks., Ltd. GBR. Dist: Independent Pubs. Group.

Pocahontas (Classic Reprint) Virginia Armistead Garber. (ENG., Illus.). (J). 2018. 66p. 25.26 *(978-0-332-38159-6(5));* 2016. pap. 9.57 *(978-1-333-70402-5(X))* Forgotten Bks.

Pocahontas Coloring Book for Children (6x9 Coloring Book / Activity Book) Sheba Blake. 2021. (ENG.). 30p. (J). pap. 9.99 *(978-1-222-29056-1(1))* Indy Pub.

Pocahontas Coloring Book for Children (8. 5x8. 5 Coloring Book / Activity Book) Sheba Blake. 2021. (ENG.). 30p. (J). pap. 12.99 *(978-1-222-29197-1(5))* Indy Pub.

Pocahontas Coloring Book for Children (8x10 Coloring Book / Activity Book) Sheba Blake. 2021. (ENG.). 30p. (J). pap. 14.99 *(978-1-222-29057-8(X))* Indy Pub.

Pocahontas Leads the Way, 4. Tessa Roehl. ed. 2021. (Disney Before the Story Ser.). (ENG., Illus.). 125p. (J). (gr. 2-3). 16.96 *(978-1-64697-669-0(X))* Penworthy Co., LLC, The.

Pocahontas, Princess of Virginia: And Other Poems (Classic Reprint) William Watson Waldron. 2017. (ENG., Illus.). (J). 26.21 *(978-0-266-21848-7(2))* Forgotten Bks.

Pocahontas ReadAlong Storybook & CD. Disney Books. 2020. (Read-Along Storybook & CD Ser.). (ENG., Illus.). 32p. (J). (gr. 1-3). pap. 6.99 *(978-1-368-04819-4(6),* Disney Press Books) Disney Publishing Worldwide.

Pocket Angels. Christine Righthouse. 2020. (ENG., Illus.). 252p. (YA). pap. 17.95 *(978-1-0980-5311-6(7))* Christian Faith Publishing.

Pocket Bios: Abraham Lincoln. Al Berenger. Illus. by Al Berenger. 2018. (Pocket Bios Ser.). (ENG., Illus.). 32p. (J). 14.99 *(978-1-250-16611-1(X),* 900187188) Roaring Brook Pr.

Pocket Bios: Anne Frank. Al Berenger. Illus. by Al Berenger. 2018. (Pocket Bios Ser.). (ENG., Illus.). 32p. (J). 14.99 *(978-1-250-16877-1(5),* 900187748) Roaring Brook Pr.

Pocket Bios: Frida Kahlo. Al Berenger. Illus. by Al Berenger. 2018. (Pocket Bios Ser.). (ENG., Illus.). 32p. (J). 14.99 *(978-1-250-16875-7(9),* 900187746) Roaring Brook Pr.

Pocket Bios: Gandhi. Al Berenger. 2018. (Pocket Bios Ser.). (ENG., Illus.). 32p. (J). 14.99 *(978-1-250-30254-0(4),* 900196927) Roaring Brook Pr.

Pocket Change: Pitching in for a Better World, 1 vol. Michelle Mulder. 2016. (Orca Footprints Ser.: 9). (ENG., Illus.). 48p. (J). (gr. 4-7). 19.95 *(978-1-4598-0966-6(1))* Orca Bk. Pubs. USA.

Pocket Chaotic. Ziggy Hanaor & Daniel Gray-Barnett. 2021. (ENG., Illus.). 32p. (J). 16.95 *(978-1-908714-80-0(8))* Cicada Bks. GBR. Dist: Consortium Bk. Sales & Distribution.

Pocket Dictionary of Common Rocks & Rock Minerals (Classic Reprint) Collier Cobb. 2016. (ENG., Illus.). (J). pap. 9.57 *(978-1-334-37167-7(9))* Forgotten Bks.

Pocket-Dictionary of the English & German Languages, Vol. 2: Giving the Pronunciation According to the Phonetic System of Toussaint-Langenscheidt; German-English (Classic Reprint) Hermann Lindemann. 2017. (ENG., Illus.). (J). 35.82 *(978-0-265-57652-6(0));* pap. 19.57 *(978-0-282-85447-8(9))* Forgotten Bks.

Pocket Flyers Paper Airplane Book: 69 Mini Planes to Fold & Fly. Ken Blackburn & Jeff Lammers. 2017. (Paper Airplanes Ser.). (ENG., Illus.). 160p. pap. 9.95 *(978-1-5235-0204-2(5),* 100204) Workman Publishing Co., Inc.

Pocket Full of Colors: The Magical World of Mary Blair, Disney Artist Extraordinaire. Amy Guglielmo & Jacqueline Tourville. Illus. by Brigette Barrager. 2017. (ENG.). 48p. (J). (gr. -1-3). 18.99 *(978-1-4814-6131-3(1))* Simon & Schuster Children's Publishing.

Pocket Full of Kisses. Audrey Penn. 2021. (Kissing Hand Ser.). (ENG., Illus.). 32p. (J). (gr. -1-3). pap. 9.99 *(978-1-939100-57-3(7))* Tanglewood Pr.

Pocket Full of Posies. Shawn Sarles. 2022. (ENG.). 304p. (YA). (gr. 7). pap. 10.99 *(978-1-338-79401-4(9),* Scholastic Pr.) Scholastic, Inc.

Pocket Full of Positivity. Lizy J. Campbell. 2021. (ENG.). 40p. (J). pap. 12.99 *(978-1-954868-40-3(5))* Pen It Pubns.

Pocket Full of Rhyme: Daddy & Me... Janice Williams. 2021. (ENG.). 30p. (J). pap. *(978-1-83975-517-0(2))* Grosvenor Hse. Publishing Ltd.

Pocket Full of Sads. Brad Davidson. Illus. by Rachel Más Davidson. 2023. (ENG.). 40p. (J). (gr. -1-2). 18.99 *(978-0-593-56456-1(1));* lib. bdg. 21.99 *(978-0-593-56978-8(4))* Random Hse. Children's Bks. (Rodale Kids).

Pocket Fun: Animal Activity Book. Illus. by Jo Moon et al. 2020. (Pocket Fun Ser.: 5). (ENG.). 96p. (J). pap. 6.99 *(978-1-83857-631-8(2),* 46ababf8-fd94-414d-99f7-bf641bbaafb4) Arcturus Publishing GBR. Dist: Baker & Taylor Publisher Services (BTPS).

Pocket Fun: Dinosaur Activity Book. Jo Moon et al. 2019. (Pocket Fun Ser.: 4). (ENG.). 96p. (J). pap. 6.99 *(978-1-78950-045-5(1),* 2fd8cd93-4236-4625-872a-7702dc6aad86) Arcturus Publishing GBR. Dist: Baker & Taylor Publisher Services (BTPS).

Pocket Fun: Magical Activity Book. Jo Moon et al. 2019. (Pocket Fun Ser.: 1). (ENG.). 96p. (J). pap. 6.99 *(978-1-78950-044-8(3),* e34dc37a-72f0-469b-a317-0cc8823e428e) Arcturus Publishing GBR. Dist: Baker & Taylor Publisher Services (BTPS).

Pocket Fun: Mazes Activity Book. Illus. by Gabriele Tafuni et al. 2020. (Pocket Fun Ser.: 6). (ENG.). 96p. (J). pap. 6.99 *(978-1-83857-632-5(0),* 6d64d701-aa66-42db-9c35-9eb5c26311ea) Arcturus Publishing GBR. Dist: Baker & Taylor Publisher Services (BTPS).

Pocket Fun: Super Funny Jokes. Jack B. Quick. Illus. by Adam Clay & Chuck Whelon. 2020. (Pocket Fun Ser.: 7). (ENG.). 96p. (J). pap. 6.99 *(978-1-83857-633-2(9),* 7710b4d8-3086-436a-97ef-c727035f1573) Arcturus Publishing GBR. Dist: Baker & Taylor Publisher Services (BTPS).

Pocket Fun: Travel Activity Book. Jo Moon et al. 2019. (Pocket Fun Ser.: 2). (ENG.). 96p. (J). pap. 6.99 *(978-1-78950-043-1(5),* 52475521-b6c7-417c-99b3-6db88bc4bd82) Arcturus Publishing GBR. Dist: Baker & Taylor Publisher Services (BTPS).

Pocket Fun: Unicorn Activity Book. Natasha Rimmington. Illus. by Claire Stamper & Natasha Rimmington. Illus. by Missy Turner. 2020. (Pocket Fun Ser.: 8). (ENG.). 96p. (J). pap. 6.99 *(978-1-83857-634-9(7),*

1608 The check digit for ISBN-10 appears in parentheses after the full ISBN-13

df8393f2-7be9-40aa-a01b-4eecc826b1e6) Arcturus Publishing GBR. Dist: Baker & Taylor Publisher Services (BTPS).

Pocket Fun: Very Silly Jokes. Sally Lindley & Joe Fullman. Illus. by Gabriele Tafuni. 2019. (Pocket Fun Ser.: 3). (ENG.). 96p. (J). pap. 6.99 *(978-1-78888-748-9(4),* 987d4ee7-e6b0-4956-95f7-e4466747305c) Arcturus Publishing GBR. Dist: Baker & Taylor Publisher Services (BTPS).

Pocket Genius: Ancient Egypt: Facts at Your Fingertips. DK. 2016. (Pocket Genius Ser.: 1). (ENG., Illus.). 160p. (J). (gr. 3-7). pap. 6.99 *(978-1-4654-4524-7(2),* DK Children) Dorling Kindersley Publishing, Inc.

Pocket Genius: Animals: Facts at Your Fingertips. DK. 2016. (Pocket Genius Ser.: 3). (ENG., Illus.). 160p. (J). (gr. 3-7). pap. 6.99 *(978-1-4654-4526-1(9),* DK Children) Dorling Kindersley Publishing, Inc.

Pocket Genius Birds of North America. DK. 2022. (Pocket Genius Ser.). (ENG., Illus.). 160p. (J). (gr. 3-7). pap. 6.99 *(978-0-7440-5808-6(2),* DK Children) Dorling Kindersley Publishing, Inc.

Pocket Genius: Bugs: Facts at Your Fingertips. DK. 2016. (Pocket Genius Ser.: 4). (ENG., Illus.). 160p. (J). (gr. 3-7). pap. 6.99 *(978-1-4654-4560-5(9),* DK Children) Dorling Kindersley Publishing, Inc.

Pocket Genius: Cars: Facts at Your Fingertips. DK. 2016. (Pocket Genius Ser.: 5). (ENG., Illus.). 160p. (J). (gr. 3-7). pap. 6.99 *(978-1-4654-4237-6(5),* DK Children) Dorling Kindersley Publishing, Inc.

Pocket Genius: Cats. DK. 2020. (Pocket Genius Ser.). (ENG., Illus.). 160p. (J). (gr. 4-7). pap. 6.99 *(978-1-4654-9098-8(1),* DK Children) Dorling Kindersley Publishing, Inc.

Pocket Genius: Dinosaurs: Facts at Your Fingertips. DK. 2016. (Pocket Genius Ser.: 6). (ENG., Illus.). 160p. (J). (gr. 3-7). pap. 6.99 *(978-1-4654-4561-2(7),* DK Children) Dorling Kindersley Publishing, Inc.

Pocket Genius: Dogs: Facts at Your Fingertips. DK. 2016. (Pocket Genius Ser.: 7). (ENG., Illus.). 160p. (J). (gr. 3-7). pap. 6.99 *(978-1-4654-4585-8(4),* DK Children) Dorling Kindersley Publishing, Inc.

Pocket Genius: Earth: Facts at Your Fingertips. DK. 2016. (Pocket Genius Ser.: 8). (ENG., Illus.). 160p. (J). (gr. 3-7). pap. 6.99 *(978-1-4654-4586-5(2),* DK Children) Dorling Kindersley Publishing, Inc.

Pocket Genius: Elements. DK. 2020. (Pocket Genius Ser.: 17). (ENG., Illus.). 160p. (J). (gr. 4-7). pap. 6.99 *(978-1-4654-9099-5(X),* DK Children) Dorling Kindersley Publishing, Inc.

Pocket Genius: Horses: Facts at Your Fingertips. DK. 2016. (Pocket Genius Ser.: 9). (ENG., Illus.). 160p. (J). (gr. 3-7). pap. 6.99 *(978-1-4654-4587-2(0),* DK Children) Dorling Kindersley Publishing, Inc.

Pocket Genius: Human Body: Facts at Your Fingertips. DK. 2016. (Pocket Genius Ser.: 10). (ENG., Illus.). 160p. (J). (gr. 3-7). pap. 6.99 *(978-1-4654-4588-9(9),* DK Children) Dorling Kindersley Publishing, Inc.

Pocket Genius: Inventions: Facts at Your Fingertips. DK. 2016. (Pocket Genius Ser.: 11). (ENG., Illus.). 160p. (J). (gr. 3-7). pap. 6.99 *(978-1-4654-4606-0(0),* DK Children) Dorling Kindersley Publishing, Inc.

Pocket Genius: Mammals: Facts at Your Fingertips. DK. 2016. (Pocket Genius Ser.: 12). (ENG., Illus.). 160p. (J). (gr. 3-7). pap. 6.99 *(978-1-4654-4589-6(7),* DK Children) Dorling Kindersley Publishing, Inc.

Pocket Genius Nature Collection 4-Book Box Set. DK. 2023. (Pocket Genius Ser.). (ENG.). 640p. (J). (gr. 3-7). 27.96 *(978-0-7440-8279-1(X),* DK Children) Dorling Kindersley Publishing, Inc.

Pocket Genius Ocean. DK. 2021. (Pocket Genius Ser.: 18). (ENG., Illus.). 160p. (J). (gr. 4-7). pap. 6.99 *(978-0-7440-3361-8(6),* DK Children) Dorling Kindersley Publishing, Inc.

Pocket Genius: Rocks & Minerals: Facts at Your Fingertips. DK. 2016. (Pocket Genius Ser.: 13). (ENG., Illus.). 160p. (J). (gr. 3-7). pap. 6.99 *(978-1-4654-4590-2(0),* DK Children) Dorling Kindersley Publishing, Inc.

Pocket Genius: Science: Facts at Your Fingertips. DK. 2016. (Pocket Genius Ser.: 14). (ENG., Illus.). 160p. (J). (gr. 3-7). pap. 6.99 *(978-1-4654-4591-9(9),* DK Children) Dorling Kindersley Publishing, Inc.

Pocket Genius: Sharks: Facts at Your Fingertips. DK. 2016. (Pocket Genius Ser.: 15). (ENG., Illus.). 160p. (J). (gr. 3-7). pap. 6.99 *(978-1-4654-4592-6(7),* DK Children) Dorling Kindersley Publishing, Inc.

Pocket Genius: Space: Facts at Your Fingertips. DK. 2016. (Pocket Genius Ser.: 16). (ENG., Illus.). 160p. (J). (gr. 3-7). pap. 6.99 *(978-1-4654-4593-3(5),* DK Children) Dorling Kindersley Publishing, Inc.

Pocket Genius Sports: Facts at Your Fingertips. DK. rev. ed. 2021. (Pocket Genius Ser.). (ENG.). 160p. (J). (gr. 4-7). pap. 6.99 *(978-0-7440-3961-0(4),* DK Children) Dorling Kindersley Publishing, Inc.

Pocket Genius: the 50 States: Facts at Your Fingertips. DK. 2023. (Pocket Genius Ser.). (ENG.). 160p. (J). (gr. 3-7). pap. 6.99 *(978-0-7440-6419-3(8),* DK Children) Dorling Kindersley Publishing, Inc.

Pocket Guide to Alabama Criminal Laws. Ed. by Pocket Press & Kyle Brittain. 2015th ed. 2021. (ENG.). 288p. pap. 9.99 *(978-1-884493-47-8(5))* Pocket Pr., Inc.

Pocket Guide to Games, 1 vol. Bart King. 2nd ed. 2018. (Pocket Guide Ser.). (ENG., Illus.). 248p. (J). (gr. 3-8). pap. 9.99 *(978-1-4236-5042-3(5))* Gibbs Smith, Publisher.

Pocket Guide to Spy Stuff, 1 vol. Bart King. Illus. by Russ Miller. 2018. (Pocket Guide Ser.). 216p. (J). (gr. 3-8). pap. 9.99 *(978-1-4236-4982-3(6))* Gibbs Smith, Publisher.

Pocket Guide to Wisconsin Traffic Laws. Ed. by Kyle Brittain. 2018. 224p. pap. 8.99 *(978-1-884493-64-5(5))* Pocket Pr., Inc.

Pocket Guide to Your Period. Mona Kiran et al. 2020. (ENG.). 78p. (YA). pap. 14.99 *(978-1-7353957-0-8(6))* Lakeside Medical Publishing LLC.

Pocket Ibsen: A Collection of Some of the Master's Best-Known Dramas; Condensed, Revised, & Slightly Re-Arranged for the Benefit of the Earnest Student (Classic Reprint) F. Anstey, pseud. (ENG., Illus.). (J). 2018. 310p. 30.29 *(978-0-267-54853-8(2));* 2016. pap. 13.57 *(978-1-333-51999-5(0))* Forgotten Bks.

Pocket Island a Story of Country Life in New England (Classic Reprint) Charles Clark Munn. 2018. (ENG., Illus.). 240p. (J). 28.83 *(978-0-332-69360-6(0))* Forgotten Bks.

Pocket Jokes: Laugh-Out-Loud Jokes On-The-Go, 1. Editors of Applesauce Press. 2021. (ENG.). 144p. (J). 9.99 *(978-1-64643-147-2(2),* Applesauce Pr.) Cider Mill Pr. Bk. Pubs., LLC.

Pocket List of the Mammals of Eastern Massachusetts. Clarence Emerson Brown. 2017. (ENG., Illus.). (J). pap. *(978-1-76057-602-8(6))* Trieste Publishing Pty Ltd.

Pocket List of the Mammals of Eastern Massachusetts: With Special Reference to Essex County (Classic Reprint) Clarence Emerson Brown. 2017. (ENG., Illus.). (J). 25.24 *(978-0-266-23652-8(9))* Forgotten Bks.

Pocket Magazine, 1827, Vol. 2: Robin's Series (Classic Reprint) George Cruikshank. (ENG., Illus.). (J). 2018. 310p. 30.46 *(978-0-332-39536-4(7));* 2016. pap. 13.57 *(978-1-334-15132-3(6))* Forgotten Bks.

Pocket Magazine, 1828, Vol. 1 (Classic Reprint) George Cruikshank. (ENG., Illus.). (J). 2018. 322p. 30.66 *(978-0-364-06135-0(9));* 2016. pap. 13.57 *(978-1-333-28587-6(6))* Forgotten Bks.

Pocket Magazine, 1829, Vol. 2 (Classic Reprint) George Cruikshank. (ENG., Illus.). (J). 2018. 284p. 29.75 *(978-0-365-35684-4(0));* 2017. pap. 13.57 *(978-0-259-27630-2(8))* Forgotten Bks.

Pocket Magazine, Vol. 1: Robin's Series (Classic Reprint) George Cruikshank. (ENG., Illus.). (J). 2018. 328p. 30.66 *(978-0-483-41964-3(8));* 2016. pap. 13.57 *(978-1-334-17087-4(8))* Forgotten Bks.

Pocket Magazine, Vol. 3: Nov. 1896 (Classic Reprint) Irving Bacheller. (ENG., Illus.). (J). 2018. 198p. 28.00 *(978-0-483-72485-3(8));* 2017. pap. 10.57 *(978-0-243-28352-1(0))* Forgotten Bks.

Pocket Measure (Classic Reprint) Pansy Pansy. (ENG., Illus.). (J). 2018. 530p. 34.83 *(978-0-267-39181-3(1));* 2016. pap. 19.57 *(978-1-334-13745-7(5))* Forgotten Bks.

Pocket of Time: The Poetic Childhood of Elizabeth Bishop, 1 vol. Rita Wilson. Illus. by Emma FitzGerald. 2019. (ENG.). 40p. (J). 18.95 *(978-1-77108-809-1(5),* 54f59d52-feb7-46ea-aa58-195ec94eaadb) Nimbus Publishing, Ltd. CAN. Dist: Baker & Taylor Publisher Services (BTPS).

Pocket Owl. S. a Stewart-Charles. 2020. (ENG., Illus.). 22p. (J). pap. 12.95 *(978-1-64471-479-9(5))* Covenant Bks.

Pocket Peaches, Volume 1. Dora Wang. 2023. (ENG., Illus.). 80p. (J). 11.99 ***(978-1-5248-7864-1(2))*** Andrews McMeel Publishing.

Pocket Piggies: Christmas! Richard Austin. 2020. (ENG., Illus.). 22p. (J). (gr. -1 — 1). bds. 6.95 *(978-1-5235-1115-0(X),* 101115) Workman Publishing Co., Inc.

Pocket Piggies: I Love You! Richard Austin. 2020. (ENG.). 22p. (J). (gr. -1 — 1). bds. 6.95 *(978-1-5235-1116-7(8),* 101116) Workman Publishing Co., Inc.

Pocket Pirates Complete Collection (Boxed Set) The Great Cheese Robbery; the Great Drain Escape; the Great Flytrap Disaster; the Great Treasure Hunt. Chris Mould. Illus. by Chris Mould. ed. 2019. (Pocket Pirates Ser.). (ENG., Illus.). 608p. (J). (gr. 1-4). pap. 27.99 *(978-1-5344-5116-2(1),* Aladdin) Simon & Schuster Children's Publishing.

Pocket Princess: Lost Princess Found. Beth Thompson. 2020. (Pocket Princess Ser.: Vol. 1). (ENG.). 30p. (J). pap. *(978-1-9164680-8-5(X))* Aireborough Pr.

Pocket-Rifle (Classic Reprint) John Townsend Trowbridge. 2018. (ENG., Illus.). 300p. (J). 30.04 *(978-0-332-37737-1(5))* Forgotten Bks.

Pocket Rocket. Sherryl Clark & Ellyse Perry. 2017. (Ellyse Perry Ser.: 1). 160p. (J). (gr. 4-7). 13.99 *(978-0-14-378124-0(3))* Random Hse. Australia AUS. Dist: Independent Pubs. Group.

Pocket-Size Kids Connect the Dots Activity Book. Activibooks For Kids. 2016. (ENG., Illus.). (J). pap. 6.99 *(978-1-68321-394-9(7))* Mimaxion.

Pocket-Sized Technology - Gadgets That Fit in Your Pockets! Technology Book for Kids Children's Inventors Books. Baby Professor. 2017. (ENG., Illus.). 64p. (J). pap. 9.55 *(978-1-5419-1764-4(2),* Baby Professor (Education Kids)) Speedy Publishing LLC.

Pocket Thomas Hardy: Being Selections from the Wessex Novels & Poems of Thomas Hardy (Classic Reprint) Thomas Hardy. 2017. (ENG., Illus.). (J). 30.64 *(978-0-260-48589-2(6))* Forgotten Bks.

Pocketeer. B. T. Higgins. 2022. (ENG.). 220p. (J). pap. 14.99 *(978-1-64960-113-1(1))* Emerald Hse. Group, Inc.

Pocketful of Animals. Sandy Pops. 2018. (ENG., Illus.). 232p. (J). pap. 12.99 *(978-1-64324-188-3(5))* Notion Pr., Inc.

Pocketful of Dreams - Spanish Edition: Teacher's Edition. George Long. Illus. by Amanda Henke. 2016. (SPA.). (J). pap. 10.99 *(978-0-9844946-8-2(5))* Long, George Children's Books.

Pocketful of Dreams- Spanish Edition. George Long. Illus. by Henke Amanda. 2016. (SPA.). (J). pap. 8.99 *(978-0-9844946-9-9(3))* Long, George Children's Books.

Pocketful of Peas. Sushila Burgess. 2019. (ENG.). 34p. (J). pap. 12.54 *(978-0-244-53049-5(1))* Lulu Pr., Inc.

Pocketful of Pegs. Philip Roberts. 2017. (ENG., Illus.). 52p. (J). (gr. 5-6). pap. *(978-1-911569-41-1(4))* Rowanvale Bks.

Pocketful of Poems. Nikki Grimes. Illus. by Javaka Steptoe. 2018. (ENG.). 32p. (J). (gr. -1-3). pap. 9.99 *(978-1-328-49796-3(8),* 1717849, Clarion Bks.) HarperCollins Pubs.

Pocketful of Posies (Classic Reprint) Abbie Farwell Brown. 2017. (ENG., Illus.). (J). 27.86 *(978-0-266-40697-6(1))* Forgotten Bks.

Pocketful of Roo, Rhyming Stories. Carole Scutt. Illus. by Midge Roberts. 2022. (ENG.). 60p. (J). pap. 19.95 ***(978-1-61493-841-5(5))*** Peppertree Pr., The.

Pocketful of Stars. Aisha Bushby. 2023. (ENG.). 248p. (J). (gr. 5-8). 19.99 ***(978-1-7284-5069-8(1),*** 9bba0f4d-0fc4-49d1-9066-8113585bb35, Carolrhoda Bks.) Lerner Publishing Group.

Pocketful of Stories. Stuart Purcell. 2017. (ENG., Illus.). 142p. (J). (gr. 4-7). pap. *(978-0-9935137-4-9(3))* Pocket Watch Publishing.

Pockets Full of Sea Glass. Alma Fullerton. 2023. (ENG.). 32p. (J). 12.95 ***(978-1-77366-148-3(5),*** 85e2485a-6fde-44c4-9c77-cd03cd69bcf8) Acorn Pr., The CAN. Dist: Baker & Taylor Publisher Services (BTPS).

Poco & Moco Are Twins. Jun Ichihara. 2018. (ENG., Illus.). 38p. (J). (— 1). 12.99 *(978-1-940842-19-6(0))* Museyon.

Poco Perdido. Chris Haughton. Illus. by Chris Haughton. 2019. (ENG., Illus.). 40p. (J). 16.95 *(978-84-17673-13-0(X))* NubeOcho Ediciones ESP. Dist: Consortium Bk. Sales & Distribution.

Pod, Bender & Co (Classic Reprint) George Allan England. (ENG., Illus.). (J). 2018. 392p. 31.98 *(978-0-483-00755-0(2));* 2017. pap. 16.57 *(978-0-243-85654-1(7))* Forgotten Bks.

Pod of Whales. Lucia Raatma. 2019. (Animal Groups Ser.). (ENG., Illus.). 24p. (J). (gr. -1-2). pap. 6.95 *(978-1-9771-1048-0(7),* 141124); lib. bdg. 27.32 *(978-1-9771-0952-1(7),* 140550) Capstone. (Pebble).

Pod Protection! Supersmart Dolphins. Sarah Eason. Illus. by Diego Vaisberg. 2023. (Animal Masterminds Ser.). (ENG.). 24p. (J). (gr. 3-6). lib. bdg. 28.50 Bearport Publishing Co., Inc.

Pod Racer. R. T. Martin. 2017. (Level Up Ser.). (ENG.). 112p. (YA). (gr. 6-12). pap. 7.99 *(978-1-5124-5358-4(7),* ca2a9320-8539-4cd2-b818-bbab252d30a7); lib. bdg. 26.65 *(978-1-5124-3988-5(6),* c051e999-497c-4d60-b57b-c3aac1520b93) Lerner Publishing Group. (Darby Creek).

Pod vs. Pod. Jennifer L. Holm & Matthew Holm. 2016. (Squish Ser.: 8). lib. bdg. 17.20 *(978-0-606-38880-1(X))* Turtleback.

Podcasters, 1 vol. Abby Badach Doyle. 2019. (Digital Insiders Ser.). (ENG.). 32p. (gr. 3-4). pap. 11.50 *(978-1-5382-4759-4(3),* 79661fb6-3a91-43bc-8256-fe36cfdc6e53) Stevens, Gareth Publishing LLLP.

Poddle's First Flight. Paul Wokes & Delphine Cummings. Illus. by Katy Dynes. 2017. (ENG.). (J). (gr. k-2). pap. *(978-1-78719-312-3(8))* Authors OnLine, Ltd.

¿Podemos Ayudar? Niños Que Ayudan a Sus Comunidades. George Ancona. Illus. by George Ancona. 2019. (SPA., Illus.). 48p. (J). (gr. k-3). 6.99 *(978-1-5362-0298-4(3))* Candlewick Pr.

Poder de la Esperanza. Francisco Alberca. 2020. (SPA.). 279p. (YA). pap. *(978-1-716-81327-6(1))* Lulu Pr., Inc.

Poder de la Ropa: (Edición Actualizada) Antonio González de Cosío & Lucy Lara. 2023. (SPA.). 232p. (YA). (gr. 6). pap. 17.95 ***(978-607-557-435-6(2))*** Editorial Oceano de Mexico MEX. Dist: Independent Pubs. Group.

Poder Existir. -D E. Maria Guadalupe. 2017. (SPA., Illus.). 72p. (J). pap. *(978-1-387-25111-7(2));* pap. *(978-1-387-25115-5(5))* Lulu Pr., Inc.

Poderoso Misisipi: Leveled Reader Book 8 Level I 6 Pack. Hmh Hmh. 2021. (SPA.). 16p. (J). pap. 74.40 *(978-0-358-08313-9(3))* Houghton Mifflin Harcourt Publishing Co.

Podkin One-Ear. Kieran Larwood. 2017. (Five Realms Podkin One Ear Ser.). (ENG., Illus.). 288p. (J). pap. 9.95 *(978-0-571-32826-0(1),* Faber & Faber Children's Bks.) Faber & Faber, Inc.

Podkin One-Ear. Kieran Larwood. Illus. by David Wyatt. (Longburrow Ser.). (ENG.). (J). (gr. 5-7). 2018. 272p. pap. 7.99 *(978-1-328-49803-8(4),* 1717863); 2017. 256p. 16.99 *(978-1-328-69582-6(4),* 1671494) HarperCollins Pubs. (Clarion Bks.).

Poe & Lars. Kashelle Gourley. Illus. by Skylar Hogan. 2021. (ENG.). 40p. (J). (gr. -1-3). 17.99 *(978-1-4998-1158-2(6))* Little Bee Books Inc.

Poe & the Missing Ship. Nate Millici. ed. 2018. (Star Wars 8x8 Ser.). (ENG.). 24p. (J). (gr. -1-1). 13.89 *(978-1-64310-577-2(9))* Penworthy Co., LLC, The.

Poe Dameron. Lucas Film Book Group Editors. ed. 2017. (Star Wars: Force Awakens 8X8 Ser.). (J). lib. bdg. 14.75 *(978-0-606-39506-9(7))* Turtleback.

POE Prophecies: The Raven. P. Anastasia. 2023. (Poe Prophecies Ser.: Vol. 1). (ENG.). 148p. (J). pap. 8.99 ***(978-1-952425-06-6(9),*** Jackal Moon Pr.) P. Anastasia.

Poe: Stories & Poems: A Graphic Novel Adaptation by Gareth Hinds. Gareth Hinds. Illus. by Gareth Hinds. 2017. (ENG., Illus.). 120p. (J). (gr. 7). 22.99 *(978-0-7636-8112-8(1))* Candlewick Pr.

Poe: Stories & Poems: A Graphic Novel Adaptation by Gareth Hinds. Gareth Hinds. 2017. (ENG., Illus.). 120p. (J). (gr. 7). pap. 14.99 *(978-0-7636-9509-5(2))* Candlewick Pr.

Poem. Samuel Barstow Sumner. 2017. (ENG.). 44p. (J). pap. *(978-3-337-26898-5(6))* Creation Pubs.

Poem & Two Plays (Classic Reprint) John Masefield. 2018. (ENG., Illus.). 162p. (J). 27.26 *(978-0-267-45705-2(7))* Forgotten Bks.

Poem for Peter: The Story of Ezra Jack Keats & the Creation of the Snowy Day. Andrea Davis Pinkney. Illus. by Steve Johnson & Lou Fancher. 2016. 60p. (J). (gr. 2-5). bds. 19.99 *(978-0-425-28768-2(8),* Viking Books for Young Readers) Penguin Young Readers Group.

Poem Forest: Poet W. S. Merwin & the Palm Tree Forest He Grew from Scratch. Carrie Fountain. Illus. by Chris Turnham. 2022. (ENG.). 32p. (J). (gr. -1-3). 18.99 *(978-1-5362-1126-9(5))* Candlewick Pr.

Poem in My Pocket. Chris Tougas. Illus. by Josée Bisaillon. 2021. (ENG.). 24p. (J). (gr. -1-2). 16.99 *(978-1-5253-0145-2(4))* Kids Can Pr., Ltd. CAN. Dist: Hachette Bk. Group.

Poem Is a Firefly. Charles Ghigna. Illus. by Michelle Hazelwood Hyde. 2021. (ENG.). 32p. (J). (gr. -1-3). 16.99 *(978-0-7643-6108-1(2),* 24721) Schiffer Publishing, Ltd.

Poem-Mobiles: Crazy Car Poems. J. Patrick Lewis & Douglas Florian. Illus. by Jeremy Holmes. 2020. (ENG.). 40p. (J). (gr. -1-3). 8.99 *(978-1-9848-9447-2(1),* Schwartz & Wade Bks.) Random Hse. Children's Bks.

Poem of Parishes: A Short Tribute to the 11 Parishes of Barbados. Ronald Lewis. 2022. (ENG.). 26p. (J). pap. 16.99 ***(978-1-0879-9472-7(1))*** Indy Pub.

Poem on the Origin & Suppression of the Late Rebellion (Classic Reprint) David Avery. (ENG., Illus.). (J). 2018. 30p. 24.52 *(978-0-483-72984-1(1));* 2017. pap. 7.97 *(978-0-243-40167-3(1))* Forgotten Bks.

Poem, or the Prodigal Son (Classic Reprint) Austin H. Higgs. (ENG., Illus.). (J). 2018. 22p. 24.37 *(978-0-267-09360-1(8));* 2016. pap. 7.97 *(978-1-333-61335-8(0))* Forgotten Bks.

Poemas Clasicos Para Jovenes. José Hernández. 2018.Tr. of Childrens Poetry. (SPA.). 152p. (YA). (gr. 7-12). pap. 6.95 *(978-968-403-854-7(2))* Selector, S.A. de C.V. MEX. Dist: Spanish Pubs., LLC.

Poemas de la Playa. Juan Moises de la Serna. 2019. (SPA.). 92p. (J). pap. *(978-88-9398-291-7(9))* Tektime.

Poemas Del Vivir. Alicia Karlsson. 2021. (SPA.). 94p. (YA). pap. *(978-1-7947-7068-3(2))* Lulu Pr., Inc.

Poems. Amelia. 2017. (ENG.). 268p. (J). pap. *(978-3-7447-0437-3(8))* Creation Pubs.

Poems. William Cullen Bryant. 2017. (ENG.). 364p. (J). pap. *(978-3-337-20352-8(3))* Creation Pubs.

Poems. John W. Curtis. 2017. (ENG., Illus.). (J). pap. *(978-0-649-49808-6(9))* Trieste Publishing Pty Ltd.

Poems, 1 vol. Heather Moore Niver. 2018. (Let's Learn about Literature Ser.). (ENG.). 24p. (gr. 1-2). 24.27 *(978-0-7660-9755-1(2),* fa8385da-0ee8-4d41-bf07-cb004e31e304) Enslow Publishing, LLC.

Poems. Henry Peterson. 2016. (ENG.). 208p. (J). pap. *(978-3-7434-2756-3(7))* Creation Pubs.

Poems. Innes Randolph. 2017. (ENG., Illus.). (J). pap. *(978-0-649-35496-2(6))* Trieste Publishing Pty Ltd.

Poems. Lillie Rosalie Ripley. 2017. (ENG., Illus.). (J). pap. *(978-0-649-19290-8(7));* pap. *(978-0-649-19537-4(X))* Trieste Publishing Pty Ltd.

Poems: Consisting Chiefly of Odes & Elegies (Classic Reprint) Unknown Author. 2017. (ENG., Illus.). (J). 27.53 *(978-0-260-38380-8(5))* Forgotten Bks.

Poems: For Use at Talent Socials, Missionary Meetings, Church Gatherings, Around the Fireside, at Home, & Any Other Place; by Poets & Others (Classic Reprint) Unknown Author. (ENG., Illus.). (J). 2018. 50p. 24.93 *(978-0-656-18091-2(9));* 2017. pap. 9.57 *(978-0-259-95933-5(2))* Forgotten Bks.

Poems: From Life (Classic Reprint) Guy E. Polley. 2018. (ENG., Illus.). 192p. (J). 27.86 *(978-0-483-46654-8(9))* Forgotten Bks.

Poems: His Last Dug-Out; over the Top; a Broken Heart; Halifax in Ruins (Classic Reprint) Stanley B. Fullerton. (ENG., Illus.). (J). 2018. 20p. 24.31 *(978-0-666-42416-7(0));* 2017. pap. 7.97 *(978-0-259-43760-4(3))* Forgotten Bks.

Poems: My Children Love Best of All (Classic Reprint) Clifton Johnson. 2018. (ENG., Illus.). 276p. (J). 29.59 *(978-0-364-20516-7(4))* Forgotten Bks.

Poems 1904-1917 (Classic Reprint) Wilfrid Wilson Gibson. 2017. (ENG., Illus.). (J). 35.69 *(978-1-5281-7199-1(3))* Forgotten Bks.

Poems about Animals, 1 vol. Ed. by Joanne Randolph. 2018. (Poet's Journal: Exploring Nature & the Seasons Ser.). (ENG.). 24p. (gr. 2-4). 26.27 *(978-1-5081-9693-8(1),* a1ca66e0-70a7-41d2-9abe-5a7f4c5bb84a); pap. 9.25 *(978-1-5081-9694-5(X),* 2f551986-05ed-4632-aabd-1a8b7033c47d) Rosen Publishing Group, Inc., The. (Windmill Bks.).

Poems about Autumn, 1 vol. Ed. by Joanne Randolph. 2018. (Poet's Journal: Exploring Nature & the Seasons Ser.). (ENG.). 24p. (gr. 2-4). 26.27 *(978-1-5081-9697-6(4),* 848f9709-14ae-420b-8a8a-879c59842318); pap. 9.25 *(978-1-5081-9698-3(2),* 97b236c1-9479-4975-bffb-792628c932d2) Rosen Publishing Group, Inc., The. (Windmill Bks.).

Poems about Nature, 1 vol. Ed. by Joanne Randolph. 2018. (Poet's Journal: Exploring Nature & the Seasons Ser.). (ENG.). 24p. (gr. 2-4). 26.27 *(978-1-5081-9701-0(6),* 87164b80-e37a-47d0-89b4-5d886ca7e01b); pap. 9.25 *(978-1-5081-9702-7(4),* 20417174-75d9-467d-b8bd-969cea2ddd9a) Rosen Publishing Group, Inc., The. (Windmill Bks.).

Poems about Spring, 1 vol. Ed. by Joanne Randolph. 2018. (Poet's Journal: Exploring Nature & the Seasons Ser.). (ENG.). 24p. (gr. 2-4). 26.27 *(978-1-5081-9705-8(9),* 98ee7818-679d-47c4-a2e1-804744dc8eee); pap. 9.25 *(978-1-5081-9706-5(7),* 30875b2e-84f4-456e-b5d3-c2ad63f4a4a1) Rosen Publishing Group, Inc., The. (Windmill Bks.).

Poems about Summer, 1 vol. Ed. by Joanne Randolph. 2018. (Poet's Journal: Exploring Nature & the Seasons Ser.). (ENG.). 24p. (gr. 2-4). 26.27 *(978-1-5081-9709-6(1),* a6201814-0051-4b62-9f88-0b85924fac3d); pap. 9.25 *(978-1-5081-9710-2(5),* 7aab9cab-2e92-4268-80c8-ab5b0e676d83) Rosen Publishing Group, Inc., The. (Windmill Bks.).

Poems about Weather, 1 vol. Ed. by Joanne Randolph. 2018. (Poet's Journal: Exploring Nature & the Seasons Ser.). (ENG.). 24p. (gr. 2-4). 26.27 *(978-1-5081-9713-3(X),* cbf3ec7f-0ee5-4fe3-bb6c-60d4e22f36d2); pap. 9.25 *(978-1-5081-9714-0(8),* 281c94f1-34c9-4a87-978d-dd8c4c6b7400) Rosen Publishing Group, Inc., The. (Windmill Bks.).

Poems about Winter, 1 vol. Ed. by Joanne Randolph. 2018. (Poet's Journal: Exploring Nature & the Seasons Ser.). (ENG.). 24p. (gr. 2-4). 26.27 *(978-1-5081-9717-1(2),* eab8f2ba-cbf7-4b41-8310-0a57fca846ad); pap. 9.25 *(978-1-5081-9718-8(0),* f1e0b8db-98dc-4f6e-af14-0e7ebdb88264) Rosen Publishing Group, Inc., The. (Windmill Bks.).

Poems Aloud: Poems Are for Reading Out Loud! Joseph Coelho. Illus. by Daniel Gray-Barnett. 2020. (Poetry to Perform Ser.: Vol. 1). (ENG.). 40p. (J). (gr. k-5). 17.99 ***(978-0-7112-4769-7(2),*** Wide Eyed Editions) Quarto Publishing Group UK GBR. Dist: Hachette Bk. Group.

Poems & Essays (Classic Reprint) Oliver Goldsmith. 2018. (ENG., Illus.). 232p. (J). 28.70 *(978-0-332-82163-4(3))* Forgotten Bks.

Poems & Fancies (Classic Reprint) Edward Everett Hale. (ENG., Illus.). (J). 2018. 392p. 31.98 *(978-0-267-35876-2(8));* 2016. pap. 16.57 *(978-1-334-09562-7(0))* Forgotten Bks.

P

Poems & Letters of William R. G. Mills, Second Lieutenant Royal Field Artillery (Killed in Action in the Salient, Ypres) (Classic Reprint) William Robert Granville Mills. 2017. (ENG., Illus.). (J). 26.23 *(978-0-331-24236-2(2))*; pap. 9.57 *(978-0-266-98899-1(7))* Forgotten Bks.

Poems & Lyrics for My Children: Volume 1. Carol Laughing Song Carr. 2022. (ENG., Illus.). 76p. (J). 32.95 ***(978-1-63961-522-3(9))*** Christian Faith Publishing.

Poems & Paradoxes. Kyle D. Evans. Illus. by Hana Ayoob. 2021. (ENG.). 96p. (YA). (gr. 7). pap. 12.99 *(978-1-913565-56-5(4))* Tarquin Pubns. GBR. Dist: Independent Pubs. Group.

Poems & Paragraphs (Classic Reprint) Robert Elliott Gonzales. 2018. (ENG., Illus.). 250p. (J). 29.05 *(978-0-484-73237-6(4))* Forgotten Bks.

Poems & Plays (Classic Reprint) Gertrude Buck. 2018. (ENG., Illus.). 204p. (J). 28.10 *(978-0-332-20776-6(5))* Forgotten Bks.

Poems & Plays (Classic Reprint) Donn Piatt. 2017. (ENG., Illus.). (J). 31.36 *(978-0-331-97737-0(0))* Forgotten Bks.

Poems & Plays of John Masefield, Vol. 1 (Classic Reprint) Masefield. 2017. (ENG., Illus.). (J). 35.12 *(978-1-5285-7833-2(3))* Forgotten Bks.

Poems & Plays of John Masefield, Vol. 2 (Classic Reprint) Masefield. 2017. (ENG., Illus.). (J). 37.51 *(978-1-5282-9034-0(8))* Forgotten Bks.

Poems & Plays of William Vaughn Moody, Vol. 1: Poems & Poetic Dramas (Classic Reprint) William Vaughn Moody. 2017. (ENG., Illus.). (J). 34.13 *(978-1-5282-8896-5(3))* Forgotten Bks.

Poems & Plays of William Vaughn Moody, Vol. 2 (Classic Reprint) William Vaughn Moody. 2018. (ENG., Illus.). 358p. (J). 31.30 *(978-0-267-64426-1(4))* Forgotten Bks.

Poems & Plays, Vol. 8: With an Essay on Stevenson As a Poet (Classic Reprint) Robert Louis Stevenson. 2017. (ENG., Illus.). (J). 34.13 *(978-0-265-42214-4(0))* Forgotten Bks.

Poems & Prose Sketches of James Whitcomb Riley, Vol. 4: Pipes o' Pan at Zekesbury (Classic Reprint) James Whitcomb Riley. 2018. (ENG., Illus.). 222p. (J). 28.48 *(978-0-267-30152-2(9))* Forgotten Bks.

Poems & Sketches (Classic Reprint) Clarence Eastman Stone. 2018. (ENG., Illus.). 136p. (J). 26.70 *(978-0-483-74798-2(X))* Forgotten Bks.

Poems & Stories (Classic Reprint) Julia A. Haberman. (ENG., Illus.). (J). 2018. 46p. 24.85 *(978-0-267-53883-6(9))*; 2016. pap. 7.97 *(978-1-333-35360-5(X))* Forgotten Bks.

Poems & Stories (Classic Reprint) Bret Harte. (ENG., Illus.). (J). 2018. 284p. 29.75 *(978-0-365-05595-2(6))*; 2018. 136p. 26.70 *(978-0-365-29201-2(X))*; 2017. pap. 9.57 *(978-0-259-37429-9(6))*; 2016. pap. 9.57 *(978-1-334-13603-0(3))* Forgotten Bks.

Poems & Stories (Classic Reprint) Thomas McAfee. 2017. (ENG., Illus.). (J). 26.52 *(978-0-331-76137-5(8))*; pap. 9.57 *(978-0-243-32577-1(0))* Forgotten Bks.

Poems & Stories (Classic Reprint) Lucy Webling. (ENG., Illus.). (J). 2018. 156p. 27.11 *(978-0-484-44380-7(1))*; 2016. pap. 9.57 *(978-1-334-16019-6(8))* Forgotten Bks.

Poems & Stories of Fitz-James O'Brien: Collected & Edited, with a Sketch of the Author (Classic Reprint) Fitz-James O'Brien. (ENG., Illus.). (J). 2017. 35.51 *(978-0-331-91135-0(3))*; 2016. pap. 19.57 *(978-1-333-60668-8(0))* Forgotten Bks.

Poems & War Letters (Classic Reprint) William James Leach. 2017. (ENG., Illus.). (J). 212p. 28.29 *(978-0-484-48740-5(X))*; pap. 10.97 *(978-1-5276-4335-2(2))* Forgotten Bks.

Poems by the Sea, 1 vol. Illus. by Marcela Calderon. 2017. (Poems Just for Me Ser.). (ENG.). 32p. (gr. 3-3). 28.93 *(978-1-4994-8388-8(0)*, 29a507a6-cb1d-43d1-930a-4e763d6f0632, Windmill Bks.) Rosen Publishing Group, Inc., The.

Poems by the Way. William Morris. 2017. (ENG., Illus.). (J). 24.95 *(978-1-374-86630-0(X))*; pap. 14.95 *(978-1-374-86629-4(6))* Capital Communications, Inc.

Poems by the Way. William Morris. 2017. (ENG., Illus.). (J). pap. *(978-0-649-67414-5(6))*; pap. *(978-0-649-25107-0(5))*; pap. *(978-0-649-39092-2(X))* Trieste Publishing Pty Ltd.

Poems by the Wayside: Written During More Than Forty Years (Classic Reprint) John Henry Hopkins. (ENG., Illus.). (J). 2018. 340p. 30.91 *(978-0-365-33505-4(3))*; 2017. pap. 13.57 *(978-0-243-27578-6(1))* Forgotten Bks.

Poems by W. J. C. Maclam (Classic Reprint) W. J. C. Maclam. 2017. (ENG., Illus.). (J). 20p. 24.31 *(978-0-332-06702-5(5))*; pap. 7.97 *(978-0-259-82505-0(0))* Forgotten Bks.

Poems, Chiefly Tales (Classic Reprint) William Hutton. (ENG., Illus.). (J). 2018. 456p. 33.32 *(978-0-666-86635-6(X))*; 2017. pap. 16.57 *(978-0-259-19054-7(3))* Forgotten Bks.

Poems (Classic Reprint) Unknown Author. 2018. (ENG., Illus.). (J). 728p. 38.91 *(978-0-483-65592-8(9))*; 170p. 27.42 *(978-0-267-21914-8(8))* Forgotten Bks.

Poems (Classic Reprint) T. S. Eliot. 2017. (ENG., Illus.). (J). 25.24 *(978-0-260-69335-8(9))* Forgotten Bks.

Poems (Classic Reprint) Thomas Hoccleve. 2018. (ENG., Illus.). 126p. (J). 26.50 *(978-0-656-09733-3(7))* Forgotten Bks.

Poems (Classic Reprint) Katherine Mansfield. 2018. (ENG., Illus.). (J). 102p. 26.02 *(978-1-391-78997-2(0))*; 104p. pap. 9.57 *(978-1-391-78972-9(5))* Forgotten Bks.

Poems (Classic Reprint) Marianne Moore. (ENG., Illus.). (J). 2018. 28p. 24.47 *(978-0-267-72646-2(5))*; 2016. pap. 7.97 *(978-1-333-65057-5(4))* Forgotten Bks.

Poems (Classic Reprint) Allen Peabody. 2018. (ENG., Illus.). 40p. (J). 24.74 *(978-0-267-63029-5(8))* Forgotten Bks.

Poems (Classic Reprint) Phil Franklin Perry. 2018. (ENG., Illus.). 58p. (J). 25.09 *(978-0-484-33765-6(3))* Forgotten Bks.

Poems (Classic Reprint) Catharine Raymer. 2018. (ENG., Illus.). 50p. (J). 24.93 *(978-0-483-19172-3(8))* Forgotten Bks.

Poems (Classic Reprint) Fannie Sprague Talbot. 2019. (ENG., Illus.). 52p. (J). 24.97 *(978-0-483-86880-9(9))* Forgotten Bks.

Poems. Early Poems, Narrative Poems, & Sonnets. the First Volume. Matthew Arnold. 2017. (ENG., Illus.). (J). pap. *(978-0-649-67410-7(3))* Trieste Publishing Pty Ltd.

Poems Every Child Should Know. Ed Mary E Burt. 2017. (ENG.). 524p. (J). pap. *(978-93-86423-05-4(7))* Alpha Editions.

Poems Every Child Should Know. Joseph Pearce. 2023. (ENG.). 344p. (J). (gr. k). im. lthr. 29.95 ***(978-1-5051-2630-3(4)***, 3089) TAN Bks.

Poems Everyone Enjoys. Michael Rhithm. (ENG.). 104p. (YA). 2021. pap. *(978-1-008-97911-6(2))*; 2020. pap. 9.74 *(978-1-716-51553-8(X))*; 2020. 22.91 *(978-1-716-55356-1(3))* Lulu Pr., Inc.

Poems Everyone Enjoys: With Black & White Illustrations. Michael Rhithm. 2021. (ENG.). 104p. (YA). pap. *(978-1-008-97903-1(1))* Lulu Pr., Inc.

Poems Everyone Enjoys: With B/W Illustrations. Michael Rhithm. 2020. (ENG.). 104p. (YA). pap. 18.47 *(978-1-716-56791-9(2))* Lulu Pr., Inc.

Poems Everyone Enjoys: With Coloured Illustrations. Michael Rhithm. (ENG.). 104p. (YA). 2021. pap. *(978-1-008-97896-6(5))*; 2020. pap. 21.28 *(978-1-716-55337-0(7))* Lulu Pr., Inc.

Poems for Bedtime Children's Poetry Book. Debbie Brewer. 2019. (ENG.). 92p. (J). pap. *(978-0-244-76920-8(6))* Lulu Pr., Inc.

Poems for Kids. William Thombro. Illus. by Judy Huff. 2021. (ENG.). 50p. (J). pap. 11.99 *(978-1-0879-8536-7(6))* Indy Pub.

Poems for the Lost Souls. Nila Phillips. 2023. (ENG.). 58p. (YA). pap. ***(978-1-312-71617-9(7))*** Lulu Pr., Inc.

Poems for the Seasons, 1 vol. Illus. by Ellie Jenkins. 2017. (Poems Just for Me Ser.). (ENG.). 32p. (gr. 3-3). 28.93 *(978-1-4994-8387-1(2)*, 8bff6233-686e-42b0-bc40-1bf02ce1cd16, Windmill Bks.) Rosen Publishing Group, Inc., The.

Poems for the Young at Heart: And Other Poems. Tim Hopkins. 2021. (ENG.). 88p. (J). pap. *(978-1-911593-91-1(9))* Arena Bks.

Poems from the Sprawl. Mark Charron. 2020. (ENG.). 218p. (J). pap. *(978-1-716-66793-0(3))* Lulu Pr., Inc.

Poems in Prose (Classic Reprint) Ivan Tourgueneff. 2018. (ENG., Illus.). (J). 26.52 *(978-0-331-98062-2(2))* Forgotten Bks.

Poems Just for Me, 8 vols. 2017. (Poems Just for Me Ser.). 32p. (ENG.). (gr. 3-3). 115.72 *(978-1-4994-8273-7(6)*, c21c3700-fa03-4de9-ba37-0e6dde30ddd3); (gr. 7-8). pap. 40.00 *(978-1-4994-8407-6(0))* Rosen Publishing Group, Inc., The. (Windmill Bks.).

Poems of Chaucer: Selections from His Earlier & Later Works; Edited with Introduction, Biographical & Grammatical Notes & Glossary (Classic Reprint) Oliver Farrar Emerson. 2017. (ENG., Illus.). (J). 30.60 *(978-0-266-19492-7(3))*; pap. 13.57 *(978-0-282-82124-1(4))* Forgotten Bks.

Poems of Childhood (Classic Reprint) Harvey Monroe Miller. (ENG., Illus.). (J). 2018. 128p. 26.56 *(978-0-483-89466-2(4))*; 2016. pap. 9.57 *(978-1-333-41432-0(3))* Forgotten Bks.

Poems of Geoffrey Chaucer, Vol. 1 (Classic Reprint) Geoffrey Chaucer. 2017. (ENG., Illus.). (J). 31.71 *(978-0-265-26895-7(8))* Forgotten Bks.

Poems of Geoffrey Chaucer, Vol. 2 (Classic Reprint) Geoffrey Chaucer. 2018. (ENG., Illus.). 368p. (J). 31.49 *(978-0-265-21939-3(6))* Forgotten Bks.

Poems of God's Loving Promises. Dani R. Romero. 2023. (Wonderful Word Ser.: Vol. 2). (ENG.). 56p. (YA). 28.00 ***(978-1-954819-73-3(0))***; pap. 18.95 ***(978-1-954819-75-7(7))*** Briley & Baxter Publications.

Poems of H. C. Bunner. Henry Cuyler Bunner. 2017. (ENG.). 282p. (J). pap. *(978-3-7447-7010-1(9))* Creation Pubs.

Poems of H. C. Bunner. Brander Matthews & Henry Cuyler Bunner. 2017. (ENG.). 272p. (J). pap. *(978-3-7447-1086-2(6))* Creation Pubs.

Poems of Liberia. Sean McCollum. Illus. by Jesse Graber. 2022. (ENG.). 24p. (J). pap. ***(978-1-922835-32-1(3))*** Library For All Limited.

Poems of Max Ehrmann. Max Ehrmann. 2017. (ENG., Illus.). 200p. (J). pap. *(978-0-649-75674-2(6))* Trieste Publishing Pty Ltd.

Poems of Nature. Henry David Thoreau. 2023. (ENG.). 60p. (J). pap. ***(978-1-77441-976-2(9))*** Westland, Brian.

Poems of Praise & Wonder. Dani R. Romero. 2022. (Wonderful Word Ser.: Vol. 1). (ENG.). 60p. (J). 28.00 ***(978-1-954819-58-0(7))***; pap. 18.95 ***(978-1-954819-63-4(3))*** Briley & Baxter Publications.

Poems of Purpose. Kylon Sturrup. 2022. (ENG.). 24p. *(978-1-387-96290-7(6))* Lulu Pr., Inc.

Poems of the Farm: And Other Poems (Classic Reprint) Charles Nelson Johnson. 2018. (ENG., Illus.). 76p. (J). 25.46 *(978-0-483-48455-9(5))* Forgotten Bks.

Poems of the South, & Other Verse (Classic Reprint) William Lightfoot Visscher. 2016. (ENG., Illus.). (J). pap. 13.57 *(978-1-334-37605-4(0))* Forgotten Bks.

Poems of the Turf & Other Ballads (Classic Reprint) Em Pierce. 2018. (ENG., Illus.). 136p. (J). 26.72 *(978-0-483-97068-7(9))* Forgotten Bks.

Poems of Thomas Bailey Aldrich (Classic Reprint) Thomas Bailey Aldrich. 2018. (ENG., Illus.). 242p. (J). 28.89 *(978-0-484-18492-2(X))* Forgotten Bks.

Poems of Thomas Hood, Vol. 2: Poems of Wit & Humour (Classic Reprint) Thomas Hood. (ENG., Illus.). (J). 2018. 434p. 32.87 *(978-0-666-73481-5(X))*; 2016. pap. 16.57 *(978-1-334-14751-7(5))* Forgotten Bks.

Poems of Worth: With a Prose Supplement Adapted for Use in the Study of Oral English in Elementary Schools, Junior High Schools, & High Schools (Classic Reprint) Marjorie B. Rice. 2018. (ENG., Illus.). 288p. (J). 29.84 *(978-0-483-84417-9(9))* Forgotten Bks.

Poems, Plays & Essays (Classic Reprint) Oliver Goldsmith. 2017. (ENG., Illus.). (J). 32.89 *(978-0-260-62613-4(9))* Forgotten Bks.

Poems, Prose, & Verse: Book One. Adele Handfield. 2022. (ENG.). 56p. (J). pap. 12.50 *(978-1-4357-8897-8(4))* Lulu Pr., Inc.

Poems, Songs & Recitations in the Lancashire Dialect. James Brown. 2017. (ENG.). 70p. (J). pap. *(978-3-337-17599-3(6))* Creation Pubs.

Poems, Songs & Yarns (Classic Reprint) Olen Winfield Looker. 2018. (ENG., Illus.). 104p. (J). 26.04 *(978-0-483-92678-3(7))* Forgotten Bks.

Poems, Songs Recitations in the Lancashire Dialect (Classic Reprint) James Brown. 2018. (ENG., Illus.). 68p. (J). 25.30 *(978-0-332-24538-6(1))* Forgotten Bks.

Poems That Every Child Should Know: A Selection of the Best Poems of All Times for Young People (Classic Reprint) Mary Elizabeth Burt. 2018. (ENG., Illus.). 384p. (J). 31.84 *(978-0-364-78617-8(5))* Forgotten Bks.

Poems That Touch the Soul. D. H. Reid. 2021. (ENG.). 77p. (YA). pap. *(978-1-6780-7973-4(1))* Lulu Pr., Inc.

Poems to Grow By. Patricia Maurice. 2020. (ENG.). 74p. (J). *(978-1-716-84079-1(1))* Lulu Pr., Inc.

Poems to Live Your Life By. Chris Riddell. 2019. (ENG., Illus.). 208p. (YA). (gr. 7-17). 14.99 *(978-1-4197-4121-0(7)*, 1304101, Amulet Bks.) Abrams, Inc.

Poems to Play/Poemas para Jugar. Bertha Jacobson. 2019. (ENG.). 58p. (J). pap. *(978-0-359-33435-3(0))* Lulu Pr., Inc.

Poems to Read to Children (you Should Read Them to Eachother Too) Jason Gold. 2022. (ENG.). 36p. (J). pap. 7.77 *(978-1-4357-8109-2(0))* Lulu Pr., Inc.

Poems to Remember Me By. Justin A. Guerra. 2023. (ENG.). 136p. (YA). 24.95 ***(978-1-0881-1348-6(6))*** Guerra, Justin A.

Poems; Two Men of Sandy Bar; Stories & Poems & Other Uncollected Writings (Classic Reprint) Bret Harte. (ENG., Illus.). (J). 2018. 926p. 43.00 *(978-0-364-15783-1(6))*; 2017. pap. 25.34 *(978-0-259-30961-1(3))* Forgotten Bks.

Poenamo. John Logan Campbell. 2017. (ENG.). 372p. (J). pap. *(978-3-337-00880-2(1))* Creation Pubs.

Poenamo: Sketches of the Early Days of New Zealand; Romance & Reality of Antipodean Life in the Infancy of a New Colony (Classic Reprint) John Logan Campbell. 2017. (ENG., Illus.). (J). 31.63 *(978-0-265-27390-6(0))* Forgotten Bks.

Poe's Road Trip to Ravens Gameday. Poe. 2016. (ENG., Illus.). (J). (gr. -1-3). 14.95 *(978-1-63177-812-4(9))* Amplify Publishing Group.

POESÍA ESPAÑOLA PARA JÓVENES. Ana Maria Pelegrin. 11th ed. 2016. (SPA., Illus.). 148p. (J). 19.95 *(978-84-204-6501-2(1)*, Alfaguara Juvenil) Ediciones Alfaguara ESP. Dist: Santillana USA Publishing Co., Inc.

Poesie Musicali Dei Secoli XIV, XV e XVI: Tratte Da Vari Codici (Classic Reprint) Antonio Cappelli. (ITA., Illus.). (J). 2018. 294p. 29.98 *(978-0-484-10166-0(8))*; 2018. 80p. 25.65 *(978-0-656-21779-3(0))*; 2017. pap. 9.57 *(978-0-282-49684-5(X))*; 2016. pap. 13.57 *(978-1-334-32513-7(8))* Forgotten Bks.

Poesies de Marie de France, Poete Anglo-Normand du Xiiie Siecle, Ou Recueil de Lais, Fables et Autres Productions de Cette Femme Celebre, Vol. 1: Publiees d'Apres les Manuscrits de France et d'Angleterre, Avec une Notice Sur la Vie et les Ouvrages. Marie De France. 2017. (FRE., Illus.). (J). 36.17 *(978-0-265-44852-6(2))*; pap. 19.57 *(978-0-259-94675-5(3))* Forgotten Bks.

Poésies de Marie de France, Vol. 2: Poète Anglo-Normand du Xiiie Siècle, Ou Recueil de Lais, Fables et Autres Productions de Cette Femme Celebre (Classic Reprint) Jean Baptiste Bonaventure de Roquefort. 2018. (FRE., Illus.). (J). 522p. 34.66 *(978-1-391-73321-0(5))*; 524p. pap. 19.57 *(978-1-390-79548-6(9))* Forgotten Bks.

Poésies Diverses: Contenant des Contes Choisies, Bons Mots, Traits d'Histoire et de Morale, Madrigaux, Épigrammes, et Sonnets (Classic Reprint) Baraton Baraton. 2019. (FRE., Illus.). (J). 386p. 31.88 *(978-1-397-27729-9(7))*; 388p. pap. 16.57 *(978-1-397-27703-9(3))* Forgotten Bks.

Poesies Diverses: Contenant des Contes Choisis, Bons Mots, Traits d'Histoire et de Morale, Madrigaux, Epigrammes, et Sonnets (Classic Reprint) M. Baraton. (FRE., Illus.). (J). 2018. 392p. 31.98 *(978-0-666-08217-6(0))*; 2016. pap. 16.57 *(978-1-333-12875-3(4))* Forgotten Bks.

Poésies inédites du Moyen Âge: Précédées d'une Histoire de la Fable Ésopique (Classic Reprint) Édélestand Du Meril. 2018. (FRE., Illus.). (J). 460p. 33.38 *(978-1-396-15744-8(1))*; 462p. pap. 16.57 *(978-1-390-38896-1(4))*; 518p. pap. 16.97 *(978-1-391-11463-7(9))* Forgotten Bks.

Poesy Ring: A Love Story. Bob Graham. Illus. by Bob Graham. 2018. (ENG., Illus.). 40p. (J). (-k). 16.99 *(978-0-7636-9884-3(9))* Candlewick Pr.

Poesy the Monster Slayer. Cory Doctorow. Illus. by Matt Rockefeller. 2020. (ENG.). 40p. (J). 18.99 *(978-1-62672-362-7(1)*, 900154794, First Second Bks.) Roaring Brook Pr.

Poet: The Remarkable Story of George Moses Horton. Don Tate. ed. 2019. (ENG.). 34p. (J). (gr. k-1). 21.39 *(978-1-64310-849-0(2))* Penworthy Co., LLC, The.

Poet & Merchant (Classic Reprint) B. Auerbach. 2018. (ENG., Illus.). 476p. (J). 33.73 *(978-0-332-46853-2(4))* Forgotten Bks.

Poet & Peer, Vol. 1 of 3 (Classic Reprint) Hamilton Aide. (ENG., Illus.). (J). 2018. 320p. 30.52 *(978-0-483-75364-8(5))*; 2017. pap. 13.57 *(978-0-243-38772-4(5))* Forgotten Bks.

Poet & Peer, Vol. 2 of 3 (Classic Reprint) Hamilton Aide. (ENG., Illus.). (J). 2018. 318p. 30.46 *(978-0-484-05812-4(6))*; 2017. pap. 13.57 *(978-0-243-46778-5(8))* Forgotten Bks.

Poet & the Parish (Classic Reprint) Mary Moss. 2018. (ENG., Illus.). 338p. (J). 30.87 *(978-0-483-88931-6(8))* Forgotten Bks.

Poet Anderson ... in Darkness. Tom DeLonge & Suzanne Young. 2018. (Poet Anderson Ser.: 2). (ENG.). 280p. (YA). 17.99 *(978-1-943272-32-7(8))* To The Stars...

Poet at the Breakfast-Table (Classic Reprint) Oliver Wendell Holmes, Sr. 2018. (ENG., Illus.). 426p. (J). 32.68 *(978-0-365-03621-0(8))* Forgotten Bks.

Poet at the Breakfast Table, Vol. 1 (Classic Reprint) Oliver Wendell Holmes, Sr. 2017. (ENG., Illus.). (J). 256p. 29.18 *(978-0-265-67678-3(9))*; 258p. pap. 11.57 *(978-1-5276-4750-3(1))* Forgotten Bks.

Poet at the Breakfast Table, Vol. 2 (Classic Reprint) Oliver Wendell Holmes, Sr. (ENG., Illus.). (J). 2018. 270p. 29.49 *(978-0-364-02828-5(9))*; 2017. pap. 11.97 *(978-0-243-89587-8(9))* Forgotten Bks.

Poet at the Breakfast Table. Vol I. Oliver Wendell Holmes, Sr. 2017. (ENG., Illus.). (J). pap. *(978-0-649-67531-9(2))* Trieste Publishing Pty Ltd.

Poet at the Breakfast Table, Vol. I, Pp. 1-255. Oliver Wendell Holmes, Sr. 2017. (ENG., Illus.). (J). pap. *(978-0-649-67532-6(0))* Trieste Publishing Pty Ltd.

Poet (Classic Reprint) Meredith Nicholson. (ENG., Illus.). (J). 2018. 220p. 28.43 *(978-0-428-24169-8(7))*; 2018. 204p. 28.10 *(978-0-483-49584-5(0))*; 2017. pap. 10.97 *(978-0-243-29974-4(5))* Forgotten Bks.

Poet Lore, 1907, Vol. 18 (Classic Reprint) Unknown Author. 2018. (ENG., Illus.). 56p. (J). 25.05 *(978-0-484-63110-5(1))* Forgotten Bks.

Poet Lore, 1911, Vol. 22: When the New Wine Blooms (Classic Reprint) Bjornstjerne Bjornson. 2018. (ENG., Illus.). 84p. (J). 25.63 *(978-0-484-74154-5(3))* Forgotten Bks.

Poet Lore, 1935, Vol. 42: A Magazine of Letters; Winter Issue (Classic Reprint) John Heard. (ENG., Illus.). (J). 2018. 106p. 26.08 *(978-0-484-68859-8(6))*; 2017. pap. 9.57 *(978-0-243-28619-5(8))* Forgotten Bks.

Poet Lore, 1935, Vol. 42: World Literature & the Drama; Spring Issue (Classic Reprint) John Heard. (ENG., Illus.). (J). 2018. 104p. 26.04 *(978-0-656-34021-7(5))*; 2017. pap. 9.57 *(978-0-243-33656-2(X))* Forgotten Bks.

Poet Lore, 1936, Vol. 43: A Magazine of Letters (Classic Reprint) John Heard. (ENG., Illus.). (J). 2018. 108p. 26.12 *(978-0-483-48917-2(4))*; 2017. pap. 9.57 *(978-0-243-01384-5(1))* Forgotten Bks.

Poet Lore, Vol. 28: A Magazine of Letters; January-December, 1917 (Classic Reprint) Charlotte Porter. 2017. (ENG., Illus.). (J). 40.05 *(978-0-265-78369-6(0))*; pap. 23.57 *(978-0-243-08918-5(X))* Forgotten Bks.

Poet Lore, Vol. 31: A Magazine of Letters; January-December, 1920 (Classic Reprint) Charlotte Porter. 2017. (ENG., Illus.). (J). 37.30 *(978-0-265-30149-4(1))*; pap. 19.97 *(978-0-243-53148-6(6))* Forgotten Bks.

Poet Lore, Vol. 45: World Literature & the Drama; Summer-Autumn, 1939 (Classic Reprint) Eisig Silberschlag. 2018. (ENG., Illus.). (J). 138p. 26.74 *(978-0-332-04970-0(1))*; 140p. pap. 9.57 *(978-0-243-48771-4(1))* Forgotten Bks.

Poet Lore, Vol. 46: A Quarterly of World Literature; Autumn, 1940 (Classic Reprint) John Heard. (ENG., Illus.). (J). 2018. 124p. 26.45 *(978-0-666-99327-4(0))*; 2017. pap. 9.57 *(978-0-243-48588-8(3))* Forgotten Bks.

Poet Lore, Vol. 47: A Quarterly of World Literature; Summer, 1941 (Classic Reprint) John Heard. (ENG., Illus.). (J). 2018. 118p. 26.33 *(978-0-267-09690-9(9))*; 2017. pap. 9.57 *(978-0-243-48504-8(2))* Forgotten Bks.

Poet Lore, Vol. 47: World Literature & the Drama; Spring 1941 (Classic Reprint) John Heard. (ENG., Illus.). (J). 2018. 104p. 26.04 *(978-0-364-02107-1(1))*; 2017. pap. 9.57 *(978-0-243-51958-3(3))* Forgotten Bks.

Poet, Miss. Kate & I (Classic Reprint) Margaret P. Montague. 2018. (ENG., Illus.). 200p. (J). 28.02 *(978-0-484-55039-0(X))* Forgotten Bks.

Poet of the Air: Letters of Jack Morris Wright, First Lieutenant of the American Aviation in France, April, 1917-January, 1918 (Classic Reprint) Jack Morris Wright. 2017. (ENG., Illus.). (J). 29.57 *(978-0-260-89585-1(7))*; pap. 11.97 *(978-1-5276-8985-5(9))* Forgotten Bks.

Poet Princess. Saraliza Anzaldua. 2019. (ENG.). 32p. (J). pap. 9.00 *(978-0-359-74815-0(5))* Lulu Pr., Inc.

Poet X. Elizabeth Acevedo. 2019. (SPA.). 352p. (YA). (gr. 9-12). pap. 15.95 *(978-84-92918-64-5(0)*, Puck) Ediciones Urano S. A. ESP. Dist: Spanish Pubs., LLC.

Poet X. Elizabeth Acevedo. 2023. 361p. (J). ***(978-0-06-332443-5(1)***, HarperTeen); 2020. (ENG.). 384p. (YA). (gr. 8). pap. 15.99 *(978-0-06-266281-1(3)*, Quill Tree Bks.); 2018. (ENG.). 368p. (YA). (gr. 8). 18.99 *(978-0-06-266280-4(5)*, Quill Tree Bks.) HarperCollins Pubs.

Poet X. Elizabeth Acevedo. 2020. (ENG.). 384p. lib. bdg. 24.50 *(978-1-6636-0013-4(9))* Turtleback Bks. Publishing, Ltd.

Poetas Famosos Del Siglo XIX: Sus Vidas y Sus Obras (Classic Reprint) Enrique Pineyro. 2018. (SPA., Illus.). (J). 380p. 31.73 *(978-1-396-83084-6(7))*; 376p. 31.67 *(978-1-396-83086-0(3))*; 382p. pap. 16.57 *(978-1-396-83044-0(8))*; 378p. pap. 16.57 *(978-1-396-83059-4(6))* Forgotten Bks.

Poetic Journey Around the World. Tina Michelle Henriot. 2020. (ENG.). 38p. (J). pap. 16.95 *(978-1-6642-1240-4(X)*, WestBow Pr.) Author Solutions, LLC.

Poetic Memoirs of the World War, Vol. 1 (Classic Reprint) James Trewartha. 2018. (ENG., Illus.). 346p. (J). 31.03 *(978-0-483-57929-3(7))* Forgotten Bks.

Poetic Parallels & Similes in Song (Classic Reprint) Chester Smith Percival. 2018. (ENG., Illus.). (J). 206p. 28.15 *(978-1-391-23431-1(6))*; 208p. pap. 10.57 *(978-1-390-96551-3(1))* Forgotten Bks.

Poetic Reader: Containing Selections from the Most Approved Authors, Designed for Exercises in Reading, Singing, Parsing, Hermeneutics, Rhetoric & Punctuation; to Which Are Prefixed Directions for Reading (Classic Reprint) Joseph Emerson. 2017. (ENG., Illus.). (J). 26.19 *(978-0-331-75182-6(8))*; pap. 9.57 *(978-0-259-27452-0(6))* Forgotten Bks.

Poetic Story Wonderland. Louise Nicholson. Illus. by Brenda Lee Thomas. 2022. (ENG.). 78p. (J). pap. *(978-0-6397-1025-9(5))* Pro Christo Publications.

Poetic Trifles: For Young Gentlemen & Ladies (Classic Reprint) Unknown Author. 2018. (ENG., Illus.). 20p. (J). 24.31 *(978-0-267-51713-8(0))* Forgotten Bks.

Poetic Visions: Beyond Expression. Gary Simmons. 2020. (ENG.). 152p. (J). pap. 15.99 *(978-1-393-16308-4(4))* Draft2Digital.

Poetical & Prose Works of Oliver Goldsmith: With Life (Classic Reprint) Oliver Goldsmith. (ENG., Illus.). (J). 2018. 592p. 36.11 *(978-0-484-44179-7(5))*; 2016. pap. 19.57 *(978-1-334-23528-3(7))* Forgotten Bks.

Poetical Directory of Penetanguishene & Business Men of the Surrounding Country (Classic Reprint) A. G. Churchill. 2017. (ENG., Illus.). (J). 24.68 *(978-0-265-83469-5(4))*; pap. 7.97 *(978-1-5277-8853-4(9))* Forgotten Bks.

Poetical Miscellanies: Consisting of Original Poems & Translations (Classic Reprint) Richard Steele. (ENG., Illus.). (J). 2018. 368p. 31.49 *(978-0-365-20419-0(6))*; 2017. pap. 13.97 *(978-0-259-38355-0(4))* Forgotten Bks.

Poetical Picture of America: Being Observations Made, During a Residence of Several Years, at Alexandria, & Norfolk, in Virginia; Illustrative of the Manners & Customs of the Inhabitants (Classic Reprint) A. Lady. 2017. (ENG., Illus.). (J). 27.88 *(978-0-265-20294-4(9))*; pap. 10.57 *(978-1-5276-5754-0(X))* Forgotten Bks.

Poetical Sketches: The Profession; the Broken Heart, etc;; with Stanzas for Music; & Other Poems (Classic Reprint) Alaric Alexander Watts. 2018. (ENG., Illus.). 206p. (J). 28.15 *(978-0-365-09919-2(8))* Forgotten Bks.

Poetical Version of the Fables of Phaedrus (Classic Reprint) Frederick Toller. 2017. (ENG., Illus.). (J). 29.51 *(978-0-260-51657-2(0))* Forgotten Bks.

Poetical Works of Alfred Tennyson. Alfred Tennyson. 2017. (ENG.). (J). 412p. pap. *(978-3-337-33080-4(0))*; 272p. pap. *(978-3-337-33081-1(9))*; 252p. pap. *(978-3-337-33082-8(7))*; 330p. pap. *(978-3-337-20189-0(X))* Creation Pubs.

Poetical Works of Alfred Tennyson, Poet Laureate, etc, Vol. 1 of 2 (Classic Reprint) Alfred Tennyson. 2018. (ENG., Illus.). (J). 384p. 31.82 *(978-1-396-80265-2(7))*; 386p. pap. 16.57 *(978-1-396-80240-9(1))* Forgotten Bks.

Poetical Works of Geoff. Chaucer, Vol. 1 Of 14: The Miscellaneous Pieces from Urry's Edition 1721, the Canterbury Tales from Tyrwhitt's Edition 1775 (Classic Reprint) Geoffrey Chaucer. 2017. (ENG., Illus.). (J). 34.50 *(978-0-265-68339-2(4))*; pap. 16.97 *(978-1-5276-5737-3(X))* Forgotten Bks.

Poetical Works of Geoff. Chaucer, Vol. 3 Of 14: The Miscellaneous Pieces, from Urry's Edition 1721, the Canterbury Tales, from Tyrwhitt's Edition 1775 (Classic Reprint) Geoffrey Chaucer. (ENG., Illus.). (J). 2018. 462p. 33.45 *(978-0-364-49520-9(0))*; 2017. pap. 16.57 *(978-0-259-37531-9(4))* Forgotten Bks.

Poetical Works of Geoff. Chaucer, Vol. 3 Of 14: The Miscellaneous Pieces from Urry's Edition 1721; the Canterbury Tales from Tyrwhitt's Edition 1775 (Classic Reprint) Geoffrey Chaucer. 2017. (ENG., Illus.). (J). 33.34 *(978-0-266-60016-9(6))*; pap. 16.57 *(978-0-282-92672-4(0))* Forgotten Bks.

Poetical Works of Geoffrey Chaucer. Geoffrey Chaucer. 2017. (ENG.). (J). 380p. pap. *(978-3-337-12433-5(X))*; 306p. pap. *(978-3-337-12436-6(4))* Creation Pubs.

Poetical Works of Geoffrey Chaucer: A New Text, with Illustrative Notes (Classic Reprint) Geoffrey Chaucer. 2017. (ENG., Illus.). (J). 37.32 *(978-0-265-38631-6(4))* Forgotten Bks.

Poetical Works of Geoffrey Chaucer: With an Essay on His Language & Versification, & an Introductory Discourse; Together with Notes & a Glossary (Classic Reprint) Geoffrey Chaucer. 2016. (ENG., Illus.). (J). pap. 19.57 *(978-1-334-35762-6(5))* Forgotten Bks.

Poetical Works of Geoffrey Chaucer, Vol. 1: Edited with a Memoir (Classic Reprint) Robert Bell. 2018. (ENG., Illus.). 280p. (J). 29.69 *(978-0-267-82535-6(8))* Forgotten Bks.

Poetical Works of Geoffrey Chaucer, Vol. 1: With Poems Formerly Printed with His or Attributed to Him (Classic Reprint) Robert Bell. 2018. (ENG., Illus.). 528p. (J). 34.79 *(978-0-483-18974-4(X))* Forgotten Bks.

Poetical Works of Geoffrey Chaucer, Vol. 1: With Poems Formerly Printed with His or Attributed to Him (Classic Reprint) Geoffrey Chaucer. 2017. (ENG., Illus.). (J). 35.49 *(978-0-331-94173-9(2))*; pap. 19.57 *(978-0-331-94161-6(9))* Forgotten Bks.

Poetical Works of Geoffrey Chaucer, Vol. 1 (Classic Reprint) Geoffrey Chaucer. 2018. (ENG., Illus.). 328p. (J). pap. 13.57 *(978-1-391-26310-6(3))* Forgotten Bks.

Poetical Works of Geoffrey Chaucer, Vol. 1 Of 3: To Which Are Appended Poems Attributed to Chaucer (Classic Reprint) Geoffrey Chaucer. (ENG., Illus.). (J). 2017. 38.89 *(978-0-266-39963-6(0))*; 2016. pap. 23.57 *(978-1-333-32099-7(X))* Forgotten Bks.

Poetical Works of Geoffrey Chaucer, Vol. 11 Of 14: Containing His Miscellaneous Pieces, Viz; Dreames, Assemble of Foules, Pyte Is Dede, Cuckowe & Nightingale; Gode Counsaile; a, B, C, &C (Classic Reprint) Geoffrey Chaucer. 2016. (ENG., Illus.). (J). pap. 13.97 *(978-1-332-89249-5(3))* Forgotten Bks.

Poetical Works of Geoffrey Chaucer, Vol. 13: Containing His Miscellaneous Pieces, Viz. Boke of Fame, in Three Bokes, Balades, Wordes to A. Scrivenere, Together with Testimonies of Learned Men Concerning Chaucer & His Works, &C. &C. &C. Geoffrey Chaucer. 2016. (ENG., Illus.). (J). pap. 16.57 *(978-1-333-91536-0(5))* Forgotten Bks.

Poetical Works of Geoffrey Chaucer, Vol. 2: Edited with a Memoir (Classic Reprint) Robert Bell. 2018. (ENG., Illus.). 264p. (J). 29.36 *(978-0-666-68328-1(X))* Forgotten Bks.

Poetical Works of Geoffrey Chaucer, Vol. 2: With Memoir by Sir Harris Nicolas (Classic Reprint) Geoffrey Chaucer. (ENG., Illus.). (J). 2018. 384p. 31.84 *(978-1-396-43963-6(3))*; 2018. 386p. pap. 16.57 *(978-1-391-08018-5(1))*; 2017. 384p. 31.84 *(978-0-332-23542-4(4))*; 2017. 386p. pap. 16.57 *(978-0-332-22330-8(2))* Forgotten Bks.

Poetical Works of Geoffrey Chaucer, Vol. 2 (Classic Reprint) Richard Morris. 2017. (ENG., Illus.). (J). 31.84 *(978-0-265-21735-1(0))* Forgotten Bks.

Poetical Works of Geoffrey Chaucer, Vol. 2 Of 3: To Which Are Appended Poems Attributed to Chaucer (Classic Reprint) Geoffrey Chaucer. 2017. (ENG., Illus.). (J). 38.27 *(978-0-266-37161-8(2))* Forgotten Bks.

Poetical Works of Geoffrey Chaucer, Vol. 3: Edited with a Memoir (Classic Reprint) Geoffrey Chaucer. 2018. (ENG., Illus.). 256p. (J). 29.20 *(978-0-666-70306-4(X))* Forgotten Bks.

Poetical Works of Geoffrey Chaucer, Vol. 3: With Poems Formerly Printed with His, or Attributed to Him (Classic Reprint) Geoffrey Chaucer. 2018. (ENG., Illus.). (J). 546p. 35.16 *(978-0-428-83861-4(8))*; 548p. pap. 19.57 *(978-0-428-83775-4(1))* Forgotten Bks.

Poetical Works of Geoffrey Chaucer, Vol. 3 (Classic Reprint) Geoffrey Chaucer. 2017. (ENG., Illus.). (J). 31.94 *(978-0-265-21481-7(5))*; 27.82 *(978-0-331-86910-1(1))*; pap. 10.57 *(978-0-331-86907-1(1))* Forgotten Bks.

Poetical Works of Geoffrey Chaucer, Vol. 3 Of 3: To Which Are Appended Poems Attributed to Chaucer (Classic Reprint) Geoffrey Chaucer. 2018. (ENG., Illus.). (J). 718p. 38.71 *(978-1-391-49947-5(6))*; 720p. pap. 23.57 *(978-1-391-03928-2(9))* Forgotten Bks.

Poetical Works of Geoffrey Chaucer, Vol. 3 Of 4: With Poems Formerly Printed with His or Attributed to Him (Classic Reprint) Robert Bell. 2018. (ENG., Illus.). 538p. (J). 34.99 *(978-0-656-66646-1(3))* Forgotten Bks.

Poetical Works of Geoffrey Chaucer, Vol. 4: With Memoir (Classic Reprint) Geoffrey Chaucer. 2018. (ENG., Illus.). (J). 380p. 31.75 *(978-1-396-80831-9(0))*; 382p. pap. 16.57 *(978-1-396-80798-5(5))* Forgotten Bks.

Poetical Works of Geoffrey Chaucer, Vol. 4: With Poems Formerly Printed with His or Attributed to Him (Classic Reprint) Robert Bell. 2017. (ENG., Illus.). (J). 518p. 34.60 *(978-0-484-73252-9(8))*; pap. 16.97 *(978-0-259-78676-4(4))* Forgotten Bks.

Poetical Works of Geoffrey Chaucer, Vol. 4: With Poems Formerly Printed with His or Attributed to Him; Edited, with a Memoir (Classic Reprint) Geoffrey Chaucer. (ENG., Illus.). (J). 2018. 550p. 35.24 *(978-0-666-10833-3(1))*; 2017. pap. 19.57 *(978-0-259-98545-7(7))* Forgotten Bks.

Poetical Works of Geoffrey Chaucer, Vol. 4 of 6 (Classic Reprint) Geoffrey Chaucer. 2017. (ENG., Illus.). (J). 31.71 *(978-0-265-19890-2(9))* Forgotten Bks.

Poetical Works of Geoffrey Chaucer, Vol. 5: Edited with a Memoir (Classic Reprint) Robert Bell. 2018. (ENG., Illus.). 268p. (J). 29.34 *(978-0-428-38223-0(1))* Forgotten Bks.

Poetical Works of Geoffrey Chaucer, Vol. 5 (Classic Reprint) Geoffrey Chaucer. 2016. (ENG., Illus.). (J). pap. 13.57 *(978-1-334-38350-2(2))* Forgotten Bks.

Poetical Works of Geoffrey Chaucer, Vol. 5 (Classic Reprint) Geoffrey Chaucer. (ENG., Illus.). (J). 2018. 526p. 34.77 *(978-0-666-92977-8(7))*; 2017. pap. 19.57 *(978-0-243-08200-1(2))* Forgotten Bks.

Poetical Works of Geoffrey Chaucer, Vol. 5 (Classic Reprint) Richard Morris. 2017. (ENG., Illus.). (J). 31.59 *(978-0-265-20154-1(3))* Forgotten Bks.

Poetical Works of Geoffrey Chaucer, Vol. 6: Containing His Canterbury Tales, Viz. Cokes Tale of Camel, Plowman's Tale, the Pardon & Tapst, the March Second Tale, &C. &C. &C (Classic Reprint) Geoffrey Chaucer. 2017. (ENG., Illus.). (J). 29.49 *(978-0-331-75020-1(1))* Forgotten Bks.

Poetical Works of Geoffrey Chaucer, Vol. 6 (Classic Reprint) Geoffrey Chaucer. 2018. (ENG., Illus.). 266p. (J). 29.40 *(978-0-666-76233-7(3))* Forgotten Bks.

Poetical Works of Geoffrey Chaucer, Vol. 6 (Classic Reprint) Geoffrey Chaucer. 2018. (ENG., Illus.). 298p. (J). 30.04 *(978-0-365-33648-8(3))* Forgotten Bks.

Poetical Works of Geoffrey Chaucer, Vol. 6 (Classic Reprint) Richard Morris. 2018. (ENG., Illus.). 332p. (J). 30.83 *(978-0-428-19256-3(4))* Forgotten Bks.

Poetical Works of Geoffrey Chaucer, Vol. 7: Edited with a Memoir (Classic Reprint) Geoffrey Chaucer. 2018. (ENG., Illus.). 552p. (J). 35.30 *(978-0-666-97382-5(2))* Forgotten Bks.

Poetical Works of Geoffrey Chaucer, Vol. 7 Of 14: Containing His Miscellaneous Pieces, Viz. the Romaunt of the Rose (Classic Reprint) Geoffrey Chaucer. 2018. (ENG., Illus.). (J). 410p. 32.35 *(978-0-366-18695-2(7))*; 412p. pap. 16.57 *(978-0-366-18693-8(0))* Forgotten Bks.

Poetical Works of Geoffrey Chaucer, Vol. 8: Edited with a Memoir (Classic Reprint) Robert Bell. 2018. (ENG., Illus.). 284p. (J). 29.75 *(978-0-267-48436-2(4))* Forgotten Bks.

Poetical Works of Geoffrey Chaucer, Vol. 9 Of 14: The Miscellaneous Pieces, Viz. , Troilus & Creseide (Classic Reprint) Geoffrey Chaucer. 2018. (ENG., Illus.). 396p. (J). pap. 16.57 *(978-1-391-23503-5(7))* Forgotten Bks.

Poetical Works of Geoffrey Chaucer, Volume VII. Robert Bell. 2017. (ENG., Illus.). (J). pap. *(978-0-649-12158-8(9))* Trieste Publishing Pty Ltd.

Poetical Works of George MacDonald; Volume 2. George MacDonald. 2017. (ENG., Illus.). (J). 29.95 *(978-1-374-88926-2(1))*; pap. 19.95 *(978-1-374-88925-5(3))* Capital Communications, Inc.

Poetical Works of James R. Lowell, Vol. 2 of 2 (Classic Reprint) Bryan Carson. (ENG., Illus.). (J). 2018. 326p. 30.64 *(978-0-364-53789-3(2))*; 2016. pap. 13.57 *(978-1-333-44170-8(3))* Forgotten Bks.

Poetical Works of Lucy Larcom (Classic Reprint) Lucy Larcom. 2018. (ENG., Illus.). 362p. (J). 31.38 *(978-0-364-49730-2(0))* Forgotten Bks.

Poetical Works of Lucy Larcom; Household Edition. Lucy Larcom. 2017. (ENG., Illus.). 348p. (J). pap. *(978-0-649-75795-4(5))* Trieste Publishing Pty Ltd.

Poetical Works of Newton Goodrich (Classic Reprint) Henry Newton Goodrich. 2018. (ENG., Illus.). 478p. (J). 33.94 *(978-0-265-17384-8(1))* Forgotten Bks.

Poetical Works of Robert Browning. Robert Browning. 2017. (ENG.). (J). 320p. pap. *(978-3-337-14231-5(1))*; 296p. pap. *(978-3-337-14233-9(8))*; 316p. pap. *(978-3-337-14234-6(6))*; 332p. pap. *(978-3-337-14235-3(4))* Creation Pubs.

Poetical Works of Robert Browning, Vol. 8: The Ring & the Book (Classic Reprint) Robert Browning. 2017. (ENG., Illus.). (J). 29.40 *(978-0-266-18416-4(2))* Forgotten Bks.

Poetical Works of Robert Browning, Vol. 9 (Classic Reprint) Robert Browning. 2017. (ENG., Illus.). (J). 30.58 *(978-1-5281-9032-9(7))* Forgotten Bks.

Poetical Works of the Late Mrs. Mary Robinson, Vol. 2 Of 3: Including Many Pieces Never Before Published (Classic Reprint) Mary Robinson. 2019. (ENG., Illus.). 390p. (J). 31.96 *(978-0-365-26788-1(0))* Forgotten Bks.

Poetical Works of the Late Mrs. Mary Robinson, Vol. 3 Of 3: Including Many Pieces Never Before Published (Classic Reprint) Mary Robinson. 2018. (ENG., Illus.). 324p. (J). 30.58 *(978-0-365-25419-5(3))* Forgotten Bks.

Poetical Works of Thomas Hood, Vol. 3 Of 4: With Some Account of the Author (Classic Reprint) Thomas Hood. 2018. (ENG., Illus.). 288p. (J). 29.86 *(978-0-483-67645-9(4))* Forgotten Bks.

Poetical Works of Thomas Wood, Vol. 5: With Some Account of the Author (Classic Reprint) Thomas Wood. (ENG., Illus.). (J). 2018. 362p. 31.38 *(978-0-332-62485-3(4))*; 2017. pap. 13.97 *(978-0-243-41800-8(0))* Forgotten Bks.

Poetical Works of William Henry Drummond (Classic Reprint) William Henry Drummond. 2017. (ENG., Illus.). (J). 34.11 *(978-0-266-17280-2(6))* Forgotten Bks.

Poetical Works of with a Memoir, Vol. 3 (Classic Reprint) Robert Bell. 2017. (ENG., Illus.). (J). 35.36 *(978-0-265-21267-7(7))* Forgotten Bks.

Poetree. Shauna LaVoy Reynolds. Illus. by Shahrzad Maydani. 2019. 32p. (J). (gr. -1-3). 17.99 *(978-0-399-53912-1(3)*, Dial Bks) Penguin Young Readers Group.

Poetry. Jennifer Joline Anderson. 2016. (Essential Literary Genres Ser.). (ENG., Illus.). 112p. (J). (gr. 6-12). lib. bdg. 41.36 *(978-1-68078-382-7(3)*, 23529, Essential Library) ABDO Publishing Co.

Poetry a-Z with Mr. E. Ebria D. Keiffer, Il. Illus. by Elena Yalcin. 2021. (ENG.). 30p. (J). pap. 15.00 *(978-1-7379444-7-8(2))* Mystical Publishing.

Poetry an' Rot (Classic Reprint) John Edward Hazzard. 2017. (ENG., Illus.). (J). 24.76 *(978-0-266-18819-3(2))*; pap. 7.97 *(978-1-5278-6635-5(1))* Forgotten Bks.

Poetry & Symbolism of Indian Basketry (Classic Reprint) George Wharton James. 2018. (ENG., Illus.). 48p. (J). 24.89 *(978-0-267-48720-2(7))* Forgotten Bks.

Poetry Beyond Thoughts: Poetry. Chrystal Lavoie. 2022. (ENG.). 82p. (J). pap. 13.72 *(978-1-6781-5198-0(X))* Lulu Pr., Inc.

Poetry for Children (Classic Reprint) Unknown Author. 2018. (ENG., Illus.). 292p. (J). 29.94 *(978-0-483-90421-7(X))* Forgotten Bks.

Poetry for Children (Classic Reprint) Charles Lamb. 2018. (ENG., Illus.). 250p. (J). 29.05 *(978-0-267-65537-3(1))* Forgotten Bks.

Poetry for Children (Classic Reprint) Samuel Eliot. (ENG., Illus.). (J). 2019. 128p. 26.54 *(978-0-365-19551-1(0))*; 2016. pap. 9.57 *(978-1-334-12024-4(2))* Forgotten Bks.

Poetry for Junior Students. Sister Anna Louise. 2019. (ENG., Illus.). 176p. (J). pap. 11.95 *(978-1-64051-086-9(9))* St. Augustine Academy Pr.

Poetry for Kids: Carl Sandburg. Carl. Sandburg. Ed. by Kathryn Benzel. Illus. by Robert Crawford. 2017. (Poetry for Kids Ser.). (ENG.). 48p. (J). (gr. 3-8). 17.95 *(978-1-63322-151-2(2)*, 224355, Moondance) Quarto Publishing Group USA.

Poetry for Kids: Emily Dickinson. Emily Dickinson. Ed. by Susan Snively. Illus. by Christine Davenier. 2016. (Poetry for Kids Ser.). (ENG.). 48p. (J). (gr. 3-7). 17.95 *(978-1-63322-117-8(2)*, 223805, Moondance) Quarto Publishing Group USA.

Poetry for Kids: Robert Frost. Robert Frost. Ed. by Jay Parini. Illus. by Michael Paraskevas. 2017. (Poetry for Kids Ser.). (ENG.). 48p. (J). (gr. 3-8). 17.95 *(978-1-63322-220-5(9)*, 224898, Moondance) Quarto Publishing Group USA.

Poetry for Kids: William Shakespeare. William Shakespeare & Marguerite Tassi. Ed. by Marguerite Tassi. Illus. by Merce Lopez. 2018. (Poetry for Kids Ser.). (ENG.). 48p. (J). (gr. 3-7). 17.95 *(978-1-63322-504-6(6)*, 302412, Moondance) Quarto Publishing Group USA.

Poetry for Little Children (Classic Reprint) Lillian Gertrude Pattison. (ENG., Illus.). (J). 2018. 164p. 27.30 *(978-0-267-61745-6(3))*; 2016. pap. 9.97 *(978-1-334-11579-0(6))* Forgotten Bks.

Poetry for Little Ones: A Little Book of Rhymes & Lullabies. Delia Berrigan. 2021. (ENG., Illus.). 272p. (J). 18.95 *(978-1-64643-164-9(2)*, Applesauce Pr.) Cider Mill Pr. Bk. Pubs., LLC.

Poetry for the Young at Heart. Lee Trotta. 2020. (Cheesebook Ser.: Vol. 3). (ENG., Illus.). 24p. (gr. k-4). pap. *(978-1-7923-0685-3(7))* Independent Pub.

Poetry for Young People: Langston Hughes (100th Anniversary Edition) Langston Hughes. Ed. by David Roessel & Arnold Rampersad. Illus. by Benny Andrews. 2021. (Poetry for Young People Ser.). 60p. (J). (gr. 3). 18.99 *(978-1-4549-4375-4(0))* Sterling Publishing Co., Inc.

Poetry from the Eclectic Mind of a Teenager. Aneka Else-Uwanaka. 2023. (ENG.). 35p. (YA). pap. ***(978-1-312-60095-9(0))*** Lulu Pr., Inc.

Poetry Library. Jacob Lonnen. 2018. (ENG., Illus.). 62p. (J). pap. *(978-0-359-19687-6(X))* Lulu Pr., Inc.

Poetry of a Hullensian. Jake L. Palmer. 2023. (ENG.). 71p. (J). pap. ***(978-1-4709-0978-9(2))*** Lulu Pr., Inc.

Poetry of Adoption: My Struggle to Be Triumphant. Charity S. Snyder. 2016. (ENG., Illus.). (YA). pap. 10.00 *(978-0-9864405-4-0(X))* Azaida Media, LLC.

Poetry of Eating: Being a Collection of Occasional Editorials Printed in the Ohio State Journal (Classic Reprint) Edward Stansbury Wilson. (ENG., Illus.). (J). 2018. 200p. 28.04 *(978-0-428-29871-5(0))*; 2017. pap. 10.57 *(978-0-259-51144-1(7))* Forgotten Bks.

Poetry of Secrets. Cambria Gordon. 2021. (ENG., Illus.). 416p. (YA). (gr. 7-7). 18.99 *(978-1-338-63418-1(6)*, Scholastic Pr.) Scholastic, Inc.

Poetry Power (Set), 6 vols. 2022. (Poetry Power (BB) Ser.). (ENG.). 32p. (J). (gr. 2-5). lib. bdg. 205.32 *(978-1-5321-9890-8(6)*, 39545, Big Buddy Bks.) ABDO Publishing Co.

Poetry Prompts: All Sorts of Ways to Start a Poem from Joseph Coelho. Joseph Coelho. Illus. by Georgie Birkett et al. 2023. (ENG.). 64p. (J). (gr. 2-4). 22.99 ***(978-0-7112-8512-5(8)**, Wide Eyed Editions)* Quarto Publishing Group UK GBR. Dist: Hachette Bk. Group.

Poetry to Students & Amateurs: The Voices from My Psyche. Yl Kok. 2021. (ENG.). 84p. (YA). *(978-0-2288-6636-7(7))*; pap. *(978-0-2288-6634-3(0))* Tellwell Talent.

Poetry, Vol. 190: July/August 2007; Summer Break (Classic Reprint) Harriet Monroe. (ENG., Illus.). (J). 2018. 138p. 26.74 *(978-0-483-47630-1(7))*; 2016. pap. 9.57 *(978-1-334-14194-2(0))* Forgotten Bks.

Poetry with Beyond Thoughts: Poetry. Chrystal Lavoie. 2021. (ENG.). 82p. (J). pap. 13.72 *(978-1-7948-3520-7(2))* Lulu Pr., Inc.

Poets & Dreamers: Studies & Translations from the Irish (Classic Reprint) Augusta Gregory. 2018. (ENG., Illus.). 266p. (J). 29.38 *(978-0-365-24228-4(4))* Forgotten Bks.

Poets & Playwrights, 5 vols., Set. Incl. Carl Sandburg. Rebecca Thatcher Murcia. lib. bdg. 37.10 *(978-1-58415-430-3(6))*; Emily Dickinson. Michele Griskey. lib. bdg. 37.10 *(978-1-58415-429-7(2))*; Langston Hughes. Karen Bush Gibson. lib. bdg. 37.10 *(978-1-58415-431-0(4))*; Tennessee Williams. Kathleen Tracy. lib. bdg. 37.10 *(978-1-58415-427-3(6))*; William Shakespeare. Jim Whiting. lib. bdg. 37.10 *(978-1-58415-426-6(8))*; (Illus.). 112p. (J). (gr. 3-7). 2007. 2007. Set lib. bdg. 185.50 *(978-1-58415-284-2(2))* Mitchell Lane Pubs.

Poets at Play, Vol. 1: A Handbook of Humorous Recitations (Classic Reprint) Frederick Langbridge. 2018. (ENG., Illus.). 422p. (J). 32.62 *(978-0-267-09716-6(6))* Forgotten Bks.

Poets at Play, Vol. 2: A Handbook of Humorous Recitations (Classic Reprint) Frederick Langbridge. 2018. (ENG., Illus.). 412p. (J). 32.39 *(978-0-483-88686-5(6))* Forgotten Bks.

Poet's Audience, & Delilah (Classic Reprint) Clara Savile Clarke. 2017. (ENG., Illus.). (J). 294p. 29.98 *(978-0-484-10409-8(8))*; pap. 13.57 *(978-0-259-20494-7(3))* Forgotten Bks.

Poet's Bazaar. Hans Christian. Andersen. 2019. (ENG.). 356p. (J). pap. *(978-3-337-77764-7(3))* Creation Pubs.

Poet's Bazaar: Pictures of Travel in Germany, Italy, Greece, & the Orient (Classic Reprint) Hans Christian Anderson. 2017. (ENG., Illus.). (J). 31.18 *(978-0-266-17308-3(X))* Forgotten Bks.

Poet's Bazaar, Vol. 1 Of 3: From the Danish of Hans Christian Andersen (Classic Reprint) Charles Beckwith. 2018. (ENG., Illus.). 304p. (J). 30.15 *(978-0-483-04812-6(7))* Forgotten Bks.

Poet's Bazaar, Vol. 2 of 3 (Classic Reprint) Hans Christian Anderson. 2018. (ENG., Illus.). 320p. (J). 30.50 *(978-0-267-87590-0(8))* Forgotten Bks.

Poet's Bazaar, Vol. 3 Of 3: From the Danish of Hans Christian Andersen (Classic Reprint) Hans Christian Anderson. 2018. (ENG., Illus.). (J). 30.06 *(978-0-260-02999-7(8))* Forgotten Bks.

Poet's Beasts. Phil Robinson. 2017. (ENG.). 402p. (J). pap. *(978-3-337-30447-8(8))* Creation Pubs.

Poets Beasts: A Sequel to the Poets Birds (Classic Reprint) Phil Robinson. 2018. (ENG., Illus.). 400p. (J). 32.15 *(978-0-364-84909-5(6))* Forgotten Bks.

Poet's Dog. Patricia MacLachlan. (ENG.). (J). (gr. 1-5). 2018. 112p. pap. 5.99 *(978-0-06-229264-3(1))*; 2016. 96p. 14.99 *(978-0-06-229262-9(5))* HarperCollins Pubs. (Tegen, Katherine Bks).

Poets in the Nursery (Classic Reprint) Charles Powell. (ENG., Illus.). (J). 2018. 84p. 25.63 *(978-0-267-40391-2(7))*; 2016. pap. 9.57 *(978-1-334-11984-2(8))* Forgotten Bks.

Poet's Mystery: A Novel (Classic Reprint) Anita Mac Mahon. 2018. (ENG., Illus.). 344p. (J). 30.99 *(978-0-483-85373-7(9))* Forgotten Bks.

Poet's Pilgrimage (Classic Reprint) W. H. Davies. 2017. (ENG., Illus.). (J). 31.73 *(978-0-260-73963-6(4))* Forgotten Bks.

Poets' Wit & Humour (Classic Reprint) William Henry Wills. 2017. (ENG., Illus.). (J). 29.92 *(978-0-266-20792-4(8))* Forgotten Bks.

Pog & the Dinosaur Discovery. Anthony Haydock. 2022. (ENG.). 42p. (J). pap. ***(978-1-7391561-3-8(7))*** Blossom Spring Publishing.

Pog & the King's Armour. E. H. Howard. 2017. (ENG., Illus.). (J). pap. *(978-0-9926223-2-9(8))* Ozcreative.

Pog, Perry & the Mountain of Cheese. Anthony Haydock. 2021. (ENG.). 38p. (J). pap. ***(978-1-7399126-0-4(8))*** Blossom Spring Publishing.

Poganuc People: Their Loves & Lives (Classic Reprint) Harriet Stowe. 2017. (ENG., Illus.). (J). 32.00 *(978-0-260-24175-7(X))* Forgotten Bks.

Poganuc People, Their Loves & Lives, and, Pink & White Tyranny, a Society Novel (Classic Reprint) Harriet Stowe. (ENG., Illus.). (J). 2018. 536p. 34.97 *(978-0-332-66188-9(1))*; 2016. pap. 19.57 *(978-1-334-12488-4(4))* Forgotten Bks.

Pogba. Matt Oldfield & Tom Oldfield. 2018. (Ultimate Football Heroes Ser.). (ENG., Illus.). 176p. (J). (gr. 4-7). pap. 9.99 *(978-1-78606-929-0(6))* Blake, John Publishing, Ltd. GBR. Dist: Independent Pubs. Group.

Pogo & Jumpsut: Santa's Naughty Reindeer. Ken Roadcap. Illus. by John Thom. 2021. (ENG.). 46p. (J). pap. 13.99 *(978-1-63984-021-2(4))* Pen It Pubns.

Pogo the Mini Paint Pony. T. T. Roche. Illus. by Christina Miesen. 2022. (ENG.). 58p. (J). pap. ***(978-1-922751-87-4(1))*** Shawline Publishing Group.

Pogo the Porpoise with a Purpose: A Serious Appeal to Kids for Ocean Life, Conservation, & Climate Change. Lorie Givens. 2019. (ENG., Illus.). 48p. (J). (gr. 1-6). pap. 16.99 ***(978-1-7326890-4-6(0))*** Buck Stop Publishing.

Poiko: Quests & Stuff. Brian Middleton. Illus. by Brian Middleton. 2022. (ENG., Illus.). 128p. (J). (gr. 4-6). pap. 9.99 *(978-1-63849-071-5(6)*, Wonderbound) Creative Mind Energy.

Poilu: A Dog of Roubaix (Classic Reprint) Eleanor Atkinson. 2017. (ENG., Illus.). (J). 28.62 *(978-0-260-83097-5(6))* Forgotten Bks.

Point Blank. Anthony Horowitz. ed. 2021. (Alex Rider Ser.: 2). (ENG.). 320p. (J). (gr. 5). 8.99 *(978-0-593-40393-8(2)*, Puffin Books) Penguin Young Readers Group.

Point Blank. Fern Michaels. l.t. ed. 2016. (Sisterhood Ser.). 374p. (YA). 37.99 *(978-1-4104-7798-9(3)*, Wheeler Publishing, Inc.) Cengage Gale.

P

Point Guard. Mike Lupica. 2017. (Home Team Ser.). (ENG., Illus.). 272p. (J). (gr. 3-7). 19.99 *(978-1-4814-1003-8(2)*, Simon & Schuster Bks. For Young Readers) Simon & Schuster Bks. For Young Readers.

Point Guard. Mike Lupica. 2018. (Home Team Ser.). (ENG.). 288p. (J). (gr. 3-7). pap. 8.99 *(978-1-4814-1005-2(9)*, Simon & Schuster Bks. For Young Readers) Simon & Schuster Bks. For Young Readers.

Point Guard. Mike Lupica. ed. 2018. (Home Team Ser.). lib. bdg. 18.40 *(978-0-606-40839-4(8))* Turtleback.

Point Lace & Diamonds. George Augustus Baker. (ENG.). (J). 2017. 156p. pap. *(978-3-7447-1442-6(X))*; 2016. (Illus.). pap. *(978-3-7433-1931-8(4))* Creation Pubs.

Point Lace & Diamonds (Classic Reprint) George Augustus Baker. 2018. (ENG., Illus.). 106p. (J). 26.08 *(978-0-332-74683-8(6))* Forgotten Bks.

Point of Conscience (Classic Reprint) Hungerford. 2018. (ENG., Illus.). 348p. (J). 31.07 *(978-0-267-20732-9(8))* Forgotten Bks.

Point of Conscience, Vol. 1 of 3 (Classic Reprint) Hungerford. 2018. (ENG., Illus.). 280p. (J). 29.61 *(978-0-484-36333-4(6))* Forgotten Bks.

Point of Conscience, Vol. 2 of 3 (Classic Reprint) Hungerford. 2018. (ENG., Illus.). 256p. (J). 29.20 *(978-0-267-20571-4(6))* Forgotten Bks.

Point of Honour: Being Certain Adventures of Certain Gentlemen of the Pistol, Including Those of the Notorious Sir Phelim Burke (Classic Reprint) Henry Albert Hinkson. 2018. (ENG., Illus.). 328p. (J). 30.68 *(978-0-483-70235-6(8))* Forgotten Bks.

Point of Life: A Play in Three Acts (Classic Reprint) Amelia Josephine Burr. (ENG., Illus.). (J). 2018. 92p. 25.81 *(978-0-483-60038-6(5))*; 2016. pap. 9.57 *(978-1-333-31108-7(7))* Forgotten Bks.

Point of View (Classic Reprint) Martha Gilbert Dickinson Bianchi. (ENG., Illus.). (J). 2018. 340p. 30.91 *(978-0-364-21510-4(0))*; 2017. pap. 13.57 *(978-1-5276-5160-9(6))* Forgotten Bks.

Point of View (Classic Reprint) Elinor Glyn. 2018. (ENG., Illus.). 196p. (J). 28.06 *(978-0-483-19296-6(1))* Forgotten Bks.

Point to Point: Connect the Dots Activity Book. Creative Playbooks. 2016. (ENG., Illus.). (J). pap. 10.81 *(978-1-68323-557-6(6))* Twin Flame Productions.

Point to the Hidden Pictures! Hidden Picture Activity Book. Creative Playbooks. 2016. (ENG., Illus.). (J). pap. 9.43 *(978-1-68323-558-3(4))* Twin Flame Productions.

Point to the Picture! Hidden Picture Activity Book. Creative Playbooks. 2016. (ENG., Illus.). (J). pap. 9.43 *(978-1-68323-559-0(2))* Twin Flame Productions.

Pointe Middle Chronicles. Shanelle Salmon. Illus. by Ty Potts. 2021. (ENG.). 56p. (YA). pap. 8.00 *(978-1-7947-8240-2(0))* Lulu Pr., Inc.

Pointed Hand #5. J. Manoa. 2017. (Werewolf Council Ser.). (ENG.). 208p. (YA). (gr. 5-12). lib. bdg. 32.84 *(978-1-68076-502-1(7)*, 25414, Epic Escape) EPIC Pr.

Pointed Roofs (Classic Reprint) Dorothy M. Richardson. 2017. (ENG., Illus.). (J). 30.62 *(978-0-266-72821-4(9))* Forgotten Bks.

Pointer & His Predecessors: An Illustrated History of the Pointing Dog from the Earliest Times (Classic Reprint) William Arkwright. 2017. (ENG., Illus.). (J). 32.29 *(978-0-260-41969-9(9))* Forgotten Bks.

Pointing Finger (Classic Reprint) Rita Rita. 2018. (ENG., Illus.). 320p. (J). 30.50 *(978-0-483-05929-0(3))* Forgotten Bks.

Pointing Out the Picture: Hidden Picture Activity Book. Creative Playbooks. 2016. (ENG., Illus.). (J). pap. 9.43 *(978-1-68323-560-6(6))* Twin Flame Productions.

Points de Seurat / Seurat's Dots: Learn Shapes in French & English. Oui Love Books. Illus. by Georges Seurat. 2019. (First Impressions Ser.: Vol. 4). (ENG.). 32p. (J). pap. 12.95 *(978-1-947961-73-9(X)*, Oui Love Bks.) Odeon Livre.

Points of Humour (Classic Reprint) George Cruikshank. 2018. (ENG., Illus.). 158p. (J). 27.16 *(978-0-332-26170-6(0))* Forgotten Bks.

Points of Humour, Vol. 1 (Classic Reprint) George Cruikshank. 2018. (ENG., Illus.). 76p. (J). 25.46 *(978-0-267-44238-6(6))* Forgotten Bks.

Points of Humour, Vol. 2 (Classic Reprint) George Cruikshank. 2018. (ENG., Illus.). 92p. (J). 25.79 *(978-0-484-35940-5(1))* Forgotten Bks.

Points of View: Set 2. 2018. (Points of View Ser.). (ENG.). (J). (gr. 2-5). pap. 49.50 *(978-1-5345-2537-5(8))* Greenhaven Publishing LLC.

Points of View (Classic Reprint) L. F. Austin. 2018. (ENG., Illus.). 290p. (J). 29.88 *(978-0-484-47921-9(0))* Forgotten Bks.

Points of View: Set 2, 12 vols. 2017. (Points of View Ser.). (ENG.). 24p. (J). (gr. 3-3). lib. bdg. 157.38 *(978-1-5345-2454-5(1)*, ac026a0e-dfe8-4528-842f-fcd850c52759) Greenhaven Publishing LLC.

Points of View: Set 3, 12 vols. 2018. (Points of View Ser.). (ENG.). 24p. (gr. 3-3). lib. bdg. 157.38 *(978-1-5345-2627-3(7)*, 8cb81558-edbd-4d86-bc61-686bd2a4936b) Greenhaven Publishing LLC.

Points of View: Set 5. 2019. (Points of View Ser.). (ENG.). 24p. (J). pap. 49.50 *(978-1-5345-3178-9(5))*; (gr. 3-3). lib. bdg. 157.38 *(978-1-5345-6726-9(7)*, dfb3045c-33d5-4ec3-9195-39582f6ee5eb) Greenhaven Publishing LLC. (KidHaven Publishing).

Points of View: Set 6, 12 vols. 2019. (Points of View Ser.). (ENG.) 24p. (J). (gr. 3-3). lib. bdg. 157.38 *(978-1-5345-3215-1(3)*, 3b49a6dd-acb5-4303-b503-b2dd73959808, KidHaven Publishing) Greenhaven Publishing LLC.

Points of View: Set 9, 12 vols. 2022. (Points of View Ser.). (ENG.). 24p. (J). (gr. 3-3). lib. bdg. 157.38 *(978-1-5345-4242-6(6)*, 21959e55-c929-481b-a01c-ad4fd5a625aa, KidHaven Publishing) Greenhaven Publishing LLC.

Points of View: Set 9. Layla Owens. 2022. (Points of View Ser.). (ENG.). 24p. (J). pap. 52.50 *(978-1-5345-4247-1(7)*, KidHaven Publishing) Greenhaven Publishing LLC.

Points of View: Sets 1 - 3. 2018. (Points of View Ser.). (ENG.). (J). pap. 166.50 *(978-1-5345-2756-0(7))*; (gr. 3-3). lib. bdg. 472.14 *(978-1-5345-2628-0(5)*, d5226d42-3d72-49eb-b037-5c406512cda4) Greenhaven Publishing LLC. (KidHaven Publishing).

Points of View: Sets 1 - 4. 2018. (Points of View Ser.). (ENG.). (J). pap. 222.00 *(978-1-5345-2824-6(5))*; (gr. 3-3). lib. bdg. 629.52 *(978-1-5345-2818-5(0)*, 29f3c39a-2990-4e74-a76b-238fc67c94ba) Greenhaven Publishing LLC. (KidHaven Publishing).

Points of View: Sets 1 - 5. 2019. (Points of View Ser.). (ENG.). (J). pap. 277.50 *(978-1-5345-3180-2(7))*; (gr. 3-3). lib. bdg. 786.90 *(978-1-5345-2989-2(6)*, 63915111-f1c9-4815-b65f-6dc4d61c3d84) Greenhaven Publishing LLC. (KidHaven Publishing).

Points of View: Sets 1 - 6. 2019. (Points of View Ser.). (ENG.). (J). pap. 333.00 *(978-1-5345-3271-7(4))*; (gr. 3-3). lib. bdg. 944.28 *(978-1-5345-3216-8(1)*, ec3a3b06-9685-4e09-9c79-e2e3fa9117eb) Greenhaven Publishing LLC. (KidHaven Publishing).

Points of View: Sets 1 - 7. 2020. (Points of View Ser.). (ENG.). (J). pap. 388.50 *(978-1-5345-3609-8(4))*; (gr. 3-3). lib. bdg. 1101.66 *(978-1-5345-3489-6(X)*, efe305c7-b820-46c7-8940-2728bb214ced) Greenhaven Publishing LLC. (KidHaven Publishing).

Points of View: Sets 1 - 9. 2022. (Points of View Ser.). (ENG.). (J). pap. 472.50 *(978-1-5345-4280-8(9))*; (gr. 3-3). lib. bdg. 1416.42 *(978-1-5345-4243-3(4)*, 1a2bb83c-c6d8-4def-b776-2b33b31d913d) Greenhaven Publishing LLC. (KidHaven Publishing).

Poised for Greatness. Erica Austin. 2022. (ENG.). 146p. (YA). 29.99 *(978-1-0880-7204-2(6))* Indy Pub.

Poison: Deadly Deeds, Perilous Professions, & Murderous Medicines. Sarah Albee. 2017. (Illus.). 192p. (J). (gr. 3-7). pap. 17.99 *(978-1-101-93223-0(6)*, Crown Books For Young Readers) Random Hse. Children's Bks.

Poison Apple. Jennifer Mary Croy. 2019. (ENG.). 72p. (J). *(978-0-359-49038-7(7))* Lulu Pr., Inc.

Poison at the Pump. Sheila Seifert & Chris Brack. (AIO Imagination Station Bks.: 25). (ENG.). 144p. (J). 2023. pap. 7.99 *(978-1-64607-093-0(3)*, 20_44027); 2020. (Illus.). 9.99 *(978-1-58997-974-1(5)*, 20_33761) Focus on the Family Publishing.

Poison Dark & Drowning (Kingdom on Fire, Book Two) Jessica Cluess. (Kingdom on Fire Ser.: 2). (ENG.). (YA). (gr. 7). 2018. 448p. pap. 10.99 *(978-0-553-53597-6(8)*, Ember); 2017. 432p. 17.99 *(978-0-553-53594-5(3)*, Random Hse. Bks. for Young Readers) Random Hse. Children's Bks.

Poison Dart Frog. Golriz Golkar. 2022. (Deadliest Animals Ser.). (ENG., Illus.). 32p. (J). (gr. 2-3). pap. 9.95 *(978-1-63738-321-6(5))*; lib. bdg. 31.35 *(978-1-63738-285-1(5))* North Star Editions. (Apex).

Poison Dart Frog. Jenna Grodzicki. 2022. (Library of Awesome Animals Set Three Ser.). (ENG.). (J). (gr. 2-5). lib. bdg. 26.99 Bearport Publishing Co., Inc.

Poison Dart Frog. Grace Hansen. 2022. (South American Animals Ser.). (ENG., Illus.). 24p. (J). (gr. -1-2). lib. bdg. 32.79 *(978-1-0982-6184-9(4)*, 39421, Abdo Kids) ABDO Publishing Co.

Poison Dart Frog. Laura L. Sullivan. 2017. (Toxic Creatures Ser.). 32p. (gr. 3-3). pap. 63.48 *(978-1-5026-2578-6(4)*, Cavendish Square) Cavendish Square Publishing LLC.

Poison Dart Frogs. Rachel Grack. 2019. (Animals of the Rain Forest Ser.). (ENG., Illus.). 24p. (J). (gr. k-3). lib. bdg. 26.95 *(978-1-62617-951-6(4)*, Blastoff! Readers) Bellwether Media.

Poison Dart Frogs. Aubrey Zalewski. 2019. (Unique Animal Adaptations Ser.). (ENG., Illus.). 32p. (J). (gr. 4-6). pap. 7.95 *(978-1-5435-7512-5(9)*, 141042); lib. bdg. 28.65 *(978-1-5435-7164-6(6)*, 140430) Capstone.

Poison Eaters: Fighting Danger & Fraud in Our Food & Drugs. Gail Jarrow. 2019. (Illus.). 160p. (J). (gr. 5-12). 18.99 *(978-1-62979-438-9(4)*, Calkins Creek) Highlights Pr., c/o Highlights for Children, Inc.

Poison for Breakfast. Lemony Snicket, pseud. 2018. (J). *(978-0-316-41987-1(7))* Little Brown & Co.

Poison in the Colony: James Town 1622. Elisa Carbone. 2020. (ENG.). 336p. (J). (gr. 3-7). 8.99 *(978-0-425-29185-6(5)*, Puffin Books) Penguin Young Readers Group.

Poison Is a Woman's Weapon, 24 vols. Janet McGiffin. Illus. by Harry Pizzey. 2023. (Empress Irini Ser.: 2). (ENG.). 352p. (YA). 16.99 *(978-1-910895-74-0(1))* Scotland Street Pr. GBR. Dist: Independent Pubs. Group.

Poison Is Not Polite. Robin Stevens. 2016. (Murder Most Unladylike Mystery Ser.). (ENG., Illus.). 336p. (J). (gr. 5). 19.99 *(978-1-4814-2215-4(4)*, Simon & Schuster Bks. For Young Readers) Simon & Schuster Bks. For Young Readers.

Poison Island (Classic Reprint) Q. Q. 2018. (ENG., Illus.). 410p. (J). 32.37 *(978-0-483-58414-3(2))* Forgotten Bks.

Poison Ivy: Thorns. Kody Keplinger. Illus. by Sara Kipin. 2021. 208p. (YA). (gr. 8-12). pap. 16.99 *(978-1-4012-9842-5(7))* DC Comics.

Poison Ivy's Big Boss in Bloom. Michael Anthony Steele. Illus. by Sara Foresti. 2022. (Harley Quinn's Madcap Capers Ser.). (ENG.). 72p. 27.32 *(978-1-6639-7530-0(2)*, 226351); pap. 6.95 *(978-1-6663-2969-8(X)*, 226333) Capstone. (Stone Arch Bks.).

Poison Ivy's Scare Fair. Donald B. Lemke. Illus. by Andie Tong. 2017. (J). *(978-1-5182-3638-9(3))* HarperCollins Pubs. Ltd.

Poison Ivy's Scare Fair. Donald Lemke. ed. 2017. (Batman 8X8 Storybooks Ser.). (J). lib. bdg. 13.55 *(978-0-606-39619-6(5))* Turtleback.

Poison Jungle (Wings of Fire #13) Tui T. Sutherland. (Wings of Fire Ser.: 13). (ENG.). 336p. (J). (gr. 3-7). 2021. pap. 8.99 *(978-1-338-21452-9(7))*; 2019. (Illus.). 16.99 *(978-1-338-21451-2(9)*, Scholastic Pr.) Scholastic, Inc.

Poison Moon. Alynn Collins. Illus. by Amerigo Pinelli. 2020. (Michael Dahl Presents: Mysteries Ser.). (ENG.). 72p. (J). (gr. 3-5). pap. 5.95 *(978-1-4965-9885-1(7)*, 201245); lib. bdg. 25.32 *(978-1-4965-9711-3(7)*, 199333) Capstone. (Stone Arch Bks.).

Poison of Porn: Helping Young Men Navigate Safely Away from Pornography. Frank R. Shivers. 2020. (ENG.). 74p. (YA). (gr. 7-12). pap. 12.99 *(978-1-878127-39-6(X))* Shivers, Frank Evangelistic Assn.

Poison of Tongues (Classic Reprint) M. E. Carr. 2018. (ENG., Illus.). 296p. (J). 30.00 *(978-0-332-82932-6(4))* Forgotten Bks.

Poison Pages: 10th Anniversary Edition. Michael Dahl. Illus. by Martin Blanco. 10th ed. 2017. (Library of Doom Ser.). (ENG.). 48p. (J). (gr. 4-8). lib. bdg. 23.99 *(978-1-4965-5527-4(9)*, 136551, Stone Arch Bks.) Capstone.

Poison Pen (Riverdale, Novel 5), 1 vol., Vol. 5. Caleb Roehrig. 2020. (Riverdale Ser.). (ENG.). 304p. (YA). (gr. 7). pap. 9.99 *(978-1-338-66967-1(2))* Scholastic, Inc.

Poison Potion. Linda Chapman. Illus. by Lucy Fleming. 2021. (Star Friends Ser.: 6). (ENG.). 160p. (J). (gr. 1-4). pap. 6.99 *(978-1-6643-4000-8(9))* Tiger Tales.

Poison Season. Mara Rutherford. (ENG.). (YA). 2023. 368p. pap. 15.99 *(978-1-335-01243-2(5))*; 2022. 400p. 19.99 *(978-1-335-91580-1(X))* Harlequin Enterprises ULC CAN. Dist: HarperCollins Pubs.

Poison Tree: A Tale of Hindu Life in Bengal. Bankim Chandra Chatterjee. 2018. (ENG., Illus.). 156p. (J). pap. *(978-93-5297-853-3(6))* Alpha Editions.

Poison Tree: A Tale of Hindu Life in Bengal (Classic Reprint) Bankim Chandra Chatterjee. 2018. (ENG., Illus.). 370p. (J). 31.57 *(978-0-483-41633-8(9))* Forgotten Bks.

Poison under Their Lips. Mark Svendsen. 2021. (ENG.). 134p. (YA). pap. *(978-1-64969-517-8(9))* Tablo Publishing.

Poison Waves (Secrets of the Sky #2) Sayantani DasGupta. 2023. (Secrets of the Sky Ser.). (ENG.). 240p. (J). (gr. 3-7). 17.99 *(978-1-338-76675-2(5)*, Scholastic Pr.) Scholastic, Inc.

Poisoned, 1 vol. Jennifer Donnelly. (ENG.). 320p. (YA). (gr. 7-7). 2022. pap. 10.99 *(978-1-338-26850-8(3))*; 2020. 17.99 *(978-1-338-26849-2(X))* Scholastic, Inc. (Scholastic Pr.).

Poisoned. Carmen Dm Gray. 2021. (ENG.). 188p. (YA). *(978-0-2288-5805-8(4))*; pap. *(978-0-2288-5084-7(3))* Tellwell Talent.

Poisoned Air: Bhopal, India. Meish Goldish. 2017. (Eco-Disasters Ser.). (ENG.). 32p. (J). (gr. 2-7). 19.95 *(978-1-68402-221-2(5))* Bearport Publishing Co., Inc.

Poisoned Arrow. Iris Van Ooyen. 2018. (ENG., Illus.). 408p. (YA). (gr. 8-12). *(978-90-828220-1-4(6))*; (gr. 9-12). pap. *(978-90-828220-0-7(8))* Eastwood Pr.

Poisoned Blade. Kate Elliott, pseud. 2017. (Court of Fives Ser.: 2). (ENG., Illus.). 496p. (YA). (gr. 7-17). pap. 10.99 *(978-0-316-34438-8(9))* Little, Brown Bks. for Young Readers.

Poisoned Blade. Kate Elliott, pseud. ed. 2017. (YA). lib. bdg. 22.10 *(978-0-606-40219-4(5))* Turtleback.

Poisoned Cake. André Marois & Taylor Norman. Illus. by Patrick Doyon. 2017. (J). *(978-1-4521-4660-7(8))* Chronicle Bks. LLC.

Poisoned Forests, 1 vol. Honor Head. 2018. (Totally Toxic Ser.). (ENG.). 48p. (gr. 4-5). pap. 15.05 *(978-1-5382-3503-4(X)*, 37c2f4f0-e427-4d19-bd95-f2796868b933) Stevens, Gareth Publishing LLLP.

Poisoned Garden. Tracy Korn. 2021. (ENG.). 336p. (YA). pap. 12.95 *(978-1-948661-63-8(2))* Snowy Wings Publishing.

Poisoned Oceans, 1 vol. Honor Head. 2018. (Totally Toxic Ser.). (ENG.). 48p. (gr. 4-5). pap. 15.05 *(978-1-5382-3494-5(7)*, b5c78486-9c4b-4b67-8c9b-c5cfa11ff3f5) Stevens, Gareth Publishing LLLP.

Poisoned Paradise: A Romance of Monte Carlo (Classic Reprint) Robert W. Service. 2018. (ENG., Illus.). 420p. (J). 32.56 *(978-0-364-18263-5(6))* Forgotten Bks.

Poisoned Rivers & Lakes, 1 vol. Honor Head. 2018. (Totally Toxic Ser.). (ENG.). 48p. (gr. 4-5). pap. 15.05 *(978-1-5382-3500-3(5)*, ab036dd4-0190-431c-a938-f8e84f087c3f) Stevens, Gareth Publishing LLLP.

Poisoned Water: How the Citizens of Flint, Michigan, Fought for Their Lives & Warned the Nation. Candy J. Cooper & Marc Aronson. 2020. (ENG., Illus.). 256p. (J). 18.99 *(978-1-5476-0232-2(5)*, 900204200, Bloomsbury Children's Bks.) Bloomsbury Publishing USA.

Poisoned Water: Minamata, Japan. Meish Goldish. 2017. (Eco-Disasters Ser.). (ENG., Illus.). 32p. (J). (gr. 2-7). 19.95 *(978-1-68402-224-3(X))* Bearport Publishing Co., Inc.

Poisoned Wetlands, 1 vol. Honor Head. 2018. (Totally Toxic Ser.). (ENG.). 48p. (gr. 4-5). pap. 15.05 *(978-1-5382-3497-6(1)*, ef1b4358-f6f7-4965-9c34-7d4a5c530517) Stevens, Gareth Publishing LLLP.

Poisoner (Classic Reprint) Gerald Cumberland. (ENG., Illus.). (J). 2018. 308p. 30.25 *(978-0-484-09994-3(9))*; 2016. pap. 13.57 *(978-1-333-66393-3(5))* Forgotten Bks.

Poisoning Apple of Death: Prophecy of William White. Love Bro Bones. 2023. (ENG.). 139p. (YA). pap. *(978-1-6781-0362-0(4))* Lulu Pr., Inc.

Poisonous & Venomous Animals. Contrib. by Ruth A. Musgrave. 2023. (DK Super Readers Ser.). (ENG., Illus.). 32p. (J). (gr. 3-5). pap. 4.99 *(978-0-7440-7257-0(3)*, DK Children) Dorling Kindersley Publishing, Inc.

Poisonous Creatures, 12 vols. 2022. (Poisonous Creatures Ser.). (ENG.). 32p. (J). (gr. 2-3). lib. bdg. 161.58 *(978-1-9785-3202-1(4)*, 3cec4a3d-7be8-4eee-9ec7-4d9aed7d0341) Enslow Publishing, LLC.

Poisonous Plants, 1 vol. Janey Levy. 2019. (Mother Nature Is Trying to Kill Me! Ser.). (ENG.). 24p. (gr. 2-3). pap. 9.15 *(978-1-5382-3974-2(4)*, 79ab7d03-4398-4c39-8ee4-dbb59a9dd782) Stevens, Gareth Publishing LLLP.

Poisonous Plants. Joyce Markovics. 2021. (Beware! Killer Plants Ser.). (ENG., Illus.). 24p. (J). (gr. 3-6). pap. 12.79 *(978-1-5341-8909-6(2)*, 219347); lib. bdg. 30.64 *(978-1-5341-8769-6(3)*, 219346) Cherry Lake Publishing.

Poisonous Slow Lorises, 1 vol. Mary Molly Shea. 2017. (Cutest Animals... That Could Kill You! Ser.). (ENG.). 24p. (J). (gr. 2-3). pap. 9.15 *(978-1-5382-1095-6(9)*, 8e91732f-3508-4521-b988-4f0dbd0c8d66) Stevens, Gareth Publishing LLLP.

Poison's Kiss. Breeana Shields. 2017. 320p. (YA). (gr. 7). pap. 9.99 *(978-1-101-93785-3(8)*, Ember) Random Hse. Children's Bks.

Poissons des Eaux Douces de la France: Anatomie, Physiologie, Description des Especes, Moeurs, Instincts, Industrie, Commerce, Ressources Alimentaires, Pisciculture, Legislation Concernant la Peche (Classic Reprint) Émile Blanchard. 2017. (FRE., Illus.). (J). 37.84 *(978-1-5285-6837-1(0))* Forgotten Bks.

Pojken Från Fjärran. Jason Ray Forbus. Illus. by Pompeo Di Mambro. 2018. (SWE.). 46p. (J). pap. *(978-88-3346-113-7(0))* Ali Ribelli Edizioni.

Poke-A-Dot: Wheels on the Bus. 2017. (ENG.). (J). 15.99 *(978-1-60169-420-1(2))* Innovative Kids.

Poke-A-Dot - Pet Families. Created by Melissa & Doug. 2020. (ENG.). (J). 6.99 *(978-1-951733-03-2(7))* Melissa & Doug, LLC.

Poke-A-Dot - Wild Animal Families. Created by Melissa & Doug. 2020. (ENG.). (J). 6.99 *(978-1-951733-02-5(9))* Melissa & Doug, LLC.

Poke-A-Dot: Construction Vehicles. Created by Melissa & Doug. 2020. (ENG.). (J). 6.99 *(978-1-951733-04-9(5))* Melissa & Doug, LLC.

Poke a Dot Dinsaurs a to Z: Dinosaurs a to Z. Leslie Bockol. 2018. (Poke a Dot Ser.: Vol. 8). (ENG., Illus.). 20p. (J). bds. 15.99 *(978-1-60169-480-5(6))* Innovative Kids.

Poke-A-Dot: Emergency Vehicles. Created by Melissa & Doug. 2020. (ENG.). (J). 6.99 *(978-1-950013-84-5(7))* Melissa & Doug, LLC.

Poke-A-Dot: Farm Animal Families. Created by Melissa & Doug. 2020. (ENG.). (J). 6.99 *(978-1-950013-82-1(0))* Melissa & Doug, LLC.

Poke-A-Dot: First Colors. Created by Melissa & Doug. 2020. (ENG.). (J). 6.99 *(978-1-950013-92-0(8))* Melissa & Doug, LLC.

Poke-A-Dot: First Shapes. Created by Melissa & Doug. 2020. (ENG.). (J). 6.99 *(978-1-950013-56-2(1))* Melissa & Doug, LLC.

Poke-A-Dot: First Words. Created by Melissa & Doug. 2020. (ENG.). (J). 6.99 *(978-1-950013-55-5(3))* Melissa & Doug, LLC.

Poke-A-Dot: Things That Go. Created by Melissa & Doug. 2020. (ENG.). (J). 6.99 *(978-1-950013-83-8(9))* Melissa & Doug, LLC.

Pokemon. Sara Green. 2017. (Brands We Know Ser.). (ENG., Illus.). 24p. (J). (gr. 3-8). lib. bdg. 27.95 *(978-1-62617-655-3(8)*, Pilot Bks.) Bellwether Media.

Pokémon. Grace Hansen. 2022. (Toy Mania! Ser.). (ENG., Illus.). 24p. (J). (gr. -1-2). lib. bdg. 32.79 *(978-1-0982-6430-7(4)*, 40959, Abdo Kids) ABDO Publishing Co.

Pokemon. Martha London. 2019. (Our Favorite Brands Ser.). (ENG., Illus.). 32p. (J). (gr. 3-3). pap. 9.95 *(978-1-64494-185-0(6)*, 1644941856) Bigfoot Bks. GBR. Dist: North Star Editions.

Pokémon. Paige V. Polinsky. (Game On! Ser.). (ENG.). 32p. (J). 2020. (gr. 4-4). pap. 9.95 *(978-1-64494-284-0(4)*, 1644942844); 2019. (gr. 3-6). lib. bdg. 32.79 *(978-1-5321-9169-5(3)*, 33512) ABDO Publishing Co. (Checkerboard Library).

Pokémon. Contrib. by Betsy Rathburn. 2023. (Behind the Brand Ser.). (ENG., Illus.). (J). (gr. 3-8). pap. 8.99. lib. bdg. 27.95 Bellwether Media.

Pokémon Alola Region Activity Book. Lawrence Neves. 2017. (ENG.). 108p. (J). pap. 12.99 *(978-1-60438-195-5(7))* Pokemon, USA, Inc.

Pokémon Alola Region Sticker Book. The Pokemon The Pokemon Company International. 2017. (ENG.). 136p. (J). pap. 14.99 *(978-1-60438-196-2(5))* Pokemon, USA, Inc.

Pokémon Ash's Atlas. Glenn Dakin et al. 2023. (ENG.). 224p. (J). (gr. 1-4). pap. 14.99 *(978-0-7440-6955-6(6)*, DK Children) Dorling Kindersley Publishing, Inc.

Pokemon Battle Let's Go Mad Libs: World's Greatest Word Game. Laura Macchiarola. 2023. (Mad Libs Ser.). (ENG.). 48p. (J). (gr. 3-7). pap. 5.99 *(978-0-593-66138-3(9)*, Mad Libs) Penguin Young Readers Group.

Pokémon Coloring Adventures. Scholastic. 2020. (ENG.). 96p. (J). (gr. 1). pap. 15.99 *(978-1-338-68840-5(5))* Scholastic, Inc.

Pokémon Coloring Adventures #2: Legendary & Mythical Pokémon. Scholastic. 2022. (ENG.). 96p. (J). (gr. 1). pap. 15.99 *(978-1-338-81996-0(8))* Scholastic, Inc.

Pokémon Comictivity: Galar Games: Activity Book with Comics, Stencils, Stickers, & More! Scholastic. 2021. (ENG.). 48p. (J). (gr. 2-5). 10.99 *(978-1-338-67088-2(3))* Scholastic, Inc.

Pokémon Designer: Satoshi Tajiri. Paige V. Polinsky. 2017. (Toy Trailblazers Set 2 Ser.). (ENG., Illus.). 32p. (J). (gr. 3-6). lib. bdg. 32.79 *(978-1-5321-1097-9(9)*, 25770, Checkerboard Library) ABDO Publishing Co.

Pokémon: ¿dónde Está Pikachu? Busca y Encuentra / Pokémon Seek & Find: Pikachu. Varios Varios autores. 2023. (ColecciÓn PokÉmon Ser.). (SPA.). 32p. (J). (gr. -1-3). pap. 12.95 *(978-607-38-2592-4(7)*, Altea) Penguin Random House Grupo Editorial ESP. Dist: Penguin Random Hse. LLC.

Pokémon Epic Sticker Collection 2nd Edition: from Kanto to Galar. Pikachu Pikachu Press. 2022. (Pokemon Epic Sticker Collection: 2). (ENG.). 168p. (J). (gr. k). 16.99 *(978-1-60438-219-8(8))* Pokemon, USA, Inc.

Pokémon Epic Sticker Collection: from Kanto to Alola. Pikachu Pikachu Press. 2018. (Pokemon Epic Sticker Collection: 1). (ENG.). 180p. (J). 14.99 *(978-1-60438-200-6(7))* Pokemon, USA, Inc.

Pokemon Go. Cara Copperman. 2017. (SPA.). 176p. (YA). pap. 7.95 *(978-607-748-077-8(0))* Ediciones Urano S. A. ESP. Dist: Spanish Pubs., LLC.

Pokémon Go! Alexander Lowe. (Great Game! Ser.). (ENG., Illus.). 48p. (J). (gr. 3-5). 2021. pap. 14.60 *(978-1-68404-602-7(5))*; 2020. 29.27 *(978-1-68450-850-1(9))* Norwood Hse. Pr.

Pokémon Guía Definitiva de la Región Galar. Libro Oficial 2020. Pokémon Espada. Pokémon Escudo / Handbook to the Galar Region. Pokemon. 2021. (ColecciÓn PokÉmon Ser.). (SPA.). 320p. (J). (gr. 2-5). pap. 15.95 *(978-607-31-9961-2(9)*, Altea) Penguin Random House Grupo Editorial ESP. Dist: Penguin Random Hse. LLC.

TITLE INDEX POLAR REGIONS

Pokémon: Gym Battle Guidebook. Simcha Whitehill. 2020. (ENG., Illus.). 96p. (J). (gr. 1-3). pap. 7.99 (978-1-338-61775-7(3)) Scholastic, Inc.

Pokemon How to Draw Deluxe Ed. Maria S. Barbo et al. ed. 2020. (Scholastic How to Draw Ser.). (ENG.). 144p. (J). (gr. 2-3). 21.96 (978-1-64697-169-5(8)) Penworthy Co., LLC, The.

Pokemon Mad Libs: World's Greatest Word Game. Eric Luper. 2017. (Mad Libs Ser.). (ENG.). 48p. (J). (gr. 3-7). pap. 5.99 (978-1-5247-8599-4(7), Mad Libs) Penguin Young Readers Group.

Pokémon: My Super Awesome Pokémon Journey Notebook. Insight Insight Editions et al. 2022. (ENG.). 208p. (J). 17.99 (978-1-64722-828-6(X)) Insight Editions.

Pokémon Official Galar Region Activity Book. Lawrence Neves. 2020. (ENG.). 96p. (J). pap. 12.99 (978-1-60438-207-5(4)) Pokemon, USA, Inc.

Pokémon Origami: Fold Your Own Alola Region Pokémon. The Pokemon The Pokemon Company International. 2018. (ENG.). 80p. (J). pap. 12.99 (978-1-60438-197-9(3)) Pokemon, USA, Inc.

Pokémon Pocket Puzzles. Scholastic, Inc. Staff. 2021. (ENG.). 164p. (J). (gr. 1-1). pap. 10.99 (978-1-338-74084-4(9)) Scholastic, Inc.

Pokémon Primers: 123 Book. Simcha Whitehill. 2021. (Pokémon Primers Ser.: 2). (ENG.). 28p. (J). (gr. -1). bds. 12.99 (978-1-60438-210-5(4)) Pokemon, USA, Inc.

Pokémon Primers: ABC Book. Simcha Whitehill. 2021. (Pokémon Primers Ser.: 1). (ENG.). 28p. (J). (gr. -1). bds. 12.99 (978-1-60438-209-9(0)) Pokemon, USA, Inc.

Pokémon Primers: Box Set Collection Volume 2. Simcha Whitehill. 2022. (Pokémon Primers Ser.: 10). (ENG.). 112p. (J). (gr. -1). 49.99 (978-1-60438-220-4(1)) Pokemon, USA, Inc.

Pokémon Primers: Colors Book. Simcha Whitehill. 2021. (Pokémon Primers Ser.: 3). (ENG.). 28p. (J). (gr. -1). bds. 12.99 (978-1-60438-211-2(2)) Pokemon, USA, Inc.

Pokémon Primers: Emotions Book. Simcha Whitehill. 2022. (Pokémon Primers Ser.: 8). (ENG.). 28p. (J). (gr. -1). bds. 12.99 (978-1-60438-217-4(1)) Pokemon, USA, Inc.

Pokémon Primers: Fire Types Book. Josh Bates. 2023. (Pokémon Primers Ser.: 12). (ENG.). 28p. (J). (gr. -1). bds. 14.99 (978-1-60438-223-5(6)) Pokemon, USA, Inc.

Pokémon Primers: Grass Types Book. Josh Bates. 2023. (Pokémon Primers Ser.: 11). (ENG.). 28p. (J). (gr. -1). bds. 14.99 (978-1-60438-222-8(8)) Pokemon, USA, Inc.

Pokémon Primers: Habitats Book. Simcha Whitehill. 2022. (Pokémon Primers Ser.: 7). (ENG.). 28p. (J). (gr. -1). bds. 12.99 (978-1-60438-214-3(7)) Pokemon, USA, Inc.

Pokémon Primers: Opposites Book. Simcha Whitehill. 2022. (Pokémon Primers Ser.: 6). (ENG.). 28p. (J). (gr. -1). bds. 12.99 (978-1-60438-213-6(9)) Pokemon, USA, Inc.

Pokémon Primers: Shapes Book. Simcha Whitehill. 2021. (Pokémon Primers Ser.: 4). (ENG.). 28p. (J). (gr. -1). bds. 12.99 (978-1-60438-212-9(0)) Pokemon, USA, Inc.

Pokémon Primers: Types Book. Simcha Whitehill. 2022. (Pokémon Primers Ser.: 9). (ENG.). 28p. (J). (gr. -1). bds. 12.99 (978-1-60438-218-1(X)) Pokemon, USA, Inc.

Pokémon Primers Types: Box Set Collection Volume 1: Grass, Fire, & Water. Josh Bates. 2023. (Pokémon Primers Ser.: 14). (ENG.). 112p. (J). (gr. -1). pap. 39.99 (978-1-60438-239-6(2)) Pokemon, USA, Inc.

Pokémon Primers: Water Types Book. Josh Bates. 2023. (Pokémon Primers Ser.: 13). (ENG.). 28p. (J). (gr. -1). bds. 14.99 (978-1-60438-221-1(X)) Pokemon, USA, Inc.

Pokémon: Satoshi Tajiri: Satoshi Tajiri. Paige V. Polinsky. 2021. (Toy Stories Ser.). (ENG., Illus.). 32p. (J). (gr. 2-5). lib. bdg. 34.21 (978-1-5321-9712-3(8), 38558, Big Buddy Bks.) ABDO Publishing Co.

Pokémon: Scratch & Sketch #2. Maria S. Barbo. Illus. by Scholastic, Inc. Staff. 2020. (ENG.). 64p. (J). (gr. 2-5). 12.99 (978-1-338-63654-3(5)) Scholastic, Inc.

Pokémon Size Chart Collection: Kanto to Alola. Pikachu Pikachu Press. 2019. (ENG.). 12p. (J). 24.99 (978-1-60438-201-3(5)) Pokemon, USA, Inc.

Pokémon Storybook Treasury (Pokémon) Random House. Illus. by Random House. 2018. (ENG., Illus.). 96p. (J). (gr. -1-2). 9.99 (978-1-5247-7259-8(3), Random Hse. Bks. for Young Readers) Random Hse. Children's Bks.

Pokémon Súper Extra Delux Guía Esencial Definitiva / Super Extra Deluxe Essentia l Handbook (Pokemon) Pokémon. 2022. (ColecciÓn PokÉmon Ser.). (SPA.). 576p. (J). (gr. 2-5). pap. 24.95 (978-607-38-0726-5(0), Altea) Penguin Random House Grupo Editorial ESP. Dist: Penguin Random Hse. LLC.

Pokemon Super Special Flip Book Collection, 1 vol. Helena Mayer et al. 2021. (ENG.). 768p. (J). (gr. 2-5). pap., pap. 31.96 (978-1-338-79153-2(2)) Scholastic, Inc.

Pokémon: Trainer's Mini Exploration Guide to Hoenn. Insight Insight Editions & Austin. 2023. (Mini Book Ser.). (ENG.). 112p. (J). 11.99 (978-1-64722-993-1(6)) Insight Editions.

Pokemon: Trainer's Mini Exploration Guide to Johto. Insight Insight Editions & Austin. 2023. (ENG.). 112p. (J). 11.99 (978-1-64722-995-5(2)) Insight Editions.

Pokémon: Trainer's Mini Exploration Guide to Kanto. Insight Insight Editions & Austin. 2023. (ENG.). 112p. (J). 11.99 (978-1-64722-997-9(9)) Insight Editions.

Pokémon: Trainer's Mini Exploration Guide to Sinnoh. Insight Insight Editions & Austin. 2023. (Mini Book Ser.). (ENG.). 112p. (J). 11.99 (978-1-64722-985-6(5)) Insight Editions.

Pokemon Visual Companion: Fourth Edition. DK. 2022. (ENG., Illus.). 336p. (J). (gr. k-4). pap. 14.99 (978-0-7440-6363-9(9), DK Children) Dorling Kindersley Publishing, Inc.

Pokemon Xy, Vol. 11. Hidenori Kusaka. ed. 2017. (Pokemon X Y Ser.: 11). lib. bdg. 14.75 (978-0-606-40299-6(3)) Turtleback.

Poker Jim, Gentleman: And Other Tales & Sketches (Classic Reprint) George Frank Lydston. (ENG., Illus.). (J). 2018. 458p. 33.34 (978-0-483-77176-5(7)); 2016. pap. 16.57 (978-1-334-13416-6(2)) Forgotten Bks.

Poker Was Framed! Danie Connolly. 2018. (ENG., Illus.). 34p. (J). pap. 14.95 (978-0-9970546-4-4(6)) Absolutely Perfect!.

Poketown People or Parables in Black (Classic Reprint) Ella Middleton Tybout. 2018. (ENG., Illus.). 380p. (J). 31.73 (978-0-267-62153-8(1)) Forgotten Bks.

Pokeweed: An Illustrated Novella. Brian L. Tucker. Illus. by Katerina Dotneboya. 2018. (ENG.). 118p. (YA). (gr. 7-12). pap. 14.95 (978-1-68433-109-3(9)) Black Rose Writing.

Pokey Ikey a Story of a Mountaineer (Classic Reprint) Marion B. Davis. 2018. (ENG., Illus.). 182p. (J). 27.67 (978-0-483-49254-7(X)) Forgotten Bks.

Pokie Petunia & the Problem of Peer Pressure. Lynda Zidanic. 2019. (ENG., Illus.). 28p. (J). pap. 10.00 (978-1-68314-902-6(5)) Redemption Pr.

Poking Fun in a Poem. Valerie Bodden. 2016. (Write Me a Poem Ser.). (ENG.). 24p. (J). (gr. 1-4). pap. 9.99 (978-1-62832-254-5(3), 20551, Creative Paperbacks); (Illus.). (978-1-60818-622-8(9), 20553, Creative Education) Creative Co., The.

Pokjumie: A Story from the Land of Morning Calm (Classic Reprint) Ellasue Canter Wagner. (ENG., Illus.). (J). 2018. 118p. 26.39 (978-0-332-72112-5(4)); 2016. pap. 9.57 (978-1-334-16230-5(1)) Forgotten Bks.

Pokko & the Drum. Matthew Forsythe. Illus. by Matthew Forsythe. 2019. (ENG., Illus.). 64p. (J). (gr. -1-3). 18.99 (978-1-4814-8039-0(1), Simon & Schuster/Paula Wiseman Bks.) Simon & Schuster/Paula Wiseman Bks.

Pokko y el Tambor (Pokko & the Drum) Matthew Forsythe. Tr. by Alexis Romay. Illus. by Matthew Forsythe. 2021. (SPA., Illus.). 64p. (J). (gr. -1-3). 7.99 (978-1-5344-8836-6(7)); 18.99 (978-1-5344-8837-3(5)) Simon & Schuster/Paula Wiseman Bks. (Simon & Schuster/Paula Wiseman Bks.).

Pokk's Tales & Stories from the Zoo. Williams A O. 2021. (ENG.). 46p. (YA). 22.95 (978-1-64468-770-3(4)); pap. 12.95 (978-1-64468-769-7(0)) Covenant Bks.

Poky Little Puppy & Friends: the Nine Classic Little Golden Books. Margaret Wise Brown & Janette Sebring Lowrey. 2017. (Illus.). 224p. (J). (-k). 12.99 (978-1-5247-6683-2(6), Golden Bks.) Random Hse. Children's Bks.

Poky Little Puppy & the Pumpkin Patch. Diane Muldrow. Illus. by Sue DiCicco. 2018. (Little Golden Book Ser.). 24p. (J). (-k). 5.99 (978-0-399-55698-2(2), Golden Bks.) Random Hse. Children's Bks.

Poky Little Puppy Book & Vinyl Record. Janette Sebring Lowrey. Illus. by Gustaf Tenggren. 2018. 24p. (J). (-k). 12.99 (978-0-525-57979-3(6), Golden Bks.) Random Hse. Children's Bks.

Poky Little Puppy's First Easter: A Lift-The-Flap Board Book. Andrea Posner-Sanchez. Illus. by Sue DiCicco. 2022. 22p. (J). (— 1). bds. 7.99 (978-1-9848-9250-8(9), Golden Bks.) Random Hse. Children's Bks.

Poky Little Puppy's Special Spring Day. Diane Muldrow. Illus. by Sue DiCicco. 2021. (Little Golden Book Ser.). 24p. (J). (-k). 5.99 (978-0-593-12775-9(7), Golden Bks.) Random Hse. Children's Bks.

Poky Little Puppy's Valentine. Diane Muldrow. Illus. by Sue DiCicco. 2019. 12p. (J). (— 1). bds. 5.99 (978-1-9848-5007-2(5), Golden Bks.) Random Hse. Children's Bks.

Poky Little Puppy's Wonderful Winter Day. Jean Chandler. Illus. by Sue DiCicco. 2017. (Little Golden Book Ser.). (J). (-k). 24p. 5.99 (978-0-399-55292-2(8)); (978-1-5379-5880-4(1)) Random Hse. Children's Bks. (Golden Bks.).

Poland. Meish Goldish. 2016. (Countries We Come From Ser.). (ENG., Illus.). 32p. (J). (gr. -1-3). 28.50 (978-1-944998-30-1(6)) Bearport Publishing Co., Inc.

Poland, 1 vol. Joanne Mattern. 2019. (Exploring World Cultures (First Edition) Ser.). (ENG.). 32p. (gr. 3-3). pap. 12.16 (978-1-5026-5156-3(4), 337f5366-df15-4621-8655-76d73735711e) Cavendish Square Publishing LLC.

Poland. Julie Murray. 2017. (Explore the Countries Set 4 Ser.). (ENG., Illus.). 40p. (J). (gr. 2-5). lib. bdg. 35.64 (978-1-5321-1051-1(0), 25678, Big Buddy Bks.) ABDO Publishing Co.

Poland, Vol. 16. Dominic J. Ainsley. 2018. (European Countries Today Ser.). (Illus.). 96p. (J). (gr. 7). lib. bdg. 34.60 (978-1-4222-3989-6(6)) Mason Crest.

Poland's Crooked Forest. Rachel Hamby. 2020. (Nature's Mysteries Ser.). (ENG., Illus.). 32p. (J). (gr. 2-5). lib. bdg. 32.79 (978-1-5321-6922-9(1), 36465, DiscoverRoo) Pop!.

Polar: Wildlife at the Ends of the Earth. L. E. Carmichael. Illus. by Byron Eggenschwiler. 2023. (ENG.). 48p. (J). (gr. 2-6). 18.99 (978-1-5253-0457-6(7)) Kids Can Pr., Ltd. CAN. Dist: Hachette Bk. Group.

Polar Animals. Jaclyn Jaycox. 2019. (Polar Animals Ser.). (ENG.). 32p. (J). (gr. -1-2). 239.92 (978-1-9771-0822-7(9), 29306); pap., pap., pap. 63.60 (978-1-9771-1076-3(2), 29529) Capstone. (Pebble).

Polar Animals. Katie Peters. 2019. (Let's Look at Animal Habitats (Pull Ahead Readers — Nonfiction) Ser.). (ENG., Illus.). 16p. (J). (gr. -1-1). pap. 8.99 (978-1-5415-7313-0(7), a270efed-7333-49d9-8919-ba90d3da13d7, Lerner Pubns.) Lerner Publishing Group.

Polar Animals, 5 vols. Leo Statts. 2016. (Polar Animals Ser.). (ENG.). 24p. (J). (gr. -1-2). 299.64 (978-1-68079-352-9(7), 22973, Abdo Zoom-Launch) ABDO Publishing Co.

Polar Animals, 4 bks. Emily Rose Townsend. Incl. Seals. (ENG., Illus.). 24p. (gr. k-1). 2004. 21.32 (978-0-7368-2359-3(X), Pebble); (Polar Animals Ser.). (ENG.). Illus.). 24p. 2004. Set lib. bdg. 87.96 (978-0-7368-2532-0(0), Pebble) Capstone.

Polar Animals: Children's Animal Fact Book. Bold Kids. 2022. (ENG.). 42p. (J). pap. 14.99 (978-1-0717-1125-5(3)) FASTLANE LLC.

Polar Babies. Mary Elizabeth Salzmann. 2019. (Animal Babies Ser.). (ENG., Illus.). 24p. (J). (gr. -1-3). lib. bdg. 29.93 (978-1-5321-1961-3(5), 32507, SandCastle) ABDO Publishing Co.

Polar Bear. Created by Jenni Desmond. 2016. (Illus.). 48p. (J). (gr. -1-3). 17.95 (978-1-59270-200-8(7)) Enchanted Lion Bks., LLC.

Polar Bear. Candace Fleming. Illus. by Eric Rohmann. 2022. (ENG.). 32p. (J). (gr. -1-3). 18.99 (978-0-8234-4916-3(5), Neal Porter Bks) Holiday Hse., Inc.

Polar Bear. Melissa Gish. 2020. (Spotlight on Nature Ser.). (ENG.). 32p. (J). (gr. 4-7). pap. 9.99 (978-1-62832-875-2(4), 18648, Creative Paperbacks) Creative Co., The.

Polar Bear. August Hoeft. (I See Animals Ser.). (ENG.). (J). 2022. 20p. pap. 12.99 (978-1-5324-4242-1(4)); 2021. 12p. pap. 5.99 (978-1-5324-1520-3(6)) Xist Publishing.

Polar Bear. Steve MacLeod. 2017. (World Languages Ser.). (ENG.). 24p. (J). lib. bdg. 35.70 (978-1-4896-6570-6(6), AV2 by Weigl) Weigl Pubs., Inc.

Polar Bear Almost There. Maribeth; Grudzina Boelts. Ed. by Rebecca Grudzina. 2016. (Spring Forward Ser.). (ENG.). (J). (gr. k). 7.20 net. (978-1-4900-6027-9(8)) Benchmark Education Co.

Polar Bear & the Glacier, 1 vol. Dewayne Hotchkins. 2016. (Rosen REAL Readers: STEM & STEAM Collection). (ENG.). 12p. (gr. 1-2). pap. 6.33 (978-1-5081-2682-9(8), bf7b51ae-0acf-41e0-9fec-ece396974497, Rosen Classroom) Rosen Publishing Group, Inc., The.

Polar Bear & Walrus Find Their Hearts. Trevor Doram. Illus. by Val Lawton. 2022. (ENG.). 36p. (J). (978-1-0391-4182-7(X)); pap. (978-1-0391-4181-0(1)) FriesenPress.

Polar Bear Babies. Susan Ring. Illus. by Lisa McCue. 2016. (Step into Reading Ser.). 32p. (J). (gr. -1-1). 5.99 (978-0-399-54954-0(4), Random Hse. Bks. for Young Readers) Random Hse. Children's Bks.

Polar Bear Babies (FSTK ONLY) Gina Cline. 2016. (2g Fstk Ser.). (ENG.). 28p. (J). pap. 8.00 (978-1-63437-642-6(0)) American Reading Co.

Polar Bear Bowler: A Story Without Words. Karl Beckstrand. Illus. by Ashley Sanborn. 2017. (Stories Without Words Ser.: 1). (ENG.). (J). (gr. -1-1). 22.95 (978-0-9853988-3-5(3)) Premio Publishing & Gozo Bks., LLC.

Polar Bear Cubs. Susan H. Gray. 2020. (21st Century Basic Skills Library: Level 3: Babies at the Zoo Ser.). (ENG., Illus.). 24p. (J). (gr. k-3). pap. 12.79 (978-1-5341-6126-9(0), 214504); lib. bdg. 30.64 (978-1-5341-5896-2(0), 214503) Cherry Lake Publishing.

Polar Bear Explorers' Club. Alex Bell. Illus. by Tomislav Tomic. 2017. (ENG.). 352p. (J). pap. 9.95 (978-0-571-33254-0(4), Faber & Faber Children's Bks.) Faber & Faber, Inc.

Polar Bear Explorers' Club. Alex Bell. Illus. by Tomislav Tomic. 2018. (Polar Bear Explorers' Club Ser.: 1). (ENG.). 320p. (J). (gr. 3-7). 17.99 (978-1-5344-0646-9(8), Simon & Schuster Bks. For Young Readers) Simon & Schuster Bks. For Young Readers.

Polar Bear Express: Book 11. Debbie Dadey. Illus. by Tatevik Avakyan. 2018. (Mermaid Tales Ser.). (ENG.). 112p. (J). (gr. 1-4). lib. bdg. 31.36 (978-1-5321-4208-6(0), 31084, Chapter Bks.) Spotlight.

Polar Bear Family Adventures. Bobbie Kalman. 2016. (Animal Family Adventures Ser.). (ENG., Illus.). 32p. (J). (gr. 1-3). (978-0-7787-2228-1(7)) Crabtree Publishing Co.

Polar Bear Fur Isn't White! And Other Amazing Facts (Ready-To-Read Level 2) Thea Feldman. Illus. by Lee Cosgrove. 2020. (Super Facts for Super Kids Ser.). (ENG.). 32p. (J). (gr. k-2). 17.99 (978-1-5344-7664-6(4)); pap. 4.99 (978-1-5344-7663-9(6)) Simon Spotlight. (Simon Spotlight).

Polar Bear in the Closet. Tracey Sullivan. 2020. (ENG.). 32p. (J). 20.38 (978-1-716-43883-7(7)); pap. 8.76 (978-1-716-43882-0(9)) Lulu Pr., Inc.

Polar Bear in the Garden. Richard Jones. 2022. (ENG., Illus.). 32p. (J). (gr. -1-3). 17.99 (978-1-68263-433-2(7)) Peachtree Publishing Co. Inc.

Polar Bear in the Snow. Mac Barnett. Illus. by Shawn Harris. 2020. (ENG.). 40p. (J). (gr. -1-2). 17.99 (978-1-5362-0396-7(3)) Candlewick Pr.

Polar Bear Island. Lindsay Bonilla. Illus. by Cinta Villalobos. (J). (gr. -1-k). 2022. (ENG.). 28p. 8.99 (978-1-4549-4658-8(X), Union Square Pr.); 2018. 32p. 16.95 (978-1-4549-2870-6(0)) Sterling Publishing Co., Inc.

Polar Bear Pete's Perfect Performance. M. S. Natasha Celeste Peterson. Illus. by Ankur Majumder & M. S. Ruhi Soni. 2017. (ENG.). 28p. (J). pap. (978-0-9952330-3-4(9)) Peterson, Natasha.

Polar Bear, Polar Bear, What Do You Hear? / Oso Polar, Oso Polar, ¿qué Es Ese Ruido? (Bilingual Board Book - English / Spanish) Bill Martin, Jr. Illus. by Eric Carle. ed. 2020. (ENG.). 13p. (J). bds. 9.99 (978-1-250-76606-9(0), 900232401, Holt, Henry & Co. Bks. For Young Readers) Holt, Henry & Co.

Polar Bear Postman. Seigo Kijima. 2017. (ENG.). 32p. (J). (gr. k-2). 16.99 (978-1-940842-21-9(2)) Museyon.

Polar Bear Romp! Illus. by Beatrice Costamagna. 2016. (Crunchy Board Bks.). (ENG.). 12p. (J). (gr. -1-1). bds. 7.99 (978-1-4998-0345-7(1)) Little Bee Books Inc.

Polar Bear Songbook. Meredith Womack Cook. 2017. (ENG., Illus.). 32p. (J). pap. (978-1-365-67001-5(5)) Lulu Pr., Inc.

Polar Bear Soup. Mike Legg. 2021. (ENG.). 54p. (J). pap. (978-0-473-58975-2(3)) MTL Investments Ltd.

Polar Bear vs. Grizzly Bear. Jerry Pallotta. Illus. by Rob Bolster. 2023. (Who Would Win? Ser.). (ENG.). 32p. (J). (gr. 1-4). lib. bdg. 32.79 (978-1-0982-5258-8(6), 42632) Spotlight.

Polar Bear vs. Grizzly Bear (Who Would Win?) Jerry Pallotta. Illus. by Rob Bolster. 2019. (Who Would Win? Ser.). (ENG.). 32p. (J). (gr. 1-3). lib. bdg. 14.80 (978-1-6636-2457-4(7)) Perfection Learning Corp.

Polar Bear Who Loved Popcorn Coloring Book. Bobo's Children Activity Books. 2016. (ENG., Illus.). (J). pap. 9.33 (978-1-68327-504-6(7)) Sunshine In My Soul Publishing.

Polar Bear Wish. Lori Evert. Illus. by Per Breiehagen. 2018. (Wish Book Ser.). 48p. (J). (gr. -1-2). 17.99 (978-1-5247-6566-8(X), Random Hse. Bks. for Young Readers) Random Hse. Children's Bks.

Polar Bears see Osos Polares

Polar Bears, 1 vol. Leslie Beckett. 2016. (Bears of the World Ser.). (ENG.). 24p. (J). (gr. 3-3). pap. 9.25 (978-1-4994-2042-5(0), 6ff05fa5-a996-418f-b9ea-35c413cb4c8a, PowerKids Pr.) Rosen Publishing Group, Inc., The.

Polar Bears. Megan Borgert-Spaniol. 2018. (Arctic Animals at Risk Ser.). (ENG., Illus.). 32p. (J). (gr. 3-6). lib. bdg. 32.79 (978-1-5321-1699-5(3), 30686, Checkerboard Library) ABDO Publishing Co.

Polar Bears. Nancy Dickmann. 2019. (Animals in Danger Ser.). (ENG.). 24p. (J). (gr. 2-4). lib. bdg. (978-1-78121-443-5(3), 16562) Brown Bear Bks.

Polar Bears. Katie Gillespie. 2016. (Animals of North America Ser.). (ENG., Illus.). 24p. (J). lib. bdg. 22.99 (978-1-5105-0818-7(X)) SmartBook Media, Inc.

Polar Bears. Ashley Gish. 2019. (X-Books: Marine Mammals Ser.). (ENG.). 32p. (J). (gr. 3-5). pap. 9.99 (978-1-62832-753-3(7), 19213, Creative Paperbacks) Creative Co., The.

Polar Bears. Emily Kington. 2022. (Animals in Danger Ser.). (ENG., Illus.). 32p. (J). (gr. 3-6). lib. bdg. 29.32 (978-1-914087-60-8(7), e8379e12-4bab-4cf3-9add-f922f2ca289f, Hungry Tomato (r)) Lerner Publishing Group.

Polar Bears. Julie Murray. (Animals with Strength Ser.). (ENG., Illus.). (J). 2022. 24p. (gr. k-4). lib. bdg. 31.36 (978-1-0982-8005-5(9), 41045, Abdo Zoom-Dash); 2019. 32p. (gr. 2-5). lib. bdg. 34.21 (978-1-5321-1649-0(7), 32409, Big Buddy Bks.) ABDO Publishing Co.

Polar Bears. Rebecca Pettiford. 2019. (Animals of the Arctic Ser.). (ENG., Illus.). 24p. (J). (gr. k-3). lib. bdg. 26.95 (978-1-62617-938-7(7), Blastoff! Readers) Bellwether Media.

Polar Bears. Mari Schuh. 2017. (Black & White Animals Ser.). (ENG., Illus.). 24p. (J). (gr. -1-2). lib. bdg. 22.65 (978-1-5157-3621-9(0), 133602, Pebble) Capstone.

Polar Bears. Leo Statts. 2016. (Polar Animals Ser.). (ENG.). 24p. (J). (gr. -1-2). 49.94 (978-1-68079-357-4(8), 22978, Abdo Zoom-Launch) ABDO Publishing Co.

Polar Bears. Anastasia Suen. 2020. (Spot Arctic Animals Ser.). (ENG.). 16p. (J). (gr. -1-2). lib. bdg. (978-1-68151-797-1(3), 10671) Amicus.

Polar Bears. Valerie Bodden. 2nd ed. 2020. (Amazing Animals Ser.). 24p. (J). (gr. 1-3). pap. 9.99 (978-1-62832-770-0(7), 18100, Creative Paperbacks) Creative Co., The.

Polar Bears: (Age 6 & Above) Tj Rob. 2017. (Super Predators Ser.). (ENG., Illus.). (J). pap. (978-1-988695-53-2(8)) TJ Rob.

Polar Bears! an Animal Encyclopedia for Kids (Bear Kingdom) - Children's Biological Science of Bears Books. Prodigy Wizard. 2016. (ENG., Illus.). (J). pap. 9.25 (978-1-68323-967-3(9)) Twin Flame Productions.

Polar Bears Are Awesome. Jaclyn Jaycox. 2019. (Polar Animals Ser.). (ENG., Illus.). 32p. (J). (gr. -1-2). 29.99 (978-1-9771-0818-0(0), 140446, Pebble) Capstone.

Polar Bears Are Left Handed... Who Knew? 2nd Edition. Susan Straub-Martin. 2022. (ENG.). 26p. (J). 23.99 (978-1-0880-3533-7(7)) Indy Pub.

Polar Bear's Brown Boots. Sue Sheppard & Li Yang Lim. 2021. (ENG.). 34p. (J). pap. (978-0-6489229-1-9(X)) Sheppard Educational Resources.

Polar Bear's Brown Boots: Hardcover. Sue Sheppard. Illus. by Li Yang Lim. 2021. (ENG.). 34p. (J). (978-0-6489229-2-6(8)) Sheppard Educational Resources.

Polar Bears' Journey. Tuula Pere. Ed. by Susan Korman. Illus. by Roksolana Panchyshyn. 2018. (ENG.). 40p. (J). (gr. k-4). pap. (978-952-7107-36-2(9)) Wickwick oy.

Polar Bears (Nature's Children) (Library Edition) Hugh Roome. 2018. (Nature's Children, Fourth Ser.). (ENG., Illus.). 48p. (J). (gr. 3-5). lib. bdg. 30.00 (978-0-531-23484-6(3), Children's Pr.) Scholastic Library Publishing.

Polar Bears on the Hunt. Meg Marquardt. 2017. (Searchlight Books (tm) — Predators Ser.). (ENG., Illus.). 32p. (J). (gr. 3-5). pap. 9.99 (978-1-5124-5611-0(X), c66c61fb-806a-4a80-be54-d3bc8b478c43); lib. bdg. 30.65 (978-1-5124-3397-5(7), 4fd123e2-eb4f-4972-ba97-3175e3416f2b, Lerner Pubns.) Lerner Publishing Group.

Polar Bears Past Bedtime see Osos Polares Despues de la Medianoche

Polar Bears Past Bedtime, 12. Mary Pope Osborne. 2019. (Magic Tree House Ser.). (ENG.). 71p. (J). (gr. 2-3). 16.96 (978-0-87617-701-3(1)) Penworthy Co., LLC, The.

Polar Bear's World. Katie Gillespie. 2018. (Illus.). 24p. (J). (978-1-4896-5680-3(4), AV2 by Weigl) Weigl Pubs., Inc.

Polar Climates, 2 vols. Cath Senker. 2017. (Focus on Climate Zones Ser.). (ENG.). (J). (gr. 4-6). (978-1-4846-4132-3(9)) Heinemann Educational Bks.

Polar Distress: Dr. Critchlore's School for Minions #3. Sheila Grau. Illus. by Joe Sutphin. 2017. (Dr. Critchlore's School for Minions Ser.). (ENG.). 288p. (J). (gr. 3-7). 14.95 (978-1-4197-2294-3(8), 1132101) Abrams, Inc.

Polar Exploration. Beth Costanzo. 2023. (ENG.). 28p. (J). pap. 10.99 (978-1-0881-0691-4(9)) Adventures of Scuba Jack Pubs., The.

Polar Exploration: Courage & Controversy. Diane Bailey. 2017. (Exploring the Polar Regions Today Ser.: Vol. 8). (ENG., Illus.). 64p. (J). (gr. 7-12). 23.95 (978-1-4222-3870-7(9)) Mason Crest.

Polar Express Novel Units Teacher Guide. Novel Units. 2019. (ENG.). (J). pap., tchr. ed. 12.99 (978-1-56137-196-9(3), Novel Units, Inc.) Classroom Library Co.

Polar Lands. Steve Parker & Miles Kelly. Ed. by Richard Kelly. 2017. (Illus.). 480p. (J). pap. 9.95 (978-1-84810-236-1(4)) Miles Kelly Publishing, Ltd. GBR. Dist: Parkwest Pubns., Inc.

Polar Pals. James Roberts. 2022. (ENG.). (J). 32p. pap. 6.99 (978-1-4867-2529-8(5), 038927f8-ce46-430b-b94a-c5db696c76f2); 20p. bds. 7.99 (978-1-4867-2404-8(3), fc5d8a7a-2065-4d89-a3be-1221e2528c51) Flowerpot Pr.

Polar Politics: Earth's Next Battlegrounds? Michael Burgan. 2017. (Exploring the Polar Regions Today Ser.: Vol. 8). (ENG., Illus.). 64p. (J). (gr. 7-12). 23.95 (978-1-4222-3871-4(7)) Mason Crest.

Polar Regions. Emily Kington. 2021. (Extreme Habitats Ser.). (ENG., Illus.). 32p. (J). (gr. 2-5). lib. bdg. 29.32 (978-1-914087-06-6(2), 88e459e8-323a-4433-a585-f3fa05d5177c, Hungry Tomato (r)) Lerner Publishing Group.

Polar Regions. Simon Rose. 2017. (J). (978-1-5105-2173-5(9)) SmartBook Media, Inc.

P

Polar Regions. James Kerr. rev. ed. 2016. (Earth's Final Frontiers Ser.). (ENG.). 48p. (J). (gr. 6-9). pap. 8.99 *(978-1-4846-3698-5(8)*, 134110, Heinemann) Capstone.
Polar Regions - Animal Habitats for Kids! Environment Where Wildlife Lives for Kids - Children's Environment Books. Left Brain Kids. 2016. (ENG., Illus.). (J). pap. 7.51 *(978-1-68376-626-1(1))* Sabeels Publishing.
Polar Regions of the World: The Arctic & the Antarctic Explorer Books for Grade 5 Children's Geography & Cultures Books. Baby Professor. 2022. (ENG.). 74p. (J). 31.99 ***(978-1-5419-8637-4(7))***; pap. 20.99 ***(978-1-5419-6084-8(X))*** Speedy Publishing LLC. (Baby Professor (Education Kids)).
Polar Vortex: Climate Change & Its Effects. Virginia Loh-Hagan. 2022. (Behind the Curtain Ser.). (ENG., Illus.). 32p. (J). (gr. 4-8). pap. 14.21 *(978-1-6689-0063-5(7)*, 220154); lib. bdg. 32.07 *(978-1-5341-9949-1(7)*, 220010) Cherry Lake Publishing. (45th Parallel Press).
Polar Vortex & Climate Change. Tamra B. Orr. 2017. (Perspectives Library: Modern Perspectives Ser.). (ENG., Illus.). 32p. (J). (gr. 4-7). lib. bdg. 32.07 *(978-1-63472-862-1(9)*, 209874) Cherry Lake Publishing.
Polaris. Michael Northrop. 2017. (ENG., Illus.). 288p. (J). (gr. 4-7). 16.99 *(978-0-545-29716-5(8)*, Scholastic Pr.) Scholastic, Inc.
Polaris: The Story of an Eskimo Dog (Classic Reprint) Ernest Harold Baynes. (ENG., Illus.). (J). 2018. 152p. 27.03 *(978-0-331-81268-8(1))*; 2017. pap. 9.57 *(978-0-259-52560-8(X))* Forgotten Bks.
Polaris the Bear. Joey Uliana. 2019. (ENG.). 164p. (J). pap. ***(978-0-359-76035-0(X))*** Lulu Pr., Inc.
Polarisation of Light. William Spottiswoode. 2017. (ENG., (J). Illus.). 144p. pap. *(978-3-337-32904-4(7))*; 174p. pap. *(978-3-337-26711-7(4))*; 168p. pap. *(978-3-337-25005-8(X))* Creation Pubs.
Polarlicious. Neil Seddon. 2019. (ENG.). 34p. (J). *(978-1-5289-3223-3(4))*; pap. *(978-1-5289-3222-6(6))* Austin Macauley Pubs. Ltd.
Polarshield Project, 1. Ridley Pearson. 2019. (Super Sons Ser.). (ENG.). 176p. (J). (gr. 4-5). 21.96 *(978-0-87617-925-3(1))* Penworthy Co., LLC, The.
Pola's Flower. Diana Lynne Nadeau. Illus. by Lobsang Gyatso. 2017. (ENG.). (J). 37p. *(978-1-945432-16-3(0))*; pap. *(978-1-945432-18-7(7))* Aurora Production AG.
Pole Baker a Novel (Classic Reprint) Will N. Harben. 2018. (ENG., Illus.). 362p. (J). 31.36 *(978-0-483-10380-1(2))* Forgotten Bks.
Pole, Popov & Piggles the Pulling Penguins Hardback. M. T. Boulton. 2018. (ENG., Illus.). 206p. (J). *(978-0-244-71358-4(8))* Lulu Pr., Inc.
Poleas Son Máquinas. Douglas Bender. 2022. (Máquinas Simples (Simple Machines) Ser.).Tr. of Pulleys Are Machines. (SPA.). 24p. (J). (gr. k-2). lib. bdg. *(978-1-0396-4800-5(2)*, 20617, Crabtree Roots) Crabtree Publishing Co.
Poleas y Engranajes: Leveled Reader Book 78 Level J 6 Pack. Hmh Hmh. 2021. (SPA.). 16p. (J). pap. 74.40 *(978-0-358-08294-1(3))* Houghton Mifflin Harcourt Publishing Co.
Poles Apart. Jeanne Willis. Illus. by Jarvis. 2016. (ENG.). 32p. (J). (gr. -1-2). 15.99 *(978-0-7636-8944-5(0))* Candlewick Pr.
Poles in the Seventeenth Century, Vol. 1 Of 3: An Historical Novel, with a Sketch of the Polish Cossacks (Classic Reprint) Henry Krasinski. (ENG., Illus.). (J). 2018. 320p. 30.50 *(978-0-267-39933-8(2))*; 2016. pap. 13.57 *(978-1-334-12452-5(3))* Forgotten Bks.
Poles in the Seventeenth Century, Vol. 2 Of 3: An Historical Novel, with a Sketch of Polish Cossacks (Classic Reprint) Henry Krasinski. 2017. (ENG., Illus.). (J). 31.28 *(978-0-265-15676-6(9))* Forgotten Bks.
Poles in the Seventeenth Century, Vol. 3 Of 3: An Historical Novel, with a Sketch of the Polish Cossacks (Classic Reprint) Henry Krasinski. (ENG., Illus.). (J). 2018. 322p. 30.54 *(978-0-267-38249-1(9))*; 2016. pap. 13.57 *(978-1-334-28776-3(7))* Forgotten Bks.
Police & Excessive Use of Force. Philip Wolny. 2021. (Understanding the Black Lives Matter Movement Ser.). (ENG.). 80p. (YA). (gr. 6-12). 43.93 *(978-1-6782-0070-1(0)*, BrightPoint Pr.) ReferencePoint Pr., Inc.
Police & Security Coloring Book for Boys. Bold Illustrations. 2017. (ENG., Illus.). (J). pap. 8.35 *(978-1-64193-027-7(6)*, Bold Illustrations) FASTLANE LLC.
Police Car Patrol! Stanley Strickland. Illus. by Rhys Jefferys. 2018. (Take the Wheel! Ser.). (ENG.). 14p. (J). (gr. -1-k). bds. 8.99 *(978-1-4998-0719-6(8))* Little Bee Books Inc.
Police Car to the Rescue! Elena Ulyeva & Clever Publishing. Illus. by Anastasia Volkova. 2022. (Everyday Heroes Ser.). (ENG.). 20p. (J). (gr. -1-k). bds. 9.99 *(978-1-956560-00-8(9))* Clever Media Group.
Police Cars. Quinn M. Arnold. 2019. (Seedlings: Community Vehicles Ser.). (ENG.). 24p. (J). (gr. k-2). pap. 8.99 *(978-1-62832-657-4(3)*, 18820, Creative Paperbacks); (gr. -1-k). *(978-1-64026-069-6(2)*, 18819) Creative Co., The.
Police Cars. B. J. Best. 2017. (Riding to the Rescue! Ser.). 24p. (gr. 1-1). pap. 49.32 *(978-1-5026-2555-7(5))* Cavendish Square Publishing LLC.
Police Cars, 1 vol. Lois Fortuna. 2016. (To the Rescue! Ser.). (ENG., Illus.). 24p. (J). (gr. k-k). lib. bdg. 24.27 *(978-1-4824-4661-6(8)*, 94192ca2-a047-4c16-9c21-00438ad4a7f4) Stevens, Gareth Publishing LLLP.
Police Cars. Emily Rose Oachs. 2017. (Mighty Machines in Action Ser.). (ENG., Illus.). 24p. (J). (gr. k-3). lib. bdg. 26.95 *(978-1-62617-607-2(8)*, Blastoff! Readers) Bellwether Media.
Police Cars on the Go. Anne J. Spaight. 2016. (Bumba Books (r) — Machines That Go Ser.). (ENG., Illus.). 24p. (J). (gr. -1-1). lib. bdg. 26.65 *(978-1-5124-1449-3(2)*, aba76b9c-1316-4aa4-856e-1f0f8c933d81, Lerner Pubns.) Lerner Publishing Group.
Police (Classic Reprint) Robert W. Chambers. 2017. (ENG., Illus.). (J). 30.60 *(978-1-5281-6944-8(1))* Forgotten Bks.
Police Coloring Book for Kids! a Variety of Unique Police Coloring Pages for Children. Bold Illustrations. 2022. (ENG.). 82p. (J). pap. 14.99 *(978-1-0717-0666-4(7)*, Bold Illustrations) FASTLANE LLC.
Police Defunding & Reform: What Changes Are Needed? Olivia Ghafoerkhan & Hal Marcovitz. 2021. (Being Black in America Ser.). (ENG.). 64p. (YA). (gr. 6-12). 43.93 *(978-1-6782-0026-8(3))* ReferencePoint Pr., Inc.
Police Dog, 1 vol. B. Keith Davidson. 2022. (Jobs of a Working Dog Ser.). (ENG.). 32p. (J). (gr. 3-9). pap. *(978-1-0396-4733-6(2)*, 17222); lib. bdg. *(978-1-0396-4606-3(9)*, 16280) Crabtree Publishing Co. (Crabtree Branches).
Police Dogs. Cynthia Argentine. 2023. (Dogs at Work Ser.). (ENG., Illus.). 32p. (J). (gr. 2-3). pap. 9.95 *(978-1-63738-450-3(5))*; lib. bdg. 31.35 *(978-1-63738-423-7(8))* North Star Editions. (Apex).
Police Dogs on the Job. Brandon Terrell. 2017. (Helping Dogs Ser.). (ENG.). 24p. (J). (gr. 2-5). lib. bdg. 32.79 *(978-1-5038-1614-5(1)*, 211173) Child's World, Inc, The.
Police Officer. Samantha Bell. Illus. by Jeff Bane. 2017. (My Early Library: My Friendly Neighborhood Ser.). (ENG.). 24p. (J). (gr. k-1). lib. bdg. 30.64 *(978-1-63472-826-3(2)*, 209730) Cherry Lake Publishing.
Police Officer, 1 vol. Joanna Brundle. 2020. (I Want to Be Ser.). (ENG., Illus.). 24p. (J). (gr. k-2). 19.99 *(978-1-78637-961-0(9))* BookLife Publishing Ltd. GBR. Dist: Independent Pubs. Group.
Police Officer. Jared Siemens. 2020. (Who Works in My Neighborhood Ser.). (ENG.). 24p. (J). lib. bdg. 22.99 *(978-1-5105-5357-6(6))* SmartBook Media, Inc.
Police Officer Tools. Laura Hamilton Waxman. 2019. (Bumba Books (r) — Community Helpers Tools of the Trade Ser.). (ENG., Illus.). 24p. (J). (gr. -1-1). 26.65 *(978-1-5415-5557-0(0)*, 92b0ff4d-fc26-404e-b65d-42ba85890f7f, Lerner Pubns.) Lerner Publishing Group.
Police Officers. Illus. by Tedd Arnold. 2018. (J). *(978-1-5444-0550-6(2))* Scholastic, Inc.
Police Officers. Meg Gaertner. 2018. (Community Workers Ser.). (ENG., Illus.). 24p. (J). (gr. 1-1). pap. 8.95 *(978-1-63517-809-8(6)*, 1635178096) North Star Editions.
Police Officers. Meg Gaertner. 2018. (Community Workers Ser.). (ENG., Illus.). 24p. (J). (gr. k-3). lib. bdg. 31.36 *(978-1-5321-6014-1(3)*, 28660, Pop! Cody Koala) Pop!.
Police Officers. Christina Leaf. 2018. (Community Helpers Ser.). (ENG., Illus.). 24p. (J). (gr. k-3). pap. 7.99 *(978-1-61891-309-8(3)*, 12095, Blastoff! Readers) Bellwether Media.
Police Officers. Emma Less. 2018. (Real-Life Superheroes Ser.). (ENG.). 16p. (J). (gr. k-2). pap. 7.99 *(978-1-68152-280-7(2)*, 14920) Amicus.
Police Officers. Mary Meinking. 2020. (Jobs People Do Ser.). (ENG., Illus.). 32p. (J). (gr. 1-3). pap. 6.95 *(978-1-9771-1814-1(3)*, 142173); lib. bdg. 29.32 *(978-1-9771-1379-5(6)*, 141483) Capstone. (Pebble).
Police Officers. Julie Murray. 2016. (My Community: Jobs Ser.). (ENG.). 24p. (J). (gr. -1-2). pap. 7.95 *(978-1-4966-1056-0(3)*, 134961, Capstone Classroom) Capstone.
Police Officers. Laura K. Murray. 2023. (Seedlings Ser.). (ENG., Illus.). 24p. (J). (gr. 1-3). pap. 10.99 *(978-1-62832-948-3(3)*, 23578, Creative Paperbacks) Creative Co., The.
Police Officers. Julie Murray. rev. ed. 2021. (My Community: Jobs Ser.). (ENG.). 24p. (J). pap. 7.95 *(978-1-6663-5254-2(3)*, 239306, Capstone Classroom) Capstone.
Police Officers Help Out! Roles in My Community, 1 vol. Anna McDougal. 2018. (Civics for the Real World Ser.). (ENG.). 8p. (gr. k-1). pap. *(978-1-5383-6352-2(6)*, da8bc3a0-eaf8-449e-b7e4-234e58ce35e9, Rosen Classroom) Rosen Publishing Group, Inc., The.
Police Officers in My Community. Gina Bellisario. Illus. by Cale Atkinson. 2018. (Meet a Community Helper (Early Bird Stories (tm)) Ser.). (ENG.). 24p. (J). (gr. k-2). 29.32 *(978-1-5415-2020-2(3)*, f186daa0-e543-4a23-9836-3b79730c5345, Lerner Pubns.) Lerner Publishing Group.
Police Officers on the Job. Kate Rogers. (Jobs in Our Community Ser.), (gr. 1-1). 2017. pap. 49.50 *(978-1-5345-2154-4(2))*; 2016. (ENG.). 26.23 *(978-1-5345-2155-1(0)*, 1f422e6b-79ab-4ff6-9c83-c65403c839d9); 2016. (ENG.). pap. 9.25 *(978-1-5345-2153-7(4)*, a4c9517b-5db5-4265-a9c4-6759b6a05417) Greenhaven Publishing LLC. (KidHaven Publishing).
Police Officers on the Job. Kate Rogers. 2017. (Jobs in Our Community Ser.). (ENG.). 8p. (J). (gr. -1-1). 19.05 *(978-1-5311-8631-9(9))* Perfection Learning Corp.
Police Officers on the Scene. Emily Dolbear. 2022. (First Responders on the Scene Ser.). (ENG.). 24p. (J). (gr. 3-6). lib. bdg. 32.79 *(978-1-5038-5582-3(1)*, 215462, MOMENTUM) Child's World, Inc, The.
Police Patrol. Finn Coyle. 2022. (ENG.). 20p. (J). bds. 7.99 *(978-1-4867-2271-6(7)*, 957e26fc-2b35-49a9-aea0-ca7f222d41f5) Flowerpot Pr.
Police Protect & Serve. Sophia Day & Megan Johnson. Illus. by Timothy Zowada. 2020. (Playful Apprentice Ser.: 1). (ENG.). 40p. (J). pap. 6.99 *(978-1-64516-974-1(X)*, 9531efe0-dbbe-4e4f-b853-fe4f7f6dd8f5) MVP Kids Media.
Police Pursuit! Meredith Rusu. ed. 2017. (LEGO City 8X8 Ser.). (Illus.). 23p. (J). lib. bdg. 13.55 *(978-0-606-39732-2(9))* Turtleback.
Police Robots. Elizabeth Noll. 2017. (World of Robots Ser.). (ENG., Illus.). 32p. (J). (gr. 3-8). lib. bdg. 27.95 *(978-1-62617-691-1(4)*, Blastoff! Discovery) Bellwether Media.
Police Station. Amy McDonald & Amy McDonald. 2022. (Community Places Ser.). (ENG., Illus.). 24p. (J). (gr. -1-2). pap. 7.99 *(978-1-64834-659-0(6)*, 21371, Blastoff! Readers) Bellwether Media.
Police Station, 1 vol. Julie Murray. 2016. (My Community: Places Ser.). (ENG., Illus.). 24p. (J). (gr. -1-2). lib. bdg. 31.36 *(978-1-68080-538-3(X)*, 21356, Abdo Kids) ABDO Publishing Co.
Police Station: A 4D Book. Patricia J. Murphy. rev. ed. 2018. (Visit To... Ser.). (ENG., Illus.). 24p. (J). (gr. -1-2). lib. bdg. 29.32 *(978-1-5435-0831-4(6)*, 137594, Capstone Pr.) Capstone.
Police Stations. Emma Bassier. 2019. (Places in My Community Ser.). (ENG., Illus.). 24p. (J). (gr. k-3). lib. bdg. 31.36 *(978-1-5321-6350-0(9)*, 32015, Pop! Cody Koala) Pop!.
Police Technology: 21st Century Crime Fighting Tools, 1 vol. Glen C. Forrest. 2016. (Law Enforcement & Intelligence Gathering Ser.). (ENG., Illus.). 104p. (J). (gr. 8-8). lib. bdg. 37.82 *(978-1-5081-0379-0(8)*, 3b8600ff-e9be-4298-a2e2-bb1f8a47c3d5) Rosen Publishing Group, Inc., The.
Police Training & Excessive Force, 1 vol. Ed. by Pete Schauer. 2017. (Current Controversies Ser.). (ENG.). 176p. (YA). (gr. 10-12). 48.03 *(978-1-5345-0237-6(8)*, 591c39af-a987-4f03-b6fa-fd0f2b8da4cb) Greenhaven Publishing LLC.
Policeman Also Dies & Other Plays. Solomon C. a Awuzie. 2017. (ENG., Illus.). (J). pap. *(978-978-54695-8-5(1))* Cel-Bez Publishing Company (Nig) Ltd.
Policeman & Cars: An Amazing Activity Book for Toddlers, Preschools & Kindergarten, Funny Activity Book for Kids Ages 3+ Ariadne Rushford. 2021. (ENG.). 64p. (J). pap. *(978-0-9708375-3-0(4))* Green Submarine Ltd.
Policeman Flynn (Classic Reprint) Elliott Flower. 2018. (ENG., Illus.). 308p. (J). 30.25 *(978-0-267-51254-6(6))* Forgotten Bks.
Policia. Jared Siemens. 2018. (Gente de Mi Vecindario Ser.). (SPA.). 24p. (J). lib. bdg. 23.99 *(978-1-5105-3414-8(8))* SmartBook Media, Inc.
Policia: Libro para Colorear Ninos. Bold Illustrations. 2017. (SPA., Illus.). (J). pap. 8.35 *(978-1-64193-101-4(9)*, Bold Illustrations) FASTLANE LLC.
Policía Local. Alan Walker. Tr. by Pablo de la Vega from ENG. 2021. (En Mi Comunidad (in My Community) Ser.). (SPA., Illus.). 24p. (J). (gr. -1-1). pap. *(978-1-4271-3142-3(2)*, 14202); lib. bdg. *(978-1-4271-3132-4(5)*, 14191) Crabtree Publishing Co.
Policier. Douglas Bender. Tr. by Annie Evearts. 2021. (Gens Que Je Rencontre (People I Meet) Ser.). (FRE., Illus.). 16p. (J). (gr. -1-1). pap. *(978-1-0396-0645-6(8)*, 12941) Crabtree Publishing Co.
Policier: Livre Coloriage Pour Enfants. Bold Illustrations. 2017. (FRE., Illus.). (J). pap. 8.35 *(978-1-64193-064-2(0)*, Bold Illustrations) FASTLANE LLC.
Policing & Race: The Debate over Excessive Use of Force. Jim Gallagher. 2021. (ENG.). 80p. (YA). (gr. 6-12). 43.93 *(978-1-6782-0044-2(1))* ReferencePoint Pr., Inc.
Policing in America. Duchess Harris Jd & A. W. Buckey. 2020. (Special Reports). (ENG., Illus.). 112p. (J). (gr. 6-12). lib. bdg. 41.36 *(978-1-5321-9462-7(5)*, 36585, Essential Library) ABDO Publishing Co.
Policing Los Angeles: Race, Resistance, & the Rise of the LAPD. Max Felker-Kantor. 2020. (Justice, Power, & Politics Ser.). (ENG., Illus.). 392p. pap. 39.95 *(978-1-4696-5918-3(2)*, 01PODPB) Univ. of North Carolina Pr.
Policy & Passion (Classic Reprint) Unknown Author. (ENG., Illus.). (J). 2018. 452p. 33.24 *(978-0-428-22604-6(3))*; 2017. pap. 16.57 *(978-0-243-85126-3(X))* Forgotten Bks.
Policy of the Closed Door (Classic Reprint) Edith Somerville. 2016. (ENG., Illus.). (J). pap. 7.97 *(978-1-334-11945-3(7))* Forgotten Bks.
Policy of the Closed Door (Classic Reprint) Edith Oe Somerville. 2018. (ENG., Illus.). 20p. (J). 24.33 *(978-0-332-38704-8(6))* Forgotten Bks.
Polio. Carol Hand. 2021. (Deadly Diseases Ser.). (ENG., Illus.). 48p. (J). (gr. 4-8). lib. bdg. 35.64 *(978-1-5321-9661-4(X)*, 38334) ABDO Publishing Co.
Polio Pioneer: Dr. Jonas Salk & the Polio Vaccine. Linda Elovitz Marshall. Illus. by Lisa Anchin. 2020. 40p. (J). (gr. -1-3). 18.99 *(978-0-525-64651-8(5)*, Knopf Bks. for Young Readers) Random Hse. Children's Bks.
Polish Cavalier. Joseph E. Barrera. 2017. (ENG., Illus.). (YA). *(978-1-5255-0981-0(0))*; pap. *(978-1-5255-0982-7(9))* FriesenPress.
Polish Chicken. Joyce L. Markovics. 2017. (Weirder & Cuter Ser.). (ENG., Illus.). 24p. (J). (gr. -1-3). 17.95 *(978-1-68402-262-5(2))* Bearport Publishing Co., Inc.
Polish Essential Dictionary: All the Words You Need, Every Day (Collins Essential) Collins Dictionaries. 2019. (Collins Essential Editions Ser.). (ENG.). 480p. 13.95 *(978-0-00-827064-3(3))* HarperCollins Pubs. Ltd. GBR. Dist: Independent Pubs. Group.
Polish Fairy Tales (Classic Reprint) A. J. Glinski. 2016. (ENG., Illus.). (J). 16.57 *(978-1-334-99897-3(3))* Forgotten Bks.
Polish Peasant in Europe & America, Vol. 3: Monograph of an Immigrant Group (Classic Reprint) William I. Thomas. 2018. (ENG., Illus.). 422p. (J). 32.60 *(978-0-331-73018-0(9))* Forgotten Bks.
Polished Ebony (Classic Reprint) Octavus Roy Cohen. 2017. (ENG., Illus.). (J). 30.76 *(978-0-331-72059-4(0))* Forgotten Bks.
Polisye (Police Officer) Douglas Bender. Tr. by Jean Pierre Gaston. 2021. (Moun Mwen Rankontre Yo (People I Meet) Ser.). (CRP., Illus.). (J). (gr. -1-1). pap. ***(978-1-0396-2284-5(4)***, 10168, Crabtree Roots) Crabtree Publishing Co.
Polite Family. Marion Bunny Banner. Illus. by Nigel Walkes. 2022. (ENG.). 34p. (J). pap. 25.99 *(978-1-6628-3554-4(X))* Salem Author Services.
Polite Penguins, 1 vol. Laurie Friedman. Illus. by Amanda Erb. 2021. (Trainer Tom Ser.). (ENG.). 32p. (J). (gr. -1-3). pap. *(978-1-4271-5348-7(5)*, 12292); lib. bdg. *(978-1-4271-5342-5(6)*, 12285) Crabtree Publishing Co.
Polite Satires: Containing, the Unknown Hand; the Volcanic Island; Square Pegs (Classic Reprint) Clifford Bax. (ENG., Illus.). (J). 2018. 58p. 25.03 *(978-0-428-48920-5(6))*; 2016. pap. 9.57 *(978-1-333-21892-8(3))* Forgotten Bks.
Politica. Sophie de Menthon & Alexia Delrieu. 2022. (Pequeños Ciudadanos Responsables Ser.). (SPA.). 64p. (J). (gr. 2-4). 18.99 *(978-607-96273-1-7(0))* Fineo Editorial, S.L. ESP. Dist: Independent Pubs. Group.
Política para Mentes Inquietas (Politics Is...) DK. 2020. (DK Heads Up Ser.). (SPA.). 160p. (J). (gr. 8-12). pap. 14.99 *(978-0-7440-2707-5(1)*, DK Children) Dorling Kindersley Publishing, Inc.
Political & Diplomatic History of the Modern World, 8 vols. 2016. (Political & Diplomatic History of the Modern World Ser.). (ENG.). 224p. (gr. 10-10). 190.36 *(978-1-5081-0228-1(7)*, c16444f4-8abe-4557-be1f-3bfb4fec72c2, Britannica Educational Publishing) Rosen Publishing Group, Inc., The.
Political Correctness, 1 vol. Ed. by Rachel Bozek. 2017. (Current Controversies Ser.). (ENG.). 160p. (gr. 10-12). pap. 33.00 *(978-1-5345-0097-6(9)*, b1471fb9-4daa-4197-84fb-73cd8992f47a); lib. bdg. 48.03 *(978-1-5345-0099-0(5)*, 33213721-059f-4129-8d76-0a71486a4db1) Greenhaven Publishing LLC.
Political Correctness: Too Far or Not Far Enough?, 1 vol. Ed. by he New York Times. 2019. (In the Headlines Ser.). (ENG.). 224p. (gr. 9-9). 54.93 *(978-1-64282-330-1(9)*, b7f047e8-32f4-4458-bb61-0ea189b442da, New York Times Educational Publishing) Rosen Publishing Group, Inc., The.
Political Correctness: Too Far or Not Far Enough?, 1 vol. Ed. by The New York Times Editorial Staff. 2019. (In the Headlines Ser.). (ENG.). 224p. (gr. 9-9). pap. 24.47 *(978-1-64282-329-5(5)*, 5de1cfaf-68d3-4ba7-8635-8a1cb8636de8, New York Times Educational Publishing) Rosen Publishing Group, Inc., The.
Political Corruption, 1 vol. Ed. by Eileen Lucas. 2018. (At Issue Ser.). (ENG.). 128p. (gr. 10-12). lib. bdg. 41.03 *(978-1-5345-0380-9(3)*, c8d69661-a5b6-41e9-af7e-abae5fd2c763, Greenhaven Publishing) Greenhaven Publishing LLC.
Political Corruption & the Abuse of Power, 1 vol. Sarah Machajewski. 2018. (Hot Topics Ser.). (ENG.). 104p. (gr. 7-7). 41.03 *(978-1-5345-6341-4(5)*, 0349d882-e971-4062-99ed-2e7fac42ecdf, Lucent Pr.) Greenhaven Publishing LLC.
Political Culture of Democracy in el Salvador, 2008: the Impact of Governance see Cultura política de la democracia en el Salvador 2008: El impacto de la Gobernabilidad
Political Editor: A Comedy of Newspaper & Political Life (Classic Reprint) Charles Ulrich. 2018. (ENG., Illus.). 28p. (J). 24.47 *(978-0-267-46346-6(4))* Forgotten Bks.
Political Elite & Special Interests, 1 vol. Ed. by Rachel Bozek. 2017. (Current Controversies Ser.). (ENG.). 136p. (gr. 10-12). pap. 33.00 *(978-1-5345-0105-8(3)*, 322e9023-4d0e-4cb9-8243-1ddfa7001125); lib. bdg. 48.03 *(978-1-5345-0106-5(1)*, 21fc5139-b0b1-47cd-8511-a1fd8d40ca35) Greenhaven Publishing LLC.
Political Extremism: How Fringe Groups Operate, 1 vol. Ed. by he New York Times. 2019. (In the Headlines Ser.). (ENG.). 224p. (gr. 9-9). 54.93 *(978-1-64282-315-8(5)*, 2954bf76-a3df-4b72-9932-7b5b577c736b, New York Times Educational Publishing) Rosen Publishing Group, Inc., The.
Political Extremism: How Fringe Groups Operate, 1 vol. Ed. by The New York Times Editorial Staff. 2019. (In the Headlines Ser.). (ENG.). 224p. (gr. 9-9). pap. 24.47 *(978-1-64282-314-1(7)*, a1d92dad-3964-4141-b229-f942e580c000, New York Times Educational Publishing) Rosen Publishing Group, Inc., The.
Political Extremism in the United States, 1 vol. Ed. by Eamon Doyle. 2018. (Current Controversies Ser.). (ENG.). 200p. (J). (gr. 10-12). pap. 33.00 *(978-1-5345-0311-3(0)*, 314046f5-72c8-4394-8036-1639b077063c, Greenhaven Publishing) Greenhaven Publishing LLC.
Political Oats: A Kernel or Two for Everybody (Classic Reprint) Winchell Small and Company. (ENG., Illus.). (J). 2018. 36p. 24.64 *(978-0-267-61332-8(6))*; 2016. pap. 7.97 *(978-1-334-12014-5(5))* Forgotten Bks.
Political Participation & Voting Rights, Vol. 8. Tom Lansford. Ed. by Tom Lansford. 2016. (Foundations of Democracy Ser.). (Illus.). 64p. (J). (gr. 7). 23.95 *(978-1-4222-3631-4(5))* Mason Crest.
Political Participation & Voting Rights. Tom Lansford. 2018. (Foundations of Democracy Ser.). (ENG.). 48p. (J). lib. bdg. 34.99 *(978-1-5105-3877-1(1))* SmartBook Media, Inc.
Political Parties. M. Weber. 2020. (How America Works). (ENG.). 24p. (J). (gr. 3-6). lib. bdg. 32.79 *(978-1-5038-4498-8(6)*, 214265) Child's World, Inc, The.
Political Parties: A Kid's Guide. Cari Meister. 2020. (Kids' Guide to Elections Ser.). (ENG., Illus.). 32p. (J). (gr. 3-5). pap. 7.95 *(978-1-4966-6604-8(6)*, 142282); lib. bdg. 31.32 *(978-1-5435-9140-8(X)*, 141539) Capstone.
Political Parties: Division & Distrust. Kristina Castillo. 2022. (Challenges for Democracy Ser.). (ENG., Illus.). 64p. (J). (gr. 6-12). 43.93 *(978-1-6782-0306-1(8))* ReferencePoint Pr., Inc.
Political Pilgrim's Progress: From the Northern Liberator (Classic Reprint) Unknown Author. (ENG., Illus.). (J). 2017. 25.75 *(978-0-331-53990-5(X))*; 2016. pap. 9.57 *(978-1-334-15943-5(2))* Forgotten Bks.
Political Power. Virginia Loh-Hagan. 2022. (21st Century Skills Library: Racial Justice in America: AAPI Excellence & Achievement Ser.). (ENG., Illus.). 32p. (J). (gr. 5-8). pap. 14.21 *(978-1-6689-1096-2(9)*, 221041); lib. bdg. 32.07 *(978-1-6689-0936-2(7)*, 220903) Cherry Lake Publishing.
Political Power: Barack Obama Library Edition. Chris Ward. 2020. (ENG.). 38p. (YA). 19.99 *(978-1-949738-48-3(5))* TidalWave Productions.
Political Prisoners. Roger Smith. 2017. (Illus.). 80p. (J). *(978-1-4222-3784-7(2))* Mason Crest.
Political Profiles Set, vols. 13, vol. 13. Incl. Al Gore. Kerrily Sapet. (Illus.). 112p. (YA). 2007. lib. bdg. 27.95 *(978-1-59935-070-7(X))*; Arnold Schwarzenegger. Jeff C. Young. (Illus.). 112p. (YA). 2007. 27.95 *(978-1-59935-050-9(5))*; Barack Obama. (Illus.). 128p. (YA). 2007. lib. bdg. 27.95 *(978-1-59935-045-5(9))*; Hillary Clinton. Catherine Wells. (Illus.). 112p. (YA). 2007. lib. bdg. 27.95 *(978-1-59935-047-9(5))*; Joe Biden. Jeff C. Young. (Illus.). 100p. (J). 2009. 28.95 *(978-1-59935-131-5(5))*; John Lewis. Kerrily Sapet. 100p. (YA). 2009. 28.95 *(978-1-59935-130-8(7))*; John McCain. Catherine Wells. (Illus.). 112p. (YA). 2008. lib. bdg. 27.95

1614 The check digit for ISBN-10 appears in parentheses after the full ISBN-13

(978-1-59935-046-2(7)); Michelle Obama. 112p. (YA). 2009. lib. bdg. 28.95 *(978-1-59935-090-5(4))*; Nancy Pelosi. Sandra H. Shichtman. (Illus.). 112p. (YA). 2008. lib. bdg. 27.95 *(978-1-59935-049-3(1))*; Rudy Giuliani. Anna Layton Sharp. (Illus.). 128p. (YA). 2008. lib. bdg. 27.95 *(978-1-59935-048-6(3))*; Ted Kennedy. 144p. (YA). 2009. 28.95 *(978-1-59935-089-9(0))*; (gr. 5-9). 2007. Set lib. bdg. 376.35 *(978-1-59935-072-1(6))* Reynolds, Morgan Inc.

Political Pull: A Comedietta in One Act (Classic Reprint) John Jasper Jackson. (ENG., Illus.). (J). 2018. 30p. 24.52 *(978-0-483-76781-2(6))*; 2017. pap. 7.97 *(978-0-243-08606-1(7))* Forgotten Bks.

Political Resistance in the Current Age. Myra Faye Turner & Duchess Harris. 2017. (Protest Movements Ser.). (ENG., Illus.). 48p. (J). (gr. 4-8). lib. bdg. 35.64 *(978-1-5321-1398-7(6)*, 27696) ABDO Publishing Co.

Political Romance, or the True Story of a Democratic Maiden Showing How She Came to Grief: And Other Sketches Comprising a Sextet of Humorous Poems (Classic Reprint) Fred Pearce Moone. (ENG., Illus.). (J). 2018. 28p. 24.47 *(978-0-484-08704-9(5))*; 2016. pap. 7.97 *(978-1-334-13543-9(6))* Forgotten Bks.

Political Science for Kids - Democracy, Communism & Socialism Politics for Kids 6th Grade Social Studies. Baby Professor. 2017. (ENG., Illus.). 64p. (J). pap. 9.55 *(978-1-5419-1777-4(4)*, Baby Professor (Education Kids)) Speedy Publishing LLC.

Political Science for Kids - Presidential vs Parliamentary Systems of Government Politics for Kids 6th Grade Social Studies. Baby Professor. 2017. (ENG., Illus.). 64p. (J). pap. 9.55 *(978-1-5419-1778-1(2)*, Baby Professor (Education Kids)) Speedy Publishing LLC.

Political Struwwelpeter (Classic Reprint) Harold Begbie. 2018. (ENG., Illus.). 52p. (J). 25.13 *(978-0-332-49617-7(1))* Forgotten Bks.

Political Systems of the World, 12 vols., Set. Incl. Communism. Tom Lansford. lib. bdg. 45.50 *(978-0-7614-2628-8(0)*, 11883e38-39fe-417b-88ed-e8f603aef54d); Democracy. Tom Lansford. lib. bdg. 45.50 *(978-0-7614-2629-5(9)*, 70185e53-bc05-48e5-a2ce-aa7c34f105d1); Dictatorship. Ron Fridell. lib. bdg. 45.50 *(978-0-7614-2627-1(2)*, f99ef2bb-450f-4015-90b5-bc127562f308); Monarchy. Rebecca Stefoff. lib. bdg. 45.50 *(978-0-7614-2630-1(2)*, 4a59bcca-88a5-4935-bbc4-4a29f2d8318f); Theocracy. Lila Perl. lib. bdg. 45.50 *(978-0-7614-2631-8(0)*, c616a9e7-7eb1-4d11-bcc2-73bc986b1871); (Illus.). 160p. (YA). (gr. 8-8). (Political Systems of the World Ser.). (ENG.). 2008. Set lib. bdg. 273.00 *(978-0-7614-2626-4(4)*, ecacc2af-6944-49f1-b58c-782905d60478, Cavendish Square) Cavendish Square Publishing LLC.

Political Verse. George Saintsbury. 2017. (ENG.). 308p. (J). pap. *(978-3-337-07297-1(6))* Creation Pubs.

Politician (Classic Reprint) Edith Huntington Mason. (ENG., Illus.). (J). 2018. 418p. 32.54 *(978-0-365-20997-3(X))*; 2018. 240p. 28.85 *(978-0-666-42061-9(0))*; 2017. pap. 11.57 *(978-0-259-26529-0(2))* Forgotten Bks.

Politicians. Steve Goldsworthy. 2016. (Illus.). 48p. (J). *(978-1-5105-1162-0(8))* SmartBook Media, Inc.

Politicians: A Comedy, in Four Acts (Classic Reprint) Frank George Layton. 2018. (ENG., Illus.). 132p. (J). 26.64 *(978-0-267-18942-7(7))* Forgotten Bks.

Politicians on Social Media, 1 vol. Ed. by Pete Schauer. 2018. (At Issue Ser.). (ENG.). 128p. (gr. 10-12). 41.03 *(978-1-5345-0331-1(5)*, 98323540-3ed4-45f3-a0cd-b014dd0aa2de) Greenhaven Publishing LLC.

Politics & a Wrong Sense of Justice Events That Further Divided the USA Grade 7 Children's United States History Books. Baby Professor. 2022. (ENG.). 72p. (J). 31.99 ***(978-1-5419-9456-0(6))***; pap. 19.99 ***(978-1-5419-8838-5(8))*** Speedy Publishing LLC. (Baby Professor (Education Kids)).

Politics & Civil Unrest in Modern America. Duchess Harris. 2021. (Core Library Guide to Racism in Modern America Ser.). (ENG., Illus.). 48p. (J). (gr. 4-5). pap. 11.95 *(978-1-64494-509-4(6)*, Core Library) ABDO Publishing Co.

Politics & Civil Unrest in Modern America. Duchess Harris Jd & Marne Ventura. 2020. (Core Library Guide to Racism in Modern America Ser.). (ENG., Illus.). 48p. (J). (gr. 4-8). lib. bdg. 35.64 *(978-1-5321-9466-5(8)*, 36655) ABDO Publishing Co.

Politics & Democracy, 1 vol. Tim Cooke. 2017. (What's the Big Idea? a History of the Ideas That Shape Our World Ser.). (ENG.). 48p. (gr. 6-6). lib. bdg. 33.07 *(978-1-5026-2814-5(7)*, 1e7d6a51-4577-4627-8cab-4b0116787aef) Cavendish Square Publishing LLC.

Politics & Power in the United States, 1 vol. Kristin Thiel. 2018. (Discovering America: an Exceptional Nation Ser.). (ENG.). 112p. (gr. 7-7). lib. bdg. 44.50 *(978-1-5026-4261-5(1)*, 933cabcc-45fc-4f99-af42-bcfad2232381) Cavendish Square Publishing LLC.

Politics & Protest in Sports. Duchess Harris & Cynthia Kennedy Henzel. 2018. (Race & Sports Ser.). (ENG., Illus.). 112p. (J). (gr. 6-12). lib. bdg. 41.36 *(978-1-5321-1671-1(3)*, 30594, Essential Library) ABDO Publishing Co.

Politics & the Media. Wil Mara. 2018. (21st Century Skills Library: Global Citizens: Modern Media Ser.). (ENG., Illus.). 32p. (J). (gr. 4-7). lib. bdg. 32.07 *(978-1-5341-2929-0(4)*, 211760) Cherry Lake Publishing.

Politics Changes: The Administrations of Nixon, Ford & Carter Government Book Grade 7 Children's Government Books. Universal Politics. 2022. (ENG.). 72p. (J). 31.99 ***(978-1-5419-9678-6(X))***; pap. 19.99 ***(978-1-5419-5882-1(9))*** Speedy Publishing LLC. (Universal Politics (Politics & Social Sciences)).

Politics Is... DK. 2020. (ENG., Illus.). 160p. (J). (gr. 8-12). pap. 14.99 *(978-1-4654-9143-5(0)*, DK Children) Dorling Kindersley Publishing, Inc.

Politics of the Civil War. Jonathan Sutherland. 2017. (Civil War Ser.: Vol. 5). (ENG., Illus.). 79p. (J). (gr. 7-12). 24.95 *(978-1-4222-3885-1(7))* Mason Crest.

Politics of Water Scarcity, 1 vol. Ed. by Susan Nichols. 2017. (Opposing Viewpoints Ser.). (ENG.). 192p. (gr. 10-12). pap. 34.80 *(978-1-5345-0052-5(9)*, 7855dd5c-017c-4b05-94d8-27cd5c61baa1); lib. bdg. 50.43 *(978-1-5345-0054-9(5)*, 6b56ae33-5540-421f-9471-ed4431b46bf2) Greenhaven Publishing LLC.

Politics Today, 10 vols. 2019. (Politics Today Ser.). (ENG.). 64p. (YA). (gr. 7-7). lib. bdg. 179.65 *(978-1-5026-4762-7(1)*, 0e84f620-62a0-4196-9cd1-7692844927d8) Cavendish Square Publishing LLC.

Politics Today (Set) 2019. (Politics Today Ser.). (ENG.). 64p. (YA). pap. 76.40 *(978-1-5026-4786-3(9))* Cavendish Square Publishing LLC.

Polizei: Kinder Malbuch. Bold Illustrations. 2017. (GER., Illus.). (J). pap. 8.35 *(978-1-64193-175-5(2)*, Bold Illustrations) FASTLANE LLC.

Polizia: Libro Da Colorare per Bambini. Bold Illustrations. 2017. (ITA., Illus.). (J). pap. 8.35 *(978-1-64193-138-0(8)*, Bold Illustrations) FASTLANE LLC.

Polk-A-Dots & Stripes ABCs. Sheila Burke. 2021. (ENG.). 20p. (J). pap. 12.00 *(978-1-0879-4152-3(0))* Indy Pub.

Polka Dot Parade: A Book about Bill Cunningham. Deborah Blumenthal. Illus. by Masha D'yans. 2018. (ENG.). 40p. (J). (gr. -1-3). 17.99 *(978-1-4998-0664-9(7))* Little Bee Books Inc.

Polka Dot Patty's Dark, Dreary Day. Amanda McKethan. 2022. (ENG., Illus.). 30p. (J). pap. 13.95 *(978-1-63814-951-4(8))* Covenant Bks.

Polka Dot Stew. Joshua Gideon Smith. 2018. (ENG., Illus.). 26p. (J). pap. 11.95 *(978-1-64298-544-3(9))* Page Publishing Inc.

Polka Dots Party Spot the Difference Activity Book. Activibooks For Kids. 2016. (ENG., Illus.). (J). pap. 7.55 *(978-1-68321-395-6(5))* Mimaxion.

Polka-Dotted Snake. Allison McWood. Illus. by Nadine McCaughey. 2019. (ENG.). 28p. (J). pap. *(978-0-9782729-8-2(6))* Annelid Pr.

Polka Pigs & Other Bedtime Stories. Shelley Sandblom. 2019. (ENG.). 42p. (J). pap. 13.39 *(978-0-359-45582-9(4))* Lulu Pr., Inc.

Polka the Dotted Sock: Confidence & Tenacity. Sola Alakuro Oluwande. 2021. (ENG.). 38p. (J). pap. 12.99 ***(978-1-7379012-1-1(8))*** Pach Resources.

Pollard's: Synthetic Second Reader (Classic Reprint) Rebecca S. Pollard. (ENG., Illus.). (J). 2018. 228p. 28.60 *(978-0-428-28071-0(4))*; 2016. pap. 11.57 *(978-1-334-13681-8(5))* Forgotten Bks.

Pollard's Advanced Reader (Classic Reprint) Rebecca S. Pollard. 2018. (ENG., Illus.). 520p. (J). 34.62 *(978-0-364-04630-2(9))* Forgotten Bks.

Pollard's Synthetic First Reader. Rebecca S. Pollard. 2017. (ENG., Illus.). (J). pap. *(978-0-649-03228-0(4))* Trieste Publishing Pty Ltd.

Pollard's Synthetic First Reader (Classic Reprint) Rebecca S. Pollard. (ENG., Illus.). (J). 2018. 162p. 27.26 *(978-0-365-19763-8(7))*; 2017. pap. 9.97 *(978-0-259-53138-8(3))* Forgotten Bks.

Pollard's Synthetic Primer (Classic Reprint) Rebecca Smith Pollard. (ENG., Illus.). (J). 2018. 56p. 25.05 *(978-0-267-60056-4(9))*; 2016. pap. 9.57 *(978-1-334-14065-5(0))* Forgotten Bks.

Pollard's Synthetic the Third Reader (Classic Reprint) Rebecca S. Pollard. (ENG., Illus.). (J). 2018. 326p. 30.62 *(978-0-666-91962-5(3))*; 2017. pap. 13.57 *(978-0-259-37297-4(8))* Forgotten Bks.

Pollee's First Flight. Sandra L. McPeake. 2017. (ENG., Illus.). (J). (gr. k-6). pap. 9.99 *(978-0-692-92511-9(2))* McPeake Design.

Pollen: Children's Book Filled with Facts. Bold Kids. 2022. (ENG.). 42p. (J). pap. 14.99 ***(978-1-0717-1127-9(X))*** FASTLANE LLC.

Pollen of Monte Urticando. A Franquin. 2019. (Marsupilami Ser.: 4). (Illus.). 48p. (J). (gr. 2-4). pap. 11.95 *(978-1-84918-458-8(5))* CineBook GBR. Dist: National Bk. Network.

Pollin Picks a Wife: A Play in One Act (Classic Reprint) Ward MacAuley. 2018. (ENG., Illus.). 36p. (J). 24.60 *(978-0-332-14706-2(1))* Forgotten Bks.

Pollinating Your Toolbox. Jane Sheffer. Illus. by Duff Lueder. 2018. (ENG.). 44p. (J). pap. 13.95 *(978-0-9973189-7-5(X))* Growing Senses Pubns.

Pollination Problems: The Battle to Save Bees & Other Vital Animals. Diane Bailey. 2017. (Illus.). 64p. (J). *(978-1-4222-3876-9(8))* Mason Crest.

Pollinator Gardens. Nick Rebman. 2021. (Helping the Environment Ser.). (ENG., Illus.). 32p. (J). (gr. 2-3). pap. 9.95 *(978-1-64493-884-3(7))*; lib. bdg. 31.35 *(978-1-64493-838-6(3))* North Star Editions. (Focus Readers).

Pollinators. Martha London. 2020. (Team Earth Ser.). (ENG., Illus.). 48p. (J). (gr. 4-5). pap. 11.95 *(978-1-64494-327-4(1)*, 1644943271, Core Library) ABDO Publishing Co.

Pollinators: Animals Helping Plants Thrive. Martha London. 2019. (Team Earth Ser.). (ENG., Illus.). 48p. (J). (gr. 4-8). lib. bdg. 35.64 *(978-1-5321-9100-8(6)*, 33710) ABDO Publishing Co.

Pollinators (Set), 8 vols. 2019. (Pollinators Ser.). (ENG.). 32p. (J). (gr. 2-5). lib. bdg. 262.32 *(978-1-5321-6591-7(9)*, 33284, DiscoverRoo) Pop!.

Pollito - Chick: Learn Spanish Singing - Aprende Ingles Cantando: Learn Spanish Singing - Aprende Ingles Cantando. Maria Aduke Alabi. l.t. ed. 2020. (ENG.). 38p. (J). pap. 8.99 *(978-1-7354562-4-9(1))* Quisqueyana Pr.

Pollito Bonachón. Luis Tome Ariz. 2021. (SPA.). 32p. (J). pap. ***(978-1-7947-3747-1(2))*** Lulu Pr., Inc.

Pollito Chicken 2 Abc en Español: Spanish/English/Spanish Kids Book. Patricia Arquioni. 2023. (SPA.). 58p. pap. ***(978-1-365-57349-1(4))*** Lulu Pr., Inc.

Pollito Chicken Español 3: Pollito y Sus Amigos a B C. Patricia Arquioni. 2023. (SPA.). 68p. (YA). pap. 14.99 ***(978-1-312-46863-4(7))*** Lulu Pr., Inc.

Pollito Chicken Gallina Hen Aprendiendo. Patricia Arquioni. 2022. (SPA.). 56p. pap. ***(978-1-387-52659-8(6))*** Lulu Pr., Inc.

Pöllö Ja Paimenpoika: Finnish Edition of the Owl & the Shepherd Boy. Tuula Pere. Illus. by Catty Flores. 2018. (Nepal Ser.: Vol. 3). (FIN.). 32p. (J). (gr. k-4). pap. *(978-952-5878-51-6(1))* Wickwick oy.

Pollock's Juvenile Drama: The Blue Jackets, or Her Majesty's Service; a Farce, in One Act (Classic Reprint) Benjamin Pollock. (ENG., Illus.). (J). 2018. 22p. 24.37 *(978-0-267-77516-3(4))*; 2016. pap. 7.97 *(978-1-334-12401-3(9))* Forgotten Bks.

Polluted Asia 2080. Francis Tigas. 2019. (ENG.). 50p. (J). pap. *(978-0-359-73155-8(4))* Lulu Pr., Inc.

Polluted Planet, 8 vols. 2019. (Polluted Planet Ser.). (ENG.). 32p. (J). (gr. 4-5). lib. bdg. 113.08 *(978-1-5382-5340-3(2)*, 66e49ac2-6192-4f3f-8c6f-d9d02fc1076c) Stevens, Gareth Publishing LLLP.

Pollution, 1 vol. Harriet Brundle. 2017. (Climate Change: Our Impact on Earth Ser.). (ENG.). 32p. (J). (gr. 5-5). pap. 11.50 *(978-1-5345-2471-2(1)*, d89db447-f032-4f62-82ff-d2836070d825); lib. bdg. 28.88 *(978-1-5345-2445-3(2)*, ddd867ad-09f7-4a78-ad8d-b52652cec66b) Greenhaven Publishing LLC.

Pollution. Emily Kington. 2022. (Earth in Danger Ser.). (ENG., Illus.). 32p. (J). (gr. 3-6). lib. bdg. 29.32 *(978-1-914087-40-0(2)*, 22a36a5a-cc90-4798-91f5-8e627cd5d868, Hungry Tomato (r)) Lerner Publishing Group.

Pollution. Anne O'Daly. 2023. (Science Starters Ser.). (ENG., Illus.). 24p. (J). (gr. 5-7). pap. 10.99 *(978-1-78121-823-5(4)*, 23961) Black Rabbit Bks.

Pollution, 1 vol. Richard Spilsbury & Louise Spilsbury. 2018. (Flowchart Smart Ser.). (ENG.). 48p. (gr. 4-5). pap. 15.05 *(978-1-5382-3491-4(2)*, 063b1090-88df-4999-9d97-5d07bd315fb9) Stevens, Gareth Publishing LLLP.

Pollution: Problems Made by Man - Nature Books for Kids Children's Nature Books. Baby Professor. 2017. (ENG., Illus.). (J). pap. 8.79 *(978-1-5419-3827-4(5)*, Baby Professor (Education Kids)) Speedy Publishing LLC.

Pollution Eco Facts. Izzi Howell. 2019. (Eco Facts Ser.). (ENG., Illus.). 32p. (J). (gr. 5-5). pap. *(978-0-7787-6365-9(X)*, b66c65b3-f1e3-4702-918c-77e5985cdb5c); lib. bdg. *(978-0-7787-6355-0(2)*, b7282a0d-58a9-411e-b324-0d77ac238493) Crabtree Publishing Co.

Pollution in Infographics. Alexander Lowe. 2020. (21st Century Skills Library: Enviro-Graphics Ser.). (ENG., Illus.). 32p. (J). (gr. 4-8). lib. bdg. 32.07 *(978-1-5341-6950-0(4)*, 215687) Cherry Lake Publishing.

Pollux - Mein Freund Aus Dem All. Martin Selle & Susanne Knauss. 2018. (GER., Illus.). 94p. (J). *(978-3-7469-3063-3(4))*; pap. *(978-3-7469-3062-6(6))* tredition Verlag.

Polly. Meleny Ortega & Illustrations by Mikaela Ortega. 2023. (ENG., Illus.). 160p. (J). 34.95 ***(978-1-63814-512-7(1))***; pap. 23.95 ***(978-1-63814-511-0(3))*** Covenant Bks.

Polly: A Christmas Recollection (Classic Reprint) Thomas Nelson Page. 2018. (ENG., Illus.). 68p. (J). 25.30 *(978-0-483-25893-8(8))* Forgotten Bks.

Polly: A New-Fashioned Girl. L. T. Meade. 2017. (ENG., Illus.). (J). pap. 15.95 *(978-1-374-97050-2(6))* Capital Communications, Inc.

Polly: A New-Fashioned Girl (Classic Reprint) L. T. Meade. 2018. (ENG., Illus.). 290p. (J). 29.88 *(978-0-332-78233-1(6))* Forgotten Bks.

Polly - Die Haarhexe. Johannes Keyl. 2017. (GER., Illus.). 50p. (J). *(978-3-7439-7100-4(3))*; pap. *(978-3-7439-7378-7(2))* tredition Verlag.

Polly, an Opera (Classic Reprint) John Gay. 2018. (ENG., Illus.). 66p. (J). 25.26 *(978-0-267-18928-1(1))* Forgotten Bks.

Polly & Eleanor. Lillian Elizabeth Roy. 2018. (ENG., Illus.). 184p. (YA). (gr. 7-12). pap. *(978-93-5297-529-7(4))* Alpha Editions.

Polly & Eleanor (Classic Reprint) Lillian Elizabeth Roy. 2018. (ENG., Illus.). 330p. (J). 30.66 *(978-0-428-87758-3(3))* Forgotten Bks.

Polly & Her Friends Abroad (Classic Reprint) Lillian Elizabeth Roy. 2018. (ENG., Illus.). 330p. (J). 30.66 *(978-0-332-80190-2(X))* Forgotten Bks.

Polly & Her Magical Hat. Hema Rajawat. 2017. (ENG., Illus.). (J). *(978-1-4602-8914-3(5))*; (gr. -1-3). *(978-1-4602-8913-6(7))* FriesenPress.

Polly & the Birth Day. D. H. Anderson. Illus. by Steven Lester. 2022. (ENG.). 32p. (J). 17.99 ***(978-1-945169-94-6(X))***; (Lady Thistle, the Horse Ser.: Vol. 1). pap. 9.99 ***(978-1-945169-93-9(1))*** Orison Pubs.

Polly & the Pirates (Reading Ladder Level 3) Tony Bradman. Illus. by James Davies. 2nd ed. 2016. (Reading Ladder Level 3 Ser.). (ENG.). 48p. (gr. k-2). 4.99 *(978-1-4052-8249-9(5)*, Reading Ladder) Farshore GBR. Dist: HarperCollins Pubs.

Polly at Sunshine Cottage (Classic Reprint) Willis N. Bugbee. 2018. (ENG., Illus.). 36p. (J). 24.64 *(978-0-267-28256-2(7))* Forgotten Bks.

Polly (Classic Reprint) Douglas Goldring. 2018. (ENG., Illus.). 260p. (J). 29.26 *(978-0-483-45359-3(5))* Forgotten Bks.

Polly Cologne (Classic Reprint) Abby Morton Diaz. 2017. (ENG., Illus.). 200p. (J). 28.02 *(978-0-332-86730-4(7))* Forgotten Bks.

Polly Diamond & the Magic Book: Book 1. Alice Kuipers. Illus. by Diana Toledano. 2018. (Polly Diamond Ser.). (ENG.). 160p. (J). (gr. 1-4). 14.99 *(978-1-4521-5232-5(2))* Chronicle Bks. LLC.

Polly Diamond & the Magic Book: Book 1 (Book Series for Elementary School Kids, Children's Chapter Book for Bookworms) Alice Kuipers. Illus. by Diana Toledano. 2019. (Polly Diamond Ser.). (ENG.). 112p. (J). (gr. 1-4). pap. 6.99 *(978-1-4521-8221-6(3))* Chronicle Bks. LLC.

Polly Diamond & the Super Stunning Spectacular School Fair: Book 2 (Book Series for Kids, Polly Diamond Book Series, Books for Elementary School Kids) Book 2, Bk. 2. Alice Kuipers. Illus. by Diana Toledano. 2019. (Polly Diamond Ser.). (ENG.). 112p. (J). (gr. 2-5). 14.99 *(978-1-4521-5233-2(0))* Chronicle Bks. LLC.

Polly Does NOT Want a Cracker. Stephanie Thatcher. 2020. (Illus.). 32p. (J). (gr. k-2). 9.99 *(978-1-988516-59-2(5))* Upstart Pr. NZL. Dist: Independent Pubs. Group.

Polly Honeycombe. George Colman. 2017. (ENG.). 64p. (J). pap. *(978-3-337-10078-0(3))*; (Illus.). pap. *(978-3-337-04545-6(6))* Creation Pubs.

Polly Honeycombe: A Dramatick Novel of One Act; As It Is Acted at the Theatre-Royal in Drury-Lane (Classic Reprint) George Colman. (ENG., Illus.). (J). 2018. 68p. 25.30 *(978-0-267-52781-6(0))*; 2017. 25.18 *(978-0-331-61378-0(6))*; 2017. pap. 9.57 *(978-0-259-30772-3(6))* Forgotten Bks.

Polly in History-Land: Or Glimpses of Washington (Classic Reprint) Edith F. A. U. Painton. 2018. (ENG., Illus.). 38p. (J). 24.70 *(978-0-484-53216-7(2))* Forgotten Bks.

Polly in New York (Classic Reprint) Lillian Elizabeth Roy. 2018. (ENG., Illus.). 320p. (J). 30.50 *(978-0-483-76945-8(2))* Forgotten Bks.

Polly in Politics: A Comedy in Three Acts (Classic Reprint) Thomas Littlefield Marble. 2018. (ENG., Illus.). 52p. (J). 24.99 *(978-0-267-47580-3(2))* Forgotten Bks.

Polly Learns about Split. Tracilyn George. 2023. (ENG.). 22p. (J). pap. 12.99 ***(978-1-77475-711-6(7))*** Draft2Digital.

Polly Learns to Share. Lauren Foreman. 2019. (ENG., Illus.). 24p. (J). pap. *(978-1-78830-395-8(4))* Olympia Publishers.

Polly Lou (Classic Reprint) Gladys Ruth Bridgham. 2017. (ENG., Illus.). (J). 25.22 *(978-0-331-73301-3(3))* Forgotten Bks.

Polly MacCauley's Finest, Divinest, Wooliest Gift of All: A Yarn for All Ages, 1 vol. Sheree Fitch. Illus. by Darka Erdelji. 2017. (ENG.). 68p. (J). (gr. 4-7). 16.95 *(978-1-927917-10-7(7))* Running the Goat, Bks. & Broadsides CAN. Dist: Orca Bk. Pubs. USA.

Polly Mae. the Old Suitcase. Julie Hodgson. 2017. (ENG., Illus.). (J). pap. *(978-91-88045-45-4(5))* Chave AB.

Polly Masson (Classic Reprint) William H. Moore. (ENG., Illus.). (J). 2018. 352p. 31.18 *(978-0-364-02547-5(6))*; 2017. pap. 13.57 *(978-0-243-53577-4(5))* Forgotten Bks.

Polly May Believe. Cynthia Miller. 2020. (ENG., Illus.). 22p. (J). pap. 10.95 *(978-1-64458-199-5(X))* Christian Faith Publishing.

Polly of Lady Gay Cottage. Emma C. Dowd. 2017. (ENG., Illus.). (J). pap. *(978-0-649-10952-4(X))* Trieste Publishing Pty Ltd.

Polly of Lady Gay Cottage (Classic Reprint) Emma C. Dowd. (ENG., Illus.). (J). 2018. 282p. 29.71 *(978-0-483-68365-5(5))*; 2016. pap. 13.57 *(978-1-334-16599-3(8))* Forgotten Bks.

Polly of Parker's Rents (Classic Reprint) Grace Thyrza Hannam Kimmins. 2017. (ENG., Illus.). (J). 29.51 *(978-0-331-85921-8(1))*; pap. 11.97 *(978-0-259-36128-2(3))* Forgotten Bks.

Polly of Pebbly Pit. Lillian Elizabeth Roy. 2018. (ENG., Illus.). 192p. (YA). (gr. 7-12). pap. *(978-93-5297-530-3(8))* Alpha Editions.

Polly of Pebbly Pit (Classic Reprint) Lillian Elizabeth Rot. 2018. (ENG., Illus.). 328p. (J). 30.66 *(978-0-267-26097-3(0))* Forgotten Bks.

Polly of Pogue's Run: A Play in One Act (Classic Reprint) William Oscar Bates. (ENG., Illus.). (J). 2018. 24p. 24.31 *(978-0-484-08328-7(7))*; 2016. pap. 7.97 *(978-1-333-27803-8(9))* Forgotten Bks.

Polly of the Circus (Classic Reprint) Margaret Mayo. 2018. (ENG., Illus.). 452p. (J). 33.22 *(978-0-267-24351-8(0))* Forgotten Bks.

Polly of the Hospital Staff (Classic Reprint) Emma C. Dowd. (ENG., Illus.). (J). 2018. 306p. 30.21 *(978-0-483-76203-9(2))*; 2017. pap. 13.57 *(978-0-243-32781-2(1))* Forgotten Bks.

Polly of the Pines: A Patriot Girl of the Carolinas (Classic Reprint) Adele E. Thompson. 2017. (ENG., Illus.). (J). 30.87 *(978-1-5284-7814-4(2))* Forgotten Bks.

Polly Oliver's Problem. Kate Douglas Smith Wiggin. 2017. (ENG., Illus.). (J). 22.95 *(978-1-374-96499-0(9))* Capital Communications, Inc.

Polly Oliver's Problem: A Story for Girls (Classic Reprint) Kate Douglas Smith Wiggin. 2018. (ENG., Illus.). 242p. (J). 28.89 *(978-0-365-36095-7(3))* Forgotten Bks.

Polly Page Yacht Club (Classic Reprint) Izola L. Forrester. 2018. (ENG., Illus.). 366p. (J). 31.47 *(978-0-267-22808-9(2))* Forgotten Bks.

Polly Pat's Parish (Classic Reprint) Winifred Kirkland. (ENG., Illus.). (J). 2018. 246p. 28.97 *(978-0-267-47408-0(3))*; 2017. pap. 11.57 *(978-0-259-35056-9(7))* Forgotten Bks.

Polly Peablossom's Wedding: And Other Tales (Classic Reprint) T. A. Burke. (ENG., Illus.). (J). 2017. 28.52 *(978-0-266-40848-2(6))*; 2016. pap. 10.97 *(978-1-333-49104-8(2))* Forgotten Bks.

Polly Pearl, Pirate Girl. Sara Conover McKinnis. Illus. by Devika Joglekar. 2019. (ENG.). 36p. (J). pap. 12.00 *(978-0-578-51508-3(3))* Mot de Mere Publishing.

Polly Pennywise Takes a Vacation. Joanne Shaw. 2018. (ENG., Illus.). 30p. (J). pap. *(978-1-927799-13-0(9))* Sextile.

Polly Polar Bear in the Summer Olympics Series. - Four Book Collection. Kelly Curtiss. 2020. (ENG.). 96p. (J). pap. 14.97 *(978-1-393-11131-3(9))* Draft2Digital.

Polly Primrose & the Pachamama. Sam Spry. 2022. (ENG.). 34p. (J). ***(978-0-6454462-1-0(1))*** Spry, Sam.

Polly Profiterole's Little Town: Good Enough to Eat. Maggie May Gordon. Illus. by Margarita Levina. 2020. (ENG.). 36p. (J). (gr. -1-k). pap. 11.99 *(978-1-912678-18-1(7))* Little Steps Bks AUS. Dist: Independent Pubs. Group.

Polly Put the Kettle on & Other Rhymes. Wendy Straw. 2021. (Wendy Straw's Nursery Rhyme Collection). (ENG.). 12p. (J). (— 1). pap. 4.99 *(978-0-9925668-9-0(4)*, Brolly Bks.) Borghesi & Adam Pubs. Pty Ltd AUS. Dist: Independent Pubs. Group.

Polly Sees the World at War (Classic Reprint) Dorothy Whitehill. (ENG., Illus.). (J). 2018. 268p. 29.42 *(978-0-484-14067-6(1))*; 2016. pap. 11.97 *(978-1-333-61059-3(9))* Forgotten Bks.

Polly Sumner - Witness to the Boston Tea Party. Richard Wiggin. Illus. by Keith Favassa. 2023. (ENG.). 52p. (J). pap. 8.99 ***(978-1-958302-22-4(8))*** Lawley Enterprises.

Polly Sumner - Witness to the Boston Tea Party. Richard C. Wiggin. Illus. by Keith Favazza. 2023. (ENG.). 52p. (J). 14.99 ***(978-1-958302-20-0(1))*** Lawley Enterprises.

Polly the Perfectly Polite Pig. Alycia Pace & Arie Van De Graaff. 2019. (ENG.). 32p. (J). (gr. -1-5). 15.99 (978-1-4621-2306-3(6), Sweetwater Bks.) Cedar Fort, Inc./CFI Distribution.

Polly the Perfectly Polite Pig. R. Pace. 2021. (ENG.). 32p. (J). pap. 12.99 (978-1-4621-4118-0(8), Sweetwater Bks.) Cedar Fort, Inc./CFI Distribution.

Polly the Pig's Problem: What's the Problem?, 1 vol. Miriam Phillips. 2019. (Social & Emotional Learning for the Real World Ser.). (ENG.). 8p. (gr. k-1). pap. (978-1-7253-5440-1(3), 42159898-168c-4021-821d-9098b476ca11, Rosen Classroom) Rosen Publishing Group, Inc., The.

Polly the Pocket Troll. Contrib. by Jaclyn Lee. 2017. (ENG., Illus.). (J). pap. 17.95 (978-1-63111-997-2(4)) Books-A-Million, Inc.

Polly the Polecat: A Funny Children's Book about Siblings Ages 1-3 4-6 7-8. K. a Mulenga. 2021. (ENG., Illus.). 26p. (J). pap. (978-1-991200-99-0(4)) ALZuluBelle.

Polly the Possum. Tessie Ledesma. 2023. (ENG.). 38p. (J). 18.95 (978-1-63755-690-0(X), Mascot Kids) Amplify Publishing Group.

Polly the Pugilist Puffin. Bobba Cass. Illus. by Peter Buckley. 2021. (ENG.). 30p. (J). pap. (978-0-9957078-7-0(1)) SanRoo Publishing.

Polly Trotter Patriot (Classic Reprint) Emilie Benson Knipe. 2018. (ENG., Illus.). 336p. (J). 30.83 (978-0-365-39949-0(3)) Forgotten Bks.

Polly-William Club (Classic Reprint) Laura M. Adams. 2018. (ENG., Illus.). 30p. (J). 24.52 (978-0-484-33584-3(7)) Forgotten Bks.

Polly y el Dia de Nacimiento. D. H. Anderson. Tr. by Claudia Caso Gross. Illus. by Steven Lester. 2023. (SPA.). 32p. (J). pap. 9.99 (978-1-960007-01-8(7)); 17.99 (978-1-960007-02-5(5)) Orison Pubs.

Pollyana. Eleanor Porter. 2018. (ENG., Illus.). 258p. (J). (gr. 4-7). 14.05 (978-1-7317-0291-3(4)); pap. 7.26 (978-1-7317-0292-0(2)) Simon & Brown.

Pollyana. Eleanor H. Porter. 2018. (ENG., Illus.). 158p. (J). 19.99 (978-1-5154-2942-5(3)) Wilder Pubns., Corp.

Pollyanna. Eleanor Porter. 2018. (ENG., Illus.). 258p. (J). (gr. 4-7). 27.20 (978-1-7317-0764-2(9)); pap. 15.14 (978-1-7317-0765-9(7)) Simon & Brown.

Pollyanna. Eleanor H. Porter. Illus. by Kate Hindley. 2017. (Alma Junior Classics Ser.). (ENG.). 288p. (J). pap. 12.00 (978-1-84749-640-9(7), 900184120, Alma Classics) Bloomsbury Publishing USA.

Pollyanna. Eleanor H. Porter. 2016. (J). pap. (978-1-5124-2614-4(8)) Lerner Publishing Group.

Pollyanna: A Comedy in Four Acts (Classic Reprint) Catherine Chisholm Cushing. (ENG., Illus.). (J). 2018. 126p. 26.50 (978-0-483-87890-7(1)); 2016. pap. 9.57 (978-1-333-29683-4(5)) Forgotten Bks.

Pollyanna: Illustrated Abridged Children Classics English Novel with Review Questions (Hardback) Eleanor H. Porter. 2021. (Illustrated Classics Ser.). (ENG.). 240p. (J). (gr. 3-11). 6.99 (978-93-5440-228-9(3)) Prakash Bk. Depot IND. Dist: Independent Pubs. Group.

Pollyanna (100 Copy Collector's Edition) Eleanor H. Porter. 2019. (ENG.). 160p. (YA). (gr. 7-12). (978-1-77226-879-9(8)) AD Classic.

Pollyanna (100 Copy Limited Edition) Eleanor H. Porter. 2019. (ENG.). 160p. (YA). (gr. 7-12). (978-1-77226-768-6(6)); (978-1-77226-581-1(0)) Engage Bks. (SF Classic).

Pollyanna (1000 Copy Limited Edition) Eleanor H. Porter. 2016. (ENG., Illus.). (YA). (gr. 7-12). (978-1-77226-308-4(7)) AD Classic.

Pollyanna (Classic Reprint) Eleanor H. Porter. 2017. (ENG., Illus.). (J). 30.02 (978-0-266-24907-8(8)) Forgotten Bks.

Pollyanna Grows Up. Eleanor H. Porter. 2020. (ENG.). 204p. (J). (gr. 4-7). pap. 21.99 (978-1-6780-0319-7(0)) Lulu Pr., Inc.

Pollyanna Grows up (Classic Reprint) Eleanor H. Porter. 2017. (ENG., Illus.). (J). 31.14 (978-0-265-20720-8(7)) Forgotten Bks.

Pollyanna of the Orange Blossoms (Classic Reprint) Harriet Lummis Smith. 2017. (ENG., Illus.). (J). 29.20 (978-0-331-08612-6(3)); pap. 11.57 (978-0-259-49294-8(9)) Forgotten Bks.

Pollyanna (Royal Collector's Edition) (Case Laminate Hardcover with Jacket) Eleanor H. Porter. 2022. (ENG.). 160p. (YA). (978-1-77476-648-4(5)) AD Classic.

Pollyanna, the Glad Girl: A Four ACT Comedy (Classic Reprint) Catherine Chisholm Cushing. (ENG., Illus.). (J). 2018. 180p. 27.63 (978-0-332-91007-9(5)); 2016. pap. 9.97 (978-1-333-30562-8(1)) Forgotten Bks.

Pollyooly: A Romance of Long Felt Wants & the Red Haired Girl Who Filled Them (Classic Reprint) Edgar Jepson. 2018. (ENG., Illus.). 364p. (J). 31.40 (978-0-365-50438-2(6)) Forgotten Bks.

Pollyooly Dances (Classic Reprint) Edgar Jepson. (ENG., Illus.). (J). 2018. 266p. 29.38 (978-0-365-26361-6(3)); 2017. pap. 11.97 (978-0-259-49289-4(2)) Forgotten Bks.

Polly's Business Venture. Lillian Elizabeth Roy. 2018. (ENG., Illus.). 182p. (YA). (gr. 7-12). pap. (978-93-5297-531-0(6)) Alpha Editions.

Polly's Business Venture (Classic Reprint) Lillian Elizabeth Roy. 2018. (ENG., Illus.). 328p. (J). 30.66 (978-0-267-47275-8(7)) Forgotten Bks.

Polly's Lion: California Story for Children (Classic Reprint) Louise Carnahan. (ENG., Illus.). (J). 2018. 198p. 27.98 (978-0-484-57743-4(3)); 2017. pap. 10.57 (978-0-243-08156-1(1)) Forgotten Bks.

Polly's Longest Tale. Bobbie Carnell. Illus. by Bobbie Carnell. 2021. (Polly the Possum Ser.: Vol. 3). (ENG., Illus.). 34p. (J). pap. 6.95 (978-1-63051-945-2(6)) Chiron Pubns.

Polly's Lost. Bobbie Carnell. Illus. by Bobbie Carnell. 2020. (Polly the Possum Ser.: Vol. 2). (ENG., Illus.). 30p. (J). pap. 6.95 (978-1-63051-836-3(0)) Chiron Pubns.

Polly's Pension Plans (Classic Reprint) Marian Lawrence Peabody. 2018. (ENG., Illus.). 80p. (J). 25.55 (978-0-484-11367-0(4)) Forgotten Bks.

Polly's Scary Friend. Bobbie Carnell. Illus. by Bobbie Carnell. 2021. (Polly the Possum Ser.: Vol. 4). (ENG., Illus.). 36p. (J). pap. 6.95 (978-1-68503-034-6(3)) Chiron Pubns.

Polly's Scheme (Classic Reprint) Corydon Corydon. (ENG., Illus.). (J). 2018. 210p. 28.25 (978-0-484-21050-8(5)); 2016. pap. 10.97 (978-1-334-15649-6(2)) Forgotten Bks.

Polly's Shop (Classic Reprint) Edna A. Brown. (ENG., Illus.). (J). 2018. 246p. 28.99 (978-0-666-21193-4(0)); 2017. pap. 11.57 (978-0-259-42743-8(8)) Forgotten Bks.

Polly's Southern Cruise (Classic Reprint) Lillian Elizabeth Roy. 2019. (ENG., Illus.). (J). 294p. 29.98 (978-1-397-28413-6(7)); 296p. pap. 13.57 (978-1-397-28152-4(9)) Forgotten Bks.

Polly's Special Day. Yulinda Blake Cook. 2022. (ENG., Illus.). 38p. (J). pap. 14.95 (978-1-0980-7178-3(6)) Christian Faith Publishing.

Polly's Tale. Bobbie Carnell. 2019. (ENG., Illus.). 20p. (J). pap. 6.95 (978-1-63051-759-5(3)) Chiron Pubns.

Polly's Thoughts Pass By. Michelle Wanasundera. Illus. by Tanya Zeinalova. (ENG.). 28p. (J). 2023. pap. (978-1-922991-81-2(3)); 2022. pap. (978-1-922895-32-5(6)) Library For All Limited.

Polly's Thoughts Pass by - Mawazo Ya Moraa Yanapita. Michelle Wanasundera. Illus. by Tanya Zeinalova. 2023. (SWA.). 28p. (J). pap. (978-1-922951-21-2(8)) Library For All Limited.

Polnische Gedichte. Rudolf Leonhard. 2017. (GER., Illus.). 50p. (J). pap. (978-0-649-77720-4(4)) Trieste Publishing Pty Ltd.

Polo Cowboy. G. Neri. Illus. by Jesse Joshua Watson. 2021. (ENG.). 288p. (J). (gr. 5-9). 17.99 (978-1-5362-0711-8(X)) Candlewick Pr.

Polo el Koala. Anabel Jurado. 2017. (SPA.). 10p. (J). (gr. -1). 5.95 (978-607-748-052-5(5)) Ediciones Urano S. A. ESP. Dist: Spanish Pubs., LLC.

Polo the Guide Dog Puppy: Leveled Reader Orange Level 15. Rg Rg. 2016. (PM Ser.). (ENG.). 16p. (J). (gr. 1-2). pap. 11.00 (978-0-544-89155-5(4)) Rigby Education.

Polonius the Pit Pony. Richard O'Neill. Illus. by Feronia Parker-Thomas. 2018. (Travellers Tales Ser.). 32p. (J). (978-1-78628-186-9(4)); pap. (978-1-78628-185-2(6)) Child's Play International Ltd.

Polter-Ghost Problem. Betsy Uhrig. 2022. (ENG.). 288p. (J). (gr. 3-7). 17.99 (978-1-6659-1610-3(9), McElderry, Margaret K. Bks.) McElderry, Margaret K. Bks.

Poltergeist Enigma. Craig Boutland. 2019. (Unexplained (Alternator Books (r)) Ser.). (ENG., Illus.). 32p. (J). (gr. 3-6). pap. 10.99 (978-1-5415-7379-6(X), f65da5c5-42a9-4c5a-bbce-40f6d59d5118); lib. bdg. 30.65 (978-1-5415-6285-1(2), 6553dcfe-8330-4520-86f1-fa59a1a8aa94) Lerner Publishing Group. (Lerner Pubns.).

Poltergeist's Haunting. Kate Tremaine. Illus. by Jared Sams. 2020. (Secret Society of Monster Hunters Ser.). (ENG.). 32p. (J). (gr. 5-8). lib. bdg. 32.07 (978-1-5341-6945-6(8), 215667, Torch Graphic Press) Cherry Lake Publishing.

Polu Climbs the Volcano. Carole Nialel Cholai. Illus. by Rosa Lorena Gonzaga. 2021. (ENG.). 26p. (J). pap. (978-1-922621-56-6(0)) Library For All Limited.

Polycarp: Faithful unto Death. David Luckman. 2023. (ENG.). 144p. (J). pap. 9.99 (978-1-5271-1029-8(X), 2eed8db3-4e28-408a-a5b0-7419b4472600, CF4Kids) Christian Focus Pubns. GBR. Dist: Baker & Taylor Publisher Services (BTPS).

Polydactylism in Man & the Domestic Animals, with Especial Reference to Digital Variations in Swine (Classic Reprint) C. W. Prentiss. (ENG., Illus.). (J). 2018. 170p. 27.40 (978-0-483-17235-7(9)); 2016. pap. 9.97 (978-1-334-39753-0(8)) Forgotten Bks.

Polyfrog. E. F. Watson. 2018. (ENG., Illus.). 88p. (J). pap. (978-1-387-64909-9(4)) Lulu Pr., Inc.

Polyglot Notes: Practical Tips for Learning Foreign Language. Yuriy Ivantsiv. 2020. (ENG.). 296p. pap. (978-1-716-95035-3(X)) Lulu Pr., Inc.

Polyglot of Foreign Proverbs: Comprising French, Italian, German, Dutch, Spanish, Portuguese, & Danish, with English Translations, & a General Index (Classic Reprint) Henry George Bohn. (ENG., Illus.). (J). 2018. 612p. 36.52 (978-0-267-53444-9(2)); 2016. pap. 19.57 (978-1-333-25521-3(7)) Forgotten Bks.

Polyglot Reader, & Guide for Translation: Consisting of a Series of English Extracts, with Their Translation into French, German, Spanish, & Italian; the Several Parts Designed to Serve As Mutual Keys (Classic Reprint) Jean Roemer. 2018. (ENG., Illus.). 332p. (J). 30.76 (978-0-483-74408-0(5)) Forgotten Bks.

Polygon. Xist Publishing. 2019. (Discover Shapes Ser.). (ENG.). 8p. (J). (gr. -1-2). pap. 5.99 (978-1-5324-0999-8(0)) Xist Publishing.

Polynesians. Christine Webster. 2017. (World Cultures Ser.). (ENG.). 32p. (J). lib. bdg. 29.99 (978-1-5105-2271-8(9)) SmartBook Media, Inc.

Polynomial: A Gift from the Future. Marcus Haynes. 2022. (ENG.). 174p. (YA). pap. 10.99 (978-1-63751-119-0(1)) Cadmus Publishing.

Polyscope, 1905, Vol. 5 (Classic Reprint) Bradley Polytechnic Institute. 2017. (ENG., Illus.). (J). 27.40 (978-0-260-32044-5(7)); pap. 9.97 (978-0-265-11198-7(6)) Forgotten Bks.

Polyscope, 1907 (Classic Reprint) Bradley Polytechnic Institute. 2017. (ENG., Illus.). (J). 27.32 (978-0-260-45814-8(7)); pap. 9.97 (978-0-266-07496-0(0)) Forgotten Bks.

Polyscope, 1908 (Classic Reprint) Grover Baumgartner. (ENG., Illus.). (J). 2018. 182p. 27.65 (978-0-484-57170-8(2)); 2017. pap. 10.57 (978-0-259-95527-6(2)) Forgotten Bks.

Polyscope, 1909, Vol. 9 (Classic Reprint) Bradley Polytechnic Institute. (ENG., Illus.). (J). 2018. 206p. 28.15 (978-0-365-11157-3(0)); 2017. pap. 10.57 (978-0-259-94908-4(6)) Forgotten Bks.

Polyscope, 1910, Vol. 10 (Classic Reprint) Amy Keithley. (ENG., Illus.). (J). 2017. 28.27 (978-0-265-39429-8(5)); 2016. pap. 10.97 (978-1-333-24835-2(0)) Forgotten Bks.

Polyscope, 1911 (Classic Reprint) Bradley Polytechnic Institute. (ENG., Illus.). (J). 2018. 240p. 28.85 (978-0-666-22093-6(X)); 2017. pap. 11.57 (978-0-259-92720-4(1)) Forgotten Bks.

Polyscope, 1912, Vol. 12 (Classic Reprint) Bradley Polytechnic Institute. 2017. (ENG., Illus.). (J). 27.98 (978-0-260-55417-8(0)); pap. 10.57 (978-0-265-04352-3(2)) Forgotten Bks.

Polyscope, 1913, Vol. 13 (Classic Reprint) Bradley Polytechnic Institute. 2017. (ENG., Illus.). (J). 218p. 28.41 (978-0-332-91612-5(X)); pap. 10.97 (978-0-259-92259-9(5)) Forgotten Bks.

Polyscope, 1914, Vol. 14 (Classic Reprint) Bradley Polytechnic Institute. 2017. (ENG., Illus.). (J). 28.10 (978-0-260-49583-9(2)); pap. 10.57 (978-0-266-06221-9(0)) Forgotten Bks.

Polyscope, 1915 (Classic Reprint) Bradley Polytechnic Institute. 2017. (ENG., Illus.). (J). 28.64 (978-0-260-24434-5(1)); pap. 11.57 (978-0-266-13070-3(4)) Forgotten Bks.

Polyscope, 1917, Vol. 17 (Classic Reprint) Bradley Polytechnic Institute. 2017. (ENG., Illus.). (J). 28.50 (978-0-260-36299-5(9)); pap. 10.97 (978-0-265-10178-0(6)) Forgotten Bks.

Polyscope, 1920, Vol. 20 (Classic Reprint) Bradley Polytechnic Institute. (ENG., Illus.). (J). 2018. 216p. 28.37 (978-0-365-13280-6(2)); 2017. pap. 10.97 (978-0-259-95241-1(9)) Forgotten Bks.

Pom-Pom Kitties: Make Your Own Cute Cats. Editors of Klutz. 2017. (ENG.). 52p. (J). (gr. 3-7). 19.99 (978-1-338-10643-5(0)) Klutz.

Pom Through It. Gulla. Stephanie. 2022. (ENG.). 38p. (J). 18.95 (978-1-63755-341-1(2), Mascot Kids) Amplify Publishing Group.

Pomander Walk: A Comedy in Three Acts (Classic Reprint) Louis N. Parker. 2018. (ENG., Illus.). 134p. (J). 26.68 (978-0-267-45572-0(0)) Forgotten Bks.

Pomander Walk (Classic Reprint) Louis Napoleon Parker. 2018. (ENG., Illus.). 308p. (J). 30.27 (978-0-483-59688-7(4)) Forgotten Bks.

Pomegranate Passion Cake. Elizabeth Catanese. Illus. by Benedetta Capriotti. 2021. (Mt. Olympus Theme Park Ser.). (ENG.). 48p. (J). (gr. 3-7). lib. bdg. 34.21 (978-1-0982-3040-1(X), 37697, Spellbound) Magic Wagon.

Pomegranate Seed, Vol. 1 of 3 (Classic Reprint) Unknown Author. 2018. (ENG., Illus.). 280p. (J). 29.67 (978-0-332-78057-3(0)) Forgotten Bks.

Pomegranate Seed, Vol. 2 of 3 (Classic Reprint) Unknown Author. (ENG., Illus.). (J). 2018. 288p. 29.86 (978-0-267-32699-0(8)); 2016. pap. 13.57 (978-1-333-53504-9(X)) Forgotten Bks.

Pomegranate the Story of a Chinese Schoolgirl (Classic Reprint) Jennie Beckingsale. 2018. (ENG., Illus.). 196p. (J). 27.96 (978-0-483-58600-0(5)) Forgotten Bks.

Pomegranate Witch: (Halloween Children's Books, Early Elementary Story Books, Scary Stories for Kids) Denise Doyen. Illus. by Eliza Wheeler. 2017. (ENG.). 40p. (J). (gr. k-3). 16.99 (978-1-4521-4589-1(X)) Chronicle Bks. LLC.

Pomegranates from the Punjab: Indian Stories (Classic Reprint) A. L. O. E. (ENG., Illus.). (J). 2018. 208p. 28.21 (978-0-483-69765-2(6)); 2016. pap. 10.57 (978-1-334-15825-4(8)) Forgotten Bks.

Pomeranian Tales. Grace Baeten & Faith Young. 2021. (ENG.). 50p. (J). pap. 15.95 (978-1-64801-764-3(9)) Newman Springs Publishing, Inc.

Pomeranians. Domini Brown. 2016. (Awesome Dogs Ser.). (ENG., Illus.). 24p. (J). (gr. k-3). 26.95 (978-1-62617-394-1(X), Blastoff! Readers) Bellwether Media.

Pomeranians. Susan Heinrichs Gray. 2016. (J). (978-1-4896-4593-7(4)) Weigl Pubs., Inc.

Pomfret Mystery: A Novel of Incident (Classic Reprint) Arthur Dudley Vinton. 2018. (ENG., Illus.). 234p. (J). 28.72 (978-0-483-58119-7(4)) Forgotten Bks.

Pomiuk: A Waif of Labrador; a Brave Boy's Life for Brave Boys (Classic Reprint) William Byron Forbush. (ENG., Illus.). (J). 2018. 156p. 27.11 (978-0-365-17191-1(3)); 2016. pap. 9.97 (978-1-333-12484-6(1)) Forgotten Bks.

Pommerle (Gesamtausgabe: Buch 1-6) Magda Trott. 2017. (GER., Illus.). 432p. (YA). pap. (978-80-268-6214-7(7)) E-Artnow.

Pomo, 1 vol. Nia Kennedy. 2017. (Spotlight on the American Indians of California Ser.). (ENG.). 32p. (J). (gr. 4-5). pap. 12.75 (978-1-5081-6290-2(5), ffe76804-7b52-4804-bb86-d78ddbb7e441, PowerKids Pr.) Rosen Publishing Group, Inc., The.

Pomona College Bulletin. Annual Directory. First Semester, 1915-1916. Vol. XII, September, 1915, No. 5. Pomona College. 2017. (ENG., Illus.). (J). pap. (978-0-649-73907-3(8)) Trieste Publishing Pty Ltd.

Pomona's Travels (Classic Reprint) Frank R. Stockton. 2017. (ENG., Illus.). (J). 30.13 (978-1-5281-5030-9(9)) Forgotten Bks.

Pomp & Circumstance (Classic Reprint) Dorthea Gerard. 2018. (ENG., Illus.). 368p. (J). 31.51 (978-0-483-15311-0(7)) Forgotten Bks.

Pomp of the Lavilettes (Classic Reprint) Gilbert Parker. 2018. (ENG., Illus.). 278p. (J). 29.63 (978-0-428-90013-7(5)) Forgotten Bks.

Pompeii. Julie Murray. (Amazing Archaeology Ser.). (ENG., Illus.). 24p. (J). 2022. (gr. 2-2). pap. 8.95 (978-1-64494-641-1(6)); 2021. (gr. k-4). lib. bdg. 31.36 (978-1-0982-2668-8(2), 38612) ABDO Publishing Co. (Abdo Zoom-Dash).

Pompeii. Emily Rose Oachs. 2019. (Digging up the Past Ser.). (ENG., Illus.). 24p. (J). (gr. 3-7). lib. bdg. 26.95 (978-1-64487-069-3(X), Torque Bks.) Bellwether Media.

Pompeii Today: A Museum of People Buried Alive - Archaeology Quick Guide Children's Archaeology Books. Baby Professor. 2017. (ENG., Illus.). 64p. (J). pap. 9.52 (978-1-5419-1641-8(7), Baby Professor (Education Kids)) Speedy Publishing LLC.

Pompier. Douglas Bender. Tr. by Annie Evearts. 2021. (Gens Que Je Rencontre (People I Meet) Ser.). (FRE., Illus.). 16p. (J). (gr. -1-1). pap. (978-1-0396-0644-9(X), 12942) Crabtree Publishing Co.

Pompière. Connie Colwell Miller. Illus. by Silvia Baroncelli. 2016. (Plus Tard, Je Serai... Ser.). (FRE.). 24p. (J). (gr. 1-4). (978-1-77092-355-3(1), 17618) Amicus.

Pompo the Monkey - Adventures in Africa. Penelope Bliss. Illus. by Penelope Bliss. 2020. (Adventures in Africa Ser.). (ENG., Illus.). 32p. (J). (gr. 1-2). 21.99 (978-1-64826-905-9(2)) Bliss Publishing.

Pompon. Géraldine Elschner & Géraldine Elschner. Illus. by Joanna Bolliot. 2017. 32p. (J). (gr. k-2). 17.99 (978-988-8341-43-6(X), Minedition) Penguin Young Readers Group.

Pompy & Titany: Hot Things. Kriss Keller. 2016. (ENG., Illus.). (J). pap. (978-1-911110-73-6(X)) Clink Street Publishing.

Pompy & Titany: Sharp Things. Kriss Keller. 2016. (ENG., Illus.). (J). pap. (978-1-911525-03-5(4)) Clink Street Publishing.

Poms: A Dog-U-Drama Part 1. Sylvia Pace. Illus. by Elijah Taylor. 2022. (ENG.). 30p. (J). pap. 16.99 (978-1-955791-50-2(3)) Braughler Bks. LLC.

Ponce de Leon & His Search for the Fountain of Youth - Biography for Kids Grade 3 - Children's Historical Biographies. Dissected Lives. 2019. (ENG.). 72p. (J). pap. 14.72 (978-1-5419-5306-2(1)); 24.71 (978-1-5419-7547-7(2)) Speedy Publishing LLC. (Dissected Lives (Auto Biographies)).

Poncho de Pucá: Set of 6 with Common Core Teacher Materials. Benchmark Education Co., LLC Staff. 2017. (Classic Tales Ser.). (SPA.). (J). (gr. 1). 46.00 net. (978-1-5125-0661-7(3)) Benchmark Education Co.

Poncho's Rescue: A Baby Bull & a Big Flood. Julie M. Thomas. 2018. (ENG., Illus.). 48p. (J). (gr. k-3). pap. 19.95 (978-0-8071-6939-1(0), 7512) Louisiana State Univ. Pr.

Pond. Nicola Davies. Illus. by Cathy Fisher. 2017. 32p. (J). (gr. k-2). 16.99 (978-1-912050-70-3(6)); (ENG.). pap. 13.99 (978-1-912213-50-4(8)) Graffeg Limited GBR. Dist: Independent Pubs. Group.

Pond. Carl Ewald. 2022. (ENG.). 56p. (J). pap. (978-1-387-68935-4(5)) Lulu Pr., Inc.

Pond. Jim LaMarche. Illus. by Jim LaMarche. 2016. (ENG., Illus.). 40p. (J). (gr. -1-3). 18.99 (978-1-4814-4735-5(1), Simon & Schuster/Paula Wiseman Bks.) Simon & Schuster/Paula Wiseman Bks.

Pond: An Idyl of Boyhood (Classic Reprint) William Addison Houghton. (ENG., Illus.). (J). 2018. 20p. 24.37 (978-0-428-88816-9(X)); 2016. pap. 7.97 (978-1-334-12127-2(3)) Forgotten Bks.

Pond Animals (Set), 8 vols. 2018. (Pond Animals Ser.). (ENG.). 24p. (J). (gr. k-3). lib. bdg. 250.88 (978-1-5321-6203-9(0), 30189, Pop! Cody Koala) Pop!.

Pond Animals (Set Of 8) 2019. (Pond Animals Ser.). (ENG., Illus.). 192p. (J). (gr. 1-2). pap. 71.60 (978-1-64185-574-7(6), 1641855746) North Star Editions.

Pond (Classic Reprint) Carl Ewald. (ENG., Illus.). (J). 2018. 140p. 26.78 (978-0-484-01546-2(X)); 2016. pap. 9.57 (978-1-333-23367-9(1)) Forgotten Bks.

Pond Gully: Laundry Day down by the River. Cherry Fagbemi. 2023. (ENG.). 50p. (J). (978-1-312-64609-4(8)) Lulu Pr., Inc.

Pond Habitat: Children's Book with Intriguing Informative Facts. Bold Kids. 2022. (ENG.). 46p. (J). pap. 14.99 (978-1-0717-1097-5(4)) FASTLANE LLC.

Pond in Spring. M. J. York. 2017. (Welcoming the Seasons Ser.). (ENG.). 24p. (J). (gr. -1-2). lib. bdg. 32.79 (978-1-5038-1656-5(7), 211502) Child's World, Inc, The.

Pond Life Nature Activity Book: Games & Activities. Waterford Press Staff. 3rd ed. 2023. (Nature Activity Book Ser.). (Illus.). 32p. (J). (gr. 3-7). pap. 8.95 (978-1-62005-639-4(9)) Waterford Pr., Inc.

Pond Ness Monster: #3. Mike Allegra. Illus. by Kiersten Eagan. 2021. (Kimmie Tuttle Ser.). (ENG.). 112p. (J). (gr. 2-5). lib. bdg. 38.50 (978-1-0982-3166-8(X), 38716, Calico Chapter Bks.) ABDO Publishing Co.

Pond Orchestra & Other Poems. Leslie Brazier Smit. Illus. by Laura Catrinella. 2022. (ENG.). 56p. (J). pap. (978-1-0391-0435-8(5)); (978-1-0391-0436-5(3)) FriesenPress.

Pond Story. Doug Owen. Illus. by Ashley Ersepke. 2021. (ENG.). 78p. (J). pap. 12.95 (978-1-0879-4551-4(8)) Bay Co. Bks., Inc.

Ponder & Friends: Adventures with Jack & Riley in the Rainforest. Peter Dennis. Illus. by Paulette Dennis. 2021. (ENG.). 44p. (J). pap. (978-0-2288-6058-7(X)) Tellwell Talent.

Ponderosa Preschool Leader Manual. Ed. by Group Publishing. 2019. (Group's Weekend Vbs 2019 Ser.). (ENG.). 40p. (J). pap. 13.59 (978-1-4707-5809-7(1)) Group Publishing, Inc.

Ponds, 1 vol. Jagger Youssef. 2017. (Our Exciting Earth! Ser.). (ENG.). 24p. (J). (gr. k-k). pap. 9.15 (978-1-5382-0973-8(X), cd2b704a-c0c7-47ec-8e38-bfe309337880) Stevens, Gareth Publishing LLLP.

Ponds - 6 Pack: Set of 6 Common Core Edition. Katherine Scraper. 2016. (Early Explorers Ser.). (J). (gr. k-1). 39.00 net. (978-1-5125-8700-5(1)) Benchmark Education Co.

Pondstown Rescue. Tye Ellinwood. 2020. (ENG.). 170p. (J). pap. 10.95 (978-0-9675399-4-2(3)) Okay Enterprises.

Poney Livre de Coloriage: Livre de Coloriage Incroyable Pour les Enfants Avec des Poneys et des Licornes. Lenard Vinci Press. 2020. (FRE.). 86p. (J). pap. 9.99 (978-1-716-37183-7(X)) Lulu Pr., Inc.

Pongkhi & the Giant Fish: A Story from Bangladesh. Tim Bridges. 2017. (ENG & BEN., Illus.). (J). 40p. (978-1-78623-260-1(X)); 34p. pap. (978-1-78623-256-4(1)) Grosvenor Hse. Publishing Ltd.

Pongo & the Bull (Classic Reprint) Hilaire Belloc. 2018. (ENG., Illus.). 312p. (J). 30.33 (978-0-267-46257-5(3)) Forgotten Bks.

Poni / Pony. R. J. Palacio. 2022. (SPA.). 304p. (J). (gr. 5-9). pap. 14.95 (978-607-38-1443-0(7), Nube De Tinta) Penguin Random House Grupo Editorial ESP. Dist: Penguin Random Hse. LLC.

Poni de la Princesa Suque (Princess Suque's Pony), 1 vol. Aleix Cabrera. 2017. (Princesitas (Little Princesses) Ser.). (SPA., Illus.). 32p. (J). (gr. 1-2). pap. 11.00 (978-1-4994-8424-3(0), 7799f5fa-4768-41da-aa88-f3f3b1596ae3); lib. bdg. 28.93 (978-1-4994-8426-7(7), c4c2ce18-1d61-4439-bf08-c4b165c1f881) Rosen Publishing Group, Inc., The. (Windmill Bks.).

Poni de Shetland (Shetland Ponies) Grace Hansen. 2019. (Caballos (Horses) Ser.). (SPA., Illus.). 24p. (J). (gr. -1-2).

1616
The check digit for ISBN-10 appears in parentheses after the full ISBN-13

lib. bdg. 32.79 *(978-1-0982-0107-4(8)*, 33088, Abdo Kids) ABDO Publishing Co.

Poni Highland (Highland Ponies) Grace Hansen. 2019. (Caballos (Horses) Ser.). (SPA., Illus.). 24p. (J). (gr. -1-2). lib. bdg. 32.79 *(978-1-0982-0103-6(5)*, 33080, Abdo Kids) ABDO Publishing Co.

Poni Libro para Colorear: Increíble Libro para Colorear para niños con Ponis y Unicornios. Lenard Vinci Press. 2020. (SPA.). 86p. (J). pap. 9.99 *(978-1-716-37169-1(4))* Lulu Pr., Inc.

Poniard's Hilt, or Karadeucq & Ronan: A Tale of Bagauders & Vagres (Classic Reprint) Eugene Sue. 2018. (ENG., Illus.). 282p. (J). 29.77 *(978-0-483-18831-0(X))* Forgotten Bks.

Ponies! Angela Roberts. 2017. (Step into Reading Ser.). (Illus.). 32p. (J). (gr. -1-1). pap. 5.99 *(978-1-5247-1440-6(2)*, Random Hse. Bks. for Young Readers) Random Hse. Children's Bks.

Ponies. Jared Siemens. 2017. (Illus.). 24p. (J). *(978-1-5105-0623-7(3))* SmartBook Media, Inc.

Ponies: How Cute Are They? Informative Facts. Bold Kids. 2022. (ENG.). 36p. (J). pap. 14.99 ***(978-1-0717-1128-6(8))*** FASTLANE LLC.

Ponies (1 Hardcover/1 CD) Laura Marsh. 2016. (National Geographic Readers: Pre-Reader Ser.). (ENG.). (J). *(978-1-4301-2105-3(X))* Live Oak Media.

Ponies (1 Paperback/1 CD) Laura Marsh. 2016. (National Geographic Readers: Pre-Reader Ser.). (ENG.). (J). pap. *(978-1-4301-2104-6(1))* Live Oak Media.

Ponies & Horses: Ponis y Caballos. Contrib. by Fiona Lock. ed. 2023. (DK Super Readers Ser.). 32p. (J). (gr. 1-3). pap. 4.99 ***(978-0-7440-8378-1(8)***, DK Children) Dorling Kindersley Publishing, Inc.

Ponies Love Pets! Emily C. Hughes. 2017. (My Little Pony Leveled Readers Ser.). (ENG.). 32p. (J). (gr. -1-3). lib. bdg. 31.36 *(978-1-5321-4096-9(7)*, 26969) Spotlight.

Ponies Poop. Ron Bachman. 2022. (ENG., Illus.). 24p. (J). pap. 13.95 *(978-1-63903-510-6(9))* Christian Faith Publishing.

Ponies Unite. Megan Roth. ed. 2022. (I Can Read Ser.). (ENG., Illus.). 32p. (J). (gr. 2-3). 15.46 *(978-1-68505-120-4(0))* Penworthy Co., LLC, The.

Ponis y Caballos see DK Super Readers Level 1 Bilingual Ponies & Horses - Ponis y Caballos

Ponkapog Papers, a Sea Turn, & Other Matters (Classic Reprint) Thomas Bailey Aldrich. 2017. (ENG., Illus.). (J). 30.81 *(978-0-266-19383-8(8))* Forgotten Bks.

Ponpye (Firefighter) Douglas Bender. Tr. by Jean Pierre Gaston. 2021. (Moun Mwen Rankontre Yo (People I Meet) Ser.). (CRP., Illus.). (J). (gr. -1-1). pap. ***(978-1-0396-2283-8(6)***, 10169, Crabtree Roots) Crabtree Publishing Co.

Ponte a Reír! Mary Lindeen. Illus. by Martin Fagan. 2016. (Early Rising Readers Ser.). (SPA.). 16p. (J). (gr. 1-1). 6.67 *(978-1-4788-4170-8(2))* Newmark Learning LLC.

¡Ponte a Reír! - 6 Pack. Mary Lindeen. 2016. (Early Rising Readers Ser.). (SPA.). (J). (gr. 1). 40.00 net. *(978-1-4788-4749-6(2))* Newmark Learning LLC.

Ponte en Mi Lugar. Susanna Isern. Illus. by Mylene Rigaudie. 2020. (SPA.). 40p. (J). 15.95 *(978-84-17673-36-9(9))* NubeOcho Ediciones ESP. Dist: Consortium Bk. Sales & Distribution.

Ponte Esto. Judy Kentor Schmauss. 2016. (Early Rising Readers Ser.). (SPA.). 16p. (J). (gr. 1). 6.67 *(978-1-4788-3734-3(9))* Newmark Learning LLC.

Ponte Esto - 6 Pack. Judy Kentor Schmauss. 2016. (Early Rising Readers Ser.). (SPA.). (J). (gr. 1). 40.00 net. *(978-1-4788-4677-2(1))* Newmark Learning LLC.

Pontiac Trans Am. Scott Wilken. 2020. (Mighty Muscle Cars Ser.). (ENG., Illus.). 32p. (J). (gr. 2-5). lib. bdg. 34.21 *(978-1-5321-9328-6(9)*, 34813, Big Buddy Bks.) ABDO Publishing Co.

Pontolong & Duckie. Michael Verrett. 2019. (ENG., Illus.). 34p. (J). pap. 15.95 *(978-1-387-89851-0(5))* Lulu Pr., Inc.

Pontolong & Duckie. Michael Verrett. Illus. by Michael Verrett. 2nd ed. 2019. (Pontolong & Duckie Ser.: Vol. 1). (ENG., Illus.). 32p. (J). (gr. 1-6). 21.95 *(978-1-0878-1954-9(7))* MVL/Imagine That.

Pony. R. J. Palacio. (ENG.). 304p. 2023. (gr. 4-7). 26.19 ***(978-1-5364-8077-1(0))***; 2023. (J). (gr. 5). pap. 9.99 ***(978-0-553-50814-7(8))***; 2021. (Illus.). (J). (gr. 5). 17.99 *(978-0-553-50811-6(3))*; 2021. (Illus.). (J). (gr. 5). lib. bdg. 20.99 *(978-0-553-50812-3(1))* Random Hse. Children's Bks. (Knopf Bks. for Young Readers).

Pony, a Promise, & a Prayer. Marlou Kapelet. 2018. (ENG., Illus.). 36p. (J). 23.95 *(978-1-64458-870-3(6))*; pap. 13.95 *(978-1-64349-259-9(4))* Christian Faith Publishing.

Pony Coloring Book: Amazing Coloring Book for Kids with Ponies & Unicorns. Lenard Vinci Press. 2020. (ENG.). 86p. (J). pap. 9.99 *(978-1-716-37194-3(5))* Lulu Pr., Inc.

Pony Detectives. Soraya Nicholas. 2017. (Starlight Stables Ser.: 1). 192p. (J). (gr. 2-4). 12.99 *(978-0-14-330861-4(0))* Random Hse. Australia AUS. Dist: Independent Pubs. Group.

Pony Express. Joanne Mattern. 2017. 25.70 *(978-1-61228-964-9(9))* Mitchell Lane Pubs.

Pony Express. Amy C. Rea. 2016. (Wild West Ser.). (ENG., Illus.). 48p. (J). (gr. 4-8). lib. bdg. 35.64 *(978-1-68078-259-2(2)*, 22119) ABDO Publishing Co.

Pony Express Rider (Classic Reprint) Harry Castlemon. (ENG., Illus.). (J). 2018. 446p. 33.10 *(978-0-666-96049-8(6))*; 2017. pap. 16.57 *(978-0-282-30601-4(3))* Forgotten Bks.

Pony Finds His Way Through the Maze: Little Pony Activity Book. Jupiter Kids. 2016. (ENG., Illus.). 76p. (J). pap. 13.75 *(978-1-68305-379-8(6)*, Jupiter Kids (Childrens & Kids Fiction)) Speedy Publishing LLC.

Pony for Christmas: A Canadian Holiday Novella. Bev Pettersen. 2016. (ENG., Illus.). (J). (gr. 2-6). pap. *(978-1-987835-09-0(3))* Westerhall.

Pony Girls Set 2 (Set), 4 vols. Lisa Mullarkey. Illus. by Paula Franco. 2019. (Pony Girls Ser.). (ENG.). 112p. (J). (gr. 2-5). lib. bdg. 154.00 *(978-1-5321-3645-0(5)*, 33736, Calico Chapter Bks.) ABDO Publishing Co.

Pony Libro Da Colorare: Incredibile Libro Da Colorare per Bambini con Pony e Unicorni. Lenard Vinci Press. 2020. (ITA.). 86p. (J). pap. 9.99 *(978-1-716-37174-5(0))* Lulu Pr., Inc.

Pony Malbuch: Erstaunliches Malbuch Für Kinder Mit Ponys und Einhörnern. Lenard Vinci Press. 2020. (GER.). 86p. (J). pap. 9.99 *(978-1-716-37179-0(1))* Lulu Pr., Inc.

Pony Money: Second Edition. Janice Kidwell. Illus. by M. C. Gutierrez. 2022. 42p. (J). pap. 20.00 *(978-1-6678-3320-0(0))* BookBaby.

Pony Named Winds of Spring. Lois Poster. 2020. (ENG.). 50p. (J). 17.99 *(978-1-0879-3044-2(8))* Indy Pub.

Pony Named Winds of Spring. Lois Poster. Illus. by David Wenzel. 2020. (ENG.). 50p. (J). pap. 8.99 *(978-1-0879-3042-8(1))* Indy Pub.

Pony on the Twelfth Floor. Polly Faber. Illus. by Sarah Jennings. 2020. (ENG.). 256p. (J). (gr. 3-7). 16.99 *(978-1-5362-0930-3(9))* Candlewick Pr.

Pony Pals. Pat Jacobs. 2018. (Pet Pals Ser.). (Illus.). 32p. (J). (gr. 3-3). pap. *(978-0-7787-5734-4(X))* Crabtree Publishing Co.

Pony Pirate Party! Adapted by Magnolia Belle. 2017. (Illus.). (J). *(978-1-5182-5214-3(1))* Little, Brown Bks. for Young Readers.

Pony Poems for Little Pony Lovers. Cari Meister. Illus. by Sara Rhys. 2019. (ENG.). 40p. (J). (gr. -1-3). 17.99 *(978-1-4814-9814-2(2)*, Beach Lane Bks.) Beach Lane Bks.

Pony Ride. Gail Heath. 2021. (ENG.). 34p. (J). 18.95 *(978-1-931079-45-7(5))* Condor Publishing, Inc.

Pony Rider Boys in New Mexico: Or the End of the Silver Trail (Classic Reprint) Frank Gee Patchin. (ENG., Illus.). (J). 2018. 210p. 28.23 *(978-0-364-78769-4(4))*; 2017. pap. 10.57 *(978-0-259-48077-8(0))* Forgotten Bks.

Pony Rider Boys in the Grand Canyon: The Mystery of Bright Angel Gulch. Frank Gee Patchin. 2017. (ENG., Illus.). (J). 23.95 *(978-1-374-95129-7(3))*; pap. 13.95 *(978-1-374-95128-0(5))* Capital Communications, Inc.

Pony Rider Boys, in the Ozarks or the Secret of Ruby Mountain (Classic Reprint) Frank Gee Patchin. 2018. (ENG., Illus.). 264p. (J). 29.34 *(978-0-267-51714-5(9))* Forgotten Bks.

Pony School Showdown. Meredith Costain. Illus. by Danielle McDonald. 2016. (Ella Diaries Ser.). (ENG.). 143p. (J). *(978-1-61067-568-0(1))* Kane Miller.

Pony School Showdown: The Ella Diaries. Meredith Costain. Illus. by Danielle McDonald. 2017. 144p. (J). pap. 5.99 *(978-1-61067-524-6(X))* Kane Miller.

Pony Surprise. Meredith Rusu. 2019. (WellieWishers 8x8 Bks). (ENG.). 24p. (J). (gr. k-1). 14.49 *(978-0-87617-268-1(0))* Penworthy Co., LLC, The.

Pony Tails Book of Colouring Fun & Horsey Facts. Alice the Pony. Illus. by Sandy Underwood. 2019. (ENG.). 104p. (J). *(978-1-5255-5030-0(6))*; pap. *(978-1-5255-5031-7(4))* FriesenPress.

Pony Tales: Night Mischief. Phyllis Pittman. Illus. by Bill McCracken. 2022. (ENG.). 30p. (J). pap. 10.99 ***(978-1-956408-08-9(8))*** SBA Bks., LLC.

Pony Talk. Joanne Austin. Illus. by Jacqueline Tee. 2020. (ENG.). 122p. (J). pap. *(978-1-83975-205-6(X))* Grosvenor Hse. Publishing Ltd.

Pony to Unicorn Activity Book for Girls / Children - Create Your Own Doodle Cover (8x10 Softcover Personalized Coloring Book / Activity Book) Sheba Blake. 2021. (ENG.). 44p. (J). pap. 14.99 *(978-1-222-31388-8(X))* Indy Pub.

Pony to Unicorn Activity Book for Girls / Children (6x9 Coloring Book / Activity Book) Sheba Blake. 2020. (ENG.). 42p. (J). pap. 9.99 *(978-1-222-28377-8(8))* Indy Pub.

Pony to Unicorn Activity Book for Girls / Children (8. 5x8. 5 Coloring Book / Activity Book) Sheba Blake. 2020. (ENG.). 42p. (J). pap. 12.99 *(978-1-222-28745-5(5))* Indy Pub.

Pony to Unicorn Activity Book for Girls / Children (8x10 Coloring Book / Activity Book) Sheba Blake. 2020. (ENG.). 42p. (J). pap. 14.99 ***(978-1-222-28378-5(6))*** Indy Pub.

Pony Tracks (Classic Reprint) Frederic Remington. 2018. (ENG., Illus.). 292p. (J). 29.92 *(978-0-428-85658-8(6))* Forgotten Bks.

Pony with Her Writer. Thea Feldman. ed. 2021. (Ready-To-Read Ser.). (ENG., Illus.). 32p. (J). (gr. 2-3). 13.96 *(978-1-64697-757-4(2))* Penworthy Co., LLC, The.

Pony with Her Writer: The Story of Marguerite Henry & Misty (Ready-To-Read Level 2) Thea Feldman. Illus. by Rachel Sanson. 2019. (Tails from History Ser.). (ENG.). 32p. (J). (gr. k-2). 17.99 *(978-1-5344-5154-4(4))*; pap. 4.99 *(978-1-5344-5153-7(6))* Simon Spotlight. (Simon Spotlight).

Poo? Who? Cooper. 2021. (ENG.). 30p. (J). pap. *(978-1-7399849-2-2(7))* Lane, Betty.

Poo Bum. Stephanie Blake. Illus. by Stephanie Blake. 2020. (ENG., Illus.). 32p. (J). (gr. -1-1). 17.99 *(978-1-877467-96-7(0)*, c5122f19-21b9-46c2-994d-9234180dee0f) Gecko Pr. NZL. Dist: Lerner Publishing Group.

Poo-Dunit? A Forest Floor Mystery. Katelyn Aronson. Illus. by Stephanie Laberis. 2022. (ENG.). 40p. (J). (gr. -1-2). 17.99 *(978-1-5362-1637-0(2))* Candlewick Pr.

Poo-Etry for Kids: (101 Poems & Rhymes) Kelvin Smith. 2019. (ENG.). 152p. (J). pap. *(978-1-912655-16-8(0))* Rowanvale Bks.

Poo in the Zoo. Steve Smallman. Illus. by Ada Grey. 2021. (Let's Read Together Ser.). (ENG.). 32p. (J). (gr. -1-2). pap. 8.99 *(978-1-68010-361-8(X))* Tiger Tales.

Poo in the Zoo: Merry Poop-Mas! Steve Smallman. Illus. by Ada Grey. 2023. (ENG.). 32p. (J). (gr. -1-2). 18.99 ***(978-1-6643-0031-6(7))*** Tiger Tales.

Poo in the Zoo: the Great Poo Mystery. Steve Smallman. Illus. by Ada Grey. 2021. (ENG.). 32p. (J). (gr. -1-2). 17.99 *(978-1-68010-213-0(3))* Tiger Tales.

Poo in the Zoo: the Island of Dinosaur Poo. Steve Smallman. Illus. by Ada Grey. 2022. (ENG.). 32p. (J). (gr. -1-2). 17.99 *(978-1-68010-283-3(4))* Tiger Tales.

Poo-Niverse. Paul Mason. Illus. by Fran Bueno. 2022. (ENG.). 48p. (J). (gr. 2-4). 19.99 ***(978-1-5263-1439-0(8)***, Wayland) Hachette Children's Group GBR. Dist: Hachette Bk. Group.

Poobey to the Rescue: Don't Play with Fire. Lisa Barber & Geewhy Gypsy. 2022. (ENG., Illus.). 30p. (J). pap. 14.95 *(978-1-0980-9836-0(6))* Christian Faith Publishing.

Pooch Chronicles. Clint Schoen. Illus. by Erica Missey. 2018. (ENG.). 80p. (J). pap. 13.99 *(978-1-947239-11-1(2))* Best Publishing Co.

Pooch in a Pound (a Dog's Point of View) Catherine A. Roser Rybak. 2021. (ENG., Illus.). 50p. (J). 27.00 *(978-1-64804-277-5(5))* Dorrance Publishing Co., Inc.

Poodle. Rebecca Bayliss. 2017. (Dog Lover's Guides: Vol. 18). (ENG., Illus.). 128p. (J). (gr. 3-7). 26.95 *(978-1-4222-3859-2(8))* Mason Crest.

Poodle Draws Doodles. Russell Punter. 2019. (Phonics Readers Ser.). (ENG.). 24ppp. (J). pap. 6.99 *(978-0-7945-4503-1(3)*, Usborne) EDC Publishing.

Poodle in My Noodles. Pj Crowe. 2018. (ENG., Illus.). 30p. (J). 22.95 *(978-1-64300-245-3(7))*; pap. 12.95 *(978-1-64300-244-6(9))* Covenant Bks.

Poodle of Doom, 2. Susan Tan. ed. 2023. (Branches Early Ch Bks). (ENG.). 86p. (J). (gr. 1-4). 16.96 ***(978-1-68505-874-6(4))*** Penworthy Co., LLC, The.

Poodles, 1 vol. Grace Hansen. 2016. (Dogs (Abdo Kids Jumbo) Ser.). (ENG., Illus.). 24p. (J). (gr. -1-2). lib. bdg. 32.79 *(978-1-68080-518-5(5)*, 21316, Abdo Kids) ABDO Publishing Co.

Poodles. Elizabeth Noll. 2017. (Doggie Data Ser.). (ENG.). 32p. (gr. 2-7). 9.95 *(978-1-68072-457-8(6))*; (J). (gr. 4-6). pap. 9.99 *(978-1-64466-194-9(2)*, 11436); (Illus.). (J). (gr. 4-6). lib. bdg. *(978-1-68072-154-6(2)*, 10492) Black Rabbit Bks. (Bolt).

Poodles. Martha E. H. Rustad. 2017. (Favorite Dog Breeds Ser.). (ENG., Illus.). 24p. (J). (gr. 1-4). 20.95 *(978-1-68151-129-0(0)*, 14672) Amicus.

Poodles. Martha E.H. Rustad. 2018. (Favorite Dog Breeds Ser.). (ENG., Illus.). 24p. (J). (gr. 1-4). pap. 8.99 *(978-1-68152-160-2(1)*, 14791) Amicus.

Poof 123: Touch & Learn Numbers - Ages 2-4 for Toddlers, Preschool & Kindergarten Kids. Arielle Berg. Illus. by Isabel Casal. 2018. (ENG.). 32p. (J). pap. *(978-0-9950441-3-5(9))* Heartlab Pr.

Poof 123: Touch & Learn Numbers: Ages 2-4 for Toddlers, Preschool & Kindergarten Kids. Arielle Berg. Illus. by Isabel Casal. 2018. (ENG.). 30p. (J). pap. *(978-1-9993996-6-5(8))* Heartlab Pr.

Poof! a Bot! David Milgrim. ed. 2019. (Ready-To-Read Ser.). (ENG.). 32p. (J). (gr. k-1). 13.89 *(978-1-64310-884-1(0))* Penworthy Co., LLC, The.

Poof! a Bot! Ready-To-Read Ready-to-Go! David Milgrim. Illus. by David Milgrim. 2019. (Adventures of Zip Ser.). (ENG., Illus.). 32p. (J). (gr. -1-k). pap. 4.99 *(978-1-5344-1102-9(X))* Simon & Schuster, Inc.

Poof ABC: Touch & Learn Alphabet - Ages 2-4 for Toddlers, Preschool & Kindergarten Kids. Arielle Berg. Illus. by Isabel Casal. 2018. (ENG.). 62p. (J). pap. *(978-0-9950441-1-1(2))* Heartlab Pr.

Poofy Pouch of Pepe the Pelican. Donna T. Santangelo. 2022. (ENG., Illus.). 32p. (J). 23.95 *(978-1-63885-405-0(X))*; pap. 13.95 *(978-1-63885-403-6(3))* Covenant Bks.

Pooh: Lost & Honey. Foster Evans. 2023. (ENG.). 78p. (J). pap. ***(978-1-312-76292-3(6))*** Lulu Pr., Inc.

Pooh Invents a New Game: Pooh Invents a New Game. The pooh Winnie. 2017. (ENG., Illus.). 48p. (J). 9.99 ***(978-1-4052-8612-1(1))*** Farshore GBR. Dist: HarperCollins Pubs.

Poojo's Got Wheels. Charrow. Illus. by Charrow. 2021. (ENG.). 32p. (J). (gr. -1-3). 16.99 *(978-1-5362-1036-1(6))* Candlewick Pr.

Pooka Party. Shona Shirley Macdonald. ed. 2021. (ENG., Illus.). 32p. (J). pap. 13.99 *(978-1-78849-277-5(3))* O'Brien Pr., Ltd., The IRL. Dist: Casemate Pubs. & Bk. Distributors, LLC.

Pookie's Thanksgiving. Sandra Boynton. Illus. by Sandra Boynton. 2022. (Little Pookie Ser.). (ENG., Illus.). 18p. (J). (gr. -1-k). bds., bds. 6.99 *(978-1-6659-2263-0(X))* Simon & Schuster Children's Publishing.

Pooks & Boots Meet Jesus. Julie K. Wood. Illus. by Simon Goodway. 2018. (Pooks, Boots, & Jesus Ser.: Vol. 1). (ENG.). 58p. (J). (gr. k-3). pap. 16.95 *(978-1-64003-710-6(1))* Covenant Bks.

Pooks & Boots Put on the Armor of God. Julie K. Wood. Illus. by Simon Goodway. 2019. (Pooks, Boots & Jesus Ser.: Vol. 2). (ENG.). 56p. (J). pap. 12.95 *(978-1-64559-127-6(1))* Covenant Bks.

Pooks & Boots Teach about David & Goliath. Julie K. Wood. Illus. by Simon Goodway. 2021. (ENG.). 76p. (J). pap. 14.95 *(978-1-63814-407-6(9))* Covenant Bks.

Pool. Katrina Streza. Illus. by Brenda Ponnay. 2023. (Little Readers Ser.: Vol. 28). (ENG.). 20p. (J). 24.99 ***(978-1-5324-4421-0(4))***; pap. 12.99 ***(978-1-5324-4420-3(6))*** Xist Publishing.

Pool. Penguin Young Readers Licenses. ed. 2022. (Bluey Ser.). (ENG.). 24p. (J). (gr. k-1). 16.96 ***(978-1-68505-297-3(5))*** Penworthy Co., LLC, The.

Pool in the Desert (Classic Reprint) Everard Cotes. 2017. (ENG., Illus.). (J). 30.83 *(978-1-5279-7787-7(0))* Forgotten Bks.

Pool of Stars (Classic Reprint) Cornelia Meigs. 2018. (ENG., Illus.). 210p. (J). 28.25 *(978-0-666-34819-7(7))* Forgotten Bks.

Pool Panic. Jake Maddox. Illus. by Katie Wood. 2016. (Jake Maddox Girl Sports Stories Ser.). (ENG.). 72p. (J). (gr. 3-6). lib. bdg. 25.32 *(978-1-4965-2618-2(X)*, 131174, Stone Arch Bks.) Capstone.

Pool Party! Doreen Cronin. ed. 2020. (Ready-To-Read Ser.). (ENG., Illus.). 32p. (J). (gr. 2-3). 13.96 *(978-1-64697-428-3(X))* Penworthy Co., LLC, The.

Pool Party from the Black Lagoon. Mike Thaler. Illus. by Jared D. Lee. 2016. 64p. (J). pap. *(978-0-545-85073-5(8))* Scholastic, Inc.

Pool Party from the Black Lagoon. Mike Thaler. Illus. by Jared Lee. 2019. (Black Lagoon Adventures Ser.). (ENG.). 64p. (J). (gr. 2-6). lib. bdg. 31.36 *(978-1-5321-4421-9(0)*, 33826, Chapter Bks.) Spotlight.

Pool Party!/Ready-To-Read Level 2. Doreen Cronin. Illus. by Betsy Lewin. 2020. (Click Clack Book Ser.). (ENG.). 32p. (J). (gr. k-2). 17.99 *(978-1-5344-5418-7(7))*; pap. 4.99 *(978-1-5344-5417-0(9))* Simon Spotlight. (Simon Spotlight).

Pool Safety Pups (PAW Patrol) Cara Stevens. Illus. by Random House. 2021. (Pictureback(R) Ser.). (ENG.). 32p. (J). (gr. -1-2). 6.99 *(978-0-593-30490-7(X)*, Random Hse. Bks. for Young Readers) Random Hse. Children's Bks.

Pools of Silence (Classic Reprint) H. de Vere Stacpoole. 2017. (ENG., Illus.). (J). 30.68 *(978-1-5283-8526-8(8))* Forgotten Bks.

Pooney Chronicles Book 1. Frannie Sheinberg. 2018. (ENG., Illus.). 32p. (J). pap. *(978-0-359-25704-1(6))* Lulu Pr., Inc.

Poop! Beatriz Giménez de Ory. Illus. by Carles Ballesteros. 2020. (Slide-And-See Nature Ser.). (ENG.). 28p. (J). (gr. -1-1). bds. 19.99 *(978-1-64686-091-3(8))* Barefoot Bks., Inc.

Poop. Brick Puffinton. Ed. by Cottage Door Press. Illus. by Ela Smietanka. 2021. (ENG.). 12p. (J). (gr. -1 — 1). bds. 7.99 *(978-1-64638-296-5(X)*, 1007230) Cottage Door Pr.

Poop Book. B. M. Stevens. 2018. (ENG., Illus.). 26p. (J). 12.99 *(978-0-9998854-9-9(9))* Stelting, Kelsie Creative LLC.

Poop Cures. Ellen Lawrence. 2017. (Scoop on Poop Ser.). (ENG.). 24p. (J). (gr. -1-3). lib. bdg. 26.99 *(978-1-68402-249-6(5))* Bearport Publishing Co., Inc.

Poop Detectives: Working Dogs in the Field. Ginger Wadsworth. 2016. (Illus.). 80p. (J). (gr. 3-7). lib. bdg. 17.95 *(978-1-58089-650-4(2))* Charlesbridge Publishing, Inc.

Poop Dock. Cameron Beals. Illus. by Cameron Beals & Lundgren Kalista. 2019. (ENG.). 36p. (J). (gr. k-1). ***(978-1-9990625-7-6(4))*** Beals, Cam.

Poop Dock. Cameron Beals. Illus. by Kalista Lundgren. 2019. (ENG.). 36p. (J). (gr. k-1). pap. ***(978-1-9990625-8-3(2))*** Beals, Cam.

Poop for Breakfast: Why Some Animals Eat It. Sara Levine. Illus. by Florence Weiser. 2023. (ENG.). 32p. (J). (gr. k-4). 20.99 *(978-1-7284-5796-3(3)*, f30c925a-fc6b-4e06-b4a9-e84a0fa5486e, Millbrook Pr.) Lerner Publishing Group.

Poop Medicine, 1 vol. Laura Loria. 2017. (Power of Poop Ser.). (ENG.). 32p. (gr. 3-4). pap. 11.52 *(978-0-7660-9111-5(2)*, 1093c991-a946-4f82-a8ec-ca7a25c1cb8a) Enslow Publishing, LLC.

Poop on the Potato Farm: A Story about Using Tractors, Poop Spreaders, Semi Trucks, & Other Farm Equipment to Turn Poop into Money. Kelly Lee Culbreth. Illus. by Danh Tran. 2021. (ENG.). 34p. (J). 19.99 *(978-0-578-32630-6(2))* Kelly Lee Culbreth.

Poop Power. Ellen Lawrence. 2017. (Scoop on Poop Ser.). (ENG., Illus.). 24p. (J). (gr. -1-3). lib. bdg. 26.99 *(978-1-68402-246-5(0))* Bearport Publishing Co., Inc.

Poop-Powered Christmas. Rosie Greening. Illus. by Clare Fennell. 2019. (ENG.). 32p. (J). pap. 6.99 *(978-1-78843-929-9(5))* Make Believe Ideas GBR. Dist: Scholastic, Inc.

Poop Song. Eric Litwin. Illus. by Claudia Boldt. 2021. (ENG.). 40p. (J). (gr. -1 — 1). 15.99 *(978-1-4521-7950-6(6))* Chronicle Bks. LLC.

Poopee. Bo Welflow. 2017. (ENG., Illus.). (J). pap. 12.32 *(978-1-4834-6273-8(0))* Lulu Pr., Inc.

Pooper Heroes: A Family Card Game. Zsolt Batki. Illus. by Aga Giecko. 2021. (ENG.). 80p. (J). (gr. k-4). 14.99 *(978-1-913947-54-5(8)*, King, Laurence Publishing) Orion Publishing Group, Ltd. GBR. Dist: Hachette Bk. Group.

Poopicorn. Hilary Whiton. Illus. by Stephen Stone. 2021. (ENG.). 40p. (J). pap. 13.99 *(978-1-7365927-1-7(8))*; 24.99 *(978-1-7365927-0-0(X))* LOCO Publishing.

Pooping Tree. Anniebelle Maness. 2018. (ENG.). 26p. (J). 17.95 *(978-1-64214-822-0(9))* Page Publishing Inc.

Poopsie Gets Lost. Hannah E. Harrison. Illus. by Hannah E. Harrison. 2022. (Illus.). 48p. (J). (gr. -1-2). 18.99 *(978-0-593-32417-2(X)*, Dial Bks) Penguin Young Readers Group.

Poopy Bird. Rex Sun. 2018. (ENG.). 32p. (J). pap. ***(978-0-359-09546-9(1))*** Lulu Pr., Inc.

Poopy McPooFace In: The Perilous Journey. David Michael Slater. Illus. by Jay Lender. 2023. (Poopy McPooFace Ser.). (ENG.). 40p. (J). (gr. k-2). 18.95 ***(978-1-944589-91-2(0))*** Incorgnito Publishing Pr. LLC.

Poopy Patinski's Green Egg Adventure. Scott Graham. Illus. by Chris Francis. 2018. (ENG.). 114p. (J). *(978-1-5255-3032-6(1))*; pap. *(978-1-5255-3033-3(X))* FriesenPress.

Poopy Science: Getting to the Bottom of What Comes Out Your Bottom. Edward Kay. Illus. by Mike Shiell. 2022. (Gross Science Ser.). (ENG.). 48p. (J). (gr. 3-7). 18.99 *(978-1-5253-0413-2(5))* Kids Can Pr., Ltd. CAN. Dist: Hachette Bk. Group.

Poor American in Ireland & Scotland. Windy Bill. 2017. (ENG., Illus.). (J). pap. *(978-0-649-09801-9(3))* Trieste Publishing Pty Ltd.

Poor American in Ireland & Scotland (Classic Reprint) Windy Bill. 2018. (ENG., Illus.). 294p. (J). 29.98 *(978-0-484-22366-9(6))* Forgotten Bks.

Poor & Proud. Oliver Optic, pseud. 2017. (ENG.). 318p. (J). (gr. 4-7). pap. *(978-3-337-34130-5(6))* Creation Pubs.

Poor & Proud, or the Fortunes of Katy Redburn: A Story for Young Folks (Classic Reprint) William Taylor Adams. (ENG., Illus.). (J). 2017. 28.41 *(978-0-266-40153-7(8))*; 2016. pap. 10.97 *(978-1-333-34784-0(7))* Forgotten Bks.

Poor Artist: Or Seven Eye-Sights & One Object (Classic Reprint) Richard H. Horne. 2017. (ENG., Illus.). (J). 29.05 *(978-1-5280-5248-1(X))* Forgotten Bks.

Poor Charlito: An Awakening to Animal Welfare. Hym Ebedes. 2022. (ENG.). 633p. (YA). *(978-1-387-80943-1(1))* Lulu Pr., Inc.

Poor Child's Friend: Consisting of Narratives Founded on Fact, & Religious & Moral Subjects (Classic Reprint) Unknown Author. 2018. (ENG., Illus.). 116p. (J). 26.31 *(978-0-267-23829-3(0))* Forgotten Bks.

Poor Cousin, Vol. 1 Of 3: A Novel (Classic Reprint) Robert MacKenzie Daniel. (ENG., Illus.). (J). 2018. 314p. 30.37 *(978-0-332-08149-6(4))*; 2017. pap. 13.57 *(978-0-243-28788-8(7))* Forgotten Bks.

Poor, Dear Margaret Kirby: And Other Stories (Classic Reprint) Kathleen Norris. (ENG., Illus.). (J). 2018. 402p.

P

POOR DEAR THEODORA! (CLASSIC REPRINT) — CHILDREN'S BOOKS IN PRINT® 2024

32.21 (978-0-365-40104-9(8)); 2017. pap. 16.57 (978-0-259-20390-3(9)) Forgotten Bks.

Poor Dear Theodora! (Classic Reprint) Florence Irwin. 2018. (ENG., Illus.). 414p. (J). 32.44 (978-0-483-40618-9(3)) Forgotten Bks.

Poor Fellow (Classic Reprint) Unknown Author. (ENG., Illus.). (J). 2018. 484p. 33.88 (978-0-267-38715-1(6)); 2016. pap. 16.57 (978-1-334-14381-6(1)) Forgotten Bks.

Poor Fish Jane Godwin. Illus. by David MacKintosh. 2019. (Puffin Nibbles Ser.). 80p. (J). (gr. k-3). pap. 9.99 (978-0-14-130665-0(3), Puffin) Penguin Random Hse. AUS. Dist: Independent Pubs. Group.

Poor Folk. Translated from the Russian **(Classic Reprint)** F. Dostoevsky. 2018. (ENG., Illus.). (J). 226p. 28.58 (978-1-397-22652-1(7)); 222p. pap. 10.97 (978-1-397-22657-0(9)) Forgotten Bks.

Poor Folk, and, the Gambler (Classic Reprint) Fyodor Dostoevsky. (ENG., Illus.). (J). 2018. 322p. 30.56 (978-0-483-76129-2(X)); 2017. pap. 13.57 (978-0-243-31417-1(5)) Forgotten Bks.

Poor Folk in Spain (Classic Reprint) Jan Gordon. 2018. (ENG., Illus.). 300p. (J). 30.08 (978-0-267-42392-7(6)) Forgotten Bks.

Poor Gentleman: A Comedy, in Five Acts (Classic Reprint) George Colman. 2019. (ENG., Illus.). 76p. (J). 25.46 (978-0-365-11167-2(8)) Forgotten Bks.

Poor Gentleman: A Comedy in Five Acts (Classic Reprint) George Colman. (ENG., Illus.). (J). 2018. 94p. 25.86 (978-0-267-37081-8(4)); 2016. pap. 9.57 (978-1-334-15998-5(X)) Forgotten Bks.

Poor Gentleman (Classic Reprint) Ian Hay. 2018. (ENG., Illus.). 320p. (J). 30.50 (978-0-483-60314-1(7)) Forgotten Bks.

Poor Gentleman, Vol. 1 of 3 (Classic Reprint) Margaret O. W. Oliphant. 2018. (ENG., Illus.). 306p. (J). 30.23 (978-0-332-59746-1(6)) Forgotten Bks.

Poor Gentleman, Vol. 2 of 3 (Classic Reprint) Margaret O. W. Oliphant. 2018. (ENG., Illus.). 306p. (J). 30.21 (978-0-332-19962-7(2)) Forgotten Bks.

Poor Gentleman, Vol. 3 of 3 (Classic Reprint) Margaret O. W. Oliphant. 2018. (ENG., Illus.). 314p. (J). 30.37 (978-0-332-44229-7(2)) Forgotten Bks.

Poor Girl (Classic Reprint) W. Heimburg. 2018. (ENG., Illus.). 302p. (J). 30.13 (978-0-332-13389-8(3)) Forgotten Bks.

Poor Human Nature: A Musical Novel (Classic Reprint) Jessie Bedford Elizabeth Godfrey. 2018. (ENG., Illus.). 380p. (J). 31.75 (978-0-484-07115-4(7)) Forgotten Bks.

Poor Jack. Frederick Marryat. 2017. (ENG.). 432p. (J). pap. 10.95 (978-3-7447-9182-3(3)) Creation Pubs.

Poor Jack (Classic Reprint) Frederick Marryat. 2018. (ENG., Illus.). 398p. (J). 32.13 (978-0-666-47133-8(9)) Forgotten Bks.

Poor Jack the Settlers in Canada (Classic Reprint) Frederick Marryat. 2018. (ENG., Illus.). 680p. (J). 37.92 (978-0-483-61392-8(4)) Forgotten Bks.

Poor KK: A Children's Book. Jack Douglas Carpenter. Illus. by Carleen Edgar. 2020. (ENG.). 24p. (J). pap. 9.00 (978-1-0879-3038-1(3)) Indy Pub.

Poor Laws & Paupers Illustrated: I. the Parish; a Tale (Classic Reprint) Harriet Martineau. 2018. (ENG., Illus.). 452p. (J). 33.22 (978-0-332-22163-2(6)) Forgotten Bks.

Poor Little February. Grandpa David Berman. 2019. (ENG., Illus.). 30p. (J). (gr. 1-6). pap. 19.00 (978-1-64426-215-3(0)) Dorrance Publishing Co., Inc.

Poor Little Puppy. Sherry Dean Curreri. 2016. (ENG., Illus.). (J). 20.95 (978-1-4808-3798-0(9)); pap. 14.95 (978-1-4808-3797-3(0)) Archway Publishing.

Poor Little Rich Girl. Eleanor Gates. 2017. (ENG., Illus.). (J). 23.95 (978-1-374-96539-3(1)) Capital Communications, Inc.

Poor Little Rich Girl: A Play of Fact & Fancy in Three Acts (Classic Reprint) Eleanor Gates. (ENG., Illus.). (J). 2017. 258p. 29.22 (978-0-332-69669-0(3)); 2016. pap. 11.57 (978-1-333-33298-3(X)) Forgotten Bks.

Poor Little Rich Girl (Classic Reprint) Eleanor Gates. 2017. (ENG., Illus.). (J). 33.40 (978-0-266-20828-0(2)) Forgotten Bks.

Poor Louie. Tony Fucile. Illus. by Tony Fucile. 2017. (ENG., Illus.). 40p. (J). (gr. -1-2). 17.99 (978-7-636-5828-1(6)) Candlewick Pr.

Poor Man's Rock (Classic Reprint) Bertrand W. Sinclair. 2018. (ENG., Illus.). 316p. (J). 30.43 (978-0-365-43646-8(6)) Forgotten Bks.

Poor Max (Classic Reprint) Ida Isle. 2017. (ENG., Illus.). (J). 310p. 31.55 (978-0-484-00461-9(1)); pap. 13.97 (978-1-5275-3118-2(4)) Forgotten Bks.

Poor Miss. Finch, Vol. 1 Of 2: A Novel (Classic Reprint) Wilkie Collins. (ENG., Illus.). (J). 2018. 330p. 30.70 (978-0-483-48702-4(3)); 2017. pap. 13.57 (978-0-243-00019-7(7)) Forgotten Bks.

Poor Miss. Finch, Vol. 1 Of 3: A Novel (Classic Reprint) Wilkie Collins. 2017. (ENG., Illus.). (J). 30.72 (978-1-5280-6886-4(6)) Forgotten Bks.

Poor Miss. Finch, Vol. 2 Of 3: A Novel (Classic Reprint) Wilkie Collins. 2017. (ENG., Illus.). (J). 30.58 (978-1-5284-6347-8(1)) Forgotten Bks.

Poor Miss. Finch, Vol. 3 Of 3: A Novel (Classic Reprint) Wilkie Collins. 2018. (ENG., Illus.). 326. (J). 30.66 (978-0-484-7219-3(6)) Forgotten Bks.

Poor Nelii, Vol. 2 of 3 (Classic Reprint) Unknown Author. 2018. (ENG., Illus.). 326. (J). 30.62 (978-0-483-89141-9(0)) Forgotten Bks.

Poor Nellie, Vol. 1 of 3 (Classic Reprint) Catherine Barter. 2018. (ENG., Illus.). 308p. (J). 30.25 (978-0-483-96659-7(0)) Forgotten Bks.

Poor Nellie, Vol. 3 of 3 (Classic Reprint) Catherine Barter. (ENG., Illus.). (J). 2018. 274p. 29.55 (978-0-483-73637-4(1)); 2017. pap. 11.97 (978-1-333-34883-0(5)) Forgotten Bks.

Poor Parson (Classic Reprint) Steele Rudd. 2018. (ENG., Illus.). 182p. (J). 27.85 (978-0-484-73956-6(5)) Forgotten Bks.

Poor People: A Novel (Classic Reprint) I. K. Friedman. 2018. (ENG., Illus.). 258p. (J). 29.22 (978-0-484-03821-0(6)) Forgotten Bks.

Poor Pig. Jack Steele. 2022. (ENG., Illus.). 20p. (J). pap. 13.95 **(978-1-63881-960-8(2))** Newman Springs Publishing, Inc.

Poor Pluto. Jason F. Deceaser. Illus. by Samuel O. White. 2019. (ENG.). 34p. (J). (gr. 1-2). 20.00 (978-0-578-50579-4(7)) Deceaser, Jason.

Poor Pluto. Jason F. Deceaser. Illus. by Sam O. White. 2019. (ENG.). 34p. (J). (gr. k-2). pap. 10.00 (978-0-578-55657-7(5)) Deceaser, Jason.

Poor Plutocrats Translated from the Hungarian **(Classic Reprint)** R. Nisbet Bain. 2018. (ENG., Illus.). 450p. (J). 33.18 (978-0-267-16815-2(0)) Forgotten Bks.

Poor Raoul Other Fables (Classic Reprint) T. Edmund Harvey. 2018. (ENG., Illus.). 74p. (J). 25.46 (978-0-484-43141-5(6)) Forgotten Bks.

Poor Relation, Vol. 1: A Novel (Classic Reprint) Miss Pardoe. 2018. (ENG., Illus.). 324p. (J). 30.58 (978-0-267-10106-3(4)) Forgotten Bks.

Poor Reflections: Stories of Dutch Peasant Life (Classic Reprint) Maarten Maartens. 2017. (ENG., Illus.). (J). 31.92 (978-0-266-17572-0(X)) Forgotten Bks.

Poor Relations (Classic Reprint) Compton Mackenzie. 2017. (ENG., Illus.). 342p. (J). 30.95 (978-0-260-09394-3(7)) Forgotten Bks.

Poor Rich Man & the Rich Poor Man (Classic Reprint) Unknown Author. 2017. (ENG., Illus.). 190p. (J). 27.82 (978-0-484-21511-4(6)) Forgotten Bks.

Poor Richard's Almanack; Illustrated Edition. Benjamin Franklin. 2018. (ENG., Illus.). 182p. (J). pap. 6.95 (978-1-68422-081-0(8)) Martino Fine Bks.

Poor Scholar; Frank Martin & the Fairies; the Country William Carleton. (ENG., Illus.). (J). 2018. 264p. 29.34 (978-0-484-70944-6(5)); 2017. pap. 11.97 (978-0-243-21571-3(1)) Forgotten Bks.

Poor Shaydullah (Classic Reprint) Boris Artzybasheff. 2017. (ENG., Illus.). (J). 58p. 25.11 (978-0-484-26069-5(3)); pap. 6.57 (978-0-259-42014-9(X)) Forgotten Bks.

Poor Sisters of Nazareth: An Illustrated Record of Life at Nazareth House, Hammersmith (Classic Reprint) Alice Meynell. 2017. (ENG., Illus.). (J). 24.95 (978-0-267-18802-0(0)); pap. 9.57 (978-0-243-43549-9(5)) Forgotten Bks.

Poor Soldier: A Comic Opera (Classic Reprint) John O'Keeffe Shield. 2017. (ENG., Illus.). (J). 24.54 (978-0-265-51776-6(4)); 24.64 **(978-0-260-61677-0(0));** pap. 7.97 (978-0-266-03823-9(5)); pap. 7.97 (978-0-266-05293-8(3)); pap. 7.97

Poor Thing. Sheryl Reddell. 2019. (ENG., Illus.). 26p. (J). pap. 10.95 (978-1-64471-502-4(3)) Covenant Bks.

Poor Unfortunate Soul-Villains, Book 3. Serena Valentino. (Villains Ser.: 3). (ENG., Illus.). 224p. (YA). (gr. 7-12). 17.99 (978-1-4847-2405-7(4), Disney Press Books) Disney Publishing Worldwide.

Poor White: A Novel (Classic Reprint) Sherwood Anderson. 2018. (ENG., Illus.). 378p. (J). 31.71 (978-0-332-60539-5(6)) Forgotten Bks.

Poor White, or the Rebel Conscript (Classic Reprint) Emily Clemens Pearson. (ENG., Illus.). (J). 2018. 344p. 30.99 (978-0-483-86454-2(4)); 2016. pap. 13.57 (978-1-334-16235-0(2)) Forgotten Bks.

Poor Wise Man (Classic Reprint) Mary Roberts Rinehart. 2018. (ENG., Illus.). 406p. (J). 32.27 (978-0-364-40581-9(3)) Forgotten Bks.

Poor Woodcutter: And Other Stories (Classic Reprint) T. S. Arthur. 2018. (ENG., Illus.). 310p. (J). 30.31 (978-0-267-20996-5(7)) Forgotten Bks.

Poor Zeph! (Classic Reprint) Frederick William Robinson. (ENG., Illus.). (J). 2018. 132p. 26.62 (978-0-267-00498-0(2)); 2017. pap. 9.57 (978-0-243-99112-9(6)) Forgotten Bks.

Poorhouse Waif & His Divine Teacher: A True Story (Classic Reprint) Isabel Coston Byrum. (ENG., Illus.). (J). 2018. 228p. 28.62 (978-0-483-42421-0(8)); 2016. pap. 10.97 (978-1-334-25331-7(5)) Forgotten Bks.

Poorly Drawn Cermet Coloring Book. Ben Beamer. 2020. (ENG.). 42p. (YA). **(978-1-716-77103-3(0))** Lulu Pr., Inc.

PooRu the Grumpus. Valerie Eddie. 2019. (ENG.). 66p. (J). pap. (978-0-359-12642-2(1)) Lulu Pr., Inc.

Poesdy Princess & the Hunter. Luna Lloyd. 2020. (ENG.). (J). pap. (978-1-78830-357-6(1)) Olympia Publishers.

Pop. Aaron Carr. 2016. (Me Encanta la Música Ser.). (SPA.). (J). pap. 31.41 (978-1-4896-4351-3(6)) Weigl Pubs.,

Pop a Little Pancake. Illus. by Annie Kubler & Sarah Dellow. 2021. (Baby Rhyme Time Ser.). (ENG.). 12p. (J). bds. (978-1-78628-581-2(9)) Child's Play International Ltd.

Pop Academy of Music: Alley Pop Girls. T. S. Cherry. 2017. (ENG., Illus.). (J). (gr. 3-5). pap. 5.99 (978-1-947029-07-1(X)) Pop Academy of Music.

POP! & Mom Has a Ban. William Anthony. Illus. by Brandon Mattless. 2023. (Level 2 - Red Set Ser.). (ENG.). 32p. (J). (gr. k-2). lib. bdg. 19.95 Bearport Publishing Co., Inc.

Pop & Play: Pop, Flip, Cook. Roger Priddy. 2020. (ENG., Illus.). 10p. (J). (gr. -1-k). bds. 12.99 (978-0-312-53015-0(3), 9021(1842), St. Martin's Pr.

Pop Art. Susie Brooks. 2019. (Inside Art Movements Ser.). (ENG., Illus.). 48p. (J). (gr. 3-9). 30.65 (978-0-7565-6238-0(4), 140998, Compass Point Bks.) Capstone.

Pop Art, 1 vol. Alix Wood. 2016. (Create It! Ser.). (ENG.). 32p. (J). (gr. 4-5). lib. bdg. 28.27 (978-1-4824-5026-2(7), 5e069b-a433-49a0-a064-67b7d23585e0) Stevens, Gareth Publishing LLLP.

Pop Art vs. Abstract Art - Art History Lessons Children's Arts, Music & Photography Books. Baby Professor. 2017. (ENG., Illus.). (J). pap. 8.79 (978-1-5419-3865-6(8), Baby Professor (Education Kids)) Speedy Publishing LLC.

Pop Biographies (Set). 6 vols. 2023. (Pop Biographies Ser.). (ENG.). 32p. (J). (gr. 2-6). lib. bdg. 196.74 (978-1-0982-4435-4(4), 42482, DiscoverRoo) Pop!.

Pop! Boom! Bang! Experimenting with Spells Coloring Book. Bobo's Children Activity Books. (ENG., Illus.). (J). pap. 9.33 (978-1-68327-570-5 (15)) Sunshine in My Soul Publishing.

Pop Culture: A View from the Paparazzi, 15 vols., Set. Incl. Ashlee & Jessica Simpson. Kristy Kaminsky & Brian

Domboski. (YA). (gr. 3-7). lib. bdg. 22.95 (978-1-4222-0208-1(9)); Hilary Duff. Jim Whiting. (YA). (gr. 3-7). lib. bdg. 22.95 (978-1-4222-0201-2(1)); Jake Gyllenhaal. Gail Snyder. (YA). (gr. 3-7). lib. bdg. 22.95 (978-1-4222-0204-3(6)); Katie Holmes. (J). Dian Maggon. (YA). (gr. 4-7). lib. bdg. 22.95 (978-1-4222-0076-6(0)); Johnny Depp. Jim Granato. (YA). (gr. 3-7). lib. bdg. 22.95 (978-1-4222-0200-5(3)); Kelly Clarkson. Michelle Lawlor. (YA). (gr. 3-7). lib. bdg. 22.95 (978-1-4222-0199-2(6)); LeBron James. Hal Marcovitz. (YA). (gr. 3-7). lib. bdg. 22.95 (978-1-4222-0045-2(0)); Angelina Jolie. Kathleen Tracy. (YA). (gr. 3-7). lib. bdg. 22.95 (978-1-4222-0206-7(2)); Mandy Moore. Jim Whiting. (YA). (gr. 3-7). lib. bdg. 22.95 (978-1-4222-0207-4(0)); Orlando Bloom. Joanne Mattern. (YA). (gr. 3-7). lib. bdg. 22.95 (978-1-4222-0205-7(2)); Owen & Luke Wilson. Hal Marcovitz. (YA). (gr. 3-7). lib. bdg. 22.95 (978-1-4222-0210-4(0)); Paris & Nicky Hilton. Emma Carlson Berne. (YA). (gr. 3-7). lib. bdg. 22.95 (978-1-4222-0203-6(9)); Tiger Woods. Jim Gallagher. (YA). (gr. 3-7). lib. bdg. 22.95 (978-1-4222-0211-(5)); Will Ferrell. Travis Clark. (YA). (gr. 3-7). lib. bdg. 22.95 (978-1-4222-0202-9(0)); Illus.). (J). 64p. 2008. 2007. Set. lib. bdg. 344.25 (978-1-4222-0197-8(0)) Mason Crest.

Pop Culture & Entertainment in the Twenty-First Century. Tammy Gagne. 2019. (Defining Events in Twenty-First Century Ser.). (ENG.). (J). 80p. (J). (gr. 6-12). 41.27 (978-1-68282-602-7(3)) ReferencePoint Pr., Inc.

Pop Culture Groups 1 - 2, 16 vols. 2016. (Pop Culture Ser.). (ENG.). (YA). (gr. 7-1). lib. bdg. 337.12 (978-1-5345-5024-8(3)).

829607-986-41be-b31f55228866c81fb) Cavendish Square.

Pop Files, Robo-Pets, & Other Disasters. Suzanne Kamata. Illus. by Tracy Nishimura Bishop. (ENG.). 208p. (J). (gr. 4-8). 2021. pap. 9.99 (978-1-94719-37-2(0)); (1172045-3432-4803-a93e-062643970302). 2020. 16.99 (978-1-94719-35-6(4)), Alma Little.

24963c70-3b66-4a81-b876-6699d93cd3) Red Chair Pr.

Pop Girl. Tallia Storm & Lucy Courtenay. 2017. 314p. (J). (978-1-338-16024-6(9)) Scholastic, Inc.

Pop Goes the Dinosaur Trouble. Holly Anna. Illus. by Genevieve Santos. 2018. (Daniel Tiger Ser.). (ENG.). 126p. (J). (gr. k-4). 11.99 (978-1-5344-2653-5(1)); pap. (978-1-5344-2652-8(3)) Little Simon. (Little Simon).

Pop Goes the Weasel: Classic Folk Sing-Along Songs. Illus. by Sophie Casson. 2018. (Classic Sing-Along Folk Songs Ser.). (ENG.). 36p. (J). (gr. -1-k). pap. 7.95 (978-2-924774-25-0(X)) La Montagne Secrète CAN. Dist: Independent Pubs. Group.

Pop-Guns, One Serious & One Funny. Aunt Fanny. 2017. 174p. (J). pap. (978-3-337-02135-1(2)) Creation Pubs.

Pop-Guns, One Serious & One Funny: Being the First Book of the Series (Classic Reprint) Aunt Fanny. 2017. (ENG., Illus.). 172p. (J). 27.44 (978-0-484-62895-9(8)) Forgotten Bks.

Pop-It Challenge Activity Book. Created by Editors of Klutz. 2022. (ENG.). 64p. (J). (gr. 1). 10.99 (978-1-338-82525-1(9)) Klutz.

Pop It in the Sack & Go, Ken, Go! Robin Twiddy. Illus. by Amy Li. 2023. (Level 2 - Red Set Ser.). (ENG.). 32p. (J). (gr. k-2). lib. bdg. 19.95 Bearport Publishing Co., Inc.

Pop Music. Eric Benac. 2019. (Evolution & Cultural Influences of Music Ser.). (Illus.). 96p. (J). (gr. 12). lib. bdg. 34.60 (978-1-4222-4374-9(5)) Mason Crest.

Pop Music. Lisa Daily. 2019. (Music Scene Ser.). (ENG.). 80p. (J). (gr. 6-12). 41.27 (978-1-6828- ReferencePoint Pr., Inc.

Pop Music: Chart-Toppers Throughout History, 1 vol. Nicole Horning. 2018. (Music Library). (ENG.). (J). (gr. 7-7). pap. 20.99 (978-1-5345-6539-5(6), f686327e-2462-4514-a49d-a3e29a51 Greenhaven Publishing LLC.

Pop Music History. Kenny Abdo. 2019. (Musical Notes Ser.). (ENG., Illus.). 24p. (J). (gr. 2-8). lib. bdg. (978-1-5321-2943-8(2), 33168, Abdo & Daughters) ABDO Publishing Co.

Pop of the Bumpy Mummy: #6. Troy Cummings. Illus. by Troy Cummings. 2018. (Notebook of Doom Ser.). (ENG., Illus.). 96p. (J). (gr. 2-5). lib. bdg. 31.36 (978-1-5321-4277-2(3), 31094, Chapter Bks.) Spotlight.

Pop Pets. Make Believe Ideas. Illus. by Jack Moorehouse. 2021. (ENG.). 12p. (J). bds. 9.99 (978-1-80030-527-4(3)) Make Believe Ideas GBR. Dist: Scholastic, Inc.

Pop Quiz, 1 vol. Tom Ryan. 2017. (Orca Limelights Ser.). (ENG.). 128p. (J). (gr. 4-7). pap. 9.95 (978-1-4598-1222-2(0)) Orca Bk. Pub.

Pop Rock: Popular Rock Superstars of Yesterday & Today, 17 vols., Set. Incl. AC/DC. Ethan Schlesinger. (gr. 3-7). lib. bdg. 22.95 (978-1-4222-0183-1(0)), Ethan Schlesinger. (gr. 3-7). lib. bdg. 22.95 (978-1-4222-0184-8(8)); Allman Brothers Band. (gr. 3-7). lib. bdg. 22.95 (978-1-4222-0186-2(4)); Billy Joel. Ethan Schlesinger. (gr. 3-7). lib. bdg. 22.95 (978-1-4222-0185-5(6)); Bob Marley & the Wailers. Rosa Waters. (gr. 7-18). lib. bdg. 22.95 (978-1-4222-0192-3(9)); Bruce Springsteen. (gr. 4-7). lib. bdg. 22.95 (978-1-4222-0187-9(2)); Rae Simons. (gr. 3-7). lib. bdg. 22.95 (978-1-4222-0190-9(2)); Elton John. Ethan Schlesinger. (gr. 3-7). lib. bdg. 22.95 (978-1-4222-0189-5(6)); Grateful Dead. Kenneth McIntosh. (gr. 4-7). lib. bdg. 22.95 (978-1-4222-0191-6(0)); Led Zeppelin. Ethan Schlesinger. (gr. 3-7). lib. bdg. 22.95

Pop Team Epic, Bluko Okawa. 2018. (Pop Team Epic Ser.: 1). (ENG., Illus.). 112p. (YA). (gr. 11-12). pap. 12.95 (978-1-947194-19-4(1)), Vertical Comics) Kodansha USA.

Pop Team Epic Ser., 2 (ENG., Illus.). 120p. (YA). (gr. 11-12). pap. 12.95 (978-1-947194-20-0(8)), Vertical Comics) Vertical, Inc.

Pop-the-Hood (Blaze & the Monster Machines) Random Hse. Illus. by Omar Hechtenkopf. 2016. (Lift-the-Flap Ser.). (ENG.). 12p. (J). (gr. -1-1). bds. 9.99 (978-0-553-52380-5(4), 533800, Random Hse. Bks. for Young Readers) Random Hse. Children's Bks.

Pop-Up Christmas. Fiona Watt. 2017. (Pop-Up Bks. Ser.). (ENG., Illus.). 10p. (J). 14.99 (978-0-7945-4133-4(6), Usborne) EDC Publishing.

Pop-Up Dinosaurs. 2017. (Pop-Up Bks.). (ENG.). (J). 14.99 (978-0-7945-5362-7(1), Usborne) EDC Publishing.

Pop-Up Earth. Text by Annalisa Bualo & Anne Jankeliowitch. 2021. (ENG.). 12Op. (J). (gr. 1-3). 19.95 (978-0-500-65257-5(2), 652575) Thames & Hudson.

Pop-Up Fairy Tales: Cinderella. Susanna Davidson. Illus. by Charlene Picard. 2022. (Pop up Guide Ser.). (ENG.). 10p. (J). (gr. -1-k). 14.99 (978-1-80131-476-5(5)). Pop-Up Fairy Tales: Rapunzel.

Pop-Up Faerie. Sophie Dussausois. Illus. by Hélène Druvert. (ENG.). 14p. (J). (gr. 1-4). 19.95 (978-0-500-65251-3(0), 652513) Thames & Hudson.

Pop-Up Fairy Tales Sleeping Beauty with Qr Code REVISED. Susanna Davidson. 2019. (Pop-Up Bks.). (ENG.). pap. (978-0-7945-5413-6(3), Usborne) EDC Publishing.

Pop-Up Fairy Tales. Illus. by Valiant. (ENG.). 2023. 12p. (J). (gr. -1-3). 29.95 (978-0-7643-6596-8(8)) Schiffer. Thomas & Hudson.

Pop-Up Fairy Tales: Cinderella. Susanna Davidson. Illus. 2019. (Pop-Up Bks.). 20p. (J). (gr. -1-k). 14.99 (978-0-7945-4195-2(8), Usborne) EDC Publishing.

Pop-Up Fairy Tales: Little Red Riding Hood. Susanna Davidson. 2019. (Pop-Up Bks.). 10p. (J). (gr. -1-k). 14.99 (978-0-7945-4196-9(6), Usborne) EDC Publishing.

Pop-Up Fairy Tales: Snow White. 2019. (Pop-Up Bks.). (ENG.). (J). 14.99 (978-0-7945-4197-6(3), Usborne) EDC Publishing.

Pop-Up Fairy Tales: Sleeping Beauty. Susanna Davidson. Illus. by Julia Sarda. 2019. (Pop-Up Bks.). (ENG.). 10p. (J). (gr. -1-k). 14.99 (978-0-7945-4195-2(8), Usborne) EDC Publishing.

Pop-Up Forest. Natural Science. Sandra Laboucarie. Illus. by Charlene Picard. 2022. (Pop up Guide Ser.). (ENG.). 10p. (J). (gr. -1-k). 14.99 (978-1-80131-475-8(0)).

Pop-Up France. Sophie Dussausois. Illus. by Charlene Picard. 2022. (Pop up Guide Ser.). (ENG.). 10p. (J). (gr. -1-k). 14.99 (978-1-80131-477-2(2)).

Pop-Up Garden. Maud Bihan. Illus. by Charlene Picard. 2022. (Pop up Guide Ser.). (ENG.). 10p. (J). (gr. -1-k). 14.99 (978-1-80131-478-9(0)).

**Pop-Up Globe: George P. Artmeiers, Illus. by Arthimise. (ENG., Illus.). 2018. (J). 19.99 (978-1-4521-0561-0(5)) Candlewick Pr.

**Pop-Up Movie Theater. Emma Bland Smith. 2023. Illus. by Maria Pearson. (ENG., Illus.). (J). 18.99 (978-1-950500-53-7(1)); 2022. pap. 13.99 (978-1-950500-51-3(7)) Casco Chapter Bks.

Pop-Up Ocean. 2017. (Pop-Up Bks.). (ENG.). (J). 14.99 (978-0-7945-4135-8(3), Usborne) EDC Publishing.

Pop-Up Ocean Animals. Priddy Books. 2023. (ENG.). 18p. (J). 14.99 (978-1-83899-208-5(3)).

Pop-Up Peekaboo! Baby Animals. DK. 2023. (Pop-Up Peekaboo! Ser.). (ENG.). 12p. (J). (gr. -1-1). bds. 10.99 (978-0-7440-7334-7(6), 733476) DK Publishing.

Pop-Up Peekaboo Baby Animals. DK. 2020. (Pop-Up Peekaboo Ser.). (ENG.). 10p. (J). (gr. -1-k). bds. 10.99 (978-1-4654-9968-6(6), DK) DK Publishing North America.

Pop-Up Peekaboo! Baby Dinosaur. DK. 2020. (Pop-Up Peekaboo! Ser.). (ENG.). 10p. (J). (gr. -1-k). bds. 10.99 (978-1-4654-9966-2(0), DK) DK Publishing North America.

Pop-Up Peekaboo! Bedtime. DK. 2018. (Pop-Up Peekaboo! Ser.). (ENG.). 10p. (J). (gr. -1). bds. 10.99 (978-1-4654-7885-8(9), DK) DK Publishing.

Pop-Up Peekaboo! Busy Bugs. DK. 2023. (Pop-Up Peekaboo! Ser.). (ENG.). 10p. (J). bds. 10.99 (978-0-7440-7332-3(0), 733230) DK Publishing.

Pop-Up Peekaboo! Christmas. DK. 2016. (Pop-Up Peekaboo! Ser.). (ENG.). 12p. (J). bds. 10.99 (978-1-4654-6453-0(3), 645303, DK) DK Publishing.

Pop-Up Peekaboo! Dragon (Peekaboo! Pop-Up) (Peekaboo! Pop-Up Lift the Flap Board Bk.). (ENG.). (J). (gr. -1). bds. 12.99 (978-1-2940-3045-7(5)) Thames & Hudson.

Pop-Up Peekaboo Farm. DK. 2016. (Pop-Up Peekaboo Ser.). (ENG.). 12p. (J). (gr. -1-1). bds. 10.99 (978-1-4654-5842-3(4), 584234, DK) DK Publishing.

Pop-Up Peekaboo! First Words. DK. 2018. (Pop-Up Peekaboo! Ser.). (ENG.). 10p. (J). (gr. -1). bds. 10.99 (978-1-4654-7888-9(8), DK) DK Publishing.

The check digit for ISBN-10 appears in parentheses after the full ISBN-13

Pop-Up Peekaboo! Pets. DK. 2022. (Pop-Up Peekaboo! Ser.). (ENG.). 12p. (J). (— 1). bds. 12.99 *(978-0-7440-5657-0(8),* DK Children) Dorling Kindersley Publishing, Inc.

Pop-Up Peekaboo! Pumpkin: Pop-Up Surprise under Every Flap! DK. 2016. (Pop-Up Peekaboo! Ser.). (ENG.). 12p. (J). (— 1). bds. 12.99 *(978-1-4654-5276-4(1),* DK Children) Dorling Kindersley Publishing, Inc.

Pop-Up Peekaboo! Rainforest. DK. Illus. by Jean Claude. 2022. (Pop-Up Peekaboo! Ser.). (ENG.). 12p. (J). (— 1). bds. 12.99 *(978-0-7440-5987-8(9),* DK Children) Dorling Kindersley Publishing, Inc.

Pop-Up Peekaboo! Shark: Pop-Up Surprise under Every Flap! DK. 2022. (Pop-Up Peekaboo! Ser.). (ENG.). 12p. (J). (— 1). bds. 12.99 *(978-0-7440-5927-4(5),* DK Children) Dorling Kindersley Publishing, Inc.

Pop-Up Peekaboo! Space. DK. 2019. (Pop-Up Peekaboo! Ser.). (ENG., Illus.). 12p. (J). (— 1). bds. 12.99 *(978-1-4654-7933-4(3),* DK Children) Dorling Kindersley Publishing, Inc.

Pop-Up Peekaboo: under the Sea. DK. 2018. (Pop-Up Peekaboo! Ser.). (ENG.). 12p. (J). (— 1). bds. 12.99 *(978-1-4654-7316-5(5),* DK Children) Dorling Kindersley Publishing, Inc.

Pop-Up Peekaboo! Unicorn. DK. 2019. (Pop-Up Peekaboo! Ser.). (ENG., Illus.). 12p. (J). (— 1). bds. 12.99 *(978-1-4654-8331-7(4),* DK Children) Dorling Kindersley Publishing, Inc.

Pop-Up Peekaboo! Wake up, Farm! Jonny Lambert. 2019. (Jonny Lambert Illustrated Ser.). (ENG., Illus.). 12p. (J). (— 1). bds. 12.99 *(978-1-4654-8609-7(7),* DK Children) Dorling Kindersley Publishing, Inc.

Pop-Up Places: Farm. Roger Priddy. 2021. (Pop up Places Ser.). (ENG., Illus.). 14p. (J). bds. 12.99 *(978-1-68449-170-4(3),* 900240857) St. Martin's Pr.

Pop-Up Shakespeare: Every Play & Poem in Pop-Up 3-d. The Reduced The Reduced Shakespeare Co. et al. Illus. by Jennie Maizels. 2017. (ENG.). 10p. (J). (gr. 2-5). 19.99 *(978-0-7636-9874-4(1))* Candlewick Pr.

Pop-Up Surprise Autumn in the Forest. Rusty Finch. Ed. by Cottage Door Press. Illus. by Katya Longhi. 2019. (Pop-Up Surprise Ser.). (ENG.). 10p. (J). (gr. -1-1). bds. 12.99 *(978-1-68052-489-5(5),* 1003640) Cottage Door Pr.

Pop-Up Surprise Happy Easter, Little Bunny. Ed. by Cottage Door Press. Illus. by Sydney Hanson. 2022. (Pop-Up Surprise Ser.). (ENG.). 10p. (J). (gr. -1-1). bds. 12.99 *(978-1-64638-686-4(8),* 1008670) Cottage Door Pr.

Pop-Up Surprise Santa's Special Christmas Gift. Ed. by Cottage Door Press. Illus. by Malgorzata Detner. 2023. (Pop-Up Surprise Ser.). (ENG.). 10p. (J). bds. 12.99 ***(978-1-64638-888-2(7),*** 1009350) Cottage Door Pr.

Pop-Up Surprise Spring in the Forest. Rose Nestling & Rusty Finch. Illus. by Katya Longhi. 2019. (Pop-Up Surprise Ser.). (ENG.). 10p. (J). (gr. -1-1). bds. 12.99 *(978-1-68052-482-6(8),* 1003620) Cottage Door Pr.

Pop-Up Surprise Summer in the Forest. Rusty Finch. Ed. by Cottage Door Press. Illus. by Katya Longhi. 2019. (Pop-Up Surprise Ser.). (ENG.). 10p. (J). (gr. -1-1). bds. 12.99 *(978-1-68052-483-3(6),* 1003630) Cottage Door Pr.

Pop-Up Surprise Winter in the Forest. Rusty Finch. Ed. by Cottage Door Press. Illus. by Katya Longhi. 2019. (Pop-Up Surprise Ser.). (ENG.). 10p. (J). (gr. -1-1). bds. 12.99 *(978-1-68052-490-1(9),* 1003650) Cottage Door Pr.

Pop-Up Things That Go! Ingela P. Arrhenius. Illus. by Ingela P. Arrhenius. 2018. (ENG., Illus.). 30p. (J). (— 1). 14.00 *(978-1-5362-0120-8(0))* Candlewick Pr.

Pop-Up Things That Go. IglooBooks. 2019. (ENG.). 8p. (J). (— 1). bds. 8.99 *(978-1-78905-538-2(5))* Igloo Bks. GBR. Dist: Simon & Schuster, Inc.

Pop-Up Topics: Dinosaurs & Other Prehistoric Creatures. Arnaud Roi. 2022. (Pop-Up Topics Ser.: 1). (ENG.). 22p. (J). (gr. -1-k). 16.99 *(978-2-408-03751-2(4))* Editions Tourbillon FRA. Dist: Hachette Bk. Group.

Pop-Up Volcano. Illus. by Tom Vaillant. 2020. (ENG.). 22p. (J). (gr. 1-3). 29.95 *(978-0-500-65222-0(8),* 565222) Thames & Hudson.

Popae the Almost Brave Little Lisu Hunter. Lenora Bush. 2017. (ENG., Illus.). 38p. (J). (gr. 2-6). 18.00 *(978-0-692-98633-2(2))* Projects For Asia.

Popcorn. Frank Asch. Illus. by Frank Asch. 2023. (Frank Asch Bear Book Ser.). (ENG., Illus.). 40p. (J). (gr. -1-3). 18.99 ***(978-1-6659-3621-7(5),*** Aladdin) Simon & Schuster Children's Publishing.

Popcorn. Joanne Mattern. 2021. (Our Favorite Foods Ser.). (ENG., Illus.). 24p. (J). (gr. k-3). lib. bdg. 26.95 *(978-1-64487-436-3(9),* Blastoff! Readers) Bellwether Media.

Popcorn. Rowena Womack. Illus. by Angela Archer. 2017. (ENG.). (J). (gr. k-2). pap. 10.99 *(978-1-942922-36-0(1))* Wee Creek Pr. LLC.

Popcorn: The Wandering Little Lamb. April R. Newton. 2021. (ENG.). 34p. (J). 14.99 ***(978-1-0880-0750-1(3))*** Indy Pub.

Popcorn Bob. Maranke Rinck. Tr. by Nancy Forest-Flier. Illus. by Martijn van der Linden. 2021. (ENG.). 152p. (J). (gr. 2-7). 14.99 *(978-1-64614-040-4(0))* Levine Querido.

Popcorn Comes to School: The Story of a Kitten in Kindergarten. Lesley Koplow. 2022. (ENG.). 32p. (J). pap. 15.95 ***(978-1-0880-5866-4(3))*** Indy Pub.

Popcorn Country: The Story of America's Favorite Snack. Cris Peterson. Photos by David R. Lundquist. 2019. (Illus.). 32p. (J). (gr. -1-3). 17.99 *(978-1-62979-892-9(4),* Astra Young Readers) Astra Publishing Hse.

Popcorn Helmet. Andrew Kooman. Illus. by J. E. Serait. 2023. (ENG.). 36p. (J). pap. ***(978-1-7389874-2-9(6))*** Fair Winds Creative Co.

Popcorn: History Corner: Tudors. Alice Harman. 2017. (Popcorn: History Corner Ser.). (ENG.). 24p. (J). (gr. k-2). pap. 10.99 *(978-0-7502-9526-0(0),* Wayland) Hachette Children's Group GBR. Dist: Hachette Bk. Group.

Popcorn II: The Sequel to the Ever-Popular Book, POPCORN! Rowena Womack. Illus. by Karisa L. Clark. 2nd ed. 2020. (Popcorn Ser.: Vol. 2). (ENG.). 32p. (J). pap. 13.99 *(978-1-942922-58-2(2))* Wee Creek Pr. LLC.

Popcorn: in the Past: Toys. Dereen Taylor. 2017. (Popcorn: in the Past Ser.). (ENG.). 24p. (J). (gr. k-2). pap. 10.99 *(978-0-7502-6423-5(3),* Wayland) Hachette Children's Group GBR. Dist: Hachette Bk. Group.

Popcorn: People in History: Popcorn: People in History: Elizabeth I. Stephen White-Thomson. 2017. (Popcorn: People in History Ser.). (ENG., Illus.). 24p. (J). (gr. k-2). pap. 10.99 *(978-0-7502-8412-7(9),* Wayland) Hachette Children's Group GBR. Dist: Hachette Bk. Group.

Popcorn Rosie. Sandra Fitz. 2018. (ENG., Illus.). 34p. (J). pap. 13.95 *(978-1-64214-038-5(4))* Page Publishing Inc.

Popcorn Rosie & Her Dancing Ponies. Sandra Fitz. 2019. (ENG.). 40p. (J). pap. 14.95 *(978-1-64628-012-4(1))* Page Publishing Inc.

Popcorn the Bear & Biscuit's Odd Ears! Debbie Howard. Illus. by Gail Yerrill & John Over. 2016. (ENG.). 31p. (J). pap. *(978-0-9575804-7-3(9))* Bright Star Characters.

Popcorn the Bear & the Mysterious Snowman. Debbie Howard. Illus. by Gail Yerrill & John Over. 2016. (ENG.). 31p. (J). pap. *(978-0-9575804-8-0(7))* Bright Star Characters.

Popcorn the Penguin. Marquis Heyer. Illus. by Russel Wayne. 2021. (ENG.). 27p. (J). *(978-1-7948-7097-0(0))* Lulu Pr., Inc.

Popcorn the Porcupine: A Popilicious Day. Peter. 2022. (ENG., Illus.). 26p. (J). pap. 15.95 ***(978-1-68570-913-6(3))*** Christian Faith Publishing.

Popcorn the Wonder Pony: Leveled Reader Emerald Level 25. Rg Rg. 2019. (PM Ser.). (ENG.). 32p. (J). (gr. 3-4). pap. 11.00 *(978-0-544-89279-8(8))* Rigby Education.

Popcorn's Perspective on How God's with Us. Martin Dunne. 2021. (ENG.). 44p. (YA). 18.95 *(978-1-64999-964-1(X))* Waldorf Publishing.

Popcorn's Perspective on Life: What Works... & What Doesn't! Martin Dunne. 2021. (ENG.). 40p. (YA). 18.95 *(978-1-64999-963-4(1))* Waldorf Publishing.

Pope Francis, 1 vol. Tim Cooke. 2018. (Meet the Greats Ser.). (ENG.). 48p. (gr. 5-5). lib. bdg. 34.93 *(978-1-5382-2575-2(1),* f5ea815f-a49b-4505-80fe-ccd93c8e4d30) Stevens, Gareth Publishing LLLP.

Pope Francis. Manuel Morini & Ignacio Segesso. 2017. (Graphic Lives Ser.). (ENG., Illus.). 80p. (J). (gr. 3-9). lib. bdg. 32.65 *(978-1-5157-9162-1(9),* 136604, Capstone Pr.) Capstone.

Pope Francis: Priest of the People, 1 vol. Kathy Furgang. 2017. (Junior Biographies Ser.). (ENG.). 24p. (gr. 3-4). pap. 10.35 *(978-0-7660-9049-1(3),* b5d5d0d3-ca41-4ca9-88d0-c78325e119f5) Enslow Publishing, LLC.

Pope Francis: Religious Leader. Grace Hansen. 2017. (History Maker Biographies Ser.). (ENG.). 24p. (J). (gr. -1-2). pap. 7.95 *(978-1-4966-1228-1(0),* 134992, Capstone Classroom) Capstone.

Pope Francis: The People's Pope. Beatrice Gormley. (Real-Life Story Ser.). (ENG.). 272p. (J). (gr. 3-7). 2018. pap. 7.99 *(978-1-4814-8142-7(8));* 2017. (Illus.). 17.99 *(978-1-4814-8141-0(X))* Simon & Schuster Children's Publishing. (Aladdin).

Pope Francis: Builder of Bridges. Emma Otheguy. Illus. by Oliver Dominguez. 2018. (ENG.). 48p. (J). 17.99 *(978-1-68119-560-5(7),* 900177833, Bloomsbury Children's Bks.) Bloomsbury Publishing USA.

Pope Francis: Leader of the Catholic Church: Leader of the Catholic Church. Kelsey Jopp. 2019. (World Leaders Set 2 Ser.). (ENG., Illus.). 48p. (J). (gr. 5-6). pap. 11.95 *(978-1-64185-422-1(7),* 1641854227); lib. bdg. 34.21 *(978-1-64185-364-4(6),* 1641853646) North Star Editions. (Focus Readers).

Pope Francis Says... Pope Francis. Illus. by Sheree Boyd. 2019. (ENG.). 32p. (J). bds. 14.99 *(978-0-8294-4653-1(2))* Loyola Pr.

Pope Jacynth & Other Fantastic Tales; Pp. 1-198. Vernon Lee. 2017. (ENG., Illus.). (J). pap. *(978-0-649-67678-1(5))* Trieste Publishing Pty Ltd.

Pope Jacynth Other Fantastic Tales (Classic Reprint) Vernon Lee. 2018. (ENG., Illus.). 208p. (J). 28.19 *(978-0-267-49886-4(1))* Forgotten Bks.

Pope John Paul II: Pontiff, 1 vol. Hugh Costello. 2016. (History Makers Ser.). (ENG.). 144p. (YA). (gr. 9-9). 47.36 *(978-1-5026-2451-2(6),* 81852971-0a97-4ae2-b86f-99b3767925a4) Cavendish Square Publishing LLC.

Pope, Vol. 2 Of 3: A Novel (Classic Reprint) An Old Author. 2018. (ENG., Illus.). 338p. (J). 30.87 *(978-0-483-51950-3(2))* Forgotten Bks.

Pope's Cat. Jon M. Sweeney. Illus. by Roy DeLeon. 2018. (Pope's Cat Ser.: 1). (ENG.). 64p. (J). (gr. 1). pap. 9.99 *(978-1-61261-935-4(5))* Paraclete Pr., Inc.

Popeye the Sailor Man: Thimble Theater Complete Newspaper Weekday Comic Strip (1964-1965) Bud Sagendorf. 2023. (ENG.). 170p. (J). pap. ***(978-1-365-76470-7(2))*** Lulu Pr., Inc.

Popeye Volume 2: Wimpy & His Hamburgers (the E. C. Segar Popeye Sundays) E. C. Segar. 2023. (E. C. Segar Popeye Sundays Ser.: 0). (ENG., Illus.). 104p. 24.99 *(978-1-68396-668-5(6),* 683668) Fantagraphics Bks.

Poplar House Academy, Vol. 1 of 2 (Classic Reprint) Mary Powell. 2018. (ENG., Illus.). 302p. (J). 30.15 *(978-0-483-92755-1(4))* Forgotten Bks.

Poplar House Academy, Vol. 2 of 2 (Classic Reprint) Anne Manning. (ENG., Illus.). (J). 2018. 348p. 30.95 *(978-0-428-55168-1(8));* 2016. pap. 13.57 *(978-1-333-45183-7(0))* Forgotten Bks.

Popo-Ro, the Red Popopy. Francisco J. Arnaiz & Susana Arnaiz. 2020. (ENG.). 148p. (J). pap. *(978-1-716-70478-9(2))* Lulu Pr., Inc.

PoPo's Lucky Chinese New Year. Virginia Loh-Hagan. Illus. by Renné Benoit. 2016. (ENG.). 32p. (J). (gr. 1-4). 16.99 *(978-1-58536-978-2(0),* 204113) Sleeping Bear Pr.

Popper & Friends: Popper Finds a New Home. IL Ritchie. 2021. (ENG.). 38p. (J). 16.95 *(978-1-64543-992-9(5))* Amplify Publishing Group.

Popper Penguin Rescue. Eliot Schrefer. (ENG., Illus.). (J). (gr. 3-7). 2021. 192p. pap. 7.99 *(978-0-316-49640-0(9));* 2020. 176p. 16.99 *(978-0-316-49542-4(5))* Little, Brown Bks. for Young Readers.

Popper the Poltergeist: The First Haunting Shown on TV. Megan Atwood. 2020. (Real-Life Ghost Stories Ser.). (ENG., Illus.). 32p. (J). (gr. 3-9). pap. 7.95 *(978-1-4966-6614-7(3),* 142298); lib. bdg. 30.65 *(978-1-5435-7342-8(8),* 140633) Capstone.

Poppies & Wheat (Classic Reprint) Louisa Alcott. (ENG., Illus.). (J). 2017. 25.42 *(978-0-331-86676-6(5));* 2016. pap. 9.57 *(978-1-333-43313-0(1))* Forgotten Bks.

Poppies for Christmas. Stacy Renée Keywell. 2017. (ENG., Illus.). (YA). pap. 13.99 *(978-1-68291-543-1(3))* Soul Mate Publishing.

Poppies on the Hill. Ted Landkammer. 2017. (ENG., Illus.). (J). pap. 12.95 *(978-1-64028-538-5(5))* Christian Faith Publishing.

Popping the Question: A Farce in One Act (Classic Reprint) John Baldwin Buckstone. 2018. (ENG., Illus.). (J). 24.45 *(978-0-332-01756-3(7))* Forgotten Bks.

Poppin's Pumpkin Patch Parade. Ed. by Richard Wayne. Illus. by Patrick Carlson. 2016. (ENG.). 32p. (J). pap. 12.98 *(978-0-9801692-1-8(6))* Gemstone Literary.

Poppleton. Cynthia Rylant. ed. 2019. (Acorn Early Readers Ser.). (ENG.). 52p. (J). (gr. k-1). 14.96 *(978-1-64697-093-3(4))* Penworthy Co., LLC, The.

Poppleton & Friends. Cynthia Rylant. ed. 2019. (Acorn Early Readers Ser.). (ENG.). 52p. (J). (gr. k-1). 14.96 *(978-1-64697-094-0(2))* Penworthy Co., LLC, The.

Poppleton at Christmas: an Acorn Book (Poppleton #5) Cynthia Rylant. Illus. by Mark Teague. 2022. (Poppleton Ser.: 5). (ENG.). 64p. (J). (gr. k-2). pap. 4.99 *(978-1-338-56677-2(6))* Scholastic, Inc.

Poppleton Every Day. Cynthia Rylant. ed. 2019. (Acorn Early Readers Ser.). (ENG.). 52p. (J). (gr. k-1). 14.96 *(978-1-64697-095-7(0))* Penworthy Co., LLC, The.

Poppleton Every Day: an Acorn Book (Poppleton #3) Cynthia Rylant. Illus. by Mark Teague. 2019. (Poppleton Ser.: 3). (ENG.). 64p. (J). (gr. k-2). pap. 4.99 *(978-1-338-56671-0(7))* Scholastic, Inc.

Poppleton Every Day: an Acorn Book (Poppleton #3) (Library Edition) Cynthia Rylant. Illus. by Mark Teague. 2019. (Poppleton Ser.: 3). (ENG.). 64p. (J). (gr. k-2). lib. bdg. 23.99 *(978-1-338-56672-7(5))* Scholastic, Inc.

Poppleton in Fall. Cynthia Rylant. ed. 2020. (Acorn Early Readers Ser.). (ENG., Illus.). 52p. (J). (gr. k-1). 14.96 *(978-1-64697-467-2(0))* Penworthy Co., LLC, The.

Poppleton in Fall: an Acorn Book (Poppleton #4), 5. Cynthia Rylant. Illus. by Mark Teague. 2020. (Poppleton Ser.: 4). (ENG.). 64p. (J). (gr. k-2). pap. 4.99 *(978-1-338-56673-4(3))* Scholastic, Inc.

Poppleton in Summer: an Acorn Book (Poppleton #6) Cynthia Rylant. Illus. by Mark Teague. 2023. (Poppleton Ser.: 4). (ENG.). 64p. (J). (gr. k-2). pap. 4.99 *(978-1-338-56675-8(X))* Scholastic, Inc.

Poppleton in Summer: an Acorn Book (Poppleton #6) (Library Edition) Cynthia Rylant. Illus. by Mark Teague. 2023. (Poppleton Ser.: 4). (ENG.). 64p. (J). (gr. k-2). lib. bdg. 23.99 *(978-1-338-56676-5(8))* Scholastic, Inc.

Poppsie Goes on Holiday. Pat Wurmli. 2023. (ENG.). 34p. (J). pap. ***(978-1-80227-905-4(9))*** Publishing Push Ltd.

Poppy. Avi. Illus. by Brian Floca. 2020. (Poppy Ser.: 3). (ENG.). 192p. (J). (gr. 3-7). pap. 9.99 *(978-0-380-72769-8(2),* HarperCollins) HarperCollins Pubs.

Poppy: The Story of a South African Girl (Classic Reprint) Cynthia Stockley. 2018. (ENG., Illus.). 464p. (J). 33.47 *(978-0-483-84273-1(7))* Forgotten Bks.

Poppy & Branch's Big Adventure. Mona Miller. ed. 2018. (Step into Reading Ser.). (ENG.). 32p. (J). (gr. 1-3). 13.89 *(978-1-64310-351-8(2))* Penworthy Co., LLC, The.

Poppy & Branch's Big Adventure. Mona Miller. 2017. (Illus.). 32p. (J). *(978-1-5182-3647-1(2))* Random Hse., Inc.

Poppy & Branch's Big Adventure. Mona Miller. ed. 2017. (Step into Reading Level 3 Ser.). lib. bdg. 14.75 *(978-0-606-39851-0(1))* Turtleback.

Poppy & Branch's Big Adventure (DreamWorks Trolls) Mona Miller. 2017. (Step into Reading Ser.). (ENG., Illus.). 32p. (J). (gr. -1-2). pap. 4.99 *(978-0-399-55870-2(5),* Random Hse. Bks. for Young Readers) Random Hse. Children's Bks.

Poppy & Ereth. Avi. Illus. by Brian Floca. 2020. (Poppy Ser.: 7). (ENG.). 240p. (J). (gr. 3-7). pap. 7.99 *(978-0-06-111971-2(7),* HarperCollins) HarperCollins Pubs.

Poppy & Rita, Girl Detectives. James F. Park. 2018. (ENG.). 108p. (J). pap. ***(978-0-244-42501-2(9))*** Lulu Pr., Inc.

Poppy & Rye. Avi. Illus. by Brian Floca. 2020. (Poppy Ser.: 4). (ENG.). 240p. (J). (gr. 3-7). pap. 9.99 *(978-0-380-79717-2(8),* HarperCollins) HarperCollins Pubs.

Poppy & Sam & the Hunt for Jam. Cathon. Tr. by Susan Ouriou from FRE. 2023. (Poppy & Sam Ser.: 4). Orig. Title: Mimose & Sam: la Saison des Collations. (ENG., Illus.). 52p. (J). (gr. 2). 18.95 ***(978-1-77147-592-1(7))*** Owlkids Bks. Inc. CAN. Dist: Publishers Group West (PGW).

Poppy & Sam & the Leaf Thief. Cathon. 2021. (Poppy & Sam Ser.: 1). (ENG., Illus.). 44p. (J). (gr. k-4). 9.95 *(978-1-77147-482-5(3))* Owlkids Bks. Inc. CAN. Dist: Publishers Group West (PGW).

Poppy & Sam & the Mole Mystery. Cathon. Tr. by Susan Ouriou. (Poppy & Sam Ser.: 2). Orig. Title: Mimose et Sam à la Recherché des Lunettes Roses. (ENG., Illus.). 48p. (J). (gr. k-4). 2022. 9.95 *(978-1-77147-520-4(X));* 2019. 16.95 *(978-1-77147-379-8(7))* Owlkids Bks. Inc. CAN. Dist: Publishers Group West (PGW).

Poppy & Sam & the Search for Sleep. Cathon. Tr. by Susan Ouriou. (Poppy & Sam Ser.: 3). (ENG., Illus.). (J). (gr. -1-3). 2022. 44p. 9.95 *(978-1-77147-573-0(0));* 2020. 48p. 16.95 *(978-1-77147-418-4(1))* Owlkids Bks. Inc. CAN. Dist: Publishers Group West (PGW).

Poppy & Sam's Animal Hide-And-Seek (REVISED) Jenny Tyler. 2019. (Poppy & Sam Ser.). (ENG.). 10ppp. (J). 15.99 *(978-0-7945-4516-1(5),* Usborne) EDC Publishing.

(Poppy & Sam's) Animal Noises REVISED. Stephen Cartwright. 2019. (Poppy & Sam / Ser.). (ENG.). 10ppp. (J). 4.99 *(978-0-7945-4707-3(9),* Usborne) EDC Publishing.

Poppy & Sam's Animal Sounds. Sam Taplin. 2019. (Poppy & Sam / Press-A-Sound Bks.). (ENG.). 10ppp. (J). 19.99 *(978-0-7945-4519-2(X),* Usborne) EDC Publishing.

Poppy & Sam's Animal Sticker Book. Sam Taplin. 2019. (Poppy & Sam Ser.). (ENG.). (J). pap. 8.99 *(978-0-7945-4522-2(X),* Usborne) EDC Publishing.

Poppy & Sam's Easter Egg Hunt. Sam Taplin. 2019. (Poppy & Sam / Little Peek Through Bks.). (ENG.). 12ppp. (J). 9.99 *(978-0-7945-4517-8(3),* Usborne) EDC Publishing.

Poppy & Sam's Fingerprint Activities. Sam Taplin. 2019. (Little Sticker Dolly Dressing Ser.). (ENG.). 64ppp. (J). pap. 8.99 *(978-0-7945-4407-2(X),* Usborne) EDC Publishing.

Poppy & Sam's First Word Book. Sam Taplin. 2019. (Poppy & Sam / Ser.). (ENG.). 48ppp. (J). 9.99 *(978-0-7945-4692-2(7),* Usborne) EDC Publishing.

Poppy & Sam's Halloween Party (with PEEK THROUGH PAGES) Sam Taplin. 2019. (Poppy & Sam / Little Peek-Through Bks.). (ENG.). 12ppp. (J). 9.99 *(978-0-7945-4731-8(1),* Usborne) EDC Publishing.

Poppy & Sam's Little Wipe-Clean Activities. Sam Taplin. 2019. (Poppy & Sam / Little Wipe-Clean Books* Ser.). (ENG.). 22ppp. (J). pap. 6.99 *(978-0-7945-4694-6(3),* Usborne) EDC Publishing.

Poppy & Sam's LITTLE Wipe-Clean Christmas Activities. Sam Taplin. 2019. (Poppy & Sam / Little Wipe-Clean Activity Bks.). (ENG.). 22ppp. (J). pap. 6.99 *(978-0-7945-4739-4(7),* Usborne) EDC Publishing.

Poppy & Sam's Magic Painting Book. Sam Taplin. 2019. (Poppy & Sam / Magic Painting Bks.). (ENG.). 16ppp. (J). pap. 9.99 *(978-0-7945-4520-8(3),* Usborne) EDC Publishing.

Poppy & Sam's Noisy Train Book REVISED/REPLACEMENT. Sam Taplin. 2019. (Poppy & Sam / Press-A-Sound Bks.). (ENG.). 10ppp. (J). 19.99 *(978-0-7945-4693-9(5),* Usborne) EDC Publishing.

Poppy & Sam's Wind-Up Train REVISED. Stephen Cartwright. 2019. (Poppy & Sam / Wind-Up Bks.). (ENG.). 10ppp. (J). 29.99 *(978-0-7945-4710-3(9),* Usborne) EDC Publishing.

Poppy! & the Lost Lagoon. Matt Kindt. 2016. (Illus.). 144p. (J). (gr. 3-7). 14.99 *(978-1-61655-943-4(8),* Dark Horse Books) Dark Horse Comics.

Poppy & the Op Shop Fairy. Rosemary May Davison. 2020. (ENG.). 28p. (J). *(978-1-5289-8744-8(6));* pap. *(978-1-5289-8745-5(4))* Austin Macauley Pubs. Ltd.

Poppy & Tito. Mathilde Domecq. 2020. (Wordless Graphic Novels Ser.). (ENG., Illus.). 40p. (J). (gr. k-2). lib. bdg. 22.65 *(978-1-5158-6137-9(6),* 142403, Picture Window Bks.) Capstone.

Poppy, Buttercup, Bluebell, & Dandy. Fiona Woodcock. 2018. (ENG., Illus.). 32p. (J). (gr. -1-2). 17.99 *(978-1-5247-6967-3(3),* Random Hse. Bks. for Young Readers) Random Hse. Children's Bks.

Poppy Goes Fishing on the Ord River. Arthel Burey. 2019. (ENG.). 42p. (J). pap. *(978-1-5289-1468-0(6))* Austin Macauley Pubs. Ltd.

Poppy Is Lost in the Garden. Hazel Stevens. Illus. by Bianca Camilla Gambrioli. 2019. (Poppy Ser.: Vol. 2). (ENG.). 28p. (J). (gr. k-2). pap. *(978-1-911424-74-1(2))* Black Wolf Edition & Publishing Ltd.

Poppy Moves It: Bringing Forth the Best in Our Kids. Crystal Presence & Summer Eternity. 2022. (ENG.). 40p. (J). 24.99 ***(978-1-0880-3598-6(1))*** Indy Pub.

Poppy Novel Units Student Packet. Novel Units. 2019. (ENG.). (J). pap. 13.99 *(978-1-58130-569-2(9),* Novel Units, Inc.) Classroom Library Co.

Poppy Novel Units Teacher Guide. Novel Units. 2019. (ENG.). (J). pap. 12.99 *(978-1-58130-568-5(0),* Novel Units, Inc.) Classroom Library Co.

Poppy Ogopogo. Susan Faw. Illus. by Alison Baker-Rasmussen. 2020. (ENG.). 28p. (J). pap. *(978-1-989022-24-5(3))* Faw, Susan.

Poppy Ott & the Stuttering Parrot (Classic Reprint) Leo Edwards. 2019. (ENG., Illus.). (J). 256p. 29.18 *(978-1-397-25474-0(2));* 258p. pap. 11.57 *(978-1-397-25401-6(7))* Forgotten Bks.

Poppy P. Peter Stebbings. Illus. by Leyla Bethal. 2022. (Free to Think Ser.: Vol. 1). (ENG.). 34p. (J). pap. *(978-1-913460-29-7(0))* Cloister Hse. Pr., The.

Poppy Pendle Collection (Boxed Set) The Power of Poppy Pendle; the Courage of Cat Campbell; the Marvelous Magic of Miss Mabel; the Daring of Della Dupree. Natasha Lowe. ed. 2021. (Poppy Pendle Ser.). (ENG.). 1136p. (J). (gr. 3-7). pap. 32.99 *(978-1-5344-9689-7(0),* Simon & Schuster/Paula Wiseman Bks.) Simon & Schuster/Paula Wiseman Bks.

Poppy Picker: A Book about Nose Picking & the Booger Monster. Stella Stamatakis. 2020. (ENG., Illus.). 52p. (J). *(978-0-6482367-4-0(9));* pap. *(978-0-6482367-3-3(0))* Butter Fingers Bks.

Poppy Pickleopolis. Elizabeth F. Szewczyk. 2021. (ENG.). 24p. (J). pap. 12.99 *(978-1-63984-004-5(4))* Pen It Pubns.

Poppy Pinto Plays Peek-A-Boo. Morag Higgins. Illus. by Emily Vaughan. 2022. (ENG.). 30p. (J). pap. ***(978-1-914560-61-3(2))*** Fisher King Publishing.

Poppy Se Mueve: Sacando a la Luz lo Mejor de Nuestros Hijos. Crystal Presence & Summer Eternity. 2022. (SPA.). 38p. (J). 24.99 ***(978-1-0880-3602-0(3))*** Indy Pub.

Poppy the Police Horse: Fables from the Stables Book 4. Gavin Puckett. Illus. by Tor Freeman. 2018. (Fables from the Stables Ser.). (ENG.). 80p. 8.95 *(978-0-571-33778-1(3),* Faber & Faber Children's Bks.) Faber & Faber, Inc.

Poppy the Pony: Fairy Animals of Misty Wood. Lily Small. 2016. (Fairy Animals of Misty Wood Ser.: 5). (ENG., Illus.). 144p. (J). pap. 6.99 *(978-1-62779-734-4(3),* 900158787, Holt, Henry & Co. Bks. For Young Readers) Holt, Henry & Co.

Poppy the Pony: Fairy Animals of Misty Wood. Lily Small. ed. 2016. (Fairy Animals of Misty Wood Ser.: 5). (ENG.). 144p. (J). (gr. 1-3). 16.00 *(978-0-606-39295-2(5))* Turtleback.

Poppy Trilogy. Angela Taylor. 2019. (ENG.). 164p. (J). (gr. 4-6). pap. *(978-1-78222-705-2(9))* Paragon Publishing, Rothersthorpe.

Poppy Venom (Classic Reprint) H. Stewart Beers. 2018. (ENG., Illus.). 474p. (J). 33.67 *(978-0-332-02008-2(8))* Forgotten Bks.

Poppy Veut Préparer un Gâteau. Hazel Stevens. Illus. by Roberto Minguzzi. 2018. (FRE.). 20p. (J). (gr. k-2). pap. *(978-1-911424-35-2(1))* Black Wolf Edition & Publishing Ltd.

Poppy Vuole Preparare una Torta. Hazel Stevens. 2017. (ITA., Illus.). (J). (gr. k-2). pap. *(978-1-911424-24-6(6))* Black Wolf Edition & Publishing Ltd.

P

For book reviews, descriptive annotations, tables of contents, cover images, author biographies & additional information, updated daily, subscribe to www.booksinprint.com 1619

Poppy Wants to Bake a Cake. Hazel Stevens. 2017. (ENG., Illus.). (J). (gr. k-2). pap. *(978-1-911424-23-9(8))* Black Wolf Edition & Publishing Ltd.

Poppy's Adventure. Ellisha Heppner. 2021. (ENG.). 34p. (J). pap. *(978-1-922550-47-7(7))* Library For All Limited.

Poppy's Adventure - Carmen Nia Aventura. Ellisha Heppner. 2021. (TET.). 34p. (J). pap. *(978-1-922550-76-7(0))* Library For All Limited.

Poppy's Babies (Brambly Hedge) Jill Barklem. Illus. by Jill Barklem. 2018. (Brambly Hedge Ser.). (ENG., Illus.). 32p. (J). 9.99 *(978-0-00-828281-3(1)*, HarperCollins Children's Bks.) HarperCollins Pubs. Ltd. GBR. Dist: HarperCollins Pubs.

Poppy's Bad Hair Day. Diana Wallis. Illus. by Tracey Brown. 2020. (ENG.). 50p. (J). *(978-0-9935817-7-9(3))*; pap. *(978-0-9935817-8-6(1))* Grosvenor Artist Management.

Poppy's Best Babies. Susan Eaddy. Illus. by Rosalinde Bonnet. 2018. 40p. (J). (gr. k-3). 15.99 *(978-1-58089-770-9(3))* Charlesbridge Publishing, Inc.

Poppy's Best Paper (1 Hardcover/1 CD) Susan Eaddy. Illus. by Rosalinde Bonnet. 2016. (ENG.). (J). (gr. 1-4). audio compact disk 29.95 *(978-1-4301-2187-9(4))* Live Oak Media.

Poppy's Big Day! Sebastian Belle. ed. 2020. (ENG.). 24p. (J). (gr. k-1). 14.96 *(978-1-64697-220-3(1))* Penworthy Co., LLC, The.

Poppy's Big Day! (DreamWorks Trolls World Tour) Random House. Illus. by Random House. 2020. (Pictureback(R) Ser.). (ENG., Illus.). 24p. (J). (gr. -1-2). 5.99 *(978-0-593-12235-8(6)*, Random Hse. Bks. for Young Readers) Random Hse. Children's Bks.

Poppy's Buzzing Brain. Simmonne Dyson-Holland. Illus. by Shen Li. 2021. (ENG.). 24p. (J). pap. *(978-0-2288-5638-2(8))* Tellwell Talent.

Poppy's Harvest Hullabaloo. Brandi Dougherty. Illus. by Renée Kurilla. 2019. (J). *(978-1-63565-139-3(5))* Random Hse., Inc.

Poppy's House. Karla Courtney. Illus. by Madeline Kloepper. 2022. (ENG.). 40p. (J). (gr. -1-3). 17.99 *(978-1-5362-1152-8(4))* Candlewick Pr.

Poppy's Paint Party! (DreamWorks Trolls) Rachel Chlebowski. Illus. by Golden Books. 2019. (ENG.). 128p. (J). (gr. -1-2). pap. 7.99 *(978-1-9848-5060-7(1)*, Golden Bks.) Random Hse. Children's Bks.

Poppy's Pants. Melissa Conroy. 2018. (Young Palmetto Bks.). (ENG., Illus.). 40p. 19.99 *(978-1-61117-927-9(0)*, P599433) Univ. of South Carolina Pr.

Poppy's Party (DreamWorks Trolls) Frank Berrios. Illus. by Gabriella Matta et al. 2016. (Step into Reading Ser.). (ENG.). 32p. (J). (gr. -1-2). pap. 4.99 *(978-0-399-55906-8(X)*, Random Hse. Bks. for Young Readers) Random Hse. Children's Bks.

Poppy's Presents (Classic Reprint) O. F. Walton. 2017. (ENG., Illus.). (J). 26.83 *(978-0-331-86306-2(5))*; pap. 9.57 *(978-0-243-43909-6(1))* Forgotten Bks.

Poppy's Top Shop: Learn 4 Ways to Spell the Short o Sound. Karen Sandelin. 2019. (ENG., Illus.). 38p. (J). pap. *(978-0-6483102-7-3(2))* Clever Speller Pty, Limited.

Pops. Gavin Bishop. Illus. by Gavin Bishop. 2022. (ENG., Illus.). 18p. (J). (gr. -1 — 1). bds. 12.99 *(978-1-77657-400-1(1)*, 3bc57067-266f-4ef2-9aa2-e31350e6af2d) Gecko Pr. NZL. Dist: Lerner Publishing Group.

Pop's Old Car: Leveled Reader Orange Level 15. Rg Rg. 2016. (PM Ser.). (ENG.). 16p. (J). (gr. 1-2). pap. 11.00 *(978-0-544-89156-2(2))* Rigby Education.

Pop's Perfect Cookies. Vicky Bureau. 2022. (Stories Just for You Ser.). (ENG.). 24p. (J). (gr. 2-4). pap. 8.95 *(978-1-63897-628-8(7)*, 21726); lib. bdg. 27.93 *(978-1-63897-513-7(2)*, 21725) Seahorse Publishing.

Pop's Perfect Present. Corey Finkle. Illus. by Lenny Wen. 2023. (ENG.). 40p. (J). 18.99 *(978-1-250-81944-4(X)*, 900250030, Holt, Henry & Co. Bks. For Young Readers) Holt, Henry & Co.

Popstar's Wedding. Barbara Mitchelhill. Illus. by Tony Ross. 2018. (ENG.). 64p. (J). (gr. 2-4). pap. 9.99 *(978-1-78344-663-6(3))* Andersen Pr. GBR. Dist: Independent Pubs. Group.

PopTerra Collection: Six Graphic Novels. Dominic Bercier. Ed. by J. F. Martel. 2022. (Popterra Ser.). (ENG.). 500p. (YA). *(978-1-990065-28-6(7))* Mirror Comics Studios.

Poptropica: Book 1: Mystery of the Map, Bk. 1. Jack Chabert. 2016. (Poptropica Ser.). (ENG., Illus.). 112p. (J). (gr. 1-4). 9.95 *(978-1-4197-2067-3(8)*, 1140201, Amulet Bks.) Abrams, Inc.

Poptrópica 1. el Misterio Del Mapa. Jack Chabert. Illus. by Kory Merrit. 2017. (SPA.). 120p. (J). (gr. 2-4). pap. 13.50 *(978-607-735-911-1(4))* Editorial Oceano de Mexico MEX. Dist: Independent Pubs. Group.

Poptrópica 2. la Expedición Perdida. Mitch Krpata. Illus. by Kory Merrit. 2017. (SPA.). 120p. (J). (gr. 2-4). pap. 13.50 *(978-607-527-022-7(1))* Editorial Oceano de Mexico MEX. Dist: Independent Pubs. Group.

Poptrópica 3. la Sociedad Secreta. Mitch Krpata. Illus. by Kory Merritt. 2018. (SPA.). 120p. (J). (gr. 2-4). pap. 13.50 *(978-607-527-112-5(0))* Editorial Oceano de Mexico MEX. Dist: Independent Pubs. Group.

Poptrópica 4. Kory Merritt. 2018. (SPA.). 120p. (J). (gr. 2-4). pap. 10.95 *(978-607-527-329-7(8))* Editorial Oceano de Mexico MEX. Dist: Independent Pubs. Group.

Poptropica: Book 2: The Lost Expedition, Bk. 2. Mitch Krpata. Illus. by Kory Merritt. 2016. (Poptropica Ser.). (ENG.). 112p. (J). (gr. 1-4). 9.95 *(978-1-4197-2129-8(1)*, 1140301, Amulet Bks.) Abrams, Inc.

Poptropica: Book 3: The Secret Society. Mitch Krpata. Illus. by Kory Merritt. 2017. (ENG.). 112p. (J). (gr. 1-4). 9.95 *(978-1-4197-2311-7(1)*, 1140401) Abrams, Inc.

Popular Account of Ancient Musical Instruments. William Lynd. 2017. (ENG.). 134p. (J). pap. *(978-3-337-08798-2(1))* Creation Pubs.

Popular Account of the Manners & Customs of India. Charles Acland. 2018. (ENG.). 184p. (J). pap. *(978-93-5297-166-4(3))* Alpha Editions.

Popular Account of the Manners & Customs of India: Illustrated with Numerous Anecdotes (Classic Reprint) Charles Acland. (ENG., Illus.). (J). 2018. 326p. 30.64 *(978-0-365-45227-0(0))*; 2017. pap. 13.57 *(978-0-259-39771-7(7))* Forgotten Bks.

Popular Anecdotes: Including Interesting & Instructive Anecdotes of Noted Persons; Startling Incidents; & Stories Illustrating the Habits, Instincts, Intelligence & Marvelous Feats of Animals, etc., etc (Classic Reprint) James Baird McClure. (ENG., Illus.). (J). 2018. 210p. 28.23 *(978-0-483-10296-5(2))*; 2017. pap. 10.57 *(978-0-259-38826-5(2))* Forgotten Bks.

Popular Astronomy. Ormsby MacKnight Mitchel. 2017. (ENG.). (J). 406p. pap. *(978-3-337-27579-2(6))*; 336p. pap. *(978-3-7446-7894-0(6))* Creation Pubs.

Popular Astronomy: A Concise Elementary Treatise on the Sun, Planets, Satellites & Comets (Classic Reprint) Ormsby MacKnight Mitchel. 2016. (ENG., Illus.). (J). pap. 16.57 *(978-1-334-03187-8(8))* Forgotten Bks.

Popular Book of Entertaining: Games & Plays for Every Occasion (Classic Reprint) Vera Constance Alexander. (ENG., Illus.). (J). 2018. 130p. 26.58 *(978-0-365-38938-5(2))*; 2017. pap. 9.57 *(978-0-259-81322-4(2))* Forgotten Bks.

Popular Books: In Handsome Cloth Binding (Classic Reprint) E. D. E. N. Southworth. 2018. (ENG., Illus.). 398p. (J). 32.11 *(978-0-483-90391-3(4))* Forgotten Bks.

Popular Books by Arthur Hornblow: The Third Degree; by Right of Conquest; the End of the Game; the Profligate; the Lion & the Mouse (Classic Reprint) Arthur Hornblow. 2018. (ENG., Illus.). 370p. (J). 31.55 *(978-0-484-77972-2(9))* Forgotten Bks.

Popular Books (Classic Reprint) E. D. E. N. Southworth. 2018. (ENG., Illus.). 356p. (J). 31.24 *(978-0-267-24511-6(4))* Forgotten Bks.

Popular Books for Boys: Plucky Jo; Patriot & Tory; Lucky Ned; True Blue; Our Jim (Classic Reprint) Edward S. Ellis. 2017. (ENG., Illus.). (J). 31.05 *(978-1-5281-6609-6(4))* Forgotten Bks.

Popular Books for Boys & Girls: A Graded List with Annotations (Classic Reprint) Carrie Emma Scott. 2018. (ENG., Illus.). (J). 20p. 24.31 *(978-0-366-67642-2(3))*; 22p. pap. 7.97 *(978-0-366-67639-2(3))* Forgotten Bks.

Popular College Songs: A Collection of the Latest Songs As Sung at Harvard & Other Colleges, Together with the Best of the Old Favorites (Classic Reprint) Lockwood Honore. 2017. (ENG., Illus.). (J). pap. 9.57 *(978-0-259-06273-8(1))* Forgotten Bks.

Popular Dialogues. Phineas Garrett. 2017. (ENG.). 214p. (J). pap. *(978-3-337-38621-4(0))* Creation Pubs.

Popular Dialogues: Comprising a Great Variety of Original Material Expressly Prepared by a Corps of Experiences Writers (Classic Reprint) Phineas Garrett. (ENG., Illus.). (J). 2018. 212p. 28.27 *(978-0-364-52951-5(2))*; 2017. pap. 10.97 *(978-0-259-39484-6(X))* Forgotten Bks.

Popular Doll Fashions by Decade Coloring Book. Smarter Activity Books. 2016. (ENG., Illus.). (J). pap. 9.22 *(978-1-68374-588-4(4))* Examined Solutions PTE. Ltd.

Popular Edition of the Works of Bret Harte (Classic Reprint) Bret Harte. 2018. (ENG., Illus.). 344p. (J). 30.99 *(978-0-666-95809-9(2))* Forgotten Bks.

Popular European Bus Trips Coloring Book. Smarter Activity Books for Kids. 2016. (ENG., Illus.). (J). pap. 9.22 *(978-1-68374-589-1(2))* Examined Solutions PTE. Ltd.

Popular Fairy Tales in Words of One Syllable. Harriet B. Audubon. 2017. (ENG.). 432p. (J). pap. *(978-3-337-24468-2(8))* Creation Pubs.

Popular Fairy Tales in Words of One Syllable (Classic Reprint) Harriet B. Audubon. (ENG., Illus.). (J). 2018. 430p. 32.77 *(978-0-483-53016-4(6))*; 2016. pap. 16.57 *(978-1-334-27161-8(5))* Forgotten Bks.

Popular Fairy Tales, or a Lilliputian Library: Containing Twenty-Six Choice Pieces of Fancy & Fiction, by Those Renowned Personages, King Oberon, Queen Mab, Mother Goose, Mother Bunch, Master Puck, & Other Distinguished Personages at the Court of the F. Benjamin Tabart. (ENG., Illus.). (J). 2018. 388p. 31.92 *(978-0-484-17989-8(6))*; 2016. pap. 16.57 *(978-1-332-71479-7(X))* Forgotten Bks.

Popular Field Botany: Containing a Familiar & Technical Description of the Plants Most Common to the Various Localities of the British Isles (Classic Reprint) Agnes Catlow. 2017. (ENG., Illus.). (J). 33.51 *(978-0-265-36752-0(2))* Forgotten Bks.

Popular Guide to the Observation of Nature: Or Hints of Inducement to the Study of Natural Productions & Appearances, in Their Connexions & Relations (Classic Reprint) Robert Mudie. 2017. (ENG., Illus.). (J). pap. 13.57 *(978-0-243-56363-0(9))* Forgotten Bks.

Popular Guide to the Observation of Nature, or Hints of Inducement to the Study of Natural Productions & Appearances, in Their Connexions & Relations (Classic Reprint) Robert Mudie. (ENG., Illus.). (J). 2018. 338p. 30.87 *(978-0-428-99490-7(3))*; 2016. pap. 13.57 *(978-1-334-02316-3(6))* Forgotten Bks.

Popular History of Astronomy During the Nineteenth Century. Agnes Mary Clerke. 2017. (ENG.). 486p. (J). pap. *(978-3-337-32605-0(6))* Creation Pubs.

Popular Jack-O-Lantern Brain Designs Coloring Book. Smarter Activity Books. 2016. (ENG., Illus.). (J). pap. 9.22 *(978-1-68374-590-7(6))* Examined Solutions PTE. Ltd.

Popular Lectures of Sam P. Jones (Classic Reprint) Sam P. Jones. 2018. (ENG., Illus.). 132p. (J). 26.64 *(978-0-483-92247-1(1))* Forgotten Bks.

Popular Lectures on Astronomy: Delivered at the Royal Observatory of Paris (Classic Reprint) Francois Arago. 2017. (ENG., Illus.). (J). pap. 9.57 *(978-0-259-27632-6(4))* Forgotten Bks.

Popular Legends of Brittany: An English Version of Souvestre's Foyer Breton, from a German (Classic Reprint) Emile Souvestre. 2017. (ENG., Illus.). (J). 28.58 *(978-0-265-62875-1(X))* Forgotten Bks.

Popular Manual of Vocal Physiology & Visible Speech. Alexander Melville Bell. 2017. (ENG., Illus.). (J). pap. *(978-0-649-31969-5(9))* Trieste Publishing Pty Ltd.

Popular Member, the Wheel of Fortune, etc, Vol. 3 of 3 (Classic Reprint) Gore. 2018. (ENG., Illus.). 312p. (J). 30.33 *(978-0-332-69608-9(1))* Forgotten Bks.

Popular Motorcycle Helmet Designs Coloring Book. Smarter Activity Books. 2016. (ENG., Illus.). (J). pap. 9.22 *(978-1-68374-591-4(4))* Examined Solutions PTE. Ltd.

Popular New Works (Classic Reprint) T. C. Newby. (ENG., Illus.). (J). 2017. 30.25 *(978-1-5284-4967-0(3))*; 2016. pap. 13.57 *(978-1-334-31642-5(2))* Forgotten Bks.

Popular Novel (Classic Reprint) Augusta Evans Wilson. 2017. (ENG., Illus.). (J). 31.82 *(978-1-5284-5162-8(7))* Forgotten Bks.

Popular Novels (Classic Reprint) Edgar Wallace. (ENG., Illus.). (J). 2018. 258p. 29.22 *(978-0-483-32088-8(9))*; 2017. 29.26 *(978-0-331-87274-3(9))* Forgotten Bks.

Popular Princess Fairy Tales Coloring Book. Kreative Kids. 2016. (ENG., Illus.). (J). pap. 9.20 *(978-1-68377-550-8(3))* Whlke, Traudl.

Popular Proverbs (Fun with English) Sonia Mehta. 2019. (Fun with English Ser.). (ENG.). 48p. (J). pap. 8.99 *(978-0-14-344489-3(1)*, Puffin) Penguin Bks. India PVT, Ltd IND. Dist: Independent Pubs. Group.

Popular Race Cars Coloring Book. Kreative Kids. 2016. (ENG., Illus.). (J). pap. 9.20 *(978-1-68377-557-7(0))* Whlke, Traudl.

Popular Rhymes & Nursery Tales: A Sequel to the Nursery Rhymes of England (Classic Reprint) James Orchard Halliwell. 2018. (ENG., Illus.). 292p. (J). 29.92 *(978-0-365-15127-2(0))* Forgotten Bks.

Popular Rhymes of Scotland. Robert Chambers. (ENG.). (J). 2017. 412p. pap. *(978-3-337-26447-5(6))*; 2016. 408p. pap. *(978-3-7433-4184-5(0))*; 2016. 412p. pap. *(978-3-7433-4595-9(1))* Creation Pubs.

Popular Schoolgirl. Angela Brazil. 2019. (ENG.). 192p. (J). pap. *(978-93-5329-847-0(4))* Alpha Editions.

Popular Science Fact Book for Inquiring Minds, 8 vols. 2017. (Popular Science Fact Book for Inquiring Minds Ser.). (ENG.). (J). (gr. 8-8). lib. bdg. 198.00 *(978-1-5026-3332-3(9)*, ff42a32c-6a5b-4312-ac7b-4f843e3c41c6) Cavendish Square Publishing LLC.

Popular Science Hacker's Manual, 1 vol. The Editors of Popular Science of. 2018. (Popular Science Guide for Hackers & Inventors Ser.). (ENG.). 248p. (gr. 8-8). lib. bdg. 56.71 *(978-1-5026-4468-8(1)*, 79a35a54-ef00-4797-b56e-9a41fe43bfcc) Cavendish Square Publishing LLC.

Popular Science Inventor's Manual, 1 vol. Sean Michael Ragan. 2018. (Popular Science Guide for Hackers & Inventors Ser.). (ENG.). 248p. (gr. 8-8). lib. bdg. 56.71 *(978-1-5026-4469-5(X)*, a86c6636-b773-4b5b-a56a-7e06443e1e09) Cavendish Square Publishing LLC.

Popular Science Reader: Containing Lessons & Selections in Natural Philosophy, Botany, & Natural History; with Blackboard Drawing & Written Exercises (Classic Reprint) James Monteith. 2018. (ENG., Illus.). 364p. (J). 31.40 *(978-0-365-42044-6(1))* Forgotten Bks.

Popular Shoes for Kids Coloring Book. Activibooks For Kids. 2016. (ENG., Illus.). (J). pap. 9.20 *(978-1-68321-196-9(0))* Mimaxion.

Popular Sketch of Electro-Magnetism, or Electro-Dynamics. Francis Watkins. 2017. (ENG., Illus.). (J). pap. *(978-0-649-02282-3(3))* Trieste Publishing Pty Ltd.

Popular Sketch of Electro-Magnetism, or Electro-Dynamics: With Plates of the Most Approved Apparatus for Illustrating the Principal Phenomena of the Science, & Outlines of the Parent Sciences Electricity & Magnetism (Classic Reprint) Francis Watkins. (ENG., Illus.). (J). 2018. 94p. 25.86 *(978-0-365-15942-1(5))*; 2017. pap. 9.57 *(978-0-282-59564-7(3))* Forgotten Bks.

Popular Songs for Harmonica: 25 Modern & Classic Hits Arranged for Diatonic Harmonica. Hal Leonard Corp. Staff. 2018. (ENG.). 90p. (J). pap. 14.99 *(978-1-5400-1210-4(7)*, 00251081) Leonard, Hal Corp.

Popular Stories & Legends (Classic Reprint) Leo Tolstoi. (ENG., Illus.). (J). 2017. 27.24 *(978-0-331-31604-9(8))*; 2016. pap. 9.97 *(978-1-333-69688-7(4))* Forgotten Bks.

Popular Stories (Classic Reprint) Amy Brooks. 2018. (ENG., Illus.). 256p. (J). 29.18 *(978-0-428-23281-8(7))* Forgotten Bks.

Popular Stories Collected by the Brothers Grimm (Classic Reprint) Wilhelm Grimm. (ENG., Illus.). (J). 2018. 444p. 33.05 *(978-0-483-63957-7(5))*; 2017. pap. 16.57 *(978-0-243-19994-5(5))* Forgotten Bks.

Popular Story of Blue Beard: Embellished with Neat Engravings (Classic Reprint) Charles Perrault. 2018. (ENG., Illus.). 36p. (J). 24.66 *(978-0-656-12831-0(3))* Forgotten Bks.

Popular Story of Blue Beard (Classic Reprint) Charles Perrault. 2019. (ENG., Illus.). (J). 34p. 24.62 *(978-1-397-29608-5(9))*; 36p. pap. 7.97 *(978-1-397-29595-8(3))* Forgotten Bks.

Popular Tales & Romances of the Northern Nations, Vol. 3 of 3 (Classic Reprint) Johann Karl August Musaus. 2018. (ENG., Illus.). 352p. (J). 31.18 *(978-0-267-10307-2(7))* Forgotten Bks.

Popular Tales & Romances, Vol. 1 Of 3: Of the Northern Nations (Classic Reprint) Unknown Author. 2018. (ENG., Illus.). 354p. (J). 31.20 *(978-0-666-67483-8(3))* Forgotten Bks.

Popular Tales & Romances, Vol. 2 Of 3: Of the Northern Nations (Classic Reprint) Unknown Author. 2018. (ENG., Illus.). 330p. (J). 30.70 *(978-0-484-60711-7(1))* Forgotten Bks.

Popular Tales (Classic Reprint) Maria Edgeworth. (ENG., Illus.). (J). 2018. 262p. 29.30 *(978-0-364-49162-1(0))*; 2018. 264p. pap. 11.97 *(978-0-364-49152-2(3))*; 2017. 34.87 *(978-1-5283-8542-8(X))* Forgotten Bks.

Popular Tales (Classic Reprint) Élisabeth Charlotte Pauline Guizot. (ENG., Illus.). (J). 2018. 406p. 32.27 *(978-0-483-38752-2(5))*; 2016. pap. 16.57 *(978-1-333-43364-2(6))* Forgotten Bks.

Popular Tales from the Norse (Classic Reprint) George Webbe Dasent. (ENG., Illus.). (J). 2018. 626p. 36.81 *(978-0-364-87768-5(5))*; 2018. 624p. 36.79 *(978-0-483-70580-7(2))*; 2017. 33.38 *(978-0-331-22290-6(6))*; 2017. pap. 16.57 *(978-0-259-02980-9(7))*; 2016. pap. 19.57 *(978-1-333-80484-8(9))* Forgotten Bks.

Popular Tales, Vol. 1 (Classic Reprint) Maria Edgeworth. 2018. (ENG., Illus.). 296p. (J). 30.02 *(978-0-483-39375-2(4))* Forgotten Bks.

Popular Tales, Vol. 1 of 3 (Classic Reprint) Maria Edgeworth. 2017. (ENG., Illus.). (J). 30.21 *(978-0-265-19157-6(2))* Forgotten Bks.

Popular Tales, Vol. 2 (Classic Reprint) Maria Edgeworth. 2018. (ENG., Illus.). 298p. (J). 30.06 *(978-0-483-88877-7(X))* Forgotten Bks.

Popular Tales, Vol. 2 Of 3: Containing, the Lottery; Rosanna; Murad the Unlucky; the Manufacturers (Classic Reprint) Maria Edgeworth. (ENG., Illus.). (J). 2019. 334p. 30.79 *(978-0-365-12267-8(X))*; 2017. pap. 13.57 *(978-0-259-30998-7(2))* Forgotten Bks.

Popular Tales, Vol. 3: Containing, the Contrast, the Grateful Negro, to Morrow (Classic Reprint) Maria Edgeworth. 2017. (ENG., Illus.). (J). 31.38 *(978-0-266-71124-7(3))*; pap. 13.97 *(978-1-5276-6573-6(9))* Forgotten Bks.

Popular Tales, Vol. 3 (Classic Reprint) Maria Edgeworth. 2018. (ENG., Illus.). 370p. (J). 31.53 *(978-0-483-48562-4(4))* Forgotten Bks.

Popular Theater & Play Masks Coloring Book. Smarter Activity Books. 2016. (ENG., Illus.). (J). pap. 9.22 *(978-1-68374-592-1(2))* Examined Solutions PTE. Ltd.

Popular Traditions of Lancashire, Vol. 1 of 3 (Classic Reprint) John Roby. 2018. (ENG., Illus.). 328p. (J). 30.66 *(978-0-483-81973-3(5))* Forgotten Bks.

Popular Traditions of Lancashire, Vol. 2 of 3 (Classic Reprint) J. Roby. 2018. (ENG., Illus.). 356p. (J). 31.24 *(978-0-267-16055-6(0))* Forgotten Bks.

Popular Traditions of Lancashire, Vol. 3 of 3 (Classic Reprint) John Roby. 2018. (ENG., Illus.). 340p. (J). 30.93 *(978-0-666-60262-6(X))* Forgotten Bks.

Popular Volkswagen Beetle Designs Coloring Book. Smarter Activity Books. 2016. (ENG., Illus.). (J). pap. 9.22 *(978-1-68374-593-8(0))* Examined Solutions PTE. Ltd.

Popularity Code. Stephanie Faris. 2020. (ENG.). 256p. (J). (gr. 4-8). 18.99 *(978-1-5344-4520-8(X))*; pap. 7.99 *(978-1-5344-4519-2(6))* Simon & Schuster Children's Publishing. (Aladdin).

Popularity Pact: Camp Clique: Book One. Eileen Moskowitz-Palma. (Popularity Pact Ser.: 1). (ENG.). (J). (gr. 3-7). 2021. 304p. 7.99 *(978-0-7624-6743-3(6))*; 2020. (Illus.). 288p. 16.99 *(978-0-7624-6745-7(2))* Running Pr. (Running Pr. Kids).

Popularity Pact: School Squad: Book Two. Eileen Moskowitz-Palma. (Popularity Pact Ser.: 2). (ENG.). 304p. (J). (gr. 3-7). 2021. 7.99 *(978-0-7624-6748-8(7))*; 2020. 16.99 *(978-0-7624-6750-1(9))* Running Pr. (Running Pr. Kids).

PopularMMOs Presents: The End of All the Things. PopularMMOs. Illus. by Danielle Jones. 2022. (PopularMMOs Ser.). (ENG.). 208p. (J). (gr. 3-7). 21.99 *(978-0-06-308041-6(9)*, HarperAlley) HarperCollins Pubs.

PopularMMOs Presents a Hole New Activity Book: Mazes, Puzzles, Games, & More! PopularMMOs. Illus. by Dani Jones. 2019. (PopularMMOs Ser.). (ENG.). 128p. (J). (gr. 3-7). pap. 10.99 *(978-0-06-291662-4(9)*, HarperAlley) HarperCollins Pubs.

PopularMMOs Presents a Hole New World. PopularMMOs. Illus. by Dani Jones. (PopularMMOs Ser.). (ENG.). 208p. (J). (gr. 3-7). 2020. pap. 11.99 *(978-0-06-279088-0(9))*; 2018. 19.99 *(978-0-06-279087-3(0))* HarperCollins Pubs. (HarperAlley).

PopularMMOs Presents a Hole New World. Pat+Jen. ed. 2021. (PopularMMOs Ser.). (ENG., Illus.). 206p. (J). (gr. 4-5). 24.96 *(978-1-64697-630-0(4))* Penworthy Co., LLC, The.

PopularMMOs Presents Enter the Mine. PopularMMOs. Illus. by Dani Jones. (PopularMMOs Ser.). (ENG.). 208p. (J). (gr. 3-7). 2020. pap. 11.99 *(978-0-06-289429-8(3))*; 2019. 19.99 *(978-0-06-289428-1(5))* HarperCollins Pubs. (HarperAlley).

PopularMMOs Presents Enter the Mine. Pat+Jen. ed. 2021. (PopularMMOs Ser.). (ENG., Illus.). 206p. (J). (gr. 4-5). 24.96 *(978-1-64697-631-7(2))* Penworthy Co., LLC, The.

Popularmmos Presents: Enter the Mine (signed Edition) PopularMMOs. Illus. by Dani Jones. 2019. 208p. (J). *(978-0-06-293357-7(4))* Harper & Row Ltd.

Popularmmos Presents into the Overworld. PopularMMOs. 2023. (PopularMMOs Ser.). (ENG., Illus.). 208p. (J). (gr. 3-7). pap. 12.99 *(978-0-06-308039-3(7)*, HarperAlley) HarperCollins Pubs.

PopularMMOs Presents into the Overworld. PopularMMOs & Dani Jones. 2021. (PopularMMOs Ser.). (ENG., Illus.). 208p. (J). (gr. 3-7). 19.99 *(978-0-06-308038-6(9)*, HarperAlley) HarperCollins Pubs.

PopularMMOs Presents Zombies' Day Off. PopularMMOs. Illus. by Dani Jones. (PopularMMOs Ser.). (ENG.). 208p. (J). (gr. 3-7). 2022. pap. 11.99 *(978-0-06-300652-2(9))*; 2020. 19.99 *(978-0-06-300651-5(0))* HarperCollins Pubs. (HarperAlley).

Population & Settlement Geo Facts. Izzi Howell. 2018. (Geo Facts Ser.). (Illus.). 32p. (J). (gr. 5-5). *(978-0-7787-4385-9(3))* Crabtree Publishing Co.

Population of an Old Pear-Tree: Or, Stories of Insect Life (Classic Reprint) E. Van Bruyssel. 2018. (ENG., Illus.). 232p. (J). 28.68 *(978-0-365-48516-2(0))* Forgotten Bks.

Population of Chicago: Analyzing Data, 1 vol. Anna McDougal. 2017. (Computer Kids: Powered by Computational Thinking Ser.). (ENG.). 24p. (J). (gr. 4-5). 25.27 *(978-1-5383-2434-9(2)*, 4e20239d-f6c2-4980-8e35-e68804b5c8ec, PowerKids Pr.); pap. *(978-1-5081-3766-5(8)*, ae995c46-9df5-44a2-b756-872831054c20, Rosen Classroom) Rosen Publishing Group, Inc., The.

Populism in the Digital Age, 1 vol. Ed. by Anne Cunningham, VII & Anne Cunningham. 2017. (At Issue Ser.). (ENG.). 120p. (YA). (gr. 10-12). pap. 28.80 *(978-1-5345-0214-7(9)*, 321c7033-62bf-46c0-9426-23cc245d74f0); lib. bdg. 41.03 *(978-1-5345-0207-9(6)*, a5f305ed-ffed-49ec-ba66-9bd1fa3ec5cb) Greenhaven Publishing LLC.

Por Amor Al Fútbol. la Historia de Pelé (for the Love of Soccer! the Story of Pelé) Level 2. Pelé. Illus. by Frank Morrison. 2020. (World of Reading Ser.). (SPA.). 32p. (J). (gr. -1-3). pap. 4.99 *(978-1-368-05634-2(2))* Little, Brown Bks. for Young Readers.

Por Debajo Del Lodo. Laureanna Raymond-Duvernell. Illus. by Mara C. Williams. 2020. (SPA.). 26p. (J). 17.99 *(978-1-64538-359-8(8))*; pap. 11.99 *(978-1-64538-328-4(8))* Orange Hat Publishing.

Por Donde see Which Way?

Por el Derecho a Estudiar: La Historia de Malala Yousafzai. Rebecca Langston-George. Tr. by Aparicio Publishing Aparicio Publishing LLC. Illus. by Janna Rose Bock. 2019. (Encuentros: Narrativa de No Ficción Ser.). (SPA.). 40p. (J). (gr. 3-6). lib. bdg. 29.32 *(978-1-5435-8268-0(0)*, 141301) Capstone.

Por Encima de la Valla (over the Fence) Kirsten McDonald. Illus. by Fátima Anaya. 2019. (Carlos & Carmen (Spanish Version) (Calico Kid) Ser.). (SPA.). 32p. (J). (gr. -1-3). lib. bdg. 32.79 *(978-1-5321-3607-8(2)*, 31953, Calico Chapter Bks) Magic Wagon.

Por Encima y Por Debajo. Amy Culliford. 2022. (Direcciones en Mi Mundo (Directions in My World) Ser.). (SPA & ENG.). 16p. (J). (gr. -1-1). pap. *(978-1-0396-4912-5(2)*, 19750); lib. bdg. *(978-1-0396-4785-5(5)*, 19749) Crabtree Publishing Co.

Por Eso Nuestro Maestro Se Viste de Amarillo. Mark C. Booker et al. 2016. (SPA., Illus.). (J). (gr. k-3). 11.99 *(978-0-9984254-1-2(9))*; pap. 9.99 *(978-0-9984254-0-5(0))* Education That, LLC.

Por Favor Se Ha Perdido. Carolina Van Pampus. Illus. by Natalia Agostini Kalinquita. 2023. (SPA.). 44p. (J). 18.00 ***(978-1-0880-3545-0(0))*** Indy Pub.

Por la Senda Antigua. Michaela Cozad. Tr. by Almendra de Mata. 2023. (SPA.). 66p. (J). pap. ***(978-1-958997-34-5(X))*** Seraph Creative.

Por Mí Misma. P. D. Workman. Tr. by Florencia Lavorato. 2022. (SPA.). 346p. (J). pap. ***(978-1-77468-293-7(1))*** PD Workman.

¿Por Qué a Monsieur Croquette No le Gusta la Comida? Luis Tome Ariz. 2019. (SPA.). 32p. (J). pap. *(978-0-359-88747-7(3))* Lulu Pr., Inc.

¿Por Qué Brillará Tanto la Luna? Why Does the Moon Shine So Bright? Tr. by Virginio Baptista & Angeles Delgado. Illus. by Steve Ferchaud. 2021. (SPA.). 34p. (J). pap. 14.95 *(978-0-9795461-1-2(7))* Stories of Grandma.

Por Qué Brotan Las Semillas? (How Seeds Sprout), 1 vol. Marie Rogers. 2020. (Máximo Secreto de la Naturaleza (Top-Secret Nature) Ser.). (SPA.). 24p. (gr. 1-2). lib. bdg. 25.27 *(978-1-7253-2070-3(3)*, 87b10fae-72d8-401d-a86b-4294a8333184, PowerKids Pr.) Rosen Publishing Group, Inc., The.

Por Qué Coyote aúlla a la Luna: Leveled Reader Book 38 Level K 6 Pack. Hmh Hmh. 2020. (SPA.). 16p. (J). pap. 74.40 *(978-0-358-08349-8(4))* Houghton Mifflin Harcourt Publishing Co.

¿Por Qué el Agua Vale la Pena? Lori Harrison & Water Environment Federation. Illus. by Jon Harrison. 2019. (SPA.). 42p. (gr. k-4). pap. 12.95 *(978-1-57278-363-8(X))* Water Environment Federation.

¿Por qué el agua vale la pena? Lori Harrison & Water Environment Federation. Illus. by Jon Harrison. 2019. (SPA.). 42p. (gr. k-5). 16.95 *(978-1-57278-364-5(8))* Water Environment Federation.

¿Por Qué el Colibrí Bebe Néctar? Illus. by Lisa Workman & Terry Workman. 2016. (Jump into Genre Ser.). (SPA.). (J). (gr. 3). 5.25 *(978-1-4788-3618-6(0))* Newmark Learning LLC.

Por Qué el Leopardo Tiene Manchas: Leveled Reader Book 51 Level I 6 Pack. Hmh Hmh. 2020. (SPA.). 32p. (J). pap. 74.40 *(978-0-358-08360-3(5))* Houghton Mifflin Harcourt Publishing Co.

¿Por Qué Hay Estrellas en el Cielo? Anna Obiols. 2019. (SPA.). 28p. (J). 26.99 *(978-84-9142-237-2(4))* Algar Editorial, Feditres, S.L. ESP. Dist: Lectorum Pubns., Inc.

Por Qué Hay Osos Polares en la Nieve ... y No Hay Flamencos: Set of 6 Common Core Edition. Nancy White & Benchmark Education Company, LLC Staff. 2016. (Navigators Ser.). (SPA.). (J). (gr. 3). 54.00 net. *(978-1-5125-0830-7(6))* Benchmark Education Co.

Por Qué Hibernan Los Animales? (Why Animals Hibernate), 1 vol. Marie Rogers. 2020. (Máximo Secreto de la Naturaleza (Top-Secret Nature) Ser.). (SPA.). 24p. (gr. 1-2). pap. 9.25 *(978-1-7253-2080-2(0)*, 087a5b44-6a71-48ba-bc51-1d9b026d4bd9, PowerKids Pr.) Rosen Publishing Group, Inc., The.

¿Por Qué la Luna Es de Marfil? Leveled Reader Book 34 Level Q 6 Pack. Hmh Hmh. 2021. (SPA.). 40p. (J). pap. 74.40 *(978-0-358-08516-4(0))* Houghton Mifflin Harcourt Publishing Co.

Por Que la Tortuga No Tiene Pelo en la Cabeza. Rose Ihedigbo. 2017. (SPA., Illus.). (J). pap. 9.95 *(978-1-947247-98-7(0))* Yorkshire Publishing Group.

Por Que la Tortuga No Tiene Pelo en la Cabeza. Rose Ihedogho. 2017. (SPA., Illus.). (J). 19.95 *(978-1-947491-00-7(8))* Yorkshire Publishing Group.

¿Por Qué Las Vacas Dan Leche? Y Muchas Otras Preguntas Sobre la Granja. Ed. by Ediciones Larousse. 2022. (Por Qué? Ser.). (SPA.). 32p. (J). (gr. 2-4). 15.45 *(978-607-21-2139-3(X))* Larousse, Ediciones, S. A. de C. V. MEX. Dist: Independent Pubs. Group.

¿Por Qué Lloramos? Fran Pintadera. Illus. by Ana Sender. 2019. (SPA.). 40p. (J). (gr. 2-4). pap. 17.95 *(978-84-17440-15-2(1))* Akiara Bks. ESP. Dist: Independent Pubs. Group.

¿Por Qué Los Caracoles No Tienen Patas? Y Muchas Otras Preguntas Sobre el Jardín. Ed. by Ediciones Larousse. 2022. (Por Qué? Ser.). (SPA.). 32p. (J). (gr. 2-4). 19.99 *(978-607-21-2145-4(4))* Larousse, Ediciones, S. A. de C. V. MEX. Dist: Independent Pubs. Group.

¿Por Qué Los Dinosaurios Tenían Dientes Enormes? Y Muchas Otras Preguntas Sobre Los Dinosaurios. Ed. by Ediciones Larousse. 2022. (Por Qué? Ser.). (SPA.). 30p. (J). (gr. 2-4). 10.95 *(978-607-21-2364-9(3))* Larousse, Ediciones, S. A. de C. V. MEX. Dist: Independent Pubs. Group.

¿Por Qué Los Murciélagos Cuelgan Boca Abajo? Y, Cómo Los Apaches Obtuvieron el Fuego. Charlie Holt. Illus. by Charlie Holt. 2023. (SPA.). 46p. (J). pap. 18.00 ***(978-1-956203-22-6(2)***, Many Seasons Pr.) Hispanic Institute of Social Issues.

¿Por Qué Los Perros Mueven la Cola? y Otras Preguntas Raras Que Hago a Veces / W Hy Do Dogs Move Their Tails? & Other Rare Questions I Sometimes Ask. Gabriel Leon. 2021. (SPA.). 128p. (J). (gr. 3-7). pap. 12.95 *(978-607-31-9506-5(0)*, B De Blook) Penguin Random House Grupo Editorial ESP. Dist: Penguin Random Hse. LLC.

¿Por Qué Me Sigue la Luna? y Otras Preguntas Raras Que Hago a Veces / Why Is the Moon Following Me? & Other Rare Questions I Sometimes Ask. Gabriel León. 2022. (SPA.). 140p. (J). (gr. 3-7). pap. 12.95 *(978-607-38-0608-4(6)*, B De Blook) Penguin Random House Grupo Editorial ESP. Dist: Penguin Random Hse. LLC.

¿Por Qué Mi Corazón Hace Bum Bum? Y Muchas Otras Preguntas Sobre el Cuerpo. Ed. by Ediciones Larousse. 2022. (Por Qué? Ser.). (SPA.). 30p. (J). (gr. 2-4). 10.95 *(978-607-21-2365-6(1))* Larousse, Ediciones, S. A. de C. V. MEX. Dist: Independent Pubs. Group.

Por Qué Migran Los Animales: Leveled Reader Book 44 Level N 6 Pack. Hmh Hmh. 2021. (SPA.). 24p. (J). pap. 74.40 *(978-0-358-08439-6(3))* Houghton Mifflin Harcourt Publishing Co.

¿Por Qué No Puedo Dormir? (Why Can't I Sleep?) Margaret Salter. Tr. by Pablo de la Vega from ENG. Illus. by Margaret Salter. 2021. (Abrazos de Oso (Bear with Me) Ser.). (SPA., Illus.). 32p. (J). (gr. k-3). pap. *(978-1-4271-3072-3(8)*, 13851); lib. bdg. *(978-1-4271-3068-6(X)*, 13846) Crabtree Publishing Co. (Crabtree Classics).

¿Por Qué No Puedo Salir, Abuelo? Lo Que Nair Aprendió Sobre la Cuarentena. Gabriel Bonilla. Illus. by Francesca Izurieta. 2021. (SPA.). 70p. (J). 14.50 *(978-1-64086-868-7(2))* ibukku, LLC.

¿Por Qué Se Derritió el Helado? Ariela Kreimer. 2018. (Sarah Descubre Ser.). (SPA.). 32p. (J). (gr. -1-k). 15.99 *(978-987-4163-00-4(3))* Lectura Colaborativa ARG. Dist: Independent Pubs. Group.

Por Que Soy Why Am I. Colleen McCarthy-Evans. Tr. by Melina Aceves. Illus. by Sarah Dietz. 2020. (SPA.). 54p. (J). 18.95 *(978-1-940654-01-0(7))* Seven Seas Pr.

Por Que Soy Why Am I. Colleen McCarthy-Evans. Illus. by Sarah Dietz. 2020. (SPA.). 54p. (J). pap. 14.95 *(978-1-940654-02-7(5))* Seven Seas Pr.

¿Por Qué Tenemos el día de Acción de Gracias. Margaret Hillert. Illus. by Stephen Marchesi. 2020. (Beginning-To-Read: Spanish Easy Stories Ser.). (SPA.). 32p. (J). (-2). 22.60 *(978-1-68450-879-2(7))* Norwood Hse. Pr.

Por Qué Tenemos el día de Acción de Gracias. Margaret Hillert. Illus. by Stephen Marchesi. 2021. (Beginning-To-Read Ser.). (SPA.). 32p. (J). (gr. k-2). pap. 13.26 *(978-1-68404-535-8(5))* Norwood Hse. Pr.

¿Por Qué Tenemos Miedo? Fran Pintadera. Illus. by Ana Sender. 2023. (SPA.). 40p. (J). (gr. 2-4). pap. 18.00 *(978-84-18972-08-9(4))* Akiara Bks. ESP. Dist: Independent Pubs. Group.

¿Por Qué Yo Soy Yo? (Why Am I Me?) Paige Britt. Illus. by Selina Alko & Sean Qualls. 2017. (SPA.). 40p. (J). (gr. -1-3). pap. 7.99 *(978-1-338-23344-5(0))* Scholastic, Inc.

Por Suerte Se Tienen Amigos. Julia Boehme. 2017. (SPA.). 28p. (J). (gr. k-2). 17.99 *(978-958-30-5143-2(8))* Panamericana Editorial COL. Dist: Lectorum Pubns., Inc.

Por Todo Nuestro Alrededor, 1 vol. Xelena Gonzalez & Xelena González. Illus. by Adriana M. Garcia. 2021. (SPA.). 32p. (J). (gr. -1-4). pap. 12.95 *(978-1-947627-57-4(0)*, 23353382, Cinco Puntos Press) Lee & Low Bks., Inc.

Por Trece Razones. Jay Asher. 2017. (SPA.). 368p. (YA). (gr. 9-12). pap. 17.99 *(978-987-747-190-8(6))* V&R Editoras.

Por Tu Seguridad: Leveled Reader Book 25 Level e 6 Pack. Hmh Hmh. 2021. (SPA.). 16p. (J). pap. 74.40 *(978-0-358-08245-3(5))* Houghton Mifflin Harcourt Publishing Co.

Por un Ratito: Only for a Little While (Spanish Edition) Gabriela Orozco Belt. Illus. by Richy Sánchez Ayala. 2023. (SPA.). 32p. (J). (gr. -1-3). 19.99 *(978-0-06-328729-7(3)*, Balzer & Bray) HarperCollins Pubs.

Porção Semanal Da Torá - Livro de Atividades. Pip Reid. 2020. (POR.). 70p. (J). pap. *(978-1-989961-25-4(8))* Bible Pathway Adventures.

Porcelain Tower, or Nine Stories of China (Classic Reprint) T. H. Sealy. 2018. (ENG., Illus.). 338p. (J). 30.87 *(978-0-332-19241-3(5))* Forgotten Bks.

Porch Talk: A Conversation about Archaeology in the Texas Panhandle. John R. Erickson & Douglas K. Boyd. 2022. (ENG., Illus.). 112p. (J). (gr. 4-6). pap. 19.95 *(978-1-68283-122-9(1)*, P693762) Texas Tech Univ. Pr.

Porcupine: A Drama in Three Acts (Classic Reprint) Edwin Arlington Robinson. 2017. (ENG., Illus.). (J). 27.38 *(978-0-260-39873-4(X))* Forgotten Bks.

Porcupine & Frog. Jolene M. Hedtke. 2022. (ENG.). 28p. (J). 21.99 ***(978-1-64538-414-4(4))***; pap. 15.99 ***(978-1-64538-415-1(2))*** Orange Hat Publishing.

Porcupine & Frog: Trash or Treasure? Jolene Hedtke. Illus. by Jolene Hedtke. 2023. (ENG.). 54p. (J). pap. 14.99 ***(978-1-64538-518-9(3))*** Orange Hat Publishing.

Porcupine & Frog: Trash or Treasure? Jolene M. Hedtke. 2023. (ENG.). 52p. (J). 21.99 ***(978-1-64538-519-6(1))*** Orange Hat Publishing.

Porcupine Cupid. Jason Jason June. Illus. by Lori Richmond. 2020. (ENG.). 40p. (J). (gr. -1-3). 17.99 *(978-1-4814-8101-4(0)*, McElderry, Margaret K. Bks.) McElderry, Margaret K. Bks.

Porcupine of Truth. Bill Konigsberg. 2020. (ENG.). 336p. (J). (gr. 9-9). pap. 10.99 *(978-1-338-71583-5(6))* Scholastic, Inc.

Porcupine Pete's Sports Corner: Ice Hockey. Ben Whitehouse & Clever Publishing. 2019. (Clever Firsts Ser.). (ENG.). 10p. (J). (gr. -1 — 1). bds. 6.99 *(978-1-949998-15-3(0))* Clever Media Group.

Porcupine Pete's Sports Corner: Ice Skating. Ben Whitehouse & Clever Publishing. 2019. (Clever Firsts Ser.). (ENG.). 10p. (J). (gr. -1 — 1). bds. 6.99 *(978-1-949998-14-6(2))* Clever Media Group.

Porcupine Polly Needs a Hug. Lee Wolber. 2019. (ENG., Illus.). 30p. (J). 23.95 *(978-1-64559-105-4(0))*; pap. 13.95 *(978-1-64559-104-7(2))* Covenant Bks.

Porcupine Quills to Needles. Jennifer Colby. 2019. (21st Century Junior Library: Tech from Nature Ser.). (ENG.). 24p. (J). (gr. 2-5). pap. 12.79 *(978-1-5341-3952-7(4)*, 212637); (Illus.). lib. bdg. 30.64 *(978-1-5341-4296-1(7)*, 212636) Cherry Lake Publishing.

Porcupine Valentine. Illus. by Aaron Zenz. 2016. (J). *(978-0-545-90155-0(3))* Scholastic, Inc.

Porcupines, 1 vol. Sebastian Avery. 2016. (Creatures of the Forest Habitat Ser.). (ENG.). 24p. (J). (gr. 3-3). pap. 9.25 *(978-1-4994-2757-8(3)*, a96dee79-f875-465f-8435-c396b0e64d78, PowerKids Pr.) Rosen Publishing Group, Inc., The.

Porcupines. Amy McDonald. 2021. (Animals in My Yard Ser.). (ENG., Illus.). 24p. (J). (gr. -1-2). lib. bdg. 25.95 *(978-1-64487-361-8(3)*, Blastoff! Readers) Bellwether Media.

Porcupines. Julie Murray. (Animals with Armor Ser.). (ENG., Illus.). 24p. (J). 2022. (gr. 2-2). pap. 8.95 *(978-1-64494-656-5(4))*; 2021. (gr. k-4). lib. bdg. 31.36 *(978-1-0982-2660-2(7)*, 38618) ABDO Publishing Co. (Abdo Zoom-Dash).

Porcupines. Mari Schuh. 2016. (My First Animal Library). (Illus.). 24p. (J). (gr. k-2). lib. bdg. 25.65 *(978-1-62031-290-2(5)*, Bullfrog Bks.) Jump! Inc.

Porcupines. Jill Sherman. 2018. (North American Animals Ser.). (ENG.). 24p. (J). (gr. 1-4). pap. 8.99 *(978-1-68152-338-5(8)*, 15123); lib. bdg. *(978-1-68151-418-5(4)*, 15115) Amicus.

Porcupines: Whats Going on with Them? Bold Kids. 2022. (ENG.). 46p. (J). pap. 14.99 ***(978-1-0717-1129-3(6))*** FASTLANE LLC.

Porcupines & Hedgehogs. Joanne Mattern. 2018. (Core Content Science — Animal Look-Alikes Ser.). (ENG., Illus.). 32p. (J). (gr. 2-4). lib. bdg. 23.99 *(978-1-63440-213-2(8)*, 552593fa-9dbb-44e7-a46b-17922771e9bb) Red Chair Pr.

Porcupine's Picnic: Who Eats What? Betsy R. Rosenthal. Illus. by Giusi Capizzi. 2017. (ENG.). 32p. (J). (gr. -1-2). 19.99 *(978-1-4677-9519-7(4)*, 35b32061-ef3d-44ab-b216-87a602614795); E-Book 30.65 *(978-1-5124-2840-7(X))* Lerner Publishing Group. (Millbrook Pr.).

Porcupine's Pie. Laura Renauld. Illus. by Jennie Poh. 2018. (Woodland Friends Ser.). 32p. (J). 16.99 *(978-1-5064-3180-2(1)*, Beaming Books) 1517 Media.

Porfiriato. Paola Morán. 2020. (Historias de Verdad - México Ser.). (SPA.). 88p. (J). (gr. 4-7). pap. 13.95 *(978-607-8469-73-4(8))* Nostra Ediciones MEX. Dist: Independent Pubs. Group.

Pork Belly Tacos with a Side of Anxiety: My Journey Through Depression, Bulimia, & Addiction. Yvonne Castaneda. 2022. 280p. (YA). pap. 12.99 *(978-1-59580-108-1(1))* Santa Monica Pr.

Pork Buns & High-Fives. Norma Slavit. 2019. (ENG.). 140p. (J). pap. 17.00 *(978-0-578-22494-7(1))* Slavit, Norma.

Porkington Hamm. Margaret Rodeheaver. 2019. (ENG.). 232p. (J). (gr. 3-9). pap. 12.99 *(978-1-7327837-7-5(2))* Pares Forma Pr. Will Way Bks., Inc.

Porkington Hamm & the Killer Tomatoes. Margaret M. Rodeheaver. 2023. (Porkington's World Ser.: Vol. 6). (ENG.). 210p. (J). pap. 8.99 ***(978-1-7370203-9-4(4))*** Pares Forma Pr. Will Way Bks., Inc.

Porky the Porcupine Fish. Vicki Joseph. 2021. (ENG.). 26p. (J). 19.95 *(978-1-6629-0619-0(6))* Gatekeeper Pr.

Poro Comes Home. Angela G. Clements. Illus. by Angela G. Clements. 2022. (ENG.). 36p. (J). pap. ***(978-0-6480675-6-6(4))*** Nenge Books.

Porous Borders: Multiracial Migrations & the Law in the U. S. -Mexico Borderlands. Julian Lim. 2020. (David J. Weber Series in the New Borderlands History Ser.). (ENG., Illus.). 320p. pap. 32.50 *(978-1-4696-5914-5(X)*, 01PODPB) Univ. of North Carolina Pr.

Porpoise or Dolphin. Tamra Orr. 2019. (21st Century Junior Library: Which Is Which? Ser.). (ENG., Illus.). 24p. (J). (gr. 2-5). pap. 12.79 *(978-1-5341-5022-5(6)*, 213395); lib. bdg. 30.64 *(978-1-5341-4736-2(5)*, 213394) Cherry Lake Publishing.

Porpoises Are Our Friends Coloring Book. Smarter Activity Books for Kids. 2016. (ENG., Illus.). (J). pap. 9.22 *(978-1-68374-594-5(9))* Examined Solutions PTE. Ltd.

Porpoises (Nature's Children) (Library Edition) Jodie Shepherd. 2018. (Nature's Children, Fourth Ser.). (ENG., Illus.). 48p. (J). (gr. 3-5). lib. bdg. 30.00 *(978-0-531-23482-2(7)*, Children's Pr.) Scholastic Library Publishing.

Porque el Cielo Es Azul? A Grandpa Series Book (Spanish) Chris Heath. 2017. (SPA., Illus.). (J). pap. *(978-1-9997094-3-6(0))* Trench Publishing.

Porque Te Amo Mucho. Guido Van Genechten. 2022. (SPA., Illus.). 24p. (J). bds. 16.95 *(978-1-60537-756-8(2))* Clavis Publishing.

Porquinho, Meu Cofrinho. Larissa Caroline. 2019. (POR.). 60p. (J). pap. *(978-0-359-38864-6(7))* Lulu Pr., Inc.

Porridge. Zimbili Dlamini & Hlengiwe Zondi. Illus. by Catherine Groenewald. 2022. (ENG.). 32p. (J). pap. ***(978-1-922918-01-7(6))*** Library For All Limited.

Porridge - Uji. Zimbili Dlamini & Hlengiwe Zondi. Illus. by Catherine Groenewald. 2023. (SWA.). 32p. (J). pap. ***(978-1-922910-44-8(9))*** Library For All Limited.

Porridge Plot. Che Golden. Illus. by Ella Bailey. 2017. (ENG.). 256p. (J). pap. 9.99 *(978-1-84688-414-6(4)*, 351544) Alma Bks. GBR. Dist: Bloomsbury Publishing Plc.

Porridge the Tartan Cat & the Kittycat Kidnap, 13 vols. Alan Dapre. Illus. by Yuliya Somina. 2017. (Porridge the Tartan Cat Ser.). 152p. (J). pap. 6.95 *(978-1-78250-357-6(9)*, Kelpies) Floris Bks. GBR. Dist: Consortium Bk. Sales & Distribution.

Porridge the Tartan Cat & the Pet Show Show-Off, 28 vols. Alan Dapre. Illus. by Yuliya Somina. 2018. (Porridge the Tartan Cat Ser.: 6). 152p. (J). pap. 6.95 *(978-1-78250-360-6(9)*, Kelpies) Floris Bks. GBR. Dist: Consortium Bk. Sales & Distribution.

Porridge the Tartan Cat & the Unfair Funfair, 28 vols. Alan Dapre. Illus. by Yuliya Somina. 2017. (Porridge the Tartan Cat Ser.). 144p. (J). pap. 6.95 *(978-1-78250-359-0(5)*, Kelpies) Floris Bks. GBR. Dist: Consortium Bk. Sales & Distribution.

Porrismo. Thomas Kingsley Troupe. 2022. (Los Mejores Deportes de la Escuela Secundaria (Top High School Sports) Ser.). (SPA.). 32p. (J). (gr. 3-9). pap. *(978-1-0396-5015-2(5)*, 20543); lib. bdg. *(978-1-0396-4888-3(6)*, 20542) Crabtree Publishing Co. (Crabtree Branches).

Porsche. Jennifer Colby. 2022. (Floored! Supercars Ser.). (ENG., Illus.). 32p. (J). (gr. 4-8). pap. 14.21 *(978-1-6689-1115-0(9)*, 221060); lib. bdg. 32.07 *(978-1-6689-0955-3(3)*, 220922) Cherry Lake Publishing. (45th Parallel Press).

Porsche. S. L. Hamilton. 2022. (Xtreme Cars Ser.). (ENG., Illus.). 48p. (J). (gr. 3-9). lib. bdg. 34.22 *(978-1-5321-9609-6(1)*, 39507, Abdo & Daughters) ABDO Publishing Co.

Porsche: The Ultimate Speed Machine. Paul H. Cockerham. 2017. (Speed Rules! Inside the World's Hottest Cars Ser.: Vol. 8). (ENG., Illus.). 95p. (YA). (gr. 7-12). 25.95 *(978-1-4222-3836-3(9))* Mason Crest.

Porsche 718 Cayman GT4. Kaitlyn Duling. 2023. (Cool Cars Ser.). (ENG., Illus.). (J). (gr. 3-7). lib. bdg. 26.95 Bellwether Media.

Porsche 911. Julie Murray. 2017. (Car Stars (Dash!) Ser.). (ENG., Illus.). 24p. (J). (gr. k-4). lib. bdg. 31.36 *(978-1-5321-2082-4(6)*, 26765, Abdo Zoom-Dash) ABDO Publishing Co.

Porsche 911 Carrera. Emily Rose Oachs. 2018. (Car Crazy Ser.). (ENG., Illus.). 24p. (J). (gr. 3-7). lib. bdg. 26.95 *(978-1-62617-779-6(1)*, Torque Bks.) Bellwether Media.

Porsche 911 GT3. Julia Garstecki. 2019. (Epic Cars Ser.). (ENG.). 32p. (J). (gr. 4-6). pap. 9.99 *(978-1-64466-039-3(3)*, 12745); (Illus.). lib. bdg. *(978-1-68072-840-8(7)*, 12744) Black Rabbit Bks. (Bolt).

Porsche 911 GT3. Julia Garstecki. 2019. (Coches épicos Ser.). (SPA., Illus.). 32p. (J). (gr. 4-6). *(978-1-62310-217-3(0)*, 12897, Bolt) Black Rabbit Bks.

Porsche 918 Spyder. Thomas K. Adamson. 2019. (Ultimate Supercars Ser.). (ENG., Illus.). 32p. (J). (gr. 3-3). pap. 9.95 *(978-1-64494-239-0(9)*, 1644942399) Bigfoot Bks. GBR. Dist: North Star Editions.

Port Allington Stories (Classic Reprint) R. E. Vernede. 2018. (ENG., Illus.). 336p. (J). 30.85 *(978-0-483-15487-2(3))* Forgotten Bks.

Port Anywhere. J. S. Frankel. 2022. (ENG.). 270p. (YA). pap. *(978-1-80250-960-1(7))* Totally Entwinded Group.

Port Argent: A Novel (Classic Reprint) Arthur Colton. 2018. (ENG., Illus.). 364p. (J). 31.40 *(978-0-483-92220-4(X))* Forgotten Bks.

Port Folio: Or, a School Girl's Selection (Classic Reprint) Unknown Author. 2018. (ENG., Illus.). 170p. (J). 27.40 *(978-0-483-95318-5(0))* Forgotten Bks.

Port Mugaloo. Karen McMillan. 2020. (Elastic Island Adventures Ser.: Vol. 2). (ENG.). 194p. (J). pap. *(978-0-473-43822-7(4))* Duckling Publishing.

Port of Adventure (Classic Reprint) Charles Norris Williamson. (ENG., Illus.). (J). 2017. 32.85 *(978-0-266-41052-2(9))*; 2016. pap. 16.57 *(978-1-333-52834-8(5))* Forgotten Bks.

Port of Earth Volume 1. Zack Kaplan. 2022. (ENG., Illus.). 128p. (YA). pap. 16.99 *(978-1-5343-0646-2(3)*, f8caed5d-f5d7-4f4b-81e9-c675a51ad06d) Image Comics.

Port of Earth Volume 2. Zack Kaplan. 2018. (ENG., Illus.). 128p. (YA). pap. 16.99 *(978-1-5343-0848-0(2)*, 7a3a3156-5736-4c15-a1a9-7fb1c07456b3) Image Comics.

Port of Earth Volume 3. Zack Kaplan. 2019. (ENG., Illus.). 128p. (YA). pap. 16.99 *(978-1-5343-1335-4(4)*, 09675c2f-2a2c-42ee-bf8a-92d0f91318cd) Image Comics.

Port of Missing Men (Classic Reprint) Meredith Nicholson. 2017. (ENG., Illus.). (J). 32.81 *(978-1-5283-8768-2(6))* Forgotten Bks.

Port Said Miscellany (Classic Reprint) William McFee. (ENG., Illus.). (J). 2018. 34p. 24.60 *(978-0-428-25393-6(8))*; 2016. pap. 7.97 *(978-1-334-15593-2(3))* Forgotten Bks.

Port Side Pirates! Oscar Seaworthy. Illus. by Debbie Harter. 2022. (Barefoot Singalongs Ser.). (ENG.). 32p. (J). (gr. -1-2). pap. 9.99 *(978-1-64686-510-9(3))* Barefoot Bks., Inc.

Port Tarascon. Alphonse Daudet. 2017. (ENG.). 372p. (J). pap. *(978-3-337-34019-3(9))* Creation Pubs.

Port Tarascon: The Last Adventures of the Illustrious Tartarin (Classic Reprint) Alphonse Daudet. 2018. (ENG., Illus.). 388p. (J). 32.08 *(978-0-428-99966-7(2))* Forgotten Bks.

Port-Tarascon: To Whichis Added Studies & Landscapes (Classic Reprint) Alphonse Daudet. 2018. (ENG., Illus.). 454p. (J). 33.28 *(978-0-483-32298-1(9))* Forgotten Bks.

Portability. Gregory Grange, Sr. 2020. (ENG.). 56p. (J). pap. 24.18 *(978-1-716-52091-4(6))*; 55p. pap. *(978-1-716-53679-3(0))* Lulu Pr., Inc.

Portable Transit Instrument in the Vertical of the Pole Star. Wilhelm Dollen. 2017. (ENG., Illus.). (J). pap. *(978-3-337-02510-6(2))* Creation Pubs.

Portable Transit Instrument in the Vertical of the Pole Star. Wilhelm Dollen. 2017. (ENG., Illus.). (J). pap. *(978-0-649-26777-4(X))* Trieste Publishing Pty Ltd.

Portal. Megan Atwood. Illus. by Amerigo Pinelli. 2023. (Return to Ravens Pass Ser.). (ENG.). 72p. (J). pap. 6.99 ***(978-1-6690-3387-5(2)***, 252303, Stone Arch Bks.) Capstone.

Portal. E. G Bateman. 2019. (Faders Ser.: Vol. 3). (ENG., Illus.). 310p. (YA). pap. *(978-1-9998714-4-4(8))* Comerdown Publishing.

Portal: Into the Unknown Adventure. Mavis Sybil. 2021. (ENG.). 70p. (J). pap. 10.99 *(978-1-0879-7335-7(X))* Indy Pub.

Portal: Large Print Edition. E. G Bateman. Lt. ed. 2019. (Faders Series - Large Print Ser.: Vol. 3). (ENG.). 402p. (YA). pap. *(978-1-9998714-8-2(0))* Comerdown Publishing.

Portal, 1940 (Classic Reprint) Weaver High School. 2018. (ENG., Illus.). (J). 164p. 27.28 *(978-1-396-27258-5(5))*; 166p. pap. 9.97 *(978-1-396-05041-1(8))* Forgotten Bks.

P

Portal, 1942 (Classic Reprint) Weaver High School. 2018. (ENG., Illus.). (J). 136p. 26.72 *(978-1-396-68021-2(7))*; 138p. pap. 9.57 *(978-1-396-04329-1(2))* Forgotten Bks.

Portal of Doom. Laurie S. Sutton. Illus. by Erik Doescher. 2018. (You Choose Stories: Justice League Ser.). (ENG.). 112p. (J). (gr. 2-6). pap. 6.95 *(978-1-4965-6558-7(4)*, 138571); lib. bdg. 32.65 *(978-1-4965-6554-9(1)*, 138567) Capstone. (Stone Arch Bks.).

Portal of Dreams (Classic Reprint) Charles Neville Buck. 2017. (ENG., Illus.). (J). 30.58 *(978-1-5281-8350-5(9))* Forgotten Bks.

Portal Prophecies: A Keeper's Destiny Collector's Edition 3. C. A. King. 2016. (ENG., Illus.). (J). pap. *(978-0-9940311-7-4(3))* Pharos Publishing.

Portal Prophecies: Deadly Perceptions. C. A. King. 2018. (ENG.). 302p. (J). ***(978-1-988301-52-5(1))*** Pharos Publishing.

Portal Prophecies: Finding Balance. C. A. King. (ENG., Illus.). (J). 2018. 234p. *(978-1-988301-53-2(X))*; 2016. 209p. pap. *(978-1-988301-04-4(1))* Pharos Publishing.

Portal Prophecies: Sleeping Sands. C. A. King. (ENG., Illus.). (J). 2018. 310p. *(978-0-9940311-6-7(5))*; 2016. 227p. pap. *(978-0-9940311-5-0(7))* Pharos Publishing.

Portal to Collateria. April Mae. 2018. (Chronicles of Collateria Ser.: Vol. 1). (ENG., Illus.). 48p. (J). pap. 10.95 *(978-1-64003-643-7(1))* Covenant Bks.

Portal to Paragon (Set), 6 vols. 2022. (Portal to Paragon Ser.). (ENG.). 112p. (J). (gr. 2-5). lib. bdg. 231.00 *(978-1-0982-3312-9(3)*, 39815, Calico Chapter Bks.) ABDO Publishing Co.

Portals of Prayer for Kids: 365 Daily Devotions. Concordia Publishing House. 2017. (ENG.). (J). 16.99 *(978-0-7586-5776-3(5))* Concordia Publishing Hse.

Portals to Whyland. Day Leitao. abr. ed. 2020. (ENG.). 946p. (YA). pap. *(978-1-9992427-6-3(9))* Sparkly Wave.

Portals to Xandria: What's So Special about Dragon Poop? Cheryl Rae. 2019. (Aly & Rocket Adventures Ser.: Vol. 1). (ENG.). 116p. (J). pap. 6.99 *(978-0-9827906-4-9(3))* Out There Bks.

Portefeuille du Comedien; de l'Homme du Monde; de la Femme de Salon et de Tutti Quanti (Classic Reprint) Raynaud Raynaud. 2017. (FRE., Illus.). (J). 26.62 *(978-0-331-10452-3(0))*; pap. 9.57 *(978-1-5283-9797-1(5))* Forgotten Bks.

Portent & Other Stories. George MacDonald. 2017. (ENG., Illus.). (J). 25.95 *(978-1-374-88396-3(4))*; pap. 15.95 *(978-1-374-88395-6(6))* Capital Communications, Inc.

Portentous History (Classic Reprint) Alfred Lord Tennyson. 2017. (ENG., Illus.). (J). 31.26 *(978-1-5279-6623-9(2))* Forgotten Bks.

Porter Family. Wendy Willis. Illus. by Charlotte Smith. 2021. (ENG.). 32p. (J). pap. 12.99 *(978-1-63760-333-8(9))* Primedia eLaunch LLC.

Porter Flies up, up & Away. Debi Moon. Illus. by Jp Roberts. 2020. (ENG.). 24p. (J). *(978-1-5255-4072-1(6))*; pap. *(978-1-5255-4073-8(4))* FriesenPress.

Porter's Magic Paintbrush. Elizabeth Lee Sorrell. Illus. by Sandra Js Coleman. 2019. (Faceless Nutcracker Ser.: Vol. 3). (ENG.). 32p. (J). (gr. k-6). 19.99 *(978-1-7330965-2-2(3))* Yarbrough Hse. Publishing.

Portfolio (Classic Reprint) Unknown Author. (ENG., Illus.). (J). 2019. 300p. 30.10 *(978-0-365-19249-7(X))*; 2018. 314p. 30.33 *(978-0-484-65354-1(7))* Forgotten Bks.

Portfolio for Youth (Classic Reprint) John Frost. 2017. (ENG., Illus.). (J). 31.12 *(978-0-265-71066-1(9))*; pap. 13.57 *(978-1-5276-6246-9(2))* Forgotten Bks.

Portfolio of Samuel G. Mcclure Jr. (Classic Reprint) Samuel Grant McClure Jr. (ENG., Illus.). (J). 2018. 166p. 27.34 *(978-0-483-85013-2(6))*; 2016. pap. 9.97 *(978-1-333-37665-9(0))* Forgotten Bks.

Portfolio, Vol. 4: Comprising I. the Flowers of Literature; II. the Spirit of the Magazines; III. the Wonders of Nature & Art; IV. the Family Physician, & Domestic Guide; V. the Mechanics' Oracle; Sept. 18, 1824 (Classic Reprint) Unknown Author. 2018. (ENG., Illus.). 484p. (J). 33.88 *(978-0-483-76237-4(7))* Forgotten Bks.

Portia Learns about Andorra. Tracilyn George. 2023. (ENG.). 24p. (J). pap. 12.99 ***(978-1-77475-791-8(5))*** Draft2Digital.

Portia, or 'by Passions Rocked' (Classic Reprint) Unknown Author. (ENG., Illus.). (J). 2018. 358p. 31.28 *(978-0-483-64803-6(5))*; 2017. pap. 13.97 *(978-0-243-41773-5(X))* Forgotten Bks.

Portion of a Champion (Classic Reprint) Francis O. Sullivan Tighe. 2017. (ENG., Illus.). (J). 31.69 *(978-1-5282-8695-4(2))* Forgotten Bks.

Portion of Labor (Classic Reprint) Mary E. Wilkins. 2018. (ENG., Illus.). 592p. (J). 36.11 *(978-0-365-47418-0(5))* Forgotten Bks.

Portland 1 To 10. Sara Beth Greene. Illus. by Jimmy Thompson. 2019. (City 1 To 10 Ser.). 22p. (J). (— 1). bds. 9.99 *(978-1-63217-254-9(2)*, Little Bigfoot) Sasquatch Bks.

Portland Baby. Barbara Kerley. Illus. by Josh Cleland. 2017. (Local Baby Bks.). (ENG.). 22p. (J). (gr. -1 — 1). bds. 8.95 *(978-1-946064-05-9(X)*, 806405) Duo Pr. LLC.

Portland Timbers. Sam Moussavi. 2021. (Inside MLS Ser.). (ENG., Illus.). 48p. (J). (gr. 3-6). lib. bdg. 34.21 *(978-1-5321-9261-6(4)*, 35131); (gr. 4-4). pap. 11.95 *(978-1-64494-569-8(X))* ABDO Publishing Co. (SportsZone).

Portland Timbers. Mark Stewart. 2017. (First Touch Soccer Ser.). (ENG., Illus.). 24p. (J). (gr. k-3). 23.93 *(978-1-59953-866-2(0))* Norwood Hse. Pr.

Portland Trail Blazers. Marty Gitlin. 2022. (Inside the NBA (2023) Ser.). (ENG., Illus.). 48p. (J). (gr. 3-6). lib. bdg. 34.22 *(978-1-5321-9842-7(6)*, 39789, SportsZone) ABDO Publishing Co.

Portland Trail Blazers. Michael E. Goodman. 2018. (NBA Champions Ser.). (ENG.). 24p. (J). (gr. 1-4). pap. 8.99 *(978-1-62832-582-9(8)*, 19829, Creative Paperbacks); lib. bdg. *(978-1-64026-027-6(7)*, 19811, Creative Education) Creative Co., The.

Portland Trail Blazers. K. C. Kelley. 2019. (Insider's Guide to Pro Basketball Ser.). (ENG.). 32p. (J). (gr. 1-4). lib. bdg. 35.64 *(978-1-5038-2473-7(X)*, 212265) Child's World, Inc, The.

Portland Trail Blazers. Jim Whiting. 2017. (NBA: a History of Hoops Ser.). (ENG., Illus.). 48p. (J). (gr. 4-7). *(978-1-60818-859-8(0)*, 20282, Creative Education) Creative Co., The.

Portland Trail Blazers All-Time Greats. Brendan Flynn. 2020. (NBA All-Time Greats Ser.). (ENG., Illus.). 24p. (J). (gr. 3-3). pap. 8.95 *(978-1-63494-172-3(1)*, 1634941721); lib. bdg. 28.50 *(978-1-63494-159-4(4)*, 1634941594) Pr. Room Editions LLC.

Portmanteau Adaptations (Classic Reprint) Stuart Walker. 2018. (ENG., Illus.). 246p. (J). 28.97 *(978-0-267-83838-7(7))* Forgotten Bks.

Portmanteau Plays (Classic Reprint) Stuart Walker. 2018. (ENG., Illus.). 196p. (J). 27.96 *(978-0-364-23262-0(5))* Forgotten Bks.

Portrait: A Romance of the Cuyahoga Valley (Classic Reprint) A. G. Riddle. 2018. (ENG., Illus.). 384p. (J). 31.82 *(978-0-483-40264-5(8))* Forgotten Bks.

Portrait in Crimsons: A Drama Novel (Classic Reprint) Charles Edward Barns. (ENG., Illus.). (J). 2018. 192p. 27.88 *(978-0-267-61362-5(8))*; 2017. pap. 10.57 *(978-0-259-23895-9(3))* Forgotten Bks.

Portrait in Poems: The Storied Life of Gertrude Stein & Alice B. Toklas. Evie Robillard. Illus. by Rachel Katstaller. 2020. (ENG.). 48p. (J). (gr. 1-4). 17.99 *(978-1-5253-0056-1(3))* Kids Can Pr., Ltd. CAN. Dist: Hachette Bk. Group.

Portrait of a Lady. Henry James. 2021. (ENG.). 458p. (J). pap. 14.99 *(978-1-4209-7531-4(5))* Digireads.com Publishing.

Portrait of a Pioneer (Classic Reprint) Edward Hunt. (ENG., Illus.). (J). 2018. 190p. 27.82 *(978-0-267-60794-5(6))*; 2016. pap. 10.57 *(978-1-334-12718-2(2))* Forgotten Bks.

Portrait of an Artist: Claude Monet: Discover the Artist Behind the Masterpieces. Lucy Brownridge. Illus. by Caroline Bonne-Müller. 2020. (Portrait of an Artist Ser.). (ENG.). 32p. (J). (gr. 2-5). ***(978-0-7112-4877-9(X)***, Wide Eyed Editions) Quarto Publishing Group UK.

Portrait of an Artist: Frida Kahlo: Discover the Artist Behind the Masterpieces. Lucy Brownridge. Illus. by Sandra Dieckmann. 2019. (Portrait of an Artist Ser.). (ENG.). 32p. (J). (gr. k-2). ***(978-1-78603-642-1(8)***, Wide Eyed Editions) Quarto Publishing Group UK.

Portrait of Dorian Gray see Retrato de Dorian Gray

Portrait of the Artist As a Young Man (Classic Reprint) James Joyce. 2017. (ENG., Illus.). (J). 30.23 *(978-0-266-80009-5(2))* Forgotten Bks.

Portrait Photography. John Hamilton. 2018. (Digital Photography Ser.). (ENG., Illus.). 48p. (J). (gr. 5-9). lib. bdg. 34.21 *(978-1-5321-1589-9(X)*, 28754, Abdo & Daughters) ABDO Publishing Co.

Portraits see Retratos

Portraits & Sketches of Serbia (Classic Reprint) Francesca M. Wilson. 2017. (ENG., Illus.). (J). 26.10 *(978-0-331-55061-0(X))* Forgotten Bks.

Portraits of Celebrated Racehorses of the Past & Present Centuries, in Strictly Chronological Order, Commencing in 1702 & Ending in 1870, Vol. 4 Of 4: Together with Their Respective Pedigrees & Performances Recorded in Full; from 1842 To 1870. Thomas Henry Taunton. 2018. (ENG., Illus.). (J). 638p. 37.06 *(978-1-391-10630-4(X))*; 640p. pap. 19.57 *(978-1-390-91324-8(4))* Forgotten Bks.

Portraits of Celebrated Racehorses of the Past & Present Centuries, Vol. 2 Of 4: In Strictly Chronological Order, Commencing in 1702 & Ending in 1870, Together with Their Respective Pedigrees & Performances Recorded in Full (Classic Reprint) Thomas Henry Taunton. 2017. (ENG., Illus.). (J). 40.25 *(978-0-331-86373-4(1))* Forgotten Bks.

Portraits of My Married Friends: Or, a Peep into Hymen's Kingdom (Classic Reprint) Uncle Ben. 2018. (ENG., Illus.). 358p. (J). 31.30 *(978-0-483-13908-4(4))* Forgotten Bks.

Portraits of Places (Classic Reprint) Henry James. (ENG., Illus.). (J). 2018. 386p. 31.86 *(978-0-483-51754-7(2))*; 2017. 33.01 *(978-0-265-82607-2(1))*; 2017. pap. 16.57 *(978-1-5278-8851-7(7))* Forgotten Bks.

Portreeve (Classic Reprint) Eden Phillpotts. 2018. (ENG., Illus.). 468p. (J). 33.55 *(978-0-428-96122-0(3))* Forgotten Bks.

Ports, 1 vol. Kevin Reilly. 2019. (Exploring Infrastructure Ser.). (ENG.). 48p. (gr. 3-4). 29.60 *(978-1-9785-0337-3(7)*, 38bd7f60-c2f7-4305-9c5e-a15f4f1cf4bf) Enslow Publishing, LLC.

Portugal. Ariel Factor Birdoff. 2019. (Countries We Come From Ser.). (ENG., Illus.). 32p. (J). (gr. k-3). 19.95 *(978-1-64280-194-1(1))* Bearport Publishing Co., Inc.

Portugal. Golriz Golkar. 2020. (Country Profiles Ser.). (ENG., Illus.). 32p. (J). (gr. 3-8). lib. bdg. 27.95 *(978-1-64487-256-7(0)*, Blastoff! Readers) Bellwether Media.

Portugal, 1 vol. Alicia Z. Klepeis. 2017. (Exploring World Cultures (First Edition) Ser.). (ENG.). 32p. (gr. 3-3). pap. 12.16 *(978-1-5026-3023-0(0)*, 555701b4-3430-4c3f-94e2-c79bf72bc288) Cavendish Square Publishing LLC.

Portugal, 1 vol. Jay Heale et al. 3rd rev. ed. 2016. (Cultures of the World (Third Edition)(r) Ser.). (ENG., Illus.). 144p. (gr. 5-5). 48.79 *(978-1-5026-1693-7(9)*, 27fde1b3-d3b1-4cd3-b42b-c076756630ef) Cavendish Square Publishing LLC.

Portugal, Vol. 16. Dominic J. Ainsley. 2018. (European Countries Today Ser.). (Illus.). 96p. (J). (gr. 7). lib. bdg. 34.60 *(978-1-4222-3990-2(X))* Mason Crest.

Portugal (Enchantment of the World) (Library Edition) Ettagale Blauer & Jason Lauré. 2019. (Enchantment of the World. Second Ser.). (ENG., Illus.). 144p. (J). (gr. 5-9). lib. bdg. 40.00 *(978-0-531-12699-8(4)*, Children's Pr.) Scholastic Library Publishing.

Portugal Enfermo Por Vicios, e Abusos de Ambos OS Sexos (Classic Reprint) José Daniel Rodrigues da Costa. 2017. (POR., Illus.). (J). 166p. 27.34 *(978-0-332-65884-1(8))*; 168p. pap. 9.97 *(978-0-332-39739-9(4))* Forgotten Bks.

Portuguese Explorers. Marty Gitlin & Maria Koran. 2016. (Illus.). 32p. (J). *(978-1-5105-1875-9(4))* SmartBook Media, Inc.

Portulan de Partie de la Mer Mediterranee, Ou le Vray Guide des Pilotes Costiers. Michelot-H. 2016. (Histoire Ser.). (FRE., Illus.). (J). pap. *(978-2-01-957938-8(3))* Hachette Groupe Livre.

Portygee: A Novel (Classic Reprint) Joseph C. Lincoln. 2018. (ENG., Illus.). 374p. (J). 31.61 *(978-0-267-59851-9(3))* Forgotten Bks.

Poseidon. Christine Ha. 2021. (Greek Gods & Goddesses Ser.). (ENG., Illus.). 32p. (J). (gr. 2-3). pap. 9.95 *(978-1-63738-052-9(6))*; lib. bdg. 31.35 *(978-1-63738-016-1(X))* North Star Editions. (Apex).

Poseidon. Heather C. Hudak. 2021. (Greek Mythology Ser.). (ENG., Illus.). 32p. (J). (gr. 2-5). lib. bdg. 34.21 *(978-1-5321-9680-5(6)*, 38392, Kids Core) ABDO Publishing Co.

Poseidon. Virginia Loh-Hagan. 2017. (Gods & Goddesses of the Ancient World Ser.). (ENG., Illus.). 32p. (J). (gr. 4-8). 32.07 *(978-1-63472-133-2(0)*, 209104, 45th Parallel Press) Cherry Lake Publishing.

Poseidon. Teri Temple. 2016. (J). *(978-1-4896-4651-4(5))* Weigl Pubs., Inc.

Poseidon: God of the Sea & Earthquakes. Teri Temple. Illus. by Robert Squier. 2019. (Greek Gods & Goddesses Ser.). (ENG.). 32p. (J). (gr. 3-6). lib. bdg. 35.64 *(978-1-5038-3261-9(9)*, 213029) Child's World, Inc, The.

Poseidon's Academy. Sarah A. Vogler. 2018. (Poseidon's Academy Ser.: Vol. 1). (ENG., Illus.). 400p. (J). pap. *(978-0-6483509-3-4(2))* Aurora House.

Poseidon's Academy. Sarah A. Vogler. 2018. (ENG.). 320p. (J). pap. *(978-0-6484701-7-5(2))* Enchanted Inkwell.

Poseidon's Academy & the Deadly Disease. Sarah A. Vogler. 2019. (Poseidon's Academy Ser.: 2). (ENG., Illus.). 456p. (J). pap. *(978-0-6484701-0-6(5))* Enchanted Inkwell.

Poseidon's Academy & the Olympian Mysteries (Book 4) Sarah A. Vogler. 2020. (ENG.). 332p. (YA). pap. *(978-0-6484701-6-8(4))* Enchanted Inkwell.

Poseidon's Academy & the Vanishing Students. Sarah A. Vogler. 2019. (Poseidon's Academy Ser.: 3). (ENG.). 426p. (J). pap. *(978-0-6484701-3-7(X))* Enchanted Inkwell.

Posey & Me. Mimi Woods. 2022. (ENG.). 32p. (J). pap. 15.00 ***(978-1-0879-2344-4(1))*** Indy Pub.

Posey Pearl Is a Curious Girl. Fifi Box. Illus. by Adam Ming. 2023. (ENG.). 24p. (J). (gr. -1-17). 18.99 ***(978-1-76050-876-0(4))*** Hardie Grant Bks. AUS. Dist: Hachette Bk. Group.

Posey, the Class Pest. Holly Anna. Illus. by Genevieve Santos. 2018. (Daisy Dreamer Ser.: 7). (ENG.). 128p. (J). (gr. k-4). 16.99 *(978-1-5344-1269-9(7))*; pap. 6.99 *(978-1-5344-1268-2(9))* Little Simon. (Little Simon).

Posh Moggs. Jayne Stennett. l.t. ed. 2017. (ENG., Illus.). 27p. (J). pap. *(978-1-912183-27-2(7))* UK Bk. Publishing.

Posh Puppy Pageant (JoJo & BowBow #3), Vol. 3. JoJo Siwa. 2019. (JoJo & BowBow Ser.). (ENG., Illus.). 120p. (J). (gr. 1-4). pap. 6.99 *(978-1-4197-3602-5(7)*, 1270103, Amulet Bks.) Abrams, Inc.

Posición (Position) Julie Murray. 2019. (¡a Medir! (Measure It!) Ser.). (SPA.). 24p. (J). (gr. -1-2). lib. bdg. 31.36 *(978-1-0982-0068-8(3)*, 33010, Abdo Kids) ABDO Publishing Co.

Posie: Or, from Reveille to Retreat; an Army Story (Classic Reprint) M. A. Cochran. 2017. (ENG., Illus.). (J). 27.98 *(978-1-5281-6744-4(9))* Forgotten Bks.

Posie Shoppe (Classic Reprint) Unknown Author. 2018. (ENG., Illus.). 44p. (J). 24.80 *(978-0-484-10366-4(0))* Forgotten Bks.

Posie's Travels. Cynthia J. Tidball. 2020. (ENG.). 22p. (J). 18.00 *(978-1-7338938-2-4(2))* Tidball, Cynthia J.

Position. Julie Murray. 2019. (Measure It! Ser.). (ENG., Illus.). 24p. (J). (gr. -1-2). lib. bdg. 31.36 *(978-1-5321-8529-8(4)*, 31396, Abdo Kids) ABDO Publishing Co.

Position des Dizaines. Douglas Bender. Tr. by Annie Evearts. 2021. (S'amuser Avec les Maths (Fun with Math) Ser.).Tr. of The Tens Place. (FRE., Illus.). 16p. (J). (gr. -1-1). pap. *(978-1-0396-0422-3(6)*, 13606) Crabtree Publishing Co.

Position of Peggy Harper (Classic Reprint) Leonard Merrick. (ENG., Illus.). (J). 2018. 302p. 30.15 *(978-0-483-34876-9(7))*; 2017. 316p. 30.43 *(978-0-332-31115-9(5))*; 2017. 318p. pap. 13.57 *(978-0-332-28805-5(6))* Forgotten Bks.

Positiones Suas Physioastronomicas de Sphaera Coelesti: Publice Demonstrandas, et Propugnandas in Collegio Neapolitano Soc. Jesu (Classic Reprint) Egidio Leognani Ferramosca. (LAT., Illus.). (J). 2018. 158p. 27.18 *(978-0-484-48514-2(8))*; 2017. pap. 9.57 *(978-0-259-58845-0(8))* Forgotten Bks.

Positions on the Team, 12 vols. 2022. (Positions on the Team Ser.). (ENG.). 32p. (J). (gr. 3-4). lib. bdg. 167.58 *(978-1-5383-8749-8(2)*, 259f84fe-f886-4ea6-a7fa-8bfe31ec8676, PowerKids Pr.) Rosen Publishing Group, Inc., The.

Positiva. Paige Rawl. 2016. (SPA.). 344p. (YA). (gr. 9-12). pap. 17.99 *(978-987-747-122-9(1))* V&R Editoras.

Positive & Negative Impacts of Computers in Society, 1 vol. Daniel R. Faust. 2018. (Essential Concepts in Computer Science Ser.). (ENG.). 32p. (gr. 4-5). 27.93 *(978-1-5383-3169-9(1)*, 1a0488e2-49e2-4028-b6ae-88cb76edf732, PowerKids Pr.) Rosen Publishing Group, Inc., The.

Positive Behavior for Minecrafters: 50 Fun Activities to Help Kids Manage Emotions. Erin Falligant. 2022. 64p. (J). (gr. k-5). pap. 9.99 *(978-1-5107-7251-9(0)*, Sky Pony Pr.) Skyhorse Publishing Co., Inc.

Positive Me! A Kids' Guide to Self-Compassion. Madelyn Hornstein & Phillipa Clark. 2019. (ENG.). 64p. (J). pap. 23.95 *(978-1-68471-333-2(1))* Lulu Pr., Inc.

Positive Self-Talk Is My Superpower. Your Ladder Up. 2023. (ENG.). 36p. (J). 24.99 ***(978-1-0880-8448-9(6))*** Indy Pub.

Positively Affirmed Poetically: For Children. Amanda Booker. 2022. (ENG.). 102p. (J). pap. 20.00 ***(978-1-0878-9745-5(9))*** Indy Pub.

Positively Beautiful. Wendy Mills. 2016. (ENG.). 368p. (YA). pap. 9.99 *(978-1-68119-025-9(7)*, 9781681190259, Bloomsbury USA Childrens) Bloomsbury Publishing USA.

Positively Black Activity Book: Red Edition. N. Bryan Massey. 2020. (ENG.). 82p. (J). pap. 14.99 *(978-0-578-71258-1(X))* Positively Black Publishing.

Positively Georgia: Canine Confidence. Elizabeth Ferris. 2020. (Positively Georgia Ser.: Vol. 3). (ENG.). 54p. (YA). (gr. k-4). *(978-0-2288-4560-7(2))* Tellwell Talent.

Positively Georgia - Be Brave, Impress Yourself, Be Your Own Breed. Elizabeth Ferris. 2021. (ENG.). 60p. (J). *(978-1-7779086-1-4(2))* Tellwell Talent.

Positively Izzy. Terri Libenson. Illus. by Terri Libenson. 2018. (Emmie & Friends Ser.). (ENG., Illus.). 224p. (J). (gr. 3-7). 22.99 *(978-0-06-248497-0(4))*; pap. 13.99 *(978-0-06-248496-3(6))* HarperCollins Pubs. (Balzer & Bray).

Positively Izzy. Terri Libenson. ed. 2018. (J). lib. bdg. 22.10 *(978-0-606-41363-3(4))* Turtleback.

Positively Pokémon: Pop up, Play, & Display! Evie Daye. Illus. by Pokémon. 2021. (UpLifting Editions Ser.). (ENG.). 24p. (J). (gr. -1-17). bds. 16.99 *(978-1-4197-5206-3(5)*, 1722110) Abrams, Inc.

Positively Purple. Linda Ragsdale. Illus. by P. S. Brooks. 2019. (ENG.). 32p. (J). (gr. k-2). 16.99 *(978-1-4867-1467-4(6)*, 53e97848-c4f5-44aa-85fe-00a1bb5a0cf0) Flowerpot Pr.

Positively Teen: A Practical Guide to a More Positive, More Confident You. Nicola Morgan. 2019. (ENG., Illus.). 208p. (YA). (gr. 5-17). pap. 12.99 *(978-0-316-52890-0(0)*, Poppy) Little, Brown Bks. for Young Readers.

Positively UPtimistic. Lisa Y. Lomeli. 2020. (ENG.). 28p. (J). 23.95 *(978-1-64654-569-8(9))* Fulton Bks.

Positivity & Gratitude Journal: Invest a Few Minutes a Day to Develop Gratitude, Thankfulness, & Positivity. Stacey Chillemi. 2022. (ENG.). 175p. (YA). pap. *(978-1-387-87249-7(4))* Lulu Pr., Inc.

Positivity Diary & Gratitude Journal-Develop Gratitude & Mindfulness Through Positive Affirmations. Personaldev Books. 2021. (ENG.). 152p. (YA). pap. 12.99 *(978-1-716-25564-9(3))* Lulu Pr., Inc.

Positivity One Day at a Time: 365 Inspirations to Help Develop a Growth Mindset, Positivity, & Strength. Andrea Seydel. 2018. (ENG., Illus.). 378p. (J). pap. *(978-0-9812598-5-7(5))* LLH Publishing Hse.

Positivity Workbook for Teens: Skills to Help You Increase Optimism, Resilience, & a Growth Mindset. Goali Saedi Bocci & Ryan M. Niemiec. 2020. (ENG., Illus.). 176p. (YA). (gr. 6-12). pap. 17.95 *(978-1-68403-602-8(X)*, 46028, Instant Help Books) New Harbinger Pubns.

Posrevolución. Carlos Silva. 2nd ed. 2022. (Historias de Verdad Historia de México Ser.). (SPA.). 96p. (J). (gr. 4-7). pap. 21.99 *(978-607-8469-93-2(2))* Nostra Ediciones MEX. Dist: Independent Pubs. Group.

Possess Me (Unabridged Edition) K. R. Alexander. unabr. ed. 2022. (ENG.). 192p. (J). (gr. 4-7). pap. 7.99 *(978-1-338-80739-4(0))* Scholastic, Inc.

Possessed (Classic Reprint) Cleveland Moffett. 2017. (ENG., Illus.). 266p. (J). 29.38 *(978-1-5279-6500-3(7))* Forgotten Bks.

Possession. M. Verano. 2016. (Diary of a Haunting Ser.). (ENG., Illus.). 352p. (YA). (gr. 9). 17.99 *(978-1-4814-6441-3(8)*, Simon Pulse) Simon Pulse.

Possession: A Peep-Show in Paradise (Classic Reprint) Laurence Housman. 2018. (ENG., Illus.). 60p. (J). 25.13 *(978-0-484-26417-4(6))* Forgotten Bks.

Possession of My Fate. Kia Carrington-Russell. 2016. (Three Immortal Blades Ser.: 3). (ENG.). 244p. pap. *(978-0-6483370-9-6(X))* Crystal Publishing.

Possibilities & Tea. Jessycka Drew. 2017. (ENG., Illus.). (J). pap. 10.00 *(978-0-9987596-0-9(0))* The Art of Jessycka Drew.

Possibility of Whales. Karen Rivers. 2019. (ENG.). 288p. (gr. 3-7). pap. 8.95 *(978-1-61620-926-1(7)*, 73926) Algonquin Young Readers.

Possibility of You & Me. Lillie Todd. 2016. (ENG., Illus.). 304p. (YA). pap. *(978-1-78686-030-9(9))* Totally Entwinded Group.

Possible. Tara Altebrando. 2018. (ENG.). 320p. (YA). pap. 10.99 *(978-1-68119-700-5(6)*, 900182280, Bloomsbury Young Adult) Bloomsbury Publishing USA.

Possible Lives of W. H. , Sailor, 1 vol. Bushra Junaid. 2023. (ENG., Illus.). 48p. (J). (gr. 4-7). pap. 15.99 ***(978-1-927917-85-5(9))*** Running the Goat, Bks. & Broadsides CAN. Dist: Orca Bk. Pubs. USA.

Possibly Pig. Floss Cotton. 2019. (ENG.). 50p. (J). pap. *(978-0-359-09645-9(X))* Lulu Pr., Inc.

Possibly Someday. Jorinda Nardone. 2023. (ENG.). 30p. (J). pap. ***(978-1-83934-705-4(8))*** Olympia Publishers.

Possomly's Bomb. Dandi Palmer. 2017. (ENG., Illus.). (J). pap. *(978-1-906442-65-1(7))* Dodo Bks.

Posson Jone & Pere Raphael: With a Ne Word Setting Forth Ho (Classic Reprint) George Washington Cable. 2018. (ENG., Illus.). 180p. (J). 27.63 *(978-0-666-94788-8(0))* Forgotten Bks.

Possum Playing Possum: By Mrs Pippycocky. William Sivitz. Illus. by Evelyn Dunphy. 2019. (ENG.). 20p. (J). pap. 7.99 ***(978-1-7322364-4-8(5))***; (gr. -1-3). 17.99 ***(978-1-7322364-3-1(7))*** Mrs.Pippicocky, LLC.

Possum That Didn't. Frank. Tashlin. 2016. (ENG., Illus.). 64p. (gr. 5-5). pap. 3.99 *(978-0-486-80080-6(6)*, 800806) Dover Pubns., Inc.

Possum Walk. Jeannie Edwards. 2022. (ENG.). 292p. (J). pap. 21.95 ***(978-1-63903-878-7(7))*** Christian Faith Publishing.

Post Box Robin. Sam Elswood. 2020. (ENG.). 24p. (J). pap. *(978-1-78830-746-8(1))* Olympia Publishers.

Post-Cold War World, 1 vol. Ed. by Bailey Maxim. 2016. (Political & Diplomatic History of the Modern World Ser.). (ENG., Illus.). 224p. (gr. 10-10). lib. bdg. 47.59 *(978-1-68048-357-4(9)*, 5d09b910-ef96-42f1-938d-5e82253c7328) Rosen Publishing Group, Inc., The.

Post-Girl (Classic Reprint) Edward Charles Booth. 2017. (ENG., Illus.). (J). 33.69 *(978-1-5281-6325-5(7))* Forgotten Bks.

Post Haste: A Tale of Her Majesty's Mails (Classic Reprint) R. M. Ballantyne. (ENG., Illus.). (J). 2018. 444p. 33.05 *(978-0-483-70834-1(8))*; 2016. pap. 16.57 *(978-1-333-28086-4(6))* Forgotten Bks.

TITLE INDEX POTBELLIED PIGS

Post Malone. Carlie Lawson. 2019. (Hip-Hop & R&B: Culture, Music & Storytelling Ser.). (Illus.). 80p. (J). (gr. 12). lib. bdg. 34.60 *(978-1-4222-4367-1(2))* Mason Crest.

Post Malone: Rapper, Singer, & Songwriter. Marcia Amidon Lusted. 2019. (Hip-Hop Artists Ser.). (ENG., Illus.). 112p. (J). (gr. 6-12). lib. bdg. 41.36 *(978-1-5321-9020-9(4),* 33360, Essential Library) ABDO Publishing Co.

Post Office. Amy McDonald & Amy McDonald. 2022. (Community Places Ser.). (ENG., Illus.). 24p. (J). (gr. -1-2). pap. 7.99 *(978-1-64834-660-6(X),* 21372, Blastoff! Readers) Bellwether Media.

Post Office. Jennifer Colby. 2016. (21st Century Junior Library: Explore a Workplace Ser.). (ENG., Illus.). 24p. (J). (gr. 2-5). 29.21 *(978-1-63471-076-3(2),* 208383) Cherry Lake Publishing.

Post Office. Julie Murray. 2016. (My Community: Places Ser.). (ENG., Illus.). 24p. (J). (gr. -1-2). lib. bdg. 31.36 *(978-1-68080-539-0(8),* 21358, Abdo Kids) ABDO Publishing Co.

Post Office (Classic Reprint) Rabindranath Tagore. 2017. (ENG., Illus.). (J). 26.12 *(978-0-260-33041-3(8))* Forgotten Bks.

Post Offices. Emma Bassier. 2019. (Places in My Community Ser.). (ENG.). 24p. (J). (gr. k-3). lib. bdg. 31.36 *(978-1-5321-6351-7(7),* 32017, Pop! Cody Koala) Pop!.

Postal Desde Australia. Laurie Friedman. Illus. by Roberta Ravasio. 2022. (Postales Mágicas (Magic Postcards) Ser.). (SPA.). 32p. (J). (gr. -1-3). pap. *(978-1-0396-4990-3(4),* 21539); lib. bdg. *(978-1-0396-4863-0(0),* 21538) Crabtree Publishing Co. (Crabtree Blossoms).

Postal Desde Canadá. Laurie Friedman. Illus. by Roberta Ravasio. 2022. (Postales Mágicas (Magic Postcards) Ser.). (SPA.). 32p. (J). (gr. -1-3). pap. *(978-1-0396-4992-7(0),* 21545); lib. bdg. *(978-1-0396-4865-4(7),* 21544) Crabtree Publishing Co. (Crabtree Blossoms).

Postal Desde Costa Rica. Laurie Friedman. Illus. by Roberta Ravasio. 2022. (Postales Mágicas (Magic Postcards) Ser.). (SPA.). 32p. (J). (gr. -1-3). pap. *(978-1-0396-4991-0(2),* 21551); lib. bdg. *(978-1-0396-4864-7(9),* 21550) Crabtree Publishing Co. (Crabtree Blossoms).

Postal Desde Francia. Laurie Friedman. Illus. by Roberta Ravasio. 2022. (Postales Mágicas (Magic Postcards) Ser.). (SPA.). 32p. (J). (gr. -1-3). pap. *(978-1-0396-4988-0(2),* 21557); lib. bdg. *(978-1-0396-4861-6(4),* 21556) Crabtree Publishing Co. (Crabtree Blossoms).

Postal Desde Italia. Laurie Friedman. Illus. by Roberta Ravasio. 2022. (Postales Mágicas (Magic Postcards) Ser.). (SPA.). 32p. (J). (gr. -1-3). pap. *(978-1-0396-4993-4(9),* 21563); lib. bdg. *(978-1-0396-4866-1(5),* 21562) Crabtree Publishing Co. (Crabtree Blossoms).

Postal Desde Japón. Laurie Friedman. Illus. by Roberta Ravasio. 2022. (Postales Mágicas (Magic Postcards) Ser.). (SPA.). 32p. (J). (gr. -1-3). pap. *(978-1-0396-4989-7(0),* 21569); lib. bdg. *(978-1-0396-4862-3(2),* 21568) Crabtree Publishing Co. (Crabtree Blossoms).

Postal Worker, 1 vol. Joanna Brundle. 2020. (I Want to Be Ser.). (ENG., Illus.). 24p. (J). (gr. k-2). 22.99 *(978-1-78637-944-3(9))* BookLife Publishing Ltd. GBR. Dist: Independent Pubs. Group.

Postal Worker. Jared Siemens. 2018. (People in My Neighborhood Ser.). (ENG.). 24p. (J). lib. bdg. 22.99 *(978-1-5105-3829-0(1))* SmartBook Media, Inc.

Postcard. M. J. Padgett. 2020. (ENG.). 288p. (YA). pap. 14.99 *(978-1-393-44362-9(1))* Draft2Digital.

Postcard from Australia, 1 vol. Laurie Friedman. Illus. by Roberta Ravasio. 2022. (Magic Postcards Ser.). (ENG.). 32p. (J). (gr. -1-3). lib. bdg. *(978-1-0396-4513-4(5),* 16283); pap. *(978-1-0396-4704-6(9),* 17225) Crabtree Publishing Co. (Crabtree Blossoms).

Postcard from Canada, 1 vol. Laurie Friedman. Illus. by Roberta Ravasio. 2022. (Magic Postcards Ser.). (ENG.). 32p. (J). (gr. -1-3). lib. bdg. *(978-1-0396-4516-5(X),* 16284); pap. *(978-1-0396-4707-7(3),* 17226) Crabtree Publishing Co. (Crabtree Blossoms).

Postcard from Costa Rica, 1 vol. Laurie Friedman. Illus. by Roberta Ravasio. 2022. (Magic Postcards Ser.). (ENG.). 32p. (J). (gr. -1-3). lib. bdg. *(978-1-0396-4514-1(3),* 16285); pap. *(978-1-0396-4705-3(7),* 17227) Crabtree Publishing Co. (Crabtree Blossoms).

Postcard from France, 1 vol. Laurie Friedman. Illus. by Roberta Ravasio. 2022. (Magic Postcards Ser.). (ENG.). 32p. (J). (gr. -1-3). lib. bdg. *(978-1-0396-4511-0(9),* 16286); pap. *(978-1-0396-4702-2(2),* 17228) Crabtree Publishing Co. (Crabtree Blossoms).

Postcard from Italy, 1 vol. Laurie Friedman. Illus. by Roberta Ravasio. 2022. (Magic Postcards Ser.). (ENG.). 32p. (J). (gr. -1-3). lib. bdg. *(978-1-0396-4515-8(1),* 16287); pap. *(978-1-0396-4706-0(5),* 17229) Crabtree Publishing Co. (Crabtree Blossoms).

Postcard from Japan, 1 vol. Laurie Friedman. Illus. by Roberta Ravasio. 2022. (Magic Postcards Ser.). (ENG.). 32p. (J). (gr. -1-3). lib. bdg. *(978-1-0396-4512-7(7),* 16288); pap. *(978-1-0396-4703-9(0),* 17230) Crabtree Publishing Co. (Crabtree Blossoms).

Postcard Project. Maggie Lauren Brown. Illus. by Asma Enayeh. 2023. 32p. (J). 17.99 *(978-1-5064-8692-5(4),* Beaming Books) 1517 Media.

Postcards for a Songbird. Rebekah Crane. 2019. (ENG.). 266p. (YA). (gr. 7-12). 16.99 *(978-1-5420-9299-9(X),* 9781542092999); pap. 9.99 *(978-1-5420-9298-2(1),* 9781542092982) Amazon Publishing. (Skyscape).

Postcards From..., 22 bks., Set. Incl. Brazil. Zoe Dawson. (Illus.). 32p. 1995. lib. bdg. 15.98 *(978-0-8172-4013-4(6));* Canada. Zoe Dawson. 32p. 1995. lib. bdg. 15.98 *(978-0-8172-4014-1(4));* France. Helen Arnold. (Illus.). 32p. 1995. lib. bdg. *(978-0-8172-4004-2(7));* Germany. Helen Arnold. (Illus.). 32p. 1995. lib. bdg. 22.83 *(978-0-8172-4008-0(X));* Great Britain. Helen Arnold. (Illus.). 32p. 1995. lib. bdg. 22.83 *(978-0-8172-4005-9(5));* Greece. Denise Allard. (Illus.). 32p. 1997. lib. bdg. *(978-0-8172-4022-6(5));* India. Denise Allard. (Illus.). 32p. 1996. lib. bdg. 22.83 *(978-0-8172-4027-1(6));* Ireland. Helen Arnold. (Illus.). 32p. 1996. lib. bdg. 22.83 *(978-0-8172-4026-4(8));* Israel. Denise Allard. (Illus.). 32p. 1997. lib. bdg. 22.83 *(978-0-8172-4020-2(9));* Italy. Helen Arnold. (Illus.). 32p. 1996. lib. bdg. 15.98 *(978-0-8172-4018-9(7));* Mexico. Helen Arnold. (Illus.). 32p. 1995. lib. bdg. 15.98 *(978-0-8172-4012-7(8));* Peru. Denise Allard. (Illus.). 36p. 1997. lib. bdg. *(978-0-8172-4028-8(4));* Poland. Denise Allard. (Illus.). 32p. 1996. lib. bdg. *(978-0-8172-4025-7(X));* Russia. Helen Arnold. (Illus.). 32p. 1995. lib. bdg. *(978-0-8172-4006-6(3));* South Africa. Zoe Dawson. (Illus.). 32p. 1995. lib. bdg. *(978-0-8172-4015-8(2));* Spain. Helen Arnold. (Illus.). 32p. 1995. lib. bdg. 15.98 *(978-0-8172-4009-7(8));* United States. Denise Allard. (Illus.). 32p. 1997. lib. bdg. 15.98 *(978-0-8172-4019-6(5));* Vietnam. Denise Allard. (Illus.). 32p. 1997. lib. bdg. *(978-0-8172-4023-3(3));* West Indies. Helen Arnold. (Illus.). 32p. 1997. lib. bdg. 22.83 *(978-0-8172-4021-9(7));* (J). (gr. 1-4). Set lib. bdg. 351.56 *(978-0-7398-3291-2(3))* Heinemann-Raintree.

Postcards from Me. Marcia Canter. 2020. (ENG.). 224p. (J). pap. 12.95 *(978-1-7336743-2-4(2))* Bk.lantropy.

Postcards from Me. Marcia Canter. 2017. (ENG., Illus.). (J). pap. 11.99 *(978-1-4834-6425-1(3))* Lulu Pr., Inc.

Postcards from Summer. Cynthia Platt. 2022. (ENG.). 576p. (YA). (gr. 7). 19.99 *(978-1-5344-7440-6(4),* Simon & Schuster Bks. For Young Readers) Simon & Schuster Bks. For Young Readers.

Postcards from Venice. Dee Romito. 2018. (Mix Ser.). (ENG.). 272p. (J). (gr. 4-8). 17.99 *(978-1-5344-0338-3(8));* pap. 7.99 *(978-1-5344-0337-6(X))* Simon & Schuster Children's Publishing. (Aladdin).

Poste Restante, Vol. 1 Of 3: A Novel (Classic Reprint) C. Y. Hargreaves. 2018. (ENG., Illus.). 258p. (J). 29.22 *(978-0-484-03351-0(4))* Forgotten Bks.

Poste Restante, Vol. 2 Of 3: A Novel (Classic Reprint) C. Y. Hargreaves. 2018. (ENG., Illus.). 242p. (J). 28.91 *(978-0-483-35918-5(1))* Forgotten Bks.

Poste Restante, Vol. 3 Of 3: A Novel (Classic Reprint) C. Y. Hargreaves. 2018. (ENG., Illus.). 224p. (J). 28.54 *(978-0-484-38264-9(0))* Forgotten Bks.

Posted. John David Anderson. (ENG.). 384p. (J). (gr. 3-7). 2018. pap. 9.99 *(978-0-06-233821-1(8));* 2017. 16.99 *(978-0-06-233820-4(X))* HarperCollins Pubs. (Walden Pond Pr.).

Poster Power: Great Posters & How to Make Them. Teresa Sdralevich. 2017. (ENG., Illus.). 120p. (J). (gr. 1-7). pap. 16.95 *(978-1-908714-48-0(4))* Cicada Bks. GBR. Dist: Consortium Bk. Sales & Distribution.

Posterbook Timeline Collection. Christopher Lloyd. Illus. by Andy Forshaw. 2017. (Timeline Posterbook Ser.). (ENG.). 50p. (J). 199.00 *(978-0-9954820-9-8(8))* What on Earth Bks GBR. Dist: Ingram Publisher Services.

Posters to Color: Oceans. Ed. Running Press. 2016. (ENG., Illus.). 24p. (J). (gr. -1-17). pap. 9.95 *(978-0-7624-5998-8(0),* Running Pr. Kids) Running Pr.

Posthumous Papers & Pickwick Club, Vol. 3 (Classic Reprint) Charles Dickens. 2017. (ENG., Illus.). (J). 32.15 *(978-0-265-71659-5(4));* pap. 16.57 *(978-1-5276-7227-7(1))* Forgotten Bks.

Posthumous Papers of the Pickwick Club: Containing a Faithful Record of Perambulations, Perils, Travels, Adventures & Sporting Transactions of the Corresponding Members (Classic Reprint) Charles Dickens. 2018. (ENG., Illus.). (J). 42p. 24.78 *(978-1-396-40816-8(9));* 44p. pap. 7.97 *(978-1-390-90138-2(6))* Forgotten Bks.

Posthumous Papers of the Pickwick Club: Containing a Faithful Record of the Perambulations, Perils, Travels, Adventures & Sporting Transactions of the Corresponding Members (Classic Reprint) Charles Dickens. 2018. (ENG., Illus.). (J). 44p. 24.80 *(978-1-396-57575-4(8));* 44p. 24.80 *(978-1-396-63979-1(9));* 46p. pap. 7.97 *(978-1-391-59340-1(5));* 46p. pap. 7.97 *(978-1-391-90943-1(7));* 54p. 25.01 *(978-1-396-40674-4(3));* 44p. 24.80 *(978-1-396-40889-2(4));* 46p. pap. 7.97 *(978-1-390-90111-5(4));* 56p. pap. 9.57 *(978-1-390-90112-2(2))* Forgotten Bks.

Posthumous Papers of the Pickwick Club: Containing a Faithful Record of the Perambulations, Perils, Travels Adventures & Sporting Transactions of the Corresponding Members (Classic Reprint) Charles Dickens. 2018. (ENG., Illus.). (J). 88p. 25.71 *(978-1-396-47467-5(6));* 90p. pap. 9.57 *(978-1-391-60487-9(3))* Forgotten Bks.

Posthumous Papers of the Pickwick Club 1836: No. II; Containing a Faithful Record of the Perambulations, Perils, Travels, Adventures & Sporting Transactions of the Corresponding Members (Classic Reprint) Charles Dickens. 2018. (ENG., Illus.). (J). 38p. 24.68 *(978-1-396-40953-0(X));* 40p. pap. 7.97 *(978-1-390-90126-9(2))* Forgotten Bks.

Posthumous Papers of the Pickwick Club 1836: No. VII; Containing a Faithful Record of Perambulations, Perils, Travels, Adventures & Sporting Transactions of the Corresponding Members (Classic Reprint) Charles Dickens. 2018. (ENG., Illus.). (J). 44p. 24.80 *(978-1-396-40888-5(6));* 46p. pap. 7.97 *(978-1-390-90117-7(3))* Forgotten Bks.

Posthumous Papers of the Pickwick Club 1836: No. XIV; Containing a Faithful Record of the Perambulations, Perils, Travels, Adventures & Sporting Transactions of the Corresponding Member (Classic Reprint) Charles Dickens. 2018. (ENG., Illus.). (J). 44p. 24.80 *(978-1-396-40783-3(9));* 46p. pap. 7.97 *(978-1-390-90125-2(4))* Forgotten Bks.

Posthumous Papers of the Pickwick Club, 1836, Vol. 3: Containing a Faithful Record of the Perambulations, Perils, Travels, Adventures & Sporting Transactions of the Corresponding Members (Classic Reprint) Charles Dickens. 2018. (ENG., Illus.). (J). 44p. 24.80 *(978-1-396-63975-3(6));* 46p. pap. 7.97 *(978-1-391-90786-4(8))* Forgotten Bks.

Posthumous Papers of the Pickwick Club 1837: Nos. XIX-XX; Containing a Faithful Record of the Perambulations, Perils, Travels, Adventures & Sporting Transactions of the Corresponding Members (Classic Reprint) Charles Dickens. 2018. (ENG., Illus.). (J). 112p. 26.21 *(978-1-396-40630-0(1));* 114p. pap. 9.57 *(978-1-390-90103-0(3))* Forgotten Bks.

Posthumous Papers of the Pickwick Club (Classic Reprint) Charles Dickens. (ENG., Illus.). (J). 2018. 380p. 31.73 *(978-1-396-82889-8(3));* 2018. 382p. pap. 16.57 *(978-1-396-82880-5(X));* 2018. 792p. 40.25 *(978-0-332-12204-9(4));* 2018. 37.41 *(978-0-331-97221-4(2));* 2017. 32.72 *(978-0-266-71013-4(1));* 2017. pap. 16.57 *(978-1-5276-6112-7(1));* 2017. 24.33 *(978-1-5283-7272-5(7));* 2017. 47.37 *(978-1-5283-8353-0(2));* 2017. pap. 23.57 *(978-0-259-36301-9(4))* Forgotten Bks.

Posthumous Papers of the Pickwick Club, Vol. 1: Containing a Faithful Record of the Perambulations, Perils, Travels, Adventures & Sporting Transactions of the Corresponding Members (Classic Reprint) Charles Dickens. 2018. (ENG., Illus.). (J). 42p. 24.76 *(978-1-396-68829-4(3));* 44p. pap. 7.97 *(978-1-391-59521-4(1))* Forgotten Bks.

Posthumous Papers of the Pickwick Club, Vol. 1 of 2 (Classic Reprint) Charles Dickens. 2017. (ENG., Illus.). (J). 37.90 *(978-1-5281-8037-5(2))* Forgotten Bks.

Posthumous Papers of the Pickwick Club, Vol. 16: Containing a Faithful Records of the Perambulations, Perils, Travels, Adventures & Sporting Transactions of the Corresponding Members (Classic Reprint) Charles Dickens. 2018. (ENG., Illus.). (J). 52p. 24.97 *(978-1-396-68821-8(8));* 54p. pap. 9.57 *(978-1-391-59519-1(X))* Forgotten Bks.

Posthumous Papers of the Pickwick Club, Vol. 18: Containing a Faithful Record of the Perambulations, Perils, Travels, Adventures & Sporting Transactions of the Corresponding Members (Classic Reprint) Charles Dickens. 2018. (ENG., Illus.). (J). 76p. 25.46 *(978-1-396-33627-0(3));* 78p. pap. 9.57 *(978-1-390-91783-3(5))* Forgotten Bks.

Posthumous Papers of the Pickwick Club, Vol. 2: Containing a Faithful Record of the Perambulations, Perils, Adventures & Sporting Transactions of the Corresponding Members (Classic Reprint) Charles Dickens. 2017. (ENG., Illus.). (J). 28.68 *(978-0-260-24117-7(2))* Forgotten Bks.

Posthumous Papers of the Pickwick Club, Vol. 2 (Classic Reprint) Charles Dickens. 2017. (ENG., Illus.). (J). 33.24 *(978-0-331-93624-7(0));* pap. 16.57 *(978-0-243-39779-2(8))* Forgotten Bks.

Posthumous Papers of the Pickwick Club, Vol. 2 of 2 (Classic Reprint) Charles Dickens. 2017. (ENG., Illus.). (J). 34.87 *(978-0-260-63455-9(7))* Forgotten Bks.

Posthumous Papers of the Pickwick Club, Vol. 3: Containing a Faithful Record of the Perambulations, Perils, Adventures & Sporting, Transactions of the Corresponding Members (Classic Reprint) Charles Dickens. 2017. (ENG., Illus.). (J). 28.93 *(978-0-265-37982-0(2))* Forgotten Bks.

Posthumous Papers of the Pickwick Club, Vol. 3 (Classic Reprint) Charles Dickens. 2018. (ENG., Illus.). (J). 404p. 32.23 *(978-0-483-78500-7(8));* 438p. 32.95 *(978-0-483-95710-7(0))* Forgotten Bks.

Posthumous Papers of the Pickwick Club, Vol. 4: Containing a Faithful Record of the Perambulations, Perils, Adventures & Sporting Transactions of the Corresponding Members (Classic Reprint) Charles Dickens. 2017. (ENG., Illus.). (J). 28.66 *(978-0-266-89319-6(8))* Forgotten Bks.

Posthumous Papers of the Pickwick Club, Vol. 5: Containing a Faithful Record of the Perambulations, Perils, Travels, Adventures & Sporting Transactions of the Corresponding Members (Classic Reprint) Charles Dickens. 2018. (ENG., Illus.). (J). 44p. 24.80 *(978-1-396-68823-2(4));* 46p. pap. 7.97 *(978-1-391-59522-1(X))* Forgotten Bks.

Posthumous Papers of the Pickwick Club, Vol. 9: Containing a Faithful Record of the Perambulations, Peril, Travel, Adventure & Sporting Transactions of the Corresponding Members (Classic Reprint) Charles Dickens. 2018. (ENG., Illus.). (J). 44p. 24.80 *(978-1-396-68822-5(6));* 46p. pap. 7.97 *(978-1-391-59520-7(3))* Forgotten Bks.

Posthumous Works of Anne Radcliffe, Vol. 1 of 4 (Classic Reprint) Ann Ward Radcliffe. 2018. (ENG., Illus.). 330p. (J). 30.70 *(978-0-484-67752-3(7))* Forgotten Bks.

Posting on Social Media (a True Book: Get Ready to Code) (Library Edition) Josh Gregory. 2019. (True Book (Relaunch) Ser.). (ENG., Illus.). 48p. (J). (gr. 3-5). lib. bdg. 31.00 *(978-0-531-12734-6(6),* Children's Pr.) Scholastic Library Publishing.

Postman from Space. Guillaume Perreault. 2020. (Postman from Space Ser.). (Illus.). 144p. (J). (gr. 5). 22.99 *(978-0-8234-4519-6(4))* Holiday Hse., Inc.

Postman from Space: Biker Bandits. Guillaume Perreault. 2021. (Postman from Space Ser.). (ENG., Illus.). 160p. (J). (gr. 5). 22.99 *(978-0-8234-4520-2(8));* pap. 12.99 *(978-0-8234-4963-7(7))* Holiday Hse., Inc.

Postmaster (Classic Reprint) Joseph Crosby Lincoln. 2018. (ENG., Illus.). 332p. (J). 30.76 *(978-0-484-53534-2(X))* Forgotten Bks.

Postmaster of Market Deignton (Classic Reprint) E. Phillips Oppenheim. (ENG., Illus.). (J). 2018. 346p. 31.03 *(978-0-267-38856-1(X));* 2016. pap. 13.57 *(978-1-334-15000-5(1))* Forgotten Bks.

Postmillennialism & Idealism Redefined, Volume I. Donald Perry. 2023. (ENG.). 97p. (J). pap. ***(978-1-365-87076-7(6))*** Lulu Pr., Inc.

Postmodern Artists: Creators of a Cultural Movement, 1 vol. Amanda Vink. 2018. (Eye on Art Ser.). (ENG.). 104p. (gr. 7-7). pap. 20.99 *(978-1-5345-6607-1(4),* 3c572a08-d39e-483b-9f25-ebc3222fde5d, Lucent Pr.) Greenhaven Publishing LLC.

Postmouse's Extraordinary Voyages. Marianne Dubuc. 2018. (VIE.). (J). (gr. -1-2). pap. *(978-604-2-10621-4(X))* Kim Dong Publishing Hse.

Postre: (Dessert) Xist Publishing. 2017. (Xist Kids Spanish Bks.). (SPA.). 32p. (J). (gr. -1-3). pap. 9.99 *(978-1-5324-0423-8(9))* Xist Publishing.

Postwar America. Martin Gitlin. 2021. (21st Century Skills Library: American Eras: Defining Moments Ser.). (ENG., Illus.). 32p. (J). (gr. 4-8). pap. 14.21 *(978-1-5341-8879-2(7),* 219227); lib. bdg. 32.07 *(978-1-5341-8739-9(1),* 219226) Cherry Lake Publishing.

Posy by Adriana Picker: A Wrapping Paper Book. Adriana Picker. 2022. (All Wrapped Up Ser.: 2). (ENG., Illus.). 22p. pap. 19.99 *(978-1-76121-096-9(3))* Hardie Grant Bks. AUS. Dist: Hachette Bk. Group.

Posy Ring: A Book of Verse for Children. Ed. by Kate Douglas Wiggin & Nora Archibald Smith. 2018. (ENG., Illus.). 210p. (YA). (gr. 7-12). pap. *(978-93-5329-372-7(3))* Alpha Editions.

Posy the Puppy (Dr. KittyCat #1) Jane Clarke. 2016. (Dr. KittyCat Ser.: 1). (ENG.). 96p. (J). (gr. 2-5). pap. 5.99 *(978-0-545-87333-8(9),* Scholastic Paperbacks) Scholastic, Inc.

Pot Belly Pee Wee. Damon Pickett. 2018. (ENG., Illus.). 18p. (J). pap. 7.99 *(978-1-949723-59-5(3))* Bookwhip.

Pot Boiler: A Comedy in Four Acts. Upton Sinclair. 2017. (ENG., Illus.). (J). pap. 10.95 *(978-1-374-83263-3(4))* Capital Communications, Inc.

Pot Boiler: A Comedy in Four Acts (Classic Reprint) Upton Sinclair. (ENG., Illus.). (J). 2018. 132p. 26.64 *(978-0-484-01317-8(3));* 2017. pap. 9.57 *(978-0-243-39741-9(0))* Forgotten Bks.

Pot Boils: A Novel (Classic Reprint) Storm Jameson. 2017. (ENG., Illus.). (J). 30.50 *(978-0-331-74525-2(9));* pap. 13.57 *(978-0-243-19889-4(2))* Forgotten Bks.

Pot of Gold. Effrosyni Iacovou. 2017. (ENG.). 70p. (J). 20.95 *(978-1-78629-655-9(1),* 5be0ecfb-0af6-43fc-aed2-d4858d036885) Austin Macauley Pubs. Ltd. GBR. Dist: Baker & Taylor Publisher Services (BTPS).

Pot of Gold: And Other Stories (Classic Reprint) Mary E. Wilkins. 2017. (ENG., Illus.). (J). 30.91 *(978-0-266-18868-1(0))* Forgotten Bks.

Pot of Gold St. Patrick's Day Coloring Book. Activity Book Zone for Kids. 2016. (ENG., Illus.). (J). pap. 9.20 *(978-1-68376-372-7(6))* Sabeels Publishing.

Pot Pourri of Gifts Literary & Artistic: Contributed As a Souvenir of the Grand Masonic Bazaar in Aid of the Annuity Fund of Scottish Masonic Benevolence, Edinburgh, 1890 (Classic Reprint) W. Grant Stevenson. (ENG., Illus.). (J). 2018. 104p. 26.06 *(978-0-483-63452-7(2));* 2016. pap. 9.57 *(978-1-334-11746-6(2))* Forgotten Bks.

Pot-Pourri Parisien (Classic Reprint) E. Bryham Parsons. 2018. (ENG., Illus.). 258p. (J). 29.24 *(978-0-483-70512-8(8))* Forgotten Bks.

Potash & Perlmutter Settle Things. Montague Glass. 2017. (ENG., Illus.). (J). pap. 13.95 *(978-1-374-84811-5(5))* Capital Communications, Inc.

Potash & Perlmutter Settle Things (Classic Reprint) Montague Glass. 2017. (ENG., Illus.). 282p. (J). 29.73 *(978-0-332-48817-2(9))* Forgotten Bks.

Potassium, 1 vol. Donna B. McKinney. 2018. (Exploring the Elements Ser.). (ENG.). 48p. (gr. 6-6). 29.60 *(978-1-9785-0369-4(5),* 57ef8eea-8e63-4b6b-93cd-db942e00ccc2) Enslow Publishing, LLC.

Potassium Educational Facts Children's Science Book. Bold Kids. 2023. (ENG.). 42p. (J). pap. 14.99 ***(978-1-0717-2109-4(7))*** FASTLANE LLC.

Potato. Contrib. by World Book, Inc. Staff. 2019. (Illus.). 48p. (J). *(978-0-7166-2862-0(7))* World Bk., Inc.

Potato Child & Others (Classic Reprint) Charles J. Woodbury. 2018. (ENG., Illus.). 36p. (J). 24.64 *(978-0-483-84416-2(0))* Forgotten Bks.

P

Potato Chips: When Are They Not Good to Eat? Janeesa A. 2nd ed. 2020. (ENG.). 44p. (J). pap. 14.00 *(978-1-0879-2288-1(7))* Indy Pub.

Potato Chips for Joey. Linda Lee. Illus. by Jupiters Muse. 2022. (ENG.). 34p. (J). *(978-0-2288-6717-3(7));* pap. *(978-0-2288-6716-6(9))* Tellwell Talent.

Potato Harvester. Samantha Bell. 2016. (21st Century Basic Skills Library: Welcome to the Farm Ser.). (ENG., Illus.). 24p. (J). (gr. k-3). 26.35 *(978-1-63471-039-8(8),* 208236) Cherry Lake Publishing.

Potato Head. Grace Hansen. 2022. (Toy Mania! Ser.). (ENG., Illus.). 24p. (J). (gr. -1-2). lib. bdg. 32.79 *(978-1-0982-6431-4(2),* 40961, Abdo Kids) ABDO Publishing Co.

Potato King. Christoph Niemann. 2020. (ENG., Illus.). 32p. (J). (gr. k-4). pap. 9.95 *(978-1-77147-425-2(4))* Owlkids Bks. Inc. CAN. Dist: Publishers Group West (PGW).

Potato on a Bike, 1 vol. Elise Gravel. 2019. (Funny Little Books by Elise Gravel Ser.: 1). (ENG., Illus.). 32p. (J). (gr. -1 — 1). bds. 10.95 *(978-1-4598-2320-4(6))* Orca Bk. Pubs. USA.

Potato Pants! Laurie Keller. Illus. by Laurie Keller. 2018. (ENG., Illus.). 40p. (J). 18.99 *(978-1-250-10723-7(7),* 900164825, Holt, Henry & Co. Bks. For Young Readers) Holt, Henry & Co.

Potato Pete Goes to Market: For First Time Readers. Christine Thompson-Wells. 2021. (ENG.). 30p. (J). pap. *(978-0-6480836-3-4(2))* Books for Reading Online.

Potato Potato Potato: Super Silly Potatoes Doing Super Silly Things. Melissa Bastow. 2022. (ENG.). 38p. (J). 17.95 ***(978-1-0880-7100-7(7))*** Indy Pub.

Potato to French Fry. Elizabeth Neuenfeldt. 2021. (Beginning to End Ser.). (ENG., Illus.). 24p. (J). (gr. k-3). pap. 7.99 *(978-1-64834-246-2(9),* 20357); lib. bdg. 26.95 *(978-1-64487-424-0(5))* Bellwether Media. (Blastoff! Readers).

Potatoes & Tomatoes. Peter Wall & Christyane Wall. 2020. (ENG.). 44p. (J). *(978-1-5255-5003-4(9));* pap. *(978-1-5255-5004-1(7))* FriesenPress.

Potatoland & the Fable of Thunder & Lightning. Nell Taylor. Illus. by Holly Weinstein. 2017. (ENG.). 34p. (J). (gr. -1-2). pap. 11.99 *(978-1-61254-400-7(2))* Brown Books Publishing Group.

Potbellied Pig. Jared Siemens. 2017. (Illus.). 24p. (J). *(978-1-5105-0575-9(X))* SmartBook Media, Inc.

Potbellied Pigs. Alicia Rodriguez. 2022. (Asian Animals Ser.). (ENG.). 16p. (J). (gr. -1-1). pap. 7.95 *(978-1-63897-555-7(8),* 19284); lib. bdg. 25.27 *(978-1-63897-440-6(3),* 19283) Seahorse Publishing.

Potcakes. B. E. Rybak. Illus. by Ellen Burch. 2019. (Potcakes Ser.: Vol. 1). (FRE.). 34p. (J). (978-1-7752110-2-0(9)); pap. (978-1-7752110-3-7(7)) Tellwell Talent.

Potcakes. B. E. Rybak. 2016. (Potcakes Ser.: Vol. 1). (ENG., Illus.). 32p. (J). (978-1-77302-518-6(X)); pap. (978-1-77302-282-6(2)) Tellwell Talent.

Potent Ally, or Succours from Merryland: With Three Essays in Praise of the Cloathing of That Country; & the Story of Pandora's Box (Classic Reprint) Charles Cotton. 2018. (ENG., Illus.). 110p. (J). 26.19 (978-0-483-53879-5(5)) Forgotten Bks.

Potentate: A Romance (Classic Reprint) Frances Forbes-Robertson. (ENG., Illus.). (J). 2017. 312p. 30.33 (978-0-484-46767-4(0)); 2016. pap. 13.57 (978-1-334-53028-9(9)) Forgotten Bks.

Potential Energy vs. Kinetic Energy - Physics Made Simple - 4th Grade Children's Physics Books. Baby Professor. 2017. (ENG., Illus.). (YA). pap. 8.79 (978-1-5419-1135-2(0), Baby Professor (Education Kids)) Speedy Publishing LLC.

Pothunters. Pelham Grenville Wodehouse. 2017. (ENG., Illus.). (J). 22.95 (978-1-374-90282-4(9)); pap. 12.95 (978-1-374-90281-7(0)) Capital Communications, Inc.

Potion Masters: The Eternity Elixir. Frank L. Cole. 2018. (Potion Masters Ser.: 1). (ENG., Illus.). 304p. (J). (gr. 5). 16.99 (978-1-62972-358-7(4), 5182305, Shadow Mountain) Shadow Mountain Publishing.

Potion Problems. Cindy Callaghan. 2018. (Just Add Magic Ser.: 2). (ENG., Illus.). 224p. (J). (gr. 4-8). pap. 8.99 (978-1-5344-1741-0(9), Aladdin) Simon & Schuster Children's Publishing.

Potions & Parameters, 5. Gene Luen Yang. ed. 2019. (Secret Coders Ser.). (ENG.). 106p. (J). (gr. 4-5). 19.96 (978-0-87617-295-7(8)) Penworthy Co., LLC, The.

Potions Class. Eddie Robson. ed. 2021. (ENG., Illus.). 48p. (J). (gr. 2-3). 20.96 (978-1-64697-688-1(6)) Penworthy Co., LLC, The.

Potiphar Papers (Classic Reprint) Unknown Author. 2017. (ENG., Illus.). 286p. (J). 29.82 (978-0-484-25278-2(X)) Forgotten Bks.

Potogold & the Broken Rainbow. Sally R. Wilkes & Georgie M. Beadman. Illus. by The Sibling Group Rainbows Hospice. 2018. (ENG.). 30p. (J). pap. (978-1-78926-694-8(7)) Independent Publishing Network.

Potpourri, 1909, Vol. 1 (Classic Reprint) Cora Carr. 2017. (ENG., Illus.). (J). 27.88 (978-0-260-52358-7(5)); pap. 10.57 (978-0-266-05342-2(4)) Forgotten Bks.

Potpourri, 1911 (Classic Reprint) Louisiana State Normal School. 2017. (ENG., Illus.). (J). 212p. 28.27 (978-0-332-93218-7(4)); pap. 10.97 (978-0-259-40654-9(6)) Forgotten Bks.

Potpourri, 1912 (Classic Reprint) Louisiana State Normal School. (ENG., Illus.). (J). 2018. 276p. 29.61 (978-0-332-97053-0(1)); 2017. pap. 11.97 (978-0-243-49404-0(1)) Forgotten Bks.

Potpourri, 1913 (Classic Reprint) Margie Hays. 2017. (ENG., Illus.). (J). 292p. 29.92 (978-0-484-00503-6(0)); pap. 13.57 (978-0-259-95377-7(6)) Forgotten Bks.

Potpourri, 1914 (Classic Reprint) Louisiana State Normal School. (ENG., Illus.). (J). 2018. 396p. 32.08 (978-0-364-01403-5(2)); 2017. pap. 16.57 (978-0-243-51336-9(4)) Forgotten Bks.

Potpourri 1915: The Annual of the Louisiana State Normal School, Being a Record of the Life, Activities, & Interests of Its Students (Classic Reprint) Northwestern State University. (ENG., Illus.). (J). 2018. 334p. 30.79 (978-0-365-02695-2(6)); 2017. pap. 13.57 (978-0-259-95373-9(3)) Forgotten Bks.

Potpourri, 1916 (Classic Reprint) Northwestern State University. (ENG., Illus.). (J). 2018. 312p. 30.33 (978-0-483-89053-4(7)); 2017. pap. 13.57 (978-0-243-51040-5(3)) Forgotten Bks.

Pots & Vases for Fancy Flowers Coloring Book. Smarter Activity Books. 2016. (ENG., Illus.). (J). pap. 9.22 (978-1-68374-595-2(7)) Examined Solutions PTE. Ltd.

Potsdam Princes (Classic Reprint) Ethel Howard. (ENG., Illus.). (J). 2018. 332p. 30.74 (978-0-364-05670-7(3)); 2016. pap. 13.57 (978-1-333-50917-0(0)) Forgotten Bks.

Potted Fiction: Being a Series of Extracts from the World's Best Sellers Put up in Thin Slices for Hurried Consumers (Classic Reprint) John Kendrick Bangs. 2017. (ENG., Illus.). (J). 26.91 (978-0-260-31855-8(8)) Forgotten Bks.

Potter. Josh Gregory. 2021. (21st Century Skills Library: Makers & Artisans Ser.). (ENG., Illus.). 32p. (J). (gr. 4-7). pap. 14.21 (978-1-5341-8862-4(2), 219159); lib. bdg. 32.07 (978-1-5341-8722-1(7), 219158) Cherry Lake Publishing.

Potter. Teri Marcos. 2021. (ENG., Illus.). 32p. (J). 25.95 (978-1-0980-8936-8(7)); pap. 15.95 (978-1-0980-8934-4(0)) Christian Faith Publishing.

Potterat & the War (Classic Reprint) Benjamin Vallotton. 2018. (ENG., Illus.). (J). 30.74 (978-0-331-97485-0(1)) Forgotten Bks.

Potter's American Monthly 1877: An Illustrated Magazine of History, Literature, Science & Art; Vols. VIII. & IX (Classic Reprint) Unknown Author. 2017. (ENG., Illus.). (J). 43.99 (978-0-331-20387-5(1)); pap. 26.33 (978-0-265-01866-8(8)) Forgotten Bks.

Potter's American Monthly 1878: An Illustrated Magazine of History, Literature, Science & Art; Vols. 10 & 11 (Classic Reprint) John E. Potter. 2018. (ENG., Illus.). 562p. (J). 35.51 (978-0-483-14951-9(9)) Forgotten Bks.

Potter's American Monthly 1880: An Illustrated Magazine of History, Literature, Science & Art; Vols. XIV & XV (Classic Reprint) John E. Potter Co. 2017. (ENG., Illus.). (J). 39.80 (978-0-260-36678-8(1)); pap. 23.57 (978-1-5279-1476-6(3)) Forgotten Bks.

Potter's American Monthly 1881: An Illustrated Magazine of History, Literature, Science & Art; Vols. XVI. & XVII (Classic Reprint) Unknown Author. 2017. (ENG., Illus.). (J). 47.84 (978-0-260-26162-5(9)); pap. 30.18 (978-1-5282-0883-3(8)) Forgotten Bks.

Potter's Thumb: A Novel (Classic Reprint) Flora Annie Steel. (ENG., Illus.). (J). 2018. 366p. 31.45 (978-0-332-64044-0(2)); 2016. pap. 13.97 (978-1-334-13183-7(X)) Forgotten Bks.

Pottery Project. C. L. Reid. Illus. by Elena Aiello. 2023. (Emma Every Day Ser.). (ENG.). 32p. (J). pap. 6.99 (978-1-4846-7591-5(6), 251268, Picture Window Bks.) Capstone.

Pottleton Legacy: A Story of Town & Country Life (Classic Reprint) Albert Smith. 2018. (ENG., Illus.). 520p. (J). 34.62 (978-0-484-63954-5(4)) Forgotten Bks.

Pottomfalvi Kronikak. Miklos Melinda. 2017. (HUN., Illus.). (J). pap. (978-3-7103-3235-7(4)) united p.c. Verlag.

Potty! Carol Zeavin & Rhona Silverbush. Illus. by Jon Davis. 2020. 16p. (J). (978-1-4338-3251-2(8), Magination Pr.) American Psychological Assn.

Potty All-Star (a Never Bored Book!) Ross Burach. 2019. (ENG., Illus.). 22p. (J). (gr. k-k). bds. 7.99 (978-1-338-28933-6(0), Scholastic Pr.) Scholastic, Inc.

Potty Fairy. Mary Pap. 2018. (SPA., Illus.). 28p. (J). pap. 9.99 (978-1-5456-3174-4(3), Mill City Press, Inc) Salem Author Services.

Potty Fairy. Mary Pap. 2018. (ENG., Illus.). 30p. (J). 18.99 (978-1-5456-2905-5(6)); pap. 9.99 (978-1-5456-2904-8(8)) Salem Author Services. (Mill City Press, Inc).

Potty Fairy French Version. Mary Pap. 2018. (FRE., Illus.). 28p. (J). pap. 9.99 (978-1-5456-3176-8(X), Mill City Press, Inc) Salem Author Services.

Potty Hero. Illus. by Jane Massey. 2016. (J). (978-0-545-92773-4(0)) Scholastic, Inc.

Potty Like a Superhero. Emily Skwish. Illus. by Alex Willmore. 2019. (ENG.). 20p. (J). bds. 8.99 (978-1-5037-4540-7(6), 3234, PI Kids) Phoenix International Publications, Inc.

Potty Mouth Possum Cleans up His Act. Casey Williams. 2020. (ENG.). 36p. (J). pap. 5.99 (978-1-64970-762-8(2)) Waldorf Publishing.

Potty Party! Dionna L. Mann. Illus. by Olivia Duchess. 2023. (ENG.). 24p. (J). (gr. -1 — 1). bds. 7.99 (978-0-316-62839-6(5)) Little, Brown Bks. for Young Readers.

Potty Patrol (PAW Patrol) Random House. Illus. by Nate Lovett. 2020. (ENG.). 22p. (J). (-k). bds. 9.99 (978-0-593-12258-7(5), Random Hse. Bks. for Young Readers) Random Hse. Children's Bks.

Potty Saves the Day. IglooBooks. Illus. by Anita Schmidt. 2023. (ENG.). 24p. (J). (— 1). bds. 8.99 (978-1-80368-417-8(8)) Igloo Bks. GBR. Dist: Simon & Schuster, Inc.

Potty Story: Boy's Edition. Agnes Green. Illus. by Natalia Vetrova (Ukraine). l.t. ed. 2022. (ENG.). 26p. (J). pap. 6.95 (978-1-957093-03-1(X)) April Tale.

Potty Story: Girl's Edition. Agnes Green. Illus. by Natalia Vetrova (Ukraine). l.t. ed. 2022. (ENG.). 26p. (J). pap. 6.95 (978-1-957093-06-2(4)) April Tale.

Potty Super Team. IglooBooks. Illus. by Anita Schmidt. 2023. (ENG.). 24p. (J). (— 1). bds. 8.99 (978-1-80368-416-1(X)) Igloo Bks. GBR. Dist: Simon & Schuster, Inc.

Potty Superhero: Get Ready for Big Girl Pants! Ed. by Cottage Door Press. ed. 2019. (ENG.). 10p. (J). (gr. -1 — 1). bds. 7.99 (978-1-68052-458-1(5), 2000570, Parragon Books) Cottage Door Pr.

Potty Time. Corey Anne Abreau. Illus. by Jamie Leigh Forgetta. 2022. (ENG.). 28p. (J). pap. 9.50 (978-1-0880-6912-7(6)) Indy Pub.

Potty Time: With a Step-By-Step Guide in the Back! Clever Publishing & Elena Ulyeva. Illus. by Anna Nezvetaeva. 2023. (Little Bear Ser.). (ENG.). 20p. (J). (gr. -1 — 1). bds. 9.99 (978-1-956560-61-9(0), 1172998) Clever Media Group.

Potty Time with Pete the Kitty. James Dean & Kimberly Dean. Illus. by James Dean. 2022. (Pete the Cat Ser.). (ENG., Illus.). 12p. (J). (gr. -1 — 1). bds. 8.99 (978-0-06-311151-6(9), HarperFestival) HarperCollins Pubs.

Potty to the Rescue. IglooBooks. Illus. by Anita Schmidt. 2023. (ENG.). 24p. (J). (gr. -1 — 1). bds. 8.99 (978-1-80368-418-5(6)) Igloo Bks. GBR. Dist: Simon & Schuster, Inc.

Potty/Bacinica. Leslie Patricelli. Illus. by Leslie Patricelli. ed. 2016. (Leslie Patricelli Board Bks.). (Illus.). 28p. (J). (— 1). bds. 8.99 (978-0-7636-8777-9(4)) Candlewick Pr.

Pottymouth & Stoopid. James Patterson. Illus. by Stephen Gilpin. (ENG.). 336p. (J). (gr. 3-7). 2019. pap. 7.99 (978-0-316-51498-9(5)); 2017. 13.99 (978-0-316-34963-5(1)) Little Brown & Co. (Jimmy Patterson).

Pouch for Pocket. Ran Yi. Illus. by Yongheng Wei. 2019. (ENG.). 48p. (J). pap. 9.95 (978-1-4788-6873-6(2)); 18.95 (978-1-4788-6795-1(7)) Newmark Learning LLC.

Poughkeepsie Pirate Treasure Mystery. James Bennett. 2021. (ENG.). 66p. (J). pap. 10.98 (978-1-7948-1219-2(9)) Lulu Pr., Inc.

Poul. Amy Culliford. Tr. by Jean Pierre Gaston. 2021. (Zannimo Pak Yo (Farm Animal Friends) Ser.). (CRP., Illus.). 16p. (J). (gr. -1-1). pap. (978-1-4271-3825-5(7), 10223) Crabtree Publishing Co.

Pouledrillon (Cluckerella) Alicia Rodriguez. Illus. by Srimalie Bassani. 2021. (Contes de Fées de la Ferme (Farmyard Fairy Tales) Ser.). (FRE.). 16p. (J). (gr. -1-3). pap. (978-1-0396-0171-0(5), 12472) Crabtree Publishing Co.

Poultrygeist. Eric Geron. Illus. by Pete Oswald. 2021. (ENG.). 32p. (J). (gr. -1-3). 16.99 (978-1-5362-1050-7(1)) Candlewick Pr.

Pounce! a How to Speak Cat Training Guide. Gary Weitzman. 2020. (Illus.). 176p. (J). (gr. 3-7). (ENG.). 22.90 (978-1-4263-3847-2(3)); pap. 12.99 (978-1-4263-3846-5(5)) Disney Publishing Worldwide. (National Geographic Kids).

Pounce! a How to Speak Cat Training Guide. Tracey West et al. ed. 2021. (How to Speak Training Guide Ser.). (ENG., Illus.). 176p. (J). (gr. 4-5). 23.96 (978-1-64697-671-3(1)) Penworthy Co., LLC, The.

Pounce & Co;, or Capital vs; Labor: An Original Comic Opera; in Two Acts (Classic Reprint) Benjamin E. Woolf. 2018. (ENG., Illus.). 64p. (J). 25.22 (978-0-267-29400-8(X)) Forgotten Bks.

Pouncing Pals: Cat. Felicia Macheske. 2017. (Guess What Ser.). (ENG., Illus.). 24p. (J). (gr. k-2). lib. bdg. 30.64 (978-1-63472-850-8(5), 209826) Cherry Lake Publishing.

Pound of Cure: A Story of Monte Carlo (Classic Reprint) William Henry Bishop. (ENG., Illus.). (J). 2018. 212p. 28.27 (978-0-483-58392-4(8)); 2017. pap. 10.97 (978-0-259-00125-6(2)) Forgotten Bks.

Poupee Souvenir (Classic Reprint) Maurice Ordonneau. 2018. (ENG., Illus.). 26p. (J). 24.45 (978-0-267-50045-1(9)) Forgotten Bks.

Pour Your Heart Out (Jane Austen) Jane. Austen. 2018. (Pour Your Heart Out Ser.). (ENG., Illus.). 224p. (YA). (gr. 7). pap. 10.99 (978-0-425-29058-3(1), Penguin Books) Penguin Young Readers Group.

Pourquoi Cours-Tu? Isabelle Bernier. 2017. (FRE., Illus.). (J). pap. (978-2-9816809-4-5(3)) Bernier, Isabelle.

Pourquoi l'eau en Vaut la Peine. Lori Harrison & Water Environment Federation. Illus. by Jon Harrison. 2019. (FRE.). 42p. (gr. k-5). 16.95 (978-1-57278-366-9(4)) Water Environment Federation.

Pourquoi l'eau en Vaut la Peine. Harrison Lori et al. 2019. (FRE., Illus.). 42p. (gr. k-4). pap. 12.95 (978-1-57278-365-2(6)) Water Environment Federation.

Pourquoi Nous Marchons. . Siena. Tr. by Kamrinn Roy. Illus. by Shannon Wilvers. 2022. (FRE.). 36p. (J). (978-1-990818-18-9(8)); pap. (978-1-990818-16-5(1)) MotherButterfly Bks.

Pourquoi Stories. Virginia Loh-Hagan. 2019. (Stone Circle Stories: Culture & Folktales Ser.). (ENG., Illus.). 32p. (J). (gr. 4-8). pap. 14.21 (978-1-5341-4006-6(9), 212853); lib. bdg. 32.07 (978-1-5341-4350-0(5), 212852) Cherry Lake Publishing. (45th Parallel Press).

Pousser et Tirer Avec des Grosses Machines. Nicola Lopetz. Tr. by Annie Evearts. 2021. (Mes Premiers Livres de Science (My First Science Books) Ser.). (FRE.). 24p. (J). (gr. k-2). pap. (978-1-0396-0888-7(4), 13377) Crabtree Publishing Co.

Pout Party. Sarah McColl. Illus. by Sarah McColl. 2023. (ENG., Illus.). 32p. (J). (gr. -1-2). 18.99 (978-1-64823-017-2(2)) POW! Kids Bks.

Pout-Pout Fish. Deborah Diesen. Illus. by Dan Hanna. 2018. (Pout-Pout Fish Adventure Ser.: 1). (ENG.). 32p. (J). bds. 12.99 (978-0-374-31219-0(2), 900199885, Farrar, Straus & Giroux (BYR)) Farrar, Straus & Giroux.

Pout-Pout Fish & the Bully-Bully Shark. Deborah Diesen. Illus. by Dan Hanna. (Pout-Pout Fish Adventure Ser.). (ENG.). 32p. (J). 2019. bds. 8.99 (978-0-374-31222-0(2), 900200299); 2017. 18.99 (978-0-374-30402-7(5), 900158632) Farrar, Straus & Giroux. (Farrar, Straus & Giroux (BYR)).

Pout-Pout Fish & the Can't-Sleep Blues. Deborah Diesen. Illus. by Dan Hanna. (Pout-Pout Fish Adventure Ser.). (ENG.). 32p. (J). 2020. bds. 8.99 (978-0-374-31231-2(1), 900200300); 2018. 18.99 (978-0-374-30403-4(3), 900158633) Farrar, Straus & Giroux. (Farrar, Straus & Giroux (BYR)).

Pout-Pout Fish & the Mad, Mad Day. Deborah Diesen. Illus. by Dan Hanna. 2023. (Pout-Pout Fish Adventure Ser.). (ENG.). 32p. (J). bds. 8.99 (978-0-374-39025-9(8), 900257605, Farrar, Straus & Giroux (BYR)) Farrar, Straus & Giroux.

Pout-Pout Fish & the Worry-Worry Whale. Deborah Diesen. Illus. by Dan Hanna. 2022. (Pout-Pout Fish Adventure Ser.). (ENG.). 32p. (J). 18.99 (978-0-374-38930-7(6), 900251020, Farrar, Straus & Giroux (BYR)) Farrar, Straus & Giroux.

Pout-Pout Fish: Back to School. Deborah Diesen. Illus. by Dan Hanna. 2019. (Pout-Pout Fish Paperback Adventure Ser.). (ENG.). 24p. (J). 5.99 (978-0-374-31047-9(5), 900193159, Farrar, Straus & Giroux (BYR)) Farrar, Straus & Giroux.

Pout-Pout Fish: Christmas Spirit. Deborah Diesen. Illus. by Dan Hanna. 2019. (Pout-Pout Fish Paperback Adventure Ser.). (ENG.). 24p. (J). 5.99 (978-0-374-31048-6(3), 900193160, Farrar, Straus & Giroux (BYR)) Farrar, Straus & Giroux.

Pout-Pout Fish Cleans up the Ocean. Deborah Diesen. Illus. by Dan Hanna. (Pout-Pout Fish Adventure Ser.: 4). (ENG.). 32p. (J). 2021. bds. 8.99 (978-0-374-31464-4(0), 900235380); 2019. 18.99 (978-0-374-30934-3(5), 900189997) Farrar, Straus & Giroux. (Farrar, Straus & Giroux (BYR)).

Pout-Pout Fish: Easter Surprise. Deborah Diesen. Illus. by Dan Hanna. 2018. (Pout-Pout Fish Paperback Adventure Ser.). (ENG.). 24p. (J). 5.99 (978-0-374-31051-6(3), 900193163, Farrar, Straus & Giroux (BYR)) Farrar, Straus & Giroux.

Pout-Pout Fish, Far, Far from Home. Deborah Diesen. Illus. by Dan Hanna. (Pout-Pout Fish Adventure Ser.). (ENG.). 32p. (J). 2019. bds. 8.99 (978-0-374-31078-3(5), 900194752); 2017. 16.99 (978-0-374-30194-1(8), 900141733) Farrar, Straus & Giroux. (Farrar, Straus & Giroux (BYR)).

Pout-Pout Fish: Goes to the Dentist. Deborah Diesen. Illus. by Dan Hanna. 2020. (Pout-Pout Fish Paperback Adventure Ser.). (ENG.). 24p. (J). 6.99 (978-0-374-31049-3(1), 900193161, Farrar, Straus & Giroux (BYR)) Farrar, Straus & Giroux.

Pout-Pout Fish: Goes to the Doctor. Deborah Diesen. Illus. by Dan Hanna. 2020. (Pout-Pout Fish Paperback Adventure Ser.). (ENG.). 24p. (J). 5.99 (978-0-374-31050-9(5), 900193162, Farrar, Straus & Giroux (BYR)) Farrar, Straus & Giroux.

Pout-Pout Fish Halloween Faces. Deborah Diesen. 2018. (Pout-Pout Fish Novelty Ser.). (ENG., Illus.). 10p. (J). bds. 9.99 (978-0-374-30450-8(5), 900159861, Farrar, Straus & Giroux (BYR)) Farrar, Straus & Giroux.

Pout-Pout Fish: Haunted House. Deborah Diesen. Illus. by Dan Hanna. 2019. (Pout-Pout Fish Paperback Adventure Ser.). (ENG.). 24p. (J). 5.99 (978-0-374-31052-3(1), 900193164, Farrar, Straus & Giroux (BYR)) Farrar, Straus & Giroux.

Pout-Pout Fish: Lucky Leprechaun. Deborah Diesen. Illus. by Dan Hanna. 2019. (Pout-Pout Fish Paperback Adventure Ser.). (ENG.). 24p. (J). 6.99 (978-0-374-31054-7(8), 900193165, Farrar, Straus & Giroux (BYR)) Farrar, Straus & Giroux.

Pout-Pout Fish: Passover Treasure. Deborah Diesen. 2022. (Pout-Pout Fish Paperback Adventure Ser.). (ENG., Illus.). 24p. (J). pap. 6.99 (978-0-374-38905-5(5), 900249221, Farrar, Straus & Giroux (BYR)) Farrar, Straus & Giroux.

Pout-Pout Fish: Special Valentine. Deborah Diesen. Illus. by Dan Hanna. 2019. (Pout-Pout Fish Paperback Adventure Ser.). (ENG.). 24p. (J). 5.99 (978-0-374-31055-4(6), 900193166, Farrar, Straus & Giroux (BYR)) Farrar, Straus & Giroux.

Pout-Pout Fish Undersea Alphabet: Touch & Feel. Deborah Diesen. Illus. by Dan Hanna. 2016. (Pout-Pout Fish Novelty Ser.). (ENG.). 20p. (J). bds. 16.99 (978-1-250-06392-2(2), 900143400, Farrar, Straus & Giroux (BYR)) Farrar, Straus & Giroux.

Pouvoirs de Céleste le Chat: French Edition of the Healer Cat. Tuula Pere. Tr. by Natacha Gozen. Illus. by Klaudia Bezak. 2019. (FRE.). 40p. (J). (gr. k-4). (978-952-325-004-8(3)); pap. (978-952-357-090-0(0)) Wickwick oy.

Pouvons-Nous Aller Jouer Dehors Aujourd'hui ? Julia A. Royston. Illus. by Cameron T. Wilson. 2020. (FRE.). 38p. (J). pap. 15.99 (978-1-951941-58-1(6)) BK Royston Publishing.

Pov, 1 vol. Ted Staunton. 2017. (Orca Limelights Ser.). (ENG.). 144p. (J). (gr. 4-7). pap. 9.95 (978-1-4598-1237-6(9)) Orca Bk. Pubs. USA.

Poverina: A Story (Classic Reprint) Olga Cantacuzene-Altieri. 2018. (ENG., Illus.). 208p. (J). 28.21 (978-0-483-33949-1(0)) Forgotten Bks.

Poverty & Economic Inequality, 1 vol. Meghan Sharif. 2018. (Hot Topics Ser.). (ENG.). 104p. (gr. 7-7). 41.03 (978-1-5345-6353-7(9), 135c7192-f87b-4bd2-9ada-9a45bbbfa28f, Lucent Pr.) Greenhaven Publishing LLC.

Poverty & Welfare. Ashley Nicole. 2019. (Contemporary Issues Ser.). (Illus.). 112p. (J). (gr. 12). lib. bdg. 35.93 (978-1-4222-4398-5(2)) Mason Crest.

Poverty Grass (Classic Reprint) Lillie Chace Wyman. 2018. (ENG., Illus.). 348p. (J). 31.09 (978-0-267-46034-2(1)) Forgotten Bks.

Poverty Hollow: A True Story (Classic Reprint) Mary A. Post. (ENG., Illus.). (J). 2018. 62p. 25.20 (978-0-364-33476-8(2)); 2017. pap. 9.57 (978-0-259-55198-0(8)) Forgotten Bks.

Poverty Problem, 1 vol. Rachael Morlock. 2021. (Spotlight on Global Issues Ser.). (ENG.). 32p. (J). (gr. 6-7). pap. 11.55 (978-1-7253-2359-9(1), 32c270e6-8502-4e82-bfc5-5005b2e59d6e) Rosen Publishing Group, Inc., The.

Poverty: Public Crisis or Private Struggle?, 1 vol. Erin L. McCoy & Joan Axelrod-Contrada. 2018. (Today's Debates Ser.). (ENG.). 144p. (gr. 7-7). lib. bdg. 47.36 (978-1-5026-4260-8(3), fda21703-2033-4963-84df-7fbf24e81d9a) Cavendish Square Publishing LLC.

POW POW Meow Meow. Scott Ennis. 2017. (ENG., Illus.). (J). pap. 10.99 (978-0-692-82285-2(2)) Ennis, Scott.

Powder of Sympathy (Classic Reprint) Christopher Morley. 2018. (ENG., Illus.). (J). 320p. 30.50 (978-1-397-20349-6(8)); 322p. pap. 13.57 (978-1-397-20302-1(1)) Forgotten Bks.

Powder Treason. Alex Woolf. ed. 2018. (Shakespeare Plot Ser.). (ENG., Illus.). 304p. (J). (gr. 5). 12.95 (978-1-912006-33-5(2), Scribo) Book Hse. GBR. Dist: Sterling Publishing Co., Inc.

Power & Energy. Tom Jackson. 2017. (Technology & Innovation Ser.). (ENG.). 48p. (J). lib. bdg. 34.99 (978-1-5105-1985-5(8)) SmartBook Media, Inc.

Power & Persuasion in Media & Advertising. Susan Brophy Down. 2018. (Why Does Media Literacy Matter? Ser.). (ENG., Illus.). 48p. (J). (gr. 6-6). (978-0-7787-4544-0(9)); pap. (978-0-7787-4548-8(1)) Crabtree Publishing Co.

Power & Religion in Medieval & Renaissance Times, 8 vols. 2017. (Power & Religion in Medieval & Renaissance Times Ser.). (ENG.). 112p. (gr. 10-10). 151.28 (978-1-5081-0554-1(5), 519eb8ef-aaaf-4bb6-ae92-b72f8cba6337, Britannica Educational Publishing) Rosen Publishing Group, Inc., The.

Power & the Fury. James Erith. 2018. (Eden Chronicles Ser.: Vol. 1). (ENG., Illus.). (YA). (gr. 7-12). 290p. (978-1-910134-05-4(8)); 282p. pap. (978-1-910134-04-7(X)) Jerico Pr.

Power & the Glory (Classic Reprint) Grace MacGowan Cooke. 2017. (ENG., Illus.). (J). 31.92 (978-1-5279-5230-0(4)) Forgotten Bks.

Power Angels Presents Angel Michael Comes to Visit. Joan Marie Ambrose. 2018. (ENG., Illus.). 28p. (J). 21.95 (978-1-64349-024-3(9)) Christian Faith Publishing.

Power Bible Guidebook. Green Egg Green Egg Media. 2020. (ENG., Illus.). 80p. (J). (gr. -1). pap. 9.99 (978-1-937212-64-3(5), 245803) Three Sixteen Publishing.

Power Book: What Is It, Who Has It, & Why? Claire Saunders et al. Illus. by Joelle Avelino. 2019. (ENG.). 64p. (J). (gr. 2-6). 21.99 (978-1-78240-927-4(0), Ivy Kids) Ivy Group, The GBR. Dist: Hachette Bk. Group.

Power Coders: Set, 8 vols. 2018. (Power Coders Ser.). (ENG., Illus.). 32p. (gr. 5-5). lib. bdg. 111.72 (978-1-5383-4033-2(X), 5242a73a-2f37-4b2b-8fba-3e2ccbdafac9, PowerKids Pr.) Rosen Publishing Group, Inc., The.

Power Coders: Set 3, 8 vols. 2020. (Power Coders Ser.). (ENG., Illus.). 32p. (J). (gr. 5-5). lib. bdg. 111.72 (978-1-7253-0772-8(3), b3773eff-1ccb-4518-bac5-3624d059d6ee, PowerKids Pr.) Rosen Publishing Group, Inc., The.

Power Coders: Sets 1 - 2. 2018. (Power Coders Ser.). (ENG.). (J). pap. 92.80 (978-1-5383-4704-1(0)); (gr. 5-5). lib. bdg. 223.44 (978-1-5383-4654-9(0), 5da43e2b-8b1e-43a0-ab14-6d6b61da1390) Rosen Publishing Group, Inc., The. (PowerKids Pr.).

Power Coders: Sets 1 - 3. 2020. (Power Coders Ser.). (ENG.). (J). pap. 139.20 (978-1-7253-1450-4(9)); (gr. 5-5). lib. bdg. 335.16 (978-1-7253-0773-5(1), 5e116507-deef-4efd-ab43-826b2e8b91a4) Rosen Publishing Group, Inc., The. (PowerKids Pr.).

Power Couple: George & Martha Washington Historical Biographies Grade 4 Children's Biographies. Dissected Lives. 2020. (ENG.). 82p. (J). 25.99 (978-1-5419-7921-5(4)); pap. 15.99

1624

The check digit for ISBN-10 appears in parentheses after the full ISBN-13

(978-1-5419-5362-8(2)) Speedy Publishing LLC. (Dissected Lives (Auto Biographies)).

Power Cut Turquoise Band. Peter Millett. Illus. by Russ Daff. ed. 2016. (Cambridge Reading Adventures Ser.). (ENG.). 24p. pap. 8.80 *(978-1-316-60586-8(8))* Cambridge Univ. Pr.

Power down for Fitness: Yoga for Flexible Mind & Body. Marko Galjasevic & Deborah Wood. 2018. (Let's Move Ser.). (ENG., Illus.). 32p. (J). (gr. 1-3). lib. bdg. 19.99 *(978-1-63440-410-5(6),* 9bb9ee3f-28ba-44cf-ad19-a76987cdcdcf) Red Chair Pr.

Power down Mystery. Illus. by Anthony VanArsdale. 2019. (Boxcar Children Mysteries Ser.: 153). (ENG.). 128p. (J). (gr. 2-5). 12.99 *(978-0-8075-0757-5(1),* 807507571); pap. 6.99 *(978-0-8075-0758-2(X),* 080750758X) Random Hse. Children's Bks. (Random Hse. Bks. for Young Readers).

Power Forward. Hena Khan. Illus. by Sally Wern Comport. 2018. (Zayd Saleem, Chasing the Dream Ser.: 1). (ENG.). 144p. (J). (gr. 2-5). 16.99 *(978-1-5344-1198-2(4));* pap. 6.99 *(978-1-5344-1199-9(2))* Simon & Schuster Bks. For Young Readers. (Salaam Reads).

Power-House (Classic Reprint) John Buchan. 2018. (ENG., Illus.). 218p. (J). 28.41 *(978-0-365-40421-7(7))* Forgotten Bks.

Power in Me: An Empowering Guide to Using Your Breath to Focus Your Thoughts. Meaghan Axel. Illus. by Michelle Simpson. 2nd ed. 2021. (Powerful Me Ser.). (ENG.). 36p. (J). 17.99 *(978-1-7357836-5-9(X));* pap. 11.99 *(978-1-7357836-4-2(1))* Joyful Breath Pr.

Power in Words: An Empowering Guide to Speaking with Purpose. Meaghan Axel. Illus. by Michelle Simpson. 2020. (Powerful Me Ser.). (ENG.). 32p. (J). 17.99 *(978-1-7357836-1-1(7));* pap. 11.99 *(978-1-7357836-0-4(9))* Joyful Breath Pr.

Power in Your Tongue. Olubimpe Beatrice Akinyelure. 2021. (ENG.). 34p. (J). 24.95 *(978-1-64670-863-5(6));* pap. 14.95 *(978-1-64670-862-8(8))* Covenant Bks.

Power Lot (Classic Reprint) Sarah P. McLean Greene. 2018. (ENG., Illus.). 412p. (J). 32.39 *(978-0-483-87996-6(7))* Forgotten Bks.

Power, Momentum & Collisions - Physics for Kids - 5th Grade Children's Physics Books. Baby Professor. 2017. (ENG., Illus.). (YA). pap. 8.79 *(978-1-5419-1137-6(7),* Baby Professor (Education Kids)) Speedy Publishing LLC.

Power of a Friend. Sade R. Harvison. 2021. (ENG.). 20p. (J). 30.99 *(978-1-6628-2014-4(3));* pap. 20.99 *(978-1-6628-2013-7(5))* Salem Author Services.

Power of a Lie (Classic Reprint) Johan Bojer. 2017. (ENG., Illus.). (J). 28.97 *(978-0-331-94753-3(6))* Forgotten Bks.

Power of a Positive No: Willie Bohanon & Friends Learn the Power of Resisting Peer Pressure, Volume 4. Kip Jones. Illus. by Chad Isely. ed. 2016. (Urban Character Education Ser.: 1). (ENG.). 39p. (J). (gr. 3-8). pap. 10.95 *(978-1-944882-06-8(5))* Boys Town Pr.

Power of a Praying Girl. Stormie Omartian. 2021. (ENG.). 144p. (J). (gr. 2-7). pap. 12.99 *(978-0-7369-8371-6(6),* 6983716) Harvest Hse. Pubs.

Power of a Praying Girl Coloring Book. Stormie Omartian. 2022. (ENG.). 80p. (J). (gr. 2-7). pap. 9.99 *(978-0-7369-8373-0(2),* 6983730, Harvest Kids) Harvest Hse. Pubs.

Power of a Praying Grandmother. Rachel Davis. 2020. (ENG.). 112p. (YA). pap. 24.38 *(978-1-716-49556-4(3))* Lulu Pr., Inc.

Power of a Princess. E. D. Baker. 2019. (More Than a Princess Ser.). (ENG.). 304p. (J). 16.99 *(978-1-68119-769-2(3),* 900185870, Bloomsbury Children's Bks.) Bloomsbury Publishing USA.

Power of a Smile. Suzanne S. Bauman & Corbin Hillam. 2021. (ENG.). 60p. (J). pap. 11.49 *(978-1-6628-1099-2(7))* Salem Author Services.

Power of an Attitude of Gratitude: Willie Bohanon & Friends Learn the Power of Showing Appreciation, Volume 3. Kip Jones. Illus. by Chad Isely. ed. 2016. (Urban Character Education Ser.: Vol. 3). (ENG.). 39p. (J). (gr. 3-8). pap. 10.95 *(978-1-934490-92-1(X))* Boys Town Pr.

Power of Architecture: 25 Modern Buildings from Around the World. Annette Roeder. Illus. by Pamela Baron. 2022. (ENG.). 64p. (J). (gr. 3-7). 19.95 *(978-3-7913-7514-4(8))* Prestel Verlag GmbH & Co KG. DEU. Dist: Penguin Random Hse. LLC.

Power of C++, 1 vol. Ashley Ehman. 2017. (Power of Coding Ser.). (ENG.). 112p. (YA). (gr. 9-9). pap. 20.99 *(978-1-5026-3420-7(1),* 30fe94a8-be7d-4104-8070-93e02531bd81) Cavendish Square Publishing LLC.

Power of Coding, 12 vols. 2017. (Power of Coding Ser.). (ENG.). (J). (gr. 9-9). lib. bdg. 267.00 *(978-1-5026-3230-2(6),* d5aa0137-96b8-46ff-b7a4-29bcf9612bec) Cavendish Square Publishing LLC.

Power of Energy (Set), 8 vols. 2023. (Power of Energy Ser.). (ENG.). (J). (gr. 2-5). lib. bdg. 285.12 *(978-1-5038-6989-9(X),* 216808, Stride) Child's World, Inc, The.

Power of Fire. Miya Tang. 2020. (ENG.). 56p. (J). pap. 15.00 *(978-1-953507-13-6(1))* Brightlings.

Power of Flight (Super You! #1) Hena Khan & Andrea Menotti. Illus. by Yancey Labat. 2022. (Super You! Ser.: 1). 272p. (J). (gr. 3-7). pap. 9.99 *(978-0-593-22485-4(X),* Penguin Workshop) Penguin Young Readers Group.

Power of Four, Book 1: Island of Exiles. Seven Borup. 2021. (Power of Four Ser.). (ENG.). 240p. (YA). 15.97 *(978-1-7363042-1-1(6))* Paper Raven.

Power of Four, Book 2: Wind & Water. Seven Borup. 2021. (Power of Four Ser.). (ENG.). 196p. (YA). 24.99 *(978-1-7363042-3-5(2))* Paper Raven.

Power of Four, Book 3: Enemies & Allies. Seven Borup. 2021. (Power of Four Ser.). (ENG.). 282p. (YA). 24.99 *(978-1-7363042-5-9(9))* Paper Raven.

Power of GC, a Romance of London, England: In Seven Chapters (Classic Reprint) Rena Urania Nott Sangster. 2018. (ENG., Illus.). 160p. (J). 27.22 *(978-0-483-80966-6(7))* Forgotten Bks.

Power of Gold a Novel, Vol. 1 of 2 (Classic Reprint) George Lambert. 2018. (ENG., Illus.). 334p. (J). 30.81 *(978-0-483-51341-9(5))* Forgotten Bks.

Power of Gold a Novel, Vol. 2 (Classic Reprint) George Lambert. 2018. (ENG., Illus.). 346p. (J). 31.03 *(978-0-267-19350-9(5))* Forgotten Bks.

Power of Her Pen: The Story of Groundbreaking Journalist Ethel L. Payne. Lesa Cline-Ransome. Illus. by John Parra. 2020. (ENG.). 48p. (J). (gr. -1-3). 18.99 *(978-1-4814-6289-1(X),* Simon & Schuster Bks. For Young Readers) Simon & Schuster Bks. For Young Readers.

Power of Invisibility (Super You! #2) Hena Khan & Andrea Menotti. Illus. by Yancey Labat. 2023. (Super You! Ser.: 2). 288p. (J). (gr. 3-7). pap. 8.99 *(978-0-593-22487-8(6),* Penguin Workshop) Penguin Young Readers Group.

Power of Java, 1 vol. Aidan M. Ryan. 2017. (Power of Coding Ser.). (ENG.). 112p. (YA). (gr. 9-9). pap. 20.99 *(978-1-5026-3417-7(1),* 5f67d886-2b19-4b6b-a4eb-7dc46d3e9484); lib. bdg. 44.50 *(978-1-5026-2942-5(9),* 9824f296-5ecf-4d2a-94de-ab3d8aac732f) Cavendish Square Publishing LLC.

Power of JavaScript, 1 vol. Derek Miller. 2017. (Power of Coding Ser.). (ENG.). 112p. (YA). (gr. 9-9). pap. 20.99 *(978-1-5026-3416-0(3),* 5ab1cee1-5057-4dd3-8a1d-adcaf3d0c394); lib. bdg. 44.50 *(978-1-5026-2944-9(5),* d1f1825e-a058-4ce3-9da6-46f65e77abb4) Cavendish Square Publishing LLC.

Power of Kindness: And Other Stories; a Book for the Example & Encouragement of the Young (Classic Reprint) T. S. Arthur. 2017. (ENG., Illus.). (J). 26.54 *(978-0-265-28557-2(7))* Forgotten Bks.

Power of Lulu. Rachel Chlebowski. ed. 2022. (DC Comics 8x8 Bks). (ENG.). 24p. (J). (gr. k-1). 17.46 ***(978-1-68505-404-5(8))*** Penworthy Co., LLC, The.

Power of Me. Andrea Brown. Illus. by Dave Atze. 2020. (ENG.). 106p. (J). (gr. 1-6). pap. 10.99 *(978-0-6487450-0-6(7),* PowerKids Pr.) Rosen Publishing Group, Inc., The.

Power of Me. Tisha Lankamp MA CLC. 2021. (ENG.). 100p. (YA). pap. 8.99 *(978-1-9822-6105-4(6),* Balboa Pr.) Author Solutions, LLC.

Power of Me! a Dragon Book Series - Barbian & the Wishing Star. Claire Walker. 2017. (ENG., Illus.). 29p. (J). 18.95 *(978-1-78612-266-7(9),* dbf866a9-26ac-4080-81d4-69c78feeae96) Austin Macauley Pubs. Ltd. GBR. Dist: Baker & Taylor Publisher Services (BTPS).

Power of One. Will Hallewell. 2019. (Gazore Ser.: Vol. 5). (ENG.). 48p. (J). (gr. 3-6). pap. 7.99 *(978-1-64533-131-5(8))* Kingston Publishing Co.

Power of Patterns: Coding. Rane Anderson. 2nd rev. ed. 2017. (TIME(r): Informational Text Ser.). (ENG., Illus.). 48p. (gr. 6-8). pap. 13.99 *(978-1-4938-3625-3(0))* Teacher Created Materials, Inc.

Power of Patterns: Coding. Rane Anderson. ed. 2017. (Time for Kids Nonfiction Readers Ser.). lib. bdg. 20.85 *(978-0-606-40277-4(2))* Turtleback.

Power of Patterns: Cryptography. Rane Anderson. ed. 2017. (Time for Kids Nonfiction Readers Ser.). lib. bdg. 20.85 *(978-0-606-40278-1(0))* Turtleback.

Power of Patterns: Fractals. Theo Buchanan. ed. 2017. (Time for Kids Nonfiction Readers Ser.). lib. bdg. 20.85 *(978-0-606-40283-5(7))* Turtleback.

Power of PHP, 1 vol. Grace Murphy. 2017. (Power of Coding Ser.). (ENG.). 112p. (YA). (gr. 9-9). pap. 20.99 *(978-1-5026-3419-1(8),* 71603f50-3efb-4703-a29e-54b61c019890); lib. bdg. 44.50 *(978-1-5026-2946-3(1),* c1416866-2093-4b71-a5df-b50577a5269) Cavendish Square Publishing LLC.

Power of Poop, 12 vols. 2017. (Power of Poop Ser.). (ENG.). (J). (gr. 3-4). lib. bdg. 161.58 *(978-0-7660-9158-0(9),* febefa86-1daa-499d-948f-5a83ca01f898) Enslow Publishing, LLC.

Power of Positive Thinking for Teens: Workbook for Teenagers, Manual for Parents. Zahara Alishah. 2023. (ENG.). 186p. (YA). pap. 13.99 ***(978-1-9822-9730-5(1),*** Balboa Pr.) Author Solutions, LLC.

Power of Purim & Other Plays: A Series of One Act Plays, Designed for Jewish Religious Schools (Classic Reprint) Irma Kraft. 2019. (ENG., Illus.). 194p. (J). 27.92 *(978-0-365-21287-4(3))* Forgotten Bks.

Power of Python, 1 vol. Rachel Keranen. 2017. (Power of Coding Ser.). (ENG.). 112p. (YA). (gr. 9-9). 44.50 *(978-1-5026-2948-7(8),* 02707560-b99f-4072-8835-262ceda72533); pap. 20.99 *(978-1-5026-3415-3(5),* d2fa2a91-0d5e-4dbe-a373-c60216067eb6) Cavendish Square Publishing LLC.

Power of Rhyme. Trevor Agus. 2022. (ENG.). 164p. (YA). ***(978-1-78612-419-7(X))*** Austin Macauley Pubs. Ltd.

Power of Ruby, 1 vol. Rachel Keranen. 2017. (Power of Coding Ser.). (ENG.). 112p. (YA). (gr. 9-9). 44.50 *(978-1-5026-2950-0(X),* b1082d86-295d-4e05-92f2-8393fe0c4135); pap. 20.99 *(978-1-5026-3418-4(X),* f4a89d47-fcaf-4e61-abb5-03901fa6563e) Cavendish Square Publishing LLC.

Power of Solitude: A Poem in Two Parts (Classic Reprint) Joseph Story. 2018. (ENG., Illus.). 274p. (J). 29.55 *(978-0-267-56930-4(0))* Forgotten Bks.

Power of Style. Christian Allaire. 2021. (Illus.). 100p. (YA). (ENG.). pap. 12.95 *(978-1-77321-491-7(8));* (gr. 7). 19.95 *(978-1-77321-490-0(X))* Annick Pr., Ltd. CAN. Dist: Publishers Group West (PGW).

Power of Ten: My Dad's Rules for Success. Anushri Rajiv Shah. 2018. (ENG., Illus.). 108p. (J). pap. 8.99 *(978-1-64324-506-5(6))* Notion Pr., Inc.

Power of the Bells: A Discovery of Individual Power & Voice. Karen Walner Metsker. Ed. by Sean Patterson. Illus. by Rita C. Patterson. 2022. (ENG.). 52p. (J). pap. 27.99 ***(978-1-6628-6337-0(3))*** Salem Author Services.

Power of the Dragon (the Chronicles of Dragon, Series 2, Book 9) Craig Halloran. 2017. (ENG., Illus.). 222p. (J). pap. 9.99 *(978-1-941208-98-4(3))* Two-Ten Bk. Pr., Inc.

Power of the Force. Michael Siglain. ed. 2018. (Star Wars 8x8 Ser.). (ENG.). 22p. (J). (gr. -1-1). 14.89 *(978-1-64310-655-7(4))* Penworthy Co., LLC, The.

Power of the Fortrex. Rebecca L. Schmidt. ed. 2018. (Scholastic Readers Ser.). (ENG.). 32p. (J). (gr. 1-3). 9.00 *(978-1-64310-665-6(1))* Penworthy Co., LLC, The.

Power of the Gemstones: Revealing Her Secret. Izzyana Andersen. 2016. (ENG., Illus.). (J). pap. 15.99 *(978-1-59298-594-4(7))* Beaver's Pond Pr., Inc.

Power of the Grannies. Robin Twiddy. Illus. by Rosie Groom. 2023. (Level 10 - White Set Ser.). (ENG.). 40p. (J). (gr. 2-4). lib. bdg. 19.95 Bearport Publishing Co., Inc.

Power of the Keys (Classic Reprint) Sydney C. Grier. 2018. (ENG., Illus.). 372p. (J). 31.57 *(978-0-484-25163-1(5))* Forgotten Bks.

Power of the Light. Liliane Grace. 2020. (ENG.). 182p. (YA). pap. *(978-0-6485624-5-0(X))* Driess, Stefan Grace-Production.

Power of the Nile-Children's Ancient History Books. Baby Professor. 2017. (ENG., Illus.). (J). pap. 7.89 *(978-1-5419-0477-4(X),* Baby Professor (Education Kids)) Speedy Publishing LLC.

Power of the Pause. Sandee Q. Conkright. 2021. (ENG.). 22p. (J). 22.95 *(978-1-63692-213-3(9))* Newman Springs Publishing, Inc.

Power of the Paw: Kid's Coloring Book. Kreative Kids. 2016. (ENG., Illus.). (J). pap. 9.20 *(978-1-68377-441-9(8))* Whlke, Traudl.

Power of the Pearl Earrings. Linda Trinh. Illus. by Clayton Nguyen. 2022. (Nguyen Kids Ser.: 2). 128p. (J). (gr. 1-4). 19.99 *(978-1-77321-710-9(0));* (ENG.). pap. 7.99 *(978-1-77321-711-6(9))* Annick Pr., Ltd. CAN. Dist: Publishers Group West (PGW).

Power of the People: The Story of the U. S. Presidential Election of 2016 & How & Why It Made History. Bethany Potter. 2017. (ENG., Illus.). (J). 22.95 *(978-1-4808-4804-7(2));* pap. 16.95 *(978-1-4808-4803-0(4))* Archway Publishing.

Power of the Pixel. S. a Owens. 2020. (ENG.). 73p. (J). pap. *(978-1-716-64791-8(6))* Lulu Pr., Inc.

Power of the Sun, 10 vols. 2019. (Power of the Sun Ser.). (ENG.). 32p. (J). (gr. 3-3). lib. bdg. 151.05 *(978-1-5026-4764-1(8),* 71ac94a7-b3ed-43b9-8f5c-cab3edecfa08) Cavendish Square Publishing LLC.

Power of the Sun (Set) 2019. (Power of the Sun Ser.). (ENG.). 32p. (J). pap. 52.90 *(978-1-5026-4788-7(5))* Cavendish Square Publishing LLC.

Power of the Wind Harvested - Understanding Wind Power for Kids Children's Electricity Books. Baby Professor. 2017. (ENG., Illus.). 64p. (J). pap. 9.55 *(978-1-5419-1776-7(6),* Baby Professor (Education Kids)) Speedy Publishing LLC.

Power of Three / Ancient Pokémon Attack (Pokémon Super Special Flip Book: Sinnoh Region / Hoenn Region) Helena Mayer & Maria S. Barbo. 2021. (ENG., Illus.). 192p. (J). (gr. 2-5). pap. 7.99 *(978-1-338-74655-6(3))* Scholastic, Inc.

Power of Three (Marvel Spidey & His Amazing Friends) Steve Behling. Illus. by Golden Books. 2021. (Little Golden Book Ser.). (ENG.). 24p. (J). (-k). 5.99 *(978-0-593-37933-2(0),* Golden Bks.) Random Hse. Children's Bks.

Power of Toph (Avatar: the Last Airbender) Random House. 2023. (Screen Comix Ser.). (ENG.). 80p. (J). (gr. 3-7). pap. 7.99 *(978-0-593-56941-2(5),* Random Hse. Bks. for Young Readers) Random Hse. Children's Bks.

Power of Vision: Vision Is Where Success Starts From. Vicky Omifolaji. 2022. (ENG.). 108p. (YA). pap. ***(978-1-4709-8373-4(7))*** Lulu Pr., Inc.

Power of Water. John Willis. 2018. (Earth's Precious Water Ser.). (ENG.). 24p. (J). lib. bdg. 22.99 *(978-1-5105-3889-4(5))* SmartBook Media, Inc.

Power of Weather: How Time & Weather Change the Earth. Ellen Labrecque. 2020. (Weather & Climate Ser.). (ENG., Illus.). 32p. (J). (gr. 3-5). pap. 7.95 *(978-1-4966-5777-0(2),* 142185); lib. bdg. 28.65 *(978-1-5435-9155-2(8),* 141553) Capstone.

Power of Wind: Leveled Reader Book 68 Level S 6 Pack. Hmh Hmh. 2021. (SPA.). 32p. (J). pap. 74.40 *(978-0-358-08129-6(7))* Houghton Mifflin Harcourt Publishing Co.

Power of Wings. Susan Pope. 2020. (ENG.). 194p. (J). pap. *(978-1-83945-356-4(7))* FeedARead.com.

Power of Yet. Maryann Cocca-Leffler. 2021. (ENG., Illus.). 24p. (J). (gr. -1-k). 16.99 *(978-1-4197-4003-9(2),* 1297601, Abrams Appleseed) Abrams, Inc.

Power of You a Little Miss Tyne Coloring Book. Dee Gellie. 2020. (ENG.). 86p. (J). pap. *(978-1-716-99097-7(1))* Lulu Pr., Inc.

POWER of YOUR VOICE IS RESOUNDING (Live, Laugh, & Love Inside) A Love Soul Journey. Elder Sharon L. Graves. 2022. (ENM.). 254p. (J). pap. ***(978-1-387-72570-0(X))*** Lulu Pr., Inc.

Power On! Life-Changing Technology. Eleanor Cardell. 2017. (Flash Points Ser.). (ENG., Illus.). 48p. (J). (gr. 5-8). 27.99 *(978-1-62920-607-3(5),* 082c3b32-3b12-414d-a80a-bc7ef9ec7a61) Full Tilt Pr. NZL. Dist: Lerner Publishing Group.

Power Pack of Short Stories: Box Set of Crime, Thriller & Suspense Stories. Deepak Gupta. 2020. (ENG.). 172p. (YA). pap. 15.99 *(978-1-393-35910-4(8))* Draft2Digital.

Power, People, & Change. Wendy Conklin. rev. ed. 2016. (Social Studies: Informational Text Ser.). (ENG., Illus.). 32p. (gr. 2-4). pap. 10.99 *(978-1-4938-2548-6(8))* Teacher Created Materials, Inc.

Power Plant Testing: A Manual of Testing Engines, Turbines, Boilers, Pumps, Refrigerating Machinery, Fans, Fuels, Materials of Construction, etc (Classic Reprint) James Ambrose Moyer. 2017. (ENG., Illus.). (J). 32.56 *(978-0-266-53158-6(X))* Forgotten Bks.

Power Play. Jake Maddox. 2016. (Jake Maddox JV Girls Ser.). (ENG., Illus.). 96p. (J). (gr. 4-8). lib. bdg. 26.65 *(978-1-4965-3673-0(8),* 132924, Stone Arch Bks.) Capstone.

Power Play. Beth McMullen. (Mrs. Smith's Spy School for Girls Ser.: 2). (ENG., Illus.). (J). (gr. 4-8). 2019. 304p. pap. 8.99 *(978-1-4814-9024-5(9));* 2018. 288p. 17.99 *(978-1-4814-9023-8(0))* Simon & Schuster Children's Publishing. (Aladdin).

Power Players, 6 bks. Rob Kirkpatrick. Incl. Doug Flutie: International Football Star. lib. bdg. 17.25 *(978-0-8239-5537-4(0));* Grant Hill: Basketball All-Star. lib. bdg. 17.25 *(978-0-8239-5538-1(9));* 24p. (J). (gr. 1). 2003. (Illus.). Set lib. bdg. 24.60 *(978-0-8239-7000-1(0),* PowerKids Pr.) Rosen Publishing Group, Inc., The.

Power Plays. Maureen Ulrich. 2020. (Jessie Mac Hockey Ser.: Vol. 1). (ENG., Illus.). 188p. (YA). (gr. 7-12). pap. *(978-1-989078-27-3(3))* Martrain Corporate & Personal Development.

Power Plays: Dramatic Short Plays for Acting Students. Laurie Allen. 2016. (ENG.). 168p. (YA). (gr. 9-12). 28.95 *(978-1-56608-261-7(7))* Meriwether Publishing, Ltd.

Power Plays: The Next 100 Years of Energy. Nikole Brooks Bethea. Illus. by Giovanni Pota et al. 2016. (Our World: the Next 100 Years Ser.). (ENG.). 32p. (J). (gr. 3-9). lib. bdg. 31.32 *(978-1-4914-8267-4(2),* 130756, Capstone Pr.) Capstone.

Power Plays: The Next 100 Years of Energy, 2 vols. Nikole Brooks Bethea et al. Illus. by Giovanni Pota. 2016. (Our World: the Next 100 Years Ser.). (ENG.). (J). (gr. 3-4). 53.32 *(978-1-5157-5572-2(X))* Capstone.

Power Poems for Small Humans. Ed. by Flamingo Rampant. 2019. (ENG., Illus.). 28p. (J). (gr. 1-3). 15.95 *(978-1-9991562-0-6(X))* Flamingo Rampant! CAN. Dist: Orca Bk. Pubs. USA.

Power Ponies to the Rescue! Charlotte Fullerton et al. 2017. (My Little Pony Leveled Readers Ser.). (ENG., Illus.). 32p. (J). (gr. -1-3). lib. bdg. 31.36 *(978-1-5321-4097-6(5),* 26970) Spotlight.

Power Posey(TM) Avra Davidoff. 2020. (ENG., Illus.). 24p. (J). *(978-0-2288-2323-0(4));* pap. *(978-0-2288-2322-3(6))* Tellwell Talent.

Power Posey(TM) Posey Powers On. Avra Davidoff. Illus. by Bonnie Lemaire. 2021. (ENG.). 26p. (J). *(978-0-2288-3796-1(0));* pap. *(978-0-2288-3795-4(2))* Tellwell Talent.

Power Rangers. Sara Green. 2018. (Brands We Know Ser.). (ENG., Illus.). 24p. (J). (gr. 3-8). lib. bdg. 27.95 *(978-1-62617-776-5(7),* Pilot Bks.) Bellwether Media.

Power Rangers: Go Go Power Rangers! Grace Baranowski. 2021. (4-Button Sound Bks.). (ENG.). 12p. (J). (gr. -1-k). bds. 12.99 *(978-0-7944-4652-9(3),* Studio Fun International) Printers Row Publishing Group.

Power Stones. Paul Weightman. 2019. (ENG.). 280p. (J). pap. *(978-0-244-45135-6(4))* Lulu Pr., Inc.

Power Store: The End. Valerie Erickson. 2021. (Power Store Ser.: Vol. 3). (ENG.). 130p. (J). pap. 10.00 *(978-1-970109-31-3(9),* AnewPr., Inc.) 2Nimble.

Power Store: The Owner. Valerie Erickson. 2020. (Power Store Ser.: Vol. 2). (ENG.). 124p. (J). pap. 10.00 *(978-1-970109-27-6(0),* AnewPr., Inc.) 2Nimble.

Power Surge. Sara Codair. 2018. (Evanstar Chronicles Ser.: Vol. 1). (ENG., Illus.). 308p. (YA). pap. 16.99 *(978-1-949340-92-1(9))* NineStar Pr.

Power Thicker Than Blood. Elton Estevao. 2020. (ENG.). 307p. (YA). ***(978-1-716-84266-5(2))*** Lulu Pr., Inc.

Power Through Repose. Annie Payson Call. 2017. (ENG.). 172p. (J). pap. *(978-3-7447-5876-5(1))* Creation Pubs.

Power Up. Seth Fishman. Illus. by Isabel Greenberg. (ENG.). 40p. (J). (gr. -1-3). 2021. pap. 8.99 *(978-0-06-298197-4(8));* 2019. 17.99 *(978-0-06-245579-6(6))* HarperCollins Pubs. (Greenwillow Bks.).

Power Up. Ted M. Konne. 2021. (ENG.). 196p. (YA). 20.00 *(978-1-7378324-0-9(2));* pap. 15.00 *(978-1-0879-7981-6(1))* VMH Publishing.

Power Up. Sam Nisson. Illus. by Darnell Johnson. 2021. (Power up Graphic Novel Ser.). (ENG.). 224p. (J). (gr. 3-7). pap. 12.99 *(978-0-358-32565-9(X),* 1779388, Clarion Bks.) HarperCollins Pubs.

Power up for Fitness: Exercise for Playing Stronger & Running Longer. Charla McMillian & Jonathan Weinress. 2018. (Let's Move Ser.). (ENG., Illus.). 32p. (J). (gr. 1-3). pap. 4.99 *(978-1-63440-411-2(4),* e8330bbc-196f-4fa3-a953-74e538b159a6); lib. bdg. 19.99 *(978-1-63440-409-9(2),* 71a4cee5-64d7-4089-b97e-667b1c39c46e) Red Chair Pr.

Power Up! (Nintendo(r)) Random House. 2018. (ENG.). 24p. (J). (gr. 1-4). pap. 9.99 *(978-0-525-58158-1(8),* Random Hse. Bks. for Young Readers) Random Hse. Children's Bks.

Power up, PJ Masks! Delphine Finnegan. ed. 2019. (Ready-To-Read Ser.). (ENG.). 32p. (J). (gr. k-1). 13.96 *(978-0-87617-999-4(5))* Penworthy Co., LLC, The.

Power up, PJ Masks! Ready-To-Read Level 1. Adapted by Delphine Finnegan. 2018. (PJ Masks Ser.). (ENG., Illus.). 32p. (J). (gr. -1-1). 17.99 *(978-1-5344-3080-8(6));* pap. 4.99 *(978-1-5344-3079-2(2))* Simon Spotlight. (Simon Spotlight).

Power up Preschoolers' Memory Muscles with Matching Game Activities. Activibooks For Kids. 2016. (ENG., Illus.). (J). pap. 7.55 *(978-1-68321-396-3(3))* Mimaxion.

Power up, Pups! (PAW Patrol: the Mighty Movie) Melissa Lagonegro. Illus. by Dave Aikins. 2023. (Step into Reading Ser.). (ENG.). 24p. (J). (gr. -1-1). pap. 5.99 ***(978-0-593-30550-8(7));*** lib. bdg. 14.99 ***(978-0-593-30551-5(5))*** Random Hse. Children's Bks. (Random Hse. Bks. for Young Readers).

Power Within. Leron Nelson. 2020. (ENG., Illus.). 120p. (YA). (gr. 7-12). pap. 24.95 *(978-1-0980-0083-7(8))* Christian Faith Publishing.

Power Within. Anurag Rai. 2021. (ENG.). 124p. (YA). ***(978-1-008-98553-7(8))*** Lulu Pr., Inc.

Power Within. H. K. Varian. 2016. (Hidden World of Changers Ser.: 3). (ENG., Illus.). 176p. (J). (gr. 3-7). pap. 6.99 *(978-1-4814-6963-0(0),* Simon Spotlight) Simon Spotlight.

Powered by Steam. Kristy Stark. rev. ed. 2018. (Smithsonian: Informational Text Ser.). (ENG., Illus.). 32p. (gr. 3-5). pap. 11.99 *(978-1-4938-6694-6(X))* Teacher Created Materials, Inc.

Powered by the Sun. Dona Rice & Joseph Otterman. rev. ed. 2019. (Smithsonian: Informational Text Ser.). (ENG., Illus.). 24p. (J). (gr. 1-2). pap. 8.99 *(978-1-4938-6658-8(3))* Teacher Created Materials, Inc.

Powered up! a STEM Approach to Energy Sources, 12 vols. 2017. (Powered up! a STEM Approach to Energy Sources Ser.). (ENG.). 24p. (J). (gr. 3-3). lib. bdg. 151.62 *(978-1-5081-6438-8(X),*

P

621f850e-a47b-400f-a3bc-750859565b64, PowerKids Pr.) Rosen Publishing Group, Inc., The.

Powerful Armies of Sparta - History Books for Age 7-9 Children's History Books. Baby Professor. 2017. (ENG., Illus.). (J). pap. 8.79 *(978-1-5419-1045-4(1)*, Baby Professor (Education Kids)) Speedy Publishing LLC.

Powerful Bully Elk. William C. McLean. 2020. (ENG.). 22p. (J). pap. 12.95 *(978-1-64628-431-3(3))* Page Publishing Inc.

Powerful Duo: Aircraft & Aircraft Carriers - Plane Book for Children Children's Transportation Books. Baby Professor. 2017. (ENG., Illus.). 64p. (J). pap. 9.52 *(978-1-5419-1523-7(2)*, Baby Professor (Education Kids)) Speedy Publishing LLC.

Powerful Emajen-Ation. Glenda Kuhn. 2019. (ENG., Illus.). 34p. (J). 23.95 *(978-1-64471-437-9(X))*; pap. 13.95 *(978-1-64471-436-2(1))* Covenant Bks.

Powerful H. S. Babs Wilson. 2016. (ENG., Illus.). (J). pap. 13.95 *(978-1-68197-113-1(5))* Christian Faith Publishing.

Powerful Kids. Carla Rawls & Hartley Rawls. Ed. by Crystal Walker. 2022. (ENG.). 193p. (J). pap. ***(978-1-4357-7011-9(0))*** Lulu Pr., Inc.

Powerful Kings of Mesopotamia - Ancient History Books for Kids Children's Ancient History. Baby Professor. 2017. (ENG., Illus.). (J). pap. 9.55 *(978-1-5419-1456-8(2)*, Baby Professor (Education Kids)) Speedy Publishing LLC.

Powerful Learning Strategies That Schools Don't Teach: Engaging Study Techniques for Students Aged 12 & Over. Penny McGlynn. 2022. (ENG.). 196p. (YA). *(978-0-2288-6543-8(3))*; pap. *(978-0-2288-6542-1(5))* Tellwell Talent.

Powerful Lions, 1 vol. Theresa Emminizer. 2020. (Animals of the Grasslands Ser.). (ENG.). 24p. (gr. 1-2). pap. 9.25 *(978-1-7253-1706-2(0)*, b23c3c6b-17ca-4b67-b237-edf8b9018f0f, PowerKids Pr.) Rosen Publishing Group, Inc., The.

Powerful Magician. Daniel Irungu. 2022. (ENG.). 48p. (J). pap. 18.00 ***(978-1-0880-4978-5(8))*** Indy Pub.

Powerful Praying Mantids. Melissa Higgins. 2020. (Little Entomologist 4D Ser.). (ENG., Illus.). 32p. (J). (gr. -1-2). pap. 6.95 *(978-1-9771-1790-8(2)*, 142150); lib. bdg. 30.65 *(978-1-9771-1433-4(4)*, 141587) Capstone. (Pebble).

Powerful Predators: Sharks! Polar Bears! Lions! (Rookie STAR: Extraordinary Animals) (Library Edition) Lisa M. Herrington. 2018. (Rookie Star Ser.). (ENG., Illus.). 32p. (J). (gr. 2-3). 25.00 *(978-0-531-23091-6(0)*, Children's Pr.) Scholastic Library Publishing.

Powerful Princesses. Angela Buckingham. Illus. by Yvonne Gilbert. 2022. (Heroic Heroines Ser.). (ENG.). 96p. (J). (gr. 4-6). 24.99 *(978-1-922385-53-6(0))* Bonnier Publishing GBR. Dist: Independent Pubs. Group.

Powerful Princesses: 10 Untold Stories of History's Boldest Heroines. Angela Buckingham. Illus. by Yvonne Gilbert. 2023. (Heroic Heroines Ser.). (ENG.). 96p. (J). (gr. 3-7). pap. 19.99 ***(978-1-922857-57-6(2))*** Bonnier Publishing GBR. Dist: Independent Pubs. Group.

Powerful Proteins. Katie Marsico. 2020. (21st Century Basic Skills Library: Level 3: Strong Kids Healthy Plate Ser.). (ENG., Illus.). 24p. (J). (gr. k-3). lib. bdg. 30.64 *(978-1-5341-6865-7(6)*, 215347) Cherry Lake Publishing.

Powerful World of Energy with Max Axiom, Super Scientist: 4D an Augmented Reading Science Experience. Agnieszka Biskup. Illus. by Cynthia Martin & Anne Timmons. 2019. (Graphic Science 4D Ser.). (ENG.). 32p. (J). (gr. 3-9). pap. 7.95 *(978-1-5435-6006-0(7)*, 140066); lib. bdg. 36.65 *(978-1-5435-5873-9(9)*, 139798) Capstone.

Powerful You. Kate Jane Neal. 2023. (ENG., Illus.). 40p. (J). 18.99 *(978-1-250-84127-8(5)*, 900255599) Feiwel & Friends.

Powering Our World, 10 vols., Set. Amy S. Hansen. Incl. Fossil Fuels: Buried in the Earth. lib. bdg. 26.27 *(978-1-4358-9325-2(5)*, dcce9aba-c7e0-4028-96b8-7ceddd84c184, PowerKids Pr.); Geothermal Energy: Hot Stuff! lib. bdg. 26.27 *(978-1-4358-9330-6(1)*, 852da467-48ad-40cb-adcb-aa570b4fc4fe, PowerKids Pr.); Hydropower: Making a Splash! lib. bdg. 26.27 *(978-1-4358-9329-0(8)*, 6b47b901-a097-4f3a-bb49-29f543e5d185, PowerKids Pr.); Nuclear Energy: Amazing Atoms. lib. bdg. 26.27 *(978-1-4358-9328-3(X)*, e1ea66a5-0bc5-4d20-a877-28ca166c7190, PowerKids Pr.); Solar Energy: Running on Sunshine. lib. bdg. 26.27 *(978-1-4358-9326-9(3)*, ca2a6f22-b7c0-45b3-8c03-dda61f3c5fef); Wind Energy: Blown Away! lib. bdg. 26.27 *(978-1-4358-9327-6(1)*, 2e940f3e-811b-4294-a035-1664fcefc166, PowerKids Pr.); (J). (gr. 3-3). (Powering Our World Ser.). (ENG., Illus.). 24p. 2010. Set lib. bdg. 131.35 *(978-1-4358-9403-7(0)*, 1c75a7b1-eba8-4cbf-bc89-8cf628327f22, PowerKids Pr.) Rosen Publishing Group, Inc., The.

PowerKids Readers: My Community: Set 2, 12 vols. 2016. (PowerKids Readers: My Community Ser.). (ENG.). 00024p. (J). (gr. k-k). 157.62 *(978-1-4994-2676-2(3)*, 67f1fbd1-bd7d-4c00-a565-90c7892a7842, PowerKids Pr.) Rosen Publishing Group, Inc., The.

Powerkids Readers: My Community: Sets 1 - 2, 24 vols. 2016. (PowerKids Readers: My Community Ser.). (ENG.). (J). (gr. k-k). lib. bdg. 315.24 *(978-1-4994-2700-4(X)*, e2e49bf7-a9e0-44be-9e70-782ce205c00d, PowerKids Pr.) Rosen Publishing Group, Inc., The.

Powerkids Readers: My Community: Sets 1 - 2. 2016. (Powerkids Readers: My Community Ser.). (ENG.). (J). pap. 111.00 *(978-1-5081-5267-5(5)*, PowerKids Pr.) Rosen Publishing Group, Inc., The.

Powers & Maxine (Classic Reprint) Charles Norris Williamson. (ENG., Illus.). (J). 2018. 328p. 30.68 *(978-0-483-81215-4(3))*; 2016. pap. 13.57 *(978-1-334-14355-7(2))* Forgotten Bks.

Powers at Play (Classic Reprint) Bliss Perry. 2018. (ENG., Illus.). 294p. (J). 29.96 *(978-0-484-51934-2(4))* Forgotten Bks.

Powers Girls: The Story of Models & Modeling & the Natural Steps by Which Attractive Girls Are Created (Classic Reprint) John Robert Powers. 2017. (ENG., Illus.). (J). 29.18 *(978-0-331-16129-8(X))*; pap. 11.57 *(978-0-259-87914-5(2))* Forgotten Bks.

Powers in Action Volume 1. Art Baltazar. 2020. (ENG., Illus.). 128p. (J). pap. 9.99 *(978-1-63229-441-8(9)*, b832908e-fcc9-4356-bff4-b02c43131429) Action Lab Entertainment.

Powers of Benjamin Frank. Marie Skilling. 2019. (ENG.). 214p. (J). pap. *(978-0-9934414-1-7(6))* Marmalade Bks.

Powers of Genius: A Poem, in Three Parts (Classic Reprint) John Blair Linn. 2018. (ENG., Illus.). 184p. (J). 27.77 *(978-0-332-94474-6(3))* Forgotten Bks.

Powers of the Knife. Bontle Senne. 2016. (ENG., Illus.). (YA). pap. *(978-0-9946744-5-6(7))* Cover2Cover Bks.

Powers of the People: A Look at the Ninth & Tenth Amendments, 1 vol. Geraldine P. Lyman. 2018. (Our Bill of Rights Ser.). (ENG.). 32p. (gr. 5-5). pap. 11.00 *(978-1-5383-4312-8(6)*, 48b366ed-8211-4a4b-97e7-4d117fb9aae2, PowerKids Pr.) Rosen Publishing Group, Inc., The.

Powers of the Pleistocene. Louise Nelson. 2023. (That's Not a Dino! Ser.). (ENG.). 24p. (J). (gr. 1-3). lib. bdg. 19.95 Bearport Publishing Co., Inc.

Powers That Prey (Classic Reprint) Josiah Flynt. 2017. (ENG., Illus.). (J). 29.59 *(978-0-260-86971-5(6))* Forgotten Bks.

Powers Within: A Drama in Four Acts, Embodying a Study of the Passions, Eccentricities, & Impulses of Men & Women (Classic Reprint) Arthur J. Ebert. (ENG., Illus.). (J). 2018. 66p. 25.26 *(978-0-483-78318-8(8))*; 2017. pap. 9.57 *(978-0-243-08007-6(7))* Forgotten Bks.

Powhatan. Elizabeth; Peattie Massie. Ed. by Cindy Peattie. 2016. (Spring Forward Ser.). (ENG.). (J). (gr. 2). 7.20 net. *(978-1-4900-6030-9(8))* Benchmark Education Co.

Powhatan: The Past & Present of Virginia's First Tribes. Danielle Smith-Llera. 2016. (American Indian Life Ser.). (ENG., Illus.). 32p. (J). (gr. 3-6). lib. bdg. 27.99 *(978-1-5157-0239-9(1)*, 131896, Capstone Pr.) Capstone.

Powman. Dave Pow; Worland Tabain. 2020. (Powman Ser.: 1). (ENG.). 128p. (J). (gr. 2-4). pap. 9.99 *(978-1-925796-01-8(9))* New Holland Pubs. Pty, Ltd. AUS. Dist: Independent Pubs. Group.

Powman 2: Discover the Strength Within: Discover the Strength Within. Dave; Worland Tabain. 2020. (Powman Ser.). (ENG., Illus.). 128p. (J). (gr. 2-4). pap. 9.99 *(978-1-76079-146-9(6))* New Holland Pubs. Pty, Ltd. AUS. Dist: Independent Pubs. Group.

Powwow: A Celebration Through Song & Dance. Karen Pheasant-Neganigwane. 2020. (Orca Origins Ser.: 7). (ENG., Illus.). 88p. (J). (gr. 4-8). 24.95 *(978-1-4598-1234-5(4))* Orca Bk. Pubs. USA.

Powwow Coloring & Activity Book: Ojibwe Traditions Coloring Book Series. Cassie Brown. 2018. (ENG.). 36p. (J). (gr. -1). pap. 5.99 *(978-0-87020-893-5(4))* Wisconsin Historical Society.

Powwow Day. Traci Sorell. Illus. by Madelyn Goodnight. 2022. 32p. (J). (gr. -1-3). lib. bdg. 17.99 *(978-1-58089-948-2(X))* Charlesbridge Publishing, Inc.

Powwow Mystery: the Powwow Dog. Joseph Bruchac. Illus. by Dale DeForest. 2020. (Powwow Mystery Ser.: Vol. 2). (ENG.). 32p. (J). (gr. 2-4). pap. 8.95 *(978-1-4788-6901-6(1))* Newmark Learning LLC.

Powwow Summer. Nahanni Shingoose. (ENG.). 176p. (YA). (gr. 8-12). 2020. lib. bdg. 27.99 *(978-1-4594-1417-4(9)*, 09290c99-83eb-4d26-8286-e28a655ab5af); 2019. pap. 8.99 *(978-1-4594-1415-0(2)*, d84354d0-bf31-4211-8c5f-b0bc0231ee8e) James Lorimer & Co. Ltd., Pubs. CAN. Dist: Lerner Publishing Group.

Poyo Poyo's Observation Diary Vol. 2. Ru Tatuki. 2018. (VIE.). (J). pap. *(978-604-56-4932-9(X))* Woman's Publishing Hse.

Poyo Poyo's Observation Diary (Volume 3 Of 6) Ru Tatuki. 2018. (VIE.). (J). pap. *(978-604-56-4933-6(8))* Woman's Publishing Hse.

Poz. Christopher Koehler. 2016. (ENG., Illus.). (J). 24.99 *(978-1-63533-063-2(7)*, Harmony Ink Pr.) Dreamspinner Pr.

Pp. Bela Davis. 2016. (Alphabet Ser.). (ENG., Illus.). 24p. (J). (gr. -1-2). lib. bdg. 31.36 *(978-1-68080-892-6(3)*, 23259, Abdo Kids) ABDO Publishing Co.

Pp (Spanish Language) Maria Puchol. 2017. (Abecedario (the Alphabet) Ser.). (SPA., Illus.). 24p. (J). (gr. -1-2). lib. bdg. 31.36 *(978-1-5321-0316-2(6)*, 27191, Abdo Kids) ABDO Publishing Co.

PPurple Phantoms. Julius Thompson. 2021. (ENG.). 178p. (YA). pap. 19.95 ***(978-0-578-89464-5(5))*** Indy Pub.

Pr1me Mathematics Kindergarten Teacher's Guide A. Scholastic, Inc. Staff. 2017. (Prime Mathematics Ser.). (ENG.). (J). pap. 49.95 *(978-981-4781-37-4(1))* Scholastic, Inc.

Pr1me Mathematics Kindergarten Teacher's Guide B. Scholastic, Inc. Staff. 2017. (Prime Mathematics Ser.). (ENG.). (J). pap. 49.95 *(978-981-4781-38-1(X))* Scholastic, Inc.

Prach & Sathae - Huot Sarith. Illus. by Ouk Ratha. 2022. (KHM.). 30p. (J). pap. ***(978-1-922835-42-0(0))*** Library For All Limited.

Practical Analog & RF Electronics. Daniel B. Talbot. 2022. (ENG., Illus.). 226p. pap. 64.95 *(978-0-367-54294-8(3))* CRC Pr. LLC.

Practical Anatomy. David Hayes Agnew. 2017. (ENG.). 316p. (J). pap. *(978-3-337-37031-2(4))* Creation Pubs.

Practical Anatomy: An Exposition of the Facts of Gross Anatomy from the Topographical Standpoint & a Guide to the Dissection of the Human Body (Classic Reprint) John Clement Heisler. 2017. (ENG., Illus.). 810p. (J). pap. 23.57 *(978-1-5278-2969-5(3))* Forgotten Bks.

Practical Astronomer: Comprising Illustrations of Light & Colours; Practical Descriptions of All Kinds of Telescopes; the Use of the Equatorial-Transit; Circular, & Other Astronomical Instruments (Classic Reprint) Thomas Dick. (ENG., Illus.). (J). 2018. 594p. 36.15 *(978-0-428-90730-3(X))*; 2016. pap. 19.57 *(978-1-333-14279-7(X))* Forgotten Bks.

Practical Bee-Keeper; or, Concise & Plain Instructions for the Management of Bees & Hives. John Milton. 2017. (ENG., Illus.). (J). pap. *(978-0-649-67751-1(X))* Trieste Publishing Pty Ltd.

Practical Canoeing; a Treatise on the Management & Handling of Canoes. Tiphys. 2017. (ENG., Illus.). (J). pap. *(978-0-649-49841-3(0))* Trieste Publishing Pty Ltd.

Practical Child Training, Vol. 1: Easy Lessons for Teaching Obedience in the Home (Classic Reprint) Ray Coppock Beery. 2017. (ENG., Illus.). 144p. (J). 26.89 *(978-0-332-63403-6(5))* Forgotten Bks.

Practical Child Training, Vol. 13: Easy Lessons for Teaching Morality (Classic Reprint) Ray C. Beery. (ENG., Illus.). (J). 2018. 88p. 25.73 *(978-0-484-58438-8(3))*; 2017. pap. 9.57 *(978-0-259-06186-1(7))* Forgotten Bks.

Practical Child Training, Vol. 14: Easy Lessons for Teaching Morality (Classic Reprint) Ray C. Beery. (ENG., Illus.). (J). 2018. 110p. 26.19 *(978-0-365-30634-4(7))*; 2017. pap. 9.57 *(978-0-259-48714-2(7))* Forgotten Bks.

Practical Child Training, Vol. 15: Easy Lessons for Teaching Morality (Classic Reprint) Ray C. Beery. (ENG., Illus.). (J). 2018. 170p. 27.42 *(978-0-365-12300-2(5))*; 2017. pap. 9.97 *(978-0-259-40946-5(4))* Forgotten Bks.

Practical Child Training, Vol. 2: Easy Lessons for Teaching Morality (Classic Reprint) Ray C. Beery. 2017. (ENG., Illus.). (J). 25.90 *(978-0-266-71719-5(5))* Forgotten Bks.

Practical Child Training, Vol. 2: Easy Lessons for Teaching Obedience in the Home (Classic Reprint) Ray C. Beery. (ENG., Illus.). (J). 2017. 174p. 27.49 *(978-0-332-73014-1(X))*; 2016. pap. 9.97 *(978-1-334-16112-4(7))* Forgotten Bks.

Practical Child Training, Vol. 4: Easy Lessons for Teaching Obedience in the Home (Classic Reprint) Ray Coppock Beery. 2017. (ENG., Illus.). (J). 25.81 *(978-0-331-91044-5(6))*; pap. 9.57 *(978-0-259-45179-2(7))* Forgotten Bks.

Practical Child Training, Vol. 5: Easy Lessons for Teaching Self-Control in the Home (Classic Reprint) Ray Coppock Beery. 2017. (ENG., Illus.). (J). pap. 9.57 *(978-0-259-45214-0(9))* Forgotten Bks.

Practical Child Training, Vol. 7: Easy Lessons for Teaching Self-Control in the Home (Classic Reprint) Ray Coppock Beery. (ENG., Illus.). (J). 2018. 102p. 26.02 *(978-0-483-04828-7(3))*; 2017. pap. 9.57 *(978-0-259-30808-9(0))* Forgotten Bks.

Practical Child Training, Vol. 8: Easy Lessons for Teaching Self-Control in the Home (Classic Reprint) Ray Coppock Beery. 2017. (ENG., Illus.). (J). pap. 9.57 *(978-0-259-50062-9(3))* Forgotten Bks.

Practical Child Training, Vol. 9: Easy Lessons for Developing Body & Mind (Classic Reprint) Ray Coppock Beery. 2017. (ENG., Illus.). (J). pap. 9.57 *(978-0-259-82591-3(3))* Forgotten Bks.

Practical Demonology. Clare Rees. 2022. (ENG.). 384p. (YA). (gr. 7-17). 18.99 *(978-1-4197-4558-4(1)*, 1696101, Amulet Bks.) Abrams, Inc.

Practical Dialogues, Drills, & Exercises for All Grades (Classic Reprint) Marie Irish. (ENG., Illus.). (J). 2018. 192p. 27.88 *(978-0-364-32476-9(7))*; 2017. pap. 10.57 *(978-0-259-85465-4(4))* Forgotten Bks.

Practical Dog Training. Stephen Tillinghast Hammond. 2019. (ENG.). 184p. (J). pap. *(978-3-337-81476-2(X))* Creation Pubs.

Practical English for New Americans (Classic Reprint) Rose M. O'Toole. (ENG., Illus.). (J). 2018. 144p. 26.87 *(978-0-666-01524-2(4))*; 2016. pap. 9.57 *(978-1-333-35804-4(0))* Forgotten Bks.

Practical Ethics. William De Witt Hyde. 2017. (ENG.). 224p. (J). pap. *(978-3-337-10528-0(9))* Creation Pubs.

Practical Ethics. William DeWitt Hyde. 2017. (ENG., Illus.). (J). pap. *(978-0-649-24165-1(7))* Trieste Publishing Pty Ltd.

Practical Exercises in English Composition: For Public & Private Schools & the Junior Classes in High Schools (Classic Reprint) H. I. Strang. 2018. (ENG., Illus.). 98p. (J). 25.92 *(978-0-267-64042-3(0))* Forgotten Bks.

Practical Exercises in Physical Geography. William Morris Davis. 2017. (ENG., Illus.). (J). pap. *(978-0-649-67765-8(X))* Trieste Publishing Pty Ltd.

Practical Exercises in Physical Geography (Classic Reprint) William Morris Davis. 2017. (ENG., Illus.). (J). 27.28 *(978-1-5281-5128-3(3))* Forgotten Bks.

Practical Exercises on French Conversation: For the Use of Travellers & Students (Classic Reprint) C. A. Chardenal. 2018. (ENG., Illus.). 208p. (J). 28.19 *(978-0-483-99555-0(X))* Forgotten Bks.

Practical Exercises on French Phraseology: To Which Is Added, a Lexicon of Idiomatic Verbs (Classic Reprint) Isidore Brasseur. (ENG., Illus.). (J). 2018. 242p. 28.91 *(978-0-484-80062-4(0))*; 2017. pap. 11.57 *(978-0-243-44484-7(2))* Forgotten Bks.

Practical Exercises to Cobbett's French Grammar: With a Key (Classic Reprint) James Paul Cobbett. 2018. (FRE., Illus.). 124p. (J). 26.45 *(978-0-267-86694-6(1))* Forgotten Bks.

Practical Falconry: To Which Is Added, How I Became a Falconer. Gage Earle Freeman. 2017. (ENG., Illus.). (J). pap. 5.95 *(978-1-63391-534-3(4))* Westphalia Press.

Practical Falconry: To Which Is Added, How I Became a Falconer (Classic Reprint) Gage Earle Freeman. 2017. (ENG., Illus.). (J). 25.94 *(978-0-266-40624-2(6))* Forgotten Bks.

Practical Fisherman: Dealing with the Natural History, the Legendary Lore, the Capture of British Freshwater Fish, & Tackle & Tackle Making (Classic Reprint) John Harrington Keene. 2016. (ENG., Illus.). (J). pap. 19.57 *(978-1-333-52035-9(2))* Forgotten Bks.

Practical French Teacher: Or a New Method of Learning to Read, Write, & Speak the French Language (Classic Reprint) Norman Pinney. (ENG., Illus.). (J). 2018. 450p. 33.18 *(978-0-267-37710-7(X))*; 2016. pap. 16.57 *(978-1-334-15774-5(X))* Forgotten Bks.

Practical Geology & Mineralogy: With Instructions for the Qualitative Analysis of Minerals (Classic Reprint) Joshua Trimmer. 2017. (ENG., Illus.). (J). 34.85 *(978-1-5281-4875-7(4))* Forgotten Bks.

Practical Geometry & Graphics: A Text-Book for Students in Technical & Trade Schools, Evening Classes, & for Engineers, Artisans, Draughtsmen, Architects, Builders, Surveyors, &C (Classic Reprint) Edward L. Bates. (ENG., Illus.). (J). 2017. 37.18 *(978-0-331-84552-5(0))*; 2016. pap. 19.57 *(978-1-334-20773-0(9))* Forgotten Bks.

Practical Geometry, Linear Perspective, & Projection: Including Isometrical Perspective, Projections of the Sphere, & the Projection of Shadows, with Descriptions of the Principal Instruments Used in Geometrical Drawing, &C (Classic Reprint) Thomas Bradley. 2017. (ENG., Illus.). (J). pap. 13.57 *(978-0-282-66424-4(6))* Forgotten Bks.

Practical Geometry, Linear Perspective, & Projection: Including Isometrical Perspective, Projections of the Sphere, & the Projection of Shadows, with Descriptions of the Principal Instruments Used in Geometrical Drawing, &c (Classic Reprint) Thomas Bradley. 2018. (ENG., Illus.). 324p. (J). 30.58 *(978-0-365-25156-9(9))* Forgotten Bks.

Practical Guide to Culture: Helping the Next Generation Navigate Today's World. John Stonestreet & Brett Kunkle. 2020. (ENG.). 368p. (YA). pap. 18.99 *(978-0-8307-8124-9(2)*, 150276) Cook, David C.

Practical Guide to the Examination of the Ear (Classic Reprint) Selden Spencer. (ENG., Illus.). (J). 2018. 86p. 25.67 *(978-0-364-76292-9(6))*; 2016. pap. 9.57 *(978-1-334-59727-5(8))* Forgotten Bks.

Practical Guide to Watching the Universe 5th Grade Astronomy Textbook Astronomy & Space Science. Baby Professor. 2017. (ENG., Illus.). (J). pap. 9.25 *(978-1-5419-0542-9(3)*, Baby Professor (Education Kids)) Speedy Publishing LLC.

Practical Happiness: Simple Techniques for Bringing Positivity, Joy & Balance into Everyday Life. Kim Davies. Illus. by Sheila Moxley. 2019. 128p. (J). (gr. -1-12). 15.00 *(978-0-7548-3463-2(8)*, Armadillo) Anness Publishing GBR. Dist: National Bk. Network.

Practical Hindustani Grammar, Vol. 1 (Classic Reprint) Arthur Octavius Green. 2018. (ENG., Illus.). 316p. (J). 30.41 *(978-0-267-77414-2(1))* Forgotten Bks.

Practical Hindustani Grammar, Vol. 2 of 6 (Classic Reprint) Arthur Octavius Green. 2018. (ENG., Illus.). 202p. (J). 28.06 *(978-0-364-17638-2(5))* Forgotten Bks.

Practical Hints on the Selection & Use of the Microscope. John Phin. 2017. (ENG.). 282p. (J). pap. *(978-3-7446-8948-9(4))* Creation Pubs.

Practical Hints on the Selection & Use of the Microscope: Intended for Beginners (Classic Reprint) John Phin. (ENG., Illus.). (J). 2018. 250p. 29.05 *(978-0-364-64896-4(1))*; 2017. 28.15 *(978-0-266-48318-2(6))*; 2017. pap. 11.57 *(978-0-282-19866-4(0))*; 2016. pap. 9.57 *(978-1-333-81324-6(4))* Forgotten Bks.

Practical Human Anatomy: Working-Guide for Students of Medicine & a Ready-Reference for Surgeons & Physicians (Classic Reprint) Faneuil Dunkin Weisse. 2017. (ENG., Illus.). (J). pap. 19.57 *(978-1-5277-9780-2(5))* Forgotten Bks.

Practical Hydrostatics & Hydrostatic Formulas (Classic Reprint) Edward Sherman Gould. 2017. (ENG., Illus.). (J). 27.32 *(978-0-266-58990-7(1))*; pap. 9.97 *(978-0-282-99997-1(3))* Forgotten Bks.

Practical Instruction for Private Theatricals (Classic Reprint) W. D. Emerson. 2018. (ENG., Illus.). 42p. (J). 24.76 *(978-0-267-27809-1(8))* Forgotten Bks.

Practical Instruction in Golf. Launcelot Cressy Servos. 2017. (ENG., Illus.). (J). pap. *(978-0-649-40316-5(9))* Trieste Publishing Pty Ltd.

Practical Intervention for Cleft Palate Speech. Jane Russell & Liz Albery. ed. 2017. (ENG., Illus.). 120p. (C). pap. 57.95 *(978-0-86388-513-6(6)*, Y329057) Routledge.

Practical Joke: Or the Christmas Story of Uncle Ned (Classic Reprint) Unknown Author. 2018. (ENG., Illus.). 22p. (J). 24.35 *(978-0-483-84628-9(7))* Forgotten Bks.

Practical Knots. Barry Mault. ed. 2018. (ENG.). 128p. (J). (gr. 3-5). 25.49 *(978-1-64310-396-9(2))* Penworthy Co., LLC, The.

Practical Marine Engineering for Marine Engineers & Students: With AIDS for Applicants for Marine Engineers' Licenses (Classic Reprint) William Frederick Durand. 2017. (ENG., Illus.). (J). 46.44 *(978-1-5284-6163-4(0))* Forgotten Bks.

Practical Mysticism: A Little Book for Normal People. Evelyn Underhill. 2017. (ENG., Illus.). (J). 21.95 *(978-1-374-87208-0(3))*; pap. 10.95 *(978-1-374-87207-3(5))* Capital Communications, Inc.

Practical Origami, 1 vol. Tom Butler. 2016. (Mastering Origami Ser.). (ENG.). 48p. (gr. 5-6). pap. 12.70 *(978-0-7660-7955-7(4)*, e458fd38-928d-432f-89a8-89cc1f445f3b) Enslow Publishing, LLC.

Practical Physics for Schools & the Junior Students of Colleges. Balfour Stewart & William Winson Haldane Gee. 2017. (ENG.). 240p. (J). pap. *(978-3-337-21481-4(9))* Creation Pubs.

Practical Physics for Schools & the Junior Students of Colleges. Vol. I. Balfour Stewart. 2017. (ENG., Illus.). (J). pap. *(978-0-649-14483-9(X))* Trieste Publishing Pty Ltd.

Practical Physics for Schools & the Junior Students of Colleges, Vol. I. Balfour Stewart. 2017. (ENG., Illus.). (J). pap. *(978-0-649-67807-5(9))* Trieste Publishing Pty Ltd.

Practical Physics for Schools & the Junior Students of Colleges; Vol. I, Electricity & Magnetism. Balfour Stewart. 2017. (ENG., Illus.). (J). pap. *(978-0-649-27687-5(6))* Trieste Publishing Pty Ltd.

Practical Plane & Solid Geometry: For Elementary Students (Classic Reprint) Joseph Harrison. 2017. (ENG., Illus.). (J). pap. 11.97 *(978-0-282-00424-8(6))* Forgotten Bks.

Practical Plane & Solid Geometry for Advanced Students: Including Graphic Statics; Adapted to the Requirements of the Advanced Stage of the South Kensington Syllabus (Classic Reprint) Joseph Harrison. (ENG., Illus.). (J). 2019. 580p. 35.88 *(978-0-365-18122-4(6))*; 2016. pap. 19.57 *(978-1-334-01499-4(X))* Forgotten Bks.

Practical Plans for Primary Teachers in Public or Private Schools (Classic Reprint) Bethenia McLemore Oldham. 2018. (ENG., Illus.). 164p. (J). 27.34 *(978-0-332-06818-3(8))* Forgotten Bks.

Practical Present for Philippa Pheasant. Briony May Smith. Illus. by Briony May Smith. 2023. (ENG.). 32p. (J). (gr. -1-2). 18.99 ***(978-1-5362-2848-9(6))*** Candlewick Pr.
Practical Selections: From Twenty Years of Normal Instructor & Primary Plans (Classic Reprint) Grace B. Faxon. 2018. (ENG., Illus.). 326p. (J). 30.62 *(978-0-267-26929-7(3))* Forgotten Bks.
Practical Speller: First Book (Classic Reprint) Blackwood Ketcham Benson. 2017. (ENG., Illus.). (J). 28.25 *(978-0-331-70317-7(3))* Forgotten Bks.
Practical Spelling-Book, with Reading Lessons (Classic Reprint) Thomas Hopkins Gallaudet. 2017. (ENG., Illus.). (J). pap. 9.97 *(978-1-5283-0680-5(5))* Forgotten Bks.
Practical Spelling Lessons, Vol. 1: Book One (Classic Reprint) Charles P. Alvord. 2018. (ENG., Illus.). 148p. (J). 26.95 *(978-0-666-59427-3(9))* Forgotten Bks.
Practical Treatise on Farriery. William Griffiths. 2017. (ENG.). 212p. (J). pap. *(978-3-337-22145-4(9))* Creation Pubs.
Practical Treatise, on Farriery: Deduced from the Experience of above Fifty Years, in the Services, of the Grandfather & Father, of Sir Watkin Williams Wynn, Bart; the Present Earl Grosvenor, and, the Present Sir Watkin Williams Wynn, Bart. William Griffiths. 2018. (ENG., Illus.). 212p. (J). 28.29 *(978-0-364-83792-4(6))* Forgotten Bks.
Practical Treatise on the Use of the Microscope: Including the Different Methods of Preparing Examining Animal, Vegetable, & Mineral Structures (Classic Reprint) John Quekett. 2018. (ENG., Illus.). 538p. (J). 34.99 *(978-0-364-36472-7(6))* Forgotten Bks.
Practical Work in Physics for Use in Schools & Colleges, Vol. 4 (Classic Reprint) Walter George Woollcombe. 2018. (ENG., Illus.). 146p. (J). 26.93 *(978-0-656-05707-8(6))* Forgotten Bks.
Practical Zoology: An Elementary Text-Book Treating of the Structure, Life, History, & Relations of Animals (Classic Reprint) Alvin Davison. 2018. (ENG., Illus.). 370p. (J). 31.53 *(978-0-267-79334-1(0))* Forgotten Bks.
Practically Ever After: Ever after Book Three. Isabel Bandeira. 2019. (Ever After Ser.: 3). (ENG., Illus.). 387p. (YA). (gr. 7-1). pap. 9.95 *(978-1-63392-109-2(3))* Spencer Hill Pr.
Practice & Remedial Reading Exercises in Silent Reading (Classic Reprint) Detroit Teachers College. (ENG., Illus.). (J). 2018. 28p. 24.47 *(978-0-365-41704-0(1))*; 2017. pap. 7.97 *(978-0-259-97265-5(7))* Forgotten Bks.
Practice, Assess, Diagnose see 180 Days of Language for Fifth Grade: Language
Practice Beautiful Handwriting Alphabet for Teens & Adults. Ava Row. 2021. (ENG.). 132p. (YA). pap. 7.99 *(978-1-716-20461-6(5))* Lulu Pr., Inc.
Practice Book Year 10: For the English National Curriculum. Professor Lianghuo Fan. 2018. (Shanghai Maths Ser.). (ENG.). 288p. (J). pap. 13.95 *(978-0-00-814471-5(0))* HarperCollins Pubs. Ltd. GBR. Dist: Independent Pubs. Group.
Practice Book Year 8: for the English National Curriculum (the Shanghai Maths Project), Bk. 8. Professor Lianghuo Fan. 2018. (Shanghai Maths Ser.). (ENG., Illus.). 288p. (J). pap., wbk. ed. 13.95 *(978-0-00-814469-2(9))* HarperCollins Pubs. Ltd. GBR. Dist: Independent Pubs. Group.
Practice Girl. Estelle Laure. 2022. 320p. (YA). (gr. 9). 18.99 *(978-0-593-35091-1(X)*, Viking Books for Young Readers) Penguin Young Readers Group.
Practice Is Key! Gaby Degroat. Illus. by Temba Dela Quimbamba. 2021. (ENG.). 54p. (J). pap. *(978-1-64969-539-0(X))* Tablo Publishing.
Practice Makes Perfect. Katharine Holabird. ed. 2021. (Ready-To-Read Ser.). (ENG., Illus.). 32p. (J). (gr. k-1). 15.46 *(978-1-64697-931-8(1))* Penworthy Co., LLC, The.
Practice Makes Perfect: Ready-To-Read Level 1. Katharine Holabird. Illus. by Helen Craig. 2021. (Angelina Ballerina Ser.). (ENG.). 32p. (J). (gr. -1-1). 17.99 *(978-1-5344-8590-7(2))*; pap. 4.99 *(978-1-5344-8589-1(9))* Simon Spotlight. (Simon Spotlight).
Practice Makes Perfect Writing for Kids I Printing Practice for Kids. Bobo's Little Brainiac Books. 2016. (ENG., Illus.). (J). pap. 7.99 *(978-1-68327-847-4(X))* Sunshine In My Soul Publishing.
Practice Makes Permanent. Brittany Monk. 2022. (ENG.). 40p. (J). pap. 15.99 *(978-1-63751-133-6(7))* Cadmus Publishing.
Practice Mindfulness with Mandalas: An Adult Coloring Book. Smarter Activity Books. 2016. (ENG., Illus.). (J). pap. 9.22 *(978-1-68374-596-9(5))* Examined Solutions PTE. Ltd.
Practice of the Presence of God. Brother Lawrence. 2020. (ENG.). 44p. (J). 14.95 *(978-1-64799-736-6(4))* Bibliotech Pr.
Practice of the Presence of God. Brother Lawrence. 2020. (ENG.). 40p. (J). 10.55 *(978-1-60942-537-1(5))* Information Age Publishing, Inc.
Practice of the Presence of God. Brother Lawrence. 2019. (ENG.). 82p. (J). *(978-93-89440-03-4(3))* Sumaiyah Distributors Pvt Ltd.
Practice Questions with Answers in Pure Advanced Level Mathematics Book 1. Lincoln Inniss. 2016. (ENG.). 257p. (J). 25.95 *(978-1-78554-866-6(2)*, 3a6965ba-d4dd-4a5a-a6f7-85896d8f6994); pap. 16.95 *(978-1-78554-865-9(4)*, 3807ae5a-8dcb-40af-9025-ae9e1565755f) Austin Macauley Pubs. Ltd. GBR. Dist: Baker & Taylor Publisher Services (BTPS).
Practice Work in English (Classic Reprint) Marietta Knight. 2018. (ENG., Illus.). 222p. (J). 28.48 *(978-0-428-78619-9(7))* Forgotten Bks.
Practice Writing Lowercase Letters - Writing Workbook for Preschool Children's Reading & Writing Books. Baby Professor. 2017. (ENG., Illus.). (J). pap. 9.55 *(978-1-5419-2610-3(2)*, Baby Professor (Education Kids)) Speedy Publishing LLC.
Practice Writing Numbers 1-100 - Math Workbooks Kindergarten Children's Math Books. Baby Professor. 2017. (ENG., Illus.). (J). pap. 8.79 *(978-1-5419-4058-1(X)*, Baby Professor (Education Kids)) Speedy Publishing LLC.
Practice Writing Pad (80 Sheets) Created by Peter Pauper Press Inc. 2020. (Handwriting Ser.). (ENG.). (J). pap. 4.99 *(978-1-4413-3458-9(0)*, 54fe99a8-cd82-40c0-8e55-3f24dc0b7182) Peter Pauper Pr. Inc.
Practice Writing Primary Journal Half Page Ruled Pages Grades K-2. Journals and Notebooks. 2019. (ENG.). 120p. (J). pap. 12.99 *(978-1-5419-6609-3(0)*, @ Journals & NoteBks.) Speedy Publishing LLC.
Practice Writing with Dinosaurs! A Prehistoric Handwriting Workbook for Kids. Ed. by Terry Dactall. 2020. (ENG., Illus.). 160p. (J). (gr. -1-1). pap. 12.95 *(978-1-64604-202-9(6))* Ulysses Pr.
Practicing Mindfulness: Emma Lou the Yorkie Poo's Activity & Coloring Book for Kids. Kim Larkins. 2022. (ENG.). 38p. (J). 24.95 ***(978-1-61599-699-5(0))***; pap. 13.95 ***(978-1-61599-698-8(2))*** Loving Healing Pr., Inc.
Practicing Patience: How to Wait Patiently When Your Body Doesn't Want To, Volume 2. Jennifer Law. Illus. by Brian Martin. ed. 2021. (Gabe's Stories Ser.: 6). (ENG.). 31p. (J). (gr. k-5). pap. 10.95 *(978-1-944882-70-9(7)*, Boys Town Pr.) Boys Town Pr.
Practicing Roman Numerals - Math Book 6th Grade Children's Math Books. Baby Professor. 2017. (ENG., Illus.). (J). pap. 8.79 *(978-1-5419-4041-3(5)*, Baby Professor (Education Kids)) Speedy Publishing LLC.
Practicing Self-Awareness. Emily Rose. 2022. (My Early Library: Building My Social-Emotional Toolbox Ser.). (ENG., Illus.). 24p. (J). (gr. 2-5). pap. 12.79 *(978-1-6689-1061-0(6)*, 221006); lib. bdg. 30.64 *(978-1-6689-0901-0(4)*, 220868) Cherry Lake Publishing.
Practico la Cursiva. Florencia Stamponi. 2019. (Quiero Saber Ser.). (SPA.). 64p. (J). (gr. k-2). pap. 6.95 *(978-987-718-605-5(5))* Ediciones Lea S.A. ARG. Dist: Independent Pubs. Group.
Practico la Imprenta Mayúscula. Florencia Stamponi. 2019. (Quiero Saber Ser.). (SPA.). 64p. (J). (gr. k-2). pap. 6.95 *(978-987-718-604-8(7))* Ediciones Lea S.A. ARG. Dist: Independent Pubs. Group.
Practicum der Botanischen Bakterienkunde: Einführung in Die Methoden der Botanischen Untersuchung und Bestimmung der Bakterienspezies; Zum Gebrauche in Botanischen, Bakteriologischen und Technischen Laboratorien Sowie Zum Selbstunterrichte. Arthur Meyer. 2018. (GER., Illus.). 170p. (J). 27.42 *(978-0-365-98584-6(8))* Forgotten Bks.
Praeterita: Outlines of Scenes & Thoughts, Perhaps Worthy of Memory, in My Past Life (Classic Reprint) John Ruskin. (ENG., Illus.). (J). 2017. 496p. 34.15 *(978-0-266-44868-6(2))*; 2016. pap. 16.57 *(978-1-334-15047-0(8))* Forgotten Bks.
Praeterita: Outlines of Scenes & Thoughts Perhaps Worthy of Memory, in My Past Life. Volume III. John Ruskin. 2017. (ENG., Illus.). (J). pap. *(978-0-649-02582-4(2))* Trieste Publishing Pty Ltd.
Praeterita, Vol. 2: Outlines of Scenes & Thoughts Perhaps Worthy of Memory, in My Past Life (Classic Reprint) John Ruskin. 2017. (ENG., Illus.). (J). 33.22 *(978-0-266-22130-2(0))* Forgotten Bks.
Pragtige Klein Ster. Sylva Nnaekpe. 2019. (AFR., Illus.). 28p. (J). (gr. k-4). 22.95 *(978-1-951792-02-2(5))*; pap. 11.95 *(978-1-951792-08-4(4))* SILSNORRA LLC.
Prairie. Susan Gray. Illus. by Jeff Bane. 2022. (My Early Library: My Guide to Earth's Habitats Ser.). (ENG.). 24p. (J). (gr. k-1). pap. 12.79 *(978-1-6689-1057-3(8)*, 221002); lib. bdg. 30.64 *(978-1-6689-0897-6(2)*, 220864) Cherry Lake Publishing.
Prairie 123s. Jocey Asnong. 2022. (ENG., Illus.). 26p. pap. 10.00 *(978-1-77160-532-8(4))*; bds. 12.00 *(978-1-77160-531-1(6))* RMB Rocky Mountain Bks. CAN. Dist: Publishers Group West (PGW).
Prairie Avenue (Classic Reprint) Arthur Meeker. 2017. (ENG., Illus.). (J). 30.50 *(978-0-266-55806-4(2))*; pap. 13.57 *(978-0-282-81292-8(X))* Forgotten Bks.
Prairie-Bird (Classic Reprint) Charles Augustus Murray. (ENG., Illus.). (J). 2018. 212p. 28.27 *(978-0-267-39044-1(0))*; 2017. 33.16 *(978-1-5284-6944-9(5))*; 2016. pap. 10.97 *(978-1-334-13828-7(1))* Forgotten Bks.
Prairie-Bird, Vol. 1 of 3 (Classic Reprint) Charles Augustus Murray. 2018. (ENG., Illus.). 344p. (J). 30.99 *(978-0-267-66773-4(6))* Forgotten Bks.
Prairie Boy: Frank Lloyd Wright Turns the Heartland into a Home. Barb Rosenstock. Illus. by Christopher Silas Neal. 2019. (ENG.). 32p. (J). (gr. 2-5). 17.99 *(978-1-62979-440-2(6)*, Calkins Creek) Highlights Pr., c/o Highlights for Children, Inc.
Prairie Child (Classic Reprint) Arthur Stringer. 2017. (ENG., Illus.). (J). 32.15 *(978-0-266-19981-6(X))* Forgotten Bks.
Prairie Courtship (Classic Reprint) Harold Bindloss. 2018. (ENG., Illus.). 354p. (J). 31.20 *(978-0-483-27154-8(3))* Forgotten Bks.
Prairie Days. Patricia MacLachlan. Illus. by Micha Archer. 2020. (ENG.). 40p. (J). (gr. -1-3). 17.99 *(978-1-4424-4191-0(7)*, McElderry, Margaret K. Bks.) McElderry, Margaret K. Bks.
Prairie Dog Alert! (XBooks) A Nasty Bite Leads to Big Trouble. Christen Brownlee. 2020. (Xbooks Ser.). (ENG., Illus.). 48p. (J). (gr. 3-8). pap. 6.95 *(978-0-531-13297-5(8)*, Children's Pr.) Scholastic Library Publishing.
Prairie Dog Alert! (XBooks) (Library Edition) A Nasty Bite Leads to Big Trouble. Christen Brownlee. 2020. (Xbooks Ser.). (ENG., Illus.). 48p. (J). (gr. 3-8). lib. bdg. 29.00 *(978-0-531-13232-6(3)*, Children's Pr.) Scholastic Library Publishing.
Prairie Dog Burrows. Christopher Forest. 2018. (Animal Engineers Ser.). (ENG., Illus.). 32p. (J). (gr. 2-3). pap. 9.95 *(978-1-63517-963-7(7)*, 1635179637); lib. bdg. 31.35 *(978-1-63517-862-3(2)*, 1635178622) North Star Editions. (Focus Readers).
Prairie Dog Burrows. Christopher Forest. 2018. (Illus.). 32p. (J). *(978-1-4896-9757-8(8)*, AV2 by Weigl) Weigl Pubs., Inc.
Prairie Dog Coloring Book: Coloring Books for Adults, Gifts for Prairie Dog Lovers, Floral Mandala Coloring Pages, Animal Coloring Book. Illus. by Paperland Online Store. 2021. (ENG.). 44p. (J). pap. 21.28 *(978-1-7947-0886-0(3))* Lulu Pr., Inc.
Prairie Dog Song: the Key to Saving North America's Grasslands, 1 vol. Susan L Roth. 2016. (ENG., Illus.). 40p. (J). (gr. 1-5). 18.95 *(978-1-62014-245-5(7)*, leelowbooks) Lee & Low Bks., Inc.
Prairie-Dog Town (Classic Reprint) L. Frank Baum. 2018. (ENG., Illus.). (J). 66p. 25.28 *(978-0-267-49678-5(8))*; 68p. pap. 9.57 *(978-0-267-45723-6(5))* Forgotten Bks.
Prairie Dogs see Perritos de Las Praderas
Prairie Dogs. Valerie Bodden. 2019. (Amazing Animals Ser.). (ENG.). 24p. (J). (gr. 1-3). pap. 9.99 *(978-1-62832-627-7(1)*, 18700, Creative Paperbacks); *(978-1-64026-039-9(0)*, 18699) Creative Co., The.
Prairie Dogs. Megan Borgert-Spaniol. 2016. (North American Animals Ser.). (ENG., Illus.). 24p. (J). (gr. k-3). 26.95 *(978-1-62617-402-3(4)*, Blastoff! Readers) Bellwether Media.
Prairie Dogs. Kaitlyn Duling. 2020. (Animals of the Grasslands Ser.). (ENG., Illus.). 24p. (J). (gr. k-3). lib. bdg. 26.95 *(978-1-64487-228-4(5)*, Blastoff! Readers) Bellwether Media.
Prairie Dogs. Melissa Gish. 2017. (Living Wild Ser.). (ENG., Illus.). 48p. (J). (gr. 4-7). *(978-1-60818-833-8(7)*, 20204, Creative Education) Creative Co., The.
Prairie Dogs. Martha London. 2020. (Underground Animals Ser.). (ENG., Illus.). 24p. (J). (gr. k-3). lib. bdg. 31.36 *(978-1-5321-6764-5(4)*, 34689, Pop! Cody Koala) Pop!.
Prairie Dogs. Mari Schuh. 2019. (Spot Backyard Animals Ser.). (ENG.). 16p. (J). (gr. -1). lib. bdg. *(978-1-68151-545-8(8)*, 14507) Amicus.
Prairie Dogs. Mari Schuh. 2020. (Animals Ser.). (ENG., Illus.). 32p. (J). (gr. 1-3). pap. 6.95 *(978-1-9771-1798-4(8)*, 142159); lib. bdg. 31.32 *(978-1-9771-1345-0(1)*, 141466) Capstone. (Pebble).
Prairie Dogs: Builders on the Plains. Rachael L. Thomas. 2019. (Animal Eco Influencers Ser.). (ENG., Illus.). 24p. (J). (gr. k-4). lib. bdg. 32.79 *(978-1-5321-9188-6(X)*, 33550, Super SandCastle) ABDO Publishing Co.
Prairie Drifter: The Long Road Home. Richard Wyn Jones. 2017. (Long Road Home Ser.: Vol. 2). (ENG., Illus.). (YA). pap. *(978-0-9930674-4-0(1))* Maxwell Publishing.
Prairie Fire. E. K. Johnston. 2020. 304p. (YA). (gr. 7). pap. 9.99 *(978-0-8234-4566-0(6))* Holiday Hse., Inc.
Prairie Flower: Or Adventures in the Far West (Classic Reprint) Emerson Bennett. 2018. (ENG., Illus.). 128p. (J). 26.54 *(978-0-484-91461-1(8))* Forgotten Bks.
Prairie Flower, or Adventures in the Far West (Classic Reprint) Emerson Bennett. 2017. (ENG., Illus.). (J). 468p. 33.55 *(978-0-484-00575-3(8))*; pap. 16.57 *(978-0-282-02350-8(X))* Forgotten Bks.
Prairie Flowers (Classic Reprint) James B. Hendryx. 2018. (ENG., Illus.). 332p. (J). 30.74 *(978-0-484-47001-8(9))* Forgotten Bks.
Prairie Folks (Classic Reprint) Hamlin Garland. 2018. (ENG., Illus.). (J). 298p. 30.04 *(978-0-484-10995-6(2))*; 364p. 31.42 *(978-0-267-22093-9(6))* Forgotten Bks.
Prairie Food Chains. Rebecca Pettiford. 2016. (Who Eats What?). (Illus.). 24p. (J). (gr. 2-5). lib. bdg. 25.65 *(978-1-62031-303-9(0)*, Pogo) Jump! Inc.
Prairie Girl & a Gopher: Prairie Kids' Adventures. Elizabeth Godkin. Illus. by Heather Leibel. 2023. (ENG.). 28p. (J). ***(978-1-0391-7425-2(6))***; pap. ***(978-1-0391-7424-5(8))*** FriesenPress.
Prairie Girl's Song. Kate Ferris & Mary Ann Tully. 2017. (ENG., Illus.). (J). *(978-1-4602-9461-1(0))*; pap. *(978-1-4602-9462-8(9))* FriesenPress.
Prairie Gold (Classic Reprint) Iowa Press And Authors' Club. 2017. (ENG., Illus.). (J). 31.24 *(978-0-266-36386-6(5))* Forgotten Bks.
Prairie Heroes (Classic Reprint) Constance Castelle. (ENG., Illus.). (J). 2018. 52p. 24.97 *(978-0-365-25743-1(5))*; 2017. pap. 9.57 *(978-0-259-81511-2(0))* Forgotten Bks.
Prairie Homestead. Arleta Richardson. 2016. (Beyond the Orphan Train Ser.: 3). (ENG.). 192p. (J). pap. 7.99 *(978-0-7814-1357-2(5)*, 136204) Cook, David C.
Prairie Infanta (Classic Reprint) Eva Wilder Brodhead. 2018. (ENG., Illus.). (J). 160p. 27.20 *(978-1-396-27150-2(3))*; 162p. pap. 9.57 *(978-1-390-90154-2(8))* Forgotten Bks.
Prairie Lotus. Linda Sue Park. (ENG.). 272p. (J). (gr. 5-7). 2022. pap. 8.99 *(978-0-358-45463-2(8)*, 1794427); 2020. 16.99 *(978-1-328-78150-5(X)*, 1685061) HarperCollins Pubs. (Clarion Bks.).
Prairie Lotus Signed Edition. Linda Sue Park. ed. 2020. (ENG.). 272p. (J). (gr. 5-7). 16.99 *(978-0-358-36014-8(5)*, Clarion Bks.) HarperCollins Pubs.
Prairie Missionary (Classic Reprint) Unknown Author. 2018. (ENG., Illus.). 182p. (J). 27.65 *(978-0-483-02325-3(6))* Forgotten Bks.
Prairie Mother (Classic Reprint) Arthur Stringer. 2017. (ENG., Illus.). (J). 33.12 *(978-0-266-19728-7(0))* Forgotten Bks.
Prairie Neighbors (Yesterday's Classics) Edith M. Patch & Carroll Lane Fenton. Illus. by Carroll Lane Fenton. 2022. (ENG.). 148p. (J). pap. 13.95 ***(978-1-63334-071-8(6))*** Yesterday's Classics.
Prairie Omnibus: Containing Two Complete Novels (Classic Reprint) Arthur Stringer. 2018. (ENG., Illus.). 688p. (J). 38.11 *(978-0-267-48494-2(1))* Forgotten Bks.
Prairie Points:: a Civil War Sanctuary. Jan Frazier. 2017. (ENG., Illus.). (J). pap. 12.95 *(978-1-55571-864-0(7)*, Hellgate Pr.) L & R Publishing, LLC.
Prairie Schooner: A Story of the Black Hawk War (Classic Reprint) William E. Barton. (ENG., Illus.). (J). 2018. 394p. 32.02 *(978-0-267-60662-7(1))*; 2016. pap. 16.57 *(978-1-334-12974-2(6))* Forgotten Bks.
Prairie Schooner Caravan (Classic Reprint) Lowry Charles Wimberly. 2018. (ENG., Illus.). 352p. (J). 31.18 *(978-0-483-61561-8(7))* Forgotten Bks.
Prairie-Schooner Princess (Classic Reprint) Mary Katherine Maule. 2018. (ENG., Illus.). 406p. (J). 32.29 *(978-0-364-63085-3(X))* Forgotten Bks.
Prairie Scout, Vol. 1: Agatone the Renegade; a Romance of Border Life (Classic Reprint) Unknown Author. 2018. (ENG., Illus.). 440p. (J). 32.97 *(978-0-267-63804-8(3))* Forgotten Bks.
Prairie Sea. Leslie Yaremko. Illus. by Nicholes Mueller. 2018. (ENG.). 40p. (J). pap. *(978-1-5255-0977-3(2))* FriesenPress.
Prairie Sketches: Or Fugitive Recollections of an Army Girl of 1899 (Classic Reprint) Unknown Author. 2017. (ENG., Illus.). (J). 25.55 *(978-0-331-32952-0(2))* Forgotten Bks.
Prairie Stories: Containing the Prairie Wife; the Prairie Mother; the Prairie Child (Classic Reprint) Arthur Stringer. 2018. (ENG., Illus.). (J). 1074p. 46.05 *(978-0-366-55686-1(X))*; 1076p. pap. 28.39 *(978-0-366-06211-9(5))* Forgotten Bks.
Prairie Wife (Classic Reprint) Arthur Stringer. 2017. (ENG., Illus.). (J). 30.83 *(978-1-5279-7504-0(5))* Forgotten Bks.
Praise & Prayer: a Devotional for Preteens Ages 10-12: Praise from the Psalms & Building a Strong Prayer Life. Created by Rose Publishing. 2021. (Kidz Devotionals Ser.). (ENG.). 296p. (J). pap. 16.99 *(978-1-62862-995-8(9)*, 20_41640) Tyndale Hse. Pubs.
Praise & Principle: Or, for What Shall I Live? (Classic Reprint) Maria Jane McIntosh. 2017. (ENG., Illus.). (J). pap. 11.57 *(978-0-259-19877-2(3))* Forgotten Bks.
Praise & Wonder - Single-Sided Inspirational Coloring Book with Scripture for Kids, Teens, & Adults, 40+ Unique Colorable Illustrations. Dani R. Romero. 2022. (Wonderful Word Ser.). (ENG.). 82p. (J). pap. 9.99 ***(978-1-954819-62-7(5))*** Briley & Baxter Publications.
Praise Be to the Lord Biblical Maze Activity Book. Activibooks For Kids. 2016. (ENG., Illus.). (J). pap. 6.99 *(978-1-68321-397-0(1))* Mimaxion.
Praise Him! Lauren Chandler. Illus. by Michelle Carlos. 2022. (ENG.). 20p. (J). (gr. -1-1). bds. 12.99 *(978-1-0877-5671-4(5)*, 005835988, B&H Kids) B&H Publishing Group.
Praise the Lord! Church Fun Coloring Book. Bobo's Children Activity Books. 2016. (ENG., Illus.). (J). pap. 9.33 *(978-1-68327-571-8(3))* Sunshine In My Soul Publishing.
Prak Fills the House. Donna L. Washington. Illus. by Lauren Emmons. 2023. 32p. (J). (gr. -1-3). 18.99 ***(978-1-68263-565-0(1))*** Peachtree Publishing Co. Inc.
Prak Fills the House: I-Card with 4-copy Prepack. WASHINGTON DONNA. 2023. (J). (gr. -1-3). 75.96 ***(978-1-68263-658-9(5))*** Peachtree Publishing Co. Inc.
Praktischer Lehrgang Zur Schnellen und Leichten Erlernung der Englischen Sprache: Erster Kursus (Classic Reprint) Franz Ahn. 2018. (ENG., Illus.). 156p. (J). 27.11 *(978-0-656-72662-2(8))* Forgotten Bks.
Praktischer Lehrgang Zur Schnellen und Leichten Erlernung der Englischen Sprache (Classic Reprint) Franz Ahn. 2017. (ENG., Illus.). (J). 26.66 *(978-0-265-84948-4(9))*; pap. 9.57 *(978-1-5283-2545-5(1))* Forgotten Bks.
Praktischer Lehrgang Zur Schnellen und Leichten Erlernung der Franzosischen Sprache, Vol. 1 (Classic Reprint) Franz Ahn. 2018. (FRE., Illus.). 142p. (J). pap. 9.57 *(978-1-428-07174-5(0))* Forgotten Bks.
Prance Like No One's Watching: A Guided Journal for Exploding Unicorns. James Breakwell. 2020. (ENG.). 96p. (J). (gr. 2-5). pap. 12.99 *(978-1-4998-1031-8(8)*, BuzzPop) Little Bee Books Inc.
Prancer the Demon Chihuahua: Jokes, Activities, & More!, Volume 1. Pam Pho. Illus. by Cloris Chou. 2023. (Prancer the Demon Chihuahua Ser.: 1). (ENG.). 96p. (J). pap. 10.99 *(978-1-5248-7612-8(7))* Andrews McMeel Publishing.
Prancer the Demon Chihuahua: MORE Jokes, MORE Fun!, Volume 2. Pam Pho. Illus. by Cloris Chou. 2023. (Prancer the Demon Chihuahua Ser.: 2). (ENG.). 96p. (J). pap. 10.99 ***(978-1-5248-7613-5(5))*** Andrews McMeel Publishing.
Prancing in the Pasture! Pretty Ponies Coloring Book. Smarter Activity Books for Kids. 2016. (ENG., Illus.). (J). pap. 9.22 *(978-1-68374-597-6(3))* Examined Solutions PTE. Ltd.
Prancing with the Ponies: Coloring Book Pony. Jupiter Kids. 2016. (ENG., Illus.). 106p. (J). pap. 12.55 *(978-1-68305-312-5(5)*, Jupiter Kids (Childrens & Kids Fiction)) Speedy Publishing LLC.
Prank. Jeffrey Pratt. 2019. (Do-Over Ser.). (ENG.). 112p. (YA). (gr. 6-12). 26.65 *(978-1-5415-4030-9(1)*, 31ac7147-b85c-4abb-b1a5-205ab7b7fc80, Darby Creek) Lerner Publishing Group.
Prank Day. Santy Gutierrez. 2022. (ENG., Illus.). 208p. (J). 12.99 *(978-1-4002-2922-2(7)*, Tommy Nelson) Nelson, Thomas Inc.
Prank, or the Philosophy of Tricks & Mischief (Classic Reprint) Jacob Abbott. (ENG., Illus.). (J). 2018. 162p. 27.24 *(978-0-267-56958-8(0))*; 2016. pap. 9.97 *(978-1-334-17846-7(1))* Forgotten Bks.
Prank Wars!, 3. Jamie Mae. ed. 2020. (Isle of Misfits Ser.). (ENG.). 97p. (J). (gr. 2-3). 15.49 *(978-1-64697-050-6(0))* Penworthy Co., LLC, The.
Prank You Very Much, 12. Megan McDonald. ed. 2020. (Judy Moody & Friends Ser.). (ENG., Illus.). 60p. (J). (gr. 2-3). 15.96 *(978-1-64697-273-9(2))* Penworthy Co., LLC, The.
Prank You Very Much: a Graphix Chapters Book (Squidding Around #3) Kevin Sherry. Illus. by Kevin Sherry. 2022. (Squidding Around Ser.). (ENG., Illus.). 96p. (J). (gr. 1-3). 22.99 *(978-1-338-75563-3(3))*; pap. 7.99 *(978-1-338-75562-6(5))* Scholastic, Inc. (Graphix).
Prank'd! & Don't Look. Sholly Fisch & Amy Wolfram. Illus. by Jorge Corona & Lea Hernandez. 2019. (DC Teen Titans Go! Ser.). (ENG.). 32p. (J). (gr. 2-6). lib. bdg. 21.93 *(978-1-4965-7997-3(6)*, 139828, Stone Arch Bks.) Capstone.
Prankenstein: The Book of Crazy Mischief. Ed. by Ruskin Bond & Jerry Pinto. Illus. by Lavanya Naidu. 2017. (ENG.). 154p. (YA). (gr. 7-12). pap. *(978-93-87164-44-4(6))* Speaking Tiger Publishing.
Pranking News. Donald Lemke. ed. 2016. (Justice League Classic: I Can Read! Ser.). (J). lib. bdg. 13.55 *(978-0-606-38772-9(2))* Turtleback.
Pranklab: Practical Science Pranks You & Your Victim Can Learn From. Chris Ferrie et al. 2021. 224p. (J). (gr. 4-8). pap. 16.99 *(978-1-7282-2374-2(1))* Sourcebooks, Inc.
Pranklopedia: The Funniest, Grossest, Craziest, Not-Mean Pranks on the Planet! Julie Winterbottom. ed. 2016. lib. bdg. 20.80 *(978-0-606-39013-2(8))* Turtleback.
Pranks in Paradise. Daniel Kenney. 2019. (Pirate Ninja Ser.: Vol. 2). (ENG.). 140p. (J). pap. 9.95 *(978-1-947865-26-6(9))* Trendwood Pr.

P

Pranks in Provence: Being an up-To-Date Description of a Tour in Southern France, with Numerous Characteristic Illustrations (Classic Reprint) L. L. (ENG., Illus.). (J). 2018. 166p. 27.32 *(978-0-484-42796-8(2))*; 2017. pap. 9.97 *(978-0-259-54571-2(6))* Forgotten Bks.

Pranks of Dark Spirits (Lead a Double Life) Maryna Afonin. 2018. (ENG., Illus.). 156p. (YA). pap. 13.95 *(978-1-63111-461-8(1))* Books-A-Million, Inc.

Pranks to Play Around Town. Megan Cooley Peterson. 2018. (Humorous Hi Jinx Ser.). (ENG., Illus.). 24p. (J). (gr. 4-6). lib. bdg. *(978-1-68072-333-5(2)*, 12110, Hi Jinx) Black Rabbit Bks.

Pranks to Play at School. Megan Cooley Peterson. 2018. (Humorous Hi Jinx Ser.). (ENG., Illus.). 24p. (J). (gr. 4-6). lib. bdg. *(978-1-68072-334-2(0)*, 12113, Hi Jinx) Black Rabbit Bks.

Pranks to Play on Holidays. Megan Cooley Peterson. 2018. (Humorous Hi Jinx Ser.). (ENG., Illus.). 24p. (J). (gr. 4-6). lib. bdg. *(978-1-68072-335-9(9)*, 12116, Hi Jinx) Black Rabbit Bks.

Pranks to Play on Your Brothers & Sisters. Megan Cooley Peterson. 2018. (Humorous Hi Jinx Ser.). (ENG., Illus.). 24p. (J). (gr. 4-6). lib. bdg. *(978-1-68072-336-6(7)*, 12119, Hi Jinx) Black Rabbit Bks.

Pranks to Play on Your Parents. Megan Cooley Peterson. 2018. (Humorous Hi Jinx Ser.). (ENG.). 24p. (J). (gr. 4-6). lib. bdg. *(978-1-68072-337-3(5)*, 12122, Hi Jinx) Black Rabbit Bks.

Pranks to Play Outside. Megan Cooley Peterson. 2018. (Humorous Hi Jinx Ser.). (ENG., Illus.). 24p. (J). (gr. 4-6). lib. bdg. *(978-1-68072-338-0(3)*, 12125, Hi Jinx) Black Rabbit Bks.

Prankster: an AFK Book (Five Nights at Freddy's: Fazbear Frights #11), 1 vol., Book 11. Scott Cawthon et al. 2021. (Five Nights at Freddy's Ser.: 11). (ENG.). 224p. (YA). (gr. 7-7). pap. 9.99 *(978-1-338-74120-9(9))* Scholastic, Inc.

Prater (Classic Reprint) Nicholas Babble. (ENG., Illus.). (J). 2018. 302p. 30.15 *(978-0-332-02007-5(X))*; 2017. pap. 13.57 *(978-0-243-58400-0(8))* Forgotten Bks.

Pratham Hindi Varnmala: Early Learning Padded Board Books for Children. Wonder House Books. 2018. (HIN.). 26p. (J). (— 1). bds. 12.99 ***(978-93-88144-19-3(8))*** Prakash Bk. Depot IND. Dist: Independent Pubs. Group.

Prato Dei Bruchi. Sara Castini. 2020. (ITA.). 32p. (J). pap. ***(978-0-244-87408-7(5))*** Lulu Pr., Inc.

Pratt Portraits. Anna Fuller. 2017. (ENG.). 360p. (J). pap. *(978-3-7446-7774-5(5))* Creation Pubs.

Pratt Portraits: Sketched in a New England Suburb (Classic Reprint) Anna Fuller. 2017. (ENG., Illus.). (J). 31.53 *(978-1-5285-8727-3(8))* Forgotten Bks.

Prattler: A Picture & Story Book for Boys & Girls (Classic Reprint) Timothy Shay Arthur. 2017. (ENG., Illus.). (J). 31.57 *(978-0-266-73452-9(9))*; pap. 13.97 *(978-1-5276-9784-3(3))* Forgotten Bks.

Prawns at Dawn. William Anthony. Illus. by Kris Jones. 2023. (Level 4/5 - Blue/Green Set Ser.). (ENG.). 32p. (J). (gr. 1-3). lib. bdg. 19.95 Bearport Publishing Co., Inc.

Praxis. Ken Garing. 2017. (ENG., Illus.). 176p. (YA). pap. 16.99 *(978-1-5343-0245-7(X)*, e6a85b70-4ca4-4e1e-b3b7-be990ced2187) Image Comics.

Praxx & the Ringing Robot. Paul Ian Cross. Illus. by Andy Green. 2nd ed. 2022. (Praxx & Zobott Ser.: Vol. 1). (ENG.). 32p. (J). pap. ***(978-1-912199-18-1(1))*** Farrow Children's Bks.

Pray & Think Imaginative Rosary Book. Candace Camling. 2021. (ENG.). 96p. (J). 14.95 ***(978-1-954881-05-1(3))*** Ascension Pr.

Pray for Kids: 21 Day Prayer for Children. Claritza Rausch Peralta. 2023. (ENG.). 150p. (J). pap. 17.99 ***(978-1-0882-1847-1(4))*** Indy Pub.

Pray It Kiddo. James E. Williams. 2016. (ENG., Illus.). 36p. (J). pap. *(978-1-365-46390-7(7))* Lulu Pr., Inc.

Pray Like Jesus - Teen Bible Study Book: Lessons from the Gospel of Luke. Jeff Belcher. 2019. (ENG.). 160p. (YA). (gr. 7-12). pap. 12.99 *(978-1-4627-9220-7(0))* Lifeway Christian Resources.

Pray to God: A Book about Prayer. Jennifer Hilton & Kristen McCurry. 2016. (Frolic First Faith Ser.). (Illus.). 22p. (J). (gr. -1 — 1). bds. 6.99 *(978-1-5064-1046-3(4)*, Sparkhouse Family) 1517 Media.

Pray You Sir, Whose Daughter? Helen H. Gardener. 2017. (ENG.). 204p. (J). pap. *(978-3-337-27518-1(4))* Creation Pubs.

Pray You, Sir, Whose Daughter? Helen H. Gardener. 2017. (ENG., Illus.). (J). pap. *(978-0-649-20541-7(3))*; pap. *(978-0-649-38148-7(3))* Trieste Publishing Pty Ltd.

Pray You, Sir, Whose Daughter? (Classic Reprint) Helen H. Gardener. 2018. (ENG., Illus.). 212p. (J). 28.27 *(978-0-267-14861-5(5))* Forgotten Bks.

Prayer. Ann-Marie Zoe Coore. Illus. by Gabrielle Walker. 2022. 44p. (J). 32.95 *(978-1-6678-5298-0(1))* BookBaby.

Prayer Book & the Christian Life: Or, the Conception of the Christian Life Implied in the Book of Common Prayer. Charles Comfort Tiffany. 2017. (ENG.). 188p. (J). pap. *(978-3-337-26361-4(5))* Creation Pubs.

Prayer for Easter, 1 vol. Zonderkidz. Illus. by Emily Emerson. 2022. (Easter Egg-Shaped Board Book Ser.). (ENG.). 12p. (J). bds. 4.99 *(978-0-310-77090-9(4))* Zonderkidz.

Prayer for My Prince. Keisha M. Allen. Illus. by Stephanie Padgett. 2020. (World According to Marcus Ser.: Vol. 1). (ENG.). 32p. (J). pap. 15.99 *(978-0-578-75516-8(5))* Southampton Publishing.

Prayer for Our Country: Words to Unite & Inspire Hope. Barry Black. Illus. by Kim Holt. 2022. (ENG.). 32p. (J). 17.99 *(978-0-310-77123-4(4))* Zonderkidz.

Prayer for Pepper. Laura Phelan-Shahin. 2019. (ENG.). 32p. (J). pap. *(978-0-359-84341-1(7))* Lulu Pr., Inc.

Prayer for the Animals. Daniel Kirk. 2018. (ENG., Illus.). 40p. (J). (gr. -1-3). 17.99 *(978-1-4197-3199-0(8)*, 1157301, Abrams Bks. for Young Readers) Abrams, Inc.

Prayer for the Bullies. Kate Pennington. Illus. by Monika Zaper. 2021. (ENG.). 32p. (J). pap. *(978-0-646-84501-2(2))* Kate Frances Pennington.

Prayer Is an Adventure. Patricia St. John. 2020. (ENG., Illus.). 64p. (J). 17.99 *(978-1-5271-0562-1(8)*, 101d6f0c-805e-4938-9d5b-db500cdb6061, CF4Kids) Christian Focus Pubns. GBR. Dist: Baker & Taylor Publisher Services (BTPS).

Prayer Jesus Taught His Boyz. Lory Mosely. Illus. by Donna Streeter-Maddox. 2022. (ENG.). 26p. (J). pap. 14.99 *(978-1-0880-4243-4(0))*; 17.99 ***(978-1-0879-4591-0(7))*** Indy Pub.

Prayer Journal. Braelynn Palmer. 2022. (ENG.). 151p. (YA). pap. ***(978-1-387-83902-5(0))*** Lulu Pr., Inc.

Prayer Journal for Children Vol. 1. Carol Carruthers. 2021. (ENG.). 100p. (J). pap. ***(978-1-7948-6383-5(4))*** Lulu Pr., Inc.

Prayer Journal for Girls. Albertine Griffin. 2022. (ENG.). 100p. (J). pap. *(978-1-4357-7652-4(6))* Lulu Pr., Inc.

Prayer Journal for Teen Girl's: 52 Week Coloring Scripture, Devotional, & Guided Prayer Journal. Felicia Patterson. 2022. (Prayer Journal Ser.: Vol. 3). (ENG.). 236p. (YA). pap. 12.00 ***(978-0-578-37282-2(7))*** Patterson, Felicia.

Prayer Journal for Women: Prayer Notebook for Women of God. Kayla Johnstone. 2022. (ENG.). 100p. (YA). pap. ***(978-1-4710-5795-3(X))*** Lulu Pr., Inc.

Prayer Journal for Women: Scripture Guided Prayer Journal Inspirational Devotional Notebook Motivational Journal Planner for Women. Sheer Purple. 2022. (ENG.). 123p. (J). pap. ***(978-1-387-42765-9(2))*** Lulu Pr., Inc.

Prayer Map Bible for Girls NLV [Sky Blue Shimmer]. Compiled by Compiled by Barbour Staff. 2023. (Faith Maps Ser.). (ENG.). 1024p. (J). im. lthr. 32.99 *(978-1-63609-470-0(8)*, Barbour Bibles) Barbour Publishing, Inc.

Prayer Map Bible for Teen Girls NLV [Coral Dandelions]. Compiled by Compiled by Barbour Staff. 2023. (Faith Maps Ser.). (ENG.). 1024p. (YA). im. lthr. 32.99 *(978-1-63609-471-7(6)*, Barbour Bibles) Barbour Publishing, Inc.

Prayer Map Devotional for Girls: 28 Weeks of Inspiring Readings Plus Weekly Guided Prayer Maps. Janice Thompson. 2022. (Faith Maps Ser.). (ENG.). 240p. (J). 16.99 *(978-1-63609-159-4(8))* Barbour Publishing, Inc.

Prayer Map Devotional for Teen Girls: 28 Weeks of Inspiring Readings Plus Weekly Guided Prayer Maps. Janice Thompson. 2022. (Faith Maps Ser.). (ENG.). 240p. (YA). 16.99 *(978-1-63609-160-0(1)*, Barbour Bks.) Barbour Publishing, Inc.

Prayer Map for Boys: A Creative Journal. Compiled by Compiled by Barbour Staff. 2018. (Faith Maps Ser.). (ENG.). 176p. (J). spiral bd. 7.99 *(978-1-68322-558-4(9)*, Barbour Bks.) Barbour Publishing, Inc.

Prayer Map for Brave Boys: A Creative Journal. Compiled by Compiled by Barbour Staff. 2020. (Brave Boys Ser.). (ENG.). 176p. (J). spiral bd. 7.99 *(978-1-64352-443-6(7)*, Shiloh Kidz) Barbour Publishing, Inc.

Prayer Map for Courageous Girls: A Creative Journal. Compiled by Compiled by Barbour Staff. 2019. (Courageous Girls Ser.). (ENG.). 176p. (J). spiral bd. 7.99 *(978-1-64352-179-4(9)*, Shiloh Kidz) Barbour Publishing, Inc.

Prayer Map for Girls: A Creative Journal. Compiled by Compiled by Barbour Staff. 2018. (Faith Maps Ser.). (ENG.). 176p. (J). spiral bd. 7.99 *(978-1-68322-559-1(7)*, Barbour Bks.) Barbour Publishing, Inc.

Prayer Map for Teens: A Creative Journal. Compiled by Compiled by Barbour Staff. 2018. (Faith Maps Ser.). (ENG.). 176p. (YA). spiral bd. 7.99 *(978-1-68322-556-0(2)*, Barbour Bks.) Barbour Publishing, Inc.

Prayer Map for Women: A Creative Journal. Compiled by Compiled by Barbour Staff. 2018. (Faith Maps Ser.). (ENG.). 176p. spiral bd. 7.99 *(978-1-68322-557-7(0)*, Barbour Bks.) Barbour Publishing, Inc.

Prayer of a Navajo Shaman (Classic Reprint) Washington Matthews. (ENG., Illus.). (J). 2017. 24.52 *(978-0-265-28978-5(5))*; 2016. pap. 7.97 *(978-1-333-58156-5(4))* Forgotten Bks.

Prayer Wall: The Story about the Twelve Owls of Christmas. Bethany Wilson. 2017. (ENG., Illus.). (J). pap. 18.00 *(978-1-365-65028-4(6))* Lulu Pr., Inc.

Prayers & Promises. Patti Bazemore. Illus. by Jade Collins. 2021. (ENG.). 22p. (J). 29.99 *(978-1-6628-1760-1(6))*; pap. 19.99 *(978-1-6628-1759-5(2))* Salem Author Services.

Prayers & Promises for Boys: 200 Days of Inspiration & Encouragement. JoAnne Simmons. 2023. (ENG.). 208p. (J). pap. 6.99 *(978-1-63609-515-8(1))* Barbour Publishing, Inc.

Prayers & Promises for Girls: 200 Days of Inspiration & Encouragement. JoAnne Simmons. 2023. (ENG.). 208p. (J). pap. 6.99 *(978-1-63609-516-5(X))* Barbour Publishing, Inc.

Prayers & Verses Through the Bible. Andrea Skevington. Illus. by Andrea Skevington. ed. 2016. (ENG., Illus.). 128p. (J). 11.99 *(978-0-7459-7663-1(8)*, e46af608-57f8-4973-9fe4-f2bc1437c776, Lion Books) Lion Hudson PLC GBR. Dist: Baker & Taylor Publisher Services (BTPS).

Prayers for Children at Christmas Time - Children's Christian Prayer Books. Baby Professor. 2017. (ENG., Illus.). (J). pap. 7.89 *(978-1-68368-059-6(6)*, Baby Professor (Education Kids)) Speedy Publishing LLC.

Prayers for Children to Celebrate Easter - Children's Christian Prayer Books. Baby Professor. 2017. (ENG., Illus.). (YA). pap. 7.89 *(978-1-68368-060-4(X)*, Baby Professor (Education Kids)) Speedy Publishing LLC.

Prayers for Children to Celebrate Thanksgiving - Children's Christian Prayer Books. Baby Professor. 2017. (ENG., Illus.). (J). pap. 7.89 *(978-1-68368-061-1(8)*, Baby Professor (Education Kids)) Speedy Publishing LLC.

Prayers for Children Who Are Dealing with Stress - Children's Christian Prayer Books. Baby Professor. 2017. (ENG., Illus.). (J). pap. 7.89 *(978-1-68368-062-8(6)*, Baby Professor (Education Kids)) Speedy Publishing LLC.

Prayers for Children Who Are Starting School - Children's Christian Prayer Books. Baby Professor. 2017. (ENG., Illus.). (J). pap. 7.89 *(978-1-68368-063-5(4)*, Baby Professor (Education Kids)) Speedy Publishing LLC.

Prayers for Difficult Times for Teen Girls: When You Don't Know What to Pray. Contrib. by Renae Brumbaugh Green. 2023. (Prayers for Difficult Times Ser.). (ENG.). 192p. (YA). pap. 6.99 *(978-1-63609-548-6(8))* Barbour Publishing, Inc.

Prayers for Morning & Evening: To Which Are Added General Prayers for Either Occasion. Thomas Madge. 2017. (ENG., Illus.). (J). pap. *(978-0-649-52676-5(7))* Trieste Publishing Pty Ltd.

Prayers for Wild Animals: Their Habitats & the Environment. Deborah Lock. Illus. by Tina Macnaughton. ed. 2022. (ENG.). 64p. (J). 10.99 *(978-0-7459-7937-3(8)*, b4b89b0c-b22d-4427-8710-2b6a6b1813bf, Lion Children's) Lion Hudson PLC GBR. Dist: Baker & Taylor Publisher Services (BTPS).

Prayers from the Manger: A Celebration of Those Who Were There. Annette Chaudet. Illus. by Paige Money. 2020. (ENG.). 28p. (J). 20.00 *(978-1-941052-51-8(7))* Pronghorn Pr.

Prayers in the Night. Cason Smithson. 2018. (ENG.). 32p. (J). (gr. -1-2). 14.99 *(978-1-4621-2271-4(X))* Cedar Fort, Inc./CFI Distribution.

Prayers Journal. Rocio Morales. 2021. (ENG.). 100p. (J). pap. *(978-1-716-05288-0(2))* Lulu Pr., Inc.

Prayers That God Will Hear: And Short Stories. Mary A. Laser. 2020. (ENG.). 72p. (YA). pap. 8.99 *(978-1-4808-8951-4(2))* Archway Publishing.

Praying Child: Every Child Is Unique & Special. Simi Bello. 2022. (ENG.). 26p. (J). pap. ***(978-1-80227-679-4(3))*** Publishing Push Ltd.

Praying Circles Around Your Future, 1 vol. Mark Batterson. 2018. (ENG., Illus.). 128p. (YA). 15.99 *(978-0-310-76615-5(X))* Zondervan.

Praying House. Chantell Rodgers. 2022. (ENG.). 38p. (J). 25.95 *(978-1-63525-090-9(0))* Christian Faith Publishing.

Praying Hyde: Missionary to India. Rose-Mae Carvin & Bible Visuals International. 2019. (Flash Card Format Ser.). (ENG.). 34p. (J). pap. 15.00 *(978-1-64104-099-0(8))* Bible Visuals International, Inc.

Praying Mantis. Grace Hansen. 2021. (Incredible Insects Ser.). (ENG., Illus.). 24p. (J). (gr. -1-2). lib. bdg. 32.79 *(978-1-0982-0739-7(4)*, 37897, Abdo Kids); (gr. 1-1). pap. 8.95 *(978-1-64494-559-9(2)*, Abdo Kids-Jumbo) ABDO Publishing Co.

Praying Mantis. August Hoeft. 2022. (I See Insects Ser.). (ENG.). (J). 20p. pap. 12.99 ***(978-1-5324-4161-5(4))***; 16p. (gr. -1-2). 24.99 ***(978-1-5324-3353-5(0))***; 16p. (gr. -1-2). pap. 12.99 ***(978-1-5324-2845-6(6))*** Xist Publishing.

Praying Mantis: Discover Pictures & Facts about Praying Mantis for Kids! Bold Kids. 2021. (ENG.). 34p. (J). pap. 14.99 *(978-1-0717-0606-0(3))* FASTLANE LLC.

Praying Mantis: Facts & Picture Book for Children. Bold Kids. 2022. (ENG.). 40p. (J). pap. 14.99 ***(978-1-0717-1130-9(X))*** FASTLANE LLC.

Praying Mantis vs. Black Widow Spider. Kieran Downs & Kieran Downs. 2022. (Animal Battles Ser.). (ENG., Illus.). 24p. (J). (gr. 3-7). pap. 7.99 *(978-1-64834-688-0(X)*, 21400) Bellwether Media.

Praying Mantis vs. Giant Hornet: Battle of the Powerful Predators. Alicia Z. Klepeis. 2016. (Bug Wars Ser.). (ENG., Illus.). 32p. (J). (gr. 3-9). lib. bdg. 28.65 *(978-1-4914-8067-0(X)*, 130571, Capstone Pr.) Capstone.

Praying Mantises. Lisa J. Amstutz. 2017. (Little Critters Ser.). (ENG., Illus.). 24p. (J). (gr. -1-2). lib. bdg. 22.65 *(978-1-5157-7825-7(8)*, 135975, Pebble) Capstone.

Praying Mantises. Megan Borgert-Spaniol. 2016. (Creepy Crawlies Ser.). (ENG., Illus.). 24p. (J). (gr. k-3). lib. bdg. 26.95 *(978-1-62617-300-2(1)*, Blastoff! Readers) Bellwether Media.

Praying Mantises. Aaron Carr. 2018. (World Languages Ser.). (ENG.). 24p. (J). (gr. -1-3). lib. bdg. 35.70 *(978-1-4896-6939-1(6)*, AV2 by Weigl) Weigl Pubs., Inc.

Praying Mantises: An Augmented Reality Experience. Sandra Markle. 2021. (Creepy Crawlers in Action: Augmented Reality Ser.). (ENG., Illus.). 32p. (J). (gr. 3-6). lib. bdg. 31.99 *(978-1-7284-0273-4(5)*, de55e19f-23ca-4610-a9e1-c5d18d74bbf1, Lerner Pubns.) Lerner Publishing Group.

Praying Pond. Michelle Nadasi. 2017. (ENG., Illus.). (J). (gr. k-6). pap. 12.95 *(978-1-61244-564-9(0))*; (gr. 5-6). 15.95 *(978-1-61244-565-6(9))* Halo Publishing International.

Praying the Body Parts: Praying God's Word. Febornia Abifade. 2022. (ENG.). 28p. (J). *(978-0-2288-7413-3(0))*; pap. *(978-0-2288-7412-6(2))* Tellwell Talent.

Praying with My Fingers - Board Book: An Easy Way to Talk to God. Paraclete Paraclete Press. Illus. by Alessia Girasole. 2023. (ENG.). 18p. (J). (gr. -1-k). bds. 10.99 *(978-1-64060-845-0(1))* Paraclete Pr., Inc.

Pre-Algebra - by Design. Russell F. Jacobs. 2017. (ENG.). 24p. (J). pap. 23.50 *(978-0-918272-41-6(6))* Tessellations.

Pre-Algebra Grade 6-8 Workbook Children's Algebra Books. Baby Iq Builder Books. 2016. (ENG., Illus.). (J). pap. 8.99 *(978-1-68374-740-6(2))* Examined Solutions PTE. Ltd.

Pre-Algebra Skills: (Grades 6-8) Middle School Math Workbook (Prealgebra: Exponents, Roots, Ratios, Proportions, Negative Numbers, Coordinate Planes, Graphing, Slope, Order of Operations (PEMDAS), Probability, & Statistics) - Ages 11-15 (with Answer Key) Humble Math. 2022. (ENG.). 114p. (J). pap. 7.50 *(978-1-63578-389-6(5))* Libro Studio LLC.

Pre-Calculus - by Design. Russell F. Jacobs. 2017. (ENG.). 48p. (J). pap. 19.95 *(978-0-9846042-7-2(8))* Tessellations.

Pre-Handwriting: Tracing Shapes, Numbers & Letters. Alaya Books. 2022. (ENG.). 86p. pap. *(978-1-4583-7604-6(4))* Lulu Pr., Inc.

Pre-Historic Dinosaurs Matching Game for All Ages Activity Book. Activibooks For Kids. 2016. (ENG., Illus.). (J). pap. 7.55 *(978-1-68321-436-6(6))* Mimaxion.

Pre K Activity Book Word Games Edition. Activity Book Zone for Kids. 2016. (ENG., Illus.). (J). pap. 7.55 *(978-1-68376-252-2(5))* Sabeels Publishing.

Pre K Activity Workbook Cut Outs Edition. Activity Book Zone for Kids. 2016. (ENG., Illus.). (J). pap. 7.55 *(978-1-68376-253-9(3))* Sabeels Publishing.

Pre-K Alphabet Wipe-Clean Workbook: Scholastic Early Learners (Wipe-Clean) Scholastic. 2017. (Scholastic Early Learners Ser.). (ENG.). 56p. (J). (gr. -1-k). bds., wbk. ed. 9.99 *(978-1-338-16148-9(2)*, Cartwheel Bks.) Scholastic, Inc.

Pre-K Creativity Workbook. Baby Iq Builder Books. 2016. (ENG., Illus.). (J). pap. 8.99 *(978-1-68374-736-9(4))* Examined Solutions PTE. Ltd.

Pre-K Differentiation Workbook. Baby Iq Builder Books. 2016. (ENG., Illus.). (J). pap. 8.99 *(978-1-68374-737-6(2))* Examined Solutions PTE. Ltd.

Pre-K Jumbo Workbook. Beth Costanzo. 2022. (ENG.). 144p. (J). pap. 13.99 ***(978-1-0879-9310-2(5))*** Adventures of Scuba Jack Pubs., The.

Pre-K, Kindergarten Easter Activity Workbook for Kids! Ages 3-6. Beth Costanzo. 2022. (ENG.). 30p. (J). pap. 8.99 *(978-1-0880-2789-9(X))* Adventures of Scuba Jack Pubs., The.

Pre-K Learning Pad: Scholastic Early Learners (Learning Pad) Scholastic. 2021. (Scholastic Early Learners Ser.). (ENG.). 128p. (J). (gr. -1-k). pap. 9.99 *(978-1-338-71430-2(9)*, Cartwheel Bks.) Scholastic, Inc.

Pre-K Line Tracing Activity Book: Practice Pen Control with Lines & Shapes - Traceable Lines & Shapes for Pre-K & Kindergarten for Ages 3-5. Sheba Blake. 2023. (ENG.). 40p. (J). pap. 12.99 ***(978-1-0881-5214-0(7))*** Indy Pub.

Pre-K Logic Workbook. Baby Iq Builder Books. 2016. (ENG., Illus.). (J). pap. 8.99 *(978-1-68374-738-3(0))* Examined Solutions PTE. Ltd.

Pre K Printable Workbooks: Mixed Worksheets to Develop Pen Control (Kindergarten Worksheets): 60 Preschool/Kindergarten Worksheets to Assist with the Development of Fine Motor Skills in Preschool Children. James Manning. 2019. (Pre K Printable Workbooks Ser.: Vol. 1). (ENG., Illus.). 68p. (J). pap. *(978-1-83856-911-2(1))* Coloring Pages.

Pre K Printable Workbooks (Trace & Color Worksheets to Develop Pen Control) 50 Preschool/Kindergarten Worksheets to Assist with the Development of Fine Motor Skills in Preschool Children. James Manning. 2019. (2 Ser.: Vol. 50). (ENG., Illus.). 56p. (J). pap. *(978-1-83856-868-9(9))* West Suffolk CBT Service Ltd., The.

Pre K Printable Worksheets: Mixed Worksheets to Develop Pen Control (Kindergarten Worksheets): 60 Preschool/Kindergarten Worksheets to Asst with the Development of Fine Motor Skills in Preschool Children. James Manning. 2019. (Pre K Printable Worksheets Ser.: Vol. 1). (ENG., Illus.). 68p. (J). pap. *(978-1-83856-905-1(7))* Coloring Pages.

Pre K Printable Worksheets (Trace & Color Worksheets to Develop Pen Control) 50 Preschool/Kindergarten Worksheets to Assist with the Development of Fine Motor Skills in Preschool Children. James Manning. 2019. (ENG., Illus.). 56p. (J). pap. *(978-1-83856-860-3(3))* West Suffolk CBT Service Ltd., The.

Pre-K Ready for Reading Workbook: Scholastic Early Learners (Extra Big Skills Workbook) Scholastic Early Learners. 2019. (Scholastic Early Learners Ser.). (ENG.). 68p. (J). (gr. -1-k). pap. 7.99 *(978-1-338-53185-5(9))* Scholastic, Inc.

Pre-K Sight Words Activity Book: A Sight Words & Phonics Workbook for Beginning Readers Ages 3-5. Sheba Blake. 2023. (ENG.). 48p. (J). pap. 12.99 ***(978-1-0881-4334-6(2))*** Indy Pub.

Pre-K Sight Words Tracing Activity Book for Children (6x9 Hardcover Puzzle Book / Activity Book) Sheba Blake. 2021. (ENG.). 44p. (J). 19.99 *(978-1-222-30128-1(8))* Indy Pub.

Pre-K Sight Words Tracing Activity Book for Children (6x9 Puzzle Book / Activity Book) Sheba Blake. 2020. (ENG.). 44p. (J). pap. 9.99 *(978-1-222-28321-1(2))* Indy Pub.

Pre-K Sight Words Tracing Activity Book for Children (8x10 Hardcover Puzzle Book / Activity Book) Sheba Blake. 2021. (ENG.). 44p. (J). 24.99 *(978-1-222-30129-8(6))* Indy Pub.

Pre-K Sight Words Tracing Activity Book for Children (8x10 Puzzle Book / Activity Book) Sheba Blake. 2020. (ENG.). 44p. (J). pap. 14.99 *(978-1-222-28322-8(0))* Indy Pub.

Pre-K Spatial Reasoning Workbook. Baby Iq Builder Books. 2016. (ENG., Illus.). (J). pap. 8.99 *(978-1-68374-739-0(9))* Examined Solutions PTE. Ltd.

Pre-K Summer Workbook: Scholastic Early Learners (Wipe-Clean) Scholastic. 2020. (Scholastic Early Learners Ser.). (ENG.). 80p. (J). (gr. -1-k). act. bk. ed. 12.99 *(978-1-338-66229-0(5)*, Cartwheel Bks.) Scholastic, Inc.

Pre-K Trace & Write Wipe-Clean. Scholastic Teaching Resources. 2020. (ENG.). 56p. (J). (gr. -1 — 1). pap. 9.99 *(978-1-338-67897-0(3)*, 867897) Scholastic, Inc.

Pre K Worksheets: Mixed Worksheets to Develop Pen Control (Kindergarten Worksheets): 60 Preschool/Kindergarten Worksheets to Assist with the Development of Fine Motor Skills in Preschool Children. James Manning. 2019. (Pre K Worksheets Ser.: Vol. 1). (ENG., Illus.). 68p. (J). pap. *(978-1-83856-903-7(0))* Coloring Pages.

Pre K Worksheets (Add to Ten - Easy) 30 Full Color Preschool/Kindergarten Addition Worksheets That Can Assist with Understanding of Math. James Manning. 2019. (Pre K Worksheets Ser.: Vol. 5). (ENG., Illus.). 34p. (J). pap. *(978-1-83856-255-7(9))* Coloring Pages.

Pre K Worksheets (Preschool Activity Books - Easy) 40 Black & White Kindergarten Activity Sheets Designed to Develop Visuo-Perceptual Skills in Preschool Children. James Manning & Christabelle Manning. 2019. (Pre K Worksheets Ser.: Vol. 14). (ENG., Illus.). 82p. (J). pap. *(978-1-83878-836-0(0))* West Suffolk CBT Service Ltd., The.

Pre K Worksheets (Trace & Color Worksheets to Develop Pen Control) 50 Preschool/Kindergarten Worksheets to Assist with the Development of Fine Motor Skills in Preschool Children. James Manning. 2019. (ENG., Illus.). 56p. (J). pap. *(978-1-83856-858-0(1))* West Suffolk CBT Service Ltd., The.

Pre K Worksheets (Tracing Numbers, Counting, Addition & Subtraction) 50 Preschool/Kindergarten Worksheets to Assist with the Understanding of Number Concepts. James Manning. 2019. (Pre K Worksheets Ser.: Vol. 3). (ENG., Illus.). 60p. (J). pap. *(978-1-83856-423-0(3))* Coloring Pages.

1628

The check digit for ISBN-10 appears in parentheses after the full ISBN-13

Pre-Reader Simple Beginning -Sight Words for Kids. Bobo's Little Brainiac Books. 2016. (ENG., Illus.). (J). pap. 7.99 (978-1-68327-892-4(5)) Sunshine In My Soul Publishing.

Pre-Writing Skills Exercises - Writing Book for Toddlers Children's Reading & Writing Books. Baby Professor. 2017. (ENG., Illus.). (J). pap. 9.55 (978-1-5419-2861-9(X), Baby Professor (Education Kids)) Speedy Publishing LLC.

Pre-Writing Skills Practice: Maze 4 Year Old. Speedy Kids. 2018. (ENG., Illus.). 106p. (J). pap. 12.55 (978-1-5419-3768-0(6)) Speedy Publishing LLC.

Preacher Boy. William L. Bradbury. 2017. (ENG., Illus.). (YA). pap. 17.95 (978-1-64114-186-4(7)) Christian Faith Publishing.

Preacher Creature Meets the Scream Queen. Robert Armstrong. 2020. (ENG.). 174p. (YA). pap. (978-1-5289-0897-9(X)) Austin Macauley Pubs. Ltd.

Preacher of Cedar Mountain: A Tale of the Open Country. Ernest Thompson Seton. 2018. (ENG., Illus.). 324p. (J). pap. (978-1-5287-0273-7(5)) Freeman Pr.

Preacher of Cedar Mountain: A Tale of the Open Country (Classic Reprint) Ernest Thompson Seton. 2017. (ENG., Illus.). (J). 33.03 (978-0-260-43125-7(7)) Forgotten Bks.

Preacher, Pastor, Poet: Selections from the Writings of the REV. Thomas Hardy, D. D. , Minister of Foulis Wester, Perthshire, 1852-1910 (Classic Reprint) Unknown Author. 2018. (ENG., Illus.). 306p. (J). 30.23 (978-0-483-16784-1(3)) Forgotten Bks.

Preacher's Coming to Dinner. Mary Page-Clay. 2016. (ENG., Illus.). (J). pap. 16.95 (978-1-4808-3758-4(X)) Archway Publishing.

Preacher's Promptuary of Anecdote: Stories, New & Old, Arranged, Indexed, & Classified, for the Use of Preachers, Teachers & Catechists (Classic Reprint) W. Frank Shaw. 2017. (ENG., Illus.). (J). 27.24 (978-0-266-73871-8(0)) Forgotten Bks.

Preaching to the Chickens: The Story of Young John Lewis. Jabari Asim. Illus. by E. B. Lewis. 2016. 32p. (J). (gr. k-3). 17.99 (978-0-399-16856-7(7), Nancy Paulsen Books) Penguin Young Readers Group.

PreACT Secrets Study Guide: PreACT Test Review for the PreACT Exam. Ed. by Preact Exam Secrets Test Prep. 2017. (ENG.). (J). pap. 48.99 (978-1-5167-0746-1(X)) Mometrix Media LLC.

Precaution, Vol. 1 Of 3: A Novel (Classic Reprint) James Fenimore Cooper. 2018. (ENG., Illus.). 312p. (J). 30.35 (978-0-332-69285-2(X)) Forgotten Bks.

Precaution, Vol. 2 Of 3: A Novel (Classic Reprint) James Fenimore Cooper. 2018. (ENG., Illus.). 306p. (J). 30.23 (978-0-267-42179-4(6)) Forgotten Bks.

Precautions, Vol. 1 Of 3: A Novel (Classic Reprint) Margaret Majendie. 2018. (ENG., Illus.). (J). 348p. 31.09 (978-1-396-69932-0(5)); 350p. pap. 13.57 (978-1-390-82558-9(2)) Forgotten Bks.

Precautions, Vol. 2 Of 3: A Novel (Classic Reprint) Margaret Majendie. 2017. (ENG., Illus.). 318p. (J). 30.46 (978-0-484-05071-5(0)) Forgotten Bks.

Precautions, Vol. 3 Of 3: A Novel (Classic Reprint) Margaret Majendie. 2018. (ENG., Illus.). 344p. (J). 31.01 (978-0-483-87229-5(6)) Forgotten Bks.

Precept upon Precept, or a Series of the Earliest Religious Instruction the Infant Mind Is Capable of Receiving (Classic Reprint) Favell Lee Mortimer. (ENG., Illus.). (J). 2018. 266p. 29.38 (978-0-331-55976-7(5)); 2017. pap. 11.97 (978-0-259-45629-2(2)) Forgotten Bks.

Precepts & Practice (Classic Reprint) Theodore Hook. (ENG., Illus.). (J). 2018. 384p. 31.84 (978-0-484-14594-7(0)); 2017. pap. 16.57 (978-0-243-59954-7(4)) Forgotten Bks.

Precepts & Practice, Vol. 2 of 3 (Classic Reprint) Theodore Hook. (ENG., Illus.). (J). 2018. 334p. 30.79 (978-0-483-26975-0(1)); 2017. pap. 13.57 (978-0-259-02831-4(2)) Forgotten Bks.

Precepts & Practice, Vol. 3 of 3 (Classic Reprint) Theodore Hook. 2018. (ENG., Illus.). 344p. (J). 31.01 (978-0-332-15055-0(0)) Forgotten Bks.

Preciosa de Fuego: Una Historia de Amor de Papi e Hija. Ayanna Murray. Illus. by J. Miles Moore. (SPA.). 38p. (J). 2023. pap. 9.99 **(978-1-954781-08-5(3))**; 2022. 16.99 **(978-1-954781-10-8(5))** Power of the Pen, LLC.

Precious: The Dog Who Thought She Was Human. Hester Willingham-Scott. 2021. (ENG.). 20p. (J). 13.99 (978-1-63616-057-3(3)) Opportune Independent Publishing Co.

Precious Baby. Della Ross Ferreri. Illus. by Monique Dong. 2019. 20p. (J). (gr. -1 — 1). 7.99 (978-1-5064-4773-5(2), Beaming Books) 1517 Media.

Precious Baby. Bob Hartman. Illus. by Ruth Hearson. ed. 2020. (Bob Hartman's Baby Board Bks.). (ENG.). 10p. (J). (— 1). bds. 9.99 (978-0-7459-7792-8(8), a01c3e34-9fc5-4dc3-a0a8-ef578052028e, Lion Children's) Lion Hudson PLC GBR. Dist: Baker & Taylor Publisher Services (BTPS).

Precious Bane. Mary Webb. 2020. (ENG.). 264p. (J). 16.00 (978-1-64594-087-6(X)) Athanatos Publishing Group.

Precious Dreadful: A Novel. Steven Parlato. 2018. (ENG., Illus.). 352p. (YA). (gr. 9). 18.99 (978-1-5072-0277-7(6), Simon Pulse) Simon Pulse.

Precious Gift. Tracy K. Sams. 2020. (ENG., Illus.). 40p. (J). pap. 10.95 (978-1-64718-602-9(1)) Booklocker.com, Inc.

Precious Girl: A Love Letter from Parent to Child. Nasmat Noorani. 2022. (ENG.). 24p. (J). **(978-0-2288-7772-1(5))**; pap. **(978-0-2288-7771-4(7))** Tellwell Talent.

Precious Girl, No Matter What. Katie Didit. 2018. (ENG., Illus.). 38p. (J). (gr. -1-3). 14.95 (978-1-68401-909-0(5)) Amplify Publishing Group.

Precious Girl, You're My World. Sabreen Ali. 2017. (ENG., Illus.). 30p. (J). pap. 9.99 (978-0-692-98448-2(8)) Lyrical Plight Publishing.

Precious in His Sight: Devotions & Prayers for Kids. Jean Fischer. 2022. (ENG.). 128p. (J). pap. 5.99 (978-1-63609-110-5(5)) Barbour Publishing, Inc.

Precious Jewel (Classic Reprint) Henry Sylvester Bedaine. 2018. (ENG., Illus.). 42p. (J). 24.78 (978-0-483-86760-4(8)) Forgotten Bks.

Precious Little You. Alysha Dahl. 2022. (ENG.). 26p. (J). pap. (978-1-4866-2025-8(6)) Word Alive Pr.

Precious Love. Olin Dale Williams. 2018. (ENG., Illus.). 28p. (J). pap. 12.95 (978-1-64028-693-1(4)) Christian Faith Publishing.

Precious Memories of My Grandkids! a Keepsake Journal for Grandparents. @ Journals and Notebooks. 2016. (ENG., Illus.). 106p. (J). pap. 12.25 (978-1-68326-442-2(8)) Speedy Publishing LLC.

Precious Moments: Baby's First Year. p i kids. 2019. (ENG.). 32p. (J). (978-1-5037-4642-8(9), 729bffd9-5aae-4db3-a179-1b1b7c4b7ff9, PI Kids) Phoenix International Publications, Inc.

Precious Moments: Happy Harvest, 1 vol. 2016. (Precious Moments Ser.). (ENG., Illus.). 32p. (J). bds. 9.99 (978-0-7180-3241-8(1), Tommy Nelson) Nelson, Thomas Inc.

Precious Moments: Little Book of Angels. Precious Moments. 2022. (Precious Moments Ser.). (ENG., Illus.). 32p. (J). bds. 9.99 (978-1-4002-3505-6(7), Tommy Nelson) Nelson, Thomas Inc.

Precious Moments: Little Book of Baby Animals, 1 vol. Jean Fischer & Precious Moments. 2021. (Precious Moments Ser.). (ENG.). 32p. (J). bds. 9.99 (978-1-4002-2475-3(6), Tommy Nelson) Nelson, Thomas Inc.

Precious Moments Christmas: Two Classic Holiday Carols. Precious Moments. Illus. by Kim Lawrence. 2018. 40p. (J). (gr. k-2). 9.99 (978-1-4926-5856-6(1)) Sourcebooks, Inc.

Precious Moments: Mi Libro de Historias Bíblicas de Navidad. Precious Precious Moments. 2022. (SPA., Illus.). 34p. (J). bds. 10.99 (978-1-4003-2493-4(9)) Grupo Nelson.

Precious Moments: Mi Libro de Historias Bíblicas de Pascua. Precious Precious Moments. 2022. (SPA.). 34p. (J). bds. 10.99 (978-1-4002-3629-9(0)) Grupo Nelson.

Precious Pearl. Bob Hartman. Illus. by Mark Beech. 2021. (ENG.). 32p. (J). pap. 10.99 (978-0-281-08508-8(0), d6bff804-70cd-4f2b-add4-0e8d263e6c35) SPCK Publishing GBR. Dist: Baker & Taylor Publisher Services (BTPS).

Precious Pearl: Matthew 13: God Is Best. Catherine MacKenzie. rev. ed. 2017. (Stories from Jesus Ser.). (ENG., Illus.). 24p. (J). pap. 4.99 (978-1-5271-0096-1(0), 0d9c55a1-3aa4-4482-89d9-c8e8a1127897, CF4Kids) Christian Focus Pubns. GBR. Dist: Baker & Taylor Publisher Services (BTPS).

Precious Puppies: Dog & Puppy Cartoon Coloring Book. Jupiter Kids. 2017. (ENG., Illus.). (J). pap. 9.20 (978-1-68326-882-6(2), Jupiter Kids (Childrens & Kids Fiction)) Speedy Publishing LLC.

Precious Puppies Purrfect Paws Coloring Book. Activibooks For Kids. 2016. (ENG., Illus.). (J). pap. 9.20 (978-1-68321-197-6(9)) Mimaxion.

Precious Ring: Lily the Elf. Anna Branford. Illus. by Lisa Coutts. 2017. 44p. (J). pap. 4.99 (978-1-61067-530-7(4)) Kane Miller.

Precious Waters (Classic Reprint) A. M. Chisholm. 2019. (ENG., Illus.). 446p. (J). 33.10 (978-0-365-16028-1(8)) Forgotten Bks.

Precipice: A Novel (Classic Reprint) Elia W. Peattie. (ENG., Illus.). (J). 2018. 434p. 32.87 (978-0-483-62458-0(6)); 2017. pap. 16.57 (978-0-243-29429-9(8)) Forgotten Bks.

Precipice: Translated from the Russian of Ivan Goncharov (Classic Reprint) M. Bryant. 2017. (ENG., Illus.). (J). 30.52 (978-0-266-22757-1(0)) Forgotten Bks.

Precipice a Novel (Classic Reprint) Elia W. Peattie. 2017. (ENG., Illus.). (J). 32.85 (978-1-5284-5252-6(6)) Forgotten Bks.

Precipice (Classic Reprint) Pearl Groves Maddox. (ENG., Illus.). (J). 2017. 27.20 (978-0-331-11464-5(X)); 2016. pap. 9.57 (978-1-333-61695-3(3)) Forgotten Bks.

Precipitation, 1 vol. Caitie McAneney. 2016. (Where's the Water? Ser.). (ENG., Illus.). 24p. (J). (gr. 2-3). pap. 9.15 (978-1-4824-4684-5(7), 66e210d4-eb3d-4435-aef4-00076d9214c8); lib. bdg. 24.27 (978-1-4824-4686-9(3), cd38b477-9d2c-4857-aea9-a25f63db3ed2) Stevens, Gareth Publishing LLLP.

Précis Élémentaire de Physiologie, Vol. 2: Contenant l'Histoire des Fonctions Nutritives et de la Génération, etc (Classic Reprint) Francois Magendie. 2019. (FRE., Illus.). (J). 482p. 33.86 (978-1-397-26414-5(4)); 484p. pap. 16.57 (978-1-397-26406-0(3)) Forgotten Bks.

Precis Writing for Beginners (Classic Reprint) Guy N. Pocock. 2017. (ENG., Illus.). (J). 25.71 (978-0-266-30169-1(X)) Forgotten Bks.

Predadores y Presas / Beasts of Prey (Spanish Edition) Ayana Gray. 2023. (SPA.). 512p. (YA). pap. 22.95 **(978-607-07-9951-8(8))**; pap. 22.95 **(978-607-07-9613-5(6))** Editorial Planeta, S. A. ESP. Dist: Two Rivers Distribution.

Predator. Jane O'Neil. 2019. (ENG.). 152p. (YA). pap. (978-2-924263-18-1(2)) Éditions de la Corde raide.

Predator & Prey: a Conversation in Verse. Susannah Buhrman-Deever. Illus. by Bert Kitchen. 2019. (ENG.). 32p. (J). (gr. 1-4). 18.99 (978-0-7636-9533-0(5)) Candlewick Pr.

Predator Face-Off. Melissa Stewart. ed. 2018. (National Geographic Readers Ser.). (ENG.). 32p. (J). (gr. -1-1). 13.89 (978-1-64310-376-1(8)) Penworthy Co., LLC, The.

Predator vs. Prey. Lisa Mcmann. ed. 2018. (Going Wild Ser.: 2). (J). lib. bdg. 17.20 (978-0-606-41375-6(8)) Turtleback.

Predator vs. Prey, 8 vols., Set. Mary Meinking. Incl. Lion vs. Gazelle. (ENG., Illus.). 32p. (J). (gr. 2-4). 2011. pap. 8.29 (978-1-4109-3943-2(X), 113910, Raintree); (Predator vs. Prey Ser.). (ENG.). 32p. 2011. pap., pap., pap. 66.32 (978-1-4109-3951-7(0), 15346, Raintree) Capstone.

Predator vs Prey: How Eagles & Other Birds Attack! Tim Harris. 2022. (Predator vs Prey Ser.). (ENG.). 32p. (J). (gr. 2-4). 17.99 **(978-1-5263-1457-4(6)**, Wayland) Hachette Children's Group GBR. Dist: Hachette Bk. Group.

Predator vs Prey: How Lions & Other Mammals Attack! Tim Harris. 2022. (Predator vs Prey Ser.). (ENG., Illus.). 32p. (J). (gr. 2-4). 17.99 (978-1-5263-1444-4(4), Wayland) Hachette Children's Group GBR. Dist: Hachette Bk. Group.

Predator vs Prey: How Snakes & Other Reptiles Attack! Tim Harris. ed. 2022. (Predator vs Prey Ser.). (ENG., Illus.). 32p. (J). (gr. 2-4). 17.99 (978-1-5263-1455-0(X), Wayland) Hachette Children's Group GBR. Dist: Hachette Bk. Group.

Predator vs Prey: How Spiders & Other Invertebrates Attack! Tim Harris. ed. 2022. (Predator vs Prey Ser.). (ENG., Illus.). 32p. (J). (gr. 2-4). 17.99 (978-1-5263-1462-8(2), Wayland) Hachette Children's Group GBR. Dist: Hachette Bk. Group.

Predators: Facts, Info & Stats on the World's Best Hunters. Emily Baxter. 2020. (Haynes Pocket Manual Ser.). (ENG., Illus.). 192p. (J). (gr. 2-6). pap. 6.95 (978-1-78521-728-9(3)) Haynes Publishing Group P.L.C. GBR. Dist: Hachette Bk. Group.

Predators: Pocket Books. Compiled by Green Android. 2017. (Illus.). 128p. (J). pap. 4.99 (978-1-61067-595-6(9)) Kane Miller.

Predators: Unleash Huge Augmented Reality Beasts. Camille de la Bedoyere. 2019. (Y Ser.). (ENG., Illus.). 32p. (J). (gr. 2-7). 14.95 (978-1-78312-255-4(2)) Carlton Kids GBR. Dist: Two Rivers Distribution.

Predator's Gold (Mortal Engines, Book 2) Philip Reeve. 2017. (Mortal Engines Ser.: 2). (ENG.). 336p. (YA). (gr. 7-7). pap. 12.99 (978-1-338-20113-0(1), Scholastic Pr.) Scholastic, Inc.

Predators in the Backyard: Lifecycle & Mythology. Christina Steiner. 2017. (ENG., Illus.). 48p. (J). pap. 11.99 (978-1-64133-186-9(0)) MainSpringBks.

Predators on the Prowl, 8 vols. 2021. (Predators on the Prowl Ser.). (ENG.). 24p. (J). (gr. 3-4). lib. bdg. 97.08 (978-1-5382-7476-7(0), cb96719c-aaac-494c-8590-0fd45b63e5e4) Stevens, Gareth Publishing LLLP.

Predator's Rights: A Beastly Crimes Book (#2) Anna Starinobets. Tr. by Jane Bugaeva. 2019. (ENG., Illus.). 112p. (gr. 2-6). 16.99 (978-0-486-82951-7(0), 829510) Dover Pubns., Inc.

Predestined: A Novel of New York Life (Classic Reprint) Stephen French Whitman. (ENG., Illus.). (J). 2018. 486p. 33.92 (978-0-364-31488-3(5)); 2016. pap. 16.57 (978-1-333-51379-5(8)) Forgotten Bks.

Predicting Cause & Effect: Understanding How Current Events Impact the Future Media & the World Grade 4 Children's Reference Books. Baby Professor. 2020. (ENG.). 72p. (J). 24.99 (978-1-5419-8039-6(5)); pap. 14.99 (978-1-5419-7777-8(7)) Speedy Publishing LLC. (Baby Professor (Education Kids)).

Predicting Earthquakes (Grade 3) Kristy Stark. rev. ed. 2018. (Smithsonian: Informational Text Ser.). (ENG., Illus.). 32p. (J). (gr. 3-4). pap. 11.99 (978-1-4938-6688-5(5)) Teacher Created Materials, Inc.

Prefaces (Classic Reprint) Don Marquis. 2017. (ENG., Illus.). (J). 29.88 (978-0-265-20751-2(7)) Forgotten Bks.

¿Preferirías Ser una Rana? (Would You Rather Be a Bullfrog? Spanish Edition) Seuss. 2019. (Bright & Early Books(R) Ser.). (SPA.). 40p. (J). (gr. -1-k). 9.99 (978-1-9848-3118-7(6)); lib. bdg. 12.99 (978-0-593-12297-6(6)) Random Hse. Children's Bks. (Random Hse. Bks. for Young Readers).

Preferred List of Books for District School Libraries in the State of Michigan (Classic Reprint) Michigan Dept. Of Public Instruction. 2018. (ENG., Illus.). 238p. (J). 28.81 (978-0-365-27725-5(8)) Forgotten Bks.

Prefixes & Suffixes. Ann Heinrichs. 2016. (Illus.). 24p. (J). (978-1-4896-5995-8(1), AV2 by Weigl) Weigl Pubs., Inc.

Pregnancy & Parenting: The Ultimate Teen Guide. Jessica Akin. (It Happened to Me Ser.: 48). (Illus.). 226p. (J). (gr. -1-12). 2017. pap. 32.00 (978-0-8108-9545-4(5)); 2016. 59.00 (978-1-4422-4302-6(3)) Rowman & Littlefield Publishers, Inc.

Pregnancy Journal I'm Gonna Be a Mom. Martin Crown. 2021. (ENG.). 60p. (C). (978-1-6671-0728-8(3)) Lulu Pr., Inc.

Pregón de Frutas (Song of Frutas) Margarita Engle. Tr. by Alexis Romay. Illus. by Sara Palacios. 2021. (SPA.). 40p. (J). (gr. -1-3). 8.99 (978-1-5344-9476-3(6), Atheneum Bks. for Young Readers) Simon & Schuster Children's Publishing.

Pregunta y la Respuesta / the Ask & the Answer. Patrick Ness. 2019. (SPA.). 512p. (YA). (gr. 8-12). pap. 16.95 (978-607-31-7879-2(4), Nube De Tinta) Penguin Random House Grupo Editorial ESP. Dist: Penguin Random Hse. LLC.

Pregúntame. Bernard Waber. 2017. (Álbumes Ser.). (SPA.). 32p. (J). (gr. k-2). 12.50 (978-607-527-086-9(8)) Editorial Oceano de Mexico MEX. Dist: Independent Pubs. Group.

Preguntas y Respuestas Ciencia Naturaleza. Eleonora Barsotti. 2019. (SPA.). 64p. (J). pap. 10.99 (978-84-9786-844-0(7)) Edimat Libros, S. A. ESP. Dist: Lectorum Pubns., Inc.

Preguntas y Respuestas Historia. Eleonora Barsotti. 2019. (SPA.). 64p. (J). pap. 10.99 (978-84-9786-843-3(9)) Edimat Libros, S. A. ESP. Dist: Lectorum Pubns., Inc.

Prehistoria. Renzo Barsotti. 2019. (SPA.). 40p. (J). 13.99 (978-84-9786-679-8(7)) Edimat Libros, S. A. ESP. Dist: Lectorum Pubns., Inc.

Prehistoric Ancestors of Modern Animals. Matthew Rake. Illus. by Simon Mendez. 2017. (If Extinct Beasts Came to Life Ser.). (ENG.). 32p. (J). (gr. 3-6). 7.99 (978-1-5124-1159-1(0), f78821b9-2cd5-4a07-84be-c25caedd81c0); E-Book 42.65 (978-1-5124-0906-2(5)); E-Book 42.65 (978-1-5124-3608-2(9), 9781512436082); E-Book 4.99 (978-1-5124-3609-9(7), 9781512436099) Lerner Publishing Group. (Hungry Tomato (r)).

Prehistoric Animals: Children's Book Filled with Facts. Bold Kids. 2022. (ENG.). 42p. (J). pap. 14.99 **(978-1-0717-1131-6(8))** FASTLANE LLC.

Prehistoric Animals Break into U. S. Parks: Book 1: Ambulocetus in Abiquiu Lake. Aj Griffith & Adam. 2021. (ENG., Illus.). 56p. (J). pap. 14.95 (978-1-63860-196-8(8)) Fulton Bks.

Prehistoric Art - Cave Dwellers Edition - History for Kids Asian, European, African, Americas & Oceanic Regions 4th Grade Children's Prehistoric Books. Baby Professor. 2017. (ENG., Illus.). 64p. (J). pap. 9.55 (978-1-5419-1753-8(7), Baby Professor (Education Kids)) Speedy Publishing LLC.

Prehistoric Caveman's Guide to Drawing Dinosaurs Activity Book. Activibooks For Kids. 2016. (ENG., Illus.). (J). pap. 6.99 (978-1-68321-435-9(8)) Mimaxion.

Prehistoric Giants. Matthew Rake. Illus. by Simon Mendez. 2017. (If Extinct Beasts Came to Life Ser.). (ENG.). 32p. (J). (gr. 3-6). 27.99 (978-1-5124-0635-1(X), fab17556-020a-48c3-9335-c6038d234c14); E-Book 4.99 (978-1-5124-3612-9(7), 9781512436129); E-Book 42.65 (978-1-5124-3611-2(9), 9781512436112); E-Book 42.65 (978-1-5124-0912-3(X)) Lerner Publishing Group. (Hungry Tomato (r)).

Prehistoric Journey to the Center of the Earth. Benjamin Harper. Illus. by Otis Frampton. 2022. (Far Out Classic Stories Ser.). (ENG.). 40p. (J). 25.32 (978-1-6639-7708-3(9), 225967); pap. 5.95 (978-1-6663-2911-7(8), 225961) Capstone. (Stone Arch Bks.).

Prehistoric Life. Clare Hibbert. 2022. (Prehistoric Life Ser.). (ENG.). 32p. (J). pap. 34.60 **(978-1-5382-8468-1(5))** Stevens, Gareth Publishing LLLP.

Prehistoric Masters of Art Volume 2: Discover Art History with a Prehistoric Twist! Elise Wallace. Illus. by Semur Isik. 2018. (Jurassic Classics Ser.). (ENG.). 32p. (J). (gr. 4-7). lib. bdg. 26.65 (978-1-942875-54-3(1), e32c1a6f-8721-46a5-93bb-03dfa2fc4248, Walter Foster Jr) Quarto Publishing Group USA.

Prehistoric Masters of Literature Volume 1: Discover Literary History with a Prehistoric Twist! Elise Wallace. Illus. by Semur Isik. 2018. (Jurassic Classics Ser.). (ENG.). 32p. (J). (gr. 4-7). lib. bdg. 26.65 (978-1-942875-55-0(X), 5dd27ad0-30fb-4ce7-a68e-d1ced05396be, Walter Foster Jr) Quarto Publishing Group USA.

Prehistoric Masters of Literature Volume 2: Discover Literary History with a Prehistoric Twist! Elise Wallace. Illus. by Semur Isik. 2018. (Jurassic Classics Ser.). (ENG.). 32p. (J). (gr. 4-7). lib. bdg. 26.65 (978-1-942875-56-7(8), 83333adc-1433-4bd6-b1f8-7de331dd16e6, Walter Foster Jr) Quarto Publishing Group USA.

Prehistoric Maze Run! a Fun Activity Book. Activibooks For Kids. 2016. (ENG., Illus.). (J). pap. 7.55 (978-1-68321-437-3(4)) Mimaxion.

Prehistoric Monsters! the Ultimate Dinosaur Activity Book. Creative Playbooks. 2016. (ENG., Illus.). (J). pap. 10.81 (978-1-68323-561-3(4)) Twin Flame Productions.

Prehistoric People. 2019. (J). (978-0-7166-3767-7(7)) World Bk., Inc.

Prehistoric Peoples: Life Before Recorded History. Baby Professor. 2017. (ENG., Illus.). (YA). pap. 7.89 (978-1-5419-0393-7(5), Baby Professor (Education Kids)) Speedy Publishing LLC.

Prehistoric Pets. Illus. by Mike Love. 2021. (ENG.). 30p. (J). (gr. k-4). 17.99 (978-1-5362-1714-8(X), Templar) Candlewick Pr.

Prehistoric Predators. Matthew Rake. Illus. by Simon Mendez. 2017. (If Extinct Beasts Came to Life Ser.). (ENG.). 32p. (J). (gr. 3-6). 27.99 (978-1-5124-0633-7(3), 0181f7c1-1326-49e0-bd70-57a0458a97a5); E-Book 4.99 (978-1-5124-3615-0(1), 9781512436150); E-Book 42.65 (978-1-5124-0907-9(3)); E-Book 42.65 (978-1-5124-3614-3(3), 9781512436143) Lerner Publishing Group. (Hungry Tomato (r)).

Prehistoric Predators: A Coloring Book. Kreative Kids. 2016. (ENG., Illus.). (J). pap. 9.20 (978-1-68377-349-8(7)) Whlke, Traudl.

Prehistoric Sea Beasts. Matthew Rake. Illus. by Simon Mendez. 2017. (If Extinct Beasts Came to Life Ser.). (ENG.). 32p. (J). (gr. 3-6). 7.99 (978-1-5124-1158-4(2), cc477503-e896-49c1-a50c-de9b770a000b); E-Book 4.99 (978-1-5124-3618-1(6), 9781512436181); E-Book 42.65 (978-1-5124-0909-3(X)); E-Book 42.65 (978-1-5124-3617-4(8), 9781512436174) Lerner Publishing Group. (Hungry Tomato (r)).

Prehistoric Sharks. Yvette LaPierre. 2022. (All about Sharks Ser.). (ENG.). 64p. (J). (gr. 6-12). 43.93 (978-1-6782-0366-5(1), BrightPoint Pr.) ReferencePoint Pr., Inc.

Prehistoric Wild Horses Coloring Book. Bobo's Adult Activity Books. 2016. (ENG., Illus.). (J). pap. 9.33 (978-1-68327-701-9(5)) Sunshine In My Soul Publishing.

Prehistoric World, 10 vols., Group 3. Virginia Schomp. Incl. Ceratosaurus & Other Horned Meat-Eaters. lib. bdg. 32.64 (978-0-7614-2009-5(6), 84dfb728-212f-4237-b1d0-f505569c2b38); Iguanodon & Other Spiky-Thumbed Plant-Eaters. lib. bdg. 32.64 (978-0-7614-2005-7(3), f2ecee9c-8a01-4084-a81e-6c4fe6d3b578); Ornithomimus & Other Speedy Ostrich Dinosaurs. lib. bdg. 32.64 (978-0-7614-2006-4(1), 8b6734b2-23ec-4e6a-bbb3-2f84ec213eba); Plateosaurus & Other Early Long-Necked Plant-Eaters. lib. bdg. 32.64 (978-0-7614-2008-8(8), 443e6cd1-2536-4105-b43e-1abc0159c2d4); Therizinosaurus & Other Colossal-Clawed Plant-Eaters. lib. bdg. 32.64 (978-0-7614-2007-1(X), c721dc20-3d20-4f3a-887f-559a55f44d2f); (Illus.). 32p. (gr. 3-3). (Prehistoric World Ser.). (ENG.). 2007. 163.20 (978-0-7614-2004-0(5), cb018868-fa0a-4a29-a058-cd9241bd329c, Cavendish Square) Cavendish Square Publishing LLC.

Prehistory & Classical Period. Briony Ryles. 2018. (Scientific Discovery Ser.). (ENG.). 48p. (YA). lib. bdg. 34.99 (978-1-5105-3765-1(1)) SmartBook Media, Inc.

Prejudged (Classic Reprint) Florence Montgomery. 2018. (ENG., Illus.). 292p. (J). 30.02 (978-0-332-17120-3(5)) Forgotten Bks.

Prejudices (Classic Reprint) Charles Macomb Flandrau. 2018. (ENG., Illus.). 276p. (J). 29.61 (978-0-428-86366-1(3)) Forgotten Bks.

PreK Summer Activity Flashcards (Preparing for PreK): Scholastic Early Learners (Flashcards) Scholastic. 2021. (Scholastic Early Learners Ser.). (ENG.). 48p. (J). (gr. -1-k). 3.99 (978-1-338-74485-9(2), Cartwheel Bks.) Scholastic, Inc.

Prekindergarten Fundamentals Workbook Prek - Ages 4 To 5. Professor Gusto. 2016. (ENG., Illus.). (J). pap. 10.81 (978-1-68321-569-1(9)) Mimaxion.

Prelate: A Novel (Classic Reprint) Isaac Henderson. 2017. (ENG., Illus.). (J). 350p. 31.12 (978-0-484-18978-1(6)); pap. 13.57 (978-0-259-21339-0(X)) Forgotten Bks.

Preliminary Report on Sea-Coast Swamps of the Eastern United States (Classic Reprint) Nathaniel Southgate Shaler. (ENG., Illus.). (J). 2018. 54p. 25.01 *(978-0-365-34199-4(1))*; 2017. pap. 9.57 *(978-0-282-58181-7(2))* Forgotten Bks.

Prelude: A Novel (Classic Reprint) Beverley Nichols. 2017. (ENG., Illus.). (J). 30.19 *(978-0-265-25603-9(8))* Forgotten Bks.

Prelude & the Play (Classic Reprint) Rufus Mann. 2018. (ENG., Illus.). 420p. (J). 32.58 *(978-0-483-72371-9(1))* Forgotten Bks.

Prelude for Lost Souls. Helene Dunbar. (ENG.). (YA). (gr. 8-12). 2022. 400p. pap. 10.99 *(978-1-7282-5935-2(5))*; 2020. 384p. 17.99 *(978-1-4926-6737-7(4))* Sourcebooks, Inc.

Prelude to Adventure (Classic Reprint) Hugh Walpole. 2018. (ENG., Illus.). 320p. (J). 30.52 *(978-0-364-71071-5(3))* Forgotten Bks.

Premeditated Myrtle (Myrtle Hardcastle Mystery 1), Volume 1. Elizabeth C. Bunce. 2021. (Myrtle Hardcastle Mystery Ser.: 1). (ENG.). 384p. (J). (gr. 5-13). pap. 8.95 *(978-1-64375-187-0(5)*, 74187) Algonquin Young Readers.

Premices, Ou le I Livre des Proverbes Epigramatizez, Ou des Epigrammes Proverbializez (Classic Reprint) Henri Estienne. (FRE., Illus.). (J). 2018. 226p. 28.58 *(978-0-666-87583-9(9))*; 2016. pap. 9.97 *(978-1-333-19033-0(6))* Forgotten Bks.

Premier, 1923, Vol. 1 (Classic Reprint) Fourth District Agricultural School. 2017. (ENG., Illus.). (J). 25.36 *(978-0-260-21274-0(1))*; pap. 9.57 *(978-0-265-13706-2(3))* Forgotten Bks.

Premier & the Painter: A Fantastic Romance (Classic Reprint) Israel Zangwill. 2017. (ENG., Illus.). (J). 34.58 *(978-0-332-00701-4(4))* Forgotten Bks.

Premier Livre de Lecture, Vol. 2: First Reader (Classic Reprint) Unknown Author. 2018. (ENG., Illus.). 114p. (J). 26.27 *(978-0-364-12532-8(2))* Forgotten Bks.

Premier Livre des Fables de la Fontaine (Texte De 1668) Accompagne d'une Version Latine Interlineaire Calquee Sur le Texte Francais Etablissant la Genealogie des Mots Francais et les Differentes Phases de Leur Transformation. Hippolyte Cocheris. 2017. (FRE., Illus.). (J). pap. 9.57 *(978-0-259-92032-8(0))* Forgotten Bks.

Premier Livre des Fables de la Fontaine (Texte De 1668) Accompagné d'une Version Latine Interlinéaire Calquée Sur le Texte Français Établissant la Généalogie des Mots Français et les Différentes Phases de Leur Transformation. Hippolyte Cocheris. 2018. (FRE., Illus.). 86p. (J). 25.67 *(978-0-666-78930-3(4))* Forgotten Bks.

Premier, Vol. 1 of 3 (Classic Reprint) Unknown Author. 2018. (ENG., Illus.). 312p. (J). 30.33 *(978-0-484-74351-8(1))* Forgotten Bks.

Premier, Vol. 3 of 3 (Classic Reprint) William Mudford. 2017. (ENG., Illus.). 318p. (J). 30.46 *(978-0-332-79329-0(X))* Forgotten Bks.

Premier Voyage de Pêche de Marisa: Les Ours Aux Grands Pieds et Leurs Amis. Dawn Doig. 2020. (Ours Aux Grands Pieds et Leurs Amis Ser.: Vol. 4). (FRE.). 26p. (J). 19.99 *(978-1-954004-58-0(3))* Pen It Pubns.

Premiere Partie de Peche de Marisa: A Big Shoe Bears & Friends Adventure. Dawn Doig. 2020. (Big Shoe Bears & Friends Adventures Ser.: Vol. 4). (FRE.). 26p. (J). pap. 11.99 *(978-1-952894-17-6(4))* Pen It Pubns.

Premiers Voyages de Juliette. Emmanuel D'Affry. 2018. (FRE., Illus.). 94p. (J). pap. *(978-0-244-38036-6(8))* Lulu Pr., Inc.

Premium Classroom Pack W/New York Test Prep 2volse Grade 1 with 1 Year Digital 2015. Hmh Hmh. 2016. (Go Math Spanish Ser.). (SPA.). (J). (gr. 1). pap. 1179.07 *(978-0-544-90077-6(4))* Houghton Mifflin Harcourt Publishing Co.

Premium Classroom Pack W/New York Test Prep 2volse Grade 2 with 1 Year Digital 2015. Hmh Hmh. 2016. (Go Math Spanish Ser.). (SPA.). (J). (gr. 2). pap. 1179.07 *(978-0-544-90078-3(2))* Houghton Mifflin Harcourt Publishing Co.

Premium Classroom Pack W/New York Test Prep 2volse Grade 3 with 1 Year Digital 2015. Hmh Hmh. 2016. (Go Math Spanish Ser.). (SPA.). (J). (gr. 3). pap. 1179.07 *(978-0-544-90079-0(0))* Houghton Mifflin Harcourt Publishing Co.

Premium Classroom Pack W/New York Test Prep 2volse Grade 4 with 1 Year Digital 2015. Hmh Hmh. 2016. (Go Math Spanish Ser.). (SPA.). (J). (gr. 4). pap. 1179.07 *(978-0-544-90080-6(4))* Houghton Mifflin Harcourt Publishing Co.

Premium Classroom Pack W/New York Test Prep 2volse Grade 5 with 1 Year Digital 2015. Hmh Hmh. 2016. (Go Math Spanish Ser.). (SPA.). (J). (gr. 5). pap. 1179.07 *(978-0-544-90081-3(2))* Houghton Mifflin Harcourt Publishing Co.

Premium Classroom Pack W/New York Test Prep 2volse Grade 6 with 1 Year Digital 2015. Hmh Hmh. 2016. (Go Math Spanish Ser.). (SPA.). (J). (gr. 6). pap. 1179.07 *(978-0-544-90082-0(0))* Houghton Mifflin Harcourt Publishing Co.

Premium Classroom Pack W/New York Test Prep 2volse Grade K with 1 Year Digital 2015. Hmh Hmh. 2016. (Go Math Spanish Ser.). (SPA.). (J). (gr. k). pap. 1179.07 *(978-0-544-90076-9(6))* Houghton Mifflin Harcourt Publishing Co.

Premium Classroom Package Grade 1 with 1 Year Digital 2017. Hmh Hmh. 2016. (Sciencefusion Ser.). (ENG.). (J). (gr. 1). pap. 1896.00 *(978-1-328-78016-4(3))*; pap. 1242.87 *(978-0-544-83216-9(7))* Houghton Mifflin Harcourt Publishing Co.

Premium Classroom Package Grade 2 with 1 Year Digital 2017. Hmh Hmh. 2016. (Sciencefusion Ser.). (ENG.). (J). (gr. 2). pap. 1896.00 *(978-1-328-78017-1(1))*; pap. 1242.87 *(978-0-544-83217-6(5))* Houghton Mifflin Harcourt Publishing Co.

Premium Classroom Package Grade 3 with 1 Year Digital 2017. Hmh Hmh. 2016. (Sciencefusion Ser.). (ENG.). (J). (gr. 3). pap. 1418.20 *(978-0-544-83218-3(3))* Houghton Mifflin Harcourt Publishing Co.

Premium Classroom Package Grade 4 with 1 Year Digital 2017. Hmh Hmh. 2016. (Sciencefusion Ser.). (ENG.). (J). (gr. 4). pap. 1418.20 *(978-0-544-83219-0(1))* Houghton Mifflin Harcourt Publishing Co.

Premium Classroom Package Grade 5 with 1 Year Digital 2017. Hmh Hmh. 2016. (Sciencefusion Ser.). (ENG.). (J). (gr. 5). pap. 1461.40 *(978-0-544-83220-6(5))* Houghton Mifflin Harcourt Publishing Co.

Premium Classroom Package Grade K with 1 Year Digital 2017. Hmh Hmh. 2016. (Sciencefusion Ser.). (ENG.). (J). (gr. k). pap. 1121.67 *(978-1-328-78015-7(5))*; pap. 1238.87 *(978-0-544-83215-2(9))* Houghton Mifflin Harcourt Publishing Co.

Premium Classroom Package Hstp Multi-Vol. Student Edition Grade 1 with 1 Year Digital 2015. Hmh Hmh. 2016. (Gomath! Spanish Ser.). (SPA.). (J). (gr. 1). pap. 1471.27 *(978-0-544-69604-4(2))* Houghton Mifflin Harcourt Publishing Co.

Premium Classroom Package Hstp Multi-Vol. Student Edition Grade 2 with 1 Year Digital 2015. Hmh Hmh. 2017. (Gomath! Spanish Ser.). (SPA.). (J). (gr. 2). pap. 1471.27 *(978-0-544-69605-1(0))* Houghton Mifflin Harcourt Publishing Co.

Premium Classroom Package Hstp Multi-Vol. Student Edition Grade 3 with 1 Year Digital 2015. Hmh Hmh. 2017. (Gomath! Spanish Ser.). (SPA.). (J). (gr. 3). pap. 1471.27 *(978-0-544-69606-8(9))* Houghton Mifflin Harcourt Publishing Co.

Premium Classroom Package Hstp Multi-Vol. Student Edition Grade 4 with 1 Year Digital 2015. Hmh Hmh. 2017. (Gomath! Spanish Ser.). (SPA.). (J). (gr. 4). pap. 1471.27 *(978-0-544-69607-5(7))* Houghton Mifflin Harcourt Publishing Co.

Premium Classroom Package Hstp Multi-Vol. Student Edition Grade 5 with 1 Year Digital 2015. Hmh Hmh. 2017. (Gomath! Spanish Ser.). (SPA.). (J). (gr. 5). pap. 1471.27 *(978-0-544-69608-2(5))* Houghton Mifflin Harcourt Publishing Co.

Premium Classroom Package Hstp Multi-Vol. Student Edition Grade 6 with 1 Year Digital 2015. Hmh Hmh. 2017. (Gomath! Spanish Ser.). (SPA.). (J). (gr. 6). pap. 1471.27 *(978-0-544-69609-9(3))* Houghton Mifflin Harcourt Publishing Co.

Premium Classroom Package Hstp Multi-Vol. Student Edition Grade K with 1 Year Digital 2015. Hmh Hmh. 2016. (Gomath! Spanish Ser.). (SPA.). (J). (gr. k). pap. 1471.27 *(978-0-544-69603-7(4))* Houghton Mifflin Harcourt Publishing Co.

Premium Classroom Package Hstp2-Volume Student Edition Grade 1 with 1 Year Digital 2015. Hmh Hmh. 2016. (Gomath! Spanish Ser.). (SPA.). (J). (gr. 1). pap. 1365.27 *(978-0-544-69520-7(8))* Houghton Mifflin Harcourt Publishing Co.

Premium Classroom Package Hstp2-Volume Student Edition Grade 2 with 1 Year Digital 2015. Hmh Hmh. 2017. (Gomath! Spanish Ser.). (SPA.). (J). (gr. 2). pap. 1365.27 *(978-0-544-69521-4(6))* Houghton Mifflin Harcourt Publishing Co.

Premium Classroom Package Hstp2-Volume Student Edition Grade 3 with 1 Year Digital 2015. Hmh Hmh. 2017. (Gomath! Spanish Ser.). (SPA.). (J). (gr. 3). pap. 1365.27 *(978-0-544-69522-1(4))* Houghton Mifflin Harcourt Publishing Co.

Premium Classroom Package Hstp2-Volume Student Edition Grade 4 with 1 Year Digital 2015. Hmh Hmh. 2017. (Gomath! Spanish Ser.). (SPA.). (J). (gr. 4). pap. 1365.27 *(978-0-544-69523-8(2))* Houghton Mifflin Harcourt Publishing Co.

Premium Classroom Package Hstp2-Volume Student Edition Grade 5 with 1 Year Digital 2015. Hmh Hmh. 2017. (Gomath! Spanish Ser.). (SPA.). (J). (gr. 5). pap. 1365.27 *(978-0-544-69524-5(0))* Houghton Mifflin Harcourt Publishing Co.

Premium Classroom Package Hstp2-Volume Student Edition Grade 6 with 1 Year Digital 2015. Hmh Hmh. 2017. (Gomath! Spanish Ser.). (SPA.). (J). (gr. 6). pap. 1365.27 *(978-0-544-69525-2(9))* Houghton Mifflin Harcourt Publishing Co.

Premium Classroom Package Hstp2-Volume Student Edition Grade K with 1 Year Digital 2015. Hmh Hmh. 2016. (Gomath! Spanish Ser.). (SPA.). (J). (gr. k). pap. 1365.27 *(978-0-544-69519-1(4))* Houghton Mifflin Harcourt Publishing Co.

Premium Classroom Package (Quantity 15) Grade 4 with 1 Year Digital 2017. Hmh Hmh. 2016. (Houghton Mifflin Harcourt Escalate English Ser.). (ENG.). (J). (gr. 4). pap. 1492.40 *(978-0-544-97799-0(8))* Houghton Mifflin Harcourt Publishing Co.

Premium Classroom Package (Quantity 15) Grade 5 with 1 Year Digital 2017. Hmh Hmh. 2016. (Houghton Mifflin Harcourt Escalate English Ser.). (ENG.). (J). (gr. 5). pap. 1492.40 *(978-0-544-97802-7(1))* Houghton Mifflin Harcourt Publishing Co.

Premium Classroom Package (Quantity 15) Grade 6 with 1 Year Digital 2017. Hmh Hmh. 2016. (Houghton Mifflin Harcourt Escalate English Ser.). (ENG.). (J). (gr. 6). pap. 1492.40 *(978-0-544-97803-4(X))* Houghton Mifflin Harcourt Publishing Co.

Premium Classroom Package (Quantity 15) Grade 7 with 1 Year Digital 2017. Hmh Hmh. 2016. (Houghton Mifflin Harcourt Escalate English Ser.). (ENG.). (YA). (gr. 7). pap. 1492.40 *(978-0-544-97804-1(8))* Houghton Mifflin Harcourt Publishing Co.

Premium Classroom Package (Quantity 15) Grade 8 with 1 Year Digital 2017. Hmh Hmh. 2016. (Houghton Mifflin Harcourt Escalate English Ser.). (ENG.). (YA). (gr. 8). pap. 1492.40 *(978-0-544-97805-8(6))* Houghton Mifflin Harcourt Publishing Co.

Premium Classroom Package with Test Prep 2-Volume Student Edition Grade 1 with 1 Year Digital 2015. Hmh Hmh. 2016. (Gomath! Spanish Ser.). (SPA.). (J). (gr. 1). pap. 1273.80 *(978-0-544-92850-3(4))* Houghton Mifflin Harcourt Publishing Co.

Premium Classroom Package with Test Prep 2-Volume Student Edition Grade 2 with 1 Year Digital 2015. Hmh Hmh. 2016. (Gomath! Spanish Ser.). (SPA.). (J). (gr. 2). pap. 1273.80 *(978-0-544-92851-0(2))* Houghton Mifflin Harcourt Publishing Co.

Premium Classroom Package with Test Prep 2-Volume Student Edition Grade 3 with 1 Year Digital 2015. Hmh Hmh. 2016. (Gomath! Spanish Ser.). (SPA.). (J). (gr. 3). pap. 1273.80 *(978-0-544-92852-7(0))* Houghton Mifflin Harcourt Publishing Co.

Premium Classroom Package with Test Prep 2-Volume Student Edition Grade 4 with 1 Year Digital 2015. Hmh Hmh. 2016. (Gomath! Spanish Ser.). (SPA.). (J). (gr. 4). pap. 1273.80 *(978-0-544-92853-4(9))* Houghton Mifflin Harcourt Publishing Co.

Premium Classroom Package with Test Prep 2-Volume Student Edition Grade 5 with 1 Year Digital 2015. Hmh Hmh. 2016. (Gomath! Spanish Ser.). (SPA.). (J). (gr. 5). pap. 1273.80 *(978-0-544-92854-1(7))* Houghton Mifflin Harcourt Publishing Co.

Premium Classroom Package with Test Prep 2-Volume Student Edition Grade 6 with 1 Year Digital 2015. Hmh Hmh. 2016. (Gomath! Spanish Ser.). (SPA.). (J). (gr. 6). pap. 1273.80 *(978-0-544-92855-8(5))* Houghton Mifflin Harcourt Publishing Co.

Premium Classroom Package with Test Prep 2-Volume Student Edition Grade K with 1 Year Digital 2015. Hmh Hmh. 2016. (Gomath! Spanish Ser.). (SPA.). (J). (gr. k). pap. 1273.80 *(978-0-544-92849-7(0))* Houghton Mifflin Harcourt Publishing Co.

Premium Classroom Package with Test Prep Multi-Volume Student Edition Grade 1 with 1 Year Digital 2015. Hmh Hmh. 2016. (Gomath! Spanish Ser.). (SPA.). (J). (gr. 1). pap. 1387.33 *(978-0-544-92871-8(7))* Houghton Mifflin Harcourt Publishing Co.

Premium Classroom Package with Test Prep Multi-Volume Student Edition Grade 2 with 1 Year Digital 2015. Hmh Hmh. 2016. (Gomath! Spanish Ser.). (SPA.). (J). (gr. 2). pap. 1387.33 *(978-0-544-92872-5(5))* Houghton Mifflin Harcourt Publishing Co.

Premium Classroom Package with Test Prep Multi-Volume Student Edition Grade 3 with 1 Year Digital 2015. Hmh Hmh. 2016. (Gomath! Spanish Ser.). (SPA.). (J). (gr. 3). pap. 1387.33 *(978-0-544-92873-2(3))* Houghton Mifflin Harcourt Publishing Co.

Premium Classroom Package with Test Prep Multi-Volume Student Edition Grade 4 with 1 Year Digital 2015. Hmh Hmh. 2016. (Gomath! Spanish Ser.). (SPA.). (J). (gr. 4). pap. 1387.33 *(978-0-544-92874-9(1))* Houghton Mifflin Harcourt Publishing Co.

Premium Classroom Package with Test Prep Multi-Volume Student Edition Grade 5 with 1 Year Digital 2015. Hmh Hmh. 2016. (Gomath! Spanish Ser.). (SPA.). (J). (gr. 5). pap. 1387.33 *(978-0-544-92875-6(X))* Houghton Mifflin Harcourt Publishing Co.

Premium Classroom Package with Test Prep Multi-Volume Student Edition Grade 6 with 1 Year Digital 2015. Hmh Hmh. 2016. (Gomath! Spanish Ser.). (SPA.). (J). (gr. 6). pap. 1387.33 *(978-0-544-92876-3(8))* Houghton Mifflin Harcourt Publishing Co.

Premium Classroom Package with Test Prep Multi-Volume Student Edition Grade K with 1 Year Digital 2015. Hmh Hmh. 2016. (Gomath! Spanish Ser.). (SPA.). (J). (gr. k). pap. 1387.33 *(978-0-544-92870-1(9))* Houghton Mifflin Harcourt Publishing Co.

Premium Classroom Package W/New York Test Prep Multi-Vol. Se Grade 1 with 1 Year Digital 2015. Hmh Hmh. 2016. (Go Math Spanish Ser.). (SPA.). (J). (gr. 1). pap. 1284.20 *(978-0-544-90167-4(3))* Houghton Mifflin Harcourt Publishing Co.

Premium Classroom Package W/New York Test Prep Multi-Vol. Se Grade 2 with 1 Year Digital 2015. Hmh Hmh. 2016. (Go Math Spanish Ser.). (SPA.). (J). (gr. 2). pap. 1284.20 *(978-0-544-90168-1(1))* Houghton Mifflin Harcourt Publishing Co.

Premium Classroom Package W/New York Test Prep Multi-Vol. Se Grade 3 with 1 Year Digital 2015. Hmh Hmh. 2016. (Go Math Spanish Ser.). (SPA.). (J). (gr. 3). pap. 1284.20 *(978-0-544-90169-8(X))* Houghton Mifflin Harcourt Publishing Co.

Premium Classroom Package W/New York Test Prep Multi-Vol. Se Grade 4 with 1 Year Digital 2015. Hmh Hmh. 2016. (Go Math Spanish Ser.). (SPA.). (J). (gr. 4). pap. 1284.20 *(978-0-544-90170-4(3))* Houghton Mifflin Harcourt Publishing Co.

Premium Classroom Package W/New York Test Prep Multi-Vol. Se Grade 5 with 1 Year Digital 2015. Hmh Hmh. 2016. (Go Math Spanish Ser.). (SPA.). (J). (gr. 5). pap. 1284.20 *(978-0-544-90171-1(1))* Houghton Mifflin Harcourt Publishing Co.

Premium Classroom Package W/New York Test Prep Multi-Vol. Se Grade 6 with 1 Year Digital 2015. Hmh Hmh. 2016. (Go Math Spanish Ser.). (SPA.). (J). (gr. 6). pap. 1284.20 *(978-0-544-90172-8(X))* Houghton Mifflin Harcourt Publishing Co.

Premium Classroom Package W/New York Test Prep Multi-Vol. Se Grade K with 1 Year Digital 2015. Hmh Hmh. 2016. (Go Math Spanish Ser.). (SPA.). (J). (gr. k). pap. 1284.20 *(978-0-544-90166-7(5))* Houghton Mifflin Harcourt Publishing Co.

Premium Classroom Resource Package 2-Volume Se Grade 1 with 1 Year Digital 2016. Hmh Hmh. (Go Math! Ser.). (ENG.). (J). (gr. 1). 2017. pap. 1729.13 *(978-0-544-80806-5(1))*; 2016. pap. 1729.13 *(978-0-544-93577-8(2))*; 2016. pap. 1851.87 *(978-0-544-76619-8(9))* Houghton Mifflin Harcourt Publishing Co.

Premium Classroom Resource Package 2-Volume Se Grade 2 with 1 Year Digital 2016. Hmh Hmh. (Go Math! Ser.). (ENG.). (J). (gr. 2). 2017. pap. 1729.13 *(978-0-544-80807-2(X))*; 2016. pap. 1729.13 *(978-0-544-93578-5(0))*; 2016. pap. 1851.87 *(978-0-544-76620-4(2))* Houghton Mifflin Harcourt Publishing Co.

Premium Classroom Resource Package 2-Volume Se Grade 3 with 1 Year Digital 2016. Hmh Hmh. (Go Math! Ser.). (ENG.). (J). (gr. 3). 2017. pap. 1729.13 *(978-0-544-80808-9(8))*; 2016. pap. 1729.13 *(978-0-544-93579-2(9))*; 2016. pap. 1851.87 *(978-0-544-76621-1(0))* Houghton Mifflin Harcourt Publishing Co.

Premium Classroom Resource Package 2-Volume Se Grade 4 with 1 Year Digital 2016. Hmh Hmh. (Go Math! Ser.). (ENG.). (J). (gr. 4). 2017. pap. 1729.13 *(978-0-544-80809-6(6))*; 2016. pap. 1729.13 *(978-0-544-93580-8(2))*; 2016. pap. 1851.87 *(978-0-544-76622-8(9))* Houghton Mifflin Harcourt Publishing Co.

Premium Classroom Resource Package 2-Volume Se Grade 5 with 1 Year Digital 2016. Hmh Hmh. (Go Math! Ser.). (ENG.). (J). (gr. 5). 2017. pap. 1729.13 *(978-0-544-80810-2(X))*; 2016. pap. 1729.13 *(978-0-544-93581-5(0))*; 2016. pap. 1851.87 *(978-0-544-76623-5(7))* Houghton Mifflin Harcourt Publishing Co.

Premium Classroom Resource Package 2-Volume Se Grade 6 with 1 Year Digital 2016. Hmh Hmh. (Go Math! Ser.). (ENG.). (J). (gr. 6). 2017. pap. 1571.93 *(978-0-544-80811-9(8))*; 2016. pap. 1729.13 *(978-0-544-93582-2(9))*; 2016. pap. 1851.87 *(978-0-544-76628-0(8))* Houghton Mifflin Harcourt Publishing Co.

Premium Classroom Resource Package 2-Volume Se Grade K with 1 Year Digital 2016. Hmh Hmh. (Go Math! Ser.). (ENG.). (J). (gr. k). 2017. pap. 1729.13 *(978-0-544-80805-8(3))*; 2016. pap. 1729.13 *(978-0-544-93576-1(4))*; 2016. pap. 1851.87 *(978-0-544-76618-1(0))* Houghton Mifflin Harcourt Publishing Co.

Premium Classroom Resource Package (Quantity 15) Grade 4 with 1 Year Digital 2017. Hmh Hmh. 2016. (Escalate English Ser.). (ENG.). (J). (gr. 4). pap. 2358.40 *(978-0-544-72344-3(9))* Houghton Mifflin Harcourt Publishing Co.

Premium Classroom Resource Package (Quantity 15) Grade 5 with 1 Year Digital 2017. Hmh Hmh. 2016. (Escalate English Ser.). (ENG.). (J). (gr. 5). pap. 2358.40 *(978-0-544-72345-0(7))* Houghton Mifflin Harcourt Publishing Co.

Premium Classroom Resource Package (Quantity 15) Grade 6 with 1 Year Digital 2017. Hmh Hmh. 2016. (Escalate English Ser.). (ENG.). (J). (gr. 6). pap. 2358.40 *(978-0-544-72346-7(5))* Houghton Mifflin Harcourt Publishing Co.

Premium Classroom Resource Package (Quantity 15) Grade 7 with 1 Year Digital 2017. Hmh Hmh. 2016. (Escalate English Ser.). (ENG.). (YA). (gr. 7). pap. 2358.40 *(978-0-544-72347-4(3))* Houghton Mifflin Harcourt Publishing Co.

Premium Classroom Resource Package (Quantity 15) Grade 8 with 1 Year Digital 2017. Hmh Hmh. 2016. (Escalate English Ser.). (ENG.). (YA). (gr. 8). pap. 2358.40 *(978-0-544-72348-1(1))* Houghton Mifflin Harcourt Publishing Co.

Premium Classroom Resource Package Test Prep 2-Volume Se Grade 1 with 1 Year Digital 2015. Hmh Hmh. 2016. (Go Math! Ser.). (ENG.). (J). (gr. 1). pap. 1600.53 *(978-0-544-88595-0(3))* Houghton Mifflin Harcourt Publishing Co.

Premium Classroom Resource Package Test Prep 2-Volume Se Grade 2 with 1 Year Digital 2015. Hmh Hmh. 2016. (Go Math! Ser.). (ENG.). (J). (gr. 2). pap. 1600.53 *(978-0-544-88596-7(1))* Houghton Mifflin Harcourt Publishing Co.

Premium Classroom Resource Package Test Prep 2-Volume Se Grade 3 with 1 Year Digital 2015. Hmh Hmh. 2016. (Go Math! Ser.). (ENG.). (J). (gr. 3). pap. 1600.53 *(978-0-544-88597-4(X))* Houghton Mifflin Harcourt Publishing Co.

Premium Classroom Resource Package Test Prep 2-Volume Se Grade 4 with 1 Year Digital 2015. Hmh Hmh. 2016. (Go Math! Ser.). (ENG.). (J). (gr. 4). pap. 1600.53 *(978-0-544-88598-1(8))* Houghton Mifflin Harcourt Publishing Co.

Premium Classroom Resource Package Test Prep 2-Volume Se Grade 5 with 1 Year Digital 2015. Hmh Hmh. 2016. (Go Math! Ser.). (ENG.). (J). (gr. 5). pap. 1600.53 *(978-0-544-88599-8(6))* Houghton Mifflin Harcourt Publishing Co.

Premium Classroom Resource Package Test Prep 2-Volume Se Grade 6 with 1 Year Digital 2015. Hmh Hmh. 2016. (Go Math! Ser.). (ENG.). (J). (gr. 6). pap. 1600.53 *(978-0-544-88600-1(3))* Houghton Mifflin Harcourt Publishing Co.

Premium Classroom Resource Package Test Prep 2-Volume Se Grade K with 1 Year Digital 2015. Hmh Hmh. 2016. (Go Math! Ser.). (ENG.). (J). (gr. k). pap. 1600.53 *(978-0-544-88594-3(5))* Houghton Mifflin Harcourt Publishing Co.

Premium Classroom Resource Package Test Prep Multi-Vo. Se Grade 1 with 1 Year Digital 2015. Hmh Hmh. 2016. (Go Math! Ser.). (ENG.). (J). (gr. 1). pap. 1765.33 *(978-0-544-88511-0(2))* Houghton Mifflin Harcourt Publishing Co.

Premium Classroom Resource Package Test Prep Multi-Vo. Se Grade 2 with 1 Year Digital 2015. Hmh Hmh. 2016. (Go Math! Ser.). (ENG.). (J). (gr. 2). pap. 1765.33 *(978-0-544-88512-7(0))* Houghton Mifflin Harcourt Publishing Co.

Premium Classroom Resource Package Test Prep Multi-Vo. Se Grade 3 with 1 Year Digital 2015. Hmh Hmh. 2016. (Go Math! Ser.). (ENG.). (J). (gr. 3). pap. 1765.33 *(978-0-544-88513-4(9))* Houghton Mifflin Harcourt Publishing Co.

Premium Classroom Resource Package Test Prep Multi-Vo. Se Grade 4 with 1 Year Digital 2015. Hmh Hmh. 2016. (Go Math! Ser.). (ENG.). (J). (gr. 4). pap. 1765.33 *(978-0-544-88514-1(7))* Houghton Mifflin Harcourt Publishing Co.

Premium Classroom Resource Package Test Prep Multi-Vo. Se Grade 5 with 1 Year Digital 2015. Hmh Hmh. 2016. (Go Math! Ser.). (ENG.). (J). (gr. 5). pap. 1765.33 *(978-0-544-88515-8(5))* Houghton Mifflin Harcourt Publishing Co.

Premium Classroom Resource Package Test Prep Multi-Vo. Se Grade 6 with 1 Year Digital 2015. Hmh Hmh.

1630 The check digit for ISBN-10 appears in parentheses after the full ISBN-13

2016. (Go Math! Ser.). (ENG.). (J). (gr. 6). pap. 1765.33 *(978-0-544-88516-5(3))* Houghton Mifflin Harcourt Publishing Co.

Premium Classroom Resource Package Test Prep Multi-Vo. Se Grade K with 1 Year Digital 2015. Hmh Hmh. 2016. (Go Math! Ser.). (ENG.). (J). (gr. k). pap. 1765.33 *(978-0-544-88510-3(4))* Houghton Mifflin Harcourt Publishing Co.

Premium Classroom Resource Package W/Highstakes Test Prep Mv Se Grade 1 with 1 Year Digital 2015. Hmh Hmh. 2016. (Go Math! Ser.). (ENG.). (J). (gr. 1). pap. 1907.20 *(978-0-544-92330-0(8))* Houghton Mifflin Harcourt Publishing Co.

Premium Classroom Resource Package W/Highstakes Test Prep Mv Se Grade 2 with 1 Year Digital 2015. Hmh Hmh. 2016. (Go Math! Ser.). (ENG.). (J). (gr. 2). pap. 1907.20 *(978-0-544-92331-7(6))* Houghton Mifflin Harcourt Publishing Co.

Premium Classroom Resource Package W/Highstakes Test Prep Mv Se Grade 3 with 1 Year Digital 2015. Hmh Hmh. 2016. (Go Math! Ser.). (ENG.). (J). (gr. 3). pap. 1907.20 *(978-0-544-92332-4(4))* Houghton Mifflin Harcourt Publishing Co.

Premium Classroom Resource Package W/Highstakes Test Prep Mv Se Grade 4 with 1 Year Digital 2015. Hmh Hmh. 2016. (Go Math! Ser.). (ENG.). (J). (gr. 4). pap. 1907.20 *(978-0-544-92333-1(2))* Houghton Mifflin Harcourt Publishing Co.

Premium Classroom Resource Package W/Highstakes Test Prep Mv Se Grade 5 with 1 Year Digital 2015. Hmh Hmh. 2016. (Go Math! Ser.). (ENG.). (J). (gr. 5). pap. 1907.20 *(978-0-544-92334-8(0))* Houghton Mifflin Harcourt Publishing Co.

Premium Classroom Resource Package W/Highstakes Test Prep Mv Se Grade 6 with 1 Year Digital 2015. Hmh Hmh. 2016. (Go Math! Ser.). (ENG.). (J). (gr. 6). pap. 1907.20 *(978-0-544-92335-5(9))* Houghton Mifflin Harcourt Publishing Co.

Premium Classroom Resource Package W/Highstakes Test Prep Mv Se Grade K with 1 Year Digital 2015. Hmh Hmh. 2016. (Go Math! Ser.). (ENG.). (J). (gr. k). pap. 1907.20 *(978-0-544-92329-4(4))* Houghton Mifflin Harcourt Publishing Co.

Premium Common Core Student Package with Digital Grade 3 with 1 Year Digital 2014. Hmh Hmh. 2020. (ENG.). (J). pap. 167.07 *(978-0-358-47807-2(3))* Houghton Mifflin Harcourt Publishing Co.

Premium Consumable Student Resource Package Grade 1 with 1 Year Digital 2018. Hmh Hmh. 2018. (SPA.). (J). pap. 71.93 *(978-1-328-56353-8(7))* Houghton Mifflin Harcourt Publishing Co.

Premium Consumable Student Resource Package Grade 2 with 1 Year Digital 2018. Hmh Hmh. 2018. (SPA.). (J). pap. 71.93 *(978-1-328-56354-5(5))* Houghton Mifflin Harcourt Publishing Co.

Premium Consumable Student Resource Package Grade 3 with 1 Year Digital 2018. Hmh Hmh. 2018. (SPA.). (J). pap. 71.93 *(978-1-328-56355-2(3))* Houghton Mifflin Harcourt Publishing Co.

Premium Consumable Student Resource Package Grade 4 with 1 Year Digital 2018. Hmh Hmh. 2018. (SPA.). (J). pap. 71.93 *(978-1-328-56356-9(1))* Houghton Mifflin Harcourt Publishing Co.

Premium Consumable Student Resource Package Grade 5 with 1 Year Digital 2018. Hmh Hmh. 2018. (SPA.). (J). pap. 71.93 *(978-1-328-56357-6(X))* Houghton Mifflin Harcourt Publishing Co.

Premium Consumable Student Resource Package Grade 6 with 1 Year Digital 2018. Hmh Hmh. 2018. (SPA.). (J). pap. 71.93 *(978-1-328-56358-3(8))* Houghton Mifflin Harcourt Publishing Co.

Premium Consumable Student Resource Package Grade K with 1 Year Digital 2018. Hmh Hmh. 2018. (SPA.). (J). pap. 71.93 *(978-1-328-56352-1(9))* Houghton Mifflin Harcourt Publishing Co.

Premium Student Res Package W/New York Test Prp Mvse W/1y Digital Grade 1 2015. Hmh Hmh. 2016. (Go Math Spanish Ser.). (SPA.). (J). (gr. 1). pap. 60.47 *(978-0-544-90195-7(9))* Houghton Mifflin Harcourt Publishing Co.

Premium Student Res Package W/New York Test Prp Mvse W/1y Digital Grade 2 2015. Hmh Hmh. 2016. (Go Math Spanish Ser.). (SPA.). (J). (gr. 2). pap. 60.47 *(978-0-544-90196-4(7))* Houghton Mifflin Harcourt Publishing Co.

Premium Student Res Package W/New York Test Prp Mvse W/1y Digital Grade 3 2015. Hmh Hmh. 2016. (Go Math Spanish Ser.). (SPA.). (J). (gr. 3). pap. 60.47 *(978-0-544-90197-1(5))* Houghton Mifflin Harcourt Publishing Co.

Premium Student Res Package W/New York Test Prp Mvse W/1y Digital Grade 4 2015. Hmh Hmh. 2016. (Go Math Spanish Ser.). (SPA.). (J). (gr. 4). pap. 60.47 *(978-0-544-90198-8(3))* Houghton Mifflin Harcourt Publishing Co.

Premium Student Res Package W/New York Test Prp Mvse W/1y Digital Grade 5 2015. Hmh Hmh. 2016. (Go Math Spanish Ser.). (SPA.). (J). (gr. 5). pap. 60.47 *(978-0-544-90199-5(1))* Houghton Mifflin Harcourt Publishing Co.

Premium Student Res Package W/New York Test Prp Mvse W/1y Digital Grade 6 2015. Hmh Hmh. 2016. (Go Math Spanish Ser.). (SPA.). (J). (gr. 6). pap. 60.47 *(978-0-544-90200-8(9))* Houghton Mifflin Harcourt Publishing Co.

Premium Student Res Package W/New York Test Prp Mvse W/1y Digital Grade K 2015. Hmh Hmh. 2016. (Go Math Spanish Ser.). (SPA.). (J). (gr. k). pap. 60.47 *(978-0-544-90194-0(0))* Houghton Mifflin Harcourt Publishing Co.

Premium Student Resource Package Accelerated 7 with 1 Year Digital 2018. Hmh Hmh. 2017. (Go Math! Ser.). (ENG.). (YA). (gr. 7). pap. 68.13 *(978-1-328-90108-8(4))* Houghton Mifflin Harcourt Publishing Co.

Premium Student Resource Package Advanced 1 with 1 Year Digital 2018. Hmh Hmh. 2017. (Go Math! Ser.). (ENG.). (J). (gr. 6). pap. 68.13 *(978-1-328-90109-5(2))* Houghton Mifflin Harcourt Publishing Co.

Premium Student Resource Package Advanced 2 with 1 Year Digital 2018. Hmh Hmh. 2017. (Go Math! Ser.). (ENG.). (YA). (gr. 7). pap. 68.13 *(978-1-328-90110-1(6))* Houghton Mifflin Harcourt Publishing Co.

Premium Student Resource Package Algebra 1 with 1 Year Digital 2015. Hrw Hrw. 2016. (Hmh High School Math, Algebra 1 Ser.). (ENG.). (YA). (gr. 9-12). pap. 87.53 *(978-0-544-87470-1(6))* Holt McDougal.

Premium Student Resource Package Algebra 2 with 1 Year Digital 2015. Hrw Hrw. 2016. (Hmh High School Math, Algebra 2 Ser.). (ENG.). (YA). (gr. 9-12). pap. 90.67 *(978-0-544-87474-9(9))* Holt McDougal.

Premium Student Resource Package Enhanced Grade 6 with 1 Year Digital. Hmh Hmh. 2016. (Go Math! (Sta) Ser.). (ENG.). (J). (gr. 6). pap. 60.73 *(978-0-544-82202-3(1))* Houghton Mifflin Harcourt Publishing Co.

Premium Student Resource Package Enhanced Grade 7 with 1 Year Digital. Hmh Hmh. 2016. (Go Math! (Sta) Ser.). (ENG.). (YA). (gr. 7). pap. 60.73 *(978-0-544-82203-0(X))* Houghton Mifflin Harcourt Publishing Co.

Premium Student Resource Package Enhanced Grade 8 with 1 Year Digital. Hmh Hmh. 2016. (Go Math! (Sta) Ser.). (ENG.). (YA). (gr. 8). pap. 60.73 *(978-0-544-82204-7(8))* Houghton Mifflin Harcourt Publishing Co.

Premium Student Resource Package Enhanced W/Practice Fluency Workbook with 1 Year Digital. Hmh Hmh. 2016. (Hmh High School Math, Integrated Math 1 Ser.). (ENG.). (YA). (gr. 9-12). pap. 94.53 *(978-0-544-82385-3(0))*; pap. 94.53 *(978-0-544-82413-3(X))*; pap. 94.20 *(978-0-544-82537-6(3))*; pap. 94.20 *(978-0-544-82555-0(1))*; pap. 94.53 *(978-0-544-82719-6(8))*; pap. 94.20 *(978-0-544-82519-2(5))* Houghton Mifflin Harcourt Publishing Co.

Premium Student Resource Package Geometry Grade 10 with 1 Year Digital 2015. Hrw Hrw. 2016. (Hmh High School Math, Geometry Ser.). (ENG.). (YA). (gr. 9-12). pap. 89.07 *(978-0-544-87472-5(2))* Holt McDougal.

Premium Student Resource Package Grade 1 with 1 Year Digital 2017. Hmh Hmh. (ENG.). (J). 2020. (gr. 6). pap. 25.20 *(978-0-358-48831-6(1))*; 2016. (gr. 1). pap. 266.60 *(978-1-328-66021-3(4))*; 2016. (gr. 1). pap. 266.60 *(978-0-544-74013-6(0))* Houghton Mifflin Harcourt Publishing Co.

Premium Student Resource Package Grade 1 with 1 Year Digital 2019. Hmh Hmh. 2018. (Science Ser.). (ENG.). (J). (gr. 1). pap. 23.60 *(978-1-328-88244-8(6))* Houghton Mifflin Harcourt Publishing Co.

Premium Student Resource Package Grade 10 with 1 Year Digital 2017. Hmh Hmh. (Collections (Sta) Ser.). (ENG.). (YA). (gr. 10). 2017. pap. 158.13 *(978-0-544-99274-0(1))*; 2016. pap. 158.13 *(978-0-544-71805-0(4))* Houghton Mifflin Harcourt Publishing Co.

Premium Student Resource Package Grade 11 with 1 Year Digital 2017. Hmh Hmh. (Collections (Sta) Ser.). (ENG.). (YA). (gr. 11). 2017. pap. 158.13 *(978-0-544-99275-7(X))*; 2016. pap. 158.13 *(978-0-544-71806-7(2))* Houghton Mifflin Harcourt Publishing Co.

Premium Student Resource Package Grade 2 with 1 Year Digital 2017. Hmh Hmh. (ENG.). (J). 2020. (gr. 6). pap. 25.20 *(978-0-358-48835-4(4))*; 2016. (gr. 2). pap. 157.20 *(978-1-328-66022-0(2))*; 2016. (gr. 2). pap. 157.20 *(978-0-544-74014-3(9))* Houghton Mifflin Harcourt Publishing Co.

Premium Student Resource Package Grade 2 with 1 Year Digital 2019. Hmh Hmh. 2018. (Science Ser.). (ENG.). (J). (gr. 2). pap. 23.60 *(978-1-328-88245-5(4))* Houghton Mifflin Harcourt Publishing Co.

Premium Student Resource Package Grade 3 with 1 Year Digital 2017. Hmh Hmh. (ENG.). (J). 2020. (gr. 6). pap. 31.33 *(978-0-358-48839-2(7))*; 2016. (gr. 3). pap. 161.80 *(978-1-328-66023-7(0))*; 2016. (gr. 3). pap. 161.80 *(978-0-544-74015-0(7))* Houghton Mifflin Harcourt Publishing Co.

Premium Student Resource Package Grade 3 with 1 Year Digital 2019. Hmh Hmh. 2018. (Science Ser.). (ENG.). (J). (gr. 3). pap. 32.00 *(978-1-328-88246-2(2))* Houghton Mifflin Harcourt Publishing Co.

Premium Student Resource Package Grade 4 with 1 Year Digital 2017. Hmh Hmh. (ENG.). (J). 2020. (gr. 8). pap. 31.33 *(978-0-358-48843-9(5))*; 2016. (gr. 4). pap. 123.33 *(978-1-328-66024-4(9))*; 2016. (gr. 4). pap. 80.63 *(978-0-544-97806-5(4))*; 2016. (gr. 4). pap. 130.20 *(978-0-544-72399-3(6))*; 2016. (gr. 4). pap. 123.33 *(978-0-544-74016-7(5))* Houghton Mifflin Harcourt Publishing Co.

Premium Student Resource Package Grade 4 with 1 Year Digital 2019. Hmh Hmh. 2018. (Science Ser.). (ENG.). (J). (gr. 4). pap. 37.93 *(978-1-328-88247-9(0))* Houghton Mifflin Harcourt Publishing Co.

Premium Student Resource Package Grade 5 with 1 Year Digital 2017. Hmh Hmh. 2016. (Journeys (Sta) Ser.). (ENG.). (J). (gr. 5). pap. 123.33 *(978-1-328-66025-1(7))*; pap. 80.63 *(978-0-544-97827-0(7))*; pap. 130.20 *(978-0-544-72400-6(3))*; pap. 123.33 *(978-0-544-74017-4(3))* Houghton Mifflin Harcourt Publishing Co.

Premium Student Resource Package Grade 5 with 1 Year Digital 2019. Hmh Hmh. 2018. (Science Ser.). (ENG.). (J). (gr. 5). pap. 38.73 *(978-1-328-88248-6(9))* Houghton Mifflin Harcourt Publishing Co.

Premium Student Resource Package Grade 6 with 1 Year Digital 2017. Hmh Hmh. (Collections (Sta) Ser.). (ENG.). (J). (gr. 6). 2017. pap. 147.53 *(978-0-544-99270-2(9))*; 2016. pap. 123.33 *(978-1-328-66026-8(5))*; 2016. pap. 123.33 *(978-0-544-84780-4(6))*; 2016. pap. 80.63 *(978-0-544-97828-7(5))*; 2016. pap. 147.53 *(978-0-544-71801-2(1))*; 2016. pap. 130.20 *(978-0-544-72401-3(1))* Houghton Mifflin Harcourt Publishing Co.

Premium Student Resource Package Grade 6 with 1 Year Digital 2018. Hmh Hmh. 2017. (Go Math! Ser.). (ENG.). (J). (gr. 6). pap. 64.47 *(978-1-328-90100-2(9))*; pap. 191.53 *(978-1-328-90240-5(4))* Houghton Mifflin Harcourt Publishing Co.

Premium Student Resource Package Grade 6 with 1 Year Digital 2019. Hmh Hmh. 2018. (Science Ser.). (SPA.). (J). (gr. 6). pap. 64.87 *(978-1-328-55737-7(5))* Houghton Mifflin Harcourt Publishing Co.

Premium Student Resource Package Grade 7 with 1 Year Digital 2017. Hmh Hmh. (Collections (Sta) Ser.). (ENG.). (YA). (gr. 7). 2017. pap. 147.53 *(978-0-544-99271-9(7))*; 2016. pap. 80.63 *(978-0-544-97829-4(3))*; 2016. pap. 147.53 *(978-0-544-71802-9(X))*; 2016. pap. 130.20 *(978-0-544-72402-0(X))* Houghton Mifflin Harcourt Publishing Co.

Premium Student Resource Package Grade 7 with 1 Year Digital 2018. Hmh Hmh. 2017. (Go Math! Ser.). (ENG.). (YA). (gr. 7). pap. 64.47 *(978-1-328-90101-9(7))*; pap. 191.53 *(978-1-328-90241-2(2))* Houghton Mifflin Harcourt Publishing Co.

Premium Student Resource Package Grade 7 with 1 Year Digital 2019. Hmh Hmh. 2018. (Science Ser.). (SPA.). (J). (gr. 7). pap. 64.87 *(978-1-328-55738-4(3))* Houghton Mifflin Harcourt Publishing Co.

Premium Student Resource Package Grade 8 with 1 Year Digital 2017. Hmh Hmh. (Collections (Sta) Ser.). (ENG.). (YA). (gr. 8). 2017. pap. 147.53 *(978-0-544-99272-6(5))*; 2016. pap. 80.63 *(978-0-544-97830-0(7))*; 2016. pap. 147.53 *(978-0-544-71803-6(8))*; 2016. pap. 130.20 *(978-0-544-72403-7(8))* Houghton Mifflin Harcourt Publishing Co.

Premium Student Resource Package Grade 8 with 1 Year Digital 2018. Hmh Hmh. 2017. (Go Math! Ser.). (ENG.). (YA). (gr. 8). pap. 64.47 *(978-1-328-90107-1(6))*; pap. 191.53 *(978-1-328-90242-9(0))* Houghton Mifflin Harcourt Publishing Co.

Premium Student Resource Package Grade 8 with 1 Year Digital 2019. Hmh Hmh. 2018. (Science Ser.). (SPA.). (J). (gr. 8). pap. 64.87 *(978-1-328-55739-1(1))* Houghton Mifflin Harcourt Publishing Co.

Premium Student Resource Package Grade 9 with 1 Year Digital 2017. Hmh Hmh. (Collections (Sta) Ser.). (ENG.). (YA). (gr. 9). 2017. pap. 158.13 *(978-0-544-99273-3(3))*; 2016. pap. 158.13 *(978-0-544-71804-3(6))* Houghton Mifflin Harcourt Publishing Co.

Premium Student Resource Package Grade K with 1 Year Digital 2017. Hmh Hmh. (ENG.). (J). 2020. (gr. 6). pap. 19.40 *(978-0-358-48827-9(3))*; 2016. (gr. k). pap. 208.20 *(978-1-328-66020-6(6))*; 2016. (gr. k). pap. 208.20 *(978-0-544-74012-9(2))* Houghton Mifflin Harcourt Publishing Co.

Premium Student Resource Package Grade K with 1 Year Digital 2018. Hmh Hmh. 2017. (Science Dimensions Ser.). (ENG.). (J). (gr. k). pap. 23.80 *(978-1-328-78962-4(4))* Houghton Mifflin Harcourt Publishing Co.

Premium Student Resource Package Grade K with 1 Year Digital 2019. Hmh Hmh. 2018. (Science Ser.). (ENG.). (J). (gr. k). pap. 18.60 *(978-1-328-88243-1(8))* Houghton Mifflin Harcourt Publishing Co.

Premium Student Resource Package Grades 6-8 with 1 Year Digital 2019: Earth. Hmh Hmh. 2018. (Science Ser.). (SPA.). (J). (gr. 6-8). pap. 64.87 *(978-1-328-55744-5(8))* Houghton Mifflin Harcourt Publishing Co.

Premium Student Resource Package Grades 6-8 with 1 Year Digital 2019: Life. Hmh Hmh. 2018. (Science Ser.). (SPA.). (J). (gr. 6-8). pap. 64.87 *(978-1-328-55743-8(X))* Houghton Mifflin Harcourt Publishing Co.

Premium Student Resource Package Grades 6-8 with 1 Year Digital 2019: Physical. Hmh Hmh. 2018. (Science Ser.). (SPA.). (J). (gr. 6-8). pap. 64.87 *(978-1-328-55745-2(6))* Houghton Mifflin Harcourt Publishing Co.

Premium Student Resource Package Test Prep 2-Volume Se Grade 1 with 1 Year Digital 2015. Hmh Hmh. 2016. (Go Math! Ser.). (ENG.). (J). (gr. 1). pap. 50.00 *(978-0-544-88651-3(8))* Houghton Mifflin Harcourt Publishing Co.

Premium Student Resource Package Test Prep 2-Volume Se Grade 2 with 1 Year Digital 2015. Hmh Hmh. 2016. (Go Math! Ser.). (ENG.). (J). (gr. 2). pap. 50.00 *(978-0-544-88652-0(6))* Houghton Mifflin Harcourt Publishing Co.

Premium Student Resource Package Test Prep 2-Volume Se Grade 3 with 1 Year Digital 2015. Hmh Hmh. 2016. (Go Math! Ser.). (ENG.). (J). (gr. 3). pap. 50.00 *(978-0-544-88653-7(4))* Houghton Mifflin Harcourt Publishing Co.

Premium Student Resource Package Test Prep 2-Volume Se Grade 4 with 1 Year Digital 2015. Hmh Hmh. 2016. (Go Math! Ser.). (ENG.). (J). (gr. 4). pap. 50.00 *(978-0-544-88654-4(2))* Houghton Mifflin Harcourt Publishing Co.

Premium Student Resource Package Test Prep 2-Volume Se Grade 5 with 1 Year Digital 2015. Hmh Hmh. 2016. (Go Math! Ser.). (ENG.). (J). (gr. 5). pap. 50.00 *(978-0-544-88655-1(0))* Houghton Mifflin Harcourt Publishing Co.

Premium Student Resource Package Test Prep 2-Volume Se Grade 6 with 1 Year Digital 2015. Hmh Hmh. 2016. (Go Math! Ser.). (ENG.). (J). (gr. 6). pap. 50.00 *(978-0-544-88656-8(9))* Houghton Mifflin Harcourt Publishing Co.

Premium Student Resource Package Test Prep 2-Volume Se Grade K with 1 Year Digital 2015. Hmh Hmh. 2016. (Go Math! Ser.). (ENG.). (J). (gr. k). pap. 50.00 *(978-0-544-88650-6(X))* Houghton Mifflin Harcourt Publishing Co.

Premium Student Resource Package Test Prep Multi-Volume Se Grade 1 with 1 Year Digital 2015. Hmh Hmh. 2016. (Go Math! Ser.). (ENG.). (J). (gr. 1). pap. 56.60 *(978-0-544-88567-7(8))* Houghton Mifflin Harcourt Publishing Co.

Premium Student Resource Package Test Prep Multi-Volume Se Grade 2 with 1 Year Digital 2015. Hmh Hmh. 2016. (Go Math! Ser.). (ENG.). (J). (gr. 2). pap. 56.60 *(978-0-544-88568-4(6))* Houghton Mifflin Harcourt Publishing Co.

Premium Student Resource Package Test Prep Multi-Volume Se Grade 3 with 1 Year Digital 2015. Hmh Hmh. 2016. (Go Math! Ser.). (ENG.). (J). (gr. 3). pap. 56.60 *(978-0-544-88569-1(4))* Houghton Mifflin Harcourt Publishing Co.

Premium Student Resource Package Test Prep Multi-Volume Se Grade 4 with 1 Year Digital 2015. Hmh Hmh. 2016. (Go Math! Ser.). (ENG.). (J). (gr. 4). pap. 56.60 *(978-0-544-88570-7(8))* Houghton Mifflin Harcourt Publishing Co.

Premium Student Resource Package Test Prep Multi-Volume Se Grade 5 with 1 Year Digital 2015. Hmh Hmh. 2016. (Go Math! Ser.). (ENG.). (J). (gr. 5). pap. 56.60 *(978-0-544-88571-4(6))* Houghton Mifflin Harcourt Publishing Co.

Premium Student Resource Package Test Prep Multi-Volume Se Grade 6 with 1 Year Digital 2015. Hmh Hmh. 2016. (Go Math! Ser.). (ENG.). (J). (gr. 6). pap. 56.60 *(978-0-544-88572-1(4))* Houghton Mifflin Harcourt Publishing Co.

Premium Student Resource Package Test Prep Multi-Volume Se Grade K with 1 Year Digital 2015. Hmh Hmh. 2016. (Go Math! Ser.). (ENG.). (J). (gr. k). pap. 56.60 *(978-0-544-88566-0(X))* Houghton Mifflin Harcourt Publishing Co.

Premium Student Resource Package W/Highstakes Test Prep & Multi-Vol Se Grade 1 with 1 Year Digital. Hmh Hmh. 2020. (ENG.). (J). pap. 64.40 *(978-0-358-48390-8(5))* Houghton Mifflin Harcourt Publishing Co.

Premium Student Resource Package W/Highstakes Test Prep Multi-Vol. Se Grade 1 with 1 Year Digital 2015. Hmh Hmh. 2016. (Go Math! Ser.). (ENG.). (J). (gr. 1). pap. 61.13 *(978-0-544-92414-7(2))* Houghton Mifflin Harcourt Publishing Co.

Premium Student Resource Package W/Highstakes Test Prep Multi-Vol. Se Grade 2 with 1 Year Digital. Hmh Hmh. 2020. (ENG.). (J). pap. 64.40 *(978-0-358-48634-3(3))* Houghton Mifflin Harcourt Publishing Co.

Premium Student Resource Package W/Highstakes Test Prep Multi-Vol. Se Grade 2 with 1 Year Digital 2015. Hmh Hmh. 2016. (Go Math! Ser.). (ENG.). (J). (gr. 2). pap. 61.13 *(978-0-544-92415-4(0))* Houghton Mifflin Harcourt Publishing Co.

Premium Student Resource Package W/Highstakes Test Prep Multi-Vol. Se Grade 3 with 1 Year Digital. Hmh Hmh. 2020. (ENG.). (J). pap. 64.40 *(978-0-358-48639-8(4))* Houghton Mifflin Harcourt Publishing Co.

Premium Student Resource Package W/Highstakes Test Prep Multi-Vol. Se Grade 3 with 1 Year Digital 2015. Hmh Hmh. 2016. (Go Math! Ser.). (ENG.). (J). (gr. 3). pap. 61.13 *(978-0-544-92416-1(9))* Houghton Mifflin Harcourt Publishing Co.

Premium Student Resource Package W/Highstakes Test Prep Multi-Vol. Se Grade 4 with 1 Year Digital. Hmh Hmh. 2020. (ENG.). (J). pap. 64.40 *(978-0-358-48405-9(7))* Houghton Mifflin Harcourt Publishing Co.

Premium Student Resource Package W/Highstakes Test Prep Multi-Vol. Se Grade 4 with 1 Year Digital 2015. Hmh Hmh. 2016. (Go Math! Ser.). (ENG.). (J). (gr. 4). pap. 61.13 *(978-0-544-92417-8(7))* Houghton Mifflin Harcourt Publishing Co.

Premium Student Resource Package W/Highstakes Test Prep Multi-Vol. Se Grade 5 with 1 Year Digital. Hmh Hmh. 2020. (ENG.). (J). pap. 64.40 *(978-0-358-48415-8(4))* Houghton Mifflin Harcourt Publishing Co.

Premium Student Resource Package W/Highstakes Test Prep Multi-Vol. Se Grade 5 with 1 Year Digital 2015. Hmh Hmh. 2016. (Go Math! Ser.). (ENG.). (J). (gr. 5). pap. 61.13 *(978-0-544-92418-5(5))* Houghton Mifflin Harcourt Publishing Co.

Premium Student Resource Package W/Highstakes Test Prep Multi-Vol. Se Grade 6 with 1 Year Digital 2015. Hmh Hmh. 2016. (Go Math! Ser.). (ENG.). (J). (gr. 6). pap. 61.13 *(978-0-544-92419-2(3))* Houghton Mifflin Harcourt Publishing Co.

Premium Student Resource Package W/Highstakes Test Prep Multi-Vol. Se Grade K with 1 Year Digital 2015. Hmh Hmh. 2016. (Go Math! Ser.). (ENG.). (J). (gr. k). pap. 61.13 *(978-0-544-92413-0(4))* Houghton Mifflin Harcourt Publishing Co.

Premium Student Resource Package with 1 Year Digital. Hmh Hmh. (Hmh Biology Ser.). (ENG.). (YA). (gr. 9-12). 2018. pap. 185.80 *(978-1-328-82813-2(1))*; 2018. pap. 183.47 *(978-1-328-83013-5(6))*; 2018. pap. 185.13 *(978-1-328-83037-1(3))*; 2018. pap. 156.13 *(978-1-328-98820-1(1))*; 2017. pap. 195.80 *(978-1-328-78544-2(0))*; 2017. pap. 186.13 *(978-1-328-78571-8(8))*; 2017. pap. 187.47 *(978-1-328-78598-5(X))*; 2017. pap. 190.40 *(978-1-328-79998-2(0))*; 2017. pap. 182.47 *(978-1-328-80016-9(4))*; 2017. pap. 185.67 *(978-1-328-80034-3(2))*; 2016. pap. 179.00 *(978-0-544-84685-2(0))*; 2016. pap. 184.07 *(978-0-544-85070-5(X))*; 2016. pap. 187.80 *(978-0-544-85341-6(5))* Houghton Mifflin Harcourt Publishing Co.

Premium Student Resource Package with 1 Year Digital 2018. Hmh Hmh. (ENG.). 2020. (YA). (gr. 9-12). pap. 185.67 *(978-0-358-49916-9(X))*; 2020. (YA). (gr. 9-12). pap. 185.67 *(978-0-358-49928-2(3))*; 2020. (YA). (gr. 9-12). pap. 185.67 *(978-0-358-49944-2(5))*; 2017. (J). (gr. 6-8). pap. 63.53 *(978-1-328-90216-0(1))*; 2017. (J). (gr. 6-8). pap. 63.53 *(978-1-328-90218-4(8))* Houghton Mifflin Harcourt Publishing Co.

Premium Student Resource Package with 1 Year Digital 2019. Hmh Hmh. 2018. (Science Spanish Ser.). (SPA.). (J). (gr. k). pap. 19.93 *(978-1-328-55784-1(7))*; (gr. 1). pap. 25.27 *(978-1-328-55785-8(5))*; (gr. 2). pap. 25.27 *(978-1-328-55786-5(3))*; (gr. 3). pap. 34.27 *(978-1-328-55787-2(1))*; (gr. 4). pap. 40.67 *(978-1-328-55788-9(X))*; (gr. 5). pap. 41.47 *(978-1-328-55789-6(8))* Houghton Mifflin Harcourt Publishing Co.

P

Premium Student Resource Package with 2 Year Digital 2017. Hmh Hmh. 2020. (ENG.). (YA). pap. 188.07 *(978-0-358-48995-5(4))*; pap. 191.33 *(978-0-358-50149-7(0))* Houghton Mifflin Harcourt Publishing Co.

Premium Student Resource Package with 3 Year Digital 2017. Hmh Hmh. 2020. (ENG.). (YA). pap. 192.20 *(978-0-358-48996-2(2))* Houghton Mifflin Harcourt Publishing Co.

Premium Student Resource Package with 4 Year Digital. Hmh Hmh. 2019. (Science Dimensions Biology Ser.). (ENG.). (J). (gr. 9-12). pap. 164.33 *(978-1-328-46058-5(4))* Houghton Mifflin Harcourt Publishing Co.

Premium Student Resource Package with 5 Year Digital. Hmh Hmh. 2018. (Science Dimensions Biology Ser.). (ENG.). (YA). (gr. 9-12). pap. 167.00 *(978-1-328-98816-4(3))* Houghton Mifflin Harcourt Publishing Co.

Premium Student Resource Package with 7 Year Digital 2018. Hmh Hmh. 2017. (Science Dimensions Biology Ser.). (ENG.). (J). (gr. 9-12). pap. 195.93 *(978-1-328-57641-5(8))* Houghton Mifflin Harcourt Publishing Co.

Premium Student Resource Package with Test Prep2-Volume Student Edition Grade 1 with 1 Year Digital 2015. Hmh Hmh. 2017. (Gomath! Spanish Ser.). (SPA.). (J). (gr. 1). pap. 57.80 *(978-0-544-92934-0(9))* Houghton Mifflin Harcourt Publishing Co.

Premium Student Resource Package with Test Prep2-Volume Student Edition Grade 2 with 1 Year Digital 2015. Hmh Hmh. 2017. (Gomath! Spanish Ser.). (SPA.). (J). (gr. 2). pap. 57.80 *(978-0-544-92935-7(7))* Houghton Mifflin Harcourt Publishing Co.

Premium Student Resource Package with Test Prep2-Volume Student Edition Grade 3 with 1 Year Digital 2015. Hmh Hmh. 2017. (Gomath! Spanish Ser.). (SPA.). (J). (gr. 3). pap. 57.80 *(978-0-544-92936-4(5))* Houghton Mifflin Harcourt Publishing Co.

Premium Student Resource Package with Test Prep2-Volume Student Edition Grade 4 with 1 Year Digital 2015. Hmh Hmh. 2017. (Gomath! Spanish Ser.). (SPA.). (J). (gr. 4). pap. 57.80 *(978-0-544-92937-1(3))* Houghton Mifflin Harcourt Publishing Co.

Premium Student Resource Package with Test Prep2-Volume Student Edition Grade 5 with 1 Year Digital 2015. Hmh Hmh. 2017. (Gomath! Spanish Ser.). (SPA.). (J). (gr. 5). pap. 57.80 *(978-0-544-92938-8(1))* Houghton Mifflin Harcourt Publishing Co.

Premium Student Resource Package with Test Prep2-Volume Student Edition Grade 6 with 1 Year Digital 2015. Hmh Hmh. 2017. (Gomath! Spanish Ser.). (SPA.). (J). (gr. 6). pap. 57.80 *(978-0-544-92939-5(X))* Houghton Mifflin Harcourt Publishing Co.

Premium Student Resource Package with Test Prep2-Volume Student Edition Grade K with 1 Year Digital 2015. Hmh Hmh. 2017. (Gomath! Spanish Ser.). (SPA.). (J). (gr. k). pap. 57.80 *(978-0-544-92933-3(0))* Houghton Mifflin Harcourt Publishing Co.

Premium Student Resource Package W/Test Prep Multi-Vol. Student Edition Grade 1 with 1 Year Digital 2015. Hmh Hmh. 2017. (Gomath! Spanish Ser.). (SPA.). (J). (gr. 1). pap. 65.40 *(978-0-544-92955-5(1))* Houghton Mifflin Harcourt Publishing Co.

Premium Student Resource Package W/Test Prep Multi-Vol. Student Edition Grade 2 with 1 Year Digital 2015. Hmh Hmh. 2017. (Gomath! Spanish Ser.). (SPA.). (J). (gr. 2). pap. 65.40 *(978-0-544-92956-2(X))* Houghton Mifflin Harcourt Publishing Co.

Premium Student Resource Package W/Test Prep Multi-Vol. Student Edition Grade 3 with 1 Year Digital 2015. Hmh Hmh. 2017. (Gomath! Spanish Ser.). (SPA.). (J). (gr. 3). pap. 65.40 *(978-0-544-92957-9(8))* Houghton Mifflin Harcourt Publishing Co.

Premium Student Resource Package W/Test Prep Multi-Vol. Student Edition Grade 4 with 1 Year Digital 2015. Hmh Hmh. 2017. (Gomath! Spanish Ser.). (SPA.). (J). (gr. 4). pap. 65.40 *(978-0-544-92958-6(6))* Houghton Mifflin Harcourt Publishing Co.

Premium Student Resource Package W/Test Prep Multi-Vol. Student Edition Grade 5 with 1 Year Digital 2015. Hmh Hmh. 2017. (Gomath! Spanish Ser.). (SPA.). (J). (gr. 5). pap. 65.40 *(978-0-544-92959-3(4))* Houghton Mifflin Harcourt Publishing Co.

Premium Student Resource Package W/Test Prep Multi-Vol. Student Edition Grade 6 with 1 Year Digital 2015. Hmh Hmh. 2017. (Gomath! Spanish Ser.). (SPA.). (J). (gr. 6). pap. 65.40 *(978-0-544-92960-9(8))* Houghton Mifflin Harcourt Publishing Co.

Premium Student Resource Package W/Test Prep Multi-Vol. Student Edition Grade K with 1 Year Digital 2015. Hmh Hmh. 2017. (Gomath! Spanish Ser.). (SPA.). (J). (gr. k). pap. 65.40 *(978-0-544-92954-8(3))* Houghton Mifflin Harcourt Publishing Co.

Premium Student Resource Pkg W/New York Tst Prp 2volse W/1y Digital Grade 1 2015. Hmh Hmh. 2016. (Go Math Spanish Ser.). (SPA.). (J). (gr. 1). pap. 53.47 *(978-0-544-90111-7(8))* Houghton Mifflin Harcourt Publishing Co.

Premium Student Resource Pkg W/New York Tst Prp 2volse W/1y Digital Grade 2 2015. Hmh Hmh. 2016. (Go Math Spanish Ser.). (SPA.). (J). (gr. 2). pap. 53.47 *(978-0-544-90112-4(6))* Houghton Mifflin Harcourt Publishing Co.

Premium Student Resource Pkg W/New York Tst Prp 2volse W/1y Digital Grade 3 2015. Hmh Hmh. 2016. (Go Math Spanish Ser.). (SPA.). (J). (gr. 3). pap. 53.47 *(978-0-544-90113-1(4))* Houghton Mifflin Harcourt Publishing Co.

Premium Student Resource Pkg W/New York Tst Prp 2volse W/1y Digital Grade 4 2015. Hmh Hmh. 2016. (Go Math Spanish Ser.). (SPA.). (J). (gr. 4). pap. 53.47 *(978-0-544-90114-8(2))* Houghton Mifflin Harcourt Publishing Co.

Premium Student Resource Pkg W/New York Tst Prp 2volse W/1y Digital Grade 5 2015. Hmh Hmh. 2016. (Go Math Spanish Ser.). (SPA.). (J). (gr. 5). pap. 53.47 *(978-0-544-90115-5(0))* Houghton Mifflin Harcourt Publishing Co.

Premium Student Resource Pkg W/New York Tst Prp 2volse W/1y Digital Grade 6 2015. Hmh Hmh. 2016. (Go Math Spanish Ser.). (SPA.). (J). (gr. 6). pap. 53.47 *(978-0-544-90116-2(9))* Houghton Mifflin Harcourt Publishing Co.

Premium Student Resource Pkg W/New York Tst Prp 2volse W/1y Digital Grade K 2015. Hmh Hmh. 2016. (Go Math Spanish Ser.). (SPA.). (J). (gr. k). pap. 53.47 *(978-0-544-90110-0(X))* Houghton Mifflin Harcourt Publishing Co.

Premium Student Resource Pkg W/Prac Flu Wbk with 1 Year Digital. Hmh Hmh. 2016. (Hmh Algebra 1 Ace Ser.). (ENG.). (YA). (gr. 8-12). pap. 64.47 *(978-0-544-82449-2(0))* Houghton Mifflin Harcourt Publishing Co.

Premium Teacher Resource Package Grade K with 1 Year Digital 2017. Hmh Hmh. 2016. (Journeys (Sta) Ser.). (ENG.). (J). (gr. k). pap. 1891.73 *(978-0-544-98098-3(0))* Houghton Mifflin Harcourt Publishing Co.

Premium/Hybrid Teacher Resource Package with 1 Year Digital 2018. Hmh Hmh. 2017. (Modern World History Ser.). (ENG.). (J). (gr. 9-12). pap. 330.33 *(978-0-544-95280-5(4))* Houghton Mifflin Harcourt Publishing Co.

Prender y Apagar en la Clase de Computación / on & off in Computer Lab, 1 vol. Mia Bennett. 2017. (Opuestos en la Escuela / Opposites at School Ser.). (ENG & SPA., Illus.). 24p. (J). (gr. 1-1). lib. bdg. 25.27 *(978-1-5081-6348-0(0),* 7d92e947-0ae7-464a-8840-f1c3a806d674, PowerKids Pr.) Rosen Publishing Group, Inc., The.

Prender y Apagar en la Clase de Computación (on & off in Computer Lab), 1 vol. Mia Bennett. 2017. (Opuestos en la Escuela (Opposites at School) Ser.). (SPA.). 24p. (J). (gr. 1-1). pap. 9.25 *(978-1-5383-2717-3(1),* 8d5b512f-99c2-481c-9664-801d4d56c582); (Illus.). lib. bdg. 25.27 *(978-1-5081-6314-5(6),* 8a9c3b8f-c579-49fa-8343-36a5636e7cdf) Rosen Publishing Group, Inc., The. (PowerKids Pr.).

Prentan. Amy Culliford. Tr. by Jean Pierre Gaston. 2021. (Sezon Nan Ane Yo (Seasons in a Year) Ser.). (CRP., Illus.). 16p. (J). (gr. -1-1). pap. *(978-1-4271-3777-7(3),* 10199) Crabtree Publishing Co.

Prentenbijbel. Maaike Dijkstra. 2019. (DUT.). 28p. (J). pap. *(978-3-7103-4196-0(5))* united p.c. Verlag.

Prentice Hugh (Classic Reprint) Frances Mary Peard. (ENG., Illus.). (J). 2018. 334p. 30.83 *(978-0-332-44163-4(6))*; 2016. pap. 13.57 *(978-1-334-13532-3(0))* Forgotten Bks.

Prentice Mulford's Story: Life by Land & Sea (Classic Reprint) Prentice Mulford. (ENG., Illus.). (J). 2018. 304p. 30.19 *(978-0-331-60160-2(5))*; 2016. pap. 13.57 *(978-1-333-46988-7(8))* Forgotten Bks.

Prep School for Serial Killers. Ed. by Emily Thomas et al. 2022. (ENG.). 332p. (J). pap. 14.95 ***(978-0-9840740-7-5(4))*** Bug Bot Pr.

Preparar la Cena. Katrina Streza & Ariana Vargas. Illus. by Brenda Ponnay. 2023. (Little Lectores Ser.: Vol. 16). (SPA.). 20p. (J). 24.99 ***(978-1-5324-3480-8(4))***; pap. 12.99 ***(978-1-5324-3278-1(X))*** Xist Publishing.

Preparation Is the Highest Form of Faith. Wes Wesley. 2017. (ENG., Illus.). (J). pap. 10.95 *(978-1-5127-7209-8(7),* WestBow Pr.) Author Solutions, LLC.

Preparativos para un Desastre Natural: Leveled Reader Card Book 40 Level T 6 Pack. Hmh Hmh. 2021. (SPA.). (J). pap. 74.40 *(978-0-358-08608-6(6))* Houghton Mifflin Harcourt Publishing Co.

Prepare for the Worst. Vanessa Lafleur. 2022. (Hope for the Best Ser.: 3). (ENG.). 350p. (YA). pap. 16.95 *(978-1-952782-74-9(0),* BQB Publishing) Boutique of Quality Books Publishing Co., Inc.

Prepare Level 2 Student's Book, 1 vol. Joanna Kosta. 2nd rev. ed. 2018. (Cambridge English Prepare! Ser.). (ENG., Illus.). 160p. pap. 40.50 *(978-1-108-43328-0(6))* Cambridge Univ. Pr.

Prepare Level 3 Student's Book. Joanna Kosta. 2nd rev. ed. 2019. (Cambridge English Prepare! Ser.). (ENG., Illus.). 168p. pap. 40.50 *(978-1-108-43329-7(4))* Cambridge Univ. Pr.

Prepare Second Edition. Workbook with Audio Download. Level 2, 1 vol. Caroline Cooke. 2nd rev. ed. 2018. (Cambridge English Prepare! Ser.). (ENG., Illus.). 88p. pap. 21.00 *(978-1-108-38093-5(X))* Cambridge Univ. Pr.

Prepared Bear Prepares for Bed. Q. T. Tran. Illus. by Q. T. Tran. 2021. (Prepared Bear Ser.: 1). (ENG.). 38p. (J). pap. 16.99 *(978-1-0983-4331-6(X))* BookBaby.

Prepared Princess... Never Gets Left Behind! Donna y McGee. 2017. (ENG., Illus.). (J). pap. 16.95 *(978-1-5127-8287-5(4),* WestBow Pr.) Author Solutions, LLC.

¡Prepárense! Vera Brosgol. 2019. (SPA.). 256p. (J). (gr. 3-5). pap. 24.99 *(978-958-30-5914-8(5))* Panamericana Editorial COL. Dist: Lectorum Pubns., Inc.

Preparing & Enjoying the Fish You Catch. Elizabeth Dee. 2021. (Guides to Fishing Ser.). (ENG.). (YA). (gr. 7-12). 34.60 *(978-1-4222-4496-8(2))* Mason Crest.

Preparing Food - Prepara Ai-Han. Mayra Walsh. Illus. by Elizaveta Borisova. 2021. (TET.). 24p. (J). pap. *(978-1-922591-92-0(0))* Library For All Limited.

Preparing for Disaster: Set, 12 vols. 2019. (Preparing for Disaster Ser.). (ENG.). 48p. (J). (gr. 5-5). lib. bdg. 200.82 *(978-1-7253-4861-5(6),* 315a279d-e100-49d7-9547-055c0c9486f1, Rosen Reference) Rosen Publishing Group, Inc., The.

Preparing for Mars. Mari Bolte. 2022. (21st Century Skills Library: Mission: Mars Ser.). (ENG., Illus.). 32p. (J). (gr. 4-8). pap. 14.21 *(978-1-6689-0097-0(1),* 220188); lib. bdg. 32.07 *(978-1-5341-9983-5(7),* 220044) Cherry Lake Publishing.

Preparing for School Success. 2017. *(978-1-59723-348-4(X))* Active Parenting Pubs.

Preparing to Meet Jesus: A 21-Day Challenge to Move from Salvation to Transformation. Anne Graham Lotz & Rachel-Ruth Lotz Wright. 2023. (ENG.). 208p. E-Book *(978-0-525-65228-1(0),* NAL) Crown Publishing Group, The.

Prep'd Young Girl: Mentoring Journal. Clara Cohee-Russell. Ed. by Lisa A. Bell. 2017. (ENG., Illus.). (J). pap. 7.00 *(978-0-9983308-6-0(8))* Radical Women.

Preposition a, the Relation of Its Meanings Studied in Old French, Vol. 1: Dissertation Presented to the Board of the University Studies of the John Hopkins University for the Degree of Doctor of Philosophy, June 1898; Situation (Classic Reprint) Richard Henry Wilson. 2017. (FRE., Illus.). (J). pap. 11.97 *(978-0-282-71002-6(7))* Forgotten Bks.

Preposition À, the Relation of Its Meanings Studied in Old French, Vol. 1: Dissertation Presented to the Board of the University Studies of the John Hopkins University for the Degree of Doctor of Philosophy, June 1898; Situation (Classic Reprint) Richard Henry Wilson. 2018. (FRE., Illus.). 264p. (J). 29.36 *(978-0-484-50786-8(9))* Forgotten Bks.

Prepositions. Ann Heinrichs. 2019. (English Grammar Ser.). (ENG.). 32p. (J). (gr. 2-5). lib. bdg. 35.64 *(978-1-5038-3244-2(9),* 213003) Child's World, Inc, The.

Prepositions: Colorcards. Speechmark. 2nd ed. 2018. (Colorcards Ser.). (ENG., Illus.). 48p. 40.95 *(978-1-138-30068-2(3),* Y365746) Routledge.

Prepositions Say under Where? Michael Dahl. Illus. by Maira Kistemann Chiodi. 2019. (Word Adventures: Parts of Speech Ser.). (ENG.). 32p. (J). (gr. k-3). pap. 7.95 *(978-1-5158-4106-7(5),* 140144); lib. bdg. 27.99 *(978-1-5158-4098-5(0),* 140137) Capstone. (Picture Window Bks.).

Preposterous Rhinoceros. Tracy Gunaratnam. Illus. by Marta Costa. 2019. (Early Bird Readers — Purple (Early Bird Stories (tm)) Ser.). (ENG.). 32p. (J). (gr. k-3). 30.65 *(978-1-5415-4226-6(6),* 5612a216-a8b2-418f-bb49-ec160f42190a); pap. 9.99 *(978-1-5415-7425-0(7),* e84ff40a-fd32-471a-95de-aa460bff4171) Lerner Publishing Group. (Lerner Pubns.).

Prepped. Bethany Mangle. 2021. (ENG.). 320p. (YA). (gr. 9). 18.99 *(978-1-5344-7750-6(0),* McElderry, Margaret K. Bks.) McElderry, Margaret K. Bks.

Preppy Cat. Paris Henriksen & Kellie Lee. 2022. (ENG.). 24p. (J). ***(978-1-387-45922-3(8))*** Lulu Pr., Inc.

Prerana Path. Pankaj Vasant Jadhav. 2018. (HIN., Illus.). 130p. (YA). pap. *(978-1-897416-92-1(X))* Pustak Bharati.

Presbyterian Pioneers in Congo (Classic Reprint) William Henry Sheppard. (ENG., Illus.). (J). 2017. 27.26 *(978-1-5282-7061-8(4))*; 2016. pap. 9.97 *(978-1-333-45568-2(2))* Forgotten Bks.

Preschool. P. i p i kids. 2017. (Quiz It Pen Ser.). (ENG.). 256p. (J). *(978-1-4508-6226-4(8),* dccc676a-c22c-4f07-b7ad-b3e719c8ec22, PI Kids) Phoenix International Publications, Inc.

Preschool. Ed. by School Zone Publishing. 2019. (ENG.). 52p. (J). spiral bd. 11.99 *(978-1-68147-281-2(3),* 73b924ab-d73c-4762-a366-a1b65e90168b) School Zone Publishing Co.

Preschool - Letter a Handwriting Practice Activity Workbook. Apple & Apple Picking Theme! Beth El Costanzo. 2021. (ENG.). 26p. (J). pap. 6.99 *(978-1-0879-7901-4(3))* Adventures of Scuba Jack Pubs., The.

Preschool ABC's Practice Book Toddler - Ages 1 To 3. Left Brain Kids. 2016. (ENG., Illus.). (J). pap. 7.51 *(978-1-68376-638-4(5))* Sabeels Publishing.

Preschool Activity Book Age 3. Educando Kids. 2019. (ENG.). 42p. (J). pap. 8.55 *(978-1-64521-718-3(3),* Educando Kids) Editorial Imagen.

Preschool Activity Book: Scholastic Early Learners (Activity Book) Scholastic. Ed. by Katie HEIT. 2023. (Scholastic Early Learners Ser.). (ENG.). 74p. (J). (gr. -1-k). pap. 9.99 *(978-1-338-88299-5(6))* Scholastic, Inc.

Preschool Activity Books Age 2 Coloring Numbers Edition. Activity Book Zone for Kids. 2016. (ENG., Illus.). (J). pap. 9.20 *(978-1-68376-247-8(9))* Sabeels Publishing.

Preschool Activity Books Age 3 Sight Words Edition. Activity Book Zone for Kids. 2016. (ENG., Illus.). (J). pap. 7.55 *(978-1-68376-246-1(0))* Sabeels Publishing.

Preschool Activity Books Age 4 Counting & Tracing Edition. Activity Book Zone for Kids. 2016. (ENG., Illus.). (J). pap. 7.55 *(978-1-68376-245-4(2))* Sabeels Publishing.

Preschool Activity Books Age 5 Opposites Edition. Activity Book Zone for Kids. 2016. (ENG., Illus.). (J). pap. 7.55 *(978-1-68376-248-5(7))* Sabeels Publishing.

Preschool Activity Books Matching Edition. Smarter Activity Books for Kids. 2016. (ENG., Illus.). (J). pap. 8.99 *(978-1-68374-359-0(8))* Examined Solutions PTE. Ltd.

Preschool Activity Books of Baby Animals, Shapes & Letters with Focus on the Skill Areas of Coloring, Math & Phonics. Developing Early School Success from Prek to Kindergarten. Jupiter Kids. 2017. (ENG., Illus.). 200p. (J). pap. 12.26 *(978-1-5419-4772-6(X),* Jupiter Kids (Childrens & Kids Fiction)) Speedy Publishing LLC.

Preschool Activity Workbook Mazes & More. Smarter Activity Books for Kids. 2016. (ENG., Illus.). (J). pap. 8.99 *(978-1-68374-358-3(X))* Examined Solutions PTE. Ltd.

Preschool Addition Workbook (Add to Ten - Level 3) 30 Full Color Preschool/Kindergarten Addition Worksheets That Can Assist with Understanding of Math. James Manning. 2019. (Preschool Addition Workbook Ser.: Vol. 9). (ENG., Illus.). 34p. (J). pap. *(978-1-83878-148-4(X))* West Suffolk CBT Service Ltd., The.

Preschool Basics. Joan Hoffman. 2019. (ENG.). 64p. (J). (gr. -1 — 1). pap., wbk. ed. 4.49 *(978-1-58947-035-4(4),* bba14095-18c2-414f-b9af-0d3109d8036d) School Zone Publishing Co.

Preschool Big Fun Workbook. Created by Highlights Learning. 2017. (Highlights Big Fun Activity Workbooks Ser.). (ENG.). 256p. (J). (gr. -1-k). pap. 12.99 *(978-1-62979-762-5(6),* Highlights) Highlights Pr., c/o Highlights for Children, Inc.

Preschool Coloring & Activity Book Bundle: Inclu, 2 vols. Speedy Publishing LLC Staff. 2016. (ENG., Illus.). 100p. (J). pap. 15.99 *(978-1-68326-055-4(4))* Speedy Publishing LLC.

Preschool Coloring & Maze Activity Book - Activities 2 Year Old Edition. Activibooks For Kids. 2016. (ENG., Illus.). (J). pap. 9.25 *(978-1-68321-053-5(0))* Mimaxion.

Preschool Coloring Book Set Bundle: Includes a Pre, 2 vols. Speedy Publishing LLC Staff. 2016. (ENG., Illus.). 100p. (J). pap. 15.99 *(978-1-68326-002-8(3))* Speedy Publishing LLC.

Preschool Colors & Shapes. Created by Highlights Learning. 2018. (Highlights Learn on the Go Practice Pads Ser.). (Illus.). 64p. (J). (-k). pap. 4.99 *(978-1-68437-161-7(9),* Highlights) Highlights Pr., c/o Highlights for Children, Inc.

Preschool Colors, Shapes, & Patterns. Created by Highlights Learning. 2019. (Highlights Learning Fun Workbooks Ser.). 48p. (J). (-k). pap. 4.99 *(978-1-68437-282-9(8),* Highlights) Highlights Pr., c/o Highlights for Children, Inc.

Preschool Count, Color, & Trace Mega Fun Learning Pad. Created by Highlights Learning. 2022. (Highlights Mega Fun Learning Pads Ser.). 176p. (J). (-k). pap. 9.99 *(978-1-64472-823-9(0),* Highlights) Highlights Pr., c/o Highlights for Children, Inc.

Preschool Cut & Paste Printable Worksheets - Volume 2 (Fish) This Book Has 20 Full Colour Worksheets. This Book Comes with 6 Downloadable Kindergarten PDF Workbooks. James Manning & Nicola Ridgeway. 2020. (Preschool Cut & Paste Printable Worksheets Ser.: Vol. 4). (ENG., Illus.). 44p. (J). (gr. k-3). pap. *(978-1-80025-893-8(3))* Coloring Pages.

Preschool Cut & Paste Printable Worksheets - Volume 3 (Fish) This Book Has 20 Full Colour Worksheets. This Book Comes with 6 Downloadable Kindergarten PDF Workbooks. James Manning & Nicola Ridgeway. 2020. (Preschool Cut & Paste Printable Worksheets Ser.: Vol. 5). (ENG., Illus.). 44p. (J). (gr. k-3). pap. *(978-1-80025-892-1(5))* Coloring Pages.

Preschool Cut & Paste Worksheets (Easter Eggs) This Book Has 20 Full Colour Worksheets. This Book Comes with 6 Downloadable Kindergarten PDF Workbooks. James Manning. 2020. (Preschool Cut & Paste Worksheet Ser.: Vol. 3). (ENG., Illus.). 44p. (J). (gr. k-4). pap. *(978-1-80025-896-9(8))* Coloring Pages.

Preschool Cut & Paste Worksheets Volume 2 - (Easter Eggs) This Book Has 20 Full Colour Worksheets. This Book Comes with 6 Downloadable Kindergarten PDF Workbooks. Nicola Ridgeway & James Manning. 2020. (Preschool Cut & Paste Worksheets Ser.: Vol. 15). (ENG., Illus.). 44p. (J). (gr. k-3). pap. *(978-1-80025-887-7(9))* Coloring Pages.

Preschool Cut, Paste, & Play Mega Fun Learning Pad. Created by Highlights Learning. 2021. (Highlights Mega Fun Learning Pads Ser.). 176p. (J). (-k). pap. 9.99 *(978-1-64472-512-2(6),* Highlights) Highlights Pr., c/o Highlights for Children, Inc.

Preschool Cutting & Pasting. Created by Highlights Learning. 2019. (Highlights Learn on the Go Practice Pads Ser.). 64p. (J). (-k). pap. 4.99 *(978-1-68437-656-8(4),* Highlights) Highlights Pr., c/o Highlights for Children, Inc.

Preschool Easy Learning Activity Workbook: Preschool Prep, Pre-Writing, Pre-Reading, Toddler Learning Book, Kindergarten Prep, Alphabet Tracing, Number Tracing, Colors, Shapes & Matching Activities. Scholastic Panda Education. 2nd ed. 2020. (Kids Coloring Activity Bks.: Vol. 2). (ENG., Illus.). 90p. (J). pap. 9.99 *(978-1-953149-30-5(8))* Polymath Publishing Hse. LLC.

Preschool Fun Learning My ABC 123: Trace Printing to Learn Alphabet a to Z (lower & Upper), Numbers 1 To10 Plus Match Images to Number, Mazes, Tic-Tac-toe & Spot the Different Images, All Images Can Be Colored. Ages 3 -5 Preschool or Kindergarten. Kay D. Johnson. 2019. (ENG.). 68p. (J). pap. *(978-1-989382-02-8(9))* Johnson, Kathleen Delia.

Preschool Hands-On STEAM Learning Fun Workbook. Created by Highlights Learning. 2020. (Highlights Learning Fun Workbooks Ser.). 48p. (J). (-k). pap. 4.99 *(978-1-64472-186-5(4),* Highlights) Highlights Pr., c/o Highlights for Children, Inc.

Preschool Handwriting Notebook: Awesome 120 Blank Dotted Lined Writing Pages for Students Learning to Write Letters. Monica Freeman. 2020. (ENG.). 128p. (J). pap. 6.99 *(978-1-716-32752-0(0))* Lulu Pr., Inc.

Preschool, Here I Come! D. J. Steinberg. Illus. by John Joven. (Here I Come! Ser.). (J). (-k). 2020. 26p. bds. 9.99 *(978-1-5247-9054-7(0))*; 2019. (ENG.). 32p. 9.99 *(978-1-5247-9052-3(4))*; 2019. 32p. pap. 5.99 *(978-1-5247-9051-6(6))* Penguin Young Readers Group. (Grosset & Dunlap).

Preschool, Here I Come! D. J. Steinberg. ed. 2019. (Here I Come Ser.). (ENG.). 32p. (J). (gr. k-1). 14.96 *(978-0-87617-552-1(3))* Penworthy Co., LLC, The.

Preschool Learning: Color Mixing & Color Formulation. Rachel Casillas. 2018. (ENG., Illus.). 78p. (J). pap. 14.95 *(978-1-64003-822-6(1))* Covenant Bks.

Preschool Letter Tracing. Amazing Kids Press. 2022. (ENG.). 96p. (J). pap. 9.99 ***(978-1-0880-2603-8(6))*** Indy Pub.

Preschool Letters. Created by Highlights Learning. 2019. (Highlights Learning Fun Workbooks Ser.). (Illus.). 48p. (J). (-k). pap. 4.99 *(978-1-68437-279-9(8),* Highlights) Highlights Pr., c/o Highlights for Children, Inc.

Preschool Math Essentials - Time & Money Workbook: Children's Money & Saving Reference. Bobo's Little Brainiac Books. 2016. (ENG., Illus.). (J). pap. 7.99 *(978-1-68327-127-7(0))* Sunshine In My Soul Publishing.

Preschool Math Workbook. Magical Colors. 2020. (ENG.). 124p. (J). pap. 10.55 *(978-1-716-29681-9(1))* Lulu Pr., Inc.

Preschool Math Workbook for Kids Ages 3-5: Beginner Math Preschool Learning Book with Number Tracing, Basic Math, Matching Activities & More! (for Toddlers & Kindergarten Prep) Alerksousi Publishing. 2022. (ENG.). 114p. (J). pap. 12.99 ***(978-1-959482-00-0(9))*** Alerksousi.

Preschool Mazes for Fun & Learning: Activity Book 3-5. Jupiter Kids. 2017. (ENG., Illus.). (J). pap. 9.20 *(978-1-5419-0986-1(0),* Jupiter Kids (Childrens & Kids Fiction)) Speedy Publishing LLC.

Preschool Numbers. Created by Highlights Learning. 2019. (Highlights Learning Fun Workbooks Ser.). 48p. (J). (-k). pap. 4.99 *(978-1-68437-280-5(1),* Highlights) Highlights Pr., c/o Highlights for Children, Inc.

Preschool Pages of Dot to Dots To 10! Activity Book for 4 Year Old. Jupiter Kids. 2017. (ENG., Illus.). (J). pap. 9.20

1632 The check digit for ISBN-10 appears in parentheses after the full ISBN-13

(978-1-5419-0978-6(X), Jupiter Kids (Childrens & Kids Fiction)) Speedy Publishing LLC.

Preschool Practice. Joan Hoffman. 2019. (ENG.). 30p. (J). (gr. -1-k). pap. 4.49 *(978-1-60159-116-6(0)*, f7002a79-da67-4b8e-b45a-0dd46e69721b) School Zone Publishing Co.

Preschool Printables: Mixed Worksheets to Develop Pen Control (Kindergarten Worksheets: 60 Preschool/Kindergarten Worksheets to Assist with the Development of Fine Motor Skills in Preschool Children. James Manning. 2019. (Preschool Printables Ser.: Vol. 1). (ENG., Illus.). 68p. (J). pap. *(978-1-83856-904-4(9))* Coloring Pages.

Preschool Printables (Kindergarten Subtraction/Taking Away Level 2) 30 Full Color Preschool/Kindergarten Subtraction Worksheets (Includes 8 Printable Kindergarten PDF Books Worth $60. 71) James Manning. 2019. (Preschool Printables Ser.: Vol. 11). (ENG., Illus.). 34p. (J). pap. *(978-1-83878-228-3(1))* West Suffolk CBT Service Ltd., The.

Preschool Printables (Learn to Count for Preschoolers) A Full-Color Counting Workbook for Preschool/Kindergarten Children. James Manning. 2019. (Preschool Printables Ser.: Vol. 11). (ENG., Illus.). 34p. (J). pap. *(978-1-83878-002-9(5))*; pap. *(978-1-83878-005-0(X))* Coloring Pages.

Preschool Printables (Preschool Activity Books - Easy) 40 Black & White Kindergarten Activity Sheets Designed to Develop Visuo-Perceptual Skills in Preschool Children. James Manning & Christabelle Manning. 2019. (Preschool Printables Ser.: Vol. 14). (ENG., Illus.). 82p. (J). pap. *(978-1-83878-837-7(9))* Coloring Pages.

Preschool Printables (Trace & Color Worksheets to Develop Pen Control) 50 Preschool/Kindergarten Worksheets to Assist with the Development of Fine Motor Skills in Preschool Children. Manning James. 2019. (ENG., Illus.). 56p. (J). pap. *(978-1-83856-859-7(X))* West Suffolk CBT Service Ltd., The.

Preschool Printables (Trace & Color Worksheets to Develop Pen Control) 50 Preschool/Kindergarten Worksheets to Assist with the Development of Fine Motor Skills in Preschool Children. James Manning. 2019. (2 Ser.: Vol. 50). (ENG., Illus.). 56p. (J). pap. *(978-1-83856-863-4(8))* West Suffolk CBT Service Ltd., The.

Preschool Professors: Search for the Easter Bunny. Karen Bale. 2020. (ENG.). 24p. (J). pap. 12.95 *(978-1-4808-9692-5(6))* Archway Publishing.

Preschool Professors Learn Everyone Is Special. Karen Bale. 2020. (ENG.). 28p. (J). pap. 16.95 *(978-1-4808-8875-3(3))* Archway Publishing.

Preschool Professors Learn How Seeds Grow. Karen Bale. 2020. (ENG.). 28p. (J). pap. 13.95 *(978-1-4808-8578-3(9))* Archway Publishing.

Preschool Professors Meet Madeleine & the Mustangs. Karen Bale. 2019. (ENG.). 28p. (J). (gr. -1-3). pap. 16.95 *(978-1-4808-8373-4(5))* Archway Publishing.

Preschool Reading Readiness Boxed Set: Sleepy Dog, Dragon Egg, I Like Bugs, Bear Hugs, Ducks Go Vroom, 5 vols. Harriet Ziefert et al. 2020. (Step into Reading Ser.). (ENG.). 160p. (J). (gr. -1-1). 24.95 *(978-0-593-42550-3(2)*, Random Hse. Bks. for Young Readers) Random Hse. Children's Bks.

Preschool Resources — Fall. Standard Publishing. 2016. (HeartShaper(r) Childre Ser.). (ENG.). (J). 17.49 *(978-0-7847-7835-7(3))* Standard Publishing.

Preschool Scholar. Barbara Gregorich & Joan Hoffman. deluxe ed. 2019. (ENG.). 64p. (J). (gr. -1 — 1). pap., wbk. ed. 4.49 *(978-0-88743-495-2(9)*, a669c255-f608-4085-aaa5-46b5fb4c6dc8) School Zone Publishing Co.

Preschool Sight Words Activity Book: A Sight Words & Phonics Workbook for Beginning Readers Ages 3-5. Sheba Blake. 2023. (ENG.). 108p. (J). pap. 16.99 ***(978-1-0881-5180-8(9))*** Indy Pub.

Preschool Subtraction Worksheets (Math Genius Vol 1) This Book Is Designed for Preschool Teachers to Challenge More Able Preschool Students: Fully Copyable, Printable, & Downloadable. James Manning & Christabelle Manning. 2019. (Preschool Subtraction Worksheets Ser.: Vol. 16). (ENG., Illus.). 88p. (J). pap. *(978-1-83878-817-9(4))* West Suffolk CBT Service Ltd., The.

Preschool Teacher's Convenience Kit — Fall. Standard Publishing. 2016. (HeartShaper(r) Childre Ser.). (ENG.). (J). 44.99 *(978-0-7847-7833-3(7))* Standard Publishing.

Preschool Teamkid: All in Activity Book. Lifeway Kids. 2019. (ENG.). 80p. (J). (gr. -1-k). pap. 7.49 *(978-1-5359-6215-5(1))* Lifeway Christian Resources.

Preschool Teamkid Catching Air Leader Kit. Lifeway Kids. 2019. (ENG.). 240p. (J). (gr. -1-k). pap. 69.99 *(978-1-5359-5168-5(0))* Lifeway Christian Resources.

Preschool Teamkid Going Vertical Activity Book. Lifeway Kids. 2017. (ENG.). (J). (gr. -1-k). 6.99 *(978-1-4627-5840-1(1))* Lifeway Christian Resources.

Preschool Thinking Skills. Created by Highlights Learning. 2019. (Highlights Learn on the Go Practice Pads Ser.). 64p. (J). (-k). pap. 4.99 *(978-1-68437-657-5(2)*, Highlights) Highlights Pr., c/o Highlights for Children, Inc.

Preschool Tracing. Created by Highlights Learning. 2018. (Highlights Learn on the Go Practice Pads Ser.). (Illus.). 64p. (J). (-k). pap. 4.99 *(978-1-68437-160-0(0)*, Highlights) Highlights Pr., c/o Highlights for Children, Inc.

Preschool Tracing & Pen Control. Created by Highlights Learning. 2019. (Highlights Learning Fun Workbooks Ser.). 48p. (J). (-k). pap. 4.99 *(978-1-68437-281-2(X)*, Highlights) Highlights Pr., c/o Highlights for Children, Inc.

Preschool Tracing Volume 2. CCC-Slp Laquita James M S. 2021. (ENG.). 80p. (J). pap. 12.99 *(978-1-6671-2735-4(7))* Lulu Pr., Inc.

Preschool Tracing Workbook: First Learn to Write Letters & Numbers for Kindergarten & Kids Ages 3-5. Hector England. 2020. (ENG.). 112p. (J). pap. 13.00 *(978-1-716-31517-6(4))* Lulu Pr., Inc.

Preschool Tracing Worksheets: Mixed Worksheets to Develop Pen Control (Kindergarten Worksheets): 60 Preschool/Kindergarten Worksheets to Assist with the Development of Fine Motor Skills in Preschool Children. James Manning. 2019. (Preschool Tracing Worksheets Ser.: Vol. 1). (ENG., Illus.). 68p. (J). pap. *(978-1-83856-907-5(3))* Coloring Pages.

Preschool Tracing Worksheets (Trace & Color Worksheets to Develop Pen Control) 50 Preschool/Kindergarten Worksheets to Assist with the Development of Fine Motor Skills in Preschool Children. James Manning. 2019. (ENG., Illus.). 56p. (J). pap. *(978-1-83856-862-7(X))* West Suffolk CBT Service Ltd., The.

Preschool Vegetables Activity Book: A Workbook for Beginning Learners Ages 3-6. Sheba Blake. 2023. (ENG.). 68p. (J). pap. 16.99 ***(978-1-0881-5782-4(3))*** Indy Pub.

Preschool Workbooks: Mixed Worksheets to Develop Pen Control (Kindergarten Worksheets): 60 Preschool/Kindergarten Worksheets to Assist with the Development of Fine Motor Skills in Preschool Children. James Manning. 2019. (Preschool Workbooks Ser.: Vol. 1). (ENG., Illus.). 68p. (J). pap. *(978-1-83856-910-5(3))* Coloring Pages.

Preschool Workbooks (Kindergarten Subtraction/Taking Away Level 2) 30 Full Color Preschool/Kindergarten Subtraction Worksheets (Includes 8 Printable Kindergarten PDF Books Worth $60. 71) James Manning. 2019. (Preschool Workbooks Ser.: Vol. 11). (ENG., Illus.). 34p. (J). pap. *(978-1-83878-232-0(X))* West Suffolk CBT Service Ltd., The.

Preschool Workbooks (Trace & Color Worksheets to Develop Pen Control) 50 Preschool/Kindergarten Worksheets to Assist with the Development of Fine Motor Skills in Preschool Children. James Manning. 2019. (2 Ser.: Vol. 50). (ENG., Illus.). 56p. (J). pap. *(978-1-83856-867-2(0))* West Suffolk CBT Service Ltd., The.

Preschool Worksheets: Mixed Worksheets to Develop Pen Control (Kindergarten Worksheets): 60 Preschool/Kindergarten Worksheets to Assist with the Development of Fine Motor Skills in Preschool Children. James Manning. 2019. (Preschool Worksheets Ser.: Vol. 1). (ENG., Illus.). 68p. (J). pap. *(978-1-83856-902-0(2))* Coloring Pages.

Preschool Worksheets (Add to Ten - Easy) 30 Full Color Preschool/Kindergarten Addition Worksheets That Can Assist with Understanding of Math. James Manning. 2019. (Preschool Worksheets Ser.: Vol. 5). (ENG., Illus.). 34p. (J). pap. *(978-1-83856-254-0(0))* West Suffolk CBT Service Ltd., The.

Preschool Worksheets (Preschool Activity Books - Easy) 40 Black & White Kindergarten Activity Sheets Designed to Develop Visuo-Perceptual Skills in Preschool Children. James Manning & Christabelle Manning. 2019. (Preschool Worksheets Ser.: Vol. 14). (ENG., Illus.). 82p. (J). pap. *(978-1-83878-835-3(2))* Coloring Pages.

Preschool Worksheets (Trace & Color Worksheets to Develop Pen Control): 50 Preschool/Kindergarten Worksheets to Assist with the Development of Fine Motor Skills in Preschool Children. James Manning. 2019. (ENG., Illus.). 56p. (J). pap. *(978-1-83856-857-3(3))* West Suffolk CBT Service Ltd., The.

Preschool Worksheets (Tracing Numbers, Counting, Addition & Subtraction) 50 Preschool/Kindergarten Worksheets to Assist with the Understanding of Number Concepts. James Manning. 2019. (Preschool Worksheets Ser.: Vol. 3). (ENG., Illus.). 60p. (J). pap. *(978-1-83856-422-3(5))* Coloring Pages.

Preschool Writing Adventures - Writing Workbook for Kids Children's Reading & Writing Books. Baby Professor. 2017. (ENG., Illus.). (J). pap. 9.55 *(978-1-5419-2608-0(0)*, Baby Professor (Education Kids)) Speedy Publishing LLC.

Preschooled. Heather Ruterbories. 2022. (ENG., Illus.). 50p. (J). pap. 16.95 *(978-1-63961-219-2(X))* Christian Faith Publishing.

Preschooler Princesses: A Matching Activity Book. Activibooks For Kids. 2016. (ENG., Illus.). (J). pap. 7.55 *(978-1-68321-398-7(X))* Mimaxion.

Preschooler's 1 to 20 Numbers Workbook: (Ages 4-5) 1-20 Number Guides, Number Tracing, Activities, & More! (Backpack Friendly 6 X9 Size) Lauren Dick. l.t. ed. 2020. (Preschooler's Workbook Ser.: Vol. 3). (ENG.). 64p. (J). pap. *(978-1-77437-781-9(0))* AD Classic.

Preschooler's a to Z Alphabet Workbook: (Ages 4-5) ABC Letter Guides, Letter Tracing, Activities, & More! (Backpack Friendly 6 X9 Size) Lauren Dick. l.t. ed. 2020. (Preschooler's Workbook Ser.: Vol. 2). (ENG.). 64p. (J). pap. *(978-1-77437-780-2(2))* AD Classic.

Preschooler's Basic Shapes Workbook: (Ages 4-5) Basic Shape Guides & Tracing, Patterns, Matching, Activities, & More! (Backpack Friendly 6 X9 Size) Lauren Dick. l.t. ed. 2020. (Preschooler's Workbook Ser.: Vol. 4). (ENG.). 64p. (J). pap. *(978-1-77437-782-6(9))* AD Classic.

Preschoolers Best Story & Activity Bible. Andrew Newton. Illus. by Sandrine L'Amour & Fabiano Fiorin. 2022. (ENG.). 112p. (J). 8.99 *(978-1-4964-6007-3(3)*, 20_36669, Tyndale Kids) Tyndale Hse. Pubs.

Preschooler's Guide to Fun Learning - Children's Early Learning Books. Pfiffikus. 2016. (ENG., Illus.). (J). pap. 10.81 *(978-1-68377-723-6(9))* Whlke, Traudl.

Preschooler's Handbook: Bilingual (English / Filipino) (Ingles / Filipino) ABC's, Numbers, Colors, Shapes, Matching, School, Manners, Potty & Jobs, with 300 Words That Every Kid Should Know: Engage Early Readers: Children's Learning Books. Dayna Martin. Ed. by A. r. Roumanis. l.t. ed. 2021. (FIL., Illus.). 48p. (J). *(978-1-77476-375-9(3))*; pap. *(978-1-77476-376-6(1))* AD Classic.

Preschooler's Handbook: Bilingual (English / Italian) (Inglese / Italiano) ABC's, Numbers, Colors, Shapes, Matching, School, Manners, Potty & Jobs, with 300 Words That Every Kid Should Know: Engage Early Readers: Children's Learning Books. Dayna Martin. Ed. by A. r. Roumanis. l.t. ed. 2021. (ITA., Illus.). 48p. (J). *(978-1-77437-798-7(5))*; pap. *(978-1-77437-799-4(3))* AD Classic.

Preschooler's Workbook: (Ages 4-5) Alphabet, Numbers, Shapes, Sizes, Patterns, Matching, Activities, & More! (Large 8. 5 X11 Size) Lauren Dick. l.t. ed. 2020. (Preschooler's Workbook Ser.: Vol. 1). (ENG.). 150p. (J). pap. *(978-1-77437-783-3(7))* AD Classic.

Preschool/Pre-K & K Teacher's Convenience Kit — -Fall. Standard Publishing. 2016. (HeartShaper(r) Childre Ser.). (ENG.). (J). 44.99 *(978-0-7847-7839-5(6))* Standard Publishing.

Prescott of Saskatchewan (Classic Reprint) Harold Bindloss. 2018. (ENG., Illus.). 356p. (J). 31.26 *(978-0-365-46605-5(0))* Forgotten Bks.

Prescott's Diamond Dialogues: Including Many of the Best of Their Different Kinds; Pathetic, Humorous, Stately, Vivacious, Patriotic & Dialectic (Classic Reprint) Unknown Author. (ENG., Illus.). (J). 2018. 192p. 27.86 *(978-0-483-66774-7(9))*; 2016. pap. 10.57 *(978-1-334-13257-5(7))* Forgotten Bks.

Prescott's Plain Dialogues: Containing a Great Number of Superior Dialogues upon a Variety of Subjects; All of Which Are of Present Interest; Each of These Dialogues Is Marked by Qualities Which Render It Most Appropriate for Use in Schools, Lyceums, Acad. Unknown Author. (ENG., Illus.). (J). 2018. 216p. 28.35 *(978-0-483-76135-3(4))*; 2017. pap. 10.97 *(978-0-243-39606-1(6))* Forgotten Bks.

Prescription & over-The-Counter Drugs. Valerie Bodden. 2018. (Drugs in Real Life Ser.). (ENG., Illus.). 112p. (J). (gr. 6-12). lib. bdg. 41.36 *(978-1-5321-1419-9(2)*, 28820, Essential Library) ABDO Publishing Co.

Prescription Drugs, Vol. 13. H. W. Poole. Ed. by Sara Becker. 2016. (Drug Addiction & Recovery Ser.). (Illus.). 64p. (J). (gr. 7). 23.95 *(978-1-4222-3610-9(2))* Mason Crest.

Prescription Drugs: Opioids That Kill, 1 vol. Simon Pierce. 2016. (Drug Education Library). (ENG.). 104p. (YA). (gr. 7-7). lib. bdg. 39.08 *(978-1-5345-6011-6(4)*, e8f1fe51-40d3-4149-a7f6-f4f91f1f8659, Lucent Pr.) Greenhaven Publishing LLC.

Prescription Opioids: Affecting Lives. Jeanne Marie Ford. 2021. (Affecting Lives: Drugs & Addiction Ser.). (ENG.). 32p. (J). (gr. 4-7). lib. bdg. 35.64 *(978-1-5038-4490-2(0)*, 214257, MOMENTUM) Child's World, Inc, The.

Present: A Christmas Story. Peter Hayes. 2017. (ENG., Illus.). (J). (gr. 1-3). *(978-0-9558815-8-9(7))*; pap. *(978-0-9558815-9-6(5))* Gilbert Knowle Pubs.

Present: Mindfulness Colouring Book. Debra Danilewitz. 2019. (ENG.). 38p. (J). pap. *(978-0-9689853-3-5(5))* Gauvin, Jacques.

Present & the Past (Classic Reprint) I. Compton-Burnett. (ENG., Illus.). (J). 2017. 28.56 *(978-0-331-54469-5(5))*; 2016. pap. 10.97 *(978-1-333-56316-5(7))* Forgotten Bks.

Present-Day Japan (Classic Reprint) Augusta M. Campbell Davidson. 2018. (ENG., Illus.). 428p. (J). 32.74 *(978-0-484-46564-9(3))* Forgotten Bks.

Present for a Little Boy (Classic Reprint) William Darton. (ENG., Illus.). (J). 2018. 60p. 25.13 *(978-0-484-22231-0(7))*; 2018. 56p. 25.05 *(978-0-267-56981-6(5))*; 2016. pap. 9.57 *(978-1-334-16888-8(1))* Forgotten Bks.

Present for Infants: Or, Pictures for the Nursery. Anonymous. 2019. (ENG., Illus.). 28p. (YA). pap. *(978-93-5329-475-5(4))* Alpha Editions.

Present for Infants, or Pictures for the Nursery (Classic Reprint) Unknown Author. 2018. (ENG., Illus.). 28p. (J). 24.47 *(978-0-364-12505-2(5))* Forgotten Bks.

Present from New-York: Containing Many Pictures Worth Seeing, & Some Things Worth Remembering (Classic Reprint) Alexander Anderson. 2018. (ENG., Illus.). 36p. (J). 24.64 *(978-0-484-24442-8(6))* Forgotten Bks.

Present to Past - Buried Treasure: Archaeology for Kids (Paleontology Edition) - Children's Archaeology Books. Pfiffikus. 2016. (ENG., Illus.). (J). pap. 10.81 *(978-1-68377-586-7(4))* Whlke, Traudl.

Presentation of the the President's Chair on the One Hundred & Tenth Anniversary of the Founding of the Society: March 8th; 1798-1908 (Classic Reprint) St Andrew John. 2017. (ENG., Illus.). (J). pap. 7.97 *(978-1-5277-3493-7(5))* Forgotten Bks.

Presentation of the the President's Chair on the One Hundred & Tenth Anniversary of the Founding of the Society: March 8th; 1798-1908 (Classic Reprint) St Andrew's Society of St John. 2017. (ENG., Illus.). (J). 24.52 *(978-0-265-75977-6(3))* Forgotten Bks.

Presented to the English Library of the University of Michigan (Classic Reprint) Thomas Love Peacock. 2017. (ENG., Illus.). (J). 26.70 *(978-1-5284-7368-2(X))* Forgotten Bks.

Presenting Buffalo Bill: The Man Who Invented the Wild West. Candace Fleming. 2016. (ENG., Illus.). 288p. (J). 19.99 *(978-1-59643-763-0(4)*, 900080625) Roaring Brook Pr.

Presenting Gary Christmas. Katrin Zimmermann. 2018. (ENG.). 116p. (J). pap. *(978-3-7469-7043-1(1))* tredition Verlag.

Presenting... Picture Puzzles! Connect the Dots Activity Book. Activity Book Zone for Kids. 2016. (ENG., Illus.). (J). pap. 7.55 *(978-1-68376-741-1(1))* Sabeels Publishing.

Presenting Yourself: How to Make a Great Impression. Christie Marlowe & Andrew Morkes. 2019. (Careers with Earning Potential Ser.). (Illus.). 80p. (J). (gr. 12). lib. bdg. 34.60 *(978-1-4222-4328-2(1))* Mason Crest.

Presentism: Reexamining Historical Figures Through Today's Lens, 1 vol. Ed. by Sabine Cherenfant. 2018. (At Issue Ser.). (ENG.). 128p. (gr. 10-12). 41.03 *(978-1-5345-0381-6(1)*, fc1d0958-bb26-42be-9567-218594c9886a) Greenhaven Publishing LLC.

Presents. Katrina Streza. Illus. by Brenda Ponnay. 2023. (Little Readers Ser.: Vol. 29). (ENG.). 20p. (J). 24.99 ***(978-1-5324-4429-6(X))***; pap. 12.99 ***(978-1-5324-4428-9(1))*** Xist Publishing.

Presents' Presents! Teresa De Grosbois. Illus. by Jennifer Llewellyn-Pollack. 2018. (ENG.). 24p. (J). pap. *(978-1-926643-16-8(X))* Small Shifts Bks. & Media, Inc.

Presents' Presents. Teresa De Grosbois. Illus. by Jennifer Llewellyn-Pollack. 2019. (Small Shift Ser.). (ENG.). 24p. (J). *(978-1-926643-15-1(1))* Small Shifts Bks. & Media, Inc.

Preservar Los Alimentos: Leveled Reader Card Book 48 Level U 6 Pack. Hmh Hmh. 2021. (SPA.). (J). pap. 74.40 *(978-0-358-08616-1(7))* Houghton Mifflin Harcourt Publishing Co.

Preservation of Fishing Nets. J. T Cunningham. 2017. (ENG., Illus.). (J). pap. *(978-0-649-36810-5(X))* Trieste Publishing Pty Ltd.

Preservationists. Jason Daniels. 2018. (ENG., Illus.). 270p. (YA). (gr. 7-12). 24.95 *(978-1-944715-27-4(4))*; pap. 19.95 *(978-1-68433-054-6(8))* Black Rose Writing.

Preserving a Smith (Classic Reprint) Rea Woodman. 2018. (ENG., Illus.). 54p. (J). 25.03 *(978-0-484-71931-5(9))* Forgotten Bks.

Preserving Energy. James Shoals. 2019. (Illus.). 48p. (J). *(978-1-4222-4360-2(5))* Mason Crest.

Preshus Child (Classic Reprint) Belle Travers McCahan. (ENG., Illus.). (J). 2018. 308p. 30.25 *(978-0-656-74188-5(0))*; 2017. pap. 13.57 *(978-0-259-20136-6(7))* Forgotten Bks.

Presidencia. Simon Rose. 2020. (Nuestro Gobierno Federal Ser.). (SPA.). 32p. (J). lib. bdg. 22.99 *(978-1-5105-4326-3(0))* SmartBook Media, Inc.

Presidency. Justine Rubinstein. 2019. (Know Your Government Ser.). 96p. (J). (gr. 12). lib. bdg. 34.60 *(978-1-4222-4238-4(2))* Mason Crest.

President. Kirsten Chang. 2020. (Our Government Ser.). (ENG., Illus.). 24p. (J). (gr. k-3). pap. 7.99 *(978-1-68103-827-8(7)*, 12916); lib. bdg. 26.95 *(978-1-64487-203-1(X))* Bellwether Media. (Blastoff! Readers).

President. Heather Kissock. 2020. (People in Our Government Ser.). (ENG.). 24p. (J). lib. bdg. 22.99 *(978-1-5105-5456-6(4))* SmartBook Media, Inc.

President. Julie Murray. 2017. (My Government Ser.). (ENG., Illus.). 24p. (J). (gr. -1-2). lib. bdg. 31.36 *(978-1-5321-0399-5(9)*, 26525, Abdo Kids) ABDO Publishing Co.

President. Connor Stratton. 2023. (American Government Ser.). (ENG., Illus.). 24p. (J). pap. 8.95 ***(978-1-63739-649-0(X))***; lib. bdg. 28.50 ***(978-1-63739-592-9(2))*** North Star Editions. (Focus Readers).

President: A Novel (Classic Reprint) Alfred Henry Lewis. 2017. (ENG., Illus.). (J). 35.16 *(978-1-5285-6666-7(1))* Forgotten Bks.

President Donald Trump. Joanne Mattern. 2017. (Rookie Biographies(tm) Ser.). (ENG., Illus.). 32p. (J). lib. bdg. 25.00 *(978-0-531-23226-2(3)*, Children's Pr.) Scholastic Library Publishing.

President Donald Trump. Nick Robison. 2017. (Pebble Plus Ser.). (ENG., Illus.). 32p. (J). (gr. -1-2). lib. bdg. 27.32 *(978-1-5157-7895-0(9)*, 136018, Capstone Pr.) Capstone.

President for the Day! Digital Citizenship, 1 vol. Miriam Phillips. 2017. (Computer Science for the Real World Ser.). (ENG.). 12p. (gr. 1-2). pap. *(978-1-5383-5162-8(5)*, e2b52793-1c1e-4d19-a23f-670c372e0e56, Rosen Classroom) Rosen Publishing Group, Inc., The.

President Garfield's Killer & the America He Left Behind: The Assassin, the Crime, the Hapless Doctors, & a President's Slow, Grim Death. Joe Tougas. 2018. (Assassins' America Ser.). (ENG., Illus.). 64p. (J). (gr. 4-9). lib. bdg. 30.65 *(978-0-7565-5715-7(1)*, 137214, Compass Point Bks.) Capstone.

President Johnson's Reconstruction Plan Reconstruction 1865-1877 Grade 5 Children's American History. Baby Professor. 2022. (ENG.). 72p. (J). 31.99 ***(978-1-5419-8645-9(8))***; pap. 19.99 ***(978-1-5419-6072-5(6))*** Speedy Publishing LLC. (Baby Professor (Education Kids)).

President Lincoln: From Log Cabin to White House. Demi. 2016. (Illus.). 32p. (J). (gr. k-3). 16.95 *(978-1-937786-50-2(1)*, Wisdom Tales) World Wisdom, Inc.

President Lincoln's Killer & the America He Left Behind: The Assassin, the Crime, & Its Lasting Blow to Freedom & Equality. Jessica Gunderson. 2018. (Assassins' America Ser.). (ENG., Illus.). 64p. (J). (gr. 4-9). lib. bdg. 30.65 *(978-0-7565-5716-4(X)*, 137215, Compass Point Bks.) Capstone.

President Mcglusky (Classic Reprint) A. G. Hales. 2018. (ENG., Illus.). 318p. (J). 30.46 *(978-0-484-78476-4(5))* Forgotten Bks.

President Mckinley's Killer & the America He Left Behind: The Assassin, the Crime, Teddy Roosevelt's Rise, & the Dawn of the American Century. Jessica Gunderson. 2018. (Assassins' America Ser.). (ENG., Illus.). 64p. (J). (gr. 4-9). lib. bdg. 30.65 *(978-0-7565-5714-0(3)*, 137213, Compass Point Bks.) Capstone.

President of Boravia (Classic Reprint) George Lambert. (ENG., Illus.). (J). 2018. 294p. 29.96 *(978-0-365-25181-1(X))*; 2017. pap. 13.57 *(978-0-259-40703-4(8))* Forgotten Bks.

President of Poplar Lane. Margaret Mincks. 2019. 288p. (J). (gr. 3-7). 16.99 *(978-0-425-29093-4(X)*, Viking Books for Young Readers) Penguin Young Readers Group.

President of the Jungle. André Rodrigues et al. 2020. (ENG., Illus.). 40p. (J). (gr. k-3). 17.99 *(978-1-9848-1474-6(5)*, Nancy Paulsen Books) Penguin Young Readers Group.

President of the United States. Martha E. H. Rustad. 2020. (U. S. Government Ser.). (ENG., Illus.). 32p. (J). (gr. 1-3). pap. 6.95 *(978-1-9771-1820-2(8)*, 142180); lib. bdg. 31.32 *(978-1-9771-1395-5(8)*, 141490) Capstone. (Pebble).

President of the Whole Sixth Grade. Sherri Winston. 2016. (President Ser.: 2). (ENG.). 336p. (J). (gr. 3-7). pap. 7.99 *(978-0-316-37724-9(4))* Little, Brown Bks. for Young Readers.

President of the Whole Sixth Grade: Girl Code. Sherri Winston. (President Ser.: 3). (ENG.). (J). (gr. 3-7). 2019. 288p. pap. 8.99 *(978-0-316-50529-1(3))*; 2018. 272p. 16.99 *(978-0-316-50528-4(5))* Little, Brown Bks. for Young Readers.

President Roosevelt's First & Second New Deals - Great Depression for Kids - History Book 5th Grade Children's History. Baby Professor. 2017. (ENG., Illus.). (J). pap. 9.55 *(978-1-5419-1544-2(5)*, Baby Professor (Education Kids)) Speedy Publishing LLC.

P

President Taft Is Stuck in the Bath. Mac Barnett. Illus. by Chris Van Dusen. 2016. (ENG.). 32p. (J). (gr. -1-3). 7.99 *(978-0-7636-6556-2(8))* Candlewick Pr.

President Thomas Jefferson: Father of the Declaration of Independence - Us History for Kids 3rd Grade Children's American History. Baby Professor. 2017. (ENG., Illus.). (YA). pap. 8.79 *(978-1-5419-1296-0(9),* Baby Professor (Education Kids)) Speedy Publishing LLC.

President Wears Pink. Mandana Vetto. Illus. by Sara Foresti. 2020. (ENG.). 26p. (J). (gr. -1-3). 18.99 *(978-0-578-59679-2(2))* Mach Media LLC.

Presidential Biographies. Michelle Hasselius & Rosalyn Tucker. 2021. (Presidential Biographies Ser.). (ENG.). 24p. (J). 175.92 *(978-1-6663-9597-6(8),* 245958, Capstone Pr.) Capstone.

Presidential Biographies Classroom Collection. Michelle Hasselius & Rosalyn Tucker. 2021. (Presidential Biographies Ser.). (ENG.). 24p. (J). pap., pap., pap. 271.73 *(978-1-6663-9599-0(4),* 245960, Capstone Pr.) Capstone.

Presidential Cabinet. Bill McAuliffe. 2016. (By the People Ser.). (ENG., Illus.). 48p. (J). (gr. 4-7). 39.95 *(978-1-60818-673-0(3),* 20572, Creative Education); pap. 12.00 *(978-1-62832-269-9(1),* 20570, Creative Paperbacks) Creative Co., The.

Presidential Election Process. Holly Lynn Anderson. 2016. (Illus.). 64p. (J). *(978-1-61900-094-0(6))* Eldorado Ink.

Presidential Mad Libs: World's Greatest Word Game. Douglas Yacka. 2017. (Mad Libs Ser.). 48p. (J). (gr. 3-7). pap. 5.99 *(978-1-5247-8618-2(7),* Mad Libs) Penguin Young Readers Group.

Presidential Masters of Prehistory Volume 1: Discover America's Prehistoric Forefathers. Elise Wallace. Illus. by Semur Isik. 2018. (Jurassic Classics Ser.). (ENG.). 32p. (J). (gr. 4-7). lib. bdg. 26.65 *(978-1-942875-51-2(7),* 17859ffc-b4eb-44ce-b4ff-64c705f74bcd, Walter Foster Jr) Quarto Publishing Group USA.

Presidential Masters of Prehistory Volume 2: Discover America's Prehistoric Forefathers. Elise Wallace. Illus. by Semur Isik. 2018. (Jurassic Classics Ser.). (ENG.). 32p. (J). (gr. 4-7). lib. bdg. 26.65 *(978-1-942875-52-9(5),* 5740b880-31ac-4362-b991-6415c8e46fbf, Walter Foster Jr) Quarto Publishing Group USA.

Presidential Pets: The History of the Pets in the White House. Paul J. Salamoff. Ed. by Darren G. Davis. 2020. (ENG.). 42p. (J). (gr. k-6). pap. 9.99 *(978-1-949738-23-0(X))* TidalWave Productions.

Presidential Pets: the Weird, Wacky, Little, Big, Scary, Strange Animals That Have Lived in the White House. Julia Moberg. Illus. by Jeff Albrecht Jeff Albrecht Studios. 2016. 96p. (J). (gr. 3-7). pap. 9.95 *(978-1-62354-086-9(0))* Charlesbridge Publishing, Inc.

Presidential Politics. Barbara Krasner et al. 2016. (Presidential Politics Ser.). (ENG., Illus.). 48p. (J). (gr. 3-6). 123.29 *(978-1-4914-8738-9(0),* 24426, Stone Arch Bks.) Capstone.

Presidential Politics by the Numbers. Mary Hertz Scarbrough. 2016. (Presidential Politics Ser.). (ENG., Illus.). 48p. (J). (gr. 3-6). lib. bdg. 29.99 *(978-1-4914-8238-4(9),* 130709) Capstone.

Presidential Popcorn: The Spelling Beetle. Nadia Johnson. Illus. by Mariah Green. 2021. (Presidential Popcorn Ser.: Vol. 1). (ENG.). 76p. (J). 17.99 ***(978-1-952926-04-4(1))*** Manifold Grace Publishing Hse.

Presidential Power: How Far Does Executive Power Go?, 1 vol. Anita Croy. 2019. (What's Your Viewpoint? Ser.). (ENG.). 48p. (gr. 6-6). pap. 15.05 *(978-1-5345-6569-2(8),* abaa984f-315f-45c4-89cc-434248f23132); lib. bdg. 35.23 *(978-1-5345-6570-8(1),* c7217ea4-d8d8-40c1-a4d6-e19430dd126a) Greenhaven Publishing LLC. (Lucent Pr.).

Presidential Seal. Christina Earley. 2022. (Symbols of America Ser.). (ENG.). 24p. (J). (gr. k-2). pap. *(978-1-0396-6178-3(5),* 21851); lib. bdg. *(978-1-0396-5983-4(7),* 21850) Crabtree Publishing Co.

Presidents. James Barber. ed. 2017. (Eyewitness Bks.). lib. bdg. 20.85 *(978-0-606-39897-8(X))* Turtleback.

Presidents: Portraits of History. Leah Tinari. Illus. by Leah Tinari. 2019. (ENG., Illus.). 96p. (J). (gr. 5). 19.99 *(978-1-5344-1857-8(1),* Aladdin) Simon & Schuster Children's Publishing.

Presidents & Their Times, 12 vols., Set. Incl. George Washington. Edward F. Dolan. lib. bdg. 36.93 *(978-0-7614-2427-7(X),* cd0e6306-5e7f-48f3-821e-9706b4b1c5a7); James Madison. Dan Elish. lib. bdg. 36.93 *(978-0-7614-2432-1(6),* fa0cbdb0-9a1c-489c-b7b7-cf602998b5fc); Millard Fillmore. Ted Gottfried. lib. bdg. 36.93 *(978-0-7614-2431-4(8),* a45fa7df-8893-4ace-9783-fbc698df63d9); Richard M. Nixon. Billy Aronson. lib. bdg. 36.93 *(978-0-7614-2428-4(8),* 7d1fb918-7384-47cb-80e3-91d437f81f88); Theodore Roosevelt. Dan Elish. lib. bdg. 36.93 *(978-0-7614-2429-1(6),* e53764ff-c12a-46d7-9a3e-003c63dc9c9d); Ulysses S. Grant. Billy Aronson. lib. bdg. 36.93 *(978-0-7614-2430-7(X),* 0d48df73-e370-4f52-aced-ea6cd56d6e16); (Illus.). 96p. (gr. 6-6). (Presidents & Their Times Ser.). (ENG.). 2008. Set lib. bdg. 221.58 *(978-0-7614-2426-0(1),* 5aad1bb0-b94a-4a93-b6f7-302784a7497a, Cavendish Square) Cavendish Square Publishing LLC.

Presidents & Their Times - Group 2, 12 vols., Set. Incl. Abraham Lincoln. Billy Aronson. lib. bdg. 36.93 *(978-0-7614-2839-8(9),* a404bef1-3923-404a-bd06-75978e2cbebe); Calvin Coolidge. Steven Otfinoski. lib. bdg. 36.93 *(978-0-7614-2836-7(4),* cb4552eb-4174-4f33-af09-b9be6fa8978e); Franklin Delano Roosevelt. Dan Elish. lib. bdg. 36.93 *(978-0-7614-2841-1(0),* 871c231b-419f-45ad-9a9f-f5b6ca24d41f); James Monroe. Corinne J. Naden & Rose Blue. lib. bdg. 36.93 *(978-0-7614-2838-1(0),* e4f2cacd-fce0-428c-9759-526bc3220fdb); John Adams. Wil Mara. lib. bdg. 36.93 *(978-0-7614-2840-4(2),* 3b9f9669-22b1-48e0-814f-6ca137b38924); Lyndon B. Johnson. Susan Dudley Gold. lib. bdg. 36.93 *(978-0-7614-2837-4(2),* b7365e2b-017f-4a6b-b790-7837fd51eb6c); (gr. 6-6). (Presidents & Their Times Ser.). (ENG.). 96p. 2009. Set lib. bdg. 221.58 *(978-0-7614-2834-3(8),* fa3b4d1e-260d-4133-adb2-97a95bb9f762, Cavendish Square) Cavendish Square Publishing LLC.

Presidents At War, 14 vols. 2017. (Presidents at War Ser.). (ENG.). 128p. (gr. 8-8). lib. bdg. 272.51 *(978-0-7660-8596-1(1),* ca66d6bc-f948-4ffc-8388-0168d724d00d) Enslow Publishing, LLC.

Presidents' Day. Aaron Carr. 2016. (Great American Holidays Ser.). (ENG., Illus.). 24p. (J). lib. bdg. 22.99 *(978-1-5105-1012-8(5))* SmartBook Media, Inc.

Presidents' Day. Meredith Dash. 2016. (National Holidays Ser.). (ENG., Illus.). 24p. (J). (gr. -1-2). pap. 7.95 *(978-1-4966-0990-8(5),* 134895, Capstone Classroom) Capstone.

Presidents' Day, 1 vol. Mary Dodson Wade. 2016. (Story of Our Holidays Ser.). (ENG., Illus.). 32p. (gr. 3-3). pap. 11.52 *(978-0-7660-8345-5(4),* 062ea253-ce24-487f-a0a8-1def4836fc84) Enslow Publishing, LLC.

Presidents' Day. Rachel Grack. 2018. (Celebrating Holidays Ser.). (ENG., Illus.). 24p. (J). (gr. k-3). lib. bdg. 26.95 *(978-1-62617-754-3(6),* Blastoff! Readers) Bellwether Media.

Presidents' Day. Charly Haley. 2018. (Holidays (Cody Koala) Ser.). (ENG., Illus.). 24p. (J). (gr. k-3). lib. bdg. 31.36 *(978-1-5321-6198-8(0),* 30179, Pop! Cody Koala) Pop!.

Presidents' Day. Rebecca Sabelko. 2023. (Happy Holidays! Ser.). (ENG., Illus.). (J). (gr. -1-2). pap. 7.99 Bellwether Media.

Presidents' Day. Contrib. by Rebecca Sabelko. 2023. (Happy Holidays! Ser.). (ENG., Illus.). (J). (gr. -1-2). lib. bdg. 25.95 Bellwether Media.

Presidents Did What? Wag Harrison. Illus. by C. Rod Unalt. 2021. (ENG.). 32p. (J). (gr. 3-5). 22.95 *(978-1-953021-32-8(8));* pap. 13.95 *(978-1-953021-33-5(6))* Brandylane Pubs., Inc. (Belle Isle Bks.).

Presidents Did What, Again? Wag Harrison & Wally Jones. 2023. (ENG.). 34p. (J). 26.95 ***(978-1-958754-68-9(4));*** pap. 15.95 ***(978-1-958754-69-6(2))*** Brandylane Pubs., Inc. (Belle Isle Bks.).

Presidents Encyclopedia. Donna B. McKinney. 2022. (United States Encyclopedias Ser.). (ENG., Illus.). 192p. (J). (gr. 3-9). lib. bdg. 49.93 ***(978-1-0982-9048-1(8),*** 40903, Early Encyclopedias) ABDO Publishing Co.

President's Glasses. Peter Donnelly. 2021. (ENG., Illus.). 32p. (J). bds. 10.95 *(978-0-7171-9196-3(6))* Gill Bks. IRL. Dist: Casemate Pubs. & Bk. Distributors, LLC.

President's Job: Understanding Government, 1 vol. Seth Matthas. 2018. (Civics for the Real World Ser.). (ENG.). 16p. (gr. 2-3). pap. *(978-1-5383-6525-0(1),* 64426e68-237c-4f60-8923-f1a8bca7a650, Rosen Classroom) Rosen Publishing Group, Inc., The.

President's Mane Is Missing. Tom Angleberger. ed. 2016. (Inspector Flytrap Ser.: 2). (J). lib. bdg. 15.95 *(978-0-606-38201-4(1))* Turtleback.

Presidents of the United States. Time for Kids Editors. 2017. (America Handbooks, a Time for Kids Ser.). (ENG., Illus.). 80p. (J). (gr. 3-7). pap. 9.95 *(978-1-61893-427-7(9),* Time For Kids) Time Inc. Bks.

Presidents of the United States. Time for Kids Magazine Staff. 2017. (America Handbooks, a Time for Kids Ser.). (ENG., Illus.). 80p. (J). (gr. 3-7). 15.95 *(978-1-68330-000-7(9),* Time For Kids) Time Inc. Bks.

Presidents of the United States: American History for Kids - Children Explore History Book Edition. Baby Professor. 2016. (ENG., Illus.). 42p. (J). pap. 11.65 *(978-1-68305-651-5(5),* Baby Professor (Education Kids)) Speedy Publishing LLC.

President's Surprise. Peter Donnelly. (ENG., Illus.). 32p. (J). 2021. bds. 13.95 *(978-0-7171-9195-6(8));* 2020. pap. 9.95 *(978-0-7171-8872-7(8))* Gill Bks. IRL. Dist: Casemate Pubs. & Bk. Distributors, LLC.

Presidents Visual Encyclopedia. DK. 2021. (DK Children's Visual Encyclopedias Ser.). (ENG., Illus.). 208p. (J). (gr. 5). 16.99 *(978-0-7440-3710-4(7),* DK Children) Dorling Kindersley Publishing, Inc.

Presidents Who Helped Kids Children's Modern History. Baby Professor. 2017. (ENG., Illus.). (J). pap. 7.89 *(978-1-5419-0358-6(7),* Baby Professor (Education Kids)) Speedy Publishing LLC.

Presidents Day. Charly Haley. 2019. (Holidays Ser.). (ENG.). 24p. (J). (gr. 1-1). pap. 8.95 *(978-1-64185-569-3(X),* 1641855692X) North Star Editions.

¡Presiona Empezar! #1: ¡Fin Del Juego, Súper Chico Conejo! (Game over, Super Rabbit Boy!) (Library Edition) Un Libro de la Serie Branches, Vol. 1. Thomas Flintham. Illus. by Thomas Flintham. 2017. (¡Presiona Empezar! Ser.: 1).Tr. of Game over, Super Rabbit Boy!. (SPA., Illus.). 80p. (J). (gr. k-2). lib. bdg. 15.99 *(978-1-338-18791-5(0),* Scholastic en Espanol) Scholastic, Inc.

Presley Pocket Flower: Pool Day Fun with a Ladybug. Cassi Warren. 2020. (ENG., Illus.). 24p. (J). 19.95 *(978-1-64654-842-2(6));* pap. 13.95 *(978-1-64654-840-8(X))* Fulton Bks.

Presley the Pug & the Tranquil Teepee: A Story to Help Kids Relax & Self-Regulate. Karen Treisman. Illus. by Sarah Peacock. ed. 2021. (Dr. Treisman's Big Feelings Stories Ser.). 48p. (J). 14.95 *(978-1-83997-031-3(6),* 828547) Kingsley, Jessica Pubs. GBR. Dist: Hachette UK Distribution.

Presley the Pug Relaxation Activity Book: A Therapeutic Story with Creative Activities to Help Children Aged 5-10 to Regulate Their Emotions & to Find Calm. Karen Treisman. 2019. (Therapeutic Treasures Collection). (Illus.). 152p. (C). 29.95 *(978-1-78592-553-5(9),* 696896) Kingsley, Jessica Pubs. GBR. Dist: Hachette UK Distribution.

Press Album: Published in Aid of the Journalists' Orphan Fund (Classic Reprint) Thomas Catling. (ENG., Illus.). (J). 2018. 344p. 30.99 *(978-0-483-36727-2(3));* 2016. pap. 13.57 *(978-1-333-54280-1(1))* Forgotten Bks.

Press Here: Board Book Edition. Hervé Tullet. 2019. (Herve Tullet Ser.). (ENG., Illus.). 46p. (J). (gr. -1-k). bds. 8.99 *(978-1-4521-7859-2(3))* Chronicle Bks. LLC.

Press Here: Pressure Points for Instant Simple Self Care. Marneta Viegas. 2022. (Relax Kids Ser.). (ENG., Illus.). 168p. (J). (gr. -1-12). pap. 21.95 *(978-1-78904-996-1(2),* Our Street Bks.) Hunt, John Publishing Ltd. GBR. Dist: National Bk. Network.

Press Here to Cook Coloring Book. Smarter Activity Books for Kids. 2016. (ENG., Illus.). (J). pap. 9.22 *(978-1-68374-380-4(6))* Examined Solutions PTE. Ltd.

Press Out & Color: Birds. Illus. by Zoë Ingram. 2017. (ENG.). 20p. (J). (gr. 2-5). 15.99 *(978-0-7636-9532-3(7))* Candlewick Pr.

Press Out & Color: Butterflies. Illus. by Zoë Ingram. 2017. (ENG.). 20p. (J). (gr. 5). 15.99 *(978-0-7636-9506-4(8))* Candlewick Pr.

Press Out & Color: Christmas Ornaments. Illus. by Kate McLelland. 2017. (ENG.). 20p. (J). (gr. 2-5). 15.99 *(978-0-7636-9618-4(8))* Candlewick Pr.

Press Out & Color: Easter Eggs. Illus. by Kate McLelland. 2018. (ENG.). 20p. (J). (gr. 2-5). 15.99 *(978-0-7636-9692-4(7))* Candlewick Pr.

Press-Out Planes: Includes 10 Model Planes. Claire Bampton & Samantha Hilton. Illus. by Martin Bustamante et al. 2023. (ENG.). 36p. (J). pap. 9.99 ***(978-1-3988-3098-1(4),*** 742465da-d5d1-4207-88bf-2c815a3e06c7) Arcturus Publishing GBR. Dist: Baker & Taylor Publisher Services (BTPS).

Press-Out Playtime Dinosaurs: Build 3D Models. IglooBooks. Illus. by Michelle Carlslund. 2019. (ENG.). 10p. (J). (gr. k-2). bds. 15.99 *(978-1-83852-847-8(4))* Igloo Bks. GBR. Dist: Simon & Schuster, Inc.

Press-Out Playtime Space: Build 3D Models. IglooBooks. Illus. by Michelle Carlslund. 2019. (ENG.). 10p. (J). (gr. k-2). bds. 15.99 *(978-1-83852-846-1(6))* Igloo Bks. GBR. Dist: Simon & Schuster, Inc.

Press Play. Ann Fine. Illus. by Joëlle Dreidemy. 2nd ed. 2017. (Reading Ladder Level 3 Ser.). (ENG.). 48p. (gr. k-2). pap. 4.99 *(978-1-4052-8242-0(8),* Reading Ladder) Farshore GBR. Dist: HarperCollins Pubs.

Press Start #1. Clancy Teitelbaum. 2016. (ENG., Illus.). (YA). (gr. 7-12). pap. 12.99 *(978-1-68076-652-3(X),* Epic Pr.) ABDO Publishing Co.

Press Start 1: The Gamers. Rebel Frost. 2018. (Press Start Ser.: Vol. 1). (ENG., Illus.). 126p. (J). (gr. 5-6). pap. 9.99 *(978-0-9835970-2-5(2))* Dream, Feral LLC.

Press Start!, Books 1-5: a Branches Box Set, 1 vol. Thomas Flintham. Illus. by Thomas Flintham. 2023. (Press Start! Ser.). (ENG.). 400p. (J). (gr. k-2). pap., pap., pap. 29.95 ***(978-1-338-83070-5(8))*** Scholastic, Inc.

Press Toward the Mark — Jesus Christ! Linda Roller. 2021. (ENG.). 26p. (J). 30.99 *(978-1-6628-2246-9(4));* pap. 20.99 *(978-1-6628-2245-2(6))* Salem Author Services.

Pressure, Heat & Temperature - Physics for Kids - 5th Grade Children's Physics Books. Baby Professor. 2017. (ENG., Illus.). (YA). pap. 8.79 *(978-1-5419-1138-3(5),* Baby Professor (Education Kids)) Speedy Publishing LLC.

Prestame a Tu Novio! Iris Boo. 2017. (SPA., Illus.). (J). pap. *(978-84-946611-6-7(7))* Terra Ignota Ediciones.

Prester John (Classic Reprint) John Buchan. 2017. (ENG., Illus.). (J). 29.84 *(978-0-265-38907-2(0))* Forgotten Bks.

Presto & Zesto in Limboland. Arthur Yorinks & Maurice Sendak. Illus. by Maurice Sendak. 2018. (ENG., Illus.). 28p. (J). (gr. -1-3). 18.95 *(978-0-06-264465-7(3))* HarperCollins Pubs.

Presto Change! Tricks for Skilled Magicians: 4D a Magical Augmented Reading Experience. Norm Barnhart. 2018. (Amazing Magic Tricks 4D! Ser.). (ENG., Illus.). 32p. (J). (gr. 2-6). lib. bdg. 33.99 *(978-1-5435-0570-2(8),* 137374, Capstone Classroom) Capstone.

Preston the Preschooler As Told by Marianna. B. 2022. (ENG., Illus.). 32p. (J). 22.95 ***(978-1-68517-439-2(6))*** Christian Faith Publishing.

PrestonPlayz: the Mystery of the Super Spooky Secret House. PrestonPlayz. Illus. by Dave Bardin. 2023. (ENG.). 208p. (J). (gr. 3-7). 23.99 *(978-0-06-306514-7(2),* HarperAlley) HarperCollins Pubs.

Prestons (Classic Reprint) Mary Heaton Vorse. 2018. (ENG., Illus.). 432p. (J). 32.83 *(978-0-365-11500-7(2))* Forgotten Bks.

Pretend She's Here. Luanne Rice. (ENG.). 352p. (YA). (gr. 7). 2020. pap. 10.99 *(978-1-338-29852-9(6));* 2019. 18.99 *(978-1-338-29850-5(X),* Scholastic Pr.) Scholastic, Inc.

Pretender: A Story of the Latin Quarter (Classic Reprint) Robert W. Service. 2018. (ENG., Illus.). 358p. (J). 31.30 *(978-0-483-93731-4(2))* Forgotten Bks.

Pretenders. Rebecca Hanover. (Similars Ser.: 2). (ENG.). 416p. (YA). (gr. 8-12). 2021. pap. 12.99 *(978-1-7282-4531-7(1));* 2019. 17.99 *(978-1-4926-6513-7(4))* Sourcebooks, Inc.

Pretenders, & Two Other Plays (Classic Reprint) Henrik Ibsen. 2017. (ENG., Illus.). (J). pap. 13.57 *(978-0-243-28677-5(5))* Forgotten Bks.

Pretenders, & Two Other Plays (Classic Reprint) Henrik Ibsen. (ENG., Illus.). (J). 2018. 348p. 31.07 *(978-0-483-61767-4(9));* 2017. 332p. 30.74 *(978-0-484-09025-4(9))* Forgotten Bks.

Prettiest. Brigit Young. 2021. (ENG.). 320p. (J). pap. 8.99 *(978-1-250-76324-2(X),* 900177864) Square Fish.

Prettiest Daffodil, 1 vol. Beth Winslett Fontenot. 2020. (ENG.). 28p. (J). 27.99 *(978-1-4003-3139-0(0));* pap. 12.99 *(978-1-4003-3140-6(4))* Elm Hill.

Prettiest Girl on Planet X. Michael Verrett. 2019. (ENG.). 34p. (J). pap. 15.95 *(978-0-359-67586-9(7))* Lulu Pr., Inc.

Pretty. Justin Sayre. 2018. 240p. (J). (gr. 5). pap. 9.99 *(978-0-448-48418-1(8),* Penguin Workshop) Penguin Young Readers Group.

Pretty & Brown. Candis Perdue. 2021. (ENG.). 18p. (J). pap. 16.99 *(978-1-953156-41-9(X))* 13th & Joan.

Pretty & Entertaining History of Tom Thumb: With His Wonderful Escape from the Cow's Belly; Adorned with Wood Cuts (Classic Reprint) Unknown Author. (ENG., Illus.). (J). 2018. 20p. 24.33 *(978-0-267-73716-1(5));* 2016. pap. 7.97 *(978-1-334-16264-0(6))* Forgotten Bks.

Pretty Babies, Cuddly Babies Coloring Books Kids 5-7. Educando Kids. 2019. (ENG.). 42p. (J). pap. 6.99 *(978-1-64521-066-5(9),* Educando Kids) Editorial Imagen.

Pretty Ballerinas - Coloring Books Young Girls Edition. Creative Playbooks. 2016. (ENG., Illus.). (J). pap. 7.74 *(978-1-68323-091-5(4))* Twin Flame Productions.

Pretty Bears Coloring Book: Cute Bears Coloring Book - Adorable Bears Coloring Pages for Kids -25 Incredibly Cute & Lovable Bears. Welove Coloringbooks. 2020. (ENG.). 106p. (J). pap. 11.49 *(978-1-716-28977-4(7))* Lulu Pr., Inc.

Pretty Brown Princess. Lundyn D. 2017. (ENG.). 40p. (J). pap. ***(978-1-387-07838-7(0))*** Lulu Pr., Inc.

Pretty Brown Princess. Danielle D. McDaniel. 2020. (ENG., Illus.). 30p. (J). pap. 14.95 *(978-1-64468-701-7(1))* Covenant Bks.

Pretty Cat. Marilyn Pitt & Jane Hileman. Illus. by John Bianchi. 2017. (1G Potato Chip Bks.). (ENG.). 12p. (J). (gr. k-1). pap. 8.00 *(978-1-61541-067-5(8))* American Reading Co.

Pretty Challenging Math for Your Critical Thinker: Math Activity Book. Jupiter Kids. 2017. (ENG., Illus.). (J). pap. 9.20 *(978-1-5419-3334-7(6),* Jupiter Kids (Childrens & Kids Fiction)) Speedy Publishing LLC.

Pretty Coloring Book for Girls (6x9 Coloring Book / Activity Book) Sheba Blake. 2020. (ENG.). 66p. (J). pap. 9.99 *(978-1-222-28897-1(4))* Indy Pub.

Pretty Coloring Book for Girls (8. 5x8. 5 Coloring Book / Activity Book) Sheba Blake. 2021. (ENG.). 66p. (J). pap. 12.99 *(978-1-222-29219-0(X))* Indy Pub.

Pretty Coloring Book for Girls (8x10 Coloring Book / Activity Book) Sheba Blake. 2020. (ENG.). 66p. (J). pap. 14.99 *(978-1-222-28898-8(2))* Indy Pub.

Pretty Colouring Book. Jessie Eckel. 2022. (ENG.). 64p. (J). pap. 9.99 *(978-1-78055-761-8(2),* Buster Bks.) O'Mara, Michael Bks., Ltd. GBR. Dist: Independent Pubs. Group.

Pretty Dead Girls. Monica Murphy. 2018. (ENG.). 300p. (YA). 17.99 *(978-1-63375-891-9(5),* 900185462) Entangled Publishing, LLC.

Pretty Dead Queens. Alexa Donne. 2022. 336p. (YA). (gr. 9). 18.99 *(978-0-593-47982-7(3),* Crown Books For Young Readers) Random Hse. Children's Bks.

Pretty Fair View of the Eliphent: Or Ten Letters by Charles G. Hinman, Written During His Trip Overland from Groveland, Illinois, to California in 1849 & His Adventures in the Gold Fields in 1849 & 1850 (Classic Reprint) Charles G. Hinman. 2017. (ENG., Illus.). (J). 24.72 *(978-0-265-53308-6(2));* pap. 7.97 *(978-0-282-70813-9(8))* Forgotten Bks.

Pretty Fierce. Kieran Scott. 2017. (ENG.). 304p. (YA). (gr. 6-12). pap. 10.99 *(978-1-4926-3798-1(X),* 9781492637981) Sourcebooks, Inc.

Pretty Funny for a Girl. Rebecca Elliott. (ENG.). 368p. (YA). (gr. 9). 2021. pap. 10.99 *(978-1-68263-333-5(0));* 2020. 17.99 *(978-1-68263-147-8(8))* Peachtree Publishing Co. Inc.

Pretty Girl: Teaching Girls What Pretty Really Is. Katara McCarty. Illus. by Galina Adzhigirey. 2017. 24p. (J). 14.95 *(978-0-9980154-0-8(7))* Fierce Publishing.

Pretty Goblin. Rachael Williot. 2022. (ENG.). 54p. (J). pap. 8.00 ***(978-1-0880-6710-9(7))*** Indy Pub.

Pretty Goldilocks: And Other Stories, from the Fairy Books (Classic Reprint) Andrew Lang. 2017. (ENG., Illus.). (J). 28.04 *(978-0-331-79871-5(9))* Forgotten Bks.

Pretty in Punxsutawney, 1 vol. Laurie Boyle Crompton. 2019. (ENG.). 304p. (YA). pap. 9.99 *(978-0-310-76219-5(7));* 17.99 *(978-0-310-76216-4(2))* Blink.

Pretty Kitty Herrick, the Horsebreaker: A Romance of Love & Sport (Classic Reprint) Edward Kennard. (ENG., Illus.). (J). 2018. 412p. 32.39 *(978-0-365-21912-5(6));* 2017. pap. 16.57 *(978-0-259-40021-9(1))* Forgotten Bks.

Pretty Kitty of the House. Martha Mary Rose. 2020. (ENG.). 36p. (J). 24.95 *(978-1-64701-227-4(9));* pap. 14.95 *(978-1-68456-406-4(9))* Page Publishing Inc.

Pretty Lady (Classic Reprint) Arnold Bennett. (ENG., Illus.). (J). 2018. 352p. 31.18 *(978-0-483-76334-0(9));* 2016. pap. 13.57 *(978-1-333-68473-0(8))* Forgotten Bks.

Pretty Like Jamaica. Opal Palmer Adisa. Illus. by Wayne Powell. 2023. (ENG.). 42p. (J). pap. 9.99 ***(978-1-953747-22-8(1))*** CaribbeanReads.

Pretty Little Liars. Sara Shepard. 2022. (Pretty Little Liars Ser.: 1). (ENG.). 304p. (YA). (gr. 9). pap. 11.99 *(978-0-06-314460-6(3),* HarperTeen) HarperCollins Pubs.

Pretty Little Liars #2: Flawless. Sara Shepard. 2022. (Pretty Little Liars Ser.: 2). (ENG.). 352p. (YA). (gr. 9). pap. 11.99 *(978-0-06-314463-7(8),* HarperTeen) HarperCollins Pubs.

Pretty Little Liars #3: Perfect. Sara Shepard. 2022. (Pretty Little Liars Ser.: 3). (ENG.). 336p. (YA). (gr. 9). pap. 11.99 *(978-0-06-314461-3(1),* HarperTeen) HarperCollins Pubs.

Pretty Little Liars 4-Book Paperback Box Set: Pretty Little Liars, Flawless Perfect, Unbelievable. Sara Shepard. 2022. (Pretty Little Liars Ser.). (ENG.). 1360p. (YA). (gr. 9). pap. 47.96 *(978-0-06-314464-4(6),* HarperTeen) HarperCollins Pubs.

Pretty Little Liars #4: Unbelievable. Sara Shepard. 2022. (Pretty Little Liars Ser.: 4). (ENG.). 368p. (YA). (gr. 9). pap. 11.99 *(978-0-06-314462-0(X),* HarperTeen) HarperCollins Pubs.

Pretty Little London: Trips: Weekend Escapes from the City. Sara Santini & Andrea Di Filippo. 2023. (Pretty Little London Ser.). (ENG., Illus.). 208p. 20.00 *(978-0-7112-8025-0(8),* 347899, Frances Lincoln Children's Bks.) Quarto Publishing Group UK GBR. Dist: Hachette Bk. Group.

Pretty Little Poems, for Pretty Little People: Explanatory of the Operations of Nature, in a Style Suited to Their Capacities, from the Age of Two to Twelve Years (Classic Reprint) Louisa Watts. (ENG., Illus.). (J). 2018. 154p. 27.09 *(978-0-484-64866-0(7));* 2016. pap. 9.57 *(978-1-334-13965-9(2))* Forgotten Bks.

Pretty Madcap Dorothy or How She Won a Lover: A Romance of the Jolliest Girl in the Book-Bindery, & a Magnificent Love Story of the Life of a Beautiful, Willful New York Working Girl (Classic Reprint) Laura Jean Libbey. 2018. (ENG., Illus.). 264p. (J). 29.34 *(978-0-483-43100-3(1))* Forgotten Bks.

Pretty Melanin Me! Coloring & Activity Book. Markita Richards. 2020. (ENG.). 56p. (J). pap. 8.99 *(978-0-578-71391-5(8))* Richards, Markita.

Pretty Michal: A Szep Mikhal (Classic Reprint) Mor Jokai. 2017. (ENG., Illus.). (J). 30.95 *(978-0-265-80095-9(1))* Forgotten Bks.

Pretty Minnie in Hollywood. Danielle Steel. Illus. by Kristi Valiant. 2016. 32p. (J). (gr. -1-2). 17.99 *(978-0-553-53755-0(5)*, Doubleday Bks. for Young Readers) Random Hse. Children's Bks.

Pretty Miss. Bellew (Classic Reprint) Theo Gift. 2017. (ENG., Illus.). (J). 31.94 *(978-1-5281-5457-4(6))* Forgotten Bks.

Pretty Mrs. Gaston, & Other Stories (Classic Reprint) John Esten Cooke. 2018. (ENG., Illus.). 292p. (J). 29.92 *(978-0-267-29237-0(6))* Forgotten Bks.

Pretty Nails & Hair Salon Coloring Book. Activity Attic. 2016. (ENG., Illus.). (J). pap. 7.74 *(978-1-68323-791-4(9))* Twin Flame Productions.

Pretty Nan Hartigan (Classic Reprint) Marion Miller Knowles. (ENG., Illus.). (J). 2018. 220p. 28.43 *(978-0-483-38746-1(0))*; 2016. pap. 10.97 *(978-1-333-37318-4(X))* Forgotten Bks.

Pretty on the Outside. Ninette Vosloo. 2018. (ENG., Illus.). 84p. (J). pap. *(978-1-78465-378-1(0)*, Vanguard Press) Pegasus Elliot Mackenzie Pubs.

Pretty Paisleys & Patterns Coloring Book: Paisley Coloring Book for Children. Activibooks For Kids. 2016. (ENG., Illus.). (J). pap. 9.20 *(978-1-68321-113-6(8))* Mimaxion.

Pretty Patty. D. Artistic Touch & Ava Johnson. 2020. (ENG.). 26p. (J). pap. 9.99 ***(978-0-578-71585-8(6))*** Angelic Matters.

Pretty Peg. Skye Allen. 2016. (ENG., Illus.). (J). 27.99 *(978-1-63533-064-9(5)*, Harmony Ink Pr.) Dreamspinner Pr.

Pretty Penny. Alex Edelman. 2022. (ENG., Illus.). 24p. (J). pap. 13.95 *(978-1-63860-905-6(5))* Fulton Bks.

Pretty Penny. Gyeongwon Kwak. 2018. (ENG., Illus.). 96p. (YA). *(978-1-5255-2685-5(5))*; pap. *(978-1-5255-2686-2(3))* FriesenPress.

Pretty Perfect Kitty-Corn. Shannon Hale. Illus. by LeUyen Pham. 2022. (Kitty-Corn Ser.). (ENG.). 48p. (J). (gr. -1-3). 18.99 *(978-1-4197-5093-9(3)*, 1713801) Abrams, Inc.

Pretty Petals. Alyssa Gagliardi. Illus. by Savannah Horton. 2022. (ENG.). 28p. (J). pap. 12.99 *(978-1-63984-238-4(1))* Pen It Pubns.

Pretty Pets Activity Book for 7 Year Old. Educando Kids. 2019. (ENG.). 42p. (J). pap. 8.55 *(978-1-64521-782-4(5)*, Educando Kids) Editorial Imagen.

Pretty Petunias: The Artful Flower Coloring Book. Bobo's Adult Activity Books. 2016. (ENG., Illus.). (J). pap. 9.33 *(978-1-68327-572-5(1))* Sunshine In My Soul Publishing.

Pretty Picture Book (Classic Reprint) Unknown Author. 2017. (ENG., Illus.). (J). 24.31 *(978-0-260-56464-1(8))* Forgotten Bks.

Pretty Please with Sugar on Top. Katrina Pope. 2017. (ENG., Illus.). 20p. (J). *(978-1-387-44997-2(4))* Lulu Pr., Inc.

Pretty Polly Perkins (Classic Reprint) Gabrielle E. Jackson. (ENG., Illus.). (J). 2017. 30.19 *(978-0-265-51179-4(8))*; 2016. pap. 13.57 *(978-1-334-35312-3(3))* Forgotten Bks.

Pretty Pops Goes to the Fair. Andrea Carter. Illus. by Alan Cooper. 2023. (Pretty Pops Adventures Ser.). (ENG.). 52p. (J). pap. ***(978-1-957080-20-8(5))*** AC Publishing.

Pretty Pretty Black Girl. Brianna Laren. 2019. (ENG., Illus.). 42p. (YA). (gr. 7-12). pap. 16.99 *(978-1-64254-396-4(9))* BookPatch LLC, The.

Pretty Princess: Fancy Royalty Coloring Book. Kreative Kids. 2016. (ENG., Illus.). (J). pap. 10.81 *(978-1-68377-232-3(6))* Wilke, Traudl.

Pretty Princess & the Magic Crystal #1: Best Chef. J. R. Conte. 2017. (Pretty Princess & the Magic Crystal Ser.: Vol. 1). (ENG., Illus.). (J). (gr. 1-6). pap. 12.98 *(978-0-9986487-2-9(8))* Magic Crystal Pr.

Pretty Princess Coloring Book. Teresa Goodridge. 2016. (Dover Fantasy Coloring Bks.). (ENG.). 32p. (J). (gr. -1-2). pap. 3.99 *(978-0-486-80446-0(1)*, 804461) Dover Pubns., Inc.

Pretty Princess Party: Ultimate Princess Activity Book. Activibooks For Kids. 2016. (ENG., Illus.). (J). pap. 7.55 *(978-1-68321-399-4(8))* Mimaxion.

Pretty Rose Hall, or, the Power of Love. Miss Laura Jean Libbey. 2017. (ENG., Illus.). (J). pap. *(978-0-649-36482-4(1))* Trieste Publishing Pty Ltd.

Pretty Rose Hall or the Power of Love (Classic Reprint) Miss Laura Jean Libbey. 2018. (ENG., Illus.). 262p. (J). 29.30 *(978-0-332-15611-8(7))* Forgotten Bks.

Pretty Rude for a Girl. Rebecca Elliott. (ENG.). 352p. (YA). 2022. (gr. 7). pap. 10.99 *(978-1-68263-385-4(3))*; 2021. (gr. 9). 17.99 *(978-1-68263-148-5(6))* Peachtree Publishing Co. Inc.

Pretty Scenes for Children (Classic Reprint) Albert Alden. 2018. (ENG., Illus.). (J). 32p. 24.56 *(978-1-391-64729-6(7))*; 34p. pap. 7.97 *(978-1-391-64710-4(6))* Forgotten Bks.

Pretty Sister of Jose (Classic Reprint) Frances Burnett. 2018. (ENG., Illus.). 172p. (J). 27.44 *(978-0-666-44737-1(3))* Forgotten Bks.

Pretty Swimsuits for Summer Coloring Book. Smarter Activity Books for Kids. 2016. (ENG., Illus.). (J). pap. 9.22 *(978-1-68374-598-3(1))* Examined Solutions PTE. Ltd.

Pretty Tales: For the Nursery (Classic Reprint) Unknown Author. 2018. (ENG., Illus.). 84p. (J). 25.65 *(978-0-267-74216-5(9))* Forgotten Bks.

Pretty to See, Hard to Catch. Katrina Michele Gregory. 2019. (ENG., Illus.). 38p. (J). (gr. k-6). pap. 12.99 *(978-1-970079-46-3(0))* Opportune Independent Publishing Co.

Pretty Tory. Jeanie Gould Lincoln & Sarah E. Whitin. 2017. (ENG.). 288p. (J). pap. *(978-3-337-34843-4(2))* Creation Pubs.

Pretty Tory: Being a Romance of Partisan Warfare During the War of Independence in the Provinces of Georgia & South Carolina, Relating to Mistress Geraldine Moncriffe (Classic Reprint) Jeanie Gould Lincoln. 2018. (ENG., Illus.). 288p. (J). 29.84 *(978-0-484-39759-9(1))* Forgotten Bks.

Pretty Tricky: The Sneaky Ways Plants Survive. Etta Kaner. Illus. by Ashley Barron. 2020. (ENG.). 48p. (J). (gr. 2-5). 18.95 *(978-1-77147-369-9(X))* Owlkids Bks. Inc. CAN. Dist: Publishers Group West (PGW).

Pretty Verses for All Good Children, Vol. 1: In Words of One, Two, & Three Syllables (Classic Reprint) Unknown Author. (ENG., Illus.). (J). 2017. 22p. 24.35 *(978-0-484-85220-3(5))*; 2016. pap. 7.97 *(978-1-334-16729-4(X))* Forgotten Bks.

Prettyboy Must Die: A Novel. Kimberly Reid. 2019. (ENG.). 288p. (YA). pap. 16.99 *(978-0-7653-9088-2(4)*, 900169701, Tor Teen) Doherty, Tom Assocs., LLC.

Pretzel. Margret Rey. 2021. (SPA.). 36p. (J). 25.99 *(978-84-123841-7-8(2))* Lata de Sal Editorial S.L. ESP. Dist: Lectorum Pubns., Inc.

Pretzel. Margret Rey & H. A. Rey. Illus. by H. A. Rey. 2022. (ENG., Illus.). 32p. (J). (gr. -1-3). 17.99 *(978-0-358-65960-0(4)*, 1821781); pap. 7.99 *(978-0-358-65961-7(2)*, 1821782) HarperCollins Pubs. (Clarion Bks.).

Pretzel & the Puppies. H. A. Rey. 2022. (ENG., Illus.). 32p. (J). (gr. -1-3). pap. 7.99 *(978-0-358-65959-4(0)*, 1821780, Clarion Bks.) HarperCollins Pubs.

Pretzel & the Puppies. Margret Rey. Illus. by H. A. Rey. 2022. (ENG.). 32p. (J). (gr. -1-3). 17.99 *(978-0-358-46826-4(4)*, 1798374, Clarion Bks.) HarperCollins Pubs.

Pretzel & the Puppies: Construction Pups. Margret Rey. Illus. by H. A. Rey. 2022. (I Can Read Level 1 Ser.). (ENG.). 32p. (J). (gr. -1-3). 16.99 *(978-0-358-68362-9(9))*; pap. 4.99 *(978-0-358-68363-6(7))* HarperCollins Pubs. (Clarion Bks.).

Pretzel & the Puppies: Meet the Pups! Margret Rey. Illus. by H. A. Rey. 2022. (I Can Read Level 1 Ser.). (ENG.). 32p. (J). (gr. -1-3). 16.99 *(978-0-358-68360-5(2))*; pap. 4.99 *(978-0-358-68361-2(0))* HarperCollins Pubs. (Clarion Bks.).

Pretzel & the Puppies: Paws Up! Margret Rey. Illus. by H. A. Rey. 2022. (ENG.). 40p. (J). (gr. -1-3). 12.99 *(978-0-358-65306-6(1)*, 1820938, Clarion Bks.) HarperCollins Pubs.

Pretzel Board Book. Margret Rey & H. A. Rey. Illus. by H. A. Rey. 2023. (ENG., Illus.). 34p. (J). (gr. -1 — 1). bds. 9.99 *(978-0-06-328724-2(2)*, Clarion Bks.) HarperCollins Pubs.

Pretzels de Yoga. Tara Guber & Leah Kalish. Illus. by Sophie Fatus. 2021. (Barefoot Books Activity Decks Ser.). (SPA.). 50p. (J). (gr. -1-6). 16.99 *(978-1-64686-277-1(5))* Barefoot Bks., Inc.

Preventing & Treating Addiction. Xina M. Uhl. 2017. (Opioids & Opiates: the Silent Epidemic" Ser.: Vol. 5). (ENG., Illus.). 64p. (YA). (gr. 7-12). 23.95 *(978-1-4222-3826-4(1))* Mason Crest.

Preventing Cruel & Unusual Punishment: The Eighth Amendment, 1 vol. Hallie Murray. 2017. (Bill of Rights Ser.). (ENG.). 48p. (gr. 5-6). 29.60 *(978-0-7660-8563-3(5)*, e8cfa033-d63a-4688-8f0c-30d61f2a1b40) Enslow Publishing, LLC.

Preventing Cruel & Unusual Punishment: The Eighth Amendment. Hallie Murray. 2017. (Bill of Rights Ser.). (ENG.). 48p. (J). (gr. 5-8). 22.50 *(978-1-5311-8593-0(2))* Perfection Learning Corp.

Preventing Sexual Assault & Harassment. H. W. Poole. 2019. (Sexual Violence & Harassment Ser.). (Illus.). 80p. (J). (gr. 12). lib. bdg. 34.60 *(978-1-4222-4203-2(X))* Mason Crest.

Prey of the Gods. Florence Marryat. 2017. (ENG.). (J). 318p. pap. *(978-3-337-05219-5(3))*; 304p. pap. *(978-3-337-05220-1(7))*; 324p. pap. *(978-3-337-05221-8(5))* Creation Pubs.

Prey of the Gods: A Novel (Classic Reprint) Florence Marryat. 2017. (ENG., Illus.). (J). 27.11 *(978-0-265-52550-0(0))*; pap. 9.57 *(978-1-334-87205-1(8))* Forgotten Bks.

Prey of the Gods, Vol. 1 Of 3: A Novel (Classic Reprint) Florence Marryat. 2018. (ENG., Illus.). 316p. (J). 30.41 *(978-0-483-87068-0(4))* Forgotten Bks.

Prey of the Gods, Vol. 2 Of 3: A Novel (Classic Reprint) Florence Marryat. 2018. (ENG., Illus.). 302p. (J). 30.13 *(978-0-483-91412-4(6))* Forgotten Bks.

Prey of the Gods, Vol. 3 Of 3: A Novel (Classic Reprint) Florence Marryat. 2018. (ENG., Illus.). 322p. (J). 30.56 *(978-0-483-20260-3(6))* Forgotten Bks.

Preying on the Weak in the Water: Sharks Coloring Book. Activity Book Zone for Kids. 2016. (ENG., Illus.). (J). pap. 9.20 *(978-1-68376-373-4(4))* Sabeels Publishing.

Price: A Play in Three Acts (Classic Reprint) Paul K. Driden. 2018. (ENG., Illus.). 136p. (J). 26.72 *(978-0-428-99506-5(3))* Forgotten Bks.

Price (Classic Reprint) Francis Lynde. (ENG., Illus.). (J). 2018. 472p. 33.63 *(978-0-364-71096-8(9))*; 2017. pap. 16.57 *(978-0-243-95553-4(7))* Forgotten Bks.

Price Guide to the Occult. Leslye Walton. 288p. (YA). (gr. 9). 2020. (ENG.). pap. 8.99 *(978-1-5362-0425-4(0))*; 2018. 18.99 *(978-0-7636-9110-3(0))* Candlewick Pr.

Price Inevitable, or the Confessions of Irene: An Autobiography (Classic Reprint) Aurelia I. Sidner. (ENG., Illus.). (J). 2018. 226p. 28.56 *(978-0-483-65431-0(0))*; 2017. pap. 10.97 *(978-0-243-41183-2(9))* Forgotten Bks.

Price of a Slice: Long Vowel Sounds with Consonant Blends. Brian P. Cleary. Illus. by Jason Miskimins. 2022. (Phonics Fun Ser.). (ENG.). 24p. (J). (gr. -1-2). pap. 8.99 *(978-1-7284-4851-0(4)*, 3e7fdbd1-e73f-40cf-8fee-1cefdb128779); lib. bdg. 27.99 *(978-1-7284-4128-3(5)*, 27ccf218-53cc-4341-989b-ea521750919d) Lerner Publishing Group. (Lerner Pubns.).

Price of a Wife (Classic Reprint) John Strange Winter. (ENG., Illus.). (J). 2018. 268p. 29.57 *(978-0-484-27191-2(1))*; 2017. pap. 11.97 *(978-0-243-41624-0(5))* Forgotten Bks.

Price of an A. Moriyah Marshall. 2022. (ENG.). 78p. (J). pap. 13.95 *(978-1-6624-5928-3(9))* Page Publishing Inc.

Price of Blood: An Extravaganza of New York Life in 1807, Written in Five Chapters & Illustrated (Classic Reprint) Howard Pyle. 2018. (ENG., Illus.). 122p. (J). 26.43 *(978-0-365-17854-5(3))* Forgotten Bks.

Price of Coal (Classic Reprint) Harold Brighouse. 2018. (ENG., Illus.). 50p. (J). 24.93 *(978-0-428-91838-5(7))* Forgotten Bks.

Price of Duty. Todd Strasser. 2018. (ENG., Illus.). 192p. (YA). (gr. 9). 17.99 *(978-1-4814-9709-1(X)*, Simon & Schuster Bks. For Young Readers) Simon & Schuster Bks. For Young Readers.

Price of Duty. Todd Strasser. 2019. (ENG.). 192p. (YA). (gr. 9). pap. 11.99 *(978-1-4814-9710-7(3))* Simon & Schuster, Inc.

Price of Freedom: Or, in the Grip of Hate (Classic Reprint) Arthur W. Marchmont. 2018. (ENG., Illus.). 326p. (J). 30.64 *(978-0-332-89583-3(1))* Forgotten Bks.

Price of Honor (Classic Reprint) Anne Arrington Tyson. 2017. (ENG., Illus.). (J). 250p. 29.07 *(978-0-484-68813-0(8))*; pap. 11.57 *(978-0-259-17190-4(5))* Forgotten Bks.

Price of Ice. Anita Saxena. 2022. (ENG.). 240p. (YA). pap. 13.99 ***(978-1-6629-3074-4(7))*** Gatekeeper Pr.

Price of Lis Doris (Classic Reprint) Maarten Maartens. (ENG., Illus.). (J). 2018. 488p. 33.98 *(978-0-332-20072-9(8))*; 2017. pap. 16.57 *(978-0-243-28773-4(9))* Forgotten Bks.

Price of Pandora. David Campiti. 2022. (Greek Mythology Ser.). (ENG., Illus.). 32p. (J). (gr. 3-3). pap. 9.95 *(978-1-64494-664-0(5)*, Graphic Planet) ABDO Publishing Co.

Price of Pandora. David Campiti. Illus. by Lelo Alves. 2021. (Greek Mythology (Magic Wagon) Ser.). (ENG.). 32p. (J). (gr. 3-8). lib. bdg. 32.79 *(978-1-0982-3182-8(1)*, 38706, Graphic Planet - Fiction) Magic Wagon.

Price of Place (Classic Reprint) Samuel G. Blythe. 2018. (ENG., Illus.). 374p. (J). 31.61 *(978-0-483-87870-9(7))* Forgotten Bks.

Price of the Prairie: A Story of Kansas (Classic Reprint) Margaret Hill McCarter. 2018. (ENG., Illus.). 512p. (J). 34.46 *(978-0-483-63910-2(9))* Forgotten Bks.

Price of Things (Classic Reprint) Elinor Glyn. 2017. (ENG., Illus.). (J). 30.66 *(978-0-260-44569-8(X))* Forgotten Bks.

Price of Youth (Classic Reprint) Margery Williams. 2017. (ENG., Illus.). (J). 30.56 *(978-0-331-40133-2(9))* Forgotten Bks.

Price She Paid: A Novel (Classic Reprint) Frank Lee Benedict. 2017. (ENG., Illus.). (J). 436p. 32.89 *(978-0-332-73652-5(0))*; 438p. pap. 16.57 *(978-0-332-50936-5(2))* Forgotten Bks.

Priceless. Alex Barnes. 2017. (ENG., Illus.). (J). pap. 12.95 *(978-1-68197-613-6(7))* Christian Faith Publishing.

Priceless: Crime Travelers Spy School Mystery Series. Paul Aertker. Ed. by Luster Brian. ltd. ed. 2016. (Crime Travelers Ser.: 3). (ENG., Illus.). (J). (gr. 3-7). pap. 13.94 *(978-1-940137-37-7(3))* Flying Solo Pr., LLC.

Priceless Gift: The Lost Lake. Chidiac. 2022. (ENG.). 44p. (YA). pap. ***(978-0-6482857-2-4(3))*** First Class Publishing.

Priceless Gift: Utzon's Symphony. Anthony Chidiac. 2018. (Famous Buildings & Designers Ser.). (ENG., Illus.). 46p. (YA). (gr. 7-12). pap. ***(978-0-6482857-1-7(5))*** First Class Publishing.

Prices! Prices! Prices! Why They Go up & Down. David A. Adler. Illus. by Edward Miller. 2016. (ENG.). 32p. (J). (gr. 1-4). 7.99 *(978-0-8234-3574-6(1))* Holiday Hse., Inc.

Pricilla. Julio Hernandez. 2018. (SPA., Illus.). 32p. (J). pap. *(978-0-359-09209-3(8))* Lulu Pr., Inc.

Prickle. April Litwin. Illus. by Adit Galih. 2021. (ENG.). 34p. (J). (gr. k-4). pap. 12.99 *(978-1-0879-3570-6(9))* Indy Pub.

Prickle. April Litwin. Illus. by Adit Galih. 2018. (ENG.). 34p. (J). (gr. k-4). 17.99 *(978-0-692-18539-1(9))* Litwin, April Lynn.

Prickle Snow Day. April Litwin. Illus. by Adit Galih. 2022. (Prickle Ser.: 2). (ENG.). 34p. (J). pap. 17.99 *(978-1-6678-2579-3(8))* BookBaby.

Picklebottoms: A Collection of Short Stories. Mary Ann Wood. 2016. (ENG.). 30p. (J). 21.95 *(978-1-78455-939-7(3)*, 7b9ece2d-0731-4846-a213-6920b8d312f2) Austin Macauley Pubs. Ltd. GBR. Dist: Baker & Taylor Publisher Services (BTPS).

Prickles. Catherine W. Weiser. 2016. (ENG., Illus.). (J). 16.95 *(978-1-937260-57-6(7))* Sleepytown Pr.

Prickly Animals. Nadia Higgins. Ed. by Jenny Fretland VanVoorst. 2016. (Back off! Animal Defenses). (Illus.). 24p. (J). (gr. 2-5). lib. bdg. *(978-1-62031-311-4(1)*, Pogo) Jump! Inc.

Prickly Hedgehogs! Jane McGuinness. Illus. by Jane McGuinness. 2018. (ENG., Illus.). 32p. (J). (-k). 16.99 *(978-0-7636-9880-5(6))* Candlewick Pr.

Prickly Pair. Stephen and David Isaacs. 2018. (ENG., Illus.). 48p. (J). (gr. -1-3). pap. *(978-1-5289-2377-4(4))* Austin Macauley Pubs. Ltd.

Prickly Pear, '18 (Classic Reprint) Montana Wesleyan College. (ENG., Illus.). (J). 2018. 194p. 27.92 *(978-0-365-39050-3(X))*; 2017. pap. 10.57 *(978-0-259-97250-1(9))* Forgotten Bks.

Prickly Pear Pomes (Classic Reprint) Robert Henry Fletcher. 2018. (ENG., Illus.). 40p. (J). 24.74 *(978-0-483-10655-0(0))* Forgotten Bks.

Prickly Problem: Calpurnia Tate, Girl Vet. Jacqueline Kelly. 2018. (Calpurnia Tate, Girl Vet Ser.: 4). (ENG., Illus.). 112p. (J). pap. 6.99 *(978-1-250-17719-3(7)*, 900161295) Square Fish.

Prickly Protection: Stingers, Barbs, & Quills, 1 vol. Avery Elizabeth Hurt & Susan K. Mitchell. 2019. (Animal Defense! Ser.). (ENG.). 48p. (gr. 3-4). pap. 12.70 *(978-1-9785-0815-6(8)*, 5e4e9f3d-d630-433c-bded-5b2fd327602c) Enslow Publishing, LLC.

Priddy Explorers: Bugs & Slugs. Roger Priddy. 2023. (Priddy Explorers Ser.). (ENG., Illus.). 28p. (J). bds. 9.99 ***(978-1-68449-294-7(7)*,** 900279895) St. Martin's Pr.

Priddy Explorers: Sharks: & Other Creatures of the Deep. Roger Priddy. 2023. (Priddy Explorers Ser.). (ENG., Illus.). 28p. (J). bds. 9.99 ***(978-1-68449-295-4(5)*,** 900279896) St. Martin's Pr.

Priddy Learning: My First 1000 Words: A Photographic Catalog of Baby's First Words. Roger Priddy. 2020. (ENG., Illus.). 80p. (J). 12.99 *(978-0-312-52979-6(1)*, 900209951) St. Martin's Pr.

Priddy Learning: My First ABC. Roger Priddy. 2022. (Priddy Learning Ser.). (ENG., Illus.). 10p. (J). bds. 9.99 *(978-1-68449-228-2(9)*, 900255095) St. Martin's Pr.

Priddy Learning: My First Animals. Roger Priddy. 2021. (Priddy Learning Ser.). (ENG., Illus.). 10p. (J). bds. 9.99 *(978-1-68449-136-0(3)*, 900237938) St. Martin's Pr.

Priddy Learning: My First Clock Book: An Introduction to Telling Time & Starting School. Roger Priddy. 2020. (My First Priddy Ser.). (ENG., Illus.). 10p. (J). bds. 9.99 *(978-1-68449-096-7(0)*, 900224832) St. Martin's Pr.

Priddy Learning: My First Colors. Roger Priddy. 2022. (Priddy Learning Ser.). (ENG., Illus.). 10p. (J). bds. 9.99 *(978-1-68449-229-9(7)*, 900255103) St. Martin's Pr.

Priddy Learning: My First Encyclopedia. Roger Priddy. 2022. (Priddy Learning Ser.: 2). (ENG., Illus.). 128p. (J). 14.99 *(978-1-68449-154-4(1)*, 900239142) St. Martin's Pr.

Priddy Learning: My First Let's Spell. Roger Priddy. 2021. (Priddy Learning Ser.: 1). (ENG., Illus.). 14p. (J). bds. 12.99 *(978-1-68449-137-7(1)*, 900237940) St. Martin's Pr.

Priddy Learning: My First Wipe Clean Phonics. Roger Priddy & Priddy Priddy Books. 2023. (Priddy Learning Ser.). (ENG., Illus.). 14p. (J). bds. 8.99 *(978-1-68449-289-3(0)*, 900279889) St. Martin's Pr.

Priddy Learning: My First Wipe Clean Starting School: A Fun Early Learning Book. Roger Priddy. 2020. (Wipe Clean Ser.: 2). (ENG., Illus.). 14p. (J). (gr. -1-k). bds. 8.99 *(978-0-312-52996-3(1)*, 900218612) St. Martin's Pr.

Priddy Learning: Scissor Skills. Roger Priddy. 2022. (Priddy Learning Ser.). (ENG., Illus.). 80p. (J). pap. 6.99 *(978-1-68449-230-5(0)*, 900255104) St. Martin's Pr.

Pride. Gregory Haynes. 2021. (ENG., Illus.). 26p. (J). pap. 13.95 *(978-1-64350-142-0(9))* Page Publishing Inc.

Pride: A Pride & Prejudice Remix. Ibi Zoboi. (ENG.). 304p. (YA). (gr. 8). 2019. pap. 11.99 *(978-0-06-256405-4(6))*; 2018. 17.99 *(978-0-06-256404-7(8))*; 2018. E-Book *(978-0-06-256407-8(2)*, 9780062564078) HarperCollins Pubs. (Balzer & Bray).

Pride: The Celebration & the Struggle. Robin Stevenson. 2nd ed. 2020. (ENG., Illus.). 168p. (J). (gr. 4-7). pap. 28.95 *(978-1-4598-2124-8(6))* Orca Bk. Pubs. USA.

Pride 1 2 3. Michael Joosten. Illus. by Wednesday Holmes. 2020. (ENG.). 22p. (J). (gr. -1-k). bds. 7.99 *(978-1-5344-6499-5(9)*, Little Simon) Little Simon.

Pride: an Inspirational History of the LGBTQ+ Movement. Stella Caldwell. 2022. (ENG., Illus.). 128p. (J). (gr. 5). 14.99 *(978-0-593-38294-3(3)*, Penguin Workshop) Penguin Young Readers Group.

Pride & His Prisoners (Classic Reprint) A. L. O. E. (ENG., Illus.). (J). 2017. 29.82 *(978-0-265-59780-4(3))*; 2016. pap. 13.57 *(978-1-334-17080-5(0))* Forgotten Bks.

Pride & Irresolution: A New Series of the Discipline of Life (Classic Reprint) Emily Charlotte Mary Ponsonby. (ENG., Illus.). (J). 2018. 148p. 26.97 *(978-0-483-70074-1(6))*; 2016. pap. 9.57 *(978-1-334-14196-6(7))* Forgotten Bks.

Pride & Irresolution, Vol. 1 Of 3: A New Series of the Discipline of Life (Classic Reprint) Emily Charlotte Mary Ponsonby. 2018. (ENG., Illus.). 296p. (J). 30.00 *(978-0-365-49203-0(5))* Forgotten Bks.

Pride & Irresolution, Vol. 2 Of 3: A New Series of the Discipline of Life (Classic Reprint) Emily Charlotte Mary Ponsonby. 2018. (ENG., Illus.). 334p. (J). 30.79 *(978-0-483-92577-9(2))* Forgotten Bks.

Pride & Prejudice. Jane. Austen. 2018. (ENG.). 208p. (YA). (gr. 7-12). pap. *(978-80-273-3049-2(1))* E-Artnow.

Pride & Prejudice. Jane. Austen. 2018. (Victorian Classic Ser.). (ENG., Illus.). 330p. (YA). (gr. 7-12). pap. 19.99 *(978-1-78724-593-8(4))* Adelphi Pr.

Pride & Prejudice. Jane. Austen. 2019. (ENG.). 262p. (YA). (gr. 7-12). *(978-1-78943-082-0(8))*; pap. *(978-1-78943-081-3(X))* Benediction Classics.

Pride & Prejudice. Jane. Austen. 2019. (ENG.). 242p. (YA). (gr. 7-12). 19.95 *(978-1-61895-572-2(1))* Bibliotech Pr.

Pride & Prejudice. Jane. Austen. 2019. (ENG.). 404p. (YA). (gr. 7-12). pap. 14.99 *(978-1-9160285-1-7(9))* Black Kite Publishing.

Pride & Prejudice. Jane. Austen. 2017. (ENG., Illus.). (J). (gr. -1-1). 27.95 *(978-1-374-90544-3(5))* Capital Communications, Inc.

Pride & Prejudice. Jane. Austen. 2017. (ENG.). 356p. (YA). (gr. 7-12). pap. *(978-3-337-10400-9(2))* Creation Pubs.

Pride & Prejudice. Jane. Austen. 2016. (ENG.). 352p. (YA). (gr. 7-12). pap. *(978-93-83359-53-0(6))* Embassy Bks.

Pride & Prejudice. Jane. Austen. 2018. (Faber Young Adult Classics Ser.). (ENG.). 464p. pap. 8.95 *(978-0-571-33701-9(5)*, Faber & Faber Children's Bks.) Faber & Faber, Inc.

Pride & Prejudice. Jane. Austen. 2021. (ENG.). 224p. (J). pap. *(978-1-80302-120-1(9))* FeedARead.com.

Pride & Prejudice. Jane. Austen. 2021. (ENG.). 340p. (J). pap. *(978-1-396-31913-6(1))* Forgotten Bks.

Pride & Prejudice. Jane. Austen. 2018. (ENG., Illus.). 384p. (YA). (gr. 7-12). pap. *(978-1-5287-0625-4(0))* Freeman Pr.

Pride & Prejudice. Jane. Austen. (ENG.). 2022. 264p. (J). pap. *(978-1-387-85192-8(6))*; 2020. 280p. (J). (gr. 2-4). pap. 24.99 *(978-1-6780-0317-3(4))*; 2019. 556p. (J). pap. ***(978-0-359-86364-8(7))***; 2018. (Illus.). 380p. (YA). (gr. 7-12). pap. *(978-1-387-84839-3(9))*; 2018. (Illus.). 372p. (YA). (gr. 7-12). pap. *(978-1-387-58763-6(3))* Lulu Pr., Inc.

Pride & Prejudice. Jane. Austen. 2019. (ENG.). 298p. (YA). (gr. 7-12). pap. 6.95 *(978-1-68422-350-3(4))* Martino Fine Bks.

Pride & Prejudice. Jane. Austen. 2019. (ENG.). (YA). (gr. 7-12). 244p. *(978-1-989631-54-6(1))*; 244p. pap. *(978-1-989631-24-9(X))*; 692p. pap. *(978-1-989629-33-8(4))* OMNI Publishing.

Pride & Prejudice. Jane. Austen. Ed. by Chris Elston & Andrea Elston. 2021. (ENG.). 434p. (YA). pap. 16.99 *(978-1-953158-09-3(9))* Shine-A-Light Pr.

Pride & Prejudice. Jane. Austen. 2018. (ENG., 350p. (YA). (gr. 7-12). Illus.). 30.03 *(978-1-7317-0448-1(8))*; (Illus.). pap. 17.96 *(978-1-7317-0449-8(6))*; 15.64 *(978-1-7317-0010-0(5))*; (Illus.). pap. 8.85 *(978-1-7317-0011-7(3))* Simon & Brown.

Pride & Prejudice. Jane. Austen & Expressions Classic Books. 2018. (ENG.). 380p. (J). pap. *(978-1-387-78375-5(0))* Lulu Pr., Inc.

Pride & Prejudice. Jane. Austen & Illustrated - Unabridged. 2018. (ENG., Illus.). 400p. (YA). (gr. 7-12). pap. *(978-1-387-81607-1(1))* Lulu Pr., Inc.

Pride & Prejudice. Illus. by Amanda Enright. 2017. (Seek & Find Classics Ser.). (ENG.). 48p. (J). (gr. 2). 9.99 *(978-1-4998-0625-0(6))* Little Bee Books Inc.

Pride & Prejudice: A BabyLit(TM) Storybook, 1 vol. Illus. by Annabel Tempest. 2017. (BabyLit Ser.). (ENG.). 28p. (J). (gr. -1-k). 12.99 *(978-1-4236-4783-6(1))* Gibbs Smith, Publisher.

P

Pride & Prejudice: A Tar & Feather Classic, Straight up with a Twist. Jane. Austen. Ed. by Gleeson M. Josephine. 2016. (Tar & Feather Classics: Straight up with a Twist Ser.: Vol. 1). (ENG.). 328p. (J). (gr. 4-7). pap. 11.99 *(978-1-988367-01-9(8))* BN Publishing.

Pride & Prejudice & Math. Misti Kenison. 2020. (Classic Concepts Ser.). (ENG., Illus.). 16p. (J). (gr. -1 — 1). bds. 9.99 *(978-0-7624-6950-5(1)*, Running Pr. Kids) Running Pr.

Pride & Prejudice & Pittsburgh. Rachael Lippincott. 2023. (YA). ***(978-1-6659-3754-2(8))*** Simon & Schuster.

Pride & Prejudice & Pittsburgh. Rachael Lippincott. 2023. (ENG., Illus.). 336p. (YA). (gr. 9). 19.99 ***(978-1-6659-3753-5(X)***, Simon & Schuster Bks. For Young Readers) Simon & Schuster Bks. For Young Readers.

Pride & Prejudice Novel Units Student Packet. Novel Units. 2019. (ENG.). (YA). pap. 13.99 *(978-1-56137-767-1(8)*, Novel Units, Inc.) Classroom Library Co.

Pride & Prejudice, Vol. 1 Of 2: A Novel (Classic Reprint) Jane. Austen. 2017. (ENG., Illus.). (J). 36.62 *(978-0-331-69025-5(X))*; pap. 19.57 *(978-0-259-50478-8(5))* Forgotten Bks.

Pride & Premeditation. Tirzah Price. (Jane Austen Murder Mysteries Ser.: 1). (ENG.). (YA). (gr. 9). 2022. 384p. pap. 15.99 *(978-0-06-288981-2(8))*; 2021. 368p. 17.99 *(978-0-06-288980-5(X))* HarperCollins Pubs. (HarperTeen).

#Pride: Championing LGBTQ Rights. Rebecca Felix. 2019. (#Movements Ser.). (ENG., Illus.). 32p. (J). (gr. 5-9). lib. bdg. 32.79 *(978-1-5321-1933-0(X)*, 32265, Abdo & Daughters) ABDO Publishing Co.

Pride Colors, 1 vol. Robin Stevenson. 2019. (ENG., Illus.). 28p. (J). (gr. -1 — 1). bds. 10.95 *(978-1-4598-2070-8(3))* Orca Bk. Pubs. USA.

Pride Lands Patrol. Contrib. by Disney Enterprises (1996-) Staff. 2017. (Illus.). 32p. (J). *(978-1-5379-5756-2(2))* Disney Publishing Worldwide.

Pride Lands Patrol. ed. 2018. (World of Reading Ser.). (ENG.). 32p. (J). (gr. -1-1). 13.89 *(978-1-64310-433-1(0))* Penworthy Co., LLC, The.

Pride Must Be a Place. Kevin Craig. 2018. (ENG., Illus.). 222p. (J). pap. *(978-1-77127-988-8(5))* MuseItUp Publishing.

Pride of Ancestry: Or, Who Is She?, Vol. 2 of 4: a Novel, in Four Volumes (Classic Reprint) Thomson. 2018. (ENG., Illus.). 230p. (J). 28.66 *(978-0-267-17034-0(3))* Forgotten Bks.

Pride of Ancestry, or Who Is She?, Vol. 1 Of 4: A Novel (Classic Reprint) Harriet Pigott. (ENG., Illus.). (J). 2018. 260p. 29.30 *(978-0-332-45742-0(7))*; 2017. pap. 11.97 *(978-0-243-08452-4(8))* Forgotten Bks.

Pride of Ancestry, or Who Is She?, Vol. 4 Of 4: A Novel (Classic Reprint) Thomson. (ENG., Illus.). (J). 2018. 220p. 28.48 *(978-0-484-78023-0(9))*; 2016. pap. 10.97 *(978-1-334-15435-5(X))* Forgotten Bks.

Pride of Ancestry, Vol. 18: Or, Who Is She? (Classic Reprint) Unknown Author. 2018. (ENG., Illus.). 228p. (J). 28.66 *(978-0-484-64123-4(9))* Forgotten Bks.

Pride of Jennico: Being a Memoir of Captain Basil Jennico (Classic Reprint) Agnes Castle. 2017. (ENG., Illus.). (J). 31.20 *(978-1-5284-5351-6(4))* Forgotten Bks.

Pride of Lions. Amy Kortuem. 2019. (Animal Groups Ser.). (ENG., Illus.). 24p. (J). (gr. -1-2). pap. 6.95 *(978-1-9771-1047-3(9)*, 141123); lib. bdg. 27.32 *(978-1-9771-0951-4(9)*, 140549) Capstone. (Pebble).

Pride of Palomar (Classic Reprint) Peter Bernard Kyne. 2017. (ENG., Illus.). 390p. (J). 31.94 *(978-0-484-25842-5(7))* Forgotten Bks.

Pride of Perseus. David Campiti. 2022. (Greek Mythology Ser.). (ENG., Illus.). 32p. (J). (gr. 3-3). pap. 9.95 *(978-1-64494-665-7(3)*, Graphic Planet) ABDO Publishing Co.

Pride of Perseus. David Campiti. Illus. by Lelo Alves. 2021. (Greek Mythology (Magic Wagon) Ser.). (ENG.). 32p. (J). (gr. 3-8). lib. bdg. 32.79 *(978-1-0982-3183-5(X)*, 38708, Graphic Planet - Fiction) Magic Wagon.

Pride of Race: In Five Panels (Classic Reprint) Benjamin Leopold Farjeon. (ENG., Illus.). (J). 2018. 352p. 31.16 *(978-0-483-64793-0(4))*; 2017. pap. 13.57 *(978-0-243-41851-0(5))* Forgotten Bks.

Pride of Tellfair (Classic Reprint) Elmore Elliott Peake. (ENG., Illus.). (J). 2018. 398p. 32.13 *(978-0-428-89442-9(9))*; 2016. pap. 16.57 *(978-1-334-29387-0(2))* Forgotten Bks.

Pride of the Bluegrass. Amarius Reed. 2021. (ENG.). 184p. (J). 26.99 *(978-1-0983-6299-7(3))* BookBaby.

Pride of War (Classic Reprint) Gustaf Janson. 2017. (ENG., Illus.). 362p. (J). 31.38 *(978-0-484-88961-2(3))* Forgotten Bks.

Pride, or a Naughty Spirit Before a Fall: A Tale for My Young Friends (Classic Reprint) Franz Hoffmann. (ENG., Illus.). (J). 2018. 202p. 28.06 *(978-0-656-79465-2(8))*; 2017. pap. 10.57 *(978-0-259-47629-0(3))* Forgotten Bks.

Pride, or the Fortunes & Misfortunes of War: A New Military Drama & Allegory, in Five Acts (Classic Reprint) Unknown Author. 2017. (ENG., Illus.). (J). 25.03 *(978-0-265-55180-6(3))*; pap. 9.57 *(978-0-282-79141-4(8))* Forgotten Bks.

Pride Parade Mad Libs: World's Greatest Word Game. Brandon T. Snider. 2021. (Mad Libs Ser.). 48p. (J). (gr. 3-7). pap. 5.99 *(978-0-593-22678-0(X)*, Mad Libs) Penguin Young Readers Group.

Pride Puppy! Robin Stevenson. Illus. by Julie McLaughlin. 2021. (ENG.). 32p. (J). (gr. -1-k). 21.95 *(978-1-4598-2484-3(9))* Orca Bk. Pubs. USA.

Pride: the Story of Harvey Milk & the Rainbow Flag. Rob Sanders. Illus. by Steven Salerno. 2018. (ENG.). 48p. (J). (gr. k-3). 18.99 *(978-0-399-55531-2(5)*, Random Hse. Bks. for Young Readers) Random Hse. Children's Bks.

Pride Unleashed. Cathryn Fox. 2019. (Wolf's Pride Ser.: Vol. 2). (ENG.). 192p. (YA). (gr. 9-12). pap. *(978-0-9878559-4-7(8))* Verge, Catherine.

Prideful Prince & the Magic Pool. O. J. Siebel. 2017. (ENG., Illus.). 34p. (J). pap. 15.95 *(978-1-9736-0674-1(7)*, WestBow Pr.) Author Solutions, LLC.

Prides, Packs & Herds of Yaks. Kelli Defedericis. 2020. (ENG.). 34p. (J). pap. 12.99 *(978-1-6629-0128-7(3))* Gatekeeper Pr.

Pride's Pursuit. Cathryn Fox. 2019. (Wolf's Pride Ser.: Vol. 3). (ENG.). 198p. (YA). (gr. 7-12). pap. *(978-0-9878559-5-4(6))* Verge, Catherine.

Priest & Layman (Classic Reprint) Ada Carter. (ENG., Illus.). (J). 2018. 314p. 30.39 *(978-0-364-04324-0(5))*; 2017. pap. 13.57 *(978-0-259-20485-5(4))* Forgotten Bks.

Priest & Pagan (Classic Reprint) Herbert M. Hopkins. (ENG., Illus.). (J). 2018. 394p. 32.02 *(978-0-428-93060-8(3))*; 2016. pap. 16.57 *(978-1-334-58464-0(8))* Forgotten Bks.

Priest & the Man, or Abelard & Heloisa: An Historical Romance (Classic Reprint) William Wilberforce Newton. 2017. (ENG., Illus.). (J). 35.12 *(978-0-331-62145-7(2))*; pap. 19.57 *(978-0-243-97941-7(X))* Forgotten Bks.

Priest (Classic Reprint) Harold Begbie. (ENG., Illus.). (J). 2018. 444p. 33.07 *(978-0-483-61338-6(X))*; 2017. 33.07 *(978-0-331-78424-4(6))*; 2017. pap. 16.57 *(978-0-243-28354-5(7))* Forgotten Bks.

Priest on Horseback: Father Farmer. Eva Betz. 2019. (ENG., Illus.). 148p. (J). (gr. 4-6). pap. 14.95 *(978-1-7331383-0-7(7))* Hillside Education.

Priestess. Deidre Huesmann. 2017. (ENG., Illus.). (J). pap. *(978-1-77339-217-2(4))* Evernight Publishing.

Priestess of Faerie. J. D. Edwards. 2020. (ENG.). 248p. (YA). 29.99 *(978-1-716-70014-9(0))*; pap. 15.50 *(978-1-716-69880-4(4))* Lulu Pr., Inc.

Priesthood of Christ: New Testament Volume 36: Hebrews, Part 3. R. Iona Lyster et al. 2019. (Visualized Bible Ser.: Vol. 1036). (ENG.). 30p. (J). pap. 15.00 *(978-1-64104-064-8(5))* Bible Visuals International, Inc.

Priests of Progress (Classic Reprint) Gertrude Colmore. (ENG., Illus.). (J). 2018. 388p. 31.90 *(978-0-483-60787-3(8))*; 2016. pap. 16.57 *(978-1-334-23826-0(X))* Forgotten Bks.

Priklyucheniya Pinka I Ponki. Tom I. Aleksandr Tarasov. 2017. (RUS.). 254p. (J). pap. ***(978-1-365-79204-5(8))*** Lulu Pr., Inc.

Prilliam Whistlecone & His Lock Shop. Andy Rodgers. Illus. by Ally Rodgers. 2022. (ENG.). 120p. (J). pap. ***(978-1-4710-7155-3(3))*** Lulu Pr., Inc.

Primadonna a Sequel to Fair Margaret (Classic Reprint) F. Marion Crawford. 2018. (ENG., Illus.). 408p. (J). 32.33 *(978-0-428-94410-0(8))* Forgotten Bks.

Primal Animals: A Novel. Julia Lynn Rubin. 2022. (ENG., Illus.). 304p. (YA). 19.99 *(978-1-250-75729-6(0)*, 900226136, Wednesday Bks.) St. Martin's Pr.

Primal Aspects Book 1: Savior Rise. Zackery Brown. 2016. (ENG., Illus.). (YA). *(978-1-4602-9782-7(2))*; pap. *(978-1-4602-9783-4(0))* FriesenPress.

Primal Instincts. Peter Gulgowski. 2020. (ENG.). 328p. (YA). 27.99 *(978-1-0878-5958-3(1))* Indy Pub.

Primal Law (Classic Reprint) Isabel Ostrander. (ENG., Illus.). (J). 2018. 340p. 30.91 *(978-0-483-80114-1(3))*; 2016. pap. 13.57 *(978-1-334-15559-8(3))* Forgotten Bks.

Primal Yoke: A Novel (Classic Reprint) Tom Lea. 2017. (ENG., Illus.). (J). 31.03 *(978-0-260-63041-4(1))*; pap. 13.57 *(978-0-243-28146-6(3))* Forgotten Bks.

Primary Book for Kids. Chase Malone. 2020. (ENG.). 100p. (J). pap. 7.69 *(978-1-716-28363-5(9))* Lulu Pr., Inc.

Primary Composition Notebook: Kindergarten 1st & 2nd Grade Primary Journal for Boys & Girls: Cute Alligators (Draw & Write Grades K-2) 0618. June & Lucy Kids. 2019. (ENG.). 110p. (J). pap. 5.99 *(978-1-64608-061-8(0))* June & Lucy.

Primary Composition Notebook: Kindergarten 1st & 2nd Grade Primary Journal for Boys & Girls: Cute Apples (Draw & Write Grades K-2) 0625. June & Lucy Kids. 2019. (ENG.). 110p. (J). pap. 5.99 *(978-1-64608-062-5(9))* June & Lucy.

Primary Composition Notebook: Kindergarten 1st & 2nd Grade Primary Journal for Boys & Girls: Cute Bears (Draw & Write Grades K-2) 0595. June & Lucy Kids. 2019. (ENG.). 110p. (J). pap. 5.99 *(978-1-64608-059-5(9))* June & Lucy.

Primary Composition Notebook: Kindergarten 1st & 2nd Grade Primary Journal for Boys & Girls: Cute Construction & Trucks (Draw & Write Grades K-2) 0632. June & Lucy Kids. 2019. (ENG.). 110p. (J). pap. 5.99 *(978-1-64608-063-2(7))* June & Lucy.

Primary Composition Notebook: Kindergarten 1st & 2nd Grade Primary Journal for Boys & Girls: Cute Dinosaurs (Draw & Write Grades K-2) 0823. June & Lucy Kids. 2019. (ENG.). 110p. (J). pap. 5.99 *(978-1-64608-082-3(3))* June & Lucy.

Primary Composition Notebook: Kindergarten 1st & 2nd Grade Primary Journal for Boys & Girls: Cute Elephants (Draw & Write Grades K-2) 0601. June & Lucy Kids. 2019. (ENG.). 110p. (J). pap. 5.99 *(978-1-64608-060-1(2))* June & Lucy.

Primary Composition Notebook: Kindergarten 1st & 2nd Grade Primary Journal for Boys & Girls: Cute Kitty Cat (Draw & Write Grades K-2) 0571. June & Lucy Kids. 2019. (ENG.). 110p. (J). pap. 5.99 *(978-1-64608-057-1(2))* June & Lucy.

Primary Composition Notebook: Kindergarten 1st & 2nd Grade Primary Journal for Boys & Girls: Cute Mermaids (Draw & Write Grades K-2) 0816. June & Lucy Kids. 2019. (ENG.). 110p. (J). pap. 5.99 *(978-1-64608-081-6(5))* June & Lucy.

Primary Composition Notebook: Kindergarten 1st & 2nd Grade Primary Journal for Boys & Girls: Cute Planes (Draw & Write Grades K-2) 0649. June & Lucy Kids. 2019. (ENG.). 110p. (J). pap. 5.99 *(978-1-64608-064-9(5))* June & Lucy.

Primary Composition Notebook: Kindergarten 1st & 2nd Grade Primary Journal for Boys & Girls: Cute Rainbows (Draw & Write Grades K-2) 0588. June & Lucy Kids. 2019. (ENG.). 110p. (J). pap. 5.99 *(978-1-64608-058-8(0))* June & Lucy.

Primary Composition Notebook: Kindergarten 1st & 2nd Grade Primary Journal for Boys & Girls: Cute Unicorns (Draw & Write Grades K-2) 0830. June & Lucy Kids. 2019. (ENG.). 110p. (J). pap. 5.99 *(978-1-64608-083-0(1))* June & Lucy.

Primary Composition Notebook, Story Paper Journal. Bella Kindflower. 2021. (ENG.). 120p. (J). pap. 12.89 *(978-1-716-21510-0(2))*; pap. 13.00 *(978-1-716-16807-9(4))*; pap. 12.29 *(978-1-716-16182-7(7))*; pap. 12.29 *(978-1-716-16171-1(1))*; pap. 12.00 *(978-1-716-16167-4(3))*; pap. 12.00 *(978-1-716-16150-6(9))*; pap. 12.39 *(978-1-716-16126-1(6))*; pap. 12.49 *(978-1-716-16120-9(7))*; pap. 12.49 *(978-1-716-16057-8(X))*; pap. 12.49 *(978-1-716-16051-6(0))*; pap. 12.49 *(978-1-716-15902-2(4))*; pap. 12.49 *(978-1-716-15863-6(X))*; pap. 12.49 *(978-1-716-15855-1(9))*; pap. 12.49 *(978-1-716-15784-4(6))*; pap. 13.00 *(978-1-716-15733-2(1))*; pap. 12.89 *(978-1-716-15703-5(X))*; pap. 13.00 *(978-1-716-15662-5(9))*; pap. 12.79 *(978-1-716-15653-3(X))*; pap. 12.00 *(978-1-716-15642-7(4))*; pap. 12.00 *(978-1-716-15638-0(6))*; pap. 12.49 *(978-1-716-15632-8(7))*; pap. 13.00 *(978-1-716-15628-1(9))*; pap. 12.49 *(978-1-716-15626-7(2))* Lulu Pr., Inc.

Primary Composition Notebook, Story Paper Journal. Bella Kindflower Kindflower. 2021. (ENG.). 120p. (J). pap. 12.39 *(978-1-716-15746-2(3))* Lulu Pr., Inc.

Primary Dictionary: Illustrated Dictionary for Ages 7+ (Collins Primary Dictionaries) Collins Dictionaries. Illus. by Maria Herbert-Liew. 3rd ed. 2018. (Collins Primary Dictionaries Ser.). (ENG.). 472p. (J). (gr. 2). pap. 16.99 *(978-0-00-820678-9(3))* HarperCollins Pubs. Ltd. GBR. Dist: Independent Pubs. Group.

Primary Dictionary, or Rational Vocabulary: Consisting of Nearly Four Thousand Words Adapted to the Comprehension of Children, & Designed for the Younger Classes in Schools (Classic Reprint) Eliza Robbins. (ENG., Illus.). (J). 2018. 266p. 29.40 *(978-0-365-47970-3(5))*; 2017. pap. 11.97 *(978-0-259-53098-5(0))* Forgotten Bks.

Primary Education, 1904, Vol. 12 (Classic Reprint) Educational Publishing Company. (ENG., Illus.). (J). 2018. 540p. 35.03 *(978-0-484-82038-7(9))*; 2016. pap. 19.57 *(978-1-334-12348-1(9))* Forgotten Bks.

Primary Education, 1907, Vol. 15: A Journal for Primary Teachers (Classic Reprint) Eva D. Kellogg. 2017. (ENG., Illus.). (J). 33.86 *(978-0-266-71487-3(0))*; pap. 16.57 *(978-1-5276-7016-7(3))* Forgotten Bks.

Primary Education, 1917, Vol. 25 (Classic Reprint) Unknown Author. 2017. (ENG., Illus.). (J). 37.92 *(978-0-266-72150-5(8))*; pap. 20.57 *(978-1-5276-7829-3(6))* Forgotten Bks.

Primary Education (Classic Reprint) Unknown Author. (ENG., Illus.). (J). 2018. 660p. 37.51 *(978-0-365-50815-1(2))*; 2017. pap. 19.97 *(978-0-259-18288-7(5))* Forgotten Bks.

Primary Education, Vol. 11: January, 1903 (Classic Reprint) Eva D. Kellogg. (ENG., Illus.). (J). 2018. 526p. 34.75 *(978-0-484-83936-5(5))*; 2016. pap. 19.57 *(978-1-334-14338-0(2))* Forgotten Bks.

Primary Education, Vol. 19: A Monthly Journal for Primary Teachers, January, 1911 (Classic Reprint) Unknown Author. (ENG., Illus.). (J). 2018. 580p. 35.88 *(978-0-484-53979-1(5))*; 2016. pap. 19.57 *(978-1-334-11970-5(8))* Forgotten Bks.

Primary Education, Vol. 21: January, 1913 (Classic Reprint) Primary Education Company. (ENG., Illus.). (J). 2018. 600p. 36.27 *(978-0-364-06943-1(0))*; 2017. pap. 19.57 *(978-0-259-38127-3(6))* Forgotten Bks.

Primary Education, Vol. 28: A Magazine for Teachers of Primary Grades; January 1920 (Classic Reprint) Unknown Author. (ENG., Illus.). (J). 2018. 642p. 37.14 *(978-0-365-17451-6(3))*; 2017. pap. 19.57 *(978-0-259-20097-0(2))* Forgotten Bks.

Primary Fhe 2018. Kimiko Hammari. 2017. (ENG.). (J). pap. 14.99 *(978-1-4621-2092-5(X))* Cedar Fort, Inc./CFI Distribution.

Primary French Dictionary: Illustrated Dictionary for Ages 7+ (Collins Primary Dictionaries) Collins Dictionaries. Illus. by Maria Herbert-Liew. 2nd rev. ed. 2020. (Collins Primary Dictionaries Ser.). (ENG.). 592p. (J). (gr. 2-4). 16.99 *(978-0-00-831270-1(2))* HarperCollins Pubs. Ltd. GBR. Dist: Independent Pubs. Group.

Primary Fridays: Original & Selected Recitations for the Little Ones (Classic Reprint) Helen Gilbert. (ENG., Illus.). (J). 2018. 52p. 24.99 *(978-0-483-77909-9(1))*; 2017. pap. 9.57 *(978-0-243-41677-6(6))* Forgotten Bks.

Primary Handwork (Esprios Classics) Ella Victoria Dobbs. 2019. (ENG.). 108p. (J). pap. ***(978-0-359-82180-8(4))*** Lulu Pr., Inc.

Primary Home Care Series: Cleaning. Heron Books. 2021. (ENG.). 28p. (J). pap. ***(978-0-89739-262-4(0)***, Heron Bks.) Quercus.

Primary Home Care Series: Dusting. Heron Books. 2021. (ENG.). 26p. (J). pap. ***(978-0-89739-263-1(9)***, Heron Bks.) Quercus.

Primary Home Care Series: Washing Dishes. Heron Books. 2021. (ENG.). 28p. (J). pap. ***(978-0-89739-264-8(7)***, Heron Bks.) Quercus.

Primary Iournal for Kids. Chase Malone. 2020. (ENG.). (J). 102p. pap. 7.99 *(978-1-716-28279-9(9))*; 100p. pap. 7.90 *(978-1-716-28300-0(0))*; 100p. pap. 7.99 *(978-1-716-28305-5(1))* Lulu Pr., Inc.

Primary Journal Composition Book with Dotty Midline & Story Space. Journals and Notebooks. 2019. (ENG.). 120p. (J). pap. 12.99 *(978-1-5419-6626-0(0)*, @ Journals & NoteBks.) Speedy Publishing LLC.

Primary Journal for Kids. Chase Malone. 2020. (ENG.). 100p. (J). pap. 7.99 *(978-1-716-28285-0(3))* Lulu Pr., Inc.

Primary Journal Half Page Ruled Pages for Practice Writing & Drawing. Journals and Notebooks. 2019. (ENG.). 120p. (J). pap. 12.99 *(978-1-5419-6610-9(4)*, @ Journals & NoteBks.) Speedy Publishing LLC.

Primary Journal K-2. Eightldd Fun Time. 2021. (ENG.). 112p. (J). pap. 10.99 *(978-0-919842-55-7(0))* Lulu Pr., Inc.

Primary Journal NotebookFirst Grade Composition Notebook with Lines & Drawing Space 124 Pages8. 5x11. Popappel20 Publishing. 2021. (ENG.). 126p. (J). pap. 10.99 *(978-1-716-17568-8(2))* Lulu Pr., Inc.

Primary Ladies' Reader: A Choice & Varied Collection of Prose & Poetry, Adapted to the Capacities of Young Children (Classic Reprint) John William Stanhope Hows. 2017. (ENG., Illus.). (J). 29.42 *(978-0-266-71747-8(0))*; pap. 11.97 *(978-1-5276-7352-6(9))* Forgotten Bks.

Primary Lesson Detail: International Graded Series; Pp. 1-228. Marion Thomas & John T. McFarland. 2017. (ENG., Illus.). (J). pap. *(978-0-649-67917-1(2))* Trieste Publishing Pty Ltd.

Primary Paintsville. Stacey Waldman. 2018. (ENG.). 38p. (J). 14.95 *(978-1-68401-805-5(6))* Amplify Publishing Group.

Primary Plan Book (Classic Reprint) Marian Minnie George. (ENG., Illus.). (J). 2018. 20p. 24.31 *(978-0-365-19025-7(X))*; 2017. pap. 7.97 *(978-0-259-87682-3(8))* Forgotten Bks.

Primary Reader: A Selection of Easy Reading Lessons, with Introductory Exercises in Articulation, for Young Children (Classic Reprint) William Russell. 2017. (ENG., Illus.). (J). 186p. 27.73 *(978-0-484-01780-0(2))*; pap. 10.57 *(978-0-259-26123-0(8))* Forgotten Bks.

Primary Reader: Designed for the Younger Reading Classes in Common Schools in the United States (Classic Reprint) John Hall. (ENG., Illus.). (J). 2018. 146p. 26.91 *(978-0-483-37074-6(6))*; 2016. pap. 9.57 *(978-1-334-15829-2(0))* Forgotten Bks.

Primary Reader: Old-Time Stories, Fairy Tales & Myths, Retold by Children. E. Louise Smythe. 2017. (ENG., Illus.). (J). pap. *(978-0-649-49555-9(1))* Trieste Publishing Pty Ltd.

Primary Reader: Old-Time Stories, Fairy Tales & Myths, Retold by Children (Classic Reprint) Emma Louise Smythe. 2017. (ENG., Illus.). (J). 26.87 *(978-0-331-59541-3(9))*; pap. 9.57 *(978-0-259-29701-7(1))* Forgotten Bks.

Primary Readers: Containing a Complete Course in Phonics, First Book. Katharine E. Sloan. 2017. (ENG., Illus.). (J). pap. *(978-0-649-49585-6(3))* Trieste Publishing Pty Ltd.

Primary Readers, Vol. 1: Containing a Complete Course in Phonics (Classic Reprint) Katharine Emily Sloan. (ENG., Illus.). (J). 2017. 27.16 *(978-0-331-90321-8(0))*; 2016. pap. 9.57 *(978-1-334-14447-9(8))* Forgotten Bks.

Primary Readers, Vol. 2: Containing a Complete Course in Phonics (Classic Reprint) Katharine E. Sloan. (ENG., Illus.). (J). 2018. 182p. 27.65 *(978-0-364-09344-3(7))*; 2017. pap. 10.57 *(978-0-259-55727-2(7))* Forgotten Bks.

Primary Reading & Literature: A Manual for Teachers to Accompany the Primer, First, & Second Readers of the Reading-Literature Series (Classic Reprint) Free Free. 2018. (ENG., Illus.). 224p. (J). 28.54 *(978-0-364-57045-6(8))* Forgotten Bks.

Primary School Reader, Vol. 3: Designed for the First Class in Primary Schools, & for the Lowest Class in Grammar Schools (Classic Reprint) William D. Swan. (ENG., Illus.). (J). 2018. 174p. 27.49 *(978-0-483-33796-1(X))*; 2016. pap. 9.97 *(978-1-334-13996-3(2))* Forgotten Bks.

Primary School Speaker (Classic Reprint) Joseph Henry Gilmore. (ENG., Illus.). (J). 2018. 128p. 26.54 *(978-0-365-34382-0(X))*; 2017. pap. 9.57 *(978-0-259-29307-1(5))* Forgotten Bks.

Primary Source History. Allison Crotzer Kimmel et al. 2022. (Primary Source History Ser.). (ENG.). 32p. (J). 157.43 *(978-1-6690-3215-1(9)*, 251989, Capstone Pr.) Capstone.

Primary Source History of the US Civil War. John Micklos Jr. 2016. (Primary Source History Ser.). (ENG., Illus.). 32p. (J). (gr. 3-6). lib. bdg. 27.99 *(978-1-4914-8489-0(6)*, 130947, Capstone Pr.) Capstone.

Primary Source History of the War of 1812. John Micklos, Jr. 2016. (Primary Source History Ser.). (ENG., Illus.). 32p. (J). (gr. 3-6). lib. bdg. 27.99 *(978-1-4914-8488-3(8)*, 130946, Capstone Pr.) Capstone.

Primary Source Investigation of Manifest Destiny, 1 vol. Xina M. Uhl & J. T. Moriarty. 2018. (Uncovering American History Ser.). (ENG.). 64p. (gr. 6-6). pap. 13.95 *(978-1-5081-8402-7(X)*, 8169a5e4-5279-4dda-94a0-7bc352d2a016, Rosen Reference) Rosen Publishing Group, Inc., The.

Primary Source Investigation of Reconstruction, 1 vol. Xina M. Uhl & Timothy Flanagan. 2018. (Uncovering American History Ser.). (ENG.). 64p. (gr. 6-6). pap. 13.95 *(978-1-5081-8405-8(4)*, b6716a0c-44ee-418b-b9fc-be349d9fb5a8, Rosen Reference) Rosen Publishing Group, Inc., The.

Primary Source Investigation of Slavery, 1 vol. Xina M. Uhl & Tonya Buell. 2018. (Uncovering American History Ser.). (ENG.). 64p. (gr. 6-6). pap. 13.95 *(978-1-5081-8408-9(9)*, 910491eb-2281-4972-acec-6910024d6dd0, Rosen Reference) Rosen Publishing Group, Inc., The.

Primary Source Investigation of the Continental Congress, 1 vol. Xina M. Uhl & Betty Burnett. 2018. (Uncovering American History Ser.). (ENG.). 64p. (gr. 6-6). pap. 13.95 *(978-1-5081-8411-9(9)*, 7bba41c1-bb3f-42af-bb76-00ac3094bf1b, Rosen Reference) Rosen Publishing Group, Inc., The.

Primary Source Investigation of the Industrial Revolution, 1 vol. Xina M. Uhl & Corona Brezina. 2018. (Uncovering American History Ser.). (ENG.). 64p. (gr. 6-6). pap. 13.95 *(978-1-5081-8414-0(3)*, 83f51806-715a-4ad5-9d54-a97e6e84186a) Rosen Publishing Group, Inc., The.

Primary Source Investigation of the Lewis & Clark Expedition, 1 vol. Xina M. Uhl & Tamra Orr. 2018. (Uncovering American History Ser.). (ENG.). 64p. (gr. 6-6). pap. 13.95 *(978-1-5081-8417-1(8)*, 4cb70725-cfb4-460d-b296-f9aecd66051d, Rosen Reference) Rosen Publishing Group, Inc., The.

Primary Source Investigation of the Mayflower, 1 vol. Xina M. Uhl & Jamie Poolos. 2018. (Uncovering American History Ser.). (ENG.). 64p. (gr. 6-6). pap. 13.95 *(978-1-5081-8420-1(8)*, 6638331e-e847-4929-9ddb-0edf86412945, Rosen Reference) Rosen Publishing Group, Inc., The.

Primary Sources in World History, 12 vols. 2016. (Primary Sources in World History Ser.). (ENG.). 48p. (gr. 6-6). lib. bdg. 198.42 *(978-1-5026-1825-2(7)*, b949fdd7-bf72-45af-a72d-6ac746a8f3b3, Cavendish Square) Cavendish Square Publishing LLC.

Primary Sources of Colonial America, 12 vols. 2017. (Primary Sources of Colonial America Ser.). (ENG.). (J). (gr. 6-6). lib. bdg. 215.58 *(978-1-5026-3228-9(4),* b251d2d4-4d6c-420b-bbaf-38e2099077d3) Cavendish Square Publishing LLC.

Primary Sources of the Civil Rights Movement, 14 vols. 2016. (Primary Sources of the Civil Rights Movement Ser.). (ENG.). 64p. (gr. 6-6). lib. bdg. 251.51 *(978-1-5026-1826-9(5),* 5e70dfb3-8702-44c1-af3d-9e809eccde61, Cavendish Square) Cavendish Square Publishing LLC.

Primary Sources of the Thirteen Colonies & the Lost Colony, 26 vols., Set. Incl. Primary Source History of the Colony of Connecticut. Ann Malaspina. lib. bdg. 37.13 *(978-1-4042-0424-9(5),* 15326e12-e6e2-4449-abf7-a90ed37c71c8); Primary Source History of the Colony of Delaware. Aaron Raymond. lib. bdg. 37.13 *(978-1-4042-0425-6(3),* 13fa6af7-a07b-4f3e-a426-6e2b89c853ef); Primary Source History of the Colony of Georgia. Liz Sonneborn. lib. bdg. 37.13 *(978-1-4042-0426-3(1),* 364987a4-b21d-4111-af3f-cd444f1ee3eb); Primary Source History of the Colony of Maryland. Liz Sonneborn. lib. bdg. 37.13 *(978-1-4042-0427-0(X),* a2084cfc-8741-463f-9d1e-ae2c3e66f660); Primary Source History of the Colony of Massachusetts. Jeri Freedman. lib. bdg. 37.13 *(978-1-4042-0428-7(8),* 98284cbc-871e-4f69-8d0d-ba291fb0be3c); Primary Source History of the Colony of New Hampshire. Fletcher Haulley. lib. bdg. 37.13 *(978-1-4042-0429-4(6),* d57bbeab-7b55-4199-81a9-c31eeab771a9); Primary Source History of the Colony of New Jersey. Tamra B. Orr. lib. bdg. 37.13 *(978-1-4042-0430-0(X),* 45432235-f3eb-4d11-b637-b97034182289); Primary Source History of the Colony of North Carolina. Philip Margulies. lib. bdg. 37.13 *(978-1-4042-0432-4(6),* 1bfccb8a-ebce-4efb-ab55-cb30b5135f82); Primary Source History of the Colony of Pennsylvania. G. S. Prentzas. lib. bdg. 37.13 *(978-1-4042-0433-1(4),* aa629a19-1052-4a6c-b98a-2f67be41d62b); Primary Source History of the Colony of Rhode Island. Joan Axelrod-Contrada. lib. bdg. 37.13 *(978-1-4042-0434-8(2),* a6eba2fa-5b70-485b-b662-f3e93f24e0a9); Primary Source History of the Colony of South Carolina. Heather Hasan. lib. bdg. 37.13 *(978-1-4042-0436-2(9),* c8e07ee5-8d84-463c-abca-d9721f2dae98); Primary Source History of the Colony of Virginia. Sandra Whiteknact. lib. bdg. 37.13 *(978-1-4042-0437-9(7),* 6b15f685-fee2-4c22-9744-1be584ea32f7); Primary Source History of the Lost Colony of Roanoke. Brian Belval. lib. bdg. 37.13 *(978-1-4042-0435-5(0),* cd3a60fe-371f-4146-8f18-068d68945d1f); (Illus.). 64p. (YA). (gr. 4-6). (Primary Sources of the Thirteen Colonies & the Lost Colony Ser.). (ENG.). 2005. Set lib. bdg. 519.82 *(978-1-4042-0625-0(6),* e5468afc-d59c-4958-8324-fae5b934540a) Rosen Publishing Group, Inc., The.

Primary Sources of Westward Expansion, 12 vols. 2017. (Primary Sources of Westward Expansion Ser.). (ENG.). 64p. (gr. 6-6). lib. bdg. 215.58 *(978-1-5026-2646-2(2),* bf5577d4-f518-4906-9728-c9abc40b0b4f, Cavendish Square) Cavendish Square Publishing LLC.

Primary Spanish Dictionary: Illustrated Dictionary for Ages 7+ (Collins Primary Dictionaries) Collins Dictionaries. Illus. by Maria Herbert-Liew. 2nd rev. ed. 2019. (Collins Primary Dictionaries Ser.). (ENG.). 624p. (gr. 2-6). 16.95 *(978-0-00-831269-5(9))* HarperCollins Pubs. Ltd. GBR. Dist: Independent Pubs. Group.

Primary Speaker for First & Second Grades. Mary L. Davenport. 2019. (ENG.). 136p. (J). pap. *(978-3-337-77933-7(6))* Creation Pubs.

Primary Speaker for First & Second Grades (Classic Reprint) Mary L. Davenport. (ENG., Illus.). (J). 2018. 134p. 26.66 *(978-0-428-36481-6(0))*; 2017. pap. 9.57 *(978-0-243-40085-0(3))* Forgotten Bks.

Primary Spelling-Book of the English Language. Loomis Joseph Campbell. 2017. (ENG., Illus.). (J). pap. *(978-0-649-41027-9(0))* Trieste Publishing Pty Ltd.

Primary Spelling-Book of the English Language: With Illustrations (Classic Reprint) Loomis Joseph Campbell. (ENG., Illus.). (J). 2018. 100p. 25.96 *(978-0-267-39827-0(1))*; 2016. pap. 9.57 *(978-1-334-12664-2(X))* Forgotten Bks.

Primary Story Iournal. Chase Malone. l.t. ed. 2020. (ENG.). 100p. (J). pap. 8.40 *(978-1-716-93954-9(2))* Lulu Pr., Inc.

Primary Story Journal: Dotted Midline & Picture Space - Baby Dinosaur Design- Grades K-2 School Exercise Book - Draw & Write Journal / Notebook 100 Story Pages - (Kids Composition Notebooks) - Durable Soft Cover - Home School, Kindergarten Workbook. Sara Summer Primary Story Journals. 2021. (ENG.). 102p. (J). pap. 8.99 *(978-1-716-26535-8(5))* Lulu Pr., Inc.

Primary Story Journal: Dotted Midline & Picture Space - Dolphin Design- Grades K-2 School Exercise Book - Draw & Write Journal / Notebook 100 Story Pages - (Kids Composition Notebooks) - Durable Soft Cover - Home School, Kindergarten Workbook. Sara Summer Primary Story Journals. 2021. (ENG.). 102p. (J). pap. 8.99 *(978-0-699-61734-5(0))* Lulu Pr., Inc.

Primary Story Journal: Dotted Midline & Picture Space - Red Marble Design- Grades K-2 School Exercise Book - Draw & Write 100 Story Pages - (Kids Composition Note Books) - Durable Soft Cover - Home School, Kindergarten V14. Sara Summer Primary Story Journals. 2021. (ENG.). 102p. (J). pap. 6.99 *(978-0-7435-6490-8(1))* Lulu Pr., Inc.

Primary Story Journal Composition Book. The Smart Mermaid Publishing. 2020. (ENG.). (J). 126p. pap. 12.00 *(978-1-716-29928-5(4))*; 126p. pap. 12.00 *(978-1-716-29931-5(4))*; 134p. pap. 13.50 *(978-1-716-30100-1(9))* Lulu Pr., Inc.

Primary Story Journal Composition Book: Cute Unicorn Notebook for Handwriting Practice with Unique Images on Each Page- Dotted Midline & Picture Space-126 Pages for Writing & Drawing - Grade Level K-2 -Composition School Exercise Book- Doodling- 8. 5 X. The Smart Mermaid Publishing. 2020. (Primary Journals: Vol. 1). (ENG.). 134p. (J). pap. 12.00 *(978-1-716-29941-4(1))* Lulu Pr., Inc.

Primary Story Journal Composition Book: Fierce Dinosaur Notebook for Handwriting Practice- Dotted Midline & Picture Space- 128 Pages for Writing & Drawing - Grade Level K-2 -Composition School Exercise Book -Writing, Doodling, Sketching- 8. 5 X11. The Smart Mermaid Publishing. 2020. (Primary Journals: Vol. 1). (ENG.). 132p. (J). pap. 12.00 *(978-1-716-29938-4(1))* Lulu Pr., Inc.

Primary Story Journal Composition Book: Nice Halloween Notebook for Handwriting Practice with Unique Images on Each Page- Dotted Midline & Picture Space-128 Pages for Writing & Drawing - Grade Level K-2 -Composition School Exercise Book -Writing, Dood. The Smart Mermaid Publishing. 2020. (Primary Journal Ser.: Vol. 1). (ENG.). 134p. (J). pap. 12.00 *(978-1-716-29934-6(9))* Lulu Pr., Inc.

Primary Story Journal Composition Book: Princess & Fairy Notebook for Handwriting Practice with Unique Images on Each Page- Dotted Midline & Picture Space-128 Pages for Writing & Drawing- Grade Level K-2 -Composition School Exercise Book -Writing, D. The Smart Mermaid Publishing. 2020. (Primary Journals: Vol. 1). 134p. (J). pap. 12.00 *(978-1-716-29906-3(3))* Lulu Pr., Inc.

Primary Work: A Manual for Young Teachers (Classic Reprint) Anna Sinclair Graham. 2018. (ENG., Illus.). 210p. (J). 28.25 *(978-0-484-21887-0(5))* Forgotten Bks.

Primary Work (Classic Reprint) Unknown Author. 2018. (ENG., Illus.). 72p. (J). 25.38 *(978-0-267-50085-7(8))* Forgotten Bks.

Primates: Animals That Change the World! (Engaging Readers, Level 2) Ashley Lee. Ed. by Alexis Roumanis. l.t. ed. 2021. (Animals That Change the World! Ser.: Vol. 18). (ENG., Illus.). 32p. (J). pap. *(978-1-77437-760-4(8))* AD Classic.

Primates: Animals That Make a Difference! (Engaging Readers, Level 2) Ashley Lee. Ed. by Alexis Roumanis. l.t. ed. 2020. (Animals That Make a Difference! Ser.: Vol. 18). (ENG., Illus.). 32p. (J). *(978-1-77437-641-6(5))*; pap. *(978-1-77437-642-3(3))* AD Classic.

Primavera. Aaron Carr. 2016. (Nuestras Cuatro Estaciones Ser.). (SPA.). 24p. (J). lib. bdg. 22.99 *(978-1-5105-2471-2(1))* SmartBook Media, Inc.

Primavera. Amy Culliford. Tr. by Pablo de la Vega. 2021. (Las Estaciones Del año (Seasons in a Year) Ser.). (SPA., Illus.). 16p. (J). (gr. -1-1). pap. *(978-1-4271-3304-5(2),* 14523) Crabtree Publishing Co.

Primavera. Julie Murray. 2016. (Las Estaciones Ser.). (SPA.). 24p. (J). (gr. -1-2). pap. 7.95 *(978-1-4966-0709-6(0),* 131744, Capstone Classroom) Capstone.

Primavera. Mari Schuh. 2019. (Estaciones Ser.). (SPA.). 16p. (J). (gr. -1-2). *(978-1-68151-626-4(8),* 14527) Amicus.

Primavera/Spring. Child's Play. Tr. by Teresa Mlawer. Illus. by Ailie Busby. ed. 2019. (Spanish/English Bilingual Editions Ser.). (ENG.). 12p. (J). (gr. 1-1). bds. *(978-1-78628-303-0(4))* Child's Play International Ltd.

Prime Minister & Tom: Plays for Young People (Classic Reprint) Elizabeth Still. (ENG., Illus.). (J). 2018. 186p. 27.73 *(978-0-484-83224-3(7))*; 2016. pap. 10.57 *(978-1-334-13227-8(5))* Forgotten Bks.

Prime Suspect. Syd Sullivan. 2019. (ENG.). 236p. (YA). pap. 16.99 *(978-1-4808-7919-5(3))* Archway Publishing.

Prime Time History, 8 vols., Set. Incl. Crusades: The Two Hundred Years War: The Clash Between the Cross & the Crescent in the Middle East 1096-1291. James Harpur. lib. bdg. 47.80 *(978-1-4042-1367-8(8),* 9edd92ea-e696-4347-a122-d328e63ac647); Troy: The Myth & Reality Behind the Epic Legend. Nick McCarty. lib. bdg. 47.80 *(978-1-4042-1365-4(1),* 32d3a0e1-a289-4c81-b3fa-931fedea771a); (Illus.). 128p. (YA). (gr. 10-10). 2008. (Prime Time History Ser.). (ENG.). 2007. Set lib. bdg. 191.20 *(978-1-4042-1487-3(9),* c9596d6a-60e4-4415-aafc-90acf4f3dcb6) Rosen Publishing Group, Inc., The.

Primer. Christian Brothers. 2017. (ENG., Illus.). (J). pap. *(978-0-649-27238-9(2))* Trieste Publishing Pty Ltd.

Primer. Aurelia Hyde. 2017. (ENG., Illus.). (J). pap. *(978-0-649-52090-9(4))* Trieste Publishing Pty Ltd.

Primer. Jennifer Muro & Thomas Krajewski. Illus. by Gretel Lusky. 2020. 160p. (J). (gr. 3-7). pap. 9.99 *(978-1-4012-9657-5(2))* DC Comics.

Primer: Language Reader Series (Classic Reprint) Franklin T. Baker. (ENG., Illus.). (J). 2018. 138p. 26.78 *(978-0-484-58385-5(9))*; 2016. pap. 9.57 *(978-1-333-74900-2(7))* Forgotten Bks.

Primer año en el Internado / First Year at Boarding School. Ana Punset. 2020. (Best Friends Forever Ser.: 1). (SPA.). 192p. (J). (gr. 3-5). 15.95 *(978-84-17922-80-1(6),* Montena) Penguin Random House Grupo Editorial ESP. Dist: Penguin Random Hse. LLC.

Primer (Classic Reprint) Christian Brothers. (ENG., Illus.). (J). 2018. 54p. 25.03 *(978-0-364-82135-0(3))*; 2017. pap. 9.57 *(978-0-259-53470-9(6))* Forgotten Bks.

Primer (Classic Reprint) Bryce Bryce. 2018. (ENG., Illus.). 160p. (J). 27.22 *(978-0-666-25907-3(0))* Forgotten Bks.

Primer (Classic Reprint) Myers Park Baptist Church. (ENG., Illus.). (J). 2018. 62p. 25.20 *(978-0-483-60063-8(6))*; 2017. pap. 9.57 *(978-0-243-26425-4(9))* Forgotten Bks.

Primer (Classic Reprint) Walter L. Hervey. (ENG., Illus.). (J). 2018. 140p. 26.78 *(978-0-428-36467-0(5))*; 2016. pap. 9.57 *(978-1-333-78079-1(6))* Forgotten Bks.

Primer (Classic Reprint) Will D. Howe. (ENG., Illus.). (J). 2018. 118p. 26.33 *(978-0-666-97902-5(2))*; 2017. pap. 9.57 *(978-0-259-90031-3(1))* Forgotten Bks.

Primer (Classic Reprint) Aurelia Hyde. 2018. (ENG., Illus.). 116p. (J). 26.29 *(978-0-267-50211-0(7))* Forgotten Bks.

Primer (Classic Reprint) Homer Hitchcock Kingsley. (ENG., Illus.). (J). 2018. 132p. 26.62 *(978-0-365-33158-2(9))*; 2017. pap. 9.57 *(978-0-259-56398-3(6))* Forgotten Bks.

Primer (Classic Reprint) William Albert McIntyre. 2017. (ENG., Illus.). (J). 26.00 *(978-0-265-52313-1(3))*; pap. 9.57 *(978-0-259-84768-7(2))* Forgotten Bks.

Primer (Classic Reprint) Sidney C. Newsom. (ENG., Illus.). (J). 2018. 134p. 26.66 *(978-0-365-26569-6(1))*; 2017. pap. 9.57 *(978-0-259-94912-1(4))* Forgotten Bks.

Primer (Classic Reprint) Charles Maurice Stebbins. 2017. (ENG., Illus.). (J). 27.05 *(978-0-266-53589-8(5))*; pap. 9.57 *(978-0-282-73608-8(5))* Forgotten Bks.

Primer (Classic Reprint) Maud Summers. (ENG., Illus.). (J). 2019. 122p. 26.43 *(978-0-364-98415-4(5))*; 2017. pap. 9.57 *(978-0-259-83944-6(2))* Forgotten Bks.

Primer día de Clases. Katish Mira. Illus. by Angela Melendez. 2018. (SPA.). 38p. (J). (gr. k-3). *(978-958-48-3871-1(7))* Restrepo, Ana.

Primer día de Clases / Ballet Bunnies #1: the New Class. Swapna Reddy. Illus. by Binny Talib. 2022. (Ballet y Tutús Ser.: 1). (SPA.). 112p. (J). (gr. 1-4). pap. 12.95 *(978-607-38-1456-0(9))* Penguin Random House Grupo Editorial ESP. Dist: Penguin Random Hse. LLC.

Primer for Town Farmers: Feb. 2-Feb. 28, 1928 (Classic Reprint) United States Department Of Agriculture. 2017. (ENG., Illus.). (J). 36p. 24.66 *(978-0-332-03770-7(3))*; 38p. pap. 7.97 *(978-0-332-03765-3(7))* Forgotten Bks.

Primer for Town Farmers: October, 1928 (Classic Reprint) United States Department Of Agriculture. (ENG., Illus.). (J). 2018. 34p. 24.60 *(978-0-428-80888-4(3))*; 2017. pap. 7.97 *(978-0-259-81247-0(1))* Forgotten Bks.

Primer for Town Farmers (Classic Reprint) United States Department Of Agriculture. (ENG., Illus.). (J). 2018. 40p. 24.74 *(978-0-332-97598-6(3))*; 2018. 48p. 24.91 *(978-0-365-20616-3(4))*; 2018. 32p. 24.58 *(978-0-365-29331-6(8))*; 2017. pap. 7.97 *(978-0-259-44072-7(8))*; 2017. pap. 7.97 *(978-0-259-84137-1(4))*; 2017. pap. 7.97 *(978-0-259-86135-5(9))*; 2017. pap. 9.57 *(978-0-259-86926-9(0))*; 2017. pap. 9.57 *(978-0-259-82690-3(1))*; 2017. pap. 7.97 *(978-0-259-82950-8(1))*; 2017. pap. 7.97 *(978-0-259-86469-1(2))* Forgotten Bks.

Primer Hombre Lobo: Colección Superviviente. Oscar Aguilar. 2020. (SPA.). 65p. (YA). pap. *(978-1-716-68433-3(1))* Lulu Pr., Inc.

Primer of English: For Foreign Students (Classic Reprint) Wilfrid C. Thorley. 2018. (ENG., Illus.). 304p. (J). 30.17 *(978-0-365-47433-3(9))* Forgotten Bks.

Primer of Politeness: A Help to School & Home Government. Alex M. Gow. 2017. (ENG., Illus.). (J). pap. *(978-0-649-67931-7(8))* Trieste Publishing Pty Ltd.

Primer of Politeness: A Help to School & Home Government (Classic Reprint) Alex M. Gow. 2017. (ENG., Illus.). 220p. (J). 28.43 *(978-0-484-56465-6(X))* Forgotten Bks.

Primer of the Phonic Method of Teaching Reading & Writing Simeltaneously. G. C. Mast. 2017. (ENG., Illus.). (J). pap. *(978-3-337-00314-2(1))* Creation Pubs.

Primer of the Phonic Method of Teaching Reading & Writing Simultaneously: With an Introduction (Classic Reprint) G. C. Mast. (ENG., Illus.). (J). 2018. 120p. 26.37 *(978-0-484-39051-4(1))*; 2016. pap. 9.57 *(978-1-333-25430-8(X))* Forgotten Bks.

Primer Viaje de Pesca de Marisa: A Big Shoe Bears & Friends Adventure. Dawn Doig. 2021. (Big Shoe Bears & Friends Adventures Ser.: Vol. 4). (SPA.). 28p. (J). pap. 11.99 *(978-1-954004-56-6(7))* Pen It Pubns.

Primer Viaje de Pesca de Marisa: Un Libro de Los Osos de Zapatos Grandes y Sus Amigos. Dawn Doig. 2021. (Libro de Los Osos de Zapatos Grandes y Sus Amigos Ser.: Vol. 4). (SPA.). 28p. (J). 19.99 *(978-1-954004-57-3(5))* Pen It Pubns.

Primer, Vol. 2 (Classic Reprint) Canada Publishing Co Limited. (ENG., Illus.). (J). 2018. 128p. 26.56 *(978-0-267-39939-0(1))*; 2016. pap. 9.57 *(978-1-334-12437-2(X))* Forgotten Bks.

Primera Biblia para niños: The First Bible for Children. Kenneth N. Taylor. 2020. (SPA., Illus.). 256p. (J). 13.99 *(978-1-4964-4415-8(9),* 20_34016) Tyndale Hse. Pubs.

Primera Biblioteca Del Bebé ABC (Baby's First Library-ABC Spanish) YoYo YoYo Books. 2022. (SPA.). 24p. (J). (gr. -1). bds. 9.99 *(978-94-6454-181-6(4))* YoYo Bks. BEL. Dist: Simon & Schuster, Inc.

Primera Biblioteca Del Bebé Animales (Baby's First Library-Animals Spanish) YoYo YoYo Books. 2022. (SPA.). 24p. (J). (gr. -1). bds. 9.99 *(978-94-6454-179-3(2))* YoYo Bks. BEL. Dist: Simon & Schuster, Inc.

Primera Biblioteca Del Bebé Numeros (Baby's First Library-Numbers Spanish) YoYo YoYo Books. 2022. (SPA.). 24p. (J). (gr. -1). bds. 9.99 *(978-94-6454-182-3(2))* YoYo Bks. BEL. Dist: Simon & Schuster, Inc.

Primera Biblioteca Del Bebé Palabras (Baby's First Library-Words Spanish) YoYo YoYo Books. 2022. (SPA.). 24p. (J). (gr. -1). bds. 9.99 *(978-94-6454-180-9(6))* YoYo Bks. BEL. Dist: Simon & Schuster, Inc.

¡Primera Caída! (el Enmascarado de Terciopelo 1)/ First Fall! Diego Mejia Eguiluz. 2018. (ENMASCARADO de TERCIOPELO / the VELVET MASKED WRESTLER Ser.: 1). (SPA.). 200p. (J). (gr. 3-7). pap. 11.95 *(978-607-31-6446-7(7),* Alfaguara) Penguin Random House Grupo Editorial ESP. Dist: Penguin Random Hse. LLC.

Primera Fiesta de Pijamas de Peppa (Peppa's First Sleepover) Scholastic Editors. ed. 2016. (Peppa Pig 8X8 Ser.). (ENG & SPA., Illus.). 24p. (J). (gr. -1-k). 13.55 *(978-0-606-39159-7(2))* Turtleback.

Primera Pijamada de Uni (Unicornio Uni)(Uni the Unicorn Uni's First Sleepover Spanish Edition) Amy Krouse Rosenthal. Illus. by Brigette Barrager. 2022. (LEYENDO a PASOS (Step into Reading) Ser.). Orig. Title: Uni the Unicorn Uni's First Sleepover. 32p. (J). (gr. -1-1). pap. 4.99 *(978-0-593-48408-1(8))*; (SPA.). lib. bdg. 14.99 *(978-0-593-48409-8(6))* Random Hse. Children's Bks. (Random Hse. Bks. for Young Readers).

Primeras Civilizaciones. Renzo Barsotti. 2019. (SPA.). 40p. (J). 13.99 *(978-84-9786-680-4(0))* Edimat Libros, S. A. ESP. Dist: Lectorum Pubns., Inc.

Primeros Sonidos. Cathy Camarena, M.Ed. & Gloria B. Ruff, M.Ed. 2023. (Primeros Sonidos Ser.). (SPA.). 24p. (J). pap., pap., pap. 214.20 ***(978-0-7565-8317-0(9)***, 265385, Capstone Classroom) Capstone.

PrimeTime: Hockey Superstar (Set Of 8), 8 vols. 2019. (PrimeTime: Hockey Superstars Ser.). (ENG.). 256p. (J). (gr. 3-4). lib. bdg. 250.80 *(978-1-63494-097-9(0),* 1634940970) Pr. Room Editions LLC.

PrimeTime: Hockey Superstars (Set Of 8), 8 vols. 2019. (PrimeTime: Hockey Superstars Ser.). (ENG.). 256p. (J). (gr. 3-4). pap. 79.60 *(978-1-63494-106-8(3),* 1634941063) Pr. Room Editions LLC.

PrimeTime: Superstar Quarterbacks (Set Of 8) 2020. (PrimeTime: Superstar Quarterbacks Ser.). (ENG.). (J). (gr. 3-4). pap. 79.60 *(978-1-63494-225-6(6),* 1634942256); lib. bdg. 250.80 *(978-1-63494-207-2(8),* 1634942078) Pr. Room Editions LLC.

Primitives of the Greek Tongue: Containing a Complete Collection of All the Roots or Primitive Words, Together with the Most Considerable Derivatives of the Greek Language (Classic Reprint) Claude Lancelot. (ENG., Illus.). (J). 2018. 406p. 32.27 *(978-0-656-90411-2(9))*; 2017. pap. 16.57 *(978-0-282-23908-4(1))* Forgotten Bks.

Primitives of the Greek Tongue: With Rules for Derivation (Classic Reprint) Claude Lancelot. (ENG., Illus.). (J). 2018. 176p. 27.53 *(978-0-267-87018-9(3))*; 2018. 172p. 27.44 *(978-0-656-94794-2(2))*; 2017. 172p. 27.44 *(978-0-484-56457-1(9))*; 2017. pap. 9.97 *(978-0-282-30829-2(6))*; 2017. pap. 9.97 *(978-0-259-31116-4(2))* Forgotten Bks.

Primo e il Nuovo Galateo (Classic Reprint) Melchiorre Gioja. 2018. (ITA., Illus.). (J). 582p. 35.92 *(978-0-364-53081-8(2))*; 584p. pap. 19.57 *(978-0-666-03077-1(4))* Forgotten Bks.

Primrose. Erika Harmer. Illus. by Jordan Harmer. 2020. (ENG.). 195p. (YA). pap. *(978-1-716-27348-3(X))* Lulu Pr., Inc.

Primrose (Classic Reprint) Unknown Author. 2018. (ENG., Illus.). 26p. (J). 24.45 *(978-0-484-87775-6(5))* Forgotten Bks.

Primrose Paradise (Classic Reprint) Hanson Brock. (ENG., Illus.). (J). 2018. 90p. 25.77 *(978-0-666-07089-0(X))*; 2017. pap. 9.57 *(978-0-282-08500-1(9))* Forgotten Bks.

Primrose Path. Margaret O. W. Oliphant. 2017. (ENG.). 172p. (J). pap. *(978-3-337-17321-0(7))* Creation Pubs.

Primrose Path: A Chapter in the Annals of the Kingdom of Fife (Classic Reprint) Margaret O. W. Oliphant. 2018. (ENG., Illus.). 182p. (J). 27.65 *(978-0-666-17803-9(8))* Forgotten Bks.

Primrose Path, a Chapter, 1878, Vol. 3 Of 3: In the Annals of the Kingdom of Fife (Classic Reprint) Margaret O. W. Oliphant. 2018. (ENG., Illus.). 352p. (J). 31.18 *(978-0-484-20057-8(7))* Forgotten Bks.

Primrose Path, Vol. 1 Of 3: A Chapter in the Annals of the Kingdom of Fife (Classic Reprint) Margaret O. W. Oliphant. 2018. (ENG., Illus.). 342p. (J). 30.95 *(978-0-483-19322-2(4))* Forgotten Bks.

Primrose Path, Vol. 2 Of 3: A Chapter in the Annals of the Kingdom of Fife (Classic Reprint) Margaret O. W. Oliphant. 2018. (ENG., Illus.). 340p. (J). 30.91 *(978-0-332-97810-9(9))* Forgotten Bks.

Primrose Ring (Classic Reprint) Ruth Sawyer. (ENG., Illus.). (J). 2018. 208p. 28.19 *(978-0-267-30545-2(1))*; 2016. pap. 10.57 *(978-1-333-30627-4(X))* Forgotten Bks.

Primrose's Curse COLORING & ACTIVITY BOOK. Kiara Shankar & Vinay Shankar. 2020. (ENG., Illus.). 68p. (J). (gr. k-6). pap. 9.99 *(978-1-950263-24-0(X))* VIKI Publishing.

Primrose's Curse COLORING & ACTIVITY BOOK (COLOR EDITION) Kiara Shankar & Vinay Shankar. 2020. (ENG., Illus.). 68p. (J). (gr. k-6). pap. 14.99 *(978-1-950263-25-7(8))* VIKI Publishing.

Primus in Indis, Vol. 2: A Romance (Classic Reprint) M. J. Colquhoun. 2017. (ENG., Illus.). (J). 182p. 27.65 *(978-0-332-77732-0(4))*; pap. 10.57 *(978-0-259-18838-4(7))* Forgotten Bks.

Prince. Maria Isabel Sanchez Vegara. Illus. by CACHETEJACK. 2021. (Little People, Big Dreams Ser.: Vol. 54). (ENG.). 32p. (J). (gr. -1-2). ***(978-0-7112-5439-8(7))*** Frances Lincoln Childrens Bks.

Prince: Musical Icon. Stephanie Watson. 2016. (Lives Cut Short Ser.). (ENG., Illus.). 112p. (J). (gr. 6-12). lib. bdg. 41.36 *(978-1-68078-364-3(5),* 23216, Essential Library) ABDO Publishing Co.

Prince: The Man, the Symbol, the Music. Eric Braun. 2017. (Gateway Biographies Ser.). (ENG.). 48p. (J). (gr. 4-8). 12.99 *(978-1-5124-3861-1(8))*; 39.99 *(978-1-5124-3860-4(X))*; (Illus.). 31.99 *(978-1-5124-3456-9(6),* 0dbaac1c-fa77-45e4-a8c8-e7eaf94a8897); (Illus.). E-Book 47.99 *(978-1-5124-3457-6(4))* Lerner Publishing Group. (Lerner Pubns.).

Prince, a Giant Peacock & the Gold Ring. E. K. Bowhall. Illus. by Valeria Leonova. 2021. (ENG.). 62p. (J). 28.00 *(978-1-0879-3911-7(9))* Indy Pub.

Prince a Romance of the Camp & Court of Alexander the Great, the Love Story of Roxana, the Maid of Bactria (Classic Reprint) Marshall Monroe Kirkman. 2018. (ENG., Illus.). 554p. (J). 35.32 *(978-0-483-19152-5(3))* Forgotten Bks.

Prince Ali: An Arabian Horse Novel. Victoria Hardesty & Nancy Perez. 2nd ed. 2021. (ENG.). 252p. (YA). pap. 17.95 *(978-1-63747-071-8(1))* Publication Consultants.

Prince among Dragons. B. a Schellenberg. Ed. by Emma Grace Schellenberg. 2nd ed. 2018. (Ruthin Dragons Ser.). (ENG., Illus.). 184p. (YA). (gr. 7-12). pap. *(978-1-7751772-0-3(3))* Soaring Gull Pr.

Prince & Betty (Classic Reprint) Pelham Grenville Wodehouse. 2018. (ENG., Illus.). 316p. (J). 30.41 *(978-0-365-44020-8(5))* Forgotten Bks.

Prince & Friends. Linda Hurt. 2019. (ENG., Illus.). 30p. (J). pap. 13.95 *(978-1-64559-513-7(7))* Covenant Bks.

Prince & Heretic (Classic Reprint) Marjorie Bowen. 2017. (ENG., Illus.). (J). 32.52 *(978-0-331-52479-6(1))* Forgotten Bks.

Prince & His Ants (Ciondolino) (Classic Reprint) Vamba Vamba. 2017. (ENG., Illus.). (J). 30.66 *(978-0-265-42271-7(X))* Forgotten Bks.

Prince & His Mothers Crown: Tales Within My Mothers Hair Coloring Book. Shellice Beharie. 2020. (Prince & His Mother's Crown: Tales Within My Mother's Hair Ser.: 1).

P

(ENG.). 30p. (J). pap. 9.95 *(978-1-0983-4363-7(8))* BookBaby.

Prince & His Porcelain Cup: A Tale of the Famous Chicken Cup - Retold in English & Chinese. Illus. by Jian Li. ed. 2018. (ENG.). 42p. (gr. k-4). 16.95 *(978-1-60220-451-5(9))* SCPG Publishing Corp.

Prince & Knight. Daniel Haack. Illus. by Stevie Lewis. (ENG.). (J). (gr. -1-1). 2020. 26p. bds. 8.99 *(978-1-4998-1095-0(4))*; 2018. 40p. 17.99 *(978-1-4998-0552-9(7))* Little Bee Books Inc.

Prince & Knight: Tale of the Shadow King. Daniel Haack. Illus. by Stevie Lewis. 2021. (ENG.). 40p. (J). (gr. -1-3). 17.99 *(978-1-4998-1121-6(7))* Little Bee Books Inc.

Prince & Rover of Cloverfield Farm (Classic Reprint) Helen Fuller Orton. 2018. (ENG., Illus.). 114p. (J). 26.27 *(978-0-267-83854-7(9))* Forgotten Bks.

Prince & the Apocalypse: A Novel. Kara McDowell. 2023. (ENG.). 320p. (YA). 24.00 ***(978-1-250-87304-0(5)***, 900279862); (Illus.). pap. 12.00 *(978-1-250-87306-4(1)*, 900279863) St. Martin's Pr. (Wednesday Bks.).

Prince & the Chicken. Gloria J. Rayborn. Illus. by Ros Webb. 2021. (ENG.). 54p. (J). pap. 11.99 *(978-1-7338666-7-5(1))* Southampton Publishing.

Prince & the Dressmaker. Jen Wang. 2018. (ENG., Illus.). 288p. (YA). 25.99 *(978-1-250-15985-4(7)*, 900185795); pap. 17.99 *(978-1-62672-363-4(X)*, 900154833) Roaring Brook Pr. (First Second Bks.).

Prince & the Frog: A Story to Help Children Learn about Same-Sex Relationships. Olly Pike. 2018. (Illus.). 48p. (J). 18.95 *(978-1-78592-382-1(X)*, 696646) Kingsley, Jessica Pubs. GBR. Dist: Hachette UK Distribution.

Prince & the Mermaid. B. Heather Mantler. 2019. (ENG.). 36p. (J). pap. *(978-1-927507-46-9(4))* Mantler Publishing.

Prince & the Page: A Story of the Last Crusade. Charlotte M. Yonge. 2017. (ENG., Illus.). (J). pap. *(978-0-649-22246-9(6))* Trieste Publishing Pty Ltd.

Prince & the Page: A Story of the Last Crusade (Classic Reprint) Charlotte M. Yonge. 2018. (ENG., Illus.). 286p. (J). 29.80 *(978-0-483-83849-9(7))* Forgotten Bks.

Prince & the Pauper see Principe y el Mendigo

Prince & the Pauper. Mark Twain, pseud. 2017. (ENG.). (J). (gr. 4-7). 412p. pap. *(978-3-337-34461-0(5))*; 288p. pap. *(978-3-337-34257-9(4))*; 446p. pap. *(978-3-337-23060-9(1))* Creation Pubs.

Prince & the Pauper. Mark Twain, pseud. Illus. by Franklin Booth. 2021. (ENG.). 154p. (J). (gr. 4-7). pap. 8.99 *(978-1-4209-7615-1(X))* Digireads.com Publishing.

Prince & the Pauper: A Novel by Mark Twain. Mark Twain, pseud. 2019. (FRE.). 224p. (J). (gr. 4-7). pap. 21.00 *(978-1-64606-498-4(4))* Primedia eLaunch LLC.

Prince & the Pauper: A Tale for Young People of All Ages (Classic Reprint) Mark Twain, pseud. 2017. (ENG., Illus.). (J). 30.56 *(978-0-260-20668-8(7))* Forgotten Bks.

Prince & the Pauper: A Treasured Historical Satire. Mark Twain. 2022. (ENG.). 148p. (J). pap. ***(978-1-80547-122-6(8))*** Rupert, Hart-Davis Ltd.

Prince & the Pauper+cd. Collective. 2017. (Green Apple - Life Skills Ser.). (ENG.). 80p. (YA). pap. 26.95 *(978-88-530-1630-0(2)*, Black Cat) Grove/Atlantic, Inc.

Prince & the Pee. Greg Gormley. Illus. by Chris Mould. 2018. (ENG.). 32p. (J). (gr. -1-2). 16.99 *(978-0-7636-9916-1(0))* Candlewick Pr.

Prince & the Three Oranges a Fairy Tale from Mexico. Illus. by Juanbjuan Oliver. 2017. (Text Connections Guided Close Reading Ser.). (J). (gr. 1). *(978-1-4900-1822-5(0))* Benchmark Education Co.

Prince Baber & His Wives, and, the Slave Girl Narcissus & the Nawab of Lalput (Classic Reprint) William St. Clair. (ENG., Illus.). (J). 2018. 334p. 30.79 *(978-0-364-11323-3(5))*; 2016. pap. 13.57 *(978-1-334-32848-0(X))* Forgotten Bks.

Prince Babillon: Or the Little White Rabbit (Classic Reprint) Nella Nella. 2018. (ENG., Illus.). 128p. (J). 26.56 *(978-0-483-36452-3(5))* Forgotten Bks.

Prince-Bairnie. Antoine De Saint-Exupéry. 2017. (ENG., Illus.). ix, 103p. (J). pap. *(978-1-907676-90-1(2))* Grace Note Pubns.

Prince Bari Volume 3. Solanine. 2020. (ENG.). 208p. (YA). pap. 12.99 *(978-1-60009-989-2(0)*, 8cba17e0-e671-4ce2-8bb0-e66c08667ffb) Netcomics.

Prince Bari Volume 4. Solanine. 2020. (ENG.). 212p. (YA). pap. 12.99 *(978-1-60009-990-8(4)*, b26942a2-4f83-4d12-8bdf-75efa2540723) Netcomics.

Prince Bismarck's Letters to His Wife, His Sister, & Others, from 1844-1870 (Classic Reprint) Otto Bismarck. 2018. (ENG., Illus.). 270p. (J). 29.49 *(978-0-666-27957-6(8))* Forgotten Bks.

Prince Can Hear. Nina Long. 2021. (ENG.). 32p. (J). 22.00 *(978-1-950817-94-8(6))*; pap. 12.00 *(978-1-950817-93-1(8))* Power Corner Pr..com(r).

Prince Carrotte & Other Chronicles (Classic Reprint) Virginia Baker. 2018. (ENG., Illus.). 182p. (J). 27.65 *(978-0-483-13475-1(9))* Forgotten Bks.

Prince Caspian. C. S. Lewis. Tr. by Nanor Mikayelian. 2018. (ARM., Illus.). 218p. (J). (gr. -1). pap. 15.00 *(978-1-946290-01-4(7))* Roslin Pr.

Prince Charlie (Classic Reprint) Burford Delannoy. 2018. (ENG., Illus.). 322p. (J). 30.54 *(978-0-332-17238-5(4))* Forgotten Bks.

Prince Charlie, the Young Chevalier (Classic Reprint) Merideth Johnes. 2018. (ENG., Illus.). 354p. (J). 31.20 *(978-0-364-67863-3(1))* Forgotten Bks.

Prince Charming. Rachel Hawkins. 2019. (Royals Ser.: 1). (ENG.). 320p. (YA). (gr. 7). pap. 11.99 *(978-1-5247-3825-9(5)*, Penguin Books) Penguin Young Readers Group.

Prince Darling & Other Stories: Based on the Tales in the Blue Fairy Book (Classic Reprint) Andrew Lang. 2018. (ENG., Illus.). 220p. (J). 28.43 *(978-0-483-25914-0(4))* Forgotten Bks.

Prince Dorus (Classic Reprint) Charles Lamb. (ENG., Illus.). (J). 2018. 74p. 25.42 *(978-0-666-43795-2(5))*; 2017. pap. 9.57 *(978-0-282-02695-0(9))* Forgotten Bks.

Prince Dusty. Kirk Munroe. 2017. (ENG.). 326p. (J). pap. *(978-3-7447-4152-1(4))* Creation Pubs.

Prince Dusty: A Story of the Oil Regions (Classic Reprint) Kirk Munroe. 2018. (ENG., Illus.). 324p. (J). 30.66 *(978-0-332-05364-6(4))* Forgotten Bks.

Prince Edward Island. Jennifer Nault. 2018. (O Canada Ser.). (ENG.). 32p. (J). lib. bdg. 22.99 *(978-1-5105-3656-2(6))* SmartBook Media, Inc.

Prince Fortune & Prince Fatal. Carrington. 2017. (ENG.). (J). 282p. pap. *(978-3-337-17002-8(1))*; 340p. pap. *(978-3-337-17001-1(3))* Creation Pubs.

Prince Fortune & Prince Fatal, Vol. 1 of 3 (Classic Reprint) Carrington. 2018. (ENG., Illus.). (J). 358p. 31.28 *(978-0-366-50455-8(X))*; 360p. pap. 13.97 *(978-0-365-81305-7(2))* Forgotten Bks.

Prince Fortune & Prince Fatal, Vol. 2 of 3 (Classic Reprint) Carrington. (ENG., Illus.). (J). 2018. 334p. 30.81 *(978-0-483-69951-9(9))*; 2016. pap. 13.57 *(978-1-334-13008-3(6))* Forgotten Bks.

Prince Fortune & Prince Fatal, Vol. 3 of 3 (Classic Reprint) Carrington. 2018. (ENG., Illus.). 278p. (J). 29.65 *(978-0-267-25684-6(1))* Forgotten Bks.

Prince George: The Regal Beagle. Eric C. Westerburg. 2020. (Adventures of Prince George Ser.: 1). (ENG.). 40p. (J). pap. 15.99 *(978-1-0983-2106-2(5))* BookBaby.

Prince George Goes to School. Caryl Hart. Illus. by Laura Ellen Anderson. 2018. (Prince George Ser.). (ENG.). 32p. (J). (gr. -1-k). 9.99 ***(978-1-4083-4610-5(9)***, Orchard Bks.) Hachette Children's Group GBR. Dist: Hachette Bk. Group.

Prince Goes Fishing (Classic Reprint) Elizabeth Duer. 2018. (ENG., Illus.). (J). 328p. 30.66 *(978-1-396-33424-5(6))*; 330p. pap. 13.57 *(978-1-390-89778-4(8))* Forgotten Bks.

Prince Hagen: A Phantasy (Classic Reprint) Upton Sinclair. 2019. (ENG., Illus.). 288p. (J). 29.86 *(978-0-365-23306-0(4))* Forgotten Bks.

Prince Hal: Or the Romance of a Rich Young Man (Classic Reprint) Eliza Frances Andrews. (ENG., Illus.). (J). 2018. 352p. 31.16 *(978-0-483-51629-8(5))*; 2016. pap. 13.57 *(978-1-334-12673-4(9))* Forgotten Bks.

Prince Harjo & the Enchanted Stream. Mardiyah A. Tarantino. 2017. (ENG., Illus.). 84p. (J). pap. *(978-1-387-34385-0(8))* Lulu Pr., Inc.

Prince Harry & Meghan: Royals for a New Era. Jill Sherman. 2018. (Gateway Biographies Ser.). (ENG., Illus.). 48p. (J). (gr. 4-8). lib. bdg. 31.99 *(978-1-5415-3945-7(1)*, 6469d094-5193-422f-bf97-bf204b3eee32, Lerner Pubns.) Lerner Publishing Group.

Prince Hippy, the Li'l Longsnout Seahorse. Adriana Jasso. 2021. (ENG.). 28p. (J). 19.95 *(978-1-63765-088-2(4))* Halo Publishing International.

Prince Hippy, the Li'l Longsnout Seahorse. Adriana S. Jasso. 2021. (ENG.). 28p. (J). pap. 12.95 *(978-1-61244-997-5(2))* Halo Publishing International.

Prince Hugo, Vol. 2 Of 3: A Bright Episode (Classic Reprint) Maria Grant. 2017. (ENG., Illus.). (J). 310p. 30.29 *(978-0-332-05751-4(8))*; pap. 13.57 *(978-0-259-27698-2(7))* Forgotten Bks.

Prince Hugo, Vol. 3 Of 3: A Bright Episode (Classic Reprint) Maria M. Grant. (ENG., Illus.). (J). 2018. 312p. 30.33 *(978-0-365-10866-5(9))*; 2017. pap. 13.57 *(978-0-259-27578-7(6))* Forgotten Bks.

Prince Incognito (Classic Reprint) Elizabeth Wormeley Latimer. (ENG., Illus.). (J). 2018. 322p. 30.54 *(978-0-483-27315-3(5))*; 2017. pap. 13.57 *(978-0-243-90484-6(3))* Forgotten Bks.

Prince Ivan in Dreamlandia. Anna Lobsanova. 2018. (ENG., Illus.). 36p. (J). pap. *(978-0-359-11131-2(9))* Lulu Pr., Inc.

Prince Jan St. Bernard. Forrestine C. Hooker. 2017. (ENG., Illus.). (J). 22.95 *(978-1-374-91216-8(6))* Capital Communications, Inc.

Prince Jan, St. Bernard: How a Dog from the Land of Snow Made Good in the Land of No Snow (Classic Reprint) Forrestine C. Hooker. 2017. (ENG., Illus.). (J). 27.98 *(978-0-331-70807-3(8))* Forgotten Bks.

Prince John & the Unicorn. Don McCain. Illus. by Brenda Ragsdale. 2020. (ENG.). 28p. (J). 19.99 *(978-1-951300-84-5(X))* Liberation's Publishing.

Prince Juan. Alpha Villanea. 2018. (ENG., Illus.). 36p. (J). pap. *(978-1-5255-0987-2(X))* FriesenPress.

Prince Little Boy: And Other Tales of Fairy-Land (Classic Reprint) S. Weir Mitchell. 2018. (ENG., Illus.). 184p. (J). 27.71 *(978-0-267-16412-7(2))* Forgotten Bks.

Prince Long Leggs: Growing Tall. Sam Chamoff. Illus. by Amichai Chamoff. 2016. (Prince Long Leggs Ser.: Vol. 1). (ENG.). (J). (gr. k-2). 15.00 *(978-0-692-81729-2(8))* Amichai Chamoff.

Prince Major & the Grumpy Frog. Doris McNair. 2019. (ENG., Illus.). 30p. (J). pap. 12.95 *(978-1-64300-943-8(5))* Covenant Bks.

Prince Makes a Plan: What Could Happen?, 1 vol. Naomi Wells. 2019. (Social & Emotional Learning for the Real World Ser.). (ENG.). 12p. (gr. 1-2). pap. *(978-1-7253-5608-5(2)*, ec9ef79b-e239-4279-a8b5-bb59457b30ec, Rosen Classroom) Rosen Publishing Group, Inc., The.

Prince Martin & the Cave Bear: Two Kids, Colossal Courage, & a Classic Quest. Brandon Hale. Illus. by Jason Zimdars. 2019. (Prince Martin Epic Ser.: Vol. 4). (ENG.). 174p. (J). (gr. 2-4). 29.99 *(978-1-7321278-6-9(7))*; pap. 11.99 *(978-1-7321278-7-6(5))* Band of Brothers Bks.

Prince Martin & the Cave Bear: Two Kids, Colossal Courage, & a Classic Quest (Grayscale Art Edition) Brandon Hale. Illus. by Jason Zimdars. 2021. (ENG.). 174p. (J). pap. 9.99 *(978-1-7376576-3-7(5))* Band of Brothers Bks.

Prince Martin & the Dragons: A Classic Adventure Book about a Boy, a Knight, & the True Meaning of Loyalty. Brandon Hale. Illus. by Jason Zimdars. 2018. (Prince Martin Epic Ser.: Vol. 3). (ENG.). 100p. (J). (gr. 1-4). 21.99 *(978-1-7321278-3-8(2))*; pap. 9.99 *(978-1-7321278-2-1(4))* Band of Brothers Bks.

Prince Martin & the Dragons: A Classic Adventure Book about a Boy, a Knight, & the True Meaning of Loyalty (Grayscale Art Edition) Brandon Hale. Illus. by Jason Zimdars. 2021. (ENG.). 100p. (J). pap. 9.99 *(978-1-7376576-5-1(1))* Band of Brothers Bks.

Prince Martin & the Last Centaur: A Tale of Two Brothers, a Courageous Kid, & the Duel for the Desert. Brandon Hale. Illus. by Jason Zimdars. 2020. (Prince Martin Epic Ser.: Vol. 5). (ENG.). 194p. (J). (gr. 3-5). 28.99 *(978-1-7321278-9-0(1))*; pap. 13.99 *(978-1-7321278-8-3(3))* Band of Brothers Bks.

Prince Martin & the Last Centaur: A Tale of Two Brothers, a Courageous Kid, & the Duel for the Desert (Grayscale Art Edition) Brandon Hale. Illus. by Jason Zimdars. 2021. (ENG.). 194p. (J). pap. 9.99 *(978-1-7376576-2-0(7))* Band of Brothers Bks.

Prince Martin & the Pirates: Being a Swashbuckling Tale of a Brave Boy, Bloodthirsty Buccaneers, & the Solemn Mysteries of the Ancient Order of the Deep. Brandon Hale. Illus. by Jason Zimdars. 2021. (ENG.). 164p. (J). 27.99 *(978-1-7376576-1-3(9))*; pap. 14.99 *(978-1-7376576-0-6(0))* Band of Brothers Bks.

Prince Martin & the Quest for the Bloodstone: A Heroic Saga about Faithfulness, Fortitude, & Redemption. Brandon Hale. Illus. by Jason Zimdars. 2023. (Prince Martin Epic Ser.: Vol. 7). (ENG.). 244p. (J). 34.99 ***(978-1-7376576-8-2(6))***; pap. 16.99 ***(978-1-7376576-7-5(8))*** Band of Brothers Bks.

Prince Martin & the Quest for the Bloodstone: A Heroic Saga about Faithfulness, Fortitude, & Redemption (Grayscale Art Edition) Brandon Hale. Illus. by Jason Zimdars. 2023. (Prince Martin Epic Ser.: Vol. 7). (ENG.). 244p. (J). pap. 11.99 ***(978-1-7376576-6-8(X))*** Band of Brothers Bks.

Prince Martin & the Thieves: A Brave Boy, a Valiant Knight, & a Timeless Tale of Courage & Compassion. Brandon Hale. Illus. by Jason Zimdars. 2018. (Prince Martin Epic Ser.: Vol. 2). (ENG.). 94p. (J). (gr. 1-3). 21.99 *(978-1-7321278-5-2(9))* Band of Brothers Bks.

Prince Martin & the Thieves: A Brave Boy, a Valiant Knight, & a Timeless Tale of Courage & Compassion (Grayscale Art Edition) Brandon Hale. Illus. by Jason Zimdars. 2018. (ENG.). 94p. (J). pap. 7.99 *(978-1-7321278-1-4(6))* Band of Brothers Bks.

Prince Martin Wins His Sword: A Classic Tale about a Boy Who Discovers the True Meaning of Courage, Grit, & Friendship. Brandon Hale. Illus. by Jason Zimdars. 2018. (Prince Martin Epic Ser.: Vol. 1). (ENG.). 56p. (J). (gr. k-3). 21.79 *(978-1-7321278-4-5(0))* Band of Brothers Bks.

Prince Martin Wins His Sword: A Classic Tale about a Boy Who Discovers the True Meaning of Courage, Grit, & Friendship (Grayscale Art Edition) Brandon Hale. Illus. by Jason Zimdars. 2018. (ENG.). 56p. (J). (gr. 3-7). pap. 7.99 *(978-1-7321278-0-7(8))* Band of Brothers Bks.

Prince Motivation: How a Boy Became a Man Without Guidance. Paul J. Mompremier. 2017. (ENG., Illus.). (J). pap. 19.99 *(978-0-692-88507-9(2))* Prince Motivation.

Prince Noah & the School Pirates. Silke Schnee. Illus. by Heike Sistig. 2016. (Prince Noah Book Ser.). (ENG.). 32p. (J). 16.00 *(978-0-87486-765-7(7))* Plough Publishing Hse.

Prince Not-So Charming: Her Royal Slyness. Roy L. Hinuss. Illus. by Matt Hunt. 2018. (Prince Not-So Charming Ser.: 2). (ENG.). 144p. (J). pap. 15.99 *(978-1-250-14240-5(7)*, 900180219) Imprint IND. Dist: Macmillan.

Prince Not-So Charming: the Dork Knight. Roy L. Hinuss. Illus. by Matt Hunt. 2018. (Prince Not-So Charming Ser.: 3). (ENG.). 144p. (J). pap. 14.99 *(978-1-250-14242-9(3)*, 900180221) Imprint IND. Dist: Macmillan.

Prince Not-So Charming: Toad You So! Roy L. Hinuss. 2019. (Prince Not-So Charming Ser.: 5). (ENG., Illus.). 144p. (J). pap. 12.99 *(978-1-250-14246-7(6)*, 900180225) Imprint IND. Dist: Macmillan.

Prince Not-So Charming: Wild Wild Quest. Roy L. Hinuss. 2019. (Prince Not-So Charming Ser.: 6). (ENG.). 144p. (J). pap. 16.99 *(978-1-250-14248-1(2)*, 900180227) Imprint IND. Dist: Macmillan.

Prince of Abissinia, Vol. 1 Of 2: A Tale (Classic Reprint) Samuel Johnson. (ENG., Illus.). (J). 2018. 168p. 27.38 *(978-0-428-85635-9(7))*; 2017. 172p. 27.44 *(978-0-484-87489-2(6))*; 2017. pap. 9.97 *(978-0-259-59329-4(X))*; 2016. pap. 9.97 *(978-1-334-13399-2(9))* Forgotten Bks.

Prince of Acadia & the River of Fire. Jason E. Hamilton. 2016. (ENG., Illus.). (J). (gr. 4-6). pap. *(978-0-9921189-7-6(2))* Mazelton Estates.

Prince of Anahuac: A Histori-Traditional Story Antedating the Aztec Empire (Classic Reprint) James A. Porter. 2018. (ENG., Illus.). 382p. (J). 31.78 *(978-0-332-18674-0(1))* Forgotten Bks.

Prince of Ayodhya: Ramayana Series. Ashok K. Banker. 2020. (Campfire Graphic Novels Ser.). (ENG., Illus.). 168p. (YA). (gr. 8-12). pap. 22.99 *(978-93-80741-92-5(8)*, Campfire) Steerforth Pr.

Prince of Babylon. Scott Meehan. 2020. (ENG.). 438p. (YA). pap. 19.99 *(978-1-393-24956-6(6))* Draft2Digital.

Prince of Bohemia: And Other Stories (Classic Reprint) Honore de Balzac. (ENG., Illus.). (J). 2018. 416p. 32.48 *(978-0-267-37114-3(4))*; 2016. pap. 16.57 *(978-1-334-16011-0(2))* Forgotten Bks.

Prince of Carrion. Edmund Johnston. 2020. (ENG.). 345p. (YA). pap. *(978-1-716-84632-8(3))* Lulu Pr., Inc.

Prince of Cats. Ron Wimberly. 2019. (ENG., Illus.). 152p. (YA). pap. 17.99 *(978-1-5343-1207-4(2)*, be75a7ee-e00f-4dbd-b01d-201dfc85ea39) Image Comics.

Prince of Cornwall: A Story of Glastonbury & the West in the Days of Ina of Wessex (Classic Reprint) Charles W. Whistler. 2018. (ENG., Illus.). 428p. (J). 32.72 *(978-0-483-38152-0(7))* Forgotten Bks.

Prince of Darkness: A Romance of the Blue Ridge (Classic Reprint) E. D. E. N. Southworth. (ENG., Illus.). (J). 2018. 356p. 31.24 *(978-0-364-31699-3(3))*; 2017. pap. 13.97 *(978-0-259-29510-5(8))* Forgotten Bks.

Prince of Darkness, Vol. 1 Of 3: A Novel (Classic Reprint) Florence Warden. (ENG., Illus.). (J). 2018. 262p. 29.32 *(978-0-483-97904-8(X))*; 2016. pap. 11.97 *(978-1-334-33905-9(8))* Forgotten Bks.

Prince of Dragons. Brian Afton. 2022. (ENG.). 620p. (J). pap. 23.99 ***(978-1-393-43200-5(X))*** Afton, Brian.

Prince of Edom (Classic Reprint) James Ballingal. 2017. (ENG., Illus.). (J). 29.18 *(978-0-266-68351-3(7))*; pap. 11.57 *(978-1-5276-5830-1(9))* Forgotten Bks.

Prince of Fire: The Story of Diwali. Jatinder Verma. Illus. by Nilesh Mistry. 2016. (ENG.). 64p. (J). (gr. 3-5). pap. 10.99 *(978-1-78285-307-7(3))* Barefoot Bks., Inc.

Prince of Georgia & Other Tales (Classic Reprint) Julian Ralph. (ENG., Illus.). (J). 2018. 210p. 28.23 *(978-0-332-93077-0(7))*; 2016. pap. 10.57 *(978-1-334-11641-4(5))* Forgotten Bks.

Prince of Good Fellows: A Picture from Life. Samuel Humphreys James. 2017. (ENG., Illus.). (J). pap. *(978-0-649-06100-6(4))* Trieste Publishing Pty Ltd.

Prince of Good Fellows: A Picture from Life (Classic Reprint) Samuel Humphreys James. 2017. (ENG., Illus.). 210p. (J). 28.23 *(978-0-332-12489-6(4))* Forgotten Bks.

Prince of Good Fellows (Classic Reprint) Robert Barr. (ENG., Illus.). (J). 2018. 390p. 32.08 *(978-0-484-71370-2(1))*; 2018. 388p. 31.92 *(978-0-365-47482-1(7))*; 2017. pap. 16.57 *(978-0-243-49970-0(1))* Forgotten Bks.

Prince of Graustark (Classic Reprint) George Barr McCutcheon. (ENG., Illus.). (J). 2018. 426p. 32.68 *(978-0-483-38870-3(X))*; 2018. 430p. 32.77 *(978-0-483-62748-2(8))*; 2017. pap. 16.57 *(978-0-243-29996-6(6))*; 2016. pap. 16.57 *(978-1-333-77954-2(2))* Forgotten Bks.

Prince of India: Or Why Constantinople Fell (Classic Reprint) Lew Wallace. 2018. (ENG., Illus.). 742p. (J). 39.20 *(978-0-484-88831-8(5))* Forgotten Bks.

Prince of India or Why Constantinople Fell, Vol. 1 (Classic Reprint) Lew Wallace. 2017. (ENG., Illus.). (J). 34.50 *(978-1-5280-8171-9(4))* Forgotten Bks.

Prince of India, Vol. 2: Or Why Constantinople Fell (Classic Reprint) Lew Wallace. 2018. (ENG., Illus.). 588p. (J). 36.02 *(978-0-483-80847-8(4))* Forgotten Bks.

Prince of Kashna a West Indian Story (Classic Reprint) Author of in the Tropics. 2018. (ENG., Illus.). 460p. (J). 33.38 *(978-0-483-59074-8(6))* Forgotten Bks.

Prince of Lovers: A Romance (Classic Reprint) William Magnay. (ENG., Illus.). (J). 2018. 336p. 30.83 *(978-0-483-43876-7(6))*; 2016. pap. 13.57 *(978-1-334-14579-7(2))* Forgotten Bks.

Prince of Mischance a Novel (Classic Reprint) Tom Gallon. 2018. (ENG., Illus.). 308p. (J). 30.25 *(978-0-332-52790-1(5))* Forgotten Bks.

Prince of Nowhere. Rochelle Hassan. 2022. (ENG.). 336p. (J). (gr. 3-7). 16.99 *(978-0-06-305460-8(4)*, HarperCollins) HarperCollins Pubs.

Prince of Peace. TAN Books. 2021. (ENG.). (J). (gr. 3-3). pap. 24.95 *(978-1-5051-1922-0(7)*, 2953) TAN Bks.

Prince of Picky Eating Tries New Foods. Stacey Woodson. 2021. (ENG.). 38p. (J). pap. 11.99 *(978-1-7361873-4-0(1))* Melanated Magic Bks.

Prince of Picky Eating Tries New Foods Activity Book. Stacey Woodson. 2021. (ENG.). 46p. (J). pap. 6.99 ***(978-1-7361873-7-1(6))*** Melanated Magic Bks.

Prince of Picky of Eating Tries New Foods. Stacey Woodson. 2021. (ENG.). 38p. (J). 18.99 *(978-1-7361873-5-7(X))* Melanated Magic Bks.

Prince of Playgrounds: Come Home by Canada & Revel in the Rockies; Beautiful Banff (Classic Reprint) Agnes Deans Cameron. (ENG., Illus.). (J). 2018. 26p. 24.43 *(978-0-365-16653-5(7))*; 2017. pap. 7.97 *(978-0-282-53067-9(3))* Forgotten Bks.

Prince of Prophecy Vol. III: Changing Tides. N. M. Mac Arthur. Illus. by Enrica Angiolini. 2020. (ENG.). 474p. (YA). 30.00 *(978-0-9916616-7-1(2))* Nautilus Pr.

Prince of Raccoon Fork (Classic Reprint) Baxter Harrison. 2018. (ENG., Illus.). 198p. (J). 27.98 *(978-0-483-47876-3(8))* Forgotten Bks.

Prince of Romance (Classic Reprint) Stephen Chalmers. (ENG., Illus.). (J). 2018. 354p. 31.22 *(978-0-483-31139-8(1))*; 2017. pap. 13.57 *(978-0-243-87308-1(5))* Forgotten Bks.

Prince of Sinners (Classic Reprint) E. Phillips Oppenheim. 2017. (ENG., Illus.). (J). 32.15 *(978-1-5281-8124-2(7))* Forgotten Bks.

Prince of Song & Sea. Linsey Miller. 2022. (Prince Ser.). (ENG.). 352p. (YA). (gr. 7-12). 17.99 *(978-1-368-06911-3(8)*, Disney Press Books) Disney Publishing Worldwide.

Prince of the Blood (Classic Reprint) James Payn. (ENG., Illus.). (J). 2018. 276p. 29.59 *(978-0-484-62748-1(1))*; 2016. pap. 16.57 *(978-1-334-13921-5(0))* Forgotten Bks.

Prince of the Blood, Vol. 1: A Novel (Classic Reprint) James Payn. 2018. (ENG., Illus.). 280p. (J). 29.69 *(978-0-428-74021-4(9))* Forgotten Bks.

Prince of the Blood, Vol. 3 Of 3: A Novel (Classic Reprint) James Payn. 2018. (ENG., Illus.). 258p. (J). 29.22 *(978-0-428-49710-1(1))* Forgotten Bks.

Prince of the Double Axe. Madeleine Polland. 2019. (ENG., Illus.). 88p. (J). (gr. 2-4). pap. 12.95 *(978-1-7331383-3-8(1))* Hillside Education.

Prince of the Elves, 5. Kazu Kibuishi. ed. 2018. (Amulet Ser.). (ENG.). 187p. (J). (gr. 4-5). 23.96 *(978-1-64310-259-7(1))* Penworthy Co., LLC, The.

Prince of Wales in India: Or from Pall Mall to the Punjaub (Classic Reprint) J. Drew Gay. 2018. (ENG., Illus.). 388p. (J). 31.90 *(978-0-428-95095-8(7))* Forgotten Bks.

Prince of Wolves: Book 1 of the Grey Wolves Series. Quinn Loftis. 2020. (Grey Wolves Ser.: Vol. 1). (ENG.). 296p. (YA). 24.99 *(978-1-0879-1175-5(3))* Indy Pub.

Prince or Chauffeur? A Story of Newport. Lawrence Perry. 2017. (ENG., Illus.). (J). 24.95 *(978-1-374-86856-4(6))* Capital Communications, Inc.

Prince or Chauffeur? A Story of Newport (Classic Reprint) Lawrence Perry. (ENG., Illus.). (J). 2018. 396p. 32.08 *(978-0-483-72410-5(6))*; 2016. pap. 16.57 *(978-1-334-11583-7(4))* Forgotten Bks.

Prince or the Captivity (Classic Reprint) Sidney C. Grier. (ENG., Illus.). (J). 2018. 352p. 31.18 *(978-0-332-32081-6(2))*; 2016. pap. 13.57 *(978-1-334-13394-7(8))* Forgotten Bks.

Prince Otto. Robert Louis Stevenson. 2017. (ENG.). (J). 352p. pap. *(978-3-337-34793-2(2))*; 342p. pap. *(978-3-337-06462-4(0))* Creation Pubs.

Prince Otto: A Romance (Classic Reprint) Robert Louis Stevenson. 2018. (ENG., Illus.). 318p. (J). 30.46 *(978-0-364-96338-8(7))* Forgotten Bks.

The check digit for ISBN-10 appears in parentheses after the full ISBN-13

Prince Otto Island Nights Entertainments Father Damien (Classic Reprint) Robert Louis Stevenson. 2018. (ENG., Illus.). 444p. (J). 33.05 *(978-0-666-44036-5(0))* Forgotten Bks.

Prince Perindo's Wish: A Fairy Romance for Youths & Maidens. T. C. 2017. (ENG., Illus.). (J). pap. *(978-0-649-42318-7(6))* Trieste Publishing Pty Ltd.

Prince Perindo's Wish: A Fairy Romance for Youths & Maidens (Classic Reprint) T. C. 2018. (ENG., Illus.). 100p. (J). 25.98 *(978-0-428-90983-3(3))* Forgotten Bks.

Prince Preemie: A Tale of a Tiny Puppy Who Arrives Early. Jewel Kats. Illus. by Claudia Lenart. 2016. 28p. (J). pap. *(978-1-61599-306-2(1))* Loving Healing Pr., Inc.

Prince Prigio (Classic Reprint) Andrew Lang. 2017. (ENG., Illus.). (J). 27.20 *(978-0-260-34847-0(3))* Forgotten Bks.

Prince Problem. Vivian Vande Velde. 2018. (ENG.). 192p. (J). (gr. 3-7). 16.99 *(978-1-338-12151-3(0)*, Scholastic Pr.) Scholastic, Inc.

Prince Ricardo of Pantouflia: Being the Adventures of Prince Prigio's Son (Classic Reprint) Andrew Lang. 2017. (ENG., Illus.). (J). 28.21 *(978-0-331-42810-0(5))* Forgotten Bks.

Prince Roderick, Vol. 1 of 3 (Classic Reprint) James Brinsley- Richards. 2018. (ENG., Illus.). 320p. (J). 30.50 *(978-0-483-47401-7(0))* Forgotten Bks.

Prince Roderick, Vol. 2 of 3 (Classic Reprint) James Brinsley- Richards. 2018. (ENG., Illus.). 328p. (J). 30.66 *(978-0-483-81550-6(0))* Forgotten Bks.

Prince Roderick, Vol. 3 of 3 (Classic Reprint) James Brinsley-Richards. 2018. (ENG., Illus.). 326p. (J). 30.64 *(978-0-483-36042-6(2))* Forgotten Bks.

Prince Rudolf's Quest: Being a Story of the Strange Adventures of a Young Prince of the Olden Time (Classic Reprint) Ida Kenniston. 2018. (ENG., Illus.). 160p. (J). 27.24 *(978-0-483-59704-4(X))* Forgotten Bks.

Prince Sacha's Fierce, Fabulous, Fancy Day. Jon Lau. Illus. by Jon Lau. 2023. (ENG.). 40p. (J). (gr. -1-3). 18.99 *(978-1-338-32474-7(8)*, Orchard Bks.) Scholastic, Inc.

Prince Saroni's Wife: And the Pearl-Shell Necklace (Classic Reprint) Julian Hawthorne. 2017. (ENG., Illus.). (J). 26.70 *(978-0-266-20500-5(3))* Forgotten Bks.

Prince Schamyl's Wooing: A Story of the Caucasus-Russo-Turkish War. Richard Savage. 2016. (ENG.). 368p. (J). pap. *(978-3-7433-3880-7(7))* Creation Pubs.

Prince Schamyl's Wooing: A Story of the Caucasus-Russo-Turkish War (Classic Reprint) Richard Savage. 2018. (ENG., Illus.). 358p. (J). 31.28 *(978-0-365-45354-3(4))* Forgotten Bks.

Prince Silverwings & Other Fairy Tales (Classic Reprint) Edith Ogden Harrison. 2017. (ENG., Illus.). (J). 26.64 *(978-0-331-64464-7(9))*; pap. 9.57 *(978-0-259-25612-0(9))* Forgotten Bks.

Prince, the Princess, & Yes, the Frog. Linda Stevenski. 2017. (ENG., Illus.). (J). 22.95 *(978-1-4808-5096-5(9))*; pap. 12.45 *(978-1-4808-5098-9(5))* Archway Publishing.

Prince the Special Needs Cat. Vera Worthy. 2021. (ENG., Illus.). 32p. (J). 24.95 *(978-1-6624-5940-5(8))*; pap. 14.95 *(978-1-6624-5299-4(3))* Page Publishing Inc.

Prince Timotheus & the Witch. Charlz Dela Cruz. 2020. (ENG.). 66p. (J). pap. 7.00 *(978-1-393-74981-3(X))*; 64p. (YA). pap. 9.99 *(978-1-393-32520-8(3))* Draft2Digital.

Prince Tip-Top: A Fairy Tale (Classic Reprint) Marguerite Bouvet. 2017. (ENG., Illus.). (J). 26.62 *(978-1-5283-4698-6(X))* Forgotten Bks.

Prince Ubbely Bubble's New Story Book: The Dragon All Covered with Spikes, the Long-Tailed Nag, the Three One-Legged Men, the Old Fly & the Young Fly, Tom & the Ogre, & Other Tales (Classic Reprint) John Templeton Lucas. 2018. (ENG., Illus.). 212p. (J). 28.29 *(978-0-267-46014-4(7))* Forgotten Bks.

Prince Warriors. Priscilla Shirer & Gina Detwiler. 2021. (Prince Warriors Ser.). (ENG.). 288p. (J). (gr. 3-7). pap. 12.99 *(978-1-0877-4857-3(7)*, 005833561, B&H Kids) B&H Publishing Group.

Prince Warriors & the Swords of Rhema. Priscilla Shirer & Gina Detwiler. 2021. (Prince Warriors Ser.). (ENG.). 312p. (J). (gr. 3-7). pap. 14.99 *(978-1-0877-4858-0(5)*, 005833562, B&H Kids) B&H Publishing Group.

Prince Warriors & the Unseen Invasion. Priscilla Shirer & Gina Detwiler. (Prince Warriors Ser.). (ENG.). 304p. (J). (gr. 3-7). 2021. pap. 12.99 *(978-1-0877-4859-7(3)*, 005833563); 2016. (Illus.). 12.99 *(978-1-4336-9020-4(9)*, 005777486) B&H Publishing Group. (B&H Kids).

Prince Warriors Anniversary Set. Priscilla Shirer & Gina Detwiler. 2021. (Prince Warriors Ser.). (ENG., Illus.). 888p. (J). (gr. 3-7). im. lthr. 59.99 *(978-1-0877-5557-1(3)*, 005835849, B&H Kids) B&H Publishing Group.

Prince Warriors Paperback Boxed Set, 4 vols. Priscilla Shirer & Gina Detwiler. 2021. (Prince Warriors Ser.). (ENG.). 1240p. (J). (gr. 3-7). pap., pap., pap. 44.99 *(978-1-0877-4855-9(0)*, 005833559) B&H Publishing Group.

Prince Who Searched for Happiness. Achtland Noel. 2019. (ENG.). 34p. (J). pap. 25.00 ***(978-0-359-55334-1(6))*** Wright Bks.

Prince with the Nine Sorrows: To Clare & Ida (Classic Reprint) Unknown Author. 2018. (ENG., Illus.). 192p. (J). 27.88 *(978-0-483-53654-8(7))* Forgotten Bks.

Prince Within: The Descent to Hell. Daisy Rodriguez. 2023. (ENG.). 298p. (YA). pap. ***(978-1-80016-504-5(8)***, Vanguard Press) Pegasus Elliot Mackenzie Pubs.

Princeless Book 3: the Pirate Princess Deluxe Hardcover. Jeremy Whitley. 2019. (ENG., Illus.). 168p. (J). 19.99 *(978-1-63229-361-9(7)*, ca8bf84c-5fdd-49ef-af1a-a0e4c6db8465) Action Lab Entertainment.

Princeless: Raven the Pirate Princess Book 5: Get Lost Together. Jeremy Whitley. Ed. by Nicole D'Andria. 2018. (ENG., Illus.). 128p. (J). pap. 14.99 *(978-1-63229-367-1(6)*, c08399b4-55fe-4139-912f-2ea7f9755dce) Action Lab Entertainment.

Princeless: Raven the Pirate Princess Book 6: Assault on Golden Rock. Jeremy Whitley. Ed. by Nicole D'Andria. 2019. (ENG., Illus.). 160p. (YA). pap. 14.99 *(978-1-63229-416-6(8)*, 7f1caadf-16c1-4320-998f-a8015e909c3a) Action Lab Entertainment.

Princeless Volume 5: Make Yourself Part 1. Jeremy Whitley. 2016. (ENG., Illus.). 128p. (J). pap. 14.99 *(978-1-63229-168-4(1)*, 4347d90f-6f47-418b-be67-3784c02f7182) Action Lab Entertainment.

Princeless Volume 6: Make Yourself Part 2. Jeremy Whitley. 2017. (ENG., Illus.). 128p. (J). pap. 14.99 *(978-1-63229-330-5(7)*, 8771e9f1-2402-447c-a13e-398d0a62d05b) Action Lab Entertainment.

Princeless Volume 7: Find Yourself. Jeremy Whitley. Ed. by Nicole D'Andria. 2019. (ENG., Illus.). 160p. (J). pap. 14.99 *(978-1-63229-438-8(9)*, 2c266230-3e62-4ab9-985d-74c405eeaf96) Action Lab Entertainment.

Princeless Volume 8: Princesses. Jeremy Whitley. Ed. by Nicole D'Andria. 2019. (ENG., Illus.). 128p. (J). pap. 14.99 *(978-1-63229-485-2(0)*, e121884b-558d-4842-bf73-1170c3711196) Action Lab Entertainment.

Princeless Volume 9: Love Yourself. Jeremy Whitley. Ed. by Nicole D'Andria & Alicia Whitley. 2020. (ENG., Illus.). 128p. (J). pap. 14.99 *(978-1-63229-519-4(9)*, ff50f11d-b9e2-47e9-b0b2-c2604dddb711) Action Lab Entertainment.

Princes, 1 vol. Sarita McDaniel. 2019. (Meet the Royals Ser.). (ENG.). 24p. (J). (gr. 1-2). pap. 10.35 *(978-1-9785-1185-9(X)*, b04bf3ec-79de-4077-82c7-ae5a534aa2d5) Enslow Publishing, LLC.

Princes & Savages. Denée Davis. 2022. (ENG.). 306p. (YA). 25.99 ***(978-1-6629-2504-7(2))***; pap. 15.99 ***(978-1-6629-1819-3(4))*** Gatekeeper Pr.

Princes & the Peas. Lelia Eye. 2020. (ENG.). 272p. (YA). pap. *(978-1-987929-48-5(9))* One Good Sonnet Publishing.

Prince's Armor: A Peanut Allergy Awareness Story. Koel M. Upadhyay. 2nd ed. 2019. (Self-Help Strategies & Awareness for Kids Ser.: Vol. 1). (ENG., Illus.). 50p. (J). (gr. 1-6). *(978-1-9990999-1-6(5))* Bk. Pocket, The.

Prince's Ball: A Brochure, from Vanity Fair (Classic Reprint) Edmund Clarence Stedman. 2018. (ENG., Illus.). 70p. (J). 25.34 *(978-0-365-34427-8(3))* Forgotten Bks.

Prince's Bedtime. Joanne Oppenheim. Illus. by Miriam Latimer. 2019. (ENG.). 32p. (J). (gr. -1-2). pap. 9.99 *(978-1-78285-419-7(3))* Barefoot Bks., Inc.

Prince's Breakfast. Joanne Oppenheim. Illus. by Miriam Latimer. 2019. (ENG.). 32p. (J). (gr. -1-2). pap. 9.99 *(978-1-78285-417-3(7))* Barefoot Bks., Inc.

Princes Fire-Flash & Fire-Fade (Classic Reprint) David Thomson. 2018. (ENG., Illus.). 22p. (J). 24.37 *(978-0-267-87077-6(9))* Forgotten Bks.

Prince's Marriage (Classic Reprint) W. H. Williamson. 2017. (ENG., Illus.). (J). 30.62 *(978-0-331-65489-9(X))* Forgotten Bks.

Princes of Aranmore: Maeron's Revenge. Robin Adolphs. 2021. (ENG.). 152p. (J). pap. *(978-0-6484285-4-1(0))* Butternut Bks.

Princes of Aranmore: Through the Way. Robin Adolphs. 2019. (Princes of Aranmore Ser.: Vol. 1). (ENG., Illus.). 142p. (J). (gr. 3-6). pap. *(978-0-6484285-1-0(6))* Butternut Bks.

Princes of Peele (Classic Reprint) William Westall. 2018. (ENG., Illus.). 348p. (J). 31.09 *(978-0-484-84923-4(9))* Forgotten Bks.

Prince's Pigeon: A Japanese Play in One Act (Classic Reprint) Francis Walker. (ENG., Illus.). (J). 2018. 20p. 24.33 *(978-0-484-85989-9(7))*; 2016. pap. 7.97 *(978-1-333-52897-3(3))* Forgotten Bks.

Princes, Public Men, & Pretty Women, Vol. 1 Of 2: Episodes in Real Life (Classic Reprint) Flora Dawson. 2018. (ENG., Illus.). 340p. (J). 30.91 *(978-0-483-23265-5(3))* Forgotten Bks.

Princes, Public Men, & Pretty Women, Vol. 2 Of 2: Episodes in Real Life (Classic Reprint) Flora Dawson. 2017. (ENG., Illus.). (J). 31.12 *(978-0-266-17202-4(4))* Forgotten Bks.

Prince's Rogue. Elise Kova. 2017. (Golden Guard Trilogy Ser.: Vol. 2). (ENG., Illus.). (YA). (gr. 7-12). 22.99 *(978-1-61984-614-2(4))*; pap. 11.99 *(978-1-61984-615-9(2))* Gatekeeper Pr.

Prince's Special Day. Steve Gyarmati. 2020. (ENG.). 114p. (YA). pap. 23.95 *(978-1-6624-0316-3(X))* Page Publishing Inc.

Prince's Story Book: Being Historical Stories Collected Out of English Romantic Literature, in Illustration of the Reigns of English Monarchs, from the Conquest to Victoria (Classic Reprint) George Laurence Gomme. (ENG., Illus.). (J). 2018. 482p. 33.84 *(978-0-364-01241-3(2))*; 2017. pap. 16.57 *(978-0-243-50986-7(3))* Forgotten Bks.

Princesa: Libro de Colorear para niñas, niños, niños Pequeños de 2 a 4, 4-8, 9-12 (Libro de Colorear Relajante) Lenard Vinci Press. 2020. (SPA.). 98p. (J). pap. 9.99 *(978-1-716-35719-0(5))* Lulu Pr., Inc.

Princesa & the Pea. Susan Middleton Elya. Illus. by Juana Martinez-Neal. ed. 2017. 32p. (J). (gr. -1-3). 18.99 *(978-0-399-25156-6(1)*, G.P. Putnam's Sons Books for Young Readers) Penguin Young Readers Group.

Princesa Cantora: Leveled Reader Book 35 Level K 6 Pack. Hmh Hmh. 2020. (SPA.). 24p. (J). pap. 74.40 *(978-0-358-08346-7(X))* Houghton Mifflin Harcourt Publishing Co.

Princesa de Cenizas / Ash Princess. Laura Sebastian. 2018. (Princesa de Cenizas Ser.: 1). (SPA.). 384p. (YA). (gr. 8-12). pap. 15.95 *(978-607-31-7058-1(0)*, Montena) Penguin Random House Grupo Editorial ESP. Dist: Penguin Random Hse. LLC.

Princesa de Las Almas. Alexandra Christo. 2023. (SPA.). 432p. (YA). pap. 22.00 ***(978-607-557-670-1(3))*** Editorial Oceano de Mexico MEX. Dist: Independent Pubs. Group.

Princesa de Moda Libro para Colorear de Chicas 6-10: Libro de Colorear para Chicas - Libro de Bocetos para Diseñadora Principiantes, Boceto de Mujer en Paris. Ellyemerson. 2021. (SPA.). 62p. (J). pap. *(978-0-437-06321-2(6))* Rockliff Publishing Corp.

Princesa de Negro / the Princess in Black. Shannon Hale. 2019. (Princesa de Negro / the Princess in Black Ser.: 1). (SPA.). 96p. (J). (gr. 1-4). pap. 12.95 *(978-1-64473-089-8(8)*, Beascoa) Penguin Random House Grupo Editorial ESP. Dist: Penguin Random Hse. LLC.

Princesa de Negro Se Va de Vacaciones / the Princess in Black Takes a Vacation. Shannon Hale. 2019. (Princesa de Negro / the Princess in Black Ser.: 4). (SPA.). 96p. (J). (gr. 1-4). pap. 12.95 *(978-1-64473-092-8(8)*, Beascoa) Penguin Random House Grupo Editorial ESP. Dist: Penguin Random Hse. LLC.

Princesa de Negro y la Batalla Del Baño / the Princess in Black & the Bathtime Battle. Shannon Hale & Dean Hale. Illus. by LeUyen Pham. 2023. (Princesa de Negro / the Princess in Black Ser.: 7). (SPA.). 96p. (J). (gr. 1-3). pap. 12.95 ***(978-1-64473-384-4(6)***, Beascoa) Penguin Random House Grupo Editorial ESP. Dist: Penguin Random Hse. LLC.

Princesa de Negro y la Cita Misteriosa / the Princess in Black & the Mysterious Playdate. Shannon Hale. 2023. (Princesa de Negro / the Princess in Black Ser.: 5). (SPA.). 96p. (J). (gr. 1-3). pap. 12.95 *(978-1-64473-383-7(8)*, Beascoa) Penguin Random House Grupo Editorial ESP. Dist: Penguin Random Hse. LLC.

Princesa de Negro y la Feria de Ciencias / the Princess in Black & the Science Fair Scare. Shannon Hale & Dean Hale. Illus. by LeUyen Pham. 2023. (Princesa de Negro / the Princess in Black Ser.: 6). (SPA.). 96p. (J). (gr. 1-3). pap. 12.95 ***(978-1-64473-382-0(X)***, Beascoa) Penguin Random House Grupo Editorial ESP. Dist: Penguin Random Hse. LLC.

Princesa de Negro y la Fiesta Perfecta / the Princess in Black & the Perfect Princess Party. Shannon Hale. 2019. (Princesa de Negro / the Princess in Black Ser.: 2). (SPA.). 96p. (J). (gr. 1-4). pap. 12.95 *(978-1-64473-090-4(1)*, Beascoa) Penguin Random House Grupo Editorial ESP. Dist: Penguin Random Hse. LLC.

Princesa de Negro y Los Conejitos Hambrientos / the Princess in Black & the Hungry Bunny Horde. Shannon Hale. 2019. (Princesa de Negro / the Princess in Black Ser.: 3). (SPA.). 96p. (J). (gr. 1-4). pap. 12.95 *(978-1-64473-091-1(X)*, Beascoa) Penguin Random House Grupo Editorial ESP. Dist: Penguin Random Hse. LLC.

Princesa Del Agua / the Water Princess (Spanish Edition) Susan Verde. 2017. (SPA., Illus.). (J). (gr. -1-2). pap. 16.95 *(978-607-01-3328-2(5))* Santillana USA Publishing Co., Inc.

Princesa Del Hielo Muy Poco Agraciada / Dork Diaries: Tales from a Not-So-Graceful Ice Princess. Rachel Renée Russell. 2022. (Diario de una Dork Ser.: 4). (SPA.). 360p. (J). (gr. 4-7). pap. 14.95 *(978-1-64473-525-1(3))* Penguin Random House Grupo Editorial ESP. Dist: Penguin Random Hse. LLC.

Princesa Roja / Blood Heir. Amelie Wen Zhao. 2021. (Blood Heir Ser.). (SPA.). 416p. (YA). (gr. 9). pap. 16.95 *(978-607-31-9227-9(4)*, Montena) Penguin Random House Grupo Editorial ESP. Dist: Penguin Random Hse. LLC.

Princesa Sara No Para. Margarita del Mazo. Illus. by Jose Fragoso. 2020. (SPA.). 40p. (J). 16.95 *(978-84-17123-82-6(2))* NubeOcho Ediciones ESP. Dist: Consortium Bk. Sales & Distribution.

Princesa y el Guerrero. Duncan Tonatiuh. 2019. (SPA.). 32p. (J). pap. 10.99 *(978-607-7547-87-7(5))* V&R Editoras.

Princesa y el Guisante. Laura Layton Strom. Illus. by Niki Leonidou. 2016. (Jump into Genre Ser.). (SPA.). (J). (gr. 2). 5.25 *(978-1-4788-3614-8(8))* Newmark Learning LLC.

Princesa y el Guisante: Leveled Reader Book 76 Level J 6 Pack. Hmh Hmh. 2021. (SPA.). 16p. (J). pap. 74.40 *(978-0-358-08292-7(7))* Houghton Mifflin Harcourt Publishing Co.

Princesa y el Guisante (the Princess & the Pea) Jenna Mueller. Illus. by Roxanne Rainville. 2022. (Cuentos de Hadas Contados Por Clementina (Fairy Tales As Told by Clementine) Ser.). (SPA.). 32p. (J). (gr. -1-4). 32.79 *(978-1-0982-3479-9(0)*, 39911, Looking Glass Library) Magic Wagon.

Princesa y Los Guisantes: Leveled Reader Book 17 Level J 6 Pack. Hmh Hmh. 2021. (SPA.). 16p. (J). pap. 74.40 *(978-0-358-08329-0(X))* Houghton Mifflin Harcourt Publishing Co.

Princesas Adoradoras: Um Chamado para a Realeza. Thais Oliveira. Ed. by Eneas Francisco. 2016. (POR., Illus.). (J). pap. *(978-85-66941-15-9(2))* UP Bks.

Princesas Libro para Colorear: Gran Libro de Actividades de Princesas para niñas y niños, un Libro de Princesas Perfecto para niñas y niños Pequeños a Los Que les Encanta Jugar y Disfrutar con Las Princesas. Amelia Yardley. 2021. (SPA.). 82p. (J). pap. *(978-1-008-91547-3(5))* Lulu.com.

Princesas. Manual de Instrucciones. Alice Briere & Melanie Allag. 2017. (SPA., Illus.). 32p. (J). 13.95 *(978-84-9145-021-4(1))* Ediciones Obelisco ESP. Dist: Spanish Pubs., LLC.

Princesitas. Various Authors. 2018. (SPA.). 472p. (J). 18.95 *(978-607-453-199-2(4))* Selector, S.A. de C.V. MEX. Dist: Spanish Pubs., LLC.

Princesitas (Little Princesses), 8 vols. 2017. (Princesitas (Little Princesses) Ser.). (SPA.). 32p. (J). (gr. 1-2). lib. bdg. 115.72 *(978-1-5081-9493-4(9)*, 92d97387-bc34-403f-a9f0-0262e93814e1, Windmill Bks.) Rosen Publishing Group, Inc., The.

Princess: Coloring Book for Girls, Kids, Toddlers Ages 2-4, 4-8, 9-12 (Relaxing Coloring Book) Lenard Vinci Press. 2020. (ENG.). 98p. (J). pap. 9.99 *(978-1-716-35749-7(7))* Lulu Pr., Inc.

Princess - Hardback: Baby Animal Environmental Heroes. Sylvia M. Medina & Gary Shapiro. Illus. by Morgan Spicer. 2019. (ENG.). 44p. (J). (gr. k-3). 25.75 *(978-1-939871-64-0(6))* Green Kids Club, Inc.

Princess - Paperback: Baby Animal Environmental Heroes. Sylvia M. Medina & Gary Shapiro. Illus. by Morgan Spicer. 2019. (ENG.). 44p. (J). (gr. k-3). pap. 15.75 *(978-1-939871-65-7(4))* Green Kids Club, Inc.

Princess #1. Nic Stone. 2020. (Shuri: a Black Panther Adventure Ser.). (ENG., Illus.). 80p. (J). (gr. 3-7). lib. bdg. 31.36 *(978-1-5321-4773-9(2)*, 36745, Chapter Bks.) Spotlight.

Princess Acts Poorly! Controlling Your Actions, 1 vol. Sadie Silva. 2019. (Social & Emotional Learning for the Real World Ser.). (ENG.). 12p. (gr. 1-2). pap. *(978-1-7253-5530-9(2)*, efcb00bf-b596-42b7-ac64-1b6d7f14a7ec, Rosen Classroom) Rosen Publishing Group, Inc., The.

Princess Adventure. Elle Stephens. ed. 2020. (Step into Reading Ser.). (ENG., Illus.). 32p. (J). (gr. 2-3). 14.96 *(978-1-64697-513-6(8))* Penworthy Co., LLC, The.

Princess Adventure (Barbie) Elle Stephens. Illus. by Random House. 2020. (Step into Reading Ser.). (ENG.). 32p. (J). (gr. -1-1). pap. 5.99 *(978-0-593-17861-4(0)*, Random Hse. Bks. for Young Readers) Random Hse. Children's Bks.

Princess Adventures: This Way or That Way? (Tabbed Find Your Way Picture Book) Sylvie Misslin. Illus. by Amandine Piu. 2020. (ENG.). 44p. (J). (gr. -1-3). 14.99 *(978-0-358-05186-2(X)*, 1742179, Clarion Bks.) HarperCollins Pubs.

Princess Affirmations. Tempestt Aisha. 2019. (ENG., Illus.). 66p. (J). (gr. k-5). pap. 9.99 *(978-1-0878-0178-0(8))* ImaginAISHAn Media LLC.

Princess Aila & the Unicorns. Bill Jameson. Illus. by Emme Rose. (ENG.). 32p. (J). 2019. 24.95 *(978-1-64438-371-1(3))*; 2018. pap. 14.95 *(978-1-64438-419-0(1))* Booklocker.com, Inc.

Princess Akoto: The Story of the Golden Stool & the Ashanti Kingdom. Isabella Evangeline Ofori & Benjamin Ofori. 2020. (Princess Akoto Ser.: Vol. 1). (ENG.). 28p. (J). *(978-0-2288-3699-5(9))*; pap. *(978-0-2288-3698-8(0))* Tellwell Talent.

Princess Aline (Classic Reprint) Richard Harding Davis. 2018. (ENG., Illus.). 208p. (J). 28.21 *(978-0-656-86514-7(8))* Forgotten Bks.

Princess Alliviah Peanut & the Dragon Egg. Stacey Lynn Patterson. 2019. (Princess Alliviah Peanut Ser.: Vol. 1). (ENG.). 26p. (J). pap. 10.00 *(978-0-578-21593-8(4))* Patterson, Stacey Lynn.

Princess Alphabet: The ABCs of Royalty! Jaclyn Jaycox. Illus. by Gustavo Eriza. 2016. (Alphabet Connection Ser.). (ENG.). 32p. (J). (gr. -1-2). lib. bdg. 27.99 *(978-1-4795-6885-7(6)*, 128864, Picture Window Bks.) Capstone.

Princess Alyssa's Big Birthday Party. Janice Blue Washington. 2020. 22p. (YA). pap. 10.00 *(978-1-0983-0411-9(X))* BookBaby.

Princess Amulya & Princess Annona. Felice S C. 2023. (ENG.). 46p. (J). pap. 12.99 ***(978-1-955050-70-8(8))*** Right Side Publishing.

Princess & Curdie. George MacDonald. 2020. (ENG.). 160p. (J). 14.95 *(978-1-64594-071-5(3))* Athanatos Publishing Group.

Princess & Curdie. George MacDonald. 2017. (ENG., Illus.). (J). 23.95 *(978-1-374-91384-4(7))*; (gr. 3-6). pap. 13.95 *(978-1-374-91383-7(9))* Capital Communications, Inc.

Princess & Curdie. George MacDonald. 2018. (ENG., Illus.). 132p. (J). 14.99 *(978-1-5154-3559-4(8))* Wilder Pubns., Corp.

Princess & Curdie. George MacDonald. 2017. (ENG., Illus.). 224p. (gr. 3-6). pap. 16.99 *(978-1-62911-817-8(6)*, 770892) Whitaker Hse.

Princess & Curdie (Classic Reprint) George MacDonald. 2017. (ENG., Illus.). (J). 29.44 *(978-0-265-56695-4(9))* Forgotten Bks.

Princess & Fairy Stories see Historias de Princesas y Hadas

Princess & Her Gems: Putting Data in Order, 1 vol. Reggie Harper. 2017. (Computer Science for the Real World Ser.). (ENG.). 8p. (gr. k-1). pap. *(978-1-5383-5016-4(5)*, 8836c23c-2534-417c-94bc-0a78014446c3, Rosen Classroom) Rosen Publishing Group, Inc., The.

Princess & Her Inner Voice. V. Ulrich. 2023. (ENG.). 26p. (J). 27.99 ***(978-1-958889-69-5(5))***; pap. 17.99 ***(978-1-958889-68-8(7))*** Booklocker.com, Inc.

Princess & Her King. Will Townsend. Illus. by Millie Bicknelle. 2019. (ENG.). 30p. (J). 20.00 *(978-0-578-56601-6(X))* Man's Chief End.

Princess & Joe Potter (Classic Reprint) James Otis. 2018. (ENG., Illus.). 250p. (J). 29.07 *(978-0-666-26085-7(0))* Forgotten Bks.

Princess & Pilgrim in England (Classic Reprint) Caroline Sheldon. 2018. (ENG., Illus.). 262p. (J). 29.32 *(978-0-483-44516-1(9))* Forgotten Bks.

Princess & the Absolutely Not a Princess (Miranda & Maude #1) Emma Wunsch. Illus. by Jessika von Innerebner. 2018. (ENG.). 144p. (J). (gr. 2-5). 12.99 *(978-1-4197-3179-2(3)*, 1247301, Amulet Bks.) Abrams, Inc.

Princess & the Absolutely Not a Princess (Miranda & Maude #1), Vol. 1. Emma Wunsch. Illus. by Jessika von Innerebner. 2019. (Miranda & Maude Ser.). (ENG.). 160p. (J). (gr. 1-4). pap. 6.99 *(978-1-4197-3374-1(5)*, 1247303) Abrams, Inc.

Princess & the Baker. Heather Geobey. 2022. (ENG.). 152p. (J). pap. *(978-1-915229-29-8(4))* Clink Street Publishing.

Princess & the Butterfly. Lauren Eileen Lovan. 2018. (ENG., Illus.). 26p. (J). pap. 12.95 *(978-1-64140-953-7(3))* Christian Faith Publishing.

Princess & the Cafe on the Moat. Margie Markarian. Illus. by Chloe Douglass. 2018. (ENG.). 32p. (J). (gr. k-3). 16.99 *(978-1-58536-397-1(9)*, 204402) Sleeping Bear Pr.

Princess & the Christmas Rescue. Caryl Hart. Illus. by Sarah Warburton. 2017. (ENG.). 32p. (J). (gr. -1-2). 16.99 *(978-0-7636-9632-0(3))* Candlewick Pr.

Princess & the Clan (Classic Reprint) Margaret R. Piper. 2018. (ENG., Illus.). (J). 350p. 31.12 *(978-1-396-41386-5(3))*; 352p. pap. 13.57 *(978-1-390-90105-4(X))* Forgotten Bks.

Princess & the Crow. Anita Bacha. 2019. (ENG.). 28p. (J). *(978-1-78848-735-1(4))*; pap. *(978-1-78848-734-4(6))* Austin Macauley Pubs. Ltd.

Princess & the Dragon. Davina Palik. Illus. by Kayleigh Valentine. 2020. (ENG.). 38p. (J). pap. *(978-0-2288-3503-5(8))* Tellwell Talent.

Princess & the Dragon. Mary Settle. Illus. by Ben McKenna. 2020. (ENG.). 44p. (J). 20.00 ***(978-1-0878-6267-5(1))*** Indy Pub.

P

Princess & the Dragon. Valerie Tripp. Illus. by Thu Thai. 2022. (American Girl(r) WellieWishers(tm) Ser.). (ENG.). 80p. (J). pap. 5.99 *(978-1-68337-193-9(3))* American Girl Publishing, Inc.

Princess & the Elephant. Ellen Mellor. 2021. (ENG.). 52p. (J). pap. ***(978-1-8384266-4-4(7))*** Double Dragon ebooks.

Princess & the Enchanted Spoon. Bobbi Harvey. 2018. (ENG., Illus.). 30p. (J). 22.95 *(978-1-64300-510-2(3))*; pap. 13.95 *(978-1-64300-509-6(X))* Covenant Bks.

Princess & the Fangirl. Ashley Poston. (Once upon a Con Ser.: 2). (YA). (gr. 9). 2020. 336p. pap. 10.99 *(978-1-68369-170-9(9))*; 2019. 320p. 18.99 *(978-1-68369-096-2(6))* Quirk Bks.

Princess & the Farm. Jamin Bingham. 2022. (ENG.). 32p. (J). pap. 12.99 *(978-1-4621-4251-4(6)*, Sweetwater Bks.) Cedar Fort, Inc./CFI Distribution.

Princess & the Fowl One. Ian Preston. Illus. by Laura Wood. 2nd ed. 2020. (Imago Ser.: Vol. 1). (ENG.). 216p. (J). pap. *(978-1-78132-989-4(3))* SilverWood Bks.

Princess & the Frog. Augusto Macchetto. Illus. by Elisabetta Melaranci & Luca Usai. 2020. (Disney Princesses Ser.). (ENG.). 52p. (J). (gr. 2-6). lib. bdg. 32.79 *(978-1-5321-4566-7(7)*, 35213, Graphic Novels) Spotlight.

Princess & the Frog Coloring Book for Children (6x9 Coloring Book / Activity Book) Sheba Blake. 2021. (ENG.). 28p. (J). pap. 9.99 *(978-1-222-29041-7(3))* Indy Pub.

Princess & the Frog Coloring Book for Children (8. 5x8. 5 Coloring Book / Activity Book) Sheba Blake. 2021. (ENG.). 28p. (J). pap. 12.99 *(978-1-222-29191-9(6))* Indy Pub.

Princess & the Frog Coloring Book for Children (8x10 Coloring Book / Activity Book) Sheba Blake. 2021. (ENG.). 28p. (J). pap. 14.99 *(978-1-222-29042-4(1))* Indy Pub.

Princess & the Frogs. Veronica Bartles. Illus. by Sara Palacios. 2016. (ENG.). 40p. (J). (gr. -1-3). 17.99 *(978-0-06-236591-0(6)*, Balzer & Bray) HarperCollins Pubs.

Princess & the Goblin. George MacDonald. 2018. (ENG.). 170p. (J). pap. *(978-93-5297-187-9(6))* Alpha Editions.

Princess & the Goblin. George MacDonald. 2020. (ENG.). 156p. (J). 13.95 *(978-1-64594-075-3(6))* Athanatos Publishing Group.

Princess & the Goblin. George MacDonald. 2019. (ENG.). 228p. (J). pap. *(978-3-337-36449-6(7))* Creation Pubs.

Princess & the Goblin. George MacDonald. Ed. by Ruth Cohen. Illus. by Jessie Smith. 2021. (ENG.). 144p. (J). pap. 6.95 *(978-1-60942-602-6(9))* Information Age Publishing, Inc.

Princess & the Goblin (Classic Reprint) George MacDonald. 2018. (ENG., Illus.). 334p. (J). 30.79 *(978-0-331-59862-9(0))* Forgotten Bks.

Princess & the Jewels. Nicola Baxter. Illus. by Samantha Chaffey. 2018. 12p. (J). (gr. -1-12). 7.99 *(978-1-84322-626-0(X)*, Armadillo) Anness Publishing GBR. Dist: National Bk. Network.

Princess & the Key (Happily Ever after, Book #3) Laurel Solorzano. Illus. by Qbn Studios. 2022. (ENG.). 218p. (J). pap. 11.99 ***(978-1-7373974-7-2(1))*** Solorzano, Laurel.

Princess & the Lion Tamer. Robert Powell. 2017. (ENG., Illus.). 30p. (J). 18.95 *(978-1-78823-463-4(4)*, 8908ed97-5024-460d-9c89-0842252f2e5d) Austin Macauley Pubs. Ltd. GBR. Dist: Baker & Taylor Publisher Services (BTPS).

Princess & the Magic Dress. Daria Goiran. 2017. (ENG., Illus.). (J). 21.95 *(978-1-64096-004-6(X))*; pap. 11.95 *(978-1-64096-003-9(1))* Newman Springs Publishing, Inc.

Princess & the Magical Book. Ferleen Verneuil Joseph. 2023. (ENG.). 78p. (J). 37.99 ***(978-1-957547-94-7(4))*** Indy Pub.

Princess & the Packet of Frozen Peas, 1 vol. Tony Wilson. Illus. by Sue Degennaro. 2018. (ENG.). 32p. (J). (gr. -1-3). pap. 7.95 *(978-1-68263-051-8(X))* Peachtree Publishing Co. Inc.

Princess & the Packet of Frozen Peas. Tony Wilson. ed. 2018. (J). lib. bdg. 18.40 *(978-0-606-41012-0(0))* Turtleback.

Princess & the Page. Christina Farley. 2017. (J). (ENG.). 240p. (gr. 3-7). 17.99 *(978-0-545-92409-2(X))*; 228p. *(978-1-338-18120-3(3))* Scholastic, Inc. (Scholastic Pr.).

Princess & the Painter see Princesa y el Pintor

Princess & the Pawper: A Doggy Tale of Compassion by Leia. Daniel Boey. Illus. by Hao Soh. 2021. (Furry Tales by Leia Ser.). (ENG.). 48p. (J). (gr. 2-4). 15.99 *(978-981-4893-69-5(2))* Marshall Cavendish International (Asia) Private Ltd. SGP. Dist: Independent Pubs. Group.

Princess & the Pea. Hans Christian. Andersen. Illus. by Carly Gledhill. 2020. (Penguin Bedtime Classics Ser.). 18p. (J). (— 1). bds. 7.99 *(978-0-593-11552-7(X)*, Viking Books for Young Readers) Penguin Young Readers Group.

Princess & the Pea. Kate Davies & Anna Award. 2017. (ENG., Illus.). 24p. (J). pap. 6.00 *(978-1-84135-966-3(1))* Award Pubns. Ltd. GBR. Dist: Parkwest Pubns., Inc.

Princess & the Pea. Kolanovic Dubravaka. 2018. (ENG., Illus.). 32p. (J). (gr. -1-1). 9.99 *(978-1-68052-451-2(8)*, 2000500, Parragon Books) Cottage Door Pr.

Princess & the Pea. Xanthe Gresham & Gresham Knight. Illus. by Miss Clara. 2017. (ENG.). 40p. (J). (gr. -1-3). pap. 12.99 *(978-1-78285-355-8(3))* Barefoot Bks., Inc.

Princess & the Pea. Jenna Mueller. Illus. by Roxanne Rainville. 2020. (Fairy Tales As Told by Clementine Ser.). (ENG.). 32p. (J). (gr. -1-4). 32.79 *(978-1-5321-3812-6(1)*, 35234, Looking Glass Library) Magic Wagon.

Princess & the Pea. Juliana O'Neill. Illus. by Irina Ogneva. 2022. (Forever Fairy Tales Ser.). (ENG.). 32p. (J). (gr. -1-3). 24.99 ***(978-1-5324-3211-8(9))***; pap. 12.99 ***(978-1-5324-3209-5(7))*** Xist Publishing.

Princess & the Pea. Juliana O'Neill. Illus. by Irina Ogneva. 2022. (Forever Fairy Tales Ser.). (ENG.). 34p. (J). pap. 12.99 ***(978-1-5324-3210-1(0))*** Xist Publishing.

Princess & the Pea. Chloe Perkins. Illus. by Dinara Mirtalipova. 2017. (Once upon a World Ser.). (ENG.). 24p. (J). (gr. -1 — 1). bds. 8.99 *(978-1-5344-0019-1(2)*, Little Simon) Little Simon.

Princess & the Pea: A Discover Graphics Fairy Tale. Jehan Jones-Radgowski. Illus. by Antonella Fant. 2021. (Discover Graphics: Fairy Tales Ser.). (ENG.). 32p. (J). 21.32 *(978-1-6639-1412-5(5)*, 220204); pap. 6.95 *(978-1-6639-2095-9(8)*, 220192) Capstone. (Picture Window Bks.).

Princess & the Pea: An Interactive Fairy Tale Adventure. Blake Hoena. Illus. by Álex López. 2020. (You Choose: Fractured Fairy Tales Ser.). (ENG.). 112p. (J). (gr. 3-7). pap. 6.95 *(978-1-4966-5814-2(0)*, 142246); lib. bdg. 32.65 *(978-1-5435-9014-2(4)*, 141371) Capstone.

Princess & the Pea: Leveled Reader Turquoise Level 18. Rg Rg. 2016. (PM Ser.). (ENG.). 16p. (J). (gr. 2). pap. 11.00 *(978-0-544-89182-1(1))* Rigby Education.

Princess & the Pea: Pass the Pea Pressure Test! Jasmine Brooke. 2017. (Fairy Tale Fixers: Fixing Fairy Tale Problems with STEM Ser.). 32p. (gr. 3-4). pap. 63.00 *(978-1-5382-0667-6(6))* Stevens, Gareth Publishing LLLP.

Princess & the Peanut Allergy. Wendy McClure. Illus. by Tammie Lyon. 2019. (ENG.). 32p. (J). (gr. -1-3). pap. 7.99 *(978-0-8075-6619-0(5)*, 807566195) Whitman, Albert & Co.

Princess & the Peas. Rachel Himes. Illus. by Rachel Himes. (Illus.). 32p. (J). (gr. k-3). 2022. pap. 8.99 *(978-1-62354-378-5(9))*; 2017. 16.99 *(978-1-58089-718-1(5))* Charlesbridge Publishing, Inc.

Princess & the Pee: A Tale of an Ex-Breeding Dog Who Never Knew Love by Leia. Daniel Boey. Illus. by Santhi and Sari Tunas. 2022. (Furry Tales by Leia Ser.). (ENG.). 48p. (J). (gr. 2-4). 15.99 *(978-981-4893-70-1(6))* Marshall Cavendish International (Asia) Private Ltd. SGP. Dist: Independent Pubs. Group.

Princess & the Petri Dish. Sue Fliess. Illus. by Petros Bouloubasis. 2020. (ENG.). 32p. (J). (gr. -1-3). 16.99 *(978-0-8075-6644-2(6)*, 807566446) Whitman, Albert & Co.

Princess & the Pirate. Felicity Banks. 2019. (Rahana Trilogy Ser.: Vol. 2). (ENG., Illus.). 126p. (J). (gr. 4-6). pap. *(978-1-925652-68-0(8))* Odyssey Bks.

Princess & the Pit Stop. Tom Angleberger. Illus. by Dan Santat. 2018. (ENG.). 48p. (J). (gr. k-2). 16.99 *(978-1-4197-2848-8(2)*, 1123601, Abrams Bks. for Young Readers) Abrams, Inc.

Princess & the Ploughman (Classic Reprint) Florence Morse Kingsley. (ENG., Illus.). (J). 2018. 270p. 29.49 *(978-0-483-84644-9(9))*; 2016. pap. 11.97 *(978-1-333-27007-0(0))* Forgotten Bks.

Princess & the Poison Pea. Wiley Blevins. Illus. by Steve Cox. 2017. (Scary Tales Retold Ser.). (ENG.). 24p. (J). (gr. k-3). pap. 6.99 *(978-1-63440-170-8(0)*, 1e625a92-dd6c-461f-855c-8bc07f2d6894); lib. bdg. 27.99 *(978-1-63440-166-1(2)*, 986a4545-bd42-4178-9a49-2644d76af4f0) Red Chair Pr.

Princess & the Polar Bear. Zahra M. Visram. 2016. (ENG., Illus.). 38p. (J). pap. *(978-0-9953314-1-9(3))* Murji, Zahra.

Princess & the Pumpkin: A Fairies Coloring Book. Smarter Activity Books for Kids. 2016. (ENG., Illus.). (J). pap. 9.22 *(978-1-68374-479-5(9))* Examined Solutions PTE. Ltd.

Princess & the Pup: Agents of H. E. A. R. T. Sam Hay. Illus. by Geneviève Kote. 2023. (Agents of H. E. A. R. T. Ser.: 3). (ENG.). 240p. (J). 18.99 *(978-1-250-79833-6(7)*, 900240263); pap. 8.99 *(978-1-250-79834-3(5)*, 900240264) Feiwel & Friends.

Princess & the Pupper. Jesse Nievelt. Illus. by Jesse Nievelt. 2022. (ENG.). 58p. (J). pap. 16.99 *(978-1-63984-201-8(2))* Pen It Pubns.

Princess & the Shepherd Boy. David Littlewood. 2018. (ENG., Illus.). 112p. (J). pap. *(978-0-244-99044-2(1))* Lulu Pr., Inc.

Princess & the Sisters. Angelina P. Fioretti. Ed. by B. J. Fioretti. Illus. by Angelina P. Fioretti. 2016. (ENG., Illus.). 30p. (J). pap. *(978-0-9952979-0-6(8))* Fioretti, Brenda.

Princess & the Sisters: A Fairytale Adaptation. Created by Angelina P. Fioretti. 2nd ed. 2019. (Angelina's an Author Ser.: Vol. 1). (ENG., Illus.). 40p. (J). *(978-0-9952979-8-2(3))*; pap. *(978-1-9990046-2-0(0))* Fioretti, Brenda.

Princess & the Talking Dog. Amelia Kizer. Illus. by Jere Schwartzkopf. 2017. (ENG.). 62p. (J). pap. 14.95 *(978-1-64028-817-1(1))* Christian Faith Publishing.

Princess & the Toad. Bill Currie. 2016. (Tales of Acorn Wood Ser.: Vol. 1). (ENG., Illus.). (J). pap. *(978-1-911425-26-7(9))* Filament Publishing.

Princess & the Valley Man. Dorota Kluza & Evan Williams. 2020. (ENG., Illus.). 100p. (J). pap. *(978-1-913340-31-5(7))* Clink Street Publishing.

Princess & the Warrior: A Tale of Two Volcanoes. Duncan Tonatiuh. 2016. (ENG., Illus.). 40p. (J). (gr. 1-4). 18.99 *(978-1-4197-2130-4(5)*, 1103401, Abrams Bks. for Young Readers) Abrams, Inc.

Princess & Troll: Once upon a Time on a Bad Hair Day. M. Mammonek. 2019. (ENG.). 136p. (J). *(978-1-5255-4907-6(3))*; pap. *(978-1-5255-4908-3(1))* FriesenPress.

Princess Angelica: Camp Catastrophe. Monique Polak. Illus. by Jane Heinrichs. 2018. (Orca Echoes Ser.). (ENG.). 108p. (J). (gr. 2-4). 21.19 *(978-1-5364-3162-9(1))* Orca Bk. Pubs. USA.

Princess Angelica, Camp Catastrophe, 1 vol. Monique Polak. Illus. by Jane Heinrichs. 2018. (Orca Echoes Ser.). (ENG.). 104p. (J). (gr. 1-3). pap. 6.95 *(978-1-4598-1538-4(6))* Orca Bk. Pubs. USA.

Princess Angelica, Junior Reporter. Monique Polak. Illus. by Jane Heinrichs. 2020. (Orca Echoes Ser.). (ENG.). 112p. (J). (gr. 1-3). pap. 7.95 *(978-1-4598-2358-7(3))* Orca Bk. Pubs. USA.

Princess Angelica, Part-Time Lion Trainer, 1 vol. Monique Polak. Illus. by Jane Heinrichs. 2019. (Orca Echoes Ser.). (ENG.). 96p. (J). (gr. 1-3). pap. 6.95 *(978-1-4598-1547-6(5))* Orca Bk. Pubs. USA.

Princess Annabelle. Debbie Rogers. Illus. by Rachel Williams. 2017. (ENG.). 123p. (J). *(978-1-9997464-0-7(6))* Lioness Writing Ltd.

Princess Anne a Story of the Dismal Swamp & Other Sketches (Classic Reprint) Albert R. LeDoux. 2018. (ENG., Illus.). 162p. (J). 27.24 *(978-0-267-45207-1(1))* Forgotten Bks.

Princess Antoinette & the Magic Box. James E. Woods. 2019. (ENG., Illus.). 92p. (J). 24.95 *(978-1-947380-26-4(5))*; pap. 14.95 *(978-1-947380-27-1(3))* Woods, James E.

Princess Anuke & the Rainbow Gem. A. J. Adam. 2023. (ENG.). 34p. (J). pap. ***(978-1-915897-02-2(5))*** Publishing Push Ltd.

Princess Arabella & the Giant Cake. Mylo Freeman. 2018. (Princess Arabella Ser.). (ENG., Illus.). 28p. (J). (gr. -1). 16.95 *(978-1-911115-66-3(9))* Cassava Republic Pr. GBR. Dist: Consortium Bk. Sales & Distribution.

Princess Arabella & the Lost Locket. Abby Nicola. Illus. by Jayden Ellsworth. 2023. (ENG.). 40p. (J). 19.99 ***(978-1-64538-511-0(6))***; pap. 12.99 ***(978-1-64538-510-3(8))*** Orange Hat Publishing.

Princess Arabella at the Museum. Mylo Freeman. 2021. (Princess Arabella Ser.). (ENG., Illus.). 32p. (J). 16.95 *(978-1-913175-06-1(5))* Cassava Republic Pr. GBR. Dist: Consortium Bk. Sales & Distribution.

Princess Arabella Goes to School. Mylo Freeman. 2018. (ENG.). 28p. (J). 16.95 *(978-1-911115-65-6(0))* Cassava Republic Pr. GBR. Dist: Consortium Bk. Sales & Distribution.

Princess Arabella Is a Big Sister. Mylo Freeman. 2019. (Princess Arabella Ser.). (ENG., Illus.). 32p. (J). 16.95 *(978-1-911115-72-4(3))* Cassava Republic Pr. GBR. Dist: Consortium Bk. Sales & Distribution.

Princess Arya Makes a Friend. Niamh Andrews Fraher. 2019. (ENG.). 12p. (J). pap. 7.15 *(978-0-244-18604-3(9))* Lulu Pr., Inc.

Princess Ashlynn & the Crusaders in the Dark Forest. Darrell & Tamara Stephens. 2017. (ENG., Illus.). (J). (gr. 1-4). 22.95 *(978-1-64028-649-8(7))*; pap. 12.95 *(978-1-64028-647-4(0))* Christian Faith Publishing.

Princess Ashlynn & the Crusaders Return to Skull Island. Darrell Stephens & Tamara Stephens. 2018. (ENG., Illus.). 36p. (J). 23.95 *(978-1-64258-628-2(5))*; pap. 13.95 *(978-1-64191-611-0(7))* Christian Faith Publishing.

Princess Azmerriab & the Parrot. Sayed Athar Husain. 2019. (ENG., Illus.). 28p. (J). pap. *(978-1-78623-462-9(9))* Grosvenor Hse. Publishing Ltd.

Princess Ballerina & Her Best, Best Friends. Nakie HARRIS. 2023. 32p. (J). pap. 8.99 ***(978-1-6678-8013-6(6))*** BookBaby.

Princess Bedtime Stories-2nd Edition. Disney Books. 2017. (Storybook Collection). (ENG., Illus.). 304p. (J). (gr. 1-3). 16.99 *(978-1-4847-4711-7(9)*, Disney Press Books) Disney Publishing Worldwide.

Princess Bella Squirrel Saves the Fairies. David Arthur. 2019. (ENG.). 24p. (J). 23.95 *(978-1-64424-143-1(9))* Page Publishing Inc.

Princess Between Worlds: A Tale of the Wide-Awake Princess. E. D. Baker. 2017. (Wide-Awake Princess Ser.). (ENG.). 240p. (J). pap. 8.99 *(978-1-68119-279-6(9)*, 900165499, Bloomsbury USA Childrens) Bloomsbury Publishing USA.

Princess Breeze. Beverly Stowe McClure. 2017. (Breeze Ser.: 2). (ENG., Illus.). 236p. (YA). (gr. 7-9). 32.99 *(978-1-940310-66-4(0))* 4RV Pub.

Princess Bride: a Counting Story. Lena Wolfe. Illus. by Bill Robinson. 2020. (ENG.). 20p. (J). (gr. -1 — 1). bds. 8.99 *(978-0-316-49770-1(3))* Little, Brown Bks. for Young Readers.

Princess Brooklyn's Journey. L. J. Angel. 2021. (ENG., Illus.). 20p. (J). pap. 13.95 *(978-1-63844-236-3(3))* Christian Faith Publishing.

Princess Called Pinka. Wanda F. McKinzy. 2016. (ENG., Illus.). (J). (gr. -1-1). 14.95 *(978-0-9916004-0-3(1))* Amplify Publishing Group.

Princess Candy: The Complete Comics Collection. Michael Dahl & Scott Nickel. Illus. by Jeff Crowther. ed. 2020. (Stone Arch Graphic Novels Ser.). (ENG.). 144p. (J). (gr. 3-6). pap., pap., pap. 8.95 *(978-1-4965-9320-7(0)*, 142350); 27.99 *(978-1-4965-8731-2(6)*, 141609) Capstone. (Stone Arch Bks.).

Princess Casamassima: A Novel (Classic Reprint) Henry James. 2018. (ENG., Illus.). 602p. (J). 36.31 *(978-0-267-62085-2(3))* Forgotten Bks.

Princess Casamassima a Novel, Vol. 3 of 3 (Classic Reprint) Henry James. 2018. (ENG., Illus.). 248p. (J). 29.01 *(978-0-267-41271-6(1))* Forgotten Bks.

Princess Casamassima, Vol. 1 Of 3: A Novel (Classic Reprint) Henry James. 2019. (ENG., Illus.). 358p. (J). 31.30 *(978-0-332-05637-1(6))* Forgotten Bks.

Princess Casamassima, Vol. 2 of 2 (Classic Reprint) Henry James. 2018. (ENG., Illus.). (J). 33.01 *(978-0-260-39170-4(0))* Forgotten Bks.

Princess Casamassima, Vol. 2 Of 3: A Novel (Classic Reprint) Henry James. 2018. (ENG., Illus.). 262p. (J). 29.32 *(978-0-483-58554-6(8))* Forgotten Bks.

Princess Casey. Mary Ellen Brown Carlson. 2016. (ENG., Illus.). (J). 22.95 *(978-1-4808-3734-8(2))*; pap. 16.95 *(978-1-4808-3733-1(4))* Archway Publishing.

Princess Cecilia (Classic Reprint) Elmer Davis. (ENG., Illus.). (J). 2018. 342p. 30.97 *(978-0-483-43415-8(9))*; 2017. pap. 13.57 *(978-1-334-92793-5(6))* Forgotten Bks.

Princess Charming. Zibby Owens. Illus. by Holly Hatam. 2022. 40p. (J). (-k). 17.99 *(978-0-593-32678-7(4))* Flamingo Bks.

Princess Chelsea's Magic Giggle, a Bedtime Story. Debbie Brewer. 2020. (ENG.). 49p. (J). pap. *(978-1-716-47320-3(9))* Lulu Pr., Inc.

Princess Chrysalline, or the Maiden Who Couldn't Laugh (Classic Reprint) S. E. Sells. (ENG., Illus.). (J). 2018. 44p. 24.80 *(978-0-484-11496-7(4))*; 2017. pap. 7.97 *(978-0-243-27966-1(3))* Forgotten Bks.

Princess Clara's Royal Adventure: At the Lily Pond in Rivers Hollow. Holly Maddalena Marshall. Ed. by Gloria Mazo. Illus. by Judit Laidlaw. 2020. (ENG.). 74p. (J). pap. 5.99 *(978-0-578-77655-2(3))* White Flower Bks.

Princess Clarice, Vol. 1: A Story of 1871 (Classic Reprint) Mortimer Collins. 2018. (ENG., Illus.). 318p. (J). 30.46 *(978-0-483-25594-4(7))* Forgotten Bks.

Princess Clarice, Vol. 2: A Story of 1871 (Classic Reprint) Mortimer Collins. 2018. (ENG., Illus.). 302p. (J). 30.13 *(978-0-483-60415-5(1))* Forgotten Bks.

Princess (Classic Reprint) M. Gthjcglell McClelland. 2018. (ENG., Illus.). 304p. (J). 30.19 *(978-0-483-42251-3(7))* Forgotten Bks.

Princess Coloring Book. Marissa O'Starrie. 2021. (ENG.). 64p. (J). pap. 5.99 *(978-1-716-21150-8(6))* Lulu Pr., Inc.

Princess Coloring Book: Amazing Gift for Kids Ages 4 - 8, Fun Coloring Book for Kids, Page Large 8. 5 X 11. Elma Angels. 2020. (ENG.). 86p. (J). pap. 9.79 *(978-1-716-32210-5(3))* Lulu Pr., Inc.

Princess Coloring Book: For Kids Ages 4-8, 9-12. Young Dreamers Press. Illus. by Fairy Crocs. 2021. (Coloring Books for Kids Ser.: Vol. 13). (ENG.). 66p. (J). pap. *(978-1-990136-03-0(6))* EnemyOne.

Princess Coloring Book: Great Princess Activity Book for Girls & Kids, Perfect Princess Book for Little Girls & Toddlers Who Love to Play & Enjoy with Princesses. Uta Friedman. 2021. (ENG.). 82p. (J). pap. 16.99 *(978-1-915100-17-7(8)*, GoPublish) Visual Adjectives.

Princess Coloring Book: Great Princess Activity Book for Girls & Kids, Perfect Princess Book for Little Girls & Toddlers Who Love to Play & Enjoy with Princesses. Amelia Yardley. 2021. (ENG.). 82p. (J). pap. *(978-1-008-92664-6(7))* Lulu.com.

Princess Coloring Book for Kids: 50 Unique Coloring Pages Made to Encourage Coloring - Great Gift for Kids Ages 4-8 (Princess, Castels, Unicorns & More) Hector England. 2020. (ENG.). 102p. (J). pap. 10.00 *(978-1-716-29222-4(0))* Lulu Pr., Inc.

Princess Coloring Book for Kids! Discover a Variety of Princess Coloring Pages. Bold Illustrations. 2021. (ENG.). 82p. (J). pap. 11.99 *(978-1-0717-0628-2(4)*, Bold Illustrations) FASTLANE LLC.

Princess Coloring Pages (Coloring Pages for 4 Year Olds) This Book Has 40 Coloring Pages. This Book Will Assist Young Children to Develop Pen Control & to Exercise Their Fine Motor Skills. Nicola Ridgeway & James Manning. 2020. (Princess Coloring Pages Ser.: Vol. 2). (ENG., Illus.). 84p. (J). pap. *(978-1-80027-152-4(2))* CBT Bks.

Princess Coloring Pages for Kids: Fancy Princess Dresses to Color. Mdacing. 2023. (ENG.). 114p. (J). pap. ***(978-1-7394017-4-0(3))*** OTO Publishing Ltd.

Princess Colouring Book: Jumbo Sized Colouring Books. Wonder House Books. 2018. (Giant Book Ser.). (ENG.). 32p. (J). (-k). pap. 5.99 ***(978-93-87779-42-6(4))*** Prakash Bk. Depot IND. Dist: Independent Pubs. Group.

Princess Cora & the Crocodile. Laura Amy Schlitz. Illus. by Brian Floca. (ENG.). 80p. (J). (gr. -1-3). 2019. pap. 8.99 *(978-1-5362-0878-8(7))*; 2017. 17.99 *(978-0-7636-4822-0(1))* Candlewick Pr.

Princess Criseta's Hamster, 1 vol. Aleix Cabrera. Illus. by Rocio Bonilla. 2017. (Little Princesses Ser.). (ENG.). 32p. (J). (gr. 1-2). 28.93 *(978-1-5081-9398-2(3)*, 7989a69f-66d1-4572-a06c-8db7516317ae); pap. 11.00 *(978-1-5081-9458-3(0)*, a0e6cc6f-574e-4cb5-b0b0-f514983002ef) Rosen Publishing Group, Inc., The. (Windmill Bks.).

Princess Crystal's Wish & One Million Orchids. Elena Sommers. 2020. (ENG.). 56p. (J). pap. *(978-1-83875-038-1(X)*, Nightingale Books) Pegasus Elliot Mackenzie Pubs.

Princess Cupcake Jones & the New Baby Prince. Ylleya Fields. Illus. by Darrin Drda. 2023. (Princess Cupcake Jones Ser.). (ENG.). 32p. (J). (gr. k-2). 17.95 ***(978-0-9909986-8-6(1))*** Belle Publishing.

Princess Cupcake Jones Saddles Up! Ylleya Fields. Illus. by Michael LaDuca. 2018. (Princess Cupcake Jones Ser.). (ENG.). 32p. (J). (gr. k-2). 16.95 *(978-0-9909986-6-2(5))* Belle Publishing.

Princess Cynthia (Classic Reprint) Marguerite Bryant. 2017. (ENG., Illus.). (J). 32.39 *(978-0-265-71349-5(8))*; pap. 16.57 *(978-1-5276-6758-7(8))* Forgotten Bks.

Princess Daphne: A Novel (Classic Reprint) Unknown Author. 2018. (ENG., Illus.). 278p. (J). 29.63 *(978-0-483-38014-1(8))* Forgotten Bks.

Princess Darla & Magic Unicorn Bedtime Stories for Kids: Help Your Children to Fall Asleep Fast, Feel Calm & Reduce Anxiety with Fantasy Short Stories for Children & Toddlers. Megane Rowe. 2020. (ENG.). 132p. (J). pap. 16.99 *(978-1-393-81329-3(1))* Draft2Digital.

Princess Dehra (Classic Reprint) John Reed Scott. 2018. (ENG., Illus.). 378p. (J). 31.69 *(978-0-483-87765-8(4))* Forgotten Bks.

Princess Deodara & the Golden Leaf. D. P. Whitehead. 2016. (ENG., Illus.). (J). (gr. k-3). 15.95 *(978-0-9972943-2-3(9))* Whitehead, D. Literature.

Princess Desiree (Classic Reprint) Clementina Black. 2018. (ENG., Illus.). 256p. (J). 29.18 *(978-0-483-55559-4(2))* Forgotten Bks.

Princess Diana, 1 vol. Tim Cooke. 2018. (Meet the Greats Ser.). (ENG.). 48p. (gr. 5-5). lib. bdg. 34.93 *(978-1-5382-2581-3(6)*, be04fc9a-d3b5-4179-b426-741d3f228bae) Stevens, Gareth Publishing LLLP.

Princess Diana. Meeg Pincus. Illus. by Jeff Bane. 2021. (My Early Library: My Itty-Bitty Bio Ser.). (ENG.). 24p. (J). (gr. k-1). lib. bdg. 30.64 *(978-1-5341-7996-7(8)*, 218264) Cherry Lake Publishing.

Princess Diana. Maria Isabel Sanchez Vegara. Illus. by Archita Khosla. 2023. (Little People, BIG DREAMS Ser.). (ENG.). 32p. (J). (gr. -1-2). 15.99 ***(978-0-7112-8307-7(9)***, Frances Lincoln Children's Bks.) Quarto Publishing Group UK GBR. Dist: Hachette Bk. Group.

Princess Diana: Royal Activist & Fashion Icon, 1 vol. Lara Antal. 2016. (Leading Women Ser.). (ENG., Illus.). 128p. (YA). (gr. 7-7). 41.64 *(978-1-5026-1987-7(3)*, c1402693-8723-47cb-80ef-2b7d694bca74) Cavendish Square Publishing LLC.

Princess Diaries see Journal d'une Princesse

Princess Diaries: A Coloring Book for 5-Year-Old Girls. Speedy Kids. 2017. (ENG., Illus.). (J). pap. 9.20 *(978-1-5419-0993-9(3))* Speedy Publishing LLC.

Princess Diaries Volume II: Princess in the Spotlight. Meg Cabot. 2020. (Princess Diaries: 2). (ENG.). 288p. (J). (gr. 3-7). pap. 7.99 *(978-0-06-299846-0(3)*, HarperCollins) HarperCollins Pubs.

Princess Diaries Volume III: Princess in Love. Meg Cabot. 2020. (Princess Diaries: 3). (ENG.). 288p. (J). (gr. 3-7). pap. 7.99 *(978-0-06-299847-7(1)*, HarperCollins) HarperCollins Pubs.

Princess Diary. Nylah a Simmons. 2018. (ENG., Illus.). 48p. (J). pap. 14.99 *(978-1-7326464-2-1(2))* 13th & Joan.

1640

The check digit for ISBN-10 appears in parentheses after the full ISBN-13

Princess Die: Diana's Twisted Reality. Ralph Collins. 2020. (ENG.). 198p. (YA). pap. 16.95 *(978-1-64628-713-0(4))* Page Publishing Inc.

Princess Divine. Reda Kimble. 2017. (ENG., Illus.). (J). pap. 12.95 *(978-1-68197-949-6(7))* Christian Faith Publishing.

Princess Dolls, 1 vol. Ellen Schwartz. Illus. by Mariko Ando. 2018. (ENG.). (J). (gr. 4-7). 144p. pap. 17.95 *(978-1-926890-08-1(6))*; 148p. pap. 10.95 *(978-1-926890-29-6(9))* Tradewind Bks. CAN. Dist: Orca Bk. Pubs. USA.

Princess Eileen (Classic Reprint) Isabel Josephine Deasy. (ENG., Illus.). (J). 2018. 56p. 25.05 *(978-0-666-72977-4(8))*; 2017. pap. 9.57 *(978-0-259-45755-8(8))* Forgotten Bks.

Princess Elise & the Missing Royal Treats. Bianca Turner. Illus. by Brittany Deanes. 2019. (ENG.). 32p. (J). 25.00 *(978-1-951300-81-4(5))* Liberation's Publishing.

Princess Elizabeth see Principe para Elisabeth

Princess Elizabeth & Other Stories (Classic Reprint) Lynn A. Heatherington. (ENG., Illus.). (J). 2018. 80p. 25.57 *(978-0-365-23227-8(0))*; 2017. pap. 9.57 *(978-0-259-48690-9(6))* Forgotten Bks.

Princess Ella's Magic Umbrella. Debbie Brewer. 2020. (ENG.). 54p. (J). pap. *(978-1-716-59921-7(0))* Lulu Pr., Inc.

Princess Ellie & the Feathered Prince: The Tale of Queen Wildflower. Ekaette Eli Shammah. 2017. (ENG., Illus.). (J). pap. 15.00 *(978-0-9971485-3-4(5))* Set on a Hill.

Princess Elopes (Classic Reprint) Harold Mac Grath. 2018. (ENG., Illus.). 226p. (J). 28.56 *(978-0-365-48352-6(4))* Forgotten Bks.

Princess Entrepreneurs. Sheena Davis. 2020. (ENG.). 46p. (J). pap. 12.99 *(978-1-716-40673-7(0))* Lulu Pr., Inc.

Princess Escape. Sadiya Tyler-Laws. Illus. by Jerl L. Laws. 2017. (ENG.). (J). (gr. 2-4). 18.99 *(978-0-9992446-1-6(2))* Tyler Laws Pr.

Princess Escape. Sadiya Robin Tyler-Laws. 2017. (Princess Escape Ser.: Vol. 1). (ENG., Illus.). (J). (gr. 2-4). pap. 12.99 *(978-0-9992446-0-9(4))* Tyler Laws Pr.

Princess Eve (Classic Reprint) Clementine Helm. (ENG., Illus.). (J). 2018. 320p. 30.52 *(978-0-666-72908-8(5))*; 2017. pap. 13.57 *(978-0-259-19864-2(1))* Forgotten Bks.

Princess Evie Magical Ponies Collection (Boxed Set) The Forest Fairy Pony; Unicorn Riding Camp; the Rainbow Foal; the Enchanted Snow Pony. Sarah KilBride. Illus. by Sophie Tilley. ed. 2023. (Princess Evie Ser.). (ENG.). 448p. (J). (gr. 1-4). pap. 24.99 *(978-1-6659-4001-6(8),* Aladdin) Simon & Schuster Children's Publishing.

Princess! Fairy! Ballerina! Bethanie Murguia. Illus. by Bethanie Murguia. 2016. (ENG., Illus.). 40p. (J). (gr. -1-k). 17.99 *(978-0-545-73240-6(9))* Scholastic, Inc.

Princess Far-Away: A Romantic Tragedy in Four Acts (Classic Reprint) Edmond Rostand. 2016. (ENG., Illus.). (J). pap. 9.57 *(978-1-333-62130-8(2))* Forgotten Bks.

Princess Far-Away: A Romantic Tragedy in Four Acts (Classic Reprint) Edmond Rostand. 2018. (ENG., Illus.). 98p. (J). 25.94 *(978-0-483-19061-0(6))* Forgotten Bks.

Princess Fatimah & the Secret Garden. Sabrina Zaman. 2016. (ENG.). 34p. (J). pap. *(978-1-365-20470-8(7))* Lulu Pr., Inc.

Princess Fatimeh's Bizarre Adventure. Mamadou Kamagate. 2017. (ENG., Illus.). (J). *(978-1-4602-9740-7(7))*; pap. *(978-1-4602-9741-4(5))* FriesenPress.

Princess Fearless: Liz's Double Dutch Dilemma. Keetha B. 2022. (ENG.). 42p. (J). 20.00 ***(978-1-0879-7702-7(9))***; pap. 15.00 ***(978-1-0879-7669-3(3))*** Indy Pub.

Princess Fearless: Walking to School. Keetha B. 2021. (Princess Fearless Ser.: Vol. 1). (ENG.). 50p. (J). pap. 12.00 ***(978-1-0879-1091-8(9))*** Indy Pub.

Princess Felicia: The Bully Warrior. C. Cherie Hardy. Illus. by Suzanne Horwitz. 2018. (ENG.). 26p. (J). pap. 10.95 *(978-1-946753-36-6(X))* Avant-garde Bks.

Princess Fish, the Gold Locket & the Air-World Kids. Nancy Russo Wilson. 2020. (ENG., Illus.). 48p. (J). pap. 19.95 *(978-1-61493-689-3(7))* Peppertree Pr., The.

Princess Foo & Bizaboo. A. Michael Shumate. Illus. by A. Michael Shumate. 2018. (ENG., Illus.). 34p. (J). (gr. k-3). pap. *(978-0-9950584-6-0(6))* Elfstone Press.

Princess for Halloween. Diane Miles Griffin. 2021. (ENG.). 32p. (J). 22.99 *(978-1-956803-26-6(2))*; pap. 12.99 *(978-1-956803-25-9(4))* GoldTouch Pr.

Princess Forever. Cheryl Delamarter. 2017. (ENG., Illus.). (J). (gr. k-6). pap. 11.95 *(978-0-9991794-2-0(X))* Silver Thread Publishing.

Princess Galactica. Shaelah Kendall-Ossendryver. 2017. (ENG., Illus.). (J). 25.95 *(978-1-4808-4484-1(5))*; pap. 16.95 *(978-1-4808-4483-4(7))* Archway Publishing.

Princess Gardener. Michael Strelow. 2018. (ENG., Illus.). 96p. (J). (gr. -1-12). pap. 10.95 *(978-1-78535-674-2(7),* Our Street Bks.) Hunt, John Publishing Ltd. GBR. Dist: National Bk. Network.

Princess Geane: A Real Story. Geane Mos. 2016. (ENG., Illus.). (J). pap. 12.45 *(978-1-5127-6768-1(9),* WestBow Pr.) Author Solutions, LLC.

Princess Hair. Sharee Miller. (ENG., Illus.). (J). (gr. -1-3). 2019. 20p. bds. 7.99 *(978-0-316-44119-3(8))*; 2018. 32p. 7.99 *(978-0-316-44122-3(8))*; 2017. 32p. 17.99 *(978-0-316-56261-4(0))* Little, Brown Bks. for Young Readers.

Princess Hair. Sharee Miller. ed. 2019. (ENG.). 30p. (J). (gr. k-1). 18.96 *(978-1-64697-074-2(8))* Penworthy Co., LLC, The.

Princess Handmaid: Princess Behavior — Vol. 2. I. Hm Sister Mary John. Illus. by Kathleen Humphreys Dooley. 2022. (ENG.). 54p. (J). pap. ***(978-1-387-81182-3(7))*** Lulu Pr., Inc.

Princess Has Arrived. Bianca Montgomery. 2021. (ENG.). 84p. (J). pap. 8.99 *(978-1-716-18493-2(2))* Lulu Pr., Inc.

Princess Has to Pee. Rosie Amazing. Illus. by Andreea Balcan. 2022. (ENG.). 28p. (J). pap. *(978-1-990292-25-5(9))* Annelid Pr.

Princess Hours Find the Difference Puzzle Books for Girls. Educando Kids. 2019. (ENG.). 42p. (J). pap. 8.55 *(978-1-64521-659-9(4),* Educando Kids) Editorial Imagen.

Princess Hyacinth (the Surprising Tale of a Girl Who Floated) Florence Parry Heide. Illus. by Lane Smith. 2016. 48p. (J). (gr. -1-3). 8.99 *(978-0-553-53804-5(7),* Dragonfly Bks.) Random Hse. Children's Bks.

Princess Ida: Or Castle Adamant (Classic Reprint) W. S. Gilbert. 2017. (ENG., Illus.). (J). 25.81 *(978-0-265-85939-1(5))* Forgotten Bks.

Princess Idleways: A Fairy Story (Classic Reprint) W. J. Hays. 2018. (ENG., Illus.). 124p. (J). 26.45 *(978-0-267-15718-1(5))* Forgotten Bks.

Princess Ilse: A Story of the Harz Mountain (Classic Reprint) L. Von Ploennies. (ENG., Illus.). (J). 2018. 88p. 25.73 *(978-0-484-40278-1(1))*; 2016. pap. 9.57 *(978-1-334-14303-8(X))* Forgotten Bks.

Princess Ilse (Classic Reprint) Florence M. Cronise. 2017. (ENG., Illus.). (J). 25.63 *(978-0-331-25122-7(1))* Forgotten Bks.

Princess Imposter. Vivian Vande Velde. 2017. (ENG.). 224p. (J). (gr. 3-7). 16.99 *(978-1-338-12147-6(2),* Scholastic Pr.) Scholastic, Inc.

Princess in Black: #1. Shannon Hale & Dean Hale. Illus. by LeUyen Pham. 2018. (Princess in Black Ser.). (ENG.). 96p. (J). (gr. k-3). lib. bdg. 31.36 *(978-1-5321-4219-2(6),* 28556, Chapter Bks.) Spotlight.

Princess in Black & the Bathtime Battle. Shannon Hale & Dean Hale. Illus. by LeUyen Pham. (Princess in Black Ser.: 7). (ENG.). 96p. (J). (gr. k-3). 2020. pap. 6.99 *(978-1-5362-1575-5(9))*; 2019. 15.99 *(978-1-5362-0221-2(5))* Candlewick Pr.

Princess in Black & the Bathtime Battle: #7. Shannon Hale. Illus. by LeUyen Pham. 2021. (Princess in Black Ser.). (ENG.). 96p. (J). (gr. k-3). lib. bdg. 31.36 *(978-1-0982-5059-1(1),* 38884, Chapter Bks.) Spotlight.

Princess in Black & the Giant Problem. Shannon Hale & Dean Hale. Illus. by LeUyen Pham. (Princess in Black Ser.: 8). (ENG.). 96p. (J). (gr. k-3). 2021. pap. 6.99 *(978-1-5362-1766-5(7))*; 2020. 14.99 *(978-1-5362-0222-9(3))* Candlewick Pr.

Princess in Black & the Giant Problem: #8. Shannon Hale. Illus. by LeUyen Pham. 2021. (Princess in Black Ser.). (ENG.). 96p. (J). (gr. k-3). lib. bdg. 31.36 *(978-1-0982-5060-7(5),* 38885, Chapter Bks.) Spotlight.

Princess in Black & the Hungry Bunny Horde. Shannon Hale & Dean Hale. Illus. by LeUyen Pham. 2016. (Princess in Black Ser.: 3). (ENG.). 96p. (J). (gr. k-3). pap. 6.99 *(978-0-7636-9089-2(9))*; 15.99 *(978-0-7636-6513-5(4))* Candlewick Pr.

Princess in Black & the Hungry Bunny Horde. Shannon Hale & Dean Hale. Illus. by LeUyen Pham. ed. 2016. (Princess in Black Ser.: 3). (ENG.). 85p. (J). (gr. k-3). 17.20 *(978-0-606-39109-2(6))* Turtleback.

Princess in Black & the Hungry Bunny Horde: #3. Shannon Hale & Dean Hale. Illus. by LeUyen Pham. 2018. (Princess in Black Ser.). (ENG.). 96p. (J). (gr. k-3). lib. bdg. 31.36 *(978-1-5321-4221-5(8),* 28558, Chapter Bks.) Spotlight.

Princess in Black & the Mermaid Princess. Shannon Hale & Dean Hale. Illus. by LeUyen Pham. 2022. (Princess in Black Ser.: 9). (ENG.). 96p. (J). (gr. k-3). pap. 6.99 *(978-1-5362-2579-2(7))*; 15.99 *(978-1-5362-0977-8(5))* Candlewick Pr.

Princess in Black & the Mysterious Playdate. Shannon Hale & Dean Hale. Illus. by LeUyen Pham. (Princess in Black Ser.: 5). (ENG.). 96p. (J). (gr. k-3). 2018. pap. 6.99 *(978-1-5362-0051-5(4))*; 2017. 15.99 *(978-0-7636-8826-4(6))* Candlewick Pr.

Princess in Black & the Mysterious Playdate. Shannon Hale & Dean Hale. Illus. by LeUyen Pham. 2018. (Princess in Black Ser.). (ENG.). 96p. (J). (gr. k-3). lib. bdg. 31.36 *(978-1-5321-4223-9(4),* 28560, Chapter Bks.) Spotlight.

Princess in Black & the Mysterious Playdate. Shannon Hale & Dean Hale. ed. 2018. (Princess in Black Ser.: 5). (J). lib. bdg. 17.20 *(978-0-606-40910-0(6))* Turtleback.

Princess in Black & the Mysterious Playdate, 5. Shannon Hale et al. ed. 2020. (Princess in Black Ser.). (ENG.). 87p. (J). (gr. 2-3). 17.49 *(978-1-64697-101-0(5))* Penworthy Co., LLC, The.

Princess in Black & the Perfect Princess Party, 2. Shannon Hale & Dean Hale. 2016. (Princess in Black Ser.). (ENG.). 96p. (gr. k-3). 21.19 *(978-1-4844-7927-8(0))* Candlewick Pr.

Princess in Black & the Perfect Princess Party. Shannon Hale & Dean Hale. Illus. by LeUyen Pham. 2018. (Princess in Black Ser.). (ENG.). 96p. (J). (gr. k-3). lib. bdg. 31.36 *(978-1-5321-4220-8(X),* 28557, Chapter Bks.) Spotlight.

Princess in Black & the Perfect Princess Party. Shannon Hale & Dean Hale. ed. 2016. (Princess in Black Ser.: 2). (Illus.). 87p. (J). lib. bdg. 17.20 *(978-0-606-37945-8(2))* Turtleback.

Princess in Black & the Prince in Pink. Shannon Hale & Dean Hale. Illus. by LeUyen Pham. 2023. (Princess in Black Ser.: 10). (ENG.). 96p. (J). (gr. k-3). 14.99 *(978-1-5362-0978-5(3))* Candlewick Pr.

Princess in Black & the Science Fair Scare. Shannon Hale & Dean Hale. Illus. by LeUyen Pham. (Princess in Black Ser.: 6). (ENG.). 96p. (J). (gr. k-3). 2019. pap. 6.99 *(978-1-5362-0686-9(5))*; 2018. 15.99 *(978-0-7636-8827-1(4))* Candlewick Pr.

Princess in Black & the Science Fair Scare, 6. Shannon Hale et al. ed. 2020. (Princess in Black Ser.). (ENG.). 87p. (J). (gr. 2-3). 17.49 *(978-1-64697-152-7(3))* Penworthy Co., LLC, The.

Princess in Black & the Science Fair Scare: #6. Shannon Hale. Illus. by LeUyen Pham. 2021. (Princess in Black Ser.). (ENG.). 96p. (J). (gr. k-3). lib. bdg. 31.36 *(978-1-0982-5058-4(3),* 38883, Chapter Bks.) Spotlight.

Princess in Black Set 2 (Set), 3 vols. Shannon Hale. Illus. by LeUyen Pham. 2021. (Princess in Black Ser.). (ENG.). 96p. (J). (gr. k-3). lib. bdg. 94.08 *(978-1-0982-5057-7(5),* 38882, Chapter Bks.) Spotlight.

Princess in Black Takes a Vacation. Shannon Hale & Dean Hale. Illus. by LeUyen Pham. 2016. (J). (gr. k-3). (Princess in Black Ser.: 4). (ENG.). 96p. 15.99 *(978-0-7636-6512-8(6))*; 87p. *(978-1-5182-4386-8(X))* Candlewick Pr.

Princess in Black Takes a Vacation. Shannon Hale & Dean Hale. ed. 2017. (Princess in Black Ser.: 4). (ENG.). (J). (gr. k-3). lib. bdg. 17.20 *(978-0-606-39839-8(2))* Turtleback.

Princess in Black Takes a Vacation: #4. Shannon Hale & Dean Hale. Illus. by LeUyen Pham. 2018. (Princess in Black Ser.). (ENG.). 96p. (J). (gr. k-3). lib. bdg. 31.36 *(978-1-5321-4222-2(6),* 28559, Chapter Bks.) Spotlight.

Princess in Black: Three Monster-Battling Adventures: Books 4-6, 3 vols. Shannon Hale & Dean Hale. Illus. by LeUyen Pham. 2019. (Princess in Black Ser.). (ENG.). 288p. (J). (gr. k-3). pap. 20.97 *(978-1-5362-0953-2(8))* Candlewick Pr.

Princess in Black: Three Smashing Adventures: Books 1-3, 3 vols. Shannon Hale & Dean Hale. Illus. by LeUyen Pham. 2017. (Princess in Black Ser.). (ENG.). 288p. (J). (gr. k-3). pap. 20.97 *(978-0-7636-9777-8(X))* Candlewick Pr.

Princess in Disguise. April Michelle Davis. 2016. (ENG.). 152p. (J). *(978-1-77180-535-3(8))* Iguana Bks.

Princess in the Fairy Tale: A Garden Fairy Story for Children in One Act (Classic Reprint) Constance Wilcox. (ENG., Illus.). (J). 2018. 58p. 25.09 *(978-0-483-93173-2(X))*; 2016. pap. 9.57 *(978-1-334-15607-6(7))* Forgotten Bks.

Princess in You. Kishma A. George. 2017. (ENG., Illus.). (J). pap. 7.99 *(978-1-945377-00-6(3))* ChosenButterfly Publishing.

Princess Ingeborg & the Dragons. Wendy Zomparelli. 2018. (ENG.). (J). 14.95 *(978-1-68401-613-6(4))* Amplify Publishing Group.

Princess Isabella & the Mystery of the Disappearing Golf Balls. K. B. Lebsock & Jessica Wulf. 2016. (Princess Isabella Ser.: Vol. 3). (ENG., Illus.). (J). pap. 14.95 *(978-1-941049-64-8(8))* Joshua Tree Publishing.

Princess Isabella & the Mystery of the Spooky Hilltop Cottage. K. B. Lebsock & Jessica Wulf. 2017. (Princess Isabella Ser.: Vol. 4). (ENG., Illus.). (J). pap. 14.95 *(978-1-941049-75-4(3))* Joshua Tree Publishing.

Princess Jade's Adventure. Slong. 2022. (Slong Cinema on Paper Picture Book Serie Ser.). (ENG.). 60p. (J). (gr. k-2). 19.95 *(978-1-4878-0894-5(1))* Royal Collins Publishing Group Inc. CAN. Dist: Independent Pubs. Group.

Princess Jahavyn & the Police Chief. Gloria Hill. 2021. (ENG.). 26p. (J). 18.99 ***(978-1-0880-0841-6(0))*** Indy Pub.

Princess Jaida's Quarantine Birthday. Jaida Lopez. l.t. ed. 2020. (ENG.). 36p. (J). pap. 15.99 *(978-1-5136-6585-6(5))* Shekinah Glory Publishing.

Princess Jessie & Her New Friend. Brian Kelly Irons. 2019. (ENG.). 24p. (J). pap. 12.49 *(978-0-359-61506-3(6))* Lulu Pr., Inc.

Princess Jill Never Sits Still. Margarita del Mazo. Illus. by Jose Fragoso. 2020. (ENG.). 40p. (J). 16.95 *(978-84-17123-83-3(0))* NubeOcho Ediciones ESP. Dist: Consortium Bk. Sales & Distribution.

Princess Jingles. Denise Hirota. 2020. (ENG.). 26p. (J). pap. 16.95 *(978-1-4624-1318-8(8),* Inspiring Voices) Author Solutions, LLC.

Princess Joline: Life Lessons & Fun with Princes Joline. Agnes De Bezenac & Salem De Bezenac. Illus. by Agnes De Bezenac. (ENG., Illus.). (J). (gr. k-2). 2017. pap. 6.95 *(978-1-62387-704-0(0))*; 2016. 14.95 *(978-1-62387-659-3(1))* iCharacter.org.

Princess Journal for Girls. Cristie Publishing. 2020. (ENG.). 100p. (J). pap. 9.50 *(978-1-716-31945-7(5))* Lulu Pr., Inc.

Princess Joyce (Classic Reprint) Keighley Snowden. 2018. (ENG., Illus.). (J). 284p. 29.77 *(978-1-391-15929-4(2))*; 286p. pap. 13.57 *(978-1-390-99671-5(9))* Forgotten Bks.

Princess Kamala & the Dogon Oracle. Barbara Solomon. 2019. (ENG.). 60p. (J). 24.49 *(978-1-5456-5974-8(5))*; pap. 13.49 *(978-1-5456-5973-1(7))* Salem Author Services.

Princess Kara Boo & the Mermaid. Ad Lane. Illus. by Kyle Completo. 2023. (ENG.). 34p. (J). ***(978-0-2288-9420-9(4))***; pap. ***(978-0-2288-9419-3(0))*** Tellwell Talent.

Princess Karyn. Miss Angel. 2017. (ENG., Illus.). (J). pap. 20.00 *(978-1-365-90617-6(5))* Lulu Pr., Inc.

Princess Katharine (Classic Reprint) Katharine Tynan. 2017. (ENG., Illus.). (J). 30.89 *(978-0-266-72739-2(5))*; pap. 13.57 *(978-1-5276-8742-4(2))* Forgotten Bks.

Princess Kevin. Michaël Escoffier. Illus. by Roland Garrigue. 2020. (ENG.). 32p. (J). (gr. -1-2). ***(978-0-7112-5435-0(4))*** Frances Lincoln Childrens Bks.

Princess Kindness Khumalo. Ed D. Catherine Amandla Clark. 2019. (ENG.). 56p. (J). pap. 20.20 *(978-0-359-23121-8(7))* Lulu Pr., Inc.

Princess Kitty. Steve Metzger. Illus. by Ella Okstad. 2017. (ENG.). 32p. (J). (gr. -1-3). 17.99 *(978-0-06-230662-3(6),* HarperCollins) HarperCollins Pubs.

Princess Knights: The Heartfelt Story of Two Little Princesses Who Venture Deep into a Forbidden Forest to Rescue a Butterfly & Find a Fire-Breathing Dragon (a Kenn Crawford Short Read for Kids) Kenn Crawford. 2020. (ENG.). 52p. (J). pap. *(978-1-989911-01-3(3))* Crawford Hse.

Princess Lady-In-Waiting: Advanced Princess Behavior — Vol. 3. Sister Mary John. Illus. by Kathleen Humphreys Dooley. 2022. (ENG.). 105p. (YA). pap. ***(978-1-387-74425-1(9))*** Lulu Pr., Inc.

Princess Land. Vova Kirichenko. 2019. (ENG., Illus.). 36p. (J). (gr. k-6). pap. 8.99 *(978-1-64467-923-4(X))* Waldorf Publishing.

Princess Leia. Scholastic Editors. ed. 2016. (Backstories Ser.: Vol. 7). (ENG., Illus.). 128p. (J). (gr. 3-7). 16.00 *(978-0-606-39146-7(0))* Turtleback.

Princess Leia: Star Wars Senator Turned Heroine. Kenny Abdo. 2020. (Fierce Females of Fiction Ser.). (ENG.). 24p. (J). (gr. 2-8). lib. bdg. 31.36 *(978-1-0982-2314-4(4),* 36265, Abdo Zoom-Fly) ABDO Publishing Co.

Princess Leviana. Luda Gogolushko. 2022. (Princess Leviana Ser.: 1). (ENG.). 110p. (J). (gr. 3-6). pap. 8.50 *(978-0-9861927-8-4(3))* INCLUDAS Publishing.

Princess Life Coloring Book: An Adult Coloring Book Featuring over 30 Pages of Giant Super Jumbo Large Designs of Charming Princesses to Color for Relaxation & Fun. Beatrice Harrison. 2020. (ENG.). 34p. (YA). pap. 7.86 *(978-1-716-76830-9(6))* Lulu Pr., Inc.

Princess Lilicakes & Her Seven Hens. Laura Smith. 2020. (ENG.). 56p. (J). pap. 12.49 *(978-1-63221-266-5(8),* Mill City Press, Inc) Salem Author Services.

Princess Lilly. Mandy Hodnett. 2016. (ENG., Illus.). (J). pap. 12.95 *(978-1-68197-347-0(2))* Christian Faith Publishing.

Princess Louise Is Starting School: A Story to Help Children Deal with Anxiety. Sharie Coombes. Illus. by Colleen Larmour. 2020. (ENG.). 24p. (J). (gr. -1-1). bds. 8.99 *(978-1-78905-872-7(4))* Igloo Bks. GBR. Dist: Simon & Schuster, Inc.

Princess Luna & Spike. Jeremy Whitley. Illus. by Agnes Garbowska et al. 2018. (My Little Pony: Friends Forever Ser.). (ENG.). 24p. (J). (gr. 1-8). lib. bdg. 31.36 *(978-1-5321-4239-0(0),* 28567, Graphic Novels) Spotlight.

PRINCESS LUNHABELLA & the PILLARS of HEAVEN, English-Spanish: Compass of Light & Shadow. Azucena Perez. 2022. (ENG.). 78p. pap. *(978-1-387-82069-6(9))* Lulu Pr., Inc.

Princess Lydi & the Baby Brother. Genie Webb. Illus. by Joe Nelson. 2017. (ENG.). (J). (gr. -1-3). 18.95 *(978-0-692-86133-2(5))* Webb, Genie.

Princess Maent & the Boy on the Beach: A Story to Read, & Ten Things You Can Make. Gerald Robinson. 2020. (ENG.). 62p. 24.00 *(978-1-7252-8076-2(0))*; pap. 9.00 *(978-1-7252-8077-9(9))* Wipf & Stock Pubs. (Resource Pubns.(OR)).

Princess Makayla: The Power of Prayer. Lugo Yudelka. 2020. (ENG.). 34p. (J). pap. 12.49 *(978-1-63221-152-1(1))* Salem Author Services.

Princess, Make Your Dreams Come True! LaTonya Wade. Illus. by Ahmad Hassan. 2021. (ENG.). 24p. (J). pap. 10.99 ***(978-1-0879-8418-6(1))*** Indy Pub.

Princess Mania! a Super Fun Princess Activity Book. Activibooks For Kids. 2016. (ENG., Illus.). (J). pap. 7.55 *(978-1-68321-400-7(5))* Mimaxion.

Princess Margarethe (Classic Reprint) John D. Barry. 2017. (ENG., Illus.). (J). 27.82 *(978-0-265-19040-1(1))* Forgotten Bks.

Princess Marie-Jose's Children's Book: With Sixteen Colour Plates & a Profusion of Black-And-White Illustrations (Classic Reprint) Vestiaire Marie-Jose. 2018. (ENG., Illus.). 182p. (J). 27.63 *(978-0-483-15501-5(2))* Forgotten Bks.

Princess Maritza (Classic Reprint) Percy Brebner. 2018. (ENG., Illus.). 390p. (J). 31.94 *(978-0-483-40594-3(9))* Forgotten Bks.

Princess Mary: A Biography (Classic Reprint) M. C. Carey. (ENG., Illus.). (J). 2017. 28.87 *(978-0-331-96198-0(9))*; 2016. pap. 11.57 *(978-1-334-31089-8(0))* Forgotten Bks.

Princess Mary Elizabeth's Birthday Wish. Christopher B. Hughes. Ed. by Reece Allen Carrigan. Illus. by Lara Militaru. 2020. (ENG.). 26p. (J). *(978-1-78324-166-8(7))* Wordzworth Publishing.

Princess Mary's Gift Book (Classic Reprint) Unknown Author. 2017. (ENG., Illus.). (J). 27.57 *(978-0-266-35880-0(2))*; pap. 9.97 *(978-0-243-25880-2(1))* Forgotten Bks.

Princess May & the Hidden Treasure. Katie Murray. 2019. (ENG., Illus.). 36p. (J). (gr. k-3). 19.95 *(978-0-578-61494-6(4))* Murray, Katie.

Princess Mila & the Heart Mirror. Bethia Britza. 2018. (ENG., Illus.). 36p. (J). (gr. k-1). pap. *(978-0-6483708-2-6(8))* Britza, Bethia J.

Princess Mila & the Heart Mirror. Bethia J. Britza. 2018. (ENG., Illus.). 36p. (J). (gr. k-2). *(978-0-6483708-0-2(1))* Britza, Bethia J.

Princess Miranda Butterfly. Gillian Fernandez Morton. 2022. (ENG.). 42p. (J). pap. ***(978-1-80042-238-4(5))*** SilverWood Bks.

Princess Mirror-Belle & the Flying Horse: Two Books in One, 2 Bks in 1. Julia Donaldson. Illus. by Lydia Monks. 2017. (Princess Mirror-Belle Ser.). (ENG.). 192p. (J). (gr. k-2). 8.99 *(978-1-5098-3890-5(2))* Pan Macmillan GBR. Dist: Independent Pubs. Group.

Princess Mirror-Belle Bind Up 1. Julia Donaldson. Illus. by Lydia Monks. 2017. (Princess Mirror-Belle Ser.). (ENG.). 192p. (J). (gr. k-2). pap. 8.99 *(978-1-5098-3872-1(4))* Pan Macmillan GBR. Dist: Independent Pubs. Group.

Princess Misty & Paraqui the Magic Parasol. Flora Colletti Stenberg. 2019. (ENG.). 54p. (J). 25.95 *(978-1-64349-998-7(X))*; pap. 15.95 *(978-1-64079-833-5(1))* Christian Faith Publishing.

Princess Misty & the Drought. Logan Simpson. 2017. (ENG., Illus.). 56p. (J). 23.95 *(978-1-64082-550-5(9))* Page Publishing Inc.

Princess Nadine (Classic Reprint) Christian Reid. 2018. (ENG., Illus.). 352p. (J). 31.20 *(978-0-484-20685-3(0))* Forgotten Bks.

Princess Naomi Helps a Unicorn: A Dance-It-Out Creative Movement Story for Young Movers. Once Upon A Dance. Illus. by Ethan Roffler. 2021. (Dance-It-Out Ser.: Vol. 4). (ENG.). 34p. (J). 19.99 *(978-1-7368750-6-3(X))*; pap. 9.99 *(978-1-7365899-2-2(X))* Once Upon a Dance.

Princess Napraxine (Classic Reprint) Ouida Ouida. (ENG., Illus.). (J). 2018. 460p. 33.40 *(978-0-656-99235-5(2))*; 2017. pap. 16.57 *(978-0-282-39656-5(X))* Forgotten Bks.

Princess Napraxine, Vol. 1 of 3 (Classic Reprint) Ouida Ouida. 2018. (ENG., Illus.). 386p. (J). 31.88 *(978-0-483-34766-3(3))* Forgotten Bks.

Princess Nia & the Magic Flower. Tina Rillieux. 2019. (ENG.). 28p. (J). (gr. -1-3). pap. 18.99 *(978-0-359-78785-2(1))* Lulu Pr., Inc.

Princess Nika's Dog, 1 vol. Aleix Cabrera. Illus. by Rocio Bonilla. 2017. (Little Princesses Ser.). (ENG.). 32p. (J). (gr. 1-2). 28.93 *(978-1-5081-9399-9(1),* 145837bd-3ee8-4dfc-8de3-b7d70713d3db); pap. 11.00 *(978-1-5081-9459-0(9),* 35b53c9b-3b51-43ab-8460-bb0063895e0b) Rosen Publishing Group, Inc., The. (Windmill Bks.).

Princess Ninjas. Dave Franchini. 2019. (ENG., Illus.). 148p. (J). pap. 10.99 *(978-1-942275-90-9(0),* c75563d4-0396-411d-aa62-abd435bc5a03, Silver Dragon Bks.) Zenescope Entertainment.

Princess of Alaska: A Tale of Two Countries; a Novel (Classic Reprint) Richard Henry Savage. (ENG., Illus.). (J). 2018. 424p. 32.64 *(978-0-267-60436-4(X))*; 2016. pap. 16.57 *(978-1-334-13425-8(1))* Forgotten Bks.

Princess of Arcady (Classic Reprint) Arthur Henry. 2018. (ENG., Illus.). 314p. (J). 30.39 *(978-0-364-59558-9(2))* Forgotten Bks.

Princess of Baker Street. Mia Kerick. 2019. (ENG.). 180p. (YA). pap. 14.99 *(978-1-64080-395-4(5),* Harmony Ink Pr.) Dreamspinner Pr.

Princess of Booray. Emily P. W. Murphy. Illus. by Iwan Darmawan. 2023. (ENG.). (J). (gr. -1-6). 19.99 *(978-0-9742891-2-0(4),* Cozy Den Pr.) Marriwell Publishing.

P

Princess of Boring. Alex McGilvery. Illus. by Amanda Badgero. 2nd ed. 2017. (ENG.). 48p. (J). pap. *(978-0-9959926-3-4(0))* Celticfrog Publishing.

Princess of Brunswick-Wolfenbuttel & Other Tales (Classic Reprint) Heinrich Zschokke. 2017. (ENG., Illus.). (J). 30.64 *(978-0-331-54676-7(0))* Forgotten Bks.

Princess of Horror Coloring Book: An Adult Horror Coloring Book Featuring over 30 Pages of Giant Super Jumbo Large Designs of Creepy & Beautiful Horror Princesses for Stress Relief. Beatrice Harrison. 2020. (ENG.). 34p. (YA). pap. 7.86 *(978-1-716-52371-7(0))* Lulu Pr., Inc.

Princess of India: An Ancient Tale (30th Anniversary Edition) Aaron Shepard. Illus. by Vera Rosenberry. 2020. (ENG.). 44p. (J). 24.00 *(978-1-62035-604-3(X))*; (gr. 2-6). pap. 12.00 *(978-1-62035-603-6(1))* Shepard Pubns. (Skyhook Pr.).

Princess of Java: A Tale of the Far East (Classic Reprint) S. J. Higginson. (ENG., Illus.). (J). 2018. 448p. 33.14 *(978-0-483-28898-0(5))*; 2016. pap. 16.57 *(978-1-333-23673-1(5))* Forgotten Bks.

Princess of Manoa: And Other Romantic Tales from the Folk-Lore of Old Hawaii (Classic Reprint) Frank R. Day. 2018. (ENG., Illus.). (J). 114p. 26.27 *(978-0-260-02439-8(2))*; 110p. 26.17 *(978-0-267-52449-5(8))* Forgotten Bks.

Princess of Mars. Edgar Burroughs. Ed. by Sheba Blake. 2020. (ENG.). 194p. (J). pap. 12.99 *(978-1-222-29319-7(6))* Indy Pub.

Princess of Moonlight City. Willow George. 2020. (ENG.). 264p. (J). pap. *(978-1-716-36803-5(0))* Lulu Pr., Inc.

Princess of Paris. Archibald Clavering Gunter. 2017. (ENG.). 294p. (J). pap. *(978-3-337-02632-5(X))* Creation Pubs.

Princess of Paris: A Novel (Classic Reprint) Archibald Clavering Gunter. 2018. (ENG., Illus.). 292p. (J). 29.92 *(978-0-267-41203-7(7))* Forgotten Bks.

Princess of Picky Eating Tries New Foods. Stacey Woodson. 2020. (ENG.). 38p. (J). 18.99 *(978-1-7361873-1-9(7))*; pap. 11.99 *(978-1-7361873-0-2(9))* Melanated Magic Bks.

Princess of Sorry Valley (Classic Reprint) John Fleming Wilson. (ENG., Illus.). (J). 2018. 310p. 30.29 *(978-0-666-61060-7(6))*; 2017. pap. 13.57 *(978-0-259-21282-9(2))* Forgotten Bks.

Princess of Souls. Alexandra Christo. 2022. (Hundred Kingdoms Ser.). (ENG.). 416p. (YA). 18.99 *(978-1-250-84174-2(7)*, 900255665) Feiwel & Friends.

Princess of Souls. Alexandra Christo. 2023. (Hundred Kingdoms Ser.). (ENG.). 432p. (YA). pap. 12.99 ***(978-1-250-84173-5(9)***, 900255666) Square Fish.

Princess of Tears: Picture Book for Kids Age 4-8. Reesa Grace. 2018. (Growing up Princess Picture Book Ser.: Vol. 1). (ENG., Illus.). 36p. (J). (gr. k-3). pap. *(978-0-6483872-1-3(6))* Red Wand Publishing.

Princess of the Moon: A Confederate Fairy Story (Classic Reprint) Lady of Warrenton. 2018. (ENG., Illus.). 76p. (J). 25.46 *(978-0-332-97795-9(1))* Forgotten Bks.

Princess of the Moor: Das Haideprinzesschen (Classic Reprint) E. Marlitt. 2017. (ENG., Illus.). (J). 30.91 *(978-0-266-19400-2(1))* Forgotten Bks.

Princess of the Orca see Princesa de las Orcas

Princess of the Reformation: Jeanne D'Albret. Rebekah Dan. 2017. (ENG., Illus.). (J). 15.00 *(978-0-692-94753-1(1))* Dan, Rebekah.

Princess of the School. Angela Brazil. 2019. (ENG.). 190p. (J). pap. *(978-93-5329-848-7(2))* Alpha Editions.

Princess of the School. Angela Brazil. 2022. (ENG.). 197p. (J). pap. ***(978-1-387-68665-0(8))*** Lulu Pr., Inc.

Princess of the White Cloud: Savor This Moment of Love. Liliana Durán. 2020. (ENG.). 32p. (J). pap. 15.95 *(978-1-9822-5895-5(0)*, Balboa Pr.) Author Solutions, LLC.

Princess of the Wild Sea. Megan Frazer Blakemore. 2023. (ENG.). 256p. (J). 17.99 *(978-1-5476-0956-7(7)*, 900253887, Bloomsbury Children's Bks.) Bloomsbury Publishing USA.

Princess of Thorns. Stacey Jay. 2016. (ENG.). 400p. (YA). (gr. 9). pap. 9.99 *(978-0-385-74323-5(8)*, Ember) Random Hse. Children's Bks.

Princess of Thule. William Black. 2017. (ENG.). (J). 490p. pap. *(978-3-337-16487-4(0))*; 468p. pap. *(978-3-337-02830-5(6))* Creation Pubs.

Princess of Thule: A Novel (Classic Reprint) William Black. 2018. (ENG., Illus.). 518p. (J). 34.60 *(978-0-656-78167-6(X))* Forgotten Bks.

Princess of Thule, Vol. 1 (Classic Reprint) William Black. 2017. (ENG., Illus.). (J). 29.92 *(978-0-331-27199-7(0))* Forgotten Bks.

Princess of Thule, Vol. 2 (Classic Reprint) William Black. 2017. (ENG., Illus.). (J). 30.15 *(978-0-331-31365-9(0))* Forgotten Bks.

Princess of Thule, Vol. 3 of 3 (Classic Reprint) William Black. 2017. (ENG., Illus.). (J). 30.37 *(978-0-331-57524-8(8))*; pap. 13.57 *(978-0-243-07688-8(6))* Forgotten Bks.

Princess of Yellow Moon (Classic Reprint) Peter Blundell. 2018. (ENG., Illus.). 210p. (J). 28.25 *(978-0-428-87430-8(4))* Forgotten Bks.

Princess on My Paper Royalty & Fairies Coloring Book for Girls. Educando Kids. 2019. (ENG.). 42p. (J). pap. 6.99 *(978-1-64521-026-9(X)*, Educando Kids) Editorial Imagen.

Princess, or the Beguine (Classic Reprint) Unknown Author. (ENG., Illus.). (J). 2017. 36.19 *(978-0-265-49240-6(8))*; 2016. pap. 19.57 *(978-1-334-12516-4(3))* Forgotten Bks.

Princess, or the Beguine, Vol. 1 of 3 (Classic Reprint) Sydney Morgan. (ENG., Illus.). (J). 2017. 31.01 *(978-0-331-65971-9(9))*; 2016. pap. 13.57 *(978-1-334-13403-6(0))* Forgotten Bks.

Princess Pack. Shannon Gilligan. 2020. (ENG.). 252p. (J). pap. 22.99 *(978-1-937133-42-9(7))* Chooseco LLC.

Princess Paige Lemonade. Ari Ella. Illus. by Matic Milena. 2020. (ENG.). 24p. (J). (gr. k-1). 22.00 *(978-1-950817-04-7(0))* Power Corner Pr..com(r).

Princess Paige Lemonade. Ari Ella. Illus. by Milena Matic. 2020. (ENG.). 24p. (J). pap. 10.00 *(978-1-950817-03-0(2))* Power Corner Pr..com(r).

Princess Paige Lemonade Coloring Book. Ari Ella. Illus. by Milena Matic. 2020. (ENG.). 26p. (J). pap. 10.00 *(978-1-950817-16-0(4))* Power Corner Pr..com(r).

Princess Pajama Pants. John Whyte. 2020. (ENG.). 28p. (J). pap. *(978-0-2288-3710-7(3))*; pap. *(978-0-2288-3709-1(X))* Tellwell Talent.

Princess Pants. Heidi Damec. Illus. by Betsy Feinberg. 2021. (ENG.). 60p. (J). pap. 11.95 *(978-1-63732-556-8(8))* Primedia eLaunch LLC.

Princess Party: An a-MAZE-Ing Storybook Game. IglooBooks. 2023. (ENG.). 10p. (J). (gr. -1-5). bds., bds. 10.99 *(978-1-80108-666-0(4))* Igloo Bks. GBR. Dist: Simon & Schuster, Inc.

Princess Party a Scratch & Sketch Adventure! Imagine That Publishing Ltd. 2018. (Dover Kids Activity Books: Fantasy Ser.). (ENG.). 80p. (J). (gr. 1-4). 12.99 *(978-0-486-82904-3(9)*, 829049) Dover Pubns., Inc.

Princess Passes: A Romance of a Motor-Car (Classic Reprint) C. N. 2017. (ENG., Illus.). (J). 31.14 *(978-1-5282-7328-2(1))*; pap. 13.57 *(978-0-243-28357-6(1))* Forgotten Bks.

Princess Pat's Post, Vol. 1: Nov. , 1918 (Classic Reprint) Unknown Author. (ENG., Illus.). (J). 2018. 32p. 24.56 *(978-0-484-80260-4(7))*; 2016. pap. 7.97 *(978-1-334-15385-3(X))* Forgotten Bks.

Princess Pat's Post, Vol. 1: Sept. , 1918 (Classic Reprint) Unknown Author. (ENG., Illus.). (J). 2018. 32p. 24.56 *(978-0-483-98947-4(9))*; 2016. pap. 7.97 *(978-1-334-14483-7(4))* Forgotten Bks.

Princess Peach & the Precious Pearl: A Princess Peach Story. Mary Em. Illus. by Mary Em. 2020. (Princess Peach Ser.: Vol. 2). (ENG., Illus.). 104p. (J). pap. *(978-0-9951196-3-5(5))* Silversmith Publishing.

Princess Peach & the Precious Pearl (hardcover) A Princess Peach Story. Mary Em. Illus. by Mary Em. 2021. (Adventures of Princess Peach Ser.: Vol. 2). (ENG.). 104p. (J). *(978-1-990014-12-3(7))* Silversmith Publishing.

Princess Peach & the Treasure of Tarragon: A Princess Peach Story. Mary Em. Illus. by Mary Em. 2021. (Adventures of Princess Peach Ser.: Vol. 3). (ENG., Illus.). 126p. (J). pap. *(978-1-990014-04-8(6))* Silversmith Publishing.

Princess Peach & the Treasure of Tarragon (hardcover) A Princess Peach Story. Mary Em. Illus. by Mary Em. 2021. (Adventures of Princess Peach Ser.: Vol. 3). (ENG.). 126p. (J). *(978-1-990014-10-9(0))* Silversmith Publishing.

Princess Peach & the Wild Weekend (hardcover) A Princess Peach Story. Mary Em. Illus. by Mary Em. 2021. (Adventures of Princess Peach Ser.: Vol. 1). (ENG.). 114p. (J). *(978-1-990014-11-6(9))* Silversmith Publishing.

Princess Pearl, the Smart & Kind Girl: A Book about a Young Girl with a Bright Future! (Kids: Toddler-Aged) Jessica Hixon Walker & Analyn Walker. 2022. (ENG.). 26p. (J). 24.95 *(978-1-387-99306-2(2))* Lulu Pr., Inc.

Princess Pearl, the Smart & Kind Girl (Paperback) A Book about a Young Girl with a Bright Future! (Kids: Toddler-Aged) Analyn Walker & Jessica Hixon Walker. Illus. by Jessica Hixon Walker. 2022. (ENG.). 33p. (J). pap. *(978-1-387-95056-0(8))* Lulu Pr., Inc.

Princess Pee & the Monkey. Jackie Damico. Illus. by Christopher Gray. 2022. (ENG.). 52p. (J). 32.95 *(978-1-63961-814-9(7))* Christian Faith Publishing.

Princess Penelopea Hates Peas: A Tale of Picky Eating & Avoiding Catastropeas. Susan D. Sweet & Brenda S. Miles. Illus. by Valeria Docampo. 2016. 32p. (J). *(978-1-4338-2046-5(3)*, Magination Pr.) American Psychological Assn.

Princess Penniless (Classic Reprint) Samuel Rutherford Crockett. (ENG., Illus.). (J). 2018. 402p. 32.19 *(978-0-332-07973-8(2))*; 2016. pap. 16.57 *(978-1-333-24386-9(3))* Forgotten Bks.

Princess Peony's Fairy Dust Birthday. Christina Schipper. Illus. by Maksym Stasiuk. 2021. (ENG.). 36p. (J). 19.99 *(978-1-7372800-0-2(0))* Fairy Dust Wildflowers.

Princess Peppa & the Royal Ball. Courtney Carbone. ed. 2018. (Scholastic Readers Ser.). (ENG.). 32p. (J). (gr. -1-k). 13.89 *(978-1-64310-234-4(6))* Penworthy Co., LLC, The.

Princess Peppa (Peppa Pig) Annie Auerbach. Illus. by EOne. 2017. (ENG.). 32p. (J). (gr. -1-k). 8.99 *(978-0-545-62786-3(9))* Scholastic, Inc.

Princess Persephone & the Money Wizards: Inflation Comes to Ganymede. Sheila Bair. Illus. by Manuela López. 2023. (Money Tales Ser.). (ENG.). 32p. (J). (gr. 1-5). 18.99 ***(978-0-8075-5248-3(8)***, 0807552488) Whitman, Albert & Co.

Princess Persephone Loses the Castle. Sheila Bair. Illus. by Manuela López. (Money Tales Ser.). (ENG.). 32p. (J). (gr. 1-5). 2023. pap. 9.99 *(978-0-8075-6652-7(7)*, 0807566527); 2021. 16.99 *(978-0-8075-6647-3(0)*, 807566470) Whitman, Albert & Co.

Princess Persephone's Dragon Ride Stand. Sheila Bair. Illus. by Manuela López. 2022. (Money Tales Ser.). (ENG.). 32p. (J). (gr. 1-5). 17.99 *(978-0-8075-6646-6(2)*, 807566462) Whitman, Albert & Co.

Princess Petunia & Me: Based on the Life of Petunia the Possum. Toni Willey. 2016. (ENG., Illus.). (J). pap. 20.95 *(978-1-4808-3965-6(5))* Archway Publishing.

Princess Picks a Lot. Kanyon Hunt. 2022. (ENG., Illus.). 32p. (J). pap. 14.95 *(978-1-63710-572-6(X))* Fulton Bks.

Princess Pig. Molly Coxe. 2018. (Bright Owl Bks.). (Illus.). 40p. (J). (gr. -1-2). pap. 6.99 *(978-1-57565-979-4(4)*, 1349fd5e-e9d9-4c7a-b8c9-e9f69e3c4360); lib. bdg. 17.99 *(978-1-57565-978-7(6)*, 95fbd3b3-968c-4313-9d96-307237a342f5) Astra Publishing Hse. (Kane Press).

Princess Pippa & the Dark Shadow. Carissa D. Kohut. Illus. by Maeve McGrath. 2023. (ENG.). 36p. (J). ***(978-1-0391-7333-0(0))***; pap. ***(978-1-0391-7332-3(2))*** FriesenPress.

Princess Pippa Does Her Job: Getting It Done!, 1 vol. Miriam Phillips. 2019. (Social & Emotional Learning for the Real World Ser.). (ENG.). 12p. (gr. 1-2). pap. *(978-1-7253-5476-0(4)*, a73c36ab-f940-4f0f-a078-d7f967924b22, Rosen Classroom) Rosen Publishing Group, Inc., The.

Princess Pirate Pants. Rhian Howells. 2017. (ENG., Illus.). (J). (gr. 2-3). pap. *(978-1-911569-21-3(X))* Rowanvale Bks.

Princess Pirates Book 2: Jade the Clockwork City. Rose Lacey. 2018. (Princess Pirates Ser.: 2). (ENG.). 128p. (J). (gr. 2-5). pap. 4.99 *(978-1-78700-460-3(0))* Willow Tree Bks. GBR. Dist: Independent Pubs. Group.

Princess Pistachio Treasury. Marie Louise Gay. Illus. by Marie Louise Gay. 2018. (Princess Pistachio Ser.). (ENG., Illus.). 152p. (J). (gr. k-3). 16.95 *(978-1-77278-048-2(0))* Pajama Pr. CAN. Dist: Publishers Group West (PGW).

Princess Pocahontas. Virginia Watson. 2017. (ENG., Illus.). (J). (gr. 4-7). pap. 14.95 *(978-1-374-81435-6(0))* Capital Communications, Inc.

Princess Pocahontas (Classic Reprint) Virginia Watson. (ENG., Illus.). (J). 2018. 326p. 30.62 *(978-0-483-75178-1(2))*; 2017. pap. 13.57 *(978-0-243-30930-6(9))* Forgotten Bks.

Princess Poinsettia: An Enchanted Christmas Story. Sherry Adepitan. 2016. (ENG., Illus.). 98p. (J). *(978-1-365-51955-0(4))*; pap. *(978-1-365-51077-9(8))*; pap. *(978-1-365-53045-6(0))* Lulu Pr., Inc.

Princess Polliwog & the Swing Thief. Angie McPherson. 2019. (ENG., Illus.). 28p. (J). pap. 13.99 *(978-1-949609-53-0(7))* Pen It Pubns.

Princess Polliwog & the Swing Thief. Angie McPherson. 2019. (ENG., Illus.). 28p. (J). 20.99 *(978-1-951263-96-6(0))* Pen It Pubns.

Princess Polliwog & the Swing Thief Coloring Book. Angie McPherson. 2019. (ENG., Illus.). 26p. (J). pap. 7.99 *(978-1-950454-05-1(3))* Pen It Pubns.

Princess Polly at Play. Amy Brooks. 2018. (ENG., Illus.). 106p. (YA). (gr. 7-12). pap. *(978-93-5297-532-7(4))* Alpha Editions.

Princess Polly's Gay Winter. Amy Brooks. 2018. (ENG., Illus.). 106p. (YA). (gr. 7-12). pap. *(978-93-5297-533-4(2))* Alpha Editions.

Princess Polly's Playmates. Amy Brooks. 2018. (ENG., Illus.). 108p. (YA). (gr. 7-12). pap. *(978-93-5297-534-1(0))* Alpha Editions.

Princess Ponies 10: the Pumpkin Ghost. Chloe Ryder. 2019. (Princess Ponies Ser.). (ENG., Illus.). 128p. (J). pap. 5.99 *(978-1-5476-0166-0(3)*, 900201119, Bloomsbury Children's Bks.) Bloomsbury Publishing USA.

Princess Ponies 11: Season's Galloping. Chloe Ryder. 2019. (Princess Ponies Ser.). (ENG., Illus.). 128p. (J). pap. 5.99 *(978-1-5476-0192-9(2)*, 900203166, Bloomsbury Children's Bks.) Bloomsbury Publishing USA.

Princess Ponies 12: an Enchanted Heart. Chloe Ryder. 2019. (Princess Ponies Ser.). (ENG., Illus.). 128p. (J). pap. 5.99 *(978-1-5476-0190-5(6)*, 900203169, Bloomsbury Children's Bks.) Bloomsbury Publishing USA.

Princess Ponies 9: the Lucky Horseshoe. Chloe Ryder. 2019. (Princess Ponies Ser.). (ENG., Illus.). 128p. (J). pap. 5.99 *(978-1-5476-0164-6(7)*, 900201120, Bloomsbury Children's Bks.) Bloomsbury Publishing USA.

Princess Poppy: the Sleepover. Janey Louise Jones. 2016. (Princess Poppy Picture Bks.). (ENG., Illus.). 32p. (J). (gr. -1-k). pap. 11.99 *(978-0-552-57069-5(9))* Transworld Publishers Ltd. GBR. Dist: Independent Pubs. Group.

Princess Porcelaina. Sarah Deanna Powell & Tony Hazel. 2019. (Tales of Rattopia Ser.: Vol. 1). (ENG., Illus.). 126p. (J). *(978-1-9997079-2-7(3))*; *(978-1-9997079-6-5(6))* Two Kittens Publishing.

Princess Posey & the Crazy, Lazy Vacation. Stephanie Greene. Illus. by Stephanie Roth Sisson. 2016. (Princess Posey, First Grader Ser.: 10). (ENG.). 96p. (J). (gr. k-3). 6.99 *(978-0-14-751293-2(X)*, Puffin Books) Penguin Young Readers Group.

Princess Posey & the First Grade Play. Stephanie Greene. Illus. by Stephanie Roth Sisson. 2017. (Princess Posey, First Grader Ser.: 11). 96p. (J). (gr. k-3). 5.99 *(978-0-14-751719-7(2)*, Puffin Books) Penguin Young Readers Group.

Princess Posey & the Flower Girl Fiasco. Stephanie Greene. Illus. by Stephanie Roth Sisson. 2018. (Princess Posey, First Grader Ser.: 12). 96p. (J). (gr. k-3). 5.99 *(978-0-14-751720-3(6)*, Puffin Books) Penguin Young Readers Group.

Princess Pourquoi (Classic Reprint) Margaret Sherwood. (ENG., Illus.). (J). 2018. 244p. 28.93 *(978-0-484-23333-0(5))*; 2017. pap. 11.57 *(978-0-243-43438-1(3))* Forgotten Bks.

Princess Power. Natalie Davis. Illus. by Eda Kaban. 2020. (ENG.). 40p. (J). (gr. -1-k). 16.99 *(978-1-368-02594-2(3)*, Disney-Hyperion) Disney Publishing Worldwide.

Princess Power. Andrea Mills. ed. 2020. (DK Readers Ser.). (ENG.). 64p. (J). (gr. 2-3). 14.96 *(978-1-64697-029-2(2))* Penworthy Co., LLC, The.

Princess Power! Super Fun Princess Activity Book. Activibooks For Kids. 2016. (ENG., Illus.). (J). pap. 7.55 *(978-1-68321-401-4(3))* Mimaxion.

Princess Prayer. Sheri Rose Shepherd. 2019. (Adventures with the King: His Little Princess Ser.: 1). (ENG., Illus.). 24p. (J). 11.99 *(978-1-58997-988-8(5)*, 20_32463) Focus on the Family Publishing.

Princess Prayers, 1 vol. Jeanna Young. Illus. by Omar Aranda. 2017. (Princess Parables Ser.). (ENG.). 30p. (J). bds. 9.99 *(978-0-310-75869-3(6))* Zonderkidz.

Princess Precious & the Great King of Everything. Eunice Wilkie. 2017. (ENG., Illus.). 36p. (J). pap. 9.99 *(978-1-910513-71-2(7)*, e82bd29a-799b-4b9c-a5d8-28855bc7cb0f) Ritchie, John Ltd. GBR. Dist: Baker & Taylor Publisher Services (BTPS).

Princess Pricilla Persimmon & Prince Padishah the Plucky. M. Elaine Finley. Illus. by Kathy Nikirk Butcher. 2019. (ENG.). 54p. (J). 21.99 *(978-1-950034-28-4(3))* Yorkshire Publishing Group.

Princess Prilla & Her Pretty Pink Pump. Anikatrina Brianna. 2020. (ENG., Illus.). 50p. (J). (gr. 2-5). pap. *(978-1-78830-352-1(0))* Olympia Publishers.

Princess Princess Ever After. K. O'Neill. Illus. by K. O'Neill. 2020. (ENG., Illus.). 52p. (J). pap. 9.99 *(978-1-62010-714-0(7)*, Lion Forge) Oni Pr., Inc.

Princess Princess Ever After. K. O'Neill. 2016. (ENG., Illus.). 56p. (J). 12.99 *(978-1-62010-340-1(0)*, 9781620103401, Lion Forge) Oni Pr., Inc.

Princess Princess Ever After. K. O'Neill. Illus. by K. O'Neill. 2019. (ENG.). 80p. (J). (gr. 3-7). lib. bdg. 20.80 *(978-1-6636-2859-6(9))* Perfection Learning Corp.

Princess Priscilla. Nefertiti Wolf. 2021. (ENG., Illus.). 46p. (J). 26.95 *(978-1-68517-410-1(8))*; pap. 15.95 *(978-1-0980-9110-1(8))* Christian Faith Publishing.

Princess Priscilla's Fortnight (Classic Reprint) Mary Annette Arnim. 2018. (ENG., Illus.). 346p. (J). 31.05 *(978-0-267-24093-7(7))* Forgotten Bks.

Princess Private Eye. Evelyn Skye. 2023. 320p. (J). (gr. 3-7). 16.99 *(978-1-368-07802-3(8)*, Disney-Hyperion) Disney Publishing Worldwide.

Princess Pru & the Ogre on the Hill. Maureen Fergus. Illus. by Danesh Mohiuddin. 2023. (ENG.). 32p. (J). (gr. 2). 18.95 *(978-1-77147-500-6(5))* Owlkids Bks. Inc. CAN. Dist: Publishers Group West (PGW).

Princess Puffybottom ... & Darryl. Susin Nielsen. Illus. by Olivia Chin Mueller. 2019. 32p. (J). (gr. -1-2). 17.99 *(978-1-101-91925-5(6)*, Tundra Bks.) Tundra Bks. CAN. Dist: Penguin Random Hse. LLC.

Princess Puzzles Games & More! Super Princess Activity Book. Activibooks For Kids. 2016. (ENG., Illus.). (J). pap. 9.43 *(978-1-68321-402-1(1))* Mimaxion.

Princess Revolt. Cathy O'Neill. (Unraveled Ser.: 1). (ENG.). (J). (gr. 3-7). 2023. 368p. pap. 8.99 *(978-1-5344-9775-7(7))*; 2022. 352p. 17.99 *(978-1-5344-9774-0(9))* Simon & Schuster Children's Publishing. (Aladdin).

Princess Rock Painting: Craft Box Set for Kids. IglooBooks. 2021. (ENG.). 24p. (J). pap. 12.99 *(978-1-80108-646-2(X))* Igloo Bks. GBR. Dist: Simon & Schuster, Inc.

Princess Rosy Cheeks (Classic Reprint) Effie Sammond Balph. 2018. (ENG., Illus.). 22p. (J). 24.37 *(978-0-267-28260-9(5))* Forgotten Bks.

Princess Roudia of the Round Headed Kingdom Coloring Book. Creative Playbooks. 2016. (ENG., Illus.). (J). pap. 7.74 *(978-1-68323-792-1(7))* Twin Flame Productions.

Princess Royal, Vol. 1 Of 3: A Novel (Classic Reprint) Katharine Wylde. (ENG., Illus.). (J). 2018. 324p. 30.60 *(978-0-483-59993-2(X))*; 2016. pap. 13.57 *(978-1-334-13593-4(2))* Forgotten Bks.

Princess Royal, Vol. 2 of 3 (Classic Reprint) Katharine Wylde. 2018. (ENG., Illus.). 314p. (J). 30.33 *(978-0-484-08621-9(9))* Forgotten Bks.

Princess Royal, Vol. 3 Of 3: A Novel (Classic Reprint) Katharine Wylde. 2018. (ENG., Illus.). 294p. (J). 29.96 *(978-0-483-67581-0(4))* Forgotten Bks.

Princess Rules (the Princess Rules) Philippa Gregory. Illus. by Chris Chatterton. 2020. (Princess Rules Ser.). (ENG.). 256p. (J). 6.99 *(978-0-00-838831-7(8)*, HarperCollins Children's Bks.) HarperCollins Pubs. Ltd. GBR. Dist: HarperCollins Pubs.

Princess Russalka (Classic Reprint) Frank Wedekind. 2018. (ENG., Illus.). 182p. (J). 27.65 *(978-0-483-62056-8(4))* Forgotten Bks.

Princess Samantha's Magic Planes, a Bedtime Story. Debbie Brewer. 2020. (ENG.). 43p. (J). pap. *(978-1-716-50615-4(8))* Lulu Pr., Inc.

Princess Sariyah. Rose S. Jean & Asim Zaidan. Illus. by Thao Nguyen Violet. 2018. (ENG.). 44p. (J). pap. *(978-1-7751760-0-8(2))* Jean, Rose Sharon.

Princess Scallywag & the Brave, Brave Knight. Mark Sperring. Illus. by Claire Powell. 2019. (ENG.). 32p. (J). pap. 6.99 *(978-0-00-832597-8(9)*, HarperCollins Children's Bks.) HarperCollins Pubs. Ltd. GBR. Dist: HarperCollins Pubs.

Princess Snowbelle. Libby Frost. 2017. (ENG., Illus.). 32p. (J). 16.99 *(978-1-68119-690-9(5)*, 900182161, Bloomsbury USA Childrens) Bloomsbury Publishing USA.

Princess Snowbelle & the Snow Games. Libby Frost. 2018. (ENG., Illus.). 32p. (J). 16.99 *(978-1-5476-0025-0(X)*, 900195204, Bloomsbury Children's Bks.) Bloomsbury Publishing USA.

Princess Sonia (Classic Reprint) Julia Magruder. 2018. (ENG., Illus.). 274p. (J). 29.55 *(978-0-483-50399-1(1))* Forgotten Bks.

Princess Sophia. E. F. Benson. 2017. (ENG., Illus.). (J). pap. *(978-0-649-67960-7(1))* Trieste Publishing Pty Ltd.

Princess Sophia: A Novel (Classic Reprint) E. F. Benson. 2017. (ENG., Illus.). (J). pap. 13.57 *(978-0-243-50094-9(7))* Forgotten Bks.

Princess Sophia: Glitter Paper Doll. Award Publications Staff. 2017. (ENG.). 20p. (J). 5.99 *(978-1-84135-630-3(1))* Award Pubns. Ltd. GBR. Dist: Parkwest Pubns., Inc.

Princess Sophia (Classic Reprint) Edward Frederick Benson. 2018. (ENG., Illus.). 454p. (J). 33.26 *(978-0-666-33197-7(9))* Forgotten Bks.

Princess Sophie & the Six Swans: A Tale from the Brothers Grimm. Illus. Kim Jacobs. Retold by Kim Jacobs. 2017. 40p. (J). (gr. k-3). 16.95 *(978-1-937786-67-0(6)*, Wisdom Tales) World Wisdom, Inc.

Princess Splendor. E. Rothesay Miller. 2017. (ENG.). 196p. (J). pap. *(978-3-337-16503-1(6))* Creation Pubs.

Princess Splendor: The Wood-Cutter's Daughter (Classic Reprint) E. Rothesay Miller. 2018. (ENG., Illus.). 196p. (J). 27.94 *(978-0-332-53929-4(6))* Forgotten Bks.

Princess Sterling: Escape from the Manticore. Aaron E. Myradon. Illus. by Amilee Hagon. 2016. (ENG.). 34p. (J). pap. *(978-0-9953015-0-4(6))* Myradon.

Princess Sucha's Cat, 1 vol. Aleix Cabrera. Illus. by Rocío Bonilla. 2017. (Little Princesses Ser.). (ENG.). 32p. (J). (gr. 1-2). 28.93 *(978-1-5081-9400-2(9)*, e5877461-e14c-452b-9f98-10ec2e607865); pap. 11.00 *(978-1-5081-9460-6(2)*, 1a11896b-dd84-47b3-a704-ad0c5ceed8d6) Rosen Publishing Group, Inc., The. (Windmill Bks.).

Princess Sudoku 6x6 Puzzle Book for Children - All Levels (6x9 Puzzle Book / Activity Book) Sheba Blake. 2020. (ENG.). 30p. (J). pap. 9.99 *(978-1-222-28578-9(9))* Indy Pub.

Princess Sudoku 6x6 Puzzle Book for Children - All Levels (8x10 Puzzle Book / Activity Book) Sheba Blake. 2020. (ENG.). 30p. (J). pap. 14.99 *(978-1-222-28579-6(7))* Indy Pub.

Princess Sudoku 9x9 Puzzle Book for Children - Easy Level (6x9 Puzzle Book / Activity Book) Sheba Blake. 2020. (ENG.). 30p. (J). pap. 9.99 *(978-1-222-28574-1(6))* Indy Pub.

Princess Sudoku 9x9 Puzzle Book for Children - Easy Level (8x10 Puzzle Book / Activity Book) Sheba Blake.

2020. (ENG.). 30p. (J). pap. 14.99 *(978-1-222-28575-8(4))* Indy Pub.

Princess Sukey: The Story of a Pigeon, & Her Human Friends (Classic Reprint) Marshall Saunders. (ENG., Illus.). (J). 2018. 354p. 31.20 *(978-0-483-91809-2(1))*; 2016. pap. 13.57 *(978-1-333-34378-1(7))* Forgotten Bks.

Princess Summer Rain Drop & the Teeny Tiny Star. Theresa Bodewig. 2023. (ENG.). 38p. (J). 18.95 ***(978-1-63755-043-4(X)***, Mascot Kids) Amplify Publishing Group.

Princess Suque's Pony, 1 vol. Aleix Cabrera. Illus. by Rocío Bonilla. 2017. (Little Princesses Ser.). (ENG.). 32p. (J). (gr. 1-2). 28.93 *(978-1-5081-9401-9(7),* f44ec0c4-9196-4a07-8a80-067799ab665e); pap. 11.00 *(978-1-5081-9461-3(0),* 85966d3b-ac9d-43dc-9d87-1eb232aba5d2) Rosen Publishing Group, Inc., The. (Windmill Bks.).

Princess Sylvie, 20 vols. Elsa Beskow. 2nd rev. ed. 2021. Orig. Title: Sessaläits Äventyr. (Illus.). 28p. (J). 19.95 *(978-1-78250-723-9(X))* Floris Bks. GBR. Dist: Consortium Bk. Sales & Distribution.

Princess Tacoma S Birthday Party. London Menilek. 2020. (ENG.). 32p. (J). pap. 12.99 *(978-1-7356123-0-0(8))* Hilm Publishing Co.

Princess Tacoma's Birthday Party. London Menilek. 2020. (ENG.). 32p. (J). 17.99 *(978-1-7356123-2-4(4))* Hilm Publishing Co.

Princess Taira & Friends. Donald Wilson & Regina Partee. Illus. by Terry Robinson. 2020. (ENG.). 138p. (J). pap. 12.95 *(978-1-0878-9987-9(7))* Indy Pub.

Princess Tales. Anna Award. Illus. by Kate Davies. 2017. (ENG.). 96p. (J). 15.00 *(978-1-84135-523-8(2))* Award Pubns. Ltd. GBR. Dist: Parkwest Pubns., Inc.

Princess Talia from the Kingdom of Philbin. Kristin Griffey. 2018. (ENG.). 64p. (J). 26.95 *(978-1-64458-153-7(1))*; pap. 16.95 *(978-1-64416-828-8(6))* Christian Faith Publishing.

Princess Tarakanova a Dark Chapter of Russian History: Translated Ated Prom Russian Russi I (Classic Reprint) Ida de Mouchanoff. 2017. (ENG., Illus.). (J). 29.82 *(978-0-266-79693-0(1))* Forgotten Bks.

Princess Tea Party Activity Book for Infant. Educando Kids. 2019. (ENG.). 42p. (J). pap. 8.55 *(978-1-64521-730-5(2),* Educando Kids) Editorial Imagen.

Princess, the Cow, & the Corn Maze. Amber L. Spradlin. 2017. (ENG., Illus.). (J). pap. 8.99 *(978-0-9964421-3-8(8))* Hocks Out Press.

Princess Tia's Great Adventure. Vicki Marie Riley. 2017. (ENG., Illus.). (J). pap. *(978-0-9569854-4-6(0))* Riley, Victoria Marie.

Princess to the Rescue. Carol Caldwell. Illus. by Dominique Joan. 2nd ed. 2019. (Princess Claire Ser.: Vol. 1). (ENG.). 36p. (J). (gr. k-4). pap. 12.00 *(978-0-578-57048-8(3))* Touch of Color.

Princess Treasury. George MacDonald. 2018. (ENG., Illus.). 372p. (J). 24.99 *(978-1-5154-3556-3(3))* Wilder Pubns., Corp.

Princess Trixie: Autobiography; an Accurate Account of the Sayings & Doings of the Wisest & Most Highly Educated Horse in the World (Classic Reprint) George L. Hutchin. 2018. (ENG., Illus.). 34p. (J). 24.60 *(978-0-267-20666-7(6))* Forgotten Bks.

Princess Truly in I Am Truly. Kelly Greenawalt. Illus. by Amariah Rauscher. 2017. (Princess Truly Ser.). (ENG.). 40p. (J). (gr. -1-k). 17.99 *(978-1-338-16720-7(0),* Orchard Bks.) Scholastic, Inc.

Princess Truly in My Magical, Sparkling Curls. Kelly Greenawalt. Illus. by Amariah Rauscher. 2018. (Princess Truly Ser.). (ENG.). 40p. (J). (gr. -1-k). 18.99 *(978-1-338-16719-1(7),* Orchard Bks.) Scholastic, Inc.

Princess Truly Picks a Pumpkin, 1 vol. Kelly Greenawalt. Illus. by Amariah Rauscher. 2023. (Princess Truly Ser.). (ENG.). 24p. (J). (gr. -1-k). pap. 5.99 *(978-1-338-83090-3(2),* Cartwheel Bks.) Scholastic, Inc.

Princess Twins & the Birthday Party, 1 vol. Mona Hodgson. Illus. by Julie Olson. 2016. (I Can Read! / Princess Twins Ser.). (ENG.). 32p. (J). pap. 4.99 *(978-0-310-75067-3(9))* Zonderkidz.

Princess Twins & the Tea Party, 1 vol. Mona Hodgson. Illus. by Julie Olson. 2016. (I Can Read! / Princess Twins Ser.). (ENG.). 32p. (J). pap. 4.99 *(978-0-310-75038-3(5))* Zonderkidz.

Princess Twins Collection, 1 vol. Mona Hodgson. Illus. by Julie Olson. 2017. (I Can Read! / Princess Twins Ser.). (ENG.). 128p. (J). 12.99 *(978-0-310-75319-3(8))* Zonderkidz.

Princess Unlimited. Jacob Sager Weinstein. Illus. by Raissa Figueroa. 2021. (ENG.). 32p. (J). (gr. -1-3). 17.99 *(978-1-328-90474-4(1),* 1701464, Clarion Bks.) HarperCollins Pubs.

Princess Unlimited F&g. Sager Sager Weinstein. 2021. (ENG.). (J). 17.99 *(978-1-328-90524-6(1),* HarperCollins) HarperCollins Pubs.

Princess Valerie: A Story about Generosity & Service. C. Cherie Hardy. Illus. by Suzanne Horwitz. 2017. (ENG.). (J). pap. 10.95 *(978-1-946753-21-2(1))* Avant-garde Bks.

Princess Virginia (Classic Reprint) C. N. Williamson. 2018. (ENG., Illus.). 328p. (J). 30.68 *(978-0-332-98463-6(X))* Forgotten Bks.

Princess, Vol. 2 Of 3: Or the Beguine (Classic Reprint) Sydney Morgan. 2017. (ENG., Illus.). (J). 30.87 *(978-0-265-17248-3(9))* Forgotten Bks.

Princess Warrior: Ascension into the 5th Dimension. Jcm Sedna. 2021. (ENG.). 252p. (YA). *(978-1-0391-0703-8(6))*; pap. *(978-1-0391-0702-1(8))* FriesenPress.

Princess Who Didn't Want a Prince. Kalia Casco & Elena Naze. 2017. (ENG.). 32p. (J). pap. ***(978-1-365-95316-3(5))*** Lulu Pr., Inc.

Princess Who Flew with Dragons. Stephanie Burgis. (Dragon Heart Ser.). (ENG.). (J). 2020. 240p. pap. 8.99 *(978-1-5476-0482-1(4),* 900225094); 2019. 224p. 16.99 *(978-1-5476-0207-0(4),* 900203278) Bloomsbury Publishing USA. (Bloomsbury Children's Bks.).

Princess Who Forgot Her Name. Isabella Axelsson. 2022. (ENG.). 162p. (YA). pap. 20.49 *(978-1-6628-3792-0(5))* Salem Author Services.

Princess Who Hid in a Tree: An Anglo-Saxon Story. Jackie Holderness. Illus. by Alan Marks. 2019. 40p. 20.00 *(978-1-85124-518-5(9))* Bodleian Library GBR. Dist: Chicago Distribution Ctr.

Princess Who Saved Her Friends. Greg Pak. Illus. by Takeshi Miyazawa. 2022. (Princess Who Saved Her Ser.). (ENG.). 40p. (J). 16.99 *(978-1-68415-810-2(9))* BOOM! Studios.

Princess Who Saved Herself. Greg Pak. Illus. by Takeshi Miyazawa. 2021. (ENG.). 40p. (J). 16.99 *(978-1-68415-710-5(2))* BOOM! Studios.

Princess Who Was Her Own Hero. Pedro T. Flores. 2022. (ENG.). 34p. (J). pap. 14.95 *(978-1-68433-971-6(5))* Black Rose Writing.

Princess Will Save You. Sarah Henning. 2021. (Kingdoms of Sand & Sky Ser.: 1). (ENG.). 352p. (YA). pap. 10.99 *(978-1-250-23743-9(2),* 900210709, Tor Teen) Doherty, Tom Assocs., LLC.

Princess with a Purpose. Jamie Harris. 2017. (ENG., Illus.). (YA). pap. 19.95 *(978-1-63575-304-2(X))* Christian Faith Publishing.

Princess Without a Crown. Nicole Ellis. Illus. by Heather Burns. (ENG.). 32p. (J). 2021. pap. 12.99 *(978-1-4621-4022-0(X))*; 2019. 15.99 *(978-1-4621-3572-1(2))* Cedar Fort, Inc./CFI Distribution. (Sweetwater Bks.).

Princess Writes a Play. Jay Dale. 2016. (Engage Literacy Purple - Extension A Ser.). (ENG.). 16p. (J). pap. 36.94 *(978-1-5157-3338-6(6),* 25325, Capstone Pr.) Capstone.

Princess Writes a Play. Jay Dale & Kay Scott. Illus. by Mélanie Florian. 2016. (Engage Literacy Purple - Extension A Ser.). (ENG.). 16p. (J). pap. 7.99 *(978-1-5157-3310-2(6),* 133312, Capstone Pr.) Capstone.

Princess Yaya & the Adventures of SuperPower Pups: A Book about Anger in Foster Care Kids. Yalanda Barber-Sweeney. Illus. by Elena Yalcin. I.t. ed. 2021. (ENG.). 42p. (J). 19.97 *(978-1-956860-08-5(8))* KBK Publishing LLC.

Princess Yaya & the SuperPower Kids Travel to Washington, D. C. A Book About. Illus. by Elena Yalcin. I.t. ed. 2021. (ENG.). 20p. (J). 24.99 *(978-1-956860-07-8(X))* KBK Publishing LLC.

Princess Yellow Boots Finds a Friend. Lynn H. Elliott & Dani Elliott. Illus. by Steve Ferchaud. 2019. (ENG.). 34p. (YA). pap. 8.95 *(978-1-935807-48-3(X))* Stansbury Publishing.

Princess Yinyang & the Dragon. Janie Lee McLean. 2021. (ENG.). 26p. (J). pap. ***(978-1-83934-258-5(7))*** Olympia Publishers.

Princess Zara (Classic Reprint) Ross Beeckman. 2018. (ENG., Illus.). 358p. (J). 31.28 *(978-0-484-29913-8(1))* Forgotten Bks.

Princess Zaree. Jayda T. Mayfield. 2020. (ENG.). 28p. (J). 20.00 *(978-1-0879-1708-5(5))* Indy Pub.

Princess Zoey & the Disappearing Ice Cream. Zoey S. Kane & Michelle Ambrosini. Illus. by Mariah Grace. 2022. (Princess Zoey Ser.: Vol. 7). (ENG.). 38p. (J). 22.99 ***(978-1-0880-7807-5(9))*** Indy Pub.

Princess Zoey & the Stolen Fireworks. Zoey S. Kane & Michelle Ambrosini. Illus. by Mariah Grace. 2021. (ENG.). 38p. (J). 17.99 ***(978-0-578-33942-9(0))*** Indy Pub.

Princesse: Livre de Coloriage Pour Filles, Enfants et Tout-Petits âgés de 2 à 4, 4 à 8 et 9 à 12 Ans. Lenard Vinci Press. 2020. (FRE.). 98p. (J). pap. 9.99 *(978-1-716-35744-2(6))* Lulu Pr., Inc.

Princesses. Tamara Fonteyn. 2016. (My Word Colouring Book Ser.). (ENG.). (J). pap. *(978-1-910538-54-8(X))* Nanook Bks. Ltd.

Princesses. Susie Linn. 2016. (My First Sticker Book Ser.). (ENG.). (J). pap. *(978-1-78445-768-6(X))* Top That! Publishing PLC.

Princesses, 1 vol. Sarita McDaniel. 2019. (Meet the Royals Ser.). (ENG.). 24p. (gr. 1-2). pap. 10.35 *(978-1-9785-1189-7(2),* d55f67c3-ee52-45de-9320-62cebbfefa63) Enslow Publishing, LLC.

Princesses & Dragons: An Enchanting Maze & Counting Book. Illus. by Agnese Baruzzi. 2020. (Search, Find, & Count Ser.). (ENG.). 56p. (J). (gr. 1). pap. 9.95 *(978-88-544-1694-9(0))* White Star Publishers ITA. Dist: Sterling Publishing Co., Inc.

Princesses Can Be WHAT? Cat White. 2022. (ENG.). 40p. (J). ***(978-1-0391-2265-9(5))***; pap. ***(978-1-0391-2264-2(7))*** FriesenPress.

Princesses Don't Fart. Peter Bently. Illus. by Eric Heyman. 2020. (ENG.). 32p. (J). 18.00 *(978-1-4711-8341-6(6),* Simon & Schuster Children's) Simon & Schuster, Ltd. GBR. Dist: Simon & Schuster, Inc.

Princesses Don't Have Stinky Bums. Alice Clover. Illus. by Ellie Tompkins. 2021. (ENG.). 34p. (J). pap. *(978-1-9164826-3-0(5))* Alice Clover Stories.

Princesses Don't Wear THAT! Cat White. Illus. by DeWitt Studios. 2021. (ENG.). 44p. (J). *(978-1-0391-0337-5(5))*; pap. *(978-1-0391-0336-8(7))* FriesenPress.

Princesses, Inc. Mari Mancusi. 2017. (Mix Ser.). (ENG., Illus.). 320p. (J). (gr. 4-8). pap. 7.99 *(978-1-4814-7900-4(8),* Aladdin) Simon & Schuster Children's Publishing.

Princesses Livre de Coloriage: Grand Livre d'activités de Princesse Pour les Filles et les Enfants, Livre de Princesse Parfait Pour les Petites Filles et les Tout-Petits Qui Aiment Jouer et S'amuser Avec les Princesses. Amelia Yardley. 2021. (FRE.). 82p. (J). pap. *(978-1-008-91297-7(2))* Lulu.com.

Princesses, Mermaids & Unicorns Activity Book: Tons of Fun Activities! Mazes, Drawing, Matching Games & More! Lida Danilova & Clever Publishing. Illus. by Irina Smirnova. 2020. (Clever Activity Book Ser.). (ENG.). 48p. (J). (gr. -1-3). pap. 4.99 *(978-1-949998-86-3(X))* Clever Media Group.

Princesses, Mermaids, Ballerinas, & Animals Coloring Book: For Girl's Ages 4 Years Old & Up. Beatrice Harrison. 2016. (ENG., Illus.). (J). pap. 6.90 *(978-1-365-38661-9(9))* Lulu Pr., Inc.

Princesses of Virtue: A Treasure of Beautiful Inspirational Gems. Carolina Santiago. 2020. (ENG.). 106p. (J). pap. 16.99 *(978-1-7331309-1-2(8))* MyPublica Pr.

Princesses Pass Gas. Tara Ackerman. 2022. (ENG.). 38p. (J). 19.99 ***(978-0-578-35659-4(7))*** Tara Elsey Ackerman.

Princesses Save the World. Savannah Guthrie & Allison Oppenheim. Illus. by Eva Byrne. 2018. (ENG.). 32p. (J). (gr. -1-2). 17.99 *(978-1-4197-3171-6(8),* 1201401, Abrams Bks. for Young Readers) Abrams, Inc.

Princesses Save the World (B&N Exclusive Signed Edition) Savannah Guthrie & Allison Oppenheim. Illus. by Eva Byrne. 2018. (ENG.). 32p. (J). (gr. -1-2). 17.99 *(978-1-4197-3650-6(7),* Abrams Bks. for Young Readers) Abrams, Inc.

Princesses to Color: Amazing Pop-Up Stickers. Isadora Smunket. 2023. (ENG.). 32p. (J). (gr. -1-2). pap. 9.99 *(978-1-63761-087-9(4))* Imagine & Wonder.

Princesses Versus Dinosaurs. Linda Bailey. Illus. by Joy Ang. 2023. 40p. (J). (gr. -1-2). pap. 8.99 ***(978-1-77488-365-5(1)***, Tundra Bks.) PRH Canada Young Readers CAN. Dist: Penguin Random Hse. LLC.

Princesses Versus Dinosaurs. Linda Bailey. Illus. by Joy Ang. 2020. 40p. (J). (gr. -1-2). 17.99 *(978-0-7352-6429-8(5),* Tundra Bks.) Tundra Bks. CAN. Dist: Penguin Random Hse. LLC.

Princesses Wear Pants. Savannah Guthrie & Allison Oppenheim. Illus. by Eva Byrne. 2017. (ENG.). 32p. (J). (gr. -1-2). 18.99 *(978-1-4197-2603-3(X),* 1186101) Abrams, Inc.

Princess's Crown. Olivia Beckett. 2021. (ENG.). 32p. (J). 25.00 *(978-1-7948-7792-4(4))* Lulu Pr., Inc.

Princess's New Hairdo. Dayla Shantelle Martin-Hernandez. 2023. (ENG.). 38p. (J). 18.95 ***(978-1-63755-312-1(9)***, Mascot Kids) Amplify Publishing Group.

Princesss Quest for Knowledge. Soumya Torvi. 2019. (ENG.). 90p. (J). pap. *(978-93-87022-68-3(4))* Srishti Pubs. & Distributors.

Princess's Survival Guide. Illus. by Laura Brenlla. 2020. (ENG.). 80p. (J). (gr. 3). 16.95 *(978-88-544-1668-0(1))* White Star Publishers ITA. Dist: Sterling Publishing Co., Inc.

Princeton Boy under the King (Classic Reprint) Paul Greene Tomlinson. 2018. (ENG., Illus.). (J). 320p. 30.50 *(978-1-391-17626-0(X))*; 322p. pap. 13.57 *(978-1-390-90171-9(8))* Forgotten Bks.

Princeton Stories (Classic Reprint) Jesse Lynch Williams. (ENG., Illus.). (J). 2018. 328p. 30.68 *(978-0-666-99608-4(3))*; 2016. pap. 13.57 *(978-1-334-13590-3(8))* Forgotten Bks.

Princetonian a Story of Undergraduate Life at the College of New Jersey (Classic Reprint) James Barnes. 2017. (ENG., Illus.). (J). 33.22 *(978-1-5281-6905-9(0))* Forgotten Bks.

Princip der Erhaltung der Energie: Und Seine Anwendung in der Naturlehre; ein Hilfsbunch Für Den Hoheren Unterricht (Classic Reprint) Hans Januschke. 2018. (GER., Illus.). 474p. (J). 33.67 *(978-0-666-18799-4(1))* Forgotten Bks.

Principal. Czeena Devera. Illus. by Jeff Bane. 2018. (Mi Mini Biografía (My Itty-Bitty Bio): My Early Library). (ENG.). 24p. (J). (gr. k-1). pap. 12.79 *(978-1-5341-0817-2(3),* 210632); lib. bdg. 30.64 *(978-1-5341-0718-2(5),* 210631) Cherry Lake Publishing.

Principal for a Day. Christine Evans. Illus. by Patrick Corrigan. (Wish Library: 2). (ENG.). 96p. (J). (gr. 1-5). 2022. pap. 5.99 *(978-0-8075-8750-8(8),* 807587508); 2021. 12.99 *(978-0-8075-8742-3(7),* 807587427) Whitman, Albert & Co.

Principal for a Day. Marisa Kossoy. Illus. by Shiela Alejandro. 2021. 34p. (J). 29.99 *(978-1-0983-4712-3(9))* BookBaby.

Principal for a Day. Marisa N. Kossoy. Illus. by Shiela Alejandro. 2020. 34p. (J). pap. 14.99 *(978-1-0983-4679-9(3))* BookBaby.

Principal for a Day, 2. Christine Evans. ed. 2022. (Wish Library). (ENG.). 87p. (J). (gr. 2-5). 17.46 ***(978-1-68505-629-2(6))*** Penworthy Co., LLC, The.

Principal Girl (Classic Reprint) John Collis Snaith. 2017. (ENG., Illus.). (J). 318p. 30.46 *(978-0-265-54224-8(3))*; 320p. pap. 13.57 *(978-0-282-75565-2(9))* Forgotten Bks.

Principal Navigations Voyages Traffiques & Discoveries of the English Nation: England's Naval Exploits Against Spai; Volume VII. Richard Hakluyt. 2017. (ENG., Illus.). (J). 25.95 *(978-1-374-88490-8(1))*; pap. 15.95 *(978-1-374-88489-2(8))* Capital Communications, Inc.

Principal Strikes Back. Jarrett J. Krosoczka. 2018. (Illus.). 176p. (J). *(978-1-76066-157-1(0))* Scholastic, Inc.

Principal Tate Is Running Late! Henry Cole. 2021. (ENG., Illus.). 32p. (J). (gr. -1-3). 17.99 *(978-0-06-302574-5(4),* Tegen, Katherine Bks) HarperCollins Pubs.

Principals. Julie Murray. 2018. (My Community: Jobs Ser.). (ENG., Illus.). 24p. (J). (gr. -1-2). lib. bdg. 31.36 *(978-1-5321-0790-0(0),* 28141, Abdo Kids) ABDO Publishing Co.

Principal's Underwear Is Missing. Holly Kowitt. Illus. by Holly Kowitt. 2018. (ENG., Illus.). 224p. (J). pap. 16.99 *(978-1-250-15862-8(1),* 900185519) Square Fish.

Principal's Underwear Is Missing. Holly Kowitt. ed. 2018. (J). lib. bdg. 18.40 *(978-0-606-41102-8(X))* Turtleback.

Principaux Organes. Krystyna Poray Goddu. 2018. (incroyable Corps Humain Ser.). (FRE.). 32p. (J). (gr. 4-6). *(978-1-77092-448-2(5),* 12441, Bolt) Black Rabbit Bks.

Príncipe Caspian. C. S. Lewis. 2023. (Las Crónicas de Narnia Ser.: 4). (SPA.). 176p. (J). pap. 9.99 *(978-1-4003-3465-0(9))* Grupo Nelson.

Príncipe Feliz y Otros Cuentos. Oscar. Wilde. Illus. by Julián Cicero. 2017. (Serie Naranja Ser.). (SPA.). 104p. (J). (gr. 3-8). pap. 7.99 *(978-970-58-0208-9(4))* Santillana USA Publishing Co., Inc.

Príncipe Hombre Mosca (Prince Fly Guy) Tedd Arnold. Illus. by Tedd Arnold. 2017. (Hombre Mosca Ser.: 15). (SPA., Illus.). 32p. (J). (gr. -1-1). pap. 4.99 *(978-1-338-20866-5(7),* Scholastic en Espanol) Scholastic, Inc.

Principe Perfeto: Parte Primero. Lope de. Vega. 2017. (SPA., Illus.). (J). 22.95 *(978-1-374-92824-4(0))*; pap. 12.95 *(978-1-374-92823-7(2))* Capital Communications, Inc.

Principe Perfeto: Parte Segunda. Lope de. Vega. 2017. (SPA., Illus.). (J). 22.95 *(978-1-374-92826-8(7))*; pap. 12.95 *(978-1-374-92825-1(9))* Capital Communications, Inc.

Principe y el Mendigo. Mark Twain, pseud. 2019.Tr. of Prince & the Pauper. (SPA.). 80p. (J). pap. *(978-970-643-766-2(5))* Selector, S.A. de C.V.

Principes de Certitude, Ou Essai Sur la Logique (Classic Reprint) Lecren Lecren. 2017. (ENG., Illus.). (J). 35.47 *(978-0-331-00047-4(4))*; pap. 19.57 *(978-0-266-26482-8(4))* Forgotten Bks.

Principes de la Perfection Chrétienne et Religieuse: Divisés en Deux Parties (Classic Reprint) Jerome Besoigne. 2018. (FRE., Illus.). (J). 534p. 34.91 *(978-1-391-89637-3(8))*; 536p. pap. 19.57 *(978-1-390-60391-0(1))* Forgotten Bks.

Principes de la Perfection Chrétienne et Religieuse: Divisés en Deux Parties; I. de la Perfection Chrétienne; II. de la Perfection Religieuse; Avec des Supplémens Pour les Vierges Chrétiennes Qui Servent Dieu Dans le Monde (Classic Reprint) Jerome Besoigne. 2018. (FRE., Illus.). (J). 534p. 34.91 *(978-1-390-15613-3(3))*; 536p. pap. 19.57 *(978-1-390-15596-9(X))* Forgotten Bks.

Principessa: Libro Da Colorare per Ragazze, Bambini, Bambini 2-4, 4-8, 9-12 (Libro Da Colorare Rilassante) Lenard Vinci Press. 2020. (ITA.). 98p. (J). pap. 9.99 *(978-1-716-35723-7(3))* Lulu Pr., Inc.

Principessa e Sirena Unicorno: Libro Da Colorare Magico per Ragazzi e Ragazze - Idea Regalo. Lenard Vinci Press. 2020. (ITA.). 100p. (J). pap. 9.99 *(978-1-716-28768-8(5))* Lulu Pr., Inc.

Principesse Libro Da Colorare per Bambini Dai 4-8 Anni: Libro Da Colorare Principesse per le Ragazze Divertimento Pagine Da Colorare con Principesse Stupefacente Nel Loro Mondo Incantato. Emil Rana O'Neil. 2021. (ITA.). 86p. (J). pap. 11.99 *(978-1-365-37321-3(5))* Ridley Madison, LLC.

Principio y Fin. Antonio Malpica. 2020. (Libro de Los Héroes Ser.). (SPA.). 520p. (YA). (gr. 7). pap. 21.00 *(978-607-527-359-4(X))* Editorial Oceano de Mexico MEX. Dist: Independent Pubs. Group.

Principito. Antoine De Saint-Exupéry. 2018. (Brújula y la Veleta Ser.). (SPA.). 64p. (J). (gr. 4-7). pap. 9.95 *(978-987-718-488-4(5))* Ediciones Lea S.A. ARG. Dist: Independent Pubs. Group.

Principito. Antoine De Saint-Exupéry. 2019. (SPA.). 80p. (J). pap. 5.95 *(978-607-453-595-2(7))* Selector, S.A. de C.V. MEX. Dist: Spanish Pubs., LLC.

Principito: [Ilustrado]. Antoine De Saint-Exupéry. Ed. by Murat Ukray. (Cheapest Books Children Classics Ser.: Vol. 2). (SPA., Illus.). 130p. (J). (gr. k-4). 2019. *(978-605-7861-55-9(8))*; 2018. pap. *(978-605-7566-06-5(8))* Uhrayoglu, Murat E Kitap Projesi.

Principito - the Little Prince + Audio Download: (English - Spanish) Bilingual Edition: the Little Prince in French & English for Children & Readers of All Ages. Antoine De Saint Exupery. 2020. (SPA.). 106p. (J). 24.90 *(978-1-64826-730-7(0))* Primedia eLaunch LLC.

Principito / the Little Prince. Antoine De Saint-exupery. Tr. by Ana María Shua. 2019. (SPA.). 144p. (J). (gr. 4-7). 10.95 *(978-987-751-430-8(3))* El Gato de Hojalata ARG. Dist: Penguin Random Hse. LLC.

Principito / the Little Prince. Antoine De Saint-exupery. Tr. by Bonifacio Del Carril. 2016. (SPA., 96p. (J). (gr. 5-12). Illus.). 20.95 *(978-84-7888-640-1(0))*; pap. 8.95 *(978-84-9838-149-8(5))* Publicaciones y Ediciones Salamandra, S.A. ESP. Dist: Penguin Random Hse. LLC.

Principito. Buque de Letras. Antoine De Saint-Exupéry. 2017. (SPA., Illus.). 104p. (J). pap. *(978-607-453-452-8(7))* Selector, S.A. de C.V.

Principito-Ed Lujo. Antoine De Saint-Exupéry. 2016. (ENG & SPA.). (J). (gr. 5-8). pap. *(978-607-720-133-5(2))* Tomorrow's Guides, Ltd.

Principito (edición oficial en tapa blanda con solapas) Antoine de Saint-Exupéry. 2016. (SPA.). 96p. (J). (gr. 5-12). pap. 11.95 *(978-84-7888-719-4(9))* Publicaciones y Ediciones Salamandra, S.A. ESP. Dist: Penguin Random Hse. LLC.

Principito (edición oficial en tapa dura) Antoine de Saint-Exupéry. 2016. (SPA.). 96p. (J). (gr. 5-12). 16.95 *(978-84-7888-629-6(X))* Publicaciones y Ediciones Salamandra, S.A. ESP. Dist: Penguin Random Hse. LLC.

Principito (TD) Antoine De Saint-Exupéry. 2019. (SPA.). 96p. (YA). 9.95 *(978-607-07-3053-5(4))* Editorial Planeta, S. A. ESP. Dist: Two Rivers Distribution.

Principito y Peter Pan. Antoine De Saint-Exupéry & James Matthew Barrie. 2018. (SPA.). 160p. (J). (gr. 1-7). pap. 8.95 *(978-607-453-198-5(6))* Selector, S.A. de C.V. MEX. Dist: Spanish Pubs., LLC.

Principj Di Astronomia Di D. Vincenzo Bonicelli (Classic Reprint) Vincenzo Bonicelli. (ITA., Illus.). (J). 2018. 308p. 30.25 *(978-0-484-09414-6(9))*; 2017. pap. 13.57 *(978-0-243-53757-0(3))* Forgotten Bks.

Principles & Illustrations of Morbid Anatomy: Adapted to the Elements of M. Andral, & to the Cyclopaedia of Practical Medicine, Being a Complete Series of Coloured Lithographic Drawings, from Originals by the Author (Classic Reprint) James Hope. (ENG., Illus.). (J). 2018. 548p. 36.33 *(978-0-428-46814-9(4))*; 2016. pap. 19.57 *(978-1-333-18019-5(5))* Forgotten Bks.

Principles & Methods of Geometrical Optics: Especially As Applied to the Theory of Optical Instruments (Classic Reprint) James Powell Cocke Southall. 2017. (ENG., Illus.). (J). 37.43 *(978-0-265-91244-7(X))* Forgotten Bks.

Principles & Practice of Canal & River Engineering (Classic Reprint) David Stevenson. 2016. (ENG., Illus.). (J). pap. 16.57 *(978-1-334-17281-6(1))* Forgotten Bks.

Principles & Practice of Canal & River Engineering (Classic Reprint) David Stevenson. 2017. (ENG., Illus.). (J). 33.47 *(978-0-266-57913-7(2))* Forgotten Bks.

Principles of Chemistry: Illustrated by Simple Experiments (Classic Reprint) Julius Adolph Stockhardt. (ENG., Illus.). (J). 2018. 702p. 38.40 *(978-0-365-14922-4(5))*; 2017. 37.84 *(978-0-260-03589-9(0))*; 2016. pap. 20.97 *(978-1-334-32699-8(1))* Forgotten Bks.

Principles of Geology: The Three Books - Complete in One Edition with Diagrams; the Modern Changes of the Earth & Its Inhabitants Considered As Illustrative of Geology. Charles Lyell. 2018. (ENG., Illus.). 426p. (J). pap. *(978-1-78987-045-9(3))* Pantianos Classics.

Principles of Human Physiology: With Their Chief Applications to Psychology, Pathology, Therapeutics, Hygiene, & Forensic Medicine (Classic Reprint) William Benjamin Carpenter. 2017. (ENG., Illus.). (J). pap. 25.58 *(978-0-282-71114-6(7))*; pap. 25.69 *(978-0-282-52432-6(0))* Forgotten Bks.

P

Principles of Locomotive Operation & Train Control (Classic Reprint) Arthur Julius Wood. 2017. (ENG., Illus.). (J). 30.00 *(978-0-265-28313-4(2))*; pap. 13.57 *(978-0-282-74724-4(9))* Forgotten Bks.

Principles of Mathematics Book 1 Set. Katherine Loop. 2016. (ENG.). (J). pap. 79.98 *(978-0-89051-914-1(5)*, Master Books) New Leaf Publishing Group.

Principles of Mechanics, & Their Application to Prime Movers, Naval Architecture, Iron Bridges, Water Supply, &c: Thermodynamics, with Special Reference to the Steam Engine; Being an Abstract of Lectures Delivered to the Class of Civil Engineering & M. William J. Millar. 2019. (ENG., Illus.). 164p. (J). 27.28 *(978-0-365-24740-1(5))* Forgotten Bks.

Principles of Powerful Prayer: A Practical Plan for Prayer. Richard T. R. Sullivan. 2018. (ENG., Illus.). 174p. (J). pap. 8.99 *(978-1-64376-021-6(1))* PageTurner: Pr. & Media.

Principles of Secondary Education: A Text-Book. Vol. III: Ethical Training. Charles de Garmo. 2017. (ENG., Illus.). (J). pap. *(978-0-649-68014-6(6))* Trieste Publishing Pty Ltd.

Principles of Series & Parallel Electrical Circuits Electric Generation Grade 5 Children's Electricity Books. Baby Professor. 2021. (ENG.). 72p. (J). 27.99 *(978-1-5419-8386-1(6))*; pap. 16.99 *(978-1-5419-6002-2(5))* Speedy Publishing LLC. (Baby Professor (Education Kids)).

Principles of Wind-Band Transcription (Classic Reprint) Arthur A. Clappe. 2017. (ENG., Illus.). (J). 154p. 27.07 *(978-0-332-45131-2(3))*; 156p. pap. 9.57 *(978-0-282-50330-7(7))* Forgotten Bks.

Prinkle & His Friends, Vol. 1 Of 3: A Novel (Classic Reprint) James Shearer. 2018. (ENG., Illus.). 314p. (J). 30.37 *(978-0-484-69537-4(1))* Forgotten Bks.

Prinkle & His Friends, Vol. 2 Of 3: A Novel (Classic Reprint) James Shearar. 2018. (ENG., Illus.). 310p. (J). 30.31 *(978-0-483-93985-1(4))* Forgotten Bks.

Prinkle & His Friends, Vol. 3 Of 3: A Novel (Classic Reprint) James Shearar. (ENG., Illus.). (J). 2018. 308p. 30.25 *(978-0-483-90660-0(3))*; 2016. pap. 13.57 *(978-1-333-63993-8(7))* Forgotten Bks.

Prinsloo of Prinsloosdorp: A Tale of Transvaal Officialdom; Being Incidents in the Life of a Transvaal Official, As Told by His Son-In-Law (Classic Reprint) Douglas Blackburn. (ENG., Illus.). (J). 2017. 27.01 *(978-0-266-40362-3(X))*; 2016. pap. 9.57 *(978-1-333-39211-6(7))* Forgotten Bks.

Print & Cursive Handwriting Workbook for Kids & Adults. Tara Seals. 2021. (ENG.). 46p. (J). pap. *(978-0-578-31008-4(2))* Able Publishing.

Print Art. Heron Books. 2021. (ENG.). 40p. (J). pap. ***(978-0-89739-019-4(9)***, Heron Bks.) Quercus.

Print Handwriting Workbook for Adults: Improve Your Printing Handwriting & Practice Print Penmanship Workbook for Adults Adult Handwriting Workbook. Penciol Press. 2021. (ENG.). 81p. (J). pap. *(978-1-291-32865-3(3))* Lulu Pr., Inc.

Print It! Super Simple Crafts for Kids. Tamara JM Peterson & Ruthie Van Oosbree. 2022. (Creative Crafting Ser.). (ENG., Illus.). 32p. (J). (gr. k-4). lib. bdg. 34.21 *(978-1-5321-9988-2(0)*, 40765, Super SandCastle) ABDO Publishing Co.

Print PRINCESS. Kiersten WASHINGTON. 2022. 28p. (J). 24.99 *(978-1-6678-4288-2(9))* BookBaby.

Print Writing Cards: Learning Cards. Ed. by Flash Kids Flash Kids Editors. 2016. (Write-On Wipe-off Handwriting Cards Ser.). (Illus.). 80p. (J). (gr. -1-1). 10.95 *(978-1-4114-7891-6(6)*, Spark Publishing Group) Sterling Publishing Co., Inc.

Printable Coloring Book for Kids (Do What You Love) 36 Coloring Pages to Boost Confidence in Girls. James Manning. 2019. (Printable Coloring Book for Kids Ser.: Vol. 1). (ENG., Illus.). 74p. (J). pap. *(978-1-83856-473-5(X))* Coloring Pages.

Printable Coloring Book for Kids (Fashion Coloring Book) 40 Fashion Coloring Pages. James Manning. 2019. (ENG., Illus.). 82p. (J). pap. *(978-1-83856-311-0(3))* Coloring Pages.

Printable Kindergarten Worksheets: Mixed Worksheets to Develop Pen Control (Kindergarten Worksheets): 60 Preschool/Kindergarten Worksheets to Assist with the Development of Fine Motor Skills in Preschool Children. James Manning. 2019. (Printable Kindergarten Worksheets Ser.: Vol. 1). (ENG., Illus.). 68p. (J). pap. *(978-1-83856-901-3(4))* Coloring Pages.

Printable Kindergarten Worksheets (Preschool Activity Books - Easy) 40 Black & White Kindergarten Activity Sheets Designed to Develop Visuo-Perceptual Skills in Preschool Children. James Manning & Christabelle Manning. 2019. (Printable Kindergarten Worksheets Ser.: Vol. 14). (ENG., Illus.). 82p. (J). pap. *(978-1-83878-840-7(9))* Coloring Pages.

Printable Kindergarten Worksheets (Preschool Activity Books - Easy) 40 Black & White Kindergarten Activity Sheets Designed to Develop Visuo-Perceptual Skills in Preschool Children. James Manning & Christabelle Manning. 2019. (Printable Kindergarten Worksheets Ser.: Vol. 14). (ENG., Illus.). 82p. (J). pap. *(978-1-83878-834-6(4))* West Suffolk CBT Service Ltd., The.

Printable Kindergarten Worksheets (Trace & Color Worksheets to Develop Pen Control) 50 Preschool/Kindergarten Worksheets to Assist with the Development of Fine Motor Skills in Preschool Children. James Manning. 2019. (ENG., Illus.). 56p. (J). pap. *(978-1-83856-856-6(5))*; (2 Ser.: Vol. 50). pap. *(978-1-83856-864-1(6))* West Suffolk CBT Service Ltd., The.

Printable Kindergarten Worksheets (Tracing Numbers, Counting, Addition & Subtraction) 50 Preschool/Kindergarten Worksheets to Assist with the Understanding of Number Concepts. James Manning. 2019. (Printable Kindergarten Worksheets Ser.: Vol. 3). (ENG., Illus.). 60p. (J). pap. *(978-1-83856-427-8(6))* Coloring Pages.

Printable Preschool Workbooks: Mixed Worksheets to Develop Pen Control (Kindergarten Worksheets): 60 Preschool/Kindergarten Worksheets to Assist with the Development of Fine Motor Skills in Preschool Children. James Manning. 2019. (Printable Preschool Workbooks Ser.). (ENG., Illus.). 68p. (J). pap. *(978-1-83856-912-9(X))* Coloring Pages.

Printable Preschool Workbooks (Trace & Color Worksheets to Develop Pen Control) 50 Preschool/Kindergarten Worksheets to Assist with the Development of Fine Motor Skills in Preschool Children. James Manning. 2019. (2 Ser.: Vol. 50). (ENG., Illus.). 56p. (J). pap. *(978-1-83856-869-6(7))* West Suffolk CBT Service Ltd., The.

Printable Preschool Worksheets: Mixed Worksheets to Develop Pen Control (Kindergarten Worksheets): 60 Preschool/Kindergarten Worksheets to Assist with the Development of Fine Motor Skills in Preschool Children. James Manning. 2019. (Printable Preschool Worksheets Ser.: Vol. 1). (ENG., Illus.). 68p. (J). pap. *(978-1-83856-906-8(5))* Coloring Pages.

Printable Preschool Worksheets (Add to Ten - Level 3) 30 Full Color Preschool/Kindergarten Addition Worksheets That Can Assist with Understanding of Math. James Manning. 2019. (Printable Preschool Worksheets Ser.: Vol. 9). (ENG., Illus.). 34p. (J). pap. *(978-1-83878-108-8(0))* West Suffolk CBT Service Ltd., The.

Printable Preschool Worksheets (Learn to Count for Preschoolers) A Full-Color Counting Workbook for Preschool/Kindergarten Children. James Manning. 2019. (Printable Preschool Worksheets Ser.: Vol. 4). (ENG., Illus.). 34p. (J). pap. *(978-1-83878-004-3(1))* Coloring Pages.

Printable Preschool Worksheets (Trace & Color Worksheets to Develop Pen Control) 50 Preschool/Kindergarten Worksheets to Assist with the Development of Fine Motor Skills in Preschool Children. James Manning. 2019. (ENG., Illus.). 56p. (J). pap. *(978-1-83856-861-0(1))* West Suffolk CBT Service Ltd., The.

Print/Digital Pathway to the Core: Covering Ngss Dcis Print W/1y Digital Grade K with 2 Year Digital 2014. Hmh Hmh. 2020. (Science & Engineering Spanish Leveled Readers Ser.). (SPA.). (J). (gr. k). pap. 1010.60 *(978-0-358-54958-1(2))* Houghton Mifflin Harcourt Publishing Co.

Print/Digital Solution with 1 Year Digital 2015. Hmh Hmh. 2019. (ENG.). (YA). pap. 575.00 *(978-0-358-16497-5(4))* Houghton Mifflin Harcourt Publishing Co.

Printed Catalogue Cards for Children's Book: An Announcement; Together with a List of 1, 053 Children's Books Agreed upon by the Cleveland Public Library & the Carnegie Library of Pittsburgh (Classic Reprint) Carnegie Library Of Pittsburgh. (ENG., Illus.). (J). 2018. 24p. 24.52 *(978-0-666-22808-6(6))*; 2016. pap. 7.97 *(978-1-334-14522-3(9))* Forgotten Bks.

Printemps. Mari Schuh. 2019. (Spot les Saisons Ser.). (FRE.). 16p. (J). (gr. -1-2). *(978-1-77092-439-0(6)*, 14528) Amicus.

Printer's Errors (Classic Reprint) Eimar O'Duffy. 2018. (ENG., Illus.). 150p. (J). 27.01 *(978-0-483-89138-8(X))* Forgotten Bks.

Printing & Stamping. Dana Meachen Rau. Illus. by Ashley Dugan. 2023. (Getting Crafty Ser.). (ENG.). 32p. (J). (gr. 4-8). lib. bdg. 32.07 *(978-1-6689-1962-0(1)*, 221940, 45th Parallel Press) Cherry Lake Publishing.

Printing & Stamping. Contrib. by Dana Meachen Rau. 2023. (Getting Crafty Ser.). (ENG., Illus.). 32p. (J). (gr. 4-8). pap. 14.21 *(978-1-6689-2064-0(6)*, 222042, 45th Parallel Press) Cherry Lake Publishing.

Printing & Stamping Art, 1 vol. Susie Brooks. 2017. (Let's Make Art Ser.). (ENG.). 32p. (J). (gr. 2-3). 29.27 *(978-1-5383-2223-9(4)*, f68cc61d-b3de-4cf5-963d-a3d29f496e28); pap. 12.75 *(978-1-5383-2318-2(4)*, 5e7b7188-f3b0-4655-952c-7d8b0cdd0929) Rosen Publishing Group, Inc., The. (PowerKids Pr.).

Printing Practice: Lowercase & Uppercase Letters Edition Children's Reading & Writing Books. Baby Professor. 2017. (ENG., Illus.). (J). pap. 9.55 *(978-1-5419-2583-0(1)*, Baby Professor (Education Kids)) Speedy Publishing LLC.

Printing Practice 1st Grade: Children's Reading & Writing Education Books. Prodigy Wizard Books. 2016. (ENG., Illus.). (J). pap. 9.25 *(978-1-68323-306-0(9))* Twin Flame Productions.

Printing Practice Books: Children's Reading & Writing Education Books. Prodigy. 2016. (ENG., Illus.). (J). pap. 9.25 *(978-1-68323-267-4(4))* Twin Flame Productions.

Printing Practice for Beginners: Children's Reading & Writing Education Books. Bobo's Little Brainiac Books. 2016. (ENG., Illus.). (J). pap. 7.99 *(978-1-68327-094-2(0))* Sunshine In My Soul Publishing.

Printing Practice for Young & Beginning Writers Printing Practice for Kids. Bobo's Little Brainiac Books. 2016. (ENG., Illus.). (J). pap. 7.99 *(978-1-68327-861-0(5))* Sunshine In My Soul Publishing.

Printing Practice Handwriting Workbook for Boys: Children's Reading & Writing Education Books. Baby Iq Builder Books. 2016. (ENG., Illus.). (J). pap. 8.99 *(978-1-68374-020-9(3))* Examined Solutions PTE. Ltd.

Printing Practice Workbook: Children's Reading & Writing Education Books. Bobo's Little Brainiac Books. 2016. (ENG., Illus.). (J). pap. 7.99 *(978-1-68327-111-6(4))* Sunshine In My Soul Publishing.

Printing Press. Julie Murray. 2022. (Best Inventions Ser.). (ENG., Illus.). 24p. (J). (gr. k-4). lib. bdg. 31.36 *(978-1-0982-8018-5(0)*, 41071, Abdo Zoom-Dash) ABDO Publishing Co.

Printing Press. Emily Rose Oachs. 2019. (Inventions That Changed the World Ser.). (ENG., Illus.). 32p. (J). (gr. 3-7). pap. 8.99 *(978-1-61891-513-9(4)*, 12163, Blastoff! Discovery) Bellwether Media.

Printing Press. Rebecca Sabelko. 2019. (Inventions That Changed the World Ser.). (ENG., Illus.). 32p. (J). (gr. 3-8). lib. bdg. 27.95 *(978-1-62617-970-7(0)*, Blastoff! Discovery) Bellwether Media.

Printing Press to 3D Printing. Jennifer Colby. 2019. (21st Century Junior Library: Then to Now Tech Ser.). (ENG., Illus.). 24p. (J). (gr. 2-5). pap. 12.79 *(978-1-5341-5016-4(1)*, 213371); lib. bdg. 30.64 *(978-1-5341-4730-0(6)*, 213370) Cherry Lake Publishing.

Printing, Tracing & Coloring Fun for Kids - Vol. 1. Activity Book Zone for Kids. 2016. (ENG., Illus.). (J). pap. 7.55 *(978-1-68376-721-3(7))* Sabeels Publishing.

Printing, Tracing & Coloring Fun for Kids - Vol. 2. Activity Book Zone for Kids. 2016. (ENG., Illus.). (J). pap. 7.55 *(978-1-68376-722-0(5))* Sabeels Publishing.

Printing, Tracing & Coloring Fun for Kids - Vol. 3. Activity Book Zone for Kids. 2016. (ENG., Illus.). (J). pap. 7.55 *(978-1-68376-723-7(3))* Sabeels Publishing.

Printing, Tracing & Coloring Fun for Kids - Vol. 4. Activity Book Zone for Kids. 2016. (ENG., Illus.). (J). pap. 7.55 *(978-1-68376-724-4(1))* Sabeels Publishing.

Printing, Tracing & Coloring Fun for Kids - Vol. 5. Activity Book Zone for Kids. 2016. (ENG., Illus.). (J). pap. 7.55 *(978-1-68376-725-1(X))* Sabeels Publishing.

Printing, Tracing & Coloring Fun for Kids - Vol. 6. Activity Book Zone for Kids. 2016. (ENG., Illus.). (J). pap. 7.55 *(978-1-68376-726-8(8))* Sabeels Publishing.

Printing Tracing Practice - Writing Books for Kids - Reading & Writing Books for Kids Children's Reading & Writing Books. Baby Professor. 2017. (ENG., Illus.). (J). pap. 9.55 *(978-1-5419-2569-4(6)*, Baby Professor (Education Kids)) Speedy Publishing LLC.

Printmaking Skills Lab. Sarah Hodgson. 2018. (Art Skills Lab Ser.). (Illus.). 32p. (J). (gr. 4-4). *(978-0-7787-5224-0(0))*; pap. *(978-0-7787-5237-0(2))* Crabtree Publishing Co.

Prints in the Sand. Erin Falligant. 2017. 183p. (J). *(978-1-5182-5318-8(0)*, American Girl) American Girl Publishing, Inc.

Prints of Thieves: Batman & Robin Use Fingerprint Analysis to Crack the Case. Steve Korté. Illus. by Dario Brizuela. 2017. (Batman & Robin Crime Scene Investigations Ser.). (ENG.). 32p. (J). (gr. 4-8). lib. bdg. 28.65 *(978-1-5157-6859-3(7)*, 135374, Stone Arch Bks.) Capstone.

Prinz Patrick Oder Wenn der Dritte Weltkrieg Naht. Paul Schmit. 2018. (GER., Illus.). 74p. (J). pap. *(978-0-244-42631-6(7))* Lulu Pr., Inc.

Prinzessin: Malbuch Für Mädchen, Kinder, Kleinkinder Alter 2-4, 4-8, 9-12 (Entspannendes Malbuch) Lenard Vinci Press. 2020. (GER.). 98p. (J). pap. 9.99 *(978-1-716-35733-6(0))* Lulu Pr., Inc.

Prinzessin Malbuch: Großes Prinzessin Aktivitätsbuch Für Mädchen und Kinder, Perfektes Prinzessinnenbuch Für Kleine Mädchen und Kleinkinder, Die Gerne Mit Prinzessinnen Spielen und Spaß Haben. Amelia Yardley. 2021. (ENG.). 82p. (J). pap. *(978-1-008-91778-1(8))* Lulu.com.

Prinzessin Malbuch: Für Kleine Prinzessinnen, Mit über 50 Tollen Motive Zum Ausmalen. Mario Grau. 2023. (GER.). 106p. (J). pap. ***(978-1-4477-0675-5(7))*** Lulu Pr., Inc.

Prioresses Tale from the Canterbury Tales (Classic Reprint) Geoffrey Chaucer. 2018. (ENG., Illus.). 48p. (J). 24.89 *(978-0-666-35624-6(6))* Forgotten Bks.

Priors of Prague, Vol. 1 of 2 (Classic Reprint) William Johnson Neale. (ENG., Illus.). (J). 2018. 216p. 28.35 *(978-0-428-94220-5(2))*; 2016. pap. 10.97 *(978-1-334-14082-2(0))* Forgotten Bks.

Priors of Prague, Vol. 2 of 2 (Classic Reprint) Unknown Author. 2018. (ENG., Illus.). 200p. (J). 28.02 *(978-0-428-77399-1(0))* Forgotten Bks.

Pripyat: The Chernobyl Ghost Town. Lisa Owings. 2017. (Abandoned Places Ser.). (ENG., Illus.). 24p. (J). (gr. 3-7). lib. bdg. 26.95 *(978-1-62617-697-3(3)*, Torque Bks.) Bellwether Media.

Pris (Classic Reprint) Unknown Author. (ENG., Illus.). (J). 2018. 140p. 26.78 *(978-0-484-76455-1(1))*; 2017. pap. 9.57 *(978-0-243-33145-1(2))* Forgotten Bks.

Priscilla & Charybdis: A Story of Alternatives (Classic Reprint) Frank Frankfort Moore. 2018. (ENG., Illus.). 374p. (J). 31.61 *(978-0-483-47057-6(0))* Forgotten Bks.

Priscilla & the Hollyhocks. Anne Broyles. Illus. by Anna Alter. 2019. 32p. (J). (gr. 1-4). pap. 7.99 *(978-1-57091-676-2(4))* Charlesbridge Publishing, Inc.

Priscilla & the Plastic Pirate: An Ocean Care Club Adventure. Cheryl MacDonald & Lisa Chavis. 2018. (ENG.). 40p. (J). pap. 9.49 *(978-0-9841320-3-4(1))* Wander Pr.

Priscilla & the Sandman. Anders Roseberg. Illus. by Danilo Parajes. 2016. (ENG.). (J). pap. *(978-957-43-3967-9(X))* Rui xing tu shu gu fen you xian gong si.

Priscilla Gets Lost! Laura Roetcisoender. 2021. (ENG.). 26p. (J). 24.95 *(978-1-64531-857-6(5))*; pap. 14.95 *(978-1-64531-855-2(9))* Newman Springs Publishing, Inc.

Priscilla Gorilla. Barbara Bottner. Illus. by Michael Emberley. 2017. (ENG.). 40p. (J). (gr. -1-2). 17.99 *(978-1-4814-5897-9(3)*, Atheneum/Caitlyn Dlouhy Books) Simon & Schuster Children's Publishing.

Priscilla of the Good Intent: A Romance of the Grey Fells (Classic Reprint) Halliwell Sutcliffe. (ENG., Illus.). (J). 2018. 356p. 31.26 *(978-0-366-56925-0(2))*; 2018. 358p. pap. 13.97 *(978-0-366-49608-2(5))*; 2017. 31.63 *(978-0-331-78919-5(1))*; 2016. pap. 16.57 *(978-1-334-13144-8(9))* Forgotten Bks.

Priscilla Pack Rat: Making Room for Friendship. Claudine Crangle. Illus. by Claudine Crangle. 2017. (Illus.). 32p. (J). 15.95 *(978-1-4338-2335-0(7)*, Magination Pr.) American Psychological Assn.

Priscilla's Room (Classic Reprint) Louise Latham Wilson. 2018. (ENG., Illus.). 20p. (J). 24.33 *(978-0-366-50746-7(X))*; pap. 7.97 *(978-0-365-82020-8(2))* Forgotten Bks.

Prisionera de la Noche. J. R. Johansson. 2017. 440p. (YA). (gr. 9-12). pap. 18.99 *(978-987-747-198-4(1))* V&R Editoras.

Prism, 1921 (Classic Reprint) Woman's Medical College Hospital. (ENG., Illus.). (J). 2018. 48p. 24.89 *(978-0-483-96393-1(3))*; 2017. pap. 9.57 *(978-0-243-40267-0(8))* Forgotten Bks.

Prism, 1934 (Classic Reprint) Punchard High School. 2017. (ENG., Illus.). (J). 25.28 *(978-0-260-48572-4(1))*; pap. 9.57 *(978-0-266-06521-0(X))* Forgotten Bks.

Prismatics (Classic Reprint) Richard Haywarde. 2018. (ENG., Illus.). 244p. (J). 28.95 *(978-0-483-79392-7(2))* Forgotten Bks.

Prison: The Stunning Follow-Up to the Ark. J. Swift. 2021. (ENG.). 214p. (J). pap. *(978-1-906954-69-7(0))* Britain's Next Bestseller.

Prison Break. Ngumi Kibera. 2022. (ENG.). 96p. (YA). pap. 18.00 ***(978-1-0880-3643-3(0))*** Indy Pub.

Prison Chaplain on Dartmoor (Classic Reprint) Clifford Rickards. 2017. (ENG., Illus.). (J). 29.09 *(978-0-331-78131-1(X))* Forgotten Bks.

Prison Conditions Around the World. Craig Russell. 2017. 80p. (J). *(978-1-4222-3786-1(9))* Mason Crest.

Prison des Cauchemars. Bérengère Berte. 2020. (FRE.). 75p. (J). pap. ***(978-1-716-79993-8(7))*** Lulu Pr., Inc.

Prison Healer. Lynette Noni. (Prison Healer Ser.: 1). (ENG.). (YA). (gr. 7). 2022. 432p. pap. 15.99 *(978-0-358-66943-2(X)*, 1822947); 2021. (Illus.). 416p. 18.99 *(978-0-358-43455-9(6)*, 1793084) HarperCollins Pubs. (Clarion Bks.).

Prison-House (Classic Reprint) Jane Jones. (ENG., Illus.). (J). 2018. 416p. 32.48 *(978-0-364-91301-7(0))*; 2017. pap. 16.57 *(978-0-259-30514-9(6))* Forgotten Bks.

Prison Memoirs of an Anarchist (Classic Reprint) Alexander Berkman. 2017. (ENG., Illus.). (J). 35.08 *(978-0-266-89113-0(6))* Forgotten Bks.

Prison Princess: A Romance of Millbank Penitentiary (Classic Reprint) Arthur Griffiths. 2017. (ENG., Illus.). (J). 29.18 *(978-0-331-25137-1(X))*; pap. 11.57 *(978-0-266-98876-2(8))* Forgotten Bks.

Prisoner & the Writer. Heather Camlot. Illus. by Sophie Casson. 2022. (ENG.). 64p. (J). (gr. 4-7). 14.99 *(978-1-77306-632-5(3))* Groundwood Bks. CAN. Dist: Publishers Group West (PGW).

Prisoner in Fairyland. Algernon Blackwood. Ed. by Sheba Blake. 2020. (ENG.). 388p. (J). pap. 16.99 *(978-1-222-29320-3(X))* Indy Pub.

Prisoner in Fairyland: The Book That 'Uncle Paul' Wrote (Classic Reprint) Algernon Blackwood. (ENG., Illus.). (J). 2018. 518p. 34.58 *(978-0-483-57490-8(2))*; 2017. 34.75 *(978-0-331-93144-0(3))* Forgotten Bks.

Prisoner in My Thoughts. Eastyn. 2020. (ENG.). 76p. (J). pap. *(978-1-716-46635-9(0))* Lulu Pr., Inc.

Prisoner Island: Dragon Wars - Book 9. Craig Halloran. 2020. (ENG.). 282p. (J). 19.99 *(978-1-946218-83-4(9))* Two-Ten Bk. Pr., Inc.

Prisoner of Cell 47. Sabrina Grossman. 2022. (ENG.). 304p. (YA). pap. 16.99 *(978-1-956380-18-7(3))* Society of Young Inklings.

Prisoner of Chiloane: Or, with the Portuguese in South-East Africa. Wallis MacKay. 2017. (ENG., Illus.). (J). pap. *(978-0-649-68024-5(3))* Trieste Publishing Pty Ltd.

Prisoner of Chiloane: Or with the Portuguese in South-East Africa (Classic Reprint) Wallis MacKay. 2018. (ENG., Illus.). 196p. (J). 27.94 *(978-0-267-66360-6(9))* Forgotten Bks.

Prisoner of Ice & Snow. Ruth Lauren. 2017. (ENG.). 288p. (J). 16.99 *(978-1-68119-131-7(8)*, 900159799, Bloomsbury USA Childrens) Bloomsbury Publishing USA.

Prisoner of Ornith Farm (Classic Reprint) Frances Powell. 2018. (ENG., Illus.). 326p. (J). 30.62 *(978-0-484-60252-5(7))* Forgotten Bks.

Prisoner of Shiverstone. Linette Moore. Illus. by Linette Moore. 2022. (ENG., Illus.). 160p. (J). (gr. 3-7). pap. 14.99 *(978-1-4197-4392-4(9)*, 1687503, Amulet Bks.) Abrams, Inc.

Prisoner of Shiverstone. Linette Moore. Illus. by Linette Moore. 2022. (ENG., Illus.). 160p. (J). (gr. 3-7). 24.99 *(978-1-4197-4391-7(0)*, 1687501, Amulet Bks.) Abrams, Inc.

Prisoner of the Black Hawk. A. L. Tait, pseud. 2017. (Mapmaker Chronicles Ser.). (ENG.). 234p. (J). *(978-1-61067-701-1(3))* Kane Miller.

Prisoner of the Black Hawk: Mapmaker Chronicles. A. L. Tait, pseud. 2018. (ENG., Illus.). 240p. (J). pap. 5.99 *(978-1-61067-623-6(8))* Kane Miller.

Prisoner of the Gurkhas (Classic Reprint) F. P. Gibbon. 2018. (ENG., Illus.). 318p. (J). 30.46 *(978-0-483-56011-6(1))* Forgotten Bks.

Prisoner of the Mill, or Captain Hayward's Body Guard (Classic Reprint) Harry Hazeltine. (ENG., Illus.). (J). 2018. 50p. 24.93 *(978-0-484-21658-6(9))*; 2016. pap. 9.57 *(978-1-334-16889-5(X))* Forgotten Bks.

Prisoner of War. Kinsey M. Rockett. 2019. (ENG.). 384p. (YA). (gr. 7-12). pap. 17.95 *(978-1-64515-743-4(1))* Christian Faith Publishing.

Prisoner of War (Classic Reprint) André Warnod. 2017. (ENG., Illus.). (J). 27.67 *(978-0-331-15045-2(X))* Forgotten Bks.

Prisoner of Zenda. Anthony Hope. 2017. (ENG.). (J). 198p. pap. *(978-3-7447-5650-1(5))*; 330p. pap. *(978-3-7447-5835-2(4))*; 344p. pap. *(978-3-7447-5858-1(3))*; 332p. pap. *(978-3-7447-5105-6(8))* Creation Pubs.

Prisoner of Zenda. Anthony Hope. 2021. (ENG.). 163p. (J). *(978-1-716-31781-1(9))*; pap. *(978-1-716-26203-6(8))* Lulu Pr., Inc.

Prisoner of Zenda. Anthony Hope. 2018. (ENG., Illus.). 180p. (J). 13.99 *(978-1-61382-532-7(3))*; pap. 5.91 *(978-1-61382-533-4(1))* Simon & Brown.

Prisoner of Zenda. Anthony Hope. 2018. (ENG., Illus.). 152p. (J). 14.99 *(978-1-5154-3137-4(1))* Wilder Pubns., Corp.

Prisoners: Fast Bound in Misery & Iron. Mary Cholmondeley. 2017. (ENG., Illus.). (J). 25.95 *(978-1-374-97181-3(2))*; pap. 15.95 *(978-1-374-97180-6(4))* Capital Communications, Inc.

Prisoners & Captives (Classic Reprint) Henry Seton Merriman. 2018. (ENG., Illus.). 402p. (J). 32.21 *(978-0-484-30104-6(7))* Forgotten Bks.

Prisoners & Captives, Vol. 1 (Classic Reprint) Henry Seton Merriman. 2018. (ENG., Illus.). 284p. (J). 29.77 *(978-0-483-46573-2(9))* Forgotten Bks.

Prisoners & Captives, Vol. 2 of 3 (Classic Reprint) Henry Seton Merriman. 2018. (ENG., Illus.). 270p. (J). 29.49 *(978-0-267-22128-8(2))* Forgotten Bks.

1644

The check digit for ISBN-10 appears in parentheses after the full ISBN-13

Prisoners in Millersville a Farcical Drama, in Four Acts (Classic Reprint) Alice Norris-Lewis. 2018. (ENG., Illus.). 48p. (J). 24.91 *(978-0-483-89187-6(8))* Forgotten Bks.

Prisoners of Breendonk. James M. Deem. 2020. (ENG., Illus.). 352p. (gr. 9). pap. 10.99 *(978-0-358-24028-0(X)*, 1768167, Mariner Bks.) HarperCollins Pubs.

Prisoners of Conscience (Classic Reprint) Amelia E. Barr. 2017. (ENG., Illus.). (J). 29.22 *(978-1-5282-9017-3(8))* Forgotten Bks.

Prisoners of Hartling (Classic Reprint) J. D. Beresford. 2018. (ENG., Illus.). 280p. (J). 29.69 *(978-0-483-84363-9(6))* Forgotten Bks.

Prisoners of Hope. Mary Johnston. 2017. (ENG.). 392p. (J). pap. *(978-3-7447-4722-6(0))* Creation Pubs.

Prisoners of Hope: A Tale of Colonial Virginia (Classic Reprint) Mary Johnston. 2017. (ENG., Illus.). (J). 31.98 *(978-1-5282-4653-8(5))* Forgotten Bks.

Prisoners of Mainz (Classic Reprint) Alec Waugh. 2017. (ENG., Illus.). (J). 30.46 *(978-0-331-01138-8(7))* Forgotten Bks.

Prisoners of St. Lazare (Classic Reprint) Unknown Author. 2018. (ENG., Illus.). 268p. (J). 29.42 *(978-0-656-15084-7(X))* Forgotten Bks.

Prisoners of the Picture. Michael Davies. 2018. (ENG., Illus.). 106p. (YA). (gr. 7-8). pap. *(978-0-6484702-4-3(5))* Dalton, Mickie Foundation, The.

Prisoners of the Poison Sea. Michael Dahl. Illus. by Shen Fei. 2019. (Escape from Planet Alcatraz Ser.). (ENG.). 40p. (J). (gr. 3-6). lib. bdg. 24.65 *(978-1-4965-8312-3(4)*, 140487, Stone Arch Bks.) Capstone.

Prisoners of Wispine. Philip R. Clarke. Illus. by Adam Alexander. 2022. (ENG.). 252p. (J). pap. ***(978-1-387-52116-6(0))*** Lulu Pr., Inc.

Prisoners, the Earthquake & the Midnight Song: A True Story about How God Uses People to Save People. Bob Hartman. Illus. by Catalina Echeverri. 2020. (Tales That Tell the Truth Ser.). (ENG.). (J). *(978-1-78498-440-3(X))* Good Bk. Co., The.

Prisoners, the Earthquake & the Midnight Song Board Book: A True Story about How God Uses People to Save People. Bob Hartman. Illus. by Catalina Echeverri. 2022. (Tales That Tell the Truth Ser.). (ENG.). 16p. (J). bds. *(978-1-78498-700-8(X))* Good Bk. Co., The.

Prisoners' Years (Classic Reprint) Isabel Clarke. (ENG., Illus.). (J). 2018. 486p. 33.94 *(978-0-365-35246-4(2))*; 2017. pap. 16.57 *(978-0-259-84632-1(5))* Forgotten Bks.

Prisons Hantées (Haunted Prisons) Thomas Kingsley Troupe. Tr. by Annie Evearts. 2021. (Lieux Hantés! (the Haunted!) Ser.). (FRE.). (J). (gr. 3-9). pap. ***(978-1-0396-0373-8(4)***, 13078, Crabtree Branches) Crabtree Publishing Co.

Prisons of Air (Classic Reprint) Moncure D. Conway. 2017. (ENG., Illus.). (J). 286p. 29.80 *(978-0-484-78826-7(4))*; pap. 13.57 *(978-0-259-02832-1(0))* Forgotten Bks.

Prissy & Pop Big Day Out. Melissa Nicholson. 2016. (ENG., Illus.). 32p. (J). (gr. -1-3). 17.99 *(978-0-06-243995-6(2)*, HarperCollins) HarperCollins Pubs.

Prissy & Pop Deck the Halls: A Christmas Holiday Book for Kids. Melissa Nicholson. Illus. by Melissa Nicholson. 2016. (ENG., Illus.). 32p. (J). (gr. -1-3). 17.99 *(978-0-06-243996-3(0)*, HarperCollins) HarperCollins Pubs.

Privacy & Security in the Digital Age, 1 vol. Ed. by Anne C. Cunningham. 2016. (Current Controversies Ser.). (ENG.). 176p. (J). (gr. 10-12). pap. 33.00 *(978-1-5345-0032-7(4)*, 4817c7de-3793-440d-b111-e829d922b4fb); lib. bdg. 48.03 *(978-1-5345-0021-1(9)*, 34c8845d-3296-42cb-a599-86d1086166e1) Greenhaven Publishing LLC. (Greenhaven Publishing).

Privacy & Social Media. Ashley Nicole. 2019. (Contemporary Issues Ser.). (Illus.). 112p. (J). (gr. 12). lib. bdg. 35.93 *(978-1-4222-4399-2(0))* Mason Crest.

Privacy in the Digital Age (Set), 6 vols. 2019. (Privacy in the Digital Age Ser.). (ENG.). 48p. (J). (gr. 4-8). lib. bdg. 213.84 *(978-1-5321-1888-3(0)*, 32645) ABDO Publishing Co.

Privacy, Please. Lynda Fern Dresch. 2017. (ENG., Illus.). (J). (gr. k-1). pap. 10.00 *(978-0-9961982-1-9(0))* Lynda Fern Bks.

Private Chapter of the War (Classic Reprint) Geo W. Bailey. 2017. (ENG., Illus.). (J). 29.86 *(978-0-331-67430-9(0))* Forgotten Bks.

Private Chivalry a Novel (Classic Reprint) Francis Lynde. (ENG., Illus.). (J). 2017. 31.20 *(978-0-331-65723-4(6))*; 2016. pap. 13.57 *(978-1-334-77079-1(4))* Forgotten Bks.

Private Devotions & Manual for the Sick of Launcelot Andrews, Bishop of Winchester (Classic Reprint) Lancelot Andrews. 2017. (ENG., Illus.). (J). 30.58 *(978-1-5282-7037-3(1))* Forgotten Bks.

Private Dick & His Cat on a Stick. Garry Davies. 2018. (ENG., Illus.). 72p. (J). pap. *(978-1-78830-126-8(9))* Olympia Publishers.

Private Display of Affection. Winter Sandberg. 2016. (ENG., Illus.). (YA). (gr. 8-12). 24.99 *(978-1-63533-065-6(3)*, Harmony Ink Pr.) Dreamspinner Pr.

Private Eye Princess & the Emerald Pea: A Graphic Novel. Martin Powell. Illus. by Fernando Cano. 2019. (Far Out Fairy Tales Ser.). (ENG.). 40p. (J). (gr. 3-6). pap. 5.95 *(978-1-4965-8443-4(0)*, 140968); lib. bdg. 25.32 *(978-1-4965-8394-9(9)*, 140685) Capstone. (Stone Arch Bks.).

Private Gaspard: A Soldier of France; Translated from the French of Rene Benjamin (Classic Reprint) Selmer Fougner. 2018. (ENG., Illus.). 310p. (J). 30.31 *(978-0-484-90047-8(1))* Forgotten Bks.

Private History of Peregrinus Proteus, the Philosopher, Vol. 1 of 2 (Classic Reprint) Christoph Martin Wieland. (ENG., Illus.). (J). 2018. 300p. 30.08 *(978-0-666-91464-4(8))*; 2017. pap. 13.57 *(978-0-243-58833-6(X))* Forgotten Bks.

Private in Gray (Classic Reprint) Thomas Benton Reed. 2018. (ENG., Illus.). 136p. (J). 26.72 *(978-0-267-27585-4(4))* Forgotten Bks.

Private Label. Kelly Yang. (ENG.). 416p. (YA). (gr. 9). 2023. pap. 15.99 *(978-0-06-294111-4(9))*; 2022. 17.99 *(978-0-06-294110-7(0))* HarperCollins Pubs. (Tegen, Katherine Bks).

Private Lessons. Cynthia Salaysay. 2020. (ENG.). 320p. (YA). (gr. 9). 17.99 *(978-1-5362-0960-0(0))* Candlewick Pr.

Private Life. Henry James. 2017. (ENG.). 340p. (J). pap. *(978-3-7447-4781-3(6))* Creation Pubs.

Private Life: The Wheel of Time. Henry James & Press Chiswick. 2017. (ENG.). 342p. (J). pap. *(978-3-7447-4906-0(1))* Creation Pubs.

Private Life: The Wheel of Time Lord Beaupre, the Visits Collaboration Owen Wingrave (Classic Reprint) Henry James. 2018. (ENG., Illus.). 334p. (J). 30.79 *(978-0-428-97711-5(1))* Forgotten Bks.

Private Life Lord Beaupre: The Visits (Classic Reprint) Henry James. 2018. (ENG., Illus.). 244p. (J). 28.93 *(978-0-428-97018-5(4))* Forgotten Bks.

Private Life of an Eastern King (Classic Reprint) Unknown Author. 2017. (ENG., Illus.). (J). 30.95 *(978-0-260-04231-6(5))* Forgotten Bks.

Private Life of an Eastern King Together with Elihu Jan's Story or the Private Life of an Eastern Queen (Classic Reprint) William Knighton. 2018. (ENG., Illus.). 396p. (J). 32.08 *(978-0-267-65614-1(9))* Forgotten Bks.

Private Life of Lord Beaupré. Henry James. 2017. (ENG.). 246p. (J). pap. *(978-3-7447-4931-2(2))* Creation Pubs.

Private Life of the Queen, by a Member of the Royal Household (Classic Reprint) Unknown Author. 2017. (ENG., Illus.). (J). 31.07 *(978-0-266-46949-0(3))* Forgotten Bks.

Private Life, Vol. 1 Of 2: Or Varieties of Character & Opinion (Classic Reprint) Mary Jane MacKenzie. 2017. (ENG., Illus.). (J). 31.49 *(978-0-260-83448-5(3))* Forgotten Bks.

Private List for Camp Success. Chrissie Perry. ed. 2017. (Penelope Perfect Ser.: 2). lib. bdg. 16.00 *(978-0-606-40211-8(X))* Turtleback.

Private Lives of Kaiser William II, & His Consort, Vol. 3 (Classic Reprint) Henry William Fischer. (ENG., Illus.). (J). 2018. 292p. 29.92 *(978-0-666-65088-7(8))*; 2016. pap. 13.57 *(978-1-334-12905-6(3))* Forgotten Bks.

Private Lives of Teddies: (and What They Get up to When They Think You're Not Looking) J. P. Lawrence. 2019. (ENG.). 138p. (J). pap. *(978-0-9933504-3-6(7))* Riverside Cottage Pr.

Private Memoirs & Confessions of a Justified Sinner: Written by Himself. James Hogg. 2017. (ENG., Illus.). (J). 24.95 *(978-1-374-81736-4(8))*; pap. 14.95 *(978-1-374-81735-7(X))* Capital Communications, Inc.

Private Memoirs & Confessions of a Justified Sinner: Written by Himself (Classic Reprint) James Hogg. 2017. (ENG., Illus.). (J). 29.71 *(978-0-266-18026-5(4))* Forgotten Bks.

Private Purse: And Other Tales (Classic Reprint) S. C. Hall. (ENG., Illus.). (J). 2018. 196p. 27.94 *(978-0-267-38288-0(X))*; 2016. pap. 10.57 *(978-1-334-15243-6(8))* Forgotten Bks.

Private School #1, Nightmare Session. Steven Charles. 2018. (Private School Ser.: Vol. 1). (ENG., Illus.). 144p. (YA). (gr. 7-10). pap. 12.95 *(978-1-59687-560-9(7)*, ipicturebooks) ibooks, Inc.

Private School #2, Academy of Terror. Steven Charles. 2018. (Private School Ser.: Vol. 2). (ENG., Illus.). 144p. (YA). (gr. 7-12). pap. 12.95 *(978-1-59687-561-6(5))* ibooks, Inc.

Private School #3, Witch's Eye. Steven Charles. 2018. (Private School Ser.: Vol. 3). (ENG., Illus.). 130p. (YA). (gr. 7-12). pap. 12.95 *(978-1-59687-732-0(4))* ibooks, Inc.

Private School #4, Skeleton Key. Steven Charles. 2018. (Private School Ser.: Vol. 4). (ENG., Illus.). 126p. (YA). (gr. 7-12). pap. 12.95 *(978-1-59687-733-7(2))* ibooks, Inc.

Private School #5, the Enemy Within. Steven Charles. 2018. (ENG., Illus.). 144p. (YA). pap. 12.95 *(978-1-59687-734-4(0))* ibooks, Inc.

Private School #6, the Last Alien. Steven Charles. 2018. (ENG., Illus.). 126p. (YA). pap. 12.95 *(978-1-59687-735-1(9))* ibooks, Inc.

Private Space Exploration. C. F. Earl. 2016. (ENG., Illus.). (J). pap. 17.99 *(978-1-62524-409-3(6)*, Village Earth Pr.) Harding Hse. Publishing Sebice Inc.

Private Space Travel: A Space Discovery Guide. Margaret J. Goldstein. 2017. (Space Discovery Guides). (ENG., Illus.). 48p. (J). (gr. 4-6). 31.99 *(978-1-5124-2589-5(3)*, 2d08579d-21f9-4260-89cd-5ffef4d2d88d); E-Book 47.99 *(978-1-5124-2797-4(7))*; E-Book 47.99 *(978-1-5124-3815-4(4)*, 9781512438154); E-Book 4.99 *(978-1-5124-3816-1(2)*, 9781512438161) Lerner Publishing Group. (Lerner Pubns.).

Private Spud Tamson (Classic Reprint) R. W. Campbell. 2018. (ENG., Illus.). 304p. (J). 30.17 *(978-0-666-52167-5(0))* Forgotten Bks.

Private Thoughts upon a Christian Life, or Necessary Directions for Its Beginning & Progress upon Earth, in Order to Its Final Perfection in the Beatifick Vision, Vol. 2 (Classic Reprint) William Beveridge. (ENG., Illus.). (J). 2018. 368p. 31.51 *(978-0-483-52519-1(7))*; 2017. pap. 13.97 *(978-0-243-11186-2(X))* Forgotten Bks.

Private Thoughts upon a Christian Life, Vol. 2: Or Necessary Directions for Its Beginning & Progress upon Earth, in Order to Its Final Perfection in the Beatifick Vision (Classic Reprint) William Beveridge. 2016. (ENG., Illus.). (J). pap. 13.97 *(978-1-333-95229-7(5))* Forgotten Bks.

Private Tinker: And Other Stories (Classic Reprint) John Strange Winter. 2018. (ENG., Illus.). 196p. (J). 27.94 *(978-0-364-29410-9(8))* Forgotten Bks.

Private Tutor (Classic Reprint) Gamaliel Bradford Jr. 2018. (ENG., Illus.). 332p. (J). 30.74 *(978-0-484-47147-3(3))* Forgotten Bks.

Private Warwick: Musings of a Canuck in Khaki (Classic Reprint) Harry M. Wodson. 2018. (ENG., Illus.). 100p. (J). 25.96 *(978-0-267-48850-6(5))* Forgotten Bks.

Privateer, Vol. 1 Of 2: A Tale of the Sea (Classic Reprint) Unknown Author. 2018. (ENG., Illus.). 218p. (J). 28.39 *(978-0-483-81626-8(4))* Forgotten Bks.

Privateer, Vol. 2 Of 2: A Tale of the Sea (Classic Reprint) Unknown Author. (ENG., Illus.). (J). 2018. 234p. 28.72 *(978-0-267-39179-0(X))*; 2016. pap. 11.57 *(978-1-334-13742-6(0))* Forgotten Bks.

Privateer's Apprentice. Susan Verrico. 2018. 192p. (J). (gr. 3-7). pap. 7.95 *(978-1-68263-040-2(4))* Peachtree Publishing Co. Inc.

Privateers (Classic Reprint) H. B. Marriott Watson. 2016. (ENG., Illus.). (J). pap. 16.57 *(978-1-334-09594-8(9))* Forgotten Bks.

Privateers (Classic Reprint) Henry Brereton Marriott Watson. 2017. (ENG., Illus.). (J). 32.99 *(978-1-5280-6027-1(X))* Forgotten Bks.

Privateer's Promise. Marcia E. Barss. 2022. (ENG.). 192p. (J). *(978-1-0391-2865-1(3))*; pap. *(978-1-0391-2864-4(5))* FriesenPress.

Privet Hedge (Classic Reprint) J. E. Buckrose. (ENG., Illus.). (J). 2018. 304p. 30.19 *(978-0-365-46539-3(9))*; 2017. pap. 13.57 *(978-0-259-36222-7(0))* Forgotten Bks.

Privilege: A Novel of the Transition (Classic Reprint) Michael Sadleir. 2017. (ENG., Illus.). (J). 31.32 *(978-1-5279-4750-4(5))* Forgotten Bks.

Privilege in America, 1 vol. Ed. by Gary Wiener. 2019. (Opposing Viewpoints Ser.). (ENG.). 200p. (gr. 10-12). pap. 34.80 *(978-1-5345-0602-2(0)*, d970db98-a64c-43db-a0a7-defe6b30442c) Greenhaven Publishing LLC.

Priya Starts a Petition: Taking Civic Action, 1 vol. Tana Hensley. 2018. (Civics for the Real World Ser.). (ENG.). 16p. (gr. 2-3). pap. *(978-1-5383-6560-1(X)*, 5dd8d9c7-a69c-422a-b122-7aaabcf0ba23, Rosen Classroom) Rosen Publishing Group, Inc., The.

Priya the Swan Queen. Zanni Louise. 2021. (Stardust School of Dance Ser.). (ENG.). 112p. (J). (gr. k-2). pap. 9.99 *(978-1-925970-68-5(X))* Bonnier Publishing GBR. Dist: Independent Pubs. Group.

Prize Cup (Classic Reprint) John Townsend Trowbridge. 2019. (ENG., Illus.). 248p. (J). 29.01 *(978-0-483-23535-9(0))* Forgotten Bks.

Prize Day & Other Sketches: Being the Third Series of Shades (Classic Reprint) Charlie Burton. 2018. (ENG., Illus.). 260p. (J). 29.26 *(978-0-483-79421-4(X))* Forgotten Bks.

Prize Essay: Or Boy Wanted, a Comedy for Girls, in Two Acts (Classic Reprint) Edith F. A. U. Painton. 2018. (ENG., Illus.). 38p. (J). 24.68 *(978-0-484-61243-2(3))* Forgotten Bks.

Prize Painting Book: Good Times (Classic Reprint) Dora Wheeler. (ENG., Illus.). (J). 2018. 58p. 25.09 *(978-0-365-07116-7(1))*; 2018. 60p. pap. 9.57 *(978-0-364-10311-1(6))*; 2018. 66p. 25.28 *(978-0-267-40481-0(6))*; 2016. pap. 9.57 *(978-1-334-11824-1(8))* Forgotten Bks.

Prize Surprise. Pam Atherstone. 2023. (ENG.). 36p. (J). 19.95 ***(978-0-9979271-5-3(1))***; pap. 11.95 ***(978-0-9979271-4-6(3))*** Atherstone, Pamela.

Prize to the Hardy (Classic Reprint) Alice Ames Winter. 2018. (ENG., Illus.). 378p. (J). 31.71 *(978-0-483-55896-0(6))* Forgotten Bks.

Prize Winners! Show Horses Coloring Book. Smarter Activity Books for Kids. 2016. (ENG., Illus.). (J). pap. 9.22 *(978-1-68374-599-0(X))* Examined Solutions PTE. Ltd.

Prized Possession: Three Rulers. Two Worlds. One Girl. Nikole E. Galant. 2022. (ENG.). 650p. (YA). pap. ***(978-0-2288-8330-2(X))*** Tellwell Talent.

Prized Possessions. L. R. Wright. 2017. (ENG.). 288p. pap. 14.95 *(978-1-937384-98-2(5))* Felony & Mayhem, LLC.

Prizewinning Animals, 12 vols. 2022. (Prizewinning Animals Ser.). (ENG.). 24p. (J). (gr. 2-3). lib. bdg. 151.62 *(978-1-5383-8750-4(6)*, 137c82a2-e4c6-4f06-92dc-9f553dde736d, PowerKids Pr.) Rosen Publishing Group, Inc., The.

Prizin of Zin. Loretta Lea Sinclair. 2016. (Prizin of Zin Ser.). (ENG., Illus.). (YA). (gr. 7-12). pap. 17.99 *(978-0-9916159-7-1(2))* Sinclair, Loretta.

Pro Athlete Pay Equity. Martha London. 2020. (Sports in the News Ser.). (ENG., Illus.). 48p. (J). (gr. 5-6). pap. 11.95 *(978-1-64493-468-5(X)*, 164493468X); lib. bdg. 34.21 *(978-1-64493-392-3(6)*, 1644933926) North Star Editions. (Focus Readers).

Pro Baseball by the Numbers. Tom Kortemeier. 2016. (Pro Sports by the Numbers Ser.). (ENG., Illus.). 32p. (J). pap. 47.70 *(978-1-4914-9072-3(1)*, 24529); (gr. 3-9). lib. bdg. 28.65 *(978-1-4914-9059-4(4)*, 131634, Capstone Pr.) Capstone.

Pro Baseball Records: A Guide for Every Fan. Matthew Allan Chandler. 2019. (Ultimate Guides to Pro Sports Records Ser.). (ENG., Illus.). 64p. (J). (gr. 3-9). pap. 7.95 *(978-1-5435-5935-4(2)*, 139914); lib. bdg. 34.65 *(978-1-5435-5463-2(6)*, 139298) Capstone. (Compass Point Bks.).

Pro Baseball Upsets. Jeff Seidel. 2020. (Sports' Wildest Upsets (Lerner (tm) Sports) Ser.). (ENG., Illus.). 32p. (J). (gr. 2-5). 29.32 *(978-1-5415-7710-7(8)*, 8832c8e7-3982-47f2-9a00-41f2be894f52, Lerner Pubns.) Lerner Publishing Group.

Pro Baseball's All-Time Greatest Comebacks. Drew Lyon. 2019. (Sports Comebacks Ser.). (ENG., Illus.). 32p. (J). (gr. 3-9). lib. bdg. 28.65 *(978-1-5435-5436-6(9)*, 139286, Capstone Pr.) Capstone.

Pro Baseball's Championship. Tyler Omoth. 2018. (Major Sports Championships Ser.). (ENG., Illus.). 32p. (J). (gr. 3-9). lib. bdg. 27.32 *(978-1-5435-0497-2(3)*, 137303, Capstone Pr.) Capstone.

Pro Baseball's Underdogs: Players & Teams Who Shocked the Baseball World. Eric Braun. 2017. (Sports Shockers! Ser.). (ENG., Illus.). 32p. (J). (gr. 3-9). lib. bdg. 28.65 *(978-1-5157-8047-2(3)*, 136066, Capstone Pr.) Capstone.

Pro Basketball by the Numbers. Tom Kortemeier. 2016. (Pro Sports by the Numbers Ser.). (ENG., Illus.). 32p. (J). pap. 47.70 *(978-1-4914-9071-6(3)*, 24528); (gr. 3-9). lib. bdg. 28.65 *(978-1-4914-9058-7(6)*, 131633, Capstone Pr.) Capstone.

Pro Basketball Records: A Guide for Every Fan. Matthew Allan Chandler. 2019. (Ultimate Guides to Pro Sports Records Ser.). (ENG., Illus.). 64p. (J). (gr. 3-9). pap. 7.95 *(978-1-5435-5932-3(8)*, 139911); lib. bdg. 34.65 *(978-1-5435-5460-1(1)*, 139295) Capstone. (Compass Point Bks.).

Pro Basketball Upsets. MicKey Gilliam. 2020. (Sports' Wildest Upsets (Lerner (tm) Sports) Ser.). (ENG., Illus.). 32p. (J). (gr. 2-5). 29.32 *(978-1-5415-7716-9(7)*, 57767a82-0dca-43e6-8a6c-0488c33d440c, Lerner Pubns.) Lerner Publishing Group.

Pro Basketball's All-Time Greatest Comebacks. Sean McCollum. 2019. (Sports Comebacks Ser.). (ENG., Illus.). 32p. (J). (gr. 3-9). lib. bdg. 28.65 *(978-1-5435-5433-5(4)*, 139283, Capstone Pr.) Capstone.

Pro Basketball's Underdogs: Players & Teams Who Shocked the Basketball World. Eric Braun. 2017. (Sports Shockers! Ser.). (ENG., Illus.). 32p. (J). (gr. 3-9). lib. bdg. 28.65 *(978-1-5157-8046-5(5)*, 136065, Capstone Pr.) Capstone.

Pro Football by the Numbers. Tom Kortemeier. 2016. (Pro Sports by the Numbers Ser.). (ENG., Illus.). 32p. (J). pap. 47.70 *(978-1-4914-9070-9(5)*, 24527); (gr. 3-9). lib. bdg. 28.65 *(978-1-4914-9060-0(8)*, 131635, Capstone Pr.) Capstone.

Pro Football Draft, Vol. 10. Jim Gigliotti. 2016. (All about Professional Football Ser.: Vol. 10). (ENG., Illus.). 64p. (J). (gr. 7-12). 23.95 *(978-1-4222-3583-6(1))* Mason Crest.

Pro Football Hall of Fame. Robert Cooper. 2019. (Football in America Ser.). (ENG., Illus.). 32p. (J). (gr. 3-3). pap. 9.95 *(978-1-64494-052-5(3)*, 1644940523) North Star Editions.

Pro Football Hall of Fame. Robert Cooper. 2019. (Football in America Ser.). (ENG., Illus.). 32p. (J). (gr. 2-5). lib. bdg. 32.79 *(978-1-5321-6379-1(7)*, 32073, DiscoverRoo) Pop!.

Pro Football Players in the News: Two Sides of the Story, Vol. 10. Brian C. Peterson. 2016. (All about Professional Football Ser.: Vol. 10). (ENG., Illus.). 64p. (J). (gr. 7-12). 23.95 *(978-1-4222-3584-3(X))* Mason Crest.

Pro Football Records: A Guide for Every Fan. Shane Frederick. 2019. (Ultimate Guides to Pro Sports Records Ser.). (ENG., Illus.). 64p. (J). (gr. 3-9). pap. 7.95 *(978-1-5435-5933-0(6)*, 139912); lib. bdg. 34.65 *(978-1-5435-5461-8(X)*, 139296) Capstone. (Compass Point Bks.).

Pro Football Upsets. MicKey Gilliam. 2020. (Sports' Wildest Upsets (Lerner (tm) Sports) Ser.). (ENG., Illus.). 32p. (J). (gr. 2-5). 29.32 *(978-1-5415-7709-1(4)*, 8226ceff-2a68-40cb-8636-907b9f0e2ecb, Lerner Pubns.) Lerner Publishing Group.

Pro Football's All-Time Greatest Comebacks. Drew Lyon. 2019. (Sports Comebacks Ser.). (ENG., Illus.). 32p. (J). (gr. 3-9). lib. bdg. 28.65 *(978-1-5435-5434-2(2)*, 139284, Capstone Pr.) Capstone.

Pro Football's Championship. Tyler Omoth. 2018. (Major Sports Championships Ser.). (ENG., Illus.). 32p. (J). (gr. 3-9). lib. bdg. 27.32 *(978-1-5435-0479-8(5)*, 137284, Capstone Pr.) Capstone.

Pro Football's Underdogs: Players & Teams Who Shocked the Football World. Michael Bradley. 2017. (Sports Shockers! Ser.). (ENG., Illus.). 32p. (J). (gr. 3-9). lib. bdg. 28.65 *(978-1-5157-8048-9(1)*, 136067, Capstone Pr.) Capstone.

Pro Gamer Guide: Fortnite Battle Royale (Independent & Unofficial) Everything You Need to Get Victory Royale! Kevin Pettman. 2020. (ENG., Illus.). 192p. (J). (gr. 6-7). pap. 19.95 *(978-1-78739-292-2(9))* Carlton Kids GBR. Dist: Two Rivers Distribution.

Pro Gamer's Guide to Healthy Habits. Brian Saviano. 2023. (ENG.). 38p. (J). 15.95 *(978-1-64543-582-2(2)*, Mascot Kids) Amplify Publishing Group.

Pro Gaming. Lisa Owings. 2020. (Best of Gaming (UpDog Books (tm)) Ser.). (ENG., Illus.). 24p. (J). (gr. 3-5). 30.65 *(978-1-5415-9047-2(3)*, a1cd63f1-9813-4c0b-8d52-71172381808b, Lerner Pubns.) Lerner Publishing Group.

P

Pro Hockey by the Numbers. Tom Kortemeier. 2016. (Pro Sports by the Numbers Ser.). (ENG., Illus.). 32p. (J). pap. 47.70 *(978-1-4914-9069-3(1)*, 24526); (gr. 3-9). lib. bdg. 28.65 *(978-1-4914-9057-0(8)*, 131632, Capstone Pr.) Capstone.

Pro Hockey Records: A Guide for Every Fan. Shane Frederick. 2019. (Ultimate Guides to Pro Sports Records Ser.). (ENG., Illus.). 64p. (J). (gr. 3-9). pap. 7.95 *(978-1-5435-5934-7(4)*, 139913); lib. bdg. 34.65 *(978-1-5435-5462-5(8)*, 139297) Capstone. (Compass Point Bks.).

Pro Hockey Upsets. Will Graves. 2020. (Sports' Wildest Upsets (Lerner (tm) Sports) Ser.). (ENG., Illus.). 32p. (J). (gr. 2-5). 29.32 *(978-1-5415-7711-4(6)*, 8ad45f0d-0a92-4c26-a7f1-6ae89ec7a1d2, Lerner Pubns.) Lerner Publishing Group.

Pro Hockey's All-Time Greatest Comebacks. Sean McCollum. 2019. (Sports Comebacks Ser.). (ENG., Illus.). 32p. (J). (gr. 3-9). lib. bdg. 28.65 *(978-1-5435-5435-9(0)*, 139285, Capstone Pr.) Capstone.

Pro Hockey's Championship. Tyler Omoth. 2018. (Major Sports Championships Ser.). (ENG., Illus.). 32p. (J). (gr. 3-9). lib. bdg. 27.32 *(978-1-5435-0493-4(0)*, 137299, Capstone Pr.) Capstone.

Pro Hockey's Underdogs: Players & Teams Who Shocked the Hockey World. Michael Bradley. 2017. (Sports Shockers! Ser.). (ENG., Illus.). 32p. (J). (gr. 3-9). lib. bdg. 28.65 *(978-1-5157-8045-8(7)*, 136064, Capstone Pr.) Capstone.

Pro Patriâ (Classic Reprint) Max Pemberton. 2018. (ENG., Illus.). (J). 366p. 31.45 *(978-0-366-56411-8(0))*; 368p. pap. 13.97 *(978-0-366-14979-7(2))* Forgotten Bks.

Pro Soccer Upsets. Thomas Carothers. 2020. (Sports' Wildest Upsets (Lerner (tm) Sports) Ser.). (ENG., Illus.). 32p. (J). (gr. 2-5). 29.32 *(978-1-5415-7713-8(2)*, 1539af49-77fb-44d6-ab64-f876940485a9, Lerner Pubns.) Lerner Publishing Group.

Pro Sports Biographies: Bryce Harper. Elizabeth Raum. 2017. (Pro Sports Biographies Ser.). (ENG., Illus.). 24p. (J). (gr. 1-3). pap. 10.99 *(978-1-68152-166-4(0)*, 14794) Amicus.

Pro Sports Biographies: Cam Newton. Elizabeth Raum. 2017. (Pro Sports Biographies Ser.). (ENG.). 24p. (J). (gr. 1-3). pap. 10.99 *(978-1-68152-168-8(7)*, 14795) Amicus.

Pro Sports Biographies: Carli Lloyd. Elizabeth Raum. 2017. (Pro Sports Biographies Ser.). (ENG.). 24p. (J). (gr. 1-3). pap. 9.99 *(978-1-68152-163-3(6)*, 14796) Amicus.

Pro Sports Biographies: Chloe Kim. Elizabeth Raum. 2017. (Pro Sports Biographies Ser.). (ENG., Illus.). 24p. (J). (gr. 1-3). pap. 9.99 *(978-1-68152-165-7(2)*, 14797) Amicus.

Pro Sports Biographies: J. J. Watt. Elizabeth Raum. 2017. (Pro Sports Biographies Ser.). (ENG., Illus.). 24p. (J). (gr. 1-3). pap. 10.99 *(978-1-68152-167-1(9)*, 14798) Amicus.
Pro Sports Biographies: Lebron James. Elizabeth Raum. 2017. (Pro Sports Biographies Ser.). (ENG., Illus.). 24p. (J). (gr. 1-4). pap. 9.99 *(978-1-68152-169-5(5)*, 14799) Amicus.
Pro Sports Biographies: Maya Moore. Elizabeth Raum. 2017. (Pro Sports Biographies Ser.). (ENG., Illus.). 24p. (J). (gr. 1-3). pap. 10.99 *(978-1-68152-164-0(4)*, 14800) Amicus.
Pro Sports Biographies: Serena Williams. Elizabeth Raum. 2017. (Pro Sports Biographies Ser.). (ENG., Illus.). 24p. (J). (gr. 1-3). pap. 10.99 *(978-1-68152-170-1(9)*, 14801) Amicus.
Pro Sports by the Numbers. Tom Kortemeier. 2016. (Pro Sports by the Numbers Ser.). (ENG., Illus.). 32p. (J). (gr. 3-9). 122.60 *(978-1-4914-9073-0(X)*, 24530, Capstone Pr.) Capstone.
Pro Sports Stars (Set Of 8) Douglas Lynne. 2020. (Pro Sports Stars Ser.). (ENG.). (J). (gr. 3-3). pap. 71.60 *(978-1-63494-234-8(5)*, 1634942345); lib. bdg. 228.00 *(978-1-63494-216-4(7)*, 1634942167) Pr. Room Editions LLC.
Pro Sports Team Guides. Drew Lyon & Tyler Omoth. 2017. (Pro Sports Team Guides). (ENG.). 72p. (J). (gr. 3-9). 149.28 *(978-1-5157-8870-6(9)*, 27152, Capstone Pr.) Capstone.
Pro Wrestling. Kenny Abdo. 2018. (Arena Events Ser.). (ENG., Illus.). 24p. (J). (gr. 2-8). lib. bdg. 31.36 *(978-1-5321-2537-9(2)*, 30083, Abdo Zoom-Fly) ABDO Publishing Co.
Pro-Wrestling Superstar John Cena. Jon M. Fishman. 2019. (Bumba Books (r) — Sports Superstars Ser.). (ENG., Illus.). 24p. (J). (gr. -1-1). pap. 8.99 *(978-1-5415-7363-5(3)*, 83506c01-9579-4696-9da6-5c2a9cfd3694); lib. bdg. 26.65 *(978-1-5415-5565-5(1)*, 50cbd44f-7328-4555-a59c-31a9d4a57581) Lerner Publishing Group. (Lerner Pubns.).
Pro Wrestling's G. O. A. T. Hulk Hogan, Dwayne the Rock Johnson, & More. Joe Levit. 2021. (Sports' Greatest of All Time (Lerner (tm) Sports) Ser.). (ENG., Illus.). 32p. (J). (gr. 2-5). pap. 9.99 *(978-1-7284-3159-8(X)*, 3ff1e8b7-c25e-4265-a971-5b1586952b57, Lerner Pubns.) Lerner Publishing Group.
Pro Wrestling's Greatest Faces. Matt Scheff. 2016. (Pro Wrestling's Greatest Ser.). (ENG., Illus.). 32p. (J). (gr. 3-9). lib. bdg. 32.79 *(978-1-68078-494-7(3)*, 23811, SportsZone) ABDO Publishing Co.
Pro Wrestling's Greatest Heels. Matt Scheff. 2016. (Pro Wrestling's Greatest Ser.). (ENG., Illus.). 32p. (J). (gr. 3-9). lib. bdg. 32.79 *(978-1-68078-495-4(1)*, 23813, SportsZone) ABDO Publishing Co.
Pro Wrestling's Greatest Matches. Matt Scheff. 2016. (Pro Wrestling's Greatest Ser.). (ENG., Illus.). 32p. (J). (gr. 3-9). lib. bdg. 32.79 *(978-1-68078-496-1(X)*, 23815, SportsZone) ABDO Publishing Co.
Pro Wrestling's Greatest Rivalries. Matt Scheff. 2016. (Pro Wrestling's Greatest Ser.). (ENG., Illus.). 32p. (J). (gr. 3-9). lib. bdg. 32.79 *(978-1-68078-497-8(8)*, 23817, SportsZone) ABDO Publishing Co.
Pro Wrestling's Greatest Secrets Exposed. Matt Scheff. 2016. (Pro Wrestling's Greatest Ser.). (ENG., Illus.). 32p. (J). (gr. 3-9). lib. bdg. 32.79 *(978-1-68078-498-5(6)*, 23819, SportsZone) ABDO Publishing Co.
Pro Wrestling's Greatest (Set), 6 vols. Matt Scheff. 2016. (Pro Wrestling's Greatest Ser.). (ENG.). 32p. (J). (gr. 3-9). lib. bdg. 196.74 *(978-1-68078-493-0(5)*, 23809, SportsZone) ABDO Publishing Co.
Pro Wrestling's Greatest Tag Teams. Matt Scheff. 2016. (Pro Wrestling's Greatest Ser.). (ENG., Illus.). 32p. (J). (gr. 3-9). lib. bdg. 32.79 *(978-1-68078-499-2(4)*, 23821, SportsZone) ABDO Publishing Co.
Probability of Everything. Sarah Everett. 2023. (ENG.). 336p. (J). (gr. 3-7). 19.99 *(978-0-06-325655-2(X)*, Clarion Bks.) HarperCollins Pubs.
Probably a Narwhal. Shelley Moore Thomas. Illus. by Jenn Harney. 2020. (ENG.). 32p. (J). (gr. -1-2). 17.99 *(978-1-62979-581-2(X)*, Astra Young Readers) Astra Publishing Hse.
Probably Monsters. Ray Cluley. 2022. (ENG.). 436p. (YA). pap. 15.62 *(978-1-83919-383-5(2))* Vulpine Pr.
Probate Chaff: Or Beautiful Probate; or Three Years Probating in San Francisco; a Modern Drama Showing the Merry Side of a Dark Picture (Classic Reprint) J. W. Stow. 2018. (ENG., Illus.). 314p. (J). 30.39 *(978-0-428-87895-5(4))* Forgotten Bks.
Probation. Jessie Fothergill. 2017. (ENG.). (J). 424p. pap. *(978-3-337-03310-1(5))*; 284p. pap. *(978-3-337-05403-8(X))*; 316p. pap. *(978-3-337-05404-5(8))*; 344p. pap. *(978-3-337-05405-2(6))* Creation Pubs.
Probation: A Novel (Classic Reprint) Jessie Fothergill. 2017. (ENG., Illus.). (J). 32.64 *(978-1-5283-5198-0(3))* Forgotten Bks.
Probation, Vol. 1 Of 3: A Novel (Classic Reprint) Jessie Fothergill. 2018. (ENG., Illus.). 282p. (J). 29.73 *(978-0-267-16274-1(X))* Forgotten Bks.
Probation, Vol. 2 Of 3: A Novel (Classic Reprint) Jessie Fothergill. 2018. (ENG., Illus.). 318p. (J). 30.46 *(978-0-483-30998-2(2))* Forgotten Bks.
Probation, Vol. 3 Of 3: A Novel (Classic Reprint) Jessie Fothergill. 2018. (ENG., Illus.). 340p. (J). 30.93 *(978-0-483-46303-5(5))* Forgotten Bks.
Probationer: And Other Stories (Classic Reprint) Herman Whitaker. 2018. (ENG., Illus.). 330p. (J). 30.72 *(978-0-483-64418-2(8))* Forgotten Bks.
Probe Power: How Space Probes Do What Humans Can't. Ailynn Collins. 2019. (Future Space Ser.). (ENG., Illus.). 32p. (J). (gr. 3-9). pap. 7.95 *(978-1-5435-7518-7(8)*, 141049); lib. bdg. 28.65 *(978-1-5435-7269-8(3)*, 140600) Capstone.
Problem: A Military Novel (Classic Reprint) F. Grant Gilmore. (ENG., Illus.). (J). 2018. 104p. 26.06 *(978-0-656-97218-0(1))*; 2017. pap. 9.57 *(978-0-282-01159-8(5))* Forgotten Bks.
Problem at the Playground (Undersea Mystery Club Book 1) Courtney Carbone. Illus. by Melanie Demmer. 2019. (Undersea Mystery Club Ser.). (ENG.). 80p. (J). 12.99 *(978-1-5248-5547-5(2))*; pap. 6.99 *(978-1-5248-5524-6(3))* Andrews McMeel Publishing.
Problem Child. Sheryl Recinos. 2022. (Junior Hindsight Ser.: Vol. 1). (ENG.). 136p. (J). pap. 12.00 ***(978-1-951542-01-6(0))*** Recinos, Sheryl.
Problem Child. Michael Buckley. ed. 2017. (Sisters Grimm Ser.: 3). (J). lib. bdg. 19.60 *(978-0-606-39687-5(X))* Turtleback.
Problem Child (the Sisters Grimm #3) 10th Anniversary Edition. Michael Buckley. Illus. by Peter Ferguson. 10th ed. 2017. (Sisters Grimm Ser.). (ENG.). 288p. (J). (gr. 3-7). pap. 9.99 *(978-1-4197-2004-8(X)*, 580606, Amulet Bks.) Abrams, Inc.
Problem (Classic Reprint) Hope Gladden. 2018. (ENG., Illus.). 254p. (J). 29.14 *(978-0-483-93353-8(8))* Forgotten Bks.
Problem in My Community: Taking Civic Action, 1 vol. Jill Keppeler. 2018. (Civics for the Real World Ser.). (ENG.). 16p. (gr. 2-3). pap. *(978-1-5383-6578-6(2)*, 1078a120-29a6-48c7-a733-2aa8f74bab93, Rosen Classroom) Rosen Publishing Group, Inc., The.
Problem of Flight: A Text-Book of Aerial Engineering (Classic Reprint) Herbert Chatley. 2018. (ENG., Illus.). 130p. (J). 26.60 *(978-0-364-48726-6(7))* Forgotten Bks.
Problem Shared. Katie Goodchild-Ellis. Illus. by Lyn Stone. 2021. (ENG.). 24p. (J). pap. *(978-1-83975-463-0(X))* Grosvenor Hse. Publishing Ltd.
Problem Solved! Jan Thomas. Illus. by Jan Thomas. 2023. (ENG., Illus.). 40p. (J). (-3). 15.99 ***(978-1-6659-3999-7(0)***, Beach Lane Bks.) Beach Lane Bks.
Problem Solvers: 15 Innovative Women Engineers & Coders. P. J. Hoover. 2022. (Women of Power Ser.: 7). 224p. (YA). (gr. 7). 16.99 *(978-1-64160-638-7(X))* Chicago Review Pr., Inc.
Problem Solving & Reasoning Ages 5-7: Ideal for Home Learning (Collins Easy Learning KS1) Collins Easy Learning. 2018. (ENG., Illus.). 32p. pap. 5.95 *(978-0-00-827535-8(1))* HarperCollins Pubs. Ltd. GBR. Dist: Independent Pubs. Group.
Problem Solving & Reasoning Ages 7-9: Ideal for Home Learning (Collins Easy Learning KS2) Collins Easy Learning. 2018. (ENG., Illus.). 32p. pap. 5.95 *(978-0-00-827536-5(X))* HarperCollins Pubs. Ltd. GBR. Dist: Independent Pubs. Group.
Problem-Solving Methods of the Continental Congress, 1 vol. Jeremy Morlock. 2018. (Project Learning Through American History Ser.). (ENG.). 32p. (gr. 4-5). 27.93 *(978-1-5383-3071-5(7)*, d0e28d22-98b0-410a-bee5-d3ef709cfccb, PowerKids Pr.) Rosen Publishing Group, Inc., The.
Problem Solving Ninja: A STEM Book for Kids about Becoming a Problem Solver. Mary Nhin. Illus. by Jelena Stupar. 2021. (Ninja Life Hacks Ser.: Vol. 53). (ENG.). 36p. (J). 19.99 *(978-1-63731-177-6(X))* Grow Grit Pr.
Problem Solving Strategies for Elementary-School Math. Kiana Avestimehr & Salman Avestimehr. 2020. (ENG., Illus.). 124p. (J). pap. 9.95 *(978-1-68063-984-5(5))* Now Pubs.
Problem with Gravity. Michelle Mohrweis. 2023. (ENG.). 288p. (J). (gr. 3-7). 17.99 ***(978-1-68263-595-7(3))*** Peachtree Publishing Co. Inc.
Problem with Moisture - Humidity for Kids - Science Book Age 7 Children's Science & Nature Books. Baby Professor. 2017. (ENG., Illus.). 64p. (J). pap. 9.52 *(978-1-5419-1274-8(8)*, Baby Professor (Education Kids)) Speedy Publishing LLC.
Problem with Pajamas. Lauren Stohler. Illus. by Lauren Stohler. 2022. (ENG., Illus.). 40p. (J). (gr. -1-3). 17.99 *(978-1-5344-9343-8(3)*, Atheneum Bks. for Young Readers) Simon & Schuster Children's Publishing.
Problem with Plastic: Know Your Facts, Take Action, Save the Oceans. Ruth Owen. 2021. (ENG., Illus.). 32p. (J). (gr. 2-7). pap. 9.99 *(978-1-78856-142-6(2)*, 54ff36bb-6472-43f1-b8f7-d394472c3428); lib. bdg. 29.32 *(978-1-78856-141-9(4)*, cd0e3cac-0a6c-4112-948d-60da9a9874ce) Ruby Tuesday Books Limited GBR. Dist: Lerner Publishing Group.
Problem with Problems. Rachel Rooney. Illus. by Zehra Hicks. import ed. 2020. (ENG.). 32p. (J). (gr. -1-2). 17.99 *(978-0-593-17317-6(1)*, Rodale Kids) Random Hse. Children's Bks.
Problem with Prophecies. Scott Reintgen. 2022. (Celia Cleary Ser.: 1). (ENG.). 352p. (J). (gr. 5-9). 17.99 *(978-1-6659-0357-8(0)*, Aladdin) Simon & Schuster Children's Publishing.
Problem with the Other Side. Kwame Ivery. 336p. (YA). (gr. 9). 2022. pap. 10.99 *(978-1-64129-354-9(3))*; 2021. 18.99 *(978-1-64129-205-4(9))* Soho Pr., Inc. (Soho Teen).
Problema con el Espectáculo de Mascotas (the Pet Show Problem) Kirsten McDonald. Illus. by Erika Meza. 2018. (Carlos & Carmen (Spanish Version) (Calico Kid) Ser.). (SPA.). 32p. (J). (gr. -1-3). lib. bdg. 32.79 *(978-1-5321-3358-9(8)*, 31189, Calico Chapter Bks) Magic Wagon.
Problema con la Piscina: La Complicada Vida de Claudia Cristina Cortez. Diana G. Gallagher. Tr. by Aparicio Publishing Aparicio Publishing LLC. Illus. by Brann Garvey. 2020. (Claudia Cristina Cortez en Español Ser.). (SPA.). 88p. (J). (gr. 4-8). pap. 6.95 *(978-1-4965-9966-7(7)*, 201659); lib. bdg. 27.32 *(978-1-4965-9804-2(0)*, 200692) Capstone. (Stone Arch Bks.).
Problemas de Diente (Tooth Trouble) Kirsten McDonald. Illus. by Fátima Anaya. 2019. (Carlos & Carmen (Spanish Version) (Calico Kid) Ser.). (SPA.). 32p. (J). (gr. -1-3). lib. bdg. 32.79 *(978-1-5321-3609-2(9)*, 31957, Calico Chapter Bks) Magic Wagon.
Problemas en la Casa de Al Lado: Trouble Next Door (Spanish Edition) Karen English. Tr. by Aurora Humaran & Leticia Monge. Illus. by Laura Freeman. 2020. (Carver Chronicles Ser.: 4). (SPA.). 160p. (J). (gr. 1-5). pap. 5.99 *(978-0-358-25197-2(4)*, 1770095, Clarion Bks.) HarperCollins Pubs.
Problemas Robóticos: Leveled Reader Book 11 Level R 6 Pack. Hmh Hmh. 2021. (SPA.). 40p. (J). pap. 74.40 *(978-0-358-08580-5(2))* Houghton Mifflin Harcourt Publishing Co.
Problematic Characters: A Novel (Classic Reprint) Friedrich Spielhagen. 2018. (ENG., Illus.). 516p. (J). 34.48 *(978-0-332-90809-0(7))* Forgotten Bks.
Problematic Paradox. Eliot Sappingfield. 2019. 368p. (J). (gr. 5). 8.99 *(978-1-5247-3847-1(6)*, Puffin Books) Penguin Young Readers Group.
Problems above Pangaea Moon. Sandy Lender. 2020. (Dragons in Space Ser.: 2). (ENG.). 142p. (YA). pap. 9.95 *(978-0-9998780-7-1(7)*, Dragon Hoard Pr.) IYF Publishing.
Problems at the Pond. Jessica Lee Anderson. Illus. by Alejandra Barajas. 2023. (Naomi Nash Ser.). (ENG.). 112p. (J). 25.99 *(978-1-6663-4942-9(9)*, 238974); pap. 7.99 *(978-1-6663-4946-7(1)*, 238958) Capstone. (Picture Window Bks.).
Problems of Sugar: . . a Children's Dreamtime Story... Semisi Pule. 2020. (ENG.). 46p. (J). pap. *(978-1-988511-82-5(8))* Rainbow Enterprises.
Problems with Pythagoras!, 4. Stella Tarakson. ed. 2020. (Hopeless Heroes Ser.). (ENG.). 208p. (J). (gr. 4-5). 17.79 *(978-1-64697-128-2(0))* Penworthy Co., LLC, The.
Problim Children. Natalie Lloyd. (ENG., Illus.). 304p. (J). (gr. 3-7). 2019. pap. 7.99 *(978-0-06-242822-6(5))*; 2018. 16.99 *(978-0-06-242820-2(9))* HarperCollins Pubs. (Tegen, Katherine Bks).
Problim Children: Island in the Stars. Natalie Lloyd. (ENG.). 304p. (J). (gr. 3-7). 2021. pap. 7.99 *(978-0-06-242828-8(4))*; 2020. (Illus.). 16.99 *(978-0-06-242827-1(6))* HarperCollins Pubs. (Tegen, Katherine Bks).
Problim Children: Carnival Catastrophe. Natalie Lloyd. (ENG.). 320p. (J). (gr. 3-7). 2020. pap. 7.99 *(978-0-06-242825-7(X))*; 2019. (Illus.). 16.99 *(978-0-06-242824-0(1))* HarperCollins Pubs. (Tegen, Katherine Bks).
Proceedings & Addresses at Fiftieth Anniversary, Lancaster, Pa. , October 17, 1941, Vol. 50 (Classic Reprint) Pennsylvania-German Society. 2017. (ENG., Illus.). (J). 29.55 *(978-0-331-48496-0(X))*; pap. 11.97 *(978-0-260-85620-3(7))* Forgotten Bks.
Proceedings & Addresses at Lancaster, October 9, 1925, Vol. 36 (Classic Reprint) Pennsylvania-German Society. 2017. (ENG., Illus.). (J). 29.82 *(978-0-331-48303-1(3))*; pap. 13.57 *(978-0-260-85982-2(6))* Forgotten Bks.
Proceedings at the Dedication of the Theophilus Harrington Monument, July 3 1886: Copied from the Rutland Herald of July 5, 1886 (Classic Reprint) Eva J. Stickney. 2018. (ENG., Illus.). (J). 30p. 24.54 *(978-1-396-78664-8(3))*; 32p. pap. 7.97 *(978-1-396-38164-5(3))* Forgotten Bks.
Proceedings of a General Court-Martial Convened at Headquarters, Department of Texas, San Antonio, Tex;, April 15, 1907 in the Case Pf Capt. Edgar A. Macklin, Twenty-Fifth United States Infantry (Classic Reprint) Edgar a Macklin. 2018. (ENG., Illus.). 278p. (J). 29.65 *(978-0-483-04359-6(1))* Forgotten Bks.
Proceedings of the American Society for Psychical Research, 1907, Vol. 1: Section B of the American Institute for Scientific Research; Parts I-III (Classic Reprint) American Society For Psychical Research. 2017. (ENG., Illus.). (J). pap. 20.97 *(978-0-243-52270-5(3))* Forgotten Bks.
Proceedings of the American Society for Psychical Research, 1909, Vol. 3: Section B of the American Institute for Scientific Research; Parts I-II (Classic Reprint) American Society For Psychical Research. 2017. (ENG., Illus.). (J). pap. 23.57 *(978-0-243-60205-6(7))* Forgotten Bks.
Proceedings of the American Society for Psychical Research, 1912, Vol. 6: Section B of the American Institute for Scientific Research (Classic Reprint) American Society For Psychical Research. (ENG., Illus.). (J). 2018. 906p. 42.58 *(978-0-483-52556-6(1))*; 2017. pap. 24.92 *(978-0-243-12097-0(4))* Forgotten Bks.
Proceedings of the American Society for Psychical Research, 1941, Vol. 8: Section B of the American Institute for Scientific Research (Classic Reprint) American Society For Psychical Research. 2017. (ENG., Illus.). (J). pap. 25.34 *(978-0-243-53142-4(7))* Forgotten Bks.
Proceedings of the American Society for Psychical Research, Vol. 12: Section B of the American Institute for Scientific Research (Classic Reprint) American Society For Psychical Research. 2017. (ENG., Illus.). (J). pap. 23.57 *(978-0-259-76641-4(0))* Forgotten Bks.
Proceedings of the American Society for Psychical Research, Vol. 5: Section B of the American Institute for Scientific Research (Classic Reprint) American Society For Psychical Research. 2017. (ENG., Illus.). (J). pap. 23.57 *(978-0-282-59756-6(5))* Forgotten Bks.
Proceedings of the Board of Trustees of the College of the City of New York; Minutes of the Executive of the Committee of the College of the City of New York 1900. 2017. (ENG., Illus.). (J). pap. *(978-0-649-44986-6(X))* Trieste Publishing Pty Ltd.
Proceedings of the Boston Oswego Railroad Convention: Held in Oswego, June 14th & 15th, 1871 (Classic Reprint) Boston And Oswego Railroad Convention. 2018. (ENG., Illus.). 70p. (J). 25.34 *(978-0-332-04692-1(3))* Forgotten Bks.
Proceedings of the Eleventh Anniversary of the University Convocation of the State of New York, Held July 7th, 8th And 9th 1874. University of the State of New York. 2017. (ENG., Illus.). (J). pap. *(978-0-649-68136-5(3))* Trieste Publishing Pty Ltd.
Proceedings of the Fifteenth Anniversary of the University Convocation of the State of New York, Held July 9th, 10th & 11th, 1878; Being Part IV of the 92nd Annual Report of the Regents of the University. 2017. (ENG., Illus.). (J). pap. *(978-0-649-47742-5(1))* Trieste Publishing Pty Ltd.
Proceedings of the Fifth Anniversary of the University Convocation of the State of New York, Held August 4th, 5th, 6th 1868. 2017. (ENG., Illus.). (J). pap. *(978-0-649-68110-5(X))* Trieste Publishing Pty Ltd.
Proceedings of the Fifth Anniversary of the University Convocation of the State of New York, Held August 4th, 5th And 6th 1868. 2017. (ENG., Illus.). (J). pap. *(978-0-649-68105-1(3))* Trieste Publishing Pty Ltd.
Proceedings of the Nebraska Ornithologists' Union, 1908-1915: Volume IV, Complete in 2 Parts, 1908-09; Volume V, Complete in 5 Parts, 1910-13; Volume VI Complete in 3 Parts, 1915; (per Circular in File 191) (Classic Reprint) Nebraska Ornithologists' Union. (ENG., Illus.). (J). 2017. 29.22 *(978-0-331-99498-8(4))*; 2016. pap. 11.57 *(978-1-334-83046-4(0))* Forgotten Bks.
Proceedings of the Nineteenth Meeting of the University Convocation of the State of New York, Held July 12-14 1881. University of the State of New York. 2017. (ENG., Illus.). (J). pap. *(978-0-649-68137-2(1))* Trieste Publishing Pty Ltd.
Proceedings of the Seventh Anniversary of the University Convocation of the State of New York, August 2-4 1870. University of the State of New York. 2017. (ENG., Illus.). (J). pap. *(978-0-649-68134-1(7))* Trieste Publishing Pty Ltd.
Proceedings of the Sixth Anniversary Convocation of the University Convocation of the State of New York, Held August 3D, 4th And 5th 1869. 2017. (ENG., Illus.). (J). pap. *(978-0-649-68135-8(5))* Trieste Publishing Pty Ltd.
Proceedings of the Southern New Hampshire Bar Association, & Its Eighth Annual Meeting Held at Concord, N. H. , March 16 1899. Southern New Hampshire Bar Association. 2017. (ENG., Illus.). (J). pap. *(978-0-649-54248-2(7))* Trieste Publishing Pty Ltd.
Proceedings of the Southern New Hampshire Bar Association at Its Fifth Annual Meeting Held at Nashua, N. H. , February 26 1896. Southern New Hampshire Bar Association. 2017. (ENG., Illus.). (J). pap. *(978-0-649-53852-2(8))* Trieste Publishing Pty Ltd.
Proceedings of the Southern New Hampshire Bar Association, at Its Sixth, Seventh Annual Meeting, Held at Manchester, N. H. , February 27, 28, 1897-1898, Pp. 109-172, Pp. 177-273. 2017. (ENG., Illus.). (J). pap. *(978-0-649-68172-3(X))* Trieste Publishing Pty Ltd.
Proceedings of the Toronto Tandem Club: 1839, 40, & 41 (Classic Reprint) Toronto Tandem Club. (ENG., Illus.). (J). 2018. 72p. 25.38 *(978-0-365-02580-1(1))*; 2017. pap. 9.57 *(978-0-259-86595-7(8))* Forgotten Bks.
Proceedings of the Twentieth Meeting of the University Convocation of the State of New York, July 11-13 1882. 2017. (ENG., Illus.). (J). pap. *(978-0-649-68139-6(8))* Trieste Publishing Pty Ltd.
Proceedings of the Twenty-Fourth Convocation of the University of the State of New York, Held July 6th - 8th, 1886, Pp. 75-303. University of the State of New York. 2017. (ENG., Illus.). (J). pap. *(978-0-649-68138-9(X))* Trieste Publishing Pty Ltd.
Proceedings on the Trial of Captain G Late of His Majesty's Ship the Severn, on an Action on the Case Wherein the Damages Sued for Was 10, 000 L. for Crim. con. with Ad I K -S's Lady: Which Was Tried in the Court of King's Bench at Guildhall, by a Spe. James Gambier. 2017. (ENG., Illus.). (J). 25.22 *(978-0-265-71477-5(X))*; pap. 9.57 *(978-1-5276-6972-7(6))* Forgotten Bks.
Proces d'Esope Avec les Animaux (Classic Reprint) Antoine-François Le Bailly. 2017. (FRE., Illus.). (J). 28.78 *(978-0-331-85494-7(5))*; pap. 11.57 *(978-0-259-83248-5(0))* Forgotten Bks.
Process of Drawing Animals Activity Book. Activibooks For Kids. 2016. (ENG., Illus.). (J). pap. 6.99 *(978-1-68321-438-0(2))* Mimaxion.
Process of Weathering & Erosion Introduction to Physical Geology Grade 3 Children's Earth Sciences Books. Baby Professor. 2021. (ENG.). 72p. (J). 27.99 *(978-1-5419-8375-5(0))*; pap. 16.99 *(978-1-5419-5912-5(4))* Speedy Publishing LLC. (Baby Professor (Education Kids)).
PROCESSbook: A Goal Planning Workbook Designed to Help Middle School Students Set Goals & Increase Their Confidence. Donna Prudhomme. 2019. (ENG.). 184p. (J). pap. 16.99 *(978-1-7331188-1-1(0))* PLANit Brands, LLC.
Procrastination: Or Maria Louisa Winslow (Classic Reprint) Unknown Author. (ENG., Illus.). (J). 2018. 114p. 26.35 *(978-0-428-38636-8(9))*; 2017. pap. 9.57 *(978-0-259-01021-0(9))* Forgotten Bks.
Procrastination Bug. Bohannon, Sr. 2023. (ENG., Illus.). 30p. (J). pap. 13.95 ***(978-1-68526-540-3(5))*** Covenant Bks.
PROcrastinator, Volume 5. Julia Cook. Illus. by Anita DuFalla. ed. 2017. (Responsible Me! Ser.: 5). (ENG.). 32p. (J). (gr. k-6). pap. 11.95 *(978-1-944882-09-9(X))* Boys Town Pr.
Prodigal. Harold Raley. 2016. (ENG., Illus.). (YA). (gr. 7-12). pap. 14.95 *(978-1-59095-340-2(1)*, ExamWise) Total Recall Learning, Inc.
Prodigal: A Modern Re-Telling of the Parable of the Lost Son. Clive Thomas. 2022. (ENG.). 110p. (YA). pap. *(978-1-4717-5965-9(2))* Lulu Pr., Inc.
Prodigal: Chapters by Moorhouse, Moody, Spurgeon, Aitken, Talmage & Others (Classic Reprint) Henry Moorhouse. 2017. (ENG., Illus.). (J). 26.70 *(978-0-260-38143-9(8))*; pap. 9.57 *(978-0-243-25475-0(X))* Forgotten Bks.
Prodigal (Classic Reprint) Mary Hallock Foote. 2017. (ENG., Illus.). (J). 26.29 *(978-0-266-18091-3(4))* Forgotten Bks.
Prodigal Daughter: A Comedy in One Act (Classic Reprint) Francis Sheehy Skeffington. 2018. (ENG., Illus.). (J). 32p. 24.58 *(978-1-396-69102-7(2))*; 34p. pap. 7.97 *(978-1-396-17588-6(1))* Forgotten Bks.
Prodigal Daughters (Classic Reprint) Joseph Hocking. 2017. (ENG., Illus.). (J). 31.09 *(978-0-331-66598-7(0))*; pap. 13.57 *(978-0-259-38577-6(8))* Forgotten Bks.
Prodigal Father (Classic Reprint) J. Storer Clouston. 2018. (ENG., Illus.). 360p. (J). 31.32 *(978-0-267-23749-4(9))* Forgotten Bks.
Prodigal in Love. Emma Wolf. 2017. (ENG.). 268p. (J). pap. *(978-3-337-00169-8(6))* Creation Pubs.
Prodigal in Love: A Novel (Classic Reprint) Emma Wolf. 2018. (ENG., Illus.). 270p. (J). 29.47 *(978-0-484-18250-8(1))* Forgotten Bks.
Prodigal Judge (Classic Reprint) Vaughan Kester. 2018. (ENG., Illus.). 476p. (J). 33.71 *(978-0-364-17407-4(2))* Forgotten Bks.
Prodigal of the Hills (Classic Reprint) Edgar William Dynes. (ENG., Illus.). (J). 2018. 336p. 30.70

(978-0-484-03309-1(3)); 2017. pap. 13.57 *(978-0-243-28086-5(6))* Forgotten Bks.

Prodigal Pro Tem (Classic Reprint) Frederick Orin Bartlett. (ENG., Illus.). (J). 2018. 334p. 30.81 *(978-0-483-67695-4(0))*; 2016. pap. 13.57 *(978-1-334-59221-8(7))* Forgotten Bks.

Prodigal Pups. Traci Pate. 2018. (ENG., Illus.). 30p. (J). 21.95 *(978-1-64079-062-9(4))* Christian Faith Publishing.

Prodigal Sock. Allan And Nicole Smith. 2022. (ENG., Illus.). 20p. (J). pap. 14.95 ***(978-1-68570-889-4(7))*** Christian Faith Publishing.

Prodigal Son. Su Box. Illus. by Simona Sanfilippo. 2018. (My Bible Stories Ser.). (ENG.). 24p. (J). (gr. -1-k). lib. bdg. 19.99 *(978-1-68297-177-2(5)*, 19e61ff0-51c0-4d01-897f-04ca50c8b0fd) QEB Publishing Inc.

Prodigal Son: A Drama in Four Acts (Classic Reprint) Hall Caine. 2017. (ENG., Illus.). (J). 33.24 *(978-0-265-97472-8(0))* Forgotten Bks.

Prodigal Son - Teen Bible Study Book: Discovering the Fullness of Life in the Love of the Father. Matt Carter. 2019. (ENG.). 112p. (YA). (gr. 7-12). pap. 13.99 *(978-1-5359-9639-6(0))* Lifeway Christian Resources.

Prodigal Son, Vol. 1 of 3 (Classic Reprint) Dutton Cook. 2018. (ENG., Illus.). 324p. (J). 30.58 *(978-0-267-20405-2(1))* Forgotten Bks.

Prodigal Son, Vol. 2 of 3 (Classic Reprint) Dutton Cook. (ENG., Illus.). (J). 2018. 330p. 30.70 *(978-0-332-09610-0(6))*; 2016. pap. 13.57 *(978-1-334-17885-6(2))* Forgotten Bks.

Prodigal Son, Vol. 3 of 3 (Classic Reprint) Dutton Cook. 2018. (ENG., Illus.). 320p. (J). 30.52 *(978-0-484-46808-4(1))* Forgotten Bks.

Prodigal Son/the Faithful Servant (flip-Over) Victoria Kovacs. 2019. (Little Bible Heroes(tm) Ser.). (ENG.). 32p. (J). (gr. -1 — 1). pap. 3.99 *(978-1-5359-4267-6(3)*, 005811966, B&H Kids) B&H Publishing Group.

Prodigal Village: A Christmas Tale (Classic Reprint) Irving Bacheller. 2018. (ENG., Illus.). 186p. (J). 27.73 *(978-0-364-74642-4(4))* Forgotten Bks.

Prodigal's Progress, Vol. 1 of 3 (Classic Reprint) Frank Barrett. (ENG., Illus.). (J). 2018. 302p. 30.13 *(978-0-428-65133-6(X))*; 2016. pap. 13.57 *(978-1-333-31899-4(5))* Forgotten Bks.

Prodigal's Progress, Vol. 2 of 3 (Classic Reprint) Frank Barrett. (ENG., Illus.). (J). 2018. 288p. 29.84 *(978-0-332-10090-6(1))*; 2016. pap. 13.57 *(978-1-334-30734-8(2))* Forgotten Bks.

Prodigal's Progress, Vol. 3 of 3 (Classic Reprint) Frank Barrett. (ENG., Illus.). (J). 2018. 302p. 30.15 *(978-0-483-90308-1(6))*; 2016. pap. 13.57 *(978-1-333-18627-2(4))* Forgotten Bks.

Prodigals, Vol. 1 Of 2: And Their Inheritance (Classic Reprint) Margaret O. W. Oliphant. 2018. (ENG., Illus.). 190p. (J). 27.82 *(978-0-666-35310-8(7))* Forgotten Bks.

Prodigals, Vol. 2 Of 2: And Their Inheritance (Classic Reprint) Margaret Oliphant. 2018. (ENG., Illus.). 200p. (J). 28.02 *(978-0-483-75416-4(1))* Forgotten Bks.

Prodigals, Vol. 2 Of 2: And Their Inheritance (Classic Reprint) Margaret O. W. Oliphant. 2016. (ENG., Illus.). (J). pap. 10.57 *(978-1-334-13562-0(2))* Forgotten Bks.

Prodigies. Kylie Yu. 2017. (ENG.). 114p. (J). pap. ***(978-1-387-04267-8(X))*** Lulu Pr., Inc.

Prodigious Adventures of Tartarin of Tarascon (Classic Reprint) Alphonse Daudet. (ENG., Illus.). (J). 2018. 180p. 27.61 *(978-0-331-83679-0(3))*; 2016. pap. 9.97 *(978-1-334-54955-7(9))* Forgotten Bks.

Prodigious Hickey: A Lawrenceville Story (Classic Reprint) Owen Johnson. 2018. (ENG., Illus.). 368p. (J). 31.51 *(978-0-267-16103-4(4))* Forgotten Bks.

Prodigium. Yousuf Jamal. 2022. (ENG.). 304p. (YA). 30.95 *(978-1-63710-323-4(9))*; pap. 20.95 *(978-1-63710-321-0(2))* Fulton Bks.

Prodigy: A Novel. John Feinstein. 2019. (ENG.). 384p. (YA). pap. 10.99 *(978-1-250-21154-5(9)*, 900172814) Square Fish.

Prodigy: The Graphic Novel. Marie Lu. 2016. (Legend Graphic Novels Ser.: 2). lib. bdg. 26.95 *(978-0-606-38425-4(1))* Turtleback.

Prodigy of Thunder. Sever Bronny. 2021. (ENG.). 574p. (J). pap. ***(978-1-7751729-8-7(8))*** Bronny, Sever.

Prodigy Quest. Verlin Darrow. 2021. (ENG.). 392p. (YA). pap. 18.99 *(978-1-5092-3690-9(2))* Wild Rose Pr., Inc., The.

Prodigy: the Graphic Novel. Marie Lu. 2016. (Legend Ser.: 2). (ENG., Illus.). 160p. (YA). (gr. 7). pap. 14.99 *(978-0-399-17190-1(8)*, G.P. Putnam's Sons Books for Young Readers) Penguin Young Readers Group.

Prodigy, Vol. 1 Of 3: A Tale of Music (Classic Reprint) Henry Fothergill Chorley. 2018. (ENG., Illus.). 298p. (J). 30.06 *(978-0-267-16304-5(5))* Forgotten Bks.

Prodigy, Vol. 2 Of 3: A Tale of Music (Classic Reprint) Henry Fothergill Chorley. 2018. (ENG., Illus.). 286p. (J). 29.82 *(978-0-332-14459-7(3))* Forgotten Bks.

Prodigy, Vol. 3: A Tale of Music (Classic Reprint) Henry Fothergill Chorley. 2018. (ENG., Illus.). 286p. (J). 29.82 *(978-0-483-63305-6(4))* Forgotten Bks.

Prodromo Della Mineralogia Vesuviana, Vol. 1: Orittognosia (Classic Reprint) Teodoro Monticelli. 2018. (ITA., Illus.). (J). 522p. 34.66 *(978-0-366-29596-8(9))*; 524p. pap. 19.57 *(978-0-365-89922-8(4))* Forgotten Bks.

Prodromus Florae Peninsulae Indiae Orientalis, Vol. 1: Containing Abridged Descriptions of the Plants Found in the Peninsula of British India, Arranged According to the Natural System (Classic Reprint) Robert Wight. abr. ed. 2017. (ENG., Illus.). 524p. (J). 34.70 *(978-0-332-36916-7(1))* Forgotten Bks.

Producción en Masa y el Modelo T: Leveled Reader Book 2 Level R 6 Pack. Hmh Hmh. 2021. (SPA.). 32p. (J). pap. 74.40 *(978-0-358-08570-6(5))* Houghton Mifflin Harcourt Publishing Co.

Producers. Grace Hansen. (Beginning Science: Ecology Ser.). (ENG.). 24p. (J). 2020. (gr. 1-1). pap. 8.95 *(978-1-64494-270-3(4)*, 1644942704, Abdo Kids-Jumbo); 2019. (Illus.). (gr. -1-2). lib. bdg. 32.79 *(978-1-5321-8897-8(8)*, 32962, Abdo Kids) ABDO Publishing Co.

Producers: The Drivers of the Economy - Production of Goods - Economics for Kids - 3rd Grade Social Studies - Children's Government Books. Biz Hub. 2020. (ENG.). 76p. (J). 25.05 *(978-1-5419-7465-4(4))*; pap. 15.06 *(978-1-5419-4977-5(3))* Speedy Publishing LLC. (Biz Hub (Business & Investing)).

Producers & Consumers: The Interdependence Between Producers & Consumers in an Economy Grade 5 Social Studies Children's Economic Books. Baby Professor. 2022. (ENG.). 72p. (J). 31.99 ***(978-1-5419-9437-9(X)***, Baby Professor (Education Kids)) Speedy Publishing LLC.

Producers, Consumers, & Decomposers, 1 vol. Dava Pressberg. 2016. (Spotlight on Ecology & Life Science Ser.). (ENG.). 24p. (J). (gr. 4-6). 27.93 *(978-1-4994-2594-9(5)*, e644a378-34d7-4df6-adea-9cfdf812e47a, PowerKids Pr.) Rosen Publishing Group, Inc., The.

Producers, Consumers & Decomposers - Population Ecology - Encyclopedia Kids - Science Grade 7 - Children's Environment Books. Baby Professor. 2020. (ENG.). 82p. (J). 25.56 *(978-1-5419-7596-5(0))*; pap. 15.57 *(978-1-5419-4956-0(0))* Speedy Publishing LLC. (Baby Professor (Education Kids)).

Producing in Theater, 1 vol. Don Harmon. 2016. (Exploring Theater Ser.). (ENG., Illus.). 96p. (YA). (gr. 7-7). lib. bdg. 44.50 *(978-1-5026-2281-5(5)*, d5e16beb-093c-4ab3-9deb-ea79f7061a93) Cavendish Square Publishing LLC.

Producing in TV & Film, 1 vol. Gerry Boehme. 2018. (Exploring Careers in TV & Film Ser.). (ENG.). 96p. (J). (gr. 7-7). pap. 20.99 *(978-1-5026-4140-3(2)*, 86886987-1bc6-4beb-9273-569b1d160c18) Cavendish Square Publishing LLC.

Product of the System: In This World. A. Caban. 2022. (ENG.). 53p. pap. *(978-1-6781-3043-5(5))* Lulu Pr., Inc.

Productivity: A Workbook for Busy Folk. Maretta Johnson. 2023. (ENG.). 120p. (YA). pap. ***(978-1-312-70083-3(1))*** Lulu Pr., Inc.

Prof. a Sketch of Charles Thompson (Classic Reprint) Abigail Eloise Stearns Lee. 2018. (ENG., Illus.). 46p. (J). 24.87 *(978-0-267-52075-6(1))* Forgotten Bks.

Prof. Cassius Marcellus Clay Zedaker's Book of Poems: The World Renowned (Classic Reprint) Cassius Marcellus Clay Zedaker. (ENG., Illus.). (J). 2018. 64p. 25.26 *(978-0-267-09830-9(8))*; 2016. pap. 9.57 *(978-1-334-11994-1(5))* Forgotten Bks.

Prof. James: Farce (Classic Reprint) Guy a Jamieson. 2018. (ENG., Illus.). 22p. (J). 24.35 *(978-0-484-17613-2(7))* Forgotten Bks.

Profesiones y Actividades de la Historia. Eleonora Barsotti. 2019. (SPA.). 64p. (J). pap. 10.99 *(978-84-9786-841-9(2))* Edimat Libros, S. A. ESP. Dist: Lectorum Pubns., Inc.

Professional Adventuring Friends. Brian Brown. Illus. by Chad Thompson. 2022. (ENG.). 108p. (J). pap. ***(978-1-0391-3970-1(1))***; ***(978-1-0391-3971-8(X))*** FriesenPress.

Professional Aunt (Classic Reprint) Mary C. E. Wemyss. 2018. (ENG., Illus.). 268p. (J). 29.42 *(978-0-483-69748-5(6))* Forgotten Bks.

Professional Bubbleology - the Art of Blowing Bubbles. Philip Maxwell-Stewart. Illus. by Monique Pihl. 2017. (ENG.). 124p. (J). pap. *(978-1-5272-0469-0(3))* JWS Europe Ltd.

Professional Cheerleading. Leah Kaminski. 2019. (Illus.). 24p. (J). *(978-1-7911-0994-3(2))* Weigl Pubs., Inc.

#professional Churchgirl: Prayer Essentials to Command Your Day: 31 Day Journal. Angela Jones et al. 2021. (ENG.). 86p. (YA). pap. 25.00 *(978-1-7947-2293-4(9))* Lulu Pr., Inc.

Professional Crocodile: (Wordless Kids Books, Alligator Children's Books, Early Elemetary Story Books) Giovanna Zoboli. Illus. by Mariachiara Di Giorgio. 2017. (ENG.). 32p. (J). (gr. k-3). 17.99 *(978-1-4521-6506-6(8))* Chronicle Bks. LLC.

Professional Esports Leagues. Josh Gregory. 2020. (21st Century Skills Library: Esports LIVE Ser.). (ENG., Illus.). 32p. (J). (gr. 4-7). lib. bdg. 32.07 *(978-1-5341-6885-5(0)*, 215427) Cherry Lake Publishing.

Professional Football Teams (Set), 32 vols. 2022. (Professional Football Teams Ser.). (ENG.). (J). (gr. 2-5). lib. bdg. 1140.48 *(978-1-5038-6355-2(7)*, 216252, Stride) Child's World, Inc, The.

Professional Gaming Careers. Sue Bradford Edwards. 2017. (ESports: Game On! Ser.). (ENG., Illus.). 48p. (J). (gr. 5-8). 29.27 *(978-1-59953-890-7(3))* Norwood Hse. Pr.

Professional Hackers. Andrew Morkes. 2019. (Cool Careers in Science Ser.). (Illus.). 96p. (J). (gr. 12). lib. bdg. 34.60 *(978-1-4222-4300-8(1))* Mason Crest.

Professional Rider (Classic Reprint) Edward Kennard. 2017. (ENG., Illus.). (J). 296p. 30.00 *(978-0-332-63090-8(0))*; 298p. pap. 13.57 *(978-0-259-20172-4(3))* Forgotten Bks.

Professional Sports Leagues (Set), 6 vols. 2020. (Professional Sports Leagues Ser.). (ENG.). 112p. (J). (gr. 6-12). lib. bdg. 248.16 *(978-1-5321-9205-0(3)*, 34963, Essential Library) ABDO Publishing Co.

Professionals. Wendy Harris-Eason. 2021. (ENG.). 115p. (YA). pap. ***(978-1-387-13783-1(2))*** Lulu Pr., Inc.

Professione Bassista: Tutto Ciò Che Devi Sapere per Fare il Musicista Di Professione. Igor Sardi. 2023. (ITA.). 122p. (J). pap. ***(978-1-4477-7947-6(9))*** Lulu Pr., Inc.

Professione Scrittore. Massimiliano Aiello. 2022. (ITA.). 324p. (YA). pap. 20.00 *(978-1-4717-1831-1(X))* Lulu Pr., Inc.

Professionnels de Ma Ville. Taylor Farley. Tr. by Claire Savard. 2021. (Dans Ma Communauté (in My Community) Ser.). (FRE.). 24p. (J). (gr. -1-1). pap. *(978-1-4271-3657-2(2)*, 12500) Crabtree Publishing Co.

Professionnels de Ma Ville (My Town Helpers) Taylor Farley. Tr. by Claire Savard. 2021. (FRE.). 24p. (J). (gr. -1-1). lib. bdg. ***(978-1-4271-4979-4(8))*** Crabtree Publishing Co.

Professions, Vol. 1 Of 3: A Novel (Classic Reprint) Floyd Tayleure. (ENG., Illus.). (J). 2018. 360p. 31.32 *(978-0-332-16107-5(2))*; 2016. pap. 13.97 *(978-1-334-15368-6(X))* Forgotten Bks.

Professions, Vol. 3 Of 3: A Novel (Classic Reprint) Floyd Tayleure. 2018. (ENG., Illus.). 316p. (J). 30.41 *(978-0-483-82289-4(2))* Forgotten Bks.

Professor: A Tale (Classic Reprint) Charlotte Brontë. (ENG., Illus.). (J). 2017. 30.87 *(978-1-5282-5437-3(6))*; 2016. pap. 16.57 *(978-1-334-12672-7(0))* Forgotten Bks.

Professor & His Daughters, Vol. 1 Of 3: A Novel (Classic Reprint) J. Meredith Thomas. (ENG., Illus.). (J). 2018. 252p. 29.09 *(978-0-483-96848-6(X))*; 2016. pap. 11.57 *(978-1-333-35853-2(9))* Forgotten Bks.

Professor & His Daughters, Vol. 2 Of 3: A Novel (Classic Reprint) J. Meredith Thomas. (ENG., Illus.). (J). 2018. 232p. 28.68 *(978-0-483-72015-2(1))*; 2016. pap. 11.57 *(978-1-333-22196-6(7))* Forgotten Bks.

Professor & His Daughters, Vol. 3 Of 3: A Novel (Classic Reprint) J. Meredith Thomas. (ENG., Illus.). (J). 2018. 248p. 29.01 *(978-0-332-87300-8(5))*; 2016. pap. 11.57 *(978-1-333-45477-7(5))* Forgotten Bks.

Professor & Mrs. Whats-A-Ma-Call-It Go to London. James Christopher Jackson. 2016. (ENG., Illus.). (J). 22.95 *(978-1-4808-3933-5(7))*; pap. 16.95 *(978-1-4808-3712-6(1))* Archway Publishing.

Professor & the Petticoat (Classic Reprint) Alvin Saunders Johnson. 2018. (ENG., Illus.). 416p. (J). 32.48 *(978-0-483-46922-8(X))* Forgotten Bks.

Professor & the Puzzle. Carolyn Keene. 2017. (Nancy Drew Diaries: 15). (ENG., Illus.). 192p. (J). (gr. 3-7). pap. 7.99 *(978-1-4814-8543-2(1)*, Aladdin) Simon & Schuster Children's Publishing.

Professor & the Smelly Green Goop. Lorraine Agnes de Kleuver. 2022. (ENG.). 30p. (J). pap. ***(978-0-6451965-8-0(4))*** Aly's Bks.

Professor Astro Cat's Atomic Adventure. Dominic Walliman. Illus. by Ben Newman. 2016. (Professor Astro Cat Ser.). (ENG.). 56p. (J). (gr. 2-5). 19.99 *(978-1-909263-60-4(5))* Flying Eye Bks. GBR. Dist: Penguin Random Hse. LLC.

Professor Astro Cat's Deep Sea Voyage. Dominic Walliman. Illus. by Ben Newman. 2020. (ENG.). 64p. (J). (gr. 2-5). 19.95 *(978-1-912497-89-8(1))* Flying Eye Bks. GBR. Dist: Penguin Random Hse. LLC.

Professor Astro Cat's Human Body Odyssey. Dominic Walliman. Illus. by Ben Newman. 2018. (ENG.). 64p. (J). (gr. 2-5). 24.00 *(978-1-911171-91-1(7))* Flying Eye Bks. GBR. Dist: Penguin Random Hse. LLC.

Professor Astro Cat's Solar System. Dominic Walliman. Illus. by Ben Newman. (Professor Astro Cat Ser.: 2). (ENG.). 32p. (J). (gr. k-2). 2023. 15.99 ***(978-1-83874-861-6(X))***; 2017. 13.99 *(978-1-911171-37-9(2))* Flying Eye Bks. GBR. Dist: Penguin Random Hse. LLC.

Professor Astro Cat's Space Rockets. Dominic Walliman. Illus. by Ben Newman. 2018. (ENG.). 32p. (J). (gr. k-2). 13.99 *(978-1-911171-94-2(1))* Flying Eye Bks. GBR. Dist: Penguin Random Hse. LLC.

Professor Astro Cat's Stargazing. Dominic Walliman. Illus. by Ben Newman. 2019. (ENG.). 32p. (J). (gr. k-2). 13.99 *(978-1-912497-83-6(2))* Flying Eye Bks. GBR. Dist: Penguin Random Hse. LLC.

Professor at the Breakfast Table, Vol. 1: With the Story of Iris (Classic Reprint) Oliver Wendell Holmes. 2018. (ENG., Illus.). (J). 296p. 30.00 *(978-0-366-52431-0(3))*; 298p. pap. 13.57 *(978-0-365-84375-7(X))* Forgotten Bks.

Professor at the Breakfast Table, Vol. 2: With the Story of Iris (Classic Reprint) Oliver Wendell Holmes, Sr. 2017. (ENG., Illus.). (J). 28.62 *(978-0-266-71419-4(6))*; pap. 10.97 *(978-1-5276-6883-6(5))* Forgotten Bks.

Professor Bloomer?s No-Nonsense First Phonetic Reader: Teacher's Guide. Richard H. Bloomer. 2017. (ENG., Illus.). (J). pap. 7.99 *(978-0-9840295-5-6(9))* Bloomer's Bks. Llc.

Professor Bloomer's No-Nonsense Reading Program: A Phonetic Approach to Reading, Writing, & Spelling. Richard H. Bloomer. 2018. (ENG., Illus.). 254p. (J). pap. 15.99 *(978-0-9997244-2-2(8))* Bloomer's Bks. Llc.

Professor Bongo's Bedtime Nursery Rhymes & Tales of Nonsense - Book Two. Brett Chaney. 2021. (ENG.). 100p. (J). pap. *(978-1-5289-9206-0(7))* Austin Macauley Pubs. Ltd.

Professor Buber & His Cats. Susan Tarcov. Illus. by Fotini Tikkou. 2022. (ENG.). 24p. (J). (gr. -1-3). 19.99 *(978-1-7284-3897-9(7)*, dab8fda1-3c96-4662-9f47-c08f013ab2cb); 8.99 *(978-1-7284-3903-7(5)*, 9e92994e-fa76-4c21-8f57-2fce6c82872d) Lerner Publishing Group. (Kar-Ben Publishing).

Professor Figgy's Weather & Climate Science Lab for Kids: 52 Family-Friendly Activities Exploring Meteorology, Earth Systems, & Climate Change. Jim Noonan. 2022. (Lab for Kids Ser.). (ENG., Illus.). 144p. (J). (gr. 2-5). pap. 22.99 *(978-0-7603-7085-8(0)*, 341933, Quarry Bks.) Quarto Publishing Group USA.

Professor Googalfitz Explains It All. Tim Ellis. 2017. (ENG.). 32p. (J). pap. ***(978-1-387-03027-9(2))*** Lulu Pr., Inc.

Professor Goose Debunks Goldilocks & the Three Bears. Paulette Bourgeois. Illus. by Alex G. Griffiths. 2022. (Professor Goose Debunks Fairy Tales Ser.: 1). (ENG.). 40p. (J). (gr. -1-2). 18.99 *(978-0-7352-6730-5(8)*, Tundra Bks.) Tundra Bks. CAN. Dist: Penguin Random Hse. LLC.

Professor Huskins (Classic Reprint) Lettie M. Cummings. 2018. (ENG., Illus.). 310p. (J). 30.29 *(978-0-484-10003-8(3))* Forgotten Bks.

Professor Jonathan T. Buck's Mysterious Airship Notebook: The Lost Step-By-Step Schematic Drawings from the Pioneer of Steampunk Design. Sam Kaplan & Keith Riegert. Illus. by Jonathan Buck. 2021. (ENG.). 32p. (J). (gr. 5-8). pap. 10.00 *(978-1-64604-299-9(9))* Ulysses Pr.

Professor Knatschke: Selected Works of the Great German Scholar & of His Daughter Elsa (Classic Reprint) Hansi Hansi. 2017. (ENG., Illus.). (J). 26.62 *(978-0-266-91559-1(0))* Forgotten Bks.

Professor Ladybug Teaches ABC: Alphabet Tracing & Practice Workbook for Children (Ages 3-5) Professor Ladybug. 2017. (ENG., Illus.). (J). pap. 12.99 *(978-1-947805-00-2(2))* Eusebian Publishing.

Professor Ladybug Teaches All about Me: Special Exercise Activity Workbook for Children. Professor Ladybug. 2017. (ENG., Illus.). (J). pap. 9.95 *(978-1-947805-02-6(9))* Eusebian Publishing.

Professor Ladybug Teaches Alphabet Animals: Animal Themed Exercise Workbook for Children. Professor Ladybug et al. 2017. (ENG., Illus.). (J). pap. 12.95 *(978-1-947805-06-4(1))* Eusebian Publishing.

Professor Ladybug Teaches Basic Cursive: Script Alphabet Exercise Workbook for Children. Professor Ladybug. 2017. (ENG., Illus.). (J). pap. 11.95 *(978-1-947805-04-0(5))* Eusebian Publishing.

Professor Latimer's Progress: A Novel of Contemporaneous Adventure (Classic Reprint) Simeon Strunsky. 2017. (ENG., Illus.). 372p. (J). 31.57 *(978-1-5285-6795-4(1))* Forgotten Bks.

Professor Lije - & the Light Show. C. M. Taylor. 2017. (ENG., Illus.). (J). 34p. *(978-1-365-82362-6(8))*; pap. 14.95 *(978-1-365-80387-1(2))* Lulu Pr., Inc.

Professor Lovdahl (Classic Reprint) Alexander Kielland. (ENG., Illus.). (J). 2018. 296p. 30.02 *(978-0-484-04470-7(2))*; 2016. pap. 13.57 *(978-1-334-26717-8(0))* Forgotten Bks.

Professor Mcnasty's Collection of Slimes. Chris Bickley. Illus. by Brenda Ponnay. 2017. (ENG.). 32p. (J). (gr. k-3). pap. 9.99 *(978-1-5324-0535-8(9))* Xist Publishing.

Professor Molebody's Potato Panic. William Anthony. Illus. by Amy Li. 2023. (Level 9 - Gold Set Ser.). (ENG.). 32p. (J). (gr. 2-4). lib. bdg. 19.95 Bearport Publishing Co., Inc.

Professor P. Hootentoot's Black & White Ball. L. E. Berry. Illus. by Marina Skiba. 2021. (ENG.). 36p. (J). pap. 11.99 *(978-1-7347844-6-6(6))*; 24.95 *(978-1-7347844-9-7(0))* MindVista Pr.

Professor P. Hootentoot's Black & White Ball. L. E. Berry. Illus. by Marina Skiba. 2021. (ENG.). 36p. (J). pap. 11.99 *(978-1-7347844-8-0(2))* Southampton Publishing.

Professor Pin (Classic Reprint) Frank Lee. (ENG., Illus.). (J). 2018. 254p. 29.16 *(978-0-483-75963-3(5))*; 2017. pap. 11.57 *(978-0-243-40917-4(6))* Forgotten Bks.

Professor Potts Cycles into Trouble. Steve Boorman. 2019. (ENG.). 28p. (J). (gr. k-2). 19.99 *(978-1-78955-348-2(2))*; pap. 13.99 *(978-1-78955-347-5(4))* New Generation Publishing GBR. Dist: Independent Pubs. Group.

Professor Potts Pedals the Canoe. Steve Boorman. 2020. (ENG.). 28p. (J). (gr. k-2). *(978-1-80031-965-3(7))*; pap. *(978-1-80031-964-6(9))* Authors OnLine, Ltd.

Professor Renoir's Collection of Oddities, Curiosities, & Delights. Randall Platt. 2019. (ENG.). 416p. (J). (gr. 3). 16.99 *(978-0-06-264334-6(7)*, HarperCollins) HarperCollins Pubs.

Professor S. T. E. A. M. Coloring Book. Kandis Y. Boyd. 2021. (ENG.). 40p. (J). pap. 7.97 *(978-1-7365727-4-0(1))* Southampton Publishing.

Professor S. T. E. A. M. Presents Careers in S. T. E. A. M. (Spanish Translation) Kandis Boyd. 2021. (ENG.). 40p. (J). pap. 11.97 *(978-1-7365727-2-6(5))* Southampton Publishing.

Professor, Vol. 1 Of 2: A Tale, of Currer Bell (Classic Reprint) Charlotte Brontë. 2018. (ENG., Illus.). 306p. (J). 30.21 *(978-0-267-17508-6(6))* Forgotten Bks.

Professor, Vol. 2 Of 2: A Tale (Classic Reprint) Charlotte Brontë. 2018. (ENG., Illus.). 290p. (J). 29.88 *(978-0-267-15038-0(5))* Forgotten Bks.

Professor Wiztinkle & Ginormous Jay vs. Fartina Stincovich! Jeff Pfeiffer. 2021. (ENG.). 250p. (J). pap. 14.99 *(978-1-63337-540-6(4))* Columbus Pr.

Professor's Daughter: A Comedy in Three Acts (Classic Reprint) Anne Bunner. (ENG., Illus.). (J). 2018. 72p. 25.40 *(978-0-483-74005-1(5))*; 2016. pap. 9.57 *(978-1-333-18807-8(2))* Forgotten Bks.

Professor's Daughter (Classic Reprint) Anna Farquhar. 2018. (ENG., Illus.). 326p. (J). 30.62 *(978-0-483-96486-0(7))* Forgotten Bks.

Professor's Dilemma (Classic Reprint) Annette Lucile Noble. 2018. (ENG., Illus.). 330p. (J). 30.70 *(978-0-483-67344-1(7))* Forgotten Bks.

Professor's Discovery. Michele Jakubowski. Illus. by Amerigo Pinelli. 2016. (Sleuths of Somerville Ser.). (ENG.). 144p. (J). (gr. 4-6). lib. bdg. 25.99 *(978-1-4965-3177-3(9)*, 132216, Stone Arch Bks.) Capstone.

Professor's Discovery. Michele Jakubowski. Illus. by Amerigo Pinelli. 2017. (Sleuths of Somerville Ser.). (ENG.). 144p. (J). (gr. 4-6). pap. 6.95 *(978-1-4965-3181-0(7)*, Stone Arch Bks.) Capstone.

Professor's Experiment (Classic Reprint) Hungerford. (ENG., Illus.). (J). 2018. 434p. 32.85 *(978-0-365-12282-1(3))*; 2017. pap. 16.57 *(978-0-259-40016-5(5))* Forgotten Bks.

Professor's Experiment, Vol. 1 Of 3: A Novel (Classic Reprint) Hungerford. (ENG., Illus.). (J). 2018. 296p. 30.00 *(978-0-267-40936-5(2))*; 2016. pap. 13.57 *(978-1-334-22652-6(0))* Forgotten Bks.

Professor's Experiment, Vol. 2 Of 3: A Novel (Classic Reprint) Hungerford. (ENG., Illus.). (J). 2018. 282p. 29.73 *(978-0-484-04919-1(4))*; 2016. pap. 13.57 *(978-1-333-50976-7(6))* Forgotten Bks.

Professor's Experiment, Vol. 3 Of 3: A Novel (Classic Reprint) Hungerford. (ENG., Illus.). (J). 2018. 276p. 29.61 *(978-0-267-39208-7(7))*; 2016. pap. 11.97 *(978-1-334-13691-7(2))* Forgotten Bks.

Professor's Legacy (Classic Reprint) Cecily Sidgwick. 2018. (ENG., Illus.). 308p. (J). 30.25 *(978-0-267-45875-2(4))* Forgotten Bks.

Professor's Mystery (Classic Reprint) Wells Hastings. (ENG., Illus.). (J). 2018. 366p. 31.47 *(978-0-483-12397-7(8))*; 2017. pap. 13.97 *(978-0-243-92363-2(5))* Forgotten Bks.

Professor's Nephew - the First Half. M. Addison McEwan. 2016. (ENG., Illus.). 740p. (J). pap. *(978-1-365-30372-2(1))* Lulu Pr., Inc.

Profiles in American History, 18 vols., Set. Incl. Benjamin Franklin. Jim Whiting. (gr. 3-7). 2006. lib. bdg. 29.95 *(978-1-58415-435-8(7))*; Betsy Ross. Susan Sales Harkins & William H. Harkins. (gr. 3-7). 2006. lib. bdg. 29.95 *(978-1-58415-446-4(2))*; Eli Whitney. Karen Bush Gibson. (gr. 3-7). 2006. lib. bdg. 29.95 *(978-1-58415-434-1(9))*; John Cabot. Earle Rice, Jr. (gr. 3-7). 2006. lib. bdg. 29.95 *(978-1-58415-451-8(9))*; John Hancock. Marylou Morano Kjelle. (gr. 3-7). 2006. lib. bdg. 29.95

P

(978-1-58415-443-3(8)); John Peter Zenger. Karen Bush Gibson. (gr. 3-7). 2006. lib. bdg. 29.95 (978-1-58415-437-2(3)); Life & Times of Alexander Hamilton. Russell Roberts. (gr. 3-7). 2006. lib. bdg. 29.95 (978-1-58415-436-5(5)); Life & Times of George Rogers Clark. Russell Roberts. (gr. 3-7). 2006. lib. bdg. 29.95 (978-1-58415-448-8(9)); Life & Times of Hernando Cortes. Jim Whiting. (gr. 3-7). 2006. lib. bdg. 29.95 (978-1-58415-449-5(7)); Life & Times of John Adams. Jim Whiting. (gr. 3-7). 2006. lib. bdg. 29.95 (978-1-58415-442-6(X)); Life & Times of Patrick Henry. Susan Harkins & William H. Harkins. (gr. 4-8). 2006. lib. bdg. 29.95 (978-1-58415-438-9(1)); Life & Times of Paul Revere. Jim Whiting. (gr. 3-7). 2006. lib. bdg. 29.95 (978-1-58415-441-9(1)); Life & Times of Sir Walter Raleigh. Earle Rice, Jr. (gr. 3-7). 2006. lib. bdg. 29.95 (978-1-58415-452-5(7)); Life & Times of Susan B. Anthony. Tamra B. Orr. (gr. 3-7). 2006. lib. bdg. 29.95 (978-1-58415-445-7(4)); Life & Times of William Penn. Bonnie Hinman. (gr. 4-8). 2006. lib. bdg. 29.95 (978-1-58415-433-4(0), 1259521); Nathan Hale. Kathleen Tracy. (gr. 3-7). 2006. lib. bdg. 29.95 (978-1-58415-447-1(0)); Samuel Adams. Karen Bush Gibson. (gr. 3-7). 2006. lib. bdg. 20.95 (978-1-58415-440-2(3)); Thomas Jefferson: The Life & Times Of. Russell Roberts. (gr. 3-7). 2007. lib. bdg. 29.95 (978-1-58415-439-6(X)); (Illus.). 48p. (J). 2006. Set lib. bdg. 359.10 (978-1-58415-287-3(7)) Mitchell Lane Pubs.

Profiles in Fashion Set, vols. 4, vol. 4. Incl. Isaac Mizrahi. Lisa Petrillo. 111p. 28.95 (978-1-59935-152-0(8)); Kate Spade. Margo Freistadt. 112p. 28.95 (978-1-59935-154-4(4)); Marc Jacobs. Leslie Wolf Branscomb. 112p. 28.95 (978-1-59935-153-7(6), 1320457); Vera Wang. Lisa Petrillo. 112p. 28.95 (978-1-59935-150-6(1)); (Illus.). 2011. 2010. Set lib. bdg. 144.75 (978-1-59935-149-0(8)) Reynolds, Morgan Inc.

Profiles in Greek & Roman Mythology, 12 vols., Set. Incl. Achilles. Tamra Orr. (YA). 2008. lib. bdg. 29.95 (978-1-58415-706-9(2)); Apollo. Tamra Orr. (YA). 2008. lib. bdg. 29.95 (978-1-58415-704-5(6)); Artemis. Claire O'Neal. (YA). 2007. lib. bdg. 29.95 (978-1-58415-555-3(8)); Athena. Russell Roberts. (J). 2007. lib. bdg. 29.95 (978-1-58415-556-0(6)); Dionysus. Russell Roberts. (YA). 2007. lib. bdg. 29.95 (978-1-58415-557-7(4)); Hercules. Jim Whiting. (YA). 2007. lib. bdg. 29.95 (978-1-58415-553-9(1)); Jason. Jim Whiting. (J). 2007. lib. bdg. 29.95 (978-1-58415-552-2(3)); Odysseus. Kathleen Tracy. (J). 2008. lib. bdg. 29.95 (978-1-58415-705-2(4)); Perseus. Susan Sales Harkins & William H. Harkins. (J). 2007. lib. bdg. 29.95 (978-1-58415-558-4(2)); Poseidon. Russell Roberts. (J). 2008. lib. bdg. 29.95 (978-1-58415-707-6(0)); Theseus. Kathleen Tracy. (YA). 2007. lib. bdg. 29.95 (978-1-58415-554-6(X)); Zeus. Russell Roberts. (YA). 2007. lib. bdg. 29.95 (978-1-58415-559-1(0)); (Illus.). 48p. (gr. 4-7). 2009. Set lib. bdg. 359.40 (978-1-58415-708-3(9)) Mitchell Lane Pubs.

Profiles in Mathematics, vols. 7, vol. 7. Incl. Alan Turing. Jim Corrigan. 112p. 2007. lib. bdg. 28.95 (978-1-59935-064-6(5)); Carl Friedrich Gauss. Krista West. 112p. 2008. lib. bdg. 28.95 (978-1-59935-063-9(7)); René Descartes. Steven Gimbel. 128p. 2008. lib. bdg. 28.95 (978-1-59935-060-8(2)); Sophie Germain. Stephen Ornes. 112p. 2008. lib. bdg. 28.95 (978-1-59935-062-2(9)); Women Mathematicians. Padma Venkatraman. 160p. 2008. lib. bdg. 28.95 (978-1-59935-091-2(2)); (Illus.). (J). (gr. 4-7). 2008. Set lib. bdg. 202.65 (978-1-59935-093-6(9)) Reynolds, Morgan Inc.

Profiles in Science, bks. 14, vol. 14. Incl. Curious Bones: Mary Anning & the Birth of Paleontology. Thomas W. Goodhue. (Illus.). 112p. (YA). (gr. 6-12). 2004. lib. bdg. 23.95 (978-1-883846-93-0(5), First Biographies); Double Stars: The Story of Caroline Herschel. Padma Venkatraman. (Illus.). 176p. (gr. 6-12). 2007. lib. bdg. 27.95 (978-1-59935-042-4(4)); Fire, Water, & Air: The Story of Antoine Lavoisier. Roberta Baxter. (J). 2009. 28.95 (978-1-59935-087-5(4)); Galileo Galilei & the Science of Motion. William J. Boerst. (Illus.). 144p. (YA). (gr. 6-12). 2004. lib. bdg. 26.95 (978-1-931798-00-6(1)); Great Explainer: The Story of Richard Feynman. Harry LeVine, III. (Illus.). 144p. (J). (gr. 7-10). 2009. 28.95 (978-1-59935-113-1(7), 1309604); Ibn Al-Haytham: First Scientist. Bradley Steffens. (Illus.). 128p. (J). (gr. 4-7). 2007. lib. bdg. 27.95 (978-1-59935-024-0(6)); Johannes Kepler: Discovering the Laws of Celestial Motion. William J. Boerst. (Illus.). 144p. (YA). (gr. 6-12). 2004. lib. bdg. 26.95 (978-1-883846-98-5(6), First Biographies); Lise Meitner: Discoverer of Nuclear Fission. Rachel Stiffler Barron. (Illus.). 112p. (YA). (gr. 6-12). 2004. lib. bdg. 23.95 (978-1-883846-52-7(8), First Biographies); Louis Pasteur & the Founding of Microbiology. Jane Ackerman. (Illus.). 144p. (YA). (gr. 6-12). 2004. 26.95 (978-1-931798-13-6(3)); New Elements: The Story of Marie Curie. (Illus.). 144p. (J). (gr. 4-7). 2006. lib. bdg. 27.95 (978-1-59935-023-3(8)); Nicholas Copernicus & the Founding of Modern Astronomy. William J. Boerst. (Illus.). 144p. (YA). (gr. 6-12). 2004. lib. bdg. 26.95 (978-1-883846-99-2(4), First Biographies); Nikola Tesla & the Taming of Electricity. Lisa J. Aldrich. (Illus.). 160p. (J). (gr. 3-7). 2005. lib. bdg. 26.95 (978-1-931798-46-4(X)); Rosalind Franklin & the Structure of Life. Jane Polcovar. (Illus.). 144p. (J). (gr. 3-7). 2006. lib. bdg. 27.95 (978-1-59935-022-6(X)); Scheduling the Heavens: The Story of Edmond Halley. Mary Virginia Fox. (Illus.). 128p. (gr. 6-12). 2007. lib. bdg. 27.95 (978-1-59935-021-9(1)); Skeptical Chemist: The Story of Robert Boyle. Roberta Baxter. (Illus.). 128p. (gr. 6-12). 2006. lib. bdg. 27.95 (978-1-59935-025-7(4)); Tycho Brahe: Mapping the Heavens. William J. Boerst. (Illus.). 144p. (YA). (gr. 6-12). 2004. 26.95 (978-1-883846-97-8(8), First Biographies); 2007. Set lib. bdg. 405.30 (978-1-59935-033-2(5)) Reynolds, Morgan Inc.

Profiles of the Presidents, 42 bks. Lucia Raatma. Incl. John F. Kennedy. (ENG., Illus.). 64p. (gr. 5-6). 2002. lib. bdg. 29.32 (978-0-7565-0205-8(5), Compass Point Bks.); (Profiles of the Presidents Ser.). (ENG.). Illus.). 64p. 2003. Set lib. bdg. 1169.61 (978-0-7565-0408-3(2), Compass Point Bks.) Capstone.

Profiling a Criminal: Using Science to Seek Out Suspects. Sarah Eason. 2023. (Crime Science Ser.). (ENG., Illus.). 48p. (J). (gr. 5-8). lib. bdg. 31.99 (978-1-915153-89-0(1), aa5c9d1b-28e8-481f-b068-ee8492adfecb) Cheriton Children's Bks. GBR. Dist: Lerner Publishing Group.

Profiling a Criminal: Using Science to Seek Out Suspects. Contrib. by Sarah Eason. 2023. (Crime Science Ser.). (ENG., Illus.). 48p. (J). (gr. 5-8). pap. 10.99 (978-1-915761-49-1(2), 28c18dc5-5203-4be7-bf33-5f9be0edd4c1) Cheriton Children's Bks. GBR. Dist: Lerner Publishing Group.

Profit & Loss (Classic Reprint) John Oxenham. (ENG., Illus.). (J). 2018. 486p. 33.92 (978-0-483-63022-2(5)); 2017. pap. 16.57 (978-0-243-30729-6(2)) Forgotten Bks.

Profit... at What Cost? Bob Goemans. 2020. (ENG.). 396p. (YA). pap. 19.95 (978-1-64628-086-5(5)) Page Publishing Inc.

Profligate: A Novel (Classic Reprint) Arthur Hornblow. 2018. (ENG., Illus.). 394p. (J). 32.02 (978-0-483-67180-5(0)) Forgotten Bks.

Profligate: A Play in Four Acts (Classic Reprint) Arthur Wing Pinero. 2017. (ENG., Illus.). (J). 27.11 (978-0-331-80972-5(9)) Forgotten Bks.

Profound Magic of Squares - Math Activity Book for Kids. Jupiter Kids. 2017. (ENG., Illus.). (J). pap. 9.05 (978-1-5419-3295-1(1), Jupiter Kids (Childrens & Kids Fiction)) Speedy Publishing LLC.

Progeny of Angels - Book 3: The Sphere of Higher Knowledge. Barbara Dean. 2019. (Progeny of Angels Ser.: Vol. 3). (ENG.). 230p. (J). (gr. 4-6). (978-1-78963-051-0(7)); pap. (978-1-78963-050-3(9)) Action Publishing Technology Ltd. (Choir Pr., The).

Progetto Erika. Marco Tesla. 2019. (ITA.). 224p. (J). pap. 10.77 (978-0-244-24793-5(5)) Lulu Pr., Inc.

Program Complete Collection: The Program; the Treatment; the Remedy; the Epidemic; the Adjustment; the Complication. Suzanne Young. ed. 2019. (Program Ser.). (ENG.). 2608p. (YA). (gr. 9). pap. 76.99 (978-1-5344-3025-9(3), Simon Pulse) Simon Pulse.

Programme Canadien Complet: Grade 1. Popular Book Company(Canada) Ltd. 2020. (Programme Canadien Complet Ser.). (FRE.). 336p. (J). (gr. 1-1). pap. 16.95 (978-1-77149-226-3(0)) Popular Bk. Co. (USA) Ltd.

Programme Canadien Complet: Grade 2. Popular Book Company(Canada) Ltd. 2020. (Programme Canadien Complet Ser.). (FRE.). 336p. (J). (gr. 2-2). pap. 16.95 (978-1-77149-227-0(9)) Popular Bk. Co. (USA) Ltd.

Programme Canadien Complet: Grade 3. Popular Book Company(Canada) Ltd. 2020. (Programme Canadien Complet Ser.). (FRE.). 336p. (J). (gr. 3-3). pap. 16.95 (978-1-77149-228-7(7)) Popular Bk. Co. (USA) Ltd.

Programmed for Laughs: A Robot Joke Book. Matt Chapman. Illus. by Lily Nishita. 2021. (Connected, Based on the Movie the Mitchells vs. the Machines Ser.). (ENG.). 96p. (J). (gr. -1-3). pap. 5.99 (978-1-5344-7810-7(8), Simon Spotlight) Simon Spotlight.

Programmers: With Stem Projects for Kids. Karen Bush Gibson. Illus. by Hui Li. 2019. (Gutsy Girls Ser.). (ENG.). 112p. (J). (gr. 3-5). 19.95 (978-1-61930-786-5(3), c7d7c956-b0e8-47c8-b1cc-1a9a60559990) Nomad Pr.

Programming, 1 vol. Jeff Mapua. 2018. (Let's Learn about Computer Science Ser.). (ENG.). 24p. (gr. 1-2). 24.27 (978-1-9785-0179-9(X), cd43f32b-aa05-40c5-b222-fdcbfb7b0162) Enslow Publishing, LLC.

Programming Awesome Apps. Heather Lyons. Illus. by Alex Westgate. 2017. (Kids Get Coding Ser.). (ENG.). 24p. (J). (gr. 1-4). 26.65 (978-1-5124-3942-7(8), c8d27d27-e864-4737-b212-ed6ff05dbf8a, Lerner Pubns.) Lerner Publishing Group.

Programming Games & Animation. Heather Lyons. Illus. by Alex Westgate. 2017. (Kids Get Coding Ser.). (ENG.). 24p. (J). (gr. 1-4). 26.65 (978-1-5124-3941-0(X), 4b0d4fa1-c851-4dcc-9d42-437df929a979, Lerner Pubns.) Lerner Publishing Group.

Progress: And Other Sketches (Classic Reprint) R. B. Cunninghame Graham. 2018. (ENG., Illus.). 310p. (J). 30.31 (978-0-483-97396-1(3)) Forgotten Bks.

Progress & Prejudice, Vol. 2 of 2 (Classic Reprint) Catherine Grace Frances Gore. (ENG., Illus.). (J). 2018. 318p. 30.46 (978-0-365-36354-5(5)); 2017. pap. 13.57 (978-0-259-19846-8(3)) Forgotten Bks.

Progress & Prejudice, Vol. 2 of 3 (Classic Reprint) Gore. 2018. (ENG., Illus.). 334p. (J). 30.79 (978-0-267-24613-7(7)) Forgotten Bks.

Progress & Prejudice, Vol. 3 of 3 (Classic Reprint) Catherine Grace Gore. (ENG., Illus.). (J). 2018. 316p. 30.41 (978-0-484-56347-5(5)); 2016. pap. 13.57 (978-1-334-17197-0(1)) Forgotten Bks.

Progress of Locomotion: Being Two Lectures on the Advances Made in Artificial Locomotion in Great Britain (Classic Reprint) Benjamin Scott. (ENG., Illus.). (J). 2018. 84p. 25.63 (978-0-364-86023-6(5)); 2017. pap. 9.57 (978-0-282-00725-6(3)) Forgotten Bks.

Progress of Locomotion: Being Two Lectures on the Advances Made in Artificial Locomotion in Great Britain. Pp. 5-80. Benjamin Scott. 2017. (ENG., Illus.). (J). pap. (978-0-649-35406-1(0)) Trieste Publishing Pty Ltd.

Progress of Our People: A Story of Black Representation at the 1893 Chicago Worlds Fair. Anne E. Johnson. Illus. by Eric Freeberg. 2021. (I Am America Set 4 Ser.). (ENG.). 160p. (J). (gr. 3-4). pap. 8.99 (978-1-63163-539-7(5)); lib. bdg. 28.50 (978-1-63163-538-0(7)) North Star Editions. (Jolly Fish Pr.).

Progress of Priscilla (Classic Reprint) Lucas Cleeve. (ENG., Illus.). (J). 2018. 296p. 30.00 (978-0-666-24652-3(1)); 2017. pap. 13.57 (978-0-259-26464-4(4)) Forgotten Bks.

Progress of the Pilgrim Good-Intent: In Jacobinical Times (Classic Reprint) Mary Anne Burges. (ENG., Illus.). (J). 2018. 104p. 26.06 (978-0-656-50128-1(6)); 2018. 204p. 28.10 (978-0-483-49405-3(4)); 2017. pap. 9.57 (978-0-259-53641-3(5)); 2017. pap. 10.57 (978-1-331-81233-3(X)) Forgotten Bks.

Progress of the Pilgrim Good-Intent in Jacobinical Times (Classic Reprint) Mary Anne Burges. 2018. (ENG., Illus.). 204p. (J). 28.10 (978-0-484-22289-1(9)) Forgotten Bks.

Progress of the Pilgrim Good-Intent, in Jacobinical Times (Classic Reprint) Mary Anne Burges. (ENG., Illus.). (J). 2018. 122p. 26.43 (978-0-267-13736-7(2)); 2018. 124p. 26.45 (978-0-483-40682-7(1)); 2017. pap. 9.57 (978-0-259-54183-7(4)); 2016. pap. 9.57 (978-1-333-19773-5(X)) Forgotten Bks.

Progressionists: And Angela (Classic Reprint) Conrad von Bolanden. (ENG., Illus.). (J). 2018. 214p. 28.33 (978-0-365-12648-5(9)); 2017. pap. 10.97 (978-1-5276-3910-2(X)) Forgotten Bks.

Progressive Agricultural Programs (Classic Reprint) Mignon Quaw. 2018. (ENG., Illus.). 132p. (J). 26.62 (978-0-483-89237-8(8)) Forgotten Bks.

Progressive Course in Reading: Fifth Book, Part I: Information, Literature, Oral Expression (Classic Reprint) George I. Aldrich. 2017. (ENG., Illus.). (J). 28.93 (978-0-265-67666-0(5)); pap. 11.57 (978-1-5276-4751-0(X)) Forgotten Bks.

Progressive Course in Reading; Fourth Book, Part I: Information - Literature - Oral Expression. George I. Aldrich. 2017. (ENG., Illus.). (J). pap. (978-0-649-68209-6(2)) Trieste Publishing Pty Ltd.

Progressive Course in Reading Fourth Book, Vol. 1: Information Literature Oral Expression (Classic Reprint) George I. Aldrich. (ENG., Illus.). (J). 2018. 436p. 32.89 (978-0-267-23003-7(6)); 2017. pap. 16.57 (978-0-243-23808-8(8)) Forgotten Bks.

Progressive Course in Reading, Vol. 1: Fourth Book; Part I; Information Literature Oral Expression (Classic Reprint) George I. Aldrich. (ENG., Illus.). (J). 2018. 224p. 28.52 (978-0-365-24558-2(5)); 2017. pap. 10.97 (978-1-5276-3892-1(8)) Forgotten Bks.

Progressive Course in Reading, Vol. 3: Stories, Studies, Rhymes, Riddles (Classic Reprint) George I. Aldrich. 2017. (ENG., Illus.). (J). 276p. 29.59 (978-0-332-08765-8(4)); pap. 11.97 (978-0-243-90138-8(0)) Forgotten Bks.

Progressive Course in Reading, Vol. 5: Fifth Book Part II, Information Literature Oral Expression (Classic Reprint) George I. Aldrich. 2018. (ENG., Illus.). 244p. (J). 28.93 (978-0-483-11027-4(2)) Forgotten Bks.

Progressive Course in Reading, Vol. 5: Part I. Information, Literature, Oral Expression (Classic Reprint) George I. Aldrich. (ENG., Illus.). (J). 2018. 484p. 33.88 (978-0-484-42221-5(9)); 2017. pap. 16.57 (978-1-334-91847-6(3)) Forgotten Bks.

Progressive Era: Activists Change America, 1 vol. David Anthony. 2017. (American History Ser.). (ENG.). 104p. (gr. 7-7). lib. bdg. 41.03 (978-1-5345-6139-7(0), c568f833-c9a7-40f2-ae90-b287a0d737ca, Lucent Pr.) Greenhaven Publishing LLC.

Progressive Exercises in Spanish Prose Composition: With Notes & a Vocabulary (Classic Reprint) Marathon Montrose Ramsey. 2018. (ENG., Illus.). 156p. (J). 27.11 (978-0-666-21619-9(3)) Forgotten Bks.

Progressive Fifth or Elocutionary Reader; in Which the Principles of Elocution Are Illustrated by Reading Exercises in Connection with the Rules: For the Use of Schools & Academies (Classic Reprint) Salem Town. 2017. (ENG., Illus.). (J). pap. 16.97 (978-1-5276-8144-6(0)) Forgotten Bks.

Progressive French Reader (Perrin's Fables) Thoroughly Revised & Arranged to Be Used As a French Reader, Translator & Book of Composition & Conversation; with a General & Particular Index, to Render the Translation Easier to the Learner, Follow. Jean Baptiste Perrin. (FRE., Illus.). (J). 2018. 162p. 27.24 (978-0-666-08218-3(9)); 2017. pap. 9.97 (978-0-282-06475-4(3)) Forgotten Bks.

Progressive German Composition: With Copious Notes & Idioms (Classic Reprint) Louis Lubovius. (ENG., Illus.). (J). 2018. 202p. 28.08 (978-0-331-97928-2(4)); 2017. pap. 10.57 (978-0-243-94025-7(4)) Forgotten Bks.

Progressive German Idioms (Classic Reprint) Samuel Tindall. 2017. (ENG., Illus.). (J). 26.41 (978-0-265-92241-5(0)); pap. 9.57 (978-1-5282-1125-3(1)) Forgotten Bks.

Progressive Lessons in English for Foreigners: First Year (Classic Reprint) Mary Jimperieff. (ENG., Illus.). (J). 2018. 150p. 26.99 (978-0-267-78688-6(3)); 2017. pap. 9.57 (978-0-243-26107-9(1)) Forgotten Bks.

Progressive Mind Planner. Lizra Fabien. 2021. (ENG.). 162p. (YA). 35.00 (978-1-716-26672-0(6)) Lulu Pr., Inc.

Progressive Mind Planner - Black. Lizra Fabien. 2021. (ENG.). 162p. (J). 35.00 (978-1-716-26660-7(2)) Lulu Pr., Inc.

Progressive Mind Planner - Gold. Lizra Fabien. 2021. (ENG.). 162p. (YA). 35.00 (978-1-716-26662-1(9)) Lulu Pr., Inc.

Progressive Mind Planner - Mauve. Lizra Fabien. 2021. (ENG.). 162p. (J). 35.00 (978-1-716-26655-3(6)) Lulu Pr., Inc.

Progressive Mind Planner - Teal. Lizra Fabien. 2021. (ENG.). 162p. (J). 35.00 (978-1-716-26656-0(4)) Lulu Pr., Inc.

Progressive Music Lessons: A Course of Instruction Prepared for the Use of Public Schools (Classic Reprint) George Brace Loomis. 2017. (ENG., Illus.). 60p. (J). 25.13 (978-0-332-18712-9(8)) Forgotten Bks.

Progressive Music Series for Basal Use in Primary, Intermediate, & Grammar Grades. Book One. Horatio Parker. 2017. (ENG., Illus.). (J). pap. (978-0-649-45593-5(2)) Trieste Publishing Pty Ltd.

Progressive Music Series for Basal Use in Primary, Intermediate, & Grammar Grades, Book Two. Horatio Parker. 2017. (ENG., Illus.). (J). pap. (978-0-649-68224-9(6)) Trieste Publishing Pty Ltd.

Progressive Music Series for Basal Use in Primary, Intermediate, & Grammar Grades, Vol. 1 (Classic Reprint) Horatio Parker. (ENG., Illus.). (J). 2018. 164p. 27.28 (978-0-267-32721-8(8)); 2017. pap. 9.97 (978-0-259-92819-5(4)) Forgotten Bks.

Progressive Music Series, Vol. 1 (Classic Reprint) Horatio Parker. (ENG., Illus.). (J). 2018. 164p. 27.28 (978-0-365-31646-6(6)); 2017. pap. 9.97 (978-0-259-93871-2(8)) Forgotten Bks.

Progressive Music Series, Vol. 2: For Basal Use in Primary, Intermediate & Grammar Grades (Classic Reprint) Horatio Parker. 2018. (ENG., Illus.). 180p. (J). 27.61 (978-0-483-77726-2(9)) Forgotten Bks.

Progressive Music Series, Vol. 2: For Basal Use in Primary, Intermediate, & Grammar Grades (Classic Reprint) Horatio Parker. (ENG., Illus.). (J). 2018. 180p. 27.61 (978-0-332-93431-0(4)); 2017. pap. 9.97 (978-0-259-53646-8(6)) Forgotten Bks.

Progressive Music Series, Vol. 2: Teacher's Manual; for Fourth & Fifth Grades (Classic Reprint) Horatio Parker. 2017. (ENG., Illus.). (J). 30.64 (978-0-265-55357-2(1)); pap. 13.57 (978-0-282-81991-0(6)) Forgotten Bks.

Progressive Music Series, Vol. 3: For Basal Use in Primary, Intermediate, & Grammar Grades (Classic Reprint) Horatio Parker. (ENG., Illus.). (J). 2018. 228p. 28.60 (978-0-483-64427-4(7)); 2017. pap. 10.97 (978-0-259-20322-3(X)) Forgotten Bks.

Progressive Reader, or Juvenile Monitor: Carefully Selected from the Most Approved Writers, Designed for the Younger Classes of Children in Primary Schools (Classic Reprint) Unknown Author. (ENG., Illus.). (J). 2018. 218p. 28.39 (978-0-332-79941-4(7)); 2016. pap. 10.97 (978-1-334-13909-3(1)) Forgotten Bks.

Progressive Road to Reading: Book Three a (Classic Reprint) Unknown Author. (ENG., Illus.). (J). 2018. 304p. 30.19 (978-0-483-96726-7(2)); 2017. pap. 13.57 (978-0-243-27930-2(2)) Forgotten Bks.

Progressive Road to Reading: Fifth Reader; Adapted & Graded (Classic Reprint) Georgine Burchill. (ENG., Illus.). (J). 2018. 396p. 32.06 (978-0-666-72242-3(0)); 2017. pap. 16.57 (978-1-5276-4663-6(7)) Forgotten Bks.

Progressive Road to Reading: Introductory Book Four (Classic Reprint) Georgine Burchill. (ENG., Illus.). (J). 2018. 244p. 28.93 (978-0-267-38783-0(0)); 2016. pap. 11.57 (978-1-334-14294-9(7)) Forgotten Bks.

Progressive Road to Reading: Story Steps. Clare Kleiser. 2017. (ENG., Illus.). (J). pap. (978-0-649-42514-3(6)) Trieste Publishing Pty Ltd.

Progressive Road to Reading: Story Steps (Classic Reprint) Clare Kleiser. (ENG., Illus.). (J). 2018. 102p. 26.00 (978-0-267-59856-4(4)); 2016. pap. 9.57 (978-1-334-14426-4(5)) Forgotten Bks.

Progressive Road to Reading, Vol. 2 (Classic Reprint) Georgine Burchill. 2017. (ENG., Illus.). (J). 27.42 (978-0-331-36186-5(8)); pap. 9.97 (978-0-259-43153-4(2)) Forgotten Bks.

Progressive Road to Reading, Vol. 3 (Classic Reprint) Georgine Burchill. (ENG., Illus.). (J). 2018. 186p. 27.75 (978-0-332-81453-7(X)); 2017. 28.04 (978-0-331-85657-6(3)); 2017. pap. 10.57 (978-0-259-46472-3(4)); 2016. pap. 10.57 (978-1-334-15354-9(X)) Forgotten Bks.

Progressive Road to Silent Reading (Classic Reprint) William L. Ettinger. 2018. (ENG., Illus.). 278p. (J). 29.63 (978-0-483-45958-8(5)) Forgotten Bks.

Progressive Speller. Franklin Pierce Sever. 2017. (ENG.). 162p. (J). pap. (978-3-337-40082-8(5)) Creation Pubs.

Progressive Steps to Syncopation for the Modern Drummer. Ted Reed. 2021. (ENG.). 66p. (J). pap. 8.94 (978-1-008-91489-6(4)) Lulu Pr., Inc.

Progressive Tales for Little Children: In Single Syllables of Six, Seven, & Eight Letters (Classic Reprint) Unknown Author. (ENG., Illus.). (J). 2018. 308p. 30.27 (978-0-332-01466-1(5)); 2017. pap. 13.57 (978-0-243-40395-0(X)) Forgotten Bks.

Progressive Translator: English Pieces Arranged for Translation into German, for Schools & Academies (Classic Reprint) Joseph Baldauf. (ENG., Illus.). (J). 2018. 136p. 26.70 (978-0-364-40399-0(3)); 2017. pap. 9.57 (978-0-259-45027-6(8)) Forgotten Bks.

Prohibition: Social Movement & Controversial Amendment, 1 vol. Joan Stoltman. 2018. (American History Ser.). (ENG.). 104p. (gr. 7-7). 41.03 (978-1-5345-6412-1(8), 08226442-c5cc-4803-8338-0f5416d388d5, Lucent Pr.) Greenhaven Publishing LLC.

Prohibition: The Rise & Fall of the Temperance Movement. Richard Worth. 2019. (J). pap. (978-1-9785-1539-0(1)) Enslow Publishing, LLC.

Project: A Novel. Courtney Summers. 2021. (ENG., Illus.). 352p. (YA). 18.99 (978-1-250-10573-8(0), 900164266, Wednesday Bks.) St. Martin's Pr.

Project: Dinosaur. Ryan Mark & Will Kaye. 2018. (ENG., Illus.). 340p. (J). pap. (978-1-910565-28-5(8)) Britain's Next Bestseller.

Project Animal Rescue (Alyssa Milano's Hope #2) Alyssa Milano & Debbie Rigaud. Illus. by Eric S. Keyes. 2020. (Alyssa Milano's Hope Ser.: 2). (ENG.). 208p. (J). (gr. 3-7). 14.99 (978-1-338-32941-4(3)) Scholastic, Inc.

Project Apollo. John Hamilton. 2018. (Space Race Ser.). (ENG., Illus.). 48p. (J). (gr. 5-9). lib. bdg. 34.21 (978-1-5321-1831-9(7), 30538, Abdo & Daughters) ABDO Publishing Co.

Project Apollo: the Race to Land on the Moon. David Jefferis. 2019. (Moon Flight Atlas Ser.). (Illus.). 32p. (J). (gr. 5-5). (978-0-7787-5410-7(3)); pap. (978-0-7787-5419-0(7)) Crabtree Publishing Co.

Project-Based Learning in Science & Social Studies, 24 vols. 2018. (Project-Based Learning Ser.). (ENG.). (J). (gr. 5-5). lib. bdg. 449.64 (978-1-4994-6763-5(X), f63dd091-4e22-4d11-ad90-7ba240967ee2, Rosen Reference) Rosen Publishing Group, Inc., The.

Project-Based Learning in Social Studies (Set), 12 vols. 2018. (Project-Based Learning in Social Studies). (ENG.). 64p. (gr. 5-5). lib. bdg. 224.82 (978-1-5081-8264-1(7), 49952f03-fa01-4e8a-a83d-c3aa993995e1, Rosen Reference) Rosen Publishing Group, Inc., The.

Project Best Friend. Chrissie Perry. Illus. by Hardie Grant Egmont. 2017. (Penelope Perfect Ser.: 1). (ENG.). 144p. (J). (gr. 2-5). 16.99 (978-1-4814-6602-8(X), Simon & Schuster/Paula Wiseman Bks.) Simon & Schuster/Paula Wiseman Bks.

Project Best Friend. Chrissie Perry. ed. 2017. (Penelope Perfect Ser.: 1). lib. bdg. 16.00 (978-0-606-40210-1(1)) Turtleback.

TITLE INDEX PROPA HAPPY

Project Bollywood. Mahtab Narsimhan. 2022. (Orca Currents Ser.). (ENG.). 128p. (J). (gr. 4-8). pap. 10.95 *(978-1-4598-3211-4(6))* Orca Bk. Pubs. USA.

Project Cat's Away Three: The Message of the Black Pearl. Julie Mee. 2019. (Project Cat's Away Ser.: Vol. 3). (ENG.). 210p. (J). pap. *(978-1-9990153-0-5(4))* LoGreco, Bruno.

Project Class President (Alyssa Milano's Hope #3) Alyssa Milano & Debbie Rigaud. Illus. by Eric S. Keyes. 2020. (Alyssa Milano's Hope Ser.: 3). (ENG.). 208p. (J). (gr. 3-7). 14.99 *(978-1-338-32942-1(1))* Scholastic, Inc.

Project Digger. Michael Marsh. 2018. (ENG., Illus.). 42p. (J). pap. 12.95 *(978-1-63263-655-3(7))* Booklocker.com, Inc.

Project Dinosaur: Bursting with Facts & Activities For 7-10. Steve Parker. 2016. (ENG., Illus.). (J). bds. *(978-1-78209-823-2(2))* Miles Kelly Publishing, Ltd.

Project Earth. Carol Kim. Illus. by Ahya Kim. 2023. (Jina Jeong Ser.). (ENG.). 64p. (J). 23.99 ***(978-1-4846-7943-2(1),*** 251669); pap. 6.99 ***(978-1-4846-7944-9(X),*** 251665) Capstone. (Picture Window Bks.).

Project Emma. Hannah Kay. 2020. (ENG.). 416p. (YA). pap. *(978-1-83943-855-4(X))* Totally Entwinded Group.

Project Gemini. John Hamilton. 2018. (Space Race Ser.). (ENG., Illus.). 48p. (J). (gr. 5-9). lib. bdg. 34.21 *(978-1-5321-1832-6(5),* 30540, Abdo & Daughters) ABDO Publishing Co.

Project Go Green (Alyssa Milano's Hope #4) Alyssa Milano & Debbie Rigaud. Illus. by Eric S. Keyes. 2021. (Alyssa Milano's Hope Ser.). (ENG.). 208p. (J). (gr. 3-7). 14.99 *(978-1-338-32943-8(X))* Scholastic, Inc.

Project Kids: Our World in Small Spaces. Coach Mike Manley. 2020. (ENG.). 84p. (YA). (gr. 7-12). 26.95 *(978-1-0980-1849-8(4));* pap. 16.95 *(978-1-0980-1594-7(0))* Christian Faith Publishing.

Project Learning Through American History (Set), 12 vols. 2018. (Project Learning Through American History Ser.). (ENG.). 32p. (gr. 4-5). lib. bdg. 167.58 *(978-1-5383-3207-8(8),* c2215961-9aef-4e7b-9bbf-1cd489ec3e44, PowerKids Pr.) Rosen Publishing Group, Inc., The.

Project Learning Using Digital Portfolios, 12 vols. 2017. (Project Learning Using Digital Portfolios Ser.). (ENG.). 64p. (gr. 7-7). 216.78 *(978-1-4994-6635-5(8),* 1ad34bde-10bc-4abe-8d3b-d611bb4d31ba, Rosen Young Adult) Rosen Publishing Group, Inc., The.

Project Learning with 3D Printing, 12 vols. 2017. (Project Learning with 3D Printing Ser.). (ENG.). (J). (gr. 9-9). lib. bdg. 284.16 *(978-1-5026-3229-6(2),* 11989ae9-a51d-4991-9324-12368b1c91d5) Cavendish Square Publishing LLC.

Project Mc2: Smart Is the New Cool. Jade Hemsworth. 2016. (ENG., Illus.). 144p. (J). *(978-1-250-12632-0(0))* ETT Imprint.

Project Me: If It's to Be, It's to Start with Me. Karen Hodder & Helena Lancaster. 2018. (ENG.). 42p. (YA). pap. 22.45 *(978-1-5043-1417-6(4),* Balboa Pr.) Author Solutions, LLC.

Project Me 2. 0. Jan Gangsei. 2019. (Max Ser.). (ENG.). 272p. (J). (gr. 4-8). 18.99 *(978-1-5344-2046-5(0));* pap. 7.99 *(978-1-5344-2045-8(2))* Simon & Schuster Children's Publishing. (Aladdin).

Project Mercury. John Hamilton. 2018. (Space Race Ser.). (ENG., Illus.). 48p. (J). (gr. 5-9). lib. bdg. 34.21 *(978-1-5321-1833-3(3),* 30542, Abdo & Daughters) ABDO Publishing Co.

Project Mercury: United States First Men-In-Space Program: 1958-1963. Compiled by Annie Laura Smith & Steve Gierhart. 2021. (ENG.). 58p. (J). pap. 11.95 *(978-1-64066-120-2(4))* Ardent Writer Pr., LLC, The.

Project Mulberry. Linda Sue Park. 2022. (ENG.). 272p. (J). (gr. 3-7). pap. 7.99 *(978-0-544-93521-1(7),* 1658126, Clarion Bks.) HarperCollins Pubs.

Project Nought. Chelsey Furedi. 2023. (ENG., Illus.). 336p. (J). (gr. 8). 24.99 *(978-0-358-38168-6(1));* pap. 18.99 *(978-0-358-38169-3(X))* HarperCollins Pubs. (Clarion Bks.).

Project Passion, 4 vols. Mari Bolte. 2017. (Project Passion Ser.). (ENG.). 32p. (J). (gr. 4-6). 122.60 *(978-1-5157-7381-8(7),* 26740, Capstone Classroom) Capstone.

Project Peep. Jenny Meyerhoff. Illus. by Éva Chatelain & Éva Chatelain. 2016. (Friendship Garden Ser.: 3). (ENG.). 144p. (J). (gr. 2-5). pap. 5.99 *(978-1-4814-3913-8(8),* Aladdin) Simon & Schuster Children's Publishing.

Project Peep. Jenny Meyerhoff. ed. 2016. (Friendship Garden Ser.: 3). lib. bdg. 16.00 *(978-0-606-38264-9(X))* Turtleback.

Project Popcorn. Laura Driscoll. Illus. by Shirley Ng-Benitez. 2017. (Math Matters Ser.). 32p. (J). (gr. k-4). 5.99 *(978-1-57565-865-0(8),* bddffbfa-dfce-49a0-a3a0-59c155d2245c, Kane Press) Astra Publishing Hse.

Project Popcorn: Mean/Median/Mode. Laura Driscoll. Illus. by Shirley Ng-Benitez. ed. 2017. (Math Matters (r) Ser.). (ENG.). 32p. (J). (gr. k-3). E-Book 23.99 *(978-1-57565-868-1(2))* Astra Publishing Hse.

Project Rescue. Mark Kelly. ed. 2017. (Astrotwins Ser.: 2). lib. bdg. 18.40 *(978-0-606-39745-2(0))* Turtleback.

Project Revenant. Lawrence Drexel Jr. 2019. (ENG.). 270p. (YA). pap. 17.95 *(978-1-68456-217-6(1))* Page Publishing Inc.

Project Row Houses. Julie Knutson. 2020. (21st Century Skills Library: Changing Spaces Ser.). (ENG., Illus.). 32p. (J). (gr. 4-7). lib. bdg. 32.07 *(978-1-5341-6904-3(0),* 215503) Cherry Lake Publishing.

Project Semicolon: Your Story Isn't Over. Amy Bleuel. 2017. (ENG., Illus.). 352p. (YA). (gr. 9). pap. 9.99 *(978-0-06-246652-5(6),* HarperCollins) HarperCollins Pubs.

Project TGIF: Charities Started by Kids! Melissa Sherman Pearl & David A. Sherman. 2017. (Community Connections: How Do They Help? Ser.). (ENG., Illus.). 24p. (J). (gr. 2-5). lib. bdg. 29.21 *(978-1-63472-848-5(3),* 209818) Cherry Lake Publishing.

Project (un)Popular Book #1. Kristen Tracy. 2017. (Project (un)Popular Ser.: 1). (ENG.). 336p. (J). (gr. 5). 8.99 *(978-0-553-51051-5(7),* Yearling) Random Hse. Children's Bks.

Project (un)Popular Book #2: Totally Crushed. Kristen Tracy. 2017. (Project (un)Popular Ser.: 2). (ENG.). 224p. (J). (gr. 5). 16.99 *(978-0-553-51052-2(5),* Delacorte Bks. for Young Readers) Random Hse. Children's Bks.

Project Vampire. Collective. 2017. (Green Apple Ser.). (ENG.). 128p. (YA). pap. 25.95 *(978-88-530-1205-0(6),* Black Cat) Grove/Atlantic, Inc.

Project Volcano. Dannika Patterson. 2021. (ENG.). 32p. (J). pap. *(978-1-922550-20-0(5))* Library For All Limited.

Project You: More Than 50 Ways to Calm down, de-Stress, & Feel Great. Aubre Andrus & Karen Bluth. Illus. by Veronica Collignon. 2017. (ENG.). 160p. (YA). (gr. 4-8). pap. 14.95 *(978-1-63079-091-2(5),* 135352, Switch Pr.) Capstone.

Projectile Science: The Physics Behind Kicking a Field Goal & Launching a Rocket with Science Activities for Kids. Matthew Brenden Wood. 2018. (Build It Yourself Ser.). (ENG., Illus.). 128p. (J). (gr. 4-10). 22.95 *(978-1-61930-676-9(X),* 19bcbe53-156f-49fa-aaec-7ea095e84ba4) Nomad Pr.

Projects-With-a-Purpose Leader Manual. Ed. by Group Publishing. 2019. (Group's Weekend Vbs 2019 Ser.). (ENG.). 32p. (J). pap. 6.44 *(978-1-4707-5810-3(5))* Group Publishing, Inc.

Projekt 1065: a Novel of World War II. Alan Gratz. 2016. (ENG.). 320p. (J). (gr. 4-7). 17.99 *(978-0-545-88016-9(5),* Scholastic Pr.) Scholastic, Inc.

Projet Terra: Chroniques de Solaria. Daniel Macaud. 2020. (FRE.). 157p. (J). pap. ***(978-1-716-73754-1(0))*** Lulu Pr., Inc.

Prokofiev's Peter & the Wolf. Ji-seul Hahm. Illus. by David Lupton. 2016. (Music Storybooks Ser.). (ENG.). 44p. (J). (gr. 3-5). 29.32 *(978-1-925247-39-8(2),* f25f94ec-ce49-43d6-8868-fb807d406b1b, Big and SMALL) ChoiceMaker Pty. Ltd., The AUS. Dist: Lerner Publishing Group.

Proletarian Peasants: The Revolution of 1905 in Russia's Southwest. Robert Edelman. 2016. (ENG., Illus.). 208p. (gr. 17). pap. 16.95 *(978-0-8014-9473-4(7),* 978-0-8014-9473-4) Cornell Univ. Pr.

Prologue: From the Canterbury Tales (Classic Reprint) Geoffrey Chaucer. 2017. (ENG., Illus.). (J). 30.87 *(978-0-331-69042-2(X))* Forgotten Bks.

Prologue, a Pamphlet: Consisting of Contributions from Graduates of Several Universities: Prose & Some Verse (Classic Reprint) Henry Seidel Canby. 2018. (ENG., Illus.). 50p. (J). 24.93 *(978-0-484-78112-1(X))* Forgotten Bks.

Prologue (Classic Reprint) Phyllis Duganne. 2018. (ENG., Illus.). 306p. (J). 30.21 *(978-0-484-18500-4(4))* Forgotten Bks.

Prologue, the Knight's Tale, & the Nun's Priest's Tale: From Chaucer's Canterbury Tales (Classic Reprint) Geoffrey Chaucer. 2017. (ENG., Illus.). (J). 29.09 *(978-1-5279-6845-5(6))* Forgotten Bks.

Proloquio: De Maria Nunquam Satis. Stefano A. G. Govoni. 2020. (ITA.). 162p. (J). 23.99 *(978-1-716-29159-3(3))* Lulu Pr., Inc.

Prom: A Novel Based on the Hit Broadway Musical. Saundra Mitchell et al. 2020. (ENG.). 240p. (YA). (gr. 7). pap. 10.99 *(978-1-9848-3754-7(0),* Penguin Books) Penguin Young Readers Group.

Prom: The Big Night Out. Jill S. Zimmerman Rutledge. 2017. (ENG., Illus.). 80p. (YA). (gr. 8-12). 35.99 *(978-1-5124-0267-4(2),* 2d3ee8bb-6996-45c9-80f6-4a6b182b624a); E-Book 54.65 *(978-1-5124-3918-2(5),* 9781512439182); E-Book 9.99 *(978-1-5124-3917-5(7),* 9781512439175); E-Book 54.65 *(978-1-5124-2850-6(7))* Lerner Publishing Group. (Twenty-First Century Bks.).

Prom King: the Fincredible Diary of Fin Spencer. Ciaran Murtagh. Illus. by Tim Wesson. 2017. (Fincredible Diary of Fin Spencer Ser.: 4). (ENG.). 224p. (J). (gr. 4-7). pap. 8.99 *(978-1-84812-558-2(5))* Bonnier Publishing GBR. Dist: Independent Pubs. Group.

Prom Kings. Tony Correia. (Lorimer Real Love Ser.). (ENG.). 176p. (YA). (gr. 7-12). 2020. lib. bdg. 27.99 *(978-1-4594-1409-9(8),* 42403cba-04cd-4bef-b954-c47662f6db4d); 2019. pap. 8.99 *(978-1-4594-1407-5(1),* dfc0efac-41b9-46fd-a0fa-4105a85ae474) James Lorimer & Co. Ltd., Pubs. CAN. Dist: Lerner Publishing Group.

Prom (Spanish Edition) Saundra Mitchell & Matthew Sklar. 2021. (SPA.). 288p. (YA). (gr. 8-12). pap. 14.95 *(978-607-31-9717-5(9),* Nube De Tinta) Penguin Random House Grupo Editorial ESP. Dist: Penguin Random Hse. LLC.

Prom Theory. Ann LaBar. (ENG.). 400p. (YA). (gr. 7). 2022. pap. 12.99 *(978-1-5344-6309-7(7));* 2021. 19.99 *(978-1-5344-6308-0(9))* Simon & Schuster Bks. For Young Readers. (Simon & Schuster Bks. For Young Readers).

Prom to Remember. Sandy Hall. 2018. (ENG.). 320p. (YA). 27.99 *(978-1-250-11914-6(6),* 900172684) Feiwel & Friends.

Prom to Remember. Sandy Hall. 2019. (ENG.). 336p. (YA). pap. 10.99 *(978-1-250-30920-4(4),* 900198433) Square Fish.

Promenade in Parc Munkácsy. Alexander York. 2022. (ENG.). 266p. (YA). pap. *(978-1-5289-8235-1(5));* pap. *(978-1-5289-8234-4(7))* Austin Macauley Pubs. Ltd.

Promesa Comics (Promise Comics) Erin MacKenzie. Ed. by Pam Nummela. 2016. (MUL.). (J). pap. 1.99 *(978-0-7586-5743-5(9))* Concordia Publishing Hse.

Promesa de Mamá. Rodol Pizano Monroy. 2022. (SPA.). 40p. (J). (gr. -1-1). pap. 11.95 *(978-607-557-319-9(4))* Editorial Oceano de Mexico MEX. Dist: Independent Pubs. Group.

Prometeo Encadenado y Los Siete Sobre Tebas. Esquilo. 2017. (SPA., Illus.). (J). pap. *(978-9978-18-335-9(3))* Radmandi Editorial, Compania Ltd.

Prometeo y la Caja de Pandora. Luc Ferry. 2019. (SPA.). 56p. (YA). (gr. 9-12). pap. 16.99 *(978-958-30-5779-3(7))* Panamericana Editorial COL. Dist: Lectorum Pubns., Inc.

Prometheus Illbound (Classic Reprint) André Gide. 2017. (ENG., Illus.). (J). 26.39 *(978-0-265-78850-9(1))* Forgotten Bks.

Prometheus; the Fall of the House of Limon; Sunday Sunlight: Poetic Novels of Spanish Life (Classic Reprint) Ramon Perez De Ayala. 2017. (ENG., Illus.). (J). 28.89 *(978-0-265-19814-8(3))* Forgotten Bks.

Prometo No Morir. Taiyo Ki. 2021. (ENG.). 142p. (J). pap. *(978-1-64969-504-8(7))* Tablo Publishing.

Promise, 1 vol. Pnina Bat Zvi & Margie Wolfe. Illus. by Isabelle Cardinal. 2018. (ENG.). 32p. (J). (gr. 3-6). 18.95 *(978-1-77260-058-2(X))* Second Story Pr. CAN. Dist: Orca Bk. Pubs. USA.

Promise. D. M. Jack. 2020. (ENG.). 26p. (J). 21.95 *(978-1-0983-2278-6(9))* BookBaby.

Promise. Suzanne Pollock. 2022. (ENG.). 18p. (J). pap. 15.00 ***(978-1-958877-74-6(3))*** Booklocker.com, Inc.

Promise. Adrian Rose. 2018. (ENG., Illus.). 106p. (YA). pap. 12.95 *(978-1-64299-025-6(6))* Christian Faith Publishing.

Promise. Judy Young. 2016. (ENG.). 368p. (J). (gr. 4-6). pap. 8.99 *(978-1-58536-915-7(2),* 204079) Sleeping Bear Pr.

Promise. Peter Lerangis. ed. 2016. (Seven Wonders Journals: 4). 92p. (J). lib. bdg. 12.35 *(978-0-606-38133-8(3))* Turtleback.

Promise: A Tale of the Great Northwest. James B. Hendryx. 2017. (ENG., Illus.). (J). 26.95 *(978-1-374-98669-5(0));* pap. 16.95 *(978-1-374-98668-8(2))* Capital Communications, Inc.

Promise: Will You Keep That Promise? Shaniyah Price. 2020. (ENG.). 68p. (YA). pap. ***(978-1-716-79551-0(6))*** Lulu Pr., Inc.

Promise a Tale of the Great Northwest (Classic Reprint) James B. Hendryx. 2018. (ENG., Illus.). 434p. (J). 32.85 *(978-0-484-23604-1(0))* Forgotten Bks.

Promise & the Light: A Christmas Retelling. Katy Morgan. 2021. (ENG., Illus.). 192p. (J). *(978-1-78498-661-2(5))* Good Bk. Co., The.

Promise Basket, 1 vol. Bill Richardson. Illus. by Slavka Kolesar. 2019. (ENG.). 32p. (J). (gr. k-3). 17.95 *(978-1-77306-089-7(9))* Groundwood Bks. CAN. Dist: Publishers Group West (PGW).

Promise (Classic Reprint) Ethel Sidgwick. 2018. (ENG., Illus.). 448p. (J). 33.14 *(978-0-267-25024-0(X))* Forgotten Bks.

Promise Comics - Issue 1. Erin MacKenzie. Ed. by Pam Nummela. Illus. by Michael Halbleib. 2017. (ENG.). (J). pap. 1.49 *(978-0-7586-5742-8(0))* Concordia Publishing Hse.

Promise Is a Promise. Michael Kusugak & Robert Munsch. Illus. by Vladyana Krykorka. 2019. (Classic Munsch Ser.). 32p. (J). (gr. k-2). 19.95 *(978-1-77321-294-4(X));* 6.95 *(978-1-77321-293-7(1))* Annick Pr., Ltd. CAN. Dist: Publishers Group West (PGW).

Promise Me. Irene Ford-Smith. Illus. by Janine Carrington. 2023. (ENG.). 28p. (J). 15.99 ***(978-1-0881-6637-6(7));*** pap. 12.00 ***(978-1-0881-2025-5(3))*** VMH Publishing.

Promise Me Aloha. Taylor Bennett. 2021. (Tradewind Ser.: 5). (ENG.). 248p. (YA). pap. 12.99 *(978-1-953957-11-5(0))* Mountain Brook Ink.

Promise Me Happy. Robert Newton. 2019. 288p. (YA). (gr. 9). 17.99 *(978-0-14-379644-2(5))* Penguin Random Hse. AUS. Dist: Independent Pubs. Group.

Promise of Air (Classic Reprint) Algernon Blackwood. 2018. (ENG., Illus.). 292p. (J). 29.92 *(978-0-483-59544-6(6))* Forgotten Bks.

Promise of Country Life: Descriptions, Narrations Without Plot, Short Stories (Classic Reprint) James Cloyd Bowman. (ENG., Illus.). (J). 2018. 358p. 31.28 *(978-0-332-98138-3(X));* 2017. pap. 13.97 *(978-0-243-51984-2(2))* Forgotten Bks.

Promise of Life: A Study on God's Law for Young People. Jonathan Atkinson. 2020. (Search the Scriptures Ser.: Vol. 1). (ENG.). 140p. (YA). (gr. 7-12). pap. 12.99 *(978-1-7336615-2-2(2))* Gospel Grown.

Promise of Lost Things. Helene Dunbar. 2022. (ENG.). 320p. (YA). (gr. 8-12). pap. 10.99 *(978-1-4926-6740-7(4))* Sourcebooks, Inc.

Promise of Shabbat: Yoga Poses for Happy Kids. Lisa Schreiber. Illus. by Jacqui Gerber. 2022. 32p. (J). pap. 13.33 *(978-1-6678-1991-4(7))* BookBaby.

Promise of the Buckeye. Beth Carter. 2017. (ENG., Illus.). (J). pap. 12.99 *(978-0-8281-9585-0(4))* Forbes Custom Publishing.

Promise of the Snow Gryphon (Clock Winders) J. H. Sweet. 2018. (Clock Winders Ser.: Vol. 8). (ENG., Illus.). 208p. (YA). (gr. 7-12). 17.94 *(978-1-936660-28-5(8))* Sweet, Joanne.

Promise Problem. Christy Webster. ed. 2022. (Thomas the Tank Engine 8x8 Bks). (ENG.). 24p. (J). (gr. k-1). 16.96 ***(978-1-68505-322-2(X))*** Penworthy Co., LLC, The.

Promise Problem (Thomas & Friends: All Engines Go) Random House. Illus. by Random House. 2022. (Pictureback(R) Ser.). (ENG., Illus.). 24p. (J). (gr. -1-2). 5.99 *(978-0-593-43162-7(6),* Random Hse. Bks. for Young Readers) Random Hse. Children's Bks.

Promise Stitched in Time, 1 vol. Colleen Rowan Kosinski. 2018. (ENG.). 128p. (gr. 3-6). 12.99 *(978-0-7643-5554-7(6),* 9881) Schiffer Publishing, Ltd.

Promise to Keep. Minnie Bartee Frazier. 2022. (ENG.). 80p. (J). 25.95 *(978-1-6624-5350-2(7))* Page Publishing Inc.

Promise Witch (the Wild Magic Trilogy, Book Three) Celine Kiernan. Illus. by Jessica Courtney-Tickle. 2021. (Wild Magic Trilogy Ser.). (ENG.). 224p. (J). (gr. 4-7). 15.99 *(978-1-5362-0152-9(9))* Candlewick Pr.

Promised Isle: Translated from the Danish (Classic Reprint) Laurids Bruun. (ENG., Illus.). (J). 2018. 242p. 28.91 *(978-0-483-43812-5(X));* 2016. pap. 11.57 *(978-1-333-52557-6(5))* Forgotten Bks.

Promised Journey. Cherie Coon. 2021. (ENG.). 186p. (YA). pap. 12.99 *(978-1-5323-8863-7(2))* Independent Pub.

Promised Land. Jul. 2017. (Lucky Luke Ser.: 66). (Illus.). 48p. (J). (gr. -1-12). pap. 11.95 *(978-1-84918-366-6(X))* CineBook GBR. Dist: National Bk. Network.

Promised Land (Classic Reprint) Mary Antin. 2017. (ENG., Illus.). (J). 32.68 *(978-0-266-19912-0(7))* Forgotten Bks.

Promised Neverland (Volume 1 Of 16) Demizu Posuka. 2016. (JPN.). (YA). pap. *(978-4-08-880872-7(X))* Shuei-Sha.

Promised One: The Wonderful Story of Easter. Antonia Woodward. Illus. by Antonia Woodward. ed. 2017. (ENG., Illus.). 32p. (J). pap. 10.99 *(978-0-7459-7679-2(4),* 57148a3b-2061-41ef-9826-6a34cd27ea72, Lion Children's) Lion Hudson PLC GBR. Dist: Baker & Taylor Publisher Services (BTPS).

PromiseLand Adventures: Rufus & Clyde & the Stench of Doom Mini 2nd Edition. Cheryl E. Jones. 2019. (ENG.). 148p. (J). pap. 6.99 *(978-0-9989332-3-8(6))* HoneyKeep Ministries.

Promises: Not All Victims of War Lie on the Battlefield. Eileen Donovan. 2019. (ENG.). 300p. (YA). 22.95 *(978-1-64633-176-5(1));* pap. 16.95 *(978-1-64316-629-2(8))* Waldorf Publishing.

Promises of Alice: The Romance of a New England Parsonage (Classic Reprint) Margaret Wade Campbell Deland. 2017. (ENG., Illus.). (J). 26.97 *(978-1-5281-7040-6(7))* Forgotten Bks.

Promises of God Storybook Bible: The Story of God's Unstoppable Love. Jennifer Lyell. Illus. by Thanos Tsilis. 2019. (ENG.). 320p. (J). (gr. -1-3). 16.99 *(978-1-5359-2832-8(8),* 005808506, B&H Kids) B&H Publishing Group.

Promises Stronger Than Darkness. Charlie Jane Anders. 2023. (Unstoppable Ser.: 3). (ENG.). 368p. (YA). 21.99 *(978-1-250-31750-6(9),* 900199988, Tor Teen) Doherty, Tom Assocs., LLC.

Promises We Break. Bonnie Synclaire. 2020. (ENG.). 268p. (YA). pap. 14.00 *(978-1-716-83462-2(7))* Lulu Pr., Inc.

Promoters: A Novel Without a Woman (Classic Reprint) William Hawley Smith. 2018. (ENG., Illus.). 382p. (J). 31.78 *(978-0-332-61755-8(6))* Forgotten Bks.

Promoting Justice, 1 vol. Rita Santos. 2019. (Working for Social Justice Ser.). (ENG.). 32p. (gr. 3-4). pap. 11.53 *(978-1-9785-0798-2(4),* b263e819-726b-49ad-8216-dc8b46909186) Enslow Publishing, LLC.

Promoting Romeo (Classic Reprint) Helen Bagg. 2018. (ENG., Illus.). 72p. (J). 25.38 *(978-0-332-56539-2(4))* Forgotten Bks.

Promotion Ballads, & Others about the Invincible Nothing (Classic Reprint) H. M. Nelson. (ENG., Illus.). (J). 2018. 110p. 26.17 *(978-0-364-31958-1(5));* 2018. 82p. 25.59 *(978-0-666-43060-1(8));* 2017. pap. 9.57 *(978-0-259-47057-1(0));* 2017. pap. 9.57 *(978-0-259-87615-1(1))* Forgotten Bks.

Prompter: A Commentary on Common Sayings Which Are Full of Common Sense, the Best Sense in the World (Classic Reprint) Noah Webster. (ENG., Illus.). (J). 2017. 25.42 *(978-0-331-94010-7(8));* 2016. pap. 9.57 *(978-1-333-34959-2(9))* Forgotten Bks.

Prone to Adventure. Carson Talbott. 2018. (ENG.). 286p. (J). pap. *(978-0-359-21504-1(1))* Lulu Pr., Inc.

Pronghorn. Kaitlyn Duling. 2020. (Animals of the Grasslands Ser.). (ENG., Illus.). 24p. (J). (gr. k-3). lib. bdg. 26.95 *(978-1-64487-229-1(3),* Blastoff! Readers) Bellwether Media.

Pronoun Book. Chris Ayala-Kronos. Illus. by Marco Tirado. 2022. (ENG.). 26p. (J). (gr. -1 — 1). bds. 8.99 *(978-0-358-65315-8(0),* 1820930, Clarion Bks.) HarperCollins Pubs.

Pronoun Book: She, He, They, & Me! Cassandra Jules Corrigan. Illus. by Jem Milton. ed. 2021. 32p. (C). 17.95 *(978-1-78775-957-2(1),* 817989) Kingsley, Jessica Pubs. GBR. Dist: Hachette UK Distribution.

Pronouncing Spelling Book, Adapted to Walker's Critical Pronouncing Dictionary: In Which the Precise Sound of Every Syllable Is Accurately Conveyed, in a Manner Perfectly Intelligible to Every Capacity, by Placing over Such Letters As Lose Their Sound. Jacob Abbot Cummings. 2017. (ENG., Illus.). (J). 28.27 *(978-0-265-53326-0(0));* pap. 10.97 *(978-0-282-71222-8(4))* Forgotten Bks.

Pronouncing Vocabulary: With Lessons in Prose & Verse, & a Few Grammatical Exercises (Classic Reprint) George Fulton. 2017. (ENG., Illus.). (J). 28.43 *(978-0-266-65541-1(6));* pap. 10.97 *(978-1-5276-1029-3(2))* Forgotten Bks.

Pronouns. Contrib. by Kelly Doudna. 2023. (Sentences Ser.). (ENG.). 24p. (J). (gr. -1-2). lib. bdg. 31.36 ***(978-1-0982-8278-3(7),*** 42284, Abdo Zoom-Launch) ABDO Publishing Co.

Pronouns. Ann Heinrichs. 2019. (English Grammar Ser.). (ENG.). 32p. (J). (gr. 2-5). lib. bdg. 35.64 *(978-1-5038-3245-9(7),* 213004) Child's World, Inc, The.

Pronouns. Ann Heinrichs. 2016. (Illus.). 24p. (J). *(978-1-4896-6082-4(8),* AV2 by Weigl) Weigl Pubs., Inc.

Pronouns. Deborah G. Lambert. 2016. *(978-1-5105-2287-9(5))* SmartBook Media, Inc.

Pronouns Say You & Me! Michael Dahl. Illus. by Lauren Lowen. 2019. (Word Adventures: Parts of Speech Ser.). (ENG.). 32p. (J). (gr. k-3). pap. 7.95 *(978-1-5158-4105-0(7),* 140143); lib. bdg. 27.99 *(978-1-5158-4097-8(2),* 140135) Capstone. (Picture Window Bks.).

Pronti? Partenza!! Maria Teresa Beccaria. 2017. (ITA., Illus.). 38p. (J). pap. *(978-1-326-99850-9(1))* Lulu Pr., Inc.

Pronto Por la Mañana see Early One Morning

Pronunciation of English: Reduced to Rules by Means of a System of Marks Applied to the Ordinary Spelling (Classic Reprint) W. A. Craigie. (ENG., Illus.). (J). 2018. 54p. 25.03 *(978-0-332-96931-2(2));* 2016. pap. 9.57 *(978-1-333-18050-8(0))* Forgotten Bks.

Pronunzia Inglese Visibile: Insegnata in Dodici Lezioni, Illustrata (Classic Reprint) Alexander Melville Bell. (ENG., Illus.). (J). 2018. 86p. 25.67 *(978-0-484-71199-9(7));* 2016. pap. 9.57 *(978-1-334-12228-6(8))* Forgotten Bks.

Proof. Clayton Howard Ford. 2019. (ENG.). 56p. (YA). pap. *(978-0-359-62065-4(5))* Lulu Pr., Inc.

Proof of Forever. Lexa Hillyer. 2016. (ENG.). 352p. (YA). (gr. 8). pap. 9.99 *(978-0-06-233038-3(1),* HarperTeen) HarperCollins Pubs.

Proof of Lies. Diana Rodriguez Wallach. 2017. (ENG., Illus.). (YA). (gr. 7-12). pap. 18.99 *(978-1-68281-469-7(6))* Entangled Publishing, LLC.

Proof of the Pudding (Classic Reprint) Meredith Nicholson. 2017. (ENG., Illus.). (J). 32.25 *(978-1-5282-8563-6(8))* Forgotten Bks.

Proof Positive. Lucy V. Hay. 2018. (Intersection Ser.: Vol. 1). (ENG., Illus.). 218p. (YA). pap. *(978-1-9998552-9-1(9))* Littwitz Pr.

Propa Happy: Awesome Activities to Power Your Positivity. Ant McPartlin & Declan Donnelly. Ed. by Miquela Walsh. Illus. by Katie Abey. 2022. (ENG.). 160p. (J). 11.99

P

(978-0-00-852434-0(3), Red Shed) Farshore GBR. Dist: HarperCollins Pubs.

Proper Girls in Seventh Grade. S. R. Dreher. 2016. (ENG., Illus.). (J). pap. 12.14 *(978-1-365-28584-4(7))* Lulu Pr., Inc.

Proper Grown-Up. Sejal Sharma. 2019. (ENG.). 38p. (J). 14.95 *(978-1-64307-140-4(8))* Amplify Publishing Group.

Proper Nouns. Contrib. by Kelly Doudna. 2023. (Sentences Ser.). (ENG.). 24p. (J). (gr. -1-2). lib. bdg. 31.36 ***(978-1-0982-8279-0(5)***, 42287, Abdo Zoom-Launch) ABDO Publishing Co.

Proper Pride, Vol. 1 Of 3: A Novel (Classic Reprint) Bithia Mary Croker. (ENG., Illus.). (J). 2018. 270p. 29.47 *(978-0-483-62638-6(4))*; 2016. pap. 11.97 *(978-1-333-22022-8(7))* Forgotten Bks.

Proper Pride, Vol. 2 Of 3: A Novel (Classic Reprint) Bithia Mary Croker. (ENG., Illus.). (J). 2018. 264p. 29.40 *(978-0-484-52169-7(1))*; 2016. pap. 11.97 *(978-1-333-31719-5(0))* Forgotten Bks.

Proper Pride, Vol. 3 Of 3: A Novel (Classic Reprint) Bithia Mary Croker. (ENG., Illus.). (J). 2018. 268p. 29.42 *(978-0-267-39619-1(8))*; 2016. pap. 11.97 *(978-1-334-13113-4(9))* Forgotten Bks.

Proper Way to Meet a Hedgehog & Other How-To Poems. Paul B. Janeczko. Illus. by Richard Jones. 2019. (ENG.). 48p. (J). (gr. 1-4). 18.99 *(978-0-7636-8168-5(7))* Candlewick Pr.

Properly Unhaunted Place. William Alexander. Illus. by Kelly Murphy. 2017. (ENG.). 192p. (J). (gr. 3-7). 16.99 *(978-1-4814-6915-9(0)*, McElderry, Margaret K. Bks.) McElderry, Margaret K. Bks.

Properly Unhaunted Place. William Alexander. ed. 2019. (Penworthy Picks Middle School Ser.). (ENG.). 182p. (J). (gr. 4-5). 18.96 *(978-1-64310-942-8(1))* Penworthy Co., LLC, The.

Property of the Rebel Librarian. Allison Varnes. 2019. (Illus.). 288p. (J). (gr. 3-7). 7.99 *(978-1-5247-7150-8(3)*, Yearling) Random Hse. Children's Bks.

Property of the State: The Legend of Joey. Bill Cameron. 2016. (ENG.). 288p. (gr. 9-13). pap. 18.99 *(978-1-929345-22-9(4)*, Poisoned Pen Press) Sourcebooks, Inc.

Property of University of Michigan Libraries: 1817; Artes Scientia Veritas (Classic Reprint) Unknown Author. 2018. (ENG., Illus.). 256p. (J). 29.18 *(978-0-483-32048-2(X))* Forgotten Bks.

Property of University of Michigan Libraries (Classic Reprint) Unknown Author. (ENG., Illus.). (J). 2018. 208p. 28.19 *(978-0-483-99460-7(X))*; 2016. pap. 10.57 *(978-1-334-51050-2(4))* Forgotten Bks.

Prophecies of the Veiled Self (Classic Reprint) C. M. Black. (ENG., Illus.). (J). 2018. 56p. 25.05 *(978-0-483-54662-2(3))*; 2017. pap. 9.57 *(978-0-243-17436-2(5))* Forgotten Bks.

Prophecy of Evil. Sadie Chesterfield. 2018. (Illus.). 118p. (J). *(978-1-5490-7800-2(3))* Follett School Solutions.

Prophecy of Fire. A. J. Leigh. 2021. (Phoenix Ashes Ser.: Vol. 3). (ENG.). 354p. (YA). 21.99 *(978-1-0879-3463-1(X))* Leigh, A.J.

Prophecy of the Twins. Talissa O'Shrigar. 2020. (ENG.). 372p. (YA). pap. 13.00 *(978-1-393-12886-1(6))* Draft2Digital.

Prophecy of the Underworld. Low Ying Ping. 2022. 220p. (YA). 11.99 *(978-981-4954-16-7(0))* Penguin Random House SEA Pte. Ltd. SGP. Dist: Independent Pubs. Group.

Prophet: A Story of the Two Kingdoms of Ancient Palestine (Classic Reprint) Leslie Oran Loomer. (ENG., Illus.). (J). 2018. 182p. 27.65 *(978-0-365-50591-4(9))*; 2017. pap. 10.57 *(978-0-259-47118-9(6))* Forgotten Bks.

Prophet Adam & Wicked Iblis Activity Book. Saadah Taib. Illus. by Shazana Rosli. 2019. (Prophets of Islam Activity Bks.). (ENG.). 16p. (J). pap. 3.95 *(978-0-86037-639-2(7))* Kube Publishing Ltd. GBR. Dist: Consortium Bk. Sales & Distribution.

Prophet Calls. Melanie Sumrow. (ENG.). 288p. (J). (gr. 4-9). 2021. pap. 7.99 *(978-1-4998-1203-9(5))*; 2018. 16.99 *(978-1-4998-0755-4(4))* Bonnier Publishing USA. (Yellow Jacket).

Prophet Ibrahim & the Little Bird Activity Book. Saadah Taib. Illus. by Shazana Rosli. 2020. (Prophets of Islam Activity Bks.). 16p. (J). pap. 3.95 *(978-0-86037-740-5(7))* Kube Publishing Ltd. GBR. Dist: Consortium Bk. Sales & Distribution.

Prophet Ismail & the ZamZam Well Activity Book. Saadah Taib. Illus. by Shazana Rosli. 2020. (Prophets of Islam Activity Bks.). 16p. (J). pap. 3.95 *(978-0-86037-745-0(8))* Kube Publishing Ltd. GBR. Dist: Consortium Bk. Sales & Distribution.

Prophet Joseph's 1-2-3s. Kristina Eden. Illus. by Linda Silvestri. 2016. (ENG.). (gr. -1-1). 14.99 *(978-1-4621-1949-3(2))* Cedar Fort, Inc./CFI Distribution.

Prophet Muhammad: Where the Story Begins. Farhana Islam. Illus. by Eman Salem. 2022. 32p. (J). 12.95 *(978-0-86037-877-8(2))* Kube Publishing Ltd. GBR. Dist: Consortium Bk. Sales & Distribution.

Prophet Muhammad & the Crying Camel Activity Book. Saadah Taib. Illus. by Shazana Rosli. 2019. (Prophets of Islam Activity Bks.). (ENG.). 16p. (J). pap. 3.95 *(978-0-86037-634-7(6))* Kube Publishing Ltd. GBR. Dist: Consortium Bk. Sales & Distribution.

Prophet Muhammed: A Biography. Mysa Elsheikh. 2022. (ENG.). 55p. (J). pap. ***(978-1-4709-8870-8(4))*** Lulu Pr., Inc.

Prophet Nuh & the Great Ark Activity Book. Saadah Taib. Illus. by Shazana Rosli. 2020. (Prophets of Islam Activity Bks.). 16p. (J). pap. 3.95 *(978-0-86037-644-6(3))* Kube Publishing Ltd. GBR. Dist: Consortium Bk. Sales & Distribution.

Prophet of Berkeley Square (Classic Reprint) Robert Smythe Hichens. 2018. (ENG., Illus.). 354p. (J). 31.20 *(978-0-666-92418-6(X))* Forgotten Bks.

Prophet of Peace (Classic Reprint) Asenath Carver Coolidge. 2018. (ENG., Illus.). 262p. (J). 29.32 *(978-0-332-32750-1(7))* Forgotten Bks.

Prophet of the Great: Smoky Mountains (Classic Reprint) Charles Egbert Craddock. 2018. (ENG., Illus.). 328p. (J). 30.66 *(978-0-483-34984-1(4))* Forgotten Bks.

Prophet of the Real (Classic Reprint) Esther Miller. 2018. (ENG., Illus.). 346p. (J). 31.05 *(978-0-483-54997-5(5))* Forgotten Bks.

Prophet of the Ruined Abbey, or a Glance of the Future of Ireland: A Narrative Founded on the Ancient Prophecies of Traditions & on Other Predictions & Popular Traditions among the Irish (Classic Reprint) Author of the Cross. 2018. (ENG., Illus.). 322p. (J). 30.54 *(978-0-666-38881-0(4))* Forgotten Bks.

Prophet of Wales: A Story (Classic Reprint) Max Baring. (ENG., Illus.). (J). 2018. 318p. 30.48 *(978-0-484-54028-5(9))*; 2017. pap. 13.57 *(978-0-243-98657-6(2))* Forgotten Bks.

Prophet Stories for Kids. Kids Islamic Books. 2020. (ENG.). 172p. (J). pap. 14.99 *(978-1-386-55032-7(9))* Draft2Digital.

Prophet Sulaiman & the Talking Ants. Saadah Taib. Illus. by Shazana Rosli. 2020. (Prophets of Islam Activity Bks.). 16p. (J). pap. 3.95 *(978-0-86037-777-1(6))* Islamic Foundation, Ltd. GBR. Dist: Consortium Bk. Sales & Distribution.

Prophet Yunus & the Whale Activity Book. Saadah Taib. Illus. by Shazana Rosli. 2020. (Prophets of Islam Activity Bks.). (ENG.). 16p. (J). 3.95 *(978-0-86037-718-4(0))* Islamic Foundation, Ltd. GBR. Dist: Consortium Bk. Sales & Distribution.

Prophet Yusuf & the Wolf. Saadah Taib. Illus. by Shazana Rosli. 2020. (Prophets of Islam Activity Bks.). 16p. (J). 3.95 *(978-0-86037-723-8(7))* Islamic Foundation, Ltd. GBR. Dist: Consortium Bk. Sales & Distribution.

Prophetess: A Novel. Evonne Marzouk. 2019. (ENG.). 320p. (YA). 25.95 *(978-1-61088-504-1(X)*, f2fe7e9b-52a0-4138-9e4a-ddf4a6c34402) Bancroft Pr.

Prophetess-Psalms of the Damsel. Charles M. Stirley. 2022. (ENG.). 108p. (YA). 28.95 *(978-1-6642-7435-8(9))*; pap. 11.95 *(978-1-6642-7434-1(0))* Author Solutions, LLC. (WestBow Pr.).

Prophetic Events of Your Life: Beyond Your Horizon, 1 vol. Kathryn Garland. 2019. (ENG.). 528p. (YA). 50.99 *(978-1-59555-750-6(4))*; pap. 29.99 *(978-1-59555-801-5(2))* Elm Hill.

Prophet's Daughter. Kilayla Pilon. 2016. (ENG., Illus.). 158p. (J). pap. 19.99 *(978-1-77210-060-0(9)*, 9781772100600) Love + Lifestyle Media Group CAN. Dist: Baker & Taylor Publisher Services (BTPS).

Prophet's Landing: A Novel (Classic Reprint) Edwin Asa Dix. 2018. (ENG., Illus.). 256p. (J). 29.18 *(978-0-484-48117-5(7))* Forgotten Bks.

Prophets of Messiah: Old Testament Volume 32: Isaiah, Jeremiah, Lamentations, Ezekiel, Daniel. Ruth B. Greiner et al. 2019. (Visualized Bible Ser.: Vol. 2032). (ENG.). 40p. (J). pap. 15.00 *(978-1-64104-036-5(X))* Bible Visuals International, Inc.

Proposal Number Seven: A Comedy in Two Acts (Classic Reprint) Margaret C. Getchell. (ENG., Illus.). (J). 2018. 56p. 25.05 *(978-0-484-52249-6(3))*; 2016. pap. 9.57 *(978-1-333-32854-2(0))* Forgotten Bks.

Proposal under Difficulties: A Farce (Classic Reprint) John Kendrick Bangs. 2018. (ENG., Illus.). 78p. (J). 25.53 *(978-0-484-72775-4(3))* Forgotten Bks.

Proposed Roads to Freedom: Socialism; Anarchism & Syndicalism. Bertrand Russell. 2017. (ENG., Illus.). (J). 23.95 *(978-1-374-93024-7(5))*; pap. 13.95 *(978-1-374-93023-0(7))* Capital Communications, Inc.

Propriétés Cinématiques Fondamentales des Vibrations: Conférences Faites en 1911 Aux Candidats Au Certificat de Physique Générale (Classic Reprint) Amédée Guillet. 2018. (FRE., Illus.). 416p. (J). pap. 16.57 *(978-1-391-18343-5(6))* Forgotten Bks.

Pros & Cons, 8 vols. 2018. (Pros & Cons Ser.). (ENG.). 384p. (J). (gr. 5-6). pap. 95.60 *(978-1-63517-600-1(X)*, 163517600X); lib. bdg. 273.68 *(978-1-63517-528-8(3)*, 1635175283) North Star Editions. (Focus Readers).

Pros & Cons: Animal Testing. Jonah Lyon. 2022. (21st Century Skills Library: Two Sides of an Argument: Speech & Debate Ser.). (ENG., Illus.). 32p. (J). (gr. 5-8). pap. 14.21 *(978-1-6689-1101-3(9)*, 221046); lib. bdg. 32.07 *(978-1-6689-0941-6(3)*, 220908) Cherry Lake Publishing.

Pros & Cons: Banned Books. Jonah Lyon. 2022. (21st Century Skills Library: Two Sides of an Argument: Speech & Debate Ser.). (ENG., Illus.). 32p. (J). (gr. 5-8). pap. 14.21 *(978-1-6689-1098-6(5)*, 221043); lib. bdg. 32.07 *(978-1-6689-0938-6(3)*, 220905) Cherry Lake Publishing.

Pros & Cons: Electoral College. Jonah Lyon. 2022. (21st Century Skills Library: Two Sides of an Argument: Speech & Debate Ser.). (ENG., Illus.). 32p. (J). (gr. 5-8). pap. 14.21 *(978-1-6689-1100-6(0)*, 221045); lib. bdg. 32.07 *(978-1-6689-0940-9(5)*, 220907) Cherry Lake Publishing.

Pros & Cons: Gentrification. Jonah Lyon. 2022. (21st Century Skills Library: Two Sides of an Argument: Speech & Debate Ser.). (ENG., Illus.). 32p. (J). (gr. 5-8). pap. 14.21 *(978-1-6689-1099-3(3)*, 221044); lib. bdg. 32.07 *(978-1-6689-0939-3(1)*, 220906) Cherry Lake Publishing.

Pros & Cons of Animal Testing. Gail Terp. 2019. (Open for Debate Ser.). (ENG.). 48p. (J). lib. bdg. 29.99 *(978-1-5105-4765-0(7))* SmartBook Media, Inc.

Pros & Cons of Being a Frog. Sue deGennaro. Illus. by Sue deGennaro. 2016. (ENG., Illus.). 40p. (J). (gr. -1-3). 19.99 *(978-1-4814-7130-5(9)*, Simon & Schuster/Paula Wiseman Bks.) Simon & Schuster/Paula Wiseman Bks.

Pros & Cons of Homework. Anika Fajardo. 2019. (Open for Debate Ser.). (ENG.). 48p. (J). lib. bdg. 29.99 *(978-1-5105-4762-9(2))* SmartBook Media, Inc.

Pros & Cons of Playing Video Games. Rachel Seigel. 2019. (Open for Debate Ser.). (ENG.). 48p. (J). lib. bdg. 29.99 *(978-1-5105-4759-9(2))* SmartBook Media, Inc.

Pros & Cons of the Electoral College. Sue Bradford Edwards. 2019. (Open for Debate Ser.). (ENG.). 48p. (J). lib. bdg. 29.99 *(978-1-5105-4756-8(8))* SmartBook Media, Inc.

Pros & Cons of Vaccines. Patricia Hutchison. 2019. (Open for Debate Ser.). (ENG.). 48p. (J). lib. bdg. 29.99 *(978-1-5105-4755-1(X))* SmartBook Media, Inc.

Pros & Cons: Social Media Censorship. Jonah Lyon. 2022. (21st Century Skills Library: Two Sides of an Argument: Speech & Debate Ser.). (ENG., Illus.). 32p. (J). (gr. 4-8). pap. 14.21 *(978-1-6689-1102-0(7)*, 221047); lib. bdg. 32.07 *(978-1-6689-0942-3(1)*, 220909) Cherry Lake Publishing.

Pros & Cons: Vaccine Mandates. Jonah Lyon. 2022. (21st Century Skills Library: Two Sides of an Argument: Speech & Debate Ser.). (ENG., Illus.). 32p. (J). (gr. 5-8). pap. 14.21 *(978-1-6689-1097-9(7)*, 221042); lib. bdg. 32.07 *(978-1-6689-0937-9(5)*, 220904) Cherry Lake Publishing.

Pros of Cons. Alison Cherry et al. 2018. (ENG.). 352p. (YA). (gr. 7). 18.99 *(978-1-338-15172-5(X))* Scholastic, Inc.

Prose & Poems (Classic Reprint) Nan Terrell Reed. 2018. (ENG., Illus.). 48p. (J). 24.91 *(978-0-428-40467-3(7))* Forgotten Bks.

Prose & Poetical Works of Fannie L. Michener (Classic Reprint) Fannie L. Michener. 2018. (ENG., Illus.). 390p. (J). 31.94 *(978-0-483-62080-3(7))* Forgotten Bks.

Prose & Verse: For Children (Classic Reprint) Katharine Pyle. 2018. (ENG., Illus.). (J). 180p. 27.61 *(978-0-332-36608-1(1))*; 182p. pap. 9.97 *(978-0-243-91387-9(7))* Forgotten Bks.

Prose & Verse, but 'Eavy It Ain't: Poetry with a Twist. Peter Clay. 2022. (ENG.). 272p. (J). pap. ***(978-1-80227-546-9(0))*** Publishing Push Ltd.

Prose & Verse (Classic Reprint) Thomas Hood. 2017. (ENG., Illus.). 418p. (J). 32.52 *(978-1-5281-6586-0(1))* Forgotten Bks.

Prose & Verse (Classic Reprint) Richard Mather Jopling. 2018. (ENG., Illus.). 242p. (J). 28.91 *(978-0-483-07764-5(X))* Forgotten Bks.

Prose & Verse of Eugene Field: The Holy Cross & Others Tales (Classic Reprint) Charles Scribners. 2017. (ENG., Illus.). 322p. (J). 30.56 *(978-0-484-46527-4(9))* Forgotten Bks.

Prose Idyls of the West Riding (Classic Reprint) Catherine Milnes Gaskell. 2017. (ENG., Illus.). (J). 368p. 31.51 *(978-0-332-55614-7(X))*; pap. 13.97 *(978-0-259-19365-4(8))* Forgotten Bks.

Prose Literature for Secondary Schools: With Some Suggestions for Correlation with Composition (Classic Reprint) Margaret Eliza Ashmun. 2017. (ENG., Illus.). (J). 30.46 *(978-1-5281-8370-3(3))* Forgotten Bks.

Prose Miscellanie (Classic Reprint) Thos. E. Watson. 2018. (ENG., Illus.). 136p. (J). 26.70 *(978-0-484-59322-9(6))* Forgotten Bks.

Prose Tales of Alexander Poushkin (Classic Reprint) T. Keane. 2018. (ENG., Illus.). 470p. (J). 33.67 *(978-0-484-86630-9(3))* Forgotten Bks.

Prose Translation of Goethe's Hermann & Dorothea (Classic Reprint) Johann Wolfgang Von Goethe. (ENG., Illus.). (J). 2018. 118p. 26.35 *(978-0-483-52850-5(1))*; 2017. pap. 9.57 *(978-0-243-13392-5(8))* Forgotten Bks.

Prose, Vol. 2 of 2 (Classic Reprint) James Montgomery. (ENG., Illus.). (J). 2018. 214p. 28.31 *(978-0-428-94348-6(9))*; 2017. pap. 10.97 *(978-1-334-92650-1(6))* Forgotten Bks.

Prose Works of Jonathan Swift, Vol. 1 of 3 (Classic Reprint) Jonathan Swift. 2018. (ENG., Illus.). 546p. (J). 35.16 *(978-0-332-97001-1(9))* Forgotten Bks.

Prose Works of Jonathan Swift, Vol. 10 (Classic Reprint) Jonathan Swift. 2018. (ENG., Illus.). 422p. (J). 32.62 *(978-0-332-99491-8(0))* Forgotten Bks.

Prose Works of William Makepeace Thackeray: Cornhill to Cairo etc (Classic Reprint) Walter Jerrold. (ENG., Illus.). (J). 2018. 476p. 33.73 *(978-0-483-07739-3(9))*; 2017. pap. 16.57 *(978-1-5276-3860-0(X))* Forgotten Bks.

Prose Writings of James Clarence Mangan (Classic Reprint) James Clarence Mangan. 2018. (ENG., Illus.). 368p. (J). 31.49 *(978-0-666-44863-7(9))* Forgotten Bks.

Prose Writings of Nathaniel Parker Willis (Classic Reprint) Nathaniel Parker Willis. 2018. (ENG., Illus.). 384p. (J). 31.82 *(978-0-484-66123-2(X))* Forgotten Bks.

Prosiaczek: A Little Pig. Janina Czarnecki. Illus. by Jessica McMilleon. 2017. (POL.). 26p. (J). pap. 9.13 *(978-0-9888517-1-9(7))* Czarnecki, Janina.

Prospective Mother: A Handbook for Women During Pregnancy. Josiah Morris Slemons. 2017. (ENG., Illus.). (J). 25.95 *(978-1-374-97553-8(2))*; pap. 15.95 *(978-1-374-97552-1(4))* Capital Communications, Inc.

Prospector. Cy Warman. 2017. (ENG.). 170p. (J). pap. *(978-3-337-07704-4(8))* Creation Pubs.

Prospector: A Comedy in Three Acts. Willis Steell. 2017. (ENG., Illus.). (J). pap. *(978-0-649-68277-5(7))* Trieste Publishing Pty Ltd.

Prospector: A Comedy in Three Acts (Classic Reprint) Willis Steell. (ENG., Illus.). (J). 2018. 122p. 26.43 *(978-0-332-01972-7(1))*; 2016. pap. 9.57 *(978-1-333-22042-6(1))* Forgotten Bks.

Prospector: Story of the Life of Nicholas C. Creede (Classic Reprint) Cy Warman. (ENG., Illus.). (J). 2018. 166p. 27.34 *(978-0-332-89786-8(9))*; 2016. pap. 9.97 *(978-1-333-52437-1(4))* Forgotten Bks.

Prospectus & Specimen of an Intended National Work: Intended to Comprise the Most Interesting Particulars, Relating to King Arthur & His Round Table (Classic Reprint) William Whistlecraft. 2018. (ENG., Illus.). 130p. (J). 26.60 *(978-0-483-84999-0(5))* Forgotten Bks.

Prosper Mérimée (Classic Reprint) Alexander Jessup. 2018. (ENG., Illus.). 274p. (J). 29.55 *(978-0-484-07834-4(8))* Forgotten Bks.

Prosper Redding: the Last Life of Prince Alastor. Alexandra Bracken. 2020. (Prosper Redding Ser.: 2). (ENG.). 448p. (J). (gr. 3-7). pap. 7.99 *(978-1-4847-9989-5(5)*, Disney-Hyperion) Disney Publishing Worldwide.

Prosperity Principles from Proverbs. Norman H. Lyons, Jr. 2022. (ENG.). 68p. (J). pap. 10.99 *(978-1-5136-9689-8(0))* NuVision Designs.

Prosthesis. Austin Geiger. 2020. (ENG.). 138p. (YA). pap. 14.95 *(978-1-64628-489-4(5))* Page Publishing Inc.

Prosthetics. Emma Huddleston. 2019. (Engineering the Human Body Ser.). (ENG., Illus.). 32p. (J). (gr. 3-5). pap. 9.95 *(978-1-64185-836-6(2)*, 1641858362); lib. bdg. 31.35 *(978-1-64185-767-3(6)*, 1641857676) North Star Editions. (Focus Readers).

Protect. April McKnight Yarbrough. 2021. (ENG.). 36p. (J). pap. 19.98 *(978-1-304-60127-8(7))* Lulu Pr., Inc.

Protect Her. Annie Harley. 2018. (ENG.). 74p. (J). pap. *(978-0-359-27651-6(2))* Lulu Pr., Inc.

Protect Our Planet: Take Action with Romario. Romario Valentine. 2023. (ENG.). (J). pap. 12.00 *(978-1-77584-823-3(X))* Penguin Random House South Africa ZAF. Dist: Casemate Pubs. & Bk. Distributors, LLC.

Protect Our Trees! Learn Why It Is Important to Plant New Trees Daily - Environment for Kids - Children's Environment & Ecology Books. Baby Iq Builder Books. 2016. (ENG., Illus.). (J). pap. 8.99 *(978-1-68374-716-1(X))* Examined Solutions PTE. Ltd.

Protect the Golden Falcon! Bart Blaze. 2020. (ENG.). 426p. (J). pap. *(978-1-716-33237-1(0))* Lulu Pr., Inc.

Protected. Claire Zorn. 2018. (ENG.). 288p. (YA). (gr. 6-12). pap. 10.99 *(978-1-4926-6091-0(4))* Sourcebooks, Inc.

Protecteurs: Tome 2 Contacts. Guillaume Pérodeau & Sébastien Borg. 2020. (FRE.). 258p. (YA). pap. ***(978-1-716-81332-0(8))*** Lulu Pr., Inc.

Protecteurs Tome 1: Ascension. Guillaume PERODEAU & Sébastien BORG. 2020. (FRE.). 310p. (YA). pap. ***(978-0-244-56470-4(1))*** Lulu Pr., Inc.

Protecting a Sinking City. Ben Nussbaum. rev. ed. 2019. (Smithsonian: Informational Text Ser.). (ENG., Illus.). 32p. (J). (gr. 2-3). pap. 10.99 *(978-1-4938-6674-8(5))* Teacher Created Materials, Inc.

Protecting Earth's Waters (Learn about: Water) Cody Crane. 2022. (Learn About Ser.). (ENG., Illus.). 32p. (J). (gr. k-2). 25.00 *(978-1-338-83716-2(8))*; pap. 6.99 *(978-1-338-83718-6(4))* Scholastic Library Publishing. (Children's Pr.).

Protecting Financial Data. Kathryn Hulick. 2019. (Financial Literacy Ser.). (ENG.). 112p. (J). (gr. 6-12). lib. bdg. 41.36 *(978-1-5321-1915-6(1)*, 32295, Essential Library) ABDO Publishing Co.

Protecting Our Natural Resources! Learn How to Protect the Earth & Reduce Pollution for Kids - Children's Environment & Ecology Books. Baby Iq Builder Books. 2016. (ENG., Illus.). (J). pap. 8.99 *(978-1-68374-717-8(8))* Examined Solutions PTE. Ltd.

Protecting Our Planet. Jilly Hunt. 2017. (Beyond the Headlines! Ser.). (ENG., Illus.). 48p. (J). (gr. 4-8). lib. bdg. 35.99 *(978-1-4846-4143-9(4)*, 136197, Heinemann) Capstone.

Protecting Our Planet, 2 vols. Jilly Hunt. 2018. (Beyond the Headlines! Ser.). (ENG.). (J). (gr. 4-6). *(978-1-4846-4232-0(5))* Heinemann Educational Bks.

Protecting Personal Information, 1 vol. Melissa Raé Shofner. 2018. (Tech Troubleshooters Ser.). (ENG.). 24p. (gr. 3-3). 25.27 *(978-1-5383-2967-2(0)*, 7bf5bccd-9c9a-4007-bbe8-dc99cb65351d, PowerKids Pr.) Rosen Publishing Group, Inc., The.

Protecting the Amazon Rainforest. Tracy Vonder Brink. 2020. (Saving Earth's Biomes Ser.). (ENG., Illus.). 32p. (J). (gr. 3-5). 31.35 *(978-1-64493-068-7(4)*, 1644930684, Focus Readers) North Star Editions.

Protecting Yourself Against Criminals, Vol. 20. Joan Lock. Ed. by Manny Gomez. 2016. (Crime & Detection Ser.). (Illus.). 96p. (J). (gr. 7). 24.95 *(978-1-4222-3484-6(3))* Mason Crest.

Protection & Appearance: Skin Coloring Book. Kreative Kids. 2016. (ENG., Illus.). (J). pap. 9.20 *(978-1-68377-442-6(6))* Whike, Traudl.

Protector. Jordan Ford. 2021. (Barrett Boys Ser.: Vol. 3). (ENG.). 412p. (J). pap. *(978-1-9911500-4-2(0))* Forever Love Publishing.

Protector. T. D. Greer. 2017. (ENG., Illus.). (YA). pap. 15.95 *(978-1-64028-478-4(8))* Christian Faith Publishing.

Protector: A Young Adult / New Adult Fantasy Novel. Joanne Wadsworth. 2020. (Princesses of Myth Ser.: Vol. 1). (ENG.). 296p. (YA). pap. *(978-1-990034-15-2(2))* Wadsworth, Joanne.

Protector (Classic Reprint) Harold Bindloss. 2018. (ENG., Illus.). 328p. (J). 30.68 *(978-0-483-59793-8(7))* Forgotten Bks.

Protector of Dragons (Clock Winders Series) J. H. Sweet. 2017. (Clock Winders Ser.: Vol. 6). (ENG., Illus.). 178p. (YA). (gr. 7-12). 17.94 *(978-1-936660-26-1(1))* Sweet, Joanne.

Protectors. Veronica Ruff. 2019. (ENG.). 64p. (J). pap. *(978-1-78823-122-0(8))* Austin Macauley Pubs. Ltd.

Protectors: The Beginning. Veronica Ruff. 2018. (ENG., Illus.). 82p. (J). pap. *(978-1-78465-343-9(8)*, Vanguard Press) Pegasus Elliot Mackenzie Pubs.

Protectors of Humanity: Damnation Land. Rebecca Proenza. 2023. (Protectors of Humanity Ser.: Vol. 2). (ENG.). 204p. (YA). pap. 15.99 ***(978-1-0881-1987-7(5))*** Indy Pub.

Protectors of the Old World: Jurassic Fighters. Jose M. Roman. 2018. (ENG., Illus.). 42p. (J). pap. 9.99 *(978-1-7324943-0-5(4))* Jose M. Roman.

Protectors of the Wood #1: Phoebe Comes Home. John Kixmiller. 2017. (Protectors of the Wood Ser.: Vol. 1). (ENG., Illus.). (YA). (gr. 7-12). pap. 16.00 *(978-0-692-90065-9(9))* Protectors of The Wood.

Protectors of the Wood #2: Phoebe Breaks Through. John Kixmiller. 2017. (Protectors of the Wood Ser.: Vol. 2). (ENG., Illus.). (YA). (gr. 7-12). pap. 16.00 *(978-0-692-85933-9(0))* Protectors of The Wood.

Protectors of the Wood #3: The Ghost Girl. John Kixmiller. Illus. by Uribe Carlos & Tate Lawrence. 2019. (ENG.). 326p. (YA). pap. 20.00 *(978-0-578-45016-2(X))* Protectors of The Wood.

Protectors Trilogy: Book One. Arial Alexis. 2019. (ENG.). 412p. (J). pap. 20.00 *(978-1-4834-9789-1(5))* Lulu Pr., Inc.

Protectors Trilogy: Book Three. Arial Alexis. 2019. (ENG.). 450p. (J). pap. 23.00 *(978-1-68470-570-2(3))* Lulu Pr., Inc.

Protectors Trilogy: Book Two. Arial Alexis. 2019. (ENG.). 366p. (J). pap. 19.00 *(978-1-68470-492-7(8))* Lulu Pr., Inc.

¡Protege a Las Abejas de la Miel! (Help the Honeybees) Grace Hansen. 2019. (Pequeños Activistas: Especies en Peligro (Little Activists: Endangered Species) Ser.). (SPA.). 24p. (J). (gr. -1-2). lib. bdg. 32.79 *(978-1-5321-8755-1(6)*, 31358, Abdo Kids) ABDO Publishing Co.

¡Protege a Las Tortugas Verdes! (Help the Green Turtles) Grace Hansen. 2019. (Pequeños Activistas: Especies en Peligro (Little Activists: Endangered Species) Ser.). (SPA.). 24p. (J). (gr. -1-2). lib. bdg. 32.79 *(978-1-5321-8754-4(8)*, 31356, Abdo Kids) ABDO Publishing Co.

¡Protege a Los Atunes Rojos! (Help the Bluefin Tuna) Grace Hansen. 2019. (Pequeños Activistas: Especies en Peligro (Little Activists: Endangered Species) Ser.). (SPA.). 24p. (J). (gr. -1-2). lib. bdg. 32.79 *(978-1-5321-8753-7(X)*, 31354, Abdo Kids) ABDO Publishing Co.

¡Protege a Los Orangutanes! (Help the Orangutans) Grace Hansen. 2019. (Pequeños Activistas: Especies en Peligro (Little Activists: Endangered Species) Ser.). (SPA.). 24p. (J). (gr. -1-2). lib. bdg. 32.79 *(978-1-5321-8756-8(4)*, 31360, Abdo Kids) ABDO Publishing Co.

¡Protege a Los Osos Polares! (Help the Polar Bears) Grace Hansen. 2019. (Pequeños Activistas: Especies en Peligro (Little Activists: Endangered Species) Ser.). (SPA.). 24p. (J). (gr. -1-2). lib. bdg. 32.79 *(978-1-5321-8757-5(2)*, 31362, Abdo Kids) ABDO Publishing Co.

¡Protege a Los Rinocerontes Negros! (Help the Black Rhinoceros) Grace Hansen. 2019. (Pequeños Activistas: Especies en Peligro (Little Activists: Endangered Species) Ser.). (SPA.). 24p. (J). (gr. -1-2). lib. bdg. 32.79 *(978-1-5321-8752-0(1)*, 31352, Abdo Kids) ABDO Publishing Co.

Protégée of Jack Hamlin's. Bret Harte. 2017. (ENG.). 308p. (J). pap. *(978-3-7447-4780-6(8))* Creation Pubs.

Protegee of Jack Hamlin's: Jeff Briggs's Love Story (Classic Reprint) Bret Harte. 2017. (ENG., Illus.). 442p. (J). 33.01 *(978-0-484-38437-7(6))* Forgotten Bks.

Protein. Michael Centore. 2017. (Illus.). 64p. (J). *(978-1-4222-3741-0(9))* Mason Crest.

Proteins. Cara Florance. 2020. (Baby University Ser.). (Illus.). 24p. (J). (gr. -1-k). bds. 9.99 *(978-1-4926-9403-8(7))* Sourcebooks, Inc.

Proteins As Necessary Nutrients. Amy C. Rea. 2022. (Necessary Nutrients Ser.). (ENG., Illus.). 32p. (J). (gr. 2-5). lib. bdg. 34.21 *(978-1-0982-9004-7(6)*, 40877, Kids Core) ABDO Publishing Co.

Protest: Dive into Reading, Emergent, 1 vol. Samantha Thornhill. Illus. by Shirley Ng-Benitez. 2021. (Confetti Kids Ser.: 10). (ENG.). 32p. (J). (gr. k-2). 15.95 *(978-1-64379-208-8(3)*, leelowbooks); pap. 10.95 *(978-1-64379-209-5(1)*, leelowbooks) Lee & Low Bks., Inc.

Protest! March for Change (Set), 6 vols. Joyce Markovics. 2021. (Protest! March for Change Ser.). (ENG., Illus.). 24p. (J). (gr. 2-4). 183.84 *(978-1-5341-8629-3(8)*, 218718); pap., pap., pap. 76.71 *(978-1-5341-8637-8(9)*, 218719) Cherry Lake Publishing.

Protest Movements: Then & Now. Eric Braun. 2018. (America: 50 Years of Change Ser.). (ENG., Illus.). 64p. (J). (gr. 5-9). lib. bdg. 34.65 *(978-1-5435-0385-2(3)*, 137210, Capstone Pr.) Capstone.

Protest Movements (Set), 6 vols. 2017. (Protest Movements Ser.). (ENG.). 48p. (J). (gr. 4-8). lib. bdg. 213.84 *(978-1-5321-1393-2(5)*, 27691) ABDO Publishing Co.

Protestant Girl in a French Nunnery (Classic Reprint) Rachel M'Crindell. 2018. (ENG., Illus.). (J). 272p. 29.51 *(978-1-396-80709-1(8))*; 274p. pap. 11.97 *(978-1-396-80674-2(1))* Forgotten Bks.

Protestant, Vol. 1 Of 3: A Tale of the Reign of Queen Mary (Classic Reprint) Anna Eliza Bray. 2017. (ENG., Illus.). (J). 31.12 *(978-1-5279-5335-2(1))* Forgotten Bks.

Protesting Police Violence in Modern America. Duchess Harris. 2021. (Core Library Guide to Racism in Modern America Ser.). (ENG., Illus.). 48p. (J). (gr. 4-5). pap. 11.95 *(978-1-64494-510-0(X)*, Core Library) ABDO Publishing Co.

Protesting Police Violence in Modern America. Duchess Harris Jd. 2020. (Core Library Guide to Racism in Modern America Ser.). (ENG., Illus.). 48p. (J). (gr. 4-8). lib. bdg. 35.64 *(978-1-5321-9467-2(6)*, 36657) ABDO Publishing Co.

Protests. Emma Kaiser. 2022. (Focus on Current Events Ser.). (ENG., Illus.). 48p. (J). (gr. 5-6). pap. 11.95 *(978-1-63739-133-4(1))*; lib. bdg. 34.21 *(978-1-63739-079-5(3))* North Star Editions. (Focus Readers).

Protests & Riots That Changed America, 1 vol. Joan Stoltman. 2018. (American History Ser.). (ENG.). 104p. (gr. 7-7). 41.03 *(978-1-5345-6415-2(2)*, 301966b9-2510-40cc-acec-e9abd325953f, Lucent Pr.) Greenhaven Publishing LLC.

Protests, Riots, & Rebellions: Civil Unrest in the Modern World: 3 Volume Set, 3 vols. Ed. by Gale Cengage Learning Staff. 2018. (Protests, Riots, & Rebellions Ser.). (ENG.). 720p. (J). 348.00 *(978-1-4103-3908-9(4)*, UXL) Cengage Gale.

Protogenesis: Before the Beginning. Alysia Helming. 2018. (ENG., Illus.). 337p. (YA). (gr. 7-12). pap. 21.95 *(978-1-61296-970-1(4))* Black Rose Writing.

Protons, Neutrons, Electrons & Quarks! Tiny Atoms We Can't See - Science for Kids - Children's Chemistry Books. Pfiffikus. 2016. (ENG., Illus.). (J). pap. 10.81 *(978-1-68377-615-4(1))* Whlke, Traudl.

Prototyping Your Inventions. Kristin Fontichiaro & Quincy de Klerk. 2017. (21st Century Skills Innovation Library: Makers As Innovators Junior Ser.). (ENG., Illus.). 24p. (J). (gr. 2-5). lib. bdg. 30.64 *(978-1-63472-692-4(8)*, 210066) Cherry Lake Publishing.

Protozoa, 1 vol. Joanna Brundle. 2019. (Animal Classification Ser.). (ENG.). 32p. (gr. 3-4). pap. 11.50 *(978-1-5345-3053-9(3)*, 77ab50d4-c5bb-4f0d-8170-f335e2a41cda); lib. bdg. 28.88 *(978-1-5345-3031-7(2)*, 0fd52e10-6196-4755-b687-6c315737abdc) Greenhaven Publishing LLC. (KidHaven Publishing).

Proud. Ginger Ebbett. 2018. (ENG., Illus.). 28p. (J). *(978-1-5255-2769-2(X))*; pap. *(978-1-5255-2770-8(3))* FriesenPress.

Proud As F*ck Paperback: A Motivational Journal for Black & Brown People of Color. Amber Nangle & Chenae Coleman. 2021. (ENG.). 116p. (YA). pap. ***(978-1-257-82378-9(7))*** Lulu Pr., Inc.

Proud Brown Skin Too. Sameer Kassar & Tiera E. Smith. 2021. (ENG.). 26p. (J). pap. 10.99 ***(978-1-7379972-1-4(5))*** Proud Brown Co., The.

Proud Button. Danette Richards. Illus. by Annelies Vandenbosch. 2021. (ENG.). 32p. (J). 17.95 *(978-1-60537-607-3(8))* Clavis Publishing.

Proud Girl Humbled, or the Two School-Mates: For Little Boys & Little Girls (Classic Reprint) Hughs. 2018. (ENG., Illus.). 60p. (J). 25.13 *(978-0-364-77613-1(7))* Forgotten Bks.

Proud Hen. Rashid Naeem. Illus. by Alan Greenwell. 2016. (Himalayan Tales Ser.: Vol. 3). (ENG.). (J). pap. *(978-0-9935235-2-6(8))* Himalayan Tales Pubns.

Proud Ladye: And Other Poems (Classic Reprint) Spencer Wallace Cone. 2018. (ENG., Illus.). 148p. (J). 26.95 *(978-0-364-24641-2(3))* Forgotten Bks.

Proud Little Cloud: Letting in the Light. James Low. Illus. by Amanda Lebus. 2022. (ENG.). 60p. (J). pap. *(978-0-9569239-9-8(2))* Simply Being.

Proud Little Yellow Dandelion. Angela Bowen. 2017. (ENG., Illus.). (J). (gr. 1-5). pap. 9.99 *(978-1-61984-722-4(1)*, Gatekeeper Pr.) Gatekeeper Pr.

Proud Mouse. Idina Menzel & Cara Mentzel. 2023. (Loud Mouse Ser.). 48p. (J). (-k). 17.99 ***(978-1-368-08099-6(5)*,** Disney-Hyperion) Disney Publishing Worldwide.

Proud Mouse 4-Copy Indie Signed Prepack. Idina Menzel. 2023. (J). (-k). 71.96 ***(978-1-368-10474-6(6)*,** Disney-Hyperion) Disney Publishing Worldwide.

Proud MR Peacock. Kay Jones. 2018. (ENG., Illus.). 30p. (J). pap. *(978-1-78878-418-4(9))* Austin Macauley Pubs. Ltd.

Proud Old Owl: Little Stories, Big Lessons. Jacqui Shepherd. 2018. (Animal Adventures Ser.). (ENG., Illus.). 32p. (J). (gr. k-6). pap. *(978-1-77008-953-2(5))* Awareness Publishing.

Proud Peter (Classic Reprint) W. E. Norris. 2018. (ENG., Illus.). 376p. (J). 31.65 *(978-0-428-79985-4(X))* Forgotten Bks.

Proud Pink Balloon. Matt Haggard. 2016. (ENG., Illus.). (J). (gr. k-5). 14.99 *(978-0-692-79233-9(3))* One Part Rain.

Proud Prayer. Ros Woodman. 2018. (Board Books Stories Jesus Told Ser.). (ENG., Illus.). 16p. (J). (gr. -1-3). pap. 0.99 *(978-1-85792-173-1(9)*, 07feba1e-0a85-4496-8967-7cd2fa780db0) Christian Focus Pubns. GBR. Dist: Baker & Taylor Publisher Services (BTPS).

Proud Sunflower. Ngozi Edema. Illus. by Swapan Depnath. 2020. (ENG.). 40p. (J). pap. *(978-1-9991007-3-5(5))* Edema, Ngozi.

Proud to Be a Ghostbuster. David Lewman. ed. 2016. (Simon & Schuster Ready-To-Read Level 3 Ser.). lib. bdg. 13.55 *(978-0-606-38994-5(6))* Turtleback.

Proud to Be an American, 1 vol. Nancy Anderson. 2016. (Rosen REAL Readers: Social Studies Nonfiction / Fiction: Myself, My Community, My World Ser.). (ENG.). 12p. (gr. k-1). pap. 6.33 *(978-1-5081-2538-9(4)*, d66ff36e-c68e-4187-a525-beef6cd91894, Rosen Classroom) Rosen Publishing Group, Inc., The.

Proud to Be Bilingual: And More Stories. Carol Fekadu. 2022. (AMH.). 102p. (J). ***(978-1-4583-0295-3(4))*** Lulu Pr., Inc.

Proud to Be Deaf. Lilli Beese. 2019. (ENG., Illus.). 48p. (J). (gr. k-2). pap. 9.99 *(978-1-5263-0219-9(5)*, Wayland) Hachette Children's Group GBR. Dist: Hachette Bk. Group.

Proud to Be Me! Nicole Blais. Illus. by Stef St Denis. 2020. (ENG.). 26p. (J). *(978-0-2288-2413-8(3))*; pap. *(978-0-2288-2412-1(5))* Tellwell Talent.

Proud to Be Me: My Indonesian-Muslim-American Identity. Tanti Sari. Illus. by Wendy Reed. 2023. (ENG.). 40p. (J). pap. ***(978-1-312-73699-3(2))*** Lulu Pr., Inc.

Proud (Young Readers Edition) Living My American Dream. Ibtihaj Muhammad. (ENG., Illus.). (J). (gr. 3-7). 2019. 320p. pap. 9.99 *(978-0-316-47704-8(4))*; 2018. 304p. 18.99 *(978-0-316-47700-0(1))* Little, Brown Bks. for Young Readers.

Proudest Blue: A Story of Hijab & Family. Ibtihaj Muhammad. Illus. by Hatem Aly. 2019. (ENG.). 40p. (J). (gr. -1-3). 17.99 *(978-0-316-51900-7(6))* Little, Brown Bks. for Young Readers.

Proudest Color. Sheila Modir and Jeffrey Kashou. Illus. by Monica Mikai. 2021. (ENG.). 32p. (J). (gr. k-3). 17.99 *(978-1-64170-578-3(7)*, 550578) Familius LLC.

Proven Roadmap to a Successful Career: A Proven Unconventional Empirical Approach to Building & Protecting Your Career. Terrell Taylor. 2020. (ENG.). 120p. (YA). pap. 14.95 *(978-1-64628-843-4(2))* Page Publishing Inc.

Proverb Stories (Classic Reprint) Louisa Alcott. 2017. (ENG., Illus.). (J). 29.90 *(978-0-265-50446-8(5))* Forgotten Bks.

Proverbes D'Autrefois: Avec Lettre-Préface de M. François Coppée de l'Académie Française (Classic Reprint) Hyacinthe Coulon. 2018. (FRE., Illus.). (J). 206p. 28.15 *(978-0-365-01641-0(1))*; 208p. pap. 10.57 *(978-0-365-01635-9(7))* Forgotten Bks.

Proverbial Philosophy: Being Thoughts & Arguments Originally Treated. Martin Farquhar Tupper. 2017. (ENG., Illus.). (J). pap. *(978-0-649-51739-8(3))* Trieste Publishing Pty Ltd.

Proverbs Comediettas: Written for Private Representation (Classic Reprint) Percy Hetherington Fitzgerald. (ENG., Illus.). (J). 2018. 250p. 29.05 *(978-0-428-24502-3(1))*; 2017. pap. 11.57 *(978-0-259-49708-0(8))* Forgotten Bks.

Proverbs, Fables, Similes & Sayings of the Bamongo: Translated & Explained, Giving the Nearest Equivalent in English (Classic Reprint) A. E. Ruskin. 2017. (ENG., Illus.). (J). 24.78 *(978-0-331-38812-1(X))* Forgotten Bks.

Proverbs from the Almanac of One Richard Saunders (Benjamin Franklin) (Classic Reprint) Benjamin Franklin. 2017. (ENG., Illus.). (J). 24.62 *(978-0-331-71729-7(8))* Forgotten Bks.

Proverbs in Jests, or the Tales of Cornazano (Xvth Century) Literally Translated into English with the Italian Text (Classic Reprint) Antonio Cornazzano. (ENG., Illus.). (J). 2018. 242p. 28.89 *(978-0-656-03356-0(8))*; 2017. pap. 11.57 *(978-0-282-15898-9(7))* Forgotten Bks.

Proverbs of All Nations: Compared, Explained, & Illustrated (Classic Reprint) Walter K. Kelly. 2018. (ENG., Illus.). 242p. (J). 28.89 *(978-0-365-49892-6(0))* Forgotten Bks.

Proverbs of Little Solomon: Containing Entertaining Stories, from the Following Wise Sayings: a Faint Heart Never Won a Fair Lady; Safe Bind, Safe Find; Brag Is a Good Dog, but Holdfast Is a Better; a Burnt Child Dreads the Fire; a Bird in The. Oliver and Boyd. 2017. (ENG., Illus.). (J). 24.62 *(978-0-331-59554-3(0))*; pap. 7.97 *(978-0-259-86886-6(8))* Forgotten Bks.

Proverbs of Little Solomon: Exemplified in Pleasing Stories, Historic Anecdotes, & Entertaining Tales; to Which Are Added Moral Reflections & Poetical Applications, to Real Life (Classic Reprint) Little King John of No-Land. 2017. (ENG., Illus.). (J). 25.88 *(978-0-331-64336-7(7))* Forgotten Bks.

Proverbs, or the Manual of Wisdom: Being an Alphabetical Arrangement of the Best English, Spanish, French, Italian, & Other Proverbs; to Which Are Subjoined, the Wise Sayings, Precepts, Maxims, & Reflections of the Most Illustrious Ancients. William Fordyce Mavor. 2017. (FRE., Illus.). (J). 29.65 *(978-0-265-61416-7(3))*; pap. 13.57 *(978-0-282-99355-9(X))* Forgotten Bks.

Providence Unveiled. S. A. Fenech. 2020. (Memory's Wake Ser.: Vol. 3). (ENG.). 374p. (YA). (gr. 7-12). *(978-0-6487080-8-7(X))* Fairies & Fantasy Pty. Ltd.

Providential Care: A Tale, Founded on Facts (Classic Reprint) Elizabeth Sandham. (ENG., Illus.). (J). 2018. 168p. 27.36 *(978-0-267-40442-1(5))*; 2016. pap. 9.97 *(978-1-334-11876-0(0))* Forgotten Bks.

Provincial Glossary, with a Collection of Local Proverbs, & Popular Superstitions (Classic Reprint) Francis Grose. (ENG., Illus.). (J). 2018. 370p. 31.55 *(978-0-483-12406-6(0))*; 2017. pap. 13.97 *(978-0-282-20291-0(9))* Forgotten Bks.

Provincial Tales (Classic Reprint) Gertrude Helena Dodd Bone. 2018. (ENG., Illus.). 230p. (J). 28.64 *(978-0-483-27144-9(6))* Forgotten Bks.

Provincial Types in American Fiction (Classic Reprint) Horace Spencer Fiske. 2018. (ENG., Illus.). 290p. (J). 29.88 *(978-0-484-03992-5(X))* Forgotten Bks.

Proving. Melissa A. Craven. 2022. (ENG.). 522p. (YA). 35.99 ***(978-1-970052-22-0(8))*** United Bks. Publishing.

Provisions of God: Insights from a Cat Named. Agnes Amos-Coleman. 2017. (ENG., Illus.). (YA). 22.99 *(978-1-5456-0929-3(2))*; pap. 13.99 *(978-1-5456-0928-6(4))* Salem Author Services.

Provocations of Madame Palissy (Classic Reprint) Unknown Author. 2018. (ENG., Illus.). 260p. (J). 29.26 *(978-0-483-47624-0(2))* Forgotten Bks.

Provost & Other Tales (Classic Reprint) John Galt. 2017. (ENG., Illus.). 402p. (J). 32.19 *(978-0-484-62116-8(5))* Forgotten Bks.

Provvisoriamente Calciatore. Claudio Gallo & Carlo Nasta. 2021. (ITA.). 128p. (J). pap. *(978-1-6671-2254-0(1))* Lulu Pr., Inc.

Prowlers (Classic Reprint) F. St. Mars. 2017. (ENG., Illus.). (J). 286p. 29.80 *(978-0-332-49183-7(8))*; pap. 13.57 *(978-0-259-51692-7(9))* Forgotten Bks.

Próxima Vez Que Veas la Luna. Emily Morgan. 2016. (Next Time You See Ser.). (SPA.). 32p. (J). (gr. 2-4). pap. 12.95 *(978-1-68140-286-4(6))* National Science Teachers Assn.

Próxima Vez Que Veas una Cochinilla. Emily Morgan. 2016. (Next Time You See Ser.). (SPA., Illus.). 32p. (J). (gr. 2-4). pap. 12.95 *(978-1-68140-289-5(0))* National Science Teachers Assn.

Próxima Vez Que Veas una Puesta Del Sol. Emily Morgan. 2016. (Next Time You See Ser.). (SPA., Illus.). 32p. (J). (gr. 2-4). pap. 13.99 *(978-1-68140-282-6(3))* National Science Teachers Assn.

Proximate Constituents of the Chemical Elements Mechanically Determined from Their Physical & Chemical Properties (Classic Reprint) Gustavus Detlef Hinrichs. 2018. (ENG., Illus.). 136p. (J). 26.72 *(978-0-483-03582-9(3))* Forgotten Bks.

Proximity. Jordan Meadows. 2023. (ENG.). 234p. (YA). (gr. 9-17). pap. 15.95 ***(978-1-63679-476-1(9))*** Bold Strokes Bks.

Proyecto Anglonazi: Las Bombas Atomicas. Alex Kamuz. 2020. (SPA.). 138p. (J). *(978-1-716-45476-9(X))* Lulu Pr., Inc.

Proyecto de la Piscina: Leveled Reader Book 74 Level P 6 Pack. Hmh Hmh. 2021. (SPA.). 32p. (J). pap. 74.40 *(978-0-358-08468-6(7))* Houghton Mifflin Harcourt Publishing Co.

Proyecto de Reforma de la Constitucion Politica de la Republica Peruana Presentado a la Convencion Por la Comision Nombrada Al Efecto (Classic Reprint) Peru Convencion Nacional. 2018. (ENG., Illus.). 108p. (J). 26.14 *(978-0-332-63888-1(X))* Forgotten Bks.

Proyecto de Sanjay Sobre la Guerra Civil: Revisar los Datos, 1 vol. Simone Braxton. 2017. (Computación Científica en el Mundo Real (Computer Science for the Real World) Ser.). (SPA.). 24p. (J). (gr. 3-4). pap. *(978-1-5383-5735-4(6)*, 8193d6e6-53be-4f1b-9e69-dd3718c5048d, Rosen Classroom) Rosen Publishing Group, Inc., The.

Proyecto de Sanjay Sobre la Guerra Civil: Revisar Los Datos (Sanjay's Civil War Project: Looking at Data), 1 vol. Simone Braxton. 2017. (Niños Digitales: Superdotados con Pensamiento Computacional (Computer Kids: Powered by Computational Thinking) Ser.). (SPA.). 24p. (J). (gr. 3-4). 25.27 *(978-1-5383-2876-7(3)*, 6f858d77-aa16-4532-8cb0-dc6147c78b7f, PowerKids Pr.) Rosen Publishing Group, Inc., The.

Proyecto de Verano de Jada: Organizar los Datos, 1 vol. Naomi Wells. 2017. (Computación Científica en el Mundo Real (Computer Science for the Real World) Ser.). (SPA.). 24p. (J). (gr. 3-4). pap. *(978-1-5383-5732-3(1)*, 158ee2f8-3a5c-4532-a11b-75efcae2e9d0, Rosen Classroom) Rosen Publishing Group, Inc., The.

Proyecto de Verano de Jada: Organizar Los Datos (Jada's Summer Project: Organizing Data), 1 vol. Naomi Wells. 2017. (Niños Digitales: Superdotados con Pensamiento Computacional (Computer Kids: Powered by Computational Thinking) Ser.). (SPA.). 24p. (J). (gr. 3-4). 25.27 *(978-1-5383-2875-0(5)*, fb3af11f-b57b-46d0-95a0-de3d30a013de, PowerKids Pr.) Rosen Publishing Group, Inc., The.

Proyecto de Wendy. Veronica Fish & Melissa Jane Osborne. 2021. (SPA.). 96p. (YA). (gr. 7). pap. 14.50 *(978-607-527-114-9(7))* Editorial Oceano de Mexico MEX. Dist: Independent Pubs. Group.

Præterita, Vol. 1 (Classic Reprint) John Ruskin. 2018. (ENG., Illus.). 446p. (J). 33.10 *(978-0-365-41179-6(5))* Forgotten Bks.

Prudence. Michele Killey. 2021. (ENG.). 36p. (J). pap. *(978-1-83875-289-7(7)*, Nightingale Books) Pegasus Elliot Mackenzie Pubs.

Prudence. Penelope Dyan. Illus. by Penelope Dyan. l.t. ed. 2023. (ENG.). 34p. (J). pap. 12.60 ***(978-1-61477-654-3(7))*** Bellissima Publishing, LLC.

Prudence: A Story of Aesthetic London (Classic Reprint) Lucy C. Lillie. 2017. (ENG., Illus.). (J). 27.90 *(978-0-331-61013-0(2))* Forgotten Bks.

Prudence of the Parsonage (Classic Reprint) Ethel Hueston. 2017. (ENG., Illus.). (J). 31.53 *(978-0-266-21192-1(5))* Forgotten Bks.

Prudence Palfrey. Thomas Bailey Aldrich. 2017. (ENG.). (J). 304p. pap. *(978-3-337-00114-8(9))*; 316p. pap. *(978-3-337-02885-5(3))* Creation Pubs.

Prudence Palfrey: A Novel (Classic Reprint) Thomas Bailey Aldrich. 2017. (ENG., Illus.). (J). 31.12 *(978-0-265-15397-0(2))* Forgotten Bks.

Prudence Says So (Classic Reprint) Ethel Hueston. 2018. (ENG., Illus.). 328p. (J). 30.68 *(978-0-483-97144-8(8))* Forgotten Bks.

Prudence's Prize-Winning Pie. Gwen Flanders. 2017. (ENG., Illus.). (J). (gr. 1-3). pap. 14.95 *(978-1-63492-299-9(9))* Booklocker.com, Inc.

Prudencia Se Preocupa. Kevin Henkes. 2017.Tr. of Wemberly Worried. (SPA.). (J). pap. 9.99 *(978-1-63245-666-3(4))* Lectorum Pubns., Inc.

Prudencia Se Preocupa (Wemberly Worried) Kevin Henkes. ed. 2018. lib. bdg. 20.85 *(978-0-606-41285-8(9))* Turtleback.

Prudent Priscilla (Classic Reprint) Mary C. E. Wemyss. 2018. (ENG., Illus.). 352p. (J). 31.16 *(978-0-483-27125-8(X))* Forgotten Bks.

Prude's Progress: A Comedy in Three Acts (Classic Reprint) Jerome Jerome. (ENG., Illus.). (J). 2018. 136p. 26.72 *(978-0-364-97674-6(8))*; 2017. pap. 9.57 *(978-0-259-21106-8(0))* Forgotten Bks.

Prudy Keeping House. Sophie May. 2018. (ENG., Illus.). 84p. (YA). (gr. 7-12). pap. *(978-93-5297-439-9(5))* Alpha Editions.

Prudy Keeping House (Classic Reprint) Sophie May. 2017. (ENG., Illus.). 206p. (J). 28.15 *(978-0-265-21235-6(9))* Forgotten Bks.

Prue & I, and, Lotus Eating (Classic Reprint) George William Curtis. 2018. (ENG., Illus.). 274p. (J). 29.55 *(978-0-484-90634-0(8))* Forgotten Bks.

Prue & Olag's Great Adventure. G. R. Eggory. 2019. (ENG.). 52p. (J). pap. *(978-1-78830-453-5(5))* Olympia Publishers.

Prue I: Lotus Eating (Classic Reprint) George William Curtis. 2017. (ENG., Illus.). (J). 29.11 *(978-1-5283-8258-8(7))* Forgotten Bks.

Prueba de Taekwondo. Cristina Oxtra. Illus. by Amanda Erb. 2023. (Historias Deportivas para Niños Ser.). (SPA.). 32p. (J). 21.32 *(978-1-4846-7321-8(2)*, 246189); pap. 6.99 *(978-1-4846-7346-1(8)*, 246190) Capstone. (Picture Window Bks.).

Pruebas y Preocupaciones. Bill Yu. Illus. by Eduardo Garcia & Sebastian Garcia. 2022. (Métete Al Juego Set 2 (Get in the Game Set 2) Ser.). (SPA.). 32p. (J). (gr. 3-8). lib. bdg. 32.79 *(978-1-0982-3549-9(5)*, 41135, Graphic Planet - Fiction) Magic Wagon.

Prufrock: And Other Observations (Classic Reprint) T. S. Eliot. 2016. (ENG., Illus.). (J). 13.97 *(978-1-334-99879-9(5))* Forgotten Bks.

Prunella: A Dramatic Composition (Classic Reprint) Laurence Housman. 2017. (ENG., Illus.). (J). 25.96 *(978-0-265-25311-3(X))* Forgotten Bks.

Prunella & the Cursed Skull Ring. Matthew Loux. 2022. (ENG., Illus.). 160p. (J). 18.99 *(978-1-250-16261-8(0)*, 900186338, First Second Bks.) Roaring Brook Pr.

Prussian Officer: And Other Stories (Classic Reprint) David Herbert Lawrence. 2018. (ENG., Illus.). 346p. (J). 31.03 *(978-0-484-75782-9(2))* Forgotten Bks.

Prussian Terror (Classic Reprint) Alexandre Dumas. 2018. (ENG., Illus.). 322p. (J). 30.56 *(978-0-666-33198-4(7))* Forgotten Bks.

Prying Eyes Find the Prize: Hidden Pictures Activity Book. Activibooks For Kids. 2016. (ENG., Illus.). (J). pap. 7.55 *(978-1-68321-403-8(X))* Mimaxion.

Prym & the Magic Sun Necklace. P. S. Scherck. 2018. (ENG.). 48p. (J). (gr. k-5). pap. 14.95 *(978-0-2288-0440-6(X))* Independent Pub.

PS a Play in One Act I Deceivers (Classic Reprint) William C. De Mille. 2018. (ENG., Illus.). 20p. (J). 24.31 *(978-0-484-60971-5(8))* Forgotten Bks.

P's & Q's: A Farce Comedy in One Act (Classic Reprint) Annie Nathan Meyer. 2018. (ENG., Illus.). 40p. (J). 24.72 *(978-0-483-98035-8(8))* Forgotten Bks.

P's & Q's: Or, the Question of Putting Upon. Charlotte M. Yonge. 2017. (ENG., Illus.). (J). pap. *(978-0-649-68323-9(4))* Trieste Publishing Pty Ltd.

P's & Q's: Or the Question of Putting upon & Little Lucy's Wonderful Globe (Classic Reprint) Charlotte M. Yonge. 2018. (ENG., Illus.). 314p. (J). 30.37 *(978-0-484-41197-4(7))* Forgotten Bks.

P's & Q's: Or, the Question of Putting upon (Classic Reprint) Unknown Author. (ENG., Illus.). (J). 2018. 172p. 27.46 *(978-0-365-27555-8(7))*; 2017. pap. 9.97 *(978-1-5276-6389-3(2))* Forgotten Bks.

P.S. I Still Love You. Jenny Han. 2018. (CHI.). (YA). (gr. 7). pap. *(978-957-10-7723-9(2))* Sharp Point Publishing Co., Ltd.

Psalm 23: A Colors Primer. Danielle Hitchen. 2022. (Baby Believer Ser.). (ENG., Illus.). 20p. (J). (— 1). bds. 12.99 *(978-0-7369-8596-3(4)*, 6985963, Harvest Kids) Harvest Hse. Pubs.

Psalm for Lost Girls. Katie Bayerl. 2018. 368p. (YA). (gr. 7). pap. 10.99 *(978-0-399-54527-6(1)*, Speak) Penguin Young Readers Group.

Psalm of Storms & Silence. Roseanne A. Brown. (ENG.). (YA). (gr. 8). 2022. 576p. pap. 12.99 *(978-0-06-289153-2(7))*; 2021. (Illus.). 560p. 18.99 *(978-0-06-289152-5(9))* HarperCollins Pubs. (Balzer & Bray).

Psalms & Hymns for Balliol College. 2017. (ENG., Illus.). (J). pap. *(978-0-649-03145-0(8))* Trieste Publishing Pty Ltd.

P

Psalms for Little Hearts: 25 Psalms for Joy, Hope, & Praise. Dandi Daley Mackall. Illus. by Cee Biscoe. 2019. (Child's First Bible Ser.). (ENG.). 112p. (J). 12.99 *(978-1-4964-3275-9(4)*, 20_31281, Tyndale Kids) Tyndale Hse. Pubs.

Psalms for My Day: A Child's Praise Devotional. Carine MacKenzie & Alec Motyer. Illus. by Catherine Noel Pape. rev. ed. 2019. (ENG.). 96p. (J). 17.99 *(978-1-5271-0181-4(9)*, 342ca44e-ec92-45c6-a951-d7b7df2856f4, CF4Kids) Christian Focus Pubns. GBR. Dist: Baker & Taylor Publisher Services (BTPS).

Psalms in Rhyme for Little Hearts. Donna Wyland. Illus. by Courtney Smith. 2023. (ENG.). 50p. (J). 26.99 ***(978-1-64949-805-2(5))***; pap. 17.99 ***(978-1-64949-806-9(3))*** Elk Lake Publishing, Inc.

Psalms of Praise: A Movement Primer. Danielle Hitchen. 2018. (Baby Believer Ser.). (ENG., Illus.). 20p. (J). (— 1). bds. 12.99 *(978-0-7369-7234-5(X)*, 6972345) Harvest Hse. Pubs.

Psalteria Rhythmica: Gereimte Psalterien des Mittelalters (Classic Reprint) Guido Maria Dreves. 2018. (LAT., Illus.). (J). 552p. 35.30 *(978-1-396-59637-7(2))*; 554p. pap. 19.57 *(978-1-391-49945-1(X))*; 276p. 29.61 *(978-0-366-37150-1(9))*; 278p. pap. 11.97 *(978-0-365-85063-2(2))* Forgotten Bks.

Psalteria Rhythmica: Gereimte Psalterien des Mittelalters; Erste Folge, Aus Handschriften und Fruhdrucken (Classic Reprint) Guido Maria Dreves. 2017. (LAT., Illus.). (J). pap. 13.57 *(978-0-259-56322-8(5))* Forgotten Bks.

Psalteria Rhythmica: Gereimte Psalterien des Mittelalters; Zweite Folge; Nebst Einem Anhange Von Rosarien (Classic Reprint) Guido Maria Dreves. (LAT., Illus.). (J). 2018. 274p. 29.57 *(978-0-484-06122-3(4))*; 2017. pap. 11.97 *(978-0-282-03560-0(5))* Forgotten Bks.

Psammead Trilogy, 3 vols. Edith. Nesbit. Illus. by Ella Okstad. 2019. (ENG.). 1p. (J). pap., pap., pap. 31.99 *(978-0-7145-4912-5(6)*, 442878) Alma Classics GBR. Dist: Bloomsbury Publishing Plc.

Pseudo Demon. Kaream J Reid. 2016. (ENG.). 139p. (J). pap. ***(978-1-365-24652-4(3))*** Lulu Pr., Inc.

Pseudocide - Sometimes You Have to DIE to Survive. A.K. Smith. 2021. (ENG.). 256p. (YA). 29.99 *(978-1-949325-74-4(1))* Bks. With Soul.

Psinder. Myunique C. Green. 2020. (ENG.). 78p. (J). pap. 19.49 *(978-1-716-03444-2(2))* Lulu Pr., Inc.

Psiquicos Adolescentes. Irma Julieta Maldonado. 2018. (SPA.). 136p. (YA). pap. 7.95 *(978-607-453-021-6(1))* Selector, S.A. de C.V. MEX. Dist: Spanish Pubs., LLC.

PSSA Grade 3 English Language Arts Success Strategies Workbook: Comprehensive Skill Building Practice for the Pennsylvania System of School Assessment. Ed. by Pssa Exam Secrets Test Prep. 2016. (ENG.). (J). pap. 40.99 *(978-1-5167-0142-1(9))* Mometrix Media LLC.

PSSA Grade 3 Mathematics Success Strategies Workbook: Comprehensive Skill Building Practice for the Pennsylvania System of School Assessment. Ed. by Pssa Exam Secrets Test Prep. 2016. (ENG.). (J). pap. 40.99 *(978-1-5167-0143-8(7))* Mometrix Media LLC.

PSSA Grade 4 English Language Arts Success Strategies Workbook: Comprehensive Skill Building Practice for the Pennsylvania System of School Assessment. Ed. by Pssa Exam Secrets Test Prep. 2016. (ENG.). (J). pap. 40.99 *(978-1-5167-0144-5(5))* Mometrix Media LLC.

PSSA Grade 4 Mathematics Success Strategies Workbook: Comprehensive Skill Building Practice for the Pennsylvania System of School Assessment. Ed. by Pssa Exam Secrets Test Prep. 2016. (ENG.). (J). pap. 40.99 *(978-1-5167-0145-2(3))* Mometrix Media LLC.

PSSA Grade 4 Science Success Strategies Study Guide: PSSA Test Review for the Pennsylvania System of School Assessment. Ed. by Pssa Exam Secrets Test Prep. 2016. (ENG.). (J). pap. 40.99 *(978-1-5167-0146-9(1))* Mometrix Media LLC.

PSSA Grade 5 English Language Arts Success Strategies Workbook: Comprehensive Skill Building Practice for the Pennsylvania System of School Assessment. Ed. by Pssa Exam Secrets Test Prep. 2016. (ENG.). (J). pap. 40.99 *(978-1-5167-0147-6(X))* Mometrix Media LLC.

PSSA Grade 5 Mathematics Success Strategies Workbook: Comprehensive Skill Building Practice for the Pennsylvania System of School Assessment. Ed. by Pssa Exam Secrets Test Prep. 2016. (ENG.). (J). pap. 40.99 *(978-1-5167-0148-3(8))* Mometrix Media LLC.

PSSA Grade 6 English Language Arts Success Strategies Study Guide: PSSA Test Review for the Pennsylvania System of School Assessment. Ed. by Pssa Exam Secrets Test Prep. 2016. (ENG.). (J). pap. 40.99 *(978-1-5167-0149-0(6))* Mometrix Media LLC.

PSSA Grade 6 Mathematics Success Strategies Study Guide: PSSA Test Review for the Pennsylvania System of School Assessment. Ed. by Pssa Exam Secrets Test Prep. 2016. (ENG.). (J). pap. 40.99 *(978-1-5167-0150-6(X))* Mometrix Media LLC.

PSSA Grade 7 English Language Arts Success Strategies Study Guide: PSSA Test Review for the Pennsylvania System of School Assessment. Ed. by Pssa Exam Secrets Test Prep. 2016. (ENG.). (J). pap. 40.99 *(978-1-5167-0151-3(8))* Mometrix Media LLC.

PSSA Grade 7 Mathematics Success Strategies Study Guide: PSSA Test Review for the Pennsylvania System of School Assessment. Ed. by Pssa Exam Secrets Test Prep. 2016. (ENG.). (J). pap. 40.99 *(978-1-5167-0152-0(6))* Mometrix Media LLC.

PSSA Grade 8 English Language Arts Success Strategies Study Guide: PSSA Test Review for the Pennsylvania System of School Assessment. Ed. by Pssa Exam Secrets Test Prep. 2016. (ENG.). (J). pap. 40.99 *(978-1-5167-0153-7(4))* Mometrix Media LLC.

PSSA Grade 8 Mathematics Success Strategies Study Guide: PSSA Test Review for the Pennsylvania System of School Assessment. Ed. by Pssa Exam Secrets Test Prep. 2016. (ENG.). (J). pap. 40.99 *(978-1-5167-0154-4(2))* Mometrix Media LLC.

PSSA Grade 8 Science Success Strategies Study Guide: PSSA Test Review for the Pennsylvania System of School Assessment. Ed. by Pssa Exam Secrets Test Prep. 2016. (ENG.). (J). pap. 40.99 *(978-1-5167-0155-1(0))* Mometrix Media LLC.

Psst! I Love You. Marjorie Blain Parker. Illus. by Sydney Hanson. (Snuggle Time Stories Ser.: 7). (J). 2018. 22p. (— 1). bds. 8.95 *(978-1-4549-2705-1(4))*; 2017. (ENG.). 32p. (gr. -1-k). 9.95 *(978-1-4549-1721-2(0))* Sterling Publishing Co., Inc.

Psy. Joey Slater-Milligan. 2016. (ENG., Illus.). (YA). pap. 16.99 *(978-0-9979619-1-1(0))* Slater-Milligan, Joey.

Psyche & Logy's Angry Sleepover. Leah L. H. Hill. Illus. by Anonymous. 2021. (ENG.). 32p. (J). 20.00 *(978-1-7369843-4-5(9))* Tranquility Hill Publishing, LLC.

Psyche (Classic Reprint) Walter S. Cramp. (ENG., Illus.). (J). 2018. 346p. 31.03 *(978-0-365-53188-3(X))*; 2017. pap. 13.57 *(978-1-5276-5082-4(0))* Forgotten Bks.

Psyched for Science, 6 bks. Allan B. Cobb. Incl. Super Science Projects about Animals in Their Habitats. lib. bdg. 34.47 *(978-0-8239-3175-0(7)*, 57b80348-5db2-4687-a859-9b5287a21ebe); Super Science Projects about Light & Optics. lib. bdg. 34.47 *(978-0-8239-3177-4(3)*, 83f10959-208b-4f04-9d49-871621b847c4); Super Science Projects about Oceans. lib. bdg. 34.47 *(978-0-8239-3174-3(9)*, d72dc43a-11ab-45f1-a795-148b5d2c7caa); Super Science Projects about Sound. lib. bdg. 34.47 *(978-0-8239-3176-7(5)*, 2f867990-7400-47f6-88b5-67b2f1ebfcad); 48p. (YA). (gr. 5-8). 1999. (Illus.). Set lib. bdg. 143.70 Rosen Publishing Group, Inc., The.

Psychedelic Coloring Book: This Book Consists of 100 Pages of Mushrooms, Leaves & Some Grayscale. Bulent Kusev. 2023. (ENG.). 102p. (YA). pap. ***(978-1-4477-9723-4(X))*** Lulu Pr., Inc.

Psychic. Ts Rose. 2022. (ENG.). 356p. (YA). 29.99 *(978-1-62720-386-9(9))*; pap. 19.99 *(978-1-62720-387-6(7))* Apprentice Hse.

Psychic Abilities. Michael Centore. 2017. (Freaky Phenomena Ser.: Vol. 8). (ENG., Illus.). 48p. (J). (gr. 5-8). 20.95 *(978-1-4222-3779-3(6))* Mason Crest.

Psychic Arts. Megan Atwood. 2019. (Psychic Arts Ser.). (ENG.). 48p. (J). (gr. 4-8). 135.96 *(978-0-7565-6105-5(1)*, 28799, Compass Point Bks.) Capstone.

Psychic Autobiography (Classic Reprint) Amanda T. Jones. (ENG., Illus.). (J). 2018. 476p. 33.73 *(978-0-364-65611-2(5))*; 2017. pap. 16.57 *(978-0-243-24139-2(9))* Forgotten Bks.

Psychic Life of Micro-Organisms. Alfred Binet. 2017. (ENG.). 140p. (J). pap. *(978-3-337-33254-9(4))* Creation Pubs.

Psychic Science. Kelli Hicks. 2023. (Sinkhole Ser.). (ENG.). 112p. (YA). (gr. 6-12). pap. 9.99 *(978-1-7284-7798-5(0)*, 45aa90cc-8bc2-48ea-8acf-77be1afecbd7); lib. bdg. 29.32 *(978-1-7284-7551-6(1)*, d83d7183-2bff-49e3-bbf5-0daee54db00a) Lerner Publishing Group. (Darby Creek).

Psychic Trio, or National Reconciled (Classic Reprint) Charles Edmund Deland. (ENG., Illus.). (J). 2018. 426p. 32.66 *(978-0-428-57169-6(7))*; 2017. pap. 16.57 *(978-1-334-95569-3(7))* Forgotten Bks.

Psychical Experiences: A Diary of 1891 (Classic Reprint) Sarah E. Post. 2017. (ENG., Illus.). (J). 26.99 *(978-0-331-15631-7(8))*; pap. 9.57 *(978-0-260-12362-6(5))* Forgotten Bks.

Psychics. Lily Loye. 2022. (Unexplained Ser.). (ENG., Illus.). 32p. (J). (gr. 2-3). pap. 9.95 *(978-1-63738-200-4(6))*; lib. bdg. 31.35 *(978-1-63738-164-9(6))* North Star Editions. (Apex).

Psycho Kim. Tevin Hansen. 2016. (ENG.). 70p. pap. 5.99 *(978-1-941429-30-3(0))* Handersen Publishing.

Psycho Star Showdown. Varak Kaloustian. 2019. (Legend of V Ser.: Vol. 3). (ENG.). 216p. (YA). (gr. 8-11). pap. 15.00 *(978-1-7338185-1-3(0))*; pap. 15.00 *(978-0-9987773-8-2(2))* Kaloustian, Varak. (TLOV Publishing).

Psychoanalytic Study of Psychoses with Endocrinoses (Classic Reprint) Dudley Ward Fay. 2018. (ENG., Illus.). 134p. (J). 26.68 *(978-0-484-26442-6(7))* Forgotten Bks.

Psychogenic Fugue. Nikki Marrone. 2020. (ENG.). 48p. (YA). pap. *(978-1-716-75743-3(6))* Lulu Pr., Inc.

Psychologic Attraction, Fascination, or the Science of the Soul: As Applied to the Purposes of Life, with Full Instructions to Exert the Influence upon the Human Mind As Well As the Brute Creation (Classic Reprint) Herbert Hamilton. (ENG., Illus.). (J). 2018. 404p. 32.23 *(978-0-484-49362-8(0))*; 2016. pap. 16.57 *(978-1-332-71269-4(X))* Forgotten Bks.

Psychological Development of Expression, Vol. 1 of 4 (Classic Reprint) Mary A. Blood. 2018. (ENG., Illus.). 164p. (J). 27.28 *(978-0-483-27131-9(4))* Forgotten Bks.

Psychologie du Nombre et des Opérations Élementaires de L'Arithmétique: La Genèse des Premières Notions de l'Arithmétique, Notions de Suite, de Nombre, de Somme et de Différence, Roduit et Quotient (Classic Reprint) S. Santerre. 2018. (FRE., Illus.). 196p. (J). 27.94 *(978-0-267-02640-1(4))* Forgotten Bks.

Psychologist (Classic Reprint) Putnam P. Bishop. (ENG., Illus.). (J). 2018. 364p. 31.40 *(978-0-484-20696-9(6))*; 2016. pap. 13.97 *(978-1-333-60247-5(2))* Forgotten Bks.

Psychology: Why We Smile, Strive, & Sing. Julie Rubini. Illus. by Tom Casteel. 2020. (Inquire & Investigate Ser.). 128p. (J). (gr. 7-9). (ENG.). 22.95 *(978-1-61930-908-1(4)*, eff7520c-9418-4785-b98b-c37211fb9bd7); pap. 17.95 *(978-1-61930-911-1(4)*, 28febc3e-281d-4904-bc2e-1ff854189ac8) Nomad Pr.

Psychology of Mass Murderers, 8 vols. 2016. (Psychology of Mass Murderers Ser.). (ENG.). 128p. (gr. 8-8). lib. bdg. 155.72 *(978-0-7660-7508-5(7)*, f637ba19-07f2-4968-9f0d-39c7ce27a842) Enslow Publishing, LLC.

Psychology of the Moral Self. B. Bosanquet. 2017. (ENG., Illus.). (J). pap. *(978-0-649-68334-5(X))* Trieste Publishing Pty Ltd.

Psychosis & Mental Health Recovery Workbook: Activities for Young Adults from ACT, DBT, & Recovery-Oriented CBT. Contrib. by Jennifer Gerlach & Michelle Hammer. 2023. (Illus.). 192p. (J). 20.95 ***(978-1-83997-732-9(9)***, 895412) Kingsley, Jessica Pubs. GBR. Dist: Hachette UK Distribution.

Psyduck Ducks Out (Pokémon: Chapter Book) Jennifer Johnson & S. E. Heller. 2017. (Pokémon Chapter Bks.: 15). (ENG.). 96p. (J). (gr. 2-5). pap. 4.99 *(978-1-338-17596-7(3))* Scholastic, Inc.

Pszichokalipszis. Gabriel Wolf. 2020. (HUN.). 252p. (YA). pap. 19.66 *(978-1-716-51758-7(3))* Lulu Pr., Inc.

Ptarmigan in a Birch Tree: 12 Days of Christmas in Canada's North. Amber Henry. 2016. (ENG., Illus.). (J). *(978-1-77302-265-9(2))*; pap. *(978-1-77302-264-2(4))* Tellwell Talent.

Pteranodon. Aaron Carr. 2016. (J). *(978-1-5105-1915-2(7))* SmartBook Media, Inc.

Pteranodon. Aaron Carr. 2021. (ENG.). 24p. (J). pap. 12.95 *(978-1-7911-3444-0(0))*; lib. bdg. 28.55 *(978-1-7911-3443-3(2))* Weigl Pubs., Inc.

Pteranodon. Julie Murray. 2022. (Dinosaurs Ser.). (ENG., Illus.). 24p. (J). (gr. k-4). lib. bdg. 31.36 *(978-1-0982-2828-6(6)*, 39935, Abdo Zoom-Dash) ABDO Publishing Co.

Pterapunzel (Once Before Time Book 3) Christy Webster. Illus. by Gladys Jose. 2020. (Once Before Time Ser.). (ENG.). 32p. (J). bds. 8.99 *(978-1-5248-5823-0(4))* Andrews McMeel Publishing.

Pterodáctilo. Luke Colins. 2020. (Los Dinosaurios Ser.). (SPA.). 24p. (J). (gr. k-3). pap. *(978-1-64466-477-3(1)*, 13273, Bolt Jr.) Black Rabbit Bks.

Pterodáctilo (Pterodactyl) Harold Rober. 2017. (Bumba Books (r) en Español — Dinosaurios y Bestias Prehistóricas (Dinosaurs & Prehistoric Beasts) Ser.). (SPA., Illus.). 24p. (J). (gr. -1-1). 26.65 *(978-1-5124-4114-7(7)*, dadf9fe1-62c7-4f2d-b07d-088dbc11d72a, Ediciones Lerner) Lerner Publishing Group.

Pterodactyl, 1 vol. Amy Allatson. 2017. (All about Dinosaurs Ser.). (ENG.). 24p. (gr. 2-2). pap. 9.25 *(978-1-5345-2179-7(8)*, bf829283-c8f8-4517-8509-73883bf0bd89); lib. bdg. 26.23 *(978-1-5345-2175-9(5)*, bd31cc14-2ed9-4f32-9008-fe656a6a5961) Greenhaven Publishing LLC.

Pterodactyl. Aaron Carr. 2016. (J). *(978-1-5105-1917-6(3))* SmartBook Media, Inc.

Pterodactyl. Aaron Carr. (ENG.). 24p. (J). 2021. pap. 12.95 *(978-1-7911-3447-1(5))*; 2018. (gr. -1-3). lib. bdg. 35.70 *(978-1-4896-6969-8(8)*, AV2 by Weigl) Weigl Pubs., Inc.

Pterodactyl. Grace Hansen. 2020. (Dinosaurs (Abdo Kids Jumbo) Ser.). (ENG., Illus.). 24p. (J). (gr. -1-2). lib. bdg. 32.79 *(978-1-0982-0247-7(3)*, 34627, Abdo Kids) ABDO Publishing Co.

Pterodactyl. Harold Rober. 2017. (Bumba Books (r) — Dinosaurs & Prehistoric Beasts Ser.). (ENG., Illus.). 24p. (J). (gr. -1-1). 26.65 *(978-1-5124-2639-7(3)*, 2ab4d453-33ae-40be-874e-20ed3c0bbed5); E-Book 39.99 *(978-1-5124-2734-9(9))*; E-Book 4.99 *(978-1-5124-3714-0(X)*, 9781512437140); E-Book 39.99 *(978-1-5124-3713-3(1)*, 9781512437133) Lerner Publishing Group. (Lerner Pubns.).

Pterodactyl Attack! (Dino Ranch) (Media Tie-In) Meredith Rusu. ed. 2022. (ENG., Illus.). 24p. (J). (gr. -1-3). pap. 5.99 *(978-1-338-69223-5(2))* Scholastic, Inc.

Pterodactyl (Pterodactyl) Grace Hansen. 2022. (Dinosaurios Ser.). (ENG.). 24p. (J). (gr. -1-2). lib. bdg. 32.79 *(978-1-0982-6340-9(5)*, 39383, Abdo Kids) ABDO Publishing Co.

Pterodactyl Show & Tell. Thad Krasnesky. Illus. by Tanya Leonello. 2018. (ENG.). 32p. (J). (gr. k-2). 17.95 *(978-1-936261-34-5(0))* Flashlight Pr.

Ptérodactyle. Luke Colins. 2021. (Dinosaures Ser.). (FRE.). 24p. (J). (gr. k-3). lib. bdg. *(978-1-77092-523-6(6)*, 13299, Bolt Jr.) Black Rabbit Bks.

Pterosaur! Purple Band. Jon Hughes. ed. 2016. (Cambridge Reading Adventures Ser.). (ENG., Illus.). 24p. pap. 8.80 *(978-1-107-55108-4(0))* Cambridge Univ. Pr.

Pterrible Pteranodon: A Powers Beyond Their Steam Illustrated Edition: the Illustrated Paperback Edition: the Illustrated Edition. Thomas M. Franklin. 2021. (ENG.). 216p. (J). pap. 9.99 *(978-1-952834-04-2(X))* Pocket Moon Pr.

Pterrible Pteranodon: A Powers Beyond Their Steam Story. Tom M. Franklin. 2021. (Powers Beyond Their Steam Ser.: Vol. 1). (ENG.). 214p. (J). 17.99 *(978-1-952834-02-8(3))*; pap. 9.99 *(978-1-952834-01-1(5))* Pocket Moon Pr.

P'Tit Matinic' & Other Monotones (Classic Reprint) George Wharton Edwards. (ENG., Illus.). (J). 2018. 154p. 27.07 *(978-0-364-40220-7(2))*; 2017. pap. 9.57 *(978-0-259-29518-1(3))* Forgotten Bks.

Ptomaine Street: A Tale of Warble Petticoat (Classic Reprint) Carolyn Wells. 2018. (ENG., Illus.). 128p. (J). 26.54 *(978-0-483-74456-1(5))* Forgotten Bks.

Ptomaine Street: The Tale of Warble Petticoat. Carolyn Wells. 2017. (ENG., Illus.). (J). 21.95 *(978-1-374-91194-9(1))* Capital Communications, Inc.

PTSDragon: Post Threat Survival Dragon. J. B. Van Cleave. Illus. by Joey Wall. 2022. 36p. (J). pap. 14.50 *(978-1-6678-2843-5(6))* BookBaby.

Pua & Heihei. Adapted by Mary Tillworth. 2017. (Illus.). 21p. (J). *(978-1-5182-3745-4(2))* Random Hse., Inc.

Pua & Heihei. Disney Editors. ed. 2017. (Disney Princess Step into Reading Ser.). (Illus.). 21p. (J). lib. bdg. 14.75 *(978-0-606-39854-1(6))* Turtleback.

Pua & Heihei (Disney Moana) RH Disney. Illus. by RH Disney. 2017. (Step into Reading Ser.). (ENG., Illus.). 24p. (J). (gr. -1-1). pap. 5.99 *(978-0-7364-3684-7(7)*, RH/Disney) Random Hse. Children's Bks.

Puag Saum Cov Ntsis Ntoo (from the Tops of the Trees) Kao Kalia Yang. Illus. by Rachel Wada. 2023. (HMN.). 40p. (J). (gr. k-3). 14.99 Lerner Publishing Group.

Puanani & the Volcano: Hawaiian Island Adventures. Jo Ann Jeffries. Ed. by Sierra Tabor. Illus. by Worlds Beyond Art. 2020. (Hawaiian Island Adventures Ser.: Vol. 1). (HAW.). 68p. (J). (gr. 2-4). pap. 16.95 *(978-1-949711-05-9(6))* Bluewater Pubns.

Pubertad Inquietudes y Los 2 Poderes de la Vida: Cuestionario de Etica Sexual, Espiritual y Social para Padres e Hij@s. Efraín Suescún Quiñones. 2022. (SPA.). 402p. (YA). pap. 11.00 *(978-1-68574-143-3(6))* ibukku, LLC.

Puberty. Marcia Amidon Lusted. 2021. (Teen Challenges Ser.). (ENG.). 112p. (YA). (gr. 6-12). lib. bdg. 41.36 *(978-1-5321-9628-7(8)*, 38538, Essential Library) ABDO Publishing Co.

Puberty Is Gross but Also Really Awesome. Gina Loveless. Illus. by Lauri Johnston. 2021. 192p. (J). (gr. 5). pap. 15.99 *(978-1-63565-353-3(3)*, Rodale Kids) Random Hse. Children's Bks.

Public & Parlor Readings. Lewis Baxter Monroe. 2017. (ENG.). 366p. (J). pap. *(978-3-337-36689-6(9))* Creation Pubs.

Public & Parlor Readings: For the Use of Dramatic & Reading Clubs. Lewis Baxter Monroe. 2017. (ENG.). 352p. (J). pap. *(978-3-337-30456-0(7))* Creation Pubs.

Public & Parlor Readings: For the Use of Dramatic & Reading Clubs, & for Public, Social, & School Entertainment; Dialogues & Dramas (Classic Reprint) Lewis Baxter Monroe. 2018. (ENG., Illus.). 352p. (J). 31.18 *(978-0-483-94971-3(X))* Forgotten Bks.

Public & Parlor Readings: Prose & Poetry for the Use of Reading Clubs & for Public & Social Entertainment; Humorous (Classic Reprint) Lewis Baxter Monroe. (ENG., Illus.). (J). 2018. 338p. 30.87 *(978-0-483-14808-6(3))*; 2017. pap. 13.57 *(978-1-334-90002-0(7))* Forgotten Bks.

Public & Private Life of Animals: Adapted from the French of Balzac, Droz, Jules Janin, E. Lemoine, A. de Musset, Georges Sand, &C (Classic Reprint) J. Thomson. (ENG., Illus.). (J). 2017. 32.23 *(978-0-331-82937-2(1))*; 2016. pap. 16.57 *(978-1-334-35879-1(6))* Forgotten Bks.

Public Auction Sale: Rare United States Gold, Silver & Copper Coins, Paper Money & Autographs; at the Parker House, Mezzanine Floor, Tremont Street-Boston, Mass., Tuesday, March 8, 1938 at 1 P. M. Sharp (Classic Reprint) Horace M. Grant. 2018. (ENG., Illus.). (J). 32p. 24.56 *(978-0-364-98106-1(7))*; 34p. pap. 7.97 *(978-0-656-59215-9(X))* Forgotten Bks.

Public Carriages of Great Britain: A Glance at the Rise, Progress, Struggles & Burthens of Railways, Steam Vessels, Omnibuses, Stage Carriages, Mail Coaches, & Hackney Carriages (Classic Reprint) John Edwin Bradfield. 2018. (ENG., Illus.). (J). 114p. 26.27 *(978-0-366-33197-0(3))*; 116p. pap. 9.57 *(978-0-365-87502-4(3))* Forgotten Bks.

Public Funding, Public Decisions: How Eastside Schools Spend Their Money. Anita Storey. Illus. by Nathalie Ortega. 2022. (Eastside Extra Ser.). (ENG.). 96p. (J). (gr. 3-4). pap. 8.99 *(978-1-63163-647-9(2))*; lib. bdg. 27.13 *(978-1-63163-646-2(4))* North Star Editions. (Jolly Fish Pr.).

Public Library. Cari Meister. Ed. by Jenny Fretland VanVoorst. 2016. (First Field Trips). (Illus.). 24p. (J). (gr. k-2). lib. bdg. 25.65 *(978-1-62031-296-4(4)*, Bullfrog Bks.) Jump! Inc.

Public Outrage & Protest, 1 vol. Ed. by Eamon Doyle. 2019. (At Issue Ser.). (ENG.). 128p. (gr. 10-12). pap. 28.80 *(978-1-5345-0528-5(8)*, 137a2541-acf0-4e6f-98e0-e581ec82f404) Greenhaven Publishing LLC.

Public Persecutions, 12 vols. 2016. (Public Persecutions Ser.). (ENG.). 128p. (YA). (gr. 9-9). lib. bdg. 284.16 *(978-1-5026-2357-7(9)*, 362ded1a-f05e-455f-b4f9-bd2e5ebe20eb, Cavendish Square) Cavendish Square Publishing LLC.

Public Policy Skills in Action: A Pragmatic Introduction. Bill Coplin. 2017. (Illus.). 180p. (YA). (gr. 8-17). 66.00 *(978-1-5381-0019-6(3))* Rowman & Littlefield Publishers, Inc.

Public Profiles: Set, 12 vols. 2018. (Public Profiles Ser.). (ENG.). 224p. (YA). (gr. 9-9). lib. bdg. 329.58 *(978-1-64282-072-0(5)*, 126bf6e7-88cb-4d45-9499-cdd47241dd1b, New York Times Educational Publishing) Rosen Publishing Group, Inc., The.

Public Profiles: Set 3, 12 vols. 2019. (Public Profiles Ser.). (ENG.). 224p. (YA). (gr. 9-9). lib. bdg. 329.58 *(978-1-64282-280-9(9)*, ce613585-eff3-4129-a18d-8f1a9ccd5ec2, New York Times Educational Publishing) Rosen Publishing Group, Inc., The.

Public Profiles: Sets 1 - 2. 2018. (Public Profiles Ser.). (ENG.). (YA). pap. 293.64 *(978-1-64282-200-7(0))*; (gr. 9-9). lib. bdg. 659.16 *(978-1-64282-184-0(5)*, 87f53e1a-e91c-473a-b6e7-28e23e3ef15d) Rosen Publishing Group, Inc., The. (New York Times Educational Publishing).

Public Profiles: Sets 1 - 3. 2019. (Public Profiles Ser.). (ENG.). (YA). pap. 440.46 *(978-1-64282-298-4(1))*; (gr. 9-9). lib. bdg. 988.74 *(978-1-64282-281-6(7)*, e9463917-e050-4a5f-a6cd-217fe20197f4) Rosen Publishing Group, Inc., The. (New York Times Educational Publishing).

Public Safety & Law, Vol. 10. Daniel Lewis. 2018. (Careers in Demand for High School Graduates Ser.). 112p. (J). (gr. 7). 34.60 *(978-1-4222-4141-7(6))* Mason Crest.

Public School Mental Arithmetic: Based on Mclellan & Dewey's Psychology of Number. J. A. McLellan. 2017. (ENG., Illus.). (J). pap. *(978-0-649-68450-2(8))* Trieste Publishing Pty Ltd.

Public School Methods, Vol. 1 (Classic Reprint) Unknown Author. 2017. (ENG., Illus.). (J). 606p. 36.40 *(978-0-332-53676-7(9))*; pap. 19.57 *(978-0-259-22458-7(8))* Forgotten Bks.

Public School Phonic Primer, Vol. 1: Authorized by the Protestant Committee of the Council of Public Instruction for Quebec (Classic Reprint) Unknown Author. (ENG., Illus.). (J). 2018. 70p. 25.34 *(978-0-365-36413-9(4))*; 2016. pap. 9.57 *(978-1-334-15125-5(3))* Forgotten Bks.

Public School Phonic Primer, Vol. 2 (Classic Reprint) Unknown Author. (ENG., Illus.). (J). 2018. 96p. 25.88 *(978-0-484-35916-0(9))*; 2016. pap. 9.57 *(978-1-334-12362-7(4))* Forgotten Bks.

Public School Readers, Vol. 2: Primer (Classic Reprint) Unknown Author. (ENG., Illus.). (J). 2018. 128p. 26.56 *(978-0-365-35822-0(3))*; 2017. pap. 9.57 *(978-0-259-49366-2(X))* Forgotten Bks.

1652

The check digit for ISBN-10 appears in parentheses after the full ISBN-13

Public School Superhero. James Patterson & Chris Tebbetts. Illus. by Cory Thomas. 2016. (ENG.). 304p. (J). (gr. 3-7). pap. 8.99 *(978-0-316-26598-0(5),* Jimmy Patterson) Little Brown & Co.

Public Shaming, 1 vol. Ed. by Anne C. Cunningham. 2016. (Opposing Viewpoints Ser.). (ENG.). 188p. (YA). (gr. 10-12). pap. 34.80 *(978-1-5345-0033-4(2),* 58b1ea5d-8184-48c4-809c-9de1ba7fbe92); lib. bdg. 50.43 *(978-1-5345-0023-5(5),* 9964d0fd-3ae8-4a32-8c16-20677da7b631) Greenhaven Publishing LLC. (Greenhaven Publishing).

Public Speaking: For Normal & Academy Students (Classic Reprint) James Watt Raine. 2017. (ENG., Illus.). (J). 28.45 *(978-0-266-19813-0(9))* Forgotten Bks.

Public Speaking Essentials: Six Steps to Sizzle on Stage. Ramakrishna Reddy. 2018. (ENG., Illus.). 36p. (YA). pap. 9.99 *(978-1-7322127-3-2(2))* PublicSpeakKing.

Public Speaking Today: A High School Manual. Francis Cummins Lockwood & Clarence De Witt Thorpe. 2017. (ENG., Illus.). (J). pap. *(978-0-649-68457-1(5))* Trieste Publishing Pty Ltd.

Publications of the Lick Observatory of the University of California, 1900, Vol. 4 (Classic Reprint) Lick Observatory. Trustees. 2018. (ENG., Illus.). (J). 324p. 30.58 *(978-0-366-10865-7(4));* 326p. pap. 13.57 *(978-0-366-04136-7(3))* Forgotten Bks.

Published by Unseen Hands (Classic Reprint) Helen H. Gardener. (ENG., Illus.). (J). 2018. 290p. 29.90 *(978-0-483-55322-4(0));* 2016. pap. 13.57 *(978-1-333-37722-9(3))* Forgotten Bks.

Published Writings of Spencer Fullerton Baird, 1843-1882 (Classic Reprint) George Brown Goode. 2018. (ENG., Illus.). 766p. (J). pap. 23.57 *(978-1-391-09447-2(6))* Forgotten Bks.

Puce Takes the Reins. Carolyn Handler Miller. 2017. (ENG., Illus.). (J). pap. 16.00 *(978-1-62550-383-1(0))* Breezeway Books.

Pucho el Canguro. Anabel Jurado. 2017. (SPA.). 10p. (J). (gr. -1). 5.95 *(978-607-748-050-1(9))* Ediciones Urano S. A. ESP. Dist: Spanish Pubs., LLC.

Puck: His Vicissitudes, Adventures, Observations, Conclusions, Friendships, & Philosophies (Classic Reprint) Ouida Ouida. (ENG., Illus.). (J). 2018. 612p. 36.52 *(978-0-484-91971-5(7));* 2017. pap. 19.57 *(978-1-332-77079-3(7))* Forgotten Bks.

Puck: His Vicissitudes, Adventures, Observations, Conclusions, Friendships, & Philosophies, Vol. 2 of 3 (Classic Reprint) Ouida Ouida. 2018. (ENG., Illus.). 344p. (J). 31.01 *(978-0-483-31342-2(4))* Forgotten Bks.

Puck: His Vicissitudes, Adventures, Observations, Conclusions, Friendships, & Philosophies, Vol. 3 of 3 (Classic Reprint) Ouida Ouida. 2018. (ENG., Illus.). 432p. (J). 32.83 *(978-0-483-71166-2(7))* Forgotten Bks.

Puck, and, in Maremma, Vol. 9 (Classic Reprint) Maria Louise Rame. (ENG., Illus.). (J). 2018. 848p. 41.41 *(978-0-483-91017-1(1));* 2017. pap. 23.97 *(978-0-243-33574-9(1))* Forgotten Bks.

Puck of Pook's Hill, 1905-1906; Rewards & Fairies (Classic Reprint) Rudyard Kipling. 2017. (ENG., Illus.). (J). 36.07 *(978-0-266-43444-3(4));* pap. 19.57 *(978-0-243-32295-4(X))* Forgotten Bks.

Puck of Pook's Hill (a Fantasy Book) - Illustrated. Rudyard Kipling et al. 2019. (ENG.). 128p. (J). pap. *(978-80-268-9122-2(8))* E-Artnow.

Puck of Pook's Hill (Classic Reprint) Rudyard Kipling. 2017. (ENG., Illus.). (J). 29.32 *(978-0-265-20148-0(9))* Forgotten Bks.

Puck, Vol. 1 Of 3: His Vicissitudes, Adventures, Observations, Conclusions, Friendships, & Philosophies (Classic Reprint) Ouida Ouida. 2018. (ENG., Illus.). 352p. (J). 31.18 *(978-0-483-31354-5(8))* Forgotten Bks.

Pucker Up! Rosie Greening. 2020. (ENG.). 14p. (J). (gr. -1-7). bds. 9.99 *(978-1-78947-739-9(5))* Make Believe Ideas GBR. Dist: Scholastic, Inc.

Puck's Broom: The Wonderful Adventures of George Henry & His Dog Alexander Who Went to Seek Their Fortunes in the Once upon a Time Land. Edgar Gordon Browne. 2019. (ENG.). 240p. (J). pap. *(978-93-5360-168-3(1))* Alpha Editions.

Puck's Broom: The Wonderful Adventures of George Henry & His Dog Alexander Who Went to Seek Their Fortunes in the Once upon a Time Land (Classic Reprint) Edgar Gordon Browne. 2019. (ENG., Illus.). (J). 242p. 28.91 *(978-1-397-29354-1(3));* 244p. pap. 11.57 *(978-1-397-29335-0(7))* Forgotten Bks.

Pucky, Prince of Bacon: A Breaking Cat News Adventure, Volume 5. Georgia Dunn. 2022. (Breaking Cat News Ser.: 5). (ENG.). 208p. (J). pap. 11.99 *(978-1-5248-7128-4(1))* Andrews McMeel Publishing.

Puddin' Julie Murphy. (Dumplin' Ser.: 2). (ENG.). (YA). (gr. 8). 2019. 464p. pap. 9.99 *(978-0-06-241839-5(4));* 2018. 448p. 17.99 *(978-0-06-241838-8(6))* HarperCollins Pubs. (Balzer & Bray).

Pudding Problem. Joe Berger. Illus. by Joe Berger. 2017. (Lyttle Lies Ser.: 1). (ENG., Illus.). 240p. (J). (gr. 3-7). 13.99 *(978-1-4814-7083-4(3),* McElderry, Margaret K. Bks.) McElderry, Margaret K. Bks.

Puddinhead & the Christmas Poem. Marilyn Foote. 2018. (ENG.). 42p. (J). pap. 12.60 *(978-1-948738-67-5(8))* Legaia Bks. USA.

Puddle. Richard Jackson. Illus. by Chris Raschka. 2019. (ENG.). 40p. (J). (gr. -1-3). 17.99 *(978-0-06-265195-2(1),* Greenwillow Bks.) HarperCollins Pubs.

Puddle. Hyewon Yum. 2016. (ENG., Illus.). 40p. (J). 18.99 *(978-0-374-31695-2(3),* 900147132, Farrar, Straus & Giroux (BYR)) Farrar, Straus & Giroux.

Puddle Boots. Sarah Duchess of York. 2021. (ENG.). 42p. (J). *(978-0-6450996-7-6(8))* Karen Mc Dermott.

Puddle Boots Christmas. Sarah Duchess of York. 2021. (ENG.). 36p. (J). *(978-0-6453559-4-9(1))* Karen Mc Dermott.

Puddle Hunters. Kirsty Murray. Illus. by Karen Blair. 2019. (ENG.). 32p. (J). (gr. -1-1). 16.99 *(978-1-76029-674-2(0))* Allen & Unwin AUS. Dist: Independent Pubs. Group.

Puddle Jumpers. D. L. Allen. Illus. by D. S. Barth. 2017. (ENG.). (J). pap. 9.95 *(978-1-947825-64-2(X))* Yorkshire Publishing Group.

Puddle Jumpers. Anne Margaret Lewis. Illus. by Nancy Cote. 2016. (ENG.). 32p. (J). (gr. -1-k). 16.99 *(978-1-63450-185-9(3),* Sky Pony Pr.) Skyhorse Publishing Co., Inc.

Puddle of Water. Wanda Nelson. 2019. (ENG., Illus.). 18p. (J). 21.95 *(978-1-64559-646-2(X));* pap. 11.95 *(978-1-64559-645-5(1))* Covenant Bks.

Puddle Princess. Al Verlaine. 2nd ed. 2021. (ENG.). 130p. (J). pap. *(978-1-83945-710-4(4))* FeedARead.com.

Puddle Pug. Kim Norman. Illus. by Keika Yamaguchi. 2018. 30p. (J). (— 1). bds. 7.95 *(978-1-4549-2715-0(1))* Sterling Publishing Co., Inc.

Puddleford Papers: Or Humors of the West (Classic Reprint) Henry Hiram Riley. 2017. (ENG., Illus.). (J). 31.51 *(978-1-5281-7279-0(5))* Forgotten Bks.

Puddles!!! Kevan Atteberry. Illus. by Kevan Atteberry. 2016. (ENG., Illus.). 32p. (J). (gr. -1-3). 14.99 *(978-0-06-230784-2(3),* HarperCollins) HarperCollins Pubs.

Puddles the Skunk in What Stinks? Tina L. Wagner. 2016. (ENG., Illus.). (J). 19.99 *(978-0-9979788-1-0(3))* Mindstir Media.

Pudd'nhead Wilson (Classic Reprint) Twain. 2016. (ENG., Illus.). (J). pap. 13.57 *(978-1-334-13903-1(2))* Forgotten Bks.

Pudd'nhead Wilson (Classic Reprint) Mark Twain, pseud. 2017. (ENG., Illus.). (J). 30.41 *(978-0-266-93424-0(2))* Forgotten Bks.

Pudge & Prejudice. A. K. Pittman. 2021. (ENG., Illus.). 352p. (YA). pap. 15.99 *(978-1-4964-4283-3(0),* 20_33261, Wander) Tyndale Hse. Pubs.

Pudge Learns to Meditate: A Guide for Getting Young Minds Mindful, Happy & at Peace. Kimberly a Rainville. 2016. (ENG.). 102p. (J). pap. ***(978-1-77302-040-2(4))*** Tellwell Talent.

Pudgie & His Great Big Feet. Lisa Jeffers. 2017. (ENG., Illus.). (J). pap. 12.95 *(978-1-63575-571-8(9))* Christian Faith Publishing.

Pudhisali Ellie: Intelligent Mouse. Ananya Sriram. 2017. (TAM., Illus.). (J). (gr. k-6). 13.99 *(978-0-9984282-2-2(1))* Ipaatti.

Pueblo. Christa Bedry. 2017. (Native American Art & Culture Ser.). (ENG.). 32p. (J). lib. bdg. 22.99 *(978-1-5105-2348-7(0))* SmartBook Media, Inc.

Pueblo. Pamela McDowell. 2016. (¿dónde Vives? Ser.). (SPA.). 24p. (J). pap. 31.41 *(978-1-4896-4486-2(5))* Weigl Pubs., Inc.

Pueblo de Fe - la Biblia en Rompecabezas. Contrib. by Casscom Media. 2017. (Puzzle Bibles Ser.). (ENG & SPA.). (J). bds. *(978-87-7132-572-0(7))* Scandinavia Publishing Hse.

Pueblo Elegido de Dios - la Biblia en Rompecabezas. Contrib. by Casscom Media. 2017. (Puzzle Bibles Ser.). (ENG & SPA.). (J). bds. *(978-87-7132-571-3(9))* Scandinavia Publishing Hse.

Pueblo Frente Al Mar. Joanne Schwartz. 2019. (SPA.). 52p. (J). (gr. k-2). 25.99 *(978-84-948900-2-4(6))* Ekare, Ediciones VEN. Dist: Lectorum Pubns., Inc.

Pueblo Indian Folk-Stories (Classic Reprint) Charles F. Lummis. 2017. (ENG., Illus.). (J). 29.36 *(978-0-331-76560-1(6))* Forgotten Bks.

Pueblo Que Casi Desapareció. Steve Brezenoff. Illus. by Chris Barnard Canga. 2019. (Misterios de Excursión Ser.). (SPA.). 88p. (J). (gr. 3-6). lib. bdg. 25.32 *(978-1-4965-8542-4(9),* 141291, Stone Arch Bks.) Capstone.

Pueblo Seguirá, 1 vol. Simon J. Ortiz & Sharol Graves. Illus. by Sharol Graves. 2017. (SPA., Illus.). 32p. (J). (gr. 1-5). pap. 10.95 *(978-0-89239-424-1(2),* leelowcbp, Children's Book Press) Lee & Low Bks., Inc.

Pueblo Wixarika y Sus Dioses. Luz María Chapela. 2022. (SPA.). 48p. (J). (gr. 2-4). pap. 7.95 *(978-607-7603-86-3(4))* Nostra Ediciones MEX. Dist: Independent Pubs. Group.

Puedes Contar con Dios: 100 Devocionales para Niños. Max Lucado. 2022. (SPA.). 208p. (J). 14.99 *(978-1-4002-3589-6(8))* Grupo Nelson.

¡Puedes Lograrlo! Alina Karam Córdova & Gee Johnson. 2017. (SPA.). 32p. (J). pap. 9.60 *(978-1-64053-011-9(8),* ARC Pr. Bks.) American Reading Co.

Puedes Salvar el Planeta a Cualquier Edad: Leveled Reader Book 4 Level I 6 Pack. Hmh Hmh. 2021. (SPA.). 16p. (J). pap. 74.40 *(978-0-358-08402-0(4))* Houghton Mifflin Harcourt Publishing Co.

Puedo Ayudarte a Cocinar? Tia Dywan Gilliam-Wilson. 2017. (SPA., Illus.). (J). pap. 10.00 *(978-0-9986073-4-4(7))* Gilliam-Wilson, Tia.

¿Puedo Ayudarte a Cocinar También? Tia D. Gilliam-Wilson. Tr. by Aceneth Cruz. 2021. (ENG.). 40p. (J). pap. 10.00 *(978-0-9986073-9-9(8))* Southampton Publishing.

¿Puedo Entrar Al Club de Los Osos? (Can I Be in the Bear Club?) Margaret Salter. Tr. by Pablo de la Vega. Illus. by Margaret Salter. 2021. (Abrazos de Oso (Bear with Me) Ser.). (SPA., Illus.). 32p. (J). (gr. k-3). pap. *(978-1-4271-3069-3(8),* 13852); lib. bdg. *(978-1-4271-3065-5(5),* 13847) Crabtree Publishing Co. (Crabtree Classics).

¿Puedo Jugar Yo También?-An Elephant & Piggie Book, Spanish Edition. Mo Willems. 2018. (Elephant & Piggie Book Ser.). (SPA., Illus.). 64p. (J). (gr. -1-k). 10.99 *(978-1-368-02134-0(4),* Hyperion Books for Children) Disney Publishing Worldwide.

¿Puedo Merendar? / Can I Have a Snack?, 1 vol. Helena Markham. Tr. by Esther Ortiz. 2018. (¡a Comer Sano! / Let's Eat Healthy! Ser.). (ENG & SPA.). 24p. (gr. 1-1). 25.27 *(978-1-5383-3446-1(1),* 674548e3-1564-4ecb-8a61-11ef0eb97018, PowerKids Pr.) Rosen Publishing Group, Inc., The.

¿Puedo Merendar? (Can I Have a Snack?), 1 vol. Helena Markham. Tr. by Esther Ortiz. 2018. (¡a Comer Sano! (Let's Eat Healthy!) Ser.). (SPA.). 24p. (gr. 1-1). 25.27 *(978-1-5383-3232-0(9),* 1f23ebbc-05d2-4c50-a26f-7266bb0ed306); pap. 9.25 *(978-1-5383-3233-7(7),* b7f05272-1fd9-4405-8825-b00f50e6d42b) Rosen Publishing Group, Inc., The. (PowerKids Pr.).

Puedo Modificar la Materia. Francis Spencer. Tr. by Pablo de la Vega from ENG. 2021. (Mis Primeros Libros de Ciencia (My First Science Books) Ser.). (SPA., Illus.). 24p. (J). (gr. k-2). pap. *(978-1-4271-3222-2(4),* 15047); lib. bdg. *(978-1-4271-3211-6(9),* 15030) Crabtree Publishing Co.

¡Puedo Ser lo Que Quiera! / I Can Be Anything!, 12 vols. 2018. (¡Puedo Ser lo Que Quiera! / I Can Be Anything! Ser.). (ENG & SPA.). 24p. (gr. k-k). lib. bdg. 145.62 *(978-1-5382-2791-6(6),* bf38a1ae-08bc-41cb-9662-5ddfcf9e115b) Stevens, Gareth Publishing LLLP.

Puedo Ser Tantas Cosas. Lucía M. Sánchez & Gee Johnson. 2017. (SPA.). 36p. (J). pap. 9.60 *(978-1-63437-891-8(1),* ARC Pr. Bks.) American Reading Co.

Puedo Ser Tantas Cosas (ENIL FSTK ONLY) Lucía M. Sánchez & Gee Johnson. 2016. (2v Enil Fstk Ser.). (SPA.). 36p. (J). pap. 8.00 *(978-1-63437-866-6(0),* ARC Pr. Bks.) American Reading Co.

Puente a Terabitia / Bridge to Terabithia (Serie Azul) Spanish Edition. Katherine Paterson. 2017. (Serie Azul Ser.).Tr. of Bridge to Terabithia. (ENG & SPA., Illus.). (J). (gr. 4-8). pap. 15.95 *(978-607-01-3418-0(4))* Santillana USA Publishing Co., Inc.

Puente de Clay / Bridge of Clay. Markus Zusak. 2018. (SPA.). 640p. (YA). (gr. 8-12). pap. 19.95 *(978-1-949061-36-9(1),* Lumen Juvenile) Penguin Random House Grupo Editorial ESP. Dist: Penguin Random Hse. LLC.

Puente Golden Gate. Aaron Carr. 2018. (Los Símbolos Estadounidenses Ser.). (SPA.). 24p. (J). lib. bdg. 22.99 *(978-1-5105-3374-5(5))* SmartBook Media, Inc.

Puente Golden Gate. Aaron Carr. 2016. (Íconos Americanos Ser.). (SPA.). 24p. (J). pap. 31.41 *(978-1-4896-4264-6(1))* Weigl Pubs., Inc.

Puentecito Azul (the Little Blue Bridge) Brenda Maier. Illus. by Sonia Sánchez. 2022. (SPA.). 40p. (J). (gr. -1-3). pap. 7.99 *(978-1-338-84913-4(1),* Scholastic en Espanol) Scholastic, Inc.

Puentes Avances en la Genética: Set of 6 with Common Core Teacher Materials. Matt Doeden & Benchmark Education Company, LLC Staff. 2016. (Puentes Ser.). (SPA.). (J). (gr. 6). 56.00 net. *(978-1-5125-0676-1(1))* Benchmark Education Co.

Puentes Desastres Ecológicos: Set of 6 with Common Core Teacher Materials. Barbara M. Linde & Benchmark Education Company, LLC Staff. 2016. (Puentes Ser.). (SPA.). (J). (gr. 6). 56.00 net. *(978-1-5125-0677-8(X))* Benchmark Education Co.

Puentes Famosos: Leveled Reader Book 88 Level Q 6 Pack. Hmh Hmh. 2021. (SPA.). 32p. (J). pap. 74.40 *(978-0-358-08481-5(4))* Houghton Mifflin Harcourt Publishing Co.

Puentes líquidos y Gases: Set of 6 with Common Core Teacher Materials. Erin Ash Sullivan & Benchmark Education Company, LLC Staff. 2016. (Puentes Ser.). (SPA.). (J). 56.00 net. *(978-1-5125-0675-4(3))* Benchmark Education Co.

Puentes Medir la Materia: Set of 6 with Common Core Teacher Materials. Erin Ash Sullivan & Benchmark Education Company, LLC Staff. 2016. (Puentes Ser.). (SPA.). (J). 56.00 net. *(978-1-5125-0673-0(7))* Benchmark Education Co.

Puentes Nuestro Sistema Solar la Luna: Set of 6 with Common Core Teacher Materials. Gary Rushworth & Benchmark Education Company, LLC Staff. 2016. (Puentes Ser.). (SPA.). (J). (gr. 3). 56.00 net. *(978-1-5125-0672-3(9))* Benchmark Education Co.

Puentes Protejamos Nuestros Océanos: Set of 6 with Common Core Teacher Materials. Jeanette Leardi & Benchmark Education Company, LLC Staff. 2016. (Puentes Ser.). (SPA.). (J). (gr. 6). 56.00 net. *(978-1-5125-0678-5(8))* Benchmark Education Co.

Puentes Sólidos: Set of 6 with Common Core Teacher Materials. Nancy Leber & Benchmark Education Company, LLC Staff. 2016. (Puentes Ser.). (SPA.). (J). 56.00 net. *(978-1-5125-0674-7(5))* Benchmark Education Co.

Pu'er Tea Delivery. Rachel Bubb. Illus. by Tanya Naomi Shinn. 2022. (ENG.). 32p. (J). pap. *(978-1-6781-5513-1(6))* Lulu Pr., Inc.

Puerco Pizza (Pizza Pig Spanish Edition) Diana Murray. Illus. by Maria Karipidou. 2022. (LEYENDO a PASOS (Step into Reading) Ser.). 32p. (J). (gr. -1-1). pap. 5.99 *(978-0-593-56561-2(4));* (SPA.). lib. bdg. 14.99 *(978-0-593-56562-9(2))* Random Hse. Children's Bks. (Random Hse. Bks. for Young Readers).

Puerta Del Pavo Real: Caminos Antiguos y Llaves Escondidas: Libro 1. Wanda Kay Knight. 2021. (SPA.). 318p. (J). pap. 14.95 *(978-1-63684-848-8(6))* Waldorf Publishing.

Puerta Olvidada. Paul Maar. (Torre de Papel Ser.). (SPA.). (J). (gr. 2). 7.95 *(978-958-04-1489-6(0))* Norma S.A. COL. Dist: Distribuidora Norma, Inc.

Puertas Abiertas see Puertas Abiertas Kit, Level 1, Open Doors to Spanish

Puerto Estelar. Novela Gráfica / Starport (Graphic Novel) George R.R. Martin. 2021. (SPA.). 272p. (YA). (gr. 7). pap. 18.95 *(978-607-31-9365-8(3))* Plaza & Janes Editories, S.A. ESP. Dist: Penguin Random Hse. LLC.

Puerto Rico, 1 vol. John Hamilton. 2016. (United States of America Ser.). (ENG., Illus.). 48p. (J). (gr. 5-9). 34.21 *(978-1-68078-341-4(6),* 21667, Abdo & Daughters) ABDO Publishing Co.

Puerto Rico. Tyler Maine & Bridget Parker. 2016. (States Ser.). (ENG., Illus.). 32p. (J). (gr. 3-6). lib. bdg. 27.99 *(978-1-5157-0426-3(2),* 132037, Capstone Pr.) Capstone.

Puerto Rico. Richard Sebra. 2022. (Core Library of US States Ser.). (ENG., Illus.). 48p. (J). (gr. 4-8). lib. bdg. 35.64 *(978-1-5321-9780-2(2),* 39651) ABDO Publishing Co.

Puerto Rico. Sarah Tieck. 2019. (Explore the United States Ser.). (ENG., Illus.). 32p. (J). (gr. 2-5). lib. bdg. 34.21 *(978-1-5321-9142-8(1),* 33472, Big Buddy Bks.) ABDO Publishing Co.

Puerto Rico: Children's Book Filled with Facts. Bold Kids. 2022. (ENG.). 42p. (J). pap. 14.99 ***(978-1-0717-1132-3(6))*** FASTLANE LLC.

Puerto Rico: Isle of Enchantment. Steve Goldsworthy. 2016. (J). *(978-1-4896-4932-4(8))* Weigl Pubs., Inc.

Puerto Rico: Its Own Land! Elsie Guerrero. Illus. by Jasmine Mills. 2019. (ENG.). 34p. (J). (gr. k-6). 19.99 *(978-1-7327573-3-2(X))* Elsie Publishing Co.

Puerto Rico (a True Book: My United States) (Library Edition) Nel Yomtov. 2018. (True Book (Relaunch) Ser.). (ENG., Illus.). 48p. (J). (gr. 3-5). 31.00 *(978-0-531-23577-5(7),* Children's Pr.) Scholastic Library Publishing.

Puesto de Limonada. Mary Lindeen. Illus. by Alexandra Colombo. 2016. (Early Rising Readers Ser.). (SPA.). (J). (gr. -1). 6.67 *(978-1-4788-3701-5(2))* Newmark Learning LLC.

Puesto de Limonada - 6 Pack. Mary Lindeen. 2016. (Early Rising Readers Ser.). (SPA.). (J). (gr. 1). 40.00 net. *(978-1-4788-4644-4(5))* Newmark Learning LLC.

Puff Puff with His Friends. Diane Lynn. 2021. (ENG., Illus.). 18p. (J). pap. 11.95 *(978-1-6624-1932-4(5))* Page Publishing Inc.

Puff Saves Paradise. Brittni Friedlander. 2022. (ENG.). 40p. (J). 17.99 ***(978-1-0878-7365-7(7))*** Indy Pub.

Puffa the Lionhead Bun in Beardy the Brave Bunny Book 3. Leah Mikele Christensen. Illus. by Zachery Manza. 2023. (Puffa the Lionhead Bun Ser.). 30p. (J). (gr. -1-2). pap. 9.99 BookBaby.

Puffa the Lionhead Bun in I Am a Lion Book 1. Leah Mikele Christensen. Illus. by Zachery Manza. 2023. (Puffa the Lionhead Bun Ser.). 26p. (J). (gr. -1-2). pap. 10.00 BookBaby.

Puffa the Lionhead Bun in Toby Feels Sad Book 2. Leah Mikele Christensen. Illus. by Zachery Manza. 2023. (Puffa the Lionhead Bun Ser.). 28p. (J). (gr. -1-2). pap. 10.00 BookBaby.

Puffed-Up Pride: The Frootbearer Series. Joyce Ann Evans. 2016. (Frootbearer Series - Character on Display Ser.: Vol. 3). (ENG., Illus.). (J). (gr. 1-6). pap. 9.99 *(978-0-68418-349-4(9))* Primedia eLaunch LLC.

Puffer Fish. Alicia Klepeis. 2017. (Toxic Creatures Ser.). 32p. (gr. 3-3). pap. 63.48 *(978-1-5026-2582-3(2),* Cavendish Square) Cavendish Square Publishing LLC.

Puffer Fish. Rebecca Pettiford. 2017. (Ocean Life up Close Ser.). (ENG., Illus.). 24p. (J). (gr. k-3). lib. bdg. 26.95 *(978-1-62617-572-3(1),* Blastoff! Readers) Bellwether Media.

Pufferfish. Joyce L. Markovics. 2016. (Weird but Cute Ser.). (ENG., Illus.). 24p. (J). (gr. -1-3). 26.99 *(978-1-62724-850-1(1))* Bearport Publishing Co., Inc.

Pufferfish. Therese Shea. 2017. (Freaky Fish Ser.). 24p. (J). (gr. 2-3). pap. 48.90 *(978-1-5382-0249-4(2))* Stevens, Gareth Publishing LLLP.

Puffin. Martin Jenkins. Illus. by Jenni Desmond. 2022. (ENG.). 32p. (J). (gr. k-2). 17.99 *(978-1-5362-2850-2(8))* Candlewick Pr.

Puffin Book of 100 Extraordinary Indians. Venkatesh Vedam. 2022. (ENG.). 352p. (J). pap. 21.95 *(978-0-14-345314-7(9),* Puffin) Penguin Bks. India PVT, Ltd IND. Dist: Independent Pubs. Group.

Puffin Book of Bedtime Stories. 2019. 256p. (J). (gr. -1-k). 29.99 *(978-0-14-379673-2(9),* Puffin) Penguin Random Hse. AUS. Dist: Independent Pubs. Group.

Puffin Book of Holiday Stories. 2019. (ENG.). 256p. (J). pap. 9.99 *(978-0-14-344748-1(3),* Puffin) Penguin Bks. India PVT, Ltd IND. Dist: Independent Pubs. Group.

Puffin Book of Nursery Rhymes. Illus. by Raymond Briggs. 2016. 160p. (J). (gr. -1-k). 24.99 *(978-0-14-137016-3(5))* Penguin Bks., Ltd. GBR. Dist: Independent Pubs. Group.

Puffin Book of Poetry for Children. Penguin India. 2019. (ENG.). 168p. (J). pap. 8.99 *(978-0-14-333596-2(0),* Puffin) Penguin Bks. India PVT, Ltd IND. Dist: Independent Pubs. Group.

Puffin Book of Stories for Six-Year-Olds. Wendy Cooling. Illus. by Steve Cox. 2020. (ENG.). 144p. (J). (gr. k-2). pap. 15.99 *(978-0-14-037459-9(0))* Penguin Bks., Ltd. GBR. Dist: Independent Pubs. Group.

Puffin Classic: Tales from the Kathasaritsagara. A. Somadeva. 2019. (ENG.). 278p. (J). (gr. 5-7). pap. 9.99 *(978-0-14-344592-0(8),* Puffin) Penguin Bks. India PVT, Ltd IND. Dist: Independent Pubs. Group.

Puffin Classics: Taniya. Arupa Patangia Kalita. 2023. (ENG.). 160p. (J). pap. 9.99 ***(978-0-14-345827-2(2),*** Puffin) Penguin Bks. India PVT, Ltd IND. Dist: Independent Pubs. Group.

Puffin Classics: Timeless Tales from Marwar. Vijaydan Detha. 2020. (ENG.). 208p. (J). (gr. 6-8). pap. 8.99 *(978-0-14-344828-0(5),* Puffin) Penguin Bks. India PVT, Ltd IND. Dist: Independent Pubs. Group.

Puffin Classics: Vagrants in the Valley. Ruskin Bond. 2016. (ENG.). 176p. (J). pap. 19.99 *(978-0-14-333378-4(X),* Puffin) Penguin Bks. India PVT, Ltd IND. Dist: Independent Pubs. Group.

Puffin Classics: Wordygurdyboom! the Nonsense World of Sukumar Ray: The Nonsense World of Sukumar Ray. Sukumar Ray. 2016. (ENG., Illus.). 196p. (J). pap. 19.99 *(978-0-14-333078-3(0),* Puffin) Penguin Bks. India PVT, Ltd IND. Dist: Independent Pubs. Group.

Puffin Feluda Omnibus. Satyajit Ray. 2018. (Penguin Ray Library). (ENG.). 336p. (J). pap. 13.99 *(978-0-14-344622-4(3),* Puffin) Penguin Bks. India PVT, Ltd IND. Dist: Independent Pubs. Group.

Puffin Keeper. Michael Morpurgo. Illus. by Benji Davies. 2022. (ENG.). 112p. (J). (gr. 4-7). 17.99 *(978-0-7352-7180-7(1),* Puffin Canada) PRH Canada Young Readers CAN. Dist: Penguin Random Hse. LLC.

Puffin Little Cook: Snacks. Penguin Random House Australia. 2020. (Illus.). 96p. (J). (gr. 1-4). 12.99 *(978-1-76089-700-0(0),* Puffin) Penguin Random Hse. AUS. Dist: Independent Pubs. Group.

Puffin Little Environmentalist: Composting. Penguin Random House Australia. 2021. (Illus.). 96p. (J). (gr. k-2). 9.99 *(978-1-76089-701-7(9),* Puffin) Penguin Random Hse. AUS. Dist: Independent Pubs. Group.

Puffin Little Environmentalist: Gardening. Penguin Random House Australia. 2021. (Puffin Little Ser.). 96p. (J).

P

13.99 *(978-1-76104-170-9(3)*, Puffin) Penguin Random Hse. AUS. Dist: Independent Pubs. Group.

Puffin Little Explorer: the Ocean. Penguin Random House Australia. 2021. 96p. (J). (gr. k-3). 9.99 *(978-1-76089-766-6(3)*, Puffin) Penguin Random Hse. AUS. Dist: Independent Pubs. Group.

Puffin Little Historian: Dinosaurs. Penguin Random House Australia. 2021. (Puffin Little Ser.). 96p. (J). 13.99 *(978-1-76104-171-6(1)*, Puffin) Penguin Random Hse. AUS. Dist: Independent Pubs. Group.

Puffin Little Historian: the Anzacs. Penguin Random House Australia. 2021. (Illus.). 96p. (J). (gr. k-2). 12.99 *(978-1-76089-702-4(7)*, Puffin) Penguin Random Hse. AUS. Dist: Independent Pubs. Group.

Puffin Little Scientist: Robotics. Penguin Random House Australia. 2021. 96p. (J). (gr. k-3). 9.99 *(978-1-76089-768-0(X)*, Puffin) Penguin Random Hse. AUS. Dist: Independent Pubs. Group.

Puffin Little Scientist: the Solar System. Penguin Random House Australia. 2021. (Illus.). 96p. (J). (gr. k-2). 9.99 *(978-1-76089-703-1(5)*, Puffin) Penguin Random Hse. AUS. Dist: Independent Pubs. Group.

Puffin Pantomime. Puffin. unabr. ed. 2022. (ENG.). 1p. (J). audio compact disk 14.99 *(978-0-241-53418-2(6)*, Puffin) Penguin Bks., Ltd. GBR. Dist: Independent Pubs. Group.

Puffin Pirates. Emma R. McNally. Ed. by Jmd Writing and Editorial Services. Illus. by Emma R. McNally. 2017. (Harold Huxley's Rhyming Picture Bks.: Vol. 6). (ENG.). (J). (gr. k-2). pap. *(978-0-9930806-6-1(9))* R McNally, Emma.

Puffin Plan: Restoring Seabirds to Egg Rock & Beyond. Derrick Z. Jackson & Stephen W. Kress. 2020. (ENG., Illus.). 200p. (YA). (gr. 6). 16.95 *(978-1-943431-57-1(4))* Tumblehome Learning.

Puffin Plan: Restoring Seabirds to Egg Rock & Beyond. Stephen W. Kress & Derrick Z. Jackson. 2021. (ENG.). 200p. (YA). (gr. 7). pap. 12.95 *(978-1-943431-72-4(8))* Tumblehome Learning.

Puffin Problem, 1 vol. Lori Doody. 2017. (ENG., Illus.). 44p. (J). (gr. -1-3). pap. 9.95 *(978-1-927917-14-5(X))* Running the Goat, Bks. & Broadsides CAN. Dist: Orca Bk. Pubs. USA.

Puffin the Architect. Kimberly Andrews. 2018. (Illus.). 32p. (J). (gr. -1-k). 14.99 *(978-0-14-377218-7(X))* Penguin Group New Zealand, Ltd. NZL. Dist: Independent Pubs. Group.

Puffins. Jaclyn Jaycox. 2020. (Animals Ser.). (ENG.). 32p. (J). (gr. 1-3). pap. 6.95 *(978-1-9771-2652-8(9)*, 201636); (Illus.). lib. bdg. 31.32 *(978-1-9771-2318-3(X)*, 199494) Capstone. (Pebble).

Puffins. Maya Myers. 2019. (National Geographic Readers Ser.). (ENG.). 23p. (J). (gr. k-1). 14.96 *(978-0-87617-656-6(2))* Penworthy Co., LLC, The.

Puffins. Leo Statts. 2017. (Awesome Birds Ser.). (ENG., Illus.). 24p. (J). (gr. -1-2). lib. bdg. 31.36 *(978-1-5321-2061-9(3)*, 26744, Abdo Zoom-Launch) ABDO Publishing Co.

Puffins & Penguins. Arnold Ringstad. 2020. (Comparing Animal Differences Ser.). (ENG.). 24p. (J). (gr. k-3). lib. bdg. 32.79 *(978-1-5038-3596-2(0)*, 213372) Child's World, Inc, The.

Puffins Are Back. Gail Gibbons. 32p. (J). (gr. -1-3). 2020. pap. 8.99 *(978-0-8234-4888-3(6))*; 2019. (Illus.). 18.99 *(978-0-8234-4163-1(6))* Holiday Hse., Inc.

Puffling & the Egg. Gerry Daly & Erika McGann. 2021. (ENG., Illus.). 32p. (J). 16.99 *(978-1-78849-248-5(X))* O'Brien Pr., Ltd., The IRL. Dist: Casemate Pubs. & Bk. Distributors, LLC.

Puffs: The Joys of Lucy Lovepuff. Travis Cunningham. 2022. (ENG., Illus.). 26p. (J). pap. 12.95 *(978-1-63860-696-3(X))* Fulton Bks.

Puffy Ball. Vianlix-Christine Schneider. Ed. by Robin Leeann. Illus. by Martina Terzi. 2022. (ENG.). 40p. (J). pap. 16.99 *(978-1-0880-7002-4(7))* Indy Pub.

Puffy, the Cloud. Ginger Combs. 2017. (ENG., Illus.). (J). (gr. k-4). 14.99 *(978-1-61984-650-0(0))*; pap. 9.99 *(978-1-61984-594-7(6)*, Gatekeeper Pr.) Gatekeeper Pr.

Puffy the Cloud Who Wouldn't Cry. Brittany Fuquea. 2023. (ENG.). 30p. (J). 19.99 ***(978-1-6629-3374-5(6))***; pap. 10.99 ***(978-1-6629-3375-2(4))*** Gatekeeper Pr.

Pug. Ethan Long. (I Like to Read Ser.). (ENG., Illus.). (J). (gr. -1-3). 2018. 32p. pap. 4.99 *(978-0-8234-3989-8(5))*; 2016. 24p. 7.99 *(978-0-8234-3688-0(8))*; 2016. 24p. 14.95 *(978-0-8234-3645-3(4))* Holiday Hse., Inc.

Pug. Ellen Williams. 2017. (Dog Lover's Guides: Vol. 18). (ENG., Illus.). 128p. (J). (gr. 7-12). 26.95 *(978-1-4222-3947-6(0))* Mason Crest.

Pug. Ethan Long. ed. 2018. lib. bdg. 13.55 *(978-0-606-41340-4(5))* Turtleback.

Pug & Dot: A Day to Remember. Stuart Lowe. Illus. by Lindsay Myers. 2018. (My Favorite Stories Ser.). (ENG.). 20p. (J). *(978-1-5255-3353-2(3))*; pap. *(978-1-5255-3354-9(1))* FriesenPress.

Pug & Pig & Friends. Sue Lowell Gallion. Illus. by Joyce Wan. 2021. (Pug & Pig Ser.). (ENG.). 40p. (J). (gr. -1-3). 17.99 *(978-1-5344-6300-4(3)*, Beach Lane Bks.) Beach Lane Bks.

Pug & Pig Trick-Or-Treat. Sue Lowell Gallion. Illus. by Joyce Wan. 2017. (Pug & Pig Ser.). (ENG.). 40p. (J). (gr. -1-3). 18.99 *(978-1-4814-4977-9(X)*, Beach Lane Bks.) Beach Lane Bks.

Pug & Slug. Annadee Henson. Illus. by Childbook Illustrations. 2019. (ENG.). 36p. (J). 19.95 *(978-0-578-55466-2(6))* Henson, Annadee.

Pug Blasts Off. Illus. by Kyla May. 2019. 72p. (J). *(978-1-338-50034-9(1))* Scholastic, Inc.

Pug Blasts Off, 1. Inc Scholastic. ed. 2020. (Branches Early Ch Bks). (ENG.). 80p. (J). (gr. 2-3). 15.36 *(978-1-64697-300-2(3))* Penworthy Co., LLC, The.

Pug Blasts off: a Branches Book (Diary of a Pug #1) Kyla May. Illus. by Kyla May. 2019. (Diary of a Pug Ser.: 1). (ENG., Illus.). 80p. (J). (gr. k-2). pap. 4.99 *(978-1-338-53003-2(8))* Scholastic, Inc.

Pug Blasts off: a Branches Book (Diary of a Pug #1) (Library Edition) Kyla May. Illus. by Kyla May. 2019. (Diary of a Pug Ser.: 1). (ENG., Illus.). 80p. (J). (gr. k-2). 24.99 *(978-1-338-53004-9(6))* Scholastic, Inc.

Pug Hug. Joyce Markovics. 2019. (Read & Rhyme Level 2 Ser.). (ENG., Illus.). 16p. (J). (gr. -1-1). 24.21 *(978-1-64280-547-5(5))* Bearport Publishing Co., Inc.

Pug Man's 3 Wishes. Sebastian Meschenmoser. Illus. by Sebastian Meschenmoser. 2016. (ENG., Illus.). 48p. (J). (gr. -1-3). 16.95 *(978-0-7358-4261-8(2))* North-South Bks., Inc.

Pug Meets Pig. Sue Lowell Gallion. Illus. by Joyce Wan. 2016. (Pug & Pig Ser.). (ENG.). 40p. (J). (gr. -1-3). 18.99 *(978-1-4814-2066-2(6)*, Beach Lane Bks.) Beach Lane Bks.

Pug the Prince: a Branches Book (Diary of a Pug #9) (Library Edition), Vol. 9. Kyla May. Illus. by Kyla May. 2023. (Diary of a Pug Ser.). (ENG.). 80p. (J). (gr. k-2). 24.99 ***(978-1-338-87758-8(5))*** Scholastic, Inc.

Pug Who Wanted to Be a Bunny. Bella Swift. 2022. (Pug Who Wanted to Be Ser.). (ENG.). 160p. (J). (gr. 2-5). 17.99 *(978-1-5344-8685-0(2))*; pap. 7.99 *(978-1-5344-8684-3(4))* Simon & Schuster Children's Publishing. (Aladdin).

Pug Who Wanted to Be a Bunny. Bella Swift. ed. 2022. (Pug Who Wanted to Be Ser.). (ENG.). 147p. (J). (gr. 2-3). 19.96 ***(978-1-68505-515-8(X))*** Penworthy Co., LLC, The.

Pug Who Wanted to Be a Mermaid. Bella Swift. 2022. (Pug Who Wanted to Be Ser.). (ENG.). 160p. (J). (gr. 2-5). 17.99 *(978-1-5344-8688-1(7))*; pap. 7.99 *(978-1-5344-8687-4(9))* Simon & Schuster Children's Publishing. (Aladdin).

Pug Who Wanted to Be a Mermaid. Bella Swift. ed. 2022. (Pug Who Wanted to Be Ser.). (ENG.). 148p. (J). (gr. 2-3). 19.96 ***(978-1-68505-516-5(8))*** Penworthy Co., LLC, The.

Pug Who Wanted to Be a Pumpkin. Bella Swift. 2022. (Pug Who Wanted to Be Ser.). (ENG., Illus.). 160p. (J). (gr. 2-5). 17.99 *(978-1-5344-8691-1(7))*; pap. 7.99 *(978-1-5344-8690-4(9))* Simon & Schuster Children's Publishing. (Aladdin).

Pug Who Wanted to Be a Pumpkin. Bella Swift. ed. 2022. (Pug Who Wanted to Be Ser.). (ENG., Illus.). 146p. (J). (gr. 2-5). 19.96 ***(978-1-68505-574-5(5))*** Penworthy Co., LLC, The.

Pug Who Wanted to Be a Reindeer. Bella Swift. 2021. (Pug Who Wanted to Be Ser.). (ENG.). 160p. (J). (gr. 2-5). 17.99 *(978-1-5344-8682-9(8))*; pap. 7.99 *(978-1-5344-8681-2(X))* Simon & Schuster Children's Publishing. (Aladdin).

Pug Who Wanted to Be a Reindeer. Bella Swift. ed. 2021. (Pug Who Wanted to Be Ser.). (ENG., Illus.). 141p. (J). (gr. 2-3). 19.46 *(978-1-68505-111-2(1))* Penworthy Co., LLC, The.

Pug Who Wanted to Be a Unicorn. Bella Swift. 2021. (Pug Who Wanted to Be Ser.). (ENG.). 160p. (J). (gr. 2-5). 17.99 *(978-1-5344-8679-9(8))*; pap. 7.99 *(978-1-5344-8678-2(X))* Simon & Schuster Children's Publishing. (Aladdin).

Pug Who Wanted to Be a Unicorn. Bella Swift. ed. 2021. (Pug Who Wanted to Be Ser.). (ENG., Illus.). 149p. (J). (gr. 2-3). 19.46 *(978-1-68505-110-5(3))* Penworthy Co., LLC, The.

Pug Who Wanted to Be Dream Big Collection (Boxed Set) The Pug Who Wanted to Be a Unicorn; the Pug Who Wanted to Be a Reindeer; the Pug Who Wanted to Be a Bunny; the Pug Who Wanted to Be a Mermaid; the Pug Who Wanted to Be a Pumpkin. Bella Swift. ed. 2023. (Pug Who Wanted to Be Ser.). (ENG.). 800p. (J). (gr. 2-5). pap. 39.99 ***(978-1-6659-4003-0(4))***, Aladdin) Simon & Schuster Children's Publishing.

Pugaventure: How the Pug Got Its Short Tail. Joanah Adewale. 2022. (ENG.). 66p. (J). pap. *(978-1-913674-99-1(1))* Conscious Dreams Publishing.

Pugby the Pug: Discovers Rugby. Aaron Howes. Illus. by Chad Thompson. 2022. (ENG.). 32p. (J). *(978-1-0391-2373-1(2))*; pap. *(978-1-0391-2372-4(4))* FriesenPress.

Puggle: Pugs Meet Beagles! Sue Bradford Edwards. 2019. (Top Hybrid Dogs Ser.). (ENG., Illus.). 32p. (J). (gr. 3-9). lib. bdg. 28.65 *(978-1-5435-5520-2(9)*, 139382, Capstone Pr.) Capstone.

Puggle in Paris. Dena Fitzpatrick. 2018. (ENG.). (J). 14.95 *(978-1-68401-341-8(0))* Amplify Publishing Group.

PUGGY's Bedtime Stories. G. K. Stark. 2023. (ENG.). 26p. (J). ***(978-1-4477-9041-9(3))*** Lulu Pr., Inc.

Pugnapped! Commander Universe Saves the Day (Sort Of) Marty Kelley. 2021. 128p. (J). (gr. 2-5). 14.95 *(978-1-4549-4080-7(8))*; pap. 6.99 *(978-1-4549-4559-8(1))* Sterling Publishing Co., Inc.

Pugs. Sarah Frank. 2019. (Lightning Bolt Books (r) — Who's a Good Dog? Ser.). (ENG., Illus.). 24p. (J). (gr. 1-3). 29.32 *(978-1-5415-3859-7(5)*, 5b2738dc-b363-485a-9805-52992f36e061, Lerner Pubns.) Lerner Publishing Group.

Pugs. Susan Heinrichs Gray. 2016. (J). *(978-1-4896-4595-1(0))* Weigl Pubs., Inc.

Pugs. Wendy Hinote Lanier. 2018. (That's My Dog Ser.). (ENG., Illus.). 32p. (J). (gr. 2-3). pap. 9.95 *(978-1-63517-615-5(8)*, 1635176158); lib. bdg. 31.35 *(978-1-63517-543-1(7)*, 1635175437) North Star Editions. (Focus Readers).

Pugs. Elizabeth Noll. 2017. (Doggie Data Ser.). (ENG.). 32p. (gr. 2-7). 9.95 *(978-1-68072-458-5(4))*; (J). (gr. 4-6). pap. 9.99 *(978-1-64466-195-6(0)*, 11438); (Illus.). (J). (gr. 4-6). lib. bdg. *(978-1-68072-155-3(0)*, 10494) Black Rabbit Bks. (Bolt).

Pugs. Kate Riggs. 2018. (Fetch! Ser.). (ENG.). 24p. (J). (gr. 1-4). *(978-1-60818-900-7(7)*, 19639, Creative Education); pap. 8.99 *(978-1-62832-516-4(X)*, 19637, Creative Paperbacks) Creative Co., The.

Pugs. Kari Schuetz. 2017. (Awesome Dogs Ser.). (ENG., Illus.). 24p. (J). (gr. k-3). lib. bdg. 26.95 *(978-1-62617-558-7(6)*, Blastoff! Readers) Bellwether Media.

Pugs. Leo Statts. 2016. (Dogs (Abdo Zoom) Ser.). (ENG.). 24p. (J). (gr. -1-2). 49.94 *(978-1-68079-344-4(6)*, 22965, Abdo Zoom-Launch) ABDO Publishing Co.

Pugs. Marysa Storm. 2022. (Our Favorite Dogs Ser.). (ENG.). 24p. (J). (gr. k-3). *(978-1-62310-471-9(8)*, 13572, Bolt Jr.) Black Rabbit Bks.

Pugs & Peacocks (Classic Reprint) Gilbert Cannan. 2018. (ENG., Illus.). 320p. (J). 30.52 *(978-0-483-06093-7(3))* Forgotten Bks.

Pugs Are People, Too. Connie Ramsay. Illus. by Mickey Eves. 2018. (ENG.). 26p. (J). pap. *(978-1-988071-87-9(9))* Hasmark Services Publishing.

Pugs Cause Traffic Jams. Jennifer McGrath. Illus. by Kathryn Durst. 2022. (ENG.). 32p. (J). (gr. -1-2). 18.99 *(978-1-5253-0340-1(6))* Kids Can Pr., Ltd. CAN. Dist: Hachette Bk. Group.

Pugs Coloring Book! Discover & Enjoy a Variety of Coloring Pages for Kids! Bold Illustrations. 2021. (ENG.). 84p. (J). pap. 11.99 *(978-1-0717-0579-7(2)*, Bold Illustrations) FASTLANE LLC.

Pug's Got Talent, 4. Kyla May Dinsmore. ed. 2021. (Branches Early Ch Bks). (ENG., Illus.). 72p. (J). (gr. 2-3). 15.86 *(978-1-64697-911-0(7))* Penworthy Co., LLC, The.

Pug's Got Talent: a Branches Book (Diary of a Pug #4) Kyla May. Illus. by Kyla May. 2021. (Diary of a Pug Ser.: 4). (ENG.). 80p. (J). (gr. k-2). pap. 5.99 *(978-1-338-53012-4(7))* Scholastic, Inc.

Pug's Got Talent: a Branches Book (Diary of a Pug #4) (Library Edition) Kyla May. Illus. by Kyla May. 2021. (Diary of a Pug Ser.: 4). (ENG.). 80p. (J). (gr. k-2). lib. bdg. 24.99 *(978-1-338-53013-1(5))* Scholastic, Inc.

Pug's New Puppy: a Branches Book (Diary of a Pug #8) (Library Edition) Kyla May. Illus. by Kyla May. 2023. (Diary of a Pug Ser.). (ENG.). 80p. (J). (gr. k-2). 24.99 *(978-1-338-71354-1(X))* Scholastic, Inc.

Pug's Road Trip, 7. Inc Scholastic. ed. 2023. (Branches Early Ch Bks). (ENG.). 72p. (J). (gr. 1-4). 16.46 ***(978-1-68505-762-6(4))*** Penworthy Co., LLC, The.

Pug's Road Trip: a Branches Book (Diary of a Pug #7) Kyla May. Illus. by Kyla May. 2022. (Diary of a Pug Ser.). (ENG.). 80p. (J). (gr. k-2). pap. 5.99 *(978-1-338-71350-3(7))* Scholastic, Inc.

Pug's Road Trip: a Branches Book (Diary of a Pug #7) (Library Edition) Kyla May. Illus. by Kyla May. 2022. (Diary of a Pug Ser.). (ENG.). 80p. (J). (gr. k-2). 24.99 *(978-1-338-71351-0(5))* Scholastic, Inc.

Pug's Sleepover, 6. Kyla May. ed. 2022. (Branches Early Ch Bks). (ENG.). 72p. (J). (gr. 2-3). 16.46 ***(978-1-68505-325-3(4))*** Penworthy Co., LLC, The.

Pug's Sleepover: a Branches Book (Diary of a Pug #6) (Library Edition) Kyla May. Illus. by Kyla May. 2022. (Diary of a Pug Ser.). (ENG.). 80p. (J). (gr. k-2). 24.99 *(978-1-338-71348-0(5))* Scholastic, Inc.

Pug's Snow Day, 2. Inc Scholastic. ed. 2020. (Branches Early Ch Bks). (ENG.). 72p. (J). (gr. 2-3). 15.36 *(978-1-64697-301-9(1))* Penworthy Co., LLC, The.

Pug's Snow Day: a Branches Book (Diary of a Pug #2) (Library Edition) Kyla May. Illus. by Kyla May. 2019. (Diary of a Pug Ser.: 2). (ENG., Illus.). 80p. (J). (gr. k-2). 24.99 *(978-1-338-53007-0(0))* Scholastic, Inc.

Pug's Tour Through Europe, or the Travell'd Monkey: Containing His Wonderful Adventures in the Principal Capitals of the Greatest Empires, Kingdoms, & States (Classic Reprint) Unknown Author. 2017. (ENG., Illus.). (J). 24.74 *(978-0-266-83036-8(6))* Forgotten Bks.

Pugs Wearing Parkas. Deborah Stevenson. Ed. by Krista Hill. Illus. by Morgan Spicer. l.t. ed. 2020. (ENG.). 34p. (J). pap. 12.95 *(978-1-7348242-1-6(2))* Frog Prince Bks.

Pugsley: The Puppy Place. Geronimo Stilton & Ellen Miles. 2017. (Puppy Place Ser.: 9). (ENG.). 320p. (J). (gr. 2-5). 23.99 *(978-1-338-25277-4(1))* Scholastic, Inc.

Pugtato Babysits the Snouts, 1 vol. Illus. by Sophie Corrigan. 2021. (ENG.). 32p. (J). 17.99 *(978-0-310-73411-6(8))* Zonderkidz.

Pugtato Finds a Thing, 1 vol. Zondervan. Illus. by Sophie Corrigan. 2020. (ENG.). 32p. (J). 17.99 *(978-0-310-76781-7(4))* Zonderkidz.

Pugtato, Let's Be Best Spuddies, 1 vol. Zondervan. Illus. by Sophie Corrigan. 2021. (ENG.). 24p. (J). bds. 8.99 *(978-0-310-76777-0(6))* Zonderkidz.

Pugwash. Vern Thiessen. 2020. (ENG.). 120p. pap. 17.95 *(978-0-3691-0060-3(3))* Playwrights Canada Pr. CAN. Dist: Consortium Bk. Sales & Distribution.

Puifin Beag Agus an Ubh. Gerry Daly & Erika McGann. Tr. by Muireann ní Chiobháin from ENG. 2023. (GLE., Illus.). 32p. (J). pap. 14.99 *(978-1-78849-362-8(1))* O'Brien Pr., Ltd., The IRL. Dist: Casemate Pubs. & Bk. Distributors, LLC.

Puits du Souvenir. Marie-Christine Poder. Illus. by Violaine Bougosse. 2020. (FRE.). 119p. (J). pap. ***(978-1-716-63424-6(5))*** Lulu Pr., Inc.

Pukwudgie. Troy Townsin. Illus. by Trish Glab. 2021. (ENG.). 34p. (J). pap. *(978-1-928131-54-0(9))* Polyglot Publishing.

Pula Saves the Pandas. Doug Lockhart. 2021. (Storywise Kids Ser.). (ENG.). 38p. (J). pap. 12.99 *(978-1-928539-95-7(5))* Undisciplined Pr.

Pulgarcito. Margaret Hillert. Illus. by Yu-Mei Han. 2018. (Beginning-To-Read Ser.).Tr. of Tom Thumb. (SPA.). 32p. (J). (gr. k-2). pap. 13.26 *(978-1-68404-244-9(5))* Norwood Hse. Pr.

Pulgarcito. Margaret Hillert. Illus. by Jack Pullan & Yu-Mei Han. 2017. (BeginningtoRead Ser.).Tr. of Tom Thumb. (ENG & SPA.). 32p. (J). (-2). 22.60 *(978-1-59953-853-2(9))*; pap. 11.94 *(978-1-68404-052-0(3))* Norwood Hse. Pr.

Pulgarcito. Margaret Hillert et al. Illus. by Yu-Mei Han. 2018. (BeginningtoRead Ser.).Tr. of Tom Thumb. (SPA.). 32p. (J). (gr. -1-2). lib. bdg. 22.60 *(978-1-59953-960-7(8))* Norwood Hse. Pr.

Pulgarcito y Las Palabras. Pablo Zamboni. 2021. (Clasiquitos Ser.). (SPA & ENG.). 14p. (J). (gr. -1-k). bds. 6.99 *(978-987-48006-3-3(1))* Editorial EKEKA ARG. Dist: Independent Pubs. Group.

Pull, 1 vol. Kevin Waltman. 2016. (D-Bow High School Hoops Ser.). (ENG.). 216p. (J). (gr. 9-12). 16.95 *(978-1-941026-26-7(5)*, 23353382, Cinco Puntos Press) Lee & Low Bks., Inc.

Pull & Play Books: Please & Thank You: A Pull-The-Tab Book. Illus. by Thierry Bedouet. 2017. (TW Pull & Play Ser.: 2). (ENG.). 14p. (J). (gr. -1 — 1). bds. 12.99 *(978-2-7459-9076-1(4))* Éditions Tourbillon FRA. Dist: Hachette Bk. Group.

Pull & Play: Pacifier. Alice Le Henand. Illus. by Thierry Bedouet. 2021. (Pull & Play Bks.). (ENG.). 14p. (J). (gr. -1 — 1). bds. 12.99 *(978-2-408-02461-1(7))* Éditions Tourbillon FRA. Dist: Hachette Bk. Group.

Pull & Push. Katie Peters. 2019. (Science All Around Me (Pull Ahead Readers — Nonfiction) Ser.). (ENG., Illus.). 16p. (J). (gr. -1-1). pap. 8.99 *(978-1-5415-7329-1(3)*, 591de7e0-f16c-4f9a-8782-ea3f328bce1f); lib. bdg. 27.99 *(978-1-5415-5846-5(4)*, f62b4474-20a9-41f8-9459-0d11d616dec8) Lerner Publishing Group. (Lerner Pubns.).

Pull down Vanity: And Other Stories (Classic Reprint) Leslie A. Fiedler. (ENG., Illus.). (J). 2018. 250p. 29.07 *(978-0-483-91110-9(0))*; 2017. pap. 11.57 *(978-0-243-38565-2(X))* Forgotten Bks.

Pull-Tab Surprise: Little Cuties! Roger Priddy. 2021. (Pull-Tab Surprise Ser.). (ENG., Illus.). 8p. (J). bds. 9.99 *(978-1-68449-149-0(5)*, 900237958) St. Martin's Pr.

Pull the Dragon's Tooth! Gerónimo Stilton. ed. 2018. 114p. (J). (gr. 1-4). 18.36 *(978-1-64310-116-3(1))* Penworthy Co., LLC, The.

Pull-The-Times Table Book: Interactive Times Tables from 1 to 12 in a Quick Reference Format, Ideal for Home or School. Vivian Head. 2023. (ENG.). 14p. (J). (gr. 2-6). 7.99 ***(978-0-85723-637-1(7)***, Armadillo) Anness Publishing GBR. Dist: National Bk. Network.

Pull Your Pants Up: A Self Help Book for Black Teen Boys Transitioning to Being a Man. Bernice Harris. 2017. (ENG., Illus.). (J). pap. 9.95 *(978-0-9821484-6-4(1))* Write One Pubns., Inc.

Pull Yourself up by Your Booty Boot Straps? Troy B. Norman. Illus. by Beth R. West. 2021. (ENG.). 34p. (J). pap. 14.99 *(978-1-0879-7087-5(3))* Indy Pub.

Pulleys. Nancy Dickmann. 2018. (Simple Machines Ser.). (ENG., Illus.). 24p. (J). (gr. 2-4). *(978-1-78121-399-5(2)*, 23011) Brown Bear Bks.

Pulleys. Katie Marsico. 2017. (My First Look at Simple Machines Ser.). (ENG.). 24p. (J). lib. bdg. 22.99 *(978-1-5105-2065-3(1))* SmartBook Media, Inc.

Pulleys. Joanne Mattern. 2019. (Simple Machines Fun! Ser.). (ENG., Illus.). 24p. (J). (gr. k-3). lib. bdg. 26.95 *(978-1-62617-993-6(X)*, Blastoff! Readers) Bellwether Media.

Pulleys. Martha E. H. Rustad. 2018. (Simple Machines Ser.). (ENG., Illus.). 24p. (J). (gr. -1-2). lib. bdg. 22.65 *(978-1-5435-0074-5(9)*, 137023, Pebble) Capstone.

Pulleys, 1 vol. Louise Spilsbury. 2018. (Technology in Action Ser.). (ENG.). 32p. (J). (gr. 3-3). 27.93 *(978-1-5383-3757-8(6)*, cf89cbe5-d114-4c2a-a994-f42e688942bb, PowerKids Pr.) Rosen Publishing Group, Inc., The.

Pulleys All Around. Trudy Becker. 2023. (Using Simple Machines Ser.). (ENG., Illus.). 24p. (J). pap. 8.95 ***(978-1-63739-656-8(2)***, Focus Readers) North Star Editions.

Pulleys All Around. Contrib. by Trudy Becker. 2023. (Using Simple Machines Ser.). (ENG., Illus.). 24p. (J). lib. bdg. 28.50 ***(978-1-63739-599-8(X)***, Focus Readers) North Star Editions.

Pulleys Are Machines, 1 vol. Douglas Bender. 2022. (Simple Machines Ser.). (ENG.). 24p. (J). (gr. k-2). pap. *(978-1-0396-4641-4(7)*, 17313); lib. bdg. *(978-1-0396-4450-2(3)*, 16307) Crabtree Publishing Co. (Crabtree Roots).

Pulleys in My Makerspace. Tim Miller. 2017. (Simple Machines in My Makerspace Ser.). (ENG., Illus.). 32p. (J). (gr. 3-4). *(978-0-7787-3372-0(6))* Crabtree Publishing Co.

Pulling Taffy. Anne Montgomery. rev. ed. 2019. (Smithsonian: Informational Text Ser.). (ENG., Illus.). 20p. (J). (gr. k-1). 7.99 *(978-1-4938-6641-0(9))* Teacher Created Materials, Inc.

Pulpit, Pew & Platform (Classic Reprint) H. M. Wharton. 2017. (ENG., Illus.). (J). 29.22 *(978-0-266-77153-1(X))* Forgotten Bks.

Pulpo Guisado. Eric Velasquez. 40p. (J). (gr. -1-3). 2022. pap. 8.99 *(978-0-8234-5251-4(4))*; 2020. 17.99 *(978-0-8234-4864-7(9))* Holiday Hse., Inc.

¿Pulpo o Calamar? un Libro de Comparaciones y Contrastes. AnnMarie Lisi. Tr. by Alejandra de la Torre & Javier Camacho Miranda from ENG. 2023. (Libro de Comparaciones y Contrastes Ser.).Tr. of Octopus or Squid? a Compare & Contrast Book. (SPA., Illus.). 32p. (J). (gr. k-3). 11.95 ***(978-1-63817-266-6(8))*** Arbordale Publishing.

Pulpo Se Escapa. Maile Meloy. Tr. by Yanitzia Canetti from ENG. Illus. by Felicita Sala. 2022. (SPA.). 40p. (J). (gr. -1-2). 17.99 *(978-0-593-53296-6(1)*, G.P. Putnam's Sons Books for Young Readers) Penguin Young Readers Group.

Pulpos. Grace Hansen. 2017. (Vida en el Océano Ser.). (SPA.). 24p. (J). (gr. -1-2). pap. 7.95 *(978-1-4966-1268-7(X)*, 135008, Capstone Classroom) Capstone.

Pulpos (Octopuses), 1 vol. Grace Hansen. 2016. (Vida en el Océano (Ocean Life) Ser.). (SPA., Illus.). 24p. (J). (gr. -1-2). lib. bdg. 32.79 *(978-1-68080-747-9(1)*, 22656, Abdo Kids) ABDO Publishing Co.

Puma. Melissa Gish. 2023. (SPA.). 48p. (J). (gr. 5-7). pap. 13.99 ***(978-1-68277-297-3(7)***, Creative Paperbacks) Creative Co., The.

Puma. Marie Jaskulka. 2022. (Sports Brands Ser.). (ENG.). 112p. (YA). (gr. 6-12). lib. bdg. 41.36 *(978-1-5321-9815-1(9)*, 39703, Essential Library) ABDO Publishing Co.

Puma Dreams. Tony Johnston. Illus. by Jim LaMarche. 2019. (ENG.). 48p. (J). (gr. -1-3). 17.99 *(978-1-5344-2979-6(4)*, Simon & Schuster Bks. For Young Readers) Simon & Schuster Bks. For Young Readers.

Pump, Eat & Sleep Log: Breast Pump Log. Mariann Shaw. 2021. (ENG.). 156p. (J). pap. 20.74 ***(978-1-304-94805-2(6))*** Lulu Pr., Inc.

Pump It Up: The Heart & Blood, 1 vol. Ed. by Joanne Randolph. 2017. (Amazing Human Body Ser.). (ENG.). 48p. (gr. 6-6). pap. 12.70 *(978-0-7660-8985-3(1)*, bb1b1ed6-b3c6-44fc-be8d-d5056d397096) Enslow Publishing, LLC.

Pumpernickel-Daffodil. Galia Bernstein. 2023. (ENG., Illus.). 40p. (J). (gr. -1-3). 18.99 *(978-1-4197-5945-1(0)*, 1761901, Abrams Bks. for Young Readers) Abrams, Inc.

Pumpernickel Pickle. Kathy Peters. 2019. (ENG.). 46p. (J). pap. 14.99 *(978-1-7332346-5-8(9))* Mindstir Media.

Pumping Sunshine. Lonnie M. E. Dunn. 2017. (ENG., Illus.). (J). 24.95 *(978-1-63525-646-8(1))*; pap. 13.95 *(978-1-63525-644-4(5))* Christian Faith Publishing.

Pumpkin. Julie Murphy. 2021. (Dumplin' Ser.). (ENG.). 336p. (YA). (gr. 8). 17.99 *(978-0-06-288045-1(4)*, Balzer & Bray) HarperCollins Pubs.

1654

The check digit for ISBN-10 appears in parentheses after the full ISBN-13

Pumpkin. Julie Murphy. 2022. (Dumplin' Ser.). (ENG.). 352p. (YA). (gr. 8). pap. 11.99 (978-0-06-288046-8(2), Balzer & Bray) HarperCollins Pubs.

Pumpkin: A Special Type of Vegetable. Bold Kids. 2022. (ENG.). 46p. (J). pap. 14.99 **(978-1-0717-1133-0(4))** FASTLANE LLC.

Pumpkin & the Scarecrow. Patricia Lloyd & Gerry Houchen-Christina. 2019. (ENG.). 28p. (J). pap. 9.95 (978-1-7335103-2-5(X)) Tuscany Bay Bks.

Pumpkin Blessing. Aleta Spencer. 2022. (ENG., Illus.). 48p. (J). 27.95 **(978-1-68526-205-1(8))**; pap. 16.95 **(978-1-68526-203-7(1))** Covenant Bks.

Pumpkin Contest. Neville Astley & Mark Baker. 2018. (Illus.). (J). (978-1-5444-0652-7(5)) Scholastic, Inc.

Pumpkin Contest (Peppa Pig: Level 1 Reader), 1 vol. Meredith Rusu. Illus. by EOne. 2018. (Scholastic Reader, Level 1 Ser.). (ENG.). 32p. (J). (gr. -1-k). pap. 5.99 (978-1-338-22881-6(1)) Scholastic, Inc.

Pumpkin Countdown. Joan Holub. ed. 2019. (Joan Holub's Countdown Pic Bks). (ENG.). 32p. (J). (gr. k-1). 19.89 (978-0-87617-529-3(9)) Penworthy Co., LLC, The.

Pumpkin Countdown. Joan Holub. Illus. by Jan Smith. 2018. (ENG.). 32p. (J). (gr. -1-3). pap. 7.99 (978-0-8075-6662-6(4), 807566624) Whitman, Albert & Co.

Pumpkin Deal: A Win-Win Halloween. Alan Venable. Illus. by Lena Venable. 2021. (ENG.). 46p. (J). pap. 10.95 (978-1-940722-07-8(1)) One Monkey Bks.

Pumpkin for God. C. Gale Perkins. Illus. by Steve LaVigne. 2nd ed. 2019. (ENG.). 28p. (J). pap. **(978-1-77143-383-9(3))** CCB Publishing.

Pumpkin for Peter: A Peter Rabbit Tale. Beatrix Potter. 2019. (Peter Rabbit Ser.). (ENG., Illus.). 16p. (J). (— 1). bds. 7.99 (978-0-241-35874-0(4), Warne) Penguin Young Readers Group.

Pumpkin from a Prayer. Jennifer O'Brien. Illus. by Heather Crawford. 2021. (ENG.). 26p. (J). pap. (978-1-990336-09-6(4)) Rusnak, Alanna.

Pumpkin Gospel (die-Cut) A Story of a New Start with God. Mary Manz Simon. Illus. by Angelika Scudamore. 2016. (ENG.). 14p. (J). (gr. -1 — 1). bds. 12.99 (978-1-4336-9163-8(9), 006102446, B&H Kids) B&H Publishing Group.

Pumpkin Head. Ebriana Keiffer. Illus. by Elena Yalcin. 2018. (ENG.). 28p. (J). pap. 12.95 (978-0-578-19966-5(1)) Mystical Publishing.

Pumpkin Head Tom & Mummy Mary, Part I & II. Leni Libby & Mike Schrettenbrunner. 2021. (ENG., Illus.). 36p. (J). pap. 12.95 (978-1-64654-947-4(3)) Fulton Bks.

Pumpkin Heads. Wendell Minor. Illus. by Wendell Minor. 2021. (Illus.). 32p. (J). (gr. -1-2). lib. bdg. 11.99 (978-1-58089-935-2(8)) Charlesbridge Publishing, Inc.

Pumpkin Husks: Yarns by the Village Cutups & Hayseed Rubes, and, Jokes As Seen by the Countryman (Classic Reprint) Hiram Hayseed. 2018. (ENG., Illus.). 100p. (J). 25.96 (978-0-267-49417-0(3)) Forgotten Bks.

Pumpkin Is Missing! Board Book with Die-Cut Reveals. Clarion Clarion Books. Illus. by Anne Passchier. 2020. (ENG.). 16p. (J). (— 1). bds. 8.99 (978-0-358-17543-8(7), 1758557, Clarion Bks.) HarperCollins Pubs.

Pumpkin Island. Arthur Geisert. 2018. (Clayton County Trilogy Ser.). (Illus.). 40p. (J). 17.95 (978-1-59270-265-7(1)) Enchanted Lion Bks., LLC.

Pumpkin Magic. Ed Masessa. ed. 2020. (ENG., Illus.). 32p. (J). (gr. k-1). 17.96 (978-1-64697-417-7(4)) Penworthy Co., LLC, The.

Pumpkin Magic (a Halloween Adventure) Ed Masessa. Illus. by Nate Wragg. 2020. (ENG.). 32p. (J). (gr. -1-k). pap. 6.99 (978-1-338-56332-0(7), Cartwheel Bks.) Scholastic, Inc.

Pumpkin Monster Blue Band. Susan Gates. Illus. by Laura Sua. ed. 2016. (Cambridge Reading Adventures Ser.). (ENG.). 16p. pap. 7.95 (978-1-316-60576-9(0)) Cambridge Univ. Pr.

Pumpkin One, Pumpkin Two: A Counting Book, 1 vol. Natasha Rimmington. 2019. (ENG.). 12p. (J). bds. 8.99 (978-1-4002-1516-4(1), Tommy Nelson) Nelson, Thomas Inc.

Pumpkin Orange, Pumpkin Round. Rosanna Battigelli. Illus. by Tara Anderson. 2020. (ENG.). 26p. (J). (gr. -1 — 1). bds. 12.95 (978-1-77278-125-0(8)) Pajama Pr. CAN. Dist: Publishers Group West (PGW).

Pumpkin Patch. Marnie Atwell. 2018. (Halloween Madness Ser.: Vol. 1). (ENG.). 98p. (YA). (gr. 7-12). pap. (978-0-6483158-2-7(7)) Molloy, Marnie.

Pumpkin Patch Blessings. Bonnie R. Hull. 2017. (ENG., Illus.). (J). pap. 14.95 (978-1-942914-42-6(3)) Maple Creek Media.

Pumpkin Patch Blessings. 1 vol. Kim Washburn. Illus. by Jacqueline East. 2016. (ENG.). 18p. (J). bds. 12.99 (978-0-310-75819-8(X)) Zonderkidz.

Pumpkin Patch Dyslexic Edition. Marnie Atwell. 2020. (ENG.). 132p. (YA). pap. (978-0-6450281-3-3(4)) Molloy, Marnie.

Pumpkin Patch Halloween! Adapted by Patty Michaels. 2022. (CoComelon Ser.). (ENG.). 14p. (J). (gr. -1-k). bds. 7.99 (978-1-6659-1324-9(X), Simon Spotlight) Simon Spotlight.

Pumpkin Patch Party (Sesame Street) A Lift-The-Flap Board Book. Stephanie St. Pierre. Illus. by Joel Schick. 2019. (ENG.). 22p. (J). (— 1). bds. 7.99 (978-1-9848-4767-6(8), Random Hse. Bks. for Young Readers) Random Hse. Children's Bks.

Pumpkin Pets. Jenny Lynn. 2017. (ENG., Illus.). 36p. (J). 22.95 (978-1-64079-830-4(7)); pap. 12.95 (978-1-64079-681-2(9)) Christian Faith Publishing.

Pumpkin Pie Peter (Classic Reprint) Marie Irish. 2018. (ENG., Illus.). 24p. (J). 24.39 (978-0-267-51291-1(0)) Forgotten Bks.

Pumpkin Pie Surprise. Roey Ebert. Illus. by Roey Ebert. l.t. ed. 2016. (ENG., Illus.). (J). (gr. k-2). 19.95 (978-1-61633-788-9(5)); pap. 10.95 (978-1-61633-789-6(3)) Guardian Angel Publishing, Inc.

Pumpkin Pilgrimage / Back Street Butterfly. Linda J. Elliott. Illus. by Lewis Newman. 2020. (ENG.). 48p. (J). 19.95 (978-1-948901-57-4(9), Joey Bks.) Acclaim Pr., Inc.

Pumpkin Prince. Chandler O'Brien. 2021. (ENG.). 102p. (YA). pap. 8.95 (978-1-0879-2366-6(2)) Indy Pub.

Pumpkin Roll: a Story of Pumpkins, Community, & a Really Bad Hurricane. Diane Rehling. Illus. by Amy Littlepage. 2021. (ENG.). (J). pap. 19.95 (978-1-62803-796-0(2)) Atlantic Publishing Group, Inc.

Pumpkin Seed. Carolyn Cosby. 2018. (ENG., Illus.). 34p. (J). pap. 13.95 (978-1-64079-824-3(2)) Christian Faith Publishing.

Pumpkin Seed to Pie. Rachel Grack. 2020. (Beginning to End Ser.). (ENG., Illus.). 24p. (J). (gr. k-3). lib. bdg. 26.95 (978-1-64487-141-6(6), Blastoff! Readers) Bellwether Media.

Pumpkin Seeds. Margo Gates. Illus. by Stephen Brown. 2020. (Plant Life Cycles (Pull Ahead Readers — Fiction) Ser.). (ENG.). 16p. (J). (gr. -1-1). pap. 8.99 (978-1-7284-0308-3(1), 0dae145f-611c-4fae-9f6f-1bfa7e51c049); lib. bdg. 27.99 (978-1-5415-9027-4(9), 4fae42ca-4aee-48eb-9023-4a3a44b6fbaa) Lerner Publishing Group. (Lerner Pubns.).

Pumpkin Spice Secrets: A Swirl Novel. Hillary Homzie. 2017. (Swirl Ser.: 1). (ENG.). 248p. (J). (gr. 3-7). 7.99 (978-1-5107-3007-6(9)); 16.99 (978-1-5107-3045-8(1)) Skyhorse Publishing Co., Inc. (Sky Pony Pr.).

Pumpkin Spice up Your Life: a Wish Novel. Suzanne Nelson. 2020. (ENG.). 272p. (J). (gr. 3-7). pap. 7.99 (978-1-338-64048-9(8)) Scholastic, Inc.

Pumpkin Surprise: Poem. Thomas L. Laidler. 2021. (ENG.). 174p. (J). 21.95 (978-1-63860-792-2(3)); pap. 15.95 (978-1-64952-988-6(0)) Fulton Bks.

Pumpkin Tale. Lisa Harkrader. 2016. (Spring Forward Ser.). (J). (gr. 2). (978-1-4900-2247-5(3)) Benchmark Education Co.

Pumpkin the Hamster (Dr. KittyCat #6) Jane Clarke. 2017. (Dr. KittyCat Ser.: 6). (ENG.). 96p. (J). (gr. 2-5). pap. 4.99 (978-0-545-94193-8(8), Scholastic Paperbacks) Scholastic, Inc.

Pumpkinface. John Briarwood. 2017. (ENG., Illus.). (J). pap. 9.99 (978-0-9994984-0-8(1)) Metamorphosis.

Pumpkinheads. Rainbow Rowell. Illus. by Faith Erin Hicks. 2019. (ENG.). 224p. (YA). 24.99 (978-1-250-31285-3(X), 900199288, First Second Bks.) Roaring Brook Pr.

Pumpkinheads: A Graphic Novel. Rainbow Rowell. Illus. by Faith Erin Hicks. 2019. (ENG.). 224p. (YA). pap. 18.99 (978-1-62672-162-3(9), 900140620, First Second Bks.) Roaring Brook Pr.

Pumpkinheads (Spanish Edition) Rainbow Rowell. 2020. (SPA.). 224p. (YA). (gr. 8-12). pap. 18.95 (978-607-31-8583-7(9), Alfaguara) Penguin Random House Grupo Editorial ESP. Dist: Penguin Random Hse. LLC.

Pumpkins. Gail Gibbons. 2019. (Illus.). 22p. (J). (— 1). bds. 7.99 (978-0-8234-4356-7(6)) Holiday Hse., Inc.

Pumpkins Come from Seeds. Traci Dibble. 2017. (1G Our Natural World Ser.). (ENG., Illus.). 24p. (J). pap. 9.60 (978-1-64053-194-9(7), ARC Pr. Bks.) American Reading Co.

Pumpkin's Journey. Bernadette Valdez. 2023. (ENG., Illus.). 28p. (J). 24.95 **(978-1-6624-6045-6(7))** Page Publishing.

Pumposaurus. Mike Painter. 2018. (ENG., Illus.). 34p. (J). pap. (978-1-78830-153-4(6)) Olympia Publishers.

Pun Fun (Ollyaga Series #2) Created by Jonathan Mashack. 2017. (Ollyaga Ser.: Vol. 2). (ENG., Illus.). (J). pap. 11.99 (978-0-9773407-5-0(9)) HOLY COW Bk. Pubs.

Punch: An Interesting Talk about Himself & His Renowned Contributors, His Jokes, Literary Articles Illustrations, & Cartoons (Classic Reprint) Unknown Author. (ENG., Illus.). (J). 2018. 62p. 25.18 (978-0-267-54880-4(X)); 2016. pap. 9.57 (978-1-333-52558-3(3)) Forgotten Bks.

Punch: Vol. 140, January-June, 1911; Vol. 141, July-December, 1911 (Classic Reprint) F. C. Burnand. (ENG., Illus.). (J). 2018. 1110p. 46.83 (978-0-483-06966-4(3)); 2017. pap. 29.13 (978-0-243-08902-4(3)) Forgotten Bks.

Punch: Volumes 110 & 111 (Classic Reprint) Mark Lemon. (ENG., Illus.). (J). 2018. 662p. 37.55 (978-0-267-39031-1(9)); 2016. pap. 19.97 (978-1-333-16121-7(2)) Forgotten Bks.

Punch, 1845, Vol. 8 (Classic Reprint) Mark Lemon. (ENG., Illus.). (J). 2018. 282p. 29.71 (978-0-364-17533-0(8)); 2017. pap. 13.57 (978-0-282-47260-3(6)) Forgotten Bks.

Punch, 1853, Vol. 24 (Classic Reprint) Mark Lemon. (ENG., Illus.). (J). 2018. 564p. 35.53 (978-0-483-05074-7(1)); 2016. pap. 19.57 (978-1-334-14559-9(8)) Forgotten Bks.

Punch, 1864, Vol. 46 (Classic Reprint) Mark Lemon. (ENG., Illus.). (J). 2018. 274p. 29.55 (978-0-484-38053-9(2)); 2018. 562p. 35.49 (978-0-428-88761-2(9)); 2017. pap. 11.97 (978-1-334-98971-1(0)); 2016. pap. 19.57 (978-1-334-12911-7(8)) Forgotten Bks.

Punch, 1864, Vol. 47 (Classic Reprint) Mark Lemon. 2017. (ENG., Illus.). (J). 29.63 (978-0-260-91021-9(X)); pap. 13.57 (978-1-5280-5658-8(2)) Forgotten Bks.

Punch, 1866, Vol. 50 (Classic Reprint) Mark Lemon. (ENG., Illus.). (J). 2018. 566p. 35.57 (978-0-428-46861-3(6)); 2018. 282p. 29.71 (978-0-428-77527-8(6)); 2017. pap. 13.57 (978-0-243-03378-2(8)); 2016. pap. 19.57 (978-1-334-14187-4(8)) Forgotten Bks.

Punch, 1866, Vol. 51 (Classic Reprint) Mark Lemon. (ENG., Illus.). (J). 2018. 274p. 29.55 (978-0-483-50484-4(X)); 2017. pap. 11.97 (978-0-243-04815-1(7)) Forgotten Bks.

Punch, 1867, Vol. 52 (Classic Reprint) Mark Lemon. 2017. (ENG., Illus.). (J). 35.82 (978-0-266-73394-2(8)); pap. 19.57 (978-1-5276-9668-6(5)) Forgotten Bks.

Punch, 1869-1870: Volumes 56 & 57 (Classic Reprint) Mark Lemon. 2018. (ENG., Illus.). (J). 568p. 35.61 (978-0-366-55894-0(3)); 570p. pap. 19.57 (978-0-366-09374-8(6)) Forgotten Bks.

Punch, 1870, Vol. 58 (Classic Reprint) Henry. Mayhew. 2017. (ENG., Illus.). (J). 35.63 (978-0-265-71847-6(3)); pap. 19.57 (978-1-5276-7511-7(4)) Forgotten Bks.

Punch, 1871, Vol. 60 (Classic Reprint) Henry. Mayhew. 2018. (ENG., Illus.). (J). 576p. 35.78 (978-0-428-48232-9(5)); 578p. pap. 19.57 (978-0-428-13637-6(0)) Forgotten Bks.

Punch, 1873, Vol. 64 (Classic Reprint) Unknown Author. 2017. (ENG., Illus.). (J). 35.32 (978-0-266-71554-2(0)); pap. 19.57 (978-1-5276-7101-0(1)) Forgotten Bks.

Punch, 1873, Vol. 64 (Classic Reprint) Mark Lemon. 2018. (ENG., Illus.). (J). 558p. 35.41 (978-0-366-56123-0(5)); 560p. pap. 19.57 (978-0-366-06645-2(5)) Forgotten Bks.

Punch, 1875, Vol. 68 (Classic Reprint) Mark Lemon. (ENG., Illus.). (J). 2018. 604p. 36.35 (978-0-332-93791-5(7)); 2016. pap. 19.57 (978-1-334-14695-4(0)) Forgotten Bks.

Punch, 1877, Vol. 72 (Classic Reprint) Henry. Mayhew. (ENG., Illus.). (J). 2018. 644p. 37.18 (978-0-483-33773-2(0)); 2016. pap. 19.57 (978-1-334-14507-0(5)) Forgotten Bks.

Punch, 1880, Vol. 78 (Classic Reprint) Unknown Author. (ENG., Illus.). (J). 2018. 658p. 37.49 (978-0-483-00726-0(9)); 2016. pap. 19.97 (978-1-334-13892-8(3)) Forgotten Bks.

Punch, 1883, Vol. 84 (Classic Reprint) Mark Lemon. 2017. (ENG., Illus.). (J). 37.51 (978-0-266-71097-4(2)); pap. 19.97 (978-1-5276-6337-4(X)) Forgotten Bks.

Punch, 1887, Vol. 92 (Classic Reprint) Tom Taylor. 2017. (ENG., Illus.). (J). pap. 20.57 (978-0-259-77976-6(8)) Forgotten Bks.

Punch, 1887, Vol. 92 (Classic Reprint) Tom Taylor. 2017. (ENG., Illus.). 676p. (J). 37.84 (978-0-332-63881-2(2)) Forgotten Bks.

Punch, 1888, Vol. 94 (Classic Reprint) Mark Lemon. (ENG., Illus.). (J). 2017. 37.10 (978-0-331-92528-9(1)); 2016. pap. 19.57 (978-1-334-20885-0(9)) Forgotten Bks.

Punch, 1889, Vol. 96 (Classic Reprint) F. C. Burnand. 2017. (ENG., Illus.). (J). 30.83 (978-0-265-68023-0(9)); pap. 13.57 (978-1-5276-4963-7(6)) Forgotten Bks.

Punch, 1889, Vol. 96 (Classic Reprint) Mark Lemon. (ENG., Illus.). (J). 2018. 680p. 37.94 (978-0-483-33660-5(2)); 2016. pap. 20.57 (978-1-334-15350-1(7)) Forgotten Bks.

Punch, 1890, Vol. 98 (Classic Reprint) Francis Cowley Burnand. (ENG., Illus.). (J). 2018. 668p. 37.67 (978-0-428-77511-7(X)); 2016. pap. 20.57 (978-1-334-53613-7(9)) Forgotten Bks.

Punch, 1892, Vol. 102 (Classic Reprint) Mark Lemon. 2016. (ENG., Illus.). (J). pap. 20.57 (978-1-331-15759-2(6)) Forgotten Bks.

Punch, 1893, Vol. 104 (Classic Reprint) Mark Lemon. (ENG., Illus.). (J). 2018. 668p. 37.67 (978-0-428-81865-4(X)); 2016. pap. 20.57 (978-1-334-14680-0(2)) Forgotten Bks.

Punch, 1893, Vol. 105 (Classic Reprint) Unknown Author. (ENG., Illus.). (J). 2018. 334p. 30.81 (978-0-332-27387-7(3)); 2017. pap. 13.57 (978-0-243-01756-0(1)) Forgotten Bks.

Punch, 1894, Vol. 106 (Classic Reprint) Francis Burnand. 2017. (ENG., Illus.). (J). 37.65 (978-0-266-74383-5(8)); pap. 20.57 (978-1-5277-1097-9(1)) Forgotten Bks.

Punch, 1895, Vol. 108 (Classic Reprint) Francis Cowley Burnand. (ENG., Illus.). (J). 2018. 320p. 30.50 (978-0-483-94491-6(2)); 2017. pap. 13.57 (978-1-334-95552-5(2)) Forgotten Bks.

Punch, 1895, Vol. 109 (Classic Reprint) Francis Cowley Burnand. 2017. (ENG., Illus.). (J). 30.81 (978-0-266-68276-9(6)); pap. 13.57 (978-1-5276-5498-3(2)) Forgotten Bks.

Punch, 1897, Vol. 112 (Classic Reprint) Mark Lemon. (ENG., Illus.). (J). 2018. 692p. 38.17 (978-0-332-13381-2(8)); 2016. pap. 20.57 (978-1-334-12394-8(2)) Forgotten Bks.

Punch, 1900, Vol. 118 (Classic Reprint) Francis Burnand. 2018. (ENG., Illus.). (J). 968p. 43.86 (978-0-366-56285-5(1)); 970p. pap. 26.20 (978-0-366-10996-8(0)) Forgotten Bks.

Punch 1901: Vols. CXX-CXXI (Classic Reprint) Francis Cowley Burnand. (ENG., Illus.). (J). 2018. 984p. 44.19 (978-0-483-47984-5(5)); 2017. pap. 26.53 (978-1-334-93258-8(1)) Forgotten Bks.

Punch a Novel of Negro Life (Classic Reprint) George Barksdale. (ENG., Illus.). (J). 2018. 486p. 33.92 (978-0-484-63630-8(8)); 2017. pap. 16.57 (978-0-243-95907-5(9)) Forgotten Bks.

Punch & Judy: 1 Scene, 11 Characters, Plays 25 Minutes, Suited to Puppets, As Played by the Morningside Marionettes (Classic Reprint) James Juvenal Hayes. 2017. (ENG., Illus.). (J). 24.37 (978-0-331-13099-7(8)); pap. 7.97 (978-0-260-18000-1(9)) Forgotten Bks.

Punch & Judy: The Original & Only Punch & Judy, Direct from London (Classic Reprint) William J. Judd. (ENG., Illus.). (J). 2017. 25.63 (978-0-331-18301-6(3)); 2016. pap. 9.57 (978-1-334-11725-1(X)) Forgotten Bks.

Punch & Judy, with Instructions How to Manage the Little Wooden Actors: Containing New & Easy Dialogues Arranged for the Use of Beginners, Desirous to Learn How to Work the Puppets (Classic Reprint) Thos A. M. Ward. (ENG., Illus.). (J). 2017. 24.52 (978-0-331-54198-4(X)); 2016. pap. 7.97 (978-1-334-25626-4(8)) Forgotten Bks.

Punch Line. Erin K. Butler. 2016. (ENG., Illus.). (J). pap. 12.99 (978-1-68076-692-9(9), Epic Pr.) ABDO Publishing Co.

Punch, or the London Charivari: January 2, 1897 (Classic Reprint) Mark Lemon. (ENG., Illus.). (J). 2018. 328p. 30.83 (978-0-267-66941-7(0)); 2017. pap. 13.57 (978-0-243-87590-0(8)) Forgotten Bks.

Punch, or the London Charivari, 1867, Vol. 52 (Classic Reprint) Unknown Author. (ENG., Illus.). (J). 2018. 278p. 29.63 (978-0-484-29452-2(0)); 2017. pap. 13.57 (978-0-243-15027-4(X)) Forgotten Bks.

Punch, or the London Charivari, 1867, Vol. 52 (Classic Reprint) Mark Lemon. (ENG., Illus.). (J). 2018. 560p. 35.45 (978-0-483-33693-3(9)); 2016. pap. 19.57 (978-1-333-13770-0(2)) Forgotten Bks.

Punch, or the London Charivari, Vol. 135: July-December, 1908 (Classic Reprint) Unknown Author. 2017. (ENG., Illus.). (J). 34.06 (978-0-260-92623-4(X)); pap. 16.57 (978-1-5282-5832-6(0)) Forgotten Bks.

Punch Pictures (Classic Reprint) Frank Reynolds. (ENG., Illus.). (J). 2018. 130p. 26.58 (978-0-666-90011-1(6)); 2017. pap. 9.57 (978-0-259-83428-1(9)) Forgotten Bks.

Punch up! Vol. 1. Zachary Sterling. 2023. (Punch Up! Ser.: 1). (ENG.). 146p. (J). pap. 15.99 **(978-1-63715-217-1(5))** Oni Pr., Inc.

Punch, Vol. 100: June 27, 1891 (Classic Reprint) Mark Lemon. (ENG., Illus.). (J). 2018. 690p. 38.13 (978-0-428-37086-2(1)); 2016. pap. 20.57 (978-1-334-12101-2(X)) Forgotten Bks.

Punch, Vol. 102 (Classic Reprint) Mark Lemon. (ENG., Illus.). (J). 2018. 684p. 38.00 (978-0-483-15085-0(1)); 2016. pap. 20.57 (978-1-334-11594-3(X)) Forgotten Bks.

Punch, Vol. 107: July 7-December 29, 1894 (Classic Reprint) F. C. Burnand. 2017. (ENG., Illus.). (J). 30.50 (978-0-331-09508-1(4)); pap. 13.57 (978-1-5280-9690-4(8)) Forgotten Bks.

Punch, Vol. 108 (Classic Reprint) Mark Lemon. (ENG., Illus.). (J). 2018. 666p. 37.63 (978-0-428-77872-9(0)); 2016. pap. 20.57 (978-1-334-14998-6(4)) Forgotten Bks.

Punch, Vol. 122: January-June, 1902 (Classic Reprint) Unknown Author. (ENG., Illus.). (J). 2018. 1022p. 45.00 (978-0-483-95677-3(5)); 2017. pap. 27.23 (978-1-334-98739-7(4)) Forgotten Bks.

Punch, Vol. 124: January-June, 1903 (Classic Reprint) Francis Cowley Burnand. (ENG., Illus.). (J). 2018. 986p. 44.27 (978-0-484-22739-1(4)); 2017. pap. 26.57 (978-1-334-89882-2(0)) Forgotten Bks.

Punch, Vol. 126: January-June, 1904 (Classic Reprint) Francis Cowley Burnand. (ENG., Illus.). (J). 2018. 944p. 43.37 (978-0-428-82640-6(7)); 2017. pap. 25.71 (978-1-334-96427-5(0)) Forgotten Bks.

Punch, Vol. 129: July-December, 1905 (Classic Reprint) Mark Lemon. (ENG., Illus.). (J). 2018. 478p. 33.76 (978-0-483-53398-1(X)); 2016. pap. 16.57 (978-1-334-20012-0(2)) Forgotten Bks.

Punch, Vol. 130: January-June, 1906 (Classic Reprint) Francis Cowley Burnand. (ENG., Illus.). (J). 2018. 976p. 44.03 (978-0-483-50050-1(X)); 2017. pap. 26.37 (978-1-334-90474-5(X)) Forgotten Bks.

Punch, Vol. 132: January-June, 1907 (Classic Reprint) Unknown Author. (ENG., Illus.). (J). 2018. 978p. 44.07 (978-0-483-94538-8(2)); 2017. pap. 26.41 (978-0-243-48651-9(0)) Forgotten Bks.

Punch, Vol. 134: January-June, 1908 (Classic Reprint) Unknown Author. (ENG., Illus.). (J). 2018. 998p. 44.48 (978-0-483-45322-7(6)); 2017. pap. 26.74 (978-1-334-90662-6(9)) Forgotten Bks.

Punch, Vol. 136: January-June, 1909 (Classic Reprint) Francis Cowley Burnand. (ENG., Illus.). (J). 2018. 980p. 44.11 (978-0-332-33624-4(7)); 2017. pap. 26.45 (978-1-334-90280-2(1)) Forgotten Bks.

Punch, Vol. 138: January-June, 1910 (Classic Reprint) Unknown Author. (ENG., Illus.). (J). 2018. 998p. 44.48 (978-0-428-97155-7(5)); 2017. pap. 26.74 (978-1-334-91038-8(3)) Forgotten Bks.

Punch, Vol. 144: January-June, 1913 (Classic Reprint) Owen Seaman. (ENG., Illus.). (J). 2018. 1112p. 46.83 (978-0-483-77814-6(1)); 2017. pap. 29.17 (978-0-243-00378-5(1)) Forgotten Bks.

Punch, Vol. 148: January-June, 1915 (Classic Reprint) Mark Lemon. (ENG., Illus.). (J). 2018. 1158p. 47.78 (978-0-483-44797-4(8)); 2017. pap. 30.08 (978-1-334-91351-8(X)) Forgotten Bks.

Punch, Vol. 150: January-June, 1916 (Classic Reprint) Owen Seaman. (ENG., Illus.). (J). 2018. 936p. 43.22 (978-0-483-83609-9(5)); 2017. pap. 25.56 (978-0-243-00062-3(6)) Forgotten Bks.

Punch, Vol. 152: January-June, 1917 (Classic Reprint) Owen Seaman. (ENG., Illus.). (J). 2018. 912p. 42.71 (978-0-428-94440-7(X)); 2017. pap. 25.05 (978-0-243-24961-9(6)) Forgotten Bks.

Punch, Vol. 154: January-June, 1918 (Classic Reprint) Owen Seaman. (ENG., Illus.). (J). 2018. 888p. 42.21 (978-0-484-75000-4(3)); 2017. pap. 24.55 (978-1-334-91144-6(4)) Forgotten Bks.

Punch, Vol. 158: January-June, 1920 (Classic Reprint) Mark Lemon. (ENG., Illus.). (J). 2018. 1124p. 47.08 (978-0-483-57342-0(6)); 2017. pap. 29.30 (978-1-334-90198-0(8)) Forgotten Bks.

Punch, Vol. 39: July 7, 1860 (Classic Reprint) Mark Lemon. (ENG., Illus.). (J). 2018. 266p. 29.38 (978-0-332-81260-1(X)); 2017. pap. 11.97 (978-1-334-94391-1(5)) Forgotten Bks.

Punch, Vol. 45 (Classic Reprint) Mark Lemon. 2018. (ENG., Illus.). 266p. (J). 29.38 (978-0-364-72428-6(5)) Forgotten Bks.

Punch, Vol. 46 (Classic Reprint) Mark Lemon. (ENG., Illus.). (J). 2018. 832p. 41.06 (978-0-483-50193-5(X)); 2017. pap. 23.57 (978-0-243-02998-3(5)) Forgotten Bks.

Punch, Vol. 49: July-December, 1865 (Classic Reprint) Mark Lemon. (ENG., Illus.). (J). 2018. 270p. 29.47 (978-0-428-80594-4(9)); 2017. pap. 11.97 (978-1-334-91549-9(0)) Forgotten Bks.

Punch, Vol. 54 (Classic Reprint) Mark Lemon. (ENG., Illus.). (J). 2018. 592p. 36.13 (978-0-484-16555-6(0)); 2016. pap. 19.57 (978-1-334-14999-3(2)) Forgotten Bks.

Punch, Vol. 66: January December, 1874 (Classic Reprint) Unknown Author. 2018. (ENG., Illus.). 568p. (J). 35.61 (978-0-483-36571-1(8)) Forgotten Bks.

Punch, Vol. 66 (Classic Reprint) Mark Lemon. 2018. (ENG., Illus.). 570p. (J). 35.67 (978-0-332-98523-7(7)) Forgotten Bks.

Punch, Vol. 70 (Classic Reprint) Mark Lemon. 2018. (ENG., Illus.). 598p. (J). 36.23 (978-0-365-42492-5(7)) Forgotten Bks.

Punch, Vol. 84 (Classic Reprint) Mark Lemon. (ENG., Illus.). (J). 2018. 654p. 37.39 (978-0-484-24121-2(4)); 2016. pap. 19.97 (978-1-334-14944-3(5)) Forgotten Bks.

Punch, Vol. 94 (Classic Reprint) Mark Lemon. (ENG., Illus.). (J). 2018. 658p. 37.47 (978-0-483-39920-4(5)); 2016. pap. 19.97 (978-1-334-12172-2(9)) Forgotten Bks.

Punchard High School, 1923, Vol. 2 (Classic Reprint) Punchard High School. 2017. (ENG., Illus.). (J). 25.11 (978-0-260-87944-8(4)); pap. 9.57 (978-0-260-33952-2(0)) Forgotten Bks.

Punchard High School Class Book, 1927 (Classic Reprint) Punchard High School. 2017. (ENG., Illus.). (J). 25.71 (978-0-260-70768-0(6)); pap. 9.57 (978-1-5279-9926-8(2)) Forgotten Bks.

Punchard High School Class Book, 1930 (Classic Reprint) Punchard High School. 2018. (ENG., Illus.). (J). 54p. 25.03 (978-1-396-05046-6(9)); 56p. pap. 9.57 (978-1-390-46743-7(0)) Forgotten Bks.

P

Punchi Nona: A Story of Female Education & Village Life in Ceylon (Classic Reprint) Samuel Langdon. 2018. (ENG., Illus.). 180p. (J). 27.61 *(978-0-364-65293-0(4))* Forgotten Bks.

Punchinello (Classic Reprint) Florence Stuart. 2018. (ENG., Illus.). 340p. (J). 30.91 *(978-0-483-98545-2(7))* Forgotten Bks.

Punching the Air. Ibi Zoboi & Yusef Salaam. (ENG.). 400p. (YA). (gr. 9). 2021. pap. 15.99 *(978-0-06-299649-7(5))*; 2020. (Illus.). 19.99 *(978-0-06-299648-0(7))* HarperCollins Pubs. (Balzer & Bray).

Punching the Air. Ibi Zoboi & Yusef Salaam. l.t. ed. 2020. (ENG.). lib. bdg. 22.99 *(978-1-4328-8472-7(7))* Thorndike Pr.

Punch's Almanack for 1871, Vol. 61 (Classic Reprint) Mark Lemon. 2018. (ENG., Illus.). (J). 568p. 35.61 *(978-0-366-56243-5(6))*; 570p. pap. 19.57 *(978-0-366-10618-9(X))* Forgotten Bks.

Punch's Almanack for 1898, Vol. 114 (Classic Reprint) Mark Lemon. (ENG., Illus.). (J). 2018. 642p. 37.16 *(978-0-365-26517-7(9))*; 2016. pap. 19.57 *(978-1-334-12995-7(9))* Forgotten Bks.

Punch's Almanacks, 1862-1880 (Classic Reprint) Henry. Mayhew. (ENG., Illus.). (J). 2017. 29.28 *(978-0-260-80105-0(4))*; 2016. pap. 11.97 *(978-1-334-58470-1(2))* Forgotten Bks.

Punch's Letters to His Son: Punch's Complete Letterwriter; & Sketches of the English (Classic Reprint) Douglas Jerrold. 2017. (ENG., Illus.). (J). 30.54 *(978-1-5279-7042-7(6))* Forgotten Bks.

Punch's Letters to His Son, & Punch's Complete Letter-Writer (Classic Reprint) Douglas William Jerrold. 2018. (ENG., Illus.). 184p. (J). 27.71 *(978-0-332-16308-6(3))* Forgotten Bks.

Punch's Letters to His Son (Classic Reprint) Douglas William Jerrold. 2018. (ENG., Illus.). 270p. (J). 29.47 *(978-0-483-20105-7(7))* Forgotten Bks.

Punch's Letters to His Son, Corrected & Edited, from the Mss. in the Alsatian Library, Pp. 1-83. Douglas Jerrold. 2017. (ENG., Illus.). (J). pap. *(978-0-649-68471-7(0))* Trieste Publishing Pty Ltd.

Punch's Pocket-Book of Fun: Being Cuts & Cuttings from the Wit & Wisdom of Twenty-Five Volumes of Punch (Classic Reprint) Samuel Putnam Avery. (ENG., Illus.). (J). 2018. 238p. 28.83 *(978-0-365-02117-9(2))*; 2017. pap. 11.57 *(978-0-259-19561-0(8))* Forgotten Bks.

Punch's Prize Novelists, the Fat Contributor, & Travels in London (Classic Reprint) William Makepeace Thackeray. 2017. (ENG., Illus.). (J). 30.33 *(978-0-260-30688-3(6))* Forgotten Bks.

Punch's Twenty Almanacks, 1842-1861 (Classic Reprint) Owen Seaman. (ENG., Illus.). (J). 2018. 250p. 29.07 *(978-0-483-64642-1(3))*; 2017. pap. 11.57 *(978-0-243-08002-1(6))* Forgotten Bks.

PUNcilmation: a Pencilmation Joke Book. Penguin Young Readers Licenses. 2023. (Pencilmation Ser.). (ENG.). 32p. (J). (gr. 3-7). pap. 6.99 *(978-0-593-52285-1(0)*, Penguin Young Readers Licenses) Penguin Young Readers Group.

Punctuality, Sensibility, & Disappointment: Instructive & Entertaining Stories for Young People (Classic Reprint) Emily Ospringe. (ENG., Illus.). (J). 2018. 78p. 25.59 *(978-0-332-69221-0(3))*; 2016. pap. 9.57 *(978-1-334-15383-9(3))* Forgotten Bks.

Punctuation, 1 vol. Samantha Green. 2019. (Fun with Grammar Ser.). (ENG.). 24p. (gr. 1-2). pap. 10.35 *(978-1-9785-1265-8(1)*, 736b1158-bddd-45c9-86f5-177dca861a03) Enslow Publishing, LLC.

Punctuation. Ann Heinrichs. 2019. (English Grammar Ser.). (ENG.). 32p. (J). (gr. 2-5). lib. bdg. 35.64 *(978-1-5038-3247-3(3)*, 213005) Child's World, Inc, The.

Punctuation Personified, or Pointing Made Easy (Classic Reprint) Stops Stops. 2017. (ENG., Illus.). (J). 24.66 *(978-0-265-91537-0(6))*; pap. 7.97 *(978-1-5280-1258-4(5))* Forgotten Bks.

Punctuation (Set), 6 vols. 2023. (Punctuation Ser.). (ENG.). 24p. (J). (gr. -1-2). lib. bdg. 188.16 ***(978-1-0982-8267-7(1)***, 42251, Abdo Zoom-Launch) ABDO Publishing Co.

Punctuation Workbook, Grades 3-5. Coert Voorhees & Grammaropolis. 2020. (Grammaropolis Grammar Workbooks Ser.). (ENG., Illus.). 64p. (J). (gr. 1-6). 12.99 *(978-1-64442-020-1(1))* Six Foot Pr., LLC.

Punique's First Day of School. Richard Hall. Illus. by Markayla Richardson & Jamie Cosley. 2016. (ENG.). 32p. (J). (gr. k-5). pap. 10.00 *(978-0-692-07897-6(5))* Richard Hall II.

Punishment - Adhabu. Adelheid Marie Bwire. Illus. by Melany Pietersen. 2023. (SWA.). 32p. (J). pap. ***(978-1-922876-48-5(8))*** Library For All Limited.

Punishment - Punition. Adelheid Marie Bwire. Illus. by Melany Pietersen. 2022. (FRE.). 32p. (J). pap. ***(978-1-922849-88-5(X))*** Library For All Limited.

Punishment of the Stingy: And Other Indian Stories (Classic Reprint) George Bird Grinnell. 2018. (ENG., Illus.). 114p. (J). 26.25 *(978-0-267-49034-9(8))* Forgotten Bks.

Punk! Storia, Musica e Attitudine. John Richardson. 2023. (ITA.). 78p. (J). pap. ***(978-1-4477-0856-8(3))*** Lulu Pr., Inc.

Punk 57 (Spanish Edition) Penelope Penelope. 2023. (SPA.). 384p. (YA). pap. 21.95 ***(978-607-07-9688-3(8))*** Editorial Planeta, S. A. ESP. Dist: Two Rivers Distribution.

Punk & New Wave Pop Star Colouring Book: 33 & a 3rd All Original Images & Articles, Adult Coloring Fun for Kids of All Ages. Kev F. Sutherland. 2022. (ENG.). 78p. (J). pap. 13.43 ***(978-1-4709-5212-9(2))*** Lulu Pr., Inc.

Punk Rock Unicorn: Another Phoebe & Her Unicorn Adventure, Volume 17. Dana Simpson. 2023. (Phoebe & Her Unicorn Ser.: 17). (ENG., Illus.). 176p. (J). pap. 12.99 *(978-1-5248-7922-8(3))* Andrews McMeel Publishing.

Punk Rocker Poodle. Laura Dockrill. Illus. by Sandhya Prabhat. 2022. (ENG.). 32p. (J). 16.95 *(978-0-571-33508-4(X))* Faber & Faber, Inc.

Punk Skunks. Trisha Speed Shaskan. Illus. by Stephen Shaskan. 2016. (ENG.). 40p. (J). (gr. -1-3). 17.99 *(978-0-06-236396-1(4)*, HarperCollins) HarperCollins Pubs.

Punk Wig. Lori Ries. Illus. by Patricia Dewitt-Grush & Robin DeWitt. 2022. (ENG.). 32p. (J). 17.99 *(978-1-956357-26-4(2))*; pap. 10.99 *(978-1-956357-28-8(9))* Lawley Enterprises.

Punkin. Christine Conrad Cazes. Illus. by Kalpart. 2017. (ENG.). (J). (gr. k-6). 20.50 *(978-1-946540-50-8(1))*; (gr. -1-3). 10.95 *(978-1-946540-23-2(4))* Strategic Book Publishing & Rights Agency (SBPRA).

Punkt Zu Punkt Bücher Für Kinder und Erwachsene: Das Buch Für Kleine Genies, Connect the Dots Bücher Für Kinder Im Alter Von 6, 7, 8, 9, 10, 12für Erwachsene Dot to Dot Bücher Alter 4-6 3-8 3-5 6-8(Jungen & Mädchen Verbinden Die Dots Aktivität Bücher) Prince Milan Benton. 2021. (GER.). 68p. (J). pap. 10.89 *(978-0-7521-4194-7(5)*, Mosby Ltd.) Elsevier - Health Sciences Div.

Punky Aloha. Shar Tuiasoa. 2022. (ENG., Illus.). 32p. (J). (gr. -1-3). 19.99 *(978-0-06-307923-6(2)*, HarperCollins) HarperCollins Pubs.

Punky Brewster: Punky Power. Joelle Sellner. Illus. by Lesley Vamos. 2016. (ENG.). 256p. pap. 12.99 *(978-1-941302-19-4(X)*, Lion Forge) Oni Pr., Inc.

Punky's Adventure. Hassan Rasheed. 2022. (ENG.). 36p. (J). pap. ***(978-1-387-88963-1(X))*** Lulu Pr., Inc.

Punny Jokes. Joe King. (Abdo Kids Jokes Ser.). (ENG.). 24p. (J). 2022. (gr. k-k). pap. 8.95 *(978-1-64494-633-6(5)*, Abdo Kids-Junior); 2021. (Illus.). (gr. -1-2). lib. bdg. 31.36 *(978-1-0982-0919-3(2)*, 38166, Abdo Kids) ABDO Publishing Co.

Punny Jokes to Tell Your Peeps! (Book 10) Lisa Ayotte. 2023. (Punny Jokes to Tell Your Peeps! Ser.: 10). 38p. (J). pap. 10.85 ***(978-1-951278-19-9(4))*** BookBaby.

Punny Jokes to Tell Your Peeps! (Book 6) Lisa Ayotte. 2020. (Punny Jokes to Tell Your Peeps! Ser.: 6). (ENG.). 38p. (J). pap. 10.85 *(978-1-951278-05-2(4))* BookBaby.

Punny Jokes to Tell Your Peeps! (Book 7) Lisa Ayotte. 2021. (Punny Jokes to Tell Your Peeps! Ser.: 7). (ENG.). 38p. (J). pap. 10.85 *(978-1-951278-12-0(7))* BookBaby.

Punny Jokes to Tell Your Peeps! (Book 8) Lisa Ayotte. 2022. (Punny Jokes to Tell Your Peeps! Ser.: 8). (ENG.). 38p. (J). pap. 10.85 *(978-1-951278-15-1(1))* BookBaby.

Punny Jokes to Tell Your Peeps! (Book 9) Lisa Ayotte. 2022. (Punny Jokes to Tell Your Peeps! Ser.: 9). (Illus.). 38p. (J). pap. 10.85 ***(978-1-951278-18-2(6))*** BookBaby.

Punny Peeps Coloring Book: For Kids Ages 4-8. Lisa Ayotte. Illus. by Craig Ayotte. 34p. (J). 2022. pap. 6.95 *(978-1-951278-17-5(8))*; 2020. pap. 6.95 *(978-1-0983-1016-1(0))* BookBaby.

Punny Peeps' Fun Farm Jokes. Lisa Ayotte. 2022. 38p. (J). pap. 10.85 *(978-1-951278-16-8(X))* BookBaby.

Punny Peeps Amusing Animal Jokes. Lisa Ayotte. 2021. (ENG.). 38p. (J). pap. 10.85 *(978-1-951278-10-6(0))* BookBaby.

Punny Peeps Funny Food Jokes. Lisa Ayotte. 2021. (ENG.). 38p. (J). pap. 10.85 *(978-1-951278-11-3(9))* BookBaby.

Punny Peeps Silly Cat & Dog Jokes. Lisa Ayotte. 2021. (ENG.). 38p. (J). pap. 10.85 *(978-1-951278-13-7(5))* BookBaby.

Punster's Pocket-Book: Or the Art of Punning Enlarged by Bernard Blackmantle, Illustrated with Numerous Original Designs by Robert Cruikshank (Classic Reprint) C. M. Westmacott. 2018. (ENG., Illus.). 228p. (J). 28.60 *(978-0-364-59758-3(5))* Forgotten Bks.

Punter's Pride. Jake Maddox. Illus. by Sean Tiffany. 2017. (Jake Maddox Sports Stories Ser.). (ENG.). 72p. (J). (gr. 3-6). lib. bdg. 25.99 *(978-1-4965-4956-3(2)*, 135851, Stone Arch Bks.) Capstone.

Puntiagudo. Medicus. Tr. by Eric Molina. Illus. by Bob O'Brien. 2021. (SPA.). 30p. (J). 16.95 *(978-1-950768-70-7(8))* ProsePress.

Puntiagudo. Christine Medicus. Tr. by Eric Molina. Illus. by Bob O'Brien. 2021. (SPA.). 30p. (J). pap. 10.95 *(978-1-950768-69-1(4))* ProsePress.

Puntito Final - Little Full Stop: Spanish/English, bk. 5. Mischa Brus & Matt Schlitz. Ed. by Matt Schlitz. Illus. by Mischa Brus. 2021.Tr. of Spanish/English. (ENG, CHI & SPA., Illus.). 32p. (J). (gr. -1-1). *(978-0-9751837-9-3(6))* Mambooks AUS. Dist: Lightning Source Australia Pty Ltd.

Puntito Más Chiquitito: Las Pequeñas Cosas Que Nos Hacen Distintos. Las Grandes Cosas Que Nos Hacen Iguales. Linsey Davis. Illus. by Lucy Fleming. 2023. (SPA.). 32p. (J). 14.99 *(978-1-4002-4257-3(6))* Grupo Nelson.

Pup 681: A Sea Otter Rescue Story. Jean Reidy. Illus. by Ashley Crowley. 2019. (ENG.). 40p. (J). 17.99 *(978-1-250-11450-1(0)*, 900171459, Holt, Henry & Co. Bks. For Young Readers) Holt, Henry & Co.

Pup & Bear. Kate Banks. Illus. by Naoko Stoop. 2017. 32p. (J). (gr. -1-2). 17.99 *(978-0-399-55409-4(2)*, Schwartz & Wade Bks.) Random Hse. Children's Bks.

Pup & Down! Sophie Beer. 2020. (ENG.). 28p. (J). (— 1). bds. 7.99 *(978-1-4998-1023-3(7))* Little Bee Books Inc.

Pup & Dragon: How to Catch an Elf. Alice Walstead. Illus. by Paul Gill. 2023. (How to Catch Graphic Novels Ser.). 64p. (J). (gr. k-3). 12.99 ***(978-1-7282-7051-7(0))*** Sourcebooks, Inc.

Pup Called Trouble. Bobbie Pyron. (ENG.). (J). (gr. 3-7). 2019. 224p. pap. 7.99 *(978-0-06-268523-0(6))*; 2018. 208p. 16.99 *(978-0-06-268522-3(8))* HarperCollins Pubs. (Tegen, Katherine Bks).

Pup Detectives the Graphic Novel Collection #2 (Boxed Set) Ghosts, Goblins, & Ninjas!; the Missing Magic Wand; Mystery Mountain Getaway. Felix Gumpaw. Illus. by Glass House Glass House Graphics. ed. 2022. (Pup Detectives Ser.). (ENG.). 432p. (J). (gr. k-4). pap. 29.99 *(978-1-6659-1400-0(9)*, Little Simon) Little Simon.

Pup Detectives the Graphic Novel Collection (Boxed Set) The First Case; the Tiger's Eye; the Soccer Mystery. Felix Gumpaw. Illus. by Glass House Glass House Graphics. ed. 2021. (Pup Detectives Ser.). (ENG.). 432p. (J). (gr. k-4). pap. 29.99 *(978-1-5344-9568-5(1)*, Little Simon) Little Simon.

Pup in a Cup Keeps Healthy & Clean. Patrick Anthony Cardin. 2020. (ENG.). 28p. (J). pap. 14.95 *(978-1-64801-761-2(4))* Newman Springs Publishing, Inc.

Pup in a Tub. New Holland Publishers & New Holland Publishers. 2023. (ENG.). 6p. (J). (— 1). 9.99 ***(978-1-76079-558-0(5))*** New Holland Pubs. Pty, Ltd. AUS. Dist: Independent Pubs. Group.

Pup on the Run. Elle Stephens. ed. 2020. (Step into Reading Ser.). (ENG., Illus.). 32p. (J). (gr. 2-3). 14.96 *(978-1-64697-361-3(5))* Penworthy Co., LLC, The.

Pup on the Run (Barbie) Elle Stephens. Illus. by Random House. 2020. (Step into Reading Ser.). (ENG.). 32p. (J). (-k). pap. 4.99 *(978-0-593-12784-1(6))*; lib. bdg. 14.99 *(978-0-593-12785-8(4))* Random Hse. Children's Bks. (Random Hse. Bks. for Young Readers).

Pup-Pop Boogie! a Puppy Inspired Activity Book for Grade 2. Jupiter Kids. 2018. (ENG., Illus.). 106p. (J). pap. 12.55 *(978-1-5419-3702-4(3)*, Jupiter Kids (Childrens & Kids Fiction)) Speedy Publishing LLC.

Pup the Sea Otter. Jonathan London. Illus. by Sean London. 2019. (ENG.). 32p. (J). (gr. k-3). 12.99 *(978-1-5132-6284-0(X)*, West Margin Pr.) West Margin Pr.

Pupil (Classic Reprint) Henry James. 2018. (ENG., Illus.). 90p. (J). 25.77 *(978-0-483-42723-5(3))* Forgotten Bks.

Puppet-Booth: Twelve Plays (Classic Reprint) Henry B. Fuller. 2017. (ENG., Illus.). (J). 28.35 *(978-0-266-21676-6(5))* Forgotten Bks.

Puppet Carver, 9. Scott Cawthon et al. ed. 2021. (Five Nights at Freddy's Ser.). (ENG., Illus.). 202p. (J). (gr. 6-8). 21.46 *(978-1-68505-016-0(6))* Penworthy Co., LLC, The.

Puppet Carver: an AFK Book (Five Nights at Freddy's: Fazbear Frights #9), 1 vol. Scott Cawthon & Elley Cooper. 2021. (Five Nights at Freddy's Ser.: 9). (ENG.). 224p. (YA). (gr. 7-7). pap. 9.99 *(978-1-338-73999-2(9))* Scholastic, Inc.

Puppet Crown (Classic Reprint) Harold Macgrath. (ENG., Illus.). (J). 2018. 452p. 33.22 *(978-0-267-31310-5(1))*; 2016. pap. 16.57 *(978-1-333-42273-8(3))* Forgotten Bks.

Puppet Princess: Or, the Heart That Squeaked (Classic Reprint) Augusta Stevenson. 2018. (ENG., Illus.). 84p. (J). 25.63 *(978-0-267-85647-3(4))* Forgotten Bks.

Puppet-Show: A Sketch (Classic Reprint) Leonidas Westervelt. (ENG., Illus.). (J). 2018. 218p. 28.41 *(978-0-483-75242-9(8))*; 2017. pap. 10.97 *(978-0-243-97411-5(6))* Forgotten Bks.

Puppet Show (Classic Reprint) Martin Donisthorpe Armstrong. 2018. (ENG., Illus.). 156p. (J). 27.11 *(978-0-483-31207-4(X))* Forgotten Bks.

Puppet Show of Memory (Classic Reprint) Maurice Baring. 2017. (ENG., Illus.). (J). 33.71 *(978-0-265-52169-4(6))* Forgotten Bks.

Puppetry in Theater, 1 vol. George Capaccio. 2017. (Exploring Theater Ser.). (ENG.). 96p. (YA). (gr. 7-7). pap. 20.99 *(978-1-5026-3431-3(7)*, 6d6da83c-5334-40a7-86f8-a4473358217b); lib. bdg. 44.50 *(978-1-5026-3005-6(2)*, 6215f1f5-abe0-4ec4-bbd2-fa81f5b75139) Cavendish Square Publishing LLC.

Puppets: A Work-A-Day Philosophy (Classic Reprint) George Forbes. 2017. (ENG., Illus.). (J). 28.31 *(978-0-332-01058-8(9))*; 216p. pap. 10.97 *(978-0-332-01043-4(0))* Forgotten Bks.

Puppets at Large (Classic Reprint) F. Anstey, pseud. 2017. (ENG., Illus.). (J). 29.88 *(978-0-260-60007-3(5))* Forgotten Bks.

Puppet's Payback & Other Chilling Tales. Mary Downing Hahn. (ENG.). 192p. (J). (gr. 3-7). 2021. pap. 7.99 *(978-0-358-53978-0(1)*, 1806763); 2020. 16.99 *(978-0-358-06732-0(4)*, 1744242) HarperCollins Pubs. (Clarion Bks.).

Puppets, Vol. 1 Of 3: A Romance (Classic Reprint) Percy Fitzgerald. 2018. (ENG., Illus.). 330p. (J). 30.70 *(978-0-484-27460-9(0))* Forgotten Bks.

Puppets, Vol. 2 Of 3: A Romance (Classic Reprint) Percy Fitzgerald. 2017. (ENG., Illus.). (J). 30.58 *(978-0-331-83312-6(3))* Forgotten Bks.

Puppets, Vol. 3 Of 3: A Romance (Classic Reprint) Percy Fitzgerald. (ENG., Illus.). (J). 2018. 320p. 30.52 *(978-0-332-98165-9(7))*; 2016. pap. 13.57 *(978-1-333-45140-0(7))* Forgotten Bks.

Puppies see Cachorros de Perros

Puppies. Jen Besel. 2020. (Baby Animals Ser.). 24p. (J). (gr. k-3). pap. 8.99 *(978-1-64466-098-0(9)*, 14387, Bolt Jr.) Black Rabbit Bks.

Puppies. Meg Gaertner. 2019. (Animal Babies Ser.). (ENG., Illus.). 16p. (J). (gr. k-1). pap. 7.95 *(978-1-64185-819-9(2)*, 1641858192, Focus Readers) North Star Editions.

Puppies. Des. by Stephanie Meyers. 2020. (Animal Lovers Ser.). (ENG.). 20p. (J). (gr. -1-1). bds. 7.99 *(978-1-4867-1858-0(2)*, 85871860-477c-49f9-b448-502a3c792b1e) Flowerpot Pr.

Puppies. Julie Murray. 2017. (Baby Animals (Abdo Kids Junior) Ser.). (ENG., Illus.). 24p. (J). (gr. -1-2). lib. bdg. 31.36 *(978-1-5321-0006-2(X)*, 25098, Abdo Kids) ABDO Publishing Co.

Puppies. Marcus Schneck. 2019. (Pet Library). (Illus.). 72p. (J). (gr. 12). lib. bdg. 34.60 *(978-1-4222-4318-3(4))* Mason Crest.

Puppies. Anastasia Suen. 2019. (Spot Baby Farm Animals Ser.). (ENG.). 16p. (J). (gr. -1-2). lib. bdg. *(978-1-68151-535-9(0)*, 14496) Amicus.

Puppies, Vol. 12. Julia Barnes. 2016. (Understanding & Caring for Your Pet Ser.: Vol. 12). (ENG., Illus.). 128p. (J). (gr. 5-8). 25.95 *(978-1-4222-3702-1(8))* Mason Crest.

Puppies / Los Cachorros. Xist Publishing. 2018. (Xist Kids Bilingual Spanish English Ser.). (ENG & SPA., Illus.). 28p. (J). (gr. -1-3). pap. 9.99 *(978-1-5324-0770-3(X))* Xist Publishing.

Puppies / Los Cachorros. Xist Publishing. 2018. (Discover Series Spanish Bilingual Ser.). (ENG.). 26p. (J). 29.99 ***(978-1-5324-3988-9(1))*** Xist Publishing.

Puppies & Kittens Make Great Pets Coloring Book. Activibooks For Kids. 2016. (ENG., Illus.). (J). pap. 9.20 *(978-1-68321-290-4(8))* Mimaxion.

Puppies & Kittens: Too Cute! Coloring & Activity Book. Editors of Silver Dolphin Books. 2020. (Coloring Fun Ser.). (ENG.). 80p. (J). (gr. -1-k). pap. 2.99 *(978-1-64517-250-5(3)*, Silver Dolphin Bks.) Printers Row Publishing Group.

Puppies & Kitties-Baby & Toddler Color Books. Baby Professor. 2017. (ENG., Illus.). (J). pap. 7.89 *(978-1-5419-0260-2(2)*, Baby Professor (Education Kids)) Speedy Publishing LLC.

Puppies & Planets & a Cucumber. Areyan. Illus. by Laura Clark. 2017. (ENG.). 96p. (J). pap. *(978-0-9876264-1-7(8))* Moptops Publishing.

Puppies Chase. Rebecca Glaser. 2017. (Amicus Ink Board Bks.). (Illus.). 14p. (J). (gr. -1 — 1). bds. 7.99 *(978-1-68152-196-1(2)*, 14727) Amicus.

Puppies in PJs Sticker Activity Book. Linda Hoerner. 2018. (Dover Little Activity Bks.). (ENG.). 4p. (J). (gr. -1-2). pap. 2.50 *(978-0-486-82407-9(1)*, 824071) Dover Pubns., Inc.

Puppies, Kids, & Caterpillars. Deborah D'Antonio. 2019. (ENG., Illus.). 42p. (J). 25.95 *(978-1-64492-627-7(X))*; pap. 15.95 *(978-1-64492-625-3(3))* Christian Faith Publishing.

Puppies, Kittens & Chicks, Oh My! Cute Animal Coloring Book. Smarter Activity Books for Kids. 2016. (ENG., Illus.). (J). pap. 9.22 *(978-1-68374-381-1(4))* Examined Solutions PTE. Ltd.

Puppies, Kitties, & Rabbits, Oh My! Cute Critters Coloring Book. Smarter Activity Books for Kids. 2016. (ENG., Illus.). (J). pap. 9.22 *(978-1-68374-600-3(7))* Examined Solutions PTE. Ltd.

Puppies Learn Their ABC's. Peter K. Mullen. 2016. (Pj's Puppies Ser.: Vol. 1). (ENG., Illus.). (J). 16.99 *(978-0-692-77226-3(X))* Mullen, Peter.

Puppies Need Pockets. Amy Motto. Illus. by Amy Motto. 2018. (ENG., Illus.). 36p. (J). (gr. k-4). 17.95 *(978-0-692-14939-3(2))*; pap. 14.95 *(978-0-692-14862-4(0))* Motto, Amy.

Puppup the Bully. Dolores D. Bennett. Ed. by Kara Schiller. Illus. by Jason Valezquez. 2021. (ENG.). 34p. (J). pap. 25.99 *(978-1-6628-2463-0(7))* Salem Author Services.

Puppy. August Hoeft. (I See Animals Ser.). (ENG.). (J). 2022. 20p. 24.99 ***(978-1-5324-3440-2(5))***; 2021. 12p. pap. 5.99 *(978-1-5324-1521-0(4))* Xist Publishing.

Puppy. William B. Stringer Sr. 2018. (ENG., Illus.). 34p. (J). 23.95 *(978-1-64191-996-8(5))*; pap. 13.95 *(978-1-64140-222-4(9))* Christian Faith Publishing.

Puppy 32 Page Color by Number Coloring & Activity Book with 8 Crayons. Created by Bendon Publishing. 2021. (ENG.). (J). pap. 5.99 *(978-1-6902-1113-6(X))* Bendon, Inc.

Puppy & Friends. Amber Lily. Illus. by Orchard Design House. 2021. (Peekaboo Window Bks.). (ENG.). 10p. (J). bds. 4.99 *(978-1-80105-119-4(4))* Top That! Publishing PLC GBR. Dist: Independent Pubs. Group.

Puppy Angels. Hannah Spurgeon. 2020. (ENG.). 32p. (J). pap. 12.99 *(978-1-952011-38-2(8))* Pen It Pubns.

Puppy Ate My Shorts. Grace LaJoy Henderson. 2017. (Gracie Ser.). (ENG., Illus.). (J). (gr. k-5). 17.99 *(978-0-9987117-8-2(0))*; pap. 11.99 *(978-0-9987117-3-7(X))* Inspirations by Grace LaJoy.

Puppy Birthday to You! (PAW Patrol) Tex Huntley. Illus. by Golden Books. (Big Little Golden Book Ser.). (ENG.). (J). (-k). 2023. 24p. 10.99 *(978-0-593-64870-4(6))*; 2022. 26p. bds. 7.99 *(978-0-593-48435-7(5))* Random Hse. Children's Bks. (Golden Bks.).

Puppy Brian & the Grey Cat. Barbara Polston. Illus. by Brian Boehm. 2023. (Adventures of Puppy Brian Ser.: 2). 32p. (J). 26.00 ***(978-1-6678-9909-1(0))*** BookBaby.

Puppy-Cam: Ready-To-Read Pre-Level 1. Margie Palatini. Illus. by Dan Yaccarino. 2023. (Critter-Cam Ser.). (ENG.). 32p. (J). (gr. -1-k). 17.99 ***(978-1-6659-2738-3(0))***; pap. 4.99 ***(978-1-6659-2737-6(2))*** Simon Spotlight. (Simon Spotlight).

Puppy Ciao. Annette O'Hare. 2020. (Max Tales Mysteries Ser.: Vol. 1). (ENG.). 152p. (J). pap. 10.99 *(978-1-64949-043-8(7))* Elk Lake Publishing, Inc.

Puppy Coloring Book: Puppies Coloring Book, Baby Animals Coloring Book, Dogs Coloring Book, Animals Coloring Book, Stress Relieving & Relaxation Coloring Book. Shirley L. Maguire. 2020. (ENG.). 126p. (J). pap. 10.49 *(978-1-716-37827-0(3))* Lulu Pr., Inc.

Puppy Dance Party! Hollis James. 2019. (Paw Patrol 8x8 Bks). (ENG.). 24p. (J). (gr. k-1). 15.96 *(978-0-87617-659-7(7))* Penworthy Co., LLC, The.

Puppy Dance Party! (PAW Patrol) Hollis James. Illus. by Nate Lovett. 2019. (Pictureback(R) Ser.). (ENG.). 24p. (J). (gr. -1-2). 5.99 *(978-1-9848-4935-9(2)*, Random Hse. Bks. for Young Readers) Random Hse. Children's Bks.

Puppy Dog Pals: Haunted Howloween: With Glow-In-the-Dark Stickers! Disney Books. 2018. (ENG., Illus.). 24p. (J). (gr. -1-k). pap. 5.99 *(978-1-368-01561-5(1)*, Disney Press Books) Disney Publishing Worldwide.

Puppy Dog Pals: Ice, Ice, Puggy. Sara Miller & Darrin Rose. Illus. by Disney Storybook Art Team. 2019. (World of Reading Level 1 Ser.). (ENG.). 32p. (J). (gr. -1-3). lib. bdg. 31.36 *(978-1-5321-4405-9(9)*, 33810) Spotlight.

Puppy Dog Pals: Last Pupicorn. Disney Books. 2020. (Illus.). 20p. (J). (gr. -1-k). pap. 4.99 *(978-1-368-05290-0(8)*, Disney Press Books) Disney Publishing Worldwide.

Puppy Dog Pals: Meet A. R. F. Michael Olson & Bob Smiley. Illus. by Premise and Team Entertainment. 2019. (World of Reading Level Pre-1 Ser.). (ENG.). 32p. (J). (gr. -1-2). lib. bdg. 31.36 *(978-1-5321-4394-6(X)*, 33799) Spotlight.

Puppy Dog Pals (Set), 4 vols. 2018. (Puppy Dog Pals Ser.). (ENG.). 24p. (J). (gr. -1-3). 125.44 *(978-1-5321-4249-9(8)*, 28537, Picture Bk.) Spotlight.

Puppy Dog, Puppy Dog, What Can You See? Amelia Hepworth. Illus. by Pintachan. 2022. (What Can You See? Ser.). (ENG.). 12p. (J). (— 1). bds. 8.99 *(978-0-593-37921-9(7)*, Random Hse. Bks. for Young Readers) Random Hse. Children's Bks.

Puppy Dog Tails: The Big Race. Kelly L. Cuthbertson. 2017. (ENG., Illus.). 40p. (J). 25.95 *(978-1-4808-5501-4(4))*; pap. 16.95 *(978-1-4808-5503-8(0))* Archway Publishing.

Puppy Finds a Home. Sargis Saribekyan. 2021. (ENG.). 30p. (J). 24.95 *(978-1-63630-908-8(9))*; pap. 14.95 *(978-1-63630-907-1(0))* Covenant Bks.

Puppy Finds the Perfect Hug: A Tiny Tab Book. Illus. by Jannie Ho. 2021. (Tiny Tab Ser.). (ENG.). 10p. (J). (— 1). bds. 8.99 *(978-1-5362-2010-0(8))* Candlewick Pr.

Puppy for Athena. G. Lamar Wilkie. Illus. by W. D. Smith. 2016. (ENG.). 48p. (J). pap. 10.75 *(978-0-9971141-0-2(X))* G. Lamar Wilkie.

Puppy for Hanukkah (Disney Classic) Golden Books. Illus. by Disney Storybook Disney Storybook Art Team. 2022. (Little Golden Book Ser.). (ENG.). 24p. (J). (-k). 5.99 *(978-0-7364-4340-1(1)*, Golden/Disney) Random Hse. Children's Bks.

Puppy for Helen Keller: Ready-To-Read Level 2. May Nakamura. Illus. by Rachel Sanson. 2018. (Tails from History Ser.). (ENG.). 32p. (J). (gr. k-2). 17.99 *(978-1-5344-2910-9(7))*; pap. 4.99 *(978-1-5344-2909-3(3))* Simon Spotlight. (Simon Spotlight).

Puppy for Lily. Delana Inman. 2021. (ENG.). 29p. (J). *(978-1-365-89805-1(9))* Lulu Pr., Inc.

Puppy for Miguel. Melissa Lagonegro. ed. 2019. (Step into Reading Ser.). (ENG.). 24p. (J). (gr. k-1). 14.96 *(978-0-87617-565-1(5))* Penworthy Co., LLC, The.

Puppy for Miguel (Disney/Pixar Coco) Melissa Lagonegro. Illus. by Disney Storybook Disney Storybook Art Team & Disney Storybook Disney Storybook Art Team. 2019. (Step into Reading Ser.). (ENG.). 24p. (J). (gr. -1-1). pap. 5.99 *(978-0-7364-3983-1(8)*, RH/Disney) Random Hse. Children's Bks.

Puppy from Mars. Noelle Strommen. 2020. (ENG., Illus.). 36p. (J). 18.95 *(978-1-7343632-3-4(1))*; pap. 12.95 *(978-1-7343632-4-1(X))* Caspar's Cottage.

Puppy Hugs & Kisses! (PAW Patrol) Golden Books. Illus. by Nate Lovett. 2016. (ENG.). 64p. (J). (gr. -1-2). pap. 4.99 *(978-0-399-55878-8(0)*, Golden Bks.) Random Hse. Children's Bks.

Puppy in My Head: A Book about Mindfulness. Elise Gravel. Illus. by Elise Gravel. 2021. (ENG., Illus.). 32p. (J). (gr. -1-3). 17.99 *(978-0-06-303767-0(X)*, HarperCollins) HarperCollins Pubs.

Puppy Knight: Den of Deception. Michael Sweater & Josue Cruz. 2022. (ENG., Illus.). 48p. (J). pap. 12.99 *(978-1-945509-83-4(X))* Silver Sprocket.

Puppy Love! Amy Ackelsberg. Illus. by Artful Artful Doodlers. 2022. (Strawberry Shortcake Ser.). (ENG.). 24p. (J). (-k). pap. 5.99 *(978-0-593-51964-6(7)*, Penguin Young Readers Licenses) Penguin Young Readers Group.

Puppy Love. Caroline Jayne Church. Illus. by Caroline Jayne Church. 2020. (ENG., Illus.). 16p. (J). (gr. -1 — 1). bds. 8.99 *(978-1-338-62125-9(4)*, Cartwheel Bks.) Scholastic, Inc.

Puppy Love. O. D. Groves. 2016. (ENG., Illus.). (J). (gr. k-6). pap. 8.95 *(978-0-9845971-9-2(0))* G Publishing LLC.

Puppy Love. Brick Puffinton. Ed. by Cottage Door Press. Illus. by Sydney Hanson. 2021. (ENG.). 12p. (J). (gr. -1 — 1). bds. 7.99 *(978-1-64638-176-0(9)*, 1006780) Cottage Door Pr.

Puppy Love. Gary Soto. 2023. (ENG.). 240p. (J). (gr. 3-7). 18.99 *(978-0-06-326778-7(0)*, Clarion Bks.) HarperCollins Pubs.

Puppy Love: See Spot's Motor Run. Jason M. Burns. Illus. by Dustin Evans. 2023. (Bit by Bot Ser.). (ENG.). 32p. (J). (gr. 4-8). pap. 14.21 *(978-1-6689-2099-2(9)*, 222077); lib. bdg. 32.07 *(978-1-6689-1997-2(4)*, 221975) Cherry Lake Publishing. (Torch Graphic Press).

Puppy Love / Amor de Cachorrito (Bilingual) (Bilingual Edition) Caroline Jayne Church. Illus. by Caroline Jayne Church. ed. 2020. (SPA., Illus.). 16p. (J). (gr. -1 — 1). bds. 8.99 *(978-1-338-67001-1(8)*, Scholastic en Espanol) Scholastic, Inc.

Puppy Love Prank. Carolyn Keene. Illus. by Peter Francis. 2020. (Nancy Drew Clue Book Ser.: 13). (ENG.). 112p. (J). (gr. 1-4). 16.99 *(978-1-5344-3134-8(9)*, Simon & Schuster/Paula Wiseman Bks.) Simon & Schuster/Paula Wiseman Bks.

Puppy Lover's Journal. Rik Feeney & Rick Feeney. 2019. (ENG., Illus.). 108p. (J). 17.99 *(978-1-935683-10-0(1))* Richardson Publishing, Inc.

Puppy Luck. Cam Higgins. Illus. by Ariel Landy. 2022. (Good Dog Ser.: 8). (ENG.). 128p. (J). (gr. k-4). 17.99 *(978-1-6659-0592-3(1))*; pap. 6.99 *(978-1-6659-0591-6(3))* Little Simon. (Little Simon).

Puppy Mind. Andrew Jordan Nance. Illus. by Jim Durk. 2016. 32p. (J). (gr. -1-2). 18.95 *(978-1-941529-44-7(5)*, Plum Blossom Bks.) Parallax Pr.

Puppy Named Cowboy. Susan Arce Gagnier. Illus. by Mandy Malbon. 2018. (I Read, You Read Ser.: Vol. 1). (ENG.). 48p. (J). pap. 14.95 *(978-0-9993302-3-4(3))* Gagnier Enterprises.

Puppy Nobody Wanted. Mary Page. Illus. by Katie Brown. 2020. (ENG.). 28p. (J). pap. 15.99 *(978-1-63050-954-5(X))* Salem Author Services.

Puppy Pack. R. A. Montgomery. 2020. (ENG.). 218p. (J). pap. 22.99 *(978-1-937133-41-2(9))* Chooseco LLC.

Puppy Party! Tina Gallo. ed. 2022. (Ready-To-Read Ser.). (ENG., Illus.). 32p. (J). (gr. k-1). 15.46 *(978-1-68505-161-7(8))* Penworthy Co., LLC, The.

Puppy Pickup Day: Mom's Choice Award-Winner (GOLD), October 2018. April M. Cox. Illus. by Len Smith. 2018. (Little Labradoodle Ser.: Vol. 1). (ENG.). 36p. (J). (gr. k-3). 14.95 *(978-1-7339605-1-9(1))* Little Labradoodle Publishing, LLC.

Puppy Pie. Jay Williams & Wayne Blickenstaff. 2016. (ENG., Illus.). 64p. (J). (gr. k-2). pap. 9.99 *(978-0-486-81064-5(X))* Dover Pubns., Inc.

Puppy Pirates #4: Sea Sick. Erin Soderberg. 2016. (Puppy Pirates Ser.: 4). (Illus.). 96p. (J). (gr. 1-4). 6.99 *(978-0-553-51176-5(9)*, Random Hse. Bks. for Young Readers) Random Hse. Children's Bks.

Puppy Pirates #5: Search for the Sea Monster. Erin Soderberg. 2016. (Puppy Pirates Ser.: 5). (Illus.). 96p. (J). (gr. 1-4). 5.99 *(978-1-101-93776-1(9)*, Random Hse. Bks. for Young Readers) Random Hse. Children's Bks.

Puppy Pirates #6: Pug vs. Pug. Erin Soderberg. 2017. (Puppy Pirates Ser.: 6). (Illus.). 96p. (J). (gr. 1-4). 5.99 *(978-1-5247-1410-9(0)*, Random Hse. Bks. for Young Readers) Random Hse. Children's Bks.

Puppy Pirates #6: Pug vs. Pug. Erin Soderberg & Erin Soderberg Downing. 2017. (Puppy Pirates Ser.: 6). (ENG., Illus.). 96p. (J). (gr. 1-4). lib. bdg. 12.99 *(978-1-5247-1411-6(9)*, Random Hse. Bks. for Young Readers) Random Hse. Children's Bks.

Puppy Pirates #7: Lost at Sea. Erin Soderberg. 2019. (Puppy Pirates Ser.: 7). (Illus.). 96p. (J). (gr. 1-4). 5.99 *(978-0-525-57923-6(0)*, Random Hse. Bks. for Young Readers) Random Hse. Children's Bks.

Puppy Pirates Super Special #1: Ghost Ship. Erin Soderberg. 2016. (Puppy Pirates Ser.: 1). (Illus.). 128p. (J). (gr. 1-4). 5.99 *(978-1-101-93773-0(4)*, Random Hse. Bks. for Young Readers) Random Hse. Children's Bks.

Puppy Pirates Super Special #2: Best in Class. Erin Soderberg. 2017. (Puppy Pirates Ser.: 2). (Illus.). 128p. (J). (gr. 1-4). 5.99 *(978-1-5247-1328-7(7)*, Random Hse. Bks. for Young Readers) Random Hse. Children's Bks.

Puppy Pirates Super Special #3: Race to the North Pole. Erin Soderberg. 2018. (Puppy Pirates Ser.: 3). (Illus.). 144p. (J). (gr. 1-4). 5.99 *(978-0-525-57920-5(6)*, Random Hse. Bks. for Young Readers) Random Hse. Children's Bks.

Puppy Place Furever Home Five-Book Collection, 1 vol. Ellen Miles. 2021. (ENG.). 432p. (J). (gr. 2-5). pap., pap., pap. 29.95 *(978-1-338-81097-4(9)*, Scholastic Paperbacks) Scholastic, Inc.

Puppy Play Date! Adorable Puppy Coloring Book. Smarter Activity Books for Kids. 2016. (ENG., Illus.). (J). pap. 9.22 *(978-1-68374-601-0(5))* Examined Solutions PTE. Ltd.

Puppy Preschool (Clifford the Big Red Dog Storybook), 1 vol. Shelby Curran. 2023. (ENG., Illus.). 24p. (J). (gr. -1-k). pap. 5.99 *(978-1-338-89686-2(5))* Scholastic, Inc.

Puppy Prince. Melody Mews. Illus. by Ellen Stubbings. 2020. (Itty Bitty Princess Kitty Ser.: 3). (ENG.). 128p. (J). (gr. k-4). 17.99 *(978-1-5344-6358-5(5))*; pap. 6.99 *(978-1-5344-6357-8(7))* Little Simon. (Little Simon).

Puppy Prince, 3. Melody Mews. ed. 2021. (Itty Bitty Princess Kitty Ser.). (ENG., Illus.). 116p. (J). (gr. 2-3). 15.96 *(978-1-64697-847-2(1))* Penworthy Co., LLC, The.

Puppy Princess. Sue Fliess. Illus. by Steven Salerno. 2016. (Little Golden Book Ser.). 24p. (J). (-k). 4.99 *(978-0-553-51209-0(9)*, Golden Bks.) Random Hse. Children's Bks.

Puppy Princess Sheba. Fatu Forna. 2016. (ENG., Illus.). (J). 17.99 *(978-0-692-78615-4(5))* From Your Doctor To You, LLC.

Puppy Princess Sheba: Coloring Book. Fatu Forna. 2017. (ENG., Illus.). (J). 15.99 *(978-0-9984610-0-7(8))* From Your Doctor To You, LLC.

Puppy Princess Sheba Goes to Africa: Coloring Book. Fatu Forna. 2017. (ENG., Illus.). (J). 15.99 *(978-0-9984610-2-1(4))* From Your Doctor To You, LLC.

Puppy Problem, 1. Laura James. ed. 2022. (Daily Bark Ser.). (ENG.). 114p. (J). (gr. 2-5). 18.96 ***(978-1-68505-645-2(8))*** Penworthy Co., LLC, The.

Puppy Problems. Paige Braddock. (Peanut, Butter, & Crackers Ser.: 1). (ENG., Illus.). 96p. (J). (gr. 1-4). 2021. pap. 7.99 *(978-0-593-52421-3(7))*; 2020. 12.99 *(978-0-593-11743-9(3))* Penguin Young Readers Group. (Viking Books for Young Readers).

Puppy Problems, 1. Paige Braddock. ed. 2022. (Peanut, Butter, & Crackers Ser.). (ENG.). 92p. (J). (gr. k-1). 19.46 ***(978-1-68505-393-2(9))*** Penworthy Co., LLC, The.

Puppy, Puppy Peekaboo. Grace Habib. 2023. (Peekaboo Ser.). (ENG.). 8p. (J). (— 1). bds. 10.99 ***(978-1-914912-77-1(2))*** Boxer Bks., Ltd. GBR. Dist: Sterling Publishing Co., Inc.

Puppy, Puppy, Puppy. Julie Sternberg. Illus. by Fred Koehler. 2017. (ENG.). 32p. (J). (-k). 16.95 *(978-1-62979-466-2(X)*, Astra Young Readers) Astra Publishing Hse.

Puppy Rescue Girl Scout Mystery. Carole Marsh. 2018. (Girl Scouts Ser.). (ENG.). 160p. (J). (gr. 3-7). lib. bdg. 24.99 *(978-0-635-13136-2(6))*; pap. 7.99 *(978-0-635-13135-5(8))* Gallopade International. (Marsh, Carole Mysteries).

Puppy Rescue Riddle, 2. Catherine Nichols. ed. 2022. (Animal Planet Awesome Adventures Ser.). (ENG., Illus.). 110p. (J). (gr. 2-3). 16.46 *(978-1-68505-156-3(1))* Penworthy Co., LLC, The.

Puppy Tales: Jack & Billy. Steven Goodall & Sally Bradbury. 2018. (ENG., Illus.). 82p. (J). pap. *(978-1-78133-337-2(8))* Rethink Pr., Ltd.

Puppy Tales: a Dog's Purpose 4-Book Boxed Set: Ellie's Story, Bailey's Story, Molly's Story, Max's Story. W. Bruce Cameron. 2018. (Puppy Tale Ser.). (ENG.). (J). 67.96 *(978-1-250-31617-2(0)*, 900199752, Starscape) Doherty, Tom Assocs., LLC.

Puppy Talk: Opposites. J. C. Coates. Illus. by J. C. Coates. 2019. (ENG., Illus.). 20p. (J). (— 1). bds. 7.99 *(978-1-58089-847-8(5))* Charlesbridge Publishing, Inc.

Puppy to Dog: Kid's Manual to Training a Puppy! Pet Books for Kids - Children's Animal Care & Pets Books. Left Brain Kids. 2016. (ENG., Illus.). (J). pap. 7.51 *(978-1-68376-601-8(6))* Sabeels Publishing.

Puppy Truck. Brian Pinkney. Illus. by Brian Pinkney. 2019. (ENG., Illus.). 40p. (J). (gr. k-3). 17.99 *(978-1-5344-2687-0(6))* Simon & Schuster Children's Publishing.

Puppy Who Couldn't Sleep. Holly Webb. Illus. by Sophy Williams. 2020. (Pet Rescue Adventures Ser.). (ENG.). 128p. (J). (gr. 1-4). pap. 5.99 *(978-1-68010-457-8(8))* Tiger Tales.

Puppy Who Ran Away. Holly Webb. Illus. by Sophy Williams. 2023. (Pet Rescue Adventures Ser.). (ENG.). 128p. (J). (gr. 1-4). pap. 5.99 *(978-1-6643-4043-5(2))* Tiger Tales.

Puppy Who Wouldn't Share. Pia Horan-Gross. Illus. by Koraljka. 2018. (ENG.). 28p. (J). pap. *(978-0-6480135-4-9(5))* Thorpe-Bowker.

Puppy Without a Paddle. Michael Verrett. Illus. by Michael Verrett. 2020. (ENG.). 32p. (J). 21.95 *(978-1-0879-0514-3(1))* MVL/Imagine That.

Puppy's Big Day. Nick Bruel. ed. 2016. (Bad Kitty Chapter Bks.). (J). lib. bdg. 17.20 *(978-0-606-38431-5(6))* Turtleback.

Puppy's First Christmas. Holly Webb. Illus. by Sophy Williams. 2023. (Pet Rescue Adventures Ser.). (ENG.). 128p. (J). (gr. 1-4). pap. 5.99 ***(978-1-6643-4059-6(9))*** Tiger Tales.

Puppy's Wish. Lori Evert. Illus. by Per Breiehagen. 2017. (Wish Book Ser.). 28p. (J). (-k). bds. 8.99 *(978-0-399-55054-6(2)*, Random Hse. Bks. for Young Readers) Random Hse. Children's Bks.

Pup's Place. Meggie Spicer. Illus. by Floyd Ryan S. Yamyamin. 2021. (ENG.). 30p. (J). *(978-0-2288-4118-0(6))*; pap. *(978-0-2288-4117-3(8))* Tellwell Talent.

Pups Save a Piñata (a PAW Patrol Water Wonder Storybook) Scholastic. 2019. (ENG.). 12p. (J). (gr. -1-1). 10.99 *(978-1-338-53835-9(7))* Scholastic, Inc.

Pups Save Friendship Day! Contrib. by MJ Illustrations (Group) Staff. 2016. (Illus.). (J). *(978-1-5182-2299-3(4)*, Golden Bks.) Random Hse., Inc.

Pups Save the Bunnies. Ursula Ziegler-Sullivan. 2016. (Illus.). (J). *(978-1-5182-1575-9(0))* Random Hse., Inc.

Pups Save the Bunnies (Paw Patrol) Random House. Illus. by Mike Jackson. 2016. (Pictureback(R) Ser.). (ENG.). 16p. (J). (gr. -1-1). 4.99 *(978-1-101-93168-4(X)*, Random Hse. Bks. for Young Readers) Random Hse. Children's Bks.

Pups Stick Together! (PAW Patrol) Golden Books. Illus. by Golden Books. 2018. (ENG., Illus.). 64p. (J). (gr. -1-2). pap. 5.99 *(978-1-5247-6877-5(4)*, Golden Bks.) Random Hse. Children's Bks.

Purcell Papers, Vol. 1 of 3 (Classic Reprint) Le Fanu. 2017. (ENG., Illus.). (J). 29.51 *(978-0-260-89934-7(8))* Forgotten Bks.

Purcell Papers, Vol. 3 of 3 (Classic Reprint) Joseph Sheridan Le Fanu. 2018. (ENG., Illus.). 296p. (J). 30.02 *(978-0-364-40397-6(7))* Forgotten Bks.

Purchase Price: Or the Cause of Compromise (Classic Reprint) Emerson Hough. 2017. (ENG., Illus.). (J). 32.95 *(978-1-5279-7964-2(4))* Forgotten Bks.

Pure Dynasty. Leila Almarzoh. 2021. (Pure Dynasty Ser.: Vol. 1). (ENG.). 188p. (YA). 15.00 *(978-1-0878-7123-3(9))* Indy Pub.

Pure Dynasty. Leila Almarzoh. 2021. (ENG.). 252p. (YA). pap. 13.08 *(978-1-68470-653-2(X))* Lulu Pr., Inc.

Pure Dynasty II. Leila Almarzoh. 2021. (ENG.). (YA). 174p. 10.99 *(978-1-0879-6776-9(7))*; (Pure Dynasty Ser.: Vol. 2). 244p. pap. 8.99 *(978-1-0879-6631-1(0))* Indy Pub.

Pure Dynasty II. Leila Almarzoh. 2021. (ENG.). 244p. (YA). pap. 13.75 *(978-1-6780-6602-4(8))* Lulu Pr., Inc.

Pure Dynasty III. Leila Almarzoh. 2021. (Pure Dynasty Ser.: Vol. 3). (ENG.). 180p. (YA). 10.99 *(978-1-0879-6904-6(2))* Indy Pub.

Pure Dynasty IV. Leila Almarzoh. 2021. (ENG.). 196p. (YA). 11.15 *(978-1-0879-7910-6(2))* Indy Pub.

Pure Fyre. KristaLyn A. Vetovich. 2019. (ENG.). 310p. (YA). 37.95 *(978-1-9822-3921-3(2))*; pap. 19.99 *(978-1-9822-3919-0(0))* Author Solutions, LLC. (Balboa Pr.).

Pure Gold, Vol. 1 of 3 (Classic Reprint) H. Lovett Cameron. 2018. (ENG., Illus.). 244p. (J). 28.95 *(978-0-267-19451-3(X))* Forgotten Bks.

Pure Gold, Vol. 2 of 3 (Classic Reprint) H. Lovett Cameron. 2018. (ENG., Illus.). 244p. (J). 28.95 *(978-0-483-97147-9(2))* Forgotten Bks.

Pure Gold, Vol. 3 of 3 (Classic Reprint) H. Lovett Cameron. 2018. (ENG., Illus.). 234p. (J). 28.72 *(978-0-332-26046-4(1))* Forgotten Bks.

Pure Human City. Claire Miller. 2016. (ENG., Illus.). 93p. (YA). pap. *(978-0-9956458-0-6(9))* Campsie Hills Bks.

Pure Love: A Spiritual Story for Children & Young Adults. Janet Lawson. 2016. (ENG.). 146p. (J). pap. ***(978-0-9935343-3-1(3))*** Janet Lawson.

Pure Moments of a Child. Olarose Adaobi Rita Ndubuisi. 2017. (ENG., Illus.). (J). pap. 9.49 *(978-0-87831-142-2(4))* Black Academy Pr., Inc.

Pure Thoughts: Book Form Art Museum. Taariq Brown. 2020. (ENG.). 94p. (J). 24.00 *(978-1-63732-684-8(X))* Primedia eLaunch LLC.

Puresong's Dragon. Dennis McCabe. 2018. (ENG., Illus.). 30p. (J). pap. 12.95 *(978-1-64258-604-6(8))* Christian Faith Publishing.

Purgatory of Peter the Cruel (Classic Reprint) James Greenwood. 2017. (ENG., Illus.). (J). 27.36 *(978-0-331-66428-7(3))*; pap. 9.97 *(978-0-259-42041-5(7))* Forgotten Bks.

Purging Fire: 4 Elements of Mystery Book One. Marlene Mesot. 2018. (ENG., Illus.). 202p. (YA). pap. 15.95 *(978-1-64191-373-7(8))* Christian Faith Publishing.

Purified. Jennifer Ruth Hackett. 2020. (ENG.). 198p. (YA). pap. 14.99 *(978-1-63050-213-3(8))* Salem Author Services.

Purifying Room: The Cosmic Adventures of Crystee Daveen. Kaiyann Isa. 2017. (ENG., Illus.). (J). pap. 23.95 *(978-1-5043-1073-4(X)*, Balboa Pr.) Author Solutions, LLC.

Purim Chicken. Margery Cuyler. 2018. (2019 Av2 Fiction Ser.). (ENG.). 32p. (J). (gr. -1-2). lib. bdg. 34.28 *(978-1-4896-8277-2(5)*, AV2 by Weigl) Weigl Pubs., Inc.

Purim Chicken. Margery Cuyler. Illus. by Puy Pinillos. 2017. (ENG.). 32p. (J). (gr. -1-3). 16.99 *(978-0-8075-3381-9(5)*, 807533815) Whitman, Albert & Co.

Purim Is Coming! Tracy Newman. Illus. by Viviana Garofoli. 2017. (ENG.). 12p. (J). (gr. -1 — 1). bds. 7.99 *(978-1-5124-0827-0(1)*, 8ce8b152-c9bb-4654-b45e-04c5bd767de7); E-Book 23.99 *(978-1-5124-2725-7(X)*, 9781512427257) Lerner Publishing Group. (Kar-Ben Publishing).

Purim Panic. Laura Gehl. Illus. by Olga Ivanov & Aleksey Ivanov. 2023. (Ruby Celebrates! Ser.). (ENG.). 32p. (J). (gr. -1-3). 17.99 *(978-0-8075-7180-4(6)*, 0807571806) Whitman, Albert & Co.

Puritan Bohemia (Classic Reprint) Margaret Sherwood. 2018. (ENG., Illus.). 200p. (J). 28.02 *(978-0-267-66660-7(8))* Forgotten Bks.

Puritan Pagan: A Novel (Classic Reprint) Julien Gordon. 2018. (ENG., Illus.). 370p. (J). 31.55 *(978-0-483-26007-8(X))* Forgotten Bks.

Puritan Twins. Lucy Fitch Perkins. 2018. (ENG., Illus.). 96p. (YA). (gr. 7-12). pap. *(978-93-5297-566-2(9))* Alpha Editions.

Puritan Twins (Classic Reprint) Lucy Fitch Perkins. 2018. (ENG., Illus.). 196p. (J). 27.94 *(978-0-484-46219-8(9))* Forgotten Bks.

Puritan's Daughter: Sequel to Creole & Puritan; a Character Romance of Two Sections (Classic Reprint) Thomas Cooper De Leon. (ENG., Illus.). (J). 2018. 202p. 28.06 *(978-0-666-97091-6(2))*; 2017. pap. 10.57 *(978-0-243-44791-6(4))* Forgotten Bks.

Puritans vs. Native Americans - King Philip's War - North American Colonization - US History 3rd Grade - Children's American History. Baby Professor. (ENG.). 72p. (J). 2020. pap. 14.72 *(978-1-5419-5028-3(3))*; 2019. 24.71 *(978-1-5419-7475-3(1))* Speedy Publishing LLC. (Baby Professor (Education Kids)).

Puritan's Wife (Classic Reprint) Max Pemberton. 2017. (ENG., Illus.). (J). 31.69 *(978-1-5282-6444-0(4))* Forgotten Bks.

Purloined Boy. C. R. Wiley. 2017. (Weirdling Cycle Ser.: Vol. 1). (ENG.). 250p. (J). 16.95 *(978-1-947644-06-9(8)*, Canonball Bks.) Canon Pr.

Purloined Boy. Chris Wiley. 2018. (J). pap. *(978-1-947644-40-3(8)*, Canonball Bks.) Canon Pr.

Purloining of Prince Oleomargarine. Mark Twain, pseud & Philip C. Stead. Illus. by Erin Stead. 160p. (J). (gr. 3-7). 2021. pap. 9.99 *(978-0-593-30382-5(2)*, Yearling); 2017. 24.99 *(978-0-553-52322-5(8)*, Doubleday Bks. for Young Readers) Random Hse. Children's Bks.

Puros e Impuros - Livro de Atividades. Pip Reid. 2020. (POR.). 54p. (J). pap. *(978-1-989961-28-5(2))* Bible Pathway Adventures.

Purpello. Kate Farrant. 2017. (ENG., Illus.). (J). pap. 15.00 *(978-0-244-02243-3(7))* Lulu Pr., Inc.

Purple see Mov

Purple. Amy Culliford. 2021. (My Favorite Color Ser.). (ENG., Illus.). 16p. (J). (gr. -1-1). pap. *(978-1-4271-3260-4(7)*, 11516) Crabtree Publishing Co.

Purple. Amanda Doering. Illus. by Joanie Stone. 2018. (Sing Your Colors! Ser.). (ENG.). 24p. (J). (gr. -1-2). 33.99 *(978-1-68410-313-3(4)*, 140701) Cantata Learning.

Purple. Xist Publishing. 2019. (Discover Colors Ser.). (ENG.). 8p. (J). (gr. -1-2). pap. 5.99 *(978-1-5324-0960-8(5))* Xist Publishing.

Purple & Fine Linen. Edgar Fawcett. 2017. (ENG.). 496p. (J). pap. *(978-3-337-00226-8(9))* Creation Pubs.

Purple & Fine Linen: A Novel (Classic Reprint) Edgar Fawcett. 2017. (ENG., Illus.). (J). 34.11 *(978-0-331-39941-7(5))* Forgotten Bks.

Purple & Friends at the Amusement Park. Gail Skroback Hannessey. 2017. (ENG.). (J). *(978-93-86090-20-1(1))* Aadarsh Pvt, Ltd.

Purple & Gold, 1922, Vol. 8: Published by the Senior Class of Morrison R. Waite High School, Toledo, Ohio (Classic Reprint) Myron Buehrer. (ENG., Illus.). (J). 2018. 248p. 29.01 *(978-0-483-59325-1(7))*; 2017. pap. 11.57 *(978-0-259-93393-9(7))* Forgotten Bks.

Purple & Gold of 1919, Vol. 5: The Year Book of Morrison R. Waite High School (Classic Reprint) Harold H. Hartley. 2017. (ENG., Illus.). (J). 29.80 *(978-0-265-94993-1(9))*; pap. 13.57 *(978-1-5278-4017-1(4))* Forgotten Bks.

Purple & Gold of 1920, Vol. 6 (Classic Reprint) Morrison R. Waite High School. 2017. (ENG., Illus.). (J). 29.88 *(978-0-331-22800-7(9))*; pap. 13.57 *(978-0-265-04536-7(3))* Forgotten Bks.

Purple & Gold of 1921, Vol. 7: Year Book of Morrison R. Waite High School (Classic Reprint) Gerald Pelton. 2017. (ENG., Illus.). (J). 274p. 29.55 *(978-0-484-37246-6(7))*; pap. 11.97 *(978-0-259-80721-6(4))* Forgotten Bks.

Purple & Pink Sunset Journal: Lined Softcover Notebook Sunset Cloud Background Inspirational Quote. Lighthouse Papier. 2023. (ENG.). 122p. (YA). pap. ***(978-1-312-59240-7(0))*** Lulu Pr., Inc.

Purple & the Pumpkin Race. Gail Skroback Hannessey. 2017. (ENG.). (J). *(978-93-86090-17-1(1))* Aadarsh Pvt, Ltd.

Purple & White Echo, 1943, Vol. 3 (Classic Reprint) Smith Academy. 2017. (ENG., Illus.). (J). 25.05 *(978-0-260-49352-1(X))*; pap. 9.57 *(978-0-265-06254-8(3))* Forgotten Bks.

Purple Bear. T. Lynn McLaurin. 2021. (ENG., Illus.). 32p. (J). pap. 12.95 *(978-1-63710-135-3(X))* Fulton Bks.

Purple Bicycle. Stacey David. 2019. (ENG.). 46p. (J). pap. 14.95 *(978-1-64515-022-0(4))* Christian Faith Publishing.

Purple Bird's Enchanting Tale. Lisa Sugar. Illus. by Monika Rosen. 2021. (Enchanting Tales Ser.). (ENG.). 26p. (J). pap. *(978-1-7777799-0-0(1))* LoGreco, Bruno.

Purple Book - Te Boki Ae Beeboo (Te Kiribati) Kr Clarry. Illus. by Amy Mullen. 2023. (ENG.). 28p. (J). pap. ***(978-1-922918-41-3(5))*** Library For All Limited.

Purple Bundle for the Repeat Buyer: Includes Grammar for the Well-Trained Mind Purple Workbook & Key. Susan Wise Bauer et al. Illus. by Patty Rebne. 2021. (Grammar for the Well-Trained Mind Ser.: 0). (ENG.). 1144p. (YA). (gr. 5-12). pap. 55.90 *(978-1-952469-09-1(0)*, 952409) Well-Trained Mind Pr.

Purple Climbing Days see Dias Sombrios

Purple Cow! (Classic Reprint) Gelett Burgess. (ENG., Illus.). (J). 2018. 20p. 24.31 *(978-0-366-65065-1(3))*; 2018. 22p. pap. 7.97 *(978-0-366-65062-0(9))*; 2017. 24.64 *(978-0-260-30277-9(5))* Forgotten Bks.

Purple Death: The Mysterious Spanish Flu Of 1918. David Getz. Illus. by Peter McCarty. 2017. (ENG.). 96p. (J). pap. 16.99 *(978-1-250-13909-2(0)*, 900179222) Square Fish.

Purple Frog. Angela Jeffreys. 2018. (ENG., Illus.). 30p. (J). (gr. k-3). *(978-0-9952841-9-7(9))*; pap. *(978-0-9952841-8-0(0))* OC Publishing.

Purple, Green & Yellow. Robert Munsch. Illus. by Hélène Desputeaux & Hélène Desputeaux. 2018. (Classic Munsch Ser.). (ENG.). 32p. (J). (gr. -1-2). 19.95 *(978-1-77321-034-6(3))* Annick Pr., Ltd. CAN. Dist: Publishers Group West (PGW).

Purple, Green & Yellow. Robert Munsch. Illus. by Hélène Desputeaux. 2018. (Classic Munsch Ser.). 36p. (J). (gr. -1-2). pap. 7.95 *(978-1-77321-033-9(5))* Annick Pr., Ltd. CAN. Dist: Publishers Group West (PGW).

Purple Heart Christmas. Taylor Salerno. 2022. (ENG.). 38p. (J). pap. 12.99 ***(978-1-0880-5246-4(0))*** Indy Pub.

Purple Heart Tree. Maureen Russell. 2018. (ENG., Illus.). 32p. (J). pap. *(978-0-244-11774-0(8))* Lulu Pr., Inc.

Purple Hearts. Michael Grant. (Front Lines Ser.: 3). (ENG.). 576p. (YA). (gr. 9). 2019. pap. 9.99 *(978-0-06-234222-5(3))*; 2018. 18.99 *(978-0-06-234221-8(5))* HarperCollins Pubs. (Tegen, Katherine Bks).

Purple Heights, Vol. 1 (Classic Reprint) Marie Conway Oemler. 2018. (ENG., Illus.). 394p. (J). 32.04 *(978-0-332-94718-1(1))* Forgotten Bks.

Purple in My World. Brienna Rossiter. 2020. (Colors in My World Ser.). (ENG.). 16p. (J). (gr. -1-1). pap. 7.95 *(978-1-64619-194-9(3)*, 1646191943); lib. bdg. 25.64 *(978-1-64619-160-4(9)*, 1646191609) Little Blue Hse. (Little Blue Readers).

Purple Land (Classic Reprint) W. H. Hudson. 2018. (ENG., Illus.). 298p. (J). 30.06 *(978-0-483-40976-7(6))* Forgotten Bks.

P

Purple Land (Classic Reprint) William Henry Hudson, 3rd. 2017. (ENG., Illus.). (J). 32.56 *(978-0-331-56129-6(8))* Forgotten Bks.

Purple-Lee. April Joy Manger. Illus. by Penny Jamrack. 2022. (ENG.). 30p. (J). pap. 9.95 ***(978-1-7343786-5-8(4))*** April Joy Manger.

Purple Lion & the Spotted Leopard: There's a Muffin in My Boot: a Guide to Character for Primary & Middle School Students. Manfred J. Von Vulte. Illus. by Shane Kirshenblatt. 2022. (ENG.). 150p. (J). ***(978-1-0391-5894-8(3))***; pap. ***(978-1-0391-5893-1(5))*** FriesenPress.

Purple Mask: Adapted from the Play le Chevalier Au Masque (Classic Reprint) Louise Jordan Miln. (ENG., Illus.). (J). 2018. 322p. 30.54 *(978-0-484-81875-9(9))*; 2017. pap. 13.57 *(978-0-243-18643-3(6))* Forgotten Bks.

Purple Moon. Tessa Emily Hall. 2019. (ENG.). 330p. (YA). pap. 13.95 *(978-1-64713-176-0(6))* Primedia eLaunch LLC.

Purple Pail. Christine Ieronimo. Illus. by Niki Leonidou. 2022. (ENG.). 32p. (J). 17.95 *(978-1-60537-658-5(2))* Clavis Publishing.

Purple Paint Everywhere! Joanne Meier & Cecilia Minden. Illus. by Bob Ostrom. 2022. (Bear Essential Readers Ser.). (ENG.). 32p. (J). (gr. -1-2). lib. bdg. 35.64 *(978-1-5038-5913-5(4)*, 215811, First Steps) Child's World, Inc, The.

Purple Parasol: With Illustrations by Harrison Fisher & Decorations by Chas, B. Falls (Classic Reprint) George Barr McCutcheon. 2018. (ENG., Illus.). 116p. (J). 26.39 *(978-0-483-14753-9(2))* Forgotten Bks.

Purple Parasol (Classic Reprint) George Barr McCutcheon. (ENG., Illus.). (J). 2018. 256p. 29.18 *(978-0-365-21071-9(4))*; 2017. pap. 11.57 *(978-0-259-21388-8(8))* Forgotten Bks.

Purple Parrot, 1923 (Classic Reprint) Nappanee High School. (ENG., Illus.). (J). 2018. 108p. 26.14 *(978-0-428-42343-8(4))*; 2017. pap. 9.57 *(978-0-259-89229-8(7))* Forgotten Bks.

Purple Parrot, Vol. 1: May, 1921 (Classic Reprint) Essie E. Tichenor. (ENG., Illus.). (J). 2018. 32p. 24.56 *(978-0-483-85536-6(7))*; 2016. pap. 7.97 *(978-1-334-11767-1(5))* Forgotten Bks.

Purple Parrot, Vol. 11: April, 1931 (Classic Reprint) Northwestern University. 2017. (ENG., Illus.). (J). 36p. 24.66 *(978-0-332-47666-7(9))*; pap. 7.97 *(978-0-243-45652-9(2))* Forgotten Bks.

Purple Parrot, Vol. 2: April, 1922 (Classic Reprint) Northwestern University. (ENG., Illus.). (J). 2018. 30p. 24.52 *(978-0-267-32629-7(7))*; 2016. pap. 7.97 *(978-1-333-53282-6(2))* Forgotten Bks.

Purple Parrot, Vol. 2: December, 1921 (Classic Reprint) Northwestern University. 2018. (ENG., Illus.). (J). 30p. 24.52 *(978-0-366-52561-4(1))*; 32p. pap. 7.97 *(978-0-365-84890-5(5))* Forgotten Bks.

Purple Parrot, Vol. 2: January, 1922 (Classic Reprint) Northwestern University. (ENG., Illus.). (J). 2018. 32p. 24.56 *(978-0-267-34747-6(2))*; 2016. pap. 7.97 *(978-1-333-71348-5(7))* Forgotten Bks.

Purple Parrot, Vol. 2: May, 1922 (Classic Reprint) Northwestern University. (ENG., Illus.). (J). 2018. 34p. 24.60 *(978-0-483-88452-6(9))*; 2016. pap. 7.97 *(978-1-334-12077-0(3))* Forgotten Bks.

Purple Parrot, Vol. 2: November, 1921 (Classic Reprint) Northwestern University. (ENG., Illus.). (J). 2018. 30p. 24.52 *(978-0-267-37680-3(4))*; 2016. pap. 7.97 *(978-1-334-15751-6(0))* Forgotten Bks.

Purple Parrot, Vol. 2 (Classic Reprint) Northwestern University. 2018. (ENG., Illus.). 32p. (J). 24.58 *(978-0-332-93893-6(X))* Forgotten Bks.

Purple Parrot, Vol. 3: December, 1922 (Classic Reprint) Northwestern University. (ENG., Illus.). (J). 2018. 38p. 24.70 *(978-0-267-40811-5(0))*; 2016. pap. 7.97 *(978-1-334-15469-0(4))* Forgotten Bks.

Purple Parrot, Vol. 3: November, 1922 (Classic Reprint) David K. Bruner. (ENG., Illus.). (J). 2018. 38p. 24.70 *(978-0-267-30646-6(6))*; 2016. pap. 7.97 *(978-1-333-32833-7(8))* Forgotten Bks.

Purple Parrot, Vol. 3: October, 1922 (Classic Reprint) Northwestern University. (ENG., Illus.). (J). 2018. 34p. 24.70 *(978-0-332-99123-8(7))*; 2016. pap. 7.97 *(978-1-333-67921-7(1))* Forgotten Bks.

Purple Penguin's Perfect Purple Party. Laurie Roy. 2018. (ENG., Illus.). 42p. (J). pap. 13.95 *(978-1-64299-338-7(7))* Christian Faith Publishing.

Purple Pointy Hats! Cute Witch Coloring Book. Activity Attic Books. 2016. (ENG., Illus.). (J). pap. 7.74 *(978-1-68323-295-7(X))* Twin Flame Productions.

Purple Polka-Dotted Peanut Butter Eater. Matt Roemisch. Illus. by Joshua Szanyi. 2019. (ENG.). 32p. (J). (gr. k-5). 17.99 *(978-0-578-53394-0(4))* Roemisch, Matt Graphic Design.

Purple Potion: His Destiny Is Calling but Will They Meet? Sonia Omojola. 2021. (ENG.). 102p. (YA). *(978-1-913674-52-6(5))*; pap. *(978-1-913674-43-4(6))* Conscious Dreams Publishing.

Purple Princess. S. L. Flowers. (ENG.). 42p. (J). 2022. (gr. k-5). pap. 12.00 *(978-1-7323382-3-4(X))*; 2019. (Purple Princess Ser.: Vol. 1). (Illus.). (gr. 1-5). 24.99 *(978-1-7323382-0-3(5))* Ramahi, Yasmin.

Purple Princess & the Swamp Quest. S. L. Flowers. 2020. (Purple Princess Ser.: Vol. 2). (ENG., Illus.). 34p. (J). (gr. k-5). 24.99 *(978-1-7323382-1-0(3))* Ramahi, Yasmin.

Purple Puffy Coat. Maribeth Boelts. Illus. by Daniel Duncan. 2020. (ENG.). 32p. (J). (gr. -1-2). 17.99 *(978-1-5362-0497-1(8))* Candlewick Pr.

Purple Puppy: ... & Other Stories. Dill Wright. 2022. (ENG.). 66p. (J). pap. ***(978-1-80227-589-6(4))*** Publishing Push Ltd.

Purple Pussycat. Margaret Hillert. Illus. by Kate Cosgrove. 2016. (Beginning-To-Read Ser.). (ENG.). 32p. (J). (gr. k-2). pap. 13.26 *(978-1-60357-944-5(3))* Norwood Hse. Pr.

Purple Pussycat. Margaret Hillert. 21st ed. 2016. (BeginningtoRead Ser.). (ENG., Illus.). 32p. (J). (gr. k-2). 22.60 *(978-1-59953-803-7(2))* Norwood Hse. Pr.

Purple Ribbons. Guarneri. 2019. (ENG.). 20p. (J). pap. 20.50 *(978-0-359-67995-9(1))* Lulu Pr., Inc.

Purple Song. Anita Kruse. 2017. (ENG., Illus.). (J). 16.95 *(978-1-941515-82-2(7))* LongTale Publishing, LLC.

Purple Springs (Classic Reprint) Nellie L. McClung. 2018. (ENG., Illus.). 344p. (J). 31.01 *(978-0-666-94214-2(5))* Forgotten Bks.

Purple Stockings (Classic Reprint) Edward Salisbury Field. (ENG., Illus.). (J). 2018. 130p. 26.58 *(978-0-332-01545-3(9))*; 2017. pap. 9.57 *(978-0-243-33176-5(2))* Forgotten Bks.

Purple Swing. Danny Hayes. 2021. (ENG., Illus.). 78p. (J). pap. 17.95 *(978-1-63710-319-7(0))* Fulton Bks.

Purple Tie: There Is Royalty Within. Moriah Inyang-Otu. 2019. (ENG.). 258p. (YA). 35.95 *(978-1-9736-6722-3(3))*; pap. 19.95 *(978-1-9736-6721-6(5))* Author Solutions, LLC. (WestBow Pr.).

Purple Tie: There Is Royalty Within. Moriah Inyang-Otu. 2020. (ENG.). 264p. (YA). 14.99 *(978-1-64803-340-7(7))*; pap. 9.99 *(978-1-64803-339-1(3))* Westwood Bks. Publishing.

Purple Turtles. Kevin Mooney. 2019. (ENG., Illus.). 40p. (J). pap. 9.99 *(978-0-578-44976-0(5))* New-Wolf Moon Publishing.

Purplekitty Bride. Latonya Ingram. 2022. (ENG.). 120p. (J). pap. ***(978-1-387-64936-5(1))*** Lulu Pr., Inc.

Purple's Chcololathy Dream. Gail Skroback Hannessey. 2017. (ENG.). (J). *(978-93-86090-18-8(X))* Aadarsh Pvt, Ltd

Purple's School Blues. Suvarna Bhajanka. 2017. (ENG.). (J). *(978-93-86090-19-5(8))* Aadarsh Pvt, Ltd .

Purpose. Dennis James Doonan. 2016. (ENG., Illus.). (YA). (gr. 7-12). pap. 15.95 *(978-1-61296-778-3(7))* Black Rose Writing.

PURPOSE - ACTION - SUCCESS Notebook - Journal: 6 X 9 Lined, Dated & Numbered Pages (Notebook-Journal) (MBS Hot Pink Cover) Marie-Berdine Steyn. 2020. (ENG.). 154p. (YA). pap. 21.66 *(978-1-716-61994-6(7))* Lulu Pr., Inc.

Purpose & Success (Classic Reprint) Unknown Author. 2018. (ENG., Illus.). 274p. (J). 29.57 *(978-0-483-20894-0(9))* Forgotten Bks.

Purpose Driven Life 100 Devotions for Children, 1 vol. Rick Warren et al. 2019. (Purpose Driven Life Ser.). (ENG., Illus.). 208p. (J). 17.99 *(978-0-310-76674-2(5))* Zonderkidz.

Purpose of Gus. Angela LeBlanc. 2017. (ENG., Illus.). 28p. (J). 17.95 *(978-1-947825-98-7(4))*; pap. 9.95 *(978-1-947825-84-0(4))* Yorkshire Publishing Group.

Purpose of Maps. Samantha S. Bell. 2019. (All about Maps Ser.). (ENG.). 24p. (J). (gr. 1-4). lib. bdg. 32.79 *(978-1-5038-2785-1(2)*, 212591) Child's World, Inc, The.

Purpose of Rules & Laws, 1 vol. Joshua Turner. 2018. (Civic Virtue: Let's Work Together Ser.). (ENG.). 24p. (J). (gr. 3-3). 25.27 *(978-1-5081-6694-8(3)*, 09d4f0cf-b91f-4efd-9aa9-a768ace41e43); pap. 9.25 *(978-1-5081-6696-2(X)*, 035b999f-da81-4030-aa94-1dbda071a60a) Rosen Publishing Group, Inc., The. (PowerKids Pr.).

Purpose of the Rain Forest. Julie Murray. 2022. (Rain Forest Life Ser.). (ENG.). 24p. (J). (gr. k-4). lib. bdg. 31.36 *(978-1-0982-8012-3(1)*, 41059, Abdo Zoom-Dash) ABDO Publishing Co.

Purposed Through Joy! Nikki Pritchett-Johnson. 2022. (ENG., Illus.). 30p. (J). pap. 14.95 ***(978-1-63710-674-7(2))*** Fulton Bks.

Purposeful Pup: A Puppy's Journey to Become a Service Dog. Patric Rayburn. Illus. by Sydney Provencher. 2021. (ENG.). 34p. (J). pap. 14.99 *(978-1-7371809-6-8(0))* Tella Tales LLC.

Purr-Fect Family Visit (Gabby's Dollhouse Storybook) Pamela Bobowicz. 2022. (ENG.). 24p. (J). (gr. -1-k). pap. 5.99 *(978-1-338-83887-9(3))* Scholastic, Inc.

Purr-Fect Painting: Matisse's Other Great Cat. Joan Waites. 2021. (ENG., Illus.). 40p. (J). (gr. -1-3). 16.99 *(978-0-7643-6112-8(0)*, 18592) Schiffer Publishing, Ltd.

Purr-Fect Pets (L. O. L. Surprise!) Random House. Illus. by Random House. 2021. (Step into Reading Ser.). (ENG., Illus.). 32p. (J). (gr. -1-2). pap. 5.99 *(978-0-593-37390-3(1))*; lib. bdg. 14.99 *(978-0-593-37391-0(X))* Random Hse. Children's Bks. (Random Hse. Bks. for Young Readers).

Purr-Fect Scoop. Coco Simon. 2018. (Sprinkle Sundays Ser.: 3). (ENG.). 160p. (J). (gr. 3-7). 17.99 *(978-1-5344-2893-5(3))*; (Illus.). pap. 7.99 *(978-1-5344-2892-8(5))* Simon Spotlight. (Simon Spotlight).

Purr (Talk to the Animals) Board Book. Alison Lester. 2018. (Talk to the Animals Ser.). (ENG.). 16p. bds. 6.99 *(978-0-7333-2996-8(9))* ABC Bks. AUS. Dist: HarperCollins Pubs.

Purrcy's Discovery. Eleanor Rogers. 2016. (ENG., Illus.). (J). (gr. k-1). 20.00 *(978-0-692-76379-7(1))* Amalgamated Widgets Unlimited.

Purrfect Pets! Charming Kitty Coloring Book. Smarter Activity Books for Kids. 2016. (ENG., Illus.). (J). pap. 9.22 *(978-1-68374-602-7(3))* Examined Solutions PTE. Ltd.

Purrfect Place. Sandra Wilson. 2020. (ENG.). 50p. (J). pap. *(978-0-9919177-2-3(3))* Wilson, Sandra.

Purrfect Pranksters (Cutiecorns #2) Shannon Penney. Illus. by Addy Rivera Sonda. 2020. (Cutiecorns Ser.: 2). (ENG.). 112p. (J). (gr. 2-5). pap. 5.99 *(978-1-338-54038-3(6)*, Scholastic Paperbacks) Scholastic, Inc.

Purrfect Show (Home for Meow #1) Reese Eschmann. 2022. (Home for Meow Ser.). (ENG., Illus.). 128p. (J). (gr. 2-5). pap. 5.99 *(978-1-338-78398-8(X))* Scholastic, Inc.

Purring Perfectly. Miriam Hochstetler. 2022. (ENG.). 54p. (J). pap. 10.99 *(978-1-6628-3695-4(3))* Salem Author Services.

Purrmaids #1: the Scaredy Cat. Sudipta Bardhan-Quallen. Illus. by Vivien Wu. 2017. (Purrmaids Ser.: 1). (ENG.). 96p. (J). (gr. 1-4). 6.99 *(978-1-5247-0161-1(0)*, Random Hse. Bks. for Young Readers) Random Hse. Children's Bks.

Purrmaids #13: Purr-Ty in Pink. Sudipta Bardhan-Quallen. Illus. by Vivien Wu. 2023. (Purrmaids Ser.: 13). (ENG.). 96p. (J). (gr. 1-4). lib. bdg. 12.99 *(978-0-593-64535-2(9)*, Random Hse. Bks. for Young Readers) Random Hse. Children's Bks.

Purrmaids #14: Contest Cat-Tastrophe, Vol. 14. Sudipta Bardhan-Quallen. Illus. by Vivien Wu. 2023. (Purrmaids Ser.: 14). 96p. (J). (gr. 1-4). 6.99 ***(978-0-593-64537-6(5)***, Random Hse. Bks. for Young Readers) Random Hse. Children's Bks.

Purrmaids #2: the Catfish Club. Sudipta Bardhan-Quallen. Illus. by Vivien Wu. 2017. (Purrmaids Ser.: 2). (ENG.). 96p. (J). (gr. 1-4). 6.99 *(978-1-5247-0164-2(5)*, Random Hse. Bks. for Young Readers) Random Hse. Children's Bks.

Purrmaids #3: Seasick Sea Horse. Sudipta Bardhan-Quallen. Illus. by Vivien Wu. 2018. (Purrmaids Ser.: 3). (ENG.). 96p. (J). (gr. 1-4). 5.99 *(978-1-5247-0167-3(X)*, Random Hse. Bks. for Young Readers) Random Hse. Children's Bks.

Purrmaids #4: Search for the Mermicorn. Sudipta Bardhan-Quallen. Illus. by Vivien Wu. 2018. (Purrmaids Ser.: 4). (ENG.). 96p. (J). (gr. 1-4). pap. 5.99 *(978-1-5247-0170-3(X)*, Random Hse. Bks. for Young Readers) Random Hse. Children's Bks.

Purrmaids #5: a Star Purr-Formance. Sudipta Bardhan-Quallen. Illus. by Vivien Wu. 2019. (Purrmaids Ser.: 5). (ENG.). 96p. (J). (gr. 1-4). 6.99 *(978-0-525-64634-1(5)*, Random Hse. Bks. for Young Readers) Random Hse. Children's Bks.

Purrmaids #6: Quest for Clean Water. Sudipta Bardhan-Quallen. Illus. by Vivien Wu. 2019. (Purrmaids Ser.: 6). (ENG.). 96p. (J). (gr. 1-4). pap. 6.99 *(978-0-525-64637-2(X)*, Random Hse. Bks. for Young Readers) Random Hse. Children's Bks.

Purrmaids #7: Kittens in the Kitchen. Sudipta Bardhan-Quallen. Illus. by Vivien Wu. 2020. (Purrmaids Ser.: 7). (ENG.). 96p. (J). (gr. 1-4). 6.99 *(978-1-9848-9607-0(5)*, Random Hse. Bks. for Young Readers) Random Hse. Children's Bks.

Purrmaids Fin-Tastic Adventures 1-4 Gift Set, 4 vols., Set. Sudipta Bardhan-Quallen. Illus. by Vivien Wu. 2019. (Purrmaids Ser.). (ENG.). 384p. (J). (gr. 1-4). 23.96 *(978-1-9848-5197-0(7)*, Random Hse. Bks. for Young Readers) Random Hse. Children's Bks.

Purs et Impurs Cahier d'activités Pour les Débutants. Pip Reid. 2020. (FRE., Illus.). 54p. (J). pap. *(978-1-988585-75-8(9))* Bible Pathway Adventures.

Purse with Tiny Strings: A Lesson in Kindness. Barbara J. Harclerode. 2021. (ENG.). 36p. (J). 23.95 *(978-1-64670-126-1(7))*; pap. 13.95 *(978-1-64670-125-4(9))* Covenant Bks.

Purslane (Classic Reprint) Bernice Kelly Harris. 2017. (ENG., Illus.). (J). 30.58 *(978-0-266-58454-4(3))*; pap. 13.57 *(978-0-282-87356-1(2))* Forgotten Bks.

Pursual: Book 1 of the Nome Chronicles. F. F. John. 2017. (Book 1 of the Nome Chronicles Ser.). (ENG., Illus.). 328p. (YA). pap. 16.99 *(978-0-692-91301-7(7))* Harcourt Briggs.

Pursued. Gary Urey. 2017. (Secrets of the X-Point Ser.: 1). (ENG., Illus.). 288p. (J). (gr. 3-7). 16.99 *(978-0-8075-6684-8(5)*, 807566845); pap. 9.99 *(978-0-8075-6686-2(1)*, 807566861) Whitman, Albert & Co.

Pursued: A Tale of the Yellowstone (Classic Reprint) William John Gordon. 2017. (ENG., Illus.). (J). 126p. 26.50 *(978-0-484-74150-7(0))*; pap. 9.57 *(978-0-259-49940-4(4))* Forgotten Bks.

Pursuer. Villal Pando. 2022. (ENG., Illus.). 145p. (YA). pap. 26.99 *(978-1-988247-77-9(2))* Chapterhouse Comics CAN. Dist: Diamond Comic Distributors, Inc.

Pursuing a Plan B to Plan an a Future: Inspiring Today's Future Leaders to an Understanding of Passion & Purpose Toward a Prosperous Career. Burnett David. 2019. (ENG.). 196p. (YA). (gr. 7-12). pap. 25.00 *(978-0-578-54128-0(9))* Vitamin Foods, Inc.

Pursuing Perfect Hand Drawn Animals: A How to Activity Book. Activibooks For Kids. 2016. (ENG., Illus.). (J). pap. 6.99 *(978-1-68321-404-5(8))* Mimaxion.

Pursuing Purity. Annie Perkins. 2018. (ENG.). 78p. (YA). pap. 7.99 *(978-1-945620-52-2(8))* Hear My Heart Publishing.

Pursuit. Katrina Cope. 2020. (Valkyrie Academy Dragon Alliance Ser.: Vol. 10). (ENG., Illus.). 196p. (YA). pap. *(978-0-6487661-8-6(7))* Cosy Burrow Bks.

Pursuit of Europe: A History. Anthony Pagden. 2022. (ENG.). 400p. 34.95 *(978-0-19-027704-8(1))* Oxford Univ. Pr., Inc.

Pursuit of Happiness. Barbara Thompson. 2nd ed. 2020. (Daisie Moon Adventure Bks.: Vol. 1). (ENG., Illus.). 348p. (J). (gr. 3-6). pap. 14.00 *(978-0-9888080-7-2(2))* Jessie Street Pr.

Pursuit of Miss Heartbreak Hotel. Moe Bonneau. 2020. (ENG.). 272p. (YA). pap. 9.99 *(978-1-250-25095-7(1)*, 900188174) Square Fish.

Pursuit of Truth. Sarah Wallin-Huff. 2017. (ENG.). 240p. (YA). pap. 11.99 *(978-1-393-59190-0(6))* Draft2Digital.

Pursuit of Truth. Aaron Hodges. 2nd ed. 2019. (Evolution Gene Ser.: Vol. 2). (ENG., Illus.). 410p. (YA). pap. *(978-0-9951202-3-5(4))* Rare Design Ltd.

Pus & Scabs!, 1 vol. Melvin Hightower. 2017. (Your Body at Its Grossest Ser.). (ENG.). 24p. (J). (gr. 1-2). pap. 9.15 *(978-1-4824-6469-6(1)*, 88dd5014-43e6-4508-bf74-e1e01513e273) Stevens, Gareth Publishing LLLP.

Push. Patrick Gray. Illus. by Justin Skeesuck & Matt Waresak. 2018. (ENG.). 32p. (J). 14.99 *(978-1-4964-2880-6(3)*, 20_30836, Tyndale Kids) Tyndale Hse. Pubs.

Push & Pull. Noah Berghammer. 2021. (ENG.). 142p. (YA). pap. 14.95 *(978-1-6624-1598-2(2))* Page Publishing Inc.

Push & Pull. Mary Lindeen. 2021. (Beginning-To-Read - Read & Discover - Science Ser.). (ENG.). 32p. (J). (gr. k-2). 25.27 *(978-1-68450-824-2(X))*; pap. 13.26 *(978-1-68404-658-4(0))* Norwood Hse. Pr.

Push & Pull. Cecilia Minden. 2016. (21st Century Basic Skills Library: Animal Opposites Ser.). (ENG., Illus.). 24p. (J). (gr. k-3). 26.35 *(978-1-63470-474-8(6)*, 207627) Cherry Lake Publishing.

Push & Pull, 1 vol. Lasean Ramirez. 2016. (Rosen REAL Readers: STEM & STEAM Collection). (ENG.). 8p. (gr. k-1). pap. 5.46 *(978-1-5081-2365-1(9)*, 532966e6-d84e-4126-b433-10c59a4631c6, Rosen Classroom) Rosen Publishing Group, Inc., The.

Push & Pull. Kimberly Derting et al. ed. 2020. (I Can Read Ser.). (ENG.). 40p. (J). (gr. 2-3). 14.96 *(978-1-64697-222-7(8))* Penworthy Co., LLC, The.

Push & Pull: A Sesame Street (r) Science Book. Susan B. Katz. 2023. (Sesame Street (r) World of Science Ser.). (ENG., Illus.). 32p. (J). (gr. -1-2). pap. 8.99 *(978-1-7284-8615-4(7)*, 3ca53a27-69af-42c9-a7c0-93963cefad2a); lib. bdg. 27.99 *(978-1-7284-7578-3(3)*, 2172fdbb-7fdd-4db6-85f6-8119adebf175) Lerner Publishing Group. (Lerner Pubns.).

Push Back. Karen Spafford-Fitz. (Lorimer SideStreets Ser.). (ENG.). 184p. (YA). (gr. 9-12). 2019. lib. bdg. 27.99 *(978-1-4594-1377-1(6)*, 972161e6-cadf-4562-a35a-635ea0c975f9); 2018. pap. 8.99 *(978-1-4594-1375-7(X)*, 8bbd9f31-f8d0-40fd-9e10-ff9e8d5f684a) James Lorimer & Co. Ltd., Pubs. CAN. Dist: Lerner Publishing Group.

Push! Dig! Scoop! A Construction Counting Rhyme. Rhonda Gowler Greene. Illus. by Daniel Kirk. 2017. (ENG.). 26p. (J). bds. 7.99 *(978-1-68119-085-3(0)*, 900158430, Bloomsbury USA Childrens) Bloomsbury Publishing USA.

Push or a Pull - the Definition of Force - Physics Book Grade 5 Children's Physics Books. Baby Professor. 2017. (ENG., Illus.). (YA). pap. 8.79 *(978-1-5419-1131-4(8)*, Baby Professor (Education Kids)) Speedy Publishing LLC.

Push, Pull, Empty, Full: Draw & Discover. Illus. by Yasmeen Ismail. 2017. (ENG.). 56p. (J). (gr. -1-2). pap. 9.99 *(978-1-78067-931-0(9)*, King, Laurence Publishing) Orion Publishing Group, Ltd. GBR. Dist: Hachette Bk. Group.

Push Puzzles: in the Woods. Illus. by Nastja Holtfreter. 2016. (ENG.). 10p. (J). (gr. -1 — 1). bds. 7.99 *(978-1-4998-0349-5(4))* Little Bee Books Inc.

Push Truck: (Step 4) Sound Out Books (systematic Decodable) Help Developing Readers, Including Those with Dyslexia, Learn to Read with Phonics. Pamela Brookes. 2020. (Dog on a Log Let's Go! Books: Vol. 16). (ENG., Illus.). 34p. (J). 14.99 *(978-1-64831-067-6(2)*, DOG ON A LOG Bks.) Jojoba Pr.

Push Truck Chapter Book: (Step 4) Sound Out Books (systematic Decodable) Help Developing Readers, Including Those with Dyslexia, Learn to Read with Phonics. Pamela Brookes. 2020. (Dog on a Log Chapter Books: Vol. 16). (ENG., Illus.). 48p. (J). 14.99 *(978-1-64831-022-5(2)*, DOG ON A LOG Bks.) Jojoba Pr.

Push, Tumble & Fall. Seven N. Blue. 2018. (ENG., Illus.). 266p. (J). pap. 19.99 *(978-0-692-84467-0(8))* Brown, Ana.

Push vs. Pull. Aubrey Zalewski. 2021. (Science Showdowns Ser.). (ENG.). 24p. (J). (gr. 1-4). lib. bdg. 32.79 *(978-1-5038-4440-7(4)*, 214163) Child's World, Inc, The.

Pushed to the Limit. David Harding & Israel Folau. 2016. (Izzy Folau Ser.: 3). (Illus.). 176p. (J). (gr. 4-7). pap. 9.99 *(978-0-85798-665-8(1))* Random Hse. Australia AUS. Dist: Independent Pubs. Group.

Pusher: Track Three: a Living Out Loud Novel. Denise Jaden. 2018. (Living Out Loud Ser.: Vol. 3). (ENG., Illus.). 194p. (YA). (gr. 10-12). pap. *(978-0-9881413-5-3(3))* Jaden, Denise.

Pushes & Pulls, 1 vol. Steffi Cavell-Clarke. 2016. (First Science Ser.). (ENG.). 24p. (J). (gr. 1-1). pap. 9.25 *(978-1-5345-2080-6(5)*, fb1bf6a9-33fa-4f11-9b1b-4fbed01112b0); lib. bdg. 26.23 *(978-1-5345-2082-0(1)*, 134aea56-031b-467f-bada-089a56c0f603) Greenhaven Publishing LLC. (KidHaven Publishing).

Pushing & Pulling. Samantha Bell. Illus. by Jeff Bane. 2018. (Mi Mini Biografía (My Itty-Bitty Bio): My Early Library). (ENG.). 24p. (J). (gr. k-1). pap. 12.79 *(978-1-5341-0820-2(3)*, 210644); lib. bdg. 30.64 *(978-1-5341-0721-2(5)*, 210643) Cherry Lake Publishing.

Pushing & Pulling. Spencer Brinker. 2022. (Forces in Motion Ser.). (ENG., Illus.). 24p. (J). (gr. k-1). lib. bdg. 26.99 *(978-1-63691-411-4(X)*, 18594) Bearport Publishing Co., Inc.

Pushing Perfect. Michelle Falkoff. 2018. (ENG.). 368p. (YA). (gr. 8). pap. 9.99 *(978-0-06-231054-5(2)*, HarperCollins) HarperCollins Pubs.

Pushing the Boundaries. Stacey Trombley. 2017. (ENG., Illus.). (YA). pap. 15.99 *(978-1-68281-386-7(X))* Entangled Publishing, LLC.

Pushing up the Sky: Seven Native American Plays for Children. Joseph Bruchac. Illus. by Teresa Flavin. 2019. (ENG.). 96p. (J). (gr. 2-5). pap. 9.99 *(978-1-9848-1483-8(4)*, Puffin Books) Penguin Young Readers Group.

Pushing Water (Classic Reprint) Eric P. Dawson. 2017. (ENG., Illus.). (J). 26.62 *(978-0-266-54584-2(X))* Forgotten Bks.

Pushinka the Barking Fox: a True Story of Unexpected Friendship: A True Story of Unexpected Friendship, 1 vol. Lee Alan Dugatkin & Lyudmila Trut. 2019. (ENG., Illus.). 32p. (J). 16.95 *(978-1-943978-46-5(8)*, a0d9ef8c-1df8-4bcd-88b7-01988a1c652b, Persnickety Pr) WunderMill, Inc.

Pushups & Crunches. Aaron & Amanda Rosen. Illus. by Erica Olson. 2021. (ENG.). 32p. (J). pap. 11.99 ***(978-1-0880-8943-9(7))*** Rosen Hse. Bks.

Puss in Boots see **Chat Botte**

Puss in Boots. Illus. by Cécile Becq & Cécile Becq. 2016. (Once upon a Timeless Tale Ser.). (ENG.). 32p. (J). (gr. -2). 9.99 *(978-1-74297-536-8(4))* Little Hare Bks. AUS. Dist: Independent Pubs. Group.

Puss in Boots. Saviour Pirotta. Illus. by Karl Newson. 2017. (Once upon a Time ... Ser.). (ENG.). 24p. (J). (gr. -1-k). lib.

1658

The check digit for ISBN-10 appears in parentheses after the full ISBN-13

bdg. 19.99 *(978-1-68297-171-0(6),* 7efd6415-b533-4b0d-88bd-cefd0a7956a9) QEB Publishing Inc.

Puss in Boots. Charles Perrault. Illus. by Gwen Keraval. ed. 2017. (ENG.). 32p. (J). (-k). 14.95 *(978-1-912006-84-7(7),* Scribblers) Book Hse. GBR. Dist: Sterling Publishing Co., Inc.

Puss in Boots, and, Reynard the Fox (Classic Reprint) Mara Louise Pratt-Chadwick. (ENG., Illus.). (J). 2018. 90p. 25.77 *(978-0-332-03461-4(5));* 2017. pap. 9.57 *(978-0-259-87376-1(4))* Forgotten Bks.

Puss in Boots, & the Marquis of Carabas (Classic Reprint) Unknown Author. (ENG., Illus.). (J). 2018. 72p. 25.38 *(978-0-656-10769-8(3));* 2016. pap. 9.57 *(978-1-334-14394-6(3))* Forgotten Bks.

Puss in Boots (Classic Reprint) Unknown Author. 2018. (ENG., Illus.). 20p. (J). 24.31 *(978-0-428-32329-5(4))* Forgotten Bks.

Puss in Boots (Classic Reprint) Josiah Wood Whymper. 2017. (ENG., Illus.). (J). 25.07 *(978-0-331-61725-2(0));* pap. 9.57 *(978-0-282-60455-4(3))* Forgotten Bks.

Puss in Boots, Jr., & the Good Gray Horse. David Cory. 2018. (ENG., Illus.). 110p. (YA). pap. *(978-93-5329-244-7(1))* Alpha Editions.

Puss in Boots: the Last Wish Junior Novel. Cala Spinner. 2022. (ENG.). 144p. (J). pap. 7.99 *(978-1-5248-7755-2(7))* Andrews McMeel Publishing.

Puss in Boots: the Last Wish Purr-Fect Activity Book! Terrance Crawford. 2022. (ENG.). 96p. (J). pap. 8.99 *(978-1-5248-7756-9(5))* Andrews McMeel Publishing.

Puss in Magical Motocross Boots: A Graphic Novel. Brandon Terrell. Illus. by Omar Lozano. 2021. (Far Out Fairy Tales Ser.). (ENG.). 40p. (J). 25.32 *(978-1-6639-1067-7(7),* 211254); pap. 5.95 *(978-1-6639-2131-4(8),* 211236) Capstone. (Stone Arch Bks.).

Puss Junior & Robinson Crusoe. David Cory. 2018. (ENG., Illus.). 108p. (YA). pap. *(978-93-5329-245-4(X))* Alpha Editions.

Pussy Black-Face, or the Story of a Kitten & Her Friends: A Book for Boys & Girls, Illustrated by Diantha Horne Marlowe (Classic Reprint) Marshall Saunders. 2018. (ENG., Illus.). 356p. (J). 31.26 *(978-0-267-45532-4(1))* Forgotten Bks.

Pussycat, Pussycat: Purrfect Nursery Rhymes. Illus. by Donovan Bixley. 2016. 24p. (J). (— 1). pap. 9.99 *(978-1-927262-28-3(3))* Upstart Pr. NZL. Dist: Independent Pubs. Group.

Pussy's Road to Ruin, or Do As You Are Bid: Translated Freely from the German (Classic Reprint) Clara de Chatelain. (ENG., Illus.). (J). 2018. 36p. 24.64 *(978-0-666-79441-3(3));* 2017. pap. 7.97 *(978-0-259-83404-5(1))* Forgotten Bks.

Put a Smile on Your Face. Connie K Griffin. 2018. (ENG., Illus.). 34p. (J). pap. 11.95 *(978-1-64214-967-8(5))* Page Publishing Inc.

Put in His Thumb & Pulled Out a Plum: Stories for a Christmas Pie (Classic Reprint) Ella M. Baker. (ENG., Illus.). (J). 2018. 340p. 30.91 *(978-0-484-75114-8(X));* 2016. pap. 13.57 *(978-1-333-56764-4(2))* Forgotten Bks.

Put It in the Zoo! Animal Book of Records Children's Animal Books. Baby Professor. 2017. (ENG., Illus.). 64p. (J). pap. 9.52 *(978-1-5419-1508-4(9),* Baby Professor (Education Kids)) Speedy Publishing LLC.

Put It Out There (Britannia Beach, Book 1), Book 1. D. R. Graham. ed. 2016. (Britannia Beach Ser.: 1). (ENG.). 212p. (YA). pap. 9.99 *(978-0-00-814519-4(9),* One More Chapter) HarperCollins Pubs. Ltd. GBR. Dist: HarperCollins Pubs.

Put It Together! the Jigsaw Puzzle Coloring Book. Smarter Activity Books. 2016. (ENG., Illus.). (J). pap. 9.22 *(978-1-68374-603-4(1))* Examined Solutions PTE. Ltd.

Put Me in Your Shoes. Nkem Denchukwu. Ed. by Kelechi Dike. Illus. by Design Art Studio. 2020. (ENG.). 40p. (J). pap. 11.99 *(978-1-952744-07-5(5))* Eleviv Publishing Group.

Put on a Big Smile. Arielle Turover Cohen. 2022. (ENG.). 38p. (J). 18.95 *(978-1-64543-550-1(4),* Mascot Kids) Amplify Publishing Group.

Put on a Show with Cardboard & Duct Tape: 4D an Augmented Reading Cardboard Experience. Leslie Manlapig. 2018. (Epic Cardboard Adventures 4D Ser.). (ENG., Illus.). 32p. (J). (gr. 2-6). lib. bdg. 33.99 *(978-1-5157-9312-0(5),* 136677, Capstone Classroom) Capstone.

Put on a Smile: Cheer up on a Rough Day Coloring Book Edition. Kreative Kids. 2016. (ENG., Illus.). (J). pap. 10.81 *(978-1-68377-233-0(4))* Whlke, Traudl.

Put on the Armor of God... Connie Giannini-Dennis. 2020. (ENG.). 26p. (J). pap. 10.49 *(978-1-63050-672-8(9))* Salem Author Services.

Put on Your Owl Eyes: Open Your Senses & Discover Nature's Secrets; Mapping, Tracking & Journaling Activities. Devin Franklin. 2019. (ENG., Illus.). 160p. (J). (gr. 3-8). pap. 16.95 *(978-1-63586-022-1(9),* 626022) Storey Publishing, LLC.

Put on Your PJs, Piggies!, 1 vol. Laura Neutzling. Illus. by Sydney Hanson. 2019. (Bedtime Barn Ser.). (ENG.). 20p. (J). bds. 8.99 *(978-1-4002-1200-2(6),* Tommy Nelson) Nelson, Thomas Inc.

Put Pencil to Paper & You Can Draw! Learn to Draw Activity Book. Creative Playbooks. 2016. (ENG., Illus.). (J). pap. 7.74 *(978-1-68323-563-7(0))* Twin Flame Productions.

Put That Gum in the Garbage Can. Michael Bandell. 2017. (ENG., Illus.). (J). pap. 12.95 *(978-1-63575-053-9(9))* Christian Faith Publishing.

Put to the Proof, Vol. 1: A Novel (Classic Reprint) Caroline Fothergill. 2018. (ENG., Illus.). 250p. (J). 29.05 *(978-0-483-25784-9(2))* Forgotten Bks.

Put to the Proof, Vol. 2: A Novel (Classic Reprint) Caroline Fothergill. 2018. (ENG., Illus.). 232p. (J). 28.70 *(978-0-332-33156-0(3))* Forgotten Bks.

Put to the Proof, Vol. 3 Of 3: A Novel (Classic Reprint) Caroline Fothergill. 2018. (ENG., Illus.). 240p. (J). 28.85 *(978-0-483-88811-1(7))* Forgotten Bks.

Put Your Feelings Here: A Creative DBT Journal for Teens with Intense Emotions. Lisa M. Schab. 2020. (Instant Help Guided Journal for Teens Ser.). (ENG.). 208p. (YA). (gr. 6-12). pap. 18.95 *(978-1-68403-423-9(X),* 44239, Instant Help Books) New Harbinger Pubns.

Put Your Shoes on & Get Ready! Raphael G. Warnock. Illus. by TeMika Grooms. 2023. 40p. (J). (gr. -1-3). 19.99 *(978-0-593-52887-7(5),* Philomel Bks.) Penguin Young Readers Group.

Put Your Worries Away. Gill Hasson. Illus. by Sarah Jennings. 2019. (Kids Can Cope Ser.). (ENG.). 32p. (J). 16.99 *(978-1-63198-431-0(4),* 84310) Free Spirit Publishing Inc.

Put Your Worries Here: A Creative Journal for Teens with Anxiety. Lisa M. Schab. 2019. (Instant Help Guided Journal for Teens Ser.). (ENG.). 224p. (YA). (gr. 6-12). pap. 18.95 *(978-1-68403-214-3(8),* 42143, Instant Help Books) New Harbinger Pubns.

Put Yourself in His Place. Charles Reade. 2017. (ENG., Illus.). (J). 31.95 *(978-1-374-91562-6(9))* Capital Communications, Inc.

Put Yourself in His Place. Charles Reade. 2018. (ENG., Illus.). 716p. (J). pap. *(978-3-337-49925-9(2))* Creation Pubs.

Put Yourself in His Place (Classic Reprint) Charles Reade. 2018. (ENG., Illus.). 714p. (J). 38.64 *(978-0-483-55902-8(4))* Forgotten Bks.

Put Yourself in His Place, Vol. 1 (Classic Reprint) Charles Reade. 2018. (ENG., Illus.). 360p. (J). 31.34 *(978-0-332-39732-0(7))* Forgotten Bks.

Put Yourself in His Place, Vol. 1 of 3 (Classic Reprint) Charles Reade. (ENG., Illus.). (J). 2018. 324p. 30.58 *(978-0-483-38751-5(7));* 2016. pap. 13.57 *(978-1-333-41569-3(9))* Forgotten Bks.

Put Yourself in His Place, Vol. 2: The Wandering Heir (Classic Reprint) Charles Reade. (ENG., Illus.). (J). 2018. 424p. 32.66 *(978-0-483-57089-4(3));* 2016. pap. 16.57 *(978-1-334-15014-2(1))* Forgotten Bks.

Put Yourself in His Place, Vol. 2 (Classic Reprint) Charles Reade. 2018. (ENG., Illus.). 372p. (J). 31.59 *(978-0-483-40340-6(7))* Forgotten Bks.

Put Yourself in His Place, Vol. 2 of 3 (Classic Reprint) Charles Reade. 2018. (ENG., Illus.). 324p. (J). 30.58 *(978-0-483-48623-5(5))* Forgotten Bks.

Put Yourself in My Shoes. Susanna Isern. Illus. by Mylene Rigaudie. 2020. (ENG.). 40p. (J). 15.95 *(978-84-17673-37-6(7))* NubeOcho Ediciones ESP. Dist: Consortium Bk. Sales & Distribution.

Puteshestviye K Sundukam. Aleksandr Tarasov. 2021. (RUS.). 52p. (J). pap. *(978-1-7948-6604-1(3))* Lulu Pr., Inc.

Puteshestviye Na Chetyrokh Lapakh. Mikhail Kunitskiy. 2021. (RUS.). 148p. (J). pap. *(978-1-913356-33-0(7))* Hertfordshire Pr.

Putkins, Heir to-Castles in the Air: A Comic Drama, in One Act (Classic Reprint) William R. Emerson. (ENG., Illus.). (J). 2018. 20p. 24.33 *(978-0-365-25164-4(X));* 2017. pap. 7.97 *(978-0-259-91931-5(4))* Forgotten Bks.

Putkins, Heir to Castles in the Air: A Comic Drama in One Act (Classic Reprint) William R. Emerson. 2017. (ENG., Illus.). (J). 24.56 *(978-0-331-46849-6(2))* Forgotten Bks.

Putnam Place (Classic Reprint) Grace Lathrop Collin. 2018. (ENG., Illus.). 282p. (J). 29.73 *(978-0-267-24552-9(1))* Forgotten Bks.

Putnam's Magazine, Vol. 2: Original Papers on Literature, Science, Art, & National Interests; July December, 1868 (Classic Reprint) Unknown Author. (ENG., Illus.). (J). 2018. 782p. 40.03 *(978-0-483-70845-7(3));* 2016. pap. 23.57 *(978-1-334-21283-3(X))* Forgotten Bks.

Putnam's Magazine, Vol. 3: Original Papers on Literature, Science, Art, & National Interests; January-June, 1869 (Classic Reprint) Making Of America Project. 2018. (ENG., Illus.). 790p. (J). 40.19 *(978-0-364-34443-9(1))* Forgotten Bks.

Putnam's Magazine, Vol. 4: Original Papers on Literature, Science, Art, & National Interests; July-December, 1869 (Classic Reprint) Unknown Author. (ENG., Illus.). (J). 2018. 778p. 39.94 *(978-0-428-33121-4(1));* 2016. pap. 23.57 *(978-1-334-57668-3(8))* Forgotten Bks.

Putnam's Magazine, Vol. 6: An Illustrated Monthly of Literature, Art & Life; April, 1909-September, 1909 (Classic Reprint) Unknown Author. (ENG., Illus.). (J). 2018. 834p. 41.10 *(978-0-484-25654-4(8));* 2017. pap. 23.57 *(978-0-243-54842-2(7))* Forgotten Bks.

Putnam's Magazine, Vol. 6: Original Papers on Literature, Science, Art, & National Interests; July November, 1870 (Classic Reprint) Unknown Author. (ENG., Illus.). (J). 2017. 564p. 37.98 *(978-0-332-05738-5(0));* 2016. pap. 20.57 *(978-1-334-73621-6(9))* Forgotten Bks.

Putnam's Magazine, Vol. 6: Original Papers on Literature, Science, Art, & National Interests; July-November, 1870 (Classic Reprint) Unknown Author. (ENG., Illus.). (J). 2018. 668p. 37.67 *(978-0-484-47475-7(8));* 2017. pap. 20.57 *(978-0-243-96344-7(0))* Forgotten Bks.

Putnam's Magazine, Vol. 7: An Illustrated Monthly of Literature, Art & Life; October 1909-April 1910 (Classic Reprint) G. P. Putnam'S Sons. 2017. (ENG., Illus.). (J). 43.76 *(978-0-260-43023-6(4));* pap. 26.10 *(978-1-5283-1736-8(X))* Forgotten Bks.

Putnam's Monthly, 1856, Vol. 7: A Magazine of Literature, Science, & Art (Classic Reprint) Making Of America Project. (ENG., Illus.). (J). 2018. 676p. 37.84 *(978-0-656-00029-6(5));* 2017. pap. 20.57 *(978-0-243-99581-3(4))* Forgotten Bks.

Putnam's Monthly & the Reader, Vol. 4: A Magazine of Literature, Art & Life; April-September, 1908 (Classic Reprint) Unknown Author. (ENG., Illus.). (J). 2018. 822p. 40.87 *(978-0-267-30463-9(3));* 2016. pap. 23.57 *(978-1-333-28354-4(7))* Forgotten Bks.

Putnam's Monthly & the Reader, Vol. 5: A Magazine of Literature, Art & Life; October, 1908 March, 1909 (Classic Reprint) Unknown Author. (ENG., Illus.). (J). 2018. 796p. 40.31 *(978-0-483-50883-5(7));* 2016. pap. 23.57 *(978-1-333-24896-3(2))* Forgotten Bks.

Putnam's Monthly Magazine of American Literature, Science, & Art, Vol. 3: January to June, 1854 (Classic Reprint) Unknown Author. 2017. (ENG., Illus.). (J). 38.25 *(978-0-331-17459-5(6));* pap. 20.97 *(978-0-265-00674-0(0))* Forgotten Bks.

Putnam's Monthly Magazine of American Literature, Science, & Art, Vol. 4: July to December 1854 (Classic Reprint) Making Of America Project. 2018. (ENG., Illus.). (J). 684p. 38.00 *(978-0-366-55610-6(X));* 686p. pap. 20.57 *(978-0-365-98344-6(6))* Forgotten Bks.

Putnam's Monthly Magazine of American Literature, Science, & Art, Vol. 6: July to December, 1855 (Classic Reprint) Unknown Author. (ENG., Illus.). (J). 2018. 662p. 37.57 *(978-0-483-65175-3(3));* 2017. 37.65 *(978-0-265-72756-0(1));* 2017. pap. 20.57 *(978-1-5276-8771-4(6));* 2017. pap. 19.97 *(978-0-243-89980-7(7))* Forgotten Bks.

Putnam's Monthly Magazine of American Literature, Science, & Art, Vol. 7: January to July, 1856 (Classic Reprint) Making Of America Project. (ENG., Illus.). (J). 2018. 700p. 38.33 *(978-0-483-55691-1(2));* 2017. 38.33 *(978-0-266-68406-0(8));* 2017. pap. 20.97 *(978-0-243-18841-3(2))* Forgotten Bks.

Putnam's Monthly Magazine of American Literature, Science, & Art, Vol. 8: July to January, 1857 (Classic Reprint) Making Of America Project. (ENG., Illus.). (J). 2018. 668p. 37.69 *(978-0-666-51758-6(4));* 2017. pap. 20.57 *(978-0-243-95107-9(8))* Forgotten Bks.

Putnam's Monthly Magazine of American Literature, Science, & Art, Vol. 9: January to July, 1857 (Classic Reprint) Unknown Author. (ENG., Illus.). (J). 2018. 686p. 38.07 *(978-0-483-28939-0(6));* 2016. pap. 20.57 *(978-1-333-26837-4(8))* Forgotten Bks.

Putnam's Monthly, Vol. 10: Magazine of American Literature, Science & Art; July-September, 1857 (Classic Reprint) Making Of America Project. (ENG., Illus.). (J). 2018. 438p. 32.95 *(978-0-483-87432-9(9));* 2017. pap. 16.57 *(978-0-243-87578-8(9))* Forgotten Bks.

Putnam's Monthly, Vol. 5: A Magazine of American Literature, Science, & Art; January to July, 1855 (Classic Reprint) John Walter Osborne. 2017. (ENG., Illus.). (J). 676p. 37.84 *(978-0-332-97108-7(2));* pap. 20.57 *(978-0-243-52110-4(3))* Forgotten Bks.

Putnam's Monthly, Vol. 7: A Magazine of Literature, Science, & Art; January to July, 1856 (Classic Reprint) Unknown Author. (ENG., Illus.). (J). 2018. 652p. 37.36 *(978-0-484-53993-7(0));* 2017. pap. 19.97 *(978-0-243-90391-7(X))* Forgotten Bks.

Putnam's Word Book. Louis A. Flemming. 2017. (ENG., Illus.). (J). 30.95 *(978-1-374-94835-8(7));* pap. 21.95 *(978-1-374-94834-1(9))* Capital Communications, Inc.

Putnam's Word Book: A Practical Aid in Expressing Ideas Through the Use of an Exact & Varied Vocabulary (Classic Reprint) Louis A. Flemming. (ENG., Illus.). (J). 2018. 722p. 38.81 *(978-0-364-45593-7(4));* 2016. pap. 23.57 *(978-1-333-71761-2(X))* Forgotten Bks.

Put's Golden Songster: Containing the Largest & Most Popular Collection of California Songs Ever Published (Classic Reprint) John A. Stone. 2017. (ENG., Illus.). (J). 25.44 *(978-0-331-56287-3(1));* pap. 9.57 *(978-0-259-50782-6(2))* Forgotten Bks.

Put's Original California Songster: Giving in a Few Words What Would Occupy Volumes, Detailing the Hopes, Trials & Joys of a Miner's Life (Classic Reprint) John A. Stone. 2017. (ENG., Illus.). (J). 26.74 *(978-0-331-56061-9(5));* pap. 9.57 *(978-0-259-58273-1(5))* Forgotten Bks.

Putsch: Volume I Chapter Sampler. Charon Lloyd-Roberts. 2016. (ENG., Illus.). (J). 23.73 *(978-1-326-77920-7(6));* pap. 7.31 *(978-1-326-77831-6(5));* pap. 7.25 *(978-1-326-77836-1(6))* Lulu Pr., Inc.

Putsch. Volume I Chapter Sampler. Charon Lloyd-Roberts. 2016. (ENG., Illus.). (J). pap. 12.94 *(978-1-326-72918-9(7))* Lulu Pr., Inc.

Putt & Doodle. Donald Reinsel. Illus. by Hannah Reinsel. 2019. (ENG.). 38p. (J). 16.95 *(978-0-578-59271-8(1))* Klink, Hannah Designs.

Puttermans Are in the House. Jacquetta Nammar Feldman. 2023. (ENG.). 368p. (J). (gr. 3-7). 17.99 *(978-0-06-303443-3(3),* HarperCollins) HarperCollins Pubs.

Putting Earth First: Eating & Living Green. Megan Kopp. 2016. (Next Generation Energy Ser.). (ENG., Illus.). 32p. (J). (gr. 5-8). *(978-0-7787-2382-0(8))* Crabtree Publishing Co.

Putting Faces to Names: The Art of Raphael. Myeong-Hwa Yu. Illus. by Yeon Joo Kim. 2017. (Stories of Art Ser.). (ENG.). 36p. (J). (gr. 3-5). lib. bdg. 29.32 *(978-1-925235-25-8(4),* abea1972-3e94-4f6b-92f8-0949bcd74a83, Big and SMALL) ChoiceMaker Pty. Ltd., The AUS. Dist: Lerner Publishing Group.

Putting on a Play: Stop Bullying Me! Jenny Powell. 2016. (Putting on a Play Ser.). (ENG.). 32p. (J). (gr. 2-4). pap. 9.99 *(978-0-7502-9707-3(7),* Wayland) Hachette Children's Group GBR. Dist: Hachette Bk. Group.

Putting on the Screws (Classic Reprint) Gouverneur Morris. 2018. (ENG., Illus.). 102p. (J). 26.02 *(978-0-483-55137-4(6))* Forgotten Bks.

Putting Out Fires: Firefighters. Brenda Ralph Lewis. 2017. (Illus.). 80p. (J). *(978-1-4222-3769-4(9))* Mason Crest.

Putting Peace First: 7 Commitments to Change the World. Eric David Dawson. 2018. (Illus.). 160p. (J). (gr. 5). pap. 9.99 *(978-1-101-99733-8(8),* Viking Books for Young Readers) Penguin Young Readers Group.

Putting the Onions to Sleep. Lucille Giffone. 2019. (ENG., Illus.). 20p. (J). pap. 12.95 *(978-1-64471-219-1(9))* Covenant Bks.

Putting the Trash Truck in Coloring Book. Kreative Kids. 2016. (ENG., Illus.). (J). pap. 9.20 *(978-1-68377-443-3(4))* Whlke, Traudl.

Putting Troy in a Sack: A Candid & Chronological Account of the Events of the Trojan War in the Light of Modern Discovery (Classic Reprint) Fritz Garland Lanham. 2017. (ENG., Illus.). (J). 26.89 *(978-0-260-12420-3(6))* Forgotten Bks.

Putting up a Prosperous Front (Classic Reprint) Floy Pascal Cowan. (ENG., Illus.). (J). 2018. 24p. 24.39 *(978-0-483-73969-7(3));* 2016. pap. 7.97 *(978-1-333-30046-3(8))* Forgotten Bks.

Putting Your Best Foot Forward. Lew Bayer. 2020. (ENG.). 32p. (J). pap. *(978-1-77334-086-9(7))* Propriety Publishing.

Putuguq & Kublu, 1 vol. Danny Christopher. Illus. by Astrid Arijanto. 2017. (Putuguq & Kublu Ser.: 1). (ENG.). 40p. (J). (gr. 1-3). pap. 8.95 *(978-1-77227-143-0(8))* Inhabit Media Inc. CAN. Dist: Consortium Bk. Sales & Distribution.

Putuguq & Kublu & the Attack of the Amautalik! Roselynn Akulukjuk & Danny Christopher. Illus. by Astrid Arijanto. 2022. (Putuguq & Kublu Ser.: 3). (ENG.). 40p. (J). (gr. 1-3). mass mkt. 8.95 *(978-1-77227-419-6(4))* Inhabit Media Inc. CAN. Dist: Consortium Bk. Sales & Distribution.

Putuguq & Kublu & the Qalupalik! Roselynn Akulukjuk & Danny Christopher. Illus. by Astrid Arijanto. 2019. (Putuguq & Kublu Ser.: 2). (ENG.). 40p. (J). (gr. 1-3). mass mkt. 8.95 *(978-1-77227-228-4(0))* Inhabit Media Inc. CAN. Dist: Consortium Bk. Sales & Distribution.

Puzzle Addicts! Odd One Out, Word Wheel & Hidden Picture Puzzles for Kids. Jupiter Kids. 2017. (ENG., Illus.). (J). pap. 8.33 *(978-1-5419-3402-3(4),* Jupiter Kids (Childrens & Kids Fiction)) Speedy Publishing LLC.

Puzzle Adventure Stories (Set), 12 vols. 2018. (Puzzle Adventure Stories Ser.). (ENG., Illus.). 32p. (J). (gr. 3-3). lib. bdg. 181.62 *(978-1-5081-9674-7(5),* ec5a9b29-4848-4efe-a9de-097d995e3cbf, Windmill Bks.) Rosen Publishing Group, Inc., The.

Puzzle & Play: Alphabet Train: A Press-Out Puzzle Book! Roger Priddy. 2020. (Puzzle & Play Ser.: 1). (ENG., Illus.). 10p. (J). bds. 9.99 *(978-1-68449-094-3(4),* 900224830) St. Martin's Pr.

Puzzle & Play: Color Bus: A Press-Out Puzzle Book! Roger Priddy. 2020. (Puzzle & Play Ser.: 1). (ENG., Illus.). 10p. (J). bds. 9.99 *(978-1-68449-095-0(2),* 900224831) St. Martin's Pr.

Puzzle & Play: Noah's Ark: A Press-Out Puzzle Book! Roger Priddy. 2020. (Puzzle & Play Ser.: 1). (ENG., Illus.). 10p. (J). bds. 9.99 *(978-1-68449-131-5(2),* 900232254) St. Martin's Pr.

Puzzle & Play: the Nativity: With Chunky Puzzle Pieces. Roger Priddy. 2021. (Puzzle & Play Ser.: 1). (ENG., Illus.). 10p. (J). bds. 9.99 *(978-1-68449-172-8(X),* 900240851) St. Martin's Pr.

Puzzle Apart: Puzzles Spot the Difference Activity Book. Activibooks For Kids. 2016. (ENG., Illus.). (J). pap. 7.55 *(978-1-68321-405-2(6))* Mimaxion.

Puzzle Baron's Kids Logic Puzzles: Nearly 400 Brain Challenges for Developing Minds. Puzzle Baron. 2022. (Puzzle Baron Ser.). (ENG.). 304p. (J). (gr. 3-7). pap. 14.99 *(978-0-7440-4256-6(9),* Alpha) Dorling Kindersley Publishing, Inc.

Puzzle Book for Kids: Puzzle Activity Book for Kids, Word Search Puzzle Book Ages 4-6 & 6-8 - Logic Puzzle for Smart Kids (Puzzles to Exercise Your Mind) School K. Tedy. 2020. (ENG.). 124p. (J). pap. 9.99 *(978-1-716-27808-2(2))* Lulu Pr., Inc.

Puzzle Book for Kids Ages 4-8: 50 Fun Mazes, Connect the Dots, Spot the Differences Puzzles, Word Searches, & More. Miracle Activity Books. 2019. (ENG., Illus.). 54p. (J). pap. 5.95 *(978-1-0878-1698-2(X))* Indy Pub.

Puzzle Box Heroes. Kathleen Bell. 2020. (ENG.). 202p. (J). pap. *(978-0-244-57587-8(8))* Lulu Pr., Inc.

Puzzle for a Curious Girl (Classic Reprint) Unknown Author. 2018. (ENG., Illus.). 140p. (J). 26.80 *(978-0-267-67580-7(1))* Forgotten Bks.

Puzzle Games. Jessica Coupé. 2023. (Video Games Ser.). (ENG., Illus.). 32p. (J). lib. bdg. 31.35 ***(978-1-63738-574-6(9),*** Apex) North Star Editions.

Puzzle Games. Contrib. by Jessica Coupé. 2023. (Video Games Ser.). (ENG., Illus.). 32p. (J). pap. 9.95 ***(978-1-63738-628-6(1),*** Apex) North Star Editions.

Puzzle Heroes: People's Planet. Anna Nilsen. Illus. by Dave Smith. 2019. (Puzzle Heroes Ser.). (ENG.). 32p. (J). (gr. 3-7). pap. 11.99 *(978-1-4451-2135-2(2),* Franklin Watts) Hachette Children's Group GBR. Dist: Hachette Bk. Group.

Puzzle Heroes: Wildlife Wonders. Anna Nilsen. Illus. by Dave Smith. 2019. (Puzzle Heroes Ser.). (ENG.). 32p. (J). (gr. 3-7). pap. 11.99 *(978-1-4451-2136-9(0),* Franklin Watts) Hachette Children's Group GBR. Dist: Hachette Bk. Group.

Puzzle House (the Dragon Prince Graphic Novel #3) Peter Wartman. Illus. by Felia Hanakata. 2023. (Dragon Prince Graphic Novel Ser.). (ENG.). 128p. (J). (gr. 3). pap. 12.99 *(978-1-338-79437-3(X),* Graphix) Scholastic, Inc.

Puzzle Hunter: The Ultimate Maze Activity Book. Activibooks. 2016. (ENG., Illus.). (J). pap. 7.55 *(978-1-68321-406-9(4))* Mimaxion.

Puzzle Master: an AFK Book (Hello Neighbor #6), 1 vol. Carly Anne West. Illus. by Tim Heitz. 2020. (Hello Neighbor Ser.: 6). (ENG.). 208p. (J). (gr. 5-5). pap. 7.99 *(978-1-338-59430-0(3))* Scholastic, Inc.

Puzzle Odyssey: An Epic Maze Adventure. Helen Friel & Ian Friel. Illus. by Jesus Sotes. 2022. (ENG.). 48p. (J). (gr. 2-6). 19.99 *(978-1-913947-30-9(0),* King, Laurence Publishing) Orion Publishing Group, Ltd. GBR. Dist: Hachette Bk. Group.

Puzzle Out the Pictures! Connect the Dots Activity Book. Creative Playbooks. 2016. (ENG., Illus.). (J). pap. 10.81 *(978-1-68323-564-4(9))* Twin Flame Productions.

P

Puzzle Piece Magic: Spot the Difference Activity Book. Activibooks For Kids. 2016. (ENG., Illus.). (J). pap. 7.55 *(978-1-68321-407-6(2))* Mimaxion.

Puzzle Pieces: Sticking to It, 1 vol. Gillian Clifton. 2017. (Computer Science for the Real World Ser.). (ENG.). 12p. (gr. 1-2). pap. *(978-1-5383-5184-0(6)*, da00823d-a7be-41ff-9d50-ba8d1e3b11eb, Rosen Classroom) Rosen Publishing Group, Inc., The.

Puzzle Pieces in the Park: Helping Kids in Tough Times. Tim Brodie. Illus. by Murray Stenton. 2023. (ENG.). 52p. (J). pap. ***(978-0-2288-9311-0(9))*** Tellwell Talent.

Puzzle Play Set: MY PLAY FARM: Three Chunky Books & a Giant Jigsaw Puzzle! Roger Priddy. 2017. (First Learning Play Sets Ser.). (ENG., Illus.). 10p. (J). bds. 18.99 *(978-0-312-52662-7(8)*, 900186526) St. Martin's Pr.

Puzzle Potion. J. D. Campbell. 2018. (Puzzling Potins Ser.: Vol. 1). (ENG., Illus.). 168p. (J). pap. 7.49 *(978-1-7321659-0-8(4))* Caged Dragon Publishing.

Puzzle Quest. Illus. by Assorted. 2016. (Brain Candy Ser.). (ENG.). 224p. (J). (gr. 4). pap. 12.99 *(978-1-78445-548-4(2))* Top That! Publishing PLC GBR. Dist: Independent Pubs. Group.

Puzzle Quest. Lisa Regan Regan & Moreno Chiacchiera. 2016. (ENG., Illus.). 96p. (J). pap. 9.95 *(978-1-78428-206-6(5)*, 3a553753-8226-4b10-9a70-c09255a35ec8) Arcturus Publishing GBR. Dist: Baker & Taylor Publisher Services (BTPS).

Puzzle Quest Enchanted Lands: Solve More Than 100 Puzzles in This Adventure Story for Kids Aged 7+ Collins Kids & Kia Marie Hunt. 2021. (Puzzle Quest Ser.). (ENG., Illus.). 160p. (J). (gr. 1-3). 8.99 *(978-0-00-845746-4(8))* HarperCollins Pubs. Ltd. GBR. Dist: Independent Pubs. Group.

Puzzle Quest Mythical Mystery: Solve More Than 100 Puzzles in This Adventure Story for Kids Aged 7+ Collins Kids & Kia Marie Hunt. 2021. (Puzzle Quest Ser.). (ENG., Illus.). 160p. (J). (gr. 1-3). 8.99 *(978-0-00-845745-7(X))* HarperCollins Pubs. Ltd. GBR. Dist: Independent Pubs. Group.

Puzzle Quest Secret Island: Solve More Than 100 Puzzles in This Adventure Story for Kids Aged 7+ Collins Kids & Kia Marie Hunt. 2023. (Puzzle Quest Ser.). (ENG.). 160p. (J). 8.99 *(978-0-00-853210-9(9))* HarperCollins Pubs. Ltd. GBR. Dist: Independent Pubs. Group.

Puzzle Quest the Lost Emerald: Solve More Than 100 Puzzles in This Adventure Story for Kids Aged 7+ Collins Kids & Kia Marie Hunt. 2023. (Puzzle Quest Ser.). (ENG.). 160p. (J). 8.99 *(978-0-00-853211-6(7))* HarperCollins Pubs. Ltd. GBR. Dist: Independent Pubs. Group.

Puzzle Quest the Magician's Library: Solve More Than 100 Puzzles in This Adventure Story for Kids Aged 7+ Kia Marie Hunt. 2023. (Puzzle Quest Ser.). (ENG.). 160p. (J). 8.99 *(978-0-00-853212-3(5))* HarperCollins Pubs. Ltd. GBR. Dist: Independent Pubs. Group.

Puzzle Quest the Missing Astronaut: Solve More Than 100 Puzzles in This Adventure Story for Kids Aged 7+ Collins Kids & Kia Marie Hunt. 2021. (Puzzle Quest Ser.). (ENG., Illus.). 160p. (J). (gr. 1-3). 8.99 *(978-0-00-845747-1(6))* HarperCollins Pubs. Ltd. GBR. Dist: Independent Pubs. Group.

Puzzle Quest the Time Traveller: Solve More Than 100 Puzzles in This Adventure Story for Kids Aged 7+ Collins Kids & Kia Marie Hunt. 2021. (Puzzle Quest Ser.). (ENG., Illus.). 160p. (J). (gr. 1-3). 8.99 *(978-0-00-845748-8(4))* HarperCollins Pubs. Ltd. GBR. Dist: Independent Pubs. Group.

Puzzle Reader 8C Prepack. Highlights. 2023. (J). (gr. -1-2). pap., pap., pap. 39.92 ***(978-1-63962-260-3(8)***, Highlights) Highlights Pr., c/o Highlights for Children, Inc.

Puzzle Stix: Meet the Farm. Christie Hainsby. Illus. by Jess Moorhouse. 2021. (ENG.). 12p. (J). bds. 9.99 *(978-1-80058-252-1(8))* Make Believe Ideas GBR. Dist: Scholastic, Inc.

Puzzler's Guide to Alaska: Games, Jokes, Fun Facts & Trivia about the Last Frontier. Jen Funk Weber. 2021. (Puzzler's Guides). (ENG.). 80p. (J). (gr. 3-7). pap. 16.99 *(978-1-5132-6718-0(3)*, Alaska Northwest Bks.) West Margin Pr.

Puzzles & Mazes Activity Book for Kids. Smarter Activity Books for Kids. 2016. (ENG., Illus.). (J). pap. 8.99 *(978-1-68374-655-3(4))* Examined Solutions PTE. Ltd.

Puzzles & Punchlines: Jokes & Activities for 8 Year Old Kids. A. K. Farina. 2023. (ENG.). 96p. (J). pap. ***(978-1-80352-858-8(3))*** Independent Publishing Network.

Puzzles & Word Searches to Help You Learn Activity Book. Kreative Kids. 2016. (ENG., Illus.). (J). pap. 10.81 *(978-1-68377-234-7(2))* Whlke, Traudl.

Puzzles for Beginners Activity Book for Kindergarten. Educando Kids. 2019. (ENG.). 42p. (J). pap. 8.55 *(978-1-64521-765-7(5)*, Educando Kids) Editorial Imagen.

Puzzles for Spies. Contrib. by HRH Prince William of Wales Gchq. 2023. 336p. (J). (gr. 3-10). pap. 19.99 ***(978-0-241-57990-9(2)***, Puffin) Penguin Bks., Ltd. GBR. Dist: Independent Pubs. Group.

Puzzles, Games, & More! a Super Fun Activity Book for Kids. Kreative Kids. 2016. (ENG., Illus.). (J). pap. 10.81 *(978-1-68377-235-4(0))* Whlke, Traudl.

Puzzles Games for Kids. Big Kids Learning & Coloring Book Christmas with Color by Number & Dot to Dot Puzzles for Unrestricted Edutaining Experience. Jupiter Kids. 2017. (ENG., Illus.). 200p. (J). pap. 12.26 *(978-1-5419-4788-7(6)*, Jupiter Kids (Childrens & Kids Fiction)) Speedy Publishing LLC.

Puzzles, Matching Skills & Mazes Activity Book for Kids. Bobo's Children Activity Books. 2016. (ENG., Illus.). (J). pap. 7.99 *(978-1-68327-424-7(5))* Sunshine In My Soul Publishing.

Puzzles, Mazes & Dot to Dot Activity Book for Kids. Bobo's Children Activity Books. 2016. (ENG., Illus.). (J). pap. 7.99 *(978-1-68327-419-3(9))* Sunshine In My Soul Publishing.

Puzzles, Quiz & Activities Suitable for Social Events Volume 6. Ray Filby. 2020. (ENG., Illus.). 280p. (YA). pap. *(978-1-8380437-2-8(1))* Midhurst.

Puzzles, Word Games & Mazes Galore! Super Awesome Fun Kids Activity Book. Kreative Kids. 2016. (ENG., Illus.). (J). pap. 10.81 *(978-1-68377-236-1(9))* Whlke, Traudl.

Puzzling Adventure. Sharon Bogey. 2017. (ENG., Illus.). (J). (gr. k-6). pap. 13.95 *(978-1-61493-507-0(6))* Peppertree Pr., The.

Puzzling Fun! Challenging Dot to Dot Puzzles. Kreative Kids. 2016. (ENG., Illus.). (J). pap. 10.81 *(978-1-68377-085-5(4))* Whlke, Traudl.

Puzzling Optical Illusions! Find What's Hidden Activity Book. Activibooks. 2016. (ENG., Illus.). (J). pap. 7.55 *(978-1-68321-409-0(9))* Mimaxion.

Puzzling Paintings (Undersea Mystery Club Book 3) Courtney Carbone. Illus. by Melanie Demmer. 2020. (Undersea Mystery Club Ser.). (ENG.). 96p. (J). 12.99 *(978-1-5248-6141-4(3))*; pap. 6.99 *(978-1-5248-6091-2(3))* Andrews McMeel Publishing.

Puzzling Pearls: Plum & Woo #1, Volume 1. Lisa Siberry. 2022. (Plum & Woo Ser.: 1). (ENG.). 272p. (J). (gr. 4-7). pap. 9.99 *(978-1-76050-768-8(7))* Hardie Grant Children?s Publishing AUS. Dist: Independent Pubs. Group.

Puzzling Perplexities: Adult Maze Activity Book. Activibooks. 2016. (ENG., Illus.). (J). pap. 7.55 *(978-1-68321-410-6(2))* Mimaxion.

Puzzling Pictures, 1 vol. Anna Claybourne. 2019. (Science of Optical Illusions Ser.). (ENG.). 32p. (gr. 4-5). pap. 11.50 *(978-1-5382-4245-2(1)*, 6bb6f6f7-6a35-4a3b-a4f5-0fa9f0eb0baa); lib. bdg. 28.27 *(978-1-5382-4187-5(0)*, bfdb3498-e576-43c3-aa43-efdec28a6353) Stevens, Gareth Publishing LLLP.

Puzzling Pictures for Eagle-Eyed Kids: Test Your Detective Skills with 60 Fun Challenges. Vicki Whiting. Illus. by Jeff Schinkel. 2022. (ENG.). 80p. (J). pap. 5.99 *(978-1-64124-066-6(0)*, 0666P) Fox Chapel Publishing Co., Inc.

Puzzling Pieces: A Matching Activity Book. Activibooks For Kids. 2016. (ENG., Illus.). (J). pap. 7.55 *(978-1-68321-411-3(0))* Mimaxion.

Puzzling Pieces of the Alphabet: Matchning Game Activity Book. Activibooks For Kids. 2016. (ENG., Illus.). (J). pap. 9.43 *(978-1-68321-408-3(0))* Mimaxion.

Puzzling Riddles to Stump Your Friends. Michael Dahl. 2018. (Jokes, Tricks, & Other Funny Stuff Ser.). (ENG., Illus.). 32p. (J). (gr. 3-9). lib. bdg. 27.32 *(978-1-5435-0339-5(X)*, 137191, Capstone Pr.) Capstone.

Puzzlooies! Disaster Master: A Solve-The-Story Puzzle Adventure. Jonathan Maier & Cara Stevens. Illus. by Kristen Terrana-Hollis. 2022. (Puzzlooies! Ser.). 80p. (J). (gr. 2-6). pap. 7.99 *(978-0-525-57217-6(1)*, Random Hse. Bks. for Young Readers) Random Hse. Children's Bks.

Puzzlooies! Don't Feed Fluffy: A Solve-The-Story Puzzle Adventure. Russell Ginns. Illus. by Jay Cooper. 2022. (Puzzlooies! Ser.). 80p. (J). (gr. 2-6). pap. 7.99 *(978-0-525-57216-9(3)*, Random Hse. Bks. for Young Readers) Random Hse. Children's Bks.

Puzzlooies! Hamster Boy & Chameleon Girl Save the Day: A Solve-The-Story Puzzle Adventure. Russell Ginns & Cara J. Stevens. Illus. by Kristen Terrana-Hollis. 2021. (Puzzlooies! Ser.). 80p. (J). (gr. 2-6). pap. 7.99 *(978-0-525-57214-5(7)*, Random Hse. Bks. for Young Readers) Random Hse. Children's Bks.

Puzzlooies! Marooned on the Moon: A Solve-The-Story Puzzle Adventure. Russell Ginns & Jonathan Maier. Illus. by Andy Norman. 2021. (Puzzlooies! Ser.). 80p. (J). (gr. 2-6). pap. 7.99 *(978-0-593-45029-1(9)*, Random Hse. Bks. for Young Readers) Random Hse. Children's Bks.

Puzzlooies! Mystery at Mallard Mansion: A Solve-The-Story Puzzle Adventure. Russell Ginns & Jonathan Maier. Illus. by Kristen Terrana-Hollis. 2021. (Puzzlooies! Ser.). (ENG.). 80p. (J). (gr. 2-6). pap. 7.99 *(978-0-525-57205-3(8)*, Random Hse. Bks. for Young Readers) Random Hse. Children's Bks.

Puzzlooies! Oliver & the Infinite Unknown: A Solve-The-Story Puzzle Adventure. Russell Ginns & Jonathan Maier. Illus. by Michael Arnold. 2022. (Puzzlooies! Ser.). 80p. (J). (gr. 2-6). pap. 7.99 *(978-0-525-57215-2(5)*, Random Hse. Bks. for Young Readers) Random Hse. Children's Bks.

Puzzlooies! One of Our Giant Robots Is Missing: A Solve-The-Story Puzzle Adventure. Russell Ginns & Jonathan Maier. Illus. by Andy Norman. 2021. (Puzzlooies! Ser.). 80p. (J). (gr. 2-6). pap. 7.99 *(978-0-525-57208-4(2)*, Random Hse. Bks. for Young Readers) Random Hse, Children's Bks.

Puzzlooies! Space Cats to the Rescue: A Solve-The-Story Puzzle Adventure. Russell Ginns & Jonathan Maier. Illus. by Kristen Terrana-Hollis. 2021. (Puzzlooies! Ser.). 80p. (J). (gr. 2-6). pap. 7.99 *(978-0-525-57206-0(6)*, Random Hse. Bks. for Young Readers) Random Hse. Children's Bks.

Puzzlooies! the Last Donut: A Solve-The-Story Puzzle Adventure. Russell Ginns & Jonathan Maier. Illus. by Kristen Terrana-Hollis. 2021. (Puzzlooies! Ser.). 80p. (J). (gr. 2-6). pap. 7.99 *(978-0-525-57207-7(4)*, Random Hse. Bks. for Young Readers) Random Hse. Children's Bks.

Puzzlooies! the Museum of Supernatural History: A Solve-The-Story Puzzle Adventure. Russell Ginns & Jonathan Maier. Illus. by Kristen Terrana-Hollis. 2021. (Puzzlooies! Ser.). 80p. (J). (gr. 2-6). pap. 7.99 *(978-0-525-57213-8(9)*, Random Hse. Bks. for Young Readers) Random Hse. Children's Bks.

Puzzlooies! the Worst Curse: A Solve-The-Story Puzzle Adventure. Russell Ginns & Jonathan Maier. Illus. by Andy Norman. 2021. (Puzzlooies! Ser.). 80p. (J). (gr. 2-6). pap. 7.99 *(978-0-525-57212-1(0)*, Random Hse. Bks. for Young Readers) Random Hse. Children's Bks.

Puzzlooies! Welcome to Escape City: A Solve-The-Story Puzzle Adventure. Russell Ginns & Jonathan Maier. Illus. by Nate Bear. 2022. (Puzzlooies! Ser.). 80p. (J). (gr. 2-6). pap. 7.99 *(978-0-525-57218-3(X)*, Random Hse. Bks. for Young Readers) Random Hse. Children's Bks.

Pwofesè (Teacher) Douglas Bender. Tr. by Jean Pierre Gaston. 2021. (Moun Mwen Rankontre Yo (People I Meet) Ser.). (CRP., Illus.). (J). (gr. -1-1). pap. ***(978-1-0396-2285-2(2)***, 10170, Crabtree Roots) Crabtree Publishing Co.

Pygmalion. George Bernard Shaw. 2022. (ENG.). (J). 138p. 19.95 *(978-1-63637-793-3(9))*; 136p. pap. 9.95 *(978-1-63637-792-6(0))* Bibliotech Pr.

Pygmalion. George Bernard Shaw. 2020. (ENG.). 110p. (J). pap. 17.99 *(978-1-6780-0313-5(1))* Lulu Pr., Inc.

Pygmalion: A Play in Five Acts. George Bernard Shaw et al. 2017. (ENG., Illus.). 102p. (J). pap. *(978-0-649-76349-8(1))* Trieste Publishing Pty Ltd.

Pygmalion: A Romance in Five Acts (Classic Reprint) George Bernard Shaw. 2017. (ENG., Illus.). (J). 26.39 *(978-1-5285-8559-0(3))* Forgotten Bks.

Pygmy Dancer. Farhana Sharmeen. Illus. by Paintinks Melt. 2020. (ENG.). 48p. (J). pap. ***(978-1-716-92363-0(8))*** Lulu Pr., Inc.

Pygmy Goat. Karen Kenney. 2017. (You Have a Pet What?! Ser.). (ENG.). 32p. (gr. 3-5). 32.79 *(978-1-68342-177-1(9)*, 9781683421771) Rourke Educational Media.

Pygmy Goats, 1 vol. Alix Wood. 2016. (Mini Animals Ser.). (ENG.). 32p. (J). (gr. 2-3). pap. 11.00 *(978-1-4994-8164-8(0)*, 9bd36f13-edb7-4914-83cd-aadbb650c7c0, Windmill Bks.) Rosen Publishing Group, Inc., The.

Pygmy Hippos. Joyce Markovics. 2021. (On the Trail: Study of Secretive Animals Ser.). (ENG., Illus.). 32p. (J). (gr. 4-6). lib. bdg. 32.07 *(978-1-5341-8049-9(4)*, 218476) Cherry Lake Publishing.

Pygmy Marmoset. Julie Murray. (Mini Animals Ser.). (ENG., Illus.). 24p. (J). 2020. (gr. k-k). pap. 8.95 *(978-1-64494-305-2(0)*, 1644943050, Abdo Kids-Junior); 2019. (gr. -1-2). lib. bdg. 31.36 *(978-1-5321-8883-1(8)*, 32934, Abdo Kids) ABDO Publishing Co.

Pygo the Free: A Cautionary Tale. Steven Warhurst. 2020. (ENG., Illus.). 32p. (J). pap. 12.00 *(978-1-60178-766-8(9))* Reformation Heritage Bks.

Pyjama Day! Robert Munsch. Illus. by Michael Martchenko. 2019. (ENG.). 32p. (J). pap. 8.99 *(978-1-4431-3917-5(3))* Scholastic Canada, Ltd. CAN. Dist: Publishers Group West (PGW).

Pylgrym Cronycles (Classic Reprint) Frances Louise Rogers. 2017. (ENG., Illus.). (J). 72p. 25.40 *(978-0-484-53298-3(7))*; pap. 9.57 *(978-0-282-38065-6(5))* Forgotten Bks.

Pynnshurst: His Wanderings & Ways of Thinking (Classic Reprint) Donald MacLeod. 2018. (ENG., Illus.). 444p. (J). 33.05 *(978-0-483-62522-8(1))* Forgotten Bks.

Pypah. John Jansen in de Wal. 2018. (ENG., Illus.). 56p. (J). *(978-0-2288-0044-6(7))*; pap. *(978-0-2288-0045-3(5))* Tellwell Talent.

Pyra & the Tektites: Lost on Earth. Tyree Campbell. 2021. (ENG.). 68p. (YA). pap. 9.00 *(978-1-0879-7753-9(3))* Indy Pub.

Pyra & the Tektites - Danger under Europa. Tyree Campbell. 2023. (ENG.). 92p. (YA). pap. 10.95 ***(978-1-0881-0942-7(X))*** Indy Pub.

Pyramid. Faye Carlisle. Illus. by Sunil Kalbandi. 2019. (Kodo Ser.: Vol. 3). (ENG.). 128p. (J). pap. *(978-0-9957101-3-9(9))* Keen Zebra.

Pyramid. Philippe Biard. ed. 2019. (My First Discoveries Ser.). (ENG., Illus.). 36p. (J). (gr. -1-3). spiral bd. 19.99 *(978-1-85103-470-3(6))* Moonlight Publishing, Ltd. GBR. Dist: Independent Pubs. Group.

Pyramid Pony. Greg Melton. 2020. (ENG.). 68p. (J). 29.95 *(978-1-64628-036-0(9))*; pap. 19.95 *(978-1-6624-0885-4(4))* Page Publishing Inc.

Pyramid Puzzles. Gareth Moore. 2016. (Brain Game Treasure Hunts Ser.). (ENG., Illus.). 32p. (J). (gr. 3-6). 27.99 *(978-1-5124-0622-1(8)*, d414daec-b4e9-492b-bad5-b3474766a87b, Hungry Tomato (r)) Lerner Publishing Group.

Pyramids. Nancy Furstinger & John Willis. 2016. (J). *(978-1-5105-1993-0(9))* SmartBook Media, Inc.

Pyramids. Laura Marsh. ed. 2018. (National Geographic Readers Ser.). (ENG.). 32p. (J). (gr. -1-1). 13.89 *(978-1-64310-426-3(8))* Penworthy Co., LLC, The.

Pyramids: A Children's History Book. Bold Kids. 2022. (ENG.). 42p. (J). pap. 14.99 *(978-1-0717-1135-4(0))* FASTLANE LLC.

Pyramids All Around the World Pyramids Kids Book Children's Ancient History. Baby Professor. 2017. (ENG., Illus.). 64p. (J). pap. 9.52 *(978-1-5419-1725-5(1)*, Baby Professor (Education Kids)) Speedy Publishing LLC.

Pyramids & Mummies: A Guide to Egypt's Pharaohs-Children's Ancient History Books. Baby Professor. 2017. (ENG., Illus.). (J). pap. 7.89 *(978-1-5419-0350-0(1)*, Baby Professor (Education Kids)) Speedy Publishing LLC.

Pyramids of Giza. Enzo George. 2017. (Crypts, Tombs, & Secret Rooms Ser.). 48p. (gr. 4-5). pap. 84.30 *(978-1-5382-0642-3(0))* Stevens, Gareth Publishing LLLP.

Pyramids of Giza. Heather Kissock. 2018. (Structural Wonders of the World Ser.). (ENG.). 24p. (J). (gr. 2-5). lib. bdg. 28.55 *(978-1-4896-8175-1(2)*, AV2 by Weigl) Weigl Pubs., Inc.

Pyrenean Ibex. Joyce Markovics. 2022. (Endlings: the Last Species Ser.). (ENG., Illus.). 24p. (J). (gr. 4-6). pap. 12.79 *(978-1-6689-1129-7(9)*, 221074); lib. bdg. 30.64 *(978-1-6689-0969-0(3)*, 220936) Cherry Lake Publishing.

Pyrfect Day. Edward Schommer. 2017. (ENG.). 144p. (J). pap. ***(978-1-387-17102-6(X))*** Lulu Pr., Inc.

Pyro: Frozen Frontier. Farhan Aditia. 2016. (ENG., Illus.). (J). pap. 21.00 *(978-1-4834-6112-0(2))* Lulu Pr., Inc.

Pyromania. Kg Carver. 2018. (ENG., Illus.). 250p. (YA). 24.95 *(978-1-64298-153-7(2))* Page Publishing Inc.

Pythagoras. Alicia Klepeis. 2017. (Junior Biography From Ancient Civilization Ser.). (Illus.). 48p. (J). (gr. 4-6). 29.95 *(978-1-68020-032-4(1))* Mitchell Lane Pubs.

Pythagoras & Hippocrates - Greece's Great Scientific Minds - Biography 5th Grade - Children's Biographies. Dissected Lives. 2019. (ENG.). 86p. (J). pap. 15.92 *(978-1-5419-5084-9(4))*; 25.91 *(978-1-5419-7533-0(2))* Speedy Publishing LLC. (Dissected Lives (Auto Biographies)).

Pythagorean Theorem for Babies. Chris Ferrie & Mike Ziniti. 2022. (Baby University Ser.). (Illus.). 24p. (J). (gr. -1-k). bds. 9.99 *(978-1-7282-5822-5(7))* Sourcebooks, Inc.

Pythia's Pupils: A Story of a Girl's School (Classic Reprint) Eva Hartner. 2017. (ENG., Illus.). (J). 354p. 31.20 *(978-0-332-80967-0(6))*; pap. 13.57 *(978-0-259-37451-0(2))* Forgotten Bks.

Python. Christopher Cheng. Illus. by Mark Jackson. 2016. (Read & Wonder Ser.). (ENG.). 32p. (J). (gr. k-3). 8.99 *(978-0-7636-8773-1(1))* Candlewick Pr.

Python Catchers: Saving the Everglades. Marta Magellan. Illus. by Mauro Magellan. 2020. 32p. (J). (gr. k-4). 16.95 *(978-1-68334-049-2(3))* Pineapple Pr., Inc.

Python for Kids: An Easy & Practice Guide for Beginners to Introduce Programming with Python. Sean Damon. 2021. (ENG.). 106p. (J). pap. 19.73 *(978-1-716-26700-0(5))* Lulu Pr., Inc.

Python for Kids, 2nd Edition: A Playful Introduction to Programming. Jason R. Briggs. 2022. (Illus.). 368p. (J). (gr. 5). pap. 34.99 *(978-1-7185-0302-1(4))* No Starch Pr., Inc.

Pythons, 1 vol. Amy Austen. 2016. (Snakes on the Hunt Ser.). (ENG., Illus.). 24p. (J). (gr. 3-3). pap. 9.25 *(978-1-4994-2198-9(2)*, a70b17f8-8437-4a17-a0b2-c04305bd5a34, PowerKids Pr.) Rosen Publishing Group, Inc., The.

Pythons. S. L. Hamilton. 2018. (Xtreme Snakes Ser.). (ENG., Illus.). 32p. (J). (gr. 3-9). lib. bdg. 32.79 *(978-1-5321-1603-2(9)*, 28782, Abdo & Daughters) ABDO Publishing Co.

Pythons. Julie Murray. 2019. (Animal Kingdom Ser.). (ENG.). 32p. (J). (gr. 2-5). lib. bdg. 34.21 *(978-1-5321-1650-6(0)*, 32411, Big Buddy Bks.) ABDO Publishing Co.

Pythons. Martha E. H. Rustad. 2020. (Animals Ser.). (ENG.). 32p. (J). (gr. 1-3). pap. 6.95 *(978-1-9771-2653-5(7)*, 201637); (Illus.). lib. bdg. 31.32 *(978-1-9771-2319-0(8)*, 199495) Capstone. (Pebble).

Pythons. Gail Terp. 2021. (Slithering Snakes Ser.). (ENG.). 32p. (J). (gr. 4-6). *(978-1-62310-274-6(X)*, 13376, Bolt) Black Rabbit Bks.

Pythons on the Hunt. Parker Holmes. 2017. (Searchlight Books (tm) — Predators Ser.). (ENG., Illus.). 32p. (J). (gr. 3-5). lib. bdg. 30.65 *(978-1-5124-3396-8(9)*, 3d5b89d5-e776-475a-8477-e98576be272d, Lerner Pubns.) Lerner Publishing Group.

Python's Revenge. Meredith Rusu. ed. 2017. (LEGO Ninjago Chapter Bks.: 11). lib. bdg. 14.75 *(978-0-606-39733-9(7))* Turtleback.

Pythor's Revenge. Meredith Rusu. ed. 2018. (Lego Chapter Ser.). (ENG.). 78p. (J). (gr. 1-3). 15.96 *(978-1-64310-325-9(3))* Penworthy Co., LLC, The.

Pythor's Revenge. Meredith Rusu. 2017. 78p. (J). *(978-1-5182-3951-9(X))* Scholastic, Inc.